AUSTRALIA AUSTRALIE

NEW ZEALAND NO

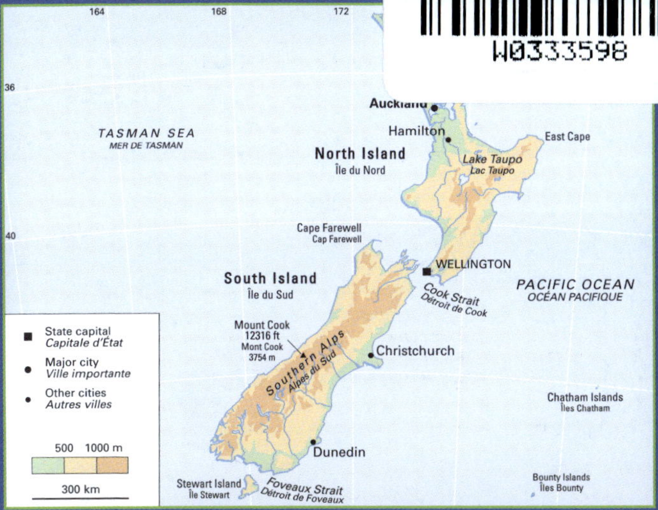

VILLE DE COURBEVOIE
HAUTS-DE-SEINE

Courbevoie, le 1er juin 2018

À l'approche de votre entrée au collège, nous sommes heureux de vous offrir ce dictionnaire « Anglais-Français et Français-Anglais » qui, nous le souhaitons, va devenir un compagnon fidèle pour la suite de vos études.

« If you talk to a man in a language he understands, that goes to his head. If you talk to him in his own language, that goes to his heart », disait Nelson Mandela. Aujourd'hui, l'anglais est devenu la troisième langue la plus parlée dans le monde, après le chinois (mandarin) et l'espagnol, et certainement la langue de communication la plus universelle. Pour parler aux esprits de nos contemporains, il faut donc savoir la manier avec la plus d'aisance possible. Vous le savez, en écoutant de la musique, en regardant la télévision, en allant au cinéma, l'anglais a envahi nos loisirs. Mais il est aussi devenu incontournable pour la vie professionnelle. Comprendre l'anglais est une chose, le parler et l'écrire bien en est une autre. En le maîtrisant parfaitement, vous saurez parler au cœur des anglophones, et bénéficierez d'un avantage incontestable autant que du plaisir de manier toutes les subtilités d'une langue.

Ce qui est valable pour la langue française, dont vous avez sans doute à cœur d'utiliser la richesse, l'est également pour l'anglais, tout autant que pour les autres langues que vous apprendrez. Car aujourd'hui, si la maîtrise d'une langue étrangère est une absolue nécessité, elle n'est pas suffisante. Rien que dans l'Union européenne, il y a 24 langues officielles, autant de découvertes à accomplir, autant d'opportunités pour préparer votre futur.

Nous vous souhaitons donc de poursuivre l'apprentissage de l'anglais avec rigueur et curiosité, ce que permet justement ce dictionnaire. Qu'il vous accompagne dans vos progrès durant les prochaines années - que ce soit en classe ou chez vous, car nous sommes tous un peu comme Sir Winston Churchill qui déclarait *« I am always ready to learn, although I do not always like being taught »* !

Jacques KOSSOWSKI
Maire de Courbevoie
Président du territoire
Paris Ouest La Défense

Jean SPIRI
Adjoint au maire,
délégué à l'éducation, la jeunesse et les relations avec l'enseignement supérieur
Conseiller régional d'Île-de-France

Anglais

DICTIONNAIRE

français - anglais • anglais - français

French

DICTIONARY

French - English • English - French

LAROUSSE

DICTIONNAIRES

21, rue du Montparnasse
75283 Paris Cedex 06, France

ISBN 978-2-03-591586-3 / 978-2-03-591600-6

Published in the United States of America and Canada by:
Publié aux États-Unis et au Canada par :
Éditions LAROUSSE
21, rue du Montparnasse
75283 Paris Cedex 06, France
www.larousse.fr

ISBN 978-2-03-570002-5 (paperback edition)
ISBN 978-2-03-570001 8 (hardcover edition)

Sales / Diffusion: Houghton Mifflin Harcourt, Boston
Library of Congress CIP Data has been applied for

Direction du département Dictionnaires et Encyclopédies :
Carine Girac-Marinier

Direction éditoriale :
Claude Nimmo

Édition :
Giovanni Picci

Sélection et traduction des québécismes :
Solange Deschênes

Direction artistique:
Ulrike Meindl

Maquette et mise en page :
Sophie Rivoire *avec* Jérôme Faucheux

Informatique éditoriale, structuration et composition :
Dalila Abdelkader, Monika Al Mourabit, Ivo Kulev

Relecture :
Henri Goldszal, Rozenn Étienne, Martyn Back, Garret White

Fabrication :
Marlène Delbeken

Remerciements :
Beata Assaf, Peter Castellani, Marc Chabrier, Dominique Chevallier, Valérie Katzaros, Sinda López, Kate Mathieson, Marianne Mouchot, Ciara Mulvenna, Christine Ouvrard, David Tarradas Agea

Pour la précédente édition :
Janice McNeillie, Sylvain Blanche, Pat Bulhosen, Marie Chochon, Rosalind Combley, Christy Johnson, Sandra Koch, Marie Ollivier-Caudray, Donald Watt

Imprimé par La Tipografica Varese Srl - Dépôt légal : Avril 2012 - 316255/02
N° de projet : 11035433 - Avril 2017

Sommaire
Contents

Préface

La gamme des dictionnaires LAROUSSE offre l'outil de travail idéal pour un large éventail de situations, allant du travail scolaire ou en auto-apprentissage au contexte quotidien du bureau. Le dictionnaire français/anglais vise à répondre rapidement et efficacement au plus grand nombre des questions posées par la lecture de l'anglais d'aujourd'hui et par la rédaction de travaux, de lettres, de rapports en anglais. Avec plus de 260 000 mots, expressions et traductions, ce dictionnaire permet de pleinement apprécier textes littéraires et documents, de mieux comprendre la presse quotidienne ou hebdomadaire, de déchiffrer prospectus et notices, de faire une traduction rapide ou une synthèse. De nombreux sigles et noms propres, les termes les plus courants des affaires et de l'informatique, en font une référence particulièrement actuelle. Par le traitement clair et détaillé du vocabulaire fondamental, les exemples de constructions grammaticales, les tournures idiomatiques, les indications de sens soulignant la ou les traductions appropriées, il permet de rédiger dans la langue étrangère sans risque de contresens et sans hésitation. Par ailleurs, un traitement spécifique des variantes de l'anglais a permis de distinguer systématiquement l'anglais britannique de l'anglais américain. Une présentation et une typographie très étudiées concourent à rendre plus aisée la consultation. Pour l'usager qui n'est plus un vrai débutant sans prétendre être un spécialiste, ce dictionnaire est l'ouvrage de référence pour parfaire son anglais. N'hésitez pas à nous faire part de vos observations, questions ou critiques éventuelles ; vous contribuerez ainsi à rendre cet ouvrage encore meilleur.

L'éditeur

To our readers

The Larousse dictionary is the perfect companion for a wide variety of situations, from language learning at school and at home to everyday use in the office. This French dictionary is designed to provide fast and efficient solutions to the various problems encountered when reading present-day French. It will also be an invaluable aid in preparing written work of all kinds, from schoolwork to letters and reports. The dictionary has over 260,000 references, exemples and translations. It enables the user to read and enjoy a wide range of fiction and journalism, to understand trade literature, brochures and manuals, and to summarize and translate from French quickly and accurately. This entirely new dictionary also features up-to-date coverage of common abbreviations and acronyms, proper names, business terms and computing vocabulary. Writing French accurately and confidently is no longer a problem thanks to the detailed coverage of essential vocabulary, and helpful sense-markers which guide the user to the most appropriate translation. Careful thought has gone into the presentation of the entries, both in terms of layout and typography. For the user who has moved beyond beginners' level but is not intending to pursue French at an academic level, the dictionary is the ideal reference work. Send us your comments or queries – you will be helping us to make this dictionary an even better book in future.

The Publisher

Réforme de l'orthographe française

Des recommandations pour une orthographe française revue et modernisée ont été faites en 1990 par le groupe de travail du Conseil supérieur de la langue française. Elles avaient pour but de supprimer des exceptions, d'établir des régularités, de mettre en adéquation la graphie avec la prononciation actuelle et ainsi de faciliter l'apprentissage de la langue. L'Académie française s'est prononcée pour souligner que ces règles n'avaient aucun caractère obligatoire et qu'aucune des graphies, la traditionnelle ou la nouvelle, n'était tenue pour fautive. Récemment, par son *Bulletin officiel* du 12 avril 2007, le ministère français de l'Éducation nationale a demandé aux enseignants de l'école primaire de prendre en compte ces nouvelles graphies.

Ce dictionnaire ne montre pas la nouvelle graphie. Voici néanmoins les 5 grands principes qui sous-tendent cette réforme et donnent à chacun les règles pour écrire en nouvelle orthographe.

Une graphie plus phonétique...

- **plus intuitive :** *exéma* au lieu de *eczéma*, *ognon* au lieu de *oignon*.
- **plus simple :** certaines lettres superflues peuvent être omises : le « e » de *asseoir*, *rasseoir* et *surseoir* (infinitif et formes conjuguées) ; le « h » de *saccharine*, etc.

Des familles réassorties

Par exemple le fameux *charriot*, seul sans double « r » *(chariot)* de la série des *charrue*, *charretier*, etc., *boursouffler* (avec deux « f ») comme *souffler*, *prud'hommal* (avec deux « m ») comme *prud'homme*, *quincailler* (sans « i » après le double « l ») comme *poulailler*, etc.

Un trait d'union...

- **plus systématique :** tous les adjectifs numéraux composés peuvent prendre un trait d'union. On peut donc écrire maintenant : *vingt-et-un* (21) et *vingt-et-unième* (21e), ainsi que *cent-deux* (102), *deux-mille* (2 000), etc.
- **ou supprimé.** Peuvent s'écrire sans trait d'union, donc « soudés » :
  - les mots composés commençant par « contre », « entre », « extra », « infra », « intra », « ultra » ;
  - les mots composés formés d'un verbe et d'un nom : *croquemonsieur*, *portemonnaie* ;
  - des mots, formés d'un adverbe et d'un nom (*bienpensant*) ou commençant par un préfixe d'origine latine ou grecque (*néocalédonien*) ;
  - des mots formés d'onomatopées ou d'origine étrangère moderne : *cahincaha*, *weekend*.

Des changements d'accentuation

- **L'accent circonflexe.** Selon la Réforme de l'orthographe, cet accent peut être supprimé. Ainsi, par exemple, pour les verbes (infinitif et formes conjuguées) : *connaitre*, *il/elle connait*, *il/elle connaitra*, *il/elle connaitrait* et non plus forcément *connaître*, *il/elle connaît*, *il/elle connaîtra*, *il/elle connaîtrait*.

Cela vaut pour le « i » de *apparaitre* (*apparaître*), *naitre* (*naître*), *paraitre* (*paraître*), et tous les verbes de même modèle, mais aussi pour le « u » de *bruler* (*brûler*), ainsi que sur des noms tels que *buche* (*bûche*), *bucheron* (*bûcheron*), *flute* (*flûte*), *ile* (*île*), etc.

Exceptions : l'accent circonflexe est conservé...

- pour distinguer deux homophones : *il croit* vs. *il croît*, *jeune* vs. *jeûne* ;
- aux formes du passé simple de l'indicatif et au subjonctif : *nous partîmes*, *qu'il partît*.

- **L'accent grave sur le « e »** est admis à la place du « é » (prononcé comme un « e » ouvert à l'oral) :
  - dans certains mots tels que *évènement*, au lieu de *événement*, *règlement* au lieu de *réglement* ;
  - dans les conjugaisons de certains verbes. Il s'agit surtout des verbes ayant pour modèle *céder* et des verbes en *–eler*, *-érer*, *–eter* :

j'amoncèle	au lieu de	*j'amoncelle*
je cèderais	au lieu de	*je céderais*

• **Le tréma** peut être placé au-dessus du « u », lettre dont il signale la prononciation : *ambigüité* et non plus seulement *ambiguïté*, *aigüe* et non plus seulement *aiguë*, etc.

Les accords / Des accords plus réguliers

• **Singulier et pluriel des mots composés.** On écrit *un sèche-cheveux* et *des amuse-gueule*. En nouvelle orthographe, le mot composé est vu comme un mot simple dont seul le dernier composant varie en nombre : *un sèche-cheveu* → *des sèche-cheveux*.

• **Les emprunts aux langues étrangères** peuvent être accentués selon leur prononciation et suivent le pluriel du français : *un flash* → *des flashs ; un jazzman* → *des jazzmans ; un référendum* → *des référendums*.

• **Le participe passé de « *laisser* ».** L'accord du participe passé est une difficulté du français à l'écrit. Les semi-auxiliaires *faire* et *laisser* sont considérés comme deux cas particuliers ; or l'orthographe traditionnelle ne les traite pas de la même façon :

- *Faire* devant un infinitif reste invariable en genre et en nombre :

Elle s'est ***fait*** *faire une mise en plis.*

- *Laisser* devant un infinitif est variable ou non, selon la fonction du sujet par rapport à l'infinitif.

Elle s'est ***laissé*** *prendre* [invariable : ce n'est pas elle qui prend]

mais

Elle s'est ***laissée*** *tomber* [variable : c'est elle qui tombe]

Le cas est simplifié en nouvelle orthographe : *laisser* est lui aussi admis comme étant invariable en genre et en nombre.

French spelling reform

In 1990 the *Conseil supérieur de la langue française* issued a series of recommendations for revised and modernized spelling of French. They were intended to make the language easier to learn by removing exceptions, bringing spelling into line with current pronunciation, and generally making things more regular. The *Académie française* responded by declaring that the new spellings were in no way compulsory and that neither traditional nor reformed spelling was to be considered incorrect. More recently, in the *Bulletin officiel* dated 12 April 2007, the French Education Minister asked primary school teachers to "take the new spellings into account".

Below we present the five main principles of the reform. For consistency and clarity, the main body of this dictionary does not show the new written form of the French language.

Spelling that more closely reflects pronunciation

• **More intuitive:** *exéma* instead of *eczéma*, *ognon* instead of *oignon*.

• **Some superfluous letters can be omitted:** the "e" in *asseoir, rasseoir* and *surseoir*; the "h" in *saccharine*, etc.

Harmonization of word families

Sets of words seen as making up "families" have been harmonized. The word *chariot*, the only word without a double "r" in the series *charrue, charretier*, etc., can now be spelt *charriot*. Similarly, *boursoufler* can be written *boursouffler* (in line with *souffler*), the new double "m" in *prud'hommal* echoes that in *prud'homme*, and *quincaillier* can become *quincailler*, modelled on *poulailler*.

More systematic hyphenation rules

• **Adding a hyphen.** All compound numerals can now be written with a hyphen: *vingt-et-un* (21) and *vingt-et-unième* (21e) as well as *cent-deux* (102), *deux-mille* (2 000), and so on.

• **Removing a hyphen.** Many compounds can now be spelt as one word:

- words that begin with "contre", "entre", "extra", "infra", "intra" and "ultra";
- words that are made up of a verb and a noun (*croquemonsieur, portemonnaie*);
- other compound forms such as *bienpensant* or words that begin with a prefix of Latin or Greek origin (such as *néocalédonien*);
- words that are onomatopoeic (*cahincaha*) or of modern foreign origin (*weekend*).

Use of accents

• **The circumflex accent** can in some cases be omitted: *connaître* can now be written *connaitre*, and its conjugated forms can also lose their circumflex *(il/elle connait, connaitra, connaitrait).*

This is also the case for *apparaître, naître* and *paraître* as well as *brûler*, and for some nouns, such as *buche* (*bûche*), *bucheron* (*bûcheron*), *flute* (*flûte*), *ile* (*île*), etc.

Exceptions. The circumflex is still required in the following cases:

- to distinguish between homophones: *il croit* (= he believes) vs. *il croît* (= it grows), *jeune* (= young) vs. *jeûne* (= fasting);
- in conjugated forms (past simple indicative, subjunctive): *nous partîmes, qu'il partît.*

• **The grave accent on the "e"** can replace the acute accent where the open "e" sound has been used for a long time:

- *évènement* instead of *événement*, *règlement* instead of *réglement*;
- in certain verb conjugations, mainly those following the same pattern as *céder*, and verbs that end in *-eler*, *-érer* or *-eter*:

j'amoncèle	instead of	*j'amoncelle*
je cèderais	instead of	*je céderais*

• **The diaeresis (*tréma*)** can now be placed on the "u", since it indicates that the "u" is pronounced: *ambigüité* instead of *ambiguïté*, *aigüe* instead of *aiguë*, etc.

Agreement/More regular agreement

• **Singular and plural of compounds.** Traditionally, one writes *un sèche-cheveux* (hairdryer), *des amuse-gueule* (appetizers). In reformed spelling, the compound is considered as a single word and only its second component varies in number: *un sèche-cheveu → des sèche-cheveux.*

• **Loan words** can now be accentuated according to their modern pronunciation and pluralized according to the standard rules of French: *un flash → des flashs; un jazzman → des jazzmans; un référendum → des référendums.*

• **Past participle of "*laisser*".** Agreement of the past participle is a thorny problem in French. The semi-auxiliaries *faire* and *laisser* are usually considered special cases, and traditional spelling confusingly treats them in different ways:

- *Faire* followed by an infinitive always remains invariable in gender and number:

Elle s'est ***fait*** *faire une mise en plis.*

- *Laisser* followed by an infinitive is variable or not according to the function of the subject in relation to the infinitive:

Elle s'est ***laissé*** *prendre en photo*
(invariable: she wasn't the one taking the photograph) but
Elle s'est ***laissée*** *tomber* (variable: she was the one who fell).

Spelling reform has simplified all this, and the past participle of *laisser* can now be considered invariable in gender and number.

Les encadrés du dictionnaire

Notes sur la culture et la société

Comment...

List of notes and boxes

Notes on culture and society

How to...

abréviation	abr / abbr	abbreviation
adjectif, adjectivale	adj	adjective, adjectival
administration	ADMIN	administration
adverbe, adverbiale	adv	adverb, adverbial
aéronautique	AÉRON / AERON	aeronautics
agriculture	AGRIC / AGR	agriculture
anatomie	ANAT	anatomy
archéologie	ARCHÉOL / ARCHEOL	archaeology
architecture	ARCHIT	architecture
argot	arg	slang
article	art	article
astrologie / astronomie	ASTROL / ASTRON	astrology / astronomy
astronautique	ASTRONAUT	astronautics
anglais australien	Austr	Australian English
automobile	AUTO	cars
auxiliaire	aux	auxiliary
biologie	BIOL	biology
botanique	BOT	botany
anglais canadien	Can	Canadian English
chimie	CHIM / CHEM	chemistry
cinéma	CINÉ / CIN	cinema
commerce	COMM	commerce
composé	comp	compound
comparatif	compar	comparative
informatique	COMPUT	computing
conjonction, conjonctive	conj	conjunction, conjunctive
construction	CONSTR	construction
progressif	cont	continuous
verbe copule	cop vb	copulative verb
couture	COUT	sewing
cuisine	CULIN	cooking
défini	déf / def	definite
démonstratif	dém	demonstrative
droit	DR	law
écologie	ÉCOL / ECOL	ecology
économie	ÉCON / ECON	economics
éducation	ÉDUC	education
électricité	ÉLECTR / ELEC	electricity
électronique	ÉLECTRON / ELECTRON	electronics
équitation	ÉQUIT / EQUIT	horse riding
euphémisme	euphém/ euph	euphemism
exclamation, exclamatif	excl	exclamation, exclamatory
féminin	f	feminine
familier	fam	informal
figuré	fig	figurative
finance	FIN	finance
soutenu	fml	formal
football	FOOT/ FTBL	football
généralement	gén / gen	generally
géographie	GÉOGR / GEOG	geography
géologie	GÉOL / GEOL	geology
géométrie	GÉOM / GEOM	geometry
grammaire	GRAM	grammar
histoire	HIST	history
humoristique	hum	humorous
impersonnel	impers	impersonal
indéfini	indéf / indef	indefinite
industrie	INDUST	industry
familier	inf	informal
infinitif	infin	infinitive
informatique	INFORM	computing
injurieux	injur	offensive
inséparable	insép / insep	inseparable
interjection	interj	interjection
interrogatif	interr	interrogative
invariable	inv	invariable
anglais irlandais	Ir	Irish English
ironique	iron/ iro	ironic
linguistique	LING	linguistics
sens propre	lit	literal
littéraire	litt/ liter	literary
littérature	LITTÉR / LITER	literature
locution	loc	phrase
masculin	m	masculine
mathématiques	MATH	mathematics
médecine	MÉD / MED	medicine

météorologie	MÉTÉOR / METEOR	meteorology
militaire	mil / MIL	military
musique	MUS	music
mythologie	MYTH	mythology
nom	n	noun
nautique	NAUT	nautical
nom propre	npr	proper noun
numéral	num	numeral
anglais de Nouvelle-Zélande	nz	New Zealand English
injurieux	offens	offensive
terme officiellement recommandé par l'Académie	offic	officially recognized term
onomatopée	onomat	onomatopoeia
	o.s.	oneself
péjoratif	péj / pej	pejorative
personne, personnel	pers	person, personal
industrie du pétrole	PÉTR / PETR	petroleum industry
pharmacie	PHARM	pharmaceuticals
philosophie	PHILOS	philosophy
phonétique	PHON	phonetics
photographie	PHOT	photography
locution	phr	phrase
physique	PHYS	physics
physiologie	PHYSIOL	physiology
pluriel	pl	plural
politique	POL	politics
possessif	poss	possessive
participe passé	pp	past participle
participe présent	p prés	present participle
propre, sens propre	pr	proper, literal
préfixe	préf / pref	prefix
préposition, prépositionnelle	prép / prep	preposition, prepositional
pronom	pron	pronoun
proverbe	prov	proverb
psychologie	PSYCHOL	psychology
passé	pt	past tense
quelque chose / quelqu'un	qqch / qqn	something / somebody
relatif	rel	relative
religion	RELIG	religion
quelqu'un	sb	somebody
scolaire	SCH	school
sciences	SCI	science
scolaire	scol	school
anglais écossais	Scot	Scottish English
séparable	sép / sep	separable
couture	SEW	sewing
singulier	sg / sing	singular
argot	sl	slang
soutenu	sout	formal
quelque chose	sthg	something
subjonctif	subj	subjunctive
sujet	suj	subject
superlatif	superl	superlative
technologie	TECHNOL / TECH	technology
télécommunications	TÉLÉC / TELEC	telecommunications
textiles	TEXT / TEX	textiles
très familier	tfam	very informal
théâtre	THEAT	theatre
travaux publics	TRAV PUB	civil engineering
télévision	TV	television
typographie	TYPO	typography
substantif non comptable	U	uncountable noun
anglais britannique	UK	British English
université	UNIV	university
le plus souvent	usu	usually
anglais américain	US	American English
verbe attributif	v att	link verb followed by a predicative adjective or noun
verbe	vb / v	verb
verbe intransitif	vi	intransitive verb
très familier	v inf	very informal
verbe pronominal	vp	pronominal verb
verbe pronominal intransitif	vpi	intransitive pronominal verb
verbe pronominal transitif	vpt	transitive pronominal verb
verbe transitif	vt	transitive verb
vulgaire	vulg	vulgar
zoologie	ZOOL	zoology

Transcription phonétique de l'anglais

Voyelles

[ɪ]	pit, big, rid
[e]	pet, tend
[æ]	pat, bag, mad
[ʌ]	putt, cut
[ɒ]	pot, log
[ʊ]	put, full
[ə]	mother, suppose
[iː]	bean, weed
[ɑː]	barn, car, laugh
[ɔː]	born, lawn
[uː]	loop, loose
[ɜː]	burn, learn, bird

Diphtongues

[eɪ]	bay, late, great
[aɪ]	buy, light, aisle
[ɔɪ]	boy, foil
[əʊ]	no, road, blow
[aʊ]	now, shout, town
[ɪə]	peer, fierce, idea
[eə]	pair, bear, share
[ʊə]	poor, sure, tour

Semi-voyelles

[j]	you, spaniel
[w]	wet, why, twin

Consonnes

[p]	pop, people
[b]	bottle, bib
[t]	train, tip
[d]	dog, did
[k]	come, kitchen
[g]	gag, great
[ʧ]	chain, wretched
[ʤ]	jig, fridge
[f]	fib, physical
[v]	vine, livid
[θ]	think, fifth
[ð]	this, with
[s]	seal, peace
[z]	zip, his
[ʃ]	sheep, machine
[ʒ]	usual, measure
[h]	how, perhaps
[m]	metal, comb
[n]	night, dinner
[ŋ]	sung, parking
[l]	little, help
[r]	right, carry
[x]	loch

Notes sur la transcription phonétique

anglais - français

1. Accents primaire et secondaire

Les symboles [ˈ] et [ˌ] indiquent respectivement un accent primaire et un accent secondaire sur la syllabe suivante.

2. Prononciation du « r » final

Le symbole [ʳ] indique que le « r » final d'un mot anglais ne se prononce que lorsqu'il forme une liaison avec la voyelle du mot suivant ; le « r » final est presque toujours prononcé en anglais américain.

3. Anglais britannique et américain

Les différences de prononciation entre l'anglais britannique et l'anglais américain ne sont signalées que lorsqu'elles sortent du cadre de règles générales préétablies. Le « o » de **dog**, par exemple, est généralement plus allongé en anglais américain, et ne bénéficie pas d'une seconde transcription phonétique. En revanche, des mots comme **schedule, clerk, clichéd**, etc., dont la prononciation est moins évidente, font l'objet de deux transcriptions phonétiques.

4. Les formes accentuées et atones

La prononciation de certains mots monosyllabiques anglais varie selon le degré d'emphase qu'ils ont dans la phrase ; **the**, par exemple, se prononce [ðiː] en position accentuée, [ðə] en position atone, et [ðɪ] devant une voyelle. Ces informations sont présentées de la manière suivante dans le dictionnaire: **the** *(weak form* [ðə], *before vowel* [ðɪ], *strong form* [ðiː]).

français - anglais

1. Le symbole ['] représente le « h aspiré » français, par exemple **hachis** ['aʃi].

2. Comme le veut la tendance actuelle, nous ne faisons pas de distinction entre le « a » de **pâte** et celui de **patte**, tous deux transcrits [a].

Phonetic transcription of French

Oral vowels

[i]	fille, île
[e]	pays, année, aider, ferai
[ɛ]	bec, aime, lait, ferais
[a]	lac, papillon
[y]	usage, lune
[u]	outil, goût
[ə]	le, je
[œ]	peuple, bœuf
[ø]	aveu, jeu
[o]	drôle, aube
[ɔ]	hotte, automne

Nasal vowels

[ɛ̃]	limbe, main
[œ̃]	parfum, brun
[ɑ̃]	champ, ennui
[ɔ̃]	ongle, mon

Semi-vowels

[j]	yeux, lieu
[ɥ]	lui, nuit
[w]	ouest, oui

Oral Consonants

[p]	prendre, grippe
[t]	théâtre, temps
[k]	coq, quatre, orchestre
[b]	bateau, rosbif
[d]	dalle, ronde
[g]	garder, épilogue, zinc
[f]	physique, fort
[s]	cela, savant, inertie, dix
[ʃ]	charrue, schéma, shérif
[v]	voir, rive
[l]	halle, lit
[z]	fraise, zéro
[ʒ]	rouge, jabot
[ʀ]	arracher, sabre

Nasal consonants

[m]	mât, drame
[n]	nager, trône
[ɲ]	agneau, peigner
[ŋ]	parking

Notes on phonetic transcription

French - English

1. The symbol ['] has been used to represent the French 'h aspiré', e.g. **hachis** ['aʃi].

2. We have followed the modern tendency not to distinguish between the 'a' in **pâte** and the 'a' in **patte**. Both are represented in the text by the phonetic symbol [a].

English - French

1. Primary and secondary stress

The symbol [ˈ] indicates that the following syllable carries primary stress and the symbol [ˌ] that the following syllable carries secondary stress.

2. Pronunciation of final 'r'

The symbol [ʳ] in English phonetics indicates that the final 'r' is pronounced only when followed by a word beginning with a vowel. Note that it is nearly always pronounced in American English.

3. British and American English

Differences between British and American pronunciation have not been shown where the pronunciation can be predicted by a standard set of rules, for example where the 'o' in **dog** is lengthened in American English. However, phonetics have been shown for the more unpredictable cases of **schedule, clerk, clichéd,** etc.

4. Strong and weak forms

The pronunciation of certain monosyllabic words varies according to their prominence in a sentence, e.g. **the** when stressed is pronounced [ði:]; when unstressed, [ðə] and before a vowel [ðɪ]. This information is presented in the text as follows: **the** *(weak form* [ðə], *before vowel* [ðɪ], *strong form* [ði:]).

Structure des articles du dictionnaire

mot d´entrée / headword — variante graphique / variant spelling

acupuncture, **acuponcture** [akypɔ̃ktyʀ] nf acupuncture.

homographes / homographs

cocher[1] [kɔʃe] nm coachman.

prononciation : voir pages 12 et 13 pour la liste des symboles phonétiques / pronunciation: see pages 12 and 13 for a list of the phonetic symbols — numéros introduisant les différents sens / numbered meanings — exemple: le mot d'entrée est montré en contexte / example: headword is shown in context — indication du sens ou du contexte / indication of meaning or context

complet, ète [kɔ̃plɛ, ɛt] adj **1.** [gén] complete **2.** [plein] full / *nous sommes complets* we're (fully) booked **3.** [CULIN - pain, farine] wholemeal ; [- riz] brown. ◆ **complet (-veston)** nm suit.

renvoi aux tableaux de conjugaison / reference to verb tables — sous-entrée : verbes pronominaux / sub-entry: French reflexive / pronominal verbs — les différents sens des expressions sont indiqués / different meanings of an expression

adresser [4] [adʀese] vt **1.** [faire parvenir] ▸ **adresser qqch à qqn** to address sthg to sb **2.** [envoyer] ▸ **adresser qqn à qqn** to refer sb to sb / *adresser un malade à un spécialiste* to refer a patient to a specialist **3.** [destiner] : *adresser la parole à qqn* to speak to sb. ◆ **s'adresser** vp ▸ **s'adresser à a)** [parler à] to speak to **b)** [être destiné à] to be aimed at, to be intended for.

catégorie grammaticale / part of speech — nom composé, locution / compound, idiom — indicateur de domaine / field label

adresse [adʀɛs] nf **1.** [gén & INFORM] address / *ce restaurant est une bonne adresse* this restaurant is a good place to go ▸ **à l'adresse de** *fig* for the benefit of ▸ **adresse électronique** e-mail address ▸ **adresse Internet**

variétés du français / regional varieties of French — expressions figées / set phrases

motton [mɔtɔ̃] QUÉBEC nm lump EXPR **avoir le motton** [émotion] to be all choked up ▸ **faire le motton** [s'enrichir] to make a fortune.

indication du registre / register label — indication de l'usage / usage label

cirque [siʀk] nm **1.** [gén] circus **2.** GÉOL cirque **3.** *fam* & *fig* [désordre, chahut] chaos *(U)*.

sous-entrée : structures figées / sub-entry: set structures — variétés de l'anglais / regional varieties of English

égard [egaʀ] nm consideration ▸ **à cet égard** in this respect. ◆ **à l'égard de** loc prép with regard to, towards UK, toward US.

pluriel / plural

bail [baj] (*pl* **baux** [bo]) nm **1.** DR lease.

Labels and entry structure

traduction
translation

genre
French gender

jumble sale noun UK vente *f* de charité *(où sont vendus des articles d'occasion).*

précisions sur la traduction
extra information that clarifies the translation

BLT (*abbr of* **bacon, lettuce and tomato**) noun *sandwich avec du bacon, de la laitue et de la tomate.*

explication lorsqu'il n'y a pas d'équivalent exact
explanatory gloss provided where there is no direct equivalent

forme développée des abréviations
full form of abbreviations

Home Secretary noun UK ≃ ministre *m* de l'Intérieur.

équivalent culturel
cultural equivalent

renvoi des variantes orthographiques aux entrées principales
cross-reference from alternative spelling

donut ['dəʊnʌt] US = **doughnut**.

selves [selvz] pl n ⟶ **self**.

précisions grammaticales
extra grammatical information

renvoi des pluriels irréguliers aux entrées au singulier
cross-reference from irregular plurals

had (*weak form* [həd], *strong form* [hæd]) pt & pp ⟶ **have**.

renvoi des formes irrégulières des verbes à l'infinitif
cross-reference from irregular verb forms to main verb

loaf [ləʊf] (*pl* **loaves** [ləʊvz]) noun ▸ **a loaf (of bread)** un pain.

pluriels irréguliers avec leur transcription phonétique
irregular plurals with pronunciation

go [gəʊ]
❖ vi (*pt* **went**, *pp* **gone**)
1. [move, travel] aller / ***where are you going?*** où vas-tu ? / ***he's gone to Portugal*** il est allé au Portugal / ***to go to the doctor*** aller voir OR aller chez le médecin / ***we went by bus / train*** nous sommes allés en bus / par le train / ***where does this path go?*** où mène ce chemin ?

formes irrégulières des verbes
irregular verb forms

good [gʊd] ❖ adj (*compar* **better**, *superl* **best**) **1.** [gen] bon (bonne) / ***it's good to see you again*** ça fait plaisir de te revoir / ***it feels good to be outside*** ça fait du bien d'être dehors ▸ **to be good at sthg** être bon en qqch ▸ **to be good with a)** [animals, children] savoir y faire avec **b)** [one's hands] être habile de ▸ **it's good for you** c'est bon pour toi OR pour la santé

comparatifs et superlatifs irréguliers
irregular comparatives and superlatives

fend [fend] vi ▸ **to fend for o.s.** se débrouiller tout seul.
◆ **fend off** vt sep [blows] parer ; [questions, reporters] écarter.

verbes à particules et verbes prépositionnels
phrasal verbs and prepositional verbs

2. PHR **odds and sods** UK *inf*, **odds and ends a)** [miscellaneous objects] objets *mpl* divers, bric-à-brac *m inv* **b)** [leftovers] restes *mpl* ▸ **to be at odds with sb** être en désaccord avec qqn ▸ **to be at odds with sthg** ne pas concorder avec qqch.

expressions figées
set phrases

avec [avɛk]

prép

1. [gén] with / ***avec respect*** with respect, respectfully / ***avec ce nouveau scandale, le ministre va tomber*** this new scandal will mean the end of the minister's career / ***c'est fait avec du cuir*** it's made from leather

les mots importants et le plus souvent consultés sont mis en évidence

the most important and frequently consulted words are highlighted

ce symbole met en garde contre les faux amis

this symbol highlights false friends

⚠ **Candid** signifie « franc », « sincère » et non *candide*.

notes sur la culture et la société

notes on culture and society

classic ou **classical ?**

L'adjectif **classical** se réfère soit au classicisme gréco-romain, soit à la musique classique. Lorsque *classique* désigne ce qui relève d'une tradition, d'une norme, il faut le traduire par **classic** :

He wrote a thesis on classical architecture. *Il a écrit une thèse sur l'architecture classique.*

This is a classic case of fraud. *Il s'agit d'un cas classique d'escroquerie.*

L

En Grande-Bretagne, la lettre « L » apposée sur l'arrière d'un véhicule indique que le conducteur n'a pas encore son permis mais qu'il est en conduite accompagnée.

notes signalant des difficultés de traduction

notes on nuances of translation

les modules d'usage vous aideront à vous exprimer dans une situation donnée

the usage notes help you to express yourself in a particular situation

Comment exprimer la surprise

- **I don't believe it!** *Pas possible !*
- **That's amazing!** *C'est incroyable !*
- **It can't be true!** *C'est pas vrai !*
- **Never!** *Non !*
- **Well I never!** *Ça alors !*
- **Oh my God!** *Oh, mon Dieu !*
- **I can't get over it!** *Je n'en reviens pas !*
- **I couldn't believe my eyes.** *Je n'en croyais pas mes yeux.*
- **You should have seen his face!** *Tu aurais vu sa tête !*
- **What a nice surprise!** *Quelle bonne surprise !*
- **I'm speechless!** *Je suis sans voix !*
- **You shouldn't have!** *Vous n'auriez pas dû !*

Marques déposées

Les termes considérés comme des marques déposées sont signalés dans cet ouvrage par ®. Cependant la présence ou l'absence de ce symbole ne constitue nullement une indication quant à la valeur juridique de ces termes.

Trademarks

Words considered to be trademarks have been designated in this dictionary by the symbol ®. However, no judgment is implied concerning the legal status of any trademark by the presence or absence of such a symbol.

français - anglais
French - English

A

a¹, **A** [a] nm inv a, A ▸ **prouver par a + b** to prove conclusively ▸ **de A à Z** from A to Z. ◆ **A** **1.** *abr écrite de* **anticyclone** **2.** (*abr écrite de* **ampère**) A, amp **3.** (*abr écrite de* **autoroute**) M UK.

a² **1.** [conjugaison] ⟶ **avoir** **2.** [unité de mesure] (*abr écrite de* **are**) a.

à [a]

*(contraction de « à + le » = **au**, contraction de « à + les » = **aux**)*

❖ prép

1. [introduisant un complément d'objet indirect] to / *parler à qqn* to speak to sb / *penser à qqch* to think about sthg / *l'appartenance à un parti* membership of UK ou in US a party

2. [introduisant un complément de lieu - situation] at, in, on ; [- direction] to / *être à la maison / au bureau* to be at home/at the office / *il habite à Paris / à la campagne* he lives in Paris/in the country / *il vit au Pérou* he lives in Peru / *aller à Paris / à la campagne / au Pérou* to go to Paris/to the country/to Peru / *un voyage à Londres / aux Seychelles* a journey to London/ to the Seychelles / *c'est au rez-de-chaussée* it's on the ground floor UK, first floor US / *à ma droite* on ou to my right

3. [introduisant un complément de temps] *à onze heures* at eleven o'clock / *au mois de février* in the month of February / *à lundi !* see you (on) Monday! / *à plus tard !* see you later! / *de huit à dix heures* from eight to ten o'clock / *se situer à une heure / à 10 kilomètres de l'aéroport* to be situated an hour/10 kilometres (away) from the airport / *à ma naissance* when I was born / *au XVIIᵉ siècle* in the 17th century

4. [introduisant un complément de manière, de moyen] *à haute voix* out loud, aloud / *rire aux éclats* to roar with laughter / *agir à son gré* to do as one pleases / *acheter à crédit* to buy on credit / *à pied / cheval* on foot/horseback

5. [indiquant une caractéristique] with / *une fille aux cheveux longs* a girl with long hair / *l'homme à l'imperméable* the man with the raincoat

6. [introduisant un chiffre] *ils sont venus à dix* ten of them came / *un livre à 10 euros* a 10-euro book, a book costing 10 euros / *la vitesse est limitée à 50 km à l'heure* the speed limit is 50 km per ou an hour / *un groupe de 10 à 12 personnes* a group of 10 to 12 people, a group of between 10 and 12 people / *nous travaillons à sept dans la même pièce* there are seven of us working in the same room / *deux à deux* two by two

7. [marquant l'appartenance] *c'est à moi / toi / lui / elle* it's mine/yours/his/hers / *ce vélo est à ma sœur* this bike is my sister's ou belongs to my sister / *une amie à moi* a friend of mine

8. [introduisant le but] *coupe à champagne* champagne goblet / *le courrier à poster* the mail to be posted / *appartement à vendre / louer* flat for sale/to let

9. [introduisant l'attribution] *je suis à vous dans une minute* I'll be with you in a minute

10. [indiquant la cause ou la conséquence] *on l'a distribué à sa demande* it was given out at his request / *je l'ai reconnu à sa voix / démarche* I recognized him by his voice/walk

11. [suivi de l'infinitif] : *la somme est à régler avant le 10* the full amount has to ou must be paid by the 10th

A+ (*abr écrite de* **à plus tard**) SMS CUL.

a2m1 SMS *abr écrite de* **à demain**.

AB (*abr écrite de* **agriculture biologique**) *food label guaranteeing that a product is made from at least 95 % organic ingredients (100 % in the case of a single ingredient).*

ab1to (*abr écrite de* **à bientôt**) SMS CU.

abaisser [4] [abese] vt **1.** [rideau, voile] to lower ; [levier, manette] to push ou pull down **2.** [diminuer] to reduce, to lower **3.** *sout* [avilir] to debase. ◆ **s'abaisser** vp **1.** [descendre - rideau] to fall, to come down ; [- terrain] to fall away **2.** [s'humilier] to demean o.s. ▸ **s'abaisser à faire qqch** to lower o.s. to do sthg.

abandon [abɑ̃dɔ̃] nm **1.** [désertion, délaissement] desertion ▸ **à l'abandon** [jardin, maison] neglected, in a state of neglect **2.** [renonciation] abandoning, giving up **3.** [cession] renunciation, giving up ▸ **faire abandon de qqch (au profit de qqn)** to make sthg over (to sb) **4.** [nonchalance, confiance] abandon.

abandonné, e [abɑ̃dɔne] adj [mine, exploitation] disused ; [village] deserted ; [maison, voiture, enfant, animal] abandoned.

abandonner [3] [abɑ̃dɔne] vt **1.** [quitter - femme, enfants] to abandon, to desert ; [- voiture, propriété] to abandon ▸ **abandonner son poste** to desert one's post **2.** [renoncer à] to give up, to abandon **3.** [se retirer de - course, concours] to withdraw from **4.** [céder] ▸ **abandonner qqch à qqn** to leave sthg to sb, to leave sb sthg. ◆ **s'abandonner** vp **1.** [se laisser aller] ▸ **s'abandonner à qqch** to give o.s. up to sthg **2.** [s'épancher] to pour out one's feelings.

abasourdi, e [abazuʀdi] adj stunned.

abasourdir [32] [abazuʀdiʀ] vt to stun.

abat-jour [abaʒuʀ] (*pl* **abat-jours**) nm lampshade.

abats [aba] nmpl [d'animal] offal *(U)*; [de volaille] giblets.

abattage [abataʒ] nm [d'arbre] felling.

abattement [abatmɑ̃] nm **1.** [faiblesse physique] weakness **2.** [désespoir] dejection **3.** [déduction] reduction ▸ **abattement fiscal** tax allowance UK, tax exemption US.

abattis [abati] nmpl giblets.

abattoir [abatwaʀ] nm abattoir UK, slaughterhouse.

abattre [83] [abatʀ] vt **1.** [faire tomber - mur] to knock down; [- arbre] to cut down, to fell; [- avion] to bring down **2.** [tuer - gén] to kill; [- dans un abattoir] to slaughter **3.** [épuiser] to wear out; [démoraliser] to demoralize. ◆ **s'abattre** vp ▸ **s'abattre (sur)** a) [toit, arbre] to crash down (on) b) [pluie] to beat down (on) c) [avion, rapaces] to swoop down (on) d) [insectes, maladie, fléau] to descend (on).

abattu, e [abaty] ◈ pp ⟶ **abattre.** ◈ adj **1.** [déprimé] demoralized, dejected **2.** [affaibli] very weak.

abbaye [abei] nf abbey.

abbé [abe] nm **1.** [prêtre] priest **2.** [de couvent] abbot.

abc [abese] nm basics *pl*.

abcès [apsɛ] nm abscess ▸ **crever l'abcès** *fig* to make a clean breast of things.

abdication [abdikasjɔ̃] nf abdication.

abdiquer [3] [abdike] ◈ vt **1.** [renoncer à] to renounce **2.** [suj : roi] to abdicate. ◈ vi **1.** [roi] to abdicate **2.** [renoncer] to give up.

abdomen [abdɔmɛn] nm abdomen.

abdominal, e, aux [abdɔminal, o] adj abdominal. ◆ **abdominaux** nmpl **1.** [muscles] abdominal ou stomach muscles **2.** [exercices] ▸ **faire des abdominaux** to do stomach exercises ou abs.

abdos [abdo] nmpl **1.** [muscles] abs, stomach muscles **2.** [exercices] stomach exercises, abs (exercises) / ***faire des abdos*** to do abs ou stomach exercises.

abécédaire [abesedɛʀ] nm ABC *(book)*.

abeille [abɛj] nf bee.

aberrant, e [abɛʀɑ̃, ɑ̃t] adj absurd.

aberration [abɛʀasjɔ̃] nf aberration.

abhorrer [3] [abɔʀe] vt *sout* to abhor.

abîme [abim] nm abyss, gulf.

abîmer [3] [abime] vt [détériorer - objet] to damage; [- partie du corps, vue] to ruin. ◆ **s'abîmer** vp **1.** [gén] to be damaged; [fruits] to go bad **2.** *fig* [personne] ▸ **s'abîmer dans** a) [lecture] to bury o.s. in b) [pensées] to lose o.s. in.

abject, e [abʒɛkt] adj despicable, contemptible.

abjurer [3] [abʒyʀe] vt RELIG to renounce.

ablatif [ablatif] nm ablative.

ablation [ablasjɔ̃] nf MÉD removal.

ablutions [ablysjɔ̃] nfpl ▸ **faire ses ablutions** to perform one's ablutions.

abnégation [abnegasjɔ̃] nf selflessness.

aboie, aboies ⟶ **aboyer.**

aboiement [abwamɑ̃] nm bark, barking *(U)*.

abois [abwa] nmpl ▸ **être aux abois** *fig* to be in dire straits.

abolir [32] [abɔliʀ] vt to abolish.

abolition [abɔlisjɔ̃] nf abolition.

abominable [abɔminabl] adj appalling, awful.

abominablement [abɔminabləmɑ̃] adv **1.** [très mal] abominably **2.** [extrêmement] awfully.

abomination [abɔminasjɔ̃] nf abomination.

abondamment [abɔ̃damɑ̃] adv **1.** [beaucoup] plentifully **2.** [largement] extensively.

abondance [abɔ̃dɑ̃s] nf **1.** [profusion] abundance ▸ **en abondance** in abundance **2.** [opulence] affluence ▸ **vivre dans l'abondance** to live in affluence.

abondant, e [abɔ̃dɑ̃, ɑ̃t] adj [gén] plentiful; [végétation, chevelure] luxuriant; [pluie] heavy.

abonder [3] [abɔ̃de] vi to abound, to be abundant ▸ **abonder en qqch** to be rich in sthg ▸ **abonder dans le sens de qqn** to be entirely of sb's opinion.

abonné, e [abɔne] nm, f **1.** [à un journal, à une chaîne de télé] subscriber; [à un théâtre] season-ticket holder **2.** [à un service public] consumer.

abonnement [abɔnmɑ̃] nm **1.** [à un journal, à une chaîne de télé] subscription; [à un théâtre] season ticket **2.** [au téléphone] rental; [au gaz, à l'électricité] standing charge.

abonner [3] [abɔne] ◆ **s'abonner** vp ▸ **s'abonner à qqch** a) [journal, chaîne de télé] to subscribe to sthg, to take out a subscription to sthg b) [service public] to get connected to sthg c) [théâtre] to buy a season ticket for sthg.

abord [abɔʀ] nm ▸ **être d'un abord facile / difficile** to be very/not very approachable ▸ **au premier abord, de prime abord** at first sight ▸ **dès l'abord** from the outset. ◆ **abords** nmpl [gén] surrounding area *sg*; [de ville] outskirts. ◆ **d'abord** loc adv **1.** [en premier lieu] first **2.** [avant tout] ▸ **(tout) d'abord** first (of all), in the first place.

abordable [abɔʀdabl] adj [lieu] accessible; [personne] approachable; [de prix modéré] affordable.

abordage [abɔʀdaʒ] nm boarding.

aborder [3] [abɔʀde] ◈ vi to land. ◈ vt **1.** [personne, lieu] to approach **2.** [question] to tackle.

aborigène [abɔʀiʒɛn] adj aboriginal. ◆ **Aborigène** nmf (Australian) aborigine.

abortif, ive [abɔʀtif, iv] adj abortive. ◆ **abortif** nm abortifacient.

abouti, e [abuti] adj **1.** [projet, démarche] successful **2.** [œuvre] accomplished.

aboutir [32] [abutiʀ] vi **1.** [chemin] ▸ **aboutir à / dans** to end at/in **2.** [négociation] to be successful ▸ **aboutir à qqch** to result in sthg.

aboutissement [abutismɑ̃] nm outcome.

aboyer [13] [abwaje] vi to bark.

abracadabrant, e [abʀakadabʀɑ̃, ɑ̃t] adj preposterous.

abrasif, ive [abʀazif, iv] adj abrasive. ◆ **abrasif** nm abrasive.

abrégé, e [abʀeʒe] adj abridged. ◆ **abrégé** nm résumé, summary / *faire un abrégé de qqch* [texte] to summarize sthg ▸ **en abrégé** a) [mot, phrase] in abbreviated form b) [écrire] in brief.

abréger [22] [abʀeʒe] vt [visite, réunion] to cut short ; [discours] to shorten ; [mot] to abbreviate.

abreuver [5] [abʀœve] vt [animal] to water ▸ **abreuver qqn de** *fig* to shower sb with. ◆ **s'abreuver** vp to drink.

abreuvoir [abʀœvwaʀ] nm **1.** [lieu] watering place ; [installation] drinking trough **2.** QUÉBEC [jet d'eau] drinking fountain.

abréviation [abʀevjasjɔ̃] nf abbreviation.

abri [abʀi] nm shelter / *être à l'abri* to be sheltered / *mettre sa fortune à l'abri* to invest one's money safely ▸ **se mettre à l'abri** to shelter, to take shelter ▸ **abri antiatomique** nuclear fallout shelter ▸ **abri de jardin** garden shed ▸ **abri à vélos** bicycle stand. ◆ **à l'abri de** loc prép **1.** [pluie] sheltered from ; [chaleur, obus] shielded from ; [regards] hidden from **2.** *fig* safe from / *à l'abri des contrôles* safe from checks / *nos économies nous mettront à l'abri de la misère* our savings will shield us against poverty ou will protect us from hardship / *personne n'est à l'abri d'une erreur* anyone can make a mistake.

Abribus® [abʀibys] nm bus shelter.

abricot [abʀiko] nm & adj inv apricot.

abricotier [abʀikɔtje] nm apricot tree.

abrier [10] [abʀije] QUÉBEC ◆ **s'abrier** vp **1.** [pour se protéger] : *s'abrier sous une couverture* to hide under a blanket **2.** *fig* [cacher, dissimuler] to hide.

abriter [3] [abʀite] vt **1.** [protéger] ▸ **abriter qqn / qqch (de)** to shelter sb / sthg (from) **2.** [héberger] to accommodate. ◆ **s'abriter** vp + prép ▸ **s'abriter (de)** to shelter (from).

abroger [17] [abʀɔʒe] vt to repeal.

abrupt, e [abʀypt] adj **1.** [raide] steep **2.** [rude] abrupt, brusque.

abruti, e [abʀyti] *fam* ◈ adj moronic. ◈ nm, f moron.

abrutir [32] [abʀytiʀ] vt **1.** [abêtir] ▸ **abrutir qqn** to deaden sb's mind **2.** [accabler] ▸ **abrutir qqn de travail** to work sb into the ground **3.** [étourdir] to daze. ◆ **s'abrutir** vp **1.** [s'épuiser] : *s'abrutir de travail* to work o.s. into the ground **2.** [s'abêtir] to become moronic.

abrutissant, e [abʀytisɑ̃, ɑ̃t] adj **1.** [bruit, travail] stupefying **2.** [jeu, feuilleton] moronic.

abrutissement [abʀytismɑ̃] nm **1.** [épuisement] exhaustion **2.** [intellectuel] mindless state.

ABS (*abr de* **Antiblockiersystem**) nm ABS.

abscisse [apsis] nf abscissa.

absence [apsɑ̃s] nf **1.** [de personne] absence ▸ **en l'absence de** in the absence of **2.** [carence] lack.

absent, e [apsɑ̃, ɑ̃t] ◈ adj **1.** [personne] ▸ **absent (de)** a) [gén] away (from) b) [pour maladie] absent (from) **2.** [regard, air] vacant, absent **3.** [manquant] lacking. ◈ nm, f absentee.

absentéisme [apsɑ̃teism] nm absenteeism.

absenter [3] [apsɑ̃te] ◆ **s'absenter** vp ▸ **s'absenter (de la pièce)** to leave (the room).

abside [apsid] nf apse.

absinthe [apsɛ̃t] nf [plante] wormwood ; [boisson] absinth.

absolu, e [apsɔly] adj [gén] absolute ; [décision, jugement] uncompromising. ◆ **absolu** nm ▸ **l'absolu** the Absolute ▸ **dans l'absolu** out of context.

absolument [apsɔlymɑ̃] adv absolutely.

absolution [apsɔlysjɔ̃] nf absolution.

absolutisme [apsɔlytism] nm absolutism.

absorbant, e [apsɔʀbɑ̃, ɑ̃t] adj **1.** [matière] absorbent **2.** [occupation] absorbing.

absorber [3] [apsɔʀbe] vt **1.** [gén] to absorb **2.** [manger] to take **3.** [entreprise] to take over. ◆ **s'absorber** vp ▸ **s'absorber dans qqch** to get ou become absorbed in sthg.

absorption [apsɔʀpsjɔ̃] nf **1.** [gén] absorption **2.** ÉCON takeover.

abstenir [40] [apstəniʀ] ◆ **s'abstenir** vp **1.** [ne rien faire] ▸ **s'abstenir (de qqch / de faire qqch)** to refrain (from sthg / from doing sthg) **2.** [ne pas voter] to abstain.

abstention [apstɑ̃sjɔ̃] nf abstention.

abstentionnisme [apstɑ̃sjɔnism] nm abstaining.

abstenu, e [apstəny] pp ⟶ **abstenir**.

abstiendrai, abstiendras ⟶ **abstenir**.

abstinence [apstinɑ̃s] nf abstinence ▸ **faire abstinence** to refrain from eating meat.

abstraction [apstʀaksjɔ̃] nf abstraction ▸ **faire abstraction de** to disregard.

abstrait, e [apstʀɛ, ɛt] adj abstract. ◆ **abstrait** nm ▸ **l'abstrait** the abstract.

absurde [apsyʀd] ◈ adj absurd. ◈ nm ▸ **l'absurde** the absurd ▸ **raisonnement par l'absurde** reductio ad absurdum.

absurdité [apsyʀdite] nf absurdity ▸ **dire des absurdités** to talk nonsense *(U)*.

abus [aby] nm abuse ▸ **abus de confiance** breach of trust ▸ **abus de droit** POL abuse of privilege ▸ **abus de pouvoir** abuse of power.

abuser [3] [abyze] ◈ vi **1.** [dépasser les bornes] to go too far **2.** [user] ▸ **abuser de** a) [autorité, pouvoir] to overstep the bounds of **b)** [femme] to take advantage of **c)** [temps] to take up too much of ▸ **abuser de ses forces** to overexert o.s.. ✧ vt *sout* to mislead. ◆ **s'abuser** vp ▸ **s'abuser sur** to delude o.s. about.

abusif, ive [abyzif, iv] adj **1.** [excessif] excessive **2.** [fautif] improper.

abyme [abim] nm ▸ **mise en abyme** **a)** ART self-referentiality **b)** LITTÉR story within the story **c)** THÉÂTRE play within the play / *cet auteur pratique beaucoup la mise en abyme* this author often uses the technique of the story within a story.

acabit [akabi] nm ▸ **du même acabit** *péj* of the same type.

acacia [akasja] nm acacia.

académicien, enne [akademisjɛ̃, ɛn] nm, f academician ; [de l'Académie française] member of the French Academy.

académie [akademi] nf **1.** SCOL & UNIV ≃ regional education authority UK ; ≃ school district US **2.** [institut] academy ▸ **l'Académie française** the French Academy *(learned society of leading men and women of letters)* ▸ **l'Académie Goncourt** *literary society whose members choose the winner of the Prix Goncourt.*

L'Académie française

Originally a group of men of letters who were encouraged by Cardinal Richelieu in 1635 to become an official body. **L'Académie française** consists of forty distinguished writers known as **les Quarante** or **les Immortels**. Its chief task is to produce a definitive dictionary and to be the ultimate authority in matters concerning the French language.

académique [akademik] adj **1.** UNIV academic **2.** [conventionnel] conventional.

acadien, enne [akadjɛ̃, ɛn] adj Acadian. ◆ **Acadien, enne** nm, f Acadian. ◆ **acadien** nm LING Acadian.

acajou [akaʒu] nm & adj inv mahogany.

acariâtre [akaʀjatʀ] adj bad-tempered, cantankerous.

acarien [akaʀjɛ̃] nm [gén] acarid ; [de poussière] dust mite.

accablant, e [akablɑ̃, ɑ̃t] adj **1.** [soleil, chaleur] oppressive **2.** [preuve, témoignage] overwhelming.

accabler [3] [akable] vt **1.** [surcharger] ▸ **accabler qqn de** [travail] to overwhelm sb with ▸ **accabler qqn d'injures** to shower sb with abuse **2.** [accuser] to condemn.

accalmie [akalmi] nf *pr* & *fig* lull.

accaparer [3] [akapaʀe] vt to monopolize / *son travail l'accapare* his work takes up all his time. ◆ **s'accaparer** vp ▸ **s'accaparer qqch** to seize sthg.

accédant, e [aksedɑ̃, ɑ̃t] nm, f ▸ **un accédant à la propriété** a new homeowner.

accéder [18] [aksede] ◆ **accéder à** vt **1.** [pénétrer dans] to reach, to get to **2.** [parvenir à] to attain **3.** [consentir à] to comply with.

accélérateur [akseleʀatœʀ] nm accelerator ▸ **appuyer sur l'accélérateur** to accelerate.

accélération [akseleʀasjɔ̃] nf [de voiture, machine] acceleration ; [de projet] speeding up.

accéléré [akseleʀe] nm CINÉ accelerated motion. ◆ **en accéléré** loc adj CINÉ [tv] speeded-up, accelerated.

accélérer [18] [akseleʀe] ✧ vt to accelerate, to speed up / *accélérer le pas* to quicken one's pace / *accélérer le mouvement* *fam* to get things moving. ✧ vi AUTO to accelerate. ◆ **s'accélérer** vpi [pouls, cœur] to beat faster / *son débit s'accélère* he's talking faster and faster.

accent [aksɑ̃] nm **1.** [prononciation] accent / *avoir un accent* to speak with **ou** to have an accent / *elle a un très bon accent* her accent is very good **2.** [signe graphique] accent ▸ **accent aigu / grave / circonflexe** acute / grave / circumflex (accent) **3.** [intonation] tone ▸ **accent tonique** stress ▸ **mettre l'accent sur** **a)** *pr* to stress **b)** *fig* to stress, to emphasize.

accentuation [aksɑ̃tɥasjɔ̃] nf **1.** [à l'écrit] accenting ; [en parlant] stress **2.** [intensification] intensification.

accentuer [7] [aksɑ̃tɥe] vt **1.** [insister sur, souligner] to emphasize, to accentuate **2.** [intensifier] to intensify **3.** [à l'écrit] to put the accents on ; [en parlant] to stress. ◆ **s'accentuer** vp to become more pronounced.

acceptable [aksɛptabl] adj acceptable.

acceptation [aksɛptasjɔ̃] nf acceptance.

accepter [4] [aksɛpte] vt to accept / *acceptez-vous les cartes de crédit ?* do you take credit cards? ▸ **accepter de faire qqch** to agree to do sthg ▸ **accepter que** *(+ subjonctif)* : *accepter que qqn fasse qqch* to agree to sb doing sthg / *j'accepte qu'il vienne* I agree to him coming / *elle accepte qu'il lui parle* she puts up with him talking to her / *je n'accepte pas qu'il me parle ainsi* I won't have him talking to me like that. ◆ **s'accepter** vp *(emploi réfléchi)* to accept o.s. / *je me trouvais trop grosse, maintenant je m'accepte telle que je suis* I used to think of myself as too fat; now I've learned to live with the way I am.

acception [aksɛpsjɔ̃] nf sense.

accès [aksɛ] nm **1.** [entrée] entry ▸ **avoir / donner accès à** to have / to give access to ▸ **'accès interdit'** 'no entry' ▸ **'accès réservé aux riverains'** 'residents only' **2.** [voie d'entrée] entrance **3.** [abord] ▸ **être d'un accès facile / difficile** **a)** [personne] to be approachable / unapproachable **b)** [livre] to be easy / difficult (to read) **4.** [crise] bout ▸ **accès de colère** fit of anger **5.** INFORM ▸ **accès à distance** remote access ▸ **accès commuté** dial-up access ▸ **accès non autorisé** unauthorized access **6.** FIN ▸ **à accès immédiat** instant-access / *compte à accès immédiat* instant-access account.

accessible [aksesibl] adj **1.** [lieu, livre] accessible ; [personne] approachable ; [prix, équipement] affordable **2.** [sensible] ▸ **accessible à** susceptible to.

accession [aksɛsjɔ̃] nf ▸ **accession à** a) [trône, présidence] accession to b) [indépendance] attainment of.

accessit [aksesit] nm ≃ certificate of merit UK; ≃ Honourable Mention US.

accessoire [akseswaʀ] ◆ nm **1.** [gén] accessory **2.** [de théâtre, cinéma] prop. ◆ adj secondary.

accessoirement [akseswaʀmɑ̃] adv if need be.

accident [aksidɑ̃] nm accident ▸ **par accident** by chance, by accident ▸ **accident de parcours** hiccup ▸ **accident de la route / de voiture / du travail** road / car / industrial accident ▸ **accident de terrain** bump.

accidenté, e [aksidɑ̃te] ◆ adj **1.** [terrain, surface] uneven **2.** [voiture] damaged **3.** [vie] eventful. ◆ nm, f *(gén pl)* ▸ **accidenté de la route** accident victim.

accidentel, elle [aksidɑ̃tɛl] adj accidental.

accidentellement [aksidɑ̃tɛlmɑ̃] adv [rencontrer] by chance, accidentally ; [mourir] in an accident.

acclamation [aklamasjɔ̃] nf *(gén pl)* cheers *pl*, cheering *(U)*.

acclamer [3] [aklame] vt to cheer.

acclimatation [aklimatasjɔ̃] nf acclimatization, acclimation US.

acclimater [3] [aklimate] vt to acclimatize, to acclimate US; *fig* to introduce. ◆ **s'acclimater** vp ▸ **s'acclimater à** to become acclimatized ou acclimated US to.

accointances [akwɛ̃tɑ̃s] nfpl ▸ **avoir des accointances dans / avec** *péj* to have contacts in / with.

accolade [akɔlad] nf **1.** TYPO brace **2.** [embrassade] embrace ▸ **donner l'accolade à qqn** to embrace sb.

accoler [3] [akɔle] vt **1.** [par accolade] to bracket together **2.** [adjoindre] ▸ **accoler qqch à** to add sthg to.

accommodant, e [akɔmɔdɑ̃, ɑ̃t] adj obliging.

accommodement [akɔmɔdmɑ̃] nm compromise.

accommoder [3] [akɔmɔde] vt **1.** CULIN to prepare **2.** [mettre en accord] ▸ **accommoder qqch à** to adapt sthg to. ◆ **s'accommoder** vp ▸ **s'accommoder de** to put up with ▸ **s'accommoder à** to adapt to.

accompagnateur, trice [akɔ̃paɲatœʀ, tʀis] nm, f **1.** MUS accompanist **2.** [guide] guide.

accompagnement [akɔ̃paɲmɑ̃] nm **1.** MUS accompaniment **2.** CULIN side dish.

accompagner [3] [akɔ̃paɲe] vt **1.** [personne] to go with, to accompany / *accompagner qqn à l'aéroport* a) [gén] to go to the airport with sb b) [en voiture] to take sb to the airport **2.** [agrémenter] ▸ **accompagner qqch de** to accompany sthg with / *elle accompagna sa réponse d'un sourire* she answered with a smile **3.** [compléter] to go with / *un échantillon de parfum accompagne tout achat* a sample of perfume comes with every purchase / *un plat accompagné de vin blanc* a dish served with white wine **4.** MUS to accompany ▸ **accompagner qqn au piano / à la guitare** to accompany sb on the piano / guitar.

accompli, e [akɔ̃pli] adj accomplished.

accomplir [32] [akɔ̃pliʀ] vt to carry out. ◆ **s'accomplir** vp to come about.

accomplissement [akɔ̃plismɑ̃] nm [d'apprentissage] completion ; [de travail] fulfilment UK, fulfillment US.

accord [akɔʀ] nm **1.** [gén] agreement / *conclure un accord avec* to come to an agreement with ▸ **en accord avec** in harmony with ▸ **d'un commun accord** with one accord ▸ **accord salarial** wage settlement **2.** COMM & ÉCON ▸ **accord à l'amiable** out-of-court settlement, mutual agreement ▸ **accord commercial** trade agreement ▸ **accord de crédit** credit agreement ▸ **accord d'entreprise** ou **d'établissement** collective agreement / *accord de licence* licensing agreement / *en accord avec notre politique commerciale* in line with ou in keeping with our business policy / *en accord avec le chef de service, nous avons décidé que…* together with the head of department, we have decided that… **3.** [harmonie] harmony / *vivre en parfait accord* to live in perfect harmony **4.** LING agreement, concord ▸ **accord en genre / nombre** gender / number agreement **5.** MUS chord ▸ **accord parfait** triad ou common chord **6.** [acceptation] approval ▸ **donner son accord à qqch** to approve sthg **7.** POL ▸ **accord bilatéral** bilateral agreement ▸ **Accord de libre-échange** free-trade agreement ▸ **accord de paix** peace agreement. ◆ **d'accord** ◆ loc adv OK, all right. ◆ loc adj ▸ **être d'accord (avec)** to agree (with) / *(je ne suis) pas d'accord !* a) [je refuse] no (way)! b) [c'est faux] I disagree! ▸ **tomber** ou **se mettre d'accord** to come to an agreement, to agree.

accordéon [akɔʀdeɔ̃] nm accordion / *avoir les chaussettes en accordéon* to have one's socks down around one's ankles.

accorder [3] [akɔʀde] vt **1.** [donner] ▸ **accorder qqch à qqn** to grant sb sthg / *accorder toute sa confiance à qqn* to give sb one's complete trust **2.** [attribuer] ▸ **accorder qqch à qqch** to accord sthg to sthg ▸ **accorder de l'importance à** to attach importance to **3.** [harmoniser] to match **4.** GRAM ▸ **accorder qqch avec qqch** to make sthg agree with sthg / *accorder le verbe avec le sujet* to make the verb agree with the subject **5.** MUS to tune / *les musiciens accordent leurs instruments* [avant un concert] the players are tuning up. ◆ **s'accorder** ◆ vp **1.** [gén] ▸ **s'accorder (pour faire qqch)** to agree (to do sthg) / *ils se sont accordés pour baisser leurs prix* they agreed among themselves that they would drop their prices ▸ **s'accorder à faire qqch** to be unanimous in doing sthg / *tous s'accordent à dire que…* they all agree ou concur that… **2.** [être assorti] to match / *ce qu'il dit ne s'accorde pas avec sa personnalité* he's saying things which are out of character **3.** GRAM to agree / *s'accorder en genre avec* to agree in gender with. ◆ vpt : *s'accorder quelques jours de repos* to take a few days off.

accordeur [akɔʀdœʀ] nm tuner.

accoster [3] [akɔste] ◆ vt **1.** NAUT to come alongside **2.** [personne] to accost. ◆ vi NAUT to dock.

accotement [akɔtmɑ̃] nm [de route] shoulder ▸ **accotement non stabilisé** soft verge UK, soft shoulder US.

accouchement [akuʃmɑ̃] nm childbirth ▸ **accouchement sans douleur** natural childbirth ▸ **accouchement sous X** *a woman's right to anonymity in childbirth.*

accoucher [3] [akuʃe] vi : *accoucher (de)* to give birth (to).

accouder [3] [akude] ◆ **s'accouder** vp to lean on one's elbows ▸ **s'accouder à** to lean one's elbows on.

accoudoir [akudwaʀ] nm armrest.

accouplement [akupləmɑ̃] nm mating, coupling.

accoupler [3] [akuple] vt ZOOL to mate. ◆ **s'accoupler** vpi [animaux] to mate.

accourir [45] [akuʀiʀ] vi to run up, to rush up.

accours, accourt ⟶ **accourir**.

accouru, e [akuʀy] pp ⟶ **accourir**.

accoutré, e [akutʀe] adj *péj* : *être bizarrement accoutré* to be strangely got up.

accoutrement [akutʀəmɑ̃] nm *péj* getup.

accoutrer [3] [akutʀe] ◆ **s'accoutrer** vp *péj* : *s'accoutrer bizarrement* to get o.s. up very strangely.

accoutumance [akutymɑ̃s] nf [adaptation] adaptation ; MÉD addiction.

accoutumé, e [akutyme] adj usual. ◆ **comme à l'accoutumée** loc adv *sout* as usual.

accoutumer [3] [akutyme] vt ▸ **accoutumer qqn à qqn / qqch** to get sb used to sb / sthg ▸ **accoutumer qqn à faire qqch** to get sb used to doing sthg. ◆ **s'accoutumer** vp ▸ **s'accoutumer à qqn / qqch** to get used to sb / sthg ▸ **s'accoutumer à faire qqch** to get used to doing sthg.

accréditation [akʀeditasjɔ̃] nf FIN accreditation.

accréditer [3] [akʀedite] vt [rumeur] to substantiate ▸ **accréditer qqn auprès de** to accredit sb to. ◆ **s'accréditer** vp to gain substance.

accro [akʀo] *fam* ✧ adj hooked ▸ **être accro à qqch** **a)** [drogue] to be hooked on sthg **b)** *fig* to be hooked on ou really into sthg. ✧ nmf fanatic / *les accros de la hi-fi* hi-fi fanatics / *c'est un accro du football* he's really mad on football.

Accrobranche® [akʀobʀɑ̃ʃ] nm treetop walking.

accroc [akʀo] nm **1.** [déchirure] tear ▸ **faire un accroc à** to tear **2.** [incident] hitch ▸ **sans accroc** without a hitch.

accrochage [akʀɔʃaʒ] nm **1.** [accident] collision **2.** *fam* [dispute] row **3.** [de tableaux] hanging.

accroche [akʀɔʃ] nf COMM catch line.

accrocher [3] [akʀɔʃe] vt **1.** [suspendre] ▸ **accrocher qqch (à)** to hang sthg up (on) **2.** [déchirer] ▸ **accrocher qqch (à)** to catch sthg (on) **3.** [attacher] : *accrocher un pendentif à une chaîne* to attach a pendant to a chain **4.** [heurter] to bump into / *il a accroché l'aile de ma voiture* he caught ou scraped my wing **5.** [retenir l'attention de] to attract / *qui accroche le regard* eye-catching / *un slogan qui accroche* a catchy slogan. ◆ **s'accrocher** vp **1.** [s'agripper] ▸ **s'accrocher (à)** to hang on (to) / *accroche-toi à la poignée !* hang on (tight) to the handle! ▸ **s'accrocher à qqn** *fig* to cling to sb **2.** *fam* [se disputer] to row, to have a row / *ils ne peuvent pas se supporter, ils vont s'accrocher tout de suite* they can't stand each other so they're bound to start arguing straight away **3.** *fam* [persévérer] to stick at it / *avec lui, il faut s'accrocher !* he's hard work!

accrocheur, euse [akʀɔʃœʀ, øz] adj **1.** [qui retient l'attention] eye-catching **2.** [opiniâtre] tenacious.

accroire [akʀwaʀ] vt *sout* ▸ **en faire accroire à qqn** to take sb in.

accroissement [akʀwasmɑ̃] nm increase, growth.

accroître [94] [akʀwatʀ] vt to increase. ◆ **s'accroître** vp to increase, to grow.

accroupir [32] [akʀupiʀ] ◆ **s'accroupir** vp to squat.

accru, e [akʀy] pp ⟶ **accroître**.

accu [aky] nm ▸ **recharger ses accus** *fam* & *fig* to recharge one's batteries.

accueil [akœj] nm **1.** [lieu] reception **2.** [action] welcome, reception.

accueillant, e [akœjɑ̃, ɑ̃t] adj welcoming, friendly.

accueillir [41] [akœjiʀ] vt **1.** [gén] to welcome **2.** [loger] to accommodate.

acculer [3] [akyle] vt **1.** [repousser] ▸ **acculer qqn contre / à** to drive sb up against / into **2.** *fig* ▸ **acculer qqn à** **a)** [ruine, désespoir] to drive sb to **b)** [faute] to force sb into.

accumulateur [akymylatœʀ] nm **1.** BANQUE & INFORM accumulator **2.** ÉLECTR (storage) battery.

accumulation [akymylasjɔ̃] nf accumulation.

accumuler [3] [akymyle] vt to accumulate ; *fig* to store up. ◆ **s'accumuler** vp to pile up.

accusateur, trice [akyzatœʀ, tʀis] ✧ adj accusing. ✧ nm, f accuser.

accusation [akyzasjɔ̃] nf **1.** [reproche] accusation **2.** DR charge ▸ **mettre en accusation** to indict ▸ **l'accusation** the prosecution.

accusé, e [akyze] nm, f accused, defendant. ◆ **accusé de réception** nm acknowledgement (of receipt).

accuser [3] [akyze] vt **1.** [porter une accusation contre] ▸ **accuser qqn (de qqch)** to accuse sb (of sthg) / *on m'accuse d'avoir menti* I'm being accused of lying **2.** DR ▸ **accuser qqn de qqch** to charge sb with sthg / *de quoi l'accuse-t-on ?* what's the charge against him? **3.** [mettre en relief] to emphasize / *la lumière accuse les reliefs* sunlight emphasizes the outlines **4.** EXPR **accuser le coup** **a)** [en boxe] to reel with the punch **b)** [fatigue] to show the strain **c)** [moralement] to take it badly ▸ **accuser réception de** to acknowledge receipt of.

ace [ɛs] nm SPORT ace.

acerbe [asɛʀb] adj acerbic.

acéré, e [aseʀe] adj sharp.

acériculture [aseʀikyltyʀ] nf maple sugar production.

acétate [asetat] nm acetate.

acétone [asetɔn] nf acetone.

achalandage [aʃalɑ̃daʒ] nm QUÉBEC [fréquentation en grand nombre] popularity.

achalandé, e [aʃalɑ̃de] adj **1.** [en marchandises] ▸ **bien achalandé** well-stocked **2.** QUÉBEC [très fréquenté] busy.

achalant, e [aʃalɑ̃, ɑ̃t] QUÉBEC ◆ adj annoying. ◆ nm, f [personne] pest, nuisance.

achaler [3] [aʃale] vt QUÉBEC *fam* to annoy.

acharné, e [aʃaʀne] adj [combat] fierce ; [travail] unremitting.

acharnement [aʃaʀnəmɑ̃] nm relentlessness.

acharner [3] [aʃaʀne] ◆ **s'acharner** vp **1.** [combattre] ▸ **s'acharner contre** ou **après** ou **sur qqn** a) [ennemi, victime] to hound sb b) [suj : malheur] to dog sb **2.** [s'obstiner] ▸ **s'acharner (à faire qqch)** to persist (in doing sthg).

achat [aʃa] nm **1.** [objet, marchandise] purchase ▸ **faire des achats** to go shopping **2.** [acte] ▸ **achats par Internet** ou **en ligne** online shopping ▸ **achat spontané** ou **d'impulsion** ou **impulsif** impulse buy **3.** ÉCON ▸ **achat au comptant** ou **contre espèces** cash purchase ▸ **achat à crédit** credit purchase ▸ **achat d'espace** buying of (advertising) space ▸ **achat JAT** JIT purchasing ▸ **achat juste à temps** just-in-time purchasing ▸ **achats regroupés** one-stop shopping ou buying.

acheminer [3] [aʃmine] vt to dispatch. ◆ **s'acheminer** vp ▸ **s'acheminer vers** a) [lieu, désastre] to head for b) [solution, paix] to move towards UK ou toward US.

acheter [28] [aʃte] vt **1.** *pr* & *fig* [cadeau, objet, produit] to buy / *acheter qqch au kilo* to buy sthg by the kilo / *acheter qqch comptant / en gros / d'occasion / à crédit* to buy sthg cash / wholesale / second-hand / on credit / *acheter des actions* ou *une part d'une entreprise* to buy into a business ▸ **acheter qqch à qqn** a) [pour soi] to buy sthg from sb b) [pour le lui offrir] to buy sb sthg, to buy sthg for sb ▸ **acheter qqch pour qqn** to buy sthg for sb, to buy sb sthg **2.** [soudoyer - témoin, juge] to bribe, to buy (off) ; [- électeurs] to buy / *le juré s'est fait acheter par la Mafia* the juror was bought by the Mafia.

acheteur, euse [aʃtœʀ, øz] nm, f buyer, purchaser / *acheteur impulsif* impulse buyer.

achevé, e [aʃve] adj *sout* : *d'un ridicule achevé* utterly ridiculous.

achèvement [aʃɛvmɑ̃] nm completion.

achever [19] [aʃve] vt **1.** [terminer] to complete, to finish (off) **2.** [tuer, accabler] to finish off. ◆ **s'achever** vp to end, to come to an end.

> ⚠ To achieve signifie « accomplir », « réaliser » et non *achever*.

achoppement [aʃɔpmɑ̃] ⟶ **pierre.**

achopper [3] [aʃɔpe] vi ▸ **achopper sur** a) *pr* & *vieilli* to stumble on ou over b) *fig* to come up against, to meet with.

acide [asid] ◆ adj **1.** [saveur] sour **2.** [propos] sharp, acid **3.** CHIM acid. ◆ nm **1.** CHIM acid ▸ **acide acétique / chlorhydrique / sulfurique** acetic / hydrochloric / sulphuric ou sulfuric US acid ▸ **acide aminé** amino acid **2.** *arg* acid.

acidifiant, e [asidifjɑ̃, ɑ̃t] adj acidifying. ◆ **acidifiant** nm acidifier.

acidité [asidite] nf **1.** CHIM acidity **2.** [saveur] sourness **3.** [de propos] sharpness.

acid jazz [asiddʒaz] nm acid jazz.

acidulé, e [asidyle] adj slightly acid ; ⟶ **bonbon.**

acier [asje] nm steel ▸ **acier inoxydable** stainless steel.

aciérie [asjeʀi] nf steelworks *sg.*

acné [akne] nf acne ▸ **acné juvénile** teenage acne.

acolyte [akɔlit] nm *péj* henchman.

acompte [akɔ̃t] nm deposit ▸ **verser un acompte** to put down ou pay a deposit ▸ **acompte minimum** minimum deposit.

acoquiner [3] [akɔkine] ◆ **s'acoquiner** vp ▸ **s'acoquiner avec qqn** to gang up with sb.

à-côté [akote] (*pl* **à-côtés**) nm **1.** [point accessoire] side issue **2.** [gain d'appoint] extra.

à-coup [aku] (*pl* **à-coups**) nm jerk ▸ **par à-coups** in fits and starts.

acoustique [akustik] ◆ nf **1.** [science] acoustics *(U)* **2.** [d'une salle] acoustics *pl.* ◆ adj acoustic.

acquéreur [akeʀœʀ] nm buyer.

acquérir [39] [akeʀiʀ] vt **1.** [gén] to acquire **2.** [conquérir] to win. ◆ **s'acquérir** vp ▸ **s'acquérir qqch** to win sthg, to gain sthg.

acquiers, acquiert ⟶ **acquérir.**

acquiescement [akjɛsmɑ̃] nm approval.

acquiescer [21] [akjese] vi to acquiesce ▸ **acquiescer à** to agree to.

acquis, e [aki, iz] ◆ pp ⟶ **acquérir.** ◆ adj **1.** [caractère] acquired **2.** [droit, avantage] established. ◆ **acquis** nmpl [connaissances] knowledge *(U).*

acquisition [akizisjɔ̃] nf acquisition.

acquit [aki] nm receipt ▸ **pour acquit** COMM received ▸ **faire qqch par acquit de conscience** *fig* to do sthg to set one's mind at rest.

acquittement [akitmɑ̃] nm **1.** [d'obligation] settlement **2.** DR acquittal.

acquitter [3] [akite] vt **1.** DR to acquit **2.** [régler] to pay **3.** [libérer] ▸ **acquitter qqn de** to release sb from. ◆ **s'acquitter** vp ▸ **s'acquitter de qqch** a) [payer] to settle sthg b) *fig* to carry sthg out.

acra [akʀa] nm *Creole fried fish or vegetable ball.*

âcre [akʀ] adj **1.** [saveur] bitter **2.** [fumée] acrid.

acrimonie [akʀimɔni] nf acrimony.

acrobate [akʀɔbat] nmf acrobat.

acrobatie [akʀɔbasi] nf acrobatics *(U)* ▸ **acrobaties aériennes** aerobatics *pl*.

acrobatique [akʀɔbatik] adj acrobatic.

acronyme [akʀɔnim] nm acronym.

acrylique [akʀilik] adj & nm acrylic.

acte [akt] nm **1.** [action] act, action ▸ **faire acte d'autorité** to exercise one's authority ▸ **faire acte de bonne volonté** to make a gesture of goodwill ▸ **faire acte de candidature** to submit an application **2.** THÉÂTRE act / *une pièce en un seul acte* a one-act play **3.** DR deed ▸ **acte d'accusation** charge ▸ **acte administratif** administrative act ▸ **acte d'association** partnership agreement ou deed, articles of partnership ▸ **acte d'huissier** writ ▸ **acte juridique** legal transaction ▸ **acte de naissance / de mariage / de décès** birth/marriage/death certificate ▸ **acte notarié** deed executed by a notary ▸ **acte de succession** attestation of inheritance ou will ▸ **acte de vente** bill of sale **4.** RELIG certificate ▸ **acte de baptême** baptismal certificate **5.** MÉD ▸ **acte (médical)** a) [consultation] (medical) consultation b) [traitement] (medical) treatment **6.** PSYCHO : *passer à l'acte* a) [gén] to act b) [névrosé, psychopathe] to act out **7.** EXPR **faire acte de présence** to put in an appearance ▸ **prendre acte de** to note, to take note of ▸ **demander acte de qqch** to ask for formal acknowledgment of sthg. ◆ **actes** nmpl [de colloque] proceedings.

acteur, trice [aktœʀ, tʀis] nm, f actor (actress).

actif, ive [aktif, iv] adj [gén] active. ◆ **actif** nm **1.** FIN assets *pl* ▸ **actif corporel** tangible assets ▸ **actif imposable sur les plus-values** chargeable assets **2.** EXPR **avoir qqch à son actif** to have sthg to one's credit.

action [aksjɔ̃] nf **1.** [gén] action / *dans le feu de l'action, en pleine action* right in the middle ou at the heart of the action / *entrer en action* a) [pompiers, police] to go into action b) [loi, règlement] to become effective, to take effect ▸ **passer à l'action** a) to go into action b) MIL to go into battle ▸ **sous l'action de** under the effect of **2.** [acte] action, act ▸ **bonne / mauvaise action** good/bad deed / *une action syndicale est à prévoir* some industrial action is expected **3.** DR action, lawsuit / *intenter une action contre* ou *à qqn* to bring an action against sb, to take legal action against sb, to take sb to court **4.** FIN share / *ses actions ont baissé / monté* *fig* & *hum* his stock has fallen/risen *fig* ▸ **action au porteur** transferable ou bearer share / *actions cotées en Bourse* common stock **5.** RELIG ▸ **action de grâces** thanksgiving. ◆ **d'action** loc adj **1.** [mouvementé - roman] action-packed **2.** [qui aime agir] : *homme / femme d'action* man/woman of action **3.** POL : *journée / semaine d'action* day/week of action.

actionnaire [aksjɔnɛʀ] nmf FIN shareholder UK, stockholder US ▸ **actionnaire minoritaire** minority shareholder UK, minority stockholder US.

actionner [3] [aksjɔne] vt to work, to activate.

activement [aktivmɑ̃] adv actively.

activer [3] [aktive] vt to speed up. ◆ **s'activer** vp to bustle about.

activisme [aktivism] nm activism.

activiste [aktivist] adj & nmf activist.

activité [aktivite] nf **1.** [gén] activity ▸ **en activité** [volcan] active ▸ **activité d'éveil** early learning experience **2.** ÉCON : *activité centrale* core business ▸ **activité professionnelle** job, profession / *rester en activité* ADMIN to remain in gainful employment.

actu [akty] (*abr de* **actualité**) nf ▸ **l'actu** the (latest) news / *l'actu de la semaine en images* this week's news in pictures.

actuaire [aktɥɛʀ] nmf actuary.

actualisation [aktɥalizasjɔ̃] nf [d'un texte] updating.

actualiser [3] [aktɥalize] vt to update, to bring up to date.

actualité [aktɥalite] nf **1.** [d'un sujet] topicality ▸ **être d'actualité** to be topical **2.** [événements] ▸ **l'actualité sportive / politique / littéraire** the current sports/political/literary scene. ◆ **actualités** nfpl ▸ **les actualités** the news *sg*.

actuel, elle [aktɥɛl] adj **1.** [contemporain, présent] current, present **2.** [d'actualité] topical.

actuellement [aktɥɛlmɑ̃] adv at present, currently.

> ⚠ **Actually** signifie « vraiment » et non *actuellement*.

acuité [akɥite] nf acuteness ▸ **acuité visuelle** keenness of sight.

acuponcteur, trice, acupuncteur, trice [akypɔ̃ktœʀ, tʀis] nm, f acupuncturist.

acupuncture, acuponcture [akypɔ̃ktyʀ] nf acupuncture.

adage [adaʒ] nm adage, saying.

adaptabilité [adaptabilite] nf adaptability.

adaptable [adaptabl] adj adaptable.

adaptateur, trice [adaptatœʀ, tʀis] nm, f adapter. ◆ **adaptateur** nm ÉLECTR adapter.

adaptation [adaptasjɔ̃] nf adaptation.

adapter [3] [adapte] vt **1.** [gén] to adapt / *adapté aux circonstances* appropriate / *adapté d'une nouvelle de…* adapted from a short story by… / *la méthode n'est pas vraiment adaptée à la situation* the method isn't very appropriate for this situation **2.** [fixer] to fit ▸ **adapter qqch à qqch** to fit sthg to sthg / *adapter un embout à un tuyau* to fit a nozzle onto a pipe. ◆ **s'adapter** vp ▸ **s'adapter (à)** to adapt (to) / *il s'est bien adapté à sa nouvelle école* he has settled down well in his new school.

ADD (*abr de* **analogique / digital / digital**) ADD.

additif [aditif] nm **1.** [supplément] rider, additional clause **2.** [substance] additive.

addition [adisjɔ̃] nf **1.** [ajout, calcul] addition **2.** [note] bill, check US.

additionnel, elle [adisjɔnɛl] adj extra, additional.

additionner [3] [adisjɔne] vt **1.** [mélanger] : *additionner une poudre d'eau* to add water to a powder **2.** [chiffres] to add up. ◆ **s'additionner** vp to add up.

adduction [adyksjɔ̃] nf [des eaux, du gaz] supply.

adénome [adenom] nm adenoma.

adepte [adɛpt] nmf follower.

adéquat, e [adekwa, at] adj suitable, appropriate.

adéquation [adekwasjɔ̃] nf appropriateness.

adhérence [adeʀɑ̃s] nf [de pneu] grip / *une bonne adhérence à la route* good road-holding *(U)*.

adhérent, e [adeʀɑ̃, ɑ̃t] ❖ adj ▸ **adhérent à** adhering ou sticking to. ❖ nm, f ▸ **adhérent (de)** member (of).

adhérer [18] [adeʀe] vi **1.** [coller] to stick, to adhere ▸ **adhérer à a)** [se fixer sur] to stick ou adhere to **b)** *fig* [être d'accord avec] to support, to adhere to **2.** [être membre] ▸ **adhérer à** to become a member of, to join.

adhésif, ive [adezif, iv] adj sticky, adhesive. ◆ **adhésif** nm adhesive.

adhésion [adezjɔ̃] nf **1.** [à une idée] ▸ **adhésion (à)** support (for) **2.** [à un parti] ▸ **adhésion (à)** membership (of).

adieu [adjø] ❖ interj goodbye!, farewell! ▸ **dire adieu à qqch** *fig* to say goodbye to sthg. ❖ nm *(gén pl)* farewell ▸ **faire ses adieux à qqn** to say one's farewells to sb.

adipeux, euse [adipø, øz] adj [tissu] adipose ; [personne] fat.

adjacent, e [adʒasɑ̃, ɑ̃t] adj adjoining, adjacent.

adjectif [adʒɛktif] nm GRAM adjective ▸ **adjectif attribut** predicative adjective ▸ **adjectif épithète** attributive adjective.

adjoindre [82] [adʒwɛ̃dʀ] vt ▸ **adjoindre qqch à qqch** to add sthg to sthg. ◆ **s'adjoindre** vp to appoint, to take on.

adjoint, e [adʒwɛ̃, ɛ̃t] ❖ adj deputy *(avant n)*, assistant *(avant n)*. ❖ nm, f deputy, assistant ▸ **adjoint au maire** deputy mayor.

adjonction [adʒɔ̃ksjɔ̃] nf addition ▸ **sans adjonction de sel / sucre / conservateurs** with no added salt/sugar/preservatives.

adjudant [adʒydɑ̃] nm [dans la marine] warrant officer ; [dans l'armée] company sergeant major ▸ **adjudant chef a)** [dans la marine] warrant officer 1st class UK, chief warrant officer US **b)** [dans l'armée] regimental sergeant major.

adjudicataire [adʒydikatɛʀ] nmf successful bidder.

adjudication [adʒydikasjɔ̃] nf **1.** [vente aux enchères] sale by auction **2.** ADMIN awarding.

adjuger [17] [adʒyʒe] vt ▸ **adjuger qqch (à qqn) a)** [aux enchères] to auction sthg (to sb) **b)** [décerner] to award sthg (to sb) ▸ **adjugé !** sold! ◆ **s'adjuger** vp ▸ **s'adjuger qqch** to give o.s. sthg.

adjurer [3] [adʒyʀe] vt *sout* to implore, to beg.

adjuvant [adʒyvɑ̃] nm **1.** [médicament] adjuvant **2.** [stimulant] stimulant.

admets ⟶ **admettre**.

admettre [84] [admɛtʀ] vt **1.** [tolérer, accepter] to allow, to accept / *je n'admets pas qu'on me parle sur ce ton !* I won't tolerate ou stand being talked to like that! **2.** [supposer] to suppose, to assume ▸ **admettons que** *(+ subjonctif)* supposing ou assuming (that) **3.** [autoriser] to allow / *il ne sera pas admis en classe supérieure* he won't be admitted to ou allowed into the next year UK ou class US ▸ **être admis à faire qqch** to be allowed to do sthg / *les enfants de moins de 10 ans ne sont pas admis* children under the age of 10 are not admitted **4.** [accueillir, reconnaître] to admit / *admettre qqn dans un club* to admit sb as a member of a club / *j'admets mon erreur / mon incertitude* I admit I was wrong/I am unsure.

administrateur, trice [administʀatœʀ, tʀis] nm, f **1.** [gérant] administrator ▸ **administrateur de biens** administrator of an estate ▸ **administrateur judiciaire** receiver **2.** [de conseil d'administration] director **3.** INFORM ▸ **administrateur de site (Web)** webmaster.

administratif, ive [administʀatif, iv] adj administrative.

administration [administʀasjɔ̃] nf **1.** [service public] ▸ **l'Administration** ≃ the Civil Service **2.** [gestion] administration.

administrer [3] [administʀe] vt **1.** [gérer] to manage, to administer **2.** [médicament, sacrement] to administer.

admirable [admiʀabl] adj **1.** [personne, comportement] admirable **2.** [paysage, spectacle] wonderful.

admirablement [admiʀabləmɑ̃] adv admirably.

admirateur, trice [admiʀatœʀ, tʀis] nm, f admirer.

admiratif, ive [admiʀatif, iv] adj admiring.

admiration [admiʀasjɔ̃] nf admiration ▸ **être en admiration devant qqn / qqch** to be filled with admiration for sb/sthg.

admirer [3] [admiʀe] vt to admire.

admis, e [admi, iz] pp ⟶ **admettre**.

admissible [admisibl] ❖ adj **1.** [attitude] acceptable **2.** SCOL eligible. ❖ nmf SCOL eligible candidate.

admission [admisjɔ̃] nf admission.

admonester [3] [admɔnɛste] vt *sout* to admonish.

ADN (**abr de acide désoxyribonucléique**) nm DNA ▸ **test ADN** DNA test.

ado [ado] (**abr de adolescent**) nmf *fam* teen, teenager.

adolescence [adɔlesɑ̃s] nf adolescence.

adolescent, e [adɔlesɑ̃, ɑ̃t] ❖ adj adolescent. ❖ nm, f adolescent, teenager.

adonis [adɔnis] nm Adonis.

adonner [3] [adɔne] ◆ **s'adonner** vp ▸ **s'adonner à a)** [sport, activité] to devote o.s. to **b)** [vice] to take to.

adopter [3] [adɔpte] vt **1.** [gén] to adopt **2.** [loi] to pass / *le projet de loi a été adopté* the bill went through.

adoptif, ive [adɔptif, iv] adj [famille] adoptive ; [pays, enfant] adopted.

adoption [adɔpsjɔ̃] nf adoption ▸ **d'adoption** a) [pays, ville] adopted b) [famille] adoptive.

adorable [adɔʀabl] adj adorable, delightful.

adorateur, trice [adɔʀatœʀ, tʀis] ◆ adj adoring, worshipping UK, worshiping US. ◆ nm, f **1.** [de personne] admirer **2.** RELIG worshipper UK, worshiper US.

adoration [adɔʀasjɔ̃] nf **1.** [amour] adoration ▸ **être en adoration devant qqn** to worship sb **2.** RELIG worship.

adorer [3] [adɔʀe] vt **1.** [personne, chose] to adore **2.** RELIG to worship.

adosser [3] [adose] vt ▸ **adosser qqch à qqch** to place sthg against sthg. ◆ **s'adosser** vp ▸ **s'adosser à** ou **contre qqch** to lean against sthg.

adoucir [32] [adusiʀ] vt **1.** [gén] to soften **2.** [chagrin, peine] to ease, to soothe. ◆ **s'adoucir** vp **1.** [temps] to become ou get milder **2.** [personne] to mellow.

adoucissant, e [adusisɑ̃, ɑ̃t] adj soothing. ◆ **adoucissant** nm softener.

adoucissement [adusismɑ̃] nm **1.** [de température] : *il y a eu un adoucissement de la température* the weather has become milder **2.** [de peine] soothing, easing **3.** [de l'eau] softening.

adoucisseur [adusisœʀ] nm ▸ **adoucisseur d'eau** water softener.

adrénaline [adʀenalin] nf adrenalin.

adresse [adʀɛs] nf **1.** [gén & INFORM] address / *ce restaurant est une bonne adresse* this restaurant is a good place to go ▸ **à l'adresse de** *fig* for the benefit of ▸ **adresse électronique** e-mail address ▸ **adresse Internet** Internet address ▸ **adresse IP** IP adress **2.** [habileté] skill **3.** [subtilité] cleverness, adroitness / *répondre avec adresse* to give a tactful answer.

adresser [4] [adʀese] vt **1.** [faire parvenir] ▸ **adresser qqch à qqn** to address sthg to sb / *cette lettre vous est adressée* this letter is addressed to you ou has your name on the envelope **2.** [envoyer] ▸ **adresser qqn à qqn** to refer sb to sb / *adresser un malade à un spécialiste* to refer a patient to a specialist **3.** [destiner] : *adresser la parole à qqn* to speak to sb / *adresser un compliment à qqn* to pay sb a compliment / *adresser un reproche à qqn* to level a reproach at sb / *adresser un sourire à qqn* to smile at sb. ◆ **s'adresser** vp ▸ **s'adresser à** a) [parler à] to speak to b) [être destiné à] to be aimed at, to be intended for / *à qui s'adresse cette remarque ?* who's this remark aimed at? / *il faut vous adresser au syndicat d'initiative* you should apply to the tourist office / *le ministre s'adressera d'abord aux élus locaux* the minister will first address the local councillors.

Adriatique [adʀiatik] nf : *l'Adriatique* the Adriatic.

adroit, e [adʀwa, at] adj skilful US, skillful US.

adroitement [adʀwatmɑ̃] adv skilfully UK, skillfully US.

ADSL (*abr de* **asymmetric digital subscriber line**) nm ADSL / *passer à l'ADSL* to switch ou upgrade ou go over to ADSL.

aduler [3] [adyle] vt to adulate.

adulescent, e [adylesɑ̃, ɑ̃t] nm, f overgrown teenager, kidult.

adulte [adylt] nmf & adj adult.

adultère [adyltɛʀ] ◆ nm [acte] adultery. ◆ adj adulterous.

adultérin, e [adylteʀɛ̃, in] adj illegitimate.

advenir [40] [advəniʀ] v impers to happen ▸ **qu'advient-il de... ?** what is happening to...? ▸ **qu'est-il advenu de... ?** what has happened to ou become of...? ▸ **advienne que pourra** come what may.

advenu [advəny] pp ⟶ **advenir**.

adverbe [advɛʀb] nm adverb.

adversaire [advɛʀsɛʀ] nmf adversary, opponent.

adverse [advɛʀs] adj [opposé] opposing ; ⟶ **parti**.

adversité [advɛʀsite] nf adversity.

advient ⟶ **advenir**.

advint ⟶ **advenir**.

AELE (*abr de* **Association européenne de libre-échange**) nf EFTA.

AEN (*abr de* **Agence pour l'énergie nucléaire**) nf *French nuclear energy agency* ; ≃ AEA UK ; ≃ AEC US.

aération [aeʀasjɔ̃] nf [circulation d'air] ventilation ; [action] airing.

aéré, e [aeʀe] adj **1.** [chambre] well-ventilated, airy / *bien aéré* well-ventilated, airy / *mal aéré* poorly-ventilated, stuffy **2.** [présentation, texte] well-spaced.

aérer [18] [aeʀe] vt [pièce, chose] to air. ◆ **s'aérer** vp [sortir] to get some fresh air.

aérien, enne [aeʀjɛ̃, ɛn] adj **1.** [grâce] ethereal ; [démarche] light **2.** [câble] overhead *(avant n)* **3.** [transports, attaque] air *(avant n)* ▸ **compagnie aérienne** airline (company).

aérobic [aeʀɔbik] nm aerobics *(U)*.

aéro-club (*pl* **aéro-clubs**) [aeʀɔklœb] nm flying club.

aérodrome [aeʀɔdʀom] nm airfield.

aérodynamique [aeʀɔdinamik] ◆ nf aerodynamics *(U)*. ◆ adj streamlined, aerodynamic.

aérogare [aeʀɔgaʀ] nf **1.** [aéroport] airport **2.** [gare] air terminal.

aéroglisseur [aeʀɔglisœʀ] nm hovercraft.

aérogramme [aeʀɔgʀam] nm aerogramme UK, aerogram US, air letter.

aéromodélisme [aeʀɔmɔdelism] nm model aircraft making.

aéronautique [aeʀɔnotik] ◆ nf aeronautics *(U)*. ◆ adj aeronautical.

aéronaval, e, als [aeʀɔnaval] adj air and sea *(avant n).* ◆ **aéronavale** nf : *l'aéronavale* ≃ the Fleet Air Arm UK ; ≃ Naval Air Command US.

aérophagie [aeʀɔfaʒi] nf abdominal wind.

aéroport [aeʀɔpɔʀ] nm airport.

aéroporté, e [aeʀɔpɔʀte] adj airborne.

aérosol [aeʀɔsɔl] nm & adj inv aerosol.

aérospatial, e, aux [aeʀɔspasjal, o] adj aerospace *(avant n).* ◆ **aérospatiale** nf aerospace industry.

AF ❖ nfpl *(abr écrite de* **allocations familiales***)* ⟶ **allocation.** ❖ nf *(abr de* **Assemblée fédérale***)* (Swiss) Federal Assembly.

affabilité [afabilite] nf affability.

affable [afabl] adj **1.** [personne] affable, agreeable **2.** [parole] kind.

affabulateur, trice [afabylatœʀ, tʀis] nm, f inveterate liar.

affabulation [afabylasjɔ̃] nf fabrication.

affacturage [afaktyʀaʒ] nm FIN factoring.

affaiblir [32] [afebliʀ] vt *pr* & *fig* to weaken. ◆ **s'affaiblir** vp *pr* & *fig* to weaken, to become weaker.

affaiblissement [afeblismɑ̃] nm weakening.

affaire [afɛʀ] nf **1.** [question] matter **2.** [situation, polémique] affair / *ce n'est pas une mince affaire, c'est tout une affaire* it's quite a business **3.** [marché] deal / *conclure une affaire avec qqn* to clinch a deal with sb / *faire affaire avec qqn* to have dealings with sb ▸ **faire une affaire** to get a bargain OU a good deal **4.** [entreprise] business / *monter une affaire* to set up a business **5.** [procès] case / *l'affaire est jugée demain* the trial concludes tomorrow ▸ **affaire civile / correctionnelle** civil/criminal action **6.** EXPR ▸ **avoir affaire à qqn** to deal with sb / *vous aurez affaire à moi !* you'll have me to deal with! ▸ **c'est l'affaire d'une minute** it will only take a minute ▸ **faire l'affaire** to do nicely ▸ **j'en fais mon affaire** leave it to me / *fais ce que tu veux, c'est ton affaire* do what you like: it's your business OU problem ▸ **tirer qqn d'affaire** to get sb out of trouble / *être sorti* OU *tiré d'affaire* **a)** [après une aventure, une faillite] to be out of trouble OU in the clear **b)** [après une maladie] to be off the danger list UK OU critical list US. ◆ **affaires** nfpl **1.** COMM business *(U)* / *être dans les affaires* to be a businessman (businesswoman) / *pour affaires* [voyager, rencontrer] for business purposes, on business / *voyage / repas d'affaires* business trip / lunch **2.** [objets personnels] things, belongings **3.** [activités] affairs ▸ **se mêler** OU **s'occuper de ses affaires** to mind one's own business ▸ **toutes affaires cessantes** forthwith / *toutes affaires cessantes, ils sont allés chez le maire* they dropped everything and went to see the mayor **4.** POL affairs / *être aux affaires* to run the country, to be the head of state ▸ **les affaires de l'État** affairs of state ▸ **les Affaires étrangères** ≃ the Foreign Office *sg* UK ; ≃ the State Department *sg* US ▸ **affaires intérieures** internal affairs.

affairé, e [afeʀe] adj busy.

affairer [4] [afeʀe] ◆ **s'affairer** vp to bustle about.

affairisme [afeʀism] nm racketeering.

affaissement [afɛsmɑ̃] nm GÉOGR subsidence.

affaisser [4] [afese] ◆ **s'affaisser** vp **1.** [se creuser] to subside, to sink **2.** [tomber] to collapse.

affaler [3] [afale] ◆ **s'affaler** vp to collapse.

affamé, e [afame] adj starving.

affect [afɛkt] nm affect.

affectation [afɛktasjɔ̃] nf **1.** [attribution] ▸ **affectation de qqch à** allocation of sthg to **2.** [nomination] appointment, posting **3.** [manque de naturel] affectation.

affecté, e [afɛkte] adj [personne] affected, mannered / *parler d'une manière affectée* to speak affectedly.

affecter [4] [afɛkte] vt **1.** [consacrer] ▸ **affecter qqch à** to allocate sthg to **2.** [nommer] ▸ **affecter qqn à** to appoint sb to **3.** [feindre] to feign **4.** [émouvoir] to affect, to move.

affectif, ive [afɛktif, iv] adj emotional.

affection [afɛksjɔ̃] nf **1.** [sentiment] affection ▸ **avoir de l'affection pour** to be fond of **2.** [maladie] complaint.

affectionner [3] [afɛksjɔne] vt to be fond of.

affectivité [afɛktivite] nf emotions *pl.*

affectueusement [afɛktɥøzmɑ̃] adv affectionately.

affectueux, euse [afɛktɥø, øz] adj affectionate.

afférent, e [afeʀɑ̃, ɑ̃t] adj **1.** DR ▸ **afférent à qqch** pertaining OU relating to sthg **2.** ANAT afferent.

affermir [32] [afɛʀmiʀ] vt [gén] to strengthen ; [chairs] to tone up. ◆ **s'affermir** vp **1.** [matière] to be strengthened ; [chairs] to be toned up **2.** [pouvoir] to be consolidated.

affichage [afiʃaʒ] nm **1.** [d'un poster, d'un avis] putting up, displaying **2.** ÉLECTRON ▸ **affichage à cristaux liquides** LCD, liquid crystal display ▸ **affichage numérique** digital display.

affiche [afiʃ] nf [gén] poster ; [officielle] notice ▸ **affiche publicitaire** (advertising) poster ▸ **être à l'affiche** *fig* to be on.

afficher [3] [afiʃe] vt **1.** [liste, poster] to put up ; [vente, réglementation] to put up a notice about **2.** [laisser transparaître] to display, to exhibit. ◆ **s'afficher** vp ▸ **s'afficher avec qqn** to flaunt o.s. with sb.

affichette [afiʃɛt] nf small poster.

afficheur [afiʃœʀ] nm **1.** [entreprise] billposter **2.** ÉLECTRON display.

affilée [afile] ◆ **d'affilée** loc adv : *trois jours d'affilée* three days running.

affiler [3] [afile] vt to sharpen.

affilié, e [afilje] adj ▸ **affilié à** affiliated to.

affiner [3] [afine] vt *pr* & *fig* to refine. ◆ **s'affiner** vp [silhouette] to become thinner ; [devenir plus raffiné] to become more refined.

affinité [afinite] nf affinity ▸ **avoir des affinités avec** to have an affinity with.

affirmatif, ive [afirmatif, iv] adj **1.** [réponse] affirmative **2.** [personne] positive. ◆ **affirmatif** adv affirmative. ◆ **affirmative** nf : *nous aimerions savoir si vous serez libre mercredi ; dans l'affirmative, nous vous prions de...* we'd like to know if you are free on Wednesday; if you are ou if so, please... ▸ **répondre par l'affirmative** to reply in the affirmative.

affirmation [afirmasjɔ̃] nf assertion.

affirmativement [afirmativmɑ̃] adv ▸ **répondre affirmativement** to answer in the affirmative.

affirmer [3] [afirme] vt **1.** [certifier] to maintain, to claim **2.** [exprimer] to assert. ◆ **s'affirmer** vp to assert o.s.

affixe [afiks] nm affix.

affleurer [5] [aflœre] vi *fig* to rise to the surface.

affliction [afliksjɔ̃] nf affliction.

affligé, e [afliʒe] adj afflicted.

affligeant, e [afliʒɑ̃, ɑ̃t] adj **1.** [désolant] saddening, distressing **2.** [lamentable] appalling.

affliger [17] [afliʒe] vt *sout* **1.** [attrister] to sadden, to distress **2.** [de défaut, de maladie] ▸ **être affligé de** to be afflicted with. ◆ **s'affliger** vp *sout* ▸ **s'affliger de** to be distressed at ou about.

affluence [aflyɑ̃s] nf crowd, crowds *pl*.

affluent [aflyɑ̃] nm tributary.

affluer [3] [aflye] vi **1.** [choses] to pour in, to flood in **2.** [personnes] to flock **3.** [sang] ▸ **affluer (à)** to rush (to).

afflux [afly] nm **1.** [de liquide, dons, capitaux] flow **2.** [de personnes] flood.

affolant, e [afɔlɑ̃, ɑ̃t] adj **1.** [inquiétant] frightening **2.** [troublant] disturbing.

affolé, e [afɔle] adj horrified.

affolement [afɔlmɑ̃] nm panic.

affoler [3] [afɔle] vt **1.** [inquiéter] to terrify **2.** [émouvoir] to drive mad. ◆ **s'affoler** vp [paniquer] to panic.

affranchi, e [afrɑ̃ʃi] adj **1.** [lettre - avec timbre] stamped ; [- à la machine] franked **2.** [personne, esclave] liberated.

affranchir [32] [afrɑ̃ʃir] vt **1.** [lettre - avec timbre] to stamp ; [- à la machine] to frank **2.** *arg crime* [renseigner] to put in the picture, to fill in **3.** [libérer] ▸ **affranchir qqn de qqch** to liberate ou free sb from sthg **4.** [esclave] to set free, to liberate. ◆ **s'affranchir** vp ▸ **s'affranchir de qqch** [se libérer de] to free o.s. from sthg.

affranchissement [afrɑ̃ʃismɑ̃] nm **1.** [de lettre - avec timbre] stamping ; [- à la machine] franking **2.** [libération] liberation, emancipation.

affres [afr] nfpl *litt* throes.

affréter [18] [afrete] vt to charter.

affreusement [afrøzmɑ̃] adv **1.** [horriblement] horribly **2.** [énormément] awfully.

affreux, euse [afrø, øz] adj **1.** [repoussant] horrible **2.** [effrayant] terrifying **3.** [détestable] awful, dreadful.

affriolant, e [afrijɔlɑ̃, ɑ̃t] adj enticing.

affront [afrɔ̃] nm insult, affront ▸ **faire un affront à qqn** to insult sb.

affrontement [afrɔ̃tmɑ̃] nm confrontation.

affronter [3] [afrɔ̃te] vt to confront. ◆ **s'affronter** vp to confront each other.

affubler [3] [afyble] vt *péj* ▸ **être affublé de** to be got up in. ◆ **s'affubler** vp ▸ **s'affubler de qqch** *péj* to get o.s. up in sthg.

affût [afy] nm ▸ **être à l'affût (de)** a) to be lying in wait (for) b) *fig* to be on the lookout (for).

affûter [3] [afyte] vt to sharpen.

afghan, e [afgɑ̃, an] adj Afghan. ◆ **afghan** nm [langue] Afghan, Pashto. ◆ **Afghan, e** nm, f Afghan.

Afghanistan [afganistɑ̃] nm : *l'Afghanistan* Afghanistan.

afin [afɛ̃] ◆ **afin de** loc prép in order to. ◆ **afin que** loc conj *(+ subjonctif)* so that.

AFNOR, Afnor [afnɔr] (*abr de* **Association française de normalisation**) nf *French industrial standards authority* ; ≃ BSI UK ; ≃ ASA US.

a fortiori [afɔrsjɔri] adv all the more.

AFP (*abr de* **Agence France-Presse**) nf *French press agency*.

africain, e [afrikɛ̃, ɛn] adj African. ◆ **Africain, e** nm, f African.

afrikaner [afrikanɛr], **afrikaander** [afrikɑ̃dɛr] adj Afrikaner. ◆ **Afrikaner, Afrikaander** nmf Afrikaner.

Afrique [afrik] nf : *l'Afrique* Africa / *l'Afrique australe* Southern Africa / *l'Afrique noire* sub-Saharan Africa / *l'Afrique du Nord* North Africa / *l'Afrique du Sud* South Africa.

afro [afro] adj inv afro.

after [aftœr] nm after-party.

after-shave [aftœrʃɛv] nm inv & adj inv aftershave.

ag. *abr écrite de* **agence**.

AG (*abr de* **assemblée générale**) nf ≃ AGM UK ; ≃ annual meeting US.

agaçant, e [agasɑ̃, ɑ̃t] adj irritating.

agacement [agasmɑ̃] nm irritation.

agacer [16] [agase] vt to irritate.

agate [agat] nf agate.

âge [aʒ] nm age ▸ **à l'âge de** at the age of ▸ **en âge de faire qqch** old enough to do sthg ▸ **en bas âge** very young / *ce n'est pas de ton âge !* a) [tu es trop jeune] you're not old enough! b) [tu es trop vieux] you're too old (for it)! ▸ **d'un certain âge** middle-aged ▸ **prendre de l'âge** to age ▸ **l'âge adulte** adulthood ▸ **l'âge ingrat** the awkward ou difficult age ▸ **d'un âge avancé** elderly ▸ **âge du fer / du bronze** Iron/Bronze Age ▸ **avoir l'âge légal (pour voter)** to be old enough to vote, to be of age ▸ **âge mental** mental age ▸ **d'âge mûr** of mature years ▸ **âge d'or** golden age ▸ **le premier âge** infancy ▸ **le quatrième âge** a) [période] advanced old age b) [groupe social] very old people ▸ **âge de raison** age of reason ▸ **le troisième âge** [personnes] the over-sixties, senior citizens.

âgé, e [aʒe] adj **1.** [vieux] old / *elle est plus âgée de moi* she's older than I am **2.** [de tel âge] : *être âgé de 20 ans* to be 20 years old ou of age / *un enfant âgé de 3 ans* a 3-year-old child.

agence [aʒɑ̃s] nf agency ▸ **agence immobilière** estate agent's UK, real estate agency US ▸ **agence d'intérim** temping agency ▸ **agence matrimoniale** marriage bureau ▸ **agence de presse** press ou news agency ▸ **agence de publicité** advertising agency ▸ **agence de voyages** travel agency, travel agent's UK.

agencement [aʒɑ̃smɑ̃] nm arrangement.

agencer [16] [aʒɑ̃se] vt to arrange ; *fig* to put together. ◆ **s'agencer** vp to fit together.

agenda [aʒɛ̃da] nm diary ▸ **agenda électronique** electronic organizer.

agenouiller [3] [aʒnuje] ◆ **s'agenouiller** vp to kneel ▸ **s'agenouiller devant** *fig* to bow down before.

agent, e [aʒɑ̃, ɑ̃t] nm, f agent ▸ **agent d'affacturage** factoring agent ▸ **agent artistique** agent ▸ **agent d'assurances** insurance agent ▸ **agent de change** stockbroker ▸ **agent commercial** sales representative ▸ **agent double** double agent ▸ **agent immobilier** estate agent UK, real estate agent US ▸ **agents de maîtrise** lower management ▸ **agent de police** police officer ▸ **agent de publicité** advertising agent ▸ **agent secret** secret agent. ◆ **agent** nm agent / *agent atmosphérique / économique* atmospheric / economic factor.

agglomérat [aglɔmeʀa] nm *pr* & *fig* agglomerate.

agglomération [aglɔmeʀasjɔ̃] nf **1.** [amas] conglomeration **2.** [ville] conurbation ▸ **l'agglomération parisienne** the Parisian urban area.

aggloméré [aglɔmeʀe] nm chipboard.

agglomérer [18] [aglɔmeʀe] [aglɔmɛʀe] vt to mix together. ◆ **s'agglomérer** vp **1.** [surface] to bind **2.** [foule] to gather.

agglutiner [3] [aglytine] vt to stick together. ◆ **s'agglutiner** vp [foule] to gather, to congregate.

aggravation [agʀavasjɔ̃] nf worsening, aggravation.

aggraver [3] [agʀave] vt to make worse. ◆ **s'aggraver** vp to get worse, to worsen.

agile [aʒil] adj agile, nimble.

agilement [aʒilmɑ̃] adv agilely.

agilité [aʒilite] nf *pr* & *fig* agility.

agios [aʒjo] nmpl FIN bank charges.

agir [32] [aʒiʀ] vi **1.** [faire, être efficace] to act / *en cas d'incendie, il faut agir vite* in the event of a fire, it is important to act quickly / *assez parlé, maintenant il faut agir !* enough talk, let's have some action! **2.** [se comporter] to behave **3.** [influer] ▸ **agir sur** to have an effect on / *laisser agir la justice* to let justice take its course **4.** DR ▸ **agir contre qqn** a) [en droit pénal] to prosecute sb b) [en droit civil] to sue sb. ◆ **s'agir** v impers ▸ **il s'agit de...** it's a matter of... / *il ne s'agit pas d'argent* it's not a question of money ▸ **il s'agit de faire qqch** [falloir] we / you must do sthg / *de quoi s'agit-il ?* what's it about? / *de qui s'agit-il ?* who is it? / *de quoi s'agit-il dans ce film / cette lettre ?* what is this film / letter about? / *mais enfin, il s'agit de sa santé !* but her health is at stake (here)! / *quand il s'agit de râler, tu es toujours là !* you can always be relied upon to moan! / *il s'agirait d'une grande première scientifique* it is said to be an important first for science / *il s'agit de savoir si...* the question is whether....

agissements [aʒismɑ̃] nmpl *péj* schemes, intrigues.

agitateur, trice [aʒitatœʀ, tʀis] nm, f POL agitator.

agitation [aʒitasjɔ̃] nf agitation ; [politique, sociale] unrest.

agité, e [aʒite] adj **1.** [gén] restless ; [enfant, classe] restless, fidgety ; [journée, atmosphère] hectic **2.** [mer] rough.

agiter [3] [aʒite] vt **1.** [remuer - flacon, objet] to shake ; [- drapeau, bras] to wave ▸ **'agiter avant l'emploi'** 'shake well before use' **2.** [énerver] to perturb. ◆ **s'agiter** vp **1.** [personne] to move about, to fidget ; [mer] to stir ; [population] to get restless **2.** [s'affairer] to rush about.

agit-prop [aʒitpʀɔp] nf POL agitprop.

agneau [aɲo] nm **1.** [animal, viande] lamb ▸ **doux comme un agneau** gentle as a lamb **2.** [cuir] lambskin.

agonie [agɔni] nf [de personne] mortal agony ; *fig* death throes *pl* ▸ **être à l'agonie** to be at death's door.

agoniser [3] [agɔnize] vi [personne] to be dying ; *fig* to be on its last legs.

agoraphobie [agɔʀafɔbi] nf agoraphobia.

agrafe [agʀaf] nf **1.** [de bureau] staple **2.** MÉD clip.

agrafer [3] [agʀafe] vt **1.** [attacher] to fasten, to staple **2.** *fam* & *fig* [attraper] to nab.

agrafeuse [agʀaføz] nf stapler.

agraire [agʀɛʀ] adj agrarian.

agrandir [32] [agʀɑ̃diʀ] vt **1.** [élargir - gén & PHOTO] to enlarge ; [- rue, écart] to widen **2.** *fig* [développer] to expand **3.** [faire paraître plus grand] ▸ **agrandir qqch** to make sthg look bigger. ◆ **s'agrandir** vp **1.** [s'étendre] to grow **2.** *fig* [se développer] to expand.

agrandissement [agʀɑ̃dismɑ̃] nm **1.** [gén & PHOTO] enlargement **2.** *fig* [développement] expansion.

agréable [agʀeabl] adj pleasant, nice.

agréablement [agʀeabləmɑ̃] adv pleasantly.

agréé, e [agʀee] adj [concessionnaire, appareil] authorized.

agréer [15] [agʀee] vt *sout* **1.** [accepter] ▸ **faire agréer qqch** to have sthg accepted ▸ **veuillez agréer mes salutations distinguées** ou **l'expression de mes sentiments distingués** yours faithfully **2.** [convenir] ▸ **agréer à qqn** to suit ou please sb.

agrégat [agʀega] nm **1.** [agglomérat] aggregate **2.** *fig* & *péj* [amas] hotchpotch UK, hodgepodge US.

agrégation [agʀegasjɔ̃] nf *competitive examination for secondary school and university teachers.*

agrégé, e [agʀeʒe] nm, f *holder of the agrégation.*

agrément [agʀemɑ̃] nm **1.** [caractère agréable] attractiveness ▸ **d'agrément** a) [jardin] ornamental b) [voyage] pleasure *(avant n)* **2.** [approbation] consent, approval.

agrémenter [3] [agʀemɑ̃te] vt ▸ **agrémenter qqch (de qqch)** to embellish sthg (with sthg). ◆ **s'agrémenter** vp ▸ **s'agrémenter de qqch** [vêtement] to be trimmed ou adorned with sthg.

agrès [agʀɛ] nm SPORT gym apparatus *(U).*

agresser [4] [agʀese] vt **1.** [suj : personne] to attack **2.** *fig* [suj : bruit, pollution] to assault.

agresseur [agʀesœʀ] nm attacker.

agressif, ive [agʀesif, iv] adj aggressive.

agression [agʀesjɔ̃] nf attack ; MIL & PSYCHO aggression ▸ **agression sexuelle** sexual assault.

agressivement [agʀesivmɑ̃] adv aggressively.

agressivité [agʀesivite] nf aggressiveness.

agricole [agʀikɔl] adj agricultural.

agriculteur, trice [agʀikyltœʀ, tʀis] nm, f farmer.

agriculture [agʀikyltyʀ] nf agriculture, farming.

agripper [3] [agʀipe] vt **1.** [personne] to cling ou hang on to **2.** [objet] to grip, to clutch. ◆ **s'agripper** vp ▸ **s'agripper à qqn** to cling ou hang on to sb ▸ **s'agripper à qqch** to grip ou clutch sthg.

agritourisme [agʀituʀism] nm agritourism.

agroalimentaire [agʀoalimɑ̃tɛʀ] ❖ adj : *industrie agroalimentaire* food-processing industry / *les produits agroalimentaires* processed foods ou foodstuffs. ❖ nm ▸ **l'agroalimentaire** the food-processing industry.

agrocarburant [agʀokaʀbyʀɑ̃] nm agrofuel.

agro-industriel, elle [agʀoɛ̃dystʀijɛl] adj agro-industrial.

agronome [agʀɔnɔm] nmf agronomist.

agronomie [agʀɔnɔmi] nf agronomy.

agronomique [agʀɔnɔmik] adj agronomic.

agrotourisme [agʀotuʀism] nm agrotourism.

agrume [agʀym] nm citrus fruit.

aguerrir [32] [ageʀiʀ] vt to harden. ◆ **s'aguerrir** vp ▸ **s'aguerrir (contre)** to become hardened (to).

aguets [agɛ] ◆ **aux aguets** loc adv ▸ **être / rester aux aguets** to be ou keep on the lookout.

aguichant, e [agiʃɑ̃, ɑ̃t] adj enticing.

aguicher [3] [agiʃe] vt to entice, to allure.

ah [a] interj oh!, ah! ▸ **ah bon ?** really? / *ah, quelle bonne surprise !* what a nice surprise!

Ah (*abr écrite de* **ampère-heure**) ah.

ahuri, e [ayʀi] adj ▸ **être ahuri (par qqch)** to be taken aback (by sthg).

ahurir [32] [ayʀiʀ] vt [étonner] to astound.

ahurissant, e [ayʀisɑ̃, ɑ̃t] adj astounding.

ahurissement [ayʀismɑ̃] nm astonishment.

ai [ɛ] ⟶ **avoir.**

aide [ɛd] ❖ nf **1.** [gén] help ▸ **à l'aide !** help! ▸ **appeler (qqn) à l'aide** to call (to sb) for help ▸ **venir en aide à qqn** to come to sb's aid, to help sb ▸ **aide en ligne** online help ▸ **aide ménagère** home help UK, home helper US **2.** [secours financier] aid ▸ **aide fiscale** tax credit ▸ **aide gouvernementale** ou **de l'État** government aid ▸ **aide sociale** social security UK, welfare US. ❖ nmf [adjoint] assistant ▸ **aide de camp** MIL aide-de-camp. ◆ **à l'aide de** loc prép with the help ou aid of.

aide-éducateur, trice [ɛdedykatœʀ, tʀis] nm, f SCOL teaching assistant.

aide-mémoire [ɛdmemwaʀ] nm inv aide-mémoire ; [pour examen] revision notes *pl* UK.

aider [4] [ede] vt to help ▸ **aider qqn à faire qqch** to help sb to do sthg ▸ **aider à faire qqch** to help to do sthg ▸ **aider qqn dans qqch** to help sb with sthg ▸ **se faire aider par** ou **de qqn** to be helped by sb, to get help from sb. ◆ **s'aider** vp **1.** [s'assister mutuellement] to help each other **2.** [avoir recours] ▸ **s'aider de** to use, to make use of.

aide-soignant, e [ɛdswaɲɑ̃, ɑ̃t] (*mpl* **aides-soignants**, *fpl* **aides-soignantes**) nm, f nursing auxiliary UK, nurse's aide US.

aie, aies ⟶ **avoir.**

aïe [aj] interj **1.** [exprime la douleur] ow!, ouch! **2.** [exprime le désagrément] oh dear!, oh no!

AIEA (*abr de* **Agence internationale de l'énergie atomique**) nf IAEA.

aïeul, e [ajœl] nm, f *sout* grandparent, grandfather (grandmother).

aïeux [ajø] nmpl ancestors.

Comment dire que l'on aime quelqu'un ou quelque chose

- **I quite like / I really love that painting.** *J'aime assez / J'aime vraiment beaucoup ce tableau.*
- **I like him a lot.** *Il me plaît énormément.*
- **I'm very keen on** ou **mad about** *fam* ou **crazy about** *fam* **golf.** *Je suis fou de golf.*
- **She's not averse to a glass of wine.** *Elle boit volontiers un verre de vin.*
- **I like nothing better** ou **there's nothing I like more than a hot bath.** *Pour moi, rien ne vaut un bon bain chaud.*
- **I like to think that…** *J'aime à croire que…*
- **He's really into jazz.** *C'est un vrai mordu de jazz.*
- **I've a soft spot for her.** *J'ai un faible pour elle.*

aigle [ɛgl] nm eagle.

aiglon [ɛglɔ̃] nm eaglet.

aigre [ɛgʀ] adj **1.** [gén] sour **2.** [propos] harsh.

aigre-doux, aigre-douce [ɛgʀədu, ɛgʀədus] adj **1.** CULIN sweet-and-sour **2.** [propos] bittersweet.

aigrelet, ette [ɛgʀəlɛ, ɛt] adj **1.** [vin] vinegary **2.** [voix] sharpish.

aigrement [ɛgʀəmɑ̃] adv bitterly.

aigrette [ɛgʀɛt] nf egret.

aigreur [ɛgʀœʀ] nf **1.** [d'un aliment] sourness **2.** [d'un propos] harshness. ◆ **aigreurs d'estomac** nfpl heartburn *(U)*.

aigri, e [egʀi] adj embittered.

aigrir [32] [egʀiʀ] vt **1.** [aliment] to make sour **2.** [personne] to embitter. ◆ **s'aigrir** vp **1.** [aliment] to turn sour **2.** [personne] to become bitter.

aigu, uë [egy] adj **1.** [son] high-pitched **2.** [objet, lame] sharp ; [angle] acute **3.** [douleur] sharp, acute **4.** [conflit, grève] bitter **5.** [intelligence, sens] acute, keen. ◆ **aigu** nm high note.

aiguillage [egɥijaʒ] nm [RAIL - manœuvre] shunting, switching US ; [- dispositif] points *pl* UK, switch US.

aiguille [egɥij] nf **1.** [gén] needle ▸ **aiguille à tricoter** knitting needle ▸ **aiguille de pin** pine needle ▸ **chercher une aiguille dans une botte de foin** *fig* to look for a needle in a haystack **2.** [de pendule] hand **3.** GÉOGR peak.

aiguiller [3] [egɥije] vt **1.** RAIL to shunt, to switch US **2.** [personne, conversation] to steer, to direct.

aiguillette [egɥijɛt] nf : *aiguillettes de canard* strips of duck breast.

aiguilleur [egɥijœʀ] nm **1.** RAIL pointsman UK, switchman US **2.** AÉRON ▸ **aiguilleur du ciel** air-traffic controller.

aiguillon [egɥijɔ̃] nm **1.** [dard] sting **2.** [stimulant] spur, incentive.

aiguise-crayon [egizkʀɛjɔ̃] (*pl* **aiguise-crayons**) nm QUÉBEC pencil sharpener.

aiguiser [3] [egize] vt *pr* & *fig* to sharpen ▸ **aiguiser l'appétit** to whet the appetite.

aïkido, aikido [ajkido] nm aikido.

ail [aj] (*pl* **ails** *ou* **aulx** [o]) nm garlic *(U)* / *ail des bois* QUÉBEC wild leek.

aile [ɛl] nf **1.** [gén] wing ▸ **battre de l'aile** to be in a bad way ▸ **donner des ailes à qqn** to lend sb wings ▸ **voler de ses propres ailes** to stand on one's own two feet, to fend for o.s **2.** [de moulin] sail.

aileron [ɛlʀɔ̃] nm **1.** [de requin] fin **2.** [d'avion] aileron.

ailier [elje] nm winger.

aille, ailles ⟶ **aller**.

ailleurs [ajœʀ] adv elsewhere, somewhere ou someplace US else / *elle avait l'esprit ailleurs* *fig* her mind was on other things ▸ **nulle part ailleurs** nowhere ou noplace US else. ◆ **d'ailleurs** loc adv moreover, besides. ◆ **par ailleurs** loc adv moreover, furthermore.

aimable [ɛmabl] adj kind, nice.

aimablement [ɛmabləmɑ̃] adv kindly.

aimant[1], e [ɛmɑ̃, ɑ̃t] adj loving.

aimant[2] [ɛmɑ̃] nm magnet.

aimanter [3] [ɛmɑ̃te] vt to magnetize.

aimer [4] [eme] vt **1.** [gén] to like ▸ **aimer bien qqn / qqch** to like sb / sthg, to be fond of sb / sthg ▸ **aimer bien faire qqch** to (really) like doing sthg ▸ **aimer (à) faire qqch** to like to do sthg, to like doing sthg ▸ **j'aime à croire que…** I like to think that… / *elle aime qu'on l'appelle par son surnom* she likes being called by her nickname / *je n'aime pas que tu rentres seule le soir* I don't like you coming home alone at night / *j'aimerais (bien) que tu viennes avec moi* I'd like you to come with me / *j'aimerais bien une autre tasse de café* I wouldn't mind another cup of coffee ▸ **aimer mieux qqch** to prefer sthg ▸ **aimer mieux faire qqch** to prefer doing ou to do sthg **2.** [d'amour] to love. ◆ **s'aimer** vp **1.** *(emploi réfléchi)* to like o.s. **2.** *(emploi réciproque)* to love each other ▸ **s'aimer bien** to like each other.

aine [ɛn] nf groin.

aîné, e [ene] ◈ adj [plus âgé] elder, older ; [le plus âgé] eldest, oldest. ◈ nm, f [plus âgé] older ou elder child, older ou eldest son / daughter ; [le plus âgé] oldest ou eldest child, oldest ou eldest son / daughter / *elle est mon aînée de deux ans* she is two years older than me.

aînesse [ɛnɛs] ⟶ **droit**.

ainsi [ɛ̃si] adv **1.** [manière] in this way, like this **2.** [valeur conclusive] thus ▸ **ainsi donc** so ▸ **et ainsi de suite** and so on, and so forth ▸ **pour ainsi dire** so to speak

Comment dire que l'on n'aime pas quelqu'un ou quelque chose

- **It annoys me the way she comes round without any warning.** *Ça m'agace qu'elle s'invite sans prévenir.*
- **He gets on my nerves.** *Il me tape sur le système.* fam
- **I can't stand (the sight of) him.** *Je ne peux pas le voir (en peinture).* fam
- **The boss took an instant dislike to him.** *Le patron l'a tout de suite pris en grippe.*
- **I will not be spoken to like that.** *Je ne supporte pas qu'on me parle comme ça.*
- **I don't like you coming home alone at night.** *Je n'aime pas que tu rentres seule le soir.*
- **I'm not really into sport.** *Je ne suis pas très branché sport.*
- **I don't think much of his paintings.** *Ses tableaux ne m'emballent pas.* fam

▸ **ainsi soit-il** RELIG so be it, amen. ◆ **ainsi que** loc conj **1.** [comme, de même que] as **2.** [et] as well as.

aïoli, ailloli [ajɔli] nm garlic mayonnaise.

air [ɛʀ] nm **1.** [gén] air ▸ **le grand air** the fresh air ▸ **à l'air libre** in the open air ▸ **dans l'air** ou **les airs** (up) in the air ou sky ou skies *litt* ▸ **en plein air** (out) in the open air, outside, outdoors ▸ **prendre l'air** to get some (fresh) air ▸ **en l'air** a) [projet] (up) in the air b) *fig* [paroles] empty / *les mains en l'air !* hands up! / *encore des paroles en l'air !* more empty words! ▸ **air comprimé** compressed air ▸ **air conditionné** air-conditioning ▸ **s'envoyer en l'air** *vulg* to get laid **2.** [apparence, mine] air, look / *il a l'air triste* he looks sad / *il a l'air de bouder* it looks as if he's sulking / *il a l'air de faire beau* it looks like being a nice day ▸ **sans en avoir l'air** without showing it / *sans en avoir l'air, elle a tout rangé en une heure* she tidied up everything in an hour without even looking busy ▸ **d'un air dégagé** in a casual manner ▸ **n'avoir l'air de rien** to look ou seem unremarkable, to look ou seem insignificant / *ça n'a l'air de rien comme ça, mais c'est une lourde tâche* it doesn't look much but it's quite a big job ▸ **un air de famille** a family resemblance ▸ **prendre de grands airs** to put on airs (and graces UK) **3.** MUS tune ; [à l'opéra] aria.

airbag [ɛʀbag] nm airbag.

aire [ɛʀ] nf **1.** [gén] area ▸ **aire d'atterrissage** landing strip ▸ **aire d'embarquement** boarding area ▸ **aire de jeu** playground ▸ **aire de lancement** launching site ▸ **aire de repos** lay-by UK, rest area US ▸ **aire de service** service station, rest and service plaza US ▸ **aire de stationnement** parking area **2.** [nid] eyrie.

airelle [ɛʀɛl] nf bilberry, blueberry ; [rouge] cranberry, bilberry.

aisance [ɛzɑ̃s] nf **1.** [facilité] ease **2.** [richesse] : *il vit dans l'aisance* he has an affluent lifestyle.

aise [ɛz] ❖ nf *sout* pleasure ▸ **être à l'aise** ou **à son aise** a) [confortable] to feel comfortable b) [financièrement] to be comfortably off ▸ **mettez-vous à l'aise** make yourself comfortable ▸ **mettre qqn mal à l'aise** to make sb feel ill at ease ou uneasy ▸ **en prendre à son aise** to do as one likes ▸ **à votre aise** please yourself, as you wish. ❖ adj ▸ **être bien aise (de faire qqch)** to be delighted (to do sthg). ◆ **aises** nfpl ▸ **aimer ses aises** to like one's (home) comforts ▸ **prendre ses aises** to make o.s. comfortable.

aisé, e [eze] adj **1.** [facile] easy **2.** [riche] well-off.

aisément [ezemɑ̃] adv easily.

aisselle [ɛsɛl] nf armpit.

ajonc [aʒɔ̃] nm gorse *(U)*.

ajournement [aʒuʀnəmɑ̃] nm adjournment, postponement.

ajourner [3] [aʒuʀne] vt **1.** [reporter - décision] to postpone ; [- réunion, procès] to adjourn **2.** [candidat] to refer.

ajout [aʒu] nm addition.

ajouter [3] [aʒute] vt to add ▸ **ajouter que** to add that. ◆ **s'ajouter** vp ▸ **s'ajouter à qqch** to be in addition to sthg.

ajustage [aʒystaʒ] nm fitting.

ajusté, e [aʒyste] adj [coupé] fitted, tailored.

ajuster [3] [aʒyste] vt **1.** [monter] ▸ **ajuster qqch (à)** to fit sthg (to) **2.** [régler] to adjust **3.** [vêtement] to alter **4.** [tir, coup] to aim **5.** [arranger - coiffure, cravate] to adjust. ◆ **s'ajuster** vp to be adaptable.

ajusteur [aʒystœʀ] nm fitter.

alaise, alèse [alɛz] nf undersheet.

alambiqué, e [alɑ̃bike] adj convoluted.

alarmant, e [alaʀmɑ̃, ɑ̃t] adj alarming.

alarme [alaʀm] nf alarm ▸ **donner l'alarme** to give ou raise the alarm.

alarmer [3] [alaʀme] vt to alarm. ◆ **s'alarmer** vp to get ou become alarmed.

alarmiste [alaʀmist] ❖ nmf scaremonger. ❖ adj alarmist.

albanais, e [albanɛ, ɛz] adj Albanian. ◆ **albanais** nm [langue] Albanian. ◆ **Albanais, e** nm, f Albanian.

Albanie [albani] nf : *l'Albanie* Albania.

albâtre [albatʀ] nm alabaster.

albatros [albatʀos] nm albatross.

albinos [albinos] nmf & adj inv albino.

album [albɔm] nm album ▸ **album de bandes dessinées** comic book ▸ **album (de) photos** photo album.

albumine [albymin] nf albumin.

alcalin, e [alkalɛ̃, in] adj alkaline.

alchimiste [alʃimist] nmf alchemist.

alcool [alkɔl] nm alcohol ▸ **alcool à brûler** methylated spirits *pl* ▸ **alcool à 90 degrés** surgical spirit ▸ **alcool de prune / poire** plum / pear brandy.

alcoolémie [alkɔlemi] nf ▸ **taux d'alcoolémie** blood alcohol level.

alcoolique [alkɔlik] nmf & adj alcoholic.

alcoolisé, e [alkɔlize] adj alcoholic.

alcoolisme [alkɔlism] nm alcoholism.

Alc(o)otest® [alkɔtɛst] nm ≃ Breathalyser® UK ; ≃ Breathalyzer® US ▸ **passer un Alcootest** to be breathalysed UK ou breathalyzed US.

alcôve [alkov] nf recess ▸ **secret d'alcôve** intimate secret.

aléa [alea] nm *(gén pl) sout* hazard.

aléatoire [aleatwaʀ] adj **1.** [avenir] uncertain **2.** [choix] random.

alémanique [alemanik] adj ▸ **Suisse alémanique** German-speaking (part of) Switzerland.

ALENA (*abr de* **Accord de libre-échange nord-américain**) nm NAFTA *(North American Free Trade Agreement)*.

alentour [alɑ̃tuʀ] adv around, around about. ◆ **alentours** nmpl surroundings / *les alentours de la ville* the outskirts of the city ▸ **aux alentours de** a) [spatial] in the vicinity of b) [temporel] around.

alerte [alɛʀt] ❖ adj **1.** [personne, esprit] agile, alert **2.** [style, pas] lively. ❖ nf alarm, alert ▸ **donner l'alerte** to sound ou give the alert ▸ **alerte à la bombe** bomb scare. ◆ **en alerte, en état d'alerte** loc adv on the alert.

alerter [3] [alɛʀte] vt to warn, to alert.

alèse [alɛz] = **alaise**.

alexandrin [alɛksɑ̃dʀɛ̃] nm alexandrine.

algèbre [alʒɛbʀ] nf algebra.

Alger [alʒe] npr Algiers.

Algérie [alʒeʀi] nf : *l'Algérie* Algeria.

algérien, enne [alʒeʀjɛ̃, ɛn] adj Algerian. ◆ **Algérien, enne** nm, f Algerian.

algérois, e [alʒeʀwa, az] adj of/from Algiers. ◆ **Algérois, e** nm, f person from Algiers.

algue [alg] nf seaweed *(U)*.

alias [aljas] ❖ adv alias. ❖ nm INFORM [dans un mail, sur le bureau] alias.

aliassage [aljasaʒ] nm INFORM aliasing.

alibi [alibi] nm alibi.

alicament [alikamɑ̃] nm [avec additifs] nutraceutical, dietary supplement ; [biologique] organic food *(consumed for its health benefits)*.

alien [aljɛn] nm alien.

aliénation [aljenasjɔ̃] nf alienation ▸ **aliénation mentale** insanity.

aliéné, e [aljene] ❖ adj **1.** MÉD insane **2.** DR alienated. ❖ nm, f MÉD insane person.

aliéner [18] [aljene] vt **1.** [abandonner - indépendance, liberté, droit] to give up **2.** DR to alienate. ◆ **s'aliéner** vpt : *s'aliéner qqn* to alienate sb.

alignement [aliɲmɑ̃] nm alignment, lining up ▸ **alignement sur** alignment with ▸ **être dans l'alignement de** to be in line with.

aligner [3] [aliɲe] vt **1.** [disposer en ligne] to line up, to align **2.** [présenter] to set out **3.** [adapter] ▸ **aligner qqch sur** to align sthg with, to bring sthg into line with. ◆ **s'aligner** vp to line up ▸ **s'aligner sur** POL to align o.s. with.

aliment [alimɑ̃] nm [nourriture] food *(U)*.

alimentaire [alimɑ̃tɛʀ] adj **1.** [gén] food *(avant n)* / *c'est juste un travail alimentaire* I'm doing this job just for the money **2.** DR maintenance *(avant n)*.

alimentation [alimɑ̃tasjɔ̃] nf **1.** [nourriture] diet ▸ **magasin d'alimentation** grocer's UK, grocery store US **2.** [approvisionnement] ▸ **alimentation (en)** supply ou supplying *(U)* (of).

alimenter [3] [alimɑ̃te] vt **1.** [nourrir] to feed **2.** [approvisionner] ▸ **alimenter qqch en** to supply sthg with **3.** *fig* [entretenir] to keep going. ◆ **s'alimenter** vp to eat.

alinéa [alinea] nm **1.** [retrait de ligne] indent **2.** [dans un document officiel] paragraph.

aliter [3] [alite] vt ▸ **être alité** to be bedridden. ◆ **s'aliter** vp to take to one's bed.

Allah [ala] nm Allah.

allaitement [alɛtmɑ̃] nm [d'enfant] breast-feeding ; [d'animal] suckling.

allaiter [4] [alete] vt [enfant] to breast-feed ; [animal] to suckle.

allant [alɑ̃] nm ▸ **plein d'allant** dynamic.

allé, e [ale] pp ⟶ **aller**.

alléchant, e [aleʃɑ̃, ɑ̃t] adj mouth-watering, tempting.

allécher [18] [aleʃe] vt : *il a été alléché par l'odeur / la perspective* the smell/prospect made his mouth water.

allée [ale] nf **1.** [dans un jardin] path ; [dans une ville] avenue **2.** [passage] aisle ; [devant une maison, une villa] drive, driveway ▸ **les allées du pouvoir** the corridors of power **3.** [trajet] ▸ **allées et venues** comings and goings / *toutes ces allées et venues pour rien* all this running around for nothing **4.** QUÉBEC [golf] fairway.

allégation [alegasjɔ̃] nf allegation.

allégé, e [aleʒe] adj [régime, produit] low-fat.

allégeance [aleʒɑ̃s] nf allegiance.

allègement [alɛʒmɑ̃] nm **1.** [diminution - d'un fardeau] lightening ; [- d'une douleur] relief **2.** ÉCON & FIN reduction ▸ **allègement fiscal** tax reduction.

alléger [22] [aleʒe] vt **1.** [fardeau] to lighten **2.** [douleur] to relieve.

allégorie [alegɔʀi] nf allegory.

allègre [alɛgʀ] adj **1.** [ton] cheerful **2.** [démarche] jaunty.

allégresse [alegʀɛs] nf elation.

alléguer [18] [alege] [alɛge] vt : *alléguer une excuse* to put forward an excuse ▸ **alléguer que** to plead (that).

Allemagne [almaɲ] nf : *l'Allemagne* Germany / *l'(ex-) Allemagne de l'Est* (the former) East Germany / *l'(ex-) Allemagne de l'Ouest* (the former) West Germany.

allemand, e [almɑ̃, ɑ̃d] adj German. ◆ **allemand** nm [langue] German. ◆ **Allemand, e** nm, f German ▸ **un Allemand de l'Est / l'Ouest** an East/a West German.

aller [31] [ale]

❖ nm

1. [trajet] outward journey

2. [billet] single ticket UK, one-way ticket US ▸ **aller (et) retour** return UK ou round-trip US (ticket)

❖ vi

1. [gén] to go ▸ **allez !** come on! / *allez, au revoir !* bye then! ▸ **vas-y !** go on! ▸ **allons-y !, on y va !** let's go!, off we go! / *aller (et) venir* a) [de long en large] to pace up and down b) [entre deux destinations] to come and go, to go to and fro / *comment y va-t-on ?* how do you get there?

2. *(+ infinitif)* ▸ **aller faire qqch** to go and do sthg / *aller chercher les enfants à l'école* to go and pick up the children from school / *aller travailler / se promener* to go to work/for a walk / *ne va pas croire / penser que…* don't go and believe/think that…

3. [indiquant un état] ▸ **comment vas-tu ?** how are you? ▸ **je vais bien** I'm very well, I'm fine ▸ **comment ça va ? — ça va** a) [santé] how are you? — fine ou all right b) [situation] how are things? — fine ou all right ▸ **aller mieux** to be better

4. [convenir] *ce type de clou ne va pas pour ce travail* this kind of nail won't do ou isn't suitable for this job ▸ **aller avec** to go with ▸ **aller à qqn** a) to suit sb b) [suj : vêtement, taille] to fit sb / *le bleu lui va* blue suits her, she looks good in blue / *ces couleurs ne vont pas ensemble* these colours don't go well together

5. [mener - véhicule, chemin] to go / *cette rue va vers le centre* this street leads towards the city centre

6. [fonctionner - machine] to go, to run ; [- moteur] to run ; [- voiture, train] to go

7. EXPR **cela va de soi, cela va sans dire** that goes without saying ▸ **il y va de votre vie !** your life is at stake!, your life depends on it! ▸ **il en va de... comme...** the same goes for... as... ▸ **aller à la faillite / l'échec** to be heading for bankruptcy / failure ▸ **allons bon, j'ai perdu ma clef maintenant !** oh no, now I've lost my key! ▸ **y aller** [le faire] : *vas-y doucement, c'est fragile* gently ou easy does it: it's fragile

✧ v aux

(+ *infinitif*) [exprime le futur proche] to be going to, will / *je vais arriver en retard* I'm going to arrive late, I'll arrive late / *nous allons bientôt avoir fini* we'll soon have finished

◆ **s'en aller** vp **1.** [partir] to go (away), to be off / *allez-vous-en !* go away! **2.** [disparaître] to go away / *ça s'en ira au lavage / avec du savon* it'll come out in the wash / with soap.

allergénique [alɛʀʒenik] adj allergenic.

allergie [alɛʀʒi] nf allergy.

allergique [alɛʀʒik] adj : *allergique (à)* allergic (to).

aller-retour [aleʀətuʀ] nm return UK ou round-trip US (ticket).

alliage [aljaʒ] nm alloy.

alliance [aljɑ̃s] nf **1.** [union - stratégique] alliance ; [- par le mariage] union, marriage ▸ **cousin par alliance** cousin by marriage **2.** [bague] wedding ring **3.** [organisation] ▸ **l'Alliance française** *organization promoting French language and culture abroad* **4.** [marketing] : *alliance de marque* co-branding.

allié, e [alje] ✧ adj ▸ **allié (à)** allied (to). ✧ nm, f ally. ◆ **Alliés** nmpl ▸ **les Alliés** the Allies.

allier [9] [alje] vt **1.** [métaux] to alloy **2.** [associer] to combine. ◆ **s'allier** vp to become allies ▸ **s'allier qqn** to win sb over as an ally ▸ **s'allier à qqn** to ally with sb.

alligator [aligatɔʀ] nm alligator.

allitération [aliteʀasjɔ̃] nf alliteration.

allô [alo] interj hello!

alloc [alɔk] (*abr de* **allocation**) nf *fam* benefit. ◆ **allocs** nfpl *fam* : *les allocs* benefit *(U)* UK, welfare *(U)* US / *avec les allocs, j'arrive à m'en sortir* I get by on benefit.

allocataire [alɔkatɛʀ] nmf beneficiary.

allocation [alɔkasjɔ̃] nf **1.** [attribution] allocation **2.** [aide financière] ▸ **allocation chômage** unemployment benefit *(U)* UK ou compensation *(U)* US ▸ **allocation logement** housing benefit *(U)* UK, rent subsidy *(U)* US ▸ **allocations familiales** family credit *(U)* UK, welfare *(U)* US.

allocution [alɔkysjɔ̃] nf short speech.

allongé, e [alɔ̃ʒe] adj **1.** [position] ▸ **être allongé** to be lying down ou stretched out **2.** [forme] elongated.

allongement [alɔ̃ʒmɑ̃] nm lengthening.

allonger [17] [alɔ̃ʒe] ✧ vt **1.** [gén] to lengthen, to make longer / *la coupe de ce vêtement vous allonge la silhouette* the cut of the garment makes you look slimmer **2.** [jambe, bras] to stretch (out) / *allonger le cou* to stretch one's neck **3.** [personne] to lay down **4.** *fam* [argent] to dish out / *cette fois-ci, il a fallu qu'il les allonge* this time he had to cough up ou to fork out **5.** *fam* [coup] to aim / *allonger une taloche à qqn* to give sb a slap. ✧ vi [jours] to grow longer. ◆ **s'allonger** vp **1.** [gén] to get longer **2.** [se coucher] to lie down / *allonge-toi un peu* have a little lie-down **3.** [se déployer] to stretch (out) / *il / le chien s'allongea sur le tapis* he / the dog stretched out on the rug.

allopathique [alɔpatik] adj allopathic.

allouer [6] [alwe] vt ▸ **allouer qqch à qqn** to allocate sthg to sb.

allumage [alymaʒ] nm **1.** [de feu] lighting **2.** [d'appareil électrique] switching ou turning on **3.** [de moteur] ignition.

allumé, e [alyme] *fam* ✧ adj crazy / *son frère est complètement allumé !* his brother's a complete nutter! ✧ nm, f nutter *fam* / *il traîne avec une bande d'allumés* he hangs around with a load of nutters.

allume-cigare(s) [alymsigaʀ] (*pl* **allume-cigares**) nm cigarette lighter.

allume-gaz [alymgaz] nm inv gas lighter.

allumer [3] [alyme] vt **1.** [lampe, radio, télévision] to turn ou switch on / *allume dans la cuisine* turn the kitchen light on **2.** [gaz] to light ; [cigarette] to light (up) **3.** *fam* [personne] to turn on. ◆ **s'allumer** vp **1.** [gén] to light up ▸ **s'allumer de** *fig* [de joie, curiosité] to light up with **2.** ÉLECTR to come ou go on.

allumette [alymɛt] nf match ▸ **craquer une allumette** to strike a match.

allumeuse [alymøz] nf *fam* & *péj* tease.

allure [alyʀ] nf **1.** [vitesse] speed ▸ **à toute allure** at top ou full speed **2.** [prestance] presence **3.** [apparence générale] appearance ▸ **avoir de l'allure** [élégance] to have style ▸ **avoir une drôle d'allure** to look odd ▸ **avoir fière allure** to cut a striking figure.

allusion [alyzjɔ̃] nf allusion ▸ **faire allusion à** to refer ou allude to.

alluvions [alyvjɔ̃] nmpl alluvion *(U)*.

almanach [almana] nm almanac.

aloès [alɔɛs] nm aloe.

aloi [alwa] nm ▸ **de bon aloi** [qualité] of real worth ▸ **de mauvais aloi** a) [gaieté] not genuine b) [plaisanterie] in bad taste.

alors [alɔʀ] adv **1.** [jadis] then, at that time **2.** [à ce moment-là] then / *je préfère renoncer tout de suite, alors !* in that case I'd just as soon give up straight away! **3.** [exprimant la conséquence] then, so / *il s'est mis à pleuvoir, alors nous sommes rentrés* it started to rain, so we came back in / *et alors, qu'est-ce qui s'est passé ?* so what happened? / *il va se mettre en colère — et alors ?* he'll be angry — so what? **4.** [emploi expressif] well (then) / *alors, qu'est-ce qu'on fait ?* well, what are we doing? / *alors là, il exagère !* he's going a bit far there! / *ça alors !* well fancy that! ◆ **d'alors** loc adv at that time / *le cinéma d'alors était encore muet* films were still silent in those days. ◆ **jusqu'alors** loc adv (up) until then. ◆ **alors que** loc conj **1.** [exprimant le temps] while, when / *l'orage éclata alors que nous étions encore loin de la maison* the storm broke while ou when we were still a long way from the house **2.** [exprimant l'opposition] even though / *elle est sortie alors que c'était interdit* she went out even though it was forbidden / *ils aiment le café alors que nous, nous buvons du thé* they like coffee, whereas we drink tea.

alouette [alwɛt] nf lark.

alourdir [32] [aluʀdiʀ] vt **1.** [gén] to weigh down, to make heavy **2.** *fig* [impôts] to increase. ◆ **s'alourdir** vp **1.** [taille] to get bigger **2.** [paupières] to grow heavy.

aloyau [alwajo] nm sirloin.

ALP SMS *abr de* **à la prochaine**.

Alpes [alp] nfpl : *les Alpes* the Alps.

alpestre [alpɛstʀ] adj alpine.

alpha [alfa] nm alpha ▸ **l'alpha et l'oméga de** *fig* the beginning and the end of.

alphabet [alfabɛ] nm alphabet.

alphabétique [alfabetik] adj alphabetical.

alphabétisation [alfabetizasjɔ̃] nf teaching of literacy.

alphabétiser [3] [alfabetize] vt ▸ **alphabétiser qqn** to teach sb (how) to read and write ▸ **alphabétiser un pays** to eliminate illiteracy from a country.

alpin, e [alpɛ̃, in] adj alpine.

alpinisme [alpinism] nm mountaineering.

alpiniste [alpinist] nmf mountaineer.

Alsace [alzas] nf : *l'Alsace* Alsace.

alsacien, enne [alzasjɛ̃, ɛn] adj Alsatian. ◆ **alsacien** nm [dialecte] Alsatian. ◆ **Alsacien, enne** nm, f Alsatian.

altération [altɛʀasjɔ̃] nf **1.** [dégradation - gén] alteration, distortion ; [- de santé] deterioration **2.** MUS inflection.

altercation [altɛʀkasjɔ̃] nf altercation.

alter ego [altɛʀego] nm inv alter ego.

altérer [18] [alteʀe] vt **1.** [détériorer] to spoil **2.** [santé] to harm, to affect ; [vérité, récit] to distort. ◆ **s'altérer** vp **1.** [matière - métal] to deteriorate ; [- aliment] to go off, to spoil **2.** [santé] to deteriorate.

altermondialisme [altɛʀmɔ̃djalism] nm alterglobalism.

altermondialiste [altɛʀmɔ̃djalist] adj & nmf alterglobalist.

alternance [altɛʀnɑ̃s] nf **1.** [succession] alternation ▸ **en alternance** alternately **2.** POL change of government party.

alternatif, ive [altɛʀnatif, iv] adj **1.** [périodique] alternating **2.** [parallèle] alternative **3.** [mouvement, musique] alternative. ◆ **alternative** nf alternative.

alternativement [altɛʀnativmɑ̃] adv alternately.

alterner [3] [altɛʀne] ❖ vt ▸ **(faire) alterner qqch et qqch** to alternate sthg with sthg. ❖ vi [se succéder] ▸ **alterner (avec)** to alternate (with).

altesse [altɛs] nf ▸ **Son Altesse** His/Her Highness.

altier, ère [altje, ɛʀ] adj haughty.

altimètre [altimɛtʀ] nm altimeter.

altiport [altipɔʀ] nm *airport at high altitude, used especially to serve ski resorts.*

altitude [altityd] nf altitude, height ▸ **en altitude** at (high) altitude / *monter en altitude* to climb to altitude ▸ **prendre de l'altitude** AÉRON to gain height ou altitude.

alto [alto] nm [MUS - voix] alto ; [- instrument] viola.

alu [aly] *fam* ❖ nm [métal] aluminium UK, aluminum US ; [papier] aluminium UK ou aluminum US foil, tinfoil. ❖ adj ▸ **papier alu** aluminium UK ou aluminum US foil, tinfoil.

aluminium [alyminjɔm] nm aluminium UK, aluminum US.

alunir [32] [alyniʀ] vi to land on the moon.

alunissage [alynisaʒ] nm moon landing.

alvéole [alveɔl] nf **1.** [cavité] cavity ▸ **alvéole dentaire** tooth socket **2.** [de ruche, poumon] alveolus.

Alzheimer [alzajmɛʀ] npr ▸ **la maladie d'Alzheimer** Alzheimer's disease ▸ **avoir un Alzheimer** : *elle a un Alzheimer* she has got Alzheimer's (disease).

amabilité [amabilite] nf kindness ▸ **avoir l'amabilité de faire qqch** to be so kind as to do sthg.

amadou [amadu] nm touchwood, tinder.

amadouer [6] [amadwe] vt [adoucir] to tame, to pacify ; [persuader] to coax. ◆ **s'amadouer** vp to relent.

amaigri, e [amegʀi] adj [visage] gaunt ; [trait] (more) pinched / *je le trouve très amaigri* he looks a lot thinner ou as if he's lost a lot of weight.

amaigrir [32] [amegʀiʀ] vt to make thin ou thinner. ◆ **s'amaigrir** vp to get thin ou thinner.

amaigrissant, e [amegʀisɑ̃, ɑ̃t] adj slimming *(avant n)* UK, reducing *(avant n)* US.

amaigrissement [amegʀismɑ̃] nm loss of weight.

amalgame [amalgam] nm **1.** TECHNOL amalgam **2.** [de styles] mixture **3.** [d'idées, de notions] : *il ne faut pas* *faire l'amalgame entre ces deux questions* the two issues must not be confused.

amalgamer [3] [amalgame] vt to combine. ◆ **s'amalgamer** vp ▸ **s'amalgamer avec** ou **à** to be combined ou mixed with.

amande [amɑ̃d] nf almond ▸ **en amande** *fig* almond-shaped.

amandier [amɑ̃dje] nm almond tree.

amanite [amanit] nf ▸ **amanite phalloïde** death-cap (mushroom).

amant [amɑ̃] nm (male) lover. ◆ **amants** nmpl lovers.

amarre [amaʀ] nf rope, cable ▸ **larguer les amarres** a) [bateau] to cast off b) *fam* & *fig* [partir] to hit the road.

amarrer [3] [amaʀe] vt **1.** NAUT to moor **2.** [fixer] to tie down **3.** [navette spatiale] to dock. ◆ **s'amarrer** vpi **1.** NAUT [à une berge] to moor ; [dans un port] to dock, to berth **2.** [navette spatiale] to dock.

amaryllis [amaʀilis] nf amaryllis.

amas [ama] nm pile.

amasser [3] [amase] vt **1.** [objets] to pile up **2.** [argent] to accumulate. ◆ **s'amasser** vp **1.** [gén] to pile up **2.** [foule] to gather.

amateur [amatœʀ] nm **1.** [connaisseur - d'art, de bon café] ▸ **amateur de** lover of **2.** [non-professionnel] amateur ▸ **faire qqch en amateur** to do sthg as a hobby **3.** *péj* [dilettante] amateur.

amateurisme [amatœʀism] nm **1.** SPORT amateurism **2.** *péj* [dilettantisme] amateurishness.

amazone [amazon] nf horsewoman ▸ **monter en amazone** to ride sidesaddle.

Amazone [amazon] nf ▸ **l'Amazone** the Amazon (River).

Amazonie [amazoni] nf : *l'Amazonie* the Amazon (Basin).

amazonien, enne [amazonjɛ̃, ɛn] adj Amazonian / *la forêt amazonienne* the Amazon rain forest.

ambages [ɑ̃baʒ] ◆ **sans ambages** loc adv *sout* without beating about the bush.

ambassade [ɑ̃basad] nf embassy.

ambassadeur, drice [ɑ̃basadœʀ, dʀis] nm, f ambassador.

ambiance [ɑ̃bjɑ̃s] nf atmosphere ▸ **il y a de l'ambiance !** there's a good atmosphere!

ambiant, e [ɑ̃bjɑ̃, ɑ̃t] adj ▸ **température ambiante** room temperature.

ambidextre [ɑ̃bidɛkstʀ] ❖ nmf ambidextrous person. ❖ adj ambidextrous.

ambigu, uë [ɑ̃bigy] adj ambiguous.

ambiguïté [ɑ̃bigɥite] nf ambiguity ▸ **sans ambiguïté** a) [parler, répondre] unambiguously b) [réponse, attitude] unambiguous.

ambitieux, euse [ɑ̃bisjø, øz] ❖ nm, f ambitious person. ❖ adj ambitious.

ambition [ɑ̃bisjɔ̃] nf **1.** *péj* [arrivisme] ambitiousness **2.** [désir] ambition ▸ **avoir l'ambition de faire qqch** to have an ambition to do sthg.

ambitionner [3] [ɑ̃bisjɔne] vt ▸ **ambitionner qqch / de faire qqch** to seek sthg / to do sthg.

ambivalent, e [ɑ̃bivalɑ̃, ɑ̃t] adj ambivalent.

ambre [ɑ̃bʀ] nm **1.** [couleur] amber **2.** [matière] ▸ **ambre (gris)** ambergris.

ambré, e [ɑ̃bʀe] adj [couleur] amber.

ambulance [ɑ̃bylɑ̃s] nf ambulance.

ambulancier, ère [ɑ̃bylɑ̃sje, ɛʀ] nm, f ambulanceman (ambulancewoman).

ambulant, e [ɑ̃bylɑ̃, ɑ̃t] adj travelling UK, traveling US *(avant n)*.

AME (*abr de* **Accord monétaire européen**) EMA *(European Monetary Agreement)*.

âme [am] nf **1.** [esprit] soul / *de toute mon âme* with all my heart ou soul ▸ **dans l'âme** a) [par goût] at heart b) [accompli] through and through / *c'est un artiste dans l'âme* he's a born artist ▸ **avoir une âme de comédien** to be a born actor ▸ **une bonne âme** *hum* a kind soul **2.** [personne] ▸ **âme sœur** soulmate ▸ **être l'âme de qqch** to be the heart and soul of sthg / *c'était elle, l'âme du groupe* *fig* she was the inspiration of the group / *un village de 500 âmes* a village of 500 souls **3.** [caractère] spirit, soul / *avoir* ou *être une âme généreuse* to have great generosity of spirit **4.** / *aller* ou *errer comme une âme en peine* to wander around like a lost soul EXPR **en mon âme et conscience** in all honesty ▸ **sans rencontrer âme qui vive** without seeing a living soul ▸ **rendre l'âme** to breathe one's last.

amélioration [ameljɔʀasjɔ̃] nf improvement.

améliorer [3] [ameljɔʀe] vt to improve. ◆ **s'améliorer** vp to improve.

amen [amɛn] adv amen.

aménagé, e [amenaʒe] adj [cuisine, camping] fully-equipped.

aménagement [amenaʒmɑ̃] nm **1.** [de lieu] fitting out ▸ **aménagement du territoire** town and country planning, regional development **2.** [de programme] planning, organizing.

aménager [17] [amenaʒe] vt **1.** [pièce] to fit out **2.** [programme] to plan, to organize.

amende [amɑ̃d] nf fine ▸ **mettre qqn à l'amende** to penalize sb ▸ **faire amende honorable** to admit one's mistake.

amendement [amɑ̃dmɑ̃] nm POL amendment.

amender [3] [amɑ̃de] vt **1.** POL to amend **2.** AGRIC to enrich. ◆ **s'amender** vp to mend one's ways.

amène [amɛn] adj *sout* amiable, affable.

amener [19] [amne] vt **1.** [mener] to bring **2.** [inciter] ▸ **amener qqn à faire qqch** a) [suj : circonstances] to lead sb to do sthg b) [suj : personne] to get sb to do sthg **3.** [occasionner, préparer] to bring about. ◆ **s'amener**

vp *fam* **1.** [arriver] to turn up, to show up **2.** [venir] to come.

aménorrhée [amenɔʀe] nf MÉD amenorrhoea, amenorrhea US.

amenuiser [3] [amənɥize] vt [réduire] to diminish, to reduce. ◆ **s'amenuiser** vp to dwindle, to diminish.

amer, ère [amɛʀ] adj bitter.

amèrement [amɛʀmɑ̃] adv bitterly.

américain, e [ameʀikɛ̃, ɛn] adj American. ◆ **américain** nm [langue] American English. ◆ **Américain, e** nm, f American.

américanisme [ameʀikanism] nm Americanism.

amérindien, enne [ameʀɛ̃djɛ̃, ɛn] adj Native American. ◆ **Amérindien, enne** nm, f Native American.

Amérique [ameʀik] nf : *l'Amérique* America / *l'Amérique centrale* Central America / *l'Amérique du Nord* North America / *l'Amérique du Sud* South America / *l'Amérique latine* Latin America.

amerrir [32] [ameʀiʀ] vi [hydravion] to land (on the sea) ; [cabine spatiale] to splash down.

amertume [amɛʀtym] nf bitterness.

améthyste [ametist] nf amethyst.

ameublement [amœbləmɑ̃] nm [meubles] furniture ; [action de meubler] furnishing.

ameublir [32] [amœbliʀ] vt [sol] to break up.

ameuter [3] [amœte] vt [curieux] to draw a crowd of ; [quartier, voisins] to bring out.

ami, e [ami] ✧ adj friendly / *dans une maison amie* in the house of friends. ✧ nm, f **1.** [camarade] friend / *c'est un de mes amis / une de mes amies* he's/she's a friend of mine / *je m'en suis fait une amie* she became my friend ou a friend (of mine) ▸ **ami d'enfance** childhood friend ▸ **petit ami** boyfriend ▸ **petite amie** girlfriend **2.** [partisan] supporter, friend / *club des amis de Shakespeare* Shakespeare club ou society. ◆ **en ami** loc adv [par amitié] as a friend / *je te le dis en ami* I'm telling you as a friend ou because I'm your friend. ◆ **faux ami** nm LING false friend.

amiable [amjabl] adj [accord] friendly, informal. ◆ **à l'amiable** loc adv & loc adj out of court.

amiante [amjɑ̃t] nm asbestos.

amibe [amib] nf amoeba, ameba US.

amibien, enne [amibjɛ̃, ɛn] adj amoebic, amebic US. ◆ **amibien** nm amoeba, ameba US.

amical, e, aux [amikal, o] adj friendly. ◆ **amicale** nf association, club *(for people with a shared interest)*.

amicalement [amikalmɑ̃] adv **1.** [de façon amicale] amicably, in a friendly way **2.** [dans une lettre] yours (ever), (with) best wishes.

amidon [amidɔ̃] nm starch.

amidonner [3] [amidɔne] vt to starch.

amincir [32] [amɛ̃siʀ] vi to get slimmer ou thinner. ◆ **s'amincir** vp *fig* [diminuer] to dwindle, to diminish.

amincissant, e [amɛ̃sisɑ̃, ɑ̃t] adj slimming.

amiral, aux [amiʀal, o] nm admiral.

amitié [amitje] nf **1.** [affection] affection ▸ **prendre qqn en amitié** to befriend sb / *avoir de l'amitié pour qqn* to be fond of sb **2.** [rapports amicaux] friendship / *faire qqch par amitié* to do sthg out of friendship ▸ **faire ses amitiés à qqn** to give sb one's good ou best wishes **3.** [courrier] : *(toutes) mes amitiés* best regards ou wishes / *amitiés, Marie* love ou yours, Marie.

AMM (*abr de* **Autorisation de mise sur le marché**) nf *official authorization for marketing a pharmaceutical product.*

ammoniac, aque [amɔnjak] adj CHIM ammoniac. ◆ **ammoniac** nm ammonia. ◆ **ammoniaque** nf ammonia (water).

amnésie [amnezi] nf amnesia.

amnésique [amnezik] ✧ adj amnesic. ✧ nmf amnesic, amnesiac.

amniocentèse [amnjɔsɛ̃tɛz] nf amniocentesis.

amnistie [amnisti] nf amnesty.

amnistier [9] [amnistje] vt to amnesty.

amocher [3] [amɔʃe] vt *fam* to mess up. ◆ **s'amocher** vp *fam* to mess o.s. up.

amoindrir [32] [amwɛ̃dʀiʀ] vt to diminish. ◆ **s'amoindrir** vp to dwindle, to diminish.

amollir [32] [amɔliʀ] vt [personne] to make soft. ◆ **s'amollir** vp [personne] to go soft.

amonceler [24] [amɔ̃sle] vt to accumulate. ◆ **s'amonceler** vp to pile up, to accumulate.

amoncelle, amoncelles ⟶ **amonceler**.

amont [amɔ̃] nm upstream (water) ▸ **en amont de a)** [rivière] upriver ou upstream from **b)** *fig* prior to.

amoral, e, aux [amɔʀal, o] adj **1.** [qui ignore la morale] amoral **2.** *fam* [débauché] immoral.

amorce [amɔʀs] nf **1.** [d'explosif] priming ; [de cartouche, d'obus] cap **2.** [à la pêche] bait **3.** *fig* [commencement] beginnings *pl*, germ.

amorcer [16] [amɔʀse] vt **1.** [explosif] to prime **2.** [à la pêche] to bait **3.** *fig* [commencer] to begin, to initiate. ◆ **s'amorcer** vp to begin.

amorphe [amɔʀf] adj **1.** [personne] lifeless **2.** [matériau] amorphous.

amorti [amɔʀti] nm **1.** FOOT : *faire un amorti* to trap the ball **2.** TENNIS drop shot.

amortir [32] [amɔʀtiʀ] vt **1.** [atténuer - choc] to absorb ; [- bruit] to deaden, to muffle **2.** [dette] to pay off **3.** [achat] to write off.

amortissement [amɔʀtismɑ̃] nm **1.** [de choc] absorption ; [de bruit] deadening, muffling **2.** [de dette] payment, paying off **3.** [d'achat] writing off ▸ **amortissement dégressif** ou **accéléré** accelerated depreciation.

amortisseur [amɔʀtisœʀ] nm AUTO shock absorber.

amour [amuʀ] nm **1.** [gén] love ▸ **amour maternel / filial** maternal/filial love ▸ **pour l'amour de** for the love of ▸ **pour l'amour du ciel** for heaven's sake ▸ **éprouver de l'amour pour qqn** to feel love for sb ▸ **faire l'amour** to make love ▸ **faire qqch avec amour** to do sthg with loving care ou love ▸ **faire qqch par amour pour qqn** to do sthg for the love of ou out of love for sb ▸ **filer le parfait amour** to live out love's dream **2.** [liaison] (love) affair, romance **3.** [jolie chose] ▸ **un amour de** a darling (little) **4.** [personne] ▸ **un amour** an angel, a dear / *apporte les glaçons, tu seras un amour* be a dear ou darling and bring the ice cubes / *un amour de petite fille* a delightful little girl. ◆ **amours** nmpl [vie sentimentale] love-life ▸ **à tes amours !** a) [toast] here's to you! b) [quand on éternue] bless you!

amouracher [3] [amuʀaʃe] ◆ **s'amouracher** vp ▸ **s'amouracher de** to become infatuated with.

amourette [amuʀɛt] nf passing fancy, brief love affair.

amoureusement [amuʀøzmɑ̃] adv amorously.

amoureux, euse [amuʀø, øz] ❖ adj **1.** [personne] in love ▸ **être / tomber amoureux (de)** to be / fall in love (with) **2.** [regard, geste] loving. ❖ nm, f **1.** [prétendant] suitor **2.** [passionné] ▸ **amoureux de** lover of / *un amoureux de la nature* a nature lover.

amour-propre [amuʀpʀɔpʀ] nm pride, self-respect.

amovible [amɔvibl] adj **1.** [déplaçable] detachable, removable **2.** [fonctionnaire] removable.

ampère [ɑ̃pɛʀ] nm amp, ampere.

amphétamine [ɑ̃fetamin] nf amphetamine.

amphi [ɑ̃fi] nm *fam* lecture hall ou theatre UK ▸ **cours en amphi** lecture.

amphibie [ɑ̃fibi] ❖ nm amphibian. ❖ adj amphibious.

amphithéâtre [ɑ̃fiteatʀ] nm **1.** HIST amphitheatre UK, amphitheater US **2.** [d'université] lecture hall ou theatre UK.

ample [ɑ̃pl] adj **1.** [vêtement - gén] loose-fitting ; [- jupe] full **2.** [projet] extensive ▸ **pour de plus amples informations** for further details **3.** [geste] broad, sweeping.

amplement [ɑ̃pləmɑ̃] adv [largement] fully, amply.

ampleur [ɑ̃plœʀ] nf **1.** [de vêtement] fullness **2.** [d'événement, de dégâts] extent **3.** EXPR **prendre toute son ampleur** to reach its height.

ampli [ɑ̃pli] (*abr de* **amplificateur**) nm *fam* amp.

amplificateur, trice [ɑ̃plifikatœʀ, tʀis] adj ÉLECTR amplifying / *un phénomène amplificateur de la croissance fig* a phenomenon which increases growth. ◆ **amplificateur** nm **1.** [gén] amplifier **2.** PHOTO enlarger.

amplifier [9] [ɑ̃plifje] vt **1.** [mouvement, son] to amplify ; [image] to magnify, to enlarge **2.** [scandale] to increase ; [événement, problème] to highlight. ◆ **s'amplifier** vp [son] to grow ou get louder ; *fig* [revendications, phénomène] to grow.

amplitude [ɑ̃plityd] nf **1.** [de geste] fullness **2.** [d'onde] amplitude **3.** [de température] range.

ampoule [ɑ̃pul] nf **1.** [de lampe] bulb ▸ **ampoule basse consommation** energy saving bulb **2.** [sur la peau] blister **3.** [médicament] ampoule, vial, phial UK.

ampoulé, e [ɑ̃pule] adj *péj* pompous.

amputation [ɑ̃pytasjɔ̃] nf MÉD amputation.

amputer [3] [ɑ̃pyte] vt MÉD to amputate ; *fig* [couper] to cut (back ou down) / *son article a été amputé d'un tiers* his article was cut by a third.

Amsterdam [amstɛʀdam] npr Amsterdam.

amulette [amylɛt] nf amulet.

amusant, e [amyzɑ̃, ɑ̃t] adj [drôle] funny ; [distrayant] amusing ▸ **c'est très amusant** it's great fun.

amuse-gueule [amyzgœl] nm inv *fam* cocktail snack, (party) nibble.

amusement [amyzmɑ̃] nm amusement *(U)*.

amuser [3] [amyze] vt to amuse, to entertain / *cela ne m'amuse pas du tout* I don't find that in the least bit funny / *elle m'amuse* she makes me laugh / *tu crois que ça m'amuse d'être pris pour un imbécile ?* do you think I enjoy being taken for a fool? ◆ **s'amuser** vp to have fun, to have a good time / *amusez-vous bien !* enjoy yourselves!, have a good time! / *elles ont construit une hutte pour s'amuser* they built a hut, just for fun ▸ **s'amuser à faire qqch** to amuse o.s. (by) doing sthg / *il s'amuse à faire des avions en papier en cours* he spends his time making paper planes in class.

amygdale [amidal] nf tonsil.

an [ɑ̃] nm year / *avoir sept ans* to be seven (years old) / *l'an dernier / prochain* last / next year / *en l'an 2000* in the year 2000 / *le premier* ou *le jour de l'an* New Year's Day / *le nouvel an* the New Year ▸ **bon an mal an** taking the good years with the bad.

anabolisant, e [anabɔlizɑ̃, ɑ̃t] ❖ adj anabolic. ❖ nm anabolic steroid.

anachronique [anakʀɔnik] adj anachronistic.

anachronisme [anakʀɔnism] nm anachronism.

anagramme [anagʀam] nf anagram.

ANAH (*abr de* **Agence nationale pour l'amélioration de l'habitat**) [ana] nf *national agency responsible for housing projects and restoration grants*.

anal, e, aux [anal, o] adj anal ▸ **stade anal** PSYCHO anal phase.

analgésique [analʒezik] nm & adj analgesic.

anallergique [analɛʀʒik] adj hypoallergenic.

analogie [analɔʒi] nf analogy.

analogique [analɔʒik] adj analog, analogue UK.

analogue [analɔg] ❖ nm equivalent, analog, analogue UK. ❖ adj analogous, comparable.

analphabète [analfabɛt] nmf & adj illiterate.

analphabétisme [analfabetism] nm illiteracy.

analyse [analiz] nf **1.** [étude] analysis ▸ **analyse des résultats** processing of results ▸ **analyse de texte** textual analysis ▸ **en dernière analyse** in the final analysis **2.** ÉCON : *analyse des concurrents* competitive analysis

▸ **analyse des coûts** ou **du prix de revient** cost analysis ▸ **analyse de faisabilité** feasibility study ▸ **analyse de marché** market survey ou research **3.** CHIM & MÉD test, analysis ▸ **analyse de sang** blood analysis ou test **4.** [psychanalyse] analysis *(U)* / *être en analyse* to be in analysis **5.** INFORM analysis ▸ **analyse numérique** numerical analysis ▸ **analyse des performances du système** system evaluation.

analyser [3] [analize] vt **1.** [étudier, psychanalyser] to analyse UK, to analyze US **2.** CHIM & MÉD to test, to analyse UK, to analyze US. ◆ **s'analyser** vp to be analysed UK ou analyzed US / *un tel comportement ne s'analyse pas facilement* such behaviour is not easy to understand.

analyste [analist] nmf analyst.

analyste-programmeur, euse [analist-pʀɔgʀamœʀ, øz] *(mpl* **analystes-programmeurs**, *fpl* **analystes-programmeuses**) nm, f systems analyst.

analytique [analitik] adj analytical.

ananas [anana(s)] nm pineapple.

anar [anaʀ] nmf & adj *fam* anarchist.

anarchie [anaʀʃi] nf **1.** POL anarchy **2.** [désordre] chaos, anarchy.

anarchique [anaʀʃik] adj anarchic.

anarchiste [anaʀʃist] nmf & adj anarchist.

anathème [anatɛm] nm anathema ▸ **jeter l'anathème sur** *fig* & *sout* to curse.

anatomie [anatɔmi] nf anatomy.

anatomique [anatɔmik] adj anatomical.

ANC (*abr de* **African National Congress**) nm POL ANC.

ancestral, e, aux [ɑ̃sɛstʀal, o] adj ancestral.

ancêtre [ɑ̃sɛtʀ] nmf [aïeul] ancestor ; *fig* [forme première] forerunner, ancestor ; *fig* [initiateur] father (mother).

anchois [ɑ̃ʃwa] nm anchovy.

ancien, enne [ɑ̃sjɛ̃, ɛn] adj **1.** [gén] old / *un meuble ancien* an antique **2.** *(avant n)* [précédent] former, old / *mon ancienne école* my old school **3.** [qui a de l'ancienneté] senior / *vous n'êtes pas assez ancien dans la profession* you've not been in the job long enough **4.** [du passé] ancient. ◆ **ancien** nm [mobilier] ▸ **l'ancien** antiques *pl* / *meublé entièrement en ancien* entirely furnished with antiques. ◆ **anciens** nmpl elders.

anciennement [ɑ̃sjɛnmɑ̃] adv formerly, previously.

ancienneté [ɑ̃sjɛnte] nf **1.** [d'une tradition] oldness **2.** [d'un employé] seniority.

ancrage [ɑ̃kʀaʒ] nm **1.** NAUT anchorage **2.** [enracinement] : *l'ancrage d'un parti dans l'électorat* a party's electoral base.

ancre [ɑ̃kʀ] nf NAUT anchor ▸ **jeter l'ancre** to drop anchor ▸ **lever l'ancre a)** to weigh anchor **b)** *fam* [partir] to make tracks.

ancrer [3] [ɑ̃kʀe] vt [bateau] to anchor ; *fig* [idée, habitude] to root / *une idée bien ancrée* a firmly-rooted idea.

Andes [ɑ̃d] nfpl : *les Andes* the Andes / *la cordillère des Andes* the Andes Mountain Ranges.

Andorre [ɑ̃dɔʀ] nf : *(la principauté d')Andorre* (the principality of) Andorra.

andouille [ɑ̃duj] nf **1.** [charcuterie] *type of sausage made of pig's intestines, eaten cold)* **2.** *fam* [imbécile] dummy.

andouillette [ɑ̃dujɛt] nf *type of sausage made of pig's intestines, eaten hot.*

androgyne [ɑ̃dʀɔʒin] ◇ nmf androgynous person. ◇ adj androgynous.

âne [an] nm **1.** ZOOL ass, donkey **2.** *fam* [imbécile] ass.

anéantir [32] [aneɑ̃tiʀ] vt **1.** [détruire] to annihilate ; *fig* to ruin, to wreck **2.** [démoraliser] to crush, to overwhelm. ◆ **s'anéantir** vp [disparaître] to vanish.

anéantissement [aneɑ̃tismɑ̃] nm **1.** [destruction] annihilation ; *fig* wrecking, ruin **2.** [abattement] dejection.

anecdote [anɛkdɔt] nf anecdote.

anecdotique [anɛkdɔtik] adj anecdotal.

anémie [anemi] nf MÉD anaemia UK, anemia US ; *fig* enfeeblement.

anémié, e [anemje] adj anaemic UK, anemic US.

anémier [9] [anemje] vt MÉD to make anaemic UK ou anemic US ; *fig* to weaken. ◆ **s'anémier** vp MÉD to become anaemic UK ou anemic US ; *fig* to weaken.

anémique [anemik] adj anaemic UK, anemic US.

anémone [anemɔn] nf anemone.

ânerie [anʀi] nf *fam* **1.** [caractère] stupidity *(U)* **2.** [parole, acte] ▸ **dire / faire une ânerie** to say / do something stupid.

ânesse [anɛs] nf she-ass, she-donkey.

anesthésie [anɛstezi] nf anaesthesia, anesthesia US ▸ **sous anesthésie** under (the) anaesthetic ou anesthetic US, under anaesthesia ▸ **anesthésie locale** local anaesthetic ou anesthetic US ▸ **anesthésie générale** general anaesthetic ou anesthetic US.

anesthésier [9] [anɛstezje] vt to anaesthetize, to anesthetize US.

anesthésique [anɛstezik] nm & adj anaesthetic, anesthetic US.

anesthésiste [anɛstezist] nmf anaesthetist, anesthetist US, anesthesiologist US.

aneth [anɛt] nm dill.

anévrysme, anévrisme [anevʀism] nm MÉD aneurism ▸ **rupture d'anévrysme** aneurysmal rupture.

anfractuosité [ɑ̃fʀaktyozite] nf crevice.

ange [ɑ̃ʒ] nm angel ▸ **ange gardien** guardian angel ▸ **être aux anges** *fig* to be in seventh heaven.

angélique [ɑ̃ʒelik] ◇ nf angelica. ◇ adj angelic.

angélus [ɑ̃ʒelys] nm [sonnerie] angelus (bell).

angevin, e [ɑ̃ʒvɛ̃, in] adj **1.** [de l'Anjou] of / from Anjou **2.** [d'Angers] of / from Angers. ◆ **Angevin, e** nm, f **1.** [de l'Anjou] person from Anjou **2.** [d'Angers] person from Angers.

angine [ɑ̃ʒin] nf [pharyngite] pharyngitis ; [amygdalite] tonsillitis ▸ **angine de poitrine** angina (pectoris).

anglais, e [ɑ̃glɛ, ɛz] adj English. ◆ **anglais** nm [langue] English. ◆ **Anglais, e** nm, f Englishman (Englishwoman) ▸ **les Anglais** the English. ◆ **anglaises** nfpl ringlets. ◆ **à l'anglaise** loc adv CULIN boiled.

angle [ɑ̃gl] nm **1.** [coin] corner ▸ **angle mort** [zone invisible] blind spot ▸ **arrondir les angles** *fig* to smooth things over / *la maison qui est à* ou *qui fait l'angle* the house on the corner / *meuble d'angle* corner unit **2.** MATH angle ▸ **angle droit / aigu / obtus** right / acute / obtuse angle / *la rue fait un angle droit avec l'avenue* the street is at right angles to the avenue **3.** [aspect] angle, point of view ▸ **voir les choses sous un certain angle** to see things from a certain point of view / *vu sous l'angle économique / du rendement, cette décision se comprend* from an economic / a productivity point of view, the decision makes sense.

Angleterre [ɑ̃glətɛʀ] nf : *l'Angleterre* England.

anglican, e [ɑ̃glikɑ̃, an] adj & nm, f Anglican.

anglicisation [ɑ̃glisizasjɔ̃] nf anglicization.

anglo-normand, e [ɑ̃glɔnɔʀmɑ̃, ɑ̃d] (*mpl* **anglo-normands**, *fpl* **anglo-normandes**) adj GÉOGR of the Channel islands / *les îles anglo-normandes* the Channel Islands.

anglophone [ɑ̃glɔfɔn] ❖ nmf English-speaker. ❖ adj English-speaking, anglophone.

anglo-saxon, onne [ɑ̃glosaksɔ̃, ɔn] adj Anglo-Saxon. ◆ **anglo-saxon** nm [langue] Anglo-Saxon, Old English. ◆ **Anglo-Saxon, onne** nm, f Anglo-Saxon.

angoissant, e [ɑ̃gwasɑ̃, ɑ̃t] adj agonizing, harrowing ; [sens affaibli] : *j'ai trouvé l'attente très angoissante* the wait was a strain on my nerves.

angoisse [ɑ̃gwas] nf anguish.

angoissé, e [ɑ̃gwase] ❖ adj anguished. ❖ nmf neurotic.

angoisser [3] [ɑ̃gwase] vt [effrayer] to cause anxiety to. ◆ **s'angoisser** vp **1.** [être anxieux] to be overcome with anxiety **2.** *fam* [s'inquiéter] to fret.

Angola [ɑ̃gola] nm : *l'Angola* Angola.

angolais, e [ɑ̃gɔlɛ, ɛz] adj Angolan. ◆ **Angolais, e** nm, f Angolan.

angora [ɑ̃gɔʀa] nm & adj angora.

anguille [ɑ̃gij] nf eel ▸ **il y a anguille sous roche** *fig* something's up, something's going on.

anguleux, euse [ɑ̃gylø, øz] adj angular.

anicroche [anikʀɔʃ] nf hitch.

animal, e, aux [animal, o] adj **1.** [propre à l'animal] animal (*avant n*) **2.** [instinctif] instinctive. ◆ **animal** nm **1.** [bête] animal / *animal en peluche* stuffed animal / *animal sauvage / domestique* wild / domestic animal **2.** *péj* [personne] lout, oaf.

animalerie [animalʀi] nf pet shop.

animalier, ère [animalje, ɛʀ] adj [peintre, sculpteur] animal (*modif*) ▸ **parc animalier** wildlife park.

animateur, trice [animatœʀ, tʀis] nm, f **1.** RADIO & TV host, presenter UK **2.** [socioculturel, sportif] activities organizer **3.** [de manifestation] organizer.

animation [animasjɔ̃] nf **1.** [de rue] activity, life ; [de conversation, visage] animation **2.** [publicitaire] demonstration, promotion **3.** [activités] activities *pl* **4.** CINÉ animation.

anime [anim], **animé** [anime] nm [série d'animations japonaises] anime.

animé, e [anime] adj [rue] lively ; [conversation, visage] animated ; [objet] animate.

animer [3] [anime] vt **1.** [mettre de l'entrain dans] to animate, to liven up **2.** [présenter] to host, to present UK **3.** [organiser des activités pour] to organize activities for. ◆ **s'animer** vp **1.** [visage] to light up **2.** [rue] to come to life, to liven up.

animisme [animism] nm animism.

animiste [animist] nmf & adj animist.

animosité [animozite] nf animosity.

anis [ani(s)] nm BOT anise ; CULIN aniseed.

anisette [anizɛt] nf anisette.

ankylosé, e [ɑ̃kiloze] adj [paralysé] stiff ; [engourdi] numb.

ankyloser [3] [ɑ̃kiloze] ◆ **s'ankyloser** vpi **1.** MÉD to ankylose **2.** [devenir raide - bras, jambe] to become numb ; [- personne] to go stiff.

annales [anal] nfpl **1.** [revue] review *sg*, journal *sg* **2.** [d'examen] past papers UK ▸ **les annales du bac** ≃ A-level past papers **3.** [chronique annuelle] chronicle *sg*, annals ▸ **rester dans les annales** *fig* to go down in history.

anneau, x [ano] nm **1.** [gén] ring **2.** [maillon] link **3.** [de reptile] coil. ◆ **anneaux** nmpl SPORT rings.

année [ane] nf year / *d'année en année* from year to year / *d'une année à l'autre* [croissance, déclin] year-on-year / *elle est en troisième année de médecine* she's in her third year at medical school / *tout au long de l'année, toute l'année* all year long ou round ▸ **souhaiter la bonne année à qqn** to wish sb a happy New Year ▸ **année bissextile** leap year ▸ **année civile** calendar ou civil year ▸ **année fiscale** fiscal ou tax ou financial UK year ▸ **année sabbatique** sabbatical (year) ▸ **année scolaire** school year. ◆ **à l'année** loc adv [louer, payer] annually, on a yearly basis.

année-lumière [anelymjɛʀ] (*pl* **années-lumière**) nf light year / *à des années-lumière de* *fig* light years away from.

annexe [anɛks] ❖ nf **1.** [de dossier] appendix, annexe UK, annex US **2.** [de bâtiment] annexe UK, annex US. ❖ adj related, associated.

annexer [4] [anɛkse] vt **1.** [incorporer] ▸ **annexer qqch (à qqch)** to append ou annex sthg (to sthg) **2.** [pays] to annex. ◆ **s'annexer** vp [s'attribuer] to grab.

annexion [anɛksjɔ̃] nf annexation.

annihiler [3] [aniile] vt [réduire à néant] to destroy, to wreck. ◆ **s'annihiler** vp to be destroyed, to be wrecked.

anniversaire [aniveRsɛR] ❖ nm [de mariage, mort, événement] anniversary ; [de naissance] birthday ▸ **bon ou joyeux anniversaire !** happy birthday! ❖ adj anniversary *(avant n)*.

annonce [anɔ̃s] nf **1.** [déclaration] announcement ; *fig* sign, indication **2.** [texte] advertisement ▸ **annonce commerciale** display ad ▸ **passer une annonce** to place an advert UK ou advertisement ▸ **petite annonce** classified advertisement, small ad UK, want ad US.

annoncer [16] [anɔ̃se] vt **1.** [faire savoir] to announce / *je vous annonce que je me marie* I'd like to inform you that I'm getting married / *on annonce des réductions d'impôts* tax reductions have been announced **2.** [indiquer] to herald / *ça n'annonce rien de bon* it doesn't bode well, it isn't a very good sign **3.** [prédire] to predict / *ils annoncent du soleil pour demain* sunshine is forecast for tomorrow, the forecast for tomorrow is sunny **4.** [présenter] to announce / *qui dois-je annoncer ?* what name shall I say? **5.** [jeux de cartes] to declare ▸ **annoncer la couleur** *fam* & *fig* to state one's intentions / *j'ai annoncé la couleur, ils savent que je démissionnerai s'il le faut* I've laid my cards on the table ou made no secret of it: they know I'll resign if I have to. ◆ **s'annoncer** vp ▸ **s'annoncer bien / mal** to look / not to look promising / *la crise s'annonce* there is a crisis looming.

annonceur, euse [anɔ̃sœR, øz] nm, f advertiser.

annonciateur, trice [anɔ̃sjatœR, tRis] adj ▸ **annonciateur de qqch** heralding sthg.

Annonciation [anɔ̃sjasjɔ̃] nf [événement] Annunciation ; [jour] Annunciation (Day).

annotation [anɔtasjɔ̃] nf **1.** [note explicative] annotation **2.** [note personnelle] note.

annoter [3] [anɔte] vt to annotate.

annuaire [anɥɛR] nm annual, yearbook ▸ **annuaire téléphonique** telephone directory, phone book.

annualisation [anɥalizasjɔ̃] nf calculation on a yearly basis.

annualiser [3] [anɥalize] vt to calculate on a yearly basis, to annualize / *annualiser la durée du temps de travail* to annualize the work time.

annuel, elle [anɥɛl] adj **1.** [tous les ans] annual, yearly **2.** [d'une année] annual.

annuellement [anɥɛlmɑ̃] adv annually, yearly.

annuité [anɥite] nf **1.** [paiement] annual payment, annual instalment UK ou installment US **2.** [année de service] year (of service).

annulaire [anylɛR] ❖ nm ring finger. ❖ adj ring-shaped, annular.

annulation [anylasjɔ̃] nf **1.** [de rendez-vous, réservation] cancellation **2.** [de mariage] annulment.

annuler [3] [anyle] vt **1.** [rendez-vous, réservation] to cancel **2.** [mariage] to annul **3.** [procédure] to declare invalid **4.** INFORM to undo. ◆ **s'annuler** vp to cancel each other out.

anoblir [32] [anɔbliR] vt to ennoble.

anode [anɔd] nf anode.

anodin, e [anɔdɛ̃, in] adj **1.** [blessure] minor **2.** [propos] harmless **3.** [détail, personne] insignificant.

anomalie [anɔmali] nf anomaly.

ânon [ɑnɔ̃] nm young donkey ou ass.

ânonner [3] [anɔne] vt & vi to recite in a drone.

anonymat [anɔnima] nm anonymity ▸ **garder l'anonymat** to remain anonymous.

anonyme [anɔnim] ❖ nm [écrivain] anonymous author. ❖ adj anonymous.

anorak [anɔRak] nm anorak.

anorexie [anɔRɛksi] nf anorexia ▸ **anorexie mentale** anorexia nervosa.

anorexique [anɔRɛksik] adj & nmf anorexic.

anormal, e, aux [anɔRmal, o] ❖ adj **1.** [inhabituel] abnormal, not normal **2.** [intolérable, injuste] wrong, not right **3.** [handicapé] mentally handicapped. ❖ nm, f mentally handicapped person.

anormalement [anɔRmalmɑ̃] adv abnormally.

anse [ɑ̃s] nf **1.** [d'ustensile] handle **2.** GÉOGR cove.

antagonisme [ɑ̃tagɔnism] nm antagonism.

antagoniste [ɑ̃tagɔnist] ❖ nmf antagonist. ❖ adj antagonistic.

antan [ɑ̃tɑ̃] ◆ **d'antan** loc adj *litt* of old, of yesteryear.

antarctique [ɑ̃taRktik] adj Antarctic / *le cercle polaire antarctique* the Antarctic Circle. ◆ **Antarctique**

Comment répondre à une annonce

- **I saw your ad in today's paper.** *J'ai vu votre annonce dans le journal d'aujourd'hui.*
- **I'm calling about the flat advertised in yesterday's paper.** *J'appelle au sujet de l'appartement qui était dans le journal hier.*
- **Is the flat still available?** *Est-ce que l'appartement est encore libre ?*
- **I'm phoning to enquire about office cleaning services.** *Pouvez-vous me renseigner sur les services de nettoyage de bureaux ?*
- **I was very interested to see your advertisement for the post of translator.** *Votre annonce concernant un poste de traducteur m'a vivement intéressé.*
- **I decided to apply for the advertised post because I want to work abroad.** *J'ai décidé de poser ma candidature pour le poste de la petite annonce parce que je veux travailler à l'étranger.*

nm **1.** [continent] : *l'Antarctique* Antarctica **2.** [océan] : *l'Antarctique* the Antarctic (Ocean).

antécédent [ɑ̃tesedɑ̃] nm **1.** *(gén pl)* [passé] history *sg* **2.** GRAM antecedent. ◆ **antécédents** nmpl MÉD case history.

antédiluvien, enne [ɑ̃tedilyvjɛ̃, ɛn] adj antediluvian, ancient.

antenne [ɑ̃tɛn] nf **1.** [d'insecte] antenna, feeler ▸ **avoir des antennes** *fam* & *fig* to have a sixth sense **2.** [de télévision, de radio] aerial UK, antenna US ▸ **antenne parabolique** dish aerial ou antenna US, satellite dish ▸ **être à l'antenne** to be on the air ▸ **passer à l'antenne** to go on the air ▸ **hors antenne** off the air **3.** [bâtiment] unit **4.** [succursale] branch, office.

antenne-relais (*pl* **antennes-relais**) [ɑ̃tɛnʀəlɛ] nf TÉLÉCOM mobile phone mast UK ou celle phone tower.

antépénultième [ɑ̃tepenyltjɛm] ❖ nf LING antepenultimate (syllable). ❖ adj antepenultimate.

antéposer [ɑ̃tepoze] vt to place in front of the word / *dans cette phrase l'adjectif est antéposé* in this sentence the adjective comes before the noun.

antérieur, e [ɑ̃teʀjœʀ] adj **1.** [dans le temps] earlier, previous ▸ **antérieur à** previous ou prior to **2.** [dans l'espace] front *(avant n)*.

antérieurement [ɑ̃teʀjœʀmɑ̃] adv earlier, previously ▸ **antérieurement à** prior to.

anthologie [ɑ̃tɔlɔʒi] nf anthology.

anthracite [ɑ̃tʀasit] ❖ nm anthracite. ❖ adj inv charcoal grey UK ou gray US.

anthrax [ɑ̃tʀaks] nm *fam* MÉD anthrax.

anthropologie [ɑ̃tʀɔpɔlɔʒi] nf anthropology.

anthropométrie [ɑ̃tʀɔpɔmetʀi] nf anthropometry.

anthropophage [ɑ̃tʀɔpɔfaʒ] ❖ nmf cannibal. ❖ adj cannibalistic.

anti- [ɑ̃ti] préf [contre] anti-.

antiacarien [ɑ̃tiakaʀjɛ̃, ɛ] ❖ adj antimite / *traitement* ou *shampooing antiacarien* antimite treatment ou shampoo. ❖ nm antimite treatment.

antiaérien, enne [ɑ̃tiaeʀjɛ̃, ɛn] adj antiaircraft.

anti-âge [ɑ̃tiaʒ] adj ▸ **crème anti-âge** antiageing UK ou antiaging US cream.

antialcoolique [ɑ̃tialkɔlik] adj ▸ **ligue antialcoolique** temperance league.

anti-aliassage [ɑ̃tialjasaʒ] nm INFORM anti-aliasing.

antiaméricain, e [ɑ̃tiameʀikɛ̃, ɛn] adj & nm, f anti-American.

antiaméricanisme [ɑ̃tiameʀikanism] nm anti-Americanism.

antiavortement [ɑ̃tiavɔʀtəmɑ̃] adj inv antiabortion, pro-life.

antibactérien, enne [ɑ̃tibakteʀjɛ̃, ɛn] adj antibacterial.

antibiotique [ɑ̃tibjɔtik] nm & adj antibiotic.

antibrouillard [ɑ̃tibʀujaʀ] nm & adj inv ▸ **(phare** ou **feu) antibrouillard** fog light, fog lamp UK.

antibruit [ɑ̃tibʀɥi] adj inv antinoise ▸ **mur antibruit** soundproof wall.

antibuée [ɑ̃tibɥe] ⟶ **dispositif**.

anticalcaire [ɑ̃tikalkɛʀ] adj antiliming *(avant n)*, antiscale *(avant n)*.

anticancéreux, euse [ɑ̃tikɑ̃seʀø, øz] adj **1.** [centre, laboratoire] cancer *(avant n)* **2.** [médicament] anticancer *(avant n)*. ◆ **anticancéreux** nm cancer treatment.

antichambre [ɑ̃tiʃɑ̃bʀ] nf antechamber ▸ **faire antichambre** *fig* to wait patiently *(to see somebody)*.

anticipation [ɑ̃tisipasjɔ̃] nf **1.** FIN advance / *paiement par anticipation* advance payment, payment in advance **2.** LITTÉR ▸ **roman d'anticipation** science fiction novel.

anticipé, e [ɑ̃tisipe] adj early.

anticiper [3] [ɑ̃tisipe] ❖ vt to anticipate. ❖ vi ▸ **anticiper (sur qqch)** to anticipate (sthg).

anticléricalisme [ɑ̃tikleʀikalism] nm anticlericalism.

anticolonialisme [ɑ̃tikɔlɔnjalism] nm anticolonialism.

anticolonialiste [ɑ̃tikɔlɔnjalist] nmf & adj anticolonialist.

anticommunisme [ɑ̃tikɔmynism] nm anticommunism.

anticoncurrentiel [ɑ̃tikkyʀɑ̃sjɛl] adj ÉCON anticompetitive.

anticonformiste [ɑ̃tikɔ̃fɔʀmist] adj & nmf [gén] non-conformist ; POL anti-Establishment.

anticonstitutionnel, elle [ɑ̃tikɔ̃stitysjɔnɛl] adj [gén] unconstitutional ; POL anticonstitutional.

anticorps [ɑ̃tikɔʀ] nm antibody.

anticorrosion [ɑ̃tikɔʀozjɔ̃] adj inv anticorrosive.

anticrénelage [ɑ̃tikʀenlaʒ] nm INFORM anti-aliasing.

anticyclone [ɑ̃tisiklon] nm anticyclone.

antidater [3] [ɑ̃tidate] vt to backdate.

antidémarrage [ɑ̃tidemaʀaʒ] adj inv ▸ **système antidémarrage** immobilizer.

antidémocratique [ɑ̃tidemɔkʀatik] adj POL antidemocratic.

antidépresseur [ɑ̃tidepʀesœʀ] nm & adj m antidepressant.

antidérapant, e [ɑ̃tideʀapɑ̃, ɑ̃t] adj [pneu] non-skid ; [semelle, surface] non-slip. ◆ **antidérapant** nm [pneu] anti-skid tyre UK ou tire US.

antidopage [ɑ̃tidɔpaʒ] adj inv ▸ **contrôle antidopage** drugs test.

antidote [ɑ̃tidɔt] nm antidote.

antidouleur [ɑ̃tidulœʀ] ❖ adj inv [médicament] painkilling / *centre antidouleur* pain control unit. ❖ nm painkiller.

antidumping [ɑ̃tidœmpiŋ] adj [loi, législation] antidumping.

antieffraction [ɑ̃tiefʀaksjɔ̃] adj inv [dispositif] antitheft.

antieuropéen, enne [ɑ̃tiøʀɔpeɛ̃, ɛn] adj & nm, f anti-European.

antifascisme [ɑ̃tifaʃism] nm POL antifascism.

antifasciste [ɑ̃tifaʃist] adj & nmf POL antifascist.

antigang [ɑ̃tigɑ̃g] ❖ adj ⟶ **brigade.** ❖ nf organized crime division.

antigel [ɑ̃tiʒɛl] nm inv & adj inv antifreeze.

antihémorragique [ɑ̃tiemɔʀaʒik] ❖ adj MÉD antihaemorrhage. ❖ nm MÉD antihaemorrhagic.

anti-infectieux, euse [ɑ̃tiɛ̃fɛksjø, øz] adj anti-infection. ◆ **anti-infectieux** nm substance that fights infection.

antijeu [ɑ̃tiʒø] nm SPORT unsportsmanlike conduct ▸ **faire preuve d'antijeu** to be unsportsmanlike.

antillais, e [ɑ̃tijɛ, ɛz] adj West Indian. ◆ **Antillais, e** nm, f West Indian.

Antilles [ɑ̃tij] nfpl : *les Antilles* the West Indies / *aux Antilles* in the West Indies.

antilope [ɑ̃tilɔp] nf antelope.

antimilitarisme [ɑ̃timilitaʀism] nm antimilitarism.

antimilitariste [ɑ̃timilitaʀist] nmf & adj antimilitarist.

antimite [ɑ̃timit] adj inv ▸ **boule antimite** mothball.

antimonarchique [ɑ̃timɔnaʀʃik], **antimonarchiste** adj antimonarchical. ◆ **antimonarchiste** nmf anti-monarchist.

antimondialisation [ɑ̃timɔ̃djalizasjɔ̃] nf & adj inv POL antiglobalization.

antimondialiste [ɑ̃timɔ̃djalist] adj antiglobalization *(avant n).*

antimycosique [ɑ̃timikɔzik] adj & nm antimycotic.

antinucléaire [ɑ̃tinykleɛʀ] adj antinuclear.

Antiope [ɑ̃tjɔp] npr *information system available via the French television network* ; ≃ Teletext UK.

antiparasite [ɑ̃tipaʀazit] ❖ nm suppressor. ❖ adj inv anti-interference.

antipathie [ɑ̃tipati] nf antipathy, hostility.

antipathique [ɑ̃tipatik] adj unpleasant / *elle m'est antipathique* I dislike her, I don't like her.

antipelliculaire [ɑ̃tipelikylɛʀ] adj ▸ **shampooing antipelliculaire** antidandruff shampoo.

antiperspirant, e [ɑ̃tipɛʀspiʀɑ̃, ɑ̃t] adj antiperspirant. ◆ **antiperspirant** nm antiperspirant.

antiphrase [ɑ̃tifʀaz] nf antiphrasis.

antipode [ɑ̃tipɔd] nm ▸ **être à l'antipode** ou **aux antipodes (de)** a) [lieu] to be on the other side of the world (from) b) *fig* to be diametrically opposed (to).

antipoison [ɑ̃tipwazɔ̃] ⟶ **centre.**

antiquaire [ɑ̃tikɛʀ] nmf antique dealer.

antique [ɑ̃tik] adj **1.** [de l'antiquité - civilisation] ancient ; [- vase, objet] antique **2.** [vieux] antiquated, ancient.

antiquité [ɑ̃tikite] nf **1.** [époque] ▸ **l'Antiquité** antiquity **2.** [ancienneté] great age, antiquity **3.** [objet] antique.

antirabique [ɑ̃tiʀabik] adj ▸ **vaccin antirabique** rabies vaccine.

antiraciste [ɑ̃tiʀasist] adj & nmf antiracist.

antiradiation [ɑ̃tiʀadjasjɔ̃] adj ▸ **bouclier antiradiation** radiation shield ▸ **étui antiradiation** [pour téléphone portable] anti-radiation case.

antireflet [ɑ̃tiʀəflɛ] adj inv [surface] non-reflecting.

antirides [ɑ̃tiʀid] adj inv antiwrinkle.

antirouille [ɑ̃tiʀuj] adj inv [traitement] rust *(avant n)* ; [revêtement, peinture] rustproof.

antisèche [ɑ̃tisɛʃ] nf *arg scol* crib (sheet), crib UK cheat sheet US, pony US.

antisémite [ɑ̃tisemit] ❖ nmf anti-Semite. ❖ adj anti-Semitic.

antisémitisme [ɑ̃tisemitism] nm anti-Semitism.

antiseptique [ɑ̃tisɛptik] nm & adj antiseptic.

antisismique [ɑ̃tisismik] adj earthquake-proof.

antislash [ɑ̃tislaʃ] nm INFORM backslash.

antistress [ɑ̃tistʀɛs] adj stress-reducing.

antisyndicalisme [ɑ̃tisɛ̃dikalism] nm union bashing *fam* UK.

antitache [ɑ̃titaʃ] adj inv stain-repellent.

antiterrorisme [ɑ̃titɛʀɔʀism] nm antiterrorism.

antiterroriste [ɑ̃titeʀɔʀist] adj antiterrorist.

antithèse [ɑ̃titɛz] nf antithesis.

antitranspirant, e [ɑ̃titʀɑ̃spiʀɑ̃, ɑ̃t] adj antiperspirant.

antitrust [ɑ̃titʀœst] adj ÉCON [loi, législation] antimonopoly UK, antitrust US.

antitussif, ive [ɑ̃titysif, iv] adj cough *(avant n).* ◆ **antitussif** nm cough mixture UK ou syrup US.

antiviral, aux [ɑ̃tiviʀal, o] nm antivirus.

antivirus [ɑ̃tiviʀys] nm INFORM antivirus software.

antivol [ɑ̃tivɔl] ❖ nm inv antitheft device. ❖ adj inv antitheft.

antonyme [ɑ̃tɔnim] nm antonym.

antre [ɑ̃tʀ] nm den, lair.

anus [anys] nm anus.

anxiété [ɑ̃ksjete] nf anxiety ▸ **être en proie à l'anxiété** to be very worried ou anxious.

anxieusement [ɑ̃ksjøzmɑ̃] adv anxiously.

anxieux, euse [ɑ̃ksjø, øz] ❖ adj anxious, worried ▸ **être anxieux de qqch** to be worried ou anxious about sthg ▸ **être anxieux de faire qqch** to be anxious to do sthg. ❖ nm, f worrier.

anxiolytique [ɑ̃ksjɔlitik] ❖ adj anxiolytic. ❖ nm tranquillizer UK, tranquilizer US.

AOC (*abr de* **appellation d'origine contrôlée**) nf *label guaranteeing origin of French wine.*

aorte [aɔʀt] nf aorta.

août [u(t)] nm August ▸ **le quinze août** Assumption Day. *Voir aussi* **septembre**.

aoûtat [auta] nm harvest mite, chigger US, redbug US.

aoûtien, enne [ausjɛ̃, ɛn] nm, f August holiday-maker UK ou vacationer US.

apache [apaʃ] ◆ adj Apache. ◆ nm *vieilli* hooligan *(in turn-of-the century Paris).* ◆ **Apache** npr Apache.

apaisement [apɛzmɑ̃] nm **1.** [moral] comfort **2.** [de douleur] alleviation **3.** [de tension, de crise] calming.

apaiser [4] [apeze] vt **1.** [personne] to calm down, to pacify **2.** [conscience] to salve ; [douleur] to soothe ; [soif] to slake, to quench ; [faim] to assuage. ◆ **s'apaiser** vp **1.** [personne] to calm down **2.** [besoin] to be assuaged ; [tempête] to subside, to abate ; [douleur] to die down ; [scrupules] to be allayed.

apanage [apanaʒ] nm *sout* privilege ▸ **être l'apanage de qqn / qqch** to be the prerogative of sb / sthg.

aparté [apaʀte] nm **1.** THÉÂTRE aside **2.** [conversation] private conversation ▸ **prendre qqn en aparté** to take sb aside.

apartheid [apaʀtɛd] nm apartheid.

apathie [apati] nf apathy.

apathique [apatik] adj apathetic.

apatride [apatʀid] ◆ nmf stateless person. ◆ adj stateless.

Apec [apɛk] (*abr de* **Association pour l'emploi des cadres**) nf *employment agency for executives and managers.*

apercevoir [52] [apɛʀsəvwaʀ] vt **1.** [voir] to see, to catch sight of **2.** [comprendre] to see, to perceive. ◆ **s'apercevoir** vp ▸ **s'apercevoir de qqch** to notice sthg ▸ **s'apercevoir que** to notice (that).

aperçois, aperçoit ⟶ **apercevoir**.

aperçu, e [apɛʀsy] pp ⟶ **apercevoir.** ◆ **aperçu** nm general idea ▸ **donner un aperçu de qqch** to give a general idea of sthg.

apéritif, ive [apeʀitif, iv] adj whetting the appetite. ◆ **apéritif** nm aperitif ▸ **prendre l'apéritif** to have an aperitif, to have drinks *(before a meal).*

apesanteur [apəzɑ̃tœʀ] nf weightlessness.

à-peu-près [apøpʀɛ] nm inv approximation.

aphasie [afazi] nf aphasia.

aphone [afɔn] adj voiceless.

aphorisme [afɔʀism] nm aphorism.

aphrodisiaque [afʀɔdizjak] nm & adj aphrodisiac.

aphte [aft] nm mouth ulcer.

API (*abr de* **alphabet phonétique international**) nm IPA.

apiculteur, trice [apikyltœʀ, tʀis] nm, f beekeeper.

apiculture [apikyltyʀ] nf beekeeping.

apitoie, apitoies ⟶ **apitoyer**.

apitoiement [apitwamɑ̃] nm pity.

apitoyer [13] [apitwaje] vt to move to pity. ◆ **s'apitoyer** vp to feel pity ▸ **s'apitoyer sur** to feel sorry for.

APL (*abr de* **aide personnalisée au logement**) nf housing benefit UK, rent subsidy US.

aplanir [32] [aplaniʀ] vt **1.** [aplatir] to level **2.** *fig* [difficulté, obstacle] to smooth away, to iron out. ◆ **s'aplanir** vp *fig* [se résoudre] to be ironed out.

aplati, e [aplati] adj flattened / *la Terre est aplatie aux pôles* the Earth is oblate.

aplatir [32] [aplatiʀ] vt [gén] to flatten ; [couture] to press flat ; [cheveux] to smooth down. ◆ **s'aplatir** vp **1.** [s'écraser] to be flattened **2.** [s'étaler] to lie flat ▸ **s'aplatir devant qqn** *fig* to grovel before sb.

aplomb [aplɔ̃] nm **1.** [stabilité] balance **2.** [audace] nerve, cheek UK ▸ **garder / perdre son aplomb** to keep / lose one's nerve. ◆ **d'aplomb** loc adv steady ▸ **se tenir d'aplomb** to be steady ▸ **ne pas se sentir d'aplomb** to feel out of sorts.

APN nm *abr de* **appareil photo numérique**.

apnée [apne] nf ▸ **plonger en apnée** to dive without breathing apparatus.

apocalypse [apɔkalips] nf apocalypse.

apocalyptique [apɔkaliptik] adj apocalyptic.

apogée [apɔʒe] nm ASTRON apogee ; *fig* peak.

apolitique [apɔlitik] adj apolitical, unpolitical.

apologie [apɔlɔʒi] nf justification, apology ▸ **faire l'apologie de qqn / qqch** to praise sb / sthg.

apoplexie [apɔplɛksi] nf apoplexy.

apostrophe [apɔstʀɔf] nf **1.** [signe graphique] apostrophe **2.** [interpellation] rude remark.

apostropher [3] [apɔstʀɔfe] vt ▸ **apostropher qqn** to speak rudely to sb.

apothéose [apɔteoz] nf **1.** [consécration] great honour UK ou honor US **2.** [point culminant - d'un spectacle] grand finale ; [- d'une carrière] crowning glory.

apôtre [apotʀ] nm apostle, disciple ▸ **se faire l'apôtre de qqch** *fig* to be the ou an advocate of sthg.

Appalaches [apalaʃ] nmpl : *les Appalaches* the Appalachians.

apparaissais, apparaissions ⟶ **apparaître**.

apparaître [91] [apaʀɛtʀ] ◆ vi **1.** [gén] to appear / *apparaître à qqn en songe* ou *rêve* to appear ou to come to sb in a dream / *après le bosquet, on voit apparaître le village* after you pass the copse, the village comes into view / *cette histoire m'apparaît bien dérisoire aujourd'hui* the whole thing strikes me as being ridiculous now / *faire apparaître* to reveal **2.** [se dévoiler] to come to light / *dans un contexte professionnel, elle apparaît sous un jour complètement nouveau* seeing her in a professional context shows her in a completely new light. ◆ v impers ▸ **il apparaît que** it seems ou appears that.

apparat [apaʀa] nm pomp ▸ **d'apparat** [dîner, habit] ceremonial ▸ **en grand apparat** with great pomp and ceremony.

appareil [apaʀɛj] nm **1.** [gén] device ; [électrique] appliance ▸ **porter un appareil (auditif ou acoustique / dentaire)** to wear a hearing aid / a brace UK ou braces US ▸ **appareil de contrôle** tester ▸ **appareil ménager** household appliance **2.** [téléphone] phone, telephone ▸ **qui est à l'appareil ?** who's speaking? **3.** [avion] aircraft **4.** [structure] apparatus ▸ **l'appareil législatif** the machinery of the law / *l'appareil du parti* the party apparatus ou machinery **5.** EXPR ▸ **dans le plus simple appareil** in one's birthday suit. ◆ **appareil digestif** nm digestive system. ◆ **appareil photo** nm camera ▸ **appareil photo jetable** disposable camera ▸ **appareil photo numérique** digital camera ▸ **appareil reflex** reflex camera.

appareillage [apaʀɛjaʒ] nm **1.** [équipement] equipment **2.** NAUT getting under way.

appareiller [4] [apaʀeje] ◈ vt [assortir] to match up. ◈ vi NAUT to get under way.

apparemment [apaʀamɑ̃] adv apparently.

apparence [apaʀɑ̃s] nf appearance ▸ **malgré les ou en dépit des apparences** in spite of appearances ▸ **sauver les apparences** to keep up appearances. ◆ **en apparence** loc adv seemingly, apparently.

apparent, e [apaʀɑ̃, ɑ̃t] adj **1.** [superficiel, illusoire] apparent **2.** [visible] visible / *coutures apparentes* topstitched seams **3.** [évident] obvious.

apparenté, e [apaʀɑ̃te] adj ▸ **apparenté à a)** [personne] related to **b)** *fig* [ressemblant] similar to **c)** [affilié] affiliated to.

apparenter [3] [apaʀɑ̃te] ◆ **s'apparenter à** vp + prép [ressembler à] to be like.

appariteur [apaʀitœʀ] nm porter UK, campus policeman US.

apparition [apaʀisjɔ̃] nf **1.** [gén] appearance ▸ **faire son apparition** to make one's appearance **2.** [vision - RELIG] vision ; [- de fantôme] apparition.

appart [apaʀt] (*abr de* **appartement**) nm *fam* flat UK, apartment US.

appartement [apaʀtəmɑ̃] nm flat UK, apartment US.

appartenance [apaʀtənɑ̃s] nf ▸ **appartenance à a)** [famille] belonging to **b)** [parti] membership of UK ou in US.

appartenir [40] [apaʀtəniʀ] vi **1.** [être la propriété de] ▸ **appartenir à qqn** to belong to sb **2.** [faire partie de] ▸ **appartenir à qqch** to belong to sthg, to be a member of sthg **3.** *fig* [dépendre de] ▸ **il ne m'appartient pas de faire...** *sout* it's not up to me to do... / *pour des raisons qui m'appartiennent* for my own reasons ; *(tournure impersonnelle)* : *il ne vous appartient pas d'en décider* it's not for you to decide, the decision is not yours (to make).

appartenu [apaʀtəny] pp inv ⟶ **appartenir**.

appart hôtel [apaʀtotɛl] nm apartment hotel.

appartiendrai, appartiendrais ⟶ **appartenir**.

apparu, e [apaʀy] pp ⟶ **apparaître**.

appât [apa] nm [à la pêche] bait, lure.

appâter [3] [apate] vt *pr* & *fig* to lure.

appauvrir [32] [apovʀiʀ] vt to impoverish. ◆ **s'appauvrir** vp to grow poorer, to become impoverished.

appel [apɛl] nm **1.** [gén] call ▸ **faire appel à qqn** to appeal to sb ▸ **faire appel à qqch a)** [nécessiter] to call for sthg **b)** [avoir recours à] to call on sthg / *un appel au secours ou à l'aide* **a)** *pr* a call for help **b)** *fig* a cry for help ▸ **appel de détresse a)** NAUT distress call **b)** [d'une personne] call for help / *l'appel du large* the call of the sea / *appel au peuple* appeal to the people ▸ **appel (téléphonique)** (phone) call ▸ **appel en PCV** reverse-charge call UK, collect call US **2.** DR appeal ▸ **appel à témoins** appeal for witnesses (to come forward) ▸ **faire appel** to appeal ▸ **sans appel** final / *sa décision est sans appel* his decision is final **3.** [pour vérifier - gén] roll-call ; [- SCOL] registration / *répondre à l'appel* to be present **4.** COMM ▸ **appel de fonds** call for funds ▸ **appel d'offres** invitation to tender / *répondre à un appel d'offres* to make a bid **5.** [signe] ▸ **faire un appel de phares** to flash ou blink US one's headlights **6.** INFORM call ▸ **appel par référence / valeur** call by reference / value ▸ **programme / séquence d'appel** call routine / sequence.

appelant [aplɑ̃] nm [leurre] decoy ; QUÉBEC [sifflet] birdcall.

appelé [aple] nm conscript, draftee US.

appeler [24] [aple] ◈ vt **1.** [gén] to call / *appeler qqn par la fenêtre* to call out to sb from the window ▸ **appeler au secours ou à l'aide** to call for help **2.** [téléphoner] to ring UK, to call / *appelez ce numéro en cas d'urgence* dial this number in an emergency **3.** [faire venir] to call for / *appeler un taxi* **a)** [dans la rue] to hail a taxi **b)** [par téléphone] to phone for ou to call a taxi **4.** [entraîner] to lead to / *un coup en appelle un autre* one blow leads to another **5.** [nommer] ▸ **être appelé à un poste** to be appointed to a post **6.** [amener] ▸ **appeler qqn à faire qqch** to call on sb to do sthg / *il faut appeler les gens à voter ou aux urnes* people must be urged to vote. ◈ vi [solliciter] ▸ **en appeler à qqch** to appeal to sthg / *j'en appelle à vous en dernier recours* I'm coming to you as a last resort. ◆ **s'appeler** vp **1.** [se nommer] to be called / *comment cela s'appelle-t-il ?* what is it called? / *il s'appelle Patrick* his name is Patrick, he's called Patrick **2.** [se téléphoner] : *on s'appelle demain ?* shall we talk tomorrow?

appelette [aplɛt] nf INFORM applet.

appellation [apɛlasjɔ̃] nf designation, name ▸ **appellation contrôlée** *government certification guaranteeing the quality of a French wine* ▸ **appellation d'origine** DR label of origin.

appelle, appelles ⟶ **appeler**.

appendice [apɛ̃dis] nm appendix.

appendicite [apɛ̃disit] nf appendicitis.

appentis [apɑ̃ti] nm lean-to.

appesantir [32] [apəzɑ̃tiʀ] vt [démarche] to slow down. ◆ **s'appesantir** vp **1.** [s'alourdir] to become heavy **2.** [insister] ▸ **s'appesantir sur qqch** to dwell on sthg.

appétissant, e [apetisɑ̃, ɑ̃t] adj [nourriture] appetizing.

appétit [apeti] nm appetite ▸ **appétit de qqch / de faire qqch** *fig* appetite for sthg/for doing sthg ▸ **bon appétit !** enjoy your meal! ▸ **couper / ouvrir l'appétit à qqn** to spoil/whet sb's appetite ▸ **manger de bon appétit** to eat heartily.

applaudir [32] [aplodiʀ] ◆ vt to applaud. ◆ vi to clap, to applaud ▸ **applaudir à qqch** *fig* to applaud sthg ▸ **les gens applaudissaient à tout rompre** there was thunderous applause.

applaudissements [aplodismɑ̃] nmpl applause *(U)*, clapping *(U)*.

appli [apli] (*abr de* **application**) nf INFORM app.

applicable [aplikabl] adj ▸ **applicable (à)** applicable (to).

application [aplikasjɔ̃] nf [gén & INFORM] application ▸ **mettre qqch en application** to apply sthg.

applique [aplik] nf wall lamp.

appliqué, e [aplike] adj **1.** [élève] hardworking **2.** [écriture] careful **3.** SCI & UNIV applied.

appliquer [3] [aplike] vt [gén] to apply ; [loi] to enforce. ◆ **s'appliquer** vp **1.** [s'étaler, se poser] : *cette peinture s'applique facilement* this paint goes on easily **2.** [concerner] ▸ **s'appliquer à qqn / qqch** to apply to sb/sthg **3.** [se concentrer] ▸ **s'appliquer (à faire qqch)** to apply o.s. (to doing sthg).

appliquette [aplikɛt] nf INFORM applet.

appoint [apwɛ̃] nm **1.** [monnaie] change ▸ **faire l'appoint** to give the right money **2.** [aide] help, support ▸ **d'appoint** [salaire, chauffage] extra ▸ **lit d'appoint** spare bed.

appointements [apwɛ̃tmɑ̃] nmpl salary *sg*.

apport [apɔʀ] nm **1.** [gén & FIN] contribution ▸ **apport de gestion** management buy-in **2.** [de chaleur] input.

apporter [3] [apɔʀte] vt **1.** [gén] to bring / *ça m'a beaucoup apporté* *fig* I got a lot from it **2.** [raison, preuve] to provide, to give **3.** [contribuer à] to give, to bring ; [provoquer] to bring about **4.** [mettre - soin] to exercise ; [- attention] to give.

apposer [3] [apoze] vt **1.** [affiche] to put up **2.** [signature] to append.

apposition [apozisjɔ̃] nf GRAM apposition ▸ **en apposition** in apposition.

appréciable [apʀesjabl] adj **1.** [notable] appreciable **2.** [précieux] : *un grand jardin, c'est appréciable !* I/we really appreciate having a big garden.

appréciation [apʀesjasjɔ̃] nf **1.** [de valeur] valuation ; [de distance, poids] estimation **2.** [jugement] judgment **3.** SCOL assessment.

apprécier [9] [apʀesje] vt **1.** [gén] to appreciate **2.** [évaluer] to estimate, to assess. ◆ **s'apprécier** vp to like one other.

appréhender [3] [apʀeɑ̃de] vt **1.** [arrêter] to arrest **2.** [craindre] ▸ **appréhender qqch / de faire qqch** to dread sthg/doing sthg.

appréhension [apʀeɑ̃sjɔ̃] nf apprehension.

apprenais ⟶ **apprendre**.

apprenant, e [apʀənɑ̃, ɑ̃t] nm, f learner.

apprendre [79] [apʀɑ̃dʀ] vt **1.** [étudier] to learn ▸ **apprendre à faire qqch** to learn (how) to do sthg **2.** [enseigner] to teach ▸ **apprendre qqch à qqn** to teach sb sthg ▸ **apprendre à qqn à faire qqch** to teach sb (how) to do sthg **3.** [nouvelle] to hear of, to learn of ▸ **apprendre que** to hear that, to learn that ▸ **apprendre qqch à qqn** to tell sb of sthg.

apprenne ⟶ **apprendre**.

apprenti, e [apʀɑ̃ti] nm, f [élève] apprentice ; *fig* beginner ▸ **apprenti sorcier** *fig* sorcerer's apprentice.

apprentissage [apʀɑ̃tisaʒ] nm **1.** [de métier] apprenticeship **2.** [formation] learning ▸ **apprentissage de la vie** learning about life ▸ **apprentissage par le jeu** edutainment.

apprêter [4] [apʀete] vt to prepare. ◆ **s'apprêter** vp **1.** [être sur le point] ▸ **s'apprêter à faire qqch** to get ready to do sthg **2.** [s'habiller] ▸ **s'apprêter pour qqch** to dress up for sthg.

appris, e [apʀi, iz] pp ⟶ **apprendre**.

apprivoiser [3] [apʀivwaze] vt to tame. ◆ **s'apprivoiser** vp **1.** [animal] to become tame **2.** [personne] to become more sociable.

approbateur, trice [apʀɔbatœʀ, tʀis] adj approving.

approbation [apʀɔbasjɔ̃] nf approval.

approchant, e [apʀɔʃɑ̃, ɑ̃t] adj similar ▸ **quelque chose d'approchant** something similar.

approche [apʀɔʃ] nf [arrivée] approach / *à l'approche des fêtes* as the Christmas holidays draw near / *il a pressé le pas à l'approche de la maison* he quickened his step as he approached the house. ◆ **approches** nfpl [abords] surrounding area *sg*.

approcher [3] [apʀɔʃe] ◆ vt **1.** [mettre plus près] to move near, to bring near ▸ **approcher qqch de qqn / qqch** to move sthg near (to) sb/sthg / *approche la table du mur* move OU draw the table closer to the wall / *n'approche pas ta main de la flamme* don't put your hand near the flame **2.** [aborder] to go up to, to approach. ◆ vi to approach, to go/come near / *approchez !* come nearer! / *n'approchez pas !* keep OU stay away! ▸ **approcher de** [moment, fin] to approach / *on approche de Paris* we're getting near to OU we're nearing Paris / *approcher de la perfection* to be OU to come close to perfection. ◆ **s'approcher** vp to come/go near, to approach ▸ **s'approcher de qqn / qqch** to approach sb/sthg / *s'approcher d'une ville* to approach ou to near a town.

approfondi, e [apʀɔfɔ̃di] adj thorough, detailed / *traiter qqch de façon approfondie* to go into sthg thoroughly.

approfondir [32] [apʀɔfɔ̃diʀ] vt **1.** [creuser] to make deeper **2.** [développer] to go further into. ◆ **s'approfondir** vp **1.** [se creuser] to become deeper **2.** [se compliquer] to deepen.

approprié, e [apʀɔpʀije] adj ▸ **approprié (à)** appropriate (to).

approprier [10] [apʀɔpʀije] vt **1.** [adapter] to adapt **2.** BELGIQUE to clean. ◆ **s'approprier** vp [s'adjuger] to appropriate.

approuver [3] [apʀuve] vt **1.** [gén] to approve of ▸ **approuver qqn de faire qqch** to commend sb for doing sthg **2.** DR to approve.

approvisionnement [apʀɔvizjɔnmɑ̃] nm supplies *pl*, stocks *pl*.

approvisionner [3] [apʀɔvizjɔne] vt **1.** [compte en banque] to pay money into **2.** [magasin, pays] to supply. ◆ **s'approvisionner** vp ▸ **s'approvisionner chez / à** **a)** [suj : particulier] to shop at/in **b)** [suj : commerçant] to get one's stock from.

approximatif, ive [apʀɔksimatif, iv] adj approximate, rough.

approximation [apʀɔksimasjɔ̃] nf approximation.

approximativement [apʀɔksimativmɑ̃] adv approximately, roughly.

appt *abr écrite de* **appartement**.

appui [apɥi] nm **1.** [soutien] support ▸ **à l'appui de** in support of **2.** [de fenêtre] sill.

appuie, appuies ⟶ **appuyer**.

appui-tête [apɥitɛt] (*pl* **appuis-tête**) nm headrest.

appuyé, e [apɥije] adj [allusion] heavy ; [regard] insistent.

appuyer [14] [apɥije] ❖ vt **1.** [poser] ▸ **appuyer qqch sur / contre qqch** to lean sthg on/against sthg, to rest sthg on/against sthg / *le vélo était appuyé contre la grille* the bicycle was resting ou leaning against the railings **2.** [presser] ▸ **appuyer qqch sur / contre** to press sthg on/against / *appuyer sur l'endroit sensible* to press on the sore spot **3.** *fig* [soutenir] to support / *la police, appuyée par l'armée* the police, backed up ou supported by the army. ❖ vi **1.** [reposer] ▸ **appuyer sur** to lean ou rest on **2.** [presser] to push / *il faut appuyer de toutes ses forces* you have to press as hard as you can ▸ **appuyer sur** [bouton] to press **3.** *fig* [insister] ▸ **appuyer sur** to stress **4.** [se diriger] ▸ **appuyer sur la** ou **à droite** to bear right. ◆ **s'appuyer** vp **1.** [se tenir] ▸ **s'appuyer contre / sur** to lean against/on, to rest against/on / *s'appuyer contre la rampe* to lean against the banister **2.** [se baser] ▸ **s'appuyer sur** to rely on / *ce récit s'appuie sur une expérience vécue* this story is based on a real-life experience **3.** [compter] ▸ **s'appuyer sur** to rely on, to count on **4.** *fam* [supporter, prendre en charge] ▸ **s'appuyer qqn** to put up with sb ▸ **s'appuyer qqch** to take sthg on.

apr. *abr écrite de* **après**.

âpre [apʀ] adj **1.** [goût, discussion, combat] bitter **2.** [ton, épreuve, critique] harsh **3.** [concurrence] fierce.

âprement [apʀəmɑ̃] adv bitterly, fiercely.

après [apʀɛ]

❖ prép

1. [gén] after / *après avoir mangé, ils...* after having eaten ou after they had eaten, they... ▸ **après cela** after that / *après le départ de Paul* after Paul left ▸ **après quoi** after which / *il était juste après moi dans la file* he was just behind me in the queue / *la gare est après le parc* the station is past ou after the park

2. *fam* [indiquant l'attirance, l'attachement, l'hostilité] *aboyer après qqn* to bark at sb ▸ **se fâcher après qqn** to get angry at ou with sb

❖ adv

1. [temps] afterwards UK, afterward US / *après, je rentrerai à la maison* I'll go home afterwards / *un mois après* one month later / *le mois d'après* the following ou next month / *bien après* a long ou good while after, much later / *peu après* shortly ou soon after

2. [lieu, dans un ordre, dans un rang] *la rue d'après* the next street / *c'est ma sœur qui vient après* my sister's next

◆ **après coup** loc adv afterwards UK, afterward US, after the event / *il n'a réagi qu'après coup* it wasn't until afterwards ou later that he reacted.

◆ **après que** loc conj (*+ indicatif*) after / *je le verrai après qu'il aura fini* I'll see him after ou when he's finished / *après qu'ils eurent dîné,...* after dinner ou after they had dined,....

◆ **après tout** loc adv after all / *après tout, ça n'a pas beaucoup d'importance* after all, it's not particularly important.

◆ **d'après** loc prép according to / *d'après ce qu'elle dit* from what she says / *d'après moi* in my opinion / *d'après lui* according to him.

◆ **et après** loc adv (*employée interrogativement*) **1.** [questionnement sur la suite] and then what? / *et après ? qu'a-t-il fait ?* and then what did he do? **2.** [exprime l'indifférence] so what? / *et après ? qu'est-ce que ça peut faire ?* *fam* so what? who cares?

après-demain [apʀɛdmɛ̃] adv the day after tomorrow.

après-guerre [apʀɛɡɛʀ] (*pl* **après-guerres**) nm ou nf post-war years *pl* ▸ **d'après-guerre** post-war.

après-midi [apʀɛmidi] nm inv & nf inv afternoon.

après-rasage [apʀɛʀazaʒ] (*pl* **après-rasages**) nm & adj inv aftershave.

après-shampooing [apʀɛʃɑ̃pwɛ̃] (*pl* **après-shampooings**), **après-shampoing** [apʀɛʃɑ̃pwɛ̃] (*pl* **après-shampoings**) nm (hair) conditioner.

après-ski [apʀɛski] (*pl* **après-skis**) nm [chaussure] snow-boot.

après-soleil [apʀɛsɔlɛj] ◆ adj inv after-sun *(avant n)*. ◆ nm (*pl* **après-soleils**) aftersun cream.

après-vente [apʀɛvɑ̃t] → **service**.

âpreté [apʀəte] nf **1.** [de goût, discussion, combat] bitterness **2.** [de voix, épreuve, critique] harshness **3.** [de concurrence] ferocity.

apr. J.-C. (*abr écrite de* **après Jésus-Christ**) AD.

à-propos [apʀɔpo] nm inv [de remarque] aptness ▸ **faire preuve d'à-propos** to show presence of mind.

APS (*abr de* **Advanced Photo System**) nm APS.

apte [apt] adj ▸ **apte à qqch / à faire qqch** capable of sthg / of doing sthg ▸ **apte (au service)** MIL fit (for service).

aptitude [aptityd] nf ▸ **aptitude (à** OU **pour qqch)** aptitude (for sthg) ▸ **aptitude à** OU **pour faire qqch** ability to do OU for doing sthg.

Aquagym® [akwaʒim] nf aquarobics *(U)*.

aquarelle [akwaʀɛl] nf watercolour UK, watercolor US.

aquarium [akwaʀjɔm] nm aquarium.

aquatique [akwatik] adj [plante, animal] aquatic ; [milieu, paysage] watery, marshy.

aqueduc [akdyk] nm aqueduct.

aqueux, euse [akø, øz] adj watery.

aquilin [akilɛ̃] → **nez**.

Aquitaine [akitɛn] nf : *l'Aquitaine* Aquitaine.

AR nm **1.** *abr de* **accusé de réception 2.** *abr de* **aller-retour 3.** *abr écrite de* **arrière**.

arabe [aʀab] ◆ adj [peuple] Arab ; [désert] Arabian. ◆ nm [langue] Arabic. ◆ **Arabe** nmf Arab.

arabesque [aʀabɛsk] nf **1.** [ornement] arabesque **2.** [ligne sinueuse] flourish.

Arabie [aʀabi] nf : *l'Arabie* Arabia / *l'Arabie Saoudite* Saudi Arabia.

arabophone [aʀabɔfɔn] ◆ adj Arabic-speaking. ◆ nmf Arabic speaker.

arachide [aʀaʃid] nf peanut, groundnut.

araignée [aʀeɲe] nf spider ▸ **avoir une araignée dans le** OU **au plafond** *fam* & *fig* to have a screw loose. ◆ **araignée de mer** nf spider crab.

araser [3] [aʀaze] vt GÉOL to erode.

arbalète [aʀbalɛt] nf crossbow.

arbitrage [aʀbitʀaʒ] nm **1.** [SPORT - gén] refereeing ; [- au tennis, cricket] umpiring **2.** DR arbitration.

arbitraire [aʀbitʀɛʀ] adj arbitrary.

arbitrairement [aʀbitʀɛʀmɑ̃] adv arbitrarily.

arbitre [aʀbitʀ] nm **1.** [SPORT - gén] referee ; [- au tennis, cricket] umpire **2.** [conciliateur] arbitrator. ◆ **libre arbitre** nm free will.

arbitrer [3] [aʀbitʀe] vt **1.** [SPORT - gén] to referee ; [- au tennis, cricket] to umpire **2.** [conflit] to arbitrate.

arborer [3] [aʀbɔʀe] vt **1.** [exhiber] to display, to sport **2.** [expression] to wear.

arborescence [aʀbɔʀesɑ̃s] nf INFORM tree.

arboriculteur, trice [aʀbɔʀikyltœʀ, tʀis] nm, f tree grower.

arboriculture [aʀbɔʀikyltyʀ] nf tree growing.

arbouse [aʀbuz] nf arbutus berry.

arbre [aʀbʀ] nm **1.** *pr* & *fig* tree ▸ **arbre fruitier** fruit tree ▸ **arbre généalogique** family tree ▸ **arbre de Noël** Christmas tree **2.** [axe] shaft ▸ **arbre de transmission** AUTO drive shaft, propeller shaft.

arbrisseau, x [aʀbʀiso] nm shrub.

arbuste [aʀbyst] nm shrub.

ARC [aʀk] (*abr de* **Association pour la recherche sur le cancer**) nf *French national cancer research charity*.

arc [aʀk] nm **1.** [arme] bow **2.** [courbe] arc ▸ **arc de cercle** arc of a circle **3.** ARCHIT arch.

arcade [aʀkad] nf **1.** ARCHIT arch ▸ **arcades** arcade *sg* **2.** ANAT ▸ **arcade sourcilière** arch of the eyebrows.

arc-bouter [3] [aʀkbute] ◆ **s'arc-bouter** vp to brace o.s.

arceau, x [aʀso] nm **1.** ARCHIT arch **2.** [objet métallique] hoop.

arc-en-ciel [aʀkɑ̃sjɛl] (*pl* **arcs-en-ciel**) nm rainbow.

archaïque [aʀkaik] adj archaic.

arche [aʀʃ] nf ARCHIT arch.

archéologie [aʀkeɔlɔʒi] nf archaeology.

archéologique [aʀkeɔlɔʒik] adj archaeological.

archéologue [aʀkeɔlɔg] nmf archaeologist.

archer [aʀʃe] nm archer.

archet [aʀʃɛ] nm MUS bow.

archétype [aʀketip] nm archetype.

archevêché [aʀʃəveʃe] nm [charge] archbishopric ; [logement] archbishop's palace.

archevêque [aʀʃəvɛk] nm archbishop.

archi[1] [aʀʃi] *fam* ◆ nf *abr de* **architecture**. ◆ nmf *abr de* **architecte**.

archi[2] [aʀʃi] préf *fam* extremely ▸ **archiconnu** extremely well-known ▸ **archiplein** jam-packed.

archipel [aʀʃipɛl] nm archipelago.

architecte [aʀʃitɛkt] nmf architect ▸ **architecte d'intérieur** interior designer.

architectural, e, aux [aʀʃitɛktyʀal, o] adj architectural.

architecture [aʀʃitɛktyʀ] nf architecture ; *fig* structure.

archiver [3] [aʀʃive] vt to archive.

archives [aʀʃiv] nfpl [de bureau] records ; [de musée] archives.

archiviste [aʀʃivist] nmf archivist.

arctique [aʀktik] adj Arctic / *le cercle polaire arctique* the Arctic Circle. ◆ **Arctique** nm : *l'Arctique* the Arctic.

ardemment [aʀdamɑ̃] adv fervently, passionately.

ardent, e [aRdɑ̃, ɑ̃t] adj **1.** [soleil] blazing **2.** [soif, fièvre] raging ; [passion] burning **3.** [yeux, couleur] blazing.

ardeur [aRdœR] nf **1.** [vigueur] fervour UK, fervor US, enthusiasm **2.** *litt* & *sout* [chaleur] blazing heat.

ardoise [aRdwaz] nf slate.

ardu, e [aRdy] adj **1.** [travail] arduous ; [problème] difficult **2.** [pente] steep.

are [aR] nm *100 square metres.*

aréna [aRena] nm QUÉBEC arena US *(sports centre with skating rink).*

arène [aRɛn] nf arena ▸ **l'arène politique** the political arena. ◆ **arènes** nfpl [romaines] amphitheatre *sg* UK, amphitheater *sg* US ; [pour corridas] bullring *sg*.

arête [aRɛt] nf **1.** [de poisson] bone **2.** [d'un toit, d'une montagne] ridge **3.** [du nez] bridge.

arg. *abr écrite de* **argus**.

argan [aRgɑ̃] nm argan ▸ **huile d'argan** argan oil.

argent [aRʒɑ̃] nm **1.** [métal, couleur] silver **2.** [monnaie] money ▸ **argent comptant** cash ▸ **argent liquide** (ready) cash ▸ **argent sale** dirty money ▸ **argent de poche** pocket money UK, allowance US ▸ **en avoir pour son argent** to get one's money's worth.

argenté, e [aRʒɑ̃te] adj silvery, silver.

argenterie [aRʒɑ̃tRi] nf silverware.

argentin, e [aRʒɑ̃tɛ̃, in] adj **1.** [son] silvery **2.** [d'Argentine] Argentinian. ◆ **Argentin, e** nm, f Argentinian.

Argentine [aRʒɑ̃tin] nf ▸ **l'Argentine** Argentina.

argile [aRʒil] nf clay.

argileux, euse [aRʒilø, øz] adj clayey.

argot [aRgo] nm slang.

argotique [aRgɔtik] adj slang, slangy.

arguer [8] [aRge] vi *sout* [prétexter] ▸ **arguer de qqch (pour)** to put sthg forward as a reason (for).

argument [aRgymɑ̃] nm argument ▸ **tirer argument de qqch** to use sthg as an argument ▸ **argument de vente** COMM selling point.

argumentaire [aRgymɑ̃tɛR] nm COMM promotion leaflet.

argumentation [aRgymɑ̃tasjɔ̃] nf argumentation.

argumenter [3] [aRgymɑ̃te] vi to argue / *argumenter en faveur de / contre qqch* to argue for / against sthg.

argus [aRgys] nm ▸ **coté à l'argus** *rated in the guide to secondhand car prices.*

aride [aRid] adj *pr* & *fig* arid ; [travail] thankless.

aridité [aRidite] nf *pr* & *fig* aridity.

aristocrate [aRistɔkRat] nmf aristocrat.

aristocratie [aRistɔkRasi] nf aristocracy.

aristocratique [aRistɔkRatik] adj aristocratic.

arithmétique [aRitmetik] ◈ nf arithmetic. ◈ adj arithmetical.

armagnac [aRmaɲak] nm armagnac.

armateur [aRmatœR] nm ship owner.

armature [aRmatyR] nf **1.** *pr* & *fig* framework **2.** [de parapluie] frame ; [de soutien-gorge] underwiring **3.** MUS key signature.

arme [aRm] nf *pr* & *fig* weapon ▸ **arme biologique** bioweapon ▸ **arme blanche** blade ▸ **l'arme chimique / nucléaire** chemical / nuclear weapons ▸ **arme à feu** firearm / *une bonne arme psychologique* a good psychological weapon / *le pouvoir est une arme à double tranchant* power is a double-edged sword ▸ **passer l'arme à gauche** *fam* & *fig* to snuff it. ◆ **armes** nfpl **1.** [armée] ▸ **les armes** the army **2.** [blason] coat of arms *sg* ▸ **aux armes de** bearing the arms of **3.** EXPR **faire ses premières armes** [apprendre] to learn the ropes ▸ **passer qqn par les armes** to send sb to the firing squad ▸ **partir avec armes et bagages** to leave taking everything / *prendre les armes* to take up arms.

armé, e [aRme] adj armed / *être armé de* to be armed with.

armée [aRme] nf army ▸ **l'armée de l'air** the air force ▸ **l'armée de terre** the army. ◆ **Armée du salut** nf ▸ **l'Armée du salut** the Salvation Army.

armement [aRməmɑ̃] nm **1.** [MIL - de personne] arming ; [- de pays] armament ; [- ensemble d'armes] arms *pl* **2.** [de fusil] cocking **3.** [de navire] fitting-out.

Arménie [aRmeni] nf : *l'Arménie* Armenia.

arménien, enne [aRmenjɛ̃, ɛn] adj Armenian. ◆ **arménien** nm [langue] Armenian. ◆ **Arménien, enne** nm, f Armenian.

armer [3] [aRme] vt **1.** [pourvoir en armes] to arm ▸ **être armé pour qqch / pour faire qqch** *fig* [préparé] to be equipped for sthg / to do sthg **2.** [fusil] to cock **3.** [appareil photo] to wind on **4.** [navire] to fit out. ◆ **s'armer** vp *pr* & *fig* ▸ **s'armer (de)** to arm o.s. (with).

armistice [aRmistis] nm armistice.

armoire [aRmwaR] nf [gén] cupboard UK, closet US ; [garde-robe] wardrobe / *c'est une armoire à glace !* *fam* & *fig* he's built like a house! ▸ **armoire à pharmacie** medicine cupboard UK ou chest US.

armoiries [aRmwaRi] nfpl coat of arms *sg*.

armure [aRmyR] nf armour UK, armor US.

armurerie [aRmyRRi] nf [magasin] gunsmith's (shop).

armurier [aRmyRje] nm [d'armes à feu] gunsmith ; [d'armes blanches] armourer UK, armorer US.

ARN (*abr de* **acide ribonucléique**) nm RNA.

arnaque [aRnak] nf *fam* rip-off.

arnaquer [3] [aRnake] vt *fam* to rip off ▸ **se faire arnaquer** to be had.

arobase [aRɔbaz] nf INFORM 'at', @ ▸ **l'arobase** the "at" symbol ou sign.

aromate [aRɔmat] nm [épice] spice ; [fines herbes] herb.

aromathérapie [aRɔmateRapi] nf aromatherapy.

aromatique [aRɔmatik] adj aromatic.

aromatisant, e [aRɔmatizɑ̃, ɑ̃t] adj ▸ **substance aromatisante** flavouring.

aromatisé, e [aRɔmatize] adj flavoured UK, flavored US / *aromatisé à la vanille* vanilla-flavoured.

aromatiser [3] [aRɔmatize] vt to flavour UK, to flavor US.

arôme [aRom] nm **1.** [gén] aroma ; [de fleur, parfum] fragrance **2.** [goût] flavour UK, flavor US.

arpège [aRpɛʒ] nm arpeggio.

arpenter [3] [aRpɑ̃te] vt **1.** [marcher] to pace up and down **2.** [terrain] to survey.

arpenteur [aRpɑ̃tœR] nm surveyor.

arqué, e [aRke] adj **1.** [objet] curved **2.** [jambe] bow *(avant n)*, bandy ; [nez] hooked ; [sourcil] arched.

arr. *abr écrite de* **arrondissement**.

arraché [aRaʃe] ◆ **à l'arraché** loc adv & loc adj ▸ **gagner à l'arraché** to snatch a victory ▸ **obtenir qqch à l'arraché** to snatch sthg ▸ **vol à l'arraché** bag snatching.

arrachement [aRaʃmɑ̃] nm *fig* wrench.

arrache-pied [aRaʃpje] ◆ **d'arrache-pied** loc adv ▸ **travailler d'arrache-pied** to work away furiously.

arracher [3] [aRaʃe] vt **1.** [extraire - plante] to pull up ou out ; [- dent] to extract **2.** [déchirer - page] to tear off ou out ; [- chemise, bras] to tear off / *se faire arracher une dent* to have a tooth out / *il a eu un bras arraché dans l'explosion* he had an arm blown off in the explosion **3.** [prendre] ▸ **arracher qqch à qqn** to snatch sthg from sb ; *fig* [extorquer] to extract sthg from sb ; [susciter] to wring sthg from sb / *arracher des aveux / une signature à qqn* to wring a confession / signature out of sb / *j'ai réussi à lui arracher le pistolet des mains* a) [très vite] I managed to snatch the gun away ou to grab the gun from him b) [après une lutte] I managed to wrest the gun from his grip / *pas moyen de lui arracher le moindre commentaire* it's impossible to get him to say anything **4.** [soustraire] ▸ **arracher qqn à** a) [milieu, lieu] to drag sb away from b) [lit, sommeil] to drag sb from c) [habitude, torpeur] to force sb out of d) [mort, danger] to snatch sb from / *arracher un bébé à sa mère* to take a child from its mother / *arracher qqn au sommeil* to force sb to wake up / *comment l'arracher à son ordinateur ?* how can we get ou drag him away from his computer? ◆ **s'arracher** vp **1.** [se détacher] ▸ **s'arracher de** ou **à** a) [milieu, lieu] to drag o.s. away from b) [lit, sommeil] to drag o.s. from / *s'arracher à son travail / à son ordinateur / de son fauteuil* to tear o.s. away from one's work / computer / armchair **2.** [se disputer] ▸ **s'arracher qqn / qqch** to fight over sb / sthg ▸ **c'est à s'arracher les cheveux** *fam* it's enough to drive you crazy **3.** *fam* [partir] to split, to beat it / *allez, on s'arrache !* come on, let's be off!

arraisonner [3] [aRɛzɔne] vt [navire] to stop and inspect.

arrangeant, e [aRɑ̃ʒɑ̃, ɑ̃t] adj obliging.

arrangement [aRɑ̃ʒmɑ̃] nm **1.** [gén] arrangement **2.** [accord] agreement, arrangement.

arranger [17] [aRɑ̃ʒe] vt **1.** [gén] to arrange / *il a bien arrangé son appartement* his appartment is nicely laid out / *c'est Paul qui a arrangé le rendez-vous* Paul organized the meeting **2.** [convenir à] to suit / *ce soir ou demain, comme ça t'arrange* tonight or tomorrow, as it suits you ou as is convenient for you / *mardi ? non, ça ne m'arrange pas* Tuesday? no, that's no good for me **3.** [régler] to settle / *c'est arrangé, tu peux partir* it's all settled, you're free to leave now **4.** [améliorer] to sort out **5.** [réparer] to fix. ◆ **s'arranger** vp to come to an agreement ▸ **s'arranger pour faire qqch** to manage to do sthg / *arrangez-vous pour être là à cinq heures* make sure you're there at five o'clock / *il s'arrange toujours pour partir plus tôt* he always manages to leave early / *cela va s'arranger* things will work out / *les choses s'arrangeront d'elles-mêmes* things'll sort themselves out ou take care of themselves ▸ **s'arranger avec** : *je m'arrangerai avec lui pour qu'il garde les enfants* I'll arrange for him to look after the children.

arrdt *abr de* **arrondissement**.

arrérages [aReRaʒ] nmpl arrears.

arrestation [aRɛstasjɔ̃] nf arrest ▸ **être en état d'arrestation** to be under arrest.

arrêt [aRɛ] nm **1.** [d'un mouvement] stopping ▸ **à l'arrêt** a) [véhicule] stationary b) [machine] (switched) off / *marquer un temps d'arrêt* to stop ou to pause for a moment ▸ **tomber en arrêt devant qqch** to stop dead in front of sthg / *je suis tombé en arrêt devant un magnifique vaisselier* I stopped short in front of a splendid dresser **2.** [interruption] interruption ▸ **sans arrêt** a) [sans interruption] non-stop b) [sans relâche] constantly, continually / *ce train est sans arrêt jusqu'à Arcueil* this train is non-stop ou goes straight through to Arcueil ▸ **arrêt maladie** ou **de travail** a) [congé] sick leave b) [certificat] doctor's ou medical certificate ▸ **être en arrêt maladie** to be on sick leave ▸ **arrêt du travail** stoppage **3.** [station] ▸ **arrêt (d'autobus)** (bus) stop / '*arrêt demandé*' 'stop requested' ▸ **arrêt facultatif** request stop UK, flag stop US / *je descends au prochain arrêt* I'm getting off at the next stop **4.** [livraison] : '*arrêts fréquents*' 'slow deliveries' **5.** DR decision, judgment / *rendre un arrêt* to deliver ou to pronounce a judgment / *signer son arrêt de mort* *fig* to sign one's own death warrant.

arrêté [aRete] nm **1.** FIN settlement **2.** ADMIN order, decree ▸ **par arrêté préfectoral** by order of the prefect.

arrêter [4] [aRete] ◆ vt **1.** [gén] to stop / *la circulation est arrêtée sur l'A6* traffic is held up ou has come to a standstill on the A6 **2.** INFORM [ordinateur] to shut down **3.** [cesser] ▸ **arrêter de faire qqch** to stop doing sthg / *arrête, tu me fais mal !* stop it: you're hurting me! / *arrêter de fumer* to stop smoking / *il a arrêté de travailler l'an dernier* he retired last year **4.** [abandonner - gén] to give up ; [- école] to leave **5.** [voleur] to arrest / *se faire arrêter* to get ou be arrested **6.** [fixer] to decide on / *arrêter son choix* to make one's choice **7.** [suj : médecin] : *arrêter qqn* to put sb on sick leave. ◆ vi to stop. ◆ **s'arrêter** vp to stop ▸ **s'arrêter à qqch** : *il ne s'arrête pas à ces détails* he's not going to dwell on these details ▸ **s'arrêter de faire** to stop doing / *elle s'est arrêtée de jouer en me voyant* she stopped playing when she saw me ▸ **s'arrêter chez qqn** to stay with sb / *tu peux t'arrêter chez l'épicier en venant ?* could you stop off at the grocer's on your way here? / *nous nous étions arrêtés à la page 56* we'd left off at page 56.

arrhes [aʀ] nfpl deposit *sg*.

arrière [aʀjɛʀ] ◆ adj inv back, rear / *roue arrière* rear ou back wheel ▸ **marche arrière** reverse gear. ◆ nm **1.** [partie postérieure] back ▸ **à l'arrière** at the back UK, in back US ▸ **assurer ses arrières** *fig* to play safe **2.** SPORT back. ◆ **en arrière** loc adv **1.** [dans la direction opposée] back, backwards / *faire un pas en arrière* to take a step back ou backwards **2.** [derrière, à la traîne] behind / *rester en arrière* to lag behind. ◆ **en arrière de** loc prép behind.

arriéré, e [aʀjeʀe] adj **1.** [mentalité, pays] backward **2.** [dette] outstanding, overdue. ◆ **arriéré** nm arrears *pl*.

arrière-boutique [aʀjɛʀbutik] (*pl* **arrière-boutiques**) nf back shop.

arrière-garde [aʀjɛʀgaʀd] (*pl* **arrière-gardes**) nf rearguard ▸ **combat d'arrière-garde** *pr* & *fig* rearguard action.

arrière-goût [aʀjɛʀgu] (*pl* **arrière-goûts**) nm aftertaste.

arrière-grand-mère [aʀjɛʀgʀɑ̃mɛʀ] (*pl* **arrière-grands-mères**) nf great-grandmother.

arrière-grand-père [aʀjɛʀgʀɑ̃pɛʀ] (*pl* **arrière-grands-pères**) nm great-grandfather.

arrière-grands-parents [aʀjɛʀgʀɑ̃paʀɑ̃] nmpl great-grandparents.

arrière-pays [aʀjɛʀpei] nm inv hinterland.

arrière-pensée [aʀjɛʀpɑ̃se] (*pl* **arrière-pensées**) nf **1.** [raison intéressée] ulterior motive **2.** [réserve] ▸ **sans arrière-pensée** without reservation.

arrière-plan [aʀjɛʀplɑ̃] (*pl* **arrière-plans**) nm background.

arrière-saison [aʀjɛʀsɛzɔ̃] (*pl* **arrière-saisons**) nf late autumn.

arrière-train [aʀjɛʀtʀɛ̃] (*pl* **arrière-trains**) nm hindquarters *pl*.

arrimer [3] [aʀime] vt **1.** [attacher] to secure **2.** NAUT to stow.

arrivage [aʀivaʒ] nm [de marchandises] consignment, delivery.

arrivant, e [aʀivɑ̃, ɑ̃t] nm, f [personne] arrival.

arrivée [aʀive] nf **1.** [venue] arrival **2.** TECHNOL inlet.

arriver [3] [aʀive] ◆ vi **1.** [venir] to arrive / *arriver à Paris* to arrive in ou reach Paris / *on arrive à quelle heure ?* what time do we get there? / *j'arrive !* (I'm) coming! / *être bien arrivé* [personne, colis] to have arrived safely / *j'arrive tout juste de vacances* I'm just back from my holidays / *l'eau m'arrivait aux genoux* the water came up to my knees / *la soixantaine / retraite est vite arrivée* sixty/retirement is soon here **2.** [réussir dans la vie] to succeed, to get on **3.** [parvenir] ▸ **arriver à faire qqch** to manage to do sthg, to succeed in doing sthg / *il n'arrive pas à faire ses devoirs* he can't do his homework / *je parie que tu n'y arriveras pas !* I bet you won't be able to do it! / *tu n'arriveras jamais à rien* you'll never get anywhere **4.** [se produire] to happen / *ce sont des choses qui arrivent* these things happen / *tu ne te décourages jamais ? — si, ça m'arrive* don't you ever get discouraged? — yes, from time to time **5.** EXPR **en arriver à faire qqch** *fig* to begin to do sthg ▸ **j'en arrive parfois à me demander si...** sometimes I (even) wonder if... ▸ **en arriver là** : *depuis, je ne lui parle plus — c'est malheureux d'en arriver là* since then, I haven't spoken to him — it's a shame it has come to that. ◆ v impers to happen ▸ **il arrive que** (+ *subjonctif*) : *il arrive qu'il soit en retard* he is sometimes late / *il arrive à tout le monde de se décourager* we all get fed up sometimes / *il arrive à tout le monde de se tromper* anyone can make a mistake / *il lui arrive d'oublier quel jour on est* he sometimes forgets what day it is.

arrivisme [aʀivism] nm *péj* ambition.

arriviste [aʀivist] ◆ adj self-seeking, careerist. ◆ nmf careerist.

arrobas, arobas [aʀɔbas] nf = **arobase**.

arrogance [aʀɔgɑ̃s] nf arrogance.

arrogant, e [aʀɔgɑ̃, ɑ̃t] ◆ adj arrogant. ◆ nm, f arrogant person.

arroger [17] [aʀɔʒe] ◆ **s'arroger** vp ▸ **s'arroger le droit de faire qqch** to take it upon o.s. to do sthg.

arrondi [aʀɔ̃di] nm [de jupe] hemline.

arrondir [32] [aʀɔ̃diʀ] vt **1.** [forme] to make round **2.** [capital] to increase **3.** [chiffre - au-dessus] to round up ; [- en dessous] to round down. ◆ **s'arrondir** vp [corps, visage] to fill out.

arrondissement [aʀɔ̃dismɑ̃] nm **1.** ADMIN arrondissement *(administrative division of a département or city)* **2.** [de somme - au-dessus] rounding up ; [- en dessous] rounding down.

Arrondissement

This word is most often used in reference to the purely geographical divisions of France's three largest cities: Paris, Marseille, and Lyon. Paris' 20 **arrondissements** are arranged in a spiral around the **Île de la Cité** and do not always correspond to neighbourhood boundaries; **le Marais**, for example, straddles the third and fourth **arrondissements**. The divisions are expressed in ordinal numbers: **Paris 15e**, **le sixième**. Such expressions are often used to evoke a defining characteristic of the neighbourhood in question. **Le sixième**, for example, is associated with the city's intellectual life. **Arrondissements** are also administrative divisions of France's **départements**.

arrosage [aʀozaʒ] nm [de jardin] watering ; [de rue] spraying.

arroser [3] [aʀoze] vt **1.** [jardin] to water ; [rue] to spray **2.** [couler à travers] to flow through **3.** *fam* [café] ▸ **arroser son café (avec)** to lace one's coffee (with) **4.** *fam* [repas] to wash down **5.** *fam* [célébrer] to celebrate **6.** *fam* [soudoyer] ▸ **arroser qqn** to grease sb's palm.

arrosoir [aʀozwaʀ] nm watering can.

arsenal, aux [aʀsənal, o] nm **1.** [de navires] naval dockyard **2.** [d'armes] arsenal / ***arsenal de pêcheur*** fishing gear.

arsenic [aʀsənik] nm arsenic.

art [aʀ] nm art ▸ **l'art de faire qqch** the art of doing sthg ▸ **art culinaire** art of cooking ▸ **art dramatique / graphique** dramatic/graphic art ▸ **le septième art** cinema. ◆ **arts** nmpl ▸ **arts appliqués** applied arts ▸ **les arts et métiers** *college for the advanced education of those working in commerce, manufacturing, construction and design* ▸ **Salon des Arts ménagers** ≃ Ideal Home Exhibition UK home crafts exhibition ou show US ▸ **arts martiaux** martial arts.

art. *abr écrite de* **article**.

Art déco [aʀdeko] nm Art Deco.

Arte [aʀte] npr *Franco-German cultural television channel.*

artère [aʀtɛʀ] nf **1.** ANAT artery ▸ **artère coronaire** coronary artery **2.** [rue] arterial road UK, main road US.

artériel, elle [aʀteʀjɛl] adj arterial.

artériosclérose [aʀteʀjɔskleʀoz] nf arteriosclerosis.

arthrite [aʀtʀit] nf arthritis.

arthrose [aʀtʀoz] nf osteoarthritis.

artichaut [aʀtiʃo] nm artichoke.

article [aʀtikl] nm **1.** [gén] article ▸ **article défini / indéfini** definite/indefinite article ▸ **article de fond** feature ▸ **articles de bureau** office supplies / ***articles de luxe*** luxury goods / ***articles de mode*** fashion accessories / ***'articles en promotion'*** 'special offers' **2.** INFORM record **3.** [sujet] point / ***elle dit qu'on lui doit trois millions, et sur cet article, tu peux lui faire confiance !*** she says she's owed three millions, and on that score ou point, you can believe what she says! **4.** [paragraphe] article, clause ▸ **article de loi** article of law / ***l'article 10 du contrat*** point ou paragraph ou clause 10 of the contract **5.** EXPR **faire l'article** to make a sales pitch ▸ **à l'article de la mort** at death's door.

articulation [aʀtikylasjɔ̃] nf **1.** ANAT & TECHNOL joint **2.** [prononciation] articulation **3.** [d'une démonstration] structure.

articulé, e [aʀtikyle] adj jointed.

articuler [3] [aʀtikyle] vt **1.** [prononcer] to articulate **2.** ANAT & TECHNOL to articulate, to joint **3.** DR to set out. ◆ **s'articuler** vp to hang together ▸ **s'articuler sur / autour de qqch** [réflexion] to be based ou centred on sthg.

artifice [aʀtifis] nm **1.** [moyen astucieux] clever device ou trick **2.** [tromperie] trick.

artificiel, elle [aʀtifisjɛl] adj artificial.

artificiellement [aʀtifisjɛlmɑ̃] adv artificially.

artificier [aʀtifisje] nm **1.** [en pyrotechnie] fireworks expert **2.** MIL [soldat] blaster ; [spécialiste] bomb disposal expert.

artillerie [aʀtijʀi] nf MIL artillery.

artilleur [aʀtijœʀ] nm artilleryman.

artisan, e [aʀtizɑ̃, an] nm, f craftsman (craftswoman). ◆ **artisan** nm [responsable] ▸ **être l'artisan de** *fig* to be the architect of.

artisanal, e, aux [aʀtizanal, o] adj craft *(avant n)* ▸ **fabrication artisanale** cottage industry.

artisanat [aʀtizana] nm [métier] craft ; [classe] craftsmen.

artiste [aʀtist] nmf **1.** [créateur] artist ▸ **artiste peintre** painter **2.** [interprète] performer.

artistique [aʀtistik] adj artistic.

ARVA® [aʀva] (*abr de* **appareil de recherche de victimes d'avalanche**) nm *equipment for searching for avalanche victims.*

as¹ [a] ⟶ **avoir**.

as² [as] nm **1.** [carte] ace **2.** [premier] number one **3.** [champion] star, ace **4.** EXPR **être fringué comme l'as de pique** *fam* to look like a scarecrow ▸ **passer à l'as** *fam* to go by the board ▸ **être plein aux as** *fam* to be rolling in it.

a /s (*abr écrite de* **aux soins de**) c/o.

AS (*abr de* **association sportive**) nf sports association.

ASA, Asa [aza] (*abr de* **American Standards Association**) nf ASA.

ASAP (*abr de* **as soon as possible**) SMS ASAP.

asc. *abr écrite de* **ascenseur**.

ascendant, e [asɑ̃dɑ̃, ɑ̃t] adj rising. ◆ **ascendant** nm **1.** [influence] influence, power ▸ **avoir de l'ascendant sur qqn** to have influence over sb **2.** ASTROL ascendant.

ascenseur [asɑ̃sœʀ] nm **1.** [in a building] lift UK, elevator US **2.** INFORM scroll bar.

ascension [asɑ̃sjɔ̃] nf **1.** [de montagne] ascent **2.** [d'avion] climb **3.** [progression] rise. ◆ **Ascension** nf ▸ **l'Ascension** Ascension (Day).

ascensionnel, elle [asɑ̃sjɔnɛl] adj upward.

ascèse [asɛz] nf asceticism.

ascète [asɛt] nmf ascetic.

ASCII [aski] (*abr de* **American Standard Code for Information Interchange**) adj ASCII.

ASE (*abr de* **Agence spatiale européenne**) nf ESA.

aseptique [asɛptik] adj aseptic.

aseptisé, e [asɛptize] adj MÉD sterilized ; *fig* [ambiance] impersonal ; [discours, roman, univers] sanitized.

aseptiser [3] [asɛptize] vt to asepticize.

ashkénase [aʃkenaz] adj & nmf ▸ **(juif) ashkénase** Ashkenazi ▸ **les ashkénases** the Ashkenazim.

asiatique [azjatik] adj **1.** [de l'Asie en général] Asian **2.** [d'Extrême-Orient] oriental. ◆ **Asiatique** nmf Asian.

Asie [azi] nf : *l'Asie* Asia / *l'Asie centrale* Central Asia / *l'Asie du Sud-Est* Southeast Asia.

asile [azil] nm **1.** [refuge] refuge / *asile de nuit* night shelter **2.** POL ▸ **demander / accorder l'asile politique** to seek / to grant political asylum **3.** *vieilli* [psychiatrique] asylum.

asocial, e, aux [asɔsjal, o] ❖ adj antisocial. ❖ nm, f social misfit.

aspect [aspɛ] nm **1.** [apparence] appearance / *d'aspect agréable* nice-looking / *un bâtiment d'aspect imposant* an imposing-looking building / *la viande a un aspect bizarre* the meat looks odd / *donner l'aspect de qqch à qqn* to give sb the appearance of sthg, to make sb look like sthg / *cette couleur donne à la pièce un aspect terne* this colour makes the room look dull **2.** [point de vue] aspect, facet / *envisager* ou *examiner une question sous tous ses aspects* to consider a question from all angles / *vu sous cet aspect* seen from this angle ou point of view / *sous un aspect nouveau* in a new light **3.** LING aspect **4.** [vue] ▸ **à l'aspect de** *sout* at the sight of.

asperge [aspɛʀʒ] nf [légume] asparagus.

asperger [17] [aspɛʀʒe] vt ▸ **asperger qqch de qqch** to spray sthg with sthg ▸ **asperger qqn de qqch** a) [arroser] to spray sb with sthg b) [éclabousser] to splash sb with sthg. ◆ **s'asperger** vp ▸ **s'asperger de qqch** to spray o.s. with sthg.

aspérité [aspeʀite] nf [du sol] bump.

aspersion [aspɛʀsjɔ̃] nf **1.** [d'eau] sprinkling, spraying **2.** RELIG sprinkling, aspersion.

asphalte [asfalt] nm asphalt.

asphyxie [asfiksi] nf **1.** MÉD asphyxia, suffocation **2.** *fig* [de l'économie] paralysis.

asphyxier [9] [asfiksje] vt **1.** MÉD to asphyxiate, to suffocate / *mourir asphyxié* to die of asphyxiation **2.** *fig* [économie] to paralyse UK, to paralyze US. ◆ **s'asphyxier** vp to suffocate.

aspic [aspik] nm [vipère] asp.

aspirant, e [aspiʀɑ̃, ɑ̃t] adj ▸ **pompe aspirante** suction pump. ◆ **aspirant** nm [armée] ≃ officer cadet; [marine] ≃ midshipman.

aspirateur [aspiʀatœʀ] nm Hoover® UK, vacuum cleaner ▸ **passer l'aspirateur** to do the vacuuming ou hoovering UK.

aspiration [aspiʀasjɔ̃] nf **1.** [souffle] inhalation **2.** TECHNOL suction **3.** LING aspiration. ◆ **aspirations** nfpl aspirations.

aspirer [3] [aspiʀe] ❖ vt **1.** [air] to inhale; [liquide] to suck up **2.** TECHNOL to suck up, to draw up. ❖ vi [désirer] ▸ **aspirer à qqch / à faire qqch** to aspire to sthg / to do sthg.

aspirine [aspiʀin] nf aspirin.

assagir [32] [asaʒiʀ] vt to quieten down. ◆ **s'assagir** vp to quieten down.

assaillant, e [asajɑ̃, ɑ̃t] ❖ adj attacking. ❖ nm, f assailant, attacker.

assaillir [47] [asajiʀ] vt to attack, to assault ▸ **assaillir qqn de qqch** *fig* to assail ou bombard sb with sthg.

assainir [32] [aseniʀ] vt **1.** [logement] to clean up **2.** [eau] to purify **3.** ÉCON to rectify, to stabilize.

assainissement [asenismɑ̃] nm **1.** [de quartier] cleaning up **2.** [d'eau] purification **3.** ÉCON stabilization.

assaisonnement [asɛzɔnmɑ̃] nm [sauce] dressing; [condiments] seasoning.

assaisonner [3] [asɛzɔne] vt **1.** [salade] to dress; [viande, plat] to season **2.** [propos] to season **3.** *fam* [gronder] to tell off ▸ **se faire assaisonner par qqn** to get a (good) telling-off from sb.

assassin, e [asasɛ̃, in] adj provocative. ◆ **assassin** nm [gén] murderer; POL assassin.

assassinat [asasina] nm [gén] murder; POL assassination.

assassiner [3] [asasine] vt [tuer - gén] to murder; [- POL] to assassinate.

assaut [aso] nm **1.** [attaque] assault, attack ▸ **prendre d'assaut** a) [lieu] to storm **2.** SPORT bout **3.** EXPR ▸ **faire assaut de** to vie with each other in.

assécher [18] [aseʃe] vt to drain. ◆ **s'assécher** vp to become dry, to dry up.

assemblage [asɑ̃blaʒ] nm **1.** [gén] assembly **2.** INFORM ▸ **langage d'assemblage** assembler ou assembly language.

assemblée [asɑ̃ble] nf **1.** [réunion] meeting **2.** [public] gathering **3.** ADMIN & POL assembly ▸ **assemblée constituante** constituent assembly ▸ **assemblée consultative** advisory body ▸ **Assemblée galloise** ou **du pays de Galles** Welsh Assembly ▸ **Assemblée générale** General Assembly ▸ **l'Assemblée nationale** *lower house of the French parliament.*

L'Assemblée nationale

The National Assembly is the lower house of the French Parliament. Its members (the **députés**) are elected in the **élections législatives** held every five years.

assembler [asɑ̃ble] vt **1.** [monter] to put together **2.** [réunir - objets] to gather (together) **3.** [associer] to connect **4.** [personnes - gén] to bring together, to assemble; [- députés] to convene. ◆ **s'assembler** vp to gather.

asséner [18] [asene], **assener** [19] [asəne] vt ▸ **assener un coup à qqn** [frapper] to strike sb, to deal sb a blow.

assentiment [asɑ̃timɑ̃] nm assent ▸ **donner son assentiment à qqch** to give one's assent to sthg.

asseoir [65] [aswaʀ] ❖ vt **1.** [sur un siège] to put / *asseoir qqn* a) [le mettre sur un siège] to sit sb down b) [le redresser dans son lit] to sit sb up / *être assis* : *j'étais assise sur un tabouret* I was sitting on a stool / *nous étions assis au premier rang* we were seated in the first row **2.** [fondations] to lay **3.** *fig* [réputation] to establish ▸ **asseoir qqch sur qqch** to base sthg on sthg / *asseoir l'impôt sur le revenu* to base taxation on income / *asseoir sa réputation sur qqch* to base one's reputation on sthg. ✧ vi ▸ **faire asseoir qqn** to seat sb, to ask sb to take a seat. ◆ **s'asseoir** vp to sit (down) / *asseyez-vous donc* please, do sit down / *venez vous asseoir à table avec nous* come and sit at the table with us.

assermenté, e [asɛʀmɑ̃te] adj **1.** [fonctionnaire, expert] sworn **2.** [témoin] under oath.

assertion [asɛʀsjɔ̃] nf assertion.

asservir [32] [asɛʀviʀ] vt [assujettir] to enslave / *être asservi à une cause* to be in thrall to a cause.

asservissement [asɛʀvismɑ̃] nm **1.** [personne] enslavement **2.** TECHNOL remote control.

assesseur [asesœʀ] nm assessor.

asseyais, asseyions ⟶ **asseoir**.

asseyez, asseyons ⟶ **asseoir**.

assez [ase] adv **1.** [suffisamment] enough / *assez grand pour qqch / pour faire qqch* big enough for sthg / to do sthg ▸ **assez de** enough / *assez de lait / chaises* enough milk / chairs / *il en reste juste assez* there is / are just enough left ▸ **en avoir assez de qqn / qqch** to have had enough of sb / sthg, to be fed up with sb / sthg **2.** [plutôt] quite, rather.

assidu, e [asidy] adj **1.** [élève] diligent **2.** [travail] painstaking **3.** [empressé] ▸ **assidu (auprès de qqn)** attentive (to sb).

assiduité [asidɥite] nf **1.** [zèle] diligence **2.** [fréquence] ▸ **avec assiduité** regularly. ◆ **assiduités** nfpl *péj* & *sout* attentions ▸ **poursuivre qqn de ses assiduités** to press one's attentions on sb.

assidûment [asidymɑ̃] adv **1.** [avec zèle] assiduously, diligently **2.** [fréquemment] regularly.

assiégeant, e [asjeʒɑ̃, ɑ̃t] adj besieging *(avant n)*. ◆ **assiégeant** nm besieger.

assiéger [22] [asjeʒe] vt *pr* & *fig* to besiege.

assiette [asjɛt] nf **1.** [vaisselle] plate ▸ **assiette creuse** OU **à soupe** soup plate ▸ **assiette à dessert** dessert plate ▸ **assiette plate** dinner plate **2.** [de cavalier] seat **3.** [d'impôt] base ▸ **assiette fiscale** OU **de l'impôt** taxable income **4.** CULIN ▸ **assiette anglaise** assorted cold meats *pl* UK, cold cuts *pl* US ▸ **assiette de crudités** *raw vegetables served as an hors-d'œuvre* **5.** EXPR ▸ **ne pas être dans son assiette** to feel off colour UK OU color US.

assiettée [asjete] nf plate, plateful.

assignation [asiɲasjɔ̃] nf **1.** [attribution] ▸ **assignation de qqch à qqn** allocation of sthg to sb **2.** DR summons.

assigner [3] [asiɲe] vt **1.** [fonds, tâche] ▸ **assigner qqch à qqn** to allocate OU assign sthg to sb **2.** [personne] ▸ **assigner qqn à qqch** to assign sb to sthg **3.** DR ▸ **assigner qqn en justice** to issue a writ against sb.

assimilation [asimilasjɔ̃] nf assimilation.

assimiler [3] [asimile] vt **1.** [aliment, connaissances] to assimilate **2.** [confondre] ▸ **assimiler qqch (à qqch)** to liken sthg (to sthg) ▸ **assimiler qqn à qqn** to compare sb to sb. ◆ **s'assimiler** vp **1.** [se comparer] ▸ **s'assimiler à qqn** to be (able to be) compared to sb **2.** [s'intégrer] to integrate.

assis, e [asi, iz] ✧ pp ⟶ **asseoir.** ✧ adj sitting, seated ▸ **place assise** seat. ◆ **assise** nf **1.** [base] seat, seating **2.** BIOL & GÉOL stratum. ◆ **assises** nfpl **1.** DR ▸ **(cour d')assises** Crown Court UK, circuit court US **2.** [congrès] conference *sg*.

assistance [asistɑ̃s] nf **1.** [aide] assistance ▸ **prêter assistance à qqn** to lend assistance to sb ▸ **l'Assistance publique** *French authority which manages the social services and state-owned hospitals* / *être à l'Assistance (publique)* to be in care ▸ **assistance technique** technical aid **2.** [auditoire] audience.

assistant, e [asistɑ̃, ɑ̃t] nm, f **1.** [auxiliaire] assistant ▸ **assistante sociale** social worker **2.** UNIV assistant lecturer.

assister [3] [asiste] ✧ vi ▸ **assister à qqch** to be at sthg, to attend sthg. ✧ vt to assist.

associatif, ive [asɔsjatif, iv] adj **1.** [mémoire] associative **2.** [vie] community *(avant n)*.

association [asɔsjasjɔ̃] nf **1.** [gén] association ▸ **association d'idées** association of ideas **2.** [union] society, association ▸ **association à but non lucratif** DR non-profit OU non-profit-making UK organization / *association humanitaire* charity organization ▸ **association sportive** sports club **3.** COMM partnership ▸ **association de libre-échange** free-trade agreement.

associé, e [asɔsje] ✧ adj associated. ✧ nm, f **1.** [collaborateur] associate **2.** [actionnaire] partner.

associer [9] [asɔsje] vt **1.** [personnes] to bring together **2.** [idées] to associate **3.** [faire participer] ▸ **associer qqn à qqch a)** [inclure] to bring sb in on sthg **b)** [prendre pour partenaire] to make sb a partner in sthg. ◆ **s'associer** vp **1.** [prendre part] ▸ **s'associer à qqch a)** [participer] to join OU participate in sthg **b)** [partager] to share sthg **2.** [collaborer] ▸ **s'associer à** OU **avec qqn** to join forces with sb **3.** [se combiner] ▸ **s'associer à qqch** to be combined with sthg.

assoiffé, e [aswafe] adj thirsty / *assoiffé de pouvoir* *fig* power-hungry.

assois ⟶ **asseoir**.

assombrir [32] [asɔ̃bʀiʀ] vt **1.** [plonger dans l'obscurité] to darken **2.** *fig* [attrister] to cast a shadow over. ◆ **s'assombrir** vp **1.** [devenir sombre] to grow dark **2.** *fig* [s'attrister] to darken.

assommant, e [asɔmɑ̃, ɑ̃t] adj *péj* deadly boring.

assommer [3] [asɔme] vt **1.** [frapper] to knock out **2.** [ennuyer] to bore stiff **3.** [de reproches] to overwhelm.

Assomption [asɔ̃psjɔ̃] nf ▸ **l'Assomption** the Assumption.

L'Assomption

Assumption, on the 15th of August, is a Catholic feast. It is a public holiday in France.

assorti, e [asɔʀti] adj **1.** [accordé] ▸ **bien assorti** well-matched ▸ **mal assorti** ill-matched / *une cravate assortie au costume* a tie which matches the suit **2.** [varié] assorted.

assortiment [asɔʀtimɑ̃] nm assortment, selection / *assortiment de produits* product mix.

assortir [32] [asɔʀtiʀ] vt **1.** [objets] ▸ **assortir qqch à qqch** to match sthg to ou with sthg **2.** [magasin] to stock. ◆ **s'assortir** vp to match ▸ **s'assortir de qqch** to be accompanied by ou with sthg.

assoupi, e [asupi] adj **1.** [endormi] dozing **2.** *fig* & *litt* [sens, intérêt] dulled ; [passion, haine] spent ; [querelle] dormant.

assoupir [32] [asupiʀ] vt **1.** *sout* [enfant] to send to sleep **2.** *fig* & *litt* [douleur] to soothe. ◆ **s'assoupir** vp **1.** [s'endormir] to doze off **2.** *fig* & *litt* [douleur] to die down.

assoupissement [asupismɑ̃] nm **1.** [sommeil] doze **2.** *fig* & *sout* : *l'assoupissement culturel* cultural apathy.

assouplir [32] [asupliʀ] vt **1.** [corps] to make supple **2.** [matière] to soften **3.** [règlement] to relax / *assouplir ses positions* to take a softer line **4.** [caractère] to mellow. ◆ **s'assouplir** vp **1.** [physiquement] to become supple **2.** [moralement] to mellow.

assouplissant [asuplisɑ̃] nm (fabric) softener.

assouplissement [asuplismɑ̃] nm **1.** [de corps] limbering up **2.** [de matière] softening **3.** [de règlement] easing, relaxation **4.** [de caractère] mellowing.

assourdir [32] [asuʀdiʀ] vt **1.** [rendre sourd] to deafen **2.** [abrutir] to exhaust, to wear out **3.** [amortir] to deaden, to muffle.

assouvir [32] [asuviʀ] vt *litt* to satisfy. ◆ **s'assouvir** vp *litt* to be satisfied.

ASSU, Assu [asy] (*abr de* **Association du sport scolaire et universitaire**) nf *former schools and university sports association.*

assujetti, e [asyʒeti] adj ▸ **assujetti à l'impôt** subject to tax ou taxation.

assujettir [32] [asyʒetiʀ] vt **1.** [peuple] to subjugate **2.** [soumettre] ▸ **assujettir qqn à qqch** to subject sb to sthg **3.** [fixer] to secure. ◆ **s'assujettir** vp ▸ **s'assujettir à qqch** to submit to sthg.

assumer [3] [asyme] vt **1.** [fonction - exercer] to carry out ; [- prendre] to take on **2.** [risque, responsabilité] to accept **3.** [condition] to come to terms with **4.** [frais] to meet. ◆ **s'assumer** vp to come to terms with o.s.

assurance [asyʀɑ̃s] nf **1.** [gén] assurance / *avoir l'assurance que* to feel certain ou assured that / *manquer d'assurance* to be insecure, to have no self-confidence / *s'exprimer avec assurance* to speak with assurance ou confidently **2.** [contrat] insurance / *contracter* ou *prendre une assurance* to take out insurance ▸ **assurance auto** ou **automobile** car ou automobile US insurance ▸ **assurance chômage** unemployment insurance ▸ **assurance maladie** health insurance ▸ **assurance personnelle** ou **volontaire** private health insurance ▸ **assurance responsabilité civile** ou **au tiers** third party insurance ▸ **assurance tous risques** AUTO comprehensive insurance ▸ **assurance-vie** life assurance UK, life insurance US ▸ **assurance vieillesse** retirement pension ▸ **assurance contre le vol** insurance against theft.

assuré, e [asyʀe] nm, f policy holder ▸ **assuré social** National Insurance contributor UK, Social Security contributor US.

assurément [asyʀemɑ̃] adv *sout* certainly.

assurer [3] [asyʀe] ❖ vt **1.** [promettre] ▸ **assurer à qqn que** to assure sb (that) / *il m'a assuré qu'il viendrait* he assured me he'd come ▸ **assurer qqn de qqch** to assure sb of sthg **2.** [permanence, liaison] to provide / *assurer le ravitaillement des populations sinistrées* to provide disaster victims with supplies / *une permanence est assurée le samedi après-midi* there is someone on duty on Saturday afternoons **3.** COMM to insure / *j'ai fait assurer mes bijoux* I had my jewels insured **4.** [paix] to ensure / *pour mieux assurer la sécurité de tous* to ensure greater safety for all **5.** [échelle] to secure, to fix. ❖ vi *fam* : *il assure en physique / anglais* he's good at physics/English / *elle a beau être nouvelle au bureau, elle assure bien* she may be new to the job but she certainly copes (well). ◆ **s'assurer** vp **1.** [vérifier] ▸ **s'assurer que** to make sure (that) / *assure-toi que tout va bien* make sure everything's OK ▸ **s'assurer de qqch** to ensure sthg, to make sure of sthg / *assurez-vous de la validité de votre passeport* make sure your passport is valid **2.** COMM ▸ **s'assurer (contre qqch)** to insure o.s. (against sthg) / *s'assurer contre le vol / l'incendie* to insure o.s. against theft/fire **3.** [obtenir] ▸ **s'assurer qqch** to secure sthg **4.** [se stabiliser] to steady o.s.

Assyrie [asiʀi] npr f : *(l')Assyrie* Assyria.

assyrien, enne [asiʀjɛ̃, ɛn] adj Assyrian. ◆ **Assyrien, enne** nm, f Assyrian.

astérisque [asteʀisk] nm asterisk.

asthmatique [asmatik] nmf & adj asthmatic.

asthme [asm] nm MÉD asthma.

asticot [astiko] nm maggot.

astigmate [astigmat] nmf & adj astigmatic.

astiquer [3] [astike] vt to polish.

astrakan [astʀakɑ̃] nm astrakhan.

astral, e, aux [astʀal, o] adj astral, star *(avant n).*

astre [astʀ] nm star.

astreignant, e [astʀɛɲɑ̃, ɑ̃t] adj demanding.

astreindre [81] [astʀɛ̃dʀ] vt ▸ **astreindre qqn à qqch** to subject sb to sthg ▸ **astreindre qqn à faire qqch** to compel sb to do sthg. ◆ **s'astreindre** vp ▸ **s'astreindre à qqch** to subject o.s. to sthg ▸ **s'astreindre à faire qqch** to compel o.s. to do sthg.

astreint, e [astʀɛ̃, ɛ̃t] pp ⟶ **astreindre**.

astringent, e [astʀɛ̃ʒɑ̃, ɑ̃t] adj astringent. ◆ **astringent** nm astringent.

astrologie [astʀɔlɔʒi] nf astrology.

astrologique [astʀɔlɔʒik] adj astrological.

astrologue [astʀɔlɔg] nm astrologer.

astronaute [astʀɔnot] nmf astronaut.

astronautique [astʀɔnotik] nf astronautics *(U)*.

astronome [astʀɔnɔm] nmf astronomer.

astronomie [astʀɔnɔmi] nf astronomy.

astronomique [astʀɔnɔmik] adj astronomical.

astrophysicien, enne [astʀɔfizisjɛ̃, ɛn] nm, f astrophysicist.

astrophysique [astʀɔfizik] nf astrophysics *(U)*.

astuce [astys] nf **1.** [ruse] (clever) trick **2.** [ingéniosité] shrewdness *(U)* **3.** *fam* [plaisanterie] wisecrack.

astucieux, euse [astysjø, øz] adj **1.** [idée] clever **2.** [personne] shrewd.

asymétrique [asimetʀik] adj asymmetric, asymmetrical.

atavisme [atavism] nm atavism.

atelier [atəlje] nm **1.** [d'artisan] workshop **2.** [de peintre] studio.

atermoiement [atɛʀmwamɑ̃] nm **1.** [tergiversation] procrastination **2.** DR postponement.

athée [ate] ❖ nmf atheist. ❖ adj atheistic.

athéisme [ateism] nm atheism.

athénée [atene] nm BELGIQUE secondary school.

Athènes [atɛn] npr Athens.

athénien, enne [atenjɛ̃, ɛn] adj Athenian. ◆ **Athénien, enne** nm, f Athenian.

athlète [atlɛt] nmf athlete.

athlétique [atletik] adj athletic.

athlétisme [atletism] nm athletics *(U)* UK, track and field US.

Atlantide [atlɑ̃tid] nf : *l'Atlantide* Atlantis.

atlantique [atlɑ̃tik] adj Atlantic. ◆ **Atlantique** nm ▸ **l'Atlantique** the Atlantic (Ocean).

atlas [atlas] nm atlas.

Atlas [atlas] ❖ npr MYTH Atlas. ❖ npr m GÉOGR : *l'Atlas* the Atlas Mountains.

atmosphère [atmɔsfɛʀ] nf atmosphere.

atmosphérique [atmɔsfeʀik] adj atmospheric.

atoca [atɔka] nm QUÉBEC *large cranberry*.

atoll [atɔl] nm atoll.

atome [atom] nm atom ▸ **avoir des atomes crochus avec qqn** to be on the same wavelength as sb.

atomique [atɔmik] adj **1.** [gén] nuclear **2.** CHIM & PHYS atomic.

atomiseur [atɔmizœʀ] nm spray.

atone [atɔn] adj **1.** [inexpressif] lifeless **2.** MÉD atonic **3.** [voyelle] unstressed.

atours [atuʀ] nmpl *litt* ▸ **paré de** OU **dans ses plus beaux atours** in all one's finery.

atout [atu] nm **1.** [carte] trump / *l'atout est à pique* spades are trumps **2.** *fig* [ressource] asset, advantage.

ATP ❖ nf (*abr de* **Association des tennismen professionnels**) ATP. ❖ nfpl (*abr de* **arts et traditions populaires**) arts and crafts / *musée des ATP* arts and crafts museum.

âtre [atʀ] nm *litt* hearth.

atroce [atʀɔs] adj **1.** [crime] atrocious, dreadful **2.** [souffrance] horrific, atrocious **3.** [temps] terrible.

atrocement [atʀɔsmɑ̃] adv **1.** [horriblement] horribly, terribly **2.** [exagérément] terribly.

atrocité [atʀɔsite] nf **1.** [horreur] atrocity **2.** [calomnie] insult.

atrophie [atʀɔfi] nf atrophy.

atrophier [9] [atʀɔfje] ◆ **s'atrophier** vp to atrophy.

attabler [3] [atable] ◆ **s'attabler** vp to sit down (at the table) ▸ **s'attabler devant qqch** to sit down to sthg.

attachant, e [ataʃɑ̃, ɑ̃t] adj lovable.

attache [ataʃ] nf [lien] fastening. ◆ **attaches** nfpl *fig* links, connections.

attaché, e [ataʃe] nm, f attaché ▸ **attaché d'ambassade** attaché ▸ **attaché commercial / culturel / militaire** commercial / cultural / military attaché ▸ **attaché de presse** a) [diplomatique] press attaché b) [d'organisme, d'entreprise] press officer.

attaché-case [ataʃekɛz] (*pl* **attachés-cases**) nm attaché case.

attachement [ataʃmɑ̃] nm attachment.

attacher [3] [ataʃe] ❖ vt **1.** [lier] ▸ **attacher qqch (à)** a) to fasten OU tie sthg (to) b) *fig* [associer] to attach sthg (to) / *attacher un chien à une corde / à sa niche* to tie a dog to a rope / to his kennel **2.** [paquet] to tie up / *attacher un colis avec une ficelle* to tie up a parcel **3.** [lacet] to do up ; [ceinture de sécurité] to fasten / *peux-tu m'aider à attacher ma robe ?* can you help me do up my dress? **4.** [associer] to link, to connect / *le scandale auquel son nom est / reste attaché* the scandal with which his name is / remains linked **5.** *fig* [émotionnellement] ▸ **attacher qqn à** to bind sb to. ❖ vi CULIN ▸ **attacher (à)** to stick (to) / *poêle / casserole qui n'attache pas* nonstick pan / saucepan. ◆ **s'attacher** vp **1.** [émotionnellement] ▸ **s'attacher à qqn / qqch** to become attached to sb / sthg **2.** [se fermer] to fasten ▸ **s'attacher avec** OU **par qqch** to do up OU fasten with sthg / *s'attacher avec une fermeture Éclair® / des boutons* to zip / to button up **3.** [s'appliquer] ▸ **s'attacher à qqch / à faire qqch** to devote o.s. to sthg / to doing sthg, to apply o.s. to sthg / to doing sthg / *je m'attache à le rendre heureux* I try (my best) to make him happy.

attaquant, e [atakɑ̃, ɑ̃t] ❖ adj attacking. ❖ nm, f attacker.

attaque [atak] nf **1.** [gén & MÉD] attack ▸ **attaque à main armée** holdup, armed attack ; *fig* ▸ **attaque contre qqn / qqch** attack on sb/sthg **2.** MUS [de note] attack **3.** EXPR **être d'attaque** to be on UK ou in US form ▸ **être / se sentir d'attaque pour faire qqch** to be/feel up to doing sthg.

attaquer [3] [atake] vt **1.** [gén] to attack / *il s'est fait attaquer par deux hommes* he was attacked ou assaulted by two men **2.** [DR - personne] to take to court / *attaquer qqn en justice* to bring an action against sb, to take sb to court ; [jugement] to contest **3.** *fam* [plat] to tuck into / *on attaque le beaujolais ?* shall we have a go at that Beaujolais? **4.** [tâche] to tackle / *prêt à attaquer le travail ?* ready to get ou to settle down to work? ◆ **s'attaquer** vp **1.** [combattre] ▸ **s'attaquer à qqn** to attack sb ▸ **s'attaquer à qqch** : *s'attaquer aux préjugés* to fight against ou to tackle prejudice **2.** *fig* ▸ **s'attaquer à qqch** [tâche] to tackle sthg / *il s'est tout de suite attaqué au problème* he tackled the problem right away **3.** [agir sur] to attack / *les bactéries s'attaquent à vos gencives* bacteria attack your gums.

attardé, e [ataʀde] ❖ adj **1.** [idées] outdated **2.** [passants] late **3.** *vieilli* [enfant] backward. ❖ nm, f *vieilli* [enfant] backward child.

attarder [3] [ataʀde] ◆ **s'attarder** vp ▸ **s'attarder sur qqch** to dwell on sthg ▸ **s'attarder à faire qqch** to stay on to do sthg, to stay behind to do sthg.

atteignais, atteignions ⟶ **atteindre**.

atteindre [8] [atɛ̃dʀ] vt **1.** [situation, objectif] to reach / *il a atteint son but* he's reached his goal ou achieved his aim / *je n'arrive pas à atteindre le dictionnaire qui est là-haut* I can't reach the dictionary up there / *les taux d'intérêt ont atteint un nouveau record* interest rates have reached a record high / *atteindre des objectifs de vente* to reach ou fulfil UK ou fulfill US sales targets / *atteindre la gloire* to attain glory **2.** [toucher] to hit / *atteindre la cible* to hit the target / *la balle / le policier l'a atteint en pleine tête* the bullet hit/the policeman shot him in the head / *leur politique n'atteint pas son but* their policy misses its target **3.** [affecter] to affect / *rien ne l'atteint* nothing affects ou can reach him **4.** [maladie, fléau] to affect / *la tumeur a déjà atteint le poumon* the tumour has already spread to the lung / *être atteint d'un mal incurable* to be suffering from an incurable disease **5.** [communiquer avec] to contact, to reach / *impossible d'atteindre ceux qui sont à l'intérieur (du bâtiment)* the people inside are incommunicado.

atteint, e [atɛ̃, ɛ̃t] ❖ pp ⟶ **atteindre.** ❖ adj **1.** [malade] ▸ **être atteint de** to be suffering from **2.** *fam* [fou] touched. ◆ **atteinte** nf **1.** [préjudice] ▸ **atteinte à** attack on ▸ **porter atteinte à** to undermine ▸ **hors d'atteinte** a) [hors de portée] out of reach b) [inattaquable] beyond reach **2.** [effet] effect.

attelage [atlaʒ] nm **1.** [chevaux] team **2.** [harnachement] harnessing *(U)*.

atteler [24] [atle] vt **1.** [animaux, véhicules] to hitch up ; [wagons] to couple **2.** [à une tâche] ▸ **atteler qqn à** to assign sb to. ◆ **s'atteler** vp ▸ **s'atteler à** to get down to.

attelle [atɛl] nf splint.

attenant, e [atnɑ̃, ɑ̃t] adj ▸ **attenant (à qqch)** adjoining (sthg).

attendre [73] [atɑ̃dʀ] ❖ vt **1.** [gén] to wait for / *le déjeuner nous attend* lunch is ready / *attendre qqn à* ou *pour dîner* to expect sb for dinner ▸ **attendre de** : *attends d'être grand* wait till ou until you're older ▸ **attendre que** *(+ subjonctif)* : *attendre que la pluie s'arrête* to wait for the rain to stop ▸ **faire attendre qqn** to keep sb waiting / *les résultats se font attendre* we're all waiting for the results / *désolé de m'être fait attendre* sorry to have kept you waiting **2.** [espérer] ▸ **attendre qqch (de qqn / qqch)** to expect sthg (from sb/sthg) / *nous attendons beaucoup de la réunion* we expect a lot (to come out) of the meeting **3.** [suj : surprise, épreuve] to be in store for / *une mauvaise surprise l'attendait* there was a nasty surprise in store for her **4.** [suj : femme enceinte] : *attendre un bébé* ou *un enfant* to be expecting (a child), to be pregnant. ❖ vi to wait / *attends !* hang on! ◆ **s'attendre** vp ▸ **s'attendre à** to expect / *il faut s'attendre à tout* we should be prepared for anything. ◆ **en attendant** loc adv **1.** [pendant ce temps] meanwhile, in the meantime / *finis ton dessert, en attendant, je vais faire le café* finish your dessert, and in the meantime I'll make the coffee **2.** [quand même] all the same / *oui mais, en attendant, je n'ai toujours pas mon argent* that's as may be, but I still don't have my money.

attendrir [32] [atɑ̃dʀiʀ] vt **1.** [viande] to tenderize **2.** [personne] to move. ◆ **s'attendrir** vp ▸ **s'attendrir (sur qqn / qqch)** to be moved (by sb/sthg).

attendrissant, e [atɑ̃dʀisɑ̃, ɑ̃t] adj moving, touching.

attendrissement [atɑ̃dʀismɑ̃] nm pity.

attendrisseur [atɑ̃dʀisœʀ] nm meat tenderizer.

attendu, e [atɑ̃dy] pp ⟶ **attendre.** ◆ **attendu** ❖ nm DR reasoning *(U)*. ❖ prép considering. ◆ **attendu que** loc conj since, considering that.

attentat [atɑ̃ta] nm attack ▸ **attentat à la bombe** bomb attack, bombing ▸ **attentat à la pudeur** DR indecent assault.

attentat-suicide [atɑ̃tasɥisid] (*pl* **attentats-suicides**) nm suicide attack ; [à la bombe] suicide bombing.

attente [atɑ̃t] nf **1.** [fait d'attendre] wait ▸ **en attente** in abeyance **2.** [espoir] expectation ▸ **contre toute attente** contrary to all expectations ▸ **répondre aux attentes de qqn** to live up to sb's expectations.

attenter [3] [atɑ̃te] vi ▸ **attenter à** [liberté, droit] to violate / *attenter à l'honneur / à la réputation de qqn* to undermine sb's honour/reputation ▸ **attenter à ses jours** to attempt suicide ▸ **attenter à la vie de qqn** to make an attempt on sb's life.

attentif, ive [atɑ̃tif, iv] adj **1.** [auditoire] ▸ **attentif (à qqch)** attentive (to sthg) **2.** [soin] careful, scrupulous.

attention [atɑ̃sjɔ̃] ❖ nf **1.** [concentration] attention / *écouter qqn avec attention* to listen to sb attentively, to listen hard to what sb's saying ▸ **faire attention à** to pay attention to **2.** [intérêt] ▸ **attirer l'attention de qqn** to catch ou to attract sb's attention ▸ **appeler** ou **attirer l'attention de qqn sur qqch** to call sb's attention to sthg, to point sthg out to sb ▸ **porter qqch à l'attention de qqn** to bring sthg to sb's attention **3.** [prudence] attention ▸ **à l'attention de** for the attention of ▸ **faire attention à** to be careful of / *fais bien attention en descendant de l'escabeau* do be careful coming down the stepladder / *fais particulièrement attention au dernier paragraphe* pay special attention to the last paragraph / *faire attention à sa ligne* to watch one's weight / *faire attention à sa santé* to take care of ou to look after one's health **4.** [égard] attention *(U)*, attentiveness *(U)* / *avoir une petite attention pour qqn* to do nice things for sb / *être plein d'attentions pour qqn* to lavish attention on sb. ❖ interj watch out!, be careful! ▸ **'attention chien méchant'** 'beware of the dog' ▸ **attention au départ !** stand clear of the doors! ▸ **'attention fragile'** 'handle with care' ▸ **attention à la marche** mind the step ▸ **'attention peinture fraîche'** 'wet paint' ▸ **'attention travaux'** 'men at work'.

attentionné, e [atɑ̃sjɔne] adj thoughtful ▸ **attentionné auprès de** attentive to.

attentisme [atɑ̃tism] nm [gén] waiting game ; POL wait-and-see policy.

attentivement [atɑ̃tivmɑ̃] adv attentively, carefully.

atténuant, e [atenɥɑ̃, ɑ̃t] adj [excuse, circonstance] mitigating.

atténuante [atenɥɑ̃t] ⟶ **circonstance**.

atténuation [atenɥasjɔ̃] nf [de lumière] dimming ; [de propos] toning down ; [de douleur] easing ▸ **atténuation de peine** DR reduction in sentence.

atténuer [7] [atenɥe] vt [douleur] to ease ; [propos, ton] to tone down ; [lumière] to dim, to subdue ; [bruit] to quieten. ◆ **s'atténuer** vp [lumière] to dim, to fade ; [bruit] to fade ; [douleur] to ease.

atterrer [4] [ateʀe] vt to stagger.

atterrir [32] [ateʀiʀ] vi to land ▸ **atterrir dans qqch** *fig* to land up in sthg.

atterrissage [ateʀisaʒ] nm landing ▸ **atterrissage sans visibilité** blind landing ▸ **atterrissage forcé** emergency landing.

attestation [atɛstasjɔ̃] nf **1.** [certificat] certificate **2.** [action] attestation **3.** [preuve] proof.

attester [3] [atɛste] vt **1.** [confirmer] to vouch for, to testify to **2.** [certifier] to attest.

attifer [3] [atife] *fam* & *péj* vt to get up. ◆ **s'attifer** vp to get ou doll o.s. up.

attique [atik] nm ARCHIT attic.

attirail [atiʀaj] nm *fam* [équipement] gear.

attirance [atiʀɑ̃s] nf attraction ▸ **avoir / éprouver de l'attirance pour** to be / to feel attracted to.

attirant, e [atiʀɑ̃, ɑ̃t] adj attractive.

attirer [3] [atiʀe] vt **1.** [gén] to attract / *couvre ce melon, il attire les guêpes* cover that melon up: it's attracting wasps / *attirer l'attention de qqn sur qqch* to call sb's attention to sthg, to point sthg out to sb **2.** [amener vers soi] ▸ **attirer qqn à / vers soi** to draw sb to / towards one / *il m'a attiré vers le balcon pour me montrer le paysage* he drew me towards the balcony to show me the view **3.** [provoquer] : *sa démission lui a attiré des sympathies* her resignation won ou earned her some sympathy. ◆ **s'attirer** vp ▸ **s'attirer qqch** to bring sthg on o.s. / *s'attirer la colère de qqn* to incur sb's anger.

attiser [3] [atize] vt **1.** [feu] to poke **2.** *fig* [haine] to stir up.

attitré, e [atitʀe] adj **1.** [habituel] usual **2.** [titulaire - fournisseur] by appointment ; [- représentant] accredited.

attitude [atityd] nf **1.** [comportement, approche] attitude **2.** [posture] posture.

attouchement [atuʃmɑ̃] nm caress.

attractif, ive [atʀaktif, iv] adj **1.** [force] magnetic **2.** [prix] attractive.

attraction [atʀaksjɔ̃] nf **1.** [gén] attraction **2.** [force] ▸ **attraction magnétique** magnetic force ▸ **l'attraction terrestre** the earth's gravitational force. ◆ **attractions** nfpl **1.** [jeux] amusements **2.** [spectacle] attractions.

attractivité [atʀaktivite] nf [d'un pays, d'un métier] attractiveness.

attrait [atʀɛ] nm **1.** [séduction] appeal **2.** [intérêt] attraction. ◆ **attraits** nmpl attractions.

attrape [atʀap] nf trick.

attrape-nigaud [atʀapnigo] (*pl* **attrape-nigauds**) nm con.

attraper [3] [atʀape] vt **1.** [gén] to catch / *attraper qqn par le bras* to grab sb by the arm / *attrape Rex, attrape !* come on Rex, get it! / *que je ne t'attrape plus à écouter aux portes !* don't let me catch you listening at the door again! **2.** *fam* [gronder] to tell off ▸ **se faire attraper (par qqn)** to get a telling-off (from sb) **3.** [habitude, accent] to pick up **4.** *fam* [avoir] to get / *attraper un coup de soleil* to get sunburnt / *attraper froid* ou *un rhume* to catch ou to get a cold.

attrayant, e [atʀɛjɑ̃, ɑ̃t] adj attractive.

attribuer [7] [atʀibɥe] vt **1.** [tâche, part] ▸ **attribuer qqch à qqn** a) to assign ou allocate sthg to sb, to assign ou allocate sb sthg b) [privilège] to grant sthg to sb, to grant sb sthg c) [récompense] to award sthg to sb, to award sb sthg **2.** [faute] ▸ **attribuer qqch à qqn** to attribute sthg to sb, to put sthg down to sb. ◆ **s'attribuer** vp **1.** [s'approprier] to appropriate (for o.s.) **2.** [revendiquer] to claim (for o.s.).

attribut [atʀiby] nm **1.** [gén] attribute **2.** GRAM complement.

attribution [atʀibysjɔ̃] nf **1.** [de prix] awarding, award **2.** [de part, tâche] allocation, assignment **3.** [d'avantage] bestowal. ◆ **attributions** nfpl [fonctions] duties.

attrister [3] [atʀiste] vt to sadden. ◆ **s'attrister** vp to be saddened.

attroupement [atʀupmɑ̃] nm crowd.

attrouper [3] [atʀupe] ◆ **s'attrouper** vp to form a crowd, to gather.

au [o] ⟶ **à**.

aubade [obad] nf dawn serenade.

aubaine [obɛn] nf piece of good fortune ▸ **quelle aubaine !** what a godsend!

aube [ob] nf **1.** [aurore] dawn, daybreak ▸ **à l'aube** at dawn ▸ **à l'aube de** *fig* at the dawn of **2.** RELIG alb.

aubépine [obepin] nf hawthorn.

auberge [obɛʀʒ] nf [hôtel] inn ▸ **auberge de jeunesse** youth hostel ▸ **on n'est pas sorti de l'auberge** *fam* & *fig* we're not out of the woods yet.

aubergine [obɛʀʒin] ◈ nf **1.** BOT aubergine UK, eggplant US **2.** *péj* [contractuelle] traffic warden UK, meter maid US. ◈ adj inv [couleur] aubergine.

aubergiste [obɛʀʒist] nmf innkeeper.

auburn [obœʀn] adj inv auburn.

aucun, e [okœ, yn] ◈ adj indéf **1.** [sens négatif] ▸ **ne... aucun** no / *il n'y a aucune voiture dans la rue* there aren't any cars in the street, there are no cars in the street / *sans faire aucun bruit* without making a sound **2.** [sens positif] any / *il lit plus qu'aucun autre enfant* he reads more than any other child. ◈ pron indéf **1.** [sens négatif] none / *aucun des enfants* none of the children / *aucun d'entre nous* none of us / *aucun (des deux)* neither (of them) **2.** [sens positif] : *plus qu'aucun de nous* more than any of us ▸ **d'aucuns** *sout* some (people).

aucunement [okynmɑ̃] adv not at all, in no way.

audace [odas] nf **1.** [hardiesse] daring, boldness ▸ **avec audace** audaciously **2.** [insolence] audacity ▸ **avoir l'audace de faire qqch** to have the audacity ou cheek UK to do sthg **3.** [innovation] daring innovation.

audacieux, euse [odasjø, øz] ◈ adj **1.** [projet] daring, bold **2.** [personne, geste] bold. ◈ nm, f daring person.

au-dedans [odədɑ̃] loc adv inside. ◆ **au-dedans de** loc prép inside.

au-dehors [odəɔʀ] loc adv outside. ◆ **au-dehors de** loc prép outside.

au-delà [odəla] ◈ loc adv **1.** [plus loin] beyond **2.** [davantage, plus] more. ◈ nm ▸ **l'au-delà** the hereafter, the afterlife. ◆ **au-delà de** loc prép beyond.

au-dessous [odəsu] loc adv below, underneath. ◆ **au-dessous de** loc prép below, under(neath).

au-dessus [odəsy] loc adv above. ◆ **au-dessus de** loc prép above, over.

au-devant [odəvɑ̃] loc adv ahead. ◆ **au-devant de** loc prép ▸ **aller au-devant de** to go to meet / *aller au-devant du danger* to court danger.

audible [odibl] adj audible.

audience [odjɑ̃s] nf **1.** [public, entretien] audience **2.** DR hearing **3.** [marketing] : *audience captive* captive audience ▸ **audience cible** target audience.

Audimat® [odimat] nm audience rating ; ≃ Nielsen® ratings US ▸ **course à l'Audimat®** ratings war.

audio [odjo] adj inv [matériel, fichier, livre] audio.

audioblog [odjoblɔg] nm audioblog.

audioguide [odjɔgid] nm audio guide, headset.

audionumérique [odjɔnymeʀik] adj digital audio.

audiophone [odjɔfɔn] nm hearing aid.

audiovisuel, elle [odjɔvizɥɛl] adj audiovisual. ◆ **audiovisuel** nm TV and radio.

audit [odit] nm audit ▸ **audit marketing** COMM marketing audit.

auditeur, trice [oditœʀ, tʀis] nm, f listener. ◆ **auditeur** nm **1.** UNIV ▸ **auditeur libre** *person allowed to attend lectures without being registered*, auditor US **2.** FIN auditor.

auditif, ive [oditif, iv] adj **1.** [appareil] hearing *(avant n)* **2.** [mémoire] auditory.

audition [odisjɔ̃] nf **1.** [fait d'entendre] hearing **2.** DR examination **3.** THÉÂTRE audition **4.** MUS recital.

auditionner [3] [odisjɔne] vt & vi to audition.

auditoire [oditwaʀ] nm [public] audience ▸ **auditoire cible** COMM target audience.

auditorium [oditɔʀjɔm] nm [de concert] auditorium ; [d'enregistrement] studio.

auge [oʒ] nf [pour animaux] trough.

augmentatif, ive [ogmɑ̃tatif, iv] adj augmentative.

augmentation [ogmɑ̃tasjɔ̃] nf ▸ **augmentation (de)** increase (in) ▸ **augmentation (de salaire)** rise UK ou raise US (in salary) / *augmentation des prix* price increase.

augmenter [3] [ogmɑ̃te] ◈ vt to increase ; [prix, salaire] to raise ; [personne] to give a rise UK ou raise US to / *la crise a fait augmenter le prix du pétrole* the crisis has pushed up the price of oil / *elle a été augmentée* *fam* she got a (pay) rise UK ou a raise US / *augmenter qqch de* : *augmenter les impôts de 5 %* to put up ou to raise ou to increase taxes by 5 %. ◈ vi to increase, to rise / *achetez maintenant, ça va augmenter !* buy now: prices are on the increase ou going up! / *le froid augmente* it's getting colder / *la douleur augmente* the pain is getting worse / *la violence augmente dans les villes* urban violence is on the increase.

augure [ogyʀ] nm [présage] omen ▸ **être de bon / mauvais augure** to be a good/bad sign.

augurer [3] [ogyʀe] vt ▸ **augurer bien / mal de qqch** to augur well/ill for sthg.

auguste [ogyst] adj august.

aujourd'hui [oʒuʀdɥi] adv today.

aulx [o] ⟶ **ail**.

aumône [omon] nf ▸ **faire l'aumône à qqn** to give alms to sb ▸ **faire l'aumône de qqch à qqn** *fig* to favour UK ou favor US sb with sthg.

aumônier [omonje] nm RELIG chaplain.

auparavant [opaʀavɑ̃] adv **1.** [tout d'abord] first (of all) **2.** [avant] before, previously.

auprès [opʀɛ] ◆ **auprès de** loc prép **1.** [à côté de] beside, next to **2.** [dans l'opinion de] in the eyes of **3.** [comparé à] compared with **4.** [en s'adressant à] to.

auquel [okɛl] ⟶ **lequel**.

aurai, auras ⟶ **avoir**.

auréole [ɔʀeɔl] nf **1.** ASTRON & RELIG halo **2.** [trace] ring.

auréoler [3] [ɔʀeɔle] vt ▸ **être auréolé de** to be crowned with.

auriculaire [ɔʀikylɛʀ] nm little finger.

aurore [ɔʀɔʀ] nf dawn ▸ **aurore boréale** northern lights *pl*, aurora borealis ▸ **à l'aurore de** *fig* at the dawn of.

ausculter [3] [oskylte] vt MÉD to sound.

auspice [ospis] nm *(gén pl)* sign, auspice ▸ **sous d'heureux auspices** promisingly ▸ **sous les auspices de qqn** under the auspices of sb.

aussi [osi] adv **1.** [pareillement, en plus] also, too / *moi aussi* me too / *j'y vais aussi* I'm going too ou as well / *elle aussi travaille à Rome* she too works in Rome, she works in Rome as well / *il parle anglais et aussi espagnol* he speaks English as well as Spanish **2.** [dans une comparaison] ▸ **aussi... que** as... as / *il n'est pas aussi intelligent que son frère* he's not as clever as his brother / *je n'ai jamais rien vu d'aussi beau* I've never seen anything so beautiful / *aussi léger qu'il soit, je ne pourrai pas le porter* even though it's light ou light though it is, I won't be able to carry it / *aussi incroyable que cela paraisse* incredible though ou as it may seem / *aussi doucement que possible* as quietly as possible **3.** *sout* [introduisant une explication] so / *il était très timide, aussi n'osa-t-il rien répondre* he was very shy, and so he didn't dare reply. ◆ **(tout) aussi bien** loc adv just as easily, just as well / *je ferais aussi bien de partir* I might as well leave / *j'aurais pu (tout) aussi bien refuser* I could just as easily have said no. ◆ **aussi bien... que** loc conj as well... as / *tu le sais aussi bien que moi* you know as well as I do / *il ne s'est jamais senti aussi bien que depuis qu'il a arrêté de fumer* he's never felt so well since he stopped smoking.

aussitôt [osito] adv immediately. ◆ **aussitôt que** loc conj as soon as.

austère [ostɛʀ] adj **1.** [personne, vie] austere **2.** [vêtement] severe ; [paysage] harsh.

austérité [osteʀite] nf **1.** [de personne, vie] austerity **2.** [de vêtement] severeness ; [de paysage] harshness.

austral, e [ostʀal] (*pl* **australs** *ou* **austraux** [ostʀo]) adj southern.

Australie [ostʀali] nf : *l'Australie* Australia / *l'Australie-Méridionale* South Australia / *l'Australie-Occidentale* Western Australia.

australien, enne [ostʀaljɛ̃, ɛn] adj Australian. ◆ **Australien, Australienne** nm, f Australian.

autant [otɑ̃] adv **1.** [comparatif] ▸ **autant de (... que)** **a)** [quantité] as much (... as) **b)** [nombre] as many (... as) / *il a dépensé autant d'argent que moi* he spent as much money as I did / *il y a autant de femmes que d'hommes* there are as many women as men / *autant il est gentil avec moi, autant il est désagréable avec elle* he is as kind to me as he is unpleasant to her **2.** [à un tel point, en si grande quantité] so much ; [en si grand nombre] so many / *autant de patience* so much patience / *autant de gens* so many people / *elle boit toujours autant* she still drinks just as much (as she used to) / *il ne peut pas en dire autant* he can't say the same ▸ **en faire autant** to do likewise / *tu devrais en faire autant* you should do the same **3.** [il vaut mieux] : *autant dire la vérité* we/you etc. may as well tell the truth / *autant revenir demain* I/you/etc. might as well come back tomorrow. ◆ **autant... autant** loc corrélative : *autant l'histoire la passionne, autant la géographie l'ennuie* she is as passionate about history as she is bored by geography. ◆ **autant que** loc conj as much as / *ce livre coûte autant que l'autre* this book costs as much as the other one ▸ **(pour) autant que je sache** as far as I know / *pour autant qu'on puisse faire la comparaison* inasmuch as a comparison can be made. ◆ **d'autant** loc adv accordingly, in proportion / *si le coût de la vie augmente de 2 %, les salaires seront augmentés d'autant* if the cost of living goes up by 2 %, salaries will be raised accordingly. ◆ **d'autant mieux** loc adv all the better ▸ **d'autant mieux que** all the better since / *il a travaillé d'autant mieux qu'il se sentait encouragé* he worked all the better for feeling encouraged. ◆ **d'autant que** loc conj ▸ **d'autant (plus) que** all the more so since / *il vous écoutera d'autant plus qu'il vous connaît* he'll listen to you, especially as ou particularly as he knows you ▸ **d'autant moins que** all the less so since / *elle est d'autant moins excusable qu'on l'avait prévenue* what she did is all the less forgivable as she'd been warned. ◆ **pour autant** loc adv for all that / *la situation n'est pas perdue pour autant* the situation isn't hopeless for all that, it doesn't necessarily mean all is lost. ◆ **pour autant que** loc conj : *(pour) autant que je sache, il n'est pas encore arrivé* as far as I know he hasn't arrived yet.

autarcie [otaʀsi] nf autarky.

autel [otɛl] nm altar.

auteur, e [otœʀ] nm, f **1.** [d'œuvre] author **2.** [inventeur] originator **3.** [responsable] perpetrator.

auteur-compositeur [otœʀkɔ̃pozitœʀ] (*pl* **auteurs-compositeurs**) nm composer and lyricist ▸ **auteur-compositeur-interprète** singer-songwriter / *je suis auteur-compositeur-interprète* I write and sing my own material.

authenticité [otɑ̃tisite] nf authenticity, genuineness.

authentifier [9] [otɑ̃tifje] vt to authenticate.

authentique [otɑ̃tik] adj authentic, genuine.

autisme [otism] nm autism.

autiste [otist] ❖ nmf autistic person. ❖ adj autistic.

autistique [otistik] adj autistic.

auto [oto] nf car ▸ **auto tamponneuse** bumper car, Dodgem® UK.

autobiographie [otɔbjɔgʀafi] nf autobiography.

autobiographique [otɔbjɔgʀafik] adj autobiographical.

autobronzant, e [otɔbʀɔ̃zɑ̃, ɑ̃t] adj self-tanning / *lotion autobronzante* self-tanning lotion. ◆ **autobronzant** nm self-tanning product.

autobus [otɔbys] nm **1.** [gén] bus ▸ **autobus à impériale** ≃ double-decker bus **2.** QUEBEC SCOL school bus.

autocar [otɔkaʀ] nm coach UK, bus US.

autocariste [otokaʀist] nmf **1.** [propriétaire d'autocars] coach operator UK, bus company owner US **2.** [chauffeur] coach driver UK, bus driver US.

autocassable [otɔkasabl] adj break-open / *ampoule autocassable* break-open vial.

autocensure [otɔsɑ̃syʀ] nf self-censorship, self-regulation / *pratiquer l'autocensure* to censor o.s.

autocensurer [3] [otɔsɑ̃syʀe] ◆ **s'autocensurer** vp *(emploi réfléchi)* to censor o.s.

autochtone [otɔktɔn] nmf & adj native.

autocollant, e [otɔkɔlɑ̃, ɑ̃t] adj self-adhesive, sticky. ◆ **autocollant** nm sticker.

autocouchettes [otɔkuʃɛt] adj inv ▸ **train autocouchettes** car-sleeper train.

autocritique [otɔkʀitik] nf self-criticism.

autocuiseur [otɔkɥizœʀ] nm pressure cooker.

autodéfense [otɔdefɑ̃s] nf self-defence UK, self-defense US.

autodérision [otɔdeʀizjɔ̃] nf self-mockery.

autodétermination [otɔdetɛʀminasjɔ̃] nf self-determination.

autodétruire [98] [otɔdetʀɥiʀ] ◆ **s'autodétruire** vp [machine, person] to self-destruct.

autodidacte [otɔdidakt] ❖ nmf self-taught person. ❖ adj self-taught.

autodiscipline [otɔdisiplin] nf self-discipline.

auto-école [otɔekɔl] (*pl* **auto-écoles**) nf driving school.

autoentrepreneur, euse [otɔɑ̃tʀəpʀənœʀ, øz] n self-employed businessman (businesswoman).

autofinancement [otɔfinɑ̃smɑ̃] nm self-financing.

autofocus [otɔfɔkys] nm & adj inv autofocus.

autogène [otɔʒɛn] adj ▸ **training autogène** autogenic training.

autogéré, e [otɔʒeʀe] adj self-managed.

autogestion [otɔʒɛstjɔ̃] nf (workers') self-management.

autographe [otɔgʀaf] ❖ nm autograph. ❖ adj autograph *(avant n)*.

autoguidé, e [otɔgide] adj [missile] guided.

automate [otɔmat] nm [robot] automaton.

automatique [otɔmatik] ❖ nm **1.** [pistolet] automatic **2.** TÉLÉCOM ≃ direct dialling UK ou dialing US. ❖ adj automatic.

automatiquement [otɔmatikmɑ̃] adv automatically.

automatisation [otɔmatizasjɔ̃] nf automation.

automatiser [3] [otɔmatize] vt to automate. ◆ **s'automatiser** vpi to become automated.

automatisme [otɔmatism] nm **1.** [de machine] automatic operation **2.** [réflexe] automatic reaction, automatism.

automédication [otɔmedikasjɔ̃] nf self-medication.

automitrailleuse [otɔmitʀajøz] nf armoured UK ou armored US vehicle.

automnal, e, aux [otɔnal, o] adj autumnal, autumn *(avant n)*.

automne [otɔn] nm autumn, fall US ▸ **en automne** in the autumn, in the fall US ▸ **être à l'automne de sa vie** *fig* to be in the autumn of one's life.

automobile [otɔmɔbil] ❖ nf car, automobile US. ❖ adj [industrie, accessoires] car *(avant n)*, automobile *(avant n)* US; [véhicule] motor *(avant n)*.

automobiliste [otɔmɔbilist] nmf driver, motorist.

automoteur, trice [otɔmɔtœʀ, tʀis] adj self-propelled. ◆ **automoteur** nm *large self-propelled river barge*. ◆ **automotrice** nf railcar.

autonettoyant, e [otɔnɛtwajɑ̃, ɑ̃t] adj self-cleaning.

autonome [otɔnɔm] adj **1.** [gén] autonomous, independent **2.** INFORM off-line **3.** [appareil] self-contained.

autonomie [otɔnɔmi] nf **1.** [indépendance] autonomy, independence **2.** AUTO [aviation] range ▸ **autonomie de vol** [aviation] flight range **3.** POL autonomy, self-government.

autonomiser [otɔnomize] vt [personne, groupe] to empower ; [région] to make more autonomous. ◆ **s'autonomiser** vp [personne, groupe] to become empowered ; [région] to become more autonomous.

autonomiste [otɔnɔmist] nmf & adj separatist.

autopartage [otɔpaʀtaʒ] nm *an urban rent-a-car service which allows short-term car hire.*

autoportrait [otɔpɔʀtʀɛ] nm self-portrait.

autopropulsé, e [otɔpʀɔpylse] adj self-propelled.

autopsie [otɔpsi] nf post-mortem, autopsy.

autoradio [otɔʀadjo] nm car radio.

autorail [otɔʀaj] nm railcar.

auto-reverse [otɔʀivɛʀs] adj inv auto-reverse.

autorisation [otɔʀizasjɔ̃] nf **1.** [permission] permission, authorization ▸ **avoir l'autorisation de faire qqch** to be allowed to do sthg ▸ **demander / accorder l'autorisation de faire qqch** to request / grant permission to do sthg ▸ **autorisation d'accès** INFORM access permission ▸ **autorisation de découvert** BANQUE overdraft facility **2.** [attestation] pass, permit.

autorisé, e [otɔʀize] adj [personne] in authority ▸ **milieux autorisés** official circles.

autoriser [3] [otɔʀize] vt to authorize, to permit ▸ **autoriser qqn à faire qqch a)** [permission] to give sb permission to do sthg **b)** [possibilité] to permit ou allow sb to do sthg.

autoritaire [otɔʀitɛʀ] adj authoritarian.

autoritarisme [otɔʀitaʀism] nm authoritarianism.

autorité [otɔʀite] nf authority ▸ **faire autorité** a) [ouvrage] to be authoritative b) [personne] to be an authority ▸ **faire qqch d'autorité** to do sthg out of hand.

autoroute [otɔʀut] nf motorway UK, freeway US ▸ **autoroute de l'information** INFORM information highway ou superhighway.

autoroutier, ère [otɔʀutje, ɛʀ] adj motorway *(avant n)* UK, freeway *(avant n)* US.

auto-stop [otɔstɔp] nm hitchhiking, hitching ▸ **faire de l'auto-stop** to hitchhike, to hitch ▸ **prendre quelqu'un en auto-stop** to pick up a hitchhiker.

auto-stoppeur, euse [otɔstɔpœʀ, øz] *(mpl* **auto-stoppeurs**, *fpl* **auto-stoppeuses**) nm, f hitchhiker, hitcher.

autosuggestion [otɔsygʒɛstjɔ̃] nf autosuggestion.

autour [otuʀ] adv around, round UK. ◆ **autour de** loc prép **1.** [sens spatial] around, round UK **2.** [sens temporel] about, around.

autre [otʀ] ◆ adj indéf **1.** [distinct, différent] other, different / *dans d'autres circonstances…* in other circumstances…, had the circumstances been different… / *je préfère une autre marque de café* I prefer another ou a different brand of coffee / *l'un et l'autre projets* both projects / *nous autres consommateurs…* we consumers… / *un autre jour* some other day ▸ **autre chose** something else **2.** [supplémentaire] other / *il nous faut une autre chaise* we need one more ou an extra ou another chair / *tu veux une autre tasse de café ?* would you like another cup of coffee? **3.** [qui est différent par une certaine supériorité] : *c'est un (tout) autre homme que son père* he's not at all like his father, he's a different man from his father / *leur ancien appartement avait un autre cachet !* their old flat had far more character! **4.** [qui reste] other, remaining / *les autres passagers ont été rapatriés en autobus* the other ou remaining passengers were bussed home. ◆ pron indéf ▸ **l'autre** the other (one) ▸ **un autre** another (one) ▸ **les autres** a) [personnes] the others b) [objets] the others, the other ones ▸ **l'un à côté de l'autre** side by side ▸ **d'une semaine à l'autre** from one week to the next ▸ **aucun autre, nul autre, personne d'autre** no one else, nobody else ▸ **quelqu'un d'autre** somebody else, someone else / *l'une chante, l'autre danse* one sings and the other dances / *l'un et l'autre sont venus* they both came, both of them came / *l'un ou l'autre ira* one or other (of them) will go / *ni l'un ni l'autre n'est venu* neither (of them) came / *ni l'une ni l'autre de ces raisons* neither of these reasons / *l'un dans l'autre* all in all, at the end of the day.

autrefois [otʀəfwa] adv in the past, formerly.

autrement [otʀəmɑ̃] adv **1.** [différemment] otherwise, differently / *je n'ai pas pu faire autrement que d'y aller* I had no choice but to go ▸ **autrement dit** in other words **2.** [sinon] otherwise **3.** *sout* [beaucoup plus] far more / *je n'en suis pas autrement étonné* it doesn't particularly surprise me.

Autriche [otʀiʃ] nf : *l'Autriche* Austria.

autrichien, enne [otʀiʃjɛ̃, ɛn] adj Austrian. ◆ **Autrichien, enne** nm, f Austrian.

autruche [otʀyʃ] nf ostrich ▸ **avoir un estomac d'autruche** *fig* to have a cast-iron stomach ▸ **pratiquer la politique de l'autruche** *fig* to bury one's head in the sand.

autrui [otʀɥi] pron indéf inv others, other people.

auvent [ovɑ̃] nm canopy.

Auvergne [ovɛʀɲ] npr f : *(l')Auvergne* the Auvergne.

aux [o] ⟶ à.

auxiliaire [oksiljɛʀ] ◆ nmf [assistant] assistant ▸ **auxiliaire médical** medical auxiliary. ◆ nm GRAM auxiliary (verb). ◆ adj **1.** [secondaire] auxiliary **2.** ADMIN assistant *(avant n)*.

auxquels, auxquelles [okɛl] ⟶ **lequel**.

av. 1. *abr écrite de* **avenue** **2.** *abr écrite de* **avant**.

AV nm (*abr de* **avis de virement**) *notification of bank transfer*.

avachi, e [avaʃi] adj **1.** [gén] misshapen **2.** [personne] listless / *il était avachi dans un fauteuil* he was slumped in an armchair.

aval, als [aval] nm backing *(U)*, endorsement. ◆ **en aval** loc adv *pr* & *fig* downstream. ◆ **en aval de** loc prép *pr* & *fig* downstream of.

avalanche [avalɑ̃ʃ] nf *pr* & *fig* avalanche.

avaler [3] [avale] vt **1.** [gén] to swallow / *avaler qqch de travers : j'ai dû avaler quelque chose de travers* something went down the wrong way / *je n'ai rien avalé depuis deux jours* I haven't had a thing to eat for two days **2.** *fig* [supporter] to take ▸ **avaler la pilule** to swallow a bitter pill ▸ **dur à avaler** difficult to swallow **3.** *fam* & *fig* [croire - mensonge] to swallow, to buy / *elle lui ferait avaler n'importe quoi* he believes anything she says.

avaliser [3] [avalize] vt **1.** [traite] to endorse **2.** [décision, projet] to back.

avance [avɑ̃s] nf **1.** [progression, somme d'argent] advance / *donner à qqn une avance sur son salaire* to give sb an advance on his/her salary ▸ **avance bancaire** (bank) overdraft ▸ **avance de fonds** loan **2.** [distance, temps] lead / *avoir 10 points d'avance sur qqn* to have a 10 point lead over sb / *le train a dix minutes d'avance* the train is ten minutes early / *le train a une avance de dix minutes sur l'horaire* the train is running ten minutes ahead of schedule ▸ **prendre de l'avance (dans qqch)** to get ahead (in sthg) / *prendre de l'avance dans ses études* to get ahead in one's studies. ◆ **avances** nfpl ▸ **faire des avances à qqn** to make advances towards sb. ◆ **à l'avance** loc adv in advance / *réservez longtemps à l'avance* book early. ◆ **d'avance** loc adv in advance / *savourant d'avance sa revanche* already savouring his revenge. ◆ **en avance** loc adv ▸ **être en avance** to be early ▸ **être en avance sur qqch** to be ahead of sthg / *être en avance sur son temps* ou *époque* to be ahead of one's time. ◆ **par avance** loc adv in advance.

avancé, e [avɑ̃se] adj **1.** [dans le temps - heure] late / *à une heure avancée* late at night / *la saison est avancée* it's very late in the season / *arriver à un âge avancé* to be getting on in years **2.** [développé - intelligence, économie] advanced / *un enfant avancé pour son âge* a child who's mature for his years / *à un stade peu avancé* at an early stage ▸ **te voilà bien avancé !** *iron* a (fat) lot of good that's done you! ◆ **avancée** nf **1.** [progression] progress **2.** [d'un toit] overhang.

avancement [avɑ̃smɑ̃] nm **1.** [développement] progress **2.** [promotion] promotion.

avancer [16] [avɑ̃se] ✧ vt **1.** [objet, tête] to move forward ; [date, départ] to bring forward ; [main] to hold out / *tu es trop loin, avance ta chaise* you're too far away: move ou bring your chair forward / *l'heure du départ a été avancée de 10 minutes* the starting time was put forward 10 minutes **2.** [projet, travail] to advance **3.** [montre, horloge] to put forward / *avancer sa montre (d'une heure)* to put one's watch forward (an hour) **4.** [argent] ▸ **avancer qqch à qqn** to advance sb sthg. ✧ vi **1.** [approcher] to move forward / *avoir du mal à avancer* to make slow progress **2.** [progresser] to advance / *au fur et à mesure que la nuit avançait* as the night wore on ▸ **avancer dans qqch** to make progress in sthg / *avancer dans une enquête / son travail* to make progress in an investigation/one's work / *faire avancer les choses* **a)** [accélérer une action] to speed things up **b)** [améliorer la situation] to improve matters **3.** [faire saillie] ▸ **avancer (dans / sur)** to jut out (into/over), to project (into/over) **4.** [montre, horloge] : *ma montre avance de dix minutes* my watch is ten minutes fast **5.** [servir] : *ça n'avance à rien* that won't get us/you anywhere / *ça t'avance à quoi de mentir ?* *fam* what do you gain by lying? ◆ **s'avancer** vp **1.** [s'approcher] to move forward ▸ **s'avancer vers qqn / qqch** to move towards sb/sthg / *il s'avança vers moi* he came towards me **2.** [prendre de l'avance] ▸ **s'avancer (dans qqch)** to get ahead (in sthg) / *s'avancer dans son travail* to make progress ou some headway in one's work **3.** [s'engager] to commit o.s. / *je m'avance peut-être un peu trop en affirmant cela* it might be a bit rash of me to say this.

avant [avɑ̃] ✧ prép before / *je ne serai pas prêt avant une demi-heure* I won't be ready for another half an hour / *peu avant les élections* a short while ou time before the elections / *ta santé passe avant ta carrière* your health is more important than ou comes before your career / *vous tournez à droite juste avant le feu* you turn right just before the lights. ✧ adv before / *quelques jours avant* a few days earlier ou before / *tu connais le cinéma ? ma maison se situe un peu avant* do you know the cinema? my house is just this side of it ▸ **bien avant** **a)** [spatial] well before **b)** [temporel] well before ou beforehand. ✧ adj inv front / *les roues avant* the front wheels. ✧ nm **1.** [partie antérieure] front / *montez à l'avant* sit in the front **2.** SPORT forward / *jouer avant droit / gauche* to play right/left forward. ◆ **avant de** loc prép ▸ **avant de faire qqch** before doing sthg / *avant de partir* before leaving / *je ne signerai rien avant d'avoir vu les locaux* I won't sign anything until ou before I see the premises. ◆ **avant que** loc conj (+ *subjonctif*) : *je dois te parler avant que tu partes* I must speak to you before you leave / *ne dites rien avant qu'il n'arrive* don't say anything until he arrives. ◆ **avant tout** loc adv above all / *sa carrière passe avant tout* his career comes first / *avant tout, je voudrais vous dire ceci* first (and foremost), I'd like to tell you this. ◆ **en avant** loc adv forward ▸ **mettre qqn en avant** **a)** [pour se protéger] to use sb as a shield **b)** [pour le faire valoir] to push sb forward ou to the front ▸ **mettre qqch en avant** to put sthg forward ▸ **se mettre en avant** to push o.s. forward ou to the fore. ◆ **en avant de** loc prép in front of / *le barrage routier a été installé en avant de Dijon* the roadblock was set up just before Dijon.

avantage [avɑ̃taʒ] nm **1.** [gén & TENNIS] advantage / *avoir un avantage sur qqn / qqch* to have an advantage over sb/sthg / *c'est (tout) à ton avantage* it's in your (best) interest / *les avantages et les inconvénients d'une solution* the advantages and disadvantages ou pros and cons of a solution / *tu as tout avantage à l'acheter ici* you'd be much better off buying it here ▸ **se montrer à son avantage** to look one's best / *tirer avantage de la situation* to turn the situation to (one's) advantage **2.** ÉCON advantage / *avantage concurrentiel* competitive advantage ▸ **avantages financiers** financial benefits ▸ **avantage fiscal** tax benefit ▸ **avantages en nature** fringe benefits, perks ▸ **avantages sociaux** welfare benefits.

avantager [17] [avɑ̃taʒe] vt **1.** [favoriser] to favour UK, to favor US **2.** [mettre en valeur] to flatter.

avantageusement [avɑ̃taʒøzmɑ̃] adv favourably UK, favorably US.

avantageux, euse [avɑ̃taʒø, øz] adj **1.** [attrayant] attractive **2.** [profitable] profitable, lucrative **3.** [économique - prix] reasonable **4.** [flatteur] flattering **5.** *sout* [présomptueux] ▸ **prendre l'air avantageux** to look superior.

avant-bras [avɑ̃bʀa] nm inv forearm.

avant-centre [avɑ̃sɑ̃tʀ] (*pl* **avants-centres**) nm centre UK ou center US forward.

avant-coureur [avɑ̃kuʀœʀ] ⟶ **signe**.

avant-dernier, ère [avɑ̃dɛʀnje, ɛʀ] (*mpl* **avant-derniers**, *fpl* **avant-dernières**) adj second to last, penultimate.

avant-garde [avɑ̃gaʀd] (*pl* **avant-gardes**) nf **1.** MIL vanguard **2.** [idées] avant-garde ▸ **d'avant-garde** avant-garde.

avant-goût [avɑ̃gu] (*pl* **avant-goûts**) nm foretaste.

avant-hier [avɑ̃tjɛʀ] adv the day before yesterday.

avant-midi (*pl* **avant-midi**) [avɑ̃midi] nm ou nf BELGIQUE & QUÉBEC morning.

avant-première [avɑ̃pʀəmjɛʀ] (*pl* **avant-premières**) nf preview ▸ **présenté en avant-première** [film, pièce] previewed.

avant-projet [avɑ̃pʀɔʒɛ] (*pl* **avant-projets**) nm pilot study.

avant-propos [avɑ̃pʀɔpo] nm inv foreword.

avant-veille [avɑ̃vɛj] (*pl* **avant-veilles**) nf ▸ **l'avant-veille** two days earlier.

avare [avaʀ] ◆ nmf miser. ◆ adj miserly ▸ **être avare de qqch** *fig* to be sparing with sthg.

avarice [avaʀis] nf avarice.

avarie [avaʀi] nf damage *(U)*.

avarié, e [avaʀje] adj **1.** [aliment] rotting, bad / *de la viande avariée* tainted meat / *cette viande est avariée* this meat has gone off UK ou bad **2.** [marchandise] spoilt, damaged **3.** NAUT ▸ **navire avarié** damaged ship.

avarier [avaʀje] ◆ **s'avarier** vpi [denrée alimentaire] to go off UK ou bad.

avatar [avataʀ] nm **1.** [transformation] metamorphosis **2.** INFORM avatar. ◆ **avatars** nmpl *fam* [mésaventures] misfortunes.

avec [avɛk]

◆ prép

1. [gén] with / *avec respect* with respect, respectfully / *avec ce nouveau scandale, le ministre va tomber* this new scandal will mean the end of the minister's career / *c'est fait avec du cuir* it's made from leather ▸ **et avec ça ?, et avec ceci ?** *fam* [dans un magasin] anything else? / *tous les résidents sont avec moi* all the residents support me ou are behind me ou are on my side / *une maison avec jardin* a house with a garden

2. [vis-à-vis de] to, towards UK, toward US / *se comporter bien / mal avec qqn* to behave well/badly towards sb

◆ adv

fam with it/him etc. / *je vous mets les os avec ?* shall I put the bones in for you? / *tiens mon sac, je ne peux pas courir avec !* hold my bag: I can't run with it!

Ave (Maria) [ave(maʀja)] nm inv Hail Mary.

avenant, e [avnɑ̃, ɑ̃t] adj pleasant. ◆ **avenant** nm DR additional clause. ◆ **à l'avenant** loc adv in the same vein.

avènement [avɛnmɑ̃] nm **1.** [d'un roi] accession **2.** *fig* [début] advent.

avenir [avniʀ] nm future ▸ **avoir de l'avenir** to have a future ▸ **d'avenir** [profession, concept] with a future, with prospects. ◆ **à l'avenir** loc adv in future.

Avent [avɑ̃] nm ▸ **l'Avent** Advent.

aventure [avɑ̃tyʀ] nf **1.** [gén] adventure **2.** [liaison amoureuse] affair **3.** EXPR **dire la bonne aventure à qqn** to tell sb's fortune. ◆ **à l'aventure** loc adv at random, haphazardly / *marcher / rouler à l'aventure* to walk/to drive aimlessly / *partir à l'aventure* to go off in search of adventure. ◆ **d'aventure** loc adv **1.** [roman, film] adventure *(avant n)* **2.** *litt* by (any) chance / *si d'aventure tu le vois* if by any chance you see him.

aventurer [3] [avɑ̃tyʀe] vt **1.** [risquer] to risk **2.** *sout* [remarque] to venture. ◆ **s'aventurer** vp to venture (out) ▸ **s'aventurer à faire qqch** *fig* to venture to do sthg.

aventureux, euse [avɑ̃tyʀø, øz] adj **1.** [personne, vie] adventurous **2.** [projet] risky.

aventurier, ère [avɑ̃tyʀje, ɛʀ] nm, f adventurer.

avenu, e [avny] adj ▸ **nul et non avenu** DR null and void.

avenue [avny] nf avenue.

avéré, e [aveʀe] adj [fait, information] known, established / *c'est un fait avéré que…* it is a known fact that….

avérer [18] [aveʀe] ◆ **s'avérer** vp : *il s'est avéré (être) à la hauteur* he proved (to be) up to it / *il s'est avéré (être) un musicien accompli* he proved to be an accomplished musician.

averse [avɛʀs] nf downpour / *averse de neige* snowflurry.

aversion [avɛʀsjɔ̃] nf ▸ **aversion pour** aversion to, loathing for ▸ **prendre qqn / qqch en aversion** to take an intense dislike to sb/sthg ▸ **avoir qqn / qqch en aversion** to have an aversion to sb/sthg.

averti, e [avɛʀti] adj **1.** [expérimenté] experienced **2.** [initié] ▸ **averti (de)** (well-)informed (about).

avertir [32] [avɛʀtiʀ] vt **1.** [mettre en garde] to warn **2.** [prévenir] to inform / *avertissez-moi dès que possible* let me know as soon as possible.

avertissement [avɛʀtismɑ̃] nm **1.** [gén] warning **2.** [avis] notice, notification.

avertisseur, euse [avɛʀtisœʀ, øz] ◆ adj warning *(avant n)*. ◆ nm **1.** [Klaxon] horn **2.** [d'incendie] alarm.

aveu, x [avø] nm confession / *de l'aveu de tout le monde, c'est lui le responsable* everyone agrees that he is responsible ▸ **passer aux aveux** to make a confession.

aveuglant, e [avœglɑ̃, ɑ̃t] adj **1.** [lumière] blinding **2.** *fig* [vérité] blindingly obvious.

aveugle [avœgl] ◆ nmf blind person ▸ **les aveugles** the blind. ◆ adj *pr* & *fig* blind.

aveuglement [avœgləmɑ̃] nm blindness.

aveuglément [avœglemɑ̃] adv blindly.

aveugler [5] [avœgle] vt **1.** *pr* & *fig* [priver de la vue] to blind **2.** [fenêtre] to board up. ◆ **s'aveugler** vp ▸ **s'aveugler sur qqn** to be blind to sb's faults.

aveuglette [avœglɛt] ◆ **à l'aveuglette** loc adv ▸ **marcher à l'aveuglette** to grope one's way ▸ **avancer à l'aveuglette** *fig* to be in the dark.

aviateur, trice [avjatœʀ, tʀis] nm, f aviator.

aviation [avjasjɔ̃] nf **1.** [transport aérien] aviation **2.** MIL airforce.

aviculture [avikyltyʀ] nf [gén] bird-breeding ; [de volailles] poultry farming.

avide [avid] adj **1.** [vorace, cupide] greedy **2.** [désireux] ▸ **avide (de qqch / de faire qqch)** eager (for sthg/ to do sthg).

avidement [avidmɑ̃] adv **1.** [avec appétit, convoitise] greedily **2.** [avec intérêt] avidly **3.** [avec passion] eagerly.

avidité [avidite] nf **1.** [voracité, cupidité] greed **2.** [passion] eagerness.

Avignon [aviɲɔ̃] npr Avignon / *en Avignon* in Avignon ▸ **le festival d'Avignon** the Avignon Festival.

Le festival d'Avignon

Founded by Jean Vilar in 1947 and held every summer in and around Avignon in the south of France, this arts festival is a showcase for new theatre and dance performances: **sa nouvelle pièce sera d'abord donnée à / en Avignon.**

avilir [32] [aviliʀ] vt [personne] to degrade. ◆ **s'avilir** vp [personne] to demean o.s.

aviné, e [avine] adj **1.** [personne] inebriated **2.** [haleine] smelling of alcohol.

avion [avjɔ̃] nm plane, aeroplane UK, airplane US ▸ **en avion** by plane, by air ▸ **par avion** [courrier] airmail ▸ **avion de ligne** airliner ▸ **avion à réaction** jet (plane) ▸ **avion de transport** transport aircraft.

aviron [aviʀɔ̃] nm **1.** [rame] oar **2.** SPORT ▸ **l'aviron** rowing.

avis [avi] nm **1.** [opinion] opinion ▸ **changer d'avis** to change one's mind ▸ **être d'avis que** to think that, to be of the opinion that ▸ **à mon avis** in my opinion ▸ **les avis sont partagés** opinion is divided **2.** [conseil] advice *(U)* **3.** [notification] notification, notice ▸ **sauf avis contraire** unless otherwise informed ▸ **jusqu'à nouvel avis** until further notice ▸ **avis de débit / crédit** debit/credit advice ▸ **avis de recherche a)** [d'un criminel] wanted poster **b)** [d'un disparu] missing person poster.

avisé, e [avize] adj [sensé] sensible ▸ **être bien / mal avisé de faire qqch** to be well-advised/ill-advised to do sthg.

aviser [3] [avize] ❖ vt **1.** [informer] ▸ **aviser qqn de qqch** to inform sb of sthg **2.** *sout* [apercevoir] to notice. ❖ vi to reassess the situation. ◆ **s'aviser** vp **1.** *sout* [s'apercevoir] ▸ **s'aviser de qqch** to notice sthg ▸ **s'aviser que** to notice (that) **2.** [oser] ▸ **s'aviser de faire qqch** to take it into one's head to do sthg / *ne t'avise pas de répondre !* don't you dare answer me back!

aviver [3] [avive] vt **1.** [intensifier - feu] to revive, to rekindle ; [- couleur] to brighten ; [- désir] to excite ; [- blessure] to irritate ; [- querelle] to stir up ; [- crainte] to heighten **2.** [menuiserie] to square off.

av. J.-C. (*abr écrite de* **avant Jésus-Christ**) BC.

avocat¹, e [avɔka, at] nm, f **1.** DR barrister UK, attorney-at-law US ▸ **avocat d'affaires** commercial lawyer ▸ **avocat de la défense** counsel for the defence UK, defense counsel US ▸ **avocat général** ≃ counsel for the prosecution UK ; ≃ prosecuting attorney US **2.** [défenseur] ▸ **se faire l'avocat de qqch** to champion sthg ▸ **se faire l'avocat du diable** *fig* to play devil's advocate.

avocat² [avɔka] nm [fruit] avocado.

avoine [avwan] nf oats *pl*.

avoir¹ [avwaʀ] nm **1.** [biens] assets *pl* **2.** COMM & FIN credit note / *j'ai un avoir de 150 euros à la boucherie* I've got 150 euros credit at the butcher's ; [en comptabilité] credit (side) ▸ **avoir fiscal** tax credit. ◆ **avoirs** nmpl ÉCON & FIN assets *pl*, holdings *pl* ▸ **avoirs numéraires** ou **en caisse** cash holdings.

avoir² [1] [avwaʀ]

❖ v aux

to have / *j'ai fini* I have finished / *il a attendu pendant deux heures* he waited for two hours

❖ vt

1. [posséder] to have (got) / *il a deux enfants / les cheveux bruns* he has (got) two children/brown hair / *la maison a un grand jardin* the house has (got) a large garden / *nous avons plus grand si vous préférez* we have it in a larger size if you prefer

2. [être âgé de] *il a 20 ans* he is 20 (years old) / *il a deux ans de plus que son frère* he is two years older than his brother / *quel âge as-tu ?* how old are you?

3. [obtenir] to get / *je l'ai eu au téléphone* I got him on the phone / *je pourrais vous avoir des places gratuites* I could get you free tickets

4. [porter sur soi] to have on, to wear / *tu vois la dame qui a le foulard ?* do you see the lady with the scarf?

5. EXPR **se faire avoir** *fam* to be had ou conned ▸ **en avoir assez (de qqch / de faire qqch)** to have had enough (of sthg/of doing sthg) ▸ **j'en ai pour cinq minutes** it'll take me five minutes ▸ **en avoir après qqn** to have (got) it in for sb ▸ **en avoir après** ou **contre qqch** to be angry about sthg ⟶ **faim, peur, soif**.

◆ **avoir à** v + prép [devoir] ▸ **avoir à faire qqch** to have to do sthg / *tu n'avais pas à lui parler sur ce ton* you had no need to speak to him like that, you shouldn't have spoken to him like that / *tu n'avais qu'à me demander* you only had to ask me / *tu n'as qu'à y aller toi-même* just go (there) yourself, why don't you just go (there) yourself?

◆ **il y a** v impers **1.** [présentatif] there is/are / *il y a un problème* there's a problem / *il y a des problèmes* there are (some) problems / *qu'est-ce qu'il y a ?* what's the matter?, what is it? / *il n'y a qu'à en finir* we'll/you'll/etc. just have to have done (with it) / *(à l'infinitif)* : *il va y avoir de la pluie* there's going to be some rain **2.** [temporel] : *il y a trois ans* three years ago / *il y a longtemps de cela* that was a long time ago / *il y a longtemps qu'il est parti* he left a long time ago.

avoisinant, e [avwazinɑ̃, ɑ̃t] adj **1.** [lieu, maison] neighbouring UK, neighboring US **2.** [sens, couleur] similar.

Avoriaz [avɔʀjaz] npr ▸ **le festival d'Avoriaz** *festival of science fiction and horror films held annually at Avoriaz in the French Alps.*

avortement [avɔʀtəmɑ̃] nm **1.** MÉD abortion **2.** *fig* [d'un projet] abandonment.

avorter [3] [avɔʀte] vi **1.** MÉD ▸ **(se faire) avorter** to have an abortion **2.** [échouer] to fail.

avorton [avɔʀtɔ̃] nm *péj* [nabot] runt.

avouer [6] [avwe] vt **1.** [confesser] to confess (to) **2.** [reconnaître] to admit **3.** [déclarer] to avow. ◆ **s'avouer** vp to admit (to being) ▸ **s'avouer vaincu** to admit defeat.

avril [avʀil] nm April. *Voir aussi* **septembre**.

AVS (*abr de* **assurance vieillesse et survivants**) nf *Swiss pension scheme*.

axe [aks] nm **1.** GÉOM & PHYS axis ▸ **axe des abscisses / des ordonnées** x-/y-axis **2.** [de roue] axle **3.** [route] ▸ **les grands axes** the major roads ▸ **axe rouge** *section of the Paris road system where parking is prohibited to avoid congestion* **4.** [prolongement] ▸ **dans l'axe de** directly in line with / *la perspective s'ouvre dans l'axe du palais* the view opens out from the palace **5.** [de politique, de parti] line / *développer de nouveaux axes de recherche* to open up new areas of research / *il est dans l'axe du parti* [membre] he's in the mainstream of the party / *sa politique s'articule autour de deux axes principaux* her policy revolves around two main themes ou issues.

axer [3] [akse] vt ▸ **axer qqch sur qqch** to centre UK ou center US sthg on sthg ▸ **axer qqch autour de qqch** to centre UK ou center US sthg around sthg.

axial, e, aux [aksjal, o] adj axial.

axiome [aksjom] nm axiom.

ayant [ɛjɑ̃] p prés ⟶ **avoir**.

ayant droit [ɛjɑ̃dʀwa] (*pl* **ayants droit**) nm beneficiary.

ayatollah [ajatɔla] nm ayatollah.

azalée [azale] nf azalea.

azimut [azimyt] ◆ **tous azimuts** loc adj [défense, offensive] all-out.

azote [azɔt] nm nitrogen.

AZT (*abr de* **azidothymidine**) nm AZT.

aztèque [aztɛk] adj Aztec. ◆ **Aztèque** nmf Aztec.

azur [azyʀ] nm *litt* **1.** [couleur] azure **2.** [ciel] skies *pl*.

azyme [azim] ⟶ **pain**.

B

b, **B** [be] nm inv b, B.

b1sur SMS *abr écrite de* **bien sûr**.

B2i [bedøzi] nm *abr de* **brevet informatique et Internet**.

BA (*abr de* **bonne action**) nf *fam* good deed.

baba [baba] ◆ nm **1.** CULIN ▸ **baba (au rhum)** rum baba **2.** [hippie] *person practising hippie lifestyle and values.* ◆ adj inv *fam* ▸ **en rester baba** to be flabbergasted.

babeurre [babœʀ] nm buttermilk.

babil [babil] nm [d'enfant] babble, babbling.

babillard [babijaʀ] nm QUÉBEC bulletin board.

babiller [3] [babije] vi to babble.

babines [babin] nfpl chops ▸ **se lécher les babines** *fig* to lick one's lips.

babiole [babjɔl] nf **1.** [objet] knick-knack **2.** [broutille] trifling matter.

bâbord [babɔʀ] nm port ▸ **à bâbord** to port, on the port side.

babouche [babuʃ] nf (oriental) slipper.

babouin [babwɛ̃] nm baboon.

baby boom [bebibum] nm baby boom.

baby-boomer [babibumœʀ *ou* bebibumœʀ] (*pl* **baby-boomers**) nmf baby boomer.

baby-boomeur, **euse** [babibumœʀ, øz *ou* bebibumœʀ, øz] (*mpl* **baby-boomeurs**, *fpl* **-euses**) nm, f baby boomer.

baby-foot [babifut] nm inv table football UK, foosball US.

baby-sitter [bebisitœʀ] (*pl* **baby-sitters**) nmf babysitter.

baby-sitting [bebisitiŋ] (*pl* **baby-sittings**) nm babysitting ▸ **faire du baby-sitting** to baby-sit.

bac [bak] nm **1.** *fam* SCOL *school-leaving examinations leading to university entrance qualification* ▸ **bac +** *level of studies after the bac* / *niveau bac + 3 3 years of higher education* **2.** [bateau] ferry **3.** [de réfrigérateur] ▸ **bac à glace** ice-cube tray ▸ **bac à légumes** vegetable drawer ; [d'imprimante, de photocopieuse] ▸ **bac à papier** paper tray **4.** [d'évier] sink.

BAC [bak] (*abr de* **brigade anticriminalité**) nf *police squad specializing in patrols to combat crime.*

baccalauréat [bakalɔʀea] nm *school-leaving examinations leading to university entrance qualification.*

Baccalauréat

The **baccalauréat** or **bac** is taken by students who have completed their final year at the **lycée**; successful candidates may go to university. There are three main types (**filières**) of **bac**, each corresponding to a specific field: **bac L (littéraire)** being arts-oriented, **bac S (scientifique)** science-based and **bac ES (économique et social)** economics and social studies. Within each domain various obligatory and optional subjects can be combined to give up to eleven different types of diploma. There is also the **bac professionnel** which offers seventy-five different specialist or vocational subjects, and the **bac technologique**, with seven specialist subjects. **Mentions** (grades) at the baccalauréat are as follows: **assez bien** (**AB**, 12-14/20); **bien** (**B**, 14-16/20); **très bien** (**TB**, over 16/20).

The different levels of studies in France are referred to in terms of **Bac +** (**Bac + 2** for the **BTS** and **DUT**, **Bac + 3** for the **licence**, **Bac + 4** for the **master**, **Bac + 5** for a **doctorat**) and are used in job advertisements, CVs and day-to-day life in order to indicate one's level or years of studies.

bâche [baʃ] nf [toile] tarpaulin.

bachelier, **ère** [baʃəlje, ɛʀ] nm, f *holder of the baccalauréat.*

bachotage [baʃɔtaʒ] nm *fam* cramming UK.

bacille [basil] nm bacillus.

bâcler [3] [bakle] vt to botch.

bacon [bekɔn] nm bacon.

bactéricide [bakteʀisid] adj bactericidal.

bactérie [bakteʀi] nf bacterium.

badaud, **e** [bado, od] nm, f [curieux] curious onlooker ; [promeneur] stroller.

badge [badʒ] nm **1.** [insigne] badge **2.** [document d'identité] swipe card.

badger [badʒe] vi [en arrivant] to clock in ou on ; [en sortant] to clock out ou off.

badgeuse [badʒøz] nf swipe card reader.

badigeon [badiʒɔ̃] nm whitewash.

badigeonner [3] [badiʒɔne] vt **1.** [mur] to whitewash **2.** [plaie] to paint **3.** [tarte, pain] to brush.

badin, e [badɛ̃, in] adj playful.

badinage [badinaʒ] nm *sout* joking.

badiner [3] [badine] vi *sout* to joke ▸ **ne pas badiner avec qqch** not to treat sthg lightly.

badminton [badmintɔn] nm badminton.

BAFA, Bafa [bafa] (*abr de* **brevet d'aptitude aux fonctions d'animation**) nm *diploma for youth leaders and workers.*

baffe [baf] nf *fam* slap.

baffle [bafl] nm speaker.

bafouer [6] [bafwe] vt **1.** [principe] to trample upon **2.** [personne] to ridicule.

bafouille [bafuj] nf *fam* letter.

bafouiller [3] [bafuje] vi & vt to mumble.

bâfrer [3] [bafʀe] *fam* ◆ vi to guzzle. ◆ vt to wolf down. ◆ **se bâfrer** vp *fam* to stuff oneself.

bagage [bagaʒ] nm **1.** *(gén pl)* [valises, sacs] luggage *(U)*, baggage *(U)* ▸ **faire ses bagages** to pack ▸ **bagages à main** hand luggage ▸ **plier bagage** to pack one's bags (and leave) **2.** [connaissances] (fund of) knowledge ▸ **bagage intellectuel / culturel** intellectual / cultural baggage.

bagagiste [bagaʒist] nmf [chargement des avions] baggage handler ; [à l'hôtel] porter ; [fabricant] travel goods manufacturer.

bagarre [bagaʀ] nf brawl, fight ▸ **chercher la bagarre** *fam* to look for a fight.

bagarrer [3] [bagaʀe] vi to fight. ◆ **se bagarrer** vp to fight.

bagarreur, euse [bagaʀœʀ, øz] ◆ adj aggressive. ◆ nm, f *fig* fighter.

bagatelle [bagatɛl] nf **1.** [objet] trinket **2.** [somme d'argent] ▸ **acheter qqch pour une bagatelle** to buy sthg for next to nothing ▸ **la bagatelle de X euros** *iron* a mere X euros **3.** [chose futile] trifle **4.** [sexe] ▸ **être porté sur la bagatelle** to be quite a one for the ladies.

Bagdad [bagdad] npr Baghdad.

bagel [bagɛl] nm bagel.

baggy [bagi] nm baggy pants *pl.*

bagnard [baɲaʀ] nm convict.

bagne [baɲ] nm **1.** [prison] labour UK ou labor US camp **2.** [sentence] hard labour UK ou labor US / *c'est le bagne ici* *fig* it's slave labour UK ou labor US here.

bagnole [baɲɔl] nf *fam* car.

bagou(t) [bagu] nm patter ▸ **avoir du bagout** to have the gift of the gab.

bague [bag] nf **1.** [bijou, anneau] ring ▸ **bague de fiançailles** engagement ring **2.** [de cigare] band **3.** TECHNOL ▸ **bague de serrage** clip.

baguer [3] [bage] vt [oiseau, arbre] to ring.

baguette [bagɛt] nf **1.** [pain] baguette, French stick UK **2.** [petit bâton] stick ▸ **baguette de coudrier** hazel stick ou switch ▸ **baguette magique** magic wand / *d'un coup de baguette magique* as if by magic ▸ **baguette de sourcier** divining rod ▸ **baguette de tambour** drumstick ▸ **mener qqn à la baguette** to rule sb with a rod of iron **3.** [pour manger] chopstick / *manger avec des baguettes* to eat with chopsticks **4.** [de chef d'orchestre] baton / *sous la baguette du jeune chef* under the baton of the young conductor.

Bahamas [baamas] nfpl : *les Bahamas* the Bahamas / *aux Bahamas* in the Bahamas.

bahut [bay] nm **1.** [buffet] sideboard **2.** *arg scol* [lycée] secondary school **3.** *fam* & *péj* [voiture] old banger.

baie [bɛ] nf **1.** [fruit] berry **2.** GÉOGR bay **3.** [fenêtre] ▸ **baie vitrée** picture ou bay window.

baignade [bɛɲad] nf [action] swimming *(U)*, bathing *(U)* ▸ **'baignade interdite'** 'no swimming / bathing'.

baigner [4] [beɲe] ◆ vt **1.** [donner un bain à] to bath UK, to bathe US **2.** [tremper, remplir] to bathe / *baigné de soleil* bathed in sunlight. ◆ vi ▸ **baigner dans son sang** to lie in a pool of blood / *les tomates baignaient dans l'huile* the tomatoes were swimming in oil ▸ **tout / ça baigne** *fam* everything's / it's great. ◆ **se baigner** vp **1.** [dans la mer] to go swimming, to swim **2.** [dans une baignoire] to have UK ou take a bath.

baigneur, euse [bɛɲœʀ, øz] nm, f swimmer, bather. ◆ **baigneur** nm [poupée] baby doll.

baignoire [bɛɲwaʀ] nf bath UK, bathtub US.

bail [baj] (*pl* **baux** [bo]) nm **1.** DR lease ▸ **renouveler un bail** to renew a lease ▸ **bail à loyer** residential lease ▸ **bail reconductible** renewable lease **2.** EXPR **ça fait un bail que** *fam* it's ages since.

bâillement [bajmɑ̃] nm yawning *(U)*, yawn.

bâiller [3] [baje] vi **1.** [personne] to yawn **2.** [vêtement] to gape.

bailleur, eresse [bajœʀ, bajʀɛs] nm, f lessor ▸ **bailleur de fonds** backer.

bâillon [bajɔ̃] nm gag.

bâillonner [3] [bajɔne] vt to gag.

bain [bɛ̃] nm **1.** [gén] bath ▸ **prendre un bain** to have UK ou take a bath ▸ **bain de boue** mudbath ▸ **bain moussant** foaming bath oil ▸ **bain à remous** spa bath, whirlpool bath ▸ **bain révélateur** ou **de développement** developing bath, developer ▸ **bain de vapeur** steam bath ▸ **bains-douches** public baths **2.** [dans mer, piscine] swim ▸ **bain de mer** swimming ou bathing in the sea ▸ **bain de minuit** midnight swim ou dip **3.** [de partie du corps] ▸ **bain de bouche** mouthwash ▸ **bain de pieds** foot-bath **4.** [bassin] ▸ **grand bain** a) [bassin] big pool b) [côté] deep end ▸ **petit bain** a) [bassin] children's pool b) [côté] shallow end **5.** EXPR **être dans le bain** a) [s'y connaître] to be in the swing of things b) [être compromis] to be in it up to one's neck ▸ **se mettre dans le bain** to get the hang of things ▸ **prendre un bain de foule** to go on a walkabout UK ▸ **prendre un bain de soleil** to sunbathe ▸ **la manifestation s'est terminée dans un bain de sang** the demonstration ended in a bloodbath.

bain-marie [bɛ̃maʀi] (*pl* **bains-marie**) nm ▸ **au bain-marie** in a bain-marie.

baïonnette [bajɔnɛt] nf **1.** [arme] bayonet **2.** ÉLECTR bayonet fitting.

baise [bɛz] nf *vulg* fucking.

baisemain [bɛzmɛ̃] nm ▸ **faire le baisemain à qqn** to kiss sb's hand.

baiser [4] [beze] ❖ nm kiss. ❖ vt & vi *vulg* to fuck.

baisse [bɛs] nf **1.** [gén] ▸ **baisse (de)** drop (in), fall (in) ▸ **en baisse** falling ; ÉCON falling off / *la tendance est à la baisse* there is a downward trend / *les ventes ont accusé une baisse ces derniers temps* there has been a recent falling off in sales **2.** INFORM ▸ **baisse de tension** brownout.

baisser [4] [bese] ❖ vt [gén] to lower ; [radio] to turn down / *le rideau est baissé* **a)** THÉÂTRE the curtain's down **b)** [boutique] the shutters are down ▸ **baisser le ton** to modify one's tone ▸ **baisser les yeux** to look down / *en baissant la tête* **a)** [posture] with one's head down ou bent **b)** [de tristesse] head bowed (with sorrow). ❖ vi **1.** [descendre] to go down / *le jour baisse* it's getting dark **2.** [santé, vue] to fail / *sa vue baisse* his eyesight's fading ou getting weaker ou failing **3.** [prix] to fall / *ces mesures visent à faire baisser les prix du mètre carré* these measures are intended to bring down the price per square metre **4.** [s'affaiblir - malade] to grow weaker ; [- talent] to decline / *la qualité baisse* the quality's deteriorating. ◆ **se baisser** vp to bend down / *se baisser pour éviter un coup* to duck in order to avoid a blow.

bajoues [baʒu] nfpl jowls.

bakchich [bakʃiʃ] nm baksheesh.

bal [bal] nm ball ▸ **bal masqué / costumé** masked / fancy-dress ball ▸ **bal musette** dance with accordion music ▸ **bal populaire** *(local) dance open to the public*.

BAL, Bal [bal] (*abr de* **boîte aux lettres (électronique)**) nf E-mail.

balade [balad] nf *fam* stroll ▸ **faire une balade** to go for a stroll.

balader [3] [balade] ❖ vt **1.** *fam* [traîner avec soi] to trail around **2.** [emmener en promenade] to take for a walk. ❖ vi ▸ **envoyer balader qqn** to send sb packing. ◆ **se balader** vp *fam* **1.** [se promener - à pied] to go for a walk ; [- en voiture] to go for a drive **2.** [traîner] to be kicking around.

baladeur, euse [baladœʀ, øz] adj wandering. ◆ **baladeur** nm personal stereo. ◆ **baladeuse** nf inspection lamp.

baladodiffusion [baladodifyzjɔ̃] nf QUÉBEC podcasting.

balafre [balafʀ] nf **1.** [blessure] gash **2.** [cicatrice] scar.

balafré, e [balafʀe] adj scarred.

balai [balɛ] nm **1.** [de nettoyage] broom, brush ▸ **balai mécanique** carpet sweeper **2.** [d'essuie-glace] wiper blade **3.** *fam* [an] : *il a 50 balais* he's 50 years old.

balai-brosse [balɛbʀɔs] (*pl* **balais-brosses**) nm (long-handled) scrubbing UK ou scrub US brush.

balaie, balaies ⟶ **balayer**.

balance [balɑ̃s] nf **1.** [instrument] scales *pl* ▸ **balance de ménage** kitchen scales ▸ **faire pencher la balance** *fig* to tip the balance ▸ **mettre tout son poids** ou **tout mettre dans la balance** *fig* to use (all of) one's influence to tip the scales / *mettre deux arguments en balance* to balance two arguments **2.** COMM & POL balance ▸ **balance de caisse** cash balance ▸ **balance des comptes** balance of payments ▸ **balance des paiements / commerciale** balance of payments / of trade ▸ **balance des pouvoirs** balance of power **3.** *arg crime* [dénonciateur] rat, grass UK. ◆ **Balance** nf ASTROL Libra ▸ **être une Balance** to be (a) Libra.

balancement [balɑ̃smɑ̃] nm [mouvement - d'objet, de hanches] swaying ; [- de bras, de jambe] swinging ; [- de navire] motion.

balancer [16] [balɑ̃se] ❖ vt **1.** [bouger] to swing **2.** *fam* [lancer] to chuck **3.** *fam* [jeter] to chuck out. ❖ vi **1.** *sout* [hésiter] to waver **2.** [osciller] to swing. ◆ **se balancer** vp **1.** [sur une chaise] to rock backwards and forwards **2.** [sur une balançoire] to swing **3.** *fam* ▸ **s'en balancer** not to give a damn about sthg.

balancier [balɑ̃sje] nm **1.** [de pendule] pendulum **2.** [de funambule] pole.

balançoire [balɑ̃swaʀ] nf [suspendue] swing ; [bascule] seesaw.

balayage [balɛjaʒ] nm [gén] sweeping ; TECHNOL scanning.

balayer [11] [baleje] vt **1.** [nettoyer] to sweep **2.** [chasser] to sweep away **3.** *fig* [écarter] to brush aside **4.** [suj : radar] to scan ; [suj : projecteurs] to sweep (across).

balayette [balɛjɛt] nf small brush.

balayeur, euse [balɛjœʀ, øz] nm, f roadsweeper UK, street cleaner. ◆ **balayeuse** nf [machine] roadsweeper UK, street cleaner.

balayures [balejyʀ] nfpl sweepings.

balbutiement [balbysimɑ̃] nm [bredouillement] stammering. ◆ **balbutiements** nmpl **1.** [d'une personne timide] stuttering ; [d'une personne gênée] stammering ; [d'un bébé] babbling *(U)* **2.** [d'une technique, d'un art] early stages, beginnings ; [débuts] infancy *(U)*.

balbutier [9] [balbysje] ❖ vi **1.** [bafouiller] to stammer **2.** *fig* [débuter] to be in its infancy. ❖ vt [bafouiller] to stammer (out).

balcon [balkɔ̃] nm **1.** [de maison - terrasse] balcony ; [- balustrade] parapet **2.** [de théâtre, de cinéma] circle.

balconnet [balkɔnɛ] nm ▸ **soutien-gorge à balconnet** half-cup bra.

baldaquin [baldakɛ̃] nm **1.** ARCHIT canopy **2.** ⟶ **lit**.

Bâle [bal] npr Basel.

Baléares [baleaʀ] nfpl : *les Baléares* the Balearic Islands / *aux Baléares* in the Balearic Islands.

baleine [balɛn] nf **1.** [mammifère] whale **2.** [de corset] whalebone **3.** [de parapluie] rib.

baleinier, ère [balɛnje, ɛʀ] adj whaling *(avant n)*. ◆ **baleinier** nm whaler. ◆ **baleinière** nf [bateau] whaler.

Bali [bali] npr Bali / *à Bali* in Bali.

balinais, e [balinɛ, ɛz] adj Balinese. ◆ **Balinais, e** nm, f Balinese *(inv)*.

balisage [balizaʒ] nm **1.** [action] marking out **2.** [signaux - NAUT] markers *pl*, marker buoys *pl* ; [- AÉRON] runway lights *pl* ; [- AUTO] road signs *pl* **3.** INFORM tagging, mark-up.

balise [baliz] nf **1.** NAUT marker (buoy) **2.** AÉRON runway light **3.** AUTO road sign **4.** INFORM tag.

baliser [3] [balize] ◆ vt to mark out. ◆ vi *fam* to be scared stiff.

balistique [balistik] ◆ nf ballistics *(U)*. ◆ adj ballistic.

balivernes [balivɛʀn] nfpl nonsense *(U)*.

Balkans [balkɑ̃] nmpl : *les Balkans* the Balkans.

ballade [balad] nf ballad.

ballant, e [balɑ̃, ɑ̃t] adj ▸ **les bras ballants** arms dangling. ◆ **ballant** nm [mouvement] ▸ **avoir du ballant** to sway.

ballast [balast] nm **1.** [chemin de fer] ballast **2.** NAUT ballast tank.

balle [bal] nf **1.** [d'arme à feu] bullet / *balle à blanc* blank ▸ **balle perdue** stray bullet / *se tirer une balle dans la bouche / tête* to shoot o.s. in the mouth / head / *tué par balles* shot dead **2.** [de jeu] ball / *balle de golf* golfball ▸ **balle de ping-pong / tennis** table-tennis / tennis ball ▸ **balle de jeu / match** TENNIS game / match point **3.** [de marchandises] bale **4.** / *la balle est dans son camp* *fig* the ball's in his court EXPR se renvoyer la balle to pass the buck ▸ **saisir la balle au bond** to jump at the chance.

balle(-)molle [balmɔl] (*pl* **balles(-)molles**) nf QUÉBEC SPORT softball.

ballerine [balʀin] nf **1.** [danseuse] ballerina **2.** [chaussure] ballet shoe.

ballet [balɛ] nm [gén] ballet ; *fig* [activité intense] to-ing and fro-ing.

ballon [balɔ̃] nm **1.** [jeux & SPORT] ball / *jouer au ballon* to play with a ball ▸ **ballon de football** football UK, soccer ball US ▸ **le ballon ovale** rugby ▸ **le ballon rond** football UK, soccer US **2.** [montgolfière, de fête] balloon ▸ **ballon (de baudruche)** (party) balloon **3.** [verre de vin] ▸ **ballon de rouge** glass of red (wine) **4.** AÉRON (hot-air) balloon ▸ **ballon d'essai** **a)** *pr* pilot balloon **b)** *fig* test / *lancer un ballon d'essai* **a)** [se renseigner] to put out feelers **b)** [faire un essai] to do a trial run, to run a test **5.** CHIM round-bottomed flask ; : *souffler dans le ballon* to be breathalysed UK OU breathalyzed US.

ballonné, e [balɔne] adj ▸ **avoir le ventre ballonné, être ballonné** to be bloated.

ballot [balo] nm **1.** [de marchandises] bundle **2.** *vieilli* [imbécile] twit.

ballottage [balɔtaʒ] nm POL second ballot ▸ **en ballottage** standing for a second ballot UK, running in the secound round US.

ballotter [3] [balɔte] ◆ vt to toss about ▸ **être ballotté entre** *fig* to be torn between. ◆ vi [chose] to roll around.

ballottine [balɔtin] nf ▸ **ballottine de foie gras** *meat roll made with foie gras*.

bal(l)oune nf QUÉBEC *fam* balloon.

ball-trap [baltʀap] nm clay pigeon shooting.

balluchon = **baluchon**.

balnéaire [balneɛʀ] adj ▸ **station balnéaire** seaside resort.

balourd, e [baluʀ, uʀd] ◆ adj clumsy. ◆ nm, f clumsy idiot.

balsamique [balzamik] adj BOT & MÉD balsamic ▸ **vinaigre balsamique** balsamic vinegar.

balte [balt] adj Baltic. ◆ **Balte** nmf person from the Baltic states.

Baltique [baltik] nf : *la Baltique* the Baltic (Sea).

baluchon, balluchon [balyʃɔ̃] nm bundle ▸ **faire son baluchon** *fam* to pack one's bags (and leave).

balustrade [balystʀad] nf **1.** [de terrasse] balustrade **2.** [rambarde] guardrail.

bambin [bɑ̃bɛ̃] nm kiddie.

bambou [bɑ̃bu] nm **1.** [plante] bamboo ▸ **pousse de bambou** bamboo shoot **2.** [matériau] ▸ **en bambou** bamboo *(avant n)*.

bamboula [bɑ̃bula] nf ▸ **faire la bamboula** *fam* to have a wild time.

ban [bɑ̃] nm **1.** [de mariage] ▸ **publier** OU **afficher les bans** to publish OU display the banns **2.** [applaudissements] round of applause **3.** EXPR **être / mettre qqn au ban de la société** to be outlawed / to outlaw sb (from society) ▸ **le ban et l'arrière-ban** the whole lot of them.

banal, e, als [banal] adj commonplace, banal ▸ **pas** OU **peu banal** unusual.

banalisé, e [banalize] adj **1.** [véhicule] unmarked **2.** INFORM general-purpose.

banaliser [3] [banalize] vt [véhicule] to remove the markings from. ◆ **se banaliser** vp to become commonplace.

banalité [banalite] nf **1.** [caractère banal] banality **2.** [cliché] commonplace ▸ **échanger des banalités** to make smalltalk.

banane [banan] nf **1.** [fruit] banana **2.** [sac] bumbag UK, fanny pack US **3.** [coiffure] quiff UK.

bananier, ère [bananje, ɛʀ] adj banana *(avant n)* ▸ **république bananière** banana republic. ◆ **bananier** nm **1.** [arbre] banana tree **2.** [cargo] banana boat.

banc [bɑ̃] nm [siège] bench ▸ **le banc des accusés** DR the dock ▸ **banc (d'église)** pew ▸ **(au) banc des témoins** (in the) witness box UK, (on the) stand US ▸ **sur les bancs de l'école** in one's schooldays ▸ **banc public** park bench

▸**banc d'essai** test-bed ▸**être au banc d'essai** *fig* to be at the test stage / *faire un banc d'essai* **a)** *pr* to test (an engine) **b)** *fig* to have a trial run ▸**banc des joueurs** [hockey] players' bench ▸**banc de neige** QUÉBEC snowbank ▸**banc des pénalités** ou **des punitions** [hockey] penalty box ▸**banc de poissons** shoal of fish / *banc d'huîtres* **a)** [dans la mer] oyster bed **b)** [dans un restaurant] display of oysters ▸**banc de sable** sandbank.

bancaire [bɑ̃kɛʀ] adj bank *(avant n)*, banking *(avant n)*.

bancal, e, als [bɑ̃kal] adj **1.** [personne] lame **2.** [meuble] wobbly **3.** [théorie, idée] unsound.

bancassurance [bɑ̃kasyʀɑ̃s] nf bancassurance.

bandage [bɑ̃daʒ] nm [de blessé] bandage.

bande [bɑ̃d] nf **1.** [de tissu, de papier] strip ▸**bande dessinée** comic strip ▸**la bande dessinée** [genre] comic strips **2.** [bandage] bandage ▸**bande Velpeau®** crepe bandage **3.** [de billard] cushion ▸**par la bande** *fig* by a roundabout route **4.** [groupe] band ▸**bande de… !** *fam* bunch of…! / *une bande de menteurs / voleurs* a bunch of liars / crooks ▸**en bande** in a group / *ils ne se déplacent qu'en bande* they always go around in a gang ▸**faire bande à part** to keep to o.s. / *il a encore décidé de faire bande à part* he's decided yet again to go it alone **5.** [pellicule de film] film **6.** [d'enregistrement] tape ▸**bande audionumérique** DAT tape ▸**bande magnétique** (magnetic) tape ▸**bande originale** CINÉ original soundtrack ▸**bande vidéo** video(tape) **7.** [voie] ▸**bande d'arrêt d'urgence** hard shoulder UK, shoulder US **8.** RADIO ▸**bande de fréquence** waveband ▸**sur la bande FM** on FM **9.** NAUT ▸**donner de la bande** to list.

bande-annonce [bɑ̃danɔ̃s] (*pl* **bandes-annonces**) nf trailer.

bandeau [bɑ̃do] nm **1.** [sur les yeux] blindfold **2.** [dans les cheveux] headband.

bandelette [bɑ̃dlɛt] nf strip (of cloth).

bander [3] [bɑ̃de] ◆ vt **1.** MÉD to bandage ▸**bander les yeux de qqn** to blindfold sb **2.** [arc] to draw back **3.** [muscle] to flex. ◆ vi *vulg* to have a hard-on.

banderole [bɑ̃dʀɔl] nf streamer.

bande-son [bɑ̃dsɔ̃] (*pl* **bandes-son**) nf soundtrack.

bandit [bɑ̃di] nm **1.** [voleur] bandit **2.** [personne sans scrupules] crook.

banditisme [bɑ̃ditism] nm serious crime.

bandoulière [bɑ̃duljɛʀ] nf bandolier ▸**en bandoulière** across the shoulder.

bangladais, e [bɑ̃gladɛ, ɛz] adj Bangladeshi. ◆ **Bangladais, e** nm, f Bangladeshi.

Bangladesh [bɑ̃gladɛʃ] nm : *le Bangladesh* Bangladesh / *au Bangladesh* in Bangladesh.

banjo [bɑ̃(d)ʒo] nm banjo.

banlieue [bɑ̃ljø] nf suburbs *pl* ▸**en banlieue** in the suburbs ▸**la grande banlieue** the outer suburbs ▸**la banlieue parisienne** the Paris suburbs ▸**réseau de banlieue** commuter ou suburban network.

> **Banlieue**
>
> Although the word **banlieue** simply means suburb, its connotations in French society are much more complex. The post-war development of areas on the fringes of major cities led to the creation of huge housing projects which have, in many cases, effectively become ghettos occupied by increasingly disenfranchised populations. These troubled **cités de banlieue**, officially referred to as **quartiers sensibles**, have become a major symbol of social malaise in France.

banlieusard, e [bɑ̃ljøzaʀ, aʀd] nm, f *person living in the suburbs.*

bannière [banjɛʀ] nf [étendard] banner.

bannir [32] [baniʀ] vt ▸**bannir qqn / qqch (de)** to banish sb / sthg (from).

banque [bɑ̃k] nf **1.** [activité] banking ▸**banque d'entreprise** corporate banking **2.** [établissement, au jeu] bank ▸**banque d'affaires / commerciale / de dépôt** merchant / commercial / deposit bank ▸**Banque centrale européenne** European Central Bank ▸**banque d'émission** issuing bank, issuing house ▸**Banque d'Angleterre** Bank of England ▸**Banque de France** Bank of France **3.** INFORM ▸**banque de données** data bank **4.** MÉD ▸**banque d'organes / du sang / du sperme** organ / blood / sperm bank.

banqueroute [bɑ̃kʀut] nf bankruptcy ▸**faire banqueroute** to go bankrupt.

banquet [bɑ̃kɛ] nm (celebration) dinner ; [de gala] banquet.

banquette [bɑ̃kɛt] nf seat ▸**banquette arrière** back seat.

banquier, ère [bɑ̃kje, ɛʀ] nm, f banker.

banquise [bɑ̃kiz] nf ice field.

baobab [baɔbab] nm baobab.

baptême [batɛm] nm **1.** RELIG baptism, christening **2.** [première fois] ▸**baptême de l'air** maiden flight ▸**baptême du feu** baptism of fire.

baptiser [3] [batize] vt to baptize, to christen.

baptismal, e, aux [batismal, o] adj baptismal ; ⟶ **fonts**

baquet [bakɛ] nm **1.** [cuve] tub **2.** [siège] bucket seat.

bar [baʀ] nm **1.** [café, unité de pression] bar ▸**bar à café** SUISSE coffee bar ▸**bar laitier** QUÉBEC milk bar, ice cream parlour ▸**bar à vin** wine bar **2.** [poisson] bass.

baragouiner [3] [baʀagwine] vt *fam* **1.** [langue] : *il baragouine le français* he speaks broken French **2.** [bredouiller] to gabble.

baraka [baʀaka] nf *fam* ▸**avoir la baraka** to be lucky.

baraque [baʀak] nf **1.** [cabane] hut **2.** *fam* [maison] house **3.** [de forain] stall, stand.

baraqué, e [baʀake] adj *fam* well-built.

baraquement [baʀakmɑ̃] nm camp *(of huts for refugees, workers, etc.)*.

baratin [baʀatɛ̃] nm *fam* smooth talk ▸ **faire du baratin à qqn** to sweet-talk sb.

baratiner [3] [baʀatine] *fam* ◆ vt [femme] to chat up UK, to sweet-talk ; [client] to give one's sales pitch to. ◆ vi to be a smooth talker.

Barbade [baʀbad] npr f : ***la Barbade*** Barbados.

barbant, e [baʀbɑ̃, ɑ̃t] adj *fam* deadly dull ou boring.

barbare [baʀbaʀ] ◆ nm barbarian. ◆ adj **1.** *péj* [non civilisé] barbarous **2.** [cruel] barbaric.

barbarisme [baʀbaʀism] nm GRAM barbarism.

barbe¹ [baʀb] nm [cheval] barb.

barbe² [baʀb] nf beard / ***se laisser pousser la barbe*** to grow a beard / ***sans barbe*** a) [rasé] beardless, clean-shaven b) [imberbe] beardless, smooth-chinned ▸ **fausse barbe** false beard ▸ **barbe à papa** candyfloss UK, cotton candy US ▸ **quelle ou la barbe !** *fam* what a drag! ▸ **rire dans sa barbe** to laugh up one's sleeve. ◆ **barbes** nfpl [de métal] jagged edge.

barbecue [baʀbəkju] nm barbecue.

barbelé, e [baʀbəle] adj barbed ▸ **fil de fer barbelé** barbed wire. ◆ **barbelé** nm barbed wire *(U)*.

barber [3] [baʀbe] vt *fam* to bore stiff. ◆ **se barber** vp *fam* to be bored stiff.

barbiche [baʀbiʃ] nf goatee (beard).

barbiturique [baʀbityʀik] nm barbiturate.

barboter [3] [baʀbɔte] ◆ vi to paddle. ◆ vt *fam* to nick UK, to pinch.

barboteuse [baʀbɔtøz] nf rompers *pl*, romper suit UK.

barbouillé, e [baʀbuje] adj ▸ **être barbouillé, avoir l'estomac barbouillé** to feel sick UK ou nauseous US.

barbouiller [3] [baʀbuje] vt **1.** [salir] ▸ **barbouiller qqch (de)** to smear sthg (with) **2.** *péj* [peindre] to daub **3.** *fam* [écrire sur] to scribble on.

barbu, e [baʀby] adj bearded. ◆ **barbu** nm bearded man. ◆ **barbue** nf [poisson] brill.

barda [baʀda] nm **1.** *arg mil* kit **2.** *fam* [attirail] gear ▸ **avec tout son barda** with all his/her gear.

barde¹ [baʀd] nm [poète] bard.

barde² [baʀd] nf CULIN bacon, bard.

bardé, e [baʀde] adj : ***il est bardé de diplômes*** he's got heaps of diplomas.

barder [3] [baʀde] ◆ vt CULIN to bard. ◆ vi *fam* ▸ **ça va barder** there'll be trouble.

barème [baʀɛm] nm [de référence] table ; [de salaires] scale.

barge [baʀʒ] nf [bateau] barge.

baril [baʀil] nm barrel ▸ **un baril de pétrole** a barrel of oil.

barillet [baʀijɛ] nm [de revolver, de serrure] cylinder.

bariolé, e [baʀjɔle] adj multicoloured UK, multicolored US.

barjo(t) [baʀʒo] adj inv *fam* nuts.

barmaid [baʀmɛd] nf barmaid.

barman [baʀman] (*pl* **barmans** *ou* **barmen** [baʀmɛn]) nm barman UK, bartender US.

baromètre [baʀɔmɛtʀ] nm barometer.

baron, onne [baʀɔ̃, ɔn] nm, f baron (baroness). ◆ **baron** nm [magnat] baron.

baroque [baʀɔk] ◆ nm ART ▸ **le baroque** the Baroque style. ◆ adj **1.** [style] baroque **2.** [bizarre] weird.

baroud [baʀud] nm ▸ **baroud d'honneur** last stand.

barque [baʀk] nf small boat ▸ **savoir mener sa barque** *fig* to be well-organized.

barquette [baʀkɛt] nf **1.** [tartelette] pastry boat **2.** [récipient - de fruits] basket, punnet UK ; [- de frites] carton ; [- de crème glacée] tub.

barrage [baʀaʒ] nm **1.** [de rue] roadblock **2.** CONSTR dam.

barre [baʀ] nf **1.** [gén & DR] bar ▸ **barres asymétriques / parallèles** asymmetric/parallel bars ▸ **barre fixe** [gymnastique] high bar ▸ **barre de céréales** muesli bar ▸ **barre de chocolat** chocolate bar ▸ **barre des témoins** DR witness box UK, stand US / ***appeler qqn à la barre*** to call sb to the witness box UK ou stand US ▸ **barre tendre** QUÉBEC CULIN chewy bar **2.** NAUT helm ▸ **être à la barre** *pr* & *fig* to be at the helm ▸ **prendre la barre** a) *pr* to take the helm b) *fig* to take charge **3.** [trait] stroke ▸ **barre oblique** slash **4.** INFORM ▸ **barre d'espacement** space bar ▸ **barre de défilement** scroll bar ▸ **barre d'état** status bar ▸ **barre de menu** menu bar ▸ **barre de navigation** navigation bar, navigation frame ▸ **barre d'outils** tool bar **5.** EXPR **c'est le coup de barre** it's a rip-off ▸ **avoir un coup de barre** to be shattered UK ou pooped US ▸ **mettre ou placer la barre trop haut** to set too high a standard.

barré, e [baʀe] adj **1.** [chèque] crossed **2.** EXPR **on est bien barré(s) !** *iron* **, on est mal barré(s) !** (that's) great! *iron* , (that's) marvellous! *iron* ▸ **c'est mal barré** *fam* it's got off to a bad start / ***on est mal barré pour y être à 8 h*** we haven't got a hope in hell of being there at 8 / ***entre eux deux c'est mal barré*** they started off on the wrong foot with each other. ◆ **barré** nm barré.

barreau [baʀo] nm bar ▸ **le barreau** DR the Bar.

barrer [3] [baʀe] vt **1.** [rue, route] to block / ***barrer la route à qqn*** *pr* & *fig* to stand in sb's way **2.** [mot, phrase] to cross out **3.** [bateau] to steer. ◆ **se barrer** vp *fam* to clear off.

barrette [baʀɛt] nf **1.** [pince à cheveux] (hair) slide UK, barrette US **2.** INFORM ▸ **barrette de mémoire** memory module.

barreur, euse [baʀœʀ, øz] nm, f NAUT helmsman ; [à l'aviron] cox.

barricade [baʀikad] nf barricade ▸ **monter sur les barricades** *fig* to man the barricades.

barricader [3] [baʀikade] vt to barricade. ◆ **se barricader** vp to barricade o.s. ▸ **se barricader chez soi** to shut o.s. away (at home).

barrière [baʀjɛʀ] nf *pr* & *fig* barrier ▸ **barrière de dégel** *ban on heavy lorries on certain roads during a thaw.*

barrique [baʀik] nf barrel.

barrir [32] [baʀiʀ] vi to trumpet.

bar-tabac [baʀtaba] (*pl* **bars-tabacs**) nm *bar also selling cigarettes and tobacco.*

baryton [baʀitɔ̃] nm baritone.

bas¹ [ba] nm [vêtement] stocking / *des bas avec / sans couture* seamed / seamless stockings / *bas fins* sheer stockings ▸ **bas de laine** a) *pr* woollen UK ou woolen US stocking b) *fig* savings, nest egg ▸ **bas (de) Nylon®** nylon stockings ▸ **bas de soie** silk stockings ▸ **bas à varices** support stockings.

bas², basse [ba, bas] (*prononcé* [baz] *devant un nm commençant par voyelle ou 'h' muet*) adj **1.** [gén] low / *attrape les branches basses* grasp the lower ou bottom branches / *à bas prix* cheap, for a low price / *le niveau de la classe est très bas* the (achievement) level of the class is very low **2.** *péj* [vil] base, low / *les basses besognes* the dirty work / *les bas morceaux* [en boucherie] the cheap cuts **3.** [peu fort] low, quiet / *parler à voix basse* to speak in a low ou quiet voice **4.** [inférieur] low, lowly *litt* / *de basse condition* from a poor family ▸ **le bas clergé** the minor clergy **5.** [incliné vers le sol] : *marcher la tête basse* to hang one's head as one walks / *un chien avec la queue basse* a dog with its tail between its legs **6.** MUS bass. ◆ **bas** ❖ nm **1.** [partie inférieure] bottom, lower part / *le bas du dos* the small of the back **2.** EXPR **avoir / connaître des hauts et des bas** to have / go through ups and downs. ❖ adv low / *les prix ne descendront pas plus bas* prices won't come down any further / *voir plus bas* see below ▸ **à bas… !** down with…! ▸ **bas les pattes !** *fam* hands off! / *parler bas* to speak in a low voice, to speak softly / *mettre le son plus bas* to turn the sound down. ◆ **de bas en haut** loc adv from bottom to top, from the bottom up / *regarder qqn de bas en haut* to look sb up and down. ◆ **d'en bas** loc adj : *les voisins d'en bas* the people downstairs / *la porte d'en bas est fermée* the downstairs door is shut. ◆ **en bas** loc adv at the bottom / *le village semblait si petit, tout en bas* the village looked so small, down there ou below ; [dans une maison] downstairs. ◆ **en bas de** loc prép at the bottom of / *attendre qqn en bas de chez lui* to wait for sb downstairs / *en bas de la côte* at the bottom ou foot of the hill / *signez en bas de la page* sign at the bottom of the page. ◆ **bas de gamme** ❖ adj downmarket. ❖ nm bottom of the range.

basalte [bazalt] nm basalt.

basané, e [bazane] adj tanned UK, tan US.

bas-bleu [bablø] (*pl* **bas-bleus**) nm *péj* bluestocking.

bas-côté [bakote] (*pl* **bas-côtés**) nm [de route] verge UK, shoulder US.

bascule [baskyl] nf **1.** [balance] weighing machine **2.** [balançoire] seesaw.

basculer [3] [baskyle] ❖ vi to fall over, to overbalance ; [benne] to tip up ▸ **basculer dans qqch** *fig* to tip over into sthg. ❖ vt to tip up, to tilt.

base [baz] nf **1.** [partie inférieure] base / *à la base du cou* at the base of the neck ▸ **la base** [d'entreprise, de syndicat] the rank and file **2.** [principe fondamental] basis ▸ **à base de** based on / *une boisson à base d'orange* an orange-based drink ▸ **sur la base de** on the basis of / *établir qqch / reposer sur une base solide* to set sthg up / to rest on a sound basis **3.** MIL ▸ **base (aérienne / militaire / navale)** (air / army / naval) base ▸ **base d'opérations / de ravitaillement** operations / supply base / *rentrer à la base* to go back to base **4.** [astronautique] ▸ **base de lancement** launching site **5.** MATH : *système de base cinq / huit* base five / eight system **6.** INFORM ▸ **base de données** database / *base de données relationnelles* relational database **7.** ÉCON : *base de clientèle* ou *base (de données) de consommateurs* customer base **8.** [cosmétique] ▸ **base de maquillage** make-up base **9.** SPORT [détente] ▸ **base de loisirs** (outdoor) leisure ou sports complex **10.** QUÉBEC ▸ **base de plein air** outdoor recreation area. ◆ **bases** nfpl [fondations] foundations, basis *sg* ; [acquis] basic knowledge *sg* / *avoir de bonnes bases en arabe / musique* to have a good grounding in Arabic / in music. ◆ **à la base** loc adv **1.** [en son fondement] : *le raisonnement est faux à la base* the basis of the argument is false **2.** [au début] at the beginning. ◆ **de base** loc adj **1.** [fondamental - vocabulaire, industrie] basic ; [- principe] basic, fundamental ▸ **militant de base** grassroots militant **2.** [salaire, traitement] basic.

base-ball [bɛzbol] (*pl* **base-balls**) nm baseball.

base line [bɛzlain] nf strapline.

baser [3] [baze] vt to base ▸ **baser qqch sur** *fig* to base sthg on. ◆ **se baser** vp : *sur quoi vous basez-vous pour affirmer cela ?* what are you basing this statement on?

bas-fond [bafɔ̃] (*pl* **bas-fonds**) nm [de l'océan] shallow. ◆ **bas-fonds** nmpl *fig* **1.** [de la société] dregs **2.** [quartiers pauvres] slums.

basilic [bazilik] nm [plante] basil.

basilique [bazilik] nf basilica.

basique [bazik] adj basic.

basket [baskɛt] ❖ nm = **basket-ball.** ❖ nf [chaussure] trainer UK, sneaker US ▸ **lâche-moi les baskets !** *fam* & *fig* get off my back!

basket-ball [baskɛtbol] nm basketball.

basmati [basmati] nm basmati (rice).

basque [bask] ❖ adj Basque ▸ **le Pays basque** the Basque country. ❖ nm [langue] Basque. ❖ nf [vêtement] tail (*of coat*) ▸ **être toujours pendu aux basques de qqn** *fam* & *fig* to be always tagging along after sb. ◆ **Basque** nmf Basque.

bas-relief [baʀəljɛf] (*pl* **bas-reliefs**) nm bas-relief.

basse [bas] ❖ adj ⟶ **bas.** ❖ nf MUS bass.

basse-cour [baskuʀ] (*pl* **basses-cours**) nf **1.** [volaille] poultry **2.** [partie de ferme] farmyard.

bassement [basmɑ̃] adv despicably ▸ **être bassement intéressé** to be motivated by petty self-interest.

bassesse [basɛs] nf **1.** [mesquinerie] baseness, meanness **2.** [action vile] despicable act.

basset [basɛ] nm basset hound.

bassin [basɛ̃] nm **1.** [cuvette] bowl **2.** [pièce d'eau] (ornamental) pond **3.** [de piscine] ▸ **petit / grand bassin** children's / main pool **4.** ANAT pelvis **5.** GÉOL basin ▸ **bassin houiller** coalfield ▸ **le Bassin parisien** the Paris basin.

bassine [basin] nf bowl, basin.

bassiner [3] [basine] vt **1.** [humecter] to bathe **2.** *fam* [importuner] to bore.

bassiste [basist] nmf bass player.

basson [basɔ̃] nm [instrument] bassoon ; [personne] bassoonist.

bastide [bastid] nf **1.** [maison] *traditional farmhouse or country house in southern France* **2.** HIST *walled town (in south-west France).*

Bastille [bastij] nf ▸ **la Bastille a)** [forteresse] the Bastille **b)** [quartier] Bastille, the Bastille area ▸ **la prise de la Bastille** the storming of the Bastille.

bastingage [bastɛ̃gaʒ] nm (ship's) rail.

bastion [bastjɔ̃] nm *pr* & *fig* bastion.

baston [bastɔ̃] nf *tfam* punch-up UK, brawl.

bas-ventre [bavɑ̃tʀ] (*pl* **bas-ventres**) nm lower abdomen.

bât [ba] nm packsaddle ▸ **c'est là que le bât blesse** *fig* that's his / her etc. weak point.

bataille [bataj] nf **1.** MIL battle ▸ **bataille aérienne a)** [à grande échelle] air battle **b)** [isolée] dogfight ▸ **bataille aéronavale** sea-air battle ▸ **bataille rangée** pitched battle **2.** [bagarre] fight ▸ **bataille de polochons** pillow fight ▸ **bataille de rue** street fight ou brawl **3.** [jeu] : *la bataille* ≃ beggar-my-neighbour UK ▸ **bataille navale** battleships *(U)* **4.** EXPR **en bataille** [cheveux] dishevelled UK, disheveled US.

batailler [3] [bataje] vi ▸ **batailler pour qqch / pour faire qqch** to fight for sthg / to do sthg.

bataillon [batajɔ̃] nm MIL battalion ; *fig* horde.

bâtard, e [batar, ard] ◆ adj **1.** [enfant] illegitimate **2.** *péj* [style, solution] hybrid. ◆ nm, f illegitimate child. ◆ **bâtard** nm **1.** [pain] *short loaf of bread* **2.** [chien] mongrel.

batavia [batavja] nf Webb lettuce UK, iceberg lettuce.

bateau [bato] nm **1.** [embarcation - gén] boat ; [- plus grand] ship ▸ **bateau à moteur** motor boat ▸ **bateau à voile** sailing boat UK, sailboat US ▸ **bateau de pêche** fishing boat **2.** [de trottoir] driveway entrance *(low kerb)* **3.** *(en apposition inv)* ▸ **encolure bateau** boat neck **4.** *(en apposition inv)* [sujet, thème] well-worn ▸ **c'est bateau !** it's the same old stuff!

bateau-bus [batobys] (*pl* **bateaux-bus**) nm riverbus / *prendre le bateau-bus* to take the riverbus.

Bateau-Mouche® [batomuʃ] (*pl* **Bateaux-Mouches**) nm riverboat *(on the Seine).*

bateleur, euse [batlœʀ, øz] nm, f street acrobat.

bath [bat] adj inv *fam* & *vieilli* super, super-duper.

bâti, e [bati] adj **1.** [terrain] developed **2.** [personne] ▸ **bien bâti** well-built. ◆ **bâti** nm **1.** COUT tacking **2.** CONSTR frame, framework.

batifoler [3] [batifɔle] vi to frolic.

bâtiment [batimɑ̃] nm **1.** [édifice] building **2.** [dans l'industrie] ▸ **le bâtiment** the building trade **3.** NAUT ship, vessel.

bâtir [32] [batiʀ] vt **1.** CONSTR to build **2.** *fig* [réputation, fortune] to build (up) ; [théorie, phrase] to construct **3.** COUT to tack. ◆ **se bâtir** vp to be built.

bâtisse [batis] nf house.

bâton [batɔ̃] nm **1.** [gén] stick ▸ **bâton de colle** glue stick ▸ **bâton de réglisse** liquorice UK ou licorice US stick ▸ **bâton de ski** ski pole **2.** EXPR **mettre des bâtons dans les roues à qqn** to put a spoke in sb's wheel ▸ **à bâtons rompus** [conversation] rambling / *parler à bâtons rompus* to talk of this and that.

bâtonnet [batɔnɛ] nm rod.

bâtonnier [batɔnje] nm DR ≃ President of the Bar.

batracien [batʀasjɛ̃] nm amphibian.

battage [bataʒ] nm ▸ **battage (publicitaire** ou **médiatique)** (media) hype, ballyhoo US.

battant, e [batɑ̃, ɑ̃t] ◆ adj ▸ **sous une pluie battante** in the pouring ou driving rain ▸ **le cœur battant** with beating heart. ◆ nm, f fighter. ◆ **battant** nm **1.** [de porte] door *(of double doors)* ; [de fenêtre] half *(of double window)* **2.** [de cloche] clapper.

batte [bat] nf SPORT bat.

battement [batmɑ̃] nm **1.** [mouvement - d'ailes] flap, beating *(U)* ; [- de cœur, pouls] beat, beating *(U)* ; [- de cils, paupières] flutter, fluttering *(U)* **2.** [bruit - de porte] banging *(U)* ; [- de la pluie] beating *(U)* **3.** [intervalle de temps] break ▸ **une heure de battement** an hour free, break.

batterie [batʀi] nf **1.** ÉLECTR & MIL battery ▸ **batterie antichars** antitank battery ▸ **batterie d'accumulateurs** battery of accumulators ▸ **recharger ses batteries** *fig* to recharge one's batteries **2.** [attirail] ▸ **batterie de cuisine** kitchen utensils *pl* **3.** MUS drums *pl* / *Harvey Barton à la batterie* Harvey Barton on drums **4.** [série] ▸ **une batterie de** a string of / *batterie de tests / mesures* battery of tests / of measures.

batteur [batœʀ] nm **1.** MUS drummer **2.** CULIN beater, whisk **3.** [SPORT - de cricket] batsman ; [- de base-ball] batter.

batteuse [batøz] nf AGRIC thresher.

battoir [batwaʀ] nm **1.** [à tapis] carpet beater **2.** *fam* & *fig* [main] great mitt ou paw.

battre [83] [batʀ] ◆ vt **1.** [gén] to beat ▸ **battre en neige** [blancs d'œufs] to beat until stiff ▸ **battre la campagne** ou **le pays a)** *pr* to comb the countryside **b)** *fig* to be in one's own little world ▸ **battre qqn à mort** to batter sb to death ▸ **battre qqn à plate(s) couture(s)** to beat sb hollow ▸ **battre tous les records** *pr* & *fig* to set a new record **2.** [parcourir] to scour **3.** [cartes] to shuffle. ◆ vi [gén] to beat / *l'émotion faisait battre mon cœur* my heart was beating ou racing with emotion ▸ **battre des cils** to blink ▸ **battre des mains** to clap (one's hands). ◆ **se battre** vp to fight ▸ **se battre contre qqn** to fight sb / *nous nous battons pour la paix / contre l'injustice* we're fighting for peace / against injustice.

battu, e [baty] ✣ pp ⟶ **battre.** ✣ adj **1.** [sol tassé] hard-packed ▸ **jouer sur terre battue** TENNIS to play on clay **2.** [fatigué] ▸ **avoir les yeux battus** to have shadows under one's eyes. ◆ **battue** nf **1.** [chasse] beat **2.** [chasse à l'homme] manhunt.

baud [bo] nm baud.

baudroie [bodʀwa] nf monkfish.

baudruche [bodʀyʃ] nf **1.** [ballon] balloon **2.** *fig* [personne] front man.

baume [bom] nm *pr* & *fig* balm ▸ **mettre du baume au cœur de qqn** to comfort sb.

baux ⟶ **bail.**

bauxite [boksit] nf bauxite.

bavard, e [bavaʀ, aʀd] ✣ adj talkative. ✣ nm, f chatterbox ; *péj* gossip.

bavardage [bavaʀdaʒ] nm **1.** [papotage] chattering **2.** *(gén pl)* [racontar] gossip *(U)*.

bavarder [3] [bavaʀde] vi to chatter ; *péj* to gossip.

bavarois, e [bavaʀwa, waz] adj Bavarian. ◆ **bavarois** nm [gâteau] *cold dessert consisting of a sponge base and layers of fruit mousse, cream and custard.* ◆ **Bavarois, e** nm, f Bavarian.

bave [bav] nf **1.** [salive] dribble **2.** [d'animal] slaver **3.** [de limace] slime.

baver [3] [bave] vi **1.** [personne] to dribble **2.** [animal] to slaver **3.** [limace] to leave a slime trail **4.** [stylo] to leak **5.** EXPR **en baver** *fam* to have a hard ou rough time of it.

bavette [bavɛt] nf **1.** [bavoir, de tablier] bib **2.** [viande] flank **3.** EXPR **tailler une bavette (avec qqn)** *fam* to have a chat (with sb).

baveux, euse [bavø, øz] adj **1.** [bébé] dribbling **2.** [omelette] runny.

Bavière [bavjɛʀ] npr f : *(la) Bavière* Bavaria.

bavoir [bavwaʀ] nm bib.

bavure [bavyʀ] nf **1.** [tache] smudge **2.** [erreur] blunder.

bayer [3] [baje] vi ▸ **bayer aux corneilles** to stand gazing into space.

bazar [bazaʀ] nm **1.** [boutique] general store **2.** *fam* [désordre] jumble, clutter.

bazarder [3] [bazaʀde] vt *fam* to chuck out, to get rid of.

BCBG (*abr de* **bon chic bon genre**) ✣ nmf ≃ Sloane (Ranger) UK ; ≃ preppie US. ✣ adj ≃ Sloaney UK ; ≃ preppie US.

BCE (*abr de* **Banque centrale européenne**) nf ECB.

BCG (*abr de* **(vaccin) bilié de Calmette et Guérin**) nm BCG.

bcp *abr écrite de* **beaucoup.**

bd *abr écrite de* **boulevard.**

BD, bédé [bede] (*abr de* **bande dessinée**) nf : *une BD* a comic strip / *la BD* comic strips *pl.*

beach-volley [bitʃvolɛ] (*pl* **beach-volleys**) nm beach volleyball / *jouer au beach-volley* to play beach volleyball.

béant, e [beɑ̃, ɑ̃t] adj [plaie, gouffre] gaping ; [yeux] wide open.

béarnais, e [beaʀnɛ, ɛz] adj of / from the Béarn. ◆ **Béarnais, e** nm, f person from the Béarn. ◆ **béarnaise** nf ▸ **(sauce) béarnaise** Béarnaise sauce.

béat, e [bea, at] adj **1.** [content de soi] smug **2.** [heureux] blissful.

béatement [beatmɑ̃] adv blissfully.

béatitude [beatityd] nf **1.** RELIG beatitude **2.** [bonheur] bliss.

beau, belle, beaux [bo, bɛl, bo] adj (***bel*** [bɛl] *devant nm commençant par voyelle ou 'h' muet)* **1.** [joli - femme] beautiful, good-looking ; [- homme] handsome, good-looking ; [- chose] beautiful / *se faire beau / belle* to get dressed up, to do o.s. up / *ce n'était pas beau à voir* *fam* it wasn't a pretty sight / *de beaux vêtements* fine clothes **2.** [temps] fine, good / *la mer sera belle* the sea will be calm **3.** *(toujours avant le n)* [important] fine, excellent / *une belle somme* a tidy sum (of money) / *un beau coup en Bourse* a spectacular deal on the Stock Exchange **4.** *iron* [mauvais] : *une belle grippe* a nasty dose of the flu / *c'est du beau travail !* a fine mess this is! / *garde tes belles promesses* ou *tes beaux serments !* you can keep your promises! / *j'en ai appris* ou *entendu de belles sur toi !* I heard some right things about you! **5.** [noble] fine, noble / *une belle âme* a noble nature **6.** EXPR **elle a beau jeu de dire ça** it's easy ou all very well for her to say that. ◆ **beau** ✣ adv ▸ **il fait beau** the weather is good ou fine / *j'ai beau essayer...* however hard I try..., try as I may... / *j'ai beau dire...* whatever I say.... ✣ nm ▸ **être au beau fixe** to be set fair ▸ **avoir le moral au beau fixe** *fig* to have a sunny disposition ▸ **faire le beau** [chien] to sit up and beg. ◆ **belle** nf **1.** [femme] lady friend **2.** [dans un jeu] decider **3.** EXPR **(se) faire la belle** *fam* to escape. ◆ **bel et bien** loc adv well and truly, actually / *elle s'est bel et bien échappée* she got away and no mistake. ◆ **de plus belle** loc adv more than ever / *il s'est mis à travailler de plus belle* he went back to work with renewed energy.

Beaubourg [bobuʀ] npr *name commonly used to refer to the Pompidou Centre.*

Beaubourg

This term officially refers to the area surrounding the Pompidou Centre but it has come to mean the museum itself. The very unusual design of the **Centre national d'art et de culture Georges-Pompidou** was the subject of much controversy when it was built in 1977, but today it is the second most visited building in France. It houses a modern art gallery, a cinema, an open-stack library and other cultural exhibits.

beaucoup [boku] ❖ adv **1.** [un grand nombre] ▸ **beaucoup de** a lot of, many / *beaucoup de monde* a lot of people / *il y en a beaucoup* there are many ou a lot (of them) **2.** [une grande quantité] ▸ **beaucoup de** a lot of / *beaucoup d'énergie* a lot of energy / *elle a beaucoup de goût* she has a lot of ou a great deal of taste / *il n'a pas beaucoup de temps* he hasn't a lot of ou much time / *il n'en a pas beaucoup* he doesn't have much ou a lot (of it) / *il est pour beaucoup dans son succès* he played a large part in ou he had a great deal to do with her success **3.** *(modifiant un verbe)* a lot / *il boit beaucoup* he drinks a lot / *je vous remercie beaucoup* thank you very much (indeed) **4.** *(modifiant un adjectif comparatif)* much, a lot / *c'est beaucoup mieux* it's much ou a lot better / *beaucoup trop vite* much too quickly. ❖ pron inv many / *nous sommes beaucoup à penser que…* many of us think that…. ◆ **de beaucoup** loc adv by far / *elle est de beaucoup la plus douée* she's the most talented by far, she is by far the most talented / *je la préfère, et de beaucoup* I much prefer her.

beauf [bof] nm **1.** *péj archetypal lower-middle-class French man* **2.** *fam* [beau-frère] brother-in-law.

beau-fils [bofis] (*pl* **beaux-fils**) nm **1.** [gendre] son-in-law **2.** [de remariage] stepson.

beau-frère [bofʀɛʀ] (*pl* **beaux-frères**) nm brother-in-law.

beaujolais [boʒɔlɛ] nm beaujolais (wine). ◆ **Beaujolais** npr m : *le Beaujolais* (the) Beaujolais (region).

beau-père [bopɛʀ] (*pl* **beaux-pères**) nm **1.** [père du conjoint] father-in-law **2.** [de remariage] stepfather.

beauté [bote] nf **1.** beauty ▸ **de toute beauté** absolutely beautiful ▸ **en beauté** a) [magnifiquement] in great style b) *sout* [femme] ravishing / *être en beauté* to look stunning **2.** / *finir en beauté* to end with a flourish ou on a high note / *pour la beauté du geste* for the beauty of it. ◆ **beautés** nfpl [d'un paysage] beauties, beauty spots ; [d'une œuvre] beauties.

beaux-arts [bozaʀ] nmpl fine art *(U)*. ◆ **Beaux-Arts** nmpl ▸ **les Beaux-Arts** *French national art school*.

beaux-parents [bopaʀɑ̃] nmpl **1.** [parents de l'homme] husband's parents, in-laws **2.** [parents de la femme] wife's parents, in-laws.

bébé [bebe] ❖ nm baby ▸ **bébé phoque** seal pup, baby seal. ❖ adj inv babyish.

bébé-bulle [bebebyl] (*pl* **bébés-bulles**) nm bubble baby.

bébé-éprouvette [bebeepʀuvɛt] (*pl* **bébés-éprouvette**) nm test-tube baby.

bébelle [bebɛl] QUÉBEC nf *fam* **1.** [jouet] toy **2.** [objet quelconque, gadget] thing.

bébête [bebɛt] adj *fam* silly.

bec [bɛk] nm **1.** [d'oiseau] beak / *donner des coups de bec à* to peck (at) **2.** [d'instrument de musique] mouthpiece **3.** [de casserole] lip / *bec à gaz* gas burner ▸ **bec verseur** spout **4.** *fam* [bouche] mouth / *avoir toujours la cigarette / pipe au bec* to have a cigarette / pipe always stuck in one's mouth ▸ **être ou rester le bec dans l'eau** to be left high and dry ▸ **ouvrir le bec** to open one's mouth ▸ **clouer le bec à qqn** to shut sb up / *bec fin* gourmet **5.** EXPR **avoir bec et ongles** to be well-equipped and ready to fight ▸ **tomber sur un bec** to run into ou to hit a snag.

bécane [bekan] nf *fam* **1.** [moto, vélo] bike **2.** [machine, ordinateur] machine.

bécasse [bekas] nf **1.** [oiseau] woodcock **2.** *fam* [femme sotte] silly goose.

bécassine [bekasin] nf **1.** [oiseau] snipe **2.** *fam* [jeune fille naïve] silly little goose.

bec-de-lièvre [bɛkdəljɛvʀ] (*pl* **becs-de-lièvre**) nm harelip.

béchamel [beʃamɛl] nf ▸ **(sauce) béchamel** béchamel sauce.

bêche [bɛʃ] nf spade.

bêcher [4] [beʃe] vt to dig.

bêcheur, euse [beʃœʀ, øz] nm, f *fam* stuck-up person.

bécoter [3] [bekɔte] vt *fam* to snog UK ou smooch with. ◆ **se bécoter** vp to snog UK, to smooch.

becquée [beke] nf ▸ **donner la becquée à** to feed.

becqueter, béqueter [27] [bɛkte] vt to peck at.

becter [4] [bɛkte] vi *fam* to eat.

bedaine [bədɛn] nf potbelly.

bédé = **BD**.

bedeau, x [bədo] nm verger.

bedonnant, e [bədɔnɑ̃, ɑ̃t] adj potbellied.

bédouin, e [bedwɛ̃, in] adj Bedouin. ◆ **Bédouin, e** nm, f Bedouin.

bée [be] adj ▸ **bouche bée** open-mouthed.

bégaiement [begɛmɑ̃] nm stammering.

bégayer [11] [begeje] ❖ vi to have a stutter ou stammer. ❖ vt to stammer (out).

bégonia [begɔnja] nm begonia.

bègue [bɛg] ❖ adj ▸ **être bègue** to have a stutter ou stammer. ❖ nmf stutterer, stammerer.

bégueule [begœl] *fam* & *péj* ❖ adj prudish. ❖ nf prude.

béguin [begɛ̃] nm *fam* ▸ **avoir le béguin pour qqn** to have a crush on sb ▸ **avoir le béguin pour qqch** to be mad keen on sthg.

beige [bɛʒ] adj & nm beige.

beigne [bɛɲ] nf **1.** *fam* [gifle] slap **2.** QUÉBEC [pâtisserie] donut US, doughnut UK.

beignet [bɛɲɛ] nm fritter.

bel [bɛl] ⟶ **beau**.

bêler [4] [bele] vi to bleat.

belette [bəlɛt] nf weasel.

belge [bɛlʒ] adj Belgian. ◆ **Belge** nmf Belgian.

belgicisme [bɛlʒisism] nm [mot] Belgian word ; [tournure] Belgian expression.

Belgique [bɛlʒik] nf : *la Belgique* Belgium.

Belgrade [bɛlgʀad] npr Belgrade.

bélier [belje] nm **1.** [animal] ram **2.** [poutre] battering ram. ◆ **Bélier** nm ASTROL Aries ▸ **être (un) Bélier** to be (an) Aries.

Belize [beliz] npr m : *le Belize* Belize / *au Belize* in Belize.

belladone [beladɔn] nf deadly nightshade.

bellâtre [bɛlatʀ] nm *péj* smoothie.

belle [bɛl] adj & nf ⟶ **beau**.

belle-famille [bɛlfamij] (*pl* **belles-familles**) nf **1.** [parents de l'homme] husband's family, in-laws *pl* **2.** [parents de la femme] wife's family, in-laws *pl*.

belle-fille [bɛlfij] (*pl* **belles-filles**) nf **1.** [épouse du fils] daughter-in-law **2.** [de remariage] stepdaughter.

belle-mère [bɛlmɛʀ] (*pl* **belles-mères**) nf **1.** [mère du conjoint] mother-in-law **2.** [de remariage] stepmother.

belles-lettres [bɛllɛtʀ] nfpl (great) literature *(U)*.

belle-sœur [bɛlsœʀ] (*pl* **belles-sœurs**) nf sister-in-law.

belligérant, e [beliʒeʀɑ̃, ɑ̃t] adj & nm, f belligerent.

belliqueux, euse [belikø, øz] adj [peuple] warlike ; [humeur, tempérament] aggressive.

belote [bəlɔt] nf *French card game*.

belvédère [bɛlvedɛʀ] nm **1.** [construction] belvedere **2.** [terrasse] viewpoint.

bémol [bemɔl] adj & nm MUS flat.

ben [bɛ̃] adv *fam* **1.** [pour renforcer] : *ben quoi ?* so what? / *ben non* well, no / *ben voyons (donc) !* what next! **2.** [bien] : *pt'êt ben qu'oui, pt'êt ben qu'non* maybe yes, maybe no.

bénédictin, e [benediktɛ̃, in] ✧ adj Benedictine. ✧ nm, f Benedictine ▸ **travail de bénédictin** *fig* painstaking task. ◆ **Bénédictine®** nf [liqueur] Benedictine.

bénédiction [benediksjɔ̃] nf blessing ▸ **donner sa bénédiction à** *fig* to give one's blessing to.

bénéfice [benefis] nm **1.** [avantage] advantage, benefit ▸ **au bénéfice de** in aid of ▸ **accorder à qqn le bénéfice du doute** to give sb the benefit of the doubt ▸ **c'est tout bénéfice** *fam* : *à ce prix-là, c'est tout bénéfice* at that price, you make a 100 % profit on it / *sous bénéfice d'inventaire* without liability to debts beyond inherited assets / *tirer (un) bénéfice de qqch* to derive some benefit ou an advantage from sthg **2.** [profit] profit ▸ **bénéfices de fin d'exercice** year-end profits ▸ **bénéfice imposable** taxable profit ▸ **bénéfice net / brut** net / gross profit / *faire* ou *enregistrer un bénéfice brut / net de 5 000 euros* to gross / to net 5,000 euros ▸ **bénéfices réinvestis** ploughback *(U)* UK, plowback *(U)* US ▸ **intéressement aux bénéfices** profit-sharing ▸ **rapport cours-bénéfice** price-earnings ratio ▸ **bénéfices commerciaux** trading profit *sg*.

bénéficiaire [benefisjɛʀ] ✧ nmf [gén] beneficiary ; [de chèque] payee. ✧ adj [marge] profit *(avant n)* ; [résultat, société] profit-making.

bénéficier [9] [benefisje] vi ▸ **bénéficier de** a) [profiter de] to benefit from b) [jouir de] to have, to enjoy c) [obtenir] to have, to get / *bénéficier de circonstances atténuantes* to have the benefit of ou to be granted extenuating circumstances / *bénéficier d'une forte remise* to get a big reduction.

bénéfique [benefik] adj beneficial.

Benelux [benelyks] nm : *le Benelux* Benelux / *les pays du Benelux* the Benelux countries.

benêt [bənɛ] ✧ nm clod. ✧ adj *(seulement masculin)* silly, simple.

bénévolat [benevɔla] nm voluntary work.

bénévole [benevɔl] ✧ adj voluntary. ✧ nmf volunteer, voluntary worker.

bénévolement [benevɔlmɑ̃] adv voluntarily, for nothing.

Bengale [bɛ̃gal] nm : *le Bengale* Bengal / *au Bengale* in Bengal.

bénin, igne [benɛ̃, iɲ] adj [maladie, accident] minor / *une forme bénigne de rougeole* a mild form of measles ; [cancer] benign / *une tumeur bénigne* benign tumour.

Bénin [benɛ̃] nm : *le Bénin* Benin / *au Bénin* in Benin.

béninois, e [beninwa, waz] adj Beninese. ◆ **Béninois, e** nm, f Beninese *(inv)*.

bénir [32] [beniʀ] vt **1.** [gén] to bless **2.** [se réjouir de] to thank God for.

bénit, e [beni, it] adj consecrated ▸ **eau bénite** holy water.

bénitier [benitje] nm holy water font.

benjamin, e [bɛ̃ʒamɛ̃, in] nm, f [de famille] youngest child ; [de groupe] youngest member.

benne [bɛn] nf **1.** [de camion] tipper **2.** [de téléphérique] car **3.** [pour déchets] skip UK, Dumpster® US.

benzine [bɛ̃zin] nf benzine.

béotien, enne [beɔsjɛ̃, ɛn] nm, f philistine.

BEP, Bep (*abr de* **brevet d'études professionnelles**) nm *school-leaver's diploma (taken at age 18)*.

BEPC, Bepc (*abr de* **brevet d'études du premier cycle**) nm *former school certificate (taken at age 16)*.

béqueter = **becqueter**.

béquille [bekij] nf **1.** [pour marcher] crutch **2.** [d'un deux-roues] stand.

berbère [bɛʀbɛʀ] adj & nm Berber. ◆ **Berbère** nmf Berber.

bercail [bɛʀkaj] nm sing fold ▸ **rentrer au bercail** *fig* to return to the fold.

berceau, x [bɛʀso] nm cradle.

bercer [16] [bɛʀse] vt **1.** [bébé, bateau] to rock / *son enfance a été bercée de cette musique* he was brought up on this kind of music **2.** *fig* [tromper] ▸ **bercer qqn de** to delude sb with. ◆ **se bercer** vp *fig* ▸ **se bercer de** [idée, espoir] to delude o.s. with ▸ **se bercer d'illusions** to delude o.s., to have one's head in the clouds.

berceuse [bɛʀsøz] nf **1.** [chanson] lullaby **2.** QUÉBEC [fauteuil] rocking chair.

Bercy [bɛʀsi] npr **1.** [ministère] *the French Ministry of Finance* **2.** [stade] *large sports and concert hall in Paris.*

BERD, Berd [bɛʀd] (*abr de* **Banque européenne pour la reconstruction et le développement**) nf EBRD.

béret [beʀɛ] nm beret ▸ **béret basque** (French) beret.

bergamote [bɛʀgamɔt] nf bergamot orange.

berge [bɛʀʒ] nf **1.** [bord] bank **2.** *fam* [an] : *il a plus de 50 berges* he's over 50.

berger, ère [bɛʀʒe, ɛʀ] nm, f shepherd (shepherdess). ◆ **bergère** nf [canapé] wing chair. ◆ **berger allemand** nm German shepherd, Alsatian UK.

bergerie [bɛʀʒəʀi] nf sheepfold.

bergeronnette [bɛʀʒəʀɔnɛt] nf wagtail.

berk [bɛʀk] interj *fam* ugh, yuk.

Berlin [bɛʀlɛ̃] npr Berlin / *Berlin-Est* East Berlin / *Berlin-Ouest* West Berlin / *le mur de Berlin* the Berlin Wall.

berline [bɛʀlin] nf saloon (car) UK, sedan US.

berlingot [bɛʀlɛ̃go] nm **1.** [de lait] carton **2.** [bonbon] boiled sweet.

berlue [bɛʀly] nf : *j'ai la berlue !* I must be seeing things!

bermuda [bɛʀmyda] nm bermuda shorts *pl.*

Bermudes [bɛʀmyd] nfpl : *les Bermudes* Bermuda *sg* / *aux Bermudes* in Bermuda / *le triangle des Bermudes* the Bermuda Triangle.

bernard-l'ermite [bɛʀnaʀlɛʀmit] nm inv hermit crab.

berne [bɛʀn] nf ▸ **en berne** ≃ at half-mast / *mettre les drapeaux en berne* to fly the flags at half-mast.

berner [3] [bɛʀne] vt to fool.

berrichon, onne [beʀiʃɔ̃, ɔn] adj of/from the Berry. ◆ **Berrichon, onne** nm, f person from the Berry.

besace [bəzas] nf pouch.

bésicles, besicles [bezikl] nfpl *hum* specs.

besogne [bəzɔɲ] nf job, work *(U)* ▸ **aller vite en besogne** *fig* to be a fast worker / *se mettre à la besogne* to get down to work.

besoin [bəzwɛ̃] nm need ▸ **avoir besoin de qqch / de faire qqch** to need sthg/to do sthg ▸ **au besoin** if necessary, if need ou needs be ▸ **être dans le besoin** to be in need. ◆ **besoins** nmpl **1.** [exigences] needs **2.** EXPR **faire ses besoins** to relieve o.s. ▸ **pour les besoins de la cause** for the purpose in hand.

bestiaire [bɛstjɛʀ] nm [recueil] bestiary.

bestial, e, aux [bɛstjal, o] adj bestial, brutish.

bestiole [bɛstjɔl] nf (little) creature.

best of [bɛstɔf] nm inv : *un best of de Serge Gainsbourg* a selection of Serge Gainsbourg's most popular songs / *le best of de la semaine* the pick of the week / *le best of du championnat* selected highlights from the championship.

best-seller [bɛstselœʀ] (*pl* **best-sellers**) nm best-seller.

bétail [betaj] nm cattle *pl* ▸ **vingt têtes de bétail** twenty head of cattle.

bête [bɛt] ❖ nf **1.** [animal] animal ; [insecte] insect ▸ **bête à bon Dieu** ladybird UK, ladybug US ▸ **bête féroce** wild animal ▸ **bête de somme** beast of burden **2.** EXPR **bête à concours** *fam* swot UK ou grind US *(who does well at competitive exams)* ▸ **chercher la petite bête** to nit-pick ▸ **c'est sa bête noire** that's his/her pet hate / *ils nous regardaient comme des bêtes curieuses* they were staring at us as if we'd come from Mars / *travailler comme une bête* to work like a slave ou dog. ❖ adj **1.** [stupide] stupid ▸ **être bête comme ses pieds** to be as thick as two short planks UK, to be as dumb as the day is long US / *il est plus bête que méchant* he's not wicked, just (plain) stupid **2.** [simple] ▸ **c'est tout bête** there's nothing to it / *c'est tout bête, il suffisait d'y penser !* it's so simple, we should have thought of it before! **3.** [regrettable] : *c'est bête de ne pas y avoir pensé* it's silly ou stupid not to have thought of it.

bêtement [bɛtmɑ̃] adv **1.** [de façon bête] stupidly **2.** [simplement] ▸ **tout bêtement** just, quite simply.

bêtifiant, e [betifjɑ̃, ɑ̃t] adj idiotic.

bêtise [betiz] nf **1.** [stupidité] stupidity **2.** [action, remarque] stupid thing ▸ **faire / dire une bêtise** to do/say something stupid ▸ **faire des bêtises** to be stupid ou silly.

bêtisier [betizje] nm collection of howlers ▸ **le bêtisier de la semaine** PRESSE gaffes of the week.

béton [betɔ̃] nm **1.** [matériau] concrete ▸ **béton armé** reinforced concrete / *béton précontraint* prestressed concrete **2.** *fig* ▸ **en béton** [argument] cast-iron.

bétonner [3] [betɔne] ❖ vt to concrete. ❖ vi FOOT to play defensively.

bétonnière [betɔnjɛʀ] nf cement mixer.

bette [bɛt], **blette** [blɛt] nf Swiss chard.

betterave [bɛtʀav] nf beetroot UK, beet US ▸ **betterave fourragère** mangel-wurzel ▸ **betterave sucrière** ou **à sucre** sugar beet.

beuglement [bøgləmɑ̃] nm **1.** [de bovin] mooing *(U)*, lowing *(U)* **2.** [de radio] blaring *(U).*

beugler [5] [bøgle] vi **1.** [bovin] to moo, to low **2.** *fam* [personne] to bellow ; [radio] to blare out.

beur [bœʀ] ❖ nmf *fam person born in France of North African immigrant parents.* ❖ adj *pertaining to a person born in France of North African immigrant parents.*

beurk [bœʀk] *fam* = **berk.**

beurre [bœʀ] nm **1.** [aliment] butter ▸ **beurre de cacahuètes** *ou* **d'arachide** peanut butter ▸ **beurre de cacao** cocoa butter ▸ **beurre demi-sel** slightly-salted butter ▸ **beurre d'érable** QUÉBEC maple butter ▸ **beurre noir** brown butter sauce **2.** EXPR **compter pour du beurre** to count for nothing ▸ **faire son beurre** to make one's pile ▸ **mettre du beurre dans les épinards** to make life a little more comfortable.

beurré, e [bœʀe] adj **1.** [couvert de beurre] buttered **2.** *fam* [ivre] plastered.

beurrer [5] [bœʀe] vt to butter.

beurrier¹, ère [bœʀje, ɛʀ] adj [industrie] butter *(avant n)* ; [région] butter-producing.

beurrier² [bœʀje] nm butter dish.

beuverie [bœvʀi] nf drinking session.

bévue [bevy] nf blunder ▸ **faire** ou **commettre une bévue** to slip up.

Beyrouth [beʀut] npr Beirut / *Beyrouth-Est* East Beirut / *Beyrouth-Ouest* West Beirut.

BHV (*abr de* **Bazar de l'Hôtel de Ville**) nm *large department store in central Paris.*

biais [bjɛ] nm **1.** [ligne oblique] slant ▸ **en** ou **de biais** **a)** [de travers] at an angle **b)** *fig* indirectly / *regarder qqn en* ou *de biais* to give sb a sidelong glance / *traverser la rue en biais* to cross the street diagonally **2.** COUT bias / *tailler un tissu dans le biais* to cut a piece of cloth on the bias **3.** [aspect] angle **4.** [moyen détourné] expedient ▸ **par le biais de** by means of **5.** [dans des statistiques] bias.

biaiser [4] [bjeze] vi *fig* to dodge the issue.

bibande [bibɑ̃d] adj dual-band.

bibelot [biblo] nm trinket, curio.

biberon [bibʀɔ̃] nm baby's bottle ▸ **nourrir au biberon** to bottle-feed.

bibit(t)e [bibit] nf QUÉBEC *fam* insect, bug.

bible [bibl] nf bible.

bibliobus [biblijɔbys] nm mobile library.

bibliographie [biblijɔgʀafi] nf bibliography.

bibliographique [biblijɔgʀafik] adj bibliographical.

bibliophile [biblijɔfil] nmf book lover.

bibliothécaire [biblijɔtekɛʀ] nmf librarian.

bibliothèque [biblijɔtɛk] nf **1.** [meuble] bookcase **2.** [édifice, collection] library ▸ **bibliothèque municipale** public library ▸ **la Bibliothèque nationale de France** *the French national library.*

> **La Bibliothèque nationale de France**
>
> The BNF is a large copyright deposit library comparable to the British Library and the Library of Congress. The original building on the rue de Richelieu in central Paris houses the library's collection of manuscripts, engravings, coins, medals and maps; the bulk of the book collection is housed in the Bibliothèque François-Mitterrand, a modern complex on the banks of the Seine whose four towers are reminiscent of open books.

biblique [biblik] adj biblical.

Bic® [bik] nm ball-point pen.

bicarbonate [bikaʀbɔnat] nm ▸ **bicarbonate (de soude)** bicarbonate of soda.

bicentenaire [bisɑ̃tnɛʀ] ◆ adj two-hundred-year-old *(avant n).* ◆ nm bicentenary UK, bicentennial US.

biceps [bisɛps] nm biceps.

biche [biʃ] nf ZOOL hind, doe.

bichonner [3] [biʃɔne] vt [choyer] to cosset, to pamper. ◆ **se bichonner** vp to spruce o.s. up ; [femme] to doll o.s. up.

bicolore [bikɔlɔʀ] adj two-coloured UK, two-colored US.

bicoque [bikɔk] nf *péj* house.

bicorne [bikɔʀn] nm cocked hat.

bicyclette [bisiklɛt] nf bicycle ▸ **rouler à bicyclette** to cycle.

bidasse [bidas] nm *fam* squaddie UK, grunt US.

bide [bid] nm *fam* **1.** [ventre] belly **2.** [échec] flop.

bidet [bidɛ] nm **1.** [sanitaire] bidet **2.** *hum* [cheval] nag.

bidon [bidɔ̃] ◆ adj inv *fam* [faux] phony, phoney UK. ◆ nm **1.** [récipient] can ▸ **bidon d'essence** petrol can ▸ **bidon d'huile** oilcan **2.** *fam* [ventre] belly **3.** *fam* [simulation] ▸ **c'est du bidon** it's (a load of) rubbish.

bidonner [3] [bidɔne] ◆ **se bidonner** vp *fam* to laugh one's head off.

bidonville [bidɔ̃vil] nm shantytown.

bidouiller [3] [biduje] vt [serrure, logiciel] to fiddle around with, to tamper with ; [appareil] to fix.

bidouilleur, euse [bidujœʀ, øz] nm, f *fam* : *c'est un bidouilleur* he's good with his hands.

bidule [bidyl] nm *fam* thing, thingy.

bielle [bjɛl] nf connecting rod.

biélorusse [bjelɔʀys] adj Belorussian, Byelorussian. ◆ **Biélorusse** nmf Belorussian, Byelorussian.

Biélorussie [bjelɔʀysi] nf : *la Biélorussie* Belorussia, Byelorussia.

> **bien** [bjɛ̃]
>
> ◆ adj inv (***mieux*** *est le comparatif et le superlatif de* ***bien***)
>
> **1.** [satisfaisant] good / *il est bien comme prof* he's a good teacher / *il est bien, ce bureau* this is a good office / *c'est bien de s'amuser mais il faut aussi travailler* it's all right to have fun but you have to work too
>
> **2.** [en bonne santé] well ▸ **je ne me sens pas bien** I don't feel well
>
> **3.** [joli] good-looking / *tu ne trouves pas qu'elle est bien comme ça ?* don't you think she looks good ou nice like that? / *tu es très bien en jupe* **a)** [cela te sied] you look very nice in a skirt **b)** [c'est acceptable pour l'occasion] a skirt is perfectly all right ▸ **il est bien de sa personne** he's a good-looking man
>
> **4.** [à l'aise] comfortable / *on est bien ici* it's nice here
>
> **5.** [convenable] respectable / *ce n'est pas bien de tirer la langue* it's naughty ou it's not nice to stick out your tongue

❖ nm

1. [sens moral] ▸ **le bien** good / *le bien et le mal* good and evil

2. [intérêt] good / *je te dis ça pour ton bien* I'm telling you this for your own good / *pour le bien public* in the public interest / *grand bien te / lui fasse !* *iron* much good may it do you / him!

3. [richesse, propriété] property, possession ▸ **avoir du bien au soleil** *fam* to be well-off ou rich

4. EXPR **faire du bien à qqn** to do sb good ▸ **dire du bien de qqn / qqch** to speak well of sb / sthg ▸ **mener à bien** to bring to fruition, to complete ▸ **en tout bien tout honneur** with the best of intentions

❖ adv

1. [de manière satisfaisante] well / *aller* ou *se porter bien* to feel well ou fine / *on mange bien ici* the food's good here / *il ne s'est pas bien conduit* he didn't behave well / *tu as bien fait* you did the right thing / *tu ferais bien d'y aller* you would be wise to go / *tu tombes bien !* you've come at (just) the right time! ▸ **c'est bien fait !** it serves him / her etc. right!

2. [avec soin] *écoute-moi bien* listen (to me) carefully / *as-tu bien vérifié ?* did you check properly? / *fais bien ce que l'on te dit* do exactly ou just as you're told / *mélangez bien* stir well / *soigne-toi bien* take good care of yourself

3. [sens intensif] quite, really / *bien souvent* quite often / *en es-tu bien sûr ?* are you quite sure (about it)? / *j'espère bien que...* I DO hope that... / *on a bien ri* we had a good laugh / *il y a bien trois heures que j'attends* I've been waiting for at least three hours ▸ **c'est bien aimable à vous** it's very kind ou good of you

4. [renforçant un comparatif] *il est parti bien plus tard* he left much later / *on était bien moins riches* we were a lot worse off ou poorer

5. [servant à conclure ou à introduire] *bien, c'est fini pour aujourd'hui* well, that's it for today / *bien, je t'écoute* well, I'm listening / *très bien, je vais avec toi* all right then, I'll go with you

6. [en effet] *c'est bien lui* it really IS him / *c'est bien ce que je disais* that's just what I said

7. [dans la correspondance] *bien à toi* love / *bien à vous* yours

❖ interj

▸ **eh bien !** oh well! / *eh bien, qu'en penses-tu ?* well, what do you think? / *je n'irai pas ! — bien, n'en parlons plus !* I won't go! — very well ou all right (then), let's drop the subject!

◆ **biens** nmpl property *(U)* / *tous mes biens* all my worldly goods, all I'm worth / *biens (de consommation) durables* durable goods, durables ▸ **biens de consommation** consumer goods ▸ **biens d'équipement** capital equipment ou goods ▸ **biens sociaux** corporate assets.

◆ **bien de, bien des** loc adj : *bien des gens sont venus* quite a lot of people came / *bien des fois* many times / *il a bien de la chance* he's very ou really lucky / *il a eu bien de la peine à me convaincre* he had quite a lot of trouble convincing me.

◆ **bien entendu** loc adv of course.

◆ **bien entendu que** loc conj of course / *bien entendu que j'aimerais y aller* of course I'd like to go.

◆ **bien que** loc conj *(+ subjonctif)* although, though / *bien que malade, il a tenu à y aller* although he was ill, he insisted on going.

◆ **bien sûr** loc adv of course, certainly.

◆ **bien sûr que** loc conj of course / *bien sûr qu'elle n'avait rien compris !* of course she hadn't understood a thing!

bien-aimé, e [bjɛ̃neme] *(mpl* **bien-aimés**, *fpl* **bien-aimées**) adj & nm, f beloved.

bien-être [bjɛ̃nɛtʀ] nm inv **1.** [physique] wellbeing **2.** [matériel] wellbeing, comfort.

bienfaisance [bjɛ̃fəzɑ̃s] nf charity.

bienfaisant, e [bjɛ̃fəzɑ̃, ɑ̃t] adj beneficial.

bienfait [bjɛ̃fɛ] nm **1.** [effet bénéfique] benefit **2.** [faveur] kindness.

bienfaiteur, trice [bjɛ̃fɛtœʀ, tʀis] nm, f benefactor.

bien-fondé [bjɛ̃fɔ̃de] *(pl* **bien-fondés**) nm validity.

bienheureux, euse [bjɛ̃nøʀø, øz] adj **1.** RELIG blessed **2.** [heureux] happy.

biennal, e, aux [bjenal, o] adj biennial. ◆ **biennale** nf biennial festival.

bien-pensant, e [bjɛ̃pɑ̃sɑ̃, ɑ̃t] *(mpl* **bien-pensants**, *fpl* **bien-pensantes**) adj & nm, f *péj* conformist.

bienséance [bjɛ̃seɑ̃s] nf decorum. ◆ **bienséances** nfpl conventions.

bientôt [bjɛ̃to] adv soon ▸ **à bientôt !** see you soon!

bienveillance [bjɛ̃vejɑ̃s] nf kindness.

bienveillant, e [bjɛ̃vejɑ̃, ɑ̃t] adj kindly.

bienvenu, e [bjɛ̃vny] ❖ adj [qui arrive à propos] welcome. ❖ nm, f ▸ **être le bienvenu / la bienvenue** to be welcome ▸ **soyez le bienvenu !** welcome! ◆ **bienvenue** nf welcome ▸ **souhaiter la bienvenue à qqn** to welcome sb.

bière [bjɛʀ] nf **1.** [boisson] beer ▸ **bière blonde** lager ▸ **bière brune** brown ale ▸ **bière pression** draught UK ou draft US beer **2.** [cercueil] coffin / *mettre quelqu'un en bière* to put someone in his / her coffin.

biffer [3] [bife] vt *sout* to cross out.

bifidus [bifidys] nm bifidus ▸ **yaourt au bifidus** bio ou bifidus yoghurt.

bifteck [biftɛk] nm steak / *du bifteck haché* (best) mince UK, lean ground beef US.

bifurcation [bifyʀkasjɔ̃] nf [embranchement] fork ; *fig* new direction.

bifurquer [3] [bifyʀke] vi **1.** [route, voie ferrée] to fork **2.** [voiture] to turn off **3.** *fig* [personne] to branch off.

bigame [bigam] ❖ adj bigamous. ❖ nmf bigamist.

bigamie [bigami] nf bigamy.

bigarré, e [bigaʀe] adj [vêtement, fleur] variegated, multicoloured UK, multicolored US ; [foule] colourful UK, colorful US.

bigarreau, x [bigaʀo] nm cherry.

bigophone [bigɔfɔn] nm *fam* & *vieilli* [téléphone] blower UK, horn US.

bigorneau, x [bigɔʀno] nm winkle.

bigot, e [bigo, ɔt] *péj* ❖ adj bigoted. ❖ nm, f bigot.

bigoudi [bigudi] nm curler.

bigrement [bigʀəmɑ̃] adv *fam* & *vieilli* [beaucoup] a lot ; [très] very.

bijou, x [biʒu] nm **1.** [joyau] jewel **2.** *fig* [chef-d'œuvre] gem.

bijouterie [biʒutʀi] nf **1.** [magasin] jeweller's UK ou jeweler's US (shop) **2.** [activité] jewellery-making UK, jewelry-making US **3.** [commerce] jewellery UK ou jewelry US trade.

bijoutier, ère [biʒutje, ɛʀ] nm, f jeweller UK, jeweler US.

Bikini® [bikini] nm bikini.

bilan [bilɑ̃] nm **1.** FIN balance sheet ▸ **bilan de l'exercice** end-of-year balance sheet ▸ **déposer son bilan** FIN to go into liquidation, to declare bankruptcy **2.** [état d'une situation] state of affairs ▸ **faire le bilan (de)** to take stock (of) ▸ **bilan de santé** checkup.

bilatéral, e, aux [bilateʀal, o] adj **1.** [stationnement] on both sides (of the road) **2.** [contrat, accord] bilateral.

bile [bil] nf bile ▸ **déverser sa bile** *fam* to vent one's spleen ▸ **se faire de la bile** *fam* to worry.

biliaire [biljɛʀ] adj biliary ▸ **calcul biliaire** gallstone.

bilieux, euse [biljø, øz] adj **1.** [teint] bilious **2.** [tempérament] irascible.

bilingue [bilɛ̃g] ❖ adj bilingual. ❖ nmf [personne] bilingual person. ❖ nm [dictionnaire] bilingual dictionary.

bilinguisme [bilɛ̃gɥism] nm bilingualism.

billard [bijaʀ] nm **1.** [jeu] billiards *(U)* **2.** [table de jeu] billiard table **3.** EXPR **passer sur le billard** *fam* to go under the knife.

bille [bij] nf **1.** [d'enfant] marble **2.** [de billard] ball **3.** *fam* [tête] face **4.** [de bois] block of wood.

billet [bijɛ] nm **1.** [lettre] note ▸ **billet doux** love letter **2.** [argent] ▸ **billet (de banque)** (bank) note, bill US / *un billet de 100 euros* a 100-euro note ▸ **billet à ordre** promissory note, note of hand ▸ **billet au porteur** bearer bill ▸ **faux billet** forged bank note ▸ **le billet vert** the dollar **3.** [ticket] ticket ▸ **billet aller ou simple** single (ticket) UK, one-way ticket US ▸ **billet aller-retour** return (ticket) UK, round-trip ticket US ▸ **billet de train / d'avion** train / plane ticket / *voyageurs munis de billets* ticket holders ▸ **billet de loterie** lottery ticket.

billetterie [bijɛtʀi] nf **1.** [à l'aéroport] ticket desk ; [à la gare] booking office ou hall **2.** [bureau, service] ticket office **3.** BANQUE ATM, cash dispenser UK.

billion [biljɔ̃] nm billion UK, trillion US.

bimbo [bimbo] nf *fam* & *péj* bimbo.

bimensuel, elle [bimɑ̃sɥɛl] adj fortnightly UK, twice monthly. ◆ **bimensuel** nm fortnightly review UK, semimonthly US.

bimestriel, elle [bimɛstʀijɛl] adj two-monthly.

bimode [bimɔd] adj dual-use.

bi-monétaire [bimɔnetɛʀ] adj [système] dual-currency.

bimoteur [bimɔtœʀ] ❖ adj twin-engined. ❖ nm twin-engined plane.

binaire [binɛʀ] adj binary.

binational, e, aux [binasjɔnal, o] ❖ adj with dual nationality. ❖ nm, f person with dual nationality.

biner [3] [bine] vt to hoe.

bingo [bingo] nm & interj bingo.

biniou [binju] nm (Breton) bagpipes *pl.*

binôme [binom] nm binomial.

bio [bjo] adj inv organic / *aliments bio* organic food.

biocarburant [bjɔkaʀbyʀɑ̃] nm biofuel.

biocénose, biocœnose [bjɔsenoz] nf ÉCOL biocenosis.

biochimie [bjɔʃimi] nf biochemistry.

biocombustible [bjɔkɔ̃bystibl] nm biofuel.

biodégradable [bjɔdegʀadabl] adj biodegradable.

biodiversité [bjɔdivɛʀsite] nf biodiversity.

bioéthique [bjɔetik] nf bioethics *(U).*

biographie [bjɔgʀafi] nf biography.

biographique [bjɔgʀafik] adj biographical.

bio-industrie [bjoɛ̃dystʀi] (*pl* **bio-industries**) nf bioindustry.

biologie [bjɔlɔʒi] nf biology.

biologique [bjɔlɔʒik] adj **1.** [sciences] biological **2.** [naturel] organic.

biométrique [bjɔmetʀik] adj biometric.

biopic [bjopik] nm biopic.

biopsie [bjɔpsi] nf biopsy.

biorythme [bjɔʀitm] nm biorhythm.

biosphère [bjɔsfɛʀ] nf biosphere.

biotechnologie [bjɔtɛknɔlɔʒi], **biotechnique** [bjɔtɛknik] nf biotechnology.

biotechnologique [bjɔtɛknɔlɔʒik], **biotechnique** [bjɔtɛknik] adj biotechnological.

bioterrorisme [bjɔtɛʀɔʀism] nm bioterrorism.

bioterroriste [bjɔtɛʀɔʀist] adj & nmf bioterrorist.

bip [bip] nm **1.** [signal] tone, beep / *parlez après le bip (sonore)* please speak after the beep ou tone **2.** [appareil] beeper, bleeper UK.

bipède [bipɛd] nm & adj biped.

biper [3] [bipe] vt to page.

bique [bik] nf **1.** *fam* [chèvre] (nanny) goat **2.** *péj* [femme] ▸ **vieille bique** old bag.

BIRD [bœʀd] (*abr de* **Banque internationale pour la reconstruction et le développement**) nf IBRD.

biréacteur [biʀeaktœʀ] nm twin-engined jet.

birman, e [biʀmɑ̃, an] adj Burmese. ◆ **birman** nm [langue] Burmese. ◆ **Birman, e** nm, f Burmese.

Birmanie [biʀmani] nf : *la Birmanie* Burma.

bis¹, e [bi, biz] adj greyish-brown UK, grayish-brown US ▸ **pain bis** brown bread.

bis² [bis] ❖ adv **1.** [dans adresse] : *5 bis* 5a **2.** [à la fin d'un spectacle] encore. ❖ nm encore.

bisannuel, elle [bizanɥɛl] adj biennial.

bisbille [bizbij] nf squabble, tiff ▸ **être en bisbille (avec)** to be on bad terms (with).

biscornu, e [biskɔʀny] adj **1.** [difforme] irregularly shaped **2.** [bizarre] weird.

biscotte [biskɔt] nf *toasted bread sold in packets and often eaten for breakfast*.

biscuit [biskɥi] nm **1.** [sec] biscuit UK, cookie US ; [salé] cracker **2.** [gâteau] sponge.

bise [biz] nf **1.** [vent] north wind **2.** *fam* [baiser] kiss / *grosses bises* love and kisses.

biseau, x [bizo] nm bevel ▸ **en biseau** bevelled UK, beveled US.

bisexuel, elle [bisɛksɥɛl] adj bisexual.

bison [bizɔ̃] nm bison.

bisou [bizu] nm *fam* kiss ▸ **bisous** [sur une lettre] love.

bisque [bisk] nf *thick soup, the ingredients of which have been pureed* ▸ **bisque de homard** lobster bisque.

bissextile [bisɛkstil] adj ⟶ **année**.

bistouri [bistuʀi] nm lancet.

bistrot, bistro [bistʀo] nm *fam* cafe, bar.

bit [bit] nm INFORM bit.

BIT (*abr de* **Bureau international du travail**) nm ILO.

bite [bit] nf *vulg* prick, cock.

bitoniau [bitɔnjo] nm *fam* thingy.

bitte [bit] nf **1.** NAUT bitt ▸ **bitte d'amarrage** bollard **2.** *vulg* [pénis] = **bite**.

bitume [bitym] nm **1.** [revêtement] asphalt **2.** CHIM bitumen.

bivouac [bivwak] nm bivouac.

bivouaquer [3] [bivwake] vi to bivouac.

biz (*abr écrite de* **bises**) SMS KOTC, HAK.

bizarre [bizaʀ] adj strange, odd.

bizarrement [bizaʀmɑ̃] adv strangely, oddly.

bizarrerie [bizaʀʀi] nf strangeness.

bizutage [bizytaʒ] nm *practical jokes played on new arrivals in a school or college* ; ≃ ragging UK ; ≃ hazing US.

bjr SMS *abr écrite de* **bonjour**.

blabla, bla-bla [blabla] nm inv *fam* waffle UK.

black [blak] adj *fam* black. ◆ **Black** nmf *fam* Black.

> **Bizutage**
>
> In some French schools and colleges, students take to the streets in fancy-dress and play practical jokes on each other and on passers-by at the beginning of the school year. This is part of the traditional initiation ceremony known as **bizutage**.

blackbouler [3] [blakbule] vt **1.** [à une élection] to blackball **2.** *fam* [à un examen] to fail.

black-out [blakawt] nm blackout.

blafard, e [blafaʀ, aʀd] adj pale.

blague [blag] nf **1.** [plaisanterie] joke ▸ **blague à part** joking apart ▸ **sans blague !** no!, really? / *c'est une blague ?* are you kidding? **2.** [sac] ▸ **blague à tabac** tobacco pouch.

blaguer [3] [blage] vi *fam* to joke.

blagueur, euse [blagœʀ, øz] *fam* ❖ adj jokey. ❖ nm, f joker.

blaireau, x [blɛʀo] nm **1.** [animal] badger **2.** [de rasage] shaving brush **3.** *fam* & *péj* [homme] ≃ Essex man UK ; ≃ Joe Sixpack US ; [femme] ≃ Essex girl UK.

blairer [4] [blɛʀe] vt *fam* : *je ne peux pas la blairer* I can't stand her.

blâme [blam] nm **1.** [désapprobation] disapproval **2.** [sanction] reprimand.

blâmer [3] [blame] vt **1.** [désapprouver] to blame **2.** [sanctionner] to reprimand.

blanc, blanche [blɑ̃, blɑ̃ʃ] adj **1.** [gén] white / *avoir les cheveux blancs* to be white-haired ou snowy-haired *litt* **2.** [non écrit] blank ▸ **elle a remis (une) copie blanche** she handed in a blank sheet of paper ▸ **vote blanc** blank vote **3.** [pâle] pale ▸ **être blanc comme un cachet d'aspirine** *fam* & *hum* [non bronzé] to be completely white ▸ **blanc comme un linge** white as a sheet **4.** [monotone] ▸ **d'une voix blanche** in a monotone **5.** [examen] mock. ◆ **blanc** ❖ nm **1.** [couleur] white ▸ **blanc cassé** off-white / *le blanc lui va bien* she looks good in white **2.** [personne] white (man) **3.** [linge de maison] ▸ **le blanc** the (household) linen / *faire une machine de blanc* to do a machine-load of whites **4.** [sur page] blank (space) **5.** [dans conversation] blank **6.** [de volaille] white meat **7.** [vin] white (wine) ▸ **blanc de blancs** *white wine from white grapes* / *un blanc sec* a dry white wine **8.** [cornée] ▸ **blanc de l'œil** white of the eye ▸ **regarder qqn dans le blanc des yeux** to look sb straight in the eye. ❖ adv ▸ **voter blanc** to return a blank vote. ◆ **blanche** nf **1.** [personne] white (woman) / *il a épousé une Blanche* he married a white woman **2.** MUS minim UK, half note US. ◆ **blanc d'œuf** nm egg white. ◆ **à blanc** ❖ loc adj [cartouche] blank. ❖ loc adv [armement] : *tirer à blanc* to shoot ou fire blanks. ◆ **en blanc** ❖ loc adj **1.** [chèque, procuration] blank / *laisser une ligne / page en blanc* to leave a line / page blank **2.** [personne] : *une mariée en blanc* a bride wearing white. ❖ loc adv [peindre, colorer] white ; [s'habiller, sortir] in white.

blanc-bec [blɑ̃bɛk] (*pl* **blancs-becs**) nm *péj* & *vieilli* greenhorn.

blanchâtre [blɑ̃ʃatʀ] adj whitish.

blanche ⟶ **blanc**.

blancheur [blɑ̃ʃœʀ] nf whiteness.

blanchiment [blɑ̃ʃimɑ̃] nm **1.** [décoloration] bleaching **2.** [coloration en blanc] whitewashing ▸ **blanchiment d'argent** *fig* money laundering.

blanchir [32] [blɑ̃ʃiʀ] ❖ vt **1.** [mur] to whitewash **2.** [linge, argent] to launder / *blanchir l'argent de la drogue* to launder money from drug trafficking **3.** [légumes] to blanch **4.** [sucre] to refine ; [décolorer] to bleach / *le temps a blanchi ses cheveux* time has turned his hair white **5.** *fig* [accusé] ▸ **blanchir qqn de qqch** to clear sb of sthg. ❖ vi **1.** [d'émotion] ▸ **blanchir (de)** to go white (with) **2.** [barbe, cheveux] : *elle a blanchi* her hair has turned white.

blanchissage [blɑ̃ʃisaʒ] nm **1.** [de linge] laundering **2.** [de sucre] refining.

blanchissant, e [blɑ̃ʃisɑ̃, ɑ̃t] adj **1.** [produit] whitening **2.** [cheveux, barbe] greying UK, graying US.

blanchisserie [blɑ̃ʃisʀi] nf laundry.

blanchisseur, euse [blɑ̃ʃisœʀ, øz] nm, f launderer, laundryman (laundrywoman).

blanchon [blɑ̃ʃɔ̃] nm QUÉBEC whitecoat *(baby seal).*

blanquette [blɑ̃kɛt] nf **1.** CULIN *stew of veal, lamb or chicken served in a white sauce* ▸ **blanquette de veau** veal blanquette **2.** [vin] ▸ **blanquette de Limoux** *sparkling wine from Limoux.*

blasé, e [blaze] ❖ adj blasé. ❖ nm, f blasé person.

blason [blazɔ̃] nm coat of arms.

blasphémateur, trice [blasfematœʀ, tʀis] ❖ adj blasphemous. ❖ nm, f blasphemer.

blasphématoire [blasfematwaʀ] adj blasphemous.

blasphème [blasfɛm] nm blasphemy.

blasphémer [18] [blasfeme] vt & vi to blaspheme.

blatte [blat] nf cockroach.

blazer [blazɛʀ] nm blazer.

blé [ble] nm **1.** [céréale] wheat, corn UK ▸ **blé en herbe** unripe wheat ou corn UK ▸ **blé noir** buckwheat ▸ **blond comme les blés** with corn-coloured hair **2.** *fam* [argent] dough.

bled [blɛd] nm **1.** [Afrique noire, Afrique du Nord] countryside **2.** *fam* & *péj* [village isolé] godforsaken place.

blême [blɛm] adj ▸ **blême (de)** pale (with).

blêmir [32] [blemiʀ] vi to go ou turn pale.

blennorragie [blenɔʀaʒi] nf gonorrhoea UK, gonorrhea US.

blessant, e [blɛsɑ̃, ɑ̃t] adj hurtful.

blessé, e [blese] nm, f wounded ou injured person ▸ **un grand blessé** a badly wounded ou injured person.

blesser [4] [blese] vt **1.** [physiquement - accidentellement] to injure, to hurt ; [- par arme] to wound / *ses chaussures lui blessent les pieds* his shoes make his feet sore **2.** [moralement] to hurt. ◆ **se blesser** vp to injure o.s., to hurt o.s. / *elle s'est blessée au bras* she injured ou hurt her arm.

blessure [blesyʀ] nf *pr* & *fig* wound.

blet, blette [blɛ, blɛt] adj overripe.

blette = **bette**.

bleu, e [blø] ❖ adj **1.** [couleur] blue / *bleu clair* light blue / *avoir les yeux bleus* to have blue eyes, to be blue-eyed / *il a les lèvres bleues* his lips are blue / *bleu de froid* blue with cold ▸ **bleu ciel** sky blue ▸ **avoir une peur bleue** to have the fright of one's life, to be terrified **2.** [viande] very rare. ❖ nm, f *fam* [novice - généralement] newcomer ; [- à l'armée] raw recruit ; [- à l'université] fresher UK freshman US. ◆ **bleu** nm **1.** [couleur] blue / *bleu foncé* dark blue / *bleu pâle / pétrole / roi* pale / petrol / royal blue / *admirer le bleu du ciel / de la mer* to admire the blueness of the sky / sea ▸ **bleu marine** navy blue ▸ **bleu outremer** ultramarine **2.** [meurtrissure] bruise / *être couvert de bleus* to be black and blue, to be covered in bruises / *se faire un bleu à la cuisse* to bruise one's thigh **3.** [fromage] blue cheese **4.** [antiseptique] ▸ **bleu de méthylène** methylene blue **5.** [vêtement] ▸ **bleu de travail** overalls *pl* UK, coveralls *pl* US **6.** EXPR **le grand bleu** the blue depths of the sea. ◆ **bleue** nf [mer] ▸ **la grande bleue** the Mediterranean (sea). ◆ **au bleu** loc adj CULIN : *truite au bleu* trout au bleu. ◆ **les Bleus, les Bleues** nm, f pl SPORT *the French national team.*

bleuet [bløɛ] nm cornflower ; QUÉBEC [fruit] blueberry.

bleuetier [bløɛtje] nm QUÉBEC [petit arbrisseau] blueberry plant.

bleuetière [bløtjɛʀ] nf QUÉBEC blueberry field.

bleuir [32] [bløiʀ] vt & vi to turn blue.

bleuté, e [bløte] adj bluish.

blindé, e [blɛ̃de] adj **1.** [véhicule] armoured UK, armored US ; [porte, coffre] armour-plated UK, armor-plated US **2.** *fam* & *fig* [personne] hardened **3.** *fam* [être ivre] : *être blindé* to be plastered. ◆ **blindé** nm armoured UK ou armored US car.

blinder [3] [blɛ̃de] vt **1.** [véhicule] to armour UK, to armor US ; [porte, coffre] to armour-plate UK, to armor-plate US **2.** *fam* [endurcir] to harden. ◆ **se blinder** vp *fam* & *fig* to harden o.s.

bling-bling [blingbling] ❖ adj *fam* bling-bling, bling / *la génération bling-bling* the bling-bling generation. ❖ nm ▸ **le bling-bling** bling-bling, bling / *il fait dans le bling-bling maintenant* he's gone all bling-bling.

blini [blini] nm blini.

blizzard [blizaʀ] nm blizzard.

bloc [blɔk] nm **1.** [gén] block / *être tout d'un bloc* **a)** [en un seul morceau] to be made of a single block **b)** [trapu] to be stockily built **c)** [direct] to be simple and straightforward **d)** [inflexible] to be unyielding / *former* *un bloc* **a)** [sociétés] to form a group **b)** [amis, alliés] to stand together **c)** [composants] to form a single whole / *faire bloc* to form a block / *faire bloc avec / contre qqn* to stand (together) with / against sb / *le bloc des pays de l'Est* ou *soviétique* HIST the Eastern ou Soviet bloc / *le bloc des pays de l'Ouest* ou *occidental* the Western Alliance **2.** [assemblage] unit ▸ **bloc frigorifique** refrigeration unit ▸ **bloc opératoire a)** [salle] operating theatre UK ou room US **b)** [locaux] surgical unit ▸ **bloc sanitaire** toilet block **3.** [de papier] pad / *bloc de bureau / papier* desk / writing pad / *bloc à en-tête* headed notepad **4.** INFORM ▸ **bloc d'alimentation** power pack ▸ **bloc de calcul** arithmetic unit ▸ **bloc de mémoire** memory bank. ◆ **à bloc** loc adv **1.** : *visser une vis à bloc* to screw a screw down hard / *gonfler un pneu à bloc* to blow a tyre right up UK ou all the way US up, to blow a tire all the way up US **2.** EXPR **il est gonflé** ou **remonté à bloc** *fam* he's on top form ou full of beans. ◆ **en bloc** loc adv as a whole / *j'ai tout rejeté en bloc* I rejected it lock, stock and barrel / *condamner une politique en bloc* to condemn a policy outright.

blocage [blɔkaʒ] nm **1.** ÉCON freeze, freezing *(U)* **2.** [de roue] locking **3.** PSYCHO (mental) block **4.** CONSTR rubble.

blockbuster [blɔkbœstœʀ] nm **1.** [film] blockbuster **2.** [médicament] blockbuster drug.

blockhaus [blɔkos] nm blockhouse.

bloc-moteur [blɔkmɔtœʀ] (*pl* **blocs-moteurs**) nm engine block.

bloc-notes [blɔknɔt] (*pl* **blocs-notes**) nm notepad, scratchpad US.

blocus [blɔkys] nm blockade.

blog [blɔg] nm blog.

blogosphère [blɔgɔsfɛʀ] nf blogosphere.

blogroll [blogʀɔl] nm INTERNET blogroll.

blogueur, euse [blɔgœʀ, øz] nm, f blogger.

blond, e [blɔ̃, blɔ̃d] ❖ adj fair, blond. ❖ nm, f fair-haired ou blond man, fair-haired ou blonde woman. ◆ **blond** nm ▸ **blond cendré / vénitien / platine** ash / strawberry / platinum blond. ◆ **blonde** nf **1.** [cigarette] Virginia cigarette **2.** [bière] lager.

blondeur [blɔ̃dœʀ] nf blondness, fairness.

blondir [32] [blɔ̃diʀ] vi to go ou turn blond ▸ **faire blondir** CULIN to fry gently without browning.

bloquer [3] [blɔke] vt **1.** [porte, freins] to jam ; [roues] to lock / *c'est le tapis qui bloque la porte* the carpet's jamming the door **2.** [route, chemin] to block ; [personne] ▸ **être bloqué** to be stuck / *je suis bloqué à la maison avec un gros rhume* I'm stuck at home with a bad cold / *bloqué par la neige* snowbound **3.** [prix, salaires, crédit] to freeze / *les pourparlers sont bloqués* the negotiations are at a standstill ou have reached an impasse **4.** [regrouper] to combine / *on va bloquer les activités sportives le matin* we'll have all sports events in the morning **5.** PSYCHO ▸ **être bloqué** to have a (mental) block / *ça la bloque* she has a mental block about it. ◆ **se bloquer** vp **1.** [se coincer] to jam **2.** PSYCHO ▸ **se bloquer contre** to have a (mental) block about / *je me bloque quand on me parle sur ce ton* my mind goes blank ou I freeze when somebody speaks to me like that.

blottir [32] [blɔtiʀ] ◆ **se blottir** vp ▸ **se blottir (contre)** to snuggle up (to).

blouse [bluz] nf **1.** [de travail, d'écolier] smock **2.** [chemisier] blouse.

blouser [3] [bluze] ❖ vi to be full. ❖ vt *fam* ▸ **blouser qqn** to pull a fast one on sb.

blouson [bluzɔ̃] nm bomber jacket, blouson.

blue-jean(s) [bludʒin] (*pl* **blue-jeans** [bludʒins]) nm jeans *pl*.

blues [bluz] nm inv blues.

bluff [blœf] nm bluff.

bluffer [3] [blœfe] vi & vt *fam* to bluff.

blush [blœʃ] nm blusher.

BN nf *abr de* **Bibliothèque nationale**.

BNF nf *abr de* **Bibliothèque nationale de France**.

BO (*abr de* **bande originale**) nf soundtrack.

boa [bɔa] nm boa.

boat people [botpipəl] nmpl boat people.

bob [bɔb] nm SPORT bob.

bobard [bɔbaʀ] nm *fam* fib.

bobettes [bɔbɛt] nfpl QUÉBEC *fam* underwear.

bobine [bɔbin] nf **1.** [cylindre] reel, spool **2.** ÉLECTR coil **3.** *fam* & *vieilli* [visage] face.

bobo¹ [bɔbo] nm *langage enfantin* ▸ **se faire bobo** to hurt o.s. ▸ **j'ai bobo à la tête** my head hurts.

bobo² [bobo] (*abr de* **bourgeois bohème**) nmf *fam* *left-leaning yuppie*.

bobsleigh [bɔbslɛg] nm bobsleigh UK, bobsled US.

bocage [bɔkaʒ] nm **1.** [bois] grove **2.** GÉOGR bocage.

bocal, aux [bɔkal, o] nm jar.

bock [bɔk] nm beer mug.

body (*pl* **bodys** *ou* **bodies**) [bɔdi] nm body(suit).

body art [bɔdiaʀt] nm body art.

bodyboard [bɔdibɔʀd] nm SPORT bodyboarding.

body-building [bɔdibildiŋ] nm ▸ **le body-building** body building *(U)*.

bœuf [bœf] (*pl* **-s**) nm **1.** [animal] ox **2.** [viande] beef ▸ **bœuf bourguignon** *beef stew in a red-wine sauce* ▸ **bœuf en daube** *beef braised in wine and stock* ▸ **bœuf miroton** *slices of beef reheated in stock*.

bof [bɔf] interj *fam* [exprime le mépris] so what? ; [exprime la lassitude] I don't really care.

bogue [bɔg], **bug** [bœg] nm INFORM bug.

bohème [bɔɛm] ❖ adj bohemian. ❖ nf ▸ **la bohème** bohemia.

Bohême [boɛm] nf : *la Bohême* Bohemia.

bohémien, enne [bɔemjɛ̃, ɛn] ❖ adj **1.** [tsigane] gipsy *(avant n)* **2.** [non-conformiste] bohemian. ❖ nm, f **1.** [tsigane] gipsy **2.** [non-conformiste] bohemian. ◆ **Bohémien, enne** nm, f Bohemian.

boire [108] [bwaʀ] ❖ vt **1.** [s'abreuver] to drink / *boire un coup* *fam* ou *pot* *fam* ou *verre* to have a drink ou jar UK / *boire un coup de trop* to have one too many / *commander* ou *demander quelque chose à boire* to order a drink ▸ **boire les paroles de qqn** : *il buvait ses paroles* he was lapping up everything she said ▸ **boire la tasse** a) *fam* [en nageant] to swallow water b) [perdre de l'argent] to lose a lot of money c) [faire faillite] to go under **2.** [absorber] to soak up, to absorb. ❖ vi to drink ▸ **boire comme un trou** *fam* to drink like a fish / *fais-le boire* [malade, enfant, animal] give him a drink ou something to drink / *il boit trop* he has a drink problem / *nous buvons à ta santé* we're drinking to ou toasting your health.

bois [bwa] ❖ nm wood / *un bois de pins* a pine grove ▸ **en bois** wooden ▸ **bois mort** dead wood UK, deadwood US ▸ **bois vert** green wood ▸ **petit bois** kindling ▸ **toucher du bois** *fam* & *fig* to touch wood UK, to knock on wood US. ❖ nmpl **1.** MUS woodwind *(U)* **2.** [cornes] antlers. ◆ **de bois** loc adj **1.** [charpente, jouet, meuble] wooden **2.** [impassible] : *je ne suis pas de bois* I'm only human.

boisé, e [bwaze] adj wooded.

boiser [3] [bwaze] vt to afforest.

boiserie [bwazʀi] nf panelling *(U)* UK, paneling *(U)* US.

boisson [bwasɔ̃] nf **1.** [breuvage] drink ▸ **boisson chaude / froide** hot/cold drink ▸ **être pris de boisson** to be intoxicated **2.** [habitude] drink *(U)*, drinking *(U)*.

boîte [bwat] nf **1.** [récipient] box ▸ **boîte d'allumettes** a) [pleine] box of matches b) [vide] matchbox ▸ **boîte de conserve** can, tin UK ▸ **boîte aux lettres** a) [pour la réception] letterbox b) [pour l'envoi] postbox UK, mailbox US / *mettre qqch à la boîte* to post UK ou to mail US sthg ▸ **boîte à musique** musical box UK, music box US ▸ **boîte noire** black box ▸ **boîte à ordures** dustbin UK, trash can US ▸ **boîte de Pandore** Pandora's box ▸ **boîte postale** post office box ▸ **en boîte** canned, tinned UK ▸ **mettre qqn en boîte** *fig* to pull sb's leg **2.** AUTO ▸ **boîte à gants** glove compartment, glove box ▸ **boîte de vitesses** gearbox UK, transmission US **3.** INFORM ▸ **boîte d'arrivée** ou **de départ** in ou out box ▸ **boîte de dialogue** dialog box ▸ **boîte aux lettres électronique** electronic mailbox ▸ **boîte vocale** voice mail **4.** *fam* [entreprise] company, firm ; [lycée] school ▸ **boîte à bac** *péj* crammer UK ▸ **boîte d'intérim** temping agency / *j'ai changé de boîte* I got a job with a new firm **5.** *fam* [discothèque] ▸ **boîte (de nuit)** nightclub, club / *aller en boîte* to go to a nightclub.

boiter [3] [bwate] vi **1.** [personne] to limp **2.** [meuble] to wobble.

boiteux, euse [bwatø, øz] ❖ adj **1.** [personne] lame **2.** [meuble] wobbly **3.** *fig* [raisonnement] shaky. ❖ nm, f lame person.

boîtier [bwatje] nm **1.** [boîte] case **2.** TECHNOL casing.

boitiller [3] [bwatije] vi to limp slightly.

bol [bɔl] nm **1.** [récipient] bowl **2.** [contenu] bowl, bowlful **3.** EXPR **avoir du bol** *fam* to be lucky ▸ **prendre un bol d'air** to get some fresh air. ◆ **au bol** loc adj [coupe de cheveux] pudding-bowl *(avant n)* UK, bowl *(avant n)* US. ◆ **bol alimentaire** nm bolus.

bolet [bɔlɛ] nm boletus.

bolide [bɔlid] nm **1.** [véhicule] racing UK ou race US car ▸ **comme un bolide** like a rocket **2.** ASTRON meteor.

Bolivie [bɔlivi] nf : *la Bolivie* Bolivia.

bolivien, enne [bɔlivjɛ̃, ɛn] adj Bolivian. ◆ **Bolivien, enne** nm, f Bolivian.

bombance [bɔ̃bɑ̃s] nf ▸ **faire bombance** *fam* to have a feast.

bombardement [bɔ̃baʀdəmɑ̃] nm bombardment, bombing *(U)*.

bombarder [3] [bɔ̃baʀde] vt **1.** MIL to bomb **2.** [assaillir] ▸ **bombarder qqn / qqch de** to bombard sb/sthg with **3.** *fam* & *fig* [nommer] : *bombarder qqn chef du personnel* to pitchfork sb into the job of personnel manager.

bombardier [bɔ̃baʀdje] nm **1.** [avion] bomber **2.** [aviateur] bombardier.

bombe [bɔ̃b] nf **1.** [projectile] bomb ; *fig* bombshell ▸ **bombe atomique** atom ou atomic bomb ▸ **bombe incendiaire** incendiary ou fire bomb ▸ **bombe lacrymogène** teargas grenade ▸ **bombe à retardement** time bomb **2.** [casquette] riding hat **3.** [atomiseur] spray, aerosol **4.** CULIN ▸ **bombe glacée** (ice-cream) bombe **5.** EXPR **faire la bombe** to live it up.

bombé, e [bɔ̃be] adj bulging, rounded.

bomber[1] [3] [bɔ̃be] ❖ vt **1.** [torse] to stick out **2.** *fam* [dessiner à la bombe] to spray. ❖ vi **1.** [devenir convexe] to bulge **2.** *fam* [aller vite] to bomb along.

bomber[2] [bɔ̃bœʀ] nm bomber jacket.

bôme [bom] nf NAUT boom.

bon, bonne [bɔ̃, bɔn] adj *(**meilleur** est le comparatif et **le meilleur** le superlatif de **bon**)* **1.** [gén] good / *de bonnes notes* SCOL good ou high marks UK ou grades US / *il a une bonne santé* he's in good health, his health is good / *viens te baigner, l'eau est bonne !* come for a swim: the water's lovely and warm! **2.** [généreux] good, kind ▸ **bon cœur** : *avoir bon cœur* to be kind-hearted **3.** [utilisable - billet, carte] valid **4.** [correct] right / *c'est la bonne rue* it's the right street / *c'est bon !* a) [c'est juste] that's right! b) [ça suffit] that'll do! c) [c'est d'accord] OK! **5.** [dans l'expression d'un souhait] ▸ **bonne année !** Happy New Year! ▸ **bonne journée !** have a good ou US nice day! ▸ **bonne soirée !** have a nice evening!, enjoy your evening! **6.** [en intensif] : *une bonne tranche* a thick slice **7.** EXPR **être bon pour qqch / pour faire qqch** *fam* to be fit for sthg/for doing sthg / *tu es bon pour une contravention* you'll end up with ou you'll get a parking ticket ▸ **bon à** *(+ infinitif)* fit to ▸ **c'est bon à savoir** that's worth knowing. ◆ **bon** ❖ adv ▸ **à quoi bon... ?** what's the use...? ▸ **il fait bon** the weather's fine, it's fine ▸ **sentir bon** to smell good. ❖ interj **1.** [marque de satisfaction] good! **2.** [marque une transition] right, so, well now / *bon, où en étais-je ?* well now ou right ou so, where was I?

3. [marque de surprise] ▸ **ah bon ?** really? ◆ nm **1.** [constatant un droit] voucher ▸ **bon d'achat** gift token ou voucher UK, gift certificate US ▸ **bon de caisse** cash voucher ▸ **bon de commande** order form ▸ **bon de livraison** delivery note ▸ **bon de réduction** discount coupon **2.** FIN ▸ **bon d'épargne** savings bond ou certificate ▸ **bon du Trésor** FIN treasury bill ou bond **3.** *(gén pl)* [personne] ▸ **les bons et les méchants** good people and wicked people **4.** [éléments valables] good *(U)* ▸ **avoir du bon** to have something good about it / ***il y a du bon dans votre dissertation*** there are some good points in your essay. ◆ **pour de bon** loc adv seriously, really.

bonbon [bɔ̃bɔ̃] nm **1.** [friandise] sweet UK, piece of candy US ▸ **bonbon acidulé** acid drop **2.** BELGIQUE [gâteau] biscuit.

bonbonne [bɔ̃bɔn] nf demijohn.

bonbonnière [bɔ̃bɔnjɛʀ] nf **1.** [boîte] sweet-box UK, candy box US **2.** *fig* [appartement] bijou flat UK ou apartment US.

bond [bɔ̃] nm [d'animal, de personne] leap, bound ; [de balle] bounce ▸ **faire un bond** to leap (forward) ▸ **faire faux bond à qqn** to let sb down.

bonde [bɔ̃d] nf **1.** [d'évier] plug **2.** [trou] bunghole **3.** [bouchon] bung.

bondé, e [bɔ̃de] adj packed.

bondieuserie [bɔ̃djøzʀi] nf *péj* **1.** [bigoterie] religiosity **2.** [objet] religious trinket.

bondir [32] [bɔ̃diʀ] vi **1.** [sauter] to leap, to bound ▸ **bondir sur qqn / qqch** to pounce on sb / sthg **2.** [s'élancer] to leap forward **3.** *fig* [réagir violemment] ▸ **bondir (de)** to jump (with).

bonheur [bɔnœʀ] nm **1.** [félicité] happiness **2.** [chance] (good) luck, good fortune ▸ **par bonheur** happily, fortunately ▸ **au petit bonheur** haphazardly ▸ **porter bonheur** to be lucky, to bring good luck.

bonhomie [bɔnɔmi] nf good-naturedness, good nature.

bonhomme [bɔnɔm] (*pl* **bonshommes** [bɔ̃zɔm]) nm **1.** *fam* & *péj* [homme] fellow **2.** [petit garçon] fellow **3.** [représentation] man ▸ **bonhomme de neige** snowman **4.** EXPR **aller son petit bonhomme de chemin** *fig* to go at one's own pace.

boniche [bɔniʃ] nf *péj* servant, skivvy UK.

bonification [bɔnifikasjɔ̃] nf **1.** [de terre, de vin] improvement **2.** SPORT bonus points *pl*.

bonifier [9] [bɔnifje] vt to improve. ◆ **se bonifier** vp to improve.

boniment [bɔnimɑ̃] nm **1.** [baratin] sales talk *(U)* **2.** [mensonge] (tall) story.

bonjour [bɔ̃ʒuʀ] nm hello ; [avant midi] good morning ; [après midi] good afternoon ▸ **c'est simple comme bonjour** it's (as) easy as ABC.

bonne [bɔn] ◆ nf maid. ◆ adj → **bon**.

bonne-maman [bɔnmamɑ̃] (*pl* **bonnes-mamans**) nf granny, grandma.

bonnement [bɔnmɑ̃] adv ▸ **tout bonnement** just, simply.

bonnet [bɔnɛ] nm **1.** [coiffure] (woolly) hat UK, (wooly) hat US ▸ **bonnet d'âne** ≃ dunce's cap ▸ **bonnet de bain** swimming cap ▸ **bonnet de nuit** *fig* [personne] misery ▸ **gros bonnet** *fig* [personne] big cheese ▸ **bonnet phrygien** Phrygian cap *(worn by the sans-culottes during the French Revolution)* **2.** [de soutien-gorge] cup **3.** EXPR **bonnet blanc et blanc bonnet** six of one and half a dozen of the other.

bonneterie [bɔnɛtʀi] nf **1.** [magasin] hosier's (shop) **2.** [marchandise] hosiery *(U)* **3.** [commerce] hosiery (business ou trade).

bon-papa [bɔ̃papa] (*pl* **bons-papas**) nm grandad, grandpa.

bonsoir [bɔ̃swaʀ] nm [en arrivant] hello, good evening ; [en partant] goodbye, good evening ; [en se couchant] good night.

bonté [bɔ̃te] nf **1.** [qualité] goodness, kindness / ***ayez la bonté de...*** please be so kind as to... ▸ **avoir la bonté de faire qqch** *sout* to be so good ou kind as to do sthg **2.** *(gén pl) litt* [acte] act of kindness.

bonus [bɔnys] nm [prime d'assurance] no-claims bonus.

bookmaker [bukmɛkœʀ] nm bookmaker.

booléen, enne [buleɛ̃, ɛn] adj Boolean.

boom [bum] nm boom.

boomerang [bumʀɑ̃g] nm boomerang.

booster [3] [buste] vt to boost.

borborygme [bɔʀbɔʀigm] nm rumbling *(U)*.

bord [bɔʀ] nm **1.** [de table, de vêtement] edge ; [de verre, de chapeau] rim ▸ **à ras bords** to the brim / ***chapeau à larges bords*** wide-brimmed ou broad-brimmed hat **2.** [de rivière] bank ; [de lac] edge, shore ▸ **au bord de la mer** at the seaside / ***sur les bords de Seine*** on the embankment (in Paris), on the banks of the Seine **3.** [de bois, jardin] edge ; [de route] edge, side / ***le bord du trottoir*** the kerb UK ou curb US / ***sur le bord de la route*** by the roadside **4.** [d'un moyen de transport] : ***jeter*** ou ***balancer*** *fam* ***qqch par-dessus bord*** to throw ou to chuck sthg overboard ▸ **passer par-dessus bord** to fall overboard ▸ **virer de bord** NAUT to tack **5.** EXPR **être du même bord** *fig* to be on the same side. ◆ **à bord de** loc prép ▸ **à bord de qqch** on board sthg / ***à bord d'un navire / d'une voiture*** on board a ship / car / ***monter à bord d'un bateau / avion*** to board a boat / plane. ◆ **au bord de** loc prép **1.** *pr* at the edge of / ***s'arrêter au bord de la route*** to stop by the roadside / ***se promener au bord de l'eau / la mer*** to walk at the water's edge / the seaside **2.** *fig* on the verge of / ***au bord des larmes / de la dépression*** on the verge of tears / a nervous breakdown. ◆ **sur les bords** loc adv slightly, a touch / ***il est un peu radin sur les bords*** he's a bit tight-fisted.

bordeaux [bɔʀdo] ◆ nm **1.** [vin] Bordeaux **2.** [couleur] claret. ◆ adj inv claret.

bordée [bɔʀde] nf broadside ▸ **bordée d'injures** *fig* torrent of abuse / ***bordée de neige*** QUÉBEC heavy snowfall.

bordel [bɔʀdɛl] nm **1.** *vulg* [maison close] brothel **2.** *tfam* [désordre] shambles *sg*.

border [3] [bɔʀde] vt **1.** [vêtement] ▸ **border qqch de** to edge sthg with **2.** [être en bordure de] to line **3.** [voile] to haul on **4.** [couverture, personne] to tuck in.

bordereau, x [bɔʀdəʀo] nm **1.** [liste] schedule **2.** [facture] invoice **3.** [relevé] slip.

bordure [bɔʀdyʀ] nf **1.** [bord] edge ▸ **en bordure de** on the edge of **2.** [de fleurs] border **3.** [de vêtement] edge, edging.

boréal, e, aux [bɔʀeal, o] adj northern.

borgne [bɔʀɲ] ◆ nmf [personne] one-eyed person. ◆ adj **1.** [personne] one-eyed **2.** [fenêtre] with an obstructed view **3.** *fig* [sordide] disreputable.

borne [bɔʀn] nf **1.** [marque] boundary marker ▸ **borne kilométrique** ≃ milestone **2.** [limite] limit, bounds *pl* ▸ **dépasser les bornes** to go too far ▸ **sans bornes** boundless **3.** *fam* [kilomètre] kilometre UK, kilometer US **4.** INFORM ▸ **borne interactive** interactive terminal **5.** ÉLECTR terminal.

borné, e [bɔʀne] adj **1.** [horizon] limited **2.** [personne] narrow-minded ; [esprit] narrow.

Bornéo [bɔʀneo] npr Borneo / *à Bornéo* in Borneo.

borner [3] [bɔʀne] vt [terrain] to limit ; [projet, ambition] to limit, to restrict. ◆ **se borner** vp ▸ **se borner à qqch / à faire qqch** [suj : personne] to confine o.s. to sthg / to doing sthg.

boskoop [bɔskɔp] nf Boskoop apple.

bosniaque [bɔsnjak] adj & nm Bosnian. ◆ **Bosniaque** nmf Bosnian.

Bosnie [bɔsni] nf : *la Bosnie* Bosnia.

bosquet [bɔskɛ] nm copse.

bossa-nova (*pl* **bossas-novas**) [bɔsanɔva] nf bossa nova.

bosse [bɔs] nf **1.** [sur tête, sur route] bump / *se faire une bosse* to get a bump / *un terrain plein de bosses* a bumpy piece of ground **2.** [de bossu, chameau] hump **3.** EXPR **avoir la bosse des maths** *fam* to have a good head for maths UK ou math US ▸ **rouler sa bosse** *fam* to knock around ou about UK.

bosseler [24] [bɔsle] vt **1.** [cabosser] to dent **2.** [travailler] to emboss.

bosser [3] [bɔse] vi *fam* to work hard.

bosseur, euse [bɔsœʀ, øz] *fam* ◆ adj hard-working. ◆ nm, f hard worker.

bossu, e [bɔsy] ◆ adj hunchbacked. ◆ nm, f hunchback.

bot [bo] ⟶ **pied**.

botanique [bɔtanik] ◆ adj botanical. ◆ nf ▸ **la botanique** botany.

botte [bɔt] nf **1.** [chaussure] boot ▸ **botte de caoutchouc** wellington (boot) UK, rubber boot US ▸ **lécher les bottes de qqn** *fam* & *fig* to lick sb's boots ▸ **en avoir plein les bottes** *fam* & *fig* to have had a bellyful **2.** [de légumes] bunch **3.** [en escrime] thrust, lunge.

botter [3] [bɔte] vt **1.** [chausser] : *être botté de cuir* to be wearing leather boots **2.** *fam* [donner un coup de pied à] to boot **3.** *fam* [plaire à] : *ça me botte* I dig it.

bottier [bɔtje] nm [de bottes] bootmaker ; [de chaussures] shoemaker.

bottillon [bɔtijɔ̃] nm (ankle) boot.

Bottin® [bɔtɛ̃] nm phone book.

bottine [bɔtin] nf (ankle) boot.

bouc [buk] nm **1.** [animal] (billy) goat ▸ **bouc émissaire** *fig* scapegoat **2.** [barbe] goatee.

boucan [bukɑ̃] nm *fam* row, racket.

boucane [bukan] nf QUÉBEC *fam* smoke.

bouche [buʃ] nf **1.** ANAT mouth / *j'ai la bouche sèche* my mouth feels dry / *avoir la bouche pleine* to have one's mouth full / *bouche à oreille* grapevine / *de bouche à oreille* through the grapevine, by word of mouth / *rester bouche cousue* to keep one's lips sealed **2.** [orifice] : *bouche d'aération* air vent / *bouche d'arrosage* water pipe, standpipe / *bouche d'égout* manhole, inspection chamber ▸ **bouche d'incendie** fire hydrant ▸ **bouche de métro** metro entrance ou exit **3.** EXPR **garder qqch pour la bonne bouche** to save sthg till last ou the end ▸ **faire la fine bouche** to be awkward, to make difficulties.

bouché, e [buʃe] adj **1.** [en bouteille] bottled **2.** *fam* [personne] dumb, thick.

bouche-à-bouche [buʃabuʃ] nm inv ▸ **faire du bouche-à-bouche à qqn** to give sb mouth-to-mouth resuscitation.

bouche-à-oreille [buʃaɔʀɛj] nm inv ▸ **par le bouche-à-oreille** through the grapevine, by word of mouth / *le bouche-à-oreille a aidé au succès du film* the film became successful by word of mouth.

bouchée [buʃe] nf mouthful ▸ **bouchée à la reine** CULIN chicken vol-au-vent ▸ **pour une bouchée de pain** *fig* for a song.

boucher[1] [3] [buʃe] vt **1.** [fermer - bouteille] to cork ; [- trou] to fill (in ou up) **2.** [passage, vue] to block. ◆ **se boucher** vp to get blocked (up) ▸ **se boucher le nez** to hold one's nose.

boucher[2], **ère** [buʃe, ɛʀ] nm, f butcher.

boucherie [buʃʀi] nf **1.** [magasin] butcher's (shop) ▸ **boucherie chevaline** horse butcher's (shop) **2.** [commerce] butchery (trade) **3.** *fig* [carnage] slaughter.

boucherie-charcuterie [buʃʀiʃaʀkytʀi] (*pl* **boucheries-charcuteries**) nf butcher's (shop).

bouche-trou [buʃtʀu] (*pl* **bouche-trous**) nm **1.** [personne] ▸ **servir de bouche-trou** to make up (the) numbers **2.** [objet] stopgap.

bouchon [buʃɔ̃] nm **1.** [pour obturer - gén] top ; [- de réservoir] cap ; [- de bouteille] cork ▸ **bouchon de cérumen** buildup of wax in the ear **2.** [de canne à pêche] float **3.** [embouteillage] traffic jam.

bouchonner [3] [buʃɔne] ◆ vt **1.** [cheval] to rub down **2.** [enfant] to pamper. ◆ vi : *ça bouchonne sur l'autoroute* there is a traffic jam on the motorway.

boucle [bukl] nf **1.** [de ceinture, soulier] buckle **2.** [bijou] ▸ **boucle d'oreille** earring **3.** [de cheveux] curl **4.** [de fleuve, d'avion & INFORM] loop.

bouclé, e [bukle] adj [cheveux] curly ; [personne] curly-haired.

boucler [3] [bukle] vt **1.** [attacher] to buckle ; [ceinture de sécurité] to fasten **2.** [fermer] to shut **3.** *fam* [enfermer - voleur] to lock up ; [- malade] to shut away **4.** [encercler] to seal off **5.** [terminer] to finish.

bouclier [buklije] nm *pr* & *fig* shield.

bouddha [buda] nm [statuette] buddha. ◆ **Bouddha** nm Buddha.

bouddhisme [budism] nm Buddhism.

bouddhiste [budist] nmf & adj Buddhist.

bouder [3] [bude] ◆ vi to sulk. ◆ vt [chose] to dislike ; [personne] to shun / *elle me boude depuis que je lui ai fait faux bond* she has cold-shouldered me ever since I let her down.

boudeur, euse [budœʀ, øz] ◆ adj sulky. ◆ nm, f sulky person.

boudin [budɛ̃] nm **1.** CULIN blood pudding UK ou sausage US ▸ **boudin blanc / noir** white / black pudding UK **2.** *fam* & *péj* [personne] podge UK.

boudiné, e [budine] adj **1.** [gros] pudgy, podgy UK **2.** [serré] : ***être boudiné dans ses vêtements*** to be squeezed into one's clothes.

boudoir [budwaʀ] nm **1.** [salon] boudoir **2.** [biscuit] sponge finger UK, ladyfinger US.

boue [bu] nf mud ▸ **traîner qqn dans la boue, couvrir qqn de boue** *fig* to drag sb ou sb's name through the mud.

bouée [bwe] nf **1.** [balise] buoy **2.** [pour flotter] rubber ring ▸ **bouée de sauvetage** lifebelt.

boueux, euse [buø, øz] adj muddy. ◆ **boueux** nm *fam* dustman UK, garbage collector US.

bouffant, e [bufɑ̃, ɑ̃t] adj [manche, jupe] full ; [cheveux] bouffant.

bouffe [buf] nf *fam* grub.

bouffée [bufe] nf **1.** [de fumée] puff ; [de parfum] whiff ; [d'air] breath ▸ **bouffées de chaleur** hot flushes UK ou flashes US **2.** [accès] surge ▸ **bouffées délirantes** mad fits.

bouffer [3] [bufe] ◆ vi [manches] to puff out. ◆ vt **1.** *fam* [manger] to eat / *on a bien / mal bouffé* the food was great/terrible **2.** [gaspiller] to be heavy on, to soak up / *bouffer de l'essence* to be heavy on petrol UK ou gas US **3.** EXPR ▸ **bouffer du curé** to be a priest-hater / *bouffer du flic* to be a bobby hater. ◆ **se bouffer** vp *(emploi réciproque)* *fam* ▸ **se bouffer le nez** a) [une fois] to have a go at one another b) [constamment] to be at daggers drawn.

bouffi, e [bufi] adj [œil, visage] puffy, puffed-up ▸ **bouffi (de)** swollen (with).

bouffon, onne [bufɔ̃, ɔn] adj farcical. ◆ **bouffon** nm **1.** HIST jester **2.** [pitre] clown.

bouge [buʒ] nm *péj* **1.** [taudis] hovel **2.** [café] dive.

bougeoir [buʒwaʀ] nm candlestick.

bougeotte [buʒɔt] nf ▸ **avoir la bougeotte** to have itchy feet.

bouger [17] [buʒe] ◆ vt [déplacer] to move. ◆ vi **1.** [remuer] to move / *je ne bouge pas (de chez moi) aujourd'hui* I'm staying at home today **2.** [vêtement au lavage] to shrink **3.** [changer] to change **4.** [s'agiter] : *ça bouge partout dans le monde* there is unrest all over the world. ◆ **se bouger** vp *fam* **1.** [faire des efforts] to move ou shift o.s. **2.** [se déplacer] to move (over).

bougie [buʒi] nf **1.** [chandelle] candle **2.** [de moteur] spark plug, sparking plug UK.

bougon, onne [bugɔ̃, ɔn] ◆ adj grumpy. ◆ nm, f grumbler.

bougonner [3] [bugɔne] vt & vi to grumble.

bougre, esse [bugʀ, ɛs] nm, f *fam* [homme] guy, bloke UK ; [femme] (old) girl. ◆ **bougre** nm *fam* ▸ **bougre d'andouille !** you damned idiot!, you bloody fool! UK.

boui-boui [bwibwi] (*pl* **bouis-bouis**) nm *fam* & *péj* dive, (cheap) caff UK.

bouillabaisse [bujabɛs] nf bouillabaisse *(Provençal fish soup)*.

bouillant, e [bujɑ̃, ɑ̃t] adj **1.** [qui bout] boiling **2.** [très chaud] boiling hot **3.** *fig* [ardent] fiery.

bouille [buj] nf *fam* [visage] face.

bouilleur [bujœʀ] nm ▸ **bouilleur de cru** *small-scale distiller*.

bouilli, e [buji] adj [eau, lait, viande] boiled. ◆ **bouilli** nm [viande] boiled meat ; [bœuf] boiled beef.

bouillie [buji] nf baby's cereal / *c'est de la bouillie pour les chats* it's a dog's breakfast ▸ **mettre qqn en bouillie** *fam* to beat sb to a pulp ▸ **réduire en bouillie** a) [légumes] to puree b) [personne] to reduce to a pulp.

bouillir [48] [bujiʀ] vi **1.** [aliments] to boil ▸ **faire bouillir** to boil **2.** *fig* [personne] ▸ **bouillir (de)** to seethe (with).

bouilloire [bujwaʀ] nf kettle.

bouillon [bujɔ̃] nm **1.** [soupe] stock ▸ **bouillon cube** stock cube ▸ **bouillon de légumes** vegetable stock ▸ **boire** ou **prendre un bouillon** a) *fam* [en nageant] to swallow water b) *fig* to suffer heavy losses, to take a bath **2.** [bouillonnement] bubble / *éteindre le feu dès le premier bouillon* turn off the heat as soon as it boils ▸ **faire bouillir à gros bouillons** to bring to a rolling boil **3.** [bactériologique] ▸ **bouillon de culture** culture medium.

bouillonner [3] [bujɔne] vi **1.** [liquide] to bubble **2.** [torrent] to foam **3.** *fig* [personne] to seethe.

bouillotte [bujɔt] nf hot-water bottle.

boul. *abr écrite de* **boulevard**.

boulanger, ère [bulɑ̃ʒe, ɛʀ] ◆ adj bakery *(avant n)*, baking *(avant n)*. ◆ nm, f baker.

boulangerie [bulɑ̃ʒʀi] nf **1.** [magasin] bakery, baker's (shop) UK **2.** [commerce] bakery trade.

boulangerie-pâtisserie [bulɑ̃ʒʀipatisʀi] *(pl* **boulangeries-pâtisseries***)* nf ≃ bakery ; ≃ baker's (shop) UK.

boule [bul] nf **1.** [gén] ball ; [de loto] counter ; [de pétanque] bowl ▸ **boule de commande** INFORM trackball ▸ **boule de neige** snowball ▸ **faire boule de neige** to snowball **2.** EXPR **se mettre en boule** *fam* to blow one's top ▸ **perdre la boule** *fam* to lose one's marbles. ◆ **boules** nfpl **1.** [jeux] boules *(game played on bare ground with steel bowls)* **2.** *tfam* ▸ **avoir les boules a)** [être effrayé] to be scared stiff **b)** [être furieux] to be pissed off *tfam* **c)** [être déprimé] to be feeling down. ◆ **boules Quiès®** nfpl wax earplugs.

bouleau, x [bulo] nm silver birch.

bouledogue [buldɔg] nm bulldog.

boulet [bulɛ] nm **1.** [munition] ▸ **boulet de canon** cannonball ▸ **tirer à boulets rouges sur qqn** *fig* to let fly at sb **2.** [de forçat] ball and chain **3.** *fig* [fardeau] millstone (around one's neck).

boulette [bulɛt] nf **1.** [petite boule] pellet **2.** [de viande] meatball.

boulevard [bulvaʀ] nm **1.** [rue] boulevard ▸ **les grands boulevards** *Paris boulevards running from the Place de la République to la Madeleine* **2.** THÉÂTRE light comedy *(U)*.

bouleversant, e [bulvɛʀsɑ̃, ɑ̃t] adj distressing.

bouleversement [bulvɛʀsəmɑ̃] nm disruption.

bouleverser [3] [bulvɛʀse] vt **1.** [objets] to turn upside down **2.** [modifier] to disrupt **3.** [émouvoir] to distress.

boulgour [bulguʀ] nm bulgar ou bulgur wheat.

boulier [bulje] nm abacus.

boulimie [bulimi] nf bulimia.

bouliste [bulist] nmf boules player.

Boulle [bul] npr ▸ **l'école Boulle** *prestigious school training cabinetmakers.*

boulon [bulɔ̃] nm bolt.

boulonner [3] [bulɔne] ◆ vt to bolt. ◆ vi *fam* to slog (away).

boulot[1], otte [bulo, ɔt] adj dumpy.

boulot[2] [bulo] nm *fam* **1.** [travail] work **2.** [emploi] job.

boum [bum] ◆ interj bang! ◆ nm **1.** [bruit] bang ▸ **faire boum** to go bang **2.** *pr* & *fig* boom. ◆ nf *fam* & *vieilli* party.

bouquet [bukɛ] nm **1.** [de fleurs - gén] bunch (of flowers) ; [- formel] bouquet **2.** [crevette] prawn **3.** [de vin] bouquet **4.** [de feu d'artifice] crowning piece **5.** CULIN ▸ **bouquet garni** bouquet garni **6.** TV ▸ **bouquet numérique** digital channel package ▸ **bouquet de programmes** channel package **7.** EXPR **ça c'est le bouquet !** *fam* that takes the biscuit UK ou cake US!

bouquetin [buktɛ̃] nm ibex.

bouquin [bukɛ̃] nm *fam* book.

bouquiner [3] [bukine] vi & vt *fam* to read.

bouquiniste [bukinist] nmf secondhand bookseller.

bourbeux, euse [buʀbø, øz] adj muddy.

bourbier [buʀbje] nm [lieu] quagmire, mire ; *fig* mess.

bourbon [buʀbɔ̃] nm [whisky] bourbon.

bourde [buʀd] nf *fam* [erreur] blunder.

bourdon [buʀdɔ̃] nm **1.** [insecte] bumblebee **2.** [cloche] (large) bell **3.** [ton grave] drone **4.** EXPR **avoir le bourdon** *fam* to be (feeling) down.

bourdonnement [buʀdɔnmɑ̃] nm **1.** [d'insecte, de voix, de moteur] buzz *(U)* **2.** EXPR **avoir des bourdonnements d'oreilles** to have a ringing in one's ears.

bourdonner [3] [buʀdɔne] vi **1.** [insecte, machine, voix] to buzz **2.** [oreille] to ring.

bourg [buʀ] nm market town.

bourgade [buʀgad] nf village.

bourgeois, e [buʀʒwa, az] ◆ adj **1.** [valeur] middle-class **2.** [cuisine] plain **3.** *péj* [personne] bourgeois. ◆ nm, f bourgeois.

bourgeoisie [buʀʒwazi] nf ≃ middle classes *pl*.

bourgeon [buʀʒɔ̃] nm bud.

bourgeonner [3] [buʀʒɔne] vi to bud.

bourgmestre [buʀgmɛstʀ] nm BELGIQUE SUISSE burgomaster.

bourgogne [buʀgɔɲ] nm Burgundy *(wine)*.

Bourgogne [buʀgɔɲ] nf : *la Bourgogne* Burgundy.

bourguignon, onne [buʀgiɲɔ̃, ɔn] adj [de Bourgogne] Burgundian. ◆ **Bourguignon, onne** nm, f Burgundian.

bourlinguer [3] [buʀlɛ̃ge] vi *fam* [voyager] to bum around the world.

bourrade [buʀad] nf thump.

bourrage [buʀaʒ] nm [de coussin] stuffing. ◆ **bourrage de crâne** nm **1.** *fam* [propagande] brainwashing **2.** [d'imprimante, de photocopieur] paper jam.

bourrasque [buʀask] nf gust of wind.

bourrasser [3] [buʀase] vt QUÉBEC to push around, to bully.

bourratif, ive [buʀatif, iv] adj stodgy.

bourre [buʀ] nf **1.** [de coussin] stuffing **2.** [de laine] flock **3.** [de bourgeon] down **4.** EXPR **être à la bourre a)** *fam* [dans travail] to be behind **b)** [dans activité] to be running late.

bourré, e [buʀe] adj *fam* **1.** [plein] ▸ **bourré (de) a)** [salle] packed (with) **b)** *fig* chock-full (of) **2.** [ivre] plastered.

bourreau, x [buʀo] nm **1.** HIST executioner **2.** [personne cruelle] torturer ▸ **bourreau de travail** *fam* workaholic.

bourrelé [buʀle] → **remords**.

bourrelet [burlɛ] nm **1.** [de graisse] roll of fat **2.** [de porte] draught UK ou draft US excluder.

bourrer [3] [bure] vt **1.** [remplir - coussin] to stuff ; [- pipe] to fill ; [- sac, armoire] ▸ **bourrer qqch (de)** to cram sthg full (of) **2.** *fam* [gaver] ▸ **bourrer qqn (de)** to stuff sb (with) **3.** *fam* [estomac] : *ça bourre !* it's really filling! ◆ **se bourrer** vp *fam* **1.** [se gaver] ▸ **se bourrer (de qqch)** to stuff o.s. (with sthg) **2.** [se soûler] ▸ **se bourrer la gueule** to get plastered.

bourricot [buriko] nm (small) donkey.

bourrique [burik] nf **1.** [ânesse] she-ass ▸ **faire tourner qqn en bourrique** *fam* & *fig* to drive sb up the wall **2.** *fam* [personne] pigheaded person.

bourru, e [bury] adj [peu aimable] surly.

bourse [burs] nf **1.** [porte-monnaie] purse ▸ **sans bourse délier** without spending anything **2.** [d'études] grant ; [au mérite] scholarship / *avoir une bourse* to have a grant ou scholarship. ◆ **Bourse** nf [marché] stock exchange, stock market ▸ **la Bourse de Paris** the Paris Stock Exchange ▸ **jouer en Bourse** to speculate on the stock exchange ou stock market ▸ **Bourse de commerce** commodity market. ◆ **bourses** nfpl scrotum.

boursicoter [3] [bursikɔte] vi to dabble (on the stock market).

boursier, ère [bursje, ɛr] ◆ adj **1.** [élève] on a grant ou scholarship **2.** FIN stock-exchange *(avant n)*, stock-market *(avant n)*. ◆ nm, f **1.** [étudiant] student on a grant/scholarship **2.** FIN stockbroker.

boursouflé, e [bursufle] adj **1.** [enflé] swollen **2.** [emphatique] overblown.

boursoufler [3] [bursufle] vt to puff up, to swell. ◆ **se boursoufler** vp [peinture] to blister.

bous, bout → **bouillir**.

bousculade [buskylad] nf **1.** [cohue] crush **2.** [agitation] rush.

bousculer [3] [buskyle] vt **1.** [pousser] to shove **2.** [faire tomber] to knock over **3.** [presser] to rush **4.** [modifier] to overturn. ◆ **se bousculer** vp to jostle each other.

bouse [buz] nf ▸ **bouse de vache** cow dung.

bousiller [3] [buzije] vt *fam* **1.** [abîmer] to ruin, to knacker UK **2.** [bâcler] to botch.

boussole [busɔl] nf compass.

bout [bu] nm **1.** [extrémité, fin] end ▸ **bout à bout** end to end ▸ **au bout de** a) [temps] after b) [espace] at the end of ▸ **d'un bout à l'autre** a) [de ville] from one end to the other b) [de livre] from beginning to end ▸ **bout du nez** tip of the nose ▸ **bout filtre** filter tip **2.** [morceau] bit / *un bout de ciel bleu* a patch of blue sky / *donne-m'en un bout* give me some ou a piece ou a bit ▸ **bout d'essai** screen test ▸ **faire un bout de chemin avec qqn** to go part of the way with sb **3.** EXPR **au bout du compte** all things considered / *au bout d'un moment* after a while ▸ **à bout de bras** : *porter un paquet à bout de bras* to carry a parcel (in one's outstretched arms) ▸ **à tout bout de champ** every five minutes ▸ **être à bout** to be exhausted / *il n'est pas au bout de ses peines* his troubles are not over yet ▸ **à bout de souffle** out of breath, breathless / *en bout de course* at the end of the race ▸ **en voir le bout** : *enfin, on en voit le bout* at last, we're beginning to see the light at the end of the tunnel ▸ **à bout portant** at point-blank range ▸ **être au bout du rouleau** to have come to the end of the road ▸ **venir à bout de** a) [personne] to get the better of b) [difficulté] to overcome. ◆ **bout de chou** nm *fam* poppet UK, sweetie.

boutade [butad] nf [plaisanterie] jest.

boute-en-train [butɑ̃trɛ̃] nm inv live wire / *il était le boute-en-train de la soirée* he was the life and soul of the party.

bouteille [butɛj] nf bottle ▸ **mettre en bouteille(s)** to bottle ▸ **prendre de la bouteille** *fam* & *fig* to be getting on a bit.

boutique [butik] nf [gén] shop ; [de mode] boutique ▸ **boutique hors-taxe** duty-free shop ▸ **fermer boutique** to shut up shop ▸ **parler boutique** to talk shop.

bouton [butɔ̃] nm **1.** COUT button ▸ **bouton de manchette** cuff link **2.** [sur la peau] pimple, spot UK **3.** [de porte] knob **4.** [commutateur] switch ▸ **bouton de réglage** dial **5.** [bourgeon] bud **6.** INFORM ▸ **bouton de réinitialisation** reset button.

bouton-d'or [butɔ̃dɔr] (*pl* **boutons-d'or**) nm buttercup.

boutonner [3] [butɔne] vt to button (up). ◆ **se boutonner** vp [vêtement] to button.

boutonneux, euse [butɔnø, øz] adj pimply, spotty UK.

boutonnière [butɔnjɛr] nf [de vêtement] buttonhole.

bouton-pression [butɔ̃prɛsjɔ̃] (*pl* **boutons-pression**) nm press-stud UK, snap fastener US.

bouture [butyr] nf cutting.

bouvier [buvje] nm **1.** [personne] herdsman **2.** [chien] sheepdog.

bouvreuil [buvrœj] nm bullfinch.

bovidé [bɔvide] nm bovine.

bovin, e [bɔvɛ̃, in] adj bovine. ◆ **bovins** nmpl cattle.

bowling [buliŋ] nm **1.** [jeu] bowling **2.** [lieu] bowling alley.

box [bɔks] (*pl* **boxes**) nm **1.** [d'écurie] loose box **2.** [compartiment] cubicle ▸ **le box des accusés** the dock **3.** [parking] lockup garage UK.

boxe [bɔks] nf boxing ▸ **boxe américaine** full contact.

boxer[1] [3] [bɔkse] ◆ vi to box. ◆ vt *fam* to thump.

boxer[2] [bɔksɛr] nm [chien] boxer.

boxeur [bɔksœr] nm SPORT boxer.

boyau [bwajo] nm **1.** [chambre à air] inner tube **2.** [corde] catgut **3.** [galerie] narrow gallery. ◆ **boyaux** nmpl [intestins] guts.

boycott [bɔjkɔt] nm boycott.

boycotter [3] [bɔjkɔte] vt to boycott.

boy-scout [bɔjskut] (*pl* **boy-scouts**) nm *vieilli* boy scout.

BP (*abr de* **boîte postale**) nf PO Box.

bracelet [bʀaslɛ] nm **1.** [bijou] bracelet **2.** [de montre] strap **3.** [pour un condamné] ▸ **bracelet électronique** electronic tag.

bracelet-montre [bʀaslɛmɔ̃tʀ] (*pl* **bracelets-montres**) nm wristwatch.

braconnage [bʀakɔnaʒ] nm poaching.

braconner [3] [bʀakɔne] vi to go poaching, to poach.

braconnier [bʀakɔnje] nm poacher.

brader [3] [bʀade] vt [solder] to sell off ; [vendre à bas prix] to sell for next to nothing.

braderie [bʀadʀi] nf clearance sale.

braguette [bʀagɛt] nf fly, flies *pl* UK.

braille [bʀaj] nm Braille.

braillement [bʀajmɑ̃] nm bawl, howl / *les braillements d'un bébé* the crying ou howling of a baby.

brailler [3] [bʀaje] ❖ vi to bawl. ❖ vt to bawl (out).

braire [112] [bʀɛʀ] vi **1.** [âne] to bray **2.** *fam* [personne] to bellow.

braise [bʀɛz] nf embers *pl* ▸ **cuire sous la braise** to cook in the embers of a fire ▸ **de braise** *fig* fiery.

braiser [4] [bʀeze] vt to braise.

bramer [3] [bʀame] vi [cerf] to bell.

brancard [bʀɑ̃kaʀ] nm **1.** [civière] stretcher **2.** [de charrette] shaft ▸ **ruer dans les brancards** *fig* to rebel, to protest.

brancardier, ère [bʀɑ̃kaʀdje, ɛʀ] nm, f stretcher-bearer.

branchage [bʀɑ̃ʃaʒ] nm branches *pl*.

branche [bʀɑ̃ʃ] nf **1.** [gén] branch ▸ **branche (d'activité)** field **2.** [de lunettes] arm **3.** [de compas] leg.

branché, e [bʀɑ̃ʃe] adj **1.** ÉLECTR plugged in, connected **2.** *fam* [à la mode] trendy.

branchement [bʀɑ̃ʃmɑ̃] nm **1.** [raccordement] connection, plugging in **2.** AUTO [bifurcation] fork.

brancher [3] [bʀɑ̃ʃe] vt **1.** [raccorder & INFORM] to connect ▸ **brancher qqch sur** ÉLECTR to plug sthg into **2.** *fam* [orienter] to steer ▸ **brancher qqn sur qqch** to start sb off on sthg ▸ **brancher la conversation sur** to steer the conversation towards **3.** *fam* [plaire] to appeal to.

branchies [bʀɑ̃ʃi] nfpl [de poisson] gills.

brandade [bʀɑ̃dad] nf ▸ **brandade de morue** *creamed salt cod*.

brandir [32] [bʀɑ̃diʀ] vt to wave.

branlant, e [bʀɑ̃lɑ̃, ɑ̃t] adj [escalier, mur] shaky ; [meuble, dent] wobbly.

branle [bʀɑ̃l] nm ▸ **mettre en branle** to set in motion.

branle-bas [bʀɑ̃lba] nm inv pandemonium *(U)* ▸ **branle-bas de combat** action stations *pl*.

branler [3] [bʀɑ̃le] ❖ vt **1.** [hocher] ▸ **branler la tête** to shake one's head **2.** *tfam* [faire] : *qu'est-ce qu'il branle ?* what is he playing at? ❖ vi [escalier, chaise] to be shaky ; [dent, meuble] to be wobbly. ◆ **se branler** vp *vulg* to wank UK, to jerk off US.

braquage [bʀakaʒ] nm **1.** AUTO lock **2.** [attaque] holdup.

braquer [3] [bʀake] ❖ vt **1.** [diriger] ▸ **braquer qqch sur a)** [arme] to aim sthg at **b)** [télescope] to train sthg on **c)** [regard] to fix sthg on **2.** [contrarier] to antagonize **3.** *fam* [attaquer] to hold up. ❖ vi to turn (the wheel). ◆ **se braquer** vp [personne] to take a stand.

braqueur, euse [bʀakœʀ, øz] nm, f holdup man *m*, holdup woman *f (in bank)*.

bras [bʀa] nm **1.** [gén] arm ▸ **bras dessus bras dessous** arm in arm ▸ **le bras en écharpe** with one's arm in a sling ▸ **bras droit** right-hand man ou woman ▸ **bras de fer a)** [jeu] arm wrestling **b)** *fig* trial of strength ▸ **baisser les bras** to throw in the towel ▸ **en bras de chemise** in one's shirtsleeves ▸ **se croiser les bras** just to sit there ▸ **avoir le bras long** [avoir de l'influence] to have pull **2.** [main-d'œuvre] hand, worker **3.** [de cours d'eau] branch ▸ **bras de mer** arm of the sea.

brasier [bʀazje] nm [incendie] blaze, inferno.

Brasilia [bʀazilja] npr Brasilia.

bras-le-corps [bʀalkɔʀ] ◆ **à bras-le-corps** loc adv bodily.

brassage [bʀasaʒ] nm **1.** [de bière] brewing **2.** *fig* [mélange] mixing.

brassard [bʀasaʀ] nm armband.

brasse [bʀas] nf [nage] breaststroke ▸ **brasse coulée** breaststroke ▸ **brasse papillon** butterfly (stroke).

brassée [bʀase] nf **1.** [quantité] armful **2.** QUÉBEC [de linge] load.

brasser [3] [bʀase] vt **1.** [bière] to brew **2.** [mélanger] to mix **3.** *fig* [manier] to handle.

brasserie [bʀasʀi] nf **1.** [usine] brewery **2.** [industrie] brewing (industry) **3.** [café-restaurant] brasserie.

brasseur, euse [bʀasœʀ, øz] nm, f **1.** [de bière] brewer **2.** *fig* ▸ **brasseur d'affaires** wheeler-dealer **3.** [nageur] breaststroke swimmer.

brassière [bʀasjɛʀ] nf **1.** [de bébé] (baby's) vest UK ou undershirt US **2.** [gilet de sauvetage] life jacket **3.** QUÉBEC [soutien-gorge] bra.

bravade [bʀavad] nf bravado ▸ **par bravade** out of bravado.

brave [bʀav] ❖ adj **1.** *(après n)* [courageux] brave **2.** *(avant n)* [honnête] decent **3.** [naïf et gentil] nice. ❖ nmf ▸ **mon brave** my good man.

bravement [bʀavmɑ̃] adv **1.** [courageusement] bravely **2.** [résolument] determinedly.

braver [3] [bʀave] vt **1.** [parents, règlement] to defy **2.** [transgresser] to brave.

bravo [bʀavo] interj bravo! ◆ **bravos** nmpl cheers.

bravoure [bʀavuʀ] nf bravery.

BRB (*abr de* **Brigade de répression du banditisme**) nf *French serious crime squad.*

break [bʀɛk] nm **1.** [voiture] estate (car) UK, station wagon US **2.** [jazz] break **3.** *fam* [pause] break ▸ **faire un break** to take a break **4.** SPORT ▸ **faire le break a)** [tennis] to break service **b)** *fig* to pull away.

breakdance [bʀɛkdɛns] nf breakdancing.

brebis [bʀəbi] nf ewe ▸ **brebis galeuse** black sheep.

brèche [bʀɛʃ] nf **1.** [de mur] gap **2.** MIL breach **3.** EXPR **battre qqn en brèche** [attaquer] to knock sb down ▸ **battre qqch en brèche** *fig* to demolish sthg ▸ **être sur la brèche** to be hard at work.

bredouille [bʀəduj] adj ▸ **être / rentrer bredouille** to be / to return empty-handed.

bredouillement [bʀədujmɑ̃] nm stammering.

bredouiller [3] [bʀəduje] ◆ vi to stammer. ◆ vt to stammer (out).

bref, brève [bʀɛf, bʀɛv] adj **1.** [gén] short, brief ▸ **soyez bref !** make it brief! **2.** LING short. ◆ **bref** adv in short, in a word ▸ **en bref** briefly. ◆ **brève** nf PRESSE brief news item.

brelan [bʀəlɑ̃] nm : *un brelan* three of a kind / *un brelan de valets* three jacks.

breloque [bʀəlɔk] nf charm.

brème [bʀɛm] nf [poisson] bream.

Brésil [bʀezil] nm : *le Brésil* Brazil / *au Brésil* in Brazil.

brésilien, enne [bʀeziljɛ̃, ɛn] adj Brazilian. ◆ **Brésilien, enne** nm, f Brazilian.

Bretagne [bʀətaɲ] nf : *la Bretagne* Brittany.

bretelle [bʀətɛl] nf **1.** [d'autoroute] access road, slip road UK ▸ **bretelle d'accès** access road **2.** [de fusil] sling / *porter l'arme à la bretelle* to carry one's weapon slung over one's shoulder **3.** [de pantalon] ▸ **bretelles** braces UK, suspenders US / *se faire remonter les bretelles* *fig* to be told to pull one's socks up **4.** [de bustier] strap.

breton, onne [bʀətɔ̃, ɔn] adj Breton. ◆ **breton** nm [langue] Breton. ◆ **Breton, onne** nm, f Breton.

breuvage [bʀœvaʒ] nm [boisson] beverage.

brève ⟶ **bref**.

brevet [bʀəvɛ] nm **1.** [certificat] certificate ▸ **brevet de secouriste** first-aid certificate **2.** [diplôme] diploma ▸ **brevet des collèges** *school certificate taken after four years of secondary education* **3.** [d'invention] patent ▸ **déposer un brevet** to file a patent application, to apply for a patent.

breveter [27] [bʀəvte] vt to patent ▸ **faire breveter qqch** to take out a patent on sthg, to patent sthg.

bréviaire [bʀevjɛʀ] nm breviary.

bribe [bʀib] nf [fragment] scrap, bit ; *fig* snippet ▸ **bribes de conversation** snatches of conversation.

bric [bʀik] ◆ **de bric et de broc** loc adv any old how / *meublé de bric et de broc* furnished with bits and pieces.

bric-à-brac [bʀikabʀak] nm inv bric-a-brac.

bricolage [bʀikɔlaʒ] nm **1.** [travaux] do-it-yourself, DIY UK **2.** [réparation provisoire] patching up.

bricole [bʀikɔl] nf **1.** [babiole] trinket **2.** [chose insignifiante] trivial matter.

bricoler [3] [bʀikɔle] ◆ vi to do odd jobs (around the house). ◆ vt **1.** [réparer] to fix, to mend UK **2.** [fabriquer] to make, to knock up UK.

bricoleur, euse [bʀikɔlœʀ, øz] ◆ adj handy (about the house). ◆ nm, f do-it-yourselfer, home handyman (handywoman).

bride [bʀid] nf **1.** [de cheval] bridle ▸ **à bride abattue** at full tilt ▸ **lâcher la bride à qqn** to give sb his / her head **2.** [de chapeau] string **3.** COUT bride, bar **4.** TECHNOL flange.

bridé [bʀide] ⟶ **œil**.

brider [3] [bʀide] vt [cheval] to bridle ; *fig* to rein (in).

bridge [bʀidʒ] nm [jeu & MÉD] bridge.

brie [bʀi] nm [fromage] Brie.

briefer [3] [bʀife] vt to brief.

briefing [bʀifiŋ] nm briefing.

brièvement [bʀijɛvmɑ̃] adv briefly.

brièveté [bʀijɛvte] nf brevity, briefness.

brigade [bʀigad] nf **1.** [d'ouvriers, de soldats] brigade **2.** [détachement] squad ▸ **brigade antigang** organized crime diivision ▸ **brigade volante** flying squad UK.

brigadier [bʀigadje] nm **1.** MIL corporal **2.** [de police] sergeant.

brigand [bʀigɑ̃] nm **1.** [bandit] bandit **2.** [homme malhonnête] crook.

brigandage [bʀigɑ̃daʒ] nm **1.** [vol à main armée] armed robbery **2.** [action malhonnête] robbery.

briguer [3] [bʀige] vt *sout* to aspire to ▸ **briguer un second mandat** to seek re-election.

brillamment [bʀijamɑ̃] adv [gén] brilliantly ; [réussir un examen] with flying colours UK ou colors US.

brillant, e [bʀijɑ̃, ɑ̃t] adj **1.** [qui brille - gén] sparkling ; [- cheveux] glossy ; [- yeux] bright / *brillant de* : *yeux brillants de malice* eyes sparkling with mischief / *yeux brillants de fièvre* eyes bright with fever **2.** [remarquable] brilliant / *pas brillant* not brilliant / *sa santé n'est pas brillante* he's not well, his health is not too good / *les résultats ne sont pas brillants* the results aren't too good ou aren't all they should be. ◆ **brillant** nm **1.** [diamant] brilliant **2.** [éclat] shine. ◆ **brillant à lèvres** nm [cosmétique] lip gloss.

brillantine [bʀijɑ̃tin] nf brilliantine.

briller [3] [bʀije] vi to shine.

brimade [bʀimad] nf **1.** [vexation] victimization *(U)*, bullying *(U)* **2.** *arg scol* ragging *(U)* UK, hazing *(U)* US.

brimer [3] [bʀime] vt **1.** [tracasser] to victimize, to bully **2.** *arg scol* to rag UK, to haze US.

brin [bʀɛ̃] nm **1.** [tige] twig ▸ **brin d'herbe** blade of grass ▸ **un beau brin de fille** a fine figure of a girl **2.** [fil]

strand **3.** [petite quantité] ▸ **un brin (de)** a bit (of) / *faire un brin de toilette* to have a quick wash.

brindille [bʀɛ̃dij] nf twig.

bringue [bʀɛ̃g] nf *fam* binge ▸ **faire la bringue** to go on a binge.

bringuebaler, brinquebaler [3] [bʀɛ̃gbale] vi [voiture] to jolt along.

brio [bʀijo] nm **1.** MUS brio **2.** [talent] ▸ **avec brio** brilliantly.

brioche [bʀijɔʃ] nf **1.** [pâtisserie] brioche **2.** *fam* [ventre] paunch.

brioché, e [bʀijɔʃe] adj [pain] brioche-style.

brique [bʀik] ◆ nf **1.** [pierre] brick **2.** [emballage] carton. ◆ adj inv brick red.

briquer [3] [bʀike] vt to scrub.

briquet [bʀikɛ] nm (cigarette) lighter.

briqueterie [bʀikɛtʀi] nf brickworks *sg*.

briquette [bʀikɛt] nf [conditionnement] carton.

bris [bʀi] nm [destruction] breaking ▸ **bris de glace** broken windows.

brisant [bʀizɑ̃] nm [écueil] reef. ◆ **brisants** nmpl [récif] breakers.

brise [bʀiz] nf breeze.

brisé, e [bʀize] adj *fig* broken ▸ **brisé de chagrin** overwhelmed by sorrow / *brisé de fatigue* exhausted.

brise-glace [bʀizglas] (*pl* **brise-glaces**) nm [navire] icebreaker.

brise-jet [bʀizʒɛ] nm inv nozzle *(for tap)*.

brise-lames [bʀizlam] nm inv breakwater.

brise-mottes [bʀizmɔt] nm inv harrow.

briser [3] [bʀize] vt **1.** [gén] to break **2.** *fig* [carrière] to ruin ; [conversation] to break off ; [espérances] to shatter. ◆ **se briser** vp **1.** [gén] to break **2.** *fig* [espoir] to be dashed ; [efforts] to be thwarted.

briseur, euse [bʀizœʀ, øz] nm, f ▸ **briseur de grève** strike-breaker.

bristol [bʀistɔl] nm **1.** [papier] Bristol board **2.** *vieilli* [carte de visite] visiting UK ou calling US card.

britannique [bʀitanik] adj British. ◆ **Britannique** nmf British person, Briton ▸ **les Britanniques** the British.

broc [bʀo] nm jug.

brocante [bʀɔkɑ̃t] nf **1.** [commerce] secondhand trade **2.** [objets] secondhand goods *pl*.

brocanteur, euse [bʀɔkɑ̃tœʀ, øz] nm, f dealer in secondhand goods.

brocart [bʀɔkaʀ] nm brocade.

broche [bʀɔʃ] nf **1.** [bijou] brooch **2.** CULIN spit ▸ **cuire à la broche** to spit-roast **3.** ÉLECTR & MÉD pin **4.** [de métier à filer] spindle **5.** QUÉBEC [fil de fer] wire.

broché, e [bʀɔʃe] adj **1.** [tissu] brocade *(avant n)*, brocaded **2.** TYPO ▸ **livre broché** paperback (book).

brochet [bʀɔʃɛ] nm pike.

brochette [bʀɔʃɛt] nf **1.** [ustensile] skewer **2.** [plat] kebab **3.** *fam* & *fig* [groupe] string, row.

brochure [bʀɔʃyʀ] nf **1.** [imprimé] brochure, booklet **2.** [de livre] binding **3.** [de tissu] brocaded pattern.

brocoli [bʀɔkɔli] nm broccoli *(U)*.

brodequin [bʀɔdkɛ̃] nm boot.

broder [3] [bʀɔde] vt & vi to embroider.

broderie [bʀɔdʀi] nf **1.** [art] embroidery **2.** [ouvrage] (piece of) embroidery.

broie, broies ⟶ **broyer**.

bromure [bʀɔmyʀ] nm bromide.

bronche [bʀɔ̃ʃ] nf bronchus / *j'ai des problèmes de bronches* I've got chest problems.

broncher [3] [bʀɔ̃ʃe] vi to stumble ▸ **sans broncher** without complaining, uncomplainingly.

bronchiolite [bʀɔ̃kjɔlit, bʀɔ̃ʃjɔlit] nf bronchiolitis.

bronchite [bʀɔ̃ʃit] nf bronchitis *(U)*.

broncho-pneumonie (*pl* **broncho-pneumonies**) [bʀɔ̃kɔpnømɔni] nf bronchopneumonia.

broncho-pneumopathie (*pl* **broncho-pneumopathies**) [bʀɔ̃kɔpnømopati] nf bronchopneumonia.

bronzage [bʀɔ̃zaʒ] nm **1.** [de peau] tan, suntan **2.** [de métal] bronzing.

bronzant, e [bʀɔ̃zɑ̃, ɑ̃t] adj suntan *(avant n)*.

bronze [bʀɔ̃z] nm bronze.

bronzé, e [bʀɔ̃ze] adj tanned UK, tan US, suntanned.

bronzer [3] [bʀɔ̃ze] vi [peau] to tan ; [personne] to get a tan.

brosse [bʀɔs] nf brush ▸ **brosse à cheveux** hairbrush ▸ **brosse à dents** toothbrush ▸ **brosse à habits** clothes brush ▸ **avoir les cheveux en brosse** to have a crew cut.

brosser [3] [bʀɔse] vt **1.** [habits, cheveux] to brush **2.** [paysage, portrait] to paint. ◆ **se brosser** vp to brush one's clothes, to brush o.s. down ▸ **se brosser les cheveux / les dents** to brush one's hair / teeth.

brou [bʀu] ◆ **brou de noix** nm **1.** [liqueur] walnut liqueur **2.** [teinture] walnut stain.

brouet [bʀuɛ] nm gruel.

brouette [bʀuɛt] nf wheelbarrow.

brouhaha [bʀuaa] nm hubbub.

brouillard [bʀujaʀ] nm [léger] mist ; [dense] fog ▸ **brouillard givrant** freezing fog ▸ **être dans le brouillard** *fig* to be lost.

brouille [bʀuj] nf quarrel.

brouillé, e [bʀuje] adj **1.** [fâché] ▸ **être brouillé avec qqn** to be on bad terms with sb ▸ **être brouillé avec qqch** *fig* to be hopeless ou useless at sthg **2.** [teint] muddy **3.** ⟶ **œuf**.

brouiller [3] [bʀuje] vt **1.** [désunir] to set at odds, to put on bad terms **2.** [vue] to blur **3.** [RADIO - accidentellement] to cause interference to ; [- délibérément] to jam **4.** [rendre confus] to muddle (up). ◆ **se brouiller** vp

1. [se fâcher] to fall out ▸ **se brouiller avec qqn (pour qqch)** to fall out with sb (over sthg) **2.** [se troubler] to become blurred **3.** [devenir confus] to get muddled (up), to become confused **4.** MÉTÉOR to cloud over.

brouilleur [bʀujœʀ] nm INFORM scrambler.

brouillon, onne [bʀujɔ̃, ɔn] adj careless, untidy. ◆ **brouillon** nm rough copy, draft.

broussaille [bʀusaj] nf ▸ **les broussailles** the undergrowth ▸ **en broussaille a)** *fig* [cheveux] untidy **b)** [sourcils] bushy.

broussailleux, euse [bʀusajø, øz] adj **1.** [région] scrubby **2.** [sourcils] bushy.

brousse [bʀus] nf GÉOGR scrubland, bush.

brouter [3] [bʀute] ❖ vt to graze on. ❖ vi **1.** [animal] to graze **2.** TECHNOL to judder, to shudder.

broutille [bʀutij] nf trifle.

broyer [13] [bʀwaje] vt to grind, to crush.

broyeur [bʀwajœʀ] nm ▸ **broyeur d'ordures** [dans un évier] waste UK ou garbage US disposal unit ▸ **broyeur sanitaire** Saniflo®, macerator unit ▸ **évier à broyeur** sink with waste UK ou garbage US disposal unit.

bru [bʀy] nf *sout* daughter-in-law.

brucelles [bʀysɛl] nfpl **1.** [pince] (pair of) tweezers **2.** SUISSE [pince à épiler] (pair of) eyebrow tweezers.

brugnon [bʀyɲɔ̃] nm nectarine.

bruine [bʀɥin] nf drizzle.

bruire [105] [bʀɥiʀ] vi [feuilles, étoffe] to rustle; [eau] to murmur.

bruissement [bʀɥismɑ̃] nm [de feuilles, d'étoffe] rustle, rustling *(U)*; [d'eau] murmur, murmuring *(U)*.

bruit [bʀɥi] nm **1.** [son] noise, sound ▸ **bruit de fond** background noise / *des bruits de pas* the sound of footsteps / *un bruit sec* a snap / *un bruit sourd* a thud **2.** [vacarme & TECHNOL] noise / *un bruit d'enfer* a huge racket ▸ **faire du bruit** to make a noise ▸ **sans bruit** silently, noiselessly / *il s'avance sans bruit* he moves forward without a sound **3.** [rumeur] rumour UK, rumor US / *le bruit court que…* rumour has it ou it is rumoured that… / *faire circuler des faux bruits* to spread false rumours **4.** [retentissement] fuss ▸ **faire du bruit** to cause a stir / *on a fait beaucoup de bruit autour de cet enlèvement* the kidnapping caused a furore UK ou furor US.

bruitage [bʀɥitaʒ] nm sound effects *pl*.

brûlant, e [bʀylɑ̃, ɑ̃t] adj **1.** [gén] burning (hot); [liquide] boiling (hot); [plat] piping hot **2.** *fig* [amour, question] burning.

brûlé, e [bʀyle] ❖ adj [calciné] burnt. ❖ nm, f badly burnt person ▸ **un grand brûlé** a patient suffering from third-degree burns / *service pour les grands brûlés* burns unit. ◆ **brûlé** nm **1.** burnt part / *un goût de brûlé* a burnt taste **2.** EXPR **ça sent le brûlé a)** [odeur] there's a smell of burning **b)** *fam* & *fig* there's trouble brewing.

brûlement [bʀylmɑ̃] nm *(surtout pl)* QUÉBEC [d'estomac] heartburn.

brûle-pourpoint [bʀylpuʀpwɛ̃] ◆ **à brûle-pourpoint** loc adv point-blank, straight out.

brûler [3] [bʀyle] ❖ vt **1.** [gén] to burn; [suj : eau bouillante] to scald / *la fumée me brûle les yeux* the smoke is making my eyes sting / *le piment me brûle la langue* the chilli is burning my tongue ▸ **brûler ses dernières cartouches** to shoot one's bolt ▸ **brûler la chandelle par les deux bouts** to burn the candle at both ends ▸ **brûler les planches** to give an outstanding performance **2.** [café] to roast **3.** [feu rouge] to drive through; [étape] to miss out, to skip ▸ **brûler un stop** to fail to stop at a stop sign ▸ **brûler les étapes** *fig* **a)** [progresser rapidement] to advance by leaps and bounds, to race ahead **b)** *péj* to cut corners, to take short cuts. ❖ vi **1.** [gén] to burn; [maison, forêt] to be on fire / *avoir le front / la gorge qui brûle* to have a burning forehead / a burning sensation in the throat / *la forêt a brûlé* the forest was burnt down ou to the ground **2.** [être brûlant] to be burning (hot) ▸ **brûler de** *fig* to be consumed with ▸ **brûler de faire qqch** to be longing ou dying to do sthg ▸ **brûler de parler à qqn** to be dying to talk to sb ▸ **brûler de fièvre** to be running a high temperature ▸ **brûler d'impatience / de désir** to be burning with impatience / desire. ◆ **se brûler** vp to burn o.s. / *se brûler la main* to burn one's hand.

brûlis [bʀyli] nm burn-off.

brûlure [bʀylyʀ] nf **1.** [lésion] burn ▸ **brûlure au premier / second / troisième degré** first-degree / second-degree / third-degree burn **2.** [sensation] burning (sensation) ▸ **avoir des brûlures d'estomac** to have heartburn.

brume [bʀym] nf mist.

brumeux, euse [bʀymø, øz] adj misty; *fig* hazy.

brun, e [bʀœ̃, bʀyn] ❖ adj brown; [cheveux] dark. ❖ nm, f dark-haired man (woman). ◆ **brun** nm [couleur] brown. ◆ **brune** nf **1.** [cigarette] *cigarette made of dark tobacco* **2.** [bière] brown ale.

brunâtre [bʀynatʀ] adj brownish.

bruncher [bʀœnʃe] vi to have brunch.

brunir [32] [bʀyniʀ] ❖ vt **1.** [peau] to tan **2.** [métal] to polish, to burnish. ❖ vi [personne] to get a tan; [peau] to tan.

Brushing® [bʀœʃiŋ] nm ▸ **faire un Brushing à qqn** to give sb a blow-dry, to blow-dry sb's hair.

brusque [bʀysk] adj abrupt.

brusquement [bʀyskəmɑ̃] adv abruptly.

brusquer [3] [bʀyske] vt to rush; [élève] to push.

brusquerie [bʀyskəʀi] nf abruptness.

brut, e [bʀyt] adj **1.** [pierre précieuse, bois] rough; [sucre] unrefined; [métal, soie] raw; [champagne] extra dry ▸ **(pétrole) brut** crude (oil) **2.** *fig* [fait, idées] crude, raw **3.** ÉCON gross. ◆ **brute** nf brute.

brutal, e, aux [bʀytal, o] adj **1.** [violent] violent, brutal ▸ **être brutal avec qqn** to be brutal to sb **2.** [soudain] sudden **3.** [manière] blunt.

brutalement [bʀytalmɑ̃] adv **1.** [violemment] brutally **2.** [soudainement] suddenly **3.** [sèchement] bluntly.

brutaliser [3] [bʀytalize] vt to mistreat.

brutalité [bʀytalite] nf **1.** [violence] violence, brutality **2.** [caractère soudain] suddenness. ◆ **brutalités** nfpl brutality *(U)*.

Bruxelles [bʀysɛl] npr Brussels.

bruxellois, e [bʀysɛlwa, az] adj of/from Brussels. ◆ **Bruxellois, e** nm, f person from Brussels.

bruyamment [bʀɥijamɑ̃] adv noisily.

bruyant, e [bʀɥijɑ̃, ɑ̃t] adj noisy.

bruyère [bʀɥjɛʀ] nf **1.** [plante] heather / *(racine de) bruyère* briar **2.** [lande] heathland.

bsr SMS *abr écrite de* **bonsoir**.

BT ❖ nm (*abr de* **brevet de technicien**) *vocational training certificate (taken at age 18).* ❖ nf (*abr de* **basse tension**) LT.

BTA (*abr de* **brevet de technicien agricole**) nm *agricultural training certificate (taken at age 18).*

BTP (*abr de* **bâtiment et travaux publics**) nmpl *building and public works sector.*

BTS (*abr de* **brevet de technicien supérieur**) nm *advanced vocational training certificate (taken at the end of a 2-year higher-education course).*

bu, e [by] pp ⟶ **boire**.

BU (*abr de* **bibliothèque universitaire**) nf *university library.*

buanderie [byɑ̃dʀi] nf laundry.

Bucarest [bykaʀɛst] npr Bucharest.

buccal, e, aux [bykal, o] adj buccal ▸ **par voie buccale** orally.

bûche [byʃ] nf **1.** [bois] log ▸ **bûche de Noël** Yule log ▸ **prendre** ou **ramasser une bûche** *fam* to fall flat on one's face **2.** *fam* [personne] lump.

bûcher¹ [byʃe] nm **1.** [supplice] ▸ **le bûcher** the stake **2.** [funéraire] pyre.

bûcher² [3] [byʃe] *fam* ❖ vi to swot UK, to grind US. ❖ vt to swot up UK, to grind US.

bûcheron, onne [byʃʀɔ̃, ɔn] nm, f forestry worker.

bûcheur, euse [byʃœʀ, øz] *fam* ❖ adj hard-working. ❖ nm, f swot UK, grind US.

bucolique [bykɔlik] adj pastoral.

Budapest [bydapɛst] npr Budapest.

budget [bydʒɛ] nm **1.** [personne, entreprise] budget / *avoir un petit budget* to be on a (tight) budget ▸ **boucler son budget** to make ends meet ▸ **se fixer un budget** to decide on a budget ▸ **un budget de deux millions** a two million budget **2.** FIN & POL : *le Budget* ≃ the Budget / *amputer le budget* to cut the budget / *budget économique* economic budget.

budgétaire [bydʒetɛʀ] adj budgetary ▸ **année budgétaire** fiscal ou financial UK year.

budgéter [bydʒete] vt = **budgétiser**.

budgétisation [bydʒetizasjɔ̃] nf budgeting.

budgétiser [3] [bydʒetize], **budgéter** [bydʒete] vt to budget for.

buée [bɥe] nf [sur vitre] condensation.

Buenos Aires [bɥenozɛʀ] npr Buenos Aires.

buffet [byfɛ] nm **1.** [meuble] sideboard **2.** [repas] buffet **3.** [café-restaurant] ▸ **buffet de gare** station buffet.

buffle [byfl] nm [animal] buffalo.

bug [bœg] nm = **bogue**.

buis [bɥi] nm box(wood).

buisson [bɥisɔ̃] nm bush.

buissonnière [bɥisɔnjɛʀ] ⟶ **école**.

bulbe [bylb] nm bulb.

bulgare [bylgaʀ] adj Bulgarian. ◆ **bulgare** nm [langue] Bulgarian. ◆ **Bulgare** nmf Bulgarian.

Bulgarie [bylgaʀi] nf : *la Bulgarie* Bulgaria.

bulldozer [byldozɛʀ] nm bulldozer.

bulle [byl] nf **1.** [gén] bubble / *bulle d'air* [dans un tuyau] airlock / *bulle de savon* soap bubble ▸ **bulle financière** ÉCON financial bubble ▸ **la bulle Internet** ÉCON the Internet bubble **2.** [de bande dessinée] speech balloon **3.** INFORM ▸ **bulle d'aide** pop-up text, tooltip **4.** RELIG (papal) bull.

bulletin [byltɛ̃] nm **1.** [communiqué] bulletin ▸ **bulletin d'informations** news bulletin ▸ **bulletin (de la) météo** weather forecast ▸ **bulletin de santé** medical bulletin **2.** [imprimé] form ▸ **bulletin de consigne** left luggage ticket UK, luggage room ou checkroom ticket US ▸ **bulletin de participation** entry form ▸ **bulletin de vote** ballot paper ▸ **bulletin blanc** blank ballot paper **3.** SCOL report UK, report card US / *bulletin mensuel / trimestriel* monthly/end-of-term report **4.** [certificat] certificate ▸ **bulletin de naissance** birth certificate ▸ **bulletin de salaire** ou **de paye** pay slip.

bulletin-réponse [byltɛ̃ʀepɔ̃s] (*pl* **bulletins-réponse**) nm reply form.

bungalow [bœ̃galo] nm [maison] bungalow ; [de vacances] chalet.

bunker [bunkœʀ] nm [golf] bunker.

buraliste [byʀalist] nmf **1.** [d'un bureau de tabac] tobacconist **2.** [préposé] clerk.

bure [byʀ] nf **1.** [étoffe] *coarse brown woollen cloth* **2.** [de moine] frock.

bureau [byʀo] nm **1.** [gén] office / *aller au bureau* to go to the office / *travailler dans un bureau* to work in an office, to have an office job ou a desk job ▸ **bureau d'aide sociale** social security UK ou welfare US office ▸ **bureau de change** a) [banque] bureau de change, foreign exchange office b) [comptoir] bureau de change, foreign exchange counter ▸ **bureau d'études** design office ▸ **bureau paysager** open-plan office *(with plants)* ▸ **bureau de poste** post office ▸ **bureau de tabac** tobacconist's ▸ **bureau de vote** polling station **2.** [meuble] desk / *bureau à cylindre* roll-top desk **3.** [comité] committee / *le syndicat réuni en bureau confédéral* the union meeting at federal committee level **4.** INFORM desktop.

bureaucrate [byʀokʀat] nmf bureaucrat.

bureaucratie [byʀokʀasi] nf bureaucracy.

bureaucratique [byʀokʀatik] adj *péj* bureaucratic.

Bureautique® [byʀotik] nf office automation.

burette [byʀɛt] nf **1.** [flacon] cruet **2.** [de chimiste] burette **3.** [de mécanicien] oilcan.

burin [byʀɛ̃] nm **1.** [outil] chisel **2.** [gravure] engraving.

buriné, e [byʀine] adj engraved ; [visage, traits] lined.

burka [buʀka] = **burqa**.

Burkina [byʀkina] nm : *le Burkina* Burkina Faso / *au Burkina* in Burkina Faso.

burkinabé [byʀkinabe] adj of/from Burkina Faso. ◆ **Burkinabé** nmf person from Burkina Faso.

burlesque [byʀlɛsk] ◈ adj **1.** [comique] funny **2.** [ridicule] ludicrous, absurd **3.** THÉÂTRE burlesque. ◈ nm ▸ **le burlesque** the burlesque.

burnous [byʀnu] nm **1.** [manteau] burnous **2.** [de bébé] hooded cape.

burqa, burka [buʀka] nm ou nf burqa.

burundais, e [buʀundɛ, ɛz] adj Burundian. ◆ **Burundais, e** nm, f Burundian.

Burundi [buʀundi] nm : *le Burundi* Burundi / *au Burundi* in Burundi.

bus [bys] nm bus.

buse [byz] nf **1.** [oiseau] buzzard **2.** [tuyau] pipe, duct **3.** *fam* & *fig* idiot.

business [biznɛs] nm *fam* [affaire(s)] business / *parler business* to talk business.

busqué [byske] ⟶ **nez**.

buste [byst] nm [torse] chest ; [poitrine de femme, sculpture] bust.

bustier [bystje] nm [corsage] bustier ; [soutien-gorge] strapless bra.

but [byt] nm **1.** [point visé] target **2.** [objectif] goal, aim, purpose / *avoir pour but de* to aim to ▸ **errer sans but** to wander aimlessly ▸ **il touche au but** he's nearly there ▸ **à but non lucratif** DR non-profit, non-profit-making UK ▸ **aller droit au but** to go straight to the point ▸ **dans le but de faire qqch** with the aim ou intention of doing sthg **3.** GRAM purpose **4.** SPORT goal / *gagner / perdre par 5 buts à 2* to win/to lose by 5 goals to 2 ▸ **marquer un but** to score a goal **5.** EXPR **de but en blanc** point-blank, straight out / *... demanda-t-elle de but en blanc* ...she suddenly asked.

butane [bytan] nm ▸ **(gaz) butane a)** butane **b)** [domestique] butane, Calor gas® UK.

buté, e [byte] adj stubborn. ◆ **butée** nf **1.** ARCHIT abutment **2.** TECHNOL stop.

buter [3] [byte] ◈ vi [se heurter] ▸ **buter sur / contre qqch a)** to stumble on/over sthg, to trip on/over sthg **b)** *fig* to run into/come up against sthg. ◈ vt **1.** [étayer] to support **2.** *tfam* [tuer] to do in, to bump off. ◆ **se buter** vp to dig one's heels in ▸ **se buter contre** *fig* to refuse to listen to.

butin [bytɛ̃] nm [de guerre] booty ; [de vol] loot ; [de recherche] finds *pl*.

butiner [3] [bytine] ◈ vi to collect nectar. ◈ vt [suj : abeille] to collect nectar from ; *fig* to gather.

butoir [bytwaʀ] nm **1.** [de porte] doorstop **2.** [de chemin de fer] buffer UK.

butte [byt] nf [colline] mound, rise ▸ **butte de tir** MIL butts *pl* ▸ **être en butte à** *fig* to be exposed to.

buvable [byvabl] adj [boisson] drinkable ; [ampoule] (to be) taken orally.

buvard [byvaʀ] nm [papier] blotting-paper ; [sous-main] blotter.

buvette [byvɛt] nf **1.** [café] refreshment room, buffet **2.** [de station thermale] pump room.

buveur, euse [byvœʀ, øz] nm, f drinker.

buvez, buvons ⟶ **boire**.

buzz [bœz] nm ▸ **buzz marketing** buzz marketing / *le film a fait un énorme buzz* the film created a huge buzz.

buzzer [bœze] vi to be all the rage / *un clip qui fait buzzer la Toile* a clip which is all the rage on the Internet.

BVA (*abr de* **Brulé Ville Associés**) npr *French market research and opinion poll company*.

BVP (*abr de* **Bureau de vérification de la publicité**) nm *French advertising standards authority* ; ≃ ASA UK.

Byzance [bizɑ̃s] npr **1.** HIST Byzantium **2.** / *c'est Byzance !* it's fantastic!

Bzh (*abr écrite de* **Breizh**) Brittany *(as nationality sticker on a car)*.

C

c[1], **C** [se] nm inv c, C. ◆ **C** **1.** (*abr écrite de* **Celsius**) C **2.** (*abr écrite de* **coulomb**) C **3.** *abr écrite de* **code**.

c[2] *abr de* **centime**.

c' ⟶ **ce**.

ca *abr écrite de* **centiare**.

CA ❖ nm **1.** *abr de* **chiffre d'affaires** **2.** *abr de* **conseil d'administration** **3.** *abr de* **corps d'armée**. ❖ nf (*abr de* **chambre d'agriculture**) *local government body responsible for agricultural matters.*

ça [sa] pron dém **1.** [désignant un objet - éloigné] that ; [- proche] this **2.** [sujet indéterminé] it, that ▸ **ça ira comme ça** that will be fine ▸ **ça y est** that's it ▸ **c'est ça** that's right **3.** [renforcement expressif] : *où ça ?* where? / *qui ça ?* who?

çà [sa] adv ▸ **çà et là** here and there.

cabale [kabal] nf **1.** [personnes] cabal ; [intrigue] cabal, intrigue / *monter une cabale contre qqn* to plot against sb **2.** HIST cabala, cabbala, kabbala.

caban [kabɑ̃] nm [de marin] reefer jacket UK, reefer US ; [d'officier] pea jacket.

cabane [kaban] nf **1.** [abri] cabin, hut ; [remise] shed ▸ **cabane à lapins** hutch ▸ **cabane à sucre** QUÉBEC sugar-house **2.** *fam* [prison] ▸ **en cabane** in the clink.

cabanon [kabanɔ̃] nm **1.** [à la campagne] cottage **2.** [sur la plage] chalet **3.** [cellule] padded cell.

cabaret [kabaʀɛ] nm cabaret.

cabas [kaba] nm shopping bag.

cabillaud [kabijo] nm (fresh) cod.

cabine [kabin] nf **1.** [de navire, d'avion, de véhicule] cabin **2.** [compartiment, petit local] cubicle ▸ **cabine d'essayage** fitting room ▸ **cabine téléphonique** phone booth, phone box UK.

cabinet [kabinɛ] nm **1.** [pièce] ▸ **cabinet particulier** [de restaurant] private dining room ▸ **cabinet de toilette** ≃ bathroom ▸ **cabinet de travail** study **2.** [toilettes] toilet **3.** [local professionnel] office ▸ **cabinet d'affaires** business consultancy ▸ **cabinet d'assurances** insurance firm ou agency ▸ **cabinet dentaire / médical** dentist's / doctor's surgery UK, dentist's/doctor's office US / *monter un cabinet* to set up a practice **4.** [gouvernement] cabinet ; [de ministre] advisers *pl* / *cabinet du Premier ministre* Prime Minister's departmental staff ▸ **cabinet fantôme** shadow cabinet / *faire partie du cabinet* to be in ou a member of the Cabinet. ◆ **cabinets** nmpl toilet *sg*.

câble [kabl] nm cable ▸ **(télévision par) câble** cable television.

câblé, e [kable] adj TV equipped with cable TV.

câbler [3] [kable] vt **1.** TV [ville, région] to link to a cable television network, to wire for cable ; [émission] to cable **2.** ÉLECTR to cable **3.** [fils] to twist together (into a cable), to cable **4.** TÉLÉCOM [message] to cable(cast).

cabosser [3] [kabɔse] vt to dent.

cabot [kabo] ❖ adj theatrical. ❖ nm **1.** [personne] poser **2.** *fam* [chien] mutt.

cabotage [kabɔtaʒ] nm coastal navigation.

caboteur [kabɔtœʀ] nm [navire] coaster.

cabotin, e [kabɔtɛ̃, in] *péj* ❖ adj theatrical. ❖ nm, f **1.** *fam* [acteur] ham (actor) **2.** [frimeur] poser.

cabrer [3] [kabʀe] ◆ **se cabrer** vp **1.** [cheval] to rear (up) ; [avion] to climb steeply **2.** *fig* [personne] to take offence UK ou offense US.

cabri [kabʀi] nm kid.

cabriole [kabʀijɔl] nf [bond] caper ; [pirouette] somersault.

cabriolet [kabʀijɔlɛ] nm convertible.

CAC, Cac [kak] (*abr de* **Cotation assistée en continu**) nm inv ▸ **le CAC 40** *the French Stock Exchange shares index.*

caca [kaka] nm *fam* pooh UK, poop US ▸ **faire caca** to do a pooh UK ou poop US ▸ **caca d'oie** greeny-yellow.

cacahouète, cacahuète [kakawɛt] nf peanut.

cacao [kakao] nm **1.** [poudre] cocoa (powder) **2.** [boisson] cocoa **3.** [graine] cocoa bean.

cachalot [kaʃalo] nm sperm whale.

cache [kaʃ] ❖ nf [cachette] hiding place. ❖ nm **1.** [masque] card *(for masking text)* **2.** CINÉ & PHOTO mask.

cache-cache [kaʃkaʃ] nm inv ▸ **jouer à cache-cache** to play hide-and-seek.

cache-col [kaʃkɔl] nm inv scarf.

cachemire [kaʃmiʀ] nm **1.** [laine] cashmere **2.** [dessin] paisley.

cache-nez [kaʃne] nm inv scarf.

cache-oreilles [kaʃɔʀɛj] nm inv earmuffs.

cache-pot [kaʃpo] nm inv pot holder.

cacher [3] [kaʃe] vt **1.** [gén] to hide ▸ **je ne vous cache pas que…** to be honest,… **2.** [vue] to mask. ◆ **se cacher** vp ▸ **se cacher (de qqn)** to hide (from sb).

cachere [kaʃɛʀ] = **kasher**.

cache-sexe [kaʃsɛks] nm inv G-string.

cachet [kaʃɛ] nm **1.** [comprimé] tablet, pill **2.** [marque] postmark **3.** [style] style, character ▸ **avoir du cachet** to have character **4.** [rétribution] fee **5.** [sceau] seal.

cacheter [27] [kaʃte] vt to seal.

cachette [kaʃɛt] nf hiding place ▸ **en cachette** secretly.

cachot [kaʃo] nm **1.** [cellule] cell **2.** [punition] solitary confinement.

cachotterie [kaʃɔtʀi] nf little secret ▸ **faire des cachotteries (à qqn)** to hide things (from sb).

cachottier, ère [kaʃɔtje, ɛʀ] ◆ adj secretive. ◆ nm, f secretive person.

cachou [kaʃu] nm *sweet taken to freshen the breath.*

cacophonie [kakɔfɔni] nf din.

cactus [kaktys] nm cactus.

c.-à-d. (*abr écrite de* c'est-à-dire) i.e.

cadastre [kadastʀ] nm [registre] ≃ land register ; [service] ≃ land registry UK ; ≃ land office US.

cadavérique [kadaveʀik] adj deathly.

cadavre [kadavʀ] nm corpse, (dead) body ▸ **un cadavre ambulant** a walking skeleton.

caddie [kadi] nm [golf] caddie.

Caddie® [kadi] nm [chariot] (shopping) trolley UK, shopping cart US.

cadeau, x [kado] ◆ nm present, gift ▸ **faire cadeau de qqch à qqn** to give sthg to sb (as a present) ▸ **cadeau d'anniversaire** birthday present / *il ne nous a pas fait de cadeau* *fam* he didn't do us any favours. ◆ adj ▸ **idée cadeau** gift idea ▸ **paquet cadeau** gift-wrapped parcel UK ou package US.

cadenas [kadna] nm padlock.

cadenasser [3] [kadnase] vt to padlock. ◆ **se cadenasser** vp to padlock.

cadence [kadɑ̃s] nf **1.** [rythme musical] rhythm ▸ **en cadence** in time **2.** [de travail] rate.

cadencé, e [kadɑ̃se] adj rhythmical.

cadet, ette [kadɛ, ɛt] ◆ adj younger. ◆ nm, f **1.** [de deux enfants] younger ; [de plusieurs enfants] youngest / *il est mon cadet de deux ans* he's two years younger than me ▸ **c'est le cadet de mes soucis** *fig* that's the least of my worries **2.** SPORT junior.

cadran [kadʀɑ̃] nm dial ▸ **cadran solaire** sundial.

cadre [kadʀ] nm **1.** [de tableau, de porte] frame / *cadre de bicyclette* bicycle frame **2.** [contexte] context ▸ **cadre de vie** (living) environment ▸ **dans le cadre de** a) as part of b) [limite] within the limits ou scope of / *cela n'entre pas dans le cadre de mes fonctions* it falls outside the scope of my responsibilities ▸ **sortir du cadre de** to go beyond (the scope of) **3.** [décor, milieu] surroundings *pl* **4.** [responsable] ▸ **cadre moyen / supérieur** middle/senior manager ▸ **jeune cadre dynamique** *iron* dynamic young executive ▸ **un poste de cadre** an executive ou a managerial post ▸ **être rayé des cadres** to be dismissed **5.** [sur formulaire] box / *'cadre réservé à l'administration'* 'for official use only' **6.** DR ▸ **loi cadre** outline law ▸ **plan cadre** blueprint (project) ▸ **réforme cadre** general outline of reform **7.** INFORM [page Internet] frame ; [PAO] box.

cadrer [3] [kadʀe] ◆ vi to agree, to tally. ◆ vt CINÉ, PHOTO & TV to frame.

cadreur, euse [kadʀœʀ, øz] nm, f cameraman (camerawoman).

caduc, caduque [kadyk] adj **1.** [feuille] deciduous **2.** [qui n'est plus valide] obsolete.

CAF [kaf] ◆ nf (*abr de* **Caisse d'allocations familiales**) Child Benefit office UK, Aid to Dependent Children office US. ◆ (*abr de* **coût, assurance, fret**) cif.

cafard [kafaʀ] nm **1.** *fam* SCOL sneak ; [à la police] rat, grass UK **2.** [insecte] cockroach **3.** *fam* [mélancolie] ▸ **avoir le cafard** to feel low ou down.

cafarder [3] [kafaʀde] vi *fam* **1.** [dénoncer - SCOL] to sneak ; [- à la police] to snitch, to grass UK **2.** [déprimer] to feel low ou down.

cafardeux, euse [kafaʀdø, øz] adj *fam* low, down.

café [kafe] ◆ nm **1.** [plante, boisson] coffee ▸ **café allongé** ou **long** *coffee diluted with hot water* ▸ **café crème** *coffee with frothy milk* ▸ **café express** expresso coffee ▸ **café glacé** iced coffee ▸ **café en grains** coffee beans ▸ **café au lait** white coffee UK, coffee with milk US *(with hot milk)* ▸ **café liégeois** *coffee ice cream with whipped cream poured over* ▸ **café moulu** ground coffee ▸ **café noir** black coffee ▸ **café en poudre** ou **soluble** instant coffee **2.** [lieu] bar, café. ◆ adj inv coffee-coloured UK, coffee-colored US.

Café

In French cafés, a small cup of strong black coffee is called **un (petit) café, un express** or, colloquially, **un petit noir**. This may be served **serré** (extra-strong), **léger** (weak) or **allongé** (diluted with hot water). An **express** with a tiny amount of milk added is called **une noisette**. A large cup of black coffee is **un grand café, un double express** or, colloquially, **un grand noir**. Coffee with frothy, steam-heated milk is called **un (grand / petit) crème**. The term **café au lait** is almost never used in cafés.

Parisian cafés have traditionally played an important part in the intellectual and artistic life of the city. For example, the **café de Flore** was a favourite meeting place for the existentialists.

caféine [kafein] nf caffeine.

cafétéria [kafeteʀja] nf cafeteria.

café-théâtre [kafeteatʀ] (*pl* **cafés-théâtres**) nm ≃ cabaret.

cafetier [kaftje] nm café owner.

cafetière [kaftjɛʀ] nf **1.** [récipient] coffeepot **2.** [électrique] coffeemaker ; [italienne] percolator.

cafouiller [3] [kafuje] vi *fam* **1.** [s'embrouiller] to get into a mess **2.** [moteur] to misfire ; TV to be on the blink.

cafter [3] [kafte] *fam* ◆ vi to sneak, to snitch. ◆ vt ▸ **cafter qqn** to sneak ou to snitch on sb / *elle a cafté que j'étais pas à l'école* she sneaked on me and said I wasn't at school.

cafteur, euse [kaftœʀ, øz] nm, f *fam* sneak, snitch.

cage [kaʒ] nf **1.** [pour animaux] cage **2.** [dans une maison] ▸ **cage d'escalier** stairwell **3.** ANAT ▸ **cage thoracique** rib cage.

cageot [kaʒo] nm [caisse] crate.

cagibi [kaʒibi] nm boxroom UK, storage room US.

cagneux, euse [kaɲø, øz] adj : *avoir les genoux cagneux* to be knock-kneed.

cagnotte [kaɲɔt] nf **1.** [caisse commune] kitty **2.** [économies] savings *pl.*

cagoulard [kagulaʀ] nm QUÉBEC hooded criminal.

cagoule [kagul] nf **1.** [passe-montagne] balaclava **2.** [de moine] cowl **3.** [de voleur, de pénitent] hood.

cahier [kaje] nm **1.** [de notes] exercise book UK, notebook ▸ **cahier de brouillon** rough book UK, notebook US ▸ **cahier de textes** homework book **2.** COMM ▸ **cahier des charges** specification.

cahin-caha [kaɛ̃kaa] adv ▸ **aller cahin-caha** to be jogging along.

cahot [kao] nm bump, jolt.

cahoter [3] [kaɔte] ◆ vi to jolt around. ◆ vt **1.** [secouer] to jolt **2.** *fig* [malmener] to knock around.

cahute [kayt] nf shack.

caïd [kaid] nm **1.** [chef de bande] leader **2.** *fam* [homme fort] big shot.

caillasse [kajas] nf *fam* loose stones *pl.*

caillasser [kajase] vt *fam* to throw stones at.

caille [kaj] nf quail.

caillé, e [kaje] adj [lait] curdled ; [sang] clotted. ◆ **caillé** nm CULIN curds *pl.*

cailler [3] [kaje] vi **1.** [lait] to curdle ; [sang] to clot **2.** *fam* [avoir froid] to be freezing. ◆ **se cailler** vp **1.** [lait] to curdle ; [sang] to clot **2.** *fam* [avoir froid] : *on se caille* it's freezing.

caillot [kajo] nm clot.

caillou, x [kaju] nm **1.** [pierre] stone, pebble **2.** *fam* [pierre précieuse] rock **3.** *fam* [crâne] head.

caillouteux, euse [kajutø, øz] adj stony.

caïman [kaimɑ̃] nm cayman.

Caire [kɛʀ] npr : *Le Caire* Cairo.

caisse [kɛs] nf **1.** [boîte] crate, box **2.** TECHNOL case **3.** MUS ▸ **grosse caisse** bass drum **4.** [guichet] cash desk, till ; [de supermarché] checkout, till ▸ **caisse enregistreuse** cash register / *caisse rapide* [dans un supermarché] quick-service till, express checkout / *passer à la caisse* **a)** [magasin] to go to the cash desk **b)** [supermarché] to go through the checkout **c)** [banque] to go to the cashier's desk **d)** [recevoir son salaire] to collect one's wages / *avoir 3 000 euros en caisse* to have 3,000 euros in the till **5.** [recette] takings *pl* ▸ **les caisses de l'État** the coffers of the State ▸ **tenir la caisse a)** [magasin] to be at the cash desk **b)** *fig* to hold the purse strings ▸ **caisse noire** slush fund **6.** [organisme] ▸ **caisse d'allocation** ≃ social security UK ou welfare US office ▸ **caisse d'Allocations familiales** Child Benefit office UK, Aid to Dependent Children office US ▸ **caisse primaire d'Assurance maladie** *French Social Security office in charge of medical insurance* ▸ **caisse d'épargne a)** [fonds] savings fund **b)** [établissement] savings bank ▸ **caisse de prévoyance** contingency fund ▸ **caisse de retraite** pension fund.

caissette [kɛsɛt] nf small box.

caissier, ère [kesje, ɛʀ] nm, f cashier.

caisson [kɛsɔ̃] nm **1.** MIL & TECHNOL caisson **2.** ARCHIT coffer.

cajoler [3] [kaʒɔle] vt to cuddle.

cajolerie [kaʒɔlʀi] nf cuddle.

cajou [kaʒu] ⟶ **noix**.

cake [kɛk] nm fruitcake.

cal [kal] nm callus.

calamar [kalamaʀ], **calmar** [kalmaʀ] nm squid.

calaminé, e [kalamine] adj coked up.

calamité [kalamite] nf disaster.

calandre [kalɑ̃dʀ] nf **1.** [de voiture] radiator grill **2.** [machine] calender.

calanque [kalɑ̃k] nf rocky inlet.

calcaire [kalkɛʀ] ◆ adj [eau] hard ; [sol] chalky ; [roche] limestone. ◆ nm limestone.

calciner [3] [kalsine] vt to burn to a cinder.

calcium [kalsjɔm] nm calcium.

calcul [kalkyl] nm **1.** [opération] ▸ **le calcul** arithmetic ▸ **calcul mental** mental arithmetic ▸ **calcul algébrique** calculus **2.** [compte] calculation / *ça reviendra moins cher, fais le calcul !* it'll be cheaper: just work it out! / *le raisonnement est correct, mais le calcul est faux* the method's right, but the calculations are wrong **3.** *fig* [plan] plan / *un mauvais calcul* a bad move ▸ **agir par calcul** to act out of self-interest **4.** MÉD ▸ **calcul (rénal)** kidney stone.

calculateur, trice [kalkylatœʀ, tʀis] adj *péj* calculating. ◆ **calculateur** nm computer. ◆ **calculatrice** nf calculator ▸ **calculatrice de poche** pocket calculator.

calculer [3] [kalkyle] ◆ vt **1.** [déterminer] to calculate, to work out / *calculer le montant de la facture* to calculate the bill / *calculer qqch de tête* to work out sthg in one's head **2.** [prévoir] to plan ▸ **mal / bien calculer qqch** to judge sthg badly / well. ◆ vi **1.** [faire des calculs] to calculate **2.** [dépenser avec parcimonie] to budget carefully, to count the pennies *péj.*

calculette [kalkylɛt] nf pocket calculator.

Calcutta [kalkyta] npr Calcutta.

cale [kal] nf **1.** [de navire] hold ▸ **cale sèche** dry dock / *être en cale sèche* to be in dry dock ▸ **cale de construction** ou **de lancement** slip, slipway **2.** [pour immobiliser] wedge / *mettre une voiture sur cales* to put a car on blocks **3.** [d'ébéniste] ▸ **cale à poncer** sanding block.

calé, e [kale] adj *fam* **1.** [personne] clever, brainy ▸ **être calé en** to be good at **2.** [problème] tough.

calebasse [kalbas] nf gourd.

calèche [kalɛʃ] nf (horse-drawn) carriage.

caleçon [kalsɔ̃] nm **1.** [sous-vêtement masculin] boxer shorts *pl*, pair of boxer shorts ▸ **caleçon long** longjohns *pl*, pair of longjohns **2.** [vêtement féminin] leggings *pl*, pair of leggings.

Calédonie [kaledɔni] nf : *la Calédonie* Caledonia.

calembour [kalɑ̃buʀ] nm pun, play on words.

calendes [kalɑ̃d] nfpl ▸ **renvoyer qqch aux calendes grecques** to postpone sthg indefinitely.

calendos [kalɑ̃dos] nm *fam* [camembert] camembert.

calendrier [kalɑ̃dʀije] nm **1.** [système, agenda, d'un festival] calendar **2.** [emploi du temps] timetable UK, schedule US **3.** [d'un voyage] schedule.

cale-pied [kalpje] (*pl* **cale-pieds**) nm toe-clip.

calepin [kalpɛ̃] nm notebook.

caler [3] [kale] ◆ vt **1.** [avec cale] to wedge **2.** [stabiliser, appuyer] to prop up **3.** *fam* [remplir] : *ça cale (l'estomac)* it's filling. ◆ vi **1.** [moteur, véhicule] to stall **2.** *fam* [personne] to give up **3.** QUÉBEC [s'enfoncer, s'enliser] to sink.

calfeutrer [3] [kalføtʀe] vt to draughtproof UK. ◆ **se calfeutrer** vp to shut o.s. up ou away.

calibre [kalibʀ] nm **1.** [de tuyau] diameter, bore ; [de fusil] calibre UK, caliber US ; [de fruit, d'œuf] size ▸ **de gros calibre** large-calibre **2.** *fam* & *fig* [envergure] calibre UK, caliber US ▸ **du même calibre** of the same calibre.

calibrer [3] [kalibʀe] vt **1.** [machine, fusil] to calibrate **2.** [fruit, œuf] to grade.

calice [kalis] nm **1.** RELIG chalice **2.** BOT calyx.

calicot [kaliko] nm **1.** [tissu] calico **2.** [banderole] banner.

Californie [kalifɔʀni] nf : *la Californie* California / *la Basse Californie* Lower California.

californien, enne [kalifɔʀnjɛ̃, ɛn] adj Californian. ◆ **Californien, enne** nm, f Californian.

califourchon [kalifuʀʃɔ̃] ◆ **à califourchon** loc adv astride ▸ **être (assis) à califourchon sur qqch** to sit astride sthg.

câlin, e [kalɛ̃, in] adj affectionate. ◆ **câlin** nm cuddle ▸ **faire un câlin à qqn** to give sb a cuddle.

câliner [3] [kaline] vt to cuddle. ◆ **se câliner** vp (*emploi réciproque*) to cuddle.

calisson [kalisɔ̃] nm *small iced cake made with almond paste*.

calleux, euse [kalø, øz] adj calloused.

call-girl [kɔlgœʀl] (*pl* **call-girls**) nf call girl.

calligraphie [kaligʀafi] nf calligraphy.

callosité [kalozite] nf callus.

calmant, e [kalmɑ̃, ɑ̃t] adj soothing. ◆ **calmant** nm [pour la douleur] painkiller ; [pour l'anxiété] tranquilizer UK, tranquilizer US, sedative.

calmar = **calamar**.

calme [kalm] ◆ adj quiet, calm / *par temps calme* when there's no wind. ◆ nm **1.** [gén] calm, calmness / *dans le calme* quietly, calmly / *du calme !* calm down! / *être au calme* to have ou to enjoy peace and quiet / *garder son calme* to keep calm / *perdre son calme* to lose one's composure / *retrouver son calme* to calm down, to regain one's composure / *rétablir le calme* to restore order / *le calme plat* [de la mer] dead calm / *c'est le calme plat en ce moment* *fig* things are very quiet at the moment / *c'est le calme avant la tempête* it's the calm before the storm **2.** [absence de bruit] peace (and quiet).

calmer [3] [kalme] vt **1.** [apaiser] to calm (down) **2.** [réduire - douleur] to soothe ; [- inquiétude] to allay. ◆ **se calmer** vp **1.** [s'apaiser - personne, discussion] to calm down ; [- tempête] to abate ; [- mer] to become calm **2.** [diminuer - douleur] to ease ; [- fièvre, inquiétude, désir] to subside.

calomnie [kalɔmni] nf [écrits] libel ; [paroles] slander.

calomnier [9] [kalɔmnje] vt [par écrit] to libel ; [verbalement] to slander.

calomnieux, euse [kalɔmnjø, øz] adj [écrits] libellous UK, libelous US ; [propos] slanderous.

calorie [kalɔʀi] nf calorie.

calorifère [kalɔʀifɛʀ] nm QUÉBEC radiator.

calorifique [kalɔʀifik] adj calorific.

calorifuge [kalɔʀifyʒ] ◆ adj insulating. ◆ nm insulation.

calorique [kalɔʀik] adj calorific.

calot [kalo] nm **1.** [de militaire] ≃ beret **2.** [bille] (large) marble.

calotte [kalɔt] nf **1.** [bonnet] skullcap **2.** QUÉBEC [casquette] cap **3.** *fam* [gifle] slap **4.** GÉOGR ▸ **calotte glaciaire** ice cap.

calque [kalk] nm **1.** [dessin] tracing **2.** [papier] ▸ **(papier) calque** tracing paper **3.** *fig* [imitation] (exact) copy / *il est le calque de son père* he's the spitting image of his father **4.** [traduction] calque, loan translation.

calquer [3] [kalke] vt **1.** [carte] to trace **2.** [imiter] to copy exactly ▸ **calquer qqch sur qqch** to model sthg on sthg **3.** [traduire littéralement] to translate literally.

calvados [kalvados] nm Calvados.

calvaire [kalvɛʀ] nm **1.** [croix] wayside cross **2.** *fig* [épreuve] ordeal. ◆ **Calvaire** nm ▸ **le Calvaire** Calvary.

calviniste [kalvinist] adj & nmf Calvinist.

calvitie [kalvisi] nf baldness ▸ **calvitie précoce** premature baldness.

camaïeu [kamajø] nm monochrome ▸ **en camaïeu** monochrome, in monochrome.

camarade [kamaʀad] nmf **1.** [compagnon, ami] friend ▸ **camarade de classe** classmate ▸ **camarade d'école** schoolfriend **2.** POL comrade.

camaraderie [kamaʀadʀi] nf **1.** [familiarité, entente] friendship **2.** [solidarité] comradeship, camaraderie.

cambiste [kɑ̃bist] ◆ adj FIN foreign exchange *(avant n)*. ◆ nmf FIN foreign exchange dealer.

Cambodge [kɑ̃bɔdʒ] nm : *le Cambodge* Cambodia / *au Cambodge* in Cambodia.

cambodgien, enne [kɑ̃bɔdʒjɛ̃, ɛn] adj Cambodian. ◆ **Cambodgien, enne** nm, f Cambodian.

cambouis [kɑ̃bwi] nm dirty grease.

cambré, e [kɑ̃bʀe] adj arched.

cambrer [3] [kɑ̃bʀe] vt ▸ **cambrer les reins** OU **la taille** to arch one's back. ◆ **se cambrer** vp [se redresser] to arch one's back.

cambriolage [kɑ̃bʀijɔlaʒ] nm burglary.

cambrioler [3] [kɑ̃bʀijɔle] vt to burgle UK, to burglarize US.

cambrioleur, euse [kɑ̃bʀijɔlœʀ, øz] nm, f burglar.

cambrousse [kɑ̃bʀus] nf *fam* ▸ **en pleine cambrousse** out in the sticks.

cambrure [kɑ̃bʀyʀ] nf **1.** [de pied] instep ▸ **cambrure des reins** OU **du dos** small of the back **2.** [de poutre] curve ; [de chaussure] arch.

came [kam] nf **1.** TECHNOL cam **2.** *tfam* [drogue] stuff.

camé, e [kame] *tfam* ◆ adj [drogué] stoned. ◆ nm, f junkie.

camée [kame] nm cameo.

caméléon [kameleɔ̃] nm *pr* & *fig* chameleon.

camélia [kamelja] nm camellia.

camelot [kamlo] nmf QUÉBEC paper boy, paper girl.

camelote [kamlɔt] nf [marchandise de mauvaise qualité] junk, rubbish UK.

camembert [kamɑ̃bɛʀ] nm **1.** [fromage] Camembert **2.** [graphique] pie chart.

camer [3] [kame] ◆ **se camer** vpi *tfam* to be a junkie / *se camer à la cocaïne* to be on coke.

caméra [kameʀa] nf **1.** CINÉ & TV camera ▸ **caméra cachée** OU **invisible** hidden camera **2.** [d'amateur] cinecamera.

cameraman [kameʀaman] (*pl* **cameramen** [kameʀamɛn] *ou* **cameramans**) nm cameraman.

Cameroun [kamʀun] nm : *le Cameroun* Cameroon / *au Cameroun* in Cameroon.

camerounais, e [kamʀunɛ, ɛz] adj Cameroonian. ◆ **Camerounais, e** nm, f Cameroonian.

Caméscope® [kameskɔp] nm camcorder ▸ **Caméscope® numérique** digital camcorder.

camion [kamjɔ̃] nm truck, lorry UK ▸ **camion de déménagement** removal van UK, moving van US.

camion-citerne [kamjɔ̃sitɛʀn] (*pl* **camions-citernes**) nm tanker UK, tanker truck US.

camionnage [kamjɔnaʒ] nm road haulage UK, trucking US.

camionnette [kamjɔnɛt] nf van.

camionneur [kamjɔnœʀ] nm **1.** [conducteur] lorry-driver UK, truckdriver US **2.** [entrepreneur] road haulier UK, trucker US.

camion-poubelle (*pl* **camions-poubelles** [kamjɔ̃pubɛl]) nm dustcart UK, (dust)bin lorry UK, garbage truck US.

camisole [kamizɔl] ◆ **camisole de force** nf straitjacket.

camomille [kamɔmij] nf **1.** [plante] camomile **2.** [tisane] camomile tea.

Camorra [kamɔʀa] nf Camorra.

camouflage [kamuflaʒ] nm [déguisement] camouflage ; *fig* [dissimulation] concealment.

camoufler [3] [kamufle] vt [déguiser] to camouflage ; *fig* [dissimuler] to conceal, to cover up ▸ **camoufler qqch en qqch** to camouflage sthg as sthg. ◆ **se camoufler** vp [se cacher] to hide.

camouflet [kamuflɛ] nm *litt* [affront] snub ▸ **infliger un camouflet à qqn** to snub sb.

camp [kɑ̃] nm **1.** [gén] camp ▸ **camp de concentration** concentration camp ▸ **camp de prisonniers** prisoner of war camp ▸ **camp de réfugiés** refugee camp ▸ **camp retranché** fortified camp, fortress ▸ **camp de scouts** scout camp ▸ **camp de travail (forcé)** forced labour UK OU labor US camp ▸ **camp de vacances** holiday UK OU vacation US camp ▸ **camp volant** temporary camp ▸ **ficher le camp** *fam* to get lost, to clear off ▸ **lever le camp** a) to break camp b) *fig* to clear off OU out ▸ **foutre le camp** *tfam* [personne] to bugger off UK, to take off US **2.** SPORT half (of the field) **3.** [parti] side / *il faut choisir son camp* you must decide which side you're on / *changer de camp* to change sides / *passer dans l'autre camp* to go over to the other side.

campagnard, e [kɑ̃paɲaʀ, aʀd] ◆ adj **1.** [de la campagne] country *(avant n)* **2.** [rustique] rustic. ◆ nm, f countryman (countrywoman).

campagne [kɑ̃paɲ] nf **1.** [habitat] country ; [paysage] countryside ▸ **à la campagne** in the country ▸ **en rase campagne** in open country ▸ **battre la campagne** a) [police] to comb the countryside b) [divaguer] to wander **2.** MIL campaign ▸ **partir en campagne** to start campaigning **3.** [publicité & POL] campaign ▸ **faire campagne** to campaign ▸ **campagne d'affichage** poster campaign ▸ **campagne commerciale** marketing campaign ▸ **campagne de diffamation** whispering campaign ▸ **campagne électorale** election campaign ▸ **campagne de presse** press campaign ▸ **campagne publicitaire** OU **de publicité** advertising campaign, publicity campaign ▸ **campagne teasing** teaser campaign ▸ **campagne**

télévisuelle television campaign ▸ **campagne de vente** sales campaign.

campanule [kɑ̃panyl] nf bellflower, campanula.

campé, e [kɑ̃pe] adj ▸ **bien campé** a) [personnage] well-rounded b) [récit] well-constructed ▸ **être bien campé (sur ses jambes)** to stand firmly on one's feet.

campement [kɑ̃pmɑ̃] nm camp, encampment.

camper [3] [kɑ̃pe] ❖ vi to camp. ❖ vt **1.** [poser solidement] to place firmly **2.** *fig* [esquisser] to portray. ◆ **se camper** vp ▸ **se camper devant qqn / qqch** to plant o.s. in front of sb / sthg.

campeur, euse [kɑ̃pœʀ, øz] nm, f camper.

camphre [kɑ̃fʀ] nm camphor.

camphré, e [kɑ̃fʀe] adj camphorated.

camping [kɑ̃piŋ] nm **1.** [activité] camping ▸ **faire du camping** to go camping ▸ **camping sauvage** camping in the wild, wilderness camping US **2.** [terrain] campsite.

camping-car [kɑ̃piŋkaʀ] (*pl* **camping-cars**) nm camper, camper-van UK, Dormobile® UK.

Camping-Gaz® [kɑ̃piŋgaz] nm inv butane gas-stove ; ≃ Primus® stove UK.

campus [kɑ̃pys] nm campus.

camus [kamy] ⟶ **nez**.

Canada [kanada] nm : *le Canada* Canada / *au Canada* in Canada.

Canadair® [kanadɛʀ] nm fire-fighting plane, tanker plane US.

canadianisme [kanadjanism] nm Canadianism.

canadien, enne [kanadjɛ̃, ɛn] adj Canadian. ◆ **canadienne** nf [veste] sheepskin jacket. ◆ **Canadien, enne** nm, f Canadian.

canaille [kanaj] ❖ adj **1.** [coquin] roguish **2.** [vulgaire] crude. ❖ nf **1.** [scélérat] scoundrel **2.** *hum* [coquin] little devil.

canal, aux [kanal, o] nm **1.** [gén] channel ▸ **par le canal de qqn** *fig* [par l'entremise de] through sb ▸ **canal de distribution** distribution channel, channel of distribution **2.** [voie d'eau] canal ▸ **canal maritime** OU **de navigation** ship canal **3.** ANAT canal, duct ▸ **canal auditif** auditory canal ▸ **canal lacrymal** tear duct, lacrymal canal *(terme spécialisé)* **4.** AGRIC canal ▸ **canal de drainage / d'irrigation** drainage / irrigation canal **5.** INFORM ▸ **canal IRC** OU **de dialogue en direct** IRC channel. ◆ **Canal** nm ▸ **Canal+** *French pay-TV channel*.

canalisation [kanalizasjɔ̃] nf **1.** [conduit] pipe **2.** *pr* & *fig* [action de canaliser] channelling.

canaliser [3] [kanalize] vt **1.** [cours d'eau] to canalize **2.** *fig* [orienter] to channel.

canapé [kanape] nm **1.** [siège] sofa ▸ **canapé convertible** sofa bed **2.** CULIN canapé.

canapé-lit [kanapeli] (*pl* **canapés-lits**) nm sofa bed.

canard [kanaʀ] nm **1.** [oiseau] duck **2.** [fausse note] wrong note **3.** *fam* [journal] rag.

canari [kanaʀi] ❖ nm canary. ❖ adj inv ▸ **jaune canari** canary yellow.

Canaries [kanaʀi] nfpl : *les Canaries* the Canaries / *aux Canaries* in the Canaries.

Canberra [kɑ̃beʀa] npr Canberra.

cancan [kɑ̃kɑ̃] nm **1.** *fam* [ragot] piece of gossip ▸ **dire des cancans sur qqn** to spread gossip about sb **2.** [danse] cancan.

cancaner [3] [kɑ̃kane] vi **1.** [canard] to quack **2.** *fam* [médire] to spread gossip ▸ **cancaner sur qqn** to spread gossip about sb.

cancanier, ère [kɑ̃kanje, ɛʀ] ❖ adj gossipy. ❖ nm, f gossip.

cancer [kɑ̃sɛʀ] nm MÉD cancer. ◆ **Cancer** nm **1.** ASTROL Cancer ▸ **être un Cancer** to be (a) Cancer **2.** GÉOGR ▸ **le tropique du Cancer** the tropic of Cancer.

cancéreux, euse [kɑ̃seʀø, øz] ❖ adj **1.** [personne] suffering from cancer **2.** [tumeur] cancerous. ❖ nm, f [personne] cancer sufferer.

cancérigène [kɑ̃seʀiʒɛn] adj carcinogenic.

cancérogène [kɑ̃seʀɔʒɛn] = **cancérigène**.

cancérologue [kɑ̃seʀɔlɔg] nmf cancerologist.

cancre [kɑ̃kʀ] nm *fam* dunce.

cancrelat [kɑ̃kʀəla] nm cockroach.

candélabre [kɑ̃delabʀ] nm candelabra.

candeur [kɑ̃dœʀ] nf ingenuousness.

candi [kɑ̃di] adj ▸ **sucre candi** candy.

candidat, e [kɑ̃dida, at] nm, f ▸ **candidat (à)** candidate (for).

candidature [kɑ̃didatyʀ] nf **1.** [à un poste] application ▸ **poser sa candidature pour qqch** to apply for sthg **2.** [à une élection] candidacy, candidature UK.

candide [kɑ̃did] adj ingenuous.

> ⚠ **Candid** signifie « franc », « sincère » et non *candide*.

cane [kan] nf (female) duck.

caneton [kantɔ̃] nm (male) duckling.

canette¹ [kanɛt] nf **1.** [de fil] spool **2.** [de boisson - bouteille] bottle ; [- boîte] can.

canette² [kanɛt] nf [petite cane] (female) duckling.

canevas [kanva] nm **1.** COUT canvas **2.** [plan] structure.

caniche [kaniʃ] nm poodle.

canicule [kanikyl] nf heatwave.

canif [kanif] nm penknife.

canin, e [kanɛ̃, in] adj canine ▸ **exposition canine** dog show.

canine nf canine (tooth).

caniveau, x [kanivo] nm gutter.

cannabis [kanabis] nm cannabis.

canne [kan] nf **1.** [bâton] walking stick ▸ **canne à pêche** fishing rod **2.** *fam* [jambe] pin. ◆ **canne à sucre** nf sugar cane.

canné, e [kane] adj cane.

canneberge [kanbɛʀʒ] nf cranberry.

cannelé, e [kanle] adj fluted.

cannelle [kanɛl] ❖ nf **1.** [aromate] cinnamon **2.** [robinet] tap UK, faucet US. ❖ adj inv [couleur] cinnamon.

cannelloni [kanelɔni] (*pl inv ou* **cannellonis**) nm cannelloni.

cannelure [kanlyʀ] nf **1.** [de colonne] flute **2.** BOT & GÉOL striation.

Cannes [kan] npr Cannes ▸ **le festival de Cannes** the Cannes Film Festival.

Le festival de Cannes

This international film festival takes place in Cannes every May. The jury, which consists of celebrities from the world of show business, awards several prizes, the most prestigious of which is the **Palme d'or** for the best film of the year. The award ceremonies take place in the **Palais des festivals** situated on the seafront, known as **la Croisette**.

cannibale [kanibal] nmf & adj cannibal.

cannibalisme [kanibalism] nm cannibalism ; [sociologie & ÉCON] cannibalization.

canoë [kanɔe] nm canoe.

canoë-kayak [kanɔekajak] (*pl* **canoës-kayaks**) nm kayak.

canon [kanɔ̃] ❖ nm **1.** [arme] gun ; HIST cannon **2.** [tube d'arme] barrel **3.** *fam* [verre de vin] glass (of wine) **4.** MUS ▸ **chanter en canon** to sing in canon **5.** [norme & RELIG] canon. ❖ adj ⟶ **droit**.

cañon [kaɲɔ̃] = **canyon**.

canonique [kanɔnik] adj canonical ▸ **d'un âge canonique** *fig* of a venerable age.

canoniser [3] [kanɔnize] vt to canonize.

canopée [kanɔpe] nf [écologie] canopy.

canot [kano] nm dinghy ▸ **canot pneumatique** inflatable dinghy ▸ **canot de sauvetage** lifeboat.

canotage [kanɔtaʒ] nm rowing, boating ▸ **faire du canotage** to go rowing ou boating.

canot-camping [kanokɑ̃piŋ] nm sing QUÉBEC canoe-camping.

canotier [kanɔtje] nm **1.** [rameur] rower **2.** [chapeau] boater.

cantal [kɑ̃tal] nm *semi-hard cheese from the Auvergne.*

cantate [kɑ̃tat] nf cantata.

cantatrice [kɑ̃tatʀis] nf [d'opéra] (opera) singer ; [de concert] (concert) singer.

cantine [kɑ̃tin] nf **1.** [réfectoire] cafeteria, canteen UK **2.** [malle] trunk.

cantique [kɑ̃tik] nm hymn ▸ **cantique de Noël** Christmas carol.

canton [kɑ̃tɔ̃] nm **1.** [en France] ≃ district **2.** [en Suisse] canton.

Canton

This administrative unit in the French system of local government is administered by the local members of the **conseil général**. There are between 11 and 70 **cantons** in each **département**. Each **canton** is made up of several **communes**.

Switzerland is a confederation of 23 districts known as **cantons**, three of which are themselves divided into **demi-cantons**. Although they are to a large extent self-governing, the federal government reserves control over certain areas such as foreign policy, the treasury, customs and the postal service.

cantonade [kɑ̃tɔnad] ◆ **à la cantonade** loc adv ▸ **parler à la cantonade** to speak to everyone (in general).

cantonais, e [kɑ̃tɔnɛ, ɛz] adj Cantonese ▸ **riz cantonais** egg fried rice. ◆ **cantonais** nm [langue] Cantonese. ◆ **Cantonais, e** nm, f native ou inhabitant of Canton.

cantonal, e, aux [kɑ̃tɔnal, o] adj **1.** [en France] ≃ district *(avant n)* **2.** [en Suisse] cantonal.

cantonnement [kɑ̃tɔnmɑ̃] nm [MIL - action] billeting ; [- lieu] billet.

cantonner [3] [kɑ̃tɔne] vt **1.** MIL to quarter, to billet **2.** [maintenir] to confine ▸ **cantonner qqn à** ou **dans** to confine sb to. ◆ **se cantonner** vp ▸ **se cantonner dans** to confine o.s. to.

cantonnier [kɑ̃tɔnje] nm roadman.

canular [kanylaʀ] nm *fam* hoax.

canyon, cañon [kanjɔn *ou* kanjɔ̃] nm canyon.

canyoning [kanjɔniŋ], **canyonisme** [kanjɔnism] nm canyoning.

CAO (*abr de* **conception assistée par ordinateur**) nf CAD.

caoutchouc [kautʃu] nm **1.** [substance] rubber ▸ **en caoutchouc** rubber ▸ **caoutchouc mousse** foam rubber **2.** [plante] rubber plant **3.** [élastique] rubber ou elastic UK band.

caoutchouteux, euse [kautʃutø, øz] adj rubbery.

cap [kap] nm **1.** GÉOGR cape / *le cap de Bonne-Espérance* the Cape of Good Hope / *le cap Horn* Cape Horn ▸ **passer le cap de qqch** *fig* to get through sthg ▸ **passer le cap de la quarantaine** *fig* to turn forty **2.** [direction] course ▸ **changer de cap** to change course ▸ **mettre le cap sur** to head for. ◆ **Cap** nm : *Le Cap* Cape Town.

CAP (*abr de* **certificat d'aptitude professionnelle**) nm *vocational training certificate (taken at secondary school).*

capable [kapabl] adj **1.** [apte] ▸ **capable (de qqch / de faire qqch)** capable (of sthg / of doing sthg) **2.** [à même] ▸ **capable de faire qqch** likely to do sthg / *capable de réussir* likely to succeed **3.** DR competent.

capacité [kapasite] nf **1.** [de récipient] capacity **2.** [de personne] ability **3.** DR [mentale] capacity **4.** UNIV ▸ **capacité en droit** [diplôme] *qualifying certificate in law gained by examination after 2 years' study.*

cape [kap] nf [vêtement] cloak ▸ **rire sous cape** *fig* to laugh up one's sleeve.

CAPES, Capes [kapɛs] (*abr de* **certificat d'aptitude au professorat de l'enseignement du second degré**) nm *secondary school teaching certificate* ; ≃ PGCE UK.

capésien, enne [kapesjɛ̃, ɛn] nm, f *person holding a secondary school teaching qualification.*

CAPET, Capet [kapɛt] (*abr de* **certificat d'aptitude au professorat de l'enseignement technique**) nm *specialized teaching certificate.*

capharnaüm [kafaʀnaɔm] nm mess.

capillaire [kapilɛʀ] ❖ adj **1.** [lotion] hair *(avant n)* **2.** ANAT & BOT capillary. ❖ nm **1.** BOT maidenhair fern **2.** ANAT capillary.

capillarité [kapilaʀite] nf PHYS capillarity.

capitaine [kapitɛn] nm captain ▸ **capitaine au long cours** NAUT master mariner.

capitainerie [kapitɛnʀi] nf harbour UK ou harbor US master's office.

capital, e, aux [kapital, o] adj **1.** [décision, événement] major **2.** DR capital. ◆ **capital** nm FIN capital ▸ **capital d'exploitation** working capital ▸ **capital santé** *fig* reserves *pl* of health ▸ **capital social** authorized ou share capital. ◆ **capitale** nf [ville, lettre] capital. ◆ **capitaux** nmpl capital *(U)* ▸ **capitaux gelés** frozen assets.

capitalisation [kapitalizasjɔ̃] nf capitalization ▸ **capitalisation boursière** capital stock.

capitaliser [3] [kapitalize] ❖ vt FIN to capitalize ; *fig* to accumulate. ❖ vi to save. ◆ **capitaliser sur** v + prép to cash in on, to capitalize on.

capitalisme [kapitalism] nm capitalism.

capitaliste [kapitalist] nmf & adj capitalist.

capital-risque [kapitalʀisk] nm sing venture ou risk capital.

capital-risqueur [kapitalʀiskœʀ] (*pl* **capital-risqueurs**) nm venture capitalist.

capiteux, euse [kapitø, øz] adj **1.** [vin] intoxicating ; [parfum] heady **2.** [charme] alluring.

capitonné, e [kapitɔne] adj padded ▸ **capitonné de cuir** with leather upholstery.

capitonner [3] [kapitɔne] vt to pad.

capituler [3] [kapityle] vi to surrender ▸ **capituler devant qqn / qqch** to surrender to sb / sthg.

capoeira [kapwɛʀa] nf capoeira.

caporal, e, aux [kapɔʀal, o] nm, f **1.** MIL lance corporal **2.** [tabac] Caporal tobacco.

caporal-chef, caporale-chef [kapoʀalʃɛf] (*mpl* **caporaux-chefs** [kapoʀoʃɛf], *fpl* **caporales-chefs**) nm corporal.

capot¹ [kapo] adj inv [aux jeux de cartes] ▸ **mettre qqn capot** to take all the tricks from sb.

capot² nm **1.** [de voiture] bonnet UK, hood US **2.** [de machine] (protective) cover.

capote [kapɔt] nf **1.** [de voiture] hood UK, top US **2.** [manteau] greatcoat, overcoat **3.** [chapeau] bonnet **4.** *fam* [préservatif] condom ▸ **capote anglaise** *vieilli* condom, French letter UK.

capoter [3] [kapɔte] vi **1.** [se retourner] to overturn **2.** QUÉBEC [perdre la tête] to lose one's head **3.** [échouer] to come to nothing.

câpre [kapʀ] nf caper.

caprice [kapʀis] nm whim / *les caprices de la météo* the vagaries of the weather ▸ **faire des caprices** to be temperamental.

capricieux, euse [kapʀisjø, øz] ❖ adj [changeant] capricious ; [coléreux] temperamental. ❖ nm, f temperamental person.

capricorne [kapʀikɔʀn] nm ZOOL capricorn beetle. ◆ **Capricorne** nm **1.** ASTROL Capricorn ▸ **être un Capricorne** to be (a) Capricorn **2.** GÉOGR ▸ **le tropique du Capricorne** the tropic of Capricorn.

capsule [kapsyl] nf **1.** [de bouteille] cap **2.** ASTRON, BOT & MÉD capsule.

capter [3] [kapte] vt **1.** [recevoir sur émetteur] to pick up **2.** [source, rivière] to harness **3.** *fig* [attention, confiance] to gain, to win.

capteur [kaptœʀ] nm PHYS sensor ▸ **capteur solaire** solar panel.

captieux, euse [kapsjø, øz] adj specious.

captif, ive [kaptif, iv] ❖ adj captive ▸ **être captif de qqch** *fig* to be a slave to sthg. ❖ nm, f prisoner.

captivant, e [kaptivɑ̃, ɑ̃t] adj [livre, film] enthralling ; [personne] captivating.

captiver [3] [kaptive] vt to captivate.

captivité [kaptivite] nf captivity ▸ **en captivité** in captivity.

capture [kaptyʀ] nf **1.** [action] capture **2.** [prise] catch **3.** INFORM : *capture d'écran* **a)** [image] screenshot **b)** [action] screen capture.

capturer [3] [kaptyʀe] vt to catch, to capture.

capuche [kapyʃ] nf (detachable) hood.

capuchon [kapyʃɔ̃] nm **1.** [bonnet - d'imperméable] hood ; [- de religieux] cowl **2.** [bouchon] cap, top.

capucin [kapysɛ̃] nm RELIG Capuchin.

capucine [kapysin] nf [fleur] nasturtium.

Cap-Vert [kapvɛʀ] nm Cape Verde.

caquelon [kaklɔ̃] nm fondue dish.

caquet [kakɛ] nm [de poule] cackling *(U)*.

caqueter [27] [kakte] vi **1.** [poule] to cackle **2.** *fam* & *péj* [personne] to chatter.

car¹ [kaʀ] nm bus, coach UK.

car² [kaʀ] conj because, for.

carabine [kaʀabin] nf rifle.

carabiné, e [kaʀabine] adj *fam* [tempête] violent; [rhume] stinking; [amende] heavy.

Caracas [kaʀakas] npr Caracas.

caraco [kaʀako] nm loose blouse.

caracoler [3] [kaʀakɔle] vi **1.** [cheval] to prance; [cavalier] to caracole **2.** *fig* [sautiller] to prance around.

caractère [kaʀaktɛʀ] nm **1.** [gén] character ▸ **avoir du caractère** to have character / *avoir bon caractère* to be good-natured ▸ **avoir mauvais caractère** to be bad-tempered / *ce n'est pas dans son caractère d'être agressif* it's not in his character ou it's not in his nature to be aggressive ▸ **en petits / gros caractères** in small / large print ▸ **en caractères gras** in bold (type) ▸ **caractères d'imprimerie** block capitals / *appartement / maison de caractère* flat / house with character **2.** [caractéristique] feature, characteristic / *à caractère officiel* of an official nature / *tous les caractères d'une crise économique* all the hallmarks of an economic crisis **3.** BIOL characteristic ▸ **caractère acquis / héréditaire** acquired / hereditary characteristic ou trait.

caractériel, elle [kaʀakteʀjɛl] ◆ adj [troubles] emotional; [personne] emotionally disturbed. ◆ nm, f emotionally disturbed person.

caractérisé, e [kaʀakteʀize] adj [net] clear / *être d'une grossièreté caractérisée* to be downright rude.

caractériser [3] [kaʀakteʀize] vt to be characteristic of. ◆ **se caractériser** vp ▸ **se caractériser par qqch** to be characterized by sthg.

caractéristique [kaʀakteʀistik] ◆ nf characteristic, feature. ◆ adj ▸ **caractéristique (de)** characteristic (of).

carafe [kaʀaf] nf [pour vin, eau] carafe; [pour alcool] decanter ▸ **rester en carafe** *fam* to be left stranded.

carafon [kaʀafɔ̃] nm small carafe.

caraïbe [kaʀaib] adj Caribbean. ◆ **Caraïbe** nmf Carib. ◆ **Caraïbes** [kaʀaib] nfpl : *les caraïbes* the Caribbean / *dans les Caraïbes* in the Caribbean.

carambolage [kaʀɑ̃bɔlaʒ] nm pileup.

caramel [kaʀamɛl] ◆ nm **1.** CULIN caramel **2.** [bonbon - dur] caramel, toffee, taffy US ; [- mou] fudge. ◆ adj inv [couleur] caramel.

caraméliser [3] [kaʀamelize] ◆ vt [sucre] to caramelize; [gâteau] to coat with caramel. ◆ vi to caramelize. ◆ **se caraméliser** vp to caramelize.

carapace [kaʀapas] nf shell; *fig* protection, shield.

carapater [3] [kaʀapate] ◆ **se carapater** vp *fam* to hop it, to skedaddle, to scarper UK.

carat [kaʀa] nm carat, karat US ▸ **or à 9 carats** 9-carat gold.

caravane [kaʀavan] nf **1.** [de camping, de désert] caravan **2.** [groupe de personnes] procession.

caravaning [kaʀavaniŋ] nm caravanning UK.

caravelle [kaʀavɛl] nf NAUT caravel.

carbone [kaʀbɔn] nm carbon.

carbonique [kaʀbɔnik] adj ▸ **gaz carbonique** carbon dioxide ▸ **neige carbonique** dry ice.

carboniser [3] [kaʀbɔnize] vt to burn to a cinder.

carbon(n)ade [kaʀbɔnad] nf CULIN *type of stew*.

carburant [kaʀbyʀɑ̃] ◆ adj m ▸ **mélange carburant** (fuel) mixture. ◆ nm fuel.

carburateur [kaʀbyʀatœʀ] nm carburettor UK, carburetor US.

carbure [kaʀbyʀ] nm carbide.

carburer [3] [kaʀbyʀe] vi **1.** [moteur] ▸ **carburer bien / mal** to be well / badly tuned **2.** *fam* [être en forme] to be fine.

carcajou [kaʀkaʒu] nm wolverine.

carcan [kaʀkɑ̃] nm HIST iron collar; *fig* yoke.

carcasse [kaʀkas] nf **1.** [d'animal] carcass **2.** [de bâtiment, navire] framework **3.** [de véhicule] shell.

carcéral, e, aux [kaʀseʀal, o] adj prison *(avant n)*.

carcinome [kaʀsinɔm] nm carcinoma.

cardan [kaʀdɑ̃] nm universal joint.

carder [3] [kaʀde] vt to card.

cardiaque [kaʀdjak] ◆ adj cardiac ▸ **être cardiaque** to have a heart condition. ◆ nmf heart patient.

cardigan [kaʀdigɑ̃] nm cardigan.

cardinal, e, aux [kaʀdinal, o] adj cardinal. ◆ **cardinal** nm **1.** RELIG cardinal **2.** [nombre] cardinal number.

cardiologue [kaʀdjɔlɔg] nmf heart specialist, cardiologist.

cardio-vasculaire [kaʀdjɔvaskylɛʀ] (*pl* **cardio-vasculaires**) adj cardiovascular.

cardon [kaʀdɔ̃] nm cardoon.

Carême [kaʀɛm] nm ▸ **le Carême** Lent / *faire Carême* to fast for ou to observe Lent.

carence [kaʀɑ̃s] nf **1.** [de personne, gouvernement] inadequacy, incompetence **2.** [manque] ▸ **carence (en)** deficiency (in).

carène [kaʀɛn] nf NAUT hull.

caréner [18] [kaʀene] vt **1.** [navire] to careen **2.** [carrosserie] to streamline.

caressant, e [kaʀɛsɑ̃, ɑ̃t] adj affectionate.

caresse [kaʀɛs] nf caress ▸ **faire une caresse à qqn** to caress sb.

caresser [4] [kaʀese] vt **1.** [personne] to caress; [animal, objet] to stroke **2.** *fig* [espoir] to cherish. ◆ **se**

caresser ❖ vp *(emploi réfléchi)* to caress o.s.. ❖ vp *(emploi réciproque)* to cuddle. ❖ vpt : *se caresser les cheveux* to stroke one's hair.

car-ferry [karfeʀi] (*pl* **car-ferries**) nm car ferry.

cargaison [kaʀgezɔ̃] nf **1.** [transports] cargo **2.** *fam* [grande quantité] load, pile.

cargo [kaʀgo] nm **1.** [navire] freighter **2.** [avion] cargo plane.

cari [kaʀi] = **curry**.

caribou [kaʀibu] nm caribou.

caricatural, e, aux [kaʀikatyʀal, o] adj [récit] exaggerated.

caricature [kaʀikatyʀ] nf [gén] caricature.

carie [kaʀi] nf **1.** MÉD caries *(U)* **2.** BOT blight.

carié, e [kaʀje] adj **1.** MÉD [dent] decayed, bad ; [os] carious **2.** [blé] smutty ; [arbre] blighted.

carillon [kaʀijɔ̃] nm **1.** [cloches] bells *pl* **2.** [d'horloge, de porte] chime.

carillonner [3] [kaʀijɔne] ❖ vi to ring. ❖ vt **1.** [heure] to strike, to chime **2.** *fig* [nouvelle] to announce.

caritatif, ive [kaʀitatif, iv] adj charitable.

carlingue [kaʀlɛ̃g] nf **1.** [d'avion] cabin **2.** [de navire] keelson.

carmélite [kaʀmelit] nf Carmelite (nun).

carmin [kaʀmɛ̃] ❖ adj inv crimson. ❖ nm [couleur] crimson ; [colorant] cochineal.

carnage [kaʀnaʒ] nm slaughter, carnage.

carnassier, ère [kaʀnasje, ɛʀ] adj carnivorous.

carnaval [kaʀnaval] nm carnival.

carnet [kaʀnɛ] nm **1.** [petit cahier] notebook ▸ **carnet d'adresses** address book ▸ **carnet de bord** logbook ▸ **carnet de commandes** ÉCON order book ▸ **carnet de notes** SCOL report UK, report card US / *elle a eu un bon carnet (de notes)* she got a good report UK ou good grades US ▸ **carnet de route** logbook ▸ **carnet de santé** child's health record **2.** [bloc de feuilles] book ▸ **carnet de chèques** chequebook UK, checkbook US ▸ **carnet de tickets** book of tickets ▸ **carnet de timbres** book of stamps.

carnivore [kaʀnivɔʀ] ❖ adj carnivorous. ❖ nm carnivore.

carotide [kaʀɔtid] ❖ adj ANAT carotid. ❖ nf ANAT carotid artery.

carotte [kaʀɔt] ❖ nf carrot ▸ **carottes râpées** grated carrots ▸ **carottes Vichy** glazed carrots ▸ **les carottes sont cuites** *fam* they've/we've etc. had it. ❖ adj inv [couleur] carroty.

carpe [kaʀp] ❖ nf carp ▸ **être muet comme une carpe** *fig* not to say a word. ❖ nm ANAT carpus.

carpette [kaʀpɛt] nf **1.** [petit tapis] rug **2.** *fam* & *péj* [personne] doormat.

carquois [kaʀkwa] nm quiver.

carré, e [kaʀe] adj **1.** [gén] square / *20 mètres carrés* 20 square metres **2.** [franc] straightforward. ◆ **carré** nm **1.** [quadrilatère] square ▸ **élever un nombre au carré** MATH to square a number ▸ **carré de soie** [foulard] silk square **2.** [sur un navire] wardroom **3.** [jeux de cartes] ▸ **un carré d'as** four aces **4.** CULIN ▸ **carré d'agneau** rack of lamb **5.** [petit terrain] patch, plot.

carreau, x [kaʀo] nm **1.** [carrelage] tile **2.** [sol] tiled floor ▸ **rester sur le carreau** *fig* to be knocked out **3.** [vitre] window pane **4.** [motif carré] check ▸ **à carreaux a)** [tissu] checked **b)** [papier] squared **5.** [cartes à jouer] diamond / *l'atout est carreau* diamonds are trumps **6.** EXPR **se tenir à carreau** to watch one's step.

carreauté, e [kaʀote] QUÉBEC = **à carreaux**.

carrefour [kaʀfuʀ] nm **1.** [de routes, de la vie] crossroads *sg* **2.** [forum] forum, conference.

carrelage [kaʀlaʒ] nm **1.** [action] tiling **2.** [surface] tiles *pl*.

carreler [24] [kaʀle] vt to tile.

carrelet [kaʀlɛ] nm **1.** [poisson] plaice **2.** [filet de pêche] net.

carreleur [kaʀlœʀ] nm tiler.

carrément [kaʀemɑ̃] adv **1.** [franchement] bluntly **2.** [complètement] completely, quite **3.** [sans hésiter] straight.

carrer [3] [kaʀe] ◆ **se carrer** vp ▸ **se carrer dans** to settle o.s. in.

carrière [kaʀjɛʀ] nf **1.** [profession] career ▸ **embrasser une carrière** to take up a career ▸ **faire carrière dans qqch** to make a career (for o.s.) in sthg **2.** [gisement] quarry.

carriériste [kaʀjeʀist] nmf *péj* careerist.

carriole [kaʀjɔl] nf **1.** [petite charrette] cart **2.** QUÉBEC [traîneau] sleigh.

carrossable [kaʀɔsabl] adj suitable for vehicles.

carrosse [kaʀɔs] nm (horse-drawn) coach.

carrosserie [kaʀɔsʀi] nf **1.** [de voiture] bodywork, body **2.** [industrie] coachbuilding UK.

carrossier [kaʀɔsje] nm coachbuilder UK.

carrousel [kaʀuzɛl] nm [équitation] carousel.

carrure [kaʀyʀ] nf **1.** [de personne] build ; *fig* stature **2.** [de vêtement] width across the shoulders.

cartable [kaʀtabl] nm **1.** [sac] schoolbag **2.** QUÉBEC [reliure] ring binder.

carte [kaʀt] nf **1.** [gén] card ▸ **carte d'abonnement** season ticket ▸ **carte d'adhérent** ou **de membre** membership card ▸ **carte d'anniversaire** birthday card ▸ **carte d'électeur** polling card UK, voter registration card US ▸ **carte d'embarquement** boarding card ▸ **carte d'étudiant** student card ▸ **carte de fidélité** loyalty card, frequent user card ▸ **carte à gratter** scratchcard ▸ **carte grise** ≃ logbook UK ; ≃ car registration papers US ▸ **carte d'identité** identity card ▸ **carte d'invitation** invitation card ▸ **carte postale** postcard ▸ **carte à puce** smart card ▸ **carte de séjour** residence permit ▸ **Carte Senior** *card entitling senior citizens to reduced rates in cinemas, on* *public transport, etc.* ▸ **carte de vœux** New Year greetings card ▸ **carte de visite** visiting card UK, calling card US ▸ **à la carte** TV pay-per-view ▸ **donner carte blanche à qqn** *fig* to give sb a free hand **2.** BANQUE & COMM ▸ **carte bancaire** bank card, cash card UK ▸ **Carte Bleue®** Visa Card® *(with which purchases are debited directly from the holder's current account)* ▸ **carte de crédit** credit card ▸ **carte de crédit illimitée** gold card **3.** INFORM & TÉLÉCOM card ▸ **carte d'extension (mémoire)** add-in card ▸ **carte graphique** graphics card ▸ **carte magnétique** swipe card ▸ **carte à mémoire** memory card ▸ **carte réseau** network card ▸ **carte son** soundcard ▸ **carte téléphonique** phonecard **4.** [de jeu] ▸ **carte (à jouer)** (playing) card ▸ **abattre ses cartes** **a)** to lay down one's cards **b)** *fig* to show one's hand ▸ **battre les cartes** to shuffle the cards ▸ **brouiller les cartes** *fig* to cloud ou obscure the issue ▸ **tirer les cartes à qqn** to read sb's cards **5.** GÉOGR map ▸ **carte d'état-major** ≃ Ordnance Survey map UK ; ≃ US Geological Survey map US ▸ **carte routière** road map ▸ **carte marine** nautical chart **6.** [au restaurant] menu ▸ **à la carte** **a)** [menu] à la carte **b)** [horaires] flexible / *manger à la carte* to eat à la carte ▸ **carte des vins** wine list.

cartel [kaʀtɛl] nm **1.** ÉCON cartel **2.** POL coalition.

carter [kaʀtɛʀ] nm **1.** [de bicyclette] chain guard **2.** [de moteur] crankcase, sump UK.

carte-réponse [kaʀtʀepɔ̃s] (*pl* **cartes-réponses**) nf reply card.

Carterie® [kaʀtəʀi] nf card shop.

cartésien, enne [kaʀtezjɛ̃, ɛn] ◆ adj **1.** [rationnel] logical, rational **2.** [relatif à Descartes] Cartesian. ◆ nm, f Cartesian.

cartilage [kaʀtilaʒ] nm cartilage.

cartilagineux, euse [kaʀtilaʒinø, øz] adj **1.** [tissu] cartilaginous **2.** [viande] gristly.

cartographie [kaʀtɔgʀafi] nf cartography.

cartomancien, enne [kaʀtɔmɑ̃sjɛ̃, ɛn] nm, f fortune-teller *(using cards)*.

carton [kaʀtɔ̃] nm **1.** [matière] cardboard ▸ **en carton** cardboard ▸ **carton ondulé** corrugated cardboard **2.** [emballage] cardboard box ▸ **carton à dessin** portfolio **3.** [cible] target ▸ **faire un carton** **a)** *fam* to target-shoot **b)** *fig* to take potshots **4.** [carte] ▸ **carton d'invitation** formal invitation **5.** FOOT ▸ **carton jaune** yellow card ▸ **carton rouge** red card.

cartonné, e [kaʀtɔne] adj [livre] hardback.

cartonner [3] [kaʀtɔne] vi *fam* **1.** [film, musique] to be a hit ; [livre] to be a best-seller / *j'ai cartonné en maths* I did brilliantly in maths **2.** EXPR **ça va cartonner** : *garé dans un couloir d'autobus, ça va cartonner !* he's parked in a bus lane, he's really going to catch it!

carton-pâte [kaʀtɔ̃pat] (*pl* **cartons-pâtes**) nm pasteboard / *de* ou *en carton-pâte* cardboard.

cartouche [kaʀtuʃ] nf **1.** [gén & INFORM] cartridge **2.** [de cigarettes] carton.

cas [ka] nm case ▸ **au cas où** in case / *au cas où il ne viendrait pas* in case he doesn't come ▸ **auquel cas** in which case ▸ **dans** ou **en ce cas** in that case / *dans certains cas* ou *en certains cas* in some ou certain cases / *dans le meilleur des cas* at best / *dans le pire des cas* at worst / *dans le premier cas* in the first instance ▸ **en aucun cas** under no circumstances ▸ **en tout cas** in any case, anyway ▸ **en cas de** in case of ▸ **en cas de besoin** if need be ▸ **en cas d'urgence** in an emergency ▸ **ce n'est pas le cas** that's not the case ▸ **c'est le cas de le dire** you've hit the nail on the head ▸ **cas de conscience** matter of conscience ▸ **cas de figure** case, instance / *envisageons ce cas de figure* let us consider that possibility ▸ **cas de force majeure** emergency ▸ **cas social** person with social problems ▸ **faire grand cas de** to set great store by ▸ **faire peu de cas de** **a)** [argument, raison] to pay scant attention to **b)** [invité, ami] to ignore.

casanier, ère [kazanje, ɛʀ] adj & nm, f stay-at-home.

casaque [kazak] nf **1.** [veste] overblouse ▸ **tourner casaque** *fig* to change sides **2.** [équitation] blouse.

cascade [kaskad] nf **1.** [chute d'eau] waterfall ; *fig* stream, torrent ▸ **en cascade** *fig* one after the other **2.** CINÉ stunt.

cascadeur, euse [kaskadœʀ, øz] nm, f **1.** [au cirque] acrobat **2.** CINÉ stuntman (stuntwoman).

case [kaz] nf **1.** [habitation] hut **2.** [de boîte, tiroir] compartment ; [d'échiquier] square ; [sur un formulaire] box.

casemate [kazmat] nf bunker.

caser [3] [kaze] vt **1.** *fam* [trouver un emploi pour] to get a job for **2.** *fam* [loger] to put up **3.** *fam* [marier] to marry off **4.** [placer] to put. ◆ **se caser** vp *fam* **1.** [trouver un emploi] to get (o.s.) a job **2.** [se marier] to get hitched **3.** [se loger] to find a place to live.

caserne [kazɛʀn] nf barracks *sg*.

cash [kaʃ] nm cash ▸ **payer cash** to pay (in) cash.

casier [kazje] nm **1.** [compartiment] compartment ; [pour le courrier] pigeonhole ; [sport, école] locker **2.** [meuble - à bouteilles] rack ; [- à courrier] set of pigeonholes **3.** [à la pêche] lobster pot. ◆ **casier judiciaire** nm (police) record ▸ **casier judiciaire vierge** clean (police) record.

casino [kazino] nm casino.

Caspienne [kaspjɛn] npr : *la Caspienne* the Caspian Sea.

casque [kask] nm **1.** [de protection] helmet ▸ **casque intégral** crash helmet **2.** [séchoir] hairdryer **3.** [à écouteurs] headphones *pl*. ◆ **Casques bleus** nmpl ▸ **les Casques bleus** the UN peace-keeping force, the Blue Berets.

casqué, e [kaske] adj wearing a helmet.

casquer [3] [kaske] vi *fam* to cough up.

casquette [kaskɛt] nf cap.

cassant, e [kasɑ̃, ɑ̃t] adj **1.** [fragile - verre] fragile ; [- cheveux] brittle **2.** [dur] brusque.

cassation [kasasjɔ̃] ⟶ **cour**.

casse [kas] ◆ nf **1.** [action] breakage **2.** *fam* [violence] aggro UK **3.** *fam* [de voitures] scrapyard **4.** TYPO

▸ **haut / bas de casse** upper / lower case. ✧ nm *fam* [cambriolage] break-in.

cassé, e [kase] adj **1.** [voûté, courbé] stooped **2.** [voix] trembling, breaking.

casse-cou [kasku] nmf inv [personne] daredevil.

casse-croûte [kaskʀut] nm inv **1.** [collation légère] snack **2.** QUÉBEC [snack-bar] snack-bar.

casse-noisettes [kasnwazɛt], **casse-noix** [kasnwa] nm inv nutcracker.

casse-pieds [kaspje] *fam* ✧ adj inv annoying. ✧ nmf pain (in the neck).

casser [3] [kase] ✧ vt **1.** [briser] to break ▸ **à tout casser a)** *fam* & *fig* [extraordinaire] fabulous, fantastic **b)** [tout au plus] at (the) most / *une soirée à tout casser fam* one hell of a party ▸ **casser la baraque a)** *fam* THÉÂTRE to bring the house down **b)** [faire échouer un plan] to ruin it all ▸ **casser sa pipe** *fam* to kick the bucket / *casser qqch en mille morceaux* to smash sthg to bits ou smithereens ▸ **casser la figure** *fam* ou **gueule** *tfam* **à qqn** to smash sb's face in ▸ **casser les oreilles à qqn a)** *fam* [avec de la musique] to deafen sb **b)** [en le harcelant] to give sb a lot of hassle **2.** DR to quash **3.** COMM ▸ **casser les prix** to slash prices. ✧ vi to break. ◆ **se casser** vp **1.** [se briser] to break **2.** [membre] ▸ **se casser un bras** to break one's arm **3.** *fam* [se fatiguer] to strain o.s. **4.** *fam* [s'en aller] to hop it, to push off ▸ **casse-toi !** get lost!, push off! **5.** EXPR **se casser la figure** *fam* ou **gueule** *tfam* **a)** [personne] to take a tumble, to come a cropper UK **b)** [livre, carafe] to crash to the ground **c)** [projet] to bite the dust, to take a dive / *ne te casse pas la tête, fais une omelette* don't put yourself out: just make an omelette.

casserole [kasʀɔl] nf **1.** [ustensile] saucepan ▸ **à la casserole** CULIN braised **2.** *fam* [instrument] ▸ **être une vraie casserole** to sound tinny **3.** EXPR **passer à la casserole a)** *fam* to be bumped off **b)** [sexuellement] to get laid.

casse-tête [kastɛt] nm inv **1.** *fig* [problème] headache **2.** QUÉBEC [jeu] puzzle.

cassette [kasɛt] nf **1.** [coffret] casket **2.** [de musique, vidéo] cassette.

casseur, euse [kasœʀ, øz] nm, f **1.** [manifestant] rioting demonstrator **2.** [cambrioleur] burglar.

cassis [kasis] nm **1.** [fruit] blackcurrant ; [arbuste] blackcurrant bush ; [liqueur] blackcurrant liqueur **2.** [sur la route] dip.

cassolette [kasɔlɛt] nf **1.** CULIN small baking dish **2.** [brûle-parfum] incense-burner.

cassonade [kasɔnad] nf brown sugar.

cassoulet [kasulɛ] nm *stew of haricot beans and meat.*

cassure [kasyʀ] nf break.

castagne [kastaɲ] nf *fam* fighting / *il risque d'y avoir de la castagne* things might get ugly.

castagnettes [kastaɲɛt] nfpl castanets.

caste [kast] nf caste.

casting [kastiŋ] nm [acteurs] cast ; [sélection] casting / *aller à un casting* to go to an audition.

castor [kastɔʀ] nm beaver.

castration [kastʀasjɔ̃] nf castration.

castrer [3] [kastʀe] vt to castrate ; [chat] to neuter ; [chatte] to spay.

cataclysme [kataklism] nm cataclysm.

catacombes [katakɔ̃b] nfpl catacombs.

catadioptre [katadjɔptʀ], **Cataphote®** [katafɔt] nm **1.** [sur la route] Catseye® UK, highway reflector US **2.** [de véhicule] reflector.

catalan, e [katalɑ̃, an] adj Catalan, Catalonian. ◆ **catalan** nm [langue] Catalan. ◆ **Catalan, e** nm, f Catalan, Catalonian.

Catalogne [katalɔɲ] nf : *la Catalogne* Catalonia.

catalogue [katalɔg] nm catalogue, catalog US.

cataloguer [3] [katalɔge] vt **1.** [classer] to catalogue, to catalog US **2.** *péj* [juger] to label.

catalyseur [katalizœʀ] nm *pr* & *fig* catalyst.

catalytique [katalitik] ⟶ **pot**.

catamaran [katamaʀɑ̃] nm **1.** [voilier] catamaran **2.** [d'hydravion] floats *pl*.

Cataphote® = **catadioptre**.

catapulter [3] [katapylte] vt to catapult.

cataracte [kataʀakt] nf cataract.

catastrophe [katastʀɔf] nf disaster, catastrophe ▸ **catastrophe naturelle a)** natural disaster **b)** [assurances] act of God ▸ **atterrir en catastrophe** to crash-land ▸ **partir en catastrophe** to leave in a mad rush.

catastrophé, e [katastʀɔfe] adj shocked, upset.

catastrophique [katastʀɔfik] adj disastrous, catastrophic.

catastrophiste [katastʀɔfist] adj very pessimistic / *il a prononcé un discours catastrophiste sur l'évolution du climat* he made a very gloomy speech about climate change.

catch [katʃ] nm wrestling.

catéchèse [kateʃɛz] nf catechesis.

catéchisme [kateʃism] nm catechism.

catégorie [kategɔʀi] nf **1.** [gén] category **2.** [de personnel] grade **3.** [de viande, fruits] quality **4.** ÉCON : *catégorie sociale* social class / *catégorie socio-économique* socioeconomic class / *catégorie socio-professionnelle* socioprofessional group **5.** SPORT class / *toutes catégories* for all comers.

catégoriel, elle [kategɔʀjɛl] adj **1.** [d'une catégorie] category *(avant n)* / *classement catégoriel* classification by category **2.** ÉCON ▸ **revendications catégorielles** sectional claims *(claims relating to one category of workers only)* **3.** LING & PHILO category *(avant n)*.

catégorique [kategɔʀik] adj categorical.

catégoriquement [kategɔʀikmɑ̃] adv categorically.

caténaire [katenɛʀ] adj & nf catenary.

cathédrale [katedʀal] nf cathedral.

cathode [katɔd] nf cathode.

cathodique [katɔdik] ⟶ **tube**.

catholicisme [katɔlisism] nm Catholicism.

catholique [katɔlik] adj Catholic ▸ **pas (très) catholique** *fig* dubious, dodgy UK.

catimini [katimini] ◆ **en catimini** loc adv secretly.

catogan [katɔgɑ̃] nm ponytail ; [ruban] ribbon *(securing hair at the back of the neck)*.

cauchemar [koʃmaʀ] nm *pr* & *fig* nightmare.

cauchemardesque [koʃmaʀdɛsk] adj nightmarish.

caudal, e, aux [kodal, o] adj caudal, tail *(avant n)*.

causal, e, als, aux [kozal, o] adj causal.

causalité [kozalite] nf causality.

causant, e [kozɑ̃, ɑ̃t] adj ▸ **peu causant** not very chatty.

cause [koz] nf **1.** [gén] cause ▸ **gagner qqn à sa cause** to win sb over (to one's cause) / *je suis tout acquis à sa cause* I support him wholeheartedly ▸ **à cause de** because of ▸ **pour cause de** on account of, because of / *pour la bonne cause* **a)** [pour un bon motif] for a good cause **b)** *hum* [en vue du mariage] with honourable intentions ▸ **et pour cause !** and for good reason ! ▸ **être (la) cause de qqch** to cause sthg ▸ **faire cause commune avec qqn** to make common cause with sb ▸ **une cause perdue** a lost cause **2.** DR case / *plaider la cause de qqn pr* & *fig* to plead sb's case **3.** EXPR **être en cause a)** [intérêts] to be at stake **b)** [honnêteté] to be in doubt ou in question ▸ **être hors de cause** to be beyond suspicion ▸ **mettre qqn en cause** to implicate sb ▸ **mettre qqch en cause** to call sthg into question ▸ **remettre en cause** to challenge, to question / *son départ remet tout en cause* her departure reopens the whole question ou debate.

causer [3] [koze] ◈ vt ▸ **causer qqch à qqn** to cause sb sthg. ◈ vi **1.** [bavarder] ▸ **causer (de)** to chat (about) **2.** *fam* [jaser] ▸ **causer (sur)** to gossip (about).

causerie [kozʀi] nf talk.

causette [kozɛt] nf *fam* chat ▸ **faire la causette avec qqn** to have a chat with sb.

causticité [kostisite] nf causticness, causticity.

caustique [kostik] adj & nm caustic.

cauteleux, euse [kotlø, øz] adj sly.

cautériser [3] [koteʀize] vt to cauterize.

caution [kosjɔ̃] nf **1.** [somme d'argent] guarantee ▸ **libérer qqn sous caution** DR to free sb on bail ▸ **payer la caution de qqn** to stand bail for sb **2.** [personne] guarantor ▸ **se porter caution pour qqn** to act as guarantor for sb **3.** [soutien] support, backing.

cautionner [3] [kosjɔne] vt **1.** [se porter garant de] to guarantee **2.** *fig* [appuyer] to support, to back.

cavalcade [kavalkad] nf **1.** [de cavaliers] cavalcade **2.** [d'enfants] stampede.

cavale [kaval] nf *fam* ▸ **être en cavale** to be on the run.

cavaler [3] [kavale] vi *fam* [courir] to run ou rush around ▸ **cavaler après qqn / qqch** to chase (after) sb/sthg. ◆ **se cavaler** vpi *fam* to clear off.

cavalerie [kavalʀi] nf **1.** MIL cavalry **2.** [de cirque] horses *pl*.

cavalier, ère [kavalje, ɛʀ] ◈ adj **1.** [destiné aux cavaliers] ▸ **allée cavalière** bridle path **2.** *sout* [impertinent] offhand. ◈ nm, f **1.** [à cheval] rider **2.** [partenaire] partner ▸ **faire cavalier seul** *fig* to go it alone. ◆ **cavalier** nm [aux échecs] knight.

cavalièrement [kavaljɛʀmɑ̃] adv in an offhand manner.

cave [kav] ◈ nf **1.** [sous-sol] cellar **2.** [de vins] (wine) cellar **3.** [cabaret] cellar UK ou basement US nightclub. ◈ nm *arg crime* outsider. ◈ adj [joues] hollow ; [yeux] sunken.

> ⚠ Le mot anglais cave signifie « grotte » et non *cave*.

caveau, x [kavo] nm **1.** [petite cave] small cellar **2.** [cabaret] nightclub **3.** [sépulture] vault.

caverne [kavɛʀn] nf cave.

caverneux, euse [kavɛʀnø, øz] ⟶ **voix**.

caviar [kavjaʀ] nm caviar.

caviarder [3] [kavjaʀde] vt to blue-pencil, to censor.

caviste [kavist] nm cellarman.

cavité [kavite] nf cavity.

CB [sibi] (*abr de* **citizen band, canaux banalisés**) nf CB.

Cb1 SMS *abr écrite de* c'est bien.

cc 1. (*abr écrite de* **cuillère à café**) tsp **2.** (*abr écrite de* **charges comprises**) inclusive.

CC (*abr de* **corps consulaire**) CC.

CCI (*abr de* **Chambre de commerce et d'industrie**) nf CCI.

CCP (*abr de* **compte chèques postal, compte courant postal**) nm *post office account* ; ≃ giro account UK ; ≃ Post Office checking account US.

CD nm **1.** (*abr de* **chemin départemental**) minor road **2.** (*abr de* **compact disc**) CD **3.** (*abr de* **comité directeur**) steering committee **4.** (*abr de* **corps diplomatique**) CD.

CDD (*abr écrite de* **contrat à durée déterminée**) nm fixed-term contract / *elle est en CDD* she's on a fixed-term contract.

CDI nm **1.** (*abr de* **centre de documentation et d'information**) *school library* **2.** (*abr de* **contrat à durée indéterminée**) permanent contract / *elle est en CDI* she's got a permanent contract.

CD-Rom [sedeʀɔm] (*abr de* **compact disc read only memory**) nm CD-Rom.

CDU (*abr de* **classification décimale universelle**) nf DDS.

ce, cette [sə, sɛt] (*pl* **ces** [se])
(*le masculin* **ce** *devient* **cet** [sɛt] *devant une voyelle ou un 'h' muet*)
◆ adj dém
[proche] this, these *pl* ; [éloigné] that, those *pl* / *ce mois, ce mois-ci* this month / *cette année, cette année-là* that year / *regarde de ce côté-ci et pas de ce côté-là* look on this side, not that side / *ces jours-ci* these days / *et pour ces messieurs, ce sera ?* now what will the ou you gentlemen have?
◆ pron dém inv (**c'** *devant le verbe être 3e personne singulier*)
▸ **c'est** it is, it's ▸ **ce sont** they are, they're / *c'est à lui / à toi de décider* it's up to him / up to you to decide / *c'est mon bureau* this is my office, it's my office / *ce sont mes enfants* these are my children, they're my children / *c'est à Paris* it's in Paris / *c'était hier* it was yesterday / *qui est-ce ?* who is it? ▸ **ce qui, ce que** what / *ce que tu es naïf !* you're so naive!, how naive you are! / *ils ont eu ce qu'ils méritaient* they got what they deserved / *..., ce qui est étonnant* ..., which is surprising / *elle n'achète même pas ce dont elle a besoin* she doesn't even buy what she needs / *vous savez bien ce à quoi je pense* you know exactly what I'm thinking about / *faites donc ce pour quoi on vous paie* do what you're paid to do / *pour ce faire* sout to this end / *sur ce, elle se leva* with that, she got up

CE ◆ nm **1.** *abr de* **comité d'entreprise** **2.** (*abr de* **cours élémentaire**) ▸ **CE1** *second year of primary school* ▸ **CE2** *third year of primary school.* ◆ nf (*abr de* **Communauté européenne**) EC.

CEA (*abr de* **Commissariat à l'énergie atomique**) nm *French atomic energy commission* ; ≃ AEA UK ; ≃ AEC US.

ceci [səsi] pron dém inv this / *ceci pour vous dire que...* this is just to say (that) ... / *ceci n'explique pas cela* this doesn't explain that / *ceci (étant) dit* having said that.

cécité [sesite] nf blindness.

céder [18] [sede] ◆ vt **1.** [donner] to give up ▸ **'cédez le passage'** 'give way UK', yield US / *céder le passage à qqn* to let sb through, to make way for sb **2.** [revendre] to sell. ◆ vi **1.** [personne] ▸ **céder (à)** to give in (to), to yield (to) **2.** [chaise, plancher] to give way.

cédérom [sederɔm] nm INFORM CD-ROM.

CEDEX, Cedex [sedɛks] (*abr de* **courrier d'entreprise à distribution exceptionnelle**) nm *accelerated postal service for bulk users.*

cédille [sedij] nf cedilla ▸ **c cédille** c cedilla.

cèdre [sɛdʀ] nm **1.** [arbre] cedar **2.** QUÉBEC [thuya] white cedar.

CEGEP [seʒɛp] (*abr de* **collège d'enseignement général et professionnel**) nm QUÉBEC ≃ technical college.

CEI (*abr de* **Communauté des États indépendants**) nf CIS.

ceindre [81] [sɛ̃dʀ] vt **1.** *litt* [entourer] ▸ **ceindre qqch de qqch** to put sthg around sthg **2.** [mettre] to put on.

ceinture [sɛ̃tyʀ] nf **1.** [gén] belt ▸ **attachez vos ceintures** fasten your seat ou safety belts ▸ **ceinture de chasteté** chastity belt ▸ **ceinture à enrouleur** inertia-reel seat belt ▸ **ceinture noire** [judo] black belt / *elle est ceinture blanche / noire* she is a white / black belt ▸ **ceinture orthopédique** surgical corset ▸ **ceinture de sauvetage** life belt ▸ **ceinture de sécurité** seat ou safety belt ▸ **ceinture verte** green belt ▸ **se serrer la ceinture** *fig* to tighten one's belt **2.** ANAT waist / *frapper au-dessous de la ceinture* *pr* & *fig* to hit below the belt / *nu jusqu'à la ceinture* naked from the waist up **3.** COUT waistband **4.** [d'une ville] ▸ **petite / grande ceinture** inner / outer circle.

ceinturer [3] [sɛ̃tyʀe] vt **1.** [porter avec une ceinture] : *vous pouvez la ceinturer* [robe] you can wear it with a belt **2.** [saisir par la taille] to grab around the waist ; SPORT to tackle **3.** [lieu] to surround, to encircle / *les remparts ceinturent la ville* the town is surrounded by ramparts **4.** BOT to girdle.

ceinturon [sɛ̃tyʀɔ̃] nm belt.

cela [səla] pron dém inv that ▸ **cela ne vous regarde pas** it's ou that's none of your business ▸ **il y a des années de cela** that was many years ago ▸ **c'est cela** that's right ▸ **cela dit...** having said that... ▸ **malgré cela** in spite of that, nevertheless.

célébration [selebʀasjɔ̃] nf celebration.

célèbre [selɛbʀ] adj famous.

célébrer [18] [selebʀe] vt **1.** [gén] to celebrate **2.** [faire la louange de] to praise.

célébrité [selebʀite] nf **1.** [renommée] fame **2.** [personne] celebrity.

céleri [sɛlʀi] nm celery ▸ **céleri rémoulade** CULIN *grated celeriac in mustard dressing.* ◆ **céleri-rave** nm celeriac.

célérité [seleʀite] nf *litt* speed.

céleste [selɛst] adj heavenly.

célibat [seliba] nm celibacy.

célibataire [selibatɛʀ] ◆ adj single, unmarried ▸ **père** ou **mère célibataire** single parent. ◆ nmf single person, single man (woman) ▸ **célibataire endurci** confirmed bachelor.

celle ⟶ **celui.**

celle-ci ⟶ **celui-ci.**

celle-là ⟶ **celui-là.**

celles ⟶ **celui.**

celles-ci ⟶ **celui-ci.**

celles-là ⟶ **celui-là.**

cellier [selje] nm storeroom.

Cellophane® [selɔfan] nf Cellophane® ▸ **sous Cellophane** (wrapped) in Cellophane.

cellulaire [selylɛʀ] adj **1.** BIOL & TÉLÉCOM cellular **2.** [destiné aux prisonniers] ▸ **régime cellulaire** solitary confinement ▸ **voiture cellulaire** prison van.

cellule [selyl] nf **1.** [gén & INFORM] cell ▸ **cellule photoélectrique** photoelectric cell **2.** [groupe] unit ▸ **cellule**

de crise **a)** [groupe] emergency committee **b)** [réunion] emergency committee meeting.

cellulite [selylit] nf cellulite.

Celluloïd® [selylɔid] nm celluloid.

cellulose [selyloz] nf cellulose.

celte [sɛlt] adj Celtic. ◆ **Celte** nmf Celt.

celtique [sɛltik] ❖ adj Celtic. ❖ nm [langue] Celtic.

celui, celle [səlɥi, sɛl] (*mpl* **ceux** [sø], *fpl* **celles** [sɛl]) pron dém **1.** [suivi d'un complément prépositionnel] the one / *celle de devant* the one in front / *ceux d'entre vous qui…* those of you who… **2.** [suivi d'un pronom relatif] ▸ **celui qui a)** [personne] the one who **b)** [objet] the one which ou that / *c'est celle qui te va le mieux* that's the one which ou that suits you best / *celui que vous voyez* the one (which ou that) you can see, the one (whom) you can see / *ceux que je connais* those I know **3.** [suivi d'un adjectif, d'un participe] the one / *achetez celle conforme aux normes* buy the one that complies with the standard / *tous ceux désirant participer à l'émission* all those wishing ou who wish to take part in the show.

celui-ci, celle-ci [səlɥisi, sɛlsi] (*mpl* **ceux-ci** [søsi], *fpl* **celles-ci** [sɛlsi]) pron dém this one, these ones *pl* / *c'est celui-ci que je veux* this is the one I want, I want this one / *ah celui-ci, il me fera toujours rire !* now he always makes me laugh!

celui-là, celle-là [səlɥila, sɛlla] (*mpl* **ceux-là** [søla], *fpl* **celles-là** [sɛlla]) pron dém that one, those ones *pl* ▸ **celui-là… celui-ci** the former… the latter / *c'est celui-là que je veux* that's the one I want, I want that one / *il a toujours une bonne excuse, celui-là !* he's always got a good excuse, that one!

cénacle [senakl] nm [coterie] circle.

cendre [sɑ̃dʀ] nf ash ▸ **réduire qqch en cendres** to reduce sthg to ashes. ◆ **cendres** nfpl [restes des morts] ashes ▸ **renaître de ses cendres** *fig* to rise from the ashes.

cendré, e [sɑ̃dʀe] adj [chevelure] ▸ **blond cendré** ash blond.

cendrier [sɑ̃dʀije] nm **1.** [de fumeur] ashtray **2.** [de poêle] ashpan.

cène [sɛn] nf (Holy) Communion. ◆ **Cène** nf ▸ **la Cène** the Last Supper.

censé, e [sɑ̃se] adj ▸ **être censé faire qqch** to be supposed to do sthg.

censément [sɑ̃semɑ̃] adv *sout* supposedly.

censeur [sɑ̃sœʀ] nm **1.** SCOL ≃ deputy head UK ; ≃ vice-principal US **2.** CINÉ & PRESSE censor **3.** *fig* [juge] critic.

censure [sɑ̃syʀ] nf **1.** [presse [& CINÉ - contrôle] censorship ; [- censeurs] censors *pl* **2.** POL censure **3.** PSYCHO censor.

censurer [3] [sɑ̃syʀe] vt **1.** CINÉ, PRESSE & PSYCHO to censor **2.** [juger] to censure.

cent [sɑ̃] ❖ adj num inv one hundred, a hundred / *deux cents filles* two hundred girls ▸ **elle est aux cent coups** [affolée] she's frantic / *je ne vais pas attendre cent sept ans fam* I'm not going to wait forever (and a day) ▸ **le quatre cents mètres haies** the four hundred metres hurdle ou hurdles. ❖ nm **1.** [nombre] a hundred / *j'habite au cent* I live at number one hundred **2.** [mesure de proportion] ▸ **pour cent** percent ▸ **cent pour cent** a hundred percent **3.** [sɛnt] [monnaie] cent. *Voir aussi* **six**.

centaine [sɑ̃tɛn] nf **1.** [cent unités] hundred **2.** [un grand nombre] ▸ **une centaine de** about a hundred ▸ **des centaines (de)** hundreds (of) ▸ **plusieurs centaines de** several hundred ▸ **par centaines** in hundreds.

centenaire [sɑ̃tnɛʀ] ❖ adj hundred-year-old *(avant n)* ▸ **être centenaire** to be a hundred years old. ❖ nmf centenarian. ❖ nm [anniversaire] centenary UK, centennial US.

centiare [sɑ̃tjaʀ] nm square metre UK ou meter US.

centième [sɑ̃tjɛm] ❖ adj num inv, nm & nmf hundredth. ❖ nf THÉÂTRE hundredth performance. *Voir aussi* **sixième**.

centigrade [sɑ̃tigʀad] → **degré**.

centigramme [sɑ̃tigʀam] nm centigram.

centilitre [sɑ̃tilitʀ] nm centilitre UK, centiliter US.

centime [sɑ̃tim] nm cent.

centimètre [sɑ̃timɛtʀ] nm **1.** [mesure] centimetre UK, centimeter US ▸ **centimètre cube** cubic centimetre UK ou centimeter US **2.** [ruban, règle] tape measure.

central, e, aux [sɑ̃tʀal, o] adj central. ◆ **central** nm **1.** TENNIS centre UK ou center US court **2.** [de réseau] ▸ **central téléphonique** telephone exchange. ◆ **centrale** nf **1.** [usine] power plant ou station UK ▸ **centrale hydroélectrique** hydroelectric power plant ou station UK ▸ **centrale nucléaire** nuclear power plant ou station UK **2.** [syndicale] *group of affiliated trade unions* **3.** ÉCON ▸ **centrale d'achat a)** COMM buying group **b)** [dans une entreprise] central purchasing department. ◆ **Centrale** nf *grande école training highly-qualified engineers.*

centralien, enne [sɑ̃tʀaljɛ̃, ɛn] nm, f engineering student.

centralisation [sɑ̃tʀalizasjɔ̃] nf centralization.

centraliser [3] [sɑ̃tʀalize] vt to centralize.

centre [sɑ̃tʀ] nm [gén] centre UK, center US / *le centre* [d'une ville] the centre ▸ **centre d'accueil** reception centre UK ou center US ▸ **centre aéré** outdoor centre UK ou center US ▸ **centre antipoison** poison centre UK ou center US ▸ **centre d'appels** call centre UK ou center US ▸ **centre commercial** shopping centre UK ou mall US ▸ **centre de coût** cost centre UK ou center US ▸ **centre culturel** arts centre UK ou center US ▸ **centre de documentation** reference library ▸ **centre droit / gauche** moderate right/left / *il est (de) centre gauche* he's left-of-centre UK ou left-of-center US ▸ **centre équestre** riding school ▸ **centre de gravité** centre UK ou center US of gravity ▸ **centre hospitalier** hospital (complex) ▸ **centre industriel** industrial area ▸ **centre nerveux** nerve centre UK ou center US ▸ **centre de rééducation** rehabilitation centre UK ou center US

▸ **centre social** social services UK ou welfare US office ▸ **centre de tri** sorting office.

centrer [3] [sɑ̃tʀe] vt to centre UK, to center US.

centre-ville [sɑ̃tʀəvil] (*pl* **centres-villes**) nm city centre UK ou center US, town centre UK ou downtown US.

centrifuge [sɑ̃tʀifyʒ] ⟶ **force**.

centrifuger [17] [sɑ̃tʀifyʒe] vt to centrifuge.

centrifugeuse [sɑ̃tʀifyʒøz] nf **1.** TECHNOL centrifuge **2.** CULIN juice extractor.

centriste [sɑ̃tʀist] ❖ adj POL centre *(avant n)* UK, center *(avant n)* US. ❖ nmf centrist.

centuple [sɑ̃typl] nm ▸ **être le centuple de qqch** to be a hundred times sthg ▸ **au centuple** a hundredfold.

centupler [3] [sɑ̃typle] vt & vi to increase a hundredfold.

cep [sɛp] nm stock.

CEP (*abr de* **certificat d'études primaires**) nm *school-leaving certificate formerly taken at end of primary education*.

cépage [sepaʒ] nm (type of) vine.

cèpe [sɛp] nm cep.

cependant [səpɑ̃dɑ̃] conj however, yet. ◆ **cependant que** loc conj *litt* while.

céramique [seʀamik] nf **1.** [matière, objet] ceramic **2.** [art] ceramics *(U)*, pottery.

cerbère [sɛʀbɛʀ] nm ill-tempered doorkeeper.

cerceau, x [sɛʀso] nm hoop.

cercle [sɛʀkl] nm circle / *décrire des cercles dans le ciel* [avion, oiseau] to fly around in circles, to wheel round, to circle / *en cercle* in a circle ▸ **cercle d'amis** circle of friends ▸ **le cercle de ses conseillers (les plus proches)** her (inner) circle of advisers ▸ **cercle de famille** family circle ▸ **cercle littéraire** literary circle ▸ **cercle polaire** polar circle / *cercle de qualité* ÉCON quality circle ▸ **cercle vicieux** vicious circle.

cerclé, e [sɛʀkle] adj ringed ▸ **des lunettes cerclées d'écaille** horn-rimmed glasses.

cercueil [sɛʀkœj] nm coffin.

céréale [seʀeal] nf cereal.

cérébral, e, aux [seʀebʀal, o] ❖ adj **1.** [du cerveau] cerebral **2.** [personne, activité] intellectual. ❖ nm, f intellectual.

cérémonial, als [seʀemɔnjal] nm ceremonial.

cérémonie [seʀemɔni] nf ceremony ▸ **cérémonie d'ouverture / de clôture** opening / closing ceremony ▸ **sans cérémonie** without ceremony, informally ▸ **faire des cérémonies** to make a fuss.

cérémonieux, euse [seʀemɔnjø, øz] adj ceremonious.

cerf [sɛʀ] nm stag.

cerfeuil [sɛʀfœj] nm chervil.

cerf-volant [sɛʀvɔlɑ̃] (*pl* **cerfs-volants**) nm **1.** [jouet] kite **2.** [insecte] stag beetle.

cerise [səʀiz] ❖ nf cherry / *cerise à grappes* choke berry ▸ **la cerise sur le gâteau** *fig* the icing ou cherry on the cake. ❖ adj inv cherry.

cerisier [səʀizje] nm [arbre] cherry (tree) ; [bois] cherry (wood).

Cern [sɛʀn] (*abr de* **Organisation européenne pour la recherche nucléaire**) nm CERN.

cerne [sɛʀn] nm ring.

cerné [sɛʀne] ⟶ **œil**.

cerner [3] [sɛʀne] vt **1.** [encercler] to surround **2.** [entourer d'un trait] to ring **3.** *fig* [sujet] to define.

certain, e [sɛʀtɛ̃, ɛn] ❖ adj certain / *c'est une chose certaine* there's no doubt about it ▸ **être certain de qqch** to be certain ou sure of sthg ▸ **être certain que** to be certain ou sure (that) / *je suis pourtant certain d'avoir mis mes clés là* but I'm certain ou sure I left my keys there. ❖ adj indéf *(avant n)* certain / *un certain John a téléphone* someone called John phoned / *avoir un certain âge* to be getting on / *il a un certain talent* he has some talent ou a certain talent ▸ **à un certain moment** at some point ▸ **certains jours** some days ▸ **un certain temps** for a while ▸ **dans une certaine mesure** to a certain extent. ◆ **certains, certaines** pron indéf pl some.

certainement [sɛʀtɛnmɑ̃] adv [probablement] most probably, most likely ; [bien sûr] certainly.

certes [sɛʀt] adv of course.

certificat [sɛʀtifika] nm **1.** [attestation, diplôme] certificate ▸ **certificat d'aptitude professionnelle** vocational training certificate ▸ **certificat d'études** *primary school-leaving certificate* ▸ **certificat de mariage** marriage certificate ▸ **certificat médical** medical certificate ▸ **certificat de scolarité** *certificate of regular attendance at school or university* **2.** [référence] reference.

certifié, e [sɛʀtifje] ❖ adj holding the CAPES. ❖ nm, f CAPES holder.

certifier [9] [sɛʀtifje] vt **1.** [assurer] ▸ **certifier qqch à qqn** to assure sb of sthg **2.** [authentifier] to certify.

certitude [sɛʀtityd] nf certainty, certitude.

cérumen [seʀymɛn] nm wax, earwax.

cerveau [sɛʀvo] nm brain.

cervelas [sɛʀvəla] nm saveloy.

cervelle [sɛʀvɛl] nf **1.** ANAT brain **2.** [facultés mentales, aliment] brains *pl* **3.** EXPR ▸ **se brûler la cervelle** to blow one's brains out ▸ **se creuser la cervelle** to rack one's brains.

cervical, e, aux [sɛʀvikal, o] adj cervical ▸ **(vertèbre) cervicale** cervical vertebra.

ces [sɛ] ⟶ **ce**.

César [sezaʀ] nm ▸ **les Césars** *French cinema awards*.

césarienne [sezaʀjɛn] nf caesarean UK ou cesarean US (section).

césariser [sezaʀize] vt MÉD to perform a Caesarean on.

cessante [sɛsɑ̃t] ⟶ **affaire**.

Les Césars

The **César** awards are the French version of the Oscars. Every March since 1976, film industry professionals have honoured the Best French Film, the Best Foreign Film, the Best Director, Actor and Supporting Actor, the Best Soundtrack, etc. The name **César** comes from the name of the artist who designed the trophies given to the winners.

cessation [sɛsasjɔ̃] nf suspension.

cesse [sɛs] nf ▸ **n'avoir de cesse que** *(+ subjonctif) sout* not to rest until. ◆ **sans cesse** loc adv continually, constantly.

cesser [4] [sese] ❖ vi to stop, to cease. ❖ vt to stop ▸ **cesser de faire qqch** to stop doing sthg.

cessez-le-feu [seselfø] nm inv cease-fire.

cession [sɛsjɔ̃] nf transfer.

c'est-à-dire [setadiʀ] conj **1.** [en d'autres termes] ▸ **c'est-à-dire (que)** that is (to say) **2.** [introduit une restriction, précision, réponse] ▸ **c'est-à-dire que...** well..., actually....

cet ⟶ **ce.**

cétacé [setase] nm cetacean.

cette ⟶ **ce.**

ceux ⟶ **celui.**

ceux-ci ⟶ **celui-ci.**

ceux-là ⟶ **celui-là.**

cévenol, e [sevnɔl] adj of/from the Cévennes region.

Ceylan [selɑ̃] nm Ceylon.

cf. (*abr écrite de* **confer**) cf.

CFA ❖ nf (*abr de* **Communauté financière africaine**) ▸ **franc CFA** *currency used in former French African colonies.* ❖ nm (*abr de* **centre de formation des apprentis**) *centre for apprenticeship training.*

CFAO (*abr de* **conception et fabrication assistées par ordinateur**) nf CAM.

CFC (*abr de* **chlorofluorocarbure**) nm CFC.

CFDT (*abr de* **Confédération française démocratique du travail**) nf *French trade union.*

CFES (*abr de* **certificat de fin d'études secondaires**) nm *school-leaving certificate.*

CFF (*abr de* **Chemins de fer fédéraux**) nmpl *Swiss railways.*

CFL (*abr de* **Chemins de fer luxembourgeois**) nmpl *Luxembourg railways.*

CFTC (*abr de* **Confédération française des travailleurs chrétiens**) nf *French trade union.*

CGC (*abr de* **Confédération générale des cadres**) nf *French management union.*

CGI (*abr de* **common gateway interface**) npr f INFORM CGI.

CGT (*abr de* **Confédération générale du travail**) nf *major association of French trade unions (affiliated to the Communist party).*

ch. 1. *abr écrite de* **charges 2.** *abr écrite de* **chauffage 3.** *abr écrite de* **cherche.**

CH (*abr écrite de* **Confédération helvétique**) *Switzerland (as nationality sticker on a car).*

chablis [ʃabli] nm [vin] Chablis.

chacal, als [ʃakal] nm **1.** ZOOL jackal **2.** *péj* [personne] vulture, wolf.

chacun, e [ʃakœ̃, yn] pron indéf each (one) ; [tout le monde] everyone, everybody ▸ **chacun de nous / de vous / d'eux** each of us/you/them ▸ **tout un chacun** every one of us/them.

chagrin, e [ʃagʀɛ̃, in] adj [personne] grieving ; [caractère, humeur] morose. ◆ **chagrin** nm grief ▸ **avoir du chagrin** to grieve.

chagriner [3] [ʃagʀine] vt **1.** [peiner] to grieve, to distress **2.** [contrarier] to upset.

chah = **shah.**

chahut [ʃay] nm uproar.

chahuter [3] [ʃayte] ❖ vi to cause an uproar. ❖ vt **1.** [importuner - professeur] to rag, to tease ; [- orateur] to heckle **2.** [bousculer] to jostle.

chahuteur, euse [ʃaytœʀ, øz] ❖ adj disruptive, rowdy. ❖ nm, f **1.** [enfant] disruptive child **2.** [manifestant] heckler.

chai [ʃɛ] nm wine and spirits store OU storehouse.

chaîne [ʃɛn] nf **1.** [gén] chain / *des catastrophes en chaîne* a whole catalogue of disasters ▸ **chaîne de bicyclette** bicycle chain ▸ **chaîne de montagnes** mountain range ▸ **chaîne de sûreté a)** [sur un bijou] safety chain **b)** [sur une porte] (door) chain ▸ **la chaîne alimentaire** the food chain **2.** [dans l'industrie] ▸ **chaîne de fabrication / de montage** production/assembly line ▸ **travail à la chaîne** production-line work ▸ **produire qqch à la chaîne** to mass-produce sthg **3.** [magasins] chain / *chaîne de détail* retail chain / *chaîne de distribution* distribution chain **4.** TV channel / *une chaîne payante* a subscription TV channel ▸ **chaîne câblée** cable channel ▸ **chaîne à la carte** pay-per-view channel ▸ **chaîne cryptée** pay channel *(for which one needs a special decoding unit)* ▸ **chaîne à péage** OU **à la séance** pay-TV channel ▸ **chaîne publique** publicly-owned channel, public service channel US ▸ **chaîne de télévision** television channel, TV channel ▸ **chaîne thématique** specialized channel **5.** [appareil] stereo (system) ▸ **chaîne compacte** compact system ▸ **chaîne hi-fi** hi-fi system ▸ **chaîne laser** CD system **6.** INFORM string ▸ **chaîne vide / de caractères** nul/character string. ◆ **chaînes** nfpl **1.** *fig* chains, bonds **2.** AUTO (snow) chains.

chaînette [ʃɛnɛt] nf small chain.

chaînon [ʃɛnɔ̃] nm *pr* & *fig* link.

chair [ʃɛʀ] ◆ nf flesh ▸ **bien en chair** plump ▸ **en chair et en os** in the flesh ▸ **chair à saucisse** sausage meat ▸ **avoir la chair de poule** to have goose pimples OU gooseflesh, to have goosebumps US. ◆ adj inv flesh-coloured UK, flesh-colored US.

chaire [ʃɛʀ] nf **1.** [estrade - de prédicateur] pulpit ; [- de professeur] rostrum **2.** UNIV chair.

chaise [ʃɛz] nf chair ▸ **chaise électrique** electric chair ▸ **chaise haute** high chair ▸ **chaise longue** a) [d'extérieur] deckchair b) [d'intérieur] chaise longue ▸ **être assis entre deux chaises** *fig* to be in an awkward situation.

chaland [ʃalɑ̃] nm [bateau] barge.

châle [ʃal] nm shawl.

chalet [ʃalɛ] nm **1.** [de montagne] chalet **2.** QUÉBEC [maison de campagne] (holiday) cottage UK, (vacation) cottage US.

chaleur [ʃalœʀ] nf heat / *'ne pas exposer à la chaleur'* 'store in a cool place' / *quelle chaleur !* what a scorcher ! ; [agréable] warmth ▸ **les grandes chaleurs** the hottest days of the summer ▸ **chaleur humaine** human warmth ▸ **avec chaleur** [accueillir] warmly / *plaider une cause avec chaleur* to plead a case fervently OU with fervour UK OU fervor US ▸ **en chaleur** [animal] on UK OU in US heat / *la jument a ses chaleurs* the mare's on UK OU in US heat.

chaleureusement [ʃalœʀøzmɑ̃] adv warmly.

chaleureux, euse [ʃalœʀø, øz] adj warm.

challenge [ʃalɑ̃ʒ] nm **1.** SPORT tournament **2.** *fig* [défi] challenge.

challenger [tʃalɛndʒœʀ] nm challenger.

chaloupe [ʃalup] nf rowing boat UK, rowboat US.

chalumeau [ʃalymo] nm **1.** TECHNOL blowtorch, blowlamp UK **2.** [paille] (drinking) straw.

chalut [ʃaly] nm trawl / *pêcher au chalut* to trawl.

chalutier [ʃalytje] nm **1.** [bateau] trawler **2.** [pêcheur] trawlerman.

chamade [ʃamad] nf ▸ **battre la chamade** [cœur] to pound.

chamailler [3] [ʃamaje] ❖ **se chamailler** vp *fam* to squabble.

chaman, e [ʃaman, ən] nm, f shaman.

chamanisme [ʃamanism] nm shamanism.

chambardement [ʃɑ̃baʀdəmɑ̃] nm *fam* [bouleversement] upheaval.

chambarder [3] [ʃɑ̃baʀde] vt *fam* **1.** [pièce] to turn upside down **2.** [projet] to upset.

chambouler [3] [ʃɑ̃bule] vt *fam* to make a mess of, to turn upside down.

chambranle [ʃɑ̃bʀɑ̃l] nm [de porte, fenêtre] frame ; [de cheminée] mantelpiece.

chambre [ʃɑ̃bʀ] nf **1.** [où l'on dort] ▸ **chambre (à coucher)** bedroom ▸ **garder la chambre** to stay in one's room ▸ **faire chambre à part** to sleep in separate rooms / *réserver une chambre d'hôtel* to book a hotel room ▸ **chambre à un lit, chambre pour une personne** single room ▸ **chambre pour deux personnes** double room ▸ **chambre à deux lits** twin-bedded room ▸ **chambre d'amis** spare room ▸ **chambre de bonne** a) maid's room b) [louée à un particulier] attic room *(often rented to a student)* ▸ **chambre d'hôte** bed and breakfast **2.** [local] room ▸ **chambre forte** strongroom ▸ **chambre froide** cold store ▸ **chambre à gaz** gas chamber ▸ **chambre noire** darkroom **3.** DR division ▸ **chambre d'accusation** court of criminal appeal ▸ **Chambre des appels correctionnels** District Court **4.** POL chamber, house ▸ **la Chambre des communes** the House of Commons UK ▸ **Chambre des députés** ≃ House of Commons UK ; ≃ House of Representatives US ▸ **la Chambre haute / basse** the Upper / Lower Chamber ▸ **la Chambre des lords** OU **des pairs** the House of Lords UK **5.** COMM ▸ **chambre de commerce** chamber of commerce ▸ **chambre de compensation** clearing house ▸ **chambre des métiers** guild chamber **6.** TECHNOL chamber ▸ **chambre à air** [de pneu] inner tube ▸ **chambre de combustion** combustion chamber.

chambrée [ʃɑ̃bʀe] nf room, roomful ; [de soldats] barrack room.

chambrer [3] [ʃɑ̃bʀe] vt **1.** [vin] to bring to room temperature **2.** *fam* [se moquer] : *chambrer qqn* to pull sb's leg, to wind sb up UK.

chameau, x [ʃamo] nm **1.** [mammifère] camel **2.** *fam* & *injur* [homme] pig ; [femme] cow.

chamois [ʃamwa] ◆ nm chamois ; [peau] chamois (leather). ◆ adj inv [couleur] fawn.

champ [ʃɑ̃] nm **1.** [gén] field / *champ de blé* field of wheat / *champ de maïs* cornfield ▸ **champ de bataille** battlefield / *il est mort au champ d'honneur* he died for his country ▸ **champ de courses** racecourse ▸ **champ magnétique** magnetic field ▸ **champ de tir** a) MIL [terrain] rifle range b) [portée d'une arme] field of fire ▸ **champ visuel** field of vision OU view ▸ **laisser le champ libre à qqn** *fig* to leave the field open OU clear for sb ▸ **avoir le champ libre** to have a free hand ▸ **être dans le champ** to be in shot ▸ **sortir du champ** to go out of shot **2.** [étendue] area ▸ **champ d'action** sphere of activity **3.** INFORM field ▸ **champ d'action** sensitivity ▸ **champ variable** variable field. ❖ **sur le champ** loc adv immediately, at once, right away.

champagne [ʃɑ̃paɲ] nm champagne ▸ **champagne rosé** pink champagne.

champagnisé [ʃɑ̃panize] ⟶ **vin**.

champenois, e [ʃɑ̃pənwa, az] adj ▸ **méthode champenoise** champagne-style.

champêtre [ʃɑ̃pɛtʀ] adj rural.

champignon [ʃɑ̃piɲɔ̃] nm **1.** BOT & MÉD fungus ▸ **pousser comme des champignons** *fig* to mushroom **2.** [comestible] mushroom ▸ **champignon de Paris** button mushroom ▸ **champignon vénéneux** toadstool **3.** *fam* [accélérateur] accelerator ▸ **appuyer sur le champignon** to put one's foot down UK, to step on the gas US.

champion, onne [ʃɑ̃pjɔ̃, ɔn] ◆ nm, f champion ▸ **champion du monde** world champion. ◆ adj *fam* brilliant.

championnat [ʃɑ̃pjɔna] nm championship ▸ **championnat du monde** world championship.

chance [ʃɑ̃s] nf **1.** [bonheur] luck *(U)* ▸ **avoir de la chance** to be lucky ▸ **ne pas avoir de chance** to be unlucky ▸ **bonne chance !** good luck! ▸ **quelle chance !** what luck!, how lucky! ▸ **porter chance** to bring good luck / *souhaiter bonne chance à qqn* to wish sb good luck **2.** [probabilité, possibilité] chance, opportunity ▸ **avoir des chances de faire qqch** to have a chance of doing sthg / *avoir une chance sur dix de réussir* to get a one-in-ten chance of succeeding ▸ **donner sa chance à qqn** to give sb a chance / *tenter sa chance* to try one's luck ▸ **il y a peu de chances que…** there's not much chance that… / *négociations de la dernière chance* last-ditch negotiations.

chancelant, e [ʃɑ̃slɑ̃, ɑ̃t] adj **1.** [titubant, bancal] unsteady **2.** *fig* [mémoire, santé] shaky.

chanceler [24] [ʃɑ̃sle] vi [personne, gouvernement] to totter ; [meuble] to wobble.

chancelier [ʃɑ̃səlje] nm **1.** [premier ministre] chancellor **2.** [de consulat, d'ambassade] secretary. ◆ **Chancelier** nm ▸ **le Chancelier de l'Échiquier** the Chancellor of the Exchequer.

chancellerie [ʃɑ̃sɛlʀi] nf **1.** [ministère de la justice] chancery UK, Department of Justice US **2.** [en Allemagne] chancellor's office **3.** [de consulat, d'ambassade] chancery.

chanceux, euse [ʃɑ̃sø, øz] adj lucky.

chancre [ʃɑ̃kʀ] nm **1.** MÉD chancre **2.** BOT canker.

chandail [ʃɑ̃daj] nm (thick) sweater.

Chandeleur [ʃɑ̃dlœʀ] nf Candlemas.

chandelier [ʃɑ̃dəlje] nm [pour une bougie] candlestick ; [à plusieurs branches] candelabra.

chandelle [ʃɑ̃dɛl] nf [bougie] candle ▸ **dîner aux chandelles** candlelit dinner ▸ **devoir une fière chandelle à qqn** *fig* to owe sb a big favour UK ou favor US ▸ **tenir la chandelle** to play gooseberry UK ▸ **voir trente-six chandelles** *fam* & *fig* to see stars.

change [ʃɑ̃ʒ] nm **1.** [troc & FIN] exchange ▸ **donner le change à qqn** to pull the wool over sb's eyes ▸ **gagner au change** to be better off ▸ **perdre au change** to lose out **2.** [couche de bébé] disposable nappy UK ou diaper US.

changeant, e [ʃɑ̃ʒɑ̃, ɑ̃t] adj **1.** [temps, humeur] changeable **2.** [reflet] shimmering.

changement [ʃɑ̃ʒmɑ̃] nm change / *je voudrais bien un peu de changement* I'd like things to change a little / *j'ai trois changements / je n'ai pas de changement pour aller chez elle* I have to change three times / I don't have to change to get to her place ▸ **changement d'adresse** change of address ▸ **changement de cap** ou **de direction** change of course / *changement de ligne* line feed / *changement de nom d'une marque* a) COMM rebranding b) [marketing] brand switching / *changement de page* page break ▸ **changement de programme** change of plan ▸ **'changement de propriétaire'** 'under new ownership' / *changement de température / temps* change in temperature / (the) weather ▸ **changement de vitesse** gear lever UK, gear stick UK, gearshift US.

changer [17] [ʃɑ̃ʒe] ◆ vt **1.** [gén] to change ▸ **changer qqch contre** to change ou exchange sthg for / *changer qqch de place* to move sthg, to put sthg in a different place ▸ **changer qqn en** to change sb into / *changer un malade* to put fresh clothes on a sick person / *j'ai fait changer les freins* I had new brakes put in **2.** [modifier] to change, to alter / *changer l'ordre du jour de la réunion* to change the agenda of the meeting / *mais ça change tout !* ah, that makes a big difference! ▸ **ne rien changer à qqch** not to make any changes to sthg / *il ne veut rien changer à ses habitudes* he won't alter his ways one jot ou iota ▸ **ça me / te changera** that will be a (nice) change for me / you / *viens, ça te changera les idées* come along, it'll take your mind off things **3.** ÉCON : *changer un billet pour avoir de la monnaie* to change a note in order to get small change ▸ **changer des euros en dollars** to change euros into dollars, to exchange euros for dollars. ◆ vi **1.** [gén] to change / *changer d'adresse* a) [personne] to move to a new address b) [commerce] to move to new premises / *changer d'air* to have a break / *changer de chaîne* a) [une fois] to change channels b) [constamment] to zap / *changer de coiffure* to get a new hairstyle / *changer de décor* THÉÂTRE to change the set / *changer de direction* to change direction / *changer de place (avec qqn)* to change places (with sb) / *changer de train (à)* to change trains (at) / *changer de vitesse* AUTO to change UK ou to shift gear / *changer de voiture* to change one's car ▸ **ça changera !** that'll make a change! ▸ **pour changer** for a change **2.** [modifier] to change, to alter / *changer de comportement* to alter one's behaviour UK ou behavior US. ◆ **se changer** vp **1.** [se rhabiller] to change, to get changed **2.** [se transformer] ▸ **se changer en** to change into / *la grenouille se changea en prince* the frog turned into a prince.

changeur [ʃɑ̃ʒœʀ] nm **1.** [personne] moneychanger **2.** [appareil] ▸ **changeur de monnaie** change machine.

chanoine [ʃanwan] nm canon.

chanson [ʃɑ̃sɔ̃] nf song ▸ **c'est toujours la même chanson** *fig* it's the same old story.

chansonnette [ʃɑ̃sɔnɛt] nf ditty.

chansonnier, ère [ʃɑ̃sɔnje, ɛʀ] nm, f cabaret singer-songwriter.

chant [ʃɑ̃] nm **1.** [chanson] song, singing *(U)* ; [sacré] hymn ▸ **chant du cygne** *fig* swansong ▸ **chant grégorien** Gregorian chant **2.** [art] singing *(U)* / *prendre des leçons de chant* to take singing lessons. ◆ **au chant du coq** loc adv at cockcrow.

chantage [ʃɑ̃taʒ] nm *pr* & *fig* blackmail ▸ **faire du chantage** to use ou resort to blackmail ▸ **faire du chantage à qqn** to blackmail sb.

chantant, e [ʃɑ̃tɑ̃, ɑ̃t] adj **1.** [accent, voix] lilting **2.** [musique, air] catchy.

chanter [3] [ʃɑ̃te] ❖ vt **1.** [chanson] to sing **2.** *fam* [raconter] to tell **3.** *litt* [célébrer] to sing ou tell of. ❖ vi **1.** [gén] to sing ▸ **chanter juste** to sing in tune ▸ **chanter faux** to sing off key **2.** EXPR **faire chanter qqn** to blackmail sb ▸ **si ça vous chante !** *fam* if you feel like ou fancy it! UK.

chanterelle [ʃɑ̃tʀɛl] nf [champignon] chanterelle.

chanteur, euse [ʃɑ̃tœʀ, øz] nm, f singer.

chantier [ʃɑ̃tje] nm **1.** CONSTR (building) site / *sur le chantier* on the site ; [sur la route] roadworks *pl* UK, roadwork *(U)* US ▸ **chantier de démolition** demolition site ou area ▸ **chantier naval** shipyard, dockyard **2.** *fam* & *fig* [désordre] shambles *sg*, mess. ◆ **en chantier** loc adv in progress / *mettre un ouvrage en chantier* to get a project started.

Chantilly [ʃɑ̃tiji] nf ▸ **(crème) Chantilly** Chantilly cream.

chantonner [3] [ʃɑ̃tɔne] vt & vi to hum.

chanvre [ʃɑ̃vʀ] nm hemp.

chaos [kao] nm chaos.

chaotique [kaɔtik] adj chaotic.

chap. (*abr écrite de* chapitre) ch.

chaparder [3] [ʃapaʀde] vt *fam* to steal.

chapeau, x [ʃapo] nm **1.** [coiffure] hat ▸ **chapeau melon** bowler hat ▸ **tirer son chapeau à qqn** to take one's hat off to sb **2.** PRESSE introductory paragraph **3.** EXPR **chapeau !** *fam* nice one! ▸ **démarrer sur les chapeaux de roues** *fam* to take off like a bat out of hell.

chapeauter [3] [ʃapote] vt [service] to head ; [personnes] to supervise.

chapelain [ʃaplɛ̃] nm chaplain.

chapelet [ʃaplɛ] nm **1.** RELIG rosary ▸ **dire son chapelet** to say one's rosary, to tell one's beads **2.** [de saucisses, d'oignons] string **3.** *fig* [d'injures] string, torrent.

chapelier, ère [ʃapəlje, ɛʀ] ❖ adj hat *(avant n).* ❖ nm, f [pour hommes] hatter ; [pour femmes] milliner.

chapelle [ʃapɛl] nf **1.** [petite église] chapel ; [partie d'église] choir ▸ **chapelle ardente** chapel of rest **2.** [coterie] clique.

chapelure [ʃaplyʀ] nf (dried) breadcrumbs *pl.*

chaperon [ʃapʀɔ̃] nm **1.** LITTÉR ▸ **le Petit chaperon Rouge** Little Red Riding Hood **2.** [personne] chaperone.

chapiteau [ʃapito] nm **1.** [de colonne] capital **2.** [de cirque] big top.

chapitre [ʃapitʀ] nm **1.** [de livre & RELIG] chapter **2.** [de budget] head, item **3.** *fig* [sujet] subject.

chapitrer [3] [ʃapitʀe] vt *sout* to reprimand.

chapon [ʃapɔ̃] nm [volaille] capon.

chaque [ʃak] adj indéf each, every / *chaque personne* each person, everyone / *j'ai payé ces livres 100 euros chaque* I paid 100 euros each for these books.

char [ʃaʀ] nm **1.** MIL ▸ **char (d'assaut)** tank **2.** [de carnaval] float **3.** QUÉBEC [voiture] car **4.** HIST chariot.

charabia [ʃaʀabja] nm gibberish.

charade [ʃaʀad] nf charade.

charbon [ʃaʀbɔ̃] nm **1.** [combustible] coal ▸ **charbon de bois** charcoal ▸ **être sur des charbons ardents** *fig* to be like a cat on hot bricks UK ou on a hot tin roof US **2.** [maladie] anthrax.

charbonnage [ʃaʀbɔnaʒ] nm coalmining ▸ **les charbonnages** collieries, coalmines.

charbonnier, ère [ʃaʀbɔnje, ɛʀ] adj coal *(avant n).* ◆ **charbonnier** nm **1.** [cargo] collier **2.** [vendeur] coal merchant ; [livreur] coalman.

charcuter [3] [ʃaʀkyte] vt *fam* & *péj* to butcher / *se faire charcuter* to be hacked about.

charcuterie [ʃaʀkytʀi] nf **1.** [magasin] pork butcher's **2.** [produits] pork meat products **3.** [commerce] pork meat trade.

charcutier, ère [ʃaʀkytje, ɛʀ] nm, f [commerçant] pork butcher.

chardon [ʃaʀdɔ̃] nm **1.** [plante] thistle **2.** [sur un mur] spikes *pl.*

chardonneret [ʃaʀdɔnʀɛ] nm goldfinch.

charentais, e [ʃaʀɑ̃tɛ, ɛz] adj of/from Charente. ◆ **charentaise** nf (bedroom) slipper.

charge [ʃaʀʒ] nf **1.** [fardeau] load / *charge maximum* maximum load / *charge utile* capacity load / *charge à vide* empty weight **2.** [fonction] office ▸ **charge élective** elective office ▸ **charge de notaire** notary's office **3.** [responsabilité] responsibility ▸ **être à la charge de** [personne] to be dependent on / *ses enfants sont encore à sa charge* his children are still his dependants / *les travaux sont à la charge du propriétaire* the owner is liable for the cost of the work ▸ **prendre qqch en charge** a) [payer] to pay (for) sthg b) [s'occuper de] to take charge of sthg ▸ **prendre qqn en charge** to take charge of sb **4.** ÉLECTR, DR & MIL charge / *charge d'explosifs* explosive charge / *charge négative / positive* negative/positive charge ▸ **revenir à la charge** a) *pr* to mount a fresh attack b) *fig* to go back onto the offensive **5.** DR charge, accusation / *de très lourdes charges pèsent contre lui* there are very serious charges hanging over him **6.** EXPR **j'accepte, à charge de revanche** I accept, provided that you'll let me do the same for you some time. ◆ **charges** nfpl **1.** [d'appartement] service charge **2.** ÉCON expenses, costs ▸ **charges courantes** current expenses ▸ **charges directes** direct costs ▸ **charges d'exploitation** running costs ▸ **charges fiscales** tax (burden) ▸ **charges incompressibles** necessary expenses ▸ **charges opérationnelles** FIN operating costs ▸ **charges patronales** employer's contributions ▸ **charges salariales** wage costs ▸ **charges sociales** ≃ employer's contributions.

chargé, e [ʃaʀʒe] ❖ adj **1.** [véhicule, personne] ▸ **chargé (de)** loaded (with) **2.** [responsable] ▸ **chargé (de)** responsible (for) **3.** [occupé] full, busy. ❖ nm, f ▸ **chargé d'affaires** chargé d'affaires ▸ **chargé de cours** ≃ lecturer ▸ **chargé de mission** head of mission.

chargement [ʃaʀʒəmɑ̃] nm **1.** [action] loading **2.** [marchandises] load / *un chargement de gravier* a load of gravel.

charger [17] [ʃaʀʒe] vt **1.** [gén & INFORM] to load / *être chargé* to be loaded **2.** [remplir] to fill **3.** ÉLECTR, DR & MIL to charge **4.** [donner une mission à] ▸ **charger qqn de faire qqch** to put sb in charge of doing sthg. ◆ **se charger** vp ▸ **se charger de qqn / qqch** to take care of sb / sthg, to take charge of sb / sthg ▸ **se charger de faire qqch** to undertake to do sthg.

chargeur [ʃaʀʒœʀ] nm **1.** ÉLECTR charger **2.** [d'arme] magazine **3.** [d'appareil photo] cartridge, cassette **4.** [personne - qui expédie une charge] shipper ; [- qui charge] docker UK, longshoreman US, stevedore US.

charia [ʃaʀja] nf RELIG sharia, sheria.

chariot [ʃaʀjo] nm **1.** [charrette] handcart **2.** [à bagages, dans un hôpital] trolley UK, cart US ▸ **chariot élévateur** forklift truck.

charismatique [kaʀismatik] adj charismatic.

charisme [kaʀism] nm charisma.

charitable [ʃaʀitabl] adj charitable ; [conseil] friendly.

charité [ʃaʀite] nf **1.** [aumône & RELIG] charity / *demander la charité* to beg (for charity) ▸ **faire la charité à qqn** to give sb charity **2.** [bonté] kindness.

charivari [ʃaʀivaʀi] nm hullabaloo.

charlatan [ʃaʀlatɑ̃] nm *péj* charlatan.

charlotte [ʃaʀlɔt] nf CULIN charlotte.

charmant, e [ʃaʀmɑ̃, ɑ̃t] adj charming.

charme [ʃaʀm] nm **1.** [séduction] charm ▸ **faire du charme (à qqn)** to turn on the charm (for sb) **2.** [enchantement] spell ▸ **rompre le charme** to break the spell / *tenir sous le charme* to hold spellbound **3.** [arbre] ironwood, hornbeam **4.** [tourisme] : *hôtel de charme* hotel **5.** EXPR **se porter comme un charme** *fam* to be as fit as a fiddle.

charmer [3] [ʃaʀme] vt to charm ▸ **être charmé de faire qqch** to be delighted to do sthg.

charmeur, euse [ʃaʀmœʀ, øz] ◈ adj charming. ◈ nm, f charmer / *charmeur de serpents* snake charmer.

charnel, elle [ʃaʀnɛl] adj carnal.

charnier [ʃaʀnje] nm mass grave.

charnière [ʃaʀnjɛʀ] ◈ nf hinge ; *fig* turning point. ◈ adj [période] transitional.

charnu, e [ʃaʀny] adj fleshy.

charognard [ʃaʀɔɲaʀ] nm *pr* & *fig* vulture.

charogne [ʃaʀɔɲ] nf **1.** [d'animal] carrion *(U)* **2.** *tfam* [crapule - homme] bastard ; [- femme] bitch.

charpente [ʃaʀpɑ̃t] nf **1.** [de bâtiment, de roman] framework **2.** [ossature] frame.

charpenté, e [ʃaʀpɑ̃te] adj ▸ **être bien charpenté** **a)** [personne] to be well-built **b)** [roman] to be well-constructed.

charpentier [ʃaʀpɑ̃tje] nm carpenter.

charpie [ʃaʀpi] nf [pansement] lint, shredded linen. ◆ **en charpie** loc adv : *mettre* ou *réduire qqch en charpie* to tear sthg to shreds / *je vais le mettre* ou *réduire en charpie* *fig* I'll make mincemeat (out) of him.

charretier, ère [ʃaʀtje, ɛʀ] ◈ adj cart *(avant n).* ◈ nm, f carter ▸ **jurer comme un charretier** to swear like a trooper.

charrette [ʃaʀɛt] nf cart.

charrier [9] [ʃaʀje] ◈ vt **1.** [personne, fleuve] to carry **2.** *fam* [se moquer de] ▸ **charrier qqn** to take sb for a ride. ◈ vi *fam* [exagérer] to go too far.

charrue [ʃaʀy] nf plough UK, plow US ▸ **mettre la charrue avant les bœufs** *fam* & *fig* to put the cart before the horse.

charte [ʃaʀt] nf charter ▸ **l'École nationale des chartes** *grande école for archivists and librarians.*

charter [ʃaʀtɛʀ] ◈ nm chartered plane. ◈ adj inv *(en apposition)* charter *(avant n).*

chartreuse [ʃaʀtʀøz] nf **1.** RELIG Carthusian monastery **2.** [liqueur] Chartreuse.

chas [ʃa] nm eye *(of needle).*

chasse [ʃas] nf **1.** [action] hunting ▸ **aller à la chasse** to go hunting ▸ **chasse à courre** hunting *(on horseback with hounds)* / *chasse au daim / renard / tigre* deer / fox / tiger hunt **2.** [période] : *la chasse est ouverte / fermée* it's the open / close season **3.** [domaine] ▸ **chasse gardée** **a)** private hunting ou shooting preserve **b)** *fig* preserve **4.** [poursuite] chase ▸ **faire la chasse à qqn / qqch** *fig* to hunt (for) sb / sthg, to hunt sb / sthg down / *se mettre en chasse pour trouver un emploi / une maison* to go job-hunting / house-hunting ▸ **prendre qqn / qqch en chasse** to give chase to sb / sthg / *prendre en chasse une voiture* to chase a car ▸ **chasse à l'homme** manhunt ▸ **chasse aux sorcières** witch hunt **5.** [des cabinets] ▸ **chasse (d'eau)** flush ▸ **tirer la chasse** to flush the toilet. ◆ **chasse au trésor** nf treasure hunt.

chassé-croisé [ʃasekʀwaze] *(pl* **chassés-croisés***)* nm toing and froing.

chasse-neige [ʃasnɛʒ] nm inv snowplough UK, snowplow US.

chasser [3] [ʃase] ◈ vt **1.** [animal] to hunt **2.** [faire partir - personne] to drive ou chase away ; [- odeur, souci] to dispel. ◈ vi **1.** [aller à la chasse] to go hunting, to hunt **2.** [roues] to skid.

chasseur, euse [ʃasœʀ, øz] nm, f hunter. ◆ **chasseur** nm **1.** [d'hôtel] page, messenger, bellhop US **2.** MIL ▸ **chasseur alpin** *soldier specially trained for operations in mountainous terrain* **3.** [avion] fighter. ◆ **chasseur de têtes, chasseuse de têtes** nm, f headhunter.

châssis [ʃasi] nm **1.** [de fenêtre, de porte, de machine] frame **2.** [de véhicule] chassis **3.** [de tableau] stretcher.

chaste [ʃast] adj chaste.

chasteté [ʃastəte] nf chastity.

chasuble [ʃazybl] ◈ nf chasuble. ◈ adj ⟶ **robe**.

chat[1], chatte [ʃa, ʃat] nm, f cat / *un petit chat* a kitten ▸ **chat de gouttière** ordinary cat, alley cat US ▸ **chat persan / siamois** Persian / Siamese cat ▸ **chat sauvage**

a) wildcat b) QUÉBEC [raton laveur] raccoon ▸ **il n'y a pas un chat** *fam* there's not a soul ▸ **il n'y a pas de quoi fouetter un chat** *fam* it's nothing to make a fuss about ▸ **appeler un chat un chat** to call a spade a spade ▸ **avoir d'autres chats à fouetter** *fam* to have other fish to fry ▸ **avoir un chat dans la gorge** to have a frog in one's throat / *jouer à chat* to play tag / *jouer à chat perché* to play off-ground tag / *jouer au chat et à la souris avec qqn* *fig* to play cat-and-mouse with sb.

chat² [tʃat] nm INFORM chat.

châtaigne [ʃatɛɲ] nf **1.** [fruit] chestnut **2.** *fam* [coup] clout.

châtaignier [ʃateɲe] nm [arbre] chestnut (tree) ; [bois] chestnut.

châtain [ʃatɛ̃] adj & nm chestnut, chestnut-brown.

château, x [ʃato] nm **1.** [forteresse] ▸ **château (fort)** castle **2.** [résidence - seigneuriale] mansion ; [- de monarque, d'évêque] palace ▸ **château de cartes** *pr* & *fig* house of cards ▸ **château gonflable** [jeu de plage, attraction] bouncy castle UK ▸ **château de sable** sandcastle ▸ **les châteaux de la Loire** the Châteaux of the Loire ▸ **bâtir des châteaux en Espagne** *fig* to build castles in the air **3.** [vignoble] château, vineyard **4.** [réservoir] ▸ **château d'eau** water tower.

chateaubriand, châteaubriant [ʃatobʀijɑ̃] nm Chateaubriand steak.

châtelain, e [ʃatlɛ̃, ɛn] nm, f lord (lady) of the manor.

châtier [9] [ʃatje] vt *sout* **1.** [punir] to punish **2.** [polir] to refine, to hone.

chatière [ʃatjɛʀ] nf **1.** [pour chat] cat-flap **2.** [d'aération] air vent.

châtiment [ʃatimɑ̃] nm punishment.

chaton [ʃatɔ̃] nm **1.** [petit chat] kitten **2.** BOT catkin **3.** [de bague] setting **4.** [pierre] stone.

chatouiller [3] [ʃatuje] vt **1.** [faire des chatouilles à] to tickle **2.** *fig* [titiller] to titillate.

chatouilles [ʃatuj] nfpl tickling *(U)*.

chatouilleux, euse [ʃatujø, øz] adj **1.** [sensible aux chatouilles] ticklish **2.** *fig* [susceptible] touchy.

chatoyant, e [ʃatwajɑ̃, ɑ̃t] adj [reflet, étoffe] shimmering ; [bijou] sparkling.

chatoyer [13] [ʃatwaje] vi [reflet, étoffe] to shimmer ; [bijou] to sparkle.

châtrer [3] [ʃatʀe] vt to castrate ; [chat] to neuter ; [chatte] to spay.

chatte ⟶ **chat.**

chatter, tchatter [tʃate] vi INFORM to chat.

chatterton [ʃatɛʀtɔn] nm ÉLECTR insulating tape UK, friction tape US.

chatteur, euse, tchatteur, euse [tʃatœʀ, øz] nm, f INFORM chatter.

chaud, e [ʃo, ʃod] adj **1.** [gén] warm ; [de température très élevée, sensuel] hot / *une boisson chaude* a hot drink ▸ **marrons chauds** roast chestnuts **2.** *fig* [enthousiaste] ▸ **être chaud pour qqch / pour faire qqch** to be keen on sthg/on doing sthg / *je ne suis pas très chaud pour le faire* *fam* I'm not really eager to do it **3.** [animé] tense / *avoir une chaude discussion sur qqch* to debate sthg heatedly. ◆ **chaud** ◆ adv ▸ **avoir chaud** to be warm ou hot ▸ **il fait chaud** it's warm ou hot / *manger chaud* to have something hot (to eat) / *servir chaud* serve hot / *j'ai eu chaud* a) [l'échapper belle] I had a narrow ou lucky escape b) [avoir peur] I had a nasty shock ou fright / *ne lui pose pas la question à chaud* don't just spring the question on him in the midst of it all. ◆ nm heat ▸ **rester au chaud** to stay in the warm ▸ **un chaud et froid** a chill.

chaudement [ʃodmɑ̃] adv warmly.

chaud-froid [ʃofʀwa] (*pl* **chauds-froids**) nm *poultry or game served cold in a thick white sauce glazed with jelly.*

chaudière [ʃodjɛʀ] nf **1.** boiler **2.** QUÉBEC [seau] bucket.

chaudron [ʃodʀɔ̃] nm cauldron.

chauffage [ʃofaʒ] nm **1.** [action] heating **2.** [appareil] heating (system) ▸ **chauffage central** central heating.

chauffant, e [ʃofɑ̃, ɑ̃t] adj heating ▸ **couverture chauffante** electric blanket ▸ **plaque chauffante** hotplate.

chauffard [ʃofaʀ] nm *péj* reckless driver.

chauffe-biberon [ʃofbibʀɔ̃] (*pl* **chauffe-biberons**) nm bottle-warmer.

chauffe-eau [ʃofo] nm inv waterheater.

chauffe-moteur [ʃofmɔtœʀ] (*pl* **chauffe-moteurs**) nm QUÉBEC AUTO block heater.

chauffe-plat [ʃofpla] (*pl* **chauffe-plats**) nm hotplate, chafing dish.

chauffer [3] [ʃofe] ◆ vt [rendre chaud] to heat (up) ▸ **chauffer à blanc** to heat until white-hot. ◆ vi **1.** [devenir chaud] to heat up **2.** [moteur] to overheat **3.** *fam* [barder] ▸ **ça va chauffer** there's going to be trouble. ◆ **se chauffer** vp ▸ **se chauffer à qqch** to heat one's house with sthg.

chaufferette [ʃofʀɛt] nf **1.** [réchaud] hotplate, chafing dish **2.** [pour les pieds] foot-warmer.

chaufferie [ʃofʀi] nf boiler room.

chauffeur [ʃofœʀ] nm **1.** AUTO driver ▸ **chauffeur du dimanche** Sunday driver ▸ **chauffeur de taxi** taxi driver **2.** [de chaudière] stoker.

chaume [ʃom] nm **1.** [paille] thatch **2.** [de céréales] stubble.

chaumière [ʃomjɛʀ] nf cottage.

chaussée [ʃose] nf road, roadway ▸ **'chaussée déformée'** 'uneven road surface'.

chausse-pied [ʃospje] (*pl* **chausse-pieds**) nm shoehorn.

chausser [3] [ʃose] ◆ vt **1.** [chaussures, lunettes, skis] to put on ▸ **chausser qqn** to put sb's shoes on **2.** [fournir] to supply shoes to **3.** [suj : chaussures] to fit.

◆ vi ▸ **chausser du 39** to take size 39 (shoes). ◆ **se chausser** vp to put one's shoes on.

chausse-trape (*pl* **chausse-trapes**), **chausse-trappe** (*pl* **chausse-trappes**) [ʃostʀap] nf trap.

chaussette [ʃosɛt] nf sock.

chausseur [ʃosœʀ] nm shoemaker.

chausson [ʃosɔ̃] nm **1.** [pantoufle] slipper **2.** [de danse] ballet shoe **3.** [de bébé] bootee **4.** CULIN turnover ▸ **chausson aux pommes** apple turnover.

chaussure [ʃosyʀ] nf **1.** [soulier] shoe ▸ **chaussure basse** low-heeled shoe, flat shoe ▸ **chaussure à crampons a)** [pour football, rugby] studded boot **b)** [pour athlétisme] spiked shoe ▸ **chaussure de marche a)** [de randonnée] hiking ou walking boot **b)** [confortable] walking shoe ▸ **chaussure montante** (ankle) boot ▸ **chaussure à scratch** shoe with Velcro® fastenings ▸ **chaussure de ski** ski boot / *chaussures à talon* (shoes with) heels ▸ **trouver chaussure à son pied** *fam* & *fig* to find Mr/Miss Right **2.** [industrie] footwear industry.

chauve [ʃov] ◆ adj [sans cheveux] bald. ◆ nm, f bald person.

chauve-souris [ʃovsuʀi] (*pl* **chauves-souris**) nf bat.

chauvin, e [ʃovɛ̃, in] ◆ adj chauvinistic. ◆ nm, f chauvinist.

chauvinisme [ʃovinism] nm chauvinism.

chaux [ʃo] nf lime ▸ **blanchi à la chaux** whitewashed.

chavirer [3] [ʃaviʀe] ◆ vi **1.** [bateau] to capsize **2.** *fig* [tourner] to spin **3.** *fig* [échouer] to founder. ◆ vt **1.** [bateau] to capsize **2.** [meuble] to tip over **3.** [émouvoir] to overwhelm.

chéchia [ʃeʃja] nf fez.

check-up [tʃɛkœp] nm inv checkup.

cheese-cake (*pl* **cheese-cakes**), **cheesecake** [tʃizkek] nm cheesecake.

chef [ʃɛf] nm **1.** [d'un groupe] head, leader ; [au travail] boss ▸ **en chef** in chief ▸ **chef de cabinet** principal private secretary UK ▸ **chef de chantier** foreman ▸ **chef d'entreprise** company head ▸ **chef d'établissement** SCOL headteacher UK, headmaster (headmistress) UK, principal US ▸ **chef d'État** head of state ▸ **chef d'état-major** chief of staff ▸ **chef de fabrication** production manager ▸ **chef de famille** head of the family ▸ **chef de file a)** POL (party) leader **b)** [catégorie, produit] category leader ▸ **chef de gare** stationmaster ▸ **chef de marque** brand manager ▸ **chef d'orchestre** conductor ▸ **chef du personnel** personnel manager ▸ **chef de produit** product manager ▸ **chef de projet** project manager ▸ **chef de rayon** departmental manager ou supervisor ▸ **chef de service** ADMIN departmental manager / *une mentalité de petit chef* a petty-minded attitude to one's subordinates **2.** [cuisinier] chef / *la spécialité du chef aujourd'hui* the chef's special today **3.** EXPR **de son propre chef** on one's own initiative / *j'ai agi de mon propre chef* I acted on my own initiative / *leur décision me concerne au premier chef* their decision has immediate implications for me ▸ **opiner du chef** to nod agreement. ◆ **chef d'accusation** nm charge, count.

chef-d'œuvre [ʃɛdœvʀ] (*pl* **chefs-d'œuvre**) nm masterpiece.

chef-lieu [ʃɛfljø] (*pl* **chefs-lieux**) nm ≃ county town UK ; ≃ county seat US.

cheik [ʃɛk] nm sheikh.

chelem [ʃlɛm] nm SPORT slam ▸ **grand chelem** grand slam ▸ **petit chelem** small ou little slam.

chemin [ʃəmɛ̃] nm **1.** [voie] path / *chemin d'accès* path / *chemin de terre* dirt track ▸ **chemin de traverse a)** *pr* path across the fields **b)** *fig* short cut ▸ **chemin vicinal** byroad, minor road **2.** [parcours] way ; *fig* road / *on s'est retrouvé à mi-chemin* we met halfway ▸ **en chemin** on the way / *nous en avons parlé en chemin* we talked about it on the way ou on our way ▸ **faire du chemin a)** to cover a lot of ground **b)** *fig* to gain ground / *se frayer un chemin dans la foule* to force one's way through the crowd ▸ **le chemin de croix** the way of the cross ▸ **prendre le chemin des écoliers** *fig* to go the long way around / *prendre le chemin de l'exil* to go into exile ▸ **être / rester sur le droit chemin** *fig* to be on / to keep to the straight and narrow ▸ **détourner qqn du droit chemin** to lead sb astray. ◆ **chemin de fer** nm railway UK, railroad US / *employé des chemins de fer* railman, rail worker UK.

cheminée [ʃəmine] nf **1.** [foyer] fireplace **2.** [conduit d'usine] chimney **3.** [encadrement] mantelpiece **4.** [de paquebot, locomotive] funnel.

cheminement [ʃəminmɑ̃] nm [progression] advance ; *fig* [d'idée] development.

cheminer [3] [ʃəmine] vi [avancer] to make one's way ; *fig* [idée] to develop.

cheminot [ʃəmino] nm railwayman UK, railroad man US.

chemise [ʃəmiz] nf **1.** [d'homme] shirt ▸ **chemise de nuit** [de femme] nightdress, nightgown **2.** [dossier] folder.

chemiserie [ʃəmizʀi] nf [magasin] shirtmaker's ; [industrie] shirtmaking.

chemisette [ʃəmizɛt] nf [d'homme] short-sleeved shirt ; [de femme] short-sleeved blouse.

chemisier [ʃəmizje] nm **1.** [vêtement] blouse **2.** [marchand, fabricant] shirtmaker.

chenal, aux [ʃənal, o] nm [canal] channel.

chenapan [ʃnapɑ̃] nm *hum* rascal.

chêne [ʃɛn] nm [arbre] oak (tree) ; [bois] oak.

chenet [ʃənɛ] nm firedog.

chenil [ʃənil] nm [pour chiens] kennel.

chenille [ʃənij] nf **1.** [insecte] caterpillar **2.** [courroie] caterpillar track.

chenu, e [ʃəny] adj *litt* [tête, barbe] hoary.

cheptel [ʃɛptɛl] nm [bétail] livestock *(U)*.

chèque [ʃɛk] nm cheque UK, check US ▸ **faire un chèque** to write a cheque UK ou check US ▸ **toucher un chèque** to cash a cheque UK ou check US ▸ **chèque (bancaire)** (bank) cheque UK ou check US ▸ **chèque barré** crossed cheque UK ou check US

▸ **chèque non barré** open cheque ▸ **chèque en blanc** blank cheque UK ou check US ▸ **chèque en bois** *fam* bad ou rubber cheque UK ou check US ▸ **chèque de caisse** credit voucher ▸ **chèque postal** post office cheque UK ou check US ▸ **chèque sans provision** bad cheque UK ou check US ▸ **chèque de voyage** traveller's cheque UK, traveler's check US.

chèque-cadeau [ʃɛkkado] (*pl* **chèques-cadeaux**) nm gift token UK, gift voucher UK, gift certificate US.

chèque-repas [ʃɛkRəpa] (*pl* **chèques-repas**), **Chèque-Restaurant®** [ʃɛkRɛstɔRɑ̃] (*pl* **Chèques-Restaurants**) nm luncheon voucher.

Chèque-Vacances® (*pl* **Chèques-Vacances**) [sɛkvakɑ̃s] nm *voucher that can be used to pay for holiday accommodation, activities, meals, etc.*

chéquier [ʃekje] nm chequebook UK, checkbook US.

cher, chère [ʃɛR] ◆ adj **1.** [aimé] ▸ **cher (à qqn)** dear (to sb) / *mon souhait le plus cher* my dearest devout wish ▸ **Chère Madame** [au début d'une lettre] Dear Madam ▸ **Cher Monsieur** [au début d'une lettre] Dear Sir **2.** [produit, vie, commerçant] expensive / *voilà un dîner pas cher !* now this is a cheap dinner! ▸ **peu cher** inexpensive. ◆ nm, f *hum* ▸ **mon cher** dear. ◆ **cher** adv ▸ **valoir cher, coûter cher** to be expensive, to cost a lot ▸ **donner cher** : *je donnerais cher pour le savoir* I'd give anything to know ▸ **payer cher** to pay a lot / *je l'ai payé cher* *pr* & *fig* it cost me a lot / *je l'ai eu pour pas cher* *fam* I didn't pay much for it.

chercher [3] [ʃɛRʃe] ◆ vt **1.** [gén] to look for / *chercher qqn du regard ou des yeux* to look around for sb / *chercher qqn / qqch à tâtons* to fumble ou to grope for sb / sthg / *il faut vite chercher du secours* you must get help quickly ▸ **vous l'aurez cherché !** you're asking for it! **2.** [prendre] ▸ **aller / venir chercher qqn a)** [à un rendez-vous] to (go / come and) meet sb **b)** [en voiture] to (go / come and) pick sb up ▸ **aller / venir chercher qqch** to (go / come and) get sthg **3.** *fam* [atteindre] ▸ **ça va chercher dans les 15 euros** it will come to about 15 euros. ◆ vi ▸ **chercher à faire qqch** to try to do sthg / *cherche pas à comprendre* *fam* don't bother to try to ou and understand. ◆ **se chercher** vp to try to find o.s. / *ils se sont cherchés pendant longtemps* they spent a long time looking for each other.

chercheur, euse [ʃɛRʃœR, øz] ◆ adj **1.** [esprit] inquiring **2.** ⟶ **tête.** ◆ nm, f [scientifique] researcher.

chère nf ▸ **aimer la bonne chère** *sout* to like to eat well.

chèrement [ʃɛRmɑ̃] adv dearly.

chéri, e [ʃeRi] ◆ adj dear. ◆ nm, f darling.

chérir [32] [ʃeRiR] vt [personne] to love dearly ; [chose, idée] to cherish.

cherté [ʃɛRte] nf high cost.

chétif, ive [ʃetif, iv] adj **1.** [malingre] sickly, weak **2.** [rabougri] stunted, puny **3.** *litt* [insuffisant] meagre UK, meager US.

cheval, aux [ʃəval, o] nm **1.** [animal] horse ▸ **à cheval** on horseback / *traverser une rivière à cheval* to ride across a river ▸ **être à cheval sur qqch a)** [être assis] to be sitting astride sthg **b)** *fig* [siècles] to straddle sthg **c)** *fig* [tenir à] to be a stickler for sthg / *l'étang est à cheval sur deux propriétés* the pond straddles two properties / *il est très à cheval sur les principes* he is a stickler for principles ▸ **cheval d'arçons** horse *(in gymnastics)* ▸ **cheval de bataille** *fig* hobby horse ▸ **cheval de course** racehorse ▸ **cheval de labour** plough UK ou plow US horse ▸ **cheval de manège** school horse ▸ **cheval de trait** draught UK ou draft US horse ▸ **chevaux de bois** merry-go-round *sg* ▸ **monter sur ses grands chevaux** to get on one's high horse ▸ **remède de cheval** drastic remedy **2.** [équitation] riding, horse-riding ▸ **faire du cheval** to ride **3.** AUTO & FIN ▸ **cheval fiscal** horsepower.

chevaleresque [ʃəvalRɛsk] adj chivalrous.

chevalerie [ʃəvalRi] nf **1.** [qualité] chivalry **2.** HIST knighthood.

chevalet [ʃəvalɛ] nm [de peintre] easel.

chevalier [ʃəvalje] nm knight ▸ **chevalier servant** (faithful) admirer.

chevalière [ʃəvaljɛR] nf [bague] signet ring.

chevalin, e [ʃəvalɛ̃, in] adj [de cheval] horse *(avant n)* ; *fig* horsey.

chevauchée [ʃəvoʃe] nf [course] ride, horse-ride.

chevaucher [3] [ʃəvoʃe] vt [être assis] to sit ou be astride. ◆ **se chevaucher** vp to overlap.

chevelu, e [ʃəvly] adj hairy.

chevelure [ʃəvlyR] nf [cheveux] hair.

chevet [ʃəvɛ] nm head *(of bed)* ▸ **être au chevet de qqn** to be at sb's bedside.

cheveu, x [ʃəvø] nm [chevelure] hair ▸ **avoir les cheveux taillés en brosse** to have a crew cut ▸ **se faire couper les cheveux** to have one's hair cut ▸ **s'arracher les cheveux** to tear one's hair out ▸ **avoir un cheveu sur la langue** to have a lisp ▸ **arriver comme un cheveu sur la soupe** *fam* to come at an awkward moment ▸ **couper les cheveux en quatre** to split hairs ▸ **tiré par les cheveux** *fam* farfetched, contrived.

cheville [ʃəvij] nf **1.** ANAT ankle / *il ne t'arrive pas à la cheville* *fam* & *fig* he can't hold a candle to you **2.** [pour fixer une vis] Rawlplug® UK, (wall) anchor US ▸ **cheville ouvrière** *pr* & *fig* kingpin.

chèvre [ʃɛvR] ◆ nf [animal] goat ▸ **ménager la chèvre et le chou** *fam* to run with the hare and hunt with the hounds. ◆ nm [fromage] goat's cheese.

chevreau, x [ʃəvRo] nm kid.

chèvrefeuille [ʃɛvRəfœj] nm honeysuckle.

chevreuil [ʃəvRœj] nm **1.** [animal] roe deer **2.** CULIN venison.

chevron [ʃəvRɔ̃] nm **1.** CONSTR rafter **2.** [motif décoratif] chevron.

chevronné, e [ʃəvRɔne] adj [expérimenté] experienced.

chevrotant, e [ʃəvRɔtɑ̃, ɑ̃t] adj tremulous.

chevrotine [ʃəvRɔtin] nf buckshot.

chewing-gum [ʃwiŋgɔm] (*pl* **chewing-gums**) nm chewing gum *(U)*.

chez [ʃe] prép **1.** [dans la maison de] : *il est chez lui* he's at home / *il rentre chez lui* he's going home / *c'est une coutume / un accent bien de chez nous* it's a typical local custom/accent / *il va venir chez nous* he is going to come to our place ou house / *il habite chez nous* he lives with us / *elle l'a raccompagné chez lui* a) [à pied] she walked him home b) [en voiture] she gave him a lift home **2.** [dans un magasin, une société] : *être chez le coiffeur / médecin* to be at the hairdresser's/doctor's / *aller chez le coiffeur / le médecin* to go to the hairdresser's/the doctor's / *il a travaillé chez IBM* he worked at ou for IBM / *une robe de chez Dior* a Dior dress, a dress designed by Dior **3.** [en ce qui concerne] : *chez les jeunes* among young people / *chez les Anglais* in England **4.** [dans les œuvres de] : *chez Proust* in (the works of) Proust **5.** [dans le caractère de] : *cette réaction est normale chez lui* this reaction is normal for ou with him / *ce que j'apprécie chez lui, c'est sa gentillesse* what I like about him is his kindness.

chez-soi [ʃeswa] nm inv home, place of one's own.

chialer [3] [ʃjale] vi *fam* to blubber.

chiant, e [ʃjɑ̃, ɑ̃t] adj *tfam* **1.** [très ennuyeux] damned ou bloody UK boring **2.** [contrariant] damned ou bloody UK annoying / *c'est chiant* it's a damned ou bloody UK pain.

chic [ʃik] ◆ adj *(inv en genre)* **1.** [élégant] smart, chic **2.** *vieilli* [serviable] nice. ◆ nm style ▸ **bon chic bon genre** ≃ Sloaney UK ; ≃ preppie US ▸ **avoir le chic pour faire qqch** to have the knack of doing sthg. ◆ interj ▸ **chic (alors) !** great!

chicane [ʃikan] nf [querelle] squabble.

chicaner [3] [ʃikane] ◆ vt ▸ **chicaner qqn sur qqch** to quibble with sb over sthg. ◆ vi [contester] ▸ **chicaner (sur qqch)** to quibble (over ou about sthg). ◆ **se chicaner** vp to squabble, to bicker.

chicha, shisha [ʃiʃa] nf hookah.

chiche [ʃiʃ] ◆ adj **1.** [avare] mean ▸ **être chiche de** to be sparing with **2.** [peu abondant] meagre UK, meager US, scanty **3.** *fam* [capable] : *il n'est pas chiche de le faire !* he wouldn't dare (do it)! ◆ interj ▸ **chiche !** (you) want a bet?

chiche-kebab (*pl* **chiches-kebabs**) [ʃiʃkebab] nm kebab, shish kebab.

chichement [ʃiʃmɑ̃] adv [pauvrement] meagrely UK, meagerly US.

chichi [ʃiʃi] nm ▸ **faire des chichis** *fam* to make a fuss.

chicorée [ʃikɔʀe] nf [salade] endive UK, chicory US ; [à café] chicory ▸ **chicorée frisée** curly endive.

chien [ʃjɛ̃] nm **1.** [animal] dog ▸ **chien d'aveugle** guide dog ▸ **chien de chasse** [d'arrêt] gundog ▸ **chien esquimau** husky ▸ **chien de garde** guard dog ▸ **chien policier** police dog ▸ **chien savant** performing dog ▸ **entre chien et loup** at dusk ou twilight ▸ **se regarder en chiens de faïence** to stare grimly at each other **2.** [d'arme] hammer **3.** EXPR ▸ **avoir un mal de chien à faire qqch** to have a lot of trouble doing sthg ▸ **en chien de fusil** curled up ▸ **avoir du chien** to have class ou style.

chiendent [ʃjɛ̃dɑ̃] nm couch grass.

chien-loup [ʃjɛ̃lu] (*pl* **chiens-loups**) nm German shepherd, Alsatian (dog) UK.

chienne [ʃjɛn] nf (female) dog, bitch.

chier [9] [ʃje] vi *vulg* to shit ▸ **faire chier qqn** to bug sb, to get on sb's tits UK ▸ **se faire chier** to be bored shitless.

chiffe [ʃif] nf ▸ **c'est une chiffe molle** he's spineless.

chiffon [ʃifɔ̃] nm [linge] rag ▸ **parler chiffons** to talk clothes.

chiffonné, e [ʃifɔne] adj [visage, mine] worn.

chiffonner [3] [ʃifɔne] vt **1.** [vêtement] to crumple, to crease ; [papier] to crumple **2.** *fam* & *fig* [contrarier] to bother.

chiffonnier, ère [ʃifɔnje, ɛʀ] nm, f rag-and-bone man (woman) UK. ◆ **chiffonnier** nm [meuble] chiffonier.

chiffre [ʃifʀ] nm **1.** [caractère] figure, number / *chiffre arabe / romain* Arabic/Roman numeral **2.** [montant] sum ▸ **chiffre d'affaires** COMM turnover, sales revenue, volume of sales / *chiffre d'affaires annuel* annual turnover ▸ **chiffre rond** round number ▸ **chiffre de ventes** sales figures *pl* **3.** [code secret] code.

chiffrer [3] [ʃifʀe] ◆ vt **1.** [numéroter] to number **2.** [évaluer] to calculate, to assess **3.** [coder] to encode. ◆ vi *fam* to mount up. ◆ **se chiffrer** vp ▸ **se chiffrer à** to add up to.

chignole [ʃiɲɔl] nf drill.

chignon [ʃiɲɔ̃] nm bun *(in hair)* ▸ **se crêper le chignon** *fam* & *fig* to scratch each other's eyes out.

chiisme [ʃiism] nm Shiism.

Chili [ʃili] nm : *le Chili* Chile / *au Chili* in Chile.

chilien, enne [ʃiljɛ̃, ɛn] adj Chilean. ◆ **Chilien, enne** nm, f Chilean.

chimère [ʃimɛʀ] nf **1.** MYTH chimera **2.** [illusion] illusion, dream.

chimérique [ʃimeʀik] adj **1.** [illusoire] illusory **2.** [rêveur] fanciful.

chimie [ʃimi] nf chemistry.

chimio [ʃimjo] (**abr de chimiothérapie**) nf *fam* chemo.

chimiothérapie [ʃimjɔteʀapi] nf chemotherapy.

chimique [ʃimik] adj chemical.

chimiquement [ʃimikmɑ̃] adv chemically.

chimiquier [ʃimikje] nm chemical tanker.

chimiste [ʃimist] nmf chemist.

chimpanzé [ʃɛ̃pɑ̃ze] nm chimpanzee.

chinchilla [ʃɛ̃ʃila] nm chinchilla.

Chine [ʃin] nf ▸ **la Chine** China.

chiné, e [ʃine] adj mottled.

chiner [3] [ʃine] vi to look for bargains.

chinois, e [ʃinwa, az] adj Chinese. ◆ **chinois** nm **1.** [langue] Chinese ▸ **c'est du chinois** *fam* & *fig* it's all Greek to me **2.** [passoire] conical sieve. ◆ **Chinois, e** nm, f Chinese person ▸ **les Chinois** the Chinese.

chinoiserie [ʃinwazʀi] nf [objet] Chinese curio, piece of chinoiserie ; *fig* unnecessary complication. ◆ **chinoiseries** nfpl unnecessary complications, red tape *sg*.

chiot [ʃjo] nm puppy.

chiottes [ʃjɔt] nfpl *vulg* shithouse *sg*.

chiper [3] [ʃipe] vt *fam* [voler] to pinch, to nick UK.

chipie [ʃipi] nf *fam* vixen *péj*.

chipiron [ʃipiʀɔ̃] nm small squid.

chipolata [ʃipɔlata] nf chipolata.

chipoter [3] [ʃipɔte] vi *fam* ▸ **chipoter (sur) a)** [nourriture] to pick (at) **b)** [contester] to quibble (over ou about).

chips [ʃips] nfpl ▸ **(pommes) chips** (potato) crisps UK, (potato) chips US.

chiqué [ʃike] nm ▸ **c'est du chiqué** it's all sham.

chiquenaude [ʃiknod] nf flick.

chiquer [3] [ʃike] ❖ vt to chew. ❖ vi to chew tobacco.

chiromancien, enne [kiʀɔmɑ̃sjɛ̃, ɛn] nm, f palmist.

chiropracteur [kiʀɔpʀaktœʀ] nm = **chiropraticien**.

chiropraticien, enne [kiʀɔpʀatisjɛ̃, ɛn] nm, f chiropractor.

chirurgical, e, aux [ʃiʀyʀʒikal, o] adj surgical.

chirurgie [ʃiʀyʀʒi] nf surgery ▸ **chirurgie esthétique** plastic surgery ▸ **chirurgie d'un jour** QUÉBEC outpatient surgery.

chirurgien, enne [ʃiʀyʀʒjɛ̃, ɛn] nm, f surgeon.

chirurgien-dentiste [ʃiʀyʀʒjɛ̃dɑ̃tist] (*pl* **chirurgiens-dentistes**) nm dental surgeon.

chiure [ʃjyʀ] nf ▸ **chiure (de mouche)** flyspecks *pl*.

ch.-l. *abr écrite de* **chef-lieu**.

chlinguer = **schlinguer**.

chlore [klɔʀ] nm chlorine.

chlorer [klɔʀe] vt CHIM to chlorinate.

chloroforme [klɔʀɔfɔʀm] nm chloroform.

chlorophylle [klɔʀɔfil] nf chlorophyll.

chlorure [klɔʀyʀ] nm chloride.

chnoque = **schnock**.

choc [ʃɔk] nm **1.** [heurt, coup] impact ▸ **de choc** *fig* shock *(avant n)* **2.** [conflit] clash **3.** [émotion] shock **4.** *(en apposition)* : *images-chocs* shock pictures / *prix-choc* amazing bargain.

chocolat [ʃɔkɔla] ❖ nm chocolate ▸ **chocolat à cuire / à croquer** cooking/eating chocolate ▸ **chocolat au lait / noir** milk/plain chocolate ▸ **chocolat liégeois** *chocolate ice cream with Chantilly cream* ▸ **chocolat en poudre** drinking chocolate. ❖ adj inv chocolate (brown).

chocolaté, e [ʃɔkɔlate] adj chocolate (flavoured) UK, chocolate (flavored) US.

chocolatier, ère [ʃɔkɔlatje, ɛʀ] ❖ adj chocolate *(avant n)*. ❖ nm, f [fabricant] chocolate manufacturer ; [commerçant] confectioner. ◆ **chocolatière** nf [récipient] chocolate pot.

chœur [kœʀ] nm **1.** [chorale] choir ; *fig* [d'opéra] chorus ▸ **chanter en chœur** to sing in chorus ▸ **en chœur** *fig* all together **2.** [d'église] choir, chancel.

choir [72] [ʃwaʀ] vt *litt* ▸ **laisser choir qqch** to let sthg fall ▸ **laisser choir qqn** *fig* & *pr* to let sb down ▸ **se laisser choir dans qqch** to drop ou fall into sthg.

choisi, e [ʃwazi] adj selected ; [termes, langage] carefully chosen.

choisir [32] [ʃwaziʀ] ❖ vt ▸ **choisir (de faire qqch)** to choose (to do sthg). ❖ vi to choose.

choix [ʃwa] nm **1.** [gén] choice / *le livre de ton choix* any book you like ▸ **au choix** as you prefer / *répondre au choix à l'une des trois questions* answer any one of the three questions / *vous avez fromage ou dessert au choix* you have a choice of either cheeses or a dessert ▸ **avoir le choix** to have the choice / *donner le choix à qqn* to give sb a ou the choice / *faire un choix* to make a choice / *ils ne nous ont pas laissé le choix* they left us no alternative ou other option **2.** [qualité] ▸ **de premier choix** grade ou class one ▸ **articles de second choix** seconds **3.** [gamme] : *un choix de* a choice ou range ou selection of.

choléra [kɔleʀa] nm cholera.

cholestérol [kɔlɛsteʀɔl] nm cholesterol.

chômage [ʃomaʒ] nm unemployment / *au chômage* unemployed ▸ **chômage de longue durée** long-term unemployment ▸ **chômage de masse / massif / à grande échelle** mass unemployment ▸ **chômage partiel** part-time ou short-time UK (working) ▸ **chômage structurel** long-term unemployment ▸ **être mis au chômage technique** to be laid off.

chômé, e [ʃome] adj ▸ **jour chômé** public holiday.

chômer [3] [ʃome] ❖ vt to keep. ❖ vi to be unemployed ; *fig* to be idle.

chômeur, euse [ʃomœʀ, øz] nm, f unemployed person ▸ **les chômeurs** the unemployed.

chope [ʃɔp] nf tankard.

choper [3] [ʃɔpe] vt *fam* **1.** [voler, arrêter] to pinch, to nick UK **2.** [attraper] to catch.

choquant, e [ʃɔkɑ̃, ɑ̃t] adj shocking.

choquer [3] [ʃɔke] vt **1.** [scandaliser] to shock **2.** [traumatiser] to shake (up).

choral, e, als, aux [kɔʀal, o] adj choral. ◆ **choral, als** nm [chant] chorale. ◆ **chorale** nf [groupe] choir.

chorégraphie [kɔʀegʀafi] nf choreography.

choriste [kɔʀist] nmf chorister.

chose [ʃoz] ❖ nf thing / *il n'avait acheté que des bonnes choses* he had only bought good things to eat / *ce n'est pas la même chose* [cela change tout] it's a different matter ▸ **chaque chose en son temps** everything in good time ▸ **chose promise chose due** a promise is a promise ▸ **de deux choses l'une** (it's got to be) one thing or the other ▸ **dire bien des choses à qqn** to give sb one's regards ▸ **la chose publique** POL the state ▸ **les choses de la vie** the things that go to make up life ▸ **ne pas faire les choses à moitié** not to do things by halves ▸ **parler de choses et d'autres** to talk of this and that ▸ **une chose est sûre, il perdra** one thing's (for) sure, he'll lose. ❖ nmf *fam* **1.** [truc] thingy, whatsit **2.** [personne] thingy, what's-his-name (what's-her-name). ❖ adj inv ▸ **se sentir (tout) chose** to feel a bit peculiar.

chou, x [ʃu] ❖ nm **1.** [légume] cabbage ▸ **chou de Bruxelles** Brussels sprout ▸ **chou chinois** Chinese cabbage ou leaves ▸ **faire chou blanc** *fam* & *fig* to draw a blank **2.** [pâtisserie] choux bun ▸ **chou à la crème** cream puff **3.** [personne] ▸ **mon chou** darling. ❖ adj inv sweet, cute.

choucas [ʃuka] nm jackdaw.

chouchou, oute [ʃuʃu, ut] nm, f *fam* favourite UK, favorite US ; [élève] teacher's pet. ◆ **chouchou** nm [pour les cheveux] scrunchy, scrunchie.

chouchouter [3] [ʃuʃute] vt *fam* to pet.

choucroute [ʃukRut] nf sauerkraut ▸ **choucroute garnie** *sauerkraut with meat and potatoes.*

chouette [ʃwɛt] ❖ nf [oiseau] owl. ❖ adj *fam* great. ❖ interj ▸ **chouette (alors) !** great!

chou-fleur [ʃuflœR] (*pl* **choux-fleurs**) nm cauliflower.

chouiner [ʃwine] vi *fam* to whine.

choyer [13] [ʃwaje] vt *sout* to pamper.

CHR (*abr de* **centre hospitalier régional**) nm regional hospital.

chrétien, enne [kRetjɛ̃, ɛn] adj & nm, f Christian.

chrétien-démocrate, chrétienne-démocrate [kRetjɛ̃demɔkRat, kRetjɛndemɔkRat] (*mpl* **chrétiens-démocrates**, *fpl* **chrétiennes-démocrates**) adj & nm, f Christian Democrat.

chrétienté [kRetjɛ̃te] nf Christendom.

Christ [kRist] nm Christ.

christianiser [3] [kRistjanize] vt **1.** [personne] to convert (to Christianity) **2.** [pays] to christianize.

christianisme [kRistjanism] nm Christianity.

chromatique [kRɔmatik] adj **1.** MUS [en optique] chromatic **2.** BIOL chromosomal.

chrome [kRom] nm **1.** [de voiture] chrome **2.** CHIM chromium.

chromé, e [kRome] adj chrome-plated / *acier chromé* chrome steel.

chromer [kRome] vt to chrome.

chromosome [kRɔmɔzom] nm chromosome.

chronique [kRɔnik] ❖ nf **1.** [annales] chronicle ▸ **défrayer la chronique** to be the talk of the town **2.** PRESSE : *chronique sportive* sports section. ❖ adj chronic.

chrono [kRɔno] = **chronomètre**.

chronobiologie [kRonobjoloʒi] nf chronobiology.

chronologie [kRɔnɔlɔʒi] nf chronology.

chronologique [kRɔnɔlɔʒik] adj chronological.

chronomètre [kRɔnɔmɛtR] nm SPORT stopwatch.

chronométrer [18] [kRɔnɔmetRe] vt to time.

chronométreur [kRɔnɔmetRœR] nm SPORT timekeeper.

chrysalide [kRizalid] nf chrysalis.

chrysanthème [kRizɑ̃tɛm] nm chrysanthemum.

CHS nm **1.** (*abr de* **comité d'hygiène et de sécurité**) health and safety committee **2.** (*abr de* **centre hospitalier spécialisé**) psychiatric hospital.

chu, e [ʃy] pp ⟶ **choir**.

CHU (*abr de* **centre hospitalo-universitaire**) nm *teaching hospital.*

chuchotement [ʃyʃɔtmɑ̃] nm whisper. ◆ **chuchotements** nmpl whispering *(U)*.

chuchoter [3] [ʃyʃɔte] vt & vi to whisper.

chuinter [3] [ʃɥɛ̃te] vi [siffler] to hiss.

chut [ʃyt] interj sh!, hush!

chute [ʃyt] nf **1.** [gén] fall ▸ **faire une chute** to (have ou take a) fall / *faire une chute de cheval* to come off a horse ▸ **chute de cheveux** hair loss ▸ **chute d'eau** waterfall ▸ **chute libre** free fall ▸ **chute de neige** snowfall ▸ **chute de pierres** falling rocks ▸ **chute de reins** small of the back / *chute de tension* **a)** MÉD drop in blood pressure **b)** ÉLECTR & PHYS voltage drop / *chute des ventes* COMM fall-off in sales ▸ **la chute du mur de Berlin** the fall of the Berlin Wall / *entraîner qqn dans sa chute* to drag sb down with one **2.** [de tissu] scrap **3.** CINÉ : *chutes de pellicule* film trims.

chuter [3] [ʃyte] vi **1.** [baisser] to fall, to drop **2.** [tomber] to fall.

Chypre [ʃipR] nf Cyprus / *à Chypre* in Cyprus.

chypriote [ʃipRiɔt], **cypriote** [sipRiɔt] adj Cypriot. ◆ **Chypriote, Cypriote** nmf Cypriot.

ci [si] adv *(après n)* : *à cette heure-ci il n'y a plus personne* there's nobody there at this time of day / *ce livre-ci* this book / *cette fois-ci j'ai compris !* NOW I've got it! ◆ **de-ci de-là** [dəsi dəla] adv *sout* here and there.

CIA (*abr de* **Central Intelligence Agency**) nf CIA.

ciao, tchao [tʃao] interj *fam* ciao.

ci-après [siapRɛ] adv below.

cibiste [sibist] nmf CB enthusiast.

cible [sibl] nf *pr* & *fig* target / *groupe cible* target group.

ciblé [sible] adj COMM targeted.

cibler [3] [sible] vt to target.

ciboire [sibwaR] nm ciborium.

ciboulette [sibulɛt] nf chives *pl*.

cicatrice [sikatRis] nf scar.

cicatriser [3] [sikatRize] *pr* & *fig* vt to heal. ◆ **se cicatriser** vp to heal.

ci-contre [sikɔ̃tR] adv opposite.

CICR (*abr de* Comité international de la Croix-Rouge) nm IRCC.

ci-dessous [sidəsu] adv below.

ci-dessus [sidəsy] adv above.

CIDEX, Cidex [sidɛks] (*abr de* courrier individuel à distribution exceptionnelle) nm *system grouping letter boxes in country areas.*

CIDJ (*abr de* centre d'information et de documentation de la jeunesse) nm *careers advisory service.*

cidre [sidʀ] nm cider UK, hard cider US ▸ **cidre bouché** *superior bottled cider* ▸ **cidre doux / brut** sweet / dry cider.

CIDUNATI [sidynati] (*abr de* Confédération intersyndicale de défense et d'union nationale des travailleurs indépendants) nm *union of self-employed craftsmen.*

Cie (*abr écrite de* compagnie) Co.

ciel ◆ nm **1.** (*pl* ciels [sjɛl]) [firmament] sky / *ciel clair / nuageux* clear / cloudy sky ▸ **ciel de plomb** leaden sky ▸ **à ciel ouvert** open-air ▸ **lever les bras au ciel** to throw up one's hands *(in exasperation, despair)* **2.** (*pl* cieux [sjø]) [paradis, providence] heaven / *c'est le ciel qui l'envoie !* he's heaven-sent! / *que le ciel vous entende !* may heaven help you! ▸ **être au septième ciel** to be in seventh heaven ▸ **remuer ciel et terre (pour faire qqch)** to move heaven and earth (to do sthg) ▸ **tomber du ciel** *fam* to be heaven-sent ou a godsend. ◆ interj *hum* & *sout* good heavens! ◆ **cieux** nmpl heaven *sg* / *partir vers d'autres cieux* to be off to distant parts.

CIEP (*abr de* Centre international d'études pédagogiques) nm *French centre for educational research.*

cierge [sjɛʀʒ] nm RELIG (votive) candle.

cigale [sigal] nf cicada.

cigare [sigaʀ] nm cigar.

cigarette [sigaʀɛt] nf cigarette ▸ **cigarette blonde / brune** cigarette made from Virginia / dark tobacco.

cigarillo [sigaʀijo] nm cigarillo.

ci-gît [siʒi] adv here lies.

cigogne [sigɔɲ] nf stork.

ci-inclus, e [siɛ̃kly, yz] adj enclosed. ◆ **ci-inclus** adv enclosed.

ci-joint, e [siʒwɛ̃, ɛ̃t] adj enclosed. ◆ **ci-joint** adv ▸ **veuillez trouver ci-joint...** please find enclosed....

cil [sil] nm ANAT eyelash, lash.

ciller [3] [sije] vi to blink (one's eyes) ▸ **sans ciller** *fig* without blinking.

cimaise [simɛz] nf [de salle d'exposition] gallery wall.

cime [sim] nf [d'arbre, de montagne] top ; *fig* height.

ciment [simɑ̃] nm cement.

cimenter [3] [simɑ̃te] vt to cement.

cimetière [simtjɛʀ] nm cemetery.

ciné [sine] nm *fam* cinema UK, movies *pl* US.

cinéaste [sineast] nmf film-maker.

ciné-club [sineklœb] (*pl* ciné-clubs) nm film club.

cinéma [sinema] nm **1.** [salle, industrie] cinema UK, movies *pl* US / *aller au cinéma* to go to the cinema UK ou the movies US ▸ **cinéma d'art et d'essai** art house ▸ **cinéma maison** QUÉBEC home theatre UK ou theater US ▸ **cinéma en plein air a)** [dans les pays chauds] open-air cinema **b)** [aux U.S.A.] drive-in (movie-theater) **2.** [art] cinema UK, film UK, movies *pl* US / *un acteur de cinéma* a film star / *école de cinéma* film ou film-making school UK, movie-making school US ▸ **faire du cinéma a)** to be in film UK ou movies US **b)** *fig* to put on an act ▸ **le cinéma muet** silent films UK ou movies US ▸ **cinéma publicitaire** COMM screen advertising UK / *arrête (de faire) ton cinéma !* *fam* **a)** [de mentir] stop putting us on! **b)** [de bluffer] stop shooting your mouth off!

cinémathèque [sinematɛk] nf film UK ou movie US library ▸ **la Cinémathèque française** *the French film institute.*

cinématographique [sinematɔgʀafik] adj cinematographic.

cinéphile [sinefil] nmf film UK ou movie US buff.

cinétique [sinetik] ◆ nf kinetics *(U).* ◆ adj kinetic.

cinglant, e [sɛ̃glɑ̃, ɑ̃t] adj *pr* & *fig* biting ; [pluie] driving.

cinglé, e [sɛ̃gle] *fam* ◆ adj nuts, nutty. ◆ nm, f nutcase.

cingler [3] [sɛ̃gle] ◆ vt to lash. ◆ vi *litt* [naviguer] to sail.

cinq [sɛ̃k] ◆ adj num inv five / *à la page cinq* on page five / *il arrive le cinq novembre* he's arriving on November (the) fifth ou the fifth of November / *cinq minutes* **a)** [d'horloge] five minutes **b)** [un moment] a short while. ◆ nm five ▸ **il était moins cinq** *fam* it was a near thing. ***Voir aussi*** six. ◆ **cinq sur cinq** loc adv : *je te reçois cinq sur cinq* *pr* & *fig* I'm reading ou receiving you loud and clear. ◆ **en cinq sec** loc adv *fam* in no time at all, in the twinkling of an eye / *en cinq sec, c'était fait* it was done before you could say "Jack Robinson".

cinquantaine [sɛ̃kɑ̃tɛn] nf **1.** [nombre] ▸ **une cinquantaine de** about fifty **2.** [âge] ▸ **avoir la cinquantaine** to be in one's fifties.

cinquante [sɛ̃kɑ̃t] adj num inv & nm fifty. ***Voir aussi*** six.

cinquantenaire [sɛ̃kɑ̃tnɛʀ] ◆ nmf *person in his / her fifties.* ◆ nm [de personne] fiftieth birthday ; [d'événement] fiftieth anniversary ; [d'institution] golden jubilee. ◆ adj fifty-year-old.

cinquantième [sɛ̃kɑ̃tjɛm] adj num inv, nm & nmf fiftieth. ***Voir aussi*** sixième.

cinquième [sɛ̃kjɛm] ◆ adj num inv, nm & nmf fifth. ◆ nf SCOL ≃ Year 2 UK ; ≃ seventh grade US. ***Voir aussi*** sixième.

cinquièmement [sɛ̃kjɛmmɑ̃] adv fifthly, in the fifth place.

cintre [sɛ̃tʀ] nm **1.** [pour vêtements] coat hanger **2.** ARCHIT arch, curve.

cintré, e [sɛ̃tʀe] adj **1.** COUT waisted **2.** ARCHIT arched, vaulted.

CIO (*abr de* Comité international olympique) nm IOC.

cirage [siʀaʒ] nm **1.** [action] polishing **2.** [produit] shoe polish **3.** EXPR **être dans le cirage** *fam* to be in a daze.

circoncis [siʀkɔ̃si] adj circumcised.

circoncision [siʀkɔ̃sizjɔ̃] nf circumcision.

circonférence [siʀkɔ̃feʀɑ̃s] nf **1.** GÉOM circumference **2.** [pourtour] boundary.

circonflexe [siʀkɔ̃flɛks] ⟶ **accent.**

circonscription [siʀkɔ̃skʀipsjɔ̃] nf district ▸ **circonscription électorale** a) [nationale] constituency UK, district US b) [locale] ward UK.

circonscrire [99] [siʀkɔ̃skʀiʀ] vt **1.** GÉOM to circumscribe **2.** [incendie, épidémie] to contain **3.** *fig* [sujet] to define. ◆ **se circonscrire** vp ▸ **se circonscrire autour de** to be centred UK ou centered US on ou around.

circonspect, e [siʀkɔ̃spɛ, ɛkt] adj cautious.

circonspection [siʀkɔ̃spɛksjɔ̃] nf caution, wariness.

circonstance [siʀkɔ̃stɑ̃s] nf **1.** [occasion] occasion **2.** *(gén pl)* [contexte, conjoncture] circumstance ▸ **circonstances atténuantes** DR mitigating circumstances ▸ **de circonstance** appropriate. ◆ **pour la circonstance** loc adv for the occasion.

circonstancié, e [siʀkɔ̃stɑ̃sje] adj detailed.

circonstanciel, elle [siʀkɔ̃stɑ̃sjɛl] adj GRAM adverbial.

circuit [siʀkɥi] nm **1.** [chemin] route **2.** [parcours touristique] tour ▸ **circuit touristique** tourist route **3.** SPORT & TECHNOL circuit ▸ **en circuit fermé** a) [en boucle] closed-circuit *(avant n)* b) *fig* within a limited circle ▸ **circuit automobile** racing circuit ▸ **circuit imprimé / intégré** printed/integrated circuit / *couper le circuit* to switch off / *mettre en circuit* to connect / *rétablir le circuit* to switch on **4.** ÉCON network / *circuit commercial* commercial channel / *le film est fait pour le circuit commercial* it's a mainstream film / *circuit de distribution* distribution channel, channel of distribution / *le circuit de distribution du pain* the distribution channels for bread / *circuits de vente* commercial channels **5.** [tuyaux] (pipe) system ▸ **circuit de refroidissement** cooling system.

circulaire [siʀkylɛʀ] nf & adj circular.

circulation [siʀkylasjɔ̃] nf **1.** [mouvement] circulation ▸ **mettre en circulation** to circulate ▸ **retirer de la circulation** to withdraw from circulation ▸ **circulation (du sang)** circulation **2.** [trafic] traffic ▸ **'circulation alternée'** 'traffic control ahead' ▸ **disparaître de la circulation** *fig* to disappear from the scene.

circulatoire [siʀkylatwaʀ] adj circulatory.

circuler [3] [siʀkyle] vi **1.** [sang, air, argent] to circulate ▸ **faire circuler qqch** to circulate sthg **2.** [aller et venir] to move (along) ▸ **circulez !** move along! / *on circule mal en ville* the traffic is bad in town **3.** [train, bus] to run **4.** *fig* [rumeur, nouvelle] to spread.

cire [siʀ] nf **1.** [matière] wax ▸ **cire d'abeilles** beeswax ▸ **cire à cacheter** sealing wax ▸ **musée de cire, cabinet de cire** *vieilli* waxworks *sg* **2.** [encaustique] polish.

ciré, e [siʀe] adj **1.** [parquet] polished **2.** ⟶ **toile.** ◆ **ciré** nm oilskin.

cirer [3] [siʀe] vt **1.** [chaussures] to polish **2.** EXPR **n'en avoir rien à cirer (de qqch)** *fam* not to give a damn (about sthg) / *j'en ai rien à cirer fam* I don't give a damn.

cireux, euse [siʀø, øz] adj **1.** [pâle] waxen **2.** [matière] waxy. ◆ **cireuse** nf floor polisher.

cirque [siʀk] nm **1.** [gén] circus **2.** GÉOL cirque **3.** *fam* & *fig* [désordre, chahut] chaos *(U)* ; [TV, radio] ▸ **cirque médiatique** media circus.

cirrhose [siʀoz] nf cirrhosis *(U)*.

cisaille [sizaj] nf shears *pl*.

cisaillement [sizajmɑ̃] nm [de métal] cutting ; [de branches] pruning.

cisailler [3] [sizaje] vt [métal] to cut ; [branches] to prune.

ciseau, x [sizo] nm chisel. ◆ **ciseaux** nmpl scissors.

ciseler [25] [sizle] vt **1.** [pierre, métal] to chisel **2.** [bijou] to engrave **3.** *fig* [parfaire] to polish (up).

ciselure [sizlyʀ] nf [bois] carving ; [objet précieux] engraving.

Cisjordanie [sizʒɔʀdani] nf : *la Cisjordanie* the West Bank.

cisjordanien, enne [sizʒɔʀdanjɛ̃, ɛn] adj of/from the West Bank. ◆ **Cisjordanien, enne** nm, f person from the West Bank.

cistercien, enne [sistɛʀsjɛ̃, ɛn] adj Cistercian. ◆ **cistercien** nm Cistercian.

citadelle [sitadɛl] nf *pr* & *fig* citadel.

citadin, e [sitadɛ̃, in] ❖ adj city *(avant n)*, urban. ❖ nm, f city dweller.

citation [sitasjɔ̃] nf **1.** DR summons *sg* **2.** [extrait] quote, quotation.

cité [site] nf **1.** [ville] city **2.** [lotissement] housing estate UK ou project US ▸ **cité ouvrière** council estate UK housing project US ▸ **cité universitaire** halls *pl* of residence UK, dormitory US.

cité-dortoir [sitedɔʀtwaʀ] (*pl* **cités-dortoirs**) nf dormitory town, bedroom community US.

citer [3] [site] vt **1.** [exemple, propos, auteur] to quote **2.** DR [convoquer] to summon **3.** MIL ▸ **être cité à l'ordre du jour** to be mentioned in dispatches.

citerne [sitɛʀn] nf **1.** [d'eau] water tank **2.** [cuve] tank ▸ **citerne à mazout** oil tank.

cité U [sitey] nf *fam* **abr de cité universitaire**.

citoyen, enne [sitwajɛ̃, ɛn] nm, f citizen.

citoyenneté [sitwajɛnte] nf citizenship.

citron [sitʀɔ̃] ❖ nm **1.** [fruit] lemon ▸ **citron pressé** fresh lemon juice ▸ **citron vert** lime **2.** QUÉBEC AUTO lemon, dud. ❖ adj inv lemon yellow.

citronnade [sitʀɔnad] nf (still) lemonade.

citronnelle [sitʀɔnɛl] nf [plante] lemon balm, lemongrass.

citronnier [sitʀɔnje] nm lemon tree.

citrouille [sitʀuj] nf pumpkin.

civet [sivɛ] nm stew ▸ **civet de lièvre** jugged hare.

civière [sivjɛʀ] nf stretcher.

civil, e [sivil] ❖ adj **1.** [gén] civil **2.** [non militaire] civilian. ❖ nm, f civilian. ❖ nm ▸ **dans le civil** in civilian life / *policier en civil* plain-clothes policeman (policewoman) / *soldat en civil* soldier in civilian clothes.

> **civil** ou **civilian ?**
>
> **Civil** est utilisé pour traduire tout ce qui concerne le citoyen. **Civilian** signifie « non militaire ».

civilement [sivilmɑ̃] adv ▸ **se marier civilement** to get married at a registry office UK ou in a civil ceremony US.

civilisation [sivilizasjɔ̃] nf civilization.

civilisé, e [sivilize] adj civilized.

civiliser [3] [sivilize] vt to civilize. ◆ **se civiliser** vp to become civilized.

civilité [sivilite] nf civility. ◆ **civilités** nfpl *sout* compliments.

civique [sivik] adj civic ▸ **instruction civique** civics *(U)*.

civisme [sivism] nm sense of civic responsibility.

cl (*abr écrite de* **centilitre**) cl.

clac [klak] interj [porte] slam! ; [taquets] click!

clafoutis [klafuti] nm [gâteau] *cake made from a batter poured over fruit.*

claie [klɛ] nf **1.** [treillis] rack **2.** [clôture] hurdle.

clair, e [klɛʀ] adj **1.** [précis, évident] clear ▸ **c'est clair et net** there's no two ways about it / *cette affaire n'est pas très claire* there's something fishy about all this ▸ **il est clair que c'est impossible** it's clear that it's impossible, clearly it's impossible **2.** [lumineux] bright / *la pièce est très claire le matin* the room gets a lot of light in the morning / *une nuit claire* a clear night / *par temps clair* in clear weather **3.** [pâle - couleur, teint] light / *il a le regard clair* he's got bright eyes ; [tissu, cheveux] light-coloured UK, light-colored US / *porter des vêtements clairs* to wear light ou light-coloured clothes. ◆ **clair** ❖ adv ▸ **voir clair (dans qqch)** *fig* to have a clear understanding (of sthg). ❖ nm ▸ **passer le plus clair de son temps à faire qqch** to spend most ou the bulk of one's time doing sthg ▸ **mettre** ou **tirer qqch au clair** to shed light upon sthg. ◆ **clair de lune** (*pl* **clairs de lune**) nm moonlight *(U)* ▸ **au clair de lune** in the moonlight. ◆ **en clair** loc adv TV unscrambled *(esp of a private TV channel)* / *diffuser en clair* TV to broadcast unscrambled programmes / *'en clair jusqu'à 20h'* 'can be watched by non-subscribers until 8 o'clock'. ◆ **claire** nf **1.** [bassin] oyster bed **2.** [huître] fattened oyster.

clairement [klɛʀmɑ̃] adv clearly.

claire-voie [klɛʀvwa] ◆ **à claire-voie** loc adv openwork *(avant n)*.

clairière [klɛʀjɛʀ] nf clearing.

clairon [klɛʀɔ̃] nm bugle.

claironner [3] [klɛʀɔne] ❖ vi to play the bugle. ❖ vt *fig* [crier] ▸ **claironner qqch** to shout sthg from the rooftops.

clairsemé, e [klɛʀsəme] adj [cheveux] thin ; [arbres] scattered ; [population] sparse.

clairvoyant, e [klɛʀvwajɑ̃, ɑ̃t] adj perceptive.

clamer [3] [klame] vt to proclaim.

clameur [klamœʀ] nf clamour UK, clamor US.

clamser [3] [klamse] vi *tfam* to kick the bucket, to snuff it UK.

clan [klɑ̃] nm clan.

clandestin, e [klɑ̃dɛstɛ̃, in] ❖ adj [journal, commerce] clandestine ; [activité] covert. ❖ nm, f [étranger] illegal immigrant ou alien ; [voyageur] stowaway.

clandestinité [klɑ̃destinite] nf clandestine nature ▸ **dans la clandestinité** a) [travailler] clandestinely b) [vivre] underground.

clapet [klapɛ] nm **1.** TECHNOL valve **2.** *fam* & *fig* [bouche] trap.

clapier [klapje] nm [à lapins] hutch.

clapotement [klapɔtmɑ̃], **clapotis** [klapɔti] nm [de vagues] lapping *(U)*.

clapoter [3] [klapɔte] vi [vagues] to lap.

clapotis = **clapotement**.

claquage [klakaʒ] nm MÉD strain ▸ **se faire un claquage** to pull ou tear ou strain a muscle.

claque [klak] nf **1.** [gifle] slap ▸ **donner une claque à qqn** to slap sb **2.** THÉÂTRE claque **3.** QUÉBEC [pour chaussures] galosh, rubber US **4.** EXPR ▸ **en avoir sa claque (de)** *fam* to be fed up (with), to be fed up to the back teeth (with) UK.

claqué, e [klake] adj *fam* [éreinté] bushed, whacked UK.

claquement [klakmɑ̃] nm **1.** [de porte - qui se ferme] slam, slamming *(U)* ; [- mal fermée] banging *(U)* **2.** [de doigts] snap, snapping *(U)*.

claquemurer [3] [klakmyʀe] ◆ **se claquemurer** vp to shut o.s up ou away.

claquer [3] [klake] ❖ vt **1.** [fermer] to slam **2.** ▸ **faire claquer** a) [langue] to click b) [doigts] to snap c) [fouet] to crack **3.** *fam* [gifler] to slap **4.** *fam* [dépenser] to blow **5.** *fam* [fatiguer] to wear out. ❖ vi **1.** [porte, volet] to bang **2.** *fam* [personne] to kick the bucket, to snuff it UK **3.** *fam* [machine] to conk out **4.** [ampoule] to burn out, to go. ◆ **se claquer** vp **1.** [se fatiguer] to wear o.s. out **2.** [se déchirer] ▸ **se claquer un muscle** to pull ou tear a muscle.

claquettes [klakɛt] nfpl [danse] tap dancing *(U)* / *faire des claquettes* to tap dance.

clarification [klaʀifikasjɔ̃] nf *pr* & *fig* clarification.

clarifier [9] [klaʀifje] vt *pr* & *fig* to clarify. ◆ **se clarifier** vp *fig* to become clear.

clarinette [klaʀinɛt] nf [instrument] clarinet.

clarté [klaʀte] nf **1.** [lumière] brightness **2.** [transparence] clearness **3.** [netteté] clarity.

classe [klas] nf **1.** [gén] class / *billet de première / deuxième classe* first-/second-class ticket / *classe d'âge* age group / *les classes moyennes / dirigeantes* the middle/ruling classes / *l'ensemble de la classe politique* the whole of the political establishment OU class ▸ **classe touriste** economy class, coach US ▸ **de grande classe** first-class, high-class **2.** SCOL ▸ **aller en classe** to go to school ▸ **faire la classe a)** [être enseignant] to teach **b)** [donner un cours] to teach OU to take a class ▸ **classe de neige** skiing trip *(with school)* ▸ **classes préparatoires** *school preparing students for "grandes écoles" entrance exams* ▸ **classe de rattrapage** remedial class ▸ **classe verte** field trip *(with school)* **3.** [catégorie] category, type **4.** MIL rank / *la classe 70* the 1970 levy **5.** EXPR **la** OU **quelle classe !** *fam* first class!, fantastic! ▸ **faire ses classes** MIL to do one's training.

Classes préparatoires

After the **baccalauréat**, very successful students may choose to attend the **classes préparatoires**, intensive courses organized in **lycées**. Students are completely immersed in their subject and do little else than prepare for the competitive **grandes écoles** entrance exams. If they do not succeed, two years of **prépa** are considered equivalent to a certain amount of credits at a university. Classes préparatoires are divided into subject areas or **filières**: economics and commerce (known as prépa ECS), literature (the first year nicknamed **hypokhâgne** and the second **khâgne**), and mathematics (the first year commonly called **math sup** and the second **math spé**).

classé, e [klase] adj [monument] listed UK.

classement [klasmɑ̃] nm **1.** [rangement] filing **2.** [classification] classification **3.** [rang - SCOL] position ; [- SPORT] placing **4.** [liste - SCOL] class list ; [- SPORT] final placings *pl* ▸ **classement général** overall placings *pl*.

classer [3] [klase] vt **1.** [ranger] to file **2.** [plantes, animaux] to classify **3.** [cataloguer] ▸ **classer qqn (parmi)** to label sb (as) **4.** [attribuer un rang à] to rank. ◆ **se classer** vp to be classed, to rank / *se classer troisième* to come third.

classeur [klasœʀ] nm **1.** [d'écolier] ring binder, folder **2.** [meuble] filing cabinet **3.** [portefeuille] file, folder.

classification [klasifikasjɔ̃] nf classification ▸ **classification périodique des éléments** CHIM periodic table.

classique [klasik] ❖ nm **1.** [auteur] classical author ▸ **les grands classiques** the great classical authors **2.** [œuvre] classic **3.** ART & MUS ▸ **le classique a)** [musique] classical (music) **b)** [architecture] classical architecture **c)** [beaux-arts] classical art. ❖ adj **1.** ART & MUS classical **2.** [sobre] classic **3.** [habituel] classic / *ça, c'est l'histoire classique !* it's the usual story!

classic OU classical ?

L'adjectif **classical** se réfère soit au classicisme gréco-romain, soit à la musique classique. Lorsque *classique* désigne ce qui relève d'une tradition, d'une norme, il faut le traduire par **classic** :

He wrote a thesis on classical architecture. *Il a écrit une thèse sur l'architecture classique.*

This is a classic case of fraud. *Il s'agit d'un cas classique d'escroquerie.*

claudication [klodikasjɔ̃] nf limp ; MÉD claudication.

clause [kloz] nf clause ▸ **clause d'exemption** POL opt-out clause.

claustrer [3] [klostʀe] ◆ **se claustrer** vp *sout* to shut o.s. away OU up.

claustrophobe [klostʀɔfɔb] ❖ adj claustrophobic. ❖ nmf claustrophobe, claustrophobic.

claustrophobie [klostʀɔfɔbi] nf claustrophobia.

clavecin [klavsɛ̃] nm harpsichord.

clavicule [klavikyl] nf collarbone.

clavier [klavje] nm keyboard ▸ **clavier azerty / qwerty** AZERTY/QWERTY keyboard.

claviériste [klavjeʀist] nmf keyboard player.

clé, clef [kle] ❖ nf **1.** [gén] key / *la clé du mystère* the key to the mystery ▸ **fermer qqch à clé** to lock sthg ▸ **clés en main a)** [usine] turnkey **b)** [logement] ready for immediate entry / *acheter une maison clé* OU *clés en main* to buy a house with vacant OU immediate possession ▸ **mettre qqn / qqch sous clé** to lock sb/sthg up ▸ **clé de contact** AUTO ignition key ▸ **mettre la clé sous la porte** to clear out / *prendre la clé des champs* to get away **2.** [outil] ▸ **clé anglaise** OU **à molette** adjustable spanner UK OU wrench US, monkey wrench ▸ **clé universelle** adjustable spanner UK OU wrench US **3.** MUS [signe] clef ▸ **clé de sol / fa** treble/bass clef ▸ **à la clé** *fig* at the end (of it all) **4.** INFORM ▸ **clé d'accès** enter key ▸ **clé de protection** data protection. ❖ adj : *industrie / rôle clé* key industry/role / *mot / position clé* key word/post. ◆ **clé de voûte** nf *pr* & *fig* keystone.

clean [klin] adj *fam* [chose, lieu] neat ; [personne] clean-living.

clef = clé.

clématite [klematit] nf clematis.

clémence [klemɑ̃s] nf **1.** *sout* [indulgence] clemency **2.** *fig* [douceur] mildness.

clément, e [klemɑ̃, ɑ̃t] adj **1.** [indulgent] lenient **2.** *fig* [température] mild.

clémentine [klemɑ̃tin] nf clementine.

cleptomane = **kleptomane**.

clerc [klɛʀ] nm [assistant] clerk ▸ **clerc de notaire** lawyer's clerk.

clergé [klɛʀʒe] nm clergy.

clérical, e, aux [kleʀikal, o] ◆ adj clerical. ◆ nm, f clericalist.

clic [klik] nm INFORM click ▸ **clic droit** right-click ▸ **clic gauche** left-click ▸ **d'un clic de souris** at the click of a mouse.

Clic-Clac® [klikklak] nm pull-out sofa bed.

cliché [kliʃe] nm **1.** PHOTO negative **2.** [banalité] cliché.

client, e [kliɑ̃, ɑ̃t] nm, f **1.** [de notaire, d'agence] client ; [de médecin] patient **2.** [acheteur] customer **3.** [habitué] regular (customer).

clientèle [kliɑ̃tɛl] nf **1.** [ensemble des clients] customers *pl* ; [de profession libérale] clientele ; : *clientèle captive* captive market **2.** [fait d'être client] ▸ **accorder sa clientèle à** to give one's custom to.

clientélisme [klijɑ̃telism] nm *péj* populism.

cligner [3] [kliɲe] ◆ vt ▸ **cligner les yeux** to blink. ◆ vi ▸ **cligner de l'œil** to wink ▸ **cligner des yeux** to blink.

clignotant, e [kliɲɔtɑ̃, ɑ̃t] adj [lumière] flickering. ◆ **clignotant** nm **1.** AUTO indicator UK, turn signal US ▸ **mettre son clignotant** to indicate UK **2.** *pr* & *fig* warning sign.

clignoter [3] [kliɲɔte] vi **1.** [yeux] to blink **2.** [lumière] to flicker.

clim [klim] (*abr de* **climatisation**) nf *fam* air conditioning, AC.

climat [klima] nm *pr* & *fig* climate ▸ **climat économique** economic climate.

climatique [klimatik] adj climatic.

climatisation [klimatizasjɔ̃] nf air-conditioning.

climatisé, e [klimatize] adj air-conditioned.

clin [klɛ̃] ◆ **clin d'œil** nm ▸ **faire un clin d'œil (à)** to wink (at) ▸ **en un clin d'œil** in a flash.

clinique [klinik] ◆ nf clinic. ◆ adj clinical.

clinquant, e [klɛ̃kɑ̃, ɑ̃t] adj *pr* & *fig* flashy. ◆ **clinquant** nm **1.** [faux bijou] imitation jewellery *(U)* UK ou jewelry *(U)* US **2.** *fig* [éclat] gloss.

clip [klip] nm **1.** [vidéo] pop video **2.** [boucle d'oreilles] clip-on earring.

clipart [klipaʀt] nm INFORM clipart.

cliquable [klikabl] adj clickable / *plan cliquable* sensitive map.

clique [klik] nf *péj* clique. ◆ **cliques** nfpl ▸ **prendre ses cliques et ses claques** *fam* to pack one's bags (and go).

cliquer [3] [klike] vi [INFORM to click ; [- bouton gauche] to left-click ; [- bouton droit] to right-click.

cliqueter [27] [klikte] vi **1.** [pièces, clés, chaînes] to jingle, to jangle **2.** [verres] to clink.

cliquetis [klikti] nm **1.** [de pièces, clés, chaînes] jingling *(U)*, jangling *(U)* **2.** [de verres] clinking *(U)*.

clitoris [klitɔʀis] nm clitoris.

clivage [klivaʒ] nm **1.** GÉOL cleavage **2.** *fig* [division] division.

cloaque [klɔak] nm [lieu] cesspit.

clochard, e [klɔʃaʀ, aʀd] nm, f tramp.

cloche [klɔʃ] ◆ nf **1.** [d'église] bell **2.** [couvercle] ▸ **cloche à fromage** glass cover for cheese **3.** *fam* [idiot] idiot **4.** *(en apposition)* [jupe] flared. ◆ adj *fam* : *ce qu'il peut être cloche, celui-là !* he can be such an idiot!

cloche-pied [klɔʃpje] ◆ **à cloche-pied** loc adv hopping ▸ **sauter à cloche-pied** to hop.

clocher¹ [klɔʃe] nm [d'église] church tower / *esprit de clocher* parochialism, parish-pump mentality.

clocher² [3] [klɔʃe] vi *fam* ▸ **il y a quelque chose qui cloche** there's something wrong here / *qu'est-ce qui cloche ?* what's wrong ou up?

clochette [klɔʃɛt] nf **1.** [petite cloche] (little) bell **2.** [de fleur] bell.

clodo [klɔdo] nmf *fam* tramp, bum US.

cloison [klwazɔ̃] nf [mur] partition.

cloisonner [3] [klwazɔne] vt [pièce, maison] to partition (off) ; *fig* to compartmentalize.

cloître [klwatʀ] nm cloister.

cloîtrer [3] [klwatʀe] vt **1.** RELIG to cloister **2.** [enfermer] to shut away (from the outside world). ◆ **se cloîtrer** vp **1.** [s'enfermer] to shut o.s. away ▸ **se cloîtrer dans** *fig* to retreat into **2.** [RELIG - sœur] to enter a convent ; [- moine] to enter a monastery.

clonage [klɔnaʒ] nm cloning ▸ **clonage thérapeutique** therapeutic cloning.

clone [klɔn] nm clone.

cloner [3] [klɔne] vt to clone.

clope [klɔp] nm & nf *fam* cigarette, fag UK.

clopin-clopant [klɔpɛ̃klɔpɑ̃] adv ▸ **aller clopin-clopant a)** [person] to hobble along **b)** *fig* to struggle along.

clopiner [3] [klɔpine] vi to hobble along.

clopinettes [klɔpinɛt] nfpl *fam* ▸ **des clopinettes** (next to) nothing / *gagner des clopinettes* to earn peanuts.

cloporte [klɔpɔʀt] nm woodlouse.

cloque [klɔk] nf blister.

cloquer [3] [klɔke] vi to blister.

clore [113] [klɔʀ] vt to close ; [négociations] to conclude ▸ **clore une session** INFORM to log out.

clos, e [klo, kloz] ❖ pp ⟶ **clore.** ❖ adj closed. ◆ **clos** nm **1.** [terrain] enclosed field **2.** [vignoble] vineyard.

clôture [klotyʀ] nf **1.** [haie] hedge ; [de fil de fer] fence ▸ **clôture électrifiée** OU **électrique** electric fence **2.** [fermeture] closing, closure **3.** [fin] end, conclusion / *clôture des inscriptions le 20 décembre* UNIV the closing date for enrolment is December 20th **4.** FIN close / *à la clôture* at the close / *en clôture* at closing / *combien valait l'euro en clôture ?* what did the euro close at?

clôturer [3] [klotyʀe] vt **1.** [terrain] to enclose **2.** [négociation] to close, to conclude.

clou [klu] nm **1.** [pointe] nail ▸ **clou de girofle** CULIN clove ▸ **clou sans tête** brad ▸ **clou (de) tapissier** (carpet) tack ▸ **des clous !** *fam* no chance! ▸ **maigre comme un clou** as thin as a rake ▸ **mettre au clou a)** [en gage] to pawn ▸ **pas un clou** : *ça ne vaut pas un clou* it's not worth a bean ▸ **pour des clous** for nothing **2.** [attraction] highlight / *le clou de* the climax OU highlight of. ◆ **clous** nmpl *vieilli* pedestrian crossing UK *sg*, crosswalk US.

clouer [3] [klue] vt [fixer - couvercle, planche] to nail (down) ; [- tableau, caisse] to nail (up) ; *fig* [immobiliser] ▸ **rester cloué sur place** to be rooted to the spot ▸ **être cloué au lit (par)** *fam* to be laid up in bed (with).

clouté, e [klute] adj [vêtement] studded.

clown [klun] nm clown ▸ **faire le clown** to clown around, to act the fool.

CLT (*abr de* **Compagnie luxembourgeoise de télévision**) nf *Luxembourg TV company.*

club [klœb] nm club.

cm (*abr écrite de* **centimètre**) cm.

CM ❖ nf (*abr de* **chambre des métiers**) *chamber of commerce for trades.* ❖ nm (*abr de* **cours moyen**) ▸ **CM1** *fourth year of primary school* ▸ **CM2** *fifth year of primary school.*

CMU (*abr de* **couverture maladie universelle**) [seɛmy] nf *health insurance system for the less well-off* ; ≃ Medicaid US.

CNAC [knak] (*abr de* **Centre national d'art et de culture**) nm *official name of the Pompidou Centre.*

CNAM [knam] (*abr de* **Conservatoire national des arts et métiers**) nm *science and technology school in Paris.*

CNC nm **1.** (*abr de* **Conseil national de la consommation**) *official consumer protection organization* **2.** (*abr de* **Centre national de la cinématographie**) *national cinematographic organization.*

CNDP (*abr de* **Centre national de documentation pédagogique**) nm *national organization for educational resources.*

CNE (*abr de* **Caisse nationale d'épargne**) nf *national savings bank.*

CNEC [knɛk] (*abr de* **Centre national de l'enseignement par correspondance**) nm *national education body organizing correspondence courses* ; ≃ Open University UK.

CNES, Cnes [knɛs] (*abr de* **Centre national d'études spatiales**) nm *French national space research centre.*

CNIL [knil] (*abr de* **Commission nationale de l'informatique et des libertés**) nf *watchdog committee supervising the application of data protection legislation.*

CNIT, Cnit [knit] (*abr de* **Centre national des industries et des techniques**) nm *exhibition centre at la Défense near Paris.*

CNPF (*abr de* **Conseil national du patronat français**) nm *national council of French employers* ; ≃ CBI UK.

CNRS (*abr de* **Centre national de la recherche scientifique**) nm *national scientific research organization.*

CNTS (*abr de* **Centre national de transfusion sanguine**) nm *national blood transfusion centre.*

CNUCED, Cnuced [knysɛd] (*abr de* **Conférence des Nations unies pour le commerce et le développement**) nf UNCTAD.

coach [kotʃ] (*pl* **coachs** *ou* **coaches**) ❖ nm SPORT coach, trainer. ❖ nmf [conseiller professionnel] coach.

coacher [kotʃe] vt **1.** [entraîner] to coach **2.** [conseiller] to advise.

coaching [kotʃiŋ] nm coaching.

coaguler [3] [kɔagyle] ❖ vt **1.** [sang] to clot **2.** [lait] to curdle. ❖ vi **1.** [sang] to clot **2.** [lait] to curdle. ◆ **se coaguler** vp **1.** [sang] to clot **2.** [lait] to curdle.

coaliser [3] [kɔalize] vt to group together, to unite. ◆ **se coaliser** vp **1.** [s'allier] to form a coalition OU an alliance **2.** [s'unir] to unite.

coalition [kɔalisjɔ̃] nf coalition.

coasser [3] [kɔase] vi [grenouille] to croak.

COB, Cob [kɔb] (*abr de* **Commission des opérations de Bourse**) nf *commission for supervision of stock exchange operations* ; ≃ SIB UK ; ≃ SEC US.

cobalt [kɔbalt] nm cobalt.

cobaye [kɔbaj] nm *pr* & *fig* guinea pig.

cobra [kɔbʀa] nm cobra.

co-branding [kobʀɑ̃diŋ] nm co-branding.

coca [kɔka] ❖ nm BOT coca. ❖ nf coca extract.

Coca® [kɔka] nm [boisson] Coke®.

cocagne [kɔkaɲ] ⟶ **mât, pays**.

cocaïne [kɔkain] nf cocaine.

cocaïnomane [kokainɔman] nmf cocaine addict.

cocarde [kɔkaʀd] nf **1.** [insigne] roundel **2.** [distinction] rosette.

cocardier, ère [kɔkaʀdje, ɛʀ] ❖ adj [chauvin] jingoistic. ❖ nm, f jingoist.

cocasse [kɔkas] adj funny.

coccinelle [kɔksinɛl] nf **1.** [insecte] ladybird UK, ladybug US **2.** [voiture] Beetle.

coccyx [kɔksis] nm coccyx.

coche [kɔʃ] nm ▸ **manquer le coche** *fam* & *fig* to miss the boat.

cocher¹ [kɔʃe] nm coachman.

cocher² [3] [kɔʃe] vt to tick (off) UK, to check (off) US.

cochère [kɔʃɛʀ] ⟶ **porte**.

cocheur [kɔʃœʀ] nm QUÉBEC [golf] : *cocheur d'allée* pitching wedge / *cocheur de sable* sand wedge.

cochon, onne [kɔʃɔ̃, ɔn] ❖ adj dirty, smutty. ❖ nm, f *fam* & *péj* pig ▸ **un tour de cochon** a dirty trick. ◆ **cochon** nm pig ▸ **cochon d'Inde** guinea pig ▸ **cochon de lait** sucking pig.

cochonnaille [kɔʃɔnaj] nf *fam* [charcuterie] pork.

cochonner [3] [kɔʃɔne] vt *fam* to mess up.

cochonnerie [kɔʃɔnʀi] nf *fam* **1.** [nourriture] muck *(U)* **2.** [chose] rubbish *(U)* UK, trash *(U)* US **3.** [saleté] mess *(U)* **4.** [obscénité] dirty joke, smut *(U)*.

cochonnet [kɔʃɔnɛ] nm **1.** [petit cochon] piglet **2.** [jeux] jack.

cocker [kɔkɛʀ] nm cocker spaniel.

cockpit [kɔkpit] nm cockpit.

cocktail [kɔktɛl] nm **1.** [réception] cocktail party **2.** [boisson] cocktail **3.** *fig* [mélange] mixture ▸ **cocktail Molotov** Molotov cocktail.

coco [koko] nm **1.** ⟶ **noix 2.** *fam* & *péj* [individu] guy, bloke UK **3.** *péj* [communiste] commie.

cocon [kɔkɔ̃] nm *pr* & *fig* cocoon.

cocooning [kɔkuniŋ] nm ▸ **faire du cocooning** to cocoon o.s.

cocorico [kɔkɔʀiko] nm [du coq] cock-a-doodle-doo.

cocotier [kɔkɔtje] nm coconut tree.

cocotte [kɔkɔt] nf **1.** [marmite] casserole (dish) **2.** [poule] hen ▸ **cocotte en papier** paper shape **3.** *péj* [courtisane] tart.

Cocotte-Minute® [kɔkɔtminyt] nf pressure cooker.

cocu, e [kɔky] nm, f & adj *fam* cuckold.

code [kɔd] nm **1.** [gén] code ▸ **code d'accès** INFORM access code ▸ **code source** OU **natif** source code ▸ **code ASCII** ASCII code ▸ **code-barres** bar code ▸ **code de caractères** INFORM character code ▸ **code d'entrée** [sur une porte] door code ▸ **code génétique** genetic code ▸ **code international de signaux** NAUT international code ▸ **code postal** postcode UK, zip code US **2.** BANQUE & ÉCON ▸ **code banque** bank code ▸ **code confidentiel** [carte de crédit] personal identification number, PIN ▸ **code guichet** sort code ▸ **code secret** PIN number **3.** DR ▸ **code civil** civil code ▸ **code de commerce** commercial law ▸ **code général des impôts** general tax code ▸ **code maritime** navigation laws ▸ **code pénal** penal code ▸ **code de la route** highway code UK, motor vehicle laws US ▸ **code du travail** labour UK OU labor US legislation. ◆ **codes** nmpl [phares] dipped headlights *pl* UK, low beams *pl* US ▸ **se mettre en codes** to dip one's headlights UK, to put on low beams US.

codé, e [kɔde] adj encoded, coded / *langage codé* secret language / *message codé* cryptogram.

codéine [kɔdein] nf codeine.

coder [3] [kɔde] vt to code.

codétenu, e [kɔdetny] nm, f (fellow) prisoner.

Codevi [kɔdevi] (*abr de* **Compte pour le développement industriel**) *(ancien nom du* ***Livret de développement durable****)* nm *savings account, money from which is invested in industrial development.*

codifier [9] [kɔdifje] vt to codify.

codirection [kodiʀɛksjɔ̃] nf joint management.

coefficient [kɔefisjɑ̃] nm coefficient ▸ **affecter qqch d'un coefficient** to weight sthg ▸ **coefficient d'activité** activity ratio ▸ **coefficient de capital** output ratio ▸ **coefficient d'erreur** margin of error ▸ **coefficient d'exploitation** operating ratio ▸ **coefficient multiplicateur** multiplying factor ▸ **coefficient de rendement** coefficient of efficiency ▸ **coefficient statistique** statistical weight ▸ **coefficient de trésorerie** cash ratio.

Coefficient

In baccalauréat examinations, the grade for each subject is multiplied by a coefficient which is determined by the type of baccalauréat chosen. For a bac S, which has a scientific bias, the coefficient for maths will be higher than the coefficient for philosophy, for example.

coéquipier, ère [kɔekipje, ɛʀ] nm, f teammate.

cœur [kœʀ] nm heart / *au cœur de l'hiver* in the depths of winter / *au cœur de l'été* at the height of summer / *au cœur du conflit* at the height of the conflict ▸ **beau** OU **joli** OU **mignon comme un cœur** as pretty as a picture ▸ **de bon cœur** willingly ▸ **de tout son cœur** with all one's heart ▸ **à cœur ouvert** MÉD open-heart ▸ **parler à cœur ouvert à qqn** to have a heart-to-heart with sb ▸ **aller droit au cœur** : *vos paroles me sont allées droit au cœur* your words went straight to my heart ▸ **apprendre par cœur** to learn by heart ▸ **avoir qqch à cœur** to have one's heart set on sthg ▸ **avoir bon cœur** to be kind-hearted ▸ **avoir le cœur à faire qqch** to be in the mood to do OU to feel like doing sthg ▸ **avoir le cœur dur** OU **sec, avoir un cœur de pierre** to have a heart of stone ▸ **avoir le cœur sur la main** to be big-hearted ▸ **avoir mal au cœur** to feel sick ▸ **avoir un cœur d'artichaut** to fall in love very easily ▸ **en avoir le cœur net** to be clear in one's (own) mind ▸ **avoir le cœur serré** OU **gros** to have a heavy heart ▸ **briser** OU **fendre le cœur de qqn** to break sb's heart ▸ **des mots venus du (fond du) cœur** heartfelt words ▸ **s'en donner à cœur joie** [prendre beaucoup de plaisir] to have a whale of a time ▸ **je ne le porte pas dans mon cœur** *fam* I'm not particularly fond of him ▸ **manquer de cœur, ne pas avoir de cœur** to be heartless ▸ **ne pas avoir le cœur de faire qqch** not to have the heart to do sthg ▸ **prendre les choses à cœur**

to take things to heart ▸ **serrer qqn contre son cœur** to clasp sb to one's breast ▸ **soulever le cœur à qqn** to make sb feel sick ▸ **tenir à cœur** to be close to one's heart. ◆ **cœur de pierre** nm heart of stone.

coexistence [kɔɛgzistɑ̃s] nf coexistence.

coexister [3] [kɔɛgziste] vi to coexist.

Coface [kɔfas] (*abr de* **Compagnie française d'assurance pour le commerce extérieur**) nf *export insurance company* ; ≃ ECGD UK.

coffrage [kɔfʀaʒ] nm [pour le béton] formwork *(U)* ; [charpente] coffering.

coffre [kɔfʀ] nm **1.** [meuble] chest **2.** [de voiture] boot UK, trunk US **3.** [coffre-fort] safe **4.** EXPR **avoir du coffre** *fam* & *fig* to have a lot of puff UK ou a good pair of lungs.

coffre-fort [kɔfʀəfɔʀ] (*pl* **coffres-forts**) nm safe.

coffrer [3] [kɔfʀe] vt **1.** *fam* [emprisonner] to put behind bars, to bang up UK **2.** TECHNOL to put up shuttering for.

coffret [kɔfʀɛ] nm **1.** [petit coffre] casket ▸ **coffret à bijoux** jewellery UK ou jewelry US box **2.** [de disques] boxed set.

cogestion [kɔʒɛstjɔ̃] nf joint management.

cogitation [kɔʒitasjɔ̃] nf *hum* cogitation.

cogiter [3] [kɔʒite] vi *hum* to cogitate.

cognac [kɔɲak] nm cognac, brandy.

cogner [3] [kɔɲe] ◈ vt *fam* to beat up. ◈ vi **1.** [heurter] to bang **2.** *fam* [donner des coups] to hit **3.** [soleil] to beat down. ◆ **se cogner** vp **1.** [se heurter] to bump o.s. ▸ **se cogner à** ou **contre qqch** to bump into sthg ▸ **se cogner la tête / le genou** to hit one's head / knee **2.** *fam* [se battre] to have a fight ou punch-up UK.

cognitif, ive [kɔgnitif, iv] adj cognitive.

cohabitation [kɔabitasjɔ̃] nf **1.** [de personnes] living together, cohabitation **2.** POL cohabitation.

cohabiter [3] [kɔabite] vi **1.** [habiter ensemble] to live together **2.** POL to cohabit.

cohérence [kɔeʀɑ̃s] nf consistency, coherence.

cohérent, e [kɔeʀɑ̃, ɑ̃t] adj **1.** [logique] consistent, coherent **2.** [unifié] coherent.

cohéritier, ère [kɔeʀitje, ɛʀ] nm, f joint heir (heiress).

cohésion [kɔezjɔ̃] nf cohesion.

cohorte [kɔɔʀt] nf [groupe] troop.

cohue [kɔy] nf **1.** [foule] crowd **2.** [bousculade] crush.

coi, coite [kwa, kwat] adj ▸ **rester coi** *sout* to remain silent.

coiffant, e [kwafɑ̃, ɑ̃t] adj ▸ **gel coiffant** styling gel.

coiffe [kwaf] nf headdress.

coiffé, e [kwafe] adj ▸ **être bien / mal coiffé** to have tidy / untidy hair ▸ **être coiffé d'une casquette** to be wearing a cap.

coiffer [3] [kwafe] vt **1.** [mettre sur la tête] ▸ **coiffer qqn de qqch** to put sthg on sb's head **2.** [les cheveux] ▸ **coiffer qqn** to do sb's hair **3.** [recouvrir] to top, to cover **4.** [diriger] to head. ◆ **se coiffer** vp **1.** [les cheveux] to do one's hair **2.** [mettre sur sa tête] ▸ **se coiffer de** to wear, to put on.

coiffeur, euse [kwafœʀ, øz] nm, f hairdresser. ◆ **coiffeuse** nf [meuble] dressing table.

coiffure [kwafyʀ] nf **1.** [cheveux] hairstyle **2.** [profession] hairdressing **3.** [chapeau] hat.

coin [kwɛ̃] nm **1.** [angle] corner ▸ **au coin du feu** by the fireside ▸ **envoyer qqn au coin** [à l'école] to make sb stand in the corner ▸ **à tous les coins de rue** on every street corner / *manger sur un coin de table* to eat a hasty meal ▸ **regarder qqn du coin de l'œil** [à la dérobée] to look at sb out of the corner of one's eye **2.** [parcelle, endroit] place, spot ▸ **du coin** local / *les gens du coin* **a)** [ici] the people who live around here, the locals **b)** [là-bas] the people who live there, the locals ▸ **dans le coin** in the area / *je passais dans le coin et j'ai eu envie de venir te voir* I was in the area and I felt like dropping in (on you) / *dans un coin de la maison* somewhere in the house / *rester dans son coin* to keep oneself to oneself / *un coin de ciel bleu* a patch of blue sky / *dans un coin de ma mémoire fig* in a corner of my memory / *un coin perdu* **a)** [isolé] an isolated spot **b)** [arriéré] a godforsaken place *péj* ▸ **coin cuisine** kitchen area ▸ **le petit coin** *fam* the little boys' / girls' room **3.** [outil] wedge **4.** [matrice] die.

coincé, e [kwɛ̃se] adj *fam* [personne] hung up.

coincer [16] [kwɛ̃se] vt **1.** [bloquer] to jam **2.** *fam* [prendre] to nab ; *fig* to catch out UK **3.** [acculer] to corner, to trap. ◆ **se coincer** vp to get stuck.

coïncidence [kɔɛ̃sidɑ̃s] nf coincidence.

coïncider [3] [kɔɛ̃side] vi to coincide.

coing [kwɛ̃] nm [fruit] quince.

coït [kɔit] nm coitus.

coite [kwat] adj f ⟶ **coi**.

coke [kɔk] ◈ nf [cocaïne] coke. ◈ nm [combustible] coke.

col [kɔl] nm **1.** [de vêtement] collar ▸ **faux col** detachable collar ▸ **col roulé** polo neck UK, turtleneck US **2.** [partie étroite] neck **3.** ANAT ▸ **col du fémur** neck of the thighbone ou femur ▸ **col de l'utérus** cervix, neck of the womb **4.** GÉOGR pass.

col. *abr écrite de* **colonne**.

colchique [kɔlʃik] nm [plante] autumn crocus.

coléoptère [kɔleɔptɛʀ] nm beetle.

colère [kɔlɛʀ] nf **1.** [irritation] anger ▸ **être / se mettre en colère** to be / get angry ▸ **ravaler sa colère** to keep one's temper **2.** [accès d'humeur] fit of anger ou rage ▸ **piquer une colère** to fly into a rage.

coléreux, euse [kɔleʀø, øz], **colérique** [kɔleʀik] adj [tempérament] fiery ; [personne] quick-tempered.

colifichet [kɔlifiʃɛ] nm [bijou] trinket.

colimaçon [kɔlimasɔ̃] ◆ **en colimaçon** loc adv spiral.

colin [kɔlɛ̃] nm [merlu] hake.

colin-maillard [kɔlɛ̃majaʀ] (*pl* **colin-maillards**) nm blind man's buff.

colique [kɔlik] nf **1.** (*gén pl*) [douleur] colic (*U*) **2.** [diarrhée] diarrhoea UK, diarrhea US.

colis [kɔli] nm parcel UK, package US.

colistier, ère [kɔlistje, ɛʀ] nm, f fellow candidate.

coll. 1. *abr écrite de* **collection 2.** (*abr de* **collaborateurs**) ▸ **et coll.** et al.

collabo [kɔlabo] nmf *péj* HIST collaborator.

collaborateur, trice [kɔlabɔʀatœʀ, tʀis] nm, f **1.** [employé] colleague **2.** [de journal] contributor **3.** HIST collaborator.

collaboratif, ive [kɔlabɔʀatif, iv] adj : *c'est un travail collaboratif* it's a collaborative effort ▸ **encyclopédie collaborative** collaborative encyclopedia ▸ **espace collaboratif** INFORM collaborative space.

collaboration [kɔlabɔʀasjɔ̃] nf collaboration.

collaborer [3] [kɔlabɔʀe] vi **1.** [coopérer, sous l'Occupation] to collaborate **2.** [participer] ▸ **collaborer à** to contribute to.

collage [kɔlaʒ] nm **1.** [action] sticking, gluing **2.** ART collage.

collant, e [kɔlɑ̃, ɑ̃t] adj **1.** [substance] sticky **2.** [vêtement] close-fitting, tight-fitting **3.** *fam* [personne] clinging, clingy. ◆ **collant** nm tights *pl* UK, panty hose *pl* US.

collatéral, e, aux [kɔlateʀal, o] ◆ adj **1.** ANAT collateral **2.** ARCHIT side (*avant n*) **3.** DR collateral. ◆ nm, f DR collateral.

collation [kɔlasjɔ̃] nf [repas] snack.

colle [kɔl] nf **1.** [substance] glue **2.** *fam* [question] poser ▸ **poser une colle à qqn** to set sb a (real) poser **3.** *arg scol* [SCOL - interrogation] test ; [- retenue] detention ▸ **avoir une heure de colle** to get an hour's detention.

collecte [kɔlɛkt] nf collection.

collecteur, trice [kɔlɛktœʀ, tʀis] ◆ adj ▸ **égout collecteur** main sewer. ◆ nm, f ▸ **collecteur de fonds** fundraiser ▸ **collecteur d'impôts** tax collector.

collectif, ive [kɔlɛktif, iv] adj **1.** [responsabilité, travail] collective **2.** [billet, voyage] group (*avant n*). ◆ **collectif** nm **1.** [équipe] team **2.** LING collective noun **3.** FIN ▸ **collectif budgétaire** collection of budgetary measures.

collection [kɔlɛksjɔ̃] nf **1.** [d'objets, de livres, de vêtements] collection ▸ **faire la collection de** to collect **2.** COMM line.

collectionner [3] [kɔlɛksjɔne] vt *pr* & *fig* to collect.

collectionneur, euse [kɔlɛksjɔnœʀ, øz] nm, f collector.

collectivité [kɔlɛktivite] nf community ▸ **les collectivités locales** ADMIN the local communities ▸ **collectivité territoriale** ADMIN (partially) autonomous region.

collector [kɔlɛktɔʀ] nm collector's edition / *coffret collector* boxed collector's set.

collège [kɔlɛʒ] nm **1.** SCOL ≃ secondary school ▸ **le Collège de France** the Collège de France **2.** [de personnes] college ▸ **collège électoral** electoral college.

Le Collège de France

This place of learning near the Sorbonne holds public lectures given by prominent academics and specialists. It is not a university and does not confer degrees, although it is controlled by the Ministry of Education.

Collège

In France, the **collège** is a state secondary school for children aged 11 to 15. Students begin in **sixième** and finish in **troisième**. At the end of this year they take an exam known as the **brevet des collèges** and successful students may go on to study for the **baccalauréat** at a **lycée**. In 1975 the Ministry of Education instituted the **collège unique**, an initiative to offer all students in this age range the same programme of study to widen access to education. But accomplishing this has proved easier said than done and there have already been several reforms.

collégial, e, aux [kɔleʒjal, o] adj collegial, collegiate. ◆ **collégiale** nf collegiate church.

collégien, enne [kɔleʒjɛ̃, ɛn] nm, f schoolboy (schoolgirl).

collègue [kɔlɛg] nmf colleague.

coller [3] [kɔle] ◆ vt **1.** [fixer - affiche] to stick (up) ; [- timbre] to stick **2.** [appuyer] to press / *coller son nez à la vitre* to press one's face to the window **3.** INFORM to paste **4.** *fam* [mettre] to stick, to dump **5.** *arg scol* SCOL to give (a) detention to, to keep behind **6.** *fam* [embarrasser] to catch out UK **7.** *fam* [suivre] to cling to / *la voiture nous colle de trop près* the car's keeping too close to us **8.** *fam* [donner] ▸ **coller qqch à qqn** to give sthg to sb, to give sb sthg / *je vais lui coller mon poing sur la figure !* I'm going to thump him on the nose! ◆ vi **1.** [adhérer] to stick / *avoir les doigts qui collent* to have sticky fingers **2.** [être adapté] ▸ **coller à qqch a)** [vêtement] to cling to sthg **b)** *fig* to fit in with sthg, to adhere to sthg ▸ **coller à la peau de qqn a)** *pr* to cling to sb **b)** *fig* to be inherent to ou innate in sb / *une émission qui colle à l'actualité* a programme that keeps up with current events **3.** *fam* [bien se passer] to be ou go OK / *ça colle !* it's OK! / *ça ne colle pas entre eux* they're not hitting it off very well **4.** [suivre] ▸ **coller à** to stick close to.

collerette [kɔlʀɛt] nf **1.** [de vêtement] ruff **2.** [de tuyau] flange.

collet [kɔlɛ] nm **1.** [de vêtement] collar ▸ **mettre la main au collet de qqn** to grab sb by the collar ou the scruff of the neck ▸ **être collet monté** [affecté, guindé] to be straitlaced **2.** [piège] snare.

colleur, euse [kɔlœʀ, øz] nm, f ▸ **colleur d'affiches** billsticker, bill poster. ◆ **colleuse** nf **1.** CINÉ splicer, splicing unit **2.** [imprimerie] pasting machine **3.** PHOTO mounting press.

collier [kɔlje] nm **1.** [bijou] necklace ▸ **collier de perles** pearl necklace **2.** [d'animal] collar **3.** [barbe] *fringe of beard along the jawline.*

collimateur [kɔlimatœʀ] nm ▸ **avoir qqn dans le collimateur** *fam* to have sb in one's sights.

colline [kɔlin] nf hill.

collision [kɔlizjɔ̃] nf [choc] collision, crash ▸ **entrer en collision avec** to collide with.

colloque [kɔlɔk] nm colloquium.

collusion [kɔlyzjɔ̃] nf collusion.

collyre [kɔliʀ] nm eye lotion.

colmater [3] [kɔlmate] vt **1.** [fuite] to plug, to seal off **2.** [brèche] to fill, to seal.

colo [kɔlo] nf *fam* children's holiday camp UK, summer camp US.

coloc [kɔlɔk] *fam* ❖ nmf [colocataire - dans une maison] housemate UK, roommate US ; [- dans un appartement] flat-mate UK, roommate US. ❖ nf [colocation] shared accommodation ▸ **habiter en coloc** to live in shared accommodation.

colocataire [kɔlɔkatɛʀ] nmf ADMIN co-tenant ; [gén] flatmate UK, roommate US.

colocation [kɔlɔkasjɔ̃] nf joint tenancy, joint occupancy.

colombage [kɔlɔ̃baʒ] nm half-timbering ▸ **à colombages** half-timbered.

colombe [kɔlɔ̃b] nf dove.

Colombie [kɔlɔ̃bi] nf : *la Colombie* Colombia.

colombien, enne [kɔlɔ̃bjɛ̃, ɛn] adj Colombian. ◆ **Colombien, enne** nm, f Colombian.

Colombo [kɔlɔ̃bo] npr Colombo.

colon [kɔlɔ̃] nm settler.

côlon [kolɔ̃] nm colon.

colonel [kɔlɔnɛl] nm colonel.

colonelle [kɔlɔnɛl] nf colonel's wife.

colonial, e, aux [kɔlɔnjal, o] adj colonial.

colonialisme [kɔlɔnjalism] nm colonialism.

colonialiste [kɔlɔnjalist] nmf & adj colonialist.

colonie [kɔlɔni] nf **1.** [territoire] colony **2.** [d'expatriés] community ▸ **colonie de vacances** children's holiday UK ou summer camp US.

colonisation [kɔlɔnizasjɔ̃] nf colonization.

coloniser [3] [kɔlɔnize] vt *pr* & *fig* to colonize.

colonne [kɔlɔn] nf column ▸ **en colonne** in a line ou column. ◆ **colonne vertébrale** nf spine, spinal column.

colonoscopie = **coloscopie**.

colorant, e [kɔlɔʀɑ̃, ɑ̃t] adj colouring UK, coloring US. ◆ **colorant** nm colouring UK, coloring US ▸ **colorant alimentaire** food colouring UK ou coloring US.

coloration [kɔlɔʀasjɔ̃] nf colour UK, color US, colouring UK, coloring US.

coloré, e [kɔlɔʀe] adj **1.** [de couleur] coloured UK, colored US **2.** *fig* [diversifié, imagé] colourful UK, colorful US.

colorer [3] [kɔlɔʀe] vt [teindre] to colour UK, to color US ▸ **colorer qqch de** *fig* to colour UK ou color US sthg with. ◆ **se colorer** vp [les cheveux] to colour UK, to color US, to dye ▸ **se colorer de** *fig* to be coloured UK ou colored US with.

coloriage [kɔlɔʀjaʒ] nm **1.** [action] colouring UK, coloring US **2.** [dessin] drawing.

colorié, e [kɔlɔʀje] adj colourful UK, colorful US, coloured UK, colored US.

colorier [9] [kɔlɔʀje] vt to colour in UK, to color in US.

coloris [kɔlɔʀi] nm shade.

colorisation [kɔlɔʀizasjɔ̃] nf CINÉ colourization UK, colorization US.

coloriser [3] [kɔlɔʀize] vt CINÉ to colourize UK, to colorize US.

coloscopie [kɔlɔskɔpi], **colonoscopie** [kɔlɔnɔskɔpi] nf colonoscopy.

colossal, e, aux [kɔlɔsal, o] adj colossal, huge.

colosse [kɔlɔs] nm **1.** [homme] giant **2.** [statue] colossus.

colportage [kɔlpɔʀtaʒ] nm hawking.

colporter [3] [kɔlpɔʀte] vt [marchandise] to hawk ; [information] to spread. ◆ **se colporter** vp [information] to spread.

colporteur, euse [kɔlpɔʀtœʀ, øz] nm, f **1.** [de marchandises] hawker **2.** [de ragots] gossip.

coltiner [3] [kɔltine] ◆ **se coltiner** vp *fam* to be landed with.

colza [kɔlza] nm rape(seed).

coma [kɔma] nm coma ▸ **être dans le coma** to be in a coma.

comateux, euse [kɔmatø, øz] ❖ adj comatose. ❖ nm, f person in a coma.

combat [kɔ̃ba] nm **1.** [bataille] battle, fight ▸ **mettre / être hors de combat** a) to put/be out of the fight b) *fig* to put/be out of the game / *combat aérien / naval* air/sea battle ▸ **combat rapproché** close combat / *des combats de rue* street fighting / *avion de combat* warplane, fighter plane / *tenue de combat* battledress **2.** *fig* [lutte] struggle / *son long combat contre le cancer* his long struggle against cancer **3.** SPORT fight / *combat de boxe* boxing match.

combatif, ive [kɔ̃batif, iv] adj [humeur] fighting *(avant n)* ; [troupes] willing to fight.

combativité [kɔ̃bativite] nf fighting spirit.

combattant, e [kɔ̃batɑ̃, ɑ̃t] ◆ adj fighting *(avant n).* ◆ nm, f [en guerre] combatant ; [dans bagarre] fighter.

combattre [83] [kɔ̃batʀ] ◆ vt *pr* & *fig* to fight (against). ◆ vi to fight.

combattu, e [kɔ̃baty] pp ⟶ **combattre**.

combien [kɔ̃bjɛ̃] ◆ conj how much ▸ **combien de a)** [nombre] how many **b)** [quantité] how much ▸ **combien de temps ?** how long? / *combien de fois ?* how many times?, how often? ▸ **ça fait combien ? a)** [prix] how much is that? **b)** [longueur, hauteur, etc.] how long / high / etc. is it? / *combien coûte ce livre ?* how much is this book?, how much does this book cost? / *l'indice a augmenté de combien ?* how much has the rate gone up by? / *de combien est le déficit ?* how large is the deficit? / *combien sont-ils ?* how many of them are there? / *combien tu pèses ?* how much do you weigh? / *combien tu mesures ?* how tall are you? ◆ adv how (much). ◆ nm inv *fam* : *le combien sommes-nous ?* what date is it?

combientième [kɔ̃bjɛ̃tjɛm] ◆ nmf *fam* : *il est le combientième ?* where did he come? ◆ adj *fam* : *c'est le combientième examen qu'on passe ?* that makes how many exams we've taken?

combinaison [kɔ̃binɛzɔ̃] nf **1.** [d'éléments] combination **2.** [de femme] slip **3.** [vêtement - de mécanicien] boiler suit UK, overalls *pl* UK, overall US ; [- de ski] ski suit ▸ **combinaison spatiale** space suit **4.** [de coffre] combination **5.** [manœuvre] scheme.

combine [kɔ̃bin] nf *fam* trick.

combiné [kɔ̃bine] nm receiver.

combiner [3] [kɔ̃bine] vt **1.** [arranger] to combine **2.** [organiser] to devise. ◆ **se combiner** vp to turn out.

comble [kɔ̃bl] ◆ nm height ▸ **le comble de** the height of ▸ **c'est un** ou **le comble !** that beats everything! / *être au comble du désespoir* to be in the depths of despair / *être au comble du bonheur* to be overjoyed. ◆ adj packed. ◆ **combles** nmpl attic *sg*, loft *sg* ▸ **loger sous les combles** to live in an attic.

combler [3] [kɔ̃ble] vt **1.** [gâter] to spoil ▸ **combler qqn de** to shower sb with **2.** [boucher] to fill in / *combler un trou* to fill a hole **3.** [déficit] to make good ; [lacune] to fill.

combustible [kɔ̃bystibl] ◆ nm fuel. ◆ adj combustible.

combustion [kɔ̃bystjɔ̃] nf combustion.

comédie [kɔmedi] nf **1.** CINÉ & THÉÂTRE comedy ▸ **la Comédie-Française** the Comédie Française ▸ **comédie musicale** musical ▸ **jouer la comédie** *fig* to put on an act **2.** [complication] palaver.

> **La Comédie-Française**
>
> This state-subsidized company dates back to the seventeenth century; the theatre itself, officially called **le Théâtre-Français** or **le Français**, is situated near the Palais-Royal in Paris. Its repertoire consists mainly of classical works, although modern plays are sometimes staged.

comédien, enne [kɔmedjɛ̃, ɛn] ◆ nm, f [acteur] actor (actress) ; *fig* & *péj* phony, phoney UK. ◆ adj *fig* & *péj* ▸ **être comédien** to be a phony ou phoney UK.

comestible [kɔmɛstibl] adj edible. ◆ **comestibles** nmpl food *(U).*

comète [kɔmɛt] nf comet ▸ **tirer des plans sur la comète** *fig* to count one's chickens (before they are hatched).

comice [kɔmis] nm ▸ **comice agricole** *local farmers' meeting.*

coming out [kɔmiŋawt] nm inv ▸ **faire son coming out** to come out / *son coming out remonte à 2008* he came out in 2008.

comique [kɔmik] ◆ nm **1.** THÉÂTRE comic, comedian (comedienne) / *c'est un grand comique* he's a great comic actor **2.** [genre] ▸ **le comique** comedy. ◆ adj **1.** [style] comic **2.** [drôle] comical, funny.

> **comic** ou **comical ?**
>
> **Comic** désigne ce qui se réfère à la comédie (**a comic film** ; **comic writing**). **Comical** signifie plus largement « amusant » (**his comical behaviour** ; **it was quite comical to watch**).

comité [kɔmite] nm committee ▸ **en petit comité** *fig* with a few close friends / *Comité européen de normalisation* European Standards Commission ▸ **comité d'entreprise** works council UK *(also organizing leisure activities).*

> **Comité d'entreprise**
>
> In a company with more than 50 employees, the **CE** looks after the general welfare of company employees and organizes subsidized leisure activities, outings, holidays, etc. It also helps deal with industrial disputes.

commandant [kɔmɑ̃dɑ̃] nm commander ▸ **commandant de bord** AÉRON captain.

commande [kɔmɑ̃d] nf **1.** [de marchandises] order ▸ **passer une commande** to place an order / *passer commande de 10 véhicules* to order 10 vehicles ▸ **sur commande** to order ▸ **disponible sur commande** available on request / *le garçon a pris la commande* the waiter took the order / *payer à la commande* to pay while ordering / *commande renouvelée* repeat order **2.** TECHNOL control ▸ **être aux commandes (de), tenir les commandes (de) a)** [d'avion, de machine] to be at the controls (of) **b)** *pr* & *fig* to be at the helm (of) / *commande à distance* remote control **3.** INFORM command ▸ **commande de contact** contact operate ▸ **commande d'interruption** break feature ▸ **commande numérique** digital control ▸ **commande vocale** voice-operated.

commandement [kɔmɑ̃dmɑ̃] nm command ▸ **les dix commandements** RELIG the Ten Commandments.

commander [3] [kɔmɑ̃de] ❖ vt **1.** [ordonner] to order, to command **2.** MIL to command **3.** [contrôler] to operate, to control **4.** COMM to order. ❖ vi to be in charge ▸ **commander à qqn de faire qqch** to order sb to do sthg. ◆ **se commander** vp ▸ **ça ne se commande pas** *fig* it is uncontrollable.

commanditaire [kɔmɑ̃ditɛʀ] ❖ nm DR backer. ❖ adj DR ▸ **(associé) commanditaire** sleeping partner UK, silent partner US.

commandite [kɔmɑ̃dit] nf share (of limited partners) / *commandite par actions* partnership limited by shares.

commanditer [3] [kɔmɑ̃dite] vt **1.** [entreprise] to finance **2.** [meurtre] to put up the money for **3.** [tournoi] to sponsor.

commando [kɔmɑ̃do] nm commando (unit).

comme [kɔm]

❖ conj

1. [introduisant une comparaison] like / *il sera médecin comme son père* he'll become a doctor (just) like his father / *nous nagerons comme quand nous étions en Sicile* we'll go swimming as ou like we did when we were in Sicily / *il se mit à pleurer comme pour m'émouvoir* he started to cry as though to move me / *il ne m'a pas injurié, mais c'était tout comme* he didn't actually insult me, but it was close ou as good as

2. [exprimant la manière] as / *fais comme il te plaira* do as you wish / *comme tu le dis* as you say / *il était comme fou* he was like a madman ▸ **comme prévu / convenu** as planned/agreed / *comme bon vous semble* as you think best / *il est comme ça, on ne le changera pas !* that's the way he is; you won't change him! ▸ **comme ci comme ça** *fam* so-so / *tu t'entends bien avec lui ? — comme ci comme ça* do you get on with him? — sort of ou so-so

3. [tel que] like, such as / *les arbres comme le marronnier* trees such as ou like the chestnut / *D comme Denise* D for Denise

4. [en tant que] as / *comme professeur, il est nul* as a teacher he's hopeless / *qu'est-ce que vous avez comme vin ?* what (kind of) wine do you have?

5. [ainsi que] *les filles comme les garçons iront jouer au foot* both girls and boys will play football ▸ **l'un comme l'autre sont très gentils** the one is as kind as the other, they are equally kind

6. [introduisant une cause] as, since / *comme il pleuvait, nous sommes rentrés* as it was raining, we went back

❖ adv excl

[marquant l'intensité] how / *comme tu as grandi !* how you've grown! / *comme c'est difficile !* it's so difficult! / *regarde comme il nage bien !* (just) look what a good swimmer he is!, (just) look how well he swims!

◆ **comme si** loc conj as if / *elle faisait comme si de rien n'était* she pretended (that) there was nothing wrong, she pretended (that) nothing had happened / *il se conduit comme s'il était encore étudiant* he behaves as if he was still a student.

◆ **comme quoi** loc adv to the effect that / *comme quoi, on ne peut pas tout prévoir* which just goes to show you can't think of everything.

◆ **quelque chose comme** loc adv [à peu près] something like / *cela fait quelque chose comme 2 000 euros* that comes to something like 2,000 euros.

commémoration [kɔmemɔʀasjɔ̃] nf commemoration.

commémorer [3] [kɔmemɔʀe] vt to commemorate.

commencement [kɔmɑ̃smɑ̃] nm beginning, start ▸ **au commencement** at first, in the beginning.

commencer [16] [kɔmɑ̃se] ❖ vt **1.** [entreprendre] to begin, to start / *vous commencez le travail demain* you start (work) tomorrow / *nous allons commencer notre descente vers Milan* we are beginning our descent towards Milan **2.** [être au début de] to begin / *c'est son numéro qui commence le spectacle* her routine begins the show, the show begins with her routine. ❖ vi to start, to begin / *ça commence bien !* *pr* & *iron* things are off to a good start! / *tu commences à m'énerver !* you're getting on my nerves! ▸ **commencer à faire qqch** to begin ou start to do sthg, to begin ou start doing sthg / *il commence à pleuvoir / neiger* it's started to rain/to snow ▸ **commencer par faire qqch** to begin ou start by doing sthg / *commence par enlever les couvertures* first, take the blankets off ▸ **commencer mal / bien** to start badly/well / *pour commencer, du saumon* to start the meal ou as a first course, salmon / *que tout le monde contribue, à commencer par toi !* let everyone give something, starting with you!

comment [kɔmɑ̃] ❖ adv interr how ▸ **comment ?** what? ▸ **comment ça va ?** how are you? ▸ **comment cela ?** how come? ❖ adv excl ▸ **comment donc !** of course!, sure thing! US ▸ **et comment !** *fam* and how!, absolutely! ❖ nm inv ⟶ **pourquoi**.

commentaire [kɔmɑ̃tɛʀ] nm **1.** [explication] commentary / *commentaire de la rencontre, Pierre Pastriot* with live commentary from the stadium, Pierre Pastriot ▸ **commentaire de texte** : *faire un commentaire de texte* to comment on a text **2.** [observation] comment / *avez-vous des commentaires ?* any comments ou remarks? / *faire un commentaire* to make a remark ou a comment / *je te dispense* ou *je me passe de tes commentaire s* I can do without your remarks ▸ **sans commentaire !** enough said!

commentateur, trice [kɔmɑ̃tatœʀ, tʀis] nm, f RADIO & TV commentator ▸ **commentateur sportif** sports commentator.

commenter [3] [kɔmɑ̃te] vt to comment on.

commérage [kɔmeʀaʒ] nm *péj* gossip *(U)*.

commerçant, e [kɔmɛʀsɑ̃, ɑ̃t] ❖ adj **1.** [rue] shopping *(avant n)* ; [quartier] commercial / *un quartier très commerçant* a good shopping area **2.** [personne] business-minded / *il a l'esprit commerçant* he's a born salesman. ◈ nm, f shopkeeper UK, storekeeper US / *commerçant de détail* retail trader / *commerçant en gros* wholesale trader ▸ **petit commerçant** small trader.

commerce [kɔmɛʀs] nm **1.** [achat et vente] commerce, trade / *cela fait marcher le commerce* it's good for business / *faire du commerce avec qqn / un pays* to trade with sb / a country ▸ **commerce bilatéral** bilateral trade ▸ **dans le commerce** in the shops UK ou stores US / *cela ne se trouve plus dans le commerce* this item is no longer sold ▸ **commerce de gros / détail** wholesale / retail trade ▸ **commerce électronique** electronic commerce, e-commerce ▸ **commerce équitable** fair trade ▸ **commerce extérieur** foreign trade **2.** [magasin] business ▸ **le petit commerce** small shopkeepers *pl* / *tenir un commerce* to run a business **3.** EXPR **être d'un commerce agréable** *sout* to be easy to get on with.

commercial, e, aux [kɔmɛʀsjal, o] ◈ adj [entreprise, valeur] commercial ; [politique] trade *(avant n)*. ◈ nm, f marketing man (woman).

commercialisable [kɔmɛʀsjalizabl] adj [objet, produit] marketable.

commercialisation [kɔmɛʀsjalizasjɔ̃] nf marketing.

commercialiser [3] [kɔmɛʀsjalize] vt to market.

commère [kɔmɛʀ] nf *péj* gossip.

commets ⟶ **commettre**.

commettre [84] [kɔmɛtʀ] vt to commit. ◆ **se commettre** vp *sout* ▸ **se commettre avec** to become involved with.

commis, e [kɔmi, iz] pp ⟶ **commettre**. ◆ **commis** nm assistant ▸ **commis voyageur** commercial traveller UK ou traveler US.

commisération [kɔmizeʀasjɔ̃] nf *sout* commiseration.

commissaire [kɔmisɛʀ] nm commissioner ▸ **commissaire aux comptes** auditor ▸ **commissaire de police** (police) superintendent UK, (police) captain US.

commissaire-priseur [kɔmisɛʀpʀizœʀ] (*pl* **commissaires-priseurs**) nm auctioneer.

commissariat [kɔmisaʀja] nm ▸ **commissariat de police** police station.

commission [kɔmisjɔ̃] nf **1.** [délégation] commission, committee / *commission du budget* budget committee ▸ **commission d'enquête** commission of inquiry UK, fact-finding committee US ▸ **la Commission nationale de l'informatique et des libertés** *watchdog committee supervising the application of data protection legislation* ▸ **commission parlementaire** parliamentary committee **2.** [message] message / *n'oublie pas de lui faire la commission* don't forget to give him the message **3.** [rémunération] commission ▸ **commission d'affacturage** FIN factoring charges / *commission de compte* account fee. ◆ **commissions** nfpl shopping *(U)* ▸ **faire les commissions** to do the shopping.

commissionnaire [kɔmisjɔnɛʀ] nm [intermédiaire] agent / *commissionnaire en douane* customs agent ou broker / *commissionnaire de transport* forwarding agent / *commissionnaire en gros* factor ; [d'un message] messenger ; [d'un objet] delivery boy ou man.

commissure [kɔmisyʀ] nf ▸ **la commissure des lèvres** the corner of the mouth.

commode [kɔmɔd] ◈ nf chest of drawers. ◈ adj **1.** [pratique - système] convenient ; [- outil] handy **2.** [aimable] ▸ **pas commode** awkward **3.** [facile] easy.

commodité [kɔmɔdite] nf convenience. ◆ **commodités** nfpl [éléments de confort] comforts.

commotion [kɔmosjɔ̃] nf MÉD shock ▸ **commotion cérébrale** concussion.

commuer [7] [kɔmɥe] vt ▸ **commuer qqch en** to commute sthg to.

commun, e [kɔmœ̃, yn] adj **1.** [gén] common ; [décision, effort] joint ; [salle, jardin] shared / *d'un commun accord, ils ont décidé que...* they decided unanimously that... ▸ **commun à** common to / *le court de tennis est commun à tous les propriétaires* the tennis court is the common property of all the residents ▸ **avoir qqch en commun** to have sthg in common ▸ **faire qqch en commun** to do sthg together / *c'est sans commune mesure avec...* there's no comparison with... / *la vie commune* [conjugale] conjugal life, the life of a couple **2.** [courant] usual, common / *il est d'un courage peu commun* he's uncommonly ou exceptionally brave / *un nom peu commun* a very unusual name. ◆ **commun** nm ▸ **le commun** the ordinary ▸ **hors du commun** out of the ordinary ▸ **le commun des mortels** ordinary people. ◆ **commune** nf town / *la commune et ses alentours* **a)** [en ville] ≃ the urban district **b)** [à la campagne] ≃ the rural district / *c'est la commune qui paie* the local authority ou the council UK is paying. ◆ **Commune** nf HIST Paris Commune. ◆ **communs** nmpl outhouses.

> **Commune**
>
> A **commune** is an administrative district in France. There are 37,000 **communes**, some with less than 25 inhabitants. Each **commune** has an elected mayor and a town council.

communal, e, aux [kɔmynal, o] adj [école] local ; [bâtiments] council *(avant n)*.

communautaire [kɔmynotɛʀ] adj community *(avant n)*.

communauté [kɔmynote] nf **1.** [groupe] community ▸ **vivre en communauté** to live communally **2.** [de sentiments, d'idées] identity **3.** POL ▸ **la Communauté européenne** the European Community ▸ **la Communauté d'États indépendants** the Commonwealth of Independent States.

commune ⟶ **commun**.

communément [kɔmynemɑ̃] adv commonly.

communiant, e [kɔmynjɑ̃, ɑ̃t] nm, f communicant ▸ **premier communiant** *child taking first communion*.

communicant, e [kɔmynikɑ̃, ɑ̃t] adj communicating ▸ **deux chambres communicantes** two connecting UK ou adjoining US rooms. ◆ **communicant** nm communicator.

communicateur, trice [kɔmynikatœʀ, tʀis] nm, f communicator.

communicatif, ive [kɔmynikatif, iv] adj **1.** [rire, éternuement] infectious **2.** [personne] communicative.

communication [kɔmynikasjɔ̃] nf **1.** [gén] communication ▸ **communication en entreprise** communications ▸ **communication de masse** mass media / *faire une communication sur l'atome* to deliver a lecture on the atom / *il a des problèmes de communication (avec les autres)* he has problems communicating with ou relating to people / *moyens de communication* means of communication **2.** TÉLÉCOM ▸ **communication (téléphonique)** (phone) call ▸ **être en communication avec qqn** to be talking to sb ▸ **obtenir la communication** to get through ▸ **recevoir / prendre une communication** to receive/take a (phone) call / *je vous passe la communication* I'll put you through ▸ **communication en PCV** reverse-charge call UK, collect call US.

communier [9] [kɔmynje] vi RELIG to take communion ▸ **communier (dans)** *fig* to be united (in).

communion [kɔmynjɔ̃] nf RELIG communion ▸ **être en communion avec** *fig* & *litt* to commune with.

communiqué [kɔmynike] nm communiqué ▸ **communiqué de presse** press release.

communiquer [3] [kɔmynike] ❖ vt ▸ **communiquer qqch à a)** [information, sentiment] to pass on ou communicate sthg to **b)** [chaleur] to transmit sthg to **c)** [maladie] to pass sthg on to. ❖ vi ▸ **communiquer avec** to communicate with. ◆ **se communiquer** vp [se propager] to spread.

communisme [kɔmynism] nm communism.

communiste [kɔmynist] nmf & adj communist.

commutateur [kɔmytatœʀ] nm switch ▸ **commutateur de données** data switch.

commutation [kɔmytasjɔ̃] nf **1.** DR ▸ **commutation de peine** commutation of sentence **2.** TECHNOL switching.

Comores [kɔmɔʀ] nfpl : *les Comores* the Comoro Islands, the Comoros / *aux Comores* in the Comoro Islands.

comorien, enne [kɔmɔʀjɛ̃, ɛn] adj Comoran, Comorian. ◆ **Comorien, enne** nm, f Comoran, Comorian.

compact, e [kɔ̃pakt] adj **1.** [épais, dense] dense **2.** [petit] compact. ◆ **compact** nm [disque laser] compact disc, CD. ◆ **compacte** nf compact car.

compagne ⟶ **compagnon**.

compagnie [kɔ̃paɲi] nf **1.** [gén & COMM] company / *être en bonne / mauvaise compagnie* to be in good/ bad company ▸ **fausser compagnie à qqn** to slip away from sb ▸ **tenir compagnie à qqn** to keep sb company / *elle avait un chien pour toute compagnie* her dog was her only companion ▸ **... et compagnie a)** ... and company **b)** *iron* ... and the rest / *tout ça, c'est mensonge / arnaque et compagnie* *fam* & *fig* that's nothing but a pack of lies/a swindle ▸ **compagnie d'assurances** insurance company ▸ **compagnie de navigation** shipping company ▸ **en compagnie de** in the company of ▸ **compagnie (théâtrale)** (theatre) group ou company ou troupe **2.** [assemblée] gathering.

compagnon [kɔ̃paɲɔ̃], **compagne** [kɔ̃paɲ] nm, f companion. ◆ **compagnon** nm HIST journeyman.

comparable [kɔ̃paʀabl] adj comparable.

comparaison [kɔ̃paʀɛzɔ̃] nf [parallèle] comparison ▸ **en comparaison de, par comparaison avec** compared with, in ou by comparison with.

comparaître [91] [kɔ̃paʀɛtʀ] vi DR ▸ **comparaître (devant)** to appear (before).

comparatif, ive [kɔ̃paʀatif, iv] adj comparative. ◆ **comparatif** nm GRAM comparative.

comparativement [kɔ̃paʀativmɑ̃] adv comparatively.

comparé, e [kɔ̃paʀe] adj comparative ; [mérites] relative.

comparer [3] [kɔ̃paʀe] vt **1.** [confronter] ▸ **comparer (avec)** to compare (with) ▸ **comparer (à)** to compare to ou with **2.** [assimiler] ▸ **comparer qqch à** to compare ou liken sthg to.

comparse [kɔ̃paʀs] nmf *péj* stooge.

compartiment [kɔ̃paʀtimɑ̃] nm compartment.

compartimenter [3] [kɔ̃paʀtimɑ̃te] vt [meuble] to partition ; *fig* [administration] to compartmentalize.

comparu, e [kɔ̃paʀy] pp ⟶ **comparaître**.

comparution [kɔ̃paʀysjɔ̃] nf DR appearance.

compas [kɔ̃pa] nm **1.** [de dessin] pair of compasses, compasses *pl* **2.** NAUT compass.

compassé, e [kɔ̃pase] adj *sout* staid, stuffy.

compassion [kɔ̃pasjɔ̃] nf *sout* compassion. *Voir encadré page suivante.*

compatibilité [kɔ̃patibilite] nf compatibility ▸ **compatibilité sanguine** blood-group compatibility ou matching.

compatible [kɔ̃patibl] adj INFORM ▸ **compatible (avec)** compatible (with) ▸ **compatible Mac** Mac-compatible ▸ **compatible PC** PC-compatible ▸ **compatible vers le haut / le bas** upward-/downward-compatible.

compatir [32] [kɔ̃patiʀ] vi ▸ **compatir (à)** to sympathize (with).

compatissant, e [kɔ̃patisɑ̃, ɑ̃t] adj sympathetic.

compatriote [kɔ̃patʀijɔt] nmf compatriot, fellow countryman (countrywoman).

compensation [kɔ̃pɑ̃sasjɔ̃] nf **1.** [dédommagement] compensation ▸ **en compensation** in compensation **2.** [équilibrage] balance **3.** ÉCOL ▸ **compensation carbone** carbon offset.

compensé, e [kɔ̃pɑ̃se] adj built-up.

compenser [3] [kɔ̃pɑ̃se] ❖ vt [perte] to compensate ou make up for ; [chèque] to clear. ❖ vi to compensate, to make up.

Comment exprimer la compassion

- **I'm so sorry.** *Je suis vraiment désolé.*
- **I was so sorry to hear about (the death of) your father.** *J'ai été vraiment désolé d'apprendre le décès de ton père.*
- **Please accept my condolences.** *Toutes mes condoléances.*
- **Our thoughts are with you.** *Nous sommes de tout cœur avec vous.*
- **How awful for you!** *Ça doit être terrible pour toi !*
- **You know where I am if you need me.** *Tu sais où me trouver si tu as besoin de moi.*
- **If there's anything I can do.** *Si je peux faire quoi que ce soit.*
- **I sympathize.** *Je compatis.*
- **You poor thing!** *Mon / Ma pauvre !*
- **Poor Bill!** *Le pauvre Bill !*
- **Get well soon!** *Remets-toi vite !*

compère [kɔ̃pɛʀ] nm **1.** [complice - d'un camelot] accomplice ; [- d'un artiste] stooge **2.** LITTÉR : *(mon) compère le lapin* Mister Rabbit.

compétence [kɔ̃petɑ̃s] nf **1.** [qualification] skill, ability **2.** DR competence / *cela n'entre pas dans mes compétences* that's outside my scope.

compétent, e [kɔ̃petɑ̃, ɑ̃t] adj **1.** [capable] capable, competent **2.** ADMIN & DR competent / *les autorités compétentes* the relevant authorities.

compétitif, ive [kɔ̃petitif, iv] adj competitive.

compétition [kɔ̃petisjɔ̃] nf competition / *faire de la compétition* to go in for competitive sport ▸ **compétition automobile** car race.

compétitionner [3] [kɔ̃petisjɔne] vi QUÉBEC to compete.

compétitivité [kɔ̃petitivite] nf competitiveness.

compil [kɔ̃pil] nf *fam* compilation album.

compilation [kɔ̃pilasjɔ̃] nf compilation.

complainte [kɔ̃plɛ̃t] nf lament.

complaire [110] [kɔ̃plɛʀ] vi ▸ **complaire à qqn** *sout* to please sb. ◆ **se complaire** vp ▸ **se complaire dans qqch / à faire qqch** to revel in sthg / in doing sthg.

complaisance [kɔ̃plɛzɑ̃s] nf **1.** [obligeance] kindness **2.** [indulgence] indulgence **3.** [autosatisfaction] ▸ **avec complaisance** indulgently.

complaisant, e [kɔ̃plɛzɑ̃, ɑ̃t] adj **1.** [aimable] obliging, kind **2.** [indulgent] indulgent.

complément [kɔ̃plemɑ̃] nm **1.** [gén & GRAM] complement ▸ **complément d'information** additional ou further information ▸ **complément du nom** possessive phrase ▸ **complément d'objet direct** direct object ▸ **complément d'objet indirect** indirect object **2.** [reste] remainder.

complémentaire [kɔ̃plemɑ̃tɛʀ] adj **1.** [supplémentaire] supplementary **2.** [caractères, couleurs] complementary.

complémentarité [kɔ̃plemɑ̃taʀite] nf complementarity.

complet, ète [kɔ̃plɛ, ɛt] adj **1.** [gén] complete ▸ **c'est complet !** *fam* that's all I / we need / *la famille au (grand) complet* the whole family **2.** [plein] full / *nous sommes complets* we're (fully) booked **3.** [CULIN - pain, farine] wholemeal ; [- riz] brown. ◆ **complet (-veston)** nm suit.

complètement [kɔ̃plɛtmɑ̃] adv **1.** [vraiment] absolutely, totally **2.** [entièrement] completely.

compléter [18] [kɔ̃plete] vt [gén] to complete, to complement ; [somme d'argent] to make up. ◆ **se compléter** vp to complement one another.

complexe [kɔ̃plɛks] ◆ nm **1.** PSYCHO complex ▸ **avoir des complexes** to have hang-ups, to be hung up ▸ **sans complexe** ou **complexes** well-adjusted ▸ **complexe d'infériorité / de supériorité** inferiority / superiority complex **2.** [ensemble] complex ▸ **complexe hospitalier / scolaire / sportif** hospital / school / sports complex ▸ **complexe multisalle** multiplex (cinema). ◆ adj complex, complicated.

complexé, e [kɔ̃plɛkse] adj hung up, mixed up.

complexifier [kɔ̃plɛksifje] vt to make (more) complex.

complexité [kɔ̃plɛksite] nf complexity.

complication [kɔ̃plikasjɔ̃] nf intricacy, complexity. ◆ **complications** nfpl complications.

complice [kɔ̃plis] ◆ nmf accomplice. ◆ adj [sourire, regard, air] knowing.

complicité [kɔ̃plisite] nf complicity.

compliment [kɔ̃plimɑ̃] nm compliment.

complimenter [3] [kɔ̃plimɑ̃te] vt to compliment.

compliqué, e [kɔ̃plike] adj [problème] complex, complicated ; [personne] complicated.

compliquer [3] [kɔ̃plike] vt to complicate. ◆ **se compliquer** vp to get complicated.

complot [kɔ̃plo] nm plot.

comploter [3] [kɔ̃plɔte] vt & vi *pr* & *fig* to plot.

comportement [kɔ̃pɔʀtəmɑ̃] nm behaviour UK, behavior US / *comportement d'achat* purchasing behaviour / *comportement du consommateur* consumer behaviour.

comportemental, e, aux [kɔ̃pɔʀtəmɑ̃tal, o] adj behavioural UK, behavioral US.

comporter [3] [kɔ̃pɔʀte] vt **1.** [contenir] to include, to contain **2.** [être composé de] to consist of, to be made up of. ◆ **se comporter** vp to behave.

composant, e [kɔ̃pozɑ̃, ɑ̃t] adj constituent, component. ◆ **composant** nm component. ◆ **composante** nf component.

composé, e [kɔ̃poze] adj compound. ◆ **composé** nm **1.** [mélange] combination **2.** CHIM & LING compound.

composer [3] [kɔ̃poze] ❖ vt **1.** [constituer] to make up, to form ▸ **être composé de** to be made up of **2.** [créer - roman, lettre, poème] to write ; [- musique] to compose, to write **3.** [numéro de téléphone] to dial ; [code] to key in. ❖ vi to compromise. ◆ **se composer** vp [être constitué] ▸ **se composer de** to be composed of, to be made up of.

composite [kɔ̃pozit] ❖ nm composite. ❖ adj **1.** [disparate - mobilier] assorted, of various types ; [- foule] heterogeneous **2.** [matériau] composite.

compositeur, trice [kɔ̃pozitœʀ, tʀis] nm, f **1.** MUS composer **2.** TYPO typesetter.

composition [kɔ̃pozisjɔ̃] nf **1.** [gén] composition **2.** TYPO typesetting **3.** SCOL test ▸ **composition française** French composition **4.** [caractère] ▸ **être de bonne composition** to be good-natured.

compost [kɔ̃pɔst] nm compost.

composter [3] [kɔ̃pɔste] vt [ticket, billet] to date-stamp.

compote [kɔ̃pɔt] nf compote ▸ **compote de pommes** stewed apples, apple sauce ▸ **j'ai les jambes en compote** *fam & fig* my legs feel like jelly.

compotier [kɔ̃pɔtje] nm fruit bowl.

compréhensible [kɔ̃pʀeɑ̃sibl] adj [texte, parole] comprehensible ; *fig* [réaction] understandable.

compréhensif, ive [kɔ̃pʀeɑ̃sif, iv] adj understanding.

> ⚠ **Comprehensive** signifie « exhaustif », « complet » et non *compréhensif*.

compréhension [kɔ̃pʀeɑ̃sjɔ̃] nf **1.** [de texte] comprehension, understanding **2.** [indulgence] understanding.

comprenais, comprenions ⟶ **comprendre**.

comprendre [79] [kɔ̃pʀɑ̃dʀ] ❖ vt **1.** [gén] to understand / *c'est à n'y rien comprendre* it's just baffling / *(c'est) compris ?* **a)** [vous avez suivi] is it clear?, do you understand? **b)** [c'est un ordre] do you hear me! / *comprends-tu l'importance d'une telle décision ?* do you realize how important such a decision it is? ▸ **je comprends !** I see! / *je vous comprends, cela a dû être terrible* I know how you feel; it must have been awful / *faire comprendre qqch à qqn* **a)** [le lui prouver] to make sthg clear to sb **b)** [l'en informer] to give sb to understand sthg ▸ **se faire comprendre** to make o.s. understood ▸ **mal comprendre** to misunderstand **2.** [comporter] to comprise, to consist of / *l'équipe comprend trois joueurs étrangers* there are three foreign players in the team **3.** [inclure] to include **4.** *(au passif)* [se situer] : *l'inflation sera comprise entre 5 % et 8 %* inflation will be (somewhere) between 5 % and 8 %. ❖ vi to understand. ◆ **se comprendre** vp to understand one another ▸ **ça se comprend** that's understandable.

comprenne, comprennes ⟶ **comprendre**.

compresse [kɔ̃pʀɛs] nf compress.

compresser [4] [kɔ̃pʀese] vt [gén] to pack (tightly) in, to pack in tight ; INFORM to compress.

compresseur [kɔ̃pʀesœʀ] ⟶ **rouleau**.

compression [kɔ̃pʀesjɔ̃] nf [de gaz] compression ; *fig* cutback, reduction.

comprimé, e [kɔ̃pʀime] adj compressed. ◆ **comprimé** nm tablet ▸ **comprimé effervescent** effervescent tablet.

comprimer [3] [kɔ̃pʀime] vt **1.** [gaz, vapeur] to compress **2.** [personnes] ▸ **être comprimé dans** to be packed into.

compris, e [kɔ̃pʀi, iz] ❖ pp ⟶ **comprendre**. ❖ adj **1.** [situé] lying, contained **2.** [inclus] : *service (non) compris* (not) including service, service (not) included ▸ **tout compris** all inclusive, all in ▸ **y compris** including.

compromets ⟶ **compromettre**.

compromettant, e [kɔ̃pʀɔmetɑ̃, ɑ̃t] adj compromising.

compromettre [84] [kɔ̃pʀɔmɛtʀ] vt to compromise. ◆ **se compromettre** vp ▸ **se compromettre (avec qqn / dans qqch)** to compromise o.s. (with sb / in sthg).

compromis, e [kɔ̃pʀɔmi, iz] pp ⟶ **compromettre**. ◆ **compromis** nm compromise.

compromission [kɔ̃pʀɔmisjɔ̃] nf *péj* base action.

comptabiliser [3] [kɔ̃tabilize] vt to enter in an account.

comptabilité [kɔ̃tabilite] nf [comptes] accounts *pl* ▸ **comptabilité informatisée** computerized accounts ; [service] ▸ **la comptabilité** accounts, the accounts department.

Comment exprimer que l'on a compris / pas compris

- **I see (what you mean).** *Je vois (ce que vous voulez dire).*
- **I understand.** *Je comprends.*
- **I think I've got it now.** *Ça y est, je crois que j'ai compris.*
- **I'm afraid I don't understand.** *Désolé, je ne comprends pas.*
- **I'm sorry, I don't follow you.** *Pardon, mais je ne vous suis pas.*
- **I'm sorry I didn't catch what you said.** *Pardon, je n'ai pas saisi ce que vous avez dit.*
- **Sorry. Would you mind repeating that?** *Excusez-moi, pourriez-vous répéter, s'il vous plaît ?*

comptable [kɔ̃tabl] ❖ nmf accountant. ❖ adj accounting *(avant n)*.

comptant [kɔ̃tɑ̃] ❖ adj inv cash, in cash. ❖ adv ▸ **payer** ou **régler comptant** to pay cash. ◆ **au comptant** loc adv ▸ **payer au comptant** to pay cash.

compte [kɔ̃t]

❖ nm

1. [action] count, counting *(U)* ; [total] number ▸ **faire le compte (de)** **a)** [personnes] to count (up) **b)** [dépenses] to add up / *il n'y a pas le compte* **a)** [personnes] they're not all here ou there, some are missing **b)** [dépenses] it doesn't add up ▸ **compte à rebours** countdown ▸ **compte rond** round number

2. BANQUE & COMM account / *ouvrir un compte* to open an account / *régler un compte* to settle an account ▸ **compte bancaire** ou **en banque** bank account ▸ **compte client** client account ▸ **compte courant** current account UK, checking account US ▸ **compte de courrier électronique** INFORM e-mail account ▸ **compte créditeur** account in credit ▸ **compte débiteur** overdrawn account, debit account ▸ **compte de dépôt** deposit account ▸ **compte d'épargne** savings account ▸ **compte épargne logement** savings account *(for purchasing a property)* ▸ **compte d'exploitation** operating account ▸ **compte joint** joint account ▸ **compte numéroté** numbered account ▸ **compte postal** post office account ▸ **compte professionnel** ou **commercial** business account ▸ **compte de profits et pertes** profit and loss account

3. INFORM & INTERNET account ▸ **compte utilisateur** user account ▸ **compte de courrier électronique** e-mail account

4. EXPR **avoir son compte** to have had enough ▸ **être / se mettre à son compte** to be / become self-employed ▸ **mettre qqch sur le compte de qqn** to put sthg on sb's bill ▸ **prendre qqch en compte, tenir compte de qqch** to take sthg into account / *elle n'a pas tenu compte de mes conseils* she took no notice of ou ignored my advice ▸ **compte tenu de** in view ou in the light of ▸ **recevoir son compte** **a)** *pr* to get one's (final) wages **b)** *fam* & *fig* to get one's marching orders ou the sack UK ▸ **régler son compte à qqn** *fam* & *fig* to give sb a piece of one's mind ▸ **rendre compte de** to account for ▸ **se rendre compte de qqch** to realize sthg ▸ **se rendre compte que** to realize (that) ▸ **s'en tirer à bon compte** to get off lightly ▸ **y trouver son compte** to do well out of it ▸ **tout compte fait** all things considered

◆ **comptes** nmpl accounts ▸ **comptes clients** accounts payable ▸ **comptes consolidés** ou **intégrés** consolidated accounts ▸ **comptes fournisseurs** accounts receivable ▸ **comptes de résultats** year-end accounts ▸ **comptes de résultats courants** above-the-line accounts ▸ **comptes de résultats exceptionnels** below-the-line accounts ▸ **demander des comptes à qqn** to ask sb for an explanation of sthg, to ask sb to account for sthg ▸ **devoir des comptes à** to be accountable to ▸ **faire les comptes** to do the accounts ▸ **faire ses comptes** to do one's accounts ▸ **faire des comptes d'apothicaire** to account for every last penny ▸ **régler ses comptes avec qqch** to come to terms with sthg ▸ **régler ses comptes avec qqn** to have it out with sb ▸ **rendre des comptes (à qqn)** to give ou to offer (sb) an explanation.

◆ **pour le compte de** loc prép for / *elle travaille pour le compte d'une grande société* she works for a large firm, she freelances for a large firm.

compte-chèques *(pl inv)*, **compte chèques** *(pl inv)* [kɔ̃tʃɛk] nm current account UK, checking account US.

compte-gouttes [kɔ̃tgut] nm inv dropper ▸ **au compte-gouttes** *fig* sparingly.

compter [3] [kɔ̃te] ❖ vt **1.** [dénombrer] to count / *j'ai compté qu'il restait 200 euros dans la caisse* according to my reckoning there are 200 euros left in the till / *on peut les compter sur les doigts de la main* you can count them of the fingers of one hand **2.** [avoir l'intention de] ▸ **compter faire qqch** to intend to do sthg, to plan to do sthg. ❖ vi **1.** [calculer] to count / *compter jusqu'à 10* to count (up) to 10 / *tu as dû mal compter* you must have got your calculations wrong, you must have miscalculated **2.** [être important] to count, to matter / *ce qui compte, c'est ta santé / le résultat* the important thing is your health / the end result / *tu comptes beaucoup pour moi* you mean a lot to me ▸ **compter parmi** [faire partie de] to be included amongst, to rank amongst / *elle compte parmi les plus grands pianistes de sa génération* she is one of the greatest pianists of her generation ▸ **compter pour** to count for / *compter pour quelque chose / rien* to count for something / nothing ▸ **compter avec** [tenir compte de] to reckon with, to take account of ▸ **compter sur** [se fier à] to rely ou count on / *ne compte pas trop sur la chance* don't count ou rely too much on luck. ◆ **à compter de** loc prép as from, starting from / *à compter de ce jour, nous ne nous sommes plus revus* from that day on, we never saw each other again. ◆ **sans compter** ❖ loc prép [excepté] not including. ❖ loc adv ▸ **se dépenser sans compter** *fig* to give unsparingly of o.s.. ◆ **sans compter que** loc conj besides which / *il est trop tôt pour aller dormir, sans compter que je n'ai pas du tout sommeil* it's too early to go to bed, quite apart from the fact that I'm not at all sleepy.

compte rendu *(pl* **comptes rendus***)*, **compte-rendu** *(pl* **comptes-rendus***)* [kɔ̃tʀɑ̃dy] nm report, account.

compte-tours [kɔ̃ttuʀ] nm inv rev counter, tachometer.

compteur [kɔ̃tœʀ] nm meter ▸ **remettre les compteurs à zéro** *fam* & *fig* to go back to square one, to start all over again.

comptine [kɔ̃tin] nf nursery rhyme.

comptoir [kɔ̃twaʀ] nm **1.** [de bar] bar ; [de magasin] counter **2.** QUÉBEC [de cuisine, de salle de bains] counter **3.** [dans un hôtel, un aéroport] ▸ **comptoir de la réception** reception desk ▸ **comptoir d'enregistrement** check-in desk ou counter **4.** HIST trading post **5.** SUISSE [foire] trade fair.

compulser [3] [kɔ̃pylse] vt to consult.

compulsif, ive [kɔ̃pylsif, iv] adj PSYCHO compulsive.

comte [kɔ̃t] nm count.

comté [kɔ̃te] nm **1.** [fromage] *type of cheese similar to Gruyère* **2.** ADMIN [au Canada] county **3.** HIST earldom.

comtesse [kɔ̃tɛs] nf countess.

con, conne [kɔ̃, kɔn] *tfam* ◆ adj damned ou bloody UK stupid. ◆ nm, f stupid bastard (bitch).

concassé, e [kɔ̃kase] adj [poivre] coarse-ground ▸ **blé concassé** cracked wheat.

concasser [3] [kɔ̃kase] vt to crush ; [poivre] to grind.

concaténation [kɔ̃katenasjɔ̃] nf concatenation.

concaténer [3] [kɔ̃katene] vt to concatenate / *concaténer des fichiers* to concatenate files.

concave [kɔ̃kav] adj concave.

concéder [18] [kɔ̃sede] vt ▸ **concéder qqch à** a) [droit, terrain] to grant sthg to b) [point, victoire] to concede sthg to ▸ **concéder que** to admit (that), to concede (that).

concentration [kɔ̃sɑ̃tʀasjɔ̃] nf concentration.

concentré, e [kɔ̃sɑ̃tʀe] adj **1.** [gén] concentrated **2.** [personne] : *elle était très concentrée* she was concentrating hard **3.** ⟶ **lait.** ◆ **concentré** nm concentrate ▸ **concentré de tomates** CULIN tomato purée.

concentrer [3] [kɔ̃sɑ̃tʀe] vt to concentrate. ◆ **se concentrer** vp **1.** [se rassembler] to be concentrated **2.** [personne] to concentrate.

concentrique [kɔ̃sɑ̃tʀik] adj concentric.

concept [kɔ̃sɛpt] nm concept / *concept de marketing* marketing concept.

concepteur, trice [kɔ̃sɛptœʀ, tʀis] nm, f designer.

conception [kɔ̃sɛpsjɔ̃] nf **1.** [gén] conception **2.** [d'un produit, d'une campagne] design, designing *(U)* **3.** INFORM : *conception assistée par ordinateur* computer-aided design / *conception et fabrication assistées par ordinateur* computer-aided manufacturing.

concernant [kɔ̃sɛʀnɑ̃] prép regarding, concerning.

concerner [3] [kɔ̃sɛʀne] vt to concern / *être / se sentir concerné par qqch* to be / feel concerned by sthg ▸ **en ce qui concerne** concerning, as regards / *en ce qui me concerne* as far as I'm concerned.

concert [kɔ̃sɛʀ] nm **1.** MUS concert **2.** [entente] accord ▸ **de concert avec qqn** together with sb.

concertation [kɔ̃sɛʀtasjɔ̃] nf consultation.

concerter [3] [kɔ̃sɛʀte] vt [organiser] to devise (jointly). ◆ **se concerter** vp to consult (each other).

concerto [kɔ̃sɛʀto] nm concerto.

concession [kɔ̃sesjɔ̃] nf **1.** [compromis & GRAM] concession ▸ **faire des concessions (à qqn)** to make concessions (to sb) **2.** [autorisation] rights *pl*, concession.

concessionnaire [kɔ̃sesjɔnɛʀ] ◆ nmf **1.** [automobile] (car) dealer / *concessionnaire agréé* authorized dealer **2.** [qui possède une franchise] franchise holder. ◆ adj concessionary.

concevable [kɔ̃səvabl] adj conceivable.

concevoir [52] [kɔ̃səvwaʀ] vt **1.** [enfant, projet] to conceive **2.** [comprendre] to conceive of / *je ne peux pas concevoir comment / pourquoi* I cannot conceive how / why **3.** *sout* [éprouver] to feel. ◆ **se concevoir** vp to be imagined.

concierge [kɔ̃sjɛʀʒ] nmf caretaker UK, superintendent US, concierge.

concile [kɔ̃sil] nm council.

conciliabule [kɔ̃siljabyl] nm [discussion] consultation.

conciliant, e [kɔ̃siljɑ̃, ɑ̃t] adj conciliating.

conciliateur, trice [kɔ̃siljatœʀ, tʀis] ◆ adj conciliatory, placatory. ◆ nm, f conciliator, arbitrator.

conciliation [kɔ̃siljasjɔ̃] nf **1.** [règlement d'un conflit] reconciliation, reconciling **2.** [accord & DR] conciliation / *geste de conciliation* conciliatory gesture.

concilier [9] [kɔ̃silje] vt **1.** [mettre d'accord, allier] to reconcile ▸ **concilier qqch et** ou **avec qqch** to reconcile sthg with sthg **2.** [gagner à sa cause] ▸ **concilier qqn à** to win sb over to. ◆ **se concilier** vp ▸ **se concilier qqn** to win sb over ▸ **se concilier qqch** to gain sthg.

concis, e [kɔ̃si, iz] adj [style, discours] concise ; [personne] terse / *soyez plus concis* come to the point.

concision [kɔ̃sizjɔ̃] nf conciseness, concision.

concitoyen, enne [kɔ̃sitwajɛ̃, ɛn] nm, f fellow citizen.

conclu, e [kɔ̃kly] pp ⟶ **conclure**.

concluant, e [kɔ̃klyɑ̃, ɑ̃t] adj [convaincant] conclusive.

conclure [96] [kɔ̃klyʀ] ◆ vt to conclude ▸ **conclure de qqch que** to conclude from sthg that ▸ **en conclure que** to deduce (that). ◆ vi : *les experts ont conclu à la folie* the experts concluded he / she was mad / *le tribunal a conclu au suicide* the court returned a verdict of suicide.

conclusion [kɔ̃klyzjɔ̃] nf **1.** [gén] conclusion ▸ **en arriver à la conclusion que** to come to the conclusion that / *conclusion, la voiture est fichue fam* the result is that the car is a write-off UK ou is totaled US **2.** [partie finale] close. ◆ **conclusions** nfpl [d'un rapport] conclusions, findings ; DR submissions / *déposer* ou *signifier des conclusions* to file submissions with a court. ◆ **en conclusion** loc adv as a ou in conclusion, to conclude.

concocter [3] [kɔ̃kɔkte] vt to concoct.

concombre [kɔ̃kɔ̃bʀ] nm cucumber.

concomitant, e [kɔ̃kɔmitɑ̃, ɑ̃t] adj concomitant.

concordance [kɔ̃kɔʀdɑ̃s] nf [conformité] agreement ▸ **concordance des temps** GRAM sequence of tenses.

concorde [kɔ̃kɔʀd] nf concord.

Concorde® [kɔ̃kɔʀd] nm Concorde®.

concorder [3] [kɔ̃kɔʀde] vi **1.** [coïncider] to agree, to coincide **2.** [être en accord] ▸ **concorder (avec)** to be in accordance (with) **3.** [avoir un même but] to coincide.

concourir [45] [kɔ̃kuRiR] vi **1.** [contribuer] ▸ **concourir à** to work towards UK ou toward US **2.** [participer à un concours] to compete.

concours [kɔ̃kuR] nm **1.** [examen] competitive examination ▸ **concours de recrutement** competitive entry examination **2.** [compétition] competition, contest ▸ **hors concours** a) [dans une compétition] ineligible b) *fig* exceptional ▸ **concours hippique** horse show **3.** [collaboration] help ▸ **avec le concours de qqn** with sb's help ou assistance **4.** [coïncidence] ▸ **concours de circonstances** combination of circumstances.

concret, ète [kɔ̃kRɛ, ɛt] adj concrete.

concrètement [kɔ̃kRɛtmɑ̃] adv [en réalité] in real ou practical terms.

concrétiser [3] [kɔ̃kRetize] vt [projet] to give shape to ; [rêve, espoir] to give solid form to. ◆ **se concrétiser** vp [projet] to take shape ; [rêve, espoir] to materialize.

conçu, e [kɔ̃sy] pp ⟶ **concevoir**.

concubin, e [kɔ̃kybɛ̃, in] nm, f partner, common-law husband (wife).

concubinage [kɔ̃kybinaʒ] nm living together, cohabitation.

concupiscent, e [kɔ̃kypisɑ̃, ɑ̃t] adj lustful.

concurremment [kɔ̃kyRamɑ̃] adv jointly.

concurrence [kɔ̃kyRɑ̃s] nf **1.** [rivalité] rivalry **2.** ÉCON competition ▸ **concurrence déloyale** unfair competition / *des prix défiant toute concurrence* unbeatable prices / *faire (de la) concurrence à* to be in competition with / *vous pouvez être à découvert à concurrence de 5 000 euros* your overdraft limit is 5,000 euros **3.** [montant] ▸ **jusqu'à concurrence de** to the amount of, not exceeding.

concurrencer [3] [kɔ̃kyRɑ̃se] vt to compete ou to be in competition with / *ils nous concurrencent dangereusement* they are very serious ou dangerous competitors for us.

concurrent, e [kɔ̃kyRɑ̃, ɑ̃t] ❖ adj rival, competing. ❖ nm, f competitor.

concurrentiel, elle [kɔ̃kyRɑ̃sjɛl] adj competitive / *marchandises vendues à des prix concurrentiels* competitive-priced goods.

condamnable [kɔ̃danabl] adj reprehensible.

condamnation [kɔ̃danasjɔ̃] nf **1.** DR sentence **2.** [dénonciation] condemnation.

condamné, e [kɔ̃dane] nm, f convict, prisoner.

condamner [3] [kɔ̃dane] vt **1.** DR ▸ **condamner qqn (à)** to sentence sb (to) ▸ **condamner qqn à une amende** to fine sb **2.** *fig* [obliger] ▸ **condamner qqn à qqch** to condemn sb to sthg **3.** [malade] ▸ **être condamné** to be terminally ill **4.** [interdire] to forbid **5.** [blâmer] to condemn **6.** [fermer] to fill in, to block up.

condensateur [kɔ̃dɑ̃satœR] nm condenser.

condensation [kɔ̃dɑ̃sasjɔ̃] nf condensation.

condensé [kɔ̃dɑ̃se] ❖ nm summary. ❖ adj → **lait**.

condenser [3] [kɔ̃dɑ̃se] vt to condense. ◆ **se condenser** vp to condense.

condescendance [kɔ̃desɑ̃dɑ̃s] nf condescension / *avec condescendance* condescendingly / *traiter qqn avec condescendance* to patronize sb.

condescendant, e [kɔ̃desɑ̃dɑ̃, ɑ̃t] adj condescending.

condescendre [73] [kɔ̃desɑ̃dR] vi *sout* ▸ **condescendre à qqch / à faire qqch** to condescend to sthg / to do sthg.

condescendu [kɔ̃desɑ̃dy] pp inv ⟶ **condescendre**.

condiment [kɔ̃dimɑ̃] nm condiment.

condisciple [kɔ̃disipl] nm fellow student.

condition [kɔ̃disjɔ̃] nf **1.** [gén] condition ▸ **condition préalable** prerequisite ▸ **condition requise** requirement / *être en bonne condition physique* to be in condition, to be fit / *j'accepte, mais à une condition* I accept but on one condition ▸ **remplir une condition** to fulfil a condition ▸ **se mettre en condition** [physiquement] to get into shape **2.** [place sociale] station ▸ **la condition féminine** the lives of women, the female condition / *la condition des ouvriers* the workers' lot / *une femme de condition modeste* a woman from a modest background. ◆ **conditions** nfpl **1.** [circonstances] conditions ▸ **conditions de vie** living conditions ▸ **conditions atmosphériques** atmospheric conditions / *conditions climatiques / économiques* weather / economic conditions / *conditions du marché* market conditions ▸ **conditions météo** weather conditions **2.** [de paiement] terms ▸ **conditions de vente / d'achat** terms of sale / purchase. ◆ **à condition de** loc prép providing ou provided (that). ◆ **à condition que** loc conj (+ *subj*) providing ou provided (that). ◆ **sans condition** ❖ loc adj unconditional. ❖ loc adv unconditionally.

conditionné, e [kɔ̃disjɔne] adj **1.** [marchandises] packaged **2.** ⟶ **air**.

conditionnel, elle [kɔ̃disjɔnɛl] adj conditional. ◆ **conditionnel** nm GRAM conditional.

conditionnement [kɔ̃disjɔnmɑ̃] nm **1.** [action d'emballer] packaging, packing **2.** [emballage] package **3.** PSYCHO & TECHNOL conditioning.

conditionner [3] [kɔ̃disjɔne] vt **1.** [déterminer] to govern **2.** PSYCHO & TECHNOL to condition / *la publicité conditionne nos choix* advertising influences our choices **3.** [emballer] to pack.

condoléances [kɔ̃dɔleɑ̃s] nfpl condolences.

conducteur, trice [kɔ̃dyktœR, tRis] ❖ adj conductive. ❖ nm, f [de véhicule] driver. ◆ **conducteur** nm ÉLECTR conductor.

conduire [98] [kɔ̃dɥiR] ❖ vt **1.** [voiture, personne] to drive / *conduire les enfants à l'école* to take ou to drive the children to school **2.** PHYS [transmettre] to conduct **3.** *fig* [diriger] to manage **4.** *fig* [à la ruine, au désespoir] ▸ **conduire qqn à qqch** to drive sb to sthg / *ce qui nous conduit à la conclusion suivante* which leads ou brings us to the following conclusion. ❖ vi **1.** AUTO to drive / *conduire à droite / gauche* to drive on the right-hand /

left-hand side of the road **2.** [mener] ▸ **conduire à** to lead to / *cet escalier ne conduit nulle part* this staircase doesn't lead anywhere. ◆ **se conduire** vp to behave / *se conduire bien* to behave (o.s.) well / *se conduire mal* to behave badly, to misbehave.

conduisais, conduisions ⟶ conduire.

conduit, e [kɔ̃dɥi, it] pp ⟶ conduire. ◆ **conduit** nm **1.** [tuyau] conduit, pipe ▸ **conduit d'aération** air duct ▸ **conduit de ventilation** ventilation shaft **2.** ANAT duct, canal ▸ **conduit auditif** auditory canal ▸ **conduit lacrymal** tear duct, lachrymal duct *(terme spécialisé)*. ◆ **conduite** nf **1.** [pilotage d'un véhicule] driving ▸ **avec conduite à droite / gauche** right-hand / left-hand drive ▸ **conduite en état d'ébriété** drink-driving UK, drunk-driving US **2.** [direction] running **3.** [comportement] behaviour *(U)* UK, behavior *(U)* US / *pour bonne conduite* [libéré, gracié] for good behaviour / *mauvaise conduite* misbehaviour UK, misbehavior US, misconduct **4.** [canalisation] ▸ **conduite de gaz / d'eau** gas / water main, gas / water pipe.

cône [kon] nm GÉOM cone.

confection [kɔ̃fɛksjɔ̃] nf **1.** [réalisation] making **2.** [industrie] clothing industry.

confectionner [3] [kɔ̃fɛksjɔne] vt to make.

confédéral, e, aux [kɔ̃federal, o] adj confederal.

confédération [kɔ̃federasjɔ̃] nf **1.** [d'États] confederacy **2.** [d'associations] confederation.

conférence [kɔ̃ferɑ̃s] nf **1.** [exposé] lecture **2.** [réunion] conference ▸ **conférences en ligne** ou **web conférences** web conferencing ▸ **conférence de presse** press conference ▸ **conférence au sommet** summit.

conférencier, ère [kɔ̃ferɑ̃sje, ɛr] nm, f lecturer.

conférer [18] [kɔ̃fere] vt [accorder] ▸ **conférer qqch à qqn** to confer sthg on sb.

confesse [kɔ̃fɛs] nf ▸ **aller à confesse** to go to confession.

confesser [4] [kɔ̃fese] vt **1.** [avouer] to confess **2.** RELIG ▸ **confesser qqn** to hear sb's confession. ◆ **se confesser** vp to go to confession.

confession [kɔ̃fesjɔ̃] nf confession.

confessionnal, aux [kɔ̃fesjɔnal, o] nm confessional.

confessionnel, elle [kɔ̃fesjɔnɛl] adj RELIG denominational.

confetti [kɔ̃feti] nm confetti *(U)*.

confiance [kɔ̃fjɑ̃s] nf **1.** [foi] confidence / *avec confiance* confidently / *confiance excessive* overconfidence ▸ **avoir confiance en** to have confidence ou faith in ▸ **avoir confiance en soi** to be self-confident / *confiance de la clientèle* ou *du client* client confidence ▸ **en toute confiance** with complete confidence ▸ **de confiance** trustworthy ▸ **faire confiance à qqn / qqch** to trust sb / sthg / *manquer de confiance en soi* to lack self confidence / *placer sa confiance en qqn* to put one's trust ou to place one's confidence in sb / *reprendre confiance en soi* to regain one's self-confidence **2.** POL : *voter la confiance au gouvernement* to pass a vote of confidence in the government ▸ **vote de confiance** vote of confidence / *les hommes de confiance du gouvernement* the Government's advisers.

confiant, e [kɔ̃fjɑ̃, ɑ̃t] adj **1.** [sans méfiance] trusting **2.** [assuré] ▸ **confiant (en qqch)** confident (of sthg).

confidence [kɔ̃fidɑ̃s] nf confidence ▸ **en confidence** in confidence ▸ **faire des confidences à qqn** to confide in sb ▸ **être dans la confidence** to be in the know.

confident, e [kɔ̃fidɑ̃, ɑ̃t] nm, f confidant (confidante).

confidentialité [kɔ̃fidɑ̃sjalite] nf confidentiality ▸ **accord de confidentialité** non-disclosure agreement.

confidentiel, elle [kɔ̃fidɑ̃sjɛl] adj confidential.

confier [9] [kɔ̃fje] vt **1.** [donner] ▸ **confier qqn / qqch à qqn** to entrust sb / sthg to sb **2.** [dire] ▸ **confier qqch à qqn** to confide sthg to sb. ◆ **se confier** vp ▸ **se confier à qqn** to confide in sb.

configuration [kɔ̃figyrasjɔ̃] nf TECHNOL configuration ; INFORM ▸ **configuration par défaut** default setting ; [conception] layout.

configurer [kɔ̃figyre] vt INFORM to configure.

confiné, e [kɔ̃fine] adj **1.** [air] stale ; [atmosphère] enclosed **2.** [enfermé] shut away.

confins [kɔ̃fɛ̃] nmpl : *aux confins de* on the borders of / *les confins de l'Europe et de l'Asie* the borders of Europe and Asia.

confirmation [kɔ̃firmasjɔ̃] nf confirmation.

confirmer [3] [kɔ̃firme] vt [certifier] to confirm ▸ **confirmer qqn dans qqch** to confirm sb in sthg / *il n'a pas été confirmé dans ses fonctions* he was not retained in the post. ◆ **se confirmer** vp to be confirmed.

confiscation [kɔ̃fiskasjɔ̃] nf confiscation.

confiserie [kɔ̃fizri] nf **1.** [magasin] sweet shop UK, candy store US, confectioner's **2.** [sucreries] sweets *pl* UK, candy *(U)* US, confectionery *(U)*.

confiseur, euse [kɔ̃fizœr, øz] nm, f confectioner.

confisquer [3] [kɔ̃fiske] vt to confiscate.

confit, e [kɔ̃fi, it] adj ⟶ **fruit.** ◆ **confit** nm conserve.

confiture [kɔ̃fityr] nf jam.

conflagration [kɔ̃flagrasjɔ̃] nf [bouleversement] cataclysm.

conflictuel, elle [kɔ̃fliktyɛl] adj conflicting.

conflit [kɔ̃fli] nm **1.** [situation tendue] clash, conflict **2.** [entre États] conflict **3.** ÉCON & POL ▸ **conflit d'intérêts** conflict of interests ▸ **conflit du travail** industrial dispute.

confluent [kɔ̃flyɑ̃] nm confluence ▸ **au confluent de** at the confluence of.

confondre [75] [kɔ̃fɔ̃dr] vt **1.** [ne pas distinguer] to confuse **2.** [accusé] to confound **3.** [stupéfier] to astound. ◆ **se confondre** vp **1.** [se mêler] to merge **2.** *fig* ▸ **se confondre en excuses** to apologize profusely / *il s'est confondu en remerciements* he thanked me / him etc. profusely.

confondu, e [kɔ̃fɔ̃dy] pp ⟶ **confondre**.

conformation [kɔ̃fɔrmasjɔ̃] nf structure.

conforme [kɔ̃fɔrm] adj ▸ **conforme à** in accordance with.

conformé, e [kɔ̃fɔrme] adj ▸ **bien conformé** well-formed ▸ **mal conformé** ill-formed.

conformément [kɔ̃fɔrmemɑ̃] ◆ **conformément à** loc prép in accordance with.

conformer [3] [kɔ̃fɔrme] vt ▸ **conformer qqch à** to shape sthg according to. ◆ **se conformer** vp ▸ **se conformer à** a) [s'adapter] to conform to b) [obéir] to comply with.

conformiste [kɔ̃fɔrmist] ◇ nmf conformist. ◇ adj 1. [traditionaliste] conformist 2. [Anglican] Anglican.

conformité [kɔ̃fɔrmite] nf 1. [ressemblance] ▸ **conformité (à)** conformity (to) 2. [accord] ▸ **être en conformité avec** to be in accordance with.

confort [kɔ̃fɔr] nm comfort ▸ **tout confort** with all mod cons UK, with all modern conveniences US.

confortable [kɔ̃fɔrtabl] adj comfortable.

confortablement [kɔ̃fɔrtabləmɑ̃] adv comfortably / *confortablement payé* well-paid.

conforter [3] [kɔ̃fɔrte] vt ▸ **conforter qqn (dans qqch)** to strengthen sb (in sthg).

confrère, consœur [kɔ̃frɛr, kɔ̃sœr] nm, f colleague.

confrérie [kɔ̃freri] nf brotherhood.

confrontation [kɔ̃frɔ̃tasjɔ̃] nf 1. [face-à-face] confrontation 2. [comparaison] comparison.

confronter [3] [kɔ̃frɔ̃te] vt 1. [mettre face à face] to confront ; *fig* ▸ **être confronté à** to be confronted ou faced with 2. [comparer] to compare.

confus, e [kɔ̃fy, yz] adj 1. [indistinct, embrouillé] confused 2. [gêné] embarrassed / *je suis vraiment confus* I'm really very sorry.

confusément [kɔ̃fyzemɑ̃] adj 1. [pêle-mêle] in confusion 2. [indistinctement] indistinctly 3. [vaguement] vaguely.

confusion [kɔ̃fyzjɔ̃] nf 1. [gén] confusion 2. [embarras] confusion, embarrassment.

congé [kɔ̃ʒe] nm 1. [arrêt de travail] leave *(U)* ▸ **congé (de) maladie** sick leave ▸ **congé de maternité** maternity leave 2. [vacances] holiday UK, vacation US ▸ **en congé** on holiday UK ou vacation US ▸ **congé annuel** annual leave ▸ **congés payés** paid holiday *(U)* ou holidays ou leave *(U)* UK, paid vacation US / *une journée / semaine de congé* a day/week off 3. [renvoi] notice ▸ **donner son congé à qqn** to give sb his/her notice ▸ **prendre congé (de qqn)** *sout* to take one's leave (of sb).

congédier [9] [kɔ̃ʒedje] vt to dismiss.

congé-formation [kɔ̃ʒefɔrmasjɔ̃] (*pl* **congés-formation**) nm training leave.

congélateur [kɔ̃ʒelatœr] nm freezer.

congélation [kɔ̃ʒelasjɔ̃] nf [technique] freezing ; [durée] freezing time ▸ **sac de congélation** freezer bag.

congeler [25] [kɔ̃ʒle] vt to freeze / *tarte / viande congelée* frozen pie/meat. ◆ **se congeler** vp *(emploi passif)* [dans un congélateur] to freeze / *la mayonnaise ne se congèle pas* you can't freeze mayonnaise.

congénital, e, aux [kɔ̃ʒenital, o] adj congenital.

congère [kɔ̃ʒɛr] nf snowdrift.

congestion [kɔ̃ʒɛstjɔ̃] nf congestion ▸ **congestion pulmonaire** pulmonary congestion.

conglomérat [kɔ̃glɔmera] nm conglomerate.

Congo [kɔ̃go] nm [pays] : *le Congo* the Congo / *au Congo* in the Congo ▸ **la République démocratique du Congo** the Democratic Republic of Congo ; [fleuve] ▸ **le Congo** the Congo.

congolais, e [kɔ̃gɔlɛ, ɛz] adj Congolese. ◆ **congolais** nm CULIN coconut cake. ◆ **Congolais, e** nm, f Congolese person.

congratuler [3] [kɔ̃gratyle] vt to congratulate.

congre [kɔ̃gr] nm conger eel.

congrégation [kɔ̃gregasjɔ̃] nf congregation.

congrès [kɔ̃grɛ] nm 1. [colloque] assembly 2. HIST [réunion] congress. ◆ **Congrès** nm [parlement américain] ▸ **le Congrès** Congress ; [en Afrique du Sud] ▸ **Congrès national africain** African National Congress.

congressiste [kɔ̃gresist] nmf congress participant.

congrue [kɔ̃gry] ⟶ **portion**.

conifère [kɔnifɛr] nm conifer.

conique [kɔnik] adj conical.

conjecture [kɔ̃ʒɛktyr] nf conjecture ▸ **se perdre en conjectures** to lose o.s. in conjecture.

conjecturer [3] [kɔ̃ʒɛktyre] vt & vi to conjecture.

conjoint, e [kɔ̃ʒwɛ̃, ɛ̃t] ◇ adj joint. ◇ nm, f spouse.

conjointement [kɔ̃ʒwɛ̃tmɑ̃] adv ▸ **conjointement (avec qqn)** jointly (with sb).

conjonctif, ive [kɔ̃ʒɔ̃ktif, iv] adj 1. ⟶ **tissu** 2. GRAM conjunctive.

conjonction [kɔ̃ʒɔ̃ksjɔ̃] nf conjunction ▸ **conjonction de coordination / de subordination** GRAM coordinating/subordinating conjunction.

conjonctivite [kɔ̃ʒɔ̃ktivit] nf conjunctivitis *(U)*.

conjoncture [kɔ̃ʒɔ̃ktyr] nf ÉCON situation, circumstances *pl* ▸ **conjoncture économique mondiale** world economy.

conjoncturel, elle [kɔ̃ʒɔ̃ktyrɛl] adj [situation, tendance] economic.

conjugaison [kɔ̃ʒygɛzɔ̃] nf 1. [union] uniting 2. GRAM conjugation.

conjugal, e, aux [kɔ̃ʒygal, o] adj conjugal.

conjuguer [3] [kɔ̃ʒyge] vt 1. [unir] to combine 2. GRAM to conjugate / *conjuguer au futur* to conjugate in the future tense. ◆ **se conjuguer** ◇ vp *(emploi passif)* GRAM to conjugate, to be conjugated. ◇ vpi [s'unir] to work together, to combine.

conjuration [kɔ̃ʒyʀasjɔ̃] nf **1.** [conspiration] conspiracy **2.** [exorcisme] exorcism.

conjurer [3] [kɔ̃ʒyʀe] vt **1.** [supplier] to beg ▸ **je vous en conjure !** *sout* I beg (of) you! **2.** [exorciser] to exorcize **3.** [écarter] to avert. ◆ **se conjurer** vp to plot, to conspire.

connaissais, connaissions ⟶ connaître.

connaissance [kɔnɛsɑ̃s] nf **1.** [savoir] knowledge *(U)* ▸ **à ma connaissance** to (the best of) my knowledge / *la connaissance de la marque* brand familiarity / *une connaissance approfondie de l'espagnol* a thorough knowledge ou good command of Spanish ▸ **en connaissance de cause** with full knowledge of the facts / *et j'en parle en connaissance de cause* and I know what I'm talking about / *être en pays de connaissance* **a)** [dans un domaine] to be on familiar ground **b)** [dans un milieu] to be among familiar faces ▸ **prendre connaissance de qqch** to study sthg, to examine sthg / *prendre connaissance des faits* to learn about ou to hear of the facts / *prendre connaissance d'un texte* to read ou to peruse a text **2.** [personne] acquaintance / *une vieille connaissance* an old acquaintance ▸ **faire connaissance (avec qqn)** to become acquainted (with sb) / *une fois que vous aurez mieux fait connaissance* once you've got to know each other better ▸ **faire la connaissance de** to meet **3.** [conscience] ▸ **perdre / reprendre connaissance** to lose/regain consciousness ▸ **sans connaissance** unconscious. ◆ **connaissances** nfpl knowledge / *avoir des connaissances* to be knowledgeable / *avoir de solides connaissances en* to have a thorough knowledge of ou a good grounding in / *avoir des connaissances sommaires en* to have a basic knowledge of, to know the rudiments of.

connaisseur, euse [kɔnɛsœʀ, øz] ◈ adj expert *(avant n).* ◈ nm, f connoisseur.

connaître [91] [kɔnɛtʀ] vt **1.** [gén] to know / *connaître qqn de nom / de vue* to know sb by name/sight / *je suis impatient de connaître les résultats* I'm anxious to know ou to hear the results / *la connaissant, ça ne me surprend pas* knowing her, I'm not surprised ▸ **faire connaître a)** [avis, sentiment] to make known **b)** [décision, jugement] to make known, to announce ▸ **y connaître quelque chose en** to have some idea ou to know something about ▸ **ne rien y connaître** : *je n'y connais rien en biologie* I don't know a thing about biology **2.** [éprouver] to experience / *il a connu bien des déboires* he has had ou suffered plenty of setbacks / *la tour avait connu des jours meilleurs* the tower had seen better days. ◆ **se connaître** vp **1.** [être expert] ▸ **s'y connaître en** to know about / *je m'y connais peu en informatique* I don't know much about computers / *il s'y connaît* he knows what he's talking about/doing / *pour les gaffes, tu t'y connais !* *fam* when it comes to blunders, you take some beating! **2.** [soi-même] to know o.s. **3.** [se rencontrer] to meet (each other) / *ils se connaissent* they've met each other.

connard [kɔnaʀ] nm *vulg* wanker UK, arsehole UK, asshole US.

connasse [kɔnas] nf *vulg* stupid cow ou bitch.

connecter [4] [kɔnɛkte] vt to connect. ◆ **se connecter** vp to log on, to log in ▸ **se connecter à (l')Internet** to log on to the Internet.

connecteur [kɔnɛktœʀ] nm ▸ **connecteur à broche** INFORM pin connector.

connerie [kɔnʀi] nf *tfam* stupidity *(U)* ▸ **faire / dire des conneries** to do/to say something damned ou bloody UK stupid.

connexe [kɔnɛks] adj related.

connexion [kɔnɛksjɔ̃] nf connection ▸ **connexion (à) Internet** Internet connection.

connivence [kɔnivɑ̃s] nf connivance ▸ **être de connivence (avec qqn)** to be in league (with sb).

connotation [kɔnɔtasjɔ̃] nf connotation.

connu, e [kɔny] ◈ pp ⟶ **connaître.** ◈ adj **1.** [célèbre] well-known, famous **2.** [su] ▸ **connu de qqn** known to sb.

conquérant, e [kɔ̃keʀɑ̃, ɑ̃t] ◈ adj conquering. ◈ nm, f conqueror.

conquérir [39] [kɔ̃keʀiʀ] vt to conquer.

conquête [kɔ̃kɛt] nf conquest ▸ **faire la conquête de qqch** to conquer sthg ▸ **faire la conquête de qqn** to win sb over.

conquiers, conquiert ⟶ **conquérir**.

conquis, e [kɔ̃ki, iz] pp ⟶ **conquérir**.

consacré, e [kɔ̃sakʀe] adj **1.** [habituel] established, accepted **2.** RELIG consecrated.

consacrer [3] [kɔ̃sakʀe] vt **1.** [employer] ▸ **consacrer qqch à** to devote sthg to / *as-tu dix minutes à me consacrer ?* can you spare me ten minutes? **2.** [couronner] to crown / *le jury l'a consacré meilleur acteur* the jury voted him best actor **3.** RELIG to consecrate. ◆ **se consacrer** vp ▸ **se consacrer à** to dedicate o.s. to, to devote o.s. to.

consanguin, e [kɔ̃sɑ̃gɛ̃, in] adj ▸ **frère consanguin** half-brother ▸ **sœur consanguine** half-sister ⟶ **mariage**.

consciemment [kɔ̃sjamɑ̃] adv knowingly, consciously.

conscience [kɔ̃sjɑ̃s] nf **1.** [connaissance & PSYCHO] consciousness ▸ **avoir conscience de qqch** to be aware of sthg **2.** [morale] conscience ▸ **agir selon sa conscience** to follow one's conscience, to let one's conscience be one's guide ▸ **avoir qqch sur la conscience** to have sthg on one's conscience ▸ **bonne / mauvaise conscience** clear/guilty conscience ▸ **conscience professionnelle** professional integrity, conscientiousness.

consciencieusement [kɔ̃sjɑ̃sjøzmɑ̃] adv conscientiously.

consciencieux, euse [kɔ̃sjɑ̃sjø, øz] adj conscientious.

conscient, e [kɔ̃sjɑ̃, ɑ̃t] adj conscious ▸ **être conscient de qqch** [connaître] to be conscious of sthg.

conscription [kɔ̃skʀipsjɔ̃] nf conscription, draft US.

conscrit [kɔ̃skʀi] nm conscript, recruit, draftee US.

consécration [kɔ̃sekʀasjɔ̃] nf **1.** [reconnaissance] recognition ; [de droit, coutume] establishment **2.** RELIG consecration.

consécutif, ive [kɔ̃sekytif, iv] adj **1.** [successif & GRAM] consecutive **2.** [résultant] ▸ **consécutif à** resulting from.

conseil [kɔ̃sɛj] nm **1.** [avis] piece of advice, advice *(U)* ▸ **donner un conseil** ou **des conseils (à qqn)** to give (sb) advice ▸ **suivre le conseil de qqn** to take somebody's advice **2.** [personne] ▸ **conseil (en)** consultant (in) **3.** [assemblée] council ▸ **conseil d'administration** board of directors ▸ **conseil de classe** staff meeting ▸ **le Conseil constitutionnel** *French government body ensuring that laws, elections and referenda are constitutional* ▸ **conseil de discipline** disciplinary committee ▸ **le Conseil d'État** the (French) Council of State ▸ **conseil général** ≃ county council ▸ **le Conseil des ministres** ≃ the Cabinet ▸ **conseil municipal** town council UK, city council US ▸ **conseil régional** regional council ▸ **le Conseil supérieur de la magistrature** *French state body that appoints members of the judiciary.*

conseiller[1] [4] [kɔ̃seje] ◈ vt **1.** [recommander] to advise ▸ **conseiller qqch à qqn** to recommend sthg to sb **2.** [guider] to advise, to counsel. ◈ vi [donner un conseil] ▸ **conseiller à qqn de faire qqch** to advise sb to do sthg.

conseiller[2], **ère** [kɔ̃seje, ɛʀ] nm, f **1.** [guide] counsellor UK, counselor US ▸ **conseiller financier indépendant** independent financial adviser ▸ **conseiller matrimonial** marriage guidance counsellor UK, marriage counselor US **2.** [d'un conseil] councillor UK, councilor US ▸ **conseiller municipal** town councillor UK, city councilman (councilwoman) US.

consensuel, elle [kɔ̃sɑ̃sɥɛl] adj : *politique consensuelle* consensus politics.

consensus [kɔ̃sɛ̃sys] nm consensus.

consentement [kɔ̃sɑ̃tmɑ̃] nm consent.

consentir [37] [kɔ̃sɑ̃tiʀ] ◈ vt **1.** [accorder] ▸ **consentir qqch à qqn** to grant sb sthg **2.** [accepter] ▸ **consentir que** *(+ subj)* : *je consens qu'il vienne* I consent to his coming. ◈ vi ▸ **consentir à qqch** to consent to sthg.

conséquence [kɔ̃sekɑ̃s] nf consequence, result ▸ **avoir des conséquences (sur qqch)** to have consequences (for sthg) ▸ **sans conséquence** [sans importance] of no importance ▸ **ne pas tirer à conséquence** to be of no consequence.

conséquent, e [kɔ̃sekɑ̃, ɑ̃t] adj **1.** [cohérent] consistent **2.** *fam* [important] sizeable, considerable. ◆ **par conséquent** loc adv therefore, consequently.

conservateur, trice [kɔ̃sɛʀvatœʀ, tʀis] ◈ adj conservative. ◈ nm, f **1.** POL conservative **2.** [administrateur] curator. ◆ **conservateur** nm preservative.

conservation [kɔ̃sɛʀvasjɔ̃] nf **1.** [état, entretien] preservation **2.** [d'aliment] preserving.

conservatoire [kɔ̃sɛʀvatwaʀ] nm academy ▸ **conservatoire de musique** music college ▸ **le Conservatoire (national supérieur d'art dramatique)** *national drama school in Paris.*

conserve [kɔ̃sɛʀv] nf canned ou tinned UK food ▸ **en conserve** a) [en boîte] canned, tinned UK b) [en bocal] preserved, bottled. ◆ **de conserve** loc adv together.

conserver [3] [kɔ̃sɛʀve] vt **1.** [garder, entretenir] to keep / *conserver qqch précieusement* to treasure sthg ▸ **'conserver au frais'** 'keep in a cool place' **2.** [entreposer - en boîte] to can ; [- en bocal] to bottle **3.** [personne] ▸ **être bien conservé** to be well-preserved / *le sport, ça conserve* fam sport keeps you young. ◆ **se conserver** vp to keep / *les pommes doivent se conserver sur des clayettes* apples must be stored on racks / *les truffes au chocolat ne se conservent pas longtemps* (chocolate) truffles don't keep long.

considérable [kɔ̃sideʀabl] adj considerable.

considération [kɔ̃sideʀasjɔ̃] nf **1.** [réflexion, motivation] consideration ▸ **en considération de qqch** in consideration of sthg ▸ **prendre qqch en considération** to take sthg into consideration / *la question mérite considération* the question is worth considering / *sans considération du coût* regardless ou without considering (the) cost **2.** [estime] respect / *par considération pour* out of respect ou regard for / *jouir d'une grande considération* to be highly considered ou regarded, to be held in great esteem **3.** [correspondance] ▸ **veuillez agréer l'assurance de ma considération distinguée** yours faithfully UK, yours sincerely US.

considérer [18] [kɔ̃sideʀe] vt to consider ▸ **tout bien considéré** all things considered.

consigne [kɔ̃siɲ] nf **1.** [ordre] orders *pl* **2.** *(gén pl)* [instruction] instructions *pl* **3.** [entrepôt de bagages] left-luggage office UK, checkroom US, baggage room US ▸ **consigne automatique** lockers *pl*, left-luggage lockers *pl* UK **4.** [somme d'argent] deposit.

consigné, e [kɔ̃siɲe] adj returnable.

consigner [3] [kɔ̃siɲe] vt **1.** [bagages] to leave in the left-luggage office UK ou checkroom US ou baggage room US **2.** *sout* [relater] to record, to set down **3.** MIL to confine to barracks **4.** SCOL ▸ **consigner qqn** to give sb detention.

consistance [kɔ̃sistɑ̃s] nf [solidité] consistency ; *fig* substance ▸ **sans consistance** [fade] colourless UK, colorless US.

consistant, e [kɔ̃sistɑ̃, ɑ̃t] adj **1.** [épais] thick **2.** [nourrissant] substantial **3.** [fondé] sound.

> ⚠ **Consistent** signifie « constant », « cohérent » et non *consistant*.

consister [3] [kɔ̃siste] vi ▸ **consister en** to consist of ▸ **consister à faire qqch** to consist in doing sthg.

consœur [kɔ̃sœʀ] ⟶ **confrère**.

consolation [kɔ̃sɔlasjɔ̃] nf consolation.

console [kɔ̃sɔl] nf **1.** [table] console (table) **2.** INFORM : *console de jeux* games console ▸ **console de visualisation** VDU, visual display unit.

consoler [3] [kɔ̃sɔle] vt **1.** [réconforter] ▸ **consoler qqn (de qqch)** to comfort sb (in sthg) **2.** [apaiser] to soothe. ◆ **se consoler** vp ▸ **se consoler de qqch** to get over sthg.

consolider [3] [kɔ̃sɔlide] vt *pr* & *fig* to strengthen. ◆ **se consolider** vp [parti, régime] to strengthen, to consolidate its position ; [fracture] to knit.

consommateur, trice [kɔ̃sɔmatœʀ, tʀis] nm, f [acheteur] consumer ; [d'un bar] customer.

consommation [kɔ̃sɔmasjɔ̃] nf **1.** [utilisation] consumption ▸ **faire une grande** ou **grosse consommation de** to use (up) a lot of ; ÉCON ▸ **consommation ostentatoire** conspicuous consumption **2.** [boisson] drink.

consommé, e [kɔ̃sɔme] adj *sout* consummate. ◆ **consommé** nm consommé.

consommer [3] [kɔ̃sɔme] ❖ vt **1.** [utiliser] to use (up) **2.** [manger] to eat ▸ **'à consommer avant 05 / 2015'** 'best before ou use by 5/15' **3.** [énergie] to consume, to use. ❖ vi **1.** [boire] to drink **2.** [voiture] : *cette voiture consomme beaucoup* this car uses a lot of fuel.

consonance [kɔ̃sɔnɑ̃s] nf consonance / *un nom aux consonances harmonieuses* a beautiful name.

consonne [kɔ̃sɔn] nf consonant.

consort [kɔ̃sɔʀ] adj m ⟶ **prince.** ◆ **consorts** nmpl ▸ **Paul et consorts** *péj* Paul and his sort, Paul and those like him.

consortium [kɔ̃sɔʀsjɔm] nm consortium.

conspirateur, trice [kɔ̃spiʀatœʀ, tʀis] nm, f conspirator.

conspiration [kɔ̃spiʀasjɔ̃] nf conspiracy.

conspirer [3] [kɔ̃spiʀe] ❖ vt [comploter] to plot. ❖ vi to plot, to conspire / *conspirer contre qqn* to conspire against sb. ◆ **conspirer à** v + prép *sout* to conspire to / *tout conspire à la réussite de ce projet* everything conspires ou combines to make this project a success.

conspuer [7] [kɔ̃spɥe] vt to boo.

constamment [kɔ̃stamɑ̃] adv constantly.

constance [kɔ̃stɑ̃s] nf **1.** [persévérance] perseverance ▸ **avoir de la constance** to be indefatigable **2.** [permanence, fidélité] constancy.

constant, e [kɔ̃stɑ̃, ɑ̃t] adj constant / *constant dans ses amitiés* faithful to one's friends ou in friendship / *en euros constants* FIN in constant euros.

constat [kɔ̃sta] nm **1.** [procès-verbal] report ▸ **constat à l'amiable** *joint insurance statement made by drivers after an accident* ▸ **constat d'huissier** *affidavit made before a bailiff* **2.** [constatation] established fact ▸ **faire le constat de qqch** to note sthg ▸ **constat d'échec** acknowledgement of failure.

constatation [kɔ̃statasjɔ̃] nf **1.** [révélation] observation **2.** [fait retenu] finding.

constater [3] [kɔ̃state] vt **1.** [se rendre compte de] to see, to note **2.** [consigner - fait, infraction] to record ; [- décès, authenticité] to certify.

constellation [kɔ̃stelasjɔ̃] nf ASTRON constellation.

consternation [kɔ̃stɛʀnasjɔ̃] nf dismay.

consterner [3] [kɔ̃stɛʀne] vt to dismay.

constipation [kɔ̃stipasjɔ̃] nf constipation.

constipé, e [kɔ̃stipe] adj **1.** MÉD constipated **2.** *fam* & *fig* [manière, air] ill at ease.

constituant, e [kɔ̃stitɥɑ̃, ɑ̃t] adj constituent ; ⟶ **assemblée.**

constitué, e [kɔ̃stitɥe] adj **1.** [personne] : *normalement / bien constitué* of normal / sound constitution **2.** [composé] ▸ **constitué de** consisting of, composed of **3.** [établi par la loi] constituted.

constituer [7] [kɔ̃stitɥe] vt **1.** [élaborer] to set up **2.** [composer] to make up **3.** [représenter] to constitute **4.** [établir] to agree, to settle (on). ◆ **se constituer** vp ▸ **se constituer de** to be made up of, to consist of ▸ **se constituer en** to form ▸ **se constituer prisonnier** to give o.s. up ▸ **se constituer partie civile** DR to sue privately for damages.

constitution [kɔ̃stitysjɔ̃] nf **1.** [création] setting up **2.** [de pays, de corps] constitution **3.** [composition] composition **4.** [établissement] establishment.

constitutionnel, elle [kɔ̃stitysjɔnɛl] adj constitutional.

constructeur [kɔ̃stʀyktœʀ] nm **1.** [fabricant] manufacturer ; [de navire] shipbuilder **2.** [bâtisseur] builder.

constructif, ive [kɔ̃stʀyktif, iv] adj **1.** [créateur] creative **2.** [positif] constructive.

construction [kɔ̃stʀyksjɔ̃] nf **1.** [dans l'industrie] building, construction ▸ **construction navale** shipbuilding **2.** [édifice] structure, building **3.** GRAM construction.

construire [98] [kɔ̃stʀɥiʀ] vt **1.** [bâtir, fabriquer] to build / *se faire construire une maison* to have a house built **2.** [roman] to structure **3.** [théorie, phrase] to construct **4.** GRAM to construe / *on construit « vouloir » avec le subjonctif* "vouloir" is construed with ou takes the subjunctive.

construisais, construisions ⟶ **construire.**

construit, e [kɔ̃stʀɥi, it] pp ⟶ **construire.**

consul, e [kɔ̃syl] nm, f consul ▸ **consul honoraire** honorary consul.

consulat [kɔ̃syla] nm **1.** [charge] consulship **2.** [résidence] consulate.

consultant, e [kɔ̃syltɑ̃, ɑ̃t] ❖ adj : *médecin consultant* consultant. ❖ nm, f consultant ▸ **consultant en gestion** management consultant.

consultatif, ive [kɔ̃syltatif, iv] adj consultative, advisory.

consultation [kɔ̃syltasjɔ̃] nf **1.** [d'ouvrage] ▸ **de consultation aisée** easy to use **2.** MÉD & POL consultation **3.** [d'expert] (professional) advice.

consulter [3] [kɔ̃sylte] ❖ vt **1.** [compulser] to consult / *consulter ses notes* to go over one's notes **2.** [interroger, demander conseil à] to consult, to ask / *consulter qqn du regard* to look questioningly at sb **3.** [spécialiste] to consult, to see. ❖ vi [médecin] to see patients, to take ou hold surgery UK ; [avocat] to be available for consultation. ◆ **se consulter** vp to confer.

consumer [3] [kɔ̃syme] vt **1.** *sout* [brûler] to burn, to destroy **2.** *fig* & *litt* [épuiser] to consume, to eat up. ◆ **se consumer** vp to waste away ▸ **se consumer de qqch** *litt* to be eaten up ou consumed with sthg.

consumérisme [kɔ̃symeʀism] nm consumerism.

contact [kɔ̃takt] nm **1.** [gén] contact / *le contact du marbre est froid* marble is cold to the touch ▸ **au contact de** on contact with / *au contact de l'air* in contact with ou when exposed to the air / *au contact des jeunes* through mixing ou associating with young people **2.** [relations] contact / *avoir des contacts avec* to have contact with / *entrer en contact avec qqn* to contact sb, to get in touch with sb ▸ **mettre qqn en contact avec qqn** to put sb in touch with sb ▸ **prendre contact avec** to make contact with / *prendre des contacts* to establish some contacts ▸ **rester en contact (avec)** to stay in touch (with) **3.** AUTO ignition ▸ **mettre / couper le contact** to switch on / off the ignition **4.** ÉLECTR contact, switch / *il y a un mauvais contact* there's a loose connection somewhere / *nous avons perdu le contact radio avec eux* we're no longer in radio contact with them **5.** AÉRON & MIL contact / *entrer en contact avec qqn* to make contact with sb.

contacter [3] [kɔ̃takte] vt to contact.

contagieux, euse [kɔ̃taʒjø, øz] ❖ adj MÉD contagious ; *fig* infectious. ❖ nm, f contagious patient.

contagion [kɔ̃taʒjɔ̃] nf MÉD contagion / *pour éviter tout risque de contagion* to avoid any risk of infection ou contagion ; *fig* infectiousness.

container = conteneur.

contamination [kɔ̃taminasjɔ̃] nf **1.** MÉD contamination / *pour éviter la contamination* to avoid contamination **2.** [de l'environnement, des aliments] contamination ▸ **contamination radioactive** radioactive contamination **3.** LING contamination.

contaminer [3] [kɔ̃tamine] vt [infecter] to contaminate ; *fig* to contaminate, to infect.

conte [kɔ̃t] nm story ▸ **conte de fées** fairy tale ou story.

contemplation [kɔ̃tɑ̃plasjɔ̃] nf contemplation ▸ **rester en contemplation devant** to gaze in contemplation at.

contempler [3] [kɔ̃tɑ̃ple] vt to contemplate.

contemporain, e [kɔ̃tɑ̃pɔʀɛ̃, ɛn] ❖ adj ▸ **contemporain (de)** contemporary ou contemporaneous (with). ❖ nm, f contemporary.

contemporanéité [kɔ̃tɑ̃pɔʀaneite] nf [simultanéité] contemporaneousness / *ceci atteste la contemporanéité des deux cultures* this shows that the two cultures were contemporaneous ou existed at the same time ; [caractère actuel] contemporary nature / *ce qui frappe dans ces œuvres, c'est leur contemporanéité* what is striking about these works is how contemporary they are.

contenance [kɔ̃tnɑ̃s] nf **1.** [capacité volumique] capacity **2.** [attitude] ▸ **se donner une contenance** to give an impression of composure ▸ **perdre contenance** to lose one's composure.

conteneur [kɔ̃tənœʀ], **container** [kɔ̃tɛnɛʀ] nm (freight) container.

contenir [40] [kɔ̃tniʀ] vt to contain, to hold, to take. ◆ **se contenir** vp to contain o.s., to control o.s.

content, e [kɔ̃tɑ̃, ɑ̃t] adj **1.** [joyeux] happy **2.** [satisfait] ▸ **content (de qqn / qqch)** happy (with sb / sthg), content (with sb / sthg) ▸ **content de faire qqch** happy to do sthg. ◆ **content** nm ▸ **avoir son content de** to have one's fill of.

contentement [kɔ̃tɑ̃tmɑ̃] nm satisfaction.

contenter [3] [kɔ̃tɑ̃te] vt to satisfy / *voilà qui devrait contenter tout le monde* this should satisfy ou please everybody. ◆ **se contenter** vp ▸ **se contenter de qqch / de faire qqch** to content o.s. with sthg / with doing sthg ▸ **se contenter de peu** to be content with little / *elle s'est contentée de sourire* she merely smiled.

contentieux [kɔ̃tɑ̃sjø] nm [litige] dispute ; [service] legal department.

contenu, e [kɔ̃tny] pp ⟶ contenir. ◆ **contenu** nm **1.** [de récipient] contents *pl* **2.** [de texte, discours] content.

conter [3] [kɔ̃te] vt to tell.

contestable [kɔ̃tɛstabl] adj questionable.

contestataire [kɔ̃tɛstatɛʀ] ❖ nmf anti-establishment figure. ❖ adj anti-establishment.

contestation [kɔ̃tɛstasjɔ̃] nf **1.** [protestation] protest, dispute **2.** POL ▸ **la contestation** anti-establishment activity.

conteste [kɔ̃tɛst] ◆ **sans conteste** loc adv unquestionably.

contester [3] [kɔ̃tɛste] ❖ vt to dispute, to contest. ❖ vi to protest.

conteur, euse [kɔ̃tœʀ, øz] nm, f storyteller.

contexte [kɔ̃tɛkst] nm context.

contextualiser [kɔ̃tɛkstyalize] vt to contextualize.

contiens, contient ⟶ contenir.

contigu, uë [kɔ̃tigy] adj ▸ **contigu (à)** adjacent (to).

continent [kɔ̃tinɑ̃] nm continent.

continental, e, aux [kɔ̃tinɑ̃tal, o] adj continental.

contingence [kɔ̃tɛ̃ʒɑ̃s] nf MATH & PHILO contingency. ◆ **contingences** nfpl contingencies, eventualities / *les contingences de la vie quotidienne* everyday happenings ou events / *prévoir toutes les contingences* to take unforeseen circumstances into consideration.

contingent [kɔ̃tɛ̃ʒɑ̃] nm **1.** MIL national service conscripts *pl* UK, draft US **2.** COMM quota.

contingenter [3] [kɔ̃tɛ̃ʒɑ̃te] vt to put a quota on.

continu, e [kɔ̃tiny] adj **1.** [ininterrompu] continuous **2.** ÉLECTR [courant] direct. ◆ **continu** nm MATH & PHILO continuum. ◆ **en continu** loc adv continuously, uninterruptedly.

continuation [kɔ̃tinɥasjɔ̃] nf continuation.

continuel, elle [kɔ̃tinɥɛl] adj **1.** [continu] continuous **2.** [répété] continual.

continuellement [kɔ̃tinɥɛlmɑ̃] adv continually.

continuer [7] [kɔ̃tinɥe] ❖ vt **1.** [poursuivre] to carry on with, to continue (with) / *continuez le repas sans moi* go on with the meal without me **2.** [prolonger] to continue / *continuer son chemin* **a)** [voyageur] to keep going **b)** [idée] to keep gaining momentum. ❖ vi to continue, to go on / *arrête-toi ici, moi je continue* you can stop right here; I'm going on / *la route continue jusqu'au village* the road runs straight on to the village / *si tu continues, ça va mal aller !* if you keep this up, you'll be sorry! ▸ **continuer à** ou **de faire qqch** to continue to do ou doing sthg / *il continue à* ou *de pleuvoir* it keeps on raining / *ma plante continue de grandir* my plant keeps getting bigger. ◆ **se continuer** vp to continue, to carry on.

continuité [kɔ̃tinɥite] nf continuity.

contondant, e [kɔ̃tɔ̃dɑ̃, ɑ̃t] adj blunt.

contorsionner [3] [kɔ̃tɔʀsjɔne] ◆ **se contorsionner** vp to contort (o.s.), to writhe.

contour [kɔ̃tuʀ] nm **1.** [limite] outline **2.** *(gén pl)* [courbe] bend.

contourner [3] [kɔ̃tuʀne] vt *pr* & *fig* to bypass, to get around.

contraceptif, ive [kɔ̃tʀasɛptif, iv] adj contraceptive. ◆ **contraceptif** nm contraceptive.

contraception [kɔ̃tʀasɛpsjɔ̃] nf contraception.

contracter [3] [kɔ̃tʀakte] vt **1.** [muscle] to contract, to tense ; [visage] to contort **2.** [maladie] to contract, to catch **3.** [engagement] to contract / *contracter une alliance* to enter into an alliance ; [assurance] to take out **4.** [moralement] to make tense ou nervous **5.** [habitude] to pick up, to acquire **6.** [rendre anxieux] to make tense **7.** LING to contract.

contraction [kɔ̃tʀaksjɔ̃] nf contraction ; [d'un muscle] tenseness ▸ **avoir des contractions** to have contractions.

contractuel, elle [kɔ̃tʀaktɥɛl] ❖ adj contractual. ❖ nm, f traffic warden UK, traffic policeman (policewoman) US.

contradiction [kɔ̃tʀadiksjɔ̃] nf contradiction.

contradictoire [kɔ̃tʀadiktwaʀ] adj contradictory ▸ **débat contradictoire** open debate.

contragestion [kɔ̃tʀaʒɛstjɔ̃] nf emergency contraception.

contraignais, contraignions ⟶ **contraindre.**

contraignant, e [kɔ̃tʀɛɲɑ̃, ɑ̃t] adj restricting.

contraindre [80] [kɔ̃tʀɛ̃dʀ] vt ▸ **contraindre qqn à faire qqch** to compel ou force sb to do sthg ▸ **être contraint de faire qqch** to be compelled ou forced to do sthg. ◆ **se contraindre** vp [s'obliger] ▸ **se contraindre à faire qqch** to make o.s. do sthg, to force o.s. to do sthg.

contraint, e [kɔ̃tʀɛ̃, ɛ̃t] ❖ pp ⟶ **contraindre.** ❖ adj forced ▸ **contraint et forcé** under duress. ◆ **contrainte** nf constraint ▸ **contrainte budgétaire** budget constraint ▸ **sans contrainte** freely.

contraire [kɔ̃tʀɛʀ] ❖ nm ▸ **le contraire** the opposite / *je n'ai jamais dit le contraire* I have never denied it. ❖ adj opposite ▸ **contraire à a)** [non conforme à] contrary to **b)** [nuisible à] harmful to, damaging to. ◆ **au contraire** loc adv on the contrary. ◆ **au contraire de** loc prép unlike.

contrairement [kɔ̃tʀɛʀmɑ̃] ◆ **contrairement à** loc prép contrary to.

contrariant, e [kɔ̃tʀaʀjɑ̃, ɑ̃t] adj **1.** [personne] contrary, perverse **2.** [événement] annoying, tiresome.

contrarier [9] [kɔ̃tʀaʀje] vt **1.** [contrecarrer] to thwart, to frustrate **2.** [irriter] to annoy.

contrariété [kɔ̃tʀaʀjete] nf annoyance.

contraste [kɔ̃tʀast] nm contrast ▸ **faire contraste avec** to contrast with.

contraster [3] [kɔ̃tʀaste] vt & vi to contrast.

contrat [kɔ̃tʀa] nm contract, agreement ▸ **remplir son contrat** *fig* to keep ou fulfil one's promise ▸ **contrat d'apprentissage** apprenticeship contract ▸ **contrat collectif** collective agreement ▸ **contrat à durée déterminée / indéterminée** fixed-term / permanent contract ▸ **contrat de location a)** [de local] tenancy agreement UK, rental agreement US **b)** [de voiture] rental agreement ▸ **contrat reconductible** renewable agreement ▸ **contrat de sponsoring** sponsorship deal.

contravention [kɔ̃tʀavɑ̃sjɔ̃] nf [amende] fine ▸ **contravention pour stationnement interdit** parking ticket ▸ **dresser une contravention à qqn** to fine sb.

contre [kɔ̃tʀ] ❖ prép **1.** [juxtaposition, opposition] against / *mettez-vous contre le mur* stand (right) by the wall **2.** [proportion, comparaison] : *élu par 15 voix contre 9* elected by 15 votes to 9 / *parier à 10 contre 1* to bet 10 to 1 **3.** [échange] (in exchange) for / *j'ai échangé mon livre contre le sien* I swapped my book for hers **4.** [pour protéger de] against / *pastilles contre la toux* cough lozenges / *s'assurer contre le vol* to take out insurance against theft. ❖ adv **1.** [juxtaposition] : *prends la rampe et appuie-toi contre* take hold of the rail and lean against it **2.** [opposition] : *vous êtes pour ou contre ?* are you for or against? ❖ nm **1.** ⟶ **pour 2.** SPORT : *marquer sur un contre* FOOT to score on a counter attack / *faire un contre* [au rugby] to intercept the ball. ◆ **par contre** loc adv on the other hand / *il est très compétent, par contre il n'est pas toujours très aimable* he's very competent, but on the other hand he's not always very pleasant.

contre-allée (*pl* **contre-allées**) [kɔ̃tʀale] nf [d'une avenue] service OU frontage US road ; [d'une promenade] side track OU path.

contre-attaque [kɔ̃tʀatak] (*pl* **contre-attaques**) nf counterattack.

contre-attaquer [3] [kɔ̃tʀatake] vt to counterattack, to strike back *(sép)*.

contrebalancer [16] [kɔ̃tʀəbalɑ̃se] vt to counterbalance, to offset. ◆ **se contrebalancer** vp ▸ **se contrebalancer de** *fam* not to give a damn about.

contrebande [kɔ̃tʀəbɑ̃d] nf [activité] smuggling ; [marchandises] contraband ▸ **passer qqch en contrebande** to smuggle sthg.

contrebandier, ère [kɔ̃tʀəbɑ̃dje, ɛʀ] nm, f smuggler.

contrebas [kɔ̃tʀəba] ◆ **en contrebas** loc adv (down) below. ◆ **en contrebas de** loc prép below.

contrebasse [kɔ̃tʀəbas] nf **1.** [instrument] (double) bass **2.** [musicien] (double) bass player.

contrecarrer [3] [kɔ̃tʀəkaʀe] vt to thwart, to frustrate.

contrecœur [kɔ̃tʀəkœʀ] ◆ **à contrecœur** loc adv grudgingly.

contrecoup [kɔ̃tʀəku] nm consequence.

contre-courant [kɔ̃tʀəkuʀɑ̃] ◆ **à contre-courant** loc adv **1.** [d'un cours d'eau] against the current, upstream **2.** [à rebours] : *aller à contre-courant* to go against the grain **3.** [s'opposer] : *aller à contre-courant de la mode* to go against the trend.

contredire [103] [kɔ̃tʀədiʀ] vt to contradict. ◆ **se contredire** vp **1.** *(emploi réciproque)* to contradict (each other) **2.** *(emploi réfléchi)* to contradict o.s.

contredit, e [kɔ̃tʀədi, it] pp ⟶ **contredire**.

contrée [kɔ̃tʀe] nf [pays] land ; [région] region.

contre-écrou [kɔ̃tʀekʀu] (*pl* **contre-écrous**) nm lock-nut.

contre-espionnage [kɔ̃tʀɛspjɔnaʒ] (*pl* **contre-espionnages**) nm counterespionage.

contre-exemple [kɔ̃tʀɛgzɑ̃pl] (*pl* **contre-exemples**) nm example to the contrary.

contre-expertise [kɔ̃tʀɛkspɛʀtiz] (*pl* **contre-expertises**) nf second (expert) opinion.

contrefaçon [kɔ̃tʀəfasɔ̃] nf [activité] counterfeiting ; [produit] forgery.

contrefaire [109] [kɔ̃tʀəfɛʀ] vt **1.** [signature, monnaie] to counterfeit, to forge **2.** [voix] to disguise.

contrefait, e [kɔ̃tʀəfɛ, ɛt] adj **1.** [frauduleux] forged **2.** *sout* [difforme] deformed.

contreficher [3] [kɔ̃tʀəfiʃe] ◆ **se contreficher** vp ▸ **se contreficher de** *fam* not to give a damn about.

contre-filet [kɔ̃tʀəfilɛ] (*pl* **contre-filets**) nm sirloin.

contrefort [kɔ̃tʀəfɔʀ] nm **1.** [pilier] buttress **2.** [de chaussure] back. ◆ **contreforts** nmpl foothills.

contre-indication [kɔ̃tʀɛ̃dikasjɔ̃] (*pl* **contre-indications**) nf contraindication.

contre-indiqué, e (*mpl* **contre-indiqués**, *fpl* **contre-indiquées**) [kɔ̃tʀɛ̃dike] adj MÉD contraindicated.

contre-interrogatoire [kɔ̃tʀɛ̃teʀɔgatwaʀ] (*pl* **contre-interrogatoires**) nm cross-examination.

contre-jour [kɔ̃tʀəʒuʀ] ◆ **à contre-jour** loc adv against the light.

contremaître, esse [kɔ̃tʀəmɛtʀ, ɛs] nm, f foreman (forewoman).

contremarque [kɔ̃tʀəmaʀk] nf [pour sortir d'un spectacle] pass-out ticket UK.

contre-offensive [kɔ̃tʀɔfɑ̃siv] (*pl* **contre-offensives**) nf counteroffensive.

contre-OPA [kɔ̃tʀɔpea] nf inv counterbid.

contre-ordre = **contrordre**.

contrepartie [kɔ̃tʀəpaʀti] nf **1.** [compensation] compensation **2.** [contraire] opposing view. ◆ **en contrepartie** loc adv in return. ◆ **en contrepartie de** loc prép (as a OU in compensation) for / *service en contrepartie duquel…* for which services….

contre-performance [kɔ̃tʀəpɛʀfɔʀmɑ̃s] (*pl* **contre-performances**) nf disappointing performance.

contrepèterie [kɔ̃tʀəpɛtʀi] nf spoonerism.

contre-pied [kɔ̃tʀəpje] nm ▸ **prendre le contre-pied de** to do the opposite of.

contreplaqué [kɔ̃tʀəplake] nm plywood.

contre-plongée [kɔ̃tʀəplɔ̃ʒe] (*pl* **contre-plongées**) nf low-angle shot. ◆ **en contre-plongée** loc adv from below / *prends-la en contre-plongée* get a low-angle shot of her, shoot her from below.

contrepoids [kɔ̃tʀəpwa] nm *pr* & *fig* counterbalance, counterweight.

contrepoint [kɔ̃tʀəpwɛ̃] nm counterpoint.

contrepoison [kɔ̃tʀəpwazɔ̃] nm antidote.

contre-pouvoir [kɔ̃tʀəpuvwaʀ] (*pl* **contre-pouvoirs**) nm counterbalance.

contre-publicité [kɔ̃tʀəpyblisite] (*pl* **contre-publicités**) nf **1.** [mauvaise publicité] adverse OU bad publicity *(U)* **2.** [publicité offensive] negative advertising *(U)*.

contrer [3] [kɔ̃tʀe] vt **1.** [s'opposer à] to counter **2.** [jeux de cartes] to double.

contresens [kɔ̃tʀəsɑ̃s] nm **1.** [erreur - de traduction] mistranslation ; [- d'interprétation] misinterpretation **2.** [absurdité] nonsense *(U)*. ◆ **à contresens** loc adv [traduire, comprendre, marcher] the wrong way.

contresigner [3] [kɔ̃tʀəsiɲe] vt to countersign.

contretemps [kɔ̃tʀətɑ̃] nm hitch, mishap. ◆ **à contretemps** loc adv MUS out of time ; *fig* at the wrong moment.

contrevenant, e [kɔ̃tʀəvnɑ̃, ɑ̃t] nm, f offender.

contrevenir [40] [kɔ̃tʀəvniʀ] vi ▸ **contrevenir à** to contravene, to infringe.

contrevenu [kɔ̃tʀəvny] pp inv ⟶ contrevenir.

contribuable [kɔ̃tʀibɥabl] nmf taxpayer.

contribuer [7] [kɔ̃tʀibɥe] vi ▸ **contribuer à** to contribute to ou towards / *contribuer au succès de* to contribute to ou to have a part in the success of / *il n'a pas contribué à la discussion* he took no part in the discussion / *contribuer à faire qqch* to go towards doing sthg.

contributeur, trice [kɔ̃tʀibytœʀ, tʀis] nm, f contributor.

contributif, ive [kɔ̃tʀibytif, iv] adj **1.** DR contributory **2.** INFORM & INTERNET ▸ **logiciel contributif** shareware ▸ **encyclopédie contributive** collaborative encyclopedia.

contribution [kɔ̃tʀibysjɔ̃] nf ▸ **contribution (à)** contribution (to) ▸ **mettre qqn à contribution** to call on sb's services ▸ **contribution sociale généralisée** *supplementary social security contribution to help the underprivileged.* ◆ **contributions** nfpl taxes ▸ **contributions directes / indirectes** direct / indirect taxation.

contrit, e [kɔ̃tʀi, it] adj contrite.

contrôle [kɔ̃tʀol] nm **1.** [vérification - de déclaration] check, checking *(U)* ; [- de documents, billets] inspection / *contrôle aérien* flight control ▸ **contrôle des comptes** ou **fiscal** audit / *il a un contrôle fiscal* ≃ the Inland Revenue UK ou IRS US is checking his tax return / *contrôle de gestion* management control ▸ **contrôle d'identité** identity check ▸ **contrôle judiciaire** ≃ probation / *placé sous contrôle judiciaire* ≃ put on probation / *contrôle parental* parental control ▸ **contrôle de qualité** quality control ▸ **contrôle radar** AUTO radar speed-trap ▸ **contrôle de routine** routine inspection / *contrôle technique* AUTO test of roadworthiness, MOT (test) UK, inspection US **2.** [maîtrise, commande] control ▸ **contrôle des armements** arms control ▸ **contrôle des naissances** birth control ▸ **contrôle des prix** price control **3.** [salle] control room **4.** SCOL test / *avoir un contrôle en chimie* to have a chemistry test ▸ **contrôle continu** UNIV continuous assessment **5.** [direction] running, supervision / *avoir le contrôle de* a) [d'un secteur, de compagnies] to have control of b) [d'un pays, d'un territoire, d'un match] to be in control of.

contrôler [3] [kɔ̃tʀole] vt **1.** [vérifier - documents, billets] to inspect ; [- déclaration] to check ; [- connaissances] to test **2.** [maîtriser, diriger] to control **3.** TECHNOL to monitor, to control **4.** [superviser] to supervise. ◆ **se contrôler** vp to control o.s.

contrôleur, euse [kɔ̃tʀolœʀ, øz] nm, f [de train] ticket inspector ; [d'autobus] (bus) conductor ▸ **contrôleur aérien** air traffic controller ; COMM [au service des achats] gatekeeper.

contrordre [kɔ̃tʀɔʀdʀ] nm countermand ▸ **sauf contrordre** unless otherwise instructed.

controverse [kɔ̃tʀɔvɛʀs] nf controversy.

controversé, e [kɔ̃tʀɔvɛʀse] adj [personne, décision] controversial.

contumace [kɔ̃tymas] nf DR ▸ **condamné par contumace** sentenced in absentia.

contusion [kɔ̃tyzjɔ̃] nf bruise, contusion.

conurbation [kɔnyʀbasjɔ̃] nf conurbation.

convaincant, e [kɔ̃vɛ̃kɑ̃, ɑ̃t] adj convincing.

convaincre [114] [kɔ̃vɛ̃kʀ] vt **1.** [persuader] ▸ **convaincre qqn (de qqch)** to convince sb (of sthg) / *votre dernier argument m'a convaincu* your last argument has won me over ▸ **convaincre qqn (de faire qqch)** to persuade sb (to do sthg) **2.** DR ▸ **convaincre qqn de** to find sb guilty of, to convict sb of / *convaincre qqn de vol* to convict sb of theft, to find sb guilty of theft.

convaincu, e [kɔ̃vɛ̃ky] ⟡ pp ⟶ convaincre. ⟡ adj [partisan] committed / *d'un ton convaincu, d'un air convaincu* with conviction.

convainquais, convainquions ⟶ convaincre.

convainquant [kɔ̃vɛ̃kɑ̃] p prés ⟶ convaincre.

convalescence [kɔ̃valesɑ̃s] nf convalescence ▸ **être en convalescence** to be convalescing ou recovering.

convalescent, e [kɔ̃valesɑ̃, ɑ̃t] adj & nm, f convalescent.

convenable [kɔ̃vnabl] adj **1.** [manières, comportement] polite ; [tenue, personne] decent, respectable **2.** [approprié] suitable **3.** [acceptable] adequate, acceptable.

convenablement [kɔ̃vnabləmɑ̃] adv **1.** [s'habiller, se tenir] properly **2.** [être payé] decently **3.** [travailler] adequately.

convenance [kɔ̃vnɑ̃s] nf ▸ **à ma / votre convenance** as suits me / you best. ◆ **convenances** nfpl proprieties.

convenir [40] [kɔ̃vniʀ] vi **1.** [décider] ▸ **convenir de qqch / de faire qqch** to agree on sthg / to do sthg / *nous avions convenu de nous retrouver à midi* we had agreed to meet at noon **2.** [plaire] ▸ **convenir à qqn** to suit sb, to be convenient for sb / *ce travail ne lui convient pas du tout* this job's not right for him at all / *la vie que je mène me convient parfaitement* the life I lead suits me perfectly **3.** [être approprié] ▸ **convenir à** ou **pour** to be suitable for / *10 h, cela vous convient-il ?* does 10 o'clock suit you? ▸ **il convient de...** it is advisable to... / *il voudrait savoir ce qu'il convient de faire* he would like to know the right thing to do **4.** *sout* [admettre] ▸ **convenir de qqch** to admit to sthg / *je conviens d'avoir dit cela* I admit to having said that ▸ **convenir que** to admit (that) ▸ **j'en conviens** *sout* I admit it.

convention [kɔ̃vɑ̃sjɔ̃] nf **1.** [règle, assemblée] convention **2.** [accord] agreement ▸ **convention collective** collective agreement. ◆ **conventions** nfpl ▸ **les conventions** convention *(U)*. ◆ **de convention** loc adj conventional.

conventionné, e [kɔ̃vɑ̃sjɔne] adj subsidized ; ≃ National Health *(avant n)* UK.

conventionnel, elle [kɔ̃vɑ̃sjɔnɛl] adj conventional.

convenu, e [kɔ̃vny] ⟡ pp ⟶ convenir. ⟡ adj **1.** [décidé] ▸ **comme convenu** as agreed **2.** *péj* [stéréotypé] conventional.

convergent, e [kɔ̃vɛʀʒɑ̃, ɑ̃t] adj convergent.

converger [17] [kɔ̃vɛʀʒe] vi ▸ **converger (vers)** to converge (on).

conversation [kɔ̃vɛʀsasjɔ̃] nf conversation ▸ **détourner la conversation** to change the subject ▸ **être en grande conversation avec** to be deep in conversation with.

converser [3] [kɔ̃vɛʀse] vi *sout* ▸ **converser (avec)** to converse (with).

conversion [kɔ̃vɛʀsjɔ̃] nf **1.** [gén] ▸ **conversion (à / en)** conversion (to/into) **2.** SKI kick turn.

converti, e [kɔ̃vɛʀti] nm, f ▸ **prêcher un converti** *fig* to preach to the converted.

convertible [kɔ̃vɛʀtibl] ❖ nm [canapé-lit] sofa bed. ❖ adj convertible.

convertir [32] [kɔ̃vɛʀtiʀ] vt ▸ **convertir qqn (à)** to convert sb (to) ▸ **convertir qqch (en)** to convert sthg (into). ◆ **se convertir** vp ▸ **se convertir (à)** to be converted (to).

convertisseur [kɔ̃vɛʀtisœʀ] nm **1.** [métallurgie, électricité] converter ▸ **convertisseur d'images** INFORM & TV image converter **2.** INFORM : *convertisseur numérique* digitizer ▸ **convertisseur série-parallèle** staticizer.

convexe [kɔ̃vɛks] adj convex.

conviction [kɔ̃viksjɔ̃] nf conviction ▸ **avoir la conviction que** to be convinced (that) / *avec / sans conviction* with/without conviction. ◆ **convictions** nfpl [credo] fundamental beliefs / *avoir des convictions politiques* to have political convictions.

conviendrai, conviendrons ⟶ **convenir**.

convier [9] [kɔ̃vje] vt ▸ **convier qqn à** to invite sb to.

convive [kɔ̃viv] nmf guest *(at a meal)*.

convivial, e, aux [kɔ̃vivjal, o] adj **1.** [réunion] convivial **2.** INFORM user-friendly.

convocation [kɔ̃vɔkasjɔ̃] nf [avis écrit] summons *sg*, notification to attend.

convoi [kɔ̃vwa] nm **1.** [de véhicules] convoy ▸ **convoi exceptionnel** wide load **2.** [train] train.

convoiter [3] [kɔ̃vwate] vt to covet.

convoitise [kɔ̃vwatiz] nf covetousness.

convoler [3] [kɔ̃vɔle] ⟶ **noces**.

convoquer [3] [kɔ̃vɔke] vt **1.** [assemblée] to convene **2.** [pour un entretien] to invite **3.** [subalterne, témoin] to summon **4.** [à un examen] ▸ **convoquer qqn** to ask sb to attend.

convoyer [13] [kɔ̃vwaje] vt to escort.

convoyeur, euse [kɔ̃vwajœʀ, øz] ❖ adj escort *(avant n)*. ❖ nm, f escort ▸ **convoyeur de fonds** security guard.

convulser [3] [kɔ̃vylse] vt to convulse. ◆ **se convulser** vp to convulse.

convulsif, ive [kɔ̃vylsif, iv] adj convulsive.

convulsion [kɔ̃vylsjɔ̃] nf convulsion.

cookie [kuki] nm **1.** [petit gâteau] biscuit UK, cookie US **2.** INFORM cookie.

cool [kul] adj inv *fam* [décontracté] laid-back, cool.

coopérant [kɔɔpeʀɑ̃] nm **1.** MIL *person engaged in voluntary work abroad as an alternative to military service* **2.** ÉCON *foreign expert working in developing country*.

coopératif, ive [kɔɔpeʀatif, iv] adj cooperative. ◆ **coopérative** nf [groupement] cooperative ▸ **coopérative de consommation** consumers' cooperative.

coopération [kɔɔpeʀasjɔ̃] nf **1.** [collaboration] cooperation ▸ **en coopération avec qqn** in collaboration with sb **2.** [aide] ▸ **la coopération** ≃ overseas development.

coopérer [18] [kɔɔpeʀe] vi ▸ **coopérer (à)** to cooperate (in).

cooptation [kɔɔptasjɔ̃] nf co-opting.

coordinateur, trice [kɔɔʀdinatœʀ, tʀis] ❖ adj coordinating. ❖ nm, f coordinator.

coordination [kɔɔʀdinasjɔ̃] nf coordination.

coordonnée [kɔɔʀdɔne] ❖ adj LING ▸ **propositions coordonnées** coordinate clauses. ❖ nf LING coordinate clause. ◆ **coordonnées** nfpl **1.** GÉOGR & MATH coordinates **2.** [adresse] address and phone number, details / *laissez-moi vos coordonnées* leave me your name, address and phone number.

coordonner [3] [kɔɔʀdɔne] vt to coordinate.

copain, ine [kɔpɛ̃, in] ❖ adj friendly, matey UK ▸ **être très copains** to be great friends. ❖ nm, f [ami] friend, mate UK ; [petit ami] boyfriend (girlfriend).

coparent [kɔpaʀɑ̃] nm co-parent.

copeau, x [kɔpo] nm [de bois] (wood) shaving.

Copenhague [kɔpɛnag] npr Copenhagen.

copie [kɔpi] nf **1.** [double, reproduction] copy ▸ **copie (certifiée) conforme** certified copy **2.** [SCOL - de devoir] clean ou fair UK copy ; [- d'examen] paper, script **3.** INFORM ▸ **copie d'écran** screen dump ▸ **copie de sauvegarde** backup copy.

copier [9] [kɔpje] ❖ vt [gén & INFORM] to copy. ❖ vi ▸ **copier sur qqn** to copy from sb.

copier-coller [kɔpjekɔle] nm inv INFORM copy and paste.

copieur, euse [kɔpjœʀ, øz] nm, f [étudiant] cribber. ◆ **copieur** nm [photocopieur] copier, photocopier.

copieusement [kɔpjøzmɑ̃] adv copiously.

copieux, euse [kɔpjø, øz] adj copious.

copilote [kɔpilɔt] nmf copilot.

copine ⟶ **copain**.

coprésidence [kɔpʀezidɑ̃s] nf co-presidency, co-chairmanship.

coprésident [kɔpʀezidɑ̃] nm co-president, co-chairman.

coprésidente [kɔpʀezidɑ̃t] nf co-president, co-chairwoman.

coprocesseur [kɔpʀɔsesœʀ] nm ▸ **coprocesseur mathématique** INFORM maths UK ou math US coprocessor.

coproducteur, trice [kɔpʀɔdyktœʀ, tʀis] nm, f [pour spectacle] coproducer.

coproduction [kɔpʀɔdyksjɔ̃] nf coproduction ▸ **en coproduction** coproduced.

coproduire [80] [kɔpʀɔdɥiʀ] vt CINÉ & TV to coproduce.

copropriétaire [kɔpʀɔpʀijetɛʀ] nmf co-owner, joint owner.

copropriété [kɔpʀɔpʀijete] nf **1.** [gén - fait d'être copropriétaire] co-ownership, joint ownership **2.** [immeuble] (jointly owned) apartment building.

copulation [kɔpylasjɔ̃] nf copulation.

copuler [3] [kɔpyle] vi to copulate.

copyright [kɔpiʀajt] nm copyright.

coq [kɔk] nm cock UK, rooster US ▸ **coq de bruyère** grouse ▸ **coq de combat** gamecock ▸ **le coq gaulois** the French cockerel ▸ **coq au vin** *chicken cooked with red wine, bacon, mushrooms and shallots* ▸ **fier comme un coq** *fig* as proud as a peacock ▸ **être comme un coq en pâte** *fig* to be in clover ▸ **sauter** ou **passer du coq à l'âne** to jump from one subject to another.

> **Le coq gaulois**
>
> The cockerel is the symbol of France. Its cry, cocorico !, is sometimes used to express national pride: trois médailles d'or pour la France — Cocorico !

coq-à-l'âne [kɔkalan] nm inv [dans la conversation] sudden change of subject / *faire un coq-à-l'âne* to go on to something completely different.

coque [kɔk] nf **1.** [de noix] shell **2.** [de navire] hull.

coquelet [kɔklɛ] nm cockerel.

coquelicot [kɔkliko] nm poppy.

coqueluche [kɔklyʃ] nf whooping cough ▸ **être la coqueluche de** *fig* to be the idol ou darling of.

coquet, ette [kɔkɛ, ɛt] adj **1.** [vêtements] smart, stylish ; [ville, jeune fille] pretty **2.** *(avant n) hum* [important] : *la coquette somme de 100 livres* the tidy sum of £100. ◆ **coquette** nf flirt.

coquetier [kɔktje] nm eggcup.

coquetterie [kɔkɛtʀi] nf **1.** [désir de plaire] coquettishness **2.** [élégance] smartness, stylishness.

coquillage [kɔkijaʒ] nm **1.** [mollusque] shellfish **2.** [coquille] shell.

coquille [kɔkij] nf **1.** [de mollusque, noix, œuf] shell ▸ **coquille de noix** [embarcation] cockleshell ▸ **coquille Saint-Jacques** scallop ▸ **rentrer dans sa coquille** *fig* to go back into one's shell **2.** TYPO misprint.

coquillettes [kɔkijɛt] nfpl pasta shells.

coquin, e [kɔkɛ̃, in] ❖ adj [sous-vêtement] sexy, naughty ; [regard, histoire] saucy. ❖ nm, f rascal.

cor [kɔʀ] nm **1.** [instrument] horn ▸ **cor de chasse** hunting horn **2.** [au pied] corn. ◆ **à cor et à cri** loc adv ▸ **réclamer qqch à cor et à cri** to clamour UK ou clamor US for sthg.

corail, aux [kɔʀaj, o] nm **1.** [gén] coral **2.** RAIL ▸ **train corail** ≃ express train. ◆ **corail** adj inv coral (pink).

Coran [kɔʀɑ̃] nm ▸ **le Coran** the Koran.

coranique [kɔʀanik] adj Koranic.

corbeau, x [kɔʀbo] nm **1.** [oiseau] crow **2.** [délateur] writer of poison-pen letters.

corbeille [kɔʀbɛj] nf **1.** [panier] basket ▸ **corbeille à linge** washing basket, hamper US ▸ **corbeille à papier** wastepaper basket, waste basket US **2.** INFORM trash (can) ; [d'une messagerie électronique Mac] ▸ **corbeille d'arrivée / de départ** in / out box **3.** THÉÂTRE (dress) circle **4.** FIN ▸ **la corbeille** the Stock Exchange.

corbillard [kɔʀbijaʀ] nm hearse.

cordage [kɔʀdaʒ] nm **1.** [de bateau] rigging *(U)* **2.** [de raquette] strings *pl*.

corde [kɔʀd] nf **1.** [filin] rope ▸ **corde à linge** clothesline, washing line UK ▸ **corde lisse** climbing rope ▸ **corde à nœuds** knotted climbing rope ▸ **corde raide** high wire, tightrope ▸ **être sur la corde raide a)** *pr* to be on ou to walk the tightrope **b)** *fig* to walk a tightrope, to do a (difficult) balancing act ▸ **corde à sauter** skipping rope UK, jump rope US **2.** [d'instrument, arc] string ▸ **avoir plus d'une corde à son arc** *fig* to have more than one string to one's bow **3.** ANAT ▸ **cordes vocales** vocal cords **4.** [équitation] rails *pl* / *être à la corde* to be on the inside / *prendre un virage à la corde* to hug a bend **5.** [athlétisme] inside (lane) **6.** EXPR **usé jusqu'à la corde a)** [vêtement] threadbare **b)** [histoire] well-worn, hackneyed ▸ **faire vibrer la corde sensible** to strike the right chord. ◆ **cordes** nfpl **1.** MUS strings ▸ **instruments à cordes** stringed instruments **2.** [d'un ring] ▸ **les cordes** the ropes **3.** EXPR **être dans les cordes de qqn** to be (in) sb's line ▸ **il tombe** ou **pleut des cordes** it's raining cats and dogs.

cordeau [kɔʀdo] nm [de jardinier] line ▸ **tracé au cordeau** *fig* [route] dead straight.

cordée [kɔʀde] nf roped party *(of mountaineers)*.

cordelette [kɔʀdəlɛt] nf string.

cordial, e, aux [kɔʀdjal, o] adj warm, cordial. ◆ **cordial, aux** nm *vieilli* tonic, pick-me-up.

cordialement [kɔʀdjalmɑ̃] adv [saluer] warmly, cordially ; [en fin de lettre] kind regards.

cordialité [kɔʀdjalite] nf warmth.

cordillère [kɔʀdijɛʀ] nf mountain range ; GÉOGR cordillera.

cordon [kɔʀdɔ̃] nm string, cord ▸ **cordon ombilical** umbilical cord ▸ **cordon de police** police cordon.

cordon-bleu [kɔʀdɔ̃blø] (*pl* **cordons-bleus**) nm cordon bleu cook.

cordonnerie [kɔʀdɔnʀi] nf **1.** [magasin] shoe repairer's, cobbler's *vieilli* **2.** [activité, commerce] shoe repairing.

cordonnier, ère [kɔʀdɔnje, ɛʀ] nm, f shoe repairer, cobbler *vieilli*.

Cordoue [kɔʀdu] npr Cordoba.

Corée [kɔʀe] nf Korea / *la Corée du Nord / du Sud* North / South Korea.

coréen, enne [kɔʀeɛ̃, ɛn] adj Korean. ◆ **Coréen, enne** nm, f Korean.

coreligionnaire [kɔʀɛliʒjɔnɛʀ] nmf fellow Christian / Jew etc.

coriace [kɔʀjas] adj *pr* & *fig* tough.

coriandre [kɔʀjɑ̃dʀ] nf coriander.

cormoran [kɔʀmɔʀɑ̃] nm cormorant.

corne [kɔʀn] nf **1.** [gén] horn ; [de cerf] antler ▸ **corne d'abondance** *fig* horn of plenty ▸ **corne de brume** foghorn **2.** [callosité] hard skin *(U)*, callus.

cornée [kɔʀne] nf cornea.

corneille [kɔʀnɛj] nf crow.

cornélien, enne [kɔʀneljɛ̃, ɛn] adj *involving the conflict between love and duty*.

cornemuse [kɔʀnəmyz] nf bagpipes *pl*.

corner¹ [3] [kɔʀne] ✥ vi [sirène] to blare (out). ✥ vt [page] to turn down the corner of.

corner² [kɔʀnɛʀ] nm FOOT corner (kick).

cornet [kɔʀnɛ] nm **1.** [d'aliment] cone, cornet UK *vieilli* **2.** [de jeu] (dice) shaker.

corniaud, corniot [kɔʀnjo] nm **1.** [chien] mongrel **2.** *fam* [imbécile] idiot.

corniche [kɔʀniʃ] nf **1.** [route] cliff road **2.** [moulure] cornice.

cornichon [kɔʀniʃɔ̃] nm **1.** [condiment] gherkin, pickle US **2.** *fam* [imbécile] idiot.

corniot = **corniaud**.

Cornouailles [kɔʀnwaj] nf : *la Cornouailles* Cornwall.

corollaire [kɔʀɔlɛʀ] nm corollary.

corolle [kɔʀɔl] nf corolla.

coron [kɔʀɔ̃] nm [village] mining village.

coronaire [kɔʀɔnɛʀ] ⟶ **artère**.

corossol [kɔʀɔsɔl] nm soursop.

corporation [kɔʀpɔʀasjɔ̃] nf corporate body.

corporel, elle [kɔʀpɔʀɛl] adj **1.** [physique - besoin] bodily ; [- châtiment] corporal **2.** DR tangible.

corps [kɔʀ]

✥ nm

1. [gén] body ▸ **être au corps à corps** to fight hand-to-hand / *tremblant de tout son corps* trembling all over ▸ **le corps du délit** DR corpus delicti ▸ **corps étranger** foreign body ▸ **corps gras** fat

2. [groupe] ▸ **corps d'armée** (army) corps ▸ **corps céleste** celestial ou heavenly body ▸ **corps diplomatique** diplomatic corps ▸ **le corps électoral** the electorate ▸ **corps enseignant a)** [profession] teaching profession **b)** [d'école] teaching staff ▸ **le corps exécutif** the executive ▸ **corps expéditionnaire** task force ▸ **corps de garde a)** [soldats] guards **b)** [local] guardroom ▸ **le corps législatif** the legislative body ▸ **le corps médical** the medical profession

3. [partie principale] ▸ **corps de bâtiment** main body of a building

4. EXPR **à mon corps défendant** against my will ▸ **donner corps à une idée / un plan** to give substance to an idea / a scheme ▸ **faire corps avec** to form (an integral) part of ▸ **se dévouer corps et âme à** to commit o.s. body and soul to ▸ **se jeter** ou **se lancer à corps perdu dans qqch** to throw o.s. (headlong) into sthg ▸ **prendre corps** to take shape ▸ **sombrer corps et biens** to go down with all hands ▸ **il s'est perdu corps et biens** *fig* he's disappeared without trace

corpulent, e [kɔʀpylɑ̃, ɑ̃t] adj corpulent, stout.

corpus [kɔʀpys] nm corpus.

corpuscule [kɔʀpyskyl] nm corpuscle.

correct, e [kɔʀɛkt] adj **1.** [exact] correct, right **2.** [honnête] correct, proper **3.** [acceptable] decent ; [travail] fair.

correctement [kɔ̃ʀɛktəmɑ̃] adv **1.** [sans faute] accurately **2.** [décemment] properly.

correcteur, trice [kɔʀɛktœʀ, tʀis] ✥ adj corrective. ✥ nm, f **1.** [d'examen] examiner, marker UK, grader US **2.** TYPO proofreader. ◆ **correcteur orthographique** nm spell-checker.

correctif, ive [kɔʀɛktif, iv] adj corrective. ◆ **correctif** nm rider ▸ **apporter un correctif à qqch** to qualify sthg.

correction [kɔʀɛksjɔ̃] nf **1.** [d'erreur] correction **2.** [punition] punishment ▸ **donner une correction à qqn** to give sb a good hiding **3.** [modification] correction **4.** TYPO proofreading **5.** [notation] marking **6.** [qualité] correctness **7.** [bienséance] propriety **8.** ÉCON ▸ **correction des variations saisonnières** seasonal adjustment.

correctionnel, elle [kɔʀɛksjɔnɛl] adj DR ▸ **peine correctionnelle** *sentence of up to five years' imprisonment*. ◆ **correctionnelle** nf DR ≃ magistrates' UK ou criminal US court ▸ **passer en correctionnelle** to appear before the magistrate UK ou judge US.

corrélation [kɔʀelasjɔ̃] nf correlation.

correspondance [kɔʀɛspɔ̃dɑ̃s] nf **1.** [gén] correspondence ▸ **cours par correspondance** correspondence course **2.** [transports] connection ▸ **assurer la correspondance avec** to connect with.

correspondant, e [kɔʀɛspɔ̃dɑ̃, ɑ̃t] ✥ adj corresponding. ✥ nm, f **1.** [par lettres] correspondent, pen pal, penfriend UK **2.** [par téléphone] : *je vous passe votre correspondant* I'll put you through **3.** PRESSE correspondent ▸ **de notre correspondant à New York** from our New York correspondent ▸ **correspondant de guerre / de presse** war / newspaper correspondent.

correspondre [75] [kɔʀɛspɔ̃dʀ] vi **1.** [être conforme] ▸ **correspondre à** to correspond to **2.** [communiquer] to communicate **3.** [par lettres] ▸ **correspondre avec** to correspond with. ◆ **se correspondre** vp [s'accorder] to correspond.

correspondu, e [kɔʀɛspɔ̃dy] pp ⟶ **correspondre**.

corrida [kɔʀida] nf bullfight.

corridor [kɔʀidɔʀ] nm corridor.

corrigé [kɔʀiʒe] nm correct version.

corriger [17] [kɔʀiʒe] vt **1.** TYPO to correct, to proofread **2.** [noter] to mark **3.** [modifier] to correct **4.** [guérir] ▸ **corriger qqn de** to cure sb of **5.** [punir] to give a good hiding to. ◆ **se corriger** vp **1.** [d'un défaut] ▸ **se corriger de** to cure o.s. of **2.** [devenir raisonnable] to mend one's ways.

corroborer [3] [kɔʀɔbɔʀe] vt to corroborate.

corroder [3] [kɔʀɔde] vt [ronger] to corrode ; *fig* to erode.

corrompre [78] [kɔʀɔ̃pʀ] vt **1.** [soudoyer] to bribe **2.** [dépraver] to corrupt **3.** *fig* [gâter] to spoil.

corrompu, e [kɔʀɔ̃py] ❖ pp ⟶ **corrompre.** ❖ adj [fonctionnaire, âme] corrupt.

corrosif, ive [kɔʀozif, iv] adj **1.** [acide] corrosive **2.** *fig* [ironie] biting. ◆ **corrosif** nm corrosive.

corrosion [kɔʀozjɔ̃] nf corrosion.

corruption [kɔʀypsjɔ̃] nf **1.** [subornation] bribery ▸ **corruption de fonctionnaire** bribery of a public official **2.** [dépravation] corruption **3.** [décomposition] decomposition **4.** [altération] debasing.

corsage [kɔʀsaʒ] nm **1.** [chemisier] blouse **2.** [de robe] bodice.

corsaire [kɔʀsɛʀ] nm **1.** [navire, marin] corsair, privateer **2.** [pantalon] pedal-pushers *pl*.

corse [kɔʀs] ❖ adj Corsican. ❖ nm [langue] Corsican. ◆ **Corse** ❖ nmf Corsican. ❖ nf : *la Corse* Corsica / *en Corse* in Corsica.

corsé, e [kɔʀse] adj [café] strong ; [vin] full-bodied ; [plat, histoire] spicy.

corser [3] [kɔʀse] vt **1.** [plat, sauce] to spice up **2.** [histoire] to liven up **3.** [vin] to strengthen. ◆ **se corser** vp [se compliquer] to get complicated ▸ **ça se corse** things are getting serious.

corset [kɔʀsɛ] nm corset ▸ **corset orthopédique** MÉD surgical corset.

cortège [kɔʀtɛʒ] nm procession ▸ **cortège funèbre** funeral procession, cortege ▸ **cortège (de voitures)** motorcade.

cortisone [kɔʀtizɔn] nf cortisone.

corvée [kɔʀve] nf **1.** MIL fatigue (duty) **2.** [activité pénible] chore.

cosignataire [kɔsiɲatɛʀ] nmf DR cosignatory.

cosinus [kɔsinys] nm cosine.

cosmétique [kɔsmetik] nm & adj cosmetic.

cosmique [kɔsmik] adj cosmic.

cosmonaute [kɔsmɔnot] nmf cosmonaut.

cosmopolite [kɔsmɔpɔlit] adj cosmopolitan.

cosmos [kɔsmos] nm **1.** [univers] cosmos **2.** [espace] outer space.

cosse [kɔs] nf [de légume] pod.

cossu, e [kɔsy] adj **1.** [personne] wealthy, moneyed **2.** [maison] opulent.

costard [kɔstaʀ] nm *fam* suit ▸ **un (homme en) costard-cravate** a man in a suit and tie.

Costa Rica [kɔstaʀika] nm : *le Costa Rica* Costa Rica / *au Costa Rica* in Costa Rica.

costaricain, e [kɔstaʀikɛ̃, ɛn], **costaricien, enne** [kɔstaʀisjɛ̃, ɛn] adj Costa Rican. ◆ **Costaricain, e, Costaricien, enne** nm, f Costa Rican.

costaud, ecostaud [kɔsto, od] adj sturdily built. ◆ **costaud** nm strapping man.

costume [kɔstym] nm **1.** [folklorique, de théâtre] costume **2.** [vêtement d'homme] suit ▸ **costume trois-pièces** three-piece suit.

costumé, e [kɔstyme] adj ▸ **bal costumé** fancy-dress ball ▸ **des enfants costumés** children in fancy dress.

costumier, ère [kɔstymje, ɛʀ] nm, f THÉÂTRE wardrobe master (mistress).

cotation [kɔtasjɔ̃] nf FIN quotation ▸ **cotation en Bourse** quoting on the stock exchange ▸ **cotation électronique** e-listing.

cote [kɔt] nf **1.** [marque de classement] classification mark ; [marque numérale] serial number **2.** FIN [valeur] quotation ; [liste] share (price) index / *inscrit à la cote* [valeurs] listed ▸ **hors-cote** unlisted **3.** [de cheval] odds *pl* **4.** [popularité] rating ▸ **avoir la cote (auprès de qqn)** *fam* to be popular (with sb) ; [d'un homme politique] ▸ **cote de popularité** approval rating **5.** [niveau] level ▸ **cote d'alerte** a) [de cours d'eau] danger level b) *fig* crisis point.

côte [kot] nf **1.** ANAT & BOT [de bœuf] rib ; [de porc, mouton, agneau] chop ▸ **côte à côte** side by side **2.** [pente] hill **3.** [littoral] coast ▸ **la Côte d'Azur** the French Riviera **4.** [tissu] ▸ **velours à côtes** corduroy.

coté, e [kɔte] adj [estimé] popular ▸ **être coté** to be well thought of ▸ **être bien / mal coté** to be highly/poorly rated ; FIN listed / *non coté* unlisted / *valeurs cotées en Bourse* listed securities.

côté [kote]

❖ nm

1. [gén] side ▸ **côté sous le vent** NAUT leeward side ▸ **être couché sur le côté** to be lying on one's side ▸ **être aux côtés de qqn** *fig* to be by sb's side ▸ **d'un côté…, de l'autre côté…** on the one hand…, on the other hand… / *et côté finances, ça va ?* *fam* how are things moneywise? / *elle a un côté naïf* there's a naive side to her / *prendre qqch du bon / mauvais côté* to take sthg in good/bad part

2. [endroit, direction] direction, way / *de quel côté est-il parti ?* which way did he go? ▸ **de l'autre côté de** on the other side of ▸ **de tous côtés** from all directions ▸ **du côté de** a) [près de] near b) [direction]

towards UK, toward US c) [provenance] from / *elle est partie du côté du village* she went towards the village / *cherchons du côté des auteurs classiques* let's look amongst classical authors

◆ **à côté** loc adv **1.** [lieu - gén] nearby ; [- dans la maison adjacente] next door / *les voisins d'à côté* the nextdoor neighbours **2.** [cible] ▸ **tirer à côté** to shoot wide (of the target).

◆ **à côté de** loc prép **1.** [proximité] beside, next to **2.** [en comparaison avec] beside, compared to **3.** [en dehors de] ▸ **passer à côté de** a) [chemin, difficulté, porte] to miss b) [occasion] to miss out on ▸ **être à côté du sujet** to be off the point.

◆ **de côté** loc adv **1.** [se placer, marcher] sideways **2.** [en réserve] aside ▸ **mettre / laisser qqch de côté** to put/leave sthg aside.

coteau [kɔto] nm **1.** [colline] hill **2.** [versant] slope.

Côte-d'Ivoire [kotdivwaʀ] nf : *la Côte-d'Ivoire* the Ivory Coast.

côtelé, e [kotle] adj ribbed ▸ **velours côtelé** corduroy.

côtelette [kotlɛt] nf [de porc, mouton, d'agneau] chop ; [de veau] cutlet.

coter [3] [kɔte] vt **1.** [marquer, noter] to mark **2.** FIN to quote **3.** [carte, plan] to mark the heights on.

coterie [kɔtʀi] nf *péj* & *vieilli* set, clique.

côtier, ère [kotje, ɛʀ] adj coastal.

cotisation [kɔtizasjɔ̃] nf [à un club, un parti] subscription ; [à la Sécurité sociale] contribution. ◆ **cotisations** [kɔtizasjɔ̃] nfpl ▸ **cotisations patronales** employer's contributions ▸ **cotisations salariales** employee's contributions.

cotiser [3] [kɔtize] vi [à un club, un parti] to subscribe ; [à la Sécurité sociale] to contribute. ◆ **se cotiser** vp to club together.

coton [kɔtɔ̃] nm cotton ▸ **coton (hydrophile)** (absorbent) cotton, cotton wool UK.

cotonnade [kɔtɔnad] nf cotton fabric.

Coton-Tige® [kɔtɔ̃tiʒ] (*pl* **Cotons-Tiges** *ou* **Coton-Tiges**) nm cotton bud UK, Q-tip® US.

côtoyer [13] [kotwaje] vt **1.** [longer] to run alongside **2.** *fig* [frôler] to verge on **3.** *fig* [fréquenter] to mix with.

cotte [kɔt] nf HIST tunic ▸ **cotte de mailles** coat of mail.

cou [ku] nm [de personne, bouteille] neck ▸ **se jeter au cou de qqn, sauter au cou de qqn** to throw one's arms around sb's neck ▸ **jusqu'au cou** *fig* up to one's eyes.

couac [kwak] nm false ou wrong note.

couard, e [kwaʀ, aʀd] *sout* ◈ adj cowardly. ◈ nm, f coward.

couchage [kuʃaʒ] nm sleeping arrangements *pl* ; ⟶ **sac.**

couchant [kuʃɑ̃] ◈ adj ⟶ **soleil.** ◈ nm west.

couche [kuʃ] nf **1.** [de peinture, de vernis] coat, layer ; [de poussière] film, layer **2.** [épaisseur] layer ▸ **couche d'ozone** ozone layer ▸ **en avoir ou en tenir une couche** *fam* to be as dumb as they come, to be (as) thick as two short planks UK **3.** [de bébé] nappy UK, diaper US **4.** [classe sociale] stratum. ◆ **couches** nfpl *vieilli* confinement (U), labour (U) UK, labor (U) US. ◆ **fausse couche** nf miscarriage.

couché, e [kuʃe] adj ▸ **être couché** a) [étendu] to be lying down b) [au lit] to be in bed.

couche-culotte [kuʃkylɔt] (*pl* **couches-culottes**) nf disposable nappy UK ou diaper US.

coucher¹ [3] [kuʃe] ◈ vt **1.** [enfant] to put to bed **2.** [objet, blessé] to lay down / *coucher une bouteille / moto* to lay a bottle/motorbike on its side / *la pluie a couché les herbes* the rain flattened the grasses **3.** *sout* [inscrire] to mention / *coucher qqn sur son testament* to name sb in one's will. ◈ vi **1.** [dormir] to sleep / *cela va te faire coucher tard* that will keep you up late **2.** [passer la nuit] to spend the night / *on couchera à l'hôtel* a) [une nuit] we'll spend the night ou we'll sleep in a hotel b) [plusieurs nuits] we'll stay in a hotel ▸ **un nom à coucher dehors** *fam* an impossible name **3.** *fam* [avoir des rapports sexuels] ▸ **coucher avec** to sleep with. ◆ **se coucher** vp **1.** [s'allonger] to lie down / *se coucher à plat ventre* to lie face down **2.** [se mettre au lit] to go to bed / *je vous empêche de vous coucher ?* am I keeping you up? **3.** [se courber] to bend over **4.** [astre] to set.

coucher² [kuʃe] nm **1.** [d'astre] setting ▸ **au coucher du soleil** at sunset **2.** [de personne] going to bed / *le coucher du roi* the king's going-to-bed ceremony.

couchette [kuʃɛt] nf **1.** [de train] couchette **2.** [de navire] berth.

coucheur [kuʃœʀ] nm ▸ **mauvais coucheur** *fig* awkward customer.

couci-couça [kusikusa] adv *fam* so-so.

coucou [kuku] ◈ nm **1.** [oiseau] cuckoo **2.** [pendule] cuckoo clock **3.** *péj* [avion] crate. ◈ interj peekaboo!

coude [kud] nm **1.** [de personne, de vêtement] elbow ▸ **être au coude à coude** to be shoulder to shoulder ▸ **jouer des coudes** to elbow people aside ▸ **se serrer les coudes** to stick together **2.** [courbe] bend.

coudée [kude] nf ▸ **avoir les coudées franches** to have room to move ou elbow room.

cou-de-pied [kudpje] (*pl* **cous-de-pied**) nm instep.

coudoyer [13] [kudwaje] vt to rub shoulders with.

coudre [86] [kudʀ] ◈ vt **1.** [bouton] to sew on **2.** MÉD to sew up, to stitch. ◈ vi to sew.

coudrier [kudʀije] nm hazel tree.

couenne [kwan] nf [de lard] rind.

couette [kwɛt] nf **1.** [édredon] duvet UK, comforter US **2.** [coiffure] bunches *pl* UK, pigtails *pl* UK.

couffin [kufɛ̃] nm **1.** [berceau] Moses basket UK, bassinet US **2.** [cabas] basket.

couille [kuj] nf *(gén pl)* *vulg* ball.

couiner [3] [kwine] vi **1.** [animal] to squeal **2.** [pleurnicher] to whine.

coulant, e [kulɑ̃, ɑ̃t] adj **1.** [fluide] runny **2.** [style] fluent **3.** *fam* [indulgent] easy-going, laid-back.

coulée [kule] nf **1.** [de matière liquide] ▸ **coulée de lave** lava flow ▸ **coulée de boue** mudslide **2.** [de métal] casting.

couler [3] [kule] ❖ vi **1.** [liquide] to flow / *la sueur coulait sur son visage* **a)** [abondamment] sweat was pouring down his face **b)** [goutte à goutte] sweat was trickling down his face / *faire couler un bain* to run a bath / *fais couler l'eau* turn on the water / *fais couler un peu d'eau dessus* pour a little water over it **2.** [beurre, fromage, nez] to run **3.** [robinet] to drip ; [tonneau, stylo] to leak **4.** *litt* [temps] to slip by **5.** [navire, entreprise] to sink **6.** / *cela coule de source* it's obvious / *faire couler beaucoup d'encre fig* to cause a lot of ink to flow. ❖ vt **1.** [navire] to sink **2.** [métal, bronze] to cast **3.** *fam* [personne, entreprise] to ruin. ◆ **se couler** vp [se glisser] to slip ▸ **se la couler douce** *fam* to have an easy life.

couleur [kulœʀ] ❖ nf **1.** [teinte, caractère] colour UK, color US / *de couleur vive* brightly-coloured UK, brightly-colored US / *aux couleurs du parti* in party colours / *la couleur de la peau* skin colour / *prendre des couleurs* to get a tan ou a bit of colour in one's cheeks / *une personne de couleur* a person of colour ▸ **couleurs primaires** ou **fondamentales** primary colours / *couleurs complémentaires* complementary colours / *télévision en couleurs* colour television ▸ **haut en couleur** **a)** [personne] high-coloured UK, high-colored US **b)** [quartier, récit] colourful UK, colorful US **2.** [linge] coloureds *pl* UK, coloreds *pl* US **3.** [jeux de cartes] suit **4.** [d'opinion] leaning **5.** [EXPR] **en faire voir de toutes les couleurs à qqn** *fam* to give sb a hard time / *on en a vu de toutes les couleurs fam* we've been through some hard times ▸ **sous couleur de qqch / de faire qqch** under the guise of sthg/of doing sthg. ❖ adj inv [télévision, pellicule] colour *(avant n)* UK, color *(avant n)* US.

couleuvre [kulœvʀ] nf grass snake ▸ **avaler des couleuvres** *fam & fig* **a)** [insultes] to swallow insults **b)** [mensonges] to be taken in.

coulis [kuli] nm CULIN puree.

coulissant, e [kulisɑ̃, ɑ̃t] adj sliding *(avant n)*.

coulisse [kulis] nf **1.** [glissière] : *fenêtre / porte à coulisse* sliding window/door **2.** COUT hem. ◆ **coulisses** nfpl THÉÂTRE wings ▸ **dans les coulisses** *fig* behind the scenes.

coulisser [3] [kulise] vi to slide.

couloir [kulwaʀ] nm **1.** [corridor] corridor **2.** GÉOGR gully **3.** SPORT [transports] lane ▸ **couloir aérien** air lane ▸ **couloir d'autobus** bus lane.

coulommiers [kulɔmje] nm *soft cheese made from cow's milk.*

coulpe [kulp] nf ▸ **battre sa coulpe** to repent one's sins openly.

coup [ku]

❖ nm

1. [choc physique, moral] blow ▸ **donner un coup de coude à qqn** to nudge sb ▸ **coup bas** **a)** *pr* blow ou punch below the belt **b)** *fig* blow below the belt ▸ **c'est un coup bas !** *fig* that's below the belt! ▸ **coup de couteau** stab *(with a knife)* ▸ **un coup dur** *fig* a heavy blow ▸ **donner un coup de fouet à qqn** *fig* to give sb a shot in the arm ▸ **coups et blessures** DR grievous bodily harm ▸ **coup de grâce** *pr & fig* coup de grâce, death blow ▸ **coup de pied** kick ▸ **coup de poing** punch ▸ **compter les coups** *pr & fig* to keep score / *prendre des coups* to get knocked about / *recevoir un coup* to get hit

2. [action nuisible] trick ▸ **faire un sale coup à qqn** *fam* to play a dirty trick on sb ▸ **coup fourré** stab in the back / *il prépare un coup* he's up to something

3. [SPORT - au tennis] stroke ▸ **coup droit** (forehand) drive ; [en boxe] blow, punch ; [au football] kick ▸ **coup franc** free kick

4. [d'éponge, de chiffon] wipe / *passe un coup d'éponge sur la table* give the table a wipe (with the sponge) ▸ **un coup de crayon** a pencil stroke ▸ **donner un coup de balai** to give the floor a sweep

5. [bruit] noise ▸ **coup de feu** shot, gunshot ▸ **coup de sonnette** ring

6. [action spectaculaire] ▸ **coup d'éclat** feat ▸ **coup d'État** coup (d'état) ▸ **coup de théâtre** *fig* dramatic turn of events

7. *fam* [fois] time / *du premier coup* first time, at the first attempt / *ce coup-ci, on s'en va* this time, we're off

8. [armement] shot, blast / *un coup de revolver* a shot, a gunshot / *le coup est parti* **a)** [revolver] the gun went off **b)** [fusil] the rifle went off ▸ **(revolver à) six coups** six-shooter / *tirer un coup de canon* to fire ou to blast a cannon

9. *vulg* [éjaculation] ▸ **tirer un** ou **son coup** to shoot one's load *vulg*

10. [EXPR] **avoir un coup de barre / de pompe** *fam* to feel shattered UK ou pooped US ▸ **boire un coup** to have a drink ▸ **être dans le coup** **a)** [être à la mode] to be up to date **b)** [être au courant] to be in the know ▸ **faire les quatre cents coups** to lead a wild life ▸ **marquer le coup** to mark the occasion ▸ **en prendre un coup** to take a knock / *rattraper le coup* to sort things out ▸ **tenir le coup** to hold out ▸ **tenter le coup** to have a go ▸ **tous les coups sont permis** *pr & fig* (there are) no holds barred ▸ **valoir le coup** to be well worth it

◆ **à coups de** loc prép : *démoli à coups de marteau* smashed to pieces with a hammer / *à coups de primes* through ou by dint of special bonuses.

◆ **au coup par coup** loc adv *fam* bit by bit / *négocier au coup par coup* to have piecemeal negotiations.

◆ **coup de fil** nm *fam* phone call.

◆ **coup de foudre** nm love at first sight.

◆ **coup du lapin** nm *fam* AUTO whiplash *(U)*.

◆ **coup de main** nm **1.** [aide] : *donner un coup de main à qqn* to give ou to lend sb a hand **2.** [savoir-faire] : *avoir le coup de main* to have the knack ou the touch **3.** [raid] smash-and-grab (attack) ; MIL coup de main.

◆ **coup d'œil** nm **1.** [regard] look, glance / *au premier coup d'œil* straight away ou immediately ou at a glance / *d'un coup d'œil, il embrassa le tableau* he took in the situation at a glance / *jeter un petit coup d'œil à* to have a quick look ou glance at **2.** [appréciation] : *avoir le coup d'œil* to have a good eye / *valoir le coup d'œil* to be worth seeing **3.** [panorama] view.

◆ **coup de soleil** nm sunburn *(U)* / *prendre* ou *attraper un coup de soleil* to get sunburnt.

◆ **coup de téléphone** nm telephone ou phone call ▸ **donner** ou **passer un coup de téléphone à qqn** to telephone ou phone sb / *recevoir un coup de téléphone* to receive ou to get a phone call.

◆ **coup de vent** nm gust of wind ▸ **partir en coup de vent** to rush off.

◆ **à coup sûr** loc adv definitely.

◆ **du coup** loc adv as a result / *elle ne pouvait pas venir, du coup j'ai reporté le dîner* as she couldn't come, I put the dinner off ou she couldn't come so I put the dinner off.

◆ **coup sur coup** loc adv one after the other.

◆ **sur le coup** loc adv **1.** [mourir] instantly **2.** [à ce moment-là] straightaway, there and then / *je n'ai pas compris sur le coup* I didn't understand immediately ou straightaway.

◆ **sous le coup de** loc prép [sous l'effet de] in the grip of.

◆ **tout à coup** loc adv suddenly.

coupable [kupabl] ❖ adj **1.** [personne, pensée] guilty ▸ **plaider coupable / non coupable** DR to plead guilty / not guilty **2.** [action, dessein] culpable, reprehensible ; [négligence, oubli] sinful. ❖ nmf guilty person ou party.

coupant, e [kupɑ̃, ɑ̃t] adj **1.** [tranchant] cutting **2.** *fig* [sec] sharp.

coupe [kup] nf **1.** [verre] glass ▸ **coupe de champagne** glass of champagne **2.** [à fruits] dish **3.** SPORT cup ▸ **Coupe du monde** World Cup **4.** [d'arbres] felling **5.** [de vêtement, aux cartes] cut ▸ **coupe (de cheveux)** haircut **6.** [plan, surface] (cross) section **7.** [de phrase] break **8.** [réduction] cut, cutback ▸ **coupes budgétaires** budget cuts.

coupé, e [kupe] adj ▸ **bien / mal coupé** well / badly cut. ◆ **coupé** nm coupé.

coupe-circuit [kupsiʀkɥi] (*pl inv ou* **coupe-circuits**) nm circuit breaker.

coupe-faim [kupfɛ̃] nm inv appetite suppressant.

coupe-feu [kupfø] ❖ nm inv firebreak. ❖ adj inv fire *(avant n)* / *porte coupe-feu* fire door.

coupe-gorge [kupgɔʀʒ] nm inv dangerous place.

coupe-légumes [kuplegym] nm inv vegetable cutter, vegetable slicer.

coupelle [kupɛl] nf dish.

coupe-ongles [kupɔ̃gl] nm inv nail clippers *pl.*

coupe-papier [kuppapje] (*pl* **coupe-papiers**) nm paper knife.

couper [3] [kupe] ❖ vt **1.** [gén & INFORM] to cut **2.** [arbre] to cut down **3.** [pain] to slice / *couper qqch en tranches fines / épaisses* to slice sthg thinly / thickly, to cut sthg into thin / thick slices ; [rôti] to carve **4.** [envie, appétit] to take away ▸ **couper le souffle** ou **la respiration à qqn** to take sb's breath away **5.** [vin] to dilute **6.** [jeux de cartes - avec atout] to trump ; [- paquet] to cut **7.** [découper] to cut out **8.** [interrompre, trancher] to cut off / *couper qqn* *fam* to interrupt sb **9.** [traverser] to cut across. ❖ vi **1.** [gén] to cut / *attention, ça coupe !* careful, it's sharp ! / *couper à travers champs* to cut across country ou the fields / *couper par une petite route* to cut through by a minor road **2.** *fam* [échapper] ▸ **couper à** to get out of / *tu dois y aller, tu ne peux pas y couper !* you've got to go: there's no way you can get out of it! **3.** EXPR **couper court à qqch** to cut sthg short. ◆ **se couper** vp **1.** [se blesser] to cut o.s. / *se couper le* ou *au front* to cut one's forehead **2.** [se croiser] to cross **3.** [s'isoler] ▸ **se couper de** to cut o.s. off from.

couper-coller [kupekɔle] nm inv INFORM ▸ **faire un couper-coller** to cut and paste.

couperet [kupʀɛ] nm **1.** [de boucher] cleaver **2.** [de guillotine] blade.

couperose [kupʀoz] nf [sur le visage] blotchiness.

couperosé, e [kupʀoze] adj blotchy.

coupe-vent [kupvɑ̃] nm inv [vêtement] windcheater, windbreaker US.

couple [kupl] nm [de personnes] couple ; [d'animaux] pair.

couplé, e [kuple] adj [équitation] doubled. ◆ **Couplé®** nm [au tiercé] double.

coupler [3] [kuple] vt [objets] to couple.

couplet [kuplɛ] nm verse.

coupole [kupɔl] nf ARCHIT dome, cupola.

coupon [kupɔ̃] nm **1.** [d'étoffe] remnant **2.** FIN coupon **3.** [billet] ticket.

coupon-réponse [kupɔ̃ʀepɔ̃s] (*pl* **coupons-réponse**) nm reply coupon.

coupure [kupyʀ] nf **1.** [gén] cut ; [billet de banque] note UK, bill US ▸ **grosses coupures** large denominations ou bills US ▸ **petite coupure** small denomination note UK ou bill US ▸ **coupure de courant** a) ÉLECTR power cut b) INFORM blackout ▸ **coupure de presse** (press) cutting UK ou clipping US ▸ **coupure publicitaire** commercial break **2.** *fig* [rupture] break.

cour [kuʀ] nf **1.** [espace] courtyard, yard / *avec vue sur (la) cour* looking onto the inside of the building ou onto the courtyard ▸ **cour d'honneur** main courtyard ▸ **cour de récréation** playground UK, schoolyard US **2.** [du roi, tribunal] court ; *fig* & *hum* following / *Messieurs, la Cour !* all rise!, be upstanding in court! UK ▸ **cour d'appel** Court of Appeal UK ou Appeals US, appellate court US ▸ **Cour de cassation** final Court of Appeal UK ou Appeals US ▸ **la Cour des comptes** *the French audit office* ▸ **Haute Cour** High Court *(for impeachment of president)* ▸ **cour martiale** court-martial **3.** EXPR **faire la cour à** a) [femme] to court b) *fig* to charm, to woo ▸ **jouer dans la cour des grands** *fig* to be up there with the leaders.

courage [kuʀaʒ] nm courage / *je n'ai pas le courage de faire mes devoirs* I can't bring myself to do my homework ▸ **bon courage !** good luck! ▸ **perdre courage** to loose heart ▸ **prendre son courage à deux mains** to pluck up courage.

courageusement [kuʀaʒøzmɑ̃] adv courageously.

courageux, euse [kuʀaʒø, øz] adj **1.** [brave] brave **2.** [qui a de l'énergie] energetic **3.** [audacieux] bold.

couramment [kuʀamɑ̃] adv **1.** [parler une langue] fluently / *il parle l'anglais couramment* he speaks English fluently **2.** [communément] commonly / *ça se dit couramment* it's a common ou an everyday expression.

courant, e [kuʀɑ̃, ɑ̃t] adj **1.** [habituel] everyday *(avant n)* / *en anglais courant* in everyday ou conversational English **2.** [normal] standard **3.** [en cours] present / *votre lettre du 17 courant* your letter of the 17th of this month ou the 17th instant UK. ◆ **courant** nm **1.** [marin, atmosphérique, électrique] current / *branché sur le courant* plugged into the mains / *couper le courant* to cut off the power / *mettre le courant* to switch the power on ▸ **nager contre** ou **remonter le courant** a) *pr* to swim against the current b) *fig* to go against the tide / *il y a trop de courant* the current is too strong ▸ **courant d'air** draught UK, draft US ▸ **courant alternatif** alternating current ▸ **le courant passe bien entre nous** *fam* & *fig* we're on the same wavelength **2.** [d'idées] current / *les courants de l'opinion* currents ou trends in public opinion **3.** [laps de temps] ▸ **dans le courant du mois / de l'année** in the course of the month / the year / *courant décembre* in the course of December. ◆ **au courant** loc adv ▸ **être au courant** to know (about it) / *tu es au courant de la panne ?* do you know about the breakdown? ▸ **mettre qqn au courant (de)** to tell sb (about) ▸ **tenir qqn au courant (de)** to keep sb informed (about) ▸ **se mettre / se tenir au courant (de)** to get/keep up to date (with).

courbatu, e [kuʀbaty] adj aching.

courbature [kuʀbatyʀ] nf ache.

courbaturé, e [kuʀbatyʀe] adj aching.

courbe [kuʀb] ◆ nf curve ▸ **courbe de niveau** [sur une carte] contour (line) ▸ **courbe de température** MÉD temperature curve. ◆ adj curved.

courber [3] [kuʀbe] ◆ vt **1.** [tige] to bend **2.** [tête] to bow. ◆ vi to bow. ◆ **se courber** vp **1.** [chose] to bend **2.** [personne] to bow, to bend down.

courbette [kuʀbɛt] nf *fam* [révérence] bow ▸ **faire des courbettes** *fig* to bow and scrape.

coureur, euse [kuʀœʀ, øz] nm, f **1.** SPORT runner ▸ **coureur cycliste** racing cyclist **2.** *fam* & *fig* [amateur] ▸ **coureur (de jupons)** womanizer.

courge [kuʀʒ] nf **1.** [légume] marrow UK, squash US **2.** *fam* [imbécile] dimwit.

courgette [kuʀʒɛt] nf courgette UK, zucchini US.

courir [45] [kuʀiʀ] ◆ vi **1.** [aller rapidement] to run ▸ **courir après qqn / qqch** *fam* & *fig* to chase after sb/sthg, to run after sb/sthg / *courir après la célébrité* *fam* to strive for recognition / *elle ne court pas après l'argent* *fam* she's not after money ▸ **laisse courir !** *fam* & *fig* let it go! ▸ **faire courir qqn** *fam* & *fig* to pull sb's leg / *partir en courant* to run off **2.** SPORT to race **3.** [se précipiter, rivière] to rush / *j'y cours* I'll rush over **4.** [se propager] ▸ **faire courir un bruit** to spread a rumour UK ou rumor US. ◆ vt **1.** SPORT to run in **2.** [parcourir] to roam (through) / *quelqu'un comme ça, ça ne court pas les rues* people like that are hard to come by **3.** [faire le tour de] to go around **4.** [fréquenter : bals, musées] to do the rounds of / *elle court les musées* she's an inveterate museum-goer **5.** [encourir] : *faire courir un risque* ou *danger à qqn* to put sb at risk.

couronne [kuʀɔn] nf **1.** [ornement, autorité] crown **2.** [de fleurs] wreath ▸ **couronne mortuaire** ou **funéraire** funeral wreath **3.** [monnaie - de Suède, d'Islande] krona ; [- du Danemark, de Norvège] krone ; [- de la République tchèque] crown.

couronnement [kuʀɔnmɑ̃] nm **1.** [de monarque] coronation **2.** [d'édifice] crown **3.** *fig* [apogée] crowning achievement.

couronner [3] [kuʀɔne] vt **1.** [monarque] to crown **2.** [récompenser] to give a prize to ▸ **être couronné de succès** *fig* to be crowned with success **3.** [conclure] ▸ **cette nomination vient couronner sa carrière** *fig* this nomination is the crowning achievement of his carreer.

courrai, courras ⟶ **courir**.

courre [kuʀ] ⟶ **chasse**.

courriel [kuʀjɛl] nm email.

courrier [kuʀje] nm mail, letters *pl*, post UK ▸ **courrier du cœur** agony UK ou advice US column UK ▸ **courrier direct** COMM direct mailing ou mailshot UK ▸ **courrier électronique** INFORM electronic mail, e-mail ▸ **courrier des lecteurs** [rubrique] letters to the editor.

courroie [kuʀwa] nf TECHNOL belt ; [attache] strap ▸ **courroie de transmission** driving belt ▸ **courroie de ventilateur** fanbelt.

courroucé, e [kuʀuse] adj *litt* wrathful.

courroucer [16] [kuʀuse] vt *litt* to anger.

courroux [kuʀu] nm *litt* wrath, rage.

cours [kuʀ]

◆ ⟶ **courir**.

◆ nm

1. [écoulement] flow ▸ **cours d'eau** waterway ▸ **donner** ou **laisser libre cours à** *fig* to give free rein to ▸ **reprendre son cours** : *la vie reprend son cours* life goes on

2. [déroulement] course / *entraver le cours de la justice* to hinder the course of justice / *suivre son cours* to take its course ▸ **au cours de** during, in the course of / *au cours de notre dernier entretien* when we last spoke ▸ **en cours** a) [année, dossier] current b) [affaires] in hand / *une enquête est en cours* investigations are taking place ▸ **en cours de** : *en cours de construction* under construction / *en cours de route* on the way

3. FIN [de devises] rate ▸ **cours du change** exchange rate ▸ **cours des devises** foreign exchange rate / *cours du dollar* dollar rate ▸ **avoir cours** [monnaie] to be legal tender / *ne plus avoir cours* a) [monnaie] to be out of circulation, to be no longer legal tender ou currency b) [pratique, théorie] to be obsolete c) [expression, terme] to be obsolete ou no longer in use / *au cours du marché* at the market ou trading price

4. FIN [d'actions] price, trading rate ▸ **cours acheteur** bidding price ▸ **cours des actions** share price / *premier cours, cours d'ouverture* opening price / *dernier cours, cours de clôture* closing price / *le cours d'ouverture de ces actions était de 10 euros* those shares opened at 10 euros

5. [leçon] class, lesson / *aller en cours* to go to one's class / *donner des cours (à qqn)* to teach (sb) / *être en cours* to be in class / *faire cours : c'est moi qui vous ferai cours cette année* I'll be teaching you this year / *j'ai cours tous les jours* [élève, professeur] I have classes every day / *suivre un cours* ou *des cours d'espagnol* to go to ou to attend a Spanish class ▸ **cours intensifs** crash course *sg* ▸ **cours magistral** lecture ▸ **cours particuliers** private lessons ▸ **cours de rattrapage / du soir** remedial / evening class

6. [classe] ▸ **cours préparatoire** ≃ second-year infants UK ; ≃ first grade US ▸ **cours élémentaire 1** ≃ third-year infants UK ; ≃ second grade US ▸ **cours moyen 1** ≃ fifth-year infants UK ; ≃ first grade US

7. [avenue] avenue

course [kurs] nf **1.** [action] running *(U)* / *au pas de course* at a run ▸ **être dans la course** *fig* to be in touch ou in the know / *faire la course avec qqn* to race (with) sb / *la course au pouvoir / à la présidence* the race for power / the presidency ▸ **course aux armements** arms race **2.** [compétition] race ▸ **course attelée** ou **sous harnais** harness race ▸ **course automobile / cycliste** car / cycle race ▸ **course contre la montre** a) *pr* race against the clock, time-trial b) *fig* race against time ▸ **course de fond** ou **d'endurance** long-distance race ▸ **course d'obstacles** [en équitation] steeplechase ▸ **course à pied** (foot) race / *je fais de la course à pied tous les jours* I run every day **3.** [excursion] trip / *faire une course en montagne* to go for a trek in the mountains **4.** [en taxi] journey **5.** [mouvement] flight, course **6.** [commission] errand ▸ **faire des courses** to go shopping / *j'ai une course à faire* I've got to buy something ou to get something from the shops, I've got to run an errand.

courser [3] [kurse] vt *fam* to chase, to run after / *elle s'est fait courser par des voyous* she was chased by some thugs.

coursier, ère [kursje, ɛr] nm, f messenger.

coursive [kursiv] nf gangway.

court, e [kur, kurt] adj **1.** [dans l'espace] short / *la jupe est trop courte de trois centimètres* the skirt is three centimetres too short **2.** [dans le temps] short, brief / *pendant un court instant* for a brief ou fleeting moment / *à court terme* short-term **3.** [faible, insuffisant] small, slender / *avoir la respiration courte* ou *le souffle court* to be short of breath ou wind ▸ **avoir la mémoire courte** to have a short memory. ◆ **court** ❖ v ⟶ **courir.** ❖ adv ▸ **être à court d'argent / d'idées / d'arguments** to be short of money / ideas / arguments / *nous étions presque à court d'eau* we were low on ou running short of water ▸ **prendre qqn de court** to catch sb unawares ▸ **tourner court** to stop suddenly / *appelez-moi Jeanne, tout court* just call me Jeanne. ❖ nm ▸ **court de tennis** tennis court.

courtage [kurtaʒ] nm **1.** [profession] brokerage, broking ▸ **courtage électronique** e-broking, online broking **2.** [commission] brokerage, commission / *vente par courtage* selling on commission.

court-bouillon [kurbujɔ̃] (*pl* **courts-bouillons**) nm court-bouillon.

court-circuit [kursirkɥi] (*pl* **courts-circuits**) nm short circuit.

court-circuiter [3] [kursirkɥite] vt ÉLECTR to short-circuit ; *fig* to bypass.

courtier, ère [kurtje, ɛr] nm, f broker / *courtier d'assurances* insurance broker / *courtier de Bourse* stockbroker / *courtier de change* bill broker ▸ **courtier électronique** e-broker, online broker.

courtisan, e [kurtizɑ̃, an] nm, f **1.** HIST courtier **2.** [flatteur] sycophant. ◆ **courtisane** nf courtesan.

courtiser [3] [kurtize] vt **1.** [femme] to woo, to court **2.** *péj* [flatter] to flatter.

court-jus [kurʒy] (*pl* **courts-jus**) nm *fam* ÉLECTR short.

court-métrage [kurmetraʒ] (*pl* **courts-métrages**) nm short (film).

courtois, e [kurtwa, az] adj courteous.

courtoisie [kurtwazi] nf courtesy.

couru, e [kury] ❖ pp ⟶ **courir.** ❖ adj popular ▸ **c'est couru (d'avance)** *fam* & *fig* it's a foregone conclusion.

cousais, cousions ⟶ **coudre.**

couscous [kuskus] nm couscous *(traditional North African dish of semolina served with a spicy stew of meat and vegetables).*

cousin, e [kuzɛ̃, in] nm, f cousin ▸ **cousin germain** first cousin.

coussin [kusɛ̃] nm **1.** [de siège] cushion ▸ **coussin d'air** air cushion **2.** QUÉBEC [baseball] base.

coussinet [kusinɛ] nm **1.** [coussin] small cushion **2.** [de patte d'animal] pad.

cousu, e [kuzy] ❖ pp ⟶ **coudre.** ❖ adj ▸ **c'est du cousu main** *fam* & *fig* it's top-quality stuff ▸ **cousu de fil blanc** *fig* obvious.

coût [ku] nm cost ▸ **coût du crédit** credit charges ou costs ▸ **coût de production** production cost ▸ **le coût de la vie** the cost of living. ◆ **coûts** [ku] nmpl COMM ▸ **coûts constants** fixed costs ▸ **coûts directs** direct costs ▸ **coûts de distribution** distribution costs ▸ **coûts engagés** committed costs ▸ **coûts évitables** avoidable costs ▸ **coûts indirects** indirect costs ▸ **coûts induits** unavoidable costs ▸ **coûts maîtrisables** controllable costs ▸ **coût récurrents** recurrent ou running costs ▸ **coût de revient des produits vendus** cost of sales ▸ **coûts variables** variable costs.

coûtant [kutɑ̃] ⟶ **prix**.

couteau, x [kuto] nm **1.** [gén] knife ▸ **couteau à cran d'arrêt** flick knife UK, switchblade US ▸ **couteau de cuisine** kitchen knife ▸ **à couper au couteau** *fig* that you could cut with a knife ▸ **avoir le couteau sous la gorge** *fig* to have a gun to one's head ▸ **être à couteaux tirés (avec qqn)** *fig* to be at daggers drawn (with sb) **2.** [coquillage] razor shell UK, razor clam US.

coutelas [kutla] nm [de cuisine] large knife.

coutellerie [kutɛlʀi] nf [produits] cutlery UK, silverware US ; [industrie] cutlery industry ; [atelier] cutlery factory ; [magasin] cutler's (shop).

coûter [3] [kute] ❖ vi **1.** [valoir] to cost / *ça coûte combien ?* how much is it? ▸ **coûter cher a)** to be expensive, to cost a lot **b)** *fig* to be costly ▸ **coûter cher à qqn a)** to cost sb a lot **b)** *fig* to cost sb dear ou dearly **2.** *fig* [être pénible] to be difficult. ❖ vt *fig* to cost. ◆ **coûte que coûte** loc adv at all costs, whatever the cost, no matter what.

coûteux, euse [kutø, øz] adj costly, expensive.

coutume [kutym] nf [gén & DR] custom ▸ **avoir coutume de faire qqch** to be in the habit of doing sthg ▸ **la coutume veut que...** tradition dictates that....

coutumier, ère [kutymje, ɛʀ] adj customary ▸ **il est coutumier du fait** he's always doing that.

couture [kutyʀ] nf **1.** [action] sewing ▸ **faire de la couture** to sew **2.** [points] seam ▸ **couture apparente** topstitching, overstitching **3.** [activité] dressmaking ▸ **haute couture** (haute) couture, designer fashion.

couturier, ère [kutyʀje, ɛʀ] nm, f couturier ▸ **grand couturier** fashion designer, couturier.

couvée [kuve] nf [d'œufs] clutch ; [de poussins] brood.

couvent [kuvɑ̃] nm [de sœurs] convent ; [de moines] monastery.

couver [3] [kuve] ❖ vt **1.** [œufs] to sit on **2.** [dorloter] to mollycoddle **3.** [maladie] to be coming down with, to be sickening for UK. ❖ vi [poule] to brood ; *fig* [complot] to hatch.

couvercle [kuvɛʀkl] nm [de casserole, boîte] lid, cover ; [de flacon, bombe, aérosol] top, cap.

couvert, e [kuvɛʀ, ɛʀt] ❖ pp ⟶ **couvrir.** ❖ adj **1.** [submergé] covered ▸ **couvert de** covered with **2.** [habillé] dressed ▸ **être bien couvert** to be well wrapped up **3.** [nuageux] overcast. ◆ **couvert** nm **1.** [abri] ▸ **se mettre à couvert** to take shelter / *sous le couvert de l'amitié* *fig* under a cloak of friendship **2.** [place à table] place (setting) ▸ **mettre ou dresser le couvert** to set ou lay UK the table. ◆ **couverts** nmpl cutlery *(U)* UK, silverware *(U)* US.

couverture [kuvɛʀtyʀ] nf **1.** [gén] cover ▸ **couverture médicale** health ou medical cover ▸ **couverture sociale** social security cover **2.** [de lit] blanket ▸ **tirer la couverture à soi** *fam* & *fig* to take (all) the credit (for o.s.) **3.** [toit] roofing *(U)* **4.** PRESSE coverage / *assurer la couverture* to give coverage ▸ **couverture (de) presse ou médiatique** media ou press coverage.

couveuse [kuvøz] nf **1.** [poule] sitting hen **2.** [machine] incubator.

couvre-chef [kuvʀəʃɛf] (*pl* **couvre-chefs**) nm *hum* hat.

couvre-feu [kuvʀəfø] (*pl* **couvre-feux**) nm curfew.

couvre-lit [kuvʀəli] (*pl* **couvre-lits**) nm bedspread.

couvre-pieds [kuvʀəpje] nm inv quilt, eiderdown UK.

couvreur [kuvʀœʀ] nm roofer.

couvrir [34] [kuvʀiʀ] vt **1.** [gén] to cover ▸ **couvrir qqn / qqch de** *pr* & *fig* to cover sb / sthg with **2.** [protéger] to shield **3.** [son] to drown (out) **4.** PRESSE [événement] to cover, to give coverage to. ◆ **se couvrir** vp **1.** [se vêtir] to wrap up **2.** [se recouvrir] : *se couvrir de feuilles / de fleurs* to come into leaf / blossom **3.** [ciel] to cloud over **4.** [se protéger] to cover o.s.

cover-girl [kɔvœʀgœʀl] (*pl* **cover-girls**) nf cover girl.

covoiturage [kɔvwatyʀaʒ] nm car sharing, car pooling ▸ **pratiquer le covoiturage** to belong to a car pool.

cow-boy [kɔbɔj] (*pl* **cow-boys**) nm cowboy.

coyote [kɔjɔt] nm coyote.

CP nm *abr de* **cours préparatoire**.

CPAM (*abr de* **caisse primaire d'assurance maladie**) nf *national health insurance office*.

CPE (*abr de* **conseiller principal d'éducation**) nmf ▸ **être CPE** ≃ to be vice principal.

CPGE, cpge (*abr de* **classe préparatoire aux grandes écoles**) nf *preparatory course for "grandes écoles"*.

cps (*abr écrite de* **caractères par seconde**) cps.

cpt *abr écrite de* **comptant**.

CQFD (*abr de* **ce qu'il fallait démontrer**) QED.

crabe [kʀab] nm crab.

crac [kʀak] interj crack!

crachat [kʀaʃa] nm spit *(U)*.

craché, e [kʀaʃe] adj ▸ **c'est son père tout craché** he's the spitting image of his father.

cracher [3] [kʀaʃe] ❖ vi **1.** [personne] to spit **2.** [crépiter] to crackle **3.** *fam* & *fig* [dénigrer] ▸ **cracher sur qqn** to run sb down **4.** *fam* [dédaigner] ▸ **ne pas cracher sur qqch** not to turn one's nose up at sthg. ❖ vt [sang] to spit (up) ; [lave, injures] to spit (out).

crachin [kʀaʃɛ̃] nm drizzle.

crachoir [kʀaʃwaʀ] nm spittoon ▸ **tenir le crachoir** *fam* & *fig* to monopolize the conversation.

crack [kʀak] nm **1.** [cheval] top horse **2.** *fam* [as] star (performer) / *c'est un crack en mathématiques* he's a whiz at maths UK ou math US **3.** [drogue] crack.

cracra [kʀakʀa] *fam* = **crade**.

crade [kʀad] adj inv *fam* [personne, objet] filthy ; [restaurant] grotty UK, lousy US.

cradingue [kʀadɛ̃g] *tfam* = **crade**.

crado [kʀado] *fam* = **crade**.

craie [kʀɛ] nf chalk.

craignais, craignions ⟶ **craindre**.

craindre [80] [kʀɛ̃dʀ] vt **1.** [redouter] to fear, to be afraid of / *craindre le pire* to fear the worst ▸ **craindre de faire qqch** to be afraid of doing sthg / *je crains d'avoir oublié mes papiers* I'm afraid I've forgotten my papers ▸ **craindre que** *(+ subj)* to be afraid (that) / *je crains que oui / non* I'm afraid so / not / *je crains qu'il oublie* OU *n'oublie* I'm afraid he may forget / *il n'y a rien à craindre* there's no cause for alarm, there's nothing to fear **2.** [être sensible à] to be susceptible to / *ça craint le froid* [plante] it's sensitive to cold, it doesn't like the cold.

craint, e [kʀɛ̃, ɛ̃t] pp ⟶ **craindre**.

crainte [kʀɛ̃t] nf fear ▸ **de crainte de faire qqch** for fear of doing sthg ▸ **de crainte que** *(+ subj)* for fear that / *il a fui de crainte qu'on ne le voie* he fled for fear that he might be seen OU for fear of being seen / *éveiller* OU *susciter les craintes de qqn* to alarm sb.

craintif, ive [kʀɛ̃tif, iv] adj timid.

cramer [3] [kʀame] vt & vi *fam* to burn. ◆ **se cramer** vp *fam* to burn o.s. / *se cramer le doigt* to burn one's finger.

cramoisi, e [kʀamwazi] adj crimson.

crampe [kʀɑ̃p] nf cramp.

crampon [kʀɑ̃pɔ̃] nm **1.** [crochet - gén] clamp ; [- pour alpinisme] crampon **2.** *fam* [personne] (persistent) bore.

cramponner [3] [kʀɑ̃pɔne] ◆ **se cramponner** vp [s'agripper] to hang on ▸ **se cramponner à qqn / qqch** *pr* & *fig* to cling to sb / sthg.

cran [kʀɑ̃] nm **1.** [entaille, degré] notch, cut **2.** [audace] guts *pl* ▸ **avoir du cran** to have guts.

crâne [kʀan] nm skull ▸ **se mettre qqch dans le crâne** *fig* to get sthg into one's head.

crâner [3] [kʀane] vi *fam* to show off.

crâneur, euse [kʀanœʀ, øz] *fam* ❖ adj boastful. ❖ nm, f show-off.

crânien, enne [kʀanjɛ̃, ɛn] adj ▸ **boîte crânienne** skull ▸ **traumatisme crânien** head injury.

crapaud [kʀapo] nm toad.

crapule [kʀapyl] nf scum *(U)*.

crapuleux, euse [kʀapylø, øz] adj sordid.

craqueler [24] [kʀakle] vt to crack. ◆ **se craqueler** vp to crack.

craquelure [kʀaklyʀ] nf crack.

craquement [kʀakmɑ̃] nm crack, cracking *(U)*.

craquer [3] [kʀake] ❖ vi **1.** [produire un bruit] to crack ; [plancher, chaussure] to creak **2.** [se déchirer] to split **3.** [s'effondrer - personne] to crack up ; [- régime, projet] to be falling apart **4.** *fam* [être séduit par] ▸ **craquer pour** to fall for. ❖ vt [allumette] to strike.

crash [kʀaʃ] (*pl* **crashs** *ou* **crashes**) nm crash landing.

crasse [kʀas] ❖ nf **1.** [saleté] dirt, filth **2.** *fam* [mauvais tour] dirty trick. ❖ adj crass.

crasseux, euse [kʀasø, øz] adj filthy.

cratère [kʀatɛʀ] nm crater.

cravache [kʀavaʃ] nf riding crop.

cravacher [3] [kʀavaʃe] ❖ vt to whip. ❖ vi *fam* & *fig* to pull out all the stops.

cravate [kʀavat] nf tie, necktie US.

crawl [kʀol] nm crawl.

crayon [kʀɛjɔ̃] nm **1.** [gén] pencil ▸ **crayon à bille** ballpoint (pen) ▸ **crayon de couleur** crayon ▸ **crayon noir** pencil ▸ **crayon de plomb** QUÉBEC lead pencil **2.** TECHNOL pen ▸ **crayon optique** light pen.

crayon-feutre [kʀɛjɔ̃føtʀ] (*pl* **crayons-feutres**) nm felt-tip (pen).

crayonner [3] [kʀɛjɔne] vt [dessin] to sketch.

CRDP (*abr de* **centre régional de documentation pédagogique**) nm *local centre for educational resources.*

créance [kʀeɑ̃s] nf COMM debt ▸ **créance douteuse** doubtful debt ▸ **créance exigible** debt due ▸ **créance hypothécaire** debt secured by a mortagage ▸ **créance irrécouvrable** bad debt.

créancier, ère [kʀeɑ̃sje, ɛʀ] nm, f creditor.

créateur, trice [kʀeatœʀ, tʀis] ❖ adj creative. ❖ nm, f creator. ◆ **Créateur** nm ▸ **le Créateur** the Creator.

créatif, ive [kʀeatif, iv] adj creative. ◆ **créatif, ive** nm, f ideas man (ideas woman), designer.

création [kʀeasjɔ̃] nf **1.** creation ▸ **la création (du monde)** RELIG the Creation **2.** COMM : *création de marque* brand building.

créationnisme [kʀeasjɔnism] nm creationism.

créativité [kʀeativite] nf creativity ; : *créativité commerciale* creative marketing.

créature [kʀeatyʀ] nf creature.

crécelle [kʀesɛl] nf rattle.

crèche [kʀɛʃ] nf **1.** [de Noël] crib UK, crèche US **2.** [garderie] crèche UK, day-care center US.

crécher [18] [kʀeʃe] vi *fam* to crash.

crédibiliser [3] [kʀedibilize] vt to make credible.

crédibilité [kʀedibilite] nf credibility.

crédible [kʀedibl] adj credible.

crédit [kʀedi] nm **1.** COMM credit / *crédit sur six mois* six months' credit / *accorder / obtenir un crédit* to grant / to obtain credit / *faire crédit à qqn* to give sb credit / *acheter / vendre qqch à crédit* to buy / sell sthg on credit ▸ **crédit à la consommation** consumer credit ▸ **crédit à court / long terme** long-term / short-term credit ▸ **crédit à l'exportation** export credit ▸ **crédit fournisseur** supplier credit ▸ **crédit gratuit** interest-free credit ▸ **crédit illimité** unlimited credit ▸ **crédit d'impôt** tax rebate OU credit *(for bondholders)* ▸ **crédit municipal** pawnshop ▸ **crédit personnalisé** individual OU personal credit arrangement OU facility ▸ **crédit relais** bridging loan ▸ **crédit renouvelable** OU **revolving** revolving credit UK, revolver credit US ▸ **crédit de TVA** VAT credit **2.** BANQUE & FIN [actif, en comptabilité] credit ▸ **crédit bancaire** bank credit ▸ **crédit hypothécaire** mortgage **3.** *fig* & *sout* influence.

crédit-bail [kʀedibaj] (*pl* **crédits-bails**) nm leasing.

crediter [3] [kredite] vt [compte] to credit ; *fig* ▸ **créditer qqn de qqch** to credit sb with sthg / *créditer un compte de 1 000 euros* to pay 1,000 euros into one's account.

créditeur, trice [kreditœr, tris] ❖ adj in credit. ❖ nm, f creditor.

credo [kredo] nm creed, credo.

crédule [kredyl] adj credulous.

crédulité [kredylite] nf credulity.

créer [15] [kree] vt **1.** RELIG [inventer] to create **2.** [fonder] to found, to start up **3.** [causer] ▸ **créer des problèmes à qqn** to create trouble for sb.

crémaillère [kremajɛr] nf **1.** [de cheminée] trammel ▸ **pendre la crémaillère** *fig* to have a housewarming (party) **2.** TECHNOL rack.

crémation [kremasjɔ̃] nf cremation.

crématoire [krematwar] ⟶ **four**.

crématorium [krematɔrjɔm] nm crematorium, crematory US.

crème [krɛm] ❖ nf **1.** [produit de beauté] cream ▸ **crème antirides** anti-wrinkle cream ▸ **crème autobronzante** self-tanning cream ▸ **crème hydratante** moisturizer ▸ **crème à raser** shaving cream **2.** CULIN cream ▸ **crème anglaise** custard UK ▸ **crème brûlée** crème brûlée ▸ **crème (au) caramel** crème caramel ▸ **crème de cassis** blackcurrant liqueur ▸ **crème fouettée** whipped cream ▸ **crème fraîche** crème fraîche ▸ **crème fraîche liquide** single cream UK, light cream US ▸ **crème glacée** ice cream ▸ **crème renversée** custard cream UK, cup custard US / *escalopes à la crème* escalopes with cream sauce / *framboises à la crème* raspberries and cream **3.** [personne] : *la crème des maris / des hommes* the best of husbands / of men. ❖ adj inv cream.

crémerie [kremri] nf dairy.

crémeux, euse [kremø, øz] adj creamy.

crémier, ère [kremje, ɛr] nm, f dairyman (dairywoman).

créneau, x [kreno] nm **1.** [de fortification] crenel **2.** [pour se garer] ▸ **faire un créneau** to reverse into a parking space **3.** [de marché] niche **4.** [horaire] window, gap.

crénelage [krenlaʒ] nm INFORM aliasing.

crénelé, e [krenle] adj crenelated.

créole [kreɔl] adj & nm creole. ◆ **créoles** nfpl dangly earrings.

crêpe [krɛp] ❖ nf CULIN pancake. ❖ nm [tissu] crepe.

crêper [4] [krepe] vt to backcomb UK, to tease US.

crêperie [krɛpri] nf pancake restaurant.

crépi [krepi] nm roughcast.

crépinette [krepinɛt] nf *flat sausage*.

crépir [32] [krepir] vt to roughcast.

crépiter [3] [krepite] vi [feu, flammes] to crackle ; [pluie] to patter.

crépon [krepɔ̃] ❖ adj ⟶ **papier.** ❖ nm seersucker.

CREPS, Creps [krɛps] (*abr de* **centre régional d'éducation physique et sportive**) nm *regional sports centre*.

crépu, e [krepy] adj frizzy.

crépuscule [krepyskyl] nm [du jour] dusk, twilight ; *fig* twilight ▸ **au crépuscule** at dusk, at twilight.

crescendo [kreʃɛndo, kreʃɛ̃do] ❖ adv crescendo ▸ **aller crescendo a)** *fig* [bruit] to get **ou** grow louder and louder **b)** [dépenses, émotion] to grow apace. ❖ nm inv MUS [montée] crescendo.

cresson [kresɔ̃] nm watercress.

Crète [krɛt] nf : *la Crète* Crete.

crête [krɛt] nf **1.** [de coq] comb **2.** [de montagne, vague, oiseau] crest.

crétin, e [kretɛ̃, in] *fam* ❖ adj cretinous, idiotic. ❖ nm, f cretin, idiot.

crétois, e [kretwa, az] adj Cretan. ◆ **Crétois, e** nm, f Cretan.

cretonne [krətɔn] nf cretonne.

creuser [3] [krøze] vt **1.** [trou] to dig **2.** [objet] to hollow out **3.** [taille, reins] to arch **4.** *fig* [approfondir] to go into deeply **5.** EXPR **ça creuse !** *fam* that gives you an appetite! ◆ **se creuser** vp **1.** [devenir creux] to become hollow **2.** *fam* & *fig* [réfléchir] to rack one's brains **3.** *fig* [s'élargir] to deepen, to widen.

creuset [krøzɛ] nm crucible ; *fig* melting pot.

creux, creuse [krø, krøz] adj **1.** [vide, concave] hollow **2.** [période - d'activité réduite] slack ; [- à tarif réduit] off-peak **3.** [paroles] empty. ◆ **creux** nm **1.** [concavité] hollow ▸ **le creux de la main** the hollow of one's hand **2.** [période] lull **3.** EXPR **être au creux de la vague** *fig* to be at a low point.

crevaison [krəvɛzɔ̃] nf puncture UK, flat tyre UK, flat (tire) US.

crevant, e [krəvɑ̃, ɑ̃t] adj *fam* **1.** [fatigant] exhausting, knackering UK **2.** [amusant] hilarious.

crevasse [krəvas] nf [de mur] crevice, crack ; [de glacier] crevasse ; [sur la main] crack.

crève [krɛv] nf *fam* bad **ou** stinking cold ▸ **attraper la crève** to catch one's death (of cold).

crevé, e [krəve] adj **1.** [pneu] punctured, flat ; [ballon] burst **2.** *fam* [fatigué] dead, shattered UK, bushed US.

crève-cœur [krɛvkœr] nm inv heartbreak.

crever [19] [krəve] ❖ vi **1.** [éclater] to burst / *on a crevé sur la rocade* *fam* we had a puncture UK **ou** a flat US on the bypass **2.** *tfam* [mourir] to die ▸ **crever de** *fig* [jalousie, orgueil] to be bursting with / *crever de faim* **a)** [par pauvreté] to be starving **b)** [être en appétit] to be starving **ou** famished / *crever d'envie de faire qqch* to be dying to do sthg / *je crève de chaud !* I'm baking **ou** boiling! ❖ vt **1.** [percer] to burst / *crever un œil à qqn* **a)** [agression] to gouge **ou** to put out sb's eye **b)** [accident] to blind sb in one eye / *cela crève le cœur* it's heartbreaking **ou** heart-rending ▸ **ça crève les yeux a)** *fam* [c'est évident] it's as plain as the nose on your face, it sticks out a mile **b)** [c'est visible] it's staring you in the face, it's plain for all to see ▸ **crever le plafond** [prix] to go through the roof **2.** *fam* [épuiser] to wear out. ◆ **se crever** vp *fam* to wear o.s. out / *se crever au boulot* OU *à la tâche* to work o.s. to death.

crevette [kʀəvɛt] nf ▸ **crevette (grise)** shrimp ▸ **crevette (rose)** prawn.

CRF (*abr de* **Croix-Rouge française**) nf French Red Cross.

cri [kʀi] nm **1.** [de personne] cry, shout ; [perçant] scream ; [d'animal] cry ▸ **pousser un cri** to cry (out), to shout ▸ **pousser des cris de joie** to shout for OU with joy ▸ **pousser un cri de douleur** to cry out in pain ▸ **à grands cris** *fig* loudly **2.** [appel] cry / *demander qqch à grands cris* to cry out for sthg ▸ **le dernier cri** *fig* the latest thing ▸ **cri du cœur** cri de cœur / *jeter* OU *lancer un cri d'alarme* to warn against the danger.

criailler [3] [kʀiaje] vi to scream, to squawk.

criant, e [kʀijɑ̃, ɑ̃t] adj [injustice] blatant.

criard, e [kʀijaʀ, aʀd] adj **1.** [voix] strident, piercing **2.** [couleur] loud.

crible [kʀibl] nm [instrument] sieve ▸ **passer qqch au crible** *fig* to examine sthg closely.

criblé, e [kʀible] adj riddled ▸ **être criblé de dettes** to be up to one's eyes in debt.

cric [kʀik] nm jack.

cricket [kʀikɛt] nm cricket.

criée [kʀije] ⟶ **vente**.

crier [10] [kʀije] ❖ vi **1.** [pousser un cri] to shout (out), to yell / *crier à l'aide* OU *au secours* to shout for help, to cry for help / *crier de douleur* to scream with OU to cry out in pain / *crier de joie* to shout for joy **2.** [parler fort] to shout **3.** [protester] ▸ **crier contre** OU **après qqn** to nag sb, to go on at sb / *crier au scandale* to call it a scandal, to cry shame **4.** *sout* [grincer] to creak. ❖ vt to shout (out) / *elle nous cria de partir* she shouted at us to go.

crime [kʀim] nm **1.** [délit] crime ▸ **crime de lèse-majesté** *fig* treason *(U)* **2.** [meurtre] murder ▸ **crime passionnel** crime of passion ▸ **crimes contre l'humanité** crime against humanity.

> ⚠ Le mot anglais **crime** a un sens plus large que le mot français et recouvre à la fois les sens de « crime », « meurtre », « délit » et « infraction ».

Crimée [kʀime] nf : *la Crimée* the Crimea / *la guerre de Crimée* the Crimean War.

criminalité [kʀiminalite] nf crime.

criminel, elle [kʀiminɛl] ❖ adj criminal. ❖ nm, f criminal ▸ **criminel de guerre** war criminal.

crin [kʀɛ̃] nm [d'animal] hair ▸ **à tous crins** *fam* & *fig* dyed-in-the-wool.

crinière [kʀinjɛʀ] nf mane.

crique [kʀik] nf creek.

criquet [kʀikɛ] nm locust ; [sauterelle] grasshopper.

crise [kʀiz] nf **1.** MÉD attack ▸ **crise cardiaque** heart attack ▸ **crise de foie** bilious attack ▸ **crise de tétanie** muscle spasm **2.** [accès] fit ▸ **crise de larmes** fit of tears ▸ **crise de nerfs** attack of nerves ▸ **piquer une crise** *fam* to have a fit, to fly off the handle **3.** [élan] (sudden) urge **4.** [phase critique] crisis ▸ **en crise** in crisis.

criser [kʀize] vi *fam* to have a fit / *réponds-lui ou il va criser !* answer him or he'll have a fit!

crispant, e [kʀispɑ̃, ɑ̃t] adj irritating, frustrating.

crispation [kʀispasjɔ̃] nf **1.** [contraction] contraction **2.** [agacement] irritation.

crispé, e [kʀispe] adj tense, on edge.

crisper [3] [kʀispe] vt **1.** [contracter - visage] to tense ; [- poing] to clench **2.** [agacer] to irritate. ◆ **se crisper** vp **1.** [se contracter] to tense (up) **2.** [s'irriter] to get irritated.

criss [kʀis] nm kris.

crisser [3] [kʀise] vi [pneu] to screech ; [étoffe] to rustle.

cristal, aux [kʀistal, o] nm crystal ▸ **en cristal** crystal *(modif)* ▸ **cristal de roche** quartz.

cristallin, e [kʀistalɛ̃, in] adj **1.** [limpide] crystal clear, crystalline **2.** [roche] crystalline. ◆ **cristallin** nm crystalline lens.

cristalliser [3] [kʀistalize] vt *pr* & *fig* to crystallize. ◆ **se cristalliser** vp to crystallize.

critère [kʀitɛʀ] nm criterion.

critérium [kʀiteʀjɔm] nm qualifier.

critiquable [kʀitikabl] adj [décision] debatable ; [personne] open to criticism.

critique [kʀitik] ❖ adj critical / *avoir l'esprit* OU *le sens critique* to have good judgement, to be discerning / *se montrer très critique envers* OU *à l'égard de* to be very critical towards. ❖ nmf critic ▸ **critique d'art** art critic / *critique de cinéma* film UK OU movie US critic OU reviewer ▸ **critique littéraire** literary critic / *critique musical* music critic / *critique de théâtre* drama critic. ❖ nf criticism / *adresser* OU *faire une critique à un auteur* to level criticism at an author ▸ **la critique** the critics *pl* / *la critique littéraire* literary criticism / *très bien / mal accueilli par la critique* acclaimed / panned by the critics.

critiquer [3] [kʀitike] vt to criticize.

croasser [3] [kʀɔase] vi to croak, to caw.

croate [kʀɔat] adj Croat, Croatian. ◆ **Croate** nmf Croat, Croatian.

Croatie [kʀɔasi] nf : *la Croatie* Croatia.

crobard, crobar [kʀɔbaʀ] nm *fam* [croquis] sketch.

croc [kʀo] nm **1.** [de chien] fang ▸ **montrer les crocs** *fig* to bare one's teeth **2.** [crochet] hook.

croc-en-jambe [kʀɔkɑ̃ʒɑ̃b] (*pl* **crocs-en-jambe**) nm ▸ **faire un croc-en-jambe à qqn** to trip sb up.

croche[1] [kʀɔʃ] nf quaver UK, eighth (note) US.

croche[2] [kʀɔʃ] QUÉBEC ❖ adj *fam fig* crooked. ❖ adv *lit* [de travers] crooked.

croche-pied [kʀɔʃpje] (*pl* **croche-pieds**) nm ▸ **faire un croche-pied à qqn** to trip sb up.

crochet [kʀɔʃɛ] nm **1.** [de métal] hook ▸ **vivre aux crochets de qqn** to live off sb **2.** [tricot] crochet hook **3.** TYPO square bracket **4.** [détour] ▸ **faire un crochet** to make a detour **5.** [boxe] ▸ **crochet du gauche / du droit** left/right hook.

crocheter [28] [kʀɔʃte] vt to pick.

crochu, e [kʀɔʃy] adj [doigts] claw-like ; [nez] hooked.

croco [kʀɔko] nm *fam* crocodile (skin).

crocodile [kʀɔkɔdil] nm crocodile.

crocus [kʀɔkys] nm crocus.

croire [107] [kʀwaʀ] ❖ vt **1.** [chose, personne] to believe ▸ **à l'en croire, on n'y arrivera jamais** to hear him talk, you'd think we'd never manage it / *je n'en crois pas un mot* I don't believe a word of it / *je te crois sur parole* I'll take your word for it / *on lui a fait croire que la réunion était annulée* they led him to believe that the meeting had been cancelled **2.** [penser] to think / *à la voir, on croirait sa sœur* to look at her, you'd think she was her sister / *tu crois ?* do you think so? / *il te croyait parti* he thought you'd left ▸ **croire que** to think (that). ❖ vi ▸ **croire à** to believe in / *croire à la vie éternelle* to believe in eternal life ▸ **croire en** to believe in, to have faith in / *croire en Dieu* to believe in God. ◆ **se croire** vp **1.** [prétendre être] : *il se croit plus fort que moi* he thinks he's stronger than me ▸ **se croire tout permis** to think one can get away with anything ▸ **s'y croire** *fam* to think one is it / *il s'y croit !* he really thinks a lot of himself! / *tu te crois malin ?* think you're clever, do you? **2.** [penser se trouver] ▸ **on se croirait au Japon** you'd think you were in Japan.

croisade [kʀwazad] nf HIST [campagne] crusade.

croisé, e [kʀwaze] adj [veste] double-breasted. ◆ **croisé** nm HIST crusader. ◆ **croisée** nf **1.** [fenêtre] casement, window **2.** [croisement] ▸ **à la croisée des chemins** *pr* & *fig* at a crossroads.

croisement [kʀwazmɑ̃] nm **1.** [intersection] junction, intersection **2.** BIOL crossbreeding.

croiser [3] [kʀwaze] ❖ vt **1.** [jambes] to cross ; [bras] to fold **2.** [passer à côté de] to pass **3.** [chemin] to cross, to cut across **4.** [métisser] to interbreed. ❖ vi NAUT to cruise. ◆ **se croiser** vp [chemins] to cross, to intersect ; [personnes] to pass ; [lettres] to cross ; [regards] to meet.

croisière [kʀwazjɛʀ] nf cruise.

croisillon [kʀwazijɔ̃] nm ▸ **à croisillons** lattice *(avant n)*.

croissais, croissions ⟶ **croître.**

croissance [kʀwasɑ̃s] nf growth, development ▸ **croissance démographique** population growth ▸ **croissance économique** economic growth ou development / *croissance du marché* market growth / *croissance zéro* zero growth.

croissant, e [kʀwasɑ̃, ɑ̃t] adj increasing, growing. ◆ **croissant** nm **1.** [de lune] crescent **2.** CULIN croissant.

croître [93] [kʀwatʀ] vi **1.** [grandir] to grow **2.** [augmenter] to increase.

croix [kʀwa] nf cross ▸ **croix gammée** swastika ▸ **la croix de guerre** the Military Cross ▸ **croix de Malte / Saint-André** Maltese / St Andrew's cross ▸ **faire une croix sur qqch** *fig* to write sthg off ▸ **c'est un jour à marquer d'une croix blanche** it's a red-letter day ▸ **porter sa croix** to have one's cross to bear ▸ **la croix et la bannière** *fam* & *fig* the devil's own job / *c'est la croix et la bannière pour le faire manger* *fam* it's an uphill struggle to get him to eat. ◆ **en croix** loc adv in the shape of a cross / *placer* ou *mettre deux choses en croix* to lay two things crosswise.

Croix-Rouge [kʀwaʀuʒ] nf ▸ **la Croix-Rouge** the Red Cross.

Cro-Magnon [kʀomaɲɔ̃] npr ▸ **l'homme de Cro-Magnon** Cro-Magnon Man.

crooner [kʀunœʀ] nm crooner.

croquant, e [kʀɔkɑ̃, ɑ̃t] adj crisp, crunchy. ◆ **croquant** nm *vieilli* yokel.

croque-madame [kʀɔkmadam] nm inv *toasted cheese-and-ham sandwich with a fried egg.*

croque-mitaine [kʀɔkmitɛn] (*pl* **croque-mitaines**) nm bogeyman.

croque-monsieur [kʀɔkməsjø] nm inv *toasted cheese-and-ham sandwich.*

croque-mort [kʀɔkmɔʀ] (*pl* **croque-morts**) nm *fam* undertaker's assistant.

croquer [3] [kʀɔke] ❖ vt **1.** [manger] to crunch **2.** [dessiner] to sketch ▸ **(jolie) à croquer** *fig* pretty as a picture. ❖ vi to be crunchy.

croquette [kʀɔkɛt] nf croquette.

croquis [kʀɔki] nm sketch ▸ **faire un croquis** to make a sketch.

cross [kʀɔs] nm [exercice] cross-country (running) ; [course] cross-country race.

crosse [kʀɔs] nf **1.** [d'évêque] crozier **2.** [de fusil] butt **3.** [hockey] hockey stick **4.** QUÉBEC SPORT lacrosse.

crotale [kʀɔtal] nm rattlesnake.

crotte [kʀɔt] nf [de lapin, etc.] droppings *pl* ; [de chien] dirt ▸ **crotte !** *fam* damn!

crottin [kʀɔtɛ̃] nm [de cheval] (horse) manure.

croulant, e [kʀulɑ̃, ɑ̃t] ❖ adj crumbling. ❖ nm, f *fam* old fogey, wrinkly UK.

crouler [3] [kʀule] vi to crumble ▸ **crouler sous** *pr* & *fig* to collapse under.

croupe [kʀup] nf rump ▸ **monter en croupe** to ride pillion.

croupier, ère [kʀupje, ɛʀ] nm, f croupier.

croupion [kʀupjɔ̃] nm ZOOL rump ; CULIN parson's nose UK, pope's nose US.

croupir [32] [kʀupiʀ] vi *pr* & *fig* to stagnate.

CROUS, Crous [kʀus] (*abr de* **centre régional des œuvres universitaires et scolaires**) nm *student representative body dealing with accommodation, catering, etc.*

croustade [kʀustad] nf croustade.

croustillant, e [kʀustijɑ̃, ɑ̃t] adj **1.** [croquant - pain] crusty ; [- biscuit] crunchy **2.** [grivois] spicy, juicy.

croustiller [3] [kʀustije] vi to be crusty.

croûte [kʀut] nf **1.** [du pain, terrestre] crust ▸ **casser la croûte** *fam* & *fig* to have a bite to eat ▸ **gagner sa croûte** *fam* & *fig* to earn a living OU crust UK **2.** CULIN ▸ **en croûte** in piecrust OU pastry **3.** [de fromage] rind **4.** [de plaie] scab **5.** *fam* & *péj* [tableau] daub.

croûton [kʀutɔ̃] nm **1.** [bout du pain] crust **2.** [pain frit] crouton **3.** *fam* & *péj* [personne] fuddy-duddy.

croyable [kʀwajabl] adj believable ▸ **c'est pas croyable !** it's unbelievable OU incredible!

croyais, croyions ⟶ **croire**.

croyance [kʀwajɑ̃s] nf belief.

croyant, e [kʀwajɑ̃, ɑ̃t] ❖ p prés ⟶ **croire**. ❖ adj ▸ **être croyant** to be a believer. ❖ nm, f believer.

CRS (*abr de* **compagnie républicaine de sécurité**) ❖ nf *riot and security police*. ❖ nm *member of the French riot police* / ***on a fait appel aux CRS*** the riot police were called in.

cru¹, e [kʀy] ❖ pp ⟶ **croire**. ❖ adj **1.** [non cuit] raw / ***manger qqch cru*** to eat sthg raw ▸ **avaler** OU **manger qqn tout cru** to make mincemeat out of OU to wipe the floor with sb **2.** [violent] harsh **3.** [direct] blunt **4.** [grivois] crude.

cru² [kʀy] nm [vin] vintage, wine ; [vignoble] vineyard ▸ **du cru** *fig* local ▸ **un grand cru** a fine wine ▸ **de son propre cru** *fig* of one's own devising.

crû [kʀy] pp ⟶ **croître**.

cruauté [kʀyote] nf cruelty.

cruche [kʀyʃ] nf **1.** [objet] jug UK, pitcher US **2.** *fam* & *péj* [personne niaise] idiot.

crucial, e, aux [kʀysjal, o] adj crucial.

crucifix [kʀysifi] nm crucifix.

crucifixion [kʀysifiksjɔ̃] nf crucifixion.

cruciverbiste [kʀysivɛʀbist] nmf crossword enthusiast.

crudité [kʀydite] nf crudeness. ◆ **crudités** nfpl crudités.

crue [kʀy] nf rise in the water level ▸ **en crue** in spate.

cruel, elle [kʀyɛl] adj cruel.

cruellement [kʀyɛlmɑ̃] adv cruelly.

crûment [kʀymɑ̃] adv **1.** [sans ménagement] bluntly **2.** [avec grossièreté] crudely.

crustacé [kʀystase] nm shellfish, crustacean ▸ **crustacés** shellfish *(U)*.

cryoconservation [kʀijɔkɔ̃sɛʀvasjɔ̃] nf cryonics *(U)*, cryopreservation *f*.

cryogénique [kʀijɔʒenik] adj cryogenic.

cryptage [kʀiptaʒ] nm encryption.

crypte [kʀipt] nf crypt.

crypter [kʀipte] vt to encrypt.

cs (*abr écrite de* **cuillère à soupe**) tbs, tbsp.

CSA (*abr de* **Conseil supérieur de l'audiovisuel**) nm *French broadcasting supervisory body*.

CSCE (*abr de* **Conférence sur la sécurité et la coopération en Europe**) nf CSCE.

CSG (*abr de* **contribution sociale généralisée**) nf *income-related tax contribution*.

CSP (*abr de* **catégorie socioprofessionnelle**) nf *socio-professional group*.

Cuba [kyba] npr Cuba / ***à Cuba*** in Cuba.

cubain, e [kybɛ̃, ɛn] adj Cuban. ◆ **Cubain, e** nm, f Cuban.

cube [kyb] nm cube / ***4 au cube = 64*** 4 cubed is 64 ▸ **élever au cube** MATH to cube ▸ **mètre cube** cubic metre UK OU meter US. ◆ **gros cube** nm big motorbike UK OU motorcycle US, hog US.

cubique [kybik] adj cubic.

cubisme [kybism] nm cubism.

cubitus [kybitys] nm ulna.

cucu(l) [kyky] adj inv *fam* silly, tacky, cheesy.

cueille, cueilles ⟶ **cueillir**.

cueillette [kœjɛt] nf picking, harvesting.

cueilli, e [kœji] pp ⟶ **cueillir**.

cueillir [41] [kœjiʀ] vt **1.** [fruits, fleurs] to pick **2.** *fam* [personne] to catch, to nab.

cuillère, cuiller [kɥijɛʀ] nf [instrument] spoon ▸ **cuillère à café** a) coffee spoon b) CULIN teaspoon ▸ **cuillère à dessert** dessertspoon ▸ **cuillère à soupe** a) soup spoon b) CULIN tablespoon ▸ **petite cuillère** [contenu] teaspoon.

cuillerée [kɥijeʀe] nf spoonful ▸ **cuillerée à café** CULIN teaspoonful ▸ **cuillerée à soupe** CULIN tablespoonful.

cuir [kɥiʀ] nm leather ; [non tanné] hide ▸ **en cuir** leather ▸ **cuir chevelu** ANAT scalp.

cuirasse [kɥiʀas] nf [de chevalier] breastplate ; *fig* armour UK, armor US.

cuirassé [kɥiʀase] nm battleship.

cuire [98] [kɥiʀ] ❖ vt **1.** [viande, œuf] to cook / ***cuire à feu doux*** OU ***petit feu*** to simmer / ***cuire à gros bouillons*** to boil hard **2.** [tarte, gâteau] to bake **3.** [briques, poterie] to fire. ❖ vi **1.** [viande, œuf] to cook ; [tarte, gâteau] to bake / ***faire cuire qqch*** to cook / bake sthg **2.** *fig* [personne] to roast, to be boiling ▸ **il vous en cuira !** *fig* you'll suffer (for it)!, you'll regret it! ◆ **à cuire** loc adj ▸ **chocolat à cuire** cooking chocolate ▸ **pommes à cuire** cooking apples.

cuisais, cuisions ⟶ **cuire**.

cuisant, e [kɥizɑ̃, ɑ̃t] adj [douloureux] stinging, smarting ; *fig* bitter.

cuiseur [kɥizœʀ] nm cooker ▸ **cuiseur (vapeur)** steam cooker.

cuisine [kɥizin] nf **1.** [pièce] kitchen ▸ **cuisine américaine** open-plan kitchen ▸ **cuisine intégrée** fitted kitchen **2.** [art] cooking, cookery UK ▸ **faire la cuisine** to do the cooking, to cook / ***elle fait très bien la cuisine*** she's an excellent cook / ***la cuisine au beurre / à l'huile*** cooking with butter / oil ▸ **cuisine bourgeoise** home cooking **3.** [ensemble de mets] cuisine, food, dishes *pl* / ***apprécier la***

cuisine chinoise to enjoy Chinese food **4.** *fam* [combine] scheming *(U)*, schemes *pl* ▸ **cuisine électorale** electoral hanky-panky *(U)*.

cuisiné, e [kɥizine] adj ▸ **plat cuisiné** ready-cooked ou ready-made meal.

cuisiner [3] [kɥizine] ✧ vt **1.** [aliment] to cook **2.** *fam* [personne] to grill. ✧ vi to cook ▸ **bien / mal cuisiner** to be a good / bad cook.

cuisinier, ère [kɥizinje, ɛʀ] nm, f cook. ◆ **cuisinière** nf cooker UK, stove US ▸ **cuisinière électrique / à gaz** electric / gas cooker UK ou stove US.

cuissardes [kɥisaʀd] nfpl [de pêcheur] waders ; [de femme] thigh boots.

cuisse [kɥis] nf **1.** ANAT thigh **2.** CULIN leg ▸ **cuisses de grenouille** frog's legs.

cuisson [kɥisɔ̃] nf cooking.

cuissot [kɥiso] nm haunch ▸ **cuissot de chevreuil** haunch of venison.

cuistot [kɥisto] nm *fam* cook.

cuistre [kɥistʀ] *litt* ✧ nm prig. ✧ adj priggish.

cuit, e [kɥi, kɥit] ✧ pp ⟶ **cuire.** ✧ adj ▸ **bien cuit** [steak] well-done ▸ **trop cuit** overcooked, overdone ▸ **jambon cuit** cooked ham ▸ **attendre que ça tombe tout cuit (dans le bec)** *fam* to wait for things to fall into one's lap ▸ **être cuit** *fam* & *fig* to have had it / *notre sortie de dimanche, c'est cuit !* we can kiss our Sunday excursion goodbye! ◆ **cuite** nf *fam* ▸ **prendre une cuite** to get plastered ou smashed.

cuiter [3] [kɥite] ◆ **se cuiter** vp *fam* to get plastered ou smashed.

cuit-vapeur [kɥivapœʀ] nm inv steamer, steam cooker.

cuivre [kɥivʀ] nm **1.** [métal] ▸ **cuivre (rouge)** copper ▸ **cuivre jaune** brass **2.** *(gén pl)* [objet] brass (object). ◆ **cuivres** nmpl ▸ **les cuivres** MUS the brass.

cuivré, e [kɥivʀe] adj [couleur, reflet] coppery ; [teint] bronzed.

cul [ky] nm **1.** *tfam* [postérieur] bum UK, ass US ▸ **avoir le cul entre deux chaises** *fam* to be in an awkward position ▸ **en avoir plein le cul de qqch** *tfam* to be sick and tired of sthg ▸ **être comme cul et chemise** *fam* to be as thick as thieves **2.** [de bouteille] bottom ▸ **faire cul sec** *fam* to down one's drink in one.

culasse [kylas] nf **1.** [d'arme à feu] breech **2.** AUTO cylinder head.

culbute [kylbyt] nf **1.** [saut] somersault **2.** [chute] tumble, fall.

culbuter [3] [kylbyte] ✧ vt [objet] to knock over. ✧ vi **1.** [faire une chute] to (take a) tumble **2.** [se renverser] to (do a) somersault.

cul-de-jatte [kydʒat] *(pl* **culs-de-jatte***)* nm legless person.

cul-de-sac [kydsak] *(pl* **culs-de-sac***)* nm dead end.

culinaire [kylinɛʀ] adj culinary.

culminant [kylminɑ̃] ⟶ **point.**

culminer [3] [kylmine] vi [surplomber] to tower ▸ **culminer à a)** [s'élever à] to reach its highest point at **b)** *fig* to peak at.

culot [kylo] nm **1.** *fam* [toupet] nerve, cheek UK ▸ **avoir le culot de** to have the nerve ou cheek UK to ▸ **avoir du culot** to have a lot of nerve **2.** [de cartouche, ampoule] cap.

culotte [kylɔt] nf **1.** [sous-vêtement féminin] panties *pl*, knickers *pl* UK, pair of panties ou of knickers UK **2.** [vêtement] ▸ **culottes courtes / longues** short / long trousers UK ou pants US ▸ **porter la culotte** *fam* & *fig* to wear the trousers UK ou pants US.

culotté, e [kylɔte] adj [effronté] : *elle est culottée fam* she's got a nerve.

culpabiliser [3] [kylpabilize] ✧ vt ▸ **culpabiliser qqn** to make sb feel guilty. ✧ vi to feel guilty.

culpabilité [kylpabilite] nf guilt.

culte [kylt] nm **1.** [vénération, amour] worship **2.** [religion] religion.

cultivateur, trice [kyltivatœʀ, tʀis] nm, f farmer.

cultivé, e [kyltive] adj [personne] educated, cultured.

cultiver [3] [kyltive] vt **1.** [terre, goût, relation] to cultivate **2.** [plante] to grow. ◆ **se cultiver** vp to cultivate ou improve one's mind.

culture [kyltyʀ] nf **1.** AGRIC cultivation, farming / *culture biologique* organic farming ▸ **culture intensive / extensive** intensive / extensive farming ▸ **les cultures** cultivated land **2.** [savoir] culture, knowledge / *culture d'entreprise* corporate culture ▸ **culture générale a)** [connaissances] general knowledge **b)** [éducation] general education / *avoir une bonne culture générale* **a)** [candidat] to be well up on general knowledge **b)** [étudiant] to have had a broadly-based education ▸ **culture physique** physical training **3.** [civilisation] culture **4.** BIOL culture / *faire une culture de cellules* to grow cells.

culturel, elle [kyltyʀɛl] adj cultural.

culturisme [kyltyʀism] nm bodybuilding.

cumin [kymɛ̃] nm cumin.

cumul [kymyl] nm [de fonctions, titres] concurrent holding ; [de salaires] concurrent drawing.

cumulé, e [kymyle] adj : *intérêts cumulés* accrued interest.

cumuler [3] [kymyle] vt [fonctions, titres] to hold simultaneously ; [salaires] to draw simultaneously ; [intérêts] to accrue.

cumulus [kymylys] nm cumulus.

cupide [kypid] adj greedy.

cupidité [kypidite] nf greed, cupidity.

curaçao [kyʀaso] nm curaçao.

curatif, ive [kyʀatif, iv] adj curative.

cure [kyʀ] nf (course of) treatment ▸ **faire une cure de fruits** to go on a fruit-based diet ▸ **cure d'amaigrissement** slimming course UK, reducing treatment US ▸ **cure de désintoxication a)** [d'alcool] drying-out treatment **b)** [de drogue] detoxification treatment ▸ **cure de sommeil** sleep therapy ▸ **cure de thalassothérapie** course of thalassotherapy ▸ **faire une cure thermale** to undergo treatment at a spa.

curé [kyʀe] nm parish priest.

cure-dents [kyʀdɑ̃] nm inv toothpick.

cure-pipe (*pl* **cure-pipes**) [kyʀpip] nm = **cure-pipes**.

cure-pipes [kyʀpip] nm inv pipe cleaner.

curer [3] [kyʀe] vt to clean out. ◆ **se curer** vp ▸ **se curer les ongles** to clean one's nails.

curetage [kyʀtaʒ] nm curettage.

curie [kyʀi] nf curia.

curieusement [kyʀjøzmɑ̃] adv curiously, strangely.

curieux, euse [kyʀjø, øz] ❖ adj **1.** [intéressé] curious ▸ **curieux de qqch / de faire qqch** curious about sthg / to do sthg **2.** [indiscret] inquisitive **3.** [étrange] strange, curious. ❖ nm, f busybody.

curiosité [kyʀjozite] nf curiosity. ◆ **curiosités** nfpl interesting sights.

curiste [kyʀist] nmf *person undergoing treatment at a spa.*

curling [kœʀliŋ] nm curling.

curriculum vitae [kyʀikylɔmvite] nm inv curriculum vitae UK, résumé US.

curry [kyʀi], **carry** [kaʀi], **cari** [kaʀi] nm **1.** [épice] curry powder **2.** [plat] curry.

curseur [kyʀsœʀ] nm cursor.

cursus [kyʀsys] nm degree course.

customisation [kœstɔmizasjɔ̃] nf customization.

cutané, e [kytane] adj cutaneous, skin *(avant n)*.

cuti [kyti] nf **1.** MÉD skin test **2.** ▸ **virer sa cuti** *fam* & *fig* to throw off one's shackles.

cutiréaction, cuti-réaction (*pl* **cuti-réactions**) [kytiʀeaksjɔ̃] nf skin test.

cutter [kœtɛʀ] nm Stanley knife®.

cuve [kyv] nf **1.** [citerne] tank **2.** [à vin] vat.

cuvée [kyve] nf **1.** [récolte] vintage **2.** [contenu de cuve] vatful.

cuver [3] [kyve] vt **1.** [faire séjourner en cuve] to put in a vat to ferment **2.** *fam* [alcool, déception] ▸ **cuver qqch** to sleep sthg off.

cuvette [kyvɛt] nf **1.** [récipient] basin, bowl **2.** [de lavabo] basin ; [de W.-C.] bowl **3.** GÉOGR basin.

CV nm **1.** (*abr de* **curriculum vitae**) CV UK, résumé US / *ça fera bien dans ton CV* it'll look good on your CV UK ou résumé US **2.** (*abr écrite de* **cheval fiscal**) *classification of former car tax.*

CVS (*abr de* **correction des variations saisonnières**) adj seasonally adjusted.

cx nm inv [coefficient de pénétration dans l'air] drag coefficient.

cyanure [sjanyʀ] nm cyanide.

cybercafé [sibɛʀkafe] nm cybercafé, Internet café.

cybercommerce [sibɛʀkɔmɛʀs] nm e-commerce.

cybercrime [sibɛʀkʀim] nm INFORM e-crime.

cybercriminalité [sibɛʀkʀiminalite] nf cybercrime.

cyberespace [sibɛʀɛspas], **cybermonde** [sibɛʀmɔ̃d] nm cyberspace.

cyberjargon [sibɛʀʒaʀgɔ̃] nm INFORM netspeak.

cybermonde [sibɛʀmɔ̃d] nm = **cyberespace**.

cybernaute [sibɛʀnot] nm (net) surfer, cybersurfer, cybernaut.

cybernovice [sibɛʀnɔvis] nmf *fam* INFORM newbie.

cybersquatting [sibɛʀskwatiŋ] nm INFORM cybersquatting.

cyberterrorisme [sibɛʀtɛʀɔʀism] nm cyberterrorism.

cyborg [sibɔʀg] nm cyborg.

cyclable [siklabl] ⟶ **piste**.

cyclamen [siklamɛn] nm cyclamen.

cycle [sikl] nm **1.** [série] cycle ▸ **cycle alimentaire** food cycle ▸ **cycle menstruel** menstrual cycle ▸ **cycle de négociations** round of negotiations **2.** [formation] cycle ▸ **premier cycle a)** UNIV first and second years UK, freshman and sophomore years US **b)** SCOL lower secondary school years UK, junior high school US ▸ **second cycle a)** UNIV ≃ final year UK ; ≃ senior year US **b)** SCOL upper school UK, high school US ▸ **troisième cycle** UNIV ≃ postgraduate year ou years **3.** ÉCON cycle ▸ **cycle des affaires** business cycle ▸ **cycle conjoncturel** business cycle ▸ **cycle expansion-récession** boom and bust (cycle) / *cycle de vie du produit* product lifecycle.

cyclique [siklik] adj cyclic, cyclical.

cyclisme [siklism] nm cycling.

cycliste [siklist] ❖ nmf cyclist. ❖ adj cycle *(avant n)*.

cyclo-cross [siklɔkʀɔs] nm inv cyclo-cross.

cyclomoteur [siklɔmɔtœʀ] nm moped.

cyclone [siklon] nm cyclone.

cyclothymique [siklɔtimik] nmf & adj manic-depressive.

cyclotourisme [siklɔtuʀism] nm cycle touring.

cygne [siɲ] nm swan.

cylindre [silɛ̃dʀ] nm **1.** AUTO & GÉOM cylinder **2.** [rouleau] roller.

cylindrée [silɛ̃dʀe] nf engine capacity.

cylindrique [silɛ̃dʀik] adj cylindrical.

cymbale [sɛ̃bal] nf cymbal.

cynique [sinik] ❖ nmf cynic. ❖ adj cynical.

cynisme [sinism] nm cynicism.

cyprès [sipʀɛ] nm cypress.

cypriote, Cypriote ⟶ **chypriote**.

cyrillique [siʀilik] adj Cyrillic.

cystite [sistit] nf cystitis *(U)*.

cytise [sitiz] nm laburnum.

CZK (*abr de* **couronne tchèque**) Kcs.

D

d, **D** [de] nm inv d, D.

d' ⟶ **de**.

da (*abr écrite de* **déca**) da.

DAB [deabe, dab] (*abr de* **distributeur automatique de billets**) nm ATM.

d'abord [dabɔʀ] ⟶ **abord**.

dactylo [daktilo] nf [personne] typist ; [procédé] typing.

dactylographier [9] [daktilɔgʀafje] vt to type.

dada [dada] nm **1.** [cheval] horsie, gee-gee UK **2.** *fam* [occupation] hobby **3.** *fam* [idée] hobbyhorse **4.** ART Dadaism.

dadais [dadɛ] nm *fam* fool ▸ **un grand dadais** a big ou great lump.

dahlia [dalja] nm dahlia.

daigner [4] [deɲe] vi to deign.

daim [dɛ̃] nm **1.** [animal] fallow deer **2.** [peau] suede.

dais [dɛ] nm canopy.

Dakar [dakaʀ] npr Dakar.

dal [dal] (*abr écrite de* **décalitre**) dal.

dallage [dalaʒ] nm [action] paving ; [dalles] pavement.

dalle [dal] nf [de pierre] slab ; [de lino] tile ▸ **avoir la dalle** *fam* & *fig* to be famished ou starving ▸ **que dalle !** *fam* & *fig* zilch!, not a (damn) thing!, damn all! UK.

dalmatien, **enne** [dalmasjɛ̃, ɛn] nm, f dalmatian.

daltonien, **enne** [daltɔnjɛ̃, ɛn] ❖ adj colour-blind UK, color-blind US. ❖ nm, f colour-blind UK ou color-blind US person.

dam¹ [dam] nm ▸ **au grand dam de** [déplaisir] to the great displeasure of.

dam² (*abr écrite de* **décamètre**) dam.

Damas [damas] npr Damascus.

dame [dam] nf **1.** [femme] lady ▸ **dame de compagnie** lady's companion ▸ **dame d'honneur** lady-in-waiting ▸ **la première dame de France** France's First Lady ▸ **faire** ou **jouer les grandes dames** *péj* to put on airs **2.** [cartes à jouer] queen ▸ **la dame de cœur** the queen of hearts. ◆ **dames** nfpl draughts UK, checkers US.

dame-jeanne [damʒan] (*pl* **dames-jeannes**) nf demijohn.

damer [3] [dame] vt to pack down.

damier [damje] nm **1.** [de jeu] draughtboard UK, checkerboard US **2.** [motif] ▸ **à damier** checked.

damnation [danasjɔ̃] nf damnation.

damné, **e** [dane] ❖ adj *fam* damned. ❖ nm, f damned person.

damner [3] [dane] vt to damn. ◆ **se damner** vp to be damned ▸ **se damner pour** *fig* to risk damnation for.

dancing [dɑ̃siŋ] nm dance hall.

dandiner [3] [dɑ̃dine] ◆ **se dandiner** vp to waddle.

dandy [dɑ̃di] nm dandy.

Danemark [danmaʀk] nm : *le Danemark* Denmark / *au Danemark* in Denmark.

danger [dɑ̃ʒe] nm danger ▸ **en danger** in danger ▸ **hors de danger** out of danger ▸ **courir un danger** to run a risk ▸ **narguer le danger** to flout danger ▸ **danger public** public menace.

dangereusement [dɑ̃ʒʀøzmɑ̃] adv dangerously.

dangereux, **euse** [dɑ̃ʒʀø, øz] adj dangerous.

danois, **e** [danwa, az] adj Danish. ◆ **danois** nm **1.** [langue] Danish **2.** [chien] Great Dane. ◆ **Danois**, **e** nm, f Dane.

> **dans** [dɑ̃]
>
> ❖ prép
>
> **1.** [dans le temps] in / *je reviens dans un mois* I'll be back in a month ou in a month's time / *vous serez livré dans la semaine* you'll get the delivery within the week ou some time this week
>
> **2.** [dans l'espace] in / *dans une boîte* in ou inside a box / *c'est dans ma chambre / mon sac* it's in my room / my bag / *dans le train / l'avion* on the train / the plane
>
> **3.** [avec mouvement] into / *entrer dans une chambre* to come into a room, to enter a room
>
> **4.** [indiquant un état, une manière] in / *dans nos rangs* within our ranks / *vivre dans la misère* to live in poverty / *il est dans le commerce* he's in business / *je l'ai fait dans ce but* I did it with this aim in mind
>
> **5.** [environ] ▸ **dans les…** about… / *ça coûte dans les 30 euros* it costs about 30 euros / *il était dans les cinq heures du soir* it was around five pm

dansant, **e** [dɑ̃sɑ̃, ɑ̃t] adj *pr* & *fig* dancing ▸ **soirée dansante** dance ▸ **thé dansant** tea dance.

danse [dɑ̃s] nf **1.** [art] dancing ▸ **danse classique / folklorique / moderne** ballet / folk / modern dancing ▸ **danse du ventre** belly dancing **2.** [musique] dance.

danser [3] [dɑ̃se] ❖ vi **1.** [personne] to dance **2.** [bateau] to bob ; [flammes] to flicker. ❖ vt to dance.

danseur, **euse** [dɑ̃sœʀ, øz] nm, f dancer ▸ **en danseuse** [cyclisme] standing on the pedals ▸ **danseur étoile** principal dancer.

dantesque [dɑ̃tɛsk] adj Dantesque, Dantean.

DAO (*abr de* **dessin assisté par ordinateur**) nm CAD.

dard [daʀ] nm [d'animal] sting.

darder [3] [daʀde] vt to beat down ▸ **darder un regard sur** *fig* to shoot a glance at.

dare-dare [daʀdaʀ] adv *fam* on the double.

darne [daʀn] nf [de poisson] steak.

dartre [daʀtʀ] nf sore.

DAT (*abr de* **digital audio tape**) DAT.

datation [datasjɔ̃] nf dating.

date [dat] nf **1.** [jour+mois+année] date ▸ **date d'émission** date of issue ▸ **date limite de consommation** use-by date ▸ **date limite de vente** sell-by UK ou pull US date ▸ **de longue date** long-standing ▸ **date de naissance** date of birth **2.** [moment] event ▸ **une réalisation qui fera date** an achievement which will stand out.

dater [3] [date] ❖ vt to date. ❖ vi **1.** [marquer] to be ou mark a milestone **2.** *fam* [être démodé] to be dated. ◆ **dater de** v + prép to date from, to go back to / *un livre qui date du XVII*ᵉ *siècle* a book dating back to the 17th century / *de quand date votre dernière visite ?* when was your last visit? / *notre amitié ne date pas d'hier* we go ou our friendship goes back a long way / *voilà une idée qui ne date pas d'hier* this idea's been around for quite some time. ◆ **à dater de** loc prép as of ou from.

dateur, euse [datœʀ, øz] adj date *(avant n)*. ◆ **dateur** nm [timbre] datestamp ; [de montre] date indicator.

datif [datif] nm GRAM dative.

datte [dat] nf date.

dattier [datje] nm date palm.

daube [dob] nf CULIN ≃ stew.

dauphin¹ [dofɛ̃] nm **1.** [mammifère] dolphin **2.** HIST ▸ **le dauphin** the dauphin.

dauphin², e [dofɛ̃, in] nm, f [successeur] heir apparent.

dauphine [dofin] nf HIST ▸ **la dauphine** the dauphine.

daurade [dɔʀad] nf sea bream.

davantage [davɑ̃taʒ] adv **1.** [plus] more ▸ **davantage de** more **2.** [plus longtemps] (any) longer.

dB (*abr écrite de* **décibel**) dB.

DB (*abr de* **division blindée**) nf armoured UK ou armored US division.

DCA (*abr de* **défense contre les aéronefs**) nf AA *(anti-aircraft)*.

DCRI (*abr de* **Direction centrale du renseignement intérieur**) nf *French intelligence service.*

DDA (*abr de* **Direction départementale de l'agriculture**) nf *local offices of the Ministry of Agriculture.*

DDASS, Ddass [das] (*abr de* **Direction départementale d'action sanitaire et sociale**) nf *department of health and social security* / *un enfant de la DDASS* a state orphan.

DDE (*abr de* **Direction départementale de l'équipement**) nf *local offices of the Ministry of the Environment.*

DDT (*abr de* **dichloro-dyphényl-trichloréthane**) nm DDT.

de [də]

(formes contractées de « de + le » = ***du****, « de + les » =* ***des****)*

❖ prép

1. [provenance] from / *revenir de Paris* to come back ou return from Paris / *il est sorti de la maison* he left the house, he went out of the house

2. [avec à] ▸ **de… à** from… to / *de Paris à Tokyo* from Paris to Tokyo / *de dix heures à midi* from ten o'clock to ou till midday / *il y avait de quinze à vingt mille spectateurs* there were between fifteen and twenty thousand spectators

3. [indique le moment] *travailler de nuit* to work nights

4. [indique la cause] *mourir de peur / de faim* to die of fright / of hunger

5. [indique le moyen] *faire signe de la main* to wave

6. [indique la manière] *de toutes ses forces* with all one's strength

7. [appartenance] of / *la porte du salon* the door of the sitting room, the sitting room door / *le frère de Pierre* Pierre's brother / *la maison de mes parents* my parents' house

8. [indique la détermination, la qualité] *le plus jeune de la classe* the youngest pupil in the class / *un verre d'eau* a glass of water / *un peignoir de soie* a silk dressing gown / *un appartement de 60 m²* a 60 square metre flat / *un bébé de trois jours* a three-day-old baby / *une ville de 500 000 habitants* a town with ou of 500,000 inhabitants / *le train de 9 h 30* the 9.30 train

9. [servant de lien syntaxique] *sûr de soi* sure of o.s., self-confident

❖ art partitif

1. [dans une phrase affirmative] some / *je voudrais du vin / du lait* I'd like (some) wine / (some) milk / *boire de l'eau* to drink (some) water / *acheter des légumes* to buy some vegetables

2. [dans une interrogation ou une négation] any / *ils n'ont pas d'enfants* they don't have any children, they have no children / *avez-vous du pain ?* do you have any bread?, have you got any bread? / *voulez-vous du thé ?* would you like some tea?

❖ art déf

[dans une affirmation] : *il a de bonnes idées* he has ou he's got (some) good ideas ; [dans une négation] : *nous ne faisons pas de projets pour cet été* we are not making any plans for this summer

DE (*abr de* **diplômé d'État**) adj qualified / *infirmière DE* qualified nurse ; ≃ RN.

dé [de] nm **1.** [à jouer] dice, die **2.** [morceau] dice, cube ▸ **couper en dés** CULIN to dice **3.** COUT ▸ **dé (à coudre)** thimble.

DEA (*abr de* **diplôme d'études approfondies**) nm postgraduate diploma.

dealer[1] [dile] vt to deal.

dealer[2]**, euse** [dilœʀ, øz] nm, f *fam* dealer.

déambuler [3] [deɑ̃byle] vi to stroll (around).

débâcle [debakl] nf [débandade] rout ; *fig* collapse.

déballage [debalaʒ] nm [des bagages] unpacking.

déballer [3] [debale] vt to unpack ; *fam* & *fig* to pour out.

débandade [debɑ̃dad] nf dispersal.

débaptiser [3] [debatize] vt to rename.

débarbouiller [3] [debaʀbuje] vt ▸ **débarbouiller qqn** to wash sb's face. ◆ **se débarbouiller** vp to wash one's face.

débarcadère [debaʀkadɛʀ] nm **1.** NAUT landing stage **2.** QUÉBEC [pour livraison] delivery area.

débardeur [debaʀdœʀ] nm **1.** [ouvrier] docker **2.** [vêtement] slipover.

débarquement [debaʀkəmɑ̃] nm [de marchandises] unloading ▸ **le Débarquement** HIST the D-Day landings.

débarquer [3] [debaʀke] ❖ vt [marchandises] to unload ; [passagers & MIL] to land. ❖ vi **1.** [d'un bateau] to disembark **2.** MIL to land **3.** *fam* [arriver à l'improviste] to turn up ; *fig* to know nothing.

débarras [debaʀa] nm junk room ▸ **bon débarras !** *fig* good riddance!

débarrasser [3] [debaʀase] vt **1.** [pièce] to clear up ; [table] to clear **2.** [ôter] ▸ **débarrasser qqn de qqch** to take sthg from sb. ◆ **se débarrasser** vp ▸ **se débarrasser de** to get rid of.

débat [deba] nm debate ▸ **élargir le débat** to broaden OU widen the debate. ◆ **débats** nmpl proceedings.

débattre [83] [debatʀ] ❖ vt to debate, to discuss. ❖ vi ▸ **débattre de qqch** to debate OU discuss sthg. ◆ **se débattre** vp to struggle ▸ **se débattre avec** OU **contre** *fig* to struggle with OU against.

débattu, e [debaty] pp ⟶ **débattre**.

débauche [deboʃ] nf debauchery ▸ **une débauche de** *fig* a profusion of.

débauché, e [deboʃe] ❖ adj debauched. ❖ nm, f debauched person.

débaucher [3] [deboʃe] vt **1.** [corrompre] to debauch, to corrupt **2.** [licencier] to make redundant UK, to lay off US.

débile [debil] ❖ nmf **1.** [attardé] retarded person ▸ **débile mental** mentally retarded person ▸ **débile profond** profoundly retarded person **2.** *fam* [idiot] moron. ❖ adj *fam* stupid.

débilitant, e [debilitɑ̃, ɑ̃t] adj debilitating.

débilité [debilite] nf **1.** [stupidité] stupidity **2.** [maladie] debility, deficiency.

débiner [3] [debine] ◆ **se débiner** vp *fam* to clear off.

débit [debi] nm **1.** [de marchandises] (retail) sale **2.** [magasin] ▸ **débit de boissons** bar ▸ **débit de tabac** tobacconist's, tobacco shop US **3.** [coupe] sawing up, cutting up **4.** [de liquide] (rate of) flow **5.** [élocution] delivery **6.** FIN debit ▸ **avoir un débit de 100 euros** to be 100 euros overdrawn **7.** INFORM rate / ***débit de traitement*** data through put.

débitant, e [debitɑ̃, ɑ̃t] nm, f **1.** [de boissons] publican UK, bar owner US **2.** [de tabac] tobacconist, tobacco dealer US.

débiter [3] [debite] vt **1.** [marchandises] to sell **2.** [arbre] to saw up ; [viande] to cut up **3.** [suj : robinet] to have a flow of **4.** *fam* & *fig* [prononcer] to spout **5.** FIN to debit / ***débiter qqn d'une somme*** to debit sb with an amount.

débiteur, trice [debitœʀ, tʀis] ❖ adj **1.** [personne] debtor *(avant n)* **2.** FIN debit *(avant n)*, in the red. ❖ nm, f debtor.

déblaiement [deblɛmɑ̃], **déblayage** [deblɛjaʒ] nm clearing.

déblatérer [18] [deblateʀe] vi *fam* & *péj* [médire] ▸ **déblatérer contre** to rant on about.

déblayage = **déblaiement**.

déblayer [11] [debleje] vt [dégager] to clear ▸ **déblayer le terrain** *fig* to clear the ground.

déblocage [deblɔkaʒ] nm **1.** TECHNOL [d'un écrou, d'un dispositif] unblocking, releasing ; [de freins] unjamming **2.** [réouverture - d'un tuyau] clearing, freeing, unblocking ; [- d'une route] clearing **3.** ÉCON [des salaires, des prix] unfreezing ; BANQUE [d'un compte] freeing **4.** [dans une mine] haulage.

débloquer [3] [deblɔke] ❖ vt **1.** [machine] to get going again **2.** [crédit] to release **3.** [compte, salaires, prix] to unfreeze. ❖ vi *fam* to talk nonsense OU rubbish UK.

déboguer [debɔge] vt to debug.

déboires [debwaʀ] nmpl **1.** [déceptions] disappointments **2.** [échecs] setbacks **3.** [ennuis] trouble *(U)*, problems.

déboisement [debwazmɑ̃] nm deforestation.

déboiser [3] [debwaze] vt [région] to deforest ; [terrain] to clear (of trees). ◆ **se déboiser** vp to become deforested.

déboîter [3] [debwate] ❖ vt **1.** [objet] to dislodge ▸ **déboîter une porte** to take a door off its hinges **2.** [membre] to dislocate. ❖ vi AUTO to pull out. ◆ **se déboîter** vp **1.** [se démonter] to come apart ; [porte] to come off its hinges **2.** [membre] to dislocate.

débonnaire [debɔnɛʀ] adj good-natured, easy-going.

débordant, e [debɔʀdɑ̃, ɑ̃t] adj **1.** [activité] bustling **2.** [personne] ▸ **débordant de** a) [joie, vie] overflowing with b) [santé, énergie] bursting with.

débordé, e [debɔʀde] adj **1.** [peu disponible] (very) busy **2.** [surmené] overworked.

débordement [debɔʀdəmɑ̃] nm **1.** [de fleuve, récipient] overflowing **2.** [de joie, tendresse] outburst. ◆ **débordements** nmpl excesses.

déborder [3] [debɔʀde] ❖ vi [fleuve, liquide] to overflow ; *fig* to flood / *laisser déborder la baignoire* to let the bath overflow / *l'eau a débordé du lavabo* the sink has overflowed / *les pluies ont fait déborder la rivière* the rain made the river burst its banks ▸ **déborder de** [vie, joie] to be bubbling with. ❖ vt [limite] to go beyond / *vous débordez le sujet* you've gone beyond the scope of the topic / *être débordé de travail* to be up to one's eyes in OU snowed under with work.

débouchage [debuʃaʒ] nm [de bouteille] opening, uncorking ; [de tuyau] unblocking.

débouché [debuʃe] nm **1.** [issue] end **2.** *(gén pl)* COMM outlet **3.** [de carrière] prospect, opening.

déboucher [3] [debuʃe] ❖ vt **1.** [bouteille] to open **2.** [conduite, nez] to unblock. ❖ vi ▸ **déboucher sur a)** [arriver] to open out into **b)** *fig* to lead to, to achieve.

débouler [3] [debule] ❖ vi [personne - arriver] to charge up ; [animal] to bolt. ❖ vt to hurtle down.

déboulonner [3] [debulɔne] vt [statue] to dismantle.

débourser [3] [debuʀse] vt to pay out.

déboussoler [3] [debusɔle] vt *fam* to throw, to disorient, to disorientate UK.

debout [dəbu] adv **1.** [gén] ▸ **être debout** [sur ses pieds] to be standing (up) ; [réveillé] to be up ; [objet] to be standing up OU upright / *être debout à 5 h* to be up at 5 o'clock / *les murs sont encore debout* the walls are still standing ▸ **mettre qqch debout** to stand sthg up ▸ **se mettre debout** to stand up ▸ **debout !** get up!, on your feet! / *je préfère rester debout* I'd rather stand / *ne restez pas debout* (please) sit down **2.** EXPR **tenir debout a)** [bâtiment] to remain standing **b)** [argument] to stand up ▸ **il ne tient pas debout** he's asleep on his feet / *le raisonnement ne tient pas debout* the argument doesn't hold water OU hold up.

débouter [3] [debute] vt DR to dismiss.

déboutonner [3] [debutɔne] vt to unbutton, to undo. ◆ **se déboutonner** vp [défaire ses boutons] to undo one's buttons / one's jacket etc.

débraillé, e [debʀaje] adj dishevelled UK, disheveled US.

débrancher [3] [debʀɑ̃ʃe] vt **1.** [appareil] to unplug **2.** [téléphone] to disconnect.

débrayage [debʀɛjaʒ] nm **1.** [AUTO - pièce] clutch ; [- action] disengagement of the clutch **2.** [arrêt de travail] stoppage.

débrayer [11] [debʀeje] vi **1.** AUTO to disengage the clutch, to declutch UK **2.** [cesser le travail] to stop work.

débridé, e [debʀide] adj *fig* & *sout* [imagination, sensualité] unbridled.

débriefer [debʀife] vt to debrief.

débriefing [debʀifiŋ] nm debrief ▸ **faire un débriefing** to debrief.

débris [debʀi] ❖ nm piece, fragment. ❖ nmpl **1.** [restes] leftovers **2.** *fig* & *litt* [d'armée, fortune] remains ; [d'un état] ruins.

débrouillard, e [debʀujaʀ, aʀd] *fam* ❖ adj resourceful. ❖ nm, f resourceful person.

débrouillardise [debʀujaʀdiz] nf *fam* resourcefulness.

débrouiller [3] [debʀuje] vt **1.** [démêler] to untangle **2.** *fig* [résoudre] to unravel, to solve. ◆ **se débrouiller** vp *fam* ▸ **se débrouiller (pour faire qqch)** to manage (to do sthg) ▸ **se débrouiller en anglais / math** to get by in English / maths ▸ **débrouille-toi !** you'll have to sort it out (by) yourself!

débroussailler [3] [debʀusaje] vt [terrain] to clear ; *fig* to do the groundwork for.

débuguer [3] [debyge] vt = **déboguer**.

débusquer [3] [debyske] vt **1.** [gibier] to drive out **2.** [personne] to flush out.

début [deby] nm beginning, start ▸ **au début** at the start OU beginning / *au début de* at the beginning of ▸ **dès le début** (right) from the start. ◆ **débuts** nmpl debut *sg* / *faire ses débuts* to make one's debut.

débutant, e [debytɑ̃, ɑ̃t] nm, f beginner.

débuter [3] [debyte] vi **1.** [commencer] ▸ **débuter (par)** to begin (with), to start (with) **2.** [faire ses débuts] to start out.

déca [deka] nm *fam* decaff.

décacheter [27] [dekaʃte] vt to open.

décade [dekad] nf period of ten days.

décadence [dekadɑ̃s] nf **1.** [déclin] decline **2.** [débauche] decadence.

décadent, e [dekadɑ̃, ɑ̃t] adj decadent.

décaféiné, e [dekafeine] adj decaffeinated. ◆ **décaféiné** nm decaffeinated coffee.

décaissement [dekesmɑ̃] nm **1.** FIN payment, disbursement *(terme spécialisé)* **2.** [déballage] unpacking **3.** BOT planting out.

décaisser [4] [dekese] vt **1.** FIN to pay, to disburse *(terme spécialisé)* **2.** [déballer] to unpack, to take out of its container.

décalage [dekalaʒ] nm gap ; *fig* gulf, discrepancy ▸ **décalage horaire a)** [entre zones] time difference **b)** [après un vol] jet lag.

décalcification [dekalsifikasjɔ̃] nf decalcification.

décalcomanie [dekalkɔmani] nf transfer *(adhesive)* UK, decal US.

décalé, e [dekale] adj **1.** [style, humour] off-beat, quirky / *il a un humour assez décalé* he's got quite an offbeat sense of humour **2.** [personne] quirky / *être décalé par rapport à la réalité* to be out of phase with reality / *les personnages du film sont complètement décalés* the characters in the film are really quirky.

décaler [3] [dekale] vt **1.** [dans le temps - avancer] to bring forward ; [- retarder] to put back **2.** [dans l'espace] to move, to shift. ◆ **se décaler** vp to move.

décalquer [3] [dekalke] vt to trace.

décamper [3] [dekɑ̃pe] vi *fam* to clear off.

décan [dekɑ̃] nm ASTROL decan.

décanter [3] [dekɑ̃te] ❖ vt ▸ **laisser décanter** a) [liquide] to allow to settle b) *fig* [idée] to allow to settle down OU become clearer. ❖ vi [liquide] to settle ; *fig* [idées] to become clear. ◆ **se décanter** vp [idées] to become clear.

décapant, e [dekapɑ̃, ɑ̃t] adj **1.** [nettoyant] stripping **2.** *fig* [incisif] cutting, caustic. ◆ **décapant** nm (paint) stripper.

décaper [3] [dekape] vt [en grattant] to sand ; [avec un produit chimique] to strip.

décapiter [3] [dekapite] vt **1.** [personne - volontairement] to behead ; [- accidentellement] to decapitate **2.** [arbre] to cut the top off **3.** *fig* [organisation, parti] to remove the leader OU leaders of.

décapotable [dekapɔtabl] nf & adj convertible.

décapsuler [3] [dekapsyle] vt to take the top off, to open.

décapsuleur [dekapsylœʀ] nm bottle opener.

décarcasser [3] [dekaʀkase] ◆ **se décarcasser** vp *fam* ▸ **se décarcasser (à faire qqch)** to slog away (at doing sthg).

décédé, e [desede] adj deceased.

décéder [18] [desede] vi to die.

déceler [25] [desle] vt **1.** [révéler] to reveal **2.** [repérer] to detect.

décélération [deseleʀasjɔ̃] nf deceleration.

décembre [desɑ̃bʀ] nm December. ***Voir aussi* septembre**.

décemment [desamɑ̃] adv **1.** [convenablement] properly **2.** [raisonnablement] reasonably.

décence [desɑ̃s] nf decency.

décennie [deseni] nf decade.

décent, e [desɑ̃, ɑ̃t] adj decent.

décentralisation [desɑ̃tʀalizasjɔ̃] nf decentralization.

décentraliser [3] [desɑ̃tʀalize] vt to decentralize.

décentrer [3] [desɑ̃tʀe] vt to move off-centre UK OU off-center US.

déception [desɛpsjɔ̃] nf disappointment.

> ⚠ Le mot anglais **deception** signifie « tromperie » et non *déception*.

décerner [3] [desɛʀne] vt ▸ **décerner qqch à** to award sthg to.

décès [desɛ] nm death.

décevant, e [desəvɑ̃, ɑ̃t] adj disappointing.

décevoir [52] [desəvwaʀ] vt to disappoint.

déchaîné, e [deʃene] adj **1.** [vent, mer] stormy, wild **2.** [passion] unrestrained ; [opinion publique] raging **3.** [personne] wild.

déchaîner [4] [deʃene] vt [passion] to unleash ; [rires] to cause an outburst of. ◆ **se déchaîner** vp **1.** [éléments naturels] to erupt **2.** [personne] to fly into a rage.

déchanter [3] [deʃɑ̃te] vi to become disillusioned.

décharge [deʃaʀʒ] nf **1.** DR discharge **2.** ÉLECTR discharge ▸ **décharge électrique** electric UK OU electrical US shock **3.** [reçu] receipt **4.** [dépotoir] rubbish tip UK, rubbish dump UK, garbage dump US ▸ **décharge municipale** city/town dump.

déchargement [deʃaʀʒəmɑ̃] nm unloading.

décharger [17] [deʃaʀʒe] vt **1.** [véhicule, marchandises] to unload / *décharger des bananes d'un navire* to unload bananas from OU to take bananas off a ship **2.** [arme - tirer] to fire, to discharge / *décharger son arme sur qqn* to fire one's gun at sb ; [enlever la charge de] to unload **3.** [soulager - cœur] to unburden ; [- conscience] to salve ; [- colère] to vent / *décharger sa mauvaise humeur sur qqn* to vent one's temper on sb **4.** [libérer] ▸ **décharger qqn de** to release sb from. ◆ **se décharger** vp **1.** ÉLECTR to go flat **2.** [se libérer] ▸ **se décharger de qqch sur** to offload sthg onto **3.** [rivière] ▸ **se décharger dans** to flow into.

décharné, e [deʃaʀne] adj [maigre] emaciated.

déchausser [3] [deʃose] vt ▸ **déchausser qqn** to take sb's shoes off. ◆ **se déchausser** vp **1.** [personne] to take one's shoes off **2.** [dent] to come loose.

dèche [dɛʃ] nf *fam* ▸ **être dans la dèche** to be broke.

déchéance [deʃeɑ̃s] nf **1.** [déclin] degeneration, decline **2.** [d'un souverain] dethronement **3.** DR loss.

déchet [deʃɛ] nm [de matériau] scrap. ◆ **déchets** nmpl refuse *(U)*, waste *(U)* ▸ **déchets radioactifs** radioactive waste.

Déchetterie® [deʃɛtʀi] nf recycling centre UK OU center US.

déchiffrer [3] [deʃifʀe] vt **1.** [inscription, hiéroglyphes] to decipher ; [énigme] to unravel **2.** MUS to sight-read.

déchiqueter [27] [deʃikte] vt to tear to shreds.

déchiqueteur [deʃiktœʀ] nm shredder.

déchirant, e [deʃiʀɑ̃, ɑ̃t] adj heartrending.

déchirement [deʃiʀmɑ̃] nm **1.** [division] rift, split **2.** [souffrance morale] heartbreak, distress.

déchirer [3] [deʃiʀe] vt **1.** [papier, tissu] to tear up, to rip up / *attention, tu vas déchirer ton collant* mind not to rip your tights / *déchirer une page en deux* to tear a page in two **2.** [blesser] to tear (the skin OU flesh of), to gash / *un bruit qui déchire les tympans* an earpiercing OU earsplitting noise **3.** *fig* [diviser] to tear apart / *le pays est déchiré par la guerre depuis 10 ans* the country has been torn apart by war for 10 years.

◆ **se déchirer** vp **1.** [personnes] to tear each other apart **2.** [matériau, muscle] to tear / *ce tissu se déchire facilement* this material tears easily / *se déchirer un muscle / tendon / ligament* to tear a muscle / tendon / ligament.

déchirure [deʃiʀyʀ] nf tear ; *fig* wrench ▸ **déchirure musculaire** MÉD torn muscle.

déchoir [71] [deʃwaʀ] vi *sout* [s'abaisser] to demean o.s.

déchu, e [deʃy] ❖ pp ⟶ **déchoir.** ❖ adj **1.** [homme, ange] fallen ; [souverain] deposed **2.** DR ▸ **être déchu de** to be deprived of.

décibel [desibɛl] nm decibel.

décidé, e [deside] adj **1.** [résolu] determined **2.** [arrêté] settled.

décidément [desidemɑ̃] adv really.

décider [3] [deside] ❖ vt **1.** [prendre une décision] ▸ **décider (de faire qqch)** to decide (to do sthg) ▸ **décider que** to decide (that) **2.** [convaincre] ▸ **décider qqn à faire qqch** to persuade sb to do sthg. ❖ vi [déterminer] ▸ **décider de qqch** to decide on sthg. ◆ **se décider** vp **1.** [personne] ▸ **se décider (à faire qqch)** to make up one's mind (to do sthg) **2.** [affaire] to be decided, to be settled **3.** [choisir] ▸ **se décider pour** to decide on, to settle on.

décideur, euse [desidœʀ, øz] nm, f decision-maker.

décilitre [desilitʀ] nm decilitre UK, deciliter US.

décimal, e, aux [desimal, o] adj decimal. ◆ **décimale** nf decimal.

décimer [3] [desime] vt to decimate.

décimètre [desimɛtʀ] nm **1.** [dixième de mètre] decimetre UK decimeter US **2.** [règle] ruler ▸ **double décimètre** ≃ foot rule.

décisif, ive [desizif, iv] adj decisive.

décision [desizjɔ̃] nf decision / *décision d'achat* purchasing decision ▸ **prendre une décision** to take OU make a decision.

décisionnaire [desizjɔnɛʀ] nmf decision-maker.

déclamer [3] [deklame] vt to declaim.

déclaration [deklaʀasjɔ̃] nf **1.** [orale] declaration, announcement ▸ **faire une déclaration** to make a statement / *je ne ferai aucune déclaration !* no comment! ▸ **déclaration de guerre / d'amour** declaration of war / of love / *faire une déclaration d'amour (à qqn)* to declare one's love (to sb) / *selon les déclarations du témoin* according to the witness's statement **2.** [écrite] report, declaration ; [d'assurance] claim / *faire une déclaration de perte de passeport à la police* to report the loss of one's passport to the police ▸ **déclaration de naissance / de décès** registration of birth / death ▸ **déclaration d'impôts** tax return ▸ **déclaration de revenus** statement of income / *déclaration de sinistre* damage claim.

déclarer [3] [deklaʀe] vt **1.** [annoncer] to declare ▸ **déclarer que** to declare (that) **2.** [signaler] to report / *rien à déclarer* nothing to declare / *déclarer une naissance* to register a birth. ◆ **se déclarer** vp **1.** [se prononcer] ▸ **se déclarer pour / contre qqch** to come out in favour UK OU favor US of / against sthg **2.** [se manifester] to break out.

déclasser [3] [deklase] vt **1.** [personne - gén] to downgrade ; [- SPORT] to relegate **2.** [objets] to get out of order.

déclenchement [deklɑ̃ʃmɑ̃] nm [de mécanisme] activating, setting off ; *fig* launching.

déclencher [3] [deklɑ̃ʃe] vt [mécanisme] to activate, to set off ; *fig* to launch. ◆ **se déclencher** vp [mécanisme] to go off, to be activated ; *fig* to be triggered off.

déclic [deklik] nm **1.** [mécanisme] trigger **2.** [bruit] click.

déclin [deklɛ̃] nm **1.** [de civilisation, population, santé] decline / *une personnalité sur son déclin fig* a celebrity on the wane **2.** [fin] close.

déclinaison [deklinɛzɔ̃] nf GRAM declension.

décliner [3] [dekline] ❖ vi **1.** [santé, population, popularité] to decline **2.** [jour] to draw to a close. ❖ vt **1.** [offre, honneur] to decline ▸ **décliner une invitation** to decline an invitation, to turn down an invitation ▸ **décliner toute responsabilité** to accept no responsibility, to refuse to accept any responsibility **2.** GRAM to decline ; *fig* [gamme de produits] to develop **3.** [énoncer] to state. ◆ **se décliner** vp GRAM to decline.

déclivité [deklivite] nf slope, incline.

décloisonner [3] [deklwazɔne] vt *fig* to decompartmentalize.

déclouer [3] [deklue] vt to take the nails out of.

décocher [3] [dekɔʃe] vt *pr* & *fig* to let fly / *décocher un regard* to shoot a glance.

décoction [dekɔksjɔ̃] nf decoction.

décodage [dekɔdaʒ] nm decoding.

décoder [3] [dekɔde] vt to decode.

décodeur [dekɔdœʀ] nm decoder.

décoiffer [3] [dekwafe] vt [cheveux] to mess up. ◆ **se décoiffer** vp **1.** [cheveux] to be messed up **2.** [enlever son chapeau] to take off one's hat.

décoincer [16] [dekwɛ̃se] vt **1.** [chose] to loosen ; [mécanisme] to unjam **2.** *fam* [personne] to loosen up. ◆ **se décoincer** vp **1.** [mécanisme] to loosen **2.** *fam* & *fig* [personne] to loosen up.

déçois, déçoit ⟶ **décevoir**.

décolérer [18] [dekɔleʀe] vi : *il n'a pas décoléré* he hasn't calmed down.

décollage [dekɔlaʒ] nm *pr* & *fig* takeoff.

décollé, e [dekɔle] adj ▸ **il a les oreilles décollées** his ears stick out.

décollement [dekɔlmɑ̃] nm ▸ **décollement de la rétine** MÉD detachment of the retina.

décoller [3] [dekɔle] ❖ vt [étiquette, timbre] to unstick ; [papier peint] to strip (off). ❖ vi *pr* & *fig* to take off. ◆ **se décoller** vp [étiquette, timbre] to come unstuck ; [papier peint] to peel off.

décolleté, e [dekɔlte] adj [vêtement] low-cut. ◆ **décolleté** nm **1.** [de personne] neck and shoulders *pl* **2.** [de vêtement] neckline, neck ▸ **décolleté en V** V-neck.

décolonisation [dekɔlɔnizasjɔ̃] nf decolonization.

décolorant, e [dekɔlɔʀɑ̃, ɑ̃t] adj bleaching *(avant n)*. ◆ **décolorant** nm bleach.

décoloration [dekɔlɔʀasjɔ̃] nf bleaching.

décolorer [3] [dekɔlɔʀe] vt [par décolorant] to bleach, to lighten ; [par usure] to fade. ◆ **se décolorer** vp **1.** [se ternir] to fade **2.** [cheveux] to bleach.

décombres [dekɔ̃bʀ] nmpl debris *(U)*.

décommander [3] [dekɔmɑ̃de] vt to cancel. ◆ **se décommander** vp to cancel (one's appointment).

décomposé, e [dekɔ̃poze] adj **1.** [pourri] decomposed **2.** [visage] haggard ; [personne] in shock.

décomposer [3] [dekɔ̃poze] vt **1.** [gén] ▸ **décomposer (en)** to break down (into) **2.** *fig* [troubler] to distort. ◆ **se décomposer** vp **1.** [se putréfier] to rot, to decompose **2.** [se diviser] ▸ **se décomposer en** to be broken down into **3.** *fig* [s'altérer] to be distorted.

décomposition [dekɔ̃pozisjɔ̃] nf **1.** [putréfaction] decomposition **2.** *fig* [analyse] breakdown, analysis.

décompresser [4] [dekɔ̃pʀese] ⟡ vt TECHNOL to decompress, to uncompress ; INFORM [fichier] to unzip. ⟡ vi to unwind.

décompression [dekɔ̃pʀesjɔ̃] nf decompression.

décompte [dekɔ̃t] nm **1.** [calcul] breakdown (of an amount) **2.** [réduction] deduction / *j'ai fait le décompte de ce que tu me dois* I've deducted ou taken off what you owe me.

décompter [3] [dekɔ̃te] vt to deduct.

déconcentrer [3] [dekɔ̃sɑ̃tʀe] vt **1.** [disséminer] to decentralize **2.** [distraire] to distract. ◆ **se déconcentrer** vp to be distracted.

déconcertant, e [dekɔ̃sɛʀtɑ̃, ɑ̃t] adj disconcerting.

déconcerter [3] [dekɔ̃sɛʀte] vt to disconcert.

déconfit, e [dekɔ̃fi, it] adj crestfallen.

déconfiture [dekɔ̃fityʀ] nf collapse, ruin.

décongeler [25] [dekɔ̃ʒle] vt to defrost.

décongestionnant, e [dekɔ̃ʒɛstjɔnɑ̃, ɑ̃t] adj MÉD decongestant. ◆ **décongestionnant** nm [médicament] decongestant.

décongestionner [3] [dekɔ̃ʒɛstjɔne] vt to relieve congestion in / *décongestionner la circulation* to reduce traffic.

déconnade [dekɔnad] nf *tfam* : *elle adore la franche déconnade* she loves having a laugh / *on a passé une soirée de déconnade* we had a real laugh that evening.

déconnecter [4] [dekɔnɛkte] vt to disconnect ▸ **être déconnecté** *fam* to be out of touch. ◆ **se déconnecter** vp INFORM to disconnect, to log off.

déconner [3] [dekɔne] vi *tfam* [dire] to talk crap ou rubbish UK ; [faire] to mess ou muck UK around.

déconseillé, e [dekɔ̃seje] adj : *c'est fortement déconseillé* it's extremely inadvisable.

déconseiller [4] [dekɔ̃seje] vt ▸ **déconseiller qqch à qqn** to advise sb against sthg ▸ **déconseiller à qqn de faire qqch** to advise sb against doing sthg.

déconsidérer [18] [dekɔ̃sideʀe] vt to discredit. ◆ **se déconsidérer** vp to be discredited.

décontaminer [3] [dekɔ̃tamine] vt to decontaminate.

décontenancer [16] [dekɔ̃tnɑ̃se] vt to put out. ◆ **se décontenancer** vp to be put out.

décontracté, e [dekɔ̃tʀakte] adj **1.** [muscle] relaxed **2.** [détendu] casual, laid-back.

décontracter [3] [dekɔ̃tʀakte] vt to relax. ◆ **se décontracter** vp to relax.

déconvenue [dekɔ̃vny] nf disappointment.

décor [dekɔʀ] nm **1.** [environs] setting **2.** [décoration] interior decoration, décor **3.** THÉÂTRE scenery *(U)* ; CINÉ sets *pl*.

décorateur, trice [dekɔʀatœʀ, tʀis] nm, f CINÉ & THÉÂTRE designer ▸ **décorateur d'intérieur** interior decorator.

décoratif, ive [dekɔʀatif, iv] adj decorative.

décoration [dekɔʀasjɔ̃] nf decoration.

décorer [3] [dekɔʀe] vt to decorate.

décortiquer [3] [dekɔʀtike] vt [noix] to shell ; [graine] to husk ; *fig* to analyse UK ou analyze US in minute detail.

décorum [dekɔʀɔm] nm decorum.

décote [dekɔt] nf **1.** [réduction d'impôt] tax relief **2.** FIN below-par rating.

découcher [3] [dekuʃe] vi to stay out all night / *elle a découché* she stayed out all night, she didn't sleep at home last night.

découdre [86] [dekudʀ] vt COUT to unpick ▸ **en découdre** to come to blows. ◆ **se découdre** vp to come unstitched.

découler [3] [dekule] vi ▸ **découler de** to follow from.

découpage [dekupaʒ] nm **1.** [action] cutting out ; [résultat] paper cutout **2.** CINÉ preparation of screenplay **3.** ADMIN ▸ **découpage (électoral)** division into constituencies UK ou districts US **4.** *fig* [de texte] cutting, editing.

découper [3] [dekupe] vt **1.** [couper] to cut up **2.** *fig* [diviser] to cut out. ◆ **se découper** vp *fig* ▸ **se découper sur** to stand out against.

découplé, e [dekuple] adj ▸ **bien découplé** well-proportioned.

découpure [dekupyʀ] nf [bord] indentations *pl*, jagged outline.

décourageant, e [dekuʀaʒɑ̃, ɑ̃t] adj discouraging.

découragement [dekuʀaʒmɑ̃] nm discouragement.

décourager [17] [dekuʀaʒe] vt to discourage ▸ **décourager qqn de qqch** to put sb off sthg ▸ **décourager**

qqn de faire qqch to discourage sb from doing sthg. ◆ **se décourager** vp to lose heart.

décousu, e [dekuzy] ❖ pp ⟶ **découdre.** ❖ adj *fig* [conversation] disjointed.

découvert, e [dekuvɛʀ, ɛʀt] ❖ pp ⟶ **découvrir.** ❖ adj [tête] bare ; [terrain] exposed. ◆ **découvert** nm BANQUE overdraft ▸ **être à découvert (de 1 000 euros)** to be (1,000 euros) overdrawn. ◆ **découverte** nf discovery ▸ **aller à la découverte de** to explore.

découvrir [34] [dekuvʀiʀ] vt **1.** [trouver, surprendre] to discover / *découvrir du pétrole / de l'or* to strike oil / gold / *on a découvert l'arme du crime* the murder weapon has been found **2.** [ôter ce qui couvre, mettre à jour] to uncover / *il fait chaud dans la chambre ; va découvrir le bébé* it's hot in the bedroom, take the covers off the baby **3.** [laisser voir] to reveal / *sa robe lui découvrait le dos* her dress revealed her back. ◆ **se découvrir** vp **1.** [se dévêtir] to take off one's clothes, to undress **2.** [ôter son chapeau] to take off one's hat **3.** [ciel] to clear / *ça se découvre* it's clearing up **4.** [se trouver - cousin, penchant] to discover / *elle s'est découvert des amis partout* she discovered she had friends everywhere / *il s'est découvert un don pour la cuisine* he found he had a gift for cooking.

décrasser [3] [dekʀase] vt to scrub.

décrépit, e [dekʀepi, it] adj decrepit.

décrépitude [dekʀepityd] nf **1.** [de personne] decrepitude **2.** [d'objet] dilapidation.

decrescendo [dekʀeʃɛndo] ❖ nm inv decrescendo. ❖ adv MUS decrescendo ▸ **aller decrescendo** *fig* to wane.

décret [dekʀɛ] nm decree ▸ **décret ministériel** *order to carry out legislation given by the Prime Minister.*

décréter [18] [dekʀete] vt **1.** ADMIN to decree **2.** [décider] ▸ **décréter que** to decide that.

décrier [10] [dekʀije] vt *sout* to decry.

décrire [99] [dekʀiʀ] vt to describe.

décrisper [3] [dekʀispe] vt **1.** [personne] to put at ease **2.** [atmosphère] to ease. ◆ **se décrisper** vp to relax.

décrit, e [dekʀi, it] pp ⟶ **décrire**.

décrochement [dekʀɔʃmɑ̃] nm **1.** GÉOL thrust fault **2.** [action] unhooking **3.** [partie en retrait] recess.

décrocher [3] [dekʀɔʃe] ❖ vt **1.** [enlever] to take down **2.** [téléphone] to pick up **3.** *fam* [obtenir] to land. ❖ vi *fam* [abandonner] to drop out. ◆ **se décrocher** vp to fall down.

décroiser [3] [dekʀwaze] vt to unfold, to uncross.

décroissant, e [dekʀwasɑ̃, ɑ̃t] adj [courbe] decreasing ; [influence] diminishing ▸ **par ordre décroissant** in descending order.

décroître [94] [dekʀwatʀ] vi to decrease, to diminish ; [jours] to get shorter.

décrotter [3] [dekʀɔte] vt to clean the mud off.

décru, e [dekʀy] pp ⟶ **décroître.** ◆ **décrue** nf drop in the water level.

décrypter [3] [dekʀipte] vt to decipher.

déçu, e [desy] ❖ pp ⟶ **décevoir.** ❖ adj disappointed.

déculotter [3] [dekylɔte] vt ▸ **déculotter qqn** to take sb's trousers UK ou pants US off. ◆ **se déculotter** vp to take off one's trousers UK ou pants US off.

déculpabiliser [3] [dekylpabilize] vt ▸ **déculpabiliser qqn** to free sb from guilt. ◆ **se déculpabiliser** vp to free o.s. from guilt.

décupler [3] [dekyple] vt & vi to increase tenfold.

dédaigner [4] [dedeɲe] vt **1.** [mépriser - personne] to despise ; [- conseils, injures] to scorn **2.** [refuser] ▸ **dédaigner de faire qqch** *sout* to disdain to do sthg ▸ **ne pas dédaigner qqch / de faire qqch** not to be above sthg / above doing sthg.

dédaigneusement [dedɛɲøzmɑ̃] adv disdainfully.

dédaigneux, euse [dedɛɲø, øz] adj disdainful.

dédain [dedɛ̃] nm disdain, contempt.

dédale [dedal] nm *pr* & *fig* maze.

dedans [dədɑ̃] adv & nm inside. ◆ **de dedans** loc adv from inside, from within. ◆ **en dedans** loc adv inside, within. ◆ **en dedans de** loc prép inside, within.

dédicace [dedikas] nf dedication.

dédicacer [16] [dedikase] vt ▸ **dédicacer qqch (à qqn)** to sign ou autograph sthg (for sb).

dédié, e [dedje] adj INFORM dedicated.

dédier [9] [dedje] vt ▸ **dédier qqch (à qqn / à qqch)** to dedicate sthg (to sb / to sthg).

dédire [103] [dediʀ] ◆ **se dédire** vp *sout* to go back on one's word.

dédit [dedi] nm DR penalty (clause).

dédommagement [dedɔmaʒmɑ̃] nm compensation.

dédommager [17] [dedɔmaʒe] vt **1.** [indemniser] to compensate **2.** *fig* [remercier] to repay.

dédouanement [dedwanmɑ̃], **dédouanage** [dedwanaʒ] nm customs clearance.

dédouaner [3] [dedwane] vt **1.** [marchandises] to clear through customs **2.** [personne] to clear (the name of).

dédoublement [dedubləmɑ̃] nm halving, splitting (in two) ▸ **dédoublement de la personnalité** PSYCHO split personality.

dédoubler [3] [deduble] vt to halve, to split ; [fil] to separate. ◆ **se dédoubler** vp **1.** PSYCHO to have a split personality **2.** *fig* & *hum* [être partout] to be in two places at once.

dédramatiser [3] [dedʀamatize] vt [événement] to play down ; [situation] to defuse.

déductible [dedyktibl] adj deductible.

déduction [dedyksjɔ̃] nf deduction.

déduire [98] [dedɥiʀ] vt ▸ **déduire qqch (de)** a) [ôter] to deduct sthg (from) b) [conclure] to deduce sthg (from).

déduisais, déduisait ⟶ **déduire.**

déduit, e [dedɥi, it] pp ⟶ **déduire.**

déesse [deɛs] nf goddess.

DEFA, Defa [defa] (*abr de* **diplôme d'État relatif aux fonctions d'animation**) nm *diploma for senior youth leaders.*

défaillance [defajɑ̃s] nf **1.** [incapacité - de machine] failure ; [- de personne, organisation] weakness **2.** [malaise] blackout, fainting fit ▸ **défaillance cardiaque** MÉD heart failure.

défaillant, e [defajɑ̃, ɑ̃t] adj [faible] failing.

défaillir [47] [defajiʀ] vi **1.** [s'évanouir] to faint **2.** [faire défaut] to fail.

défaire [109] [defɛʀ] vt **1.** [détacher] to undo / *défaire ses cheveux* to let one's hair down *pr* / *défaire les lacets d'une botte* to unlace a boot ; [valise] to unpack ; [lit] to strip / *le lit défait* [pas encore fait] the unmade bed **2.** *sout* [vaincre] to defeat. ◆ **se défaire** vp **1.** [ne pas tenir] to come undone **2.** *sout* [se séparer] ▸ **se défaire de** to get rid of / *il ne veut pas se défaire de son vieux chien* he won't get rid of his old dog.

défaisais, défaisions ⟶ **défaire.**

défait, e [defɛ, ɛt] ❖ pp ⟶ **défaire.** ❖ adj *fig* [épuisé] haggard. ◆ **défaite** nf defeat.

défaitisme [defetism] nm defeatism.

défaitiste [defetist] nmf & adj defeatist.

défalcation [defalkasjɔ̃] nf deduction / *défalcation faite des frais* after deduction of expense.

défalquer [3] [defalke] vt to deduct.

défasse, défasses ⟶ **défaire.**

défaut [defo] nm **1.** [imperfection] flaw ▸ **défaut d'élocution** ou **de prononciation** speech defect ou impediment ▸ **défaut de fabrication** manufacturing fault **2.** [de personne] fault, shortcoming **3.** [manque] lack / *des roses ou, à défaut, des tulipes* roses or, failing that, tulips ▸ **à défaut de** for lack ou want of / *un voyage reposant à défaut d'être intéressant* a restful if not interesting trip ▸ **faire défaut** to be lacking / *l'eau fait (cruellement) défaut* there is a (serious) water shortage / *notre fournisseur nous a fait défaut* our supplier let us down ▸ **par défaut** a) [être jugé] in one's absence b) [calculer] to the nearest decimal point **4.** DR default ▸ **défaut de paiement** default in payment, non-payment.

défaveur [defavœʀ] nf disfavour UK, disfavor US ▸ **être en défaveur** to be out of favour UK ou favor US ▸ **tomber en défaveur** to fall out of favour UK ou favor US.

défavorable [defavɔʀabl] adj unfavourable UK, unfavorable US.

défavorisé, e [defavɔʀize] adj disadvantaged, underprivileged ▸ **régions défavorisées** depressed areas.

défavoriser [3] [defavɔʀize] vt to handicap, to penalize.

défectif, ive [defɛktiv, iv] adj GRAM defective.

défection [defɛksjɔ̃] nf **1.** [absence] absence **2.** [abandon] defection.

défectueux, euse [defɛktɥø, øz] adj faulty, defective.

défendable [defɑ̃dabl] adj *pr* & *fig* defensible.

défendais, défendions ⟶ **défendre.**

défendeur, eresse [defɑ̃dœʀ, ʀɛs] nm, f DR defendant.

défendre [73] [defɑ̃dʀ] vt **1.** [personne, opinion, client] to defend **2.** [interdire] to forbid ▸ **défendre qqch à qqn** to forbid sb sthg ▸ **défendre à qqn de faire qqch** to forbid sb to do sthg ▸ **défendre que qqn fasse qqch** to forbid sb to do sthg. ◆ **se défendre** vp **1.** [se battre, se justifier] to defend o.s. **2.** *fam* [se débrouiller] ▸ **se défendre (en)** to get by (in) **3.** [nier] ▸ **se défendre de faire qqch** to deny doing sthg **4.** [thèse] to stand up.

défendu, e [defɑ̃dy] ❖ pp ⟶ **défendre.** ❖ adj ▸ **'il est défendu de jouer au ballon'** 'no ball games'.

défense [defɑ̃s] nf **1.** [d'éléphant] tusk **2.** [interdiction] prohibition, ban ▸ **'défense de fumer / de stationner / d'entrer'** 'no smoking / parking / entry' ▸ **'défense d'afficher'** 'stick UK ou post no bills' / *mais défense expresse d'en parler !* but you're strictly forbidden to talk about it! **3.** [protection] defence UK, defense US / *pour la défense des institutions* in order to defend ou to safeguard the institutions ▸ **prendre la défense de** to stand up for ▸ **défense antiaérienne** MIL anti-aircraft defence UK ou defense US ▸ **défense des consommateurs** consumer protection ▸ **la défense nationale** MIL national defence UK ou defense US ▸ **un secret défense** a military secret ▸ **défense passive** civil defence UK ou defense US ▸ **légitime défense** DR self-defence UK, self-defense US / *je dirai pour ma défense que…* I will say in my (own) defence UK ou defense US that….

défenseur [defɑ̃sœʀ] nm **1.** DR counsel for the defence UK, defense attorney US **2.** [partisan] champion **3.** [hockey] : *défenseur droit* right defence UK ou defense US ▸ **défenseur gauche** left defence UK ou defense US.

défensif, ive [defɑ̃sif, iv] adj defensive. ◆ **défensive** nf ▸ **être sur la défensive** to be on the defensive.

déféquer [18] [defeke] vi to defecate.

déférence [defeʀɑ̃s] nf deference.

déférer [18] [defeʀe] ❖ vt DR to refer. ❖ vi *sout* [céder] ▸ **déférer à** to defer to.

déferlement [defɛʀləmɑ̃] nm [de vagues] breaking ; *fig* surge, upsurge.

déferler [3] [defɛʀle] vi [vagues] to break ; *fig* to surge.

défi [defi] nm challenge ▸ **mettre qqn au défi de faire qqch** to challenge sb to do sthg ▸ **relever le défi** to take up the challenge.

défiance [defjɑ̃s] nf distrust, mistrust.

défiant, e [defjɑ̃, ɑ̃t] adj distrustful, mistrustful.

déficeler [24] [defisle] vt to untie.

déficience [defisjɑ̃s] nf deficiency.

déficient, e [defisjɑ̃, ɑ̃t] adj deficient.

déficit [defisit] nm **1.** FIN deficit ▸ **être en déficit** to be in deficit ▸ **déficit budgétaire** budget deficit ▸ **déficit commercial** trade deficit OU gap / *société en déficit* company in deficit **2.** [manque & MÉD] deficiency.

déficitaire [defisitɛʀ] adj **1.** in deficit / *être déficitaire* to be in deficit **2.** [production, récolte] poor.

défier [9] [defje] vt **1.** [braver] ▸ **défier qqn de faire qqch** to defy sb to do sthg **2.** *vieilli* [provoquer en duel] ▸ **défier qqn (à)** to challenge sb (to). ◆ **se défier** vp *litt* ▸ **se défier de qqn / qqch** to mistrust sb / sthg.

défigurer [3] [defigyʀe] vt **1.** [blesser] to disfigure **2.** [enlaidir] to deface.

défilé [defile] nm **1.** [parade] parade ▸ **défilé de mode** fashion parade OU show **2.** [couloir] defile, narrow pass.

défiler [3] [defile] vi **1.** [dans une parade] to march past **2.** [se succéder] to pass. ◆ **se défiler** vp *fam* to back out.

défini, e [defini] adj **1.** [précis] clear, precise **2.** GRAM definite.

définir [32] [definiʀ] vt to define.

définitif, ive [definitif, iv] adj definitive, final ▸ **à titre définitif** permanently. ◆ **en définitive** loc adv in the end.

définition [definisjɔ̃] nf definition ▸ **par définition** by definition ▸ **à haute définition** high-definition.

définitivement [definitivmɑ̃] adv for good, permanently.

défiscaliser [3] [defiskalize] vt to exempt from taxation.

déflagration [deflagʀasjɔ̃] nf explosion.

déflation [deflasjɔ̃] nf deflation ▸ **cette mesure est destinée à créer une déflation** this measure is intended to deflate the economy.

déflationniste [deflasjɔnist] adj deflationary, deflationist ▸ **pratiquer une politique déflationniste** to deflate the economy.

déflecteur [deflɛktœʀ] nm quarterlight UK, vent US.

déflorer [3] [deflɔʀe] vt [jeune fille] to deflower ; *fig* to taint.

défonce [defɔ̃s] nf *fam* high.

défoncé, e [defɔ̃se] adj **1.** [abîmé - route] with large potholes ; [- chaise] broken, broken-down **2.** *fam* [drogué] high, stoned.

défoncer [16] [defɔ̃se] vt [caisse, porte] to smash in ; [route] to break up ; [mur] to smash down ; [chaise] to break. ◆ **se défoncer** vp *fam* **1.** to trip, to get high **2.** [se surpasser] to go all out, to work flat out.

déformant, e [defɔʀmɑ̃, ɑ̃t] adj distorting.

déformation [defɔʀmasjɔ̃] nf **1.** [d'objet, de théorie] distortion **2.** MÉD deformity ▸ **déformation professionnelle** *mental conditioning caused by one's job.*

déformer [3] [defɔʀme] vt to distort. ◆ **se déformer** vp [changer de forme] to be distorted, to be deformed ; [se courber] to bend.

défoulement [defulmɑ̃] nm unwinding, letting off of steam.

défouler [3] [defule] *fam* vt to unwind. ◆ **se défouler** vp to let off steam, to unwind.

défouloir [defulwaʀ] nm *fam* way of letting off steam / *sortir en boîte, c'est son défouloir* going out clubbing is his way of letting off steam.

défragmentation [defʀagmɑ̃tasjɔ̃] nf defragmentation.

défrayer [11] [defʀeje] vt [payer] ▸ **défrayer qqn** to pay sb's expenses OU costs.

défricher [3] [defʀiʃe] vt [terrain] to clear ; *fig* [question] to do the groundwork for.

défriser [3] [defʀize] vt **1.** [cheveux] to straighten **2.** *fam* & *fig* [déplaire] to bother.

défroisser [3] [defʀwase] vt to smooth out.

défunt, e [defœ̃, œ̃t] ◆ adj [décédé] late. ◆ nm, f deceased.

dégagé, e [degaʒe] adj **1.** [ciel, vue] clear ; [partie du corps] bare **2.** [désinvolte] casual, airy **3.** [libre] ▸ **dégagé de** free from.

dégagement [degaʒmɑ̃] nm **1.** [passage] passage **2.** [émanation] emission **3.** [évacuation] freeing, extricating.

dégager [17] [degaʒe] ◆ vt **1.** [odeur] to produce, to give off **2.** [délivrer - blessé] to free, to extricate **3.** [idée] to bring out **4.** [bénéfice] to show **5.** [budget] to release **6.** [pièce] to clear / *dégager les branches de la route* to clear the branches off the road, to clear the road of branches **7.** [libérer] ▸ **dégager qqn de** to release sb from / *dégager qqn de ses dettes* to cancel sb's debt / *dégager qqn de sa promesse* to release OU to free sb from their promise. ◆ vi *fam* [partir] to clear off ▸ **dégage !** clear off !, get lost! ◆ **se dégager** vp **1.** [se délivrer] ▸ **se dégager de qqch a)** to free o.s. from sthg **b)** *fig* to get out of sthg / *se dégager d'une étreinte* to extricate o.s. from an embrace / *se dégager d'une obligation* to free o.s. from an obligation **2.** [se désencombrer] to clear **3.** [émaner] to be given off **4.** [émerger] to emerge / *il se dégage du rapport que les torts sont partagés* it appears from the report that both sides are to blame.

dégaine [degɛn] nf *fam* gawkiness *(U)*.

dégainer [4] [degene] vt [épée, revolver] to draw.

dégarnir [32] [degaʀniʀ] vt to strip, to clear. ◆ **se dégarnir** vp [vitrine] to be cleared ; [arbre] to lose its leaves / *sa tête se dégarnit, il se dégarnit* he's going bald.

dégât [dega] nm *pr* & *fig* damage *(U)* ▸ **dégâts matériels** structural damage ▸ **faire des dégâts** to cause damage

▸ **limiter les dégâts** *fig* to call a halt before things get any worse.

dégel [deʒɛl] nm **1.** [fonte des glaces] thaw **2.** FIN unfreezing.

dégeler [25] [deʒle] ❖ vt **1.** [produit surgelé] to thaw **2.** FIN to unfreeze **3.** *fig* [dérider] to warm up. ❖ vi to thaw. ◆ **se dégeler** vp *fig* to thaw, to warm up.

dégénéré, e [deʒeneʀe] adj & nm, f degenerate.

dégénérer [18] [deʒeneʀe] vi to degenerate ▸ **dégénérer en** to degenerate into.

dégénérescence [deʒeneʀesɑ̃s] nf degeneration, degeneracy.

dégingandé, e [deʒɛ̃gɑ̃de] adj *fam* gangling.

dégivrer [3] [deʒivʀe] vt [pare-brise] to de-ice ; [réfrigérateur] to defrost.

dégivreur [deʒivʀœʀ] nm [de voiture, avion] de-icer ; [de réfrigérateur] defroster.

déglinguer [3] [deglɛ̃ge] vt *fam* to smash (to pieces). ◆ **se déglinguer** vp *fam* to fall to pieces.

déglutition [deglytisjɔ̃] nf swallowing.

dégonflé, e [degɔ̃fle] ❖ adj [pneu, roue] flat. ❖ nm, f *fam* [personne] chicken, yellow-belly.

dégonfler [3] [degɔ̃fle] ❖ vt to deflate, to let down UK. ❖ vi to go down ▸ **faire dégonfler** to reduce the swelling of. ◆ **se dégonfler** vp **1.** [objet] to go down **2.** *fam* [personne] to chicken out.

dégorger [17] [degɔʀʒe] ❖ vt **1.** [tuyau] to clear (out) **2.** [eau] to discharge **3.** [soie, laine] to purify. ❖ vi **1.** [tissu] to run **2.** CULIN ▸ **faire dégorger** to soak.

dégot(t)er [3] [degɔte] vt *fam* to dig up. ◆ **se dégot(t)er** vp *fam* to dig up for o.s.

dégouliner [3] [deguline] vi to trickle.

dégourdi, e [deguʀdi] ❖ adj clever. ❖ nm, f clever person.

dégourdir [32] [deguʀdiʀ] vt **1.** [membres - ankylosés] to restore the circulation to ; [- gelés] to warm up **2.** *fig* [déniaiser] ▸ **dégourdir qqn** to teach sb a thing or two. ◆ **se dégourdir** vp **1.** [membres] ▸ **se dégourdir les jambes** to stretch one's legs **2.** *fig* [acquérir de l'aisance] to learn a thing or two.

dégoût [degu] nm disgust, distaste ▸ **le dégoût de la vie** world-weariness ▸ **ravaler son dégoût** to swallow one's distaste.

dégoûtant, e [degutɑ̃, ɑ̃t] ❖ adj **1.** [sale] filthy, disgusting **2.** [révoltant, grossier] disgusting. ❖ nm, f disgusting person.

dégoûté, e [degute] ❖ adj [écœuré] disgusted / ***elle m'a regardé d'un air dégoûté*** she gave me a look of disgust ▸ **dégoûté de** sick of. ❖ nm, f ▸ **faire le dégoûté** to be fussy.

dégoûter [3] [degute] vt to disgust ▸ **dégoûter qqn de qqch / de faire qqch** to put sb off sthg / off doing sthg / ***c'est à vous dégoûter d'être serviable*** it's enough to put you (right) off being helpful.

dégoutter [3] [degute] vi ▸ **dégoutter (de qqch)** to drip (with sthg).

dégradant, e [degʀadɑ̃, ɑ̃t] adj degrading.

dégradation [degʀadasjɔ̃] nf **1.** [de bâtiment] damage ; [du sol] erosion **2.** [de moral] decline **3.** [de personne] degradation **4.** [de situation] deterioration.

dégradé, e [degʀade] nm [technique] shading off ; [résultat] gradation / ***un dégradé de bleu*** a blue shading. ◆ **en dégradé** loc adv [cheveux] layered / ***tons en dégradé*** colours US ou colors US shading off (into one another).

dégrader [3] [degʀade] vt **1.** [officier] to degrade **2.** [abîmer - bâtiment] to damage ; [- sol] to erode **3.** *fig* [avilir] to degrade, to debase. ◆ **se dégrader** vp **1.** [bâtiment, santé] to deteriorate **2.** *fig* [personne] to degrade o.s.

dégrafer [3] [degʀafe] vt to undo, to unfasten. ◆ **se dégrafer** vp to come undone.

dégraissage [degʀɛsaʒ] nm **1.** [de vêtement] dry-cleaning **2.** [de personnel] trimming, cutting back.

dégraisser [4] [degʀese] vt **1.** [vêtement] to dry-clean **2.** *fam* [personnel] to trim, to cut back.

degré [dəgʀe] nm **1.** [gén] degree / ***à un degré avancé de*** at an advanced stage of / ***compréhensif jusqu'à un certain degré*** understanding to a degree ou up to a point ▸ **degrés centigrades** ou **Celsius** degrees centigrade ou Celsius ▸ **degré de parenté** degree of kinship / ***cousin au premier degré*** first cousin ▸ **prendre qqn / qqch au premier degré** to take sb / sthg at face value **2.** *sout* [marche] step.

dégressif, ive [degʀesif, iv] adj ▸ **tarif dégressif** decreasing price rate.

dégrèvement [degʀɛvmɑ̃] nm tax relief.

dégriffé, e [degʀife] adj ex-designer label *(avant n).* ◆ **dégriffé** nm ex-designer label garment.

dégringolade [degʀɛ̃gɔlad] nf *pr* & *fig* tumble.

dégringoler [3] [degʀɛ̃gɔle] *fam* ❖ vt to tumble down. ❖ vi [tomber] to tumble ; *fig* to crash.

dégriser [3] [degʀize] vt *sout* [désenivrer] to sober up ▸ **dégriser qqn** *fig* to bring sb to his / her senses.

dégrossir [32] [degʀosiʀ] vt **1.** [matériau] to rough-hew **2.** *fig* [affaire, question] to rough out **3.** *fig* [personne] to polish. ◆ **se dégrossir** vp [personne] to become more polished.

déguenillé, e [degənije] adj ragged.

déguerpir [32] [degɛʀpiʀ] vi to clear off.

dégueulasse [degœlas] *tfam* ❖ adj **1.** [très sale, grossier] filthy ▸ **blague dégueulasse** dirty joke **2.** [très mauvais - plat] disgusting ; [- temps] lousy. ❖ nmf scum *(U).*

dégueuler [5] [degœle] vi *fam* to throw up.

déguisé, e [degize] adj disguised ; [pour s'amuser] in fancy dress.

déguisement [degizmɑ̃] nm disguise ; [pour bal masqué] fancy dress.

déguiser [3] [degize] vt to disguise. ◆ **se déguiser** vp ▸ **se déguiser en a)** [pour tromper] to disguise o.s. as **b)** [pour s'amuser] to dress up as.

dégustation [degystasjɔ̃] nf tasting, sampling ▸ **dégustation de vin** wine tasting.

déguster [3] [degyste] ❖ vt [savourer] to taste, to sample. ❖ vi *fam* [subir] : *il va déguster !* he'll be in for it!

déhancher [3] [deɑ̃ʃe] ◆ **se déhancher** vp [en marchant] to swing one's hips ; [en restant immobile] to put all one's weight on one leg.

dehors [dəɔʀ] ❖ adv outside / *aller dehors* to go outside / *dormir dehors* to sleep out of doors, to sleep out ▸ **jeter** ou **mettre qqn dehors** to throw sb out. ❖ nm outside. ❖ nmpl ▸ **les dehors** [les apparences] appearances. ◆ **en dehors** loc adv **1.** [à l'extérieur] outside **2.** [vers l'extérieur] outwards UK, outward US. ◆ **en dehors de** loc prép [excepté] apart from.

déjà [deʒa] adv **1.** [dès cet instant] already **2.** [précédemment] ever, before **3.** [au fait] : *quel est ton nom déjà ?* what did you say your name was? **4.** [renforce une affirmation] : *ce n'est déjà pas si mal* that's not bad at all.

déjanter [3] [deʒɑ̃te] vt ▸ **déjanter un pneu** to take a tyre UK ou tire US off the rim.

déjà-vu [deʒavy] nm inv : *c'est du déjà-vu* it's old hat.

déjection [deʒɛksjɔ̃] nf [action] evacuation. ◆ **déjections** nfpl excrement *(U)*.

déjeuner [5] [deʒœne] ❖ vi **1.** [le matin] to have breakfast **2.** [à midi] to have lunch. ❖ nm **1.** [repas de midi] lunch ▸ **déjeuner d'affaires** business lunch **2.** QUÉBEC [dîner] dinner.

déjouer [6] [deʒwe] vt to frustrate / *déjouer la surveillance de qqn* to elude sb's surveillance.

delà [dəla] ⟶ **au-delà**.

délabré, e [delabʀe] adj ruined.

délabrement [delabʀəmɑ̃] nm **1.** [de bâtiment] dilapidation, ruining **2.** [de personne] ruin.

délacer [16] [delase] vt to unlace, to undo.

délai [delɛ] nm **1.** [temps accordé] period ▸ **dans un délai de** within (a period of) ▸ **dans les délais impartis** by the deadline ▸ **sans délai** immediately ▸ **délai de livraison** delivery time, lead time ▸ **délai de paiement** repayment period **2.** [sursis] extension (of deadline) **3.** DR ▸ **délai de carence** *period during which benefit is not paid.*

délaissé, e [delese] adj abandoned.

délaisser [4] [delese] vt **1.** [abandonner] to leave **2.** [négliger] to neglect.

délassement [delasmɑ̃] nm relaxation.

délasser [3] [delase] vt to refresh. ◆ **se délasser** vp to relax.

délateur, trice [delatœʀ, tʀis] nm, f informer.

délation [delasjɔ̃] nf informing.

délavé, e [delave] adj faded.

délaver [delave] vt [couleur] to fade.

délayage [delɛjaʒ] nm verbiage, waffle UK.

délayer [11] [deleje] vt **1.** [diluer] ▸ **délayer qqch dans qqch** to mix sthg with sthg **2.** *fig* [exposer longuement] to pad out.

Delco® [dɛlko] nm AUTO distributor.

délectable [delɛktable] adj *sout* delectable.

délectation [delɛktasjɔ̃] nf [plaisir] delight ▸ **avec délectation** in delight.

délecter [4] [delɛkte] ◆ **se délecter** vp ▸ **se délecter de qqch / à faire qqch** to delight in sthg / in doing sthg.

délégation [delegasjɔ̃] nf delegation ▸ **agir par délégation** to be delegated to act.

délégué, e [delege] ❖ adj [personne] delegated. ❖ nm, f [représentant] ▸ **délégué (à)** delegate (to) ▸ **délégué de classe / du personnel / syndical** class / staff / trade union representative.

déléguer [18] [delege] vt ▸ **déléguer qqn (à qqch)** to delegate sb (to sthg).

délestage [delɛstaʒ] nm **1.** [de ballon, de navire] removal of ballast **2.** [de circulation] (temporary) diversion, detour.

délester [3] [delɛste] vt **1.** [ballon, navire] to remove ballast from **2.** [circulation routière] to set up a diversion on, to divert, to detour US **3.** *fig* & *hum* [voler] ▸ **délester qqn de qqch** to relieve sb of sthg.

délibératif, ive [delibeʀatif, iv] adj ▸ **avoir voix délibérative** to have voting rights.

délibération [delibeʀasjɔ̃] nf deliberation / *le projet sera mis en délibération* the project will be debated / *après délibération du jury* after due deliberation by the jury. ◆ **délibérations** nfpl [décisions] resolutions, decisions.

délibéré, e [delibeʀe] adj **1.** [intentionnel] deliberate **2.** [résolu] determined. ◆ **délibéré** nm DR judge's deliberations *pl*.

délibérément [delibeʀemɑ̃] adv **1.** [en connaissance de cause] after deliberation ou due consideration **2.** [intentionnellement] deliberately, on purpose.

délibérer [18] [delibeʀe] vi ▸ **délibérer (de** ou **sur)** to deliberate (on ou over).

délicat, e [delika, at] adj **1.** [gén] delicate **2.** [aimable] thoughtful, sensitive **3.** *péj* [exigeant] fussy, difficult ▸ **faire le délicat** to be fussy.

délicatement [delikatmɑ̃] adv delicately.

délicatesse [delikatɛs] nf **1.** [gén] delicacy **2.** [tact] delicacy, tact.

délice [delis] nm delight. ◆ **délices** nmpl & nfpl *litt* [plaisirs] delights, pleasures / *faire les délices de qqn* to delight sb, to give sb great pleasure / *faire ses délices de qqch* to take delight in sthg, to enjoy sthg greatly.

délicieusement [delisjøzmɑ̃] adv [agréablement] delightfully.

délicieux, euse [delisjø, øz] adj **1.** [savoureux] delicious **2.** [agréable] delightful.

délictueux, euse [deliktɥø, øz] adj criminal.

délié, e [delje] adj [doigts] nimble.

délier [9] [delje] vt to untie ▸ **délier qqn de** *fig* & *sout* to release sb from. ◆ **se délier** ❖ vpi [langue] to loosen / *après quelques verres, les langues se délient* a few drinks help to loosen people's tongues. ❖ vpt [s'exercer] : *se délier les jambes / les doigts* to relax one's leg muscles / one's fingers. ◆ **se délier de** vp + prép to release o.s. from / *se délier d'une obligation* to free o.s. from an obligation.

délimitation [delimitasjɔ̃] nf **1.** [de territoire] fixing of the boundaries **2.** [de fonction] demarcation **3.** *fig* [de sujet] definition.

délimiter [3] [delimite] vt [frontière] to fix ; *fig* [question, domaine] to define, to demarcate.

délinquance [delɛ̃kɑ̃s] nf delinquency ▸ **délinquance informatique** cybercrime ▸ **délinquance juvénile** juvenile delinquency.

délinquant, e [delɛ̃kɑ̃, ɑ̃t] ❖ adj delinquent. ❖ nm, f delinquent ▸ **petit délinquant** petty criminal.

déliquescent, e [delikɛsɑ̃, ɑ̃t] adj *fam* [personne] feeble ; *vieilli* [mœurs] decaying.

délirant, e [deliʀɑ̃, ɑ̃t] adj **1.** MÉD delirious **2.** [excité, exalté] frenzied **3.** *fam* [extravagant] crazy.

délire [deliʀ] nm MÉD delirium ▸ **en délire** *fig* frenzied.

délirer [3] [deliʀe] vi MÉD to be ou become delirious ; *fam* & *fig* to rave.

délit [deli] nm crime, offence UK, offense US ▸ **en flagrant délit** red-handed, in the act ▸ **délit de fuite** failure to stop *(after an accident)* ▸ **délits d'initiés** FIN insider trading *(U)*.

délivrance [delivʀɑ̃s] nf **1.** [libération] freeing, release **2.** [soulagement] relief **3.** [accouchement] delivery.

délivrer [3] [delivʀe] vt **1.** [prisonnier] to free, to release **2.** [pays] to deliver, to free ▸ **délivrer de** a) to free from b) *fig* to relieve from **3.** [remettre] ▸ **délivrer qqch (à qqn)** to issue sthg (to sb) **4.** [marchandise] to deliver.

◆ **se délivrer** vp **1.** [se libérer] ▸ **se délivrer (de)** to free o.s. (from) **2.** [passeport] to be issued.

déloger [17] [delɔʒe] vt ▸ **déloger (de)** to dislodge (from).

déloyal, e, aux [delwajal, o] adj **1.** [infidèle] disloyal **2.** [malhonnête] unfair.

Delphes [dɛlf] npr Delphi.

delta [dɛlta] nm delta.

deltaplane, delta-plane (*pl* **delta-planes**) [dɛltaplan] nm hang glider.

déluge [delyʒ] nm **1.** RELIG ▸ **le Déluge** the Flood ▸ **ça remonte au Déluge** *fig* it's ancient history **2.** [pluie] downpour, deluge ▸ **un déluge de** *fig* a flood of.

déluré, e [delyʀe] adj [malin] quick-witted ; *péj* [dévergondé] saucy.

démago [demago] *fam* adj & nmf **1.** *abr de* **démagogue** **2.** *abr de* **démagogique**.

démagogie [demagɔʒi] nf demagogy, demagoguery.

démagogique [demagɔʒik] adj demagogic.

démagogue [demagɔg] nmf demagogue.

demain [dəmɛ̃] ❖ adv **1.** [le jour suivant] tomorrow ▸ **demain matin** tomorrow morning **2.** *fig* [plus tard] in the future. ❖ nm tomorrow ▸ **à demain !** see you tomorrow!

demande [dəmɑ̃d] nf **1.** [souhait] request ▸ **à la demande générale** by popular demand ▸ **accéder à une demande** to accede to a demand / *demande d'argent* request for money **2.** [démarche] proposal ▸ **demande en mariage** proposal of marriage / *faire sa demande en mariage (auprès de qqn)* to propose (to sb) **3.** [candidature] application ▸ **demande d'emploi** job application ▸ **'demandes d'emploi'** 'situations wanted' / *faire une demande de bourse / visa* to apply for a scholarship / visa **4.** [commande] order **5.** ÉCON demand / *la demande des consommateurs* consumer demand / *demande du marché* market demand **6.** DR petition ▸ **demande en renvoi** request for transfer of a case (to another court).

demandé, e [dəmɑ̃de] adj in demand.

Comment exprimer une demande

- **Could you give me a hand?** *Tu peux me donner un coup de main ?*
- **Could you help me please? I'm looking for Mr Rover.** *Pardon, j'ai besoin d'un service. Je cherche M. Rover.*
- **Could you possibly come back later?** *Vous serait-il possible de revenir plus tard ?*
- **Can you tell him I'll phone back?** *Peux-tu lui dire que je le rappellerai ?*
- **Could I have some more paper, please?** *Vous pourriez me donner encore du papier, s'il vous plaît ?*
- **Do you mind if I phone home?** *Est-ce que je peux téléphoner chez moi ?*
- **Please let me know if you're coming.** *Préviens-moi si tu viens.*
- **I would be grateful if you would send me some samples.** *Je vous remercie de bien vouloir m'envoyer des échantillons.*
- **I would appreciate it if you could give me a hand with these figures.** *Je vous serais reconnaissant de m'aider à faire ces calculs.*
- **Would you please send me your latest catalogue?** *Veuillez me faire parvenir votre dernier catalogue.*

demander [3] [dəmɑ̃de] ❖ vt **1.** [réclamer, s'enquérir] to ask for ▸ **demander qqch à qqn** to ask sb for sthg / *je lui ai demandé la raison de son départ* I asked her why she (had) left / *je te demande pardon* I'm sorry **2.** [appeler] to call / *on vous demande à la réception / au téléphone* you're wanted at reception/on the telephone ▸ **qui demandez-vous ?** who do you want to speak to? **3.** [désirer] to ask, to want ▸ **je ne demande pas mieux** I'd be only too pleased (to), I'd love to **4.** [exiger] : *tu m'en demandes trop* you're asking too much of me / *demander l'impossible* to ask for the impossible **5.** [nécessiter] to require / *ça demande réflexion* it needs thinking about, it needs some thought **6.** [chercher] to look for, to require / *'on demande un livreur'* 'delivery boy wanted OU required'. ❖ vi **1.** [réclamer] ▸ **demander à qqn de faire qqch** to ask sb to do sthg / *il m'a demandé de lui prêter ma voiture* he asked me to lend him my car ▸ **ne demander qu'à...** to be ready to... ▸ **je ne demande qu'à vous embaucher / aider** I'm more than willing to hire/help you **2.** [nécessiter] : *ce projet demande à être étudié* this project requires investigation OU needs investigating. ◆ **se demander** vp ▸ **se demander (si)** to wonder (if OU whether) / *cela ne se demande pas !* need you ask! *iron*.

⚠ Le verbe anglais **to demand** signifie « exiger », « réclamer » et non simplement *demander*.

demandeur¹, euse [dəmɑ̃dœʀ, øz] nm, f [solliciteur] ▸ **demandeur d'asile** asylum seeker, asylee US ▸ **demandeur d'emploi** job-seeker.

demandeur², eresse [dəmɑ̃dœʀ, dʀɛs] nm, f DR plaintiff.

démangeaison [demɑ̃ʒɛzɔ̃] nf [irritation] itch, itching *(U)* ; *fam* & *fig* urge.

démanger [17] [demɑ̃ʒe] vi [gratter] to itch / *ça me démange de... fig* I'm itching OU dying to....

démanteler [25] [demɑ̃tle] vt [construction] to demolish ; *fig* to break up.

démaquillant, e [demakijɑ̃, ɑ̃t] adj make-up-removing *(avant n)*. ◆ **démaquillant** nm make-up remover.

démaquiller [3] [demakije] vt to remove make-up from. ◆ **se démaquiller** vp to remove one's make-up.

démarcation [demaʀkasjɔ̃] nf [frontière] demarcation ; *fig* separation.

démarchage [demaʀʃaʒ] nm ▸ **démarchage à domicile** door-to-door selling ▸ **démarchage électoral** canvassing.

démarche [demaʀʃ] nf **1.** [manière de marcher] gait, walk **2.** [raisonnement] approach, method **3.** [requête] step ▸ **faire les démarches pour faire qqch** to take the necessary steps to do sthg.

démarcheur, euse [demaʀʃœʀ, øz] nm, f **1.** [représentant] door-to-door salesman (saleswoman) **2.** [prospecteur] canvasser.

démarque [demaʀk] nf [solde] markdown.

démarquer [3] [demaʀke] vt **1.** [solder] to mark down **2.** SPORT not to mark. ◆ **se démarquer** vp **1.** SPORT to shake off one's marker **2.** *fig* [se distinguer] ▸ **se démarquer (de)** to distinguish o.s. (from).

démarrage [demaʀaʒ] nm starting, start ▸ **démarrage en côte** hill start.

démarrer [3] [demaʀe] ❖ vi **1.** [véhicule] to start (up) ; [conducteur] to drive off **2.** SPORT to break away **3.** *fig* [affaire, projet] to get off the ground. ❖ vt **1.** [véhicule] to start (up) ▸ **faire démarrer** to start **2.** *fam* & *fig* [commencer] ▸ **démarrer qqch** to get sthg going.

démarreur [demaʀœʀ] nm starter ▸ **démarreur à distance** QUÉBEC remote starter.

démasquer [3] [demaske] vt **1.** [personne] to unmask **2.** *fig* [complot, plan] to unveil. ◆ **se démasquer** vp to show one's true colours UK OU colors US.

dématérialiser [dematerjalize] vt to dematerialize.

démêlant, e [demɛlɑ̃, ɑ̃t] adj conditioning *(avant n)*. ◆ **démêlant** nm conditioner.

démêlé [demɛle] nm quarrel ▸ **avoir des démêlés avec la justice** to get into trouble with the law.

démêler [4] [demɛle] vt [cheveux, fil] to untangle ; *fig* to unravel. ◆ **se démêler** vp ▸ **se démêler les cheveux** to comb out one's hair ▸ **se démêler de** *litt* & *fig* to extricate o.s. from.

démembrer [3] [demɑ̃bʀe] vt [animal] to dismember ; *fig* [réseau] to break up.

déménagement [demenaʒmɑ̃] nm removal.

déménager [17] [demenaʒe] ❖ vt to move. ❖ vi to move, to move house.

déménageur [demenaʒœʀ] nm removal man UK, mover US.

démence [demɑ̃s] nf MÉD dementia ; [bêtise] madness.

démener [19] [demne] ◆ **se démener** vp *pr* & *fig* to struggle.

dément, e [demɑ̃, ɑ̃t] ❖ adj MÉD demented ; *fam* [extraordinaire, extravagant] crazy. ❖ nm, f demented person.

démenti [demɑ̃ti] nm denial ▸ **apporter un démenti à qqch** to deny sthg (formally).

démentiel, elle [demɑ̃sjɛl] adj MÉD demented ; *fam* [incroyable] crazy.

démentir [37] [demɑ̃tiʀ] vt **1.** [réfuter] to deny **2.** [contredire] to contradict. ◆ **se démentir** vp ▸ **ne pas se démentir** *sout* to remain unchanged.

démerder [3] [demɛʀde] ◆ **se démerder** vp *tfam* [se débrouiller] to (know how to) look after o.s.

démériter [3] [demeʀite] vi **1.** [être indigne] ▸ **démériter de** to show o.s. (to be) unworthy of **2.** [être dévalorisé] : *en quoi a-t-il démérité ?* what has he done wrong? ▸ **démériter auprès de qqn** to come down in sb's estimation.

démesure [deməzyʀ] nf excess, immoderation.

démesurément [deməzyʀemɑ̃] adv excessively.

démets ⟶ **démettre**.

démettre [84] [demɛtʀ] vt **1.** MÉD to put out (of joint) **2.** [congédier] ▸ **démettre qqn de** to dismiss sb from. ◆ **se démettre** vp **1.** MÉD : *se démettre l'épaule* to put one's shoulder out (of joint) **2.** [démissionner] ▸ **se démettre de ses fonctions** to resign.

demeurant [dəmœʀɑ̃] ◆ **au demeurant** loc adv all things considered.

demeure [dəmœʀ] nf **1.** *sout* [domicile, habitation] residence **2.** DR ▸ **mettre qqn en demeure (de faire qqch)** to order sb (to do sthg). ◆ **à demeure** ❖ loc adj permanent. ❖ loc adv permanently.

demeuré, e [dəmœʀe] ❖ adj simple, half-witted. ❖ nm, f half-wit.

demeurer [5] [dəmœʀe] vi **1.** *(aux : avoir)* [habiter] to live **2.** *(aux : être)* [rester] to remain.

demi, e [dəmi] adj half / *cela n'a été qu'un demi-succès* it wasn't a complete ou it was only a partial success / *une demi-pomme* half an apple / *un kilo et demi* one and a half kilos / *il est une heure et demie* it's half past one ▸ **à demi** half ▸ **dormir à demi** to be half-asleep ▸ **ouvrir à demi** to half-open ▸ **faire les choses à demi** to do things by halves. ◆ **demi** nm **1.** [bière] beer ; ≃ half-pint UK **2.** FOOT midfielder **3.** [rugby] ▸ **demi de mêlée** scrumhalf ▸ **demi d'ouverture** fly half, standoff (half). ◆ **demie** nf ▸ **à la demie** on the half-hour / *je te rappelle à la demie* I'll call you back at half past.

demi-bouteille [dəmibutɛj] (*pl* **demi-bouteilles**) nf half-bottle.

demi-cercle [dəmisɛʀkl] (*pl* **demi-cercles**) nm semicircle ▸ **en demi-cercle** semicircular.

demi-douzaine [dəmiduzɛn] (*pl* **demi-douzaines**) nf half-dozen ▸ **une demi-douzaine (de)** half a dozen.

demi-écrémé, e [dəmiekʀeme] adj semi-skimmed.

demi-fin, e [dəmifɛ̃, in] (*mpl* **demi-fins**, *fpl* **demi-fines**) adj [haricots] medium.

demi-finale [dəmifinal] (*pl* **demi-finales**) nf semifinal.

demi-frère [dəmifʀɛʀ] (*pl* **demi-frères**) nm half-brother.

demi-gros [dəmigʀo] nm ▸ **(commerce de) demi-gros** cash and carry.

demi-heure [dəmijœʀ] (*pl* **demi-heures**) nf half an hour, half-hour.

demi-jour [dəmiʒuʀ] nm half-light.

demi-journée [dəmiʒuʀne] (*pl* **demi-journées**) nf half a day, half-day.

démilitariser [3] [demilitaʀize] vt to demilitarize.

demi-litre [dəmilitʀ] (*pl* **demi-litres**) nm half a litre UK ou liter US, half-litre UK, half-liter US.

demi-mal [dəmimal] (*pl* **demi-maux**) nm : *ce n'est que demi-mal* things ou it could have been worse.

demi-mesure [dəmiməzyʀ] (*pl* **demi-mesures**) nf **1.** [quantité] half a measure **2.** [compromis] half-measure.

demi-mot [dəmimo] ◆ **à demi-mot** loc adv ▸ **comprendre à demi-mot** to understand without things having to be spelled out.

déminage [deminaʒ] nm [de sol] mine clearance ; [d'eau] minesweeping.

déminer [3] [demine] vt to clear of mines.

demi-pension [dəmipɑ̃sjɔ̃] (*pl* **demi-pensions**) nf **1.** [d'hôtel] half-board UK, modified American plan US **2.** [d'école] ▸ **être en demi-pension** to take school lunches ou dinners UK.

demi-pensionnaire [dəmipɑ̃sjɔnɛʀ] (*pl* **demi-pensionnaires**) nmf *child who has school lunches*.

demi-place [dəmiplas] (*pl* **demi-places**) nf **1.** [pour spectacle] half-price ticket **2.** [dans transports publics] half-fare.

demi-pointe [dəmipwɛ̃t] (*pl* **demi-pointes**) nf [position] demi-pointe ; [chausson] ballet shoe.

démis, e [demi, iz] pp ⟶ **démettre**.

demi-saison [dəmisɛzɔ̃] nf : *une veste de demi-saison* a spring/autumn jacket.

demi-sel [dəmisɛl] adj inv slightly salted.

demi-sœur [dəmisœʀ] (*pl* **demi-sœurs**) nf half-sister.

demi-soupir [dəmisupiʀ] (*pl* **demi-soupirs**) nm quaver rest UK, eighth note rest US.

démission [demisjɔ̃] nf resignation ▸ **remettre sa démission** to hand in one's notice.

démissionnaire [demisjɔnɛʀ] ❖ nmf person resigning. ❖ adj resigning *(avant n)* ; [ministre] outgoing *(avant n)*.

démissionner [3] [demisjɔne] ❖ vi [d'un emploi] to resign ; *fig* to give up. ❖ vt *hum* ▸ **démissionner qqn** to talk sb into resigning.

demi-tarif [dəmitaʀif] (*pl* **demi-tarifs**) ❖ adj half-price. ❖ nm **1.** [tarification] half-fare **2.** [billet] half-price ticket.

demi-teinte [dəmitɛ̃t] (*pl* **demi-teintes**) nf halftone ▸ **en demi-teinte, en demi-teintes** *fig* subtle.

demi-ton [dəmitɔ̃] (*pl* **demi-tons**) nm semitone UK, halftone US.

demi-tour [dəmituʀ] (*pl* **demi-tours**) nm [gén] half-turn ; MIL about-turn ▸ **faire demi-tour** to turn back.

démo [demo] nf *fam* demo ▸ **faire une démo à qqn** to give s.o. a demo.

démobiliser [3] [demɔbilize] vt MIL to demobilize ▸ **être démobilisé** *fig* to be demotivated.

démocrate [demɔkʀat] ❖ nmf democrat. ❖ adj democratic.

démocrate-chrétien, enne [demɔkʀatkʀetjɛ̃, ɛn] (*mpl* **démocrates-chrétiens**, *fpl* **démocrates-chrétiennes**) ❖ adj Christian-Democratic. ❖ nm, f Christian Democrat.

démocratie [demɔkʀasi] nf democracy ▸ **les démocraties occidentales** the Western democracies.

démocratique [demɔkʀatik] adj democratic.

démocratisation [demɔkʀatizasjɔ̃] nf democratization.

démocratiser [3] [demɔkʀatize] vt to democratize / *démocratiser les voyages à l'étranger* to put foreign travel within everyone's reach. ◆ **se démocratiser** vpi **1.** POL to become more democratic **2.** [devenir accessible] to become available to anyone.

démodé, e [demɔde] adj old-fashioned.

démographie [demɔgʀafi] nf demography.

démographique [demɔgʀafik] adj demographic.

demoiselle [dəmwazɛl] nf **1.** [jeune fille] maid ▸ **demoiselle d'honneur** bridesmaid **2.** [libellule] dragonfly.

démolir [32] [demɔliʀ] vt **1.** [gén] to demolish / *l'alcool lui a démoli la santé* alcohol ruined OU wrecked his health **2.** *fam* [frapper] ▸ **démolir qqn** to smash sb's face in ▸ **se faire démolir** to get one's face smashed in. ◆ **se démolir** vpt : *se démolir la santé* to ruin one's health / *se démolir la santé à faire qqch fam* to kill o.s. OU to bust a gut doing sthg.

démolisseur [demɔlisœʀ] nm demolition worker.

démolition [demɔlisjɔ̃] nf demolition ▸ **en démolition** in the course of being demolished.

démon [demɔ̃] nm **1.** [diable, personne] devil, demon ▸ **le démon** RELIG the Devil **2.** *fig* : *le démon de l'alcool / de la curiosité* the demon drink / curiosity ▸ **le démon de midi** middle-aged lust.

démoniaque [demɔnjak] adj **1.** [diabolique] diabolical **2.** [possédé du démon] possessed.

démonstrateur, trice [demɔ̃stʀatœʀ, tʀis] nm, f demonstrator.

démonstratif, ive [demɔ̃stʀatif, iv] adj **1.** [argument] convincing **2.** [personne & GRAM] demonstrative. ◆ **démonstratif** nm GRAM demonstrative.

démonstration [demɔ̃stʀasjɔ̃] nf **1.** [gén] demonstration **2.** MIL show, demonstration.

démontable [demɔ̃tabl] adj able to be dismantled OU taken to pieces.

démontage [demɔ̃taʒ] nm dismantling, taking to pieces ; [de moteur] stripping down.

démonté, e [demɔ̃te] adj [océan] raging.

démonte-pneu [demɔ̃tpnø] (*pl* **démonte-pneus**) nm tyre lever UK, tire iron US.

démonter [3] [demɔ̃te] vt **1.** [appareil] to dismantle, to take apart **2.** [troubler] ▸ **démonter qqn** to put sb out. ◆ **se démonter** vp to be put out.

démontrer [3] [demɔ̃tʀe] vt **1.** [prouver] to prove, to demonstrate **2.** [témoigner de] to show, to demonstrate.

démoralisant, e [demɔʀalizɑ̃, ɑ̃t] adj demoralizing.

démoraliser [3] [demɔʀalize] vt to demoralize. ◆ **se démoraliser** vp to lose heart.

démordre [76] [demɔʀdʀ] vt ▸ **ne pas démordre de** to stick to.

démordu [demɔʀdy] pp inv ⟶ **démordre**.

démotiver [3] [demɔtive] vt to demotivate.

démouler [3] [demule] vt to turn out of OU remove from a mould UK OU mold US.

démultiplication [demyltiplikasjɔ̃] nf TECHNOL reduction in gear ratio.

démunir [32] [demyniʀ] vt to deprive. ◆ **se démunir** vp ▸ **se démunir de** to part with.

démystifier [9] [demistifje] vt **1.** [concept] to demystify **2.** [personne] to disabuse.

dénatalité [denatalite] nf fall in the birthrate.

dénationaliser [3] [denasjɔnalize] vt to denationalize.

dénaturé, e [denatyʀe] adj **1.** [parents] unfit **2.** [goût] unnatural **3.** TECHNOL denatured.

dénaturer [3] [denatyʀe] vt **1.** [goût] to impair, to mar **2.** TECHNOL to denature **3.** [déformer] to distort.

dénégation [denegasjɔ̃] nf denial.

déneigement [denɛʒmɑ̃] nm snow clearance.

déneiger [23] [deneʒe] vt to clear snow from.

déneigeuse [deneʒøz] nf QUÉBEC snowblower.

déni [deni] nm denial ▸ **déni de justice** DR denial of justice.

déniaiser [4] [denjeze] vt *hum* & *vieilli* ▸ **déniaiser qqn** to teach sb a thing or two.

dénicher [3] [deniʃe] vt *fig* **1.** [personne] to flush out **2.** [objet] to unearth.

denier [dənje] nm denier *(coin)*. ◆ **deniers** nmpl ▸ **les deniers publics** the public purse *sg* ▸ **les deniers de l'État** the State coffers.

dénigrer [3] [denigʀe] vt to denigrate, to run down.

dénivelé [denivle] nm difference in level OU height.

dénivellation [denivɛlasjɔ̃] nf **1.** [différence de niveau] difference in level OU height **2.** [de route] bumps *pl*, unevenness *(U)* **3.** [pente] slope.

dénombrer [3] [denɔ̃bʀe] vt [compter] to count ; [énumérer] to enumerate.

dénominateur [denɔminatœʀ] nm denominator ▸ **dénominateur commun** *pr* & *fig* common denominator.

dénomination [denɔminasjɔ̃] nf name.

dénommé, e [denɔme] adj : *un dénommé Robert* someone by the name of Robert.

dénoncer [16] [denɔ̃se] vt **1.** [gén] to denounce ▸ **dénoncer qqn à qqn** to denounce sb to sb, to inform on sb / *dénoncer qqn aux autorités* to denounce sb OU to give sb away to the authorities **2.** *fig* [trahir] to betray. ◆ **se dénoncer** vp *(emploi réfléchi)* to give o.s. up.

dénonciation [denɔ̃sjasjɔ̃] nf denunciation.

dénoter [3] [denɔte] vt to show, to indicate.

dénouement [denumɑ̃] nm **1.** [issue] outcome **2.** [d'un film, d'un livre] denouement.

dénouer [6] [denwe] vt [nœud] to untie, to undo ; *fig* to unravel. ◆ **se dénouer** ❖ vpi **1.** [cheveux] to come loose ou undone ; [lacet] to come undone ou untied **2.** [crise] to end, to be resolved. ❖ vpt : *se dénouer les cheveux* to let down one's hair *pr.*

dénoyauter [3] [denwajote] vt [fruit] to stone UK, to pit US.

denrée [dɑ̃ʀe] nf [produit] produce *(U)* ▸ **denrées alimentaires** foodstuffs ▸ **denrée de base** basic commodity ▸ **denrée rare** *fig* rare commodity.

dense [dɑ̃s] adj **1.** [gén] dense **2.** [style] condensed.

densité [dɑ̃site] nf density ▸ **densité de population** population density ▸ **double / haute densité** INFORM double/high density.

dent [dɑ̃] nf **1.** [de personne, d'objet] tooth / *il claquait des dents* his teeth were chattering ▸ **faire ses dents** to cut one's teeth, to teethe ▸ **mordre à belles dents dans** to get one's teeth into ▸ **dent de lait** baby ou milk UK tooth ▸ **dent de sagesse** wisdom tooth ▸ **en dents de scie** jagged, serrated ▸ **avoir les dents longues** *fam* to have high hopes ▸ **avoir une dent contre qqn** to have it in for sb ▸ **ne rien avoir à se mettre sous la dent** *fam* to have nothing left to eat ▸ **ne pas desserrer les dents** not to open one's mouth ▸ **grincer des dents** to gnash one's teeth **2.** GÉOGR peak.

dentaire [dɑ̃tɛʀ] adj dental.

dental, e, aux [dɑ̃tal, o] adj LING dental.

denté, e [dɑ̃te] adj **1.** TECHNOL toothed **2.** [feuille] dentate.

dentelé, e [dɑ̃tle] adj serrated, jagged.

dentelle [dɑ̃tɛl] nf lace *(U)*.

dentier [dɑ̃tje] nm **1.** [dents] dentures *pl* **2.** TECHNOL set of teeth, teeth *pl*.

dentifrice [dɑ̃tifʀis] nm toothpaste.

dentiste [dɑ̃tist] nmf dentist.

dentition [dɑ̃tisjɔ̃] nf teeth *pl*, dentition.

dénuder [3] [denyde] vt to leave bare ; [fil électrique] to strip. ◆ **se dénuder** vp to strip (off).

dénué, e [denɥe] adj *sout* ▸ **dénué de** devoid of.

dénuement [denymɑ̃] nm destitution *(U)*.

dénutrition [denytʀisjɔ̃] nf malnutrition.

déodorant, e [deɔdɔʀɑ̃, ɑ̃t] adj deodorant. ◆ **déodorant** nm deodorant.

déontologie [deɔ̃tɔlɔʒi] nf professional ethics *pl*.

dép. *abr écrite de* **départ, département**.

dépannage [depanaʒ] nm repair ▸ **service de dépannage** AUTO breakdown service.

dépanner [3] [depane] vt **1.** [réparer] to repair, to fix **2.** *fam* [aider] to bail out.

dépanneur, euse [depanœʀ, øz] nm, f repairman (repairwoman). ◆ **dépanneuse** nf [véhicule] breakdown truck UK, breakdown lorry UK, tow truck US, wrecker US.

dépareillé, e [depaʀeje] adj [ensemble] non-matching ; [paire] odd.

déparer [3] [depaʀe] vt to spoil.

déparler [3] [depaʀle] vi QUÉBEC [dire n'importe quoi] to babble away.

départ [depaʀ] nm **1.** [de personne] departure, leaving / *être sur le départ* to be ready to go / *on en a parlé après son départ* we discussed it after he went / *départ en préretraite* early retirement ▸ **les grands départs** the holiday exodus **2.** [de véhicule] departure / *le départ du train est à 7 h* the train leaves at 7a.m **3.** *fig* [d'une course] start ▸ **faux départ** false start / *douze chevaux ont pris le départ (de la course)* there were twelve starters. ◆ **au départ** loc adv to start with. ◆ **au départ de** loc prép : *visites au départ des Tuileries* tours departing from the Tuileries. ◆ **de départ** loc adj **1.** [gare, quai, heure] departure *(avant n)* **2.** [initial] : *l'idée de départ* the initial ou original idea.

départager [17] [depaʀtaʒe] vt **1.** [concurrents, opinions] to decide between **2.** [lors d'une élection] to choose between **3.** [séparer] to separate.

département [depaʀtəmɑ̃] nm **1.** [territoire] département, department *(territorial and administrative division of France)* **2.** [service] department.

Département

One of the three main administrative divisions in France. There are a hundred in all, four of which are overseas. Each is run by a conseil général, which has its headquarters in the principal town of the département.

Départements are numbered in alphabetical order (with a few exceptions in Île-de-France and overseas). The number is often used to refer to the department, particularly for the Paris area, and it is not uncommon to hear people say j'habite dans le 91, meaning j'habite dans l'Essonne.

départemental, e, aux [depaʀtəmɑ̃tal, o] adj *of a French département.* ◆ **départementale** nf secondary road ; ≃ B road UK.

départir [32] [depaʀtiʀ] ◆ **se départir** vp ▸ **ne pas se départir de** to retain.

dépassé, e [depase] adj **1.** [périmé] old-fashioned **2.** [déconcerté] ▸ **dépassé par** overwhelmed by.

dépassement [depasmɑ̃] nm **1.** [en voiture] overtaking UK, passing US ▸ **dépassement sans visibilité** overtaking blind UK **2.** FIN overspending / *dépassement de coûts* cost overrun.

dépasser [3] [depase] ❖ vt **1.** [doubler] to pass, to overtake UK / *se faire dépasser* [en voiture] to be passed, to be overtaken UK **2.** [être plus grand que] to be taller than / *elle me dépasse d'une tête* she's a head taller than me **3.** [être plus long que] to be longer than **4.** [excéder] to exceed, to be more than / *ça dépasse mes moyens* it's beyond my means, it's more than I can afford **5.** [durer plus longtemps que] : *dépasser une heure* to go on for more than an hour **6.** [surpasser] to outshine / *dépasser l'attente de qqn* to surpass OU to exceed sb's expectations **7.** [aller au-delà de] to exceed / *la tâche dépasse mes forces* the task is beyond me **8.** [franchir] to pass **9.** EXPR **ça me dépasse** *fam* it's beyond me / *les échecs, ça me dépasse !* chess is (quite) beyond me! ❖ vi ▸ **dépasser (de)** to stick out (from) / *pas une mèche ne dépassait de son chignon* her chignon was impeccable OU hadn't a hair out of place. ◆ **se dépasser** ❖ vp *(emploi réciproque)* to pass one another / *les voitures cherchent toutes à se dépasser* the cars are all jostling for position. ❖ vpi to excel o.s.

dépassionner [3] [depasjɔne] vt to take the heat out of.

dépatouiller [3] [depatuje] ◆ **se dépatouiller** vpi *fam* to manage to get by / *se dépatouiller d'une situation* to get out of OU to wriggle one's way out of a situation / *qu'il se* OU *s'en dépatouille tout seul !* he can get out of this one by himself!

dépaysant, e [depeizɑ̃, ɑ̃t] adj : *un voyage dépaysant* a trip that gives you a complete change of scene.

dépaysement [depeizmɑ̃] nm change of scene, disorientation.

dépayser [3] [depeize] vt **1.** [désorienter] to disorient, to disorientate UK **2.** [changer agréablement] to make a change of scene for.

dépecer [29] [depəse] vt **1.** [découper] to chop up **2.** [déchiqueter] to tear apart.

dépêche [depɛʃ] nf dispatch.

dépêcher [4] [depeʃe] vt *sout* [envoyer] to dispatch. ◆ **se dépêcher** vp to hurry up ▸ **se dépêcher de faire qqch** to hurry to do sthg.

dépeignais, dépeignions ⟶ **dépeindre**.

dépeindre [81] [depɛ̃dʀ] vt to depict, to describe.

dépeint, e [depɛ̃, ɛ̃t] pp ⟶ **dépeindre**.

dépenaillé, e [depənaje] adj [vêtement, rideau] scruffy, ragged, tattered / *un mendiant tout dépenaillé* a beggar in rags.

dépénalisation [depenalizasjɔ̃] nf decriminalization.

dépénaliser [3] [depenalize] vt to decriminalize.

dépendance [depɑ̃dɑ̃s] nf **1.** [de personne] dependence ▸ **être sous la dépendance de** to be dependent on **2.** [à la drogue] dependency **3.** [de bâtiment] outbuilding.

dépendant, e [depɑ̃dɑ̃, ɑ̃t] adj ▸ **dépendant (de)** dependent (on).

dépendre [73] [depɑ̃dʀ] vt **1.** [être soumis] ▸ **dépendre de** to depend on / *ça dépend* it depends **2.** [appartenir] ▸ **dépendre de** to belong to **3.** [décrocher] to take down.

dépendu [depɑ̃dy] pp inv ⟶ **dépendre**.

dépens [depɑ̃] nmpl DR costs ▸ **aux dépens de qqn** at sb's expense / *je l'ai appris à mes dépens* I learned that to my cost.

dépense [depɑ̃s] nf **1.** [frais] expense / *dépenses de marketing* marketing spend **2.** FIN expenditure *(U)* ▸ **dépenses engagées** incurred expenditure OU expenses ▸ **dépenses et recettes** incomings and outgoings ▸ **les dépenses publiques** public spending *(U)* **3.** [consommation] consumption.

dépenser [3] [depɑ̃se] vt **1.** [argent] to spend ▸ **dépenser sans compter** to spend lavishly **2.** *fig* [énergie] to expend. ◆ **se dépenser** vp *pr* & *fig* to exert o.s.

dépensier, ère [depɑ̃sje, ɛʀ] adj extravagant.

déperdition [depɛʀdisjɔ̃] nf loss ▸ **déperdition de chaleur** heat loss.

dépérir [32] [depeʀiʀ] vi **1.** [personne] to waste away **2.** [santé, affaire] to decline **3.** [plante] to wither.

dépêtrer [4] [depetʀe] ◆ **se dépêtrer** vp ▸ **se dépêtrer de a)** [se dégager de] to get out of **b)** *fig* [se sortir de] to extricate o.s. from **c)** *fig* [se débarrasser de] to get rid of.

dépeuplement [depœpləmɑ̃] nm **1.** [de pays] depopulation **2.** [d'étang, de rivière, de forêt] emptying of wildlife.

dépeupler [5] [depœple] vt **1.** [pays] to depopulate **2.** [étang, rivière, forêt] to drive the wildlife from. ◆ **se dépeupler** vp **1.** [pays] to become depopulated **2.** [rivière, étang] to have a diminishing OU disappearing wildlife population.

déphasé, e [defaze] adj ÉLECTR out of phase ; *fam* & *fig* out of touch.

dépiauter [3] [depjote] vt *fam* [animal] to skin ; *fig* [texte] to pull to pieces.

dépilatoire [depilatwaʀ] adj ▸ **crème dépilatoire** depilatory cream.

dépistage [depistaʒ] nm **1.** [de gibier, de voleur] tracking down **2.** [de maladie] screening ▸ **dépistage du SIDA** AIDS testing.

dépister [3] [depiste] vt **1.** [gibier, voleur] to track down **2.** [maladie] to screen for **3.** [déjouer] to throw off the scent **4.** *fig* [découvrir] to detect.

dépit [depi] nm pique, spite ▸ **par dépit** out of pique OU spite. ◆ **en dépit de** loc prép in spite of.

dépité, e [depite] adj cross, annoyed.

déplacé, e [deplase] adj **1.** [propos, attitude, présence] out of place **2.** [personne] displaced.

déplacement [deplasmɑ̃] nm **1.** [d'objet] moving ▸ **déplacement de vertèbre** MÉD slipped disc UK OU disk US **2.** [voyage] travelling *(U)* UK, traveling *(U)* US ▸ **en déplacement** away on business ▸ **valoir le déplacement** *fig* to be worth going.

déplacer [16] [deplase] vt **1.** [objet] to move, to shift ; *fig* [problème] to shift the emphasis of **2.** [muter] to transfer. ◆ **se déplacer** vp **1.** [se mouvoir - animal] to move (around) ; [-personne] to walk **2.** [voyager] to travel **3.** MÉD ▸ **se déplacer une vertèbre** to slip a disc UK ou disk US.

déplaire [110] [deplɛʀ] vt **1.** [ne pas plaire] : *cela me déplaît* I don't like it / *il m'a tout de suite déplu* I took an instant dislike to him **2.** [irriter] to displease ▸ **n'en déplaise à mon patron** *hum* whether my boss likes it or not.

déplaisant, e [deplɛzɑ̃, ɑ̃t] adj *sout* unpleasant.

déplaisir [deplezir] nm *sout* displeasure.

déplâtrer [deplatʀe] vt [membre fracturé] to remove a plaster ou a cast / *on le déplâtre demain* they're removing ou taking off the plaster tomorrow.

dépliant [deplijɑ̃] nm leaflet ▸ **dépliant touristique** tourist brochure.

déplier [10] [deplije] vt to unfold. ◆ **se déplier** vp to unfold.

déploiement [deplwamɑ̃] nm **1.** MIL deployment **2.** [d'ailes] spreading **3.** [de voile] unfurling, opening **4.** *fig* [d'efforts] display ▸ **un grand déploiement de** a major display of.

déplorable [deplɔʀabl] adj deplorable.

déplorer [3] [deplɔʀe] vt **1.** [regretter] to deplore **2.** *litt* [pleurer] to mourn.

déployer [13] [deplwaje] vt **1.** [déplier - gén] to unfold ; [-plan, journal] to open ; [ailes] to spread **2.** MIL to deploy **3.** [mettre en œuvre] to expend **4.** [manifester] to display / *elle a déployé toute son éloquence* she brought all her eloquence to bear.

déplu [deply] pp ⟶ **déplaire**.

dépoitraillé, e [depwatʀaje] adj *fam* & *péj* with one's shirt wide open.

dépoli, e [depɔli] adj [métal] tarnished ; [verre] frosted.

dépolitiser [3] [depɔlitize] vt to depoliticize.

dépolluant, e [depɔlɥɑ̃, ɑ̃t] adj depolluting, anti-pollutant. ◆ **dépolluant** nm depollutant, anti-pollutant.

déportation [depɔʀtasjɔ̃] nf **1.** [exil] deportation **2.** [internement] transportation to a concentration camp.

déporté, e [depɔʀte] nm, f **1.** [exilé] deportee **2.** [en camp de concentration] concentration camp prisoner.

déporter [3] [depɔʀte] vt **1.** [dévier] to carry off course / *la voiture a été déportée sur la gauche* the car swerved to the left **2.** [exiler] to deport **3.** [interner] to send to a concentration camp. ◆ **se déporter** vpi [doucement] to move aside ; [brusquement] to swerve / *se déporter vers la droite / gauche* to veer (off) to the right / left.

déposant, e [depozɑ̃, ɑ̃t] nm, f **1.** FIN depositor **2.** DR deponent.

déposé, e [depoze] adj ▸ **marque déposée** registered trademark ▸ **modèle déposé** patented design.

déposer [3] [depoze] ◆ vt **1.** [poser] to put down **2.** [personne, paquet] to drop / *je te dépose ?* can I drop you off?, can I give you a lift? **3.** [argent, sédiment] to deposit / *déposer de l'argent sur son compte* to pay money into one's account, to deposit money in one's account **4.** ADMIN to register / *déposer sa candidature* to apply / *déposer une plainte* to lodge a complaint **5.** DR to file / *déposer le bilan* to file for bankruptcy **6.** [monarque] to depose **7.** [moteur] to take out. ◆ vi **1.** DR to testify, to give evidence **2.** [sédiment] to form a deposit. ◆ **se déposer** vp to settle.

dépositaire [depozitɛʀ] nmf **1.** COMM agent **2.** [d'objet] bailee ▸ **dépositaire de** *fig* person entrusted with.

déposition [depozisjɔ̃] nf deposition.

déposséder [18] [depɔsede] vt ▸ **déposséder qqn de** to dispossess sb of.

dépôt [depo] nm **1.** [d'objet, d'argent, de sédiment] deposit, depositing *(U)* ▸ **verser un dépôt (de garantie)** to put down a deposit / *dépôt à terme / à vue* open-access / restricted access deposit / *dépôt calcaire* ou *de tartre* layer of scale ou fur ▸ **dépôt d'ordures** rubbish dump UK, garbage dump US **2.** ADMIN registration ▸ **dépôt de bilan** petition in bankruptcy ▸ **dépôt de brevet** patent registration ▸ **dépôt légal** copyright registration / *dépôt d'une liste électorale* presentation of a list of candidates ▸ **dépôt d'une marque** registration of a trademark **3.** [garage] depot **4.** [entrepôt] store, warehouse ▸ **dépôt de munitions** ammunition dump **5.** [prison] ≃ police cells *pl* / *au dépôt* in the cells. ◆ **en dépôt** loc adv FIN in trust, in safe custody / *avoir en dépôt* to have on bond / *mettre en dépôt* to bond.

dépoter [3] [depɔte] vt [plante] to remove from the pot.

dépotoir [depɔtwaʀ] nm [décharge] rubbish dump UK, garbage dump US ; *fam* & *fig* dump, tip UK.

dépouille [depuj] nf **1.** [peau] hide, skin **2.** [humaine] remains *pl* ▸ **dépouille mortelle** mortal remains. ◆ **dépouilles** nfpl *litt* spoils.

dépouillement [depujmɑ̃] nm **1.** [sobriété] austerity, sobriety **2.** [examen] perusal ▸ **dépouillement de scrutin** counting of the votes.

dépouiller [3] [depuje] vt **1.** [priver] ▸ **dépouiller qqn (de)** to strip sb (of) **2.** [examiner] to peruse ▸ **dépouiller le scrutin** to count the votes. ◆ **se dépouiller** vp ▸ **se dépouiller de** to divest o.s. of.

dépourvu, e [depuʀvy] adj ▸ **dépourvu de** without, lacking in. ◆ **au dépourvu** loc adv ▸ **prendre qqn au dépourvu** to catch sb unawares.

dépoussiérer [18] [depusjeʀe] vt to dust (off).

dépravation [depʀavasjɔ̃] nf depravity.

dépravé, e [depʀave] ◆ adj depraved. ◆ nm, f degenerate.

dépraver [3] [depʀave] vt to deprave. ◆ **se dépraver** vp to become depraved.

dépréciation [depʀesjasjɔ̃] nf FIN depreciation.

déprécier [9] [depʀesje] vt **1.** [marchandise] to reduce the value of **2.** [œuvre] to disparage. ◆ **se déprécier** vp **1.** [marchandise] to depreciate **2.** [personne] to put o.s. down.

dépressif, ive [depʀesif, iv] ◆ adj depressive. ◆ nm, f depressive (person).

dépression [depʀesjɔ̃] nf depression ▸ **faire de la dépression** to be depressed ▸ **dépression nerveuse** nervous breakdown.

déprimant, e [depʀimɑ̃, ɑ̃t] adj depressing.

déprime [depʀim] nf *fam* ▸ **faire une déprime** to be (feeling) down.

déprimé, e [depʀime] adj depressed.

déprimer [3] [depʀime] ❖ vt to depress. ❖ vi *fam* to be (feeling) down.

déprogrammer [3] [depʀɔgʀame] vt to remove from the schedule ; TV to take off the air.

dépuceler [24] [depysle] vt *fam* ▸ **dépuceler qqn** to take sb's virginity.

depuis [dəpɥi] ❖ prép **1.** [à partir d'une date ou d'un moment précis] since / *je ne l'ai pas vu depuis son mariage* I haven't seen him since he got married / *il est parti depuis hier* he's been away since yesterday / *depuis le début jusqu'à la fin* from beginning to end / *depuis 12 h jusqu'à 20 h* from 12 to OU till 8 p.m / *depuis quand est-ce que tu me donnes des ordres ?* since when do you give me orders? **2.** [exprimant une durée] for / *il est malade depuis une semaine* he has been ill for a week / *depuis dix ans/longtemps* for ten years/a long time / *depuis toujours* always / *depuis combien de temps le connais-tu ?* how long have you known him for? / *depuis le temps que tu le connais, tu pourrais lui demander* considering how long you've known him you could easily ask him **3.** [dans l'espace] from / *depuis la route, on pouvait voir la mer* you could see the sea from the road / *depuis le premier jusqu'au dernier* from the first to the last. ❖ adv since (then) / *depuis, nous ne l'avons pas revu* we haven't seen him since (then). ◆ **depuis lors** loc adv since then / *il n'est pas retourné au village depuis lors* he hasn't been back to the village since then. ◆ **depuis que** loc conj since / *je ne l'ai pas revu depuis qu'il s'est marié* I haven't seen him since he got married.

dépuratif, ive [depyʀatif, iv] adj cleansing, eliminating. ◆ **dépuratif** nm depurative.

députation [depytasjɔ̃] nf **1.** [délégation] deputation **2.** [fonction] : *candidat à la députation* parliamentary candidate UK.

député [depyte] nm **1.** [délégué] representative **2.** [POL - au parlement] member of parliament UK, representative US ▸ **député européen** Euro-MP, MEP ; [en France] deputy ; [en Grande-Bretagne] member of parliament ; [aux États-Unis] Congressman (Congresswoman) ▸ **député-maire** *deputy who is also a mayor.*

députer [3] [depyte] vt to send as representative.

déraciner [3] [deʀasine] vt *pr* & *fig* to uproot.

déraillement [deʀajmɑ̃] nm derailment.

dérailler [3] [deʀaje] vi **1.** [train] to leave the rails, to be derailed **2.** *fam* & *fig* [mécanisme] to go on the blink **3.** *fam* & *fig* [personne] to go to pieces.

dérailleur [deʀajœʀ] nm [de bicyclette] derailleur.

déraison [deʀɛzɔ̃] nf lack of reason.

déraisonnable [deʀɛzɔnabl] adj unreasonable.

déraisonner [3] [deʀɛzɔne] vi *sout* to talk nonsense.

dérangement [deʀɑ̃ʒmɑ̃] nm trouble ▸ **en dérangement** out of order.

déranger [17] [deʀɑ̃ʒe] ❖ vt **1.** [personne] to disturb, to bother / *ça vous dérange si je fume ?* do you mind if I smoke? / *désolé de vous déranger* sorry to disturb you / *'ne pas déranger'* 'do not disturb' **2.** [plan] to disrupt / *ça lui a dérangé l'esprit* she was badly shaken up by it **3.** [maison, pièce] to make untidy / *ne dérange pas mes papiers !* don't get my papers mixed up OU in a muddle! ❖ vi to be disturbing. ◆ **se déranger** vp **1.** [se déplacer] to move / *ce coup de fil m'a évité de me déranger* that phone call saved me a trip / *il a refusé de se déranger* he wouldn't come (out) **2.** [se gêner] to put o.s. out / *ne vous dérangez pas, je reviendrai* please don't go to any trouble; I'll come back later.

dérapage [deʀapaʒ] nm **1.** [glissement] skid ▸ **dérapage contrôlé** controlled skid **2.** *fig* excess.

déraper [3] [deʀape] vi [glisser] to skid ; *fig* to get out of hand.

dératé, e [deʀate] nm, f *fam* ▸ **courir comme un dératé** to run flat out.

dératisation [deʀatizasjɔ̃] nf extermination of rats.

derechef [dəʀəʃɛf] adv *sout* once again.

dérèglement [deʀɛgləmɑ̃] nm [de machine] malfunction ; [de fonction corporelle] upset.

déréglementation [deʀegləmɑ̃tasjɔ̃] nf deregulation.

déréglementer [3] [deʀegləmɑ̃te] vt to deregulate.

dérégler [18] [deʀegle] vt [mécanisme] to put out of order ; *fig* to upset. ◆ **se dérégler** vp [mécanisme] to go wrong ; *fig* to be upset OU unsettled.

dérider [3] [deʀide] vt *fig* ▸ **dérider qqn** to cheer sb up. ◆ **se dérider** vp to cheer up.

dérision [deʀizjɔ̃] nf derision ▸ **tourner qqch en dérision** to hold sthg up to ridicule.

dérisoire [deʀizwaʀ] adj derisory.

dérivatif, ive [deʀivatif, iv] adj derivative. ◆ **dérivatif** nm distraction.

dérivation [deʀivasjɔ̃] nf **1.** [de cours d'eau, circulation] diversion, detour **2.** LING & MATH derivation.

dérive [deʀiv] nf **1.** [aileron] centreboard UK, centerboard US **2.** [mouvement] drift, drifting *(U)* ▸ **aller** OU **partir à la dérive** *fig* to fall apart.

dérivé [deʀive] nm CHIM & LING derivative.

dérivée [deʀive] nf MATH derivative.

dériver [3] [deʀive] ❖ vt **1.** [détourner] to divert UK, to detour US **2.** LING to derive. ❖ vi **1.** [aller à la dérive] to drift **2.** *fig* [découler] ▸ **dériver de** to derive from.

dériveur [deʀivœʀ] nm sailing dinghy *(with centreboard).*

dermato [dɛʀmato] nmf *fam* dermatologist.

dermatologie [dɛʀmatɔlɔʒi] nf dermatology.

dermatologue [dɛʀmatɔlɔg] nmf dermatologist.

dernier, ère [dɛʀnje, ɛʀ] ◆ adj **1.** [gén] last / *samedi dernier* last Saturday / *l'année dernière* last year / *un dernier mot/point !* one final word/point! ▸ **avoir le dernier mot** : *il faut toujours qu'il ait le dernier mot* he always has to have the last word **2.** [ultime] last, final / *jusqu'à son dernier jour* to his dying day, until the day he died / *c'est mon dernier prix* **a)** [vendeur] it's the lowest I'll go **b)** [acheteur] that's my final offer **3.** [plus récent] latest / *je ferai mes valises au dernier moment* I'll pack at the last minute ou possible moment / *une nouvelle de dernière minute* a late newsflash **4.** [du bas] bottom / *les chaussettes sont dans le dernier tiroir* the socks are in the bottom drawer ; [du haut] top / *au dernier étage* on the top floor ; [du bout] last / *un siège au dernier rang* a seat in the back (row) **5.** [extrême, sens négatif] : *c'est la dernière chose à faire* it's the last thing one should do. ◆ nm, f last / *son dossier est le dernier de la pile* her file is at the bottom of the pile / *j'étais toujours le dernier en classe* I was always (at the) bottom of the class ▸ **ce dernier** the latter ▸ **petit dernier** baby of the family. ◆ **en dernier** loc adv last / *entrer en dernier* to go in last, to be the last one to go in.

dernièrement [dɛʀnjɛʀmɑ̃] adv recently, lately.

dernier-né, dernière-née [dɛʀnjene, dɛʀnjɛʀne] (*mpl* **derniers-nés**, *fpl* **dernières-nées**) nm, f [bébé] youngest (child) / *la dernière-née de Fiat®* *fig* the new Fiat®.

dérobade [deʀɔbad] nf evasion, shirking *(U)*.

dérobé, e [deʀɔbe] adj **1.** [volé] stolen **2.** [caché] hidden. ◆ **à la dérobée** loc adv surreptitiously.

dérober [3] [deʀɔbe] vt *sout* to steal. ◆ **se dérober** vp **1.** [se soustraire] ▸ **se dérober à qqch** to shirk sthg **2.** [s'effondrer] to give way.

dérogation [deʀɔgasjɔ̃] nf [action] dispensation ; [résultat] exception.

déroger [17] [deʀɔʒe] vi ▸ **déroger à** to depart from.

dérouiller [3] [deʀuje] vt **1.** [nettoyer] to remove the rust from **2.** *fam* [frapper] ▸ **dérouiller qqn** to give sb a belting. ◆ **se dérouiller** vp *fig* to stretch (o.s.).

déroulé [deʀule] nm sequence, proceedings *pl* / *le déroulé d'un procès* court proceedings.

déroulement [deʀulmɑ̃] nm **1.** [de bobine] unwinding **2.** *fig* [d'événement] development.

dérouler [3] [deʀule] vt [fil] to unwind ; [papier, tissu] to unroll. ◆ **se dérouler** vp to take place.

déroutant, e [deʀutɑ̃, ɑ̃t] adj disconcerting, bewildering.

déroute [deʀut] nf MIL rout ; *fig* collapse ▸ **mettre en déroute** to rout.

dérouter [3] [deʀute] vt **1.** [déconcerter] to disconcert, to put out **2.** [dévier] to divert UK, to detour US.

derrick [deʀik] nm derrick.

derrière [dɛʀjɛʀ] ◆ prép behind / *ça s'est passé derrière chez moi* it happened behind my house / *derrière son indifférence apparente* beneath his apparent indifference / *je sais bien ce qu'elle dit derrière mon dos* I'm quite aware of what she says behind my back. ◆ adv **1.** [en arrière] behind, the other side / *tu vois le bureau de poste ? la bibliothèque est juste derrière* do you see the post office? the library's just behind it **2.** [dans le fond] at the rear ou back / *installe-toi derrière* [dans une voiture] sit in the back. ◆ nm **1.** [partie arrière] back / *la porte de derrière* the back door **2.** [partie du corps] bottom, behind / *coup de pied au derrière* kick up the backside ou in the pants. ◆ **par derrière** loc adv from behind / *il est passé par derrière* [la maison] he went round the back / *dire du mal de qqn par derrière* to criticize sb behind his/her back.

des [de] ◆ art indéf ⟶ **un.** ◆ prép ⟶ **de.**

dès [dɛ] prép from / *dès son arrivée* the minute he arrives/arrived, as soon as he arrives/arrived / *dès le deuxième verre, il ne savait plus ce qu'il disait* after his second glass he started talking nonsense / *dès l'enfance* since childhood / *dès la frontière* on reaching the border / *dès 1900* as far back as 1900, as early as 1900 ▸ **dès maintenant** from now on / *je vais le faire dès aujourd'hui* I'm going to do it this very day ▸ **dès demain** starting ou from tomorrow. ◆ **dès lors** loc adv from then on / *il a quitté la ville ; dès lors, on n'a plus entendu parler de lui* he left the town and he's never been heard of since. ◆ **dès lors que** loc conj [puisque] since / *dès lors qu'il a renoncé à ce poste, il ne peut prétendre à une augmentation* given that ou since ou as he refused that job, he can't expect a rise / *dès lors que la loi entre en vigueur, il faut s'y conformer* as soon as the law comes into force, it must be respected. ◆ **dès que** loc conj as soon as / *dès qu'il peut, il part en vacances* whenever he can, he goes off on holiday / *dès que tu pourras* as soon as you can.

désabusé, e [dezabyze] adj disillusioned.

désaccord [dezakɔʀ] nm disagreement.

désaccordé, e [dezakɔʀde] adj out of tune.

désaccoutumer [3] [dezakutyme] vt ▸ **désaccoutumer qqn de** to get sb out of the habit of. ◆ **se désaccoutumer** vp ▸ **se désaccoutumer de qqch/de faire qqch** to become unaccustomed to sthg/to doing sthg.

désaffecté, e [dezafɛkte] adj disused.

désaffection [dezafɛksjɔ̃] nf disaffection.

désagréable [dezagʀeabl] adj unpleasant.

désagréablement [dezagʀeabləmɑ̃] adv unpleasantly.

désagréger [22] [dezagʀeʒe] vt to break up. ◆ **se désagréger** vp to break up.

désagrément [dezagʀemɑ̃] nm annoyance.

désaltérant, e [dezalteʀɑ̃, ɑ̃t] adj thirst-quenching.

désaltérer [18] [dezalteʀe] ◆ vt to quench the thirst of. ◆ vi to be thirst-quenching. ◆ **se désaltérer** vp to quench one's thirst.

désambiguïsation [dezɑ̃bigɥizasjɔ̃] nf disambiguation.

désamiantage [dezamjɑ̃taʒ] nm removal of asbestos / *le désamiantage des bâtiments a duré deux ans* it took two years to remove the asbestos from the buildings.

désamorcer [16] [dezamɔʀse] vt [arme] to remove the primer from ; [bombe] to defuse ; *fig* [complot] to nip in the bud.

désappointer [3] [dezapwɛ̃te] vt to disappoint.

désapprendre [79] [dezapʀɑ̃dʀ] vt to forget.

désapprobateur, trice [dezapʀɔbatœʀ, tʀis] adj disapproving.

désapprobation [dezapʀɔbasjɔ̃] nf disapproval.

désapprouver [3] [dezapʀuve] ❖ vt to disapprove of. ❖ vi to disapprove.

désarçonner [3] [dezaʀsɔne] vt *pr* & *fig* to throw.

désargenté, e [dezaʀʒɑ̃te] adj short (of money).

désarmant, e [dezaʀmɑ̃, ɑ̃t] adj disarming.

désarmement [dezaʀməmɑ̃] nm disarmament ▸ **désarmement unilatéral** unilateral disarmament.

désarmer [3] [dezaʀme] ❖ vt to disarm ; [fusil] to unload. ❖ vi **1.** [pays] to disarm **2.** *fig* [personne] to give up ; [haine] to cease.

désarroi [dezaʀwa] nm confusion.

désassorti, e [dezasɔʀti] adj [dépareillé] non-matching.

désastre [dezastʀ] nm disaster.

désastreux, euse [dezastʀø, øz] adj disastrous.

désavantage [dezavɑ̃taʒ] nm disadvantage.

désavantager [17] [dezavɑ̃taʒe] vt to disadvantage.

désavantageux, euse [dezavɑ̃taʒø, øz] adj unfavourable UK, unfavorable US.

désaveu, x [dezavø] nm **1.** [reniement] denial **2.** [désapprobation] disapproval.

désavouer [6] [dezavwe] vt to disown. ◆ **se désavouer** vp to go back on one's word.

désaxé, e [dezakse] ❖ adj [mentalement] disordered, unhinged. ❖ nm, f unhinged person.

descendance [desɑ̃dɑ̃s] nf **1.** [origine] descent **2.** [progéniture] descendants *pl*.

descendant, e [desɑ̃dɑ̃, ɑ̃t] nm, f [héritier] descendant.

descendre [73] [desɑ̃dʀ] ❖ vt *(aux : être)* **1.** [escalier, pente] to go/come down / *descendre la rue en courant* to run down the street / *descendre un fleuve* **a)** [en nageant] to swim downstream **b)** [en bateau] to sail down a river **2.** [rideau, tableau] to lower / *il faudrait descendre le cadre de deux centimètres* the frame should be taken down two centimetres **3.** [apporter] to bring/take down **4.** *fam* [personne, avion] to shoot down / *se faire descendre* to get shot **5.** *fam* [critiquer] to pan, to slate / *il s'est fait descendre par le jury* he was slated by the jury. ❖ vi *(aux : être)* **1.** [gén] to go/come down / *j'ai rencontré la concierge en descendant* I met the caretaker on my way down **2.** [température, niveau] to fall / *la température est descendue au-dessous de zéro* the temperature has dropped ou fallen below zero **3.** [passager] to get off / *descendre de bateau* to get off a boat, to land / *descendre d'un bus* to get off a bus / *descendre de vélo* to get off one's bike / *descendre d'une voiture* to get out of a car **4.** [loger] ▸ **descendre chez** to stay with ▸ **descendre à l'hôtel** to stay in a hotel **5.** [être issu] ▸ **descendre de** to be descended from / *le prince descendait des Habsbourg* the prince was descended from the Habsburgs **6.** [marée] to go out **7.** [se rendre] to go down / *descendre en ville* to go into town, to go downtown US **8.** [suivre une pente] to go down ou downwards UK ou downward US / *le jardin descend en pente douce jusqu'à la plage* the garden slopes gently down to the beach.

descendu, e [desɑ̃dy] pp ⟶ **descendre**.

descente [desɑ̃t] nf **1.** [action] descent / *à sa descente d'avion* as he disembarked ou got off the aircraft ▸ **descente en piqué** dive ▸ **descente en vol plané** glide, gliding fall **2.** [pente] downhill slope ou stretch / *courir / déraper dans la descente* to run/to skid down **3.** *fam* & *fig* [capacité à boire] : *il a une bonne descente* he can certainly put it away **4.** [irruption] raid / *faire une descente* **a)** ADMIN to carry out a (surprise) inspection **b)** MIL to mount a raid **c)** *fam* to make an unexpected visit ▸ **descente de police** police raid **5.** [tapis] ▸ **descente de lit** bedside rug.

descriptif, ive [dɛskʀiptif, iv] adj descriptive. ◆ **descriptif** nm [de lieu] particulars *pl* ; [d'appareil] specification.

description [dɛskʀipsjɔ̃] nf description.

désectoriser [desɛktɔʀize] vt [l'école, un département] to remove catchment area boundaries from.

Comment exprimer la désapprobation

- **I don't approve of smoking.** *Je suis contre le tabac.*
- **I'm totally against it.** *Je m'y oppose complètement.*
- **In my opinion, it's an absolute disgrace.** *À mon avis, c'est une honte.*
- **As far as I'm concerned, it's too bureaucratic.** *À mon avis, il y a trop de paperasserie.*
- **I don't think it's right to smack children.** *Je pense qu'il ne faut pas frapper les enfants.*
- **I'm not happy about you staying out late.** *Ça ne me plaît pas que tu rentres tard.*
- **It's just not on!** *C'est inacceptable !*

désemparé, e [dezɑ̃paʀe] adj [personne] helpless ; [avion, navire] disabled.

désemplir [32] [dezɑ̃pliʀ] vi : *ce restaurant ne désemplit pas* this restaurant is always packed.

désencombrer [3] [dezɑ̃kɔ̃bʀe] vt to clear.

désendettement [dezɑ̃dɛtmɑ̃] nm degearing UK, debt reduction.

désenfler [3] [dezɑ̃fle] vi to go down, to become less swollen.

désengagement [dezɑ̃gaʒmɑ̃] nm disengagement.

désensibiliser [3] [desɑ̃sibilize] vt to desensitize.

déséquilibre [dezekilibʀ] nm imbalance.

déséquilibré, e [dezekilibʀe] nm, f unbalanced person.

déséquilibrer [3] [dezekilibʀe] vt **1.** [physiquement] ▸ **déséquilibrer qqn** to throw sb off balance **2.** [perturber] to unbalance.

désert, e [dezɛʀ, ɛʀt] adj **1.** [désertique - île] desert *(avant n)* **2.** [peu fréquenté] deserted. ◆ **désert** nm desert.

déserter [3] [dezɛʀte] vt & vi to desert.

déserteur [dezɛʀtœʀ] nm MIL deserter ; *fig* & *péj* traitor.

désertification [dezɛʀtifikasjɔ̃] nf desertification ; [de région] depopulation.

désertion [dezɛʀsjɔ̃] nf desertion.

désertique [dezɛʀtik] adj desert *(avant n)*.

désespérant, e [dezɛspeʀɑ̃, ɑ̃t] adj **1.** [déprimant] depressing **2.** [affligeant] hopeless.

désespéré, e [dezɛspeʀe] adj **1.** [regard] desperate **2.** [situation] hopeless.

désespérément [dezɛspeʀemɑ̃] adv **1.** [sans espoir] hopelessly **2.** [avec acharnement] desperately.

désespérer [18] [dezɛspeʀe] ❖ vt **1.** [décourager] ▸ **désespérer qqn** to drive sb to despair **2.** [perdre espoir] ▸ **désespérer que qqch arrive** to give up hope of sthg happening. ❖ vi ▸ **désespérer (de)** to despair (of). ◆ **se désespérer** vp to despair.

désespoir [dezɛspwaʀ] nm despair ▸ **en désespoir de cause** as a last resort ▸ **faire le désespoir de qqn** to be the despair of sb.

déshabillé [dezabije] nm negligee, négligé.

déshabiller [3] [dezabije] vt to undress. ◆ **se déshabiller** vp to undress, to get undressed.

déshabituer [7] [dezabitɥe] vt ▸ **déshabituer qqn de faire qqch** to get sb out of the habit of doing sthg. ◆ **se déshabituer** vp ▸ **se déshabituer de qqch** to become unaccustomed to sthg.

désherbant, e [dezɛʀbɑ̃, ɑ̃t] adj weed-killing. ◆ **désherbant** nm weedkiller.

désherber [3] [dezɛʀbe] vt & vi to weed.

déshérité, e [dezeʀite] ❖ adj **1.** [privé d'héritage] disinherited **2.** [pauvre] deprived. ❖ nm, f [pauvre] deprived person.

déshériter [3] [dezeʀite] vt to disinherit.

déshonneur [dezɔnœʀ] nm disgrace.

déshonorant, e [dezɔnɔʀɑ̃, ɑ̃t] adj dishonourable UK, dishonorable US.

déshonorer [3] [dezɔnɔʀe] vt to disgrace, to bring disgrace on. ◆ **se déshonorer** vp to disgrace o.s.

déshumaniser [3] [dezymanize] vt to dehumanize.

déshydratation [dezidʀatasjɔ̃] nf dehydration.

déshydraté, e [dezidʀate] adj **1.** PHYSIOL dehydrated **2.** [aliment] desiccated, dehydrated.

déshydrater [3] [dezidʀate] vt to dehydrate. ◆ **se déshydrater** vp to become dehydrated.

desiderata [dezideʀata] nmpl requirements.

design [dizajn] ❖ adj inv modern. ❖ nm inv modernism.

désignation [deziɲasjɔ̃] nf **1.** [appellation] designation, name **2.** [nomination] appointment.

désigner [3] [deziɲe] vt **1.** [choisir] to appoint **2.** [signaler] to point out **3.** [nommer] to designate. ◆ **se désigner** vp ▸ **se désigner (volontaire) pour qqch / pour faire qqch** to volunteer for sthg/to do sthg.

désillusion [dezilyzjɔ̃] nf disillusion.

désillusionner [3] [dezilyzjɔne] vt to disillusion.

désincarné, e [dezɛ̃kaʀne] adj **1.** RELIG disembodied **2.** [éthéré] unearthly.

désindustrialisation [dezɛ̃dystʀijalizasjɔ̃] nf deindustrialization.

désinence [dezinɑ̃s] nf LING ending.

désinfectant, e [dezɛ̃fɛktɑ̃, ɑ̃t] adj disinfectant. ◆ **désinfectant** nm disinfectant.

désinfecter [4] [dezɛ̃fɛkte] vt to disinfect.

désinflation [dezɛ̃flasjɔ̃] nf disinflation.

désinformation [dezɛ̃fɔʀmasjɔ̃] nf disinformation.

désinhiber [dezinibe] vt ▸ **désinhiber qqn** to free sb from their inhibitions.

désinstallation [dezɛ̃stalasjɔ̃] nf INFORM uninstalling, deinstalling.

désinstaller [3] [dezɛ̃stale] vt INFORM to uninstall.

désintégration [dezɛ̃tegʀasjɔ̃] nf [désagrégation] disintegration ; *fig* break-up.

désintégrer [18] [dezɛ̃tegʀe] vt to break up. ◆ **se désintégrer** vp to disintegrate, to break up.

désintéressé, e [dezɛ̃teʀese] adj disinterested.

désintéresser [4] [dezɛ̃teʀese] ◆ **se désintéresser** vp ▸ **se désintéresser de** to lose interest in.

désintérêt [dezɛ̃teʀɛ] nm lack of interest.

désintoxication [dezɛ̃tɔksikasjɔ̃] nf detoxification.

désintoxiquer [3] [dezɛ̃tɔksike] vt **1.** MÉD to detoxify ▸ **se faire désintoxiquer** to be weaned off drugs **2.** [informer] to counteract. ◆ **se désintoxiquer** vpi [drogué] to kick the habit ; [alcoolique] to dry out.

désinvestir [32] [dezɛ̃vɛstiʀ] ❖ vt ÉCON to disinvest in / *l'entreprise désinvestit le secteur de l'électronique* the company is disinvesting in electronics. ❖ vi to become less involved. ◆ **se désinvestir** vpi [perdre sa motivation] to lose interest.

désinvolte [dezɛ̃vɔlt] adj **1.** [à l'aise] casual **2.** *péj* [sans-gêne] offhand.

désinvolture [dezɛ̃vɔltyʀ] nf **1.** [légèreté] casualness **2.** *péj* [sans-gêne] offhandedness ▸ **avec désinvolture** in an offhand manner.

désir [deziʀ] nm **1.** [souhait] desire, wish **2.** [charnel] desire.

désirable [deziʀabl] adj desirable.

désirer [3] [deziʀe] vt **1.** *sout* [chose] ▸ **désirer faire qqch** to wish to do sthg / *vous désirez ?* **a)** [dans un magasin] can I help you? **b)** [dans un café] what can I get you? **2.** [sexuellement] to desire **3.** EXPR **laisser à désirer** to leave a lot to be desired.

désireux, euse [deziʀø, øz] adj *sout* ▸ **désireux de faire qqch** anxious to do sthg.

désistement [dezistəmɑ̃] nm ▸ **désistement (de)** withdrawal (from).

désister [3] [deziste] ◆ **se désister** vp **1.** DR ▸ **se désister de qqch** to withdraw sthg **2.** [se retirer] to withdraw, to stand down.

désobéir [32] [dezɔbeiʀ] vi ▸ **désobéir (à qqn)** to disobey (sb).

désobéissance [dezɔbeisɑ̃s] nf disobedience.

désobéissant, e [dezɔbeisɑ̃, ɑ̃t] adj disobedient.

désobligeant, e [dezɔbliʒɑ̃, ɑ̃t] adj *sout* offensive.

désodorisant, e [dezɔdɔʀizɑ̃, ɑ̃t] adj deodorizing. ◆ **désodorisant** nm deodorizer, air freshener.

désodoriser [3] [dezɔdɔʀize] vt to deodorize.

désœuvré, e [dezœvʀe] adj idle.

désœuvrement [dezœvʀəmɑ̃] nm idleness.

désolant, e [dezɔlɑ̃, ɑ̃t] adj disappointing.

désolation [dezɔlasjɔ̃] nf **1.** [destruction] desolation **2.** *sout* [affliction] distress.

désolé, e [dezɔle] adj **1.** [ravagé] desolate **2.** [très affligé] distressed **3.** [contrarié] very sorry.

désoler [3] [dezɔle] vt **1.** [affliger] to sadden **2.** [contrarier] to upset, to make sorry. ◆ **se désoler** vp [être contrarié] to be upset.

désolidariser [3] [desɔlidaʀize] vt **1.** [choses] ▸ **désolidariser qqch (de)** to disengage OU disconnect sthg (from) **2.** [personnes] to estrange. ◆ **se désolidariser** vp ▸ **se désolidariser de** to dissociate o.s. from.

désopilant, e [dezɔpilɑ̃, ɑ̃t] adj hilarious.

désordonné, e [dezɔʀdɔne] adj [maison, personne] untidy ; *fig* [vie] disorganized.

désordre [dezɔʀdʀ] nm **1.** [fouillis] untidiness ▸ **en désordre** untidy ▸ **dans le désordre** in random order **2.** *fig* [confusion] disorder **3.** [agitation] disturbances *pl*, disorder *(U)*.

désorganiser [3] [dezɔʀganize] vt to disrupt. ◆ **se désorganiser** vp to become disorganized.

désorienté, e [dezɔʀjɑ̃te] adj disoriented, disorientated UK.

désorienter [3] [dezɔʀjɑ̃te] vt [égarer] to disorient, to disorientate UK ; *fig* [déconcerter] to bewilder.

désormais [dezɔʀmɛ] adv from now on, in future.

désosser [3] [dezɔse] vt to bone.

despote [dɛspɔt] ❖ nm [chef d'État] despot ; *fig* & *péj* tyrant. ❖ adj despotic.

despotique [dɛspɔtik] adj despotic.

despotisme [dɛspɔtism] nm [gouvernement] despotism ; *fig* & *péj* tyranny.

desquels, desquelles [dekɛl] ⟶ **lequel**.

DESS (*abr de* **diplôme d'études supérieures spécialisées**) nm *postgraduate diploma*.

dessaisir [32] [desɛziʀ] vt DR : *dessaisir qqn d'une affaire* to withdraw a case from sb. ◆ **se dessaisir** vp *sout* ▸ **se dessaisir de qqch** to relinquish sthg.

dessaler [3] [desale] ❖ vt [poisson] ▸ **faire dessaler** to soak. ❖ vi NAUT to capsize.

dessaouler, dessoûler [3] [desule] ❖ vt to sober up. ❖ vi to sober up ▸ **ne pas dessaouler** *fam* to be permanently plastered.

dessécher [18] [deseʃe] vt [peau] to dry (out) ; *fig* [cœur] to harden. ◆ **se dessécher** vp [peau, terre] to dry out ; [plante] to wither ; *fig* to harden.

dessein [desɛ̃] nm *sout* intention. ◆ **à dessein** loc adv intentionally, on purpose.

desserrer [4] [deseʀe] vt to loosen ; [poing, dents] to unclench ; [frein] to release.

dessert [desɛʀ] nm dessert.

desserte [desɛʀt] nf **1.** [transports] (transport) service UK, (transportation) service US **2.** [meuble] sideboard.

desservir [38] [desɛʀviʀ] vt **1.** [transports] to serve **2.** [table] to clear **3.** [désavantager] to do a disservice to.

dessin [desɛ̃] nm **1.** [graphique] drawing ▸ **dessin animé** cartoon *(film)* ▸ **dessin humoristique** cartoon *(drawing)* ▸ **dessin industriel** draughtsmanship UK, draftsmanship US **2.** *fig* [contour] outline.

dessinateur, trice [desinatœʀ, tʀis] nm, f artist, draughtsman (draughtswoman) UK, draftsman (draftswoman) US ▸ **dessinateur industriel** draughtsman UK, draftsman US.

dessiner [3] [desine] ❖ vt [représenter] to draw ; *fig* to outline. ❖ vi to draw. ◆ **se dessiner** vp [se former] to take shape ; *fig* to stand out.

dessoûler = **dessaouler**.

dessous [dəsu] ❖ adv underneath. ❖ prép underneath, under. ❖ nm **1.** [partie inférieure - gén] underside ; [- d'un tissu] wrong side ▸ **dessous de verre** ou **de bouteille** coaster **2.** EXPR **avoir le dessous** to come off worst ▸ **être au trente-sixième dessous** *fam* to be in dire straits ▸ **connaître le dessous des cartes (de)** to have inside information (on) ▸ **les dessous de la politique / la finance** the hidden side of politics / the financial world. ❖ nmpl [sous-vêtements féminins] underwear *(U)*. ◆ **en dessous** loc adv underneath ; [plus bas] below / *ils habitent l'appartement d'en dessous* they live in the flat below ou downstairs / *agir par en dessous* to act in an underhand way. ◆ **en dessous de** loc prép below.

dessous-de-plat [dəsudpla] nm inv tablemat.

dessous-de-table [dəsudtabl] nm inv bribe, backhander UK.

dessus [dəsy] ❖ adv on top / *n'oubliez pas d'inscrire l'adresse dessus* don't forget to write the address on it / *faites attention à ne pas marcher dessus* be careful not to walk on it. ❖ nm **1.** [partie supérieure] top **2.** [étage supérieur] upstairs / *les voisins du dessus* the upstairs neighbours **3.** EXPR **avoir le dessus** to have the upper hand ▸ **reprendre le dessus** to get over it. ◆ **en dessus** loc adv on top.

dessus-de-lit [dəsydli] nm inv bedspread.

déstabilisateur, trice [destabilizatœʀ, tʀis] adj destabilizing.

déstabilisation [destabilizasjɔ̃] nf destabilization.

déstabiliser [3] [destabilize] vt to destabilize.

destin [dɛstɛ̃] nm fate, destiny.

destinataire [dɛstinatɛʀ] nmf addressee.

destination [dɛstinasjɔ̃] nf **1.** [direction] destination ▸ **arriver à destination** to reach one's destination / *un avion à destination de Paris* a plane to ou for Paris **2.** [rôle] purpose.

destinée [dɛstine] nf destiny.

destiner [3] [dɛstine] vt **1.** [consacrer] ▸ **destiner qqch à** to intend sthg for, to mean sthg for **2.** [vouer] ▸ **destiner qqn à qqch / à faire qqch a)** [à un métier] to destine sb for sthg / to do sthg **b)** [sort] to mark sb out for sthg / to do sthg. ◆ **se destiner** vp ▸ **se destiner à** to intend to go into.

destituer [7] [dɛstitɥe] vt to dismiss.

destitution [dɛstitysjɔ̃] nf dismissal.

déstockage [destɔkaʒ] nm COMM destocking ▸ **déstockage massif** clearance sale.

déstresser [destʀɛse] vi & vt to relax.

destructeur, trice [dɛstʀyktœʀ, tʀis] ❖ adj destructive. ❖ nm, f destroyer.

destruction [dɛstʀyksjɔ̃] nf destruction.

déstructuration [destʀyktyʀasjɔ̃] nf breaking down.

déstructurer [3] [destʀyktyʀe] vt to break down.

désuet, ète [dezɥɛ, ɛt] adj [expression, coutume] obsolete ; [style, tableau] outmoded.

désuétude [dezɥetyd] nf ▸ **tomber en désuétude a)** [expression, coutume] to become obsolete **b)** [style, tableau] to become outmoded.

désuni, e [dezyni] adj divided.

désunion [dezynjɔ̃] nf division, dissension.

désunir [32] [dezyniʀ] vt [scinder] to divide, to separate ; *fig* to divide. ◆ **se désunir** vp [athlète] to lose one's stride.

détachable [detaʃabl] adj detachable, removable.

détachage [detaʃaʒ] nm stain removal.

détachant, e [detaʃɑ̃, ɑ̃t] adj stain-removing. ◆ **détachant** nm stain remover.

détaché, e [detaʃe] adj detached ▸ **détaché à** ou **auprès de** on temporary assignment to, seconded to UK.

détachement [detaʃmɑ̃] nm **1.** [d'esprit] detachment **2.** [de fonctionnaire] temporary assignment, secondment UK **3.** MIL detachment.

détacher [3] [detaʃe] vt **1.** [enlever] ▸ **détacher qqch (de) a)** [objet] to detach sthg (from) **b)** *fig* to free sthg (from) / *détacher une guirlande* to take down a garland / *détacher une recette d'un magazine / un timbre d'un carnet* to tear a recipe out of a magazine / a stamp out of a book / *coupon à détacher* tear-off coupon **2.** [nettoyer] to remove stains from, to clean / *j'ai donné ton costume à détacher* I took your suit to the cleaner's **3.** [délier] to undo ; [cheveux] to untie **4.** ADMIN ▸ **détacher qqn auprès de** to send sb on temporary assignment to, to second sb to UK / *je vais être détaché auprès du ministre* I will be sent on temporary assignment ou on secondment to the Ministry. ◆ **se détacher** vp **1.** [tomber] ▸ **se détacher (de)** to come off **2.** [se défaire] to come undone **3.** [ressortir] ▸ **se détacher sur** to stand out on **4.** [s'éloigner] ▸ **se détacher de qqn** to drift apart from sb / *je me suis détachée de ma famille / de l'art figuratif* I grew away from my family / from figurative art / *il a eu du mal à se détacher d'elle* he found it hard to leave her behind.

détail [detaj] nm **1.** [précision] detail / *faire quelques remarques de détail* to make a few minor comments / *jusque dans les moindres détails* down to the smallest detail / *pour plus de détails, écrivez à…* for further details, write to… **2.** [description] ▸ **faire le détail de** to give a detailed breakdown ou description of **3.** COMM ▸ **le détail** retail. ◆ **au détail** loc adj & loc adv retail / *vendre qqch au détail* to sell sthg retail, to retail sthg / *vous vendez le œufs au détail ?* do you sell eggs separately? ◆ **en détail** loc adv in detail / *raconter une histoire en détail* to tell a story in detail.

détaillant, e [detajɑ̃, ɑ̃t] ❖ adj retail. ❖ nm, f retailer.

détaillé, e [detaje] adj detailed.

détailler [3] [detaje] vt **1.** [expliquer] to give details of **2.** [vendre] to retail.

détaler [3] [detale] vi **1.** [personne] to clear out **2.** [animal] to bolt.

détartrant, e [detaʀtʀɑ̃, ɑ̃t] adj descaling. ◆ **détartrant** nm descaling agent.

détartrer [3] [detaʀtʀe] vt to scale, to descale.

détaxe [detaks] nf ▸ **détaxe (sur) a)** [suppression] removal of tax (from) **b)** [réduction] reduction in tax (on).

détecter [4] [detɛkte] vt to detect.

détecteur, trice [detɛktœʀ, tʀis] adj detecting *(avant n)*, detector *(avant n)*. ◆ **détecteur** nm detector ▸ **détecteur de fumée** smoke detector.

détection [detɛksjɔ̃] nf detection ; INFORM ▸ **détection de virus** virus check.

détective [detɛktiv] nm detective ▸ **détective privé** private detective.

déteindre [81] [detɛ̃dʀ] ❖ vt to fade. ❖ vi to fade ▸ **déteindre sur** *fig* to rub off on ▸ **déteindre au lavage** to run (in the wash).

déteint, e [detɛ̃, ɛ̃t] pp ⟶ **déteindre**.

dételer [24] [detle] ❖ vt **1.** [cheval] to unharness **2.** [wagon] to unhitch. ❖ vi *fam* & *fig* ▸ **sans dételer** at a stretch.

détendre [73] [detɑ̃dʀ] vt **1.** [corde] to loosen, to slacken ; *fig* to ease **2.** [personne] to relax. ◆ **se détendre** vp **1.** [se relâcher] to slacken ; *fig* [situation] to ease ; [atmosphère] to become more relaxed **2.** [se reposer] to relax.

détendu, e [detɑ̃dy] ❖ pp ⟶ **détendre.** ❖ adj **1.** [corde] loose, slack **2.** [personne] relaxed.

détenir [40] [detniʀ] vt **1.** [objet] to have, to hold **2.** [personne] to detain, to hold.

détente [detɑ̃t] nf **1.** [de ressort] release **2.** [d'une arme] trigger **3.** [repos] relaxation **4.** POL détente **5.** [d'athlète] thrust **6.** EXPR **être dur à la détente** *fam* to be slow on the uptake.

détenteur, trice [detɑ̃tœʀ, tʀis] nm, f [d'objet, de secret] possessor ; [de prix, record] holder.

détention [detɑ̃sjɔ̃] nf **1.** [possession] possession **2.** [emprisonnement] detention ▸ **détention préventive** remand (in custody).

détenu, e [detny] ❖ pp ⟶ **détenir.** ❖ adj detained. ❖ nm, f prisoner.

détergent, e [detɛʀʒɑ̃, ɑ̃t] adj detergent *(avant n)*. ◆ **détergent** nm detergent.

détérioration [deteʀjɔʀasjɔ̃] nf [de bâtiment] deterioration ; [de situation] worsening.

détériorer [3] [deteʀjɔʀe] vt **1.** [abîmer] to damage **2.** [altérer] to ruin. ◆ **se détériorer** vp **1.** [bâtiment] to deteriorate ; [situation] to worsen **2.** [s'altérer] to be spoiled.

déterminant, e [detɛʀminɑ̃, ɑ̃t] adj decisive, determining. ◆ **déterminant** nm **1.** LING determiner **2.** MATH determinant.

détermination [detɛʀminasjɔ̃] nf **1.** [définition] determining *(U)* **2.** [fixation] determination **3.** [résolution] determination, decision.

déterminé, e [detɛʀmine] adj **1.** [quantité] given *(avant n)* **2.** [expression] determined.

déterminer [3] [detɛʀmine] vt **1.** [préciser] to determine, to specify **2.** [provoquer] to bring about ▸ **déterminer qqn à faire qqch** to cause sb to do sthg. ◆ **se déterminer** vp ▸ **se déterminer à faire qqch** to decide to do sthg.

déterminisme [detɛʀminism] nm determinism.

déterré, e [deteʀe] adj ▸ **avoir une mine de déterré** *fam* to look like death warmed up.

déterrer [4] [deteʀe] vt to dig up.

détersif, ive [detɛʀsif, iv] adj detergent *(avant n)*. ◆ **détersif** nm detergent.

détestable [detɛstabl] adj dreadful.

détester [3] [detɛste] vt to detest.

détiendrai, détiendras ⟶ **détenir**.

détonant, e [detɔnɑ̃, ɑ̃t] adj explosive.

détonateur [detɔnatœʀ] nm TECHNOL detonator ; *fig* trigger.

détonation [detɔnasjɔ̃] nf detonation.

détoner [3] [detɔne] vi to detonate.

détonner [3] [detɔne] vi MUS to be out of tune ; [couleur] to clash ; [personne] to be out of place.

détour [detuʀ] nm **1.** [crochet] detour ▸ **faire un détour (par)** to make a detour (through) **2.** [méandre] bend ▸ **au détour du chemin** at the bend in the road ▸ **sans détour** *fig* directly.

détourné, e [detuʀne] adj [dévié] indirect ; *fig* roundabout *(avant n)*.

détournement [detuʀnəmɑ̃] nm diversion, detour ▸ **détournement d'avion** hijacking ▸ **détournement de fonds** embezzlement ▸ **détournement de mineur** corruption of a minor.

détourner [3] [detuʀne] vt **1.** [dévier - gén] to divert, to detour US ; [- avion] to hijack **2.** [écarter] ▸ **détourner qqn de** to distract sb from, to divert sb from **3.** [la tête, les yeux] to turn away **4.** [argent] to embezzle. ◆ **se détourner** vp to turn away ▸ **se détourner de** *fig* to move away from.

détracteur, trice [detʀaktœʀ, tʀis] nm, f detractor.

détraqué, e [detʀake] *fam* ❖ adj **1.** [déréglé] on the blink **2.** [fou] nutty, loopy. ❖ nm, f nutcase, nutter UK.

détraquer [3] [detʀake] vt *fam* [dérégler] to break ; *fig* to upset. ◆ **se détraquer** vp *fam* [se dérégler] to go wrong ; *fig* to become unsettled.

détrempe [detʀɑ̃p] nf ART tempera.

détremper [3] [detʀɑ̃pe] vt **1.** [sol] to soften **2.** [peinture] to thin.

détresse [detʀɛs] nf distress ▸ **en détresse** in distress.

détriment [detʀimɑ̃] ◆ **au détriment de** loc prép to the detriment of.

détritus [detʀity(s)] nm detritus.

détroit [detʀwa] nm strait / *le détroit de Bering* the Bering Strait / *le détroit de Gibraltar* the Strait of Gibraltar.

détromper [3] [detʀɔ̃pe] vt to disabuse. ◆ **se détromper** vp to disabuse o.s. ▸ **détrompez-vous !** think again!

détrôner [3] [detʀone] vt [souverain] to dethrone ; *fig* to oust.

détrousser [3] [detʀuse] vt *vieilli* to rob.

détruire [98] [detʀɥiʀ] vt **1.** [démolir, éliminer] to destroy **2.** [massacrer] to wipe out **3.** *fig* [anéantir] to ruin. ◆ **se détruire** vp to destroy o.s.

détruisais, **détruise** ⟶ **détruire**.

détruit, **e** [detʀɥi, it] pp ⟶ **détruire**.

dette [dɛt] nf debt ▸ **avoir des dettes** to have debts ▸ **dette extérieure** foreign ou external debt ▸ **dette publique** ou **de l'État** public debt.

deuil [dœj] nm [douleur, mort] bereavement ; [vêtements, période] mourning *(U)* ▸ **en deuil** in mourning ▸ **porter le deuil** to be in ou wear mourning ▸ **faire son deuil de qqch** *fig* to wave sthg goodbye.

DEUST, **Deust** [dœst] (*abr de* **diplôme d'études universitaires scientifiques et techniques**) nm *university diploma taken after two years of science courses.*

deux [dø] ❖ adj num inv two / *ses deux fils* his two sons, both his sons ▸ **tous les deux jours** every two days, every second day, every other day ▸ **en moins de deux** *fam* & *fig* in no time at all, in two ticks UK. ❖ nm two ▸ **les deux** both ▸ **par deux** in pairs. *Voir aussi* **six**.

deuxième [døzjɛm] adj num inv, nm & nmf second. *Voir aussi* **sixième**.

deuxièmement [døzjɛmmɑ̃] adv secondly.

deux-pièces [døpjɛs] nm inv **1.** [appartement] two-room flat UK ou apartment US **2.** [bikini] two-piece (swimsuit).

deux-points [døpwɛ̃] nm inv colon.

deux-roues [døʀu] nm inv two-wheeled vehicle.

deux-temps [døtɑ̃] nm inv [mécanique] two-stroke (engine).

dévaler [3] [devale] ❖ vt to run down. ❖ vi to hurtle down.

dévaliser [3] [devalize] vt [cambrioler - maison] to ransack ; [- personne] to rob ; *fig* to strip bare.

dévalorisant, **e** [devalɔʀizɑ̃, ɑ̃t] adj demeaning.

dévalorisation [devalɔʀizasjɔ̃] nf depreciation.

dévaloriser [3] [devalɔʀize] vt **1.** [monnaie] to devalue **2.** [personne] to run ou put down. ◆ **se dévaloriser** vp **1.** [monnaie] to fall in value **2.** *fig* [personne] to run ou put o.s. down.

dévaluation [devalɥasjɔ̃] nf devaluation.

dévaluer [7] [devalɥe] ❖ vt to devalue. ❖ vi to devalue. ◆ **se dévaluer** vp to devalue.

devancer [16] [dəvɑ̃se] vt **1.** [précéder] to arrive before **2.** [surpasser] to be in front of **3.** [anticiper] to anticipate.

devant [dəvɑ̃] ❖ prép **1.** [en face de] in front of / *il a déposé le paquet devant la porte* he left the parcel outside the door **2.** [en avant de] ahead of, in front of / *aller droit devant soi* to go straight ahead ou on / *nous passerons devant lui pour lui montrer le chemin* we'll go ahead of him to show him the way **3.** [en présence de, face à] in the face of / *pleurer devant tout le monde* **a)** [devant les gens présents] to cry in front of everyone **b)** [en public] to cry in public / *son attitude devant le malheur* his attitude in the face of ou to disaster. ❖ adv **1.** [en face] in front / *tu peux te garer juste devant* you can park (right) in front **2.** [en avant] in front, ahead / *elle est loin devant* she's a long way ahead / *mettez les plus petits de la classe devant* put the shortest pupils at the ou in front. ❖ nm front ▸ **prendre les devants** to make the first move, to take the initiative / *sur le devant de la scène fig* in the limelight. ◆ **de devant** loc adj [pattes, roues] front *(avant n)*.

devanture [dəvɑ̃tyʀ] nf shop UK ou store US window ▸ **à la devanture de** on display in.

dévastateur, **trice** [devastatœʀ, tʀis] adj devastating.

dévastation [devastasjɔ̃] nf devastation.

dévaster [3] [devaste] vt to devastate.

déveine [devɛn] nf *fam* bad luck.

développement [devlɔpmɑ̃] nm **1.** [gén & ÉCON] development / *développement de nouveaux produits* new product development / *une stratégie de développement de nouveaux produits* a new-product development strategy ▸ **développement durable** sustainable development **2.** PHOTO developing **3.** [exposé] exposition. ◆ **développements** nmpl developments.

développer [3] [devlɔpe] vt to develop ; [industrie, commerce] to expand ; PHOTO to develop / *faire développer des photos* to have some photos developed. ◆ **se développer** vp **1.** [s'épanouir] to spread **2.** ÉCON to grow, to expand.

développeur [devlɔpœʀ] nm [INFORM - entreprise] software development ou design company ; [- personne] software developer ou designer.

devenir [40] [dəvniʀ] vi to become ▸ **que devenez-vous ?** *fig* how are you doing?

devenu, **e** [dəvny] pp ⟶ **devenir**.

dévergondé, **e** [devɛʀgɔ̃de] ❖ adj shameless, wild. ❖ nm, f shameless person.

dévergonder [3] [devɛʀgɔ̃de] ◆ **se dévergonder** vp to go to the bad, to get into bad ways.

déverrouiller [3] [deverruje] vt **1.** [porte] to unbolt **2.** [arme] to release the catch of.

déverser [3] [deverse] vt **1.** [liquide] to pour out **2.** [ordures] to tip (out) **3.** [bombes] to unload, to drop **4.** *fig* [injures] to pour out. ◆ **se déverser** vp ▸ **se déverser dans** to flow into.

déversoir [deverswar] nm overflow.

dévêtir [44] [devetir] vt *sout* to undress. ◆ **se dévêtir** vp *sout* to undress, to get undressed.

dévêtu, e [devety] pp ⟶ **dévêtir**.

déviant, e [devjɑ̃, ɑ̃t] adj deviant.

déviation [devjasjɔ̃] nf **1.** [gén] deviation **2.** [d'itinéraire] diversion, detour.

dévider [3] [devide] vt [fil] to unwind.

deviendrai, deviendras ⟶ **devenir**.

devienne, devient ⟶ **devenir**.

dévier [9] [devje] ❖ vi ▸ **dévier de** to deviate from. ❖ vt to divert, to detour US.

devin, devineresse [dəvɛ̃, dəvinrɛs] nm, f soothsayer ▸ **je ne suis pas devin !** I'm not psychic OU a mind-reader!

deviner [3] [dəvine] vt to guess. ◆ **se deviner** vp **1.** [aller de soi] to just come naturally **2.** [se voir] : *ça se devine facilement* that's easy to see.

devinette [dəvinɛt] nf riddle.

devis [dəvi] nm estimate ▸ **faire un devis** to (give an) estimate.

dévisager [17] [devizaʒe] vt to stare at.

devise [dəviz] nf **1.** [formule] motto **2.** [monnaie] currency ▸ **devise forte / faible** hard / soft currency ▸ **devise flottante** floating currency. ◆ **devises** nfpl [argent] currency *(U)* / *acheter des devises* to buy foreign currency.

deviser [3] [dəvize] vi **1.** *sout* [parler] ▸ **deviser de** OU **sur** to converse about **2.** SUISSE [faire un devis] to estimate.

dévisser [3] [devise] ❖ vt to unscrew. ❖ vi [alpinisme] to fall (off).

de visu [dəvizy] adv ▸ **constater qqch de visu** to see sthg with one's own eyes.

dévoiler [3] [devwale] vt to unveil ; *fig* to reveal / *dévoiler ses charmes* *euphém* to reveal all.

devoir [53] [dəvwar] ❖ nm **1.** [obligation] duty ▸ **faire son devoir** to do one's duty / *je ne l'ai prévenu que par devoir* I warned him only because I thought it was my duty **2.** SCOL homework *(U)* ▸ **faire ses devoirs** to do one's homework / *devoir de français* French essay ▸ **devoir sur table** (written) class test. ❖ vt **1.** [argent, respect] ▸ **devoir qqch (à qqn)** to owe (sb) sthg / *je ne demande que ce qui m'est dû* I'm only asking for what's due me **2.** [être redevable de] ▸ **devoir qqch à qqn** to owe sthg to sb / *je lui dois d'être ici* it's thanks to him that I'm here / *je te dois bien ça* that's the least I can do for you **3.** [marque l'obligation] ▸ **devoir faire qqch** to have to do sthg / *je dois partir à l'heure ce soir* I have to OU must leave on time tonight / *on ne doit pas fumer* smoking is forbidden OU is not allowed / *tu devrais faire attention* you should be OU ought to be careful / *il n'aurait pas dû mentir* he shouldn't have lied, he ought not to have lied **4.** [marque la probabilité] : *il doit faire chaud là-bas* it must be hot over there / *il a dû oublier* he must have forgotten / *une offre qui devrait les intéresser* an offer which should interest them **5.** [marque le futur, l'intention] ▸ **devoir faire qqch** to be (due) to do sthg, to be going to do sthg / *elle doit arriver à 6 heures* she's due to arrive at 6 o'clock / *je dois voir mes parents ce week-end* I'm seeing OU going to see my parents this weekend **6.** [être destiné à] : *il devait mourir trois ans plus tard* he was to die three years later / *cela devait arriver* it had to happen, it was bound to happen. ◆ **se devoir** vp ▸ **se devoir de faire qqch** to be duty-bound to do sthg / *tu es grand, tu te dois de donner l'exemple* you're a big boy now; it's your duty to show a good example ▸ **comme il se doit** as is proper / *les époux se doivent fidélité* spouses OU husbands and wives must be faithful to each other.

dévolu, e [devɔly] adj *sout* ▸ **dévolu à** allotted to. ◆ **dévolu** nm ▸ **jeter son dévolu sur** to set one's sights on.

dévorer [3] [devɔre] vt to devour ▸ **être dévoré de** *fig* to be eaten up by OU with ; [manger] : *être dévoré par les moustiques* to be eaten alive OU bitten to death by mosquitoes / *dévorer qqn du regard* to stare hungrily at sb ; [tenailler] to devour / *être dévoré par la faim* to be ravenously hungry / *être dévoré par l'envie* to be eaten up with envy.

dévot, e [devo, ɔt] ❖ adj devout. ❖ nm, f devout person.

dévotion [devɔsjɔ̃] nf devotion ▸ **avec dévotion** a) [prier] devoutly b) [soigner, aimer] devotedly ▸ **faire ses dévotions** to perform one's devotions.

dévoué, e [devwe] adj devoted.

dévouement [devumɑ̃] nm devotion.

dévouer [6] [devwe] ◆ **se dévouer** vp **1.** [se consacrer] ▸ **se dévouer à** to devote o.s. to **2.** *fig* [se sacrifier] ▸ **se dévouer pour qqch / pour faire qqch** to sacrifice o.s. for sthg / to do sthg.

dévoyé, e [devwaje] adj & nm, f delinquent.

dévoyer [13] [devwaje] *litt* vt to lead astray. ◆ **se dévoyer** vp to go astray.

devrai, devras ⟶ **devoir**.

dextérité [dɛksterite] nf dexterity, skill ▸ **avec dextérité** skilfully UK, skillfully US.

dézinguer [dezɛ̃ge] vt *tfam* **1.** [critiquer] to shoot down in flames **2.** [tuer, se débarrasser de] to get rid of / *il s'est fait dézinguer* he was got rid of.

dézipper [3] [dezipe] vt INFORM [fichier] to unzip.

dg (*abr écrite de* **décigramme**) dg.

DG (*abr de* **directeur général**) nm GM.

DGE (*abr de* **dotation globale d'équipement**) nf *state contribution to local government capital budget.*

DGF (*abr de* **dotation globale de fonctionnement**) nf *state contribution to local government revenue budget.*

DGI (*abr de* **Direction générale des impôts**) nf *central tax office.*

DGSE (*abr de* **Direction générale de la sécurité extérieure**) nf *French intelligence and espionage service*; ≃ MI6 UK; ≃ CIA US.

diabète [djabɛt] nm diabetes *(U)*.

diabétique [djabetik] nmf & adj diabetic.

diable [djabl] nm devil ▸ **au diable** [loin] miles from anywhere / *habiter au diable vauvert* to live miles away ▸ **avoir le diable au corps** to be a real handful ▸ **c'est bien le diable si je ne récupère pas mon argent !** I'll be damned if I don't get my money back! / *envoyer qqn au diable* to send sb packing ▸ **(que) le diable m'emporte si je mens !** the devil take me if I'm lying! ▸ **tirer le diable par la queue** to live from hand to mouth / *ce n'est pas un mauvais diable* he's not a bad sort / *un pauvre diable* a wretched man, a poor wretch. ◆ **du diable, de tous les diables** loc adj : *faire un boucan de tous les diables* *fam* to kick up a hell of a racket / *il a eu un mal de tous les diables pour finir à temps* he had a devil of a job to finish in time.

diablement [djabləmɑ̃] adv *fam* horribly.

diablesse [djablɛs] nf she-devil ; [femme turbulente] shrew, vixen.

diablotin [djablɔtɛ̃] nm imp.

diabolique [djabɔlik] adj diabolical.

diaboliser [djabɔlize] vt to diabolize.

diabolo [djabɔlo] nm **1.** [jouet] diabolo **2.** [boisson] fruit cordial and lemonade ▸ **diabolo menthe** mint (cordial) and lemonade.

diacre [djakʀ] nm RELIG deacon.

diadème [djadɛm] nm diadem.

diagnostic [djagnɔstik] nm **1.** MÉD diagnosis / *diagnostic prenatal* antenatal diagnosis **2.** FIN : *diagnostic financier* financial healthcheck, diagnostic audit.

diagnostiquer [3] [djagnɔstike] vt *pr* & *fig* to diagnose.

diagonale [djagɔnal] nf diagonal ▸ **en diagonale** diagonally ▸ **lire en diagonale** *fig* to skim.

diagramme [djagʀam] nm graph / *diagramme à bâtons* bar graph ou chart UK.

dialecte [djalɛkt] nm dialect.

dialectique [djalɛktik] nf & adj dialectic.

dialogue [djalɔg] nm discussion ▸ **c'est un dialogue de sourds** they're/you're etc. never going to agree ▸ **dialogue en direct** Internet Relay Chat, IRC. ◆ **dialogues** nmpl dialogue *(U)*, dialog *(U)* US.

dialoguer [3] [djalɔge] ◈ vi **1.** [converser] to converse **2.** INFORM to interact. ◈ vt [film, scénario] to write the dialogue for.

dialyse [djaliz] nf dialysis.

diamant [djamɑ̃] nm [pierre] diamond.

diamétralement [djametʀalmɑ̃] adv ▸ **diamétralement opposé** diametrically opposed.

diamètre [djamɛtʀ] nm diameter.

diantre [djɑ̃tʀ] interj *litt* & *vieilli* by Jove!

diapason [djapazɔ̃] nm [instrument] tuning fork ▸ **se mettre au diapason** *fig* to get on the same wavelength.

diaphane [djafan] adj [peau, teint] translucent ; [tissu] diaphanous.

diaphragme [djafʀagm] nm diaphragm.

diapositive [djapozitiv] nf slide.

diarrhée [djaʀe] nf diarrhoea UK, diarrhea US.

diatribe [djatʀib] nf *sout* diatribe.

dichotomie [dikɔtɔmi] nf dichotomy.

dico [diko] nm *fam* dictionary.

Dictaphone® [diktafɔn] nm Dictaphone®.

dictateur [diktatœʀ] nm dictator.

dictatorial, e, aux [diktatɔʀjal, o] adj dictatorial.

dictature [diktatyʀ] nf dictatorship.

dictée [dikte] nf dictation.

dicter [3] [dikte] vt to dictate.

diction [diksjɔ̃] nf diction.

dictionnaire [diksjɔnɛʀ] nm dictionary ▸ **dictionnaire bilingue / encyclopédique** bilingual/encyclopedic dictionary ▸ **dictionnaire électronique** electronic dictionary.

dicton [diktɔ̃] nm saying, dictum.

didactique [didaktik] adj didactic.

dièse [djɛz] ◈ adj sharp ▸ **do / fa dièse** C/F sharp. ◈ nm sharp ; [symbole] hash UK, pound sign US / *appuyez sur la touche dièse* press the hash key UK ou pound key US.

diesel [djezɛl] adj inv diesel ▸ **moteur diesel** diesel engine.

diète [djɛt] nf diet ▸ **être à la diète** [régime] to be on a diet ; [jeûne] to be fasting.

diététicien, enne [djetetisjɛ̃, ɛn] nm, f dietician.

diététique [djetetik] ◈ nf dietetics *(U)*. ◈ adj [considération, raison] dietary ; [produit, magasin] health *(avant n)*.

dieu, x [djø] nm god ▸ **comme un dieu** *fig* & *hum* divinely ▸ **jurer ses grands dieux** to swear to God. ◆ **Dieu** nm God / *bon Dieu !* *fam* for God's sake!, for Pete's sake! ▸ **mon Dieu !** my God! ▸ **Dieu sait où / comment** God knows where/how / *Dieu sait combien il l'a aimée !* God knows he loved her! / *Dieu vous bénisse / entende !* may God bless/hear you! ▸ **Dieu merci !** thank God! ▸ **le bon Dieu** the good Lord ▸ **on lui donnerait le bon Dieu sans confession** he looks as if butter wouldn't melt in his mouth.

diffamation [difamasjɔ̃] nf [écrite] libel ; [orale] slander ▸ **attaquer qqn en diffamation** to sue sb for slander/libel.

diffamatoire [difamatwaʀ] adj defamatory / *parler / agir de façon diffamatoire* to speak/act slanderously.

différant [diferɑ̃] pp ⟶ **différer**.

différé, e [difere] adj recorded. ◆ **différé** nm ▸ **en différé** a) TV recorded b) INFORM off-line.

différemment [diferamɑ̃] adv differently.

différence [diferɑ̃s] nf **1.** [distinction] difference, dissimilarity / *faire la différence entre* to make the distinction between, to distinguish between / *faire des différences entre ses enfants* to treat one's children differently from each other / *j'ai accepté son offre à cette différence près que, cette fois, je sais ce qui m'attend* I accepted his offer but this time I know what to expect **2.** [écart] difference / *différence d'âge* age difference OU gap **3.** [particularité] : *revendiquer sa différence* to be proud to be different.

différencier [9] [diferɑ̃sje] vt ▸ **différencier qqch de qqch** to differentiate sthg from sthg. ◆ **se différencier** vp ▸ **se différencier de** to be different from.

différend [diferɑ̃] nm [désaccord] difference of opinion ▸ **avoir un différend avec** to have a difference of opinion with.

différent, e [diferɑ̃, ɑ̃t] adj ▸ **différent (de)** different (from).

différentiel, elle [diferɑ̃sjɛl] adj differential.

différer [18] [difere] ❖ vt [retarder] to postpone. ❖ vi ▸ **différer de** to differ from, to be different from ▸ **différer (selon)** to vary (according to).

difficile [difisil] ❖ adj difficult. ❖ nm ▸ **faire le / la difficile** to be hard to please.

difficilement [difisilmɑ̃] adv with difficulty.

difficulté [difikylte] nf **1.** [complexité, peine] difficulty **2.** [obstacle] problem ▸ **en difficulté** in difficulty.

difforme [difɔrm] adj deformed.

difformité [difɔrmite] nf deformity.

diffraction [difraksjɔ̃] nf diffraction.

diffus, e [dify, yz] adj diffused ; *fig* vague.

diffuser [3] [difyze] vt **1.** [lumière] to diffuse **2.** [émission] to broadcast **3.** [livres] to distribute **4.** INFORM ▸ **diffuser sur Internet** to webcast.

diffuseur [difyzœr] nm **1.** [appareil] diffuser **2.** [de livres] distributor.

diffusion [difyzjɔ̃] nf **1.** [d'émission, d'onde] broadcast ▸ **diffusion hertzienne** OU **terrestre** terrestrial television ▸ **diffusion numérique** digital broadcasting **2.** [de livres] distribution.

digérer [18] [diʒere] ❖ vi to digest. ❖ vt **1.** [repas, connaissance] to digest **2.** *fam* & *fig* [désagrément] to put up with.

digeste [diʒɛst] adj (easily) digestible.

digestible [diʒɛstibl] adj digestible.

digestif, ive [diʒɛstif, iv] adj digestive. ◆ **digestif** nm liqueur.

digestion [diʒɛstjɔ̃] nf digestion.

digital, e, aux [diʒital, o] adj **1.** *fam* TECHNOL digital **2.** ⟶ **empreinte**. ◆ **digitale** nf digitalis.

digne [diɲ] adj **1.** [honorable] dignified **2.** [méritant] ▸ **digne de** worthy of ▸ **digne de foi** trustworthy.

dignement [diɲmɑ̃] adv with dignity.

dignitaire [diɲitɛr] nm dignitary ▸ **haut dignitaire** mandarin.

dignité [diɲite] nf dignity ▸ **se draper dans sa dignité** to stand on one's dignity.

digression [digresjɔ̃] nf digression.

digue [dig] nf dike.

diktat [diktat] nm diktat.

dilapider [3] [dilapide] vt to squander.

dilatation [dilatasjɔ̃] nf dilation.

dilater [3] [dilate] vt to dilate. ◆ **se dilater** vp to expand, to dilate.

dilatoire [dilatwar] adj delaying *(avant n)*.

dilemme [dilɛm] nm **1.** [gén] dilemma **2.** COMM [entreprise, produit] problem child.

dilettante [diletɑ̃t] nmf dilettante ▸ **faire qqch en dilettante** to dabble in sthg.

diligence [diliʒɑ̃s] nf *sout* HIST diligence.

diligent, e [diliʒɑ̃, ɑ̃t] adj *vieilli* diligent.

diluant [dilɥɑ̃] nm thinner.

diluer [7] [dilɥe] vt to dilute. ◆ **se diluer** vp *pr* & *fig* to be diluted.

diluvien, enne [dilyvjɛ̃, ɛn] adj torrential.

dimanche [dimɑ̃ʃ] nm Sunday ▸ **dimanche des Rameaux** Palm Sunday. ***Voir aussi*** **samedi**.

dimension [dimɑ̃sjɔ̃] nf **1.** [mesure] dimension **2.** [taille] dimensions *pl*, size **3.** *fig* [importance] magnitude ▸ **à la dimension de** equal to ▸ **la troisième / quatrième dimension** the third/fourth dimension. ◆ **à deux dimensions** loc adj two-dimensional. ◆ **à trois dimensions** loc adj three-dimensional.

diminué, e [diminɥe] adj diminished.

diminuer [7] [diminɥe] ❖ vt [réduire] to diminish, to reduce. ❖ vi [intensité] to diminish, to decrease. ◆ **se diminuer** vp to put o.s. down.

diminutif, ive [diminytif, iv] adj diminutive. ◆ **diminutif** nm diminutive.

diminution [diminysjɔ̃] nf diminution.

DIN, Din [din] (***abr écrite de*** **Deutsche Industrie Norm**) DIN.

dinde [dɛ̃d] nf **1.** [animal] turkey **2.** *péj* [femme] stupid woman.

dindon [dɛ̃dɔ̃] nm turkey ▸ **être le dindon de la farce** *fam* & *fig* to be made a fool of.

dîner [3] [dine] ❖ vi to dine, to have dinner / *dînons au restaurant* let's eat out, let's go out for dinner. ❖ nm dinner ▸ **dîner d'affaires / aux chandelles** business / candlelit dinner.

dînette [dinɛt] nf doll's tea party ▸ **faire la dînette** to have a snack ▸ **jouer à la dînette** to have a doll's tea party.

dingue [dɛ̃g] *fam* ❖ adj **1.** [personne] crazy **2.** [histoire] incredible. ❖ nmf loony.

dinosaure [dinozɔʀ] nm dinosaur.

diocèse [djɔsɛz] nm diocese.

diode [djɔd] nf diode.

dioptrie [djɔptʀi] nf dioptre UK, diopter US.

dioxine [diɔksin] nf dioxin.

dioxygène [diɔksiʒɛn] nm CHIM dioxygen.

diphasé, e [difaze] adj two-phase.

diphtérie [difteʀi] nf diphtheria.

diphtongue [diftɔ̃g] nf diphthong.

diplomate [diplɔmat] ❖ nmf [ambassadeur] diplomat. ❖ nm CULIN diplomat pudding. ❖ adj diplomatic.

diplomatie [diplɔmasi] nf diplomacy.

diplomatique [diplɔmatik] adj diplomatic.

diplôme [diplom] nm diploma.

diplômé, e [diplome] ❖ adj ▸ **être diplômé de / en** to be a graduate of / in. ❖ nm, f graduate.

dire [102] [diʀ]

❖ vt

▸ **dire qqch (à qqn)** a) [parole] to say sthg (to sb) b) [vérité, mensonge, secret] to tell (sb) sthg / *dire quelque chose* : *son visage me dit quelque chose* I've seen her face before, her face seems familiar ▸ **dire à qqn de faire qqch** to tell sb to do sthg / *il m'a dit d'arrêter* he told me to stop / *il m'a dit que...* he told me (that)... ▸ **cela va sans dire** that goes without saying ▸ **c'est vite dit** *fam* that's easy (for you / him etc.) to say ▸ **c'est beaucoup dire** that's saying a lot ▸ **elle est vraiment difficile, et ce n'est pas peu dire** she's very difficult – and I mean difficult / *comment dire* ou *dirais-je ?* how shall I put it ou say? ▸ **entre nous soit dit** between you and me / *il n'a rien trouvé à dire sur la qualité* he had no criticisms to make about the quality ▸ **je ne te / vous le fais pas dire** how right you are, I couldn't have put it better myself / *je te l'avais bien dit* I told you so ▸ **la ville proprement dite** the actual town ▸ **dire du bien / du mal (de)** to speak well / ill (of) ▸ **que dirais-tu de... ?** what would you say to...? / *dire de* : *que dis-tu de ma perruque ?* what do you think of ou how do you like my wig? ▸ **qu'en dis-tu ?** what do you think (of it)? ▸ **on dit que...** they say (that)... ▸ **on dirait que...** it looks as if... / *on dirait de la soie* it looks like silk, you'd think it was silk ▸ **et dire que je n'étais pas là !** and to think I wasn't there! ▸ **ça ne me dit rien** a) [pas envie] I don't feel like it, I don't fancy that UK b) [jamais entendu] I've never heard of it / *si (l')on peut dire* in a way, so to speak

◆ **se dire** ❖ vp **1.** [s'employer] ▸ **ça ne se dit pas** a) [par décence] you mustn't say that b) [par usage] people don't say that, nobody says that / *nous nous disions tout* we had no secrets from each other **2.** [se traduire] : *« chat » se dit « gato » en espagnol* the Spanish for "cat" is "gato". ❖ vpt [penser] to think (to o.s.), to say to o.s. / *maintenant, je me dis que j'aurais dû accepter* now I think I should have accepted.

◆ **au dire de** loc prép according to.

◆ **cela dit** loc adv having said that.

◆ **dis donc** loc adv *fam* so ; [au fait] by the way ; [à qqn qui exagère] look here!

◆ **à vrai dire** loc adv to tell the truth.

direct, e [diʀɛkt] adj direct. ◆ **direct** nm **1.** [boxe] jab ▸ **un direct du gauche** a straight left **2.** [train] non-stop train ; [avion] non stop plane / *un vol direct Paris-New York* a direct ou non stop flight from Paris to New York **3.** RADIO & TV ▸ **le direct** live transmission *(U)* ▸ **en direct** live.

directement [diʀɛktəmɑ̃] adv **1.** [tout droit] straight **2.** [franchement] : *entrer directement dans le sujet* to broach a subject immediately **3.** [sans intermédiaire] direct / *adresse-toi directement au patron* go straight to the boss **4.** [personnellement] : *cela ne vous concerne pas directement* this doesn't affect you personally ou directly / *je me sens directement visé* I feel singled out ou personally targeted.

directeur, trice [diʀɛktœʀ, tʀis] ❖ adj **1.** [dirigeant] leading *(avant n)* ▸ **comité directeur** steering committee **2.** [central] guiding *(avant n)*. ❖ nm, f director, manager / *directeur d'agence* [dans une banque] bank manager ▸ **directeur artistique** artistic director ▸ **directeur commercial** sales director ou manager ▸ **directeur de la communication** director of communications ▸ **directeur d'école** headteacher UK, headmaster (headmistress) UK, principal US ▸ **directeur général** general manager, managing director UK, chief executive officer US ▸ **directeur du marketing** marketing director ou manager ▸ **directeur du personnel** personnel manager / *directeur de produit* product manager ▸ **directeur de prison** prison governor UK ou warden US ▸ **directeur des ressources humaines** human resources manager ▸ **directeur de thèse** UNIV thesis supervisor ▸ **directeur des ventes** sales manager.

direction [diʀɛksjɔ̃] nf **1.** [gestion, ensemble des cadres] management / *prendre la direction de* a) [société, usine] to take over the running ou management of b) [journal] to take over the editorship of ▸ **sous la direction de** under the management of / *orchestre (placé) sous la direction de* orchestra conducted by **2.** [orientation] direction ▸ **en** ou **dans la direction de** in the direction of ▸ **'toutes directions'** 'all routes' / *jeter un regard en direction de qqn* to cast a glance at ou towards sb / *prenez la direction Nation* [dans le métro] take the Nation line / *vous allez dans quelle direction ?* which way are you going?, where are you heading for? **3.** AUTO steering ▸ **direction assistée** power steering **4.** CINÉ, THÉÂTRE & TV ▸ **direction (d'acteurs)** directing, direction.

directive [diʀɛktiv] nf directive.

directorial, e, aux [diʀɛktɔʀjal, o] adj managerial.

directrice ⟶ **directeur**.

dirigeable [diʀiʒabl] nm ▸ **(ballon) dirigeable** airship.

dirigeant, e [diʀiʒɑ̃, ɑ̃t] ❖ adj ruling *(avant n)*. ❖ nm, f [de pays] leader ; [d'entreprise] manager.

diriger [17] [diʀiʒe] vt **1.** [mener - entreprise] to run, to manage ; [- orchestre] to conduct ; [- film, acteurs] to direct ; [- recherches, projet] to supervise / *mal diriger une société* to mismanage a company **2.** [conduire orienter] to steer / *diriger qqn vers la sortie* to direct sb to the exit / *diriger un élève vers un cursus littéraire* to guide ou to steer a student towards an arts course **3.** [pointer] ▸ **diriger qqch sur** to aim sthg at / *diriger un canon vers* ou *sur une cible* to aim ou to level ou to point a cannon at a target ▸ **diriger qqch vers** to aim sthg towards UK ou toward US ▸ **diriger ses pas vers** *pr* & *fig* to head for / *diriger son regard vers qqn* to look in the direction of sb. ◆ **se diriger** vp ▸ **se diriger vers** to go towards UK ou toward US, to head towards UK ou toward US / *se diriger vers la sortie* to make one's way to the exit / *nous nous dirigeons vers le conflit armé* *fig* we're headed for armed conflict.

dirigisme [diʀiʒism] nm interventionism.

disais, disions ⟶ **dire**.

discal, e, aux [diskal, o] ⟶ **hernie**.

discernement [disɛʀnəmɑ̃] nm **1.** [jugement] discernment / *il a agi avec discernement* he showed (good) judgement in what he did **2.** *sout* [distinction] distinction.

discerner [3] [disɛʀne] vt **1.** [distinguer] ▸ **discerner qqch de** to distinguish sthg from **2.** [deviner] to discern.

disciple [disipl] nmf disciple.

disciplinaire [disiplinɛʀ] adj disciplinary ▸ **mesure disciplinaire** disciplinary measure.

discipline [disiplin] nf discipline ▸ **discipline de fer** iron rule.

discipliné, e [disipline] adj disciplined.

discipliner [3] [disipline] vt [personne] to discipline ; [cheveux] to control.

disc-jockey [diskʒɔkɛ] (*pl* **disc-jockeys**) nm disc jockey.

disco [disko] ❖ adj inv disco *(avant n).* ❖ nm disco (music).

discographie [diskɔgʀafi] nf discography.

discompte [diskɔ̃t] nm discount.

discontinu, e [diskɔ̃tiny] adj [ligne] broken ; [bruit, effort] intermittent.

discontinuer [7] [diskɔ̃tinɥe] vi ▸ **sans discontinuer** without interruption.

discordance [diskɔʀdɑ̃s] nf discrepancy.

discordant, e [diskɔʀdɑ̃, ɑ̃t] adj discordant.

discorde [diskɔʀd] nf discord.

discothèque [diskɔtɛk] nf **1.** [boîte de nuit] night club **2.** [de prêt] record library.

discount [disk(a)unt] nm discount.

discourir [45] [diskuʀiʀ] vi to talk at length ▸ **discourir sur** to hold forth on.

discours [diskuʀ] nm **1.** [allocution] speech ▸ **faire un discours** to make a speech ▸ **discours inaugural** POL inaugural address ou speech US **2.** LING ▸ **discours direct / indirect** direct/indirect speech UK ou discourse US.

discouru, e [diskuʀy] pp ⟶ **discourir**.

discrédit [diskʀedi] nm discredit, disrepute ▸ **jeter le discrédit sur** to bring disgrace on.

discréditer [3] [diskʀedite] vt to discredit. ◆ **se discréditer** vp to discredit o.s.

discret, ète [diskʀɛ, ɛt] adj [gén] discreet ; [réservé] reserved.

discrètement [diskʀɛtmɑ̃] adv discreetly.

discrétion [diskʀesjɔ̃] nf **1.** [réserve, tact, silence] discretion **2.** [sobriété] sobriety, simplicity ▸ **avec discrétion** discreetly. ◆ **à discrétion** ❖ loc adj unlimited. ❖ loc adv as much as you want.

discrétionnaire [diskʀesjɔnɛʀ] adj discretionary.

discrimination [diskʀiminasjɔ̃] nf discrimination ▸ **sans discrimination** indiscriminately / *discrimination positive* positive discrimination.

discriminatoire [diskʀiminatwaʀ] adj discriminatory.

disculper [3] [diskylpe] vt to exonerate. ◆ **se disculper** vp to exonerate o.s.

discussion [diskysjɔ̃] nf **1.** [conversation, examen] discussion **2.** [contestation, altercation] argument ▸ **sans discussion** without argument.

discutable [diskytabl] adj **1.** [contestable] questionable **2.** [douteux] doubtful, questionable.

discutailler [3] [diskytaje] vi *fam* & *péj* to argue over trivialities ou details.

discuter [3] [diskyte] ❖ vt **1.** [débattre] ▸ **discuter (de) qqch** to discuss sthg **2.** [contester] to dispute. ❖ vi **1.** [parlementer] to discuss **2.** [converser] to talk **3.** [contester] to argue. ◆ **se discuter** vp to be questionable ou debatable.

disert, e [dizɛʀ, ɛʀt] adj *litt* articulate.

disette [dizɛt] nf [famine] famine ; *sout* & *fig* [manque] shortage.

diseur, euse [dizœʀ, øz] nm, f ▸ **diseur de bonne aventure** fortune-teller.

disgrâce [disgʀas] nf disgrace.

disgracieux, euse [disgʀasjø, øz] adj **1.** [sans grâce] awkward, graceless **2.** [laid] plain.

disjoindre [82] [disʒwɛ̃dʀ] vt [planches, tuiles] to take apart ; *fig* to separate, to distinguish. ◆ **se disjoindre** vp to come apart.

disjoint, e [disʒwɛ̃, ɛ̃t] pp ⟶ **disjoindre**.

disjoncter [disʒɔ̃kte] vi **1.** ÉLECTR to short-circuit **2.** *fam* [perdre la tête] to flip, to crack up.

disjoncteur [disʒɔ̃ktœʀ] nm trip switch, circuit breaker.

dislocation [dislɔkasjɔ̃] nf MÉD dislocation.

disloquer [3] [dislɔke] vt **1.** MÉD to dislocate **2.** [machine, empire] to dismantle. ◆ **se disloquer** vp [machine] to fall apart ou to pieces ; *fig* [empire] to break up.

disparaissais, disparaissions ⟶ **disparaître**.

disparaître [91] [dispaʀɛtʀ] vi **1.** [gén] to disappear, to vanish / *disparais !* get lost! ▸ **faire disparaître** a) [personne] to get rid of **b)** [obstacle] to remove **2.** [mourir] to die.

disparate [disparat] adj [éléments] disparate ; [couleurs, mobilier] badly matched.

disparité [disparite] nf **1.** [écart] disparity **2.** [différence - d'éléments] disparity ; [- de couleurs] mismatch.

disparition [disparisj̃ɔ] nf **1.** [gén] disappearance ; [d'espèce] extinction ▸ **en voie de disparition** endangered **2.** [mort] passing.

disparu, e [dispary] ❖ pp ⟶ **disparaître.** ❖ nm, f dead person, deceased.

dispatcher [3] [dispatʃe] vt to dispatch, to despatch.

dispendieux, euse [dispɑ̃djø, øz] adj *sout* expensive.

dispensaire [dispɑ̃sɛr] nm community clinic UK, free clinic US.

dispense [dispɑ̃s] nf **1.** [exemption] exemption ▸ **dispense d'âge** special dispensation *(for people under or over the age limit)* **2.** [certificat] certificate of exemption.

dispenser [3] [dispɑ̃se] vt **1.** [distribuer] to dispense **2.** [exempter] ▸ **dispenser qqn de qqch** [corvée] to excuse sb sthg, to let sb off sthg ▸ **je te dispense de tes réflexions !** *fig* spare us the comments!, keep your comments to yourself! ◆ **se dispenser** vp ▸ **se dispenser de qqch / de faire qqch** to get out of sthg/ of doing sthg.

disperser [3] [dispɛrse] vt to scatter (around) ; [collection, brume, foule] to break up ; *fig* [efforts, forces] to dissipate, to waste. ◆ **se disperser** vp **1.** [feuilles, cendres] to scatter ; [brume] to break up, to clear ; [foule] to break up, to disperse **2.** [personne] to take on too much at once, to spread o.s. too thin.

dispersion [dispɛrsj̃ɔ] nf scattering ; [de collection, brume, foule] breaking up ; *fig* [d'efforts, de forces] waste, squandering.

disponibilité [disponibilite] nf **1.** [de choses] availability **2.** [de fonctionnaire] leave of absence ▸ **en disponibilité** on leave of absence **3.** [d'esprit] alertness, receptiveness. ◆ **disponibilités** nfpl available funds, liquid assets.

disponible [disponibl] adj **1.** [place, personne] available, free **2.** [fonctionnaire] on leave of absence.

dispos, e [dispo, oz] adj fresh, full of energy.

disposé, e [dispoze] adj ▸ **être disposé à faire qqch** to be prepared OU willing to do sthg ▸ **être bien disposé envers qqn** to be well-disposed towards UK OU toward US sb.

disposer [3] [dispoze] ❖ vt **1.** [arranger] to arrange **2.** [inciter] ▸ **disposer qqn à faire qqch** to lead OU move sb to do sthg. ❖ vi ▸ **disposer de a)** [moyens, argent] to have available (to one), to have at one's disposal **b)** [chose] to have the use of **c)** [temps] to have free OU available ▸ **vous pouvez disposer** you may leave OU go. ◆ **se disposer** vp ▸ **se disposer à qqch / à faire qqch** *sout* to prepare for sthg/to do sthg.

⚠ Attention, to dispose of signifie « se débarrasser de » et non *disposer de*.

dispositif [dispozitif] nm [mécanisme] device, mechanism ▸ **dispositif antibuée** demister UK, defogger US ▸ **dispositif antiparasite** suppressor ▸ **dispositif de sûreté** safety device.

disposition [dispozisj̃ɔ] nf **1.** [arrangement] arrangement **2.** [disponibilité] ▸ **à la disposition de** at the disposal of, available to. ◆ **dispositions** nfpl **1.** [mesures] arrangements, measures **2.** DR provisions **3.** [dons] ▸ **avoir des dispositions pour** to have a gift for.

disproportion [disprɔpɔrsj̃ɔ] nf disproportion.

disproportionné, e [disprɔpɔrsjɔne] adj out of proportion.

dispute [dispyt] nf argument, quarrel.

disputer [3] [dispyte] vt **1.** [SPORT - course] to run ; [- match] to play **2.** [lutter pour] to fight for. ◆ **se disputer** vp **1.** [se quereller] to quarrel, to fight **2.** SPORT to be played **3.** [lutter pour] to fight over OU for.

disquaire [diskɛr] nm record dealer.

disqualification [diskalifikasj̃ɔ] nf disqualification.

disqualifier [9] [diskalifje] vt to disqualify.

disque [disk] nm **1.** MUS record ; [vidéo] videodisc UK OU videodisk US ▸ **disque compact** OU **laser** compact disc **2.** ANAT disc UK, disk US **3.** INFORM disk ▸ **disque de démarrage** boot disk ▸ **disque dur** hard disk **4.** SPORT discus. ◆ **disque de stationnement** nm parking disc UK OU permit US.

disquette [diskɛt] nf *vieilli* diskette, floppy disk ▸ **disquette haute / double densité** high/double density disk.

dissection [disɛksj̃ɔ] nf dissection.

dissemblable [disɑ̃blabl] adj dissimilar.

dissémination [diseminasj̃ɔ] nf **1.** [dispersion] scattering, spreading (out) ; *fig* dissemination, spreading **2.** [répartition] scattering.

disséminer [3] [disemine] vt [graines, maisons] to scatter, to spread (out) ; *fig* [idées] to disseminate, to spread.

dissension [disɑ̃sj̃ɔ] nf dissent.

disséquer [18] [diseke] vt *pr* & *fig* to dissect.

dissert' [disɛrt] (*abr de* **dissertation**) nf *arg scol* essay.

dissertation [disɛrtasj̃ɔ] nf essay.

disserter [3] [disɛrte] vi ▸ **disserter sur a)** [à l'écrit] to write on **b)** [à l'oral] to speak on.

dissidence [disidɑ̃s] nf dissent, dissidence.

dissident, e [disidɑ̃, ɑ̃t] adj & nm, f dissident.

dissimulateur, trice [disimylatœr, tris] ❖ adj dissembling. ❖ nm, f dissembler.

dissimulation [disimylasj̃ɔ] nf **1.** [hypocrisie] duplicity **2.** [de la vérité] concealment.

dissimulé, e [disimyle] adj [hypocrite] dissembling, duplicitous.

dissimuler [3] [disimyle] vt to conceal. ◆ **se dissimuler** vp **1.** [se cacher] to conceal o.s., to hide **2.** [refuser de voir] ▸ **se dissimuler qqch** to close one's eyes to sthg.

dissipation [disipasj̃ɔ] nf **1.** [dispersion] dispersal, breaking up ; *fig* [de malentendu] clearing up ; [de craintes] dispelling **2.** [indiscipline] indiscipline, misbehaviour UK, misbehavior US **3.** [dilapidation] squandering **4.** [débauche] dissipation.

dissipé, e [disipe] adj **1.** [turbulent] unruly, badly behaved **2.** [frivole] dissipated, dissolute.

dissiper [3] [disipe] vt **1.** [chasser] to break up, to clear ; *fig* to dispel **2.** [dilapider, gâcher] to squander **3.** [distraire] to lead astray. ◆ **se dissiper** vp **1.** [brouillard, fumée] to clear **2.** [élève] to misbehave **3.** *fig* [malaise, fatigue] to go away ; [doute] to be dispelled.

dissocier [9] [disɔsje] vt **1.** [séparer] to separate, to distinguish **2.** CHIM to dissociate.

dissolu, e [disɔly] adj dissolute.

dissolution [disɔlysjɔ̃] nf **1.** DR dissolution **2.** [mélange] dissolving.

dissolvais, dissolvions ⟶ **dissoudre**.

dissolvant, e [disɔlvɑ̃, ɑ̃t] adj solvent. ◆ **dissolvant** nm [solvant] solvent ; [pour vernis à ongles] nail polish ou varnish UK remover.

dissonance [disɔnɑ̃s] nf dissonance ; *fig* clash, discord.

dissoudre [87] [disudʀ] vt ▸ **(faire) dissoudre** to dissolve. ◆ **se dissoudre** vp **1.** [substance] to dissolve **2.** DR to be dissolved.

dissous, oute [disu, ut] pp ⟶ **dissoudre**.

dissuader [3] [disɥade] vt to dissuade.

dissuasif, ive [disɥazif, iv] adj deterrent.

dissuasion [disɥazjɔ̃] nf dissuasion ▸ **force de dissuasion** deterrent (effect ou power).

dissymétrique [disimetʀik] adj dissymmetrical.

distance [distɑ̃s] nf **1.** [éloignement] distance ▸ **à distance** a) at a distance b) [télécommander] by remote control ▸ **à une distance de 300 mètres** 300 metres away ▸ **se tenir à distance** to keep one's distance / ***tenir qqn à distance*** to keep sb at a distance ou at arm's length ▸ **garder ses distances** to keep one's distance ▸ **prendre ses distances** *fig* to stand back ou aloof ▸ **tenir la distance** *pr* & *fig* to go the distance, to stay the course **2.** [intervalle] interval / ***il l'a revue à deux mois de distance*** he saw her again two months later / ***ils sont nés à deux mois de distance*** they were born within two months of each other **3.** [écart] gap / ***ce malentendu a mis une certaine distance entre nous*** we've become rather distant from each other since that misunderstanding.

distancer [16] [distɑ̃se] vt to outstrip.

distanciation [distɑ̃sjasjɔ̃] nf distance.

distancier [9] [distɑ̃sje] ◆ **se distancier** vp ▸ **se distancier de** to distance o.s. from.

distant, e [distɑ̃, ɑ̃t] adj **1.** [éloigné] ▸ **une ville distante de 10 km** a town 10 km away ▸ **des villes distantes de 10 km** towns 10 km apart **2.** [froid] distant.

distendre [73] [distɑ̃dʀ] vt [ressort, corde] to stretch ; [abdomen] to distend. ◆ **se distendre** vp to distend.

distendu, e [distɑ̃dy] pp ⟶ **distendre**.

distillation [distilasjɔ̃] nf distilling, distillation.

distiller [3] [distile] vt [alcool] to distil UK, to distill US ; [pétrole] to refine ; [miel] to secrete ; *fig* & *litt* to exude.

distillerie [distilʀi] nf [industrie] distilling ; [lieu] distillery.

distinct, e [distɛ̃, ɛ̃kt] adj distinct.

distinctement [distɛ̃ktəmɑ̃] adv distinctly, clearly.

distinctif, ive [distɛ̃ktif, iv] adj distinctive.

distinction [distɛ̃ksjɔ̃] nf distinction.

distingué, e [distɛ̃ge] adj distinguished.

distinguer [3] [distɛ̃ge] vt **1.** [différencier] to tell apart, to distinguish **2.** [percevoir] to make out, to distinguish **3.** [rendre différent] ▸ **distinguer de** to distinguish from, to set apart from. ◆ **se distinguer** vp **1.** [se différencier] ▸ **se distinguer (de)** to stand out (from) **2.** [s'illustrer] to distinguish o.s. **3.** [être perçu] : ***au loin se distinguait la côte*** you could make out the coast in the distance.

distraction [distʀaksjɔ̃] nf **1.** [inattention] inattention, absent-mindedness ▸ **par distraction** absent-mindedly **2.** [passe-temps] leisure activity.

distraire [112] [distʀɛʀ] vt **1.** [déranger] to distract **2.** [divertir] to amuse, to entertain. ◆ **se distraire** vp to amuse o.s.

distrait, e [distʀɛ, ɛt] ✧ pp ⟶ **distraire.** ✧ adj [gén] absent-minded ; [élève] inattentive / ***excusez-moi, j'étais distrait*** sorry, I wasn't paying attention.

distraitement [distʀɛtmɑ̃] adv absent-mindedly, absently.

distrayais, distrayons ⟶ **distraire**.

distrayant, e [distʀɛjɑ̃, ɑ̃t] adj entertaining.

distribanque [distʀibɑ̃k] nm ATM, cash dispenser UK.

distribuer [7] [distʀibɥe] vt to distribute ; [courrier] to deliver ; [ordres] to give out ; [cartes] to deal ; [coups, sourires] to dispense.

distributeur, trice [distʀibytœʀ, tʀis] nm, f distributor. ◆ **distributeur** nm **1.** AUTO & COMM distributor / ***distributeur agréé*** authorized dealer **2.** [machine] ▸ **distributeur (automatique) de billets** a) BANQUE ATM, cash machine, cash dispenser UK b) [transports] ticket machine ▸ **distributeur de boissons** drinks machine.

distribution [distʀibysjɔ̃] nf **1.** [répartition, diffusion, disposition] distribution ; [par des grandes surfaces] retail / ***distribution du courrier*** postal ou mail delivery / ***distribution des prix*** SCOL prize-giving UK / ***distribution à domicile*** door drop / ***distribution JAT*** JIT distribution / ***distribution juste à temps*** just-in-time distribution ▸ **la grande distribution** supermarkets and hypermarkets **2.** [approvisionnement] supply / ***distribution d'eau / de gaz*** water / gas supply **3.** CINÉ & THÉÂTRE cast.

district [distʀikt] nm district.

dit, dite [di, dit] ✧ pp ⟶ **dire.** ✧ adj **1.** [appelé] known as **2.** DR said, above **3.** [fixé] : ***à l'heure dite*** at the appointed time.

dites, dîtes ⟶ **dire**.

dithyrambique [ditiʀɑ̃bik] adj eulogistic.

DIU (*abr de* **dispositif intra-utérin**) nm MÉD IUD.

diurétique [djyretik] nm & adj diuretic.

diurne [djyrn] adj diurnal.

diva [diva] nf prima donna, diva.

divagation [divagasjɔ̃] nf wandering. ◆ **divagations** nfpl ramblings.

divaguer [3] [divage] vi to ramble.

divan [divɑ̃] nm divan *(seat)*.

divergeant [divɛrʒɑ̃] p prés ⟶ **diverger**.

divergence [divɛrʒɑ̃s] nf divergence, difference ; [d'opinions] difference.

divergent, e [divɛrʒɑ̃, ɑ̃t] adj divergent.

diverger [17] [divɛrʒe] vi to diverge ; [opinions] to differ.

divers, e [divɛr, ɛrs] ❖ adj **1.** [différent] different, various / *à usages divers* multipurpose *(avant n)* **2.** [disparate] diverse **3.** *(avant n)* [plusieurs] several, various / *en diverses occasions* on several OU various occasions **4.** PRESSE ▸ **'divers'** 'miscellaneous'. ❖ adj indéf pl POL others / *les divers droite / gauche* other right/left-wing parties.

diversement [divɛrsəmɑ̃] adv variously, in different ways.

diversification [divɛrsifikasjɔ̃] nf diversification.

diversifier [9] [divɛrsifje] vt to vary, to diversify. ◆ **se diversifier** vp to diversify.

diversion [divɛrsjɔ̃] nf diversion ▸ **créer une diversion, faire diversion** to create a diversion.

diversité [divɛrsite] nf diversity.

divertir [32] [divɛrtir] vt [distraire] to entertain, to amuse. ◆ **se divertir** vp to amuse o.s., to entertain o.s.

divertissant, e [divɛrtisɑ̃, ɑ̃t] adj entertaining, amusing.

divertissement [divɛrtismɑ̃] nm **1.** [passe-temps] form of relaxation **2.** MUS divertimento.

dividende [dividɑ̃d] nm dividend.

divin, e [divɛ̃, in] adj divine.

divination [divinasjɔ̃] nf divination.

divinement [divinmɑ̃] adv divinely.

divinité [divinite] nf divinity.

diviser [3] [divize] vt **1.** [gén] to divide, to split up ▸ **diviser pour régner** *fig* to divide and rule **2.** MATH to divide ▸ **diviser 8 par 4** to divide 8 by 4. ◆ **se diviser** vp **1.** [se séparer] to divide **2.** [diverger] to be divided.

divisible [divizibl] adj divisible.

division [divizjɔ̃] nf **1.** MATH division / *faire une division* to do a division **2.** [fragmentation] splitting, division, partition ▸ **la division du travail** ÉCON the division of labour UK OU labor US ▸ **division cellulaire** BIOL cell division **3.** [désaccord] division, rift **4.** FOOT division / *un club de première / deuxième / troisième division* a first/second/third division club **5.** MIL division ▸ **division aéroportée** MIL airborne division ▸ **division blindée** armoured UK OU armored US division.

divisionnaire [divizjɔnɛr] adj divisional.

divorce [divɔrs] nm **1.** DR divorce ▸ **demander le divorce** to ask for a divorce, to sue for divorce **2.** *fig* [divergence] gulf, separation.

divorcé, e [divɔrse] ❖ adj divorced. ❖ nm, f divorcee, divorced person.

divorcer [16] [divɔrse] vi to divorce.

divulgation [divylgasjɔ̃] nf disclosure.

divulguer [3] [divylge] vt to divulge.

dix [dis] adj num inv & nm ten. *Voir aussi* **six**.

dix-huit [dizɥit] adj num inv & nm eighteen. *Voir aussi* **six**.

dix-huitième [dizɥitjɛm] adj num inv, nm & nmf eighteenth. *Voir aussi* **sixième**.

dixième [dizjɛm] ❖ nf SCOL ≃ Year 3 *(at primary school)* UK ; ≃ second grade US. ❖ adj num inv, nm & nmf tenth. *Voir aussi* **sixième**.

dix-neuf [diznœf] adj num inv & nm nineteen. *Voir aussi* **six**.

dix-neuvième [diznœvjɛm] adj num inv, nm & nmf nineteenth. *Voir aussi* **sixième**.

dix-sept [disɛt] adj num inv & nm seventeen. *Voir aussi* **six**.

dix-septième [disɛtjɛm] adj num inv, nm & nmf seventeenth. *Voir aussi* **sixième**.

dizaine [dizɛn] nf **1.** MATH ten **2.** [environ dix] ▸ **une dizaine de** about ten ▸ **par dizaines** [en grand nombre] in their dozens.

DJ [didʒi *ou* didʒe] (*abr de* **disc-jockey**) nmf inv DJ.

Djakarta [dʒakarta] npr Jakarta.

djellaba [dʒɛlaba] nf jellaba.

Djibouti [dʒibuti] npr Djibouti.

djiboutien, enne [dʒibutjɛ̃, ɛn] adj of/from Djibouti. ◆ **Djiboutien, enne** nm, f person from Djibouti.

dm (*abr écrite de* **décimètre**) dm.

DNS (*abr de* **Domain Name System**) INFORM DNS.

d° (*abr écrite de* **dito**) do.

do [do] nm inv MUS C ; [chanté] doh UK, do US.

doberman [dobɛrman] nm Doberman (pinscher).

doc [dɔk] (*abr de* **documentation**) nf *fam* literature, brochures *pl* / *pouvez-vous me donner de la doc sur cet ordinateur ?* could you give me some literature about this computer?

doc. (*abr écrite de* **document**) doc.

docile [dɔsil] adj **1.** [obéissant] docile **2.** [cheveux] manageable.

docilement [dɔsilmɑ̃] adv meekly, obediently.

docilité [dɔsilite] nf obedience.

dock [dɔk] nm **1.** [bassin] dock **2.** [hangar] warehouse.

docker [dɔkɛr] nm docker UK, longshoreman US, stevedore US.

docte [dɔkt] adj *péj* professorial.

doctement [dɔktəmɑ̃] adv [savamment] learnedly.

docteur [dɔktœʀ] nm **1.** [médecin] doctor ▸ **docteur en médecine** doctor of medicine **2.** UNIV ▸ **docteur ès lettres / sciences** ≃ PhD ▸ **docteur honoris causa** ≃ Hon. PhD.

doctoral, e, aux [dɔktɔʀal, o] adj *péj* pompous, professorial.

doctorant, e [dɔktɔʀɑ̃, ɑ̃t] nm, f doctoral student.

doctorat [dɔktɔʀa] nm **1.** [grade] doctorate, PhD ▸ **doctorat d'État** doctorate *(leading to high-level research)* ▸ **doctorat du troisième cycle** doctorate *(awarded by a specific university)*, PhD **2.** [épreuve] doctoral exam.

doctoresse [dɔktɔʀɛs] nf *fam* & *vieilli* woman ou lady doctor.

doctrinaire [dɔktʀinɛʀ] adj **1.** [dogmatique] doctrinaire **2.** [sentencieux] sententious.

doctrine [dɔktʀin] nf doctrine.

docudrame [dɔkydʀam] nm docudrama.

document [dɔkymɑ̃] nm document.

documentaire [dɔkymɑ̃tɛʀ] nm & adj documentary.

documentaliste [dɔkymɑ̃talist] nmf [d'archives] archivist ; PRESSE & TV researcher.

documentation [dɔkymɑ̃tasjɔ̃] nf **1.** [travail] research **2.** [documents] paperwork, papers *pl* **3.** [brochures] documentation.

documenté, e [dɔkymɑ̃te] adj **1.** [personne] well-informed **2.** [étude] well-documented.

documenter [3] [dɔkymɑ̃te] vt to document. ◆ **se documenter** vp to do some research.

dodeliner [3] [dɔdəline] vi ▸ **dodeliner de la tête** to nod gently.

dodo [dodo] nm *fam* beddy-byes *(U)* ▸ **faire dodo** to sleep.

dodu, e [dɔdy] adj *fam* [enfant, joue, bras] chubby ; [animal] plump.

dogmatique [dɔgmatik] adj dogmatic.

dogme [dɔgm] nm dogma.

dogue [dɔg] nm mastiff.

doigt [dwa] nm finger ▸ **un doigt de** (just) a drop ou finger of ▸ **doigt de pied** toe ▸ **être à deux doigts de faire qqch** to be within an ace of doing sthg ▸ **mettre le doigt dans l'engrenage** to get involved ▸ **se mettre le doigt dans l'œil** *fam* to be kidding o.s. ▸ **je m'en mords les doigts** *fam* I could kick myself (for it) ▸ **obéir à qqn au doigt et à l'œil** to obey sb's every whim, to be at sb's beck and call.

doigté [dwate] nm delicacy, tact.

dois ⟶ **devoir**.

doive ⟶ **devoir**.

doléances [dɔleɑ̃s] nfpl *sout* grievances.

dollar [dɔlaʀ] nm dollar.

dolmen [dɔlmɛn] nm dolmen.

DOM [dɔm] (*abr de* **département d'outre-mer**) nm *French overseas département*.

domaine [dɔmɛn] nm **1.** [propriété] estate / *mis en bouteille au domaine* [dans le Bordelais] chateau-bottled ▸ **domaine skiable** area developed for skiing *(within a commune or across several communes)* **2.** [secteur, champ d'activité] field, domain / *dans tous les domaines* in every field ou domain / *l'art oriental, c'est son domaine* she's a specialist in oriental art ▸ **tomber dans le domaine public** to come out of copyright.

domanial, e, aux [dɔmanjal, o] adj national, state *(avant n)*.

dôme [dom] nm **1.** ARCHIT dome **2.** GÉOGR rounded peak.

domestication [dɔmɛstikasjɔ̃] nf domestication.

domestique [dɔmɛstik] ◆ nmf (domestic) servant. ◆ adj family *(avant n)* ; [travaux] household *(avant n)*.

domestiquer [3] [dɔmɛstike] vt **1.** [animal] to domesticate **2.** [éléments naturels] to harness.

domicile [dɔmisil] nm **1.** [gén] (place of) residence ▸ **travailler à domicile** to work from ou at home ▸ **ils livrent à domicile** they do deliveries ▸ **sans domicile fixe** of no fixed abode ▸ **élire domicile** to take up residence ▸ **domicile conjugal** DR marital home **2.** [d'entreprise] (registered) address.

domiciliation [dɔmisiljasjɔ̃] nf ▸ **domiciliation bancaire** domiciliation.

domicilié, e [dɔmisilje] adj ▸ **domicilié à** (officially) resident in ou at.

domicilier [9] [dɔmisilje] vt **1.** ADMIN to domicile / *je me suis fait domicilier chez mon frère* I gave my brother's place as an accommodation address **2.** BANQUE & COMM to domicile.

dominant, e [dɔminɑ̃, ɑ̃t] adj **1.** [qui prévaut] dominant **2.** [qui surplombe] dominating. ◆ **dominante** nf **1.** [caractéristique] dominant feature ou characteristic **2.** [couleur] dominant colour UK ou color US **3.** MUS dominant.

domination [dɔminasjɔ̃] nf **1.** [autorité] domination, dominion **2.** [influence] influence.

dominer [3] [dɔmine] ◆ vt **1.** [surplomber, avoir de l'autorité sur] to dominate **2.** [surpasser] to outclass **3.** [maîtriser] to control, to master **4.** *fig* [connaître] to master. ◆ vi **1.** [régner] to dominate, to be dominant **2.** [prédominer] to predominate **3.** [triompher] to be on top, to hold sway. ◆ **se dominer** vp to control o.s.

dominicain, e [dɔminikɛ̃, ɛn] adj Dominican. ◆ **Dominicain, e** nm, f Dominican.

dominical, e, aux [dɔminikal, o] adj Sunday *(avant n)*.

Dominique [dɔminik] nf ▸ **la Dominique** Dominica.

domino [dɔmino] nm domino.

dommage [dɔmaʒ] nm **1.** [préjudice] harm *(U)* ▸ **dommages et intérêts, dommages-intérêts** damages ▸ **quel dommage !** what a shame! ▸ **c'est dommage que** *(+ subjonctif)* it's a pity ou shame (that) **2.** [dégâts] damage *(U)*.

domotique [dɔmɔtik] nf home automation.

dompter [3] [dɔ̃te] vt **1.** [animal, fauve] to tame **2.** [rebelles, enfants] to subdue **3.** *fig* [maîtriser] to overcome, to control.

dompteur, euse [dɔ̃tœʀ, øz] nm, f [de fauves] tamer.

DOM-TOM [dɔmtɔm] (*abr de* **départements d'outre-mer / territoires d'outre-mer**) nmpl *French overseas départements and territories.*

DOM-TOM

This is the abbreviation that is still commonly used for French overseas possessions, although the **départements d'outre-mer** are now officially called **DROM (départements et Régions d'outre-mer)** and the **territoires d'outre-mer** are now officially called **COM (collectivités d'outre-mer)**. Guadeloupe, Martinique, Guyane and La Réunion have **département** status, and their inhabitants are French citizens. The **collectivités** include two islands in the French West Indies (Saint-Barthélemy and the French part of Saint-Martin), Wallis and Futuna, French Polynesia, New Caledonia and French territories at the Poles. The territories are independent, though supervised by a French government representative.

don [dɔ̃] nm **1.** [cadeau] gift ▸ **faire don de** to make a gift OU present of / *faire don d'un bien à qqn* to donate a piece of property to sb / *ceux qui ont fait don de leur vie pour leur pays* those who have laid down OU sacrificed their lives for their country ▸ **don du sang** blood donation ▸ **encourager les dons d'organes** to promote organ donation **2.** [aptitude] knack / *elle a un don pour la danse* she has a talent for dancing, she's a gifted dancer / *elle a le don de trouver des vêtements pas chers* she has a flair for finding cheap clothes.

DON [dɔn] (*abr de* **disque optique numérique**) nm *digital optical disk.*

donateur, trice [dɔnatœʀ, tʀis] nm, f donor.

donation [dɔnasjɔ̃] nf settlement.

donc [dɔ̃k] conj so / *je disais donc...* so as I was saying... / *allons donc !* come on! / *tais-toi donc !* will you be quiet!

donf [dɔ̃f] ◆ **à donf** loc adv (*verlan de* **à fond**) : *il écoute ce morceau en boucle à donf* he listens to that song over and over again at full blast / *en ce moment elle est à donf dans le rap* she's seriously into rap at the moment / *tu kiffes ? — à donf !* you like it? — I LOVE it!

donjon [dɔ̃ʒɔ̃] nm keep.

donjuanisme [dɔ̃ʒyanism] nm womanizing.

donnant [dɔnɑ̃] ◆ **donnant donnant** loc adv fair's fair.

donne [dɔn] nf [jeux] deal.

donné, e [dɔne] adj given / *à cet instant donné* at this (very) moment ▸ **c'est donné** it's a gift ▸ **c'est pas donné** it's not exactly cheap. ◆ **donnée** nf **1.** INFORM & MATH datum, piece of data ▸ **données numériques** numerical data / *fichier / saisie / transmission de données* data file/capture/transmission **2.** [élément] fact, particular / *je ne connais pas toutes les données du problème* I don't have all the information about this question.

donner [3] [dɔne] ❖ vt **1.** [gén] to give ; [se débarrasser de] to give away / *donner à manger aux enfants / chevaux* to feed the children/horses / *donner des nouvelles à qqn* to give sb news ▸ **donner qqch à qqn** to give sb sthg, to give sthg to sb ▸ **donner qqch à faire à qqn** to give sb sthg to do, to give sthg to sb to do / *donner sa voiture à réparer* to leave one's car to be repaired / *donner une fessée à qqn* to smack sb's bottom, to spank sb / *quel âge lui donnes-tu ?* how old do you think he is? **2.** *fam* [dénoncer] to rat on, to shop UK **3.** [occasionner] to give, to cause ▸ **ne rien donner** to be no use OU good, to be unproductive / *en ajoutant les impôts, cela donne la somme suivante* when you add (in) OU on the tax, it comes to the following amount. ❖ vi **1.** [tomber] ▸ **donner dans a)** to fall into **b)** *fig* to have a tendency towards US OU toward US / *sans donner dans le mélodrame* without becoming too melodramatic **2.** [s'ouvrir] ▸ **donner sur** to look (out) onto / *la chambre donne sur le jardin / la mer* the room overlooks the garden/the sea **3.** [produire] to produce, to yield / *la vigne a bien / mal donné cette année* the vineyard had a good/bad yield this year **4.** [amener] ▸ **donner à penser / entendre que** to lead sb to think/understand that. ◆ **se donner** vp **1.** [se consacrer] ▸ **se donner à qqch** to give OU devote o.s. to sthg / *se donner à une cause* to devote o.s. OU one's life to a cause **2.** [s'abandonner] ▸ **se donner à qqn** to give o.s. to sb.

donneur, euse [dɔnœʀ, øz] nm, f **1.** MÉD donor ▸ **donneur de sang** blood donor **2.** [jeux de cartes] dealer.

dont [dɔ̃] pron rel **1.** [complément de verbe ou d'adjectif] : *la personne dont tu parles* the person you're speaking about, the person about whom you are speaking / *l'accident dont il est responsable* the accident for which he is responsible / *c'est quelqu'un dont on dit le plus grand bien* he's someone about whom people speak highly (*la traduction varie selon la préposition anglaise utilisée avec le verbe ou l'adjectif*) **2.** [complément de nom ou de pronom - relatif à l'objet] of which, whose ; [- relatif à une personne] whose / *un meuble dont le bois est vermoulu* a piece of furniture with woodworm / *la boîte dont le couvercle est jaune* the box whose lid is yellow, the box with the yellow lid / *c'est quelqu'un dont j'apprécie l'honnêteté* he's someone whose honesty I appreciate / *celui dont les parents sont divorcés* the one whose parents are divorced **3.** [indiquant la partie d'un tout] : *plusieurs personnes ont téléphoné, dont ton frère* several people phoned, one of whom was your brother OU and among them was your brother / *j'ai vu plusieurs films dont deux étaient particulièrement intéressants* I saw several films, two of which were particularly interesting.

dopage [dɔpaʒ] nm doping.

dopant, e [dɔpɑ̃, ɑ̃t] adj stimulant. ◆ **dopant** nm dope *(U)*.

dope [dɔp] nf *fam* dope.

doper [3] [dɔpe] vt to dope. ◆ **se doper** vp to take stimulants.

dorade [dɔʀad] = **daurade**.

doré, e [dɔʀe] adj **1.** [couvert de dorure] gilded, gilt ▸ **doré sur tranche** gilt-edged **2.** [couleur] golden. ◆ **doré** nm QUÉBEC [poisson d'eau douce] walleye.

dorénavant [dɔʀenavɑ̃] adv from now on, in future.

dorer [3] [dɔʀe] ❖ vt **1.** [couvrir d'or] to gild **2.** [peau] to tan **3.** CULIN to glaze. ❖ vi CULIN ▸ **faire dorer** to brown. ◆ **se dorer** vp to tan.

dorloter [3] [dɔʀlɔte] vt to pamper, to cosset. ◆ **se dorloter** vp *(emploi réfléchi)* to pamper o.s.

dormant, e [dɔʀmɑ̃, ɑ̃t] adj [eau] still.

dormeur, euse [dɔʀmœʀ, øz] nm, f sleeper.

dormir [36] [dɔʀmiʀ] vi **1.** [sommeiller] to sleep ▸ **dormir debout** to be asleep on one's feet ▸ **à dormir debout** unbelievable, implausible **2.** [rester inactif - personne] to slack, to stand around (doing nothing); [- capitaux] to lie idle.

dorsal, e, aux [dɔʀsal, o] adj dorsal.

dortoir [dɔʀtwaʀ] nm dormitory.

dorure [dɔʀyʀ] nf **1.** [couche d'or] gilt; [artificielle] gold-effect finish / *un bureau couvert de dorures* a desk covered in gilding **2.** [ce qui est doré] golden ou gilt decoration.

doryphore [dɔʀifɔʀ] nm Colorado beetle.

dos [do] nm back ▸ **dos à dos** back to back ▸ **de dos** from behind ▸ **sur le dos** on one's back ▸ **'voir au dos'** 'see over' ▸ **à dos d'âne** (riding) on a mule ▸ **ne rien avoir à se mettre sur le dos** to have nothing to wear ▸ **tourner le dos à a)** [être tourné] to have one's back to **b)** *pr* & *fig* [se tourner] to turn one's back on ▸ **dos crawlé** backstroke ▸ **avoir bon dos** to be the one who always gets the blame ▸ **en avoir plein le dos** *fam* to have had it up to here, to be fed up to the back teeth UK ▸ **se mettre qqn à dos** to put sb's back up.

DOS, Dos [dɔs] (*abr de* **disk operating system**) nm DOS.

dosage [dozaʒ] nm [de médicament] dose; [d'ingrédient] amount.

dos-d'âne [dodan] nm inv bump.

dose [doz] nf **1.** [quantité de médicament] dose ▸ **'ne pas dépasser la dose prescrite'** 'do not exceed the prescribed dose' **2.** [quantité] share ▸ **forcer la dose** *fam* & *fig* to overdo it ▸ **une (bonne) dose de bêtise** *fam* & *fig* a lot of silliness ▸ **j'en ai eu ma dose** *fam* & *fig* I've had enough.

doser [3] [doze] vt [médicament, ingrédient] to measure out; *fig* to weigh, to weigh up UK.

dosette [dozɛt] nf capsule / *café en dosette* coffee capsule.

doseur [dozœʀ] nm [appareil] measure; [de cuisine] measuring jug UK ou cup US.

dossard [dosaʀ] nm number *(on competitor's back)*.

dossier [dosje] nm **1.** [de fauteuil] back **2.** [documents] file, dossier ▸ **dossier suspendu** suspension file **3.** [classeur] file, folder **4.** INFORM folder **5.** UNIV ▸ **dossier d'inscription** registration forms *pl* **6.** *fig* [question] question.

dot [dɔt] nf dowry.

dotation [dɔtasjɔ̃] nf **1.** DR endowment **2.** ADMIN grant.

doter [3] [dɔte] vt [pourvoir] ▸ **doter de a)** [talent] to endow with **b)** [machine] to equip with.

douairière [dwɛʀjɛʀ] nf [veuve] dowager.

douane [dwan] nf **1.** [service, lieu] customs *pl* ▸ **passer la douane** to go through customs **2.** [taxe] (import) duty.

douanier, ère [dwanje, ɛʀ] ❖ adj customs *(avant n)*. ❖ nm, f customs officer.

doublage [dublaʒ] nm **1.** [renforcement] lining **2.** [de film] dubbing **3.** [d'acteur] understudying.

double [dubl] ❖ adj double ▸ **chambre / lit double** double room / bed / *contrat en double exemplaire* contract in duplicate ▸ **double vitrage** double glazing / *avoir la double nationalité* to have dual nationality / *c'est un argument à double tranchant* the argument cuts both ways / *une phrase à double sens* a double entendre. ❖ adv double ▸ **voir double** to see double, to have double vision. ❖ nm **1.** [quantité] ▸ **le double** double / *coûter le double de* to cost twice as much as **2.** [copie] copy / *tu as un double de la clé ?* have you got a spare ou duplicate key? ▸ **en double** in duplicate / *j'ai une photo en double* I've got two of the same photograph ▸ **faire un double** [d'un document] to make a copy **3.** [d'une personne] double **4.** TENNIS doubles *sg* / *jouer un double* to play (a) doubles (match).

doublé [duble] nm **1.** [en orfèvrerie] rolled gold UK **2.** [réussite double] double.

double-clic [dubləklik] (*pl* **doubles-clics**) nm INFORM double-click.

double-cliquer [3] [dublklike] vt INFORM to double-click on / *double-cliquer sur l'image* to double-click on the picture.

doublement [dubləmɑ̃] ❖ adv doubly. ❖ nm [de lettre] doubling.

doubler [3] [duble] ❖ vt **1.** [multiplier] to double **2.** [plier] to (fold) double **3.** [renforcer] ▸ **doubler (de)** to line (with) **4.** [dépasser] to pass, to overtake UK **5.** [film, acteur] to dub **6.** *fam* [trahir] to con, to double-cross **7.** [augmenter] to double. ❖ vi **1.** [véhicule] to pass, to overtake UK **2.** [augmenter] to double. ◆ **se doubler** vp ▸ **se doubler de** to be coupled with.

doublure [dublyʀ] nf **1.** [renforcement] lining **2.** CINÉ stand-in.

douce ⟶ **doux**.

douceâtre [dusatʀ] adj sickly (sweet), cloying.

doucement [dusmɑ̃] adv **1.** [descendre] carefully; [frapper] gently ▸ **doucement !** gently ou easy (does it)! **2.** [traiter] gently ; [parler] softly **3.** [médiocrement] (only) so-so.

doucereux, euse [dusʀø, øz] adj **1.** [saveur] sickly (sweet), cloying **2.** [mielleux] smooth, suave.

doucette [dusɛt] nf BOT lamb's lettuce.

douceur [dusœʀ] nf **1.** [de saveur, parfum] sweetness **2.** [d'éclairage, de peau, de musique] softness **3.** [de climat] mildness **4.** [de caractère] gentleness **5.** [plaisir] pleasure. ◆ **douceurs** nfpl [friandises] sweets UK, candy *(U)* US. ◆ **en douceur** ❖ loc adv smoothly. ❖ loc adj smooth.

douche [duʃ] nf **1.** [appareil, action] shower ▸ **prendre une douche** to take ou have UK a shower **2.** *fam* & *fig* [déception] letdown ▸ **douche écossaise** shock to the system.

doucher [3] [duʃe] vt **1.** [donner une douche à] ▸ **doucher qqn** to give sb a shower **2.** *fam* & *fig* [décevoir] to let down. ◆ **se doucher** vp to take ou have UK a shower, to shower.

douchette [duʃɛt] nf bar-code reader ou scanner *(for bulky items)*.

doudou [dudu] nm *fam* [langage enfantin] security blanket.

doudoune [dudun] nf quilted jacket.

doué, e [dwe] adj talented ▸ **être doué pour** to have a gift for.

douer [6] [due] vt ▸ **douer qqn de** to endow sb with.

douille [duj] nf **1.** [d'ampoule] socket **2.** [de cartouche] cartridge.

douillet, ette [dujɛ, ɛt] ❖ adj **1.** [confortable] snug, cosy UK, cozy US **2.** [sensible] soft. ❖ nm, f wimp.

douillettement [dujɛtmɑ̃] adv snugly.

douleur [dulœʀ] nf *pr* & *fig* pain ▸ **nous avons la douleur de vous annoncer...** it is with great sorrow that we announce....

douloureux, euse [duluʀø, øz] adj **1.** [physiquement] painful **2.** [moralement] distressing **3.** [regard, air] sorrowful.

doute [dut] nm doubt ▸ **avoir des doutes sur** to have misgivings about ▸ **mettre qqch en doute** to cast doubt on sthg. ◆ **sans doute** loc adv no doubt ▸ **sans aucun doute** without (a) doubt.

douter [3] [dute] ❖ vt [ne pas croire] ▸ **douter que** *(+ subjonctif)* to doubt (that). ❖ vi [ne pas avoir confiance] ▸ **douter de qqn / de qqch** to doubt sb/sthg, to have doubts about sb/sthg ▸ **j'en doute** I doubt it. ◆ **se douter** vp ▸ **se douter de qqch** to suspect sthg ▸ **je m'en doutais** I thought so ▸ **je m'en doute** I'm not surprised.

douteux, euse [dutø, øz] adj **1.** [incertain] doubtful **2.** [contestable] questionable **3.** *péj* [mœurs] dubious ; [vêtements, personne] dubious-looking.

douve [duv] nf **1.** [en équitation] water jump **2.** [d'un fût] stave **3.** ZOOL fluke.

douves [duv] nfpl [de château] moat *sg*.

Douvres [duvʀ] npr Dover.

doux, douce [du, dus] adj **1.** [éclairage, peau, musique] soft **2.** [saveur, parfum] sweet **3.** [climat, condiment] mild **4.** *sout* [agréable] pleasant **5.** [pente, regard, caractère] gentle. ◆ **doux** loc adv ▸ **il fait doux** the weather is mild. ◆ **en douce** loc adv *fam* secretly.

douzaine [duzɛn] nf **1.** [douze] dozen **2.** [environ douze] ▸ **une douzaine de** about twelve.

douze [duz] adj num inv & nm twelve. ***Voir aussi* six**.

douzième [duzjɛm] adj num inv, nm & nmf twelfth. ***Voir aussi* sixième**.

doyen, enne [dwajɛ̃, ɛn] nm, f [le plus ancien] most senior member.

DP (*abr de* **délégué du personnel**) nm *staff representative*.

DPLG (*abr de* **diplômé par le gouvernement**) adj *holder of official certificate for architects, engineers, etc.*

dr. (*abr écrite de* **droite**) R, r.

Dr (*abr écrite de* **Docteur**) Dr.

draconien, enne [dʀakɔnjɛ̃, ɛn] adj draconian.

dragage [dʀagaʒ] nm dredging.

dragée [dʀaʒe] nf **1.** [confiserie] sugared almond ▸ **tenir la dragée haute à qqn** to hold out against sb **2.** [comprimé] pill.

dragon [dʀagɔ̃] nm **1.** [monstre, personne autoritaire] dragon **2.** [soldat] dragoon **3.** [Corée du Sud, Taiwan, Chine, Indonésie, Singapour, etc.] ▸ **les dragons (asiatiques)** the (Asian) tiger economies.

drague [dʀag] nf **1.** TECHNOL dredger **2.** *fam* & *fig* [flirt] picking up.

draguer [3] [dʀage] vt **1.** [nettoyer] to dredge **2.** *fam* [personne] to try to pick up, to chat up UK, to get off with UK.

dragueur, euse [dʀagœʀ, øz] nm, f *fam* ▸ **c'est un dragueur** he's always on the pull UK ou on the make US ▸ **quelle dragueuse !** she's always chasing after men! ◆ **dragueur** nm [bateau] dredger.

drainage [dʀɛnaʒ] nm draining.

drainer [4] [dʀene] vt **1.** [terrain, plaie] to drain **2.** *fig* [attirer] to drain off.

dramatique [dʀamatik] ❖ nf play. ❖ adj **1.** THÉÂTRE dramatic **2.** [grave] tragic.

dramatisation [dʀamatizasjɔ̃] nf dramatization.

dramatiser [3] [dʀamatize] vt [exagérer] to dramatize.

dramaturge [dʀamatyʀʒ] nm playwright, dramatist.

drame [dʀam] nm **1.** [catastrophe] tragedy ▸ **faire un drame de qqch** *fig* to make a drama of sthg **2.** LITTÉR drama.

drap [dʀa] nm **1.** [de lit] sheet **2.** [tissu] woollen UK ou woolen US cloth ▸ **être dans de beaux draps** *fam* & *fig* to be in a real mess.

drapeau, x [dʀapo] nm flag ▸ **drapeau blanc** white flag ▸ **le drapeau tricolore** the tricolour UK, the tricolor US, the French flag ▸ **être sous les drapeaux** *fig* to be doing military service.

draper [3] [dʀape] vt to drape. ◆ **se draper** vp ▸ **se draper dans** to drape o.s. in.

draperie [dʀapʀi] nf **1.** [tenture] drapery **2.** [industrie] cloth industry.

drap-housse [dʀaus] (*pl* **draps-housses**) nm fitted sheet.

drapier, ère [dʀapje, ɛʀ] ❖ adj clothing *(avant n)*. ❖ nm, f **1.** [fabricant] cloth manufacturer **2.** [marchand] draper UK *vieilli*.

drastique [dʀastik] adj drastic.

drave [dʀav] nf QUÉBEC drive (of floating logs).

draveur, euse [dʀavœʀ, øz] nm, f QUÉBEC raftsman, raftswoman.

dressage [dʀesaʒ] nm [d'animal] training, taming.

dresser [4] [dʀese] vt **1.** [lever] to raise **2.** [faire tenir] to put up **3.** *sout* [construire] to erect **4.** [acte, liste, carte] to draw up ; [procès-verbal] to make out **5.** [dompter] to train **6.** *fig* [opposer] ▸ **dresser qqn contre qqn** to set sb against sb. ◆ **se dresser** vp **1.** [se lever] to stand up **2.** [s'élever] to rise (up) ; *fig* to stand ▸ **se dresser contre qqch** to rise up against sthg.

dresseur, euse [dʀesœʀ, øz] nm, f trainer.

dressing [dʀesiŋ] nm dressing room *(near a bedroom)*.

dressoir [dʀeswaʀ] nm dresser.

DRH ❖ nf (*abr de* **direction des ressources humaines**) personnel department. ❖ nm (*abr de* **directeur des ressources humaines**) personnel manager.

dribbler [3] [dʀible] ❖ vi SPORT to dribble. ❖ vt SPORT ▸ **dribbler qqn** to dribble past sb.

drille [dʀij] nm *fam* ▸ **un joyeux drille** a cheery person.

driver [3] ❖ nm [dʀajvœʀ] ÉQUIT, GOLF & INFORM driver. ❖ vi [dʀajve] [golf] to drive.

drogue [dʀɔg] nf **1.** [stupéfiant] drug ▸ **la drogue** drugs *pl* ▸ **drogue dure** hard drug **2.** [médicament] medicine.

drogué, e [dʀɔge] ❖ adj drugged. ❖ nm, f drug addict.

droguer [3] [dʀɔge] vt [victime] to drug. ◆ **se droguer** vp [de stupéfiants] to take drugs.

droguerie [dʀɔgʀi] nf hardware shop UK ou store US.

droguiste [dʀɔgist] nmf ▸ **chez le droguiste** at the hardware shop UK ou store US.

droit, e [dʀwa, dʀwat]

❖ adj

1. [du côté droit] right / *le côté droit* the right-hand side **2.** [rectiligne, vertical, honnête] straight / *jupe droite* straight skirt / *rester dans le droit chemin* to keep to the straight and narrow ▸ **droit comme un i** straight as a ramrod, bolt upright

◆ **droit** ❖ adv straight ▸ **tout droit** straight ahead / *ça m'est allé droit au cœur* it went straight to my heart / *il est allé droit à l'essentiel* he went straight to the point. ❖ nm **1.** DR law / *étudiant en droit* law student / *faire son droit* to study law ▸ **droit canon** canon law ▸ **droit civil / commercial / constitutionnel** civil / commercial / constitutional law ▸ **droit coutumier** common law ▸ **droit écrit** statute law ▸ **droit international** international law ▸ **droit pénal** criminal law ▸ **droit privé / public** private / public law ▸ **point de droit** point of law ▸ **de droit commun** common-law *(avant n)* **2.** [prérogative] right ▸ **avoir droit à** to be entitled to ▸ **avoir le droit de faire qqch** to be allowed to do sthg ▸ **être dans son droit** to be within one's rights ▸ **être en droit de faire qqch** to have a right to do sthg / *je suis en droit d'obtenir des explications* I'm entitled to an explanation ▸ **de quel droit ?** by what right? ▸ **droit d'aînesse** birthright ▸ **droit d'asile** right of asylum ▸ **droit de cuissage** HIST droit de seigneur ▸ **droit de grâce** power of pardon ▸ **droit de grève** right to strike ▸ **droit de regard** right of access ▸ **droit de réponse** right of reply ▸ **droit de visite** visiting rights *pl*, access ▸ **droit de vote** right to vote ▸ **droits d'auteur** royalties ▸ **droits cinématographiques** film UK ou movie US rights ▸ **droits de douane** customs duty ▸ **droits exclusifs** exclusive rights ▸ **droits de l'homme** human rights ▸ **droits d'inscription** registration fees ▸ **tous droits (de reproduction) réservés** copyright, all rights reserved ▸ **à qui de droit** to the proper authority.

◆ **droite** nf **1.** [gén] right, right-hand side / *la porte de droite* the door on the right, the right-hand door / *garder / serrer sa droite* to keep to the right ▸ **à droite** on the right ▸ **à droite de** to the right of **2.** POL ▸ **la droite** the right (wing) ▸ **de droite** right-wing.

droitier, ère [dʀwatje, ɛʀ] ❖ adj right-handed. ❖ nm, f right-handed person, right-hander.

droiture [dʀwatyʀ] nf straightforwardness.

drôle [dʀol] adj **1.** [amusant] funny **2.** ▸ **drôle de a)** [bizarre] funny **b)** *fam* [remarquable] amazing.

drôlement [dʀolmɑ̃] adv **1.** *fam* [très] tremendously **2.** [bizarrement] in a strange way **3.** [de façon amusante] in a funny way.

drôlerie [dʀolʀi] nf humour UK, humor US.

DROM [dʀom] nm *abr de* **département et Région d'outre-mer**.

dromadaire [dʀɔmadɛʀ] nm dromedary.

drone [dʀɔn] nm MIL drone.

dru, e [dʀy] adj thick. ◆ **dru** adv ▸ **tombér dru** to fall heavily.

drugstore [dʀœgstɔʀ] nm drugstore.

druide [dʀɥid] nm druid.

DS [deɛs] nf [voiture] *now legendary futuristic car produced by Citroën in the 1950s.*

ds *abr écrite de* **dans**.

dsl (*abr écrite de* **désolé**) SMS Sry.

DTP (*abr de* **diphtérie, tétanos, polio**) nm *vaccine against diphtheria, tetanus and polio.*

du art partitif ⟶ **de**.

dû, due [dy] ◆ pp ⟶ **devoir.** ◆ adj due, owing. ◆ **dû** nm due ▸ **réclamer son dû** to demand one's due.

dualité [dɥalite] nf duality.

Dubai, Dubayy [dybaj] npr Dubai.

dubitatif, ive [dybitatif, iv] adj doubtful.

Dublin [dyblɛ̃] npr Dublin.

dublinois, e [dyblinwa, waz] adj of/from Dublin. ◆ **Dublinois, e** nm, f Dubliner.

duc [dyk] nm duke.

ducal, e, aux [dykal, o] adj ducal.

duché [dyʃe] nm duchy.

duchesse [dyʃɛs] nf duchess.

duel [dɥɛl] nm duel.

duffel-coat (*pl* **duffel-coats**), **duffle-coat** (*pl* **duffle-coats**) [dœfœlkot] nm duffel coat.

dûment [dymɑ̃] adv duly.

dumping [dœmpiŋ] nm COMM dumping.

dune [dyn] nf dune.

duo [dɥo] nm **1.** MUS duet ▸ **chanter en duo** to sing a duet **2.** [couple] duo.

dupe [dyp] ◆ nf dupe. ◆ adj gullible ▸ **être / ne pas être dupe** to be/not to be taken in.

duper [3] [dype] vt *sout* to dupe, to take sb in.

duplex [dyplɛks] nm **1.** [appartement] split-level flat UK, maisonette UK, duplex US **2.** RADIO & TV link-up ▸ **en duplex** link-up *(avant n)*.

duplicata [dyplikata] nm inv duplicate.

duplicité [dyplisite] nf duplicity.

dupliquer [3] [dyplike] vt [document] to duplicate.

duquel [dykɛl] ⟶ **lequel**.

dur, e [dyʀ] ◆ adj **1.** [matière, personne, travail] hard / *d'une voix dure* in a harsh voice / *il est parfois dur d'accepter la vérité* accepting the truth can be hard OU difficult / *la route est dure à monter* it's a hard road to climb ▸ **dur comme du bois** rock-hard **2.** [carton] stiff **3.** [viande] tough **4.** [climat, punition, loi] harsh / *les temps sont durs* these are hard times. ◆ nm, f *fam* ▸ **dur (à cuire)** tough nut. ◆ **dur** adv hard / *le soleil tape dur aujourd'hui* the sun is beating down today / *il travaille dur sur son nouveau projet* he's working hard OU he's hard at work on his new project. ◆ **à la dure** loc adv : *coucher à la dure fam* to sleep outside OU rough UK / *être élevé à la dure* to be brought up the hard way. ◆ **en dur** loc adj ▸ **construction / maison en dur** building/house built with non-temporary materials.

durabilité [dyʀabilite] nf **1.** [qualité] durableness, durability **2.** ÉCOL sustainability.

durable [dyʀabl] adj lasting.

durablement [dyʀabləmɑ̃] adv durably.

durant [dyʀɑ̃] prép **1.** [pendant] for **2.** [au cours de] during.

durcir [32] [dyʀsiʀ] ◆ vt *pr* & *fig* to harden. ◆ vi to harden, to become hard. ◆ **se durcir** vp *pr* & *fig* to harden.

durcissement [dyʀsismɑ̃] nm hardening.

durée [dyʀe] nf **1.** [période] length ▸ **'durée de conservation…'** 'best before…' **2.** [persistance] ▸ **(de) longue durée** long-lasting **3.** [film, émission] running time.

durement [dyʀmɑ̃] adv **1.** [violemment] hard, vigorously **2.** [péniblement] severely **3.** [méchamment] harshly.

durer [3] [dyʀe] vi to last / *ça ne peut plus durer !* it can't go on like this! / *ce soleil ne va pas durer* this sunshine won't last long / *faire durer le plaisir* to spin things out / *la situation n'a que trop duré* the situation has gone on far too long.

dureté [dyʀte] nf **1.** [de matériau, de l'eau] hardness **2.** [de problème] difficulty **3.** [d'époque, de climat, de personne] harshness **4.** [de punition] severity.

durillon [dyʀijɔ̃] nm [sur le pied] corn ; [sur la main] callus.

dus, dut ⟶ **devoir**.

DUT (*abr de* **diplôme universitaire de technologie**) nm *university diploma in technology*.

duvet [dyvɛ] nm **1.** [plumes, poils fins] down **2.** [sac de couchage] sleeping bag.

DVD (*abr de* **digital video ou versatile disc**) nm inv DVD.

DVD-Rom [dvdʀɔm] (*abr de* **digital video ou versatile disc read only memory**) nm DVD-ROM.

DVR (*abr de* **digital video recorder**) nm DVR.

dynamique [dinamik] ◆ nf **1.** PHYS dynamics *(U)* **2.** *fig* ▸ **dynamique de groupe** group dynamics *pl*. ◆ adj dynamic.

dynamisant, e [dinamizɑ̃, ɑ̃t] adj stimulating.

dynamiser [3] [dinamize] vt to inspire with energy.

dynamisme [dynamism] nm dynamism.

dynamite [dinamit] nf dynamite.

dynamiter [3] [dinamite] vt to dynamite.

dynamo [dinamo] nf dynamo.

dynamomètre [dinamɔmɛtʀ] nm dynamometer.

dynastie [dinasti] nf dynasty.

dysenterie [disɑ̃tʀi] nf dysentery.

dysfonctionnel, elle [disfɔksjɔnɛl] adj dysfunctional.

dysfonctionnement [disfɔ̃ksjɔnmɑ̃] nm malfunction, malfunctioning.

dysfonctionner [disfɔ̃ksjɔne] vi [personne, groupe] to become dysfunctional ; [machine, système] to go wrong.

dyslexique [dislɛksik] ◆ nmf dyslexic (person). ◆ adj dyslexic.

dyspepsie [dispɛpsi] nf dyspepsia.

E

e, E [ə] nm inv e, E. ◆ **E.** (*abr écrite de* **est**) E.

EAO (*abr de* **enseignement assisté par ordinateur**) nm CAL.

eau, x [o] nf water ▸ **prendre l'eau** to leak ▸ **eau calcaire** ou **dure** hard water ▸ **eau déminéralisée / distillée** demineralized / distilled water ▸ **eau douce / salée / de mer** fresh / salt / sea water ▸ **eau gazeuse / plate** fizzy / still water ▸ **eau de Cologne** (eau de) Cologne ▸ **eau courante** running water ▸ **eau écarlate** stain-remover ▸ **eau minérale** mineral water ▸ **eau oxygénée** hydrogen peroxide ▸ **eau de pluie** rainwater ▸ **eau du robinet** tap water ▸ **eau de Seltz** soda water ▸ **eau de source** spring water ▸ **eau de toilette** toilet water ▸ **eaux côtières** inshore waters ▸ **eaux dormantes** still waters ▸ **les Eaux et Forêts** ≃ the Forestry Commission UK ou Service US ▸ **eaux internationales / territoriales** international / territorial waters ▸ **les eaux usées** waste water *(U)* ▸ **à l'eau de rose** soppy, sentimental ▸ **dans les eaux de** in the wake of ▸ **ils étaient en eau** the sweat was pouring off them ▸ **mettre** ou **faire venir l'eau à la bouche** to make one's mouth water ▸ **mettre de l'eau dans son vin** to calm down, to tone it down a bit ▸ **tomber à l'eau** *fig* to fall through ▸ **tu apportes de l'eau à mon moulin** you're adding weight to my argument.

EAU (*abr de* **Émirats arabes unis**) nmpl UAE.

eau-de-vie [odvi] (*pl* **eaux-de-vie**) nf brandy.

eau-forte [ofɔʀt] (*pl* **eaux-fortes**) nf etching.

ébahi, e [ebai] adj staggered, astounded.

ébahissement [ebaismɑ̃] nm amazement.

ébats [eba] nmpl *litt* frolics ▸ **ébats amoureux** lovemaking *(U)*.

ébattre [83] [ebatʀ] ◆ **s'ébattre** vp *litt* to frolic.

ébauche [eboʃ] nf [esquisse] sketch ; *fig* outline ▸ **l'ébauche d'un sourire** the ghost of a smile.

ébaucher [3] [eboʃe] vt **1.** [esquisser] to rough out **2.** *fig* [commencer] : *ébaucher des négociations* to start the process of negotiation / *ébaucher un geste* to start to make a gesture. ◆ **s'ébaucher** vpi to (take) form, to start up.

ébène [ebɛn] nf ebony.

ébéniste [ebenist] nm cabinet-maker.

ébénisterie [ebenistəʀi] nf **1.** [métier] cabinet-making **2.** [travail] cabinet work.

éberlué, e [ebɛʀlɥe] adj flabbergasted.

éblouir [32] [ebluiʀ] vt to dazzle.

éblouissant, e [ebluisɑ̃, ɑ̃t] adj dazzling.

éblouissement [ebluismɑ̃] nm **1.** [aveuglement] glare, dazzle **2.** [vertige] dizziness **3.** [émerveillement] amazement.

ébonite [ebɔnit] nf vulcanite, ebonite.

e-book [ibuk] (*pl* **e-books**) nm e-book.

éborgner [3] [ebɔʀɲe] vt ▸ **éborgner qqn** to put sb's eye out. ◆ **s'éborgner** vp *(emploi réfléchi)* to put one's eye out.

éboueur [ebwœʀ] nm dustman UK, garbage collector US.

ébouillanter [3] [ebujɑ̃te] vt to scald. ◆ **s'ébouillanter** vp to scald o.s.

éboulement [ebulmɑ̃] nm cave-in, fall.

éboulis [ebuli] nm mass of fallen rocks.

ébouriffer [3] [ebuʀife] vt **1.** [cheveux] to ruffle **2.** *fam* [étonner] to amaze.

ébranler [3] [ebʀɑ̃le] vt **1.** [bâtiment, opinion] to shake **2.** [gouvernement, nerfs] to weaken. ◆ **s'ébranler** vp [train] to move off.

ébrécher [18] [ebʀeʃe] vt [assiette, verre] to chip ; *fam* & *fig* to break into.

ébriété [ebʀijete] nf drunkenness.

ébrouer [3] [ebʀue] ◆ **s'ébrouer** vp [animal] to shake o.s.

ébruiter [3] [ebʀɥite] vt to spread. ◆ **s'ébruiter** vp to become known.

ébullition [ebylisjɔ̃] nf **1.** [de liquide] boiling point ▸ **porter à ébullition** CULIN to bring to the boil **2.** [effervescence] ▸ **en ébullition** *fig* in a state of agitation.

écaille [ekaj] nf **1.** [de poisson, reptile] scale ; [de tortue] shell **2.** [de plâtre, peinture, vernis] flake **3.** [matière] tortoiseshell ▸ **en écaille** [lunettes] horn-rimmed.

écailler[1], ère [ekaje, ɛʀ] nm, f oyster seller.

écailler[2] [3] [ekaje] vt **1.** [poisson] to scale **2.** [huîtres] to open. ◆ **s'écailler** vp to flake ou peel off.

écarlate [ekaʀlat] adj & nf scarlet ▸ **devenir écarlate** to turn crimson ou scarlet.

écarquiller [3] [ekaʀkije] vt ▸ **écarquiller les yeux** to stare wide-eyed.

écart [ekaʀ] nm **1.** [espace] space / *réduire* ou *resserrer l'écart entre* to close ou to narrow the gap between **2.** [temps] gap **3.** [différence] difference / *écart de poids / température* difference in weight / temperature ▸ **écart type** standard deviation **4.** ÉCON gap ▸ **écart inflationniste** inflationary gap ▸ **écart de prix** price differential **5.** FIN [comptabilité] margin ; [Bourse] spread ; [statistiques] deviation **6.** [excès] : *écart de conduite* misdemeanour UK, misdemeanor US, misbehaviour *(U)* UK, misbehavior *(U)* US / *écarts de langage* strong language **7.** [déviation] ▸ **faire un écart a)** [personne] to step aside **b)** [cheval] to shy / *j'ai fait un petit écart aujourd'hui : j'ai mangé deux gâteaux* I broke my diet today: I ate two cakes ▸ **être à l'écart** to be in the background / *mettre qqn à l'écart* to put sb on the sidelines ; *fig* ▸ **tenir qqn à l'écart de** to keep sb out of **ou** away from / *il essaie de la tenir à l'écart de tous ses problèmes* he's trying not to involve her in all his problems **8.** [gymnastique] ▸ **grand écart** splits *pl* / *faire le grand écart* **a)** to do the splits **b)** *fig* to do a balancing act.

écarteler [25] [ekaʀtəle] vt *fig* to tear apart.

écartement [ekaʀtəmɑ̃] nm ▸ **écartement entre** space between.

écarter [3] [ekaʀte] vt **1.** [bras, jambes] to open, to spread ▸ **écarter qqch de** to move sthg away from **2.** [obstacle, danger] to brush aside **3.** [foule, rideaux] to push aside ; [solution] to dismiss ▸ **écarter qqn de** to exclude sb from. ◆ **s'écarter** vp **1.** [se séparer] to part **2.** [se détourner] ▸ **s'écarter de** to deviate from.

ecchymose [ekimoz] nf bruise.

ecclésiastique [eklezjastik] ❖ nm clergyman. ❖ adj ecclesiastical.

écervelé, e [esɛʀvəle] ❖ adj scatty, scatterbrained. ❖ nm, f scatterbrain.

échafaud [eʃafo] nm scaffold.

échafaudage [eʃafodaʒ] nm **1.** CONSTR scaffolding **2.** [amas] pile.

échafauder [3] [eʃafode] ❖ vt **1.** [empiler] to pile up **2.** [élaborer] to construct. ❖ vi to put up scaffolding.

échalas [eʃala] nm **1.** [perche] stake, pole **2.** *péj* [personne] beanpole.

échalote [eʃalɔt] nf **1.** [gén] shallot **2.** QUÉBEC [jeune oignon] spring onion **2.** QUÉBEC *fam* [personne grande et maigre] : **c'est une échalote** he's all skin and bones.

échancré, e [eʃɑ̃kʀe] adj **1.** [vêtement] low-necked **2.** [côte] indented.

échancrure [eʃɑ̃kʀyʀ] nf **1.** [de robe] low neckline **2.** [de côte] indentation.

échange [eʃɑ̃ʒ] nm **1.** [de choses] exchange / *faire un échange* to swap, to do a swap ▸ **en échange (de)** in exchange (for) / *échange de balles* **a)** [avant un match] knocking up **b)** [pendant le match] rally ▸ **échange (linguistique)** (language) exchange ▸ **échange standard** *replacement of faulty goods with the same item* ▸ **échange de bons procédés** exchange of favours UK **ou** favors US / *échanges culturels* cultural exchanges **2.** COMM ▸ **les échanges** trade *sg* ▸ **échanges internationaux** international trade **3.** INFORM ▸ **échange de fichiers** file sharing ▸ **site d'échange gratuit de fichiers** free file-sharing site.

échangeable [eʃɑ̃ʒabl] adj exchangeable.

échanger [17] [eʃɑ̃ʒe] vt **1.** [troquer] to swap, to exchange **2.** [marchandise] ▸ **échanger qqch (contre)** to change sthg (for) **3.** [communiquer] to exchange.

échangeur [eʃɑ̃ʒœʀ] nm interchange.

échangisme [eʃɑ̃ʒism] nm [de partenaires sexuels] partner-swapping.

échantillon [eʃɑ̃tijɔ̃] nm **1.** [de produit, de population] sample **2.** ÉCON : *échantillon probabiliste* probability sample / *échantillon promotionnel* promotional sample / *échantillon type* representative sample **3.** *fig* example.

échantillonnage [eʃɑ̃tijɔnaʒ] nm **1.** [série d'échantillons] range of samples **2.** COMM : *échantillonnage aléatoire* random sampling / *échantillonnage aréolaire* **ou** *par grappes* cluster sampling.

échappatoire [eʃapatwaʀ] nf way out.

échappé, e [eʃape] nm, f *competitor who has broken away* / *les échappés du peloton* runners who have broken away from the rest of the field. ◆ **échappée** nf **1.** SPORT breakaway **2.** [espace ouvert à la vue] vista, view. ◆ **par échappées** loc adv every now and then, in fits and starts.

échappement [eʃapmɑ̃] nm **1.** AUTO exhaust ; ⟶ **pot 2.** [d'horloge] escapement.

échapper [3] [eʃape] vi **1.** [éviter] ▸ **échapper à a)** [personne, situation] to escape from **b)** [danger, mort] to escape **c)** [suj : détail, parole, sens] to escape / *échapper à ses obligations* to evade one's duties / *ce détail m'a échappé* that detail escaped me / *la victoire lui a échappé* victory eluded him / *son nom m'échappe* his name escapes me **ou** has slipped my mind **2.** [glisser] ▸ **échapper de** to slip from **ou** out of / *le vase lui a échappé des mains* the vase slipped out of her hands ▸ **laisser échapper** to let slip **3.** EXPR **l'échapper belle** to have a narrow escape. ◆ **s'échapper** vp ▸ **s'échapper (de)** to escape (from) / *s'échapper d'un camp* to escape from a camp / *des mèches s'échappaient de son foulard* wisps of hair poked out from underneath her scarf.

écharde [eʃaʀd] nf splinter.

écharpe [eʃaʀp] nf scarf ▸ **en écharpe** in a sling ▸ **l'écharpe tricolore** *mayoral sash worn by French mayors at civic functions* ▸ **prendre en écharpe** *fig* to hit on the side.

écharper [3] [eʃaʀpe] vt to rip to pieces **ou** shreds.

échasse [eʃas] nf [de berger, oiseau] stilt.

échassier [eʃasje] nm wader.

échauder [3] [eʃode] vt **1.** [ébouillanter] to scald **2.** *fig* [servir de leçon] ▸ **échauder qqn** to teach sb a lesson.

échauffement [eʃofmɑ̃] nm **1.** [de moteur] overheating ; [de terre] heating up **2.** SPORT warm-up **3.** [surexcitation] overheating **4.** MÉD inflammation.

échauffer [3] [eʃofe] vt **1.** [chauffer] to overheat **2.** [exciter] to excite **3.** [énerver] to irritate. ◆ **s'échauffer** vp **1.** SPORT to warm up **2.** *fig* [s'animer] to become heated.

échauffourée [eʃofuʀe] nf brawl, skirmish.

échéance [eʃeɑ̃s] nf **1.** [délai] expiry ▸ **à courte** ou **brève échéance** in the short term ▸ **à longue échéance** in the long term **2.** [date] payment date ▸ **arriver à échéance** to fall due.

échéancier [eʃeɑ̃sje] nm bill-book UK, tickler US ▸ **échéancier (de paiement)** payment schedule.

échéant [eʃeɑ̃] adj ▸ **le cas échéant** if necessary, if need be.

échec [eʃɛk] nm **1.** [insuccès] failure ▸ **un échec cuisant** a bitter defeat ▸ **essuyer un échec** to suffer a defeat / *être en situation d'échec scolaire* to have learning difficulties ▸ **tenir qqn en échec** to hold sb in check ▸ **voué à l'échec** doomed to failure **2.** [jeux] ▸ **échec et mat** checkmate. ◆ **échecs** nmpl chess *(U)*.

échelle [eʃɛl] nf **1.** [objet] ladder ▸ **échelle de corde** rope ladder ▸ **échelle d'incendie** fireman's ladder ▸ **faire la courte échelle à qqn** *pr* & *fig* to give sb a leg up / *monter dans l'échelle sociale* *fig* to climb the social ladder **2.** [ordre de grandeur] scale ▸ **à l'échelle de** on the scale of ▸ **sur une grande échelle** on a large scale / *à l'échelle nationale* nationwide / *des événements à l'échelle mondiale* world events / *une carte à l'échelle 1/10 000* a map on a scale of 1/10,000 / *dessiner une carte à l'échelle* to draw a map to scale / *sur l'échelle de Richter* on the Richter scale.

échelon [eʃlɔ̃] nm **1.** [barreau] rung **2.** *fig* [niveau] level ▸ **gravir les échelons (de)** to climb the rungs (of).

échelonner [3] [eʃlɔne] vt [espacer] to spread out. ◆ **s'échelonner** vp to be spread out.

écheveau, x [eʃvo] nm skein.

échevelé, e [eʃəvle] adj **1.** [ébouriffé] dishevelled UK, disheveled US **2.** [frénétique] wild.

échine [eʃin] nf ANAT spine ▸ **courber l'échine** *fig* to submit.

échiner [3] [eʃine] ◆ **s'échiner** vp *fam* [s'épuiser] ▸ **s'échiner (à faire qqch)** to exhaust o.s. (doing sthg).

échiquier [eʃikje] nm **1.** [jeux] chessboard **2.** *fig* [scène] scene ▸ **l'échiquier politique** the political scene.

écho [eko] nm echo / *il se fait l'écho de la direction* he repeats what the managers say / *la presse se fait l'écho de leur protestation* the press echo their discontent ▸ **rester sans écho** to get no response.

échographie [ekɔgrafi] nf [examen] ultrasound (scan).

échoir [70] [eʃwaʀ] vi **1.** [être dévolu] ▸ **échoir à** to fall to **2.** [expirer] to fall due.

échoppe [eʃɔp] nf stall.

échouer [6] [eʃwe] vi **1.** [ne pas réussir] to fail ▸ **échouer à un examen** to fail an exam **2.** [navire] to run aground **3.** *fam* & *fig* [aboutir] to end up. ◆ **s'échouer** vp [navire] to run aground.

échu, e [eʃy] pp ⟶ **échoir**.

éclabousser [3] [eklabuse] vt **1.** [suj : liquide] to spatter **2.** *fig* [compromettre] to compromise.

éclaboussure [eklabusyʀ] nf **1.** [de liquide] splash **2.** *fig* blot (on one's reputation).

éclair [eklɛʀ] ◇ nm **1.** [de lumière] flash of lightning **2.** *fig* [instant] ▸ **éclair de** flash of ▸ **en un éclair** in a flash **3.** [gâteau] ▸ **éclair au chocolat / café** chocolate / coffee éclair. ◇ adj inv : *visite éclair* flying visit ▸ **guerre éclair** blitzkrieg.

éclairage [eklɛʀaʒ] nm **1.** [lumière] lighting **2.** *fig* [point de vue] light.

éclairagiste [eklɛʀaʒist] nmf **1.** CINÉ, THÉÂTRE & TV lighting engineer **2.** COMM dealer in lights and lamps.

éclaircie [eklɛʀsi] nf bright interval, sunny spell.

éclaircir [32] [eklɛʀsiʀ] vt **1.** [rendre plus clair] to lighten **2.** [rendre moins épais] to thin **3.** *fig* [clarifier] to clarify. ◆ **s'éclaircir** vp **1.** [devenir plus clair] to clear **2.** [devenir moins épais] to thin **3.** [se clarifier] to become clearer.

éclaircissement [eklɛʀsismɑ̃] nm [explication] explanation.

éclairé, e [ekleʀe] adj **1.** [lumineux] : *une pièce bien / mal éclairée* a well-/badly-lit room **2.** [intelligent] enlightened.

éclairer [4] [ekleʀe] vt **1.** [de lumière] to light up **2.** [expliquer] to clarify **3.** *litt* [renseigner] ▸ **éclairer qqn sur qqch** to throw light on sthg for sb. ◆ **s'éclairer** vp **1.** [personne] to light one's way **2.** [regard, visage] to light up **3.** [situation] to become clear **4.** [rue, ville] to light up.

éclaireur [eklɛʀœʀ] nm scout ▸ **partir en éclaireur** to have a scout around.

éclat [ekla] nm **1.** [de verre, d'os] splinter ; [de pierre] chip ▸ **voler en éclats** to be smashed to bits **2.** [de lumière] brilliance **3.** [de couleur] vividness **4.** [beauté] radiance **5.** [faste] splendour UK, splendor US **6.** [bruit] burst ▸ **éclat de rire** burst of laughter ▸ **éclats de voix** shouts ▸ **faire un éclat** to cause a scandal **7.** EXPR ▸ **rire aux éclats** to roar ou shriek with laughter.

éclatant, e [eklatɑ̃, ɑ̃t] adj **1.** [brillant, resplendissant] brilliant, bright ; [teint, beauté] radiant ▸ **éclatant de** bursting with **2.** [admirable] resounding **3.** [perçant] loud.

éclater [3] [eklate] vi **1.** [exploser - pneu] to burst ; [- verre] to shatter ; [- obus] to explode ▸ **faire éclater a)** [ballon] to burst **b)** [bombe] to explode **c)** [pétard] to let off **2.** [incendie, rires] to break out **3.** [joie] to shine ▸ **laisser éclater** to give vent to **4.** [bijou] to sparkle, to glitter **5.** *fig* [nouvelles, scandale] to break. ◆ **s'éclater** vp *fam* to have a great time.

éclectique [eklɛktik] adj eclectic.

éclipse [eklips] nf **1.** ASTRON eclipse ▸ **éclipse de lune / soleil** eclipse of the moon / sun **2.** *fig* [période de défaillance] eclipse **3.** *fig* [disparition] disappearance.

éclipser [3] [eklipse] vt to eclipse. ◆ **s'éclipser** vp **1.** ASTRON to go into eclipse **2.** *fam* [s'esquiver] to slip away.

éclopé, e [eklɔpe] ◇ adj lame. ◇ nm, f lame person.

éclore [113] [eklɔʀ] vi **1.** [s'ouvrir - fleur] to open out, to blossom ; [- œuf] to hatch ▸ **faire éclore a)** [œuf] to hatch **b)** *fig* [vocation] to develop **2.** *fig* [naître] to dawn.

éclos, e [eklo, oz] pp ⟶ éclore.

éclosion [eklozjɔ̃] nf **1.** [de fleur] blossoming **2.** [d'œuf] hatching **3.** *fig* [naissance] blossoming, birth.

écluse [eklyz] nf lock.

écluser [3] [eklyze] vt **1.** [NAUT - fleuve] to construct locks on ; [- bateau] to take through a lock **2.** *fam* [boire] to knock back.

écobilan [ekɔbilɑ̃] nm life cycle analysis.

écocitoyen, enne [ekɔsitwajɛ̃, ɛn] adj eco-responsible / *ayez des gestes écocitoyens* behave like eco-citizens.

écœurant, e [ekœʀɑ̃, ɑ̃t] adj **1.** [gén] disgusting **2.** [démoralisant] sickening.

écœurement [ekœʀmɑ̃] nm **1.** [nausée] nausea **2.** [répugnance] disgust **3.** [découragement] discouragement.

écœurer [5] [ekœʀe] vt **1.** [dégoûter] to sicken, to disgust **2.** *fig* [indigner] to sicken **3.** [décourager] to discourage.

écoguerrier [ekɔgɛʀje] nm eco-warrior.

écolabel [ekɔlabɛl] nm eco-label.

école [ekɔl] nf **1.** [gén] school ▸ **aller à l'école** to go to school ▸ **école de commerce** business school ▸ **école communale** local primary UK ou grade US school ▸ **école de conduite** driving school ▸ **école maternelle** nursery school ▸ **école militaire** military academy ▸ **école normale** ≃ teacher training college UK ; ≃ teachers college US ▸ **École normale supérieure** *grande école for secondary and university teachers* ▸ **école primaire / secondaire** primary / secondary school UK, grade / high school US ▸ **école privée** private school ▸ **école publique** state school UK, public school US ▸ **faire l'école buissonnière** to play truant UK ou hooky US ▸ **être à bonne école** to be in good hands ▸ **faire école** to attract a following ▸ **il est de la vieille école** he's one of the old school ou guard **2.** [éducation] schooling ▸ **l'école laïque** secular education ▸ **l'école libre** education at an école libre *(Catholic school, partly state-funded)* ▸ **l'école obligatoire** compulsory schooling ▸ **l'école privée** private education.

écolier, ère [ekɔlje, ɛʀ] nm, f **1.** [élève] pupil, student US **2.** *fig* [novice] beginner.

écolo [ekɔlo] nmf *fam* ecologist / *les écolos* the Greens.

écologie [ekɔlɔʒi] nf ecology.

écologique [ekɔlɔʒik] adj ecological.

écologiste [ekɔlɔʒist] nmf ecologist.

écologue [ekɔlɔg] nmf [expert] ecologist, environmentalist.

écomusée [ekɔmyze] nm museum of the environment.

éconduire [98] [ekɔ̃dɥiʀ] vt [repousser - demande] to dismiss ; [- visiteur, soupirant] to show to the door.

économat [ekɔnɔma] nm **1.** [fonction] bursarship **2.** [magasin] staff shop.

économe [ekɔnɔm] ❖ adj careful, thrifty ▸ **être économe de** to be sparing of. ❖ nmf bursar. ❖ nm [couteau] (vegetable) peeler.

économie [ekɔnɔmi] nf **1.** [science] economics *(U)* **2.** POL economy ▸ **économie de bulle** bubble economy ▸ **économie dirigée** state-controlled economy ▸ **économie duale** dual economy ▸ **économie libérale** free-market economy ▸ **économie en ligne** e-economy ▸ **économie de marché** market economy ▸ **économie mixte** mixed economy ▸ **économie noire** hidden economy ▸ **économie à ressources sous-exploitées** sleeping economy ▸ **économie souterraine** ou **immergée** underground economy **3.** [parcimonie] economy, thrift **4.** *pr* & *fig* [épargne] saving / *faire une économie de temps / d'argent* to save time / money. ◆ **économies** nfpl [pécule] savings *pl* / *économies d'échelle* economies of scale / *économies d'énergie* energy savings ▸ **faire des économies** to save up.

économique [ekɔnɔmik] adj **1.** ÉCON economic **2.** [avantageux] economical.

> **economic ou economical ?**
>
> Economic désigne tout ce qui se rapporte à l'économie, tandis que economical signifie « peu onéreux ».

économiquement [ekɔnɔmikmɑ̃] adv economically.

économiser [3] [ekɔnɔmize] vt *pr* & *fig* to save.

économiste [ekɔnɔmist] nmf economist.

écoper [3] [ekɔpe] ❖ vt **1.** NAUT to bale out **2.** *fam* [sanction] ▸ **écoper (de) qqch** to get sthg. ❖ vi *fam* [être puni] to get the blame.

écoproduit [ekɔpʀɔdɥi] nm green product.

écoquartier [ekɔkaʀtje] nm *environmentally friendly area*.

écorce [ekɔʀs] nf **1.** [d'arbre] bark **2.** [d'agrume] peel ▸ **écorce d'orange** orange peel **3.** GÉOL crust.

écorché [ekɔʀʃe] nm **1.** ANAT *cutaway anatomical figure* **2.** TECHNOL cutaway **3.** EXPR **un écorché vif** a soul in torment.

écorcher [3] [ekɔʀʃe] vt **1.** [lapin] to skin **2.** [bras, jambe] to scratch **3.** *fig* [langue, nom] to mispronounce. ◆ **s'écorcher** vp to graze o.s.

écorchure [ekɔʀʃyʀ] nf graze, scratch.

écorecharge [ekɔʀəʃaʀʒ] nf ecorefill.

écorner [3] [ekɔʀne] vt [endommager - meuble] to damage ; [- page] to dog-ear.

écossais, e [ekɔsɛ, ɛz] adj **1.** [de l'Écosse] Scottish ; [whisky] Scotch **2.** [tissu] tartan plaid. ◆ **écossais** nm **1.** [langue] Scots **2.** [tissu] tartan. ◆ **Écossais, e** nm, f Scot, Scotsman (Scotswoman).

Écosse [ekɔs] nf : *l'Écosse* Scotland.

écosser [3] [ekɔse] vt to shell.

écosystème [ekɔsistɛm] nm ecosystem.

écot [eko] nm share ▸ **payer son écot** to pay one's share.

écotaxe [ekɔtaks] nf green tax.

écoterrorisme [ekɔtɛʀɔʀism] nm ecoterrorism.

écotourisme [ekɔtuʀism] nm ecotourism.

écoulement [ekulmɑ̃] nm **1.** [gén] flow **2.** [du temps] passing **3.** [de marchandises] selling.

écouler [3] [ekule] vt to sell. ◆ **s'écouler** vp **1.** [eau] to flow **2.** [personnes] to flow out **3.** [temps] to pass.

écourter [3] [ekuʀte] vt to shorten.

écoutant, e [ekutɑ̃, ɑ̃t] nm, f helpline volunteer, trained listener.

écoute [ekut] nf **1.** [action d'écouter] listening ▸ **être à l'écoute de** to be listening to **2.** [audience] audience ▸ **heures d'écoute** a) RADIO listening time b) TV viewing hours ▸ **heure de grande écoute** a) RADIO prime time, peak listening time b) TV prime time, peak viewing time **3.** [surveillance] ▸ **les écoutes téléphoniques** phone tapping *(U)* ▸ **être sur table d'écoute** ou **sur écoute(s)** to have one's phone tapped.

écouter [3] [ekute] vt to listen to. ◆ **s'écouter** vp *fig* **1.** [écouter soi-même] to listen to o.s. **2.** [s'observer] to coddle o.s.

écouteur [ekutœʀ] nm [de téléphone] earpiece. ◆ **écouteurs** nmpl [de radio] headphones.

écoutille [ekutij] nf hatchway.

écrabouiller [3] [ekʀabuje] vt *fam* [écraser] to crush, to squash.

écran [ekʀɑ̃] nm **1.** CINÉ, TV & INFORM screen ▸ **le grand écran** the big screen, the cinema UK ▸ **le petit écran** the small screen, television ▸ **écran de contrôle** monitor (screen) ▸ **écran à cristaux liquides** liquid crystal display ▸ **écran orientable** tiltable screen ▸ **écran (à) plasma** plasma screen ▸ **écran plat** flat screen / *téléviseur à écran plat* flat-screen TV ▸ **écran tactile** touch screen / *à l'écran* ou *sur les écrans, cette semaine* what's on this week at the cinema UK ou movies US / *porter un roman à l'écran* to adapt a novel for the screen **2.** [de protection] shield ▸ **écran antibruit** noise-reduction screen ▸ **écran de fumée** smoke screen ▸ **écran solaire** sun screen ▸ **crème écran total** total protection sun cream ou block / *les citations font écran à la clarté de l'article* the quotations make the article difficult to understand.

écrasant, e [ekʀazɑ̃, ɑ̃t] adj **1.** [lourd] crushing **2.** *fig* [accablant] overwhelming.

écraser [3] [ekʀaze] ◇ vt **1.** [comprimer - cigarette] to stub out ; [- pied] to tread on ; [- insecte, raisin] to crush / *écraser un moustique* to swat a mosquito / *écraser l'accélérateur* ou *le champignon* *fam* to step on it, to step on the gas US **2.** [accabler] ▸ **écraser qqn (de)** to burden sb (with) / *écraser un pays d'impôts* to overburden a country with taxes **3.** [vaincre] to crush / *se faire écraser par l'équipe adverse* to get crushed by the opposing team **4.** [renverser] to run over / *il s'est fait écraser* he was run over. ◇ vi *fam* ▸ **en écraser** to sleep like a log. ◆ **s'écraser** vp **1.** [avion, automobile] ▸ **s'écraser (contre)** to crash (into) / *s'écraser contre un mur* to crash against a wall **2.** [foule] to be crushed / *les gens s'écrasent pour entrer* there's a great crush to get in **3.** *fam* [se taire] to shut up / *il vaut mieux s'écraser* better keep quiet ou mum.

écrémage [ekʀemaʒ] nm **1.** CULIN skimming, creaming **2.** *fig* [dans une organisation, un budget] creaming off.

écrémer [18] [ekʀeme] vt **1.** [lait] to skim **2.** *fig* [bibliothèque, collection] to cream off the best from.

écrevisse [ekʀəvis] nf crayfish ▸ **rouge comme une écrevisse** (as) red as a beetroot UK ou beet US.

écrier [10] [ekʀije] ◆ **s'écrier** vp to cry out.

écrin [ekʀɛ̃] nm case.

écrire [99] [ekʀiʀ] vt **1.** [phrase, livre] to write **2.** [orthographier] to spell. ◆ **s'écrire** vp [s'épeler] to be spelled.

écrit, e [ekʀi, it] ◇ pp ⟶ **écrire.** ◇ adj written ▸ **bien / mal écrit** well/badly written. ◆ **écrit** nm **1.** [ouvrage] writing **2.** [examen] written exam **3.** [document] piece of writing. ◆ **par écrit** loc adv in writing.

écriteau, x [ekʀito] nm notice.

écriture [ekʀityʀ] nf **1.** [gén] writing / *écriture idéographique* ideographic writing **2.** [bible] ▸ **l'Écriture sainte** the Holy Scripture. ◆ **écritures** nfpl COMM accounts, entries / *tenir les écritures* to do the bookkeeping ▸ **jeu d'écritures** dummy entry.

écrivain [ekʀivɛ̃] nm writer, author ▸ **écrivain public** (public) letter-writer.

écrivais, écrivions ⟶ écrire.

écrou [ekʀu] nm TECHNOL nut.

écrouer [3] [ekʀue] vt to imprison.

écroulement [ekʀulmɑ̃] nm *pr* & *fig* collapse.

écrouler [3] [ekʀule] ◆ **s'écrouler** vp *pr* & *fig* to collapse.

écru, e [ekʀy] adj [naturel] unbleached.

ecsta [ɛksta] (*abr de* **ecstasy**) nm E, ecstasy.

ecstasy [ɛkstazi] nm [drogue] ecstasy.

ectoplasme [ɛktɔplasm] nm ectoplasm.

écu [eky] nm **1.** [bouclier, armoiries] shield **2.** [monnaie ancienne] crown.

écueil [ekœj] nm **1.** [rocher] reef **2.** *fig* [obstacle] stumbling block.

écuelle [ekɥɛl] nf **1.** [objet] bowl **2.** [contenu] bowlful.

éculé, e [ekyle] adj **1.** [chaussure] down-at-heel **2.** *fig* [plaisanterie] hackneyed.

écume [ekym] nf **1.** [mousse, bave] foam **2.** *fig* [lie] dregs *pl*.

écumer [3] [ekyme] ◇ vt **1.** [confiture] to skim **2.** *fig* [mer, ville] to scour. ◇ vi **1.** [mer] to foam, to boil **2.** [animal] to foam at the mouth **3.** *fig* [être furieux] ▸ **écumer (de)** to boil (with).

écumoire [ekymwaʀ] nf skimmer.

écureuil [ekyʀœj] nm squirrel.

écurie [ekyʀi] nf [pour chevaux & SPORT] stable.

écusson [ekysɔ̃] nm **1.** [d'armoiries] coat-of-arms **2.** MIL badge.

écuyer, ère [ekɥije, ɛʀ] nm, f [de cirque] rider. ◆ **écuyer** nm [de chevalier] squire.

eczéma [ɛgzema] nm eczema.

éd. (*abr écrite de* **édition**) ed., edit.

edelweiss [edɛlvɛs] nm edelweiss.

éden [edɛn] nm ▸ **un éden** a garden of Eden ▸ **l'Éden** the garden of Eden.

édenté, e [edɑ̃te] adj toothless.

EDF, Edf (*abr de* **Électricité de France**) nf *French national electricity company*.

édifiant, e [edifjɑ̃, ɑ̃t] adj edifying.

édification [edifikasjɔ̃] nf **1.** [de temple, empire] building **2.** *fig* [de fidèles] edification.

édifice [edifis] nm **1.** [construction] building ▸ **édifice public** public building **2.** *fig* [institution] ▸ **l'édifice social** the fabric of society.

édifier [9] [edifje] vt **1.** [ville, église] to build **2.** *fig* [théorie] to construct **3.** [personne] to edify ; *iron* to enlighten.

Édimbourg [edɛ̃buʀ] npr Edinburgh.

édit [edi] nm edict.

édit. *abr écrite de* **éditeur**.

éditer [3] [edite] vt to publish.

éditeur, trice [editœʀ, tʀis] nm, f publisher.

édition [edisjɔ̃] nf **1.** [profession] publishing / *travailler dans l'édition* to be in publishing ou in the publishing business **2.** [de journal, livre] edition ▸ **dernière édition** latest edition ▸ **édition de poche** paperback edition ▸ **édition électronique** electronic publishing ▸ **édition originale** first edition ▸ **édition revue et corrigée** revised edition ▸ **édition spéciale** a) [de journal] special edition b) [de revue] special issue **3.** TV : *édition du journal télévisé* (television) news bulletin ▸ **édition spéciale en direct de Budapest** special report live from Budapest.

édito [edito] nm *fam* editorial.

éditorial, aux [editɔʀjal, o] ◆ nm editorial, leader UK. ◆ adj editorial.

éditorialiste [editɔʀjalist] nmf editorialist, leader writer UK.

édredon [edʀədɔ̃] nm eiderdown UK, comforter US.

éducateur, trice [edykatœʀ, tʀis] ◆ adj educational. ◆ nm, f teacher ▸ **éducateur spécialisé** special needs teacher.

éducatif, ive [edykatif, iv] adj educational.

éducation [edykasjɔ̃] nf **1.** [apprentissage] education ▸ **éducation civique** civics *(U)* ▸ **l'Éducation nationale** ≃ the Department for Education UK ; ≃ the Department of Education US ▸ **éducation physique** physical education ▸ **éducation sexuelle** sex education **2.** [parentale] upbringing **3.** [savoir-vivre] breeding.

édulcorant [edylkɔʀɑ̃] nm ▸ **édulcorant (de synthèse)** (artificial) sweetener.

édulcorer [3] [edylkɔʀe] vt **1.** *sout* [tisane] to sweeten **2.** *fig* [propos] to tone down.

éduquer [3] [edyke] vt [enfant] to bring up ; [élève] to educate.

efface [efas] nf QUÉBEC [gomme à effacer] eraser.

effacé, e [efase] adj **1.** [teinte] faded **2.** [modeste - rôle] unobtrusive ; [- personne] self-effacing.

effacer [16] [efase] vt **1.** [mot] to erase, to rub out ; INFORM to delete **2.** [souvenir] to erase **3.** [réussite] to eclipse. ◆ **s'effacer** vp **1.** [s'estomper] to fade (away) **2.** *sout* [s'écarter] to move aside **3.** *fig* [s'incliner] to give way.

effaceur [efasœʀ] nm ▸ **effaceur (d'encre)** ink rubber UK ou eraser US.

effarant, e [efaʀɑ̃, ɑ̃t] adj frightening.

effaré, e [efaʀe] adj frightened, scared.

effarement [efaʀmɑ̃] nm fear, alarm.

effarer [3] [efaʀe] vt to frighten, to scare.

effaroucher [3] [efaʀuʃe] vt **1.** [effrayer] to scare off **2.** [intimider] to overawe.

effectif, ive [efɛktif, iv] adj **1.** [remède] effective **2.** [aide] positive. ◆ **effectif** nm **1.** MIL strength **2.** [de groupe] total number.

effectivement [efɛktivmɑ̃] adv **1.** [réellement] effectively **2.** [confirmation] in fact.

effectuer [7] [efɛktɥe] vt [réaliser - manœuvre] to carry out ; [- trajet, paiement] to make. ◆ **s'effectuer** vp to be made.

efféminé, e [efemine] adj effeminate.

effervescence [efɛʀvesɑ̃s] nf **1.** PHYS effervescence **2.** [agitation] turmoil ▸ **en effervescence** bubbling ou buzzing with excitement.

effervescent, e [efɛʀvesɑ̃, ɑ̃t] adj [boisson] effervescent ; *fig* [pays] in turmoil.

effet [efɛ] nm **1.** [gén] effect / *effet de contraste / d'optique* contrasting / visual effect / *créer un effet de surprise* to create a surprise effect ▸ **avoir pour effet de faire qqch** to have the effect of doing sthg ▸ **effets collatéraux** collateral effects ▸ **effet de halo** [lumière] halo effect ▸ **effet de lumière** THÉÂTRE lighting effect ▸ **effets personnels** personal effects ou belongings ▸ **à effet rétroactif** DR retrospective ▸ **effet secondaire** MÉD side-effect ▸ **effet de serre** greenhouse effect ▸ **effets spéciaux** CINÉ special effects ▸ **rester sans effet** to be ineffective ▸ **sous l'effet de** a) under the effects of b) [alcool] under the influence of / *j'ai dit des choses regrettables sous l'effet de la colère* anger made me say things which I later regretted **2.** [impression recherchée] impression ▸ **faire son effet** to cause a stir / *faire beaucoup d'effet / peu d'effet* to be impressive / unimpressive / *quel effet cela t'a-t-il fait de le revoir ?* how did seeing him again affect you? **3.** COMM [titre] bill ▸ **effet de commerce** bill of exchange ▸ **effet à courte échéance** short ou short-dated bill ▸ **effet à longue échéance** long ou long-dated bill ▸ **effet escomptable / négociable** discountable / negotiable bill ▸ **effet au porteur** bill payable to bearer ▸ **effet à vue** sight bill, demand bill ou draft. ◆ **en effet** loc adv in fact, indeed / *c'est en effet la meilleure solution* it's actually ou in fact the best solution / *il n'a pas pu venir ; en effet, il était malade* he was unable to come since he was ill. ◆ **à cet effet** loc adv with this end in view.

effeuiller [5] [efœje] vt [arbre] to remove the leaves from ; [fleur] to remove the petals from. ◆ **s'effeuiller** vp [arbre] to lose its leaves ; [fleur] to lose its petals.

efficace [efikas] adj **1.** [remède, mesure] effective **2.** [personne, machine] efficient.

efficacité [efikasite] nf **1.** [de remède, mesure] effectiveness **2.** [de personne, machine] efficiency.

efficience [efisjɑ̃s] nf efficiency.

effigie [efiʒi] nf effigy.

effilé, e [efile] adj [doigt, silhouette] slim, slender ; [lame] sharp ; [voiture] streamlined.

effiler [3] [efile] vt **1.** [tissu] to fray **2.** [lame] to sharpen **3.** [cheveux] to thin. ◆ **s'effiler** vp to fray.

effilocher [3] [efilɔʃe] vt to fray. ◆ **s'effilocher** vp to fray.

efflanqué, e [eflɑ̃ke] adj emaciated.

effleurer [5] [eflœʀe] vt **1.** [visage, bras] to brush (against) **2.** *fig* [problème, thème] to touch on **3.** *fig* [suj : pensée, idée] : *effleurer qqn* to cross sb's mind.

effluve [eflyv] nm exhalation ; *fig* [d'enfance, du passé] breath.

effondrement [efɔ̃dʀəmɑ̃] nm *pr* & *fig* collapse.

effondrer [3] [efɔ̃dʀe] ◆ **s'effondrer** vp *pr* & *fig* to collapse.

efforcer [16] [efɔʀse] ◆ **s'efforcer** vp to force o.s. ▸ **s'efforcer de faire qqch** to make an effort to do sthg.

effort [efɔʀ] nm **1.** [de personne] effort ▸ **faire un effort** to make an effort ▸ **faire l'effort de faire qqch** to make the effort to do sthg ▸ **sans effort** [victoire] effortless **2.** TECHNOL stress.

effraction [efʀaksjɔ̃] nf breaking in ▸ **entrer par effraction dans** to break into.

effranger [17] [efʀɑ̃ʒe] vt to fray into a fringe. ◆ **s'effranger** vpi to fray.

effrayant, e [efʀɛjɑ̃, ɑ̃t] adj **1.** [cauchemar] terrifying **2.** *fam* [appétit, prix] tremendous, awful.

effrayer [11] [efʀeje] vt to frighten, to scare. ◆ **s'effrayer** vp to be frightened, to take fright.

effréné, e [efʀene] adj **1.** [course] frantic **2.** [désir] unbridled.

effriter [3] [efʀite] vt to cause to crumble. ◆ **s'effriter** vp **1.** [mur] to crumble **2.** *fig* [majorité] to be eroded.

effroi [efʀwa] nm fear, dread.

effronté, e [efʀɔ̃te] ◈ adj insolent. ◈ nm, f insolent person.

effrontément [efʀɔ̃temɑ̃] adv insolently.

effronterie [efʀɔ̃tʀi] nf insolence.

effroyable [efʀwajabl] adj **1.** [catastrophe, misère] appalling **2.** [laideur] hideous.

effusion [efyzjɔ̃] nf **1.** [de liquide] effusion ▸ **sans effusion de sang** without bloodshed **2.** [de sentiments] effusiveness.

égal, e, aux [egal, o] ◈ adj **1.** [équivalent] equal **2.** [régulier] even **3.** *fam* [indifférent] ▸ **ça m'est égal, c'est égal** I don't mind. ◈ nm, f equal ▸ **d'égal à égal** as an equal ▸ **sans égal** unequalled UK, unequaled US.

également [egalmɑ̃] adv **1.** [avec égalité] equally **2.** [aussi] as well, too.

égaler [3] [egale] vt **1.** MATH to equal **2.** [beauté] to match, to compare with.

égalisation [egalizasjɔ̃] nf equalization ; SPORT equalizing UK, tying US.

égaliser [3] [egalize] ◈ vt [haie, cheveux] to trim. ◈ vi SPORT to equalize UK, to tie US.

égalitaire [egalitɛʀ] adj egalitarian.

égalitarisme [egalitaʀism] nm egalitarianism.

égalité [egalite] nf **1.** [gén] equality ▸ **être à égalité** to be level ou equal **2.** [d'humeur] evenness **3.** SPORT ▸ **être à égalité** to be level, to be tied **4.** [au tennis] deuce.

égard [egaʀ] nm consideration / *à bien des égards* in many respects ▸ **à cet égard** in this respect ▸ **par égard pour** *sout* out of consideration for ▸ **eu égard à** considering / *être plein d'égards* ou *avoir beaucoup d'égards pour qqn* to show great consideration for ou to be very considerate towards sb / *manquer d'égards envers qqn* to show a lack of consideration for ou to be inconsiderate towards sb. ◆ **à l'égard de** loc prép with regard to, towards UK, toward US / *être dur / tendre à l'égard de qqn* to be hard on / gentle with sb. ◆ **à certains égards** loc adv in some respects. ◆ **sans égard pour** loc prép with no respect ou consideration for, without regard for.

égaré, e [egaʀe] adj **1.** [perdu - voyageur] lost ; [- animal] stray *(avant n)* **2.** [regard, air] distraught.

égarement [egaʀmɑ̃] nm **1.** [de jeunesse] wildness **2.** [de raisonnement] aberration. ◆ **égarements** nmpl *litt* : *les égarements de la passion* the follies of passion / *revenir de ses égarements* to see the error of one's ways.

égarer [3] [egaʀe] vt **1.** [objet] to mislay, to lose **2.** [personne] to mislead **3.** *fig* & *sout* [suj : passion] to lead astray. ◆ **s'égarer** vp **1.** [lettre] to get lost, to go astray ; [personne] to get lost, to lose one's way **2.** [discussion] to wander from the point **3.** *fig* & *sout* [personne] to stray from the point.

égayer [11] [egeje] vt **1.** [personne] to cheer up **2.** [pièce] to brighten up. ◆ **s'égayer** vp to enjoy o.s.

égérie [eʒeʀi] nf muse.

égide [eʒid] nf protection ▸ **sous l'égide de** *litt* under the aegis of.

églantier [eglɑ̃tje] nm wild rose (bush).

églantine [eglɑ̃tin] nf wild rose.

églefin, aiglefin [egləfɛ̃] nm haddock.

église [egliz] nf church ▸ **aller à l'église** to go to church. ◆ **Église** nf ▸ **l'Église** the Church ▸ **l'Église catholique / protestante** the Catholic/Protestant Church.

ego [ego] nm inv ego.

égocentrique [egɔsɑ̃tʀik] ❖ nmf self-centred UK ou self-centered US person. ❖ adj self-centred UK, self-centered US, egocentric.

égocentrisme [egɔsɑ̃tʀism] nm self-centredness UK, self-centeredness US.

égoïsme [egɔism] nm selfishness, egoism.

égoïste [egɔist] ❖ nmf selfish person. ❖ adj selfish, egoistic.

égorger [17] [egɔʀʒe] vt **1.** [animal, personne] to cut the throat of **2.** *fig* [client] to bleed dry. ◆ **s'égorger** vp [s'entre-tuer] to kill each other.

égosiller [3] [egɔzije] ◆ **s'égosiller** vp *fam* **1.** [crier] to bawl, to shout **2.** [chanter] to sing one's head off.

égout [egu] nm sewer.

égoutter [3] [egute] vt **1.** [vaisselle] to leave to drain **2.** [légumes, fromage] to drain. ◆ **s'égoutter** vp to drip, to drain.

égouttoir [egutwaʀ] nm **1.** [à légumes] colander, strainer **2.** [à vaisselle] draining rack.

égratigner [3] [egʀatiɲe] vt to scratch ; *fig* to have a go ou dig at. ◆ **s'égratigner** vp : *s'égratigner la main* to scratch one's hand.

égratignure [egʀatiɲyʀ] nf scratch, graze ; *fig* dig.

égrener [19] [egʀəne] vt **1.** [détacher les grains de - épi, cosse] to shell ; [- grappe] to pick grapes from **2.** [chapelet] to tell **3.** *fig* [marquer] to mark. ◆ **s'égrener** vp **1.** [raisins] to drop off the bunch **2.** [personnes] to spread out.

égrillard, e [egʀijaʀ, aʀd] adj ribald, bawdy.

Égypte [eʒipt] nf : *l'Égypte* Egypt.

égyptien, enne [eʒipsjɛ̃, ɛn] adj Egyptian. ◆ **égyptien** nm [langue] Egyptian. ◆ **Égyptien, enne** nm, f Egyptian.

égyptologie [eʒiptɔlɔʒi] nf Egyptology.

eh [e] interj hey! ▸ **eh bien** well.

éhonté, e [eɔ̃te] ❖ adj shameless. ❖ nm, f shameless person.

Eiffel [efɛl] npr : *la tour Eiffel* the Eiffel Tower.

éjaculation [eʒakylasjɔ̃] nf ejaculation ▸ **éjaculation précoce** premature ejaculation.

éjaculer [3] [eʒakyle] vt & vi to ejaculate.

éjectable [eʒɛktabl] adj ▸ **siège éjectable** ejector UK ou ejection US seat.

éjecter [4] [eʒɛkte] vt **1.** [douille] to eject **2.** *fam* [personne] to kick out / *se faire éjecter* to get kicked ou chucked ou booted out. ◆ **s'éjecter** vp *(emploi réfléchi)* AÉRON to eject.

élaboration [elabɔʀasjɔ̃] nf [de plan, système] working out, development.

élaboré, e [elabɔʀe] adj elaborate.

élaborer [3] [elabɔʀe] vt [plan, système] to work out, to develop.

élagage [elagaʒ] nm *pr* & *fig* pruning.

élaguer [3] [elage] vt *pr* & *fig* to prune.

élan [elɑ̃] nm **1.** ZOOL elk **2.** [athlétisme] run-up / *prendre de l'élan* to gather speed ou momentum ▸ **prendre son élan** to take a run-up, to gather speed / *saut avec / sans élan* running/standing jump **3.** QUÉBEC [golf] swing **4.** *fig* [de joie] outburst / *élan de générosité* generous impulse / *élans de tendresse* surges ou rushes of affection / *donner de l'élan à une campagne* to give impetus to ou to provide impetus for a campaign.

élancé, e [elɑ̃se] adj slender.

élancement [elɑ̃smɑ̃] nm [douleur] shooting pain.

élancer [16] [elɑ̃se] vi MÉD to give shooting pains. ◆ **s'élancer** vp **1.** [se précipiter] to rush, to dash **2.** SPORT to take a run-up **3.** *fig* [s'envoler] to soar.

élargir [32] [elaʀʒiʀ] ❖ vt to widen ; [vêtement] to let out ; *fig* to expand. ❖ vi *fam* [forcir] to fill out. ◆ **s'élargir** vp **1.** [s'agrandir] to widen ; [vêtement] to stretch ; *fig* to expand **2.** *fam* [grossir] to put on weight.

élargissement [elaʀʒismɑ̃] nm widening ; [de vêtement] letting out ; *fig* expansion.

élasthanne [elastan] nm Spandex®.

élasticité [elastisite] nf **1.** PHYS elasticity **2.** [de personne, corps] flexibility.

élastique [elastik] ❖ nm **1.** [pour attacher] rubber ou elastic UK band **2.** [matière] elastic. ❖ adj **1.** PHYS elastic **2.** [corps] flexible **3.** *fig* [conscience] accommodating.

élastomère [elastɔmɛʀ] nm elastomer.

eldorado [ɛldɔʀado] nm El Dorado.

e-learning [ilœʀniŋ] nm e-learning.

électeur, trice [elɛktœʀ, tʀis] nm, f voter, elector.

élection [elɛksjɔ̃] nf **1.** [vote] election ▸ **élections municipales** local elections ▸ **élection partielle** by-election UK, off-year election US ▸ **élection présidentielle** presidential election ▸ **élections pour la présidence** ou **la tête (d'un parti)** POL leadership election **2.** *fig* [choix] choice ▸ **d'élection** chosen.

électoral, e, aux [elɛktɔʀal, o] adj electoral ; [campagne, réunion] election *(avant n)*.

électoralisme [elɛktɔʀalism] nm electioneering.

électorat [elɛktɔʀa] nm electorate.

électricien, enne [elɛktʀisjɛ̃, ɛn] nm, f electrician.

électricité [elɛktʀisite] nf electricity ▸ **il y a de l'électricité dans l'air** *fig* the atmosphere is electric.

électrification [elɛktʀifikasjɔ̃] nf electrification.

électrifier [9] [elɛktʀifje] vt to electrify.

électrique [elɛktʀik] adj **1.** *pr* & *fig* electric **2.** [énergie] electrical.

électriser [3] [elɛktʀize] vt *pr* & *fig* to electrify.

électro [elɛktʀo] nf inv electro.

électroaimant [elɛktʀɔɛmɑ̃] nm electro-magnet.

électrocardiogramme [elɛktʀɔkaʀdjɔgʀam] nm electrocardiogram.

électrochoc [elɛktʀɔʃɔk] nm electroshock therapy.

électrocuter [3] [elɛktʀɔkyte] vt to electrocute. ◆ **s'électrocuter** vp *(emploi réfléchi)* to electrocute o.s., to be electrocuted / *il a failli s'électrocuter* he nearly electrocuted himself.

électrode [elɛktʀɔd] nf electrode.

électroencéphalogramme [elɛktʀɔɑ̃sefalɔgʀam] nm electroencephalogram.

électrogène [elɛktʀɔʒɛn] adj ▸ **groupe électrogène** generating unit.

électrolyse [elɛktʀɔliz] nf electrolysis.

électromagnétique [elɛktʀɔmaɲetik] adj electromagnetic.

électroménager [elɛktʀɔmenaʒe] ❖ adj ▸ **appareil électroménager** household electrical appliance. ❖ nm household electrical appliances *pl*.

électron [elɛktʀɔ̃] nm electron.

électronicien, enne [elɛktʀɔnisjɛ̃, ɛn] nm, f electronics specialist.

électronique [elɛktʀɔnik] ❖ nf [sciences] electronics *(U)*. ❖ adj electronic ; [microscope] electron *(avant n)*.

électrophone [elɛktʀɔfɔn] nm record player.

élégamment [elegamɑ̃] adv elegantly.

élégance [elegɑ̃s] nf **1.** [de personne, style] elegance **2.** [délicatesse - de solution, procédé] elegance ; [- de conduite] generosity.

élégant, e [elegɑ̃, ɑ̃t] adj **1.** [personne, style] elegant **2.** [délicat - solution, procédé] elegant ; [- conduite] generous.

élément [elemɑ̃] nm **1.** [gén] element / *il n'y a aucun élément nouveau* there are no new developments / *les bons / mauvais éléments* the good/bad elements ▸ **éléments blindés / motorisés** armoured UK ou armored US / motorized units ▸ **éléments d'information** facts, information ▸ **élément radioactif** radioactive element ▸ **éléments de rangement** storage units ▸ **les quatre éléments** the four elements ▸ **être dans son élément** to be in one's element **2.** [de machine] component. ◆ **éléments** nmpl [notions] elements, basic principles.

élémentaire [elemɑ̃tɛʀ] adj **1.** [gén] elementary **2.** [installation, besoin] basic.

éléphant [elefɑ̃] nm elephant.

éléphanteau, x [elefɑ̃to] nm baby ou young elephant.

éléphantesque [elefɑ̃tɛsk] adj *fam* gigantic.

élevage [ɛlvaʒ] nm breeding, rearing ; [installation] farm.

élévateur, trice [elevatœʀ, tʀis] adj elevator *(avant n)*. ◆ **élévateur** nm lift UK, elevator US.

élévation [elevasjɔ̃] nf **1.** [gén] raising ▸ **élévation à a)** MATH raising to **b)** *fig* elevation to **2.** [tertre] rise, mound **3.** [de sentiments] nobility.

élève [elɛv] nmf **1.** [écolier, disciple] pupil, student US **2.** MIL cadet.

élevé, e [ɛlve] adj **1.** [haut] high **2.** *fig* [sentiment, âme] noble **3.** [enfant] ▸ **bien / mal élevé** well/badly brought up.

élever [19] [ɛlve] vt **1.** [gén] to raise / *élever la voix* ou *le ton* to raise one's voice **2.** [fardeau] to lift, to raise **3.** [statue] to put up, to erect **4.** [à un rang supérieur] to elevate / *élever qqn au grade d'officier* to promote ou to raise sb to (the rank of) officer **5.** [esprit] to improve **6.** [enfant] to bring up / *élever qqn dans du coton* to overprotect sb, to mollycoddle sb **7.** [poulets] to rear, to breed. ◆ **s'élever** vp **1.** [gén] to rise / *la température s'est élevée de 10 degrés* the temperature has risen by ou has gone up 10 degrees / *s'élever dans l'échelle sociale* to work one's way up ou to climb the social ladder **2.** [montant] ▸ **s'élever à** to add up to / *le bilan s'élève à 10 morts et 12 blessés* the number of casualties is 10 dead and 12 injured **3.** [protester] ▸ **s'élever contre qqn / qqch** to protest against sb/sthg / *on entend s'élever des voix* you can hear voices being raised.

éleveur, euse [ɛlvœʀ, øz] nm, f breeder.

elfe [ɛlf] nm elf.

élider [3] [elide] vt to elide. ◆ **s'élider** vp to be elided.

éligible [eliʒibl] adj eligible.

élimé, e [elime] adj threadbare.

élimination [eliminasjɔ̃] nf elimination ▸ **procéder par élimination** to proceed by elimination.

éliminatoire [eliminatwaʀ] ❖ nf *(gén pl)* SPORT qualifying heat ou round. ❖ adj qualifying *(avant n)*.

éliminer [3] [elimine] vt to eliminate.

élire [106] [eliʀ] vt to elect.

élisais, élisions ⟶ **élire**.

élision [elizjɔ̃] nf elision.

élite [elit] nf elite ▸ **d'élite** choice, select.

élitiste [elitist] nmf & adj elitist.

élixir [eliksiʀ] nm elixir.

elle [ɛl] pron pers **1.** [sujet - personne] she ; [- animal] it, she ; [- chose] it **2.** [complément - personne] her ; [- animal] it, her ; [- chose] it. ◆ **elles** pron pers pl **1.** [sujet] they **2.** [complément] them. ◆ **elle-même** pron pers [personne] herself ; [animal] itself, herself ; [chose] itself. ◆ **elles-mêmes** pron pers pl themselves.

ellipse [elips] nf **1.** GÉOM ellipse **2.** LING ellipsis.

elliptique [eliptik] adj elliptical.

élocution [elɔkysjɔ̃] nf delivery ▸ **défaut d'élocution** speech defect.

éloge [elɔʒ] nm **1.** [discours] eulogy **2.** [louange] praise ▸ **faire l'éloge de qqn / qqch** [louer] to speak highly of sb/sthg ▸ **couvrir qqn d'éloges** to shower sb with praise.

élogieux, euse [elɔʒjø, øz] adj laudatory.

éloigné, e [elwaɲe] adj distant.

éloignement [elwaɲmɑ̃] nm **1.** [mise à l'écart] removal **2.** [séparation] absence **3.** [dans l'espace, le temps] distance.

éloigner [3] [elwaɲe] vt **1.** [écarter] to move away ▸ **éloigner qqch de** to move sthg away from **2.** [détourner] to turn away / *ça nous éloignerait du sujet* that would take us away from the point / *mon travail m'a éloigné de ma famille* my work's kept me away from my family **3.** [chasser] to dismiss / *éloigner les soupçons de qqn* to avert suspicion from sb. ◆ **s'éloigner** vp **1.** [partir] to move OU go away / *ne vous éloignez pas trop, les enfants* don't go too far (away), children / *éloignez-vous du bord de la falaise* move away OU get back from the edge of the cliff **2.** *fig* : *s'éloigner du sujet* to stray from the point **3.** [se détacher] to distance o.s. / *s'éloigner de la réalité* to lose touch with reality / *peu à peu ils se sont éloignés l'un de l'autre* they gradually drifted apart.

élongation [elɔ̃gasjɔ̃] nf MÉD ▸ **élongation de muscle** pulled muscle.

éloquence [elɔkɑ̃s] nf **1.** [d'orateur, d'expression] eloquence **2.** [de données] significance.

éloquent, e [elɔkɑ̃, ɑ̃t] adj **1.** [avocat, silence] eloquent **2.** [données] significant.

élu, e [ely] ❖ pp ⟶ **élire.** ❖ adj POL elected. ❖ nm, f **1.** POL elected representative **2.** RELIG chosen one ▸ **l'élu de son cœur** *hum* & *sout* one's heart's desire.

élucider [3] [elyside] vt to clear up.

élucubration [elykybʀasjɔ̃] nf raving.

éluder [3] [elyde] vt to evade.

Élysée [elize] nm ▸ **l'Élysée** *the official residence of the French president.*

L'Élysée

This eighteenth-century palace near the Champs-Élysées in Paris is the official residence of the French president. The name is often used to refer to the presidency itself.

émacié, e [emasje] adj *litt* emaciated.

e-mail [imɛl] (*pl* **e-mails**) nm e-mail, E-mail.

émail, aux [emaj, emo] nm enamel ▸ **en émail** enamel, enamelled UK, enameled US. ◆ **émaux** nmpl enamelwork *(U).*

émanation [emanasjɔ̃] nf emanation ▸ **être l'émanation de** *fig* to emanate from.

émancipation [emɑ̃sipasjɔ̃] nf emancipation.

émancipé, e [emɑ̃sipe] adj [peuple] emancipated ; [femme] emancipated, liberated.

émanciper [3] [emɑ̃sipe] vt to emancipate. ◆ **s'émanciper** vp **1.** [se libérer] to become free OU liberated **2.** *fam* [se dévergonder] to become emancipated.

émaner [3] [emane] vi ▸ **émaner de** to emanate from.

émarger [17] [emaʀʒe] ❖ vt **1.** [signer] to sign **2.** [enlever la marge de] to trim the margins of. ❖ vi to sign.

émasculer [3] [emaskyle] vt to emasculate.

emballage [ɑ̃balaʒ] nm packaging ▸ **emballage recyclable** recyclable container.

emballage-bulle [ɑ̃balaʒbyl] nm bubble wrap.

emballement [ɑ̃balmɑ̃] nm **1.** [enthousiasme] sudden craze **2.** [de moteur] racing *(U).*

emballer [3] [ɑ̃bale] vt **1.** [objet] to pack (up), to wrap (up) **2.** [moteur] to race **3.** *fam* [plaire à] to thrill. ◆ **s'emballer** vp **1.** [moteur] to race **2.** [cheval] to bolt **3.** *fam* [personne - s'enthousiasmer] to get carried away ; [- s'emporter] to lose one's temper.

embarcadère [ɑ̃baʀkadɛʀ] nm landing stage.

embarcation [ɑ̃baʀkasjɔ̃] nf small boat.

embardée [ɑ̃baʀde] nf swerve ▸ **faire une embardée** to swerve.

embargo [ɑ̃baʀgo] nm embargo ▸ **embargo sur les armes** arms embargo.

embarquement [ɑ̃baʀkəmɑ̃] nm **1.** [de marchandises] loading **2.** [de passagers] boarding ▸ **embarquement immédiat** immediate boarding.

embarquer [3] [ɑ̃baʀke] ❖ vt **1.** [marchandises] to load **2.** [passagers] to (take on) board **3.** *fam* [dans une voiture] to take, to give a lift to **4.** *fam* [arrêter] to pick up **5.** *fam* & *fig* [engager] ▸ **embarquer qqn dans** to involve sb in **6.** *fam* [emmener] to cart off. ❖ vi ▸ **embarquer (pour)** to sail (for). ◆ **s'embarquer** vp **1.** [sur un bateau] to (set) sail **2.** *fam* & *fig* [s'engager] ▸ **s'embarquer dans** to get involved in.

embarras [ɑ̃baʀa] nm **1.** [incertitude] (state of) uncertainty ▸ **avoir l'embarras du choix** to be spoilt for choice / *on les a en dix teintes, vous avez l'embarras du choix* they come in ten different shades: you're spoilt for choice **2.** [situation difficile] predicament ▸ **être dans l'embarras** to be in a predicament ▸ **mettre qqn dans l'embarras** to place sb in an awkward position / *ma question l'a mis dans l'embarras* my question put him on the spot ▸ **tirer qqn d'embarras** to get sb out of a tight spot **3.** [perplexité] confusion **4.** [gêne] embarrassment / *à mon grand embarras, il m'a embrassé* to my great embarrassment, he kissed me **5.** [souci] difficulty, worry / *avoir des embarras financiers* OU *d'argent* to be in financial difficulties, to have money problems.

embarrassant, e [ɑ̃baʀasɑ̃, ɑ̃t] adj **1.** [encombrant] cumbersome **2.** [délicat] embarrassing.

embarrassé, e [ɑ̃baʀase] adj **1.** [encombré - pièce, bureau] cluttered ▸ **avoir les mains embarrassées** to have one's hands full **2.** [gêné] embarrassed **3.** [confus] confused.

embarrasser [3] [ɑ̃baʀase] vt **1.** [encombrer - pièce] to clutter up ; [- personne] to hamper **2.** [gêner] to put in an awkward position. ◆ **s'embarrasser** vp **1.** [se charger] ▸ **s'embarrasser de qqch** a) to burden o.s. with sthg **b)** *fig* to bother about sthg **2.** [s'empêtrer] ▸ **s'embarrasser dans** to get tangled up in.

embauchage [ɑ̃boʃaʒ] nm = **embauche**.

embauche [ɑ̃boʃ] nf hiring, employment.

embaucher [3] [ɑ̃boʃe] vt **1.** [employer] to employ, to take on **2.** *fam* [occuper] : *je t'embauche !* I need your help!

embaumer [3] [ɑ̃bome] ❖ vt **1.** [cadavre] to embalm **2.** [parfumer] to scent. ❖ vi to be fragrant.

embellie [ɑ̃beli] nf [éclaircie] bright ou clear spell ; *fig* (temporary) improvement.

embellir [32] [ɑ̃beliʀ] ❖ vt **1.** [agrémenter] to brighten up **2.** *fig* [enjoliver] to embellish. ❖ vi [devenir plus beau] to become more attractive ; *fig* & *hum* to grow, to increase.

embellissement [ɑ̃belismɑ̃] nm **1.** [fait d'améliorer] embellishment, embellishing **2.** [apport - à un décor] embellishment ; [- à une histoire] embellishment, frill / *il y a beaucoup d'embellissements dans son récit* there's a lot of poetic licence in his story.

emberlificoter [3] [ɑ̃bɛʀlifikɔte] vt *fam* & *fig* to sweet-talk. ◆ **s'emberlificoter** vp *fam* to get tangled up.

embêtant, e [ɑ̃bɛtɑ̃, ɑ̃t] adj *fam* annoying.

embêtement [ɑ̃bɛtmɑ̃] nm *fam* trouble.

embêter [4] [ɑ̃bɛte] vt *fam* [contrarier, importuner] to annoy. ◆ **s'embêter** vp *fam* [s'ennuyer] to be bored.

emblée [ɑ̃ble] ◆ **d'emblée** loc adv right away.

emblématique [ɑ̃blematik] adj emblematic.

emblème [ɑ̃blɛm] nm emblem.

embobiner [3] [ɑ̃bɔbine] vt **1.** [fil] to wind **2.** *fam* [personne] to fool.

emboîter [3] [ɑ̃bwate] vt ▸ **emboîter qqch dans qqch** to fit sthg into sthg ▸ **emboîter le pas à qqn** **a)** [suivre] to follow close on sb's heels **b)** *fig* to follow sb's lead. ◆ **s'emboîter** vp to fit together.

embolie [ɑ̃bɔli] nf embolism.

embonpoint [ɑ̃bɔ̃pwɛ̃] nm stoutness ▸ **prendre de l'embonpoint** to get stout.

embouché, e [ɑ̃buʃe] adj *fam* ▸ **mal embouché** foul-mouthed.

embouchure [ɑ̃buʃyʀ] nf **1.** [d'instrument] mouthpiece **2.** [de fleuve] mouth ▸ **l'embouchure du Rhône** the mouth of the Rhône.

embourber [3] [ɑ̃buʀbe] ◆ **s'embourber** vp [s'enliser] to get stuck in the mud ; *fig* to get bogged down.

embourgeoisement [ɑ̃buʀʒwazmɑ̃] nm [de personne] adoption of middle-class values ; [de quartier] gentrification.

embourgeoiser [3] [ɑ̃buʀʒwaze] vt [personne] to instil UK ou instill US middle-class values in ; [quartier] to gentrify. ◆ **s'embourgeoiser** vp [personne] to adopt middle-class values ; [quartier] to become gentrified.

embout [ɑ̃bu] nm [protection] tip ; [extrémité d'un tube] nozzle.

embouteillage [ɑ̃butɛjaʒ] nm **1.** [circulation] traffic jam **2.** [mise en bouteilles] bottling.

emboutir [32] [ɑ̃butiʀ] vt **1.** *fam* [voiture] to crash into **2.** TECHNOL to stamp.

embranchement [ɑ̃bʀɑ̃ʃmɑ̃] nm **1.** [carrefour] junction **2.** [division] branching (out) ; *fig* branch.

embraser [3] [ɑ̃bʀaze] vt [incendier, éclairer] to set ablaze ; *fig* [d'amour] to (set on) fire, to inflame. ◆ **s'embraser** vp [prendre feu, s'éclairer] to be ablaze ; *fig* & *litt* to be inflamed.

embrassade [ɑ̃bʀasad] nf embrace.

embrasse [ɑ̃bʀas] nf tieback.

embrasser [3] [ɑ̃bʀase] vt **1.** [donner un baiser à] to kiss **2.** [étreindre] to embrace **3.** *fig* [du regard] to take in. ◆ **s'embrasser** vp to kiss (each other).

embrasure [ɑ̃bʀazyʀ] nf ▸ **dans l'embrasure de la fenêtre** in the window.

embrayage [ɑ̃bʀɛjaʒ] nm **1.** [action] engaging the clutch **2.** [mécanisme] clutch.

embrayer [11] [ɑ̃bʀeje] vi **1.** AUTO to engage the clutch **2.** *fam* & *fig* [s'engager] ▸ **embrayer sur** to get onto the subject of.

embrigader [3] [ɑ̃bʀigade] vt to recruit. ◆ **s'embrigader** vp to join.

embringuer [3] [ɑ̃bʀɛ̃ge] vt *fam* to involve. ◆ **s'embringuer** vp *fam* ▸ **s'embringuer dans** to get mixed up in.

embrocher [3] [ɑ̃bʀɔʃe] vt to skewer. ◆ **s'embrocher** vp *fam* to stab o.s.

embrouillamini [ɑ̃bʀujamini] nm *fam* muddle.

embrouille [ɑ̃bʀuj] nf *fam* shenanigans *pl*.

embrouiller [3] [ɑ̃bʀuje] vt **1.** [mélanger] to mix (up), to muddle (up) **2.** *fig* [compliquer] to confuse.

embruns [ɑ̃bʀœ̃] nmpl spray *(U)*.

embryologie [ɑ̃bʀijɔlɔʒi] nf embryology.

embryon [ɑ̃bʀijɔ̃] nm *pr* & *fig* embryo.

embryonnaire [ɑ̃bʀijɔnɛʀ] adj *pr* & *fig* embryonic.

embûche [ɑ̃byʃ] nf pitfall.

embuer [7] [ɑ̃bɥe] vt **1.** [de vapeur] to steam up **2.** [de larmes] to mist (over).

embuscade [ɑ̃byskad] nf ambush.

embusquer [3] [ɑ̃byske] vt **1.** [poster] to position for an ambush **2.** [mettre à l'abri] to post away from the front line. ◆ **s'embusquer** vp **1.** [se poster] to lie in ambush **2.** [se mettre à l'abri] to be posted away from the front line.

éméché, e [emeʃe] adj *fam* tipsy, merry UK.

émeraude [emʀod] ❖ nf emerald. ❖ adj inv *(en apposition)* ▸ **vert émeraude** emerald (green).

émergence [emɛʀʒɑ̃s] nf emergence.

émergent, e [emɛʀʒɑ̃, ɑ̃t] adj ▸ **pays émergent** emerging country.

émerger [17] [emɛʀʒe] vi **1.** [gén] to emerge **2.** NAUT to surface.

émeri [ɛmʀi] nm ▸ **papier** ou **toile émeri** emery paper.

émérite [emeʀit] adj distinguished, eminent.

émerveillement [emɛʀvɛjmɑ̃] nm wonder.

émerveiller [4] [emɛʀveje] vt to fill with wonder. ◆ **s'émerveiller** vp ▸ **s'émerveiller (de)** to marvel (at).

émets ⟶ **émettre**.

émetteur, trice [emetœʀ, tʀis] adj transmitting *(avant n)* ▸ **poste émetteur** transmitter. ◆ **émetteur** nm [appareil] transmitter ▸ **émetteur-récepteur** transmitter-receiver.

émettre [84] [emɛtʀ] vt **1.** [produire] to emit **2.** [diffuser] to transmit, to broadcast ; [onde, signal] to send out **3.** [mettre en circulation] to issue **4.** [exprimer] to express.

émeus, émeut ⟶ **émouvoir**.

émeute [emøt] nf riot.

émeutier, ère [emøtje, ɛʀ] nm, f rioter.

émietter [4] [emjete] vt **1.** [du pain] to crumble **2.** [morceler] to divide up.

émigrant, e [emigʀɑ̃, ɑ̃t] adj & nm, f emigrant ▸ **émigrant économique** economic migrant.

émigration [emigʀasjɔ̃] nf **1.** [de personnes] emigration **2.** ZOOL migration.

émigré, e [emigʀe] ❖ adj migrant. ❖ nm, f emigrant.

émigrer [3] [emigʀe] vi **1.** [personnes] to emigrate **2.** [animaux] to migrate.

émincé, e [emɛ̃se] adj thinly sliced. ◆ **émincé** nm *thin slices of meat served in a sauce.*

éminemment [eminamɑ̃] adv eminently.

éminence [eminɑ̃s] nf hill. ◆ **Éminence** nf Eminence ▸ **Son Éminence** His Eminence. ◆ **éminence grise** nf éminence grise.

éminent, e [eminɑ̃, ɑ̃t] adj eminent, distinguished.

émir [emiʀ] nm emir.

émirat [emiʀa] nm emirate. ◆ **Émirat** nm : *les Émirats arabes unis* the United Arab Emirates.

émis, e [emi, iz] pp ⟶ **émettre**.

émissaire [emisɛʀ] ❖ nm **1.** [envoyé] emissary, envoy **2.** TECHNOL outlet, drainage channel. ❖ adj **1.** ANAT emissary **2.** ⟶ **bouc**.

émission [emisjɔ̃] nf **1.** [de gaz, de son] emission **2.** [RADIO & TV - transmission] transmission, broadcasting ; [- programme] programme UK, program US ▸ **émission de télévision** broadcast ▸ **émission en direct / différé** live / recorded broadcast ▸ **émission (retransmise) par satellite** satellite broadcast **3.** [mise en circulation] issue.

emmagasiner [3] [ɑ̃magazine] vt **1.** [stocker] to store **2.** *fig* [accumuler] to store up.

emmailloter [3] [ɑ̃majɔte] vt to wrap up.

emmanchure [ɑ̃mɑ̃ʃyʀ] nf armhole.

Emmaüs [emays] npr ▸ **Emmaüs International** *charity helping the poor and homeless.*

emmêler [4] [ɑ̃mele] vt **1.** [fils] to tangle up **2.** *fig* [idées] to muddle up, to confuse. ◆ **s'emmêler** vp **1.** [fils] to get into a tangle **2.** *fig* [personne] to get mixed up.

emménagement [ɑ̃menaʒmɑ̃] nm moving in.

emménager [17] [ɑ̃menaʒe] vi to move in.

emmener [19] [ɑ̃mne] vt to take.

emment(h)al [emɛ̃tal] nm Emmenthal, Emmental.

emmerdant, e [ɑ̃mɛʀdɑ̃, ɑ̃t] adj *tfam* damned ou bloody UK annoying.

emmerdement [ɑ̃mɛʀdəmɑ̃] nm *tfam* hassle, damned ou bloody UK nuisance ▸ **avoir des emmerdements** to have problems.

emmerder [3] [ɑ̃mɛʀde] vt *tfam* to piss off. ◆ **s'emmerder** vp *tfam* [s'embêter] to be bored stiff.

emmerdeur, euse [ɑ̃mɛʀdœʀ, øz] nm, f *tfam* pain in the arse UK ou ass US.

emmitoufler [3] [ɑ̃mitufle] vt to wrap up. ◆ **s'emmitoufler** vp to wrap o.s. up.

émoi [emwa] nm **1.** *sout* [agitation] agitation, commotion ▸ **en émoi** in turmoil **2.** [émotion] emotion.

émollient, e [emɔljɑ̃, ɑ̃t] adj emollient. ◆ **émollient** nm emollient.

émoluments [emɔlymɑ̃] nmpl [d'un employé] salary *sg*, wages ; [d'un notaire] fees.

émoticon [emotikɔ̃] nm INFORM emoticon, smiley.

émotif, ive [emɔtif, iv] ❖ adj emotional. ❖ nm, f emotional person.

émotion [emosjɔ̃] nf **1.** [sentiment] emotion **2.** [peur] fright, shock ▸ **donner des émotions à qqn** to give sb a fright ou shock.

émotionnel, elle [emosjɔnel] adj emotional.

émotionner [3] [emosjɔne] vt *fam* to move (to the brink of tears).

émotivité [emɔtivite] nf emotionalism.

émoulu, e [emuly] ⟶ **frais**.

émousser [3] [emuse] vt *pr* & *fig* to blunt. ◆ **s'émousser** vp [lame] to become blunt ; *fig* to die down, to lessen.

émoustiller [3] [emustije] vt **1.** [rendre gai] to liven up **2.** [exciter] to arouse, to excite.

émouvant, e [emuvɑ̃, ɑ̃t] adj moving.

émouvoir [55] [emuvwaʀ] vt **1.** [troubler] to disturb, to upset **2.** [susciter la sympathie de] to move, to touch. ◆ **s'émouvoir** vp to show emotion, to be upset.

empailler [3] [ɑ̃paje] vt **1.** [animal] to stuff **2.** [chaise] to upholster (with straw).

empaler [3] [ɑ̃pale] vt to impale. ◆ **s'empaler** vp ▸ **s'empaler sur** to be impaled on ou upon.

empaqueter [27] [ɑ̃pakte] vt to pack (up), to wrap (up).

emparer [3] [ɑ̃paʀe] ◆ **s'emparer de** vp + prép [suj : personne] to seize ; [suj : sentiment] to take hold of.

empâté, e [ɑ̃pate] adj [visage, traits] bloated ; [bouche, langue] coated.

empâter [3] [ɑ̃pate] vt **1.** [visage, traits] to fatten out **2.** [bouche, langue] to coat, to fur up. ◆ **s'empâter** vp to put on weight.

empathie [ɑ̃pati] nf *sout* empathy.

empattement [ɑ̃patmɑ̃] nm **1.** AUTO wheelbase **2.** TYPO serif.

empêchement [ɑ̃pɛʃmɑ̃] nm obstacle / *j'ai un empêchement* something has come up.

empêcher [4] [ɑ̃peʃe] vt to prevent ▸ **empêcher qqn / qqch de faire qqch** to prevent sb / sthg from doing sthg ▸ **empêcher que qqn (ne) fasse qqch** to prevent sb from doing sthg ▸ **(il) n'empêche que** nevertheless, all the same. ◆ **s'empêcher** vp ▸ **s'empêcher de faire qqch** to stop o.s. doing sthg / *je ne peux pas m'empêcher de pleurer* I can't help crying.

empêcheur, euse [ɑ̃pɛʃœʀ, øz] nm, f *fam* ▸ **empêcheur de tourner en rond** killjoy.

empeigne [ɑ̃pɛɲ] nf upper.

empereur [ɑ̃pʀœʀ] nm emperor.

empesé, e [ɑ̃pəze] adj **1.** [linge] starched **2.** *fig* [style] stiff.

empester [3] [ɑ̃pɛste] ◆ vt to stink out. ◆ vi to stink.

empêtrer [4] [ɑ̃petʀe] vt ▸ **être empêtré dans** to be tangled up in. ◆ **s'empêtrer** vp ▸ **s'empêtrer (dans)** to get tangled up (in).

emphase [ɑ̃faz] nf *péj* pomposity.

emphatique [ɑ̃fatik] adj *péj* pompous.

empiècement [ɑ̃pjɛsmɑ̃] nm yoke.

empiéter [18] [ɑ̃pjete] vi ▸ **empiéter sur** to encroach on.

empiffrer [3] [ɑ̃pifʀe] ◆ **s'empiffrer** vp *fam* to stuff o.s.

empilement [ɑ̃pilmɑ̃], **empilage** [ɑ̃pilaʒ] nm [action] piling up, stacking up ; [pile] pile, stack.

empiler [3] [ɑ̃pile] vt **1.** [entasser] to pile up, to stack up **2.** *tfam* [duper] to rip off. ◆ **s'empiler** vp to pile up.

empire [ɑ̃piʀ] nm **1.** HIST empire ▸ **l'Empire** *the Empire under Napoleon I* ▸ **le Second Empire** the Second Empire *(under Napoleon III)* ▸ **pour un empire** *fig* for the world **2.** *sout* [contrôle] influence ▸ **sous l'empire de** **a)** [la boisson] under the influence of **b)** [la colère] gripped by.

empirer [3] [ɑ̃piʀe] vi & vt to worsen.

empirique [ɑ̃piʀik] adj empirical.

empirisme [ɑ̃piʀism] nm empiricism.

emplacement [ɑ̃plasmɑ̃] nm [gén] site, location ; [dans un camping] place.

emplâtre [ɑ̃platʀ] nm **1.** [pommade] plaster **2.** *péj* [incapable] lazy lump.

emplette [ɑ̃plɛt] nf *(gén pl)* purchase ▸ **faire des emplettes** to go shopping ▸ **faire l'emplette de** to purchase.

emplir [32] [ɑ̃pliʀ] vt *sout* ▸ **emplir (de)** to fill (with). ◆ **s'emplir** vp ▸ **s'emplir (de)** to fill (with).

emploi [ɑ̃plwa] nm **1.** [utilisation] use ▸ **faire double emploi** to be unnecessary ou redundant ▸ **emploi du temps** SCOL timetable UK, schedule US **2.** [travail] job.

employable [ɑ̃plwajabl] adj [personne] employable ; [objet] usable.

employé, e [ɑ̃plwaje] nm, f employee ▸ **employé de bureau** office worker.

employer [13] [ɑ̃plwaje] vt **1.** [utiliser] to use **2.** [salarier] to employ. ◆ **s'employer** vp to be used ▸ **s'employer à qqch** to be working on sthg, to apply o.s. to sthg ▸ **s'employer à faire qqch** to apply o.s. to doing sthg.

employeur, euse [ɑ̃plwajœʀ, øz] nm, f employer.

empocher [3] [ɑ̃pɔʃe] vt *fam* to pocket.

empoignade [ɑ̃pwaɲad] nf row.

empoigne [ɑ̃pwaɲ] ⟶ **foire**.

empoigner [3] [ɑ̃pwaɲe] vt **1.** [saisir] to grasp **2.** *fig* [émouvoir] to grip. ◆ **s'empoigner** vp *fig* to come to blows.

empoisonnant, e [ɑ̃pwazɔnɑ̃, ɑ̃t] adj **1.** [ennuyeux] boring **2.** [insupportable] irritating.

empoisonnement [ɑ̃pwazɔnmɑ̃] nm **1.** [intoxication] poisoning **2.** *fam* & *fig* [souci] trouble *(U)*.

empoisonner [3] [ɑ̃pwazɔne] vt **1.** [gén] to poison **2.** [empuantir] to stink out **3.** *fam* [ennuyer] to annoy, to bug.

emporté, e [ɑ̃pɔʀte] adj short-tempered.

emportement [ɑ̃pɔʀtəmɑ̃] nm anger.

emporte-pièce [ɑ̃pɔʀtəpjɛs] nm inv punch. ◆ **à l'emporte-pièce** loc adj incisive.

emporter [3] [ɑ̃pɔʀte] vt **1.** [emmener] to take (away) ▸ **à emporter** [plats] to take away UK, to take out US, to go US **2.** [entraîner] to carry along **3.** [arracher] to tear off, to blow off **4.** [faire mourir] to carry off **5.** [gagner] to win **6.** [surpasser] ▸ **l'emporter sur** to get the better of, to defeat. ◆ **s'emporter** vp to get angry, to lose one's temper.

empoté, e [ɑ̃pɔte] *fam* ◆ adj clumsy. ◆ nm, f clumsy person.

empourprer [3] [ɑ̃puʀpʀe] ◆ **s'empourprer** vp *litt* to turn crimson.

empreinte [ɑ̃pʀɛ̃t] nf [trace] print ; *fig* mark, trace ▸ **empreinte génétique** genetic fingerprint ▸ **empreintes digitales** fingerprints.

empressé, e [ɑ̃pʀese] ◆ adj attentive. ◆ nm, f attentive person.

empressement [ɑ̃prɛsmɑ̃] nm **1.** [zèle] attentiveness **2.** [enthousiasme] eagerness.

empresser [4] [ɑ̃prese] ◆ **s'empresser** vp ▸ **s'empresser de faire qqch** to hurry to do sthg ▸ **s'empresser auprès de qqn** to be attentive to sb.

emprise [ɑ̃priz] nf **1.** [ascendant] influence ▸ **sous l'emprise de** a) [l'alcool] under the influence of b) [la colère] gripped by **2.** DR expropriation.

emprisonnement [ɑ̃prizɔnmɑ̃] nm imprisonment.

emprisonner [3] [ɑ̃prizɔne] vt **1.** [voleur] to imprison **2.** [partie du corps] to fit tightly around.

emprunt [ɑ̃prœ̃] nm **1.** FIN loan ▸ **couvrir un emprunt** to guarantee a loan ▸ **lancer un emprunt** to float a loan ▸ **emprunt d'État** government loan **2.** LING [fait d'imiter] borrowing.

emprunté, e [ɑ̃prœ̃te] adj awkward, self-conscious.

emprunter [3] [ɑ̃prœ̃te] vt **1.** [gén] to borrow ▸ **emprunter qqch à** to borrow sthg from **2.** [route] to take.

empuantir [32] [ɑ̃pɥɑ̃tir] vt to stink out.

ému, e [emy] ❖ pp ⟶ **émouvoir.** ❖ adj [personne] moved, touched ; [regard, sourire] emotional.

émulation [emylasjɔ̃] nf **1.** [concurrence] rivalry **2.** [imitation] emulation.

émule [emyl] nmf **1.** [imitateur] emulator **2.** [concurrent] rival.

émulsion [emylsjɔ̃] nf emulsion.

en [ɑ̃]

❖ prép

1. [temps] in / *en 1994* in 1994 / *en hiver / septembre* in winter / September / *en deux heures c'était fini* it was over in two hours

2. [lieu] in ; [direction] to / *une maison en Suède* a house in Sweden / *habiter en Sicile / ville* to live in Sicily / town / *aller en Sicile / ville* to go to Sicily / town / *aller de ville en ville* to go from town to town / *se promener en forêt / en ville* to walk in the forest / around the town

3. [matière] made of / *c'est en métal* it's (made of) metal / *une théière en argent* a silver teapot

4. [état, forme, manière] *les arbres sont en fleurs* the trees are in blossom / *du sucre en morceaux* sugar cubes / *du lait en poudre* powdered milk / *je la préfère en vert* I prefer it in green / *agir en traître* to behave treacherously / *je l'ai eu en cadeau* I was given it as a present / *dire qqch en anglais* to say sthg in English / *être en colère / en rage* to be angry / in a rage / *en vacances* on holiday UK ou vacation US / *se déguiser en fille* to dress up as a girl

5. [moyen] by / *en avion / bateau / train* by plane / boat / train / *payer en liquide* to pay cash

6. [mesure] in / *vous l'avez en 38 ?* do you have it in a 38? / *compter en dollars* to calculate in dollars

7. [devant un participe présent] *c'est en le voyant que j'ai compris* when I saw him I understood / *en arrivant à Paris* on arriving in Paris, as he / she etc. arrived in Paris / *en faisant un effort* by making an effort / *en mangeant* while eating / *en supposant que...* supposing that... / *elle répondit en souriant* she replied with a smile.

❖ pron pers

1. [complément de verbe, de nom, d'adjectif] *il s'en est souvenu* he remembered it / *nous en avons déjà parlé* we've already spoken about it / *ce genre de maladie, on en meurt* people die from this sort of illness / *je m'en porte garant* I'll vouch for it / *j'en garde un très bon souvenir* I have very happy memories of it / *sa maison en est pleine* his house is full of them

2. [avec un indéfini, exprimant une quantité] *j'en connais un / plusieurs* I know one / several of them / *j'ai du chocolat, tu en veux ?* I've got some chocolate; do you want some? / *tu en as ?* have you got any?, do you have any? / *tu n'en as pas dit assez* you haven't said enough / *il y en a plusieurs* there are several (of them)

3. [provenance] from there / *j'en viens à l'instant* I've just come from there

4. [locutions verbales] : *il n'en croit pas ses oreilles / yeux* he can't believe his ears / eyes

ENA, Ena [ena] (*abr de* **École nationale d'administration**) nf *prestigious grande école training future government officials.*

enamourer [3] [ɑ̃namure] ◆ **s'enamourer de** vp + prép *litt* to become enamoured UK ou enamored US of.

énarque [enark] nmf *graduate of the École nationale d'administration (ENA).*

encablure [ɑ̃kablyr] nf cable length.

encadré [ɑ̃kadre] nm TYPO box.

encadrement [ɑ̃kadrəmɑ̃] nm **1.** [de tableau, porte] frame **2.** [dans une entreprise] managerial staff ; [à l'armée] officers *pl* ; [à l'école] staff **3.** [du crédit] restriction.

encadrer [3] [ɑ̃kadre] vt **1.** [photo, visage] to frame **2.** [employés] to supervise ; [soldats] to be in command of ; [élèves] to teach **3.** [détenu] to flank **4.** *fam* [arbre] to crash into.

encadreur [ɑ̃kadrœr] nm framer.

encaisse [ɑ̃kɛs] nf ready cash.

encaissé, e [ɑ̃kese] adj [vallée] deep and narrow ; [rivière] steep-banked.

encaisser [4] [ɑ̃kese] vt **1.** [argent, coups, insultes] to take **2.** [chèque] to cash **3.** EXPR **ne pas pouvoir encaisser qqn** *fam* not to be able to stand sb.

encanailler [3] [ɑ̃kanaje] ◆ **s'encanailler** vp to slum it.

encart [ɑ̃kar] nm insert ▸ **encart publicitaire** advertising insert.

en-cas, encas [ɑ̃ka] nm inv snack.

encastrable [ɑ̃kastrabl] adj able to be fitted (in).

encastrer [3] [ɑ̃kastʀe] vt to fit. ◆ **s'encastrer** vp to fit (exactly).

encaustique [ɑ̃kostik] nf **1.** [cire] polish **2.** [peinture] encaustic.

encaustiquer [3] [ɑ̃kostike] vt to polish.

enceinte [ɑ̃sɛ̃t] ◇ adj f pregnant ▸ **enceinte de 4 mois** 4 months pregnant. ◇ nf **1.** [muraille] wall **2.** [espace] ▸ **dans l'enceinte de** within (the confines of) **3.** [baffle] ▸ **enceinte (acoustique)** speaker.

encens [ɑ̃sɑ̃] nm incense.

encenser [3] [ɑ̃sɑ̃se] vt **1.** [brûler de l'encens dans] to burn incense in **2.** *fig* [louer] to flatter.

encensoir [ɑ̃sɑ̃swaʀ] nm censer.

encéphalopathie [ɑ̃sefalɔpati] nf encephelopathy ▸ **encéphalopathie spongiforme bovine** bovine spongiform encephalopathy.

encercler [3] [ɑ̃sɛʀkle] vt **1.** [cerner, environner] to surround **2.** [entourer] to circle.

enchaînement [ɑ̃ʃɛnmɑ̃] nm **1.** [succession] series **2.** [liaison] link **3.** MUS progression.

enchaîner [4] [ɑ̃ʃene] ◇ vt **1.** [attacher] to chain up **2.** *fig* [asservir] to enslave **3.** [coordonner] to link. ◇ vi ▸ **enchaîner (sur)** to move on (to). ◆ **s'enchaîner** vp [se suivre] to follow on from each other.

enchanté, e [ɑ̃ʃɑ̃te] adj **1.** [ravi] delighted / *enchanté de faire votre connaissance* pleased to meet you **2.** [ensorcelé] enchanted.

enchantement [ɑ̃ʃɑ̃tmɑ̃] nm **1.** [sortilège] magic spell ▸ **comme par enchantement** as if by magic **2.** *sout* [ravissement] delight **3.** [merveille] wonder.

enchanter [3] [ɑ̃ʃɑ̃te] vt **1.** [ensorceler, charmer] to enchant **2.** [ravir] to delight.

enchanteur, eresse [ɑ̃ʃɑ̃tœʀ, tʀɛs] ◇ adj enchanting. ◇ nm, f **1.** [magicien] enchanter **2.** [charmeur] charmer.

enchâsser [3] [ɑ̃ʃase] vt **1.** [encastrer] to fit **2.** [sertir] to set.

enchère [ɑ̃ʃɛʀ] nf bid ▸ **faire monter les enchères a)** *pr* to raise the bidding **b)** *fig* to raise the stakes ▸ **vendre qqch aux enchères** to sell sthg at ou by auction.

enchérir [32] [ɑ̃ʃeʀiʀ] vi ▸ **enchérir sur a)** to bid higher than **b)** *fig* & *litt* [dépasser] to go beyond.

enchevêtrement [ɑ̃ʃəvɛtʀəmɑ̃] nm **1.** [objets emmêlés] tangle, tangled mass / *un enchevêtrement de branches* tangled branches, a tangle of branches **2.** [confusion] tangle, tangled state, confusion.

enchevêtrer [4] [ɑ̃ʃəvɛtʀe] vt [emmêler] to tangle up ; *fig* to muddle, to confuse / *une intrigue enchevêtrée* a complicated ou muddled plot. ◆ **s'enchevêtrer** vpi **1.** [être emmêlé - fils] to become entangled, to get into a tangle ; [- branchages] to become entangled **2.** [être confus - idées, événements] to become confused ou muddled.

enclave [ɑ̃klav] nf enclave.

enclencher [3] [ɑ̃klɑ̃ʃe] vt **1.** [mécanisme] to engage **2.** *fig* [projet] to set in motion. ◆ **s'enclencher** vp **1.** TECHNOL to engage **2.** *fig* [commencer] to begin.

enclin, e [ɑ̃klɛ̃, in] adj ▸ **enclin à qqch / à faire qqch** inclined to sthg / to do sthg.

enclore [113] [ɑ̃klɔʀ] vt to fence in, to enclose.

enclos, e [ɑ̃klo, oz] pp ⟶ **enclore.** ◆ **enclos** nm enclosure.

enclume [ɑ̃klym] nf anvil.

encoche [ɑ̃kɔʃ] nf notch.

encoder [3] [ɑ̃kɔde] vt to encode.

encodeur [ɑ̃kɔdœʀ] nm INFORM encoder.

encoignure [ɑ̃kwaɲyʀ, ɑ̃kɔɲyʀ] nf **1.** [coin] corner **2.** [meuble] corner cupboard.

encolure [ɑ̃kɔlyʀ] nf neck.

encombrant, e [ɑ̃kɔ̃bʀɑ̃, ɑ̃t] adj cumbersome ; *fig* [personne] undesirable.

encombre [ɑ̃kɔ̃bʀ] ◆ **sans encombre** loc adv without a hitch.

encombré, e [ɑ̃kɔ̃bʀe] adj [lieu] busy, congested ; *fig* saturated.

encombrement [ɑ̃kɔ̃bʀəmɑ̃] nm **1.** [d'une pièce] clutter **2.** [d'un objet] overall dimensions *pl* **3.** [embouteillage] traffic jam **4.** INFORM footprint.

encombrer [3] [ɑ̃kɔ̃bʀe] vt to clutter (up). ◆ **s'encombrer** vp *fam* ▸ **s'encombrer de qqn** to be stuck ou lumbered UK with sb ▸ **s'encombrer de qqch a)** to burden o.s. with sthg **b)** *fig* to bother about sthg.

encontre [ɑ̃kɔ̃tʀ] ◆ **à l'encontre de** loc prép ▸ **aller à l'encontre de** to go against, to oppose.

encorbellement [ɑ̃kɔʀbɛlmɑ̃] nm corbelled structure ▸ **en encorbellement** corbelled UK, corbeled US, overhanging.

encorder [3] [ɑ̃kɔʀde] ◆ **s'encorder** vp to rope up.

encore [ɑ̃kɔʀ] adv **1.** [toujours] still / *il dort encore* he's still asleep / *je te sers encore un verre ?* will you have another drink? / *encore un mois* one more month ▸ **pas encore** not yet / *elle ne travaille pas encore* she's not working yet **2.** [de nouveau] again / *il m'a encore menti* he's lied to me again ▸ **quoi encore ?** what now? ▸ **l'ascenseur est en panne — encore !** the lift's out of order — not again! / *encore de la glace ?* some more ice cream? ▸ **encore une fois** once more, once again **3.** [marque le renforcement] even / *encore mieux / pire* even better / worse / *il est encore plus gentil que je n'imaginais* he is even nicer than I'd imagined (he'd be) **4.** [marque une restriction] : *il ne suffit pas d'être beau, encore faut-il être intelligent* it's not enough to be good-looking: you have to be intelligent too / *encore heureux !* thank goodness for that! ◆ **et encore** loc adv : *j'ai eu le temps de prendre un sandwich, et encore !* I had time for a sandwich, but only just! / *ça vaut 15 euros, et encore* it's worth 15 euros, if that. ◆ **mais encore** loc adv what else? / *elle est bien élevée, charmante, mais encore ?* she's well brought-up and charming, and (apart from that)? ◆ **si encore** loc adv if only / *si encore il était franc, on lui pardonnerait* if only ou if at least he was honest, you could forgive him. ◆ **encore que** loc conj (+ subjonctif) although / *j'aimerais y aller, encore qu'il soit tard* I'd like to go even though it's late.

encourageant, e [ãkuʀaʒã, ãt] adj encouraging.

encouragement [ãkuʀaʒmã] nm **1.** [parole] (word of) encouragement **2.** [action] encouragement.

encourager [17] [ãkuʀaʒe] vt to encourage ▸ **encourager qqn à faire qqch** to encourage sb to do sthg.

encourir [45] [ãkuʀiʀ] vt *sout* to incur.

encourrai, encourras ⟶ **encourir**.

encouru, e [ãkuʀy] pp ⟶ **encourir**.

encrasser [3] [ãkʀase] vt **1.** TECHNOL to clog up **2.** *fam* [salir] to make dirty ou filthy. ◆ **s'encrasser** vp **1.** TECHNOL to clog up **2.** *fam* [se salir] to get dirty ou filthy.

encre [ãkʀ] nf ink ▸ **encre de Chine** Indian UK ou India US ink ▸ **encre indélébile** indelible ink.

encrer [3] [ãkʀe] vt to ink.

encreur [ãkʀœʀ] ⟶ **tampon, rouleau**.

encrier [ãkʀije] nm inkwell.

encroûter [3] [ãkʀute] ◆ **s'encroûter** vp *fam* to get into a rut ▸ **s'encroûter dans ses habitudes** to become set in one's ways.

enculé [ãkyle] nm *vulg* arsehole UK, asshole US.

enculer [3] [ãkyle] vt *vulg* to bugger.

encyclique [ãsiklik] nf RELIG encyclical.

encyclopédie [ãsiklɔpedi] nf encyclopedia.

encyclopédique [ãsiklɔpedik] adj encyclopedic.

endémique [ãdemik] adj endemic.

endettement [ãdɛtmã] nm debt.

endetter [4] [ãdete] ◆ **s'endetter** vp to get into debt.

endeuiller [5] [ãdœje] vt to plunge into mourning.

endiablé, e [ãdjable] adj [frénétique] frantic, frenzied.

endiguer [3] [ãdige] vt **1.** [fleuve] to dam **2.** *fig* [réprimer] to stem.

endimanché, e [ãdimãʃe] adj in one's Sunday best.

endimancher [3] [ãdimãʃe] ◆ **s'endimancher** vp to put on one's Sunday best.

endive [ãdiv] nf chicory (U) UK, endive US.

endocrine [ãdɔkʀin] adj endocrine.

endoctrinement [ãdɔktʀinmã] nm indoctrination.

endoctriner [3] [ãdɔktʀine] vt to indoctrinate.

endolori, e [ãdɔlɔʀi] adj painful, aching / *le corps tout endolori* aching all over / *mon pied était endolori* my foot hurt ou was aching.

endommager [17] [ãdɔmaʒe] vt to damage.

endomorphine [ãdɔmɔʀfin] nf endomorphin.

endormi, e [ãdɔʀmi] adj **1.** [personne] sleeping, asleep **2.** *fig* [village] sleepy ; [jambe] numb ; [passion] dormant ; *fam* [apathique] sluggish.

asleep ou sleeping ?

On peut utiliser indifféremment **asleep** ou **sleeping** pour traduire *endormi*, mais attention, **asleep** s'emploie toujours comme attribut, alors que **sleeping** peut s'employer comme épithète (« a sleeping child » mais jamais « an asleep child »).

endormir [36] [ãdɔʀmiʀ] vt **1.** [assoupir, ennuyer] to send to sleep **2.** [anesthésier - patient] to anaesthetize, anesthetize US ; [- douleur] to ease **3.** *fig* [tromper] to allay **4.** *fig* [affaiblir] to dull. ◆ **s'endormir** vp **1.** [s'assoupir] to fall asleep **2.** [s'affaiblir] to be allayed **3.** *fig* [jambe] to go to sleep.

endoscopie [ãdɔskɔpi] nf endoscopy.

endosser [3] [ãdose] vt **1.** [vêtement] to put on **2.** FIN & DR to endorse ▸ **endosser un chèque** to endorse a cheque UK ou check US **3.** *fig* [responsabilité] to take on.

endroit [ãdʀwa] nm **1.** [lieu, point] place ▸ **à quel endroit ?** where? / *cela fait mal à quel endroit ?* where does it hurt? / *ce n'est pas au bon endroit* it's not in the right place / *un endroit tranquille* a quiet place ou spot **2.** [passage] part / *c'est l'endroit le plus drôle du livre* it's the funniest part ou passage in the book **3.** [côté] right side ▸ **à l'endroit** the right way around / *remettre son pull à l'endroit* to put one's pullover on again the right way around / *un rang à l'endroit* knit one row. ◆ **à l'endroit de** prép *litt* with regard to.

enduire [98] [ãdɥiʀ] vt ▸ **enduire qqch (de)** to coat sthg (with).

Comment exprimer l'encouragement

- **Go on, ask her!** *Vas-y, demande-lui !*
- **Oh, come on, you know you'll enjoy it.** *Allez, tu sais bien que ça va te plaire.*
- **I have a good feeling about this.** *Je trouve tout cela très positif.*
- **You're on the right track.** *Vous tenez le bon bout.*
- **Come on, you're almost there.** *Encore un effort. Vous y êtes presque.*
- **You look just fine.** *Tu es très bien.*
- **You can't give up now!** *Tu ne vas pas laisser tomber maintenant !*

enduisais, enduisions ⟶ enduire.

enduit, e [ɑ̃dɥi, it] pp ⟶ enduire. ◆ **enduit** nm coating.

endurance [ɑ̃dyʀɑ̃s] nf endurance.

endurant, e [ɑ̃dyʀɑ̃, ɑ̃t] adj tough, resilient.

endurci, e [ɑ̃dyʀsi] adj **1.** [aguerri] hardened **2.** *fig* [insensible] hard.

endurcir [32] [ɑ̃dyʀsiʀ] vt to harden. ◆ **s'endurcir** vp ▸ **s'endurcir à** to become hardened to.

endurer [3] [ɑ̃dyʀe] vt to endure.

énergétique [enɛʀʒetik] adj **1.** [ressource] energy *(avant n)* **2.** [aliment] energy-giving.

énergie [enɛʀʒi] nf energy ▸ **énergie nucléaire / solaire** nuclear / solar energy ▸ **énergie éolienne** wind power ▸ **énergie renouvelable** renewable energy.

énergique [enɛʀʒik] adj [gén] energetic ; [remède] powerful ; [mesure] drastic.

énergiquement [enɛʀʒikmɑ̃] adv energetically.

énergisant, e [enɛʀʒizɑ̃, ɑ̃t] adj stimulating. ◆ **énergisant** nm tonic.

énergumène [enɛʀgymɛn] nmf rowdy character.

énervant, e [enɛʀvɑ̃, ɑ̃t] adj annoying, irritating.

énervé, e [enɛʀve] adj **1.** [irrité] annoyed, irritated **2.** [surexcité] overexcited.

énervement [enɛʀvəmɑ̃] nm **1.** [irritation] irritation **2.** [surexcitation] excitement.

énerver [3] [enɛʀve] vt to irritate, to annoy. ◆ **s'énerver** vp [être irrité] to get annoyed ; [être excité] to get worked up ou excited.

enfance [ɑ̃fɑ̃s] nf **1.** [âge] childhood **2.** [enfants] children *pl* **3.** *fig* [débuts] infancy ; [de civilisation, de l'humanité] dawn ▸ **l'enfance de l'art** *fig* child's play.

enfant [ɑ̃fɑ̃] nmf **1.** [gén] child / *attendre un enfant* to be expecting a baby / *faire un enfant* to have a child / *faire l'enfant* to act like a child ▸ **enfant de chœur** choirboy, altarboy ▸ **enfant gâté** spoilt child ▸ **enfant illégitime** ou **naturel** illegitimate child ▸ **enfant martyr** abused child ▸ **enfant prodige** child prodigy ▸ **enfant sauvage** [vivant à l'état sauvage] wolf child **2.** [originaire] native ▸ **c'est un enfant de la balle** his / her parents were in the theatre / circus etc. ▸ **enfant du pays** a) [homme] son of the soil b) [femme] daughter of the soil. ◆ **bon enfant** loc adj good-natured / *d'un ton bon enfant* good-naturedly.

enfantement [ɑ̃fɑ̃tmɑ̃] nm *litt* childbirth ; *fig* creation.

enfanter [3] [ɑ̃fɑ̃te] vt *litt* to give birth to.

enfantillage [ɑ̃fɑ̃tijaʒ] nm childishness *(U)*.

enfantin, e [ɑ̃fɑ̃tɛ̃, in] adj **1.** [propre à l'enfance] childlike ; *péj* childish ; [jeu, chanson] children's *(avant n)* **2.** [facile] childishly simple.

enfarger [17] [ɑ̃faʀʒe] QUÉBEC vt [faire trébucher] to trip. ◆ **s'enfarger** vp [s'empêtrer] to get bogged down.

enfariné, e [ɑ̃faʀine] adj covered with white powder ▸ **il est arrivé, la gueule enfarinée** *fam* & *fig* he breezed in as if nothing was the matter.

enfer [ɑ̃fɛʀ] nm **1.** RELIG [situation désagréable] hell ▸ **d'enfer** *fig* hellish, infernal **2.** [de bibliothèque] restricted books department. ◆ **Enfers** nmpl ▸ **les Enfers** the Underworld *sg*.

enfermer [3] [ɑ̃fɛʀme] vt **1.** [séquestrer, ranger] to shut away / *enfermer qqn dans une cellule* to shut sb up in a cell / *enfermer qqn dans un rôle* *pr* & *fig* to typecast sb / *faire enfermer qqn* to have sb locked away / *ne restez pas enfermés, voilà le soleil !* don't stay indoors, the sun's come out! **2.** *litt* [enclore] to enclose. ◆ **s'enfermer** vp to shut o.s. away ou up ▸ **s'enfermer dans** *fig* to retreat into / *s'enfermer dans ses contradictions* to become caught up in one's own contradictions / *s'enfermer dans le silence* to retreat into silence.

enfilade [ɑ̃filad] nf **1.** row / *une enfilade de peupliers* a row of poplars **2.** MIL enfilade. ◆ **en enfilade** ❖ loc adj in a row / *des pièces en enfilade* a suite of adjoining rooms. ❖ loc adv : *prendre en enfilade* MIL to enfilade / *prendre les rues en enfilade* to follow along in a straight line from one street to the next.

enfiler [3] [ɑ̃file] vt **1.** [aiguille, sur un fil] to thread **2.** [vêtements] to slip on. ◆ **s'enfiler** vp *fam* [ingurgiter] to put away.

enfin [ɑ̃fɛ̃] adv **1.** [en dernier lieu] finally, at last / *enfin, j'aimerais vous remercier de votre hospitalité* finally, I would like to thank you for your hospitality / *un accord a été enfin conclu* an agreement has at last been reached **2.** [dans une liste] lastly **3.** [avant une récapitulation] in a word, in short **4.** [introduit une rectification] that is, well / *elle est jolie, enfin, à mon avis* she's pretty, (or) at least I think she is **5.** [introduit une concession] still, anyway, however / *elle est triste, mais enfin elle s'en remettra* she's sad, but still, she'll get over it **6.** [emploi expressif] : *enfin, reprends-toi !* come on, pull yourself together! / *tu ne peux pas faire ça, enfin !* you can't DO that!

enflammé, e [ɑ̃flame] adj **1.** [en flammes] burning **2.** *fig* [déclaration, discours] passionate ; [discussion] heated.

enflammer [3] [ɑ̃flame] vt **1.** [bois] to set fire to **2.** *fig* [exalter] to inflame. ◆ **s'enflammer** vp **1.** [bois] to catch fire **2.** *fig* [s'exalter] to flare up.

enflé, e [ɑ̃fle] adj [style] turgid.

enfler [3] [ɑ̃fle] vi to swell (up).

enflure [ɑ̃flyʀ] nf [de corps] swelling.

enfoiré, e [ɑ̃fwaʀe] nm, f *tfam* bastard.

enfoncé, e [ɑ̃fɔ̃se] adj deep-set.

enfoncement [ɑ̃fɔ̃smɑ̃] nm **1.** [destruction - d'un mur] breaking down ; [- d'une porte] breaking down, bashing in **2.** [cavité] depression, hollow **3.** MÉD fracture ▸ **enfoncement de la boîte crânienne** skull fracture ▸ **enfoncement du thorax** flail chest.

enfoncer [16] [ɑ̃fɔ̃se] vt **1.** [faire pénétrer] to drive in / *il a enfoncé le pieu d'un seul coup* he drove the stake home in one ▸ **enfoncer qqch dans qqch** to drive sthg into sthg **2.** [enfouir] ▸ **enfoncer ses mains dans ses poches** to thrust one's hands into one's pockets / *il enfonça son chapeau jusqu'aux oreilles* he rammed his hat onto his head **3.** [défoncer] to break down / *la voiture a enfoncé la barrière* the car crashed through the fence **4.** *fam* [vaincre] to hammer, to thrash / *enfoncer un adversaire fam* to crush an opponent. ◆ **s'enfoncer** vp **1.** ▸ **s'enfoncer dans a)** [eau, boue] to sink into **b)** [bois, ville] to disappear into / *ils s'enfoncèrent dans la neige jusqu'aux genoux* they sank knee-deep into the snow / *le chemin s'enfonce dans la forêt* the path disappears into the forest **2.** [s'affaisser] to give way **3.** [aggraver son cas] to get into deep OU deeper waters, to make matters worse.

enfouir [32] [ɑ̃fwiʀ] vt **1.** [cacher] to hide **2.** [ensevelir] to bury. ◆ **s'enfouir** vp to bury o.s.

enfourcher [3] [ɑ̃fuʀʃe] vt to get on, to mount.

enfourner [3] [ɑ̃fuʀne] vt **1.** [pain] to put in the oven **2.** *fam* [avaler] to gobble up.

enfreignais, enfreignions ⟶ **enfreindre**.

enfreindre [81] [ɑ̃fʀɛ̃dʀ] vt to infringe.

enfreint, e [ɑ̃fʀɛ̃, ɛ̃t] pp ⟶ **enfreindre**.

enfuir [35] [ɑ̃fɥiʀ] ◆ **s'enfuir** vp **1.** [fuir] to run away **2.** *litt* [passer] to slip away.

enfumé, e [ɑ̃fyme] adj [pièce] smoky, smoke-filled ; [paroi] sooty.

enfumer [3] [ɑ̃fyme] vt to fill with smoke.

enfuyais, enfuyions ⟶ **enfuir**.

engagé, e [ɑ̃gaʒe] adj committed.

engageant, e [ɑ̃gaʒɑ̃, ɑ̃t] adj engaging.

engagement [ɑ̃gaʒmɑ̃] nm **1.** [promesse] commitment ▸ **sans engagement** COMM without obligation **2.** DR contract **3.** [embauche] engagement, taking on **4.** [MIL - de soldats] enlistment ; [- combat] engagement **5.** [football, rugby] kickoff **6.** [encouragement] encouragement.

engager [17] [ɑ̃gaʒe] ❖ vt **1.** [lier] to commit / *cela ne t'engage à rien* it doesn't commit you to anything **2.** [embaucher] to take on, to engage **3.** [faire entrer] ▸ **engager qqch dans** to insert sthg into / *engager une péniche dans une écluse* to move a barge into a lock **4.** [commencer] to start / *engager la conversation avec qqn* to engage sb in conversation, to strike up a conversation with sb **5.** [impliquer] to involve **6.** [encourager] ▸ **engager qqn à faire qqch** to urge sb to do sthg / *je vous engage à la prudence* I advise you to be prudent. ❖ vi **1.** [football, rugby] to kick off **2.** [lier] ▸ **cela n'engage à rien** there is no obligation. ◆ **s'engager** vp **1.** [promettre] ▸ **s'engager à qqch / à faire qqch** to commit o.s. to sthg / to doing sthg **2.** MIL ▸ **s'engager (dans)** to enlist (in) / *s'engager avant l'appel* to volunteer before conscription **3.** [pénétrer] ▸ **s'engager dans** to enter / *la voiture s'est engagée dans une rue étroite* the car drove OU turned into a narrow street **4.** *fig* [débuter] to begin **5.** [militer] to be committed / *s'engager contre la peine de mort* to campaign against OU to take a stand against the death penalty.

engeance [ɑ̃ʒɑ̃s] nf *litt* riffraff.

engelure [ɑ̃ʒlyʀ] nf chilblain.

engendrer [3] [ɑ̃ʒɑ̃dʀe] vt **1.** *litt* to father **2.** MATH to generate **3.** *fig* [produire] to cause, to give rise to ; [sentiment] to engender.

engin [ɑ̃ʒɛ̃] nm **1.** [machine] machine ▸ **engin de terrassement** earthmover **2.** MIL missile **3.** *fam & péj* [objet] thing.

engineering [ɛnʒiniʀiŋ] nm engineering.

englober [3] [ɑ̃glɔbe] vt to include.

engloutir [32] [ɑ̃glutiʀ] vt **1.** [dévorer] to gobble up **2.** [faire disparaître] to engulf **3.** *fig* [dilapider] to squander. ◆ **s'engloutir** vp to be engulfed.

engluer [3] [ɑ̃glɥe] vt **1.** [oiseau] to catch (using birdlime) **2.** [piège] to smear with birdlime ▸ **être englué (de)** to be sticky (with). ◆ **s'engluer** vp ▸ **s'engluer (dans)** *fig* to become bogged down (in).

engorgement [ɑ̃gɔʀʒəmɑ̃] nm **1.** MÉD engorgement **2.** *fig* [de marché] glutting, swamping.

engorger [17] [ɑ̃gɔʀʒe] vt **1.** [obstruer] to block, to obstruct **2.** MÉD to engorge. ◆ **s'engorger** vp **1.** [tuyau] to become blocked **2.** [route] to get congested.

engouement [ɑ̃gumɑ̃] nm **1.** [enthousiasme] infatuation **2.** MÉD strangulation *(of hernia)*.

engouer [6] [ɑ̃gue] ◆ **s'engouer** vp ▸ **s'engouer de** to become infatuated with.

engouffrer [3] [ɑ̃gufʀe] vt *fam* **1.** [dévorer] to wolf down **2.** [dilapider] to squander. ◆ **s'engouffrer** vp ▸ **s'engouffrer dans** to rush into.

engourdi, e [ɑ̃guʀdi] adj numb ; *fig* dull.

engourdir [32] [ɑ̃guʀdiʀ] vt to numb ; *fig* to dull. ◆ **s'engourdir** vp to go numb.

engourdissement [ɑ̃guʀdismɑ̃] nm **1.** [raideur] numbness **2.** [torpeur] torpor.

engrais [ɑ̃gʀɛ] nm fertilizer ▸ **engrais chimique** chemical fertilizer.

engraisser [4] [ɑ̃gʀese] ❖ vt **1.** [animal] to fatten **2.** [terre] to fertilize. ❖ vi to put on weight. ◆ **s'engraisser** vp *fam & fig* to grow fat.

engranger [17] [ɑ̃gʀɑ̃ʒe] vt **1.** [foin] to bring in **2.** *fig* [accumuler] to store up.

engrenage [ɑ̃gʀənaʒ] nm **1.** TECHNOL gears *pl* **2.** *fig* [circonstances] ▸ **être pris dans l'engrenage** to be caught up in the system.

engrosser [3] [ɑ̃gʀose] vt *fam* to get pregnant.

engueulade [ɑ̃gœlad] nf *fam* bawling out.

engueuler [5] [ɑ̃gœle] vt *fam* ▸ **engueuler qqn** to bawl sb out. ◆ **s'engueuler** vp *fam* to have a row, to have a slanging match UK.

enguirlander [3] [ɑ̃giʀlɑ̃de] vt **1.** *fam* [gronder] to tell off **2.** *litt* [décorer] to decorate.

enhardir [32] [ɑ̃aʀdiʀ] vt to make bold. ◆ **s'enhardir** vp to pluck up one's courage.

ENI [eni] (*abr de* **École normale d'instituteurs**) nf *(en Afrique) training college for primary school teachers.*

énième [enjɛm] adj *fam* ▸ **la énième fois** the nth time.

énigmatique [enigmatik] adj enigmatic.

énigme [enigm] nf **1.** [mystère] enigma **2.** [jeu] riddle.

enivrant, e [ɑ̃nivʀɑ̃, ɑ̃t] adj *pr* & *fig* intoxicating.

enivrer [3] [ɑ̃nivʀe] vt *pr* to get drunk ; *fig* to intoxicate. ◆ **s'enivrer** vp ▸ **s'enivrer (de) a)** *pr* to get drunk (on) **b)** *fig* to become intoxicated (with).

enjambée [ɑ̃ʒɑ̃be] nf stride ▸ **marcher à grandes enjambées** to stride (along).

enjamber [3] [ɑ̃ʒɑ̃be] ❖ vt **1.** [obstacle] to step over **2.** [cours d'eau] to straddle. ❖ vi [empiéter] ▸ **enjamber sur** to encroach on.

enjeu [ɑ̃ʒø] nm stake / *quel est l'enjeu ici ?* *fig* what's at stake here? / *l'enjeu d'une guerre* the stakes of war / *c'est un enjeu de taille pour l'entreprise* it's a major challenge for the company / *c'est un enjeu important* the stakes are high.

enjoignais, enjoignions ⟶ **enjoindre**.

enjoindre [82] [ɑ̃ʒwɛ̃dʀ] vt *litt* ▸ **enjoindre à qqn de faire qqch** to enjoin sb to do sthg.

enjoint [ɑ̃ʒwɛ̃] pp inv ⟶ **enjoindre**.

enjôler [3] [ɑ̃ʒole] vt to coax.

enjôleur, euse [ɑ̃ʒolœʀ, øz] ❖ adj wheedling. ❖ nm, f wheedler.

enjoliver [3] [ɑ̃ʒɔlive] vt to embellish.

enjoliveur [ɑ̃ʒɔlivœʀ] nm [de roue] hubcap ; [de calandre] badge.

enjoué, e [ɑ̃ʒwe] adj cheerful.

enlacer [16] [ɑ̃lase] vt **1.** [prendre dans ses bras] to embrace, to hug **2.** [entourer] to wind around. ◆ **s'enlacer** vp **1.** [s'entrelacer] to intertwine **2.** [s'embrasser] to embrace, to hug.

enlaidir [32] [ɑ̃lediʀ] ❖ vt to make ugly / *enlaidir le paysage* to be a blot on the landscape OU an eyesore. ❖ vi to become ugly. ◆ **s'enlaidir** vpi to make o.s. (look) ugly.

enlevé, e [ɑ̃lve] adj ▸ **(bien) enlevé** spirited.

enlèvement [ɑ̃lɛvmɑ̃] nm **1.** [action d'enlever] removal ▸ **l'enlèvement des ordures (ménagères)** refuse collection **2.** [rapt] abduction.

enlever [19] [ɑ̃lve] vt **1.** [gén] to remove ; [vêtement] to take off **2.** [prendre] ▸ **enlever qqch à qqn** to take sthg away from sb **3.** [obtenir] to win **4.** [kidnapper] to abduct **5.** *litt* [faire mourir] to carry off. ◆ **s'enlever** vp to be removable.

enliser [3] [ɑ̃lize] ◆ **s'enliser** vp **1.** [s'embourber] to sink, to get stuck **2.** *fig* [piétiner] ▸ **s'enliser dans qqch** to get bogged down in sthg.

enluminure [ɑ̃lyminyʀ] nf illumination.

ENM (*abr de* **École nationale de la magistrature**) nf *grande école training lawyers.*

enneigé, e [ɑ̃neʒe] adj snow-covered.

enneigement [ɑ̃nɛʒmɑ̃] nm snow cover ▸ **bulletin d'enneigement** snow report.

ennemi, e [ɛnmi] ❖ adj enemy *(avant n)*. ❖ nm, f enemy ▸ **passer à l'ennemi** to defect ▸ **ennemi public** public enemy.

ennui [ɑ̃nɥi] nm **1.** [lassitude] boredom **2.** [contrariété] annoyance ▸ **l'ennui, c'est que...** the annoying thing is that... **3.** [problème] problem ▸ **attirer des ennuis à qqn** to cause trouble for sb ▸ **s'attirer des ennuis** to bring trouble upon o.s, to get o.s into trouble ▸ **avoir des ennuis** to have problems.

ennuyant, e [ɑ̃nɥijɑ̃, ɑ̃t] adj BELGIQUE QUÉBEC boring.

ennuyer [14] [ɑ̃nɥije] vt **1.** [agacer, contrarier] to annoy / *cela t'ennuierait de venir me chercher ?* would you mind picking me up? **2.** [lasser] to bore **3.** [inquiéter] to bother. ◆ **s'ennuyer** vp **1.** [se morfondre] to be bored **2.** [déplorer l'absence] ▸ **s'ennuyer de qqn / qqch** to miss sb / sthg.

ennuyeux, euse [ɑ̃nɥijø, øz] adj **1.** [lassant] boring **2.** [contrariant] annoying.

énoncé [enɔ̃se] nm **1.** [libellé] wording **2.** LING utterance.

énoncer [16] [enɔ̃se] vt **1.** [libeller] to word **2.** [exposer] to expound ; [théorème] to set forth.

énonciation [enɔ̃sjasjɔ̃] nf **1.** [libellé] wording **2.** LING utterance.

enorgueillir [32] [ɑ̃nɔʀgœjiʀ] ◆ **s'enorgueillir** vp ▸ **s'enorgueillir de qqch / de faire qqch** to pride o.s. on sthg / on doing sthg.

énorme [enɔʀm] adj **1.** *pr* & *fig* [immense] enormous **2.** *fam* & *fig* [incroyable] far-fetched.

énormément [enɔʀmemɑ̃] adv enormously ▸ **énormément de** a great deal of.

énormité [enɔʀmite] nf **1.** [gigantisme] enormity **2.** [absurdité] ▸ **dire des énormités** to say the most awful things.

enquérir [39] [ɑ̃keʀiʀ] ◆ **s'enquérir** vp *sout* ▸ **s'enquérir de qqn** to ask after sb ▸ **s'enquérir de qqch** to inquire about sthg.

enquête [ɑ̃kɛt] nf **1.** [de police, recherches] investigation ▸ **enquête de routine** routine inquiry **2.** [sondage] survey / *enquête de marché* market survey.

enquêter [4] [ɑ̃kete] vi **1.** [police, chercheur] to investigate **2.** [sonder] to conduct a survey.

enquêteur, euse, trice [ɑ̃kɛtœʀ, øz, tʀis] nm, f investigator.

enquiers, enquiert ⟶ **enquérir**.

enquiquinant, e [ɑ̃kikinɑ̃, ɑ̃t] adj *fam* annoying.

enquiquiner [3] [ɑ̃kikine] *fam* vt **1.** [ennuyer] to bore (stiff) **2.** [irriter] to bug **3.** [importuner] : *se faire enquiquiner* to be hassled. ◆ **s'enquiquiner** vpi **1.** [s'ennuyer] to be bored (stiff) **2.** [se donner du mal] ▸ **s'enquiquiner à** : *je ne vais pas m'enquiquiner à tout recopier* I don't feel like copying it out again.

enquis, e [ɑ̃ki, iz] pp ⟶ **enquérir**.

enraciner [3] [ɑ̃Rasine] vt **1.** [planter] to dig in **2.** *fig* [idée, préjugé] to implant. ◆ **s'enraciner** vp **1.** [plante, idée] to take root **2.** [personne] to put down roots.

enragé, e [ɑ̃Raʒe] ❖ adj **1.** [chien] rabid, with rabies **2.** *fig* [invétéré] keen. ❖ nm, f : *c'est un enragé de football* he's mad about OU on football.

enrageant, e [ɑ̃Raʒɑ̃, ɑ̃t] adj infuriating.

enrager [17] [ɑ̃Raʒe] vi to be furious ▸ **faire enrager qqn** to infuriate sb.

enrayer [11] [ɑ̃Reje] vt **1.** [épidémie] to check, to stop **2.** [mécanisme] to jam. ◆ **s'enrayer** vp [mécanisme] to jam.

enrégimenter [3] [ɑ̃Reʒimɑ̃te] vt [dans l'armée] to enlist ; [dans un groupe] to enrol UK, to enroll US.

enregistrement [ɑ̃Rəʒistrəmɑ̃] nm **1.** [de son, d'images, d'informations] recording ▸ **enregistrement pirate** pirate recording **2.** [inscription] registration **3.** [à l'aéroport] check-in ▸ **enregistrement des bagages** baggage registration.

enregistrer [3] [ɑ̃Rəʒistre] vt **1.** [son, images, informations] to record **2.** INFORM to save ▸ **'enregistrer sous'** 'save as' **3.** [inscrire] to register **4.** [à l'aéroport] to check in **5.** *fam* [mémoriser] to make a mental note of.

enregistreur, euse [ɑ̃Rəʒistrœr, øz] adj recording *(avant n)*.

enrhumé, e [ɑ̃Ryme] adj : *je suis enrhumé* I have a cold.

enrhumer [3] [ɑ̃Ryme] ◆ **s'enrhumer** vp to catch (a) cold.

enrichi, e [ɑ̃Riʃi] adj **1.** [personne] nouveau riche **2.** [matériau] enriched **3.** *fig* [orné] ▸ **enrichi de** enhanced by.

enrichir [32] [ɑ̃Riʃir] vt **1.** [financièrement] to make rich **2.** *fig* [terre] to enrich. ◆ **s'enrichir** vp **1.** [financièrement] to grow rich **2.** *fig* [sol] to become enriched.

enrichissant, e [ɑ̃Riʃisɑ̃, ɑ̃t] adj enriching.

enrichissement [ɑ̃Riʃismɑ̃] nm **1.** [gén] enrichment **2.** [financier] increased wealth.

enrobé, e [ɑ̃Rɔbe] adj **1.** [recouvert] ▸ **enrobé de** coated with **2.** *fam* [grassouillet] plump.

enrober [3] [ɑ̃Rɔbe] vt **1.** [recouvrir] ▸ **enrober qqch de** to coat sthg with **2.** *fig* [reproche, nouvelle] to wrap up. ◆ **s'enrober** vp to put on weight.

enrôlement [ɑ̃Rolmɑ̃] nm enrolment UK, enrollment US.

enrôler [3] [ɑ̃Role] vt to enrol UK, to enroll US ; MIL to enlist. ◆ **s'enrôler** vp to enrol UK, to enroll US ; MIL to enlist.

enroué, e [ɑ̃Rwe] adj hoarse.

enrouer [6] [ɑ̃Rwe] ◆ **s'enrouer** vp to become hoarse.

enroulement [ɑ̃Rulmɑ̃] nm rolling up.

enrouler [3] [ɑ̃Rule] vt to roll up ▸ **enrouler qqch autour de qqch** to wind sthg around sthg. ◆ **s'enrouler** vp **1.** [entourer] ▸ **s'enrouler sur** OU **autour de qqch** to wind around sthg **2.** [se pelotonner] ▸ **s'enrouler dans qqch** to wrap o.s. up in sthg.

enrouleur, euse [ɑ̃Rulœr, øz] adj winding.

ENS (*abr de* **École normale supérieure**) nf *grande école training secondary school and university teachers.*

ensabler [3] [ɑ̃sable] vt to silt up. ◆ **s'ensabler** vp to silt up.

ENSAD, Ensad [ɛnsad] (*abr de* **École nationale supérieure des arts décoratifs**) nf *grande école for applied arts.*

ENSAM, Ensam [ɛnsam] (*abr de* **École nationale supérieure d'arts et métiers**) nf *"grande école" for engineering.*

enseignant, e [ɑ̃sɛɲɑ̃, ɑ̃t] ❖ adj teaching *(avant n)*. ❖ nm, f teacher.

enseigne [ɑ̃sɛɲ] nf **1.** [de commerce] sign ▸ **enseigne lumineuse** neon sign **2.** [drapeau, soldat] ensign **3.** EXPR **être logé à la même enseigne** to be in the same boat. ◆ **à telle enseigne que** loc conj *litt* so much so that.

enseignement [ɑ̃sɛɲmɑ̃] nm **1.** [gén] teaching ▸ **enseignement assisté par ordinateur** computer-aided learning ▸ **enseignement par correspondance** correspondence courses ▸ **enseignement primaire** primary education ▸ **enseignement privé** private education ▸ **enseignement professionnel** vocational education ▸ **enseignement public** state education OU schools ▸ **enseignement secondaire** secondary education ▸ **enseignement technique** technical education / *travailler dans l'enseignement* to work in education OU the teaching profession **2.** [leçon] lesson / *tirer un enseignement de qqch* to learn (a lesson) from sthg.

enseigner [4] [ɑ̃seɲe] vt *pr* & *fig* to teach ▸ **enseigner qqch à qqn** to teach sb sthg, to teach sthg to sb.

ensemble [ɑ̃sɑ̃bl] ❖ adv together ▸ **aller ensemble** to go together. ❖ nm **1.** [totalité] whole ▸ **l'ensemble de** all of ▸ **idée d'ensemble** general idea ▸ **dans l'ensemble** on the whole **2.** [harmonie] unity **3.** [vêtement] outfit **4.** [série] collection **5.** MATH set **6.** ARCHIT development ▸ **grand ensemble** housing estate UK OU project US **7.** MUS ensemble.

ensemblier, ère [ɑ̃sɑ̃blije, ɛr] nm, f interior decorator ; CINÉ & TV set designer.

ensemencer [16] [ɑ̃səmɑ̃se] vt **1.** [terre] to sow **2.** [rivière] to stock.

enserrer [4] [ɑ̃seʀe] vt [entourer] to encircle ; *fig* to imprison.

ENSET, Enset [ɛnsɛt] (*abr de* **École nationale supérieure de l'enseignement technique**) nf *grande école training science and technology teachers.*

ensevelir [32] [ɑ̃səvliʀ] vt *pr* & *fig* to bury. ◆ **s'ensevelir** vp to bury o.s. (away).

ensoleillé, e [ɑ̃sɔleje] adj sunny.

ensoleillement [ɑ̃sɔlɛjmɑ̃] nm sunshine.

ensommeillé, e [ɑ̃sɔmeje] adj sleepy.

ensorceler [24] [ɑ̃sɔʀsəle] vt to bewitch.

ensorcellement [ɑ̃sɔʀsɛlmɑ̃] nm bewitching.

ensuite [ɑ̃sɥit] adv **1.** [après, plus tard] after, afterwards, later **2.** [puis] then, next, after that ▸ **et ensuite ?** what then?, what next?

ensuivre [89] [ɑ̃sɥivʀ] ◆ **s'ensuivre** vp to follow ▸ **il s'ensuit que** it follows that ▸ **et tout ce qui s'ensuit** and all that that entails.

ENT nm *abr de* **espace numérique de travail**.

entaille [ɑ̃taj] nf cut.

entailler [3] [ɑ̃taje] vt to cut. ◆ **s'entailler** vp ▸ **s'entailler le doigt** to cut one's finger.

entame [ɑ̃tam] nf first slice.

entamer [3] [ɑ̃tame] vt **1.** [gâteau, fromage] to start (on) ; [bouteille, conserve] to start, to open **2.** [capital] to dip into **3.** [cuir, réputation] to damage **4.** [courage] to shake.

entartrer [3] [ɑ̃taʀtʀe] vt to scale, to fur up. ◆ **s'entartrer** vp to scale, to fur up.

entassement [ɑ̃tasmɑ̃] nm **1.** [d'objets] pile ; [action] piling up **2.** [de personnes] squeezing.

entasser [3] [ɑ̃tase] vt **1.** [accumuler, multiplier] to pile up **2.** [serrer] to squeeze. ◆ **s'entasser** vp **1.** [objets] to pile up **2.** [personnes] ▸ **s'entasser dans** to squeeze into.

entendement [ɑ̃tɑ̃dmɑ̃] nm understanding ▸ **dépasser l'entendement (de qqn)** to be beyond (sb's) comprehension.

entendeur [ɑ̃tɑ̃dœʀ] nm ▸ **à bon entendeur salut !** so be warned!

entendre [73] [ɑ̃tɑ̃dʀ] vt **1.** [percevoir, écouter] to hear / *parlez plus fort, on n'entend rien* speak up: we can't hear a word (you're saying) ▸ **entendre dire que** to hear (that) / *j'ai entendu dire qu'il était parti* I heard that he had left ▸ **entendre parler de qqch** to hear of ou about sthg / *on n'entend parler que de lui / de sa pièce* he's/his play's the talk of the town ▸ **à l'entendre…** to hear him/her talk… ▸ **qu'est-ce qu'il ne faut pas entendre !** *fam* give me a break! **2.** *sout* [comprendre] to understand ▸ **laisser entendre que** to imply that ▸ **ne rien y entendre à qqch** not to know the first thing about sthg **3.** *sout* [vouloir] ▸ **entendre faire qqch** to intend to do sthg / *il entend bien partir demain* he's determined to go tomorrow **4.** [vouloir dire] to mean / *sans y entendre malice* without meaning any harm (by it). ◆ **s'entendre** vp **1.** [sympathiser] ▸ **s'entendre avec qqn** to get on with sb ▸ **s'entendre comme larrons en foire** to be as thick as thieves **2.** [s'accorder] to agree **3.** [savoir] ▸ **s'entendre en qqch / à faire qqch** to be very good at sthg / at doing sthg ▸ **s'y entendre** to know all about it / *il s'y entend en mécanique* he's good at ou he knows (a lot) about mechanics **4.** [être compris] to be understood ▸ **cela s'entend** that is understood / *après l'hiver, (cela) s'entend* when the winter is over, of course ou it goes without saying **5.** [s'écouter] ▸ **on ne s'entend plus** we can't hear ourselves think.

entendu, e [ɑ̃tɑ̃dy] ◇ pp ⟶ **entendre.** ◇ adj **1.** [compris] agreed, understood ▸ **entendu !** right!, O.K.! **2.** [complice] knowing.

entente [ɑ̃tɑ̃t] nf **1.** [harmonie] understanding **2.** [accord] agreement **3.** [compréhension] ▸ **à double entente** with a double meaning.

entériner [3] [ɑ̃teʀine] vt to ratify.

entérite [ɑ̃teʀit] nf enteritis *(U)*.

enterrement [ɑ̃tɛʀmɑ̃] nm burial.

enterrer [4] [ɑ̃teʀe] vt *pr* & *fig* to bury ▸ **enterrer sa vie de garçon** to have a stag party. ◆ **s'enterrer** vp *fig* to bury o.s. (away).

entêtant, e [ɑ̃tɛtɑ̃, ɑ̃t] adj heady.

en-tête [ɑ̃tɛt] (*pl* **en-têtes**) nm heading. ◆ **à en-tête** loc adj [papier, bristol] headed / *papier à en-tête de la compagnie* company notepaper.

entêté, e [ɑ̃tete] ◇ adj stubborn. ◇ nm, f stubborn person.

entêtement [ɑ̃tɛtmɑ̃] nm stubbornness.

entêter [4] [ɑ̃tete] ◆ **s'entêter** vp to persist ▸ **s'entêter à faire qqch** to persist in doing sthg ▸ **s'entêter dans qqch** to persist in sthg.

enthousiasme [ɑ̃tuzjasm] nm enthusiasm.

enthousiasmer [3] [ɑ̃tuzjasme] vt to fill with enthusiasm. ◆ **s'enthousiasmer** vp ▸ **s'enthousiasmer pour** to be enthusiastic about.

enthousiaste [ɑ̃tuzjast] ◇ nmf enthusiast. ◇ adj enthusiastic.

enticher [3] [ɑ̃tiʃe] ◆ **s'enticher** vp ▸ **s'enticher de qqn / qqch** to become obsessed with sb / sthg.

entier, ère [ɑ̃tje, ɛʀ] adj whole, entire. ◆ **en entier** loc adv in its/their entirety.

entièrement [ɑ̃tjɛʀmɑ̃] adv **1.** [complètement] fully **2.** [pleinement] wholly, entirely.

entité [ɑ̃tite] nf entity.

entomologie [ɑ̃tɔmɔlɔʒi] nf entomology.

entonner [3] [ɑ̃tɔne] vt [chant] to strike up.

entonnoir [ɑ̃tɔnwaʀ] nm **1.** [instrument] funnel **2.** [cavité] crater.

entorse [ɑ̃tɔʀs] nf MÉD sprain ▸ **se faire une entorse à la cheville / au poignet** to sprain one's ankle/wrist ▸ **faire une entorse à** *fig* [loi, règlement] to bend.

entortiller [3] [ɑ̃tɔʀtije] vt **1.** [entrelacer] to twist **2.** [envelopper] ▸ **entortiller qqch autour de qqch** to wrap sthg around sthg **3.** *fam* & *fig* [personne] to sweet-talk **4.** *fam* [tromper] to hoodwink, to con / *se faire entortiller* to be taken in. ◆ **s'entortiller** vpi **1.** [s'enrouler - lierre] to twist, to wind **2.** *fam* [être empêtré] to get caught ou tangled up / *s'entortiller dans ses explications* to get tangled up in one's explanations.

entourage [ɑ̃tuʀaʒ] nm **1.** [milieu] entourage **2.** [clôture] surround.

entouré, e [ɑ̃tuʀe] adj **1.** [enclos] surrounded **2.** [soutenu] popular.

entourer [3] [ɑ̃tuʀe] vt **1.** [enclore, encercler] ▸ **entourer (de)** to surround (with) **2.** *fig* [soutenir] to rally round. ◆ **s'entourer** vp ▸ **s'entourer de** to surround o.s. with.

entourloupette [ɑ̃tuʀlupɛt] nf *fam* dirty trick.

entournure [ɑ̃tuʀnyʀ] nf ▸ **être gêné aux entournures a)** *fig* [financièrement] to feel the pinch **b)** [être mal à l'aise] to feel awkward.

entracte [ɑ̃tʀakt] nm interval UK, intermission US ; *fig* interlude.

entraide [ɑ̃tʀɛd] nf mutual assistance.

entraider [4] [ɑ̃tʀede] ◆ **s'entraider** vp to help each other.

entrailles [ɑ̃tʀaj] nfpl **1.** [intestins] entrails **2.** *sout* [profondeurs] depths **3.** *fig* [siège des sentiments] soul *sg*.

entrain [ɑ̃tʀɛ̃] nm drive.

entraînant, e [ɑ̃tʀɛnɑ̃, ɑ̃t] adj [chanson] catchy, swinging ; [rythme] swinging, lively ; [style, éloquence] rousing, stirring.

entraînement [ɑ̃tʀɛnmɑ̃] nm **1.** [mécanisme] drive **2.** [préparation] practice ; SPORT training ▸ **manquer d'entraînement a)** to be out of training **b)** *fig* to be out of practice.

entraîner [4] [ɑ̃tʀene] vt **1.** TECHNOL to drive **2.** [tirer] to pull **3.** [susciter] to lead to **4.** SPORT to coach **5.** [emmener] to take along **6.** [séduire] to influence ▸ **entraîner qqn à faire qqch** to talk sb into sthg. ◆ **s'entraîner** vp to practise UK, to pratice US ; SPORT to train ▸ **s'entraîner à faire qqch** to practise UK ou practice US doing sthg.

entraîneur, euse [ɑ̃tʀɛnœʀ, øz] nm, f trainer, coach. ◆ **entraîneuse** nf [dans un cabaret] hostess.

entrant, e [ɑ̃tʀɑ̃, ɑ̃t] adj incoming *(avant n)*.

entrapercevoir, entr'apercevoir [52] [ɑ̃tʀapɛʀsəvwaʀ] vt to glimpse.

entrave [ɑ̃tʀav] nf hobble ; *fig* obstruction.

entraver [3] [ɑ̃tʀave] vt to hobble ; *fig* to hinder.

entre [ɑ̃tʀ] prép **1.** [gén] between / *ils ont invité entre 15 et 20 personnes* they've invited 15 to 20 people / *il passa la main entre les barreaux* he put his hand through the bars / *tenir qqch entre ses mains* to hold sthg in one's hands / *une couleur entre le jaune et le vert* a colour UK ou color US between yellow and green **2.** [parmi] among ▸ **entre nous** between you and me, between ourselves / *entre nous, il n'a pas tort* **a)** [à deux] between you and me, he's right **b)** [à plusieurs] between us, he's right ▸ **l'un d'entre nous ira** one of us will go ▸ **généralement ils restent entre eux** they tend to keep themselves to themselves ▸ **ils se battent entre eux** they're fighting among ou amongst themselves / *parle, nous sommes entre amis* you can talk: we're among friends ou we're all friends here. ◆ **entre autres** loc prép ▸ **entre autres (personnes)** among others ▸ **entre autres (choses)** among other things / *sont exposés, entre autres, des objets rares, des œuvres de jeunesse du peintre, etc.* the exhibition includes, among other things, rare objects, examples of the artist's early work etc.

entrebâillement [ɑ̃tʀəbajmɑ̃] nm slight opening ▸ **dans l'entrebâillement de la porte** through the half-open door.

entrebâiller [3] [ɑ̃tʀəbaje] vt to open slightly.

entrechat [ɑ̃tʀəʃa] nm **1.** [danse] entrechat **2.** [saut] leap ▸ **faire des entrechats** to leap around.

entrechoquer [3] [ɑ̃tʀəʃɔke] vt to bang together. ◆ **s'entrechoquer** vp to bang into each other.

entrecôte [ɑ̃tʀəkot] nf entrecôte.

entrecoupé, e [ɑ̃tʀəkupe] adj ▸ **entrecoupé de** interspersed with.

entrecouper [3] [ɑ̃tʀəkupe] vt to intersperse.

entrecroiser [3] [ɑ̃tʀəkʀwaze] vt to interlace. ◆ **s'entrecroiser** vp to intersect.

entre-déchirer [3] [ɑ̃tʀədeʃiʀe] ◆ **s'entre-déchirer** vp to tear each other to pieces.

entre-deux [ɑ̃tʀədø] nm inv gap, space ▸ **dans l'entre-deux** *fig* in the interim.

entre-deux-guerres [ɑ̃tʀədøgɛʀ] nm ou nf inv inter-war years *pl*.

entrée [ɑ̃tʀe] nf **1.** [arrivée, accès] entry, entrance / *à l'entrée de la grotte* at the entrance ou mouth of the cave ▸ **'entrée interdite'** 'no admittance' ▸ **'entrée libre' a)** [dans un musée] 'admission free' **b)** [dans une boutique] 'browsers welcome' / *'entrée réservée au personnel'* 'staff only' / *il a fait une entrée remarquée* he made quite an entrance, he made a dramatic entrance **2.** [porte] entrance ▸ **entrée des artistes** stage door ▸ **entrée de service** tradesmen's entrance ▸ **entrée principale** main entrance **3.** [vestibule] (entrance) hall **4.** [billet] ticket / *le film a fait deux millions d'entrées* two million people have seen the film **5.** [plat] starter, first course **6.** [début] onset / *l'entrée en guerre de la France* France's entry into the war ▸ **entrée en matière** introduction / *l'entrée en vigueur d'une loi* the implementation of a law **7.** [rubrique] entry **8.** INFORM input, entry ▸ **entrée des données a)** [gén] inputting of data, data input **b)** [par saisie] keying in ou keyboarding of data **9.** EXPR ▸ **d'entrée de jeu** from the outset ▸ **avoir ses entrées chez qqn** to have sb's ear.

entrefaites [ɑ̃tʀəfɛt] nfpl ▸ **sur ces entrefaites** just at that moment.

entrefilet [ɑ̃tʀəfilɛ] nm paragraph.

entregent [ɑ̃tʀəʒɑ̃] nm ▸ **avoir de l'entregent** to know how to behave.

entrejambe [ɑ̃tʀəʒɑ̃b] nm crotch.

entrelacer [16] [ɑ̃tʀəlase] vt to intertwine. ◆ **s'entrelacer** vp to intertwine.

entrelarder [3] [ɑ̃tʀəlaʀde] vt **1.** CULIN to lard **2.** *fig* [discours] ▸ **entrelarder de** to lace with.

entremêler [4] [ɑ̃tʀəmele] vt to mix ▸ **entremêler de** to mix with. ◆ **s'entremêler** vp to mingle.

entremets [ɑ̃tʀəmɛ] nm dessert.

entremettais, entremettions ⟶ entremettre.

entremetteur, euse [ɑ̃tʀəmɛtœʀ, øz] nm, f mediator. ◆ **entremetteuse** nf *péj* go-between.

entremettre [84] [ɑ̃tʀəmɛtʀ] ◆ **s'entremettre** vp ▸ **s'entremettre (dans)** to mediate (in).

entremis, e [ɑ̃tʀəmi, iz] pp ⟶ entremettre.

entremise [ɑ̃tʀəmiz] nf intervention ▸ **par l'entremise de** through.

entrepont [ɑ̃tʀəpɔ̃] nm steerage.

entreposer [3] [ɑ̃tʀəpoze] vt to store.

entrepôt [ɑ̃tʀəpo] nm warehouse.

entreprenais, entreprenions ⟶ entreprendre.

entreprenant, e [ɑ̃tʀəpʀənɑ̃, ɑ̃t] adj enterprising ; [auprès des femmes] forward.

entreprendre [79] [ɑ̃tʀəpʀɑ̃dʀ] vt to undertake ; [commencer] to start ▸ **entreprendre de faire qqch** to undertake to do sthg ▸ **entreprendre qqn sur** to engage sb in conversation about.

entrepreneur, euse [ɑ̃tʀəpʀənœʀ, øz] nm, f **1.** [de services & CONSTR] contractor **2.** [patron] businessman (businesswoman).

entrepreneuriat [ɑ̃tʀəpʀənœʀja] nm entrepreneurship.

entreprenne, entreprennes ⟶ entreprendre.

entrepris, e [ɑ̃tʀəpʀi, iz] pp ⟶ entreprendre.

entreprise [ɑ̃tʀəpʀiz] nf **1.** [travail, initiative] enterprise ▸ **libre entreprise** ÉCON free enterprise **2.** [société] company ▸ **entreprise nationalisée** nationalized industry ▸ **petite entreprise** small business.

entrer [3] [ɑ̃tʀe] ❖ vi *(aux : être)* **1.** [pénétrer] to enter, to go/come in / *entrer en gare* to pull in (to the station) / *entrer au port* to come into ou to enter harbour UK ou harbor US ▸ **entrer dans** a) [gén] to enter b) [pièce] to go/come into c) [bain, voiture] to get into ; *fig* [sujet] to go into / *entrer dans un mur* to crash into a wall / *entrer dans le monde du travail* to start work / *cela n'entre pas dans mes attributions* this is not within my responsibilities ▸ **entrer par** to go in ou enter by ▸ **entrez !** come in! / *entrez sans frapper* go (straight) in ▸ **faire entrer qqn** to show sb in ▸ **faire entrer qqch** to bring sthg in **2.** [faire partie] ▸ **entrer dans** to go into, to be part of **3.** [être admis, devenir membre] ▸ **entrer à** [club, parti] to join ▸ **entrer dans** a) [les affaires, l'enseignement] to go into b) [la police, l'armée] to join ▸ **entrer en politique** to go into politics ▸ **entrer à l'université** to go to university UK ou college US / *elle entre à la maternelle / en troisième année* she's going to nursery school/moving up into the Year 3 ▸ **entrer à l'hôpital** to go into hospital UK, to enter the hospital US **4.** [débuter] ▸ **entrer en** to start, to begin / *entrer en conversation avec qqn* to strike up a conversation with sb / *entrer en guerre* to go to war. ❖ vt *(aux : avoir)* **1.** [gén] to bring in **2.** INFORM to enter, to input.

entresol [ɑ̃tʀəsɔl] nm mezzanine.

entre-temps [ɑ̃tʀətɑ̃] adv meanwhile.

entretenir [40] [ɑ̃tʀətniʀ] vt **1.** [faire durer] to keep alive **2.** [cultiver] to maintain **3.** [soigner] to look after **4.** [personne, famille] to support **5.** [parler à] ▸ **entretenir qqn de qqch** to speak to sb about sthg. ◆ **s'entretenir** vp **1.** [se parler] ▸ **s'entretenir (de)** to talk (about) **2.** [prendre soin de soi] to look after o.s.

entretenu, e [ɑ̃tʀətny] ❖ pp ⟶ entretenir. ❖ adj **1.** [soigné] well-kept ▸ **bien / mal entretenu** well-/badly kept **2.** [femme] kept *(avant n)*.

entretien [ɑ̃tʀətjɛ̃] nm **1.** [de voiture, jardin] maintenance, upkeep **2.** [conversation] discussion ; [colloque] debate ▸ **entretien d'embauche** job interview / *entretien en profondeur* in-depth interview.

entretiendrai, entretiendras ⟶ entretenir.

entre-tuer [7] [ɑ̃tʀətɥe] ◆ **s'entre-tuer** vp to kill each other.

entreverrai, entreverras ⟶ entrevoir.

Comment s'exprimer lors d'un entretien d'embauche

- **As you can see from my CV...** *Comme vous le voyez sur mon CV...*
- **I have been in publishing for almost ten years.** *Cela fait presque dix ans que je travaille dans l'édition.*
- **I think I'm good at dealing with people.** *Je crois être doué pour les relations humaines.*
- **I like working as part of a team.** *J'aime travailler au sein d'une équipe.*
- **What does the job involve?** *En quoi consiste le travail ?*
- **Who would I be reporting to?** *Qui serait mon supérieur direct ?*
- **Is it a permanent contract?** *S'agit-il d'un contrat à durée indéterminée ?*
- **What are the normal working hours?** *Quels sont les horaires de travail habituels ?*

entrevoir [62] [ɑ̃tʀəvwaʀ] vt **1.** [distinguer] to make out **2.** [voir rapidement] to see briefly **3.** *fig* [deviner] to glimpse. ◆ **s'entrevoir** vp **1.** [se voir] to see each other briefly **2.** [se profiler] to be visible.

entrevoyais, entrevoyions ⟶ entrevoir.

entrevu, e [ɑ̃tʀəvy] pp ⟶ entrevoir.

entrevue [ɑ̃tʀəvy] nf meeting.

entrouvert, e [ɑ̃tʀuvɛʀ, ɛʀt] ❖ pp ⟶ entrouvrir. ❖ adj half-open.

entrouvrir [34] [ɑ̃tʀuvʀiʀ] vt to open partly. ◆ **s'entrouvrir** vp to open partly.

énumération [enymeʀasjɔ̃] nf enumeration.

énumérer [18] [enymeʀe] vt to enumerate.

env. (*abr écrite de* environ) approx.

envahir [32] [ɑ̃vaiʀ] vt **1.** [gén & MIL] to invade **2.** *fig* [suj : sommeil, doute] to overcome **3.** *fig* [déranger] to intrude on.

envahissant, e [ɑ̃vaisɑ̃, ɑ̃t] adj **1.** [herbes] invasive **2.** [personne] intrusive.

envahissement [ɑ̃vaismɑ̃] nm invasion.

envahisseur [ɑ̃vaisœʀ] nm invader.

enveloppe [ɑ̃vlɔp] nf **1.** [de lettre] envelope ▸ **mettre sous enveloppe** to put in an envelope ▸ **enveloppe à fenêtre** window envelope ▸ **enveloppe timbrée** stamped addressed envelope UK, self-addressed stamped envelope US **2.** [d'emballage] covering **3.** [membrane] membrane ; [de graine] husk **4.** *fig* & *litt* [apparence] exterior. ◆ **enveloppe budgétaire** nf budget.

envelopper [3] [ɑ̃vlɔpe] vt **1.** [emballer] to wrap (up) **2.** [suj : brouillard] to envelop **3.** [déguiser] to mask. ◆ **s'envelopper** vp ▸ **s'envelopper dans** to wrap o.s. up in.

envenimer [3] [ɑ̃vnime] vt **1.** [blessure] to infect **2.** *fig* [querelle] to poison. ◆ **s'envenimer** vp **1.** [s'infecter] to become infected **2.** *fig* [se détériorer] to become poisoned.

envergure [ɑ̃vɛʀgyʀ] nf **1.** [largeur] span ; [d'oiseau, d'avion] wingspan **2.** *fig* [qualité] calibre UK ou caliber US **3.** *fig* [importance] scope ▸ **prendre de l'envergure** to expand.

enverrai, enverras ⟶ envoyer.

envers[1] [ɑ̃vɛʀ] prép towards UK, toward US ▸ **envers et contre tous** in spite of all opposition.

envers[2] [ɑ̃vɛʀ] nm **1.** [de tissu] wrong side ; [de feuillet] back ; [de médaille] reverse **2.** [face cachée] other side ▸ **l'envers du décor** *fig* behind the scenes. ◆ **à l'envers** loc adv [vêtement] inside out ; [portrait, feuille] upside down ; *fig* the wrong way.

envi [ɑ̃vi] ◆ **à l'envi** loc adv *litt* trying to outdo each other.

enviable [ɑ̃vjabl] adj enviable.

envie [ɑ̃vi] nf **1.** [désir] desire ▸ **avoir envie de qqch / de faire qqch** to feel like sthg/like doing sthg, to want sthg/to do sthg / *avoir envie de rire / pleurer* to feel like laughing/crying / *elle n'a pas envie que tu restes* she doesn't want you to stay ▸ **mourir d'envie de faire qqch** to be dying to do sthg / *ça m'a donné envie de les revoir* it made me want to see ou feel like seeing them again / *voilà qui lui ôtera l'envie de revenir* this'll make sure he's not tempted to come back **2.** [convoitise] envy ▸ **ce tailleur me fait envie** I'd love to buy that suit / *sa réussite me fait envie* I envy her success.

envier [9] [ɑ̃vje] vt to envy ▸ **n'avoir rien à envier à qqn / à qqch** to have no reason to envy sb/sthg.

envieux, euse [ɑ̃vjø, øz] ❖ adj envious. ❖ nm, f envious person ▸ **faire des envieux** to make other people envious.

environ [ɑ̃viʀɔ̃] adv [à peu près] about.

environnant, e [ɑ̃viʀɔnɑ̃, ɑ̃t] adj surrounding.

environnement [ɑ̃viʀɔnmɑ̃] nm environment ; INFORM environment, platform.

environnemental, e, aux [ɑ̃viʀɔnmɑ̃tal, o] adj environmental.

environnementaliste [ɑ̃viʀɔnmɑ̃talist] nmf environmentalist.

environner [3] [ɑ̃viʀɔne] vt to surround.

environs [ɑ̃viʀɔ̃] nmpl (surrounding) area *sg* ▸ **dans les environs de** in the vicinity of ▸ **aux environs de** a) [lieu] near b) [époque] around, round about UK.

envisageable [ɑ̃vizaʒabl] adj conceivable / *ce n'est guère envisageable* it hardly seems possible.

envisager [17] [ɑ̃vizaʒe] vt to consider ▸ **envisager de faire qqch** to be considering doing sthg.

envoi [ɑ̃vwa] nm **1.** [action] sending, dispatch / *faire un envoi* a) [colis] to send a parcel UK ou package US b) [lettre] to send a letter ▸ **envoi contre remboursement** cash on delivery ▸ **envoi groupé** joint consignment ▸ **un envoi en nombre** a (mass) mailing **2.** [colis] parcel UK, package US ▸ **envoi recommandé** a) [colis] registered parcel b) [lettre] registered letter **3.** SPORT ▸ **coup d'envoi** kick-off / *donner le coup d'envoi d'un match* a) [arbitre] to give the sign for the match to start b) [joueur] to kick off / *donner le coup d'envoi d'une campagne* *fig* to get a campaign off the ground **4.** INFORM ▸ **envoi multiple** crossposting ▸ **faire un envoi multiple de** to cross-post.

envoie, envoies ⟶ envoyer.

envol [ɑ̃vɔl] nm takeoff.

envolée [ɑ̃vɔle] nf **1.** [d'oiseaux] flight **2.** [augmentation] : *l'envolée du dollar* the rapid rise in the value of the dollar ▸ **envolée du marché boursier** stock market boom.

envoler [3] [ɑ̃vɔle] ◆ **s'envoler** vp **1.** [oiseau] to fly away **2.** [avion] to take off **3.** [disparaître] to disappear into thin air **4.** [se disperser] to blow away.

envoûtant, e [ɑ̃vutɑ̃, ɑ̃t] adj spellbinding, bewitching, entrancing.

envoûtement [ɑ̃vutmɑ̃] nm enchantment.

envoûter [3] [ɑ̃vute] vt to bewitch.

envoyé, e [ɑ̃vwaje] ◈ adj ▸ **bien envoyé** well-aimed. ◈ nm, f envoy ▸ **envoyé spécial** special correspondent.

envoyer [30] [ɑ̃vwaje] vt to send ▸ **envoyer qqch à qqn** a) [expédier] to send sb sthg, to send sthg to sb b) [jeter] to throw sb sthg, to throw sthg to sb / *envoyer qqch par bateau* to ship sthg, to send sthg by ship / *envoyer un (petit) mot à qqn* to drop sb a line / *envoyer un enfant à l'école* to send a child (off) to school ▸ **envoyer qqn faire qqch** to send sb to do sthg ▸ **envoyer chercher qqn / qqch** to send for sb/sthg / *envoyer un adversaire à terre* ou *au tapis* to knock an opponent down ou to the ground / *envoyer des baisers à qqn* to blow sb kisses / *envoyer des coups de pied / poing à qqn* to kick / to punch sb ▸ **envoyer promener qqn** *fam* & *fig* to send sb packing ▸ **j'avais envie de tout envoyer promener** ou **valser** *fam* I felt like chucking the whole thing in. ◆ **s'envoyer** vp *(emploi réciproque)* to send one another / *s'envoyer des lettres* to write to one another.

envoyeur, euse [ɑ̃vwajœʀ, øz] nm, f sender.

enzyme [ɑ̃zym] nmf enzyme.

éolien, enne [eɔljɛ̃, ɛn] adj wind *(avant n)*. ◆ **éolien** nm ▸ **l'éolien** wind power. ◆ **éolienne** nf windmill *(for generating power)*, wind turbine.

épagneul [epaɲœl] nm spaniel.

épais, aisse [epɛ, ɛs] adj **1.** [large, dense] thick **2.** [trapu] thickset **3.** [grossier] crude.

épaisseur [epɛsœʀ] nf **1.** [largeur, densité] thickness **2.** *fig* [consistance] depth.

épaissir [32] [epesiʀ] vt & vi to thicken. ◆ **s'épaissir** vp **1.** [liquide] to thicken **2.** *fig* [mystère] to deepen.

épanchement [epɑ̃ʃmɑ̃] nm **1.** [effusion] outpouring **2.** MÉD effusion ▸ **épanchement de synovie** water on the knee.

épancher [3] [epɑ̃ʃe] vt to pour out. ◆ **s'épancher** vp [se confier] to pour one's heart out.

épanoui, e [epanwi] adj **1.** [fleur] in full bloom **2.** [expression] radiant **3.** [corps] fully formed ▸ **aux formes épanouies** well-rounded.

épanouir [32] [epanwiʀ] vt [personne] to make happy. ◆ **s'épanouir** vp **1.** [fleur] to open **2.** [visage] to light up **3.** [corps] to fill out **4.** [personnalité] to blossom.

épanouissement [epanwismɑ̃] nm **1.** [de fleur] blooming, opening **2.** [de visage] brightening **3.** [de corps] filling out **4.** [de personnalité] flowering.

épargnant, e [eparɲɑ̃, ɑ̃t] ◈ adj thrifty. ◈ nm, f saver ▸ **les petits épargnants** small savers.

épargne [eparɲ] nf **1.** [action, vertu] saving **2.** [somme] savings *pl* ▸ **épargne logement** savings account *(to buy property)* ▸ **épargne salariale** employee savings.

épargner [3] [eparɲe] vt **1.** [gén] to spare ▸ **épargner qqch à qqn** to spare sb sthg **2.** [économiser] to save. ◆ **s'épargner** vp to save ou spare o.s.

éparpiller [3] [eparpije] vt **1.** [choses, personnes] to scatter **2.** *fig* [forces] to dissipate. ◆ **s'éparpiller** vp **1.** [se disperser] to scatter **2.** *fig* [perdre son temps] to lack focus.

épars, e [epaʀ, aʀs] adj *sout* [objets] scattered ; [végétation, cheveux] sparse.

épatant, e [epatɑ̃, ɑ̃t] adj *fam* great.

épate [epat] nf *fam* ▸ **faire de l'épate** to show off.

épaté, e [epate] adj **1.** [nez] flat **2.** *fam* [étonné] amazed.

épater [3] [epate] vt *fam* [étonner] to amaze.

épaule [epol] nf shoulder ▸ **hausser les épaules** to shrug (one's shoulders) ▸ **épaule d'agneau** CULIN shoulder of lamb.

épaulé-jeté [epoleʒəte] (*pl* **épaulés-jetés**) nm clean-and-jerk.

épaulement [epolmɑ̃] nm **1.** [mur] retaining wall **2.** GÉOL escarpment.

épauler [3] [epole] ◈ vi to raise one's rifle. ◈ vt to support, to back up. ◆ **s'épauler** vp *(emploi réciproque)* to help ou to support one another.

épaulette [epolɛt] nf **1.** MIL epaulet **2.** [rembourrage] shoulder pad.

épave [epav] nf wreck.

épeautre [epotʀ] nm spelt *(wheat)*.

épée [epe] nf sword ▸ **épée de Damoclès** sword of Damocles ▸ **coup d'épée dans l'eau** *fig* wasted effort.

épeler [24] [eple] vt to spell.

épépiner [3] [epepine] vt to seed.

éperdu, e [epɛʀdy] adj [sentiment] passionate ▸ **éperdu de** [personne] overcome with.

éperdument [epɛʀdymɑ̃] adv **1.** [travailler] frantically **2.** [aimer] passionately.

éperlan [epɛʀlɑ̃] nm smelt.

éperon [epʀɔ̃] nm [de cavalier, de montagne] spur ; [de navire] ram ▸ **éperon rocheux** rocky outcrop.

éperonner [3] [epʀɔne] vt to spur on.

épervier [epɛʀvje] nm sparrowhawk.

épeurant, e [epœʀɑ̃, ɑ̃t] adj QUÉBEC scary.

épeurer [5] [epœʀe] vt QUÉBEC to scare, to frighten.

éphèbe [efɛb] nm *hum* Adonis.

éphémère [efemɛʀ] ◈ adj [bref] ephemeral, fleeting. ◈ nm ZOOL mayfly.

éphéméride [efemeʀid] nf tear-off calendar.

épi [epi] nm **1.** [de céréale] ear ▸ **épi de maïs** CULIN corn on the cob **2.** [cheveux] tuft ▸ **épi rebelle** unruly tuft of hair.

épice [epis] nf spice.

épicé, e [epise] adj spicy.

épicéa [episea] nm spruce.

épicentre [episɑ̃tʀ] nm epicentre UK, epicenter US.

épicer [16] [epise] vt **1.** [plat] to spice **2.** [récit] to spice up.

épicerie [episʀi] nf **1.** [magasin] grocer's (shop) UK, grocery (store) US **2.** [denrées] groceries *pl* ▸ **épicerie fine** delicatessen.

épicier, ère [episje, ɛʀ] nm, f grocer.

épicurien, enne [epikyʀjɛ̃, ɛn] ❖ adj epicurean. ❖ nm, f epicure.

épidémie [epidemi] nf epidemic.

épidémique [epidemik] adj contagious.

épiderme [epidɛʀm] nm epidermis.

épidermique [epidɛʀmik] adj [de l'épiderme] skin *(avant n)* ▸ **réaction épidermique** *fig* kneejerk reaction.

épier [9] [epje] vt **1.** [espionner] to spy on **2.** [observer] to look for.

épieu [epjø] nm **1.** [de guerre] pike **2.** [de chasse] spear.

épigramme [epigʀam] nf epigram.

épilateur [epilatœʀ] nm hair remover ▸ **épilateur à cire** wax hair remover ▸ **épilateur électrique** electric hair remover.

épilation [epilasjɔ̃] nf hair removal ▸ **épilation à la cire** waxing.

épilepsie [epilɛpsi] nf epilepsy.

épileptique [epilɛptik] nmf & adj epileptic.

épiler [3] [epile] vt [jambes] to remove hair from ; [sourcils] to pluck. ◆ **s'épiler** vp ▸ **s'épiler les jambes** a) [gén] to remove the hair from one's legs b) [à la cire] to wax one's legs ▸ **s'épiler les sourcils** to pluck one's eyebrows.

épilogue [epilɔg] nm **1.** [de roman] epilogue **2.** [d'affaire] outcome.

épiloguer [3] [epilɔge] vi to hold forth.

épinards [epinaʀ] nmpl spinach *(U)* ▸ **épinards en branches** leaf spinach.

épine [epin] nf **1.** [arbrisseau] thorn bush **2.** [piquant - de rosier] thorn ; [- de hérisson] spine ▸ **tirer une épine du pied à qqn** *fig* to get sb out of a tight corner. ◆ **épine dorsale** nf backbone, spine.

épinette [epinɛt] nf QUÉBEC [épicéa] spruce.

épineux, euse [epinø, øz] adj thorny.

épingle [epɛ̃gl] nf [instrument] pin ▸ **épingle à cheveux** hairpin ▸ **épingle à nourrice** ou **de sûreté** safety pin ▸ **monter qqch en épingle** *fig* to blow sthg up ▸ **tirer son épingle du jeu** *fig* to extricate o.s. ▸ **tiré à quatre épingles** *fig* impeccably turned out.

épingler [3] [epɛ̃gle] vt **1.** [fixer] to pin (up) **2.** *fam* & *fig* [arrêter] to nab, to nick UK.

épinglette [epɛ̃glɛt] QUÉBEC nf **1.** [broche] brooch **2.** [petit insigne] pin.

épinière [epinjɛʀ] ⟶ **moelle**.

Épiphanie [epifani] nf Epiphany.

épiphénomène [epifenɔmɛn] nm epiphenomenon.

épique [epik] adj epic.

épiscopal, e, aux [episkɔpal, o] adj episcopal.

épiscopat [episkɔpa] nm episcopate.

épisiotomie [epizjɔtɔmi] nf episiotomy.

épisode [epizɔd] nm episode.

épisodique [epizɔdik] adj **1.** [occasionnel] occasional **2.** [secondaire] minor.

épistémologie [epistemɔlɔʒi] nf epistemology.

épistolaire [epistɔlɛʀ] adj **1.** [échange] of letters ▸ **être en relations épistolaires avec qqn** to be in (regular) correspondence with sb **2.** [roman] epistolary.

épitaphe [epitaf] nf epitaph.

épithète [epitɛt] ❖ nf **1.** GRAM attribute **2.** [qualificatif] term. ❖ adj attributive.

épître [epitʀ] nf epistle.

éploré, e [eplɔʀe] adj [personne] in tears ; [visage, air] tearful.

épluchage [eplyʃaʒ] nm **1.** [de légumes] peeling **2.** [de textes] dissection ; [de comptes] scrutiny.

épluche-légumes [eplyʃlegym] nm inv potato peeler.

éplucher [3] [eplyʃe] vt **1.** [légumes] to peel **2.** [textes] to dissect ; [comptes] to scrutinize.

épluchure [eplyʃyʀ] nf peelings *pl*.

éponge [epɔ̃ʒ] nf sponge ▸ **jeter l'éponge** *fig* to throw in the towel ▸ **passer l'éponge** to let bygones be bygones.

éponger [17] [epɔ̃ʒe] vt **1.** [liquide, déficit] to mop up **2.** [visage] to mop, to wipe. ◆ **s'éponger** vp [personne] to mop o.s. ▸ **s'éponger le front** to mop one's brow.

épopée [epɔpe] nf epic.

époque [epɔk] nf **1.** [de l'année] time **2.** [de l'histoire] period ▸ **à l'époque** at the time ▸ **d'époque** period ▸ **la Belle Époque** ≃ the Edwardian era **3.** GÉOL period, age.

épouiller [3] [epuje] vt to delouse.

époumoner [3] [epumɔne] ◆ **s'époumoner** vp to shout o.s. hoarse.

épouse ⟶ **époux**.

épouser [3] [epuze] vt **1.** [personne] to marry **2.** [forme] to hug **3.** *fig* [idée, principe] to espouse.

épousseter [27] [epuste] vt to dust.

époustouflant, e [epustuflɑ̃, ɑ̃t] adj *fam* amazing.

époustoufler [3] [epustufle] vt *fam* to flabbergast, to amaze.

épouvantable [epuvɑ̃tabl] adj dreadful.

épouvantail [epuvɑ̃taj] nm [à moineaux] scarecrow ; *fig* bogeyman.

épouvante [epuvɑ̃t] nf terror, horror.

épouvanter [3] [epuvɑ̃te] vt to terrify.

époux, épouse [epu, epuz] nm, f spouse ▸ **prendre pour époux** to marry.

éprendre [79] [epʀɑ̃dʀ] ◆ **s'éprendre** vp *sout* ▸ **s'éprendre de** to fall in love with.

épreuve [epʀœv] nf **1.** [essai, examen] test ▸ **à l'épreuve du feu** fireproof ▸ **à l'épreuve des balles** bullet-proof ▸ **mettre à l'épreuve** to put to the test / *mettre les nerfs de qqn à rude épreuve* to put sb's nerves to the test ▸ **à toute épreuve** unfailing ▸ **épreuve écrite / orale** written / oral test ▸ **épreuve de force** *fig* trial of strength **2.** [malheur] ordeal / *vie remplie d'épreuves* life of hardship **3.** SPORT event / *épreuves d'athlétisme* track events ▸ **épreuve éliminatoire** heat **4.** TYPO proof / *corriger les épreuves d'un livre* to proofread a book **5.** PHOTO print ▸ **épreuves de tournage** CINÉ rushes.

épris, e [epʀi, iz] ✧ pp ⟶ **éprendre.** ✧ adj *sout* ▸ **épris de** in love with.

éprouvant, e [epʀuvɑ̃, ɑ̃t] adj testing, trying.

éprouvé, e [epʀuve] adj **1.** [méthode] tried and tested **2.** [personne] sorely tried.

éprouver [3] [epʀuve] vt **1.** [tester] to test **2.** [ressentir] to feel **3.** [faire souffrir] to distress ▸ **être éprouvé par** to be afflicted by **4.** [difficultés, problèmes] to experience.

éprouvette [epʀuvɛt] nf **1.** [tube à essai] test tube **2.** [échantillon] sample.

EPS (*abr de* **éducation physique et sportive**) nf PE.

épuisant, e [epɥizɑ̃, ɑ̃t] adj exhausting.

épuisé, e [epɥize] adj **1.** [personne, corps] exhausted **2.** [marchandise] sold out, out of stock ; [livre] out of print.

épuisement [epɥizmɑ̃] nm exhaustion ▸ **jusqu'à épuisement des stocks** while stocks last.

épuiser [3] [epɥize] vt **1.** [gén] to exhaust **2.** [exploiter - puits] to work dry ; [- gisement, veine] to exhaust, to work out ; [- sol, sujet] to exhaust. ◆ **s'épuiser** vpi **1.** [être très réduit - provisions, munitions] to run out, to give out ; [- source] to dry up ; [- filon] to be worked out **2.** [se fatiguer - athlète] to wear o.s. out, to exhaust o.s. ; [- corps] to wear itself out, to run out of steam / *s'épuiser à faire qqch* [s'évertuer à faire qqch] to wear o.s. out doing sthg.

épuisette [epɥizɛt] nf landing net.

épurateur [epyʀatœʀ] nm filter, purifier ▸ **épurateur d'air** air filter ▸ **épurateur d'eau** water filter.

épuration [epyʀasjɔ̃] nf **1.** [des eaux] purification **2.** POL purge.

épure [epyʀ] nf technical drawing.

épurer [3] [epyʀe] vt **1.** [eau, huile] to purify **2.** POL to purge **3.** *fig* [langage] to refine.

équarrir [32] [ekaʀiʀ] vt **1.** [animal] to cut up **2.** [poutre] to square.

équarrissage [ekaʀisaʒ] nm **1.** [du bois, de la pierre] squaring (off) **2.** [d'un animal] cutting up.

équateur [ekwatœʀ] nm equator.

Équateur [ekwatœʀ] nm : *l'Équateur* Ecuador.

équation [ekwasjɔ̃] nf equation ▸ **équation du premier / second degré** simple / quadratic equation.

équatorial, e, aux [ekwatɔʀjal, o] adj equatorial.

équatorien, enne [ekwatɔʀjɛ̃, ɛn] adj Ecuadoran, Ecuadorian. ◆ **Équatorien, enne** nm, f Ecuadoran, Ecuadorian.

équerre [ekɛʀ] nf [instrument] set square UK, triangle US ; [en T] T-square ▸ **en équerre** at right angles.

équestre [ekɛstʀ] adj equestrian.

équeuter [3] [ekøte] vt to remove the stalk ou stalks from.

équidistance [ekɥidistɑ̃s] nf equidistance ▸ **à équidistance de… et de…** equidistant between… and….

équidistant, e [ekɥidistɑ̃, ɑ̃t] adj equidistant.

équilatéral, e, aux [ekɥilateʀal, o] adj equilateral.

équilibre [ekilibʀ] nm **1.** [gén] balance ▸ **en équilibre** balanced ▸ **perdre l'équilibre** to lose one's balance **2.** [psychique] stability.

équilibré, e [ekilibʀe] adj **1.** [personne] well-balanced **2.** [vie] stable **3.** ARCHIT : *aux proportions équilibrées* well-proportioned.

équilibrer [3] [ekilibʀe] vt to balance. ◆ **s'équilibrer** vp to balance each other out.

équilibriste [ekilibʀist] nmf tightrope walker.

équinoxe [ekinɔks] nm equinox ▸ **équinoxe de printemps / d'automne** spring / autumn ou fall US equinox.

équipage [ekipaʒ] nm crew.

équipe [ekip] nf team ▸ **d'équipe** team *(avant n)* / *équipe de création* creative team ▸ **équipe de tournage** camera crew, film crew ▸ **faire équipe avec** to team up with ▸ **travailler en équipe** to work together ou as a team ▸ **équipe de secours** rescue team.

équipé, e [ekipe] adj ▸ **cuisine équipée** fitted kitchen.

équipée [ekipe] nf **1.** [aventure] venture **2.** [promenade] outing.

équipement [ekipmɑ̃] nm **1.** [matériel] equipment ▸ **équipement électroménager** electrical appliances **2.** [aménagement] facilities *pl* ▸ **plan d'équipement national** national development plan ▸ **équipements sportifs / scolaires** sports / educational facilities.

équiper [3] [ekipe] vt **1.** [navire, armée] to equip **2.** [personne, local] to equip, to fit out ▸ **équiper qqn / qqch de** to equip sb / sthg with, to fit sb / sthg out with. ◆ **s'équiper** vp ▸ **s'équiper (de)** to equip o.s. (with).

équipier, ère [ekipje, ɛʀ] nm, f team member.

équitable [ekitabl] adj fair.

équitablement [ekitabləmɑ̃] adv fairly.

équitation [ekitasjɔ̃] nf riding, horse-riding UK, horseback riding US ▸ **faire de l'équitation** to go riding ou horse-riding UK ou horseback riding US, to ride.

équité [ekite] nf fairness.

équivalent, e [ekivalɑ̃, ɑ̃t] adj equivalent. ◆ **équivalent** nm equivalent.

équivaloir [60] [ekivalwaʀ] ◆ **équivaloir à** v + prép [être égal à] to be equal ou equivalent to ; [revenir à] to amount to / *ça équivaut à s'avouer vaincu* it amounts to admitting defeat.

équivalu [ekivaly] pp inv ⟶ **équivaloir.**

équivaut ⟶ **équivaloir.**

équivoque [ekivɔk] ❖ adj **1.** [ambigu] ambiguous **2.** [mystérieux] dubious. ❖ nf ambiguity ▸ **sans équivoque** unequivocal *(adj)*, unequivocally *(adv)*.

érable [eʀabl] nm maple.

érablière [eʀablijɛʀ] nf maple grove, sugar bush US.

éradication [eʀadikasjɔ̃] nf **1.** [suppression] eradication **2.** [ablation] removal.

éradiquer [3] [eʀadike] vt to eradicate.

érafler [3] [eʀafle] vt **1.** [peau] to scratch **2.** [mur, voiture] to scrape. ◆ **s'érafler** vp to scratch o.s.

éraflure [eʀaflyʀ] nf **1.** [de peau] scratch **2.** [de mur, voiture] scrape.

éraillé, e [eʀaje] adj [voix] hoarse.

ère [ɛʀ] nf era ▸ **l'an 813 de notre ère** the year 813 A.D.

érection [eʀɛksjɔ̃] nf erection ▸ **en érection** erect.

éreintant, e [eʀɛ̃tɑ̃, ɑ̃t] adj exhausting.

éreinter [3] [eʀɛ̃te] vt **1.** [fatiguer] to exhaust / *être éreinté* to be worn out **2.** *fam* [critiquer] to pull to pieces. ◆ **s'éreinter** vpi to wear o.s. out / *s'éreinter à faire qqch* to wear o.s. out doing sthg.

érémiste [eʀemist] nmf = **RMiste**.

ergonomie [ɛʀgɔnɔmi] nf ergonomics *(U)*.

ergonomique [ɛʀgɔnɔmik] adj ergonomic.

ergot [ɛʀgo] nm **1.** [de coq] spur ▸ **se dresser sur ses ergots** to get one's hackles up **2.** [de mammifère] dewclaw **3.** [de blé] ergot.

ergoter [3] [ɛʀgɔte] vi to quibble.

ergothérapie [ɛʀgɔteʀapi] nf occupational therapy.

ériger [17] [eʀiʒe] vt **1.** [monument] to erect **2.** [tribunal] to set up **3.** *fig* [transformer] ▸ **ériger qqn en** to set sb up as. ◆ **s'ériger** vp ▸ **s'ériger en** to set o.s. up as.

ermite [ɛʀmit] nm hermit.

éroder [3] [eʀɔde] vt to erode.

érogène [eʀɔʒɛn] adj erogenous.

érosion [eʀozjɔ̃] nf erosion.

érotique [eʀɔtik] adj erotic.

érotisme [eʀɔtism] nm eroticism.

errance [ɛʀɑ̃s] nf wandering.

errant, e [ɛʀɑ̃, ɑ̃t] adj [chien, chat] stray *(avant n)*.

erratum [eʀatɔm] (*pl* **errata** [eʀata]) nm erratum.

errements [ɛʀmɑ̃] nmpl bad habits.

errer [4] [ɛʀe] vi to wander.

erreur [ɛʀœʀ] nf mistake ▸ **par erreur** by mistake ▸ **sauf erreur de ma part** unless I'm mistaken ▸ **faire erreur** to be mistaken ▸ **faire une erreur** to make a mistake ▸ **erreur judiciaire** miscarriage of justice.

erroné, e [ɛʀɔne] adj wrong.

ersatz [ɛʀzats] nm inv ersatz.

éructer [3] [eʀykte] vi to belch.

érudit, e [eʀydi, it] ❖ adj erudite, learned. ❖ nm, f learned person, scholar.

érudition [eʀydisjɔ̃] nf learning, erudition, scholarship.

éruption [eʀypsjɔ̃] nf **1.** MÉD rash **2.** [de volcan] eruption.

érythème [eʀitɛm] nm erythema / *érythème fessier* nappy UK ou diaper US rash.

es ⟶ être.

ès [ɛs] prép of *(in certain titles)* ▸ **docteur ès lettres** ≃ PhD, doctor of philosophy.

E /S (*abr écrite de* **entrée / sortie**) I/O.

ESA, Esa [ɛza] (*abr de* **European Space Agency**) nf ESA.

esbroufe [ɛzbʀuf] nf *fam* showing-off ▸ **faire de l'esbroufe** to show off.

escabeau, x [ɛskabo] nm **1.** [échelle] stepladder **2.** *vieilli* [tabouret] stool.

escadre [ɛskadʀ] nf **1.** [navires] fleet **2.** [avions] wing.

escadrille [ɛskadʀij] nf **1.** [navires] flotilla **2.** [avions] flight.

escadron [ɛskadʀɔ̃] nm squadron.

escalade [ɛskalad] nf **1.** [de montagne, grille] climbing **2.** [des prix, de violence] escalation.

escalader [3] [ɛskalade] vt to climb.

Escalator® [ɛskalatɔʀ] nm escalator, moving staircase.

escale [ɛskal] nf **1.** [lieu - pour navire] port of call ; [- pour avion] stopover **2.** [arrêt - de navire] call ; [- d'avion] stopover, stop ▸ **escale technique** refuelling stop ▸ **faire escale à a)** [navire] to put in at, to call at **b)** [avion] to stop over at.

escalier [ɛskalje] nm stairs *pl* ▸ **descendre / monter l'escalier** to go downstairs / upstairs ▸ **escalier en colimaçon** spiral staircase ▸ **escalier de secours** fire escape ▸ **escalier de service** backstairs ▸ **escalier roulant** ou **mécanique** escalator.

escalope [ɛskalɔp] nf escalope ▸ **escalope panée** escalope in breadcrumbs.

escamotable [ɛskamɔtabl] adj **1.** [train d'atterrissage] retractable ; [antenne] telescopic **2.** [table] folding.

escamoter [3] [ɛskamɔte] vt **1.** [faire disparaître] to make disappear **2.** [rentrer] to retract **3.** [phrase, mot] to swallow **4.** [éluder - question] to evade ; [- objection] to get around.

escampette [ɛskɑ̃pɛt] ⟶ **poudre**.

escapade [ɛskapad] nf **1.** [voyage] outing **2.** [fugue] escapade.

escarbille [ɛskaʀbij] nf cinder.

escargot [ɛskaʀgo] nm snail ▸ **comme un escargot** [très lentement] at a snail's pace.

escarmouche [ɛskaʀmuʃ] nf skirmish.

escarpé, e [ɛskaʀpe] adj steep.

escarpement [ɛskaʀpəmɑ̃] nm **1.** [de pente] steep slope **2.** GÉOGR escarpment.

escarpin [ɛskaʀpɛ̃] nm court shoe UK, pump US.

escarre [ɛskaʀ] nf bedsore, pressure sore.

Escaut [ɛsko] nm : *l'Escaut* the River Scheldt.

escient [esjɑ̃] nm ▸ **à bon escient** advisedly ▸ **à mauvais escient** ill-advisedly.

esclaffer [3] [ɛsklafe] ◆ **s'esclaffer** vp to burst out laughing.

esclandre [ɛsklɑ̃dʀ] nm scene ▸ **faire un esclandre** to make a scene.

esclavage [ɛsklavaʒ] nm slavery.

esclavagisme [ɛsklavaʒism] nm slavery.

esclave [ɛsklav] ❖ nmf slave. ❖ adj ▸ **être esclave de** to be a slave to.

escogriffe [ɛskɔgʀif] nm *fam* ▸ **un grand escogriffe** a beanpole.

escompte [ɛskɔ̃t] nm discount ▸ **escompte de caisse** cash discount.

escompter [3] [ɛskɔ̃te] vt **1.** [prévoir] to count on **2.** FIN to discount.

escorte [ɛskɔʀt] nf escort.

escorter [3] [ɛskɔʀte] vt to escort.

escouade [ɛskwad] nf squad.

escrime [ɛskʀim] nf fencing.

escrimer [3] [ɛskʀime] ◆ **s'escrimer** vp ▸ **s'escrimer à faire qqch** to work (away) at doing sthg.

escroc [ɛskʀo] nm swindler.

escroquer [3] [ɛskʀɔke] vt to swindle ▸ **escroquer qqch à qqn** to swindle sb out of sthg.

escroquerie [ɛskʀɔkʀi] nf swindle, swindling *(U)*.

eskimo, Eskimo = **esquimau**.

ésotérique [ezɔteʀik] adj esoteric.

espace [ɛspas] nm space ▸ **espace disque** INFORM disk space ▸ **espace publicitaire** advertising space ▸ **espace vert** green space, green area ▸ **espace vital** living space ▸ **espace Web** INFORM web space.

espacement [ɛspasmɑ̃] nm **1.** [spatial] spacing **2.** [temporel] spacing out.

espacer [16] [ɛspase] vt **1.** [dans l'espace] to space out **2.** [dans le temps - visites] to space out ; [- paiements] to spread out. ◆ **s'espacer** vp to become less frequent.

espadon [ɛspadɔ̃] nm **1.** [poisson] swordfish **2.** [épée] two-handed sword.

espadrille [ɛspadʀij] nf espadrille.

Espagne [ɛspaɲ] nf : *l'Espagne* Spain.

espagnol, e [ɛspaɲɔl] adj Spanish. ◆ **espagnol** nm [langue] Spanish. ◆ **Espagnol, e** nm, f Spaniard / *les Espagnols* the Spanish.

espagnolette [ɛspaɲɔlɛt] nf latch *(for window or shutter)*.

espalier [ɛspalje] nm **1.** [arbre] espalier **2.** SPORT wall bars *pl*.

espèce [ɛspɛs] nf **1.** BIOL, BOT & ZOOL species / *l'espèce humaine* the human race, mankind / *des espèces animales / végétales* animal / plant species ▸ **espèce en voie de disparition** endangered species **2.** [sorte] kind, sort ▸ **espèce d'idiot !** you stupid fool ! / *c'est un menteur de la pire espèce* he's the worst kind of liar, he's a terrible liar / *des escrocs de ton / son espèce* crooks like you / him / *ça n'a aucune espèce d'importance !* that is of absolutely no importance ! **3.** [circonstance] ▸ **en l'espèce** *litt* in the case in point / *nous avions de bons rapports, mais en l'espèce l'affaire a fini au tribunal* we had a good relationship, but in this instance, the matter finished up in court **4.** DR particular OU specific case. ◆ **espèces** nfpl cash ▸ **payer en espèces** to pay (in) cash ▸ **espèces sonnantes et trébuchantes** hard cash.

espérance [ɛspeʀɑ̃s] nf hope ▸ **espérance de vie** life expectancy.

espéranto [ɛspeʀɑ̃to] nm Esperanto.

espérer [18] [ɛspeʀe] ❖ vt to hope for ▸ **espérer que** to hope (that) ▸ **espérer faire qqch** to hope to do sthg. ❖ vi to hope ▸ **espérer en qqn / qqch** to trust in sb / sthg.

espiègle [ɛspjɛgl] ❖ nmf little rascal. ❖ adj mischievous.

espièglerie [ɛspjɛgləʀi] nf **1.** [malice] mischievousness **2.** [tour, farce] prank.

espion, onne [ɛspjɔ̃, ɔn] nm, f spy.

espionnage [ɛspjɔnaʒ] nm spying ▸ **espionnage industriel** industrial espionage.

espionner [3] [ɛspjɔne] vt to spy on.

esplanade [ɛsplanad] nf esplanade.

espoir [ɛspwaʀ] nm hope ▸ **avoir bon espoir que** to be confident that ▸ **nourrir l'espoir de faire qqch** to live in hope of doing sthg ▸ **sans espoir** hopeless ▸ **sans espoir de** without hope of.

esprit [ɛspʀi] nm **1.** [entendement, personne, pensée] mind ▸ **avoir l'esprit mal tourné** to have a dirty OU filthy mind / *avoir l'esprit de synthèse* to be good at drawing ideas together / *esprit d'analyse* analytical mind ▸ **être large d'esprit** to be broad-minded ▸ **ouvrir l'esprit de qqn** to open sb's eyes ▸ **reprendre ses esprits** to recover ▸ **venir à l'esprit de qqn** to cross sb's mind / *ça m'a traversé l'esprit* it occurred to me, it crossed my mind **2.** [attitude] spirit ▸ **esprit de caste** class consciousness ▸ **esprit de compétition** competitive spirit ▸ **esprit de contradiction** argumentative nature, contrariness ▸ **esprit critique** critical acumen ▸ **esprit d'équipe** team spirit ▸ **esprit maison** company spirit / *avoir l'esprit de clocher* to be parochial ▸ **avoir l'esprit de famille** to be family-minded / *dans un esprit de justice* in a spirit of justice, in an effort to be fair / *faire preuve de mauvais esprit* to be a troublemaker **3.** [humour] wit / *avoir de l'esprit* to be witty ▸ **faire de l'esprit** to try to be funny **4.** [fantôme] spirit, ghost ▸ **esprit frappeur** poltergeist.

esquif [ɛskif] nm *litt* skiff.

esquimau, aude, aux [ɛskimo, od] adj Eskimo. ◆ **esquimau** nm [langue] Eskimo. ◆ **Esquimau, aude, Eskimo** nm, f Eskimo *(beware: the term "Esquimau", like its English equivalent, is often considered offensive in North America. The term "Inuit" is preferred)*.

Esquimau®, x [ɛskimo] nm inv ▸ **Esquimau (glacé)** choc-ice *(on a stick)* UK, Eskimo US.

esquinter [3] [ɛskɛ̃te] vt *fam* **1.** [abîmer] to ruin **2.** [critiquer] to pan, to slate UK. ◆ **s'esquinter** vp ▸ **s'esquinter à faire qqch** to kill o.s. doing sthg.

esquisse [ɛskis] nf [croquis] sketch ; *fig* [de projet] outline ; *fig* [de geste, sourire] trace.

esquisser [3] [ɛskise] vt to sketch ▸ **esquisser un sourire** *fig* to give a half-smile. ◆ **s'esquisser** vp to take shape.

esquiver [3] [ɛskive] vt to dodge. ◆ **s'esquiver** vp to slip away.

essai [esɛ] nm **1.** [vérification] test, testing *(U)* ▸ **à l'essai** on trial / *engager qqn à l'essai* to appoint sb for a trial period / *mettre qqn / qqch à l'essai* to put sb / sthg to the test / *faire l'essai de qqch* to try sthg (out) ▸ **coup d'essai** first attempt OU try ▸ **période d'essai** trial period **2.** [tentative] attempt / *nous avons fait plusieurs essais* we had several tries, we made several attempts **3.** [étude] ▸ **essai (sur)** essay (on) **4.** [rugby] try **5.** *(gén pl)* ÉCON [test] : *essais comparatifs* comparative testing / *essais de produits* product testing.

⚠ Essay signifie toujours un texte écrit. Il ne doit pas être employé pour traduire les autres sens du mot *essai*.

essaie, essaies ⟶ essayer.

essaim [esɛ̃] nm *pr* & *fig* swarm.

essaimer [4] [eseme] vi *pr* to swarm ; *fig* to spread.

essayage [esɛjaʒ] nm fitting.

essayer [11] [eseje] vt to try ▸ **essayer de faire qqch** to try to do sthg ▸ **essaie un peu, pour voir !** go on then, why don't you try?, go on, just try it! ◆ **s'essayer** vp ▸ **s'essayer à qqch / à faire qqch** to try one's hand at sthg / at doing sthg.

ESSEC, Essec [esɛk] (*abr de* **École supérieure des sciences économiques et commerciales**) nf *grande école for management and business studies.*

essence [esɑ̃s] nf **1.** [fondement, de plante] essence ▸ **par essence** *sout* in essence **2.** [carburant] petrol UK, gas US ▸ **prendre de l'essence** to get some petrol UK OU gas US **3.** [d'arbre] species.

essentiel, elle [esɑ̃sjɛl] adj **1.** [indispensable] essential **2.** [fondamental] basic. ◆ **essentiel** nm **1.** [point] ▸ **l'essentiel** a) [le principal] the essential OU main thing b) [objets] the essentials *pl* ▸ **l'essentiel est que** *(+ subjonctif)* the essential OU main thing is that **2.** [quantité] ▸ **l'essentiel de** the main OU greater part of.

essentiellement [esɑ̃sjɛlmɑ̃] adv **1.** [avant tout] above all **2.** [par essence] essentially.

esseulé, e [esœle] adj *litt* forsaken.

essieu, x [esjø] nm axle.

essor [esɔʀ] nm flight, expansion, boom ▸ **en plein essor** booming ▸ **prendre son essor** a) to take flight b) *fig* to take off.

essorage [esɔʀaʒ] nm [manuel] wringing (out) ; [à la machine] drying, spin-drying UK.

essorer [3] [esɔʀe] vt [à la main] to wring out ; [à la machine] to dry, to spin-dry UK, to tumble-dry UK ; [salade] to spin, to dry.

essoreuse [esɔʀøz] nf [électrique] dryer, spin-dryer UK, tumble-dryer UK ; [à salade] salad spinner.

essouffler [3] [esufle] vt to make breathless. ◆ **s'essouffler** vp to be breathless OU out of breath ; *fig* to run out of steam.

essuie, essuies ⟶ essuyer.

essuie-glace [esɥiglas] (*pl* **essuie-glaces**) nm windscreen wiper UK, windshield wiper US.

essuie-mains [esɥimɛ̃] nm inv hand towel.

essuie-tout [esɥitu] nm inv paper towels *pl*, kitchen roll UK.

essuyer [14] [esɥije] vt **1.** [sécher] to dry **2.** [nettoyer] to wipe **3.** *fig* [subir] to suffer. ◆ **s'essuyer** vp to dry o.s.

est[1] [ɛst] ❖ nm east ▸ **un vent d'est** an easterly wind ▸ **le vent d'est** the east wind ▸ **à l'est** in the east ▸ **à l'est (de)** to the east (of). ❖ adj inv [gén] east ; [province, région] eastern.

est[2] [ɛ] ⟶ être.

establishment [ɛstabliʃmɛnt] nm ▸ **l'establishment** the Establishment.

estafette [ɛstafɛt] nf dispatch rider ; MIL liaison officer.

estafilade [ɛstafilad] nf slash, gash.

est-allemand, e [ɛstalmɑ̃, ɑ̃d] adj HIST East German.

estaminet [ɛstaminɛ] nm ≃ inn.

estampe [ɛstɑ̃p] nf print.

estamper [3] [ɛstɑ̃pe] vt **1.** [monnaie] to mint **2.** *fam* [escroquer] to fleece.

estampille [ɛstɑ̃pij] nf stamp.

est-ce que [ɛskə] adv interr : *est-ce qu'il fait beau ?* is the weather good? / *est-ce que vous aimez l'accordéon ?* do you like the accordion? / *où est-ce que tu es ?* where are you?

esthète [ɛstɛt] nmf aesthete, esthete US.

esthéticien, enne [ɛstetisjɛ̃, ɛn] nm, f **1.** [spécialiste] beautician **2.** PHILO aesthetician, esthetician US.

esthétique [ɛstetik] ❖ nf ▸ **l'esthétique** aesthetics *(U)*, esthetics *(U)* US. ❖ adj **1.** [relatif à la beauté] aesthetic, esthetic US **2.** [harmonieux] attractive.

estimable [ɛstimabl] adj **1.** [digne d'estime] honorable, respected **2.** [évaluable] : *facilement / difficilement estimable* easy / difficult to estimate.

estimatif, ive [ɛstimatif, iv] adj estimated.

estimation [ɛstimasjɔ̃] nf estimate, estimation.

estime [ɛstim] nf respect, esteem ▸ **avoir de l'estime pour qqn** to respect sb.

estimer [3] [ɛstime] vt **1.** [expertiser] to value **2.** [évaluer] to estimate / *j'estime la durée du voyage à 2 heures* I reckon the journey time is 2 hours **3.** [respecter] to respect **4.** [penser] ▸ **estimer que** to feel (that). ◆ **s'estimer** vp to consider o.s.

estival, e, aux [ɛstival, o] adj summer *(avant n).*

estivant, e [ɛstivɑ̃, ɑ̃t] nm, f (summer) holiday-maker UK ou vacationer US.

estocade [ɛstɔkad] nf death blow.

estomac [ɛstɔma] nm **1.** ANAT stomach ▸ **avoir l'estomac barbouillé** to feel sick ▸ **avoir l'estomac dans les talons** *fam* & *fig* to be starving **2.** [culot, cran] nerve.

estomaquer [3] [ɛstɔmake] vt *fam* to stagger.

estomper [3] [ɛstɔ̃pe] vt to blur ; *fig* [douleur] to lessen. ◆ **s'estomper** vp to become blurred ; *fig* [douleur] to lessen.

Estonie [ɛstɔni] nf : *l'Estonie* Estonia.

estonien, enne [ɛstɔnjɛ̃, ɛn] adj Estonian. ◆ **estonien** nm [langue] Estonian. ◆ **Estonien, enne** nm, f Estonian.

estrade [ɛstʀad] nf dais.

estragon [ɛstʀagɔ̃] nm tarragon.

estropié, e [ɛstʀɔpje] ❖ adj crippled. ❖ nm, f cripple.

estropier [9] [ɛstʀɔpje] vt [personne] to cripple ; *fig* [nom, mot] to mispronounce. ◆ **s'estropier** vp to cripple o.s.

estuaire [ɛstɥɛʀ] nm estuary.

estudiantin, e [ɛstydjɑ̃tɛ̃, in] adj student *(avant n).*

esturgeon [ɛstyʀʒɔ̃] nm sturgeon.

et [e] conj **1.** [gén] and / *une robe courte et sans manches* a short sleeveless dress / *il y a mensonge et mensonge* there are lies, and then there are lies ▸ **et moi ?** what about me? / *j'ai bien aimé ce film, et toi ?* I really liked the film; how ou what about you? / *c'est fini et bien fini !* that's the end of that! / *et pourquoi pas ?* (and) why not? **2.** [dans les fractions et les nombres composés] : *vingt et un* twenty-one / *il y a deux ans et demi* two and a half years ago / *à deux heures et demie* at half past two.

ét. (*abr écrite de* **étage**) fl.

ETA (*abr de* **Euskadi ta Askatasuna**) nf ETA.

étable [etabl] nf cowshed.

établi [etabli] nm workbench.

établir [32] [etabliʀ] vt **1.** [gén] to establish ; [record] to set **2.** [dresser] to draw up. ◆ **s'établir** vp **1.** [s'installer] to settle **2.** [créer son entreprise] to set o.s. up **3.** [s'instaurer] to become established.

établissement [etablismɑ̃] nm **1.** [institution] establishment ▸ **établissement hospitalier** hospital ▸ **établissement public** public body ▸ **établissement scolaire** school **2.** COMM firm / *les établissements Leroy* Leroy and Co ▸ **établissement financier** financial institution ▸ **établissement d'utilité publique** public utility **3.** [installation] : *l'établissement des refugiés dans leur pays d'adoption* the settlement of refugees in their adoptive countries **4.** [preuve] establishment / *rien n'est possible sans l'établissement de son identité* nothing can be done if his identity cannot be established.

étage [etaʒ] nm **1.** [de bâtiment] floor, storey UK, story US ▸ **à l'étage** upstairs ▸ **un immeuble de quatre étages** a four-storey block of flats UK, a five-story block of apartments US ▸ **au premier étage** on the first floor UK, on the second floor US / *elle est dans les étages* she's upstairs somewhere / *monter les étages à pied / en courant* to walk / run up the stairs **2.** [de fusée] stage **3.** [de terrain, placard] level **4.** [condition] ▸ **de bas étage** second-rate.

étager [17] [etaʒe] vt to arrange in tiers. ◆ **s'étager** vp to be terraced.

étagère [etaʒɛʀ] nf **1.** [rayon] shelf **2.** [meuble] shelves *pl*, set of shelves.

étain [etɛ̃] nm **1.** [métal] tin ; [alliage] pewter **2.** [objet] piece of pewter.

étais, était ⟶ **être**.

étal [etal] nm **1.** [éventaire] stall **2.** [de boucher] butcher's block.

étalage [etalaʒ] nm **1.** [action, ensemble d'objets] display ▸ **faire étalage de** *fig* to flaunt **2.** [devanture] window display.

étalagiste [etalaʒist] nmf **1.** [décorateur] window dresser **2.** [vendeur] stallholder UK.

étalement [etalmɑ̃] nm **1.** [dans l'espace] spreading out **2.** [dans le temps] staggering.

étaler [3] [etale] vt **1.** [exposer] to display **2.** [étendre] to spread out **3.** [dans le temps] to stagger **4.** [mettre une couche de] to spread **5.** [exhiber] to parade. ◆ **s'étaler** vp **1.** [s'étendre] to spread **2.** [dans le temps] ▸ **s'étaler (sur)** to be spread (over) **3.** *fam* [s'avachir] to sprawl **4.** *fam* [tomber] to fall flat on one's face, to come a cropper UK.

étalon [etalɔ̃] nm **1.** [cheval] stallion **2.** [mesure] standard ▸ **étalon-or** gold standard.

étalonner [3] [etalɔne] vt [graduer] to calibrate.

étamine [etamin] nf **1.** [de fleur] stamen **2.** [tissu] muslin.

étanche [etɑ̃ʃ] adj watertight ; [montre] waterproof.

étanchéité [etɑ̃ʃeite] nf watertightness.

étancher [3] [etɑ̃ʃe] vt **1.** [sang, larmes] to stem (the flow of) **2.** [rendre étanche] to make watertight **3.** *litt* [assouvir] to quench.

étang [etɑ̃] nm pond.

étant p prés ⟶ **être**.

étant donné [etɑ̃dɔne] loc prép given / *étant donné les circonstances* given ou in view of the circumstances ou situation. ◆ **étant donné que** loc conj since / *étant donné qu'il pleuvait…* since ou as it was raining….

étape [etap] nf **1.** [gén] stage **2.** [halte] stop ▸ **faire étape à** to break one's journey at.

état [eta]

❖ nm

1. [manière d'être] state ▸ **être en état / hors d'état de faire qqch** to be in a/in no fit state to do sthg / *dans l'état actuel des choses* as things stand at the moment, in the present state of affairs ▸ **en bon / mauvais état** in good/poor condition ▸ **en état d'ivresse** under the influence of alcohol ▸ **en état de marche** in working order ▸ **laisser les choses en l'état** to leave things as they stand ▸ **remettre en état** to repair ▸ **état d'âme** mood / *je me fiche de vos états d'âme !* *fam* I don't care whether you're happy about it or not! ▸ **état d'esprit** state of mind ▸ **état général** general state of health / *le malade est dans un état grave* the patient's condition is serious ▸ **état de santé** (state of) health ▸ **être dans un état second** to be in a daze ▸ **état de siège** state of siege ▸ **état stationnaire** stable condition ▸ **être dans tous ses états** to be in a state ▸ **se mettre dans tous ses états** [en colère] to go off the deep end UK, to go off at the deep end US, to go spare UK / *réduit à l'état de cendres / poussière* reduced to ashes/a powder ▸ **état de grâce** POL [pour un Premier ministre, un président] honeymoon period / *être en état de grâce* RELIG to be in a state of grace

2. [métier, statut] status ▸ **de son état** by profession ▸ **il est cordonnier de son état** he's a shoemaker by trade ▸ **état civil** ADMIN ≃ marital status

3. [inventaire - gén] inventory ; [- de dépenses] statement ▸ **faire état de qqch** to give an account of sthg ▸ **état des lieux** *inventory and inspection of rented property* / *états de service* **a)** MIL service record **b)** [professionnellement] professional record

◆ **État** nm [nation] state ▸ **l'État** the State / *les États du Golfe* the Gulf States ▸ **État membre** member state ▸ **État paternaliste** nanny state.

◆ **en tout état de cause** loc adv in any case.

étatique [etatik] adj state *(avant n)*.

étatiser [3] [etatize] vt to bring under state control.

étatisme [etatism] nm state control.

état-major [etamaʒɔʀ] (*pl* **états-majors**) nm **1.** ADMIN & MIL staff ; [de parti] leadership **2.** [lieu] headquarters *sg*.

État-nation [etanasjɔ̃] nm nation-state.

États-Unis [etazyni] nmpl : *les États-Unis (d'Amérique)* the United States (of America) / *aux États-Unis* in the United States.

étau, x [eto] nm vice UK, vise US.

étayer [11] [eteje] vt to prop up ; *fig* to back up.

etc. (*abr écrite de* **et cætera**) etc.

et cetera, et cætera [ɛtseteʀa] loc adv et cetera, and so on (and so forth).

été [ete] ❖ pp inv ⟶ **être.** ❖ nm summer ▸ **en été** in (the) summer ▸ **été indien** Indian summer.

éteignais, éteignions ⟶ **éteindre**.

éteindre [81] [etɛ̃dʀ] vt **1.** [incendie, bougie, cigarette] to put out ; [radio, chauffage, lampe] to turn off, to switch off **2.** *litt* [soif] to quench **3.** DR [annuler] to extinguish **4.** INFORM to shut down. ◆ **s'éteindre** vp **1.** [feu, lampe] to go out **2.** [bruit, souvenir] to fade (away) **3.** *fig* & *litt* [personne] to pass away **4.** [race] to die out.

éteint, e [etɛ̃, ɛ̃t] ❖ pp ⟶ **éteindre.** ❖ adj **1.** [couleur] faded **2.** [voix] faint ; [regard] dull.

étendage [etɑ̃daʒ] nm hanging out.

étendard [etɑ̃daʀ] nm standard.

étendre [73] [etɑ̃dʀ] vt **1.** [déployer] to stretch ; [journal] to spread (out) / *étendre ses bras / jambes* to stretch (out) one's arms/legs / *étendre du linge* **a)** [dehors] to put the washing out to dry, to hang out the washing **b)** [à l'intérieur] to hang up the washing **2.** [coucher] to lay / *étendre un blessé sur une civière* to place an injured person on a stretcher **3.** [appliquer] to spread **4.** [accroître] to extend / *étendre une grève au secteur privé* to extend a strike to the private sector / *étendre son vocabulaire* to increase OU to extend one's vocabulary **5.** *fam* & *fig* [candidat] to fail **6.** [diluer] to dilute ; [sauce] to thin. ◆ **s'étendre** vp **1.** [se coucher] to lie down **2.** [s'étaler au loin] ▸ **s'étendre (de / jusqu'à)** to stretch (from/as far as) / *les banlieues s'étendaient à l'infini* the suburbs stretched out endlessly / *la période qui s'étend du XVIIe au XIXe siècle* the period stretching from the 17th to the 19th century **3.** [croître] to spread **4.** [s'attarder] ▸ **s'étendre sur** to elaborate on / *je ne m'étendrai pas davantage sur ce sujet* I won't discuss this subject any further.

étendu, e [etɑ̃dy] ❖ pp ⟶ **étendre.** ❖ adj **1.** [bras, main] outstretched **2.** [plaine, connaissances] extensive. ◆ **étendue** nf **1.** [surface] area, expanse **2.** [durée] length **3.** [importance] extent **4.** MUS range.

éternel, elle [etɛʀnɛl] adj eternal / *ce ne sera pas éternel* this won't last for ever. ◆ **Éternel** nm ▸ **l'Éternel** the Eternal.

éternellement [etɛʀnɛlmɑ̃] adv eternally.

éterniser [3] [etɛʀnize] vt [prolonger] to drag out. ◆ **s'éterniser** vp **1.** [se prolonger] to drag out **2.** *fam* [rester] to stay for ever.

éternité [etɛʀnite] nf eternity ▸ **il y a une éternité que je ne t'ai pas vu** *fam* I haven't seen you for ages.

éternuement [etɛʀnymɑ̃] nm sneeze.

éternuer [7] [etɛʀnɥe] vi to sneeze.

êtes ⟶ **être**.

étêter [4] [etete] vt to cut the head off.

éther [etɛʀ] nm ether.

éthéré, e [eteʀe] adj ethereal.

Éthiopie [etjɔpi] nf : *l'Éthiopie* Ethiopia.

éthiopien, enne [etjɔpjɛ̃, ɛn] adj Ethiopian. ◆ **Éthiopien, enne** nm, f Ethiopian.

éthique [etik] ❖ nf ethics *(U or pl)*. ❖ adj ethical.

ethnie [ɛtni] nf ethnic group.

ethnique [ɛtnik] adj ethnic.

ethnographie [ɛtnɔɡʀafi] nf ethnography.

ethnologie [ɛtnɔlɔʒi] nf ethnology.

ethnologue [ɛtnɔlɔɡ] nmf ethnologist.

éthologie [etɔlɔʒi] nf ethology.

éthylique [etilik] ❖ nmf alcoholic. ❖ adj alcoholic ▸ **alcool éthylique** ethyl alcohol, ethanol.

éthylisme [etilism] nm alcoholism.

étiez, étions ⟶ **être**.

étincelant, e [etɛ̃slɑ̃, ɑ̃t] adj sparkling.

étinceler [24] [etɛ̃sle] vi to sparkle.

étincelle [etɛ̃sɛl] nf spark.

étioler [3] [etjɔle] ◆ **s'étioler** vp [plante] to wilt ; [personne] to weaken ; [mémoire] to go.

étique [etik] adj *litt* [plante] stunted ; [personne] skinny.

étiqueter [27] [etikte] vt *pr* & *fig* to label.

étiquette [etikɛt] nf **1.** [marque] label ▸ **étiquette électronique** electronic label **2.** [protocole] etiquette.

étirer [3] [etiʀe] vt to stretch. ◆ **s'étirer** vp to stretch.

Etna [ɛtna] nm : *l'Etna* Mount Etna.

étoffe [etɔf] nf fabric, material ▸ **avoir l'étoffe de** *fig* to have the makings of.

étoffer [3] [etɔfe] vt to flesh out. ◆ **s'étoffer** vp to fill out.

étoile [etwal] nf star / *ciel parsemé* ou *semé d'étoiles* starry sky, sky studded with stars / *une nuit sans étoiles* a starless night ▸ **l'étoile du berger** the evening star ▸ **étoile filante** shooting star ▸ **étoile Polaire** pole star ▸ **un trois étoiles** a three-star hotel ▸ **à la belle étoile** *fig* under the stars ▸ **être né sous une bonne étoile** *fig* to be born under a lucky star / *carrefour en étoile* multi-lane junction ▸ **l'étoile jaune / rouge** the yellow / red star. ◆ **étoile de mer** nf starfish.

étoilé, e [etwale] adj **1.** [ciel, nuit] starry ▸ **la bannière étoilée** the Star-Spangled Banner **2.** [vitre, pare-brise] shattered.

étole [etɔl] nf stole.

étonnamment [etɔnamɑ̃] adv surprisingly, astonishingly.

étonnant, e [etɔnɑ̃, ɑ̃t] adj astonishing.

étonné, e [etɔne] adj astonished, surprised.

étonnement [etɔnmɑ̃] nm astonishment, surprise ▸ **au grand étonnement de** to the great astonishment of.

étonner [3] [etɔne] vt to astonish, to surprise ▸ **ça m'étonnerait !** I'd be (very) surprised! ◆ **s'étonner** vp ▸ **s'étonner (de)** to be surprised (by) ▸ **s'étonner que** *(+ subjonctif)* to be surprised (that).

étouffant, e [etufɑ̃, ɑ̃t] adj stifling.

étouffée [etufe] ◆ **à l'étouffée** loc adv steamed ; [viande] braised ▸ **faire cuire à l'étouffée a)** to steam **b)** [viande] to braise.

étouffement [etufmɑ̃] nm **1.** [asphyxie] suffocation **2.** [répression] suppression.

étouffer [3] [etufe] ❖ vt **1.** [gén] to stifle / *ce n'est pas la politesse qui l'étouffe* *fam* & *hum* politeness isn't exactly his strong point **2.** [asphyxier] to suffocate / *mourir étouffé* to die of suffocation, to choke to death **3.** [feu] to smother **4.** [scandale, révolte] to suppress. ❖ vi to suffocate / *j'ai failli étouffer en avalant de travers* I almost choked when I swallowed the wrong way. ◆ **s'étouffer** vp [s'étrangler] to choke / *une sardine et une demi-tomate, on ne risque pas de s'étouffer !* *hum* a sardine and half a tomato! there's no fear of us choking on that!

étouffoir [etufwaʀ] nm *fam* oven.

étourderie [etuʀdəʀi] nf **1.** [distraction] thoughtlessness **2.** [bévue] careless mistake ; [acte irréfléchi] thoughtless act.

étourdi, e [etuʀdi] ❖ adj scatterbrained. ❖ nm, f scatterbrain.

étourdiment [etuʀdimɑ̃] adv without thinking.

étourdir [32] [etuʀdiʀ] vt **1.** [assommer] to daze **2.** [fatiguer] to wear out. ◆ **s'étourdir** vp to be ou become dazed ▸ **s'étourdir de** to get drunk on.

étourdissant, e [etuʀdisɑ̃, ɑ̃t] adj **1.** [fatigant] wearing **2.** [sensationnel] stunning.

étourdissement [etuʀdismɑ̃] nm dizzy spell.

étourneau, x [etuʀno] nm starling.

étrange [etʀɑ̃ʒ] adj strange.

étrangement [etʀɑ̃ʒmɑ̃] adv strangely.

étranger, ère [etʀɑ̃ʒe, ɛʀ] ❖ adj **1.** [gén] foreign **2.** [différent, isolé] unknown, unfamiliar ▸ **être étranger à qqn** to be unknown to sb ▸ **être étranger à qqch** to have no connection with sthg ▸ **se sentir étranger** to feel like an outsider. ❖ nm, f **1.** [de nationalité différente] foreigner **2.** [inconnu] stranger **3.** [exclu] outsider. ◆ **étranger** nm ▸ **l'étranger** foreign countries *pl* ▸ **à l'étranger** abroad.

> **stranger** ou **foreigner ?**
>
> **Stranger** est le terme qui s'applique à un « inconnu », tandis que **foreigner** désigne un « habitant d'un autre pays ».

étrangeté [etʀɑ̃ʒte] nf strangeness.

étranglement [etʀɑ̃ɡləmɑ̃] nm **1.** [strangulation] strangulation **2.** [rétrécissement] constriction.

étrangler [3] [etʀɑ̃ɡle] vt **1.** [gén] to choke **2.** [strangular] to strangle **3.** [réprimer] to stifle **4.** [serrer] to constrict / *elle avait la taille étranglée par une grosse ceinture* she had a wide belt pulled in tight around the waist. ◆ **s'étrangler** vp **1.** [s'étouffer] to choke / *s'étrangler avec un os* to choke on a bone / *s'étrangler de rire* to choke with laughter / *s'étrangler d'indignation* to be speechless with indignation **2.** [sanglots] to catch.

étrave [etʀav] nf stem.

être [2] [ɛtʀ]

❖ nm

1. BIOL & PHILO being ▸ **les êtres vivants / humains** living / human beings.

2. [personne] person ▸ **un être cher** a loved one

❖ v aux

1. [pour les temps composés] to have / to be / *il est parti hier* he left yesterday / *il est déjà arrivé* he has already arrived / *il est né en 1952* he was born in 1952

2. [pour le passif] to be / *la maison a été vendue* the house has been OU was sold

❖ v att

1. [état] to be / *il est grand / heureux* he's tall / happy / *la maison est blanche* the house is white / *il est médecin* he's a doctor / *sois sage !* be good! / *je suis comme je suis* I am what I am

2. [possession] *être à qqn* to be sb's, to belong to sb / *c'est à vous, cette voiture ?* is this your car?, is this car yours? / *cette maison est à lui / eux* this house is his / theirs, this is his / their house

❖ v impers

1. [exprimant le temps] *il est dix heures dix* it's ten past ten, it's ten after ten US

2. [suivi d'un adjectif] ▸ **il est...** it is... / *il est inutile de* it's useless to / *il serait bon de / que* it would be good to / if, it would be a good idea to / if

❖ vi

1. [exister] to be ▸ **n'être plus** *sout* [être décédé] to be no more / *le plus petit ordinateur qui soit* the tiniest computer ever / *soit une droite AB* let AB be a straight line

2. [indique une situation, un état] to be / *il est à Paris* he's in Paris / *nous sommes au printemps / en été* it's spring / summer / *je suis à vous dans un instant* I'll be with you in a moment / *vous êtes (bien) au 01.40.06.24.08* this is 01 40 06 24 08

3. [indiquant une origine] *il est de Paris* he's from Paris / *l'église est du XVI*[e] the church is from OU dates back to the 16th century / *les œufs sont d'hier* the eggs were laid yesterday

◆ **être à** v + prép **1.** [indiquant une obligation] : *c'est à vérifier* it needs to be checked / *cette chemise est à laver* this shirt needs washing ▸ **c'est à voir** that remains to be seen **2.** [indiquant une continuité] : *il est toujours à ne rien faire* he never does a thing / *il est toujours à s'inquiéter* he's always worrying **3.** [avec « en »] : *en être à* : *le projet n'en est qu'au début* the project has only just started / *où en es-tu avec Michel ?* how is it going with Michel?

étreindre [81] [etʀɛ̃dʀ] vt **1.** [embrasser] to hug, to embrace **2.** *fig* [tenailler] to grip, to clutch. ◆ **s'étreindre** vp to embrace each other.

étreinte [etʀɛ̃t] nf **1.** [enlacement] embrace **2.** [pression] stranglehold.

étrenner [4] [etʀene] vt to use for the first time.

étrennes [etʀɛn] nfpl Christmas box *sg* UK

étrier [etʀije] nm stirrup.

étriller [3] [etʀije] vt **1.** [cheval] to curry **2.** [personne] to wipe the floor with ; [film] to tear to pieces.

étriper [3] [etʀipe] vt **1.** [animal] to disembowel **2.** *fam* & *fig* [tuer] to murder. ◆ **s'étriper** vp *fam* to tear each other to pieces.

étriqué, e [etʀike] adj **1.** [vêtement] tight ; [appartement] cramped **2.** [esprit] narrow.

étroit, e [etʀwa, at] adj **1.** [gén] narrow **2.** [intime] close **3.** [serré] tight. ◆ **à l'étroit** loc adj ▸ **être à l'étroit** to be cramped.

étroitement [etʀwatmɑ̃] adv closely.

étroitesse [etʀwatɛs] nf narrowness ▸ **étroitesse d'esprit** *fig* narrow-mindedness.

étrusque [etʀysk] adj Etruscan, Etrurian. ◆ **Étrusque** nmf Etruscan, Etrurian.

étude [etyd] nf **1.** [gén & ÉCON] study ▸ **à l'étude** under consideration ▸ **étude de faisabilité** feasibility study ▸ **étude médias** media research *(U)* ▸ **étude de marché** market research *(U)* / *étude de positionnement* positioning study / *études qualitatives* qualitative research *(U)* / *études quantitatives* quantitative research *(U)* **2.** [de notaire - local] office ; [- charge] practice **3.** MUS étude. ◆ **études** nfpl studies ▸ **faire des études** to study ▸ **études primaires / secondaires** primary / secondary education *(U)*.

étudiant, e [etydjɑ̃, ɑ̃t] ❖ adj student *(avant n)*. ❖ nm, f student.

étudié, e [etydje] adj studied.

étudier [9] [etydje] ❖ vt **1.** [apprendre - gén] to study ; [- leçon] to learn ; [- piano] to learn (to play), to study ; [- auteur, période] to study / *étudier la géographie* **a)** SCOL to study geography **b)** UNIV to study OU UK to read geography **2.** [examiner - contrat] to study, to examine ; [- liste] to go through / *étudier le terrain* to survey the land **3.** [observer - passant, adversaire] to watch, to observe **4.** [concevoir] to devise, to design / *être très étudié* to be specially designed / *c'est étudié pour* *fam* that's what it's for. ❖ vi **1.** [faire ses études] to study, to be a student **2.** [travailler] to study. ◆ **s'étudier** vp *(emploi réfléchi)* [se regarder soi-même] to gaze at OU to study o.s.

étui [etɥi] nm case ▸ **étui à cigarettes / lunettes** cigarette / glasses case.

étuve [etyv] nf **1.** [local] steam room ; *fig* oven **2.** [appareil] sterilizer.

étuvée [etyve] ◆ **à l'étuvée** loc adv braised ▸ **faire cuire à l'étuvée** to braise.

étymologie [etimɔlɔʒi] nf etymology.

étymologique [etimɔlɔʒik] adj etymological.

étymologiquement [etimɔlɔʒikmɑ̃] adv etymologically.

eu, e [y] pp ⟶ **avoir**.

E-U, E-U A (*abr de* États-Unis (d'Amérique)) nmpl US, USA.

eucalyptus [økaliptys] nm eucalyptus.

eucharistie [økaristi] nf Eucharist.

euh [ø] interj er.

eunuque [ønyk] nm eunuch.

euphémisme [øfemism] nm euphemism ▸ **par euphémisme** euphemistically.

euphorie [øfɔri] nf euphoria.

euphorique [øfɔrik] adj euphoric.

euphorisant, e [øfɔrizɑ̃, ɑ̃t] adj exhilarating. ◆ **euphorisant** nm antidepressant.

eurasien, enne [ørazjɛ̃, ɛn] adj Eurasian. ◆ **Eurasien, enne** nm, f Eurasian.

eurent ⟶ avoir.

euro [ørɔ] nm euro ▸ **zone euro** euro zone, euro area.

eurocentrisme [ørɔsɑ̃trism] nm Eurocentrism.

eurochèque [ørɔʃɛk] nm Eurocheque.

eurocrate [ørɔkrat] nmf Eurocrat.

eurodéputé [ørɔdepyte] nm Euro MP.

eurodevise [ørɔdəviz] nf Eurocurrency.

eurodollar [ørɔdɔlar] nm Eurodollar.

euroméditerranéen, enne, euro-méditerranéen, enne [ørɔmeditɛraneɛ̃, ɛ̃n] adj Euro-Mediterranean.

euromissile [ørɔmisil] nm Euromissile.

Europe [ørɔp] nf : *l'Europe* Europe / *l'Europe centrale* Central Europe / *l'Europe de l'Est* Eastern Europe ▸ **ils ont parlé de l'Europe verte** they discussed agriculture in the EU.

européen, enne [ørɔpeɛ̃, ɛn] adj European. ◆ **Européen, enne** nm, f European. ◆ **européennes** nfpl POL European elections, Euro-elections, elections for the European Parliament.

Eurostar® [ørɔstar] npr m Eurostar®.

Eurotunnel® [ørɔtynɛl] npr m Eurotunnel®.

Eurovision® [ørɔvizjɔ̃] npr f Eurovision®.

eus, eut ⟶ avoir.

eût ⟶ avoir.

euthanasie [øtanazi] nf euthanasia.

euthanasier [9] [øtanazje] vt [animal] to put down, to put to sleep ; [personne] to practise UK ou practice US euthanasia on, to help to die.

eux [ø] pron pers **1.** [sujet] they / *ce sont eux qui me l'ont dit* they're the ones who told me **2.** [complément] them. ◆ **eux-mêmes** pron pers themselves.

eV (*abr écrite de* électronvolt) eV.

EV (*abr écrite de* en ville) by hand.

évacuation [evakɥasjɔ̃] nf **1.** [gén] evacuation **2.** [de liquide] draining.

évacuer [7] [evakɥe] vt **1.** [gén] to evacuate **2.** [liquide] to drain.

évadé, e [evade] nm, f escaped prisoner.

évader [3] [evade] ◆ **s'évader** vp ▸ **s'évader (de)** to escape (from).

évaluation [evalɥasjɔ̃] nf [action] valuation ; [résultat] estimate.

évaluer [7] [evalɥe] vt [distance] to estimate ; [tableau] to value ; [risque] to assess.

évanescent, e [evanesɑ̃, ɑ̃t] adj *litt* fleeting.

évangélique [evɑ̃ʒelik] adj evangelical.

évangélisation [evɑ̃ʒelizasjɔ̃] nf evangelization, evangelizing.

évangéliser [3] [evɑ̃ʒelize] vt to evangelize.

évangéliste [evɑ̃ʒelist] nm **1.** [auteur] Evangelist **2.** [prédicateur] evangelist.

évangile [evɑ̃ʒil] nm gospel ▸ **l'Évangile selon Saint Jean** the Gospel according to St. John.

évanouir [32] [evanwir] ◆ **s'évanouir** vp **1.** [défaillir] to faint **2.** [disparaître] to fade.

évanouissement [evanwismɑ̃] nm **1.** [syncope] fainting fit **2.** [disparition] fading.

évaporation [evapɔrasjɔ̃] nf evaporation.

évaporer [3] [evapɔre] ◆ **s'évaporer** vp to evaporate.

évasé, e [evaze] adj flared.

évaser [3] [evaze] vt to flare. ◆ **s'évaser** vp to flare.

évasif, ive [evazif, iv] adj evasive.

évasion [evazjɔ̃] nf escape.

évasivement [evazivmɑ̃] adv evasively.

évêché [eveʃe] nm [territoire] diocese ; [résidence] bishop's palace.

éveil [evɛj] nm awakening ▸ **en éveil** on the alert.

éveillé, e [eveje] adj **1.** [qui ne dort pas] wide awake **2.** [vif, alerte] alert.

éveiller [4] [eveje] vt to arouse ; [intelligence, dormeur] to awaken. ◆ **s'éveiller** vp **1.** [dormeur] to wake, to awaken **2.** [curiosité] to be aroused **3.** [esprit, intelligence] to be awakened **4.** [s'ouvrir] ▸ **s'éveiller à qqch** to discover sthg.

événement, évènement [evɛnmɑ̃] nm event.

événementiel, elle [evɛnmɑ̃sjɛl] adj [histoire] factual.

éventail [evɑ̃taj] nm **1.** [objet] fan ▸ **en éventail** fan-shaped **2.** [choix] range.

éventaire [evɑ̃tɛr] nm **1.** [étalage] stall, stand **2.** [corbeille] tray.

éventé, e [evɑ̃te] adj stale.

éventer [3] [evɑ̃te] vt **1.** [rafraîchir] to fan **2.** [divulguer] to give away. ◆ **s'éventer** vp **1.** [se rafraîchir] to fan o.s. **2.** [parfum, vin] to go stale.

éventrer [3] [evɑ̃tre] vt **1.** [étriper] to disembowel **2.** [fendre] to rip open.

éventualité [evɑ̃tɥalite] nf **1.** [possibilité] possibility **2.** [circonstance] eventuality ▸ **dans l'éventualité de** in the event of ▸ **parer à toute éventualité** to be ready for any eventuality.

éventuel, elle [evɑ̃tɥɛl] adj possible.

éventuellement [evɑ̃tɥɛlmɑ̃] adv possibly.

> ⚠ Eventually signifie « finalement », « en fin de compte » et non *éventuellement*.

évêque [evɛk] nm bishop.

évertuer [7] [evɛʀtɥe] ◆ **s'évertuer** vp ▸ **s'évertuer à faire qqch** to strive to do sthg.

éviction [eviksjɔ̃] nf eviction.

évidemment [evidamɑ̃] adv obviously.

évidence [evidɑ̃s] nf [caractère] evidence ; [fait] obvious fact ▸ **à l'évidence** obviously ▸ **mettre en évidence** to emphasize, to highlight ▸ **se rendre à l'évidence** to face facts.

> ⚠ Attention, le mot anglais evidence signifie « preuve », « témoignage » et ne peut être employé pour traduire *évidence* que dans des expressions telles que in evidence ou against all the evidence.

évident, e [evidɑ̃, ɑ̃t] adj obvious ▸ **ce n'est pas évident** [pas facile] it's not that easy.

évider [3] [evide] vt to hollow out.

évier [evje] nm sink.

évincer [16] [evɛ̃se] vt ▸ **évincer qqn (de)** to oust sb (from).

évitement [evitmɑ̃] nm RAIL shunting. ◆ **d'évitement** loc adj **1.** RAIL ▸ **voie d'évitement** siding **2.** PSYCHO avoidance *(avant n).*

éviter [3] [evite] vt **1.** [esquiver] to avoid / *la catastrophe a été évitée de justesse* a catastrophe was averted by a hair's breadth **2.** [s'abstenir] ▸ **éviter de faire qqch** to avoid doing sthg / *elle évite la foule* she shies away from crowds **3.** [épargner] ▸ **éviter qqch à qqn** to save sb sthg / *évitons-lui tout souci* let's keep him from worrying (about anything) ou spare him any worries. ◆ **s'éviter** vp **1.** [se bouder] to avoid each other **2.** [s'épargner] to spare o.s. / *s'éviter qqch* to save ou to spare o.s. sthg.

évocateur, trice [evɔkatœʀ, tʀis] adj **1.** [film, roman] ▸ **évocateur (de)** evocative (of) **2.** [geste, regard] meaningful.

évocation [evɔkasjɔ̃] nf evocation.

évolué, e [evɔlɥe] adj **1.** [développé] developed **2.** [libéral, progressiste] broad-minded.

évoluer [7] [evɔlɥe] vi **1.** [changer] to evolve ; [personne] to change **2.** [se mouvoir] to move around.

évolutif, ive [evɔlytif, iv] adj **1.** [système] evolutionary **2.** MÉD progressive **3.** [travail] ▸ **un poste évolutif** a job with prospects.

évolution [evɔlysjɔ̃] nf **1.** [transformation] development **2.** BIOL evolution **3.** MÉD progress. ◆ **évolutions** nfpl movements.

évoquer [3] [evɔke] vt **1.** [souvenir] to evoke / *son nom ne m'évoque rien* his name means nothing to me **2.** [problème] to refer to **3.** [esprits, démons] to call up.

ex [ɛks] nmf ex.

ex- [ɛks] préf ex-.

ex. *abr écrite de* exemple.

exacerbé, e [ɛgzasɛʀbe] adj exacerbated.

exacerber [3] [ɛgzasɛʀbe] vt to exacerbate.

exact, e [ɛgzakt] adj **1.** [calcul] correct **2.** [récit, copie] exact **3.** [ponctuel] punctual.

exactement [ɛgzaktəmɑ̃] adv exactly.

exaction [ɛgzaksjɔ̃] nf extortion.

exactitude [ɛgzaktityd] nf **1.** [de calcul, montre] accuracy **2.** [ponctualité] punctuality.

ex aequo [ɛgzeko] ◇ adj inv & nmf equal. ◇ adv equal / *troisième ex aequo* third equal, tied for third.

exagération [ɛgzaʒeʀasjɔ̃] nf exaggeration.

exagéré, e [ɛgzaʒeʀe] adj exaggerated.

exagérément [ɛgzaʒeʀemɑ̃] adv exaggeratedly.

exagérer [18] [ɛgzaʒeʀe] vt & vi to exaggerate. ◆ **s'exagérer** vp to exaggerate.

exaltant, e [ɛgzaltɑ̃, ɑ̃t] adj exhilarating.

exalté, e [ɛgzalte] ◇ adj [sentiment] elated ; [tempérament] over-excited ; [imagination] vivid. ◇ nm, f fanatic.

exalter [3] [ɛgzalte] vt to excite. ◆ **s'exalter** vp to get carried away.

examen [ɛgzamɛ̃] nm examination ; SCOL exam, examination ▸ **examen médical** medical (examination) UK, physical (examination) US ▸ **examen de santé** medical check up ▸ **mettre qqn en examen** DR to indict sb ▸ **mise en examen** DR indictment.

examinateur, trice [ɛgzaminatœʀ, tʀis] nm, f examiner.

examiner [3] [ɛgzamine] vt to examine.

exaspérant, e [ɛgzaspeʀɑ̃, ɑ̃t] adj exasperating.

exaspération [ɛgzaspeʀasjɔ̃] nf exasperation.

exaspérer [18] [ɛgzaspeʀe] vt to exasperate.

exaucer [16] [ɛgzose] vt to grant ▸ **exaucer qqn** to answer sb's prayers.

ex cathedra [ɛkskatedʀa] loc adv with authority.

excédant, e [ɛksedɑ̃, ɑ̃t] adj exasperating.

excédent [ɛksedɑ̃] nm surplus ▸ **en excédent** surplus *(avant n)* ▸ **excédent de bagages** [dans l'avion] excess baggage ou luggage UK ▸ **excédent commercial** trade surplus.

excédentaire [ɛksedɑ̃tɛʀ] adj surplus *(avant n).*

excéder [18] [ɛksede] vt **1.** [gén] to exceed **2.** [exaspérer] to exasperate.

excellemment [ɛkselamɑ̃] adv excellently.

excellence [ɛkselɑ̃s] nf excellence ▸ **par excellence** par excellence. ◆ **Excellence** nf ▸ **Son Excellence** His/Her Excellency.

excellent, e [ɛkselɑ̃, ɑ̃t] adj excellent.

exceller [4] [ɛksele] vi ▸ **exceller en** OU **dans qqch** to excel at OU in sthg ▸ **exceller à faire qqch** to excel at doing sthg.

excentré, e [ɛksɑ̃tʀe] adj : *c'est très excentré* it's quite a long way out.

excentrique [ɛksɑ̃tʀik] ❖ nmf eccentric. ❖ adj **1.** [gén] eccentric **2.** [quartier] outlying.

excepté, e [ɛksɛpte] adj : *tous sont venus, lui excepté* everyone came except (for) him. ◆ **excepté** prép apart from, except.

exception [ɛksɛpsjɔ̃] nf **1.** [hors norme] exception ▸ **à l'exception de** except for / *c'est un être d'exception* **a)** [homme] he's an exceptional man **b)** [femme] she's an exceptional woman / *cette règle admet des exceptions* there are (some) exceptions to this rule ▸ **d'exception** exceptional ▸ **faire exception** to be an exception / *faire une exception à* to make an exception to / *faire une exception pour qqn / qqch* to make an exception for sb / sthg / *les collisions entre avions restent l'exception* plane collisions are still very rare / *sortez tous, sans exception !* out, every (single) one of you! **2.** DR plea ▸ **exception péremptoire** peremptory plea.

exceptionnel, elle [ɛksɛpsjɔnɛl] adj exceptional.

exceptionnellement [ɛksɛpsjɔnɛlmɑ̃] adv **1.** [par exception] in this (one) instance **2.** [extrêmement] exceptionally.

excès [ɛksɛ] ❖ nm excess ▸ **excès de vitesse** speeding ▸ **excès de zèle** overzealousness ▸ **à l'excès** to excess, excessively ▸ **sans excès** moderately. ❖ nmpl excesses.

excessif, ive [ɛksesif, iv] adj **1.** [démesuré] excessive **2.** [extrême] extreme.

excessivement [ɛksesivmɑ̃] adv **1.** [démesurément] excessively **2.** *fam* [extrêmement] extremely.

excipient [ɛksipjɑ̃] nm excipient.

excision [ɛksizjɔ̃] nf excision.

excitant, e [ɛksitɑ̃, ɑ̃t] adj **1.** [stimulant, passionnant] exciting **2.** MÉD stimulating. ◆ **excitant** nm stimulant.

excitation [ɛksitasjɔ̃] nf **1.** [énervement] excitement **2.** [stimulation] encouragement **3.** MÉD stimulation.

excité, e [ɛksite] ❖ adj [énervé] excited. ❖ nm, f hothead.

exciter [3] [ɛksite] vt **1.** [gén] to excite **2.** [inciter] ▸ **exciter qqn (à qqch / à faire qqch)** to incite sb (to sthg / to do sthg) **3.** MÉD to stimulate. ◆ **s'exciter** vp ▸ **s'exciter (sur)** to lose one's temper (with).

exclamation [ɛksklamasjɔ̃] nf exclamation.

exclamer [3] [ɛksklame] ◆ **s'exclamer** vp ▸ **s'exclamer (devant)** to exclaim (at OU over).

exclu, e [ɛkskly] ❖ pp ⟶ **exclure.** ❖ adj excluded. ❖ nm, f outsider.

exclure [96] [ɛksklyʀ] vt to exclude ; [expulser] to expel.

exclusif, ive [ɛksklyzif, iv] adj exclusive ▸ **exclusif de** exclusive of.

exclusion [ɛksklyzjɔ̃] nf expulsion ▸ **à l'exclusion de** to the exclusion of.

exclusivement [ɛksklyzivmɑ̃] adv **1.** [uniquement] exclusively **2.** [non inclus] exclusive.

exclusivité [ɛksklyzivite] nf **1.** COMM exclusive rights *pl*, exclusivity ▸ **avoir l'exclusivité (de)** to have exclusive rights (to) **2.** CINÉ sole screening rights *pl* ▸ **en exclusivité** exclusively **3.** [de sentiment] exclusiveness.

excommunier [9] [ɛkskɔmynje] vt to excommunicate.

excrément [ɛkskʀemɑ̃] nm *(gén pl)* excrement *(U)*.

excroissance [ɛkskʀwasɑ̃s] nf excrescence.

excursion [ɛkskyʀsjɔ̃] nf excursion ▸ **faire une excursion** to go on a trip.

excursionniste [ɛkskyʀsjɔnist] nmf day-tripper.

excusable [ɛkskyzabl] adj excusable.

excuse [ɛkskyz] nf excuse ▸ **avoir une excuse** to have an excuse ▸ **présenter ses excuses à qqn** to apologize to sb.

excuser [3] [ɛkskyze] vt to excuse ▸ **excusez-moi a)** [pour réparer] I'm sorry **b)** [pour demander] excuse me / *excuse-moi d'appeler si tard* forgive me OU I do apologize for phoning so late / *je vous prie de* OU *veuillez m'excuser* I (do) beg your pardon, I do apologize ▸ **se faire excuser** to ask to be excused / *excuse-moi auprès de lui* apologize to him for me. ◆ **s'excuser** vp [demander pardon] to apologize ▸ **s'excuser de qqch / de faire qqch** to apologize for sthg / for doing sthg / *je m'excuse de mon retard / de vous interrompre* sorry for being late / for interrupting you.

exécrable [ɛgzekʀabl] adj atrocious.

exécrer [18] [ɛgzekʀe] vt to loathe.

exécutable [ɛgzekytabl] ❖ adj **1.** possible, feasible / *ce n'est pas exécutable en trois jours* it can't possibly be done in three days **2.** INFORM executable. ❖ nm executable.

exécutant, e [ɛgzekytɑ̃, ɑ̃t] nm, f **1.** [personne] underling **2.** MUS performer.

exécuter [3] [ɛgzekyte] vt **1.** [réaliser] to carry out ; [tableau] to paint **2.** MUS to play, to perform **3.** [mettre à mort] to execute. ◆ **s'exécuter** vp to comply.

exécuteur, trice [ɛgzekytœʀ, tʀis] nmf ▸ **exécuteur testamentaire** executor.

exécutif, ive [ɛgzekytif, iv] adj executive. ◆ **exécutif** nm ▸ **l'exécutif** the executive.

exécution [ɛgzekysjɔ̃] nf **1.** [réalisation] carrying out ; [de tableau] painting ▸ **mettre à exécution** to carry out **2.** MUS performance **3.** [mise à mort] execution.

exécutoire [ɛgzekytwaʀ] adj binding.

exégèse [ɛgzeʒɛz] nf exegesis.

exemplaire [ɛgzɑ̃plɛʀ] ❖ adj exemplary. ❖ nm copy ; [d'un livre, d'une revue] ▸ **exemplaire de lance-**

ment advance copy ▸ **exemplaire de service de presse** review copy.

exemple [ɛgzɑ̃pl] nm example ▸ **par exemple** for example, for instance ▸ **ça, par exemple !** [exprime la surprise] well, well!, good heavens! ▸ **pour l'exemple** as an example ▸ **citer qqn en exemple** to quote sb as an example ▸ **montrer l'exemple** to set an example ▸ **prendre exemple sur qqn** to take a leaf out of sb's book ▸ **à l'exemple de** following in the footsteps of.

exempt, e [ɛgzɑ̃, ɑ̃t] adj **1.** ▸ **exempt de** a) [dispensé de] exempt from b) [dépourvu de] free of **2.** [impôts] ▸ **exempt de taxes** tax-free, tax-exempt.

exempté, e [ɛgzɑ̃te] adj ▸ **exempté (de)** exempt (from).

exempter [3] [ɛgzɑ̃te] vt : *exempter qqn de qqch : il a été exempté du service militaire* he has been exempted from doing military service / *exempter qqn d'impôts* to exempt sb from tax.

exemption [ɛgzɑ̃psjɔ̃] nf exemption.

exercer [16] [ɛgzɛʀse] vt **1.** [entraîner, mettre en usage] to exercise ; [autorité, influence] to exert **2.** [métier] to carry on ; [médecine] to practise UK, to practice US. ◆ **s'exercer** vp **1.** [s'entraîner] to practise UK, to practice US ▸ **s'exercer à qqch / à faire qqch** to practise UK ou to practice US sthg / doing sthg **2.** [se manifester] ▸ **s'exercer (sur ou contre)** to be exerted (on).

exercice [ɛgzɛʀsis] nm **1.** [gén] exercise ▸ **exercices d'assouplissement** keep-fit exercises UK / *faire de l'exercice* to take exercise, to exercise / *je manque d'exercice* I don't get enough exercise / *exercice de chimie* chemistry exercise **2.** [entraînement] practice ▸ **exercices de tir** shooting drill ou practice **3.** [de métier, fonction] carrying out ▸ **dans l'exercice de ses fonctions** in the execution of one's duties ▸ **en exercice** in office / *l'exercice du pouvoir / d'un droit* exercising power / a right **4.** FIN fiscal year, financial year UK ▸ **exercice budgétaire** budgetary year ▸ **exercice (financier)** accounting period.

exergue [ɛgzɛʀg] nm inscription ▸ **mettre qqch en exergue** to emphasize sthg.

exfoliant, e [ɛksfɔljɑ̃, ɑ̃t] adj exfoliating *(avant n)*. ◆ **exfoliant** nm exfoliant.

exhalaison [ɛgzalɛzɔ̃] nf odour UK, odor US.

exhaler [3] [ɛgzale] vt **1.** [odeur] to give off **2.** *sout* & *fig* [colère, rage] to vent **3.** *sout* [plainte, soupir] to utter. ◆ **s'exhaler** vp **1.** [odeur] to rise **2.** *sout* [plainte, soupir] ▸ **s'exhaler de** to rise from.

exhausser [3] [ɛgzose] vt to raise.

exhaustif, ive [ɛgzostif, iv] adj exhaustive.

exhiber [3] [ɛgzibe] vt [présenter] to show ; [faire étalage de] to show off. ◆ **s'exhiber** vp to make an exhibition of o.s.

exhibitionniste [ɛgzibisjɔnist] nmf exhibitionist.

exhortation [ɛgzɔʀtasjɔ̃] nf exhortation.

exhorter [3] [ɛgzɔʀte] vt ▸ **exhorter qqn à qqch / à faire qqch** to urge sb to sthg / to do sthg.

exhumer [3] [ɛgzyme] vt to exhume ; *fig* to unearth, to dig up.

exigeant, e [ɛgziʒɑ̃, ɑ̃t] adj demanding.

exigence [ɛgziʒɑ̃s] nf **1.** [caractère] demanding nature **2.** [demande] demand.

exiger [17] [ɛgziʒe] vt **1.** [demander] to demand ▸ **exiger que** *(+ subjonctif)* to demand that ▸ **exiger qqch de qqn** to demand sthg from sb **2.** [nécessiter] to require.

exigible [ɛgziʒibl] adj payable.

exigu, uë [ɛgzigy] adj cramped.

exiguïté [ɛgzigɥite] nf lack of space.

exil [ɛgzil] nm exile ▸ **en exil** exiled.

exilé, e [ɛgzile] nm, f exile.

exiler [3] [ɛgzile] vt to exile. ◆ **s'exiler** vp **1.** POL to go into exile **2.** *fig* [partir] to go into seclusion.

existant, e [ɛgzistɑ̃, ɑ̃t] adj [modèle, loi, tarif] existing, current, currently in existence. ◆ **existant** nm ▸ **l'existant** what is already there / *un architecte qui travaille souvent avec l'existant* an architect who often works with existing buildings.

existence [ɛgzistɑ̃s] nf existence.

existentialisme [ɛgzistɑ̃sjalism] nm existentialism.

existentiel, elle [ɛgzistɑ̃sjɛl] adj existential.

exister [3] [ɛgziste] ❖ vi to exist. ❖ v impers ▸ **il existe** [il y a] there is / are.

exode [ɛgzɔd] nm exodus ▸ **exode rural** rural depopulation.

exonération [ɛgzɔneʀasjɔ̃] nf exemption ▸ **exonération de qqch** exemption from sthg ▸ **exonération d'impôts** tax exemption.

exonérer [18] [ɛgzɔneʀe] vt ▸ **exonérer qqn de qqch** to exempt sb from sthg.

exorbitant, e [ɛgzɔʀbitɑ̃, ɑ̃t] adj exorbitant.

exorbité, e [ɛgzɔʀbite] ⟶ œil.

exorciser [3] [ɛgzɔʀsize] vt to exorcize.

exorciste [ɛgzɔʀsist] nmf exorcist.

exotique [ɛgzɔtik] adj exotic.

exotisme [ɛgzɔtism] nm exoticism.

expansé, e [ɛkspɑ̃se] adj expanded.

expansif, ive [ɛkspɑ̃sif, iv] adj expansive.

expansion [ɛkspɑ̃sjɔ̃] nf expansion ▸ **expansion démographique** population growth.

expansionniste [ɛkspɑ̃sjɔnist] nmf & adj expansionist.

expatrié, e [ɛkspatʀije] adj & nm, f expatriate.

expatrier [10] [ɛkspatʀije] vt to expatriate. ◆ **s'expatrier** vp to leave one's country.

expectative [ɛkspɛktativ] nf ▸ **être dans l'expectative** to wait and see.

expectorant, e [ɛkspɛktɔʀɑ̃, ɑ̃t] adj expectorant. ◆ **expectorant** nm expectorant.

expédient [ɛkspedjɑ̃] nm expedient ▸ **vivre d'expédients** to live by one's wits.

expédier [9] [ɛkspedje] vt **1.** [lettre, marchandise] to send, to dispatch **2.** [personne] to get rid of ; [question] to dispose of **3.** [travail] to dash off.

expéditeur, trice [ɛkspeditœʀ, tʀis] ◇ adj dispatching *(avant n)*. ◇ nm, f sender.

expéditif, ive [ɛkspeditif, iv] adj quick, expeditious.

expédition [ɛkspedisjɔ̃] nf **1.** [envoi] sending **2.** [voyage, campagne militaire] expedition ▸ **expédition punitive** punitive raid.

expéditionnaire [ɛkspedisjɔnɛʀ] ⟶ **corps**.

expérience [ɛkspeʀjɑ̃s] nf **1.** [pratique] experience ▸ **avoir de l'expérience** to have experience, to be experienced **2.** [essai] experiment ▸ **faire l'expérience de qqch** to experience ou try sthg ▸ **tenter l'expérience** to try.

> **experience ou experiment ?**
>
> Si l'on parle d'un « ensemble de connaissances », de « la pratique d'une activité » ou du « vécu », on emploie experience. Pour désigner une *expérience* de type scientifique, on emploie experiment.

expérimental, e, aux [ɛkspeʀimɑ̃tal, o] adj experimental.

expérimentation [ɛkspeʀimɑ̃tasjɔ̃] nf experimentation.

expérimenté, e [ɛkspeʀimɑ̃te] adj experienced.

expérimenter [3] [ɛkspeʀimɑ̃te] vt to test.

expert, e [ɛkspɛʀ, ɛʀt] ◇ adj expert ▸ **être expert (en la matière)** to be an expert (on the subject). ◇ nm, f expert.

expert-comptable, experte-comptable [ɛkspɛʀkɔ̃tabl] (*mpl* **experts-comptables**, *fpl* **expertes-comptables**) nm, f chartered accountant UK, certified public accountant US.

expertise [ɛkspɛʀtiz] nf **1.** [examen] expert appraisal ; [estimation] (expert) valuation **2.** [compétence] expertise.

expertiser [3] [ɛkspɛʀtize] vt to value ; [dégâts] to assess.

expiation [ɛkspjasjɔ̃] nf atonement.

expier [9] [ɛkspje] vt to pay for.

expiration [ɛkspiʀasjɔ̃] nf **1.** [d'air] exhalation **2.** [de contrat] expiry UK, expiration US ▸ **arriver à expiration** to expire ▸ **date d'expiration** expiry UK ou expiration US date.

expirer [3] [ɛkspiʀe] ◇ vt to breathe out. ◇ vi **1.** [personne] to pass away **2.** [contrat] to expire.

explicable [ɛksplikabl] adj explicable.

explicatif, ive [ɛksplikatif, iv] adj explanatory.

explication [ɛksplikasjɔ̃] nf explanation ▸ **demander des explications à qqn** to demand an explanation from sb ▸ **explication de texte** (literary) criticism.

explicite [ɛksplisit] adj explicit.

explicitement [ɛksplisitmɑ̃] adv explicitly.

expliciter [3] [ɛksplisite] vt to make explicit.

expliquer [3] [ɛksplike] vt **1.** [gén] to explain **2.** [texte] to criticize. ◆ **s'expliquer** vp **1.** [se justifier] to explain o.s. **2.** [comprendre] to understand **3.** [discuter] to have it out **4.** [devenir compréhensible] to be explained, to become clear.

exploit [ɛksplwa] nm exploit, feat ; *iron* [maladresse] achievement.

exploitable [ɛksplwatabl] adj [gisement] exploitable ; [renseignement] usable ; INFORM machine-readable.

exploitant, e [ɛksplwatɑ̃, ɑ̃t] nm, f farmer.

exploitation [ɛksplwatasjɔ̃] nf **1.** [mise en valeur] running ; [de mine] working **2.** [entreprise] operation, con-

Comment exprimer des explications

Demander une explication

- **Can you explain what this means?** *Peux-tu m'expliquer ce que ça veut dire ?*
- **What do you mean exactly?** *Qu'est-ce que tu veux dire au juste ?*
- **What makes you say that?** *Qu'est-ce qui te fait dire ça ?*
- **Why do you say that?** *Pourquoi est-ce que tu dis ça ?*
- **How do you mean?** *Comment ça ?*
- **Could you be a little more specific?** *Pourriez-vous être un peu plus précis ?*
- **I would be grateful if you could explain the proposal in more detail.** *Auriez-vous l'obligeance de m'expliquer la proposition en détail ?*

Fournir une explication

- **Let me explain.** *Je m'explique.*
- **If you'll just give me a chance to explain.** *S'il vous plaît, laissez-moi vous expliquer.*
- **What I meant was...** *Ce que je voulais dire, c'est...*
- **The point I'm trying to make is...** *Ce que j'essaie de dire, c'est...*
- **Let me put it another way...** *Je vais présenter ça autrement...*

cern ▸ **exploitation agricole** farm **3.** [d'une personne] exploitation.

exploiter [3] [ɛksplwate] vt **1.** [gén] to exploit **2.** [entreprise] to operate, to run.

exploiteur, euse [ɛksplwatœʀ, øz] nm, f exploiter.

explorateur, trice [ɛksplɔʀatœʀ, tʀis] nm, f explorer.

exploration [ɛksplɔʀasjɔ̃] nf exploration.

exploratoire [ɛksplɔʀatwaʀ] adj exploratory.

explorer [3] [ɛksplɔʀe] vt to explore.

exploser [3] [ɛksploze] vi to explode.

explosif, ive [ɛksplozif, iv] adj explosive. ◆ **explosif** nm explosive.

explosion [ɛksplozjɔ̃] nf explosion ; [de colère, joie] outburst.

expo [ɛkspo] nf *fam* exhibition.

exponentiel, elle [ɛkspɔnɑ̃sjɛl] adj exponential.

exportateur, trice [ɛkspɔʀtatœʀ, tʀis] ◇ adj exporting. ◇ nm, f exporter.

exportation [ɛkspɔʀtasjɔ̃] nf export.

exporter [3] [ɛkspɔʀte] vt to export.

exposant, e [ɛkspozɑ̃, ɑ̃t] nm, f exhibitor. ◆ **exposant** nm exponent.

exposé, e [ɛkspoze] adj **1.** [orienté] ▸ **bien exposé** facing the sun **2.** [vulnérable] exposed. ◆ **exposé** nm account ; SCOL talk.

exposer [3] [ɛkspoze] vt **1.** [orienter, mettre en danger] to expose ▸ **exposer sa vie** to risk one's life **2.** [présenter] to display ; [tableaux] to show, to exhibit **3.** [expliquer] to explain, to set out. ◆ **s'exposer** vp ▸ **s'exposer à qqch** to expose o.s. to sthg.

exposition [ɛkspozisjɔ̃] nf **1.** [présentation] exhibition **2.** [orientation] aspect **3.** [explication] exposition **4.** [vente] : *exposition sur le lieu de vente* point-of-sale display, point-of-purchase display.

exposition-vente [ɛkspozisjɔ̃vɑ̃t] (*pl* expositions-ventes) nf exhibition *(where purchases can be made).*

expo-vente [ɛkspovɑ̃t] *abr de* exposition-vente.

exprès[1], esse [ɛkspʀɛs] adj [formel] formal, express. ◆ **exprès** adj inv [urgent] express ▸ **en exprès** by special ou express UK delivery.

exprès[2] [ɛkspʀɛ] adv on purpose ▸ **faire exprès de faire qqch** to do sthg deliberately ou on purpose.

express [ɛkspʀɛs] ◇ nm inv **1.** [train] express **2.** [café] espresso. ◇ adj inv express.

expressément [ɛkspʀesemɑ̃] adv expressly.

expressif, ive [ɛkspʀesif, iv] adj expressive.

expression [ɛkspʀesjɔ̃] nf expression ▸ **expression idiomatique** idiom, idiomatic expression ▸ **réduire qqch à sa plus simple expression** *fig* to reduce sthg to its simplest form ▸ **selon l'expression consacrée** as the saying goes.

expressionnisme [ɛkspʀesjɔnism] nm expressionism.

expressivité [ɛkspʀesivite] nf expressiveness.

expresso [ɛkspʀeso] nm espresso ; = express.

exprimable [ɛkspʀimabl] adj able to be expressed ▸ **difficilement exprimable** difficult to express.

exprimer [3] [ɛkspʀime] vt [pensées, sentiments] to express ▸ **exprimer qqch par qqch** to express sthg with sthg / *exprimer une quantité en kilos* to state a quantity in kilos / *comment vous exprimer toute mon admiration ?* how can I tell you how much I admire you? ◆ **s'exprimer** vp to express o.s. / *chacun doit s'exprimer* all opinions must be heard / *je me suis exprimée sur ce sujet* I've expressed myself ou made my opinions known on the subject / *laisse ton cœur s'exprimer* let your heart speak / *si je peux m'exprimer ainsi* if I can put it that way / *s'exprimer par signes* to use sign language.

expropriation [ɛkspʀɔpʀijasjɔ̃] nf expropriation.

exproprier [10] [ɛkspʀɔpʀije] vt to expropriate.

expulser [3] [ɛkspylse] vt ▸ **expulser (de)** a) to expel (from) b) [locataire] to evict (from) ▸ **se faire expulser** to be thrown out.

expulsion [ɛkspylsjɔ̃] nf expulsion ; [de locataire] eviction.

expurger [17] [ɛkspyʀʒe] vt to expurgate.

exquis, e [ɛkski, iz] adj **1.** [délicieux] exquisite **2.** [distingué, agréable] delightful.

exsangue [ɛksɑ̃g] adj [blême] deathly pale.

extase [ɛkstaz] nf ecstasy ▸ **tomber en extase devant** to go into ecstasies over.

extasier [9] [ɛkstazje] ◆ **s'extasier** vp ▸ **s'extasier devant** to go into ecstasies over.

extatique [ɛkstatik] adj ecstatic.

extenseur [ɛkstɑ̃sœʀ] ◇ nm [gymnastique] chest expander. ◇ adj m ⟶ muscle.

extensible [ɛkstɑ̃sibl] adj stretchable.

extensif, ive [ɛkstɑ̃sif, iv] adj extensive.

extension [ɛkstɑ̃sjɔ̃] nf **1.** [étirement] stretching **2.** [développement] spread **3.** [élargissement] extension ▸ **par extension** by extension ▸ **extension de nom de fichier** INFORM (filename) extension.

exténuant, e [ɛkstenɥɑ̃, ɑ̃t] adj exhausting.

exténuer [7] [ɛkstenɥe] vt to exhaust.

extérieur, e [ɛksteʀjœʀ] adj **1.** [au dehors] outside ; [étranger] external ; [apparent] outward **2.** ÉCON & POL foreign. ◆ **extérieur** nm **1.** [dehors] outside ; [de maison] exterior ▸ **à l'extérieur de qqch** outside sthg **2.** ÉCON & POL ▸ **l'extérieur** foreign countries *pl* **3.** CINÉ location shot.

extérieurement [ɛksteʀjœʀmɑ̃] adv **1.** [à l'extérieur] on the outside, externally **2.** [en apparence] outwardly.

extérioriser [3] [ɛksteʀjɔʀize] vt to show. ◆ **s'extérioriser** vp to show one's feelings.

extermination [ɛkstɛʀminasjɔ̃] nf extermination.

exterminer [3] [ɛkstɛʀmine] vt to exterminate.

externalisation [ɛkstɛʀnalizasjɔ̃] nf outsourcing.

externaliser [3] [ɛkstɛʀnalize] vt to outsource.

externat [ɛkstɛʀna] nm **1.** SCOL day school **2.** MÉD *non-resident medical studentship*.

externe [ɛkstɛʀn] ◆ nmf **1.** SCOL day pupil **2.** MÉD *non-resident medical student* ; ≃ extern US. ◆ adj outer, external ▸ **externe à qqch** outside sthg.

extincteur [ɛkstɛ̃ktœʀ] nm (fire) extinguisher.

extinction [ɛkstɛ̃ksjɔ̃] nf **1.** [action d'éteindre] putting out, extinguishing ▸ **extinction des feux** lights out **2.** *fig* [disparition] extinction ▸ **extinction de voix** loss of one's voice.

extirper [3] [ɛkstiʀpe] vt ▸ **extirper (de) a)** [épine, racine] to pull out (of) **b)** [plante] to uproot (from) **c)** [réponse, secret] to drag (out of) **d)** [erreur, préjugé] to root out (of). ◆ **s'extirper** vp ▸ **s'extirper de qqch** to struggle out of sthg.

extorquer [3] [ɛkstɔʀke] vt ▸ **extorquer qqch à qqn** to extort sthg from sb.

extorsion [ɛkstɔʀsjɔ̃] nf extortion ▸ **extorsion de fonds** extortion of money.

extra [ɛkstʀa] ◆ nm inv **1.** [employé] extra help *(U)* **2.** [chose inhabituelle] (special) treat. ◆ adj inv **1.** [de qualité] top-quality **2.** *fam* [génial] great, fantastic.

extraction [ɛkstʀaksjɔ̃] nf extraction.

extrader [3] [ɛkstʀade] vt to extradite.

extradition [ɛkstʀadisjɔ̃] nf extradition.

extrafin, e [ɛkstʀafɛ̃, in] adj [haricots] extra(-)fine ; [collants] sheer ; [chocolats] superfine ▸ **de qualité extra-fine** extra fine.

extraire [112] [ɛkstʀɛʀ] vt **1.** [charbon] to extract, to mine ; [pétrole] to extract ; [pierre] to extract, to quarry **2.** [ôter] to extract, to remove, to pull out / *extraire qqch de : extraire une balle d'une jambe* to extract OU to remove a bullet from a leg / *extraire un ticket de sa poche* to take OU to dig a ticket out of one's pocket **3.** CHIM & CULIN to extract ; [en pressant] to squeeze out ; [en écrasant] to crush out ; [en tordant] to wring out **4.** MATH to extract / *extraire la racine carrée / cubique d'un nombre* to extract the square / cube root of a number **5.** [citer - passage, proverbe] / *extraire de* to take OU to extract from. ◆ **s'extraire** vp *(emploi réfléchi)* : *s'extraire de qqch* to climb out of sthg / *s'extraire d'une voiture* [rescapé d'un accident] to extricate o.s. from (the wreckage of) a car.

extrait, e [ɛkstʀɛ, ɛt] pp ⟶ **extraire.** ◆ **extrait** nm extract ▸ **extrait de café** coffee extract ▸ **extrait de naissance** birth certificate.

extralucide [ɛkstʀalysid] ⟶ **voyant.**

extranet [ɛkstʀanɛt] nm extranet.

extraordinaire [ɛkstʀaɔʀdinɛʀ] adj extraordinary.

extraplat, e [ɛkstʀapla, at] adj wafer-thin.

extrapoler [3] [ɛkstʀapɔle] vt & vi to extrapolate.

extraterrestre [ɛkstʀatɛʀɛstʀ] nmf & adj extraterrestrial.

extravagance [ɛkstʀavagɑ̃s] nf extravagance.

extravagant, e [ɛkstʀavagɑ̃, ɑ̃t] adj extravagant ; [idée, propos] wild.

extraverti, e [ɛkstʀavɛʀti] nm, f & adj extrovert.

extrême [ɛkstʀɛm] ◆ nm extreme ▸ **d'un extrême à l'autre** from one extreme to the other. ◆ adj extreme ; [limite] furthest ▸ **les sports extrêmes** extreme sports.

extrêmement [ɛkstʀɛmmɑ̃] adv extremely.

extrême-onction [ɛkstʀɛmɔ̃ksjɔ̃] (*pl* **extrêmes-onctions**) nf last rites *pl*, extreme unction.

Extrême-Orient [ɛkstʀɛmɔʀjɑ̃] nm : *l'Extrême-Orient* the Far East.

extrémiste [ɛkstʀemist] nmf & adj extremist.

extrémité [ɛkstʀemite] nf **1.** [bout] end **2.** [situation critique] straits *pl* ▸ **à la dernière extrémité** *fig* at death's door.

exubérant, e [ɛgzybeʀɑ̃, ɑ̃t] adj **1.** [personne] exuberant **2.** [végétation] luxuriant.

exulter [3] [ɛgzylte] vi to exult.

exutoire [ɛgzytwaʀ] nm outlet.

ex-voto [ɛksvɔto] nm inv votive offering.

eye-liner [ajlajnɛʀ] (*pl* **eye-liners**) nm eyeliner.

F

f, F [ɛf] nm inv f, F ▸ **F3** three-room flat UK ou apartment US. ◆ **F 1.** *abr écrite de* **femme 2.** *abr écrite de* **féminin 3.** (*abr écrite de* **Fahrenheit**) F **4.** (*abr écrite de* **franc**) F, Fr.

fa [fa] nm inv F ; [chanté] fa, fah UK.

FAB [fab] (*abr de* **franco à bord**) FOB, fob.

fable [fabl] nf fable.

fabricant, e [fabʀikɑ̃, ɑ̃t] nm, f manufacturer.

fabrication [fabʀikasjɔ̃] nf manufacture, manufacturing ▸ **de fabrication artisanale** hand-made.

fabrique [fabʀik] nf [usine] factory.

fabriquer [3] [fabʀike] vt **1.** [confectionner] to manufacture, to make ▸ **fabriqué en France** made in France **2.** *fam* [faire] : *qu'est-ce que tu fabriques ?* what are you up to? **3.** [inventer] to fabricate.

fabulation [fabylasjɔ̃] nf fabrication.

fabuleusement [fabyløzmɑ̃] adv fabulously.

fabuleux, euse [fabylø, øz] adj fabulous.

fac [fak] nf *fam* college, uni UK.

façade [fasad] nf *pr* & *fig* facade.

face [fas] nf **1.** [visage] face ▸ **perdre la face** to lose face ▸ **sauver la face** to save face ▸ **se voiler la face** *litt* to avert one's gaze **2.** [côté] side / *examiner un problème sous toutes ses faces* to consider every aspect of a problem ▸ **faire face à qqch a)** [maison] to face sthg, to be opposite sthg **b)** *fig* [affronter] to face up to sthg ▸ **de face** from the front / *loge de face* THÉÂTRE box facing the stage / *photo / portrait de face* ART & PHOTO full-face photograph / portrait / *vue de face* ARCHIT front view ou elevation ▸ **en face de qqn / qqch** opposite sb / sthg / *sa maison est en face de l'église* his house is opposite ou faces the church ▸ **d'en face** across the street, opposite ▸ **face à** facing ▸ **face à qqch** [situation] faced with sthg ▸ **face à face** face to face ▸ **regarder qqch en face** *fig* to face up to sthg / *regarder la mort en face* to face up to death / *regarder les choses en face* to face facts, to face up to reality / *je lui ai dit la vérité en face* I told him the truth to his face **3.** [dans l'espace] in front of / *face à l'ennemi / aux médias* faced with the enemy / media.

face-à-face [fasafas] nm inv debate.

facétie [fasesi] nf practical joke.

facétieux, euse [fasesjø, øz] ❖ adj playful. ❖ nm, f joker.

facette [fasɛt] nf *pr* & *fig* facet.

fâché, e [faʃe] adj **1.** [en colère] angry ; [contrarié] annoyed **2.** [brouillé] on bad terms.

fâcher [3] [faʃe] vt [mettre en colère] to anger, to make angry ; [contrarier] to annoy, to make annoyed. ◆ **se fâcher** vp **1.** [se mettre en colère] ▸ **se fâcher (contre qqn)** to get angry (with sb) **2.** [se brouiller] ▸ **se fâcher (avec qqn)** to fall out (with sb).

fâcherie [faʃʀi] nf disagreement.

fâcheusement [faʃøzmɑ̃] adv [malheureusement] unfortunately ; [désagréablement] unpleasantly.

fâcheux, euse [faʃø, øz] adj unfortunate.

facho [faʃo] nmf & adj *fam* fascist.

facial, e, aux [fasjal, o] adj facial.

faciès [fasjɛs] nm *péj* [visage] features *pl.*

facile [fasil] adj **1.** [aisé] easy ▸ **facile à faire / prononcer** easy to do / pronounce **2.** [peu subtil] facile **3.** [conciliant] easy-going ▸ **facile à vivre** easy to get on with.

facilement [fasilmɑ̃] adv easily.

facilité [fasilite] nf **1.** [de tâche, problème] easiness / *céder à la facilité péj* to take the easy way out **2.** [capacité] ease / *avoir beaucoup de facilité pour* to have a gift for / *avec facilité* easily, with ease / *avec une grande facilité* with the greatest of ease **3.** [dispositions] aptitude **4.** COMM ▸ **facilités de caisse** overdraft facility ▸ **facilités de crédit** credit facilities ▸ **facilités de paiement** easy (payment) terms, payment facilities ▸ **facilité de vente** ou **d'écoulement** saleability.

faciliter [3] [fasilite] vt to make easier.

façon [fasɔ̃] nf **1.** [manière] way / *d'une façon générale* generally speaking / *de façon systématique* systematically / *sa façon d'être* the way she is ▸ **façon de parler** figure of speech **2.** [travail] work ; COUT making-up **3.** [imitation] : *façon cuir* imitation leather. ◆ **façons** nfpl manner *sg*, ways / *en voilà des façons !* manners!, what a way to behave! ▸ **faire des façons** to make a fuss ▸ **sans plus de façons** without further ado. ◆ **à façon** loc adj [artisan] jobbing. ◆ **à ma façon, à sa façon** ❖ loc adj : *une recette à ma / ta façon* a recipe of mine / yours / *un tour à sa façon* one of his tricks. ❖ loc adv : *chante-le à ta façon* sing it your way ou any way you like. ◆ **de façon à** loc prép so as to. ◆ **de façon que** loc conj (+ *subjonctif*) so that. ◆ **de toute façon** loc adv anyway, in any case. ◆ **sans façon** ❖ loc adj unpretentious. ❖ loc adv **1.** [sincèrement] really, honestly ; [accepter] without fuss **2.** [familièrement] : *elle m'a pris le bras sans façon* ou *façons* she took my arm quite naturally.

façonner [3] [fasɔne] vt **1.** [travailler, former] to shape **2.** [fabriquer] to manufacture, to make.

fac-similé [faksimile] (*pl* **fac-similés**) nm facsimile.

facteur, trice [faktœʀ, tʀis] nm, f [des postes] postman (postwoman) UK, mailman US, mail ou letter carrier US. ◆ **facteur** nm **1.** MUS [fabricant] maker ▸ **facteur d'orgues** organ-builder **2.** [élément & MATH] factor ▸ **facteur rhésus** MÉD Rhesus factor / *facteur vent* QUÉBEC windchill factor **3.** ÉCON ▸ **facteur coût** cost factor.

factice [faktis] adj artificial.

faction [faksjɔ̃] nf **1.** [groupe] faction **2.** MIL ▸ **être en** ou **de faction** to be on guard (duty) ou on sentry duty.

factoring [faktɔʀiŋ] nm FIN factoring.

factoriser [faktɔʀize] vt to factorize.

factotum [faktɔtɔm] nm odd-job man UK, odd jobber US.

factuel, elle [faktɥɛl] adj factual.

facturation [faktyʀasjɔ̃] nf **1.** [action] invoicing **2.** [bureau] invoice office.

facture [faktyʀ] nf **1.** COMM invoice ; [de gaz, d'électricité] bill **2.** ART technique **3.** MUS [fabrication] making.

facturer [3] [faktyʀe] vt COMM to invoice.

facturette [faktyʀɛt] nf (credit card sales) receipt, record of charge form.

facultatif, ive [fakyltatif, iv] adj optional.

facultativement [fakyltativmɑ̃] adv optionally.

faculté [fakylte] nf **1.** [don & UNIV] faculty ▸ **faculté de lettres / de droit / de médecine** Faculty of Arts/Law/ Medicine **2.** [possibilité] freedom **3.** [pouvoir] power. ◆ **facultés** nfpl (mental) faculties.

fada [fada] *fam* ❖ nm nutcase. ❖ adj nuts.

fadaises [fadɛz] nfpl drivel *(U)*.

fade [fad] adj **1.** [sans saveur] bland **2.** [sans intérêt] insipid.

fader [3] [fade] ◆ **se fader** vp *fam* to get stuck with, to get lumbered with / *on s'est fadé trois heures de queue* we got lumbered with a three hour-long queue.

fagot [fago] nm bundle of sticks ▸ **de derrière les fagots** *fam* & *fig* kept for a special occasion.

fagoté, e [fagɔte] adj *fam* dressed.

fagoter [3] [fagɔte] vt *fam* to dress up. ◆ **se fagoter** vp *fam* to dress o.s. up.

Fahrenheit [faʀɛnajt] npr Fahrenheit.

faible [fɛbl] ❖ adj **1.** [gén] weak / *avoir la vue faible* to have weak ou poor eyesight / *être de faible constitution* to have a weak constitution / *être faible en maths* to be not very good at maths UK ou math US **2.** [petit - montant, proportion] small / *avoir de faibles chances de succès* to have slight ou slender chances of succeeding ; [revenu] low **3.** [lueur, bruit] faint. ❖ nmf weak person ▸ **faible d'esprit** feeble-minded person / *c'est un faible* he's weak-willed. ❖ nm weakness / *avoir un faible pour qqch* to be partial to sthg / *avoir un faible pour qqn* to have a soft spot for sb.

faiblement [fɛbləmɑ̃] adv **1.** [mollement] weakly, feebly **2.** [imperceptiblement] faintly **3.** [peu] slightly.

faiblesse [fɛblɛs] nf **1.** [gén] weakness ▸ **faiblesse d'esprit** feeble-mindedness **2.** [petitesse] smallness.

faiblir [32] [febliʀ] vi **1.** [personne, monnaie] to weaken **2.** [forces] to diminish, to fail **3.** [tempête, vent] to die down.

faïence [fajɑ̃s] nf earthenware.

faignant, e = **fainéant**.

faille[1] [faj] ⟶ **falloir**.

faille[2] [faj] nf **1.** GÉOL fault **2.** [défaut] flaw.

faillible [fajibl] adj fallible.

faillir [46] [fajiʀ] vi **1.** [manquer] ▸ **faillir à a)** [promesse] not to keep **b)** [devoir] not to do **2.** [être sur le point de] ▸ **faillir faire qqch** to nearly ou almost do sthg.

faillite [fajit] nf FIN bankruptcy ▸ **faire faillite** to go bankrupt ▸ **en faillite** bankrupt.

faim [fɛ̃] nf hunger ▸ **avoir faim** to be hungry ▸ **avoir faim de** *fig* to hunger for ▸ **mourir de faim** to be starving ▸ **ne pas manger à sa faim** not to eat one's fill ▸ **rester sur sa faim a)** to be still hungry **b)** *fig* to be unsatisfied ou disappointed ▸ **avoir une faim de loup** to be starving.

fainéant, e [feneɑ̃, ɑ̃t], **feignant, e** [fɛɲɑ̃, ɑ̃t] *fam* , **faignant, e** [fɛɲɑ̃, ɑ̃t] *fam* ❖ adj lazy, idle. ❖ nm, f lazybones.

fainéanter [3] [feneɑ̃te] vi to laze around.

faire [109] [fɛʀ]

❖ vt

1. [fabriquer, préparer] to make / *faire une maison* to build a house / *faire une tarte / du café / un film* to make a tart/coffee/a film / *qu'as-tu fait (à manger) pour ce soir ?* what have you made for dinner tonight? / *il sait tout faire* he can turn his hand to anything ▸ **faire qqch de qqch** [transformer] to make sthg into sthg / *et ta robe bleue ? — j'en ai fait une jupe* what about your blue dress? — I made it into a skirt ▸ **faire qqch de qqn** *fig* to make sthg of sb / *il veut en faire un avocat* he wants him to be a lawyer, he wants to make a lawyer of him

2. [s'occuper à, entreprendre] to do / *qu'est-ce qu'il fait dans la vie ?* what does he do (for a living)? / *que fais-tu dimanche ?* what are you doing on Sunday? / *qu'est-ce que je peux faire pour vous aider ?* what can I do to help you?

3. [étudier] to do / *faire de l'anglais / des maths / du droit* to do English/maths UK ou math US /law / *elle voulait faire l'ENA* she wanted to go to the ENA

4. [sport, musique] to play / *faire du football / de la clarinette* to play football/the clarinet

5. [effectuer] to do / *faire la lessive* to do the washing ▸ **faire la tête** *fam* ou **la gueule** *tfam* to sulk

6. [occasionner] ▸ **ça m'a fait quelque chose** it affected me ▸ **ça ne fait rien** it doesn't matter

7. [tenir le rôle de] to be, to play / *il fait le Père Noël dans les rues* he goes around the streets disguised as Father Christmas ou as Santa Claus

8. [imiter] *faire le sourd / l'innocent* to act deaf / (the) innocent

9. [calcul, mesure] *un et un font deux* one and one are ou make two / *ça fait combien (de kilomètres) jusqu'à la mer ?* how far is it to the sea? / *la table fait 2 mètres de long* the table is 2 metres UK ou meters US long / *faire du 38* to take a size 38

10. [en tant que verbe substitutif] to do / *je lui ai dit de prendre une échelle mais il ne l'a pas fait* I told him to use a ladder but he didn't / *faites !* please do!

11. [coûter] to be, to cost / *ça vous fait 10 euros en tout* that'll be 10 euros altogether

12. [dire] *« tiens », fit-elle* "really", she said / *il fit oui / non de la tête* he nodded / he shook his head

13. ▸ **ne faire que** [faire sans cesse] to do nothing but / *elle ne fait que bavarder* she does nothing but gossip, she's always gossiping / *je ne fais que passer* I've just popped in

❖ vi

[agir] to do, to act / *que faire ?* what is to be done? / *tu ferais bien d'aller voir ce qui se passe* you ought to ou you'd better go and see what's happening ▸ **faire comme chez soi** to make o.s. at home ▸ **ça commence à bien faire !** enough is enough!

❖ v att

[avoir l'air] to look / *faire démodé / joli* to look old-fashioned / pretty / *ça fait jeune* it makes you look young

❖ v impers

1. [climat, temps] *il fait beau / froid* it's fine / cold / *il fait 20 degrés* it's 20 degrees / *il fait jour / nuit* it's light / dark / *il fait bon se reposer* it's ou it feels good to have a rest

2. [exprime la durée, la distance] *ça fait six mois que je ne l'ai pas vu* it's six months since I last saw him / *ça fait deux mois que je fais du portugais* I've been going to Portuguese classes for two months / *ça fait 30 kilomètres qu'on roule sans phares* we've been driving without lights for 30 kilometres UK ou kilometers US

3. / *c'est bien fait pour toi* it serves you right

❖ v aux

1. [à l'actif] to make / *faire baisser* ÉCON [prix] to deflate / *l'aspirine fait baisser la fièvre* aspirin brings down the temperature / *faire démarrer une voiture* to start a car / *faire travailler qqn* to make sb work / *faire traverser la rue à un aveugle* to help a blind man cross the road

2. [au passif] *faire faire qqch (par qqn)* to have sthg done (by sb) / *faire réparer sa voiture / nettoyer ses vitres* to have one's car repaired / one's windows cleaned

◆ **faire dans** v + prép *fam* : *il ne fait pas dans le détail* he doesn't bother about details / *son entreprise fait maintenant dans les produits de luxe* her company now produces luxury items / *il fait dans le genre comique* he makes light of everything / *il fait dans le genre tragique* he makes everything sound so serious.

◆ **se faire** vp **1.** [avoir lieu] to take place **2.** [être à la mode] to be in / *les salopettes ne se font plus* dungarees UK ou overalls US are out of fashion **3.** [être convenable] ▸ **ça ne se fait pas (de faire qqch)** it's not done (to do sthg) **4.** [devenir] ▸ **se faire** *(+ adj)* to get, to become / *il se fait tard* it's getting late / *se faire beau* to make o.s. beautiful **5.** *(+ n)* [causer] ▸ **se faire des amis** to make friends ▸ **se faire une idée sur qqch** to get some idea about sthg **6.** *(+ infinitif)* : *se faire écraser* to get run over / *se faire opérer* to have an operation / *se faire aider (par qqn)* to get help (from sb) ▸ **se faire faire qqch** to have sthg made / *se faire faire un costume* to have a suit made (for o.s.) **7.** EXPR **comment se fait-il que... ?** how is it that...?, how come...? ▸ **s'en faire** to worry / *ne vous en faites pas !* don't worry!

◆ **se faire à** vp + prép to get used to.

faire-part [fɛʀpaʀ] nm inv announcement ▸ **faire-part de naissance / mariage** birth / wedding announcement.

faire-valoir [fɛʀvalwaʀ] nm inv [personne] foil.

fair-play [fɛʀplɛ] adj inv sporting ▸ **se montrer fair-play** to be sporting.

fais, fait ⟶ **faire.**

faisabilité [fəzabilite] nf feasibility.

faisable [fəzabl] adj feasible.

faisan, e [fəzɑ̃, an] nm, f pheasant.

faisandé, e [fəzɑ̃de] adj CULIN high.

faisceau, x [fɛso] nm **1.** [rayon] beam ▸ **faisceau cathodique** cathode ray ▸ **faisceau électronique** electron beam ▸ **faisceau hertzien** radio beam ▸ **faisceau lumineux** beam of light **2.** [fagot] bundle / *faisceau de fils* wiring harness / *faisceau de preuves* *fig* accumulation of evidence.

faiseur, euse [fəzœʀ, øz] nm, f maker ▸ **faiseur d'embarras** fusspot.

faisons ⟶ **faire.**

faisselle [fɛsɛl] nf **1.** [récipient] cheese basket **2.** [fromage] fromage frais *(packaged in its own draining basket).*

fait, e [fɛ, fɛt]

❖ pp ⟶ **faire.**

❖ adj

1. [fabriqué] made ▸ **être fait pour** *pr* & *fig* to be made ou meant for / *il n'est pas fait pour mener cette vie* he's not cut out for this kind of life ▸ **ils sont faits l'un pour l'autre** they are made for each other ▸ **fait sur mesure** made to measure

2. [physique] ▸ **bien fait** well-built / *une femme fort bien faite* a very good-looking woman

3. [fromage] ripe

4. EXPR **c'est bien fait pour lui** (it) serves him right ▸ **c'en est fait de nous** we're done for

◆ **fait** nm **1.** [acte] act ▸ **mettre qqn devant le fait accompli** to present sb with a fait accompli ▸ **prendre qqn sur le fait** to catch sb in the act ▸ **prendre fait et cause pour qqn** to side with sb / *venons-en au fait* let's come ou get to the point ▸ **faits et gestes** doings, actions ▸ **hauts faits** heroic deeds **2.** [événement] event / *fait notoire* fact of common knowledge / *racontez-nous les faits* tell us what happened **3.** [réalité] fact ▸ **le fait est que…** the fact is (that)… / *c'est un fait* it's a (matter of) fact.

◆ **au fait** loc adv by the way / *au fait, on pourrait peut-être y aller à pied ?* by the way, couldn't we walk there?

◆ **de fait, en fait** loc adv in fact, actually, as a matter of fact / *en fait, il n'est pas mon père* actually ou in fact he isn't my father / *de fait, je n'ai jamais compris ce qu'il voulait* actually ou to be honest, I never understood what he wanted.

◆ **en fait de** loc prép by way of / *en fait de chien, c'était un loup* it wasn't a dog at all: it was a wolf.

◆ **du fait de** loc prép because of.

fait divers (*pl* faits divers), **fait-divers** (*pl* faits-divers) [fɛdivɛʀ] nm **1.** [événement] news story, news item **2.** [rubrique] (news) in brief ; [page] news in brief.

faîte [fɛt] nm **1.** [de toit] ridge **2.** [d'arbre] top **3.** *fig* [sommet] pinnacle.

faites ⟶ **faire**.

faîtière [fɛtjɛʀ] nf skylight.

fait-tout (*pl inv*), **faitout** (*pl* faitouts) [fɛtu] nm stewpan.

fakir [fakiʀ] nm fakir.

falafel [falafɛl] nm CULIN falafel.

falaise [falɛz] nf cliff.

falbalas [falbala] nmpl furbelows.

fallacieux, euse [falasjø, øz] adj **1.** [promesse] false **2.** [argument] fallacious.

falloir [69] [falwaʀ] v impers : *il me faut du temps* I need (some) time / *il lui faudra de l'énergie* he'll need (a lot of) energy / *il te faut un peu de repos* you need some rest / *faut-il vraiment tout ce matériel ?* is all this equipment really necessary? / *c'est tout ce qu'il vous fallait ?* [dans une boutique] anything else? / *il faut que tu partes* you must go ou leave, you'll have to go ou leave / *il faut toujours qu'elle intervienne !* she always has to interfere! / *il faut agir* we/you etc. must act / *il faut faire attention* we/you etc. must be careful, we'll/you'll etc. have to be careful ▸ **s'il le faut** if necessary / *il ne fallait pas* *fam* [en recevant un cadeau] you shouldn't have / *il faut le voir pour le croire !* *fam* it has to be seen to be believed! / *il a fallu que le téléphone sonne juste à ce moment-là !* the phone had to ring just then! ◆ **s'en falloir** v impers : *il s'en faut de peu qu'il puisse acheter cette maison* he can almost afford to buy the house / *il s'en faut de 20 cm que l'armoire tienne dans le coin* the cupboard is 20 cm too big to fit into the corner / *il s'en faut de beaucoup qu'il ait l'examen* it'll take a lot for him to pass the exam / *peu s'en est fallu qu'il ne démissionne* he very nearly resigned, he came close to resigning ▸ **tant s'en faut** far from it, on the contrary.

fallu [faly] pp inv ⟶ **falloir**.

falot, e [falo, ɔt] adj dull. ◆ **falot** nm lantern.

falsificateur, trice [falsifikatœʀ, tʀis] nm, f falsifier, forger.

falsification [falsifikasjɔ̃] nf **1.** [de document] forgery ; [de monnaie] counterfeiting **2.** [de produit alimentaire] adulteration.

falsifier [9] [falsifje] vt **1.** [document, signature, faits] to falsify **2.** [pensée, paroles] to misrepresent **3.** [produit alimentaire] to adulterate.

famé, e [fame] adj ▸ **mal famé** ou **malfamé** with a (bad) reputation.

famélique [famelik] adj half-starved.

fameusement [famøzmɑ̃] adv *fam* really.

fameux, euse [famø, øz] adj **1.** [célèbre] famous **2.** *fam* [remarquable] great ▸ **pas fameux** not up to much, nothing great.

familial, e, aux [familjal, o] adj family *(avant n).* ◆ **familiale** nf estate car UK, station wagon US.

familiarisation [familjaʀizasjɔ̃] nf familiarization.

familiariser [3] [familjaʀize] vt ▸ **familiariser qqn avec** to familiarize sb with. ◆ **se familiariser** vp ▸ **se familiariser avec** to get used to.

familiarité [familjaʀite] nf familiarity. ◆ **familiarités** nfpl liberties.

familier, ère [familje, ɛʀ] adj **1.** [connu] familiar / *le problème m'est familier* I am familiar with the problem / *ce spectacle / bruit lui était familier* it looked / sounded familiar to him **2.** [apprivoisé] domestic, tame **3.** *péj* [cavalier] overfamiliar / *je n'aime pas les gens trop familiers* I don't like people who are overfamiliar. ◆ **familier** nm regular (customer) / *les familiers de ce café* this café's regulars.

famille [famij] nf family ; [ensemble des parents] relatives, relations ▸ **de bonne famille** of good family ▸ **fonder une famille** to start a family / *c'est* ou *cela tient de famille* it runs in the family, it's in the blood / *c'est une famille de danseurs* they're all dancers in their family, they're a family of dancers / *ils sont de la même famille* they're related / *passer Noël en famille* to spend Christmas with one's family ou at home / *prévenir la famille* **a)** to inform the relatives **b)** DR to inform the next of kin ▸ **famille d'accueil a)** [lors d'un séjour linguistique] host family **b)** [pour enfant en difficulté] foster home ▸ **famille monoparentale** single-parent ou lone-parent ou one-parent UK family ▸ **famille nombreuse** large family ▸ **famille recomposée** blended family / *famille de langues* group of languages / *de la même famille politique* of the same political persuasion.

famine [famin] nf famine ▸ **crier famine** *fig* to complain of one's poverty.

fan [fan] nmf *fam* fan.

fanal, aux [fanal, o] nm **1.** [de phare] beacon **2.** [de train] headlight **3.** [lanterne] lantern.

fanatique [fanatik] ❖ nmf fanatic. ❖ adj fanatical.

fanatiser [3] [fanatize] vt to make a fanatic out of.

fanatisme [fanatism] nm fanaticism.

fan-club [fanklœb] (*pl* **fans-clubs**) nm **1.** [d'un artiste] fan club **2.** *hum* admirers, supporters, fan club *fig.*

fane [fan] nf [de carotte] top.

faner [3] [fane] ❖ vt [altérer] to fade. ❖ vi **1.** [fleur] to wither **2.** [beauté, couleur] to fade. ◆ **se faner** vp **1.** [fleur] to wither **2.** [beauté, couleur] to fade.

fanfare [fɑ̃faʀ] nf **1.** [orchestre] brass band **2.** [musique] fanfare ▸ **en fanfare** noisy.

fanfaron, onne [fɑ̃faʀɔ̃, ɔn] ❖ adj boastful. ❖ nm, f braggart.

fanfaronnade [fɑ̃faʀɔnad] nf boasting *(U).*

fanfreluche [fɑ̃fʀəlyʃ] nf trimming.

fange [fɑ̃ʒ] nf *litt* mire ▸ **traîner qqn dans la fange** to drag sb through the mire.

fanion [fanjɔ̃] nm pennant.

fantaisie [fɑ̃tezi] ❖ nf **1.** [caprice] whim / ***et s'il lui prend la fantaisie de partir ?*** what if he should take it into his head to leave? / ***cette (petite) fantaisie va vous coûter cher*** *péj* you'll regret this little extravagance **2.** [goût] fancy **3.** [imagination] imagination ▸ **de fantaisie** imaginary / ***être plein de fantaisie*** to be fanciful / ***le récit relève de la plus haute fantaisie*** the story is highly imaginative / ***manquer de fantaisie*** **a)** [personne] to lack imagination, to be lacking in imagination **b)** [vie] to be monotonous ou uneventful **4.** MUS fantasia. ❖ adj inv : ***chapeau fantaisie*** fancy hat / ***bijoux fantaisie*** fake / costume jewellery UK ou jewelry US.

fantaisiste [fɑ̃tezist] ❖ nmf entertainer. ❖ adj **1.** [fumiste] dilettante **2.** [bizarre] fanciful.

fantasmagorique [fɑ̃tasmagɔʀik] adj phantasmagorical, extraordinary.

fantasme [fɑ̃tasm] nm fantasy.

fantasmer [3] [fɑ̃tasme] vi to fantasize.

fantasque [fɑ̃task] adj **1.** [personne] whimsical **2.** [humeur] capricious.

fantassin [fɑ̃tasɛ̃] nm infantryman.

fantastique [fɑ̃tastik] ❖ adj fantastic. ❖ nm ▸ **le fantastique** the fantastic.

fantoche [fɑ̃tɔʃ] ❖ adj puppet *(avant n).* ❖ nm puppet.

fantomatique [fɑ̃tɔmatik] adj ghostly.

fantôme [fɑ̃tom] ❖ nm ghost. ❖ adj **1.** [spectral] ghostly **2.** [inexistant] phantom.

FAO nf **1.** (*abr de* **fabrication assistée par ordinateur**) CAM **2.** (*abr de* **Food and Agriculture Organization**) FAO.

faon [fɑ̃] nm fawn.

FAQ [fak] (*abr de* **foire aux questions**) nf FAQ.

far [faʀ] nm ▸ **far breton** *sweet flan containing plums.*

faramineux, euse [faʀaminø, øz] adj *fam* **1.** [prix] astronomical **2.** [génial] fantastic.

farandole [faʀɑ̃dɔl] nf farandole.

farce [faʀs] nf **1.** CULIN stuffing **2.** [blague] (practical) joke ▸ **faire une farce à qqn** to play a (practical) joke on sb ▸ **farces et attrapes** jokes and novelties **3.** LITTÉR farce.

farceur, euse [faʀsœʀ, øz] nm, f (practical) joker.

farci, e [faʀsi] adj **1.** CULIN stuffed **2.** *fig* [plein] stuffed, crammed.

farcir [32] [faʀsiʀ] vt **1.** CULIN to stuff **2.** [remplir] ▸ **farcir qqch de** to stuff ou cram sthg with. ◆ **se farcir** vp *fam* **1.** [faire] ▸ **se farcir qqch** to get stuck with sthg **2.** [supporter] ▸ **se farcir qqn** to put up with sb **3.** [manger] ▸ **se farcir qqch** to scoff UK ou scarf US sthg.

fard [faʀ] nm make-up ▸ **fard à joues** blusher ▸ **fard à paupières** eyeshadow ▸ **piquer un fard** *fam* & *fig* to blush.

fardeau, x [faʀdo] nm [poids] load ; *fig* burden ▸ **fardeau de la dette** debt burden.

farder [3] [faʀde] vt **1.** [maquiller] to make up **2.** *fig* [masquer] to disguise. ◆ **se farder** vp to make o.s. up, to put on one's make-up.

farfadet [faʀfadɛ] nm sprite.

farfelu, e [faʀfəly] *fam* ❖ adj weird. ❖ nm, f weirdo.

farfouiller [3] [faʀfuje] vi *fam* to rummage.

farine [faʀin] nf flour / ***farine animale*** animal flour / ***farine de manioc*** cassava ▸ **rouler qqn dans la farine** *fig* to take sb for a ride.

fariner [3] [faʀine] vt to flour, to sprinkle flour over / ***farinez le moule*** dredge the tin with flour, flour the tin all over.

farineux, euse [faʀinø, øz] adj **1.** [aspect, goût] floury **2.** [aliment] farinaceous. ◆ **farineux** nm starchy food.

farniente [faʀnjɛnte] nm idleness.

farouche [faʀuʃ] adj **1.** [animal] wild, not tame ; [personne] shy, withdrawn **2.** [sentiment] fierce.

farouchement [faʀuʃmɑ̃] adv fiercely.

fart [faʀ(t)] nm (ski) wax.

farter [3] [faʀte] vt to wax.

fascicule [fasikyl] nm **1.** [partie] part, instalment UK, installment US **2.** [livret] booklet.

fascinant, e [fasinɑ̃, ɑ̃t] adj **1.** [regard] alluring, captivating **2.** [personne, histoire] fascinating.

fascination [fasinasjɔ̃] nf fascination.

fasciner [3] [fasine] vt to fascinate.

fascisant, e [faʃizɑ̃, ɑ̃t] adj fascistic.

fascisme [faʃism] nm fascism.

fasciste [faʃist] nmf & adj fascist.

fashionista [faʃjɔnista] nmf *(parfois péj)* fashionista.

fasse, fassions ⟶ **faire.**

faste [fast] ❖ nm splendour UK, splendor US. ❖ adj [favorable] lucky.

fast-food [fastfud] (*pl* **fast-foods**) nm fast food.

fastidieux, euse [fastidjø, øz] adj boring.

fastoche [fastɔʃ] adj *fam* dead easy / *c'est fastoche* it's dead easy, it's a doddle UK.

fastueux, euse [fastɥø, øz] adj luxurious.

fatal, e [fatal] adj **1.** [mortel, funeste] fatal **2.** [inévitable] inevitable.

fatalement [fatalmɑ̃] adv inevitably.

fatalíste [fatalist] ❖ nmf fatalist. ❖ adj fatalistic.

fatalité [fatalite] nf **1.** [destin] fate **2.** [inéluctabilité] inevitability.

fatidique [fatidik] adj fateful.

fatigant, e [fatigɑ̃, ɑ̃t] adj **1.** [épuisant] tiring **2.** [ennuyeux] tiresome.

> **tiring** ou **tiresome ?**
>
> Au sens d'« épuisant », *fatigant* se traduit par tiring. Si l'on veut signifier que quelqu'un ou quelque chose est ennuyeux, c'est tiresome qu'il faut employer.

fatiguant [fatigɑ̃] ⟶ **fatiguer**.

fatigue [fatig] nf tiredness ▸ **tomber de fatigue, être mort de fatigue** to be dead tired.

fatigué, e [fatige] adj tired ; [cœur, yeux] strained.

fatiguer [3] [fatige] ❖ vt **1.** [épuiser] to tire **2.** [cœur, yeux] to strain **3.** [ennuyer] to wear out. ❖ vi **1.** *fam* [personne] to grow tired **2.** [moteur] to strain. ◆ **se fatiguer** vp to get tired ▸ **se fatiguer de qqch** to get tired of sthg ▸ **se fatiguer à faire qqch** to wear o.s. out doing sthg.

fatras [fatʀa] nm jumble.

fatuité [fatɥite] nf complacency.

faubourg [fobuʀ] nm suburb.

fauché, e [foʃe] adj *fam* broke, hard-up.

faucher [3] [foʃe] vt **1.** [herbe, blé] to cut **2.** *fam* [voler] ▸ **faucher qqch à qqn** to steal ou pinch UK sthg from sb **3.** [piéton] to run over **4.** *fig* [suj : mort, maladie] to cut down.

faucille [fosij] nf sickle.

faucon [fokɔ̃] nm hawk.

faudra ⟶ **falloir**.

faufil [fofil] nm tacking ou basting thread.

faufiler [3] [fofile] vt to tack, to baste. ◆ **se faufiler** vp ▸ **se faufiler dans** to slip into ▸ **se faufiler entre** to thread one's way between.

faune [fon] ❖ nf **1.** [animaux] fauna **2.** *fam* & *péj* [personnes] : *la faune qui fréquente ce bar* the sort of people who hang around that bar. ❖ nm MYTH faun.

faussaire [fosɛʀ] nmf forger.

fausse [fos] adj f ⟶ **faux**.

faussement [fosmɑ̃] adv **1.** [à tort] wrongly **2.** [prétendument] falsely.

fausser [3] [fose] vt **1.** [déformer] to bend **2.** [rendre faux] to distort **3.** QUÉBEC *fam* [chanter faux] to sing off key. ◆ **se fausser** vp [voix] to become strained.

fausset [fosɛ] ⟶ **voix**.

fausseté [foste] nf **1.** [hypocrisie] duplicity **2.** [de jugement, d'idée] falsity.

faut ⟶ **falloir**.

faute [fot] nf **1.** [erreur] mistake, error ▸ **faire une faute** to make a mistake ou an error ▸ **faute de calcul** miscalculation ▸ **faute de frappe** [à l'ordinateur] keying error ▸ **faute de goût** error of taste ▸ **faute de grammaire** grammatical error ou mistake ▸ **faute d'inattention** careless mistake ▸ **faute d'orthographe** spelling mistake **2.** [méfait, infraction] offence UK, offense US / *commettre une faute* to go wrong ▸ **prendre qqn en faute** to catch sb out UK ▸ **faute grave** serious offence UK ou offense US ▸ **faute professionnelle** professional misdemeanour UK ou misdemeanor US **3.** TENNIS fault ; FOOT foul **4.** [responsabilité] fault ▸ **de ma / ta etc. faute** my/your etc. fault ▸ **par la faute de qqn** because of sb / *imputer la faute à qqn* to lay the blame at sb's door ▸ **rejeter la faute sur qqn** to shift the blame onto sb. ◆ **faute de** loc prép for want ou lack of ▸ **faute de mieux** for want ou lack of anything better / *faute de pouvoir aller au théâtre, il a regardé la télévision* since he couldn't go to the theatre he watched television (instead). ◆ **sans faute** ❖ loc adv without fail. ❖ loc adj faultless / *faire un parcours sans faute* a) [coureur] to run a perfect race b) [dans sa carrière] not to put a foot wrong.

fauteuil [fotœj] nm **1.** [siège] armchair ▸ **fauteuil à bascule** rocking chair ▸ **fauteuil roulant** wheelchair **2.** [de théâtre] seat ▸ **fauteuil d'orchestre** seat in the stalls UK ou orchestra US **3.** [de président] chair ; [d'académicien] seat.

fauteur, trice [fotœʀ, tʀis] nm, f ▸ **fauteur de troubles** troublemaker.

fautif, ive [fotif, iv] ❖ adj **1.** [coupable] guilty **2.** [défectueux] faulty. ❖ nm, f guilty party.

fauve [fov] ❖ nm **1.** [animal] big cat **2.** [couleur] fawn **3.** ART Fauve. ❖ adj **1.** [animal] wild **2.** [cuir, cheveux] tawny **3.** ART Fauvist.

fauvette [fovɛt] nf warbler.

faux[1], fausse [fo, fos] adj **1.** [incorrect] wrong ▸ **t'as tout faux** *fam* you're completely wrong / *tu te fais une fausse idée de lui* you've got the wrong idea about him **2.** [postiche, mensonger, hypocrite] false **3.** [monnaie, papiers] forged, fake / *fabriquer de la fausse monnaie* to counterfeit money ; [bijou, marbre] imitation, fake / *c'est un faux Renoir* it's a fake Renoir **4.** [injustifié] ▸ **fausse alerte** false alarm ▸ **c'est un faux problème** that's not an issue (here). ◆ **faux** ❖ nm [document, tableau] forgery, fake ▸ **inculper qqn pour faux et usage de faux** to prosecute sb for forgery and use of forgeries. ❖ adv ▸ **chanter / jouer faux** MUS to sing/play out of tune. ◆ **faux ami** nm false friend. ◆ **fausse couche** nf miscarriage / *faire une fausse couche* to have a miscarriage. ◆ **faux jeton** *fam* ❖ adj inv hypocritical. ❖ nmf hypocrite. ◆ **faux pas** nm **1.** [en marchant] : *faire un faux pas* to trip up, to stumble **2.** [maladresse] faux pas, gaffe.

faux² nf scythe.

faux-filet (*pl* **faux-filets**) [fofilɛ] nm sirloin.

faux-fuyant [fofɥijɑ̃] (*pl* **faux-fuyants**) nm excuse.

faux-monnayeur [fomɔnɛjœʀ] (*pl* **faux-monnayeurs**) nm counterfeiter.

faux-semblant [fosɑ̃blɑ̃] (*pl* **faux-semblants**) nm pretence UK, pretense US.

faux-sens [fosɑ̃s] nm inv mistranslation.

faveur [favœʀ] nf favour UK, favor US ▸ **faire une faveur à qqn** to do sb a favour UK ou favor US ▸ **intercéder en faveur de qqn** to intercede on sb's behalf. ◆ **à la faveur de** loc prép thanks to. ◆ **en faveur de** loc prép in favour UK ou favor US of / *se décider en faveur de qqch* to decide in favour of sthg.

favorable [favɔʀabl] adj ▸ **favorable (à)** favourable UK ou favorable US (to).

favorablement [favɔʀabləmɑ̃] adv favourably UK, favorably US.

favori, ite [favɔʀi, it] adj & nm, f favourite UK, favorite US / *c'est elle la favorite* **a)** [dans la famille] she's their darling **b)** [en classe] she's the teacher's pet. ◆ **favorite** nf HIST : *la favorite* the King's mistress. ◆ **favoris** nmpl side whiskers.

favoriser [3] [favɔʀize] vt **1.** [avantager] to favour UK, to favor US **2.** [contribuer à] to promote **3.** [aider] to assist.

favoritisme [favɔʀitism] nm favouritism UK, favoritism US.

fax [faks] nm fax.

faxer [3] [fakse] vt to fax.

fayot, otte [fajo, ɔt] nm, f *fam péj* [employé] toady, bootlicker ; [élève] swot UK, apple-polisher US. ◆ **fayot** nm [haricot] bean.

fayoter [3] [fajɔte] vi *fam* to lick sb's boots / *il est toujours à fayoter* he's always bootlicking.

FB (*abr écrite de* **franc belge**) BF.

FBI [ɛfbiaj] (*abr de* **Federal Bureau of Investigation**) nm FBI.

FC (*abr de* **football club**) nm FC.

FCFA (*abr écrite de* **franc CFA**) *currency still used in former French colonies in Africa.*

FCFP (*abr écrite de* **franc CFP**) *currency still used in former French colonies in the Pacific.*

fébrile [febʀil] adj feverish.

fébrilement [febʀilmɑ̃] adv feverishly.

fébrilité [febʀilite] nf feverishness ; MÉD febrility.

fécal, e, aux [fekal, o] ⟶ **matière**.

fécond, e [fekɔ̃, ɔ̃d] adj **1.** [femelle, terre, esprit] fertile **2.** [écrivain] prolific **3.** [histoire, situation] ▸ **fécond en qqch** rich in sthg.

fécondation [fekɔ̃dasjɔ̃] nf fertilization ▸ **fécondation in vitro** in vitro fertilization.

féconder [3] [fekɔ̃de] vt **1.** [ovule] to fertilize **2.** [femme, femelle] to impregnate **3.** *litt* [fertiliser] to make fertile.

fécondité [fekɔ̃dite] nf **1.** [gén] fertility **2.** [d'écrivain] productiveness.

fécule [fekyl] nf starch.

féculent, e [fekylɑ̃, ɑ̃t] adj starchy. ◆ **féculent** nm starchy food.

fedayin [fedajin] nm fedayee / *les fedayins* the Fedayeen.

fédéral, e, aux [fedeʀal, o] adj federal.

fédéralisme [fedeʀalism] nm federalism.

fédérateur, trice [fedeʀatœʀ, tʀis] ❖ adj federative, federating *(avant n).* ❖ nm, f unifier.

fédératif, ive [fedeʀatif, iv] adj federative.

fédération [fedeʀasjɔ̃] nf federation.

fée [fe] nf fairy ▸ **fée du logis** model housekeeper.

feed-back [fidbak] nm inv feedback.

feeling [filiŋ] nm *fam* : *on va y aller au feeling* we'll play it by ear / *j'ai un bon feeling* I have a good feeling about it.

féerie [fe(e)ʀi] nf **1.** THÉÂTRE spectacular ; CINÉ fantasy **2.** [de lieu] enchantment ; [de vision] enchanting sight.

féerique [fe(e)ʀik] adj [enchanteur] enchanting.

feignais, feignions ⟶ **feindre**.

feignant, e = **fainéant**.

feindre [81] [fɛ̃dʀ] ❖ vt to feign ▸ **feindre de faire qqch** to pretend to do sthg. ❖ vi to pretend.

feint, e [fɛ̃, fɛ̃t] pp ⟶ **feindre**.

feinte [fɛ̃t] nf **1.** [ruse] ruse **2.** [football] dummy ; [boxe] feint.

fêlé, e [fele] ❖ adj **1.** [assiette] cracked **2.** *fam* [personne] nutty, loony. ❖ nm, f *fam* nut, nutter UK.

fêler [4] [fele] vt to crack. ◆ **se fêler** vp to crack.

félicitations [felisitasjɔ̃] nfpl congratulations ▸ **avec les félicitations du jury** highly commended. *Voir encadré page suivante.*

féliciter [3] [felisite] vt to congratulate. ◆ **se féliciter** vp ▸ **se féliciter de** to congratulate o.s. on.

félin, e [felɛ̃, in] adj feline. ◆ **félin** nm big cat.

félon, onne [felɔ̃, ɔn] adj **1.** *litt* [perfide] disloyal, treacherous, felonious *litt* **2.** HIST rebellious. ◆ **félon** nm **1.** *litt* [traître] traitor **2.** HIST felon.

fêlure [felyʀ] nf crack.

femelle [fəmɛl] nf & adj female.

féminin, e [feminɛ̃, in] adj **1.** [gén] feminine **2.** [revue, équipe] women's *(avant n).* ◆ **féminin** nm GRAM feminine. *Voir encadré page suivante.*

Comment exprimer des félicitations

- **Congratulations!** *Félicitations !*
- **Congratulations on your promotion!** *Félicitations pour votre promotion !*
- **Congratulations on passing your exam.** *Je te félicite d'avoir réussi ton examen.*
- **I hear congratulations are in order.** *Alors, il paraît qu'il faut te féliciter ?*
- **That's great news!** *C'est formidable !*
- **I'm so happy for you!** *Je suis vraiment content pour toi !*
- **Well done!** UK**, Good job!** US *Bravo !*
- **Nice one!** *Bien joué !*

feminine ou female ?

Attention, **feminine** ne se réfère qu'aux caractéristiques associées aux femmes par opposition aux hommes. Il ne doit pas être employé systématiquement pour traduire *féminin*. Voir l'article pour les traductions appropriées.

féminiser [3] [feminize] vt **1.** [efféminer] to make effeminate **2.** BIOL to feminize. ◆ **se féminiser** vp **1.** [institution] to attract more women **2.** [homme] to become effeminate.

féminisme [feminism] nm feminism.

féministe [feminist] nmf & adj feminist.

féminité [feminite] nf femininity.

femme [fam] nf **1.** [personne de sexe féminin] woman ▸ **bonne femme** *péj* woman / *contes / remèdes de bonne femme* old wives' tales / remedies ▸ **femme d'affaires** businesswoman ▸ **femme de chambre** chambermaid ▸ **femme fatale** femme fatale ▸ **femme de ménage** cleaning woman ▸ **femme de tête** forceful woman **2.** [épouse] wife ▸ **prendre femme** *vieilli* to take a wife.

femmelette [famlɛt] nf *péj* weakling.

fémur [femyʀ] nm femur.

FEN [fɛn] (*abr de* **Fédération de l'éducation nationale**) nf *teachers' trade union*.

fenaison [fənɛzɔ̃] nf haymaking.

fendiller [3] [fɑ̃dije] vt to crack. ◆ **se fendiller** vp to crack.

fendre [73] [fɑ̃dʀ] vt **1.** [bois] to split / *fendre une bûche en deux* to split ou to chop a log down the middle / *c'est à vous fendre le cœur* *fig* it breaks your heart, it's heartbreaking, it's heartrending **2.** [foule, flots] to cut through / *fendre les flots / l'air / le vent* *litt* & *hum* to cleave through the seas / the air / the breeze. ◆ **se fendre** vp **1.** [se crevasser] to crack **2.** *fam* [d'une somme] ▸ **se fendre de qqch** to part with sthg / *se fendre de 100 euros* to fork out ou to shell out 100 euros.

fendu, e [fɑ̃dy] pp ⟶ **fendre**.

fenêtre [fənɛtʀ] nf **1.** [gén] window ▸ **fenêtre à guillotine** sash window **2.** INFORM ▸ **fenêtre active** ou **activée** active window.

feng shui [fɛ̃gʃwi] nm inv feng shui.

fennec [fenɛk] nm fennec.

fenouil [fənuj] nm fennel.

fente [fɑ̃t] nf **1.** [fissure] crack **2.** [interstice, de vêtement] slit.

féodal, e, aux [feɔdal, o] adj feudal. ◆ **féodal, aux** nm feudal lord.

féodalité [feɔdalite] nf feudalism.

fer [fɛʀ] nm iron ▸ **en fer, de fer** iron *(avant n)* ▸ **fer à cheval** horseshoe / *en fer à cheval* [escalier, table] horseshoe-shaped, horseshoe *(avant n)* ▸ **fer forgé** wrought iron ▸ **fer à friser** curling tongs UK ou iron US ▸ **fer de lance** spearhead ▸ **fer à repasser** iron / *passer un coup de fer sur un pantalon* to give a pair of trousers UK ou pants US a quick iron ▸ **fer rouge** brand ▸ **fer à souder** soldering iron ▸ **les quatre fers en l'air** *fam* flat on one's back ▸ **croire qqch dur comme fer** to firmly believe sthg ▸ **il faut battre le fer quand il est chaud** you have to strike while the iron is hot ▸ **marquer qqn au fer rouge** to brand sb / *mettre qqn aux fers* to put sb in irons.

ferai, feras ⟶ **faire**.

fer-blanc [fɛʀblɑ̃] (*pl* **fers-blancs**) nm tinplate, tin ▸ **en fer-blanc** tin *(avant n)*.

ferblanterie [fɛʀblɑ̃tʀi] nf **1.** [commerce] tin industry **2.** [ustensiles] tinware.

férié, e [feʀje] ⟶ **jour**.

férir [feʀiʀ] vt ▸ **sans coup férir** without meeting any resistance ou obstacle.

ferme¹ [fɛʀm] nf farm.

ferme² [fɛʀm] ◆ adj firm ▸ **être ferme sur ses jambes** to be steady on one's feet. ◆ adv **1.** [beaucoup] a lot **2.** [définitivement] : *acheter / vendre ferme* to make a firm purchase / sale ▸ **prison ferme** imprisonment **3.** EXPR **tenir ferme** to stand firm.

fermé, e [fɛʀme] adj **1.** [passage] closed, blocked / *'col fermé'* 'pass closed to traffic' **2.** [porte, récipient] closed, shut / *j'ai laissé la porte à demi fermée* I left the door ajar ou half-open / *une boîte fermée* a box which is shut, a closed box / *fermé à clef* locked / *fermé à double tour* double-locked **3.** [radiateur, robinet] off **4.** [bouche, œil] shut, closed (up) **5.** [magasin, bureau, restaurant] closed / *fermé le lundi* closed on Mondays, closing day Monday **6.** [chasse, pêche] closed **7.** [méfiant - visage] closed, inscrutable, impenetrable ; [- regard] impenetrable / *une personnalité fermée* a secretive ou an uncommunicative personality **8.** [milieu, cercle] exclusive, select **9.** [syllabe, voyelle] closed **10.** SPORT [jeu] tight **11.** INFORM & MATH closed.

fermement [fɛʀməmɑ̃] adv firmly.

ferment [fɛʀmɑ̃] nm **1.** [levure] ferment **2.** *fig* [germe] seed, seeds *pl.*

fermentation [fɛʀmɑ̃tasjɔ̃] nf CHIM fermentation ; *fig* ferment.

fermenter [3] [fɛʀmɑ̃te] vi *pr* & *fig* to ferment.

fermer [3] [fɛʀme] ❖ vt **1.** [porte, tiroir, yeux] to close, to shut ; [store] to pull down ; [enveloppe] to seal / ***fermer une porte à double tour*** to double-lock a door / ***fermer les rideaux*** to close ou draw the curtains **2.** [bloquer] to close ▸ **fermer son esprit à qqch** to close one's mind to sthg / ***fermer son cœur à qqn*** to harden one's heart to sb **3.** [gaz, lumière] to turn off **4.** [vêtement] to do up **5.** [entreprise] to close down / ***la police a fait fermer l'établissement*** the police had the place closed down **6.** [interdire] ▸ **fermer qqch à qqn** to close sthg to sb / ***cette filière vous fermerait toutes les carrières scientifiques*** this course would prevent you from following any scientific career **7.** EXPR **la ferme !, ferme-la !** *fam* shut up! ❖ vi **1.** [gén] to shut, to close / ***le portail ferme mal*** the gate is difficult to close ou won't close properly **2.** [vêtement] to do up **3.** [entreprise] to close down. ◆ **se fermer** vp **1.** [porte, partie du corps] to close, to shut / ***mes yeux se ferment tout seuls*** I can't keep my eyes open **2.** [plaie] to close up **3.** [vêtement] to do up **4.** *fig* [s'endurcir] ▸ **se fermer (à qqch)** to close o.s. off (from sthg) / ***son cœur s'est fermé à la pitié*** he has become impervious to pity.

fermeté [fɛʀməte] nf firmness.

fermeture [fɛʀmətyʀ] nf **1.** [de porte] closing ▸ **fermeture automatique des portes** doors close automatically **2.** [de vêtement, sac] fastening ▸ **fermeture Éclair®** zip UK, zipper US **3.** [d'établissement - temporaire] closing ; [- définitive] closure ▸ **fermeture hebdomadaire / annuelle** weekly/annual closing.

fermier, ère [fɛʀmje, ɛʀ] ❖ adj farm *(avant n).* ❖ nm, f farmer.

fermoir [fɛʀmwaʀ] nm clasp.

féroce [feʀɔs] adj [animal, appétit] ferocious ; [personne, désir] fierce.

férocement [feʀɔsmɑ̃] adv fiercely.

férocité [feʀɔsite] nf ferocity.

Féroé [feʀɔe] npr : ***aux Féroé*** in the Faeroes.

ferraille [fɛʀaj] nf **1.** [vieux fer] scrap iron *(U)* ▸ **bon à mettre à la ferraille** fit for the scrap heap **2.** *fam* [monnaie] loose change.

ferré, e [fɛʀe] adj **1.** [soulier] hobnailed **2.** *fam* & *fig* [calé] ▸ **être ferré en** to be well up on.

ferrer [4] [fɛʀe] vt **1.** [cheval] to shoe **2.** [poisson] to strike **3.** [soulier] to put hobnails on.

ferreux, euse [fɛʀø, øz] adj ferrous.

ferronnerie [fɛʀɔnʀi] nf **1.** [objet, métier] ironwork *(U)* **2.** [atelier] ironworks *sg.*

ferroviaire [fɛʀɔvjɛʀ] adj rail *(avant n).*

ferrugineux, euse [fɛʀyʒinø, øz] adj ferruginous.

ferrure [fɛʀyʀ] nf **1.** [de porte] fitting **2.** [de cheval] shoeing.

ferry-boat [fɛʀibot] (*pl* **ferry-boats**) nm ferry.

fertile [fɛʀtil] adj *pr* & *fig* fertile ▸ **fertile en** *fig* filled with, full of.

fertilisant, e [fɛʀtilizɑ̃, ɑ̃t] adj fertilizing.

fertiliser [3] [fɛʀtilize] vt to fertilize.

fertilité [fɛʀtilite] nf fertility.

féru, e [fеʀy] adj *sout* [passionné] ▸ **être féru de qqch** to have a passion for sthg.

férule [feʀyl] nf ▸ **(être) sous la férule de qqn** *sout* (to be) under sb's iron rule.

fervent, e [fɛʀvɑ̃, ɑ̃t] ❖ adj [chrétien] fervent ; [amoureux, démocrate] ardent. ❖ nm, f devotee.

ferveur [fɛʀvœʀ] nf **1.** [dévotion] fervour UK, fervor US **2.** [zèle] zeal.

fesse [fɛs] nf buttock.

fessée [fese] nf spanking, smack (on the bottom).

fessier, ère [fesje, ɛʀ] adj buttock *(avant n).* ◆ **fessier** nm buttocks *pl.*

festif, ive [fɛstif, iv] adj festive.

festin [fɛstɛ̃] nm banquet, feast.

festival, als [fɛstival] nm festival ▸ **festival cinématographique** ou **du cinéma** film UK ou movie US festival.

festivités [fɛstivite] nfpl festivities.

feston [fɛstɔ̃] nm **1.** ARCHIT festoon **2.** COUT scallop.

festoyer [13] [fɛstwaje] vi to feast.

feta [feta] nf feta (cheese).

fêtard, e [fɛtaʀ, aʀd] nm, f *fam* fun-loving person.

fête [fɛt] nf **1.** [congé] holiday / ***demain, c'est fête*** tomorrow we have a day off ▸ **les fêtes (de fin d'année)** the (Christmas) holidays ▸ **fête légale** public holiday ▸ **fête nationale** national holiday ▸ **la fête du Travail** May Day **2.** [réunion, réception] celebration ▸ **fête de famille** family celebration / ***on organise une petite fête pour son anniversaire*** we're giving a party for his birthday, we're giving him a birthday party ▸ **que la fête commence !** let the festivities begin! **3.** [kermesse] fair ▸ **en fête** in festive mood / ***la ville / les rues en fête*** the festive town / streets ▸ **fête foraine** funfair UK, carnival US ▸ **la fête de l'Humanité** *annual festival organized early september by the Communist daily newspaper "l'Humanité"* ▸ **la fête de la Musique** *annual music festival which takes place in the streets on June 21* **4.** [jour de célébration - de personne] name-day, saint's day ; [- de saint] feast (day) / ***souhaiter sa fête à qqn*** to wish sb a happy name-day ou saint's day ▸ **fête des Mères / des Pères** Mother's/Father's Day **5.** [soirée] party **6.** EXPR **ça va être ta fête** *fam* you'll get it in the neck ▸ **faire la fête** to have a good time ▸ **faire fête à qqn** to make a fuss of sb / ***mon chien m'a fait fête quand je suis revenu*** my dog was all over me when I got back.

Fête-Dieu [fɛtdjø] (*pl* **Fêtes-Dieu**) nf Corpus Christi.

fêter [4] [fete] vt [événement] to celebrate ; [personne] to have a party for.

fétiche [fetiʃ] nm **1.** [objet de culte] fetish **2.** [mascotte] mascot.

fétichisme [fetiʃism] nm **1.** [culte, perversion] fetishism **2.** [vénération] idolatry.

fétide [fetid] adj fetid.

fétu [fety] nm ▸ **fétu (de paille)** wisp (of straw).

feu[1], e [fø] adj : *feu M. X* the late Mr X / *feu mon mari* my late husband.

feu[2], x [fø] nm **1.** [flamme, incendie] fire ▸ **au feu !** fire! ▸ **en feu** *pr* & *fig* on fire / *j'ai la bouche/gorge en feu* my mouth/throat is burning ▸ **avez-vous du feu ?** have you got a light? / *faire du* OU *un feu* to make a fire ▸ **mettre le feu à qqch** to set fire to sthg, to set sthg on fire ▸ **mettre le feu aux poudres** **a)** *pr* to spark off an explosion **b)** *fig* to spark things off ▸ **prendre feu** to catch fire ▸ **feu de bois** wood fire ▸ **feu de camp** camp fire ▸ **feu de cheminée** chimney fire ▸ **feu follet** will-o'-the-wisp ▸ **feu de joie** bonfire ▸ **jouer avec le feu** to play with fire ▸ **mettre à feu et à sang** to ravage **2.** MIL ▸ **faire feu** to fire / *cesser le feu* to cease fire ▸ **être pris entre deux feux** to be caught in the crossfire **3.** [signal] light ▸ **feu rouge/vert** red/green light ▸ **feu (tricolore** OU **de signalisation)** traffic lights / *feux de brouillard* fog lamps ▸ **feux de croisement** dipped UK OU dimmed US headlights ▸ **feux de détresse** warning lights ▸ **feux de position** sidelights ▸ **feux de route** headlights on full beam UK OU high beams US ▸ **feux de stationnement** parking lights ▸ **tous feux éteints** without any lights ▸ **donner son** OU **le feu vert (à qqn)** to give (sb) the go-ahead **4.** CULIN ring UK, burner US ▸ **à feu doux/vif** on a low/high flame ▸ **à petit feu** gently / *faire cuire à petit feu* to cook slowly / *avoir qqch sur le feu* to be (in the middle of) cooking sthg **5.** CINÉ & THÉÂTRE light *(U)* ▸ **les feux de la rampe** the footlights **6.** QUÉBEC MÉD ▸ **feu sauvage** cold sore **7.** / *dans le feu de l'action* in the heat of the moment EXPR **il n'y a vu que du feu** he never saw a thing, he was completely taken in ▸ **ne pas faire long feu** not to last long ▸ **tout feu tout flamme** burning with enthusiasm. ◆ **feu d'artifice** nm firework.

feuillage [fœjaʒ] nm foliage.

feuille [fœj] nf **1.** [d'arbre] leaf ▸ **feuille morte** dead leaf ▸ **feuille de vigne** BOT vine leaf / *feuilles de vigne farcies* dolmades, stuffed vine leaves ▸ **il a les oreilles en feuille de chou** *fam* his ears stick out **2.** [page] sheet ▸ **feuille blanche** blank sheet ▸ **feuille de papier** sheet of paper / *les feuilles d'un cahier* the sheets OU leaves OU pages of a notebook **3.** [document] form ▸ **feuille d'heures** time sheet ▸ **feuille d'impôts** tax form, tax return ▸ **feuille de présence** attendance sheet ▸ **feuille de soins** *claim form for reimbursement of medical expenses* **4.** [journal] paper ▸ **feuille de chou** *fam* & *péj* rag.

feuillet [fœjɛ] nm page.

feuilleté, e [fœjte] adj **1.** CULIN ▸ **pâte feuilletée** puff pastry **2.** GÉOL foliated. ◆ **feuilleté** nm pastry.

feuilleter [27] [fœjte] vt to flick through.

feuilleton [fœjtɔ̃] nm serial ▸ **feuilleton télévisé** soap opera.

feuillu, e [fœjy] adj leafy. ◆ **feuillu** nm broad-leaved tree.

feutre [føtʀ] nm **1.** [étoffe] felt **2.** [chapeau] felt hat **3.** [crayon] felt-tip pen.

feutré, e [føtʀe] adj **1.** [garni de feutre] trimmed with felt ; [qui a l'aspect du feutre] felted **2.** [bruit, cri] muffled.

feutrer [3] [føtʀe] ❖ vt **1.** [garnir de feutre] to trim with felt **2.** [bruit, cri] to muffle. ❖ vi to felt (up). ◆ **se feutrer** vp to felt (up).

feutrine [føtʀin] nf lightweight felt.

fève [fɛv] nf **1.** [gén] broad bean **2.** QUÉBEC [haricot] bean.

février [fevʀije] nm February. ***Voir aussi* septembre**.

FF (***abr écrite de* franc français**) FF.

FFI (***abr de* Forces françaises de l'intérieur**) nfpl *French Resistance forces operating within France during World War II.*

FFL (***abr de* Forces françaises libres**) nfpl *Free French Army during World War II.*

FFR (***abr de* Fédération française de rugby**) nf *French rugby federation.*

fg ***abr écrite de* faubourg**.

FGEN (***abr de* Fédération générale de l'éducation nationale**) nf *teachers' trade union.*

fi [fi] interj ▸ **faire fi de** *litt* to scorn.

fiabiliser [3] [fjabilize] vt [système] ▸ **fiabiliser qqch** to safeguard sthg ; [document, label] to guarantee the accuracy of sthg.

fiabilité [fjabilite] nf reliability.

fiable [fjabl] adj reliable.

FIAC [fjak] (***abr de* Foire internationale d'art contemporain**) nf *international contemporary art fair held annually in Paris.*

fiacre [fjakʀ] nm (horse-drawn) carriage.

fiançailles [fjɑ̃saj] nfpl engagement *sg*.

fiancé, e [fjɑ̃se] nm, f fiancé (fiancée).

fiancer [16] [fjɑ̃se] ◆ **se fiancer** vp ▸ **se fiancer (avec)** to get engaged (to).

fiasco [fjasko] nm *fam* fiasco ▸ **faire fiasco** to be a fiasco.

fibre [fibʀ] nf **1.** ANAT, BIOL & TECHNOL fibre UK, fiber US ▸ **fibre optique** fibre UK OU fiber US optics *(U)* ▸ **fibre de verre** fibreglass UK OU fiberglass US, glass fibre UK OU fiber US **2.** *fig* [sentiment] feeling ▸ **avoir la fibre maternelle** to have the maternal instinct.

fibreux, euse [fibʀø, øz] adj fibrous ; [viande] stringy.

fibrome [fibʀom] nm fibroma.

ficelé, e [fisle] adj *fam* dressed ▸ **bien ficelé** **a)** [histoire, scénario] tight, seamless **b)** [dossier] well put together ▸ **être mal ficelé** to be scruffy.

ficeler [24] [fisle] vt [lier] to tie up.

ficelle [fisɛl] nf **1.** [fil] string ▸ **tirer les ficelles** to pull the strings **2.** [pain] *very thin baguette* **3.** *(gén pl)* [truc] trick.

fiche [fiʃ] nf **1.** [document] card ▸ **fiche de paie** pay slip UK, paystub US ▸ **fiche signalétique** identification sheet ▸ **fiche technique** technical data sheet **2.** ÉLECTR & TECHNOL pin.

ficher [3] [fiʃe] vt **1.** *(participe passé* ***fiché****)* [enfoncer] ▸ **ficher qqch dans** to stick sthg into / *un couteau fiché entre les omoplates* a knife stuck right between the shoulderblades **2.** *(participe passé* ***fiché****)* [inscrire] to put on file / *il est fiché* the police have got a file on him **3.** *(participe passé* ***fichu****)* *fam* [faire] : *je n'ai rien fichu aujourd'hui* I haven't done a thing today / *qu'est-ce qu'il fiche ?* what's he doing? **4.** *(participe passé* ***fichu****)* *fam* [mettre] to put ▸ **ficher qqn par terre** to send sb flying ▸ **ficher qqch par terre** *fig* to mess OU muck UK sthg up / *ce contretemps fiche tout en l'air* this last-minute hitch really messes everything up / *je lui ai fichu mon poing dans la figure* I punched him in the face ▸ **ficher qqn dehors** OU **à la porte** to throw sb out **5.** *(participe passé* ***fichu****)* *fam* [donner] : *ça m'a fichu la chair de poule / la trouille* it gave me the creeps / the willies / *fiche-moi la paix !* leave me alone! ◆ **se ficher** vp *fam* **1.** [s'enfoncer] ▸ **se ficher dans** to go into / *ils se sont fichus dans un fossé* **a)** [en voiture] they drove into a ditch **b)** [pour passer inaperçus] they jumped into a ditch **2.** [se moquer] ▸ **se ficher de** to make fun of / *tu te fiches de moi ou quoi ?* are you kidding me? **3.** [ne pas tenir compte] ▸ **se ficher de** not to give a damn about / *je me fiche de ce que disent les gens* I don't care what OU I don't give a damn about what people say **4.** EXPR **se ficher dedans** to get it all wrong.

fichier [fiʃje] nm file ▸ **fichier actif** INFORM active file.

fichu¹, e [fiʃy] adj *fam* **1.** [cassé, fini] done for **2.** *(avant n)* [désagréable] nasty **3.** EXPR **être mal fichu** **a)** [personne] to feel rotten **b)** [objet] to be badly made ▸ **il n'est même pas fichu de faire son lit** he can't even make his own bed.

fichu² nm scarf.

fictif, ive [fiktif, iv] adj **1.** [imaginaire] imaginary **2.** [faux] false **3.** [valeur] face *(avant n)*.

fiction [fiksjɔ̃] nf **1.** LITTÉR fiction **2.** [monde imaginaire] dream world.

ficus [fikys] nm ficus.

fidèle [fidɛl] ❖ nmf **1.** RELIG believer **2.** [adepte] fan. ❖ adj **1.** [loyal, exact, semblable] ▸ **fidèle (à)** faithful (to) / *fidèle à la réalité* accurate **2.** [habitué] regular.

fidèlement [fidɛlmɑ̃] adv **1.** [loyalement, exactement] faithfully **2.** [régulièrement] regularly.

fidéliser [3] [fidelize] vt to attract and keep.

fidélité [fidelite] nf faithfulness ; [clientèle] : *fidélité de la clientèle* customer loyalty / *fidélité à la marque* brand loyalty.

Fidji [fidzi] nfpl Fiji / *aux Fidji* in Fiji.

fidjien, enne [fidzjɛ̃, ɛn] adj Fijian. ◆ **Fidjien, enne** nm, f Fijian.

fief [fjɛf] nm fief ; *fig* stronghold.

fieffé, e [fjefe] adj arrant.

fiel [fjɛl] nm *pr* & *fig* gall.

fiente [fjɑ̃t] nf droppings *pl*.

fier¹, fière [fjɛʀ] adj **1.** [gén] proud / *fier de qqn / qqch* proud of sb / sthg / *fier de faire qqch* proud to be doing sthg **2.** [noble] noble.

fier² [9] [fje] ◆ **se fier à** vp + prép to trust, to rely on.

fièrement [fjɛʀmɑ̃] adv proudly.

fierté [fjɛʀte] nf **1.** [satisfaction, dignité] pride **2.** [arrogance] arrogance.

fièvre [fjɛvʀ] nf **1.** MÉD fever ▸ **avoir de la fièvre** to have a fever ▸ **avoir 40 de fièvre** to have a temperature of 105 (degrees) **2.** [vétérinaire] ▸ **fièvre aphteuse** foot and mouth disease **3.** *fig* [excitation] excitement.

fiévreusement [fjevʀøzmɑ̃] adv feverishly.

fiévreux, euse [fjevʀø, øz] adj *pr* & *fig* feverish.

FIFO [fifo] (*abr de* **First In First Out**) FIFO.

fig. *abr écrite de* **figure**.

figé, e [fiʒe] adj fixed.

figer [17] [fiʒe] vt to paralyse UK, to paralyze US ▸ **être figé sur place** to be rooted to the spot. ◆ **se figer** vp **1.** [s'immobiliser] to freeze **2.** [se solidifier] to congeal.

fignoler [3] [fiɲɔle] vt to put the finishing touches to.

figue [fig] nf fig.

figuier [figje] nm fig tree.

figurant, e [figyʀɑ̃, ɑ̃t] nm, f extra.

figuratif, ive [figyʀatif, iv] adj figurative.

figuration [figyʀasjɔ̃] nf CINÉ & THÉÂTRE ▸ **faire de la figuration** to work as an extra.

figure [figyʀ] nf **1.** [gén] figure ▸ **faire figure de** to look like ▸ **figures imposées / libres** SPORT compulsory / freestyle section ▸ **figure de proue** figurehead ; *fig* leading light ▸ **figure de rhétorique** LING figure of speech ▸ **figure de style** LING stylistic device **2.** [visage] face ▸ **faire bonne figure** *fig* to put on a good face.

figuré, e [figyʀe] adj [sens] figurative. ◆ **figuré** nm ▸ **au figuré** in the figurative sense.

figurer [3] [figyʀe] ❖ vt to represent. ❖ vi ▸ **figurer dans / parmi** to figure in / among / *votre nom ne figure pas sur la liste* your name doesn't appear OU isn't on the list / *figurer au nombre des élus* to be among the successful candidates. ◆ **se figurer** vpt **1.** [imaginer] to imagine **2.** [croire] to believe / *figure-toi qu'il n'a même pas appelé !* he didn't even call; can you believe it! / *eh bien figure-toi que moi non plus, je n'ai pas le temps !* surprising though it may seem, I haven't got the time either!

figurine [figyʀin] nf figurine.

fil [fil] nm **1.** [brin] thread ▸ **fil à plomb** plumb line ▸ **fil conducteur** *fig* main idea ▸ **fil dentaire** dental floss

▸ **c'est cousu de fil blanc** it doesn't fool anybody ▸ **de fil en aiguille** gradually ▸ **donner du fil à retordre** *fig* to make life difficult ▸ **perdre le fil (de qqch)** *fig* to lose the thread (of sthg) / *le fil des événements* the chain of events ▸ **ne tenir qu'à un fil** *fig* to hang by a thread **2.** [câble] wire ▸ **fil électrique** wire ▸ **fil de fer** wire ▸ **avoir qqn au bout du fil** *fig* to have sb on the line **3.** [cours] course ▸ **au fil de** in the course of / *au fil du temps* as time goes by **4.** [tissu] linen / *draps de fil* linen sheets **5.** [tranchant] edge ▸ **être sur le fil du rasoir** to be on a knife-edge. ◆ **sans fil** loc adj [télégraphie, téléphonie] wireless *(avant n)* ; [rasoir, téléphone] cordless.

filaire¹ [filɛʀ] adj telegraphic.

filaire² [filɛʀ] nf filaria.

filament [filamɑ̃] nm **1.** ANAT & ÉLECTR filament **2.** [végétal] fibre UK, fiber US **3.** [de colle, bave] thread.

filandreux, euse [filɑ̃dʀø, øz] adj [viande] stringy.

filant, e [filɑ̃, ɑ̃t] ⟶ **étoile**.

filasse [filas] ◆ nf tow. ◆ adj inv flaxen.

filature [filatyʀ] nf **1.** [usine] mill ; [fabrication] spinning **2.** [poursuite] tailing ▸ **prendre qqn en filature** to tail sb.

file [fil] nf line ▸ **à la file** in a line ▸ **en double file** in two lines / *se garer en double file* to double-park ▸ **en file indienne** in single OU Indian file ▸ **se mettre en file** to line up ▸ **file d'attente** queue UK, line US.

filer [3] [file] ◆ vt **1.** [soie, coton] to spin ▸ **filer un mauvais coton** *fig* **a)** *fam* [être malade] to be in bad shape, to be in a bad way **b)** [se préparer des ennuis] to be heading for trouble **2.** [personne] to tail **3.** *fam* [donner] ▸ **filer qqch à qqn** to slip sthg to sb, to slip sb sthg / *il m'a filé un coup de poing* he landed OU beaned US me one / *elle m'a filé la grippe* she's given me the flu. ◆ vi **1.** [bas] to ladder UK, to run US **2.** [temps, véhicule] to fly (by) / *filer à toute vitesse* [voiture] to bomb along **3.** *fam* [partir] to dash off / *bon, je file !* right, I'm off! / *il a filé dans sa chambre* he dashed OU flew into his bedroom ▸ **filer à l'anglaise** to sneak off, to take French leave **4.** EXPR **filer doux** to behave nicely.

filet [filɛ] nm **1.** [à mailles] net ▸ **filet (à bagages)** (luggage) rack ▸ **filet à papillons** butterfly net ▸ **filet de pêche** fishing net ▸ **filet à provisions** string bag ▸ **attirer qqn dans ses filets** *fig* to entrap OU to ensnare sb / *envoyer la balle dans le filet* to hit the ball into the net ▸ **monter au filet** to come to the net ▸ **travailler sans filet** *fig* to take risks **2.** CULIN fillet, filet US ▸ **filet de bœuf** fillet OU filet US of beef ▸ **filet de sole** fillet OU filet US of sole **3.** [de liquide] drop, dash / *un filet de citron / vinaigre* a dash of lemon / vinegar / *un filet d'eau* a trickle of water ; [de lumière] shaft / *un (petit) filet de voix* a thin (reedy) voice **4.** [de vis] thread.

filial, e, aux [filjal, o] adj filial. ◆ **filiale** nf ÉCON subsidiary.

filiation [filjasjɔ̃] nf **1.** [lien de parenté] line **2.** *fig* [enchaînement] logical relationship.

filière [filjɛʀ] nf **1.** [voie] ▸ **suivre la filière** [professionnelle] to work one's way up **2.** [réseau] network.

filiforme [filifɔʀm] adj skinny.

filigrane [filigʀan] nm [dessin] watermark ▸ **en filigrane** *fig* between the lines.

filin [filɛ̃] nm rope.

fille [fij] nf **1.** [enfant] daughter ▸ **tu es bien la fille de ton père !** you're just like your father! **2.** [femme] girl ▸ **jeune fille** girl ▸ **fille de joie** prostitute / *une fille de la campagne* a country girl ▸ **vieille fille** *péj* spinster ▸ **courir les filles** *fig* to chase women / *tu es une grande fille maintenant* you're a big girl now.

fillette [fijɛt] nf little girl.

filleul, e [fijœl] nm, f godchild.

film [film] nm **1.** [gén] film UK, movie US ▸ **film d'action** action film UK OU movie US ▸ **film catastrophe** disaster film UK OU movie US ▸ **film culte** cult film UK OU movie US ▸ **film d'épouvante** horror film UK OU movie US ▸ **film noir** film noir ▸ **film policier** detective film UK OU movie US **2.** *fig* [déroulement] course.

filmer [3] [filme] vt to film.

filmographie [filmɔgʀafi] nf filmography, films *pl* UK, movies *pl* US.

filon [filɔ̃] nm **1.** [de mine] vein **2.** *fam* & *fig* [possibilité] cushy number.

filou [filu] nm rogue.

filouterie [filutʀi] nf fraud.

fils [fis] nm son ▸ **fils de famille** boy from a privileged background ▸ **fils à papa** *péj* daddy's boy ▸ **le fils prodigue** the prodigal son.

filtrage [filtʀaʒ] nm filtering ; *fig* screening.

filtrant, e [filtʀɑ̃, ɑ̃t] adj [verre] tinted.

filtre [filtʀ] nm **1.** filter ▸ **filtre à café** coffee filter **2.** AUTO ▸ **filtre à air** air filter **3.** INFORM ▸ **filtre parental** parental filter, internet filter **4.** [Internet & COMM] [dans le service des achats] gatekeeper.

filtrer [3] [filtʀe] ◆ vt to filter ; *fig* to screen. ◆ vi to filter ; *fig* to filter through.

fin¹, fine [fɛ̃, fin] ◆ adj **1.** [gén] fine / *haricots verts fins* high-quality green beans **2.** [partie du corps] slender ; [couche, papier] thin **3.** [subtil] shrewd / *ce n'était pas très fin de ta part* it wasn't very smart OU clever of you **4.** [ouïe, vue] keen **5.** *(avant n)* [spécialiste] expert / *un fin tireur* a crack shot. ◆ adv finely / *c'est écrit trop fin* it's written too small ▸ **fin prêt** quite ready.

fin² nf end / *fin mars* at the end of March / *la fin approche* the end is near / *on n'en voit pas la fin* there doesn't seem to be any end to it ▸ **arriver** OU **parvenir à ses fins** to achieve one's ends OU aims ▸ **à toutes fins utiles** just in case / *à des fins politiques / religieuses* for political / religious ends ▸ **mener à bonne fin** to bring to a successful conclusion ▸ **mettre fin à** to put a stop OU an end to / *mettre fin à ses jours* to put an end to one's life ▸ **opposer une fin de non-recevoir à qqn** *fig* to turn down sb's request bluntly ▸ **prendre fin** to come to an end ▸ **tirer** OU **toucher à sa fin** to draw to a close ▸ **fin de citation** (quote) unquote ▸ **fin de saison** end of season ▸ **fin de semaine** QUÉBEC weekend ▸ **arrondir**

ses fins de mois to make ends meet ▸ **avoir des fins de mois difficiles** to find it hard to make ends meet (at the end of the month) ▸ **avoir une fin tragique / lente** to die a tragic/slow death ▸ **c'est la fin des haricots** *fam* it's the last straw ▸ **ce n'est quand même pas la fin du monde !** it's not the end of the world, is it! ◆ **fin de race** loc adj degenerate. ◆ **fin de série** nf oddment. ◆ **fin de siècle** loc adj decadent, fin-de-siècle. ◆ **à la fin** loc adv : *tu vas m'écouter, à la fin ?* will you listen to me? / *tu es énervant, à la fin !* you're beginning to get on my nerves! ◆ **à la fin de** loc prép at the end of. ◆ **en fin de** loc prép at the end of / *être en fin de liste* to be ou to come at the end of the list / *en fin de soirée / match* towards UK ou toward US the end of the evening/match / *être en fin de droit* to come to the end of one's entitlement *(to an allowance)*. ◆ **sans fin** loc adj endless.

final, e [final] (*pl* **finals** *ou* **finaux** [fino]) adj final. ◆ **final(e)** nm MUS finale. ◆ **final cut** nm CINÉ ▸ **le final cut** the final cut. ◆ **finale** nf **1.** SPORT final **2.** [de mot] last syllable.

finalement [finalmɑ̃] adv finally.

finaliser [3] [finalize] vt to finalize.

finaliste [finalist] nmf & adj finalist.

finalité [finalite] nf *sout* [fonction] purpose.

finance [finɑ̃s] nf finance ▸ **finance d'entreprise** corporate finance ▸ **la haute finance** high finance. ◆ **finances** nfpl finances. ◆ **Finances** nfpl ▸ **les Finances** ≃ the Treasury, the Exchequer UK.

financement [finɑ̃smɑ̃] nm financing, funding.

financer [16] [finɑ̃se] vt to finance, to fund.

financier, ère [finɑ̃sje, ɛʀ] adj financial. ◆ **financier** nm financier.

financièrement [finɑ̃sjɛʀmɑ̃] adv financially.

finasser [3] [finase] vi *fam* to resort to tricks.

finaud, e [fino, od] adj wily, crafty.

fine [fin] nf *type of brandy*.

finement [finmɑ̃] adv **1.** [délicatement] finely **2.** [adroitement] cleverly **3.** [subtilement] subtly.

finesse [finɛs] nf **1.** [gén] fineness **2.** [minceur] slenderness **3.** [perspicacité] shrewdness **4.** [subtilité] subtlety.

fini, e [fini] adj **1.** *péj* [fieffé] : *un crétin fini* a complete idiot **2.** *fam* [usé, diminué] finished **3.** [limité] finite. ◆ **fini** nm [d'objet] finish.

finir [32] [finiʀ] ❖ vt **1.** [gén] to finish, to end / *il a fini ses jours à Cannes* he ended his days in Cannes / *finir de faire qqch* to finish doing sthg **2.** [vider] to empty / *finis ton assiette* *fam* clear your plate **3.** *fam* [user] to wear out. ❖ vi **1.** [gén] to finish, to end / *la réunion a fini dans les hurlements* the meeting ended in uproar ▸ **finir par faire qqch** to do sthg eventually ▸ **tu vas finir par tomber !** you're going to fall! ▸ **mal finir** to end badly / *ça va mal finir* no good will come of it, it will all end in disaster / *pour finir* in the end, finally **2.** [arrêter] ▸ **finir de faire qqch** to stop doing sthg ▸ **en finir (avec)** to finish (with) ▸ **à n'en plus finir** never-ending ▸ **cette journée / son discours n'en finit pas** there's no end to this day/his speech.

finish [finiʃ] nm finish ▸ **au finish** to the finish.

finissant, e [finisɑ̃, ɑ̃t] nm, f QUÉBEC UNIV graduating student.

finition [finisjɔ̃] nf **1.** [action] finishing **2.** [d'objet] finish.

finlandais, e [fɛ̃lɑ̃dɛ, ɛz] adj Finnish. ◆ **Finlandais, e** nm, f Finn.

Finlande [fɛ̃lɑ̃d] nf : *la Finlande* Finland.

finnois, e [finwa, az] adj Finnish. ◆ **finnois** nm [langue] Finnish. ◆ **Finnois, e** nm, f Finn.

FINUL, Finul [finyl] (*abr de* **Force intérimaire des Nations unies au Liban**) nf UNIFIL.

fiole [fjɔl] nf flask.

fioriture [fjɔʀityʀ] nf flourish.

fioul = **fuel**.

FIP [fip] (*abr de* **France Inter Paris**) nf *French national radio station broadcasting music and traffic information*.

firmament [fiʀmamɑ̃] nm firmament.

firme [fiʀm] nf firm.

fis, fit ⟶ **faire**.

fisc [fisk] nm ≃ Inland Revenue UK; ≃ Internal Revenue Service US.

fiscal, e, aux [fiskal, o] adj tax *(avant n)*, fiscal.

fiscaliser [3] [fiskalize] vt to (make) subject to tax.

fiscalité [fiskalite] nf tax system.

fission [fisjɔ̃] nf fission / *fission nucléaire* nuclear fission.

fissure [fisyʀ] nf *pr* & *fig* crack.

fissurer [3] [fisyʀe] vt *pr* [fendre] to crack ; *fig* to split. ◆ **se fissurer** vp to crack.

fiston [fistɔ̃] nm *fam* son.

fitness [fitnɛs] nm keep-fit UK.

FIV [fiv] (*abr de* **fécondation in vitro**) nf IVF.

fivete [fivɛt] (*abr de* **fécondation in vitro et transfert d'embryon**) nf GIFT / *une fivete* a test-tube baby.

fixateur, trice [fiksatœʀ, tʀis] adj **1.** PHOTO fixing *(avant n)* **2.** [lotion, crème] setting *(avant n)*. ◆ **fixateur** nm PHOTO fixer.

fixatif [fiksatif] nm fixative.

fixation [fiksasjɔ̃] nf **1.** [action de fixer] fixing **2.** [attache] fastening, fastener ; [de ski] binding **3.** PSYCHO fixation **4.** ÉCON : *fixation des prix compétitifs* competitive pricing / *fixation des prix prédateurs* predatory pricing.

fixe [fiks] adj fixed ; [encre] permanent. ◆ **fixe** nm fixed salary.

fixement [fiksəmɑ̃] adv fixedly ▸ **regarder fixement qqn / qqch** to stare at sb/sthg.

fixer [3] [fikse] vt **1.** [gén] to fix ; [règle] to set ▸ **fixer son choix sur** to decide on **2.** [monter] to hang **3.** [regarder] to stare at **4.** [renseigner] ▸ **fixer qqn sur qqch** to put sb in the picture about sthg ▸ **être fixé sur qqch** to know all about sthg. ◆ **se fixer** vp to settle ▸ **se fixer sur** a) [suj : choix, personne] to settle on b) [suj : regard] to rest on.

fixité [fiksite] nf steadiness.

fjord [fjɔʀd] nm fjord.

fl. (*abr écrite de* **fleuve**) R.

FL (*abr écrite de* **florin**) Fl, F, G.

flacon [flakɔ̃] nm small bottle / *flacon à parfum* perfume bottle.

flageller [4] [flaʒɛle] vt **1.** [fouetter] to flagellate **2.** *fig* [fustiger] to denounce.

flageoler [3] [flaʒɔle] vi to tremble.

flageolet [flaʒɔlɛ] nm **1.** [haricot] flageolet bean **2.** MUS flageolet.

flagornerie [flagɔʀnəʀi] nf flattery.

flagrant, e [flagʀɑ̃, ɑ̃t] adj flagrant ; ⟶ **délit**.

flair [flɛʀ] nm sense of smell ▸ **avoir du flair** *fig* to be intuitive.

flairer [4] [flɛʀe] vt to sniff, to smell ; *fig* to scent.

flamand, e [flamɑ̃, ɑ̃d] adj Flemish. ◆ **flamand** nm [langue] Flemish. ◆ **Flamand, e** nm, f Flemish person, Fleming.

flamant [flamɑ̃] nm flamingo ▸ **flamant rose** pink flamingo.

flambant, e [flɑ̃bɑ̃, ɑ̃t] adj ▸ **flambant neuf** brand new.

flambé, e [flɑ̃be] adj CULIN flambéed.

flambeau, x [flɑ̃bo] nm torch ; *fig* flame ▸ **se passer le flambeau** *fig* to hand on the torch.

flambée [flɑ̃be] nf **1.** [feu] blaze **2.** *fig* [de colère] outburst ; [de violence] outbreak ▸ **il y a eu une flambée des prix** prices have sky-rocketed.

flamber [3] [flɑ̃be] ❖ vi **1.** [brûler] to blaze **2.** *fam* [jeux] to play for high stakes. ❖ vt **1.** [crêpe] to flambé **2.** [volaille] to singe.

flamboie, flamboies ⟶ **flamboyer**.

flamboyant, e [flɑ̃bwajɑ̃, ɑ̃t] adj **1.** [ciel, regard] blazing ; [couleur] flaming **2.** ARCHIT flamboyant.

flamboyer [13] [flɑ̃bwaje] vi to blaze.

flamiche [flamiʃ] nf leek pie ou quiche.

flamingant, e [flamɛ̃gɑ̃, ɑ̃t] adj **1.** [nationaliste] Flemish-nationalist **2.** [de langue] Flemish-speaking. ◆ **Flamingant, e** nm, f **1.** [nationaliste] Flemish nationalist **2.** [de langue] Flemish speaker.

flamme [flam] nf flame ; *fig* fervour UK, fervor US, fire / *discours plein de flamme* impassioned speech. ◆ **flammes** nfpl **1.** : *périr dans les flammes* to burn to death, to be burnt alive **2.** EXPR **les flammes éternelles ou de l'enfer** *fig* hell fire. ◆ **à la flamme de** loc prép by the light of / *lire à la flamme d'un briquet* to read by the light of a cigarette lighter. ◆ **en flammes** ❖ loc adj burning, blazing. ❖ loc adv : *l'avion est tombé en flammes* the plane went down in flames / *descendre un auteur en flammes* *fam* to pan an author.

flan [flɑ̃] nm baked custard.

flânage [flɑnaʒ] nm QUÉBEC loitering.

flanc [flɑ̃] nm [de personne, navire, montagne] side ; [d'animal, d'armée] flank ▸ **à flanc de coteau** on the hillside ▸ **être sur le flanc** *fam* & *fig* to feel washed out ▸ **tirer au flanc** *fam* & *fig* to shirk, to skive UK.

flancher [3] [flɑ̃ʃe] vi *fam* to give up.

flanelle [flanɛl] nf flannel.

flâner [3] [flane] vi **1.** [se promener] to stroll **2.** [s'attarder] to hang around, to lounge around.

flânerie [flanʀi] nf stroll.

flâneur, euse [flanœʀ, øz] nm, f stroller.

flanquer [3] [flɑ̃ke] vt **1.** *fam* [jeter] ▸ **flanquer qqch par terre** to fling sthg to the ground ▸ **il a flanqué les bouquins par terre** a) [volontairement] he chucked the books on the floor b) [par maladresse] he knocked the books onto the floor / *j'ai tellement voulu réussir et toi tu vas tout flanquer par terre* *fig* I wanted to succeed so badly and now you're going to mess it all up (for me) ▸ **flanquer qqn dehors** to chuck ou fling sb out **2.** *fam* [donner] : *flanquer un coup de poing à qqn* to punch sb ▸ **flanquer une gifle à qqn** to smack ou slap sb ▸ **flanquer la frousse à qqn** to scare the pants off sb, to put the wind up sb UK **3.** [accompagner] ▸ **être flanqué de** to be flanked by / *elle est arrivée, flanquée de ses deux frères* she came in with her two brothers at her side ou flanked by her two brothers. ◆ **se flanquer** vp *fam* ▸ **se flanquer par terre** to fall flat on one's face.

flapi, e [flapi] adj *fam* dead beat.

flaque [flak] nf pool ▸ **flaque (d'eau)** puddle.

flash [flaʃ] nm **1.** PHOTO flash **2.** RADIO & TV ▸ **flash (d'information)** newsflash ▸ **flash de publicité** commercial.

flash-back [flaʃbak] nm inv CINÉ flashback.

flasher [3] [flaʃe] vi *fam* ▸ **flasher sur** to go crazy over ▸ **faire flasher qqn** to turn sb on.

flashy [flaʃi] adj inv flashy.

flasque [flask] ❖ nf flask. ❖ adj flabby, limp.

flatter [3] [flate] vt **1.** [louer] to flatter **2.** [caresser] to stroke. ◆ **se flatter** vp to flatter o.s. / *je me flatte de le convaincre* I flatter myself that I can convince him ▸ **se flatter de faire qqch** to pride o.s. on doing sthg.

flatterie [flatʀi] nf flattery.

flatteur, euse [flatœʀ, øz] ❖ adj flattering. ❖ nm, f flatterer.

flatulence [flatylɑ̃s] nf flatulence, wind.

FLE, fle [flə] (*abr de* **français langue étrangère**) nm *French as a foreign language*.

fléau, x [fleo] nm **1.** *pr* & *fig* [calamité] scourge **2.** [instrument] flail.

flèche [flɛʃ] nf **1.** [gén] arrow ▸ **flèche lumineuse** [pour projection] pointer **2.** [d'église] spire **3.** *fig* [critique] shaft

4. EXPR **monter en flèche** to shoot up ▸ **partir comme une flèche** to shoot off.

flécher [18] [fleʃe] vt to mark (with arrows).

fléchette [fleʃɛt] nf dart. ◆ **fléchettes** nfpl darts *sg*.

fléchir [32] [fleʃiʀ] ◈ vt to bend, to flex ; *fig* to sway. ◈ vi to bend ; *fig* to weaken.

fléchissement [fleʃismɑ̃] nm bending, flexing ; *fig* weakening.

flegmatique [flɛgmatik] adj phlegmatic.

flegme [flɛgm] nm composure.

flemmard, e [flɛmaʀ, aʀd] *fam* ◈ adj lazy. ◈ nm, f lazybones *sg*.

flemmarder [3] [flɛmaʀde] vi *fam* to lounge around.

flemme [flɛm] nf *fam* laziness ▸ **j'ai la flemme (de sortir)** I can't be bothered (to go out) UK.

flétan [fletɑ̃] nm halibut.

flétrir [32] [fletʀiʀ] vt [fleur, visage] to wither. ◆ **se flétrir** vp to wither.

fleur [flœʀ] nf BOT flower ▸ **en fleur, en fleurs** [arbre] in flower, in blossom ▸ **à fleurs** [motif] flowered ▸ **la fine fleur de** *fig* the flower ou the cream of ▸ **fleurs des champs** wild flowers ▸ **fleur de farine** fine wheat flour ▸ **fleur de lotus** lotus blossom ▸ **fleur de lys** fleur-de-lis ▸ **fleur d'oranger** a) [fleur] orange flower b) [essence] orange flower water ▸ **fleurs de rhétorique** rhetorical flourishes ▸ **dans la fleur de l'âge** in the prime of life ▸ **arriver comme une fleur** *fam* to turn up out of the blue ▸ **être fleur bleue** to be a romantic, to be sentimental ▸ **faire une fleur à qqn** *fam* to do sb a good turn ▸ **avoir les nerfs à fleur de peau** to be all on edge / *une sensibilité à fleur de peau* hypersensitivity.

fleurer [5] [flœʀe] vt ▸ **fleurer bon la vanille** to have a pleasant smell of vanilla.

fleuret [flœʀɛ] nm foil.

fleurette [flœʀɛt] nf ▸ **conter fleurette à qqn** *vieilli* & *hum* to whisper sweet nothings to sb.

fleuri, e [flœʀi] adj 1. [jardin, pré] in flower ; [vase] of flowers ; [tissu] flowered ; [table, appartement] decorated with flowers 2. *fig* [style] flowery.

fleurir [32] [flœʀiʀ] ◈ vi to blossom ; *fig* to flourish. ◈ vt [maison] to decorate with flowers ; [tombe] to lay flowers on.

fleuriste [flœʀist] nmf florist.

fleuron [flœʀɔ̃] nm *fig* jewel.

fleuve [flœv] nm 1. [cours d'eau] river 2. *(en apposition)* [interminable] lengthy, interminable ▸ **un discours-fleuve** an interminable speech.

flexibilité [flɛksibilite] nf 1. [d'un matériau] pliability 2. [d'un arrangement, d'un horaire] flexibility, adaptability ; [d'un dispositif] versatility.

flexible [flɛksibl] adj flexible.

flexion [flɛksjɔ̃] nf 1. [de genou, de poutre] bending 2. LING inflexion.

flibustier [flibystje] nm buccaneer.

flic [flik] nm *fam* cop.

flicage [flikaʒ] nm *fam* & *péj* surveillance / *le flicage des réseaux* network surveillance.

flingue [flɛ̃g] nm *fam* gun.

flinguer [3] [flɛ̃ge] vt *fam* to gun down. ◆ **se flinguer** vp *fam* to blow one's brains out.

flipper[1] [flipœʀ] nm pinball machine.

flipper[2] [3] [flipe] vi *fam* 1. [être déprimé] to feel down 2. [planer] to freak out.

fliquer[3] [flike] vt *fam* to keep under surveillance / *son chef n'arrête pas de le fliquer* his boss is always keeping tabs on him.

flirt [flœʀt] nm 1. [amourette] flirtation 2. [personne] boyfriend (girlfriend).

flirter [3] [flœʀte] vi ▸ **flirter (avec qqn)** to flirt (with sb) ▸ **flirter avec qqch** *fig* to flirt with sthg.

FLN (*abr de* **Front de libération nationale**) nm *Algerian national liberation front.*

FLNC (*abr de* **Front de libération nationale corse**) nm *Corsican national liberation front.*

FLNKS (*abr de* **Front de libération nationale kanak et socialiste**) nm *political movement in New Caledonia.*

flocon [flɔkɔ̃] nm flake ▸ **flocon de neige** snowflake ▸ **flocons d'avoine** oat flakes.

flonflon [flɔ̃flɔ̃] nm *(gén pl)* blare.

flop [flɔp] nm *fam* [échec] flop, failure.

flopée [flɔpe] nf *fam* ▸ **une flopée de** heaps of, masses of.

floraison [flɔʀɛzɔ̃] nf *pr* & *fig* flowering, blossoming.

floral, e, aux [flɔʀal, o] adj floral.

floralies [flɔʀali] nfpl flower show *sg*.

flore [flɔʀ] nf flora.

Florence [flɔʀɑ̃s] npr Florence.

florentin, e [flɔʀɑ̃tɛ̃, in] adj Florentine. ◆ **Florentin, e** nm, f Florentine. ◆ **florentin** nm Florentine *(biscuit containing almonds and candied fruit with a chocolate base).*

Floride [flɔʀid] nf : *la Floride* Florida.

florilège [flɔʀilɛʒ] nm anthology.

florissant, e [flɔʀisɑ̃, ɑ̃t] adj [santé] blooming ; [économie] flourishing.

flot [flo] nm flood, stream ▸ **être à flot** a) [navire] to be afloat b) *fig* to be back to normal ▸ **couler à flots** *fig* to flow like water. ◆ **flots** nmpl *litt* waves.

flottage [flɔtaʒ] nm floating *(of logs).*

flottaison [flɔtɛzɔ̃] nf floating.

flottant, e [flɔtɑ̃, ɑ̃t] adj 1. [gén] floating ; [esprit] irresolute 2. [robe] loose-fitting.

flotte [flɔt] nf 1. AÉRON & NAUT fleet ▸ **flotte aérienne** air fleet 2. *fam* [eau] water 3. *fam* [pluie] rain.

flottement [flɔtmɑ̃] nm **1.** [de drapeau] fluttering **2.** [indécision] hesitation, wavering **3.** [de monnaie] floating.

flotter [3] [flɔte] ◆ vi **1.** [sur l'eau] to float **2.** [drapeau] to flap ; [brume, odeur] to drift **3.** [dans un vêtement] : *tu flottes dedans* it's baggy on you. ◆ v impers *fam* ▸ **il flotte** it's raining.

flotteur [flɔtœʀ] nm [de ligne de pêche, d'hydravion] float ; [de chasse d'eau] ballcock.

flou, e [flu] adj **1.** [couleur, coiffure] soft **2.** [photo] blurred, fuzzy **3.** [pensée] vague, woolly UK ou wooly US. ◆ **flou** nm [de photo] fuzziness ; [de décision] vagueness ▸ **le flou artistique a)** CINÉ & PHOTO soft focus **b)** *fig* vagueness.

flouer [3] [flue] vt *fam* to swindle, to do UK.

fluctuant, e [flyktɥɑ̃, ɑ̃t] adj fluctuating.

fluctuation [flyktɥasjɔ̃] nf fluctuation.

fluctuer [3] [flyktɥe] vi to fluctuate.

fluet, ette [flyɛ, ɛt] adj [personne] thin, slender ; [voix] thin.

fluide [flɥid] ◆ nm **1.** [matière] fluid **2.** *fig* [pouvoir] (occult) power. ◆ adj [matière] fluid ; [circulation] flowing freely.

fluidification [flɥidifikasjɔ̃] nf fluidification.

fluidifier [9] [flɥidifje] vt [trafic] to improve the flow of.

fluidité [flɥidite] nf [gén] fluidity ; [de circulation] easy flow.

fluo [flyo] adj fluorescent, Day-Glo®.

fluor [flyɔʀ] nm fluorine.

fluoré, e [flyɔʀe] adj fluoridated.

fluorescent, e [flyɔʀesɑ̃, ɑ̃t] adj fluorescent.

flûte [flyt] ◆ nf **1.** MUS flute ▸ **flûte à bec** recorder ▸ **flûte traversière** flute **2.** [verre] flute (glass) ▸ **flûte à champagne** champagne flute **3.** [pain] thin loaf of French bread. ◆ interj *fam* darn!, bother! UK.

flûtiste [flytist] nmf flautist UK, flutist US.

fluvial, e, aux [flyvjal, o] adj [eaux, pêche] river *(avant n)* ; [alluvions] fluvial.

flux [fly] nm **1.** [écoulement] flow ▸ **un flux de** *fig* a flood of ▸ **travailler en flux tendus** to use just-in-time methods ou planning **2.** [marée] flood tide ▸ **le flux et le reflux** the ebb and flow **3.** PHYS flux **4.** [sociologie] ▸ **flux migratoire** massive population movement.

FM (*abr de* **frequency modulation**) nf FM.

FMI (*abr de* **Fonds monétaire international**) nm IMF.

FN (*abr de* **Front national**) nm *extreme right-wing French political party.*

FNAC, Fnac [fnak] (*abr de* **Fédération nationale d'achats**) nf *chain of large stores selling books, records, audio and video, equipment, etc.*

FNEF, Fnef [fnɛf] (*abr de* **Fédération nationale des étudiants de France**) nf *students' union.*

FNSEA (*abr de* **Fédération nationale des syndicats d'exploitants agricoles**) nf *farmers' union.*

fo SMS *abr écrite de* **faut**.

FO (*abr de* **Force ouvrière**) nf *workers' trade union.*

foc [fɔk] nm jib.

focal, e, aux [fɔkal, o] adj focal.

focaliser [3] [fɔkalize] vt to focus. ◆ **se focaliser** vp *fig* ▸ **se focaliser sur qqch** to focus on sthg.

fœtal, e, aux [fetal, o] adj foetal UK, fetal US.

fœtus [fetys] nm foetus UK, fetus US.

foi [fwa] nf **1.** RELIG faith / *avoir la foi* to have faith **2.** [confiance] trust ▸ **avoir foi en qqn / qqch** to trust sb / sthg, to have faith in sb / sthg / *elle a une foi aveugle en lui* she trusts him blindly **3.** EXPR ajouter foi à *sout* to lend credence to ▸ **faire foi** to serve as proof / *il n'y a qu'une pièce officielle qui fasse foi* only an official paper is valid ▸ **être de bonne / mauvaise foi** to be in good / bad faith / *il a agi en toute bonne foi* he acted in good faith / *en foi de quoi* DR in witness whereof ▸ **ma foi...** well... ▸ **sur la foi de** on the strength of / *sur la foi de ses déclarations* on the strength of his statement / *sous la foi du serment* on ou under oath.

foie [fwa] nm ANAT & CULIN liver ▸ **foie de veau / de volaille** calf's / chicken liver ▸ **foie gras** foie gras ▸ **avoir les foies** *fam* & *fig* to be scared out of one's wits.

foin [fwɛ̃] nm hay ▸ **faire les foins** to make hay ▸ **faire du foin** *fam* & *fig* to make a din.

foire [fwaʀ] nf **1.** [fête] funfair UK, carnival US **2.** [exposition, Salon] trade fair ▸ **foire agricole** agricultural show **3.** *fam* [agitation] circus ▸ **foire d'empoigne** free-for-all ▸ **faire la foire** *fam* & *fig* to have a wild time.

foire-exposition [fwaʀɛkspozisjɔ̃] (*pl* **foires-expositions**) nf trade fair.

foirer [3] [fwaʀe] vi *fam* [projet] to fall through.

foireux, euse [fwaʀø, øz] adj *fam* [raté] disastrous ; [qui va rater] doomed.

fois [fwa] nf time / *une fois* once / *deux fois* twice / *trois / quatre fois* three / four times ▸ **trois fois rien** virtually nothing, hardly anything / *deux fois plus long* twice as long / *neuf fois sur dix* nine times out of ten / *deux fois trois* two times three ▸ **cette fois** this time / *ça ira pour cette fois, mais ne recommencez pas* it's alright this once, but don't do it again / *par deux fois* *litt* twice ▸ **il était une fois...** once upon a time there was... / *payez en six fois* pay in six instalments ▸ **pour une fois (que)** for once ▸ **pour la énième fois** for the umpteenth time ▸ **une autre fois** another time / *une fois nettoyé, il sera comme neuf* once ou after it's been cleaned, it'll be as good as new ▸ **une (bonne) fois pour toutes** once and for all ▸ **une fois n'est pas coutume** just the once won't hurt. ◆ **à la fois** loc adv at the same time, at once / *pas tous à la fois !* one at a time!, not all at once! / *elle est (tout) à la fois auteur(e) et traductrice* she's both an author and a translator. ◆ **des fois** loc adv [parfois] sometimes ▸ **non, mais des fois !** *fam* look here! ◆ **des fois que** loc conj *fam* : *je préfère l'appeler, des fois qu'elle aurait* *oublié* I'd rather call her in case she's forgotten. ◆ **si des fois** loc conj *fam* if ever. ◆ **une fois que** loc conj once ▸ **une fois que tu auras compris, tout sera plus facile** once you've understood, you'll find everything's easier.

foison [fwazɔ̃] ◆ **à foison** loc adv in abundance.

foisonnement [fwazɔnmɑ̃] nm abundance.

foisonner [3] [fwazɔne] vi to abound ▸ **foisonner en** ou **de** to abound in.

fol [fɔl] adj m ⟶ **fou**.

folâtrer [3] [fɔlatʀe] vi to romp (around).

folichon, onne [fɔliʃɔ̃, ɔn] adj ▸ **ça n'est pas folichon** *fam* it's not much fun.

folie [fɔli] nf *pr* & *fig* madness ▸ **à la folie** madly ▸ **c'est de la folie** it's madness ou lunacy ▸ **avoir la folie des grandeurs** to have delusions of grandeur ▸ **faire des folies** *fig* to be extravagant.

folio [fɔljo] nm folio.

folk [fɔlk] ◈ nm folk music. ◈ adj inv folk ▸ **la musique folk** folk music.

folklo [fɔlklo] adj inv *fam* weird / *c'est un type plutôt folklo* he's a bit of a weirdo.

folklore [fɔlklɔʀ] nm [de pays] folklore ▸ **c'est du folklore** *fig* you can't take it seriously.

folklorique [fɔlklɔʀik] adj **1.** [danse] folk **2.** *fig* [situation, personne] bizarre, quaint.

folle ⟶ **fou**.

follement [fɔlmɑ̃] adv madly, wildly ▸ **follement amoureux** madly in love.

follet [fɔlɛ] ⟶ **feu**.

fomenter [3] [fɔmɑ̃te] vt *litt* to foment.

foncé, e [fɔ̃se] adj dark.

foncer [16] [fɔ̃se] ◈ vt to darken, to make darker. ◈ vi **1.** [teinte] to darken **2.** [se ruer] ▸ **foncer sur** to rush at **3.** *fam* [se dépêcher] to get a move on.

fonceur, euse [fɔ̃sœʀ, øz] *fam* ◈ adj dynamic, go-ahead. ◈ nm, f dynamic person.

foncier, ère [fɔ̃sje, ɛʀ] adj **1.** [impôt] land *(avant n)* ▸ **propriétaire foncier** landowner, property owner **2.** [fondamental] basic, fundamental.

foncièrement [fɔ̃sjɛʀmɑ̃] adv basically.

fonction [fɔ̃ksjɔ̃] nf **1.** [gén] function ▸ **faire fonction de** to act as **2.** [profession] post ▸ **entrer en fonction** to take up one's post ou duties ▸ **la fonction publique** the civil service. ◆ **en fonction de** loc prép according to. ◆ **de fonction** loc adj ▸ **appartement** ou **logement de fonction** tied accommodation UK, accommodations that go with the job US ▸ **voiture de fonction** company car.

fonctionnaire [fɔ̃ksjɔnɛʀ] nmf [de l'État] state employee ; [dans l'administration] civil servant ▸ **haut fonctionnaire** senior civil servant.

fonctionnariat [fɔ̃ksjɔnaʀja] nm employment by the state.

fonctionnariser [3] [fɔ̃ksjɔnaʀize] vt **1.** [personne] to make a state employee **2.** [service] to take into the public sector.

fonctionnel, elle [fɔ̃ksjɔnɛl] adj functional.

fonctionnement [fɔ̃ksjɔnmɑ̃] nm working, functioning.

fonctionner [3] [fɔ̃ksjɔne] vi to work, to function.

fond [fɔ̃] nm **1.** [de récipient, puits, mer] bottom ; [de pièce] back ▸ **le fond d'œil** MÉD the back of the eye ▸ **un fond** [petite quantité] a drop / *couler par 100 m de fond* to sink to a depth of 100 m / *je vous remercie du fond du cœur* I thank you from the bottom of my heart / *toucher le fond (du désespoir)* to reach the depths of despair ▸ **sans fond** bottomless ▸ **au fin fond de** in the depths of ▸ **de fond en comble** from top to bottom / *revoir un texte de fond en comble* *fig* to revise a text thoroughly **2.** [substance] heart, root / *avoir un très bon fond* to be a good person at heart / *le fond de ma pensée* what I really think / *le fond et la forme* content and form ▸ **aller au fond des choses** to go to the heart ou root of things **3.** [arrière-plan] background ▸ **fond sonore** background music ▸ **le fond de l'air est frais** *fam* there's a chill ou nip in the air. ◆ **fond d'artichaut** nm artichoke heart. ◆ **fond de bouteille** nm lees *pl*, dregs *pl* ▸ **boire** ou **vider les fonds de bouteilles** to drink up the dregs. ◆ **fond de teint** nm foundation. ◆ **à fond** loc adv **1.** [entièrement] thoroughly ▸ **se donner à fond** to give one's all / *respirer à fond* to breathe deeply **2.** [très vite] at top speed. ◆ **au fond, dans le fond** loc adv basically / *au fond, on pourrait y aller en janvier* in fact, we could go in January. ◆ **au fond de** loc prép : *au fond de moi-même / lui-même etc.* at heart, deep down / *au fond de la rivière* at the bottom of the river.

fondais, fondions ⟶ **fondre**.

fondamental, e, aux [fɔ̃damɑ̃tal, o] adj fundamental.

fondamentalement [fɔ̃damɑ̃talmɑ̃] adv fundamentally.

fondamentalisme [fɔ̃damɑ̃talism] nm (religious) fundamentalism.

fondamentaliste [fɔ̃damɑ̃talist] nmf & adj fundamentalist.

fondant, e [fɔ̃dɑ̃, ɑ̃t] adj [neige, glace] melting ; [aliment] melting in the mouth. ◆ **fondant** nm [gâteau] fondant.

fondateur, trice [fɔ̃datœʀ, tʀis] nm, f founder.

fondation [fɔ̃dasjɔ̃] nf foundation. ◆ **fondations** nfpl CONSTR foundations.

fondé, e [fɔ̃de] adj **1.** [craintes, reproches] justified, well-founded / *non fondé* unfounded **2.** [raisons] ▸ **être fondé à faire qqch** to have good reason to do sthg **3.** [marketing] based / *marché fondé sur les besoins* needs-based market. ◆ **fondé de pouvoir** nm authorized representative.

fondement [fɔ̃dmɑ̃] nm [base, motif] foundation ▸ **sans fondement** groundless, without foundation.

fonder [3] [fɔ̃de] vt **1.** [créer] to found **2.** [baser] ▸ **fonder qqch sur** to base sthg on ▸ **fonder de grands espoirs sur qqn** to pin one's hopes on sb. ◆ **se fonder** vp ▸ **se fonder sur** a) [suj : personne] to base o.s. on b) [suj : argument] to be based on.

fonderie [fɔ̃dʀi] nf [usine] foundry.

fondeur, euse [fɔ̃dœʀ, øz] nm, f SKI cross-country skier.

fondre [75] [fɔ̃dʀ] ❖ vt **1.** [beurre, neige] to melt ; [sucre, sel] to dissolve ; [métal] to melt down **2.** [mouler] to cast **3.** [mêler] to blend. ❖ vi **1.** [beurre, neige] to melt ; [sucre, sel] to dissolve ; *fig* to melt away **2.** [maigrir] to lose weight **3.** [se ruer] ▸ **fondre sur** to swoop down on. ◆ **se fondre** vp ▸ **se fondre dans la brume / la foule** to melt away into the fog / the crowd.

fonds [fɔ̃] ❖ nm **1.** [ressources] fund ▸ **fonds d'amortissement** sinking fund ▸ **fonds de consolidation** umbrella fund ▸ **fonds commun de placement** unit trust UK, mutual fund US ▸ **fonds géré** managed fund ▸ **fonds indiciel** ou **à gestion indicielle** tracker fund ▸ **le Fonds monétaire international** the International Monetary Fund ▸ **fonds off-shore** offshore fund ▸ **fonds de réserve** reserve fund ▸ **fonds de roulement** working capital ▸ **le Fonds social européen** European Social Fund **2.** [bien immobilier] ▸ **fonds (de commerce)** business. ❖ nmpl **1.** [ressources] funds / *être en fonds* to be in funds / *rentrer dans ses fonds* to recoup one's costs ▸ **collecte de fonds** financial appeal, fundraising *(U)* **2.** ÉCON & FIN ▸ **fonds de pension** (private) pension fund ▸ **fonds de prévoyance** contingency fund ▸ **les fonds propres** shareholders' UK ou stockholders' US equity ▸ **fonds publics / secrets** public / secret funds.

fondu, e [fɔ̃dy] pp ⟶ **fondre.** ◆ **fondu** nm **1.** [CINÉ - ouverture] fade-in ; [- fermeture] fade-out ▸ **fondu enchaîné** dissolve **2.** [de couleurs] blend. ◆ **fondue** nf fondue ▸ **fondue au fromage** ou **savoyarde** cheese fondue ▸ **fondue bourguignonne** meat fondue.

fongicide [fɔ̃ʒisid] ❖ nm fungicide. ❖ adj fungicidal.

font ⟶ **faire**.

fontaine [fɔ̃tɛn] nf [naturelle] spring ; [publique] fountain.

fontanelle [fɔ̃tanɛl] nf fontanelle.

fonte [fɔ̃t] nf **1.** [de glace, beurre] melting ; [de métal] melting down ▸ **la fonte des neiges** the thaw **2.** [alliage] cast iron ▸ **en fonte** cast-iron.

fonts [fɔ̃] nmpl ▸ **fonts baptismaux** (baptismal) font *sg*.

foot [fut] *fam* = **football**.

football [futbol] nm soccer, football UK ▸ **football américain** American football UK, football US.

footballeur, euse [futbolœʀ, øz] nm, f soccer player, footballer UK.

footballistique [futbalistik] ❖ adj football-related. ❖ nf ▸ **la footballistique** *everything to do with football*.

footeux, euse [futø, øz] nm, f *fam* footy-fan.

footing [futiŋ] nm jogging ▸ **faire du footing** to go jogging.

for [fɔʀ] nm ▸ **dans son for intérieur** in his / her heart of hearts.

FOR (*abr écrite de* **forint**) F, Ft.

forage [fɔʀaʒ] nm drilling.

forain, e [fɔʀɛ̃, ɛn] adj ⟶ **fête.** ◆ **forain** nm stallholder UK.

forban [fɔʀbɑ̃] nm **1.** [corsaire] pirate **2.** [escroc] crook.

forçat [fɔʀsa] nm convict.

force [fɔʀs] nf **1.** [vigueur] strength ▸ **avoir de la force** to be strong / *avoir recours à la force* to resort to force ▸ **en force** a) [passer] by (physical) effort b) [arriver] in force ▸ **être une force de la nature** to be a human dynamo ▸ **être de force à faire qqch** to be up to doing sthg ▸ **c'est ce qui fait sa force** that's where his strength lies ▸ **force de caractère** strength of character ▸ **dans la force de l'âge** *fig* in the prime of life / *grimper à la force des bras* to climb by the strength of one's arms / *s'élever à la force du poignet fig* to go up in the world by the sweat of one's brow **2.** [violence, puissance, MIL & PHYS] force ▸ **faire faire qqch à qqn de force** to force sb to do sthg / *on les a fait sortir de force* they were made to leave ▸ **par la force des choses** by force of circumstances ▸ **avoir force de loi** to have force of law ▸ **obtenir qqch par la force** to obtain sthg by force ▸ **force centrifuge** PHYS centrifugal force ▸ **force de frappe** strike force ▸ **force d'inertie** PHYS force of inertia ▸ **force d'intervention** task force ▸ **force de vente** COMM sales force. ◆ **forces** nfpl **1.** [physique] strength *(U)* ▸ **être à bout de forces** to have no strength left / *c'est au-dessus de mes forces* it's beyond me ▸ **recouvrer ses forces** to get one's strength back ▸ **reprendre des forces** to recover one's strength **2.** [organisation] ▸ **les forces armées** the armed forces ▸ **forces d'intervention** rapid deployment force *sg* ▸ **les forces de l'ordre** the police *sg* ▸ **les forces de police** the police force *sg*. ◆ **à force** loc adv *fam* : *tu vas le casser, à force !* you'll break it if you go on like that! ◆ **à force de** loc prép by dint of / *à force de parler* by dint of talking.

forcé, e [fɔʀse] adj forced.

forcément [fɔʀsemɑ̃] adv inevitably / *elle est très mince — forcément, elle ne mange rien !* she's very slim — that's hardly surprising, she never eats a thing! ▸ **pas forcément** not necessarily.

forcené, e [fɔʀsəne] ❖ adj [haine, critique] frenzied ; [partisan] fanatical. ❖ nm, f maniac.

forceps [fɔʀsɛps] nm forceps *pl* / *au forceps fig* a breech birth.

forcer [16] [fɔʀse] ❖ vt **1.** [gén] to force ▸ **forcer qqn à qqch / à faire qqch** to force sb into sthg / to do sthg **2.** [admiration, respect] to compel, to command **3.** [talent, voix] to strain. ❖ vi : *ça ne sert à rien de forcer, ça ne passe pas* there's no point in forcing it: it won't go through ▸ **forcer sur qqch** to overdo sthg. ◆ **se forcer** vp [s'obliger] ▸ **se forcer à faire qqch** to force o.s. to do sthg.

forcing [fɔʀsiŋ] nm SPORT pressure ▸ **faire du forcing** *fig* to push o.s.

forcir [32] [fɔʀsiʀ] vi to put on weight.

forer [3] [fɔʀe] vt to drill.

forestier, ère [fɔʀɛstje, ɛʀ] ◆ adj forest *(avant n)*. ◆ nm, f forestry worker.

foret [fɔʀɛ] nm drill.

forêt [fɔʀɛ] nf forest.

Forêt-Noire [fɔʀɛnwaʀ] npr f ▸ **la Forêt-Noire** the Black Forest. ◆ **forêt-noire** (*pl* **forêts-noires**) nf CULIN Black Forest gateau.

foreuse [fɔʀøz] nf drill.

forfait [fɔʀfɛ] nm **1.** [prix fixe] fixed price ▸ **être au forfait** [pour l'imposition] to pay an estimated amount of tax **2.** [séjour] package deal **3.** SPORT ▸ **déclarer forfait a)** [abandonner] to withdraw **b)** *fig* to give up **4.** *litt* [crime] heinous crime.

forfaitaire [fɔʀfɛtɛʀ] adj inclusive.

forfaiture [fɔʀfetyʀ] nf **1.** DR abuse of authority **2.** HIST forfeiture.

forfait-vacances [fɔʀfɛvakɑ̃s] (*pl* **forfaits-vacances**) nm package tour ou holiday UK.

forfanterie [fɔʀfɑ̃tʀi] nf bragging.

forge [fɔʀʒ] nf forge.

forger [17] [fɔʀʒe] vt **1.** [métal] to forge **2.** *fig* [caractère] to form **3.** [plan, excuse] to concoct / *une histoire forgée de toutes pièces* a fabricated story. ◆ **se forger** vpt : *se forger une réputation* to earn o.s. a reputation / *se forger le caractère* to build up one's character.

forgeron [fɔʀʒəʀɔ̃] nm blacksmith.

formaliser [3] [fɔʀmalize] vt to formalize. ◆ **se formaliser** vp ▸ **se formaliser (de)** to take offence UK ou offense US (at).

formalisme [fɔʀmalism] nm formality.

formaliste [fɔʀmalist] ◆ nmf formalist. ◆ adj [milieu] conventional ; [personne] ▸ **être formaliste** to be a stickler for the rules.

formalité [fɔʀmalite] nf formality ▸ **les formalités d'usage** the usual formalities.

format [fɔʀma] nm **1.** [dimension] size ▸ **grand / petit format** large/small size **2.** INFORM format ▸ **format JPEG** JPEG format ▸ **format MJPEG** MJPEG format.

formatage [fɔʀmataʒ] nm INFORM formatting.

formater [3] [fɔʀmate] vt INFORM to format.

formateur, trice [fɔʀmatœʀ, tʀis] ◆ adj formative. ◆ nm, f trainer.

formation [fɔʀmasjɔ̃] nf **1.** [gén] formation ▸ **formation politique** political group / *architecte de formation, elle est devenue cinéaste* having trained as an architect, she turned to making films / *elle a une bonne formation littéraire / scientifique* she has a good literary/scientific background **2.** [apprentissage] training / *formation en alternance* sandwich course UK ▸ **formation continue** continuing education ▸ **formation professionnelle** vocational training.

forme [fɔʀm] nf **1.** [aspect] shape, form ▸ **en forme de** in the shape of / *en forme de poisson* shaped like a fish, fish-shaped ▸ **sous forme de** in the form of / *un médicament qui existe sous forme de comprimés* a drug available in tablet form ▸ **sous toutes ses formes** in all its forms / *mettez vos idées en forme* give your ideas some shape / *mettre un verbe à la forme interrogative* to put a verb into the interrogative (form) ▸ **prendre forme** to take shape **2.** [état] form ▸ **être en (pleine) forme** to be in (great) shape, to be on UK ou in US (top) form / *être en bonne forme physique* to be fit **3.** EXPR ▸ **en bonne et due forme** in due form ▸ **faire qqch dans les formes** to do sthg in the correct way ▸ **pour la forme** for form's sake ▸ **sans autre forme de procès** without further ado ▸ **y mettre les formes** to be tactful. ◆ **formes** nfpl figure *sg* / *avoir des formes* to have a shapely figure.

formel, elle [fɔʀmɛl] adj **1.** [définitif, ferme] positive, definite **2.** [poli] formal.

formellement [fɔʀmɛlmɑ̃] adv **1.** [refuser] positively ; [promettre] definitely **2.** [raisonner] formally.

former [3] [fɔʀme] vt **1.** [gén] to form / *ils ont formé un cortège / attroupement* they formed a procession / a mob / *ils forment un couple uni* they're a united couple / *former des vœux pour le succès de qqn / qqch* to wish sb/sthg success **2.** [personnel, élèves] to train / *former les jeunes en entreprise* to give young people industrial training / *former son personnel à l'informatique* to give one's staff computer training **3.** [goût, sensibilité] to develop. ◆ **se former** vp **1.** [se constituer] to form **2.** [s'instruire] to train o.s. / *se former sur le tas* to learn on the job ou as one goes along.

Formica® [fɔʀmika] nm inv Formica®.

formidable [fɔʀmidabl] adj **1.** [épatant] great, tremendous **2.** [incroyable] incredible.

formidablement [fɔʀmidabləmɑ̃] adv tremendously / *elle sait formidablement bien s'occuper des enfants* she's great ou marvellous UK ou marvelous US with children.

formol [fɔʀmɔl] nm formalin.

formosan, e [fɔʀmɔzɑ̃, an] adj Formosan. ◆ **Formosan, e** nm, f Formosan.

Formose [fɔʀmɔz] npr Formosa / *à Formose* in Formosa.

formulaire [fɔʀmylɛʀ] nm form ▸ **remplir un formulaire** to fill in a form.

formulation [fɔʀmylasjɔ̃] nf wording, formulation.

formule [fɔʀmyl] nf **1.** [expression] expression / *formule consacrée* accepted expression ▸ **la formule magique** the magic words ▸ **formule de politesse a)** [orale] polite phrase **b)** [épistolaire] letter ending **2.** CHIM & MATH formula **3.** [méthode] way, method / *ils ont (trouvé) la formule pour ne pas avoir d'ennuis* they've found a way of not having any problems ▸ **une nouvelle formule de spectacle / restaurant** a new kind of show/restaurant / *nous vous proposons plusieurs formules de crédit* we offer you several credit options / *une formule économique pour vos vacances* an economical way to spend your holidays UK ou vacation US / *formules de remboursement* repayment options. ◆ **formule 1** nf Formula One.

formuler [3] [fɔʀmyle] vt to formulate, to express.

fornication [fɔʀnikasjɔ̃] nf *litt* & *hum* fornication.

forniquer [3] [fɔʀnike] vi to fornicate.

forsythia [fɔʀsisja] nm forsythia.

fort, e [fɔʀ, fɔʀt] ❖ adj **1.** [gén] strong / *mer forte* MÉTÉOR rough sea / *elle a une forte personnalité* she's got a strong personality ▸ **et le plus fort, c'est que…** and the most amazing thing about it is… ▸ **c'est un peu fort !** *fam* that's a bit much! ▸ **tu y vas un peu fort !** *fam* you're going a bit far! ▸ **c'est plus fort que moi** I can't help it ▸ **fort comme un Turc** ou **un bœuf** as strong as an ox **2.** [corpulent] heavy, big / *avoir la taille forte* to be big around the waist **3.** [doué] gifted ▸ **être fort en qqch** to be good at sthg **4.** [puissant - voix] loud ; [- vent, lumière, accent] strong **5.** [considérable] large / *il est prêt à payer le prix fort* he's willing to pay the full price / *il y a de fortes chances qu'il gagne* there's a good chance he'll win. ❖ adv **1.** [frapper, battre] hard ; [sonner, parler] loud, loudly / *sentir fort* to smell **2.** *sout* [très] very / *j'en suis fort aise !* *hum* I'm very pleased to hear it! ▸ **avoir fort à faire (avec qqn)** to have a hard job (with sb). ❖ nm **1.** [château] fort **2.** [personne] ▸ **un fort en qqch** a person who is good at sthg / *un fort en thème* *vieilli* a swot UK ou grind US **3.** [spécialité] ▸ **ce n'est pas mon fort** it's not my forte ou strong point. ◆ **au plus fort de** loc prép [hiver] in the depths of / *au (plus) fort de l'été* in the height of summer ; [tempête, dispute] at the height of.

forte [fɔʀte] adj & nm MUS forte.

fortement [fɔʀtəmɑ̃] adv **1.** [avec force] hard **2.** [très intéressé, ému] deeply **3.** [bégayer, loucher] badly.

forteresse [fɔʀtəʀɛs] nf fortress.

fortiche [fɔʀtiʃ] adj *fam* : *elle est fortiche en anglais !* she's dead UK ou real US good at English!

fortifiant, e [fɔʀtifjɑ̃, ɑ̃t] adj fortifying. ◆ **fortifiant** nm tonic.

fortification [fɔʀtifikasjɔ̃] nf fortification.

fortifier [9] [fɔʀtifje] vt [personne, ville] to fortify ▸ **fortifier qqn dans qqch** *fig* to strengthen sb in sthg / *une ville fortifiée* a walled ou fortified town.

fortiori [fɔʀsjɔʀi] ⟶ **a fortiori**.

fortuit, e [fɔʀtɥi, it] adj chance *(avant n)*, fortuitous.

fortune [fɔʀtyn] nf **1.** [richesse] fortune ▸ **faire fortune** to make one's fortune **2.** [hasard] luck, fortune.

fortuné, e [fɔʀtyne] adj **1.** [riche] wealthy **2.** [chanceux] fortunate, lucky.

forum [fɔʀɔm] nm forum ▸ **forum de discussion** INFORM chat room.

fosse [fos] nf **1.** [trou] pit ▸ **fosse septique** septic tank ▸ **fosse aux lions** lions' den ▸ **fosse d'orchestre** orchestra pit / *fosse de sable* QUÉBEC [golf] bunker, sand trap US **2.** [tombe] grave ▸ **fosse commune** common grave.

fossé [fose] nm ditch ; *fig* gap.

fossette [fosɛt] nf dimple.

fossile [fosil] ❖ adj fossil *(avant n)*, fossilized. ❖ nm **1.** [de plante, d'animal] fossil **2.** *fig* & *péj* [personne] fossil, fogey.

fossiliser [3] [fosilize] vt to fossilize. ◆ **se fossiliser** vpi to become fossilized.

fossoyeur, euse [foswajœʀ, øz] nm, f gravedigger.

fou, folle [fu, fɔl] ❖ adj *(**fol** devant voyelle ou 'h' muet)* mad, insane ; [prodigieux] tremendous / *c'est fou, ce qui lui est arrivé* what happened to him is incredible ▸ **être fou de qqn / qqch** to be mad about sb/sthg / *être fou d'inquiétude* to be mad with worry / *il y avait un monde fou* there was a huge crowd / *rendre qqn fou* to drive sb mad / *ton projet est complètement fou* your plan is completely crazy ou mad ▸ **fou à lier** raving mad / *un fol espoir* a foolish hope, a mad hope. ❖ nm, f madman (madwoman) ▸ **fou furieux** manic / *comme un fou* **a)** *pr* dementedly **b)** [intensément] like mad ou crazy / *c'est un fou de moto* he's mad on ou crazy about motorbikes UK ou motorcycles US ▸ **faire le fou** *fig* to act the fool.

foudre [fudʀ] nf lightning ▸ **rapide comme la foudre** (as) quick as lightning ▸ **encourir** ou **s'attirer les foudres de qqn** *fig* to bring down sb's wrath on o.s.. ◆ **foudre de guerre** nm **1.** *litt* [guerrier] great warrior **2.** *fig* ▸ **ce n'est pas un foudre de guerre** *hum* he wouldn't say boo to a goose.

foudroyant, e [fudʀwajɑ̃, ɑ̃t] adj **1.** [progrès, vitesse] lightning *(avant n)* ; [succès] stunning **2.** [nouvelle] devastating ; [regard] withering.

foudroyer [13] [fudʀwaje] vt **1.** [suj : foudre] to strike / *l'arbre a été foudroyé* the tree was struck by lightning **2.** *fig* [abattre] to strike down, to kill ▸ **foudroyer qqn du regard** to glare at sb.

fouet [fwɛ] nm **1.** [en cuir] whip ▸ **de plein fouet** direct / *il prit la pluie de plein fouet* the rain hit him full in the face **2.** CULIN whisk.

fouetter [4] [fwete] vt **1.** [gén] to whip ; [suj : pluie] to lash (against) **2.** [stimuler] to stimulate.

fougasse [fugas] nf *type of unleavened bread.*

fougère [fuʒɛʀ] nf fern.

fougue [fug] nf ardour UK, ardor US.

fougueux, euse [fugø, øz] adj ardent, spirited.

fouille [fuj] nf **1.** [de personne, maison] search **2.** [du sol] dig, excavation. ◆ **fouilles** nfpl *fam* pockets.

fouiller [3] [fuje] ❖ vt **1.** [gén] to search **2.** *fig* [approfondir] to examine closely. ❖ vi ▸ **fouiller dans** to go through.

fouillis [fuji] nm jumble, muddle.

fouine [fwin] nf stone-marten.

fouiner [3] [fwine] vi *fam* to ferret around.

foulard [fulaʀ] nm scarf.

foule [ful] nf **1.** [de gens] crowd ▸ **en foule** in great numbers ▸ **attirer les foules** *fig* to draw the crowds ▸ **il y a foule** *fam* there are crowds OU masses of people / *il n'y a pas foule fam* there's hardly anyone around **2.** *péj* [peuple] ▸ **la foule** the masses *pl* **3.** *fig* [multitude] ▸ **une foule de** masses of / *il m'a donné une foule de détails* he gave me a whole mass of details.

foulée [fule] nf [de coureur] stride / *je suis sorti faire des courses et dans la foulée...* I went out to do some shopping and while I was at it....

fouler [3] [fule] vt [raisin] to press ; [sol] to walk on. ◆ **se fouler** vp **1.** MÉD ▸ **se fouler le poignet / la cheville** to sprain one's wrist / ankle **2.** *fam* & *fig* [se fatiguer] ▸ **ne pas se fouler** not to strain o.s.

foulure [fulyʀ] nf sprain.

four [fuʀ] nm **1.** [de cuisson] oven ▸ **cuit au four** baked ▸ **four électrique / à micro-ondes** electric / microwave oven ▸ **four crématoire** HIST oven ▸ **je ne peux pas être (à la fois) au four et au moulin** *fig* I haven't got two pairs of hands, I can't be in two places at once ▸ **noir comme dans un four** *fig* black as pitch **2.** THÉÂTRE flop ▸ **faire un four** to flop.

fourbe [fuʀb] ◈ adj treacherous, deceitful. ◈ nmf rogue.

fourbi [fuʀbi] nm *fam* **1.** [attirail] gear **2.** [fouillis] mess.

fourbir [32] [fuʀbiʀ] vt *pr* & *fig* to polish.

fourbu, e [fuʀby] adj tired out, exhausted.

fourche [fuʀʃ] nf **1.** [outil] pitchfork **2.** [de vélo, route] fork **3.** BELGIQUE SCOL free period.

fourcher [3] [fuʀʃe] vi **1.** [cheveux] to split **2.** EXPR ▸ **sa langue a fourché** *fam* he made a slip of the tongue.

fourchette [fuʀʃɛt] nf **1.** [couvert] fork **2.** [écart] range, bracket.

fourchu, e [fuʀʃy] adj forked.

fourgon [fuʀgɔ̃] nm **1.** [camionnette] van ▸ **fourgon cellulaire** police van UK, patrol wagon US ▸ **fourgon mortuaire** hearse **2.** [ferroviaire] ▸ **fourgon à bestiaux** cattle truck ▸ **fourgon postal** mail van UK, mail truck US.

fourgonnette [fuʀgɔnɛt] nf small van.

fourguer [3] [fuʀge] vt *fam* ▸ **fourguer qqch à qqn** to palm sthg off on sb.

fourmi [fuʀmi] nf [insecte] ant ; *fig* hard worker ▸ **avoir des fourmis dans les bras / les jambes** to have pins and needles in one's arms / legs.

fourmilière [fuʀmiljɛʀ] nf anthill.

fourmillement [fuʀmijmɑ̃] nm **1.** [d'insectes, de personnes] swarming **2.** [picotement] pins and needles *pl*.

fourmiller [3] [fuʀmije] vi [pulluler] to swarm ▸ **fourmiller de** *fig* to be swarming with.

fournaise [fuʀnɛz] nf furnace.

fourneau, x [fuʀno] nm **1.** [cuisinière, poêle] stove **2.** [de fonderie] furnace **3.** [de pipe] bowl.

fournée [fuʀne] nf batch.

fourni, e [fuʀni] adj [barbe, cheveux] thick.

fournil [fuʀnil] nm bakery.

fournir [32] [fuʀniʀ] ◈ vt **1.** [procurer] ▸ **fournir qqch à qqn** to supply OU provide sb with sthg / *c'est la France qui leur fournit des armes* it's France who is providing OU supplying them with weapons / *fournir un alibi à qqn* to provide sb with an alibi **2.** [produire] ▸ **fournir un effort** to make an effort **3.** [approvisionner] ▸ **fournir qqn (en)** to supply sb (with) / *fournir une entreprise en matières premières* to supply a firm with raw materials. ◈ vi ▸ **fournir à** to provide for / *fournir aux besoins de qqn* to provide for sb's needs. ◆ **se fournir** vp ▸ **se fournir chez / en** to get supplies from / of / *je me fournis toujours chez le même boucher* I always shop at the same butcher's, I get all my meat from the same place.

fournisseur, euse [fuʀnisœʀ, øz] nm, f supplier. ◆ **fournisseur** nm INFORM (Internet) service provider, Internet Access Provider.

fourniture [fuʀnityʀ] nf supply, supplying *(U)*. ◆ **fournitures** nfpl ▸ **fournitures de bureau** office supplies ▸ **fournitures scolaires** school supplies.

fourrage [fuʀaʒ] nm fodder.

fourrager[1], ère [fuʀaʒe, ɛʀ] adj fodder *(avant n)*.

fourrager[2] [17] [fuʀaʒe] vi *fam* ▸ **fourrager dans qqch** to rummage through sthg.

fourré [fuʀe] nm thicket.

fourreau, x [fuʀo] nm **1.** [d'épée] sheath ; [de parapluie] cover **2.** [robe] sheath dress.

fourrer [3] [fuʀe] vt **1.** CULIN to stuff, to fill **2.** *fam* [mettre] ▸ **fourrer qqch (dans)** to stuff sthg (into). ◆ **se fourrer** vp *fam* ▸ **se fourrer dans le pétrin** to get into a mess ▸ **se fourrer une idée dans la tête** to get an idea into one's head ▸ **je ne savais plus où me fourrer** I didn't know where to put myself.

fourre-tout [fuʀtu] nm inv **1.** [pièce] lumber room UK, junk room US **2.** [sac] holdall UK, carryall US **3.** *fig* & *péj* [d'idées] hotchpotch UK, hodgepodge US.

fourreur [fuʀœʀ] nm furrier.

fourrière [fuʀjɛʀ] nf pound ▸ **mettre à la fourrière** [voiture] to tow away.

fourrure [fuʀyʀ] nf fur ▸ **un manteau en fausse fourrure** a fake fur coat.

fourvoyer [13] [fuʀvwaje] ◆ **se fourvoyer** vp *sout* [s'égarer] to lose one's way ; [se tromper] to go off on the wrong track.

foutaise [futɛz] nf *fam* crap *(U)*.

foutoir [futwaʀ] nm *fam* pigsty.

foutre [116] [futʀ] vt *tfam* **1.** [mettre] to shove, to stick ▸ **foutre qqn dehors** OU **à la porte** to chuck sb out / *foutre qqch par la fenêtre* to chuck sthg out of the window / *foutre un rêve / un projet par terre fig* to wreck a dream / a project **2.** [donner] : *foutre le cafard à qqn* to get sb down / *foutre la paix à qqn* to leave sb alone, to get out of sb's hair / *foutre la trouille à qqn* to scare the pants off sb, to put the wind up sb UK / *il lui a foutu une baffe* he thumped him one **3.** [faire] to do ▸ **ne rien foutre de la journée** to not do a damn thing all day / *j'en ai rien à foutre* I don't give a damn ou toss UK / *fous le camp de chez moi !* get the hell out of my house! *tfam* / *qu'est-ce que ça peut te / lui foutre ?* what the hell does it matter to you/him? *tfam* / *va te faire foutre ! vulg* piss *tfam* ou fuck *vulg* off! ◆ **se foutre** vp *tfam* **1.** [se mettre] ▸ **se foutre dans** [situation] to get o.s. into ▸ **se foutre dedans** to blow it **2.** [se moquer] ▸ **se foutre de (la gueule de) qqn** to laugh at sb, to take the mickey out of sb UK / *tu te fous de moi ou quoi !* are you taking the piss? UK **3.** [ne pas s'intéresser] : *je m'en fous* I don't give a damn ou toss UK about it.

foutu, e [futy] adj *fam* **1.** [maudit] damned, bloody UK ; [caractère] nasty **2.** [fait, conçu] ▸ **bien foutu** [projet, maison] great / *elle est bien foutue, celle-là* [femme] she's a real stunner **3.** [perdu] : *il est foutu* he's/it's had it **4.** [capable] ▸ **être foutu de faire qqch** to be liable ou quite likely to do sthg.

fox-terrier [fɔkstɛʀje] (*pl* **fox-terriers**) nm fox terrier.

foyer [fwaje] nm **1.** [maison] home ▸ **rentrer au foyer** to go home ▸ **être mère au foyer** to be a housewife and mother / *femme au foyer* housewife **2.** [famille] family ▸ **fonder un foyer** to set up home ▸ **foyer fiscal** household **3.** [résidence] home, hostel ▸ **foyer d'étudiants** (students) hall ▸ **foyer d'immigrés** immigrant workers' hostel **4.** [point central] centre UK, center US / *un foyer d'incendie* a fire **5.** [de lunettes] focus ▸ **verres à double foyer** bifocals.

FP (*abr de* **franchise postale**) PP.

FPA (*abr de* **formation professionnelle des adultes**) nf *state-run adult training scheme.*

FPLP (*abr de* **Front populaire de libération de la Palestine**) nm PFLP.

frac [fʀak] nm tails *pl.*

fracas [fʀaka] nm roar.

fracassant, e [fʀakasɑ̃, ɑ̃t] adj [bruyant] thunderous ; *fig* staggering, sensational.

fracasser [3] [fʀakase] vt to smash, to shatter. ◆ **se fracasser** vp ▸ **se fracasser contre / sur** to crash against/into.

fractal, e, aux [fʀaktal, o] adj fractal. ◆ **fractale** nf fractal.

fraction [fʀaksjɔ̃] nf fraction.

fractionner [3] [fʀaksjɔne] vt to divide (up), to split up. ◆ **se fractionner** vp to split up.

fracture [fʀaktyʀ] nf MÉD fracture ▸ **fracture du crâne** fractured skull ▸ **fracture sociale** gap between the rich and the poor.

fracturer [3] [fʀaktyʀe] vt **1.** MÉD to fracture **2.** [coffre, serrure] to break open. ◆ **se fracturer** vp to break, to fracture.

fragile [fʀaʒil] adj [gén] fragile ; [peau, santé] delicate.

fragiliser [3] [fʀaʒilize] vt to weaken.

fragilité [fʀaʒilite] nf fragility.

fragment [fʀagmɑ̃] nm **1.** [morceau] fragment **2.** [extrait - d'œuvre] extract ; [- de conversation] snatch.

fragmentaire [fʀagmɑ̃tɛʀ] adj fragmentary.

fragmenter [3] [fʀagmɑ̃te] vt to fragment, to break up. ◆ **se fragmenter** vp to fragment, to break up.

fraîche ⟶ **frais**.

fraîchement [fʀɛʃmɑ̃] adv **1.** [récemment] recently **2.** [froidement] coolly.

fraîcheur [fʀɛʃœʀ] nf **1.** [d'air, d'accueil] coolness **2.** [de teint, d'aliment] freshness.

fraîchir [32] [fʀɛʃiʀ] vi to freshen.

frais¹, fraîche [fʀɛ, fʀɛʃ] adj **1.** [air, accueil] cool / *boisson fraîche* cold drink **2.** [récent - trace] fresh ; [- encre] wet ▸ **frais émoulu (de)** fresh (from) / *œufs frais de ce matin* eggs newly laid this morning / *j'ai reçu des nouvelles fraîches* I've got some recent news **3.** [teint] fresh, clear ▸ **frais et dispos** hale and hearty ▸ **être frais comme un gardon** to be on top form **4.** ÉCON ▸ **argent frais** ready cash. ◆ **frais** ✧ nm ▸ **mettre qqch au frais** to put sthg in a cool place ▸ **prendre le frais** to take a breath of fresh air. ✧ adv ▸ **il fait frais** it's cool ▸ **'servir frais'** 'serve chilled'.

frais² nmpl **1.** [dépenses] expenses, costs ▸ **faux frais** incidentals ▸ **frais d'abonnement** [sur une facture] standing charges ▸ **frais d'administration** administrative costs ▸ **frais bancaires** bank charges ▸ **frais de déplacement** travelling expenses ▸ **frais différés** deferred charges ▸ **frais directs** direct costs ▸ **frais d'entretien** upkeep ▸ **frais d'envoi** ou **d'expédition** postage ▸ **frais d'équipement** capital expenditure ▸ **frais de fabrication** manufacturing costs ▸ **frais facturables** FIN chargeable expenses ▸ **frais fixes** fixed costs ▸ **frais généraux** overheads UK, overhead US ▸ **frais de gestion** running costs ▸ **frais d'inscription a)** registration fee, membership fee **b)** FIN set-up fee ▸ **frais de justice** legal costs ▸ **frais de lancement** set-up costs ▸ **frais professionnels** professional expenses ▸ **frais de représentation** entertainment allowance ▸ **frais de tenue de compte** account charges ▸ **frais de sortie** exit charge(s) ▸ **frais variables** variable costs **2.** EXPR **à grands frais** at a high price ▸ **aux frais de la maison** at the company's expense ▸ **à peu de frais** cheaply ▸ **faire des frais** to spend a lot of money ▸ **tous frais payés** all expenses paid ▸ **faire les frais de qqch** to bear the brunt of sthg ▸ **en être pour ses frais** to waste one's time ▸ **rentrer dans ses frais** to cover one's expenses, to break even.

fraise [fʀɛz] nf **1.** [fruit] strawberry ▸ **fraise des bois** wild strawberry **2.** [de dentiste] drill ; [de menuisier] bit.

fraiser [4] [fʀeze] vt to countersink.

fraiseuse [fʀɛzøz] nf milling machine.

fraisier [fʀɛzje] nm **1.** [plante] strawberry plant **2.** [gâteau] strawberry sponge.

framboise [fʀɑ̃bwaz] nf **1.** [fruit] raspberry **2.** [liqueur] raspberry liqueur.

framboisier [fʀɑ̃bwazje] nm **1.** [plante] raspberry bush **2.** [gâteau] raspberry sponge.

franc, franche [fʀɑ̃, fʀɑ̃ʃ] adj **1.** [sincère] frank ▸ **être franc du collier** to be straightforward ▸ **jouer franc jeu** to play fair / *pour être franc avec vous* to be honest with you **2.** [net] clear, definite / *l'ambiance n'était pas à la franche gaieté* the atmosphere wasn't exactly a happy one / *rencontrer une franche hostilité* to encounter outright hostility **3.** COMM & FIN free ▸ **port franc** free port ▸ **zone franche** free zone. ◆ **franc** nm franc ▸ **franc suisse** Swiss franc.

français, e [fʀɑ̃sɛ, ɛz] adj French. ◆ **français** nm [langue] French. ◆ **Français, e** nm, f Frenchman (Frenchwoman) ▸ **les Français** the French ▸ **le Français moyen** the average Frenchman.

France [fʀɑ̃s] nf : *la France* France ▸ **France 2, France 3** TV *French state-owned television channels* ▸ **France-Inter** RADIO *radio station broadcasting mainly current affairs programmes, interviews and debates.*

franche ⟶ franc.

franchement [fʀɑ̃ʃmɑ̃] adv **1.** [sincèrement] frankly **2.** [nettement] clearly **3.** [tout à fait] completely, downright.

franchir [32] [fʀɑ̃ʃiʀ] vt **1.** [obstacle] to get over **2.** [porte] to go through ; [seuil] to cross **3.** [distance] to cover.

franchise [fʀɑ̃ʃiz] nf **1.** [sincérité] frankness **2.** COMM franchise **3.** [d'assurance] excess **4.** [détaxe] exemption ▸ **franchise de TVA** zero-rating.

franchisé [fʀɑ̃ʃize] adj ▸ **agent franchisé** franchise holder.

franchiser [fʀɑ̃ʃize] vt to franchise.

franchouillard, e [fʀɑ̃ʃujaʀ, aʀd] adj *fam* & *péj* typically French.

francilien, enne [fʀɑ̃siljɛ̃, ɛn] adj of/from the Île-de-France. ◆ **Francilien, enne** nm, f preson from the Île-de-France.

franciscain, e [fʀɑ̃siskɛ̃, ɛn] adj & nm, f Franciscan.

franciser [3] [fʀɑ̃size] vt to frenchify.

franc-jeu [fʀɑ̃ʒø] nm ▸ **jouer franc-jeu** to play fair.

franc-maçon, onne [fʀɑ̃masɔ̃, ɔn] (*mpl* **francs-maçons**, *fpl* **franc-maçonnes**) adj masonic. ◆ **franc-maçon** nm freemason.

franc-maçonnerie [fʀɑ̃masɔnʀi] (*pl* **franc-maçonneries**) nf freemasonry *(U)*.

franco [fʀɑ̃ko] adv **1.** *fam* [franchement] ▸ **y aller franco** to go straight to the point **2.** COMM ▸ **franco à bord** free on board ▸ **franco de port** carriage paid.

franco-français, e [fʀɑ̃kofʀɑ̃sɛ, ɛz] (*mpl* **franco-français**, *fpl* **franco-françaises**) adj *fam* & *péj* typically French.

francophile [fʀɑ̃kɔfil] nmf & adj francophile.

francophone [fʀɑ̃kɔfɔn] ❖ adj French-speaking. ❖ nmf French speaker.

francophonie [fʀɑ̃kɔfɔni] nf ▸ **la francophonie** French-speaking nations *pl*.

> **Francophonie**
>
> This is a wide-ranging cultural and political concept involving the promotion of the French language in French-speaking communities around the world.

franc-parler [fʀɑ̃paʀle] (*pl* **francs-parlers**) nm ▸ **avoir son franc-parler** to speak one's mind.

franc-tireur [fʀɑ̃tiʀœʀ] (*pl* **francs-tireurs**) nm **1.** MIL irregular **2.** *fig* [indépendant] freelance ▸ **agir en franc-tireur** to act independently.

frange [fʀɑ̃ʒ] nf **1.** [bordure] fringe **2.** [cheveux] fringe UK, bangs US.

frangin, e [fʀɑ̃ʒɛ̃, fʀɑ̃ʒin] nm, f *fam* brother (sister).

frangipane [fʀɑ̃ʒipan] nf almond paste.

franglais [fʀɑ̃glɛ] nm Franglais.

franquette [fʀɑ̃kɛt] ◆ **à la bonne franquette** loc adv informally, without ceremony.

frappant, e [fʀapɑ̃, ɑ̃t] adj striking.

frappe [fʀap] nf **1.** [de monnaie] minting, striking **2.** [à la machine] typing ; INFORM keying **3.** [de boxeur] punch **4.** MIL ▸ **frappe de précision** precision strike **5.** *péj* [voyou] lout, yob UK.

frappé, e [fʀape] adj **1.** [champagne] chilled **2.** *fam* [personne] crazy, nutty.

frapper [3] [fʀape] ❖ vt **1.** [gén] to strike / *frapper un grand coup* *fig* to strike a decisive blow / *ce qui me frappe chez lui, c'est sa désinvolture* what strikes me about him is his offhandedness / *être frappé par la foudre* to be struck by lightning / *le deuil/mal qui nous frappe* the bereavement/pain we are suffering **2.** [boisson] to chill. ❖ vi to knock / *on a frappé* someone knocked at the door / *frapper à la bonne/mauvaise porte* *fig* to go to the right/wrong place.

frasques [fʀask] nfpl pranks, escapades.

fraternel, elle [fʀatɛʀnɛl] adj fraternal, brotherly.

fraterniser [3] [fʀatɛʀnize] vi to fraternize.

fraternité [fʀatɛʀnite] nf brotherhood.

fratricide [fʀatʀisid] ❖ nmf fratricide. ❖ adj fratricidal.

fratrie [fʀatʀi] nf siblings *pl*, brothers and sisters *pl*.

fraude [fʀod] nf fraud ▸ **passer qqch en fraude** to smuggle sthg in ▸ **fraude électorale** ballot-rigging ▸ **fraude fiscale** tax evasion ▸ **fraude informatique** computer crime.

frauder [3] [fʀode] vt & vi to cheat.

fraudeur, euse [fʀodœʀ, øz] nm, f cheat.

frauduleux, euse [fʀodylø, øz] adj fraudulent.

frayer [11] [fʀeje] ❖ vt ▸ **frayer la voie à qqn** to clear the way for sb. ❖ vi [fréquenter] ▸ **frayer avec** to associate ou mix with. ◆ **se frayer** vp ▸ **se frayer un chemin (à travers une foule)** to force one's way through (a crowd).

frayeur [fʀɛjœʀ] nf fright, fear.

fredaines [fʀədɛn] nfpl pranks.

fredonner [3] [fʀədɔne] vt & vi to hum.

free-lance [fʀilɑ̃s] (*pl* **free-lances**) ❖ adj freelance. ❖ nmf freelance, freelancer. ❖ nm freelancing, freelance work / ***travailler* OU *être en free-lance*** to work on a freelance basis OU as a freelancer.

freezer [fʀizœʀ] nm freezer compartment.

frégate [fʀegat] nf **1.** [bateau] frigate **2.** [oiseau] frigate-bird.

frein [fʀɛ̃] nm **1.** AUTO brake ▸ **frein à main** handbrake ▸ **frein moteur** engine brake **2.** *fig* [obstacle] brake, check ▸ **mettre un frein à** to curb **3.** EXPR **ronger son frein** *fig* to champ at the bit.

freinage [fʀɛnaʒ] nm braking.

freiner [4] [fʀene] ❖ vt **1.** [mouvement, véhicule] to slow down ; [inflation, dépenses] to curb **2.** [personne] to restrain. ❖ vi to brake.

frelaté, e [fʀəlate] adj [vin] adulterated ; *fig* corrupt.

frêle [fʀɛl] adj **1.** [enfant, voix] frail **2.** [construction] flimsy, fragile.

frelon [fʀəlɔ̃] nm hornet.

freluquet [fʀəlykɛ] nm *péj* whippersnapper.

frémir [32] [fʀemiʀ] vi **1.** [corps, personne] to tremble **2.** [eau] to simmer.

frémissement [fʀemismɑ̃] nm **1.** [de corps, personne] shiver, trembling *(U)* **2.** [d'eau] simmering.

frêne [fʀɛn] nm ash.

frénésie [fʀenezi] nf frenzy.

frénétique [fʀenetik] adj frenzied.

frénétiquement [fʀenetikmɑ̃] adv [applaudir] furiously.

fréquemment [fʀekamɑ̃] adv frequently.

fréquence [fʀekɑ̃s] nf frequency.

fréquent, e [fʀekɑ̃, ɑ̃t] adj frequent ▸ **peu fréquent** infrequent.

fréquentable [fʀekɑ̃tabl] adj respectable.

fréquentation [fʀekɑ̃tasjɔ̃] nf **1.** [d'endroit] frequenting **2.** [de personne] association **3.** COMM footfall. ◆ **fréquentations** nfpl company *(U)* ▸ **avoir de mauvaises fréquentations** to keep bad company.

fréquenté, e [fʀekɑ̃te] adj ▸ **très fréquenté** busy / ***c'est très bien / mal fréquenté*** the right / wrong sort of people go there.

fréquenter [3] [fʀekɑ̃te] vt **1.** [endroit] to frequent **2.** [personne] to associate with ; *vieilli* & *hum* [petit ami] to go out with, to see.

frère [fʀɛʀ] ❖ nm brother ▸ **faux frère** false friend ▸ **frère de lait** foster brother ▸ **frère aîné / cadet** older / younger brother ▸ **frères d'armes** brothers in arms ▸ **frère jumeau** twin brother ▸ **ce sont des frères ennemis** a friendly rivalry exists between them. ❖ adj [parti, pays] sister *(avant n)*.

fresque [fʀɛsk] nf fresco.

fret [fʀɛ] nm freight.

frétiller [3] [fʀetije] vi [poisson, personne] to wriggle ▸ **frétiller de joie** *fig* to quiver with delight.

fretin [fʀətɛ̃] nm ▸ **le menu fretin** the small fry.

freudien, enne [fʀødjɛ̃, ɛn] adj Freudian.

friable [fʀijabl] adj crumbly.

friand, e [fʀijɑ̃, ɑ̃d] adj ▸ **être friand de** to be partial to. ◆ **friand** nm *meat pie in puff pastry*.

friandise [fʀijɑ̃diz] nf delicacy.

fric [fʀik] nm *fam* cash.

fricassée [fʀikase] nf fricassee.

fric-frac [fʀikfʀak] nm inv *fam* break-in.

friche [fʀiʃ] nf fallow land ▸ **en friche** fallow.

fricoter [3] [fʀikɔte] vt *fam, pr* & *fig* to cook up.

friction [fʀiksjɔ̃] nf **1.** [massage] massage **2.** *fig* [désaccord] friction.

frictionner [3] [fʀiksjɔne] vt to rub. ◆ **se frictionner** vp *(emploi réfléchi)* to rub o.s. / ***frictionne-toi bien*** give yourself a good rub down.

Frigidaire® [fʀiʒidɛʀ] nm fridge UK, refrigerator.

frigide [fʀiʒid] adj frigid.

frigidité [fʀiʒidite] nf frigidity.

frigo [fʀigo] nm *fam* fridge UK.

frigorifié, e [fʀigɔʀifje] adj *fam* frozen.

frigorifique [fʀigɔʀifik] adj refrigerated.

frileux, euse [fʀilø, øz] adj **1.** [craignant le froid] sensitive to the cold **2.** [prudent] unadventurous.

frimas [fʀima] nm *litt* foggy winter weather.

frime [fʀim] nf *fam* showing off.

frimer [3] [fʀime] vi *fam* [bluffer] to pretend ; [se mettre en valeur] to show off.

frimeur, euse [fʀimœʀ, øz] nmf show-off.

frimousse [fʀimus] nf *fam* dear little face.

fringale [fʀɛ̃gal] nf *fam* : ***avoir la fringale*** to be starving.

fringant, e [fʀɛ̃gɑ̃, ɑ̃t] adj high-spirited.

fringuer [3] [fʀɛ̃ge] vt *fam* to dress. ◆ **se fringuer** vp *fam* to get dressed.

fringues [fʀɛ̃g] nfpl *fam* clothes.

fripe [fʀip] nf ▸ **la fripe, les fripes** secondhand clothes.

friper [3] [fʀipe] vt to crumple. ◆ **se friper** vp to crumple.

fripier, ère [fʀipje, ɛʀ] nm, f secondhand-clothes dealer.

fripon, onne [fʀipɔ̃, ɔn] ❖ nm, f *fam* & *vieilli* rogue, rascal. ❖ adj mischievous, cheeky.

fripouille [fʀipuj] nf *fam* scoundrel / ***petite fripouille*** little devil.

frire [115] [fʀiʀ] ◆ vt to fry. ◆ vi to fry ▸ **faire frire** to fry.

Frisbee® [fʀizbi] nm Frisbee®.

frise [fʀiz] nf ARCHIT frieze.

frisé, e [fʀize] adj [cheveux] curly ; [personne] curly-haired. ◆ **frisée** nf [salade] frisée, curly endive.

friser [3] [fʀize] ◆ vt **1.** [cheveux] to curl **2.** *fig* [ressembler à] to border on. ◆ vi to curl.

frisette [fʀizɛt] nf *fam* curl.

frisotter [3] [fʀizɔte] ◆ vt to crimp, to frizz. ◆ vi to be frizzy.

frisquet, ette [fʀiskɛ] adj *fam* ▸ **il fait frisquet** it's chilly.

frisson [fʀisɔ̃] nm [gén] shiver ; [de dégoût] shudder.

frissonner [3] [fʀisɔne] vi **1.** [trembler] to shiver ; [de dégoût] to shudder **2.** [s'agiter - eau] to ripple ; [- feuillage] to tremble.

frit, e [fʀi, fʀit] pp ⟶ **frire**.

frite [fʀit] nf chip UK, (French) fry US.

friterie [fʀitʀi] nf ≃ chip shop UK.

friteuse [fʀitøz] nf deep-fat fryer.

friture [fʀityʀ] nf **1.** [action de frire] frying **2.** [poisson] fried fish ▸ **petite friture** fried whitebait **3.** *fam* RADIO crackle.

frivole [fʀivɔl] adj frivolous.

frivolité [fʀivɔlite] nf frivolity.

froc [fʀɔk] nm **1.** RELIG habit **2.** *fam* [pantalon] trousers *pl* UK, pants *pl* US.

froid, froide [fʀwa, fʀwad] adj *pr* & *fig* cold / *des murs froids et nus* cold bare walls / *par un matin très froid* on a raw morning ▸ **rester froid** to be unmoved / *ça me laisse froid* it leaves me cold. ◆ **froid** ◆ nm **1.** [température] cold ▸ **prendre froid** to catch (a) cold ▸ **crever de froid** *fam* to be freezing to death / *conserver qqch au froid* to store sthg in a cold place ▸ **grand froid** intense cold ▸ **ça me donne froid dans le dos** it makes my blood run cold, it sends shivers down my spine **2.** [tension] coolness ▸ **cela a jeté un froid** it cast a chill over the proceedings ▸ **être en froid (avec qqn)** to be on bad terms (with sb). ◆ adv : *il fait froid* it's cold ▸ **il fait un froid de canard** it's freezing cold ▸ **avoir froid** to be cold / *j'ai froid aux mains* my hands are cold ▸ **manger froid** to have something cold (to eat). ◆ **à froid** loc adv [dire, faire] coolly, unemotionally / *je ne peux pas répondre à froid* I can't answer off the top of my head.

froidement [fʀwadmɑ̃] adv **1.** [accueillir] coldly **2.** [écouter, parler] coolly **3.** [tuer] cold-bloodedly.

froideur [fʀwadœʀ] nf **1.** [indifférence] coldness **2.** [impassibilité] coolness.

froisser [3] [fʀwase] vt **1.** [tissu, papier] to crumple, to crease **2.** *fig* [offenser] to offend. ◆ **se froisser** vp **1.** [tissu] to crumple, to crease **2.** MÉD ▸ **se froisser un muscle** to strain a muscle **3.** [se vexer] to take offence UK ou offense US.

frôler [3] [fʀole] vt to brush against ; *fig* to have a brush with, to come close to.

fromage [fʀɔmaʒ] nm cheese ▸ **fromage à pâte molle / dure** soft / hardcheese ▸ **fromage blanc** fromage frais ▸ **fromage blanc battu** smooth fromage frais ▸ **fromage de brebis** sheep's milk cheese ▸ **fromage de chèvre** goat's cheese ▸ **fromage de tête** brawn UK, headcheese US ▸ **fromage en grains** QUÉBEC curd cheese.

fromager, ère [fʀɔmaʒe, ɛʀ] ◆ adj cheese *(avant n)*. ◆ nm, f [fabricant] cheesemaker.

fromagerie [fʀɔmaʒʀi] nf cheese shop UK ou store US.

froment [fʀɔmɑ̃] nm wheat.

fronce [fʀɔ̃s] nf gather.

froncement [fʀɔ̃smɑ̃] nm ▸ **froncement de sourcils** frown.

froncer [16] [fʀɔ̃se] vt COUT to gather.

frondaison [fʀɔ̃dɛzɔ̃] nf **1.** [phénomène] foliation **2.** [feuillage] foliage.

fronde [fʀɔ̃d] nf **1.** [arme] sling ; [jouet] catapult UK, slingshot US **2.** [révolte] rebellion.

frondeur, euse [fʀɔ̃dœʀ, øz] ◆ nm, f rebel. ◆ adj rebellious.

front [fʀɔ̃] nm **1.** ANAT forehead / *baisser le front* *pr* to lower one's head ▸ **le front haut** proudly, with one's head held high **2.** *fig* [audace] nerve, cheek UK ▸ **avoir le front de faire qqch** to have the nerve ou cheek UK to do sthg **3.** [avant - gén] front ; [- de bâtiment] front, façade ▸ **front de mer** (sea) front ▸ **de front** [attaquer] head on / *aborder une difficulté de front* to tackle a problem head-on / *se heurter de front* **a)** [véhicules] to collide head-on **b)** [adversaires] to come into direct confrontation **4.** MÉTÉOR, MIL & POL front ▸ **front froid / chaud** cold / warm front **5.** EXPR **faire front à** to face up to ▸ **faire front commun contre qqn / qqch** to make common cause against sb / sthg ▸ **mener plusieurs activités de front** to do several things at the same time.

frontal, e, aux [fʀɔ̃tal, o] adj **1.** ANAT frontal **2.** [collision, attaque] head-on.

frontalier, ère [fʀɔ̃talje, ɛʀ] ◆ adj frontier *(avant n)* / *travailleur frontalier* *person who lives on one side of a border and works on the other.* ◆ nm, f person from a border area.

frontière [fʀɔ̃tjɛʀ] ◆ adj border *(avant n)*. ◆ nf frontier, border ; *fig* frontier.

frontispice [fʀɔ̃tispis] nm frontispiece.

fronton [fʀɔ̃tɔ̃] nm **1.** ARCHIT pediment **2.** SPORT *upper part of the wall in the game of pelota*.

frottement [fʀɔtmɑ̃] nm **1.** [action] rubbing **2.** [contact, difficulté] friction.

frotter [3] [fʀɔte] ◆ vt to rub ; [parquet] to scrub. ◆ vi to rub, to scrape. ◆ **se frotter** vp **1.** [se blottir] ▸ **se frotter contre** ou **à** to rub (up) against / *il ne faut* *pas s'y frotter* *fig* don't cross swords with him **2.** [se laver] to rub o.s.

frottis [fRɔti] nm smear ▸ **frottis vaginal** cervical smear UK, Pap smear US.

froufrou [fRufRu] (*pl* **froufrous**) nm rustle, swish. ◆ **froufrous** nmpl [de robe] frills.

froussard, e [fRusaR, aRd] adj & nm, f *fam* chicken.

frousse [fRus] nf *fam* fright ▸ **avoir la frousse** to be scared stiff.

fructifier [9] [fRyktifje] vi **1.** [investissement] to give ou yield a profit ▸ **faire fructifier son argent** to make one's money grow **2.** [terre] to be productive **3.** [arbre, idée] to bear fruit.

fructose [fRyktoz] nm fructose.

fructueux, euse [fRyktɥø, øz] adj fruitful, profitable.

frugal, e, aux [fRygal, o] adj frugal.

fruit [fRɥi] nm *pr* & *fig* fruit / *des fruits* fruit / *il reste trois fruits* there are three pieces of fruit left ▸ **fruit confit** candied fruit ▸ **le fruit défendu** the forbidden fruit ▸ **fruit sec** dried fruit *(U)* ▸ **fruits de mer** seafood *(U)*.

fruité, e [fRɥite] adj fruity.

fruitier, ère [fRɥitje, ɛR] ❖ adj [arbre] fruit *(avant n)*. ❖ nm, f fruit seller, fruiterer UK. ◆ **fruitier** nm [local] storeroom for fruit.

frusques [fRysk] nfpl *fam* gear *(U)*, clobber *(U)* UK.

fruste [fRyst] adj uncouth.

frustrant, e [fRystRɑ̃, ɑ̃t] adj frustrating.

frustration [fRystRasjɔ̃] nf frustration.

frustré, e [fRystRe] ❖ adj frustrated. ❖ nm, f frustrated person.

frustrer [3] [fRystRe] vt **1.** [priver] ▸ **frustrer qqn de** to deprive sb of **2.** [décevoir] to frustrate.

FS (*abr écrite de* **franc suisse**) SFr.

FSE (*abr de* **Fonds social européen**) ESF *(European Social Fund)*.

FTP (*abr de* **francs-tireurs et partisans**) nmpl *Communist Resistance forces during World War II*.

fuchsia [fyʃja] nm fuchsia.

fudge [fœdʒ] nm QUÉBEC fudge.

fuel, fioul [fjul] nm **1.** [de chauffage] fuel **2.** [carburant] fuel oil.

fugace [fygas] adj fleeting.

fugitif, ive [fyʒitif, iv] ❖ adj fleeting. ❖ nm, f fugitive.

fugue [fyg] nf **1.** [de personne] flight ▸ **faire une fugue** to run off ou away **2.** MUS fugue.

fuguer [3] [fyge] vi to run off ou away.

fugueur, euse [fygœR, øz] adj & nm, f runaway.

fui [fɥi] pp inv ⟶ **fuir**.

fuir [35] [fɥiR] ❖ vi **1.** [détaler] to flee / *fuir à toutes jambes* to run for dear ou one's life / *fuir devant le danger* to flee in the face of danger **2.** [tuyau] to leak **3.** *fig* [s'écouler] to fly by **4.** [se dérober] to run away / *fuir devant ses responsabilités* to shirk ou to evade one's responsibilities. ❖ vt [éviter] to avoid, to shun / *fuir le danger* to keep away from ou to avoid danger / *fuir le regard de qqn* to avoid looking sb in the eye.

fuis, fuit ⟶ **fuir**.

fuite [fɥit] nf **1.** [de personne] escape, flight ▸ **en fuite** on the run ▸ **prendre la fuite** to take flight ▸ **mettre qqn en fuite** to put sb to flight **2.** [écoulement, d'information] leak.

fulgurant, e [fylgyRɑ̃, ɑ̃t] adj **1.** [découverte] dazzling **2.** [vitesse] lightning *(avant n)* **3.** [douleur] searing **4.** *litt* [regard] of thunder.

fulminant, e [fylminɑ̃, ɑ̃t] adj [menaçant] threatening.

fulminer [3] [fylmine] vi **1.** [personne] ▸ **fulminer (contre)** to fulminate (against) **2.** CHIM to detonate.

fumant, e [fymɑ̃, ɑ̃t] adj **1.** [cheminée] smoking **2.** [plat] steaming.

fumé, e [fyme] adj **1.** CULIN smoked **2.** [verres] tinted.

fumée [fyme] nf **1.** [de combustion] smoke ▸ **partir en fumée** *fig* to go up in smoke **2.** [vapeur] steam. ◆ **fumées** nfpl *litt* fumes.

fumer [3] [fyme] ❖ vi **1.** [personne, cheminée] to smoke **2.** [bouilloire, plat] to steam **3.** *fam* [être furieux] to fume, to rage. ❖ vt **1.** [cigarette, aliment] to smoke **2.** AGRIC to spread manure on.

fumet [fymɛ] nm **1.** [odeur] aroma **2.** CULIN greatly reduced stock.

fumette [fymɛt] nf *fam* marijuana smoking / *se faire une fumette* to get stoned.

fumeur, euse [fymœR, øz] nm, f smoker.

fumeux, euse [fymø, øz] adj confused, woolly UK ou wooly US.

fumier [fymje] nm **1.** AGRIC dung, manure **2.** *vulg* [salaud] shit.

fumigation [fymigasjɔ̃] nf fumigation.

fumiste [fymist] nmf *péj* shirker, skiver UK.

fumisterie [fymistəRi] nf *fam* shirking, skiving UK.

fumoir [fymwaR] nm **1.** [pour aliments] smokehouse **2.** [pièce] smoking room.

funambule [fynɑ̃byl] nmf tightrope walker.

funèbre [fynɛbR] adj **1.** [de funérailles] funeral *(avant n)* **2.** [lugubre] funereal ; [sentiments] dismal.

funérailles [fyneRaj] nfpl funeral *sg*.

funéraire [fyneRɛR] adj funeral *(avant n)*.

funeste [fynɛst] adj **1.** [accident] fatal **2.** [initiative, erreur] disastrous **3.** [présage] of doom.

funiculaire [fynikylɛR] nm funicular railway.

FUNU, Funu [fyny] (*abr de* **Force d'urgence des Nations unies**) nf UNEF.

fur [fyR] ◆ **au fur et à mesure** loc adv as I/you etc. go along / *au fur et à mesure des besoins* as (and when) needed. ◆ **au fur et à mesure que** loc conj as (and when).

furax [fyʀaks] adj inv *fam* hopping mad.

furet [fyʀɛ] nm **1.** [animal] ferret **2.** [jeu] hunt-the-slipper.

fureter [28] [fyʀte] vi **1.** [fouiller] to ferret around **2.** [chasser] to go ferreting.

fureur [fyʀœʀ] nf **1.** [colère] fury / *accès de fureur* fit of anger ou rage / *entrer en fureur* to fly into a rage ou fury / *se mettre dans une fureur noire* to fly into a terrible rage **2.** [passion] passion / *la fureur de vivre* a lust for life ▸ **faire fureur** to be all the rage.

furibard, e [fyʀibaʀ, aʀd] adj *fam* hopping mad.

furibond, e [fyʀibɔ̃, ɔ̃d] adj furious.

furie [fyʀi] nf **1.** [colère, agitation] fury ▸ **en furie** a) [personne] infuriated b) [éléments] raging **2.** *fig* [femme] shrew **3.** [passion] passion.

furieusement [fyʀjøzmɑ̃] adv **1.** [avec fureur] furiously **2.** [extrêmement] tremendously.

furieux, euse [fyʀjø, øz] adj **1.** [personne] furious **2.** [violent] violent **3.** [énorme] tremendous.

furoncle [fyʀɔ̃kl] nm boil.

furtif, ive [fyʀtif, iv] adj furtive.

furtivement [fyʀtivmɑ̃] adv furtively.

fus, fut ⟶ être.

fusain [fyzɛ̃] nm **1.** [crayon] charcoal **2.** [dessin] charcoal drawing **3.** [arbre] spindle tree.

fuseau, x [fyzo] nm **1.** [outil] spindle **2.** [pantalon] ski pants *pl.* ◆ **fuseau horaire** nm time zone.

fusée [fyze] nf **1.** [pièce d'artifice & AÉRON] rocket ▸ **fusée de détresse** flare ▸ **fusée à étages multiples** multiple-stage rocket ▸ **partir comme une fusée** to be off like a shot, to shoot off **2.** TECHNOL spindle ; AUTO stub axle.

fuselage [fyzlaʒ] nm fuselage.

fuselé, e [fyzle] adj [doigts] tapering ; [jambes] slender.

fuser [3] [fyze] vi [cri, rire] to burst forth ou out.

fusible [fyzibl] nm fuse.

fusil [fyzi] nm **1.** [arme] gun ▸ **fusil à pompe** pump-action rifle ▸ **changer son fusil d'épaule** *fig* to change one's approach, to have a change of heart **2.** [personne] marksman.

fusillade [fyzijad] nf **1.** [combat] gunfire *(U)*, fusillade **2.** [exécution] shooting.

fusiller [3] [fyzije] vt **1.** [exécuter] to shoot **2.** *fam* [bousiller] to ruin, to mess ou muck UK up.

fusil-mitrailleur [fyzimitʀajœʀ] (*pl* **fusils-mitrailleurs**) nm machine gun.

fusion [fyzjɔ̃] nf **1.** [gén] fusion **2.** [fonte] smelting ▸ **en fusion** molten **3.** ÉCON & POL merger.

fusionnel, elle [fyʒjɔnɛl] adj [couple] inseparable ; [relation] intense.

fusionner [3] [fyzjɔne] vt & vi to merge.

fustiger [17] [fystiʒe] vt to castigate.

fut ⟶ être.

fût [fy] nm **1.** [d'arbre] trunk **2.** [tonneau] barrel, cask **3.** [d'arme] stock **4.** [de colonne] shaft.

futaie [fytɛ] nf wood.

futé, e [fyte] *fam* ❖ adj cunning. ❖ nm, f smart cookie.

futile [fytil] adj **1.** [insignifiant] futile **2.** [frivole] frivolous.

futilité [fytilite] nf **1.** [d'action] futility **2.** [vétille] triviality.

futon [fytɔ̃] nm futon.

futur, e [fytyʀ] ❖ adj future *(avant n)* ▸ **la vie future** RELIG the life to come ▸ **futurs mariés** bride- and groom-to-be. ❖ nm, f *hum* [fiancé] intended. ◆ **futur** nm future ▸ **futur antérieur** LING future perfect.

futuriste [fytyʀist] ❖ nmf futurist. ❖ adj futuristic.

futurologue [fytyʀɔlɔg] nmf futurologist.

fuyant, e [fɥijɑ̃, ɑ̃t] adj **1.** [perspective, front] receding *(avant n)* **2.** [regard] evasive.

fuyard, e [fɥijaʀ, aʀd] nm, f runaway.

fuyez, fuyons ⟶ fuir.

FV (*abr de* **fréquence vocale**) VF.

G

g[1], **G** [ʒe] nm inv g, G.

g[2] (*abr écrite de* **gauche**) L, l. ◆ **G** (*abr écrite de* **giga**) G.

G[3] SMS *abr écrite de* **j'ai**.

G7 ÉCON & POL ▸ **le G7** G7 *(the seven most industrialised countries)*.

G8 ÉCON & POL ▸ **le G8** G8 *(the eight most industrialised countries)*.

G20 ÉCON & POL ▸ **le G20** G20.

GAB [gab] (*abr de* **guichet automatique de banque**) nm ATM, cash dispenser UK.

gabardine [gabaʀdin] nf gabardine.

gabarit [gabaʀi] nm **1.** [appareil de mesure] gauge **2.** [dimension] size **3.** *fam* [valeur] calibre UK ou caliber US ▸ **du même gabarit** of the same calibre UK ou caliber US.

gabegie [gabʒi] nf muddle, disorder.

Gabon [gabɔ̃] nm : *le Gabon* Gabon / *au Gabon* in Gabon.

gabonais, e [gabɔnɛ, ɛz] adj Gabonese. ◆ **Gabonais, e** nm, f Gabonese.

gâche [gaʃ] nf **1.** [de serrure] striking plate **2.** [outil] trowel.

gâcher [3] [gaʃe] vt **1.** [gaspiller] to waste **2.** [gâter] to spoil **3.** CONSTR to mix.

gâchette [gaʃɛt] nf trigger / *appuyer sur la gâchette* to pull the trigger.

gâchis [gaʃi] nm **1.** [gaspillage] waste *(U)* **2.** [désordre] mess **3.** CONSTR mortar.

gadelle [gadɛl] nf QUÉBEC currant.

gadget [gadʒɛt] nm gadget.

gadgétiser [gadʒetize] vt to fill with gadgets.

gadin [gadɛ̃] nm *tfam* & *vieilli* ▸ **prendre** ou **ramasser un gadin** to fall flat on one's face, to come a cropper UK.

gadoue [gadu] nf *fam* [boue] mud ; [engrais] sludge.

gaélique [gaelik] ◆ adj Gaelic. ◆ nm Gaelic / *gaélique d'Écosse* Scots Gaelic / *gaélique d'Irlande* Irish Gaelic.

gaffe [gaf] nf **1.** *fam* [maladresse] boo-boo, clanger UK ▸ **faire une gaffe** to make a boo-boo, to drop a clanger UK **2.** [outil] boat hook **3.** EXPR **faire gaffe** *fam* to take care.

gaffer [3] [gafe] ◆ vt to hook. ◆ vi *fam* to put one's foot in it.

gaffeur, euse [gafœʀ, øz] *fam* ◆ adj blundering. ◆ nm, f blunderer.

gag [gag] nm gag.

gaga [gaga] adj *fam* gaga, doddering.

gage [gaʒ] nm **1.** [dépôt] pledge ▸ **mettre qqch en gage** to pawn sthg **2.** [assurance, preuve] proof ▸ **en gage de** as a token of / *en gage de ma bonne volonté* as a token of my goodwill **3.** [dans jeu] forfeit.

gager [17] [gaʒe] vt *litt* ▸ **gager que** to bet (that).

gageure [gaʒyʀ] nf challenge.

gagnant, e [gaɲɑ̃, ɑ̃t] ◆ adj winning *(avant n)*. ◆ nm, f winner.

gagne-pain [gaɲpɛ̃] nm inv livelihood.

gagne-petit [gaɲpəti] nm inv *péj* person earning a pittance.

gagner [3] [gaɲe] ◆ vt **1.** [salaire, argent, repos] to earn ▸ **gagner sa vie** ou **sa croûte** *fam* to earn a living ou one's daily bread **2.** [course, prix, affection] to win / *gagner une fortune à la loterie* to win a fortune in the lottery **3.** [obtenir, économiser] to gain / *gagner du temps / de la place* to gain time / space / *qu'est-ce que j'y gagne ?* what do I get out of it? **4.** [vaincre] ▸ **gagner qqn de vitesse** to outpace sb **5.** [atteindre - gén] to reach / *il gagna la sortie* he made his way to the exit ; [suj : feu, engourdissement] to spread to ; [suj : sommeil, froid] to overcome / *je sentais la panique me gagner* I could feel panic creeping over me **6.** [se concilier] to win over / *gagner qqn à une cause* to win sb over to a cause. ◆ vi **1.** [être vainqueur] to win / *on a gagné (par) 3 buts à 2* we won (by) 3 goals to 2, we won 3-2 **2.** [bénéficier] to gain ▸ **gagner à faire qqch** to be better off doing sthg **3.** [s'améliorer] ▸ **gagner en** to increase in / *notre production gagne en qualité* the quality of our product is improving / *gagner à être connu* to improve on acquaintance / *vin qui gagne à vieillir* wine for laying down ou which improves with age.

gagneur, euse [gaɲœʀ, øz] nm, f winner.

gai, e [gɛ] adj **1.** [joyeux] cheerful, happy **2.** [vif, plaisant] bright.

gaiement [gemɑ̃] adv cheerfully.

gaieté [gete] nf **1.** [joie] cheerfulness ▸ **de gaieté de cœur** enthusiastically **2.** [vivacité] brightness.

gaillard, e [gajaʀ, aʀd] ◆ adj **1.** [alerte] sprightly, spry **2.** [licencieux] ribald. ◆ nm, f strapping individual.

gain [gɛ̃] nm **1.** [profit] gain, profit **2.** [succès] winning ▸ **avoir** ou **obtenir gain de cause** to win one's case **3.** [économie] saving. ◆ **gains** nmpl earnings ▸ **gains visibles** visible earnings.

gaine [gɛn] nf **1.** [étui, enveloppe] sheath **2.** [sous-vêtement] girdle, corset.

gaine-culotte [gɛnkylɔt] (*pl* **gaines-culottes**) nf panty girdle.

gainer [4] [gene] vt to sheathe.

gala [gala] nm gala, reception ▸ **de gala** gala *(avant n)*.

galamment [galamɑ̃] adv politely, gallantly.

galant, e [galɑ̃, ɑ̃t] adj **1.** [courtois] gallant **2.** [amoureux] flirtatious. ◆ **galant** nm admirer.

galanterie [galɑ̃tʀi] nf **1.** [courtoisie] gallantry, politeness **2.** [flatterie] compliment.

galantine [galɑ̃tin] nf *boned meat or poultry pressed into a loaf shape*.

galaxie [galaksi] nf galaxy.

galbe [galb] nm curve.

galbé, e [galbe] adj **1.** [objet] curved **2.** [jambe] shapely.

gale [gal] nf **1.** MÉD scabies *(U)* **2.** QUÉBEC [croûte] scab.

galère [galɛʀ] nf NAUT galley / *quelle galère !* *fam* & *fig* what a hassle!, what a drag!

galérer [18] [galeʀe] vi *fam* to have a hard time.

galerie [galʀi] nf **1.** [gén] gallery ▸ **galerie marchande** ou **commerciale** shopping arcade UK ou mall US ▸ **galerie de peinture** picture gallery **2.** THÉÂTRE circle ▸ **amuser la galerie** *fig* to play to the gallery **3.** [porte-bagages] roof UK ou luggage US rack.

galérien [galeʀjɛ̃] nm galley slave ▸ **travailler comme un galérien** to work like a Trojan.

galeriste [galʀist] nmf gallery owner.

galet [galɛ] nm **1.** [caillou] pebble **2.** TECHNOL wheel, roller.

galette [galɛt] nf **1.** CULIN pancake *(made from buckwheat flour)* ▸ **galette des Rois** *cake eaten on Twelfth Night* **2.** *fam* [argent] dough, cash.

galeux, euse [galø, øz] ❖ adj **1.** MÉD scabious **2.** ⟶ **brebis.** ❖ nm, f scruffy person.

galimatias [galimatja] nm gibberish *(U)*.

galipette [galipɛt] nf *fam* somersault ▸ **faire des galipettes** to do somersaults.

Galles [gal] ⟶ **pays**.

gallicisme [galisism] nm [expression] French idiom ; [dans une langue étrangère] gallicism.

gallinacé, e [galinase] adj domestic. ◆ **gallinacé** nm domestic fowl.

gallois, e [galwa, az] adj Welsh. ◆ **gallois** nm [langue] Welsh. ◆ **Gallois, e** nm, f Welshman (Welshwoman) ▸ **les Gallois** the Welsh.

gallo-romain, e [galɔʀɔmɛ̃, ɛn] (*mpl* **gallo-romains**, *fpl* **gallo-romaines**) adj Gallo-Roman. ◆ **Gallo-Romain, e** nm, f Gallo-Roman.

galoche [galɔʃ] nf clog.

galon [galɔ̃] nm **1.** COUT braid *(U)* **2.** MIL stripe ▸ **prendre du galon** *fig* to be promoted.

galop [galo] nm [allure] gallop ▸ **au galop a)** [cheval] at a gallop **b)** *fig* at the double UK, on the double US.

galopade [galɔpad] nf **1.** [de cheval] gallop **2.** [de personne] (mad) rush.

galopant, e [galɔpɑ̃, ɑ̃t] adj *fig* galloping, runaway.

galoper [3] [galɔpe] vi **1.** [cheval] to gallop **2.** [personne] to run around **3.** [imagination] to run riot.

galopin [galɔpɛ̃] nm *fam* brat.

galvaniser [3] [galvanize] vt *pr* & *fig* to galvanize.

galvauder [3] [galvode] vt [ternir] to tarnish. ◆ **se galvauder** vp to demean o.s.

gambade [gɑ̃bad] nf leap.

gambader [3] [gɑ̃bade] vi [sautiller] to leap around ; [agneau] to gambol.

gamberger [17] [gɑ̃bɛʀʒe] vi *fam* to think hard.

gambette [gɑ̃bɛt] nf *fam* leg, pin.

Gambie [gɑ̃bi] nf : *la Gambie* Gambia.

gambien, enne [gɑ̃bjɛ̃, ɛn] adj Gambian. ◆ **Gambien, enne** nm, f Gambian.

gamelle [gamɛl] nf **1.** [plat] mess tin UK ou kit US ; [d'un chien] bowl **2.** *fam* [chute] ▸ **se ramasser une gamelle** to fall flat on one's face, to come a cropper UK.

gamète [gamɛt] nm gamete.

gamin, e [gamɛ̃, in] *fam* ❖ adj **1.** [espiègle] lively, mischievous **2.** [puéril] childish. ❖ nm, f **1.** [enfant] kid **2.** [des rues] street urchin.

gaminerie [gaminʀi] nf **1.** [espièglerie] mischievousness **2.** [enfantillage] childishness ▸ **faire des gamineries** to be childish.

gamme [gam] nf **1.** [série] range ▸ **gamme de produits** product range ▸ **haut / bas de gamme** at the top / bottom of the range **2.** MUS scale.

Gand [gɑ̃] npr Ghent.

gang [gɑ̃g] nm gang.

Gange [gɑ̃ʒ] nm : *le Gange* the (River) Ganges.

ganglion [gɑ̃glijɔ̃] nm ganglion.

gangrène [gɑ̃gʀɛn] nf gangrene ; *fig* corruption, canker.

gangrener [19] [gɑ̃gʀəne] vt **1.** MÉD to cause to become gangrenous, to gangrene **2.** [corrompre] to corrupt, to rot. ◆ **se gangrener** vpi to become gangrenous / *la jambe risque de se gangrener* the leg may become gangrenous ou may get gangrene.

gangster [gɑ̃gstɛʀ] nm gangster ; *fig* crook.

gangue [gɑ̃g] nf **1.** [de minerai] gangue **2.** *fig* [carcan] straitjacket.

gant [gɑ̃] nm glove ▸ **gant de boxe** boxing glove ▸ **gant de caoutchouc** rubber glove ▸ **gant de crin** friction glove ▸ **gant de toilette** facecloth, flannel UK, washcloth US ▸ **aller comme un gant à qqn** to fit sb like a glove ▸ **prendre des gants** to be cautious ▸ **prendre des gants avec qqn** to handle sb with kid gloves.

gap [gap] nm ÉCON gap.

garage [gaʀaʒ] nm garage.

garagiste [gaʀaʒist] nmf [propriétaire] garage owner ; [réparateur] garage mechanic.

garant, e [gaʀɑ̃, ɑ̃t] nm, f [responsable] guarantor ▸ **se porter garant de** to vouch for, to guarantee sthg. ◆ **garant** nm [garantie] guarantee.

garantie [gaʀɑ̃ti] nf **1.** [gén] guarantee **2.** [de police d'assurance] cover UK, coverage US. ◆ **sous garantie** loc adj under guarantee / *un appareil sous garantie* an appliance under guarantee.

garantir [32] [gaʀɑ̃tiʀ] vt **1.** [assurer, COMM & FIN] to guarantee, to collateralize US ▸ **garantir à qqn que** to assure ou guarantee sb that **2.** [protéger] ▸ **garantir qqch (de)** to protect sthg (from).

garce [gaʀs] nf *péj* bitch.

garçon [gaʀsɔ̃] nm **1.** [enfant] boy ▸ **garçon d'honneur** best man ▸ **garçon manqué** *fam* tomboy / *c'est un bon ou brave garçon* he's a good sort ▸ **c'est un mauvais garçon** he's bad news, he's a bad lot UK / *il est plutôt joli garçon* he's quite good-looking **2.** [célibataire] ▸ **vieux garçon** confirmed bachelor **3.** [serveur] ▸ **garçon (de café)** waiter ▸ **garçon !** waiter! **4.** *fam* [en appellatif] : *attention, mon garçon !* watch it, sonny!

garçonne [gaʀsɔn] nf ▸ **coiffure à la garçonne** urchin cut.

garçonnet [gaʀsɔnɛ] nm little boy.

garçonnière [gaʀsɔnjɛʀ] nf bachelor flat UK ou apartment US.

garde [gaʀd] ❖ nf **1.** [surveillance] protection / *assurer la garde d'un immeuble* **a)** [police] to guard a building **b)** [concierge] to look after a building, to be caretaker UK ou janitor US of a building **2.** [veille] ▸ **de garde** on duty / *elle est de garde trois nuits par semaine* she's on duty three nights a week ▸ **pharmacie de garde** duty chemist UK, emergency drugstore US ▸ **garde de nuit** night duty **3.** MIL guard ▸ **garde montante / descendante** relief / old guard ▸ **monter la garde** to go on guard **4.** DR ▸ **avoir la garde d'un enfant** to have custody of a child ▸ **garde alternée** shared custody ▸ **garde partagée** [avec nourrice à domicile] shared childcare ▸ **garde à vue** ≃ police custody **5.** EXPR **être / se tenir sur ses gardes** to be / stay on one's guard ▸ **mettre qqn en garde contre qqch** to put sb on their guard about sthg / *je l'avais mise en garde contre les dangers du tabac* I had warned her against the dangers of smoking ▸ **mise en garde** warning ▸ **prendre garde à qqch** to watch out for sthg ▸ **prendre garde à ne pas faire qqch** to take care not to do sthg ▸ **prendre garde que** *(+ subjonctif)* to take care that / *ton argent est sous bonne garde* your money is in safe hands. ❖ nmf keeper ▸ **garde du corps** bodyguard ▸ **garde d'enfants** babysitter, childminder UK ▸ **garde forestier** forest ranger ▸ **garde mobile** member of the (State) security police ▸ **garde républicain** Republican guardsman *(on duty at French state occasions)* ▸ **le garde des Sceaux** the Minister of Justice ; ≃ Lord Chancellor UK ; ≃ Attorney General US. ◆ **Garde** ❖ nf ▸ **la Garde républicaine** the Republican Guard.

garde-à-vous [gaʀdavu] nm inv attention ▸ **se mettre au garde-à-vous** to stand to attention.

garde-barrière [gaʀdəbaʀjɛʀ] (*pl* **gardes-barrière** *ou* **gardes-barrières**) nmf level-crossing keeper UK, gateman at a grade crossing US.

garde-boue [gaʀdəbu] nm inv mudguard.

garde-chasse [gaʀdəʃas] (*pl* **gardes-chasse** *ou* **gardes-chasses**) nm gamekeeper.

garde-chiourme [gaʀdəʃjuʀm] (*pl* **gardes-chiourme** *ou* **gardes-chiourmes**) nm prison warder UK ou guard US ; *fig* slavedriver.

garde-côte(s)[1] [gaʀdəkot] (*pl* **garde-côtes**) nm [bateau] coastguard ship.

garde-côte(s)[2] [gaʀdəkot] (*pl* **gardes-côtes**) nm [personne] coastguard.

garde-fou [gaʀdəfu] (*pl* **garde-fous**) nm railing, parapet.

garde-malade [gaʀdəmalad] (*pl* **gardes-malades**) nmf nurse.

garde-manger [gaʀdəmɑ̃ʒe] nm inv [pièce] pantry, larder ; [armoire] meat safe UK, cooler US.

garde-meuble [gaʀdəmœbl] (*pl* **garde-meubles**) nm warehouse.

gardénia [gaʀdenja] nm gardenia.

garde-pêche [gaʀdəpɛʃ] (*pl* **gardes-pêche**) ❖ nm [personne] water bailiff UK, fishwarden US. ❖ nm inv [bateau] fishery protection vessel.

garder [3] [gaʀde] vt **1.** [gén] to keep / *garde-le, un jour il aura de la valeur* hold onto it ou keep it: one day it will be valuable **2.** [vêtement] to keep on / *puis-je garder mon chapeau / manteau ?* may I keep my hat / coat on? **3.** [surveiller] to mind, to look after / *elle garde des enfants* she does some baby-sitting ou childminding UK **4.** [défendre] to guard **5.** [protéger] ▸ **garder qqn de qqch** to save sb from sthg **6.** [maintenir - attitude, sentiment] to keep / *garder le silence* to keep silent. ◆ **se garder** vp **1.** [se conserver] to keep / *les framboises ne se gardent pas (longtemps)* raspberries do not keep (long) **2.** [se méfier] ▸ **se garder de qqn / qqch** to beware of sb / sthg **3.** [s'abstenir] ▸ **se garder de faire qqch** to take care not to do sthg / *je me garderai bien de lui en parler* I'll be very careful not to talk to him about it.

garderie [gaʀdəʀi] nf crèche UK, day nursery UK, daycare center US.

garde-robe [gaʀdəʀɔb] (*pl* **garde-robes**) nf wardrobe.

gardien, enne [gaʀdjɛ̃, ɛn] nm, f **1.** [surveillant] guard, keeper ▸ **gardien de but** goalkeeper ▸ **gardien de nuit** night watchman ▸ **gardien de prison** prison warder UK ou guard US **2.** QUÉBEC [d'enfants] baby-sitter **3.** *fig* [défenseur] protector, guardian **4.** [agent] ▸ **gardien de la paix** police officer.

gardiennage [gaʀdjɛnaʒ] nm caretaking UK, job of janitor US.

gardon [gaʀdɔ̃] nm roach.

gare[1] [gaʀ] nf station ▸ **gare maritime** harbour UK ou harbor US station ▸ **gare routière a)** [de marchandises] road haulage depot UK **b)** [pour passagers] bus station ▸ **gare de triage** marshalling yard UK, switchyard US.

gare² [gaʀ] interj **1.** [attention] watch out! ▸ **gare aux voleurs** watch out for pickpockets ▸ **sans crier gare** *fig* without warning **2.** [menace] ▸ **gare à toi !** watch out!, watch it!

garer [3] [gaʀe] vt **1.** [ranger] to park **2.** [mettre à l'abri] to put in a safe place. ◆ **se garer** vp **1.** [stationner] to park **2.** [se ranger] to pull over **3.** [éviter] ▸ **se garer de qqch** to avoid sthg.

gargariser [3] [gaʀgaʀize] ◆ **se gargariser** vp **1.** [se rincer] to gargle **2.** *péj* [se délecter] ▸ **se gargariser de** to delight ou revel in.

gargarisme [gaʀgaʀism] nm gargle.

gargote [gaʀgɔt] nf cheap restaurant, greasy spoon.

gargouille [gaʀguj] nf gargoyle.

gargouillement [gaʀgujmɑ̃] nm gurgling *(U)*.

gargouiller [3] [gaʀguje] vi **1.** [eau] to gurgle **2.** [intestins] to rumble.

gariguette [gaʀigɛt] nf *variety of strawberry*.

garnement [gaʀnəmɑ̃] nm rascal, pest.

garni [gaʀni] nm *vieilli* furnished accommodation *(U)* UK ou accommodations *pl* US.

Garnier [gaʀnje] npr : *le palais Garnier the old Paris Opera House*.

garnir [32] [gaʀniʀ] vt **1.** [équiper] to fit out, to furnish **2.** [couvrir] ▸ **garnir qqch (de)** to cover sthg (with) **3.** [remplir] to fill **4.** [orner] ▸ **garnir qqch de a)** to decorate sthg with **b)** COUT to trim sthg with. ◆ **se garnir** vp to fill up.

garnison [gaʀnizɔ̃] nf garrison.

garniture [gaʀnityʀ] nf **1.** [ornement] trimming ; [de lit] bed linen **2.** AUTO ▸ **garniture de frein** brake lining ▸ **garniture (intérieure)** upholstery **3.** [CULIN - pour accompagner] garnish, fixings *pl* US ; [- pour remplir] filling ▸ **garniture de légumes** vegetables *pl*.

garrigue [gaʀig] nf scrub.

garrocher [3] [gaʀɔʃe] QUÉBEC vt *fam* [jeter, lancer] to throw. ◆ **se garrocher** vp *fam* [se précipiter] to hurry.

garrot [gaʀo] nm **1.** [de cheval] withers *pl* **2.** MÉD tourniquet **3.** [de torture] garrotte.

garrotter [3] [gaʀɔte] vt **1.** [attacher] to tie up **2.** *fig* [museler] to muzzle.

gars [ga] nm *fam* **1.** [garçon, homme] lad **2.** [type] guy, bloke UK.

gascon, onne [gaskɔ̃, ɔn] adj Gascon. ◆ **Gascon, onne** nm, f Gascon.

gas-oil [gazɔjl, gazwal], **gazole** [gazɔl] nm diesel oil.

gaspacho [gaspatʃo] nm = **gazpacho**.

gaspillage [gaspijaʒ] nm waste.

gaspiller [3] [gaspije] vt to waste.

gastrique [gastʀik] adj gastric.

gastrite [gastʀit] nf gastritis *(U)*.

gastro-entérite [gastʀoɑ̃teʀit] (*pl* **gastro-entérites**) nf gastroenteritis *(U)*.

gastro-entérologue (*pl* **gastro-entérologues**) [gastʀoɑ̃teʀɔlɔg] nmf gastroenterologist.

gastronome [gastʀɔnɔm] nmf gourmet.

gastronomie [gastʀɔnɔmi] nf gastronomy.

gastronomique [gastʀɔnɔmik] adj gastronomic.

gâteau, x [gato] nm cake ▸ **gâteau d'anniversaire** birthday cake ▸ **gâteau de miel** honeycomb ▸ **gâteau sec** biscuit UK, cookie US ▸ **c'est du gâteau** *fam* it's a piece of cake.

gâter [3] [gate] vt **1.** [gén] to spoil ; [vacances, affaires] to ruin, to spoil **2.** *iron* [combler] to be too good to / *on est gâté !* just marvellous! ◆ **se gâter** vp **1.** [aliments] to spoil, to go off UK **2.** [temps] to change for the worse **3.** [situation] to take a turn for the worse.

gâterie [gatʀi] nf treat.

gâteux, euse [gatø, øz] ❖ adj *fam* senile ▸ **être gâteux de** *fig* to be crazy about. ❖ nm, f **1.** [sénile] doddering old man (woman) **2.** *fam* [radoteur] old bore.

gâtisme [gatism] nm **1.** [vieillissement] senility **2.** [stupidité] stupidity.

GATT, Gatt [gat] (*abr de* **General Agreement on Tariffs and Trade**) nm GATT.

gauche [goʃ] ❖ nf **1.** [côté] left, left-hand side / *rouler sur la gauche* to drive on the left ▸ **à gauche (de)** on the left (of) / *à ma / ta etc. gauche* on my/your etc. left ▸ **de gauche** on the left **2.** POL ▸ **la gauche** the left (wing) ▸ **de gauche** left-wing. ❖ nm [boxe] left. ❖ adj **1.** [côté] left **2.** [personne] clumsy.

gauchement [goʃmɑ̃] adv clumsily.

gaucher, ère [goʃe, ɛʀ] ❖ adj left-handed. ❖ nm, f left-handed person.

gauchir [32] [goʃiʀ] ❖ vi to warp. ❖ vt *fig* to distort.

gauchisant, e [goʃizɑ̃, ɑ̃t] adj leftist.

gauchisme [goʃism] nm leftism.

gauchiste [goʃist] ❖ nmf leftist. ❖ adj left-wing.

gaufre [gofʀ] nf waffle.

gaufrer [3] [gofʀe] vt to emboss.

gaufrette [gofʀɛt] nf wafer.

gaule [gol] nf **1.** [perche] pole **2.** [canne à pêche] fishing rod.

gauler [3] [gole] vt to bring ou shake down.

gaulliste [golist] nmf & adj Gaullist.

gaulois, e [golwa, az] adj **1.** [de Gaule] Gallic **2.** [osé] ribald. ◆ **Gaulois, e** nm, f Gaul.

gauloiserie [golwazʀi] nf bawdy story.

gausser [3] [gose] ◆ **se gausser** vp ▸ **se gausser de** *litt* to make fun of.

gaver [3] [gave] vt **1.** [animal] to force-feed **2.** *fam* [personne] ▸ **gaver qqn de** to feed sb full of. ◆ **se gaver** vp ▸ **se gaver de** to gorge o.s. on.

gay [gɛ] adj inv & nm gay.

gaz [gaz] nm inv gas / *avoir le gaz* to have gas, to be on gas UK / *employé du gaz* gasman ▸ **à pleins gaz** *fam* AUTO flat out ▸ **mettre les gaz** *fam* to put one's foot down UK, to step on the gas US ▸ **gaz d'échappement** exhaust fumes ▸ **gaz lacrymogène** tear gas ▸ **gaz naturel** natural gas ▸ **gaz propulseur** propellant.

Gaza [gaza] npr Gaza / *la bande de Gaza* the Gaza Strip.

gaze [gaz] nf gauze.

gazelle [gazɛl] nf gazelle.

gazer [3] [gaze] ◆ vt to gas. ◆ vi *fam* to go at top speed ▸ **ça gaze !** everything's great! ▸ **ça gaze ?** how are things?

gazette [gazɛt] nf newspaper, gazette.

gazeux, euse [gazø, øz] adj **1.** CHIM gaseous **2.** [boisson] fizzy.

gazinière [gazinjɛʀ] nf gas stove, gas cooker UK.

gazoduc [gazɔdyk] nm gas pipeline.

gazole = **gas-oil**.

gazon [gazɔ̃] nm [herbe] grass ; [terrain] lawn.

gazouiller [3] [gazuje] vi **1.** [oiseau] to chirp, to twitter **2.** [bébé] to gurgle.

gazouillis [gazuji] nm **1.** [d'oiseau] chirping, twittering **2.** [de bébé] gurgling.

gazpacho, gaspacho [gaspatʃo] nm gazpacho.

GB, G-B (*abr écrite de* **Grande-Bretagne**) nf GB.

gd *abr écrite de* **grand**.

GDF, Gdf (*abr de* **Gaz de France**) *French national gas company*.

geai [ʒɛ] nm jay.

géant, e [ʒeɑ̃, ɑ̃t] ◆ adj gigantic, giant. ◆ nm, f giant.

geek [gik] nmf geek.

geignard, e [ʒɛɲaʀ, aʀd] *fam* ◆ adj [personne, voix] whining, whingeing UK, whiny US / *et moi ? dit-il d'une voix geignarde* what about me? he whined. ◆ nm, f [enfant] crybaby ; [adulte] moaner, whinger UK, bellyacher US.

geignement [ʒɛɲəmɑ̃] nm moaning.

geindre [81] [ʒɛ̃dʀ] vi **1.** [gémir] to moan **2.** *fam* [pleurnicher] to whine.

gel [ʒɛl] nm **1.** MÉTÉOR frost **2.** [d'eau] freezing **3.** [cosmétique] gel **4.** ÉCON freezing / *gel des prix* price freeze / *gel des salaires* wage freeze.

gélatine [ʒelatin] nf gelatine.

gélatineux, euse [ʒelatinø, øz] adj gelatinous.

gelée [ʒəle] nf **1.** MÉTÉOR frost ▸ **gelée blanche** hoarfrost **2.** CULIN jelly ▸ **en gelée** in jelly ▸ **gelée royale** royal jelly.

geler [25] [ʒəle] vt & vi **1.** [gén] to freeze **2.** [projet] to halt. ◆ **se geler** vp *fam* to freeze.

gélule [ʒelyl] nf capsule.

Gémeaux [ʒemo] nmpl ASTROL Gemini / *être (un) Gémeaux* to be (a) Gemini.

gémir [32] [ʒemiʀ] vi **1.** [gén] to moan **2.** [par déception] to groan.

gémissement [ʒemismɑ̃] nm **1.** [gén] moan ; [du vent] moaning *(U)* **2.** [de déception] groan.

gemme [ʒɛm] nf gem, precious stone.

gênant, e [ʒenɑ̃, ɑ̃t] adj **1.** [encombrant] in the way **2.** [embarrassant] awkward, embarrassing **3.** [énervant] ▸ **être gênant** to be a nuisance.

gencive [ʒɑ̃siv] nf gum.

gendarme [ʒɑ̃daʀm] nm policeman.

gendarmerie [ʒɑ̃daʀməʀi] nf **1.** [corps] police force **2.** [lieu] police station.

> **Gendarmerie**
>
> In France, while the police are especially present in larger towns, the **gendarmerie** patrols the road network, small towns and the countryside. The **gendarmes** fulfil the same role as police officers, ensuring law and order and recording declarations of theft.

gendre [ʒɑ̃dʀ] nm son-in-law.

gène [ʒɛn] nm gene.

gêne [ʒɛn] nf **1.** [physique] difficulty **2.** [psychologique] embarrassment ▸ **être sans gêne** to be inconsiderate **3.** [financière] difficulty ▸ **être dans la gêne** to be in financial difficulties **4.** QUÉBEC [timidité] shyness.

gêné, e [ʒene] adj **1.** [physiquement] ▸ **être gêné pour marcher** to have difficulty walking **2.** [psychologiquement] embarrassed **3.** [financièrement] in financial difficulties **4.** QUÉBEC [timide] shy.

généalogie [ʒenealɔʒi] nf genealogy.

généalogique [ʒenealɔʒik] adj genealogical.

gêner [4] [ʒene] vt **1.** [physiquement - gén] to be too tight for ; [- suj : chaussures] to pinch / *j'ai oublié mes lunettes, ça me gêne pour lire* I've left my glasses behind and I'm finding it difficult to read **2.** [moralement] to embarrass / *les plaisanteries de son ami la gênaient* her friend's jokes embarrassed her ou made her feel uncomfortable **3.** [incommoder] to bother / *ça vous gêne si j'ouvre la fenêtre ?* do you mind if I open the window? / *ça ne gêne pas que tu viennes, il y a de la place* it'll be no trouble ou bother UK at all if you come: there's enough room **4.** [encombrer] to hamper / *ce camion gêne la circulation* that truck is holding up the traffic / *ne bougez pas, vous ne me gênez pas du tout* don't move: you're not in my ou the way at all **5.** QUÉBEC [intimider] to intimidate. ◆ **se gêner** vp to put o.s out / *je vais me gêner, tiens !* just watch me! ▸ **ne pas se gêner pour faire qqch a)** to feel free to do sthg **b)** *hum* to make no bones about doing sthg / *ne vous gênez pas ! hum* don't mind me!

général, e, aux [ʒeneʀal, o] ◆ adj general / *à la surprise / l'indignation générale* to everybody's surprise / indignation ▸ **en général** generally, in general ▸ **répétition**

générale dress rehearsal / *il s'en est tenu à des remarques générales* he confined himself to generalities ou to some general remarks / *le phénomène est général* the phenomenon is widespread, it's a general phenomenon. ◈ nm, f MIL general ▸ **général de corps d'armée** lieutenant general ▸ **général en chef** commander in chief. ◆ **générale** nf **1.** THÉÂTRE dress rehearsal **2.** MIL alarm / *battre* ou *sonner la générale* to sound the alarm.

généralement [ʒeneʀalmɑ̃] adv generally.

généralisation [ʒeneʀalizasjɔ̃] nf generalization.

généraliser [3] [ʒeneʀalize] vt & vi to generalize. ◆ **se généraliser** vp to become general ou widespread.

généraliste [ʒeneʀalist] ◈ nmf family doctor, GP. ◈ adj general.

généralité [ʒeneʀalite] nf **1.** [idée] generality **2.** [universalité] general nature. ◆ **généralités** nfpl generalities.

générateur, trice [ʒeneʀatœʀ, tʀis] adj generating *(avant n)* / *un fanatisme générateur de violence* a fanaticism that breeds violence / *une industrie génératrice d'emplois* a job-creating industry. ◆ **générateur** nm TECHNOL generator ▸ **générateur automatique de programmes** report program generator ▸ **générateur d'électricité** electricity generator ▸ **générateur de système expert** generic expert system tool. ◆ **génératrice** nf ÉLECTR generator.

génération [ʒeneʀasjɔ̃] nf generation ▸ **la nouvelle génération** the younger generation ▸ **génération spontanée** spontaneous generation ▸ **de troisième génération** INFORM & TÉLÉCOM third-generation.

générationnel, elle [ʒeneʀasjɔnɛl] adj generational ▸ **marketing générationnel** generational marketing ▸ **le dialogue générationnel** intergenerational dialogue ▸ **le fossé générationnel** the generation gap.

générer [18] [ʒeneʀe] vt to generate.

généreusement [ʒeneʀøzmɑ̃] adv generously.

généreux, euse [ʒeneʀø, øz] adj generous ; [terre] fertile.

générique [ʒeneʀik] ◈ adj generic ▸ **médicament générique** MÉD generic drug. ◈ nm **1.** CINÉ & TV credits *pl* ▸ **générique déroulant** rolling credits **2.** MÉD generic drug.

générosité [ʒeneʀɔzite] nf generosity.

genèse [ʒənɛz] nf [création] genesis. ◆ **Genèse** nf [bible] Genesis.

genêt [ʒənɛ] nm broom.

génétique [ʒenetik] ◈ adj genetic. ◈ nf genetics *(U)*.

gêneur, euse [ʒɛnœʀ, øz] nm, f nuisance.

Genève [ʒənɛv] npr Geneva.

genevois, e [ʒənvwa, az] adj Genevan.

génial, e, aux [ʒenjal, o] adj **1.** [personne] of genius **2.** [idée, invention] inspired **3.** *fam* [formidable] : *c'est génial !* that's great!, that's terrific!

génie [ʒeni] nm **1.** [personne, aptitude] genius ▸ **avoir du génie** to be a genius / *elle a le génie des affaires* she has a genius for business / *à 15 ans, c'était déjà un génie de l'électronique* at 15 he was already an electronics wizard **2.** MYTH spirit, genie ▸ **être le bon / mauvais génie de qqn** to be a good/bad influence on sb **3.** TECHNOL engineering ▸ **le génie** MIL ≃ the Royal Engineers UK ; ≃ the (Army) Corps of Engineers US ▸ **génie civil** civil engineering ▸ **génie maritime** [corps] marine architects. ◆ **de génie** loc adj [musicien, inventeur] of genius ; [idée] brilliant.

genièvre [ʒənjɛvʀ] nm juniper.

génisse [ʒenis] nf heifer.

génital, e, aux [ʒenital, o] adj genital.

géniteur, trice [ʒenitœʀ, tʀis] nm, f parent ; [d'animal] sire (dam).

génitif [ʒenitif] nm genitive (case).

génocide [ʒenɔsid] nm genocide.

génoise [ʒenwa, az] nf sponge cake.

génome [ʒenom] nm genome *m*.

génothérapie [ʒenɔteʀapi] nf MÉD gene therapy.

génotype [ʒenɔtip] nm genotype.

genou, x [ʒənu] nm knee / *on était dans la neige jusqu'aux genoux* we were knee-deep ou up to our knees in snow ▸ **à genoux** on one's knees, kneeling ▸ **être à genoux devant qqn** *fig* to worship sb ▸ **se mettre à genoux** to kneel (down) / *je ne vais pas me mettre à genoux devant lui* [le supplier] I'm not going to go down on my knees to him / *mettre un genou à terre* to go down on one knee ▸ **tenir** ou **avoir qqn sur ses genoux** to hold ou have sb in one's lap ou on one's knee ▸ **être sur les genoux** *fam* & *fig* to be worn out, to be on one's last legs ▸ **faire du genou à qqn** to play footsie with sb.

genouillère [ʒənujɛʀ] nf **1.** [bandage] knee bandage **2.** SPORT kneepad.

genre [ʒɑ̃ʀ] nm **1.** [type] type, kind ▸ **en tous genres** of all kinds / *elle est unique en son genre* she's in a class of her own ▸ **le genre humain** the human race / *partir sans payer, ce n'est pas son genre* it's not like him to leave without paying / *un genre de* [une sorte de] a kind ou sort of **2.** LITTÉR genre / *le genre policier* the detective genre, detective stories **3.** [style de personne] style ▸ **avoir mauvais genre** to be coarse-looking ▸ **se donner un genre** to put on airs, to give o.s. airs **4.** GRAM gender.

gens [ʒɑ̃] nmpl & nfpl people / *les gens sont contents* people are happy / *les vieilles gens protestent* some old people protest.

gentiane [ʒɑ̃sjan] nf gentian.

gentil, ille [ʒɑ̃ti, ij] adj **1.** [agréable] nice **2.** [aimable] nice, kind ▸ **être gentil avec qqn** to be nice ou kind to sb.

gentilhomme [ʒɑ̃tijɔm] (*pl* **gentilshommes**) nm gentleman.

gentillesse [ʒɑ̃tijɛs] nf kindness ▸ **avoir la gentillesse de faire qqch** to be so kind as to do sthg.

gentillet, ette [ʒɑ̃tijɛ, ɛt] adj **1.** [petit et gentil] nice little **2.** *péj* [assez agréable] nice enough.

gentiment [ʒɑ̃timɑ̃] adv **1.** [sagement] nicely **2.** [aimablement] nicely, kindly **3.** SUISSE [tranquillement] calmly, quietly.

gentleman [dʒɛntləman] (*pl* **gentlemans** *ou* **gentlemen** [dʒɛntləmɛn]) nm gentleman.

génuflexion [ʒenyflɛksjɔ̃] nf genuflexion.

géo [ʒeo] nf *arg scol* geography.

géographe [ʒeɔgʀaf] nmf geographer.

géographie [ʒeɔgʀafi] nf geography.

géographique [ʒeɔgʀafik] adj geographical.

geôlier, ère [ʒolje, ɛʀ] nm, f jailer, gaoler UK.

géolocalisation [ʒeɔlɔkalizasjɔ̃] nf geolocalization.

géologie [ʒeɔlɔʒi] nf geology.

géologique [ʒeɔlɔʒik] adj geological.

géologue [ʒeɔlɔg] nmf geologist.

géomètre [ʒeɔmɛtʀ] nmf **1.** [spécialiste] geometer, geometrician **2.** [technicien] surveyor.

géométrie [ʒeɔmetʀi] nf geometry.

géométrique [ʒeɔmetʀik] adj geometric.

géophysique [ʒeɔfizik] ❖ nf geophysics *(U)*. ❖ adj geophysical.

géopolitique [ʒeɔpɔlitik] ❖ nf geopolitics *(U)*. ❖ adj geopolitical.

géosphère [ʒeɔsfɛʀ] nf geosphere.

gérance [ʒeʀɑ̃s] nf management.

géranium [ʒeʀanjɔm] nm geranium.

gérant, e [ʒeʀɑ̃, ɑ̃t] nm, f manager.

gerbe [ʒɛʀb] nf **1.** [de blé] sheaf ; [de fleurs] spray **2.** [d'étincelles, d'eau] shower.

gerber [3] [ʒɛʀbe] ❖ vt **1.** [blé] to bind into sheaves **2.** [sacs, caisses] to pile (up). ❖ vi **1.** [fusée] to burst in a shower of sparks **2.** *tfam* [vomir] to puke.

gerboise [ʒɛʀbwaz] nf jerboa.

gercé, e [ʒɛʀse] adj chapped.

gercer [16] [ʒɛʀse] vt & vi to crack, to chap. ◆ **se gercer** vp to crack, to chap.

gerçure [ʒɛʀsyʀ] nf **1.** [des mains, des lèvres] crack, chapping *(U)* / *j'ai des gerçures aux mains / lèvres* I've got chapped hands / lips **2.** TECHNOL [d'un métal, d'un enduit] hairline crack ; [d'un diamant, du bois] flaw ; [d'un tronc] shake.

gérer [18] [ʒeʀe] vt to manage.

gériatrie [ʒeʀjatʀi] nf geriatrics *(U)*.

gériatrique [ʒeʀjatʀik] adj geriatric.

germain, e [ʒɛʀmɛ̃, ɛn] ⟶ **cousin**.

germanique [ʒɛʀmanik] adj Germanic.

germaniste [ʒɛʀmanist] nmf **1.** [spécialiste] German specialist **2.** [étudiant] German student, student of German.

germe [ʒɛʀm] nm **1.** BOT & MÉD germ ; [de pomme de terre] eye ▸ **germes de soja** beansprouts **2.** *fig* [origine] seed, cause.

germer [3] [ʒɛʀme] vi to germinate.

germination [ʒɛʀminasjɔ̃] nf germination.

gérondif [ʒeʀɔ̃dif] nm [latin] gerundive ; [français] gerund.

gérontologie [ʒeʀɔ̃tɔlɔʒi] nf gerontology.

gésier [ʒezje] nm gizzard.

gésir [49] [ʒeziʀ] vi *litt* to lie.

gestation [ʒɛstasjɔ̃] nf gestation ▸ **en gestation** *fig* in gestation.

geste [ʒɛst] nm **1.** [mouvement] gesture / *faire un geste de la main* to wave **2.** [acte] act, deed ▸ **faire un geste** *fig* to make a gesture.

gesticuler [3] [ʒɛstikyle] vi to gesticulate.

gestion [ʒɛstjɔ̃] nf **1.** [activité] management **2.** DR administration **3.** ÉCON ▸ **gestion des coûts** cost management ▸ **gestion d'entreprise** business administration ▸ **gestion de fonds** fund management ▸ **gestion de produits** product management **4.** INFORM ▸ **gestion de fichiers** file management.

gestionnaire [ʒɛstjɔnɛʀ] ❖ nmf [personne] manager. ❖ adj management *(avant n)*. ❖ nm INFORM ▸ **gestionnaire de données** data manager.

gestuel, elle [ʒɛstɥɛl] adj [langage] gestural / *langage gestuel* gestural language. ◆ **gestuelle** nf **1.** [généralement] non-verbal communication **2.** [danse & THÉÂTRE] gesture.

geyser [ʒezɛʀ] nm geyser.

Ghana [gana] nm : *le Ghana* Ghana.

ghanéen, enne [ganeɛ̃, ɛn] adj Ghanaian. ◆ **Ghanéen, enne** nm, f Ghanaian.

ghetto [gɛto] nm *pr* & *fig* ghetto.

ghettoïsation [gɛtoizasjɔ̃] nf ghettoization.

ghettoïser [getɔize] vt [quartier] to make into a ghetto ; [population] to marginalize.

Ght SMS *abr écrite de* **j'ai acheté**.

gibecière [ʒibsjɛʀ] nf game bag ; [d'écolier] satchel.

gibelotte [ʒiblɔt] nf *rabbit cooked in white wine.*

gibet [ʒibɛ] nm gallows *sg*, gibbet.

gibier [ʒibje] nm game ; *fam* & *fig* [personne] prey ▸ **gros gibier** a) big game b) *fam* & *fig* [personne] important catch.

giboulée [ʒibule] nf sudden shower.

giboyeux, euse [ʒibwajø, øz] adj abounding in game.

Gibraltar [ʒibʀaltaʀ] nm Gibraltar / *à Gibraltar* in Gibraltar.

GIC (*abr de* **Groupe interministériel de contrôle**) nm *official body controlling the use of telephone tapping.*

giclée [ʒikle] nf squirt, spurt.

gicler [3] [ʒikle] vi to squirt, to spurt.

gicleur [ʒiklœʀ] nm jet.

GIE (*abr de* **groupement d'intérêt économique**) nm intercompany management syndicate.

gifle [ʒifl] nf slap ▸ **donner une gifle à qqn** to slap sb.

gifler [3] [ʒifle] vt to slap ; *fig* [suj : vent, pluie] to whip, to lash.

GIG (*abr de* **grand invalide de guerre**) nm war invalid.

gigantesque [ʒigɑ̃tɛsk] adj gigantic.

giga-octet [ʒigaɔktɛ] nm INFORM gigabyte.

GIGN (*abr de* **Groupe d'intervention de la gendarmerie nationale**) nm *special crack force of the French police* ; ≃ SAS UK ; ≃ SWAT US.

gigogne [ʒigɔɲ] ⟶ **lit, table.**

gigolo [ʒigɔlo] nm *fam* gigolo.

gigot [ʒigo] nm CULIN leg.

gigoter [3] [ʒigɔte] vi *fam* to squirm, to wriggle.

gilet [ʒilɛ] nm **1.** [cardigan] cardigan **2.** [sans manches] waistcoat UK, vest US ▸ **gilet pare-balles** bulletproof vest ▸ **gilet de sauvetage** life jacket.

gin [dʒin] nm gin.

gingembre [ʒɛ̃ʒɑ̃bʀ] nm ginger.

gingivite [ʒɛ̃ʒivit] nf inflammation of the gums, gingivitis *(U)*.

girafe [ʒiʀaf] nf giraffe.

giratoire [ʒiʀatwaʀ] adj gyrating ▸ **sens giratoire** roundabout UK, traffic circle US.

girofle [ʒiʀɔfl] ⟶ **clou.**

giroflée [ʒiʀɔfle] nf stock.

girolle [ʒiʀɔl] nf chanterelle.

giron [ʒiʀɔ̃] nm lap ▸ **le giron familial** *fig* the bosom of one's family.

girouette [ʒiʀwɛt] nf weathercock.

gisait, gisions ⟶ **gésir.**

gisant [ʒizɑ̃] ◈ p prés ⟶ **gésir.** ◈ nm recumbent figure *(on tomb)*.

gisement [ʒizmɑ̃] nm deposit.

gît ⟶ **gésir.**

gitan, e [ʒitɑ̃, an] adj Gipsy *(avant n)*. ◆ **Gitan, e** nm, f Gipsy.

Gitane® [ʒitan] nf [cigarette] Gitane®.

gîte [ʒit] nm **1.** [logement] ▸ **gîte (rural)** gîte *(self-catering accommodation in the country)* ▸ **gîte touristique** QUÉBEC bed and breakfast, guest-house **2.** *litt* [abri] lodging ▸ **le gîte et le couvert** board and lodging **3.** [du lièvre] form **4.** [du bœuf] shank, shin UK.

gîter [3] [ʒite] vi **1.** [lièvre] to lie **2.** [bateau] to list.

givrant, e [ʒivʀɑ̃, ɑ̃t] adj freezing.

givre [ʒivʀ] nm frost.

givré, e [ʒivʀe] adj **1.** CULIN ▸ **orange etc. givrée** orange etc. sorbet OU sherbet US *(served in the hollowed-out fruit)* **2.** *fam* [personne] crazy, round the twist UK.

glabre [glabʀ] adj hairless.

glaçage [glasaʒ] nm **1.** [de gâteau] icing, frosting US **2.** [de tissu] glazing.

glaçant, e [glasɑ̃, ɑ̃t] adj cold.

glace [glas] nf **1.** [eau congelée] ice ▸ **rester de glace** *fig* to be unmoved ▸ **rompre la glace** *fig* to break the ice **2.** [crème glacée] ice cream ▸ **glace à l'eau** water ice UK, sherbet US ▸ **glace à la crème** dairy ice-cream UK, iced-milk icecream US **3.** [vitre] pane ; [de voiture] window **4.** [miroir] mirror ▸ **glace sans tain** two-way mirror. ◆ **glaces** nfpl ice floes.

glacé, e [glase] adj **1.** [gelé] frozen **2.** [très froid] freezing **3.** *fig* [hostile] cold **4.** [dessert] iced ; [viande] glazed ; [fruit] glacé.

glacer [16] [glase] vt **1.** [geler, paralyser] to chill **2.** [étoffe, papier] to glaze **3.** [gâteau] to ice UK, to frost US. ◆ **se glacer** vp [sang] to run cold.

glaciaire [glasjɛʀ] adj glacial.

glacial, e, aux [glasjal, o] adj *pr* & *fig* icy.

glaciel, elle [glasjɛl] adj of an ice floe. ◆ **glaciel** nm ice floe.

glacier [glasje] nm **1.** GÉOGR glacier **2.** [marchand] ice cream seller OU man.

glacière [glasjɛʀ] nf icebox.

glaçon [glasɔ̃] nm **1.** [dans boisson] ice cube **2.** [sur toit] icicle **3.** *fam* & *fig* [personne] iceberg.

gladiateur [gladjatœʀ] nm gladiator.

glaïeul [glajœl] nm gladiolus.

glaire [glɛʀ] nf **1.** MÉD phlegm **2.** [d'œuf] white.

glaise [glɛz] nf clay.

glaive [glɛv] nm sword.

glamour [glamuʀ] ◈ adj inv glamorous. ◈ nm glamour.

gland [glɑ̃] nm **1.** [de chêne] acorn **2.** [ornement] tassel **3.** ANAT glans.

glande [glɑ̃d] nf gland ▸ **glande endocrine** endocrine gland.

glander [3] [glɑ̃de] vi *tfam* to piss around.

glaner [3] [glane] vt to glean.

glapir [32] [glapiʀ] vi to yelp, to yap.

glapissement [glapismɑ̃] nm yelping, yapping.

glas [gla] nm knell ▸ **sonner le glas** to toll the bell ▸ **sonner le glas de** *fig* to sound the death knell for.

glaucome [glokom] nm glaucoma.

glauque [glok] adj **1.** [couleur] bluey-green **2.** *fam* [lugubre] gloomy **3.** *fam* [sordide] sordid.

glissade [glisad] nf slip ▸ **faire des glissades** to slide.

glissant, e [glisɑ̃, ɑ̃t] adj slippery.

glisse [glis] nf [d'un ski] friction coefficient ▸ **sports de glisse** *generic term referring to sports such as skiing, surfing, windsurfing, etc.*

glissement [glismɑ̃] nm **1.** [action de glisser] gliding, sliding ▸ **glissement de terrain** landslip, landslide **2.** *fig* [électoral] swing, shift.

glisser [3] [glise] ◆ vi **1.** [se déplacer] ▸ **glisser (sur)** to glide (over), to slide (over) / *il se laissa glisser à terre* he slid to the ground **2.** [déraper] ▸ **glisser (sur)** to slip (on) / *attention, ça glisse par terre* watch out, it's slippery underfoot ou the ground's slippery **3.** *fig* [passer rapidement] ▸ **glisser sur** to skate over / *glissons sur ce sujet !* let's say no more about it **4.** [surface] to be slippery **5.** [progresser] to slip ▸ **glisser dans** to slip into, to slide into ▸ **glisser vers** to slip towards UK ou toward US, to slide towards UK ou toward US **6.** INFORM to drag. ◆ vt to slip ▸ **glisser un regard à qqn** *fig* to give sb a sidelong glance / *glisser une lettre sous la porte* to slip a letter under the door / *glisser un petit mot à qqn* a) to slip sb a note b) [dire furtivement] to whisper sthg to sb. ◆ **se glisser** vp to slip ▸ **se glisser dans** a) [lit] to slip ou slide into b) *fig* to slip ou creep into / *des fautes ont pu se glisser dans l'article* some mistakes may have crept into the article.

glisser-lâcher [gliselaʃe] nm INFORM drag-and-drop.

glissière [glisjɛʀ] nf runner ▸ **à glissière** sliding ▸ **glissière de sécurité** crash barrier.

glissoire [gliswaʀ] nf slide.

global, e, aux [glɔbal, o] adj global.

globalement [glɔbalmɑ̃] adv on the whole.

globalisation [glɔbalizasjɔ̃] nf [d'un marché] globalization.

globalité [glɔbalite] nf entirety.

globe [glɔb] nm **1.** [sphère, terre] globe ▸ **le globe terrestre** the globe **2.** [de verre] glass cover.

globe-trotter [glɔbtʀɔtœʀ] (*pl* **globe-trotters**) nmf globetrotter.

globe-trotteur, euse [glɔbtʀɔtœʀ, øz] nm, f = **globe-trotter**.

globule [glɔbyl] nm corpuscle, blood cell ▸ **globule blanc / rouge** white / red corpuscle.

globuleux [glɔbylø] ⟶ **œil**.

gloire [glwaʀ] nf **1.** [renommée] glory ; [de vedette] fame, stardom / *au sommet de sa gloire* at the height ou pinnacle of his fame / *connaître la gloire* to find fame **2.** [mérite] credit ▸ **à la gloire de** in praise of / *toute la gloire vous en revient* the credit is all yours.

glorieux, euse [glɔʀjø, øz] adj [mort, combat] glorious ; [héros, soldat] renowned.

glorifier [9] [glɔʀifje] vt to glorify, to praise. ◆ **se glorifier** vp ▸ **se glorifier de** to glory in.

gloriole [glɔʀjɔl] nf vainglory.

glose [gloz] nf gloss.

gloser [3] [gloze] ◆ vi ▸ **gloser sur** to gossip about. ◆ vt to gloss.

gloss [glɔs] nm lipgloss.

glossaire [glɔsɛʀ] nm glossary.

glotte [glɔt] nf glottis.

glouglou [gluglu] nm **1.** *fam* [de liquide] gurgling **2.** [de dindon] gobbling.

gloussement [glusmɑ̃] nm **1.** [de poule] cluck, clucking *(U)* **2.** *fam* [de personne] chortle, chuckle.

glousser [3] [gluse] vi **1.** [poule] to cluck **2.** *fam* [personne] to chortle, to chuckle.

glouton, onne [glutɔ̃, ɔn] ◆ adj greedy. ◆ nm, f glutton.

gloutonnerie [glutɔnʀi] nf gluttony, greed.

glu [gly] nf [colle] glue.

gluant, e [glyɑ̃, ɑ̃t] adj sticky.

glucide [glysid] nm glucide.

glucose [glykoz] nm glucose.

gluten [glytɛn] nm gluten.

glycémie [glisemi] nf glycaemia UK ou glycemia US.

glycérine [gliseʀin] nf glycerine.

glycine [glisin] nf wisteria.

GMT (*abr de* **Greenwich Mean Time**) GMT.

gnangnan [ɲɑ̃ɲɑ̃] adj inv *fam* spineless, wet UK.

GNL (*abr de* **gaz naturel liquéfié**) nm LNG.

gnognot(t)e [ɲɔɲɔt] nf *fam* : *c'est de la gnognotte* a) [c'est facile] that's ou it's a cinch b) [c'est sans valeur] that's ou it's rubbish UK ou garbage US.

gnôle [ɲol] nf *fam* brandy.

gnome [gnom] nm gnome.

gnon [ɲɔ̃] nm *fam* thump.

G.N.V., gnv (*abr de* **gaz naturel (pour) véhicules**) nm natural gas for vehicles.

go [go] ◆ **tout de go** loc adv straight.

GO (*abr de* **grandes ondes**) nfpl LW.

goal [gol] nm goalkeeper.

gobelet [gɔblɛ] nm beaker, tumbler.

gober [3] [gɔbe] vt **1.** [avaler] to gulp down **2.** *fam* [croire] to swallow.

godasse [gɔdas] nf *fam* shoe.

godet [gɔdɛ] nm **1.** [récipient] jar, pot **2.** COUT flare.

godiller [3] [gɔdije] vi **1.** [rameur] to scull **2.** [skieur] to wedeln.

goéland [gɔelɑ̃] nm gull, seagull.

goélette [gɔelɛt] nf schooner.

goémon [gɔemɔ̃] nm wrack.

gogo [gogo] ◆ **à gogo** loc adv *fam* galore.

goguenard, e [gɔgnaʀ, aʀd] adj mocking.

goguette [gɔgɛt] ◆ **en goguette** loc adv *fam* a bit tight ou tipsy.

goinfre [gwɛ̃fʀ] nmf *fam* pig.

goinfrer [3] [gwɛ̃fʀe] ◆ **se goinfrer** vp ▸ **se goinfrer de** *fam* to stuff o.s. with, to pig out on.

goitre [gwatʀ] nm goitre.

golden [gɔldɛn] nf Golden Delicious.

golf [gɔlf] nm [sport] golf ; [terrain] golf course.

golfe [gɔlf] nm gulf, bay ▸ **le golfe de Gascogne** the Bay of Biscay / *le golfe Persique* the (Persian) Gulf.

gominer [3] [gɔmine] ◆ **se gominer** vp *(emploi réfléchi)* to put Brylcreem® OU hair cream on.

gommage [gɔmaʒ] nm **1.** [d'écriture] erasing, rubbing out **2.** [cosmétique] face scrub.

gomme [gɔm] nf **1.** [substance, bonbon] gum ▸ **gomme à mâcher** QUÉBEC chewing-gum **2.** [pour effacer] eraser, rubber UK **3.** EXPR **à la gomme** *fam* hopeless, useless.

gommé, e [gɔme] adj gummed.

gommer [3] [gɔme] vt to rub out, to erase ; *fig* to erase.

gond [gɔ̃] nm hinge ▸ **sortir de ses gonds** *fam* & *fig* to fly off the handle.

gondole [gɔ̃dɔl] nf gondola.

gondoler [3] [gɔ̃dɔle] vi [bois] to warp ; [carton] to curl. ◆ **se gondoler** vp **1.** [bois] to warp **2.** *fam* [rire] to split one's sides laughing.

gonflable [gɔ̃flabl] adj inflatable.

gonflé, e [gɔ̃fle] adj **1.** [enflé] swollen, puffed up **2.** *fam* [locution] ▸ **t'es gonflé !** you've got a nerve OU some cheek UK ! ▸ **être gonflé à bloc a)** [en pleine forme] to be full of beans **b)** [plein d'ardeur] to be itching OU raring to go.

gonflement [gɔ̃fləmɑ̃] nm **1.** [grosseur] swelling **2.** [augmentation - des prix] inflation ; [- des statistiques] exaggeration ; [- des impôts] excessive increase **3.** AUTO blowing up, inflating.

gonfler [3] [gɔ̃fle] ❖ vt **1.** [ballon, pneu] to blow up, to inflate ; [rivière, poitrine, yeux] to swell ; [joues] to blow out **2.** *fig* [grossir] to exaggerate **3.** EXPR **être gonflé a)** *fam* [être courageux] to have guts **b)** [exagérer] to have a nerve OU cheek UK. ❖ vi to swell. ◆ **se gonfler** vp **1.** [se distendre] to swell **2.** [être envahi] ▸ **se gonfler de a)** [orgueil] to swell with **b)** [espoir] to be filled with.

gonflette [gɔ̃flɛt] nf *fam* : *faire de la gonflette* to pump iron.

gonfleur [gɔ̃flœʀ] nm pump.

gong [gɔ̃g] nm gong.

gonzesse [gɔ̃zɛs] nf *tfam* chick, bird UK.

gore [gɔʀ] ❖ adj *(pl inv)* gory. ❖ nm ▸ **le gore** gore / *il aime le gore* he likes gore.

goret [gɔʀɛ] nm **1.** [cochon] piglet **2.** *fam* [garçon] dirty little pig.

GORE-TEX® [gɔʀtɛks] nm GORE-TEX®.

gorge [gɔʀʒ] nf **1.** [gosier, cou] throat ▸ **avoir la gorge serrée** to have a lump in one's throat ▸ **s'éclaircir la gorge** to clear one's throat ▸ **faire des gorges chaudes de qqch** to laugh sthg to scorn ▸ **prendre qqn à la gorge** to put sb in a difficult situation ▸ **rire à gorge déployée** to laugh heartily **2.** *litt* [poitrine] breast, bosom **3.** *(gén pl)* [vallée] gorge.

gorgée [gɔʀʒe] nf mouthful ▸ **à petites gorgées** in sips.

gorger [17] [gɔʀʒe] vt ▸ **gorger qqn de qqch a)** [gaver] to stuff sb with sthg **b)** [combler] to heap sthg on sb ▸ **gorger qqch de** to fill sthg with. ◆ **se gorger** vp ▸ **se gorger de** to gorge o.s. on.

gorille [gɔʀij] nm **1.** [animal] gorilla **2.** *fam* [personne] bodyguard.

gosier [gozje] nm throat, gullet.

gosse [gɔs] nmf *fam* kid.

gothique [gɔtik] adj **1.** ARCHIT Gothic **2.** TYPO ▸ **écriture gothique** Gothic script **3.** [mouvement] gothic, goth. ◆ **gothique** nm ▸ **le gothique** the Gothic style.

gouache [gwaʃ] nf gouache.

gouaille [gwaj] nf *fam* cheeky humour UK, sassy humor US.

goudron [gudʀɔ̃] nm tar.

goudronner [3] [gudʀɔne] vt to tar.

gouffre [gufʀ] nm abyss ▸ **le gouffre de l'oubli / du désespoir** the depths of oblivion / despair / *gouffre financier* COMM [produit, entreprise] financial disaster ▸ **au bord du gouffre** *fig* on the edge of the abyss.

goujat [guʒa] nm boor.

goujaterie [guʒatʀi] nf boorishness.

goujon [guʒɔ̃] nm [poisson] gudgeon.

goulet [gulɛ] nm narrows *pl* ▸ **goulet d'étranglement** bottleneck.

goulot [gulo] nm neck ▸ **boire au goulot** to drink straight from the bottle.

goulu, e [guly] ❖ adj greedy, gluttonous. ❖ nm, f glutton.

goulûment [gulymɑ̃] adv greedily.

goupille [gupij] nf pin.

goupiller [3] [gupije] vt *fam* to fix. ◆ **se goupiller** vp *fam* to work out.

goupillon [gupijɔ̃] nm **1.** RELIG (holy water) sprinkler **2.** [à bouteille] bottle brush.

gourd, e [guʀ, guʀd] adj numb.

gourde [guʀd] ❖ nf **1.** [récipient] flask, water bottle **2.** *fam* [personne] idiot, clot UK. ❖ adj *fam* thick.

gourdin [guʀdɛ̃] nm club.

gourer [3] [guʀe] ◆ **se gourer** vp *fam* to slip up.

gourgane [guʀgan] nf QUÉBEC broad bean.

gourmand, e [guʀmɑ̃, ɑ̃d] ❖ adj greedy ▸ **gourmand de** fond of. ❖ nm, f glutton.

gourmandise [guʀmɑ̃diz] nf **1.** [caractère] greed, greediness **2.** [sucrerie] sweet thing.

gourme [guʀm] nf **1.** MÉD impetigo **2.** [maladie du cheval] strangles *(U)* **3.** EXPR **jeter sa gourme** *vieilli* to sow one's wild oats.

gourmet [guʀmɛ] nm ▸ **(fin) gourmet** gourmet.

gourmette [guʀmɛt] nf chain bracelet.

gourou [guʀu] nm guru.

gousse [gus] nf pod ▸ **gousse d'ail** clove of garlic.

gousset [gusɛ] nm [de gilet] fob pocket.

goût [gu] nm taste ▸ **au goût du jour** fashionable / *remettre qqch au goût du jour* to update sthg ▸ **avoir du goût** to have taste ▸ **avoir le goût de qqch** to have a taste ou liking for sthg / *avoir un drôle de goût* to taste funny / *ça n'a aucun goût* it's tasteless, it's got no taste / *avoir des goûts de luxe* to have expensive tastes ▸ **de bon goût** a) [élégant] tasteful, in good taste b) *hum* [bienséant] advisable ▸ **de mauvais goût** tasteless, in bad taste / *cette plaisanterie est d'un goût douteux* that joke is in poor ou doubtful taste / *faire qqch par goût* to do sthg out of ou by inclination / *il n'a goût à rien* he doesn't feel like doing anything / *le décor est tout à fait à mon goût* the decor is exactly to my liking ▸ **prendre goût à qqch** to take a liking to sthg ▸ **chacun ses goûts** each to his own ▸ **c'est (une) affaire** ou **question de goût** it's a matter of taste.

goûter [3] [gute] ❖ vt **1.** [déguster] to taste **2.** [savourer] to enjoy **3.** *litt* [estimer] to appreciate. ❖ vi to have an afternoon snack ▸ **goûter à** to taste ▸ **goûter de** *litt* & *fig* to have a taste of. ❖ nm *afternoon snack for children, typically consisting of bread, butter, chocolate and a drink.*

goutte [gut] ❖ nf **1.** [de pluie, d'eau] drop ▸ **la goutte (d'eau) qui fait déborder le vase** *fig* the last straw ▸ **une goutte dans l'océan** a drop in the ocean ▸ **se ressembler comme deux gouttes d'eau** to be as like as two peas in a pod **2.** *fam* [alcool] ▸ **la goutte** the hard stuff **3.** MÉD [maladie] gout. ❖ adv *(de négation) litt* ▸ **ne… goutte** not a thing, nothing ▸ **je n'y vois goutte** I can't see a thing. ◆ **gouttes** nfpl MÉD drops / *gouttes pour le nez / les oreilles / les yeux* [pharmacie] nose / ear / eye drops. ◆ **goutte à goutte** loc adv drop by drop / *tomber goutte à goutte* to drip / *ils laissent filtrer les informations goutte à goutte* *fig* they are letting the news filter out bit by bit.

goutte-à-goutte [gutagut] nm inv (intravenous) drip, IV US.

gouttelette [gutlɛt] nf droplet.

gouttière [gutjɛʀ] nf **1.** [CONSTR - horizontale] gutter ; [- verticale] drainpipe **2.** MÉD splint.

gouvernail [guvɛʀnaj] nm rudder.

gouvernant, e [guvɛʀnɑ̃, ɑ̃t] ❖ adj ruling / *les classes gouvernantes* the ruling classes. ❖ nm, f man (woman) in power / *il n'a pas une âme de gouvernant* he was not born for government ▸ **les gouvernants** the people in power, the Government. ◆ **gouvernante** nf **1.** [d'enfants] governess **2.** [de maison] housekeeper.

gouverne [guvɛʀn] nf AÉRON control surface ▸ **gouverne de direction** rudder ▸ **pour ma / ta gouverne** *fig* for my / your guidance.

gouvernement [guvɛʀnəmɑ̃] nm POL government ▸ **gouvernement de coalition** coalition government ▸ **gouvernement à la majorité absolue** majority rule.

gouvernemental, e, aux [guvɛʀnəmɑ̃tal, o] adj [politique, organisation] government *(avant n)* ; [journal] pro-government.

gouverner [3] [guvɛʀne] vt to govern.

gouverneur [guvɛʀnœʀ] nm governor.

goyave [gɔjav] nf guava.

GPL (*abr de* **gaz de pétrole liquéfié**) nm LPG.

GPS (*abr de* **global positioning system**) nm GPS.

GQG (*abr de* **grand quartier général**) nm GHQ.

gr *abr écrite de* **grade**.

GR® (*abr de* **(sentier de) grande randonnée**) nm *long-distance hiking path.*

grabataire [gʀabatɛʀ] ❖ nmf invalid. ❖ adj bedridden.

grabuge [gʀabyʒ] nm *fam* trouble.

grâce [gʀas]

❖ nf

1. [charme] grace / *plein de grâce* graceful ▸ **de bonne grâce** with good grace, willingly ▸ **de mauvaise grâce** with bad grace, reluctantly

2. [faveur] favour UK, favor US / *accorder sa grâce à qqn* to pardon sb / *demander grâce* to beg for mercy / *être dans les bonnes grâces de qqn* to be in sb's good books / *faire grâce de qqch à qqn* to spare sb sthg / *je te fais grâce des détails* I'll spare you the full story / *trouver grâce aux yeux de qqn* to find favour with sb

3. [miséricorde] mercy / *par la grâce de Dieu* by the grace of God ▸ **rendre grâce à** *litt* to give thanks to

◆ **de grâce** interj for heaven's sake!

◆ **grâce à** loc prép thanks to.

gracier [9] [gʀasje] vt to pardon.

gracieusement [gʀasjøzmɑ̃] adv **1.** [avec grâce] graciously **2.** [gratuitement] free (of charge).

gracieuseté [gʀasjøzte] nf QUÉBEC [bien ou service] freebie ▸ **(être une) gracieuseté de** (to be) courtesy of.

gracieux, euse [gʀasjø, øz] adj **1.** [charmant] graceful **2.** [gratuit] free.

gracile [gʀasil] adj slender.

gradation [gʀadasjɔ̃] nf gradation.

grade [gʀad] nm [échelon] rank ; [universitaire] qualification ▸ **monter en grade** to be promoted ▸ **en prendre pour son grade** *fam* to get hauled over the coals.

gradé, e [gʀade] ❖ adj non-commissioned. ❖ nm, f non-commissioned officer, NCO.

gradin [gʀadɛ̃] nm [de stade, de théâtre] tier ; [de terrain] terrace ▸ **en gradins** terraced.

graduation [gʀadɥasjɔ̃] nf graduation.

gradué, e [gʀadɥe] BELGIQUE ❖ adj [étudiant] college *(avant n).* ❖ nm, f college graduate.

graduel, elle [gʀadɥɛl] adj gradual ; [difficultés] increasing.

graduellement [gʀadɥɛlmɑ̃] adv gradually.

graduer [7] [gʀadɥe] vt **1.** [récipient, règle] to graduate **2.** *fig* [effort, travail] to increase gradually.

graff [gʀaf] (*abr de* **graffiti**) nm (piece of) graffiti.

graffeur, euse [gʀafœ, øz] nm, f graffiti artist, graffitist.

graffiteur, euse [gʀafitœʀ, øz] nm, f graffiti artist.

graffiti [gʀafiti] nm inv graffiti *(U)*.

grailler [3] [gʀaje] vi *fam* to nosh UK, to chow down US.

graillon [gʀajɔ̃] nm *péj* burnt fat.

grain [gʀɛ̃] nm **1.** [gén] grain ; [de moutarde] seed ; [de café] bean ▸ **grain de cassis / groseille** blackcurrant / redcurrant (berry) ▸ **grain de poivre** peppercorn ▸ **grain de raisin** grape / *moulu ou en grains ?* ground or not?, ground or whole? **2.** [point] ▸ **grain de beauté** mole, beauty spot **3.** [averse] squall **4.** *fig* [petite quantité] ▸ **un grain de** a touch of ▸ **un grain de bon sens** an ounce of common sense / *un grain de folie* a touch of madness **5.** [aspect - de la peau] grain, texture ; [- du bois, du papier] grain / *à gros grain* coarse-grained / *à petit grain* close-grained, fine-grained **6.** EXPR **avoir un grain** *fam* to be a bit touched ▸ **mettre son grain de sel** *fam* to put one's oar in ▸ **veiller au grain** to be on one's guard.

graine [gʀɛn] nf **1.** BOT seed ▸ **mauvaise graine** *fam* & *fig* bad lot **2.** EXPR **être de la graine de voleur** *péj* to be a thief in the making ▸ **en prendre de la graine** *fam* to follow my / his etc. example ▸ **monter en graine a)** [salade] to bolt, to run to seed **b)** *fig* to shoot up.

grainetier, ère [gʀɛntje, ɛʀ] nm, f seed merchant.

graissage [gʀɛsaʒ] nm lubrication.

graisse [gʀɛs] nf **1.** ANAT & CULIN fat **2.** [pour lubrifier] grease.

graisser [4] [gʀese] vt **1.** [machine] to grease, to lubricate **2.** [vêtements] to get grease on.

graisseux, euse [gʀɛsø, øz] adj **1.** [papier] greasy **2.** [bourrelet] of fat.

graminée [gʀamine] nf grass / *les graminées* **a)** [gén] (the) grasses **b)** BOT the gramineae *(terme spécialisé)*.

grammaire [gʀamɛʀ] nf grammar.

grammatical, e, aux [gʀamatikal, o] adj grammatical.

grammaticalement [gʀamatikalmɑ̃] adv grammatically.

gramme [gʀam] nm gram, gramme UK ▸ **il n'a pas un gramme de jugeote** he hasn't got an ounce of common sense.

grand, e [gʀɑ̃, gʀɑ̃d]

❖ adj

1. [en hauteur] tall / *une grande tour* a high ou tall tower ; [en dimensions] big, large / *de grandes jambes* long legs ; [en quantité, nombre] large, great ▸ **en grand** [dimension] full-size ▸ **une grande partie de** a large ou great proportion of

2. [âgé] grown-up / *il est assez grand pour…* he's old enough to… ▸ **les grandes personnes** grown-ups ▸ **grand frère** big ou older brother ▸ **grande sœur** big ou older sister

3. [puissant] big, leading *(avant n)* / *les grands dignitaires du régime* the leading dignitaries of the regime

4. [important, remarquable] great / *les grands problèmes de notre temps* the main ou major ou key issues of our time / *les grands couturiers* the top fashion designers / *un grand homme* a great man

5. [intense] ▸ **un grand blessé / brûlé** a person with serious wounds / burns ▸ **un grand buveur / fumeur** a heavy drinker / smoker / *c'était un grand moment* it was a great moment / *un grand merci à ta sœur* lots of thanks to ou a big thank you to your sister ▸ **faire grand bien** : *ça m'a fait le plus grand bien* it did me a power of good ou the world of good

❖ nm, f *(gén pl)*

1. [personnage] great man (woman) / *les grands de ce monde* the people in (positions of) power ou in high places / *c'est l'un des grands de l'électroménager* he's one of the big names in electrical appliances

2. [enfant] older ou bigger boy (girl) / *allons, ma grande, ne pleure pas !* come on now, dear, don't cry!

◆ **grand** adv ▸ **tailler grand** : *ça devrait vous aller, ça taille grand* it should fit you: it's cut large ▸ **voir grand** to think big.

◆ **grande école** nf *competitive-entrance higher education establishment.*

◆ **grande surface** nf hypermarket.

Grande école

The **grandes écoles** are relatively small and highly respected higher education establishments. Admission is usually only possible after two years of intensive preparatory studies and a competitive entrance examination. Most have close links with industry. The **grandes écoles** include **l'École des hautes études commerciales** or **HEC** (management and business), **l'École polytechnique** or **l'X** (engineering) and **l'École normale supérieure** (teacher training and research).

grand-angle [gʀɑ̃tɑ̃gl] (*pl* **grands-angles**), **grand-angulaire** [gʀɑ̃tɑ̃gylɛʀ] (*pl* **grands-angulaires**)

❖ adj wide-angle. ❖ nm wide-angle lens.

grand-chose [gʀɑ̃ʃoz] ◆ **pas grand-chose**

❖ pron indéf not much. ❖ nmf *fam* worthless person.

grand-duché [gʀɑ̃dyʃe] (*pl* **grands-duchés**) nm grand duchy.

Grande-Bretagne [gʀɑ̃dbʀətaɲ] nf : *la Grande-Bretagne* Great Britain.

grandement [gʀɑ̃dmɑ̃] adv **1.** [beaucoup] greatly **2.** [largement] a lot ▸ **avoir grandement de quoi vivre** to have plenty to live on.

grandeur [gʀɑ̃dœʀ] nf **1.** [taille] size ▸ **grandeur nature** life-size, life-sized **2.** *fig* [apogée] greatness / *avec grandeur* nobly ▸ **grandeur d'âme** *fig* magnanimity / *la grandeur humaine* the greatness of man **3.** [sciences] ▸ **grandeurs énergétiques** energy consumption and supply ▸ **grandeur de sortie** output.

grand-guignolesque [gʀɑ̃giɲɔlɛsk] adj bloodthirsty and melodramatic.

grandiloquent, e [gʀɑ̃dilɔkɑ̃, ɑ̃t] adj grandiloquent.

grandiose [gʀɑ̃djoz] adj imposing.

grandir [32] [gʀɑ̃diʀ] ❖ vt ▸ **grandir qqn a)** [suj : chaussures] to make sb look taller **b)** *fig* to increase sb's standing. ❖ vi [personne, plante] to grow ; [obscurité, bruit] to increase, to grow ▸ **grandir dans l'estime de qqn** to go up in sb's estimation. ◆ **se grandir** vp to make o.s. (appear) taller ; *fig* to increase one's standing.

grandissant, e [gʀɑ̃disɑ̃, ɑ̃t] adj growing.

grand-maman [gʀɑ̃mamɑ̃] (*pl* **grand-mamans** *ou* **grands-mamans**) nf granny, grandma.

grand-mère [gʀɑ̃mɛʀ] (*pl* **grand-mères** *ou* **grands-mères**) nf grandmother ; *fam* & *fig* old biddy ▸ **grand-mère maternelle / paternelle** maternal / paternal grandmother.

grand-messe [gʀɑ̃mɛs] (*pl* **grand-messes** *ou* **grands-messes**) nf high mass.

grand-oncle [gʀɑ̃tɔ̃kl] (*pl* **grands-oncles**) nm great-uncle.

grand-papa [gʀɑ̃papa] (*pl* **grands-papas**) nm grandpa, grandad UK, granddad US.

grand-peine [gʀɑ̃pɛn] ◆ **à grand-peine** loc adv with great difficulty.

grand-père [gʀɑ̃pɛʀ] (*pl* **grands-pères**) nm grandfather ; *fam* & *fig* grandad UK, granddad US, old timer US ▸ **grand-père maternel / paternel** maternal / paternal grandfather.

grands-parents [gʀɑ̃paʀɑ̃] nmpl grandparents.

grand-tante [gʀɑ̃tɑ̃t] (*pl* **grand-tantes** *ou* **grands-tantes**) nf great-aunt.

grand-voile [gʀɑ̃vwal] (*pl* **grand-voiles** *ou* **grands-voiles**) nf mainsail.

grange [gʀɑ̃ʒ] nf barn.

granit(e) [gʀanit] nm GÉOL granite.

granité, e [gʀanite] adj [tissu] pebble-weave. ◆ **granité** nm **1.** [tissu] pebble weave **2.** [glace] granita.

granule [gʀanyl] nm **1.** [grain] granule **2.** MÉD pill.

granulé, e [gʀanyle] adj [surface] granular. ◆ **granulé** nm tablet.

granuleux, euse [gʀanylø, øz] adj granular.

grape-fruit [gʀɛpfʀut] (*pl* **grape-fruits**) nm grapefruit.

graphe [gʀaf] nm graph.

graphie [gʀafi] nf spelling.

graphique [gʀafik] ❖ nm diagram ; [courbe] graph ; [tracé] : *graphique à ou en barres* bar graph ou chart UK / *graphique en colonnes* bar graph ou chart UK. ❖ adj graphic.

graphisme [gʀafism] nm **1.** [écriture] handwriting **2.** ART style of drawing.

graphiste [gʀafist] nmf graphic artist.

graphologie [gʀafɔlɔʒi] nf graphology.

graphologue [gʀafɔlɔg] nmf graphologist, handwriting expert.

grappe [gʀap] nf **1.** [de fruits] bunch ; [de fleurs] stem ▸ **grappe de raisin** bunch of grapes **2.** *fig* [de gens] knot.

grappiller [3] [gʀapije] ❖ vt *pr* & *fig* to gather, to pick up. ❖ vi [financièrement] to make money.

grappin [gʀapɛ̃] nm [ancre] grapnel ▸ **mettre le grappin sur** *fig* & *péj* to get one's claws into sb.

gras, grasse [gʀa, gʀas] adj **1.** [personne, animal] fat **2.** [plat, aliment] fatty ▸ **matières grasses** fats / *ne mettez pas trop de matière grasse* do not add too much fat / *fromage gras* full-fat cheese **3.** [cheveux, mains] greasy **4.** [sol] clayey ; [crayon] soft **5.** *fig* [plaisanterie] crude **6.** *fig* [rire] throaty ; [toux] phlegmy **7.** *fig* [plante] succulent. ◆ **gras** ❖ nm **1.** [du jambon] fat **2.** [de jambe] soft ou fleshy part **3.** TYPO bold (type) **4.** [substance] grease / *des taches de gras* greasy stains. ❖ adv ▸ **manger gras** to eat fatty foods / *parler gras* to speak coarsely ou gutturally ▸ **tousser gras** to have a loose cough.

gras-double [gʀadubl] (*pl* **gras-doubles**) nm tripe.

grassement [gʀasmɑ̃] adv **1.** [rire] coarsely **2.** [payer] a lot.

grassouillet, ette [gʀasujɛ, ɛt] adj *fam* plump.

gratifiant, e [gʀatifjɑ̃, ɑ̃t] adj gratifying.

gratification [gʀatifikasjɔ̃] nf **1.** [en argent] bonus **2.** [psychologique] gratification.

gratifier [9] [gʀatifje] vt **1.** [accorder] ▸ **gratifier qqn de qqch a)** to present sb with sthg, to present sthg to sb **b)** *fig* to reward sb with sthg **2.** [stimuler] to gratify.

gratin [gʀatɛ̃] nm **1.** CULIN *dish sprinkled with breadcrumbs or cheese and browned* ▸ **gratin dauphinois** *sliced potatoes baked with cream and browned on top* **2.** *fam* & *fig* [haute société] upper crust.

gratiné, e [gʀatine] adj **1.** CULIN *sprinkled with breadcrumbs or cheese and browned* **2.** *fam* & *fig* [ardu] stiff **3.** *fam* & *fig* [déroutant] weird. ◆ **gratinée** nf *onion soup sprinkled with cheese and browned.*

gratiner [3] [gʀatine] vt *to sprinkle with breadcrumbs or cheese and then brown.*

gratis [gʀatis] adv free.

gratitude [gʀatityd] nf ▸ **gratitude (envers)** gratitude (to ou towards).

gratte-ciel [gʀatsjɛl] nm inv skyscraper.

grattement [gʀatmɑ̃] nm scratching.

gratte-papier [gʀatpapje] nm inv *fam* penpusher.

gratter [3] [gʀate] ❖ vt **1.** [gén] to scratch ; [pour enlever] to scrape off **2.** *fam* [gagner] to make **3.** *fam* [devancer] to overtake. ◆ vi **1.** [démanger] to itch, to be itchy **2.** *fam* [écrire] to scribble **3.** [frapper] ▸ **gratter à la porte** to tap at the door **4.** *fam* [travailler] to slave, to slog **5.** *fam* [jouer] ▸ **gratter de a)** [violon] to scrape away at **b)** [guitare] to strum on. ◆ **se gratter** vp to scratch.

grattoir [gRatwaR] nm **1.** [outil] scraper **2.** [de boîte d'allumettes] striking surface.

grattouiller [gRatuje] vt *fam* : *ça me grattouille* it itches.

gratuit, e [gRatɥi, it] ◆ adj **1.** [entrée] free **2.** [hypothèse] unwarranted **3.** [violence] gratuitous. ◆ nm free magazine.

gratuité [gRatɥite] nf **1.** [d'entrée] free nature **2.** [d'hypothèse] unwarranted nature.

gratuitement [gRatɥitmɑ̃] adv **1.** [sans payer] free, for nothing **2.** [sans raison] gratuitously.

gravats [gRava] nmpl rubble *(U)*.

grave [gRav] ◆ adj **1.** [attitude, faute, maladie] serious, grave ▸ **ce n'est pas grave** [ce n'est rien] don't worry about it **2.** [voix] deep **3.** LING ▸ **accent grave** grave accent. ◆ nm *(gén pl)* MUS low register.

graveleux, euse [gRavlø, øz] adj **1.** [sol] gravelly **2.** [fruit] gritty **3.** [propos] crude.

gravement [gRavmɑ̃] adv gravely, seriously.

graver [3] [gRave] vt **1.** [gén] to engrave **2.** [bois] to carve **3.** INFORM to burn.

graveur, euse [gRavœR, øz] nm, f engraver. ◆ **graveur** nm INFORM CD-RW drive, (CD-)burner ▸ **graveur de CD** CD writer ou burner.

gravier [gRavje] nm gravel *(U)*.

gravillon [gRavijɔ̃] nm fine gravel *(U)*.

gravir [32] [gRaviR] vt to climb.

gravité [gRavite] nf **1.** [importance] seriousness, gravity ▸ **sans gravité** not serious **2.** PHYS gravity.

graviter [3] [gRavite] vi **1.** [astre] to revolve **2.** *fig* [évoluer] to gravitate.

gravure [gRavyR] nf **1.** [technique] ▸ **gravure (sur)** engraving (on) ▸ **gravure sur bois** woodcutting **2.** [reproduction] print ; [dans livre] plate.

gré [gRe] nm **1.** [goût] ▸ **à mon / son gré** for my/his taste, for my/his liking **2.** [volonté] ▸ **bon gré mal gré** willy-nilly ▸ **contre mon / son gré** against my/his will ▸ **de gré ou de force** *fig* whether you/they etc. like it or not ▸ **de mon / son plein gré** of my/his own free will ▸ **au gré de qqn / qqch** at the will of sb/sthg, at the pleasure of sb/sthg **3.** [gratitude] ▸ **je vous saurais gré de bien vouloir...** *litt* I should be grateful if you would....

grec, grecque [gRɛk] adj Greek. ◆ **grec** nm [langue] Greek ▸ **grec ancien / moderne** ancient/modern Greek. ◆ **grecque** nf CULIN ▸ **à la grecque** *stewed in oil (with tomatoes) and served cold.* ◆ **Grec, Grecque** nm, f Greek.

Grèce [gRɛs] nf : *la Grèce* Greece.

gredin, e [gRədɛ̃, in] nm, f rogue.

gréement [gRemɑ̃] nm rigging.

green [gRin] nm [golf] green.

Greenwich [gRinwitʃ] npr Greenwich / *le méridien de Greenwich* the Greenwich Meridian.

gréer [15] [gRee] vt to rig.

greffe [gRɛf] ◆ nm DR ▸ **greffe (du tribunal)** office of the clerk of court. ◆ nf **1.** MÉD transplant ; [de peau] graft ▸ **greffe du cœur** heart transplant **2.** BOT graft.

greffer [4] [gRɛfe] vt **1.** MÉD to transplant ; [peau] to graft ▸ **greffer un rein / un cœur à qqn** to give sb a kidney/heart transplant **2.** BOT to graft. ◆ **se greffer** vp ▸ **se greffer sur qqch** to be added to sthg.

greffier [gRɛfje] nm clerk of the court.

grégaire [gRegɛR] adj gregarious.

grège [gRɛʒ] ⟶ **soie**.

grégorien, enne [gRegɔRjɛ̃, ɛn] adj Gregorian.

grêle[1] [gRɛl] nf hail.

grêle[2] adj **1.** [jambes] spindly **2.** [son] shrill.

grêlé, e [gRele] adj pockmarked.

grêler [4] [gRele] ◆ v impers to hail ▸ **il grêle** it's hailing. ◆ vt to devastate by hail.

grêlon [gRɛlɔ̃] nm hailstone.

grelot [gRəlo] nm bell.

grelotter [3] [gRəlɔte] vi ▸ **grelotter (de)** to shiver (with).

grenade [gRənad] nf **1.** [fruit] pomegranate **2.** MIL grenade ▸ **grenade lacrymogène** tear-gas grenade.

Grenade [gRənad] ◆ npr f [île] : *la Grenade* Grenada / *à la Grenade* in Grenada. ◆ npr [ville d'Espagne] Granada.

grenadier [gRənadje] nm **1.** [arbre] pomegranate tree **2.** MIL grenadier.

grenadine [gRənadin] nf grenadine *(pomegranate syrup)*.

grenat [gRəna] ◆ nm garnet. ◆ adj inv dark red.

grenier [gRənje] nm **1.** [de maison] attic **2.** [à foin] loft **3.** *fig* [région] breadbasket.

grenouille [gRənuj] nf frog ▸ **grenouille de bénitier** *fam* & *fig* fanatical churchgoer.

grenouiller [3] [gRənuje] vi *fam* to plot, to scheme, to connive.

grenouillère [gRənujɛR] nf [de bébé] all-in-one.

grenu, e [gRəny] adj **1.** [cuir] grained **2.** [roche] granular.

grès [gRɛ] nm **1.** [roche] sandstone **2.** [poterie] stoneware.

grésil [gRezil] nm hail.

grésillement [gRezijmɑ̃] nm [de friture] sizzling ; [de feu] crackling.

grésiller [3] [gRezije] vi **1.** [friture] to sizzle ; [feu] to crackle **2.** [radio] to crackle.

GRETA, Greta [gʀeta] (*abr de* **groupements d'établissements pour la formation continue des adultes**) npr m *state body organizing adult training programmes*.

grève [gʀɛv] nf **1.** [arrêt du travail] strike ▸ **être en grève** to be on strike ▸ **faire grève** to strike, to go on strike ▸ **grève de la faim** hunger strike ▸ **grève générale** general strike ▸ **grève sauvage** wildcat strike ▸ **grève sur le tas** sit-down strike ▸ **grève tournante** rotating strike ▸ **grève du zèle** work-to-rule **2.** [rivage] shore.

grever [19] [gʀəve] vt to burden ; [budget] to put a strain on.

gréviste [gʀevist] ◆ nmf striker. ◆ adj striking.

GRH (*abr de* **gestion des ressources humaines**) nf personnel management.

gribouillage [gʀibujaʒ] nm **1.** [écriture] scrawl **2.** [dessin] doodle.

gribouiller [3] [gʀibuje] vt & vi **1.** [écrire] to scrawl **2.** [dessiner] to doodle.

gribouillis [gʀibuji] = **gribouillage**.

grief [gʀijɛf] nm grievance ▸ **faire grief de qqch à qqn** to hold sthg against sb.

grièvement [gʀijɛvmɑ̃] adv seriously.

griffe [gʀif] nf **1.** [d'animal] claw ▸ **montrer les griffes** *pr* & *fig* to bare ou show one's claws ▸ **tomber dans les griffes de qqn** *fig* to fall into sb's clutches **2.** [de créateur] hallmark ; [de couturier] label **3.** BELGIQUE [éraflure] scratch.

griffé, e [gʀife] adj [vêtement] designer *(modif)*.

griffer [3] [gʀife] vt **1.** [suj : chat] to claw **2.** [suj : créateur] to put one's name to.

griffonner [3] [gʀifɔne] ◆ vt **1.** [écrire] to scrawl **2.** [dessiner] to make a rough sketch of. ◆ vi **1.** [écrire] to scrawl **2.** [dessiner] to make a rough sketch.

griffure [gʀifyʀ] nf scratch.

grignotage [gʀiɲɔtaʒ] nm **1.** [entre les repas] snacking **2.** [destruction] wearing away, erosion / *le grignotage des voix par l'opposition* the gradual loss of votes to the opposition / *le grignotage de nos droits* the gradual whittling away of our rights.

grignoter [3] [gʀiɲɔte] ◆ vt **1.** [manger] to nibble **2.** *fam* & *fig* [réduire - capital] to eat away (at) **3.** *fam* & *fig* [gagner - avantage] to gain. ◆ vi **1.** [manger] to nibble **2.** *fam* & *fig* [prendre] ▸ **grignoter sur** to nibble away at.

grigou [gʀigu] nm *fam* skinflint.

gri-gri (*pl* **gris-gris**), **grigri** (*pl* **grigris**) [gʀigʀi] nm talisman, charm.

gril [gʀil] nm grill ▸ **sur le gril** on the grill ▸ **être sur le gril** *fig* to be like a cat on hot bricks UK ou a hot tin roof US.

grillade [gʀijad] nf CULIN grilled meat.

grillage [gʀijaʒ] nm **1.** [de porte, de fenêtre] wire netting **2.** [clôture] wire fence.

grillager [17] [gʀijaʒe] vt to put wire netting on.

grille [gʀij] nf **1.** [portail] gate **2.** [d'orifice, de guichet] grille ; [de fenêtre] bars *pl* **3.** [de mots croisés, de loto] grid **4.** [tableau] table ▸ **grille des programmes** programme UK ou program US listings *pl* ▸ **grille des salaires** salary scale.

grillé, e [gʀije] adj **1.** [amandes, noisettes] roasted ; [viande] grilled UK, broiled US **2.** *fam* [personne] : *il est grillé* his cover's blown.

grille-pain [gʀijpɛ̃] nm inv toaster.

griller [3] [gʀije] ◆ vt **1.** [viande] to grill UK, to broil US ; [pain] to toast ; [café, marrons] to roast ▸ **griller une cigarette** *fam* to have a smoke **2.** *fig* [au soleil - personne] to burn ; [- végétation] to shrivel / *grillé par la chaleur* scorched by the heat **3.** [moteur] to burn out **4.** *fam* & *fig* [dépasser - concurrents] to outstrip ▸ **griller une étape** *fam* to rush ahead ▸ **griller un feu rouge** to jump the lights **5.** *fig* [compromettre] to ruin / *il nous a grillés auprès du patron* he's really landed us in it with the boss. ◆ vi **1.** [viande] to grill UK, to broil US / *faire griller du pain* to toast some bread **2.** [ampoule] to blow **3.** [personne] ▸ **griller de** [envie, impatience] to be burning with ▸ **griller de faire qqch** to be longing to do sthg. ◆ **se griller** vp *fam* to be done for ▸ **se griller auprès de qqn** to blow it with sb / *il s'est grillé en disant cela* he gave himself away by saying that.

grillon [gʀijɔ̃] nm [insecte] cricket.

grimace [gʀimas] nf grimace ▸ **faire des grimaces** to pull faces ▸ **faire la grimace** to pull a face.

grimacer [16] [gʀimase] vi to grimace.

grimer [3] [gʀime] vt CINÉ & THÉÂTRE to make up. ◆ **se grimer** vp CINÉ & THÉÂTRE to make (o.s.) up.

grimoire [gʀimwaʀ] nm [de sorcier] book of spells.

grimpant, e [gʀɛ̃pɑ̃, ɑ̃t] adj climbing *(avant n)*.

grimper [3] [gʀɛ̃pe] ◆ vt to climb. ◆ vi to climb ▸ **grimper à un arbre / une échelle** to climb a tree / a ladder.

grimpeur, euse [gʀɛ̃pœʀ, øz] ◆ adj climbing *(avant n)*. ◆ nm, f climber.

grinçant, e [gʀɛ̃sɑ̃, ɑ̃t] adj **1.** [charnière] squeaking ; [porte, plancher] creaking **2.** *fig* [ironie] jarring.

grincement [gʀɛ̃smɑ̃] nm [de charnière] squeaking ; [de porte, plancher] creaking ▸ **grincements de dents** *fig* gnashing of teeth.

grincer [16] [gʀɛ̃se] vi [charnière] to squeak ; [porte, plancher] to creak.

grincheux, euse [gʀɛ̃ʃø, øz] ◆ adj grumpy. ◆ nm, f moaner, grumbler.

gringalet [gʀɛ̃galɛ] nm *fam* weakling.

gringue [gʀɛ̃g] nm *fam* ▸ **faire du gringue (à qqn)** to sweet-talk (sb), to chat (sb) up UK.

griotte [gʀijɔt] nf morello (cherry).

grip [gʀip] nm SPORT grip.

grippal, e, aux [gʀipal, o] adj flu *(avant n)*, influenzal *(terme spécialisé)* / *état grippal* influenza, flu.

gripppe [gʀip] nf MÉD flu *(U)* / *avoir la grippe* to have (the) flu ▸ **grippe A H1N1** H1N1 A influenza ▸ **grippe aviaire** bird flu, avian influenza ▸ **grippe intestinale** gastric flu ▸ **grippe porcine** swine influenza ▸ **prendre qqn / qqch en grippe** *fig* to take a sudden dislike to sb/sthg.

grippé, e [gʀipe] adj [malade] ▸ **être grippé** to have (the) flu.

gripper [3] [gʀipe] vi **1.** [mécanisme] to jam **2.** *fig* [processus] to stall. ◆ **se gripper** vp **1.** [mécanisme] to jam **2.** *fig* [système] to seize up.

grippe-sou [gʀipsu] (*pl inv ou* **grippe-sous**) nm *fam* skinflint.

gris, e [gʀi, gʀiz] adj **1.** [couleur] grey UK, gray US **2.** *fig* [morne] dismal **3.** [saoul] tipsy. ◆ **gris** nm **1.** [couleur] grey UK, gray US **2.** [tabac] shag.

grisaille [gʀizaj] nf **1.** [de ciel] greyness UK, grayness US **2.** *fig* [de vie] dullness.

grisant, e [gʀizɑ̃, ɑ̃t] adj intoxicating.

grisâtre [gʀizatʀ] adj greyish UK, grayish US.

grisé [gʀize] nm grey UK ou gray US shading.

griser [3] [gʀize] vt to intoxicate. ◆ **se griser** vp ▸ **se griser de** a) [vin] to get tipsy on b) [air, succès] to get drunk on.

grisonnant, e [gʀizɔnɑ̃, ɑ̃t] adj greying UK, graying US.

grisonner [3] [gʀizɔne] vi to turn grey UK ou gray US.

grisou [gʀizu] nm firedamp.

grive [gʀiv] nf thrush.

grivois, e [gʀivwa, az] adj ribald.

Groenland [gʀɔɛnlɑ̃d] nm : *le Groenland* Greenland / *au Groenland* in Greenland.

groenlandais, e [gʀɔɛnlɑ̃dɛ, ɛz] adj of/from Greenland, Greenland *(modif)*. ◆ **Groenlandais, e** nm, f Greenlander.

grog [gʀɔg] nm (hot) toddy.

groggy [gʀɔgi] adj inv **1.** [boxeur] groggy **2.** *fam* & *fig* [assommé] stunned.

grogne [gʀɔɲ] nf *fam* discontent, grumbling.

grognement [gʀɔɲmɑ̃] nm **1.** [son] grunt ; [d'ours, de chien] growl **2.** [protestation] grumble.

grogner [3] [gʀɔɲe] vi **1.** [émettre un son] to grunt ; [ours, chien] to growl **2.** [protester] to grumble.

grognon, onne [gʀɔɲɔ̃, ɔn] adj grumpy.

groin [gʀwɛ̃] nm snout.

grommeler [24] [gʀɔmle] vt & vi to mutter.

grondement [gʀɔ̃dmɑ̃] nm [d'animal] growl ; [de tonnerre, de train] rumble ; [de torrent] roar.

gronder [3] [gʀɔ̃de] ❖ vi **1.** [animal] to growl ; [tonnerre] to rumble **2.** *litt* [grommeler] to mutter. ❖ vt to scold.

groom [gʀum] nm page, bellboy, bellhop US.

gros, grosse [gʀo, gʀos] ❖ adj *(gén avant n)* **1.** [gén] large, big ; *péj* big / *de grosses chaussures* heavy shoes / *une grosse tranche* a thick slice **2.** *(avant ou après n)* [corpulent] fat / *un homme grand et gros* a tall fat man **3.** [grossier] coarse / *gros drap* coarse linen **4.** [fort, sonore] loud / *un gros bruit* a loud ou big noise **5.** [important, grave - ennuis] serious ; [- dépense] major / *de gros dégâts* extensive ou widespread damage / *de grosses pertes* heavy losses **6.** [plein] ▸ **gros de** full of / *un cœur gros de tendresse* a heart full of tenderness. ❖ nm, f **1.** [personne corpulente] fat person / *un petit gros* a fat little man **2.** [personnage important] big shot. ◆ **gros** ❖ adv [beaucoup] a lot ▸ **en avoir gros sur le cœur** to be upset. ❖ nm **1.** [partie] ▸ **le (plus) gros (de qqch)** the main part (of sthg) / *le (plus) gros du travail* the bulk of the work **2.** COMM ▸ **le gros** wholesale. ◆ **de gros** loc adj COMM wholesale. ◆ **en gros** loc adv & loc adj **1.** COMM wholesale ▸ **ventes en gros** wholesaling **2.** [en grands caractères] in large letters / *c'est imprimé en gros* it's printed in big letters **3.** [grosso modo] roughly / *je sais en gros de quoi il s'agit* I know roughly what it's about. ◆ **grosse légume** nf *fam* [personne influente] bigwig, big shot.

groseille [gʀozɛj] ❖ nf currant ▸ **groseille blanche** white currant ▸ **groseille à maquereau** gooseberry ▸ **groseille rouge** redcurrant. ❖ adj inv red.

groseillier [gʀozeje] nm currant bush.

gros-porteur [gʀopɔʀtœʀ] (*pl* **gros-porteurs**) nm jumbo (jet).

grosse [gʀos] ❖ nf **1.** [douze douzaines] gross **2.** DR engrossment. ❖ adj ⟶ **gros**.

grossesse [gʀosɛs] nf pregnancy ▸ **grossesse extra-utérine** ectopic pregnancy ▸ **grossesse nerveuse** phantom pregnancy.

grosseur [gʀosœʀ] nf **1.** [dimension, taille] size **2.** [corpulence] fatness **3.** MÉD lump.

grossier, ère [gʀosje, ɛʀ] adj **1.** [matière] coarse **2.** [sommaire] rough **3.** [insolent] rude **4.** [vulgaire] crude **5.** [erreur] crass.

grossièrement [gʀosjɛʀmɑ̃] adv **1.** [sommairement] roughly **2.** [vulgairement] crudely.

grossièreté [gʀosjɛʀte] nf **1.** [vulgarité] crudeness **2.** [parole grossière] crude remark **3.** [superficialité] superficiality.

grossir [32] [gʀosiʀ] ❖ vi **1.** [prendre du poids] to put on weight / *elle a beaucoup grossi* she's put on a lot of weight ▸ **faire grossir** a) to add pounds, to make you put on weight b) [être calorique] to be fattening / *ça fait grossir* it's fattening **2.** [augmenter] to grow **3.** [s'intensifier] to increase / *le bruit grossit* the noise is getting louder / *le malaise qui règne dans le groupe grossit* there is a growing sense of unease within the group **4.** [cours d'eau] to swell. ❖ vt **1.** [suj : microscope, verre] to magnify **2.** [suj : vêtement] ▸ **grossir qqn** to make sb look fatter / *ta robe te grossit* your dress makes you look fatter **3.** [exagérer] to exaggerate / *on a grossi l'affaire* the affair was blown up out of all proportion.

grossissant, e [gʀosisɑ̃, ɑ̃t] adj [verre] magnifying.

grossissement [gʀosismɑ̃] nm **1.** [de personne] increase in weight **2.** [de loupe, de microscope] magnification **3.** [exagération] exaggeration.

grossiste [gʀosist] nmf wholesaler.

grosso modo [gʀosomɔdo] adv roughly.

grotesque [gʀɔtɛsk] ◆ adj grotesque, ludicrous. ◆ nm ▸ **le grotesque** the grotesque.

grotte [gʀɔt] nf cave.

grouillant, e [gʀujɑ̃, ɑ̃t] adj **1.** [foule] milling **2.** [lieu] ▸ **grouillant (de)** swarming (with).

grouiller [3] [gʀuje] vi ▸ **grouiller (de)** to swarm (with). ◆ **se grouiller** vp *fam* to get a move on ▸ **se grouiller de faire qqch** to rush to do sthg.

groupage [gʀupaʒ] nm [de paquets] bulking ; [de commandes, d'envois, de livraisons] groupage, consolidation.

groupe [gʀup] nm group / *ils sont venus par groupes de quatre ou cinq* they came in groups of four or five ou in fours and fives ▸ **en groupe** as a group ▸ **groupe armé** armed group ▸ **groupe de combat** section ▸ **groupe hospitalier** hospital complex ▸ **groupe parlementaire** parliamentary group ▸ **groupe de parole** support group ▸ **groupe de presse** press consortium ou group ▸ **groupe de pression** pressure group ▸ **groupe de rock** rock band ou group ▸ **groupe scolaire** school complex ▸ **groupe-témoin** focus group ▸ **groupe de travail** working group ou party UK. ◆ **groupe sanguin** nm blood group.

groupement [gʀupmɑ̃] nm **1.** [action] grouping **2.** [groupe] group.

grouper [3] [gʀupe] vt to group. ◆ **se grouper** vp to come together.

groupie [gʀupi] nmf groupie.

groupuscule [gʀupyskyl] nm faction.

gruau [gʀyo] nm **1.** [farine] wheat flour **2.** QUÉBEC CULIN porridge, oatmeal.

grue [gʀy] nf TECHNOL & ZOOL crane ▸ **faire le pied de grue** *fig* to stand about, to hang around.

gruger [17] [gʀyʒe] vt *litt* to dupe.

grumeau, x [gʀymo] nm lump.

grumeleux, euse [gʀymlø, øz] adj **1.** [pâte] lumpy **2.** [fruit] gritty **3.** [peau] bumpy.

grunge [gʀœnʒ] adj grunge.

gruyère [gʀyjɛʀ] nm Gruyère (cheese).

GSM (*abr de* global system for mobile communication) TÉLÉCOM GSM.

guacamole [gwakamol] nm guacamole.

Guadeloupe [gwadlup] nf : *la Guadeloupe* Guadeloupe / *à la Guadeloupe* in Guadeloupe.

guadeloupéen, enne [gwadlupeɛ̃, ɛn] adj of/from Guadeloupe. ◆ **Guadeloupéen, enne** nm, f person from Guadeloupe.

Guatemala [gwatemala] nm : *le Guatemala* Guatemala / *au Guatemala* in Guatemala.

guatémaltèque [gwatemaltɛk] adj Guatemalan. ◆ **Guatémaltèque** nmf Guatemalan.

gué [ge] nm ford ▸ **traverser à gué** to ford.

guenilles [gənij] nfpl rags.

guenon [gənɔ̃] nf female monkey.

guépard [gepaʀ] nm cheetah.

guêpe [gɛp] nf wasp.

guêpier [gepje] nm wasp's nest ; *fig* hornet's nest ▸ **aller se fourrer dans un guêpier** to stir up a hornet's nest.

guère [gɛʀ] adv [peu] hardly ▸ **ne** *(+ verbe)* **guère** [peu] hardly / *il ne l'aime guère* he doesn't like him/her very much / *l'appel n'a guère eu de succès* the appeal met with very little success ▸ **ne** *(+ verbe)* **plus guère** : *il ne m'écrit plus guère* he hardly (ever) writes to me now ou any more / *il n'y a guère plus de six ans* barely more than six years ago ▸ **il n'y a guère de** there are hardly any.

guéridon [geʀidɔ̃] nm pedestal table.

guérilla [geʀija] nf guerrilla warfare.

guérir [32] [geʀiʀ] ◆ vt to cure ▸ **guérir qqn de** *pr* & *fig* to cure sb of. ◆ vi to recover, to get better / *elle est guérie de sa rougeole* she's cured of ou recovered from her measles. ◆ **se guérir** vp *(emploi réfléchi)* to cure o.s.

guérison [geʀizɔ̃] nf **1.** [de malade] recovery **2.** [de maladie] cure.

guérissable [geʀisabl] adj curable.

guérisseur, euse [geʀisœʀ, øz] nm, f healer.

guérite [geʀit] nf MIL sentry box.

Guernesey [gɛʀnəzɛ] npr Guernsey / *à Guernesey* on Guernsey.

guerre [gɛʀ] nf **1.** *pr* & *fig* war ▸ **en guerre** at war ▸ **déclarer la guerre** to declare war ▸ **faire la guerre à un pays** to make ou wage war on a country ▸ **faire la guerre à qqch** to wage war on sthg ▸ **guerre atomique / nucléaire** atomic/nuclear war ▸ **guerre civile** civil war ▸ **guerre économique** trade war ▸ **guerre froide** cold war ▸ **guerre des nerfs** war of nerves ▸ **guerre de religion** war of religion ▸ **guerre sainte** holy war ▸ **Première / Seconde Guerre mondiale** World War I/II, First/Second World War UK **2.** [technique] warfare *(U)* ▸ **guerre biologique / chimique** biological/chemical warfare ▸ **guerre bactériologique** germ warfare **3.** EXPR **à la guerre comme à la guerre** *fam* you'll/we'll etc. just have to make the best of things ▸ **c'est de bonne guerre** that's fair enough ou perfectly fair ▸ **de guerre lasse** for the sake of peace.

guerrier, ère [gɛʀje, ɛʀ] adj **1.** [de guerre] war *(avant n)* **2.** [peuple] warlike. ◆ **guerrier** nm warrior.

guerroyer [13] [gɛʀwaje] vi *litt* to wage war.

guet [gɛ] nm ▸ **faire le guet** to be on the look-out.

guet-apens [gɛtapɑ̃] (*pl* guets-apens) nm ambush ; *fig* trap ▸ **tomber dans un guet-apens** to fall into an ambush ou a trap.

guêtre [gɛtʀ] nf gaiter ▸ **traîner ses guêtres** *fam* to lounge around.

guetter [4] [gete] vt **1.** [épier] to lie in wait for **2.** [attendre] to be on the look-out for, to watch for **3.** [menacer] to threaten.

gueulante [gœlɑ̃t] nf *fam* uproar ▸ **pousser une gueulante** to yell (one's head off).

gueulard, e [gœlaʀ, aʀd] *fam* ◆ adj shouting a lot. ◆ nm, f person who shouts a lot. ◆ **gueulard** nm TECHNOL throat.

gueule [gœl] nf **1.** [d'animal, ouverture] mouth **2.** *tfam* [bouche de l'homme] gob UK, yap US ▸ **ta gueule !** shut it!, shut your gob! UK ▸ **c'est une grande gueule** he/she is all mouth **3.** *fam* [visage] face / *quelle sale gueule (il a) !* **a)** [il est laid] what an ugly mug he's got! *tfam* **b)** [il est malade] he looks terrible! ▸ **gueule cassée** WWI veteran *(with bad facial injuries)* **4.** EXPR **avoir la gueule de bois** *fam* to have a hangover ▸ **casser la gueule à qqn** *fam* to smash sb's face in ▸ **se casser la gueule** *fam* [tomber] to fall flat on one's face ▸ **faire la gueule** *fam* to pull a long face, to sulk / *j'en ai pris plein la gueule fam* I got a right mouthful ▸ **se jeter dans la gueule du loup** to enter the lion's den / *leur maison a vraiment de la gueule fam* their house really has got style ▸ **pousser un coup de gueule** *fam* to yell out ▸ **se soûler la gueule** *fam* to get plastered ou pissed *tfam* UK.

gueule-de-loup [gœldəlu] (*pl* **gueules-de-loup**) nf snapdragon.

gueuler [5] [gœle] *fam* ◆ vt to yell. ◆ vi **1.** [crier] to yell **2.** [protester] to kick up a stink, to scream and shout.

gueuleton [gœltɔ̃] nm *fam* blowout.

gueux, gueuse [gø, gøz] nm, f *litt* beggar.

gui [gi] nm mistletoe.

guichet [giʃɛ] nm counter ; [de gare, de théâtre] ticket office ▸ **jouer à guichets fermés** *fig* to be sold out.

guichetier, ère [giʃtje, ɛʀ] nm, f counter clerk.

guide [gid] ◆ nm **1.** [gén] guide ▸ **guide de montagne** mountain guide **2.** [livre] guidebook. ◆ nf Girl Guide UK, Girl Scout US. ◆ **guides** nfpl reins.

guider [3] [gide] vt to guide. ◆ **se guider** vpi : *il s'est guidé sur le soleil* he used the sun as a guide.

guidon [gidɔ̃] nm handlebars *pl*.

guigne [giɲ] nf *fam* bad ou rotten luck.

guigner [3] [giɲe] vt *fam* **1.** [regarder] to eye **2.** [convoiter] to have one's eye on.

guignol [giɲɔl] nm **1.** [marionnette] glove puppet **2.** [théâtre] ≃ Punch and Judy show ▸ **faire le guignol** *fam* & *fig* to act ou play the fool.

guillemet [gijmɛ] nm quotation mark, inverted comma UK ▸ **entre guillemets** in quotation marks ou inverted commas UK ▸ **ouvrir / fermer les guillemets** to open/close quotation marks ou inverted commas UK.

guilleret, ette [gijʀɛ, ɛt] adj perky.

guillotine [gijɔtin] nf **1.** [instrument] guillotine **2.** [de fenêtre] sash.

guillotiner [3] [gijɔtine] vt to guillotine.

guimauve [gimov] nf **1.** [confiserie, plante] marshmallow **2.** *fam* [sentimentalité] mush.

guimbarde [gɛ̃baʀd] nf **1.** MUS Jew's harp **2.** *fam* [voiture] jalopy.

guindé, e [gɛ̃de] adj stiff.

Guinée [gine] nf : *la Guinée* Guinea / *la Guinée-Bissau* Guinea-Bissau / *la GuinéeÉquatoriale* Equatorial Guinea.

guinéen, enne [gineɛ̃, ɛn] adj Guinean. ◆ **Guinéen, enne** nm, f Guinean.

guingois [gɛ̃gwa] ◆ **de guingois** adv *fam* lopsidedly.

guinguette [gɛ̃gɛt] nf open-air dance floor.

guirlande [giʀlɑ̃d] nf **1.** [de fleurs] garland **2.** [de papier] chain ; [de Noël] tinsel *(U)*.

guise [giz] nf ▸ **à ma guise** as I please ou like ▸ **en guise de** by way of.

guitare [gitaʀ] nf guitar ▸ **guitare électrique** electric guitar.

guitariste [gitaʀist] nmf guitarist.

Gulf Stream [gœlfstʀim] nm : *le Gulf Stream* the Gulf Stream.

gustatif, ive [gystatif, iv] adj ▸ **sensibilité gustative** sense of taste.

guttural, e, aux [gytyʀal, o] adj guttural.

Guyana [gɥijana] nf : *la Guyana* Guyana.

Guyane [gɥijan] nf : *la Guyane* French Guiana.

gym [ʒim] nf gym *(U)*.

gymkhana [ʒimkana] nm rally.

gymnase [ʒimnaz] nm gymnasium.

gymnaste [ʒimnast] nmf gymnast.

gymnastique [ʒimnastik] nf *pr* & *fig* gymnastics *(U)* / *faire de la gymnastique* to do exercises ▸ **gymnastique aquatique** aquaerobics ▸ **gymnastique corrective** remedial gymnastics.

gynécée [ʒinese] nm HIST gynaeceum.

gynéco [ʒineko] nmf *fam* gynaecologist UK, gynecologist US.

gynécologie [ʒinekɔlɔʒi] nf gynaecology UK, gynecology US.

gynécologique [ʒinekɔlɔʒik] adj gynaecological UK, gynecological US.

gynécologue [ʒinekɔlɔg] nmf gynaecologist UK, gynecologist US.

gypse [ʒips] nm gypsum.

gyrophare [ʒiʀɔfaʀ] nm flashing light.

H

h[1], **H** [aʃ] nm inv h, H ▸ **h aspiré / muet** aspirate/silent h.

h[2] **1.** (*abr écrite de* **heure**) hr **2.** (*abr écrite de* **hecto**) h.

H 1. *abr écrite de* **homme 2.** (*abr écrite de* **hydrogène**) H.

ha (*abr écrite de* **hectare**) ha.

hab. *abr écrite de* **habitant**.

habile [abil] adj skilful UK, skillful US ; [démarche] clever.

habilement [abilmɑ̃] adv skilfully UK, skillfully US ; [manœuvrer] cleverly.

habileté [abilte] nf skill.

habiliter [3] [abilite] vt to authorize ▸ **être habilité à faire qqch** to be authorized to do sthg.

habillage [abijaʒ] nm **1.** [action] dressing **2.** [enveloppe, protection] covering.

habillé, e [abije] adj [tenue] dressy ; [réception] smart.

habillement [abijmɑ̃] nm **1.** [action] clothing **2.** [tenue] outfit **3.** [profession] clothing trade.

habiller [3] [abije] vt **1.** [vêtir] ▸ **habiller qqn (de)** to dress sb (in) / *il est mal habillé* [sans goût] he's badly dressed **2.** [suj : fournisseur] to provide with clothing ; [suj : fabricant] to make clothes for / *j'habille toute la famille* I make clothes for all the family / *elle est habillée par un grand couturier* she gets her clothes from a top designer **3.** [recouvrir] to cover / *habiller un mur de toile de jute* to cover a wall with hessian. ◆ **s'habiller** vp **1.** [se vêtir] to dress, to get dressed / *habille-toi chaudement* wrap up well ou warmly / *tu t'habilles mal* you have no dress sense ▸ **s'habiller de** to dress in **2.** [se vêtir élégamment] to dress up / *s'habiller pour le dîner* to dress for dinner **3.** [se fournir en vêtements] to buy one's clothes / *s'habiller sur mesure* to have one's clothes made to measure ou tailor-made.

habilleur, euse [abijœʀ, øz] nm, f dresser.

habit [abi] nm **1.** [costume] suit ▸ **habit de neige** QUÉBEC snowsuit ▸ **habit de soirée** evening dress **2.** RELIG habit. ◆ **habits** nmpl [vêtements] clothes.

habitable [abitabl] adj habitable.

habitacle [abitakl] nm [d'avion] cockpit ; [de voiture] passenger compartment.

habitant, e [abitɑ̃, ɑ̃t] nm, f **1.** [de pays] inhabitant ▸ **loger chez l'habitant** to stay with local people **2.** [d'immeuble] occupant **3.** QUÉBEC [paysan] farmer.

habitat [abita] nm **1.** [conditions de logement] housing conditions *pl* **2.** [mode de peuplement] settlement **3.** [d'animal] habitat.

habitation [abitasjɔ̃] nf **1.** [fait d'habiter] housing **2.** [résidence] house, home.

habité, e [abite] adj [maison] occupied ; [planète] inhabited ▸ **engin spatial habité** manned spacecraft.

habiter [3] [abite] ◈ vt **1.** [résider] to live in **2.** [suj : passion, sentiment] to dwell within. ◈ vi to live / *habiter chez des amis* to be staying with friends ▸ **habiter à** to live in.

habitude [abityd] nf **1.** [façon de faire] habit ▸ **avoir l'habitude de faire qqch** to be in the habit of doing sthg ▸ **d'habitude** usually ▸ **comme d'habitude** as usual ▸ **par habitude** out of habit ▸ **prendre l'habitude de faire qqch** to get into the habit of doing sthg **2.** [coutume] custom.

habitué, e [abitye] nm, f regular.

habituel, elle [abitɥɛl] adj **1.** [coutumier] usual, customary **2.** [caractéristique] typical.

habituellement [abitɥɛlmɑ̃] adv usually.

habituer [7] [abitɥe] vt ▸ **habituer qqn à qqch / à faire qqch** to get sb used to sthg/to doing sthg. ◆ **s'habituer** vp ▸ **s'habituer à qqch / à faire qqch** to get used to sthg/to doing sthg.

hâbleur, euse ['ablœʀ, øz] *litt* ◈ adj boastful. ◈ nm, f braggart.

hache ['aʃ] nf axe, ax US ▸ **enterrer la hache de guerre** *fam* & *fig* to bury the hatchet.

haché, e ['aʃe] adj **1.** [coupé - gén] finely chopped ; [- viande] minced UK, ground US **2.** [entrecoupé] jerky.

hache-légumes (*pl inv*) ['aʃlegym] nm vegetable chopper.

hacher [3] ['aʃe] vt **1.** [couper - gén] to chop finely ; [- viande] to mince UK, to grind US **2.** [entrecouper] to interrupt.

hachette ['aʃɛt] nf hatchet.

hachis ['aʃi] nm ▸ **un hachis de persil** finely chopped parsley ▸ **un hachis de porc** minced pork UK, ground pork US ▸ **hachis Parmentier** ≃ shepherd's pie ; ≃ cottage pie.

hachisch = **haschisch**.

hachoir ['aʃwaʀ] nm **1.** [couteau] chopper **2.** [appareil] mincer UK, grinder US **3.** [planche] chopping board UK, cutting board US.

hachure ['aʃyʀ] nf hatching.

hachurer [3] ['aʃyʀe] vt to hatch.

hackeur, euse [akœʀ, øz], **hacker** [akœʀ] n *fam* hacker.

haddock ['adɔk] nm smoked haddock.

hagard, e ['agaʀ, aʀd] adj haggard.

hagiographie [aʒjɔgʀafi] nf hagiography.

haï, e ['ai] pp ⟶ **haïr**.

haie ['ɛ] nf **1.** [d'arbustes] hedge **2.** [de personnes] row; [de soldats, d'agents de police] line ▸ **haie d'honneur** guard of honour UK OU honor US **3.** SPORT hurdle ▸ **400 mètres haies** 400 metres UK OU meters US hurdles.

haillons ['ajɔ] nmpl rags.

haine ['ɛn] nf hatred.

haineusement ['ɛnøzmɑ̃] adv with hatred.

haineux, euse ['ɛnø, øz] adj full of hatred.

haïr [33] ['aiʀ] vt to hate. ◆ **se haïr** vp : *ils se haïssent depuis toujours* they've always hated each other / *je me hais d'avoir pu agir de cette façon* I hate myself for behaving like that.

hais, hait ⟶ **haïr**.

haïssable ['aisabl] adj hateful.

haïssais, haïssions ⟶ **haïr**.

Haïti [aiti] npr Haiti / *à Haïti* in Haiti.

haïtien, enne [aisjɛ̃, ɛn] adj Haitian. ◆ **Haïtien, enne** nm, f Haitian.

haka [aka] nm haka.

halal [alal] (*pl inv*) adj halal.

hâle ['al] nm tan.

hâlé, e ['ale] adj tanned UK, tan US.

haleine [alɛn] nf breath ▸ **avoir l'haleine forte, avoir mauvaise haleine** to have bad breath ▸ **courir à perdre haleine** to run until one is breathless ▸ **hors d'haleine** out of breath ▸ **de longue haleine** exacting and time-consuming ▸ **reprendre haleine** to catch one's breath, to get one's breath back ▸ **tenir qqn en haleine** to keep sb in suspense.

haler [3] ['ale] vt **1.** [tirer] to haul in **2.** [remorquer] to tow.

haletant, e ['altɑ̃, ɑ̃t] adj panting.

halètement ['alɛtmɑ̃] nm panting.

haleter [28] ['alte] vi to pant.

hall ['ol] nm **1.** [vestibule, entrée] foyer, lobby **2.** [salle publique] concourse ▸ **hall d'arrivée / de départ** arrival / departure hall.

hallali [alali] nm : *l'hallali* [sonnerie] the mort.

halle ['al] nf covered market. ◆ **halles** nfpl wholesale food market *sg*.

hallebarde ['albaʀd] nf **1.** [armement] halberd, halbert **2.** EXPR **il pleut** OU **il tombe des hallebardes** *fam* it's raining cats and dogs.

hallucinant, e [alysinɑ̃, ɑ̃t] adj **1.** [incroyable] extraordinary **2.** [grandiose] impressive.

hallucination [alysinasjɔ̃] nf hallucination.

halluciné, e [alysine] ◆ adj crazed. ◆ nm, f lunatic.

halluciner [3] [alysine] vi **1.** PSYCHO to hallucinate, to suffer from OU to have hallucinations **2.** *fam* & *fig* : ***mais j'hallucine ou quoi ?*** I don't believe it!

hallucinogène [alysinɔʒɛn] ◆ nm hallucinogen. ◆ adj hallucinogenic.

halo ['alo] nm **1.** [cercle lumineux] halo **2.** *fig* [rayonnement] aura.

halogène [alɔʒɛn] nm & adj halogen.

halte ['alt] ◆ nf stop ▸ **faire halte** to stop ▸ **halte routière** QUÉBEC [sur autoroute] rest area. ◆ interj stop!

halte-garderie ['altəgaʀdəʀi] (*pl* **haltes-garderies**) nf ≃ day nursery.

haltère [altɛʀ] nm dumbbell.

haltérophile [alteʀɔfil] ◆ nmf weightlifter. ◆ adj weightlifting *(avant n)*.

haltérophilie [alteʀɔfili] nf weightlifting.

halva [alva] nm halva.

hamac ['amak] nm hammock.

hamburger ['ɑ̃buʀgœʀ] nm hamburger.

hameau, x ['amo] nm hamlet.

hameçon [amsɔ̃] nm fishhook ▸ **mordre à l'hameçon** *fig* to rise to the bait.

hameçonnage [amsɔnaʒ] nm QUÉBEC [par courriel] phishing.

hammam ['amam] nm Turkish baths *pl*.

hampe ['ɑ̃p] nf [de drapeau] pole.

hamster ['amstɛʀ] nm hamster.

hanche ['ɑ̃ʃ] nf hip ▸ **rouler des hanches** to swing one's hips.

handball ['ɑ̃dbal] nm handball.

handicap ['ɑ̃dikap] nm handicap.

handicapé, e ['ɑ̃dikape] ◆ adj handicapped ▸ **être handicapé par qqch** *fig* to be handicapped by sthg. ◆ nm, f handicapped person ▸ **handicapé mental** mentally handicapped person ▸ **handicapé moteur** person with cerebral palsy ▸ **handicapé physique** physically handicapped person.

handicaper [3] ['ɑ̃dikape] vt to handicap.

handisport ['ɑ̃dispɔʀ] adj ▸ **activité handisport** sport for the disabled.

hangar ['ɑ̃gaʀ] nm shed ; AÉRON hangar.

hanneton ['antɔ̃] nm cockchafer.

Hanoi ['anɔj] npr Hanoi.

Hanoukka [anuka] nf Hanukkah, Hanukka.

hanté, e ['ɑ̃te] adj [maison, forêt] haunted.

hanter [3] ['ɑ̃te] vt to haunt.

hantise ['ɑ̃tiz] nf obsession ▸ **avoir la hantise de qqch / de faire qqch** to be obsessed by the fear of sthg / of doing sthg.

happer [3] ['ape] vt **1.** [attraper] to snap up **2.** [accrocher] to strike.

hara-kiri ['arakiri] nm ▸ **(se) faire hara-kiri** to commit hara-kiri.

harangue ['arɑ̃g] nf harangue.

haranguer [3] ['arɑ̃ge] vt to harangue.

haras ['ara] nm stud (farm).

harassant, e ['arasɑ̃, ɑ̃t] adj exhausting.

harasser [3] ['arase] vt to exhaust.

harcèlement ['arsɛlmɑ̃] nm harassment ▸ **harcèlement moral** bullying *(in the workplace)* ▸ **harcèlement sexuel** sexual harassment.

harceler [25] ['arsəle] vt **1.** [relancer] to harass **2.** MIL to harry **3.** [importuner] ▸ **harceler qqn (de)** to pester sb (with).

hard ['ard] *fam* **1.** = **hard-core** **2.** = **hard-rock**

hard-core ['ardkɔr] ◆ adj inv hard-core / *un film hard-core* a hard-core (porn) movie. ◆ nm inv [genre] hard-core porn.

hardes ['ard] nfpl *litt* old clothes.

hardi, e ['ardi] adj bold, daring.

hardiesse ['ardjɛs] nf boldness, daring.

hard-rock ['ardrɔk] (*pl* **hard-rocks**), **hard** ['ard] nm MUS hard rock, heavy metal.

hardware ['ardwɛr] nm INFORM hardware.

harem ['arɛm] nm harem.

hareng ['arɑ̃] nm herring ▸ **hareng saur** kipper.

harfang ['arfɑ̃] nm snowy owl.

hargne ['arɲ] nf spite *(U)*, bad temper.

hargneux, euse ['arɲø, øz] adj [personne] spiteful, bad-tempered ; [remarque] spiteful, vicious.

haricot ['ariko] nm bean ▸ **haricots verts / blancs / rouges** green ou string / haricot / kidney beans.

harmonica [armɔnika] nm harmonica, mouth organ.

harmonie [armɔni] nf **1.** [gén] harmony ▸ **vivre en harmonie (avec qqn)** to live in harmony (with sb) **2.** [de visage] symmetry **3.** [fanfare] wind band.

harmonieusement [armɔnjøzmɑ̃] adv harmoniously.

harmonieux, euse [armɔnjø, øz] adj **1.** [gén] harmonious **2.** [voix] melodious **3.** [traits, silhouette] regular.

harmonique [armɔnik] adj harmonic.

harmonisation [armɔnizasjɔ̃] nf **1.** [coordination] harmonization **2.** MUS harmonizing.

harmoniser [3] [armɔnize] vt MUS to harmonize ; *fig* [salaires] to bring into line.

harmonium [armɔnjɔm] nm harmonium.

harnachement ['arnaʃmɑ̃] nm **1.** [équipement de cheval] harness **2.** [action] harnessing **3.** *fam* & *fig* [attirail] gear.

harnacher [3] ['arnaʃe] vt [cheval] to harness ▸ **être harnaché** *fig* to be got up.

harnais ['arnɛ] nm **1.** [de cheval, de parachutiste] harness **2.** TECHNOL train.

haro ['aro] nm *sout* ▸ **crier haro sur** to rail against.

harpagon [arpagɔ̃] nm ≃ Scrooge.

harpe ['arp] nf harp.

harpie ['arpi] nf harpy.

harpon ['arpɔ̃] nm harpoon.

harponner [3] ['arpɔne] vt **1.** [poisson] to harpoon **2.** *fam* [personne] to collar.

hasard ['azar] nm chance / *le hasard fait bien les choses* there are some lucky coincidences / *les hasards de la vie* life's ups and downs, life's vicissitudes *sout* / *quel heureux hasard !* what a fantastic coincidence! ▸ **au hasard** at random / *aller* ou *marcher au hasard* **a)** [par indifférence] to walk aimlessly **b)** [par plaisir] to go where one's fancy takes one / *ne rien laisser au hasard* to leave nothing to chance / *je me suis fait des amis au hasard de mes voyages* I made friends with people I happened to meet on my travels ▸ **à tout hasard** on the off chance ▸ **par hasard** by accident, by chance / *par un curieux hasard, il était né le même jour* by a strange coincidence he was born on the same day ▸ **comme par hasard** *iron* as if by chance / *comme par hasard, elle n'a rien entendu* surprisingly enough, she didn't hear a thing! ▸ **si par hasard** if by chance / *si par hasard vous la voyez* if by any chance you should see her, should you happen to see her.

⚠ **Hazard** signifie « risque », « danger » et non *hasard*.

hasarder [3] ['azarde] vt **1.** [tenter] to venture **2.** [risquer] to hazard. ◆ **se hasarder** vp ▸ **se hasarder à faire qqch** to risk doing sthg.

hasardeux, euse ['azardø, øz] adj risky.

haschisch, haschich, hachisch ['aʃiʃ] nm hashish.

hâte ['at] nf haste ▸ **à la hâte, en hâte** hurriedly, hastily ▸ **avoir hâte de faire qqch** to be eager to do sthg.

hâter [3] ['ate] vt **1.** [activer] to hasten **2.** [avancer] to bring forward. ◆ **se hâter** vp to hurry ▸ **se hâter de faire qqch** to hurry to do sthg.

hâtif, ive ['atif, iv] adj [précipité] hurried, hasty.

hauban ['obɑ̃] nm NAUT shroud.

hausse ['os] nf [augmentation] rise, increase ▸ **à la hausse, en hausse** rising / *hausse des prix* price increase.

haussement ['osmɑ̃] nm ▸ **haussement d'épaules** shrug (of the shoulders).

hausser [3] ['ose] vt to raise.

haussmannien, enne [osmanjɛ̃, ɛn] adj *relating to the period of urban transformation in Paris led by Baron Haussmann in the mid-nineteenth century.*

haut, e ['o, 'ot] adj **1.** [gén] high / *haut de 20 m* 20 m high / *la partie haute de l'arbre* the top of the tree / *les pièces sont hautes de plafond* the rooms have high ceilings ▸ **haut débit** INFORM & TÉLÉCOM broadband **2.** [classe sociale, pays, région] upper / *de haut niveau* top-level, high-level **3.** [responsable] senior ▸ **les**

hauts fonctionnaires top OU top-ranking civil servants **4.** FIN & COMM high. ◆ **haut** ❖ adv **1.** [gén] high / *levez haut la jambe* raise your leg (up) high OU high up **2.** [placé] highly / *des amis haut placés* friends in high places **3.** [fort] loudly ▸ **dire bien haut ce que l'on pense tout bas** to say out loud what everyone else is thinking. ❖ nm **1.** [hauteur] height / *faire 2 m de haut* to be 2 m high OU in height **2.** [sommet, vêtement] top **3.** EXPR ▸ **avoir OU connaître des hauts et des bas** to have one's ups and downs. ◆ **de haut** loc adv [avec dédain] haughtily ▸ **le prendre de haut** to react haughtily ▸ **regarder qqn de haut** to look down on sb ▸ **tomber de haut a)** [être surpris] to be flabbergasted **b)** [être déçu] to come down (to earth) with a bump. ◆ **de haut en bas** loc adv from top to bottom / *regarder* OU *considérer qqn de haut en bas* to look sb up and down. ◆ **du haut de** loc prép from the top of / *il nous regarde du haut de sa grandeur* he looks down his nose at us. ◆ **en haut** loc adv at the top ; [dans une maison] upstairs / *nous sommes passés par en haut* [par la route du haut] we took the high road. ◆ **en haut de** loc prép at the top of / *tout en haut d'une colline* high up on a hill / *regarde en haut de l'armoire* look on top of the wardrobe. ◆ **là-haut** loc adv up there.

hautain, e ['otɛ̃, ɛn] adj haughty.

hautbois ['obwa] nm oboe.

haut-de-forme ['odfɔʀm] (*pl* **hauts-de-forme**) nm top hat.

haut de gamme [odgam] ❖ adj upmarket, high-end, top-of-the-line US / *une chaîne haut de gamme* a state-of-the-art hi-fi system. ❖ nm top of the range, top of the line US.

haute-fidélité [otfidelite] (*pl* **hautes-fidélités**) nf high fidelity, hi-fi.

hautement ['otmɑ̃] adv highly.

hauteur ['otœʀ] nf height / *il est tombé de toute sa hauteur* he fell headlong / *il y a de la neige sur les hauteurs* there's snow on the higher slopes / *prendre de la hauteur* to gain altitude OU height / *à hauteur d'épaule* at shoulder level OU height ▸ **ne pas être à la hauteur de qqch** not to be up to sthg / *tu ne t'es pas montré à la hauteur* you weren't up to it OU equal to the task / *une carrière à la hauteur de ses ambitions* a career commensurate with her ambitions / *range ces cartons en hauteur* put these boxes up out of the way / *elle habite à la hauteur de l'église* she lives up by the church.

haut-fond ['ofɔ̃] (*pl* **hauts-fonds**) nm shallows *pl*.

haut-fourneau ['ofuʀno] (*pl* **hauts-fourneaux**) nm blast furnace.

haut-le-cœur ['olkœʀ] nm inv retch ▸ **avoir des haut-le-cœur** to retch.

haut-le-corps ['olkɔʀ] nm inv ▸ **avoir un haut-le-corps** to start, to jump.

haut-parleur ['opaʀlœʀ] (*pl* **haut-parleurs**) nm loudspeaker.

havanais, e ['avanɛ, ɛz] adj of/from Havana. ◆ **Havanais, e** nm, f person from Havana. ◆ **havanaise** nf habanera.

havane ['avan] ❖ nm Havana cigar. ❖ adj inv tobacco-coloured UK, tobacco-colored US.

Havane ['avan] npr : *La Havane* Havana.

hâve ['av] adj *litt* haggard.

havre ['avʀ] nm [refuge] haven.

Hawaii ['awaj] npr Hawaii / *à Hawaii* in Hawaii.

hawaiien, enne ['awajɛ̃, ɛn] adj Hawaiian. ◆ **Hawaiien, enne** nm, f Hawaiian.

Haye ['ɛ] npr : *La Haye* the Hague.

hayon ['ajɔ̃] nm hatchback.

HCR (*abr de* **Haut-Commissariat des Nations unies pour les réfugiés**) nm UN-HCR.

hé ['e] interj hey!

heavy metal [ɛvimetal] nm inv MUS heavy metal.

hebdo [ɛbdo] nm *fam* weekly.

hebdomadaire [ɛbdɔmadɛʀ] nm & adj weekly.

hébergement [ebɛʀʒəmɑ̃] nm **1.** accommodation UK, accommodations *pl* US **2.** INFORM hosting ▸ **hébergement de sites Web** web hosting.

héberger [17] [ebɛʀʒe] vt **1.** [loger] to put up **2.** [suj : hôtel] to take in.

hébergeur [ebɛʀʒœʀ] nm INTERNET ▸ **hébergeur (Web)** web host.

hébété, e [ebete] adj dazed.

hébétement [ebɛtmɑ̃] nm stupor.

hébétude [ebetyd] nf *litt* stupor.

hébraïque [ebʀaik] adj Hebrew.

hébreu, x [ebʀø] adj Hebrew. ◆ **hébreu** nm [langue] Hebrew. ◆ **Hébreu, x** nm Hebrew.

Hébrides [ebʀid] npr ▸ **les (îles) Hébrides** the Hebrides / *aux Hébrides* in the Hebrides.

HEC (*abr de* **(école des) Hautes études commerciales**) npr *grande école for management and business studies.*

hécatombe [ekatɔ̃b] nf *pr* & *fig* slaughter.

hectare [ɛktaʀ] nm hectare.

hecto [ɛkto] nm *fam* **1.** (*abr de* **hectogramme**) hectogram, hectogramme UK **2.** (*abr de* **hectolitre**) hectolitre UK, hectoliter US.

hectolitre [ɛktɔlitʀ] nm hectolitre UK, hectoliter US.

hédonisme [edɔnism] nm hedonism.

hédoniste [edɔnist] ❖ nmf hedonist. ❖ adj hedonistic.

hégémonie [eʒemɔni] nf hegemony.

hégémonisme [eʒemɔnism] nm hegemonic tendencies *pl*.

hégire [eʒiʀ] nf hegira.

hein ['ɛ̃] interj *fam* eh?, what? / *tu m'en veux, hein ?* you're angry with me, aren't you?

hélas [elas] interj unfortunately, alas.

héler [18] ['ele] vt *sout* to hail.

hélice [elis] nf **1.** [d'avion, de bateau] propeller **2.** MATH helix.

hélico [eliko] nm *fam* AÉRON chopper.

hélicoïdal, e, aux [elikɔidal, o] adj **1.** [forme] spiral, helical **2.** MATH helical.

hélicoptère [elikɔptɛʀ] nm helicopter.

héliomarin, e [eljɔmaʀɛ̃, in] adj MÉD [cure] using sun and sea air.

héliport [elipɔʀ] nm heliport.

héliporté, e [elipɔʀte] adj [troupes, fournitures] transported by helicopter ; [opération] helicopter *(avant n)*.

hélitreuillage [elitʀœjaʒ] nm helicopter rescue.

hélitreuiller [elitʀœje] vt to wind to safety.

hélium [eljɔm] nm helium.

Helsinki ['ɛlsiŋki] npr Helsinki.

helvétique [ɛlvetik] adj Swiss, Helvetian.

helvétisme [ɛlvetism] nm Swiss expression.

hem ['ɛm] interj [indique le doute] hmm.

hématologie [ematɔlɔʒi] nf haematology UK, hematology US.

hématome [ematom] nm MÉD haematoma UK, hematoma US.

hémicycle [emisikl] nm POL ▸ **l'hémicycle** the Assemblée Nationale.

hémiplégie [emipleʒi] nf hemiplegia.

hémiplégique [emipleʒik] nmf & adj hemiplegic.

hémisphère [emisfɛʀ] nm hemisphere ▸ **l'hémisphère nord / sud** northern / southern hemisphere ▸ **hémisphère cérébral** ANAT cerebral hemisphere.

hémoglobine [emɔglɔbin] nf haemoglobin UK, hemoglobin US.

hémophile [emɔfil] ◆ nmf haemophiliac UK, hemophiliac US. ◆ adj haemophilic UK, hemophilic US.

hémophilie [emɔfili] nf haemophilia UK, hemophilia US.

hémorragie [emɔʀaʒi] nf **1.** MÉD haemorrhage UK, hemorrhage US ▸ **hémorragie cérébrale** brain haemorrhage UK OU hemorrhage US ▸ **hémorragie interne** internal bleeding *(U)* **2.** *fig* [perte, fuite] loss.

hémorroïdes [emɔʀɔid] nfpl haemorrhoids UK, hemorrhoids US, piles.

henné ['ene] nm henna.

hennir [32] ['eniʀ] vi to neigh, to whinny.

hennissement ['enismɑ̃] nm neigh, whinny.

hep ['ɛp] interj hey!

hépatique [epatik] ◆ nmf person with liver problems. ◆ adj liver *(avant n)*.

hépatite [epatit] nf MÉD hepatitis *(U)* ▸ **hépatite B** hepatitis B / *hépatite C* hepatitis C ▸ **hépatite virale** viral hepatitis.

heptagone [ɛptagɔn] nm heptagon.

heptathlon [ɛptatlɔ̃] nm heptathlon.

herbacé, e [ɛʀbase] adj herbaceous.

herbage [ɛʀbaʒ] nm pasture.

herbe [ɛʀb] nf **1.** BOT grass ▸ **mauvaise herbe** weed **2.** CULIN & MÉD herb ▸ **fines herbes** herbs **3.** *fam* [marijuana] grass **4.** EXPR **en herbe** budding ▸ **couper l'herbe sous les pieds de qqn** to cut the ground from under sb's feet.

herbeux, euse [ɛʀbø, øz] adj grassy.

herbicide [ɛʀbisid] ◆ nm weedkiller, herbicide. ◆ adj herbicidal.

herbier [ɛʀbje] nm herbarium.

herbivore [ɛʀbivɔʀ] ◆ nm herbivore. ◆ adj herbivorous.

herboriste [ɛʀbɔʀist] nmf herbalist.

herboristerie [ɛʀbɔʀistəʀi] nf herbalist's (shop).

herculéen, enne [ɛʀkyleɛ̃, ɛn] adj Herculean.

hère ['ɛʀ] nm ▸ **pauvre hère** poor wretch.

héréditaire [eʀeditɛʀ] adj hereditary.

hérédité [eʀedite] nf **1.** [génétique] heredity **2.** [de biens, de titre] inheritance.

hérésie [eʀezi] nf heresy.

hérétique [eʀetik] ◆ nmf heretic. ◆ adj heretical.

hérissé, e ['eʀise] adj **1.** [cheveux, poils - naturellement raides] bristly ; [- dressés de peur] bristling, standing on end / *un chien à l'échine hérissée* a dog with its hackles up **2.** [parsemé] : *hérissé de* full of, stuffed with / *un texte hérissé de difficultés* a text bristling with OU full of difficult points **3.** BOT spiny.

hérisser [3] ['eʀise] vt **1.** [dresser] ▸ **hérisser son poil** to bristle **2.** [garnir] ▸ **être hérissé de a)** [de clous] to be studded with **b)** *fig* [de difficultés] to be fraught with **3.** [irriter] ▸ **hérisser qqn** to get sb's back up. ◆ **se hérisser** vpi **1.** [se dresser - pelage] to bristle ; [- cheveux] to stand on end **2.** [s'irriter] to bristle / *elle se hérisse facilement* she's easily ruffled.

hérisson ['eʀisɔ̃] nm **1.** ZOOL hedgehog **2.** [brosse] chimneysweep's brush.

héritage [eʀitaʒ] nm **1.** [de biens] inheritance ▸ **faire un héritage** to come into an inheritance ▸ **en héritage** as an inheritance **2.** [culturel] heritage.

hériter [3] [eʀite] ◆ vi to inherit ▸ **hériter de qqch** to inherit sthg. ◆ vt ▸ **hériter qqch de qqn** *pr* & *fig* to inherit sthg from sb.

héritier, ère [eʀitje, ɛʀ] nm, f heir (heiress).

hermaphrodite [ɛʀmafʀɔdit] nmf & adj hermaphrodite.

hermétique [ɛʀmetik] adj **1.** [étanche] hermetic **2.** [incompréhensible] inaccessible, impossible to understand **3.** [impénétrable] impenetrable.

hermétiquement [ɛʀmetikmɑ̃] adv hermetically.

hermétisme [ɛʀmetism] nm [de texte] obscurity.

hermine [ɛʀmin] nf **1.** [animal] stoat **2.** [fourrure] ermine.

hernie ['ɛRni] nf hernia ▸ **hernie discale** slipped disc UK ou disk US.

héroïne [eRɔin] nf **1.** [personne] heroine **2.** [drogue] heroin.

héroïnomane [eRɔinɔman] nmf heroin addict.

héroïque [eRɔik] adj heroic.

héroïquement [eRɔikmɑ̃] adv heroically.

héroïsme [eRɔism] nm heroism.

héron ['eRɔ̃] nm heron.

héros ['eRo] nm hero.

herpès [ɛRpɛs] nm herpes.

herse ['ɛRs] nf **1.** AGRIC harrow **2.** [grille] portcullis.

hertz ['ɛRts] nm inv hertz.

hésitant, e [ezitɑ̃, ɑ̃t] adj hesitant.

hésitation [ezitasjɔ̃] nf hesitation ▸ **avec hésitation** hesitantly ▸ **sans hésitation** without hesitation, unhesitatingly.

hésiter [3] [ezite] vi to hesitate ▸ **hésiter entre / sur** to hesitate between/over ▸ **hésiter à faire qqch** to hesitate to do sthg.

hétéro [eteRo] adj & nmf hetero, straight.

hétéroclite [eteRɔklit] adj motley.

hétérogène [eteRɔʒɛn] adj heterogeneous.

hétérogénéité [eteRɔʒeneite] nf heterogeneity.

hétérosexuel, elle [eteRɔsɛksɥɛl] adj & nm, f heterosexual.

hétérozygote [eteRɔzigɔt] ❖ adj heterozygous. ❖ nmf heterozygote.

hêtre ['ɛtR] nm beech.

heu ['ø] interj **1.** [exprime le doute] h'm, um, er **2.** [exprime l'hésitation] er, um / *heu, heu, je ne sais pas* er, er, I don't know.

heure [œR] nf **1.** [unité de temps] hour / *250 km à l'heure* 250 km per ou an hour / *un travail (payé) à l'heure* a job paid by the hour ▸ **faire des heures supplémentaires** to work overtime ▸ **heure homme** FIN man-hour ▸ **24 heures sur 24** around-the-clock, 24 hours a day ▸ **d'heure en heure** by the hour **2.** [moment du jour] time / *il est deux heures* it's two o'clock / *à quelle heure ?* when?, (at) what time? / *l'heure du déjeuner* lunchtime / *l'heure d'aller au lit* bedtime ▸ **heure d'affluence** a) [dans les transports] rush hour b) [au magasin] peak time ▸ **heures de bureau** office hours ▸ **heure creuse** off-peak time, slack period ▸ **heures de grande écoute** peak viewing time ▸ **heure d'ouverture / de fermeture** opening/closing time ▸ **heure de pointe** rush hour ▸ **heures de réception** office/surgery UK hours **3.** [indication de temps] time / *donner / demander l'heure à qqn* to tell/ask sb the time / *être à l'heure* to be on time / *mettre à l'heure* [montre, pendule] to put right / *quelle heure est-il ?* what time is it? / *vous avez l'heure ?* do you have the time? **4.** [fuseau horaire] ▸ **l'heure d'été** British Summer Time UK, daylight (saving) time US / *passer à l'heure d'été / d'hiver* to put the clocks forward/back **5.** INFORM ▸ **heures machine** computer time **6.** SCOL class, period / *une heure de chimie* SCOL a chemistry class ou period **7.** EXPR **à heure fixe** at a set time ▸ **à l'heure actuelle** at the present time ▸ **à l'heure qu'il est** at this moment in time ▸ **à la bonne heure !** that's wonderful! ▸ **à la première heure** at the crack of dawn ▸ **c'est sa dernière heure** his time is near ▸ **à tout à l'heure !** see you later! ▸ **c'est l'heure (de faire qqch)** it's time (to do sthg) ▸ **de bonne heure** early ▸ **de la première heure** right from the start ▸ **sur l'heure** at once ▸ **l'heure de vérité** the moment of truth. ◆ **heures** nfpl RELIG hours ▸ **livre d'heures** Book of Hours.

heureusement [œRøzmɑ̃] adv **1.** [par chance] luckily, fortunately **2.** [favorablement] successfully.

heureux, euse [œRø, øz] ❖ adj **1.** [gén] happy / *rendre qqn heureux* to make sb happy ▸ **l'heureux élu** the lucky man *(to be married or recently married)* ▸ **l'heureuse élue** the lucky girl *(to be married or recently married)* / *heureux en ménage* happily married ▸ **être heureux de faire qqch** to be happy to do sthg / *(très) heureux de faire votre connaissance* pleased ou nice to meet you **2.** [favorable] fortunate **3.** [réussi] successful, happy / *un heureux événement euphém* a happy event **4.** EXPR **encore heureux (que)...** *(+ subjonctif)* it's just as well (that).... ❖ nm, f ▸ **faire un heureux** to make somebody's day / *faire des heureux* to make some people happy.

heurt ['œR] nm **1.** [choc] collision, impact **2.** [désaccord] clash ▸ **sans heurts** smoothly.

heurté, e ['œRte] adj **1.** [style] jerky, abrupt **2.** [mouvement] halting, jerky.

heurter [3] ['œRte] ❖ vt **1.** [rentrer dans - gén] to hit ; [- suj : personne] to bump into **2.** [offenser - personne, sensibilité] to offend **3.** [bon sens, convenances] to go against. ❖ vi ▸ **heurter contre qqch** to bump into sthg. ◆ **se heurter** vp **1.** [gén] ▸ **se heurter (contre)** to collide (with) **2.** [rencontrer] ▸ **se heurter à qqch** to come up against sthg.

heurtoir ['œRtwaR] nm knocker.

hexagonal, e, aux [ɛgzagɔnal, o] adj **1.** GÉOM hexagonal **2.** [français] French.

hexagone [ɛgzagɔn] nm GÉOM hexagon. ◆ **Hexagone** nm ▸ **l'Hexagone** (metropolitan) France.

HF (*abr écrite de* **hautes fréquences**) HF.

hiatus [jatys] nm inv hiatus.

hibernation [ibɛRnasjɔ̃] nf hibernation.

hiberner [3] [ibɛRne] vi to hibernate.

hibiscus [ibiskys] nm hibiscus.

hibou, x ['ibu] nm owl.

hic ['ik] nm *fam* snag.

hideux, euse ['idø, øz] adj hideous.

hier [ijɛR] adv yesterday ▸ **hier matin / soir** yesterday morning/evening.

hiérarchie ['jeRaRʃi] nf hierarchy.

hiérarchique ['jeRaRʃik] adj hierarchical.

hiérarchiser [3] ['jeraʀʃize] vt **1.** ADMIN to organize along hierarchical lines / *hiérarchiser les salaires* to introduce wage differentials **2.** [classer - données] to structure, to classify ; [-besoins] to grade ou to assess according to importance.

hiératique [jeʀatik] adj hieratic.

hiéroglyphe [jeʀɔglif] nm hieroglyph, hieroglyphic. ◆ **hiéroglyphes** nmpl hieroglyphics.

hi-fi ['ifi] nf inv hi-fi.

hilarant, e [ilaʀɑ̃, ɑ̃t] adj hilarious.

hilare [ilaʀ] adj beaming.

hilarité [ilaʀite] nf hilarity ▸ **provoquer l'hilarité générale** to give rise to general hilarity.

Himalaya [imalaja] nm : *l'Himalaya* the Himalayas *pl.*

himalayen, enne [imalajɛ̃, jɛn] adj Himalayan.

hindi ['indi] nm LING Hindi.

hindou, e [ɛ̃du] adj Hindu. ◆ **Hindou, e** nm, f Hindu.

hindouisme [ɛ̃duism] nm Hinduism.

hindouiste [ɛ̃duist] adj Hindu.

hip-hop [ipɔp] adj inv & nm inv hip-hop.

hippie, hippy ['ipi] (*pl* **hippies**) nmf & adj hippy.

hippique [ipik] adj horse *(avant n).*

hippisme [ipism] nm horse riding UK, horseback riding US.

hippocampe [ipɔkɑ̃p] nm seahorse.

hippodrome [ipɔdʀom] nm racecourse, racetrack.

hippopotame [ipɔpɔtam] nm hippopotamus.

hirondelle [iʀɔ̃dɛl] nf swallow.

hirsute [iʀsyt] adj [chevelure, barbe] shaggy.

hispanique [ispanik] adj **1.** [gén] Hispanic **2.** [aux États-Unis] Hispanic, Spanish-American. ◆ **Hispanique** nmf [aux États-Unis] Hispanic, Spanish American.

hispaniser [ispanize] vt to Hispanicize.

hispano-américain, e [ispanoameʀikɛ̃, ɛn] (*mpl* **hispano-américains** *fpl* **hispano-américaines**) adj Hispanic, Spanish-American. ◆ **Hispano-Américain, e** nm, f Hispanic, Spanish-American, Hispanic.

hispanophone [ispanɔfɔn] ✧ nmf Spanish-speaker. ✧ adj Spanish-speaking.

hisser [3] ['ise] vt **1.** [voile, drapeau] to hoist **2.** [charge] to heave, to haul. ◆ **se hisser** vp **1.** [grimper] ▸ **se hisser (sur)** to heave ou haul o.s. up (onto) **2.** *fig* [s'élever] ▸ **se hisser à** to pull o.s. up to.

histoire [istwaʀ] nf **1.** [science] history ▸ **histoire ancienne / moderne / contemporaine** ancient / modern / contemporary history ▸ **histoire de l'art** art history ▸ **histoire économique** economic history ▸ **histoire de France** French history ▸ **histoire naturelle** natural history ▸ **histoire sainte** Biblical history ▸ **histoire sociale** social history / *un lieu chargé d'histoire* a place steeped in history / *on va leur téléphoner, histoire de voir s'ils sont là* *fam* let's ring them up, just to see if they're there **2.** [récit, mensonge] story ▸ **c'est une autre histoire** that's another story / *allez, tu me racontes des histoires !* come on, you're pulling my leg! ▸ **histoire à dormir debout** tall story / *elle en a fait (toute) une histoire* *fam* she kicked up a (huge) fuss about it **3.** [aventure] funny ou strange thing **4.** *(gén pl)* *fam* [ennui] trouble *(U)* ▸ **faire des histoires** to make a fuss / *si tu ne veux pas avoir d'histoires* if you want to keep ou to stay out of trouble. ◆ **sans histoires** loc adj [gens] ordinary ; [voyage] uneventful, trouble-free.

historicité [istɔʀisite] nf historicity.

historien, enne [istɔʀjɛ̃, ɛn] nm, f historian.

historiographie [istɔʀjɔgʀafi] nf historiography.

historique [istɔʀik] adj **1.** [roman, recherches] historical **2.** [monument, événement] historic.

historiquement [istɔʀikmɑ̃] adv historically.

hit-parade ['itpaʀad] (*pl* **hit-parades**) nm ▸ **le hit-parade** the charts *pl.*

HIV (*abr de* **human immunodeficiency virus**) nm HIV / *être atteint du virus HIV* to be HIV-positive.

hiver [ivɛʀ] nm winter ▸ **en hiver** in (the) winter.

hivernal, e, aux [ivɛʀnal, o] adj winter *(avant n).*

hivernement [ivɛʀnəmɑ̃] nm QUÉBEC wintering.

hiverner [3] [ivɛʀne] vi to (spend the) winter.

hl (*abr écrite de* **hectolitre**) hl.

HLM (*abr de* **habitation à loyer modéré**) nm & nf *low-rent, state-owned housing* ; ≃ council house / flat UK ; ≃ public housing unit US.

hm (*abr écrite de* **hectomètre**) hm.

ho ['o] interj oh!

hobby ['ɔbi] (*pl* **hobbies**) nm hobby.

hochement ['ɔʃmɑ̃] nm ▸ **hochement de tête** a) [affirmatif] nod (of the head) b) [négatif] shake of the head.

hocher [3] ['ɔʃe] vt ▸ **hocher la tête** a) [affirmativement] to nod (one's head) b) [négativement] to shake one's head.

hochet ['ɔʃɛ] nm rattle.

hockey ['ɔkɛ] nm hockey ▸ **hockey sur glace** ice hockey UK, hockey US ▸ **hockey sur gazon** hockey UK, field hockey US.

holà ['ɔla] ✧ interj **1.** [pour appeler] hey! **2.** [pour arrêter] hold on! ✧ nm ▸ **mettre le holà à qqch** *fam* to put a stop to sthg.

holding ['ɔldiŋ] nm & nf holding company.

hold-up ['ɔldœp] nm inv holdup.

hollandais, e ['ɔlɑ̃dɛ, ɛz] adj Dutch. ◆ **hollandais** nm [langue] Dutch. ◆ **Hollandais, e** nm, f Dutchman (Dutchwoman).

Hollande ['ɔlɑ̃d] nf : *la Hollande* Holland / *en Hollande* in Holland.

holocauste [ɔlɔkost] nm holocaust.

hologramme [ɔlɔgʀam] nm hologram.

homard ['ɔmaʀ] nm lobster ▸ **homard à l'armoricaine** ou **l'américaine** *lobster sautéed in oil with white wine, garlic and tomatoes.*

home ['om] nm ▸ **home d'enfants** holiday centre UK ou vacation center US for children.

homélie [ɔmeli] nf homily.

homéopathe [ɔmeɔpat] ❖ nmf homeopath. ❖ adj homeopathic.

homéopathie [ɔmeɔpati] nf homeopathy.

homéopathique [ɔmeɔpatik] adj homeopathic.

homicide [ɔmisid] ❖ nm [meurtre] murder ▸ **homicide involontaire** manslaughter ▸ **homicide volontaire** murder. ❖ adj homicidal.

hominidé [ɔminide] nm hominid / *les hominidés* the Hominidae.

hommage [ɔmaʒ] nm [témoignage d'estime] tribute ▸ **rendre hommage à qqn / qqch** to pay tribute to sb / sthg. ◆ **hommages** nmpl [salutations] respects ▸ **mes hommages** *sout* my respects.

hommasse [ɔmas] adj *péj* mannish, butch.

homme [ɔm] nm man / *vêtements d'homme* menswear *(U)* ▸ **un magazine pour hommes** a men's magazine / *homme d'action* man of action ▸ **homme d'affaires** businessman ▸ **l'homme des cavernes** caveman ▸ **homme d'Église** man of the Church ou cloth ▸ **homme d'État** statesman ▸ **homme de loi** lawyer ▸ **homme de main** hired man ▸ **homme de paille** stooge / *homme politique* politician ▸ **l'homme de la rue** the man in the street ▸ **homme à tout faire** jack-of-all-trades ▸ **d'homme à homme** man to man ▸ **comme un seul homme** as one (man) ▸ **un homme à la mer !** man overboard!

homme-grenouille [ɔmgʀənuj] (*pl* **hommes-grenouilles**) nm frogman.

homme-orchestre [ɔmɔʀkɛstʀ] (*pl* **hommes-orchestres**) nm one-man band.

homme-sandwich [ɔmsɑ̃dwitʃ] (*pl* **hommes-sandwichs**) nm sandwich man.

homo [ɔmo] adj & nmf *fam* [homosexuel] gay.

homogène [ɔmɔʒɛn] adj homogeneous.

homogénéisé, e [ɔmɔʒeneize] adj homogenized.

homogénéité [ɔmɔʒeneite] nf homogeneity.

homologue [ɔmɔlɔg] ❖ nm counterpart, opposite number. ❖ adj equivalent.

homologuer [3] [ɔmɔlɔge] vt [ratifier] to approve ; SPORT to recognize, to ratify.

homonyme [ɔmɔnim] nm **1.** LING homonym **2.** [personne, ville] namesake.

homoparental, e, aux [ɔmɔpaʀɑ̃tal, o] adj relating to gay parenting, homoparental.

homophobe [ɔmɔfɔb] adj homophobic.

homophobie [ɔmɔfɔbi] nf homophobia.

homosexualité [ɔmɔsɛksɥalite] nf homosexuality.

homosexuel, elle [ɔmɔsɛksɥɛl] adj & nm, f homosexual.

homozygote [ɔmɔzigɔt] ❖ adj homozygous. ❖ nmf homozygote.

Honduras ['ɔ̃dyʀas] nm : *le Honduras* Honduras / *au Honduras* in Honduras / *le Honduras britannique* British Honduras.

hondurien, enne ['ɔ̃dyʀjɛ̃, ɛn] adj Honduran. ◆ **Hondurien, enne** nm, f Honduran.

Hongkong, Hong Kong ['ɔ̃gkɔ̃g] npr Hong Kong.

hongre ['ɔ̃gʀ] ❖ adj m gelded. ❖ nm gelding.

Hongrie ['ɔ̃gʀi] nf : *la Hongrie* Hungary.

hongrois, e ['ɔ̃gʀwa, az] adj Hungarian. ◆ **hongrois** nm [langue] Hungarian. ◆ **Hongrois, e** nm, f Hungarian.

honnête [ɔnɛt] adj **1.** [intègre] honest **2.** [correct] honourable UK, honorable US **3.** [convenable - travail, résultat] reasonable.

honnêtement [ɔnɛtmɑ̃] adv **1.** [de façon intègre, franchement] honestly **2.** [correctement] honourably UK, honorably US.

honnêteté [ɔnɛtte] nf honesty.

honneur [ɔnœʀ] nm honour UK, honor US / *à vous l'honneur !* after you! / *c'est tout à son honneur* it's entirely to his credit ▸ **en l'honneur de** in honour UK ou honor US of / *une fête en mon / son honneur* a party for me / him ▸ **être à l'honneur** to be in favour UK ou favor US ▸ **à qui ai-je l'honneur ?** *sout* to whom do I have the honour UK ou honor US of speaking? ▸ **faire honneur à qqn / à qqch** to be a credit to sb / to sthg / *faites-nous l'honneur de venir nous voir* would you honour UK ou honor US us with a visit? ▸ **faire honneur à un repas** *fig* to do justice to a meal / *jurer sur l'honneur* to swear on one's honour UK ou honor US / *mettre qqch en honneur* to bring sthg into favour UK ou favor US / *mettre un point d'honneur à faire qqch* to make a point of honour UK ou honor US of doing sthg ▸ **sauver l'honneur** to save one's honour UK ou honor US. ◆ **honneurs** nmpl honours UK, honors US / *les honneurs dus à son rang* the honours due to his rank ▸ **rendre les honneurs à qqn** to pay sb one's last respects ou honours UK ou honors US.

Honolulu ['onolyly] npr Honolulu.

honorable [ɔnɔʀabl] adj **1.** [digne] honourable UK, honorable US **2.** [convenable] respectable.

honorablement [ɔnɔʀabləmɑ̃] adv honourably UK, honorably US.

honoraire [ɔnɔʀɛʀ] adj honorary. ◆ **honoraires** nmpl fee *sg*, fees.

honorer [3] [ɔnɔʀe] vt **1.** [vénérer, gratifier] ▸ **honorer qqn (de)** to honour UK ou honor US sb (with) **2.** [faire honneur à] to be a credit to **3.** [payer] to honour UK, to honor US. ◆ **s'honorer** vp ▸ **s'honorer de qqch** to pride o.s. on sthg.

honorifique [ɔnɔʀifik] adj honorary UK, ceremonial US.

honte ['ɔ̃t] nf **1.** [sentiment] shame / *à ma grande honte* to my shame ▸ **avoir honte de qqn / qqch** to be ashamed of sb / sthg ▸ **avoir honte de faire qqch** to be ashamed of doing sthg / *j'ai honte d'arriver les mains* *vides* I feel ou I'm ashamed at arriving empty-handed ▸ **faire honte à qqn** to make sb (feel) ashamed / *il fait honte à son père* a) [il lui est un sujet de mécontentement] his father is ashamed of him b) [il lui donne un sentiment d'infériorité] he puts his father to shame / *vous pouvez parler sans honte* you may talk quite openly **2.** [action scandaleuse] ▸ **c'est une honte !** it's a disgrace!

honteusement ['ɔ̃tøzmɑ̃] adv shamefully.

honteux, euse ['ɔ̃tø, øz] adj shameful ; [personne] ashamed.

hooligan, houligan ['uligan] nm hooligan.

hooliganisme, houliganisme [uliganism] nm hooliganism.

hop ['ɔp] interj **1.** [pour faire sauter] hup! **2.** [pour stimuler] off you go!

hôpital, aux [ɔpital, o] nm hospital ▸ **hôpital militaire / psychiatrique** military/psychiatric hospital / *hôpital de jour* outpatients unit.

hoquet ['ɔkɛ] nm hiccup ▸ **avoir le hoquet** to have (the) hiccups.

hoqueter [27] ['ɔkte] vi to hiccup.

horaire [ɔʀɛʀ] ◆ nm **1.** [de départ, d'arrivée] timetable UK, schedule US **2.** [de travail] hours *pl* (of work) ▸ **horaire mobile** ou **flexible** ou **à la carte** flexitime, flextime US. ◆ adj hourly.

horde ['ɔʀd] nf horde.

horions ['ɔʀjɔ̃] nmpl *litt* blows.

horizon [ɔʀizɔ̃] nm **1.** [ligne, perspective] horizon ▸ **à l'horizon** *pr* & *fig* on the horizon ▸ **rien à l'horizon** *pr* & *fig* nothing in sight ou view ▸ **horizon économique / politique** ÉCON economic/political prospects / *les prévisions à l'horizon 2015* the forecast for 2015 **2.** [panorama] view / *changer d'horizon* to have a change of scene ou scenery.

horizontal, e, aux [ɔʀizɔ̃tal, o] adj horizontal. ◆ **horizontale** nf MATH horizontal ▸ **à l'horizontale** a) horizontal, in a horizontal position b) [couché] flat out.

horizontalement [ɔʀizɔ̃talmɑ̃] adv horizontally.

horloge [ɔʀlɔʒ] nf clock ▸ **horloge parlante** speaking clock UK, Time US.

horloger, ère [ɔʀlɔʒe, ɛʀ] ◆ adj clockmaking *(avant n)*, watchmaking *(avant n)*. ◆ nm, f clockmaker, watchmaker.

horlogerie [ɔʀlɔʒʀi] nf clockmaking, watchmaking.

hormis ['ɔʀmi] prép save.

hormonal, e, aux [ɔʀmɔnal, o] adj hormonal.

hormone [ɔʀmɔn] nf hormone.

hormonothérapie [ɔʀmɔnɔteʀapi] nf MÉD hormone therapy ; [pour femmes ménopausées] hormone replacement therapy.

horodateur [ɔʀɔdatœʀ] nm [à l'usine] clock ; [au parking] ticket machine.

horoscope [ɔʀɔskɔp] nm horoscope.

horreur [ɔʀœʀ] nf horror ▸ **avoir horreur de qqn / qqch** to hate sb/sthg ▸ **avoir horreur de faire qqch** to hate doing sthg / *j'ai horreur qu'on me dérange* I hate ou I can't stand being disturbed ▸ **avoir qqn / qqch en horreur** to hate sb/sthg ▸ **faire horreur à qqn** to disgust sb ▸ **quelle horreur !** how awful! ◆ **horreurs** nfpl **1.** [crimes] horrors / *les horreurs de la guerre* the horrors of war **2.** [calomnies] : *on m'a raconté des horreurs sur lui* I've heard terrible things about him.

horrible [ɔʀibl] adj **1.** [affreux] horrible **2.** *fig* [terrible] terrible, dreadful.

horriblement [ɔʀibləmɑ̃] adv horribly.

horrifiant, e [ɔʀifjɑ̃, ɑ̃t] adj horrifying.

horrifier [9] [ɔʀifje] vt to horrify.

horripilant, e [ɔʀipilɑ̃, ɑ̃t] adj exasperating.

horripiler [3] [ɔʀipile] vt to exasperate.

hors ['ɔʀ] prép ▸ **hors cadre** ADMIN on temporary assignment, seconded UK, on secondment UK ▸ **hors catégorie** outstanding, exceptional / *être hors circuit fig* to be out of circulation / *mettre une lampe hors circuit* to disconnect a lamp ▸ **hors sujet** irrelevant, off the subject ; ⟶ **pair, service.** ◆ **hors de** loc prép outside ▸ **hors d'ici !** get out of here! / *hors de prix* too ou prohibitively expensive / *c'est hors de question* it's out of the question ▸ **être hors de soi** to be beside o.s. / *ici, vous êtes hors de danger* you're safe ou out of harm's reach here.

hors-bord ['ɔʀbɔʀ] nm inv speedboat.

hors-d'œuvre ['ɔʀdœvʀ] nm inv hors d'œuvre, appetizer, starter UK.

hors-jeu ['ɔʀʒø] nm inv & adj inv offside.

hors-la-loi ['ɔʀlalwa] nm inv outlaw.

hors-piste, hors-pistes ['ɔʀpist] ◆ adj inv : *le ski hors-pistes* off-piste skiing. ◆ nm inv off-piste skiing / *faire du hors-pistes* to ski off piste.

hors-série [ɔʀseʀi] ◆ adj inv special. ◆ nm (*pl* **hors-séries**) special issue ou edition.

hortensia [ɔʀtɑ̃sja] nm hydrangea.

horticole [ɔʀtikɔl] adj horticultural.

horticulteur, trice [ɔʀtikyltœʀ, tʀis] nm, f horticulturalist.

horticulture [ɔʀtikyltyʀ] nf horticulture.

hospice [ɔspis] nm home.

hospitalier, ère [ɔspitalje, ɛʀ] adj **1.** [accueillant] hospitable **2.** [relatif aux hôpitaux] hospital *(avant n)*.

hospitalisation [ɔspitalizasjɔ̃] nf hospitalization.

hospitaliser [3] [ɔspitalize] vt to hospitalize.

hospitalité [ɔspitalite] nf hospitality.

hostie [ɔsti] nf host.

hostile [ɔstil] adj ▸ **hostile (à)** hostile (to).

hostilité [ɔstilite] nf hostility. ◆ **hostilités** nfpl hostilities.

hot dog (*pl* **hot dogs**) ['ɔtdɔg] nm hot dog.

hôte, hôtesse [ot, otɛs] nm, f host (hostess) ▸ **hôtesse d'accueil** receptionist ▸ **hôtesse de l'air** stewardess, air hostess UK. ◆ **hôte** nm **1.** [invité] guest **2.** [client] patron, guest / *un hôte de marque* an important guest ▸ **hôte payant** paying guest **3.** BIOL host.

hôtel [otɛl] nm **1.** [d'hébergement] hotel ▸ **descendre dans un hôtel** OU **à l'hôtel** to stay at a hotel ▸ **hôtel trois étoiles** three-star hotel **2.** [établissement public] public building ▸ **hôtel de ville** town UK OU city US hall **3.** [demeure] ▸ **hôtel (particulier)** (private) mansion, town house.

hôtelier, ère [otəlje, ɛʀ] ❖ adj hotel *(avant n)* / *personnel hôtelier* hotel staff. ❖ nm, f hotelier.

hôtellerie [otɛlʀi] nf **1.** [métier] hotel trade **2.** [hôtel-restaurant] inn.

hôtesse [otɛs] nf ⟶ **hôte**.

hot line ['ɔtlaɪn] (*pl* **hot lines**) nf hot line.

hotte ['ɔt] nf **1.** [panier] basket **2.** [d'aération] hood ▸ **hotte aspirante** extractor OU cooker UK hood.

houblon ['ublɔ̃] nm **1.** BOT hop **2.** [de la bière] hops *pl.*

houe ['u] nf hoe.

houille ['uj] nf coal ▸ **houille blanche** hydroelectric power.

houiller, ère ['uje, ɛʀ] adj coal *(avant n).* ◆ **houillère** nf coalmine.

houle ['ul] nf swell.

houlette ['ulɛt] nf *sout* ▸ **sous la houlette de qqn** under the guidance of sb.

houleux, euse ['ulø, øz] adj *pr* & *fig* turbulent.

houligan ['uligan] = **hooligan**.

houliganisme [uliganism] = **hooliganisme**.

houppe ['up] nf **1.** [à poudre] powder puff **2.** [de cheveux] tuft.

houppette ['upɛt] nf powder puff.

hourra, hurrah ['uʀa] ❖ nm cheer. ❖ interj hurrah!, hurray!

house [aws], **house music** [awsmjuzik] nf house (music).

houspiller [3] ['uspije] vt to tell off.

housse ['us] nf cover ▸ **housse de couette** duvet UK OU comforter US cover.

houx ['u] nm holly.

HS (*abr de* **hors service**) adj *fam* out of order / *la télé est complètement HS* the telly's on the blink / *je suis HS* I'm completely washed out.

HT ❖ adj (*abr de* **hors taxe**) exclusive of tax / *300 euros HT* ≃ 300 euros plus VAT. ❖ nf (*abr de* **haute tension**) HT.

HTML (*abr de* **hypertext markup language**) nm INFORM HTML.

huard, huart ['ɥaʀ] nm QUÉBEC **1.** [oiseau] (black-throated) diver UK OU loon US **2.** [pièce de un dollar canadien] Canadian dollar, loonie CAN.

hublot ['yblo] nm **1.** [de bateau] porthole **2.** [de four, cuisinière] window.

huche ['yʃ] nf ▸ **huche à pain** bread bin UK, bread box US.

hue ['y] interj gee up!, giddy up!

huées ['ɥe] nfpl boos.

huer [7] ['ɥe] ❖ vt [siffler] to boo. ❖ vi [chouette, hibou] to hoot.

huile [ɥil] nf **1.** [gén] oil ▸ **huile d'amandes douces** sweet almond oil ▸ **huile d'arachide** groundnut UK OU peanut US oil ▸ **huile de bain** bath oil ▸ **huile pour le corps** body oil ▸ **huile de coude** *fam* & *fig* elbow grease ▸ **huile de cuisson** cooking oil ▸ **huile essentielle** essential oil ▸ **huile de foie de morue** cod-liver oil ▸ **huile d'olive** olive oil ▸ **huile de paraffine** paraffin UK, kerosene US ▸ **huile solaire** suntan oil/lotion ▸ **huile végétale** vegetable oil ▸ **huile de vidange** waste (lubricating) oil ▸ **jeter de l'huile sur le feu** to add fuel to the flames / *la mer était d'huile* the sea was like glass OU a mill pond **2.** [peinture] oil painting **3.** *fam* [personnalité] bigwig / *les huiles du régiment* the regimental (top) brass OU big shots.

huiler [3] [ɥile] vt to oil.

huileux, euse [ɥilø, øz] adj oily.

huilier [ɥilje] nm **1.** [accessoire] oil and vinegar set **2.** [fabricant] oil producer.

huis [ɥi] nm *litt* door ▸ **à huis clos** DR in camera.

huissier, ère [ɥisje, ɛʀ] nm, f **1.** [appariteur] usher **2.** DR bailiff.

huit ['ɥit] ❖ adj num inv eight. ❖ nm eight / *aujourd'hui en huit* this time next week / *lundi en huit* a week on Monday UK, Monday week UK, a week from Monday US. ***Voir aussi* six**.

huitaine ['ɥitɛn] nf ▸ **sous** OU **à huitaine** in a week's time, a week today UK.

huitième ['ɥitjɛm] ❖ adj num inv & nmf eighth. ❖ nm eighth / *le huitième de finale round before the quarterfinal.* ❖ nf SCOL ≃ Year 5 *(at junior school)* UK ; ≃ fourth grade US. ***Voir aussi* sixième**.

huître [ɥitʀ] nf oyster.

hululement = **ululement**.

hululer = **ululer**.

hum ['œm] interj **1.** [marque le doute] hmm! **2.** [pour attirer l'attention] ahem!

humain, e [ymɛ̃, ɛn] adj **1.** [gén] human **2.** [sensible] humane. ◆ **humain** nm [être humain] human (being).

human OU humane ?

Ce qui se rapporte à l'être humain se traduit par human. Au sens de « bon », « compréhensif », *humain* se traduit par humane.

humainement [ymɛnmɑ̃] adv **1.** [matériellement] humanly **2.** [avec bonté] humanely.

humaniser [3] [ymanize] vt to humanize. ◆ **s'humaniser** vp to become more human.

humaniste [ymanist] ❖ nmf **1.** [philosophe] humanist **2.** [lettré] classicist. ❖ adj humanistic.

humanitaire [ymanitɛʀ] ❖ adj humanitarian ▸ **couloir humanitaire** humanitarian ou safe corridor. ❖ nm ▸ **l'humanitaire** humanitarian ou relief work / *travailler dans l'humanitaire* to work for a humanitarian organization.

humanité [ymanite] nf humanity. ◆ **humanités** nfpl BELGIQUE humanities.

humanoïde [ymanɔid] nmf & adj humanoid.

humble [œ̃bl] adj humble.

humblement [œbləmɑ̃] adv humbly.

humecter [4] [ymɛkte] vt to moisten. ◆ **s'humecter** vp to moisten.

humer [3] ['yme] vt to smell.

humérus [ymeʀys] nm humerus.

humeur [ymœʀ] nf **1.** [disposition] mood ▸ **être de bonne / mauvaise humeur** to be in a good/bad mood **2.** [caractère] nature **3.** *sout* [irritation] temper ▸ **avec humeur** angrily **4.** *vieilli* ANAT [liquide] humour UK, humor US.

humide [ymid] adj [air, climat] humid ; [terre, herbe, mur] wet, damp ; [saison] rainy ; [front, yeux] moist.

humidificateur [ymidifikatœʀ] nm humidifier.

humidifier [9] [ymidifje] vt to humidify.

humidité [ymidite] nf [de climat, d'air] humidity ; [de terre, mur] dampness.

humiliant, e [ymiljɑ̃, ɑ̃t] adj humiliating.

humiliation [ymiljasjɔ̃] nf humiliation.

humilier [9] [ymilje] vt to humiliate. ◆ **s'humilier** vp ▸ **s'humilier devant qqn** to grovel to sb.

humilité [ymilite] nf humility.

humoriste [ymɔʀist] ❖ nmf humorist. ❖ adj humoristic.

humoristique [ymɔʀistik] adj humorous.

humour [ymuʀ] nm humour UK, humor US ▸ **avoir de l'humour** to have a sense of humour UK ou humor US ▸ **manquer d'humour** to have no sense of humour UK ou humor US ▸ **humour noir** black humour UK ou humor US, gallows humour UK ou humor US.

humus [ymys] nm humus.

huppé, e ['ype] adj **1.** *fam* [société] upper-crust **2.** [oiseau] crested.

hurlant, e ['yʀlɑ̃, ɑ̃t] adj **1.** [gén] howling **2.** *fig* [couleurs] clashing.

hurlement ['yʀləmɑ̃] nm howl.

hurler [3] ['yʀle] vi **1.** [gén] to howl **2.** [couleurs] to clash.

hurluberlu, e [yʀlybɛʀly] nm, f *fam* crank.

hurrah = **hourra**.

husky [œski] (*pl* **huskies**) nm husky.

hussard ['ysaʀ] nm hussar. ◆ **hussarde** nf ▸ **à la hussarde** brutally.

hutte ['yt] nf hut.

hybride [ibʀid] nm & adj hybrid.

hydratant, e [idʀatɑ̃, ɑ̃t] adj moisturizing. ◆ **hydratant** nm moisturizer.

hydratation [idʀatasjɔ̃] nf **1.** CHIM hydration **2.** [de peau] moisturizing.

hydrate [idʀat] nm hydrate ▸ **hydrate de carbone** carbohydrate.

hydrater [3] [idʀate] vt **1.** CHIM to hydrate **2.** [peau] to moisturize. ◆ **s'hydrater** vpi **1.** [peau] to become moisturized **2.** CHIM to become hydrated, to hydrate.

hydraulique [idʀolik] ❖ nf hydraulics *(U)*. ❖ adj hydraulic.

hydravion [idʀavjɔ̃] nm seaplane, hydroplane.

hydre [idʀ] nf hydra.

hydrocarbure [idʀɔkaʀbyʀ] nm hydrocarbon.

hydrocéphale [idʀɔsefal] ❖ adj hydrocephalic, hydrocephalous. ❖ nmf hydrocephalic.

hydrocution [idʀɔkysjɔ̃] nf immersion syncope.

hydroélectrique [idʀɔelɛktʀik] adj hydroelectric.

hydrogène [idʀɔʒɛn] nm hydrogen.

hydrogéné, e [idʀɔʒene] adj hydrogenated.

hydroglisseur [idʀɔglisœʀ] nm jetfoil, hydroplane.

hydrographie [idʀɔgʀafi] nf hydrography.

hydrologie [idʀɔlɔʒi] nf hydrology.

hydrophile [idʀɔfil] adj **1.** [qui absorbe] absorbent **2.** ⟶ **coton**.

hyène [jɛn] nf hyena.

hygiène [iʒjɛn] nf hygiene ▸ **hygiène dentaire / intime** dental/personal hygiene.

hygiénique [iʒjenik] adj **1.** [sanitaire] hygienic **2.** [bon pour la santé] healthy.

hymen [imɛn] nm **1.** ANAT hymen **2.** *litt* [mariage] marriage.

hymne [imn] nm hymn ▸ **hymne national** national anthem.

hype [ajp] ❖ adj inv [quartier, créateur] trendy. ❖ nf ▸ **la hype** a) [dernière mode] the new hip thing b) [personnes] the hip crowd, the fashionistas.

hyperactif, ive [ipɛʀaktif, iv] adj hyperactive.

hyperactivité [ipɛʀaktivite] nf hyperactivity.

hyperbole [ipɛʀbɔl] nf **1.** MATH hyperbola **2.** LING hyperbole.

hyperglycémie [ipɛʀglisemi] nf hyperglycaemia UK, hyperglycemia US.

hypermarché [ipɛʀmaʀʃe] nm hypermarket.

hypermédia [ipɛʀmedja] nm INFORM hypermedia.

hypermétrope [ipɛʀmetʀɔp] ◆ nmf long-sighted UK ou farsighted US person. ◆ adj long-sighted UK, farsighted US.

hypernerveux, euse [ipɛʀnɛʀvø, øz] ◆ adj over-excitable. ◆ nm, f overexcitable person.

hypersensible [ipɛʀsɑ̃sibl] ◆ nmf hypersensitive person. ◆ adj hypersensitive.

hypertendu, e [ipɛʀtɑ̃dy] ◆ adj suffering from hypertension ou high blood pressure. ◆ nm, f hypertensive.

hypertension [ipɛʀtɑ̃sjɔ̃] nf high blood pressure, hypertension ▸ **faire de l'hypertension** to have high blood pressure.

hypertexte [ipɛʀtɛkst] ◆ adj ▸ **lien hypertexte** hyperlink. ◆ nm hypertext.

hypertrophié [ipɛʀtʀɔfje] adj hypertrophic ; *fig* exaggerated.

hyperventilation [ipɛʀvɑ̃tilasjɔ̃] nf MÉD hyperventilation.

hypnose [ipnoz] nf hypnosis.

hypnotique [ipnɔtik] nm & adj hypnotic.

hypnotiser [3] [ipnɔtize] vt to hypnotize ; *fig* to mesmerize. ◆ **s'hypnotiser** vp ▸ **s'hypnotiser sur qqch** to be mesmerized by sthg.

hypoallergénique [ipɔalɛʀʒenik] adj hypoallergenic.

hypocondriaque [ipɔkɔ̃dʀijak] nmf & adj hypochondriac.

hypocrisie [ipɔkʀizi] nf hypocrisy.

hypocrite [ipɔkʀit] ◆ nmf hypocrite. ◆ adj hypocritical.

hypocritement [ipɔkʀitmɑ̃] adv hypocritically.

hypodermique [ipɔdɛʀmik] adj hypodermic.

hypoglycémie [ipɔglisemi] nf hypoglycaemia UK, hypoglycemia US.

hypokhâgne [ipɔkaɲ] nf *first year of a two-year preparatory arts course taken prior to the competitive examination for entry to the École normale supérieure.*

hypophyse [ipɔfiz] nf pituitary gland.

hypotension [ipɔtɑ̃sjɔ̃] nf low blood pressure ▸ **faire de l'hypotension** to have low blood pressure.

hypoténuse [ipɔtenyz] nf hypotenuse.

hypothécaire [ipɔtekɛʀ] adj [prêt, contrat] mortgage *(avant n).*

hypothèque [ipɔtɛk] nf mortgage ▸ **grevé d'hypothèques** [maison] heavily mortgaged.

hypothéquer [18] [ipɔteke] vt to mortgage.

hypothèse [ipɔtɛz] nf hypothesis ▸ **dans l'hypothèse où** assuming.

hypothétique [ipɔtetik] adj hypothetical.

hystérie [isteʀi] nf hysteria ▸ **hystérie collective** mass hysteria.

hystérique [isteʀik] ◆ nmf hysterical person. ◆ adj hysterical.

Hz (*abr écrite de* **hertz**) Hz.

I

i, I [i] nm inv i, I.

IA (*abr de* **intelligence artificielle**) nf AI.

IAC (*abr de* **insémination artificielle avec sperme du conjoint**) nf AIH.

IAD (*abr de* **insémination artificielle avec sperme du donneur**) nf AID.

ibérique [iberik] adj ▸ **la péninsule ibérique** the Iberian Peninsula.

ibid. (*abr écrite de* **ibidem**) ibid.

iceberg [ajsbɛrg] nm iceberg.

ici [isi] adv **1.** [lieu] here ▸ **d'ici** from around here / *les gens d'ici* the locals, the people from around here ▸ **ici même** on this very spot ▸ **par ici** a) [direction] this way b) [alentour] around here / *elle est passée par ici avant d'aller à la gare* she stopped off here on her way to the station / *c'est ici que j'ai mal* this is where it hurts / *vous êtes ici chez vous* make yourself at home **2.** [temps] now / *d'ici (à) jeudi* between now and Thursday / *d'ici (à) une semaine* in a week's time, a week from now ▸ **d'ici là** by then / *d'ici là, tout peut arriver !* in the meantime ou until then ou between now and then anything can happen! ▸ **d'ici peu** soon **3.** [au téléphone] : *ici Jacques* Jacques speaking ou here.

ici-bas [isiba] adv here below, on earth / *d'ici-bas* in this life ou world.

icône [ikon] nf INFORM & RELIG icon.

iconique [ikɔnik] adj iconic.

iconoclaste [ikɔnɔklast] ❖ nmf iconoclast. ❖ adj iconoclastic.

iconographie [ikɔnɔgrafi] nf iconography.

id. (*abr écrite de* **idem**) id.

idéal, e [ideal] (*pl* **idéals** *ou* **idéaux** [ideo]) adj ideal. ◆ **idéal** nm ideal.

idéalement [idealmɑ̃] adv ideally.

idéalisation [idealizasjɔ̃] nf idealization.

idéaliser [3] [idealize] vt to idealize.

idéalisme [idealism] nm idealism.

idéaliste [idealist] ❖ nmf idealist. ❖ adj idealistic.

idée [ide] nf idea / *une vague* ou *une petite idée* an inkling / *aucune idée !* no idea!, I haven't got a clue! ▸ **ne pas avoir la moindre idée (de)** not to have the slightest idea (about) ▸ **à l'idée de / que** at the idea of / that ▸ **avoir dans l'idée que...** to have a feeling that... ▸ **avoir une idée derrière la tête** to be up to something ▸ **avoir une haute idée de qqn / qqch** to have a high opinion of sb / sthg, to think highly of sb / sthg ▸ **changer d'idée** to change one's mind ▸ **donner des idées à qqn** to give sb ideas ou to put ideas in ou into sb's head ▸ **se faire des idées** to imagine things / *s'il croit obtenir le rôle, il se fait des idées* if he thinks he's going to get the part, he's deceiving himself ▸ **se faire des idées sur qqn / qqch** to get ideas about sb / sthg ▸ **se faire une idée de** to get an idea of ▸ **cela ne m'est jamais venu à l'idée** it never occurred to me ▸ **idée fixe** obsession / *c'est une idée fixe chez toi !* it's an obsession with you! ▸ **idée de génie** brainwave UK, brainstorm US ▸ **idées noires** black thoughts ▸ **idées reçues** assumptions / *avoir des idées bien arrêtées sur* to have set ideas ou definite views about ▸ **se rafraîchir les idées** to refresh one's memory.

idem [idɛm] adv idem.

identifiant [idɑ̃tifjɑ̃] nm INFORM user name, login name.

identification [idɑ̃tifikasjɔ̃] nf ▸ **identification (à)** identification (with) ▸ **identification d'appel** caller identification, caller ID / *identification des besoins* ÉCON needs identification / *identification de la marque* [marketing] brand recognition.

identifier [9] [idɑ̃tifje] vt to identify ▸ **identifier qqn à qqch** to identify sb with sthg. ◆ **s'identifier** vp ▸ **s'identifier à qqn / qqch** to identify with sb / sthg.

identique [idɑ̃tik] adj ▸ **identique (à)** identical (to).

identité [idɑ̃tite] nf identity / *identité culturelle* cultural identity.

idéogramme [ideɔgram] nm ideogram.

idéologie [ideɔlɔʒi] nf ideology.

idéologique [ideɔlɔʒik] adj ideological.

IDH, idh (*abr de* **indice de développement humain**) nm HDI.

idiomatique [idjɔmatik] adj idiomatic.

idiome [idjom] nm idiom.

idiot, e [idjo, ɔt] ❖ adj idiotic ; MÉD idiot *(avant n).* ❖ nm, f idiot.

idiotie [idjɔsi] nf **1.** [stupidité] idiocy **2.** [action, parole] idiotic thing.

idoine [idwan] adj *sout* appropriate.

idolâtrer [3] [idɔlatre] vt to idolize.

idole [idɔl] nf idol.

idylle [idil] nf **1.** [amour] romance **2.** [poème] idyll.

idyllique [idilik] adj [idéal] idyllic.

IEP (*abr de* **Institut d'études politiques**) nm *official name of Sciences Po ("grande école" for political science).*

if [if] nm yew.

IFOP, Ifop [ifɔp] (*abr de* **Institut français d'opinion publique**) nm *French market research institute.*

Ifremer [ifʀəmɛʀ] (*abr de* **Institut français de recherche pour l'exploitation de la mer**) nm *research establishment for marine resources.*

IGH (*abr de* **immeuble de grande hauteur**) nm very high building.

igloo, iglou [iglu] nm igloo.

IGN (*abr de* **Institut géographique national**) nm *national geographical institute* ; ≃ Ordnance Survey UK ; ≃ US Geological Survey US.

ignare [iɲaʀ] ❖ nmf ignoramus. ❖ adj ignorant.

ignifuge [ignifyʒ *ou* iɲifyʒ], **ignifugeant, e** [ignifyʒɑ̃, ɑ̃t *ou* iɲifyʒɑ̃, ɑ̃t] adj fire-retardant. ◆ **ignifuge** [ignifyʒ], **ignifugeant** nm fire-retardant material.

ignoble [iɲɔbl] adj **1.** [abject] base **2.** [hideux] vile.

ignominie [iɲɔmini] nf **1.** [état] disgrace **2.** [action] disgraceful act.

ignominieux, euse [iɲɔminjø, øz] adj ignominious.

ignorance [iɲɔʀɑ̃s] nf ignorance ▸ **dans l'ignorance de** in the dark about, in ignorance of.

ignorant, e [iɲɔʀɑ̃, ɑ̃t] ❖ adj ignorant ▸ **ignorant en / de qqch** ignorant of sthg. ❖ nm, f ignoramus.

ignoré, e [iɲɔʀe] adj unknown.

ignorer [3] [iɲɔʀe] vt **1.** [ne pas savoir] not to know, to be unaware of ▸ **ignorer que** not to know that **2.** [ne pas tenir compte de] to ignore **3.** [ne pas connaître] to have no experience of. ◆ **s'ignorer** vp **1.** [se bouder] to ignore each other **2.** [méconnaître ses possibilités] to be unaware of one's talent.

IGPN (*abr de* **Inspection générale de la police nationale**) nf *police disciplinary body.*

IGS (*abr de* **Inspection générale des services**) nf *police disciplinary body for Paris.*

il [il] pron pers **1.** [sujet - personne] he ; [- animal] it, he ; [- chose] it **2.** [sujet d'un verbe impersonnel] it / *il pleut* it's raining. ◆ **ils** pron pers pl they.

île [il] nf island / *les îles Baléares* the Balearic Islands / *les îles Britanniques* the British Isles / *les îles Canaries* the Canary Islands / *l'Île-de-France* the Île-de-France / *l'île de Man* the Isle of Man / *l'île Maurice* Mauritius.

> **Île-de-France**
>
> This administrative region includes the **départements** of Essonne, Hauts-de-Seine, Paris, Seine-et-Marne, Seine-Saint-Denis, Val-de-Marne, Val-d'Oise and Yvelines.

illégal, e, aux [ilegal, o] adj illegal.

illégalité [ilegalite] nf **1.** [fait d'être illégal] illegality **2.** [action illégale] illegal act.

illégitime [ileʒitim] adj **1.** [enfant] illegitimate ; [union] unlawful **2.** [non justifié] unwarranted.

illettré, e [iletʀe] adj & nm, f illiterate.

illicite [ilisit] adj illicit.

illico [iliko] adv *fam* right away, pronto.

illimité, e [ilimite] adj **1.** [sans limites] unlimited **2.** [indéterminé] indefinite.

illisible [ilizibl] adj **1.** [indéchiffrable] illegible **2.** [incompréhensible & INFORM] unreadable.

illogique [ilɔʒik] adj illogical.

illumination [ilyminasjɔ̃] nf **1.** [éclairage] lighting **2.** [idée soudaine] inspiration. ◆ **illuminations** nfpl illuminations.

illuminé, e [ilymine] ❖ adj illuminated. ❖ nm, f *péj* crank.

illuminer [3] [ilymine] vt to light up ; [bâtiment, rue] to illuminate. ◆ **s'illuminer** vp ▸ **s'illuminer de joie** to light up with joy.

illusion [ilyzjɔ̃] nf illusion ▸ **se faire des illusions** to fool o.s. ▸ **illusion d'optique** optical illusion.

illusionner [3] [ilyzjɔne] vt to delude. ◆ **s'illusionner** vp to delude o.s.

illusionniste [ilyzjɔnist] nmf conjurer.

illusoire [ilyzwaʀ] adj illusory.

illustrateur, trice [ilystʀatœʀ, tʀis] nm, f illustrator.

illustration [ilystʀasjɔ̃] nf illustration.

illustre [ilystʀ] adj illustrious.

illustré, e [ilystʀe] adj illustrated. ◆ **illustré** nm illustrated magazine.

illustrer [3] [ilystʀe] vt **1.** [gén] to illustrate **2.** [rendre célèbre] to make famous. ◆ **s'illustrer** vp to distinguish o.s.

îlot [ilo] nm **1.** [île] small island, islet **2.** [de maisons] block **3.** [lieu isolé] island **4.** *fig* [de résistance] pocket.

ils ⟶ **il.**

IMA [ima] (*abr de* **Institut du monde arabe**) nm *Paris exhibition centre for Arab culture and art.*

image [imaʒ] nf **1.** [vision mentale, comparaison, ressemblance] image / *donner une fausse image de qqch* to misrepresent sthg, to give a false impression of sthg / *ce jardin est à l'image de son propriétaire* this garden is a reflection of its owner ▸ **être l'image de qqn** to be the image of sb ▸ **image de marque** a) [de personne] image b) [d'entreprise] corporate image ▸ **image réelle / virtuelle** real / virtual image / *l'image est floue* [télévision] the picture is fuzzy **2.** [dessin] picture ▸ **image d'Épinal** a) sentimental picture b) *fig* simplistic argument / theory ▸ **livre d'images** picture book ▸ **sage comme une image** as good as gold **3.** INFORM [imprimée] hard copy ; [sur l'écran] image ▸ **image mémoire** dump ▸ **image de synthèse** computer-generated image ou picture.

imagé, e [imaʒe] adj full of imagery.

imagerie [imaʒʀi] nf MÉD ▸ **imagerie médicale** medical imaging ▸ **imagerie par résonance magnétique / par ultrasons** magnetic resonance / ultrasound imaging.

Imagier® nm [livre] picture book.

imaginable [imaʒinabl] adj imaginable.

imaginaire [imaʒinɛʀ] ❖ nm ▸ **l'imaginaire** the imaginary. ❖ adj imaginary.

imaginatif, ive [imaʒinatif, iv] adj imaginative.

imagination [imaʒinasjɔ̃] nf imagination ▸ **avoir de l'imagination** to be imaginative. ◆ **imaginations** nfpl *litt* & *péj* [chimères] fancies.

imaginer [3] [imaʒine] vt **1.** [supposer, croire] to imagine **2.** [trouver] to think of. ◆ **s'imaginer** vp **1.** [se voir] to see o.s. **2.** [croire] to imagine.

imam [imam] nm imam.

imbattable [ɛ̃batabl] adj unbeatable.

imbécile [ɛ̃besil] ❖ nmf imbecile. ❖ adj idiotic.

imbécillité [ɛ̃besilite] nf **1.** [manque d'intelligence] imbecility **2.** [acte, parole] stupid thing.

imberbe [ɛ̃bɛʀb] adj beardless.

imbiber [3] [ɛ̃bibe] vt ▸ **imbiber qqch de qqch** to soak sthg with OU in sthg. ◆ **s'imbiber** vp ▸ **s'imbiber de** to soak up.

imbitable, imbittable [ɛ̃bitabl] adj *tfam* impossible to understand.

imbriqué, e [ɛ̃bʀike] adj overlapping.

imbriquer [3] [ɛ̃bʀike] ◆ **s'imbriquer** vp [se chevaucher] to overlap ; *fig* to intertwine.

imbroglio [ɛ̃bʀɔljo] nm imbroglio.

imbu, e [ɛ̃by] adj ▸ **être imbu de** to be full of ▸ **être imbu de soi-même** to be full of oneself.

imbuvable [ɛ̃byvabl] adj **1.** [eau] undrinkable **2.** *fam* [personne] unbearable.

IMC, imc (*abr de* **indice de masse corporelle**) nm BMI.

imitateur, trice [imitatœʀ, tʀis] nm, f **1.** [comique] impersonator **2.** *péj* [copieur] imitator.

imitation [imitasjɔ̃] nf imitation ▸ **imitation cuir** imitation leather ▸ **à l'imitation de** in imitation of. ◆ **en imitation** loc adj imitation.

imiter [3] [imite] vt **1.** [s'inspirer de, contrefaire] to imitate **2.** [reproduire l'aspect de] to look (just) like.

immaculé, e [imakyle] adj immaculate ▸ **L'Immaculée Conception** The Immaculate Conception.

immanent, e [imanɑ̃, ɑ̃t] adj immanent ▸ **immanent à** inherent in.

immangeable [ɛ̃mɑ̃ʒabl] adj inedible.

immanquable [ɛ̃mɑ̃kabl] adj impossible to miss ; [sort, échec] inevitable.

immanquablement [ɛ̃mɑ̃kabləmɑ̃] adv inevitably.

immatériel, elle [imateʀjɛl] adj **1.** PHILO immaterial **2.** [beauté] unreal **3.** [investissement] intangible.

immatriculation [imatʀikylasjɔ̃] nf registration.

immatriculer [3] [imatʀikyle] vt to register.

immature [imatyʀ] adj immature.

immaturité [imatyʀite] nf immaturity.

immédiat, e [imedja, at] ❖ adj immediate. ❖ nm ▸ **dans l'immédiat** for the time being.

immédiatement [imedjatmɑ̃] adv immediately.

immémorial, e, aux [imemɔʀjal, o] adj ancient.

immense [imɑ̃s] adj immense.

immensément [imɑ̃semɑ̃] adv immensely.

immensité [imɑ̃site] nf immensity, vastness.

immergé, e [imɛʀʒe] adj **1.** [au-dessous de l'eau] submerged / *la majeure partie d'un iceberg est immergée* the bulk of an iceberg is underwater / *l'épave est immergée par 500 m de fond* the wreck is lying 500 m underwater **2.** / *plante immergée* aquatic plant EXPR **terres immergées** submerged areas of land.

immerger [17] [imɛʀʒe] vt to submerge. ◆ **s'immerger** vp to submerge o.s.

immérité, e [imeʀite] adj undeserved.

immersion [imɛʀsjɔ̃] nf immersion.

immettable [ɛ̃metabl] adj unwearable.

immeuble [imœbl] ❖ nm building. ❖ adj DR real.

immigrant, e [imigʀɑ̃, ɑ̃t] nm, f immigrant.

immigration [imigʀasjɔ̃] nf immigration ▸ **immigration clandestine** illegal immigration.

immigré, e [imigʀe] adj & nm, f immigrant ▸ **immigré clandestin** illegal immigrant.

immigrer [3] [imigʀe] vi to immigrate.

imminence [iminɑ̃s] nf imminence.

imminent, e [iminɑ̃, ɑ̃t] adj imminent.

immiscer [16] [imise] ◆ **s'immiscer** vp ▸ **s'immiscer dans** to interfere in OU with.

immixtion [imiksjɔ̃] nf interference.

immobile [imɔbil] adj **1.** [personne, visage] motionless **2.** [mécanisme] fixed, stationary **3.** *fig* [figé] immovable.

immobilier, ère [imɔbilje, ɛʀ] adj ▸ **biens immobiliers** property *(U)*, real estate *(U)* US ▸ **société immobilière** property OU real estate US company. ◆ **immobilier** nm ▸ **l'immobilier** property, real estate US.

immobilisation [imɔbilizasjɔ̃] nf immobilization. ◆ **immobilisations** nfpl FIN fixed assets.

immobiliser [3] [imɔbilize] vt to immobilize. ◆ **s'immobiliser** vp to stop.

immobilisme [imɔbilism] nm *péj* opposition to progress.

immobilité [imɔbilite] nf immobility ; [de paysage, de lac] stillness.

immodéré, e [imɔdeʀe] adj inordinate.

immoler [3] [imɔle] vt to sacrifice ; RELIG to immolate ▸ **immoler qqn / qqch à** to sacrifice sb / sthg to. ◆ **s'immoler** vp to immolate o.s.

immonde [imɔ̃d] adj **1.** [sale] foul **2.** [abject] vile.

immondices [imɔ̃dis] nfpl waste *(U)*, refuse *(U)*.

immoral, e, aux [imɔʀal, o] adj immoral.

immoralité [imɔʀalite] nf **1.** [dépravation] immorality **2.** [obscénité] obscenity.

immortaliser [3] [imɔʀtalize] vt to immortalize. ◆ **s'immortaliser** vp to gain immortality.

immortalité [imɔʀtalite] nf immortality.

immortel, elle [imɔʀtɛl] adj immortal. ◆ **immortelle** nf BOT everlasting flower. ◆ **Immortel, elle** nm, f *fam member of the Académie française*.

immuable [imɥabl] adj **1.** [éternel - loi] immutable **2.** [constant] unchanging.

immunisation [imynizasjɔ̃] nf immunization.

immuniser [3] [imynize] vt **1.** [vacciner] to immunize **2.** *fig* [garantir] ▸ **immuniser qqn contre qqch** to make sb immune to sthg.

immunitaire [imynitɛʀ] adj immune *(avant n)*.

immunité [imynite] nf immunity ▸ **immunité diplomatique / parlementaire** diplomatic / parliamentary immunity.

immunodéficience [imynɔdefisjɑ̃s] nf immunodeficiency.

immunologique [imynɔlɔʒik] adj immunological.

immunostimulant, e [im(m)ynɔstimylɑ̃, ɑ̃t] adj immunostimulant. ◆ **immunostimulant** nm immunostimulant.

impact [ɛ̃pakt] nm impact ▸ **avoir de l'impact sur** to have an impact on ▸ **étude d'impact** impact study.

impair, e [ɛ̃pɛʀ] adj odd. ◆ **impair** nm [faux-pas] gaffe.

imparable [ɛ̃paʀabl] adj **1.** [coup] unstoppable **2.** [argument] unanswerable.

impardonnable [ɛ̃paʀdɔnabl] adj unforgivable.

imparfait, e [ɛ̃paʀfɛ, ɛt] adj **1.** [défectueux] imperfect **2.** [inachevé] incomplete. ◆ **imparfait** nm GRAM imperfect (tense) / ***à l'imparfait*** in the imperfect.

imparfaitement [ɛ̃paʀfɛtmɑ̃] adv imperfectly.

impartial, e, aux [ɛ̃paʀsjal, o] adj impartial.

impartialité [ɛ̃paʀsjalite] nf impartiality.

impartir [32] [ɛ̃paʀtiʀ] vt ▸ **impartir qqch à qqn a)** *litt* [délai, droit] to grant sthg to sb **b)** [don] to bestow sthg upon sb **c)** [tâche] to assign sthg to sb.

impasse [ɛ̃pas] nf **1.** [rue] dead end **2.** *fig* [difficulté] impasse, deadlock ▸ **être dans une impasse** ou **dans l'impasse** to be at an impasse, to be deadlocked **3.** SCOL & UNIV ▸ **faire une impasse sur un sujet** *to give a subject a miss when revising for an exam* **4.** [jeux] ▸ **faire une impasse** to finesse **5.** FIN ▸ **impasse budgétaire** budget deficit.

impassibilité [ɛ̃pasibilite] nf impassivity.

impassible [ɛ̃pasibl] adj impassive ▸ **rester impassible** to be ou remain impassive.

impatiemment [ɛ̃pasjamɑ̃] adv impatiently.

impatience [ɛ̃pasjɑ̃s] nf impatience ▸ **bouillir d'impatience** to be burning with impatience.

impatient, e [ɛ̃pasjɑ̃, ɑ̃t] ◈ adj impatient ▸ **être impatient de faire qqch** to be impatient ou longing to do sthg. ◈ nmf impatient person.

impatienter [3] [ɛ̃pasjɑ̃te] vt to annoy. ◆ **s'impatienter** vp ▸ **s'impatienter (de / contre)** to get impatient (at / with).

impayable [ɛ̃pɛjabl] adj *fam* priceless.

impayé, e [ɛ̃pɛje] adj unpaid, outstanding. ◆ **impayé** nm outstanding payment.

impec [ɛ̃pɛk] adj *fam* perfect.

impeccable [ɛ̃pekabl] adj **1.** [parfait] impeccable, faultless **2.** [propre] spotless, immaculate.

impénétrable [ɛ̃penetʀabl] adj impenetrable.

impénitent, e [ɛ̃penitɑ̃, ɑ̃t] adj unrepentant.

impensable [ɛ̃pɑ̃sabl] adj unthinkable.

imper [ɛ̃pɛʀ] nm *fam* raincoat, mac UK.

impératif, ive [ɛ̃peʀatif, iv] adj **1.** [ton, air] imperious **2.** [besoin] imperative, essential. ◆ **impératif** nm GRAM imperative.

impérativement [ɛ̃peʀativmɑ̃] adv ▸ **il faut impérativement faire qqch** it is imperative to do sthg.

impératrice [ɛ̃peʀatʀis] nf empress.

imperceptible [ɛ̃pɛʀsɛptibl] adj imperceptible.

imperceptiblement [ɛ̃pɛʀsɛptibləmɑ̃] adv imperceptibly.

imperfection [ɛ̃pɛʀfɛksjɔ̃] nf imperfection.

impérial, e, aux [ɛ̃peʀjal, o] adj imperial. ◆ **impériale** nf top deck.

impérialisme [ɛ̃peʀjalism] nm POL imperialism ; *fig* dominance.

impérialiste [ɛ̃peʀjalist] nmf & adj imperialist.

impérieusement [ɛ̃peʀjøzmɑ̃] adv imperiously.

impérieux, euse [ɛ̃peʀjø, øz] adj **1.** [ton, air] imperious **2.** [nécessité] urgent.

impérissable [ɛ̃peʀisabl] adj undying.

imperméabilisation [ɛ̃pɛʀmeabilizasjɔ̃] nf waterproofing.

imperméabiliser [3] [ɛ̃pɛʀmeabilize] vt to waterproof.

imperméable [ɛ̃pɛʀmeabl] ◈ adj waterproof ▸ **imperméable à a)** [étanche] impermeable to **b)** *fig* impervious ou immune to. ◈ nm raincoat.

impersonnel, elle [ɛ̃pɛʀsɔnɛl] adj impersonal.

impertinence [ɛ̃pɛʀtinɑ̃s] nf impertinence *(U)*.

impertinent, e [ɛ̃pɛʀtinɑ̃, ɑ̃t] ◈ adj impertinent. ◈ nm, f impertinent person.

imperturbable [ɛ̃pɛʀtyʀbabl] adj imperturbable.

impétigo [ɛ̃petigo] nm impetigo.

impétueux, euse [ɛ̃petɥø, øz] adj **1.** [personne, caractère] impetuous **2.** *litt* [vent, torrent] raging.

impétuosité [ɛ̃petɥozite] nf impetuousness.

impie [ɛ̃pi] ❖ nmf *litt* ungodly person. ❖ adj impious.

impiété [ɛ̃pjete] nf *litt* impiety.

impitoyable [ɛ̃pitwajabl] adj merciless, pitiless.

impitoyablement [ɛ̃pitwajabləmɑ̃] adv mercilessly, pitilessly.

implacable [ɛ̃plakabl] adj implacable.

implant [ɛ̃plɑ̃] nm MÉD implant ▸ **implant capillaire** hair graft.

implantation [ɛ̃plɑ̃tasjɔ̃] nf **1.** [d'usine, de système] establishment **2.** [de cheveux] implant.

implanter [3] [ɛ̃plɑ̃te] vt **1.** [entreprise, système] to establish **2.** *fig* [préjugé] to implant. ◆ **s'implanter** vp [entreprise] to set up ; [coutume] to become established.

implication [ɛ̃plikasjɔ̃] nf **1.** [participation] ▸ **implication (dans)** involvement (in) **2.** *(gén pl)* [conséquence] implication.

implicite [ɛ̃plisit] adj implicit.

implicitement [ɛ̃plisitmɑ̃] adv implicitly.

impliquer [3] [ɛ̃plike] vt **1.** [compromettre] ▸ **impliquer qqn dans** to implicate sb in ▸ **être impliqué dans qqch** to be involved in sthg **2.** [requérir, entraîner] to imply. ◆ **s'impliquer** vp ▸ **s'impliquer dans** *fam* to become involved in.

> **imply ou implicate ?**
>
> Attention à ne pas confondre **to imply**, qui signifie *impliquer* au sens de « supposer », « entraîner », et **to implicate** qui a le sens de « compromettre ».

implorer [3] [ɛ̃plɔʀe] vt to beseech.

imploser [3] [ɛ̃ploze] vi to implode.

implosion [ɛ̃plozjɔ̃] nf implosion.

impoli, e [ɛ̃pɔli] adj rude, impolite.

impoliment [ɛ̃pɔlimɑ̃] adv rudely, impolitely.

impolitesse [ɛ̃pɔlitɛs] nf rudeness, impoliteness.

impondérable [ɛ̃pɔ̃deʀabl] adj imponderable. ◆ **impondérables** nmpl imponderables.

impopulaire [ɛ̃pɔpylɛʀ] adj unpopular.

impopularité [ɛ̃pɔpylaʀite] nf unpopularity.

import [ɛ̃pɔʀ] nm **1.** COMM import **2.** BELGIQUE [montant] total.

importance [ɛ̃pɔʀtɑ̃s] nf **1.** [gén] importance ; [de problème, montant] magnitude ▸ **attacher de l'importance à** to attach importance to ▸ **avoir de l'importance** to be important ▸ **d'importance** [non négligeable] of some importance ▸ **sans importance** a) [gén] unimportant b) [accident] minor **2.** [de dommages] extent **3.** [de ville] size.

important, e [ɛ̃pɔʀtɑ̃, ɑ̃t] ❖ adj **1.** [personnage, découverte, rôle] important ; [événement, changement] important, significant **2.** [quantité, collection, somme] considerable, sizeable ; [dommages] extensive. ❖ nm, f ▸ **faire l'important** *péj* to act important. ◆ **important** nm ▸ **l'important** the (most) important thing, the main thing.

importateur, trice [ɛ̃pɔʀtatœʀ, tʀis] ❖ adj importing *(avant n)*. ❖ nm, f importer.

importation [ɛ̃pɔʀtasjɔ̃] nf **1.** COMM import **2.** [d'un mouvement, d'une invention] introduction.

importer [3] [ɛ̃pɔʀte] ❖ vt to import. ❖ v impers ▸ **importer (à)** to matter (to) ▸ **il importe de / que** it is important to / that ▸ **qu'importe !, peu importe !** it doesn't matter! ▸ **n'importe comment** anyhow ▸ **n'importe où** anywhere (at all) ▸ **n'importe quand** at any time (at all) ▸ **n'importe qui** anyone (at all) ▸ **n'importe quoi** anything (at all).

import-export [ɛ̃pɔʀɛkspɔʀ] (*pl* **imports-exports**) nm import-export.

importun, e [ɛ̃pɔʀtœ̃, yn] ❖ adj **1.** [indiscret] irksome, troublesome **2.** [embarrassant] awkward. ❖ nmf intruder.

importuner [3] [ɛ̃pɔʀtyne] vt to irk.

imposable [ɛ̃pozabl] adj taxable / *non imposable* nontaxable.

imposant, e [ɛ̃pozɑ̃, ɑ̃t] adj imposing.

imposé, e [ɛ̃poze] ❖ adj **1.** [contribuable] taxed / *imposé à 33 %* taxed at 33 % **2.** SPORT [figure] compulsory. ❖ nm, f [contribuable] taxpayer.

imposer [3] [ɛ̃poze] vt **1.** [gén] ▸ **imposer qqn / qqch à qqn** to impose sb / sthg on sb / *imposer sa volonté / son point de vue* to impose one's will / one's point of view **2.** [impressionner] ▸ **en imposer à qqn** to impress sb **3.** [provoquer] : *imposer l'admiration / le respect* to command admiration / respect **4.** [taxer] to tax. ◆ **s'imposer** vp **1.** [être nécessaire] to be essential ou imperative / *cette dernière remarque ne s'imposait pas* that last remark was unnecessary ou uncalled for **2.** [forcer le respect] to stand out / *elle s'impose par son talent* her talent makes her stand out **3.** [avoir pour règle] ▸ **s'imposer de faire qqch** to make it a rule to do sthg / *s'imposer un effort / un sacrifice* to force o.s. to make an effort / a sacrifice.

imposition [ɛ̃pozisjɔ̃] nf **1.** FIN taxation ▸ **double imposition** double taxation **2.** RELIG laying on.

impossibilité [ɛ̃pɔsibilite] nf impossibility ▸ **être dans l'impossibilité de faire qqch** to find it impossible to ou to be unable to do sthg.

impossible [ɛ̃pɔsibl] ❖ adj impossible. ❖ nm ▸ **tenter l'impossible** to attempt the impossible.

imposteur [ɛ̃pɔstœʀ] nm impostor.

imposture [ɛ̃pɔstyʀ] nf imposture.

impôt [ɛ̃po] nm tax / *être assujetti à l'impôt* to be subject to tax ▸ **impôt sur les denrées** commodity tax ▸ **impôt direct / indirect** direct / indirect tax ▸ **impôt extraordinaire** emergency tax ▸ **impôts locaux** council tax UK, local tax US ▸ **impôt sur les gains exceptionnels**

windfall tax ▸ **impôt sur les grandes fortunes** wealth tax ▸ **impôt sur les plus-values** capital gains tax ▸ **impôt sur le revenu** income tax.

Impôts locaux

These are taxes levied to finance local, departmental or regional government. The best-known are the **taxe d'habitation** (paid by homeowners and rent-paying tenants), the **taxe foncière** (paid by homeowners) and the **taxe professionnelle** (levied on businesses). The rate of each tax is decided at local level.

impotence [ɛ̃pɔtɑ̃s] nf infirmity.

impotent, e [ɛ̃pɔtɑ̃, ɑ̃t] ◆ adj disabled. ◆ nm, f disabled person.

impraticable [ɛ̃pʀatikabl] adj **1.** [inapplicable] impracticable **2.** [inaccessible] impassable.

imprécation [ɛ̃pʀekasjɔ̃] nf *litt* imprecation.

imprécis, e [ɛ̃pʀesi, iz] adj imprecise.

imprécision [ɛ̃pʀesizjɔ̃] nf imprecision.

imprégner [18] [ɛ̃pʀeɲe] vt [imbiber] ▸ **imprégner qqch de qqch** to soak sthg in sthg ▸ **imprégner qqn de qqch** *fig* to fill sb with sthg. ◆ **s'imprégner** vp ▸ **s'imprégner de qqch** a) [s'imbiber] to soak sthg up b) *fig* to soak sthg up, to steep o.s. in sthg.

imprenable [ɛ̃pʀənabl] adj **1.** [forteresse] impregnable **2.** [vue] unimpeded.

imprésario [ɛ̃pʀesaʀjo] nm impresario.

impression [ɛ̃pʀesjɔ̃] nf **1.** [gén] impression ▸ **avoir l'impression que** to have the impression ou feeling that / *j'ai l'impression qu'elle ne viendra plus* I have a feeling (that) she won't come / *j'ai l'impression d'avoir déjà vécu cette scène* I've got a strong sense of déjà vu ▸ **faire (une) bonne / mauvaise impression (à)** to make a good / bad impression (on) / *il donne l'impression de s'ennuyer* he seems to be bored **2.** [de livre, tissu] printing / *envoyer un manuscrit à l'impression* to send a manuscript off to press ou the printer's **3.** PHOTO print.

impressionnable [ɛ̃pʀesjɔnabl] adj **1.** [émotif] impressionable **2.** PHOTO sensitive.

impressionnant, e [ɛ̃pʀesjɔnɑ̃, ɑ̃t] adj **1.** [imposant] impressive **2.** [effrayant] frightening.

impressionner [3] [ɛ̃pʀesjɔne] vt **1.** [frapper] to impress **2.** [choquer] to shock, to upset **3.** [intimider] to frighten **4.** PHOTO to expose.

impressionnisme [ɛ̃pʀesjɔnism] nm impressionism.

impressionniste [ɛ̃pʀesjɔnist] nmf & adj impressionist.

imprévisible [ɛ̃pʀevizibl] adj unforeseeable.

imprévoyance [ɛ̃pʀevwajɑ̃s] nf lack of foresight, improvidence.

imprévoyant, e [ɛ̃pʀevwajɑ̃, ɑ̃t] adj improvident.

imprévu, e [ɛ̃pʀevy] adj unforeseen. ◆ **imprévu** nm unforeseen situation ▸ **sauf imprévu** barring unforeseen circumstances.

imprimante [ɛ̃pʀimɑ̃t] nf printer ▸ **imprimante laser / à jet d'encre / matricielle** laser / ink-jet / dot-matrix printer ▸ **imprimante photo** photo printer.

imprimé, e [ɛ̃pʀime] adj printed. ◆ **imprimé** nm **1.** [mention postale] printed matter *(U)* **2.** [formulaire] printed form **3.** [tissu] print.

imprimer [3] [ɛ̃pʀime] vt **1.** [texte, tissu] to print **2.** [mouvement] to impart / *imprimer un mouvement à qqch* to impart ou to transmit movement to sthg **3.** [marque, empreinte] to leave. ◆ **s'imprimer** vpi to be printed.

imprimerie [ɛ̃pʀimʀi] nf **1.** [technique] printing **2.** [usine] printing works *sg*.

imprimeur [ɛ̃pʀimœʀ] nm printer.

impro [ɛ̃pʀo] (*abr de* **improvisation**) nf *fam* impro.

improbable [ɛ̃pʀɔbabl] adj improbable.

improductif, ive [ɛ̃pʀɔdyktif, iv] adj unproductive.

impromptu, e [ɛ̃pʀɔ̃pty] adj impromptu. ◆ **impromptu** ◆ adv impromptu. ◆ nm impromptu.

imprononçable [ɛ̃pʀɔnɔ̃sabl] adj unpronounceable.

impropre [ɛ̃pʀɔpʀ] adj **1.** GRAM incorrect **2.** [inadapté] ▸ **impropre à** unfit for.

impropriété [ɛ̃pʀɔpʀijete] nf [emploi erroné] incorrectness ; [expression] (language) error.

improvisation [ɛ̃pʀɔvizasjɔ̃] nf improvisation.

improvisé, e [ɛ̃pʀɔvize] adj [discours] improvised, extempore *sout* ; [explication] off-the-cuff, ad hoc ; [mesure, réforme] makeshift, improvised ; [décision] snap *(avant n)* / *un repas improvisé* a makeshift meal.

improviser [3] [ɛ̃pʀɔvize] vt to improvise. ◆ **s'improviser** vp **1.** [s'organiser] to be improvised **2.** [devenir] : *s'improviser metteur en scène* to act as director.

improviste [ɛ̃pʀɔvist] ◆ **à l'improviste** loc adv unexpectedly, without warning.

imprudemment [ɛ̃pʀydamɑ̃] adv rashly.

imprudence [ɛ̃pʀydɑ̃s] nf **1.** [de personne, d'acte] rashness **2.** [acte] rash act.

imprudent, e [ɛ̃pʀydɑ̃, ɑ̃t] ◆ adj rash. ◆ nm, f rash person.

impubère [ɛ̃pybɛʀ] ◆ adj [avant la puberté] prepubescent. ◆ nmf DR ≃ minor.

impudence [ɛ̃pydɑ̃s] nf **1.** [de personne, propos] impudence **2.** [propos] impudent remark.

impudent, e [ɛ̃pydɑ̃, ɑ̃t] ◆ adj impudent. ◆ nm, f impudent person.

impudeur [ɛ̃pydœʀ] nf shamelessness.

impudique [ɛ̃pydik] adj shameless.

impuissance [ɛ̃pɥisɑ̃s] nf **1.** [incapacité] ▸ **impuissance (à faire qqch)** powerlessness (to do sthg) **2.** [sexuelle] impotence.

impuissant, e [ɛ̃pɥisɑ̃, ɑ̃t] adj **1.** [incapable] ▸ **impuissant (à faire qqch)** powerless (to do sthg) **2.** [homme, effort] impotent. ◆ **impuissant** nm impotent man.

impulsif, ive [ɛ̃pylsif, iv] ❖ adj impulsive. ❖ nm, f impulsive person.

impulsion [ɛ̃pylsjɔ̃] nf **1.** [poussée, essor] impetus **2.** [instinct] impulse, instinct **3.** *fig* ▸ **sous l'impulsion de qqn** [influence] at the prompting ou instigation of sb ▸ **sous l'impulsion de qqch** [effet] impelled by sthg.

impulsivement [ɛ̃pylsivmɑ̃] adv impulsively.

impulsivité [ɛ̃pylsivite] nf impulsiveness.

impunément [ɛ̃pynemɑ̃] adv with impunity.

impuni, e [ɛ̃pyni] adj unpunished.

impunité [ɛ̃pynite] nf impunity ▸ **en toute impunité** with impunity.

impur, e [ɛ̃pyʀ] adj impure.

impureté [ɛ̃pyʀte] nf impurity.

imputable [ɛ̃pytabl] adj **1.** [accident, erreur] ▸ **imputable à** attributable to **2.** FIN ▸ **imputable à** ou **sur** chargeable to.

imputation [ɛ̃pytasjɔ̃] nf **1.** [accusation] charge **2.** FIN charging.

imputer [3] [ɛ̃pyte] vt ▸ **imputer qqch à qqn / qqch** to attribute sthg to sb / sthg ▸ **imputer qqch à qqch** FIN to charge sthg to sthg.

imputrescible [ɛ̃pytʀesibl] adj [bois] rotproof ; [déchets] non-degradable.

in [in] adj inv *vieilli* in, with it.

INA [ina] (*abr de* **Institut national de l'audiovisuel**) nm *national television archive*.

inabordable [inabɔʀdabl] adj **1.** [prix] prohibitive **2.** GÉOGR inaccessible *(by boat)* **3.** [personne] unapproachable.

inacceptable [inaksɛptabl] adj unacceptable.

inaccessible [inaksesibl] adj [destination, domaine, personne] inaccessible ; [objectif, poste] unattainable ▸ **inaccessible à** [sentiment] impervious to.

inaccoutumé, e [inakutyme] adj unaccustomed.

inachevé, e [inaʃve] adj unfinished, uncompleted.

inactif, ive [inaktif, iv] adj **1.** [sans occupation, non utilisé] idle **2.** [sans effet] ineffective **3.** [sans emploi] non-working.

inaction [inaksjɔ̃] nf inaction.

inactivité [inaktivite] nf **1.** [oisiveté] inactivity **2.** ADMIN ▸ **en inactivité** out of active service.

inadapté, e [inadapte] ❖ adj **1.** [non adapté] ▸ **inadapté (à)** unsuitable (for), unsuited (to) **2.** [asocial] maladjusted. ❖ nm, f maladjusted person.

inadéquat, e [inadekwa, at] adj ▸ **inadéquat (à)** inadequate (for).

inadéquation [inadekwasjɔ̃] nf ▸ **inadéquation (à)** inadequacy (for).

inadmissible [inadmisibl] adj [conduite] unacceptable.

inadvertance [inadvɛʀtɑ̃s] nf *litt* oversight ▸ **par inadvertance** inadvertently.

inaliénable [inaljenabl] adj inalienable.

inaltérable [inalteʀabl] adj **1.** [matériau] stable **2.** [sentiment] unfailing.

inamical, e, aux [inamikal, o] adj unfriendly.

inamovible [inamɔvibl] adj fixed.

inanimé, e [inanime] adj **1.** [sans vie] inanimate **2.** [inerte, évanoui] senseless.

inanité [inanite] nf futility.

inanition [inanisjɔ̃] nf ▸ **tomber / mourir d'inanition** to faint with / die of hunger.

inaperçu, e [inapɛʀsy] adj unnoticed ▸ **passer inaperçu** to go ou pass unnoticed.

inapplicable [inaplikabl] adj inapplicable.

inappliqué, e [inaplike] adj **1.** [étourdi] lazy, lacking in application **2.** [inemployé] not applied ou practised UK ou practiced US.

inappréciable [inapʀesjabl] adj **1.** [infime] imperceptible **2.** [précieux] invaluable.

inapprochable [inapʀɔʃabl] adj : ***il est vraiment inapprochable en ce moment*** you can't say anything to him at the moment.

inapproprié, e [inapʀɔpʀije] adj ▸ **inapproprié à** not appropriate for.

inapte [inapt] adj **1.** [incapable] ▸ **inapte à qqch / à faire qqch** incapable of sthg / of doing sthg **2.** MIL unfit.

inaptitude [inaptityd] nf **1.** [incapacité] ▸ **inaptitude à qqch / à faire qqch** incapacity for sthg / for doing sthg **2.** MIL unfitness.

inarticulé, e [inaʀtikyle] adj inarticulate.

inassouvi, e [inasuvi] adj [faim] unsatisfied ; [soif] unquenched ; *fig* [sentiment] unsatisfied, unfulfilled.

inattaquable [inatakabl] adj *litt* **1.** [imprenable] impregnable **2.** [irréprochable] irreproachable, beyond reproach **3.** [irréfutable] irrefutable.

inattendu, e [inatɑ̃dy] adj unexpected.

inattentif, ive [inatɑ̃tif, iv] adj ▸ **inattentif à** inattentive to.

inattention [inatɑ̃sjɔ̃] nf inattention.

inaudible [inodibl] adj **1.** [impossible à entendre] inaudible **2.** [inécoutable] impossible to listen to.

inaugural, e, aux [inogyʀal, o] adj inaugural *(avant n)*, opening *(avant n)* ; [voyage] maiden *(avant n)*.

inauguration [inogyʀasjɔ̃] nf **1.** [cérémonie] inauguration, opening (ceremony) **2.** [début] dawn.

inaugurer [3] [inogyʀe] vt **1.** [monument] to unveil ; [installation, route] to open ; [procédé, édifice] to inaugurate **2.** [époque] to usher in.

inavouable [inavwabl] adj unmentionable.

inavoué, e [inavwe] adj unconfessed.

INC (*abr de* **Institut national de la consommation**) nm *consumer research organization*.

inca [ɛ̃ka] adj Inca. ◆ **Inca** nmf Inca.

incalculable [ɛ̃kalkylabl] adj incalculable.

incandescence [ɛ̃kɑ̃desɑ̃s] nf incandescence.

incandescent, e [ɛ̃kɑ̃desɑ̃, ɑ̃t] adj incandescent.

incantation [ɛ̃kɑ̃tasjɔ̃] nf incantation.

incapable [ɛ̃kapabl] ❖ nmf **1.** [raté] incompetent **2.** DR incapable person. ❖ adj ▸ **incapable de faire qqch** a) [inapte à] incapable of doing sthg b) [dans l'impossibilité de] unable to do sthg / *elle était incapable de répondre* she was unable to answer, she couldn't answer / *je serais bien incapable de le dire* I really wouldn't know, I really couldn't tell you / *elle est incapable d'amour* she's incapable of loving OU love.

incapacité [ɛ̃kapasite] nf **1.** [impossibilité] ▸ **incapacité à** OU **de faire qqch** inability to do sthg ▸ **être dans l'incapacité de** to be unable to **2.** [invalidité] disability ▸ **incapacité de travail** industrial disability **3.** DR incapacity **4.** [incompétence] incompetence.

incarcération [ɛ̃karserasjɔ̃] nf incarceration.

incarcérer [18] [ɛ̃karsere] vt to incarcerate.

incarnation [ɛ̃karnasjɔ̃] nf incarnation.

incarné, e [ɛ̃karne] adj incarnate.

incarner [3] [ɛ̃karne] vt **1.** [personnifier] to be the incarnation of **2.** CINÉ & THÉÂTRE to play. ◆ **s'incarner** vp **1.** RELIG to be OU become incarnate **2.** [se réaliser] to be incarnated **3.** MÉD [ongle] to become ingrowing UK OU ingrown US.

incartade [ɛ̃kartad] nf misdemeanour UK, misdemeanor US.

incassable [ɛ̃kasabl] adj unbreakable.

incendiaire [ɛ̃sɑ̃djɛr] ❖ nmf arsonist. ❖ adj [bombe] incendiary; *fig* inflammatory.

incendie [ɛ̃sɑ̃di] nm fire; *fig* flames *pl* ▸ **incendie de forêt** forest fire.

incendier [9] [ɛ̃sɑ̃dje] vt **1.** [mettre le feu à] to set alight, to set fire to **2.** *fig* [faire rougeoyer] to make burn **3.** *fam* [réprimander] ▸ **incendier qqn** to give sb hell.

incertain, e [ɛ̃sɛrtɛ̃, ɛn] adj **1.** [gén] uncertain; [temps] unsettled **2.** [vague - lumière] dim; [- contour] blurred.

incertitude [ɛ̃sɛrtityd] nf uncertainty ▸ **être dans l'incertitude** to be uncertain.

incessamment [ɛ̃sesamɑ̃] adv at any moment, any moment now.

incessant, e [ɛ̃sesɑ̃, ɑ̃t] adj incessant.

incessible [ɛ̃sesibl] adj inalienable.

inceste [ɛ̃sɛst] nm incest.

incestueux, euse [ɛ̃sɛstɥø, øz] ❖ adj **1.** [liaison, parent] incestuous **2.** [enfant] born of incest. ❖ nm, f incestuous person.

inchangé, e [ɛ̃ʃɑ̃ʒe] adj unchanged.

inchangeable [ɛ̃ʃɑ̃ʒabl] adj unchangeable.

incidemment [ɛ̃sidamɑ̃] adv **1.** [accidentellement] accidentally **2.** [entre parenthèses] in passing.

incidence [ɛ̃sidɑ̃s] nf **1.** [conséquence] effect, impact *(U)* **2.** FIN & PHYS incidence.

incident, e [ɛ̃sidɑ̃, ɑ̃t] adj [accessoire] incidental. ◆ **incident** nm **1.** [gén] incident; [ennui] hitch ▸ **sans incident** without incident OU a hitch ▸ **incident diplomatique** diplomatic incident ▸ **incident de parcours** (minor) setback **2.** DR point of law.

incinérateur [ɛ̃sineratœr] nm incinerator.

incinération [ɛ̃sinerasjɔ̃] nf **1.** [de corps] cremation **2.** [d'ordures] incineration.

incinérer [18] [ɛ̃sinere] vt **1.** [corps] to cremate **2.** [ordures] to incinerate.

incise [ɛ̃siz] nf LING interpolated clause.

inciser [3] [ɛ̃size] vt to incise, to make an incision in.

incisif, ive [ɛ̃sizif, iv] adj incisive. ◆ **incisive** nf incisor.

incision [ɛ̃sizjɔ̃] nf incision.

incitation [ɛ̃sitasjɔ̃] nf **1.** [provocation] ▸ **incitation à qqch / à faire qqch** incitement to sthg / to do sthg **2.** [encouragement] ▸ **incitation à qqch / à faire qqch** incentive to sthg / to do sthg.

inciter [3] [ɛ̃site] vt **1.** [provoquer] ▸ **inciter qqn à qqch / à faire qqch** to incite sb to sthg / to do sthg **2.** [encourager] : *inciter qqn à faire qqch* to encourage sb to do sthg.

incivilité [ɛ̃sivilite] nf **1.** [manque de courtoisie] rudeness, disrespect **2.** [fraude] petty crime; [insultes, vandalismes] antisocial behaviour UK OU behavior US.

inclassable [ɛ̃klasabl] adj unclassifiable.

inclinable [ɛ̃klinabl] adj reclinable, reclining.

inclinaison [ɛ̃klinɛzɔ̃] nf **1.** [pente] incline **2.** [de tête, chapeau] angle, tilt.

inclination [ɛ̃klinasjɔ̃] nf **1.** [salut - de tête] nod; [- du corps entier] bow **2.** [tendance] inclination ▸ **avoir une inclination à** to have an inclination OU a tendency to ▸ **avoir une inclination pour** [aimer] to have a liking for **3.** *litt* [amour] (romantic) attachment.

incliné, e [ɛ̃kline] adj [en pente] sloping; [penché - mur] leaning; [- dossier, siège] reclining.

incliner [3] [ɛ̃kline] ❖ vt **1.** [pencher] to tilt, to lean / *incliner la tête* OU *le front* a) to bow OU to incline one's head b) [pour acquiescer ou saluer] to nod (one's head) **2.** [pousser] ▸ **incliner qqn à qqch / à faire qqch** to incline sb to sthg / to do sthg / *cette information m'incline à revoir mon point de vue* this news leads me OU makes me inclined to reconsider my position. ❖ vi ▸ **incliner à qqch / à faire qqch** to be inclined to sthg / to do sthg / *j'incline à penser qu'elle a tort* I tend OU I'm inclined to think she's wrong. ◆ **s'incliner** vp **1.** [se pencher] to tilt, to lean **2.** [céder] ▸ **s'incliner (devant)** to give in (to), to yield (to) / *s'incliner devant les faits* to submit to OU to accept the facts **3.** [respecter] ▸ **s'incliner devant** to bow down before / *s'incliner devant le talent* to bow before talent.

inclure [96] [ɛ̃klyʀ] vt [mettre dedans] ▸ **inclure qqch dans qqch** a) to include sthg in sthg b) [joindre] to enclose sthg with sthg.

inclus, e [ɛ̃kly, yz] ◆ pp ⟶ **inclure.** ◆ adj **1.** [compris] included / *jusqu'à la page 10 incluse* up to and including page 10 **2.** [joint] enclosed **3.** [dent] impacted **4.** MATH ▸ **être inclus dans** to be a subset of.

inclusion [ɛ̃klyzjɔ̃] nf inclusion.

inclusivement [ɛ̃klyzivmɑ̃] adv inclusive.

incoercible [ɛ̃kɔɛʀsibl] adj *sout* uncontrollable.

incognito [ɛ̃kɔɲito] ◆ adv incognito. ◆ nm ▸ **garder l'incognito** to remain incognito.

incohérence [ɛ̃kɔeʀɑ̃s] nf [de paroles] incoherence ; [d'actes] inconsistency.

incohérent, e [ɛ̃kɔeʀɑ̃, ɑ̃t] adj [paroles] incoherent ; [actes] inconsistent.

incollable [ɛ̃kɔlabl] adj **1.** [riz] nonstick **2.** *fam* [imbattable] unbeatable.

incolore [ɛ̃kɔlɔʀ] adj colourless UK, colorless US.

incomber [3] [ɛ̃kɔ̃be] vi **1.** [revenir à] ▸ **incomber à qqn** to be sb's responsibility / *cette tâche vous incombe* this task is your responsibility / *à qui en incombe la responsabilité ?* who is responsible for it? / *les frais de déplacement incombent à l'entreprise* travelling expenses are to be paid by the company **2.** *(emploi impersonnel)* ▸ **il incombe à qqn de faire qqch** it falls to sb ou it is incumbent on sb to do sthg / *il vous incombe de la recevoir* it's your duty ou it's incumbent on you to see her **3.** DR [être rattaché à] : *cette pièce incombe au dossier Falon* this document belongs in the Falon file.

incombustible [ɛ̃kɔ̃bystibl] adj incombustible.

incommensurable [ɛ̃kɔmɑ̃syʀabl] adj **1.** [immense] immeasurable **2.** MATH ▸ **incommensurable avec** incommensurable with.

incommodant, e [ɛ̃kɔmɔdɑ̃, ɑ̃t] adj unpleasant.

incommode [ɛ̃kɔmɔd] adj **1.** [heure, lieu] inconvenient **2.** [position, chaise] uncomfortable.

incommoder [3] [ɛ̃kɔmɔde] vt *sout* to trouble.

incommodité [ɛ̃kɔmɔdite] nf **1.** [d'installation] impracticality **2.** [malaise] indisposition **3.** [de situation] awkwardness.

incommunicable [ɛ̃kɔmynikabl] adj **1.** [indicible] inexpressible **2.** DR non-transferable.

incomparable [ɛ̃kɔ̃paʀabl] adj **1.** [différent] not comparable **2.** [sans pareil] incomparable.

incomparablement [ɛ̃kɔ̃paʀabləmɑ̃] adv incomparably.

incompatibilité [ɛ̃kɔ̃patibilite] nf incompatibility ▸ **incompatibilité d'humeur** (mutual) incompatibility.

incompatible [ɛ̃kɔ̃patibl] adj incompatible.

incompétence [ɛ̃kɔ̃petɑ̃s] nf **1.** [incapacité] incompetence **2.** [ignorance] ▸ **incompétence en qqch** ignorance about sthg.

incompétent, e [ɛ̃kɔ̃petɑ̃, ɑ̃t] adj **1.** [incapable] incompetent **2.** [ignorant] ▸ **incompétent en qqch** ignorant about sthg.

incomplet, ète [ɛ̃kɔ̃plɛ, ɛt] adj incomplete.

incomplètement [ɛ̃kɔ̃plɛtmɑ̃] adv incompletely.

incompréhensible [ɛ̃kɔ̃pʀeɑ̃sibl] adj incomprehensible.

incompréhensif, ive [ɛ̃kɔ̃pʀeɑ̃sif, iv] adj unsympathetic.

incompréhension [ɛ̃kɔ̃pʀeɑ̃sjɔ̃] nf lack of understanding.

incompressible [ɛ̃kɔ̃pʀesibl] adj **1.** TECHNOL incompressible **2.** *fig* [dépenses] impossible to reduce **3.** DR ⟶ **peine.**

incompris, e [ɛ̃kɔ̃pʀi, iz] ◆ adj misunderstood, not appreciated. ◆ nm, f misunderstood person.

inconcevable [ɛ̃kɔ̃svabl] adj unimaginable.

inconciliable [ɛ̃kɔ̃siljabl] adj irreconcilable.

inconditionnel, elle [ɛ̃kɔ̃disjɔnɛl] ◆ adj **1.** [total] unconditional **2.** [fervent] ardent. ◆ nm, f ardent supporter ou admirer.

inconditionnellement [ɛ̃kɔ̃disjɔnɛlmɑ̃] adv unconditionally.

inconduite [ɛ̃kɔ̃dɥit] nf *litt* scandalous behaviour UK ou behavior US.

inconfort [ɛ̃kɔ̃fɔʀ] nm discomfort.

inconfortable [ɛ̃kɔ̃fɔʀtabl] adj uncomfortable.

incongru, e [ɛ̃kɔ̃gʀy] adj **1.** [malséant] unseemly, inappropriate **2.** [bizarre] incongruous.

incongruité [ɛ̃kɔ̃gʀɥite] nf **1.** [qualité bizarre] incongruity *(U)* **2.** [parole malséante] unseemly remark.

inconnu, e [ɛ̃kɔny] ◆ adj unknown. ◆ nm, f stranger ▸ **la personne qui a eu le prix Goncourt cette année est un illustre inconnu** *hum* no one has ever heard of the renowned winner of the prix Goncourt this year. ◆ **inconnue** nf **1.** MATH unknown **2.** [variable] unknown (factor).

inconsciemment [ɛ̃kɔ̃sjamɑ̃] adv **1.** [sans en avoir conscience] unconsciously, unwittingly **2.** [à la légère] thoughtlessly.

inconscience [ɛ̃kɔ̃sjɑ̃s] nf **1.** [évanouissement] unconsciousness **2.** [légèreté] thoughtlessness.

inconscient, e [ɛ̃kɔ̃sjɑ̃, ɑ̃t] adj **1.** [évanoui, machinal] unconscious **2.** [irresponsable] thoughtless. ◆ **inconscient** nm ▸ **l'inconscient** the unconscious.

inconséquence [ɛ̃kɔ̃sekɑ̃s] nf inconsistency.

inconséquent, e [ɛ̃kɔ̃sekɑ̃, ɑ̃t] adj inconsistent.

inconsidéré, e [ɛ̃kɔ̃sideʀe] adj ill-considered, thoughtless.

inconsistant, e [ɛ̃kɔ̃sistɑ̃, ɑ̃t] adj **1.** [aliment] thin, watery **2.** [caractère] frivolous.

inconsolable [ɛ̃kɔ̃sɔlabl] adj inconsolable.

inconstance [ɛ̃kɔ̃sistɑ̃s] nf fickleness.

inconstant, e [ɛ̃kɔ̃stɑ̃, ɑ̃t] ◆ adj fickle. ◆ nm, f *vieilli* fickle person.

incontestable [ɛ̃kɔ̃tɛstabl] adj unquestionable, indisputable.

incontestablement [ɛ̃kɔ̃tɛstabləmɑ̃] adv unquestionably, indisputably.

incontesté, e [ɛ̃kɔ̃tɛste] adj uncontested, unchallenged.

incontinence [ɛ̃kɔ̃tinɑ̃s] nf **1.** MÉD incontinence **2.** [excès] lack of restraint.

incontinent, e [ɛ̃kɔ̃tinɑ̃, ɑ̃t] adj **1.** MÉD incontinent **2.** [sans retenue] unrestrained. ◆ **incontinent** adv *litt* forthwith.

incontournable [ɛ̃kɔ̃turnabl] adj unavoidable.

incontrôlable [ɛ̃kɔ̃trolabl] adj **1.** [personne] out of control **2.** [non vérifiable] unverifiable, unconfirmable.

inconvenance [ɛ̃kɔ̃vnɑ̃s] nf impropriety.

inconvenant, e [ɛ̃kɔ̃vnɑ̃, ɑ̃t] adj improper, unseemly.

inconvénient [ɛ̃kɔ̃venjɑ̃] nm **1.** [obstacle] problem ▸ **si vous n'y voyez pas d'inconvénient** if that is convenient (for you), if you have no objection **2.** [désavantage] disadvantage, drawback **3.** [risque] risk.

incorporation [ɛ̃kɔrpɔrasjɔ̃] nf **1.** [intégration] incorporation ; CULIN mixing, blending **2.** MIL enlistment.

incorporé, e [ɛ̃kɔrpɔre] adj [intégré] built-in.

incorporel, elle [ɛ̃kɔrpɔrɛl] adj **1.** [immatériel] incorporeal **2.** DR intangible.

incorporer [3] [ɛ̃kɔrpɔre] vt **1.** [gén] to incorporate ▸ **incorporer qqch dans** to incorporate sthg into ▸ **incorporer qqch à** CULIN to mix OU blend sthg into **2.** MIL to enlist. ◆ **s'incorporer** vp ▸ **s'incorporer à qqch** to become part of sthg.

incorrect, e [ɛ̃kɔrɛkt] adj **1.** [faux] incorrect **2.** [inconvenant] inappropriate ; [impoli] rude **3.** [déloyal] unfair ▸ **être incorrect avec qqn** to treat sb unfairly.

incorrection [ɛ̃kɔrɛksjɔ̃] nf **1.** [impolitesse] impropriety **2.** [de langage] grammatical mistake **3.** [malhonnêteté] dishonesty.

incorrigible [ɛ̃kɔriʒibl] adj incorrigible.

incorruptible [ɛ̃kɔryptibl] adj incorruptible.

incrédule [ɛ̃kredyl] ◆ nmf **1.** [sceptique] sceptic UK, skeptic US **2.** RELIG unbeliever. ◆ adj **1.** [sceptique] incredulous, sceptical UK, skeptical US **2.** RELIG unbelieving.

incrédulité [ɛ̃kredylite] nf **1.** [scepticisme] incredulity, scepticism UK, skepticism US **2.** RELIG unbelief, lack of belief.

incrémenter [ɛ̃kremte] vt INFORM to increment.

incrémentiel, elle [ɛ̃kremɑ̃sjɛl] adj INFORM incremental.

increvable [ɛ̃krəvabl] adj **1.** [ballon, pneu] puncture-proof **2.** *fam* & *fig* [personne] tireless ; [machine] able to withstand rough treatment.

incriminer [3] [ɛ̃krimine] vt **1.** [personne] to incriminate **2.** [conduite] to condemn.

incroyable [ɛ̃krwajabl] adj incredible, unbelievable.

incroyablement [ɛ̃krwajabləmɑ̃] adv incredibly, unbelievably.

incroyant, e [ɛ̃krwajɑ̃, ɑ̃t] ◆ adj unbelieving. ◆ nm, f unbeliever.

incrustation [ɛ̃krystasjɔ̃] nf **1.** [ornement] inlay **2.** [dépôt] deposit, scale *(U)*, fur *(U)* UK.

incruste [ɛ̃kryst] nf ▸ **taper l'incruste** *fam* to make o.s. at home / ***il faut toujours qu'elle tape l'incruste quand je suis avec mes amis*** she's impossible to get rid of when I'm with my friends.

incruster [3] [ɛ̃kryste] vt **1.** [insérer] ▸ **incruster qqch dans qqch** to inlay sthg into sthg **2.** [décorer] ▸ **incruster qqch de qqch** to inlay sthg with sthg **3.** [couvrir d'un dépôt] to scale, to fur up UK. ◆ **s'incruster** vp **1.** [s'insérer] ▸ **s'incruster dans qqch** to become embedded in sthg **2.** [chaudière] to scale, to fur up UK **3.** *fam* & *fig* [personne] to take root.

incubateur, trice [ɛ̃kybatœr, tris] adj incubating. ◆ **incubateur** nm incubator.

incubation [ɛ̃kybasjɔ̃] nf [d'œuf, de maladie] incubation ; *fig* hatching.

inculpation [ɛ̃kylpasjɔ̃] nf charge ▸ **sous l'inculpation de** on a charge of.

inculpé, e [ɛ̃kylpe] nm, f ▸ **l'inculpé** the accused.

inculper [3] [ɛ̃kylpe] vt to charge ▸ **inculper qqn de** to charge sb with.

inculquer [3] [ɛ̃kylke] vt ▸ **inculquer qqch à qqn** to instil UK OU instill US sthg in sb.

inculte [ɛ̃kylt] adj **1.** [terre] uncultivated **2.** [barbe] unkempt **3.** *péj* [personne] uneducated.

inculture [ɛ̃kyltyr] nf **1.** [intellectuelle] lack of education **2.** [de terre] lack of cultivation.

incurable [ɛ̃kyrabl] ◆ nmf incurably ill person. ◆ adj incurable.

incurie [ɛ̃kyri] nf negligence.

incursion [ɛ̃kyrsjɔ̃] nf incursion, foray.

incurver [3] [ɛ̃kyrve] vt to curve, to bend. ◆ **s'incurver** vp to curve, to bend.

Inde [ɛ̃d] nf : ***l'Inde*** India.

indéboulonnable [ɛ̃debylɔnabl] adj : ***il est indéboulonnable*** *fam* & *hum* they'll never be able to sack him.

indécelable [ɛ̃deslabl] adj undetectable.

indécence [ɛ̃desɑ̃s] nf **1.** [impudeur, immoralité] indecency **2.** [propos] indecent remark ; [action] indecent act.

indécent, e [ɛ̃desɑ̃, ɑ̃t] adj **1.** [impudique] indecent **2.** [immoral] scandalous.

indéchiffrable [ɛ̃deʃifrabl] adj **1.** [texte, écriture] indecipherable **2.** [énigme] inexplicable **3.** *fig* [regard] inscrutable, impenetrable.

indéchirable [ɛ̃deʃirabl] adj tear-proof.

indécis, e [ɛ̃desi, iz] ◆ adj **1.** [personne - sur le moment] undecided ; [- de nature] indecisive **2.** [sourire] vague **3.** [résultat] uncertain. ◆ nm, f indecisive person. ◆ **indécis** nmpl [dans sondage] don't knows.

indécision [ɛ̃desizjɔ̃] nf indecision ; [perpétuelle] indecisiveness.

indécodable [ɛ̃dekɔdabl] adj [message] impossible to decipher.

indécrochable [ɛ̃dekʀɔʃabl] adj **1.** [attache, sangle] impossible to remove / *son sourire indécrochable* his immutable smile **2.** *fam* [poste, diplôme] unattainable.

indécrottable [ɛ̃dekʀɔtabl] adj *fam* **1.** [borné] incredibly dumb **2.** [incorrigible] hopeless.

indéfectible [ɛ̃defɛktibl] adj indestructible.

indéfendable [ɛ̃defɑ̃dabl] adj indefensible.

indéfini, e [ɛ̃defini] adj **1.** [quantité, pronom] indefinite **2.** [sentiment] vague. ◆ **indéfini** nm GRAM indefinite.

indéfiniment [ɛ̃definimɑ̃] adv indefinitely.

indéfinissable [ɛ̃definisabl] adj indefinable.

indéformable [ɛ̃defɔʀmabl] adj able to retain its shape.

indélébile [ɛ̃delebil] adj indelible.

indélicat, e [ɛ̃delika, at] adj **1.** [mufle] indelicate **2.** [malhonnête] dishonest.

indémaillable [ɛ̃demajabl] ◆ nm run-resistant material. ◆ adj run-resistant.

indemne [ɛ̃dɛmn] adj unscathed, unharmed ▸ **sortir indemne de qqch** to come out of sthg unscathed OU unharmed.

indemnisation [ɛ̃dɛmnizasjɔ̃] nf compensation.

indemniser [3] [ɛ̃dɛmnize] vt ▸ **indemniser qqn de qqch** a) [perte, préjudice] to compensate sb for sthg b) [frais] to reimburse sb for sthg.

indemnité [ɛ̃dɛmnite] nf **1.** [de perte, préjudice] compensation ▸ **indemnité de chômage** unemployment benefit ▸ **indemnité de licenciement** redundancy payment UK, severance pay US **2.** [de frais] allowance ▸ **indemnité journalière** daily allowance ▸ **indemnité de logement** accommodation UK OU housing US allowance **3.** [allocation] ▸ **indemnité parlementaire** MP's UK OU Congressman's (Congresswoman's) US salary.

indémodable [ɛ̃demɔdabl] adj : *ce style est indémodable* this style doesn't date.

indéniable [ɛ̃denjabl] adj undeniable.

indéniablement [ɛ̃denjabləmɑ̃] adv undeniably.

indépendamment [ɛ̃depɑ̃damɑ̃] adv ▸ **indépendamment de** a) [abstraction faite de] regardless OU irrespective of b) [outre] apart from c) [sans rapport avec] independently of.

indépendance [ɛ̃depɑ̃dɑ̃s] nf independence ▸ **accéder à l'indépendance** to gain independence.

indépendant, e [ɛ̃depɑ̃dɑ̃, ɑ̃t] adj **1.** [gén] independent ; [entrée] separate ▸ **indépendant de** independent of ▸ **indépendant de ma volonté** beyond my control **2.** [travailleur] self-employed.

indépendantiste [ɛ̃depɑ̃dɑ̃tist] ◆ nmf advocate of political independence. ◆ adj independence *(avant n)*.

indéracinable [ɛ̃deʀasinabl] adj [arbre] impossible to uproot ; *fig* ineradicable.

Indes [ɛ̃d] npr Indies ▸ **les Indes occidentales / orientales** HIST the West/East Indies ▸ **la Compagnie des Indes orientales** HIST the East India Company.

indescriptible [ɛ̃dɛskʀiptibl] adj indescribable.

indésirable [ɛ̃deziʀabl] nmf & adj undesirable.

indestructible [ɛ̃dɛstʀyktibl] adj indestructible.

indéterminé, e [ɛ̃detɛʀmine] adj **1.** [indéfini] indeterminate, indefinite **2.** [vague] vague **3.** [personne] undecided.

indétrônable [ɛ̃detʀonabl] adj inoustable.

index [ɛ̃dɛks] nm **1.** [doigt] index finger **2.** [aiguille] pointer, needle **3.** [registre] index ▸ **mettre à l'index** *fig* to blacklist.

indexation [ɛ̃dɛksasjɔ̃] nf indexing.

indexer [4] [ɛ̃dɛkse] vt **1.** ÉCON ▸ **indexer qqch sur qqch** to index sthg to sthg **2.** [livre] to index.

indic [ɛ̃dik] nm *fam* (police) informer.

indicateur, trice [ɛ̃dikatœʀ, tʀis] adj ▸ **panneau indicateur** road sign. ◆ **indicateur** nm **1.** [guide] directory, guide ▸ **indicateur des chemins de fer** railway timetable UK, train schedule US **2.** TECHNOL gauge ▸ **indicateur d'altitude** altimeter ▸ **indicateur de vitesse** speedometer **3.** ÉCON indicator ▸ **indicateur de marché** market indicator **4.** [de police] informer.

indicatif, ive [ɛ̃dikatif, iv] adj indicative. ◆ **indicatif** nm **1.** RADIO & TV signature tune **2.** [code] ▸ **indicatif (téléphonique)** dialling code UK, area code US **3.** GRAM ▸ **l'indicatif** the indicative.

indication [ɛ̃dikasjɔ̃] nf **1.** [mention] indication **2.** [renseignement] information *(U)* **3.** [directive] instruction ; THÉÂTRE direction ▸ **sauf indication contraire** unless otherwise instructed.

indice [ɛ̃dis] nm **1.** [signe] sign **2.** [dans une enquête] clue **3.** [taux] rating ▸ **indice de confiance** ÉCON consumer confidence index ▸ **indice du coût de la vie** ÉCON cost-of-living index ▸ **indice des prix** ÉCON price index / *indice de refroidissement* QUÉBEC windchill factor **4.** MATH index.

indicible [ɛ̃disibl] adj inexpressible.

indien, enne [ɛ̃djɛ̃, ɛn] adj **1.** [d'Inde] Indian **2.** [d'Amérique] Native American, American Indian. ◆ **Indien, enne** nm, f **1.** [d'Inde] Indian **2.** [d'Amérique] Native American, American Indian.

indifféremment [ɛ̃difeʀamɑ̃] adv indifferently.

indifférence [ɛ̃difeʀɑ̃s] nf indifference.

indifférencié, e [ɛ̃difeʀɑ̃sje] adj undifferentiated.

indifférent, e [ɛ̃difeʀɑ̃, ɑ̃t] ◆ adj **1.** [gén] ▸ **indifférent à** indifferent to **2.** [égal] immaterial. ◆ nm, f unconcerned person.

indifférer [18] [ɛ̃difeʀe] vt to be a matter of indifference to.

indigence [ɛ̃diʒɑ̃s] nf poverty.

indigène [ɛ̃diʒɛn] ◆ nmf native. ◆ adj [peuple] native ; [faune, flore] indigenous.

indigent, e [ɛ̃diʒɑ̃, ɑ̃t] ◆ adj [pauvre] destitute, poverty-stricken ; *fig* [intellectuellement] impoverished. ◆ nm, f poor person ▸ **les indigents** the poor, the destitute.

indigeste [ɛ̃diʒɛst] adj indigestible.

indigestion [ɛ̃diʒɛstjɔ̃] nf **1.** [alimentaire] indigestion *(U)* ▸ **avoir une indigestion** to have indigestion **2.** *fig* [saturation] surfeit ▸ **avoir une indigestion de** to have had one's fill of.

indignation [ɛ̃diɲasjɔ̃] nf indignation.

indigne [ɛ̃diɲ] adj ▸ **indigne (de)** unworthy (of).

indigné, e [ɛ̃diɲe] adj indignant.

indigner [3] [ɛ̃diɲe] vt to make indignant. ◆ **s'indigner** vp ▸ **s'indigner de** ou **contre qqch** to get indignant about sthg ▸ **s'indigner que** *(+ subjonctif)* to be indignant that.

indigo [ɛ̃digo] ◆ nm indigo. ◆ adj inv indigo (blue).

indiqué, e [ɛ̃dike] adj **1.** [convenable] appropriate **2.** [recommandé] advisable ▸ **ce n'est pas très indiqué** it's not very advisable **3.** [fixé] appointed.

indiquer [3] [ɛ̃dike] vt **1.** [désigner] to indicate, to point out ▸ **indiquer qqn / qqch du doigt** to point at sb / sthg, to point sb / sthg out ▸ **indiquer qqn / qqch du regard** to glance towards UK ou toward US sb / sthg **2.** [suj : carte, pendule, aiguille] to show, to indicate **3.** [recommander] ▸ **indiquer qqn / qqch à qqn** to tell sb of sb / sthg, to suggest sb / sthg to sb **4.** [dire, renseigner sur] to tell ▸ **indiquer à qqn comment faire qqch** to tell sb how to do sthg ▸ **pourriez-vous m'indiquer l'heure ?** could you tell me the time? **5.** [heure, date, lieu] to name, to indicate **6.** [dénoter] to indicate, to point to.

indirect, e [ɛ̃dirɛkt] adj [gén] indirect ; [itinéraire] roundabout.

indirectement [ɛ̃dirɛktəmɑ̃] adv indirectly.

indiscipline [ɛ̃disiplin] nf lack of discipline.

indiscipliné, e [ɛ̃disipline] adj **1.** [écolier, esprit] undisciplined, unruly **2.** *fig* [mèches de cheveux] unmanageable.

indiscret, ète [ɛ̃diskrɛ, ɛt] ◆ adj indiscreet ; [curieux] inquisitive. ◆ nm, f indiscreet person.

indiscrètement [ɛ̃diskrɛtmɑ̃] adv indiscreetly ; [avec curiosité] inquisitively.

indiscrétion [ɛ̃diskresjɔ̃] nf indiscretion ; [curiosité] curiosity ▸ **sans indiscrétion...** without wishing to be indiscreet....

indiscutable [ɛ̃diskytabl] adj indisputable, unquestionable.

indiscutablement [ɛ̃diskytabləmɑ̃] adv indisputably, unquestionably.

indiscuté, e [ɛ̃diskyte] adj undisputed, unquestioned.

indispensable [ɛ̃dispɑ̃sabl] ◆ adj indispensable, essential ▸ **indispensable à** indispensable to, essential to ▸ **il est indispensable que** *(+ subjonctif)* it is essential ou vital that ▸ **il est indispensable de faire qqch** it is essential ou vital to do sthg. ◆ nm ▸ **l'indispensable** the essentials *pl*.

indisponibilité [ɛ̃dispɔnibilite] nf unavailability.

indisponible [ɛ̃dispɔnibl] adj unavailable.

indisposé, e [ɛ̃dispoze] adj [malade] unwell ▸ **être indisposée** [femme] to be indisposed.

indisposer [3] [ɛ̃dispoze] vt **1.** [rendre malade] to indispose **2.** [fâcher] to vex.

indisposition [ɛ̃dispozisjɔ̃] nf **1.** [malaise] indisposition **2.** [règles] period.

indissociable [ɛ̃disɔsjabl] adj indissociable.

indissoluble [ɛ̃disɔlybl] adj indissoluble.

indistinct, e [ɛ̃distɛ̃(kt), ɛ̃kt] adj indistinct ; [souvenir] hazy.

indistinctement [ɛ̃distɛ̃ktəmɑ̃] adv **1.** [confusément] indistinctly **2.** [indifféremment] equally well.

individu [ɛ̃dividy] nm individual.

individualisme [ɛ̃dividɥalism] nm individualism.

individualiste [ɛ̃dividɥalist] ◆ nmf individualist. ◆ adj individualistic.

individualité [ɛ̃dividɥalite] nf **1.** [personne] individual **2.** [unicité, originalité] individuality.

individuel, elle [ɛ̃dividɥɛl] adj individual.

individuellement [ɛ̃dividɥɛlmɑ̃] adv individually.

indivis, e [ɛ̃divi, iz] adj **1.** [propriété] undivided **2.** [héritier] joint ▸ **par indivis** jointly.

indivisible [ɛ̃divizibl] adj indivisible.

Indochine [ɛ̃dɔʃin] nf : *l'Indochine* Indochina / *la guerre d'Indochine* the Indochinese War.

indo-européen, enne [ɛ̃dɔœrɔpeɛ̃, ɛn] (*mpl* **indo-européens**, *fpl* **indo-européennes**) adj Indo-European.

Comment exprimer l'indignation

- **You can't be serious!** *Tu plaisantes !*
- **You must be joking!** *Tu veux rire !*
- **I beg your pardon!** *Pardon ? !*
- **How dare she call me a liar!** *Comment ose-t-elle me traiter de menteur !*
- **Who does he think he is!** *Pour qui se prend-il !*
- **What business is it of yours?** *Qu'est-ce que ça peut te faire ?*
- **The way we have been treated is quite unacceptable.** *La façon dont on nous a traités est inadmissible.*
- **What a cheek!** *Quel culot !*
- **Are you out of your mind?** *Ça va pas, non ?*

indolence [ɛ̃dɔlɑ̃s] nf **1.** [de personne] indolence, lethargy **2.** [d'organisation] apathy **3.** [de geste, regard] languidness.

indolent, e [ɛ̃dɔlɑ̃, ɑ̃t] adj **1.** [personne] indolent, lethargic **2.** [geste, regard] languid.

indolore [ɛ̃dɔlɔʀ] adj painless.

indomptable [ɛ̃dɔ̃tabl] adj **1.** [animal] untamable **2.** [personne] indomitable **3.** [sentiment] uncontrollable.

Indonésie [ɛ̃dɔnezi] nf ▸ **l'Indonésie** Indonesia.

indonésien, enne [ɛ̃dɔnezjɛ̃, ɛn] adj Indonesian. ◆ **indonésien** nm [langue] Indonesian. ◆ **Indonésien, enne** nm, f Indonesian.

indu, e [ɛ̃dy] adj **1.** [heure] ungodly, unearthly **2.** [dépenses, remarque] unwarranted.

indubitable [ɛ̃dybitabl] adj indubitable, undoubted ▸ **il est indubitable que** it is indisputable OU beyond doubt that.

indubitablement [ɛ̃dybitabləmɑ̃] adv undoubtedly, indubitably.

induction [ɛ̃dyksjɔ̃] nf induction ▸ **par induction** by induction.

induire [98] [ɛ̃dɥiʀ] vt to induce ▸ **induire qqn à faire qqch** to induce sb to do sthg ▸ **induire qqn en erreur** to mislead sb ▸ **en induire que** to infer OU gather that.

induit, e [ɛ̃dɥi, ɥit] ❖ pp ⟶ **induire.** ❖ adj **1.** [consécutif] resulting **2.** ÉLECTR induced.

indulgence [ɛ̃dylʒɑ̃s] nf [de juge] leniency ; [de parent] indulgence ▸ **avec indulgence** a) [juge] leniently b) [parent] indulgently.

indulgent, e [ɛ̃dylʒɑ̃, ɑ̃t] adj [juge] lenient ; [parent] indulgent.

indûment [ɛ̃dymɑ̃] adv unduly.

industrialisation [ɛ̃dystʀijalizasjɔ̃] nf industrialization.

industrialisé, e [ɛ̃dystʀijalize] adj industrialized ▸ **pays industrialisé** industrialized country.

industrialiser [3] [ɛ̃dystʀijalize] vt to industrialize. ◆ **s'industrialiser** vp to become industrialized.

industrie [ɛ̃dystʀi] nf industry ▸ **industrie alimentaire** food industry ▸ **industrie automobile** car industry ▸ **industrie cinématographique** OU **du cinéma** movie OU film UK industry ▸ **industrie chimique** chemical industry ▸ **industrie lourde** heavy industry ▸ **industrie naissante** infant industry ▸ **industrie subventionnée** subsidized industry.

industriel, elle [ɛ̃dystʀijɛl] adj industrial. ◆ **industriel** nm industrialist.

industrieux, euse [ɛ̃dystʀijø, øz] adj industrious.

inébranlable [inebʀɑ̃labl] adj **1.** [roc] solid, immovable **2.** *fig* [conviction] unshakeable.

INED, Ined [inɛd] (*abr de* **Institut national d'études démographiques**) nm *national institute for demographic research.*

inédit, e [inedi, it] adj **1.** [texte] unpublished **2.** [trouvaille] novel, original. ◆ **inédit** nm unpublished work.

ineffable [inefabl] adj ineffable.

ineffaçable [inefasabl] adj indelible.

inefficace [inefikas] adj **1.** [personne, machine] inefficient **2.** [solution, remède, mesure] ineffective.

inefficacité [inefikasite] nf **1.** [de personne, machine] inefficiency **2.** [de solution, remède, mesure] ineffectiveness.

inégal, e, aux [inegal, o] adj **1.** [différent, disproportionné] unequal **2.** [irrégulier] uneven **3.** [changeant] changeable ; [artiste, travail] erratic.

inégalable [inegalabl] adj matchless.

inégalé, e [inegale] adj unequalled UK, unequaled US.

inégalement [inegalmɑ̃] adv [gén] unequally ; [irrégulièrement] unevenly.

inégalité [inegalite] nf **1.** [injustice, disproportion] inequality ▸ **inégalités sociales** social inequalities **2.** [différence] difference, disparity **3.** [irrégularité] unevenness **4.** [d'humeur] changeability.

inélégant, e [inelegɑ̃, ɑ̃t] adj **1.** [dans l'habillement] inelegant **2.** *fig* [indélicat] discourteous.

inéligible [ineliʒibl] adj ineligible.

inéluctable [inelyktabl] adj inescapable.

inéluctablement [inelyktabləmɑ̃] adv inescapably.

inénarrable [inenaʀabl] adj very funny.

inepte [inɛpt] adj inept.

ineptie [inɛpsi] nf **1.** [bêtise] ineptitude **2.** [chose idiote] nonsense *(U)* ▸ **dire des inepties** to talk nonsense.

inépuisable [inepɥizabl] adj inexhaustible.

inerte [inɛʀt] adj **1.** [corps, membre] lifeless **2.** [personne] passive, inert **3.** PHYS inert.

inertie [inɛʀsi] nf **1.** [manque de réaction] apathy, inertia **2.** PHYS inertia.

inespéré, e [inɛspeʀe] adj unexpected, unhoped-for.

inesthétique [inɛstetik] adj unaesthetic UK, unesthetic US.

inestimable [inɛstimabl] adj ▸ **d'une valeur inestimable** priceless ; *fig* invaluable.

inévitable [inevitabl] adj [obstacle] unavoidable ; [conséquence] inevitable.

inévitablement [inevitabləmɑ̃] adv inevitably.

inexact, e [inɛgza(kt), akt] adj **1.** [faux, incomplet] inaccurate, inexact **2.** *litt* [en retard] unpunctual.

inexactitude [inɛgzaktityd] nf **1.** [erreur, imprécision] inaccuracy **2.** *litt* [retard] unpunctuality.

inexcusable [inɛkskyzabl] adj unforgivable, inexcusable.

inexistant, e [inɛgzistɑ̃, ɑ̃t] adj nonexistent.

inexistence [inɛgzistɑ̃s] nf nonexistence.

inexorable [inɛgzɔʀabl] adj inexorable.

inexorablement [inɛgzɔʀabləmɑ̃] adv inexorably.

inexpérience [inɛksperjɑ̃s] nf lack of experience, inexperience.

inexpérimenté, e [inɛksperimɑ̃te] adj **1.** [personne] inexperienced **2.** [gestes] inexpert **3.** [produit] untested.

inexplicable [inɛksplikabl] adj inexplicable, unexplainable.

inexpliqué, e [inɛksplike] adj unexplained.

inexploré, e [inɛksplɔre] adj *pr* & *fig* unexplored ; [mers] uncharted.

inexpressif, ive [inɛkspresif, iv] adj inexpressive.

inexprimable [inɛksprimabl] adj inexpressible.

inexprimé, e [inɛksprime] adj unexpressed.

inexpugnable [inɛkspygnabl] adj impregnable.

inextensible [inɛkstɑ̃sibl] adj **1.** [matériau] unstretchable **2.** [étoffe] non-stretch.

inextinguible [inɛkstɛ̃gibl] adj [passion] inextinguishable ; [soif] unquenchable ; [rire] uncontrollable.

in extremis [inɛkstremis] adv at the last minute.

inextricable [inɛkstrikabl] adj **1.** [fouillis] inextricable **2.** *fig* [affaire, mystère] impossible to unravel.

inextricablement [inɛkstrikabləmɑ̃] adv inextricably.

infaillible [ɛ̃fajibl] adj [personne, méthode] infallible ; [instinct] unerring.

infaisable [ɛ̃fəzabl] adj unfeasible.

infamant, e [ɛ̃famɑ̃, ɑ̃t] adj [marché] dishonourable UK, dishonorable US ; [propos] defamatory.

infâme [ɛ̃fam] adj **1.** [ignoble] despicable **2.** *hum* & *litt* [dégoûtant] vile.

infamie [ɛ̃fami] nf infamy.

infanterie [ɛ̃fɑ̃tri] nf infantry.

infanticide [ɛ̃fɑ̃tisid] ✧ nmf infanticide, child-killer. ✧ adj infanticidal.

infantile [ɛ̃fɑ̃til] adj **1.** [maladie] childhood *(avant n)* **2.** [médecine] for children **3.** [comportement] infantile.

infantiliser [3] [ɛ̃fɑ̃tilize] vt to treat like a child.

infarctus [ɛ̃farktys] nm infarction, infarct ▸ **infarctus du myocarde** coronary thrombosis, myocardial infarction.

infatigable [ɛ̃fatigabl] adj **1.** [personne] tireless **2.** [attitude] untiring.

infatué, e [ɛ̃fatɥe] adj *péj* ▸ **infatué de** conceited about ▸ **infatué de soi-même** self-important.

infect, e [ɛ̃fɛkt] adj **1.** [dégoûtant] vile **2.** *litt* [marais] foul.

infecter [4] [ɛ̃fɛkte] vt **1.** [eau] to contaminate **2.** [plaie] to infect **3.** [empoisonner] to poison. ◆ **s'infecter** vp to become infected, to turn septic.

infectieux, euse [ɛ̃fɛksjø, øz] adj infectious.

infection [ɛ̃fɛksjɔ̃] nf **1.** MÉD infection **2.** *fig* & *péj* [puanteur] stench.

inféoder [3] [ɛ̃feɔde] ◆ **s'inféoder** vp ▸ **s'inféoder à** to pledge one's allegiance to.

inférer [18] [ɛ̃fere] vt *litt* ▸ **inférer qqch de qqch** to infer sthg from sthg.

inférieur, e [ɛ̃ferjœr] ✧ adj **1.** [qui est en bas] lower / *c'est à l'étage inférieur* it's on the floor below ou on the next floor down **2.** [dans une hiérarchie] inferior ▸ **inférieur à a)** [qualité] inferior to **b)** [quantité] less than / *nous (leur) étions inférieurs en nombre* there were fewer of us (than of them) / *des températures inférieures à 10 °C* temperatures below 10 °C ou lower than 10 °C ▸ **inférieur ou égal à 8** MATH less than or equal to 8 ▸ **se sentir inférieur (par rapport à qqn)** to feel inferior (to sb) ▸ **animaux / végétaux inférieurs** BOT & ZOOL lower animals / plants. ✧ nm, f inferior.

infériorité [ɛ̃ferjɔrite] nf inferiority.

infernal, e, aux [ɛ̃fɛrnal, o] adj **1.** [personne] fiendish **2.** *fig* [bruit, chaleur, rythme] infernal ; [vision] diabolical.

infester [3] [ɛ̃fɛste] vt to infest ▸ **être infesté de a)** [rats, moustiques] to be infested with **b)** [touristes] to be overrun by.

infichu, e [ɛ̃fiʃy] adj *fam* incapable / *il est infichu de répondre à la moindre question* he's incapable of answering the simplest question.

infidèle [ɛ̃fidɛl] ✧ adj **1.** [mari, femme, ami] ▸ **infidèle (à)** unfaithful (to) **2.** [traducteur, historien] inaccurate **3.** *vieilli* RELIG infidel. ✧ nmf *vieilli* RELIG infidel.

infidélité [ɛ̃fidelite] nf **1.** [trahison] infidelity ▸ **faire des infidélités à** to be unfaithful to **2.** [de traduction] inaccuracy **3.** [de mémoire] unreliability.

infiltration [ɛ̃filtrasjɔ̃] nf infiltration.

infiltrer [3] [ɛ̃filtre] vt to infiltrate. ◆ **s'infiltrer** vp **1.** [pluie, lumière] ▸ **s'infiltrer par / dans** to filter through / into **2.** [hommes, idées] to infiltrate.

infime [ɛ̃fim] adj minute, infinitesimal.

infini, e [ɛ̃fini] adj **1.** [sans bornes] infinite, boundless **2.** MATH, PHILO & RELIG infinite **3.** *fig* [interminable] endless, interminable. ◆ **infini** nm infinity. ◆ **à l'infini** loc adv **1.** MATH to infinity **2.** [discourir] ad infinitum, endlessly.

infiniment [ɛ̃finimɑ̃] adv extremely, immensely.

infinité [ɛ̃finite] nf infinity, infinite number.

infinitésimal, e, aux [ɛ̃finitezimal, o] adj infinitesimal.

infinitif, ive [ɛ̃finitif, iv] adj infinitive. ◆ **infinitif** nm infinitive.

infirme [ɛ̃firm] ✧ adj [handicapé] disabled ; [avec l'âge] infirm. ✧ nmf disabled person ▸ **infirme de guerre** disabled ex-serviceman (ex-servicewoman).

infirmer [3] [ɛ̃firme] vt **1.** [démentir] to invalidate **2.** DR to annul.

infirmerie [ɛ̃firməri] nf infirmary.

infirmier, ère [ɛ̃firmje, ɛr] nm, f nurse ▸ **infirmier diplômé** ≃ registered nurse.

infirmité [ɛ̃firmite] nf [handicap] disability ; [de vieillesse] infirmity.

inflammable [ɛ̃flamabl] adj inflammable, flammable.

inflammation [ɛ̃flamasjɔ̃] nf inflammation.

inflation [ɛ̃flasjɔ̃] nf ÉCON inflation ▸ **inflation galopante** galoping inflation ; *fig* increase.

inflationniste [ɛ̃flasjɔnist] adj & nmf inflationist.

infléchir [32] [ɛ̃fleʃiʀ] vt *fig* [politique] to modify. ◆ **s'infléchir** vp **1.** [route] to bend **2.** *fig* [politique] to shift.

inflexible [ɛ̃flɛksibl] adj inflexible.

inflexion [ɛ̃flɛksjɔ̃] nf **1.** [de tête] nod **2.** [de voix] inflection **3.** [de route] bend **4.** *fig* [de politique] shift.

infliger [17] [ɛ̃fliʒe] vt ▸ **infliger qqch à qqn a)** to inflict sthg on sb **b)** [amende] to impose sthg on sb.

influençable [ɛ̃flyɑ̃sabl] adj easily influenced.

influence [ɛ̃flyɑ̃s] nf influence ; [de médicament] effect ▸ **avoir de l'influence sur qqn** to have an influence on sb ▸ **avoir une bonne / mauvaise influence sur a)** [suj : personne] to have a good/bad influence on, to be a good/bad influence on **b)** [suj : chose] to have a good/bad effect on ▸ **agir sous l'influence de qqch** to act under the influence of sthg.

influencer [16] [ɛ̃flyɑ̃se] vt to influence.

influent, e [ɛ̃flyɑ̃, ɑ̃t] adj influential.

influer [3] [ɛ̃flye] vi ▸ **influer sur qqch** to influence sthg, to have an effect on sthg.

influx [ɛ̃fly] nm ▸ **influx nerveux** nerve impulse.

info [ɛ̃fo] nf *fam* info *(U)* / *c'est lui qui m'a donné cette info* I got the info from him. ◆ **infos** nfpl *fam* ▸ **les infos** the news *(U)*.

infobulle [ɛ̃fobyl] nf INFORM tooltip.

Infographie® [ɛ̃fɔgʀafi] nf computer graphics *(U)*.

infographique [ɛ̃fɔgʀafik] adj computer graphics *(avant n)*.

infographiste [ɛ̃fɔgʀafist] nmf computer graphics artist.

informateur, trice [ɛ̃fɔʀmatœʀ, tʀis] nm, f **1.** [qui renseigne] informant **2.** [de police] informer.

informaticien, enne [ɛ̃fɔʀmatisjɛ̃, ɛn] nm, f computer scientist.

information [ɛ̃fɔʀmasjɔ̃] nf **1.** [renseignement] piece of information / *demander des informations sur* to ask (for information) about, to inquire about **2.** [renseignements & INFORM] information *(U)* / *l'information circule mal entre les services* there's poor communication between departments / *protection de l'information* data protection / *réunion d'information* briefing session / *informations sur le lieu de vente* point-of-sale information, point-of-purchase information **3.** [nouvelle] piece of news / *voici une information de dernière minute* here is some last minute news **4.** DR inquiry / *ouvrir une information* to set up a preliminary inquiry. ◆ **informations** nfpl [média] news *sg* / *c'est passé aux informations* it was on the news.

informatique [ɛ̃fɔʀmatik] ❖ nf **1.** [technique] computers ▸ **informatique de gestion** business applications *pl* **2.** [science] computer science, information technology. ❖ adj computer *(avant n)*.

informatiquement [ɛ̃fɔʀmatikmɑ̃] adv by computer.

informatisation [ɛ̃fɔʀmatizasjɔ̃] nf computerization.

informatiser [3] [ɛ̃fɔʀmatize] vt to computerize. ◆ **s'informatiser** vp to become computerized.

informe [ɛ̃fɔʀm] adj **1.** [masse, vêtement, silhouette] shapeless **2.** *fig* [projet] sketchy, rough.

informé, e [ɛ̃fɔʀme] adj informed ▸ **bien / mal informé** well/badly informed. ◆ **informé** nm ▸ **jusqu'à plus ample informé** pending further information.

informel, elle [ɛ̃fɔʀmɛl] adj informal.

informer [3] [ɛ̃fɔʀme] ❖ vt to inform ▸ **informer qqn sur** ou **de qqch** to inform sb about sthg. ❖ vi DR ▸ **informer contre qqn / sur qqch** to investigate sb/sthg. ◆ **s'informer** vp to inform o.s. ▸ **s'informer de qqch** to ask about sthg ▸ **s'informer sur qqch** to find out about sthg.

inforoute [ɛ̃fɔʀut] nf information superhighway.

infortune [ɛ̃fɔʀtyn] nf misfortune.

infortuné, e [ɛ̃fɔʀtyne] *litt* & *vieilli* ❖ adj wretched. ❖ nm, f *(gén pl)* unfortunate.

infoutu, e [ɛ̃futy] adj *fam* ▸ **être infoutu de faire qqch** to be incapable of doing sthg / *il est infoutu d'être à l'heure* he's incapable of being on time.

infraction [ɛ̃fʀaksjɔ̃] nf offence UK ou offense US ▸ **infraction à** infringement ou breach of ▸ **être en infraction** to be in breach of the law.

infranchissable [ɛ̃fʀɑ̃ʃisabl] adj insurmountable.

infrarouge [ɛ̃fʀaʀuʒ] nm & adj infrared.

infrastructure [ɛ̃fʀastʀyktyʀ] nf infrastructure ▸ **infrastructure hôtelière** hotel facilities *pl*.

infréquentable [ɛ̃fʀekɑ̃tabl] adj **1.** [personne] : *il est infréquentable* you shouldn't mix with him **2.** [lieu] : *ce café est infréquentable* it's not the kind of café you should go to.

infroissable [ɛ̃fʀwasabl] adj crease-resistant.

infructueux, euse [ɛ̃fʀyktɥø, øz] adj fruitless.

infuse [ɛ̃fyz] ⟶ **science**.

infuser [3] [ɛ̃fyze] ❖ vt **1.** [tisane] to infuse ; [thé] to brew **2.** *fig* & *litt* ▸ **infuser qqch à qqn / qqch** to infuse sb/sthg with sthg. ❖ vi [tisane] to infuse ; [thé] to brew ▸ **laisser infuser** to leave to infuse ou brew.

infusion [ɛ̃fyzjɔ̃] nf infusion.

ingambe [ɛ̃gɑ̃b] adj spry.

ingénier [9] [ɛ̃ʒenje] ◆ **s'ingénier** vp ▸ **s'ingénier à faire qqch** to try hard to do sthg.

ingénierie [ɛ̃ʒeniʀi] nf engineering.

ingénieur [ɛ̃ʒenjœʀ] nm engineer ▸ **ingénieur agronome / chimiste / électronicien** agricultural/chemical/electronics engineer ▸ **ingénieur des mines** mining engineer ▸ **ingénieur des ponts et chaussées** civil engineer

▸ **ingénieur du son** sound engineer ▸ **ingénieur des travaux publics** civil engineer.

ingénieux, euse [ɛ̃ʒenjø, øz] adj ingenious.

ingéniosité [ɛ̃ʒenjozite] nf ingenuity.

ingénu, e [ɛ̃ʒeny] ◆ adj *litt* [candide] artless ; *hum* & *péj* [trop candide] naïve. ◆ nm, f *litt* [candide] naïve person ; THÉÂTRE ingénue ▸ **jouer les ingénus** a) THÉÂTRE to play ingénue roles b) [dans la vie] to act the sweet young thing.

ingénuité [ɛ̃ʒenɥite] nf naïvety.

ingénument [ɛ̃ʒenymɑ̃] adv naïvely.

ingérable [ɛ̃ʒeʀabl] adj unmanageable.

ingérence [ɛ̃ʒeʀɑ̃s] nf ▸ **ingérence dans** interference in.

ingérer [18] [ɛ̃ʒeʀe] vt to ingest. ◆ **s'ingérer** vp ▸ **s'ingérer dans** to interfere in.

ingrat, e [ɛ̃gʀa, at] ◆ adj **1.** [personne] ungrateful **2.** [métier] thankless, unrewarding **3.** [sol] barren **4.** [physique] unattractive. ◆ nm, f ungrateful person, ingrate.

ingratitude [ɛ̃gʀatityd] nf ingratitude.

ingrédient [ɛ̃gʀedjɑ̃] nm ingredient.

inguérissable [ɛ̃geʀisabl] adj incurable.

ingurgiter [3] [ɛ̃gyʀʒite] vt **1.** [avaler] to swallow **2.** *fig* [connaissances] to absorb.

inhabitable [inabitabl] adj uninhabitable.

inhabité, e [inabite] adj uninhabited.

inhabituel, elle [inabitɥɛl] adj unusual.

inhalateur, trice [inalatœʀ, tʀis] adj ▸ **appareil inhalateur** inhaler. ◆ **inhalateur** nm inhaler.

inhalation [inalasjɔ̃] nf inhalation.

inhaler [3] [inale] vt to inhale, to breathe in.

inhérent, e [ineʀɑ̃, ɑ̃t] adj ▸ **inhérent à** inherent in.

inhiber [3] [inibe] vt to inhibit.

inhibition [inibisjɔ̃] nf inhibition.

inhospitalier, ère [inɔspitalje, ɛʀ] adj inhospitable.

inhumain, e [inymɛ̃, ɛn] adj inhuman.

inhumation [inymasjɔ̃] nf burial.

inhumer [3] [inyme] vt to bury.

inimaginable [inimaʒinabl] adj incredible, unimaginable.

inimitable [inimitabl] adj inimitable.

inimitié [inimitje] nf ▸ **inimitié contre** ou **à l'égard de** enmity towards UK ou toward US.

ininflammable [inɛ̃flamabl] adj non-flammable.

inintelligible [inɛ̃teliʒibl] adj unintelligible.

inintéressant, e [inɛ̃teʀesɑ̃, ɑ̃t] adj uninteresting.

ininterrompu, e [inɛ̃tɛʀɔ̃py] adj [file, vacarme] uninterrupted ; [ligne, suite] unbroken ; [travail, effort] continuous.

inique [inik] adj iniquitous.

iniquité [inikite] nf iniquity.

initial, e, aux [inisjal, o] adj [lettre] initial. ◆ **initiale** nf initial.

initialement [inisjalmɑ̃] adv initially.

initialer [3] [inisjale] vt QUÉBEC to initial.

initialiser [3] [inisjalize] vt INFORM to initialize.

initiateur, trice [inisjatœʀ, tʀis] ◆ adj innovative. ◆ nm, f **1.** [maître] initiator **2.** [précurseur] innovator.

initiation [inisjasjɔ̃] nf ▸ **initiation (à)** a) [discipline] introduction (to) b) [rituel] initiation (into).

initiatique [inisjatik] adj [rite] initiation *(avant n)*.

initiative [inisjativ] nf initiative ▸ **avoir de l'initiative** to have initiative ▸ **prendre l'initiative de qqch / de faire qqch** to take the initiative for sthg / in doing sthg ▸ **de sa propre initiative** on one's own initiative.

initié, e [inisje] ◆ adj initiated. ◆ nm, f initiate.

initier [9] [inisje] vt ▸ **initier qqn à** to initiate sb into. ◆ **s'initier** vp ▸ **s'initier à** to familiarize o.s. with.

injecté, e [ɛ̃ʒɛkte] adj ▸ **yeux injectés de sang** bloodshot eyes.

injecter [4] [ɛ̃ʒɛkte] vt to inject. ◆ **s'injecter** vp [yeux] ▸ **s'injecter (de sang)** to become bloodshot.

injection [ɛ̃ʒɛksjɔ̃] nf injection.

injoignable [ɛ̃jwaɲabl] adj : *j'ai essayé de lui téléphoner mais il est injoignable* I tried to phone him but I couldn't get through to him ou reach him ou get hold of him.

injonction [ɛ̃ʒɔ̃ksjɔ̃] nf injunction.

injure [ɛ̃ʒyʀ] nf insult ▸ **abreuver qqn d'injures** to hurl insults at sb.

injurier [9] [ɛ̃ʒyʀje] vt to insult. ◆ **s'injurier** vp *(emploi réciproque)* to insult each other / *les chauffeurs de taxi se sont injuriés* the taxi drivers hurled insults at each other.

injurieux, euse [ɛ̃ʒyʀjø, øz] adj abusive, insulting.

injuste [ɛ̃ʒyst] adj unjust, unfair.

injustement [ɛ̃ʒystəmɑ̃] adv unjustly, unfairly.

injustice [ɛ̃ʒystis] nf injustice.

injustifiable [ɛ̃ʒystifjabl] adj unjustifiable.

injustifié, e [ɛ̃ʒystifje] adj unjustified.

inlassable [ɛ̃lasabl] adj tireless.

inlassablement [ɛ̃lasabləmɑ̃] adv tirelessly.

inné, e [ine] adj innate.

innocemment [inɔsamɑ̃] adv innocently.

innocence [inɔsɑ̃s] nf innocence.

innocent, e [inɔsɑ̃, ɑ̃t] ◆ adj innocent. ◆ nm, f **1.** DR innocent person **2.** [inoffensif, candide] innocent ▸ **faire l'innocent** *fig* to play the innocent **3.** [idiot] simpleton.

innocenter [3] [inɔsɑ̃te] vt DR to clear.

innocuité [inɔkɥite] nf harmlessness, innocuousness.

innombrable [inɔ̃bʀabl] adj innumerable ; [foule] vast.

innovant, e [in(n)ɔvɑ̃, ɑ̃t] adj innovative.

innovateur, trice [inɔvatœʀ, tʀis] ✣ adj innovatory. ✣ nm, f innovator.

innovation [inɔvasjɔ̃] nf innovation.

innover [3] [inɔve] vi to innovate ▸ **innover en matière de** to innovate in the field of.

inobservation [inɔpsɛʀvasjɔ̃] nf inobservance.

inoccupé, e [inɔkype] adj **1.** [lieu] empty, unoccupied **2.** [personne, vie] idle.

inoculation [inɔkylasjɔ̃] nf [volontaire] inoculation ; [accidentelle] infection.

inoculer [3] [inɔkyle] vt MÉD ▸ **inoculer qqch à qqn** a) [volontairement] to inoculate sb with sthg b) [accidentellement] to infect sb with sthg.

inodore [inɔdɔʀ] adj odourless UK, odorless US.

inoffensif, ive [inɔfɑ̃sif, iv] adj harmless.

inondable [inɔ̃dabl] adj liable to flooding.

inondation [inɔ̃dasjɔ̃] nf **1.** [action] flooding **2.** [résultat] flood.

inonder [3] [inɔ̃de] vt to flood ▸ **inonder de** *fig* to flood with.

inopérable [inɔpeʀabl] adj inoperable.

inopérant, e [inɔpeʀɑ̃, ɑ̃t] adj ineffective.

inopiné, e [inɔpine] adj unexpected.

inopinément [inɔpinemɑ̃] adv unexpectedly.

inopportun, e [inɔpɔʀtœ̃, yn] adj inopportune.

inorganisé, e [inɔʀganize] ✣ adj **1.** [sans organisation] disorganized **2.** [politiquement] independent ; [syndicalement] non-union *(avant n)*. ✣ nm, f [politiquement] independent ; [syndicalement] non-union member.

inoubliable [inublijabl] adj unforgettable.

inouï, e [inwi] adj incredible, extraordinary.

Inox® [inɔks] nm inv & adj inv stainless steel.

inoxydable [inɔksidabl] ✣ adj stainless ; [casserole] stainless-steel. ✣ nm stainless steel.

inqualifiable [ɛ̃kalifjabl] adj unspeakable.

inquiet, ète [ɛ̃kjɛ, ɛt] ✣ adj **1.** [gén] anxious **2.** [tourmenté] feverish. ✣ nm, f worrier.

inquiétant, e [ɛ̃kjetɑ̃, ɑ̃t] adj disturbing, worrying.

inquiéter [18] [ɛ̃kjete] vt **1.** [donner du souci à] to worry / *il n'est pas encore arrivé ? tu m'inquiètes !* hasn't he arrived yet? you've got me worried now! / *son silence m'inquiète beaucoup* I find her silence quite disturbing ou worrying **2.** [demander des comptes] to disturb / *le magistrat ne fut jamais inquiété par la police* the police never troubled the magistrate. ◆ **s'inquiéter** vp **1.** [s'alarmer] to be worried / *s'inquiéter au sujet de* ou *pour qqn* to be worried ou concerned about sb **2.** [se préoccuper] ▸ **s'inquiéter de** a) [s'enquérir de] to enquire about b) [se soucier de] to worry about / *et son cadeau ? — je m'en inquiéterai plus tard* what about her present? — I'll see about that ou take care of that later ▸ **où tu vas ? — t'inquiète !** *fam* where are you off to? — mind your own business! ou what's it to you?

inquiétude [ɛ̃kjetyd] nf anxiety, worry / *avec inquiétude* anxiously, fretfully.

inquisiteur, trice [ɛ̃kizitœʀ, tʀis] adj prying. ◆ **inquisiteur** nm inquisitor ▸ **le Grand Inquisiteur** the Inquisitor General.

INR (*abr de* **Institut national de radiodiffusion belge**) nm *Belgian broadcasting company*.

INRA, Inra [inʀa] (*abr de* **Institut national de la recherche agronomique**) nm *national institute for agronomic research*.

inratable [ɛ̃ʀatabl] adj [recette] impossible to get wrong.

inrayable [ɛ̃ʀɛjabl] adj scratch-resistant.

insaisissable [ɛ̃sezisabl] adj **1.** [personne] elusive **2.** *fig* [nuance] imperceptible.

insalubre [ɛ̃salybʀ] adj unhealthy.

insalubrité [ɛ̃salybʀite] nf unhealthiness.

insanité [ɛ̃sanite] nf **1.** [déraison] insanity, madness **2.** [propos] ▸ **dire** ou **proférer des insanités** to say insane things **3.** [acte] insane act.

insatiable [ɛ̃sasjabl] adj insatiable.

insatisfait, e [ɛ̃satisfɛ, ɛt] ✣ adj **1.** [personne] dissatisfied **2.** [sentiment] unsatisfied. ✣ nm, f malcontent.

insaturé, e [ɛ̃satyʀe] adj unsaturated.

inscriptible [ɛ̃skʀiptibl] adj INFORM recordable.

inscription [ɛ̃skʀipsjɔ̃] nf **1.** [action, écrit] inscription **2.** [enregistrement] enrolment UK, enrollment US, registration **3.** DR registration.

inscrire [99] [ɛ̃skʀiʀ] vt **1.** [écrire] to write down / *inscris ton nom au tableau / sur la feuille* write your name (up) on the board / (down) on the sheet **2.** [graver] to inscribe **3.** [personne] ▸ **inscrire qqn à qqch** to enrol UK ou enroll US sb for sthg, to register sb for sthg / *les étudiants inscrits en droit* the students enrolled on UK ou in US the law course / *être inscrit à un club* to be a member of a club ▸ **inscrire qqn sur qqch** to put sb's name down on sthg / *se faire inscrire sur les listes électorales* to register as a voter, to put one's name on the electoral register **4.** SPORT [but] to score **5.** [inclure] to list, to include / *inscrire qqch au budget* to budget for sthg / *inscrire une question à l'ordre du jour* to put ou to place a question on the agenda. ◆ **s'inscrire** vp **1.** [personne] ▸ **s'inscrire à qqch** to enrol UK ou enroll US for sthg, to register for sthg / *s'inscrire au chômage* to register as unemployed ▸ **s'inscrire sur qqch** to put one's name down on sthg / *s'inscrire sur une liste électorale* to register to vote **2.** [s'insérer] ▸ **s'inscrire dans** to come within the scope of / *cette mesure s'inscrit dans le cadre de notre campagne* this measure comes ou lies within the framework of our campaign **3.** EXPR **s'inscrire en faux contre qqch** to deny sthg vigorously.

inscrit, e [ɛ̃skʀi, it] ✣ pp ⟶ **inscrire.** ✣ adj [sur liste] registered ▸ **être inscrit sur une liste** to have one's name on a list. ✣ nm, f registered person.

inscrivais, inscrivions ⟶ **inscrire**.

INSEAD [insead] (*abr de* **Institut européen d'administration**) nm *European business school in Fontainebleau.*

insecte [ɛ̃sɛkt] nm insect.

insecticide [ɛ̃sɛktisid] nm & adj insecticide.

insectivore [ɛ̃sɛktivɔʀ] ❖ adj insectivorous. ❖ nm insectivore.

insécurité [ɛ̃sekyʀite] nf insecurity.

INSEE, Insee [inse] (*abr de* **Institut national de la statistique et des études économiques**) nm *national institute of statistics and information about the economy.*

insémination [ɛ̃seminasjɔ̃] nf insemination ▸ **insémination artificielle** artificial insemination.

insensé, e [ɛ̃sɑ̃se] adj **1.** [déraisonnable] insane **2.** [incroyable, excentrique] extraordinary.

insensibiliser [3] [ɛ̃sɑ̃sibilize] vt to anaesthetize, to anesthetize US ▸ **insensibiliser qqn (à)** *fig* to make sb insensitive (to).

insensibilité [ɛ̃sɑ̃sibilite] nf ▸ **insensibilité (à)** insensitivity (to).

insensible [ɛ̃sɑ̃sibl] adj **1.** [gén] ▸ **insensible (à)** insensitive (to) **2.** [imperceptible] imperceptible.

insensiblement [ɛ̃sɑ̃sibləmɑ̃] adv imperceptibly.

inséparable [ɛ̃sepaʀabl] adj ▸ **inséparable (de)** inseparable (from). ◆ **inséparables** nmpl [perruches] lovebirds.

insérer [18] [ɛ̃seʀe] vt to insert / *insérer une annonce dans un journal* to put an advertisement in a newspaper. ◆ **s'insérer** vp **1.** [s'intégrer] ▸ **s'insérer dans** to fit into **2.** [s'attacher] to be attached.

INSERM, Inserm [insɛʀm] (*abr de* **Institut national de la santé et de la recherche médicale**) nm *national institute for medical research.*

insertion [ɛ̃sɛʀsjɔ̃] nf **1.** [d'objet, de texte] insertion **2.** [de personne] integration.

insidieusement [ɛ̃sidjøzmɑ̃] adv insidiously.

insidieux, euse [ɛ̃sidjø, øz] adj insidious.

insigne[1] [ɛ̃siɲ] nm badge.

insigne[2] adj **1.** *litt* [honneur] distinguished **2.** *hum* [maladresse] remarkable.

insignifiant, e [ɛ̃siɲifjɑ̃, ɑ̃t] adj insignificant.

insinuant, e [ɛ̃sinɥɑ̃, ɑ̃t] adj ingratiating.

insinuation [ɛ̃sinɥasjɔ̃] nf insinuation, innuendo.

insinuer [7] [ɛ̃sinɥe] vt to insinuate, to imply. ◆ **s'insinuer** vp ▸ **s'insinuer dans a)** [eau, humidité, odeur] to seep into **b)** *fig* [personne] to insinuate o.s. into.

insipide [ɛ̃sipid] adj [aliment] insipid, tasteless ; *fig* insipid.

insistance [ɛ̃sistɑ̃s] nf insistence ▸ **avec insistance** insistently.

insistant, e [ɛ̃sistɑ̃, ɑ̃t] adj insistent.

insister [3] [ɛ̃siste] vi to insist ▸ **insister sur** to insist on ▸ **insister pour faire qqch** to insist on doing sthg.

insolation [ɛ̃sɔlasjɔ̃] nf **1.** [malaise] sunstroke *(U)* **2.** [ensoleillement] sunshine.

insolence [ɛ̃sɔlɑ̃s] nf insolence *(U)*.

insolent, e [ɛ̃sɔlɑ̃, ɑ̃t] ❖ adj **1.** [personne, acte] insolent **2.** [joie, succès] unashamed, blatant. ❖ nm, f insolent person.

insolite [ɛ̃sɔlit] adj unusual.

insoluble [ɛ̃sɔlybl] adj **1.** CHIM insoluble, insolvable US **2.** [problème] insoluble, insolvable US.

insolvable [ɛ̃sɔlvabl] ❖ adj insolvent. ❖ nmf bankrupt.

insomniaque [ɛ̃sɔmnjak] nmf & adj insomniac.

insomnie [ɛ̃sɔmni] nf insomnia *(U)* ▸ **avoir des insomnies** to suffer from insomnia.

insondable [ɛ̃sɔ̃dabl] adj [gouffre, mystère] unfathomable ; [bêtise] abysmal.

insonore [ɛ̃sɔnɔʀ] adj soundproof.

insonorisation [ɛ̃sɔnɔʀizasjɔ̃] nf soundproofing.

insonoriser [3] [ɛ̃sɔnɔʀize] vt to soundproof.

insouciance [ɛ̃susjɑ̃s] nf **1.** [inconscience] ▸ **insouciance (de)** lack of concern (about) **2.** [légèreté] carefree attitude.

insouciant, e [ɛ̃susjɑ̃, ɑ̃t] adj **1.** [sans-souci] carefree **2.** [inconscient] ▸ **insouciant (de)** unconcerned (about).

insoumis, e [ɛ̃sumi, iz] adj **1.** [caractère] rebellious **2.** [peuple] unsubjugated **3.** [soldat] deserting *(avant n)*. ◆ **insoumis** nm deserter, draft dodger US.

insoumission [ɛ̃sumisjɔ̃] nf **1.** [caractère rebelle] rebelliousness **2.** MIL desertion.

insoupçonné, e [ɛ̃supsɔne] adj unsuspected.

insoutenable [ɛ̃sutnabl] adj **1.** [rythme] unsustainable **2.** [scène, violence] unbearable **3.** [théorie] untenable.

inspecter [4] [ɛ̃spɛkte] vt to inspect.

inspecteur, trice [ɛ̃spɛktœʀ, tʀis] nm, f inspector ▸ **inspecteur des finances** ≃ tax inspector UK ; ≃ Internal Revenue Service agent US ▸ **inspecteur de police** police inspector.

inspection [ɛ̃spɛksjɔ̃] nf **1.** [contrôle] inspection ▸ **faire l'inspection de qqch** to inspect sthg **2.** [fonction] inspectorate ▸ **inspection générale des Finances** ≃ Inland Revenue UK ; ≃ Internal Revenue Service US.

inspiration [ɛ̃spiʀasjɔ̃] nf **1.** [gén] inspiration ; [idée] bright idea, brainwave UK, brainstorm US ▸ **avoir de l'inspiration** to be inspired ▸ **avoir une bonne / mauvaise inspiration** to have a good / bad idea **2.** [d'air] breathing in.

inspiré, e [ɛ̃spiʀe] adj inspired ▸ **être bien inspiré de faire qqch** be well-advised to do sthg.

inspirer [3] [ɛ̃spiʀe] vt **1.** [gén] to inspire ▸ **inspirer qqch à qqn** to inspire sb with sthg **2.** [air] to breathe in, to inhale. ◆ **s'inspirer** vp [prendre modèle sur] ▸ **s'inspirer de qqn / qqch** to be inspired by sb / sthg.

instabilité [ɛ̃stabilite] nf **1.** [gén] instability **2.** [du temps] unsettled nature.

instable [ɛ̃stabl] ❖ adj **1.** [gén] unstable **2.** [vie, temps] unsettled. ❖ nmf unstable person.

installateur, trice [ɛ̃stalatœʀ, tʀis] nm, f fitter UK.

installation [ɛ̃stalasjɔ̃] nf **1.** [de gaz, eau, électricité] installation **2.** [de personne - comme médecin, artisan] setting up ; [- dans appartement] settling in **3.** [d'appartement] fitting out **4.** [de rideaux, étagères] putting up ; [de meubles] putting in **5.** *(gén pl)* [équipement] installations *pl*, fittings *pl* ; [usine] plant *(U)* ; [de loisirs] facilities *pl* ▸ **installation électrique** wiring ▸ **installations sanitaires** plumbing *(U)*.

installer [3] [ɛ̃stale] vt **1.** [gaz, eau, électricité] to install, to put in / *nous avons dû faire installer l'eau / le gaz / l'électricité* we had to have the water laid on / the gas put in / the house wired **2.** INFORM to install **3.** [appartement] to fit out / *nous avons installé la salle de jeu au grenier* we've turned the attic into a playroom **4.** [rideaux, étagères] to put up ; [meubles] to put in **5.** [personne] ▸ **installer qqn** to get sb settled, to install sb / *les blessés furent installés dans la tour* the wounded were put in the tower. ◆ **s'installer** vp **1.** [comme médecin, artisan] to set (o.s.) up / *s'installer (à son compte)* to set up one's own business ou on one's own **2.** [emménager] to settle in ▸ **s'installer chez qqn** to move in with sb / *s'installer dans une maison* to move into a house **3.** [dans fauteuil] to settle down **4.** *fig* [maladie, routine] to set in / *le pays s'installe peu à peu dans la crise* the country is gradually learning to live with the crisis.

instamment [ɛ̃stamɑ̃] adv insistently.

instance [ɛ̃stɑ̃s] nf **1.** [autorité] authority ▸ **instances (dirigeantes)** ÉCON ruling body **2.** DR proceedings *pl*. ◆ **instances** nfpl *sout* entreaties ▸ **sur les instances de** on the insistence of. ◆ **en instance** loc adj pending. ◆ **en instance de** loc adv on the point of ▸ **en instance de divorce** waiting for a divorce.

instant [ɛ̃stɑ̃] nm instant ▸ **à l'instant a)** [il y a peu de temps] a moment ago **b)** [immédiatement] this minute ▸ **à l'instant où** (just) as ▸ **à tout instant a)** [en permanence] at all times **b)** [d'un moment à l'autre] at any moment ▸ **pour l'instant** for the moment ▸ **dans un instant** in a moment ou minute ▸ **dès l'instant où** from the moment (when) ▸ **un instant !** one moment! ▸ **en un instant** in a flash ou an instant ▸ **ne pas avoir un instant de répit** not to have a moment's respite.

instantané, e [ɛ̃stɑ̃tane] adj **1.** [immédiat] instantaneous **2.** [soluble] instant. ◆ **instantané** nm snapshot.

instantanément [ɛ̃stɑ̃tanemɑ̃] adv instantaneously, at once.

instar [ɛ̃staʀ] ◆ **à l'instar de** loc prép following the example of.

instaurer [3] [ɛ̃stɔʀe] vt [instituer] to establish ; *fig* [peur, confiance] to instil UK, to instill US.

instigateur, trice [ɛ̃stigatœʀ, tʀis] nm, f instigator.

instigation [ɛ̃stigasjɔ̃] nf instigation. ◆ **à l'instigation de, sur l'instigation de** loc prép at the instigation of.

instiller [3] [ɛ̃stile] vt **1.** [substance] to drip **2.** [sentiment] to instil UK, to instill US.

instinct [ɛ̃stɛ̃] nm instinct ▸ **d'instinct** instinctively ▸ **instinct de conservation** instinct for self-preservation ▸ **instinct grégaire** herd instinct ▸ **instinct maternel** maternal instinct.

instinctif, ive [ɛ̃stɛ̃ktif, iv] ◆ adj instinctive. ◆ nm, f instinctive person.

instinctivement [ɛ̃stɛ̃ktivmɑ̃] adv instinctively.

instituer [7] [ɛ̃stitɥe] vt **1.** [pratique] to institute **2.** DR [personne] to appoint. ◆ **s'instituer** vp to be set up ou established.

institut [ɛ̃stity] nm **1.** [établissement] institute ▸ **l'Institut (de France)** the Institut de France ▸ **institut médico-légal** mortuary, morgue / *institut de recherches / scientifique* research / scientific institute ▸ **l'Institut du monde arabe** *Paris exhibition centre for Arab culture and art* **2.** [de soins] ▸ **institut de beauté** beauty salon / *institut dentaire* ≃ dental hospital.

> **L'Institut de France**
>
> **L'Institut**, as it is commonly known, is a learned society which includes the five **Académies** (the **Académie française** being one of them). Its headquarters are in the building of the same name on the banks of the Seine in Paris.

instituteur, trice [ɛ̃stitytœʀ, tʀis] nm, f primary school teacher UK, grade school teacher US.

institution [ɛ̃stitysjɔ̃] nf **1.** [gén] institution **2.** [école privée] private school **3.** DR nomination. ◆ **institutions** nfpl POL institutions.

institutionnaliser [3] [ɛ̃stitysjɔnalize] vt to institutionalize. ◆ **s'institutionnaliser** vp to become institutionalized.

institutionnel, elle [ɛ̃stitysjɔnɛl] adj institutional.

instructeur, trice [ɛ̃stʀyktœʀ, tʀis] ◆ nm, f instructor. ◆ adj MIL ▸ **sergent instructeur** drill sergeant.

instructif, ive [ɛ̃stʀyktif, iv] adj instructive, educational.

instruction [ɛ̃stʀyksjɔ̃] nf **1.** [enseignement, savoir] education ▸ **avoir de l'instruction** to be educated ▸ **instruction publique** state education ▸ **instruction religieuse** religious education **2.** [formation] training **3.** [directive] order **4.** DR (pre-trial) investigation. ◆ **instructions** nfpl instructions.

instruire [98] [ɛ̃stʀɥiʀ] vt **1.** [éduquer] to teach, to instruct **2.** *sout* [informer] to inform **3.** DR [affaire] to investigate ▸ **instruire contre qqn** to investigate sb. ◆ **s'instruire** vp **1.** [se former] to learn **2.** *litt* [s'informer] ▸ **s'instruire de qqch auprès de qqn** to find out about sthg from sb.

instruisais, instruisions ⟶ **instruire**.

instruit, e [ɛ̃stʀɥi, it] ◆ pp ⟶ **instruire**. ◆ adj educated.

instrument [ɛ̃stʀymɑ̃] nm instrument ▸ **instrument à cordes / percussion / vent** stringed / percussion / wind instrument ▸ **instrument contondant** blunt instrument ▸ **instrument de musique** musical instrument ▸ **instrument de travail** tool.

instrumental, e, aux [ɛ̃stʀymɑ̃tal, o] adj instrumental. ◆ **instrumental** nm GRAM instrumental.

instrumentaliser [3] [ɛ̃stʀymɑ̃talize] vt to use, to manipulate.

instrumentation [ɛ̃stʀymɑ̃tasjɔ̃] nf instrumentation.

instrumentiste [ɛ̃stʀymɑ̃tist] nmf instrumentalist.

insu [ɛ̃sy] ◆ **à l'insu de** loc prép ▸ **à l'insu de qqn** without sb knowing ▸ **ils ont tout organisé à mon insu** they organized it all without my knowing.

insubmersible [ɛ̃sybmɛʀsibl] adj unsinkable.

insubordination [ɛ̃sybɔʀdinasjɔ̃] nf insubordination.

insubordonné, e [ɛ̃sybɔʀdɔne] adj insubordinate.

insuccès [ɛ̃syksɛ] nm failure.

insuffisamment [ɛ̃syfizamɑ̃] adv insufficiently, inadequately.

insuffisance [ɛ̃syfizɑ̃s] nf **1.** [manque] insufficiency **2.** MÉD deficiency ▸ **insuffisance cardiaque** cardiac insufficiency. ◆ **insuffisances** nfpl [faiblesses] shortcomings.

insuffisant, e [ɛ̃syfizɑ̃, ɑ̃t] adj **1.** [en quantité] insufficient **2.** [en qualité] inadequate, unsatisfactory.

insuffler [3] [ɛ̃syfle] vt **1.** [air] to blow **2.** *fig* [sentiment] ▸ **insuffler qqch à qqn** to inspire sb with sthg.

insulaire [ɛ̃sylɛʀ] ◈ nmf islander. ◈ adj **1.** GÉOGR island *(avant n)* **2.** *fig* [attitude] insular.

insularité [ɛ̃sylaʀite] nf insularity.

insuline [ɛ̃sylin] nf insulin.

insultant, e [ɛ̃syltɑ̃, ɑ̃t] adj insulting.

insulte [ɛ̃sylt] nf insult.

insulter [3] [ɛ̃sylte] vt to insult. ◆ **s'insulter** vp to insult each other.

insupportable [ɛ̃sypɔʀtabl] adj unbearable.

insurgé, e [ɛ̃syʀʒe] adj & nm, f insurgent, rebel.

insurger [17] [ɛ̃syʀʒe] ◆ **s'insurger** vp to rebel, to revolt ▸ **s'insurger contre qqn** to rebel ou rise up against sb ▸ **s'insurger contre qqch** to protest against sthg.

insurmontable [ɛ̃syʀmɔ̃tabl] adj [difficulté] insurmountable ; [dégoût] uncontrollable.

insurrection [ɛ̃syʀɛksjɔ̃] nf insurrection.

insurrectionnel, elle [ɛ̃syʀɛksjɔnɛl] adj insurrectionary.

intact, e [ɛ̃takt] adj intact.

intangible [ɛ̃tɑ̃ʒibl] adj **1.** *litt* [impalpable] intangible **2.** [sacré] inviolable.

intarissable [ɛ̃taʀisabl] adj inexhaustible ▸ **il est intarissable** he could go on talking for ever.

intégral, e, aux [ɛ̃tegʀal, o] adj **1.** [paiement] in full ; [texte] unabridged, complete ▸ **bronzage intégral** all-over tan **2.** MATH ▸ **calcul intégral** integral calculus. ◆ **intégrale** nf **1.** MUS complete works *pl* **2.** MATH integral.

intégralement [ɛ̃tegʀalmɑ̃] adv fully, in full.

intégralité [ɛ̃tegʀalite] nf whole ▸ **dans son intégralité** in full.

intégrant, e [ɛ̃tegʀɑ̃, ɑ̃t] ⟶ **parti**.

intégration [ɛ̃tegʀasjɔ̃] nf integration ▸ **intégration latérale** ÉCON lateral integration.

intègre [ɛ̃tɛgʀ] adj honest.

intégré, e [ɛ̃tegʀe] adj **1.** [logiciel] integrated **2.** [élément] built-in.

intégrer [18] [ɛ̃tegʀe] vt [assimiler] ▸ **intégrer (à** ou **dans)** to integrate (into). ◆ **s'intégrer** vp **1.** [s'incorporer] ▸ **s'intégrer dans** ou **à** to fit into **2.** [s'adapter] to integrate.

intégrisme [ɛ̃tegʀism] nm fundamentalism.

intégriste [ɛ̃tegʀist] nmf & adj fundamentalist.

intégrité [ɛ̃tegʀite] nf **1.** [totalité] entirety **2.** [honnêteté] integrity.

intellect [ɛ̃telɛkt] nm intellect.

intellectualisme [ɛ̃telɛktɥalism] nm intellectualism.

intellectuel, elle [ɛ̃telɛktɥɛl] adj & nm, f intellectual.

intellectuellement [ɛ̃telɛktɥɛlmɑ̃] adv intellectually.

intelligemment [ɛ̃teliʒamɑ̃] adv intelligently.

intelligence [ɛ̃teliʒɑ̃s] nf **1.** [facultés mentales] intelligence ▸ **intelligence artificielle** artificial intelligence **2.** [personne] brain **3.** [compréhension, complicité] understanding ▸ **agir d'intelligence avec qqn** to act in complicity with sb. ◆ **intelligences** nfpl secret contacts.

intelligent, e [ɛ̃teliʒɑ̃, ɑ̃t] adj intelligent.

intelligentsia [ɛ̃teligɛnsja] nf intelligentsia.

intelligible [ɛ̃teliʒibl] adj **1.** [voix] clear **2.** [concept, texte] intelligible.

intello [ɛ̃tɛlo] adj inv & nmf *fam* & *péj* intellectual.

intempérance [ɛ̃tɑ̃peʀɑ̃s] nf **1.** [abus] excessiveness **2.** [excès de plaisirs] overindulgence.

intempéries [ɛ̃tɑ̃peʀi] nfpl bad weather *(U)*.

intempestif, ive [ɛ̃tɑ̃pɛstif, iv] adj untimely.

intemporel, elle [ɛ̃tɑ̃pɔʀɛl] adj **1.** [sans durée] timeless **2.** *litt* [immatériel] immaterial.

intenable [ɛ̃tənabl] adj **1.** [chaleur, personne] unbearable **2.** [position] untenable, indefensible.

intendance [ɛ̃tɑ̃dɑ̃s] nf **1.** MIL commissariat ; SCOL & UNIV bursar's office **2.** *fig* [questions matérielles] housekeeping.

intendant, e [ɛ̃tɑ̃dɑ̃, ɑ̃t] nm, f **1.** SCOL & UNIV bursar **2.** [de manoir] steward. ◆ **intendant** nm MIL quartermaster.

intense [ɛ̃tɑ̃s] adj **1.** [gén] intense **2.** [circulation] heavy.

intensément [ɛ̃tɑ̃semɑ̃] adv intensely.

intensif, ive [ɛ̃tɑ̃sif, iv] adj intensive.

intensification [ɛ̃tɑ̃sifikasjɔ̃] nf intensification.

intensifier [9] [ɛ̃tɑ̃sifje] vt to intensify. ◆ **s'intensifier** vp to intensify.

intensité [ɛ̃tɑ̃site] nf intensity.

intenter [3] [ɛ̃tɑ̃te] vt DR ▸ **intenter qqch contre qqn** ou **à qqn** to bring sthg against sb.

intention [ɛ̃tɑ̃sjɔ̃] nf intention ▸ **avoir l'intention de faire qqch** to intend to do sthg ▸ **intention d'achat** COMM purchasing intention, intention to buy ▸ **intention de vote** voting intention / *les intentions de vote pour le président* those leaning towards UK ou toward US the president / *agir dans une bonne intention* to act with good intentions. ◆ **à l'intention de** loc prép for.

intentionné, e [ɛ̃tɑ̃sjɔne] adj ▸ **bien intentionné** well-meaning ▸ **mal intentionné** ill-disposed.

intentionnel, elle [ɛ̃tɑ̃sjɔnɛl] adj intentional.

intentionnellement [ɛ̃tɑ̃sjɔnɛlmɑ̃] adv intentionally.

inter [ɛ̃tɛʀ] *vieilli* nm = **interurbain**.

interactif, ive [ɛ̃tɛʀaktif, iv] adj interactive.

interaction [ɛ̃tɛʀaksjɔ̃] nf interaction ▸ **interaction médicamenteuse** medicinal interaction.

interbancaire [ɛ̃tɛʀbɑ̃kɛʀ] adj interbank *(avant n).*

intercalaire [ɛ̃tɛʀkalɛʀ] ◈ nm insert. ◈ adj ▸ **feuillet intercalaire** insert ▸ **jour intercalaire** *extra day in a leap year.*

intercaler [3] [ɛ̃tɛʀkale] vt ▸ **intercaler qqch dans qqch a)** [feuillet, citation] to insert sthg in sthg **b)** [dans le temps] to fit sthg into sthg. ◆ **s'intercaler** vp ▸ **s'intercaler entre** to come between.

intercéder [18] [ɛ̃tɛʀsede] vi ▸ **intercéder pour** ou **en faveur de qqn auprès de qqn** to intercede with sb on behalf of sb.

intercepter [4] [ɛ̃tɛʀsɛpte] vt **1.** [lettre, ballon] to intercept **2.** [chaleur] to block.

intercession [ɛ̃tɛʀsesjɔ̃] nf intercession.

interchangeable [ɛ̃tɛʀʃɑ̃ʒabl] adj interchangeable.

interclasse [ɛ̃tɛʀklas], **intercours** [ɛ̃tɛʀkuʀ] nm break UK, recess US ▸ **à l'interclasse** at ou during the break.

intercommunal, e, aux [ɛ̃tɛʀkɔmynal, o] adj intermunicipal.

interconfessionnel, elle [ɛ̃tɛʀkɔ̃fɛsjɔnɛl] adj interfaith.

intercontinental, e, aux [ɛ̃tɛʀkɔ̃tinɑ̃tal, o] adj intercontinental.

intercours [ɛ̃tɛʀkuʀ] nm = **interclasse**.

interculturel, elle [ɛ̃tɛʀkyltyʀɛl] adj cross-cultural.

interdépartemental, e, aux [ɛ̃tɛʀdepaʀtəmɑ̃tal, o] adj interdepartmental.

interdépendance [ɛ̃tɛʀdepɑ̃dɑ̃s] nf interdependence.

interdépendant, e [ɛ̃tɛʀdepɑ̃dɑ̃, ɑ̃t] adj interdependent.

interdiction [ɛ̃tɛʀdiksjɔ̃] nf **1.** [défense] ▸ **'interdiction de stationner'** 'strictly no parking' **2.** [prohibition, suspension] ▸ **interdiction (de)** ban (on), banning (of) ▸ **enfreindre / lever une interdiction** to break / lift a ban / *interdiction d'exporter* export ban / *interdiction d'importation* import ban ▸ **interdiction de séjour** *order banning released prisoner from living in certain areas.*

interdire [103] [ɛ̃tɛʀdiʀ] vt **1.** [prohiber] ▸ **interdire qqch à qqn** to forbid sb sthg ▸ **interdire à qqn de faire qqch** to forbid sb to do sthg **2.** [empêcher] to prevent ▸ **interdire à qqn de faire qqch** to prevent sb from doing sthg **3.** [d'exercer] to ban **4.** [bloquer] to block. ◆ **s'interdire** vp ▸ **s'interdire qqch / de faire qqch** to refrain from sthg / from doing sthg.

interdisais, interdisions ⟶ **interdire**.

interdisciplinaire [ɛ̃tɛʀdisiplinɛʀ] adj interdisciplinary.

interdise, interdises ⟶ **interdire**.

interdit, e [ɛ̃tɛʀdi, it] ◈ pp ⟶ **interdire.** ◈ adj **1.** [défendu] forbidden / *'interdit au public'* 'no admittance' / *'interdit aux moins de 18 ans'* CINÉ adults only, '18 UK', 'NC-17 US' / *il est interdit de fumer* you're not allowed to smoke / *la zone piétonne est interdite aux véhicules* vehicles are not allowed in the pedestrian area **2.** [ébahi] ▸ **rester interdit** to be stunned / *elle le dévisagea, interdite* she stared at him in bewilderment **3.** [privé] ▸ **être interdit de chéquier** to have had one's chequebook UK ou checkbook US facilities withdrawn, to be forbidden to write cheques UK ou checks US. ◆ **interdit** nm **1.** BANQUE ▸ **interdit bancaire** stopping of payment on all cheques UK ou checks US **2.** EXPR ▸ **lever un interdit** to lift a ban.

intéressant, e [ɛ̃teʀɛsɑ̃, ɑ̃t] ◈ adj **1.** [captivant] interesting **2.** [avantageux] advantageous, good. ◈ nm, f ▸ **faire l'intéressant** *péj* to show off.

intéressé, e [ɛ̃teʀese] ◈ adj [concerné] concerned, involved ; *péj* [cupide] self-interested. ◈ nm, f person concerned ▸ **le principal intéressé** the main person concerned.

Comment exprimer l'interdiction

- **Smoking is not permitted in the office.** *Il est interdit de fumer dans les bureaux.*
- **'Smoking strictly forbidden'** *' Défense absolue de fumer'*
- **We're not supposed to leave the office before 5.30.** *Nous ne sommes pas censés quitter le bureau avant 17 h 30.*
- **I'm afraid I'm not allowed to give you those details.** *Je regrette, mais je n'ai pas le droit de vous donner ces renseignements.*
- **You must not tell anyone about this meeting.** *Vous ne devez pas parler à qui que ce soit de cette réunion.*

intéressement [ɛ̃teʀɛsmɑ̃] nm profit-sharing (scheme).

intéresser [4] [ɛ̃teʀese] vt **1.** [captiver] to interest ▸ **intéresser qqn à qqch** to interest sb in sthg **2.** COMM [faire participer] : *intéresser les employés (aux bénéfices)* to give one's employees a share in the profits / *intéresser qqn à son commerce* to give sb a financial interest in one's business **3.** [concerner] to concern. ◆ **s'intéresser** vp ▸ **s'intéresser à qqn / qqch** to take an interest in sb / sthg, to be interested in sb / sthg.

intérêt [ɛ̃teʀɛ] nm **1.** [gén] interest ▸ **intérêt pour** interest in / *avoir* OU *éprouver de l'intérêt pour qqch* to be interested OU to take an interest in sthg ▸ **agir par intérêt** to act in one's own interest ▸ **avoir intérêt à faire qqch** to be well advised to do sthg ▸ **dans l'intérêt général** in everyone's interest / *je ne vois pas l'intérêt de continuer cette discussion* I see no point in carrying on this discussion **2.** [importance] significance / *ses observations sont du plus haut* OU *grand intérêt* his comments are of the greatest interest OU importance / *son essai offre peu d'intérêt* her essay is of no great interest / *c'est sans intérêt pour la suite de l'enquête* it's of no importance for OU relevance to the rest of the inquiry **3.** [avantage] advantage / *agir dans / contre son intérêt* to act in / against one's own interest **4.** FIN interest ▸ **intérêt de participation** participating interest. ◆ **intérêts** nmpl **1.** FIN interest *(U)* ▸ **intérêts composés** compound interest ▸ **intérêts moratoires** interest on overdue payment / *cela rapporte des intérêts* it yields OU bears interest **2.** COMM ▸ **avoir des intérêts dans** to have a stake in **3.** [d'une personne, d'un pays] interests / *servir les intérêts de qqn / d'une société* to serve sb's / a company's interests.

interface [ɛ̃tɛʀfas] nf INFORM interface ▸ **interface commune de passerelle** common gateway interface ▸ **interface graphique** graphic interface ▸ **interface utilisateur graphique** graphical user interface.

interférence [ɛ̃tɛʀfeʀɑ̃s] nf **1.** PHYS & POL interference **2.** *fig* [conjonction] convergence.

interférer [18] [ɛ̃tɛʀfeʀe] vi **1.** PHYS to interfere **2.** *fig* [se rencontrer] to converge **3.** *fig* [s'immiscer] ▸ **interférer dans qqch** to interfere in sthg.

intergalactique [ɛ̃tɛʀgalaktik] adj intergalactic.

intérieur, e [ɛ̃teʀjœʀ] adj **1.** [gén] inner / *les peintures intérieures de la maison* the interior decoration of the house / *les problèmes intérieurs d'un parti* a party's internal problems **2.** [de pays] domestic ▸ **la dette intérieure** the national debt. ◆ **intérieur** nm **1.** [gén] inside / *l'Intérieur* ≃ the Home Office UK ; ≃ the Department of the Interior US ▸ **de l'intérieur** from the inside ▸ **à l'intérieur de soi-même** *fig* & *litt* inwardly ▸ **à l'intérieur (de qqch)** inside (sthg) / *à l'intérieur des terres* inland / *reste à l'intérieur de la voiture* stay in OU inside the car ▸ **homme d'intérieur, femme d'intérieur** homebody **2.** [de pays] interior / *les villages de l'intérieur* inland villages.

intérieurement [ɛ̃teʀjœʀmɑ̃] adv inwardly.

intérim [ɛ̃teʀim] nm **1.** [période] interim period ▸ **assurer l'intérim (de qqn)** to deputize (for sb) ▸ **par intérim** acting *(avant n)* **2.** [travail temporaire] temporary OU casual work ; [dans un bureau] temping ▸ **faire de l'intérim, travailler en intérim** to temp.

intérimaire [ɛ̃teʀimɛʀ] ❖ adj **1.** [ministre, directeur] acting *(avant n)* **2.** [employé, fonctions] temporary. ❖ nmf **1.** [ministre] acting minister **2.** [employé] temp.

intérioriser [3] [ɛ̃teʀjɔʀize] vt to internalize.

interjection [ɛ̃tɛʀʒɛksjɔ̃] nf **1.** LING interjection **2.** DR lodging of an appeal.

interjeter [27] [ɛ̃tɛʀʒəte] vt DR ▸ **interjeter appel** to lodge an appeal.

interlignage [ɛ̃tɛʀliɲaʒ] nm TYPO line spacing.

interligne [ɛ̃tɛʀliɲ] ❖ nm (line) spacing ▸ **simple / double interligne** single / double spacing. ❖ nf TYPO lead, leading.

interlocuteur, trice [ɛ̃tɛʀlɔkytœʀ, tʀis] nm, f **1.** [dans conversation] speaker / *mon interlocuteur* the person to whom I am / was speaking **2.** [dans négociation] negotiator.

interlope [ɛ̃tɛʀlɔp] adj **1.** [illégal] illegal **2.** *fig* [louche] suspect, shady.

interloquer [3] [ɛ̃tɛʀlɔke] vt to disconcert.

interlude [ɛ̃tɛʀlyd] nm interlude.

intermède [ɛ̃tɛʀmɛd] nm interlude.

intermédiaire [ɛ̃tɛʀmedjɛʀ] ❖ nm intermediary, go-between ▸ **sans intermédiaire** without an intermediary ▸ **par l'intermédiaire de qqn / qqch** through sb / sthg. ❖ adj intermediate.

interminable [ɛ̃tɛʀminabl] adj never-ending, interminable.

interministériel, elle [ɛ̃tɛʀministeʀjɛl] adj interdepartmental.

intermittence [ɛ̃tɛʀmitɑ̃s] nf [discontinuité] ▸ **par intermittence** intermittently, off and on.

intermittent, e [ɛ̃tɛʀmitɑ̃, ɑ̃t] adj intermittent ▸ **les intermittents du spectacle** *people working in the performing arts.*

internat [ɛ̃tɛʀna] nm **1.** [SCOL - établissement] boarding school ; [- système] boarding **2.** [MÉD & UNIV - concours] entrance examination ; [- période de stage] period spent as a houseman UK OU an intern US.

international, e, aux [ɛ̃tɛʀnasjɔnal, o] ❖ adj international. ❖ nm, f SPORT international. ◆ **Internationale** nf **1.** [association] International **2.** [hymne] Internationale. ◆ **internationaux** nmpl SPORT internationals / *les internationaux de France de tennis* the French Open.

internationalement [ɛ̃tɛʀnasjɔnalmɑ̃] adv internationally / *connu internationalement* world famous.

internationalisation [ɛ̃tɛʀnasjɔnalizasjɔ̃] nf internationalization.

internationaliser [3] [ɛ̃tɛʀnasjɔnalize] vt to internationalize. ◆ **s'internationaliser** vpi to take on an international dimension / *le conflit s'est internationalisé* the conflict took on an international dimension.

internaute [ɛ̃tɛʀnɔt] nmf INFORM (net) surfer, cybersurfer, cybernaut, Internet user.

interne [ɛ̃tɛʀn] ◆ nmf **1.** [élève] boarder **2.** MÉD & UNIV houseman UK, intern US. ◆ adj **1.** ANAT internal ; [oreille] inner **2.** [du pays] domestic.

interné, e [ɛ̃tɛʀne] nm, f POL internee.

internement [ɛ̃tɛʀnəmɑ̃] nm **1.** POL internment **2.** MÉD confinement *(to psychiatric hospital)*.

interner [3] [ɛ̃tɛʀne] vt **1.** POL to intern **2.** *vieilli* MÉD to commit *(to psychiatric hospital)*.

Internet, internet [ɛ̃tɛʀnɛt] nm ▸ **(l')Internet** the Internet.

interpellation [ɛ̃tɛʀpelasjɔ̃] nf **1.** [apostrophe] call, shout **2.** [par la police] (arrest for) questioning / ***la police a procédé à plusieurs interpellations*** several people were detained ou taken in by the police for questioning **3.** POL question ; *(terme spécialisé)* interpellation.

interpeller [26] [ɛ̃tɛʀpəle] vt **1.** [apostropher] to call ou shout out to **2.** [interroger] to take in for questioning. ◆ **s'interpeller** vp to exchange insults.

Interphone® [ɛ̃tɛʀfɔn] nm intercom ; [d'un immeuble] Entryphone®.

interplanétaire [ɛ̃tɛʀplanetɛʀ] adj interplanetary.

INTERPOL, Interpol [ɛ̃tɛʀpɔl] npr Interpol.

interpoler [3] [ɛ̃tɛʀpɔle] vt to interpolate.

interposer [3] [ɛ̃tɛʀpoze] vt to interpose. ◆ **s'interposer** vp ▸ **s'interposer dans qqch** to intervene in sthg ▸ **s'interposer entre qqn et qqn** to intervene ou come between sb and sb.

interprétariat [ɛ̃tɛʀpʀetaʀja] nm interpreting.

interprétation [ɛ̃tɛʀpʀetasjɔ̃] nf interpretation.

interprète [ɛ̃tɛʀpʀɛt] nmf **1.** [gén] interpreter **2.** [porte-parole] spokesperson **3.** CINÉ, MUS & THÉÂTRE performer.

interpréter [18] [ɛ̃tɛʀpʀete] vt to interpret.

interprofessionnel, elle [ɛ̃tɛʀpʀɔfɛsjɔnɛl] adj interprofessional.

interrogateur, trice [ɛ̃teʀɔgatœʀ, tʀis] ◆ adj inquiring. ◆ nm, f SCOL & UNIV oral examiner.

interrogatif, ive [ɛ̃teʀɔgatif, iv] adj **1.** GRAM interrogative **2.** [air, ton] inquiring. ◆ **interrogatif** nm GRAM interrogative.

interrogation [ɛ̃teʀɔgasjɔ̃] nf **1.** [de prisonnier] interrogation ; [de témoin] questioning **2.** [question] question ▸ **interrogation directe / indirecte** GRAM direct / indirect question **3.** SCOL test, quiz US.

interrogatoire [ɛ̃teʀɔgatwaʀ] nm **1.** [de police, juge] questioning **2.** [procès-verbal] statement.

interrogeable [ɛ̃teʀɔʒabl] adj : ***répondeur interrogeable à distance*** answering machine ou answerphone UK with remote playback facility.

interroger [17] [ɛ̃teʀɔʒe] vt **1.** [questionner] to question ; [accusé, base de données] to interrogate ▸ **interroger qqn (sur qqch)** to question sb (about sthg) **2.** [faits, conscience] to examine. ◆ **s'interroger** vp ▸ **s'interroger sur** to wonder about.

interrompre [78] [ɛ̃tɛʀɔ̃pʀ] vt to interrupt. ◆ **s'interrompre** vp to stop.

interrompu, e [ɛ̃tɛʀɔ̃py] pp ⟶ **interrompre**.

interrupteur [ɛ̃teʀyptœʀ] nm switch ▸ **interrupteur à bascule** toggle switch.

interruption [ɛ̃teʀypsjɔ̃] nf **1.** [arrêt] break ▸ **sans interruption** without a break **2.** [action] interruption.

intersection [ɛ̃tɛʀsɛksjɔ̃] nf intersection.

intersidéral, e, aux [ɛ̃tɛʀsideʀal, o] adj interstellar.

interstice [ɛ̃tɛʀstis] nm chink, crack.

intersyndical, e, aux [ɛ̃tɛʀsɛ̃dikal, o] adj interunion. ◆ **intersyndicale** nf interunion committee.

intertitre [ɛ̃tɛʀtitʀ] nm **1.** PRESSE subheading **2.** CINÉ subtitle.

interurbain, e [ɛ̃teʀyʀbɛ̃, ɛn] adj long-distance. ◆ **interurbain** nm ▸ **l'interurbain** the long-distance telephone service.

intervalle [ɛ̃tɛʀval] nm **1.** [spatial] space, gap **2.** [temporel] interval, period (of time) ▸ **à 6 jours d'intervalle** after 6 days ▸ **dans l'intervalle** in the meantime **3.** MUS interval.

intervenant, e [ɛ̃tɛʀvənɑ̃, ɑ̃t] nm, f **1.** [orateur] speaker **2.** DR intervening party.

intervenir [40] [ɛ̃tɛʀvəniʀ] vi **1.** [personne] to intervene ▸ **intervenir auprès de qqn** to intervene with sb ▸ **intervenir dans qqch** to intervene in sthg ▸ **faire intervenir qqn** to bring ou call in sb **2.** [événement] to take place.

intervention [ɛ̃tɛʀvɑ̃sjɔ̃] nf **1.** [gén] intervention / ***intervention en faveur de qqn*** intervention in sb's favour UK ou favor US / ***l'intervention des forces armées*** military intervention / ***malgré l'intervention rapide des secours*** despite swift rescue action **2.** MÉD operation ▸ **subir une intervention chirurgicale** to have an operation, to have surgery **3.** [discours] speech / ***j'ai fait deux interventions*** I spoke twice.

interventionnisme [ɛ̃tɛʀvɑ̃sjɔnism] nm interventionism.

interventionniste [ɛ̃tɛʀvɑ̃sjɔnist] nmf & adj interventionist.

intervenu, e [ɛ̃tɛʀvəny] pp ⟶ **intervenir**.

intervertir [32] [ɛ̃tɛʀvɛʀtiʀ] vt to reverse, to invert.

interviendrai, interviendras ⟶ **intervenir**.

intervienne, interviennes ⟶ **intervenir**.

interviens, intervient ⟶ **intervenir**.

interview [ɛ̃tɛʀvju] nf interview ▸ **accorder une interview à qqn** to give ou grant an interview to sb.

interviewer[1] [3] [ɛ̃tɛʀvjuve] vt to interview.

interviewer[2] [ɛ̃tɛʀvjuvœʀ] nm interviewer.

intervieweur, euse [ɛ̃tɛʀvjuvœʀ, øz] nm, f interviewer.

intestat [ɛ̃tɛsta] ◆ nmf DR *person who dies intestate.* ◆ adj DR intestate.

intestin[1], **e** [ɛ̃tɛstɛ̃, in] adj *sout* internal.

intestin[2] [ɛ̃tɛstɛ̃] nm intestine ▸ **intestin grêle** small intestine ▸ **gros intestin** large intestine.

intestinal, e, aux [ɛ̃tɛstinal, o] adj intestinal.

intime [ɛ̃tim] ❖ nmf close friend. ❖ adj [gén] intimate ; [vie, journal] private.

intimement [ɛ̃timmɑ̃] adv **1.** [persuadé] firmly **2.** [lié] intimately.

intimer [3] [ɛ̃time] vt **1.** [enjoindre] ▸ **intimer qqch à qqn** to notify sb of sthg **2.** DR to summon.

intimidant, e [ɛ̃timidɑ̃, ɑ̃t] adj intimidating.

intimidation [ɛ̃timidasjɔ̃] nf intimidation.

intimider [3] [ɛ̃timide] vt to intimidate.

intimiste [ɛ̃timist] adj ART & LITTÉR intimist.

intimité [ɛ̃timite] nf **1.** [secret] depths *pl* **2.** [familiarité, confort] intimacy **3.** [vie privée] privacy ▸ **dans l'intimité** amongst friends, in private ▸ **dans la plus stricte intimité** in complete privacy, in private.

intitulé [ɛ̃tityle] nm [titre] title ; [de paragraphe] heading.

intituler [3] [ɛ̃tityle] vt to call, to entitle. ◆ **s'intituler** vp **1.** [ouvrage] to be called ou entitled **2.** [personne] to call o.s.

intolérable [ɛ̃tɔleʀabl] adj intolerable.

intolérance [ɛ̃tɔleʀɑ̃s] nf **1.** [religieuse, politique] intolerance **2.** [de l'organisme] ▸ **intolérance à qqch** inability to tolerate sthg.

intolérant, e [ɛ̃tɔleʀɑ̃, ɑ̃t] adj intolerant.

intonation [ɛ̃tɔnasjɔ̃] nf intonation.

intouchable [ɛ̃tuʃabl] nmf & adj untouchable.

intox [ɛ̃tɔks] nf *fam* propaganda, brainwashing / *tout ça, c'est de l'intox* all that's just propaganda.

intoxication [ɛ̃tɔksikasjɔ̃] nf **1.** [empoisonnement] poisoning ▸ **intoxication alimentaire** food poisoning **2.** *fig* [propagande] brainwashing.

intoxiqué, e [ɛ̃tɔksike] ❖ adj ▸ **intoxiqué (de)** addicted (to). ❖ nm, f addict.

intoxiquer [3] [ɛ̃tɔksike] vt ▸ **intoxiquer qqn par** **a)** [empoisonner] to poison sb with **b)** *fig* to indoctrinate sb with. ◆ **s'intoxiquer** vp to poison o.s.

intraduisible [ɛ̃tʀadɥizibl] adj **1.** [texte] untranslatable **2.** [sentiment] inexpressible.

intraitable [ɛ̃tʀɛtabl] adj ▸ **intraitable (sur)** inflexible (about).

intra-muros [ɛ̃tʀamyʀos] ❖ loc adj inv ▸ **quartiers intra-muros** districts within the city boundaries ▸ **Londres intra-muros** inner London. ❖ loc adv ▸ **habiter intra-muros** to live in the city itself.

intranet [ɛ̃tʀanɛt] nm intranet.

intransigeance [ɛ̃tʀɑ̃ziʒɑ̃s] nf intransigence.

intransigeant, e [ɛ̃tʀɑ̃ziʒɑ̃, ɑ̃t] adj intransigent.

intransitif, ive [ɛ̃tʀɑ̃zitif, iv] adj intransitive.

intransportable [ɛ̃tʀɑ̃spɔʀtabl] adj : *il est intransportable* he/it cannot be moved.

intra-utérin, e [ɛ̃tʀayteʀɛ̃, in] (*mpl* **intra-utérins**, *fpl* **intra-utérines**) adj intrauterine ▸ **la vie intra-utérine** life in the womb, life in utero *sout*.

intraveineux, euse [ɛ̃tʀavɛnø, øz] adj intravenous. ◆ **intraveineuse** nf intravenous injection.

intrépide [ɛ̃tʀepid] adj bold, intrepid.

intrépidité [ɛ̃tʀepidite] nf boldness.

intrigant, e [ɛ̃tʀigɑ̃, ɑ̃t] ❖ adj scheming. ❖ nm, f schemer.

intrigue [ɛ̃tʀig] nf **1.** [liaison amoureuse] affair **2.** [manœuvre] intrigue **3.** CINÉ, LITTÉR & THÉÂTRE plot.

intriguer [3] [ɛ̃tʀige] ❖ vt to intrigue. ❖ vi to scheme, to intrigue.

intrinsèque [ɛ̃tʀɛ̃sɛk] adj intrinsic.

intro [ɛ̃tʀo] (*abr de* **introduction**) nf *fam* intro / *'passer l'intro'* [sur site Web] 'skip intro'.

introductif, ive [ɛ̃tʀɔdyktif, iv] adj DR introductory.

introduction [ɛ̃tʀɔdyksjɔ̃] nf **1.** [gén] ▸ **introduction (à)** introduction (to) **2.** [insertion] insertion.

introduire [98] [ɛ̃tʀɔdɥiʀ] vt **1.** [gén] to introduce ▸ **introduire clandestinement** [marchandises] to smuggle in **2.** [faire entrer] to show in **3.** [insérer] to insert **4.** INFORM to input, to enter. ◆ **s'introduire** vp **1.** [pénétrer] to enter / *s'introduire dans une maison* [cambrioleur] to get into ou enter a house **2.** [s'implanter] to be introduced.

introduisais, introduisions ⟶ **introduire**.

introduit, e [ɛ̃tʀɔdɥi, it] pp ⟶ **introduire**.

intronisation [ɛ̃tʀɔnizasjɔ̃] nf RELIG enthronement ; *fig* establishment.

introniser [3] [ɛ̃tʀɔnize] vt **1.** [roi, évêque] to enthrone / *il a été intronisé à l'âge de 60 ans* **a)** [roi] he came to the throne when he was 60 **b)** [évêque] he was made bishop at the age of 60 **2.** *fig* [établir] to establish.

introspection [ɛ̃tʀɔspɛksjɔ̃] nf introspection.

introuvable [ɛ̃tʀuvabl] adj nowhere ou no-place US to be found.

introverti, e [ɛ̃tʀɔvɛʀti] ❖ adj introverted. ❖ nm, f introvert.

intrus, e [ɛ̃tʀy, yz] ❖ adj intrusive. ❖ nm, f intruder.

intrusion [ɛ̃tʀyzjɔ̃] nf **1.** [gén & GÉOL] intrusion **2.** [ingérence] interference.

intuitif, ive [ɛ̃tɥitif, iv] ❖ adj intuitive. ❖ nm, f intuitive person.

intuition [ɛ̃tɥisjɔ̃] nf intuition ▸ **avoir de l'intuition** to be intuitive, to have intuition ▸ **avoir l'intuition de qqch** to have an intuition about sthg.

intuitivement [ɛ̃tɥitivmɑ̃] adv intuitively.

inuit [inɥit] adj inv Inuit. ◆ **Inuit** nmf Inuit.

inusable [inyzabl] adj hardwearing.

inusité, e [inyzite] adj unusual, uncommon.

in utero [inyteʀo] loc adj & loc adv in utero.

inutile [inytil] adj [objet, personne] useless ; [effort, démarche] pointless ▸ **inutile d'insister** it's pointless insisting.

inutilement [inytilmɑ̃] adv needlessly, unnecessarily.

inutilisable [inytilizabl] adj unusable.

inutilisé, e [inytilize] adj unused.

inutilité [inytilite] nf [de personne, d'objet] uselessness ; [de démarche, d'effort] pointlessness.

inv. (*abr écrite de* **invariable**) inv.

invaincu, e [ɛ̃vɛ̃ky] adj **1.** SPORT unbeaten **2.** [peuple] unconquered.

invalide [ɛ̃valid] ❖ nmf disabled person ▸ **invalide de guerre** *officially recognized war invalid* ▸ **invalide du travail** *person disabled in an industrial accident.* ❖ adj disabled.

invalider [3] [ɛ̃valide] vt to invalidate.

invalidité [ɛ̃validite] nf **1.** DR invalidity **2.** MÉD disability.

invariable [ɛ̃vaʀjabl] adj **1.** [immuable] unchanging **2.** GRAM invariable.

invariablement [ɛ̃vaʀjabləmɑ̃] adv invariably.

invasif, ive [ɛ̃vazif, iv] adj MÉD invasive.

invasion [ɛ̃vazjɔ̃] nf invasion.

invective [ɛ̃vɛktiv] nf invective, abuse.

invectiver [3] [ɛ̃vɛktive] vt to abuse. ◆ **s'invectiver** vp to hurl abuse at each other.

invendable [ɛ̃vɑ̃dabl] adj unsaleable, unsellable.

invendu, e [ɛ̃vɑ̃dy] adj unsold. ◆ **invendu** nm *(gén pl)* remainder.

inventaire [ɛ̃vɑ̃tɛʀ] nm **1.** [gén] inventory ▸ **faire l'inventaire de qqch** to make an inventory of sthg **2.** [COMM - activité] stocktaking UK, inventory US ; [- liste] list.

inventer [3] [ɛ̃vɑ̃te] vt **1.** [créer] to invent ▸ **il n'a pas inventé la poudre** he'll never set the world on fire **2.** [imaginer] to think up / *je ne sais plus quoi inventer* I've run out of ideas **3.** [forger] : *je n'invente rien !* I'm not inventing a thing! / *une histoire inventée de toutes pièces* an entirely made-up story, a complete fabrication **4.** DR [trésor] to discover, to find. ◆ **s'inventer** vp *(emploi passif)* : *ça ne s'invente pas* nobody could make up a thing like that, you don't make that sort of thing up.

inventeur, trice [ɛ̃vɑ̃tœʀ, tʀis] nm, f **1.** [de machine] inventor **2.** DR [de trésor] finder.

inventif, ive [ɛ̃vɑ̃tif, iv] adj inventive.

invention [ɛ̃vɑ̃sjɔ̃] nf **1.** [découverte, mensonge] invention **2.** [imagination] inventiveness.

inventorier [9] [ɛ̃vɑ̃tɔʀje] vt to make an inventory of.

invérifiable [ɛ̃veʀifjabl] adj unverifiable.

inverse [ɛ̃vɛʀs] ❖ nm opposite, reverse ▸ **à l'inverse de** contrary to. ❖ adj **1.** [sens] opposite ; [ordre] reverse ▸ **en sens inverse (de)** in the opposite direction (to) **2.** [rapport] inverse.

inversé, e [ɛ̃vɛʀse] adj PRESSE & TYPO ▸ **inversé (en noir au blanc)** reversed-out.

inversement [ɛ̃vɛʀsəmɑ̃] adv **1.** MATH inversely ▸ **inversement proportionnel à** in inverse proportion to **2.** [au contraire] on the other hand **3.** [vice versa] vice versa.

inverser [3] [ɛ̃vɛʀse] vt to reverse.

inversion [ɛ̃vɛʀsjɔ̃] nf reversal.

invertébré, e [ɛ̃vɛʀtebʀe] adj invertebrate. ◆ **invertébré** nm invertebrate.

investigation [ɛ̃vɛstigasjɔ̃] nf investigation.

investir [32] [ɛ̃vɛstiʀ] vt to invest ▸ **investir qqn d'une fonction** to invest OU vest sb with an office. ◆ **s'investir dans** vp + prép : *s'investir dans son métier* to be involved OU absorbed in one's job / *une actrice qui s'investit entièrement dans ses rôles* an actress who throws herself heart and soul into every part she plays / *je me suis énormément investie dans le projet* the project really meant a lot to me.

investissement [ɛ̃vɛstismɑ̃] nm investment ▸ **investissement de l'étranger** inward investment.

investisseur, euse [ɛ̃vɛstisœʀ, øz] nm, f investor. ◆ **investisseur** nm ▸ **investisseur institutionnel** institutional investor.

investiture [ɛ̃vɛstityʀ] nf investiture.

invétéré, e [ɛ̃veteʀe] adj inveterate.

invincible [ɛ̃vɛ̃sibl] adj [gén] invincible ; [difficulté] insurmountable ; [charme] irresistible.

inviolabilité [ɛ̃vjɔlabilite] nf **1.** DR inviolability **2.** [de parlementaire] immunity **3.** [de coffre] impregnability.

inviolable [ɛ̃vjɔlabl] adj **1.** DR inviolable **2.** [parlementaire] immune **3.** [coffre] impregnable.

invisible [ɛ̃vizibl] adj invisible ▸ **rester invisible** [personne] to stay out of sight.

invitation [ɛ̃vitasjɔ̃] nf ▸ **invitation (à)** invitation (to) ▸ **à** OU **sur l'invitation de qqn** at sb's invitation ▸ **sur invitation** by invitation.

invite [ɛ̃vit] nf **1.** *sout* [invitation] invitation **2.** INFORM ▸ **invite de commande** command prompt.

invité, e [ɛ̃vite] ❖ adj [hôte] invited ; [professeur, conférencier] guest *(avant n).* ❖ nm, f guest.

inviter [3] [ɛ̃vite] vt to invite ▸ **inviter qqn à faire qqch a)** to invite sb to do sthg **b)** *fig* [suj : chose] to be an invitation to sb to do sthg / *le beau temps invite à la promenade* this fine weather puts one in the mood for a walk / *je vous invite !* it's my treat!

in vitro [invitʀo] ⟶ **fécondation**.

invivable [ɛ̃vivabl] adj unbearable.

in vivo [invivo] loc adv inv & loc adj inv in vivo.

invocation [ɛ̃vɔkasjɔ̃] nf invocation ▸ **invocation à** call for.

involontaire [ɛ̃vɔlɔ̃tɛʀ] adj **1.** [acte] involuntary **2.** [personne] unwilling.

involontairement [ɛ̃vɔlɔ̃tɛʀmɑ̃] adv involuntarily, unintentionally.

invoquer [3] [ɛ̃vɔke] vt **1.** [alléguer] to put forward **2.** [citer, appeler à l'aide] to invoke ; [paix] to call for.

invraisemblable [ɛ̃vʀɛsɑ̃blabl] adj **1.** [incroyable] unlikely, improbable **2.** [extravagant] incredible.

invraisemblance [ɛ̃vʀɛsɑ̃blɑ̃s] nf improbability.

invulnérabilité [ɛ̃vylneʀabilite] nf invulnerability.

invulnérable [ɛ̃vylneʀabl] adj invulnerable.

iode [jɔd] nm iodine.

iodé, e [jɔde] adj containing iodine.

ion [jɔ̃] nm ion.

IPC (*abr de* **indice des prix à la consommation**) nm RPI UK, CPI US.

ippon [ipɔn] nm [au judo] ippon.

Ipsos [ipsos] npr *French market research institute.*

IR (*abr de* **infrarouge**) adj IR.

IRA [iʀa] (*abr de* **Irish Republican Army**) nf IRA.

irai, iras ⟶ **aller**.

Irak, Iraq [iʀak] nm : *l'Irak* Iraq.

irakien, enne, iraquien, enne [iʀakjɛ̃, ɛn] adj Iraqi. ◆ **Irakien, enne, Iraquien, enne** nm, f Iraqi.

Iran [iʀɑ̃] nm : *l'Iran* Iran.

iranien, enne [iʀanjɛ̃, ɛn] adj Iranian. ◆ **iranien** nm [langue] Iranian. ◆ **Iranien, enne** nm, f Iranian.

Iraq = **Irak**.

iraquien = **irakien**.

irascible [iʀasibl] adj irascible.

IRC (*abr de* **Internet Relay Chat**) nm IRC.

iris [iʀis] nm ANAT & BOT iris.

irisé, e [iʀize] adj iridescent.

irish(-)coffee [ajʀiʃkɔfi] (*pl* **irish coffees** *ou* **irish-coffees**) nm Irish coffee.

irlandais, e [iʀlɑ̃dɛ, ɛz] adj Irish. ◆ **irlandais** nm [langue] Irish. ◆ **Irlandais, e** nm, f Irishman (Irishwoman).

Irlande [iʀlɑ̃d] nf : *l'Irlande* Ireland / *l'Irlande du Nord / Sud* Northern / Southern Ireland.

IRM [iɛʀɛm] (*abr de* **Imagerie par résonance magnétique**) nm MÉD MRI.

ironie [iʀɔni] nf irony ▸ **ironie du sort** twist of fate.

ironique [iʀɔnik] adj ironic.

ironiquement [iʀɔnikmɑ̃] adv ironically.

ironiser [3] [iʀɔnize] vi to speak ironically.

IRPP (*abr de* **impôt sur le revenu des personnes physiques**) nm income tax.

irradiation [iʀadjasjɔ̃] nf [rayons] radiation ; [action] irradiation.

irradier [9] [iʀadje] ◈ vi to radiate. ◈ vt to irradiate / *se faire irradier* to be exposed to radiation.

irraisonné, e [iʀɛzɔne] adj irrational.

irrationnel, elle [iʀasjɔnɛl] adj irrational.

irréalisable [iʀealizabl] adj unrealizable.

irréaliste [iʀealist] adj unrealistic.

irréalité [iʀealite] nf unreality.

irrecevable [iʀəsəvabl] adj inadmissible.

irréconciliable [iʀekɔ̃siljabl] adj irreconcilable.

irrécupérable [iʀekypeʀabl] adj **1.** [irrécouvrable] irretrievable **2.** [irréparable] beyond repair **3.** [personne] beyond hope.

irrécusable [iʀekyzabl] adj unimpeachable.

irréductible [iʀedyktibl] ◈ nmf diehard. ◈ adj **1.** CHIM, MATH & MÉD irreducible **2.** *fig* [volonté] indomitable ; [personne] implacable ; [communiste] diehard *(before noun)*.

irréel, elle [iʀeɛl] adj unreal.

irréfléchi, e [iʀefleʃi] adj unthinking.

irréfutable [iʀefytabl] adj irrefutable.

irrégularité [iʀegylaʀite] nf **1.** [gén] irregularity **2.** [de terrain, performance] unevenness.

irrégulier, ère [iʀegylje, ɛʀ] adj **1.** [gén] irregular **2.** [terrain, surface] uneven, irregular **3.** [employé, athlète] erratic.

irrégulièrement [iʀegyljɛʀmɑ̃] adv irregularly.

irrémédiable [iʀemedjabl] adj **1.** [irréparable] irreparable **2.** [incurable] incurable.

irrémédiablement [iʀemedjabləmɑ̃] adv irreparably.

irremplaçable [iʀɑ̃plasabl] adj irreplaceable.

irréparable [iʀepaʀabl] ◈ nm ▸ **commettre l'irréparable** to do the unforgivable. ◈ adj **1.** [objet] beyond repair **2.** *fig* [perte, erreur] irreparable.

irrépressible [iʀepʀesibl] adj irrepressible.

Comment exprimer une invitation

Inviter quelqu'un

- **Would you like to join us for a drink?** *Voulez-vous prendre un verre avec nous ?*
- **Do you want to go for something to eat?** *Ça te dirait d'aller manger quelque chose ?*
- **Let's go to the cinema.** *Allons au cinéma.*
- **Why don't you come round some time?** *Passez donc me voir un de ces jours.*
- **Why don't we meet next weekend?** *Et si on se voyait le week-end prochain ?*
- **Are you free for lunch tomorrow?** *Tu es libre pour déjeuner demain ?*
- **Sarah and Tim are pleased to invite you to their housewarming party.** *Sarah et Tim sont heureux de vous inviter à leur crémaillère.*

Répondre à une invitation

- **Thanks, I'd love to.** *Avec plaisir, merci.*
- **That'd be lovely.** *Ça me plairait beaucoup.*
- **That's very kind of you.** *C'est très gentil à vous.*
- **I look forward to it.** *Ce sera un plaisir.*
- **Sure. When did you have in mind?** *D'accord. Quand ça ?*
- **Why not?** *Oui, pourquoi pas ?*
- **I'm afraid not. How about the week after?** *Non, je regrette. La semaine d'après, ça irait ?*
- **I'm afraid I'll be away that week.** *Malheureusement, je suis absent cette semaine-là.*
- **Can we do it another time?** *On remet ça à une autre fois ?*

irréprochable [iʀepʀɔʃabl] adj irreproachable.

irrésistible [iʀezistibl] adj **1.** [tentation, femme] irresistible **2.** [amusant] entertaining.

irrésistiblement [iʀezistibləmɑ̃] adv irresistibly.

irrésolu, e [iʀezɔly] adj **1.** [indécis] irresolute **2.** [sans solution] unresolved.

irrespirable [iʀɛspiʀabl] adj **1.** [air] unbreathable **2.** *fig* [oppressant] oppressive.

irresponsable [iʀɛspɔ̃sabl] ◆ nmf irresponsible person. ◆ adj irresponsible.

irrévérencieux, euse [iʀeveʀɑ̃sjø, øz] adj irreverent.

irréversible [iʀevɛʀsibl] adj irreversible.

irrévocable [iʀevɔkabl] adj irrevocable.

irrévocablement [iʀevɔkabləmɑ̃] adv irrevocably.

irrigation [iʀigasjɔ̃] nf irrigation.

irriguer [3] [iʀige] vt to irrigate.

irritabilité [iʀitabilite] nf irritability.

irritable [iʀitabl] adj irritable.

irritant, e [iʀitɑ̃, ɑ̃t] adj **1.** [agaçant] irritating, annoying **2.** MÉD irritant.

irritation [iʀitasjɔ̃] nf irritation.

irriter [3] [iʀite] vt **1.** [exaspérer] to irritate, to annoy **2.** MÉD to irritate. ◆ **s'irriter** vp to get irritated ▸ **s'irriter contre qqn / de qqch** to get irritated with sb / at sthg.

irruption [iʀypsjɔ̃] nf **1.** [invasion] invasion **2.** [entrée brusque] irruption ▸ **faire irruption dans** to burst into.

ISBN (*abr de* **international standard book number**) nm ISBN.

ISF (*abr de* **impôt de solidarité sur la fortune**) nm wealth tax.

islam [islam] nm Islam.

islamique [islamik] adj Islamic.

islamisation [islamizasjɔ̃] nf Islamization.

islamiser [3] [islamize] vt to Islamize.

islamisme [islamism] nm Islamism.

islamiste [islamist] nm, f islamic fundamentalist.

islandais, e [islɑ̃dɛ, ɛz] adj Icelandic. ◆ **islandais** nm [langue] Icelandic. ◆ **Islandais, e** nm, f Icelander.

Islande [islɑ̃d] nf : *l'Islande* Iceland.

ISO [izo] (*abr de* **International Organization for Standardization**) adj inv ▸ **norme / certification ISO** ISO standard / certification.

isocèle [izɔsɛl] adj isosceles.

isolant, e [izɔlɑ̃, ɑ̃t] adj insulating. ◆ **isolant** nm insulator, insulating material.

isolateur, trice [izɔlatœʀ, tʀis] adj insulating. ◆ **isolateur** nm insulator.

isolation [izɔlasjɔ̃] nf insulation ▸ **isolation phonique** soundproofing ▸ **isolation thermique** thermal insulation.

isolationnisme [izɔlasjɔnism] nm isolationism.

isolationniste [izɔlasjɔnist] ◆ adj isolationist. ◆ nm, f isolationist.

isolé, e [izɔle] adj isolated.

isolement [izɔlmɑ̃] nm **1.** [gén] isolation **2.** CONSTR & ÉLECTR insulation.

isolément [izɔlemɑ̃] adv individually.

isoler [3] [izɔle] vt **1.** [séparer] to isolate ▸ **isoler qqch de qqch** to isolate sthg from sthg **2.** CONSTR & ÉLECTR to insulate ▸ **isoler qqch du froid** to insulate sthg (against the cold) ▸ **isoler qqch du bruit** to soundproof sthg. ◆ **s'isoler** vp ▸ **s'isoler (de)** to isolate o.s. (from).

isoloir [izɔlwaʀ] nm polling UK ou voting US booth.

isotherme [izɔtɛʀm] ◆ nf isotherm. ◆ adj isothermal.

isotope [izɔtɔp] ◆ adj isotopic. ◆ nm isotope.

Israël [isʀaɛl] npr Israel.

israélien, enne [isʀaeljɛ̃, ɛn] adj Israeli. ◆ **Israélien, enne** nm, f Israeli.

israélite [isʀaelit] adj Jewish. ◆ **Israélite** nmf Jew.

issu, e [isy] adj ▸ **être issu de** a) [résulter de] to emerge ou stem from b) [personne] to come from. ◆ **issue** nf **1.** [sortie] exit ▸ **issue de secours** emergency exit **2.** *fig* [solution] way out, solution ▸ **sans issue** hopeless **3.** [terme] outcome ▸ **à l'issue de** at the end ou close of.

Istanbul [istaɑ̃bul] npr Istanbul.

isthme [ism] nm isthmus.

Italie [itali] nf : *l'Italie* Italy.

italien, enne [italjɛ̃, ɛn] adj Italian. ◆ **italien** nm [langue] Italian. ◆ **Italien, enne** nm, f Italian.

italique [italik] ◆ nm **1.** HIST & LING Italic **2.** TYPO italics *pl* ▸ **en italique** in italics. ◆ adj **1.** HIST & LING Italic **2.** TYPO italic.

itinéraire [itineʀɛʀ] nm itinerary, route / *itinéraire bis* diversion.

itinérant, e [itineʀɑ̃, ɑ̃t] ◆ adj **1.** [spectacle, troupe] itinerant **2.** [ambassadeur] roving *(avant n)*. ◆ nm, f QUÉBEC homeless person.

itou [itu] adv *fam* as well.

ITP (*abr de* **ingénieur des travaux publics**) nm civil engineer.

IUFM (*abr de* **institut universitaire de formation des maîtres**) nm ≃ teacher training college UK ; ≃ teachers college US.

IUP (*abr de* **institut universitaire professionnalisé**) nm business school.

IUT (*abr de* **institut universitaire de technologie**) nm ≃ technical college.

IVG (*abr de* **interruption volontaire de grossesse**) nf abortion.

ivoire [ivwaʀ] nm ivory.

ivoirien, enne [ivwaʀjɛ̃, ɛn] adj of / from the Ivory Coast. ◆ **Ivoirien, enne** nm, f person from the Ivory Coast.

ivre [ivʀ] adj drunk ▸ **ivre de colère** wild with anger ▸ **ivre de joie** drunk ou mad with joy ▸ **ivre mort** dead drunk.

ivresse [ivʀɛs] nf drunkenness ; [extase] rapture.

ivressomètre [ivʀɛsɔmɛtʀ] nm QUÉBEC ≃ Breathalyser® UK ; ≃ Breathalyzer® US.

ivrogne [ivʀɔɲ] nmf drunkard.

ivrognerie [ivʀɔɲʀi] nf drunkenness.

J

j, J [ʒi] nm inv j, J. ◆ **J 1.** (*abr écrite de* **joule**) J **2.** *abr écrite de* **jour**.

j' ⟶ **je**.

JA (*abr de* **Jeunes Agriculteurs**) nm *young farmers' union*.

jabot [ʒabo] nm **1.** [d'oiseau] crop **2.** [de chemise] frill.

jacassement [ʒakasmɑ̃] nm chattering, jabbering.

jacasser [3] [ʒakase] vi to chatter, to jabber.

jachère [ʒaʃɛʀ] nf ▸ **en jachère** fallow.

jacinthe [ʒasɛ̃t] nf hyacinth.

jackpot [dʒakpɔt] nm **1.** [combinaison] jackpot ▸ **toucher le jackpot** *pr* & *fig* to hit the jackpot **2.** [machine] slot machine.

jacobin, e [ʒakɔbɛ̃, in] adj Jacobin. ◆ **Jacobin** nm HIST Jacobin.

Jacuzzi® [ʒakuzi] nm Jacuzzi®.

jade [ʒad] nm jade.

jadis [ʒadis] adv formerly, in former times.

jaguar [ʒagwaʀ] nm jaguar.

jaillir [32] [ʒajiʀ] vi **1.** [liquide] to gush ; [flammes] to leap **2.** [cri] to ring out **3.** [personne] to spring out.

jais [ʒɛ] nm jet ▸ **noir comme le jais, noir de jais** jet-black.

Jakarta = **Djakarta**.

jalon [ʒalɔ̃] nm marker pole ▸ **poser les (premiers) jalons de** *fig* to pave the way for.

jalonner [3] [ʒalɔne] vt to mark (out) ▸ **jalonné de a)** [bordé de] lined with **b)** *fig* punctuated with.

jalousement [ʒaluzmɑ̃] adv jealously.

jalouser [3] [ʒaluze] vt to be jealous of.

jalousie [ʒaluzi] nf **1.** [envie] jealousy ▸ **être malade** ou **crever de jalousie** *fig* to be green with envy **2.** [store] blind.

jaloux, ouse [ʒalu, uz] adj ▸ **jaloux (de)** jealous (of).

jamaïquain, e, jamaïcain, e [ʒamaikɛ̃, ɛn] adj Jamaican. ◆ **Jamaïquain, e, Jamaïcain, e** nm, f Jamaican.

Jamaïque [ʒamaik] nf ▸ **la Jamaïque** Jamaica.

jamais [ʒamɛ] adv **1.** [sens négatif] never ▸ **ne… jamais, jamais ne** never / *je ne reviendrai jamais, jamais je ne reviendrai* I'll never come back ▸ **(ne)… jamais plus, plus jamais (ne)** never again / *je ne viendrai jamais plus, plus jamais je ne viendrai* I'll never come here again ▸ **plus jamais !** never again! **2.** [sens positif] ▸ **plus que jamais** more than ever / *elle l'aimait plus que jamais* she loved him more than ever / *il est plus triste que jamais* he's sadder than ever ▸ **si jamais tu le vois** if you should happen to see him, should you happen to see him. ◆ **à jamais** loc adv for ever. ◆ **pour jamais** loc adv for ever.

jamais-vu [ʒamɛvy] nm inv : *c'est du jamais-vu à Marseille !* it's a first for Marseille! / *c'est du jamais-vu pour la population locale* the locals have never seen anything like it / *c'est du jamais-vu sur Internet* nothing like this has been seen before on the Web.

jambage [ʒɑ̃baʒ] nm [de lettre] downstroke.

jambe [ʒɑ̃b] nf leg ▸ **courir à toutes jambes** to run flat out ▸ **il s'enfuit à toutes jambes** he ran away as fast as his legs would carry him ▸ **prendre ses jambes à son cou** *fam* to take to one's heels ▸ **tenir la jambe à qqn** *fam* & *fig* to keep sb talking ▸ **ça me fait une belle jambe !** *fam* & *fig* that's no good to me!

jambette [ʒɑ̃bɛt] nf QUÉBEC [croc-en-jambe] ; ▸ **faire une jambette à qqn** to trip sb up.

jambières [ʒɑ̃bjɛʀ] nfpl [de football] shin pads ou guards ; [de cricket] pads.

jambon [ʒɑ̃bɔ̃] nm ham ▸ **jambon blanc** ham ▸ **jambon fumé** smoked ham ▸ **un jambon beurre** *fam* a ham sandwich.

jambonneau, x [ʒɑ̃bɔno] nm knuckle of ham.

jante [ʒɑ̃t] nf (wheel) rim.

janvier [ʒɑ̃vje] nm January. *Voir aussi* **septembre**.

Japon [ʒapɔ̃] nm ▸ **le Japon** Japan / *au Japon* in Japan.

japonais, e [ʒapɔnɛ, ɛz] adj Japanese. ◆ **japonais** nm [langue] Japanese. ◆ **Japonais, e** nm, f Japanese (person) / *les Japonais* the Japanese.

jappement [ʒapmɑ̃] nm yap, yapping *(U)*.

japper [3] [ʒape] vi to yap.

jaquette [ʒakɛt] nf **1.** [vêtement] jacket **2.** [de livre] (dust) jacket.

jardin [ʒaʀdɛ̃] nm [espace clos] garden ; [attaché à une maison] yard ▸ **jardin d'enfants** nursery school, kindergarten UK ▸ **jardin ouvrier** allotment ▸ **jardin public** park ▸ **jardin zoologique** zoo.

jardinage [ʒaʀdinaʒ] nm gardening.

jardiner [3] [ʒaʀdine] vi to garden.

jardinet [ʒaʀdinɛ] nm small garden.

jardinier, ère [ʒaʀdinje, ɛʀ] nm, f gardener. ◆ **jardinière** nf **1.** [bac à fleurs] window box **2.** CULIN ▸ **jardinière de légumes** mixed vegetables *pl*.

jargon [ʒaʀgɔ̃] nm **1.** [langage spécialisé] jargon **2.** *fam* [charabia] gibberish.

jarret [ʒaʀɛ] nm **1.** ANAT back of the knee **2.** CULIN knuckle of veal.

jarretelle [ʒaʀtɛl] nf suspender UK, garter US.

jarretière [ʒaʀtjɛʀ] nf garter.

jars [ʒaʀ] nm gander.

jaser [3] [ʒaze] vi **1.** [médire] to gossip **2.** QUÉBEC *fam* [bavarder] to chat.

jasette [ʒazɛt] nf QUÉBEC *fam* chit-chat.

jasmin [ʒasmɛ̃] nm jasmine.

JAT (*abr de* **juste-à-temps**) adj JIT *(just-in-time)*.

jatte [ʒat] nf bowl.

jauge [ʒoʒ] nf [instrument] gauge ▸ **jauge de niveau d'huile** dipstick.

jauger [17] [ʒoʒe] vt to gauge.

jaunâtre [ʒonatʀ] adj yellowish.

jaune [ʒon] ❖ nm [couleur] yellow. ❖ adj yellow. ❖ adv ▸ **rire jaune** *fig* to force o.s. to laugh. ◆ **jaune d'œuf** nm (egg) yolk.

jaunir [32] [ʒoniʀ] vt & vi to turn yellow.

jaunisse [ʒonis] nf MÉD jaundice ▸ **en faire une jaunisse a)** *fam* & *fig* [de jalousie] to be green with envy **b)** [de déception] to take it badly.

jaunissement [ʒonismɑ̃] nm yellowing.

java [ʒava] nf java *(type of popular dance)* ▸ **faire la java** *fam* & *fig* to live it up.

Java [ʒava] npr Java / *à Java* in Java.

javanais, e [ʒavanɛ, ɛz] adj Javanese. ◆ **javanais** nm [langue] Javanese. ◆ **Javanais, e** nm, f Javanese (person) / *les Javanais* the Javanese.

Javascript [ʒavaskʀipt] nm INFORM Java script.

Javel [ʒavɛl] nf : *eau de Javel* bleach, Clorox® US.

javelliser [3] [ʒavelize] vt to chlorinate.

javelot [ʒavlo] nm javelin.

jazz [dʒaz] nm jazz.

jazzy [dʒazi] adj inv *fam* jazzy.

J.-C. (*abr écrite de* **Jésus-Christ**) J.C.

je [ʒə], **j'** *(devant voyelle ou 'h' muet)* pron pers I.

jean [dʒin], **jeans** [dʒins] nm jeans *pl*, pair of jeans.

Jeep® [dʒip] nf Jeep®.

je-m'en-foutisme [ʒmɑ̃futism] nm couldn't-give-a-damn attitude.

je-ne-sais-quoi [ʒənsekwa] nm inv ▸ **un je-ne-sais-quoi** a certain je ne sais quoi, a certain something ▸ **un je-ne-sais-quoi de qqch** a hint of sthg.

jérémiades [ʒeʀemjad] nfpl *fam* moaning *(U)*, whining *(U)*.

jerrycan, jerrican [ʒeʀikan] nm jerry can.

jersey [ʒɛʀzɛ] nm jersey ▸ **point de jersey** stocking stitch.

Jersey [ʒɛʀzɛ] npr Jersey / *à Jersey* on Jersey.

Jérusalem [ʒeʀyzalɛm] npr Jerusalem.

jésuite [ʒezɥit] ❖ nm Jesuit. ❖ adj Jesuit ; *péj* jesuitical.

Jésus-Christ [ʒezykʀi] nm Jesus Christ.

jet¹ [ʒɛ] nm **1.** [action de jeter] throw ▸ **d'un seul jet** *fig* in one go **2.** [de liquide] jet ▸ **jet d'eau** fountain **3.** [esquisse] ▸ **premier jet** rough outline OU draft.

jet² [dʒɛt] nm [avion] jet.

jetable [ʒətabl] adj disposable.

jetais, jetions ⟶ **jeter**.

jeté, e [ʒəte] pp ⟶ **jeter**.

jetée [ʒəte] nf jetty.

jeter [27] [ʒəte] vt **1.** [gén] to throw ; [se débarrasser de] to throw away / *ne jetez pas de papiers par terre* don't drop litter ▸ **jeter qqch à qqn a)** [lancer] to throw sthg to sb, to throw sb sthg **b)** [pour faire mal] to throw sthg at sb / *jeter des injures à la tête de qqn* to hurl OU to fling insults at sb ▸ **jeter qqn dehors** to throw sb out / *jeter qqn en prison* to throw sb in jail OU prison ▸ **jeter qqch par la fenêtre** to throw sthg out of the window ▸ **jeter un coup d'œil (à)** to take a look (at) **2.** [émettre -étincelle] to throw OU to give out ; [-lumière] to cast, to shed / *elle en jette, ta moto !* *fam* that's some OU a neat bike you've got there! **3.** *fam* [expulser] : *on a essayé d'aller en boîte mais on s'est fait jeter par un videur* we tried to get into a nightclub but got thrown out by a bouncer. ◆ **se jeter** vp ▸ **se jeter sur** to pounce on / *les chiens se sont jetés sur la viande* the dogs fell on the meat ▸ **se jeter dans** [suj : rivière] to flow into / *là où la Marne se jette dans la Seine* where the river Marne flows OU runs into the Seine ▸ **se jeter dans les bras de qqn** to throw o.s. into sb's arms ▸ **se jeter à l'eau** *fig* to take the plunge.

je t'm (*abr écrite de* **je t'aime**) SMS ILU.

jeton [ʒətɔ̃] nm **1.** [de jeu] counter **2.** EXPR **avoir les jetons** *fam* to have the jitters. ◆ **faux jeton** nm hypocrite. ◆ **jeton de présence** nm *fees paid to non-executive directors of a company*.

jet-set [dʒɛtsɛt], **jet-society** [dʒɛtsɔsajti] nf jet set / *membre de la jet-set* jet-setter.

Jet-Ski® [dʒɛtski] nm Jet-Ski.

jette, jettes ⟶ **jeter**.

jetterai, jetteras ⟶ **jeter**.

jeu, x [ʒø] nm **1.** [divertissement] play *(U)*, playing *(U)* ▸ **par jeu** for fun ▸ **jeu de mots** play on words, pun **2.** [régi par des règles] game ▸ **en jeu** in (play) ▸ **hors jeu** out (of play) ▸ **mettre un joueur hors jeu** to put a player offside ▸ **jeu électronique / vidéo** electronic / video game ▸ **jeu de l'oie** ≃ snakes and ladders ▸ **jeu de rôle** role play ▸ **jeu de société** parlour UK OU parlor US game ▸ **jeu télévisé** game show **3.** [d'argent] ▸ **le jeu** gambling ▸ **jeu de hasard** game of chance **4.** [d'échecs, de clés] set ▸ **jeu de cartes** pack UK OU deck US of cards **5.** [manière de jouer - MUS] playing ; [- THÉÂTRE] acting ; [- SPORT] game / *il a un jeu défensif / offensif* he plays a defensive / an attacking game **6.** TECHNOL play / *il y a du jeu* there's a bit of play, it's rather loose **7.** EXPR **cacher son jeu**

to play one's cards close to one's chest ▸ **ce n'est pas du jeu !** that's not fair! ▸ **c'est un jeu d'enfant !** this is child's play! ▸ **être en jeu** to be at stake / *les forces en jeu sur le marché* the competing forces ou the forces at play ou the forces at work on the market ▸ **être pris à son propre jeu** to be caught at one's own game ▸ **entrer en jeu** to come into play ▸ **entrer dans le jeu de qqn** to play sb's game ▸ **mettre qqch en jeu** [risquer qqch] to put sthg at stake / *mettre le ballon en jeu* FOOT to throw in the ball ▸ **voir clair** ou **lire dans le jeu de qqn** to see through sb's little game, to see what sb is up to. ◆ **Jeux Olympiques** nmpl ▸ **les Jeux Olympiques** the Olympic Games.

jeudi [ʒødi] nm Thursday ▸ **jeudi saint** Maundy Thursday. *Voir aussi* samedi.

jeun [ʒœ̃] ◆ **à jeun** loc adv on an empty stomach.

jeune [ʒœn] ❖ adj young / *jeune chien* puppy, young dog / *de jeunes enfants* young ou small children ; [style, apparence] youthful ▸ **jeune homme / femme** young man / woman ▸ **jeunes gens** a) [gén] young people b) [garçons] young men / *étant donné son jeune âge* given his youth ou how young he is / *être jeune d'esprit* ou *de caractère* to be young at heart. ❖ adv ▸ **faire jeune** to look young ▸ **s'habiller jeune** to wear young-looking clothes. ❖ nm young person / *les jeunes* youngsters, young people, the young / *une bande de jeunes* a bunch of kids.

jeûne [ʒøn] nm fast.

jeûner [3] [ʒøne] vi to fast.

jeunesse [ʒœnɛs] nf **1.** [âge] youth / *dans ma jeunesse* in my youth, when I was young, in my early years / *ses amours / œuvres de jeunesse* the loves / works of his youth **2.** [de style, apparence] youthfulness / *j'apprécie la jeunesse d'esprit* ou *de caractère* I appreciate a youthful outlook ou frame of mind **3.** [jeunes gens] young people *pl* / *émissions pour la jeunesse* TV programmes UK ou programs US for younger viewers.

JF, jf *abr écrite de* jeune fille.

JH *abr écrite de* jeune homme.

jingle [dʒingəl] nm jingle.

jiu-jitsu [ʒjyʒitsy] (*pl* **jiu-jitsu**) nm ju-jitsu, jiu-jitsu.

JO ❖ nm (*abr de* **Journal officiel**) *bulletin giving details of laws and official announcements.* ❖ nmpl (*abr de* **jeux Olympiques**) *Olympic Games.*

joaillerie [ʒɔajʀi] nf **1.** [métier] jewel trade **2.** [magasin] jeweller's UK ou jeweler's US (shop).

joaillier, ère [ʒɔaje, ɛʀ] nm, f jeweller UK, jeweler US.

job [dʒɔb] nm *fam* job.

jobard, e [ʒɔbaʀ, aʀd] adj *fam* gullible.

jockey [ʒɔkɛ] nm jockey.

jogging [dʒɔgiŋ] nm **1.** [activité] jogging ▸ **faire du jogging** to go jogging, to go for a jog **2.** [vêtement] tracksuit, jogging suit.

joie [ʒwa] nf joy ▸ **avec joie** with pleasure ▸ **joie de vivre** joie de vivre, joy of living / *être fou de joie* to be wild with joy, to be deliriously happy / *pousser un cri de joie* to shout ou to whoop for joy / *il a accepté avec joie* he was delighted to accept ▸ **faire une fausse joie à qqn** to get sb excited for nothing. ◆ **joies** nfpl [plaisirs] joys / *les joies de la vie / retraite* the joys of life / retirement.

joignable [ʒwaɲabl] adj contactable.

joignais, joignions ⟶ joindre.

joindre [82] [ʒwɛ̃dʀ] vt **1.** [rapprocher] to join ; [mains] to put together ▸ **(ne pas) arriver à joindre les deux bouts** *fam* & *fig* (to be unable) to make ends meet / *joindre la technique à l'efficacité* to combine technical know-how and efficiency **2.** [mettre avec] ▸ **joindre qqch (à)** to attach sthg (to) ; [ajouter / *joindre un fichier à un message électronique* to attach a file to an email message ; [adjoindre] to enclose sthg (with) / *je joins à ce pli un chèque de 300 euros* please find enclosed a cheque for 300 euros **3.** [par téléphone] to contact, to reach / *où pourrai-je vous joindre ?* how can I get in touch with you ou contact you? ◆ **se joindre** vp ▸ **se joindre à qqn** to join sb / *tu veux te joindre à nous ?* would you like to come with us? ▸ **se joindre à qqch** to join in sthg / *se joindre à une conversation / partie de rami* to join in a conversation / game of rummy.

joint, e [ʒwɛ̃, ɛ̃t] pp ⟶ joindre. ◆ **joint** nm **1.** [d'étanchéité] seal **2.** *fam* [drogue] joint. ◆ **joint de culasse** nm cylinder head gasket.

jointure [ʒwɛ̃tyʀ] nf ANAT joint.

joint venture [dʒɔjntvɛntʃəʀ] nf joint venture.

joker [ʒɔkɛʀ] nm joker.

joli, e [ʒɔli] adj **1.** [femme, chose] pretty, attractive / *très joli* [enfant, vêtement] lovely / *il est joli garçon* he's nice-looking ou attractive **2.** [somme, situation] nice / *elle s'est taillé un joli succès* she's been most ou very successful **3.** EXPR **c'est bien joli, mais...** that's all very well, but... ▸ **c'est du joli travail !** *iron* well done! ▸ **tu l'as cassé ? c'est du joli !** you broke it? that's great! ▸ **faire le joli cœur** to flirt ▸ **tu nous as mis dans un joli pétrin** *fam* you got us into a fine mess.

joliment [ʒɔlimɑ̃] adv **1.** [bien] prettily, attractively ; *iron* nicely **2.** *fam* [beaucoup] really.

jonc [ʒɔ̃] nm rush, bulrush.

joncher [3] [ʒɔ̃ʃe] vt to strew ▸ **être jonché de** to be strewn with.

jonction [ʒɔ̃ksjɔ̃] nf [de routes] junction.

jongler [3] [ʒɔ̃gle] vi to juggle.

jongleur, euse [ʒɔ̃glœʀ, øz] nm, f juggler.

jonquille [ʒɔ̃kij] nf daffodil.

Jordanie [ʒɔʀdani] nf ▸ **la Jordanie** Jordan.

jordanien, enne [ʒɔʀdanjɛ̃, ɛn] adj Jordanian. ◆ **Jordanien, enne** nm, f Jordanian.

jouable [ʒwabl] adj **1.** SPORT playable **2.** [situation] feasible.

joual [ʒwal] nm QUÉBEC *French-Canadian dialect.*

joue [ʒu] nf cheek ▸ **tenir** ou **mettre qqn en joue** *fig* to take aim at sb.

jouer [6] [ʒwe] ◆ vi **1.** [gén] to play ▸ **jouer avec qqn / qqch** to play with sb / sthg / *jouer avec les sentiments de qqn* to play OU to trifle with sb's feelings ▸ **jouer à qqch** [jeu, sport] to play sthg / *jouer à la marchande / au docteur* to play (at) shops / doctors and nurses ▸ **jouer de** MUS to play / *tu joues d'un instrument ?* do OU can you play an instrument? ▸ **à toi de jouer !** (it's) your turn! ; *fig* your move! **2.** CINÉ & THÉÂTRE to act / *jouer dans un film / une pièce* to be in a film / a play **3.** [parier] to gamble / *jouer aux courses* to bet on horses OU on the races / *jouer à la roulette* to play roulette **4.** [s'appliquer] to apply / *il a fait jouer ses relations pour obtenir le poste* he pulled some strings to get the job **5.** EXPR **jouer sur les mots** to play with words. ◆ vt **1.** [carte, partie] to play / *ils jouent la balle de match* they're at match point **2.** [somme d'argent] to bet, to wager ; *fig* to gamble with / *il joue d'énormes sommes* he gambles vast sums, he plays for high stakes OU big money **3.** [THÉÂTRE - pièce] to put on, to perform ; [- personnage, rôle] to play / *il a très bien joué Cyrano* he gave an excellent performance as Cyrano **4.** [avoir à l'affiche] to show / *qu'est-ce qu'on joue en ce moment ?* what's on at the moment? **5.** MUS to perform, to play / *jouer du Chopin* to play (some) Chopin **6.** EXPR **jouer le jeu** to play the game ▸ **jouer un tour à qqn** to play a trick on sb. ◆ **se jouer** vp ▸ **se jouer de qqch** to make light of sthg ▸ **se jouer de qqn** to deceive sb.

jouet [ʒwɛ] nm toy ▸ **être le jouet de** *fig* to be the victim of.

joueur, euse [ʒwœʀ, øz] nm, f **1.** SPORT player / *joueur de football* soccer OU football UK player, footballer UK ▸ **être beau / mauvais joueur** to be a good / bad loser **2.** [au casino] gambler.

joufflu, e [ʒufly] adj [personne] chubby-cheeked.

joug [ʒu] nm yoke.

jouir [32] [ʒwiʀ] vi **1.** [profiter] ▸ **jouir de** to enjoy **2.** [sexuellement] to have an orgasm.

jouissance [ʒwisɑ̃s] nf **1.** DR [d'un bien] use **2.** [sexuelle] orgasm.

jouisseur, euse [ʒwisœʀ, øz] nm, f sensualist.

jouissif, ive [ʒwisif, iv] adj *fam* : *ce film, c'était jouissif* that film UK OU movie US was a treat!

joujou, x [ʒuʒu] nm toy.

jour [ʒuʀ] nm **1.** [unité de temps] day / *jour de semaine* weekday / *l'autre jour* the other day / *huit jours* a week / *quinze jours* two weeks, a fortnight UK ▸ **au jour le jour** from day to day ▸ **de jour en jour** day by day ▸ **du jour au lendemain** overnight ▸ **jour après jour** day after day ▸ **jour et nuit** night and day ▸ **jour pour jour** to the day ▸ **le jour de l'An** New Year's day ▸ **jour de congé** day off ▸ **jour férié** public holiday ▸ **jour de fête** holiday ▸ **le jour J** D-Day ▸ **jour ouvrable** working day ▸ **un jour de repos** a day of rest ▸ **un jour de travail** a workday, a working day UK **2.** [lumière] daylight / *le jour se lève* the sun is rising ▸ **de jour** in the daytime, by day ▸ **il fait jour** it's light ▸ **au petit jour** at the crack of dawn ▸ **au grand jour** in broad daylight **3.** [époque] day / *comme au premier jour* as it was in the beginning / *son manteau / son discours des grands jours* the coat she wears / the speech she makes on important occasions ▸ **le jour où** the day (that) ▸ **un beau jour** one fine day ▸ **un de ces jours** one of these days ▸ **à un de ces jours !** see you soon! **4.** [aspect] ▸ **sous un certain jour** in a certain light ▸ **sous un faux jour** in a false light ▸ **sous un jour nouveau** in a new light ▸ **voir qqch sous son vrai** OU **véritable jour** to see sthg in its true light **5.** COUT opening *(made by drawing threads)* / *des jours* openwork, drawn work **6.** EXPR **être à jour** to be up-to-date / *être à jour de ses cotisations* to have paid one's subscription ▸ **mettre qqch à jour** to update sthg, to bring sthg up to date ▸ **se faire jour** to become clear ▸ **donner le jour à** to give birth to ▸ **voir le jour a)** [bébé] to be born **b)** [théorie, invention] to appear **c)** [journal] to come out. ◆ **jours** nmpl **1.** [vie] days, life / *ses jours sont comptés* his days are numbered / *ses vieux jours* his old age **2.** [époque] ▸ **les beaux jours a)** [printemps] springtime **b)** [été] summertime ▸ **les mauvais jours a)** [les moments difficiles] unhappy days, hard times **b)** [les jours où rien ne va] bad days / *il a sa tête des mauvais jours* it looks like he's in a bad mood ▸ **passer des jours heureux** to have a good time ▸ **ce manteau a connu des jours meilleurs** this coat has seen better days ▸ **de nos jours** these days, nowadays.

journal, aux [ʒuʀnal, o] nm **1.** [publication] newspaper, paper ▸ **journal électronique** electronic newspaper ▸ **journal gratuit** free paper UK ▸ **journal à scandale** OU **à sensation** scandal sheet / *journal du matin / soir / dimanche* morning / evening / Sunday paper OU newspaper / *c'est dans* OU *sur le journal* it's in the paper ▸ **le Journal officiel (de la République française)** *official publication in which public notices appear* **2.** TV ▸ **journal télévisé** television news / *ils l'ont dit au journal* *fam* they said so on the news ▸ **journal vidéo** video diary **3.** [écrit] ▸ **journal (intime)** diary, journal / *tenir un journal* to keep a diary ▸ **journal de bord a)** NAUT ship's log **b)** INFORM log.

> **Le Journal officiel**
>
> This bulletin diffuses information about new laws, includes parliamentary debates, and informs the public of any important government business. New companies are obliged by law to publish an announcement in the **Journal officiel**.

journalier, ère [ʒuʀnalje, ɛʀ] adj daily.

journalisme [ʒuʀnalism] nm journalism ▸ **journalisme électronique** electronic news gathering ▸ **journalisme d'investigation** OU **d'enquête** investigative journalism.

journaliste [ʒuʀnalist] nmf journalist, reporter.

journalistique [ʒuʀnalistik] adj journalistic.

journée [ʒuʀne] nf day ▸ **faire la journée continue** to work through lunch.

journellement [ʒuʀnɛlmɑ̃] adv daily.

joute [ʒut] nf joust ; *fig* duel.

jouxter [3] [ʒukste] vt to adjoin.

jovial, e, aux [ʒɔvjal, o] adj jovial, jolly.

jovialité [ʒɔvjalite] nf joviality, jolliness.

joyau, x [ʒwajo] nm jewel.

joyeusement [ʒwajøzmɑ̃] adv joyfully.

joyeux, euse [ʒwajø, øz] adj joyful, happy.

joystick [dʒɔjstik] nm joystick.

JPEG [ʒipɛg] (*abr de* **joint picture expert group**) nm JPEG / *fichier JPEG* JPEG file.

JT (*abr de* **journal télévisé**) nm television news.

jubilation [ʒybilasjɔ̃] nf jubilation.

jubilatoire [ʒybilatwaʀ] adj exhilarating / *film jubilatoire* feelgood film.

jubilé [ʒybile] nm jubilee.

jubiler [3] [ʒybile] vi *fam* to be jubilant.

jucher [3] [ʒyʃe] vt ▸ **jucher qqn sur qqch** to perch sb on sthg. ◆ **se jucher** vp ▸ **se jucher sur qqch** to perch on sthg.

judaïque [ʒydaik] adj [loi] Judaic ; [tradition, religion] Jewish.

judaïsme [ʒydaism] nm Judaism.

judas [ʒyda] nm [ouverture] peephole.

Judée [ʒyde] nf : *la Judée* Judaea, Judea.

judéo-chrétien, enne [ʒydeɔkʀetjɛ̃, ɛn] (*mpl* **judéo-chrétiens**, *fpl* **judéo-chrétiennes**) adj Judaeo-Christian.

judiciaire [ʒydisjɛʀ] adj judicial.

judicieusement [ʒydisjøzmɑ̃] adv judiciously.

judicieux, euse [ʒydisjø, øz] adj judicious.

judo [ʒydo] nm judo.

juge [ʒyʒ] nmf judge ▸ **juge de chaise** SPORT umpire ▸ **juge d'enfants** children's judge, juvenile magistrate UK ▸ **juge d'instruction** examining magistrate ▸ **juge de ligne** TENNIS line judge ▸ **juge de paix** justice of the peace ▸ **juge de touche a)** [football] linesman **b)** [rugby] touch judge.

jugé [ʒyʒe] ◆ **au jugé** loc adv by guesswork ▸ **tirer au jugé** to fire blind.

jugement [ʒyʒmɑ̃] nm judgment ▸ **prononcer un jugement** to pass sentence ▸ **jugement de valeur** value judgment. ◆ **Jugement** nm ▸ **le Jugement dernier** the Last Judgment.

jugeote [ʒyʒɔt] nf *fam* common sense ▸ **manquer de jugeote** to have no common sense.

juger [17] [ʒyʒe] ✧ vt to judge ; [accusé] to try / *elle a été jugée coupable / non coupable* she was found guilty / not guilty / *juger un différend* to arbitrate in a dispute ▸ **juger que** to judge (that), to consider (that) / *juger qqn bien / mal* to have a good / poor opinion of sb ▸ **juger qqn / qqch inutile** to consider sb / sthg useless ▸ **juger bon de faire qqch** to consider it appropriate to do sthg / *son état est jugé très préoccupant* his condition is believed to be serious. ✧ vi to judge ▸ **juger de qqch** to judge sthg / *à en juger par son large sourire* if her broad smile is anything to go by / *si j'en juge d'après mon expérience* judging from my experience ▸ **jugez de ma surprise !** imagine my surprise! ◆ **se juger** vp *(emploi passif)* **1.** DR : *l'affaire se jugera mardi* the case will be heard on Tuesday **2.** [se considérer] : *les commerçants se jugent lésés* shopkeepers consider ou think themselves hard done by.

juguler [3] [ʒygyle] vt [maladie] to halt ; [révolte] to put down ; [inflation] to curb.

juif, ive [ʒɥif, iv] adj Jewish. ◆ **Juif, ive** nm, f Jew.

juillet [ʒɥijɛ] nm July ▸ **la fête du 14 Juillet** *national holiday to mark the anniversary of the storming of the Bastille.* *Voir aussi* **septembre**.

La fête du 14 Juillet

The celebrations to mark the anniversary of the storming of the Bastille begin on July 13th with outdoor public dances (**les bals du 14 Juillet**), and continue on the 14th with a military parade in the morning and a firework display in the evening.

juin [ʒɥɛ̃] nm June. *Voir aussi* **septembre**.

juke-box [dʒukbɔks] nm inv jukebox.

julienne [ʒyljɛn] nf ▸ **julienne de légumes** *(clear soup with) very thin strips of vegetable.*

jumeau, elle, x [ʒymo, ɛl, o] ✧ adj twin *(avant n).* ✧ nm, f twin ▸ **vrais / faux jumeaux** identical / fraternal twins. ◆ **jumelles** nfpl [en optique] binoculars.

jumelage [ʒymlaʒ] nm twinning.

jumelé, e [ʒymle] adj [villes] twinned ; [maisons] semi-detached ▸ **roues jumelées** double wheels.

jumeler [24] [ʒymle] vt to twin.

jumelle ⟶ **jumeau**.

jument [ʒymɑ̃] nf mare.

jungle [ʒœ̃gl] nf jungle.

junior [ʒynjɔʀ] adj & nmf SPORT junior.

junte [ʒœ̃t] nf junta.

jupe [ʒyp] nf skirt.

jupe-culotte [ʒypkylɔt] (*pl* **jupes-culottes**) nf culottes *pl.*

Jupiter [ʒypitɛʀ] npr **1.** ASTRON Jupiter **2.** MYTH Jupiter, Jove.

jupon [ʒypɔ̃] nm petticoat, slip.

Jura [ʒyʀa] nm ▸ **le Jura** the Jura (Mountains).

jurassien, enne [ʒyʀasjɛ̃, ɛn] adj from the Jura.

juré[1], e [ʒyʀe] nm, f DR juror.

juré[2], e [ʒyʀe] adj ▸ **ennemi juré** sworn enemy.

jurer [3] [ʒyʀe] ✧ vt ▸ **jurer qqch à qqn** to swear ou pledge sthg to sb / *jurer fidélité / obéissance à qqn* to swear ou to pledge loyalty/obedience to sb ▸ **jurer (à qqn) que…** to swear (to sb) that… ▸ **jurer de faire qqch** to swear ou vow to do sthg / *j'ai juré de garder le secret* I'm sworn to secrecy ▸ **je le jure** I swear ▸ **je vous jure !** *fam* honestly! / *jurer sur la tête de qqn* to swear on one's mother's grave ▸ **ne plus jurer que par** to swear by / *ils ne jurent que par leur nouvel entraîneur* they swear by their new coach. ◆ vi **1.** [blasphémer] to swear, to curse **2.** [ne pas aller ensemble] ▸ **jurer (avec)** to clash (with). ◆ **jurer de** v + prép [affirmer] : *jurer de sa bonne foi* to swear that one is sincere ▸ **il ne faut jurer de rien** you never can tell. ◆ **se jurer** vp ▸ **se jurer de faire qqch** to swear ou vow to do sthg.

juridiction [ʒyʀidiksjɔ̃] nf jurisdiction.

juridictionnel, elle [ʒyʀidiksjɔnɛl] adj jurisdictional.

juridique [ʒyʀidik] adj legal.

juridiquement [ʒyʀidikmɑ̃] adv legally.

jurisprudence [ʒyʀispʀydɑ̃s] nf jurisprudence ▸ **faire jurisprudence** to set a precedent.

juriste [ʒyʀist] nmf lawyer.

juron [ʒyʀɔ̃] nm swearword, oath.

jury [ʒyʀi] nm **1.** DR jury **2.** [SCOL - d'examen] examining board ; [- de concours] admissions board.

jus [ʒy] nm **1.** [de fruits, légumes] juice ▸ **jus d'orange / de pomme** orange/apple juice **2.** [de viande] gravy.

jusqu'au-boutiste [ʒyskobutist] nmf hard-liner.

jusque, jusqu' [ʒysk(ə)] ◆ **jusqu'à** loc prép **1.** [sens temporel] until, till / *jusqu'à présent* up until now, so far / *la pièce dure jusqu'à quelle heure ?* what time does the play finish? / *tu vas attendre jusqu'à quand ?* how long are you going to wait? **2.** [sens spatial] as far as / *jusqu'à Marseille* as far as Marseilles / *elle avait de l'eau jusqu'aux genoux* she was up to her knees in water ▸ **jusqu'au bout** to the end **3.** [même] even ▸ **aller jusqu'à faire qqch** *fig* to go as far as to do sthg / *j'irais jusqu'à dire que c'était délibéré* I would go as far as to say it was done on purpose. ◆ **jusqu'à ce que** loc conj until, till / *tout allait bien jusqu'à ce qu'il arrive* everything was going fine until he turned up. ◆ **jusqu'en** loc prép up until. ◆ **jusqu'ici** loc adv [lieu] up to here / *je ne suis pas venu jusqu'ici pour rien !* I haven't come all this way ou as far as this for nothing! ; [temps] up until now, so far. ◆ **jusque-là** loc adv [lieu] up to there / *on avait de l'eau jusque-là* the water was up to here ; [temps] up until then / *jusque-là, tout va bien* so far so good.

justaucorps [ʒystokɔʀ] nm [maillot] leotard.

juste [ʒyst] ◆ adj **1.** [équitable] fair / *être juste envers* ou *avec qqn* to be fair to sb / *c'est pas juste !* *fam* it's not fair ou right! **2.** [exact] right, correct / *ta remarque est tout à fait juste !* your comment is quite right! / *as-tu l'heure juste ?* have you got the right ou exact time? **3.** [trop petit, trop court] tight / *une heure pour aller à l'aéroport, c'est trop juste* an hour to get to the airport: that's not enough / *la nappe est un peu juste en longueur / largeur* the tablecloth is a bit on the short/narrow side **4.** [de justesse] : *elle a réussi, mais c'était juste* she passed, but it was a close thing. ◆ adv **1.** [bien] correctly, right / *tu as vu* ou *deviné juste !* you guessed correctly ou right! **2.** [exactement, seulement] just / *juste à temps* just in time / *il vient juste d'arriver* he's just (this minute) arrived. ◆ **au juste** loc adv exactly / *combien sont-ils au juste ?* how many (of them) are there exactly? ◆ **tout juste** loc adv only just / *il s'est fait renvoyer ? — tout juste !* so he was dismissed? — he was indeed! ◆ **au plus juste** loc adv : *calculer qqch au plus juste* to calculate sthg to the nearest penny. ◆ **comme de juste** loc adv of course, needless to say / *comme de juste, elle avait oublié* she'd forgotten, of course.

justement [ʒystəmɑ̃] adv **1.** [avec raison] rightly **2.** [précisément] exactly, precisely.

justesse [ʒystɛs] nf [de remarque] aptness ; [de raisonnement] soundness. ◆ **de justesse** loc adv only just.

justice [ʒystis] nf **1.** DR justice ▸ **se faire justice** a) [se suicider] to take one's life b) [venger une faute] to take the law into one's own hands ▸ **passer en justice** to stand trial ▸ **rendre la justice** to dispense justice ▸ **rendre justice à qqn / qqch** to do justice to sb/sthg **2.** [équité] fairness.

justiciable [ʒystisjabl] adj ▸ **être justiciable de** DR to be answerable to.

justicier, ère [ʒystisje, ɛʀ] nm, f righter of wrongs.

justifiable [ʒystifjabl] adj justifiable.

justificatif, ive [ʒystifikatif, iv] adj supporting *(avant n)*. ◆ **justificatif** nm written proof *(U)* ▸ **justificatif de domicile** proof of address.

justification [ʒystifikasjɔ̃] nf justification.

justifier [9] [ʒystifje] vt **1.** [gén] to justify **2.** TYPO ▸ **justifier à gauche / à droite** to left-justify/right-justify. ◆ **se justifier** vp to justify o.s.

jute [ʒyt] nm jute.

juter [3] [ʒyte] vi [fruit] to be juicy.

juteux, euse [ʒytø, øz] adj juicy ▸ **une affaire juteuse** *fam* a gold mine, a nice little earner UK.

juvénile [ʒyvenil] adj youthful.

juxtaposé, e [ʒykstapoze] adj juxtaposed.

juxtaposer [3] [ʒykstapoze] vt to juxtapose, to place side by side.

juxtaposition [ʒykstapozisjɔ̃] nf juxtaposition.

K

k, K [ka] nm inv k, K.

K7 [kasɛt] (*abr de* **cassette**) nf cassette / *radio-K7* radiocassette.

Kaboul [kabul] npr Kabul.

kabyle [kabil] ❖ adj Kabyle. ❖ nm [langue] Kabyle. ◆ **Kabyle** nmf Kabyle.

Kabylie [kabili] nf : *la Kabylie* Kabylia.

kaki [kaki] ❖ nm **1.** [couleur] khaki **2.** [fruit] persimmon. ❖ adj inv khaki.

kaléidoscope [kaleidɔskɔp] nm kaleidoscope.

kamikaze [kamikaz] ❖ nm kamikaze pilot. ❖ nm, f *fig* kamikaze.

kanak [kanak] adj inv Kanak. ◆ **Kanak** nmf inv Kanak.

kangourou [kɑ̃guʀu] nm kangaroo.

kapok [kapɔk] nm kapok.

karaoké [kaʀaɔke] nm karaoke.

karaté [kaʀate] nm karate.

karité [kaʀite] nm shea.

kart [kaʀt] nm go-kart UK, go-cart US.

karting [kaʀtiŋ] nm go-karting UK, go-carting US.

kasher, cascher, cachère [kaʃɛʀ] adj inv kosher ▸ **manger kasher** to eat kosher food.

Katar = **Qatar**.

kayak [kajak] nm kayak.

kelk1 (*abr écrite de* **quelqu'un**) SMS SUM1.

kendo [kɛndo] nm kendo.

Kenya [kenja] nm : *le Kenya* Kenya / *au Kenya* in Kenya.

kenyan, e [kenjɑ̃, an] adj Kenyan. ◆ **Kenyan, e** nm, f Kenyan.

képi [kepi] nm kepi.

kératine [keʀatin] nf keratin.

kermesse [kɛʀmɛs] nf **1.** [foire] fair **2.** [fête de bienfaisance] fête.

kérosène [keʀɔzɛn] nm kerosene.

ketchup [kɛtʃœp] nm **1.** ketchup **2.** [kɛtʃɔp] QUÉBEC (chunky) ketchup.

keuf [kœf] nm *fam* cop.

keum [kœm] nm *fam* guy, bloke.

keynésianisme [kenezjanism] nm Keynesianism.

Kfé SMS *abr écrite de* **café**.

kg (*abr écrite de* **kilogramme**) kg.

KGB (*abr de* **Komitet Gossoudarstvennoï Bezopasnosti**) nm HIST KGB.

khâgne [kaɲ] nf *second year of a two-year preparatory arts course taken prior to the competitive examination for entry to the École normale supérieure.*

khâgneux, euse, cagneux, euse [kaɲø, øz] nm, f *arg scol a student in the second year of preparation for entering an École normale supérieure.*

Khartoum [kaʀtum] npr Khartoum.

khmer, ère [kmɛʀ] adj Khmer. ◆ **khmer** nm [langue] Khmer. ◆ **Khmer, ère** nm, f Khmer.

khôl [kol], **kohol** [kɔɔl] nm kohl.

kibboutz [kibuts] nm inv kibbutz.

kidnapper [3] [kidnape] vt to kidnap.

kidnappeur, euse [kidnapœʀ, øz] nm, f kidnapper.

kidnapping [kidnapiŋ] nm kidnap.

kiffer, kifer [kife] vt *fam* to love.

kif-kif [kifkif] adj inv *fam* ▸ **c'est kif-kif** it's all the same, it makes no odds UK.

kiki [kiki] nm *fam* **1.** [cou] neck ; [gorge] throat / *serrer le kiki à qqn* to throttle ou to strangle sb **2.** EXPR **c'est parti, mon kiki !** here we go!

kilo [kilo] nm kilo.

kiloeuro [kiloøʀɔ] nm *one thousand euros.*

kilogramme [kilɔgʀam] nm kilogram, kilogramme UK.

kilométrage [kilɔmetʀaʒ] nm **1.** [de voiture] ≃ mileage ▸ **kilométrage illimité** ≃ unlimited mileage **2.** [distance] distance.

kilomètre [kilɔmɛtʀ] nm kilometre UK, kilometer US.

kilométrique [kilɔmetʀik] adj kilometric.

kilo-octet [kiloɔktɛ] nm INFORM kilobyte.

kilowatt [kilɔwat] nm kilowatt.

kilowatt-heure [kilowatœʀ] (*pl* **kilowatts-heures**) nm kilowatt-hour.

kilt [kilt] nm kilt.

kimono [kimɔno] nm kimono.

kiné [kine] *fam* ❖ nf (*abr de* **kinésithérapie**) physio UK, physical therapy US / *5 séances de kiné* 5 sessions of physio UK ou physical therapy US. ❖ nmf (*abr de* **kinésithérapeute**) physio UK, physical therapist US.

kinésithérapeute [kineziteʀapøt] nmf physiotherapist UK, physical therapist US.

kinésithérapie [kineziteʀapi] nf physiotherapy UK, physical therapy US.

Kinshasa [kinʃasa] npr Kinshasa.

kiosque [kjɔsk] nm **1.** [de vente] kiosk ▸ **kiosque à journaux** newspaper kiosk **2.** [pavillon] pavilion **3.** [de navire] pilot house, wheelhouse.

kir [kiʀ] nm kir *(apéritif made with white wine and blackcurrant liqueur)* ▸ **kir royal** kir royal *(champagne with blackcurrent liqueur).*

kirsch [kiʀʃ] nm cherry brandy.

kit [kit] nm kit / *en kit* in kit form ▸ **kit mains libres** [pour mobile] hands-free kit ▸ **kit auto mains libres** [pour mobile] car kit.

kitch [kitʃ] = **kitsch**.

kitchenette [kitʃənɛt] nf kitchenette.

kitesurf [kajtsœʀf], **kite** [kajt] nm kitesurfing.

kitsch, kitch [kitʃ] adj inv & nm inv kitsch.

kiwi [kiwi] nm **1.** [oiseau] kiwi **2.** [fruit] kiwi, kiwi fruit *(U).*

Klaxon® [klaksɔ̃] nm horn.

klaxonner [3] [klaksɔne] vi to hoot, to honk.

kleptomane [klɛptɔman] nmf kleptomaniac.

kleptomanie [klɛptɔmani] nf kleptomania.

km (*abr écrite de* **kilomètre**) km.

km /h (*abr écrite de* **kilomètre par heure**) kph.

Ko (*abr écrite de* **kilo-octet**) K.

K.-O. [kao] nm ▸ **mettre qqn K.-O.** to knock sb out.

koala [kɔala] nm koala (bear).

kohol = **khôl**.

koi (*abr écrite de* **quoi**) SMS WOT.

koi29 SMS *abr écrite de* **quoi de neuf ?**

kosovar, e [kɔsɔvaʀ] adj Kosovan. ◆ **Kosovar, e** [kɔsɔvaʀ] nm, f Kosovar.

Kosovo [kɔsɔvɔ] nm : *le Kosovo* Kosovo / *au Kosovo* in Kosovo.

kouglof [kuglɔf] nm *cake made with dried fruit and almonds.*

Koweït [kɔwɛt] nm [pays, ville] Kuwait ▸ **le Koweït** Kuwait ▸ **au Koweït** in Kuwait.

koweïtien, enne [kɔwɛtjɛ̃, ɛn] adj Kuwaiti. ◆ **Koweïtien, enne** nm, f Kuwaiti.

krach [kʀak] nm crash ▸ **krach boursier** stock market crash.

kraft [kʀaft] nm kraft ▸ **papier kraft** brown paper.

Kuala Lumpur [kyalalympyʀ] npr Kuala Lumpur.

kumquat [kumkwat] nm kumquat.

kung-fu [kuŋfu] nm kung fu.

kurde [kyʀd] ❖ adj Kurdish. ❖ nm [langue] Kurdish. ◆ **Kurde** nmf Kurd.

Kurdistan [kyʀdistɑ̃] nm : *le Kurdistan* Kurdistan / *au Kurdistan* in Kurdistan.

kwa (*abr écrite de* **quoi**) SMS WOT.

K-way® [kawɛ] nm inv cagoule.

kWh (*abr écrite de* **kilowatt-heure**) kW/hr.

Kyoto [kiɔtɔ] npr Kyoto.

kyrielle [kiʀjɛl] nf stream ; [d'enfants] horde.

kyste [kist] nm cyst.

L

l¹, L [ɛl] ◆ nm inv l, L. ◆ *(abr écrite de* **litre***)* l.

L² SMS *abr écrite de* **elle**.

l' ⟶ **le**.

la¹ [la] art déf & pron pers ⟶ **le**.

la² [la] nm inv MUS A ; [chanté] la, lah UK.

là [la] ◆ adv **1.** [lieu] there / *à 3 kilomètres de là* 3 kilometres from there / *passe par là* go that way / *c'est là que je travaille* that's where I work / *je suis là* I'm here / *les faits sont là* those are the facts **2.** [temps] then / *à quelques jours de là* a few days later, a few days after that / *attendons demain et là nous déciderons* let's wait until tomorrow and then (we'll) decide **3.** [dans cela] : *la santé, tout est là* (good) health is everything / *là est le vrai problème* that's the real problem **4.** [avec une proposition relative] ▸ **là où a)** [lieu] where **b)** [temps] when **5.** [emploi expressif] : *alors là, tu exagères !* you've got a nerve! / *que me chantes-tu là ?* *fam* what are you on about? **6.** EXPR **de là à dire qu'elle est sympathique, il y a loin !** there's a big difference between saying that and saying that she's a nice person / *comment en es-tu arrivé là ?* how did you manage to let things go so far? ▸ **nous en sommes là** that's the stage we've reached / *je n'ai pas l'intention d'en rester là* I don't intend leaving it at that ▸ **s'en tenir là** to call a halt (there) / *que voulez-vous dire par là ?* what do you mean by that? ◆ ⟶ **ce, là-bas, là-dedans**.

là-bas [laba] adv (over) there.

label [labɛl] nm **1.** [étiquette] ▸ **label de qualité** label guaranteeing quality **2.** [commerce] label, brand name.

labelliser, labéliser [labelize] vt [un produit] to label.

labeur [labœʀ] nm *sout* labour UK, labor US.

labial, e, aux [labjal, o] adj labial.

labo [labo] *(abr de* **laboratoire***)* nm *fam* lab.

laborantin, e [labɔʀɑ̃tɛ̃, in] nm, f laboratory assistant.

laboratoire [labɔʀatwaʀ] nm laboratory ▸ **laboratoire d'analyses** test laboratory ▸ **laboratoire de langues** language laboratory.

laborieusement [labɔʀjøzmɑ̃] adv laboriously.

laborieux, euse [labɔʀjø, øz] adj **1.** [difficile] laborious **2.** [travailleur] industrious ▸ **les classes laborieuses** the working class *sg*.

labour [labuʀ] nm **1.** [labourage] ploughing UK, plowing US **2.** *(gén pl)* [terres] ploughed UK ou plowed US field.

labourage [labuʀaʒ] nm ploughing UK, plowing US.

labourer [3] [labuʀe] vt **1.** AGRIC to plough UK, to plow US **2.** *fig* [creuser] to make a gash in.

laboureur [labuʀœʀ] nm ploughman UK, plowman US.

labrador [labʀadɔʀ] nm labrador.

labyrinthe [labiʀɛ̃t] nm labyrinth.

lac [lak] nm lake ▸ **les Grands Lacs** the Great Lakes / *le lac Léman* Lake Geneva / *le lac Majeur* Lake Maggiore.

lacer [16] [lase] vt to tie.

lacérer [18] [laseʀe] vt **1.** [déchirer] to shred **2.** [blesser, griffer] to slash.

lacet [lasɛ] nm **1.** [cordon] lace **2.** [de route] bend **3.** [piège] snare.

lâche [laʃ] ◆ nmf coward. ◆ adj **1.** [nœud] loose **2.** [personne, comportement] cowardly.

lâchement [laʃmɑ̃] adv like a coward.

lâcher [3] [laʃe] ◆ vt **1.** [libérer - bras, objet] to let go of / *lâcher la pédale du frein* to take one's foot off the brake (pedal) ; [animal] to let go, to release / *lâcher les chiens sur qqn* to set the dogs on sb **2.** [émettre - son, mot] to let out, to come out with / *lâcher un juron* to let out an oath **3.** [desserrer] to loosen / *lâcher la bride à un cheval* to give a horse its head **4.** [laisser tomber] ▸ **lâcher qqch** to drop sthg / *elle a lâché la pile d'assiettes* she dropped the pile of plates **5.** *fam* [abandonner - ami] ▸ **lâcher qqn** to drop sb / *le moteur nous a lâchés le deuxième jour* the engine broke down on us on the second day. ◆ vi to give way. ◆ nm ▸ **un lâcher de** a release of ▸ **lâcher de ballons** balloon release.

lâcheté [laʃte] nf **1.** [couardise] cowardice **2.** [acte] cowardly act.

lâcheur, euse [laʃœʀ, øz] nm, f *fam* unreliable person.

lacis [lasi] nm [labyrinthe] maze.

laconique [lakɔnik] adj laconic.

laconiquement [lakɔnikmɑ̃] adv laconically.

lacrymal, e, aux [lakʀimal, o] adj lacrimal.

lacrymogène [lakʀimɔʒɛn] adj tear *(avant n)*.

lactation [laktasjɔ̃] nf lactation.

lacté, e [lakte] adj [régime] milk *(avant n)*.

lactique [laktik] adj lactic.

lacunaire [lakynɛʀ] adj [insuffisant] incomplete.

lacune [lakyn] nf [manque] gap.

lacustre [lakystʀ] adj [faune, plante] lake *(avant n)* ; [cité, village] on stilts.

lad [lad] nm stable lad.

là-dedans [ladədɑ̃] adv inside, in there / *il y a quelque chose qui m'intrigue là-dedans* there's something in that which intrigues me.

là-dessous [ladsu] adv underneath, under there ; *fig* behind that.

là-dessus [ladsy] adv on that / *là-dessus, il partit* at that point OU with that, he left / *je suis d'accord là-dessus* I agree about that.

ladite ⟶ **ledit**.

lagon [lagɔ̃] nm lagoon.

lagune [lagyn] nf lagoon.

là-haut [lao] adv up there.

laïc, laïque [laik] ❖ adj lay *(avant n)* ; [juridiction] civil *(avant n)* ; [école] state *(avant n)*. ❖ nm, f layman (laywoman).

laïcisation [laisizasjɔ̃] nf secularization.

laïcité [laisite] nf secularism / *la défense de la laïcité* defence of secular education *(in France)*.

laid, e [lɛ, lɛd] adj **1.** [esthétiquement] ugly **2.** [moralement] wicked.

laideron [lɛdʀɔ̃] nm ugly woman.

laideur [lɛdœʀ] nf **1.** [physique] ugliness **2.** [morale] wickedness.

laie [lɛ] nf ZOOL wild sow.

lainage [lɛnaʒ] nm [étoffe] woollen UK OU woolen US material ; [vêtement] woollen UK OU woolen US garment, woolly UK.

laine [lɛn] nf wool ▸ **laine polaire** (polar) fleece ▸ **laine de verre** glass wool ▸ **pure laine vierge** pure new wool.

laineux, euse [lɛnø, øz] adj woolly UK, wooly US.

lainier, ère [lɛnje, ɛʀ] ❖ adj wool *(avant n)*. ❖ nm, f [marchand] wool merchant ; [ouvrier] wool worker.

laïque ⟶ **laïc**.

laisse [lɛs] nf [corde] lead UK, leash US ▸ **tenir en laisse** [chien] to keep on a lead UK OU leash US ▸ **tenir qqn en laisse** *fig* to keep sb on a short lead UK OU leash US.

laissé-pour-compte, laissée-pour-compte [lesepuʀkɔ̃t] (*mpl* **laissés-pour-compte**, *fpl* **laissées-pour-compte**) ❖ adj **1.** [article] unsold **2.** *fig* [personne] rejected. ❖ nm, f [personne] social reject, outcast. ◆ **laissé-pour-compte** nm [article] unsold item.

laisser [4] [lese] ❖ v aux to let, to allow, to permit ▸ **laisser qqn faire qqch** to let sb do sthg / *laisse-le dormir* let him sleep, leave him to sleep / *laisse-le faire* leave him alone, don't interfere ▸ **laisser tomber qqch** *pr* & *fig* to drop sthg ▸ **laisser tomber qqn** *fam* to drop OU ditch sb ▸ **laisse tomber !** *fam* drop it! / **laisser voir** [montrer] to show, to reveal. ❖ vt **1.** [gén] to leave / *c'est à prendre ou à laisser* (it's) take it or leave it ▸ **laisser qqch à qqn** [léguer] to leave sthg to sb, to leave sb sthg ▸ **laisser qqn / qqch à qqn** [confier] to leave sb / sthg with sb / *j'ai laissé mes enfants chez mon frère* I left my children at my brother's / *laissez le passage à l'ambulance* let the ambulance through / *laisse-lui le temps de le faire* leave OU give her time to do it **2.** [céder] ▸ **laisser qqch à qqn** to let sb have sthg **3.** EXPR **laisser qqn tranquille** to leave sb in peace OU alone / **laisser derrière soi** *pr* & *fig* to leave behind / *cela me laisse froid* OU *indifférent* it leaves me cold OU unmoved. ◆ **se laisser** vp ▸ **se laisser faire** to let o.s. be persuaded / *ne te laisse pas faire !* stand up for yourself!, don't let yourself be taken advantage of! ▸ **se laisser aller a)** to relax **b)** [dans son apparence] to let o.s. go ▸ **se laisser aller dans un fauteuil** to collapse into an armchair ▸ **se laisser aller à qqch** to indulge in sthg / *il se laisse boire, ton petit vin* *fam* your little wine goes down nicely OU is very drinkable ▸ **se laisser tenter par** to be tempted by.

laisser-aller [leseale] nm inv carelessness.

laissez-passer [lesepase] nm inv pass.

lait [lɛ] nm **1.** [gén] milk ▸ **lait de chèvre** goat's milk ▸ **lait concentré** OU **condensé a)** [sucré] condensed milk **b)** [non sucré] evaporated milk ▸ **lait écrémé** skimmed OU skim US milk ▸ **lait entier** whole milk ▸ **lait maternel** mother's milk ▸ **lait en poudre** powdered milk ▸ **lait de soja** soya milk ▸ **lait de vache** cow's milk **2.** [cosmétique] ▸ **lait démaquillant** cleansing milk OU lotion. ◆ **au lait** loc adj with milk.

laitage [lɛtaʒ] nm dairy product.

laiterie [lɛtʀi] nf dairy.

laiteux, euse [lɛtø, øz] adj milky.

laitier, ère [lɛtje, ɛʀ] ❖ adj dairy *(avant n)*. ❖ nm, f milkman (milkwoman). ◆ **laitier** nm TECHNOL slag.

laiton [lɛtɔ̃] nm brass.

laitue [lety] nf lettuce.

laïus [lajys] nm *fam* long speech.

lama [lama] nm **1.** ZOOL llama **2.** RELIG lama.

lambeau, x [lɑ̃bo] nm **1.** [morceau] shred ▸ **mettre qqch en lambeaux** to tear sthg to pieces OU shreds **2.** *fig* [fragment] fragment.

lambiner [3] [lɑ̃bine] vi *fam* to dawdle.

lambris [lɑ̃bʀi] nm panelling UK, paneling US.

lambswool [lɑ̃bswul] nm lambswool.

lame [lam] nf **1.** [fer] blade ▸ **lame de rasoir** razor blade **2.** [lamelle] strip **3.** [vague] wave ▸ **lame de fond** groundswell.

lamé, e [lame] adj lamé ▸ **lamé or / argent** gold / silver lamé. ◆ **lamé** nm lamé ▸ **de** OU **en lamé** lamé.

lamelle [lamɛl] nf **1.** [de champignon] gill **2.** [tranche] thin slice **3.** [de verre] slide.

lamentable [lamɑ̃tabl] adj **1.** [résultats, sort] appalling **2.** [ton] plaintive.

lamentablement [lamɑ̃tabləmɑ̃] adv miserably.

lamentation [lamɑ̃tasjɔ̃] nf **1.** [plainte] lamentation **2.** *(gén pl)* [jérémiade] moaning *(U)*.

lamenter [3] [lamɑ̃te] ◆ **se lamenter** vp to complain ▸ **se lamenter sur qqch** to bemoan sthg ▸ **se lamenter d'avoir fait qqch** to complain about having done sthg.

laminage [laminaʒ] nm lamination.

laminer [3] [lamine] vt [dans l'industrie] to laminate ; *fig* [personne, revenus] to eat away at.

laminoir [laminwaʀ] nm rolling mill.

lampadaire [lɑ̃padɛʀ] nm [d'intérieur] floor lamp, standard lamp UK ; [de rue] street lamp ou light.

lampe [lɑ̃p] nf lamp, light ▸ **lampe à bronzer** sunlamp ▸ **lampe de chevet** bedside lamp ▸ **lampe électrique** flashlight ▸ **lampe halogène** halogen light ▸ **lampe à incandescence** incandescent lamp ▸ **lampe à pétrole** oil lamp ▸ **lampe de poche** torch UK, flashlight US ▸ **lampe solaire** sun lamp ▸ **lampe à souder** blowtorch, blowlamp UK ▸ **lampe témoin** pilot light ▸ **lampe torche** flashlight ▸ **s'en mettre plein la lampe** *fam* & *fig* to stuff o.s.

lampée [lɑ̃pe] nf *fam* swig.

lampion [lɑ̃pjɔ̃] nm Chinese lantern.

lampiste [lɑ̃pist] nm [employé, subalterne] underling, dogsbody UK.

lance [lɑ̃s] nf **1.** [arme] spear **2.** [de tuyau] nozzle ▸ **lance à eau** hose, pipe ▸ **lance d'incendie** fire hose.

lancée [lɑ̃se] nf ▸ **continuer sur sa lancée** to keep going.

lance-flammes [lɑ̃sflam] nm inv flame-thrower.

lancement [lɑ̃smɑ̃] nm **1.** [d'entreprise, produit, navire] launching / *lancement sur le marché* market entry **2.** [de javelot, projectile] throwing.

lance-pierre [lɑ̃spjɛʀ] (*pl* **lance-pierres**) nm catapult UK, slingshot US.

lancer [16] [lɑ̃se] ◆ vt **1.** [pierre, javelot] to throw / *elle m'a lancé la balle* she threw me the ball, she threw the ball to me ▸ **lancer qqch sur qqn** to throw sthg at sb **2.** [fusée, produit, style] to launch / *lancer un projectile téléguidé* to fire a remote-controlled missile **3.** [émettre] to give off ; [cri] to let out ; [injures] to hurl ; [ultimatum] to issue **4.** [moteur] to start up / *une fois le moteur lancé* once the engine is running **5.** [INFORM -programme] to start ; [-système] to boot (up) / *lancer une application* to launch an application / *lancer une impression* to start printing **6.** *fam* & *fig* [sur un sujet] ▸ **lancer qqn sur qqch** to get sb started on sthg / *une fois qu'il est lancé sur ce sujet, on ne peut plus l'arrêter* once he gets going on the subject, there's no stopping him **7.** [faire connaître] to launch / *c'est ce roman / cette émission qui l'a lancé* this novel / programme made him famous. ◆ nm **1.** [à la pêche] casting **2.** SPORT throwing / *le lancer du disque* (throwing) the discus / *le lancer du javelot* (throwing) the javelin ▸ **lancer du poids** the shotput, putting the shot. ◆ **se lancer** vp **1.** [débuter] to make a name for o.s **2.** [s'engager] ▸ **se lancer dans** [dépenses, explication, lecture] to embark on / *ne te lance pas dans de grosses dépenses* don't go spending a lot of money.

lance-roquettes [lɑ̃sʀɔkɛt] (*pl inv*) nm (hand held) rocket launcher ou gun.

lanceur, euse [lɑ̃sœʀ, øz] nm, f SPORT thrower ▸ **lanceur de javelot** javelin thrower ▸ **lanceur de poids** shot putter. ◆ **lanceur** nm AÉRON launcher.

lancinant, e [lɑ̃sinɑ̃, ɑ̃t] adj **1.** [douleur] shooting **2.** *fig* [obsédant] haunting **3.** [monotone] insistent.

lanciner [3] [lɑ̃sine] ◆ vi to throb. ◆ vt *fig* to haunt.

landau [lɑ̃do] nm **1.** [d'enfant] pram UK, baby carriage US **2.** [carrosse] landau.

lande [lɑ̃d] nf moor.

langage [lɑ̃gaʒ] nm **1.** [gén] language / *le langage enfantin* baby talk / *langage familier* colloquial language / *le langage musical* the musical idiom / *langage populaire* popular language / *tenir un tout autre langage* to change one's tune **2.** INFORM ▸ **langage auteur** authoring language ▸ **langage Javascript** Java script ▸ **langage machine** machine language ▸ **langage du Net** netspeak ▸ **langage de programmation** programming language.

lange [lɑ̃ʒ] nm nappy UK, diaper US.

langer [17] [lɑ̃ʒe] vt to change.

langoureusement [lɑ̃guʀøzmɑ̃] adv languorously.

langoureux, euse [lɑ̃guʀø, øz] adj languorous.

langouste [lɑ̃gust] nf crayfish.

langoustine [lɑ̃gustin] nf langoustine.

langue [lɑ̃g] nf **1.** ANAT tongue / *avoir la langue blanche* ou *chargée* to have a coated ou furred tongue ▸ **tirer la langue à qqn** to stick out one's tongue at sb ▸ **langue de bœuf** CULIN ox tongue ▸ **mauvaise langue** *fig* gossip / *les mauvaises langues prétendent que...* some (ill-intentioned) gossips claim that... / *c'est une langue de vipère* *fam* she's got a venomous ou spiteful tongue ▸ **as-tu avalé** ou **perdu ta langue ?** *fam* have you lost ou (has the) cat got your tongue? ▸ **avoir la langue bien pendue** to be a chatterbox ▸ **donner sa langue au chat** to give up ▸ **ne pas avoir sa langue dans sa poche** never to be at a loss for words ▸ **tenir sa langue** *fig* to hold one's tongue ▸ **tourne sept fois ta langue dans ta bouche avant de parler** *fam* think twice before you open your mouth **2.** LING language / *un professeur de langues* a language teacher ▸ **de langue française** a) [livre] French b) [personne] French-speaking ▸ **les politiciens qui parlent la langue de bois** politicians who talk in clichés ▸ **langues étrangères** foreign languages ▸ **langue maternelle** mother tongue ▸ **langue morte / vivante** dead / modern language ▸ **langue officielle** official language **3.** [forme] tongue / *des langues de feu léchaient le mur* tongues of fire were licking the wall ▸ **une langue de terre** a strip of land, a narrow piece of land.

langue-de-chat [lɑ̃gdəʃa] (*pl* **langues-de-chat**) nf *light finger-biscuit*.

languette [lɑ̃gɛt] nf tongue.

langueur [lɑ̃gœʀ] nf **1.** [dépérissement, mélancolie] languor **2.** [apathie] apathy.

languir [32] [lɑ̃giʀ] vi **1.** *litt* [dépérir] ▸ **languir (de)** to languish (with) **2.** *sout* [attendre] to wait ▸ **faire languir qqn** to keep sb waiting **3.** *fam* [désirer] ▸ **languir après** to pine for.

lanière [lanjɛʀ] nf strip.

lanoline [lanɔlin] nf lanolin.

lanterne [lɑ̃tɛʀn] nf **1.** [éclairage] lantern **2.** [phare] light **3.** EXPR **éclairer la lanterne de qqn** *fig* to put sb in the know ▸ **être la lanterne rouge** *fig* to bring up the rear.

lanterner [3] [lɑ̃tɛʀne] vi *fam* to dawdle ▸ **faire lanterner qqn** to keep sb hanging around.

Laos [laɔs] nm : *le Laos* Laos / *au Laos* in Laos.

laotien, enne [laosjɛ̃, ɛn] adj Laotian. ◆ **laotien** nm [langue] Laotian. ◆ **Laotien, enne** nm, f Laotian.

lapalissade [lapalisad] nf statement of the obvious.

laper [3] [lape] vt & vi to lap.

lapereau, x [lapʀo] nm baby rabbit.

lapidaire [lapidɛʀ] ◆ nm lapidary. ◆ adj lapidary ; *fig* [style] terse.

lapider [3] [lapide] vt [tuer] to stone.

lapin, e [lapɛ̃, in] nm, f **1.** CULIN & ZOOL rabbit ▸ **lapin de garenne** wild rabbit **2.** *fam* [personne] ▸ **mon lapin** my darling ▸ **chaud lapin** *fam* horny devil **3.** EXPR **poser un lapin à qqn** *fam* to stand sb up. ◆ **lapin** nm [fourrure] rabbit fur.

lapon, onne, one [lapɔ̃, ɔn] adj Lapp. ◆ **lapon** nm [langue] Lapp. ◆ **Lapon, onne, one** nm, f Lapp, Laplander.

Laponie [lapɔni] nf : *la Laponie* Lapland.

laps [laps] nm ▸ **(dans) un laps de temps** (in) a while.

lapsus [lapsys] nm slip (of the tongue/pen) ▸ **faire un lapsus** to make a slip (of the tongue/pen).

laquais [lakɛ] nm lackey.

laque [lak] nf **1.** [vernis, peinture] lacquer **2.** [pour cheveux] hair spray, lacquer UK.

laqué, e [lake] adj lacquered.

laquelle ⟶ **lequel**.

laquer [3] [lake] vt to lacquer.

larbin [laʀbɛ̃] nm *fam* & *péj* **1.** [domestique] servant **2.** [personne servile] yes-man.

larcin [laʀsɛ̃] nm **1.** [vol] larceny, theft **2.** [butin] spoils *pl*.

lard [laʀ] nm **1.** [graisse de porc] lard **2.** [viande] bacon **3.** *fam* [graisse d'homme] blubber.

larder [3] [laʀde] vt **1.** CULIN to lard **2.** *fig* [piquer] ▸ **larder qqn de coups / d'injures** to rain blows/insults on sb **3.** *fig* [truffer] ▸ **larder qqch de** to cram sthg with.

lardon [laʀdɔ̃] nm **1.** CULIN *cube or strip of bacon* **2.** *fam* [enfant] kid.

large [laʀʒ] ◆ adj **1.** [étendu, grand] wide / *large de 5 mètres* 5 metres UK OU meters US wide ▸ **être large de hanches / d'épaules** to have broad hips/shoulders **2.** [important, considérable] big / *elle a une large part de responsabilité* she must bear a large OU major share of the blame / *jouissant d'une large diffusion* widely distributed **3.** [esprit, sourire] broad / *leur père a l'esprit large* their father is open-minded OU broad-minded **4.** [généreux - personne] generous. ◆ adv amply / *calculer* OU *prévoir large* to allow a good margin for error ▸ **voir large** to think big ▸ **ne pas en mener large** *fig* to be afraid. ◆ nm **1.** [largeur] : *5 mètres de large* 5 metres UK OU meters US wide **2.** [mer] ▸ **le large** the open sea / *le vent du large* offshore wind ▸ **au large de la côte française** off the French coast ▸ **prendre le large a)** [navire] to put to sea **b)** *fig* to be off.

largement [laʀʒəmɑ̃] adv **1.** [diffuser, répandre] widely ▸ **la porte était largement ouverte** the door was wide open **2.** [donner, payer] generously ; [dépasser] considerably ; [récompenser] amply ▸ **avoir largement le temps** to have plenty of time **3.** [au moins] easily.

largesse [laʀʒɛs] nf **1.** [générosité] generosity **2.** *(gén pl)* [don] gift.

largeur [laʀʒœʀ] nf **1.** [d'avenue, de cercle] width **2.** *fig* [d'idées, d'esprit] breadth.

largué, e [laʀge] adj ▸ **être largué** to be all at sea.

larguer [3] [laʀge] vt **1.** [voile] to unfurl **2.** [bombe, parachutiste] to drop **3.** *fam* & *fig* [abandonner] to dump, to chuck UK ▸ **se faire larguer** to be dumped OU chucked UK.

larme [laʀm] nf **1.** [pleur] tear ▸ **être en larmes** to be in tears ▸ **fondre en larmes** to burst into tears ▸ **pleurer à chaudes larmes** to cry bitterly ▸ **ravaler ses larmes** to hold back one's tears ▸ **rire aux larmes** to laugh until one cries ▸ **larmes de crocodile** *fam* & *fig* crocodile tears **2.** *fam* [goutte] ▸ **une larme de** a drop of.

larmoyant, e [laʀmwajɑ̃, ɑ̃t] adj **1.** [yeux, personne] tearful **2.** *péj* [histoire] tearjerking.

larmoyer [13] [laʀmwaje] vi **1.** [pleurer - personne] to weep ; [- yeux] to water **2.** *péj* [se lamenter] to moan.

larron [laʀɔ̃] nm *vieilli* [voleur] thief.

larve [laʀv] nf **1.** ZOOL larva **2.** *péj* [personne] wimp.

larvé, e [laʀve] adj **1.** MÉD larvate **2.** [latent] latent.

laryngite [laʀɛ̃ʒit] nf laryngitis *(U)*.

larynx [laʀɛ̃ks] nm larynx.

las, lasse [la, las] adj **1.** *litt* [fatigué] weary **2.** [dégoûté, ennuyé] tired ▸ **las de faire qqch** tired of doing sthg ▸ **las de qqn / qqch** tired of sb/sthg. ◆ **las** interj *litt* alas!

lascar [laskaʀ] nm *fam* **1.** [homme louche] shady character ; [homme rusé] rogue **2.** [enfant] rascal.

lascif, ive [lasif, iv] adj lascivious.

laser [lazɛʀ] ◆ nm laser. ◆ adj inv laser *(avant n)*.

lassant, e [lasɑ̃, ɑ̃t] adj tiresome.

lasser [3] [lase] vt *sout* [personne] to weary ; [patience] to try. ◆ **se lasser** vp to weary ▸ **ne pas se lasser de qqch / de faire qqch** not to weary of sthg/of doing sthg.

lassitude [lasityd] nf lassitude.

lasso [laso] nm lasso.

lat. (*abr écrite de* **latitude**) lat.

latent, e [latɑ̃, ɑ̃t] adj latent.

latéral, e, aux [lateʀal, o] adj lateral.

latex [latɛks] nm inv latex.

latin, e [latɛ̃, in] adj Latin. ◆ **latin** nm [langue] Latin ▸ **y perdre son latin** *fam* & *fig* to be at a loss.

latiniste [latinist] nmf [spécialiste] Latinist ; [étudiant] Latin student.

latino [latino] adj & nmf Latino.

latino-américain, e [latinɔamerikɛ̃, ɛn] (*mpl* **latino-américains**, *fpl* **latino-américaines**) adj Latin-American, Hispanic.

latitude [latityd] nf *pr* & *fig* latitude.

latrines [latrin] nfpl latrines.

latte [lat] nf lath, slat.

lattis [lati] nm lathwork *(U)*.

laudatif, ive [lodatif, iv] adj laudatory.

lauréat, e [lɔrea, at] ❖ adj prizewinning *(avant n)*, winning *(avant n)*. ❖ nm, f prizewinner, winner.

laurier [lɔrje] nm BOT laurel. ◆ **lauriers** nmpl [gloire] laurels ▸ **s'endormir** ou **se reposer sur ses lauriers** to rest on one's laurels.

laurier-rose [lɔrjeroz] (*pl* **lauriers-roses**) nm oleander.

laurier-sauce [lɔrjesos] (*pl* **lauriers-sauce**) nm bay (tree).

Lausanne [lozan] npr Lausanne.

lavable [lavabl] adj washable.

lavabo [lavabo] nm **1.** [cuvette] basin UK, washbowl US **2.** *(gén pl)* [local] toilet UK, washroom US.

lavage [lavaʒ] nm washing ▸ **lavage à la main / en machine** hand/machine washing ▸ **lavage de cerveau** *fig* brainwashing ▸ **subir un lavage d'estomac** MÉD to have one's stomach pumped.

lavande [lavɑ̃d] ❖ nf **1.** BOT lavender **2.** [eau] lavender water. ❖ adj inv lavender.

lavasse [lavas] nf *fam* dishwater *(U)*.

lave [lav] nf lava.

lave-glace [lavglas] (*pl* **lave-glaces**) nm windscreen washer UK, windshield washer US.

lave-linge [lavlɛ̃ʒ] nm inv washing machine.

lavement [lavmɑ̃] nm enema.

laver [3] [lave] vt **1.** [nettoyer] to wash / *laver à grande eau* **a)** [au jet] to hose down **b)** [dans un évier, une bassine] to wash in a lot of water / *laver la tête* ou *les cheveux à qqn* to wash sb's hair **2.** *fig* [disculper] ▸ **laver qqn de qqch** to clear sb of sthg / *laver qqn d'une accusation* to clear sb of an accusation / *être lavé de tout soupçon* to be cleared of all suspicion. ◆ **se laver** vp **1.** [se nettoyer] to wash o.s., to have a wash UK, to wash up US / *se laver les dents* to clean ou to brush one's teeth ▸ **se laver les mains / les cheveux** to wash one's hands/hair **2.** [se disculper] ▸ **se laver (de)** to clear o.s. (of) / *se laver de ses péchés* to cleanse o.s. of one's sins.

laverie [lavri] nf [commerce] laundry ▸ **laverie automatique** launderette, laundrette, Laundromat® US.

lavette [lavɛt] nf **1.** [brosse] washing-up brush UK, dish mop US ; [en tissu] dishcloth **2.** *fam* [homme] drip.

laveur, euse [lavœr, øz] nm, f washer ▸ **laveur de carreaux** window cleaner *(person)*.

lave-vaisselle [lavvesɛl] nm inv dishwasher.

lave-vitre [lavvitr] nm AUTO windscreen UK ou windshield US washer.

lavis [lavi] nm [procédé] washing ; [dessin] wash (painting).

lavoir [lavwar] nm **1.** [lieu] laundry **2.** [bac] washtub.

laxatif, ive [laksatif, iv] adj laxative. ◆ **laxatif** nm laxative.

laxisme [laksism] nm laxity.

laxiste [laksist] ❖ nmf over-lenient person. ❖ adj lax.

layette [lɛjɛt] nf layette.

LCD (*abr de* **liquid cristal display**) nm LCD.

LDD (*abr écrite de* **Livret de développement durable**) nm *remplace le* ***Codevi***.

le, la [lə, la] (*pl* **les** [le])

(l' devant une voyelle ou un 'h' muet)

❖ art déf

1. [gén] the / *le lac* the lake / *la fenêtre* the window / *l'homme* the man / *les enfants* the children

2. [devant les noms abstraits] *l'amour* love / *la liberté* freedom / *la vieillesse* old age

3. [devant les noms géographiques] *la France* France / *les États-Unis* America, the United States (of America) ▸ **la Seine** the Seine

4. [temps] *le 15 janvier 1953* 15th January 1953 UK, January 15th, 1953 US / *je suis arrivé le 15 janvier 1953* I arrived on the 15th of January 1953 ou on January 15th, 1953 US ▸ **le lundi a)** [habituellement] on Mondays **b)** [jour précis] on (the) Monday

5. [possession] *se laver les mains* to wash one's hands / *secouer la tête* to shake one's head / *avoir les cheveux blonds* to have fair hair

6. [distributif] per, a / *2 euros le mètre* 2 euros per metre UK ou meter US, 2 euros a metre UK ou meter US / *j'y vais le soir* I go there in the evening

7. [dans les fractions] a, an / *le quart / tiers de* a quarter/third of

8. [marquant l'approximation] *il va sur la quarantaine* he's getting on for forty / *vers les 4 h* about ou around 4 o'clock

9. [avec un nom propre] the / *nous sommes invités chez les Durand* we are invited to the Durands' (house)

❖ pron pers

1. [personne] him (her), them *pl* ; [chose] it, them *pl* ; [animal] it, him (her), them *pl* / *ce bordeaux, je l'ai déjà goûté* I've already tasted that Bordeaux / *je le / la / les connais bien* I know him/her/them well / *tu dois avoir la clé, donne-la moi* you must have the key: give it to me

2. [représente une proposition] : *je le sais bien* I know, I'm well aware (of it)

LEA (*abr de* **langues étrangères appliquées**) nfpl *applied modern languages*.

leader [lidœʀ] ❖ nm [de parti, course] leader ▸ **lutte pour la position de leader** leadership battle, leadership contest. ❖ adj leading *(avant n)*.

leadership [lidœʀʃip] nm leadership.

lèche [lɛʃ] nf *fam* bootlicking ▸ **faire de la lèche à qqn** to lick sb's boots.

léché, e [leʃe] adj *fam* [fignolé] polished.

lèchefrite [lɛʃfʀit] nf dripping pan UK, broiler pan US.

lécher [18] [leʃe] vt **1.** [passer la langue sur, effleurer] to lick ; [suj : vague] to wash against **2.** *fam* [fignoler] to polish (up). ◆ **se lécher** vp ▸ **se lécher les doigts** to lick one's fingers.

lèche-vitrines [lɛʃvitʀin] nm inv window-shopping ▸ **faire du lèche-vitrines** to go window-shopping.

leçon [ləsɔ̃] nf **1.** [gén] lesson ▸ **leçons de conduite** driving lessons ▸ **leçons particulières** private lessons OU classes **2.** [conseil] advice *(U)* ▸ **faire la leçon à qqn** to lecture sb.

lecteur, trice [lɛktœʀ, tʀis] nm, f **1.** [de livres] reader **2.** UNIV foreign language assistant. ◆ **lecteur** nm **1.** [gén] head ▸ **lecteur de CD** CD player ▸ **lecteur laser universel** audio-video CD player **2.** INFORM reader ▸ **lecteur de disques** disk drive ▸ **lecteur de CD-ROM** OU **de disque optique** CD-ROM drive ▸ **lecteur de DVD** DVD player.

lecture [lɛktyʀ] nf reading / *faire la lecture à qqn* to read to sb / *la photocopie ne facilite pas la lecture du plan* the plan is more difficult to read because it has been photocopied / *une lecture publique de qqch* a public reading of sthg / *le texte a été adopté en première lecture* the bill was passed on its first reading ▸ **lecture optique** optical reading, optical character recognition.

LED (*abr de* **light emitting diode**) [ɛlәde, lɛd] nf LED.

ledit, ladite [lədi, ladit] (*mpl* **lesdits** [ledi], *fpl* **lesdites** [ledit]) adj the said, the aforementioned.

légal, e, aux [legal, o] adj legal.

légalement [legalmɑ̃] adv legally.

légalisation [legalizasjɔ̃] nf **1.** [légitimation] legalization **2.** [authentification] authentication.

légaliser [3] [legalize] vt **1.** [rendre légal] to legalize **2.** [certifier authentique] to authenticate.

légalisme [legalism] nm legalism.

légalité [legalite] nf **1.** [de contrat, d'acte] legality, lawfulness **2.** [loi] law.

légataire [legatɛʀ] nmf legatee ▸ **légataire universel** sole legatee.

légation [legasjɔ̃] nf legation.

légendaire [leʒɑ̃dɛʀ] adj legendary.

légende [leʒɑ̃d] nf **1.** [fable] legend **2.** [invention] story **3.** [de carte, de schéma] key ; [de photo] caption.

léger, ère [leʒe, ɛʀ] adj **1.** [objet, étoffe, repas] light **2.** [bruit, différence, odeur] slight **3.** [alcool, tabac] low-strength **4.** [femme] flighty **5.** [insouciant - ton] light-hearted ; [- conduite] thoughtless. ◆ **à la légère** loc adv lightly, thoughtlessly.

légèrement [leʒɛʀmɑ̃] adv **1.** [s'habiller, poser] lightly **2.** [agir] thoughtlessly **3.** [blesser, remuer] slightly.

légèreté [leʒɛʀte] nf **1.** [d'objet, de repas, de punition] lightness **2.** [de style] gracefulness **3.** [de conduite] thoughtlessness **4.** [désinvolture] flightiness.

légiférer [18] [leʒifeʀe] vi to legislate.

légion [leʒjɔ̃] nf **1.** MIL legion **2.** [grand nombre] ▸ **une légion de** a host of ▸ **être légion** *fig* to be legion. ◆ **Légion** nf ▸ **la Légion étrangère** the Foreign Legion ▸ **la Légion d'honneur** the Legion of Honour UK OU Honor US.

légionellose [leʒjɔnɛloz] nf MÉD legionnaires' disease.

légionnaire [leʒjɔnɛʀ] nm legionary.

législateur, trice [leʒislatœʀ, tʀis] nm, f legislator.

législatif, ive [leʒislatif, iv] adj legislative. ◆ **législatif** nm legislature. ◆ **législatives** nfpl ▸ **les législatives** the legislative elections ; ≃ the general election *sg* UK ; ≃ the Congressional election *sg* US.

législation [leʒislasjɔ̃] nf legislation ▸ **législation du travail** labor UK OU labour US laws.

législature [leʒislatyʀ] nf **1.** [période] term of office **2.** [corps] legislature.

légiste [leʒist] adj **1.** [juriste] jurist **2.** ⟶ **médecin**.

légitimation [leʒitimasjɔ̃] nf **1.** [d'enfant] legitimization **2.** *sout* [justification] justification.

légitime [leʒitim] adj legitimate.

légitimement [leʒitimmɑ̃] adv **1.** [légalement] legitimately **2.** [justement] fairly.

légitimer [3] [leʒitime] vt **1.** [reconnaître] to recognize ; [enfant] to legitimize **2.** *sout* [justifier] to justify.

légitimité [leʒitimite] nf **1.** [de pouvoir, d'enfant] legitimacy **2.** [de récompense] fairness.

legs [lɛg *ou* lɛ] nm legacy.

léguer [18] [lege] vt ▸ **léguer qqch à qqn a)** DR to bequeath sthg to sb **b)** *fig* to pass sthg on to sb.

légume [legym] ❖ nm vegetable. ❖ nf *fam* ▸ **une grosse légume** a bigwig.

leitmotiv [lajtmɔtif, lɛtmɔtif] nm leitmotif.

Léman [lemɑ̃] ⟶ **lac**.

lendemain [lɑ̃dmɛ̃] nm **1.** [jour] day after ▸ **le lendemain matin** the next morning ▸ **au lendemain de** after, in the days following **2.** [avenir] tomorrow ▸ **sans lendemain** short-lived.

lénifiant, e [lenifjɑ̃, ɑ̃t] adj *pr* & *fig* soothing.

léniniste [leninist] nmf & adj Leninist.

lent, e [lɑ̃, lɑ̃t] adj slow ▸ **lent à faire qqch** slow to do sthg.

lente [lɑ̃t] nf nit.

lentement [lɑ̃tmɑ̃] adv slowly.

lenteur [lɑ̃tœʀ] nf slowness *(U)*.

lentille [lɑ̃tij] nf **1.** BOT & CULIN lentil **2.** [d'optique] lens ▸ **lentilles de contact** contact lenses.

léonin, e [leɔnɛ̃, in] adj **1.** *litt* [du lion] leonine **2.** [injuste] one-sided.

léopard [leɔpaʀ] nm leopard.

LEP, Lep [lɛp, ɛləpe] (*abr de* **lycée d'enseignement professionnel**) nm *former secondary school for vocational training.*

lèpre [lɛpʀ] nf **1.** MÉD leprosy **2.** *litt* & *fig* [mal] disease.

lépreux, euse [lepʀø, øz] ❖ adj **1.** MÉD leprous **2.** *fig* [mur, maison] peeling. ❖ nm, f leper.

lequel, laquelle [ləkɛl, lakɛl] (*mpl* **lesquels** [lekɛl], *fpl* **lesquelles** [lekɛl]) *(contraction de « à + lequel » =* ***auquel*** *; « de + lequel » =* ***duquel*** *; « à + lesquels / lesquelles » =* ***auxquels / auxquelles*** *; « de + lesquels / lesquelles » =* ***desquels / desquelles****)* ❖ pron rel **1.** [complément - personne] whom ; [- chose] which **2.** [sujet - personne] who ; [- chose] which. ❖ pron interr : *lequel ?* which (one)?

les ⟶ **le**.

lesbienne [lɛsbjɛn] nf lesbian.

lesdits, lesdites ⟶ **ledit**.

lèse-majesté [lɛzmaʒɛste] nf inv lese-majesty.

léser [18] [leze] vt **1.** [frustrer] to wrong **2.** MÉD to injure, to damage.

lésiner [3] [lezine] vi to skimp ▸ **ne pas lésiner sur** not to skimp on.

lésion [lezjɔ̃] nf lesion.

Lesotho [lɛsɔtɔ] nm : *le Lesotho* Lesotho.

lesquels, lesquelles ⟶ **lequel**.

lessive [lɛsiv] nf **1.** [nettoyage, linge] laundry, washing UK **2.** [produit] washing powder UK, laundry detergent US.

lessiver [3] [lɛsive] vt **1.** [nettoyer] to wash **2.** CHIM to leach **3.** *fam* [épuiser] to wipe out.

lest [lɛst] nm ballast ▸ **lâcher du lest** a) to jettison ballast b) *fig* to make concessions.

leste [lɛst] adj **1.** [agile] nimble, agile **2.** [licencieux] crude.

lestement [lɛstəmɑ̃] adv **1.** [agilement] nimbly, agilely **2.** [grivoisement] crudely.

lester [3] [lɛste] vt **1.** [garnir de lest] to ballast **2.** *fam* [charger] to fill, to cram.

letchi [lɛtʃi] = **litchi**.

léthargie [letaʀʒi] nf *pr* & *fig* lethargy ▸ **tomber en léthargie** to become lethargic.

léthargique [letaʀʒik] adj lethargic.

letton, onne [lɛtɔ̃, ɔn] adj Latvian. ◆ **letton** nm [langue] Latvian. ◆ **Letton, onne** nm, f Latvian.

Lettonie [lɛtɔni] nf : *la Lettonie* Latvia.

lettre [lɛtʀ] nf **1.** [gén] letter / *un mot de neuf lettres* a nine-letter word ▸ **en toutes lettres** in words, in full / *c'est écrit en toutes lettres dans le contrat* it's written in black and white ou it's spelled out plainly in the contract ▸ **lettre d'amour** love letter ▸ **lettre anonyme** anonymous letter ▸ **lettre de couverture** cover note UK ▸ **lettre de motivation** covering UK ou cover US letter *(in support of one's application)* ▸ **lettre ouverte** open letter ▸ **lettre piégée** letter bomb ▸ **lettre de rappel** reminder ▸ **lettre de recommandation** (letter of) recommendation ▸ **lettre recommandée** a) [avec accusé de réception] recorded delivery letter UK, letter sent by certified mail US b) [avec valeur déclarée] registered letter ▸ **lettre de remerciements** letter of thanks, thank-you letter ▸ **passer comme une lettre à la poste** a) *fam* [entretien, examen] to go smoothly b) [personne] to get through easily **2.** [sens des mots] ▸ **à la lettre** to the letter ▸ **suivre des ordres au pied de la lettre** to follow orders to the letter. ◆ **lettres** nfpl **1.** [culture littéraire] letters ▸ **un homme / une femme de lettres** a man / a woman of letters **2.** UNIV arts, humanities / *étudiant en lettres* arts ou humanities student ▸ **lettres classiques** classics ▸ **lettres modernes** French language and literature / *lettres supérieures* preparatory class *(leading to the École Normale Supérieure and lasting two years)* **3.** [titre] ▸ **lettres de noblesse** letters patent of nobility. ◆ **lettre de change** nf bill of exchange.

leucémie [løsemi] nf leukaemia UK, leukemia US.

leucocyte [løkɔsit] nm leucocyte.

leucorrhée [løkɔʀe] nf leucorrhoea UK, leukorrhea US, leucorrhea US.

leur [lœʀ] pron pers inv (to) them / *je voudrais leur parler* I'd like to speak to them / *je leur ai donné la lettre* I gave them the letter, I gave the letter to them. ◆ **leur** (*pl* **leurs**) adj poss their / *c'est leur tour* it's their turn / *leurs enfants* their children. ◆ **le leur, la leur** (*pl* **les leurs**) pron poss theirs / *il faudra qu'ils y mettent du leur* they've got to pull their weight.

leurre [lœʀ] nm **1.** [appât] lure **2.** *fig* [illusion] illusion **3.** *fig* [tromperie] deception, trap.

leurrer [5] [lœʀe] vt to deceive. ◆ **se leurrer** vp to deceive o.s.

levain [ləvɛ̃] nm **1.** CULIN ▸ **pain au levain / sans levain** leavened / unleavened bread **2.** *fig* [germe] seeds *pl*, germ.

levant [ləvɑ̃] ❖ nm east. ❖ adj ⟶ **soleil**.

levé, e [ləve] adj [debout] up. ◆ **levée** nf **1.** [de scellés, difficulté] removal ; [de blocus, de siège, d'interdiction] lifting **2.** [de séance] close, closing **3.** [d'impôts, du courrier] collection **4.** [d'armée] raising **5.** [remblai] dyke **6.** [jeux de cartes] trick. ◆ **levée de boucliers** nf (general) outcry.

lever [19] [ləve] ❖ vt **1.** [objet, blocus, interdiction] to lift **2.** [main, tête, armée] to raise / *lever les yeux* [de son livre] to look up / *levons nos verres à sa réussite* let's raise our glasses to ou let's drink to his success **3.** [scellés, difficulté] to remove **4.** [séance] to close, to end **5.** [impôts, courrier] to collect **6.** [plan, carte] to draw (up) **7.** [enfant, malade] ▸ **lever qqn** to get sb up. ❖ vi **1.** [plante] to come up **2.** [pâte] to rise. ❖ nm **1.** [d'astre] rising, rise ▸ **lever du jour** daybreak ▸ **lever du soleil** sunrise **2.** [de personne] : *il est toujours de* *mauvaise humeur au lever* he's always in a bad mood when he gets up / *le lever du roi* the levee of the king **3.** THÉÂTRE ▸ **lever de rideau** a) curtain, curtain-up b) *fig* curtain raiser. ◆ **se lever** vp **1.** [personne] to get up, to rise / *je ne peux pas me lever le matin* I can't get up ou I can't get out of bed in the morning / *se lever de sa chaise* to get up ou to rise from one's chair ; [vent] to get up **2.** [soleil, lune] to rise ; [jour] to break **3.** [temps] to clear / *le temps se lève* [il fait meilleur] the sky's clearing (up).

lève-tard [lɛvtaʀ] nmf *fam* late riser.

lève-tôt [lɛvto] nmf *fam* early riser.

levier [ləvje] nm *pr* & *fig* lever ▸ **levier de vitesses** gear stick UK, gear lever UK, gearshift US.

lévitation [levitasjɔ̃] nf levitation.

lèvre [lɛvʀ] nf **1.** ANAT lip ; [de vulve] labium ▸ **être suspendu aux lèvres de qqn** *fig* to hang on sb's every word ▸ **se mordre les lèvres** *fig* to bite one's lip **2.** [bord] edge.

lévrier, levrette [levʀije, ləvʀɛt] nm, f greyhound.

levure [ləvyʀ] nf yeast ▸ **levure chimique** baking powder.

lexical, e, aux [lɛksikal, o] adj lexical.

lexicographie [lɛksikɔgʀafi] nf lexicography.

lexique [lɛksik] nm **1.** [dictionnaire] glossary **2.** [vocabulaire] vocabulary.

lézard [lezaʀ] nm **1.** [animal] lizard ▸ **faire le lézard** *fam* & *fig* to bask in the sun **2.** [peau] lizard (skin).

lézarde [lezaʀd] nf crack.

lézarder [3] [lezaʀde] ❖ vt to crack. ❖ vi *fam* [paresser] to bask. ◆ **se lézarder** vp to crack.

Lhassa [lasa] npr Lhasa.

liaison [ljɛzɔ̃] nf **1.** [jonction, enchaînement] connection **2.** CULIN & LING liaison **3.** [contact, relation] contact ▸ **avoir une liaison** to have an affair ▸ **être / entrer en liaison avec** to be in / establish contact with ▸ **par liaison radio** by radio link ▸ **liaison par satellite** satellite link **4.** [transports] link.

liane [ljan] nf creeper.

liant, e [ljɑ̃, ɑ̃t] adj sociable. ◆ **liant** nm **1.** [substance] binder **2.** [élasticité] elasticity.

liasse [ljas] nf bundle ; [de billets de banque] wad.

Liban [libɑ̃] nm : *le Liban* Lebanon / *au Liban* in Lebanon.

libanais, e [libanɛ, ɛz] adj Lebanese. ◆ **Libanais, e** nm, f Lebanese (person) / *les Libanais* the Lebanese.

Libé [libe] (*abr de* **Libération**) nm *French leftist newspaper*.

libelle [libɛl] nm lampoon.

libellé [libele] nm wording.

libeller [4] [libele] vt **1.** [chèque] to make out **2.** [lettre] to word.

libellule [libelyl] nf dragonfly.

libéral, e, aux [libeʀal, o] ❖ adj [attitude, idée, parti] liberal. ❖ nm, f POL liberal.

libéralement [libeʀalmɑ̃] adv liberally.

libéralisation [libeʀalizasjɔ̃] nf liberalization.

libéraliser [3] [libeʀalize] vt to liberalize.

libéralisme [libeʀalism] nm liberalism.

libéralité [libeʀalite] nf **1.** [générosité] generosity **2.** *(gén pl)* [don] generous gift.

libérateur, trice [libeʀatœʀ, tʀis] ❖ adj [rire] liberating ▸ **guerre libératrice** war of liberation. ❖ nm, f liberator.

libération [libeʀasjɔ̃] nf **1.** [de prisonnier] release, freeing **2.** [de pays, de la femme] liberation ▸ **la Libération** HIST the Liberation **3.** [d'énergie] release.

libéré, e [libeʀe] nm, f freed prisoner.

libérer [18] [libeʀe] vt **1.** [prisonnier, fonds] to release, to free **2.** [pays, la femme] to liberate ▸ **libérer qqn de qqch** to free sb from sthg **3.** [passage] to clear **4.** [énergie] to release **5.** [instincts, passions] to give free rein to. ◆ **se libérer** vp **1.** [se rendre disponible] to get away **2.** [se dégager] ▸ **se libérer de** a) [lien] to free o.s. from b) [engagement] to get out of.

Liberia [libeʀja] nm : *le Liberia* Liberia / *au Liberia* in Liberia.

libérien, enne [libeʀjɛ̃, ɛn] adj Liberian. ◆ **Libérien, enne** nm, f Liberian.

libertaire [libɛʀtɛʀ] nmf & adj libertarian.

liberté [libɛʀte] nf **1.** [gén] freedom / *avoir toute liberté pour décider* to be totally free ou to have full freedom to decide ▸ **en liberté** free ▸ **Liberté, Égalité, Fraternité** Liberty, Equality, Fraternity ▸ **parler en toute liberté** to speak freely / *rendre la liberté à un oiseau* to set a bird free / *rendre la liberté à un otage* to release a hostage ▸ **vivre en liberté** to live in freedom / *un parc national où les animaux vivent en liberté* a national park where animals roam free ▸ **liberté d'entreprise** free enterprise ▸ **liberté d'expression** freedom of expression ▸ **liberté d'information** freedom of information ▸ **liberté d'opinion** freedom of thought ▸ **liberté des prix** freedom from price controls ▸ **liberté des rédacteurs** PRESSE editorial freedom / *les libertés publiques* civil liberties **2.** DR release ▸ **liberté conditionnelle** parole ▸ **liberté provisoire** bail ▸ **liberté surveillée** probation **3.** [loisir] free time / *je n'ai pas un instant de liberté* I haven't got a minute to myself.

libertin, e [libɛʀtɛ̃, in] ❖ adj [dissolu] dissolute ; [propos, livre] lewd. ❖ nm, f libertine.

libertinage [libɛʀtinaʒ] nm [débauche] dissoluteness ; [de propos, livre] lewdness.

libidineux, euse [libidinø, øz] adj lecherous.

libido [libido] nf libido.

libraire [libʀɛʀ] nmf bookseller.

librairie [libʀɛʀi] nf **1.** [magasin] bookshop UK, bookstore US **2.** [commerce, activité] book trade.

librairie-papeterie [libʀɛʀipapɛtʀi] (*pl* **librairies-papeteries**) nf bookseller's and stationer's UK ou stationery store US.

libre [libʀ] adj **1.** [gén] free ▸ **libre de qqch** free from sthg / *être libre de ses mouvements* to be free to do what one likes ▸ **être libre de faire qqch** to be free to do sthg / *libre à toi / à elle de refuser* you're/she's free to say no / *la ligne n'est pas libre* [au téléphone] the line is engaged UK ou busy US / *l'entrée de l'exposition est libre* entrance to the exhibition is free / *tu as un moment de libre ?* *fam* have you got a minute (to spare)? / *est-ce que la place est libre ?* is anyone sitting here? ▸ **libre de droits** [œuvre, photo] copyright-free **2.** [école, secteur] private **3.** [passage] clear / *la voie est libre* the way ou road is clear.

libre-échange [libʀeʃɑ̃ʒ] (*pl* **libres-échanges**) nm free trade *(U)*.

librement [libʀəmɑ̃] adv freely.

libre-penseur, euse [libʀəpɑ̃sœʀ, øz] (*mpl* **libres-penseurs** *fpl* **libres-penseuses**) nm, f freethinker.

libre-service [libʀəsɛʀvis] (*pl* **libres-services**) nm **1.** [système] ▸ **le libre-service** self-service **2.** [magasin] self-service shop UK ou store US; [restaurant] self-service restaurant.

librettiste [libʀɛtist] nmf librettist.

Libye [libi] nf : *la Libye* Libya.

libyen, enne [libjɛ̃, ɛn] adj Libyan. ◆ **Libyen, enne** nm, f Libyan.

lice [lis] nf ▸ **en lice** *fig* in the fray ▸ **entrer en lice** *fig* to join the fray.

licence [lisɑ̃s] nf **1.** [permis] permit ; COMM licence UK, license US ▸ **licence exclusive** exclusive licence UK ou license US ▸ **licence d'exploitation** [de logiciel, de réseau] licence **2.** UNIV (first) degree ▸ **licence ès lettres / en droit** ≃ Bachelor of Arts/Law degree **3.** INFORM ▸ **licence individuelle d'utilisation** single-user licence UK ou license US **4.** *litt* [liberté] licence UK, license US ▸ **licence poétique** poetic licence UK ou license US.

licence-master-doctorat [lisɑ̃smastɛʀdɔktɔʀa] (*pl* **licences-masters-doctorats**), **LMD, lmd** [ɛlɛmde] nm ≃ Bachelor Master Doctorate ; ≃ BMD.

licencié, e [lisɑ̃sje] ⟡ adj **1.** UNIV graduate *(avant n)* **2.** [autorisé] permit-holding *(avant n)* ; COMM licensed **3.** [qui a perdu son emploi] laid off ou made redundant UK. ⟡ nm, f **1.** UNIV graduate **2.** [titulaire d'un permis] permit holder ; COMM licence UK ou license US holder **3.** [qui a perdu son emploi] laid off ou redundant UK employee.

licenciement [lisɑ̃simɑ̃] nm dismissal ; [économique] layoff, redundancy UK ▸ **licenciement collectif** mass redundancy ou lay-offs ▸ **licenciement économique** ou **pour raisons économiques** layoff ou redundancy UK for economic reasons.

licencier [9] [lisɑ̃sje] vt [pour faute] to dismiss, to fire ; [pour raison économique] to lay off, to make redundant UK / *se faire licencier* to be laid off, to be made redundant UK.

licencieux, euse [lisɑ̃sjø, øz] adj licentious.

lichen [likɛn] nm lichen.

licite [lisit] adj lawful, legal.

licol [likɔl], **licou** [liku] nm halter.

licorne [likɔʀn] nf unicorn.

licou = **licol**

lie [li] nf [dépôt] dregs *pl*, sediment ▸ **la lie de la société** *fig* & *litt* the dregs *pl* of society.

lié, e [lje] adj **1.** [mains] bound **2.** [amis] ▸ **être très lié avec** to be great friends with.

lie-de-vin [lidəvɛ̃] adj inv burgundy, wine-coloured UK, wine-colored US.

liège [ljɛʒ] nm cork ▸ **en** ou **de liège** cork.

liégeois, e [ljeʒwa, az] adj **1.** GÉOGR of/from Liège **2.** CULIN ▸ **café / chocolat liégeois** *coffee or chocolate ice cream topped with whipped cream.*

lien [ljɛ̃] nm **1.** [sangle] bond **2.** [relation, affinité] bond, tie / *avoir des liens de parenté avec* to be related to **3.** *fig* [enchaînement] connection, link **4.** INFORM link.

lier [9] [lje] vt **1.** [attacher] to tie (up) ▸ **lier qqn / qqch à** to tie sb/sthg to **2.** [suj : contrat, promesse] to bind ▸ **lier qqn / qqch par** to bind sb/sthg by **3.** [relier par la logique] to link, to connect ▸ **lier qqch à** to link sthg to, to connect sthg with **4.** [commencer] ▸ **lier connaissance / conversation avec** to strike up an acquaintance/a conversation with **5.** [suj : sentiment, intérêt] to unite **6.** CULIN to thicken. ◆ **se lier** vp **1.** [s'attacher] ▸ **se lier (d'amitié) avec qqn** to make friends with sb **2.** [s'astreindre] : *se lier par une promesse* to be bound by a promise.

lierre [ljɛʀ] nm ivy.

liesse [ljɛs] nf jubilation.

lieu, x [ljø] nm **1.** [endroit] place ▸ **lieu d'achat** point of purchase ▸ **lieu de mémoire** a) memorial b) *fig* repository of culture ▸ **lieu de naissance** birthplace ▸ **lieu de passage** port of call ▸ **lieu de perdition** den of vice ▸ **lieu public** public place ▸ **lieu saint** holy place ▸ **lieu de travail** : *sur votre lieu de travail* at your place of work ▸ **lieu de vente** point of sale ▸ **haut lieu de qqch** *fig* centre UK ou center US of sthg ▸ **en haut lieu** *fig* in high places / *ça se décidera en haut lieu* the decision will be made at a high level ▸ **en lieu sûr** in a safe place **2.** EXPR **avoir lieu** to take place ▸ **avoir lieu de faire qqch** to have grounds for doing sthg / *il y a tout lieu de croire* there is every reason to believe ▸ **donner lieu à** to give rise to ▸ **tenir lieu de** to take the place of. ◆ **lieux** nmpl **1.** [scène] scene *sg*, spot *sg* / *sur les lieux (d'un crime / d'un accident)* at the scene (of a crime/an accident) **2.** [domicile] premises / *les grévistes occupent les lieux* the strikers are occupying the premises. ◆ **lieu commun** nm commonplace. ◆ **au lieu de** loc prép ▸ **au lieu de qqch / de faire qqch** instead of sthg/of doing sthg / *elle aurait dû me remercier, au lieu de ça, elle m'en veut* she should have thanked me, instead of which she bears a grudge against me. ◆ **en dernier lieu** loc adv lastly / *n'ajoutez le sucre qu'en tout dernier lieu* do not add the sugar until the last moment. ◆ **en premier lieu** loc adv in the first place. ◆ **en second lieu** loc adv in the second place.

lieu-dit [ljødi] (*pl* **lieux-dits**) nm locality, place.

lieue [ljø] nf league ▸ **j'étais à cent lieues de penser cela** *fig* I never thought that for a moment.

lieutenant, e [ljøtnɑ̃, ljøtnɑ̃t] nm, f lieutenant.

lieutenant-colonel, lieutenante-colonelle [ljøtnɑ̃kɔlɔnɛl] (*mpl* **lieutenants-colonels**, *fpl* **lieutenantes-colonelles**) nm, f lieutenant-colonel.

lièvre [ljɛvʀ] nm hare ▸ **courir deux lièvres à la fois** *fig* to do more than one thing at a time ▸ **lever un lièvre** *fig* to ask an awkward question.

lifter [3] [lifte] vt **1.** TENNIS to put topspin on **2.** MÉD ▸ **se faire lifter** to have a facelift.

lifting [liftiŋ] nm face-lift.

ligament [ligamɑ̃] nm ligament.

ligature [ligatyʀ] nf [MÉD - lien] ligature ; [- opération] ligation, ligature ▸ **ligature des trompes** MÉD tubal ligation.

ligaturer [3] [ligatyʀe] vt **1.** MÉD to ligature, to ligate **2.** AGRIC to bind.

lige [liʒ] adj ▸ **homme lige** liege man.

ligne [liɲ] nf **1.** [gén] line / *il est en ligne, vous patientez ?* he's on another call just now: will you hold the line? ▸ **restez en ligne !** TÉLÉCOM hold the line! ▸ **à la ligne** new line OU paragraph ▸ **en ligne a)** [personnes] in a line **b)** INFORM on line ▸ **descendre en ligne directe de** to be directly descended from ▸ **en ligne droite** as the crow flies ▸ **dans sa ligne de mire** in one's line of sight ▸ **ligne de départ / d'arrivée** starting / finishing UK OU finish US line ▸ **ligne aérienne** airline ▸ **ligne d'autobus a)** [service] bus service **b)** [itinéraire] bus route ▸ **ligne de métro** underground line UK, subway line US ▸ **ligne blanche / jaune** white / yellow line *(on roads)* ▸ **ligne de commande** INFORM command line ▸ **ligne de conduite** line of conduct ▸ **ligne de crédit** OU **de découvert** line of credit, credit line ▸ **ligne de démarcation** demarcation line ▸ **ligne directrice** guideline ▸ **ligne de flottaison** water line ▸ **ligne d'horizon** skyline ▸ **ligne de partage des eaux** watershed ▸ **lignes de la main** lines of the hand ▸ **les lignes ennemies** the enemy lines ▸ **être / monter en première ligne** *pr* & *fig* to be in / to go to the front line ▸ **les grandes lignes** [transports] the main lines **2.** [forme - de voiture, meuble] lines *pl* **3.** [silhouette] ▸ **avoir la ligne** to have a good figure ▸ **garder la ligne** to keep one's figure ▸ **surveiller sa ligne** to watch one's waistline **4.** [de pêche] fishing line ▸ **pêcher à la ligne** to go angling **5.** EXPR **dans les grandes lignes** in outline ▸ **entrer en ligne de compte** to be taken into account / *se tromper sur toute la ligne* to be completely mistaken.

lignée [liɲe] nf [famille] descendants *pl* ▸ **dans la lignée de** *fig* [d'écrivains, d'artistes] in the tradition of.

lignite [liɲit] nm lignite.

ligoter [3] [ligɔte] vt **1.** [attacher] to tie up ▸ **ligoter qqn à qqch** to tie sb to sthg **2.** *fig* [entraver] to bind.

ligue [lig] nf league.

liguer [3] [lige] ◆ **se liguer** vp to form a league ▸ **se liguer contre** to conspire against.

lilas [lila] nm & adj inv lilac.

limace [limas] nf **1.** ZOOL slug **2.** *fam* & *fig* [personne] slowcoach UK, slowpoke US.

limaille [limaj] nf filings *pl*.

limande [limɑ̃d] nf dab.

limbes [lɛ̃b] nmpl RELIG limbo *sg* ▸ **être dans les limbes** *fig* to be in limbo.

lime [lim] nf **1.** [outil] file ▸ **lime à ongles** nail file **2.** BOT lime.

limer [3] [lime] vt [ongles] to file ; [aspérités] to file down ; [barreau] to file through.

limier [limje] nm **1.** [chien] bloodhound **2.** [détective] sleuth ▸ **fin limier** first-rate detective.

liminaire [liminɛʀ] adj introductory.

limitatif, ive [limitatif, iv] adj restrictive.

limitation [limitasjɔ̃] nf limitation ; [de naissances] control ▸ **limitation de vitesse** speed limit.

limite [limit] ◆ nf **1.** [gén] limit ▸ **à la limite** [au pire] at worst / *à la limite, j'accepterais de le voir* if pushed, I'd agree to see him **2.** [terme, échéance] deadline ▸ **limite d'âge** age limit. ◆ adj [extrême] maximum *(avant n)* ▸ **cas limite** borderline case ▸ **date limite** deadline ▸ **date limite de vente / consommation** sell-by / use-by date. ◆ **limites** nfpl ▸ **sans limites** limitless.

limité, e [limite] adj [peu important] limited.

limiter [3] [limite] vt **1.** [borner] to border, to bound **2.** [restreindre] to limit. ◆ **se limiter** vp **1.** [se restreindre] ▸ **se limiter à qqch / à faire qqch** to limit o.s. to sthg / to doing sthg **2.** [se borner] ▸ **se limiter à** to be limited to.

limitrophe [limitʀɔf] adj **1.** [frontalier] border *(avant n)* ▸ **être limitrophe de** to border on **2.** [voisin] adjacent.

limogeage [limɔʒaʒ] nm dismissal.

limoger [17] [limɔʒe] vt to dismiss.

limon [limɔ̃] nm **1.** GÉOL alluvium, silt **2.** CONSTR stringboard.

limonade [limɔnad] nf lemonade UK.

limpide [lɛ̃pid] adj **1.** [eau] limpid **2.** [ciel, regard] clear **3.** [explication, style] clear, lucid.

limpidité [lɛ̃pidite] nf **1.** [d'eau] limpidity **2.** [du ciel, de regard] clearness **3.** [d'explication, de style] clarity, lucidity.

lin [lɛ̃] nm **1.** BOT flax **2.** [tissu] linen.

linceul [lɛ̃sœl] nm shroud.

linéaire [lineɛʀ] adj **1.** [mesure, perspective] linear **2.** *fig* [récit] one-dimensional.

linge [lɛ̃ʒ] nm **1.** [lessive] laundry, washing UK **2.** [de lit, de table] linen **3.** [sous-vêtements] underwear ▸ **linge sale** dirty laundry OU washing UK ▸ **laver son linge sale en famille** *fam* not to wash one's dirty linen OU laundry in public **4.** [morceau de tissu] cloth **5.** EXPR **blanc** OU **pâle comme un linge** as white as a sheet.

lingerie [lɛ̃ʒʀi] nf **1.** [sous-vêtements] lingerie **2.** [local] linen room.

lingette [lɛ̃ʒɛt] nf wipe / *lingette antibactérienne* anti-bacterial wipe ▸ **lingette démaquillante** eye makeup remover pad.

lingot [lɛ̃go] nm ingot ▸ **lingot d'or** gold ingot.

linguiste [lɛ̃gɥist] nmf linguist.

linguistique [lɛ̃gɥistik] ❖ nf linguistics *(U)*. ❖ adj linguistic.

lino [linɔ], **linoléum** [linɔleɔm] nm lino, linoleum.

linotte [linɔt] nf ZOOL linnet ▸ **tête de linotte** *fam* & *fig* featherbrain.

linteau, x [lɛ̃to] nm lintel.

lion, lionne [ljɔ̃, ljɔn] nm, f lion (lioness). ◆ **Lion** nm ASTROL Leo ▸ **être un Lion** to be (a) Leo.

lionceau, x [ljɔ̃so] nm lion cub.

lipide [lipid] nm lipid.

liposuccion [lipɔsy(k)sjɔ̃] nf liposuction.

lippu, e [lipy] adj thick-lipped.

liquéfier [9] [likefje] vt to liquefy. ◆ **se liquéfier** vp **1.** [matière] to liquefy **2.** *fam* & *fig* [personne] to turn to jelly.

liqueur [likœʀ] nf liqueur.

liquidation [likidasjɔ̃] nf **1.** [de compte & FIN] settlement **2.** [de société, stock] liquidation ▸ **liquidation de fin de mois** end-of-month settlement ▸ **liquidation judiciaire** compulsory liquidation **3.** *arg crime* [de témoin] liquidation, elimination **4.** *fam* & *fig* [de problème] elimination.

liquide [likid] ❖ nm **1.** [substance] liquid ▸ **liquide de refroidissement** coolant ▸ **liquide vaisselle** washing-up liquid, dishwashing liquid US, dish soap US **2.** [argent] cash ▸ **en liquide** in cash. ❖ nf LING liquid. ❖ adj **1.** [corps & LING] liquid **2.** [en argent] cash *(avant n)*.

liquider [3] [likide] vt **1.** FIN [compte] to settle **2.** [société, stock] to liquidate **3.** *fam* [importun] to get rid of **4.** *arg crime* [témoin] to liquidate, to eliminate ; *fig* [problème] to eliminate, to get rid of.

liquidité [likidite] nf liquidity. ◆ **liquidités** nfpl liquid assets / *liquidités internationales* international liquidity.

liquoreux, euse [likɔʀø, øz] adj syrupy.

lire [106] [liʀ] vt to read / *lire un rapport en diagonale* to flick ou to skim through a report ▸ **lire entre les lignes** to read between the lines / *lire sur les lèvres* to lip-read / *lire dans les pensées de qqn* to read sb's thoughts ou mind / *ça se lit facilement* it's easy to read / *l'inquiétude se lisait sur son visage* anxiety showed on ou was written all over his face ▸ **lu et approuvé** read and approved / *allemand lu et parlé* [dans un curriculum] fluent German.

lis, lys [lis] nm lily.

lisais, lisions ⟶ **lire**.

Lisbonne [lizbɔn] npr Lisbon.

lise, lises ⟶ **lire**.

liseré [lizʀe], **liséré** [lizeʀe] nm **1.** [ruban] binding **2.** [bande] border, edging.

liseron [lizʀɔ̃] nm bindweed.

liseuse [lizøz] nf **1.** [couvre-livre] book cover **2.** [signet] paper knife *(cum bookmark)* **3.** [vêtement] bedjacket **4.** [lampe] reading light.

lisible [lizibl] adj **1.** [écriture] legible **2.** [roman] readable.

lisiblement [lizibləmɑ̃] adv legibly.

lisière [lizjɛʀ] nf **1.** [limite] edge **2.** COUT selvage.

lisse [lis] ❖ nf **1.** [rambarde] handrail **2.** NAUT rib. ❖ adj **1.** [surface, peau] smooth **2.** [cheveux] straight.

lisser [3] [lise] vt **1.** [papier, vêtements] to smooth (out) **2.** [moustache, cheveux] to smooth (down) **3.** [plumes] to preen.

listage [listaʒ] nm listing.

liste [list] nf list / *faire* ou *dresser une liste* to make (out) ou to draw up a list ▸ **liste d'attente** waiting list, waitlist US ▸ **liste de clients** client list ▸ **liste de diffusion** INTERNET mailing list ▸ **liste de discussion** INTERNET discussion list ▸ **liste de distribution** INTERNET distribution list ▸ **liste électorale** electoral register UK, electoral roll UK, list of registered voters US ▸ **liste des invités** guest list ▸ **liste de mariage** wedding present list ▸ **liste noire** blacklist / *elle est sur la liste noire* she has been blacklisted ▸ **être sur la liste rouge** to be ex-directory UK, to have an unlisted number US ▸ **liste de vérification** AÉRON checklist.

lister [3] [liste] vt to list.

listériose [listeʀjoz] nf MÉD listeriosis *(U)*.

listing [listiŋ] nm listing.

lit [li] nm **1.** [gén] bed ▸ **faire son lit** to make one's bed ▸ **garder le lit** to stay in bed ▸ **se mettre au lit** to go to bed ▸ **lit à baldaquin** four-poster bed ▸ **lit de camp** camp bed UK, cot US ▸ **lit d'enfant** cot UK, crib US ▸ **lit gigogne** pull-out bed ▸ **lits jumeaux** twin beds ▸ **lit nuptial** marriage bed ▸ **lits superposés** bunk beds **2.** DR marriage ▸ **d'un premier lit** of a first marriage.

litanie [litani] nf litany.

litchi [litʃi], **letchi** [lɛtʃi] nm **1.** [arbre] litchi, lychee **2.** [fruit] litchi, lychee, lichee.

literie [litʀi] nf bedding.

lithographie [litɔgʀafi] nf **1.** [procédé] lithography **2.** [image] lithograph.

litière [litjɛʀ] nf litter.

litige [litiʒ] nm **1.** DR lawsuit **2.** [désaccord] dispute.

litigieux, euse [litiʒjø, øz] adj **1.** DR litigious **2.** [douteux] disputed.

litote [litɔt] nf understatement, litotes.

litre [litʀ] nm **1.** [mesure, quantité] litre UK, liter US **2.** [récipient] litre UK ou liter US bottle.

litron [litʀɔ̃] nm *tfam* litre UK ou liter US of wine.

littéraire [liteʀɛʀ] ❖ nmf *person who is strong in arts subjects.* ❖ adj literary.

littéral, e, aux [liteʀal, o] adj **1.** [gén] literal **2.** [écrit] written.

littéralement [liteʀalmɑ̃] adv literally.

littérature [liteʀatyʀ] nf **1.** [gén] literature ▸ **littérature comparée** comparative literature **2.** [profession] writing.

littoral, e, aux [litɔʀal, o] adj coastal. ◆ **littoral** nm coast, coastline.

Lituanie [litɥani] nf : *la Lituanie* Lithuania.

lituanien, enne [litɥanjɛ̃, ɛn] adj Lithuanian. ◆ **lituanien** nm [langue] Lithuanian. ◆ **Lituanien, enne** nm, f Lithuanian.

liturgie [lityʀʒi] nf liturgy.

liturgique [lityʀʒik] adj liturgical.

live [lajv] adj inv live / *spectacle live* live show ▸ **partir en live** *fam* to flip one's lid.

livide [livid] adj [blême] pallid.

livrable [livʀabl] adj able to be delivered.

livraison [livʀɛzɔ̃] nf [de marchandise] delivery ▸ **livraison à domicile** home delivery / *payer à la livraison* to pay cash on delivery / *prendre livraison de qqch* to take delivery of sthg.

livre[1] [livʀ] nm **1.** [gén] book / *l'industrie du livre* the book industry ▸ **livre audio** audiobook ▸ **livre de bord** log, logbook ▸ **livre de classe** schoolbook, textbook ▸ **livre de comptes** (account) books ▸ **livre de cuisine** cookbook, cookery book UK ▸ **livre électronique** e-book ▸ **livres pour enfants** children's books ▸ **livre de messe** missal ▸ **livre d'or** visitors' book ▸ **livre de poche** paperback ▸ **livre scolaire** schoolbook, textbook ▸ **à livre ouvert** *fig* at sight ▸ **c'est mon livre de chevet** it's a book I read and re-read **2.** [industrie] book trade.

livre[2] nf pound ▸ **livre sterling** pound sterling ▸ **livre verte** green pound.

livre-cassette [livʀəkasɛt] (*pl* **livres-cassettes**) nm spoken-word cassette.

livrée [livʀe] nf [uniforme] livery.

livrer [3] [livʀe] vt **1.** COMM to deliver ▸ **livrer qqch à qqn** [achat] to deliver sthg to sb / *livrer qqch à domicile* to deliver sthg *(to the customer's home)* **2.** *fig* to reveal / *dans ses romans, elle livre peu d'elle-même* she doesn't reveal much about herself in her novels ▸ **livrer qqch à qqn** [secret] to reveal OU give away sthg to sb **3.** [coupable, complice] ▸ **livrer qqn à qqn** to hand sb over to sb **4.** [abandonner] ▸ **livrer qqch à qqch** to give sthg over to sthg / *le pays est livré à la corruption* the country has been given over to OU has sunk into corruption ▸ **livrer qqn à lui-même** to leave sb to his own devices ▸ **livrer passage à qqn** *fig* to let sb pass. ◆ **se livrer** vp **1.** [se rendre] ▸ **se livrer à a)** [police, ennemi] to give o.s. up to **b)** [amant] to give o.s. to **2.** [se confier] ▸ **se livrer à** [ami] to open up to, to confide in / *elle ne se livre jamais* she never confides in anybody, she never opens up **3.** [se consacrer] ▸ **se livrer à a)** [occupation] to devote o.s. to **b)** [excès] to indulge in / *se livrer à une enquête* to hold OU to conduct an investigation / *ils se livraient au chantage* they were engaged in blackmail.

livresque [livʀɛsk] adj bookish.

livret [livʀɛ] nm **1.** [carnet] booklet ▸ **livret de caisse d'épargne** bankbook, passbook UK ▸ **livret de famille** *official family record book, given by registrar to newlyweds* ▸ **livret scolaire** ≃ school report UK ; ≃ report card US **2.** [catalogue] catalogue UK, catalog US **3.** MUS book, libretto.

livreur, euse [livʀœʀ, øz] nm, f delivery man (woman).

Ljubljana [ljubljana] npr Ljubljana.

LMD, lmd [ɛlɛmde] nm = **licence-master-doctorat**.

LO (*abr de* **tte ouvrière**) nf *left-wing political party*.

lobby [lɔbi] (*pl* **lobbies**) nm lobby.

lobbying [lɔbiiŋ] nm ▸ **faire du lobbying** to lobby.

lobbyiste [lɔbiist] nmf lobbyist.

lobe [lɔb] nm **1.** ANAT & BOT lobe **2.** ARCHIT foil.

lober [3] [lɔbe] vt to lob.

local, e, aux [lɔkal, o] adj local ; [douleur] localized. ◆ **local** nm room, premises *pl*. ◆ **locaux** nmpl premises, offices.

localement [lɔkalmɑ̃] adv locally.

localisation [lɔkalizasjɔ̃] nf **1.** [d'un avion, d'un bruit] location **2.** [d'une épidémie, d'un conflit, d'un produit multimédia] localization.

localiser [3] [lɔkalize] vt **1.** [avion, bruit] to locate **2.** [épidémie, conflit, produit multimédia] to localize. ◆ **se localiser** vp to be confined.

localité [lɔkalite] nf (small) town.

locataire [lɔkatɛʀ] nmf tenant.

locatif, ive [lɔkatif, iv] adj [relatif à la location] rental *(avant n)*. ◆ **locatif** nm GRAM locative.

location [lɔkasjɔ̃] nf **1.** [de propriété - par propriétaire] renting, letting UK ; [- par locataire] renting ; [de machine] leasing ▸ **location de voitures / vélos** car / bicycle hire UK, car / bicycle rental US **2.** [bail] lease **3.** [maison, appartement] rented property, rental US **4.** [réservation] booking. ◆ **en location** loc adj ▸ **être en location a)** [locataire] to be renting *(a house)* **b)** [appartement] to be available for rent, to be up for rent.

location-vente [lɔkasjɔ̃vɑ̃t] (*pl* **locations-ventes**) nf ≃ hire purchase UK ; ≃ installment plan US.

locavore [lɔkavɔʀ] nmf locavore.

loc. cit. (*abr écrite de* **loco citato**) loc. cit.

lock-out [lɔkaut] nm inv lockout.

locomoteur, trice [lɔkɔmɔtœʀ, tʀis] adj locomotive *(avant n)*.

locomotion [lɔkɔmɔsjɔ̃] nf locomotion.

locomotive [lɔkɔmɔtiv] nf **1.** [machine] locomotive **2.** *fig* [leader] pacesetter.

locuteur, trice [lɔkytœʀ, tʀis] nm, f speaker.

locution [lɔkysjɔ̃] nf expression, phrase.

loden [lɔdɛn] nm [étoffe] loden ; [vêtement] loden overcoat.

loft [lɔft] nm (converted) loft.

logarithme [lɔgaʀitm] nm logarithm.

loge [lɔʒ] nf **1.** [de concierge, de francs-maçons] lodge **2.** [d'acteur] dressing room **3.** [de spectacle] box ▸ **être aux premières loges** *fam* & *fig* to have a ringside seat **4.** [d'écurie] loose box **5.** ARCHIT loggia.

logement [lɔʒmɑ̃] nm **1.** [hébergement] accommodation UK, accommodations *pl* US **2.** [appartement] flat UK, apartment US ▸ **logement de fonction** company flat UK ou apartment US ▸ **logements sociaux** social housing.

loger [17] [lɔʒe] ❖ vi [habiter] to live. ❖ vt **1.** [amis, invités] to put up **2.** [introduire] to put **3.** [suj : hôtel, maison] to accommodate, to take. ◆ **se loger** vp **1.** [trouver un logement] to find accommodation UK ou accommodations US **2.** [se placer - projectile] ▸ **se loger dans** to lodge in, to stick in ▸ **se loger dans** *fig* [angoisse] to take hold of.

logeur, euse [lɔʒœʀ, øz] nm, f landlord (landlady).

loggia [lɔdʒja] nf loggia.

logiciel [lɔʒisjɛl] nm software *(U)* ▸ **logiciel auteur** authoring software ▸ **logiciel éducatif** courseware ▸ **logiciel espion** spyware ▸ **logiciel de filtrage** filtering ou blocking software ▸ **logiciel intégré** integrated software ▸ **logiciel de navigation** browser ▸ **logiciel de réseau** network software.

logique [lɔʒik] ❖ nf logic / *c'est dans la logique des choses* it's in the nature of things / *ton raisonnement manque de logique* your argument isn't very logical ou consistent ▸ **logique programmable** INFORM field programmable logic array. ❖ adj logical / *ah oui, c'est logique, je n'y avais pas pensé !* ah, that makes sense; I hadn't thought of that! / *tu la brimes, elle t'en veut, c'est logique* if you pick on her she'll hold it against you; that's only normal ou natural ou logical.

logiquement [lɔʒikmɑ̃] adv logically.

logis [lɔʒi] nm *litt* abode.

logistique [lɔʒistik] ❖ nf logistics *pl.* ❖ adj logistic.

logo [logo] nm logo.

logorrhée [lɔgɔʀe] nf logorrhoea UK, logorrhea US.

loi [lwa] nf **1.** [gén] law ▸ **faire la loi** to lay down the law ▸ **loi d'exception** emergency legislation ▸ **loi fondamentale** fundamental law ▸ **la loi du plus fort** might is right ▸ **la loi de la gravitation universelle** ou **de la pesanteur** the law of gravity ▸ **la loi de la jungle** the law of the jungle ▸ **la loi du silence** the law of silence ▸ **la loi de 1901** *law concerning the setting up of non-profit organizations* / *selon la loi en vigueur* according to the law as it stands / *tomber sous le coup de la loi* to be a statutory offence UK ou offense US **2.** [convention] rule / *les lois de l'hospitalité / du savoir-vivre* the rules of hospitality / etiquette / *les lois de l'honneur* the code of honour.

loin [lwɛ̃] adv **1.** [dans l'espace] far / *plus loin* farther, further / *ils habitent loin* they live a long way away / *ils ont poussé les recherches très loin* *fig* they took the research as far as possible **2.** [dans le temps - passé] a long time ago ; [- futur] a long way off / *c'est loin tout ça !* **a)** [dans le passé] that was a long time ago!, that seems a long way off now! **b)** [dans le futur] that's a long way off! ◆ **au loin** loc adv in the distance, far off / *on voyait, au loin, une rangée de peupliers* a row of poplars could be seen in the far distance ou far off in the distance. ◆ **de loin** loc adv **1.** [depuis une grande distance] from a distance ▸ **de très loin** from a great distance ▸ **de plus loin** from farther ou further away / *je vois mal de loin* I can't see very well from a distance **2.** [assez peu] from a distance, from afar / *suivre les événements de loin* to follow events from a distance **3.** [de beaucoup] by far / *je le préfère à ses collègues, et de loin* I much prefer him to his colleagues. ◆ **de loin en loin** loc adv **1.** [dans l'espace] here and there **2.** [dans le temps] every now and then, from time to time. ◆ **loin de** loc prép **1.** [gén] far from ▸ **loin de là !** *fig* far from it! **2.** [dans le temps] : *il n'est pas loin de 9 h* it's nearly 9 o'clock, it's not far off 9 o'clock / *ça ne fait pas loin de quatre ans qu'ils sont mariés* they've been married nearly four years.

lointain, e [lwɛ̃tɛ̃, ɛn] adj **1.** [pays, avenir, parent] distant **2.** [ressemblance] vague. ◆ **lointain** nm ▸ **au** ou **dans le lointain** in the distance.

loir [lwaʀ] nm dormouse ▸ **dormir comme un loir** *fam* & *fig* to sleep like a log.

loisible [lwazibl] adj *sout* ▸ **il m'est loisible de participer** I am at liberty to take part.

loisir [lwaziʀ] nm **1.** [temps libre] leisure ▸ **avoir le loisir de faire qqch** *sout* to have the time to do sthg ▸ **à loisir** **a)** [à satiété] as much as one likes **b)** [sans hâte] at leisure **2.** *(gén pl)* [distractions] leisure activities *pl*.

LOL (*abr écrite de* **laughing out loud**) SMS LOL.

lombago = **lumbago**.

lombaire [lɔ̃bɛʀ] ❖ nf lumbar vertebra. ❖ adj lumbar.

lombes [lɔ̃b] nfpl loins.

Lomé [lome] npr Lomé.

londonien, enne [lɔ̃dɔnjɛ̃, ɛn] adj London *(avant n)*. ◆ **Londonien, enne** nm, f Londoner.

Londres [lɔ̃dʀ] npr London.

long, longue [lɔ̃, lɔ̃g] adj **1.** [gén] long / *j'ai trouvé le temps long* the time seemed to go (by) really slowly / *une longue rangée d'arbres* a long row of trees ▸ **une robe longue** a full-length ou long dress / *long de* [mesurant] : *tunnel long de deux kilomètres* two-kilometre UK ou two-kilometer US long tunnel **2.** [lent] slow ▸ **être long à faire qqch** to take a long time doing sthg / *ne soyez pas trop long à me répondre* don't take too long answering me / *il est long à venir, ce café !* that coffee's a long time coming! **3.** [qui existe depuis longtemps] long, long-standing / *sa longue expérience de journaliste* his many years spent ou his long experience as a journalist. ◆ **long** ❖ nm **1.** [longueur] ▸ **4 mètres de long** 4 metres UK ou meters US long ou in length ▸ **de long en large** up and down, to and fro ▸ **en long et en large** in great detail ▸ **en long, en large et en travers** **a)** [examiner] from every (conceivable) angle **b)** [raconter] in the minutest detail, at some considerable length ▸ **(tout) le long de** [espace] all along ▸ **tout le long du jour** the whole day long ▸ **tout au long de** [année, carrière] throughout ▸ **tomber de tout son long** to go full length **2.** [vêtement] ▸ **le long** long clothes *pl* / *la mode est au long* long styles are in fashion. ❖ adv **1.** [beaucoup] : *en dire long* : *geste / regard qui en dit long* eloquent gesture/look, to speak volumes ▸ **en savoir long sur qqch** to know a lot about sthg **2.** [s'habiller] : *elle est habillée trop long* her clothes are too long. ◆ **longue** nf **1.** LING long vowel **2.** MUS long note **3.** [suite de cartes] long suit. ◆ **à la longue** loc adv in the end / *à la longue, tout se sait* everything comes out in the end.

long. (*abr écrite de* **longitude**) long.

long-courrier (*pl* **long-courriers**) [lɔ̃kuʀje] adj [navire] ocean-going ; [vol] long-haul.

longe [lɔ̃ʒ] nf **1.** [courroie] halter **2.** [viande] loin.

longer [17] [lɔ̃ʒe] vt **1.** [border] to go along OU alongside **2.** [marcher le long de] to walk along ; [raser] to stay close to, to hug.

longévité [lɔ̃ʒevite] nf longevity.

longiligne [lɔ̃ʒiliɲ] adj long-limbed.

longitude [lɔ̃ʒityd] nf longitude.

longitudinal, e, aux [lɔ̃ʒitydinal, o] adj longitudinal.

longtemps [lɔ̃tɑ̃] adv (for) a long time ▸ **avant longtemps** before long / *il ne reviendra pas avant longtemps* he won't be back for some time ▸ **depuis longtemps** (for) a long time ▸ **il y a longtemps que...** it's been a long time since... / *il y a longtemps qu'il est là* he's been here a long time ▸ **mettre longtemps à faire qqch** to take a long time to do sthg ▸ **je n'en ai pas pour longtemps** I won't be long.

longue ⟶ **long**.

longuement [lɔ̃gmɑ̃] adv **1.** [longtemps] for a long time **2.** [en détail] at length.

longuet, ette [lɔ̃gɛ, ɛt] adj *fam* longish, a bit long.

longueur [lɔ̃gœʀ] nf length / *faire 5 mètres de longueur* to be 5 metres UK OU meters US long ▸ **disposer qqch en longueur** to put sthg lengthways / *le jardin est tout en longueur* the garden is long and narrow ▸ **à longueur de journée / temps** the entire day/time ▸ **à longueur d'année** all year long ▸ **longueur d'onde** wavelength ▸ **être sur la même longueur d'onde** *fig* to be on the same wavelength / *il l'a emporté d'une longueur* he won by a length ▸ **longueur de bloc / de mot** INFORM block/word length. ◆ **longueurs** nfpl [de film, de livre] boring parts / *il y a des longueurs dans le film* the film UK OU movie US is a little tedious in parts.

longue-vue [lɔ̃gvy] (*pl* **longues-vues**) nf telescope.

look [luk] nm *fam* look ▸ **avoir un look** to have a style.

looping [lupiŋ] nm loop-the-loop.

lopin [lɔpɛ̃] nm ▸ **lopin (de terre)** patch OU plot of land.

loquace [lɔkas] adj loquacious.

loquacité [lɔkasite] nf loquacity.

loque [lɔk] nf **1.** [lambeau] rag ▸ **en loques** in rags **2.** *fig* [personne] wreck.

loquet [lɔkɛ] nm latch.

lorgner [3] [lɔʀɲe] vt *fam* **1.** [observer] to eye **2.** [guigner] to have one's eye on.

lorgnette [lɔʀɲɛt] nf opera glasses *pl*.

lorgnon [lɔʀɲɔ̃] nm lorgnette.

lors [lɔʀ] adv ▸ **lors de** at the time of.

lorsque [lɔʀsk(ə)] conj when.

losange [lɔzɑ̃ʒ] nm lozenge.

lot [lo] nm **1.** [part] share ; [de terre] plot **2.** [stock] batch **3.** [prix] prize ▸ **le gros lot** the jackpot **4.** *litt* & *fig* [destin] fate, lot.

loterie [lɔtʀi] nf lottery.

loti, e [lɔti] adj ▸ **être bien / mal loti** to be well/badly off.

lotion [lɔsjɔ̃] nf lotion ▸ **lotion après-rasage** aftershave (lotion).

lotir [32] [lɔtiʀ] vt to divide up ▸ **lotir qqn de qqch** to allot sthg to sb.

lotissement [lɔtismɑ̃] nm **1.** [terrain] plot **2.** [division de terrain] parcelling out UK, parceling out US.

loto [lɔto] nm **1.** [jeu de société] lotto **2.** [loterie] *popular national lottery* ❖ nf QUÉBEC lottery.

lotte [lɔt] nf monkfish.

lotus [lɔtys] nm lotus.

louable [lwabl] adj **1.** [méritoire] praiseworthy **2.** [location] : *facilement / difficilement louable* easy/difficult to rent, easy/difficult to let UK.

louage [lwaʒ] nm hire UK, rental US ▸ **voiture de louage** hire UK OU rental US car.

louange [lwɑ̃ʒ] nf praise ▸ **chanter les louanges de qqn** *fig* to sing sb's praises.

loubar(d) [lubaʀ] nm *fam* hooligan.

louche¹ [luʃ] nf ladle.

louche² [luʃ] adj [personne, histoire] suspicious.

loucher [3] [luʃe] vi **1.** [être atteint de strabisme] to squint **2.** *fam* & *fig* [lorgner] ▸ **loucher sur** to have one's eye on.

louer [6] [lwe] vt **1.** [glorifier] to praise / *Dieu soit loué* thank God ▸ **louer qqn de qqch** to praise sb for sthg / *on ne peut que vous louer d'avoir agi ainsi* you deserve nothing but praise for having acted in this way **2.** [donner en location] to rent (out), to let (out) UK / *le propriétaire me le loue pour 1 000 euros* the landlord rents it out to me for 1,000 euros ▸ **à louer** for rent, to let UK **3.** [prendre en location] to rent / *on a loué le hall d'exposition à une grosse compagnie* we've leased the exhibition hall from a big firm **4.** [réserver] to book / *pour ce spectacle, il est conseillé de louer les places à l'avance* advance booking is advisable for this show. ◆ **se louer** vp **1.** [se féliciter] ▸ **se louer de qqch / de faire qqch** to be very pleased about sthg/about doing sthg / *je peux me louer d'avoir vu juste* I can congratulate myself for having got it right **2.** [appartement] to be for rent OU to let UK / *cette chambre se louerait aisément* you'd have no problem finding somebody to rent this room ou letting this room **3.** *péj* [se vanter] to sing one's own praises.

loufoque [lufɔk] *fam* ❖ nmf nut. ❖ adj nuts, crazy.

loup [lu] nm **1.** [carnassier] wolf / *le grand méchant loup* the big bad wolf **2.** [poisson] bass **3.** [masque] mask **4.** *fig* [personne] ▸ **(vieux) loup de mer** (old) sea dog.

loupe [lup] nf **1.** [optique] magnifying glass ▸ **regarder qqch à la loupe** *fig* to put sthg under the microscope **2.** BOT burr.

louper [3] [lupe] vt *fam* [travail] to make a mess of ; [train] to miss.

loup-garou [lugaʀu] (*pl* **loups-garous**) nm werewolf.

loupiot, otte [lupjo, ɔt] nm, f *fam* kid.

loupiote [lupjɔt] nf (small) light.

loup-marin [lumaʀɛ̃] nm QUÉBEC ZOOL seal.

lourd, e [luʀ, luʀd] adj **1.** [gén] heavy / *des repas trop lourds* excessively rich meals / *tu as là une lourde responsabilité* that is a heavy responsibility for you ▸ **lourd de** *fig* full of / *cette décision est lourde de conséquences* this decision will have far-reaching consequences **2.** [tâche] difficult ; [faute] serious **3.** [maladroit] clumsy, heavy-handed / *des plaisanteries plutôt lourdes* rather unsubtle jokes **4.** MÉTÉOR close **5.** [esprit] slow / *tu ne comprends pas ? ce que tu peux être lourd !* don't you understand? how slow can you get! ◆ **lourd** adv ▸ **peser lourd** to be heavy, to weigh a lot / *il fait très lourd* it is very close / *il n'en fait pas lourd* *fam* he doesn't do much.

lourdaud, e [luʀdo, od] ❖ adj clumsy. ❖ nm, f oaf.

lourdement [luʀdəmɑ̃] adv **1.** [pesamment] heavily **2.** [maladroitement] heavily, clumsily ; [insister] strenuously.

lourder [3] [luʀde] vt *tfam* to kick ou to throw out *(sép)*, to fire ▸ **se faire lourder** to get fired.

lourdeur [luʀdœʀ] nf **1.** [gén] heaviness **2.** MÉTÉOR closeness **3.** [d'esprit] slowness.

lousse [lus] adj QUÉBEC *fam* loose.

loustic [lustik] nm *fam* **1.** [farceur] joker **2.** *péj* [type] guy.

loutre [lutʀ] nf otter.

louve [luv] nf she-wolf.

louveteau, x [luvto] nm **1.** ZOOL wolf cub **2.** [scout] cub.

louvoyer [13] [luvwaje] vi **1.** NAUT to tack **2.** *fig* [tergiverser] to beat around ou about UK the bush.

Louvre [luvʀ] npr ▸ **le Louvre** the Louvre (museum) ▸ **l'école du Louvre** *art school in Paris.*

lover [3] [lɔve] ◆ **se lover** vp [serpent] to coil up.

low cost [lokɔst] ❖ nm ▸ **le low cost** low-cost services. ❖ adj low-cost / *des compagnies aériennes low cost* low-cost airlines.

loyal, e, aux [lwajal, o] adj **1.** [fidèle] loyal **2.** [honnête] fair.

Le Louvre

The Louvre houses one of the biggest museum collections in the world. It is divided into seven sections: Eastern antiquities, Greek and Roman antiquities, paintings, sculpture, objets d'art and graphic arts. The glass pyramid in the courtyard, added amid much controversy in 1989, provides access to the museum's underground entrances. The museum was renovated in 1993 and extended by a wing that was previously home to the Ministry of Finance.

loyalement [lwajalmɑ̃] adv **1.** [fidèlement] loyally **2.** [honnêtement] fairly.

loyauté [lwajote] nf **1.** [fidélité] loyalty **2.** [honnêteté] fairness.

loyer [lwaje] nm rent.

LP (*abr de* **lycée professionnel**) nm *secondary school for vocational training.*

LSD (*abr de* **lysergic acid diethylamide**) nm LSD.

lu, e [ly] pp ⟶ **lire**.

lubie [lybi] nf *fam* whim.

lubricité [lybʀisite] nf lechery.

lubrifiant, e [lybʀifjɑ̃, ɑ̃t] adj lubricating. ◆ **lubrifiant** nm lubricant.

lubrification [lybʀifikasjɔ̃] nf lubrication.

lubrifier [9] [lybʀifje] vt to lubricate.

lubrique [lybʀik] adj lewd.

lucarne [lykaʀn] nf **1.** [fenêtre] skylight **2.** FOOT top corner of the net.

lucide [lysid] adj lucid.

lucidement [lysidmɑ̃] adv lucidly.

lucidité [lysidite] nf lucidity.

luciole [lysjɔl] nf firefly.

lucratif, ive [lykʀatif, iv] adj lucrative.

lucre [lykʀ] nm *péj* lucre.

ludique [lydik] adj play *(avant n).*

ludo-éducatif, ive [lydoedykatif, iv] adj [logiciel, programme] edutainment *(modif).* ◆ **ludo-éducatif** nm edutainment.

ludothèque [lydɔtɛk] nf toy library.

luette [lɥɛt] nf uvula.

lueur [lɥœʀ] nf **1.** [de bougie, d'étoile] light ▸ **à la lueur de** by the light of **2.** *fig* [de colère] gleam ; [de raison] spark ▸ **lueur d'espoir** glimmer of hope.

luge [lyʒ] nf toboggan.

lugubre [lygybʀ] adj lugubrious.

lui[1] [lɥi] pp inv ⟶ **luire**.

lui² [lɥi] pron pers **1.** [complément d'objet indirect - homme] (to) him ; [- femme] (to) her ; [- animal, chose] (to) it / ***donne-le-lui*** give it to him / her / ***je lui ai parlé*** I've spoken to him / to her / ***il le lui a présenté*** he introduced him to her / ***il lui a serré la main*** he shook his / her hand **2.** *(sujet, en renforcement de* ***il****)* he / ***qui t'accompagnera ? — lui*** who will go with you? — he will / ***il sait de quoi je parle, lui*** HE knows what I'm talking about / ***lui aussi se pose des questions*** he is wondering about it too **3.** [objet, après préposition, comparatif - personne] him ; [- animal, chose] it / ***je n'ai vu que lui*** I saw no one else but him / ***si j'étais lui...*** if I were him... / ***lui, tout le monde le connaît*** everyone knows HIM / ***sans lui*** without him / ***je vais chez lui*** I'm going to his place / ***elle est plus jeune que lui*** she's younger than him ou than he is / ***une amie à lui*** a friend of his **4.** [remplaçant « soi » en fonction de pronom réfléchi - personne] himself ; [- animal, chose] itself / ***il est content de lui*** he's pleased with himself / ***il ne pense qu'à lui*** he only thinks of himself. ◆ **lui-même** pron pers [personne] himself / ***lui-même paraissait surpris*** he himself seemed surprised / ***de lui-même, il a parlé du prix*** he mentioned the price without being prompted ou asked ; [animal, chose] itself.

luire [97] [lɥiʀ] vi [soleil, métal] to shine ; *fig* [espoir] to glow, to glimmer.

luisais, luisions ⟶ **luire**.

luisant, e [lɥizɑ̃, ɑ̃t] adj gleaming. ◆ **luisant** nm sheen.

lumbago, lombago [lɔ̃bago] nm lumbago.

lumière [lymjɛʀ] nf **1.** [gén] light / ***lumière tamisée*** subdued light / ***allumer la lumière*** to turn ou to switch on the light / ***éteindre la lumière*** to turn ou to switch off the light ▸ **à la lumière de** by the light of ▸ **faire toute la lumière sur qqch** to make sthg clear / ***toute la lumière sera faite*** we'll get to the bottom of this ▸ **mettre qqch en lumière** to highlight sthg / ***j'ai besoin de tes lumières*** I need the benefit of your wisdom ▸ **le siècle des Lumières** the Age of Enlightenment **2.** [personne] leading light ▸ **ce n'est pas une lumière** he's / she's not very bright.

luminaire [lyminɛʀ] nm light.

luminescent, e [luminɛsɑ̃, ɑ̃t] adj luminescent.

lumineux, euse [lyminø, øz] adj **1.** [couleur, cadran] luminous **2.** *fig* [visage] radiant ; [idée] brilliant **3.** [explication] clear.

luminosité [lyminozite] nf **1.** [du regard, ciel] radiance **2.** [sciences] luminosity.

luminothérapie [lyminoteʀapi] nf light therapy.

lump [lœ̃p] nm ▸ **œufs de lump** lumpfish roe.

lunaire [lynɛʀ] adj **1.** ASTRON lunar **2.** *fig* [visage] moon *(avant n)* ; [paysage] lunar.

lunatique [lynatik] ❖ nmf temperamental person. ❖ adj temperamental.

lunch [lœ̃ʃ] nm buffet lunch.

lundi [lœ̃di] nm Monday ▸ **lundi de Pâques / Pentecôte** Easter / Whit Monday. ***Voir aussi* samedi**.

lune [lyn] nf ASTRON moon ▸ **nouvelle lune** new moon ▸ **pleine lune** full moon ▸ **lune de miel** a) honeymoon b) POL honeymoon period ▸ **dans la lune** *fig* in the clouds ▸ **décrocher la lune** *fig* to move heaven and earth ▸ **promettre la lune** *fig* to promise the earth.

luné, e [lyne] adj *fam* ▸ **être bien / mal luné** to be in a good / bad mood.

lunetier, ère [lyntje, ɛʀ] ❖ adj spectacle-making *(avant n)*. ❖ nm, f optician.

lunette [lynɛt] nf **1.** [ouverture] ▸ **la lunette des W.-C.** [cuvette] the toilet bowl ▸ **lunette arrière** rear window **2.** ASTRON telescope ▸ **lunette astronomique** astronomical telescope ▸ **lunette de tir / pointage** sights / sighting telescope. ◆ **lunettes** nfpl glasses / ***porter des lunettes*** to wear glasses / ***une paire de lunettes*** a pair of glasses ▸ **lunettes noires** dark glasses ▸ **lunettes de ski** skiing goggles ▸ **lunettes de soleil** sunglasses ▸ **lunettes de vue** ou **correctrices** spectacles.

lunule [lynyl] nf [d'ongle] half-moon.

lupanar [lypanaʀ] nm *sout* brothel.

lupin [lypɛ̃] nm lupin UK, lupine US.

lurette [lyʀɛt] nf *fam* ▸ **il y a belle lurette que...** it's been ages since....

luron, onne [lyʀɔ̃, ɔn] nm, f *fam* ▸ **un joyeux luron** a bit of a lad UK.

lustre [lystʀ] nm **1.** [luminaire] chandelier **2.** [éclat] sheen, shine ; *fig* reputation **3.** *litt* [cinq ans] period of five years ▸ **ça fait des lustres que...** *fig* it's been ages since....

lustrer [3] [lystʀe] vt **1.** [faire briller] to make shine **2.** [user] to wear.

luth [lyt] nm lute.

luthérien, enne [lyteʀjɛ̃, ɛn] adj & nm, f Lutheran.

luthier [lytje] nm maker of stringed instruments.

lutin, e [lytɛ̃, in] adj mischievous. ◆ **lutin** nm imp.

lutrin [lytʀɛ̃] nm lectern.

lutte [lyt] nf **1.** [combat] fight, struggle / ***se livrer une lutte acharnée*** to fight tooth and nail ▸ **de haute lutte** with a hard-fought struggle ▸ **lutte armée** armed struggle / ***la lutte contre le sida*** the fight against AIDS ▸ **la lutte des classes** the class struggle ▸ **lutte d'influence** power struggle / ***la lutte d'un malade contre la mort*** a sick person's struggle for life ou battle against death / ***nos camarades en lutte*** our struggling comrades **2.** SPORT wrestling ▸ **lutte libre** all-in wrestling ▸ **lutte gréco-romaine** Greco-Roman ou Graeco-Roman UK wrestling.

lutter [3] [lyte] vi to fight, to struggle ▸ **lutter contre** to fight (against).

lutteur, euse [lytœʀ, øz] nm, f SPORT wrestler ; *fig* fighter.

luxation [lyksasjɔ̃] nf dislocation.

luxe [lyks] nm luxury ▸ **de luxe** luxury ▸ **ce n'est pas un** ou **du luxe** *fam* & *fig* it is a necessity ▸ **s'offrir le luxe de** *fig* to afford the luxury of.

Luxembourg [lyksɑ̃buʀ] nm **1.** [pays] ▸ **le Luxembourg** Luxembourg / *au Luxembourg* in Luxembourg **2.** [ville] Luxembourg / *à Luxembourg* in (the city of) Luxembourg **3.** [jardins] ▸ **le Luxembourg** the Luxembourg Gardens.

luxembourgeois, e [lyksɑ̃buʀʒwa, az] adj of/from Luxembourg. ◆ **Luxembourgeois, e** nm, f person from Luxembourg.

luxer [3] [lykse] vt to dislocate. ◆ **se luxer** vp ▸ **se luxer l'épaule** to dislocate one's shoulder.

luxueux, euse [lyksɥø, øz] adj luxurious.

luxure [lyksyʀ] nf *litt* lust.

luxuriant, e [lyksyʀjɑ̃, ɑ̃t] adj luxuriant.

luzerne [lyzɛʀn] nf lucerne, alfalfa.

lycée [lise] nm ≃ secondary school UK; ≃ high school US ▸ **lycée pilote** experimental school ▸ **lycée professionnel** *vocational secondary school* ▸ **lycée technique** ≃ technical college.

lycéen, enne [liseɛ̃, ɛn] nm, f secondary school pupil UK, high school student US.

lymphatique [lɛ̃fatik] adj **1.** MÉD lymphatic ▸ **drainage lymphatique** lymph drainage **2.** *fig* [apathique] sluggish.

lymphe [lɛ̃f] nf lymph.

lyncher [3] [lɛ̃ʃe] vt to lynch.

lynx [lɛ̃ks] nm lynx.

Lyon [ljɔ̃] npr Lyons.

lyonnais, e [ljɔnɛ, ɛz] adj of/from Lyons. ◆ **Lyonnais, e** nm, f person from Lyons.

Lycée

The **lycée**, which students enter around the age of 15, represents the final part of their secondary education. After three years of study (**seconde**, **première** and **terminale**), students take the **baccalauréat**, a written and oral exam covering all material learned in the final year. Successful candidates can go on to university or enrol in **classes préparatoires** in the hope of gaining admission to a **grande école**. Students can attend one of three types of **lycée**: **général** (offering specializations in literature, social sciences and economics, or the sciences); **technologique** (offering specialized technical studies); or **professionnel** (focusing on preparing students for a specific career). The specialization determines the type of **baccalauréat** a student will take. Some students at the professional schools do not pursue the **baccalauréat** but instead take two-year diplomas based on their chosen profession.

lyre [liʀ] nf lyre.

lyrique [liʀik] adj *fig* [poésie] lyrical ; [drame, chanteur, poète] lyric.

lyrisme [liʀism] nm **1.** [poésie] lyricism **2.** [exaltation] enthusiasm.

lys = **lis**.

M

m[1], **M** [ɛm] ❖ nm inv m, M. ❖ (*abr écrite de* **mètre**) m. ◆ **M** **1.** (*abr écrite de* **maxwell**) Mx **2.** (*abr écrite de* **mile (marin)**) nm **3.** (*abr écrite de* **méga**) M **4.** (*abr écrite de* **Major**) M **5.** (*abr écrite de* **million**) M **6.** (*abr écrite de* **masculin**) M.

m[2] (*abr écrite de* **milli**) m.

M.[3] (*abr écrite de* **monsieur**) Mr UK, Mr. US.

m' → **me.**

M6 npr *private television channel broadcasting a high proportion of music and aimed at a younger audience.*

ma → **mon.**

MA (*abr de* **maître auxiliaire**) nm supply UK ou substitute US teacher.

Maastricht [mastʀiʃt] npr Maastricht / *le traité de Maastricht* the Maastricht treaty.

maboul, e [mabul] *fam* ❖ adj crazy. ❖ nm, f nut.

macabre [makabʀ] adj macabre.

macadam [makadam] nm [revêtement] macadam ; [route] road.

Macao [makao] npr Macao / *à Macao* in Macao.

macaque [makak] nm ZOOL macaque.

macareux [makaʀø] nm puffin.

macaron [makaʀɔ̃] nm **1.** [pâtisserie] macaroon **2.** [coiffure] coil **3.** [autocollant] sticker.

macaronis [makaʀɔni] nmpl CULIN macaroni *(U).*

macchabée [makabe] nm *tfam* stiff.

macédoine [masedwan] nf CULIN ▸ **macédoine de fruits** fruit salad ▸ **macédoine de légumes** mixed vegetables.

macérer [18] [maseʀe] ❖ vt to steep. ❖ vi **1.** [mariner] to steep ▸ **faire macérer** to steep **2.** *fig* & *péj* [personne] to wallow.

mâche [maʃ] nf lamb's lettuce.

mâcher [3] [maʃe] vt **1.** [mastiquer] to chew **2.** TECHNOL to chew up.

machiavélique [makjavelik] adj Machiavellian.

mâchicoulis [maʃikuli] nm machicolation.

machin [maʃɛ̃] nm *fam* [chose] thing, thingamajig.

Machin, e [maʃɛ̃, in] nm, f *fam* what's his name (what's her name).

machinal, e, aux [maʃinal, o] adj mechanical.

machinalement [maʃinalmɑ̃] adv mechanically.

machination [maʃinasjɔ̃] nf machination.

machine [maʃin] nf **1.** TECHNOL machine ▸ **machine à calculer** adding machine ▸ **machine à coudre** sewing machine / *coudre qqch à la machine* to sew sthg on the machine, to machine ou to machine-sew sthg ▸ **machine à laver** washing machine ▸ **machine à laver séchante** washer-dryer ▸ **machine à sous** slot machine, one-armed bandit, fruit machine UK ▸ **machine à tricoter** knitting machine ▸ **machines agricoles** agricultural machinery **2.** [organisation] machinery *(U)* / *les lourdeurs de la machine judiciaire* the cumbersome machinery of the law **3.** NAUT engine ▸ **faire machine arrière** **a)** to reverse engines **b)** *fig* to back-pedal **4.** [locomotive] engine, locomotive.

machine-outil [maʃinuti] (*pl* **machines-outils**) nf machine tool.

machiner [3] [maʃine] vt to plot.

machiniste [maʃinist] nm **1.** CINÉ & THÉÂTRE scene shifter **2.** [transports] driver.

machisme [matʃism] nm machismo.

macho [matʃo] *péj* ❖ nm macho man. ❖ adj inv macho.

mâchoire [maʃwaʀ] nf jaw ▸ **mâchoire supérieure / inférieure** upper / lower jaw.

mâchonner [3] [maʃɔne] vt **1.** [mâcher, mordiller] to chew **2.** [marmonner] to mutter.

mâchouiller [3] [maʃuje] vt *fam* to chew.

maçon, onne [masɔ̃, ɔn] nm, f = **franc-maçon.** ◆ **maçon** nm mason.

maçonner [3] [masɔne] vt [construire] to build ; [revêtir] to face ; [boucher] to brick up.

maçonnerie [masɔnʀi] nf [travaux] building ; [construction] masonry ; [franc-maçonnerie] freemasonry.

maçonnique [masɔnik] adj masonic.

macramé [makʀame] nm macramé.

macro [makʀo] nf INFORM macro.

macrobiotique [makʀɔbjɔtik] ❖ nf macrobiotics *(U).* ❖ adj macrobiotic.

macroéconomie [makʀɔekɔnɔmi] nf macroeconomy.

macromarketing [makʀɔmaʀkɛtiŋ] nm macromarketing.

maculer [3] [makyle] vt to stain.

Madagascar [madagaskaʀ] npr Madagascar / *à Madagascar* in Madagascar.

madame [madam] (*pl* **mesdames** [medam]) nf **1.** [titre] : *madame X* Mrs X ▸ **bonjour madame !** **a)** good morning! **b)** [dans hôtel, restaurant] good morning, madam! ▸ **bonjour mesdames !** good morning (ladies)! / *madame la ministre n'est pas là* the Minister is out / *adressez-vous à madame Duval* go and see Mrs Duval / *madame votre mère* sout your (good) mother / *et en plus, madame exige des excuses !* and so Her Ladyship wants an apology as well, does she? **2.** HIST Madame *(title given to the wife of the brother of the King of France).*

madeleine [madlɛn] nf madeleine *(small sponge cake).* ◆ **Madeleine** nf ▸ **pleurer comme une Madeleine** to cry one's eyes out.

mademoiselle [madmwazɛl] (*pl* **mesdemoiselles** [medmwazɛl]) nf **1.** [titre] : *mademoiselle X* Miss X ▸ **bonjour mademoiselle !** a) good morning! b) [à l'école, dans hôtel] good morning, miss! ▸ **bonjour mesdemoiselles !** good morning (ladies)! / *Chère mademoiselle* Dear Miss Duval / *c'est mademoiselle Duval qui s'en occupe* Miss Duval is dealing with it / *mademoiselle, j'ai fini mon dessin !* (please) Miss (Duval), I've finished my drawing! / *et en plus, mademoiselle se plaint !* iron so, Her Ladyship is complaining as well, is she? **2.** HIST Mademoiselle *(title given to a Princess of France).*

madère [madɛʀ] nm Madeira (wine).

Madère [madɛʀ] nf Madeira / *à Madère* in Madeira.

madone [madɔn] nf ART & RELIG Madonna.

Madrid [madʀid] npr Madrid.

madrier [madʀije] nm beam.

madrilène [madʀilɛn] adj of/fromMadrid. ◆ **Madrilène** nmf person from Madrid.

maestria [maɛstʀija] nf mastery ▸ **avec maestria** brilliantly.

maf(f)ia [mafja] nf Mafia.

magasin [magazɛ̃] nm **1.** [boutique] shop UK, store US ▸ **en magasin** in stock ▸ **grand magasin** department store ▸ **faire les magasins** *fig* to go around the shops UK ou stores US / *magasin de (vente au) détail* retail outlet / *magasin vitrine* COMM flagship store **2.** [entrepôt] warehouse **3.** [d'arme, d'appareil photo] magazine.

magasinage [magazinaʒ] nm **1.** COMM warehousing, storing **2.** QUÉBEC shopping.

magasiner [magazine] vi QUÉBEC to shop.

magasinier, ère [magazinje] nm, f warehouseman, storeman.

magazine [magazin] nm magazine.

mage [maʒ] nm ▸ **les Rois mages** the Three Wise Men.

Maghreb [magʀɛb] nm : *le Maghreb* the Maghreb.

maghrébin, e [magʀebɛ̃, in] adj North African. ◆ **Maghrébin, e** nm, f North African.

magicien, enne [maʒisjɛ̃, ɛn] nm, f magician.

magie [maʒi] nf magic ▸ **comme par magie** as if by magic ▸ **magie noire** black magic.

magique [maʒik] adj **1.** [occulte] magic **2.** [merveilleux] magical.

> **magic** ou **magical ?**
>
> Magic se réfère à ce qui possède des pouvoirs surnaturels. Magical est employé de manière figurée pour évoquer ce qui est féerique.

magistère [maʒistɛʀ] nm authority.

magistral, e, aux [maʒistʀal, o] adj **1.** [œuvre, habileté] masterly **2.** [dispute, fessée] enormous **3.** [attitude, ton] authoritative.

magistralement [maʒistʀalmɑ̃] adv authoritatively, brilliantly.

magistrat [maʒistʀa] nm magistrate.

magistrature [maʒistʀatyʀ] nf magistracy, magistrature.

magma [magma] nm **1.** GÉOL magma **2.** *fig* [mélange] muddle.

magnanerie [maɲanʀi] nf **1.** [bâtiment] silk farm **2.** [sériciculture] silkworm breeding, sericulture.

magnanime [maɲanim] adj magnanimous.

magnanimité [maɲanimite] nf magnanimity.

magnat [maɲa] nm magnate, tycoon.

magner [3] [maɲe] ◆ **se magner** vp *fam* to get a move on.

magnésium [maɲezjɔm] nm magnesium.

magnet [maɲɛt *ou* magnɛt] nm fridge magnet.

magnétique [maɲetik] adj magnetic.

magnétiser [3] [maɲetize] vt **1.** PHYS to magnetize **2.** [hypnotiser, fasciner] to hypnotize.

magnétisme [maɲetism] nm **1.** PHYS [fascination] magnetism **2.** [hypnotisme] hypnotism.

magnéto(phone) [maɲetɔ(fɔn)] nm *vieilli* tape recorder.

magnétoscope [maɲetɔskɔp] nm video cassette recorder, camcorder, videorecorder UK.

magnificence [maɲifisɑ̃s] nf magnificence.

magnifier [9] [maɲifje] vt to magnify.

magnifique [maɲifik] adj magnificent.

magnifiquement [maɲifikmɑ̃] adv magnificently.

magnitude [maɲityd] nf magnitude.

magnolia [maɲɔlja] nm magnolia.

magnum [magnɔm] nm magnum.

magot [mago] nm *fam* tidy sum, packet.

magouille [maguj] nf *fam* plot, scheme.

magouiller [3] [maguje] vi *fam* to plot, to scheme.

magret [magʀɛ] nm fillet, filet US ▸ **magret de canard** breast of duck.

magyar, e [magjaʀ] adj Magyar.

maharadjah, maharaja [maaʀadʒa] nm maharajah, maharaja.

Mahomet [maɔmɛ] npr Mahomet, Mohammed.

mai [mɛ] nm May ▸ **le premier mai** May Day ▸ **(les événements de) mai 1968** May 1968. *Voir aussi* septembre.

Mai 1968

The events of May 1968 came about when student protests, coupled with widespread industrial unrest, culminated in a general strike and rioting. De Gaulle's government survived the crisis, but the issues raised made the events a turning point in French social history.

maigre [mɛgʀ] ◆ adj **1.** [très mince] thin **2.** [aliment] low-fat ; [viande] lean **3.** [peu important] meagre UK, meager US ; [végétation] sparse. ◆ adv ▸ **faire maigre** not to eat meat. ◆ nmf thin person. ◆ nm lean meat.

maigrelet, ette [mɛgʀəlɛ, ɛt] adj *fam* scrawny.

maigreur [mɛgʀœʀ] nf thinness.

maigrir [32] [megʀiʀ] ◆ vi to lose weight. ◆ vt ▸ **maigrir qqn** to make sb look thinner ou slimmer.

mail [mel] nm INFORM email (message), mail.

mailing [mɛliŋ] nm mailing, mailshot UK.

maille [maj] nf **1.** [de tricot] stitch ▸ **maille à l'endroit / l'envers** plain/purl stitch **2.** [de filet] mesh **3.** EXPR **avoir maille à partir avec** to have a set-to with.

maillet [majɛ] nm mallet.

maillon [majɔ̃] nm link.

maillot [majo] nm [de sport] shirt, jersey ▸ **maillot de bain** swimsuit, bathing suit ▸ **maillot (de bain) une pièce / deux pièces** one-piece/two-piece swimsuit ▸ **maillot de corps** vest UK, undershirt US ▸ **le maillot jaune** *the yellow shirt worn by the leading cyclist in the Tour de France or the cyclist himself.*

main [mɛ̃] ◆ nf hand ▸ **à main levée** a) [voter] by a show of hands b) [dessiner] freehand ▸ **à pleines mains** by the handful ▸ **à quatre mains** fourhanded, for four hands ▸ **de main de maître** in a masterly fashion ▸ **en sous-main** secretly ▸ **main courante** handrail, banister ▸ **avoir la main heureuse** to be lucky ▸ **avoir la main leste** to be quick with one's hands ▸ **mains libres** [téléphone, kit] hands-free ▸ **avoir / prendre qqch en main** to have/to take sthg in hand ▸ **avoir qqch sous la main** to have sthg at hand ▸ **demander la main de qqn** to ask for sb's hand (in marriage) ▸ **donner la main à qqn** to take sb's hand ▸ **faire main basse sur qqch** to help o.s. to sthg ▸ **se faire la main** to practise UK ou practice US ▸ **forcer la main à qqn** to force sb's hand ▸ **se frotter les mains** to rub one's hands ▸ **haut la main** effortlessly, hands down ▸ **haut les mains !** hands up! ▸ **se laver les mains de qqch** to wash one's hands of sthg ▸ **lever la main sur qqn** *fig* to raise one's hand to sb ▸ **mettre la dernière main à** to put the finishing touches to ▸ **mettre la main à la pâte** to lend a helping hand ▸ **mettre la main sur qqch** to lay ou to put one's hands on sthg ▸ **ne pas y aller de main morte** not to pull one's punches ▸ **passer la main** [jeux de cartes] to pass the deal ▸ **perdre la main** *fig* to lose one's touch ▸ **remettre en main(s) propre(s)** to hand over personally ▸ **tomber dans les ou aux mains de** to fall into the hands ou clutches *péj* of ▸ **en venir aux mains** to come to blows. ◆ adv [fabriqué, imprimé] by hand / *fait / tricoté / trié main* hand-made/-knitted/-picked. ◆ **à la main** loc adv **1.** by hand ; [artisanalement] : *fait à la main* hand-made **2.** [dans les mains] ▸ **avoir ou tenir qqch à la main** to hold sthg in one's hand. ◆ **à main** loc adj [levier, outil] hand *(avant n)*, manual. ◆ **à main droite** loc adv on the right-hand side. ◆ **à main gauche** loc adv on the left-hand side. ◆ **de la main** loc adv with one's hand / *de la main, elle me fit signe d'approcher* she waved me over ▸ **saluer qqn de la main** a) [pour dire bonjour] to wave (hello) to sb b) [pour dire au revoir] to wave (goodbye) to sb, to wave sb goodbye. ◆ **de la main à la main** loc adv directly, without any middleman / *j'ai payé le plombier de la main à la main* I paid the plumber cash in hand. ◆ **de la main de** loc prép **1.** [fait par] by / *la lettre est de la main même de Proust / de ma main* the letter is in Proust's own hand/in my handwriting **2.** [donné par] from (the hand of) / *elle a reçu son prix de la main du président* she received her award from the President himself. ◆ **de main en main** loc adv from hand to hand, from one person to the next. ◆ **de première main** ◆ loc adj [information] first-hand. ◆ loc adv : *nous tenons de première main que...* we have it on the best authority that.... ◆ **de seconde main** loc adj [information, voiture] secondhand. ◆ **d'une main** loc adv [ouvrir, faire] with one hand ; [prendre] with ou in one hand ▸ **donner qqch d'une main et le reprendre de l'autre** to give sthg with one hand and take it back with the other. ◆ **en main** ◆ loc adj : *l'affaire est en main* the question is in hand ou is being dealt with / *le livre est actuellement en main* [il est consulté] the book is out on loan ou is being consulted at the moment. ◆ loc adv ▸ **avoir qqch en main** to be holding sthg ▸ **avoir ou tenir qqch (bien) en main** *fig* to have sthg well in hand ou under control / *quand tu auras la voiture bien en main* when you've got the feel of the car ▸ **prendre qqch en main** to take control of ou over sthg / *la société a été reprise en main* the company was taken over ▸ **prendre qqn en main** to take sb in hand. ◆ **la main dans la main** loc adv [en se tenant par la main] hand in hand ; *fig* together ; *péj* hand in glove.

main-d'œuvre [mɛ̃dœvʀ] (*pl* **mains-d'œuvre**) nf [travail] labour UK, labor US ; [personne] workforce / *main-d'œuvre féminine / étrangère* female/foreign labour UK ou labor US / *les besoins en main-d'œuvre* manpower requirements.

main-forte [mɛ̃fɔʀt] nf sing ▸ **prêter main-forte à qqn** to come to sb's assistance.

mainmise [mɛ̃miz] nf seizure.

maint, e [mɛ̃, mɛ̃t] adj *litt* many a ▸ **maints** many ▸ **maintes fois** time and time again.

maintenance [mɛ̃tnɑ̃s] nf maintenance.

maintenant [mɛ̃tnɑ̃] adv now. ◆ **maintenant que** loc prép now that.

maintenir [40] [mɛ̃tniʀ] vt **1.** [soutenir] to support ▸ **maintenir qqn à distance** to keep sb away **2.** [garder, conserver] to maintain **3.** [affirmer] ▸ **maintenir que** to maintain (that). ◆ **se maintenir** vp **1.** [durer] to last **2.** [rester] to remain.

maintenu, e [mɛ̃tny] pp ⟶ **maintenir**.

maintien [mɛ̃tjɛ̃] nm **1.** [conservation] maintenance; [de tradition] upholding ▸ **le maintien de l'ordre** the maintenance of law and order **2.** [tenue] posture.

maintiendrai, maintiendras ⟶ **maintenir**.

maire [mɛʀ] nmf mayor.

mairie [meʀi] nf **1.** [bâtiment] town hall UK, city hall US **2.** [administration] town council UK, city hall US.

mais [mɛ] ❖ conj but ▸ **mais non !** of course not! / *mais alors, tu l'as vu ou non ?* so did you see him or not? / *mais tu saignes !* you're bleeding! / *j'ai trouvé le même, mais moins cher* I found the same thing, only ou but cheaper / *il a pleuré, mais pleuré !* he cried, and how! / *nous allons à Venise, mais aussi à Florence et à Sienne* we're going to Venice, and to Florence and Siena too ▸ **non mais ça ne va pas !** that's just not on! / *non mais tu plaisantes ?* you can't be serious!, you must be joking! / *non seulement tu arrives en retard, mais (en plus) tu oublies ton livre* not only do you arrive late, but (on top of that) you forget your book. ❖ adv but / *vous êtes prêts ? — mais bien sûr !* are you ready? — but of course! ▸ **mais certainement** but of course ▸ **mais enfin** a) but after all b) [marquant l'impatience] really! ❖ nm : *il y a un mais* there's a hitch ou a snag / *il n'y a pas de mais* (there are) no buts.

maïs [mais] nm maize UK, corn US.

maison [mɛzɔ̃] nf **1.** [habitation, lignée & ASTROL] house ▸ **maison de campagne** house in the country ▸ **maison individuelle** detached house ▸ **maisons mitoyennes** semidetached houses ▸ **maison de poupée** doll's house ▸ **gros comme une maison** *fam* plain for all to see **2.** [foyer] home; [famille] family ▸ **à la maison** a) [au domicile] at home b) [dans la famille] in my/your etc. family / *les dépenses de la maison* household expenditure / *toute la maison est partie pour Noël* all the people in the house have ou the whole family has gone away for Christmas **3.** COMM company ▸ **maison de couture** fashion house ▸ **maison d'édition** publishing house / *'la maison n'accepte pas les chèques'* 'no cheques UK ou checks US (accepted)' **4.** [institut] ▸ **maison d'arrêt** prison ▸ **maison close** ou **de tolérance** *vieilli* brothel ▸ **maison de la culture** arts centre UK ou center US ▸ **maison de quartier** ≃ community centre UK ou center US ▸ **maison de repos** rest ou convalescent home ▸ **maison de retraite** old people's home **5.** *(en apposition)* [artisanal] homemade; [dans restaurant - vin] house *(avant n)* ▸ **spécialité maison** speciality of the house.

Maison-Blanche [mɛzɔ̃blɑ̃ʃ] nf ▸ **la Maison-Blanche** the White House.

maisonnée [mɛzɔne] nf household.

maisonnette [mɛzɔnɛt] nf small house.

maître, esse [mɛtʀ, mɛtʀɛs] nm, f **1.** [professeur] teacher ▸ **maître auxiliaire** supply teacher UK, substitute teacher US ▸ **maître chanteur** blackmailer ▸ **maître de conférences** UNIV ≃ senior lecturer UK; ≃ assistant professor US ▸ **maître d'école** schoolteacher ▸ **maître-nageur** swimming teacher ou instructor ▸ **maître-nageur sauveteur** lifeguard **2.** *fig* [modèle, artiste] master ▸ **les grands maîtres** the Old Masters ▸ **un tableau** ou **une toile de maître** an old master ▸ **maître à penser** mentor ▸ **passer maître dans l'art de faire qqch** to be a past master in the art of doing sthg ▸ **un coup de maître** *fig* a masterstroke **3.** [dirigeant] ruler; [d'animal] master (mistress) ▸ **maître de cérémonie** master of ceremonies ▸ **maître d'hôtel** head waiter ▸ **maître de maison** host ▸ **maîtresse de maison** hostess, lady of the house *sout* & *hum* ▸ **maître d'œuvre** a) CONSTR project manager b) *fig* artisan, architect ▸ **être maître de soi** to be in control of oneself, to have self-control ▸ **être** ou **rester maître de faire qqch** to be free to do sthg **4.** *(en apposition)* [principal] main, principal. ◆ **Maître** nm *form of address for lawyers.* ◆ **maîtresse** nf [amie] mistress / *devenir la maîtresse de qqn* to become sb's mistress.

maître-assistant, e [mɛtʀasistɑ̃, ɑ̃t] (*mpl* **maîtres-assistants**, *fpl* **maîtres-assistantes**) nm, f ≃ lecturer UK; ≃ assistant professor US.

maître-autel [mɛtʀotɛl] (*pl* **maîtres-autels**) nm high altar.

maître-chien [mɛtʀəʃjɛ̃] (*pl* **maîtres-chiens**) nm dog trainer ou handler.

maîtresse ⟶ **maître**.

maîtrisable [metʀizabl] adj controllable.

maîtrise [metʀiz] nf **1.** [sang-froid, domination] control ▸ **maîtrise de soi** self-control **2.** [connaissance] mastery, command; [habileté] skill **3.** UNIV ≃ master's degree.

maîtriser [3] [metʀize] vt **1.** [animal, forcené] to subdue **2.** [émotion, réaction] to control, to master **3.** [incendie] to bring under control **4.** [dépenses] to curb. ◆ **se maîtriser** vp to control o.s.

majesté [maʒɛste] nf majesty. ◆ **Majesté** nf ▸ **Sa Majesté** His/Her Majesty.

majestueux, euse [maʒɛstɥø, øz] adj majestic.

majeur, e [maʒœʀ] adj **1.** [gén] major **2.** [personne] of age. ◆ **majeur** nm middle finger.

Majeur [mazœʀ] ⟶ **lac**.

major [maʒɔʀ] nm **1.** MIL ≃ adjutant **2.** SCOL ▸ **major (de promotion)** first in ou top of one's year.

majoration [maʒɔʀasjɔ̃] nf increase.

majordome [maʒɔʀdɔm] nm majordomo.

majorer [3] [maʒɔʀe] vt to increase.

majorette [maʒɔʀɛt] nf majorette.

majoritaire [maʒɔʀitɛʀ] ❖ nmf member of majority group. ❖ adj majority *(avant n)* ▸ **être majoritaire** to be in the majority.

majoritairement [maʒɔritɛrmɑ̃] adv predominantly / *un public majoritairement jeune* a predominantly young audience / *c'est le candidat qui est soutenu majoritairement* he's the most popular candidate.

majorité [maʒɔrite] nf majority ▸ **en (grande) majorité** in the majority ▸ **majorité absolue / relative** POL absolute/relative majority ▸ **majorité civile** voting age.

Majorque [majɔrk] npr Majorca / *à Majorque* in Majorca.

majorquin, e [majɔrkɛ̃, in] adj Majorcan. ◆ **Majorquin, e** nm, f Majorcan.

majuscule [maʒyskyl] ✧ nf capital (letter) ▸ **en majuscules** in capitals, in capital letters. ✧ adj capital *(avant n)*.

making of [mɛkiŋɔf] nm inv making of.

mal, maux [mal, mo]

✧ nm

1. [ce qui est contraire à la morale] evil / *dire du mal de qqn* to say bad things about sb / *vouloir du mal à qqn* to wish sb ill ou harm sb

2. [souffrance physique] pain ▸ **avoir mal au bras** to have a sore arm ▸ **avoir mal aux dents** to have toothache UK ou a toothache US ▸ **avoir mal au dos** to have backache UK ou a backache US ▸ **avoir mal à la gorge** to have a sore throat ▸ **avoir le mal de mer** to be seasick ▸ **avoir des maux de tête** to get headaches ▸ **avoir le mal des transports** to be travelsick ▸ **avoir mal au ventre** to have (a) stomachache ▸ **faire mal à qqn** to hurt sb, to harm sb / *ça fait mal* it hurts ▸ **se faire mal** to hurt o.s.

3. [difficulté] difficulty ▸ **avoir du mal à faire qqch** to have difficulty doing sthg ▸ **se donner du mal (pour faire qqch)** to take trouble (to do sthg) / *ne vous donnez pas tant de mal pour moi* please don't go to all this trouble on my behalf

4. [douleur morale] pain, suffering *(U)* ▸ **avoir le mal du pays** to be ou feel homesick ▸ **être en mal de qqch** to long for sthg ▸ **faire du mal (à qqn)** to hurt (sb) ▸ **c'est un moindre mal** it's the lesser of two evils

◆ **mal** adv **1.** [malade] ill ▸ **aller mal** not to be well ▸ **se sentir mal** to feel ill **2.** [respirer] with difficulty **3.** [informé, se conduire] badly ▸ **être mal reçu** to get a poor welcome ▸ **mal prendre qqch** to take sthg badly / *tu te tiens mal* **a)** [tu es voûté] you've got poor posture **b)** [à table] you don't have any table manners **4.** EXPR **mal à propos** inappropriate ▸ **pas mal** not bad *(adj)*, not badly *(adv)* ▸ **pas mal de** quite a lot of ▸ **se trouver mal** [s'évanouir] to faint, to pass out, to swoon *sout* ▸ **si je n'y vais pas, ça la fiche mal** *fam* it won't look good if I don't go.

◆ **mal** adj inv ▸ **être au plus mal** to be extremely ill.

◆ **mal à l'aise** loc adj uncomfortable, ill at ease ▸ **être / se sentir mal à l'aise** to be/feel uncomfortable ou ill at ease / *je suis mal à l'aise devant elle* I feel ill at ease with her.

malabar [malabar] nm *fam* big guy, well-built guy.

malade [malad] ✧ nmf invalid, sick person ▸ **malade mental** mentally ill person / *c'est un malade imaginaire* he's a hypochondriac / *on a travaillé comme des malades pour finir à temps* we worked like lunatics to finish on time. ✧ adj **1.** [souffrant - personne] ill, sick ; [- organe] bad / *gravement malade* gravely ou seriously ill ▸ **tomber malade** to fall ill ou sick ▸ **être malade du cœur / des reins** to have heart/kidney trouble / *je suis malade en bateau / avion* I suffer from seasickness/airsickness ▸ **être malade d'inquiétude** *fig* to be sick with worry **2.** *fam* [fou] crazy / *avoir l'esprit malade* to be mentally ill **3.** *fig* [en mauvais état] in bad shape, in a bad way / *nous avons une économie malade* our economy is sick ou shaky ou ailing.

maladie [maladi] nf **1.** MÉD illness ▸ **maladie d'Alzheimer** Alzheimer's disease ▸ **maladie contagieuse** contagious disease ▸ **maladie de Creutzfeldt-Jakob** Creutzfeldt-Jakob disease ▸ **maladie héréditaire** hereditary disease ▸ **maladie orpheline** orphan disease ou illness ▸ **maladie de Parkinson** Parkinson's disease ▸ **maladie sexuellement transmissible** sexually transmissible ou transmitted disease ▸ **maladie de la vache folle** mad cow disease ▸ **il en fait une maladie** he's really worked up about it **2.** [passion, manie] mania.

maladif, ive [maladif, iv] adj **1.** [enfant] sickly **2.** *fig* [pâleur] unhealthy.

maladivement [maladivmɑ̃] adv [à l'excès] pathologically, morbidly / *elle est maladivement timide* she's excessively shy.

maladresse [maladrɛs] nf **1.** [inhabileté] clumsiness **2.** [bévue] blunder.

maladroit, e [maladrwa, at] ✧ adj clumsy. ✧ nm, f clumsy person.

maladroitement [maladrwatmɑ̃] adv clumsily.

mal-aimé, e [malɛme] *(mpl* **mal-aimés***, fpl* **mal-aimées***)* nm, f unloved person.

malais, e [malɛ, ɛz] adj Malay, Malaysian / *la presqu'île Malaise* the Malay Peninsula. ◆ **malais** nm [langue] Malay. ◆ **Malais, e** nm, f Malay, Malaysian.

malaise [malɛz] nm **1.** [indisposition] discomfort ▸ **avoir un malaise** to feel faint **2.** [trouble] unease *(U)* **3.** [crise] discontent *(U)*.

malaisé, e [maleze] adj difficult.

Malaisie [malɛzi] nf : *la Malaisie* Malaya / *en Malaisie* in Malaya.

malappris, e [malapri, iz] ✧ adj uncouth, ill-mannered. ✧ nm, f lout.

malaria [malarja] nf malaria.

malaudition [malodisjɔ̃] nf MÉD hearing loss, hardness of hearing / *souffrir de malaudition* to be hearing-impaired ou hard of hearing.

malavisé, e [malavize] adj *litt* ill-advised, unwise.

malaxer [3] [malakse] vt to knead.

malbouffe [malbuf] nf *fam* junk food, bad food.

malchance [malʃɑ̃s] nf bad luck *(U)* ▸ **jouer de malchance** to be dogged ou hounded by bad luck.

malchanceux, euse [malʃɑ̃sø, øz] ◆ adj unlucky. ◆ nm, f unlucky person.

malcommode [malkɔmɔd] adj inconvenient ; [meuble] impractical.

Maldives [maldiv] nfpl : *les (îles) Maldives* the Maldives.

maldonne [maldɔn] nf misdeal ▸ **il y a maldonne** a) the cards have been misdealt b) *fam* & *fig* there's been a misunderstanding.

mâle [mal] ◆ adj **1.** [enfant, animal, hormone] male **2.** [voix, assurance] manly **3.** ÉLECTR male. ◆ nm male.

malédiction [malediksjɔ̃] nf curse.

maléfice [malefis] nm *sout* evil spell.

maléfique [malefik] adj *sout* evil.

malencontreusement [malɑ̃kɔ̃tʀøzmɑ̃] adv inopportunely.

malencontreux, euse [malɑ̃kɔ̃tʀø, øz] adj [hasard, rencontre] unfortunate.

malengueulé, e [malɑ̃gœle] QUÉBEC *fam* ◆ adj foulmouthed ◆ nm, f foulmouthed person.

mal-en-point, mal en point [malɑ̃pwɛ̃] adj inv in a bad way ou sorry state.

malentendant, e [malɑ̃tɑ̃dɑ̃, ɑ̃t] ◆ adj hard of hearing. ◆ nm, f person who is hard of hearing.

malentendu [malɑ̃tɑ̃dy] nm misunderstanding.

malfaçon [malfasɔ̃] nf defect.

malfaisant, e [malfəzɑ̃, ɑ̃t] adj harmful.

malfaiteur [malfɛtœʀ] nm criminal.

malfamé, e, mal famé, e [malfame] adj disreputable.

malformation [malfɔʀmasjɔ̃] nf malformation.

malfrat [malfʀa] nm *fam* crook.

malgache [malgaʃ] adj Madagascan, Malagasy. ◆ **malgache** nm [langue] Malagasy. ◆ **Malgache** nmf Madagascan, Malagasy.

malgré [malgʀe] prép in spite of ▸ **malgré tout** a) [quoi qu'il arrive] in spite of everything b) [pourtant] even so, yet. ◆ **malgré que** loc conj (+ *subjonctif*) *fam* although, in spite of the fact that.

malhabile [malabil] adj clumsy.

malheur [malœʀ] nm misfortune ▸ **le malheur** misfortune, bad luck ▸ **par malheur** unfortunately ▸ **porter malheur à qqn** to bring sb bad luck ▸ **malheur à toi !** woe betide you! ▸ **faire un malheur** a) *fam* & *fig* [faire un éclat] to do some damage b) [avoir du succès] to be a great hit.

malheureusement [malœʀøzmɑ̃] adv unfortunately.

malheureux, euse [malœʀø, øz] ◆ adj **1.** [triste] unhappy / *rendre qqn malheureux* to make sb miserable ou unhappy **2.** [désastreux, regrettable] unfortunate / *par un malheureux hasard* by an unfortunate coincidence, as bad luck would have it / *ce serait malheureux de ne pas en profiter* it would be a pity ou shame not to take advantage of it **3.** [malchanceux] unlucky / *il est malheureux au jeu / en amour* he has no luck with gambling / women **4.** *(avant n)* [sans valeur] pathetic, miserable / *ne nous battons pas pour quelques malheureux centimes* let's not fight over a few measly cents. ◆ nm, f **1.** [infortuné] poor soul / *il est bien seul maintenant, le pauvre malheureux* he's very much on his own now, the poor devil **2.** [indigent] poor person / *secourir les malheureux* to help the poor ou the needy ou those in need.

malhonnête [malɔnɛt] ◆ nmf dishonest person. ◆ adj **1.** [personne, affaire] dishonest **2.** *hum* [proposition, propos] indecent.

malhonnêteté [malɔnɛtte] nf **1.** [de personne] dishonesty **2.** [action] dishonest action.

Mali [mali] nm : *le Mali* Mali / *au Mali* in Mali.

malice [malis] nf mischief ▸ **sans malice** without malice.

malicieux, euse [malisjø, øz] ◆ adj mischievous. ◆ nm, f mischievous person.

malien, enne [maljɛ̃, ɛn] adj Malian. ◆ **Malien, enne** nm, f Malian.

malignité [maliɲite] nf **1.** [méchanceté] malice, spite **2.** MÉD malignancy.

malin, igne [malɛ̃, iɲ] ◆ adj **1.** [rusé] crafty, cunning ▸ **ce n'est pas malin !** *fig* that's not very clever! ; [regard, sourire] knowing **2.** [méchant] malicious, spiteful **3.** MÉD malignant. ◆ nm, f cunning ou crafty person ▸ **faire le malin** to show off.

malingre [malɛ̃gʀ] adj sickly.

malintentionné, e [malɛ̃tɑ̃sjɔne] adj nasty, spiteful / *des propos malintentionnés* malicious ou spiteful remarks ▸ **être malintentionné à l'égard de** ou **envers qqn** to be ill-disposed towards sb.

malle [mal] nf [coffre] trunk ; [de voiture] boot UK, trunk US ▸ **se faire la malle** *fam* & *fig* to beat it.

malléable [maleabl] adj malleable.

mallette [malɛt] nf briefcase.

mal-logé, e [mallɔʒe] (*mpl* **mal-logés**, *fpl* **mal-logées**) nm, f *person living in poor accommodation.*

malmener [19] [malməne] vt **1.** [brutaliser] to handle roughly, to ill-treat **2.** [dominer] to have the better of.

malnutrition [malnytʀisjɔ̃] nf malnutrition.

malodorant, e [malɔdɔʀɑ̃, ɑ̃t] adj smelly.

malotru, e [malɔtʀy] nm, f lout.

Malouines [malwin] nfpl : *les (îles) Malouines* the Falkland Islands, the Falklands.

malpoli, e [malpɔli] ◆ adj rude. ◆ nm, f rude person.

malpropre [malpʀɔpʀ] adj [sale] dirty.

malpropreté [malpʀɔpʀəte] nf [saleté] dirtiness.

malsain, e [malsɛ̃, ɛn] adj unhealthy.

malséant, e [malseɑ̃, ɑ̃t] adj unbecoming.

malt [malt] nm **1.** [céréale] malt **2.** [whisky] malt (whisky) UK ou (whiskey) US.

maltais, e [maltɛ, ɛz] adj Maltese. ◆ **maltais** nm [langue] Maltese. ◆ **Maltais, e** nm, f Maltese (person) / *les Maltais* the Maltese.

Malte [malt] npr Malta / *à Malte* in Malta.

maltraiter [4] [maltʀete] vt to ill-treat ; [en paroles] to attack, to run down.

malus [malys] nm *increase in car insurance charges resulting from loss of no-claims bonus.*

malveillance [malvɛjɑ̃s] nf spite.

malveillant, e [malvɛjɑ̃, ɑ̃t] adj spiteful.

malvenu, e [malvəny] adj out of place ▸ **être malvenu de faire qqch** *sout* to be wrong to do sthg.

malversation [malvɛʀsasjɔ̃] nf embezzlement.

malvoyant, e [malvwajɑ̃, ɑ̃t] ❖ adj partially sighted. ❖ nm, f person who is partially sighted.

maman [mamɑ̃] nf mummy UK, mommy US.

mamelle [mamɛl] nf teat ; [de vache] udder.

mamelon [mamlɔ̃] nm **1.** [du sein] nipple **2.** [butte] hillock.

mamie, mamy [mami] nf granny, grandma.

mammifère [mamifɛʀ] nm mammal.

mammographie [mamɔgʀafi] nf mammography.

mammouth [mamut] nm mammoth.

mamours [mamuʀ] nmpl *fam* billing and cooing *(U)* ▸ **se faire des mamours** to bill and coo.

mamy = **mamie**.

Man [man] ⟶ **île**.

management [manadʒmɛnt] nm management.

manager¹ [manadʒœʀ] nmf manager.

manager² [17] [manadʒe] vt to manage.

manageur, euse [manadʒɛʀ, øz] = **manager**.

manche [mɑ̃ʃ] ❖ nf **1.** [de vêtement] sleeve ▸ **sans manches** sleeveless ▸ **manches courtes / longues** short / long sleeves ▸ **manches raglan** raglan sleeves ▸ **avoir qqn dans sa manche** *fam* & *fig* to have sb in one's pocket ▸ **être en manches de chemise** to be in one's shirtsleeves **2.** [de jeu] round, game ; TENNIS set / *gagner la première manche* *fig* to win the first round **3.** EXPR **faire la manche** *fam* to pass the hat around. ❖ nm **1.** [d'outil] handle ▸ **manche à balai** a) broomstick b) [d'avion] joystick **2.** MUS neck **3.** EXPR **tu t'y prends comme un manche** *fam* you're making a right mess of it.

Manche [mɑ̃ʃ] nf **1.** [Normandie] : *la Manche* the Manche (region) **2.** [mer] : *la Manche* the English Channel **3.** [en Espagne] ▸ **la Manche** La Mancha.

manchette [mɑ̃ʃɛt] nf **1.** [de chemise] cuff **2.** [de journal] headline, banner headline **3.** [coup] forearm blow.

manchon [mɑ̃ʃɔ̃] nm **1.** [en fourrure] muff **2.** TECHNOL casing, sleeve.

manchot, ote [mɑ̃ʃo, ɔt] ❖ adj one-armed. ❖ nm, f one-armed person. ◆ **manchot** nm penguin.

mandarin [mɑ̃daʀɛ̃] nm **1.** [en Chine] mandarin **2.** *péj* [personnage important] mandarin **3.** [langue] Mandarin.

mandarine [mɑ̃daʀin] nf mandarin (orange).

mandat [mɑ̃da] nm **1.** [pouvoir, fonction] mandate **2.** DR warrant ▸ **mandat d'amener** summons ▸ **mandat d'arrêt** arrest warrant ▸ **mandat de perquisition** search warrant **3.** [titre postal] money order ▸ **mandat postal** postal order UK, money order US.

mandataire [mɑ̃datɛʀ] nmf proxy, representative.

mandat-carte [mɑ̃dakaʀt] (*pl* **mandats-cartes**) nm postal order UK, money order US.

mandater [3] [mɑ̃date] vt **1.** [personne] to appoint **2.** [somme] to pay by postal UK ou money US order.

mandat-lettre [mɑ̃dalɛtʀ] (*pl* **mandats-lettres**) nm postal order UK, money order US.

mander [3] [mɑ̃de] vt *litt* DR [appeler] to summon.

mandibule [mɑ̃dibyl] nf mandible.

mandoline [mɑ̃dɔlin] nf mandolin.

mandrill [mɑ̃dʀil] nm mandrill.

mandrin [mɑ̃dʀɛ̃] nm [de serrage] chuck ; [de perçage] punch.

manège [manɛʒ] nm **1.** [attraction] merry-go-round, roundabout UK, carousel US **2.** [de chevaux - lieu] riding school **3.** [manœuvre] scheme, game.

manette [manɛt] nf lever.

manga [mɑ̃ga] nm manga (comic).

manganèse [mɑ̃ganɛz] nm manganese.

mangeable [mɑ̃ʒabl] adj edible.

mangeoire [mɑ̃ʒwaʀ] nf manger.

manger [17] [mɑ̃ʒe] ❖ vt **1.** [nourriture] to eat / *elle a tout mangé* she's eaten it all up / *elle ne va pas te manger !* *fam* & *fig* she's not going to eat ou to bite you! **2.** [étoffe, fer] to eat away / *couvertures mangées par les mites* moth-eaten blankets **3.** [fortune] to get through, to squander / *manger son capital* to eat up one's capital. ❖ vi to eat / *manger à sa faim* to eat one's fill / *c'est un restaurant simple mais on y mange bien* it's an unpretentious restaurant, but the food is good / *faire manger qqn* to feed sb / *faire à manger à qqn* to make something to eat for sb. ◆ **se manger** vp *(emploi passif)* to be eaten / *ça se mange avec de la mayonnaise* you eat it ou it is served with mayonnaise.

mange-tout [mɑ̃ʒtu] (*pl* **mange-tout**) nm [haricot] runner bean UK, string bean US ; [pois] mangetout UK, snow pea US.

mangeur, euse [mɑ̃ʒœʀ, øz] nm, f eater ▸ **gros mangeur** big eater.

mangue [mɑ̃g] nf mango.

maniable [manjabl] adj **1.** [instrument] manageable **2.** [personne] easily influenced.

maniaque [manjak] ❖ nmf **1.** [méticuleux] fusspot UK, fussbudget US **2.** [fou] maniac. ❖ adj **1.** [méticuleux] fussy **2.** [fou] maniacal.

maniaquerie [manjakʀi] nf *fam* fussiness.

manichéisme [manikeism] nm Manicheism.

manie [mani] nf **1.** [habitude] funny habit ▸ **avoir la manie de qqch / de faire qqch** to have a mania for sthg / for doing sthg **2.** [obsession] mania.

maniement [manimɑ̃] nm handling.

manier [9] [manje] vt [manipuler, utiliser] to handle ; *fig* [ironie, mots] to handle skilfully UK ou skillfully US.

manière [manjɛʀ] nf **1.** [méthode] manner, way ▸ **recourir à la manière forte** to resort to strong-arm tactics / *sa manière de marcher / s'habiller* his way of walking / dressing, the way he walks / dresses ▸ **de toute manière** at any rate / *de toute manière, tu as tort* in any case, you're wrong ▸ **d'une manière générale** generally speaking / *d'une certaine manière, je suis content que ce soit fini* in a way, I'm glad it's over ▸ **c'est une manière de parler** it's just my / his etc. way of putting it / *elle dit qu'elle l'aime à sa manière* she says she loves him in her own way / *est-ce de sa faute ? — en aucune manière* is it his fault? — no, not in the slightest ou least **2.** [style propre à un artiste] style ▸ **à la manière de** in the style of / *une chanson à la manière de Cole Porter* a song in the style of Cole Porter. ◆ **manières** nfpl manners ▸ **les bonnes manières** good manners ▸ **faire des manières** *fig* to pussyfoot around / *qu'est-ce que c'est que ces* ou *en voilà des manières !* what a way to behave! ◆ **de manière à** loc conj (in order) to / *de manière à ce que (+ subjonctif)* so that / *laisse la porte ouverte, de manière que les gens puissent entrer* leave the door open so people can come in. ◆ **de manière que** loc conj *(+ subjonctif)* in such a way that.

maniéré, e [manjeʀe] adj affected.

maniérisme [manjeʀism] nm mannerism.

manif [manif] nf *fam* demonstration, demo UK.

manifestant, e [manifɛstɑ̃, ɑ̃t] nm, f demonstrator.

manifestation [manifɛstasjɔ̃] nf **1.** [témoignage] expression **2.** [mouvement collectif] demonstration **3.** [apparition de maladie] appearance.

manifeste [manifɛst] ❖ nm [déclaration] manifesto. ❖ adj obvious.

manifestement [manifɛstəmɑ̃] adv obviously.

manifester [3] [manifɛste] ❖ vt to show, to express. ❖ vi to demonstrate. ◆ **se manifester** vp **1.** [apparaître] to show ou manifest itself **2.** [se montrer] to turn up, to appear.

manigance [manigɑ̃s] nf *fam* scheme, intrigue.

manigancer [16] [manigɑ̃se] vt *fam* to scheme, to plot.

Manille [manij] npr Manila.

manioc [manjɔk] nm manioc.

manipulateur, trice [manipylatœʀ, tʀis] nm, f **1.** [opérateur] technician **2.** *fig* [de personnes] manipulator. ◆ **manipulateur** nm TÉLÉCOM key.

manipulation [manipylasjɔ̃] nf **1.** [de produits, d'explosifs] handling ▸ **manipulations génétiques** genetic engineering **2.** *fig* [manœuvre] manipulation *(U)*.

manipuler [3] [manipyle] vt **1.** [colis, appareil] to handle **2.** [statistiques, résultats] to falsify, to rig **3.** [personne] to manipulate.

manivelle [manivɛl] nf crank.

manne [man] nf RELIG manna ; *fig* & *litt* godsend.

mannequin [mankɛ̃] nm **1.** [forme humaine] model, dummy **2.** [personne] model, mannequin.

mannequinat [mankina] nm modelling.

manœuvre [manœvʀ] ❖ nf **1.** [d'appareil, de véhicule] driving, handling ▸ **fausse manœuvre a)** driver error **b)** *fig* false move **2.** MIL manoeuvre UK, maneuver US, exercise **3.** [machination] ploy, scheme. ❖ nm labourer UK, laborer US.

manœuvrer [5] [manœvʀe] ❖ vi to manoeuvre UK, to maneuver US. ❖ vt **1.** [faire fonctionner] to operate, to work ; [voiture] to manoeuvre UK, to maneuver US **2.** [influencer] to manipulate.

manoir [manwaʀ] nm manor, country house.

manomètre [manɔmɛtʀ] nm manometer.

manquant, e [mɑ̃kɑ̃, ɑ̃t] adj missing.

manque [mɑ̃k] nm **1.** [pénurie] lack, shortage ▸ **par manque de** for want of **2.** [de toxicomane] withdrawal symptoms *pl* ▸ **être en (état de) manque** to have ou experience withdrawal symptoms **3.** [lacune] gap ▸ **manque à gagner** COMM loss of earnings. ◆ **à la manque** loc adj *fam* second-rate.

manqué, e [mɑ̃ke] adj [raté] failed ; [rendez-vous] missed.

manquement [mɑ̃kmɑ̃] nm ▸ **manquement (à)** breach (of).

manquer [3] [mɑ̃ke] ❖ vi **1.** [faire défaut] to be lacking, to be missing / *l'argent / le temps me manque* I don't have enough money / time / *la force / le courage lui manqua* (his) strength / courage failed him / *tu me manques* I miss you **2.** [être absent] ▸ **manquer (à)** to be absent (from), to be missing (from) / *manquer à l'appel* **a)** MIL to be absent (at roll call) **b)** *fig* & *hum* to be missing **3.** [échouer] to fail **4.** [ne pas avoir assez] ▸ **manquer de qqch** to lack sthg, to be short of sthg / *manquer de personnel* to be short-staffed, to be short of staff / *je manque de sommeil* I'm not getting enough sleep **5.** [faillir] : *il a manqué (de) se noyer* he nearly ou almost drowned / *ne manquez pas de lui dire* don't forget to tell him / *je n'y manquerai pas* I certainly will, I'll definitely do it **6.** [ne pas respecter] ▸ **manquer à** [devoir] to fail in ▸ **manquer à sa parole** to break one's word. ❖ vt **1.** [gén] to miss / *manquer son but* *fig* to fail to reach one's goal / *manquer une occasion* to miss (out on) an opportunity / *c'est une émission à ne pas manquer* this programme shouldn't be missed ou is a must **2.** [échouer à] to bungle, to botch ▸ **coup manqué** failure, botch-up. ❖ v impers : *il manque quelqu'un* somebody is missing / *il me manque 3 euros* I'm 3 euros short ▸ **il ne manquait plus que ça** *fig* that's all I / you etc. needed. ◆ **se manquer** vp *(emploi réciproque)* : *nous nous sommes manqués à l'aéroport* we missed each other at the airport.

mansarde [mɑ̃saʀd] nf attic.

mansardé, e [mɑ̃saʀde] adj attic *(avant n)*.

mansuétude [mɑ̃sɥetyd] nf *litt* indulgence.

mante [mɑ̃t] nf HIST mantle. ◆ **mante religieuse** nf praying mantis.

manteau, x [mɑ̃to] nm **1.** [vêtement] coat ▸ **sous le manteau** *fig* secretly, clandestinely **2.** *fig* [de neige] mantle, blanket.

manucure [manykyʀ] nmf manicurist.

manuel, elle [manɥɛl] ◈ adj manual. ◈ nm, f manual worker. ◆ **manuel** nm manual.

manuellement [manɥɛlmɑ̃] adv manually, by hand ▸ **travailler manuellement** to work with one's hands / *un dispositif qui fonctionne manuellement* a manually operated machine.

manufacture [manyfaktyʀ] nf [fabrique] factory.

manufacturer [3] [manyfaktyʀe] vt to manufacture.

manuscrit, e [manyskʀi, it] adj handwritten. ◆ **manuscrit** nm manuscript.

manutention [manytɑ̃sjɔ̃] nf handling.

manutentionnaire [manytɑ̃sjɔnɛʀ] nmf warehouseman.

MAP (*abr de* **mise au point**) nf focusing.

mappemonde [mapmɔ̃d] nf **1.** [carte] map of the world **2.** [sphère] globe.

maquer [3] [make] ◆ **se maquer** vp + prép *tfam* to shack with / *ils se sont maqués* they're shacked up together ▸ **elle est maquée ?** **a)** [prostituée] has she got a pimp? **b)** [femme] has she got a man? ▸ **se maquer avec qqn** to be shacked up with sb.

maquereau, elle, x [makʀo, ɛl, o] nm, f *fam* pimp (madam). ◆ **maquereau** nm mackerel.

maquette [makɛt] nf **1.** [ébauche] paste-up **2.** [modèle réduit] model.

maquettiste [makɛtist] nmf model maker.

maquignon [makiɲɔ̃] nm **1.** [marchand de chevaux] horse dealer **2.** *péj* [homme d'affaires] crook.

maquillage [makijaʒ] nm **1.** [action, produits] make-up **2.** [falsification - gén] disguising ; [- de chiffres] doctoring ; [- de passeport] falsification.

maquiller [3] [makije] vt **1.** [farder] to make up **2.** [fausser - gén] to disguise ; [- chiffres] to doctor ; [- passeport] to falsify. ◆ **se maquiller** vp to make up, to put on one's make-up.

maquilleur, euse [makijœʀ, øz] nm, f make-up artist.

maquis [maki] nm **1.** [végétation] scrub, brush, maquis **2.** HIST Maquis, French Resistance ▸ **prendre le maquis** **a)** HIST to take to the maquis **b)** *fig* to go underground **3.** *fig* [méli-mélo] maze.

maquisard [makizaʀ] nm HIST member of the Maquis ou the French Resistance.

marabout [maʀabu] ◈ nm **1.** ZOOL marabou **2.** [guérisseur] marabout. ◈ adj QUÉBEC grouchy.

maracudja [maʀakudʒa] nm maracuja, passion fruit.

maraîcher, ère [maʀeʃe, ɛʀ] ◈ adj market garden (*avant n*) UK, truck farming (*avant n*) US. ◈ nm, f market gardener UK, truck farmer US.

marais [maʀɛ] nm [marécage] marsh, swamp ▸ **marais salant** saltpan ▸ **le Marais** *historic district in central Paris.*

marasme [maʀasm] nm **1.** [récession] stagnation **2.** [accablement] depression.

marathon [maʀatɔ̃] nm marathon.

marâtre [maʀatʀ] nf *vieilli* **1.** [mauvaise mère] bad mother **2.** [belle-mère] stepmother.

maraudage [maʀodaʒ] nm = **maraude**

maraude [maʀod] nf pilfering.

marbre [maʀbʀ] nm **1.** [roche, objet] marble ▸ **en** ou **de marbre** marble (*avant n*) ▸ **rester de marbre** *fig* to remain impassive **2.** [dans imprimerie] stone **3.** QUÉBEC [baseball] home base ou plate.

marbré, e [maʀbʀe] adj **1.** [gâteau] marble (*avant n*) **2.** [peau, teint] mottled.

marbrier [maʀbʀije] nm monumental mason.

marbrure [maʀbʀyʀ] nf **1.** [imitation du marbre] marbling **2.** [sur la peau] mottling.

marc [maʀ] nm **1.** [eau-de-vie] marc (brandy) (*distilled from grape residue*) **2.** [de fruits] residue ; [de thé] leaves ▸ **marc de café** grounds *pl.*

marcassin [maʀkasɛ̃] nm young wild boar.

marchand, e [maʀʃɑ̃, ɑ̃d] ◈ adj [valeur] market (*avant n*) ; [prix] trade (*avant n*). ◈ nm, f [commerçant] merchant ; [détaillant] shopkeeper UK, storekeeper US ▸ **marchand de journaux** newsagent UK, newsdealer US ▸ **marchand des quatre-saisons** fruit-and-vegetable seller. ◆ **marchand de sable** nm *fig* sandman.

marchandage [maʀʃɑ̃daʒ] nm bargaining.

marchander [3] [maʀʃɑ̃de] ◈ vt **1.** [prix] to haggle over **2.** [appui] to begrudge. ◈ vi to bargain, to haggle.

marchandise [maʀʃɑ̃diz] nf merchandise (*U*), goods *pl* / *marchandise en gros / au détail* wholesale/retail goods / *gare de marchandises* [train] goods UK ou freight station US.

marche [maʀʃ] nf **1.** [d'escalier] step / *la première / dernière marche* the bottom/top step **2.** [activité, sport] walking ▸ **être à deux heures de marche (de)** to be two hours' walk ou a two-hour walk (from) ▸ **fermer la marche** to bring up the rear ▸ **ouvrir la marche** to lead the way ▸ **marche à pied** walking ▸ **marche à suivre** *fig* correct procedure / *en avant, marche !* MIL forward, march! **3.** [promenade] walk / *nous avons fait une marche de 8 km* we did an 8 km walk **4.** [défilé] ▸ **marche silencieuse / de protestation** silent/protest march **5.** MUS march ▸ **marche funèbre / nuptiale** funeral/wedding march **6.** [déplacement - du temps, d'astre] course ▸ **assis dans le sens de la marche** [en train] sitting facing the engine ▸ **en marche arrière** in reverse ▸ **faire marche arrière** **a)** to reverse **b)** *fig* to backpedal, to backtrack / *monter / descendre d'un train en marche* to get on/off a moving train **7.** [fonctionnement] running, working ▸ **en marche** running ▸ **se mettre en marche** to start (up) ▸ **mettre qqch en marche** to start sthg (up) ▸ **remettre qqch en marche** to restart sthg / *pour assurer la bonne marche de notre coopérative* to ensure the smooth running of our co-op.

marché [marʃe] nm **1.** [lieu de vente] market / *aller au marché* to go to the market ▸ **faire son marché** to go shopping, to do one's shopping / *mettre un produit sur le marché* to launch a product ▸ **marché couvert** covered market ▸ **marché aux puces** flea market **2.** FIN & ÉCON ▸ **marché des changes** foreign exchange market ▸ **marché cible** target market ▸ **marché de concurrence** competitive marketplace ▸ **marché du crédit** credit market ▸ **marché financier** financial market ▸ **marché global** OU **international** global marketplace ▸ **marché des matières premières** commodity market ▸ **marché noir** black market / *faire du marché noir* to deal on the black market ▸ **marché primaire** primary market ▸ **marché public** procurement contract ▸ **le marché du travail** the labour UK OU labor US market ▸ **second marché** ≃ unlisted securities market **3.** [contrat] bargain, deal / *conclure* OU *passer un marché avec qqn* to make a deal with sb / *marché conclu !* it's a deal!, that's settled! ▸ **(à) bon marché** cheap ▸ **meilleur marché** cheaper ▸ **par-dessus le marché** *fam & fig* into the bargain. ◆ **Marché commun** nm HIST ▸ **le Marché commun** the Common Market. ◆ **Marché unique européen** nm ▸ **le Marché unique européen** the European Single Market.

marchéage [marʃeaʒ] nm marketing mix.

marchepied [marʃəpje] nm [de train] step ; [escabeau] steps *pl* UK, stepladder ; *fig* stepping-stone.

marcher [3] [marʃe] vi **1.** [aller à pied] to walk / *marcher à grands pas* OU *à grandes enjambées* to stride (along) / *marcher tranquillement* to amble along **2.** [poser le pied] to step / *marcher sur les pieds de qqn* to tread OU to stand OU to step on sb's feet **3.** [avancer] ▸ **marcher sur** [ville, ennemi] to march on OU upon **4.** [fonctionner, tourner] to work / *si ça marche, je monterai une exposition* if it works out, I'll organize an exhibition / *son affaire marche bien* his business is doing well / *tu sais faire marcher la machine à laver ?* do you know how to work the washing machine? / *ça marche pour mardi ?* is it OK for Tuesday? **5.** *fam* [accepter] to agree / *je ne marche pas !* nothing doing!, count me out! **6.** EXPR ▸ **faire marcher qqn** *fam* to take sb for a ride.

marcheur, euse [marʃœr, øz] nm, f walker.

marcottage [markɔtaʒ] nm layering.

mardi [mardi] nm Tuesday ▸ **mardi gras** Shrove Tuesday. *Voir aussi* **samedi**.

mare [mar] nf pool.

marécage [marekaʒ] nm marsh, bog.

marécageux, euse [marekaʒø, øz] adj **1.** [terrain] marshy, boggy **2.** [plante] marsh *(avant n)*.

maréchal, aux [mareʃal, o] nm marshal. ◆ **maréchal des logis** nm sergeant.

maréchal-ferrant [mareʃalferɑ̃] (*pl* **maréchaux-ferrants** [mareʃoferɑ̃]) nm blacksmith.

maréchaussée [mareʃose] nf *vieilli* constabulary.

marée [mare] nf **1.** [de la mer] tide ▸ **(à) marée haute / basse** (at) high/low tide **2.** *fig* [de personnes] wave, surge **3.** [poissons] seafood. ◆ **marée noire** nf oil slick.

marelle [marɛl] nf hopscotch.

marémoteur, trice [maremɔtœr, tris] adj [énergie] tidal ; [usine] tidal power *(avant n)*.

mareyeur, euse [marɛjœr, øz] nm, f wholesale fish merchant.

margarine [margarin] nf margarine.

marge [marʒ] nf **1.** [espace] margin ▸ **marge de pied** [édition] tail ▸ **marge de tête** [édition] head OU top margin / *annotations* OU *notes en marge* notes in the margin, marginalia *sout* ▸ **vivre en marge de la société** *fig* to live on the fringes of society **2.** [latitude] leeway / *avoir de la marge* to have some leeway ▸ **marge d'erreur** margin of error ▸ **marge de manœuvre** room for manoeuvre UK OU maneuver US ▸ **marge de sécurité** safety margin **3.** COMM margin ▸ **marge bénéficiaire** profit margin ▸ **marge brute** gross margin ▸ **marge commerciale** gross margin ▸ **marge de fluctuation** fluctuation band.

margelle [marʒɛl] nf coping.

marginal, e, aux [marʒinal, o] ❖ adj **1.** [gén] marginal **2.** [groupe] dropout *(avant n)*. ❖ nm, f dropout.

marginalement [marʒinalmɑ̃] adv marginally / *cela n'affecte les ventes que marginalement* this has only a marginal impact on sales ▸ **vivre marginalement** to live on the fringe OU margin of society / *ils ont choisi de vivre marginalement* they've chosen to opt out (of society).

marginaliser [3] [marʒinalize] vt to marginalize.

marginalité [marʒinalite] nf living on the fringes of society.

margoulin [margulɛ̃] nm *fam* shark, conman.

marguerite [margərit] nf BOT daisy.

mari [mari] nm husband.

mariage [marjaʒ] nm **1.** [union, institution] marriage ▸ **donner qqn en mariage** to give sb away ▸ **mariage d'amour** love match ▸ **mariage blanc** unconsummated marriage ▸ **mariage consanguin** marriage between blood relations ▸ **mariage de raison** marriage of conveni ence **2.** [cérémonie] wedding ▸ **mariage civil / religieux** civil/church wedding **3.** *fig* [de choses] blend.

Marianne [marjan] npr *personification of the French Republic*.

Marianne

Marianne is the personification of the French Republic; there is a bust of her in every town hall in France, and her portrait appears on French stamps. Her face has changed over the years, but she can always be recognized by the **bonnet phrygien** she wears. Brigitte Bardot and Catherine Deneuve, and in more recent years, somewhat controversially, Laetitia Casta and TV presenter Évelyne Thomas have been used as models for Marianne.

marié, e [maʀje] ◆ adj married. ◆ nm, f groom, bridegroom (bride) ▸ **jeunes mariés** newlyweds.

marier [9] [maʀje] vt **1.** [personne] to marry **2.** *fig* [couleurs] to blend. ◆ **se marier** vp **1.** [personnes] to get married ▸ **se marier avec qqn** to marry sb **2.** *fig* [couleurs] to blend.

marihuana [maʀiʀwana], **marijuana** [maʀiʒɥana] nf marijuana.

marin, e [maʀɛ̃, in] adj **1.** [de la mer] sea *(avant n)*; [faune, biologie] marine **2.** NAUT [carte, mille] nautical. ◆ **marin** nm **1.** [navigateur] seafarer **2.** [matelot] sailor ▸ **marin pêcheur** deep-sea fisherman. ◆ **marine** ◆ nf **1.** [navigation] seamanship, navigation **2.** [navires] navy ▸ **marine marchande** merchant navy UK ou marine US ▸ **marine nationale** navy. ◆ nm **1.** MIL marine **2.** [couleur] navy (blue). ◆ adj inv navy.

marinade [maʀinad] nf marinade.

mariner [3] [maʀine] ◆ vt to marinate. ◆ vi **1.** [aliment] to marinate ▸ **faire mariner qqch** to marinate sthg **2.** *fam* & *fig* [attendre] to hang around ▸ **faire mariner qqn** to let sb stew.

maringouin [maʀɛ̃gwɛ̃] nm QUÉBEC mosquito.

marinier, ère [maʀinje, ɛʀ] nm, f bargee UK, bargeman US.

marinière [maʀinjɛʀ] nf smock.

marionnette [maʀjɔnɛt] nf puppet.

marital, e, aux [maʀital, o] adj ▸ **autorisation maritale** husband's permission.

maritalement [maʀitalmɑ̃] adv ▸ **vivre maritalement** to cohabit.

maritime [maʀitim] adj [navigation] maritime; [ville] coastal.

marivaudage [maʀivodaʒ] nm *litt* banter.

marjolaine [maʀʒɔlɛn] nf marjoram.

mark [maʀk] nm HIST [monnaie] mark.

marketer [maʀkete] vt to market. ◆ **se marketer** vp to market oneself.

marketeur, euse [maʀketœʀ, øz] nm, f marketing person.

marketing [maʀkɛtiŋ] nm marketing / *marketing ciblé* niche marketing / *marketing concentré* concentrated marketing / *marketing direct* direct marketing / *marketing mix* marketing mix / *marketing de relance* remarketing / *marketing relationnel* relationship marketing / *marketing téléphonique* telemarketing.

marmaille [maʀmaj] nf *fam* brood (of kids).

marmelade [maʀməlad] nf stewed fruit ▸ **en marmelade** cooked to a pulp; *fam* & *fig* [nez] smashed to a pulp ▸ **marmelade d'oranges** marmalade.

marmite [maʀmit] nf [casserole] pot ▸ **faire bouillir la marmite** *fam* & *fig* to be the breadwinner.

marmiton [maʀmitɔ̃] nm kitchen boy.

marmonner [3] [maʀmɔne] vt & vi to mutter, to mumble.

marmot [maʀmo] nm *fam* kid.

marmotte [maʀmɔt] nf marmot.

marmotter [3] [maʀmɔte] vt to mutter, to mumble.

marner [3] [maʀne] vi *fam* to slog.

Maroc [maʀɔk] nm : *le Maroc* Morocco / *au Maroc* in Morocco.

marocain, e [maʀɔkɛ̃, ɛn] adj Moroccan. ◆ **Marocain, e** nm, f Moroccan.

maroquin [maʀɔkɛ̃] nm morocco (leather).

maroquinerie [maʀɔkinʀi] nf **1.** [fabrication] fine-leather production; [commerce] fine-leather trade **2.** [magasin] leather-goods shop UK ou store US.

maroquinier [maʀɔkinje] nm **1.** [artisan] leather-worker **2.** [commerçant] leather-goods dealer.

marotte [maʀɔt] nf *fam* [dada] craze.

marquant, e [maʀkɑ̃, ɑ̃t] adj outstanding.

marque [maʀk] nf **1.** [signe, trace] mark; *fig* stamp, mark / *marques de coups* bruises ou marks of blows / *on reconnaît la marque du génie* that's the hallmark ou stamp of genius **2.** [label, fabricant] make, brand / *une grande marque* a well-known make ou brand / *marque dominante* dominant brand ▸ **marque de fabrique** trademark / *marque générique* generic brand / *marque phare* core brand / *marque vedette* masterbrand / *sous marque double* dual-branded ▸ **de marque** **a)** designer *(avant n)* **b)** *fig* important / *articles de marque* branded goods / *personnage de marque* VIP **3.** SPORT score ▸ **à vos marques, prêts, partez !** on your marks, get set, go!, ready, steady, go! UK **4.** [insigne] badge **5.** [témoignage] sign, token / *marque d'affection* sign ou token of affection.

marqué, e [maʀke] adj **1.** [net] marked, pronounced **2.** [personne, visage] marked.

marque-page [maʀkpaʒ] (*pl* **marque-pages**) nm bookmark.

marquer [3] [maʀke] ◆ vt **1.** [gén] to mark ▸ **ce jour est à marquer d'une pierre blanche** this will go down as a red-letter day **2.** [écrire] to write down, to note down / *marqué à la craie / au crayon sur le mur* marked in chalk / pencil on the wall, chalked / pencilled on the wall **3.** [indiquer, manifester] to show / *la balance marque 3 kg* the scales register ou read 3 kg / *les lignes bleues marquent les frontières* the blue lines show ou indicate where the border is **4.** [SPORT - but, point] to score; [- joueur] to mark ▸ **marquer les points** to keep the score / *l'argument est judicieux, vous marquez un point* *fig* the argument is valid: that's one to you ou you've scored a point **5.** [impressionner] to mark, to affect, to make an impression on / *ça m'a beaucoup marqué* it made a big ou lasting impression on me. ◆ vi **1.** [événement, expérience] to leave its mark / *les grands hommes qui ont marqué dans l'histoire* the great men who have left their mark on history **2.** SPORT to score.

marqueterie [maʀkɛtʀi] nf marquetry.

marqueur [maʀkœʀ] nm **1.** [crayon] marker (pen) **2.** SPORT scorer.

marqueuse [markøz] nf labelling ou labeling US machine.

marquis, e [marki, iz] nm, f marquis (marchioness). ◆ **marquise** nf [auvent] canopy.

Marquises [markiz] nfpl : *les Marquises* the Marquesas Islands.

marraine [marɛn] nf **1.** [de filleul] godmother **2.** [de navire] christener.

marrant, e [marɑ̃, ɑ̃t] adj *fam* funny.

marre [mar] adv ▸ **en avoir marre (de)** *fam* to be fed up (with).

marrer [3] [mare] ◆ **se marrer** vp *fam* to split one's sides.

marron, onne [marɔ̃, ɔn] adj *péj* [médecin] quack *(avant n)* ; [avocat] crooked. ◆ **marron** ❖ nm **1.** [fruit] chestnut ▸ **marron glacé** marron glacé, candied chestnut ▸ **marron d'Inde** horse chestnut **2.** [couleur] brown **3.** *fam* [coup de poing] thump. ❖ adj inv brown.

marronnier [marɔnje] nm chestnut tree.

mars [mars] nm March. *Voir aussi* **septembre**.

marseillais, e [marsɛjɛ, ɛz] adj of/from Marseilles. ◆ **Marseillais, e** nm, f person from Marseilles. ◆ **Marseillaise** nf ▸ **la Marseillaise** the Marseillaise *(French national anthem)*.

Marseille [marsɛj] npr Marseilles.

marsouin [marswɛ̃] nm porpoise.

marsupial, e, aux [marsypjal, o] adj marsupial. ◆ **marsupial** nm marsupial.

marte = **martre**.

marteau, x [marto] ❖ nm **1.** [gén] hammer ▸ **marteau piqueur** ou **pneumatique** pneumatic drill UK, jackhammer US **2.** [heurtoir] knocker. ❖ adj *fam* nuts, barmy UK.

marteau-pilon [martopilɔ̃] *(pl* **marteaux-pilons***)* nm power hammer.

martel [martɛl] nm ▸ **se mettre martel en tête** to get worked up.

marteler [25] [martəle] vt **1.** [pieu] to hammer ; [table, porte] to hammer on, to pound **2.** [phrase] to rap out.

martial, e, aux [marsjal, o] adj martial.

martien, enne [marsjɛ̃, ɛn] adj & nm, f Martian.

martinet [martinɛ] nm **1.** ZOOL swift **2.** [fouet] whip.

martingale [martɛ̃gal] nf **1.** [de vêtement] half-belt **2.** [jeux] winning system.

Martini® [martini] nm Martini®.

martiniquais, e [martinikɛ, ɛz] adj of/from Martinique. ◆ **Martiniquais, e** nm, f person from Martinique.

Martinique [martinik] nf : *la Martinique* Martinique / *à la Martinique* in Martinique.

martin-pêcheur [martɛ̃pɛʃœr] *(pl* **martins-pêcheurs***)* nm kingfisher.

martre [martr], **marte** [mart] nf marten.

martyr, e [martir] ❖ adj martyred. ❖ nm, f martyr. ◆ **martyre** nm martyrdom ▸ **souffrir le martyre** to suffer agonies.

martyriser [3] [martirize] vt to torment.

marxisme [marksism] nm Marxism.

marxiste [marksist] nmf & adj Marxist.

mas [mas] nm *country house or farm in the South of France.*

mascara [maskara] nm mascara.

mascarade [maskarad] nf **1.** [mise en scène] masquerade **2.** *péj* [accoutrement] getup.

mascarpone [maskarpɔn] nm mascarpone.

mascotte [maskɔt] nf mascot.

masculin, e [maskylɛ̃, in] adj [apparence & GRAM] masculine ; [métier, population, sexe] male. ◆ **masculin** nm GRAM masculine.

maso [mazo] *fam* ❖ nm masochist. ❖ adj masochistic.

masochisme [mazɔʃism] nm masochism.

masochiste [mazɔʃist] ❖ nmf masochist. ❖ adj masochistic.

masque [mask] nm **1.** [gén] mask ▸ **masque funéraire** ou **mortuaire** death mask ▸ **masque à gaz** gas mask ▸ **masque de plongée** diving mask **2.** [crème] ▸ **masque (de beauté)** face pack **3.** *fig* [façade] front, façade ▸ **lever le masque** *fig* to show one's true colours UK ou colors US / *sa bonté n'est qu'un masque* his kindness is just a front ou is only skin-deep **4.** MÉD ▸ **masque de grossesse** (pregnancy) chloasma **5.** INFORM : *masque de saisie* template.

masqué, e [maske] adj masked.

masquer [3] [maske] vt **1.** [vérité, crime, problème] to conceal **2.** [maison, visage] to conceal, to hide.

massacrant, e [masakrɑ̃, ɑ̃t] adj ▸ **être d'une humeur massacrante** *fam* to be in a foul temper.

massacre [masakr] nm *pr* & *fig* massacre.

massacrer [3] [masakre] vt to massacre ; [voiture] to smash up.

massage [masaʒ] nm massage ▸ **faire un massage à qqn** to give sb a massage.

masse [mas] nf **1.** [de pierre] block ; [d'eau] volume / *masse d'air* MÉTÉOR mass of air ▸ **tomber comme une masse** *fig* to drop like a stone **2.** [de gens] ▸ **la masse** the majority ▸ **les masses** the masses / *communication / culture de masse* mass communication / culture **3.** [grande quantité] ▸ **une masse de** masses *pl* ou loads *pl* of / *des amis, il n'en a pas des masses* he hasn't got that many friends **4.** PHYS mass ▸ **masse molaire** molar weight ▸ **masse moléculaire** molecular weight **5.** ÉLECTR earth UK, ground US / *mettre à la masse* to earth UK, to ground US **6.** [maillet] sledgehammer. ◆ **masse monétaire** nf FIN money supply. ◆ **masse salariale** nf payroll. ◆ **en masse** loc adv [venir] en masse, all together / *arriver en masse* [lettres, personnes] to pour in ; *fam* [acheter] in bulk / *produire* ou *fabriquer* *en masse* to mass-produce / *se déplacer en masse* to go in a body ou en masse.

massepain [maspɛ̃] nm marzipan.

masser [3] [mase] vt **1.** [assembler] to assemble **2.** [frotter] to massage. ◆ **se masser** vp **1.** [s'assembler] to assemble, to gather **2.** [se frotter] : *se masser le bras* to massage one's arm.

masseur, euse [masœʀ, øz] nm, f [personne] masseur (masseuse). ◆ **masseur** nm [appareil] massager.

massicot [masiko] nm guillotine.

massif, ive [masif, iv] adj **1.** [monument, personne, dose] massive / *sa silhouette massive* his huge frame / *un apport massif d'argent liquide* a massive cash injection **2.** [or, chêne] solid / *argent massif* solid silver / *armoire en acajou massif* solid mahogany wardrobe. ◆ **massif** nm **1.** [de plantes] clump / *un massif de roses* a rosebed, a bed of roses **2.** [de montagnes] massif ▸ **massif ancien** primary ou Caledonian massif ▸ **le Massif central** the Massif Central.

massivement [masivmɑ̃] adv **1.** [construit] massively **2.** [répondre] en masse.

mass média (*pl* **mass médias**) [masmedja] nm mass medium ▸ **les mass médias** the mass media.

massue [masy] ◇ adj inv crushing. ◇ nf club.

master, mastère [mastɛʀ] nm UNIV master's degree / *cette année, elle fait un mastère d'économie* this year she's doing a master's in economics.

mastic [mastik] nm mastic, putty.

mastiquer [3] [mastike] vt **1.** [mâcher] to chew **2.** [coller] to putty.

mastoc [mastɔk] adj inv *fam* hulking.

mastodonte [mastɔdɔ̃t] nm **1.** [mammifère] mastodon **2.** *fam* [personne] hulk.

masturbation [mastyʀbasjɔ̃] nf masturbation.

masturber [3] [mastyʀbe] ◆ **se masturber** vp to masturbate.

m'as-tu-vu [matyvy] nmf inv *fam* show-off.

masure [mazyʀ] nf hovel.

mat' [mat] *fam* ◇ nm (*abr de* **matin**) : *trois heures du mat'* three in the morning. ◇ nf (*abr de* **matinée**) : *faire la grasse mat'* to have a lie-in.

mat, e [mat] adj **1.** [peinture, surface] matt UK, matte US **2.** [peau, personne] dusky **3.** [bruit, son] dull **4.** [aux échecs] checkmated. ◆ **mat** nm checkmate.

mât [ma] nm **1.** NAUT mast ▸ **mât d'artimon** mizzen, mizzenmast ▸ **grand mât** main mast **2.** [poteau] pole, post ▸ **mât de cocagne** greasy pole **3.** TECHNOL ▸ **mât de charge** cargo beam, derrick ▸ **mât de forage** [industrie du pétrole] drilling mast.

match [matʃ] (*pl* **matches** ou **matchs**) nm match ▸ **(faire) match nul** (to) tie, (to) draw UK ▸ **match aller / retour** first/second leg UK.

matelas [matla] nm inv [de lit] mattress ▸ **matelas de crin** horsehair mattress ▸ **matelas pneumatique** airbed.

matelassé, e [matlase] adj padded.

matelot [matlo] nm sailor.

mater [3] [mate] vt **1.** [soumettre, neutraliser] to subdue **2.** *fam* [regarder] to eye up.

matérialiser [3] [mateʀjalize] ◆ **se matérialiser** vp [aspirations] to be realized.

matérialisme [mateʀjalism] nm materialism.

matérialiste [mateʀjalist] ◇ nmf materialist. ◇ adj materialistic.

matériau, x [mateʀjo] nm material. ◆ **matériaux** nmpl **1.** CONSTR material *(U)*, materials ▸ **matériaux de construction** building material ou materials **2.** [documents] material *(U)*.

matériel, elle [mateʀjɛl] adj **1.** [être, substance] material, physical ; [confort, avantage, aide] material **2.** [considération] practical. ◆ **matériel** nm **1.** [gén] equipment *(U)* ▸ **matériel d'exploitation** plant *(U)* / *matériel de publicité sur le lieu de vente* ou *matériel de PLV* point-of-sale material, point-of-purchase material / *matériel de promotion* promotional material ▸ **matériel roulant** rolling stock *(U)* **2.** INFORM hardware *(U)*.

matériellement [mateʀjɛlmɑ̃] adv materially.

maternel, elle [matɛʀnɛl] adj maternal ; [langue] mother *(avant n)*. ◆ **maternelle** nf nursery school.

materner [3] [matɛʀne] vt to mother.

maternité [matɛʀnite] nf **1.** [qualité] maternity, motherhood **2.** [hôpital] maternity hospital.

mathématicien, enne [matematisjɛ̃, ɛn] nm, f mathematician.

mathématique [matematik] adj mathematical. ◆ **mathématiques** nfpl mathematics *(U)*.

matheux, euse [matø, øz] nm, f *fam* mathematician.

maths [mat] nfpl *fam* maths UK, math US.

Mathusalem [matyzalɛm] npr Methuselah ▸ **ça date de Mathusalem** it's out of the ark ▸ **vieux comme Mathusalem** as old as Methuselah.

matière [matjɛʀ] nf **1.** [substance] matter ▸ **matières fécales** faeces UK, feces US / *60 % de matières grasses* 60 % fat content / *sans matières grasses* fat-free, non-fat ▸ **matière grise** grey UK ou gray US matter / *fais travailler ta matière grise !* use your brains ou head! **2.** [matériau] material ▸ **matière plastique** plastic ▸ **matières premières** raw materials **3.** [discipline, sujet] subject / *les matières à l'écrit / à l'oral* the subjects for the written/oral examination ▸ **en matière de sport / littérature** as far as sport/literature is concerned / *je suis incompétent en la matière* I'm ignorant on the subject **4.** EXPR **donner matière à** to give cause for / *il y a matière à discussion* there are a lot of things to be said about that.

MATIF, Matif [matif] (*abr de* **marché à terme international de France**) nm *body regulating activities on the French stock exchange* ; ≃ LIFFE UK.

matifiant, e [matifjɑ̃, ɑ̃t] adj matifying.

matifier [matifje] vt to matify.

Matignon [matiɲɔ̃] npr ▸ **(l'hôtel) Matignon** *building in Paris which houses the offices of the Prime Minister.*

Matignon

This eighteenth-century house located on rue de Varennes is the official residence of the **Premier ministre**. The name is often used to refer to the Prime Minister and his or her administrative staff: **Matignon ne semble pas être d'accord**.

matin [matɛ̃] ❖ nm morning ▸ **le matin** in the morning ▸ **ce matin** this morning ▸ **à trois heures du matin** at 3 o'clock in the morning ▸ **de bon** ou **de grand matin** early in the morning ▸ **du matin au soir** *fig* from dawn to dusk / *je suis du matin* a) [actif le matin] I'm an early riser b) [de service le matin] I'm on ou I do the morning shift, I'm on mornings / *par un matin d'été / de juillet* one summer/July morning / *un beau matin* one fine day, one of these (fine) days. ❖ adv : *demain / hier matin* tomorrow/yesterday morning / *tous les dimanches matin* every Sunday morning.

matinal, e, aux [matinal, o] adj **1.** [gymnastique, émission] morning *(avant n)* **2.** [personne] ▸ **être matinal** to be an early riser.

mâtiné, e [matine] adj ▸ **mâtiné de** [chien] crossed with ; *fig* [mélangé de] mixed with.

matinée [matine] nf **1.** [matin] morning ▸ **faire la grasse matinée** to sleep late, to have a lie-in UK **2.** [spectacle] matinée, afternoon performance.

matines [matin] nfpl matins.

matois, e [matwa, az] *litt* ❖ adj wily. ❖ nm, f wily person.

maton, onne [matɔ̃, ɔn] nm, f *fam & arg crime* screw UK.

matos [matos] nm *fam* gear / *ils ont un sacré matos* they've got loads of gear.

matou [matu] nm tom, tomcat.

matraquage [matʀakaʒ] nm **1.** [bastonnade] beating, clubbing **2.** *fig* [intoxication] bombardment ▸ **matraquage publicitaire** bombardment with advertisements.

matraque [matʀak] nf truncheon UK, billy club US, nightstick US.

matraquer [3] [matʀake] vt **1.** [frapper] to beat, to club **2.** *fig* [intoxiquer] to bombard.

matriarcal, e, aux [matʀijaʀkal, o] adj matriarchal.

matriarcat [matʀijaʀka] nm matriarchy.

matrice [matʀis] nf **1.** [moule] mould UK, mold US **2.** MATH matrix **3.** ANAT womb.

matricule [matʀikyl] ❖ nm ▸ **(numéro) matricule** number. ❖ nf register.

matrimonial, e, aux [matʀimɔnjal, o] adj matrimonial.

matrone [matʀɔn] nf *péj* old bag.

maturation [matyʀasjɔ̃] nf maturing.

mature [matyʀ] adj mature.

mâture [matyʀ] nf masts *pl*.

maturité [matyʀite] nf maturity ; [de fruit] ripeness.

maudire [104] [modiʀ] vt to curse.

maudit, e [modi, it] ❖ pp ⟶ **maudire.** ❖ adj **1.** [réprouvé] accursed **2.** *(avant n)* [exécrable] damned. ❖ nm, f person who is damned.

maugréer [15] [mogʀee] ❖ vt to mutter. ❖ vi ▸ **maugréer (contre)** to grumble (about).

maure, more [mɔʀ] adj Moorish. ◆ **Maure, More** nmf Moor.

mauresque, moresque [mɔʀɛsk] adj Moorish. ◆ **Mauresque, Moresque** nf Moorish woman.

Maurice [mɔʀis] ⟶ **île.**

mauricien, enne [mɔʀisjɛ̃, ɛn] adj Mauritian. ◆ **Mauricien, enne** nm, f Mauritian.

Mauritanie [mɔʀitani] nf : *la Mauritanie* Mauritania.

mauritanien, enne [mɔʀitanjɛ̃, ɛn] adj Mauritanian. ◆ **Mauritanien, enne** nm, f Mauritanian.

mausolée [mozɔle] nm mausoleum.

maussade [mosad] adj **1.** [personne, air] sullen **2.** [temps] gloomy.

mauvais, e [movɛ, ɛz] ❖ adj **1.** [gén] bad / *en mauvais état* in bad ou poor condition / *je suis mauvaise en économie* I'm bad ou poor at economics / *mauvais goût* [de la nourriture, d'un médicament] bad ou nasty ou unpleasant taste / *le mauvais temps* bad weather / *un produit de mauvaise qualité* a poor-quality product **2.** [moment, numéro, réponse] wrong / *faire un mauvais calcul fig* to miscalculate **3.** [mer] rough **4.** [personne, regard] nasty / *avoir l'air mauvais* to look nasty / *faire un mauvais coup à qqn* to play a dirty trick on sb. ❖ nm [ce qui est critiquable] : *il y a du bon et du mauvais dans leur proposition* there are some good points and some bad points in their proposal. ◆ **mauvais** adv ▸ **il fait mauvais** the weather is bad ▸ **sentir mauvais** to smell bad.

mauve [mov] nm & adj mauve.

mauviette [movjɛt] nf *fam* **1.** [physiquement] weakling **2.** [moralement] coward, wimp.

maux ⟶ **mal.**

max [maks] (**abr de maximum**) nm *fam* : *un max de fric* loads of money / *il en a rajouté un max* he went completely overboard.

max. (**abr écrite de maximum**) max.

maxi [maksi] ❖ adj inv **1.** [long] maxi / *un manteau maxi* a maxicoat **2.** *fam* [maximum] ▸ **vitesse maxi** top ou full speed. ❖ nm COUT maxi / *le maxi revient à la mode* maxis are back in fashion. ❖ adv *fam* [au maximum] : *7 degrés / deux heures maxi* 7 degrees/two hours at the most.

maxillaire [maksilɛʀ] nm jawbone.

maximal, e, aux [maksimal, o] adj maximum *(avant n)*; [degré] highest.

maximalisme [maksimalism] nm POL maximalism.

maxime [maksim] nf maxim.

maximum [maksimɔm] *(pl* **maxima** [maksima]) ◆ nm maximum ▸ **le maximum de vitesse / capacité** maximum speed/capacity ▸ **le maximum de personnes** the greatest (possible) number of people / *nous ferons le maximum le premier jour* we'll do as much as we can on the first day / *il y a eu un maximum de visiteurs le premier jour* we had an enormous number of visitors the first day / *pour ça il faut un maximum d'organisation* that sort of thing needs a huge amount of ou needs loads of organization ▸ **au maximum** at the most / *en rentrant, on a mis le chauffage au maximum* when we got home, we turned the heating on full / *je nettoie au maximum mais c'est quand même sale* I do as much cleaning as possible but it's still dirty / *un espace utilisé au maximum* an area used to full advantage. ◆ adj maximum *(avant n)* / *vitesse maximum* maximum ou top speed.

maya [maja] adj Mayan. ◆ **Maya** nmf : *les Mayas* the Maya.

mayonnaise [majɔnɛz] nf mayonnaise.

Mazarine [mazaʀin] npr ▸ **la bibliothèque Mazarine** *the oldest public library in Paris.*

mazout [mazut] nm fuel oil.

mazouté, e [mazute] adj polluted with oil.

MdM nmpl *abr de* **Médecins du monde**.

me [mə], **m'** *(devant voyelle ou 'h' muet)* pron pers **1.** [complément d'objet direct] me **2.** [complément d'objet indirect] (to) me **3.** [réfléchi] myself **4.** [avec un présentatif] : *me voici* here I am.

Me *(abr écrite de* **maître***) title for barristers*; ≃ QC UK.

mea culpa [meakulpa] nm inv ▸ **faire son mea culpa** *fig* to admit one's mistake.

méandre [meɑ̃dʀ] nm [de rivière] meander, bend. ◆ **méandres** nmpl [détours sinueux] meanderings *pl.*

mec [mɛk] nm *fam* guy, bloke UK.

mécanicien, enne [mekanisjɛ̃, ɛn] nm, f **1.** [de garage] mechanic **2.** [conducteur de train] train driver UK, engineer US.

mécanique [mekanik] ◆ nf **1.** TECHNOL mechanical engineering **2.** MATH & PHYS mechanics *(U)* **3.** [mécanisme] mechanism. ◆ adj mechanical.

mécaniquement [mekanikmɑ̃] adv mechanically.

mécanisation [mekanizasjɔ̃] nf mechanization.

mécaniser [3] [mekanize] vt to mechanize.

mécanisme [mekanism] nm mechanism.

mécano [mekano] nm *fam* mechanic.

mécénat [mesena] nm patronage.

mécène [mesɛn] nm patron.

méchamment [meʃamɑ̃] adv **1.** [cruellement] nastily **2.** *fam* [beaucoup] really, terribly.

méchanceté [meʃɑ̃ste] nf **1.** [attitude] nastiness **2.** [rosserie] nasty thing.

méchant, e [meʃɑ̃, ɑ̃t] ◆ adj **1.** [malveillant, cruel] nasty, wicked; [animal] vicious **2.** [désobéissant] naughty. ◆ nm, f **1.** [moralement] wicked person **2.** [en langage enfantin] bad boy.

mèche [mɛʃ] nf **1.** [de bougie] wick **2.** [de cheveux] lock ▸ **mèche rebelle** cowlick **3.** [de bombe] fuse **4.** [de perceuse] bit **5.** EXPR **être de mèche avec qqn** to be hand in glove with sb ▸ **vendre la mèche** to give the game away.

méchoui [meʃwi] nm *whole roast sheep.*

méconnaissable [mekɔnɛsabl] adj unrecognizable.

méconnaissance [mekɔnɛsɑ̃s] nf *litt* ignorance.

méconnu, e [mekɔny] adj unrecognized.

mécontent, e [mekɔ̃tɑ̃, ɑ̃t] ◆ adj unhappy. ◆ nm, f malcontent.

mécontentement [mekɔ̃tɑ̃tmɑ̃] nm displeasure, annoyance ▸ **mécontentement populaire** popular unrest.

mécontenter [3] [mekɔ̃tɑ̃te] vt to displease.

Mecque [mɛk] npr : *La Mecque* Mecca.

méd. *abr écrite de* **médecin**.

médaille [medaj] nf **1.** [pièce, décoration] medal **2.** [bijou] medallion **3.** [de chien] identification tag, identification disc UK ou disk US.

médaillé, e [medaje] ◆ adj MIL decorated; SPORT medal-winning *(avant n).* ◆ nm, f MIL holder of a medal; SPORT medal-winner, medallist UK, medalist US.

médaillon [medajɔ̃] nm **1.** [bijou] locket **2.** PRESSE ▸ **en médaillon** inset **3.** ART & CULIN medallion.

médecin [medsɛ̃] nm doctor ▸ **médecin conventionné** ≃ National Health doctor UK ▸ **médecin de famille** family doctor, GP ▸ **médecin de garde** doctor on duty, duty doctor ▸ **médecin généraliste** general practitioner, GP ▸ **médecin légiste** (forensic) pathologist UK, medical examiner US ▸ **médecin référent** *doctor officially designated by the patient as his or her usual doctor* ▸ **votre médecin traitant** your (usual) doctor ▸ **Médecins du monde, Médecins sans frontières** *organizations providing medical aid to victims of war and disasters, especially in the Third World*, Doctors Without Borders US.

médecine [medsin] nf medicine ▸ **médecine douce** ou **naturelle** natural medecine ▸ **médecine générale** general medicine.

Medef [medɛf] *(abr de* **Mouvement des entreprises de France***)* nm *national council of French employers*; ≃ CBI UK.

média [medja] nm ▸ **les médias** the (mass) media ▸ **médias électroniques** electronic media.

médian, e [medjɑ̃, an] adj median. ◆ **médiane** nf median.

médiateur, trice [medjatœʀ, tʀis] ◆ adj mediating *(avant n).* ◆ nm, f mediator; [dans un conflit de travail] arbitrator. ◆ **médiateur** nm ADMIN ombudsman. ◆ **médiatrice** nf median.

médiathèque [medjatɛk] nf media library.

médiation [medjasjɔ̃] nf mediation ; [dans un conflit de travail] arbitration.

médiatique [medjatik] adj media *(avant n)*.

médiatisation [medjatizasjɔ̃] nf (saturation) media coverage.

médiatiser [3] [medjatize] vt to turn into a media event.

médical, e, aux [medikal, o] adj medical.

médicalisation [medikalizasjɔ̃] nf [d'établissement, de service] provision of medical equipment ; [de population] provision of medical care.

médicalisé, e [medikalize] adj : ***établissement médicalisé*** nursing home / ***lit / hélicoptère médicalisé*** hospital bed / helicopter.

médicament [medikamɑ̃] nm medicine, drug.

médicamenteux, euse [medikamɑ̃tø, øz] adj medicinal.

médication [medikasjɔ̃] nf (course of) treatment.

médicinal, e, aux [medisinal, o] adj medicinal.

Médicis [medisis] npr ▸ **le prix Médicis** *French literary prize*.

médico-légal, e, aux [medikɔlegal, o] adj forensic.

médico-social, e, aux [medikɔsɔsjal, o] adj public health *(avant n)*.

médiéval, e, aux [medjeval, o] adj medieval.

médiocre [medjɔkʀ] ◆ nmf mediocre person. ◆ adj mediocre.

médiocrité [medjɔkʀite] nf mediocrity.

médire [103] [mediʀ] vi to gossip ▸ **médire de qqn** to speak ill of sb.

médisance [medizɑ̃s] nf **1.** [calomnie] slander **2.** [ragot] piece of gossip.

médisant, e [medizɑ̃, ɑ̃t] ◆ adj slanderous. ◆ nm, f slanderer, scandalmonger.

médit [medi] pp inv ⟶ **médire**.

méditatif, ive [meditatif, iv] ◆ adj thoughtful, reflective. ◆ nm, f thoughtful person.

méditation [meditasjɔ̃] nf meditation.

méditer [3] [medite] ◆ vt **1.** [projeter] to plan ▸ **méditer de faire qqch** to plan to do sthg **2.** [approfondir] to meditate on. ◆ vi ▸ **méditer (sur)** to meditate (on).

Méditerranée [mediteʀane] nf : ***la Méditerranée*** the Mediterranean (Sea).

méditerranéen, enne [mediteʀaneɛ̃, ɛn] adj Mediterranean. ◆ **Méditerranéen, enne** nm, f person from the Mediterranean.

médium [medjɔm] nm **1.** [personne] medium **2.** MUS middle register.

médius [medjys] nm middle finger.

méduse [medyz] nf jellyfish.

méduser [3] [medyze] vt to dumbfound.

meeting [mitiŋ] nm meeting ▸ **meeting aérien** air show.

méfait [mefɛ] nm misdemeanour UK, misdemeanor US, misdeed. ◆ **méfaits** nmpl [du temps] ravages.

méfiance [mefjɑ̃s] nf suspicion, distrust.

méfiant, e [mefjɑ̃, ɑ̃t] adj suspicious, distrustful.

méfier [9] [mefje] ◆ **se méfier** vp to be wary OU careful ▸ **se méfier de qqn / qqch** to distrust sb / sthg.

méga [mega] adj mega.

mégabit [megabit] nm INFORM megabit.

mégalo [megalo] nmf & adj *fam* megalomaniac / ***il est complètement mégalo*** he thinks he's God.

mégalomane [megalɔman] nmf & adj megalomaniac.

mégalomanie [megalɔmani] nf megalomania.

mégalopole [megalɔpɔl], **mégalopolis** [megalɔpɔlis] nf megalopolis.

méga-octet [megaɔktɛ] nm megabyte.

mégaphone [megafɔn] nm megaphone, bullhorn US.

mégapole [megapɔl] nf megalopolis, megacity.

mégarde [megaʀd] ◆ **par mégarde** loc adv by mistake.

mégère [meʒɛʀ] nf *péj* shrew.

mégot [mego] nm *fam* butt, fag-end UK.

mégoter [3] [megɔte] vi *fam* ▸ **mégoter sur qqch** to skimp on sthg.

meilleur, e [mɛjœʀ] ◆ adj *(compar)* better ; *(superl)* best. ◆ nm, f best ▸ **c'est la meilleure !** that takes the biscuit UK OU cake US ! ◆ **meilleur** ◆ nm ▸ **le meilleur** the best. ◆ adv better.

méjuger [17] [meʒyʒe] *litt* ◆ vt to misjudge. ◆ vi ▸ **méjuger de qqn / qqch** to underestimate sb / sthg. ◆ **se méjuger** vp to underestimate o.s.

mél [mel] nm INFORM email.

mélancolie [melɑ̃kɔli] nf melancholy.

mélancolique [melɑ̃kɔlik] adj melancholy.

Mélanésie [melanezi] nf : ***la Mélanésie*** Melanesia.

mélanésien, enne [melanezjɛ̃, ɛn] adj Melanesian. ◆ **Mélanésien, enne** nm, f Melanesian.

mélange [melɑ̃ʒ] nm **1.** [action] mixing ▸ **sans mélange** *fig* unadulterated **2.** [mixture] mixture.

mélanger [17] [melɑ̃ʒe] vt **1.** [mettre ensemble] to mix **2.** [déranger] to mix up, to muddle up. ◆ **se mélanger** vp **1.** [se mêler] to mix **2.** [se brouiller] to get mixed up.

mélangeur [melɑ̃ʒœʀ] nm **1.** CINÉ mixer **2.** ▸ **(robinet) mélangeur** mixer tap UK, mixing faucet US.

mélanome [melanom] nm melanoma.

mêlant, e [mɛlɑ̃, ɑ̃t] adj QUÉBEC [embrouillé, confus] confusing.

mélasse [melas] nf **1.** [liquide] treacle UK, molasses *(U)* US **2.** *fam* [mélange] mess ▸ **être dans la mélasse** *fig* to be in a fix.

mêlée [mele] nf **1.** [combat] fray **2.** [rugby] scrum ▸ **mêlée ouverte** ruck.

mêler [4] [mele] vt **1.** [mélanger] to mix **2.** [déranger] to muddle up, to mix up **3.** [impliquer] ▸ **mêler qqn à qqch** to involve sb in sthg **4.** [joindre] ▸ **mêler qqch à qqch** to mix ou combine sthg with sthg **5.** QUÉBEC [troubler] to mix up. ◆ **se mêler** vp **1.** [se joindre] ▸ **se mêler à** [groupe] to join **2.** [s'ingérer] ▸ **se mêler de qqch** to get mixed up in sthg ▸ **mêlez-vous de ce qui vous regarde !** mind your own business! **3.** QUÉBEC [se tromper] to get mixed up.

mélèze [melɛz] nm larch.

méli-mélo [melimelo] *(pl* **mélis-mélos***)* nm muddle ; [d'objets] jumble.

mélo [melo] nm *fam* melodrama.

mélodie [melɔdi] nf melody.

mélodieux, euse [melɔdjø, øz] adj melodious, tuneful.

mélodique [melɔdik] adj melodic.

mélodramatique [melɔdʀamatik] adj melodramatic.

mélodrame [melɔdʀam] nm melodrama.

mélomane [melɔman] ◆ nmf music lover. ◆ adj music-loving.

melon [məlɔ̃] nm **1.** [fruit] melon **2.** [chapeau] bowler (hat) UK, derby (hat) US.

melting-pot [mɛltiŋpɔt] nm melting pot.

membrane [mɑ̃bʀan] nf membrane.

membre [mɑ̃bʀ] ◆ nm **1.** [du corps] limb ▸ **membres supérieurs / inférieurs** upper/lower limbs ▸ **membres antérieurs / postérieurs** front/back legs ▸ **membre (viril)** (male) member **2.** [personne, pays, partie] member ▸ **membre fondateur** founder member UK, charter member US. ◆ adj member *(avant n)*.

mémé = **mémère**.

même [mɛm]

◆ adj indéf

1. [indique une identité ou une ressemblance] same / ***il a le même âge que moi*** he's the same age as me **2.** [sert à souligner] ***ce sont ses paroles mêmes*** those are his very words / ***elle est la bonté même*** she's kindness itself

◆ pron indéf

▸ **le / la même** the same one / ***ce sont toujours les mêmes qui gagnent*** it's always the same people who win / ***elle est toujours la même*** she's always the same

◆ adv

even / ***il n'est même pas diplômé*** he isn't even qualified / ***elle ne va même plus au cinéma*** she doesn't even go to the cinema any more

◆ **de même** loc adv similarly, likewise / ***il en va de même pour lui*** the same goes for him.

◆ **de même que** loc conj just as.

◆ **tout de même** loc adv all the same.

◆ **à même** loc prép : ***il boit à même la bouteille*** he drinks (straight) from the bottle / ***s'asseoir à même le sol*** to sit on the bare ground.

◆ **à même de** loc prép ▸ **être à même de faire qqch** to be able to do sthg, to be in a position to do sthg.

◆ **même si** loc conj even if.

mémento [memɛ̃to] nm **1.** [agenda] pocket diary **2.** [ouvrage] notes *(title of school textbook)*.

mémère [memɛʀ], **mémé** [meme] nf *fam* **1.** [grand-mère] granny **2.** *péj* [vieille femme] old biddy.

mémo [memo] nm **1.** [carnet] memo pad, note book, notepad **2.** [note de service] memo.

mémoire [memwaʀ] ◆ nf [gén & INFORM] memory ▸ **de mémoire** from memory ▸ **avoir bonne / mauvaise mémoire** to have a good/bad memory / ***si j'ai bonne mémoire*** if I remember correctly ▸ **avoir de la mémoire** to have a good memory / ***je n'ai aucune mémoire !*** I can never remember anything! ▸ **avoir la mémoire des chiffres / noms** to have a good memory for figures/names ▸ **avoir une mémoire d'éléphant** *fam* to have a memory like an elephant ▸ **perdre la mémoire** to lose one's memory ▸ **se rafraîchir la mémoire** to refresh one's memory / ***ce détail est resté à jamais*** ou ***s'est gravé dans ma mémoire*** this detail has stayed with me ever since ou has forever remained engraved in my memory ▸ **mettre en mémoire** INFORM to store ▸ **mémoire tampon** INFORM buffer ▸ **mémoire virtuelle** INFORM virtual memory ▸ **mémoire vive** INFORM random access memory ▸ **à la mémoire de** in memory of ▸ **de mémoire d'homme** in living memory ▸ **pour mémoire** for the record. ◆ nm **1.** ADMIN memorandum, report **2.** UNIV dissertation, paper ▸ **mémoire de maîtrise** ≃ MA thesis ou dissertation. ◆ **mémoires** nmpl memoirs.

mémorable [memɔʀabl] adj memorable.

mémorandum [memɔʀɑ̃dɔm] nm **1.** [note diplomatique] memorandum **2.** [carnet] notebook.

mémorial, aux [memɔʀjal, o] nm [monument] memorial.

mémorisable [memɔʀizabl] adj INFORM storable.

mémorisation [memɔʀizasjɔ̃] nf : ***mémorisation du produit*** product awareness.

mémoriser [3] [memɔʀize] vt **1.** [suj : personne] to memorize **2.** INFORM to store.

menaçant, e [mənasɑ̃, ɑ̃t] adj threatening.

menace [mənas] nf ▸ **menace (pour)** threat (to).

menacé, e [mənase] adj threatened, under threat, endangered / ***le groupe le plus menacé*** the group that's under the heaviest threat ▸ **ses jours sont menacés** his life is in danger.

menacer [16] [mənase] ◆ vt to threaten ▸ **menacer de faire qqch** to threaten to do sthg ▸ **menacer qqn de qqch** to threaten sb with sthg. ◆ vi : ***la pluie menace*** it looks like rain.

ménage [menaʒ] nm **1.** [nettoyage] housework *(U)* ▸ **faire le ménage** to do the housework ▸ **faire des ménages** to work as a cleaner **2.** [couple] couple ▸ **se mettre en ménage** to set up house together ▸ **ménage à trois** ménage à trois **3.** ÉCON household **4.** EXPR **faire bon ménage (avec)** to get on well (with).

ménagement [menaʒmɑ̃] nm [égards] consideration ▸ **sans ménagement** brutally.

ménager[1], ère [menaʒe, ɛʀ] adj household *(avant n)*, domestic. ◆ **ménagère** nf **1.** [femme] housewife **2.** [de couverts] canteen UK.

ménager[2] [17] [menaʒe] vt **1.** [bien traiter] to treat gently **2.** [économiser - réserves] to use sparingly ; [- argent, temps] to use carefully ▸ **ménager ses forces** to conserve one's strength ▸ **ménager sa santé** to take care of one's health **3.** [surprise] to prepare. ◆ **se ménager** vp to take care of o.s., to look after o.s.

ménagerie [menaʒʀi] nf menagerie.

mendiant, e [mɑ̃djɑ̃, ɑ̃t] nm, f beggar.

mendicité [mɑ̃disite] nf begging.

mendier [9] [mɑ̃dje] ❖ vt **1.** [argent] to beg for **2.** [éloges] to seek. ❖ vi to beg.

menées [məne] nfpl scheming *(U)*.

mener [19] [məne] ❖ vt **1.** [emmener] to take ▸ **mener qqn en bateau** *fam* to lead sb up the garden path, to take sb for a ride ▸ **mener qqn par le bout du nez** *fam* to lead sb by the nose **2.** [suj : escalier, route] to take, to lead / *cette porte mène à la cave* this door leads to the cellar **3.** [diriger - débat, enquête] to conduct ; [- affaires] to manage, to run ▸ **mener qqch à bonne fin** OU **à bien** to see sthg through, to bring sthg to a successful conclusion / *il n'en menait pas large avant la publication des résultats* *fam* his heart was in his boots before the results were released **4.** [être en tête de] to lead ▸ **mener le jeu a)** SPORT to be in the lead **b)** *fig* to have the upper hand, to call the tune. ❖ vi to lead / *l'équipe locale mène par 3 buts à 0* the local team is leading by 3 goals to 0 / *de combien on mène ?* what's our lead?

meneur, euse [mənœʀ, øz] nm, f [chef] ringleader ▸ **meneur d'hommes** born leader ▸ **meneur de jeu** host.

menhir [meniʀ] nm standing stone.

méninge [menɛ̃ʒ] nf meninx. ◆ **méninges** nfpl *fam* brains.

méningite [menɛ̃ʒit] nf meningitis *(U)*.

ménisque [menisk] nm meniscus.

ménopause [menɔpoz] nf menopause.

menotte [mənɔt] nf [main] little hand. ◆ **menottes** nfpl handcuffs ▸ **passer les menottes à qqn** to handcuff sb.

menotter [mənɔte] vt to handcuff.

mens ⟶ **mentir**.

mensonge [mɑ̃sɔ̃ʒ] nm **1.** [propos] lie ▸ **un pieux mensonge** a white lie **2.** [acte] lying.

mensonger, ère [mɑ̃sɔ̃ʒe, ɛʀ] adj false.

menstruation [mɑ̃stʀyasjɔ̃] nf menstruation.

menstruel, elle [mɑ̃stʀyɛl] adj menstrual.

mensualiser [3] [mɑ̃sɥalize] vt to pay monthly.

mensualité [mɑ̃sɥalite] nf **1.** [traite] monthly instalment UK OU installment US **2.** [salaire] (monthly) salary.

mensuel, elle [mɑ̃sɥɛl] ❖ adj monthly. ❖ nm, f salaried employee. ◆ **mensuel** nm monthly (magazine).

mensuellement [mɑ̃sɥɛlmɑ̃] adv monthly, every month.

mensuration [mɑ̃syʀasjɔ̃] nf measuring. ◆ **mensurations** nfpl measurements.

ment ⟶ **mentir**.

mental, e, aux [mɑ̃tal, o] adj mental. ◆ **mental** nm ▸ **le mental** the mind ▸ **avoir un mental d'acier** to be a tower of strength.

mentalement [mɑ̃talmɑ̃] adv mentally.

mentalité [mɑ̃talite] nf mentality.

menterie [mɑ̃tʀi] nf QUÉBEC lie.

menteur, euse [mɑ̃tœʀ, øz] ❖ adj *sout* false. ❖ nm, f liar.

menthe [mɑ̃t] nf mint ▸ **menthe à l'eau** peppermint cordial.

mentholé, e [mɑ̃tɔle] adj mentholated, menthol *(avant n)*.

menti [mɑ̃ti] pp inv ⟶ **mentir**.

mention [mɑ̃sjɔ̃] nf **1.** [citation] mention ▸ **faire mention de qqch** to mention sthg **2.** [note] note ▸ **'rayer la mention inutile'** 'delete as appropriate' **3.** UNIV ▸ **avec mention** with distinction ▸ **avec mention très bien / bien / passable** ≃ with first-/second-/third-class honours UK ; ≃ summa cum laude / magna cum laude / cum laude US.

mentionner [3] [mɑ̃sjɔne] vt to mention.

mentir [37] [mɑ̃tiʀ] vi ▸ **mentir (à)** to lie (to) ▸ **sans mentir** honestly.

menton [mɑ̃tɔ̃] nm chin ▸ **menton en galoche** prominent chin ▸ **double menton** double chin.

menu[1], e [məny] adj [très petit] tiny ; [mince] thin. ◆ **menu** adv ▸ **hacher menu** to chop finely.

menu[2] [məny] nm **1.** [liste, carte] menu ; [repas à prix fixe] set menu ▸ **menu gastronomique / touristique** gourmet / tourist menu **2.** INFORM menu ▸ **menu d'aide** INFORM help menu ▸ **menu déroulant** INFORM pull-down menu ▸ **menu local** pop-up menu.

menuiserie [mənɥizʀi] nf **1.** [métier] carpentry, joinery UK **2.** [atelier] carpenter's workshop, joinery (workshop) UK **3.** [ouvrages] carpentry *(U)*, joinery *(U)* UK.

menuisier [mənɥizje] nm carpenter, joiner UK.

méprenais, méprenions ⟶ **méprendre**.

méprendre [79] [mepʀɑ̃dʀ] ◆ **se méprendre** vp *litt* ▸ **se méprendre sur** to be mistaken about ▸ **se ressembler à s'y méprendre** to be as like as two peas in a pod.

mépris, e [mepʀi, iz] pp ⟶ **méprendre.** ◆ **mépris** nm **1.** [dédain] ▸ **mépris (pour)** contempt (for), scorn (for) **2.** [indifférence] ▸ **mépris de** disregard for. ◆ **au mépris de** loc prép regardless of.

méprisable [mepʀizabl] adj contemptible, despicable.

méprisant, e [mepʀizɑ̃, ɑ̃t] adj contemptuous, scornful.

méprise [mepʀiz] nf mistake, error.

mépriser [3] [mepʀize] vt to despise ; [danger, offre] to scorn.

mer [mɛʀ] nf sea ▸ **en mer** at sea ▸ **prendre la mer** to put to sea ▸ **haute** ou **pleine mer** open sea ▸ **ce n'est pas la mer à boire** it's no big deal / *la mer Adriatique* the Adriatic / *la mer Baltique* the Baltic Sea / *la mer d'Irlande* the Irish Sea / *la mer Morte* the Dead Sea / *la mer Noire* the Black Sea / *la mer du Nord* the North Sea.

mercantile [mɛʀkɑ̃til] adj mercenary.

mercato [mɛʀkato] nm FOOT transfer market, mercato.

mercenaire [mɛʀsənɛʀ] nm & adj mercenary.

mercerie [mɛʀsəʀi] nf **1.** [articles] haberdashery UK, notions *pl* US **2.** [boutique] haberdasher's shop UK, notions store US.

merci [mɛʀsi] ✣ interj thank you!, thanks! ▸ **merci beaucoup !** thank you very much! ✣ nm ▸ **merci (de** ou **pour)** thank you (for) ▸ **dire merci à qqn** to thank sb, to say thank you to sb. ✣ nf mercy ▸ **sans merci** merciless ▸ **être à la merci de** to be at the mercy of.

mercier, ère [mɛʀsje, ɛʀ] nm, f haberdasher UK, notions dealer US.

mercredi [mɛʀkʀədi] nm Wednesday ▸ **mercredi des Cendres** Ash Wednesday. ***Voir aussi* samedi**.

mercure [mɛʀkyʀ] nm mercury.

merde [mɛʀd] *tfam* ✣ nf shit. ✣ interj shit!

merder [3] [mɛʀde] *tfam* ✣ vi : *mon imprimante merde depuis trois jours* my printer's been on the blink for the last three days / *j'ai complètement merdé en littérature anglaise* I completely screwed up the English Lit paper / *il a fait merder l'affaire en racontant ce qu'il savait* he managed to screw up the whole thing by telling them what he knew. ✣ vt to balls UK ou to ball US up (*sép*) / *il a merdé son examen* he made a complete balls-up UK ou ball-up US of his exam.

merdier [mɛʀdje] nm *tfam* : *on est dans un merdier* we're in the shit.

merdique [mɛʀdik] adj *tfam* shitty, crappy / *sa voiture est complètement merdique* her car's complete rubbish.

mère [mɛʀ] nf **1.** [génitrice] mother ▸ **mère adoptive** adoptive mother ▸ **mère biologique** MÉD & BIOL biological ou natural mother ▸ **mère célibataire** single ou unmarried mother ▸ **mère de famille** mother ▸ **mère indigne** unfit mother ▸ **mère poule** mother hen **2.** RELIG Mother ▸ **Mère supérieure** Mother Superior **3.** (*comme adj*) ▸ **carte mère** INFORM motherboard ▸ **maison mère** COMM headquarters *sg*, head office, parent company.

mérengué [meʀɛ̃ge] nm merengue.

merguez [mɛʀgɛz] nf *North African spiced sausage*.

méridien, enne [meʀidjɛ̃, ɛn] adj [ligne] meridian. ◆ **méridien** nm meridian.

méridional, e, aux [meʀidjɔnal, o] adj southern ; [du sud de la France] Southern (French). ◆ **Méridional, e, aux** nm, f person from the Mediterranean ; [du sud de la France] person from the South (of France).

meringue [məʀɛ̃g] nf meringue.

mérinos [meʀinos] nm merino.

merisier [məʀizje] nm **1.** [arbre] wild cherry (tree) **2.** [bois] cherry.

méritant, e [meʀitɑ̃, ɑ̃t] adj deserving.

mérite [meʀit] nm merit / *il a du mérite à y prendre part* it is to his credit that he is taking part.

mériter [3] [meʀite] vt **1.** [être digne de, encourir] to deserve **2.** [valoir] to be worth, to merit.

méritoire [meʀitwaʀ] adj commendable.

merlan [mɛʀlɑ̃] nm whiting.

merle [mɛʀl] nm blackbird.

merlu [mɛʀly] nm hake.

mérou [meʀu] nm grouper ▸ **mérou des Basques** stone bass ou basse, wreck fish.

mérovingien, enne [meʀɔvɛ̃ʒjɛ̃, ɛn] adj Merovingian. ◆ **Mérovingien, enne** nm, f Merovingian.

merveille [mɛʀvɛj] nf marvel, wonder ▸ **à merveille** marvellously UK, marvelously US, wonderfully ▸ **la huitième merveille du monde** *hum* the eighth wonder of the world.

merveilleusement [mɛʀvɛjøzmɑ̃] adv marvellously UK, marvelously US, wonderfully.

merveilleux, euse [mɛʀvɛjø, øz] adj **1.** [remarquable, prodigieux] marvellous UK, marvelous US, wonderful **2.** [magique] magic, magical. ◆ **merveilleux** nm ▸ **le merveilleux** the supernatural.

mes ⟶ **mon**.

mésalliance [mezaljɑ̃s] nf unsuitable marriage, misalliance.

mésange [mezɑ̃ʒ] nf ZOOL tit ▸ **mésange bleue** bluetit ▸ **mésange charbonnière** coal tit.

mésaventure [mezavɑ̃tyʀ] nf misfortune.

mesdames ⟶ **madame**.

mesdemoiselles ⟶ **mademoiselle**.

mésentente [mezɑ̃tɑ̃t] nf disagreement.

mésestimer [3] [mezɛstime] vt *litt* to underestimate.

mesquin, e [mɛskɛ̃, in] adj mean, petty.

mesquinerie [mɛskinʀi] nf **1.** [étroitesse d'esprit] meanness, pettiness **2.** [action mesquine] petty act.

mess [mɛs] nm mess.

message [mesaʒ] nm message ▸ **message d'alerte** INFORM alert message ▸ **laisser un message à qqn** to leave a message for sb ▸ **message publicitaire** a) COMM commercial b) INFORM junk e-mail.

messager, ère [mesaʒe, ɛʀ] nm, f messenger.

messagerie [mesaʒʀi] nf **1.** *(gén pl)* [transport de marchandises] freight *(U)* ▸ **les messageries aériennes** air freight company *sg* **2.** INFORM ▸ **messagerie électronique** electronic mail ▸ **messagerie rose** *computerized dating service* ▸ **messagerie vocale électronique** INFORM voice messaging.

messe [mɛs] nf mass ▸ **aller à la messe** to go to mass ▸ **messe de minuit** midnight mass ▸ **faire des messes basses** *fam* to mutter.

messie [mesi] nm Messiah ; *fig* saviour UK, savior US.

messieurs ⟶ **monsieur**.

mesurable [məzyʀabl] adj measurable.

mesure [məzyʀ] nf **1.** [disposition, acte] measure, step ▸ **prendre des mesures** to take measures OU steps ▸ **mesures d'austérité** austerity measures ▸ **mesure incitative** initiative ▸ **mesure de sécurité** safety measure **2.** [évaluation, dimension] measurement ▸ **prendre les mesures de qqn / qqch** to measure sb / sthg **3.** [étalon, récipient] measure ▸ **la mesure est (à son) comble** *fig* enough's enough **4.** MUS time, tempo ▸ **battre la mesure** to beat time **5.** [modération] moderation / *garder une juste mesure* to keep a sense of moderation / *tu passes* OU *dépasses la mesure* you're going too far **6.** EXPR ▸ **dans une large mesure** to a large extent, in large measure *sout* ▸ **être en mesure de** to be in a position to ▸ **c'est sans commune mesure** there's no possible comparison ▸ **prendre la (juste) mesure de qqch** to understand the full extent of sthg. ◆ **à la mesure de** loc prép worthy of / *elle a un adversaire à sa mesure* she's got an opponent worthy of her OU who is a match for her. ◆ **à mesure que** loc conj as. ◆ **outre mesure** loc adv excessively / *ils ne s'aiment pas outre mesure* they're not overkeen OU excessively keen on each other. ◆ **sur mesure** loc adj custom-made ; [costume] made-to-measure / *fabriquer des vêtements sur mesure* to make clothes to measure.

mesuré, e [məzyʀe] adj [modéré] measured.

mesurer [3] [məzyʀe] vt **1.** [gén] to measure / *elle mesure 1,50 m* she's 5 feet tall / *la table mesure 1,50 m* the table is 5 feet long **2.** [risques, portée, ampleur] to weigh, to weigh up UK ▸ **mesurer ses paroles** to weigh one's words **3.** [limiter] to limit **4.** *litt* [proportionner] ▸ **mesurer qqch à qqch** to match sthg to sthg. ◆ **se mesurer** vp ▸ **se mesurer avec** OU **à qqn** to pit o.s. against sb.

métabolisme [metabɔlism] nm metabolism.

métairie [metɛʀi] nf sharecropping farm.

métal, aux [metal, o] nm metal.

métallique [metalik] adj **1.** [en métal] metal *(avant n)* **2.** [éclat, son] metallic.

métallo [metalo] nm *fam* metalworker.

métallurgie [metalyʀʒi] nf **1.** [industrie] metallurgical industry **2.** [technique] metallurgy.

métallurgique [metalyʀʒik] adj metallurgical.

métallurgiste [metalyʀʒist] nm **1.** [ouvrier] metalworker **2.** [industriel] metallurgist.

métamorphose [metamɔʀfoz] nf metamorphosis.

métamorphoser [3] [metamɔʀfoze] vt ▸ **métamorphoser qqn / qqch (en)** to transform sb / sthg (into). ◆ **se métamorphoser** vp BIOL to metamorphose ; *fig* ▸ **se métamorphoser (en)** to be transformed (into).

métaphore [metafɔʀ] nf metaphor.

métaphorique [metafɔʀik] adj metaphorical.

métaphysique [metafizik] ◈ nf metaphysics *(U)*. ◈ adj metaphysical.

métayer, ère [meteje, ɛʀ] nm, f tenant farmer.

météo [meteo] nf **1.** [bulletin] weather forecast ▸ **prévisions météo** (weather) forecast **2.** [service] ≃ Met Office UK ; ≃ National Weather Service US.

météore [meteɔʀ] nm meteor.

météorite [meteɔʀit] nm & nf meteorite.

météorologie [meteɔʀɔlɔʒi] nf **1.** [sciences] meteorology **2.** [service] ≃ Meteorological Office UK ; ≃ National Weather Service US.

météorologique [meteɔʀɔlɔʒik] adj meteorological, weather *(avant n)*.

métèque [metɛk] nm *vulg racist term used with reference to people from Mediterranean countries living in France.*

méthane [metan] nm methane.

méthode [metɔd] nf **1.** [gén] method **2.** [ouvrage - gén] manual ; [- de lecture, de langue] primer **3.** INFORM : *méthode du chemin critique* critical path method.

méthodique [metɔdik] adj methodical.

méthodiquement [metɔdikmɑ̃] adv methodically.

méthodiste [metɔdist] nmf & adj Methodist.

méthodologie [metɔdɔlɔʒi] nf methodology.

méthylène [metilɛn] nm **1.** [alcool] methanol **2.** CHIM methylene.

méticuleusement [metikyløzmɑ̃] adv meticulously.

méticuleux, euse [metikylø, øz] adj meticulous.

métier [metje] nm **1.** [profession - manuelle] occupation, trade ; [- intellectuelle] occupation, profession ▸ **de son métier** by trade ▸ **il est du métier** he's in the same trade OU same line of work ▸ **avoir du métier** to have experience **2.** [machine] ▸ **métier (à tisser)** loom.

métis, isse [metis] ◈ adj **1.** [personne] mixed-race, biracial US **2.** [tissu] cotton and linen. ◈ nm, f person of mixed race. ◆ **métis** nm [tissu] cotton-linen mix.

métissage [metisaʒ] nm [de personnes] interbreeding.

métisser [3] [metise] vt to cross, to crossbreed.

métrage [metʀaʒ] nm **1.** [mesure] measurement, measuring **2.** COUT [coupon] length **3.** CINÉ footage ▸ **court métrage** short (film) UK OU (movie) US ▸ **long métrage** feature film.

mètre [mɛtʀ] nm **1.** LITTÉR & MATH metre UK, meter US ▸ **mètre carré** square metre UK OU meter US **2.** [instrument] rule.

métrer [18] [metʀe] vt [terrain] to survey ; [tissu] to measure out.

métreur, euse [metʀœʀ, øz] nm, f surveyor.

métrique [metʀik] ◆ nf LITTÉR metrics *(U)*. ◆ adj **1.** MATH metric **2.** LITTÉR metrical.

métro [metʀo] nm underground UK, subway US.

métronome [metʀɔnɔm] nm metronome.

métropole [metʀɔpɔl] nf **1.** [ville] metropolis **2.** [pays] home country.

métropolitain, e [metʀɔpɔlitɛ̃, ɛn] adj metropolitan ▸ **la France métropolitaine** metropolitan ou mainland France.

mets [mɛ] ◆ v ⟶ **mettre.** ◆ nm CULIN dish.

mettable [mɛtabl] adj wearable.

mette ⟶ **mettre**.

metteur, euse [metœʀ, øz] nm, f ▸ **metteur en ondes** RADIO producer ▸ **metteur en scène** THÉÂTRE producer ; CINÉ director.

mettre [84] [mɛtʀ]

◆ vt

1. [placer] to put / *mettre de l'eau à bouillir* to put some water on to boil / *mettre de l'argent sur son compte* to put ou to pay some money into one's account / *mettre qqn au travail* to set sb to work, to get sb working

2. [revêtir] to put on / *mets ta robe noire* put your black dress on / *je ne mets plus ma robe noire* I don't wear my black dress any more / *mets une barrette* put a (hair) slide UK ou barrette US in

3. [consacrer - temps] to take / *combien de temps met-on pour y aller ?* how long does it take to get there? ; [argent] to spend

4. [allumer - radio, chauffage] to put on, to switch on / *mets de la musique* put some music on, play some music

5. [installer] to put in / *faire mettre l'électricité* to have electricity put in / *faire mettre de la moquette* to have a carpet put down ou fitted

6. [inscrire] to put (down) / *mets qu'il a refusé de signer* write ou put down that he refused to sign

7. EXPR **mettre bas** [animal] to give birth ▸ **y mettre du sien** to do one's bit

◆ **se mettre** vp **1.** [se placer] : *où est-ce que ça se met ?* where does this go? / *se mettre à côté de qqn* to sit/stand near to sb **2.** [devenir] ▸ **se mettre en colère** to get angry **3.** [commencer] ▸ **se mettre à qqch / à faire qqch** to start sthg/doing sthg / *se mettre au judo* to take up judo ▸ **s'y mettre a)** [au travail] to get down to it **b)** [à une activité nouvelle] to have a try **4.** [revêtir] to put on / *je n'ai rien à me mettre* I haven't got a thing to wear / *se mettre une belle robe / du parfum* to put on a nice dress/some perfume **5.** *fam* [se donner des coups] : *qu'est-ce qu'ils se sont mis !* they really set about each other!

meuble [mœbl] ◆ nm piece of furniture / *meubles* furniture *(U)* ▸ **meubles de bureau / jardin** office/gardenfurniture *(U)* ▸ **sauver les meubles** *fam* & *fig* not to lose everything. ◆ adj **1.** [terre, sol] easily worked **2.** DR movable.

meublé, e [mœble] adj furnished. ◆ **meublé** nm furnished room/flat UK ou apartment US.

meubler [5] [mœble] ◆ vt **1.** [pièce, maison] to furnish **2.** *fig* [occuper] ▸ **meubler qqch (de)** to fill sthg (with). ◆ vi to be decorative. ◆ **se meubler** vp to furnish one's home.

meuf [mœf] nf *fam* woman.

meugler [5] [møgle] vi to moo.

meule [møl] nf **1.** [à moudre] millstone **2.** [à aiguiser] grindstone **3.** [de fromage] round **4.** AGRIC stack ▸ **meule de foin** haystack.

meunier, ère [mønje, ɛʀ] ◆ adj **1.** [industrie] milling *(avant n)* **2.** CULIN *coated in flour and fried.* ◆ nm, f miller (miller's wife).

meurs, meurt ⟶ **mourir**.

meurtre [mœʀtʀ] nm murder.

meurtrier, ère [mœʀtʀije, ɛʀ] ◆ adj [épidémie, arme] deadly ; [fureur] murderous ; [combat] bloody. ◆ nm, f murderer. ◆ **meurtrière** nf ARCHIT loophole.

meurtrir [32] [mœʀtʀiʀ] vt **1.** [contusionner] to bruise **2.** *fig* [blesser] to wound.

meurtrissure [mœʀtʀisyʀ] nf **1.** [marque] bruise **2.** *fig* [blessure] wound.

meute [møt] nf pack.

mévente [mevɑ̃t] nf poor sales *pl*.

mexicain, e [mɛksikɛ̃, ɛn] adj Mexican. ◆ **Mexicain, e** nm, f Mexican.

Mexico [mɛksiko] npr Mexico City.

Mexique [mɛksik] nm : *le Mexique* Mexico / *au Mexique* in Mexico.

mezzanine [mɛdzanin] nf mezzanine.

mezze [medze] nmpl CULIN meze.

mezzo-soprano [mɛdzosɔpʀano] (*pl* **mezzo-sopranos**) nm ou nf mezzo-soprano.

MF ◆ nf (*abr de* **modulation de fréquence**) FM. ◆ (*abr écrite de* **mark finlandais**) Mk, Fmk.

Mgr (*abr écrite de* **Monseigneur**) Mgr.

mi [mi] nm inv E ; [chanté] mi.

mi- [mi] ◆ adj inv half / *à la mi-juin* in mid-June. ◆ adv half-.

miam [mjam], **miam-miam** [mjammjam] interj *fam* yum, yum-yum.

miaou [mjau] nm miaow UK, meow US.

miasme [mjasm] nm *(gén pl)* putrid ou foul smell.

miaulement [mjolmɑ̃] nm miaowing UK, meowing US.

miauler [3] [mjole] vi to miaow UK, to meow US.

mi-bas [miba] nm inv knee-sock.

mica [mika] nm mica.

mi-carême [mikaʀɛm] nf *feast day on third Thursday in Lent.*

miche [miʃ] nf [de pain] *large round loaf.* ◆ **miches** nfpl *fam* **1.** [fesses] bum *sg* UK, butt *sg* US **2.** [seins] boobs.

mi-chemin [miʃmɛ̃] ◆ **à mi-chemin** loc adv halfway (there).

mi-clos, e [miklo, oz] adj half-closed.

micmac [mikmak] nm *fam* **1.** [manigance] game, scheme **2.** [embrouillamini] muddle, chaos.

mi-côte [mikot] ◆ **à mi-côte** loc adv halfway up/down the hill.

micro [mikʀo] ◈ nm **1.** [microphone] mike **2.** [micro-ordinateur] micro. ◈ nf microcomputing.

microbe [mikʀɔb] nm **1.** MÉD microbe, germ **2.** [avorton] (little) runt.

microbien, enne [mikʀɔbjɛ̃, ɛn] adj bacterial.

microbiologie [mikʀɔbjɔlɔʒi] nf microbiology.

microchirurgie [mikʀɔʃiʀyʀʒi] nf microsurgery.

microclimat [mikʀɔklima] nm microclimate.

microcosme [mikʀɔkɔsm] nm microcosm.

micro-édition [mikʀɔedisjɔ̃] nf desktop publishing.

micro-électronique [mikʀɔelɛktʀɔnik] ◈ nf microelectronics *(U).* ◈ adj microelectronic.

microfiche [mikʀɔfiʃ] nf microfiche.

microfilm [mikʀɔfilm] nm microfilm.

micro-informatique [mikʀɔɛ̃fɔʀmatik] (*pl* **micro-informatiques**) nf computer science.

micromarketing [mikʀɔmaʀkɛtiŋ] nm micromarketing.

micron [mikʀɔ̃] nm micron.

Micronésie [mikʀonezi] nf : *la Micronésie* Micronesia / *les États fédérés de Micronésie* the Federated States of Micronesia.

micro-ondes [mikʀɔɔ̃d] nfpl microwaves ▸ **four à micro-ondes** microwave (oven).

micro-ordinateur [mikʀɔɔʀdinatœʀ] (*pl* **micro-ordinateurs**) nm micro, microcomputer.

micro-organisme [mikʀɔɔʀganism] (*pl* **micro-organismes**) nm micro-organism.

microphone [mikʀɔfɔn] nm microphone.

microprocesseur [mikʀɔpʀɔsesœʀ] nm microprocessor.

microprogramme [mikʀɔpʀɔgʀam] nm INFORM firmware.

microscope [mikʀɔskɔp] nm microscope ▸ **microscope électronique** electron microscope.

microscopique [mikʀɔskɔpik] adj microscopic.

microsillon [mikʀɔsijɔ̃] nm LP, long-playing record.

MIDEM, Midem [midɛm] (*abr de* **Marché international du disque et de l'édition musicale**) nm *music industry trade fair.*

midi [midi] nm **1.** [période du déjeuner] lunchtime **2.** [heure] midday, noon ▸ **chercher midi à quatorze heures** *fam* to look for complications (where there are none) **3.** [sud] south. ◆ **Midi** nm ▸ **le Midi** the South of France.

midinette [midinɛt] nf *fam* empty-headed girl.

mie [mi] nf **1.** [de pain] soft part, inside **2.** *vieilli* [bien-aimée] ▸ **ma mie** sweetheart.

miel [mjɛl] nm honey.

mielleux, euse [mjɛlø, øz] adj [personne] unctuous ; [paroles, air] honeyed.

mien [mjɛ̃] ◆ **le mien, la mienne** [ləmjɛn, lamjɛn] (*mpl* **les miens** [lemjɛ̃], *fpl* **les miennes** [lemjɛn]) pron poss mine ▸ **les miens** my family ▸ **j'y mets du mien** I put in a lot of effort.

miette [mjɛt] nf **1.** [de pain] crumb, breadcrumb **2.** *(gén pl)* [débris] shreds *pl* ▸ **en miettes** in bits ou pieces.

mieux [mjø] ◈ adv **1.** [comparatif] ▸ **mieux (que)** better (than) / *il travaille mieux* he's working better / *il pourrait mieux faire* he could do better / *il va mieux* he's better ▸ **faire mieux de faire qqch** to do better to do sthg / *vous feriez mieux de vous taire* you would do better to keep quiet, you would be well-advised to keep quiet / *mieux je le comprends, plus / moins j'ai envie de le lire* the better I understand it, the more / less I want to read it / *on ne peut pas mieux dire* you can't say better ou fairer than that **2.** [superlatif] best / *il est le mieux payé du service* he's the best ou highest paid member of the department / *le mieux qu'il peut* as best he can / *voilà ce qui me convient le mieux* this is what suits me best. ◈ adj better / *c'est mieux que rien* it's better than nothing / *elle est mieux avec les cheveux courts* she looks better with short hair / *on est mieux dans ce fauteuil* this armchair is more comfortable. ◈ nm **1.** *(sans déterminant)* : *ce n'est pas mal, mais il y a mieux* it's not bad, but there's better / *j'espérais mieux* I was hoping for something better **2.** *(avec déterminant)* best / *il y a un ou du mieux* there's been an improvement / *le mieux est de ne pas y aller* it's best not to go ▸ **faire de son mieux** to do one's best. ◆ **au mieux** loc adv at best / *faire au mieux* to do whatever's best, to act for the best. ◆ **des mieux** loc adv : *un appareil des mieux conçus* one of the best-designed devices. ◆ **pour le mieux** loc adv for the best / *tout va pour le mieux* everything is for the best. ◆ **on ne peut mieux** loc adv : *c'est on ne peut mieux* it couldn't be better. ◆ **de mieux en mieux** loc adv better and better / *et maintenant, de mieux en mieux, j'ai perdu mes clefs !* *iron* and now, to cap it all, I've lost my keys! ◆ **à qui mieux mieux** loc adv : *on criait à qui mieux mieux* it was a case of who could shout (the) loudest.

mieux-être [mjøzɛtʀ] nm inv improvement.

mièvre [mjɛvʀ] adj insipid.

mièvrerie [mjɛvʀəʀi] nf insipidness.

mignon, onne [miɲɔ̃, ɔn] ◆ adj **1.** [charmant] sweet, cute **2.** [gentil] nice. ◆ nm, f darling, sweetheart. ◆ **mignon** nm *vieilli* favourite UK, favorite US.

migraine [migʀɛn] nf headache ; MÉD migraine.

migrant, e [migʀɑ̃, ɑ̃t] ◆ adj migrant *(avant n).* ◆ nm, f migrant.

migrateur, trice [migʀatœʀ, tʀis] adj migratory. ◆ **migrateur** nm migratory bird.

migration [migʀasjɔ̃] nf migration.

migrer [3] [migʀe] vi to migrate.

mijaurée [miʒɔʀe] nf affected woman ▸ **faire la mijaurée** to put on airs.

mijoter [3] [miʒɔte] ◆ vt **1.** CULIN to simmer **2.** *fam* [tramer] to cook up. ◆ vi CULIN to simmer.

mi-journée [miʒuʀne] nf : *les informations de la mi-journée* the lunchtime news.

mil[1] [mij] nm millet.

mil[2] adj = **mille**.

milan [milɑ̃] nm kite *(bird).*

mildiou [mildju] nm mildew.

milice [milis] nf militia.

milicien, enne [milisjɛ̃, ɛn] nm, f militiaman (militiawoman).

milieu, x [miljø] nm **1.** [centre] middle ▸ **au milieu de a)** [au centre de] in the middle of **b)** [parmi] among, surrounded by / *au milieu de l'hiver / l'été* in midwinter / midsummer / *elle est partie au milieu de mon cours* she left in the middle of OU halfway through my lesson ▸ **au beau** OU **en plein milieu de qqch** right in the middle of sthg / *en milieu de trimestre* in mid-term ▸ **milieu proche** inner circle ▸ **dans les milieux proches du pouvoir** in the inner circles of power **2.** [stade intermédiaire] middle course ▸ **juste milieu** happy medium **3.** [sociologie] environment, milieu ▸ **milieu familial** family background ▸ **dans les milieux autorisés** in official circles / *des gens de tous les milieux* people from all walks of life OU backgrounds **4.** BIOL environment, habitat ▸ **dans un milieu acide** in an acid medium **5.** [pègre] ▸ **le milieu** the underworld **6.** FOOT ▸ **milieu de terrain** midfielder, midfield player.

militaire [militɛʀ] ◆ nm soldier ▸ **militaire de carrière** professional soldier. ◆ adj military.

militant, e [militɑ̃, ɑ̃t] adj & nm, f militant.

militantisme [militɑ̃tism] nm militancy.

militarisation [militaʀizasjɔ̃] nf militarization.

militariser [3] [militaʀize] vt to militarize.

militariste [militaʀist] ◆ nmf militarist. ◆ adj militaristic.

militer [3] [milite] vi to be active ▸ **militer pour** to militate in favour UK OU favor US of ▸ **militer contre** to militate against.

milk-shake [milkʃɛk] (*pl* **milk-shakes**) nm milk shake.

mille, mil [mil] ◆ nm inv **1.** [unité] a OU one thousand / *il y a une chance sur mille que ça marche* there's a one-in-a-thousand chance that it'll work **2.** [de cible] bull's-eye ▸ **dans le mille** on target **3.** NAUT ▸ **mille marin** nautical mile **4.** QUÉBEC [distance] mile **5.** EXPR ▸ **des mille et des cents** *fam* loads OU pots UK of money ▸ **je te le donne en mille !** *fam* I bet you'll never guess! ◆ adj inv thousand / *c'est mille fois trop* it's far too much ▸ **en mille morceaux** in pieces / *je lui ai dit mille fois* I've told him a thousand times / *mille mercis, merci mille fois* many thanks / *voilà un exemple entre mille* here's just one of the countless examples I could choose. *Voir aussi* **six**.

mille-feuille [milfœj] (*pl* **mille-feuilles**) nm ≃ vanilla slice UK ; ≃ napoleon US.

millénaire [milenɛʀ] ◆ nm millennium, thousand years *pl.* ◆ adj thousand-year-old *(avant n).*

mille-pattes [milpat] nm inv centipede, millipede.

milleraies [milʀɛ] nm pinstripe.

millésime [milezim] nm **1.** [de pièce] date **2.** [de vin] vintage, year.

millésimé, e [milezime] adj [vin] vintage *(avant n).*

millet [mijɛ] nm millet.

milliard [miljaʀ] nm thousand million UK, billion US ▸ **par milliards** *fig* in (their) millions.

milliardaire [miljaʀdɛʀ] nmf multimillionaire UK, billionaire US.

millième [miljɛm] adj, nm & nmf thousandth. *Voir aussi* **sixième**.

millier [milje] nm thousand ▸ **un millier d'euros** about a thousand euros ▸ **un millier de personnes** about a thousand people ▸ **des milliers de** thousands of ▸ **par milliers** in (their) thousands.

milligramme [miligʀam] nm milligram, milligramme UK.

millilitre [mililitʀ] nm millilitre UK, milliliter US.

millimètre [milimɛtʀ] nm millimetre UK, millimeter US.

millimétrique [milimetʀik] adj ▸ **papier millimétrique** graph paper.

million [miljɔ̃] nm million ▸ **un million d'euros** a million euros.

millionième [miljɔnjɛm] adj, nm & nmf millionth.

millionnaire [miljɔnɛʀ] nmf millionaire.

mi-long, mi-longue [milɔ̃, milɔ̃g] (*mpl* **mi-longs**, *fpl* **mi-longues**) adj [jupe] half-length ; [cheveux] shoulder-length.

mime [mim] ◆ nm mime. ◆ nmf mime (artist).

mimer [3] [mime] vt **1.** [exprimer sans parler] to mime **2.** [imiter] to mimic.

mimétisme [mimetism] nm mimicry.

mimique [mimik] nf **1.** [grimace] face **2.** [geste] sign language *(U).*

mimosa [mimɔza] nm mimosa.

min (*abr écrite de* **minute**) min.

min. (*abr écrite de* **minimum**) min.

MIN (*abr de* **marché d'intérêt national**) nm *wholesale market for agricultural produce.*

minable [minabl] adj *fam* **1.** [misérable] seedy, shabby **2.** [médiocre] pathetic.

minaret [minaʀɛ] nm minaret.

minauder [3] [minode] vi to simper.

mince [mɛ̃s] ❖ adj **1.** [maigre - gén] thin ; [- personne, taille] slender, slim **2.** *fig* [faible] small, meagre UK, meager US. ❖ interj *fam* ▸ **mince alors !** drat!

minceur [mɛ̃sœʀ] nf **1.** [gén] thinness ; [de personne] slenderness, slimness **2.** *fig* [insuffisance] meagreness UK, meagerness US.

mincir [32] [mɛ̃siʀ] vi to get thinner ou slimmer.

mine [min] nf **1.** [expression] look ▸ **avoir bonne / mauvaise mine** to look well / ill ▸ **faire grise mine** to look annoyed / *je lui trouve meilleure mine* I think she looks better ou in better health **2.** [apparence] appearance ▸ **faire mine de faire qqch** *fam* **a)** to make as if to do sthg **b)** [faire semblant] to pretend to do sthg / *elle fit mine de raccrocher, puis se ravisa fam* she made as if to hang up, but then changed her mind ▸ **mine de rien, il est très costaud** *fam* he's very strong, though he doesn't look it ▸ **ne pas payer de mine** *fam* to be not much to look at **3.** [gisement] mine ; [exploitation] mining ▸ **mine de charbon** coalmine ▸ **une mine d'or** *pr & fig* a gold mine / *une mine d'informations fig* a mine of information **4.** [explosif] mine / *ouvrir une roche à coups de mine* to blast a rock **5.** [de crayon] lead ▸ **crayon à mine grasse / dure** soft / hard pencil.

miner [3] [mine] vt **1.** MIL to mine **2.** [ronger] to undermine, to wear away ; *fig* to wear down. ◆ **se miner** vp to worry o.s. sick.

minerai [minʀɛ] nm ore.

minéral, e, aux [mineʀal, o] adj **1.** CHIM inorganic **2.** [eau, source] mineral *(avant n).* ◆ **minéral** nm mineral.

minéralisé, e [mineʀalize] adj mineralized.

minéralogie [mineʀalɔʒi] nf mineralogy.

minéralogique [mineʀalɔʒik] adj **1.** AUTO ▸ **numéro minéralogique** registration number UK, license number US ▸ **plaque minéralogique** numberplate UK, license plate US **2.** GÉOL mineralogical.

minerve [minɛʀv] nf MÉD neck brace, (surgical) collar.

minet, ette [minɛ, ɛt] nm, f *fam* **1.** [chat] pussy cat, pussy **2.** [personne] trendy.

mineur, e [minœʀ] ❖ adj minor. ❖ nm, f DR minor. ◆ **mineur** nm [ouvrier] miner ▸ **mineur de fond** face worker.

mini [mini] *abr de* **minimum**.

miniature [minjatyʀ] ❖ nf miniature ▸ **en miniature** in miniature. ❖ adj miniature.

miniaturiser [3] [minjatyʀize] vt to miniaturize.

minibar [minibaʀ] nm minibar.

minibus [minibys] nm minibus.

minichaîne [miniʃɛn] nf portable hi-fi.

MiniDisc®, minidisque [minidisk] nm MiniDisc®.

minier, ère [minje, ɛʀ] adj mining *(avant n).*

minijupe [miniʒyp] nf miniskirt.

minimal, e, aux [minimal, o] adj minimum *(avant n).*

minimalisme [minimalism] nm minimalism.

minime [minim] ❖ nmf SPORT ≃ junior. ❖ adj minimal.

minimiser [3] [minimize] vt to minimize.

minimum [minimɔm] (*pl* **minimums** *ou* **minima** [minima]) ❖ nm **1.** [gén & MATH] minimum ▸ **au minimum** at least ▸ **le strict minimum** the bare minimum ▸ **le minimum vital** a living wage **2.** DR minimum penalty **3.** ADMIN ▸ **les minima sociaux** basic welfare benefit. ❖ adj minimum *(avant n).*

mini-ordinateur [miniɔʀdinatœʀ] (*pl* **mini-ordinateurs**) nm minicomputer.

minipilule [minipilyl] nf low dose (contraceptive) pill, minipill.

minispace [minispas] nm AUTO minicar.

ministère [ministɛʀ] nm **1.** [département] department, ministry UK **2.** [cabinet] government **3.** RELIG ministry. ◆ **ministère public** nm ≃ Crown Prosecution Service UK ; ≃ District Attorney's office US.

ministériel, elle [ministeʀjɛl] adj **1.** [du ministère] departmental, ministerial UK **2.** [pro-gouvernemental] pro-government.

ministre [ministʀ] nm secretary, minister UK ▸ **ministre délégué à** secretary for, minister of UK ▸ **ministre des Affaires étrangères** ≃ Foreign Secretary UK ; ≃ Secretary of State US ▸ **ministre des Affaires sociales** ≃ Social Services Secretary ▸ **ministre de l'Éducation nationale** ≃ Education Secretary ▸ **ministre d'État** secretary of state, cabinet minister UK ▸ **ministre des Finances** ≃ Chancellor of the Exchequer UK ; ≃ Secretary of the Treasury US ▸ **ministre de l'Intérieur** ≃ Home Secretary UK ; ≃ Secretary of the Interior US ▸ **ministre de la Santé** ≃ Health Secretary ▸ **Premier ministre** prime minister.

minois [minwa] nm sweet (little) face.

minorer [3] [minɔʀe] vt to reduce.

minoritaire [minɔʀitɛʀ] ❖ nmf member of a minority. ❖ adj minority *(avant n)* ▸ **être minoritaire** to be in the minority.

minorité [minɔʀite] nf minority ▸ **en minorité** in the minority ▸ **minorité ethnique** ethnic minority.

Minorque [minɔʀk] npr Minorca / *à Minorque* in Minorca.

minorquin, e [minɔʀkɛ̃, in] adj Minorcan. ◆ **Minorquin, e** nm, f Minorcan.

minoterie [minɔtʀi] nf **1.** [moulin] flourmill **2.** [industrie] (flour) milling industry.

minou [minu] nm *fam* **1.** [chat] pussy, pussycat / *minou ! minou !* puss! puss!, kitty! kitty! **2.** [chéri] (little) darling ou sweetie ou honey.

minuit [minɥi] nm midnight.

minuscule [minyskyl] ◆ nf [lettre] small letter ▸ **en minuscules** in small letters. ◆ adj **1.** [lettre] small **2.** [très petit] tiny, minuscule.

minutage [minytaʒ] nm (precise) timing.

minute [minyt] ◆ nf minute / *il n'y a pas une minute à perdre* there's not a minute to lose ▸ **dans une minute** in a minute / *on n'est pas à la minute près* ou *à la minute !* fam there's no hurry! ▸ **à la minute** at once / *je veux que ce soit fait à la minute* I want it done this instant ▸ **d'une minute à l'autre** in next to no time / *il sera là d'une minute à l'autre* he'll be arriving any minute, he won't be a minute / *une minute de silence* a minute's silence. ◆ interj fam hang on (a minute)! / *minute, je n'ai pas dit ça !* hang on ou wait a minute, I never said that!

minuter [3] [minyte] vt **1.** [chronométrer] to time (precisely) **2.** DR to draw up.

minuterie [minytʀi] nf [d'éclairage] time switch, timer.

minuteur [minytœʀ] nm timer.

minutie [minysi] nf [soin] meticulousness ; [précision] attention to detail ▸ **avec minutie** a) [avec soin] meticulously b) [dans le détail] in minute detail.

minutieusement [minysjøzmɑ̃] adv [avec soin] meticulously ; [dans le détail] minutely, in minute detail.

minutieux, euse [minysjø, øz] adj [méticuleux] meticulous ; [détaillé] minutely detailed / *un travail minutieux* a job requiring great attention to detail.

mioche [mjɔʃ] nmf fam kiddy.

mirabelle [miʀabɛl] nf **1.** [fruit] mirabelle (plum) **2.** [alcool] plum brandy.

miracle [miʀakl] nm miracle ▸ **par miracle** by some ou a miracle, miraculously ▸ **croire aux miracles** to believe in miracles.

miraculé, e [miʀakyle] ◆ adj lucky to be alive. ◆ nm, f *person who is lucky to be alive.*

miraculeusement [miʀakyløzmɑ̃] adv miraculously.

miraculeux, euse [miʀakylø, øz] adj miraculous.

mirador [miʀadɔʀ] nm MIL watchtower.

mirage [miʀaʒ] nm mirage.

mire [miʀ] nf **1.** TV test card UK, test pattern US **2.** [visée] ▸ **ligne de mire** line of sight.

mirer [3] [miʀe] vt **1.** [œuf] to candle **2.** litt [refléter] to reflect. ◆ **se mirer** vp litt **1.** [se regarder] to gaze at o.s. **2.** [se refléter] to be reflected ou mirrored.

mirifique [miʀifik] adj fam fabulous.

miro [miʀo] fam ◆ adj [myope] short-sighted / *sans mes lunettes, je suis complètement miro* I'm as blind as a bat without my glasses. ◆ nmf short-sighted (person).

mirobolant, e [miʀɔbɔlɑ̃, ɑ̃t] adj fam fabulous, fantastic.

miroir [miʀwaʀ] nm mirror ▸ **miroir aux alouettes** fig lure ▸ **miroir de poche** handbag mirror.

miroiter [3] [miʀwate] vi to sparkle, to gleam ▸ **faire miroiter qqch à qqn** to hold out the prospect of sthg to sb.

miroiterie [miʀwatʀi] nf **1.** [industrie] mirror manufacturing **2.** [atelier] mirror workshop.

miroton [miʀɔtɔ̃] nm *boiled beef in an onion sauce.*

mis, e [mi, miz] pp ⟶ **mettre**.

misaine [mizɛn] nf foresail.

misanthrope [mizɑ̃tʀɔp] ◆ nmf misanthropist, misanthrope. ◆ adj misanthropic.

mise [miz] nf **1.** [action] putting ▸ **mise en demeure** formal notice ▸ **mise à jour** updating ▸ **mise en liberté provisoire** DR freeing on bail ▸ **mise en œuvre** implementation, bringing into play ▸ **mise en page** making up, composing ▸ **mise en place** setting up, organization ▸ **mise en plis** [coiffure] set ▸ **mise au point** a) PHOTO focusing b) TECHNOL adjustment c) fig clarification ▸ **mise en scène** production ▸ **mise en service** putting into operation **2.** [d'argent] stake ▸ **sauver la mise à qqn** fig to get sb out of a tight corner ▸ **mise de fonds** capital investment **3.** [tenue] clothing **4.** EXPR ▸ **ne pas être de mise** to be unacceptable.

miser [3] [mize] ◆ vt to bet. ◆ vi ▸ **miser sur** a) to bet on b) fig to count on.

misérabilisme [mizeʀabilism] nm miserabilism.

misérable [mizeʀabl] ◆ nmf **1.** [pauvre] poor person **2.** [coquin] wretch. ◆ adj **1.** [pauvre] poor, wretched **2.** [déplorable] pitiful **3.** [sans valeur] paltry, miserable.

misérablement [mizeʀabləmɑ̃] adv **1.** [pauvrement] in poverty, wretchedly **2.** [pitoyablement] miserably.

misère [mizɛʀ] nf **1.** [indigence] poverty ▸ **misère noire** utter destitution **2.** fig [bagatelle] trifle **3.** EXPR ▸ **avoir de la misère** QUÉBEC to be having a hard time. ◆ **misères** nfpl [ennuis] woes pl, miseries pl ▸ **faire des misères à qqn** fam to put sb through it.

miséreux, euse [mizeʀø, øz] ◆ adj poverty-stricken. ◆ nm, f down-and-out.

miséricorde [mizeʀikɔʀd] ◆ nf [clémence] mercy. ◆ interj mercy (me)!

miséricordieux, euse [mizeʀikɔʀdjø, øz] adj merciful.

misogyne [mizɔʒin] ◆ nmf misogynist. ◆ adj misogynous.

misogynie [mizɔʒini] nf misogyny.

miss [mis] (pl inv ou **misses** [mis]) nf **1.** [gouvernante] governess **2.** fam & hum : *ça va, la miss ?* how's things, beauty? ◆ **Miss** nf [reine de beauté] : *Miss Japon / Monde* Miss Japan / World.

missel [misɛl] nm missal.

missile [misil] nm missile ▸ **missile balistique** ballistic missile.

mission [misjɔ̃] nf mission ▸ **en mission** on a mission.

missionnaire [misjɔnɛʀ] ◆ nmf missionary. ◆ adj missionary *(avant n).*

missionner [misjɔne] vt to task / *un expert a été missionné pour évaluer les dégâts* a consultant has been tasked with assessing the damage.

missive [misiv] nf letter.

mistral [mistʀal] nm mistral *(strong cold wind that blows down the Rhône Valley and through Southern France)*.

mitaine [mitɛn] nf fingerless glove.

mite [mit] nf (clothes) moth.

mité, e [mite] adj moth-eaten.

mi-temps [mitɑ̃] ❖ nf inv [SPORT - période] half ; [- pause] half-time ▸ **à la mi-temps** at half-time ▸ **première / seconde mi-temps** first/second half. ❖ nm part-time work. ◆ **à mi-temps** loc adj & loc adv part-time.

miteux, euse [mitø, øz] *fam* ❖ adj seedy, dingy. ❖ nm, f shabby person.

mitigé, e [mitiʒe] adj **1.** [tempéré] lukewarm **2.** *fam* [mélangé] mixed.

mitonner [3] [mitɔne] ❖ vt **1.** [faire cuire] to simmer **2.** [préparer avec soin] to prepare lovingly **3.** *fig* [affaire] to plot, to cook up. ❖ vi CULIN to simmer. ◆ **se mitonner** vp ▸ **se mitonner qqch** to cook sthg up for o.s.

mitoyen, enne [mitwajɛ̃, ɛn] adj [commun] common ; [attenant] adjoining ▸ **mur mitoyen** party wall.

mitrailler [3] [mitʀaje] vt **1.** MIL to machinegun **2.** *fam* [photographier] to click away at **3.** *fam* & *fig* [assaillir] ▸ **mitrailler qqn (de)** to bombard sb (with).

mitraillette [mitʀajɛt] nf submachine gun.

mitrailleur [mitʀajœʀ] nm machinegunner.

mitrailleuse [mitʀajøz] nf machinegun.

mitre [mitʀ] nf **1.** [d'évêque] mitre UK, miter US **2.** [de cheminée] cowl.

mi-voix [mivwa] ◆ **à mi-voix** loc adv in a low voice.

mix [miks] nm inv **1.** [morceau de musique] mix **2.** [mélange] mixture, combination / *son dernier film est un mix d'action et de violence* his latest film is a mixture OU combination of action and violence.

mixage [miksaʒ] nm CINÉ & RADIO (sound) mixing.

mixer[1], **mixeur** [miksœʀ] nm (food) mixer.

mixer[2] [3] [mikse] vt to mix.

mixité [miksite] nf coeducation.

mixte [mikst] adj mixed ▸ **mariage mixte** mixed marriage.

mixture [mikstyʀ] nf **1.** CHIM & CULIN mixture **2.** *péj* [mélange] concoction.

MJC (*abr de* **maison des jeunes et de la culture**) nf *youth and cultural centre*.

MJPEG [ɛmʒipɛg] (*abr de* **moving joint photographic experts group**) nm INFORM MJPEG.

ml (*abr écrite de* **millilitre**) ml.

MLF (*abr de* **Mouvement de libération de la femme**) nm *women's movement* ; ≃ NOW US.

Mlle (*abr écrite de* **Mademoiselle**) Miss.

mm (*abr écrite de* **millimètre**) mm.

MM. (*abr écrite de* **Messieurs**) Messrs.

Mme (*abr écrite de* **Madame**) Mrs.

MMS (*abr de* **multimedia messaging service**) nm TÉLÉCOM MMS.

MMX (*abr de* **multimedia extensions**) nm INFORM MMX.

mnémotechnique [mnemɔtɛknik] adj mnemonic.

MNS (*abr de* **maître-nageur sauveteur**) nm lifeguard.

Mo (*abr de* **mégaoctet**) MB.

mobile [mɔbil] ❖ nm **1.** [téléphone, de sculpteur, pour enfant] mobile **2.** [motivation] motive. ❖ adj **1.** [gén] movable, mobile ; [partie, pièce] moving **2.** [population, main-d'œuvre] mobile **3.** [fête] movable ; [échelle] sliding.

mobilier, ère [mɔbilje, ɛʀ] adj DR movable. ◆ **mobilier** nm furniture.

mobilisation [mɔbilizasjɔ̃] nf mobilization ▸ **mobilisation générale** MIL general mobilization.

mobiliser [3] [mɔbilize] vt **1.** [gén] to mobilize **2.** [moralement] to rally. ◆ **se mobiliser** vp to mobilize, to rally.

mobilité [mɔbilite] nf mobility ▸ **mobilité sociale** ÉCON upward mobility.

Mobylette® [mɔbilɛt] nf moped.

mocassin [mɔkasɛ̃] nm moccasin.

moche [mɔʃ] adj *fam* **1.** [laid] ugly **2.** [triste, méprisable] lousy, rotten.

modalité [mɔdalite] nf **1.** [convention] form ▸ **modalités de paiement** methods of payment **2.** DR clause.

mode [mɔd] ❖ nf **1.** [gén] fashion / *suivre la mode* to follow fashion / *la mode des années 80* the style of the eighties ▸ **à la mode** in fashion, fashionable / *ce n'est plus à la mode* it's out of fashion ▸ **lancer une mode** to start a fashion ▸ **lancer la mode de qqch** to start the fashion for sthg ▸ **passé de mode** out of fashion **2.** [coutume] custom, style ▸ **à la mode de** in the style of / *cousin à la mode de Bretagne* distant cousin, first cousin once removed. ❖ nm **1.** [manière] mode, form ▸ **mode d'action** form OU mode of action ▸ **mode de vie** way of life **2.** [méthode] method ▸ **mode de cuisson** [sur emballage] cooking instructions ▸ **mode d'emploi** instructions (for use) ▸ **mode de paiement** mode OU method of payment **3.** GRAM mood **4.** MUS mode **5.** INFORM mode ▸ **mode autonome** OU **local** OU **hors ligne** off-line mode ▸ **mode avion** [sur téléphone mobile] airplane mode ▸ **mode connecté** OU **en ligne** on-line mode ▸ **mode utilisateur** user mode.

modelage [mɔdlaʒ] nm [action] modelling UK, modeling US.

modelé [mɔdle] nm **1.** [de visage] contours *pl* **2.** ART & GÉOGR relief.

modèle [mɔdɛl] ❖ nm **1.** [gén] model / *dessiner d'après un modèle* ART to draw from life / *prendre modèle sur qqch* to use sthg as a model ▸ **sur le modèle de** on the model of ▸ **modèle réduit** scale model / *modèle réduit d'avion* model aeroplane **2.** [exemplaire] model / *c'est le modèle du parfait employé* he's a model employee / *c'est un modèle de discrétion* he's a model of discretion / *prendre qqn pour modèle* to model o.s. on sb. ❖ adj **1.** [parfait] model *(avant n)* / *il a eu un comportement modèle* he was a model of good behaviour UK ou behavior US **2.** [qui sert de référence] : *ferme/prison modèle* model farm/prison.

modeler [25] [mɔdle] vt to shape ▸ **modeler qqch sur qqch** *fig* to model sthg on sthg. ◆ **se modeler** vp ▸ **se modeler sur** *fig* to model o.s. on.

modéliser [3] [mɔdelize] vt to model.

modélisme [mɔdelism] nm modelling UK ou modeling US *(of scale models)*.

modem [mɔdɛm] nm TÉLÉCOM modem ▸ **modem d'appel** dial-up modem ▸ **modem fax** fax modem ▸ **modem RNIS** ou **Numéris** ISDN line.

modérateur, trice [mɔderatœr, tris] adj moderating. ◆ **modérateur** nm **1.** [personne] moderator **2.** [mécanisme] regulator.

modération [mɔderasjɔ̃] nf moderation.

modéré, e [mɔdere] adj & nm, f moderate.

modérément [mɔderemɑ̃] adv in moderation, moderately.

modérer [18] [mɔdere] vt to moderate. ◆ **se modérer** vp to restrain o.s., to control o.s.

moderne [mɔdɛrn] ❖ nm ▸ **le moderne** modern things *pl*, (the) modern style. ❖ adj modern ; [mathématiques] new.

modernisation [mɔdɛrnizasjɔ̃] nf modernization.

moderniser [3] [mɔdɛrnize] vt to modernize. ◆ **se moderniser** vp to become (more) modern.

modernisme [mɔdɛrnism] nm [style] modernism.

modernité [mɔdɛrnite] nf modernity.

modeste [mɔdɛst] adj modest ; [origine] humble.

modestement [mɔdɛstəmɑ̃] adv modestly.

modestie [mɔdɛsti] nf modesty ▸ **fausse modestie** false modesty.

modeux, euse [mɔdø, øz] *fam* ❖ adj into fashion. ❖ nm, f stylist.

modicité [mɔdisite] nf [de prix, salaire] lowness, moderateness.

modifiable [mɔdifjabl] adj modifiable, alterable.

modification [mɔdifikasjɔ̃] nf alteration, modification.

modifier [9] [mɔdifje] vt to alter, to modify. ◆ **se modifier** vp to alter.

modique [mɔdik] adj modest.

modiste [mɔdist] nf milliner.

modulation [mɔdylasjɔ̃] nf modulation.

module [mɔdyl] nm module.

moduler [3] [mɔdyle] vt **1.** [air] to warble **2.** [structure] to adjust **3.** RADIO to modulate.

modus vivendi [mɔdysviẽdi] nm inv modus vivendi.

moelle [mwal] nf ANAT marrow ▸ **moelle osseuse** bone marrow ▸ **jusqu'à la moelle** *fig* to the core. ◆ **moelle épinière** nf spinal cord.

moelleux, euse [mwalø, øz] adj **1.** [canapé, tapis] soft **2.** [fromage, vin] mellow. ◆ **moelleux** nm ▸ **moelleux au chocolat** rich chocolate cake.

moellon [mwalɔ̃] nm rubble stone.

mœurs [mœr(s)] nfpl **1.** [morale] morals / *elle a des mœurs vraiment bizarres* she behaves in a really odd way / *c'est contraire aux bonnes mœurs* it goes against accepted standards of behaviour UK ou behavior US ▸ **la police / brigade des mœurs, les Mœurs** *fam* ≃ the vice squad **2.** [coutumes] customs, habits / *c'est entré dans les mœurs* it's become part of everyday life / *les mœurs de notre temps* the social mores of our time **3.** ZOOL behaviour *(U)* UK, behavior *(U)* US.

mohair [mɔɛr] nm mohair.

moi [mwa] ❖ pron pers **1.** [objet, après préposition, comparatif] me / *aide-moi* help me / *il me l'a dit, à moi* he told ME / *c'est pour moi* it's for me / *plus âgé que moi* older than me ou than I (am) / *à moi !* **a)** [au secours] help! **b)** [de jouer] it's my turn! **c)** [d'essayer] let me have a go! / *je suis contente de moi* I'm pleased with myself **2.** [sujet] I / *moi non plus, je n'en sais rien* I don't know anything about it either / *moi qui vous parle, je l'ai vu de mes propres yeux* I'm telling you, I saw him with my very own eyes / *qui est là ? — (c'est) moi* who's there? — (it's) me / *je l'ai vu hier — moi aussi* I saw him yesterday — me too / *c'est moi qui lui ai dit de venir* I was the one who told him to come / *moi, je n'ai rien dit !* I didn't say anything! **3.** [emploi expressif] : *regardez-moi ça !* just look at that! ❖ nm ▸ **le moi** the ego, the self. ◆ **moi-même** pron pers myself / *je préfère vérifier par moi-même* I prefer to check for myself / *mon épouse et moi-même* my wife and I.

moignon [mwaɲɔ̃] nm stump.

moindre [mwɛ̃dr] ❖ adj *(superl)* ▸ **le / la moindre** the least ▸ *(avec négation)* the least ou slightest / *les moindres détails* the smallest details / *sans la moindre difficulté* without the slightest problem ▸ **c'est la moindre des choses** it's the least I/you etc. could do. ❖ adj compar less ; [prix] lower / *à un moindre degré* to a lesser extent.

moine [mwan] nm monk.

moineau, x [mwano] nm sparrow.

moins [mwɛ̃] ❖ adv **1.** [quantité] less ▸ **moins de** less (than) / *moins de lait* less milk / *moins de gens* fewer people / *moins de dix* less than ten / *il est un peu moins de 10 heures* it's nearly 10 o'clock **2.** [comparatif] ▸ **moins (que)** less (than) / *il n'en est pas moins vrai que…* it is nonetheless true that… / *il est moins vieux que ton frère* he's not as old as your brother, he's younger than your brother / *il vient moins souvent que Pierre* he doesn't come as often as Pierre, he comes less often than Pierre / *bien moins grand que* much smaller than / *c'est moins bien que l'an dernier* it's not as good a last year / *moins il mange, moins il travaille* the less he eats, the less he works / *moins tu parles, mieux ça vaut* the less you speak, the better **3.** [superlatif] ▸ **le moins**

(the) least / *le moins riche des hommes* the poorest man / *il est le moins fort* he's the least strong / *c'est lui qui vient le moins souvent* he comes (the) least often / *c'est lui qui travaille le moins* he works (the) least ▸ **le moins possible** as little as possible ▸ **pas le moins du monde** not in the least. ❖ prép **1.** [gén] minus / *dix moins huit font deux* ten minus eight is two, ten take away eight is two / *il fait moins vingt* it's twenty below, it's minus twenty **2.** [servant à indiquer l'heure] : *il est 3 heures moins le quart* it's quarter to ou of US 3 / *il est moins dix* it's ten to, it's ten of US. ❖ nm **1.** [signe] minus (sign) **2.** EXPR **le moins qu'on puisse dire, c'est que...** it's an understatement to say... ▸ **c'est le moins qu'on puisse dire !** that's the least you can say! ◆ **à moins de** loc prép : *à moins de battre le record* unless I/you etc. beat the record. ◆ **à moins que** loc conj (+ *subjonctif*) unless / *à moins que vous ne vouliez le faire vous-même...* unless you wanted to do it yourself.... ◆ **au moins** loc adv at least / *ça fait au moins un mois qu'on ne l'a pas vu* we haven't seen him for at least a month. ◆ **de moins en moins** loc adv less and less / *de moins en moins souvent* less and less often. ◆ **du moins** loc adv at least / *ils devaient venir samedi, c'est du moins ce qu'ils nous avaient dit* they were supposed to come on Saturday, at least that's what they told us. ◆ **en moins** loc adv : *il a une dent en moins* he's missing ou minus a tooth / *c'était le paradis, les anges en moins* it was heaven, minus the angels. ◆ **en moins de** loc prép in less than ▸ **en moins de rien** in less than no time. ◆ **on ne peut moins** loc adv far from / *c'est on ne peut moins compliqué !* it couldn't be less complicated! ◆ **pour le moins** loc adv at (the very) least / *il y a pour le moins une heure d'attente* there's an hour's wait at the very least. ◆ **tout au moins** loc adv at (the very) least.

moins-value [mwɛ̃valy] (*pl* **moins-values**) nf capital loss.

moire [mwaʀ] nf [étoffe] moiré.

moiré, e [mwaʀe] adj **1.** [tissu] watered **2.** *litt* [reflet] shimmering.

mois [mwa] nm **1.** [laps de temps] month **2.** [salaire] (monthly) salary ▸ **le treizième mois** extra month's salary **3.** [loyer] month's rent.

moïse [mɔiz] nm wicker cradle.

moisi, e [mwazi] adj mouldy UK, moldy US. ◆ **moisi** nm mould UK, mold US.

moisir [32] [mwaziʀ] vi **1.** [pourrir] to go mouldy UK ou moldy US **2.** *fig* [personne] to rot.

moisissure [mwazisyʀ] nf mould UK, mold US.

moisson [mwasɔ̃] nf **1.** [récolte] harvest ▸ **faire la moisson** ou **les moissons** to harvest, to bring in the harvest **2.** *fig* [d'idées, de projets] wealth.

moissonner [3] [mwasɔne] vt to harvest, to gather (in) ; *fig* to collect, to gather.

moissonneur, euse [mwasɔnœʀ, øz] nm, f [personne] harvester. ◆ **moissonneuse** nf [machine] harvester, reaper.

moissonneuse-batteuse [mwasɔnøzbatøz] (*pl* **moissonneuses-batteuses**) nf combine (harvester).

moite [mwat] adj [peau, mains] moist, sweaty ; [atmosphère] muggy.

moiteur [mwatœʀ] nf [de peau, mains] moistness ; [d'atmosphère] mugginess.

moitié [mwatje] nf **1.** [gén] half ▸ **à moitié vide** half-empty ▸ **faire qqch à moitié** to half-do sthg ▸ **la moitié du temps** half the time ▸ **à la moitié de qqch** halfway through sthg ▸ **faire moitié-moitié** to go halves **2.** [épouse, époux] ▸ **ma / ta moitié** *fam* & *hum* my/your better half.

moit-moit [mwatmwat] adv *fam* ▸ **faire moit-moit** to go halves.

moka [mɔka] nm **1.** [café] mocha (coffee) **2.** [gâteau] coffee cake.

mol ⟶ **mou**.

molaire [mɔlɛʀ] nf molar.

Moldavie [mɔldavi] nf ▸ **la Moldavie** Moldavia.

mole [mɔl] nf CHIM mole.

môle [mol] nm [quai] jetty.

moléculaire [mɔlekylɛʀ] adj molecular.

molécule [mɔlekyl] nf molecule.

moleskine [mɔlɛskin] nf imitation leather.

molester [3] [mɔlɛste] vt to manhandle.

molette [mɔlɛt] nf **1.** [de réglage] toothed wheel **2.** [outil] glasscutter.

mollasse [mɔlas] adj *fam* **1.** [mou] flabby **2.** *fig* [personne] lethargic.

mollasson, onne [mɔlasɔ̃, ɔn] nm, f *fam* (lazy) lump.

molle ⟶ **mou**.

mollement [mɔlmɑ̃] adv **1.** [faiblement] weakly, feebly **2.** *litt* [paresseusement] sluggishly, lethargically.

mollesse [mɔlɛs] nf **1.** [de chose] softness **2.** [de personne] lethargy.

mollet [mɔlɛ] ❖ nm calf. ❖ adj ⟶ **œuf**.

molleton [mɔltɔ̃] nm flannelette ; [pour table] felt.

mollir [32] [mɔliʀ] vi **1.** [physiquement, moralement] to give way **2.** [matière] to soften, to go soft **3.** [vent] to drop, to die down.

mollo [mɔlo] adv *fam* easy ▸ **y aller mollo** to go easy, to take it easy.

mollusque [mɔlysk] nm **1.** ZOOL mollusc UK, mollusk US **2.** *fam* & *fig* [personne] (lazy) lump.

molosse [mɔlɔs] nm [chien] watchdog.

môme [mom] *fam* ❖ nmf [enfant] kid, youngster. ❖ nf [jeune fille] chick, bird UK.

moment [mɔmɑ̃] nm **1.** [gén] moment / *il eut un moment d'hésitation* he hesitated for a moment / *attend un moment !* wait a minute! / *au moment de l'accident* at the time of the accident, when the accident happened / *au moment de partir* just as we/you etc. were leaving ▸ **au moment où** just as / *juste au moment* *où le téléphone a sonné* just when ou as the phone rang ▸ **dans un moment** in a moment ▸ **d'un moment à l'autre, à tout moment** (at) any moment, any moment now / *il peut téléphoner d'un moment à l'autre* ou *à tout moment* he may phone any minute now ▸ **pendant un bon moment** for quite some time, for quite a while ▸ **ne pas avoir un moment à soi** not to have a moment to oneself ▸ **à aucun moment il ne s'est plaint** at no time ou point did he complain ▸ **à un moment donné** at a given moment / *à un moment donné, il a refusé* at one point he refused / *à ce moment-là, tu aurais dû me le dire !* in that case ou if that was the case, you should have told me! ▸ **en ce moment** at the moment ▸ **par moments** at times, now and then, from time to time ▸ **pour le moment** for the moment ▸ **sur le moment** at the time / *sur le moment, ça n'a pas fait mal* it didn't hurt at the time **2.** [durée] (short) time ▸ **avoir de bons moments avec qqn** to have (some) good times with sb ▸ **passer un mauvais moment** to have a bad time **3.** [occasion] time / *c'est le moment d'intervenir* now's the time to speak up ▸ **ce n'est pas le moment (de faire qqch)** this is not the time (to do sthg) ▸ **c'est le moment ou jamais** it's now or never. ◆ **du moment que** loc prép since, as / *du moment que je te le dis !* you can take my word for it!

momentané, e [mɔmɑ̃tane] adj temporary.

momentanément [mɔmɑ̃tanemɑ̃] adv temporarily.

momie [mɔmi] nf mummy.

mon, ma [mɔ̃, ma] (*pl* **mes** [me]) adj poss my.

monacal, e, aux [mɔnakal, o] adj monastic.

Monaco [mɔnako] npr : *(la principauté de) Monaco* (the principality of) Monaco.

monarchie [mɔnarʃi] nf monarchy ▸ **monarchie absolue / constitutionnelle** absolute / constitutional monarchy.

monarchique [mɔnarʃik] adj monarchical.

monarchiste [mɔnarʃist] nmf & adj monarchist.

monarque [mɔnark] nm monarch.

monastère [mɔnastɛr] nm monastery.

monastique [mɔnastik] adj monastic.

monceau, x [mɔ̃so] nm **1.** [tas] heap **2.** *fig* [de fautes, de bêtises] mass.

mondain, e [mɔ̃dɛ̃, ɛn] ❖ adj **1.** [chronique, journaliste] society *(avant n)* **2.** [futile] frivolous, superficial. ❖ nm, f socialite.

mondanités [mɔ̃danite] nfpl **1.** [événements] society life *(U)* **2.** [paroles] small talk *(U)* ; [comportements] formalities.

monde [mɔ̃d] nm **1.** [gén] world / *dans le monde entier* all over the world ▸ **le / la plus... au monde, le / la plus... du monde** the most... in the world / *le plus simplement / gentiment du monde* in the simplest / kindest possible way / *je vous dérange ? — pas le moins du monde !* am I interrupting? — not in the least! / *pour rien au monde* not for the world, not for all the tea in China / *mettre un enfant au monde* to bring a child into the world / *venir au monde* to come into the world / *en ce bas monde* RELIG in this world ▸ **l'autre monde** RELIG the other world ▸ **le quart-monde** the Fourth World / *fréquenter le beau* ou *grand monde* to mix with high society ou in society / *femme du monde* socialite, society woman / *homme du monde* man-about-town, socialite / *le monde des affaires* the business world **2.** [gens] people *pl* ▸ **beaucoup / peu de monde** a lot of / not many people / *il n'y avait pas grand monde au spectacle* there weren't many people at the show / *j'ai du monde à dîner* I've got people coming for dinner ▸ **tout le monde** everyone, everybody **3.** EXPR **c'est un monde !** that's really the limit! ▸ **se faire un monde de qqch** to make too much of sthg ▸ **se moquer du monde** to have a nerve ▸ **tromper son monde** not to be what one seems. ◆ **Monde** nm ▸ **le Nouveau Monde** the New World.

mondial, e, aux [mɔ̃djal, o] adj world *(avant n)*. ◆ **mondial** nm ▸ **le Mondial de football** the World Cup ▸ **le Mondial de l'automobile** the International Motor Show.

mondialement [mɔ̃djalmɑ̃] adv throughout ou all over the world.

mondialisation [mɔ̃djalizasjɔ̃] nf globalization.

mondialiste [mɔ̃djalist] adj pro-globalization.

monégasque [mɔnegask] adj of / from Monaco. ◆ **Monégasque** nmf person from Monaco.

monétaire [mɔnetɛr] adj monetary.

monétarisme [mɔnetarism] nm monetarism.

mongol, e [mɔ̃gɔl] adj Mongolian. ◆ **mongol** nm [langue] Mongolian. ◆ **Mongol, e** nm, f Mongolian.

Mongolie [mɔ̃gɔli] nf : *la Mongolie* Mongolia / *la Mongolie-Extérieure* Outer Mongolia / *la Mongolie-Intérieure* Inner Mongolia.

mongolien, enne [mɔ̃gɔljɛ̃, ɛn] *vieilli* ❖ adj mongol *(avant n)* *péj* & *vieilli*. ❖ nm, f mongol *péj* & *vieilli*.

mongolisme [mɔ̃gɔlism] nm *vieilli* mongolism *péj* & *vieilli*.

mongoloïde [mɔ̃gɔlɔid] adj mongol *(avant n)*.

moniteur, trice [mɔnitœr, tris] nm, f **1.** [enseignant] instructor, coach ▸ **moniteur d'auto-école** driving instructor ▸ **moniteur de ski** ski instructor **2.** [de colonie de vacances] supervisor, leader. ◆ **moniteur** nm [appareil & INFORM] monitor.

monnaie [mɔnɛ] nf **1.** [moyen de paiement] money ▸ **monnaie commune** common currency ▸ **monnaie faible** soft currency ▸ **fausse monnaie** forged currency, counterfeit money ▸ **monnaie fiduciaire** paper ou fiat money ▸ **monnaie d'échange** *fig* currency ▸ **c'est monnaie courante** *fig* it's commonplace, it's common practice **2.** [de pays] currency ▸ **monnaie unique** single currency **3.** [pièces] change ▸ **avoir de la monnaie** to have change ▸ **avoir la monnaie** to have the change ▸ **avoir la monnaie de 20 euros** to have change of ou for 20 euros ▸ **rendre la monnaie à qqn** to give sb his / her change ▸ **faire (de) la monnaie** to get (some) change ▸ **menue monnaie** small ou loose change.

monnayable [mɔnɛjabl] adj convertible (into cash) ; *fig* valuable.

monnayer [11] [mɔnɛje] vt **1.** [biens] to convert into cash **2.** *fig* [silence] to buy.

monocaméral, e, aux [mɔnɔkameʀal, o] adj unicameral.

monochrome [mɔnɔkʀom] adj monochrome, monochromatic.

monocle [mɔnɔkl] nm monocle.

monocoque [mɔnɔkɔk] nm & adj [bateau] monohull.

monocorde [mɔnɔkɔʀd] adj **1.** MUS single-stringed **2.** [monotone] monotonous.

monoculture [mɔnɔkyltyʀ] nf monoculture.

monogame [mɔnɔgam] adj monogamous.

monogamie [mɔnɔgami] nf monogamy.

monogramme [mɔnɔgʀam] nm monogram.

monokini [mɔnɔkini] nm monokini, topless swimsuit / *'monokini interdit'* 'no topless bathing'.

monolingue [mɔnɔlɛ̃g] adj monolingual.

monolithique [mɔnɔlitik] adj monolithic.

monologue [mɔnɔlɔg] nm **1.** THÉÂTRE soliloquy **2.** [discours individuel] monologue ▸ **monologue intérieur** stream of consciousness, interior monologue.

monologuer [3] [mɔnɔlɔge] vi *fig* & *péj* [parler] to talk away.

monôme [mɔnom] nm **1.** MATH monomial **2.** *arg scol* [procession] ≃ rag day procession UK.

mononucléose [mɔnɔnykleoz] nf ▸ **mononucléose infectieuse** glandular fever UK, mono US, (infectious) mononucleosis US.

monoparental, e, aux [mɔnɔpaʀɑ̃tal, o] adj single-parent *(avant n)*, lone-parent *(avant n)*, one-parent *(avant n)* UK.

monophasé, e [mɔnɔfaze] adj ÉLECTR single-phase. ◆ **monophasé** nm single-phase current.

monoplace [mɔnɔplas] ❖ nm single-seater. ❖ adj single-seater *(avant n)*.

monopole [mɔnɔpɔl] nm monopoly ▸ **avoir le monopole de qqch** *pr* & *fig* to have a monopoly of OU on sthg ▸ **monopole d'État** state monopoly.

monopoliser [3] [mɔnɔpɔlize] vt to monopolize.

monorail [mɔnɔʀaj] ❖ nm monorail. ❖ adj inv monorail *(avant n)*.

monoski [mɔnɔski] nm **1.** [objet] monoski **2.** SPORT monoskiing.

monospace [mɔnɔspas] nm minivan, people carrier UK.

monosyllabe [mɔnɔsilab] ❖ nm monosyllable. ❖ adj monosyllabic.

monosyllabique [mɔnɔsilabik] adj monosyllabic.

monothéisme [mɔnɔteism] nm monotheism.

monotone [mɔnɔtɔn] adj monotonous.

monotonie [mɔnɔtɔni] nf monotony ▸ **rompre la monotonie** to break the monotony.

monseigneur [mɔ̃sɛɲœʀ] (*pl* **messeigneurs** [mɛsɛɲœʀ]) nm **1.** [titre - d'évêque, de duc] His Grace ; [- de cardinal] His Eminence ; [- de prince] His (Royal) Highness **2.** [formule d'adresse - à évêque, à duc] Your Grace ; [- à cardinal] Your Eminence ; [- à prince] Your (Royal) Highness.

monsieur [məsjø] (*pl* **messieurs** [mesjø]) nm **1.** [titre] : *monsieur X* Mr X / *bonjour monsieur* good morning ; [dans hôtel, restaurant] good morning, sir / *bonjour messieurs* good morning (gentlemen) / *messieurs dames* ladies and gentlemen / *Messieurs, un peu de silence s'il vous plaît !* **a)** [à des garçonnets] boys, please be quiet! **b)** [à des jeunes gens] gentlemen, would you please be quiet! / *Monsieur le Ministre n'est pas là* the Minister is out / *monsieur, j'ai fini mon addition !* (please) Sir, I've done my addition! **2.** [homme quelconque] gentleman ▸ **monsieur Tout-le-Monde** the man in the street, Joe Public UK, Joe Blow US **3.** *fam* [en appellatif] : *et en plus, monsieur exige des excuses !* His Lordship wants an apology as well, does he?

monstre [mɔ̃stʀ] nm **1.** [gén] monster ▸ **monstre marin** sea monster ▸ **monstre sacré** idol **2.** *(en apposition) fam* [énorme] colossal.

monstrueusement [mɔ̃stʀyøzmɑ̃] adv [gros, laid] monstrously ; [intelligent] prodigiously.

monstrueux, euse [mɔ̃stʀyø, øz] adj **1.** [gén] monstrous **2.** *fig* [erreur] terrible.

monstruosité [mɔ̃stʀyozite] nf monstrosity.

mont [mɔ̃] nm **1.** *litt* [montagne] mountain ▸ **par monts et par vaux** *fig* up hill and down dale ▸ **promettre monts et merveilles** to promise the earth **2.** GÉOGR Mount / *le mont Blanc* Mont Blanc / *le mont Cervin* the Matterhorn **3.** ANAT ▸ **mont de Vénus** mons veneris.

montage [mɔ̃taʒ] nm **1.** [assemblage] assembly ; [de bijou] setting **2.** PHOTO photomontage **3.** CINÉ editing ▸ **montage définitif** final cut **4.** ÉLECTR wiring.

montagnard, e [mɔ̃taɲaʀ, aʀd] ❖ adj mountain *(avant n)*. ❖ nm, f mountain dweller.

montagne [mɔ̃taɲ] nf **1.** [gén] mountain / *les montagnes Rocheuses* the Rocky Mountains **2.** [région] ▸ **la montagne** the mountains *pl* ▸ **à la montagne** in the mountains ▸ **en haute montagne** at high altitudes ▸ **faire de la haute montagne** to go mountain climbing **3.** EXPR ▸ **se faire une montagne de qqch** to make a great song and dance about sthg. ◆ **montagnes russes** nfpl roller coaster *sg*, big dipper *sg* UK.

montagneux, euse [mɔ̃taɲø, øz] adj mountainous.

montant, e [mɔ̃tɑ̃, ɑ̃t] adj **1.** [mouvement] rising **2.** [vêtement] high-necked. ◆ **montant** nm **1.** [pièce verticale] upright **2.** [somme] total (amount).

mont-blanc [mɔ̃blɑ̃] (*pl* **monts-blancs**) nm *pureed chestnuts with whipped cream.*

monté, e [mɔ̃te] adj **1.** [pourvu] ▸ **être monté en qqch** to be well off for sthg / *elle est bien montée en vaisselle* she's got a lot of crockery **2.** MIL mounted ▸ **troupes montées** mounted troops **3.** CULIN : *œufs montés en neige* whisked egg whites.

monte-charge [mɔ̃tʃaʀʒ] nm inv goods lift UK, service elevator US.

montée [mɔ̃te] nf **1.** [de montagne] climb, ascent / *la montée jusqu'au chalet* the climb up ou the ascent to the chalet **2.** [de prix] rise / *face à la montée en flèche des prix du pétrole* in the face of rocketing ou soaring oil prices **3.** [relief] slope, gradient.

Monténégro [mɔ̃teneɡʀo] nm : *le Monténégro* Montenegro.

monte-plats [mɔ̃tpla] nm inv dumbwaiter.

monter [3] [mɔ̃te] ◆ vi *(aux : être)* **1.** [personne] to come/go up ; [température, niveau] to rise ; [route, avion] to climb / *monte par l'ascenseur* go up in ou use the lift / *faire monter les prix* **a)** [surenchère] to send ou to put prices up **b)** [marchand] to put up ou to increase prices / *son plâtre monte jusqu'au genou* his leg is in a plaster cast up to the knee ▸ **monter sur qqch** to climb onto sthg **2.** [passager] to get on / *monter dans un bus* to get on a bus / *monter dans une voiture* to get into a car / *monter sur un ou à bord d'un bateau* to board a ship **3.** [cavalier] to ride / *monter à cheval* to ride ▸ **monter à cheval sur qqch** *fig* to straddle sthg **4.** [marée] to go/come in **5.** EXPR **monter à l'attaque ou à l'assaut** MIL to go onto the attack. ◆ vt *(aux : être)* **1.** [escalier, côte] to climb, to come/go up / *monter la rue en courant* to run up the street / *la voiture a du mal à monter la côte* the car has difficulty getting up the hill **2.** [chauffage, son] to turn up **3.** [valise] to take/bring up / *je lui ai monté son journal* I took his newspaper up to him **4.** [meuble] to assemble ; COUT to assemble, to put ou sew together ; [tente] to put up **5.** CINÉ to edit, to cut (together) **6.** [cheval] to mount **7.** [dispositif] to assemble / *il a monté un moteur plus puissant sur sa voiture* he has put a more powerful engine in his car **8.** THÉÂTRE to put on **9.** [société, club] to set up **10.** CULIN to beat, to whisk (up) / *monter des blancs en neige* to whisk egg whites **11.** EXPR **monter qqn contre qqn** to set sb against sb. ◆ **se monter** vp **1.** [s'assembler] ▸ **se monter facilement** to be easy to assemble **2.** [atteindre] ▸ **se monter à** to amount to, to add up to.

monteur, euse [mɔ̃tœʀ, øz] nm, f **1.** TECHNOL fitter **2.** CINÉ editor.

Montevideo [mɔ̃tevideo] npr Montevideo.

montgolfière [mɔ̃ɡɔlfjɛʀ] nf hot-air balloon, montgolfier (balloon).

monticule [mɔ̃tikyl] nm mound ; QUÉBEC [baseball] pitcher's mound.

montre [mɔ̃tʀ] nf watch ▸ **montre en main** to the minute, exactly ▸ **contre la montre** **a)** [sport] time-trialling UK, time-trialing US **b)** [épreuve] time trial.

Montréal [mɔ̃ʀeal] npr Montreal.

montre-bracelet [mɔ̃tʀəbʀaslɛ] (*pl* **montres-bracelets**) nf wristwatch.

montrer [3] [mɔ̃tʀe] vt **1.** [gén] to show ▸ **montrer qqch à qqn** to show sb sthg, to show sthg to sb / *il m'a montré son usine* he showed me (around) his factory / *la brochure montre comment s'en servir* the booklet explains ou shows how to use it **2.** [désigner] to show, to point out / *montrer la sortie* **a)** [de la tête] to nod towards the exit **b)** [du doigt] to point to the exit **c)** [de la main] to gesture towards the exit ▸ **montrer qqch du doigt** to point at ou to sthg. ◆ **se montrer** vp **1.** [se faire voir] to appear / *le voilà, ne te montre pas !* here he is; stay out of sight! **2.** *fig* [se présenter] to show o.s. / *elle adore se montrer* she loves to be seen (in public) **3.** *fig* [se révéler] to prove (to be) / *ce soir-là, il s'est montré odieux / charmant* he was obnoxious/charming that evening.

montreur, euse [mɔ̃tʀœʀ, øz] nm, f ▸ **montreur de marionnettes** puppeteer.

monture [mɔ̃tyʀ] nf **1.** [animal] mount **2.** [de lunettes] frame **3.** [de bijou] setting.

monument [mɔnymɑ̃] nm **1.** [gén] ▸ **monument (à)** monument (to) ▸ **monument aux morts** war memorial **2.** *fig* & *hum* [chef-d'œuvre] masterpiece.

monumental, e, aux [mɔnymɑ̃tal, o] adj monumental.

moquer [3] [mɔke] ◆ **se moquer** vp ▸ **se moquer de** **a)** [plaisanter sur] to make fun of, to laugh at **b)** [ne pas se soucier de] not to give a damn about ▸ **ne vous moquez pas !** don't mock!, don't laugh!

moquerie [mɔkʀi] nf mockery *(U)*, jibe.

moquette [mɔkɛt] nf wall-to-wall carpet, fitted carpet UK.

moqueur, euse [mɔkœʀ, øz] ◆ adj mocking. ◆ nm, f mocker.

moraine [mɔʀɛn] nf moraine.

moral, e, aux [mɔʀal, o] adj **1.** [éthique - conscience, jugement] moral / *il n'a aucun sens moral* he has no sense of morality / *se sentir dans l'obligation morale de faire qqch* to feel morally obliged ou a moral obligation to do sthg / *prendre l'engagement moral de faire qqch* to be morally committed to do sthg **2.** [édifiant - auteur, conte, réflexion] moral / *la fin de la pièce n'est pas très morale !* the end of the play is rather immoral! **3.** [spirituel - douleur] mental ; [- soutien, victoire, résistance] moral. ◆ **moral** nm **1.** [mental] ▸ **au moral comme au physique** mentally as well as physically **2.** [état d'esprit] morale, spirits *pl* ▸ **avoir / ne pas avoir le moral** to be in good/bad spirits ▸ **j'ai le moral à zéro** *fam* I feel down in the dumps ou really low ▸ **remonter le moral à qqn** to cheer sb up ▸ **se remonter le moral** to cheer (o.s.) up. ◆ **morale** nf **1.** [science] moral philosophy, morals *pl* **2.** [règle] morality **3.** [mœurs] morals *pl* **4.** [leçon] moral ▸ **faire la morale à qqn** to preach at ou lecture sb.

moralement [mɔʀalmɑ̃] adv morally.

moralisateur, trice [mɔʀalizatœʀ, tʀis] ◆ adj moralizing. ◆ nm, f moralizer.

moralisme [mɔʀalism] nm morality.

moraliste [mɔʀalist] ◆ nmf moralist. ◆ adj moralistic.

moralité [mɔʀalite] nf **1.** [gén] morality **2.** [enseignement] morals *pl*.

moratoire [mɔRatwaR] nm moratorium.

morbide [mɔRbid] adj morbid.

morbidité [mɔRbidite] nf morbidity.

morceau, x [mɔRso] nm **1.** [gén] piece / *morceau de sucre* lump of sugar, sugar lump ▸ **manger un morceau** *fam* to have a bite to eat ▸ **mettre en morceaux** to pull ou tear to pieces ▸ **cracher le morceau** *fam* & *fig* to spill the beans ▸ **emporter le morceau** *fam* to carry it off / *tomber en morceaux* to fall apart, to fall to pieces **2.** [de poème, de film] passage ▸ **un morceau de bravoure** a purple passage ▸ **cette scène est un véritable morceau d'anthologie** it's a truly memorable scene ▸ **(recueil de) morceaux choisis** (collection of) selected passages ou extracts.

morceler [24] [mɔRsəle] vt to break up, to split up. ◆ **se morceler** vp to break up.

morcellement [mɔRsɛlmɑ̃] nm breaking up, splitting up.

mordant, e [mɔRdɑ̃, ɑ̃t] adj biting. ◆ **mordant** nm [vivacité] keenness, bite.

mordicus [mɔRdikys] adv *fam* stubbornly, stoutly.

mordiller [3] [mɔRdije] vt to nibble.

mordoré, e [mɔRdɔRe] adj bronze.

mordre [76] [mɔRdR] ❖ vt **1.** [blesser] to bite / *se faire mordre* to get bitten **2.** [dépasser] to go over / *mordre la ligne* **a)** [saut en longueur] to cross the (take-off) board **b)** [sur la route] to cross the white line **3.** *fig* [entamer, ronger] to eat into ou away. ❖ vi **1.** [saisir avec les dents] ▸ **mordre à** to bite / *ça ne mord pas beaucoup par ici* [à la pêche] the fish aren't biting much around here **2.** [croquer] ▸ **mordre dans qqch** to bite into sthg **3.** SPORT ▸ **mordre sur la ligne** to step over the line. ◆ **se mordre** vpt ▸ **se mordre la langue** to bite one's tongue *pr* / *il va s'en mordre les doigts* *fam* he'll be sorry he did it, he'll live to regret it.

mordu, e [mɔRdy] ❖ pp ⟶ **mordre.** ❖ adj [amoureux] hooked. ❖ nm, f ▸ **mordu de foot / ski** football / ski addict.

more = **maure**.

moresque = **mauresque**.

morfler [3] [mɔRfle] vi *tfam* : *il a morflé !* he copped it! UK, he caught it! US.

morfondre [75] [mɔRfɔ̃dR] ◆ **se morfondre** vp to mope.

morgue [mɔRg] nf **1.** *litt* [attitude] pride **2.** [lieu] morgue.

moribond, e [mɔRibɔ̃, ɔ̃d] ❖ adj dying. ❖ nm, f dying person.

morigéner [18] [mɔRiʒene] vt *litt* to rebuke.

morille [mɔRij] nf morel.

mormon, e [mɔRmɔ̃, ɔn] adj & nm, f Mormon.

morne [mɔRn] adj [personne, visage] gloomy ; [paysage, temps, ville] dismal, dreary.

Moroni [mɔRɔni] npr Moroni.

morose [mɔRoz] adj gloomy.

morosité [mɔRozite] nf gloominess.

morphine [mɔRfin] nf morphine.

morphinisme [mɔRfinism] nm morphine addiction.

morphologie [mɔRfɔlɔʒi] nf morphology.

morphologique [mɔRfɔlɔʒik] adj morphological.

morpion [mɔRpjɔ̃] nm **1.** *fam* MÉD crab **2.** *fam* [enfant] brat **3.** [jeu] ≃ noughts and crosses *(U)* UK ; ≃ tick-tack-toe US.

mors [mɔR] nm bit ▸ **prendre le mors aux dents** to get the bit between one's teeth.

morse [mɔRs] nm **1.** ZOOL walrus **2.** [code] Morse (code).

morsure [mɔRsyR] nf bite.

mort, e [mɔR, mɔRt] ❖ pp ⟶ **mourir.** ❖ adj dead ▸ **raide mort** stone dead ▸ **mort ou vif** dead or alive ▸ **mort de fatigue** *fig* dead tired / *laisser qqn pour mort* to leave sb for dead. ❖ nm, f **1.** [cadavre] corpse, dead body **2.** [défunt] dead person ▸ **jour** ou **fête des morts** All Souls' Day. ◆ **mort** ❖ nm **1.** [victime] fatality / *les émeutes ont fait 300 morts* 300 people died ou were killed in the rioting **2.** [partie de cartes] dummy. ❖ nf *pr* & *fig* death ▸ **de mort** [silence] deathly ▸ **menace / pulsion de mort** death threat / wish / *être en danger de mort* to be in mortal danger ▸ **condamner qqn à mort** DR to sentence sb to death ▸ **se donner la mort** to take one's own life, to commit suicide / *frôler la mort* to have a brush with death / *trouver la mort* to meet one's death, to die ▸ **jusqu'à ce que mort s'ensuive** to death ▸ **en vouloir à mort à qqn** *fam* to hate sb's guts / *ils sont brouillés* ou *fâchés à mort* *fam* they're mortal enemies / *frapper qqn à mort* to strike sb dead / *mettre qqn à mort* to put sb to death ▸ **mort naturelle / violente** natural / violent death ▸ **la mort dans l'âme** sick at heart, with a heavy heart ▸ **pâle comme la mort** deathly pale.

mortadelle [mɔRtadɛl] nf mortadella.

mortalité [mɔRtalite] nf mortality, death rate ▸ **mortalité infantile** infant mortality.

mort-aux-rats [mɔRɔRa] nf inv rat poison.

Morte ⟶ **mer**.

mortel, elle [mɔRtɛl] ❖ adj **1.** [humain] mortal **2.** [accident, maladie] fatal **3.** *fam* & *fig* [ennuyeux] deadly (dull). ❖ nm, f mortal.

mortellement [mɔRtɛlmɑ̃] adv **1.** [à mort] fatally **2.** *fam* [extrêmement] mortally, deeply ▸ **s'ennuyer mortellement** to be bored to death.

morte-saison [mɔRtsɛzɔ̃] (*pl* **mortes-saisons**) nf off-season.

mortier [mɔRtje] nm mortar.

mortification [mɔRtifikasjɔ̃] nf mortification.

mortifier [9] [mɔRtifje] vt to mortify.

mort-né, e [mɔRne] (*mpl* **mort-nés**, *fpl* **mort-nées**) ❖ adj [enfant] still-born ; *fig* [projet] abortive. ❖ nm, f still-born child.

mortuaire [mɔRtɥɛR] adj funeral *(avant n)*.

mort-vivant, e [mɔrtvivɑ̃, ɑ̃t] *(mpl* **morts-vivants**, *fpl* **-es**) nm, f ▸ **les morts vivants** the living dead.

morue [mɔry] nf **1.** ZOOL cod **2.** *injur* [prostituée] whore.

morve [mɔrv] nf snot.

morveux, euse [mɔrvø, øz] ❖ adj runny-nosed, snotty. ❖ nm, f *fam* brat.

mosaïque [mɔzaik] nf *pr* & *fig* mosaic.

Moscou [mɔsku] npr Moscow.

moscovite [mɔskɔvit] adj of/from Moscow, Muscovite. ◆ **Moscovite** nmf Muscovite.

mosquée [mɔske] nf mosque.

mot [mo] nm **1.** [gén] word / *chercher ses mots* to try to find OU to search for the right words / *les mots me manquent* words fail me ▸ **au bas mot** at the lowest estimate ▸ **à mots couverts** in veiled terms ▸ **le fin mot de l'histoire** the real story ▸ **mot composé** compound (word) ▸ **mots croisés** crossword (puzzle) *sg* ▸ **mot d'esprit** witty remark ▸ **mot d'excuse** SCOL note from one's parents ▸ **mot de la fin** concluding message, closing words ▸ **gros mot** swearword ▸ **mot d'ordre** watchword / *mot d'ordre de grève* call for strike action ▸ **mot à mot, mot pour mot** word for word / *faire du mot à mot* to translate word for word / *c'est ce qu'elle a dit, mot pour mot* those were her very words, that's what she said, word for word ▸ **en un mot** in a word ▸ **avoir son mot à dire** to have one's say ▸ **avoir des mots avec qqn** to have words with sb ▸ **avoir deux mots à dire à qqn** *fam* to give sb a piece of one's mind ▸ **avoir toujours le mot pour rire** to be always able to raise a laugh ▸ **se donner** OU **se passer le mot** to pass the word around ▸ **ne pas mâcher ses mots** not to mince one's words ▸ **prendre qqn au mot** to take sb at his/her word ▸ **en toucher un mot à qqn** *fam* to have a word with sb **2.** [message] note, message. ◆ **mot de passe** nm password ▸ **protégé par un mot de passe** INFORM password-protected.

motard [mɔtar] nm **1.** [motocycliste] motorcyclist **2.** [policier] motorcycle policeman.

mot-clé *(pl* **mots-clés**), **mot-clef** *(pl* **mots-clefs**) [mokle] nm keyword.

motel [mɔtɛl] nm motel.

moteur, trice [mɔtœr, tris] adj **1.** [force, énergie] driving *(avant n)* ▸ **à quatre roues motrices** AUTO with four-wheel drive **2.** [muscles, nerfs] motor *(avant n)*. ◆ **moteur** nm TECHNOL motor, engine ; *fig* driving force ▸ **moteur électrique** electric motor ▸ **moteur à explosion** combustion engine ▸ **moteur à injection** fuel-injection engine ▸ **moteur à réaction** jet engine ▸ **moteur de recherche** INFORM search engine. ◆ **motrice** nf RAIL locomotive (engine).

motif [mɔtif] nm **1.** [raison] motive, grounds *pl* **2.** [dessin, impression] motif.

motion [mosjɔ̃] nf POL motion ▸ **motion de censure** censure motion.

motivant, e [mɔtivɑ̃, ɑ̃t] adj motivating.

motivation [mɔtivasjɔ̃] nf motivation / *motivation par le profit* profit motive.

motivé, e [mɔtive] adj **1.** [personne] motivated **2.** [justifié] well-founded, justified.

motiver [3] [mɔtive] vt **1.** [stimuler] to motivate **2.** [justifier] to justify.

moto [mɔto] nf motorcycle, motorbike UK.

motocross [mɔtɔkrɔs] nm motocross.

motoculteur [mɔtɔkyltœr] nm ≃ Rotavator® UK ; ≃ rototiller® US.

motocyclette [mɔtɔsiklɛt] nf motorcycle, motorbike UK.

motocyclisme [mɔtɔsiklism] nm motorcyle racing.

motocycliste [mɔtɔsiklist] nmf motorcyclist.

motomarine [mɔtɔmarin] nf QUÉBEC jet ski, aquaskooter US.

motoneige [mɔtɔnɛʒ] nf QUÉBEC snowmobile.

motorisé, e [mɔtɔrize] adj motorized ▸ **être motorisé** *fam* to have a car, to have wheels.

moto-taxi [mototaksi] *(pl* **motos-taxis**) nf motorbike taxi.

motrice ⟶ **moteur**.

motricité [mɔtrisite] nf motor functions *pl*.

mots-croisiste [mokrwazist] *(pl* **mots-croisistes**) nmf crossword enthusiast.

motte [mɔt] nf ▸ **motte (de terre)** clod, lump of earth ▸ **motte de beurre** slab of butter.

motton [mɔtɔ̃] QUÉBEC nm lump EXPR **avoir le motton** [émotion] to be all choked up ▸ **faire le motton** [s'enrichir] to make a fortune.

motus [mɔtys] interj *fam* not a word ! ▸ **motus et bouche cousue !** mum's the word !

mou, molle [mu, mɔl] ❖ adj *(**mol** devant voyelle ou 'h' muet)* **1.** [gén] soft **2.** [faible] weak **3.** [résistance, protestation] half-hearted **4.** [de caractère] wet, wimpy. ❖ nm, f *fam* [personne] wimp. ◆ **mou** nm **1.** [de corde] ▸ **avoir du mou** to be slack **2.** [abats] lungs *pl*, lights *pl*.

mouchard, e [muʃar, ard] nm, f *fam* [personne] sneak. ◆ **mouchard** nm *fam* [dans camion, train] spy in the cab.

moucharder [3] [muʃarde] vi *fam* to sneak.

mouche [muʃ] nf **1.** ZOOL fly ▸ **mouche tsé-tsé** tsetse fly ▸ **fine mouche** *fig* shrewd individual **2.** [accessoire féminin] beauty spot **3.** EXPR **faire mouche** to hit the bull's eye.

moucher [3] [muʃe] vt **1.** [nez] to wipe ▸ **moucher un enfant** to wipe a child's nose **2.** [chandelle] to snuff out **3.** *fam* & *fig* [personne] ▸ **moucher qqn** to put sb in his/her place. ◆ **se moucher** vp to blow OU wipe one's nose.

moucheron [muʃrɔ̃] nm [insecte] gnat.

moucheté, e [muʃte] adj **1.** [laine] flecked **2.** [animal] spotted, speckled.

mouchoir [muʃwaʀ] nm handkerchief ▸ **mouchoir en papier** tissue, paper handkerchief UK ▸ **grand comme un mouchoir de poche** *fig* no bigger than a pocket handkerchief.

moudre [85] [mudʀ] vt to grind.

mouds ⟶ **moudre**.

moue [mu] nf pout ▸ **faire la moue** to pull a face.

mouette [mwɛt] nf seagull.

moufle [mufl] nf mitten.

mouflet, ette [muflɛ, ɛt] nm, f *fam* kid, brat.

mouflon [muflɔ̃] nm wild sheep.

moufter [3] [mufte] vi *tfam* ▸ **sans moufter** without a peep.

mouillage [mujaʒ] nm **1.** [coupage] watering (down) **2.** [NAUT - emplacement] anchorage, moorings *pl* ; [- manœuvre] anchoring, mooring.

mouillé, e [muje] adj wet.

mouiller [3] [muje] ❖ vt **1.** [personne, objet] to wet ▸ **se faire mouiller** to get wet ou soaked **2.** [vin, lait] to water down ; CULIN to add liquid to **3.** NAUT ▸ **mouiller l'ancre** to drop anchor **4.** LING to palatalize **5.** *fam* & *fig* [compromettre] to involve. ❖ vi NAUT to anchor. ◆ **se mouiller** vp **1.** [se tremper] to get wet **2.** *fam* & *fig* [prendre des risques] to stick one's neck out.

mouillette [mujɛt] nf finger of bread, soldier UK.

mouise [mwiz] nf ▸ **être dans la mouise** *fam* to be broke.

moulage [mulaʒ] nm **1.** [action] moulding UK, molding US, casting **2.** [objet] cast.

moulant, e [mulɑ̃, ɑ̃t] adj close-fitting.

moule[1] [mul] nm mould UK, mold US ▸ **moule à gâteau** cake tin UK ou pan US ▸ **moule à gaufre** waffle-iron ▸ **moule à tarte** flan dish.

moule[2] [mul] nf ZOOL mussel ▸ **moules marinières** CULIN *mussels cooked in white wine*.

mouler [3] [mule] vt **1.** [objet] to mould UK, to mold US **2.** [forme] to make a cast of **3.** [corps] to hug.

moulin [mulɛ̃] nm mill ▸ **moulin à café** coffee mill ▸ **moulin à eau** watermill ▸ **moulin à paroles** *fig* chatterbox ▸ **moulin à poivre** peppermill ▸ **moulin à prières** RELIG prayer wheel / *moulin à scie* QUÉBEC sawmill ▸ **moulin à vent** windmill ▸ **on entre chez elle comme dans un moulin** her door's always open.

mouliner [3] [muline] vt [aliments] to put through a food mill.

moulinet [mulinɛ] nm **1.** [à la pêche] reel **2.** [mouvement] ▸ **faire des moulinets** to whirl one's arms around.

Moulinette® [mulinɛt] nf food mill ▸ **passer qqn à la Moulinette** *fam* & *fig* to tear sb to pieces.

moult [mult] adv *vieilli* many.

moulu, e [muly] adj **1.** [en poudre] ground **2.** *fam* & *fig* [brisé] ▸ **être moulu (de fatigue)** to be worn out.

moulure [mulyʀ] nf moulding UK, molding US.

mourais, mourions ⟶ **mourir**.

mourant, e [muʀɑ̃, ɑ̃t] ❖ adj **1.** [moribond] dying **2.** *fig* [voix] faint. ❖ nm, f dying person.

mourir [42] [muʀiʀ] vi **1.** [personne] to die ▸ **mourir de froid / soif** to be dying of cold / thirst ▸ **s'ennuyer à mourir** to be bored to death ▸ **c'est à mourir de rire** it's a scream ou a hoot / *mourir de mort naturelle* ou *de sa belle mort* to die a natural death / *mourir sur le coup* to die instantly ▸ **plus rapide / bête que lui, tu meurs !** *fam* you'd be hard put to be quicker / more stupid than him! / *tu n'en mourras pas !* *fam* it won't kill you! **2.** [civilisation] to die out **3.** [feu] to die down.

mouroir [muʀwaʀ] nm *péj* old people's home.

mouron [muʀɔ̃] nm BOT pimpernel ▸ **se faire du mouron** *fam* & *fig* to worry o.s. sick.

mourrai, mourras ⟶ **mourir**.

mousquetaire [muskətɛʀ] nm musketeer.

moussant, e [musɑ̃, ɑ̃t] adj foaming.

mousse [mus] ❖ nf **1.** BOT moss **2.** [substance] foam ▸ **mousse carbonique** foam *(for extinguishing fires)* ▸ **mousse à raser** shaving foam **3.** CULIN mousse ▸ **mousse au chocolat** chocolate mousse **4.** [matière plastique] foam rubber. ❖ nm NAUT cabin boy.

mousseline [muslin] ❖ nf muslin. ❖ adj inv *lightened with cream or milk*.

mousser [3] [muse] vi to foam, to lather ▸ **se faire mousser** *fam* & *fig* to blow one's own trumpet.

mousseux, euse [musø, øz] adj **1.** [shampooing] foaming, frothy **2.** [vin, cidre] sparkling. ◆ **mousseux** nm sparkling wine.

mousson [musɔ̃] nf monsoon.

moussu, e [musy] adj mossy, moss-covered.

moustache [mustaʃ] nf moustache, mustache US. ◆ **moustaches** nfpl [d'animal] whiskers.

moustachu, e [mustaʃy] adj with a moustache UK ou mustache US. ◆ **moustachu** nm *man with a moustache*.

moustiquaire [mustikɛʀ] nf mosquito net.

moustique [mustik] nm mosquito.

moutard [mutaʀ] nm *fam* kid.

moutarde [mutaʀd] ❖ nf mustard ▸ **la moutarde me monte au nez** *fam* & *fig* I'm losing my temper. ❖ adj inv mustard *(avant n)*.

mouton [mutɔ̃] nm **1.** ZOOL sheep **2.** [viande] mutton **3.** *fam* [poussière] piece of fluff, fluff *(U)* **4.** EXPR ▸ **revenons à nos moutons** let's get back to the subject in hand. ◆ **moutons** nmpl [vagues] white horses UK, whitecaps US.

mouture [mutyʀ] nf **1.** [de céréales, de café] grinding **2.** [de thème, d'œuvre] rehash.

mouvance [muvɑ̃s] nf [domaine] sphere of influence.

mouvant, e [muvɑ̃, ɑ̃t] adj [situation] uncertain.

mouvement [muvmɑ̃] nm **1.** [gén] movement / *avoir un mouvement de recul* to start (back) ▸ **en mouvement**

on the move / *le balancier se mit en mouvement* the pendulum started moving / *le cortège se mit en mouvement* the procession started ou set off ▸ **faux mouvement** clumsy ou awkward movement ▸ **faire un faux mouvement** to pull something ▸ **mouvement alternatif** TECHNOL reciprocating movement ▸ **mouvements de capitaux** ou **de fonds** movement of capital / *mouvement de contestation* protest movement ▸ **mouvement d'horlogerie** movement, mechanism *(of a clock or watch)* / *mouvement social* industrial action ▸ **mouvement de terrain** undulation ▸ **mouvements de troupes** troop movements **2.** [de colère, d'indignation] burst, fit ▸ **mouvement d'humeur** fit of bad temper.

mouvementé, e [muvmɑ̃te] adj **1.** [terrain] rough **2.** [réunion, soirée] eventful.

mouvoir [54] [muvwaʀ] vt to move. ◆ **se mouvoir** vp to move.

moyen, enne [mwajɛ̃, ɛn] adj **1.** [intermédiaire] medium **2.** [médiocre, courant] average. ◆ **moyen** nm means *sg*, way ▸ **par tous les moyens** by any means possible ▸ **y a-t-il moyen de… ?** is there any way of…? ▸ **moyen de communication** means of communication ▸ **moyen d'expression** means of expression ▸ **moyen de locomotion** ou **transport** means of transport ▸ **employer les grands moyens** to resort to extreme measures. ◆ **moyenne** nf average ▸ **en moyenne** on average ▸ **la moyenne** SCOL the passmark ▸ **la moyenne d'âge** the average age. ◆ **moyens** nmpl **1.** [ressources] means ▸ **avoir les moyens** to be comfortably off ▸ **avoir les moyens de faire qqch** to have the means to do sthg ▸ **avec les moyens du bord** with the means at one's disposal **2.** [capacités] powers, ability ▸ **faire qqch par ses propres moyens** to do sthg on one's own ▸ **perdre tous ses moyens** to panic. ◆ **au moyen de** loc prép by means of.

Moyen Âge [mwajɛnaʒ] nm ▸ **le Moyen Âge** the Middle Ages *pl*.

moyenâgeux, euse [mwajɛnaʒø, øz] adj medieval.

moyen-courrier [mwajɛ̃kuʀje] (*pl* **moyens-courriers**) ❖ nm medium-haul aircraft. ❖ adj medium-haul *(avant n)*.

moyennant [mwajɛnɑ̃] prép for, in return for.

moyennement [mwajɛnmɑ̃] adv moderately, fairly.

Moyen-Orient [mwajɛnɔʀjɑ̃] nm : *le Moyen-Orient* the Middle East / *au Moyen-Orient* in the Middle East.

moyen-oriental, e, aux [mwayɛnɔʀjɑ̃tal, o] adj Middle Eastern.

moyeu, x [mwajø] nm hub.

mozambicain, e [mɔzɑ̃bikɛ̃, ɛn] adj Mozambican. ◆ **Mozambicain, e** nm, f Mozambican.

Mozambique [mɔzɑ̃bik] nm : *le Mozambique* Mozambique / *au Mozambique* in Mozambique.

MP3 (*abr de* **moving picture experts group audio layer 3**) nm INFORM MP3 ▸ **lecteur (de) MP3** MP3 player.

MP4 (*abr de* **moving picture experts group audio layer 4**) nm INFORM MP4 ▸ **lecteur (de) MP4** MP4 player.

MPEG [ɛmpɛg] (*abr de* **motion picture expert group**) nm MPEG.

MRAP [mʀap] (*abr de* **Mouvement contre le racisme, l'antisémitisme et pour la paix**) nm *pacifist anti-racist organization*.

MRG (*abr de* **Mouvement des radicaux de gauche**) nm *centre-left political party*.

ms (*abr écrite de* **manuscrit**) ms.

MSF (*abr de* **Médecins sans frontières**) nmpl *organization providing medical aid to victims of war and disasters, especially in the Third World*, Doctors Without Borders US.

MST nf **1.** (*abr de* **maladie sexuellement transmissible**) STD **2.** (*abr de* **maîtrise de sciences et techniques**) *masters degree in science and technology*.

MT (*abr écrite de* **moyenne tension**) MT.

mû, mue [my] pp ⟶ **mouvoir**.

mucosité [mykozite] nf mucus *(U)*.

mucus [mykys] nm mucus *(U)*.

mue [my] nf **1.** [de pelage] moulting UK, molting US **2.** [de serpent] skin, slough **3.** [de voix] breaking.

muer [7] [mɥe] vi **1.** [mammifère] to moult UK, to molt US **2.** [serpent] to slough its skin **3.** [voix] to break ; [jeune homme] : *il mue* his voice is breaking. ◆ **se muer** vp *litt* ▸ **se muer en** to turn into.

muesli [mysli] nm muesli.

muet, muette [mɥɛ, ɛt] ❖ adj **1.** MÉD dumb **2.** [silencieux] silent ▸ **muet d'admiration / d'étonnement** speechless with admiration / surprise **3.** LING silent, mute. ❖ nm, f dumb person, mute. ◆ **muet** nm ▸ **le muet** CINÉ silent films *pl* UK ou movies US.

muezzin [mɥɛdzin] nm muezzin.

muffin [mœfin] nm muffin.

mufle [myfl] nm **1.** [d'animal] muzzle, snout **2.** *fig* [goujat] lout.

muflerie [myfləʀi] nf loutishness.

mufti, muphti [myfti] nm mufti.

mugir [32] [myʒiʀ] vi **1.** [vache] to moo **2.** [vent, sirène] to howl.

mugissement [myʒismɑ̃] nm **1.** [de vache] mooing **2.** [de vent, sirène] howling.

muguet [mygɛ] nm **1.** [fleur] lily of the valley **2.** MÉD thrush.

> **Muguet**
>
> On May Day in France, bunches of lilies of the valley are sold in the streets and given as presents. The flowers are supposed to bring good luck.

mulâtre, mulâtresse [mylatʀ, tʀɛs] nm, f mulatto *injur*. ◆ **mulâtre** adj mulatto *injur*.

mule [myl] nf [animal] mule.

mulet [mylɛ] nm **1.** [âne] mule **2.** [poisson] mullet.

muletier, ère [myltje, ɛʀ] ◆ adj mule *(avant n).* ◆ nm, f muleteer.

mulot [mylo] nm field mouse.

multi- [mylti] préf multi-.

multicasting [myltikastiŋ] nm multicasting.

multicolore [myltikɔlɔʀ] adj multicoloured UK, multicolored US.

multiconfessionnel, elle [myltikɔ̃fɛsjɔnɛl] adj multifaith.

multicoque [myltikɔk] ◆ adj ▸ **(bateau) multicoque** multihull ou multihulled boat. ◆ nm multihull.

multiculturel, elle [myltikyltyʀɛl] adj multicultural.

multiethnique [myltiɛtnik] adj multi-ethnic.

multifonction [myltifɔ̃ksjɔ̃] adj inv multifunction.

multifonctionnel, elle [myltifɔ̃ksjɔnɛl] adj [salle, centre, complexe] mixed use.

multiforme [myltifɔʀm] adj multiform.

multilatéral, e, aux [myltilateʀal, o] adj multilateral.

multilinguisme [myltilɛ̃gɥism] nm multilingualism.

multimedia [myltimedja] adj INFORM multimedia.

multimillionnaire [myltimiljɔnɛʀ] nmf & adj multimillionaire.

multinational, e, aux [myltinasjɔnal, o] adj multinational. ◆ **multinationale** nf multinational (company).

multiplateforme [myltiplatfɔʀm] nf INFORM [logiciel, jeu] cross-platform.

multiple [myltipl] ◆ nm multiple. ◆ adj **1.** [nombreux] multiple, numerous **2.** [divers] many, various.

multiplexe [myltiplɛks] nm CINÉ multiplex (cinema), multiscreen cinema.

multiplication [myltiplikasjɔ̃] nf multiplication.

multiplicité [myltiplisite] nf multiplicity.

multiplier [10] [myltiplije] vt **1.** [accroître] to increase **2.** MATH to multiply ▸ **X multiplié par Y égale Z** X multiplied by ou times Y equals Z. ◆ **se multiplier** vp to multiply.

multipolaire [myltipɔlɛʀ] adj multipolar / *un monde multipolaire* a multipolar world.

multipropriété [myltipʀɔpʀijete] nf timeshare.

multiracial, e, aux [myltiʀasjal, o] adj multiracial.

multirésistant, e [myltiʀezistɑ̃, ɑ̃t] adj multiresistant.

multirisque [myltiʀisk] adj comprehensive.

multitude [myltityd] nf ▸ **multitude (de)** multitude (of).

municipal, e, aux [mynisipal, o] adj municipal. ◆ **municipales** nfpl ▸ **les municipales** the local government elections.

Les municipales

These elections, held every six years, are for the town councils (**conseils municipaux**). Electors vote for a list of council members headed by the **tête de liste**, who will then become the mayor.

municipalité [mynisipalite] nf **1.** [commune] municipality **2.** [conseil] town council UK, city council US ▸ **municipalité régionale de comté** QUÉBEC regional county municipality.

munir [32] [myniʀ] vt ▸ **munir qqn /qqch de** to equip sb/sthg with. ◆ **se munir** vp ▸ **se munir de** to equip o.s. with.

munitions [mynisjɔ̃] nfpl ammunition *(U)*, munitions.

munster [mœ̃stɛʀ] nm Munster *(strong semi-hard cheese).*

muphti = **mufti**.

muqueuse [mykøz] nf mucous membrane.

mur [myʀ] nm **1.** [gén] wall ▸ **raser les murs** a) to hug the walls b) *fig* to tread warily **2.** *fig* [obstacle] barrier, brick wall ▸ **mur du son** AÉRON sound barrier.

mûr, mûre [myʀ] adj ripe ; [personne] mature ▸ **après mûre réflexion** *fig* after careful consideration.

muraille [myʀaj] nf wall.

mural, e, aux [myʀal, o] adj wall *(avant n).*

muralisme [myʀalism] nm mural painting, muralism.

muraliste [myʀalist] ◆ adj mural. ◆ nmf mural painter, muralist.

mûre [myʀ] nf **1.** [de mûrier] mulberry **2.** [de ronce] blackberry, bramble.

mûrement [myʀmɑ̃] adv ▸ **après avoir mûrement réfléchi** after careful consideration.

murène [myʀɛn] nf moray eel.

murer [3] [myʀe] vt **1.** [boucher] to wall up, to block up **2.** [enfermer] to wall in. ◆ **se murer** vp to shut o.s. up ou away ▸ **se murer dans** *fig* to retreat into.

muret [myʀɛ] nm low wall.

mûrier [myʀje] nm **1.** [arbre] mulberry tree **2.** [ronce] blackberry bush, bramble bush.

mûrir [32] [myʀiʀ] vi **1.** [fruits, légumes] to ripen **2.** *fig* [idée, projet] to develop **3.** [personne] to mature.

murmure [myʀmyʀ] nm murmur.

murmurer [3] [myʀmyʀe] vt & vi to murmur.

musaraigne [myzaʀɛɲ] nf shrew.

musarder [3] [myzaʀde] vi to dawdle.

musc [mysk] nm musk.

muscade [myskad] nf nutmeg.

muscadet [myskadɛ] nm Muscadet *(dry white wine).*

muscat [myska] nm **1.** [raisin] muscat grape **2.** [vin] Muscat, Muscatel *(sweet wine).*

muscle [myskl] nm muscle ▸ **muscle extenseur** extensor muscle.

musclé, e [myskle] adj **1.** [personne] muscular **2.** *fig* [mesure, décision] forceful.

muscler [3] [myskle] vt ▸ **muscler son corps** to build up one's muscles. ◆ **se muscler** vp to build up one's muscles.

muscu [mysky] (*abr de* **musculation**) nf *fam* bodybuilding ▸ **faire de la muscu** to work out.

musculaire [myskylɛʀ] adj muscular.

musculation [myskylasjɔ̃] nf ▸ **faire de la musculation** to do muscle-building exercises.

musculature [myskylatyʀ] nf musculature.

muse [myz] nf muse.

museau [myzo] nm **1.** [d'animal] muzzle, snout **2.** *fam* [de personne] face.

musée [myze] nm museum ; [d'art] art gallery.

museler [24] [myzle] vt *pr* & *fig* to muzzle.

muselière [myzəljɛʀ] nf muzzle.

muséographe [myzeɔgʀaf] nmf museographer.

musette [myzɛt] ◆ nf knapsack ; [d'écolier] satchel. ◆ nm ▸ **le musette** *dance music played on the accordion*.

muséum [myzeɔm] nm museum.

musical, e, aux [myzikal, o] adj **1.** [son] musical **2.** [émission, critique] music *(avant n)*.

music-hall [myzikol] (*pl* **music-halls**) nm music hall UK, vaudeville US.

musicien, enne [myzisjɛ̃, ɛn] ◆ adj musical. ◆ nm, f musician.

musicographie [myzikɔgʀafi] nf musicography.

musicologue [myzikɔlɔg] nmf musicologist.

musique [myzik] nf music ▸ **musique de chambre** chamber music ▸ **musique de film** film UK ou movie US score ▸ **connaître la musique** *fam* & *fig* to know the score.

musli [mysli] = **muesli**.

musqué, e [myske] adj **1.** [parfum] musky **2.** [animal] ▸ **rat musqué** muskrat.

must [mœst] nm *fam* must.

musulman, e [myzylmɑ̃, an] adj & nm, f Muslim.

mutant, e [mytɑ̃, ɑ̃t] adj & nm, f mutant.

mutation [mytasjɔ̃] nf **1.** BIOL mutation **2.** *fig* [changement] transformation ▸ **en pleine mutation** undergoing a (complete) transformation **3.** [de fonctionnaire] transfer.

muter [3] [myte] vt to transfer.

mutilation [mytilasjɔ̃] nf mutilation.

mutilé, e [mytile] nm, f disabled person.

mutiler [3] [mytile] vt to mutilate / ***il a été mutilé du bras droit*** he lost his right arm.

mutin, e [mytɛ̃, in] adj *litt* impish. ◆ **mutin** nm rebel ; MIL & NAUT mutineer.

mutiner [3] [mytine] ◆ **se mutiner** vp to rebel ; MIL & NAUT to mutiny.

mutinerie [mytinʀi] nf rebellion ; MIL & NAUT mutiny.

mutisme [mytism] nm silence.

mutualiste [mytɥalist] ◆ nmf mutualist. ◆ adj ▸ **société mutualiste** mutual insurance company.

mutualité [mytɥalite] nf [assurance] mutual insurance.

mutuel, elle [mytɥɛl] adj mutual. ◆ **mutuelle** nf mutual insurance company.

> **Mutuelle**
>
> An insurance company which provides complementary health cover and guarantees payment of all or part of the expenses not covered by the **Sécurité sociale**. These companies are often organized around professions. There is a **mutuelle** for students, one for teachers, etc.

mutuellement [mytɥɛlmɑ̃] adv mutually.

mwa SMS ***abr écrite de* moi**.

mycose [mikoz] nf mycosis, fungal infection.

mygale [migal] nf mygale, tarantula.

myocarde [mjɔkaʀd] nm myocardium.

myopathie [mjɔpati] nf myopathy.

myope [mjɔp] ◆ nmf shortsighted UK ou nearsighted US person. ◆ adj shortsighted UK, nearsighted US, myopic.

myopie [mjɔpi] nf shortsightedness UK, nearsightedness US, myopia.

myosotis [mjozɔtis] nm forget-me-not.

myriade [miʀjad] nf ▸ **une myriade de** a myriad of.

myrtille [miʀtij] nf blueberry, bilberry.

mystère [mistɛʀ] nm **1.** [gén] mystery **2.** CULIN *ice cream covered in meringue and flaked almonds*.

mystérieusement [misteʀjøzmɑ̃] adv mysteriously.

mystérieux, euse [misteʀjø, øz] adj mysterious.

mysticisme [mistisism] nm mysticism.

mystification [mistifikasjɔ̃] nf [tromperie] hoax, practical joke.

mystifier [9] [mistifje] vt [duper] to take in.

mystique [mistik] ◆ nmf mystic. ◆ adj mystic, mystical.

mythe [mit] nm myth.

mythifier [9] [mitifje] vt to mythicize.

mythique [mitik] adj mythical.

mytho [mito] adj *fam* : ***il est complètement mytho*** you can't believe anything he says.

mythologie [mitɔlɔʒi] nf mythology.

mythologique [mitɔlɔʒik] adj mythological.

mythomane [mitɔman] nmf pathological liar.

N

n, N [ɛn] nm inv [lettre] n, N. ◆ **N** **1.** (*abr écrite de* **newton**) N **2.** (*abr écrite de* **nord**) N.

n' ⟶ **ne**.

n° (*abr écrite de* **numéro**) no.

na [na] interj *fam* so there, and that's that.

nabot, e [nabo, ɔt] nm, f *péj* midget.

nac [nak] (*abr de* **nouvel animal de compagnie**) nm *wild animal kept as a pet.*

nacelle [nasɛl] nf [de montgolfière] basket.

nacre [nakʀ] nf mother-of-pearl.

nacré, e [nakʀe] adj pearly.

nage [naʒ] nf **1.** [natation] swimming ▸ **nage indienne** side stroke ▸ **nage papillon** butterfly (stroke) ▸ **à la nage** CULIN *poached in wine and herbs* ▸ **traverser à la nage** to swim across **2.** EXPR **en nage** bathed in sweat.

nageoire [naʒwaʀ] nf fin.

nager [17] [naʒe] ❖ vi **1.** [se baigner] to swim **2.** [flotter] to float **3.** *fig* [dans vêtement] ▸ **nager dans** to be lost in ▸ **nager dans la joie** to be incredibly happy. ❖ vt to swim.

nageur, euse [naʒœʀ, øz] nm, f swimmer.

naguère [nagɛʀ] adv *litt* a short time ago.

naïade [najad] nf water nymph, naiad.

naïf, naïve [naif, iv] ❖ adj **1.** [ingénu, art] naive **2.** [crédule] gullible. ❖ nm, f **1.** *péj* [niais] fool **2.** [peintre] naive painter.

nain, e [nɛ̃, nɛn] ❖ adj dwarf *(avant n).* ❖ nm, f dwarf / *nain de jardin* garden gnome.

Nairobi [nɛʀɔbi] npr Nairobi.

naissais, naissions ⟶ **naître**.

naissance [nɛsɑ̃s] nf **1.** [de personne] birth ▸ **donner naissance à** to give birth to ▸ **de naissance** [aveugle] from birth **2.** [endroit] source ; [du cou] nape **3.** *fig* [de science, nation] birth ▸ **donner naissance à** to give rise to ▸ **prendre naissance dans** to originate in.

naissant, e [nɛsɑ̃, ɑ̃t] adj **1.** [brise] rising ; [jour] dawning **2.** [barbe] incipient.

naître [92] [nɛtʀ] vi **1.** [enfant] to be born / *elle est née en 1965* she was born in 1965 / *il est né de parents inconnus* he is of unknown parentage ▸ **je ne suis pas né d'hier** *fam* OU **de la dernière pluie** *fam* I wasn't born yesterday **2.** [espoir] to spring up ▸ **naître de** to arise from / *de là sont nées toutes nos difficultés* that's the cause of all our difficulties ▸ **faire naître qqch** to give rise to sthg / *faire naître des soupçons / la sympathie* to arouse suspicion / sympathy / *son intervention a fait naître une polémique au sein du gouvernement* his intervention gave rise to OU caused much controversy in the government.

naïvement [naivmɑ̃] adv naively.

naïveté [naivte] nf **1.** [candeur] innocence **2.** [crédulité] gullibility.

naja [naʒa] nm cobra.

Namibie [namibi] nf : *la Namibie* Namibia.

namibien, enne [namibjɛ̃, ɛn] adj Namibian. ◆ **Namibien, enne** nm, f Namibian.

nana [nana] nf *fam* [jeune fille] girl.

nanoparticule [nanɔpaʀtikyl] nf PHYS nanoparticule.

nanti, e [nɑ̃ti] ❖ adj wealthy. ❖ nm, f wealthy person ▸ **les nantis** the rich.

nantir [32] [nɑ̃tiʀ] *litt* vt ▸ **nantir qqn de** to provide sb with. ◆ **se nantir** vp ▸ **se nantir de** to provide o.s. with.

NAP [nap] (*abr écrite de* **Neuilly Auteuil Passy**) ❖ adj ≃ Sloaney UK ; ≃ preppie US. ❖ nmf ≃ Sloane UK ; ≃ preppie US.

naphtaline [naftalin] nf mothballs *pl.*

nappage [napaʒ] nm CULIN coating.

nappe [nap] nf **1.** [de table] tablecloth, cloth **2.** *fig* [étendue - gén] sheet ; [- de brouillard] blanket **3.** [couche] layer ▸ **nappe de mazout** OU **pétrole** oil slick.

napper [3] [nape] vt CULIN to coat.

napperon [napʀɔ̃] nm tablemat.

naquis, naquit ⟶ **naître**.

narcisse [naʀsis] nm BOT narcissus.

narcissique [naʀsisik] ❖ nmf narcissist. ❖ adj narcissistic.

narcissisme [naʀsisism] nm narcissism.

narcodollars [naʀkodɔlaʀ] nmpl drug money *(U)*, narcodollars.

narcotique [naʀkɔtik] nm & adj narcotic.

narcotrafic [naʀkotʀafik] nm narcotrafficking.

narcotrafiquant, e [naʀkotʀafikɑ̃, ɑ̃t] nm, f drug trafficker.

narguer [3] [naʀge] vt [danger] to flout ; [personne] to scorn, to scoff at.

narine [naʀin] nf nostril.

narquois, e [naʀkwa, az] adj sardonic.

narrateur, trice [naʀatœʀ, tʀis] nm, f narrator.

narratif, ive [naʀatif, iv] adj narrative.

narration [naʀasjɔ̃] nf **1.** [récit] narration **2.** SCOL essay.

narrer [3] [naʀe] vt *litt* to narrate.

NASA, Nasa [naza] (*abr de* **National Aeronautics and Space Administration**) nf NASA.

nasal, e, aux [nazal, o] adj nasal.

nasaliser [3] [nazalize] vt to nasalize.

nase [naz] *tfam* ◆ adj [inutilisable - appareil, meuble] kaput, bust ; [fou] cracked, screwy ; [fatigué, malade] knackered. ◆ nm [nez] conk.

naseau, x [nazo] nm nostril.

nasillard, e [nazijaʀ, aʀd] adj nasal.

nasiller [3] [nazije] vi **1.** [personne] to speak through one's nose **2.** [machine] to whine.

nasse [nas] nf keep net.

natal, e, als [natal] adj [d'origine] native.

natalité [natalite] nf birth rate.

natation [natasjɔ̃] nf swimming ▸ **faire de la natation** to swim.

natif, ive [natif, iv] ◆ adj **1.** [originaire] native ▸ **natif de** native of **2.** [inné] innate. ◆ nm, f native.

nation [nasjɔ̃] nf nation. ◆ **Nations unies** nfpl ▸ **les Nations unies** the United Nations.

national, e, aux [nasjɔnal, o] adj national.

nationalisation [nasjɔnalizasjɔ̃] nf nationalization.

nationaliser [3] [nasjɔnalize] vt to nationalize.

nationalisme [nasjɔnalism] nm nationalism.

nationaliste [nasjɔnalist] nmf & adj nationalist.

nationalité [nasjɔnalite] nf nationality ▸ **de nationalité française** of French nationality ▸ **double nationalité** dual nationality.

nativité [nativite] nf nativity.

natte [nat] nf **1.** [tresse] plait UK, braid US **2.** [tapis] mat.

natter [3] [nate] vt to plait UK, to braid US.

naturalisation [natyʀalizasjɔ̃] nf **1.** [de personne, de plante] naturalization **2.** [taxidermie] stuffing.

naturalisé, e [natyʀalize] ◆ adj **1.** [personne, plante] naturalized **2.** [empaillé] stuffed. ◆ nm, f naturalized person.

naturaliser [3] [natyʀalize] vt **1.** [personne, plante] to naturalize ▸ **se faire naturaliser** to become naturalized **2.** [empailler] to stuff.

naturaliste [natyʀalist] ◆ nmf **1.** LITTÉR & ZOOL naturalist **2.** [empailleur] taxidermist. ◆ adj naturalistic.

nature [natyʀ] ◆ nf nature / *c'est contre nature vieilli* it's not natural, it goes against nature ▸ **c'est une petite nature** he's the feeble type ou a weakling / *disparaître ou s'évanouir dans la nature* to vanish into thin air / *elle est anxieuse de nature* she's the worrying kind ou anxious type / *il est généreux de nature* he's generous by nature, it's (in) his nature to be generous / *je ne suis pas de nature à me laisser faire* I'm not the kind ou type of person you can push around / *les raisonnements de cette nature* this kind of argument, arguments of this kind ▸ **par nature** by nature ▸ **payer en nature** to pay in kind. ◆ adj inv **1.** [simple] plain **2.** *fam* [spontané] natural. ◆ **nature morte** nf still life.

naturel, elle [natyʀɛl] adj natural / *ce n'est pas ma couleur naturelle* it's not my natural ou real hair colour UK ou color US / *c'est bien ou tout naturel que je t'aide* it's only natural that I should help you / *trouver naturel de faire qqch* to think nothing of doing sthg ▸ **'soie naturelle'** 'pure ou 100 % silk'. ◆ **naturel** nm **1.** [tempérament] nature ▸ **être d'un naturel affable / sensible** to be affable / sensitive by nature **2.** [aisance, spontanéité] naturalness / *avec beaucoup de naturel* with perfect ease, completely naturally / *ce que j'aime chez elle c'est son naturel* what I like about her is she's so natural **3.** CULIN ▸ **thon au naturel** tuna in brine.

naturellement [natyʀɛlmɑ̃] adv **1.** [gén] naturally **2.** [logiquement] rationally.

naturisme [natyʀism] nm naturism.

naturiste [natyʀist] ◆ nmf naturist. ◆ adj naturist *(avant n).*

naturopathe [natyʀɔpat] nmf naturopath.

naturopathie [natyʀɔpati] nf naturopathy.

naufrage [nofʀaʒ] nm **1.** [navire] shipwreck ▸ **faire naufrage** to be wrecked **2.** *fig* [effondrement] collapse.

naufragé, e [nofʀaʒe] ◆ adj shipwrecked. ◆ nm, f shipwrecked person.

nauséabond, e [nozeabɔ̃, ɔ̃d] adj nauseating.

nausée [noze] nf **1.** MÉD nausea ▸ **avoir la nausée** to feel nauseous ou sick UK ▸ **donner la nausée à qqn** *pr* & *fig* to make sb (feel) sick **2.** [dégoût] disgust.

nautique [notik] adj nautical ; [ski, sport] water *(avant n).*

nautisme [notism] nm water sports *pl.*

naval, e, als [naval] adj naval.

navarin [navaʀɛ̃] nm *lamb stew.*

navet [navɛ] nm **1.** BOT turnip **2.** QUÉBEC [rutabaga] turnip, swede UK **3.** *fam* [œuvre] trash *(U).*

navette [navɛt] nf shuttle ▸ **navette spatiale** AÉRON space shuttle ▸ **faire la navette** to shuttle.

navetteur, euse [navɛtœʀ, øz] nm, f BELGIQUE QUÉBEC commuter.

navigable [navigabl] adj navigable.

navigant, e [navigɑ̃, ɑ̃t] ◆ adj navigation *(avant n).* ◆ nm, f member of the flight crew.

navigateur, trice [navigatœʀ, tʀis] nm, f navigator. ◆ **navigateur** nm INFORM browser.

navigation [navigasjɔ̃] nf navigation ; COMM shipping ▸ **navigation aérienne / spatiale** air / space travel ; INFORM browsing.

naviguer [3] [navige] vi **1.** [voguer] to sail **2.** *fam* [voyager] to travel **3.** [piloter] to navigate **4.** INFORM to browse.

navire [naviʀ] nm ship ▸ **navire de guerre** warship ▸ **navire marchand** merchant ship.

navrant, e [navʀɑ̃, ɑ̃t] adj **1.** [triste] upsetting, distressing **2.** [regrettable, mauvais] unfortunate.

navrer [3] [navʀe] vt to upset ▸ **être navré de qqch / de faire qqch** to be sorry about sthg / to do sthg.

nazi, e [nazi] ◆ adj Nazi *(avant n).* ◆ nm, f Nazi.

nazisme [nazism] nm Nazism.

N.B. (*abr de* **Nota Bene**) NB.

NBC (*abr de* **nucléaire, biologique, chimique**) adj NBC.

nbreuses *abr écrite de* **nombreuses**.

nbrx *abr écrite de* **nombreux**.

n.c. 1. (*abr écrite de* **non communiqué**) n.a. **2.** (*abr écrite de* **non connu**) n.a.

n.d. **1.** (*abr écrite de* **non daté**) n.d. **2.** (*abr écrite de* **non disponible**) n.a.

N-D (*abr écrite de* **Notre-Dame**) OL.

NDA (*abr écrite de* **note de l'auteur**) author's note.

NDLR (*abr écrite de* **note de la rédaction**) editor's note.

NDT, N.D.T. (*abr écrite de* **note du traducteur**) translator's note.

ne [nə], **n'** *(devant voyelle ou 'h' muet)* adv **1.** [négation] : *je n'ai pas d'autre solution que celle-là* I have no other solution but that ; ⟶ **pas, plus, rien** **2.** [négation implicite] : *il ne cesse de m'appeler* he won't stop calling me / *il se porte mieux que je ne (le) croyais* he's in better health than I thought (he would be) / *prenez garde qu'on ne vous voie* be careful (that) nobody sees you / *que ne ferais-je pour vous ?* what wouldn't I do for you? **3.** [avec verbes ou expressions marquant le doute, la crainte, etc.] : *je crains qu'il n'oublie* I'm afraid he'll forget / *j'ai peur qu'il n'en parle* I'm frightened he'll talk about it.

né, e [ne] adj born / *né en 1965* born in 1965 / *né le 17 juin* born on the 17th June UK, born on June 17th US / *Mme X, née Y* Mrs X née Y ▸ **né de** born to OU of ▸ **je ne suis pas né d'hier** *fam* I wasn't born yesterday.

néanmoins [neɑ̃mwɛ̃] adv nevertheless.

néant [neɑ̃] nm **1.** [absence de valeur] worthlessness **2.** [absence d'existence] nothingness ▸ **réduire à néant** to reduce to nothing.

nébuleux, euse [nebylø, øz] adj **1.** [ciel] cloudy **2.** [idée, projet] nebulous. ◆ **nébuleuse** nf **1.** ASTRON nebula **2.** *fig* [groupe] nebulous group.

nécessaire [nesesɛʀ] ◆ adj necessary ▸ **nécessaire à** necessary for / *cette introduction est nécessaire à la compréhension du texte* it is necessary to read this introduction to understand the text / *l'eau est nécessaire aux plantes* plants need water ▸ **il est nécessaire de faire qqch** it is necessary to do sthg ▸ **il est nécessaire que** *(+ subjonctif)* : *il est nécessaire qu'elle vienne* she must come / *si (c'est) nécessaire* if necessary, if need be. ◆ nm **1.** [biens] necessities *pl* ▸ **le strict nécessaire** the bare essentials *pl* **2.** [mesures] ▸ **faire le nécessaire** to do the necessary / *je ferai le nécessaire pour vos réservations* I'll see to your reservations **3.** [trousse] bag ▸ **nécessaire de couture** sewing kit ▸ **nécessaire de toilette** toilet bag ▸ **nécessaire de voyage** overnight bag.

nécessairement [nesesɛʀmɑ̃] adv **1.** [fatalement] necessarily, of necessity **2.** [absolument] absolutely, positively.

nécessité [nesesite] nf **1.** [obligation, situation] necessity ▸ **être dans la nécessité de faire qqch** to have no choice OU alternative but to do sthg **2.** [besoin] need. ◆ **nécessités** nfpl necessities.

nécessiter [3] [nesesite] vt to necessitate.

nec plus ultra [nɛkplyzyltʀa] nm inv ▸ **le nec plus ultra de** the last word in.

nécrologie [nekʀɔlɔʒi] nf [notice] obituary ; [rubrique] deaths *pl*.

nécrologique [nekʀɔlɔʒik] adj obituary *(avant n)*.

nécromancien, enne [nekʀɔmɑ̃sjɛ̃, ɛn] nm, f necromancer.

nécrose [nekʀoz] nf necrosis.

nectar [nɛktaʀ] nm nectar ▸ **nectar d'abricot / de pêche** apricot / peach nectar.

nectarine [nɛktaʀin] nf nectarine.

néerlandais, e [neɛʀlɑ̃dɛ, ɛz] adj Dutch. ◆ **néerlandais** nm [langue] Dutch. ◆ **Néerlandais, e** nm, f Dutchman (Dutchwoman) / *les Néerlandais* the Dutch.

nef [nɛf] nf **1.** [d'église] nave **2.** *litt* [bateau] vessel.

néfaste [nefast] adj **1.** [jour, événement] fateful **2.** [influence] harmful.

nèfle [nɛfl] nf medlar.

néflier [nɛflije] nm medlar tree.

négatif, ive [negatif, iv] adj negative. ◆ **négatif** nm PHOTO negative. ◆ **négative** nf ▸ **répondre par la négative** to reply in the negative.

négation [negasjɔ̃] nf **1.** [rejet] denial **2.** GRAM negative.

négationnisme [negasjɔnism] nm negationism.

négationniste [negasjɔnist] adj & nm, f negationist.

négativement [negativmɑ̃] adv negatively.

négligé, e [negliʒe] adj **1.** [travail, tenue] untidy **2.** [ami, jardin] neglected. ◆ **négligé** nm **1.** [laisser-aller] untidiness **2.** [déshabillé] negligée.

négligeable [negliʒabl] adj negligible.

négligemment [negliʒamɑ̃] adv **1.** [sans soin] carelessly **2.** [avec indifférence] casually.

négligence [negliʒɑ̃s] nf **1.** [laisser-aller] carelessness **2.** [omission] negligence ▸ **par négligence** out of negligence.

négligent, e [negliʒɑ̃, ɑ̃t] ◆ adj **1.** [sans soin] careless **2.** [indifférent] casual. ◆ nm, f casual person.

négliger [17] [negliʒe] vt **1.** [ami, jardin] to neglect ▸ **négliger de faire qqch** to fail to do sthg **2.** [avertissement] to ignore. ◆ **se négliger** vp to neglect o.s.

négoce [negɔs] nm business.

négociable [negɔsjabl] adj negotiable.

négociant, e [negɔsjɑ̃, ɑ̃t] nm, f dealer.

négociateur, trice [negɔsjatœʀ, tʀis] nm, f negotiator.

négociation [negɔsjasjɔ̃] nf negotiation ▸ **négociations de paix** peace negotiations ▸ **négociations au sommet** summit meeting *sg*.

négocier [9] [negɔsje] vt to negotiate.

nègre, négresse [nɛgʀ, negʀɛs] nm, f Negro (negress) *(beware: the terms "nègre" and "négresse" are considered racist)*. ◆ **nègre** ◆ nm *fam* ghost writer. ◆ adj negro *(avant n) (beware: the term "nègre" is considered racist)*.

négrier [negʀije] nm **1.** [esclavagiste] slave trader **2.** *fig* [exploiteur] slave driver.

négro [negʀo] nm *racist term used with reference to a black person*.

neige [nɛʒ] nf [flocons] snow ▸ **aller à la neige** ≃ to go skiing ▸ **blanc comme neige** **a)** as white as snow **b)** *fig* pure as the driven snow ▸ **neige fabriquée** QUÉBEC artificial snow.

neiger [23] [neʒe] v impers ▸ **il neige** it is snowing.

neigeux, euse [nɛʒø, øz] adj snowy.

nem [nɛm] nm CULIN (Vietnamese) small spring roll.

nénuphar [nenyfaʀ] nm water lily.

néo-calédonien, enne [neɔkaledɔnjɛ̃, ɛn] (*mpl* **néo-calédoniens**, *fpl* **néo-calédoniennes**) adj New Caledonian. ◆ **Néo-Calédonien, enne** nm, f New Caledonian.

néo-colonialiste [neɔkɔlɔnjalist] (*pl* **néo-colonialistes**) nmf & adj neo-colonialist.

néologisme [neɔlɔʒism] nm neologism.

néon [neɔ̃] nm **1.** [gaz] neon **2.** [enseigne] neon light.

néonatal, e, als [neɔnatal] adj neonatal.

néophyte [neɔfit] ❖ nmf novice. ❖ adj novice (*avant n*).

néo-zélandais, e [neɔzelɑ̃dɛ, ɛz] (*mpl inv*, *fpl* **néo-zélandaises**) adj New Zealand (*avant n*), of / from New Zealand. ◆ **Néo-Zélandais, e** nm, f New Zealander.

Népal [nepal] nm : *le Népal* Nepal / *au Népal* in Nepal.

népalais, e [nepalɛ, ɛz] adj Nepalese. ◆ **népalais** nm [langue] Nepali, Nepalese. ◆ **Népalais, e** nm, f Nepalese (person) ▸ **les Népalais** the Nepalese.

néphrite [nefʀit] nf nephritis.

népotisme [nepɔtism] nm nepotism.

nerd [nɛʀd] nm *péj* nerd.

nerf [nɛʀ] nm **1.** ANAT nerve ▸ **nerf optique / rachidien** optic/spinal nerve **2.** *fig* [vigueur] spirit / *son style manque de nerf* his style is a bit weak ▸ **allez, du nerf !** come on, put some effort into it! ◆ **nerfs** nmpl nerves ▸ **avoir les nerfs à fleur de peau** ou **à vif** to be a bundle of nerves ▸ **avoir les nerfs solides / d'acier** to have strong nerves / nerves of steel ▸ **être à bout de nerfs** to be at the end of one's tether, to be on the verge of a breakdown ▸ **ses nerfs ont fini par lâcher** she eventually cracked ▸ **être sur les nerfs** to be tense ▸ **ne passe pas tes nerfs sur moi** *fam* don't take it out on me ▸ **taper sur les nerfs de qqn** *fam* to get on sb's nerves.

nerveusement [nɛʀvøzmɑ̃] adv nervously.

nerveux, euse [nɛʀvø, øz] ❖ adj **1.** [gén] nervous **2.** [viande] stringy **3.** [style] vigorous ; [voiture] responsive. ❖ nm, f nervous person.

nervosité [nɛʀvozite] nf nervousness.

nervure [nɛʀvyʀ] nf **1.** [de feuille, d'aile] vein **2.** [de voûte] rib.

n'est-ce pas [nɛspa] adv : *vous me croyez, n'est-ce pas ?* you believe me, don't you? / *c'est délicieux, n'est-ce pas ?* it's delicious, isn't it? ▸ **n'est-ce pas que vous vous êtes bien amusés ?** you enjoyed yourselves, didn't you?

net, nette [nɛt] adj **1.** [écriture, image, idée] clear / *sa position est nette* her position is clear / *un refus net* a flat refusal **2.** [propre, rangé] clean, neat / *une chemise pas très nette* a grubby shirt **3.** COMM & FIN net ▸ **net d'impôt** tax-free, tax-exempt ▸ **bénéfice net** net profit ▸ **revenu net** net income **4.** [visible, manifeste] definite, distinct / *la cassure est nette* the break is clean / *il y a une nette amélioration* there's a marked improvement. ◆ **net** adv **1.** [sur le coup] on the spot ▸ **s'arrêter net** to stop dead ou short ▸ **se casser net** to break clean off **2.** [franchement] plainly / *je vous le dis tout net* I'm telling you straight **3.** COMM & FIN net / *je gagne 200 euros net par semaine* ou *200 euros par semaine net* I take home ou my take-home pay is 200 euros a week.

Net [nɛt] nm *fam* ▸ **le Net** the Net, the net ▸ **surfer sur le Net** to surf the Net.

netcam [nɛtkam] nf INFORM netcam.

netéconomie [nɛtekɔnomi] nf (Inter)net economy.

nettement [nɛtmɑ̃] adv **1.** [clairement] clearly **2.** [incontestablement] definitely ▸ **nettement mieux** definitely better ▸ **nettement plus / moins** much more / less.

netteté [nɛtte] nf clearness.

nettoie, nettoies ⟶ **nettoyer**.

nettoyage [netwajaʒ] nm [de vêtement] cleaning ▸ **nettoyage à sec** dry cleaning.

nettoyant [netwajɑ̃] nm cleaning fluid.

nettoyer [13] [nɛtwaje] vt **1.** [gén] to clean / *nettoyer une maison à fond* to give a house a thorough clean, to spring-clean a house UK / *donner un vêtement à nettoyer* to have a garment cleaned, to take a garment to the cleaner's **2.** *fam* [vider] to clear out / *en un instant, elle avait nettoyé son assiette* she cleared her plate in a flash **3.** [suj : police, soldats] to clean up. ◆ **se nettoyer** vpt ▸ **se nettoyer les mains** a) [gén] to clean one's hands b) [à l'eau] to wash one's hands.

nettoyeur [nɛtwajœʀ] nm QUÉBEC dry cleaner's.

neuf[1], neuve [nœf, nœv] adj new ▸ **flambant neuf** brand new / *mon appareil photo n'est plus tout neuf* my camera is a bit old now / *porter un regard neuf sur qqn / qqch* to take a fresh look at sb / sthg. ◆ **neuf** nm : *ici, on vend du neuf et de l'occasion* here we sell both new and second-hand items ▸ **vêtu de neuf** wearing new clothes ▸ **quoi de neuf ?** what's new? ▸ **rien de neuf** nothing new / *il y a eu du neuf dans l'affaire Peters* there have been new developments in the Peters case / *donner un coup de neuf à qqch* to spruce sthg up ▸ **refaire** ou **remettre à neuf** to make as good as new, to refurbish.

neuf[2] [nœf] adj num inv & nm nine. *Voir aussi* **six**.

neurasthénie [nøʀasteni] nf depression.

neurasthénique [nøʀastenik] nmf & adj depressive.

neurochirurgie [nøʀɔʃiʀyʀʒi] nf neurosurgery.

neurodégénératif, ive [nøʀɔdeʒeneʀatif, iv] adj MÉD neurodegenerative.

neuroleptique [nøʀɔlɛptik] ❖ nm neuroleptic drug. ❖ adj neuroleptic.

neurologie [nøʀɔlɔʒi] nf neurology.

neurologique [nøʀɔlɔʒik] adj neurological.

neurologue [nøʀɔlɔg] nmf neurologist.

neuropsychiatre [nøʀopsikjatʀ] nmf neuropsychiatrist.

neurovégétatif, ive [nøʀoveʒetatif, iv] adj ▸ **système neurovégétatif** nervous system.

neutralisation [nøtʀalizasjɔ̃] nf neutralization.

neutraliser [3] [nøtʀalize] vt to neutralize.

neutralité [nøtʀalite] nf neutrality.

neutre [nøtʀ] ❖ nm LING neuter. ❖ adj **1.** [gén] neutral **2.** LING neuter.

neutron [nøtʀɔ̃] nm neutron.

neuve ⟶ **neuf**[1]

neuvième [nœvjɛm] ❖ adj num inv, nm & nmf ninth. ❖ nf SCOL ≃ Year 3 *(at junior school)* UK ; ≃ third grade US. *Voir aussi* **sixième**.

névé [neve] nm snowbank.

neveu, x [nəvø] nm nephew.

névralgie [nevʀalʒi] nf **1.** MÉD neuralgia **2.** [mal de tête] headache.

névralgique [nevʀalʒik] adj **1.** [douloureux] neuralgic **2.** *fig* [sensible] sensitive.

névrite [nevʀit] nf neuritis.

névrose [nevʀoz] nf neurosis.

névrosé, e [nevʀoze] adj & nm, f neurotic.

névrotique [nevʀɔtik] adj neurotic.

New Delhi [njudeli] npr New Delhi.

news [njuz] nfpl *fam* news / *quelles sont les news ?* what's new? / *voilà les dernières news* that's the latest news.

new wave [njuwɛv] nf inv & adj inv new wave.

New York [njujɔʀk] npr **1.** [ville] New York (City) / *à New York* in New York (City) **2.** [état] New York State / *dans l'État de New York* in New York State.

new-yorkais, e [njujɔʀkɛ, ɛz] *(mpl inv, fpl* **new-yorkaises**) adj of /from New York. ◆ **New-Yorkais, e** nm, f New Yorker.

nez [ne] nm nose ▸ **avoir le nez bouché** to have a stuffed up ou blocked nose ▸ **avoir le nez qui coule** to have a runny nose ▸ **parler du nez** to talk ou to speak through one's nose ▸ **saigner du nez** to have a nosebleed ▸ **nez aquilin** aquiline nose ▸ **nez busqué** hooked nose ▸ **nez camus** pug nose ▸ **nez retroussé** snub nose ▸ **avoir du nez** to have good judgment ▸ **avoir le nez fin a)** to have a good sense of smell **b)** *fig* to have foresight ▸ **nez à nez** face to face ▸ **se trouver nez à nez avec qqn** to find o.s. face to face with sb ▸ **ça lui pend au nez** *fam* he's got it coming to him ▸ **ça se voit comme le nez au milieu de la figure** *fam* it's as plain as the nose on your face ▸ **faire qqch au nez et à la barbe de qqn** to do sthg (right) under sb's nose ▸ **le dernier billet m'est passé sous le nez** I just missed the last ticket ▸ **mettre le nez dehors** to put one's nose outside ▸ **mettre le nez à la fenêtre** to show one's face at the window ▸ **mettre** ou **fourrer son nez dans les affaires de qqn** *fam* to poke ou to stick one's nose into sb's business ▸ **rire au nez de qqn** to laugh in sb's face.

NF *(abr de* **Norme française**) *French industrial standard* ; ≃ BS UK ; ≃ US standard US.

ni [ni] conj : *sans pull ni écharpe* without a sweater or a scarf / *je ne peux ni ne veux venir* I neither can nor want to come. ◆ **ni... ni** loc corrélative neither... nor ▸ **ni lui ni moi** neither of us ▸ **ni l'un ni l'autre n'a parlé** neither of them spoke / *je ne les aime ni l'un ni l'autre* I don't like either of them.

niable [njabl] adj deniable.

Niagara [njagaʀa] nm : *les chutes du Niagara* Niagara Falls.

niais, e [njɛ, njɛz] ❖ adj silly, foolish. ❖ nm, f fool.

niaisement [njɛzmɑ̃] adv foolishly.

niaiserie [njɛzʀi] nf foolishness *(U)* ▸ **dire des niaiseries** to talk nonsense.

niaiseux, euse [njezø, øz] nm, f QUÉBEC idiot.

niaque, gnaque [njak] nf *fam* determination / *les joueurs ont manqué de niaque* the players lacked drive ▸ **avoir la niaque** to be determined to succeed / *toute l'équipe a la niaque* the whole team is determined to win.

Nicaragua [nikaʀagwa] nm : *le Nicaragua* Nicaragua / *au Nicaragua* in Nicaragua.

nicaraguayen, enne [nikaʀagwajɛ̃, ɛn] adj Nicaraguan. ◆ **Nicaraguayen, enne** nm, f Nicaraguan.

niche [niʃ] nf **1.** [de chien] kennel UK, doghouse US **2.** [de statue] niche **3.** *fam* [farce] trick **4.** ÉCON (market) niche.

nicher [3] [niʃe] vi **1.** [oiseaux] to nest **2.** *fam* [personne] to live. ◆ **se nicher** vp to hide.

nichons [niʃɔ̃] nmpl *tfam* tits, boobs.

nickel [nikɛl] ❖ nm nickel. ❖ adj inv *fam* spotless, spick and span.

niçois, e [niswa, az] adj of /from Nice / *salade niçoise* *salad made out of lettuce, green peppers, tuna fish, tomatoes, anchovy and hard-boiled egg.* ◆ **Niçois, e** nm, f person from Nice.

nicotine [nikɔtin] nf nicotine.

nid [ni] nm nest ▸ **nid-d'abeilles** [tissu] waffle cloth ▸ **nid à poussière** *fig* dust trap. ◆ **nid de poule** nm pothole.

nièce [njɛs] nf niece.

nier [9] [nje] vt to deny.

nigaud, e [nigo, od] ❖ adj silly. ❖ nm, f halfwit.

Niger [niʒɛʀ] nm **1.** [fleuve] : *le Niger* the River Niger **2.** [État] : *le Niger* Niger / *au Niger* in Niger.

Nigeria [niʒeʀja] nm : *le Nigeria* Nigeria / *au Nigeria* in Nigeria.

nigérian, e [niʒeʀjɑ̃, an] adj Nigerian. ◆ **Nigérian, e** nm, f Nigerian.

nigérien, enne [niʒeʀjɛ̃, ɛn] adj Nigerien. ◆ **Nigérien, enne** nm, f Nigerien.

night-club [najtklœb] (*pl* **night-clubs**) nm nightclub.

Nil [nil] nm : *le Nil* the Nile / *le Nil Blanc* the White Nile / *le Nil Bleu* the Blue Nile.

n'importe [nɛ̃pɔʀt] ⟶ **importer**.

nippes [nip] nfpl *fam* gear *(U)*.

nippon, one, onne [nipɔ̃, ɔn, ɔn] adj Japanese. ◆ **Nippon, one, onne** nm, f Japanese (person) / *les Nippons* the Japanese.

niquer [3] [nike] vt **1.** *vulg* [sexuellement] to fuck, to screw **2.** *tfam* [rouler] to con, to have **3.** *fam* [abîmer] to bugger, to knacker.

nirvana [niʀvana] nm nirvana.

nitrate [nitʀat] nm nitrate.

nitrique [nitʀik] adj nitric.

nitroglycérine [nitʀɔgliseʀin] nf nitroglycerine.

niveau, x [nivo] nm **1.** [gén] level / *un parking à trois niveaux* a car park UK ou parking lot US on three levels ▸ **de même niveau** *fig* of the same standard / *les deux terrains ne sont pas de niveau* the two plots of land are not level (with each other) ▸ **niveau à bulle** spirit level ▸ **au-dessus du niveau de la mer** above sea level ▸ **niveau scolaire** standard of education / *j'ai un bon niveau / un niveau moyen en russe* I'm good / average at Russian ▸ **niveau de vie** standard of living / *dans deux mois, vous serez au niveau* in two months' time you'll have caught up ▸ **au niveau de** a) at the level of b) *fig* [en ce qui concerne] as regards / *je ressens une douleur au niveau de la hanche* I've got a pain in my hip / *ce problème sera traité au niveau du syndicat* this problem will be dealt with at union level **2.** LING ▸ **niveau de langue** register.

niveler [24] [nivle] vt to level ; *fig* to level out.

nivellement [nivɛlmɑ̃] nm levelling UK, leveling US ; *fig* levelling UK ou leveling US out ▸ **nivellement par le bas** levelling UK ou leveling US down.

NN (*abr écrite de* **nouvelle norme**) *revised standard of hotel classification.*

Nobel [nɔbel] npr m : *le Nobel de la paix* the Nobel peace prize winner.

noble [nɔbl] ◆ nmf nobleman (noblewoman). ◆ adj noble.

noblement [nɔbləmɑ̃] adv nobly.

noblesse [nɔblɛs] nf nobility.

noce [nɔs] nf **1.** [mariage] wedding **2.** [invités] wedding party **3.** EXPR **faire la noce** *fam* to live it up. ◆ **noces** nfpl wedding *sg* ▸ **convoler en justes noces** to be married ▸ **elle l'a épousé en secondes noces** he is her second husband ▸ **noces d'or / d'argent** golden / silver wedding (anniversary).

nocif, ive [nɔsif, iv] adj **1.** [produit, gaz] noxious **2.** *fig* [théorie, doctrine] harmful.

nocivité [nɔsivite] nf **1.** [de produit, gaz] noxiousness **2.** *fig* [de théorie, doctrine] harmfulness.

noctambule [nɔktɑ̃byl] nmf night bird.

nocturne [nɔktyʀn] ◆ nm **1.** MUS nocturne **2.** ZOOL [félin, chasseur] night hunter. ◆ nf **1.** [d'un magasin] late opening ▸ **ouvert en nocturne** open late **2.** SPORT ▸ **match en nocturne** evening game. ◆ adj **1.** [émission, attaque] night *(avant n)* **2.** [animal] nocturnal.

nodule [nɔdyl] nm nodule.

Noël [nɔɛl] nm Christmas ▸ **joyeux Noël !** Happy ou Merry Christmas!

nœud [nø] nm **1.** [de fil, de bois] knot ▸ **double nœud** double knot ▸ **nœud coulant** slipknot **2.** NAUT knot / *filer à X nœuds* NAUT to do X knots **3.** *fig* & *litt* [attachement] bond **4.** [de l'action, du problème] crux **5.** [ornement] bow ▸ **nœud de cravate** knot *(in one's tie)* ▸ **nœud papillon** bow tie **6.** ANAT, ASTRON, ÉLECTR & RAIL node.

noie, noies ⟶ **noyer**.

noierai, noieras ⟶ **noyer**.

noir, e [nwaʀ] adj **1.** [gén] black ▸ **noir de** [poussière] black with / *noir de suie* black with soot ▸ **noir de monde** *fig* heaving with people **2.** [pièce, couloir] dark / *dans les rues noires* in the pitch-black ou pitch-dark streets **3.** *fig* [maléfique] sombre UK, somber US / *il m'a regardé d'un œil noir* he gave me a black look **4.** *fam* & *fig* [ivre] drunk. ◆ **Noir, e** nm, f black / *Noir américain* African American. ◆ **noir** nm **1.** [couleur] black / *une photo / un film en noir et blanc* a black and white photo / film UK ou movie US ▸ **noir sur blanc** *fig* in black and white **2.** [obscurité] dark / *dans le noir* in the dark, in darkness **3.** EXPR **acheter qqch au noir** to buy sthg on the black market / *je l'ai eu au noir* I got it on the black market ▸ **broyer du noir** to be down in the dumps ▸ **travailler au noir** to moonlight ▸ **voir tout en noir** to see the dark side of everything. ◆ **noire** nf crotchet UK, quarter note US.

noirâtre [nwaʀatʀ] adj blackish.

noiraud, e [nwaʀo, od] *fam* ◆ adj swarthy. ◆ nm, f swarthy person.

noirceur [nwaʀsœʀ] nf **1.** *litt* [couleur] blackness **2.** QUÉBEC [obscurité] darkness **3.** *fig* [méchanceté] wickedness.

noircir [32] [nwaʀsiʀ] ◆ vi to darken. ◆ vt *pr* & *fig* to blacken. ◆ **se noircir** vp [devenir noir] to darken.

Noire ⟶ **mer**.

noise [nwaz] nf ▸ **chercher noise à qqn** to pick a quarrel with sb.

noisetier [nwaztje] nm hazel tree.

noisette [nwazɛt] ◆ nf **1.** [fruit] hazelnut **2.** [petite quantité] ▸ **une noisette de beurre** a knob of butter. ◆ adj inv hazel.

noix [nwa] nf **1.** [fruit] walnut ▸ **noix de cajou** cashew (nut) ▸ **noix de coco** coconut ▸ **noix de muscade** nutmeg **2.** [de viande] ▸ **noix de veau** cushion of veal **3.** EXPR **à la noix** *fam* dreadful.

noliser [3] [nɔlize] vt QUÉBEC to charter.

nom [nɔ̃] nm **1.** [gén] name ▸ **au nom de** in the name of ▸ **nom de Dieu !** *tfam* God damn it!, bloody hell! UK ▸ **nom d'un chien** ou **d'une pipe !** *fam* drat! ▸ **faux nom** false name ▸ **nom déposé** trade name ▸ **nom de domaine** domain name ▸ **nom d'emprunt** assumed name ▸ **nom de famille** surname ▸ **nom de fichier** INFORM filename ▸ **nom de jeune fille** maiden name ▸ **nom de login** login name ▸ **nom de marque sous licence** licensed brand name ▸ **nom de l'utilisateur** ou **d'utilisateur** user name **2.** [prénom] (first) name **3.** GRAM noun ▸ **nom composé** compound noun ▸ **nom propre / commun** proper / common noun.

nomade [nɔmad] ◆ nmf nomad. ◆ adj nomadic.

nombre [nɔ̃bʀ] nm number ▸ **au nombre de** among / *les invités sont au nombre de cent* there are a hundred guests ▸ **bon nombre de** a large number of, a good many / *je te l'ai déjà dit (un) bon nombre de fois* I've already told you several times ▸ **un bon nombre d'entre nous / eux** many of us / them / *un certain nombre de* a (certain) number of / *un grand nombre de* a lot of, a great number of, a great many ▸ **venir en nombre** to come in large numbers / *nous ne sommes pas en nombre suffisant* there aren't enough of us ▸ **nombre pair / impair** even / odd number / *un nombre de trois chiffres* a three-digit ou three-figure number.

nombreux, euse [nɔ̃bʀø, øz] adj **1.** [famille, foule] large **2.** [erreurs, occasions] numerous ▸ **peu nombreux** few.

nombril [nɔ̃bʀil ou nɔ̃bʀi] nm navel ▸ **il se prend pour le nombril du monde** *fam* he thinks the world revolves around him.

nombrilisme [nɔ̃bʀilism] nm *fam* & *péj* navel-gazing.

nombriliste [nɔ̃bʀilist] adj self-centred.

nomenclature [nɔmɑ̃klatyʀ] nf **1.** [terminologie] nomenclature **2.** [liste] word list.

nominal, e, aux [nɔminal, o] adj **1.** [liste] of names **2.** [valeur, autorité] nominal **3.** GRAM noun *(avant n).*

nominalement [nɔminalmɑ̃] adv **1.** [désigner] by name **2.** GRAM nominally.

nominatif, ive [nɔminatif, iv] adj [liste] of names. ◆ **nominatif** nm GRAM nominative.

nomination [nɔminasjɔ̃] nf nomination, appointment.

nominé, e [nɔmine] nm, f nominee.

nommé, e [nɔme] ❖ adj **1.** [désigné] named **2.** [choisi] appointed. ❖ nm, f aforementioned.

nommément [nɔmemɑ̃] adv [citer] by name.

nommer [3] [nɔme] vt **1.** [appeler] to name, to call **2.** [qualifier] to call **3.** [promouvoir] to appoint, to nominate **4.** [dénoncer, mentionner] to name. ◆ **se nommer** vp **1.** [s'appeler] to be called **2.** [se désigner] to give one's name.

non [nɔ̃] ❖ adv **1.** [réponse négative] no / *ah ça non !* definitely not! **2.** [se rapportant à une phrase précédente] not / *moi non* not me ▸ **non plus** : *moi non plus* (and) neither am / do etc. I / *elle ne travaille pas aujourd'hui, moi non plus* she's not working today and neither am I **3.** [sert à demander une confirmation] : *c'est une bonne idée, non ?* it's a good idea, isn't it? / *il devait prendre une semaine de vacances, non ?* he was supposed to take a week's holiday UK ou vacation US, wasn't he? **4.** [modifie un adjectif ou un adverbe] not / *non loin d'ici* not far from here / *une difficulté non négligeable* a not inconsiderable problem **5.** [emploi expressif] ▸ **non ! pas possible !** no ou never! I don't believe it! ▸ **non mais (des fois) !** honestly!, I ask you! ❖ nm inv no. ◆ **non moins** loc adv no less. ◆ **non (pas)... mais** loc corrélative not... but / *non pas maigre, mais mince* not skinny but slim. ◆ **non plus... mais** loc corrélative no longer... but. ◆ **non (pas) que... mais** loc corrélative not that... but / *non (pas) que je m'en méfie, mais...* it's not that I don't trust him, but....

nonagénaire [nɔnaʒenɛʀ] nmf & adj nonagenarian.

non-agression [nɔnagʀɛsjɔ̃] nf non-aggression.

non-aligné, e [nɔnaliɲe] adj non-aligned ▸ **les pays non-alignés** the non-aligned countries.

nonante [nɔnɑ̃t] adj num inv BELGIQUE SUISSE ninety.

non-assistance [nɔnasistɑ̃s] nf non-assistance ▸ **non-assistance à personne en danger** failure to give assistance to a person in danger.

nonchalance [nɔ̃ʃalɑ̃s] nf nonchalance, casualness.

nonchalant, e [nɔ̃ʃalɑ̃, ɑ̃t] adj nonchalant, casual.

non combattant, e [nɔ̃kɔ̃batɑ̃, ɑ̃t] adj noncombatant. ◆ **non-combattant, e** nm, f noncombatant.

non-conformiste [nɔ̃kɔ̃fɔʀmist] ❖ nmf nonconformist. ❖ adj unconventional.

non-conformité [nɔ̃kɔ̃fɔʀmite] nf nonconformity.

non croyant, e [nɔ̃kʀwajɑ̃, ɑ̃t] adj unbelieving. ◆ **non-croyant, e** nm, f unbeliever.

non-dit [nɔ̃di] nm unvoiced feeling.

non-fumeur, euse [nɔ̃fymœʀ, øz] ❖ nm, f non-smoker. ❖ adj non-smoking *(avant n).*

non-ingérence [nɔnɛ̃ʒeʀɑ̃s] nf noninterference.

non-inscrit, e [nɔnɛ̃skʀi, it] adj & nm, f POL independent.

non-intervention [nɔnɛ̃tɛʀvɑ̃sjɔ̃] nf nonintervention.

non-lieu [nɔ̃ljø] (*pl* **non-lieux**) nm DR dismissal through lack of evidence ▸ **rendre un non-lieu** to dismiss a case for lack of evidence.

nonne [nɔn] nf nun.

nonobstant [nɔnɔpstɑ̃] *sout* ❖ prép notwithstanding. ❖ adv nevertheless.

non-paiement [nɔ̃pɛmɑ̃] nm nonpayment.

non-prolifération [nɔ̃pʀɔlifeʀasjɔ̃] nf nonproliferation.

non-recevoir [nɔ̃ʀəsəvwaʀ] ◆ **fin de non-recevoir** nf DR objection.

non-résident, e [nɔ̃ʀezidɑ̃] nm, f nonresident.

non-respect [nɔ̃ʀɛspɛ] nm failure to respect / *le non-respect de la loi* failure to respect the law.

non-retour [nɔ̃ʀətuʀ] ◆ **point de non-retour** nm point of no return.

non-sens [nɔ̃sɑ̃s] nm inv **1.** [absurdité] nonsense **2.** [contresens] meaningless word.

non-stop [nɔnstɔp] adj inv non-stop.

non-violence [nɔ̃vjɔlɑ̃s] nf non-violence.

non-voyant, e [nɔ̃vwajɑ̃, ɑ̃t] adj visually handicapped UK, visually impaired US.

nord [nɔʀ] ❖ nm north ▸ **un vent du nord** a northerly wind ▸ **le vent du nord** the north wind ▸ **au nord** in the north ▸ **au nord (de)** to the north (of) ▸ **le grand Nord** the frozen North ▸ **perdre le nord** *fam* & *fig* to lose one's head. ❖ adj inv north ; [province, région] northern.

nord-africain, e [nɔʀafʀikɛ̃, ɛn] (*mpl* **nord-africains**, *fpl* **nord-africaines**) adj North African. ◆ **Nord-Africain, e** nm, f North African.

nord-américain, e [nɔʀameʀikɛ̃, ɛn] (*mpl* **nord-américains**, *fpl* **nord-américaines**) adj North American. ◆ **Nord-Américain, e** nm, f North American.

nord-coréen, enne [nɔʀkɔʀeɛ̃, ɛn] (*mpl* **nord-coréens**, *fpl* **nord-coréennes**) adj North Korean. ◆ **Nord-Coréen, enne** nm, f North Korean.

nord-est [nɔʀɛst] nm & adj inv northeast.

nordicité [nɔʀdisite] nf QUÉBEC northerliness.

nordique [nɔʀdik] adj Nordic, Scandinavian. ◆ **Nordique** nmf **1.** [Scandinave] Scandinavian **2.** QUÉBEC North Canadian.

nord-ouest [nɔʀwɛst] nm & adj inv north-west.

normal, e, aux [nɔʀmal, o] adj normal / *en temps normal* in normal circumstances, normally / *il n'est pas rentré, ce n'est pas normal* he's not back yet, something must have happened (to him) / *la situation est redevenue normale* the situation is back to normal / *mais c'est bien* *normal, voyons* it's only natural, don't worry about it. ◆ **normale** nf **1.** [moyenne] ▸ **la normale** the norm / *intelligence supérieure à la normale* above average intelligence / *température au-dessous de la normale (saisonnière)* temperature below the (seasonal) average **2.** QUÉBEC [golf] par.

normalement [nɔʀmalmɑ̃] adv normally, usually / *normalement il devrait déjà être arrivé* he should have arrived by now.

normalien, enne [nɔʀmaljɛ̃, ɛn] nm, f **1.** [élève d'une école normale] student at teacher training college UK ou teachers college US **2.** [ancien élève de l'École normale supérieure] graduate of the École normale supérieure.

normalisation [nɔʀmalizasjɔ̃] nf **1.** [stabilisation] normalization **2.** [standardisation] standardization.

normaliser [3] [nɔʀmalize] vt **1.** [situation] to normalize **2.** [produit] to standardize. ◆ **se normaliser** vp to return to normal.

normalité [nɔʀmalite] nf normality, normalcy US.

normand, e [nɔʀmɑ̃, ɑ̃d] adj Norman. ◆ **Normand, e** nm, f Norman.

Normandie [nɔʀmɑ̃di] nf : *la Normandie* Normandy.

normatif, ive [nɔʀmatif, iv] adj prescriptive.

norme [nɔʀm] nf **1.** [gén] standard, norm ▸ **être dans la norme** to be within the norm ▸ **être hors normes** to be non-standard **2.** [critère] criterion.

Norvège [nɔʀvɛʒ] nf : *la Norvège* Norway.

norvégien, enne [nɔʀveʒjɛ̃, ɛn] adj Norwegian. ◆ **norvégien** nm [langue] Norwegian. ◆ **Norvégien, enne** nm, f Norwegian.

nos ⟶ **notre.**

nosocomial, e, aux [nozɔkɔmjal, o] adj nosocomial, contracted in hospital.

nostalgie [nɔstalʒi] nf nostalgia ▸ **avoir la nostalgie de** to feel nostalgia for.

nostalgique [nɔstalʒik] adj nostalgic.

nota bene [nɔtabene] nm inv nota bene, NB.

notable [nɔtabl] ◆ adj noteworthy, notable. ◆ nm notable.

notablement [nɔtabləmɑ̃] adv notably.

notaire [nɔtɛʀ] nmf ≃ solicitor UK ; ≃ lawyer.

notamment [nɔtamɑ̃] adv in particular.

notarial, e, aux [nɔtaʀjal, o] adj notarial.

notarié, e [nɔtaʀje] adj ≃ drawn up by a solicitor UK ou lawyer.

notation [nɔtasjɔ̃] nf **1.** [système] notation **2.** [remarque] note **3.** SCOL marking, grading US **4.** FIN ▸ **notation financière** credit ratings, rating.

note [nɔt] nf **1.** [gén & MUS] note / *apporter une note personnelle à qqch* to give sthg a personal touch ▸ **prendre des notes** to take notes ▸ **prendre qqch en note** to make a note of sthg ▸ **prendre bonne note de qqch** to take good note of sthg ▸ **fausse note a)** MUS false note **b)** *fig* sour note / *la cérémonie s'est déroulée sans une fausse note* the ceremony went (off) without a hitch ▸ **note de bas de page** footnote ▸ **note de service** memo **2.** SCOL & UNIV mark, grade US ▸ **avoir une bonne / mauvaise note** to have a good/bad mark **3.** [facture] bill ▸ **note de frais** [à remplir] expense ou expenses claim (form) / *présenter sa note de frais* to put in for expenses ▸ **note d'honoraires** invoice *(for work done by a self-employed person)* ▸ **une note salée** *fam* a hefty ou steep bill.

noter [3] [nɔte] vt **1.** [écrire] to note down **2.** [constater] to note, to notice **3.** SCOL & UNIV to mark, to grade US **4.** [marquer] to mark.

notice [nɔtis] nf instructions *pl* ▸ **notice explicative** directions for use.

notification [nɔtifikasjɔ̃] nf notification.

notifier [9] [nɔtifje] vt ▸ **notifier qqch à qqn** to notify sb of sthg.

notion [nosjɔ̃] nf **1.** [conscience, concept] notion, concept **2.** *(gén pl)* [rudiment] smattering *(U)*.

notoire [nɔtwaʀ] adj [fait] well-known ; [criminel] notorious.

notoirement [nɔtwaʀmɑ̃] adv notoriously.

notoriété [nɔtɔʀjete] nf **1.** [de fait] notoriety ▸ **être de notoriété publique** to be common ou public knowledge **2.** [célébrité] fame **3.** ÉCON ▸ **notoriété du produit** product awareness.

notre [nɔtʀ] *(pl* **nos** [no]*)* adj poss our.

nôtre [notʀ] ◆ **le nôtre, la nôtre** *(pl* **les nôtres***)* pron poss ours ▸ **les nôtres** our family *sg* / *serez-vous des nôtres demain ?* will you be joining us tomorrow? / *il faut y mettre du nôtre* we'll all have to pull our weight.

nouba [nuba] nf ▸ **faire la nouba** *fam* to paint the town red.

nouer [6] [nwe] vt **1.** [corde, lacet] to tie ; [bouquet] to tie up **2.** *fig* [gorge, estomac] to knot **3.** *sout* [alliance, amitié] to make, to form. ◆ **se nouer** vp **1.** [gorge] to tighten up **2.** [alliance, amitié] to be formed **3.** [intrigue] to start.

noueux, euse [nwø, øz] adj [bois] knotty ; [mains] gnarled.

nougat [nuga] nm nougat.

nouille [nuj] nf *fam* & *péj* idiot. ◆ **nouilles** nfpl [pâtes] pasta *(U)*, noodles *pl*.

Nouméa [numea] npr Nouméa.

nounou [nunu] nf nanny.

nounours [nunuʀs] nm *fam* teddy (bear).

nourri, e [nuʀi] pp ⟶ **nourrir.**

nourrice [nuʀis] nf **1.** [garde d'enfants] nanny UK, childminder UK, nursemaid US ; [qui allaite] wet nurse **2.** [réservoir] jerrycan UK, can US.

nourrir [32] [nuʀiʀ] vt **1.** [gén] to feed / *j'ai trois enfants à nourrir* I've got three children to feed ou to provide for ▸ **nourri-logé-blanchi** board, lodging and laundry / *être bien nourri* to be well-fed / *être mal nourri* [sous-alimenté] to be undernourished **2.** [sentiment, projet] to nurture / *elle nourrissait déjà des projets ambitieux* she was already turning over some ambitious projects in her mind **3.** [style, esprit] to improve. ◆ **se nourrir** vp to eat / *il se nourrit mal* he doesn't feed himself ou eat properly ▸ **se nourrir de qqch** *pr* & *fig* to live on sthg / *se nourrir d'illusions* to revel in illusions.

nourrissant, e [nuʀisɑ̃, ɑ̃t] adj nutritious, nourishing.

nourrisson [nuʀisɔ̃] nm infant.

nourriture [nuʀityʀ] nf food.

nous [nu] pron pers **1.** [sujet] we **2.** [objet] us. ◆ **nous-mêmes** pron pers ourselves.

nouveau, elle, x [nuvo, ɛl] (*nouvel devant une voyelle ou un 'h' muet*) ◈ adj new ▸ **nouveaux mariés** newlyweds / *ce nouvel attentat a fait 52 morts* 52 people died in this latest bomb attack / *ce dossier est nouveau pour moi* this case is new to me, I'm new to this case / *il est encore (un peu) nouveau en politique* he's still (a bit of) a newcomer to politics ▸ **pommes de terre nouvelles** new potatoes. ◈ nm, f new boy (new girl). ◆ **nouveau** nm ▸ **il y a du nouveau** there's something new / *rien de nouveau depuis la dernière fois* nothing new ou special since last time. ◆ **nouvelle** nf **1.** [information] (piece of) news *(U)* / *j'ai une bonne / mauvaise nouvelle pour toi* I have (some) good/bad news for you / *première nouvelle !* that's news to me! **2.** [court récit] short story. ◆ **nouvelles** nfpl news ▸ **les nouvelles** [média] the news *sg* ▸ **il a donné de ses nouvelles** I/we etc. have heard from him ▸ **être sans nouvelles de qqn / qqch** to have no news of sb/sthg ▸ **aux dernières nouvelles...** the latest is.... ◆ **à nouveau** loc adv **1.** [encore] again / *je tiens à vous remercier à nouveau* I'd like to thank you once again **2.** [de manière différente] afresh, anew. ◆ **de nouveau** loc adv again / *tu as fait de nouveau la même bêtise* you've made the same mistake again.

> **La nouvelle vague**
>
> This expression refers to a group of French filmmakers, including François Truffaut and Jean-Luc Godard, who broke away from conventional style and methods in the late 1950s and produced some of the most influential films of the period, using simple techniques and everyday settings.

nouveau-né, e [nuvone] (*mpl* **nouveau-nés**, *fpl* **nouveau-nées**) ◈ adj newborn. ◈ nm, f newborn baby.

nouveauté [nuvote] nf **1.** [actualité] novelty **2.** [innovation] something new **3.** [ouvrage] new book/film etc.

nouvel, nouvelle ⟶ nouveau.

Nouvelle-Calédonie [nuvɛlkaledɔni] nf : *la Nouvelle-Calédonie* New Caledonia.

Nouvelle-Écosse [nuvɛlekɔs] nf ▸ **la Nouvelle-Écosse** Nova Scotia.

Nouvelle-Guinée [nuvɛlgine] nf : *la Nouvelle-Guinée* New Guinea.

nouvellement [nuvɛlmɑ̃] adv recently.

Nouvelle-Orléans [nuvɛlɔʀleɑ̃] npr : *La Nouvelle-Orléans* New Orleans.

Nouvelle-Zélande [nuvɛlzelɑ̃d] nf : *la Nouvelle-Zélande* New Zealand.

novateur, trice [nɔvatœʀ, tʀis] ◈ adj innovative. ◈ nm, f innovator.

novembre [nɔvɑ̃bʀ] nm November. *Voir aussi* septembre.

novice [nɔvis] ◈ nmf novice ▸ **(internaute) novice** INFORM newbie *fam.* ◈ adj inexperienced.

noyade [nwajad] nf drowning.

noyau, x [nwajo] nm **1.** [de fruit] stone UK, pit **2.** ASTRON, BIOL & PHYS nucleus **3.** *fig* [d'amis] group, circle ; [d'opposants, de résistants] cell ▸ **noyau dur** hard core **4.** *fig* [centre] core.

noyauter [3] [nwajote] vt to infiltrate.

noyé, e [nwaje] ◈ adj **1.** [personne] drowned **2.** [inondé] flooded / *yeux noyés de larmes* eyes swimming with tears. ◈ nm, f drowned person.

noyer¹ [13] [nwaje] vt **1.** [animal, personne] to drown ▸ **noyer son chagrin** to drown one's sorrows **2.** [terre, moteur] to flood **3.** [estomper, diluer] to swamp ; [contours] to blur. ◆ **se noyer** vp **1.** [personne] to drown **2.** *fig* [se perdre] ▸ **se noyer dans** to become bogged down in **3.** [s'estomper] to be swamped.

noyer² [nwaje] nm walnut (tree).

NPI (*abr de* nouveaux pays industrialisés) nmpl NICs.

N /Réf (*abr écrite de* notre référence) O/Ref.

NRF (*abr de* Nouvelle Revue française) nf **1.** [revue] *literary review* **2.** [mouvement] *literary movement.*

NRV SMS *abr écrite de* énervé.

NTSC (*abr de* National Television System Committee) ▸ **système NTSC** NTSC system.

nu, e [ny] adj **1.** [personne] naked / *être à demi nu* ou *à moitié nu* to be half-naked / *être pieds nus* to be barefoot ou barefooted / *il travaillait torse nu* he was working without a shirt on / *poser nu pour un photographe* to pose in the nude for a photographer / *ça ne se voit pas / ça se voit à l'œil nu* you can't/you can see it with the naked eye **2.** [paysage, fil électrique] bare **3.** [style, vérité] plain. ◆ **nu** nm nude ▸ **une photo de nu** a nude photo ▸ **à nu** stripped, bare / *le fil est à nu* **a)** [accidentellement] the wire is bare **b)** [exprès] the wire has been stripped ▸ **mettre à nu** to strip bare / *mettre un fil électrique à nu* to strip a wire / *mettre son cœur à nu* to bare one's soul.

nuage [nɥaʒ] nm **1.** [gén] cloud / *ciel chargé de nuages* cloudy ou overcast sky / *sous un ciel sans nuages* under cloudless blue skies ▸ **être dans les nuages** *fig* to have one's head in the clouds / *il y avait de gros nuages à l'horizon économique de 2011* the economic outlook for 2011 was very gloomy ou bleak **2.** [petite quantité] ▸ **un nuage de lait** a drop of milk **3.** [masse légère] : *un nuage de tulle* a mass ou swathe of tulle **4.** QUÉBEC [foulard] scarf.

nuageux, euse [nɥaʒø, øz] adj **1.** [temps, ciel] cloudy **2.** *fig* [esprit] hazy.

nuance [nɥɑ̃s] nf **1.** [de couleur] shade ; [de son, de sens] nuance ▸ **tout en nuances** extremely subtle **2.** [touche] ▸ **nuance de** touch of, trace of.

nuancer [16] [nɥɑ̃se] vt **1.** [couleurs] to shade **2.** [pensée] to qualify.

nubile [nybil] adj nubile.

nubuck [nybyk] nm nubuck / *des chaussures en nubuck* nubuck shoes.

nucléaire [nykleɛʀ] ❖ nm nuclear energy. ❖ adj nuclear.

nudisme [nydism] nm nudism, naturism.

nudiste [nydist] nmf & adj nudist.

nudité [nydite] nf **1.** [de personne] nudity, nakedness **2.** [de lieu, style] bareness.

nuée [nɥe] nf **1.** [multitude] ▸ **une nuée de** a horde of **2.** *litt* [nuage] cloud.

nues [ny] nfpl ▸ **tomber des nues** to be completely taken aback.

nui [nɥi] pp inv ⟶ **nuire**.

nuire [97] [nɥiʀ] vi ▸ **nuire à** to harm, to injure. ◆ **se nuire** vp to harm o.s.

nuisais, nuisions ⟶ **nuire**.

nuisance [nɥizɑ̃s] nf nuisance *(U)*, harm *(U)* ▸ **nuisances sonores** noise pollution.

nuise, nuises ⟶ **nuire**.

nuisette [nɥizɛt] nf short nightgown, babydoll nightgown.

nuisible [nɥizibl] adj harmful.

nuit [nɥi] nf **1.** [laps de temps] night ▸ **cette nuit a)** [la nuit dernière] last night **b)** [la nuit prochaine] tonight / *en pleine nuit* in the middle of the night / *toute la nuit* all night (long), through the night / *toutes les nuits* nightly, every night ▸ **de nuit** at night ▸ **animaux / oiseaux de nuit** nocturnal animals / birds / *bateau / vol de nuit* night ferry / flight / *travailler de nuit* to work nights ou the night shift ou at night ▸ **passer la nuit à l'hôtel** to spend the night in a hotel ▸ **nuit blanche** sleepless night ▸ **la nuit de noces** the wedding night / *une nuit étoilée* a starry night **2.** [obscurité] darkness, night ▸ **il fait nuit** it's dark / *la nuit tombe* it's getting dark, night is falling *sout* ▸ **perdu dans la nuit des temps** lost in the mists of time.

nuitamment [nɥitamɑ̃] adv *litt* by night.

nuitée [nɥite] nf overnight stay.

nul, nulle [nyl] ❖ adj indéf *(avant n) litt* no. ❖ adj *(après n)* **1.** [égal à zéro] nil **2.** [sans valeur] useless, hopeless ▸ **c'est nul !** *fam* it's rubbish! / *être nul en maths* to be hopeless ou useless at maths **3.** [sans résultat] ▸ **match nul** draw UK, tie US. ❖ nm, f *péj* nonentity. ❖ pron indéf *sout* no one, nobody. ◆ **nulle part** loc adv nowhere, no place US.

nullement [nylmɑ̃] adv by no means.

nullité [nylite] nf **1.** [médiocrité] incompetence **2.** *péj* [personne] nonentity **3.** DR invalidity, nullity.

numéraire [nymeʀɛʀ] ❖ nm cash. ❖ adj [espèces] legal.

numéral, e, aux [nymeʀal, o] adj numeral. ◆ **numéral, aux** nm numeral.

numérateur [nymeʀatœʀ] nm numerator.

numération [nymeʀasjɔ̃] nf **1.** MATH numeration **2.** MÉD ▸ **numération globulaire** blood count.

numérique [nymeʀik] ❖ adj **1.** [gén] numerical **2.** INFORM digital. ❖ nm ▸ **le numérique** digital technology.

numériquement [nymeʀikmɑ̃] adv numerically.

numérisé, e [nymeʀize] adj digitalised.

numéro [nymeʀo] nm **1.** [gén] number ▸ **composer** ou **faire un numéro** to dial a number ▸ **faire un faux numéro** to dial a wrong number / *j'ai changé de numéro* my number has changed / *'il n'y a pas d'abonné au numéro que vous avez demandé'* there's no subscriber at the number you've dialled / *numéro de commande* order number ▸ **numéro minéralogique** ou **d'immatriculation** registration UK ou license US number ▸ **numéro d'accès** [à un fournisseur d'accès Internet] access number ▸ **numéro de compte** account number ▸ **numéro azur** *telephone number for which calls are charged at the local rate irrespective of the actual distance covered* / *numéro de poste* extension number ▸ **numéro de téléphone** telephone number ▸ **numéro vert** ≃ freefone number UK ; ≃ 800 ou tollfree number US / *il y a un article intéressant dans le numéro de ce mois-ci* there's an interesting article in this month's issue ▸ **tirer le mauvais numéro** *fig* to get a raw deal / *lui, il a tiré le bon numéro ! fig* he's really picked a winner! **2.** [de spectacle] act, turn / *il fait le numéro le plus important du spectacle* he's top of the bill ▸ **faire son numéro** *fam* & *fig* to do one's little act **3.** *fam* [personne] : *quel numéro !* what a character!

numérologie [nymeʀɔlɔʒi] nf numerology.

numérotation [nymeʀɔtasjɔ̃] nf **1.** [attribution d'un numéro] numbering / *la numérotation des pages* pagination, page numbering **2.** TÉLÉCOM dialling UK ou dialing US ▸ **numérotation vocale** voice dialling.

numéroter [3] [nymeʀɔte] vt to number.

numerus clausus [nymeʀysklozys] nm *restricted intake of students.*

numismatique [nymismatik] ❖ nf numismatics *(U)*. ❖ adj numismatic.

nu-pieds [nypje] nm inv [sandale] sandal.

nuptial, e, aux [nypsjal, o] adj nuptial.

nuque [nyk] nf nape.

nurse [nœʀs] nf children's nurse, nanny UK.

nursery [nœʀsəʀi] (*pl* **nurseries**) nf **1.** [dans un hôpital] nursery **2.** [dans un lieu public] parent-and-baby clinic.

nutrithérapie [nytʀiteʀapi] nf nutritional therapy.

nutritif, ive [nytʀitif, iv] adj nutritious.

nutrition [nytʀisjɔ̃] nf **1.** PHYSIOL nutrition, feeding ▸ **maladies de la nutrition** nutritional diseases ▸ **spécialiste de la nutrition** dietary expert **2.** BOT nutrition.

nutritionniste [nytʀisjɔnist] nmf nutritionist, dietician.

Nylon® [nilɔ̃] nm nylon.

nymphe [nɛ̃f] nf nymph.

nymphomane [nɛ̃fɔman] nf & adj nymphomaniac.

O

o, O [o] nm inv [lettre] o, O. ◆ **o.** (*abr écrite de* **ouest**) W.

ô [o] interj oh!, O!

OACI (*abr de* **Organisation de l'aviation civile internationale**) nf ICAO.

OAS (*abr de* **Organisation de l'armée secrète**) nf *organization opposed to independence in Algeria in the 1960s.*

oasis [ɔazis] nf **1.** [dans désert] oasis **2.** *fig* [de calme] haven, oasis.

obédience [ɔbedjɑ̃s] nf **1.** [appartenance] allegiance, persuasion ▸ **être d'obédience marxiste / catholique** to be a Marxist/Catholic **2.** [obéissance] obedience.

obéir [32] [ɔbeiʀ] vi **1.** [personne] ▸ **obéir à qqn / qqch** to obey sb/sthg **2.** [freins] to respond.

obéissance [ɔbeisɑ̃s] nf obedience ▸ **devoir obéissance à qqn** to owe sb allegiance.

obéissant, e [ɔbeisɑ̃, ɑ̃t] adj obedient.

obélisque [ɔbelisk] nm obelisk.

obèse [ɔbɛz] ◈ nmf obese person. ◈ adj obese.

obésité [ɔbezite] nf obesity.

objecter [4] [ɔbʒɛkte] vt **1.** [répliquer] to raise as an objection ▸ **objecter que** to object that **2.** [prétexter] ▸ **objecter qqch (à qqn)** to put forward sthg as an excuse (to sb).

objecteur [ɔbʒɛktœʀ] nm objector ▸ **objecteur de conscience** conscientious objector.

objectif, ive [ɔbʒɛktif, iv] adj objective. ◆ **objectif** nm **1.** PHOTO lens **2.** [but, cible] objective, target.

objection [ɔbʒɛksjɔ̃] nf objection ▸ **faire objection à** to object to.

objectivement [ɔbʒɛktivmɑ̃] adv objectively.

objectivité [ɔbʒɛktivite] nf objectivity.

objet [ɔbʒɛ] nm **1.** [chose] object ▸ **objet d'art** objet d'art ▸ **objet de luxe** luxury item ▸ **objets personnels** personal belongings ou effects / *objet de valeur* valuable ▸ **objets trouvés** lost property office UK, lost-and-found (office) US **2.** [sujet] subject / *l'objet de leurs discussions était toujours la politique* politics was always the subject of their discussions ▸ **être** ou **faire l'objet de** to be the subject of / *faire l'objet d'attaques répétées* to be the victim of repeated attacks / *faire l'objet de controverses* to be a controversial subject **3.** [but] aim, object / *cette réunion a pour objet de…* the aim of this meeting is to… / *exposer l'objet de sa visite* to explain the purpose of ou reason for one's visit ▸ **sans objet** pointless / *ces arguments sont maintenant sans objet* these arguments no longer apply ou are no longer applicable **4.** DR matter / *l'objet du litige* the matter at issue.

objurgations [ɔbʒyʀgasjɔ̃] nfpl **1.** [remontrances] objurgations **2.** [prières] pleas.

obligation [ɔbligasjɔ̃] nf **1.** [gén] obligation ▸ **être dans l'obligation de faire qqch** to be obliged to do sthg / *je suis dans l'obligation de vous expulser* I'm obliged ou forced to evict you ▸ **sans obligation d'achat** COMM (with) no obligation to buy ▸ **avoir une obligation envers qqn** to be under an obligation to sb ▸ **obligation alimentaire** alimony, maintenance (order) UK ▸ **obligation de réserve** duty of confidentiality **2.** FIN bond, debenture ▸ **obligation échue / négociable** matured/marketable bond ▸ **obligation d'entreprise** bond, debenture (stock) UK ▸ **obligation d'État** (government) bond ▸ **obligation hypothécaire** mortgage bond. ◆ **obligations** nfpl obligations, duties / *mes obligations de président de la société* my duties as the chairman of the company ▸ **avoir des obligations** to have obligations, to have a duty ▸ **obligations militaires** military duties.

obligatoire [ɔbligatwaʀ] adj **1.** [imposé] compulsory, obligatory **2.** *fam* [inéluctable] inevitable.

Comment exprimer l'obligation

- **You have to be there at 8 o'clock.** *Il faut que tu y sois à 8 heures.*
- **You must talk to your boss about this.** *Tu dois en parler à ton chef.*
- **We will have to get approval from the board.** *Il nous faudra obtenir l'autorisation de la direction.*
- **It's essential that you call us as soon as you arrive.** *Il faut absolument que vous nous appeliez dès votre arrivée.*
- **You're under no obligation to buy.** *Vous n'avez pas l'obligation d'acheter.*
- **You don't have to stay.** *Tu n'es pas obligé de rester.*
- **There's no need to ask.** *Ce n'est pas la peine de demander.*
- **Do I really have to go?** *Est-ce qu'il faut vraiment que j'y aille ?*
- **Do you have to make an appointment?** *Est-ce qu'il faut prendre rendez-vous ?*
- **Do you require a deposit?** *Vous exigez un acompte ?*

obligatoirement [ɔbligatwaʀmɑ̃] adv **1.** [par nécessité] : *il doit obligatoirement avoir la licence pour s'inscrire* he must have a degree to enrol / *nous devons obligatoirement fermer les portes à 20 h* we're obliged ou required to close the doors at 8 p.m. **2.** *fam* [immanquablement] inevitably / *il va obligatoirement tout aller lui répéter* he's bound to go and tell her everything.

obligeance [ɔbliʒɑ̃s] nf *sout* obligingness ▸ **avoir l'obligeance de faire qqch** to be good ou kind enough to do sthg.

obligeant, e [ɔbliʒɑ̃, ɑ̃t] adj *sout* helpful, obliging.

obliger [17] [ɔbliʒe] vt **1.** [forcer] ▸ **obliger qqn à qqch** to impose sthg on sb ▸ **obliger qqn à faire qqch** to force sb to do sthg ▸ **être obligé de faire qqch** to be obliged to do sthg **2.** DR to bind **3.** *sout* [rendre service à] to oblige. ◆ **s'obliger** vp ▸ **s'obliger à qqch** to impose sthg on o.s. ▸ **s'obliger à faire qqch** to force o.s. to do sthg.

oblique [ɔblik] ❖ adj oblique ▸ **en oblique** diagonally. ❖ nf oblique line.

obliquer [3] [ɔblike] vi to turn off.

oblitérer [18] [ɔbliteʀe] vt **1.** [tamponner] to cancel **2.** MÉD to obstruct **3.** *litt* [effacer] to obliterate.

oblong, oblongue [ɔblɔ̃, ɔ̃g] adj oblong.

obnubiler [3] [ɔbnybile] vt to obsess ▸ **être obnubilé par** to be obsessed with ou by.

obole [ɔbɔl] nf small contribution.

obscène [ɔpsɛn] adj obscene.

obscénité [ɔpsenite] nf obscenity.

obscur, e [ɔpskyʀ] adj **1.** [sombre] dark **2.** [confus] vague **3.** [inconnu, douteux] obscure.

obscurantisme [ɔpskyʀɑ̃tism] nm obscurantism.

obscurcir [32] [ɔpskyʀsiʀ] vt **1.** [assombrir] to darken **2.** [embrouiller] to confuse. ◆ **s'obscurcir** vp **1.** [s'assombrir] to grow dark **2.** [s'embrouiller] to become confused.

obscurément [ɔpskyʀemɑ̃] adv obscurely.

obscurité [ɔpskyʀite] nf **1.** [nuit] darkness **2.** [anonymat] obscurity **3.** [hermétisme] abstruseness.

obsédant, e [ɔpsedɑ̃, ɑ̃t] adj haunting.

obsédé, e [ɔpsede] ❖ adj obsessed. ❖ nm, f obsessive ▸ **obsédé sexuel** sex maniac.

obséder [18] [ɔpsede] vt to obsess, to haunt.

obsèques [ɔpsɛk] nfpl funeral *sg*.

obséquieux, euse [ɔpsekjø, øz] adj obsequious.

obséquiosité [ɔpsekjozite] nf obsequiousness.

observance [ɔpsɛʀvɑ̃s] nf observance.

observateur, trice [ɔpsɛʀvatœʀ, tʀis] ❖ adj observant. ❖ nm, f observer.

observation [ɔpsɛʀvasjɔ̃] nf **1.** [gén] observation ▸ **être en observation** MÉD to be under observation **2.** [critique] remark **3.** [conformité] observance.

observatoire [ɔpsɛʀvatwaʀ] nm **1.** ASTRON observatory **2.** [lieu de surveillance] observation post.

observer [3] [ɔpsɛʀve] vt **1.** [regarder, remarquer, respecter] to observe **2.** [épier] to watch **3.** [constater] ▸ **observer que** to note that ▸ **faire observer qqch à qqn** to point sthg out to sb **4.** *sout* [attitude] to keep, to maintain. ◆ **s'observer** vp **1.** [se surveiller] to be careful of one's behaviour UK ou behavior US **2.** [s'épier] to watch each other.

obsession [ɔpsesjɔ̃] nf obsession.

obsessionnel, elle [ɔpsesjɔnɛl] adj obsessional.

obsolète [ɔpsɔlɛt] adj obsolete.

obstacle [ɔpstakl] nm **1.** [entrave] obstacle **2.** *fig* [difficulté] hindrance ▸ **faire obstacle à qqch / qqn** to hinder sthg / sb ▸ **rencontrer un obstacle** to meet an obstacle.

obstétricien, enne [ɔpstetʀisjɛ̃, ɛn] nm, f obstetrician.

obstétrique [ɔpstetʀik] nf obstetrics *(U)*.

obstination [ɔpstinasjɔ̃] nf stubbornness, obstinacy.

obstiné, e [ɔpstine] ❖ adj **1.** [entêté] stubborn, obstinate **2.** [acharné] dogged. ❖ nm, f stubborn ou obstinate person.

obstinément [ɔpstinemɑ̃] adv **1.** [refuser] obstinately **2.** [travailler] doggedly.

obstiner [3] [ɔpstine] ◆ **s'obstiner** vp to insist ▸ **s'obstiner à faire qqch** to persist stubbornly in doing sthg ▸ **s'obstiner dans qqch** to cling stubbornly to sthg.

obstruction [ɔpstʀyksjɔ̃] nf **1.** MÉD obstruction, blockage **2.** POL & SPORT obstruction.

obstructionnisme [ɔpstʀyksjɔnism] nm POL obstructionism.

obstructionniste [ɔpstʀyksjɔnist] nmf & adj POL obstructionist.

obstruer [3] [ɔpstʀye] vt to block, to obstruct. ◆ **s'obstruer** vp to become blocked.

obtempérer [18] [ɔptɑ̃peʀe] vi ▸ **obtempérer à** to comply with.

obtenir [40] [ɔptəniʀ] vt to get, to obtain ▸ **obtenir qqch de qqn** to get sthg from sb ▸ **obtenir de faire qqch** to get permission to do sthg ▸ **obtenir qqch à ou pour qqn** to obtain sthg for sb.

obtention [ɔptɑ̃sjɔ̃] nf obtaining.

obtenu, e [ɔptəny] pp ⟶ **obtenir**.

obtiendrai, obtiendras ⟶ **obtenir**.

obtienne, obtiennes ⟶ **obtenir**.

obturateur, trice [ɔptyʀatœʀ, tʀis] adj closing *(avant n)*. ◆ **obturateur** nm **1.** [valve] stop valve **2.** PHOTO shutter.

obturation [ɔptyʀasjɔ̃] nf closing, sealing.

obturer [3] [ɔptyʀe] vt to close, to seal ; [dent] to fill.

obtus, e [ɔpty, yz] adj obtuse.

obus [ɔby] nm shell.

OC (*abr écrite de* **ondes courtes**) SW.

occasion [ɔkazjɔ̃] nf **1.** [possibilité, chance] opportunity, chance ▸ **saisir l'occasion (de faire qqch)** to seize ou grab the chance (to do sthg) ▸ **rater une occasion (de faire qqch)** to miss a chance (to do sthg) ▸ **être l'occasion de** to give rise to ▸ **à l'occasion** a) some time b) [de temps en temps] sometimes, on occasion / *à l'occasion, passez nous voir* drop by some time ou if you get the chance ▸ **à la première occasion** at the first opportunity / *je le lui dirai à la première occasion* I'll tell him as soon as I get a chance / *si l'occasion se présente* if the opportunity arises 2. [circonstance] occasion ▸ **à l'occasion de** on the occasion of ▸ **dans les grandes occasions** on important occasions / *ces retrouvailles furent l'occasion de grandes réjouissances* there were great festivities to celebrate this reunion 3. [bonne affaire] bargain / *pour ce prix-là, c'est une occasion !* it's a (real) bargain at that price! ◆ **d'occasion** loc adv & loc adj second-hand ▸ **voiture d'occasion** secondhand ou used car / *j'ai fini par le trouver d'occasion* in the end I found a secondhand one.

occasionnel, elle [ɔkazjɔnɛl] ❖ adj [irrégulier - visite, problème] occasional ; [- travail] casual. ❖ nm, f QUÉBEC casual employee.

occasionner [3] [ɔkazjɔne] vt to cause.

occident [ɔksidɑ̃] nm west. ◆ **Occident** nm ▸ **l'Occident** the West.

occidental, e, aux [ɔksidɑ̃tal, o] adj western. ◆ **Occidental, e, aux** nm, f Westerner.

occiput [ɔksipyt] nm back of the head.

occitan, e [ɔksitɑ̃, an] adj Provençal French. ◆ **occitan** nm [langue] Provençal French. ◆ **Occitan, e** nm, f speaker of Provençal French.

occlusion [ɔklyzjɔ̃] nf 1. MÉD blockage, obstruction 2. LING & CHIM occlusion.

occulte [ɔkylt] adj occult.

occulter [3] [ɔkylte] vt [sentiments] to conceal.

occupant, e [ɔkypɑ̃, ɑ̃t] ❖ adj occupying. ❖ nm, f occupant, occupier. ◆ **occupant** nm ▸ **l'occupant** the occupying power ou forces *pl*.

occupation [ɔkypasjɔ̃] nf 1. [activité] occupation, job ▸ **vaquer à ses occupations** to go about one's business 2. MIL occupation 3. DR occupancy. ◆ **Occupation** nf ▸ **l'Occupation** the Occupation (of France).

occupé, e [ɔkype] adj 1. [personne] busy ▸ **être occupé à qqch** to be busy with sthg 2. [appartement, zone] occupied 3. [place] taken ; [toilettes] engaged UK ▸ **c'est occupé** [téléphone] it's engaged UK ou busy US.

occuper [3] [ɔkype] vt 1. [gén] to occupy / *les grévistes occupent les bureaux* the strikers have occupied the offices 2. [espace] to take up / *le bar occupe le fond de la pièce / trop de place* the bar stands at the back of the room / takes up too much space 3. [place, poste] to hold / *Liverpool occupe la seconde place du championnat* Liverpool are (lying) second in the league table 4. [main-d'œuvre] to employ. ◆ **s'occuper** vp 1. [s'activer] to keep o.s. busy ▸ **s'occuper à qqch / à faire qqch** to be busy with sthg / doing sthg / *à quoi s'occupent les citadins au mois d'août ?* how do city dwellers spend their time in August? 2. ▸ **s'occuper de qqch** a) [se charger de] to take care of sthg, to deal with sthg b) [s'intéresser à] to take an interest in, to be interested in / *je m'en occuperai plus tard* I'll see to ou attend to it later / *qui s'occupe de votre dossier ?* who's dealing with ou handling your file? ▸ **occupez-vous de vos affaires !** mind your own business! 3. [prendre soin] ▸ **s'occuper de qqn** to take care of sb, to look after sb / *s'occuper d'un malade* to care for a patient.

occurrence [ɔkyʀɑ̃s] nf 1. [circonstance] ▸ **en l'occurrence** in this case 2. LING occurrence.

OCDE (*abr de* **Organisation de coopération et de développement économique**) nf OECD.

océan [ɔseɑ̃] nm ocean / *l'océan Antarctique* the Antarctic Ocean / *l'océan Arctique* the Arctic Ocean / *l'océan Atlantique* the Atlantic Ocean / *l'océan Indien* the Indian Ocean / *l'océan Pacifique* the Pacific Ocean.

Océanie [ɔseani] nf : *l'Océanie* Oceania.

océanien, enne [ɔseanjɛ̃, ɛn] adj Oceanian. ◆ **Océanien, enne** nm, f Oceanian.

océanique [ɔseanik] adj ocean *(avant n)*.

océanographie [ɔseanɔgʀafi] nf oceanography.

ocelot [ɔslo] nm ocelot.

ocre [ɔkʀ] adj inv & nf ochre UK, ocher US.

octane [ɔktan] nm : *indice d'octane* octane rating.

octante [ɔktɑ̃t] adj num inv BELGIQUE SUISSE eighty.

octave [ɔktav] nf octave.

octet [ɔktɛ] nm INFORM byte.

octobre [ɔktɔbʀ] nm October. *Voir aussi* **septembre**.

octogénaire [ɔktɔʒenɛʀ] nmf & adj octogenarian.

octogonal, e, aux [ɔktɔgɔnal, o] adj octagonal.

octogone [ɔktɔgɔn] nm octagon.

octroie, octroies ⟶ **octroyer**.

octroyer [13] [ɔktʀwaje] vt ▸ **octroyer qqch à qqn** to grant sb sthg, to grant sthg to sb. ◆ **s'octroyer** vp to grant o.s., to treat o.s. to.

oculaire [ɔkylɛʀ] ❖ adj ocular, eye *(avant n)*. ❖ nm eyepiece.

oculiste [ɔkylist] nmf ophthalmologist.

ode [ɔd] nf ode.

odeur [ɔdœʀ] nf smell ▸ **odeur corporelle** body odour UK, body odor US ▸ **ne pas être en odeur de sainteté (auprès de)** *fam* & *fig* to be out of favour UK ou favor US (with).

odieusement [ɔdjøzmɑ̃] adv abominably.

odieux, euse [ɔdjø, øz] adj 1. [crime] odious, abominable 2. [personne, attitude] unbearable, obnoxious.

odorant, e [ɔdɔʀɑ̃, ɑ̃t] adj sweet-smelling, fragrant.

odorat [ɔdɔʀa] nm (sense of) smell.

odoriférant, e [ɔdɔʀifeʀɑ̃, ɑ̃t] adj sweet-smelling, fragrant.

odyssée [ɔdise] nf odyssey.

OEA (*abr de* **Organisation des États américains**) nf OAS.

œcuménique [ekymenik] adj ecumenical.

œdème [edɛm] nm oedema UK, edema US.

œdipe [edip] nm Oedipus complex.

œil [œj] (*pl* **yeux** [jø]) nm **1.** [gén] eye ▸ **yeux bridés / exorbités / globuleux** slanting/bulging/protruding eyes / *avoir de bons yeux* to have good eyesight / *avoir de mauvais yeux* to have bad ou poor eyesight ▸ **avoir les yeux cernés** to have bags under one's eyes ▸ **baisser / lever les yeux** to look down/up, to lower/raise one's eyes ▸ **du coin de l'œil** out of the corner of one's eye / *chercher qqn des yeux* to look around for sb ▸ **à l'œil nu** to the naked eye ▸ **sous mes / tes etc. yeux** before my/your etc. very eyes ▸ **à vue d'œil** visibly / *rien n'échappait à l'œil du professeur* nothing escaped the teacher's notice **2.** [bulle de graisse] blob of grease ou fat **3.** EXPR **attention les yeux !** *fam* get an eyeful of that! ▸ **avoir qqch / qqn à l'œil** to have one's eye on sthg/sb / *j'ai eu deux tickets à l'œil* *fam* I got two tickets gratis ou (for) free ou on the house ▸ **avoir un œil au beurre noir** *fam* to have a black eye ▸ **n'avoir pas froid aux yeux** to be fearless, to have plenty of nerve ▸ **avoir des yeux de lynx** to have eyes like a hawk ▸ **ne pas avoir les yeux dans sa poche** *fam* to be very observant ▸ **couver qqch / qqn des yeux** to look fondly at sthg/sb, to look lovingly at sthg/sb ▸ **ne pas en croire ses yeux** not to believe one's eyes ▸ **dévorer qqn / qqch des yeux** a) [avec insistance] to eye sb/sthg intently b) [avec convoitise] to eye sb/sthg greedily ▸ **faire de l'œil à qqn** *fam* to give sb the eye, to eye sb up ▸ **faire les gros yeux à qqn** to glare at sb ▸ **faire qqch pour les beaux yeux de qqn** to do sthg for the love of sb ▸ **fermer les yeux sur qqch** to turn a blind eye to sthg / *jeter le mauvais œil à qqn* to give sb the evil eye ▸ **mon œil !** *fam* like hell! / *généreux, mon œil !* *fam* generous, my foot! ▸ **ouvrir l'œil** to keep one's eyes open ▸ **se rincer l'œil** *fam* to get an eyeful ▸ **cela saute aux yeux** it's obvious ▸ **tourner de l'œil** *fam* to pass out, to faint / *voir qqch d'un bon / mauvais œil* to look favourably/unfavourably upon sthg.

œil-de-bœuf [œjdəbœf] (*pl* **œils-de-bœuf**) nm bull's-eye window.

œillade [œjad] nf wink ▸ **lancer une œillade à qqn** to wink at sb.

œillère [œjɛʀ] nf eyebath. ◆ **œillères** nfpl blinkers UK, blinders US ▸ **avoir des œillères** *fig* to be blinkered.

œillet [œjɛ] nm **1.** [fleur] carnation **2.** [de chaussure] eyelet.

œnologie [enɔlɔʒi] nf wine appreciation.

œnologue [enɔlɔg] nmf wine expert.

œsophage [ezɔfaʒ] nm oesophagus UK, esophagus US.

œstrogène [ɛstʀɔʒɛn] nm oestrogen UK, estrogen US.

œuf [œf] (*pl* **œufs** [ø]) nm egg ▸ **œuf à la coque / au plat / poché** boiled/fried/poached egg ▸ **œuf mollet / dur** soft-boiled/hard-boiled egg ▸ **œuf de Pâques** Easter egg ▸ **œufs brouillés** scrambled eggs ▸ **œufs en** ou **à la neige** stiffly-beaten egg whites ▸ **dans l'œuf** *fig* in the bud.

œuvre [œvʀ] ✧ nf **1.** [travail] work ▸ **être à l'œuvre** to be working ou at work ▸ **se mettre à l'œuvre** to get down to work ▸ **mettre qqch en œuvre** a) to make use of sthg b) [loi, accord, projet] to implement sthg **2.** [artistique] work ; [ensemble de la production d'un artiste] works *pl* ▸ **œuvre d'art** work of art ▸ **œuvre de bienfaisance** charity, charitable organization ; [organisation] charity. ✧ nm **1.** [d'artiste] works *pl*, work **2.** [de bâtiment] ▸ **le gros œuvre** the shell.

œuvrer [5] [œvʀe] vi *litt* ▸ **œuvrer (pour)** to work (for).

OFCE (*abr de* **Observatoire français des conjonctures économiques**) nm *economic research institute*.

off [ɔf] adj inv **1.** CINÉ [voix, son] off **2.** [festival] fringe *(avant n)*.

offensant, e [ɔfɑ̃sɑ̃, ɑ̃t] adj offensive.

offense [ɔfɑ̃s] nf **1.** [insulte] insult **2.** RELIG trespass.

offenser [3] [ɔfɑ̃se] vt **1.** [personne] to offend **2.** [bon goût] to offend against. ◆ **s'offenser** vp ▸ **s'offenser de** to take offence UK ou offense US at, to be offended by.

offenseur [ɔfɑ̃sœʀ] nm *litt* offender, offending party.

offensif, ive [ɔfɑ̃sif, iv] adj offensive. ◆ **offensive** nf **1.** MIL offensive ▸ **passer à l'offensive** to go on the offensive ▸ **prendre l'offensive** to take the offensive **2.** *fig* [du froid] (sudden) onset.

offert, e [ɔfɛʀ, ɛʀt] pp ⟶ **offrir**.

offertoire [ɔfɛʀtwaʀ] nm offertory.

office [ɔfis] nm **1.** [bureau] office, agency ▸ **office du tourisme** tourist office **2.** [fonction] ▸ **faire office de** to act as ▸ **remplir son office** to do its job, to fulfil its function **3.** RELIG service **4.** EXPR **recourir aux offices de qqn** to turn to sb for help. ◆ **d'office** loc adv automatically, as a matter of course ▸ **commis d'office** officially appointed.

officialiser [3] [ɔfisjalize] vt to make official.

officiel, elle [ɔfisjɛl] adj & nm, f official.

officiellement [ɔfisjɛlmɑ̃] adv officially.

officier¹ [9] [ɔfisje] vi to officiate.

officier² [ɔfisje] nm officer ▸ **officier d'ordonnance** aide-de-camp.

officieusement [ɔfisjøzmɑ̃] adv unofficially.

officieux, euse [ɔfisjø, øz] adj unofficial.

officine [ɔfisin] nf **1.** [pharmacie] pharmacy **2.** *péj* [repaire] agency.

offrande [ɔfʀɑ̃d] nf **1.** [don] offering **2.** RELIG offertory.

offrant [ɔfʀɑ̃] nm ▸ **au plus offrant** to the highest bidder.

offre [ɔfʀ] nf **1.** [proposition] offer ; [aux enchères] bid ; [pour contrat] tender ▸ **'offres d'emploi'** 'situations vacant UK', 'help wanted US', 'vacancies' ▸ **offre d'essai** trial offer ▸ **offre de lancement** introductory offer / *offre promotionnelle* promotional offer / *offre* *de remboursement* money-back offer ▸ **offre publique d'achat** takeover bid ▸ **offre de prix** price bid **2.** ÉCON supply ▸ **la loi de l'offre et de la demande** the law of supply and demand.

offrir [34] [ɔfʀiʀ] vt **1.** [faire cadeau] ▸ **offrir qqch à qqn** to give sb sthg, to give sthg to sb / *offrir qqch en cadeau à qqn* to give sb sthg as a present **2.** [proposer] ▸ **offrir qqch à qqn** to offer sb sthg ou sthg to sb / *elle nous a offert sa maison pour l'été* she offered us her house for the summer ▸ **offrir (à qqn) de faire qqch** to offer to do sthg (for sb) **3.** [présenter] to offer, to present / *cette solution offre l'avantage d'être équitable* this solution has ou presents the advantage of being fair / *son visage n'offrait rien d'accueillant* his/her face showed no sign of welcome. ◆ **s'offrir** vp **1.** [croisière, livre] to treat o.s. to **2.** [se présenter] to present itself / *un seul moyen s'offrait à moi* there was only one course of action open to me **3.** [s'exposer] ▸ **s'offrir à qqch** to expose o.s. to sthg **4.** [se proposer] to offer one's services, to offer o.s. ▸ **s'offrir à faire qqch** to offer to do sthg / *s'offrir à payer les dégâts* to offer to pay for the damage.

offset [ɔfsɛt] ❖ adj inv offset. ❖ nm inv offset (lithography). ❖ nf inv offset press.

offshore [ɔfʃɔʀ] ❖ adj inv **1.** [exploitation] offshore **2.** SPORT speedboat *(avant n)* ▸ **bateau offshore** speedboat. ❖ nm SPORT speedboat racing.

offusquer [3] [ɔfyske] vt to offend. ◆ **s'offusquer** vp ▸ **s'offusquer (de)** to take offence UK ou offense US (at).

ogive [ɔʒiv] nf **1.** ARCHIT ogive ▸ **en ogive** ribbed **2.** MIL [d'obus] head ; [de fusée] nosecone ▸ **ogive nucléaire** nuclear warhead.

OGM (*abr de* **organisme génétiquement modifié**) nm GMO.

ogre, ogresse [ɔgʀ, ɔgʀɛs] nm, f ogre (ogress).

oh [o] ❖ interj oh! ▸ **oh là là !** dear oh dear! ❖ nm inv ▸ **pousser des oh et des ah** to ooh and ah.

ohé [ɔe] interj hey!

OHQ (*abr de* **ouvrier hautement qualifié**) nm highly skilled worker.

oie [wa] nf goose ▸ **oie blanche** *fam* & *fig* innocent young girl.

oignon [ɔɲɔ̃] nm **1.** [plante] onion ▸ **mêle-toi de tes oignons** *fam* & *fig* mind your own business ▸ **soigner qqn aux petits oignons** *fam* & *fig* to take care of sb's every need **2.** [bulbe] bulb **3.** MÉD bunion.

oindre [82] [wɛ̃dʀ] vt *litt* **1.** [corps] to (rub with) oil **2.** RELIG to anoint.

oiseau, x [wazo] nm **1.** ZOOL bird ▸ **oiseau de proie** bird of prey **2.** *fam* & *péj* [individu] character.

oiseau-mouche [wazomuʃ] (*pl* **oiseaux-mouches**) nm hummingbird.

oiseleur [wazlœʀ] nm bird catcher.

oiseux, euse [wazø, øz] adj pointless.

oisif, ive [wazif, iv] ❖ adj idle. ❖ nm, f man of leisure (woman of leisure).

oisillon [wazijɔ̃] nm fledgling.

oisiveté [wazivte] nf idleness.

oison [wazɔ̃] nm gosling.

OIT (*abr de* **Organisation internationale du travail**) nf ILO.

O.K. [ɔke] interj *fam* okay.

OL (*abr écrite de* **ondes longues**) LW.

ola [ɔla] nf Mexican wave UK, wave US.

oléagineux, euse [ɔleaʒinø, øz] adj oleaginous. ◆ **oléagineux** nm oleaginous plant.

oléoduc [ɔleɔdyk] nm (oil) pipeline.

olfactif, ive [ɔlfaktif, iv] adj olfactory.

oligo-élément [ɔligɔelemɑ̃] (*pl* **oligo-éléments**) nm trace element.

olivâtre [ɔlivatʀ] adj [verdâtre] olive-coloured UK, olive-colored US ; [teint] sallow.

olive [ɔliv] ❖ nf olive. ❖ adj inv olive, olive-green.

oliveraie [ɔlivʀɛ] nf olive grove.

olivier [ɔlivje] nm [arbre] olive tree ; [bois] olive wood.

OLP (*abr de* **Organisation de libération de la Palestine**) nf PLO.

Olympe [ɔlɛ̃p] nm : *l'Olympe* Olympus.

olympiade [ɔlɛ̃pjad] nf *(gén pl)* olympiad *sg*.

olympien, enne [ɔlɛ̃pjɛ̃, ɛn] adj Olympian.

olympique [ɔlɛ̃pik] adj Olympic *(avant n)*.

OM ❖ nm (*abr de* **Olympique de Marseille**) *Marseilles football team.* ❖ nfpl (*abr écrite de* **ondes moyennes**) MW.

Oman [ɔman] npr Oman / *le sultanat d'Oman* the Sultanate of Oman.

ombilic [ɔ̃bilik] nm **1.** [de personne] navel **2.** BOT navelwort.

ombilical, e, aux [ɔ̃bilikal, o] adj umbilical.

omble [ɔ̃bl] nm : *omble chevalier fish found especially in Lake Geneva, with a light texture and flavour.*

ombrage [ɔ̃bʀaʒ] nm shade ▸ **porter ombrage à qqn** *litt* & *fig* to offend sb ▸ **prendre ombrage de qqch** *litt* & *fig* to take offence UK ou offense US at sthg, to take umbrage at sthg.

ombragé, e [ɔ̃bʀaʒe] adj shady.

ombrageux, euse [ɔ̃bʀaʒø, øz] adj **1.** *litt* [personne] touchy, prickly **2.** [cheval] nervous, skittish.

ombre [ɔ̃bʀ] nf **1.** [zone sombre] shade / *il fait 30 °C à l'ombre* it's 30 °C in the shade ▸ **faire de l'ombre à qqn** to get in sb's light ▸ **à l'ombre de a)** [arbre] in the shade of **b)** [personne] in the shadow of / *dans l'ombre des sous-bois* in the shadowy undergrowth ▸ **rester dans l'ombre de qqn** *fig* to live in sb's shadow ▸ **laisser qqch dans l'ombre** *fig* to deliberately ignore sthg ▸ **vivre dans l'ombre** *fig* to live in obscurity / *ceux qui œuvrent dans l'ombre pour la paix* those who work behind the scenes to bring about peace **2.** [forme, fantôme] shadow

▸ **ombres chinoises** a) [spectacle] shadow play ou pantomime *sg* b) [jeu] Chinese shadows ▸ **il n'est plus que l'ombre de lui-même** he's but a shadow of his former self ▸ **il y a une ombre au tableau** *fig* there's a fly in the ointment **3.** [trace] hint ▸ **ça ne fait pas l'ombre d'un doute** there's not the shadow of a doubt **4.** [cosmétique] ▸ **ombre à paupières** eye shadow.

shadow ou shade ?

Shadow désigne l'ombre portée au sol par quelqu'un ou quelque chose, tandis que shade se réfère à *l'ombre* au sens d'« absence de lumière ».

ombrelle [ɔ̃bʀɛl] nf parasol.

ombrer [3] [ɔ̃bʀe] vt **1.** [paupières] to put eye shadow on **2.** [dessin] to shade (in).

OMC (*abr de* **Organisation mondiale du commerce**) nf WTO.

omelette [ɔmlɛt] nf omelette ▸ **omelette norvégienne** baked Alaska.

omerta [ɔmɛʀta] nf law of silence, omertà.

omets ⟶ **omettre**.

omettre [84] [ɔmɛtʀ] vt to omit ▸ **omettre de faire qqch** to omit to do sthg.

OMI (*abr de* **Organisation maritime internationale**) nf IMO.

omis, e [ɔmi, iz] pp ⟶ **omettre**.

omission [ɔmisjɔ̃] nf omission ▸ **par omission** by omission.

OMM (*abr de* **Organisation météorologique mondiale**) nf WMO.

omnibus [ɔmnibys] ❖ nm stopping UK ou local US train. ❖ adj inv ▸ **ce train est omnibus pour…** this train stops at all stations to….

omnipotent, e [ɔmnipɔtɑ̃, ɑ̃t] adj omnipotent.

omniprésence [ɔmnipʀezɑ̃s] nf omnipresence.

omniprésent, e [ɔmnipʀezɑ̃, ɑ̃t] adj omnipresent.

omniscient, e [ɔmnisjɑ̃, ɑ̃t] adj omniscient.

omnisports [ɔmnispɔʀ] adj inv sports *(avant n)*.

omnivore [ɔmnivɔʀ] ❖ nm omnivore. ❖ adj omnivorous.

omoplate [ɔmɔplat] nf [os] shoulder blade ; [épaule] shoulder.

OMS (*abr de* **Organisation mondiale de la santé**) nf WHO.

on [ɔ̃]

❖ pron indéf

1. [indéterminé] you, one / *on dirait qu'il va pleuvoir* it looks like rain / *on n'a pas le droit de fumer ici* you're not allowed ou one isn't allowed to smoke here, smoking isn't allowed here

2. [les gens, l'espèce humaine] they, people / *on dit que la vie là-bas n'est pas chère* they say that the cost of living over there is cheap / *on vit de plus en plus vieux en Europe* people in Europe are living longer and longer

3. [quelqu'un] someone / *est-ce qu'on vous sert, Monsieur ?* are you being served, Sir? / *on vous a appelé au téléphone ce matin* there was a telephone call for you this morning

4. *fam* [nous] we / *on s'en va* we're off, we're going

5. [se substituant à d'autres pronoms personnels] : *alors, on ne répond pas au téléphone ? fam* aren't you going to answer the phone? / *ça va, on a compris ! fam* all right, I've got the message!

onanisme [ɔnanism] nm onanism.

once [ɔ̃s] nf ▸ **une once (de)** an ounce (of).

oncle [ɔ̃kl] nm uncle.

onction [ɔ̃ksjɔ̃] nf unction.

onctueux, euse [ɔ̃ktɥø, øz] adj smooth.

onctuosité [ɔ̃ktɥozite] nf smoothness.

onde [ɔ̃d] nf **1.** PHYS wave **2.** *litt* [eau] ▸ **l'onde** the waters *pl*. ◆ **ondes** nfpl [radio] air *sg*.

ondée [ɔ̃de] nf shower (of rain).

on-dit [ɔ̃di] nm inv rumour UK, rumor US, hearsay *(U)*.

ondoyant, e [ɔ̃dwajɑ̃, ɑ̃t] adj *litt* [ondulant] rippling ; [démarche] swaying.

ondoyer [13] [ɔ̃dwaje] vi *litt* to ripple.

ondulant, e [ɔ̃dylɑ̃, ɑ̃t] adj [ondoyant] undulating, wavy ; [démarche] swaying.

ondulation [ɔ̃dylasjɔ̃] nf **1.** [mouvement] rippling ; [de sol, terrain] undulation **2.** [de coiffure] wave.

ondulé, e [ɔ̃dyle] adj [surface] undulating ; [chevelure] wavy ; [tôle, carton] corrugated.

onduler [3] [ɔ̃dyle] vi [drapeau] to ripple, to wave ; [cheveux] to be wavy ; [route] to undulate.

one-man-show [wanmanʃo] nm inv one-man show.

onéreux, euse [ɔneʀø, øz] adj costly.

one-woman-show [wanwumanʃo] nm inv one-woman-show.

ONF (*abr de* **Office national des forêts**) nm *French national forestry agency* ; ≃ Forestry Commission UK ; ≃ National Forestry Service US.

ONG (*abr de* **organisation non gouvernementale**) nf NGO.

ongle [ɔ̃gl] nm **1.** [de personne] fingernail, nail ▸ **se faire les ongles** to do one's nails ▸ **se ronger les ongles** to bite one's nails **2.** [d'animal] claw.

onglée [ɔ̃gle] nf : *j'ai l'onglée* my fingers are numb with cold.

onglet [ɔ̃glɛ] nm **1.** [de reliure] tab **2.** [de lame] thumbnail groove **3.** CULIN top skirt.

onguent [ɔ̃gɑ̃] nm ointment.

onirique [ɔniʀik] adj [relatif au rêve] dream *(avant n)*; [semblable au rêve] dreamlike.

onomastique [ɔnɔmastik] ◆ nf onomastics *sg.* ◆ adj onomastic.

onomatopée [ɔnɔmatɔpe] nf onomatopoeia.

ont ⟶ **avoir**.

ONU, Onu [ɔny] (*abr de* **Organisation des Nations unies**) nf UN, UNO.

ONUDI, Onudi [ɔnydi] (*abr de* **Organisation des Nations unies pour le développement industriel**) nf UNIDO.

onyx [ɔniks] nm onyx.

onze [ɔ̃z] ◆ adj num inv eleven. ◆ nm [chiffre & SPORT] eleven. *Voir aussi* **six**.

onzième [ɔ̃zjɛm] ◆ adj num inv, nm & nmf eleventh. ◆ nf [classe] ≃ second year ou form *(at primary school)* UK ; ≃ first grade US ; *Voir aussi* **sixième.**, **sixième**.

OP (*abr de* **ouvrier professionnel**) nm skilled worker.

OPA (*abr de* **offre publique d'achat**) nf takeover bid ▸ **OPA amicale** friendly takeover bid ▸ **OPA hostile** hostile takeover bid.

opacité [ɔpasite] nf opacity.

opale [ɔpal] nf & adj inv opal.

opaline [ɔpalin] nf opaline.

opaque [ɔpak] adj ▸ **opaque (à)** opaque (to).

op. cit. (*abr écrite de* **opere citato**) op. cit.

OPE (*abr de* **offre publique d'échange**) nf *takeover bid where bidder offers to exchange shares.*

open-source [ɔpɛnsuʀs] adj INFORM open source.

OPEP, Opep [ɔpɛp] (*abr de* **Organisation des pays exportateurs de pétrole**) nf OPEC.

opéra [ɔpeʀa] nm **1.** MUS opera **2.** [théâtre] opera house ▸ **l'Opéra Bastille** *opera house built on the site of the Bastille* ▸ **l'Opéra de Paris** the Paris Opera (House).

opérable [ɔpeʀabl] adj operable.

opéra-bouffe [ɔpeʀabuf] (*pl* **opéras-bouffes**) nm comic opera.

opéra-comique [ɔpeʀakɔmik] (*pl* **opéras-comiques**) nm light opera.

opérateur, trice [ɔpeʀatœʀ, tʀis] nm, f operator ▸ **opérateur de saisie** keyboarder.

opération [ɔpeʀasjɔ̃] nf **1.** [gén] operation / *pratiquer une opération* to carry out surgery ou an operation / *subir une grave / petite opération* to undergo major / minor surgery, to have a major / minor operation / *la police a effectué une opération coup de poing dans le quartier* the police swooped on the area / *crois-tu que tu y arriveras par l'opération du Saint-Esprit ?* *fam* & *hum* do you think you'll succeed just waiting for things to happen? **2.** COMM deal, transaction ▸ **opération bancaire** bank transaction ▸ **opération boursière** stock exchange transaction ou dealing ▸ **opérations de Bourse** share dealing ▸ **opération financière** financial transaction.

opérationnel, elle [ɔpeʀasjɔnɛl] adj operational.

opératoire [ɔpeʀatwaʀ] adj MÉD operating *(avant n)* ▸ **choc opératoire** post-operative shock.

opérer [18] [ɔpeʀe] ◆ vt **1.** MÉD to operate on **2.** [exécuter] to carry out, to implement; [choix, tri] to make. ◆ vi [agir] to take effect; [personne] to operate, to proceed. ◆ **s'opérer** vp to come about, to take place.

opérette [ɔpeʀɛt] nf operetta.

ophtalmique [ɔftalmik] adj ophthalmic.

ophtalmo [ɔftalmo] nmf *fam* *abr de* **ophtalmologiste**.

ophtalmologiste [ɔftalmɔlɔʒist], **ophtalmologue** [ɔftalmɔlɔg] nmf ophthalmologist, eye specialist.

Opinel® [ɔpinɛl] nm *folding knife used especially for outdoor activities, scouting, etc.*

opiner [3] [ɔpine] vi *sout* ▸ **opiner à qqch** to give one's consent to sthg.

opiniâtre [ɔpinjatʀ] adj **1.** [caractère, personne] stubborn, obstinate **2.** [effort] dogged; [travail] unrelenting; [fièvre, toux] persistent.

opiniâtreté [ɔpinjatʀəte] nf [de caractère, personne] stubbornness, obstinacy.

opinion [ɔpinjɔ̃] nf opinion ▸ **conforter** ou **renforcer qqn dans son opinion** to confirm sb's opinion ▸ **avoir (une) bonne / mauvaise opinion de** to have a good / bad opinion of ▸ **l'opinion publique** public opinion. *Voir encadré page suivante.*

opium [ɔpjɔm] nm opium.

opportun, e [ɔpɔʀtœ̃, yn] adj opportune, timely.

opportunément [ɔpɔʀtynemɑ̃] adv opportunely.

opportunisme [ɔpɔʀtynism] nm opportunism.

opportuniste [ɔpɔʀtynist] ◆ nmf opportunist. ◆ adj opportunistic.

opportunité [ɔpɔʀtynite] nf **1.** [à-propos] opportuneness, timeliness **2.** [occasion] opportunity.

opposant, e [ɔpozɑ̃, ɑ̃t] ◆ adj opposing. ◆ nm, f ▸ **opposant (à)** opponent (of).

opposé, e [ɔpoze] adj **1.** [direction, côté, angle] opposite **2.** [intérêts, opinions] conflicting; [forces] opposing **3.** [hostile] ▸ **opposé à** opposed to. ◆ **opposé** nm ▸ **l'opposé** the opposite ▸ **à l'opposé de** a) in the opposite direction from b) *fig* unlike, contrary to.

opposer [3] [ɔpoze] vt **1.** [mettre en opposition - choses, notions] ▸ **opposer qqch (à)** to contrast sthg (with) **2.** [mettre en présence - personnes, armées] to oppose / *opposer deux équipes* to bring two teams together ▸ **opposer qqn à qqn** to pit ou set sb against sb / *qui peut-on opposer au président sortant ?* who can we put up against the outgoing president? **3.** [refus, protestation, objection] to put forward / *opposer une objection à qqn* to raise an objection with sb, to put forward an objection to sb **4.** [diviser] to divide / *deux guerres ont opposé nos pays* two wars have brought our countries into conflict. ◆ **s'opposer** vp **1.** [contraster] to contrast **2.** [entrer

Comment exprimer une opinion

Pour exprimer son opinion

- **In my opinion, ...** *À mon avis, ...*
- **As I see it, ...** *Selon moi, ...*
- **As far as I'm concerned, ...** *En ce qui me concerne, ...*
- **Personally, I feel that ...** *Personnellement, j'ai le sentiment que ...*
- **It seems to me that ...** *Il me semble que ...*
- **If you ask me, ...** *Si vous voulez mon avis, ...*
- **Quite frankly, I'm not impressed.** *Franchement, je ne trouve pas ça terrible.*
- **On balance, I think it's a good idea.** *Tout bien considéré, je pense que c'est une bonne idée.*
- **If you don't mind my saying so, it seems rather complicated.** *Excusez-moi, mais ça semble plutôt compliqué.*
- **I don't know about you, but I quite like it.** *Je ne sais pas ce que vous en pensez, mais moi, j'aime bien.*

Pour solliciter une opinion

- **What do you think of their proposal?** *Que pensez-vous de leur proposition ?*
- **What's your opinion on the fashion industry?** *Quel est votre avis sur l'industrie de la mode ?*
- **I'd like to hear your views.** *J'aimerais connaître votre point de vue.*
- **Anne, what do you think?** *Qu'est-ce que tu en penses, Anne ?*
- **What's your take on the situation?** *Qu'est-ce que t'en dis ?*

Pour éviter de prendre position

- **That depends.** *Ça dépend.*
- **I don't know really.** *Je ne sais pas vraiment.*
- **It's difficult to say.** *C'est difficile à dire.*
- **I wouldn't like to say.** *Je préférerais ne rien dire.*
- **I haven't really thought about it.** *Je n'y ai pas vraiment réfléchi.*

en conflit] to clash **3.** ▸ **s'opposer à** [se dresser contre] to oppose, to be opposed to / *il s'opposera ce soir au président dans un débat télévisé* he'll face the president tonight in a televised debate ▸ **s'opposer à ce que qqn fasse qqch** to be opposed to sb's doing sthg / *je m'oppose à ce que tu reviennes* I'm against ou opposed to your coming back.

opposition [ɔpozisjɔ̃] nf **1.** [gén] opposition / *nous avons rencontré une forte opposition* we encountered strong opposition ▸ **faire opposition à a)** [décision, mariage] to oppose **b)** [chèque] to stop UK ▸ **entrer en opposition avec** to come into conflict with / *je me suis trouvée en opposition avec elle sur plusieurs points* I found myself at odds ou at variance with her on several points **2.** DR ▸ **opposition (à)** objection (to) / *faire opposition à un acte* to lodge an objection to a deed **3.** [contraste] contrast / *opposition de ou entre deux styles* clash of ou between two styles ▸ **par opposition à** in contrast with, as opposed to **4.** POL : *les dirigeants / partis de l'opposition* the leaders / parties of the Opposition.

oppressant, e [ɔpʀesɑ̃, ɑ̃t] adj oppressive.

oppresser [4] [ɔpʀese] vt **1.** [étouffer] to suffocate, to stifle **2.** *fig* [tourmenter] to oppress.

oppresseur [ɔpʀesœʀ] ❖ nm oppressor. ❖ adj oppressive.

oppressif, ive [ɔpʀesif, iv] adj oppressive.

oppression [ɔpʀesjɔ̃] nf **1.** [asservissement] oppression **2.** [malaise] tightness of the chest.

opprimé, e [ɔpʀime] ❖ adj oppressed. ❖ nm, f oppressed person.

opprimer [3] [ɔpʀime] vt **1.** [asservir] to oppress **2.** [étouffer] to stifle.

opprobre [ɔpʀɔbʀ] nm *litt* ▸ **jeter l'opprobre sur qqn** to cast opprobrium on sb.

opter [3] [ɔpte] vi ▸ **opter pour** to opt for.

opticien, enne [ɔptisjɛ̃, ɛn] nm, f optician.

optimal, e, aux [ɔptimal, o] adj optimal.

optimiser [ɔptimize], **optimaliser** [3] [ɔptimalize] vt to optimize.

optimisme [ɔptimism] nm optimism.

optimiste [ɔptimist] ❖ nmf optimist. ❖ adj optimistic.

optimum [ɔptimɔm] (*pl* **optimums** *ou* **optima** [-ma]) nm & adj optimum.

option [ɔpsjɔ̃] nf **1.** [gén] option ▸ **prendre une option sur** FIN to take (out) an option on **2.** [accessoire] optional extra.

optionnel, elle [ɔpsjɔnɛl] adj optional.

optique [ɔptik] ❖ nf **1.** [science, technique] optics (U) **2.** [perspective] viewpoint ▸ **dans l'optique de faire qqch** with a mind ou view to doing sthg. ❖ adj [nerf] optic ; [verre] optical.

opulence [ɔpylɑ̃s] nf **1.** [richesse] opulence ▸ **vivre ou nager dans l'opulence** to live a life of luxury **2.** [ampleur] fullness, ampleness.

opulent, e [ɔpylɑ̃, ɑ̃t] adj **1.** [riche] rich **2.** [gros] ample.

OQ (*abr de* **ouvrier qualifié**) nm skilled worker.

or[1] [ɔʀ] nm **1.** [métal, couleur] gold ▸ **en or** [objet] gold (*avant n*) / *une bague en or* a gold ring ▸ **une occasion en or** a golden opportunity ▸ **une affaire en or a)** [achat] an excellent bargain **b)** [commerce] a lucrative line of business / *j'ai une femme en or* I've a wonderful wife ▸ **or blanc** white gold ▸ **or massif** solid gold ▸ **or noir** *fig* oil / *le cours de l'or* the price of gold ▸ **l'étalon-or** the gold standard ▸ **pour tout l'or du monde** *fig* for all the tea in China ▸ **rouler sur l'or** *fig* to be rolling in it ▸ **un cœur d'or** a heart of gold **2.** [dorure] gilding.

or² [ɔʀ] conj [au début d'une phrase] now / *il faut tenir les délais ; or, ce n'est pas toujours possible* deadlines must be met; now this is not always possible ; [pour introduire un contraste] well, but / *je devais y aller, or au dernier moment j'ai eu un empêchement* I was supposed to go, but then at the last moment something came up.

oracle [ɔʀakl] nm oracle.

orage [ɔʀaʒ] nm **1.** [tempête] storm ▸ **il y a de l'orage dans l'air** *fig* there's a storm brewing **2.** *fig* [tumulte, revers] turmoil.

orageux, euse [ɔʀaʒø, øz] adj stormy.

oraison [ɔʀɛzɔ̃] nf prayer ▸ **oraison funèbre** funeral oration.

oral, e, aux [ɔʀal, o] adj oral. ◆ **oral** nm oral (examination) ▸ **oral de rattrapage** *oral examination taken after failing written exams.*

oralement [ɔʀalmɑ̃] adv orally.

orange [ɔʀɑ̃ʒ] ❖ nf orange ▸ **orange pressée** freshly squeezed orange juice. ❖ nm & adj inv [couleur] orange.

orangé, e [ɔʀɑ̃ʒe] adj orangey. ◆ **orangé** nm orangey colour UK ou color US.

orangeade [ɔʀɑ̃ʒad] nf orange squash UK, orangeade US.

oranger [ɔʀɑ̃ʒe] nm orange tree.

orangeraie [ɔʀɑ̃ʒʀɛ] nf orange grove.

Orangina® [ɔʀɑ̃ʒina] nm Orangina®.

orang-outan (*pl* **orangs-outans**), **orang-outang** (*pl* **orangs-outangs**) [ɔʀɑ̃utɑ̃] nm orang-utang.

orateur, trice [ɔʀatœʀ, tʀis] nm, f **1.** [conférencier] speaker **2.** [personne éloquente] orator.

orbital, e, aux [ɔʀbital, o] adj [mouvement] orbital ; [station] orbiting.

orbite [ɔʀbit] nf **1.** ANAT (eye) socket **2.** ASTRON orbit ▸ **mettre sur orbite a)** AÉRON to put into orbit **b)** *fig* to launch.

Orcades [ɔʀkad] nfpl : *les Orcades* the Orkney Islands, the Orkneys.

orchestral, e, aux [ɔʀkɛstʀal, o] adj orchestral.

orchestration [ɔʀkɛstʀasjɔ̃] nf orchestration.

orchestre [ɔʀkɛstʀ] nm **1.** MUS orchestra **2.** CINÉ & THÉÂTRE stalls *pl* UK, orchestra US.

orchestrer [3] [ɔʀkɛstʀe] vt *pr* & *fig* to orchestrate.

orchidée [ɔʀkide] nf orchid.

ordinaire [ɔʀdinɛʀ] ❖ adj **1.** [usuel, standard] ordinary, normal / *en temps ordinaire* usually, normally / *peu* ou *pas ordinaire* **a)** [attitude, méthode, journée] unusual **b)** [volonté] unusual, extraordinary **2.** *péj* [commun] ordinary, common. ❖ nm **1.** [moyenne] ▸ **l'ordinaire** the ordinary / *comme à l'ordinaire, il arriva en retard* as usual, he turned up late / *sortir de l'ordinaire* to be out of the ordinary **2.** [alimentation] usual diet. ◆ **d'ordinaire** loc adv normally, usually / *plus tôt que d'ordinaire* earlier than usual.

ordinal, e, aux [ɔʀdinal, o] adj ordinal. ◆ **ordinal, aux** nm ordinal (number).

ordinateur [ɔʀdinatœʀ] nm computer ▸ **ordinateur individuel** personal computer, PC ▸ **ordinateur de bureau** desktop (computer) ▸ **ordinateur portable** laptop (computer) ▸ **ordinateur de poche** palmtop.

ordonnance [ɔʀdɔnɑ̃s] ❖ nf **1.** MÉD prescription **2.** [de gouvernement, juge] order. ❖ nmf MIL orderly.

ordonnateur, trice [ɔʀdɔnatœʀ, tʀis] nm, f organizer.

ordonné, e [ɔʀdɔne] adj [maison, élève] tidy.

ordonner [3] [ɔʀdɔne] vt **1.** [ranger] to organize, to put in order **2.** [enjoindre] to order, to tell ▸ **ordonner à qqn de faire qqch** to order sb to do sthg **3.** MÉD ▸ **ordonner qqch à qqn** to prescribe sb sthg **4.** RELIG to ordain **5.** MATH to arrange in order. ◆ **s'ordonner** vp to be arranged ou put in order.

ordre [ɔʀdʀ] nm **1.** [gén, MIL & RELIG] order ▸ **par ordre alphabétique / chronologique / décroissant** in alphabetical / chronological / descending order ▸ **par ordre d'apparition à l'écran** in order of appearance ▸ **par ordre d'entrée en scène** in order of appearance ▸ **procéder par ordre** to take one thing at a time ▸ **rentrer dans l'ordre** : *puis tout est rentré dans l'ordre* then order was restored, then everything went back to normal ▸ **rétablir l'ordre** to restore order ▸ **donner un ordre à qqn** to give sb an order ▸ **être aux ordres de qqn** to be at sb's disposal ▸ **intimer à qqn l'ordre de faire qqch** to order sb to do sthg ▸ **jusqu'à nouvel ordre** until further notice ▸ **entrer dans les ordres** RELIG to take holy orders ▸ **l'ordre établi** the established order ▸ **ordre de mission** MIL orders *pl (for a particular mission)* ▸ **ordre de passage** running order ▸ **l'ordre public** law and order ▸ **troubler l'ordre public** to disturb the peace **2.** [bonne organisation] tidiness, orderliness ▸ **en ordre** orderly, tidy ▸ **avoir de l'ordre** to be orderly ou tidy ▸ **mettre en ordre** to put in order, to tidy (up) / *mettre de l'ordre dans ses idées* to order one's ideas ▸ **mettre bon ordre à** to sort out ▸ **remettre qqch en ordre** to tidy sthg up **3.** [catégorie] ▸ **de premier ordre** first-rate ▸ **de second ordre** second-rate ▸ **d'ordre privé / pratique** of a private / practical nature / *dans le même ordre d'idées* similarly ▸ **dans un tout autre ordre d'idées** in a quite different connection ▸ **pouvez-vous me donner un ordre de grandeur ?** can you give me some idea of the size / amount etc. ? **4.** [corporation] professional association ▸ **l'Ordre des médecins** ≃ the British Medical Association UK ; ≃ the American Medical Association US **5.** FIN ▸ **à l'ordre de** payable to / *c'est à quel ordre ?* who shall I make it payable to? ◆ **ordre du jour** nm **1.** [de réunion] agenda ▸ **à l'ordre du jour a)** [de réunion] on the agenda **b)** *fig* topical / *mettre qqch à l'ordre du jour* to put ou to place sthg on the agenda **2.** MIL order of the day / *cité à l'ordre du jour* mentioned in dispatches.

ordure [ɔʀdyʀ] nf **1.** *fig* [grossièreté] filth *(U)* **2.** *injur* [personne] scum *(U)*, bastard. ◆ **ordures** nfpl [déchets] rubbish *(U)* UK, garbage *(U)* US.

ordurier, ère [ɔʀdyʀje, ɛʀ] adj filthy, obscene.

orée [ɔʀe] nf edge.

oreille [ɔʀɛj] nf **1.** ANAT ear **2.** [ouïe] hearing ▸ **avoir de l'oreille** to have a good ear (for music) ▸ **être dur d'oreille** to be hard of hearing **3.** [de fauteuil, écrou] wing ; [de marmite, tasse] handle **4.** EXPR **se boucher les oreilles** to close one's ears ▸ **dormir sur ses deux oreilles** to rest easy ▸ **dresser** OU **tendre l'oreille** to prick up one's ears ▸ **écorcher les oreilles** to grate on the ear ▸ **écouter d'une oreille distraite, n'écouter que d'une oreille** to only half-listen ▸ **il ne l'entend pas de cette oreille** he's dead (set) against it ▸ **faire la sourde oreille** to turn a deaf ear ▸ **se faire tirer l'oreille** to need talking round ▸ **prêter l'oreille (à qqch)** to lend an ear (to sthg) ▸ **rebattre les oreilles à qqn** *fam* to go on at sb.

oreiller [ɔʀɛje] nm pillow.

oreillette [ɔʀɛjɛt] nf **1.** [du cœur] auricle **2.** [de casquette] earflap.

oreillons [ɔʀɛjɔ̃] nmpl mumps *sg*.

ores [ɔʀ] ◆ **d'ores et déjà** loc adv from now on.

orfèvre [ɔʀfɛvʀ] nmf goldsmith ; [d'argent] silversmith ▸ **être orfèvre en la matière** *fig* to be (an) expert on the subject.

orfèvrerie [ɔʀfɛvʀəʀi] nf **1.** [art] goldsmith's art ; [d'argent] silversmith's art **2.** [commerce] goldsmith's trade ; [d'argent] silversmith's trade.

orfraie [ɔʀfʀɛ] nf sea eagle.

organdi [ɔʀgɑ̃di] nm organdie.

organe [ɔʀgan] nm **1.** ANAT organ ▸ **organes génitaux** genitals, genitalia ▸ **organes des sens** sense organs **2.** [institution] organ, body ▸ **les organes de l'État** the apparatus of the state ▸ **organe de presse** newspaper, publication **3.** [mécanisme] mechanism, system ▸ **organes de commande** controls ▸ **organes de transmission** transmission system **4.** *litt* [voix] voice **5.** *fig* [porte-parole] representative.

organigramme [ɔʀganigʀam] nm **1.** [hiérarchique] organization chart **2.** INFORM flow chart.

organique [ɔʀganik] adj organic.

organisateur, trice [ɔʀganizatœʀ, tʀis] ❖ adj organizing *(avant n).* ❖ nm, f organizer ; [campagne électorale] ▸ **organisateur de la publicité** campaign organizer UK, advance man US.

organisation [ɔʀganizasjɔ̃] nf organization ▸ **avoir le sens de l'organisation** to be well-organized ▸ **Organisation internationale de normalisation** International Standards Organization ▸ **Organisation mondiale du commerce** World Trade Organization.

organisé, e [ɔʀganize] adj organized ▸ **organisé en qqch** organized in sthg.

organiser [3] [ɔʀganize] vt to organize. ◆ **s'organiser** vp **1.** [personne] to be OU get organized **2.** [prendre forme] to take shape.

organiseur [ɔʀganisœʀ] nm [agenda, ordinateur] (personal) organizer.

organisme [ɔʀganism] nm **1.** BIOL & ZOOL organism ▸ **organisme génétiquement modifié** genetically modified organism **2.** [institution] body, organization.

organiste [ɔʀganist] nmf organist.

orgasme [ɔʀgasm] nm orgasm.

orge [ɔʀʒ] nf barley.

orgeat [ɔʀʒa] nm ▸ **sirop d'orgeat** barley water.

orgelet [ɔʀʒəlɛ] nm stye.

orgie [ɔʀʒi] nf orgy.

orgue [ɔʀg] nm organ. ◆ **orgues** nfpl **1.** *litt* & *vieilli* MUS organ *sg* **2.** GÉOL columns.

orgueil [ɔʀgœj] nm pride.

orgueilleux, euse [ɔʀgœjø, øz] ❖ adj proud. ❖ nm, f proud person.

orient [ɔʀjɑ̃] nm east. ◆ **Orient** nm ▸ **l'Orient** the Orient, the East.

orientable [ɔʀjɑ̃tabl] adj adjustable.

oriental, e, aux [ɔʀjɑ̃tal, o] adj [région, frontière] eastern ; [d'Extrême-Orient] oriental. ◆ **Oriental, e, aux** nm, f Oriental.

orientation [ɔʀjɑ̃tasjɔ̃] nf **1.** [direction] orientation **2.** SCOL career ▸ **orientation professionnelle** careers advice UK, vocational guidance **3.** [de maison] aspect **4.** *fig* [de politique, recherche] direction, trend.

orienté, e [ɔʀjɑ̃te] adj [tendancieux] biased.

orienter [3] [ɔʀjɑ̃te] vt **1.** [disposer] to position **2.** [voyageur, élève, recherches] to guide, to direct **3.** [navire] to steer ; [voile] to trim. ◆ **s'orienter** vp **1.** [se repérer] to find OU get one's bearings **2.** *fig* [se diriger] ▸ **s'orienter vers** to move towards OU toward US.

orifice [ɔʀifis] nm orifice.

oriflamme [ɔʀiflam] nf banner.

origan [ɔʀigɑ̃] nm oregano.

originaire [ɔʀiʒinɛʀ] adj **1.** [natif] ▸ **être originaire de** a) to originate from b) [personne] to be a native of **2.** [premier] original.

original, e, aux [ɔʀiʒinal, o] ❖ adj **1.** [premier, inédit] original **2.** [singulier] eccentric. ❖ nm, f [personne] (outlandish) character. ◆ **original, aux** nm [œuvre, document] original.

originalité [ɔʀiʒinalite] nf **1.** [nouveauté] originality ; [caractéristique] original feature **2.** [excentricité] eccentricity.

origine [ɔʀiʒin] nf **1.** [gén] origin ▸ **d'origine** a) [originel] original b) [de départ] of origin / *ma voiture a encore son moteur d'origine* my car has still got its original engine / *pays d'origine* country of origin / *d'origine anglaise* of English origin ▸ **à l'origine** originally / *être à l'origine d'une querelle* a) [personne] to be behind OU to be the cause of an argument b) [malentendu] to be at the origin OU root of an argument / *avoir son origine dans, tirer son origine de* to have one's origins in, to originate in / *il ne sait rien de ses origines* he doesn't know anything about his origins OU where he comes from **2.** [souche] origins *pl* / *les origines de la civilisation* the origins of civilization **3.** [provenance] source / *quelle est l'origine de ces pêches ?* where are these peaches from?

originel, elle [ɔʀiʒinɛl] adj original.

orignal, aux [ɔʀiɲal, o] nm moose.

oripeaux [ɔʀipo] nmpl rags.

ORL ◆ nmf (*abr de* oto-rhino-laryngologiste) ENT specialist. ◆ nf (*abr de* oto-rhino-laryngologie) ENT.

orme [ɔʀm] nm elm.

ormeau, x [ɔʀmo] nm young elm.

ornement [ɔʀnəmɑ̃] nm **1.** [gén & MUS] ornament ▸ **d'ornement** [plante, arbre] ornamental **2.** ARCHIT embellishment.

ornemental, e, aux [ɔʀnəmɑ̃tal, o] adj ornamental.

ornementation [ɔʀnəmɑ̃tasjɔ̃] nf ornamentation.

ornementer [3] [ɔʀnəmɑ̃te] vt to ornament.

orner [3] [ɔʀne] vt **1.** [décorer] ▸ **orner (de)** to decorate (with) **2.** [agrémenter] to adorn.

ornière [ɔʀnjɛʀ] nf rut.

ornithologie [ɔʀnitɔlɔʒi] nf ornithology.

orphelin, e [ɔʀfəlɛ̃, in] ◆ adj orphan *(avant n)*, orphaned ▸ **orphelin de père** fatherless ▸ **orphelin de mère** motherless. ◆ nm, f orphan.

orphelinat [ɔʀfəlina] nm orphanage.

orque [ɔʀk] nf killer whale.

Orsay [ɔʀsɛ] npr ▸ **le musée d'Orsay** *art museum in Paris specialized in the second half of the 19th century and the early 20th century.*

ORSEC, Orsec [ɔʀsɛk] (*abr de* organisation des secours) adj : *le plan Orsec disaster contingency plan.*

ORSECRAD, Orsecrad [ɔʀsɛkʀad] (*abr de* Orsec en cas d'accident nucléaire) adj : *plan Orsecrad disaster contingency plan in case of nuclear accident.*

orteil [ɔʀtɛj] nm toe ▸ **gros orteil** big toe.

orthodontiste [ɔʀtɔdɔ̃tist] nmf orthodontist.

orthodoxe [ɔʀtɔdɔks] ◆ adj **1.** RELIG Orthodox **2.** [conformiste] orthodox. ◆ nmf **1.** RELIG Orthodox Christian **2.** POL conformist.

orthodoxie [ɔʀtɔdɔksi] nf orthodoxy.

orthogonal, e, aux [ɔʀtɔgɔnal, o] adj orthogonal.

orthographe [ɔʀtɔgʀaf] nf spelling.

orthographier [9] [ɔʀtɔgʀafje] vt to spell ▸ **mal orthographier** to misspell.

orthographique [ɔʀtɔgʀafik] adj orthographic.

orthopédagogie [ɔʀtɔpedagɔʒi] nf QUÉBEC SCOL & MÉD special education.

orthopédie [ɔʀtɔpedi] nf orthopedics *(U)*.

orthopédique [ɔʀtɔpedik] adj orthop(a)edic.

orthopédiste [ɔʀtɔpedist] nmf orthop(a)edist.

orthophoniste [ɔʀtɔfɔnist] nmf speech therapist.

ortie [ɔʀti] nf nettle.

ortolan [ɔʀtɔlɑ̃] nm ortolan.

orvet [ɔʀvɛ] nm slowworm.

os [ɔs] (*pl* os [o]) nm **1.** [gén] bone ▸ **os à moelle** marrowbone ▸ **os de seiche** cuttlebone **2.** *fam* & *fig* [difficulté] snag, hitch.

OS (*abr de* ouvrier spécialisé) nm semiskilled worker.

oscar [ɔskaʀ] nm CINÉ Oscar.

oscarisé, e [ɔskaʀize] adj CINÉ Oscar-winning.

oscariser [3] [ɔskaʀize] vt CINÉ to award an oscar to.

oscillation [ɔsilasjɔ̃] nf oscillation ; [de navire] rocking.

oscillatoire [ɔsilatwaʀ] adj swinging, oscillatory.

osciller [3] [ɔsile] vi **1.** [se balancer] to swing ; [navire] to rock **2.** [vaciller, hésiter] to waver.

osé, e [oze] adj daring, audacious.

oseille [ozɛj] nf **1.** BOT sorrel **2.** *fam* [argent] bread.

oser [3] [oze] vt to dare ▸ **oser faire qqch** to dare (to) do sthg ▸ **si j'ose dire** if I may say so.

osier [ozje] nm **1.** BOT osier **2.** [fibre] wicker.

Oslo [ɔslo] npr Oslo.

osmose [ɔsmoz] nf osmosis ▸ **en osmose** by osmosis.

ossature [ɔsatyʀ] nf **1.** ANAT skeleton **2.** *fig* [structure] framework.

osselet [ɔslɛ] nm **1.** ANAT ossicle **2.** [élément de jeu] jack ▸ **jouer aux osselets** to play jacks.

ossements [ɔsmɑ̃] nmpl bones.

osseux, euse [ɔsø, øz] adj **1.** ANAT & MÉD bone *(avant n)* **2.** [maigre] bony.

ossification [ɔsifikasjɔ̃] nf ossification.

ossuaire [ɔsɥɛʀ] nm ossuary.

ostensible [ɔstɑ̃sibl] adj conspicuous.

ostensiblement [ɔstɑ̃sibləmɑ̃] adv conspicuously.

ostensoir [ɔstɑ̃swaʀ] nm monstrance.

ostentation [ɔstɑ̃tasjɔ̃] nf ostentation.

ostentatoire [ɔstɑ̃tatwaʀ] adj ostentatious.

ostéodensitométrie [ɔsteɔdɑ̃sitɔmetʀi] nf osteodensitometry.

ostéopathe [ɔsteɔpat] nmf osteopath.

ostéoporose [ɔsteɔpɔʀoz] nf MÉD osteoporosis.

ostracisme [ɔstʀasism] nm ostracism.

otage [ɔtaʒ] nm hostage ▸ **prendre qqn en otage** to take sb hostage.

OTAN, Otan [ɔtɑ̃] (*abr de* Organisation du traité de l'Atlantique Nord) nf NATO.

otarie [ɔtaʀi] nf sea lion.

OTASE [ɔtaz] (*abr de* Organisation du traité de l'Asie du Sud-Est) nf SEATO.

ôter [3] [ote] vt **1.** [enlever] to take off **2.** [soustraire] to take away **3.** [retirer, prendre] ▸ **ôter qqch à qqn** to take sthg away from sb. ◆ **s'ôter** vp *fam* : *ôte-toi de là !* get out of the way!

otite [ɔtit] nf ear infection.

oto-rhino-laryngologie [ɔtɔʀinɔlaʀɛ̃gɔlɔʒi] nf ear, nose and throat medicine, ENT.

oto-rhino-laryngologiste, oto-rhino-laryngologistes [ɔtɔʀinɔlaʀɛ̃gɔlɔʒist] nmf ear, nose and throat specialist.

Ottawa [ɔtawa] npr Ottawa.

ottoman, e [ɔtɔmɑ̃, an] adj Ottoman. ◆ **Ottoman, e** nm, f Ottoman. ◆ **ottoman** nm [étoffe] ottoman *(rib)*. ◆ **ottomane** nf [siège] ottoman *(seat)*.

ou [u] conj **1.** [indique une alternative, une approximation] or **2.** [sinon] ▸ **ou (bien)** or (else). ◆ **ou (bien)... ou (bien)** loc corrélative either... or / *ou c'est elle, ou c'est moi !* it's either her or me!

où [u] ❖ pron rel **1.** [spatial] where / *le village où j'habite* the village where I live, the village I live in / *pose-le là où tu l'as trouvé* put it back where you found it / *partout où vous irez* wherever you go **2.** [temporel] that / *à l'époque où...* in the days when... / *le jour où je suis venu* the day (that) I came. ❖ adv where / *je vais où je veux* I go where I please / *où que vous alliez* wherever you go. ❖ adv interr where? / *où vas-tu ?* where are you going? / *où est la voiture ?* where's the car? / *par où commencer ?* where to begin?, where should I begin? / *dites-moi où il est allé* tell me where he's gone. ◆ **d'où** loc adv [conséquence] hence / *d'où on conclut que...* from which it may be concluded that... / *je ne savais pas qu'il était déjà arrivé, d'où ma surprise* I didn't know that he'd already arrived, which is why I was so surprised.

OUA (*abr de* Organisation de l'unité africaine) nf OAU.

ouailles [waj] nfpl *litt* & *hum* flock *sg*.

ouais [wɛ] interj *fam* yeah!

ouananiche [wananiʃ] nf QUÉBEC *type of freshwater salmon*.

ouaouaron [wawaʀɔ̃] nm QUÉBEC bullfrog.

ouate [wat] nf **1.** [pansement] cotton wool UK, (absorbent) cotton US **2.** [rembourrage] (cotton) wadding.

ouaté, e [wate] adj **1.** [garni d'ouate] cotton wool UK *(avant n)*, cotton US *(avant n)* ; [vêtement] quilted **2.** *fig* [feutré] muffled.

oubli [ubli] nm **1.** [acte d'oublier] forgetting **2.** [négligence] omission ; [étourderie] oversight **3.** [abnégation] ▸ **oubli de soi** self-effacement **4.** [général] oblivion ▸ **tomber dans l'oubli** to sink into oblivion.

oublier [10] [ublije] vt to forget ; [laisser quelque part] to leave behind ▸ **oublier de faire qqch** to forget to do sthg / *j'ai oublié la lettre à la maison* I left the letter at home / *n'oublie pas le rendez-vous* don't forget (that) you have an appointment / *oublions ce malentendu* let's forget (all) about this misunderstanding. ◆ **s'oublier** vp **1.** [emploi passif] to be forgotten / *une fois acquise, la technique ne s'oublie jamais* once you've learnt the technique, it stays with you forever ou you'll never forget it **2.** [emploi réfléchi] to forget o.s. / *tu ne t'es pas oublié, à ce que je vois !* *hum* I see you've not forgotten yourself! **3.** *fam* & *euphém* [chat, enfant] to have an accident.

oubliettes [ublijɛt] nfpl dungeon *sg* ▸ **jeter qqch aux oubliettes** *fig* to shelve sthg.

oublieux, euse [ublijø, øz] adj forgetful.

ouest [wɛst] ❖ nm west ▸ **un vent d'ouest** a westerly wind ▸ **le vent d'ouest** the west wind ▸ **à l'ouest** in the west ▸ **à l'ouest (de)** to the west (of). ❖ adj inv [gén] west ; [province, région] western.

ouest-allemand, e [wɛstalmɑ̃, ɑ̃d] (*mpl* **ouest-allemands**, *fpl* **-es**) adj West German.

ouf[1] [uf] interj phew / *je n'ai pas eu le temps de dire ouf* I didn't even have time to catch my breath.

ouf[2] [uf] ❖ adj [fou en verlan] nuts / *non, mais t'es ouf ou quoi ?* are you nuts? ❖ nm [fou en verlan] nutter / *j'ai eu une semaine de ouf !* I've had a crazy week / *c'est un truc de ouf* it's crazy.

Ouganda [ugɑ̃da] nm : *l'Ouganda* Uganda.

ougandais, e [ugɑ̃dɛ, ɛz] adj Ugandan. ◆ **Ougandais, e** nm, f Ugandan.

oui [wi] ❖ adv yes / *tu viens ? — oui* are you coming? — yes (I am) / *tu viens, oui ou non ?* are you coming or not?, are you coming or aren't you? / *je crois que oui* I think so ▸ **faire signe que oui** ou **faire oui de la tête** to nod ▸ **mais oui, bien sûr que oui** yes, of course. ❖ nm inv yes ▸ **pour un oui pour un non** for no apparent reason.

ouï-dire [widiʀ] nm inv ▸ **par ouï-dire** by ou from hearsay.

ouïe [wi] nf hearing ▸ **avoir l'ouïe fine** to have excellent hearing. ◆ **ouïes** nfpl [de poisson] gills.

ouistiti [wistiti] nm **1.** ZOOL marmoset **2.** *fam* [type] bloke UK, guy.

ouragan [uʀagɑ̃] nm **1.** MÉTÉOR hurricane **2.** *fig* [tempête] storm.

ourdir [32] [uʀdiʀ] vt *litt* [complot] to hatch.

ourler [3] [uʀle] vt **1.** COUT to hem **2.** *litt* [border] to edge.

ourlet [uʀlɛ] nm **1.** COUT hem ▸ **faire un ourlet à** to hem **2.** [de l'oreille] helix.

ours [uʀs] nm bear ▸ **ours (en peluche)** teddy (bear) ▸ **ours polaire** polar bear.

ourse [uʀs] nf she-bear. ◆ **Ourse** nf ▸ **la Grande / Petite Ourse** the Great/Little Bear.

oursin [uʀsɛ̃] nm sea urchin.

ourson [uʀsɔ̃] nm bear cub.

oust, ouste [ust] interj *fam* [dehors !] clear off! ; [vite !] get a move on!

outarde [utaʀd] nf **1.** [oiseau] bustard **2.** QUÉBEC [bernache du Canada] Canada goose.

outil [uti] nm tool ▸ **boîte** ou **caisse à outils** toolbox ▸ **outil auteur** INFORM authoring tool ▸ **outil de marketing** marketing tool ▸ **outil de recherche** INTERNET search tool.

outillage [utijaʒ] nm [équipement] tools *pl*, equipment.

outrage [utʀaʒ] nm **1.** *sout* [insulte] insult ▸ **faire subir les derniers outrages à qqn** *fig* & *litt* to ravish sb **2.** DR ▸ **outrage aux bonnes mœurs** affront to public decency ▸ **outrage à magistrat** contempt of court ▸ **outrage à la pudeur** indecent behaviour *(U)* UK ou behavior *(U)* US.

outrageant, e [utʀaʒɑ̃, ɑ̃t] adj insulting, offensive.

outrager [17] [utʀaʒe] vt **1.** [offenser] to insult **2.** [contrevenir] to offend.

outrageusement [utʀaʒøzmɑ̃] adv outrageously.

outrance [utʀɑ̃s] nf excess ▸ **à outrance** excessively.

outrancier, ère [utʀɑ̃sje, ɛʀ] adj extravagant.

outre¹ [utʀ] nf wineskin.

outre² [utʀ] ❖ prép besides, as well as. ❖ adv ▸ **passer outre** to go on, to proceed further ▸ **passer outre à qqch** to disregard sthg. ◆ **en outre** loc adv moreover, besides. ◆ **outre que** loc conj apart from the fact that.

outré, e [utʀe] adj indignant.

outre-Atlantique [utʀatlɑ̃tik] loc adv across the Atlantic.

outrecuidance [utʀəkɥidɑ̃s] nf *litt* presumptuousness.

outrecuidant, e [utʀəkɥidɑ̃, ɑ̃t] adj *litt* presumptuous.

outre-Manche [utʀəmɑ̃ʃ] loc adv across the Channel.

outremer [utʀəmɛʀ] ❖ nm [pierre] lapis lazuli ; [couleur] ultramarine. ❖ adj inv ultramarine.

outre-mer [utʀəmɛʀ] adv overseas ▸ **d'outre-mer** overseas.

outrepasser [3] [utʀəpase] vt to exceed.

outrer [3] [utʀe] vt [personne] to outrage.

outre-Rhin [utʀəʀɛ̃] loc adv across the Rhine.

outre-tombe [utʀətɔ̃b] ◆ **d'outre-tombe** loc adj inv ▸ **une voix d'outre-tombe** a voice from beyond the grave.

outsider [awtsajdœʀ] nm outsider.

ouvert, e [uvɛʀ, ɛʀt] ❖ pp ⟶ **ouvrir.** ❖ adj **1.** [gén] open ▸ **grand ouvert** wide open **2.** [robinet] on, running.

ouvertement [uvɛʀtəmɑ̃] adv openly.

ouverture [uvɛʀtyʀ] nf **1.** [gén] opening ; [d'hostilités] outbreak ▸ **l'ouverture de la chasse** the start of the hunting season / *une ouverture dans le mur* an opening OU a hole in the wall / *'ouverture des portes à 20 h'* 'doors open at eight' ▸ **heures d'ouverture** opening hours / *pour faciliter l'ouverture d'un compte courant* to make it easier to open a current account ▸ **ouverture d'esprit** open-mindedness **2.** MUS overture **3.** PHOTO aperture / *ouverture du diaphragme* f-stop. ◆ **ouvertures** nfpl [propositions] overtures / *faire des ouvertures de paix* to make peace overtures.

ouvrable [uvʀabl] adj working ▸ **heures ouvrables** hours of business.

ouvrage [uvʀaʒ] nm **1.** [travail] work *(U)*, task ▸ **se mettre à l'ouvrage** to get down to work, to knuckle down **2.** [objet produit] (piece of) work ; COUT work *(U)* **3.** [livre, écrit] work ▸ **ouvrage de référence** reference work.

ouvragé, e [uvʀaʒe] adj elaborate.

ouvrant, e [uvʀɑ̃, ɑ̃t] adj ▸ **toit ouvrant** sunroof.

ouvré, e [uvʀe] adj **1.** [bois, fer] ornate, elaborate, elaborately decorated ; [nappe] (finely OU elaborately) embroidered, finely worked **2.** ADMIN & COMM ▸ **jour ouvré** working day UK, workday.

ouvre-boîtes [uvʀəbwat] nm inv tin opener UK, can opener.

ouvre-bouteilles [uvʀəbutɛj] nm inv bottle opener.

ouvreur, euse [uvʀœʀ, øz] nm, f usher (usherette).

ouvrier, ère [uvʀije, ɛʀ] ❖ adj [quartier, enfance] working-class ; [conflit] industrial ; [questions, statut] labour *(avant n)* UK, labor *(avant n)* US ▸ **classe ouvrière** working class. ❖ nm, f worker ▸ **ouvrier agricole** farm worker ▸ **ouvrier qualifié** skilled worker ▸ **ouvrier spécialisé** semiskilled worker. ◆ **ouvrière** nf ZOOL worker.

ouvrir [34] [uvʀiʀ] ❖ vt **1.** [gén] to open / *ouvrir une porte par effraction* to force a door ▸ **ouvrir qqch à qqn** to open sthg to sb / *va ouvrir* go and answer the door **2.** [chemin, voie] to open up / *le diplôme vous ouvre de nombreuses possibilités* the diploma opens up a whole range of possibilities for you **3.** [gaz] to turn on. ❖ vi to open / *la chasse au faisan / la conférence ouvrira en septembre* the pheasant season / the conference will open in September ▸ **ouvrir par qqch** to open with sthg ▸ **ouvrir sur qqch** to open onto sthg / *le vasistas ouvre sur le parking* the fanlight opens onto OU looks out over the car park. ◆ **s'ouvrir** vp **1.** [porte, fleur] to open **2.** [route, perspectives] to open up **3.** [personne] ▸ **s'ouvrir (à qqn)** to confide (in sb), to open up (to sb) **4.** [se blesser] ▸ **s'ouvrir le genou** to cut one's knee open **5.** [se sensibiliser] ▸ **s'ouvrir à qqch** to start to take an interest in sthg, to open up to the idea of sthg / *s'ouvrir à la poésie* to become sensitive to poetry.

ovaire [ɔvɛʀ] nm ovary.

ovale [ɔval] adj & nm oval.

ovation [ɔvasjɔ̃] nf ovation ▸ **faire une ovation à qqn** to give sb an ovation.

ovationner [3] [ɔvasjɔne] vt to give an ovation to.

overbooking [ɔvœʀbukiŋ] nm overbooking.

overdose [ɔvœʀdoz] nf overdose.

ovin, e [ɔvɛ̃, in] adj ovine. ◆ **ovin** nm sheep.

OVNI, Ovni [ɔvni] (*abr de* **objet volant non identifié**) nm UFO.

ovoïde [ɔvɔid] adj egg-shaped.

ovule [ɔvyl] nm **1.** PHYSIOL ovum **2.** BOT & ZOOL ovule **3.** PHARM pessary.

ovuler [3] [ɔvyle] vi to ovulate.

oxydable [ɔksidabl] adj liable to rust.

oxydant, e [ɔksidɑ̃, ɑ̃t] adj oxidizing. ◆ **oxydant** nm oxidant, oxidizer, oxidizing agent.

oxydation [ɔksidasjɔ̃] nf oxidation, oxidization.

oxyde [ɔksid] nm oxide ▸ **oxyde de carbone** carbon monoxide.

oxyder [3] [ɔkside] vt to oxidize. ◆ **s'oxyder** vp to become oxidized.

oxygène [ɔksiʒɛn] nm oxygen ▸ **ballon d'oxygène** oxygen cylinder.

oxygéné, e [ɔksiʒene] adj **1.** CHIM oxygenated ; ⟶ **eau 2.** [cheveux] peroxide-blond, bleached.

oxygéner [18] [ɔksiʒene] vt **1.** CHIM to oxygenate **2.** [cheveux] to bleach, to peroxide. ◆ **s'oxygéner** vp *fam* to get some fresh air.

ozone [ɔzon] nm ozone.

P

p[1], **P** [pe] nm inv p, P.

p[2] **1.** (*abr écrite de* **pico**) p **2.** (*abr écrite de* **page**) p **3.** (*abr écrite de* **passable**) *fair grade (as assessment of schoolwork)* ; ≃ C **4.** *abr écrite de* **pièce**.

Pa (*abr écrite de* **pascal**) Pa.

PA (*abr écrite de* **petites annonces**) nfpl small ads UK, want ads US.

PAC, **Pac** [pak] (*abr de* **politique agricole commune**) nf CAP.

pacage [pakaʒ] nm pasture.

pacemaker [pɛsmekœʀ] nm pacemaker.

pacha [paʃa] nm pasha ▸ **mener une vie de pacha** *fam* & *fig* to live a life of ease.

pachyderme [paʃidɛʀm] nm elephant ▸ **les pachydermes** (the) pachyderms.

pacificateur, **trice** [pasifikatœʀ, tʀis] ◆ adj pacifying. ◆ nm, f peacemaker.

pacification [pasifikasjɔ̃] nf pacification.

pacifier [9] [pasifje] vt to pacify.

pacifique [pasifik] adj peaceful.

Pacifique [pasifik] nm ▸ **le Pacifique** the Pacific (Ocean).

pacifiquement [pasifikmɑ̃] adv peacefully.

pacifiste [pasifist] nmf & adj pacifist.

pack [pak] nm pack.

package [pakadʒ] nm INFORM package.

packager, **packageur** [pakaʒœʀ] nm packager.

packaging [pakadʒiɲ] nm packaging.

pacotille [pakɔtij] nf shoddy goods *pl*, rubbish ▸ **de pacotille** cheap.

PACS, **pacs** [paks] (*abr de* **pacte civil de solidarité**) nm civil partnership *(between same-sex or opposite-sex couples)*.

pacsé, **e** [pakse] nm, f *fam* *person who has signed a PACS agreement* ; ≃ (life) partner.

pacser [3] [pakse] ◆ **se pacser** [pakse] vpi *fam* to enter a civil partnership.

pacte [pakt] nm pact.

pactiser [3] [paktize] vi ▸ **pactiser avec a)** [faire un pacte avec] to make a pact with **b)** [transiger avec] to come to terms with.

pactole [paktɔl] nm gold mine *fig*.

paddock [padɔk] nm **1.** [d'un hippodrome] paddock **2.** *arg* [lit] ▸ **se mettre au paddock** to hit the sack.

paddy [padi] nm paddy (rice).

paella [paela] nf paella.

paf [paf] ◆ interj wham! ◆ adj inv *fam* [ivre] plastered.

PAF [paf] ◆ nf (*abr de* **police aux frontières**) *police authority responsible for civil aviation, etc..* ◆ nm (*abr de* **paysage audiovisuel français**) *French broadcasting*.

pagaie [pagɛ] nf paddle.

pagaille, **pagaye**, **pagaïe** [pagaj] nf *fam* mess ▸ **en pagaille** [en désordre] in a mess / ***des fruits en pagaille*** loads of fruit.

paganisme [paganism] nm paganism.

pagaye = **pagaille**.

pagayer [11] [pagɛje] vi to paddle.

pagayeur, **euse** [pagɛjœʀ, øz] nm, f paddler.

page [paʒ] ◆ nf **1.** [feuillet] page ▸ **page blanche** blank page ▸ **double page** PRESSE & TYPO double-page spread ▸ **mettre en pages** TYPO to make up (into pages) ▸ **page de garde** flyleaf **2.** INFORM page ▸ **page d'accueil** home page ▸ **page précédente** page up ▸ **page suivante** page down **3.** *fig* [passage] passage ; [événement] episode, page **4.** EXPR **être à la page** to be up-to-date ▸ **tourner la page** to turn the page. ◆ nm page (boy).

pagination [paʒinasjɔ̃] nf pagination.

pagne [paɲ] nm loincloth.

pagode [pagɔd] nf pagoda.

paie[1], **paies** ⟶ **payer**.

paie[2], **paye** [pɛ] nf pay *(U)*, wages *pl*.

paiement, **payement** [pɛmɑ̃] nm payment ▸ **paiement anticipé** advance payment ▸ **paiement différé** deferred payment ▸ **paiement minimum** minimum payment ▸ **paiement partiel** part payment.

païen, **ïenne** [pajɛ̃, ɛn] adj & nm, f pagan, heathen.

paierai, **paieras** ⟶ **payer**.

paillard, **e** [pajaʀ, aʀd] ◆ adj bawdy. ◆ nm, f rake (slut).

paillasse [pajas] ◆ nf **1.** [matelas] straw mattress **2.** [d'évier] draining board UK, drainboard US. ◆ nm clown.

paillasson [pajasɔ̃] nm **1.** [tapis] doormat **2.** AGRIC (roll of) matting.

paille [paj] nf **1.** BOT straw ▸ **être sur la paille** *fam* & *fig* to be down and out **2.** [pour boire] straw. ◆ **paille de fer** nf steel wool.

pailleté, **e** [pajte] adj sequined.

paillette [pajɛt] nf *(gén pl)* **1.** [sur vêtements] sequin, spangle **2.** [d'or] grain of gold dust **3.** [de lessive, savon] flake ▸ **savon en paillettes** soap flakes *pl*.

pain [pɛ̃] nm **1.** [aliment] bread ▸ **un pain** a loaf ▸ **petit pain** (bread) roll ▸ **pain azyme** unleavened bread ▸ **pain bénit** consecrated bread ▸ **pain brioché** brioche-like bread ▸ **pain de campagne** ≃ farmhouse loaf ▸ **pain aux céréales** granary bread ▸ **pain au chocolat** *sweet roll with chocolate filling* ▸ **pain complet** wholemeal UK ou whole wheat US bread ▸ **pain d'épice** ≃ gingerbread ▸ **pain grillé** toast ▸ **pain au lait** sweet roll, bun ▸ **pain de mie** sandwich loaf ▸ **pain perdu** ≃ French toast ▸ **pain de seigle** rye bread ▸ **pain au son** wholemeal bread ▸ **avoir du pain sur la planche** *fig* to have a lot on one's plate ▸ **ôter le pain de la bouche de qqn** *fig* to take the bread out of sb's mouth **2.** [de savon, cire] bar ▸ **pain de glace** block of ice ▸ **pain de sucre** CULIN sugarloaf **3.** *fam* [coup] punch / *je lui ai filé un de ces pains !* I socked him one!

pair, e [pɛʀ] adj even. ◆ **pair** nm peer. ◆ **paire** nf pair ▸ **une paire de** [lunettes, ciseaux, chaussures] a pair of ▸ **c'est une autre paire de manches** *fam* & *fig* that's another story. ◆ **au pair** loc adv for board and lodging, for one's keep ▸ **jeune fille au pair** au pair (girl). ◆ **de pair** loc adv ▸ **aller de pair avec** to go hand in hand with. ◆ **hors pair** loc adj unrivalled UK, unrivaled US.

paisible [pɛzibl] adj peaceful.

paisiblement [pɛzibləmɑ̃] adv peacefully.

paître [91] [pɛtʀ] ❖ vi to graze. ❖ vt to feed on.

paix [pɛ] nf peace ▸ **en paix** a) [en harmonie] at peace b) [tranquillement] in peace / *vivre en paix* to live in peace / *en temps de paix* in peacetime ▸ **avoir la paix** to have peace and quiet / *j'ai enfin la paix depuis qu'il est parti* I've at last got some peace and quiet now that he's left / *avoir la conscience en paix* to have a clear conscience ▸ **faire la paix avec qqn** to make peace with sb ▸ **ficher la paix à qqn** *fam* to stop hassling sb ▸ **laisser qqn en paix** to leave sb alone ou in peace / *pourparlers / offres de paix* peace talks / proposals.

Pakistan [pakistɑ̃] nm : *le Pakistan* Pakistan / *au Pakistan* in Pakistan.

pakistanais, e [pakistanɛ, ɛz] adj Pakistani. ◆ **Pakistanais, e** nm, f Pakistani.

PAL, Pal [pal] (*abr de* **phase alternating line**) adj PAL.

palabrer [3] [palabʀe] vi to have interminable discussions.

palabres [palabʀ] nmpl & nfpl interminable discussions.

palace [palas] nm luxury hotel.

palais [palɛ] nm **1.** [château] palace **2.** [grand édifice] centre UK, center US ▸ **palais des expositions** exhibition centre UK ou center US ▸ **palais de justice** DR law courts *pl* ▸ **le palais du Luxembourg** *palace in Paris where the French Senate is situated* ▸ **palais omnisports** (multipurpose) sports centre UK ou center US ▸ **le palais des Papes** *the Papal Palace in Avignon* ▸ **le Grand Palais** the Grand Palais in Paris ▸ **le Petit Palais** the Petit Palais in Paris **3.** ANAT palate.

palan [palɑ̃] nm block and tackle, hoist.

pale [pal] nf [de rame, d'hélice] blade.

pâle [pal] adj pale.

palefrenier, ère [palfʀənje, ɛʀ] nm, f groom.

paléographie [paleogʀafi] nf paleography.

paléolithique [paleolitik] ❖ nm ▸ **le paléolithique** the Paleolithic (age). ❖ adj paleolithic.

paléontologie [paleɔ̃tɔlɔʒi] nf paleontology.

Palerme [palɛʀm] npr Palermo.

Palestine [palɛstin] nf : *la Palestine* Palestine.

palestinien, enne [palɛstinjɛ̃, ɛn] adj Palestinian. ◆ **Palestinien, enne** nm, f Palestinian.

palet [palɛ] nm [hockey] puck.

paletot [palto] nm (short) overcoat.

palette [palɛt] nf **1.** [de peintre] palette **2.** CULIN shoulder **3.** [de chariot élévateur] pallet.

palétuvier [paletyvje] nm mangrove.

pâleur [palœʀ] nf [de visage] pallor.

pâlichon, onne [paliʃɔ̃, ɔn] adj *fam* pale, sickly-looking.

palier [palje] nm **1.** [d'escalier] landing **2.** [étape] level **3.** TECHNOL bearing.

pâlir [32] [paliʀ] ❖ vt to turn pale. ❖ vi [couleur, lumière] to fade ; [personne] to turn ou go pale ▸ **pâlir de** a) [angoisse] to turn ou go pale with b) [jalousie] to turn ou go green with.

palissade [palisad] nf [clôture] fence ; [de verdure] hedge.

palissandre [palisɑ̃dʀ] nm rosewood.

palliatif, ive [paljatif, iv] adj palliative. ◆ **palliatif** nm **1.** MÉD palliative **2.** *fig* stopgap measure.

pallier [9] [palje] vt to make up for.

Palma [palma] npr : *Palma (de Majorque)* Palma (de Majorca).

palmarès [palmaʀɛs] nm **1.** [de lauréats] list of (medal) winners ; SCOL list of prizewinners **2.** [de succès] record (of achievements).

palme [palm] nf **1.** [de palmier] palm leaf **2.** [de nageur] flipper, fin **3.** [décoration, distinction] ▸ **avec palme** MIL ≃ with bar ▸ **la palme d'or** *award given to best film at the Cannes Film Festival* ▸ **palmes académiques** *decoration awarded for services to education*.

palmé, e [palme] adj **1.** BOT palmate **2.** ZOOL web-footed ; [patte] webbed.

palmeraie [palməʀɛ] nf palm grove.

palmier [palmje] nm **1.** BOT palm tree **2.** CULIN *sweet pastry shaped like a palm leaf*.

palmipède [palmipɛd] ❖ nm web-footed bird. ❖ adj web-footed.

palombe [palɔ̃b] nf woodpigeon.

pâlot, otte [palo, ɔt] adj pale, sickly-looking.

palourde [paluʀd] nf clam.

palpable [palpabl] adj palpable, tangible.

palper [3] [palpe] vt **1.** [toucher] to feel, to finger ; MÉD to palpate **2.** *fam* [de l'argent] to get.

palpitant, e [palpitɑ̃, ɑ̃t] adj exciting, thrilling.

palpitation [palpitasjɔ̃] nf palpitation.

palpiter [3] [palpite] vi **1.** [paupières] to flutter ; [cœur] to pound **2.** [personne] ▸ **palpiter de** to tremble OU quiver with **3.** *litt* [flamme] to tremble, to quiver.

palu [paly] nm *fam* malaria.

paludisme [palydism] nm malaria.

pâmer [3] [pame] ◆ **se pâmer** vp **1.** *litt* [s'évanouir] to swoon (away) **2.** *fig* ▸ **se pâmer de** to be overcome with.

pâmoison [pamwazɔ̃] nf *litt* swoon.

pampa [pɑ̃pa] nf pampas *pl*.

pamphlet [pɑ̃flɛ] nm satirical tract.

pamplemousse [pɑ̃pləmus] nm grapefruit.

pan [pɑ̃] ❖ nm **1.** [de vêtement] tail **2.** [d'affiche] piece, bit ▸ **pan de mur** section of wall **3.** [d'écrou] side. ❖ interj bang!

panacée [panase] nf panacea.

panachage [panaʃaʒ] nm **1.** [mélange] mix **2.** POL *splitting one's vote.*

panache [panaʃ] nm **1.** [de plumes, fumée] plume **2.** [éclat] panache.

panaché, e [panaʃe] adj **1.** [de plusieurs couleurs] multicoloured UK, multicolored US **2.** [mélangé] mixed. ◆ **panaché** nm shandy UK.

panacher [3] [panaʃe] vt **1.** [mélanger] to mix **2.** POL : *panacher une liste électorale* to split one's vote among several candidates.

panafricanisme [panafʀikanism] nm Pan-Africanism.

panama [panama] nm panama (hat).

Panamá [panama] nm **1.** [pays] : *le Panamá* Panama / *au Panamá* in Panama **2.** [ville] Panama City.

panaméen, enne [panameɛ̃, ɛn] adj Panamanian. ◆ **Panaméen, enne** nm, f Panamanian.

panaméricain, e [panameʀikɛ̃, ɛn] adj Pan-American.

panard [panaʀ] nm *fam* foot.

panaris [panaʀi] nm whitlow.

pan-bagnat [pɑ̃baɲa] (*pl* **pans-bagnats**) nm *roll filled with lettuce, tomatoes, anchovies and olives.*

pancarte [pɑ̃kaʀt] nf **1.** [de manifestant] placard **2.** [de signalisation] sign.

pancréas [pɑ̃kʀeas] nm pancreas.

panda [pɑ̃da] nm panda.

pané, e [pane] adj breaded, in breadcrumbs.

panégyrique [paneʒiʀik] nm panegyric.

panel [panɛl] nm [groupe] sample (group) ; [jury] panel.

paner [3] [pane] vt to coat with breadcrumbs.

panier [panje] nm **1.** basket ▸ **panier à provisions** shopping basket ▸ **c'est un panier de crabes** *fam* & *fig* they're always at each other's throats ▸ **panier à salade** a) CULIN salad shaker ▸ **mettre au panier** *fig* to throw out **2.** INTERNET shopping cart ▸ **ajouter au panier** add to shopping cart.

panier-repas [panjeʀəpa] (*pl* **paniers-repas**) nm packed lunch.

panini [panini] (*pl* **paninis**) nm panini.

panique [panik] ❖ nf panic. ❖ adj panicky ▸ **être pris d'une peur panique** to be panic-stricken.

paniquer [3] [panike] vt & vi *fam* to panic. ◆ **se paniquer** vp *fam* to panic.

panne [pan] nf [arrêt] breakdown ▸ **tomber en panne** to break down ▸ **panne de courant** OU **d'électricité** power failure ▸ **tomber en panne d'essence** OU **en panne sèche** to run out of petrol UK OU gas US ▸ **panne de secteur** ÉLECTR mains failure ▸ **panne (du système)** INFORM system failure.

panneau, x [pano] nm **1.** [pancarte] sign ▸ **panneau d'affichage** a) noticeboard UK, bulletin board US b) [pour publicité] (advertising) hoarding UK, billboard US ▸ **panneau indicateur** signpost, road sign ▸ **panneau publicitaire** (advertising) hoarding UK, billboard US ▸ **panneau de signalisation** road sign ▸ **tomber dans le panneau** *fig* to fall into the trap **2.** [élément] panel ▸ **panneau de commande** INFORM control panel / *panneau de particules* chipboard ▸ **panneau solaire** solar panel.

panonceau, x [panɔ̃so] nm **1.** [plaque] plaque **2.** [enseigne] sign.

panoplie [panɔpli] nf **1.** [jouet] outfit **2.** [d'armes] display **3.** *fig* [de mesures] package.

panorama [panɔʀama] nm [vue] view, panorama ; *fig* overview.

panoramique [panɔʀamik] ❖ adj panoramic. ❖ nm CINÉ pan, panning shot.

panse [pɑ̃s] nf **1.** [d'estomac] first stomach, rumen **2.** *fam* [gros ventre] belly, paunch ▸ **se remplir** OU **s'en mettre plein la panse** to stuff o.s. **3.** [partie arrondie] bulge.

pansement [pɑ̃smɑ̃] nm dressing, bandage ▸ **pansement (adhésif)** (sticking) plaster UK, Band-Aid® US.

panser [3] [pɑ̃se] vt **1.** [plaie] to dress, to bandage ; [jambe] to put a dressing on, to bandage ; [avec pansement adhésif] to put a plaster UK OU Band-Aid® US on **2.** [cheval] to groom.

pantacourt [pɑ̃takuʀ] nm capri pants, capris, clamdiggers.

pantagruélique [pɑ̃tagʀyelik] adj gargantuan.

pantalon [pɑ̃talɔ̃] nm trousers *pl* UK, pants *pl* US, pair of trousers UK OU pants US.

pantelant, e [pɑ̃tlɑ̃, ɑ̃t] adj panting, gasping.

panthéisme [pɑ̃teism] nm pantheism.

panthéiste [pɑ̃teist] ❖ nmf pantheist. ❖ adj pantheistic.

panthéon [pɑ̃teɔ̃] nm ▸ **le Panthéon** the Pantheon *(where famous Frenchmen and Frenchwomen are buried).*

panthère [pɑ̃tɛʀ] nf panther ▸ **panthère noire** black panther.

pantin [pɑ̃tɛ̃] nm **1.** [jouet] jumping jack **2.** *fam* [personne] puppet.

pantois, e [pɑ̃twa, az] adj astounded, dumbstruck ▸ **rester pantois** to be astounded ou dumbstruck.

pantomime [pɑ̃tɔmim] nf **1.** [art, pièce] mime **2.** *fig* & *péj* [manège ridicule] : *qu'est-ce que c'est que cette pantomime ?* what are you playing at?

pantouflard, e [pɑ̃tuflaʀ, aʀd] adj & nm, f *fam* stay-at-home.

pantoufle [pɑ̃tufl] nf slipper.

panure [panyʀ] nf breadcrumbs *pl*, coating of breadcrumbs.

PAO (*abr de* **publication assistée par ordinateur**) nf DTP.

paon [pɑ̃] nm peacock ▸ **fier comme un paon** (as) proud as a peacock.

papa [papa] nm dad, daddy ▸ **papa gâteau** *fam* indulgent father.

papal, e, aux [papal, o] adj papal.

paparazzi [papaʀadzi] (*pl* **paparazzis**) nm *péj* paparazzi ▸ **les paparazzis** the paparazzi.

papauté [papote] nf papacy.

papaye [papaj] nf papaya, pawpaw.

pape [pap] nm **1.** RELIG pope ▸ **sérieux comme un pape** *fam* deadly serious **2.** *fig* [de mouvement] leading light.

papelard [paplaʀ] nm *fam* [papier] bit of paper.

paperasse [papʀas] nf *péj* **1.** [papier sans importance] bumf *(U)* UK, papers *pl* **2.** [papiers administratifs] paperwork *(U)*.

paperasserie [papʀasʀi] nf *péj* paperwork.

papet [papɛ] nm : *papet vaudois stew of leeks and potatoes plus sausage made from cabbage and pigs' liver, a speciality of the canton of Vaud in Switzerland.*

papeterie [papɛtʀi] nf [magasin] stationer's ; [fabrique] paper mill.

papetier, ère [papətje, ɛʀ] nm, f [commerçant] stationer ; [fabricant] paper manufacturer.

papi, papy [papi] nm grandpa, grandad.

papier [papje] nm **1.** [matière, écrit] paper / *jeter qqch sur le papier* to jot sthg down ▸ **noircir du papier** to scribble ▸ **papier alu** ou **aluminium** aluminium UK ou aluminum US foil, tinfoil ▸ **papier brouillon** rough paper ▸ **papier buvard** blotting paper ▸ **papier cadeau** wrapping paper ▸ **papier carbone** carbon paper ▸ **papier continu** continuous stationery ▸ **papier crépon** crêpe paper ▸ **papier d'emballage** wrapping paper ▸ **papier à en-tête** headed notepaper ▸ **papier glacé** glazed paper ▸ **papier hygiénique** ou **toilette** toilet paper ▸ **papier journal** a) newsprint b) [vieux journaux] newspaper ▸ **papier à lettres** writing paper, notepaper ▸ **papier mâché** papier-mâché ▸ **papier machine** typing paper ▸ **papier millimétré** graph paper ▸ **papier peint** wallpaper ▸ **papier de soie** tissue paper ▸ **papier thermique** thermal paper ▸ **papier tue-mouches** fly paper ▸ **papier de verre** glasspaper UK, sandpaper **2.** [article de journal] article / *faire un papier sur* to do a piece ou an article on. ◆ **papiers** nmpl ▸ **papiers (d'identité)** (identity) papers / *les papiers du véhicule, s'il vous plaît* may I see your logbook UK ou (vehicle) registration papers, please?

papier-calque [papjekalk] (*pl* **papiers-calque**) nm tracing paper.

papier-filtre [papjefiltʀ] (*pl* **papiers-filtres**) nm filter paper.

papier-monnaie [papjemɔnɛ] (*pl* **papiers-monnaies**) nm paper money.

papille [papij] nf ▸ **papilles gustatives** taste buds.

papillomavirus [papijɔmaviʀys] nm MÉD papillomavirus.

papillon [papijɔ̃] nm **1.** ZOOL butterfly ▸ **papillon de nuit** moth **2.** *fam* [contravention] (parking) ticket **3.** [écrou] wing nut **4.** [nage] butterfly (stroke).

papillonner [3] [papijɔne] vi to flit about ou around.

papillote [papijɔt] nf **1.** [de bonbon] sweet paper ou wrapper UK, candy paper US **2.** [de cheveux] curl paper **3.** CULIN ▸ **en papillotes** *baked in tinfoil or greaseproof paper.*

papilloter [3] [papijɔte] vi [lumière] to twinkle ; [yeux] to blink.

papivore [papivɔʀ] nmf *fam* keen reader.

papoter [3] [papɔte] vi *fam* to chatter.

papou, e [papu] adj Papuan. ◆ **papou** nm [langue] Papuan. ◆ **Papou, e** nm, f Papuan.

Papouasie-Nouvelle-Guinée [papwazinyvɛlgine] nf : *la Papouasie-Nouvelle-Guinée* Papua New Guinea.

paprika [papʀika] nm paprika.

papy = **papi**.

papyrus [papiʀys] nm papyrus.

Pâque [pak] nf ▸ **la Pâque** Passover. *Voir aussi* **Pâques**.

paquebot [pakbo] nm liner.

pâquerette [pakʀɛt] nf daisy.

Pâques [pak] nfpl Easter *sg* ▸ **joyeuses Pâques** Happy Easter ▸ **île de Pâques** Easter Island.

Les cloches de Pâques

In France, Easter is traditionally symbolized not only by eggs but also by bells; according to legend, church bells fly to Rome at Easter.

paquet [pakɛ] nm **1.** [colis] parcel UK, package US / *faire un paquet de vieux journaux* to make up a bundle of old newspapers **2.** [emballage] packet UK, package US / *un paquet de sucre / de farine* a bag of sugar/flour / *un paquet de cigarettes* a packet UK ou a pack US (of cigarettes) ▸ **paquet-cadeau** gift-wrapped parcel UK ou package US / *paquet de présentation* presentation pack **3.** EXPR **mettre le paquet** *fam* to pull out all the stops, to give it all one's got ▸ **sa mère est un paquet de nerfs** *fam* her mother's a bundle ou bag of nerves.

paquetage [paktaʒ] nm MIL kit.

par [paʀ]

❖ prép

1. [spatial] through, by (way of) / *passer par la Suède et le Danemark* to go via Sweden and Denmark / *regarder par la fenêtre* to look out of the window / *par endroits* in places / *par ici / là* this/that way / *mon cousin habite par ici* my cousin lives round here / *de par le monde* all over ou throughout the world

2. [temporel] on / *par un beau jour d'été* on a lovely summer's day / *par le passé* in the past

3. [moyen, manière, cause] by / *par bateau / train / avion* by boat/train/plane / *je l'ai rencontré par hasard* I met him by chance / *répondre par oui ou par non* to answer yes or no

4. [introduit le complément d'agent] by ▸ **faire faire qqch par qqn** to have sthg done by sb / *le logiciel est protégé par un code* the software is protected by ou with a code

5. [sens distributif] per, a / *une heure par jour* one hour a ou per day / *deux par deux* two at a time / *marcher deux par deux* to walk in twos

6. [avec les verbes commencer et finir] *commence par travailler* start (off) by working / *il a fini par avouer* he eventually owned up

◆ **par-ci par-là** loc adv here and there / *des livres traînaient par-ci par-là* books were lying around here and there.

para [paʀa] (*abr de* **parachutiste**) nm *fam* para UK.

paraben, parabène [paʀabɛn] nm paraben ▸ **sans paraben** paraben-free.

parabole [paʀabɔl] nf **1.** [récit] parable **2.** MATH parabola.

parabolique [paʀabɔlik] adj parabolic.

paracétamol [paʀasetamɔl] nm paracetamol.

parachever [19] [paʀaʃve] vt to put the finishing touches to.

parachutage [paʀaʃytaʒ] nm parachuting, dropping by parachute.

parachute [paʀaʃyt] nm parachute ▸ **parachute ascensionnel** parachute *(for parascending)* ▸ **faire du parachute ascensionnel** to go parascending ▸ **parachute doré** ou **en or** ÉCON golden parachute.

parachuter [3] [paʀaʃyte] vt to parachute, to drop by parachute / *ils l'ont parachuté directeur* *fam* & *fig* he was unexpectedly given the job of manager.

parachutisme [paʀaʃytism] nm skydiving.

parachutiste [paʀaʃytist] nmf parachutist ; MIL paratrooper.

parade [paʀad] nf **1.** [spectacle] parade **2.** [défense] parry ; *fig* riposte **3.** [étalage] show.

parader [3] [paʀade] vi to show off.

paradis [paʀadi] nm paradise, heaven ▸ **paradis fiscal** tax haven ▸ **le Paradis terrestre a)** [bible] the Garden of Eden **b)** *fig* heaven on earth.

paradisiaque [paʀadizjak] adj heavenly.

paradoxal, e, aux [paʀadɔksal, o] adj paradoxical.

paradoxalement [paʀadɔksalmɑ̃] adv paradoxically.

paradoxe [paʀadɔks] nm paradox.

parafe, paraphe [paʀaf] nm initials *pl*.

parafer, parapher [3] [paʀafe] vt to initial.

paraffine [paʀafin] nf paraffin UK, kerosene US ; [solide] paraffin wax.

parages [paʀaʒ] nmpl ▸ **être** ou **se trouver dans les parages** *fig* to be in the area ou vicinity.

paragraphe [paʀagʀaf] nm paragraph.

Paraguay [paʀagwɛ] nm : *le Paraguay* Paraguay / *au Paraguay* in Paraguay.

paraguayen, enne [paʀagwejɛ̃, ɛn] adj Paraguayan.
◆ **Paraguayen, enne** nm, f Paraguayan.

paraissais, paraissions ⟶ **paraître**.

paraître [91] [paʀɛtʀ] ❖ v att to look, to seem, to appear. ❖ vi **1.** [se montrer] to appear **2.** [être publié] to come out, to be published **3.** [se manifester] to show (through) ▸ **laisser paraître** to show ▸ **ne rien laisser paraître** to let nothing show **4.** [briller] to be noticed. ❖ v impers ▸ **il paraît / paraîtrait que** it appears/would appear that ▸ **paraît-il** apparently, it seems.

parallèle [paʀalɛl] ❖ nm parallel ▸ **mettre en parallèle** *fig* to compare ▸ **établir un parallèle entre** *fig* to draw a parallel between. ❖ nf parallel (line). ❖ adj **1.** [action, en maths] parallel **2.** [marché] unofficial ; [médecine, énergie] alternative.

parallèlement [paʀalɛlmɑ̃] adv in parallel ; *fig* at the same time.

parallélépipède [paʀalelepipɛd] nm parallelepiped.

parallélisme [paʀalelism] nm parallelism ; [de roues] alignment.

parallélogramme [paʀalelɔgʀam] nm parallelogram.

paralympique [paʀalɛ̃pik] adj Paralympic.

paralysant, e [paʀalizɑ̃, ɑ̃t] adj paralysing UK, paralyzing US.

paralysé, e [paʀalize] ❖ adj paralysed UK, paralyzed US ▸ **être paralysé de peur** to be petrified. ❖ nm, f MÉD paralytic.

paralyser [3] [paʀalize] vt to paralyse UK, to paralyze US.

paralysie [paʀalizi] nf paralysis.

paralytique [paʀalitik] adj & nmf paralytic.

paramédical, e, aux [paʀamedikal, o] adj paramedical.

paramètre [paʀamɛtʀ] nm parameter.

paramilitaire [paʀamilitɛʀ] adj paramilitary.

parangon [paʀɑ̃gɔ̃] nm *litt* paragon.

parano [paʀano] adj *fam* paranoid.

paranoïa [paʀanɔja] nf paranoia.

paranoïaque [paʀanɔjak] ❖ adj paranoid. ❖ nmf paranoiac.

paranormal, e, aux [paʀanɔʀmal, o] adj paranormal.

parapente [paʀapɑ̃t] nm paragliding ▸ **faire du parapente** to go paragliding.

parapet [paʀapɛ] nm parapet.

paraphe = **parafe**.

parapher = **parafer**.

paraphrase [paʀafʀaz] nf paraphrase.

paraphraser [3] [paʀafʀaze] vt to paraphrase.

paraplégique [paʀapleʒik] nmf & adj paraplegic.

parapluie [paʀaplɥi] nm umbrella ▸ **parapluie atomique** ou **nucléaire** nuclear umbrella.

parapsychologie [paʀapsikɔlɔʒi] nf parapsychology.

parapublic, ique [paʀapyblik] adj semi-public. ◆ **parapublic** nm ▸ **le parapublic** the parapublic sector.

parascolaire [paʀaskɔlɛʀ] adj extracurricular.

parasite [paʀazit] ❖ nm parasite. ❖ adj parasitic ▸ **bruits parasites** RADIO & TV interference *(U)*. ◆ **parasites** nmpl RADIO & TV interference *(U)*.

parasiter [3] [paʀazite] vt **1.** [suj : ver, insecte] to live parasitically on, to parasitize **2.** [suj : personne] to leech ou live off **3.** RADIO & TV to cause interference on.

parasol [paʀasɔl] nm parasol, sunshade.

paratonnerre [paʀatɔnɛʀ] nm lightning conductor UK ou rod US.

paravent [paʀavɑ̃] nm screen.

parbleu [paʀblø] interj (but) of course!

parc [paʀk] nm **1.** [jardin] park ; [de château] grounds *pl* ▸ **parc d'attractions** amusement park ▸ **parc de loisirs** ≃ leisure park ▸ **parc national** national park ▸ **parc à thème** ≃ theme park **2.** [pour l'élevage] pen ▸ **parc à huîtres** oyster bed **3.** [de bébé] playpen **4.** [de voitures] fleet ▸ **le parc automobile** the number of cars on the roads ▸ **parc industriel** QUÉBEC industrial estate UK ou park US. ◆ **parc des Princes** npr m *Paris sports stadium, home to football team Paris Saint-Germain.*

parcelle [paʀsɛl] nf **1.** [petite partie] fragment, particle **2.** [terrain] parcel of land.

parce que [paʀsk(ə)] loc conj because.

parchemin [paʀʃəmɛ̃] nm parchment.

parcheminé, e [paʀʃəmine] adj wrinkled.

parcimonie [paʀsimɔni] nf parsimoniousness ▸ **avec parcimonie** sparingly, parsimoniously.

parcimonieusement [paʀsimɔnjøzmɑ̃] adv parsimoniously.

parcimonieux, euse [paʀsimɔnjø, øz] adj parsimonious.

parcmètre [paʀkmɛtʀ] nm parking meter.

parcourir [45] [paʀkuʀiʀ] vt **1.** [région, route] to cover **2.** [journal, dossier] to skim ou glance through, to scan.

parcourrai, parcourras ⟶ **parcourir**.

parcours[1], parcourt ⟶ **parcourir**.

parcours[2] [paʀkuʀ] nm **1.** [trajet, voyage] journey ; [itinéraire] route ▸ **parcours du combattant** assault course ▸ **parcours santé** *trail in the countryside where signs encourage people to do exercises for their health* ▸ **parcours (de soins) coordonné** coordinated care path **2.** GOLF [terrain] course ; [trajet] round.

parcouru, e [paʀkuʀy] pp ⟶ **parcourir**.

par-delà [paʀdəla] prép beyond.

par-derrière [paʀdɛʀjɛʀ] adv **1.** [par le côté arrière] round UK ou around US the back **2.** [en cachette] behind one's back.

par-dessous [paʀdəsu] prép & adv under, underneath.

pardessus [paʀdəsy] nm inv overcoat.

par-dessus [paʀdəsy] ❖ prép over, over the top of ▸ **par-dessus tout** above all. ❖ adv over, over the top.

par-devant [paʀdəvɑ̃] ❖ prép in front of. ❖ adv in front.

pardi [paʀdi] interj of course!

pardon [paʀdɔ̃] ❖ nm forgiveness ▸ **demander pardon** to say (one is) sorry. ❖ interj [excuses] (I'm) sorry! ; [pour attirer l'attention] excuse me! ▸ **pardon ?** (I beg your) pardon? UK, pardon me? US.

pardonnable [paʀdɔnabl] adj forgiveable.

pardonner [3] [paʀdɔne] ❖ vt to forgive ▸ **pardonner qqch à qqn** to forgive sb for sthg ▸ **pardonner à qqn d'avoir fait qqch** to forgive sb for doing sthg. ❖ vi : *ce genre d'erreur ne pardonne pas* this kind of mistake is fatal.

paré, e [paʀe] adj [prêt] ready.

pare-balles [paʀbal] ❖ nm inv [gilet] bullet-proof vest ; [plaque] bullet-proof shield. ❖ adj inv bullet-proof.

pare-brise [paʀbʀiz] nm inv windscreen UK, windshield US.

pare-chocs [paʀʃɔk] nm inv bumper.

pare-feu [paʀfø] nm inv **1.** [dispositif] fireguard ; [en forêt] firebreak **2.** INFORM firewall.

pareil, eille [paʀɛj] ❖ adj **1.** [semblable] ▸ **pareil (à)** similar (to) **2.** [tel] such / *un pareil film* such a film, a film like this / *de pareils films* such films, films like these. ❖ nm, f : *mes pareils* my equals ▸ **sans pareil** matchless ▸ **c'est du pareil au même** *fam* it comes to much the same thing ▸ **rendre la pareille à qqn** to pay sb back in his/her own coin, to give sb a taste of his/her own medicine. ◆ **pareil** adv *fam* the same (way).

pareillement [paʀɛjmɑ̃] adv [de même] in the same way ; [également, aussi] likewise, also.

parement [paʀmɑ̃] nm facing.

parent, e [paʀɑ̃, ɑ̃t] ❖ adj ▸ **parent (de)** related (to). ❖ nm, f relative, relation ▸ **parent éloigné** distant relation ou relative. ◆ **parents** nmpl **1.** [père et mère] parents, mother and father **2.** *litt* [ancêtres] forefathers.

parental, e, aux [paʀɑ̃tal, o] adj parental.

parenté [paʀɑ̃te] nf **1.** [lien, affinité] relationship **2.** [famille] relatives *pl*, relations *pl*.

parenthèse [paʀɑ̃tɛz] nf **1.** [digression] digression, parenthesis **2.** TYPO bracket UK, parenthesis ▸ **entre parenthèses** a) in brackets UK b) *fig* incidentally, by the way ▸ **mettre entre parenthèses** a) to put in brackets UK ou parentheses US, to bracket UK b) *fig* to put to one side ▸ **ouvrir / fermer la parenthèse** to open / close brackets UK ou parentheses US.

paréo [paʀeo] nm pareo.

parer [3] [paʀe] ❖ vt **1.** [orner] to adorn **2.** [vêtir] ▸ **parer qqn de qqch** a) to dress sb up in sthg, to deck sb out in sthg b) *fig* to attribute sthg to sb **3.** [contrer] to ward off, to parry. ❖ vi ▸ **parer à** a) [faire face à] to deal with b) [pourvoir à] to prepare for ▸ **parer au plus pressé** to see to what is most urgent. ◆ **se parer** vp to dress up, to put on all one's finery ▸ **se parer de** a) to adorn o.s. with b) *litt* & *fig* [titre] to assume.

pare-soleil [paʀsɔlɛj] nm inv sun visor.

paresse [paʀɛs] nf **1.** [fainéantise] laziness, idleness **2.** MÉD sluggishness.

paresser [4] [paʀese] vi to laze about ou around.

paresseusement [paʀesøzmɑ̃] adv lazily, idly.

paresseux, euse [paʀesø, øz] ❖ adj **1.** [fainéant] lazy **2.** MÉD sluggish. ❖ nm, f [personne] lazy ou idle person. ◆ **paresseux** nm [animal] sloth.

parfaire [109] [paʀfɛʀ] vt to complete, to perfect.

parfait, e [paʀfɛ, ɛt] adj perfect / *c'est le parfait homme du monde* he's a perfect gentleman / *c'est un parfait goujat / idiot* he's an utter boor / fool / *dans la plus parfaite indifférence* in utter ou complete ou total indifference / *le rôle est parfait pour lui* the part is ideal ou made for him / *son russe est parfait* her Russian is perfect ou flawless, she speaks perfect Russian. ◆ **parfait** nm **1.** CULIN parfait **2.** GRAM perfect (tense).

parfaitement [paʀfɛtmɑ̃] adv **1.** [admirablement, très] perfectly **2.** [marque l'assentiment] absolutely.

parfois [paʀfwa] adv sometimes.

parfum [paʀfœ̃] nm **1.** [de fleur] scent, fragrance **2.** [à base d'essences] perfume, scent **3.** [de glace] flavour UK, flavor US **4.** EXPR **être / mettre qqn au parfum** *arg* to be / put sb in the know.

parfumé, e [paʀfyme] adj **1.** [fleur] fragrant **2.** [mouchoir] perfumed **3.** [femme] : *elle est trop parfumée* she's wearing too much perfume.

parfumer [3] [paʀfyme] vt **1.** [suj : fleurs] to perfume **2.** [mouchoir] to perfume, to scent **3.** CULIN to flavour. ◆ **se parfumer** vp to put perfume on.

parfumerie [paʀfymʀi] nf perfumery.

parfumeur, euse [paʀfymœʀ, øz] nm, f perfumer.

pari [paʀi] nm **1.** [entre personnes] bet ▸ **faire un pari** to make ou lay a bet ▸ **gagner / perdre son pari** to win / lose one's bet **2.** [jeu] betting *(U)*.

paria [paʀja] nm pariah.

parier [9] [paʀje] vt ▸ **parier (sur)** to bet (on) ▸ **je l'aurais parié !** *fig* I thought as much !

parieur, euse [paʀjœʀ, øz] nm, f punter.

parigot, ote [paʀigo, ɔt] adj *fam* Parisian. ◆ **Parigot, ote** nm, f *fam* Parisian.

Paris [paʀi] npr Paris.

> **Paris**
>
> The name Paris followed by a number or Roman numeral refers to a Paris university: Paris-VII (the science faculty at Jussieu), Paris-IV (the Sorbonne), Paris-X (Nanterre university), etc.
>
> When Paris is followed by an ordinal number, this refers to an arrondissement: Paris XVe, Paris IVe, etc.

paris-brest [paʀibʀɛst] nm inv *choux pastry ring with cream and almonds.*

parisianisme [paʀizjanism] nm [expression] Parisian idiom ; [habitude] Parisian custom.

parisien, enne [paʀizjɛ̃, ɛn] adj [vie, société] Parisian ; [métro, banlieue, région] Paris *(avant n)*. ◆ **Parisien, enne** nm, f Parisian.

paritaire [paʀitɛʀ] adj ▸ **commission paritaire** joint commission *(with both sides equally represented)*.

parité [paʀite] nf parity / *la parité hommes-femmes* gender parity.

parjure [paʀʒyʀ] ❖ nmf [personne] perjurer. ❖ nm [faux serment] perjury.

parjurer [3] [paʀʒyʀe] ◆ **se parjurer** vp to perjure o.s.

parka [paʀka] nm & nf parka.

parking [paʀkiŋ] nm [parc] car park UK, parking lot US ▸ **parking couvert** parking garage.

parlant, e [paʀlɑ̃, ɑ̃t] adj **1.** [qui parle] ▸ **le cinéma parlant** talking pictures ▸ **l'horloge parlante** TÉLÉCOM the speaking clock **2.** *fig* [chiffres, données] eloquent ; [portrait] vivid.

parlé, e [paʀle] adj [anglais, langue] spoken. ◆ **parlé** nm [à l'opéra] spoken part, dialogue.

parlement [paʀləmɑ̃] nm parliament ▸ **le Parlement européen** the European Parliament.

parlementaire [parləmɑ̃tɛr] ✧ nmf [député] member of parliament ▸ **parlementaire rebelle** rebel MP ; [négociateur] negotiator. ✧ adj parliamentary.

parlementarisme [parləmɑ̃tarism] nm (system of) parliamentary government.

parlementer [3] [parləmɑ̃te] vi **1.** [négocier] to negotiate, to parley **2.** [parler longtemps] to talk at length.

parler [3] [parle] ✧ vi **1.** [gén] to talk, to speak / *parler en français* to speak in French / *les faits parlent d'eux-mêmes* the facts speak for themselves / *tout le monde en parle* everybody's talking about it ▸ **parler à / avec qqn** to speak to/with sb, to talk to/with sb / *puis-je parler à Virginie ?* [au téléphone] may I speak to Virginie? ▸ **parler de qqch à qqn** to speak ou talk to sb about sthg / *elle nous a parlé de ses projets* she talked to us about her plans ▸ **parler de qqn / qqch** to talk about sb/sthg ▸ **parler de faire qqch** to talk about doing sthg ▸ **sans parler de** apart from, not to mention / *sans parler du fait que...* to say nothing of..., without mentioning the fact that... ▸ **parler pour ne rien dire** to talk for the sake of talking ▸ **parle pour toi !** speak for yourself! ▸ **tu parles !** *fam* you can say that again! / *ça t'a plu ? — tu parles ! fam* a) [bien sûr] did you like it? — you bet! b) [pas du tout] did you like it? — you must be joking! / *sa timidité ? parlons-en !* her shyness? that's a good one ou you must be joking! ▸ **n'en parlons plus** we'll say no more about it **2.** [avouer] to talk ▸ **faire parler qqn** to make sb talk, to get sb to talk. ✧ vt [langue] to speak / *parler (le) français* to speak French / *parler politique / affaires* to talk politics/business / *nous ne parlons pas la même langue* ou *le même langage fig* we don't speak the same language. ✧ nm **1.** [manière de parler] speech / *dans le parler de tous les jours* in common parlance **2.** [patois] dialect. ◆ **se parler** vp : *il faudrait qu'on se parle tous les deux* I think we two should have a talk / *ils ne se parlent pas* they're not on speaking terms.

parleur, euse [parlœr, øz] nm, f ▸ **beau parleur** *péj* fine talker.

parloir [parlwar] nm parlour UK, parlor US.

parlo(t)te [parlɔt] nf chat.

parme [parm] nm & adj inv violet.

parmesan [parməzɑ̃] nm Parmesan (cheese).

parmi [parmi] prép among.

parnassien, enne [parnasjɛ̃, ɛn] adj Parnassian. ◆ **Parnassien, enne** nm, f Parnassian *(member of the Parnassian school of French poets)*.

parodie [parɔdi] nf parody.

parodier [9] [parɔdje] vt to parody.

paroi [parwa] nf **1.** [mur] wall ; [cloison] partition ▸ **paroi rocheuse** rock face **2.** [de récipient] inner side.

paroisse [parwas] nf parish.

paroissial, e, aux [parwasjal, o] adj parish *(avant n)*.

paroissien, enne [parwasjɛ̃, ɛn] nm, f parishioner.

parole [parɔl] nf **1.** [faculté de parler] ▸ **la parole** speech **2.** [propos, discours] ▸ **couper la parole à qqn** to cut sb off / *demander la parole* a) to ask for the right to speak b) DR to request leave to speak ▸ **prendre la parole** to speak ▸ **donner** ou **passer la parole à qqn** to hand over to sb ▸ **temps de parole** speaking time ▸ **c'est parole d'évangile** it's the gospel truth / *ce ne sont que des paroles en l'air* all that's just idle talk / *en paroles et en actes* in word and deed **3.** [promesse, mot] word ▸ **tenir parole** to keep one's word ▸ **donner sa parole (d'honneur)** to give one's word (of honour UK ou honor US) ▸ **croire qqn sur parole** to take sb's word for it ▸ **libérer qqn sur parole** to free sb on parole. ◆ **paroles** nfpl MUS words, lyrics.

parolier, ère [parɔlje, ɛr] nm, f [de chanson] lyricist ; [d'opéra] librettist.

paroxysme [parɔksism] nm height.

parpaing [parpɛ̃] nm breezeblock UK, cinderblock US.

parquer [3] [parke] vt **1.** [animaux] to pen in ou up **2.** [prisonniers] to shut up ou in **3.** [voiture] to park.

parquet [parkɛ] nm **1.** [plancher] parquet floor ▸ **parquet flottant** floating floor **2.** DR ≃ Crown Prosecution Service UK ; ≃ District Attorney's office US.

parqueter [27] [parkəte] vt to lay a parquet floor in.

parrain [parɛ̃] nm **1.** [d'enfant] godfather **2.** [de festival, sportif] sponsor.

parrainage [parɛnaʒ] nm sponsorship / *parrainage d'entreprises* corporate sponsorship.

parrainer [4] [parene] vt to sponsor, to back.

parricide [parisid] ✧ nm [crime] parricide. ✧ adj parricidal.

pars, part ⟶ partir.

parsemer [19] [parsəme] vt ▸ **parsemer (de)** to strew (with).

part [par]

✧ nf

1. [de gâteau] portion ; [de bonheur, d'héritage] share ; [partie] part ▸ **réclamer sa part** to claim one's share ▸ **part de marché** ÉCON market share ▸ **faire la part belle à qqn** to give sb a good deal ▸ **se tailler la part du lion** *fig* to take the lion's share

2. [participation] ▸ **prendre part à qqch** to take part in sthg / *prendre part à la joie / peine de qqn* to share (in) sb's joy/sorrow

3. EXPR **de la part de** a) from b) [appeler, remercier] on behalf of UK, in behalf of US ▸ **c'est de la part de qui ?** [au téléphone] who's speaking ou calling? ▸ **dites-lui de ma part que...** tell him from me that... ▸ **ce serait bien aimable de votre part** it would be very kind of you ▸ **pour ma part** as far as I'm concerned ▸ **faire part à qqn de qqch** to inform sb of sthg ▸ **faire la part des choses** to make allowances

◆ **à part** ✧ loc adv aside, separately / *mets les dossiers bleus à part* put the blue files to one side / *prendre qqn à part* to take sb aside ou to one side. ✧ loc adj exceptional / *ce sont des gens à part* these people are rather special. ❖ loc prép apart from / *à part cela* apart from that, that aside.

◆ **à part entière** loc adj : *citoyen à part entière* person with full citizenship (status) / *elle est devenue une actrice à part entière* she's now a proper ou a fully-fledged actress.

◆ **autre part** loc adv somewhere ou someplace US else.

◆ **d'autre part** loc adv besides, moreover.

◆ **de part en part** loc adv right through / *la poutre est fendue de part en part* the beam is split from end to end.

◆ **de part et d'autre** loc adv on both sides.

◆ **d'une part..., d'autre part** loc corrélative on the one hand..., on the other hand.

◆ **quelque part** loc adv somewhere, someplace US.

part. *abr écrite de* particulier.

partage [paʀtaʒ] nm **1.** [action] sharing (out) **2.** DR distribution.

partagé, e [paʀtaʒe] adj **1.** [opposé] split, divided / *j'ai lu des critiques partagées* I've read mixed reviews / *il était partagé entre la joie et la crainte* he was torn between joy and fear **2.** [mutuel - haine] mutual, reciprocal ; [- amour] mutual **3.** INFORM : *en temps partagé* on a time-sharing basis.

partager [17] [paʀtaʒe] vt **1.** [morceler] to divide (up) / *partager qqch en deux* to divide sthg in two ▸ **être partagé** *fig* to be divided **2.** [mettre en commun] ▸ **partager qqch avec qqn** to share sthg with sb **3.** [prendre part à] to share (in) / *partager la joie / peine de qqn* to share (in) sb's joy / sorrow / *voici une opinion partagée par beaucoup de gens* this is an opinion shared ou held by many (people). ◆ **se partager** vp **1.** [se diviser] to be divided / *se partager en* to be split ou divided into **2.** [partager son temps] to divide one's time / *elles se partagent entre leur carrière et leurs enfants* their time is divided between their professional lives and their families **3.** [se répartir] ▸ **se partager qqch** to share sthg between themselves / ourselves etc. / *se partager la tâche* to share (out) the work.

partagiciel [paʀtaʒisjɛl] nm shareware.

partance [paʀtɑ̃s] nf ▸ **en partance** outward bound ▸ **en partance pour** bound for.

partant, e [paʀtɑ̃, ɑ̃t] adj ▸ **être partant pour** to be ready for. ◆ **partant** nm starter.

partenaire [paʀtənɛʀ] nmf partner ▸ **partenaire économique** business partner ▸ **partenaires sociaux** labour UK ou labor US and management.

partenariat [paʀtənaʀja] nm partnership.

parterre [paʀtɛʀ] nm **1.** [de fleurs] (flower) bed **2.** THÉÂTRE stalls *pl* UK, orchestra US.

parti, e [paʀti] ❖ pp ⟶ **partir.** ❖ adj *fam* [ivre] tipsy. ◆ **parti** nm **1.** POL party ▸ **les partis de droite / gauche** the parties of the right / left, the right-wing / left-wing parties ▸ **parti d'opposition** opposition party **2.** [choix, décision] course of action ▸ **prendre parti** to make up one's mind / *prendre parti pour / contre qqch* to come out for / against sthg ▸ **prendre le parti de faire qqch** to make up one's mind to do sthg ▸ **en prendre son parti** to be resigned ▸ **être de parti pris** to be prejudiced ou biased / *être sans parti pris* to be unbiased ou objective ▸ **tirer parti de** to make (good) use of / *elle ne sait pas tirer parti de ses qualifications* she doesn't know how to get the most out of her qualifications **3.** [personne à marier] match ▸ **un beau parti** a good match. ◆ **partie** nf **1.** [élément, portion] part ▸ **en grande partie** largely ▸ **en majeure partie** for the most part ▸ **faire partie (intégrante) de qqch** to be (an integral) part of sthg / *une grande / petite partie de l'électorat* a large / small part of the electorate, a large / small section of the electorate ▸ **parties communes / privatives** communal / private areas *(in a building or an estate)* **2.** [domaine d'activité] field, subject / *elle est de la partie* it's her line **3.** SPORT [jeux] game / *faire une partie de cartes* to have a game of cards ▸ **partie de golf** round of golf **4.** DR party ▸ **la partie adverse** the opposing party / *se constituer* ou *se porter partie civile* to act jointly with the public prosecutor **5.** EXPR ▸ **prendre qqn à partie** to attack sb / *ça n'est pas une partie de plaisir !* *fam* it's no picnic ou fun ! ▸ **ce n'est que partie remise** there'll be other opportunities, I'll reschedule it, I'll take a rain check US ▸ **être partie prenante dans qqch** *fig* to be directly involved ou concerned in sthg. ◆ **parties** nfpl *fam* private parts, privates. ◆ **en partie** loc adv partly, in part / *c'est en partie vrai* it's partly true / *je ne l'ai cru qu'en partie* I only half believed him.

partial, e, aux [paʀsjal, o] adj biased.

partialement [paʀsjalmɑ̃] adv in a biased way, with bias.

partialité [paʀsjalite] nf partiality, bias.

participant, e [paʀtisipɑ̃, ɑ̃t] ❖ adj participating. ❖ nm, f **1.** [à réunion] participant **2.** SPORT competitor **3.** [à concours] entrant.

participatif, ive [paʀtisipatif, iv] adj ▸ **prêt participatif** participating capital loan.

participation [paʀtisipasjɔ̃] nf **1.** [collaboration] participation / *sa participation aux jeux Olympiques semble compromise* there's a serious question mark hanging over his participation in the Olympic Games / *apporter sa participation à qqch* to contribute to sthg / *'avec la participation des frères Jarry'* 'featuring the Jarry Brothers' **2.** ÉCON interest ▸ **participation aux frais** (financial) contribution / *participation aux bénéfices* profit sharing ▸ **participation majoritaire / minoritaire** majority / minority interest / *il détient une participation de 6 % dans l'entreprise* he holds a 6 % share in the company / *prendre des participations dans une entreprise* to buy into a company **3.** POL : *participation (électorale)* (voter) turnout.

participe [paʀtisip] nm participle ▸ **participe passé / présent** past / present participle.

participer [3] [paʀtisipe] vi **1.** ▸ **participer à** a) [réunion, concours] to take part in b) [frais] [payer pour] to contribute to c) [bénéfices] to share in 2. ▸ **participer de** *litt* to have some of the characteristics of.

particularisme [paʀtikylaʀism] nm (sense of) identity.

particularité [paʀtikylaʀite] nf distinctive feature.

particule [paʀtikyl] nf 1. [gén & LING] particle 2. [nobiliaire] nobiliary particle.

particulier, ère [paʀtikylje, ɛʀ] adj 1. [personnel, privé] private 2. [spécial] particular, special ; [propre] peculiar, characteristic ▸ **particulier à** peculiar to, characteristic of 3. [remarquable] unusual, exceptional ▸ **cas particulier** special case 4. [assez bizarre] peculiar. ◆ **particulier** nm [personne] private individual. ◆ **en particulier** loc adv 1. [seul à seul] in private 2. [surtout] in particular, particularly 3. [à part] separately.

particulièrement [paʀtikyljɛʀmɑ̃] adv particularly ▸ **tout particulièrement** especially.

partie ⟶ **parti**.

partiel, elle [paʀsjɛl] adj partial. ◆ **partiel** nm UNIV ≃ end-of-term exam UK.

partiellement [paʀsjɛlmɑ̃] adv partially, partly.

partir [43] [paʀtiʀ]

❖ vi

1. [personne] to go, to leave ▸ **partir à** to go to / *partir à la campagne / montagne / mer* to go (off) to the countryside/mountains/seaside / *partir à la recherche de* to set off in search of, to go looking for ▸ **partir pour** to leave for ▸ **partir de** a) [bureau] to leave b) [aéroport, gare] to leave from c) [date] to run from d) [hypothèse, route] to start from / *la rue part de la mairie* the street starts at the town hall / *partir dans une explication* to embark on an explanation

2. [voiture] to start ▸ **c'est bien / mal parti** *fam* & *fig* it got off on the right/wrong foot / *elle a l'air bien partie pour remporter l'élection* *fam* she seems well set to win the election

3. [coup de feu] to go off ; [bouchon] to pop

4. [tache] to come out, to go ▸ **faire partir** a) [salissure] to get rid of, to remove b) [odeur] to get rid of, to clear c) [douleur] to ease

◆ **à partir de** loc prép from / *à partir de mardi* starting from Tuesday, from Tuesday onwards / *c'est fait à partir d'huiles végétales* it's made from ou with vegetable oils / *j'ai fait un résumé à partir de ses notes* I've made a summary based on his notes.

partisan, e [paʀtizɑ̃, an] adj [partial] partisan ▸ **être partisan de** to be in favour UK ou favor US of. ◆ **partisan** nm 1. [adepte] supporter, advocate 2. MIL partisan.

partitif, ive [paʀtitif, iv] adj partitive. ◆ **partitif** nm partitive.

partition [paʀtisjɔ̃] nf 1. [séparation] partition 2. MUS score.

partout [paʀtu] adv everywhere ▸ **partout ailleurs** everywhere ou everyplace US else ▸ **un peu partout** all over, everywhere.

paru, e [paʀy] pp ⟶ **paraître**.

parure [paʀyʀ] nf (matching) set.

parution [paʀysjɔ̃] nf publication.

parvenir [40] [paʀvəniʀ] vi ▸ **parvenir à** a) [atteindre] to reach b) [obtenir] to achieve ▸ **parvenir à faire qqch** to manage to do sthg ▸ **faire parvenir qqch à qqn** to send sthg to sb.

parvenu, e [paʀvəny] ❖ pp ⟶ **parvenir**. ❖ nm, f *péj* parvenu, upstart.

parviendrai, parviendras ⟶ **parvenir**.

parvis [paʀvi] nm square *(in front of church)*.

pas[1] [pa] nm 1. [gén] step ▸ **allonger le pas** to quicken one's pace / *faire ses premiers pas* *pr* to learn to walk / *marcher d'un bon pas* to walk at a good ou brisk pace / *marcher à grands pas* to stride along ▸ **marquer le pas** to mark time / *ralentir le pas* to slow one's pace, to slow down ▸ **revenir sur ses pas** to retrace one's steps ▸ **pas à pas** step by step ▸ **au pas cadencé** in quick time ▸ **à pas de loup** *fig* stealthily ▸ **à pas feutrés** *fig* with muffled footsteps ▸ **au pas de charge** a) MIL at the charge b) *fig* charging along 2. TECHNOL thread 3. EXPR **c'est à deux pas (d'ici)** it's very near (here) ▸ **faire les cent pas** to pace up and down ▸ **faire un faux pas** a) to slip b) *fig* to make a faux pas ▸ **faire le premier pas** to make the first move ▸ **franchir** ou **sauter le pas** to take the plunge / *je vais de ce pas lui dire ma façon de penser* I'm going to waste no time in telling him what I think ▸ **mettre qqn / qqch au pas** to bring sb/sthg to heel ▸ **prendre le pas (sur qqn / qqch)** to take precedence (over sb/sthg), to dominate (sb/sthg) ▸ **(rouler) au pas** (to move) at a snail's pace ▸ **sur le pas de la porte** on the doorstep ▸ **tirer qqn d'un mauvais pas** to get sb out of a tight spot.

pas[2] [pa] adv 1. [avec ne] not / *elle ne vient pas* she's not ou she isn't coming / *elle n'a pas mangé* she hasn't eaten / *je ne le connais pas* I don't know him / *il n'y a pas de vin* there's no wine, there isn't any wine / *je ne m'en suis pas mal tiré* I handled it quite well / *je préférerais ne pas le rencontrer* I would prefer not to meet him, I would rather not meet him 2. *(avec omission du* **ne***)* *fam* : *c'est vraiment pas drôle !* a) [pas comique] it's not in the least ou slightest bit funny b) [ennuyeux] it's no fun at all / *elle sait pas* she doesn't know 3. [sans ne] not / *l'as-tu vu ou pas ?* have you seen him or not? / *il est très satisfait, moi pas* he's very pleased, but I'm not / *sincère ou pas* (whether) sincere or not / *une histoire pas drôle* a story which isn't funny ▸ **pas du tout** not at all / *pas un geste !* not one move! 4. [avec pron indéf] ▸ **pas un** [aucun] none, not one / *il sait faire les crêpes comme pas un* he makes pancakes like nobody else (on earth) / *pas un d'eux n'est venu* none of them ou not one of them came.

pascal[1], **e** [paskal] (*pl* **pascals** *ou* **pascaux** [pasko]) adj Easter *(avant n)*.

pascal² [paskal] nm **1.** INFORM Pascal **2.** PHYS pascal.

Pas-de-Calais [padkalɛ] nm ***département*** *in the north of France, containing the port of Calais.*

pas-de-porte [padpɔʀt] nm inv key money.

pashmina [paʃmina] nm pashmina.

passable [pasabl] adj passable, fair.

passablement [pasabləmɑ̃] adv **1.** [assez bien] fairly well **2.** [beaucoup] quite a bit.

passage [pasaʒ] nm **1.** [action - de passer] going past ; [- de traverser] crossing ▸ **être de passage** to be passing through / *je suis de passage à Paris* I'm in Paris for a few days ▸ **au passage** a) [en passant] as he/she etc. goes by b) *fig* in passing ▸ **lors de son dernier passage à la télévision** a) [personne] last time he was on TV b) [film] last time it was shown on TV / *prochain passage du car dans deux heures* the coach will be back ou will pass through again in two hours' time **2.** [endroit] passage, way ▸ **se frayer un passage à travers** ou **dans** to force a way through ▸ **'passage interdit'** 'no entry' ▸ **passage clouté** ou **pour piétons** pedestrian crossing UK, crosswalk US ▸ **passage couvert** passageway ▸ **passage à niveau** level crossing UK, grade crossing US ▸ **passage protégé** *priority given to traffic on the main road* ▸ **passage secret** secret passage ▸ **passage souterrain** underpass, subway UK **3.** [changement d'état] ▸ **passage de qqch à qqch** change ou transition from sthg to sthg ▸ **le passage de l'autocratie à la démocratie** the changeover ou transition from autocracy to democracy ▸ **le passage dans la classe supérieure** SCOL going ou moving up to the next class UK ou grade US / *passage à tabac* *fam* beating up ▸ **passage à vide** a) dizzy spell b) *fig* bad patch / *avoir un passage à vide* a) [syncope] to feel faint, to faint b) [moralement] to go through a bad patch c) [intellectuellement] to have a lapse in concentration **4.** [extrait] passage / *tu te souviens du passage où ils se rencontrent ?* do you remember the bit where they meet?

passager, ère [pasaʒe, ɛʀ] ❖ adj **1.** [bonheur] fleeting, short-lived **2.** [hôte] short-stay *(avant n)* ▸ **oiseau passager** bird of passage. ❖ nm, f passenger ▸ **passager clandestin** stowaway.

passant, e [pasɑ̃, ɑ̃t] ❖ adj busy. ❖ nm, f passerby. ◆ **passant** nm [de ceinture] (belt) loop.

passation [pasasjɔ̃] nf **1.** [conclusion] signing **2.** [transmission] handover ▸ **passation des pouvoirs** transfer of power.

passe [pas] ❖ nm *fam* passkey. ❖ nf **1.** [au sport] pass **2.** NAUT channel **3.** *fam* [prostitution] ▸ **maison de passe** ≃ brothel **4.** EXPR **être en passe de faire qqch** to be on the way to doing sthg ▸ **être dans une mauvaise passe** to be in a fix.

passé, e [pase] adj **1.** [qui n'est plus] past ; [précédent] ▸ **la semaine passée** last week ▸ **au cours de la semaine passée** in the last week / *il est trois heures passées* it's gone three UK, it's after three / *elle songeait au temps passé* she was thinking of times ou days gone by **2.** [fané] faded. ◆ **passé** ❖ nm past / *il a un lourd passé* he's a man with a past ▸ **oublions le passé** let bygones be bygones, let's forget the past / *soyons amis, comme par le passé* let's be friends, like before ▸ **passé composé** perfect tense ▸ **passé simple** past historic ▸ **verbe au passé** verb in the past tense. ❖ prép after.

passe-droit [pasdʀwa] (*pl* **passe-droits**) nm privilege.

passementerie [pasmɑ̃tʀi] nf haberdashery UK, notions *pl* US.

passe-montagne [pasmɔ̃taɲ] (*pl* **passe-montagnes**) nm balaclava (helmet).

passe-partout [paspaʀtu] nm inv **1.** [clé] passkey **2.** *(en apposition)* [tenue] all-purpose ; [phrase] stock *(avant n)*.

passe-passe [paspas] nm inv ▸ **tour de passe-passe** a) [prestidigitation] conjuring trick b) *fig* [tromperie] trick.

passe-plat [paspla] (*pl* **passe-plats**) nm serving hatch.

passeport [paspɔʀ] nm passport ▸ **passeport biométrique** biometric passport.

passer [3] [pase]

❖ vi *(aux : être)*

1. [se frayer un chemin] to pass, to get past

2. [défiler] to go by ou past / *regarder passer les coureurs* to watch the runners go past

3. [aller] to go ▸ **passer à** ou **au travers** ou **par** to come ou pass through / *le voleur est passé par la fenêtre* the burglar got in through the window ▸ **passer chez qqn** to call on sb, to drop in on sb ▸ **passer de qqch à qqch** a) [changer d'état] to go from sthg to sthg b) [changer d'activité] to change from sthg to sthg ▸ **passer devant** a) [bâtiment] to pass b) [juge] to come before ▸ **en passant** in passing ▸ **ne faire que passer** to stay only a short while ▸ **où est-il passé ?** where's he gone (to)? ▸ **l'affaire passera en justice le mois prochain** the case will be heard next month

4. [facteur] to come, to call / *le facteur passe deux fois par jour* the postman delivers ou comes twice a day

5. SCOL to pass, to be admitted / *passer dans la classe supérieure* to move up to the next class UK ou grade US

6. [être accepté] to be accepted / *qu'il soit toujours en retard, passe encore, mais…* it's one thing ou it's all very well to be late all the time but…

7. [fermer les yeux] ▸ **passer sur qqch** to pass over sthg

8. [temps] to pass, to go by / *comme le temps passe !* how time flies!

9. [disparaître - souvenir, couleur] to fade ; [- douleur] to pass, to go away / *le papier peint a passé au soleil* the sun has faded the wallpaper

10. CINÉ, TV & THÉÂTRE to be on / *sa dernière pièce passe au Galatée* her latest play is on at the Galatée ▸ **passer à la radio / télévision** to be on the radio / television

11. [aux cartes] to pass

12. [devenir] *passer président / directeur* to become president / director, to be appointed president / director

13. EXPR **passons…** let's move on… ▸ **passer pour** to be regarded as ▸ **se faire passer pour qqn** to pass o.s. off as sb ▸ **il y est passé** *fam* [mort] he kicked the bucket ▸ **tout son argent y passe** *fam* all his money goes on that

❖ vt *(aux : être)*

1. [franchir - frontière, rivière] to cross ; [- douane] to go through / *passer un ruisseau à gué* to ford a stream

2. [soirée, vacances] to spend

3. [sauter - ligne, tour] to miss / *je passe toutes les descriptions dans ses romans* I miss out **ou** I skip all the descriptions in her novels

4. [défauts] ▸ **passer qqch à qqn** to overlook sthg in sb / *elle lui passe tout* she lets him get away with anything

5. [bras] to pass, to put / *passer son bras autour de la taille de qqn* to put **ou** to slip one's arm round sb's waist

6. [peinture] to lay on, to spread

7. [filtrer - huile] to strain ; [- café] to filter

8. [film, disque] to put on

9. [vêtement] to slip on / *je passe une robe moins chaude et j'arrive* I'll put on a cooler dress and I'll be with you

10. [vitesses] to change / *passer la* **ou** *en troisième* to change into third (gear)

11. [donner] ▸ **passer qqch à qqn** to pass sb sthg / *passe-moi le sel* pass me the salt

12. MÉD ▸ **passer qqch à qqn** to give sb sthg

13. [accord] ▸ **passer un contrat avec qqn** to have an agreement with sb

14. SCOL & UNIV [examen] to sit UK, to take

15. [au téléphone] *je vous passe Mme Ledoux* **a)** [transmettre] I'll put you through to Mme Ledoux **b)** [donner l'écouteur à] I'll hand you Mme Ledoux

◆ **se passer** vp **1.** [événement] to happen, to take place / *comment ça s'est passé ?* how did it go? / *ça ne se passera pas comme ça !* I'm not putting up with that! / *l'opération s'est bien / mal passée* the operation went (off) smoothly/badly **2.** [crème] to put on **3.** [s'abstenir] ▸ **se passer de qqch / de faire qqch** to do without sthg/doing sthg / *il ne peut pas se passer de télévision* he can't live without the television.

⚠ Attention, **to pass an exam** signifie *réussir à un examen* et non *passer un examen*.

passereau [pasʀo] nm sparrow.

passerelle [pasʀɛl] nf **1.** [pont] footbridge **2.** [passage mobile] gangway.

passe-temps [pastɑ̃] nm inv pastime.

passe-thé [paste] nm inv tea strainer.

passeur, euse [pasœʀ, øz] nm, f **1.** [sur un bac, un bateau, etc.] ferryman *(nm)* **2.** [de contrebande] smuggler **3.** [d'immigrants clandestins] : *il trouva un passeur qui l'aida à gagner les États-Unis* he found someone to get him over the border into the United States **4.** SPORT passer.

passible [pasibl] adj ▸ **passible de** DR liable to.

passif, ive [pasif, iv] adj passive. ◆ **passif** nm **1.** GRAM passive **2.** FIN liabilities *pl*.

passing-shot [pasiŋʃɔt] (*pl* **passing-shots**) nm passing shot.

passion [pasjɔ̃] nf passion ▸ **avoir la passion de qqch** to have a passion for sthg. ◆ **Passion** nf MUS & RELIG Passion.

passionnant, e [pasjɔnɑ̃, ɑ̃t] adj exciting, fascinating.

passionné, e [pasjɔne] ❖ adj **1.** [personne] passionate **2.** [récit, débat] impassioned. ❖ nm, f passionate person / *passionné de ski / d'échecs etc.* skiing/chess etc. fanatic.

passionnel, elle [pasjɔnɛl] adj [crime] of passion.

passionnément [pasjɔnemɑ̃] adv passionately.

passionner [3] [pasjɔne] vt [personne] to grip, to fascinate. ◆ **se passionner** vp ▸ **se passionner pour** to have a passion for.

passivement [pasivmɑ̃] adv passively.

passivité [pasivite] nf passivity.

passoire [paswaʀ] nf [à liquide] sieve ; [à légumes] colander.

pastel [pastɛl] ❖ nm pastel. ❖ adj inv [couleur] pastel *(avant n)*.

pastèque [pastɛk] nf watermelon.

pasteur [pastœʀ] nm **1.** *litt* [berger] shepherd **2.** RELIG pastor, minister. ◆ **Pasteur** [pastœʀ] npr m ▸ **l'Institut Pasteur** *important medical research centre*.

pasteurisation [pastœʀizasjɔ̃] nf pasteurization.

pasteurisé, e [pastœʀize] adj pasteurized.

pasteuriser [3] [pastœʀize] vt to pasteurize.

pastiche [pastiʃ] nm pastiche.

pastille [pastij] nf [bonbon] pastille, lozenge.

pastis [pastis] nm *aniseed-flavoured aperitif*.

pastoral, e, aux [pastɔʀal, o] adj *litt* pastoral. ◆ **pastorale** nf ART & LITTÉR pastoral ; MUS pastorale.

patagon, one [patagɔ̃, ɔn] adj Patagonian. ◆ **Patagon, one** nm, f Patagonian.

Patagonie [patagɔni] nf : *la Patagonie* Patagonia.

patapouf [patapuf] nm *fam* fatty.

patate [patat] nf **1.** *fam* [pomme de terre] spud **2.** *fam* [imbécile] fathead. ◆ **patate douce** nf sweet potato.

patati [patati] interj ▸ **et patati et patata** *fam* and so on and so forth.

patatras [patatʀa] interj crash!

pataud, e [pato, od] *fam* ❖ adj clumsy. ❖ nm, f clumsy person.

pataugeoire [patoʒwaʀ] nf paddling pool UK, wading pool US.

patauger [17] [patoʒe] vi **1.** [barboter] to splash about **2.** *fam* & *fig* [s'embrouiller] to flounder.

patch [patʃ] nm MÉD patch.

patchouli [patʃuli] nm patchouli.

patchwork [patʃwœʀk] nm patchwork.

pâte [pat] nf **1.** [à tarte] pastry ; [à pain] dough ▸ **pâte brisée** shortcrust pastry ▸ **pâte à frire** batter ▸ **pâte à pain** bread dough ▸ **pâte sablée** sweet biscuit OU sweet flan pastry UK, sweet OU sugar dough US ▸ **pâte à tarte** pastry **2.** [mélange] paste ▸ **pâte d'amandes** almond paste ▸ **pâte de fruits** *jelly made from fruit paste* / *une pâte de fruits* a fruit jelly *(sweet)* ▸ **pâte à modeler** modelling UK OU modeling US clay ▸ **pâte à papier** paper pulp ▸ **pâte de verre** a) [pour l'industrie] molten glass b) [en joaillerie] paste / *des bijoux en pâte de verre* paste (jewellery) **3.** EXPR **être bonne pâte** *fam* to be easy-going. ◆ **pâtes** nfpl pasta *sg* / *les pâtes sont trop cuites* the pasta's overcooked.

pâté [pate] nm **1.** CULIN pâté ▸ **pâté chinois** QUÉBEC shepherd's pie ▸ **pâté de campagne** farmhouse pâté ▸ **pâté en croûte** *pâté baked in a pastry case* ▸ **pâté de foie** liver pâté ▸ **pâté impérial** spring roll ▸ **pâté à la viande** QUÉBEC meat pie **2.** [tache] ink blot **3.** [bloc] ▸ **pâté de maisons** block (of houses).

pâtée [pate] nf mash, feed.

patelin [patlɛ̃] nm *fam* village, place.

patène [patɛn] nf paten.

patente[1] [patɑ̃t] nf licence UK OU license US fee *(for traders and professionals)*.

patente[2] [patɑ̃t] QUÉBEC nf **1.** [invention] ingenious invention **2.** [objet quelconque] thing **3.** [affaire, histoire] : **c'est quoi cette patente ?** what's going on?

patenté, e [patɑ̃te] adj **1.** [commerçant] licensed **2.** *fam* [voleur, menteur] habitual.

patère [patɛʀ] nf [portemanteau] coat hook.

paternalisme [patɛʀnalism] nm paternalism.

paternaliste [patɛʀnalist] ❖ nmf paternalist. ❖ adj paternalistic.

paternel, elle [patɛʀnɛl] adj [devoir, autorité] paternal ; [amour, ton] fatherly. ◆ **paternel** nm *fam* old man.

paternité [patɛʀnite] nf paternity, fatherhood ; *fig* authorship, paternity.

pâteux, euse [patø, øz] adj **1.** [aliment] doughy ; [encre] thick **2.** [style] leaden.

pathétique [patetik] ❖ nm pathos. ❖ adj moving, pathetic.

pathogène [patɔʒɛn] adj pathogenic.

pathologie [patɔlɔʒi] nf pathology.

pathologique [patɔlɔʒik] adj pathological.

pathos [patos] nm *péj* pathos.

patibulaire [patibylɛʀ] adj sinister.

patiemment [pasjamɑ̃] adv patiently.

patience [pasjɑ̃s] nf **1.** [gén] patience ▸ **s'armer de patience** to be patient, to have patience ▸ **prendre son mal en patience** to put up with it **2.** [jeu de cartes] patience UK, solitaire US.

patient, e [pasjɑ̃, ɑ̃t] ❖ adj patient. ❖ nm, f **1.** [qui a de la patience] patient person **2.** MÉD patient.

patienter [3] [pasjɑ̃te] vi to wait ▸ **'veuillez patienter'** 'please wait'.

patin [patɛ̃] nm **1.** SPORT skate ▸ **patin à glace / à roulettes** ice / roller skate ▸ **faire du patin à glace / à roulettes** to go ice- / roller-skating **2.** [de feutre] *cloth pad used under shoes to protect wooden floor*.

patinage [patinaʒ] nm SPORT skating ▸ **patinage artistique / de vitesse** figure / speed skating.

patine [patin] nf patina.

patiner [3] [patine] ❖ vi **1.** SPORT to skate **2.** [véhicule] to skid. ❖ vt [objet] to give a patina to ; [avec vernis] to varnish. ◆ **se patiner** vp to take on a patina.

patineur, euse [patinœʀ, øz] nm, f skater.

patinoire [patinwaʀ] nf ice OU skating rink.

patio [patjo, pasjo] nm patio.

pâtir [32] [patiʀ] vi ▸ **pâtir de** to suffer the consequences of.

pâtisserie [patisʀi] nf **1.** [gâteau] pastry **2.** [art, métier] pastry-making **3.** [commerce] ≃ cake shop UK, bakery US ; ≃ bakery US.

pâtissier, ère [patisje, ɛʀ] ❖ adj ▸ **crème pâtissière** confectioner's custard. ❖ nm, f pastrycook.

patois [patwa] nm patois.

patraque [patʀak] adj *fam* [personne] out of sorts.

patriarcal, e, aux [patʀijaʀkal, o] adj patriarchal.

patriarcat [patʀijaʀka] nm **1.** RELIG patriarchate **2.** [sociologie] patriarchy.

patriarche [patʀijaʀʃ] nm patriarch.

patrie [patʀi] nf country, homeland ▸ **patrie d'adoption** country of adoption.

patrimoine [patʀimwan] nm **1.** [familial] inheritance ; [collectif] heritage **2.** EXPR **patrimoine génétique** gene pool.

patriote [patʀijɔt] ❖ nmf patriot. ❖ adj patriotic.

patriotique [patʀijɔtik] adj patriotic.

patriotisme [patʀijɔtism] nm patriotism.

patron, onne [patʀɔ̃, ɔn] nm, f **1.** [d'entreprise] head **2.** [chef] boss **3.** RELIG patron saint. ◆ **patron** nm [modèle] pattern.

patronage [patʀɔnaʒ] nm **1.** [protection] patronage ; [de saint] protection **2.** [organisation] youth club.

patronal, e, aux [patʀɔnal, o] adj [organisation, intérêts] employers' *(avant n)*.

patronat [patʀɔna] nm employers.

patronyme [patʀɔnim] nm patronymic.

patronymique [patʀɔnimik] adj patronymic.

patrouille [patʀuj] nf patrol.

patrouiller [3] [patʀuje] vi to patrol.

patte [pat] nf **1.** [d'animal] paw ; [d'oiseau] foot ▸ **montrer patte blanche** *fig* to give the password ▸ **à quatre pattes** a) four-legged b) *fig* on all fours, on one's hands and knees ▸ **retomber sur ses pattes** *fam* & *fig* to land on one's feet **2.** *fam* [jambe] leg ; [pied] foot ; [main] hand, paw ▸ **graisser la patte à qqn** *fam* to grease sb's palm **3.** [favori] sideburn **4.** [de poche, de portefeuille] fastening.

patte-d'oie [patdwa] (*pl* **pattes-d'oie**) nf crow's foot.

pattemouille [patmuj] nf damping cloth.

pâturage [patyʀaʒ] nm [lieu] pasture land.

pâture [patyʀ] nf [nourriture] food, fodder ; *fig* intellectual nourishment ▸ **donner qqn / qqch en pâture à, offrir qqn / qqch en pâture à** to feed sb / sthg to.

paume [pom] nf **1.** [de main] palm **2.** SPORT real tennis.

paumé, e [pome] *fam* ❖ adj lost. ❖ nm, f down and out.

paumer [3] [pome] vt *fam* to lose. ◆ **se paumer** vp *fam* to get lost.

paupérisation [popeʀizasjɔ̃] nf pauperization.

paupière [popjɛʀ] nf eyelid.

paupiette [popjɛt] nf *thin slice of meat or fish stuffed and rolled* ▸ **paupiettes de veau** ≃ veal olives UK.

pause [poz] nf **1.** [arrêt] break **2.** MUS pause.

pause-café [pozkafe] (*pl* **pauses-café**) nf coffee-break.

pauvre [povʀ] ❖ nmf poor person ▸ **le / la pauvre !** the poor thing ! / *tu es vraiment trop bête, ma pauvre / mon pauvre !* [avec mépris] you're really too stupid for words, my dear girl / boy ! ▸ **les pauvres** the poor. ❖ adj poor / *laisse donc ce pauvre chien tranquille !* do leave that poor ou wretched dog alone ! ▸ **pauvre de moi !** [archaïque] woe is me ! *hum* / *pauvre crétin, va !* *fam* you idiot ! / *une végétation pauvre* sparse vegetation ▸ **pauvre en** low in / *alimentation pauvre en sels minéraux* food lacking (in) minerals / *régime pauvre en calories* low-calorie diet ▸ **pauvre d'esprit** feeble-minded.

pauvrement [povʀəmɑ̃] adv poorly.

pauvreté [povʀəte] nf poverty.

pavage [pavaʒ] nm paving.

pavaner [3] [pavane] ◆ **se pavaner** vp to strut.

pavé, e [pave] adj cobbled. ◆ **pavé** nm **1.** [chaussée] ▸ **battre le pavé** *fig* to walk the streets ▸ **être sur le pavé** *fig* to be out on the streets ▸ **tenir le haut du pavé** *fig* to be on top **2.** [de pierre] cobblestone, paving stone ▸ **un pavé dans la mare** a bombshell *fig* **3.** *fam* [livre] tome **4.** [de viande] slab / *pavé de romsteck* thick rump steak **5.** INFORM ▸ **pavé numérique** numeric keypad.

paver [3] [pave] vt to pave.

pavillon [pavijɔ̃] nm **1.** [bâtiment] detached house UK ▸ **pavillon de banlieue** ≃ bungalow ▸ **pavillon de chasse** hunting lodge **2.** [de trompette] bell **3.** [d'oreille] pinna, auricle **4.** [drapeau] flag.

pavoiser [3] [pavwaze] ❖ vt to decorate with flags. ❖ vi *fam* to crow.

pavot [pavo] nm poppy.

payable [pɛjabl] adj payable.

payant, e [pɛjɑ̃, ɑ̃t] adj **1.** [hôte] paying *(avant n)* **2.** [spectacle] with an admission charge **3.** *fam* [affaire] profitable.

paye = **paie**²

payé, e [peje] adj : *bien / mal payé* well- / low-paid.

payement = **paiement**.

payer [11] [peje] ❖ vt **1.** [gén] to pay ; [achat] to pay for ▸ **payer qqch à qqn** to buy sthg for sb, to buy sb sthg, to treat sb to sthg / *payer sa dette à la société* to pay one's debt to society ▸ **payer à boire à qqn** to buy sb a drink ▸ **payer qqn de qqch** *fig* [efforts, peine] to reward sb for sthg ▸ **ses félicitations me paient de mes efforts** his congratulations repay me my efforts **2.** [expier - crime, faute] to pay for ▸ **il me le paiera !** he'll pay for this ! ▸ **payer les pots cassés** *fam* & *fig* to foot the bill *fig*. ❖ vi : *c'est un travail qui paie mal* it's badly paid work, it's not a well paid job ▸ **payer (pour)** to pay (for) ▸ **payer de sa poche** to pay out of one's own pocket ▸ **payer de sa personne a)** [s'exposer au danger] to put o.s. on the line **b)** [se donner du mal] to put in a lot of effort ▸ **payer d'audace** to risk one's all / *la maison ne paie pas de mine, mais elle est confortable* *fam* the house isn't much to look at ou the house doesn't look much but it's very comfortable. ◆ **se payer** vp [s'offrir] ▸ **se payer qqch** to buy o.s. sthg, to treat o.s. to sthg / *j'ai envie de me payer une robe* I feel like treating myself to a dress ou like buying myself a dress.

payeur, euse [pɛjœʀ, øz] ❖ adj payments *(avant n)*. ❖ nm, f payer ▸ **mauvais payeur** bad debtor.

pays [pei] nm **1.** [gén] country / *le pays d'accueil* the host country ▸ **pays d'adoption** country of adoption ▸ **pays de cocagne** *fig* land of plenty ▸ **les pays de l'Est** HIST the Eastern bloc (countries) ▸ **pays moins développé** less-developed country ▸ **pays parmi les moins avancés** least-developed country ▸ **pays natal** native land, native country ▸ **comme en pays conquis** like the lord of the manor ▸ **voir du pays** to travel a lot **2.** [région, province] region ▸ **être du pays** to be a local / *c'est un enfant du pays* he's from these parts ▸ **saucisson de pays** traditional ou country-style sausage. ◆ **pays de Galles** nm : *le pays de Galles* Wales / *au pays de Galles* in Wales.

paysage [peizaʒ] nm **1.** [site, vue] landscape, scenery **2.** [tableau] landscape **3.** *fig* [contexte] scene.

paysager, ère [peizaʒe, ɛʀ] adj landscaped.

paysagiste [peizaʒist] ❖ nmf **1.** [peintre] landscape artist **2.** [concepteur de parcs] landscape gardener. ❖ adj landscape *(avant n)*.

paysan, anne [peizɑ̃, an] ❖ adj [vie, coutume] country *(avant n)*, rural ; [organisation, revendication] farmers' *(avant n)* ; *péj* peasant *(avant n)*. ❖ nm, f **1.** [agriculteur] (small) farmer **2.** *péj* [rustre] peasant.

paysannat [peizana] nm peasantry.

paysannerie [peizanʀi] nf peasantry, peasant class.

Pays-Bas [peiba] nmpl : *les Pays-Bas* the Netherlands / *aux Pays-Bas* in the Netherlands.

PC nm **1.** (*abr de* **Parti communiste**) Communist Party **2.** (*abr de* **personal computer**) PC **3.** (*abr de* **prêt conventionné**) *special loan for house purchase* **4.** (*abr de* **permis de construire**) planning permission UK **5.** (*abr de* **poste de commandement**) HQ **6.** (*abr de* **Petite Ceinture**) *bus following the inner ring road in Paris.*

pcc (*abr écrite de* **pour copie conforme**) certified accurate.

PCF (*abr de* **Parti communiste français**) nm *French Communist Party.*

pck (*abr écrite de* **parce que**) SMS COS, COZ.

PCV (*abr de* **à percevoir**) nm reverse-charge call UK, collect call US.

PDF® nm PDF.

P-DG (*abr de* **président-directeur général, présidente-directrice générale**) nmf Chairman and Managing Director UK, President and Chief Executive Officer US.

PDV (*abr de* **point de vente**) nm POS.

p.-ê. *abr écrite de* **peut-être**.

PEA (*abr de* **plan d'épargne en actions**) nm *savings scheme* ; ≃ ISA *(individual savings account)* UK.

péage [peaʒ] nm toll.

peau [po] nf **1.** [gén] skin ▸ **peau de banane** banana skin ▸ **peau d'orange** a) orange peel b) MÉD ≃ cellulite ▸ **n'avoir que la peau sur les os** to be just skin and bones ▸ **être bien / mal dans sa peau** a) [en général] to feel great / terrible b) [en situation] to feel at ease / ill at ease ▸ **risquer sa peau** to risk one's neck **2.** [cuir] hide, leather *(U)* ▸ **peau de vache** a) *fam* & *fig* [homme] bastard b) [femme] bitch.

peaufiner [3] [pofine] vt *fig* [travail] to polish up.

pécan [pekɑ̃] nm ▸ **(noix de) pécan** pecan.

pécari [pekaʀi] nm **1.** ZOOL peccary **2.** [cuir] peccary (skin).

peccadille [pekadij] nf peccadillo.

péché [peʃe] nm sin ▸ **les sept péchés capitaux** the seven deadly sins ▸ **le péché originel** original sin ▸ **un péché mignon** a weakness.

pêche [pɛʃ] nf **1.** [fruit] peach ▸ **pêche Melba** peach Melba **2.** [activité] fishing ; [poissons] catch ▸ **aller à la pêche** to go fishing ▸ **pêche à la dandinette** jigging ▸ **pêche sous la glace** ice fishing ▸ **pêche à la ligne** angling ▸ **pêche sous-marine** underwater fishing **3.** EXPR **avoir la pêche** *fam* to feel great.

pécher [18] [peʃe] vi to sin ▸ **pécher contre la bienséance** *fig* to break the rules of correct behaviour ▸ **pécher par omission** *fig* to commit the sin of omission / *cet exposé pèche par manque d'exemples* *fig* this report falls down because it lacks examples.

pêcher[1] [4] [peʃe] vt **1.** [poisson] to catch / *pêcher à la ligne / traîne* to angle / troll **2.** *fam* [trouver] to dig up.

pêcher[2] [peʃe] nm peach tree.

pécheresse [peʃʀɛs] nf ⟶ **pécheur**.

pêcherie [pɛʃʀi] nf fishery, fishing ground.

pécheur, eresse [peʃœʀ, peʃʀɛs] ❖ adj sinful. ❖ nm, f sinner.

pêcheur, euse [pɛʃœʀ, øz] nm, f fisherman (fisherwoman).

pêchu, e [pɛʃy] adj *fam* ▸ **être pêchu** to have lots of energy / *c'est quelqu'un de pêchu, de dynamique* he's a feisty, dynamic person.

pecnot = **péquenot**.

pectine [pɛktin] nf pectin.

pectoral, e, aux [pɛktɔʀal, o] adj **1.** [muscle] pectoral **2.** [sirop] cough *(avant n).* ◆ **pectoraux** nmpl pectorals.

pécule [pekyl] nm [économies] savings *pl.*

pécuniaire [pekynjɛʀ] adj financial.

PED, P.E.D. (*abr de* **pays en développement**) nm developing country.

pédagogie [pedagɔʒi] nf **1.** [science] education, pedagogy **2.** [qualité] teaching ability.

pédagogique [pedagɔʒik] adj educational ; [méthode] teaching *(avant n).*

pédagogue [pedagɔg] ❖ nmf teacher. ❖ adj ▸ **être pédagogue** to be a good teacher.

pédale [pedal] nf **1.** [gén] pedal ▸ **perdre les pédales** *fam* & *fig* to lose one's head **2.** *fam* & *injur* [homosexuel] queer.

pédaler [3] [pedale] vi [à bicyclette] to pedal ▸ **pédaler dans la choucroute** *fam* & *fig* to be all at sea.

pédalier [pedalje] nm **1.** [de vélo] (bicycle) drive **2.** [d'orgue] pedals *pl.*

Pédalo® [pedalo] nm pedal boat.

pédant, e [pedɑ̃, ɑ̃t] ❖ adj pedantic. ❖ nm, f pedant.

pédé [pede] nm *tfam* & *injur* queer.

pédégère [pedeʒɛʀ] nf *fam* (female) managing director UK, (female) CEO US.

pédéraste [pedeʀast] nm homosexual, pederast.

pédérastie [pedeʀasti] nf homosexuality.

pédestre [pedɛstʀ] adj : *randonnée pédestre* hike, ramble ▸ **chemin pédestre** footpath.

pédiatre [pedjatʀ] nmf pediatrician.

pédiatrie [pedjatʀi] nf pediatrics *(U).*

pédicule [pedikyl] nm BOT peduncle.

pédicure [pedikyʀ] nmf chiropodist, podiatrist US.

pedigree [pedigʀe] nm pedigree.

pédophile [pedɔfil] ❖ nm pedophile. ❖ adj pedophiliac.

pédophilie [pedɔfili] nf paedophilia.

pédopsychiatre [pedɔpsikjatʀ] nmf child psychiatrist.

peeling [piliŋ] nm face scrub.

peer to peer, peer-to-peer [piʀtupiʀ] ❖ nm ▸ **le peer to peer** peer to peer technology. ❖ adj peer-to-peer.

PEGC (*abr de* **professeur d'enseignement général de collège**) nmf *teacher qualified to teach one or two subjects to 11-to-15-year-olds in French secondary schools.*

pègre [pɛgʀ] nf underworld.

peignais, peignions ⟶ **peindre**.

peigne [pɛɲ] nm **1.** [démêloir, barrette] comb ▸ **se donner un coup de peigne** to run a comb through one's hair ▸ **passer qqch au peigne fin** *fig* to go through sthg with a fine-tooth comb ▸ **sale comme un peigne** *fam* & *fig* filthy dirty **2.** [de tissage] card.

peigner [4] [peɲe] vt **1.** [cheveux] to comb **2.** [fibres] to card. ◆ **se peigner** vp to comb one's hair.

peignoir [pɛɲwaʀ] nm dressing gown UK, robe US, bathrobe US ▸ **peignoir de bain** bathrobe.

peinard, e [pɛnaʀ, aʀd] adj *fam* [emploi] cushy ; [personne] comfortable.

peindre [81] [pɛ̃dʀ] vt to paint ; *fig* [décrire] to depict. ◆ **se peindre** vp *fig* [émotion] ▸ **se peindre sur** to be written on.

peine [pɛn] nf **1.** [châtiment] punishment, penalty ; DR sentence ▸ **sous peine de qqch** on pain of sthg / *'défense de fumer sous peine d'amende'* 'smokers will be prosecuted' ▸ **peine capitale** ou **de mort** capital punishment, death sentence ▸ **peine incompressible** sentence without remission / *peine de prison* prison sentence / *infliger une lourde peine à qqn* to pass a harsh sentence on sb **2.** [chagrin] sorrow, sadness *(U)* ▸ **avoir de la peine** to be sad ▸ **faire de la peine à qqn** to upset sb, to hurt sb / *il me fait vraiment de la peine* I feel really sorry for him **3.** [effort] trouble ▸ **se donner de la peine** to go to a lot of trouble / *il ne s'est même pas donné la peine de répondre* he didn't even bother replying ▸ **c'est peine perdue** it's a waste of effort ▸ **prendre la peine de faire qqch** to go to the trouble of doing sthg ▸ **ça ne vaut pas** ou **ce n'est pas la peine** it's not worth it / *ce n'est pas la peine de tout récrire / que tu y ailles* there's no point writing it all out again / your going / *l'exposition vaut la peine d'être vue* the exhibition is worth seeing **4.** [difficulté] difficulty ▸ **avoir de la peine à faire qqch** to have difficulty ou trouble doing sthg / *il monte l'escalier avec peine* he has trouble climbing stairs ▸ **sans peine** without difficulty, easily / *je suis arrivé à le faire en deux heures sans peine* I had no trouble doing it in two hours. ◆ **à peine** loc adv scarcely, hardly ▸ **à peine… que** hardly… than / *à peine était-elle couchée que le téléphone se mit à sonner* no sooner had she gone to bed than ou she'd only just gone to bed when the phone rang ▸ **c'est à peine si on se parle** we hardly speak (to each other).

peiner [4] [pene] ◈ vt [affliger] to distress, to sadden. ◈ vi **1.** [travailler] to work hard **2.** [se fatiguer] to struggle, to labour UK, to labor US.

peint, e [pɛ̃, pɛ̃t] pp ⟶ **peindre**.

peintre [pɛ̃tʀ] nmf painter ▸ **peintre en bâtiment** house painter.

peinture [pɛ̃tyʀ] nf **1.** [gén] painting / *la peinture flamande* Flemish painting / *peinture sur soie* silk painting / *une peinture de la société médiévale* a picture of mediaeval society **2.** [produit] paint / *donner un petit coup de peinture à qqch* to freshen sthg up, to give sthg a lick of paint / *refaire la peinture d'une porte* to repaint a door ▸ **'peinture fraîche'** 'wet paint' ▸ **peinture à l'eau** CONSTR water ou water-based paint ▸ **peinture à l'huile** ART oil paint.

peinturlurer [3] [pɛ̃tyʀlyʀe] vt *fam* to daub. ◆ **se peinturlurer** vp *fam* to plaster one's face with make-up.

péjoratif, ive [peʒɔʀatif, iv] adj pejorative.

Pékin [pekɛ̃] npr Peking, Beijing.

pékinois, e [pekinwa, az] adj of / from Peking. ◆ **pékinois** nm **1.** [langue] Mandarin **2.** [chien] pekinese. ◆ **Pékinois, e** nm, f native ou inhabitant of Peking / *les Pékinois* the people of Peking.

PEL, Pel [pɛl] (*abr de* **plan d'épargne logement**) nm *savings scheme offering low-interest mortgages.*

pelage [pəlaʒ] nm coat, fur.

pelé, e [pəle] adj **1.** [crâne] bald **2.** *fig* [colline, paysage] bare.

pêle-mêle [pɛlmɛl] ◈ adv pell-mell. ◈ nm multiple photo frame.

peler [25] [pəle] vt & vi to peel.

pèlerin [pɛlʀɛ̃] nm pilgrim.

pèlerinage [pɛlʀinaʒ] nm **1.** [voyage] pilgrimage ▸ **en pèlerinage** on a pilgrimage **2.** [lieu] place of pilgrimage.

pèlerine [pɛlʀin] nf cape.

pélican [pelikɑ̃] nm pelican.

pelisse [pəlis] nf pelisse.

pelle [pɛl] nf **1.** [instrument] shovel ▸ **pelle à tarte** pie server ▸ **à la pelle** *fam* & *fig* by the bucketful / *ils ramassent des fraises à la pelle dans leur jardin* *fam* they get loads of strawberries from their garden **2.** [machine] digger.

pelletée [pɛlte] nf shovelful.

pelleter [27] [pɛlte] vt to shovel.

pelleteuse [pɛltøz] nf mechanical digger.

pellicule [pelikyl] nf film. ◆ **pellicules** nfpl dandruff *(U)*.

pelote [pəlɔt] nf **1.** [de laine, ficelle] ball **2.** COUT pin cushion. ◆ **pelote basque** nf pelota.

peloter [3] [plɔte] vt *fam* to paw.

peloton [plɔtɔ̃] nm **1.** [de ficelle] small ball **2.** [de soldats] squad ▸ **peloton d'exécution** firing squad **3.** [de concurrents] pack ▸ **le peloton de tête** **a)** SPORT the leading group **b)** *fig* the top few.

pelotonner [3] [pəlɔtɔne] ◆ **se pelotonner** vp to curl up ▸ **se pelotonner contre** to snuggle up to.

pelouse [pəluz] nf **1.** [de jardin] lawn **2.** [de champ de courses] public enclosure **3.** FOOT [rugby] field.

peluche [pəlyʃ] nf **1.** [jouet] soft toy, stuffed animal **2.** [tissu] plush **3.** [d'étoffe] piece of fluff.

pelucheux, euse [pəlyʃø, øz] adj fluffy.

pelure [pəlyʀ] nf **1.** [fruit] peel **2.** *fam* & *péj* [habit] coat.

pénal, e, aux [penal, o] adj penal.

pénalisation [penalizasjɔ̃] nf penalty.

pénaliser [3] [penalize] vt to penalize.

pénalité [penalite] nf penalty.

penalty [penalti] (*pl* **penaltys** *ou* **penalties**) nm penalty.

pénates [penat] nmpl ▸ **regagner ses pénates** *fam* to go home.

penaud, e [pəno, od] adj sheepish.

penchant [pɑ̃ʃɑ̃] nm **1.** [inclination] tendency **2.** [sympathie] ▸ **penchant pour** liking OU fondness for.

penché, e [pɑ̃ʃe] adj **1.** [tableau] crooked, askew ; [mur, écriture] sloping, slanting ; [objet] tilting **2.** [personne] : *il est toujours penché sur ses livres* he's always got his head in a book.

pencher [3] [pɑ̃ʃe] ◆ vi to lean ▸ **pencher vers** *fig* to incline towards OU toward US ▸ **pencher pour** to incline in favour UK OU favor US of. ◆ vt to bend. ◆ **se pencher** vp [s'incliner] to lean over ; [se baisser] to bend down ▸ **se pencher sur qqn / qqch** to lean over sb / sthg ▸ **se pencher sur qqch** *fig* [problème, cas] to look into sthg.

pendable [pɑ̃dabl] adj ▸ **tour pendable** dirty trick / *ce n'est pas un cas pendable* it's not a hanging matter.

pendaison [pɑ̃dɛzɔ̃] nf hanging ▸ **pendaison de crémaillère** housewarming.

pendant¹, e [pɑ̃dɑ̃, ɑ̃t] adj **1.** [bras] hanging, dangling **2.** [question] pending. ◆ **pendant** nm **1.** [bijou] ▸ **pendant d'oreilles** (drop) earring **2.** [de paire] counterpart ▸ **se faire pendant** *fig* to make a pair.

pendant² [pɑ̃dɑ̃] prép during. ◆ **pendant que** loc conj while, whilst UK ▸ **pendant que j'y suis,...** while I'm at it,....

pendeloque [pɑ̃dlɔk] nf **1.** [bijou] pendant **2.** [de lustre] crystal.

pendentif [pɑ̃dɑ̃tif] nm pendant.

penderie [pɑ̃dʀi] nf wardrobe UK, walk-in closet US.

pendouiller [3] [pɑ̃duje] vi *fam* to dangle, to hang down.

pendre [73] [pɑ̃dʀ] ◆ vi **1.** [être fixé en haut] ▸ **pendre (à)** to hang (from) / *du linge pendait aux fenêtres* washing was hanging out of the windows **2.** [descendre trop bas] to hang down / *sa natte pendait dans son dos* her plait was hanging down her back. ◆ vt **1.** [rideaux, tableau] to hang (up), to put up / *pendre un tableau à un clou* to hang a picture from a nail **2.** [personne] to hang / *il sera pendu à l'aube* he'll hang OU be hanged at dawn. ◆ **se pendre** vp **1.** [s'accrocher] ▸ **se pendre à** to hang from / *les chauves-souris se pendent aux branches* the bats hang from the branches / *se pendre au cou de qqn* *fam* to fling one's arms around sb's neck **2.** [se suicider] to hang o.s.

pendu, e [pɑ̃dy] ◆ pp ⟶ **pendre.** ◆ adj **1.** [objet] hung up, hanging up ; *fig* : *il est toujours pendu au téléphone* *fam* he's never off the phone **2.** [personne] hanged. ◆ nm, f hanged person.

pendule [pɑ̃dyl] ◆ nm pendulum. ◆ nf clock.

pendulette [pɑ̃dylɛt] nf small clock.

pêne [pɛn] nm bolt.

pénétrant, e [penetʀɑ̃, ɑ̃t] adj penetrating ; [odeur] pervasive.

pénétration [penetʀasjɔ̃] nf **1.** [de projectile, d'idée] penetration / *pénétration du marché* ÉCON market penetration **2.** [sagacité] shrewdness.

pénétré, e [penetʀe] adj earnest ▸ **elle est pénétrée de son importance** she's full of her own importance.

pénétrer [18] [penetʀe] ◆ vi to enter / *pénétrer dans la maison de qqn* **a)** [avec sa permission] to enter sb's house **b)** [par effraction] to break into sb's house / *faire pénétrer la crème en massant doucement* gently rub OU massage the cream in. ◆ vt **1.** [mur, vêtement] to penetrate / *un froid glacial me pénétra* I was chilled to the bone OU to the marrow **2.** *fig* [mystère, secret] to fathom out / *pénétrer les intentions de qqn* to guess sb's intentions. ◆ **se pénétrer** vp [s'imprégner] ▸ **se pénétrer d'une idée** to let an idea sink in / *se pénétrer d'une vérité* to become convinced of a truth.

pénible [penibl] adj **1.** [travail] laborious **2.** [nouvelle, maladie] painful **3.** *fam* [personne] tiresome.

péniblement [penibləmɑ̃] adv **1.** [avec difficulté] with difficulty, laboriously **2.** [cruellement] painfully **3.** [à peine] just about.

péniche [peniʃ] nf barge.

pénicilline [penisilin] nf penicillin.

péninsule [penɛ̃syl] nf peninsula / *la péninsule d'Arabie* the Arabian Peninsula.

pénis [penis] nm penis.

pénitence [penitɑ̃s] nf **1.** [repentir] penitence **2.** [peine, punition] penance.

pénitencier [penitɑ̃sje] nm prison, penitentiary US.

pénitent, e [penitɑ̃, ɑ̃t] ◆ adj penitent. ◆ nm, f penitent.

pénitentiaire [penitɑ̃sjɛʀ] adj prison *(avant n).*

penne [pɛn] nf ZOOL quill.

pénombre [penɔ̃bʀ] nf half-light.

pensable [pɑ̃sabl] adj : *ce n'est pas pensable* it's unthinkable.

pensant, e [pɑ̃sɑ̃, ɑ̃t] adj thinking.

pense-bête [pɑ̃sbɛt] (*pl* **pense-bêtes**) nm reminder.

pensée [pɑ̃se] nf **1.** [idée, faculté] thought / *avoir une pensée claire* to be clear-thinking / *être tout à* OU *perdu dans ses pensées* to be lost in thought **2.** [esprit] mind, thoughts *pl* ▸ **par la** OU **en pensée** in one's mind OU thoughts / *avec nos affectueuses* OU *meilleures pensées* with (all) our love OU fondest regards **3.** [opinion] thoughts *pl*, feelings *pl* / *j'avais deviné ta pensée* I'd guessed what you'd been thinking / *allez donc jusqu'au bout de votre pensée* come on, say what you really think OU what's really on your mind **4.** [doctrine] thought, thinking ▸ **pensée conceptuelle / logique / mathématique** conceptual / logical / mathematical thought **5.** BOT pansy.

penser [3] [pɑ̃se] ◆ vi to think ▸ **penser à qqn / qqch** a) [avoir à l'esprit] to think of sb / sthg, to think about sb / sthg b) [se rappeler] to remember sb / sthg / *essaye de penser un peu aux autres* try to think of others ▸ **penser à faire qqch** a) [avoir à l'esprit] to think of doing sthg b) [se rappeler] to remember to do sthg / *qu'est-ce que tu en penses ?* what do you think (of it)? / *c'est simple mais il fallait y penser* it's a simple enough idea but somebody had to think of it (in the first place) ▸ **faire penser à qqn / qqch** to make one think of sb / sthg ▸ **faire penser à qqn à faire qqch** to remind sb to do sthg ▸ **sans penser à mal** without meaning any harm ▸ **n'y pensons plus !** let's forget it! ▸ **laisser** ou **donner à penser (que)** to make one think (that) ▸ **même s'il ne dit rien, il n'en pense pas moins** even if he doesn't say anything, he's thinking it nonetheless ▸ **pensez-vous !** *fam* don't be silly! ◆ vt to think / *je ne sais jamais ce que tu penses* I can never tell what you're thinking ou what's on your mind ▸ **penser que...** to think (that)... / *je pense que oui* I think so / *je pense que non* I don't think so / *je pensais la chose faisable, mais on me dit que non* I thought it was possible (to do), but I'm told it's not ▸ **penser faire qqch** to be planning to do sthg / *je pense avoir réussi* [examen] I think I passed / *je n'aurais / on n'aurait jamais pensé que...* I'd never / nobody'd ever have thought that... / *tu penses bien que je lui ai tout raconté !* *fam* I told him everything, as you can well imagine.

penseur, euse [pɑ̃sœʀ, øz] nm, f thinker.

pensif, ive [pɑ̃sif, iv] adj pensive, thoughtful.

pension [pɑ̃sjɔ̃] nf **1.** [allocation] pension ▸ **pension alimentaire** [dans un divorce] alimony **2.** [hébergement] board and lodging ▸ **pension complète** full board **3.** [hôtel] guesthouse ▸ **pension de famille** guesthouse, boarding house ▸ **pension de l'État** state pension **4.** [prix de l'hébergement] ≃ rent, keep **5.** [internat] boarding school / *être en pension* to be a boarder ou at boarding school.

pensionnaire [pɑ̃sjɔnɛʀ] nmf **1.** [élève] boarder **2.** [hôte payant] lodger.

pensionnat [pɑ̃sjɔna] nm **1.** [internat] boarding school **2.** [élèves] boarders *pl.*

pensivement [pɑ̃sivmɑ̃] adv pensively, thoughtfully.

pensum [pɛ̃sɔm] nm **1.** [travail ennuyeux] chore **2.** *vieilli* [punition] imposition.

pentagone [pɛ̃tagɔn] nm pentagon. ◆ **Pentagone** nm ▸ **le Pentagone** the Pentagon.

pentathlon [pɛ̃tatlɔ̃] nm pentathlon.

pente [pɑ̃t] nf slope ▸ **en pente** sloping, inclined ▸ **être sur une mauvaise pente** *fig* to be on a downward path ▸ **remonter la pente** *fig* to claw one's way back again.

pentecôte [pɑ̃tkot] nf [juive] Pentecost ; [chrétienne] Whitsun.

pénurie [penyʀi] nf shortage ▸ **pénurie de main-d'œuvre** labour shortage.

people [pipɔl] adj ▸ **la presse people** celebrity (gossip) magazines.

PEP, Pep [pɛp] (*abr de* **plan d'épargne populaire**) nm personal pension plan.

pépé [pepe] nm *fam* **1.** [grand-père] grandad, grandpa **2.** [homme âgé] old man.

pépère [pepɛʀ] *fam* ◆ nm [grand-père] grandad, grandpa. ◆ adj cushy.

pépier [9] [pepje] vi to chirp.

pépin [pepɛ̃] nm **1.** [graine] pip **2.** *fam* [ennui] hitch **3.** *fam* [parapluie] umbrella, brolly UK.

pépinière [pepinjɛʀ] nf tree nursery ; *fig* [école, établissement] nursery.

pépiniériste [pepinjeʀist] nmf nurseryman (woman).

pépite [pepit] nf nugget.

pepperoni [pepeʀɔni] nm pepperoni.

péquenot, otte [pekno, ɔt], **péquenaud, e** [pekno, od] nm, f *fam* & *péj* country bumpkin.

PER, Per [pɛʀ] (*abr de* **plan d'épargne retraite**) nm former personal pension plan.

percale [pɛʀkal] nf percale.

perçant, e [pɛʀsɑ̃, ɑ̃t] adj **1.** [regard, son] piercing **2.** [froid] bitter, biting.

percée [pɛʀse] nf **1.** [trouée] opening **2.** MIL & SPORT breakthrough ▸ **percée technologique** technological breakthrough.

percement [pɛʀsəmɑ̃] nm opening (up) ; [d'oreilles] piercing.

perce-neige [pɛʀsənɛʒ] nm inv & nf inv snowdrop.

perce-oreille [pɛʀsɔʀɛj] (*pl* **perce-oreilles**) nm earwig.

percepteur, trice [pɛʀsɛptœʀ, tʀis] nm, f tax collector.

perceptible [pɛʀsɛptibl] adj perceptible.

perception [pɛʀsɛpsjɔ̃] nf **1.** [d'impôts] collection **2.** [bureau] tax office **3.** [sensation] perception.

percer [16] [pɛʀse] ◆ vt **1.** [mur, roche] to make a hole in ; [coffre-fort] to crack **2.** [trou] to make ; [avec perceuse] to drill / *percer une porte dans un mur* to put a door in ou into a wall / *percer un tunnel dans la montagne* to drive ou to build a tunnel through the mountain **3.** [silence, oreille] to pierce / *un bruit à vous percer les tympans* an ear-splitting noise / *se faire percer les oreilles* to have one's ears pierced **4.** [foule] to make one's way through **5.** *fig* [mystère] to penetrate ▸ **percer qqn / qqch à jour** to see right through sb / sthg. ◆ vi **1.** [soleil] to break through **2.** [abcès] to burst ▸ **avoir une dent qui perce** to be cutting a tooth **3.** [réussir] to make a name for o.s., to break through / *un jeune chanteur en train de percer* an up-and-coming young singer.

perceuse [pɛʀsøz] nf drill.

percevoir [52] [pɛʀsəvwaʀ] vt **1.** [intention, nuance] to perceive **2.** [retraite, indemnité] to receive **3.** [impôts] to collect.

perchaude [pɛʀʃod] nf QUÉBEC yellow ou lake perch.

perche [pɛʀʃ] nf **1.** [poisson] perch **2.** [de bois, métal] pole ▸ **tendre la perche à qqn** *fig* to throw sb a line.

percher [3] [pɛʀʃe] ◆ vi **1.** [oiseau] to perch **2.** *fam* [personne] to live. ◆ vt to perch. ◆ **se percher** vp to perch.

percheron [pɛʀʃəʀɔ̃] nm ZOOL Percheron.

perchiste [pɛʀʃist] nmf **1.** SPORT pole vaulter **2.** CINÉ & TV boom operator.

perchoir [pɛʀʃwaʀ] nm perch.

perclus, e [pɛʀkly, yz] adj ▸ **perclus de** a) [rhumatismes] crippled with b) *fig* [crainte] paralysed UK ou paralyzed US with.

perçois, perçoit ⟶ percevoir.

percolateur [pɛʀkɔlatœʀ] nm percolator.

perçu, e [pɛʀsy] pp ⟶ percevoir.

percussion [pɛʀkysjɔ̃] nf percussion.

percussionniste [pɛʀkysjɔnist] nmf percussionist.

percussions [pɛʀkysjɔ̃] nfpl percussion *sg*.

percutant, e [pɛʀkytɑ̃, ɑ̃t] adj **1.** [obus] explosive **2.** *fig* [argument] forceful.

percuter [3] [pɛʀkyte] ◆ vt to strike, to smash into. ◆ vi to explode.

perdant, e [pɛʀdɑ̃, ɑ̃t] ◆ adj losing. ◆ nm, f loser.

perdition [pɛʀdisjɔ̃] nf **1.** [ruine morale] perdition **2.** [détresse] ▸ **en perdition** in distress.

perdre [77] [pɛʀdʀ] ◆ vt **1.** [gén] to lose / *perdre le contrôle de* to lose control of / *perdre son emploi* to lose one's job / *perdre patience* to run out of ou to lose patience / *les actions ont perdu de leur valeur* the shares have partially depreciated / *tu perds des papiers / un gant !* you've dropped some documents / a glove! **2.** [temps] to waste ; [occasion] to miss, to waste **3.** [suj : bonté, propos] to be the ruin of / *c'est le jeu qui le perdra* gambling will be the ruin of him ou his downfall **4.** EXPR **vous ne perdez rien pour attendre !** just wait until I get my hands on you! ◆ vi to lose / *perdre à la loterie / aux élections* to lose at the lottery / polls / *je n'ai pas perdu au change* *pr* & *fig* I've come out of it quite well / *on perd toujours à agir sans réfléchir* you're bound to be worse off if you act without thinking. ◆ **se perdre** ◆ vpi **1.** [coutume] to die out, to become lost **2.** [personne] to get lost, to lose one's way ▸ **se perdre dans les détails** *fig* to get bogged down in details. ◆ vp *(emploi réciproque)* ▸ **se perdre de vue** to lose sight of each other.

perdreau, x [pɛʀdʀo] nm young partridge.

perdrix [pɛʀdʀi] nf partridge.

perdu, e [pɛʀdy] ◆ pp ⟶ perdre. ◆ adj **1.** [égaré] lost **2.** [endroit] out-of-the-way **3.** [balle] stray **4.** [emballage] non-returnable **5.** [temps, occasion] wasted **6.** [malade] dying **7.** [récolte, robe] spoilt, ruined.

perdurer [3] [pɛʀdyʀe] vi *litt* to endure.

père [pɛʀ] nm **1.** [gén] father ▸ **mon père** RELIG Father ▸ **le Père éternel** the Heavenly Father ▸ **père de famille** father / *être bon père de famille* to be a (good) father ou family man ▸ **père nourricier** foster father ▸ **de père en fils** from father to son / *ils sont menuisiers de père en fils* they've been carpenters for generations / *je suis né de père inconnu* it's not known who my father was **2.** [d'animal] sire **3.** *fam* [homme mûr] : *le père Martin* old Martin. ◆ **pères** nmpl [ancêtres] forefathers, ancestors. ◆ **père Noël** nm ▸ **le père Noël** Father Christmas UK, Santa Claus.

pérégrination [peʀegʀinasjɔ̃] nf *(gén pl)* wanderings *pl*.

Père-Lachaise [pɛʀlaʃɛz] npr : *le (cimetière du) Père-Lachaise* *the chief cemetery of Paris, where many famous people are buried.*

péremption [peʀɑ̃psjɔ̃] nf time limit ▸ **date de péremption** best-before date.

péremptoire [peʀɑ̃ptwaʀ] adj peremptory.

pérenniser [3] [peʀenize] vt to perpetuate.

pérennité [peʀenite] nf durability.

péréquation [peʀekwasjɔ̃] nf equalization.

perfectible [pɛʀfɛktibl] adj perfectible.

perfection [pɛʀfɛksjɔ̃] nf **1.** [qualité] perfection ▸ **à la perfection** to perfection **2.** [chose parfaite] jewel, gem.

perfectionné, e [pɛʀfɛksjɔne] adj sophisticated.

perfectionnement [pɛʀfɛksjɔnmɑ̃] nm improvement.

perfectionner [3] [pɛʀfɛksjɔne] vt to perfect. ◆ **se perfectionner** vp to improve.

perfectionnisme [pɛʀfɛksjɔnism] nm perfectionism.

perfectionniste [pɛʀfɛksjɔnist] nmf & adj perfectionist.

perfide [pɛʀfid] adj perfidious.

perfidement [pɛʀfidmɑ̃] adv perfidiously.

perfidie [pɛʀfidi] nf perfidy.

perforateur, trice [pɛʀfɔʀatœʀ, tʀis] adj perforating. ◆ **perforatrice** nf [perceuse] drill ; [de bureau] hole punch.

perforation [pɛʀfɔʀasjɔ̃] nf perforation.

perforer [3] [pɛʀfɔʀe] vt to perforate.

performance [pɛʀfɔʀmɑ̃s] nf performance / *les performances d'une voiture* a car's performance.

performant, e [pɛʀfɔʀmɑ̃, ɑ̃t] adj **1.** [personne] efficient **2.** [machine] high-performance *(avant n)*.

perfusion [pɛʀfyzjɔ̃] nf perfusion.

pergola [pɛʀgɔla] nf pergola.

péricliter [3] [peʀiklite] vi to collapse.

péridurale [peʀidyʀal] nf epidural.

péril [peʀil] nm peril ▸ **au péril de ma vie** at the risk of my life.

périlleux, euse [peʀijø, øz] adj perilous, dangerous.

périmé, e [peʀime] adj out-of-date ; *fig* [idées] outdated.

périmètre [peʀimɛtʀ] nm **1.** [contour] perimeter **2.** [contenu] area.

périnatal, e, als, aux [peʀinatal, o] adj perinatal.

périnée [peʀine] nm perineum.

période [peʀjɔd] nf period ▸ **période comptable** accounting period.

périodique [peʀjɔdik] ◆ nm periodical. ◆ adj periodic.

périodiquement [peʀjɔdikmɑ̃] adv periodically.

péripatéticienne [peʀipatetisjɛn] nf *litt* street-walker.

péripétie [peʀipesi] nf event.

périph [peʀif] *fam* nm *abr de* **périphérique**.

périphérie [peʀifeʀi] nf **1.** [de ville] outskirts *pl* **2.** [bord] periphery ; [de cercle] circumference.

périphérique [peʀifeʀik] ◆ nm **1.** [route] ring road UK, beltway US **2.** INFORM peripheral device. ◆ adj peripheral ▸ **boulevard périphérique** ring road UK, beltway US.

périphrase [peʀifʀaz] nf periphrasis.

périple [peʀipl] nm **1.** NAUT voyage **2.** [voyage] trip.

périr [32] [peʀiʀ] vi to perish.

périscolaire [peʀiskɔlɛʀ] adj extracurricular.

périscope [peʀiskɔp] nm periscope.

périssable [peʀisabl] adj **1.** [denrée] perishable **2.** *litt* [sentiment] transient.

péristyle [peʀistil] nm peristyle.

péritonite [peʀitɔnit] nf peritonitis.

perle [pɛʀl] nf **1.** [de nacre] pearl **2.** [de bois, verre] bead **3.** [de sang, d'eau] drop **4.** [personne] gem **5.** *fam* [erreur] howler.

perlé, e [pɛʀle] adj beaded ▸ **grève perlée** go-slow UK, slowdown US.

perler [3] [pɛʀle] vi to form beads.

perlimpinpin [pɛʀlɛ̃pɛ̃pɛ̃] nm ▸ **poudre de perlimpinpin** *fam* miracle cure.

permanence [pɛʀmanɑ̃s] nf **1.** [continuité] permanence ▸ **en permanence** constantly **2.** [service] ▸ **être de permanence** to be on duty **3.** SCOL ▸ **(salle de) permanence** study room UK, study hall US.

permanent, e [pɛʀmanɑ̃, ɑ̃t] ◆ adj permanent ; [cinéma] with continuous showings ; [comité] standing *(avant n).* ◆ nm, f official. ◆ **permanente** nf perm.

perméable [pɛʀmeabl] adj ▸ **perméable (à)** a) permeable (to) b) *fig* open (to), receptive (to).

permets ⟶ **permettre**.

permettais, permettions ⟶ **permettre**.

permettre [84] [pɛʀmɛtʀ]

◆ vt

to permit, to allow / *si le temps / sa santé le permet* weather / (his) health permitting / *vous permettez ?* may I? / *si vous me permettez l'expression* if I may be allowed to say so, if you don't mind my saying ▸ **permettre qqch à qqn** to allow sb sthg ▸ **permettre à qqn de faire qqch** to permit ou allow sb to do sthg / *il ne permettra pas qu'on insulte son frère* he won't allow his brother to be insulted / *il n'est pas / il est permis de boire de l'alcool* drinking is not / is allowed ou permitted

◆ **se permettre** vp ▸ **se permettre qqch** a) to allow o.s sthg b) [avoir les moyens de] to be able to afford sthg / *il se permet de petites entorses au règlement* he's not averse to bending the rules now and then ▸ **se permettre de faire qqch** to take the liberty of doing sthg / *puis-je me permettre de vous rappeler nos accords signés ?* may I remind you of our binding agreements?

permis, e [pɛʀmi, iz] pp ⟶ **permettre.** ◆ **permis** nm licence UK, license US, permit ▸ **permis de conduire** driving licence UK, driver's license US ▸ **permis de construire** planning permission UK, building permit US ▸ **permis à points** *driving licence with a penalty points system, introduced in France in 1992* ▸ **permis de séjour** residence permit ▸ **permis de travail** work permit.

permissif, ive [pɛʀmisif, iv] adj permissive.

permission [pɛʀmisjɔ̃] nf **1.** [autorisation] permission **2.** MIL leave.

permutable [pɛʀmytabl] adj which can be changed round.

permutation [pɛʀmytasjɔ̃] nf [de mots, figures] transposition ; MATH permutation.

permuter [3] [pɛʀmyte] ◆ vt to change round ; [mots, figures] to transpose. ◆ vi to change, to switch.

pernicieux, euse [pɛʀnisjø, øz] adj **1.** MÉD pernicious **2.** [conseil, habitude] harmful.

péroné [peʀɔne] nm fibula.

péroraison [peʀɔʀɛzɔ̃] nf peroration.

pérorer [3] [peʀɔʀe] vi *péj* to hold forth.

Pérou [peʀu] nm : *le Pérou* Peru / *au Pérou* in Peru.

perpendiculaire [pɛʀpɑ̃dikylɛʀ] ◆ nf perpendicular. ◆ adj ▸ **perpendiculaire (à)** perpendicular (to).

perpendiculairement [pɛʀpɑ̃dikylɛʀmɑ̃] adv perpendicularly ▸ **perpendiculairement à** perpendicular to.

Comment demander la permission

- **Could I use the computer?** *Est-ce que je peux me servir de l'ordinateur ?*
- **Do you mind if I phone home?** *Je peux téléphoner chez moi ?*
- **Is it OK if I borrow your car?** *J'emprunte ta voiture, d'accord ?*
- **Would it be all right if I left now?** *Ça pose un problème si je pars maintenant ?*

perpète, perpette [pɛʀpɛt] ◆ **à perpète** loc adv *fam* [loin] miles away ; [longtemps] for ever.

perpétrer [18] [pɛʀpetʀe] vt to perpetrate.

perpette = **perpète**.

perpétuel, elle [pɛʀpetɥɛl] adj **1.** [fréquent, continu] perpetual **2.** [rente] life *(avant n)* ; [secrétaire] permanent.

perpétuellement [pɛʀpetɥɛlmɑ̃] adv perpetually.

perpétuer [7] [pɛʀpetɥe] vt to perpetuate. ◆ **se perpétuer** vp to continue ; [espèce] to perpetuate itself.

perpétuité [pɛʀpetɥite] nf perpetuity ▸ **à perpétuité** for life ▸ **être condamné à perpétuité** to be sentenced to life imprisonment.

perplexe [pɛʀplɛks] adj perplexed.

perplexité [pɛʀplɛksite] nf perplexity.

perquisition [pɛʀkizisjɔ̃] nf search.

perquisitionner [3] [pɛʀkizisjɔne] ❖ vi to make a search. ❖ vt to search, to make a search of.

perron [pɛʀɔ̃] nm steps *pl (at entrance to building)*.

perroquet [pɛʀɔkɛ] nm [animal] parrot.

perruche [pɛʀyʃ] nf budgerigar UK, parakeet US.

perruque [pɛʀyk] nf wig.

pers, e [pɛʀ, pɛʀs] adj *litt* blue-green.

persan, e [pɛʀsɑ̃, an] adj Persian. ◆ **persan** nm **1.** [langue] Persian **2.** [chat] Persian (cat). ◆ **Persan, e** nm, f Persian.

perse [pɛʀs] adj & nm Persian ▸ **l'Empire perse** the Persian Empire.

persécuter [3] [pɛʀsekyte] vt **1.** [martyriser] to persecute **2.** [harceler] to harass.

persécuteur, trice [pɛʀsekytœʀ, tʀis] ❖ adj persecuting. ❖ nm, f persecutor.

persécution [pɛʀsekysjɔ̃] nf persecution.

persévérance [pɛʀseveʀɑ̃s] nf perseverance.

persévérant, e [pɛʀseveʀɑ̃, ɑ̃t] adj persevering.

persévérer [18] [pɛʀseveʀe] vi ▸ **persévérer (dans)** to persevere (in).

persienne [pɛʀsjɛn] nf shutter.

persiflage [pɛʀsiflaʒ] nm *litt* mockery.

persifler [3] [pɛʀsifle] vt *litt* to mock.

persifleur, euse [pɛʀsiflœʀ, øz] *litt* ❖ adj mocking. ❖ nm, f mocker.

persil [pɛʀsi] nm parsley.

persillé, e [pɛʀsije] adj **1.** [plat] with parsley **2.** [viande] marbled ; [fromage] veined, blue-veined.

Persique [pɛʀsik] ⟶ **golfe**.

persistance [pɛʀsistɑ̃s] nf persistence.

persistant, e [pɛʀsistɑ̃, ɑ̃t] adj persistent ▸ **arbre à feuillage persistant** evergreen (tree).

persister [3] [pɛʀsiste] vi to persist ▸ **persister à faire qqch** to persist in doing sthg ▸ **persister dans qqch** to persist in sthg.

perso [pɛʀso] (*abr de* **personnel**) adj *fam* personal, private.

personnage [pɛʀsɔnaʒ] nm **1.** [dignitaire] figure **2.** THÉÂTRE character ▸ **personnage principal** main ou leading character ; ART figure **3.** [personnalité] image **4.** [individu] character, individual.

personnaliser [3] [pɛʀsɔnalize] vt to personalize.

personnalité [pɛʀsɔnalite] nf **1.** [gén] personality **2.** DR status.

personne [pɛʀsɔn] ❖ nf person / *ma personne* myself ▸ **personnes** people ▸ **en personne** in person, personally / *j'y veillerai en personne* I'll see to it personally / *en la personne de* in the person of ▸ **personne âgée** elderly person ▸ **personne à charge** dependant ▸ **la personne humaine** the individual ▸ **personne morale** legal entity ▸ **personne physique** natural person. ❖ pron indéf **1.** [quelqu'un] anybody, anyone / *il est parti sans que personne ne le remarque* he left without anybody ou anyone noticing him / *je me demande si personne arrivera un jour à le convaincre* I wonder if anyone will ever convince him / *tu le sais mieux que personne* you know it better than anybody ou anyone (else) / *personne de blessé ?* nobody ou anybody injured? **2.** [aucune personne] nobody, no one / *personne ne viendra* nobody will come / *il n'y a jamais personne* there's never anybody there, nobody is ever there / *je ne connais personne d'aussi gentil qu'elle* I don't know anyone ou anybody as nice as her ▸ **personne d'autre** nobody ou no one else.

personnel, elle [pɛʀsɔnɛl] adj **1.** [gén] personal **2.** [égoïste] self-centred UK, self-centered US. ◆ **personnel** nm staff, personnel ▸ **personnel navigant** flight crew.

personnellement [pɛʀsɔnɛlmɑ̃] adv personally.

personnification [pɛʀsɔnifikasjɔ̃] nf personification.

personnifier [9] [pɛʀsɔnifje] vt to personify.

perspective [pɛʀspɛktiv] nf **1.** ART [point de vue] perspective **2.** [panorama] view **3.** [éventualité] prospect.

perspicace [pɛʀspikas] adj perspicacious.

perspicacité [pɛʀspikasite] nf perspicacity.

persuader [3] [pɛʀsɥade] vt ▸ **persuader qqn de qqch / de faire qqch** to persuade sb of sthg / to do sthg, to convince sb of sthg / to do sthg. ◆ **se persuader** vp ▸ **se persuader que** to persuade ou convince o.s. (that) ▸ **se persuader de** to persuade ou convince o.s. of.

persuasif, ive [pɛʀsɥazif, iv] adj persuasive.

persuasion [pɛʀsɥazjɔ̃] nf persuasion.

perte [pɛʀt] nf **1.** [gén] loss / *perte de connaissance* fainting, blackout ▸ **perte de mémoire** (memory) blank ▸ **perte de poids** weight loss ▸ **à perte** COMM at a loss ▸ **perte sèche** dead loss ▸ **en perte de vitesse** a) AUTO losing speed b) *fig* losing momentum / *déclarer une perte* to declare the loss (of a thing) / *l'entreprise a enregistré une perte de deux millions* the company has chalked up losses of two million **2.** [de temps] waste ▸ **en pure perte** for absolutely nothing **3.** [ruine, déchéance] ruin ▸ **courir /**

aller à sa perte to be on the road to ruin / *jurer la perte de qqn* to vow to ruin sb. ◆ **pertes** nfpl [morts] losses ▸ **passer qqch aux** ou **par pertes et profits** *fam, pr & fig* to write sthg off (as a total loss). ◆ **à perte de vue** loc adv as far as the eye can see.

pertinemment [pɛʀtinamɑ̃] adv pertinently.

pertinence [pɛʀtinɑ̃s] nf pertinence, relevance.

pertinent, e [pɛʀtinɑ̃, ɑ̃t] adj pertinent, relevant.

perturbant, e [pɛʀtyʀbɑ̃, ɑ̃t] adj disturbing.

perturbateur, trice [pɛʀtyʀbatœʀ, tʀis] ❖ adj disruptive. ❖ nm, f troublemaker.

perturbation [pɛʀtyʀbasjɔ̃] nf disruption ; ASTRON & MÉTÉOR disturbance.

perturber [3] [pɛʀtyʀbe] vt **1.** [gén] to disrupt ▸ **perturber l'ordre public** to disturb the peace **2.** PSYCHO to disturb.

péruvien, enne [peʀyvjɛ̃, ɛn] adj Peruvian. ◆ **Péruvien, enne** nm, f Peruvian.

pervenche [pɛʀvɑ̃ʃ] ❖ nf **1.** BOT periwinkle **2.** *fam* [contractuelle] traffic warden UK, meter maid US. ❖ adj inv (periwinkle) blue.

pervers, e [pɛʀvɛʀ, ɛʀs] ❖ adj **1.** [vicieux] perverted **2.** [effet] unwanted. ❖ nm, f pervert.

perversion [pɛʀvɛʀsjɔ̃] nf perversion.

perversité [pɛʀvɛʀsite] nf perversity.

pervertir [32] [pɛʀvɛʀtiʀ] vt to pervert. ◆ **se pervertir** vp to become perverted.

pesage [pəzaʒ] nm **1.** [pesée] weighing **2.** [de jockey] weigh-in.

pesamment [pəzamɑ̃] adv heavily.

pesant, e [pəsɑ̃, ɑ̃t] adj **1.** [lourd] heavy **2.** [style, architecture] ponderous. ◆ **pesant** nm ▸ **valoir son pesant d'or** *fig* to be worth its/one's weight in gold.

pesanteur [pəzɑ̃tœʀ] nf **1.** PHYS gravity **2.** [lourdeur] heaviness.

pèse-bébé [pɛzbebe] (*pl inv ou* **pèse-bébés**) nm (pair of) baby scales.

pesée [pəze] nf **1.** [opération] weighing **2.** [quantité] weight **3.** [pression] pressure, force.

pèse-lettre [pɛzlɛtʀ] (*pl inv ou* **pèse-lettres**) nm letter scales.

pèse-personne [pɛzpɛʀsɔn] (*pl inv ou* **pèse-personnes**) nm scales *pl*.

peser [19] [pəze] ❖ vt to weigh ▸ **tout bien pesé** *fig* all things considered / *peser ses mots* to weigh ou to choose one's words / *peser le pour et le contre* to weigh (up) the pros and cons. ❖ vi **1.** [avoir un certain poids] to weigh / *combien pèses-tu / pèse le paquet ?* how much do you/does the parcel weigh? **2.** [être lourd] to be heavy / *il ne pèse pas lourd face à lui* he's no match for him ▸ **peser à qqn** *fig* to weigh on sb / *ton absence me pèse* I find your absence difficult to bear ▸ **peser sur a)** *fig* [accabler] to weigh heavy on **b)** *fig* [influer sur] to influence / *ça me pèse sur l'estomac / la conscience* it's lying on my stomach/weighing on my conscience / *les responsabilités qui pèsent sur moi* the responsibilities I have to bear **3.** [appuyer] ▸ **peser sur qqch** to press (down) on sthg. ◆ **se peser** vp to weigh o.s. / *les mangues ne se pèsent pas* [au magasin] mangoes are not sold by weight.

peseta [pezeta] nf peseta.

pessimisme [pesimism] nm pessimism.

pessimiste [pesimist] ❖ nmf pessimist. ❖ adj pessimistic.

peste [pɛst] nf **1.** MÉD plague ▸ **craindre qqn / qqch comme la peste** *fam & fig* to be terrified of sb/sthg ▸ **fuir qqn / qqch comme la peste** *fam & fig* to avoid sb/sthg like the plague **2.** [personne] pest.

pester [3] [pɛste] vi ▸ **pester (contre qqn / qqch)** to curse (sb/sthg).

pesticide [pɛstisid] ❖ nm pesticide. ❖ adj pesticidal.

pestiféré, e [pɛstifeʀe] ❖ adj plague-stricken. ❖ nm, f plague victim.

pestilentiel, elle [pɛstilɑ̃sjɛl] adj pestilential.

pesto [pɛsto] nm pesto / *pâtes au pesto* pasta with pesto.

pet [pɛ] nm *fam* fart.

pétage [petaʒ] nm *fam* : *il a eu un pétage de plombs* ou *de câble* he went psycho ou ballistic.

pétale [petal] nm petal.

pétanque [petɑ̃k] nf ≃ bowls *(U)*.

pétant, e [petɑ̃, ɑ̃t] adj *fam* on the dot.

pétarader [3] [petaʀade] vi to backfire.

pétard [petaʀ] nm **1.** [petit explosif] banger UK, firecracker **2.** *fam* [revolver] gun **3.** *fam* [postérieur] bum UK, butt US **4.** *fam* [haschich] joint.

pet-de-nonne [pɛdnɔn] (*pl* **pets-de-nonne**) nm *very light fritter*.

pété, e [pete] adj *tfam* **1.** [ivre] plastered, smashed ; [drogué] stoned, high (as a kite) **2.** [cassé] broken, bust.

péter [18] [pete] ❖ vi **1.** *tfam* [personne] to fart **2.** *fam* [câble, élastique] to snap **3.** EXPR **péter les plombs** *fam* to go ballistic ▸ **péter plus haut que son cul** *tfam* to be full of oneself. ❖ vt *fam* to bust.

pète-sec [pɛtsɛk] adj inv *fam* bossy.

pétillant, e [petijɑ̃, ɑ̃t] adj *pr & fig* sparkling.

pétiller [3] [petije] vi **1.** [vin, eau] to sparkle, to bubble **2.** [feu] to crackle **3.** *fig* [yeux] to sparkle ▸ **pétiller de a)** [personne] to bubble with **b)** [yeux] to sparkle with.

petiot, e [pətjo, ɔt] *fam* ❖ adj teeny. ❖ nm, f little one.

petit, e [pəti, it] ❖ adj **1.** [de taille, jeune] small, little / *une personne de petite taille* a small ou short person ▸ **petit frère** little ou younger brother ▸ **petite sœur** little ou younger sister **2.** [voyage, visite] short, little / *un petit séjour* a short ou brief stay **3.** [faible, infime - somme d'argent] small ; [- bruit] faint, slight / *expédition / émission à petit budget* low-budget expedition/programme

/ *on y sera dans une petite heure* we'll be there in a bit less than ou in under an hour / *un petit bout de papier* a scrap of paper **4.** [de peu d'importance, de peu de valeur] minor **5.** [médiocre, mesquin] petty **6.** [de rang modeste - commerçant, propriétaire, pays] small ; [- fonctionnaire] minor ▸ **les petites gens** people of modest means ▸ **les petits salaires a)** [sommes] low salaries, small wages **b)** [employés] low-paid workers **7.** [avec une valeur affective] : *alors, mon petit Paul, comment ça va ?* **a)** [dit par une femme] how's life, Paul, dear? **b)** [dit par un homme plus âgé] how's life, young Paul? ; [pour encourager] : *tu mangeras bien une petite glace !* come on, have an ice cream! ◆ nm, f **1.** [personne de petite taille] small man (woman) **2.** [enfant] little one, child / *bonjour, mon petit / ma petite* good morning, my dear / *mon petit, je suis fier de toi* **a)** [à un garçon] young man, I'm proud of you **b)** [à une fille] young lady, I'm proud of you ▸ **pauvre petit !** poor little thing! ▸ **la classe des petits** SCOL the infant class / *c'est le petit de Monique* it's Monique's son. ◆ nm **1.** [jeune animal] young *(U)* ▸ **faire des petits** to have puppies / kittens etc. **2.** *(gén pl)* [personne modeste] little man / *c'est toujours les petits qui doivent payer* it's always the little man who's got to pay. ◆ **petit à petit** loc adv little by little, gradually.

petit-beurre [p(ə)tibœʀ] (*pl* **petits-beurre**) nm *small biscuit.*

petit-bourgeois, petite-bourgeoise [p(ə)tibuʀʒwa, p(ə)titbuʀʒwaz] (*mpl* **petits-bourgeois**, *fpl* **petites-bourgeoises**) *péj* ◆ adj lower middle-class. ◆ nm, f lower middle-class person.

petit déjeuner [p(ə)tideʒøne] (*pl* **petits déjeuners**) nm breakfast.

petit-déjeuner [5] [p(ə)tideʒøne] vi to have breakfast, to breakfast.

petite-fille [p(ə)titfij] (*pl* **petites-filles**) nf granddaughter.

petitement [p(ə)titmɑ̃] adv **1.** [être logé] in cramped conditions **2.** [chichement] poorly **3.** [mesquinement] pettily.

petitesse [p(ə)titɛs] nf **1.** [de personne, de revenu] smallness **2.** [d'esprit] pettiness.

petit-fils [p(ə)tifis] (*pl* **petits-fils**) nm grandson.

petit-four [p(ə)tifuʀ] (*pl* **petits-fours**) nm petit four.

pétition [petisjɔ̃] nf petition.

pétitionner [3] [petisjɔne] vi to petition.

petit-lait [p(ə)tilɛ] (*pl* **petits-laits**) nm whey.

petit pois [pətipwa] (*pl* **petits pois**) nm (garden) pea ▸ **il a un petit pois à la place du cerveau** *fam* he's a bit feather-brained.

petits-enfants [p(ə)tizɑ̃fɑ̃] nmpl grandchildren.

petit-suisse [p(ə)tisɥis] (*pl* **petits-suisses**) nm *fresh soft cheese, eaten with sugar.*

peton [pətɔ̃] nm *fam* foot.

pétrifier [9] [petʀifje] vt *pr* & *fig* to petrify. ◆ **se pétrifier** vp to become petrified.

pétrin [petʀɛ̃] nm **1.** [de boulanger] kneading machine **2.** *fam* [embarras] pickle ▸ **se fourrer / être dans le pétrin** to get into / to be in a pickle.

pétrir [32] [petʀiʀ] vt **1.** [pâte, muscle] to knead **2.** *fig* & *litt* [personne] to mould ▸ **pétri d'orgueil** filled with pride.

pétrochimie [petʀɔʃimi] nf petrochemistry.

pétrochimique [petʀɔʃimik] adj petrochemical.

pétrodollar [petʀɔdɔlaʀ] nm petrodollar.

pétrole [petʀɔl] nm oil, petroleum ▸ **pétrole lampant** paraffin (oil) UK, kerosene US.

⚠ Le mot anglais **petrol** signifie « essence » et non *pétrole*.

pétrolier, ère [petʀɔlje, ɛʀ] adj oil *(avant n)*, petroleum *(avant n)*. ◆ **pétrolier** nm **1.** [navire] oil tanker **2.** [personne] oil magnate.

pétrolifère [petʀɔlifɛʀ] adj oil-bearing.

pétulant, e [petylɑ̃, ɑ̃t] adj exuberant.

pétunia [petynja] nm petunia.

peu [pø] ◆ adv **1.** *(avec v, adj, adv)* : *il a peu dormi* he didn't sleep much, he slept little / *c'est un livre peu intéressant* it's not a very interesting book / *peu avant* shortly ou not long before ▸ **peu souvent** not very often, rarely ▸ **très peu** very little **2.** ▸ **peu de** *(+ n sg)* little, not much ▸ **peu de** *(+ n pl)* few, not many / *il a peu de travail* he hasn't got much work, he has little work / *c'est (bien) peu de chose* it's nothing really / *il reste peu de jours* there aren't many days left / *peu d'élèves l'ont compris* few ou not many students understood him / *peu de gens le connaissent* few ou not many know him / *peu de temps* : *je ne reste que peu de temps* I'm only staying for a short while, I'm not staying long. ◆ nm **1.** [petite quantité] ▸ **le peu de a)** *(+ n sg)* the little **b)** *(+ n pl)* the few / *avec mon peu de moyens* with the little I possess / *le peu que tu gagnes* the little you earn **2.** *(précédé de* **un***)* a little, a bit / *je le connais un peu* I know him slightly ou a little ▸ **un (tout) petit peu** a little bit / *fais voir un peu…* let me have a look… / *elle est un peu sotte* she's a bit stupid / *tu parles un peu fort* you're talking a little too loudly ▸ **un peu de** a little / *un peu de vin / patience* a little wine / patience / *un peu plus de* **a)** [suivi d'un nom comptable] a few more **b)** [suivi d'un nom non comptable] a little (bit) more / *un peu moins de* **a)** [suivi d'un nom comptable] slightly fewer, not so many **b)** [suivi d'un nom non comptable] a little (bit) less / *un peu plus et je me faisais écraser !* I was within an inch of being run over! ◆ **avant peu** loc adv soon, before long. ◆ **depuis peu** loc adv recently. ◆ **peu à peu** loc adv gradually, little by little / *on s'habitue, peu à peu* you get used to things, bit by bit ou gradually. ◆ **pour peu que** loc conj *(+ subj)* if ever, if only / *pour peu qu'il le veuille, il réussira* if he wants to, he'll succeed. ◆ **pour un peu** loc adv nearly, almost / *pour un peu, j'oubliais mes clés* I nearly forgot my keys. ◆ **si peu que** loc conj *(+ subj)* however little / *si peu que j'y aille, j'apprécie toujours beaucoup* *l'opéra* although I don't go very often, I always like the opera very much. ◆ **sous peu** loc adv soon, shortly / *vous recevrez sous peu les résultats de vos analyses* you will receive the results of your tests in a short while.

peul, e [pøl] adj Fulani. ◆ **peul** nm [langue] Fulani. ◆ **Peul, e** nm, f Fulani.

peuplade [pœplad] nf tribe.

peuple [pœpl] nm **1.** [gén] people ▸ **le peuple** the (common) people **2.** *fam* [multitude] : *quel peuple !* what a crowd!

peuplé, e [pœple] adj populated.

peuplement [pœpləmɑ̃] nm **1.** [action] populating **2.** [population] population.

peupler [5] [pœple] vt **1.** [pourvoir d'habitants - région] to populate ; [- bois, étang] to stock **2.** [habiter, occuper] to inhabit **3.** *fig* [remplir] to fill. ◆ **se peupler** vp **1.** [région] to become populated **2.** [rue, salle] to be filled.

peuplier [pøplije] nm poplar.

peur [pœʀ] nf fear ▸ **avoir peur de qqn / qqch** to be afraid of sb / sthg ▸ **avoir peur de faire qqch** to be afraid of doing sthg ▸ **avoir peur que** *(+ subj)* to be afraid that / *j'ai peur qu'il ne vienne pas* I'm afraid he won't come ▸ **faire peur à qqn** to frighten sb ▸ **par** OU **de peur de qqch** for fear of sthg ▸ **par** OU **de peur de faire qqch** for fear of doing sthg ▸ **il n'a pas peur du ridicule** he doesn't mind making a fool of himself ▸ **avoir une peur bleue de** to be scared stiff of ▸ **avoir plus de peur que de mal** to be more frightened than hurt ▸ **laid à faire peur** horribly ugly ▸ **mourir de peur** to be scared to death ▸ **prendre peur** to take fright.

peureux, euse [pœʀø, øz] ❖ adj fearful, timid. ❖ nm, f fearful OU timid person.

peut ⟶ pouvoir.

peut-être [pøtɛtʀ] adv perhaps, maybe / *peut-être qu'ils ne viendront pas, ils ne viendront peut-être pas* perhaps OU maybe they won't come ▸ **peut-être pas** perhaps OU maybe not.

peux ⟶ pouvoir.

p. ex. (*abr écrite de* par exemple) e.g.

pH [peaʃ] (*abr de* potential of hydrogen) nm pH.

phalange [falɑ̃ʒ] nf **1.** ANAT phalanx **2.** POL falange.

phallique [falik] adj phallic.

phallocrate [falɔkʀat] ❖ nm male chauvinist. ❖ adj male chauvinist *(avant n)* ; [milieu] male-dominated.

phallus [falys] nm phallus.

phantasme [fɑ̃tasm] = fantasme.

pharaon [faʀaɔ̃] nm pharaoh.

pharaonien, enne [faʀaɔnjɛ̃, ɛn], **pharaonique** [faʀaɔnik] adj pharaonic.

phare [faʀ] ❖ nm **1.** [tour] lighthouse **2.** AUTO headlight ▸ **phare antibrouillard** fog lamp UK, fog light US. ❖ adj landmark *(avant n)* / *une industrie phare* a flagship OU pioneering industry.

pharmaceutique [faʀmasøtik] adj pharmaceutical.

pharmacie [faʀmasi] nf **1.** [science] pharmacology **2.** [magasin] chemist's UK, drugstore US.

pharmacien, enne [faʀmasjɛ̃, ɛn] nm, f chemist UK, druggist US.

pharmacologie [faʀmakɔlɔʒi] nf pharmacology.

pharyngite [faʀɛ̃ʒit] nf pharyngitis *(U)*.

pharynx [faʀɛ̃ks] nm pharynx.

phase [faz] nf phase ▸ **être en phase avec qqn** to be on the same wavelength as sb ▸ **phase terminale** final phase.

phénix [feniks] nm **1.** MYTH phoenix **2.** *litt* [personne] paragon.

phénoménal, e, aux [fenɔmenal, o] adj phenomenal.

phénomène [fenɔmɛn] nm **1.** [fait] phenomenon **2.** [être anormal] freak **3.** *fam* [excentrique] character.

philanthrope [filɑ̃tʀɔp] nmf philanthrope, philanthropist.

philanthropie [filɑ̃tʀɔpi] nf philanthropy.

philanthropique [filɑ̃tʀɔpik] adj philanthropic.

philatélie [filateli] nf philately, stamp collecting.

philatéliste [filatelist] nmf philatelist, stamp collector.

philharmonique [filaʀmɔnik] adj philharmonic.

philippin, e [filipɛ̃, in] adj Filipino. ◆ **Philippin, e** nm, f Filipino.

Philippines [filipin] nfpl : *les Philippines* the Philippines / *aux Philippines* in the Philippines.

philistin [filistɛ̃] nm philistine.

philo [filo] nf *fam* philosophy.

philodendron [filɔdɛ̃dʀɔ̃] nm philodendron.

philologie [filɔlɔʒi] nf philology.

philosophe [filɔzɔf] ❖ nmf philosopher. ❖ adj philosophical.

philosopher [3] [filɔzɔfe] vi to philosophize.

philosophie [filɔzɔfi] nf philosophy.

philosophique [filɔzɔfik] adj philosophical.

philosophiquement [filɔzɔfikmɑ̃] adv philosophically.

philtre [filtʀ] nm love potion.

phlébite [flebit] nf phlebitis.

Phnom Penh [pnɔmpɛn] npr Phnom Penh.

phobie [fɔbi] nf phobia.

phobique [fɔbik] nmf & adj phobic.

phonème [fɔnɛm] nm phoneme.

phonétique [fɔnetik] ❖ nf phonetics *(U)*. ❖ adj phonetic.

phonétiquement [fɔnetikmɑ̃] adv phonetically.

phono [fɔno] nm *fam* & *vieilli* gramophone UK, phonograph US.

phonographe [fɔnɔgʀaf] nm *vieilli* gramophone UK, phonograph US.

phoque [fɔk] nm seal.

phosphate [fɔsfat] nm phosphate.

phosphaté, e [fɔsfate] adj ▸ **engrais phosphaté** phosphate fertilizer.

phosphore [fɔsfɔʀ] nm phosphorus.

phosphorescent, e [fɔsfɔʀesɑ̃, ɑ̃t] adj phosphorescent.

photo [fɔto] nf **1.** [technique] photography **2.** [image] photo, picture / *photo couleur* colour UK ou color US photo / *photo noir et blanc* black and white photo ▸ **photo d'identité** passport photo ▸ **prendre qqn en photo** to take a photo of sb ▸ **y'a pas photo** *fam* there's no comparison.

photocomposition [fɔtɔkɔ̃pozisjɔ̃] nf filmsetting UK, photocomposition US.

photocopie [fɔtɔkɔpi] nf **1.** [procédé] photocopying **2.** [document] photocopy.

photocopier [9] [fɔtɔkɔpje] vt to photocopy.

photocopieur [fɔtɔkɔpjœʀ] nm photocopier.

photocopieuse [fɔtɔkɔpjøz] nf = **photocopieur**.

photoélectrique [fɔtɔelɛktʀik] adj photoelectric.

photogénique [fɔtɔʒenik] adj photogenic.

photographe [fɔtɔgʀaf] nmf **1.** [artiste, technicien] photographer **2.** [commerçant] camera dealer.

> ⚠ Le mot anglais **photograph** signifie « photographie » et non *photographe*.

photographie [fɔtɔgʀafi] nf **1.** [technique] photography **2.** [cliché] photograph.

photographier [9] [fɔtɔgʀafje] vt to photograph.

photographique [fɔtɔgʀafik] adj photographic.

Photomaton® [fɔtɔmatɔ̃] nm photo booth.

photomontage [fɔtɔmɔ̃taʒ] nm photomontage.

photoreportage [fɔtɔʀəpɔʀtaʒ] nm PRESSE report *(consisting mainly of photographs)*.

photosensible [fɔtɔsɑ̃sibl] adj photosensitive.

photothèque [fɔtɔtɛk] nf photograph library.

phrase [fʀaz] nf **1.** LING sentence ▸ **phrase toute faite** stock phrase **2.** MUS phrase.

phraséologie [fʀazeɔlɔʒi] nf phraseology ; *péj* verbiage.

phraseur, euse [fʀazœʀ, øz] nm, f *péj* verbose person.

phréatique [fʀeatik] adj ▸ **nappe phréatique** water table.

phrygien, enne [fʀiʒjɛ̃, ɛn] adj Phrygian. ◆ **Phrygien, enne** nm, f Phrygian.

phtisie [ftizi] nf *vieilli* consumption.

phylloxéra [filɔkseʀa] nm phylloxera.

physicien, enne [fizisjɛ̃, ɛn] nm, f physicist.

physiologie [fizjɔlɔʒi] nf physiology.

physiologique [fizjɔlɔʒik] adj physiological.

physiologiquement [fizjɔlɔʒikmɑ̃] adv physiologically.

physionomie [fizjɔnɔmi] nf **1.** [faciès] face **2.** [apparence] physiognomy.

physionomiste [fizjɔnɔmist] ◆ nmf person with a good memory for faces. ◆ adj ▸ **être physionomiste** to have a good memory for faces.

physiothérapeute [fizjoteʀapøt] nmf SUISSE QUÉBEC physiotherapist.

physiothérapie [fizjɔteʀapi] nf natural medicine.

physique [fizik] ◆ adj physical. ◆ nf [sciences] physics *(U)*. ◆ nm **1.** [constitution] physical well-being **2.** [apparence] physique.

physiquement [fizikmɑ̃] adv physically.

phytoplancton [fitɔplɑ̃ktɔ̃] nm phytoplankton.

phytothérapie [fitɔteʀapi] nf herbal medicine.

p.i. *abr écrite de* **par intérim**.

piaf [pjaf] nm *fam* sparrow.

piaffer [3] [pjafe] vi **1.** [cheval] to paw the ground **2.** [personne] to fidget.

piaillement [pjajmɑ̃] nm **1.** [d'oiseau] cheeping **2.** *fam* [d'enfant] squawking.

piailler [3] [pjaje] vi **1.** [oiseaux] to cheep **2.** *fam* [enfant] to squawk.

pianiste [pjanist] nmf pianist.

piano [pjano] ◆ nm piano ▸ **piano demi-queue** baby grand (piano) ▸ **piano droit** upright (piano) ▸ **piano mécanique** player piano ▸ **piano à queue** grand (piano). ◆ adv **1.** MUS piano **2.** [doucement] gently.

pianoter [3] [pjanɔte] vi **1.** [jouer du piano] to plunk away (on the piano) **2.** [sur table] to drum one's fingers.

piaule [pjol] nf *fam* [hébergement] place ; [chambre] room.

piauler [3] [pjole] vi **1.** [oiseau] to cheep **2.** *fam* [enfant] to whimper.

PIB (*abr de* **produit intérieur brut**) nm GDP.

pic [pik] nm **1.** [outil] pick, pickaxe UK, pickax US **2.** [montagne] peak **3.** [oiseau] woodpecker **4.** *fig* [maximum] ▸ **pic d'audience** top (audience) ratings / *on a observé des pics de pollution* pollution levels reached a peak, pollution levels peaked. ◆ **à pic** loc adv **1.** [verticalement] vertically ▸ **couler à pic** to sink like a stone, to sink straight to the bottom **2.** *fam* & *fig* [à point nommé] just at the right moment.

picard, e [pikaʀ, aʀd] adj from Picardy. ◆ **picard** nm LING Picard ou Picardy dialect.

pichenette [piʃnɛt] nf flick (of the finger).

pichet [piʃɛ] nm jug UK, pitcher US.

pickpocket [pikpɔkɛt] nm pickpocket.

pick-up [pikœp] nm inv **1.** *vieilli* [tourne-disque] record player **2.** [camionnette] pick-up (truck).

picoler [3] [pikɔle] vi *fam* to booze.

picorer [3] [pikɔʀe] vi & vt to peck.

picotement [pikɔtmɑ̃] nm prickling *(U)*, prickle.

picoter [3] [pikɔte] vt **1.** [yeux] to make sting **2.** [pain] to peck (at).

pictogramme [piktɔgʀam] nm pictogram.

pictural, e, aux [piktyʀal, o] adj pictorial.

pic-vert = **pivert**.

pie [pi] ❖ nf **1.** [oiseau] magpie **2.** *fam* & *fig* [bavard] chatterbox. ❖ adj inv [cheval] piebald.

pièce [pjɛs] nf **1.** [élément] piece ; [de moteur] part / *une pièce de viande* **a)** [flanc] a side of meat **b)** [morceau découpé] a piece OU cut of meat / *la pièce maîtresse d'une argumentation* the main part OU the linchpin of an argument ▸ **créer / inventer qqch de toutes pièces** to create / invent sthg from start to finish ▸ **mettre en pièces a)** [vêtement] to tear to pieces **b)** [assiette, tasse] to smash to pieces ▸ **pièce de collection** collector's item ▸ **pièce détachée** spare part ▸ **en pièces détachées** *fig* in little bits OU pieces ▸ **pièce de musée** museum piece ▸ **pièce de résistance a)** *pr* main dish **b)** *fig* pièce de résistance **2.** [unité] : *deux euros pièce* deux euros each OU a piece ▸ **acheter / vendre qqch à la pièce** to buy / sell sthg singly, to buy / sell sthg separately ▸ **travailler à la pièce** to do piecework ▸ **on n'est pas aux pièces !** *fam* what's the big hurry?, where's the fire? **3.** [document] document, paper ▸ **pièce à conviction** object produced as evidence, exhibit ▸ **pièce d'identité** identification papers *pl* ▸ **pièce jointe** [e-mail] attachment ▸ **pièce jointes** [document] enclosures ▸ **pièce justificative** written proof *(U)*, supporting document **4.** [œuvre littéraire ou musicale] piece ▸ **pièce (de théâtre)** play / *monter une pièce* to put on OU to stage a play **5.** [argent] ▸ **pièce (de monnaie)** coin / *une pièce de 2 euros* a 2-euro coin OU piece **6.** [de maison] room **7.** COUT patch ▸ **pièce rapportée a)** *pr* patch **b)** *fig* [personne] odd person out. ◆ **pièce d'eau** nf large pond, ornamental lake. ◆ **pièce montée** nf tiered cake.

piécette [pjesɛt] nf small coin.

pied [pje] nm **1.** [gén] foot / *avoir les pieds plats* to have flat feet *pr*, to be flat-footed *pr* / *être / marcher pieds nus* OU *nu-pieds* to be / to go barefoot ▸ **à pied** on foot ▸ **à pieds joints** with one's feet together / *on ira au stade à pied* we'll walk to the stadium ▸ **avoir pied** to be able to touch the bottom ▸ **perdre pied** *pr* & *fig* to be out of one's depth ▸ **pied bot** [handicap] clubfoot **2.** CULIN ▸ **pied de porc** pig's trotter ▸ **pied de veau** calf's foot **3.** [base - de montagne, table] foot ; [- de verre] stem ; [- de lampe] base **4.** [plant - de tomate] stalk ; [- de vigne] stock **5.** EXPR ▸ **attendre qqch / qqn de pied ferme** to be ready for sb / sthg ▸ **avoir le pied marin** to be a good sailor ▸ **c'est le pied** *fam* it's great ▸ **casser les pieds à qqn** *fam* to get on sb's nerves ▸ **comme un pied** *fam* [chanter, conduire] terribly ▸ **être à pied d'œuvre** to be ready to get down to the job ▸ **être au pied du mur** to have one's back to the wall ▸ **être sur pied** to be (back) on one's feet, to be up and about ▸ **être sur un pied d'égalité (avec)** to be on an equal footing (with) ▸ **faire du pied à** to play footsie with ▸ **faire des pieds et des mains** to move heaven and earth, to do one's utmost ▸ **faire un pied de nez à qqn** to thumb one's nose at sb ▸ **ça te fera les pieds !** *fam* it'll serve you right! ▸ **fouler qqch aux pieds** to ride roughshod over sthg ▸ **il a fallu lui mettre le pied à l'étrier** he had to be given a leg up *fig* ▸ **je suis pieds et poings liés** my hands are tied ▸ **se lever du bon pied / du pied gauche** to get out of bed on the right / wrong side ▸ **mettre qqch sur pied** to get sthg on its feet, to get sthg off the ground ▸ **mettre qqn au pied du mur** to drive sb to the wall ▸ **mettre les pieds dans le plat** *fam* to put one's foot in it ▸ **je n'ai jamais mis les pieds chez lui** *fam* I've never set foot in his house ▸ **au pied de la lettre** literally, to the letter ▸ **il faut que tu sois prêt à le faire au pied levé** you must be ready to drop everything and do it ▸ **de pied en cap** from head to toe / *en vert de pied en cap* dressed in green from top OU head to toe ▸ **ne pas savoir sur quel pied danser** not to know which way to turn ▸ **ne pas se laisser marcher sur les pieds** not to let anyone tread on one's toes ▸ **prendre son pied a)** *fam* [sexuellement] to come **b)** *fig* to be in seventh heaven ▸ **retomber sur ses pieds** to land on one's feet. ◆ **en pied** loc adj [portrait] full-length.

pied-à-terre [pjetatɛʀ] nm inv pied-à-terre.

pied-bot [pjebo] (*pl* **pieds-bots**) nm club-footed person / *c'est un pied-bot* he's got a OU he's a club-foot.

pied-de-biche [pjedbiʃ] (*pl* **pieds-de-biche**) nm **1.** [outil] nail claw **2.** COUT presser foot.

pied-de-poule [pjedpul] (*pl* **pieds-de-poule**) ❖ nm houndstooth (material). ❖ adj inv houndstooth *(avant n)*.

piédestal, aux [pjedɛstal, o] nm pedestal.

piedmont = **piémont**.

pied-noir (*pl* **pieds-noirs**) [pjenwaʀ] nmf *French settler in Algeria*.

piège [pjɛʒ] nm *pr* & *fig* trap ▸ **être pris au piège** to be trapped ▸ **piège de la dette** debt trap ▸ **tendre un piège** to set a trap.

piéger [22] [pjeʒe] vt **1.** [animal, personne] to trap **2.** [colis, véhicule] to boobytrap.

piémont, piedmont [pjemɔ̃] nm piedmont glacier / plain.

piercing [piʀsiŋ] nm body piercing.

pierraille [pjɛʀaj] nf loose stones *pl*.

pierre [pjɛʀ] nf stone / *investir dans la pierre* to invest in property OU in bricks and mortar / *il a construit sa fortune pierre par pierre* he built up his fortune from nothing / *sculpter la pierre* to carve in stone ▸ **pierre d'achoppement** *fig* stumbling block ▸ **pierre à feu** OU **fusil** gun flint ▸ **pierre fine** OU **semi-précieuse** semi-precious stone ▸ **pierre funéraire** OU **tombale** tombstone, gravestone ▸ **pierre philosophale** philosopher's stone ▸ **pierre précieuse** precious stone ▸ **pierre de taille** OU **d'appareil** freestone ▸ **poser la première pierre a)** CONSTR to lay the foundation stone **b)** *fig* to lay the foundations ▸ **c'est une pierre dans ton jardin** that remark was (meant) for you

▸ **faire d'une pierre deux coups** *fig* to kill two birds with one stone ▸ **jeter la pierre à qqn** to cast a stone at sb.

pierreries [pjɛʀʀi] nfpl precious stones, jewels.

piété [pjete] nf piety.

piétiner [3] [pjetine] ❖ vi **1.** [trépigner] to stamp (one's feet) **2.** *fig* [ne pas avancer] to make no progress, to be at a standstill. ❖ vt **1.** [personne, parterre] to trample **2.** *fig* [principes] to ride roughshod over.

piéton, onne [pjetɔ̃, ɔn] ❖ nm, f pedestrian. ❖ adj pedestrian *(avant n)*.

piétonnier, ère [pjetɔnje, ɛʀ] adj pedestrian *(avant n)*.

piètre [pjɛtʀ] adj poor.

pieu, x [pjø] nm **1.** [poteau] post, stake **2.** *fam* [lit] pit UK, sack US.

pieusement [pjøzmɑ̃] adv **1.** RELIG piously **2.** *fig* [conserver] religiously.

pieuter [3] [pjøte] ◆ **se pieuter** vp *fam* to hit the hay.

pieuvre [pjœvʀ] nf octopus ; *fig* & *péj* leech.

pieux, pieuse [pjø, pjøz] adj **1.** [personne, livre] pious **2.** [soins] devoted **3.** [silence] reverent.

pif [pif] nm *fam* conk UK, hooter UK, schnoz(zle) US ▸ **au pif** *fig* by guesswork.

pifomètre [pifɔmɛtʀ] nm *fam* ▸ **au pifomètre** : *j'ai dit ça au pifomètre* I was just guessing ▸ **faire qqch au pifomètre** to follow one's hunch in doing sthg.

pige [piʒ] nf **1.** PRESSE ▸ **travailler à la pige** to work freelance **2.** *fam* [an] ▸ **avoir 30 piges** to be 30 (years old).

pigeon [piʒɔ̃] nm **1.** [oiseau] pigeon ▸ **pigeon voyageur** carrier pigeon, homing pigeon **2.** *fam* [personne] sucker.

pigeonnant, e [piʒɔnɑ̃, ɑ̃t] adj [soutien-gorge] uplift *(avant n)* ; [poitrine] prominent.

pigeonner [3] [piʒɔne] vt *fam* to cheat.

pigeonnier [piʒɔnje] nm **1.** [pour pigeons] pigeon loft, dovecote **2.** *fig* & *vieilli* [logement] garret.

piger [17] [piʒe] *fam* ❖ vt to understand. ❖ vi to catch on, to get it.

pigiste [piʒist] nmf freelance.

pigment [pigmɑ̃] nm pigment.

pigmentation [pigmɑ̃tasjɔ̃] nf pigmentation.

pignon [piɲɔ̃] nm **1.** [de mur] gable ▸ **avoir pignon sur rue** *fig* to be a person of substance **2.** [d'engrenage] gearwheel **3.** [de pomme de pin] pine kernel.

pilaf [pilaf] ⟶ **riz**.

pile [pil] ❖ nf **1.** [de livres, journaux] pile **2.** ÉLECTR battery / *une radio à piles* a radio run on batteries, a battery radio ▸ **pile atomique** pile reactor ▸ **pile solaire** solar cell **3.** [de pièce] ▸ **pile ou face** heads or tails / *tirer à pile ou face* to toss a coin. ❖ adv *fam* on the dot / *s'arrêter pile* to stop dead / *ça commence à 8 h pile* it begins at 8 o'clock sharp OU on the dot ▸ **tomber / arriver pile** to come/to arrive at just the right time / *vous tombez pile, j'allais vous appeler* you're right on cue, I was about to call you.

pile-poil [pilpwal] adv *fam* just / *ça rentre pile-poil dans la valise* it just fits into the suitcase / *je suis arrivé pile-poil à l'heure* I arrived exactly on time / *c'est pile-poil !* it's just right!

piler [3] [pile] ❖ vt **1.** [amandes] to crush, to grind **2.** *fam* & *fig* [adversaire] to thrash. ❖ vi *fam* AUTO to jam on the brakes.

pileux, euse [pilø, øz] adj hairy *(avant n)* ▸ **système pileux** hair.

pilier [pilje] nm **1.** [de construction] pillar **2.** *fig* [soutien] mainstay, pillar **3.** *fam* & *fig* [habitué] : *c'est un pilier de bar* he's always propping up the bar **4.** [rugby] prop (forward).

pillage [pijaʒ] nm looting.

pillard, e [pijaʀ, aʀd] ❖ nm, f looter. ❖ adj looting *(avant n)*.

piller [3] [pije] vt **1.** [ville, biens] to loot **2.** *fig* [ouvrage, auteur] to plagiarize.

pilon [pilɔ̃] nm **1.** [instrument] pestle ▸ **mettre au pilon** to pulp **2.** [de poulet] drumstick **3.** [jambe de bois] wooden leg.

pilonner [3] [pilɔne] vt to pound.

pilori [pilɔʀi] nm pillory ▸ **mettre** OU **clouer qqn au pilori** *fig* to pillory sb.

pilosité [pilozite] nf pilosity.

pilotage [pilɔtaʒ] nm piloting ▸ **pilotage automatique** automatic piloting.

pilote [pilɔt] ❖ nm **1.** [d'avion] pilot ; [de voiture] driver ▸ **pilote automatique** autopilot ▸ **pilote de chasse** fighter pilot ▸ **pilote de course** racing UK OU race US driver ▸ **pilote d'essai** test pilot ▸ **pilote de ligne** airline pilot **2.** [poisson] pilot fish. ❖ adj pilot *(avant n)*, experimental.

piloter [3] [pilɔte] vt **1.** [avion] to pilot ; [voiture] to drive **2.** [personne] to show around.

pilotis [pilɔti] nm pile.

pilule [pilyl] nf pill ▸ **prendre la pilule** to be on the pill ▸ **dorer la pilule à qqn** *fam* & *fig* to sugar the pill for sb.

pimbêche [pɛ̃bɛʃ] *fam* ❖ nf stuck-up woman, stuck-up girl. ❖ adj stuck-up.

piment [pimɑ̃] nm **1.** [plante] pepper, capsicum ▸ **piment rouge** chilli pepper, hot red pepper **2.** *fig* [piquant] spice, pizzazz US ▸ **donner du piment à qqch** to spice sthg up, to add pizzazz to sthg US.

pimenté, e [pimɑ̃te] adj [sauce] hot, spicy.

pimenter [3] [pimɑ̃te] vt **1.** [plat] to put chillis in **2.** *fig* [récit] to spice up.

pimpant, e [pɛ̃pɑ̃, ɑ̃t] adj smart.

pin [pɛ̃] nm pine ▸ **pin parasol** umbrella pine ▸ **pin sylvestre** Scots pine.

PIN [pin] (*abr de* **produit intérieur net**) nm NDP.

pinacle [pinakl] nm ARCHIT pinnacle ▸ **porter qqn au pinacle** *litt* & *fig* to praise sb to the skies.

pinaillage [pinajaʒ] nm *fam* nitpicking, hair-splitting.

pinailler [3] [pinaje] vi *fam* to split hairs ▸ **pinailler sur** to quibble about.

pinard [pinaʀ] nm *fam* wine, *péj* plonk UK, jug wine US.

pince [pɛ̃s] nf **1.** [grande] pliers *pl* **2.** [petite] ▸ **pince (à épiler)** tweezers *pl* ▸ **pince à linge** clothes peg UK, clothespin US **3.** [de crabe] pincer **4.** *fam* [main] mitt **5.** *fam* [jambe] ▸ **à pinces** on foot **6.** COUT dart.

pincé, e [pɛ̃se] adj **1.** [air, sourire] prim **2.** [nez] pinched.

pinceau, x [pɛ̃so] nm **1.** [pour peindre] brush **2.** *fam* [pied] foot.

pincée [pɛ̃se] nf pinch.

pincement [pɛ̃smɑ̃] nm pinching ▸ **pincement au cœur** *fig* pang of sorrow.

pince-monseigneur [pɛ̃smɔ̃sɛɲœʀ] (*pl* **pinces-monseigneur**) nf jemmy UK, jimmy US.

pince-nez [pɛ̃sne] nm inv pince-nez.

pincer [16] [pɛ̃se] ❖ vt **1.** [serrer] to pinch ; MUS to pluck ; [lèvres] to purse **2.** *fam* & *fig* [arrêter] to nick UK, to catch ▸ **se faire pincer** to get nicked UK, to get caught **3.** [suj : froid] to nip. ❖ vi *fam* **1.** [faire froid] ▸ **ça pince !** it's a bit nippy! **2.** *fig* [avoir le béguin] ▸ **en pincer pour qqn** to be crazy about sb. ◆ **se pincer** vp ▸ **se pincer le doigt** to jam OU catch one's finger ▸ **se pincer le nez** to hold one's nose.

pince-sans-rire [pɛ̃ssɑ̃ʀiʀ] nmf person with a dead-pan face.

pincettes [pɛ̃sɛt] nfpl [ustensile] tongs ▸ **il n'est pas à prendre avec des pincettes** *fig* he's like a bear with a sore head.

pinçon [pɛ̃sɔ̃] nm pinch mark.

pinède [pinɛd], **pineraie** [pinʀɛ], **pinière** [pinjɛʀ] nf pinewood.

pingouin [pɛ̃gwɛ̃] nm penguin.

ping-pong [piŋpɔ̃g] (*pl* **ping-pongs**) nm ping pong, table tennis.

pingre [pɛ̃gʀ] *péj* ❖ nmf skinflint. ❖ adj stingy.

pingrerie [pɛ̃gʀəʀi] nf *péj* stinginess.

pinière [pinjɛʀ] = **pinède**.

pin's [pinz] nm inv badge.

pinson [pɛ̃sɔ̃] nm chaffinch ▸ **gai comme un pinson** *fig* happy as a lark.

pintade [pɛ̃tad] nf guinea fowl.

pintadeau, x [pɛ̃tado] nm young guinea fowl.

pinte [pɛ̃t] nf **1.** [mesure anglo-saxonne] pint **2.** *vieilli* [mesure française] quart **3.** SUISSE [débit de boissons] drinking establishment.

pin-up [pinœp] nf inv pinup (girl).

pioche [pjɔʃ] nf **1.** [outil] pick **2.** [jeux] pile.

piocher [3] [pjɔʃe] ❖ vt **1.** [terre] to dig **2.** [jeux] to take **3.** *fig* [choisir] to pick at random. ❖ vi **1.** [creuser] to dig **2.** [jeux] to pick up ▸ **piocher dans** a) [tas] to delve into b) [économies] to dip into.

piolet [pjɔlɛ] nm ice axe UK OU ax US.

pion, pionne [pjɔ̃, pjɔn] nm, f *fam* SCOL *supervisor (often a student who does this as a part-time job).* ◆ **pion** nm [aux échecs] pawn ; [aux dames] piece ▸ **damer le pion à qqn** *fam* & *fig* to get the better of sb ▸ **n'être qu'un pion** *fig* to be just a pawn in the game.

Pion

In French collèges and lycées, the pions (officially called assistants d'éducation) are responsible for supervising pupils outside class hours; they are often university students who do the job to help finance their studies.

pionnier, ère [pjɔnje, ɛʀ] nm, f pioneer.

pipe [pip] nf pipe.

pipeau [pipo] nm MUS (reed) pipe ▸ **c'est du pipeau** *fam* that's nonsense.

pipelet, ette [piplɛ, ɛt] nm, f *fam* & *vieilli* concierge, doorman US *(nm).* ◆ **pipelette** nf *fam* gossip (monger) / *mon oncle est une vraie pipelette* my uncle loves a good chin-wag.

pipeline, pipe-line (*pl* **pipe-lines**) [pajplajn, piplin] nm pipeline.

piper [3] [pipe] vt **1.** [cartes] to mark ; [dés] to load **2.** EXPR **ne pas piper mot** *fam* not to breathe a word.

piperade [pipeʀad] nf *eggs cooked with tomatoes, peppers and onions.*

pipette [pipɛt] nf pipette.

pipi [pipi] nm *fam* wee UK, weewee ▸ **faire pipi** to have a wee.

piquant, e [pikɑ̃, ɑ̃t] adj **1.** [barbe, feuille] prickly **2.** [sauce] spicy, hot **3.** [froid] biting **4.** *fig* [détail] spicy, juicy. ◆ **piquant** nm **1.** [d'animal] spine ; [de végétal] thorn, prickle **2.** *fig* [d'histoire] spice.

pique [pik] ❖ nf **1.** [arme] pike **2.** *fig* [mot blessant] barbed comment. ❖ nm [aux cartes] spade.

piqué, e [pike] adj **1.** [vin] sour, vinegary **2.** [meuble] worm-eaten **3.** [tissu] spotted, flecked **4.** *fam* [personne] loony. ◆ **piqué** nm **1.** [tissu] piqué **2.** AÉRON dive.

pique-assiette [pikasjɛt] (*pl* **pique-assiettes**) nmf *fam* sponger.

pique-nique [piknik] (*pl* **pique-niques**) nm picnic.

pique-niquer [3] [piknike] vi to picnic.

piquer [3] [pike] ❖ vt **1.** [suj : guêpe, méduse] to sting / *être piqué* OU *se faire piquer par une abeille* to get stung by a bee ; [suj : serpent, moustique] to bite / *se faire piquer par un moustique* to get bitten by a mosquito **2.** [avec pointe] to prick ▸ **piquer qqch de** CULIN to stick sthg with / *piquer un rôti d'ail* to stick garlic into a roast **3.** MÉD to give an injection to ▸ **se faire piquer contre** *fam* to have o.s. inoculated OU vaccinated against **4.** [animal] to put down / *faire piquer un chien* to have a dog put down **5.** [fleur] ▸ **piquer qqch dans** to stick sthg into / *piquer une broche sur un chemisier* to pin a brooch on ou onto a blouse **6.** [suj : tissu, barbe] to prickle / *un tissu rêche qui pique la peau* a rough material which chafes the skin **7.** [suj : fumée, froid] to sting **8.** COUT to sew, to machine **9.** *fam* [voler] to pinch UK **10.** *fig* [curiosité] to excite, to arouse **11.** *fam* [voleur, escroc] to nick UK, to catch ▸ **se faire piquer** to get nicked UK, to get caught. ❖ vi **1.** [ronce] to prick ; [ortie] to sting **2.** [guêpe, méduse] to sting ; [serpent, moustique] to bite **3.** [épice] to burn / *radis / moutarde qui pique* hot radish / mustard **4.** COUT to machine **5.** *fam* [voler] ▸ **piquer (dans)** to pinch (from) **6.** [avion] to dive. ◆ **se piquer** vp **1.** [avec une épingle, des ronces] to prick o.s. **2.** [avec des orties] to sting o.s. **3.** *fam* [se droguer] to shoot up / *il se pique à l'héroïne* he shoots ou does heroin **4.** *litt* [se vexer] to become irritated **5.** *litt* & *péj* [avoir la prétention] ▸ **se piquer de qqch / de faire qqch** to pride o.s. on one's knowledge of sthg / on one's ability to do sthg / *il se pique de connaissances médicales* he prides himself on his knowledge of medicine **6.** / *elle s'est piquée au jeu* it grew on her.

piquerie [pikʀi] nf QUÉBEC shooting gallery.

piquet [pikɛ] nm **1.** [pieu] peg, stake **2.** [jeux] piquet. ◆ **piquet de grève** nm picket.

piqueter [27] [pikte] vt to dot, to spot.

piquette [pikɛt] nf **1.** [vin] cheap wine ou plonk UK **2.** *fam* [défaite] ▸ **prendre une** ou **la piquette** *fig* to get a hammering ou a thrashing.

piqûre [pikyʀ] nf **1.** [de guêpe, de méduse] sting ; [de serpent, de moustique] bite **2.** [d'ortie] sting **3.** [injection] jab UK, shot **4.** COUT stitching *(U)*.

piranha [piʀaɲa] nm piranha.

piratage [piʀataʒ] nm **1.** piracy ▸ **piratage musical** ou **de musique** music piracy **2.** INFORM hacking **3.** *fam* TÉLÉCOM ▸ **piratage téléphonique** phreaking.

pirate [piʀat] ❖ nm **1.** [corsaire] pirate ▸ **pirate de l'air** hijacker, skyjacker **2.** *fig* [escroc] swindler ; *fam* TÉLÉCOM ▸ **pirate téléphonique** phreaker. ❖ adj pirate *(avant n)*.

pirater [3] [piʀate] vt to pirate.

piraterie [piʀatʀi] nf **1.** [flibuste] piracy *(U)* **2.** [acte] act of piracy **3.** *fig* [escroquerie] swindling.

pire [piʀ] ❖ adj **1.** [comparatif relatif] worse **2.** [superlatif] ▸ **le / la pire** the worst. ❖ nm ▸ **le pire (de)** the worst (of) ▸ **s'attendre au pire** to expect the worst.

Pirée [piʀe] nm : *Le Pirée* Piraeus.

pirogue [piʀɔg] nf dugout canoe.

pirouette [piʀwɛt] nf **1.** [saut] pirouette **2.** *fig* [faux-fuyant] prevarication, evasive answer ▸ **répondre par une pirouette** to answer evasively ▸ **s'en tirer par une pirouette** to evade the issue.

pis [pi] ❖ adj *litt* [pire] worse. ❖ adv worse ▸ **de mal en pis** from bad to worse ▸ **de pis en pis** worse and worse. ❖ nm udder.

pis-aller [pizale] nm inv last resort.

pisciculture [pisikyltyʀ] nf fish farming.

piscine [pisin] nf swimming pool ▸ **piscine couverte / découverte** indoor / open-air swimming pool.

Pise [piz] npr Pisa / *la tour de Pise* the Leaning Tower of Pisa.

pisse [pis] nf *tfam* pee, piss.

pisse-froid [pisfʀwa] nm inv *fam* wet blanket.

pissenlit [pisɑ̃li] nm dandelion ▸ **manger les pissenlits par la racine** *fam* & *fig* to be pushing up daisies.

pisser [3] [pise] *tfam* ❖ vt **1.** [suj : personne] ▸ **pisser du sang** to pass blood **2.** [suj : plaie] : *son genou pissait le sang* blood was gushing from his knee / *le moteur commençait à pisser de l'huile* oil started to gush from the engine. ❖ vi to pee, to piss / *pisser au lit* to wet the bed ▸ **il ne se sent plus pisser** he's too big for his boots.

pissotière [pisɔtjɛʀ] nf *fam* public urinal.

pistache [pistaʃ] ❖ nf [fruit] pistachio (nut). ❖ adj inv [couleur] pistachio (green).

piste [pist] nf **1.** [trace] trail / *être sur la piste de qqn* to be on sb's track ou trail ▸ **suivre / perdre une piste** to follow / to lose a trail ▸ **brouiller les pistes** *fig* to cover one's tracks / *la police cherche une piste* the police are looking for leads **2.** [zone aménagée] ▸ **piste d'atterrissage** runway / *en bout de piste* at the end of the runway ▸ **piste de cirque** circus ring ▸ **piste cyclable** (bi)cycle path ▸ **piste de danse** dance floor ▸ **piste de ski** ski run / *entrer en piste* to come into play, to join in **3.** [chemin] path, track **4.** [d'enregistrement] track ▸ **piste sonore** soundtrack **5.** [divertissement] ▸ **jeu de piste** treasure hunt.

pister [3] [piste] vt [gibier] to track ; [suspect] to tail.

pisteur [pistœʀ] nm ski patrol member.

pistil [pistil] nm pistil.

pistolet [pistɔlɛ] nm **1.** [arme] pistol, gun **2.** [à peinture] spray gun.

pistolet-mitrailleur [pistɔlɛmitʀajœʀ] (*pl* **pistolets-mitrailleurs**) nm submachine gun.

piston [pistɔ̃] nm **1.** [de moteur] piston **2.** MUS [d'instrument] valve **3.** *fam* & *fig* [appui] string-pulling ▸ **avoir du piston** to have friends in the right places.

pistonner [3] [pistɔne] vt to pull strings for ▸ **se faire pistonner** to have strings pulled for one.

pistou [pistu] nm *dish of vegetables served with sauce made from basil.*

pita [pita] nf pitta (bread).

pitance [pitɑ̃s] nf *litt* sustenance.

pitbull, pit-bull (*pl* **pit-bulls**) [pitbul] nm pitbull (terrier).

pitch [pitʃ] nm **1.** [au golf] pitch **2.** [d'un film, d'un livre] pitch.

piteux, euse [pitø, øz] adj piteous.

pithiviers [pitivje] nm *puff pastry cake filled with almond cream.*

pitié [pitje] nf pity ▸ **avoir pitié de qqn** to have pity on sb, to pity sb ▸ **sans pitié** pitiless, ruthless ▸ **par pitié** out of ou through pity.

piton [pitɔ̃] nm **1.** [clou] piton **2.** [pic] peak **3.** QUÉBEC *fam* [touche d'un appareil] button **4.** QUÉBEC *fam* [dans les jeux de société] counter **5.** EXPR **être sur le piton** QUÉBEC *fam* to be in great shape.

pitonner [3] [pitɔne] QUÉBEC vi *fam* **1.** [sur des touches, un clavier] to tap away ▸ **pitonner sur l'ordinateur** to tap away on a computer **2.** [avec une télécommande] to zap, to channel-hop.

pitonneux, euse [pitɔnø, øz] nm, f QUÉBEC *fam* **1.** [adepte de l'informatique] computer buff **2.** TV channel hopper.

pitoyable [pitwajabl] adj pitiful.

pitre [pitʀ] nm clown ▸ **faire le pitre** to fool about.

pitrerie [pitʀəʀi] nf tomfoolery.

pittoresque [pitɔʀɛsk] ❖ nm ▸ **le pittoresque** a) [de description] the vividness b) [d'histoire] the amusing part. ❖ adj **1.** [région] picturesque **2.** [détail] colourful UK, colorful US, vivid.

pivert, pic-vert (*pl* **pics-verts**) [pivɛʀ] nm green woodpecker.

pivoine [pivwan] nf peony.

pivot [pivo] nm **1.** [de machine, au basket] pivot **2.** [de dent] post **3.** *fig* [centre] mainspring.

pivotant, e [pivɔtɑ̃, ɑ̃t] adj [fauteuil] swivel *(avant n)*.

pivoter [3] [pivɔte] vi to pivot ; [porte] to revolve ▸ **faire pivoter qqch** to swivel sthg around, to pivot sthg.

pixel [piksɛl] nm pixel.

pixellisation [piksɛlizasjɔ̃] nf pixellation.

pizza [pidza] nf pizza.

pizzeria [pidzɛʀja] nf pizzeria.

PJ ❖ nf (*abr de* **police judiciaire**) ≃ CID UK ; ≃ FBI US. ❖ (*abr écrite de* **pièce jointe**) Encl.

Pk SMS *abr écrite de* **pourquoi**.

Pl., pl. *abr écrite de* **place**.

PL (*abr écrite de* **poids lourd**) HGV.

placage [plakaʒ] nm [de bois] veneer.

placard [plakaʀ] nm **1.** [armoire] cupboard ▸ **mettre qqn au placard** *fam & fig* to elbow sb out ▸ **mettre qqch au placard** *fam & fig* to shelve sthg **2.** [affiche] poster, notice / *placard publicitaire* display advertisement **3.** TYPO galley (proof).

placarder [3] [plakaʀde] vt [affiche] to put up, to stick up ; [mur] to placard, to stick a notice on.

placardiser [plakaʀdize] vt to sideline ▸ **se faire placardiser** to be sidelined.

place [plas]

❖ nf

1. [espace] space, room / *la musique tient une grande place dans ma vie* music is very important in OU is an important part of my life ▸ **faire place à** [amour, haine] to give way to ▸ **faire place nette** a) *pr* to tidy up b) *fig* to clear up, to make a clean sweep ▸ **prendre de la place** to take up (a lot of) space

2. [emplacement, position] position ▸ **prendre la place de qqn** to take sb's place ▸ **ne pas tenir** OU **rester en place** to be unable to stay still / *il ne tient pas en place* a) [il est turbulent] he can't keep still b) [il est anxieux] he's nervous c) [il voyage beaucoup] he's always on the move ▸ **reprendre sa place** a) [sa position] to go back to one's place b) [son rôle] to go back to where one belongs ▸ **se faire une place au soleil** to make a success of things, to find one's place in the sun ▸ **à la place de qqn** instead of sb, in sb's place ▸ **se mettre à la place de qqn** to put o.s. in sb's place OU shoes / *j'ai rapporté la jupe et j'ai pris un pantalon à la place* I returned the skirt and exchanged it for a pair of trousers ▸ **à ta place** if I were you, in your place ▸ **remettre qqn à sa place** to put sb in his/her place

3. [siège] seat / *est-ce que cette place est prise ?* is anybody sitting here? / *j'ai trois places de concert* I have three tickets for the concert ▸ **céder sa place à qqn** to give up one's seat to sb ▸ **prendre place** to take a seat

4. [rang] place / *avoir la première place* to come first OU top

5. [de ville] square

6. [emploi] position, job / *perdre sa place* to lose one's job

7. COMM market ▸ **place boursière** stock market ▸ **place financière internationale** money market

8. MIL [de garnison] garrison (town) ▸ **place forte** fortified town

9. EXPR **mettre en place** a) [équipement] to set up *(sép)*, to install b) [plan] to set up *(sép)*, to put into action c) [réseau] to set up *(sép)* / *la méthode sera mise en place progressivement* the method will be phased in (gradually)

◆ **sur place** loc adv there, on the spot / *je serai déjà sur place* I'll already be there.

placebo [plasebo] nm placebo.

placement [plasmɑ̃] nm **1.** [d'argent] investment ▸ **placement offshore** offshore investment **2.** [d'employé] placing **3.** CINÉ & TV placement ▸ **placement de produits** product placement.

placenta [plasɛ̃ta] nm ANAT placenta.

placer [16] [plase] vt **1.** [gén] to put, to place ; [invités, spectateurs] to seat / *placer sa voix* MUS to pitch one's voice / *placer qqn en maison de retraite* to put sb in an old people's home / *l'ouvreuse va vous placer* the usherette will show you to your seats ▸ **être bien / mal placé** to have a good/bad seat ▸ **être bien / mal placé pour faire qqch** *fig* to be in a position/in no position to do sthg ▸ **être haut placé** *fig* to be highly placed / *orchestre placé sous la direction de...* orchestra conducted by... **2.** [mot, anecdote] to put in, to get in / *il essaie toujours de placer quelques boutades* he always tries to slip in a few jokes / *je n'ai pas pu placer un mot* I couldn't get a word in edgeways **3.** [argent] to invest. ◆ **se placer** vp **1.** [prendre place - debout] to stand / *placez-vous en cercle* get into a circle ; [assis] to sit (down) / *venez vous placer autour de la table* come and sit at the table

2. *fig* [dans une situation] to put o.s. / ***si l'on se place de son point de vue*** if you look at things from his point of view **3.** [se classer] to come, to be / ***se placer premier / troisième*** to finish first/third.

placide [plasid] adj placid.

placidité [plasidite] nf placidity.

placotage [plakotaʒ] nm QUÉBEC *fam* **1.** [bavardage] chatting **2.** [médisance] gossiping.

placoter [3] [plakote] vi QUÉBEC *fam* **1.** [bavarder] to chat **2.** [médire] to gossip.

plafond [plafɔ̃] nm **1.** *pr* & *fig* ceiling **2.** [bâtiment] ▸ **faux plafond** false ceiling **3.** ÉCON ▸ **plafond de découvert** overdraft limit / ***plafond de prix*** price ceiling.

plafonnement [plafɔnmɑ̃] nm ▸ **plafonnement des émissions** ÉCOL emissions cap ▸ **plafonnement des salaires** top-grading of wages.

plafonner [3] [plafɔne] ◈ vt to put a ceiling in. ◈ vi [prix, élève] to peak ; [avion] to reach its ceiling.

plafonnier [plafɔnje] nm ceiling light.

plage [plaʒ] nf **1.** [de sable] beach **2.** [ville balnéaire] resort **3.** [d'ombre, de prix] band ; *fig* [de temps] slot **4.** [de disque] track **5.** [dans une voiture] ▸ **plage arrière** back shelf.

plagiaire [plaʒjɛʀ] nmf plagiarist.

plagiat [plaʒja] nm plagiarism.

plagier [9] [plaʒje] vt to plagiarize.

plagiste [plaʒist] nm beach attendant.

plaid [plɛd] nm car rug.

plaider [4] [plede] ◈ vt DR to plead. ◈ vi DR to plead ▸ **plaider contre qqn** to plead against sb ▸ **plaider pour qqn** DR to plead for sb ; [justifier] to plead sb's cause.

plaideur, euse [plɛdœʀ, øz] nm, f litigant.

plaidoirie [plɛdwaʀi] nf DR speech for the defence UK ou defense US ; *fig* plea.

plaidoyer [plɛdwaje] nm **1.** DR = **plaidoirie 2.** [supplication] plea.

plaie [plɛ] nf **1.** *pr* & *fig* wound **2.** *fam* [personne] pest.

plaignais, plaignions ⟶ **plaindre**.

plaignant, e [plɛɲɑ̃, ɑ̃t] ◈ adj DR litigant *(avant n).* ◈ nm, f DR plaintiff.

plaignard, e [plɛɲaʀ, aʀd] nm, f QUÉBEC [geignard] moaner, grumbler.

plaindre [80] [plɛ̃dʀ] vt to pity ▸ **ne pas être à plaindre** to be not to be pitied. ◆ **se plaindre** vp to complain ▸ **se plaindre de a)** [souffrir de] to complain of **b)** [être mécontent de] to complain about.

plaine [plɛn] nf plain.

plain-pied [plɛ̃pje] ◆ **de plain-pied** loc adv **1.** [pièce] on one floor ▸ **de plain-pied avec** *pr* & *fig* on a level with **2.** *fig* [directement] straight.

plaint, e [plɛ̃, plɛ̃t] pp ⟶ **plaindre**.

plainte [plɛ̃t] nf **1.** [gémissement] moan, groan ; *fig* & *pr* [du vent] moan **2.** [doléance & DR] complaint ▸ **porter plainte** to lodge a complaint ▸ **retirer sa plainte** DR to withdraw one's action ou suit ▸ **plainte contre X** ≃ complaint against person or persons unknown.

plaintif, ive [plɛ̃tif, iv] adj plaintive.

plaire [110] [plɛʀ] vi to be liked / ***il me plaît*** I like him / ***ça te plairait d'aller au cinéma ?*** would you like to go to the cinema? / ***cette idée ne me plaît pas du tout*** I'm not at all keen on this idea / ***elle ne lit que ce qui lui plaît*** she only reads what she feels like (reading) / ***il cherche à plaire aux femmes*** he tries hard to make himself attractive to women ▸ **s'il vous / te plaît** please / ***plaît-il ?*** *litt* I beg your pardon? ◆ **se plaire** vp **1.** [s'aimer] to get on well together / ***ces deux jeunes gens se plaisent, c'est évident*** it's obvious that those two like each other **2.** [prendre plaisir] ▸ **se plaire à faire qqch** to take pleasure in doing sthg / ***il se plaît à la contredire*** he loves contradicting her ▸ **se plaire avec qqn** to enjoy being with sb ▸ **se plaire à Paris** to enjoy being in Paris.

plaisance [plɛzɑ̃s] ◆ **de plaisance** loc adj pleasure *(avant n)* ▸ **navigation de plaisance** sailing ▸ **port de plaisance** marina.

plaisancier, ère [plɛzɑ̃sje, ɛʀ] nm, f (amateur) sailor.

Comment exprimer une plainte

- **I have a complaint about the telephone you sold me.** *J'ai une réclamation au sujet du téléphone que vous m'avez vendu.*
- **There's a problem with the heating.** *Il y a un problème avec le chauffage.*
- **There must be some mistake.** *Je crois qu'il y a un malentendu.*
- **It seems very expensive for what we've eaten.** *Ça me paraît très cher pour ce qu'on a mangé.*
- **I'm not very happy with the service.** *Je ne suis pas très content du service.*
- **I am not at all happy with the way in which the work was done.** *J'estime que le travail a été effectué de façon déplorable.*
- **I want my money back.** *Je veux être remboursé.*
- **I think I am well within my rights to ask for compensation.** *Je pense être en droit d'attendre un dédommagement.*
- **I'd like to see the manager.** *Je voudrais voir le directeur.*
- **This is just not good enough.** *Ça ne va pas du tout.*
- **I expect something to be done about this.** *Je compte sur vous pour régler le problème.*

plaisant, e [plɛzɑ̃, ɑ̃t] adj pleasant. ◆ **mauvais plaisant** nm *péj* hoaxer.

plaisanter [3] [plɛzɑ̃te] ◆ vi to joke / *en plaisantant* jokingly ▸ **plaisanter avec qqch** to joke about sthg ▸ **ne pas plaisanter avec** ou **sur qqch** to take sthg seriously ▸ **tu plaisantes ?** you must be joking! ◆ vt *sout* [personne] to tease.

plaisanterie [plɛzɑ̃tʀi] nf joke / *c'est une plaisanterie ?* *iron* you must be joking! / *c'était une plaisanterie* *fig* it was child's play.

plaisantin [plɛzɑ̃tɛ̃] nm joker.

plaise ⟶ plaire.

plaisir [pleziʀ] nm pleasure ▸ **les plaisirs de la chair** pleasures of the flesh / *les plaisirs de la vie* life's pleasures ▸ **avoir du / prendre plaisir à faire qqch** to have / to take pleasure in doing sthg ▸ **faire plaisir à qqn** to please sb / *cela fait plaisir de vous voir en bonne santé* it's a pleasure to see you in good health ▸ **avec plaisir** with pleasure ▸ **j'ai le plaisir de vous annoncer que...** I have the (great) pleasure of announcing that... ▸ **pour le** ou **son plaisir** for pleasure / *il joue aux cartes par plaisir, non pas pour l'argent* he doesn't play cards for money, just for the fun of it ▸ **prendre un malin plaisir à faire qqch** to take a malicious pleasure in doing sthg ▸ **se faire un plaisir de faire qqch** to be only too pleased to do sthg / *je me ferai un plaisir de vous renseigner* I'll be delighted ou happy to give you all the information / *tout le plaisir est pour moi* the pleasure is all mine, (it's) my pleasure.

plan[1], e [plɑ̃, plan] adj level, flat.

plan[2] [plɑ̃] nm **1.** [dessin - de ville] map ; [- de maison] plan ▸ **plan de métro** underground UK ou subway US map / *plan de vol* flight plan **2.** [projet] plan ▸ **faire des plans** to make plans ▸ **avoir son plan** to have something in mind ▸ **un plan d'action** a plan of action ▸ **un plan de carrière** a career strategy **3.** [domaine] : *sur tous les plans* in all respects / *sur le plan affectif* emotionally / *sur le plan familial* as far as the family is concerned **4.** [surface] ▸ **plan d'eau** lake ▸ **plan de travail** work surface, worktop UK **5.** GÉOM plane ▸ **plan horizontal / incliné / médian / tangent** level / inclined / median / tangent plane **6.** CINÉ take ▸ **gros plan** close-up ▸ **plan général / moyen / rapproché** long / medium / close shot **7.** BANQUE ▸ **plan d'épargne** savings plan ▸ **plan d'épargne logement** *savings scheme offering low-interest mortgages* ▸ **plan d'épargne retraite** *former personal pension plan* **8.** ÉCON : *plan marketing* marketing plan ▸ **plan d'occupation des sols** *document laying out local land development plans* ▸ **Plan quinquennal** Five-Year Plan / *plan de restructuration* restructuring plan ▸ **plan social** redundancy scheme ou plan UK. ◆ **à l'arrière-plan** loc adv in the background. ◆ **au premier plan** loc adv **1.** [dans l'espace] in the foreground **2.** [dans un ordre] : *c'est au premier plan de nos préoccupations* it's our chief concern, it's uppermost in our minds. ◆ **de tout premier plan** loc adj exceptional / *jouer un rôle de tout premier plan dans* to play a leading ou major part in. ◆ **en plan** loc adv ▸ **laisser qqn en plan** to leave sb stranded, to abandon sb / *il a tout laissé en plan* he dropped everything / *tous mes projets sont restés en plan* none of my plans came to anything. ◆ **sur le même plan** loc adj on the same level.

planche [plɑ̃ʃ] nf **1.** [en bois] plank ▸ **planche à dessin** drawing board ▸ **planche à neige** snowboard ▸ **planche à repasser** ironing board ▸ **planche de salut** *fig* mainstay ▸ **planche de surf** surfboard ▸ **planche à voile** a) [planche] sailboard b) [sport] windsurfing ▸ **faire la planche** *fig* to float **2.** [d'illustration] plate **3.** PHOTO ▸ **planche contact** contact print. ◆ **planches** nfpl **1.** THÉÂTRE boards ▸ **monter sur les planches** to go on the stage **2.** *fam* [skis] skis.

plancher[1] [plɑ̃ʃe] nm **1.** [de maison, de voiture] floor ▸ **débarrasser le plancher** *fam & fig* to clear off **2.** *fig* [limite] floor, lower limit.

plancher[2] [3] [plɑ̃ʃe] vi **1.** *arg scol* to be given a test **2.** *fam & fig* [travailler] ▸ **plancher (sur)** to work hard (at).

planchiste [plɑ̃ʃist] nmf windsurfer.

plancton [plɑ̃ktɔ̃] nm plankton.

planer [3] [plane] vi **1.** [avion, oiseau] to glide **2.** [nuage, fumée, brouillard] to float **3.** *fig* [danger] : *planer sur qqn* to hang over sb **4.** *fam & fig* [personne] to be out of touch with reality, to have one's head in the clouds ▸ **planer au-dessus de qqch** to be above sthg.

planétaire [planetɛʀ] adj **1.** ASTRON planetary **2.** [mondial] world *(avant n)*.

planétarium [planetaʀjɔm] nm planetarium.

planète [planɛt] nf planet.

planeur [planœʀ] nm glider.

planificateur, trice [planifikatœʀ, tʀis] ◆ adj planning *(avant n)*. ◆ nm, f planner.

planification [planifikasjɔ̃] nf ÉCON planning.

planifier [9] [planifje] vt ÉCON to plan.

planisphère [planisfɛʀ] nm map of the world, planisphere.

planning [planiŋ] nm **1.** [de fabrication] workflow schedule **2.** [agenda personnel] schedule ▸ **planning familial** a) [contrôle] family planning b) [organisme] family planning clinic.

plan-plan [plɑ̃plɑ̃] adj inv *fam & péj* [personne, film] boring ; [activité, vie] humdrum.

planque [plɑ̃k] nf *fam* **1.** [cachette] hideout **2.** *fig* [situation, travail] cushy number.

planquer [3] [plɑ̃ke] vt *fam* to hide. ◆ **se planquer** vp *fam* to hide.

plant [plɑ̃] nm **1.** [plante] seedling **2.** [culture] bed, patch.

plantage [plɑ̃taʒ] nm *fam* **1.** [erreur] mistake / *il y a eu un plantage dans les calculs* they got the sums wrong **2.** [échec total] failure / *elle a subi un gros plantage aux législatives* she obtained disastrous results in the general election **3.** *fam* INFORM crash.

plantain [plɑ̃tɛ̃] nm plantain.

plantaire [plɑ̃tɛʀ] adj plantar.

plantation [plɑ̃tasjɔ̃] nf **1.** [exploitation - d'arbres, de coton, de café] plantation ; [- de légumes] patch **2.** [action] planting.

plante [plɑ̃t] nf **1.** BOT plant ▸ **plantes médicinales** medicinal herbs ▸ **plante verte** ou **d'appartement** ou **d'intérieur** house ou pot UK plant **2.** ANAT sole.

planté, e [plɑ̃te] adj *fam* **1.** [personne] ▸ **rester planté** to be rooted to the spot **2.** [machine] broken-down.

planter [3] [plɑ̃te] ❖ vt **1.** [arbre, terrain] to plant ▸ **planter qqch de qqch** to plant sthg with sthg **2.** [clou] to hammer in, to drive in ; [pieu] to drive in ; [couteau, griffes] to stick in **3.** [tente] to pitch **4.** *fam* & *fig* [laisser tomber] to dump ▸ **tout planter là** to drop everything **5.** *fig* [chapeau] to stick ; [baiser] to plant ▸ **planter son regard dans celui de qqn** to look sb right in the eyes. ❖ vi *fam* INFORM to crash. ◆ **se planter** vp **1.** [se camper] to plant o.s. **2.** *fam* [tomber] to go flying ; [en voiture] to have a prang UK **3.** *fam* [se tromper] to be wrong.

planteur [plɑ̃tœʀ, øz] nm planter.

planton [plɑ̃tɔ̃] nm orderly.

plantureux, euse [plɑ̃tyʀø, øz] adj **1.** [repas] lavish **2.** [femme] buxom **3.** [terre] fertile.

plaque [plak] nf **1.** [de métal, de verre, de verglas] sheet ; [de marbre] slab ▸ **plaque chauffante** ou **de cuisson** hotplate ▸ **plaque de cheminée** fire back ▸ **plaque de chocolat** bar of chocolate ▸ **plaque de verglas** icy patch **2.** [gravée] plaque ▸ **plaque d'immatriculation** ou **minéralogique** numberplate UK, license plate US **3.** [insigne] badge **4.** [sur la peau] patch ▸ **plaques d'eczéma** eczema patches / *des plaques rouges dues au froid* red blotches due to the cold **5.** [dentaire] plaque **6.** EXPR **être à côté de la plaque** *fam* to be wide of the mark, to have the wrong end of the stick. ◆ **plaque tournante** nf RAIL turntable ; *fig* hub / *la plaque tournante du trafic de drogue* the nerve centre of the drug-running industry.

plaqué, e [plake] adj **1.** [métal] plated ▸ **plaqué or / argent** gold-/silver-plated **2.** [bois] veneered. ◆ **plaqué** nm **1.** [métal] ▸ **du plaqué or / argent** gold/silver plate **2.** [bois] veneered wood.

plaquer [3] [plake] vt **1.** [métal] to plate **2.** [bois] to veneer **3.** [aplatir] to flatten ▸ **plaquer qqn contre qqch** to pin sb against sthg ▸ **plaquer qqch contre qqch** to stick sthg onto sthg **4.** [rugby] to tackle **5.** MUS [accord] to play **6.** *fam* [travail, personne] to chuck. ◆ **se plaquer** vp ▸ **se plaquer contre qqch** to flatten o.s. against sthg ▸ **se plaquer au sol** to lie flat on the ground ▸ **se plaquer les cheveux** to flatten (down) one's hair.

plaquette [plakɛt] nf **1.** [de métal] plaque ; [de marbre] tablet **2.** [de chocolat] bar ; [de beurre] pat **3.** [de comprimés] packet, strip **4.** *(gén pl)* BIOL platelet **5.** [petit livre] slim volume **6.** AUTO ▸ **plaquette de frein** brake pad.

plasma [plasma] nm plasma.

plastic [plastik] nm plastic explosive.

plasticage [plastikaʒ] nm [de coffre] blowing / *un plasticage de la banque* a bomb attack on the bank.

plastifié, e [plastifje] adj plastic-coated.

plastifier [9] [plastifje] vt to coat with plastic, to plastic-coat.

plastique [plastik] ❖ adj & nm plastic. ❖ nf **1.** [en sculpture] art of modelling **2.** [beauté] form **3.** [arts] plastic arts *pl*.

plastiquer [3] [plastike] vt to blow up *(with plastic explosives)*.

plastron [plastʀɔ̃] nm [de chemise] shirt front.

plastronner [3] [plastʀɔne] vi [parader] to swagger.

plat, e [pla, plat] adj **1.** [gén] flat **2.** [eau] still. ◆ **plat** nm **1.** [partie plate] flat **2.** [récipient] dish ▸ **mettre les petits plats dans les grands** *fam* & *fig* to go to town **3.** [mets] course ▸ **plat du jour** today's special ▸ **plat préparé** ready meal ▸ **plat de résistance** main course ▸ **en faire tout un plat** *fam* & *fig* to make a song and dance about it **4.** [plongeon] belly-flop. ◆ **à plat** loc adv **1.** [horizontalement, dégonflé] flat **2.** *fam* [épuisé] exhausted.

platane [platan] nm plane tree.

plateau, x [plato] nm **1.** [de cuisine] tray ▸ **plateau de / à fromages** cheeseboard ▸ **plateau de fruits de mer** seafood platter ▸ **il attend que tout lui soit apporté sur un plateau** *fam* & *fig* he expects everything to be handed to him on a plate **2.** [de balance] pan **3.** GÉOGR plateau ▸ **hauts plateaux** high plateau **4.** THÉÂTRE stage ; CINÉ & TV set / *nous avons un beau plateau ce soir* TV we have a wonderful line-up for you in the studio tonight **5.** [de vélo] chain wheel **6.** [mécanique] ▸ **plateau d'embrayage** pressure plate ▸ **plateau de frein** brake backing plate.

plateau-repas [platoʀəpa] (*pl* **plateaux-repas**) nm tray (of food).

plate-bande [platbɑ̃d] (*pl* **plates-bandes**) nf flowerbed.

platée [plate] nf dishful, plateful.

plate-forme [platfɔʀm] (*pl* **plates-formes**) nf **1.** [gén] platform ▸ **plate-forme de forage** drilling platform **2.** GÉOGR shelf.

platement [platmɑ̃] adv **1.** [sans imagination] dully **2.** [servilement] humbly.

platine [platin] ❖ adj inv platinum. ❖ nm [métal] platinum. ❖ nf [de tourne-disque] deck ▸ **platine laser** compact disc player.

platiné, e [platine] adj platinum *(avant n)*.

platitude [platityd] nf **1.** [médiocrité] banality **2.** [propos sans intérêt] platitude ▸ **débiter des platitudes** to spout platitudes.

platonique [platɔnik] adj **1.** [amour, amitié] platonic **2.** *litt* [protestation] ineffective.

plâtras [platʀa] nm [gravats] rubble.

plâtre [platʀ] nm **1.** CONSTR & MÉD plaster ▸ **essuyer les plâtres** *fam* & *fig* to be the first to suffer **2.** [sculpture] plaster cast **3.** *fam* [fromage] : *c'est du vrai plâtre* it's like sawdust.

plâtrer [3] [platʀe] vt **1.** [mur] to plaster **2.** MÉD to put in plaster.

plâtrier [platʀije] ❖ nm plasterer. ❖ adj m ▸ **ouvrier plâtrier** plasterer.

plausible [plozibl] adj plausible.

play-back [plɛbak] nm inv miming ▸ **chanter en play-back** to mime.

play-boy [plɛbɔj] (*pl* **play-boys**) nm playboy.

plèbe [plɛb] nf **1.** *péj* [populace] ▸ **la plèbe** the plebs *pl* **2.** HIST ▸ **la plèbe** the plebeians *pl*.

plébéien, enne [plebejɛ̃, ɛn] adj *péj* plebeian.

plébiscite [plebisit] nm plebiscite.

plébisciter [3] [plebisite] vt **1.** POL to elect by plebiscite **2.** [approuver] to endorse overwhelmingly.

pléiade [plejad] nf *litt* pleiad.

plein, e [plɛ̃, plɛn] adj **1.** [rempli, complet] full / *être en pleine forme* to be on top form / *en plein jour* in broad daylight / *en plein cœur de la ville* right in the heart of the city / *être plein d'enthousiasme / de bonne volonté* to show great enthusiasm / willingness / *foncer / rouler à pleins tubes* fam to go / to drive flat out / *une pièce pleine de livres* a room full of books ▸ **plein à craquer** *fig* full to bursting **2.** [non creux] solid / *en bois plein* solid-wood **3.** [femelle] pregnant **4.** *fam* [saoul] plastered ▸ **être plein (comme) une barrique** OU **une outre** *fam* to be (well) tanked up. ◆ **plein** ❖ adv *fam* : *avoir de l'argent plein les poches fig* to have loads of money / *il a de l'encre plein les doigts* he has ink all over his fingers ▸ **j'en ai plein le dos** I've had it up to here ▸ **plein de** lots of / *il y avait plein de gens dans la rue* there were crowds OU masses of people in the street ▸ **en plein dans / sur qqch** right in / on sthg / *tomber en plein dans un piège* to fall right into a trap. ❖ nm **1.** [de réservoir] full tank / *le plein, s'il vous plaît* fill her up, please ▸ **faire le plein** to fill up **2.** EXPR **battre son plein** to be at its height.

plein-air [plɛnɛʀ] nm inv SCOL games. ◆ **de plein-air, en plein-air** loc adj open-air *(modif)*, outdoor *(modif)*.

pleinement [plɛnmɑ̃] adv fully, totally.

plein-temps [plɛ̃tɑ̃] (*pl* **pleins-temps**) nm full-time job.

plénier, ère [plenje, ɛʀ] adj plenary.

plénipotentiaire [plenipɔtɑ̃sjɛʀ] nmf & adj plenipotentiary.

plénitude [plenityd] nf fullness.

pléonasme [pleɔnasm] nm pleonasm.

pléthorique [pletɔʀik] adj *sout* [classe] overfull.

pleurer [5] [plœʀe] ❖ vi **1.** [larmoyer] to cry ▸ **pleurer de joie** to weep for joy, to cry with joy **2.** *péj* [se plaindre] to whinge UK **3.** *fam* [réclamer] ▸ **pleurer après** to cry for **4.** [se lamenter] ▸ **pleurer sur** to lament. ❖ vt to mourn.

pleurésie [plœʀezi] nf pleurisy.

pleureur, euse [plœʀœʀ, øz] ❖ adj whining. ❖ nm, f whinger UK. ◆ **pleureuse** nf professional mourner.

pleurnicher [3] [plœʀniʃe] vi to whine, to whinge UK.

pleurnicheur, euse [plœʀniʃœʀ, øz] ❖ adj whining, whingeing UK. ❖ nm, f whinger UK.

pleurs [plœʀ] nmpl ▸ **être en pleurs** to be in tears.

pleut ⟶ **pleuvoir**.

pleutre [pløtʀ] *litt* ❖ nm coward. ❖ adj cowardly.

pleuvoir [68] [pløvwaʀ] v impers *pr* & *fig* to rain / *il pleut* it is raining.

Plexiglas® [plɛksiglas] nm Plexiglass®.

plexus [plɛksys] nm plexus ▸ **plexus solaire** solar plexus.

pli [pli] nm **1.** [de tissu] pleat ; [de pantalon] crease ▸ **faux pli** crease **2.** [forme] shape ▸ **prendre le pli (de faire qqch)** *fig* to get into the habit (of doing sthg) **3.** [du front] line ; [du cou] fold **4.** [lettre] letter ; [enveloppe] envelope ▸ **sous pli séparé** under separate cover **5.** [aux cartes] trick **6.** GÉOL fold.

pliable [plijabl] adj pliable.

pliant, e [plijɑ̃, ɑ̃t] adj folding *(avant n)*. ◆ **pliant** nm folding chair.

plier [10] [plije] ❖ vt **1.** [papier, tissu] to fold **2.** [vêtement, vélo] to fold (up) **3.** [branche, bras] to bend **4.** *fig* [personne] ▸ **plier qqn à sa volonté** to bend sb to one's will ▸ **plier qqn à la discipline** to impose discipline on sb. ❖ vi **1.** [se courber] to bend **2.** *fig* [céder] to bow. ◆ **se plier** vp **1.** [être pliable] to fold (up) **2.** *fig* [se soumettre] ▸ **se plier à qqch** to bow to sthg.

plinthe [plɛ̃t] nf plinth.

plissé, e [plise] adj **1.** [jupe] pleated **2.** [peau] wrinkled. ◆ **plissé** nm pleats *pl*, pleating.

plissement [plismɑ̃] nm **1.** [de front] creasing ; [d'yeux] screwing up **2.** GÉOL fold.

plisser [3] [plise] ❖ vt **1.** COUT to pleat **2.** [front] to crease ; [lèvres] to pucker ; [yeux] to screw up. ❖ vi [étoffe] to crease. ◆ **se plisser** vp **1.** [étoffe] to crease **2.** [front] to crease.

pliure [plijyʀ] nf **1.** [de tissu, de papier] fold **2.** [d'articulation] crook.

plomb [plɔ̃] nm **1.** [métal, de vitrail] lead **2.** [de chasse] shot ▸ **avoir du plomb dans l'aile** *fig* to be in a bad way **3.** ÉLECTR fuse / *les plombs ont sauté* a fuse has blown OU gone **4.** [de pêche] sinker.

plombage [plɔ̃baʒ] nm **1.** [de dent] filling **2.** [de ligne] weighting (with lead).

plombe [plɔ̃b] nf *tfam* hour.

plombé, e [plɔ̃be] adj **1.** [dent] filled **2.** [ligne] weighted (with lead) **3.** [teinte] leaden.

plomber [3] [plɔ̃be] vt **1.** [ligne] to weight (with lead) **2.** [dent] to fill. ◆ **se plomber** vp [ciel] to become leaden.

plomberie [plɔ̃bʀi] nf plumbing.

plombier [plɔ̃bje] nm plumber.

plombières [plɔ̃bjɛʀ] nf tutti-frutti ice cream.

plonge [plɔ̃ʒ] nf *fam* dishwashing ▸ **faire la plonge** to wash dishes.

plongeant, e [plɔ̃ʒɑ̃, ɑ̃t] adj **1.** [vue] from above **2.** [décolleté] plunging.

plongée [plɔ̃ʒe] nf **1.** [immersion] diving ▸ **plongée sous-marine** scuba diving **2.** CINÉ & PHOTO high-angle shot.

plongeoir [plɔ̃ʒwaʀ] nm diving board.

plongeon [plɔ̃ʒɔ̃] nm [dans l'eau, au football] dive ▸ **faire un plongeon** to plunge ▸ **faire le plongeon** *fig* to hit rock bottom.

plonger [17] [plɔ̃ʒe] ❖ vt **1.** [immerger, enfoncer] to plunge ▸ **plonger la tête sous l'eau** to put one's head under the water **2.** *fig* [précipiter] ▸ **plonger qqn dans qqch** to throw sb into sthg ▸ **plonger une pièce dans l'obscurité** to plunge a room into darkness / *il est plongé dans ses dossiers* he's engrossed in his files / *plongé dans un sommeil profond, il ne nous a pas entendus* as he was sound asleep, he didn't hear us. ❖ vi **1.** [dans l'eau, gardien de but] to dive / *il plongea du haut du rocher* he dived off the rock **2.** [avion, oiseau] ▸ **plonger sur** to dive (down) onto **3.** *fig* [se lancer] to dive OU jump in / *elle plongea dans la dépression* she plunged into depression **4.** *fam* [échouer] to decline, to fall off / *c'est ce qui l'a fait plonger* that's what caused his demise. ◆ **se plonger** vp **1.** [s'immerger] to submerge **2.** *fig* [s'absorber] ▸ **se plonger dans qqch** to immerse o.s. in sthg.

plongeur, euse [plɔ̃ʒœʀ, øz] nm, f **1.** [dans l'eau] diver **2.** [dans restaurant] dishwasher.

plot [plo] nm ÉLECTR contact.

plouc [pluk] nmf *fam* & *péj* country bumpkin.

plouf [pluf] interj splash!

ployer [13] [plwaje] vt & vi *pr* & *fig* to bend.

plu¹ [ply] ⟶ **plaire**.

plu² [ply] ⟶ **pleuvoir**.

plug-and-play [plœgœndplɛ] nm INFORM plug-and-play.

pluie [plɥi] nf **1.** [averse] rain *(U)* ▸ **sous la pluie** in the rain ▸ **une pluie battante** driving rain ▸ **une pluie fine** drizzle ▸ **des pluies diluviennes** torrential rain ▸ **il fait la pluie et le beau temps** *fig* what he says goes ▸ **ne pas être né de la dernière pluie** *fig* not to be born yesterday **2.** *fig* [grande quantité] ▸ **une pluie de** a shower of.

plumage [plymaʒ] nm plumage.

plumard [plymaʀ] nm *fam* bed, sack US.

plume [plym] ❖ nf **1.** [d'oiseau] feather ▸ **y laisser / perdre des plumes** *fig* to come off badly **2.** [pour écrire - d'oiseau] quill pen ; [- de stylo] nib ▸ **un homme de plume** *fig* a man of letters. ❖ nm *fam* [plumard] bed, sack US.

plumeau, x [plymo] nm feather duster.

plumer [3] [plyme] vt **1.** [volaille] to pluck **2.** *fam* [personne] to fleece.

plumier [plymje] nm pencil box.

plupart [plypaʀ] nf ▸ **la plupart de** most of, the majority of ▸ **la plupart du temps** most of the time, mostly ▸ **pour la plupart** mostly, for the most part.

pluralisme [plyʀalism] nm pluralism.

pluralité [plyʀalite] nf plurality.

pluriculturel, elle [plyʀikyltyʀɛl] adj multicultural.

pluridimensionnel, elle [plyʀidimɑ̃sjɔnɛl] adj multidimensional.

pluridisciplinaire [plyʀidisiplinɛʀ] adj multidisciplinary.

pluriel, elle [plyʀjɛl] adj **1.** GRAM plural **2.** [société] pluralist. ◆ **pluriel** nm plural ▸ **au pluriel** in the plural.

plurilinguisme [plyʀilɛ̃gɥism] nm multilingualism.

plus [ply(s)] ❖ adv **1.** [quantité] more / *je ne peux vous en dire plus* I can't tell you anything more / *il a plus de travail cette année* he has more work this year / *il en veut plus* he wants more (of it / them) ▸ **beaucoup plus de** a) *(suivi d'un nom au singulier)* a lot more, much more b) *(suivi d'un nom au pluriel)* a lot more, many more / *il y a (un peu) plus de 15 ans* (a little) more than 15 years ago / *plus j'y pense, plus je me dis que…* the more I think about it, the more I'm sure… **2.** [comparaison] more / *c'est plus court par là* it's shorter that way / *viens plus souvent* come more often / *c'est un peu plus loin* it's a (little) bit further ▸ **plus jeune (que)** younger (than) / *c'est plus simple qu'on ne le croit* it's simpler than you think / *plus tard* later / *plus tôt* earlier **3.** [superlatif] ▸ **le plus** the most / *c'est lui qui travaille le plus* he's the hardest worker, he's the one who works (the) hardest / *un de ses tableaux les plus connus* one of his best-known paintings / *le plus souvent* the most often / *le plus loin* the furthest / *le plus souvent possible* as often as possible / *le plus vite possible* as quickly as possible **4.** [négation] no more / *plus un mot !* not another word! ▸ **ne… plus** no longer, no more / *il n'a plus d'amis* he no longer has any friends, he has no friends any more / *il ne vient plus me voir* he doesn't come to see me any more, he no longer comes to see me / *je n'y vais plus du tout* I don't go there any more. ❖ nm **1.** [signe] plus (sign) **2.** *fig* [atout] plus / *la connaissance de l'anglais est toujours un plus* knowledge of English is always a plus. ❖ prép plus / *trois plus trois font six* three plus three is six, three and three are six / *le transport, plus le logement, plus la nourriture, ça revient cher* travel, plus OU and accommodation, plus OU then food, (all) work out quite expensive. ◆ **au plus** loc adv at the most / *ça coûtera au plus 30 euros* it'll cost a maximum of 30 euros OU 30 euros at most ▸ **tout au plus** at the very most / *c'est une mauvaise grippe, tout au plus* it's a bad case of flu, at the most. ◆ **de plus** loc adv **1.** [en supplément, en trop] more / *elle a cinq ans de plus que moi* she's five years older than me **2.** [en outre] furthermore, what's more / *de plus, il m'a menti* what's more, he lied to me. ◆ **de plus en plus** loc adv more and more / *de plus en plus souvent* more and more often / *les prix augmentent de plus en plus* prices are increasing all the time. ◆ **de plus en plus**

de loc prép more and more / *il y a de plus en plus de demande pour ce produit* demand for this product is increasing, there is more and more demand for this product. ◆ **en plus** loc adv **1.** [en supplément] extra / *les boissons sont en plus* drinks are extra, you pay extra for the drinks **2.** [d'ailleurs] moreover, what's more / *elle a une excellente technique et en plus, elle a de la force* her technique's first-class and she's got strength too. ◆ **en plus de** loc prép in addition to / *en plus du squash, elle fait du tennis* besides (playing) squash, she plays tennis. ◆ **ni plus ni moins** loc adv no more no less / *je te donne une livre, ni plus ni moins* I'll give you one pound, no more no less. ◆ **on ne peut plus** loc adv : *il est on ne peut plus bête* he's as stupid as can be. ◆ **plus ou moins** loc adv more or less / *c'est plus ou moins cher, selon les endroits* prices vary according to where you are. ◆ **sans plus** loc adv : *elle est gentille, sans plus* she's nice, but no more than that.

plusieurs [plyzjœʀ] adj indéf pl & pron indéf pl several.

plus-que-parfait [plyskəpaʀfɛ] nm GRAM pluperfect.

plus-value [plyvaly] (*pl* **plus-values**) nf **1.** [d'investissement] appreciation **2.** [excédent] surplus **3.** [bénéfice] profit ; [à la revente] capital gain.

plutonium [plytɔnjɔm] nm plutonium.

plutôt [plyto] adv rather ▸ **plutôt que de faire qqch** instead of doing sthg, rather than doing ou do sthg.

pluvial, e, aux [plyvjal, o] adj ▸ **eau pluviale** rainwater.

pluvieux, euse [plyvjø, øz] adj rainy.

pluviométrie [plyvjɔmetʀi] nf rainfall measurement.

pluviosité [plyvjozite] nf rainfall.

PLV (*abr de* **publicité sur le lieu de vente**) point-of-sale promotion, point-of-purchase promotion.

p.m. (*abr écrite de* **pour mémoire**) p.m.

PM ❖ nf **1.** (*abr de* **préparation militaire**) *training before military service or entry into the reserve* **2.** (*abr de* **police militaire**) MP. ❖ nm *abr de* **petit modèle**.

PMA ❖ nf (*abr de* **procréation médicalement assistée**) assisted reproduction. ❖ nmpl (*abr de* **pays les moins avancés**) LDCs *(less-developed countries)*.

PmaC (*abr de* **propension moyenne à consommer**) ÉCON APC *(average propensity to consume)*.

PmaE (*abr de* **propension moyenne à économiser**) ÉCON & ÉCON APS *(average propensity to save)*.

PMD (*abr de* **Pays les Moins Développés**) LLDC *(least-developed country)*.

PME (*abr de* **petites et moyennes entreprises**) nf SME ; [société] small business.

PMI nf **1.** (*abr de* **petites et moyennes industries**) small industrial firm **2.** (*abr de* **protection maternelle et infantile**) *social service concerned with child welfare*.

PMU® (*abr de* **Pari Mutuel Urbain®**) nm *system for betting on horses*.

PNB (*abr de* **produit national brut**) nm GNP.

pneu, x [pnø] nm **1.** [de véhicule] tyre UK, tire US ▸ **pneu avant** front tyre UK ou tire US ▸ **pneu arrière** rear tyre UK ou tire US ▸ **pneu clouté** studded tyre UK ou tire US ▸ **pneu neige** winter tyre UK ou tire US **2.** *vieilli* [message] *letter sent by network of pneumatic tubes*.

pneumatique [pnømatik] ❖ nf PHYS pneumatics *(U)*. ❖ nm *vieilli* **1.** [de véhicule] tyre UK, tire US **2.** [message] *letter sent by network of pneumatic tubes*. ❖ adj **1.** [fonctionnant à l'air] pneumatic **2.** [gonflé à l'air] inflatable.

pneumonie [pnømɔni] nf pneumonia.

PNUD, Pnud [pnyd] (*abr de* **Programme des Nations unies pour le développement**) nm UNDP.

PNUE, Pnue [pny] (*abr de* **Programme des Nations unies pour l'environnement**) nm UNEP.

p.o. *abr écrite de* **par ordre**.

PO (*abr écrite de* **petites ondes**) MW.

poche [pɔʃ] nf **1.** [de vêtement, de sac, d'air] pocket ▸ **de poche** pocket *(avant n)* ▸ **poche intérieure** inside (breast) pocket ▸ **poche revolver** back ou hip pocket ▸ **poche d'eau / de gaz** pocket of water/gas ▸ **c'est dans la poche** *fam* & *fig* it's in the bag ▸ **faire les poches de qqn** *fam* & *fig* to go through sb's pockets ▸ **il a mis tout le monde dans sa poche** *fam* he twisted everyone round his little finger, he took everyone in ▸ **s'en mettre plein** ou **se remplir les poches** *fam* & *fig* to make a packet **2.** [sac, sous les yeux] bag / *avoir des poches sous les yeux* to have bags under one's eyes ▸ **faire des poches** [vêtement] to bag **3.** MÉD sac ▸ **poche des eaux** (sac of) waters **4.** MIL ▸ **poche de résistance** pocket of resistance.

poché, e [pɔʃe] adj **1.** [œuf] poached **2.** [meurtri] : *avoir un œil poché* to have a black eye.

pocher [3] [pɔʃe] vt **1.** CULIN to poach **2.** [blesser] ▸ **pocher l'œil à qqn** to give sb a black eye.

pochette [pɔʃɛt] nf **1.** [enveloppe] envelope ; [d'allumettes] book ; [de photos] packet **2.** [de disque] sleeve, jacket US **3.** [mouchoir] (pocket) handkerchief.

pochette-surprise [pɔʃɛtsyʀpʀiz] (*pl* **pochettes-surprises**) nf lucky bag.

pochoir [pɔʃwaʀ] nm stencil.

podcast [pɔdkast] nm podcast.

podcaster [pɔdkaste] vt [une émission] to podcast.

podcasting [pɔdkastiŋ] nm podcasting.

podium [pɔdjɔm] nm podium.

podologie [pɔdɔlɔʒi] nf chiropody, podiatry US.

podologue [pɔdɔlɔg] nmf chiropodist, podiatrist US.

poêle [pwal] ❖ nf pan ▸ **poêle à frire** frying pan. ❖ nm stove.

poêlée [pwale] nf panful / *poêlée de champignons* CULIN panfried mushrooms.

poêlon [pwalɔ̃] nm casserole.

poème [pɔɛm] nm poem.

poésie [pɔezi] nf **1.** [genre, émotion] poetry **2.** [pièce écrite] poem.

poète [pɔɛt] ◆ adj poetic. ◆ nm **1.** [écrivain] poet **2.** [rêveur] dreamer.

poétique [pɔetik] adj poetic.

poétiquement [pɔetikmɑ̃] adv poetically.

pognon [pɔɲɔ̃] nm *fam* dosh UK, dough.

pogrom(e) [pɔgʀɔm] nm pogrom.

poids [pwa] nm **1.** [gén] weight ▸ **poids à vide** unladen weight, tare / *quel poids fait-il ?* how heavy is it/he? ▸ **perdre / prendre du poids** to lose/gain weight ▸ **vendre au poids** to sell by weight ▸ **avoir du poids** *fig* to carry a lot of weight / *son avis a du poids auprès du reste du groupe* her opinion carries weight with the rest of the group ▸ **donner du poids à** *fig* to lend weight to / *écrasé sous le poids des responsabilités* weighed down by responsibilities ▸ **poids léger** lightweight ▸ **poids lourd a)** [boxe] heavyweight **b)** [camion] heavy goods vehicle UK / *poids mort* [produit, entreprise & COMM] dead weight ▸ **poids plume** [boxe] featherweight ▸ **de poids** [argument] weighty / *un homme de poids* an influential man ▸ **il ne fait pas le poids** *fig* he's not up to it / *j'ai peur de ne pas faire le poids* I'm afraid of being out of my depth **2.** SPORT [lancer] shot ▸ **poids et haltères** weightlifting.

poignant, e [pwaɲɑ̃, ɑ̃t] adj poignant.

poignard [pwaɲaʀ] nm dagger.

poignarder [3] [pwaɲaʀde] vt to stab.

poigne [pwaɲ] nf grip ; *fig* authority ▸ **avoir de la poigne a)** to have a strong grip **b)** *fig* to have authority.

poignée [pwaɲe] nf **1.** [quantité, petit nombre] handful **2.** [manche] handle. ◆ **poignée de main** nf handshake.

poignet [pwaɲɛ] nm **1.** ANAT wrist **2.** [de vêtement] cuff.

poil [pwal] nm **1.** [du corps] hair / *il n'a plus un poil sur le caillou fam* he's bald as a coot UK ou an egg ▸ **à poil** *fam* [tout nu] starkers UK / *se mettre à poil fam* to strip (off) **2.** [d'animal] hair, coat / *chien à poil ras / long* smooth-haired/long-haired dog ▸ **en poils de sanglier** made of bristle ▸ **de tout poil** *fam* & *fig* of all kinds / *voleurs et escrocs de tout poil fam* all manner of thieves and crooks **3.** [de pinceau] bristle ; [de tapis] strand **4.** *fam* [peu] : *il s'en est fallu d'un poil que je réussisse* I came within a hair's breadth of succeeding **5.** EXPR **avoir un poil dans la main** *fam* to be bone-idle ▸ **être de bon / mauvais poil** *fam* & *fig* to be in a good/bad mood ▸ **reprendre du poil de la bête** *fam* & *fig* to regain strength / *tu peux venir samedi, au poil ! fam* you can come on Saturday, great!

poilant, e [pwalɑ̃, ɑ̃t] adj *fam* hilarious, side-splitting.

poil-de-carotte [pwaldəkaʀɔt] adj inv *fam* [personne] red-headed ; [cheveux] carroty.

poiler [3] [pwale] ◆ **se poiler** vp *fam* to kill o.s. (laughing).

poilu, e [pwaly] adj hairy. ◆ **poilu** nm *fam* French First World War soldier.

poinçon [pwɛ̃sɔ̃] nm **1.** [outil] awl **2.** [marque] hallmark.

poinçonner [3] [pwɛ̃sɔne] vt **1.** [bijou] to hallmark **2.** [billet, tôle] to punch.

poinçonneuse [pwɛ̃sɔnøz] nf punch.

poindre [82] [pwɛ̃dʀ] vi *litt* **1.** [jour] to break **2.** [plante] to come up **3.** *fig* [sentiment] to break through.

poing [pwɛ̃] nm fist ▸ **dormir à poings fermés** *fig* to sleep like a log.

point [pwɛ̃]

◆ nm

1. COUT [tricot] stitch / *faire un point à* to put a stitch ou a few stitches in ▸ **points de suture** MÉD stitches

2. [de ponctuation] ▸ **point (final)** full stop UK, period US ▸ **point d'interrogation / d'exclamation** question/exclamation mark ▸ **points de suspension** suspension points ▸ **mettre les points sur les i** *fig* to get things straight, to dot one's i's and cross one's t's / *il a fait une bêtise, point à la ligne ! fig* he did something stupid, let's leave it at that!

3. [petite tache] dot ▸ **point noir a)** [sur la peau] blackhead **b)** *fig* [problème] problem

4. [endroit] spot, point ; *fig* point ▸ **point d'appui** [support] something to lean on ▸ **point chaud a)** POL key issue **b)** [zone dangereuse] trouble spot, hot spot ▸ **point de chute** : *j'ai un point de chute à Milan* I have somewhere to stay in Milan ▸ **point culminant a)** [en montagne] summit **b)** *fig* climax / *les investissements sont à leur point culminant* investment has reached a peak ▸ **point d'eau** water supply point ▸ **point de mire** *fig* focal point ▸ **point névralgique** *fig* sensitive spot ▸ **point de ralliement** rallying point ▸ **point de rencontre** meeting point ▸ **point de vente** point of sale, sale outlet / *point de (vente au) détail* retail outlet ▸ **point de vue a)** [panorama] viewpoint **b)** *fig* [opinion, aspect] point of view ▸ **avoir un point commun avec qqn** to have something in common with sb

5. [degré] point ▸ **au point que, à tel point que** to such an extent that / *les choses en étaient arrivées à un tel point que...* things had reached such a pitch that... / *je ne pensais pas que cela le vexerait à ce point* I didn't think it would make him so cross ▸ **être... au point de faire qqch** to be so... as to do sthg / *il n'est pas stupide au point de le leur répéter* he's not so stupid as to tell them / *je le respecte au plus haut point* I have the utmost respect for him

6. *fig* [position] position ▸ **faire le point** to take stock (of the situation) / *et maintenant, le point sur la circulation* and now, the latest traffic news

7. [réglage] ▸ **mettre au point a)** [machine] to adjust **b)** [idée, projet] to finalize / *ton revers n'est pas encore au point* your backhand isn't good enough ou up to scratch yet ▸ **à point** [cuisson] just right ▸ **à point (nommé)** just in time

8. [question, détail] point, detail ▸ **point faible** weak point ▸ **point fort** strong point

9. [score] point / *il me manquait 12 points pour avoir l'examen* I was 12 marks short of passing the exam ▸ **marquer un point** SPORT to score a point
10. [douleur] pain ▸ **point de côté** stitch
11. [début] ▸ **être sur le point de faire qqch** to be on the point of doing sthg, to be about to do sthg / *j'étais sur le point de partir* I was about to OU going to leave ▸ **au point du jour** *sout* at daybreak
12. AUTO ▸ **au point mort** in neutral
13. GÉOGR ▸ **points cardinaux** points of the compass
❖ adv
litt & *vieilli* ▸ **ne point** not (at all) / *ne vous en faites point* don't worry

pointage [pwɛ̃taʒ] nm **1.** [au travail - d'entrée] clocking in ; [- de sortie] clocking out **2.** [d'arme] aiming **3.** QUÉBEC SPORT score.

pointe [pwɛ̃t] nf **1.** [extrémité] point ; [de nez] tip ▸ **se hausser sur la pointe des pieds** to stand on tiptoe ▸ **en pointe** pointed ▸ **tailler en pointe** to taper ▸ **se terminer en pointe** to taper ▸ **pointe d'asperge** asparagus tip **2.** [clou] tack **3.** [sommet] peak, summit ▸ **à la pointe de** *fig* at the peak of / *à la pointe de la technique* at the forefront OU cutting edge of technology **4.** [accélération] ▸ **faire** OU **pousser une pointe (jusqu'à)** to put on a spurt (and reach) **5.** *fig* [trait d'esprit] witticism **6.** *fig* [petite quantité] ▸ **une pointe de** a touch of. ◆ **pointes** nfpl [danse] points ▸ **faire des** OU **les pointes** to dance on one's points. ◆ **de pointe** loc adj **1.** [vitesse] maximum, top **2.** [industrie, secteur] leading ; [technique] latest.

pointer [3] [pwɛ̃te] ❖ vt **1.** [cocher] to tick (off) **2.** [employés - à l'entrée] to check in ; [- à la sortie] to check out **3.** [diriger] ▸ **pointer qqch vers** to point sthg towards OU toward US ▸ **pointer qqch sur** to point sthg at. ❖ vi **1.** [à l'usine - à l'entrée] to clock in ; [- à la sortie] to clock out **2.** [à la pétanque] to get as close to the jack as possible **3.** [être en pointe] to stick up **4.** [jour] to break **5.** *fig* [sentiment] to show through. ◆ **se pointer** vp *fam* to turn up.

pointillé [pwɛ̃tije] nm **1.** [ligne] dotted line ▸ **en pointillé a)** [ligne] dotted **b)** *fig* [par sous-entendus] obliquely **2.** [perforations] perforations *pl*.

pointilleux, euse [pwɛ̃tijø, øz] adj ▸ **pointilleux (sur)** particular (about).

pointu, e [pwɛ̃ty] adj **1.** [objet] pointed **2.** [voix, ton] sharp **3.** [étude, formation] specialized.

pointure [pwɛ̃tyʀ] nf (shoe) size.

point-virgule [pwɛ̃viʀgyl] (*pl* **points-virgules**) nm semi-colon.

poire [pwaʀ] ❖ nf **1.** [fruit] pear ▸ **poire Belle-Hélène** pear OU poire Belle-Hélène ▸ **couper la poire en deux** *fam* & *fig* to compromise **2.** MÉD ▸ **poire à injections** syringe **3.** *fam* [visage] face **4.** *fam* [naïf] dope. ❖ adj *fam* ▸ **être poire** to be a sucker OU a mug UK.

poireau, x [pwaʀo] nm leek ▸ **poireaux vinaigrette** leeks with vinaigrette dressing.

poireauter [3] [pwaʀote] vi *fam* to hang around.

poirier [pwaʀje] nm pear tree ▸ **faire le poirier** *fig* to do a headstand.

pois [pwa] nm **1.** BOT pea ▸ **pois chiche** chickpea ▸ **petits pois** garden peas, petits pois ▸ **pois de senteur** sweet pea **2.** *fig* [motif] dot, spot ▸ **à pois** spotted, polka-dot.

poison [pwazɔ̃] ❖ nm [substance] poison. ❖ nmf *fam* & *fig* [personne] drag, pain ; [enfant] brat.

poisse [pwas] nf *fam* bad luck ▸ **porter la poisse** to be bad luck.

poisseux, euse [pwasø, øz] adj sticky.

poisson [pwasɔ̃] nm fish ▸ **poisson d'avril a)** [farce] April fool **b)** [en papier] *paper fish pinned to someone's back as a prank on April Fools' Day* ▸ **poisson-chat** catfish ▸ **petit poisson des chenaux** QUÉBEC tom-cod ▸ **poisson-clown** clownfish ▸ **poisson-globe** globefish ▸ **poisson-perroquet** parrotfish ▸ **poisson rouge** goldfish ▸ **noyer le poisson** *fam* & *fig* to confuse the issue. ◆ **Poissons** nmpl ASTROL Pisces *sg* ▸ **être (un) Poissons** to be (a) Pisces.

Poisson d'avril

In France, April Fool's Day tradition calls for children to secretly stick cut-out paper fish on their friends' backs. They will sometimes play the same trick on unwitting passers-by in the street.

poissonnerie [pwasɔnʀi] nf **1.** [boutique] fish shop, fishmonger's (shop) UK **2.** [métier] fish trade.

poissonneux, euse [pwasɔnø, øz] adj full of fish.

poissonnier, ère [pwasɔnje, ɛʀ] nm, f fishmonger UK.

poitevin, e [pwatvɛ̃, in] adj [de Poitiers] of/from Poitiers ; [du Poitou] of/from Poitou. ◆ **Poitevin, e** nm, f [de Poitiers] person from Poitiers ; [du Poitou] person from Poitou.

poitrail [pwatʀaj] nm breast, chest.

poitrine [pwatʀin] nf **1.** [thorax] chest ; [de femme] chest, bust **2.** [viande] breast.

poivre [pwavʀ] nm pepper ▸ **poivre blanc** white pepper ▸ **poivre gris, poivre noir** black pepper ▸ **poivre et sel** *fig* pepper-and-salt.

poivré, e [pwavʀe] adj **1.** CULIN peppery **2.** [parfum] peppery, spicy **3.** [chanson, histoire] spicy, racy.

poivrer [3] [pwavʀe] vt to put pepper on. ◆ **se poivrer** vp *fam* to get plastered.

poivrier [pwavʀije] nm [ustensile] pepper pot UK, pepper shaker US.

poivrière [pwavʀijɛʀ] nf = **poivrier**.

poivron [pwavʀɔ̃] nm pepper, capsicum ▸ **poivron rouge / vert** red/green pepper.

poivrot, e [pwavʀo, ɔt] nm, f *fam* boozer.

poix [pwa] nf pitch.

poker [pɔkɛʀ] nm poker.

polaire [pɔlɛʀ] ❖ adj polar. ❖ nf [textile] (polar) fleece.

polar [pɔlaʀ] nm *fam* thriller, whodunnit.

polariser [3] [pɔlaʀize] vt **1.** TECHNOL to polarize **2.** *fig* [attention] to focus. ◆ **se polariser** vp ▸ **se polariser sur** to be centred UK ou centered US ou focussed on.

Polaroïd® [pɔlaʀɔid] nm Polaroid®.

polder [pɔldɛʀ] nm polder.

pôle [pol] nm pole ▸ **pôle Nord / Sud** North / South Pole.

polémique [pɔlemik] ❖ nf controversy. ❖ adj [style, ton] polemical.

polémiquer [3] [pɔlemike] vi to engage in controversy.

polenta [pɔlɛnta] nf polenta.

pole position [polpozisjɔ̃] (*pl* **pole positions**) nf SPORT pole position.

poli, e [pɔli] adj **1.** [personne] polite **2.** [surface] polished. ◆ **poli** nm polish.

police [pɔlis] nf **1.** [force de l'ordre] police ▸ **être de ou dans la police** to be in the police ▸ **police judiciaire** *plain-clothes police force responsible for criminal investigation and arrests* ; ≃ CID UK ; ≃ FBI US ▸ **police secours** *emergency service provided by the police* ▸ **police secrète** secret police ▸ **police technique et scientifique** *branch of the French police specialising in forensics* **2.** [contrat] policy ▸ **police d'assurance** insurance policy **3.** TYPO ▸ **police (de caractères)** font.

policé, e [pɔlise] adj *litt* civilized.

polichinelle [pɔliʃinɛl] nm **1.** [personnage] Punch ▸ **secret de Polichinelle** *fig* open secret **2.** *fam* & *fig* [fantoche] buffoon.

policier, ère [pɔlisje, ɛʀ] ❖ adj **1.** [de la police] police *(avant n)* **2.** [film, roman] detective *(avant n)*. ❖ nm, f police officer.

policlinique [pɔliklinik] nf [partie d'hôpital] ≃ outpatients department.

poliment [pɔlimɑ̃] adv politely.

polio [pɔljo] nf *fam* polio.

poliomyélite [pɔljɔmjelit] nf poliomyelitis.

polir [32] [pɔliʀ] vt to polish.

polissage [pɔlisaʒ] nm polishing.

polisson, onne [pɔlisɔ̃, ɔn] ❖ adj **1.** [chanson, propos] lewd, suggestive **2.** [enfant] naughty. ❖ nm, f [enfant] naughty child.

politesse [pɔlitɛs] nf **1.** [courtoisie] politeness **2.** [action] polite action ▸ **se faire des politesses** *iron* to exchange favours UK ou favors US.

politicard, e [pɔlitikaʀ, aʀd] *péj* ❖ adj politicking. ❖ nm, f (political) schemer, politico.

politicien, enne [pɔlitisjɛ̃, ɛn] ❖ adj *péj* politicking, politically unscrupulous. ❖ nm, f politician, politico ▸ **politicien véreux** shyster *fam*.

politique [pɔlitik] ❖ nf **1.** [de gouvernement, de personne] policy ▸ **politique étrangère / intérieure** foreign / domestic policy ▸ **politique monétaire** monetary policy ▸ **politique du stop-and-go** ÉCON stop-and-go-policy UK **2.** [affaires publiques] politics *(U)* / ***faire de la politique*** to be involved in politics / ***la politique politicienne*** *péj* party politics **3.** PRESSE ▸ **politique éditoriale** editorial policy. ❖ nm, f politician. ❖ adj **1.** [pouvoir, théorie] political ▸ **homme / femme politique** politician, political figure / ***dans les milieux politiques*** in political circles / ***quelles sont ses opinions politiques ?*** what are his politics? **2.** *litt* [choix, réponse] politic / ***ce n'était pas très politique de le licencier*** it wasn't a very wise move to fire him.

> **politics ou policy ?**
>
> **Politics** réfère à la politique au sens de l'art de gouverner, tandis que **a policy** est une politique au sens d'une stratégie ou d'un ensemble de mesures.

politiquement [pɔlitikmɑ̃] adv politically ▸ **politiquement correct** politically correct, PC.

politisation [pɔlitizasjɔ̃] nf politicization.

politiser [3] [pɔlitize] vt to politicize.

politologue [pɔlitɔlɔg] nmf political expert ou analyst.

polka [pɔlka] nf polka.

pollen [pɔlɛn] nm pollen.

polluant [pɔlɥɑ̃] nm pollutant.

pollué, e [pɔlɥe] adj polluted.

polluer [7] [pɔlɥe] vt to pollute.

pollution [pɔlysjɔ̃] nf pollution.

polo [pɔlo] nm **1.** [sport] polo **2.** [chemise] polo shirt.

polochon [pɔlɔʃɔ̃] nm *fam* bolster.

Pologne [pɔlɔɲ] nf : ***la Pologne*** Poland.

polonais, e [pɔlɔnɛ, ɛz] adj Polish. ◆ **polonais** nm [langue] Polish. ◆ **polonaise** nf **1.** [danse] polonaise **2.** [gâteau] *brioche with an almond filling covered in meringue*. ◆ **Polonais, e** nm, f Pole.

poltron, onne [pɔltʀɔ̃, ɔn] ❖ nm, f coward. ❖ adj cowardly.

poly [pɔli] nm *fam* ***abr de*** **polycopié**.

polyamide [pɔliamid] nm polyamide.

polychrome [pɔlikʀom] adj polychrome, polychromatic.

polyclinique [pɔliklinik] nf general hospital.

polycopie [pɔlikɔpi] nf duplicating.

polycopié, e [pɔlikɔpje] adj duplicate *(avant n)*. ◆ **polycopié** nm duplicated lecture notes *pl*.

polycopier [9] [pɔlikɔpje] vt to duplicate.

polyculture [pɔlikyltyʀ] nf mixed farming.

polyester [pɔliɛstɛʀ] nm polyester.

polygame [pɔligam] ❖ nm polygamist. ❖ adj polygamous.

polygamie [pɔligami] nf polygamy.

polyglotte [pɔliglɔt] nmf & adj polyglot.

polygone [pɔligɔn] nm **1.** MATH polygon **2.** MIL ▸ **polygone de tir** rifle range.

polymère [pɔlimɛʀ] ❖ nm polymer. ❖ adj polymeric.

polymorphe [pɔlimɔʀf] adj polymorphous.

Polynésie [pɔlinezi] nf : *la Polynésie* Polynesia / *la Polynésie française* French Polynesia.

polynésien, enne [pɔlinezjɛ̃, ɛn] adj Polynesian. ◆ **polynésien** nm [langue] Polynesian. ◆ **Polynésien, enne** nm, f Polynesian.

polype [pɔlip] nm polyp.

polyphonie [pɔlifɔni] nf polyphony.

polysémique [pɔlisemik] adj polysemous, polysemic.

polystyrène [pɔlistiʀɛn] nm polystyrene.

polytechnicien, enne [pɔlitɛknisjɛ̃, ɛn] nm, f *student or ex-student of the École Polytechnique.*

Polytechnique [pɔlitɛknik] npr ▸ **l'École Polytechnique** *prestigious engineering college.*

polythéisme [pɔliteism] nm polytheism.

polythéiste [pɔliteist] ❖ nmf polytheist. ❖ adj polytheistic.

polyvalent, e [pɔlivalɑ̃, ɑ̃t] ❖ adj **1.** [salle] multipurpose **2.** [professeur] non-specialized **3.** CHIM & MÉD polyvalent **4.** [personne] versatile. ❖ nm, f *tax inspector specializing in company taxation.*

pomelo [pɔmelo] nm grapefruit.

pommade [pɔmad] nf [médicament] ointment.

pommader [3] [pɔmade] vt to pomade.

pomme [pɔm] nf **1.** [fruit] apple / *pomme d'amour* toffee apple, candy apple ▸ **pomme de pin** pine ou fir cone ▸ **pomme de reinette** pippin **2.** [pomme de terre] ▸ **pommes allumettes** *very thin chips* ▸ **pommes dauphine / duchesse** dauphine/duchesse potatoes ▸ **pommes frites** chips UK, (French) fries US ▸ **pommes noisettes** deep-fried potato balls ▸ **pommes vapeur** steamed potatoes **3.** [objet rond] ▸ **pomme d'arrosoir** rose *(of a watering can)* ▸ **pomme de douche** shower head **4.** EXPR **pomme de discorde** bone of contention ▸ **tomber dans les pommes** *fam* to pass out, to faint. ◆ **pomme d'Adam** nf Adam's apple.

pommeau, x [pɔmo] nm **1.** [de parapluie, de canne] knob **2.** [de sabre] pommel.

pomme de terre [pɔmdətɛʀ] nf potato ▸ **pomme de terres à l'eau** boiled potatoes ▸ **pomme de terres au four** baked potatoes ▸ **pomme de terres frites** chips UK, (French) fries US ▸ **pomme de terres en robe des champs** jacket potatoes ▸ **pomme de terres sautées** sauté potatoes.

pommelé, e [pɔmle] adj dappled ▸ **gris pommelé** dapple grey UK ou gray US.

pommette [pɔmɛt] nf cheekbone.

pommier [pɔmje] nm apple tree.

pompe [pɔ̃p] nf **1.** [appareil] pump ▸ **pompe à essence** petrol pump UK, gas pump US ▸ **pompe à incendie** fire engine, fire truck US **2.** *litt* [magnificence] pomp, ceremony ▸ **en grande pompe** with great ceremony **3.** *fam* [chaussure] shoe ▸ **être à côté de ses pompes** *fig* to be completely out of it. ◆ **pompes funèbres** nfpl undertaker's *sg*, funeral director's *sg* UK, mortician's *sg* US.

Pompéi [pɔ̃pei] npr Pompeii.

pomper [3] [pɔ̃pe] vt **1.** [eau, air] to pump **2.** [avec éponge] to soak up **3.** *arg scol* [copier] ▸ **pomper qqch (sur qqn)** to crib sthg (from sb).

pompette [pɔ̃pɛt] adj *fam* merry, tipsy.

pompeusement [pɔ̃pøzmɑ̃] adv pompously.

pompeux, euse [pɔ̃pø, øz] adj pompous.

pompier[1], ère [pɔ̃pje, ɛʀ] adj pretentious.

pompier[2] [pɔ̃pje] nm fireman, firefighter.

pompiste [pɔ̃pist] nmf petrol UK ou gas US pump attendant.

pompon [pɔ̃pɔ̃] nm pompom ▸ **décrocher le pompon** *fam & fig* to take the biscuit UK ou cake.

pomponner [3] [pɔ̃pɔne] ◆ **se pomponner** vp to get dressed up.

ponce [pɔ̃s] adj ▸ **pierre ponce** pumice (stone).

poncer [16] [pɔ̃se] vt [bois] to sand (down).

ponceuse [pɔ̃søz] nf sander, sanding machine.

poncif [pɔ̃sif] nm [banalité] commonplace, cliché.

ponction [pɔ̃ksjɔ̃] nf **1.** [MÉD - lombaire] puncture ; [- pulmonaire] tapping **2.** *fig* [prélèvement] withdrawal.

ponctionner [3] [pɔ̃ksjɔne] vt **1.** [MÉD - région lombaire] to puncture ; [- poumon] to tap **2.** *fig* [contribuable] to take money from ; [argent] to withdraw.

ponctualité [pɔ̃ktɥalite] nf punctuality.

ponctuation [pɔ̃ktɥasjɔ̃] nf punctuation.

ponctuel, elle [pɔ̃ktɥɛl] adj **1.** [action] specific, selective **2.** [personne] punctual.

ponctuellement [pɔ̃ktɥɛlmɑ̃] adv punctually.

ponctuer [7] [pɔ̃ktɥe] vt to punctuate ▸ **ponctuer qqch de qqch** *fig* to punctuate sthg with sthg.

pondéral, e, aux [pɔ̃deʀal, o] adj weight *(avant n).*

pondération [pɔ̃deʀasjɔ̃] nf **1.** [de personne] levelheadedness **2.** ÉCON weighting.

pondéré, e [pɔ̃deʀe] adj **1.** [personne] level-headed **2.** ÉCON weighted.

pondérer [18] [pɔ̃deʀe] vt **1.** [pouvoirs] to balance (out), to counterbalance **2.** ÉCON [bourse] to weight.

Pondichéry [pɔ̃diʃeʀi] npr Pondicherry.

pondre [75] [pɔ̃dʀ] vt **1.** [œufs] to lay **2.** *fam & fig* [projet, texte] to produce.

pondu, e [pɔ̃dy] pp → **pondre**.

ponette [pɔnɛt] nf pony.

poney [pɔnɛ] nm pony.

pongiste [pɔ̃ʒist] nmf table-tennis player.

pont [pɔ̃] nm **1.** CONSTR bridge ▸ **ponts et chaussées** ADMIN ≃ highways department ▸ **pont autoroutier** motorway UK ou freeway US flyover ▸ **pont ferroviaire** railway bridge ▸ **pont mobile / suspendu** movable / suspension bridge ▸ **faire / promettre un pont d'or à qqn** *fig* to offer / to promise sb a fortune *(so that they'll take on a job)* **2.** [lien] link, connection ▸ **pont aérien** airlift ▸ **couper les ponts avec qqn** *fig* to break with sb **3.** [congé] *day off granted by an employer to fill the gap between a national holiday and a weekend* / ***faire le pont*** to have a long weekend **4.** [de navire] deck ▸ **pont inférieur / principal** lower / main deck **5.** [structure de manutention] ▸ **pont élévateur** ou **de graissage** garage ramp, car lift, elevator platform ▸ **pont de chargement** loading platform.

pontage [pɔ̃taʒ] nm **1.** MÉD bypass (operation) ▸ **pontage coronarien** coronary bypass operation ou surgery / ***il a subi un triple pontage*** he had triple bypass surgery **2.** TRAV PUB (gantry) bridging **3.** CHIM bridging.

ponte [pɔ̃t] ◆ nf [action] laying ; [œufs] clutch. ◆ nm **1.** [jeux] punter **2.** *fam* [autorité] big shot.

pontife [pɔ̃tif] nm pontiff.

pontifical, e, aux [pɔ̃tifikal, o] adj papal.

pontificat [pɔ̃tifika] nm pontificate.

pontifier [9] [pɔ̃tifje] vi *fam* to pontificate.

pont-levis [pɔ̃ləvi] (*pl* **ponts-levis**) nm drawbridge.

ponton [pɔ̃tɔ̃] nm **1.** [plate-forme] pontoon **2.** [chaland] lighter, barge.

pool [pul] nm pool.

pop [pɔp] ◆ nm ou nf pop. ◆ adj pop *(avant n)*.

pop-corn [pɔpkɔʀn] nm inv popcorn *(U)*.

pope [pɔp] nm priest *(in the Orthodox church)*.

popeline [pɔplin] nf poplin.

popote [pɔpɔt] *fam* ◆ adj inv homeloving. ◆ nf ▸ **faire la popote** to do the cooking ▸ **préparer la popote** to prepare the meal.

populace [pɔpylas] nf *péj* mob.

populaire [pɔpylɛʀ] adj **1.** [du peuple - volonté] popular, of the people ; [- quartier] working-class ; [- art, chanson] folk **2.** [personne] popular.

popularisation [pɔpylaʀizasjɔ̃] nf popularisation.

populariser [3] [pɔpylaʀize] vt to popularize.

popularité [pɔpylaʀite] nf popularity.

population [pɔpylasjɔ̃] nf population ▸ **la population active** the working population.

populiste [pɔpylist] nmf & adj populist.

populo [pɔpylo] nm *fam* **1.** [peuple] hoi polloi **2.** [foule] crowd.

pop-up [pɔpœp] (*pl* **pop-ups**) nm inv & nm pop-up.

porc [pɔʀ] nm **1.** [animal] pig, hog US **2.** *fam* & *fig* [personne] pig, swine **3.** [viande] pork **4.** [peau] pigskin.

porcelaine [pɔʀsəlɛn] nf **1.** [matière] china, porcelain **2.** [objet] piece of china ou porcelain **3.** [mollusque] cowrie shell.

porcelet [pɔʀsəlɛ] nm piglet.

porc-épic [pɔʀkepik] (*pl* **porcs-épics**) nm porcupine.

porche [pɔʀʃ] nm porch.

porcherie [pɔʀʃəʀi] nf *fam, pr* & *fig* pigsty.

porcin, e [pɔʀsɛ̃, in] adj **1.** [élevage] pig *(avant n)* **2.** *fig* & *péj* [yeux] piggy. ◆ **porcin** nm pig.

pore [pɔʀ] nm pore.

poreux, euse [pɔʀø, øz] adj porous.

porno [pɔʀno] *fam* ◆ adj [film, magazine, scène] porn, porno / ***des photos pornos*** dirty pictures. ◆ nm **1.** [activité] : ***le porno*** **a)** [genre] porn **b)** [industrie] the porn industry **2.** [film] porno film UK, blue movie.

pornographie [pɔʀnɔgʀafi] nf pornography.

pornographique [pɔʀnɔgʀafik] adj pornographic.

porridge [pɔʀidʒ] nm porridge.

port [pɔʀ] nm **1.** [lieu] port ▸ **arriver à bon port** **a)** [personne] to arrive safe and sound **b)** [chose] to arrive in good condition ▸ **port d'attache** home port ▸ **port de commerce / pêche** commercial / fishing port **2.** [fait de porter sur soi - objet] carrying ; [- vêtement, décoration] wearing ▸ **port d'armes** carrying of weapons **3.** [transport] carriage **4.** [allure] bearing **5.** INFORM port ▸ **port parallèle / série / USB** parallel / serial / USB port.

portable [pɔʀtabl] ◆ nm TV portable ; INFORM laptop, portable ; [téléphone] mobile. ◆ adj **1.** [vêtement] wearable **2.** [ordinateur] portable, laptop.

portage [pɔʀtaʒ] nm QUÉBEC NAUT portage ; FIN piggybacking.

portail [pɔʀtaj] nm [gén & INFORM] portal.

portant, e [pɔʀtɑ̃, ɑ̃t] adj ▸ **être bien / mal portant** to be in good / poor health. ◆ **portant** nm upright.

portatif, ive [pɔʀtatif, iv] adj portable.

Port-au-Prince [pɔʀopʀɛ̃s] npr Port-au-Prince.

porte [pɔʀt] nf **1.** [de maison, voiture] door ▸ **claquer la porte** to slam the door ▸ **claquer / fermer la porte au nez de qqn** to slam / shut the door in sb's face ▸ **écouter aux portes** to listen at keyholes ▸ **être à la porte** to be locked out ▸ **ficher** ou **foutre qqn à la porte** *fam* to throw ou chuck sb out ▸ **mettre qqn à la porte** to throw sb out ▸ **ouvrir sa porte à qqn** to welcome sb ▸ **prendre la porte** to leave / ***je mets 40 minutes de porte à porte*** it takes me 40 minutes door-to-door ▸ **porte cochère** carriage entrance ▸ **porte de communication** communicating door ▸ **porte coulissante** sliding door ▸ **porte à deux battants** double door ▸ **porte d'entrée** front door ▸ **porte de secours** emergency exit ▸ **porte de service** trademen's entrance ▸ **porte vitrée** glass door **2.** AÉRON & SKI gate / ***embarquement porte 6*** boarding gate 6 / ***elle a chuté à la troisième porte*** she fell at the third gate **3.** [de ville] : ***les portes de Paris*** *the old city gates around Paris* ▸ **la porte de Versailles** *site of a large exhibition complex in Paris where major trade fairs take place* **4.** *fig* [de région] gateway.

porte-à-faux [pɔʀtafo] nm inv [roche] overhang ; CONSTR cantilever ▸ **en porte-à-faux a)** overhanging **b)** CONSTR cantilevered **c)** *fig* in a delicate situation.

porte-à-porte [pɔʀtapɔʀt] nm inv ▸ **faire du porte-à-porte** to sell from door to door.

porte-avions [pɔʀtavjɔ̃] nm inv aircraft carrier.

porte-bagages [pɔʀtbagaʒ] nm inv [de voiture] luggage rack US, roof rack UK.

porte-bébé [pɔʀtbebe] (*pl* **porte-bébés**) nm baby sling, papoose.

porte-bonheur [pɔʀtbɔnœʀ] nm inv lucky charm.

porte-bouteilles [pɔʀtbutɛj] nm inv [casier] wine rack.

porte-cartes [pɔʀtəkaʀt] nm inv card holder.

porte-cigarettes [pɔʀtsigaʀɛt] nm inv cigarette case.

porte-clefs (*pl inv*), **porte-clés** (*pl inv*) [pɔʀtəkle] nm keyring.

porte-couteau [pɔʀtkuto] (*pl* **porte-couteaux**) nm knife rest.

porte-documents [pɔʀtdɔkymɑ̃] nm inv attaché ou document case.

porte-drapeau [pɔʀtdʀapo] (*pl* **porte-drapeaux**) nm standard-bearer.

portée [pɔʀte] nf **1.** [de missile] range ▸ **à portée de** within range of ▸ **à portée de main** within reach ▸ **à portée de voix** within earshot ▸ **à portée de vue** in sight ▸ **à la portée de qqn** *fig* within sb's reach ▸ **hors de la portée de** out of reach ou range of **2.** [d'événement] impact, significance **3.** MUS stave, staff **4.** [de femelle] litter.

porte-fenêtre [pɔʀtfənɛtʀ] (*pl* **portes-fenêtres**) nf French window ou door US.

portefeuille [pɔʀtəfœj] nm **1.** [pour billets] wallet ▸ **portefeuille électronique** INTERNET e-wallet **2.** FIN & POL portfolio ▸ **portefeuille d'activités** ÉCON business portfolio.

porte-jarretelles [pɔʀtʒaʀtɛl] nm inv suspender belt UK, garter belt US.

porte-malheur [pɔʀtmalœʀ] nm inv jinx.

portemanteau, x [pɔʀtmɑ̃to] nm [au mur] coat-rack ; [sur pied] coat stand.

portemine [pɔʀtəmin] nm propelling pencil UK, mechanical pencil US.

porte-monnaie [pɔʀtmɔnɛ] nm inv purse.

porte-parapluies [pɔʀtpaʀaplɥi] nm inv umbrella stand.

porte-parole [pɔʀtpaʀɔl] nmf inv spokesman (spokeswoman) ▸ **porte-parole officiel du gouvernement** official government spokesman.

porte-plume [pɔʀtəplym] nm inv penholder.

porter [3] [pɔʀte] ◆ vt **1.** [gén] to carry / *porter qqn sur son dos / dans ses bras* to carry sb on one's back / in one's arms **2.** [vêtement, lunettes, montre] to wear / *elle porte toujours du noir* she always dresses in ou wears black ; [barbe] to have **3.** [nom, date, inscription] to bear / *l'étui portait ses initiales gravées* the case was engraved with his initials / *elle porte le nom de son mari* she has taken her husband's name **4.** [apporter] to take / *porter des fleurs sur la tombe de qqn* to take flowers to sb's grave **5.** [inciter] ▸ **porter qqn à faire qqch** to lead sb to do sthg / *l'alcool peut porter les gens à des excès / à la violence* alcohol can drive people to excesses / induce people to be violent **6.** [inscrire] to put down, to write down ▸ **porté disparu** reported missing. ◆ vi **1.** [s'appuyer] ▸ **porter sur** to be supported by **2.** [traiter] ▸ **porter sur qqn / qqch** to be about sb / sthg / *le détournement porte sur plusieurs millions d'euros* the embezzlement concerns several million euros **3.** [remarque] to strike home **4.** [voix, tir] to carry / *sa voix ne porte pas assez* his voice doesn't carry well / *aussi loin que porte la vue* as far as the eye can see. ◆ **se porter** ◆ vp **1.** [se sentir] ▸ **se porter bien / mal** to be well / unwell / *à bientôt, portez-vous bien !* see you soon, look after yourself! **2.** [se diriger] ▸ **se porter sur a)** [choix, regard] to fall on **b)** [conversation] to turn to / *tous les regards se portèrent sur elle* all eyes turned towards her **3.** *litt* [se livrer] ▸ **se porter à** [violences] to carry out ▸ **se porter à des extrémités** to go to extremes. ◆ v att ▸ **se porter candidat à** to stand for election to UK, to run for US / *se porter volontaire pour faire* to volunteer to do.

porte-savon [pɔʀtsavɔ̃] (*pl* **porte-savons**) nm soap dish.

porte-serviettes [pɔʀtsɛʀvjɛt] nm inv towel rail.

porteur, euse [pɔʀtœʀ, øz] ◆ adj ▸ **marché porteur** COMM growth market ▸ **mère porteuse** surrogate mother ▸ **mur porteur** load-bearing wall. ◆ nm, f **1.** [de message, nouvelle] bringer, bearer **2.** [de bagages] porter **3.** [détenteur - de papiers, d'actions] holder ; [- de chèque] bearer **4.** [de maladie] carrier.

porte-voix [pɔʀtəvwa] nm inv megaphone, loudhailer UK, bullhorn US.

portier, ère [pɔʀtje, ɛʀ] nm, f porter UK, doorman US.

portière [pɔʀtjɛʀ] nf [de voiture, train] door.

portillon [pɔʀtijɔ̃] nm barrier, gate.

portion [pɔʀsjɔ̃] nf **1.** [de gâteau] portion, helping **2.** [d'héritage] portion, part ▸ **être réduit à la portion congrue** *fig* to get the smallest share.

portique [pɔʀtik] nm **1.** ARCHIT portico **2.** SPORT crossbeam *(for hanging apparatus)*.

Port-Louis [pɔʀlwi] npr Port Louis.

porto [pɔʀto] nm port.

portoricain, e [pɔʀtɔʀikɛ̃, ɛn] adj Puerto Rican. ◆ **Portoricain, e** nm, f Puerto Rican.

Porto Rico [pɔʀtoʀiko], **Puerto Rico** [pwɛʀtoʀiko] npr Puerto Rico.

portrait [pɔʀtʀɛ] nm portrait ; PHOTO photograph ▸ **être tout le portrait de qqn** *fig* to be the spitting ou very image of sb ▸ **faire le portrait de qqn** *fig* to describe sb.

portraitiste [pɔʀtʀetist] nmf portrait painter.

portrait-robot [pɔʀtʀɛʀɔbo] (*pl* **portraits-robots**) nm Photofit® picture, Identikit® picture.

portuaire [pɔʀtɥɛʀ] adj port *(avant n)*, harbour *(avant n)* UK, harbor *(avant n)* US.

portugais, e [pɔʀtygɛ, ɛz] adj Portuguese. ◆ **portugais** nm [langue] Portuguese. ◆ **Portugais, e** nm, f Portuguese (person) / *les Portugais* the Portuguese.

Portugal [pɔʀtygal] nm : *le Portugal* Portugal / *au Portugal* in Portugal.

POS, Pos [pɔs] (*abr de* **plan d'occupation des sols**) nm *land use scheme*.

pose [poz] nf **1.** [de pierre, moquette] laying ; [de papier peint, rideaux] hanging **2.** [position] pose ▸ **prendre la pose** to pose **3.** PHOTO exposure.

posé, e [poze] adj sober, steady.

posément [pozemɑ̃] adv calmly.

poser [3] [poze] ◈ vt **1.** [mettre] to put down ▸ **poser qqch sur qqch** to put sthg on sthg / *poser ses coudes sur la table* to rest ou to put one's elbows on the table / *poser un sac par terre* to put a bag (down) on the floor **2.** [installer - rideaux, papier peint] to hang ; [- étagère] to put up ; [- moquette, carrelage] to lay / *faire poser un double vitrage* to have double-glazing put in ou fitted **3.** [établir] to lay down, to set out / *poser qqch comme condition / principe* to lay sthg down as a condition / principle **4.** [problème, difficulté] to pose / *elle me pose de gros problèmes* she's a great problem ou source of anxiety to me ▸ **poser une question** to ask a question ▸ **poser sa candidature a)** to apply **b)** POL to stand UK ou run US for election. ◈ vi to pose / *poser pour une photo / un magazine* to pose for a photo / magazine. ◆ **se poser** vp **1.** [oiseau, avion] to land / *se poser en douceur* to make a smooth landing ; *fig* [choix, regard] ▸ **se poser sur** to fall on / *il sentit leurs yeux se poser sur lui* he could feel their eyes on him **2.** [question, problème] to arise, to come up / *la question qui se pose maintenant est la suivante* the question which must now be asked is the following **3.** [personne] ▸ **se poser en** to pose as / *je ne me suis jamais posé en expert* I never set myself up to be ou I never pretended I was an expert.

poseur, euse [pozœʀ, øz] nm, f *vieilli* show-off, poser.

positif, ive [pozitif, iv] adj positive.

position [pozisjɔ̃] nf position ▸ **position de repli** *pr* & *fig* fall-back position ▸ **position de place** FIN market position / *arriver en première / dernière position* **a)** [coureur] to come first / last **b)** [candidat] to come top / be last / *déterminer la position de qqch* to locate sthg / *être en position de faire qqch* to be in a position to do sthg / *mettez le siège en position inclinée* tilt the seat back ▸ **prendre position** *fig* to take up a position, to take a stand / *rester sur ses positions* *pr* & *fig* to stand one's ground, to stick to one's guns.

positionnement [pozisjɔnmɑ̃] nm positioning / *positionnement sur le marché* market positioning.

positionner [3] [pozisjɔne] vt to position. ◆ **se positionner** vp to position o.s.

positivement [pozitivmɑ̃] adv positively.

positiver [pozitive] ◈ vt : *positiver son stress / ses angoisses* to channel one's stress / anxiety. ◈ vi to think positive.

posologie [pozɔlɔʒi] nf dosage.

possédant, e [pɔsedɑ̃, ɑ̃t] ◈ adj property-owning *(avant n)*. ◈ nm, f *person from the property-owning classes*.

possédé, e [pɔsede] ◈ adj possessed. ◈ nm, f person possessed.

posséder [18] [pɔsede] vt **1.** [détenir - voiture, maison] to possess, to own ; [- diplôme] to have ; [- capacités, connaissances] to possess, to have **2.** [langue, art] to have mastered **3.** *fam* [personne] to have.

possesseur [pɔsesœʀ] nm **1.** [de bien] possessor, owner **2.** [de secret, diplôme] holder.

possessif, ive [pɔsesif, iv] adj possessive. ◆ **possessif** nm GRAM possessive.

possession [pɔsesjɔ̃] nf **1.** [gén] possession ▸ **être en ma / ta etc. possession** to be in my / your etc. possession ▸ **prendre possession de** to take possession of ▸ **être en possession de** to be in possession of ▸ **possession de soi** self-possession, composure **2.** [de langue] knowledge, command.

possibilité [pɔsibilite] nf **1.** [gén] possibility **2.** [moyen] chance, opportunity **3.** [pour des objets, un produit] : *possibilité de commercialisation* marketability. ◆ **possibilités** nfpl [capacités] potential *sg*.

possible [pɔsibl] ◈ adj possible ▸ **c'est / ce n'est pas possible** that's possible / impossible ▸ **dès que** ou **aussitôt que possible** as soon as possible / *il est toujours possible d'annuler la réunion* the meeting can always be cancelled / *je l'ai cherché dans tous les endroits possibles* I looked for it everywhere imaginable ou in every possible place / *je veux un rapport aussi détaillé que possible* I want as detailed a report as possible / *serait-il possible qu'il m'ait menti ?* could he (possibly) have lied to me? ◈ nm ▸ **faire tout son possible** to do one's utmost, to do everything possible ▸ **dans la mesure du possible** as far as possible / *ennuyeux au possible* extremely boring.

postal, e, aux [pɔstal, o] adj postal.

postdater [3] [pɔstdate] vt to postdate.

poste [pɔst] ◈ nf **1.** [service] post UK, mail US ▸ **envoyer / recevoir qqch par la poste** to send / receive sthg by post / *mettre une lettre à la poste* to post UK ou to mail US a letter / *travailler à la poste* ≃ to work for the Post Office ▸ **poste aérienne** airmail **2.** [bureau] post office ▸ **poste centrale** central post office ▸ **poste restante** poste restante UK, general delivery US. ◈ nm **1.** [emplacement] post ▸ **poste de combat** action ou battle station ▸ **poste de contrôle** checkpoint ▸ **poste de garde** guardroom ▸ **poste d'incendie** fire point ▸ **poste de police** police station ▸ **poste de secours** first-aid post ▸ **être fidèle au poste** *fig* to stay at one's post **2.** [emploi] position, post / *un poste à pourvoir* a post to be filled, a vacancy **3.** [appareil] ▸ **poste de radio** radio ▸ **poste de**

télévision television (set) **4.** TÉLÉCOM extension / *passez-moi le poste 1421* give me extension 1421.

poster¹ [pɔstɛʀ] nm poster.

poster² [3] [pɔste] vt **1.** [lettre] to post UK, to mail US **2.** [sentinelle] to post. ◆ **se poster** vp to position o.s., to station o.s.

postérieur, e [pɔsteʀjœʀ] adj **1.** [date] later, subsequent **2.** [membre] hind *(avant n)*, back *(avant n)*. ◆ **postérieur** nm *fam* posterior.

postérieurement [pɔsteʀjœʀmɑ̃] adv subsequently.

posteriori [pɔsteʀjɔʀi] ◆ **a posteriori** loc adv a posteriori.

postériorité [pɔsteʀjɔʀite] nf posteriority.

postérité [pɔsteʀite] nf **1.** [générations à venir] posterity **2.** [descendance] descendants *pl*.

postface [pɔstfas] nf postscript.

posthume [pɔstym] adj posthumous.

postiche [pɔstiʃ] ❖ nm hairpiece. ❖ adj false.

postier, ère [pɔstje, ɛʀ] nm, f post-office worker.

postillon [pɔstijɔ̃] nm [salive] droplet of saliva.

postillonner [3] [pɔstijɔne] vi to splutter.

postindustriel, elle [pɔstɛ̃dystʀijɛl] adj post-industrial.

Post-it® [pɔstit] nm inv Post-it®, Post-it® note.

postmoderne [pɔstmɔdɛʀn] adj postmodern.

post mortem [pɔstmɔʀtɛm] loc adj inv & loc adv post mortem.

postnatal, e [pɔstnatal] (*pl* **postnatals** *ou* **postnataux** [pɔstnato]) adj postnatal.

postopératoire [pɔstɔpeʀatwaʀ] adj postoperative.

postproduction [pɔstpʀɔdyksjɔ̃] nf CINÉ & TV post-production.

post-scriptum [pɔstskʀiptɔm] nm inv postscript.

postsynchronisation [pɔstsɛ̃kʀɔnizasjɔ̃] nf dubbing.

post-traumatique [pɔstʀomatik] (*pl* **post-traumatiques**) adj MÉD post-traumatic.

postulant, e [pɔstylɑ̃, ɑ̃t] nm, f **1.** [pour emploi] applicant **2.** RELIG postulant.

postuler [3] [pɔstyle] vt **1.** [emploi] to apply for **2.** PHILO to postulate.

posture [pɔstyʀ] nf posture ▸ **être** ou **se trouver en mauvaise posture** *fig* to be in a difficult position.

pot [po] nm **1.** [récipient] pot, jar ; [à eau, à lait] jug UK, pitcher US ▸ **pot de chambre** chamber pot ▸ **pot à confiture** jam jar ▸ **pot de confiture / miel** jar of jam / honey ▸ **pot de fleurs** flowerpot ▸ **pot de peinture** pot ou can of paint ▸ **pot de yaourt** yoghurt pot ▸ **petit pot (pour bébé)** (jar of) baby food ▸ **découvrir le pot aux roses** to get to the bottom of something ▸ **tourner autour du pot** to beat about the bush **2.** AUTO ▸ **pot catalytique** catalytic convertor ou converter ▸ **pot d'échappement** exhaust (pipe) ; [silencieux] silencer UK, muffler US **3.** *fam* [boisson] drink ▸ **boire** ou **prendre un pot** to have a drink ▸ **faire un pot** to have a drinks party UK / *ils font un pot pour son départ à la retraite* they're having a little get-together for his retirement **4.** EXPR **avoir du / manquer de pot** *fam* to be lucky/unlucky ▸ **coup de pot** *fam* stroke of luck ▸ **payer plein pot** *fam* to pay full fare ou full whack UK / *elle est pot de colle fam* she sticks to you like glue, you just can't get rid of her.

potable [pɔtabl] adj **1.** [liquide] drinkable ▸ **eau potable** drinking water **2.** *fam* [travail] acceptable.

potache [pɔtaʃ] nm *fam* schoolkid.

potage [pɔtaʒ] nm soup ▸ **potage aux légumes** vegetable soup.

potager, ère [pɔtaʒe, ɛʀ] adj ▸ **jardin potager** vegetable garden ▸ **plante potagère** vegetable. ◆ **potager** nm kitchen ou vegetable garden.

potasse [pɔtas] nf potash.

potasser [3] [pɔtase] vt *fam* [cours] to swot up UK, to bone up on US ; [examen] to swot up for UK, to bone up for US.

potassium [pɔtasjɔm] nm potassium.

pot-au-feu [pɔtofø] nm inv ≃ beef-and-vegetable stew.

pot-de-vin [podvɛ̃] (*pl* **pots-de-vin**) nm bribe.

pote [pɔt] nm *fam* mate UK, buddy US.

poteau, x [pɔto] nm post ▸ **poteau de but** goalpost ▸ **poteau indicateur** signpost ▸ **poteau télégraphique** telegraph pole UK, telephone pole US ▸ **coiffer qqn au poteau** to pip sb at the post UK.

potée [pɔte] nf *pot-au-feu made with salt pork.*

potelé, e [pɔtle] adj plump, chubby.

potence [pɔtɑ̃s] nf **1.** CONSTR bracket **2.** [de pendaison] gallows *sg*.

potentat [pɔtɑ̃ta] nm potentate.

potentiel, elle [pɔtɑ̃sjɛl] adj potential. ◆ **potentiel** nm potential / *potentiel de croissance* growth potentiel / *potentiel industriel* industrial potential ▸ **potentiel nucléaire** nuclear capability.

potentiellement [pɔtɑ̃sjɛlmɑ̃] adv potentially.

poterie [pɔtʀi] nf **1.** [art] pottery **2.** [objet] piece of pottery.

potiche [pɔtiʃ] nf **1.** [vase] vase **2.** *fam* [personne] figurehead.

potier, ère [pɔtje, ɛʀ] nm, f potter.

potimarron [pɔtimaʀɔ̃] nm *variety of small pumpkin.*

potin [pɔtɛ̃] nm *fam* [bruit] din. ◆ **potins** nmpl *fam* [ragots] gossip *(U)*.

potion [posjɔ̃] nf potion.

potiron [pɔtiʀɔ̃] nm pumpkin.

pot-pourri [popuʀi] (*pl* **pots-pourris**) nm potpourri.

pou, x [pu] nm louse.

pouah [pwa] interj ugh!

poubelle [pubɛl] nf dustbin UK, trashcan US ; INFORM recycle bin.

pouce [pus] nm **1.** [de main] thumb ; [de pied] big toe ▸ **manger sur le pouce** to grab something to eat **2.** [mesure] inch ▸ **ne pas bouger / céder d'un pouce** not to move / give an inch.

pouding [pudiŋ] nm *sweet cake made from bread and candied fruit.*

poudre [pudʀ] nf powder / *réduire qqch en poudre* to reduce sthg to powder, to pulverize ou to powder sthg / *se mettre de la poudre* to powder one's face ou nose ▸ **poudre à canon** gunpowder ▸ **poudre à éternuer** sneezing powder ▸ **poudre à laver** washing UK ou soap powder ▸ **poudre à récurer** scouring powder ▸ **poudre de riz** face powder ▸ **poudre vermifuge** worming powder ▸ **chocolat en poudre** drinking chocolate ▸ **prendre la poudre d'escampette** *fam* to make off ▸ **jeter de la poudre aux yeux à qqn** to try to dazzle ou to impress sb.

poudrerie [pudʀəʀi] nf QUÉBEC snowdrift.

poudreux, euse [pudʀø, øz] adj powdery. ◆ **poudreuse** nf powder (snow).

poudrier [pudʀije] nm **1.** [boîte] powder compact **2.** [fabricant] explosives manufacturer.

poudrière [pudʀijɛʀ] nf powder magazine ; *fig* powder keg.

poudroyer [13] [pudʀwaje] vi *litt* to rise (up) in clouds.

pouf [puf] ◆ nm pouffe. ◆ interj thud !

pouffer [3] [pufe] vi ▸ **pouffer (de rire)** to snigger.

pouilleux, euse [pujø, øz] ◆ adj **1.** [personne, animal] flea-ridden **2.** [endroit] squalid. ◆ nm, f **1.** [couvert de poux] person with fleas **2.** [misérable] down-and-out.

poujadiste [puʒadist] adj & nmf Poujadist.

poulailler [pulaje] nm **1.** [de ferme] henhouse **2.** *fam* THÉÂTRE gods *sg.*

poulain [pulɛ̃] nm foal ; *fig* protégé.

poulamon [pulamɔ̃] nm QUÉBEC tomcod.

poularde [pulaʀd] nf fattened chicken.

poule [pul] nf **1.** ZOOL hen ▸ **la poule aux œufs d'or** the goose that lays the golden egg ▸ **poule mouillée** *fam* wimp, wet UK **2.** SPORT [compétition] round robin ; [rugby] pool.

poulet [pulɛ] nm **1.** ZOOL chicken ▸ **poulet rôti** roast chicken ▸ **poulet fermier** free-range chicken ▸ **poulet de grain** corn-fed chicken **2.** *fam* [policier] cop.

poulette [pulɛt] nf ZOOL pullet.

pouliche [puliʃ] nf filly.

poulie [puli] nf pulley.

poulpe [pulp] nm octopus.

pouls [pu] nm pulse.

poumon [pumɔ̃] nm lung ▸ **à pleins poumons** deeply.

poupe [pup] nf stern.

poupée [pupe] nf **1.** [jouet] doll **2.** [pansement] finger bandage.

poupin, e [pupɛ̃, in] adj chubby.

poupon [pupɔ̃] nm **1.** [bébé] little baby **2.** [jouet] baby doll.

pouponner [3] [pupɔne] vi to play mother.

pouponnière [pupɔnjɛʀ] nf nursery.

pour [puʀ]

◆ prép

1. [gén] for / *condamné pour vol* found guilty of theft / *il y en a bien pour 80 euros de réparation* the repairs will cost at least 80 euros / *j'en ai bien pour cinq heures* it'll take me at least five hours / *mot pour mot* word for word / *partir pour l'Italie* to leave for Italy / *pour la plus grande joie des enfants* to the children's great delight / *prendre qqn pour époux / épouse* to take sb to be one's husband / wife / *c'est fait pour* that's what it's (there) for

2. *(+ infinitif)* ▸ **pour faire** in order to do, (so as) to do / *je suis venu pour vous voir* I've come to see you / *pour m'avoir aidé* for having helped me, for helping me

3. [indique un rapport] for / *avancé pour son âge* advanced for his / her age / *pour moi* for my part, as far as I'm concerned / *pour ce qui est de* as regards, with regard to

◆ adv

je suis pour I'm (all) for it

◆ nm

▸ **le pour et le contre** the pros and cons *pl*

◆ **pour que** loc conj *(+ subjonctif)* so that, in order that / *j'ai pris des places non-fumeurs pour que vous ne soyez pas incommodés par la fumée* I've got non-smoking seats so that you won't be bothered by the smoke / *mon appartement est trop petit pour qu'on puisse tous y dormir* my flat is too small for us all to be able to sleep there.

pourboire [puʀbwaʀ] nm tip.

pourceau, x [puʀso] nm *litt* swine.

pourcentage [puʀsɑ̃taʒ] nm percentage.

pourchasser [3] [puʀʃase] vt **1.** [criminel] to chase, to pursue / *pourchassé par ses créanciers* pursued ou hounded by his creditors **2.** *sout* [erreur, abus] to track down *(sép)* / *nous pourchasserons les injustices* we'll root out injustice wherever we find it.

pourfendeur, euse [puʀfɑ̃dœʀ, øz] nm, f *litt* ▸ **pourfendeur d'abus** righter of wrongs.

pourlécher [18] [puʀleʃe] ◆ **se pourlécher** ◆ vpi to lick one's lips. ◆ vpt ▸ **je m'en pourlèche les babines à l'avance** *hum* my mouth is watering already.

pourparlers [puʀpaʀle] nmpl talks ▸ **pourparlers de paix** peace talks.

pourpre [puʀpʀ] ◆ nf **1.** [colorant] purple (dye) **2.** [couleur] purple. ◆ nm & adj crimson.

pourquoi [puʀkwa] ◆ adv why ▸ **pourquoi pas ?** why not? ▸ **c'est pourquoi...** that's why.... ◆ nm inv ▸ **le pourquoi (de)** the reason (for) ▸ **les pourquoi** the questions ▸ **le pourquoi et le comment** the whys and wherefores.

pourrai, pourras ⟶ pouvoir.

pourri, e [puʀi] adj **1.** [fruit] rotten **2.** [personne, milieu] corrupt **3.** [enfant] spoiled rotten, ruined. ◆ **pourri** nm **1.** [de fruit] rotten part **2.** *fam* [personne] creep.

pourriel [puʀjɛl] nm QUÉBEC INFORM spam message / *des pourriels* spam.

pourrir [32] [puʀiʀ] ◆ vt **1.** [matière, aliment] to rot, to spoil **2.** [enfant] to ruin, to spoil rotten. ◆ vi [matière] to rot ; [fruit, aliment] to go rotten ou bad.

pourrissement [puʀismɑ̃] nm **1.** [de fruits, du bois, de la viande] rotting ; [de chairs] putrefaction ; [d'une dent, de la végétation] decay, rotting, decaying **2.** [d'une situation] deterioration.

pourriture [puʀityʀ] nf **1.** [d'aliment] rot **2.** *fig* [de personne, de milieu] corruption **3.** *injur* [personne] bastard.

poursuis, poursuit ⟶ poursuivre.

poursuite [puʀsɥit] nf **1.** [de personne] chase ▸ **se lancer à la poursuite de** to set off after **2.** [d'argent, de vérité] pursuit **3.** [de négociations] continuation. ◆ **poursuites** nfpl DR (legal) proceedings ▸ **engager des poursuites judiciaires** to take legal action.

poursuivant, e [puʀsɥivɑ̃, ɑ̃t] nm, f pursuer.

poursuivi, e [puʀsɥivi] pp ⟶ poursuivre.

poursuivre [89] [puʀsɥivʀ] ◆ vt **1.** [voleur] to pursue, to chase ; [gibier] to hunt **2.** [rêve, vengeance] to pursue **3.** [enquête, travail] to carry on with, to continue **4.** DR [criminel] to prosecute ; [voisin] to sue. ◆ vi to go on, to carry on. ◆ **se poursuivre** vp to continue.

pourtant [puʀtɑ̃] adv nevertheless, even so.

pourtour [puʀtuʀ] nm perimeter.

pourvoi [puʀvwa] nm DR appeal ▸ **présenter un pourvoi en cassation** to take one's case to the Appeal Court.

pourvoir [64] [puʀvwaʀ] ◆ vt ▸ **pourvoir qqn de** to provide sb with ▸ **pourvoir qqch de** to equip ou fit sthg with. ◆ vi ▸ **pourvoir à** to provide for. ◆ **se pourvoir** vp **1.** [se munir] ▸ **se pourvoir de** to provide o.s. with **2.** DR to appeal.

pourvoirie [puʀvwaʀi] nf QUÉBEC hunting ou fishing resort.

pourvoyeur, euse [puʀvwajœʀ, øz] nm, f **1.** [personne qui fournit] supplier **2.** QUÉBEC [exploitant d'une pourvoirie] outfitter *(in an hunting or fishing resort)*.

pourvu, e [puʀvy] pp ⟶ pourvoir. ◆ **pourvu que** *(+ subj)* loc conj **1.** [condition] providing, provided (that) **2.** [souhait] let's hope (that).

pousse [pus] nf **1.** [croissance] growth **2.** [bourgeon] shoot ▸ **pousses de bambou** bamboo shoots **3.** ÉCON ▸ **jeune pousse** start-up (company).

poussé, e [puse] adj **1.** [travail] meticulous **2.** [moteur] souped-up.

pousse-café [puskafe] nm inv *fam* liqueur.

poussée [puse] nf **1.** [pression] pressure **2.** [coup] push **3.** [de fièvre, inflation] rise ▸ **poussée démographique** population increase.

pousse-pousse [puspus] nm inv **1.** [voiture] rickshaw **2.** SUISSE [poussette] pushchair.

pousser [3] [puse] ◆ vt **1.** [personne, objet] to push / *ils essayaient de pousser les manifestants vers la place* they were trying to drive ou to push the demonstrators towards the square / *pousser une porte* a) [doucement, pour l'ouvrir] to push a door open b) [doucement, pour la fermer] to push a door to ou shut / *pousser qqn du coude* [pour l'alerter, accidentellement] to nudge sb with one's elbow ▸ **pousser qqn à bout** *fig* to push sb to breaking point, to drive sb to distraction **2.** [moteur, voiture] to drive hard **3.** [recherches, études] to carry on, to continue **4.** [cri, soupir] to give **5.** [inciter] ▸ **pousser qqn à faire qqch** to urge sb to do sthg **6.** [au crime, au suicide] ▸ **pousser qqn à** to drive sb to / *pousser qqn au désespoir* to drive sb to despair. ◆ vi **1.** [exercer une pression] to push **2.** [croître] to grow / *elle a laissé pousser ses cheveux* she's let her hair grow / *les plants de tomates poussent bien* the tomato plants are doing well **3.** [poursuivre son chemin] to push on / *poussons un peu plus loin* let's go ou push on a bit further **4.** *fam* [exagérer] to overdo it / *faut pas pousser !* enough's enough! ◆ **se pousser** vp to move up / *pousse-toi de là, tu vois bien que tu gênes ! fam* move over ou shove over, can't you see you're in the way?

poussette [pusɛt] nf pushchair UK, stroller US.

poussière [pusjɛʀ] nf **1.** [gén] dust ▸ **mordre la poussière** to bite the dust ▸ **réduire en poussière** to reduce to dust ▸ **et des poussières** *fam* and a bit **2.** *litt* [de mort] ashes *pl*.

poussiéreux, euse [pusjeʀø, øz] adj **1.** [meuble] dusty **2.** [teint] dull **3.** *fig* [organisation] old-fashioned.

poussif, ive [pusif, iv] adj *fam* wheezy.

poussin [pusɛ̃] nm **1.** ZOOL chick **2.** SPORT under-11.

poussoir [puswaʀ] nm push button.

poutine [putin] nf QUÉBEC *fried potato topped with grated cheese and brown sauce.*

poutre [putʀ] nf beam.

poutrelle [putʀɛl] nf girder.

pouvoir [58] [puvwaʀ]

◆ nm

1. [gén] power ▸ **pouvoir d'achat** purchasing power ▸ **les pouvoirs publics** the authorities / *arriver au pouvoir* to come to power / *exercer le pouvoir* to exercise power, to govern, to rule / *prendre le pouvoir* a) [élus] to take office b) [dictateur] to seize power / *je ferai tout ce qui est en mon pouvoir pour t'aider* I'll do everything ou all in my power to help you

2. DR proxy, power of attorney / *avoir pouvoir de décision* to have the authority to decide

vt

1. [avoir la possibilité de, parvenir à] **pouvoir faire qqch** to be able to do sthg / *je ne peux pas venir ce soir* I can't come tonight **pouvez-vous... ?** can you...?, could you...? / *je peux vous aider ?* [généralement, dans un magasin] can I help you? **je n'en peux plus** a) [exaspéré] I'm at the end of my tether b) [fatigué] I'm exhausted **je / tu n'y peux rien** there's nothing I/you can do about it **tu aurais pu me le dire !** you might have ou could have told me! **il est on ne peut plus bête / gentil** nobody could be stupider/kinder

2. [avoir la permission de] **je peux prendre la voiture ?** can I borrow the car? **aucun élève ne peut partir** no pupil may leave

3. [indiquant l'éventualité] *il peut pleuvoir* it may rain / *vous pourriez rater votre train* you could ou might miss your train

4. [exprime une suggestion, une hypothèse] *tu peux toujours essayer de lui téléphoner* you could always try phoning him

5. [en intensif] *où ai-je bien pu laisser mes lunettes ?* what on earth can I have done with my glasses?

se pouvoir v impers : *il se peut que je me trompe* I may be mistaken / *il se pourrait bien qu'il n'y ait plus de places* it might ou could well be fully booked / *cela se peut / pourrait bien* that's quite possible.

pp. (*abr écrite de* **pages**) pp.

p.p. (*abr écrite de* **par procuration**) pp.

PQ nm *fam* (*abr de* **papier-cul**) bog paper UK. **1.** (*abr écrite de* **province de Québec**) PQ **2.** (*abr écrite de* **premier quartier (de lune)**) first quarter.

Pr (*abr écrite de* **professeur**) Prof.

PR (*abr écrite de* **poste restante**) PR.

pragmatique [pʀagmatik] adj pragmatic.

pragois, e, praguois, e [pʀagwa, az] adj of/from Prague. **Pragois, e, Praguois, e** nm, f native ou inhabitant of Prague.

Prague [pʀag] npr Prague.

praguois, e = **pragois**.

praire [pʀɛʀ] nf clam.

prairie [pʀeʀi] nf meadow ; [aux États-Unis] prairie.

praline [pʀalin] nf **1.** [amande] sugared almond **2.** BELGIQUE [chocolat] chocolate.

praliné [pʀaline] nm *almond-flavoured sponge covered with praline.*

praticable [pʀatikabl] adj **1.** [route] passable **2.** [plan] feasible, practicable. nm [CINÉ & THÉÂTRE - plate-forme] (tray) dolly ; [- élément de décor] prop.

praticien, enne [pʀatisjɛ̃, ɛn] nm, f practitioner ; MÉD medical practitioner.

pratiquant, e [pʀatikɑ̃, ɑ̃t] adj practising UK, practicing US. nm, f practising UK ou practicing US Christian / Jew / Muslim etc.

pratique [pʀatik] nf **1.** [expérience] practical experience **2.** [usage] practice **mettre qqch en pratique** to put sthg into practice. adj practical ; [gadget, outil] handy.

pratiquement [pʀatikmɑ̃] adv **1.** [en fait] in practice **2.** [quasiment] practically.

pratiquer [3] [pʀatike] vt **1.** [métier] to practise UK, to practice US ; [sport] to do ; [jeu de ballon] to play ; [méthode] to apply / *pratiquer la pêche / le football* to be a keen fisherman/football player **2.** [ouverture] to make. vi RELIG to be a practising UK ou practicing US Christian / Jew / Muslim etc.. **se pratiquer** vp **1.** SPORT to be played **2.** [politique, tradition] to be the practice ; [prix] to apply.

pré [pʀe] nm meadow.

préado [pʀeado] nmf *fam* preadolescent.

préadolescent, e [pʀeadɔlesɑ̃, ɑ̃t] nm, f preadolescent, preteen, pre-teenager.

préalable [pʀealabl] adj prior, previous **préalable à** prior to, preceding **sans avis préalable** without prior warning ou notice. nm precondition. **au préalable** loc adv first, beforehand.

préalablement [pʀealabləmɑ̃] adv first, beforehand **préalablement à** prior to.

préambule [pʀeɑ̃byl] nm **1.** [introduction, propos] preamble **sans préambule** immediately **2.** [prélude] **préambule de** prelude to.

préau, x [pʀeo] nm **1.** [d'école] (covered) play area **2.** [de prison] (covered) exercise yard.

préavis [pʀeavi] nm advance notice ou warning.

précaire [pʀekɛʀ] adj [incertain] precarious.

précancéreux, euse [pʀekɑ̃seʀø, øz] adj precancerous.

précarisation [pʀekaʀizasjɔ̃] nf loss of security ou stability / *la précarisation du travail* reduced job security.

précariser [3] [pʀekaʀize] vt to make (sthg) less secure ou stable / *précariser l'emploi* to threaten job security / *la crise a précarisé leur situation* the recession has made them more vulnerable ; [travail, avenir] to become uncertain ; [personne, famille] to lose financial stability.

précarité [pʀekaʀite] nf [instabilité] precariousness.

précaution [pʀekosjɔ̃] nf **1.** [prévoyance] precaution **par précaution** as a precaution **prendre des précautions** to take precautions **2.** [prudence] caution.

précautionneux, euse [pʀekosjɔnø, øz] adj cautious.

précédemment [pʀesedamɑ̃] adv previously, before.

précédent, e [pʀesedɑ̃, ɑ̃t] adj previous. **précédent** nm precedent **sans précédent** unprecedented.

précéder [18] [pʀesede] vt **1.** [dans le temps - gén] to precede ; [- suj : personne] to arrive before **2.** [marcher devant] to go in front of **3.** *fig* [devancer] to get ahead of.

précepte [presɛpt] nm precept.

précepteur, trice [presɛptœr, tris] nm, f (private) tutor.

préchauffer [3] [preʃofe] vt to preheat.

prêche [prɛʃ] nm sermon ; *fig* lecture.

prêcher [4] [preʃe] vt & vi to preach.

prêcheur, euse [prɛʃœr, øz] ◆ adj *fam* preaching, moralizing. ◆ nm, f **1.** RELIG preacher **2.** *fig* [moralisateur] moralizer.

prêchi-prêcha (*pl inv*) [preʃipreʃa] nm *fam* preachifying.

précieusement [presjøzmɑ̃] adv preciously.

précieux, euse [presjø, øz] adj **1.** [pierre, métal] precious ; [objet] valuable ; [collaborateur] invaluable, valued **2.** [style] precious, affected.

préciosité [presjozite] nf [affectation] preciosity, affectation.

précipice [presipis] nm precipice.

précipitamment [presipitamɑ̃] adv hastily.

précipitation [presipitasjɔ̃] nf **1.** [hâte] haste **2.** CHIM precipitation. ◆ **précipitations** nfpl MÉTÉOR precipitation *(U)*.

précipité, e [presipite] adj **1.** [pressé - pas] hurried ; [- fuite] headlong **2.** [respiration] rapid / *tout cela a été si précipité* it all happened so fast **3.** [hâtif - retour] hurried, hasty ; [- décision] hasty, rash. ◆ **précipité** nm precipitate.

précipiter [3] [presipite] vt **1.** [objet, personne] to throw, to hurl ▸ **précipiter qqn / qqch du haut de** to throw sb / sthg off, to hurl sb / sthg off **2.** [départ] to hasten. ◆ **se précipiter** vp **1.** [se jeter] to throw o.s., to hurl o.s. **2.** [s'élancer] ▸ **se précipiter (vers qqn)** to rush ou hurry (towards sb) **3.** [s'accélérer - gén] to speed up ; [- choses, événements] to move faster.

précis, e [presi, iz] adj **1.** [exact] precise, accurate / *à cet instant précis* at that precise ou very moment / *à 20 h précises* at precisely 8 p.m., at 8 p.m. sharp / *la balance n'est pas très précise* the scales aren't very accurate **2.** [fixé] definite, precise / *sans raison précise* for no particular reason / *tu penses à quelqu'un de précis ?* do you have a specific person in mind? **3.** [clair, net] : *je voudrais une réponse précise* I'd like a clear answer. ◆ **précis** nm handbook.

précisément [presizemɑ̃] adv precisely, exactly.

préciser [3] [presize] vt **1.** [heure, lieu] to specify **2.** [pensée] to clarify. ◆ **se préciser** vp to become clear.

précision [presizjɔ̃] nf **1.** [de style, d'explication] precision **2.** [détail] detail ▸ **apporter** ou **donner des précisions** to give further information.

précité, e [presite] adj above-mentioned.

précoce [prekɔs] adj **1.** [plante, fruit] early **2.** [enfant] precocious.

précocité [prekɔsite] nf **1.** [de plante, de saison] earliness **2.** [d'enfant] precociousness.

précolombien, enne [prekɔlɔ̃bjɛ̃, ɛn] adj pre-Columbian.

préconçu, e [prekɔ̃sy] adj preconceived.

préconditionné, e [prekɔ̃disjɔne] adj [produit] pre-packed, pre-packaged.

préconiser [3] [prekɔnize] vt to recommend ▸ **préconiser de faire qqch** to recommend doing sthg ▸ **préconiser que** *(+ subj)* to recommend that.

précuit, e [prekɥi, it] adj precooked.

précurseur [prekyrsœr] ◆ nm precursor, forerunner. ◆ adj m precursory.

prédateur, trice [predatœr, tris] ◆ adj predatory. ◆ nm, f predator.

prédécesseur [predesesœr] nm predecessor.

prédécoupé, e [predekupe] adj pre-cut.

prédestination [predɛstinasjɔ̃] nf predestination.

prédestiner [3] [predɛstine] vt to predestine ▸ **être prédestiné à qqch / à faire qqch** to be predestined for sthg / to do sthg.

prédéterminer [3] [predetɛrmine] vt to predetermine.

prédicat [predika] nm predicate.

prédicateur, trice [predikatœr, tris] nm, f preacher.

prédication [predikasjɔ̃] nf preaching ; [discours] sermon.

prédiction [prediksjɔ̃] nf prediction.

prédilection [predilɛksjɔ̃] nf partiality ▸ **avoir une prédilection pour** to have a partiality ou liking for ▸ **de prédilection** favourite *(avant n)* UK, favorite *(avant n)* US.

prédire [103] [predir] vt to predict.

prédisposer [3] [predispoze] vt ▸ **prédisposer qqn à qqch** to predispose sb to sthg.

prédisposition [predispozisjɔ̃] nf ▸ **prédisposition à** predisposition to ou towards UK ou toward US.

prédit, e [predi, it] pp ⟶ **prédire**.

prédominant, e [predɔminɑ̃, ɑ̃t] adj predominant.

prédominer [3] [predɔmine] vt to predominate.

préélectoral, e, aux [preelɛktɔral, o] adj pre-election *(avant n)*.

préemballé, e [preɑ̃bale] adj prepacked, pre-packaged.

prééminence [preeminɑ̃s] nf preeminence.

préempter [preɑ̃pte] vt to pre-empt.

préemption [preɑ̃psjɔ̃] nf preemption.

préétabli, e [preetabli] adj pre-established.

préexistant, e [preɛgzistɑ̃, ɑ̃t] adj preexisting.

préfabriqué, e [prefabrike] adj **1.** [maison] prefabricated **2.** [accusation, sourire] false. ◆ **préfabriqué** nm prefabricated material.

préface [prefas] nf preface.

préfacer [16] [pʀefase] vt [livre, texte] to preface / *préfacer un ouvrage* to write a preface to ou to preface a book.

préfectoral, e, aux [pʀefɛktɔʀal, o] adj prefectorial.

préfecture [pʀefɛktyʀ] nf prefecture.

> **Préfecture**
>
> The main administrative office of each **département** and **Région**. The word has also come to refer to the town where the office is located. One goes to the **préfecture** to get a driving licence or a **carte de séjour**, for example.

préférable [pʀefeʀabl] adj preferable.

préféré, e [pʀefeʀe] adj & nm, f favourite UK, favorite US.

préférence [pʀefeʀɑ̃s] nf preference ▸ **de préférence** preferably / *préférence du consommateur* consumer preference.

préférentiel, elle [pʀefeʀɑ̃sjɛl] adj preferential.

préférer [18] [pʀefeʀe] vt ▸ **préférer qqn / qqch (à)** to prefer sb / sthg (to) ▸ **préférer faire qqch** to prefer to do sthg / *je préfère rentrer* I would rather go home, I would prefer to go home ▸ **je préfère ça !** I like that better!, I prefer that!

préfet [pʀefɛ] nm prefect.

préfigurer [3] [pʀefigyʀe] vt to prefigure.

préfixe [pʀefiks] nm prefix.

préhistoire [pʀeistwaʀ] nf prehistory.

préhistorique [pʀeistɔʀik] adj prehistoric.

préinscription [pʀeɛ̃skʀipsjɔ̃] nf preregistration.

préinstallé, e [pʀeɛ̃stale] adj INFORM preinstalled.

préjudice [pʀeʒydis] nm harm *(U)*, detriment *(U)* ▸ **porter préjudice à qqn** to harm sb.

préjudiciable [pʀeʒydisjabl] adj ▸ **préjudiciable (à)** harmful (to), detrimental (to).

préjugé [pʀeʒyʒe] nm ▸ **préjugé (contre)** prejudice (against).

préjuger [17] [pʀeʒyʒe] vt *litt* to prejudge / *autant qu'on puisse préjuger* as far as one can judge beforehand. ◆ **préjuger de** v + prép *litt* : *préjuger de qqch* to judge sthg in advance, to prejudge sthg / *son attitude ne laisse rien préjuger de sa décision* his attitude gives us no indication of what he is going to decide / *je crains d'avoir préjugé de mes forces* I'm afraid I've overestimated my strength.

prélasser [3] [pʀelase] ◆ **se prélasser** vp to lounge.

prélat [pʀela] nm prelate.

prélavage [pʀelavaʒ] nm pre-wash.

prélèvement [pʀelɛvmɑ̃] nm **1.** MÉD removal ; [de sang] sample **2.** FIN deduction ▸ **prélèvement (de l'impôt) à la source** taxation at source, pay-as-you-earn UK ▸ **prélèvement automatique** direct debit UK ▸ **prélèvement mensuel** monthly standing order UK ▸ **prélèvements obligatoires** tax and social security contributions.

prélever [19] [pʀelve] vt **1.** FIN ▸ **prélever de l'argent (sur)** to deduct money (from) **2.** MÉD to remove ▸ **prélever du sang** to take a blood sample.

préliminaire [pʀeliminɛʀ] adj preliminary. ◆ **préliminaires** nmpl **1.** [de paix] preliminary talks **2.** [de discours] preliminaries.

prélude [pʀelyd] nm ▸ **prélude (à)** prelude (to).

préluder [3] [pʀelyde] vi **1.** [marquer le début] ▸ **préluder à** to be a prelude to **2.** MUS to warm up.

prématuré, e [pʀematyʀe] ❖ adj premature. ❖ nm, f premature baby.

prématurément [pʀematyʀemɑ̃] adv prematurely.

préméditation [pʀemeditasjɔ̃] nf premeditation ▸ **avec préméditation** a) [meurtre] premeditated b) [agir] with premeditation.

prémédité, e [pʀemedite] adj DR [crime] premeditated, wilful.

préméditer [3] [pʀemedite] vt to premeditate ▸ **préméditer de faire qqch** to plan to do sthg.

prémices [pʀemis] nfpl *sout* beginnings.

premier, ère [pʀəmje, ɛʀ] ❖ adj **1.** [gén] first / *au premier abord* at first / *au premier rang* a) CINÉ & THÉÂTRE in the first ou front row b) SCOL in the first row / *on s'est arrêtés dans le premier hôtel venu* we stopped at the first hotel we came to ou happened to come to / *ses premières œuvres* her early works ;

> **Comment exprimer une préférence**
>
> - **I like going to the cinema.** *J'aime aller au cinéma.*
> - **I'm fond of (listening to) music.** *J'aime beaucoup la musique.*
> - **I enjoy Peter's company.** *J'aime bien être avec Peter.*
> - **I think she's really nice.** *Je la trouve très sympa.*
> - **I prefer red wine to white wine.** *J'aime mieux le vin rouge que le vin blanc.*
> - **I much prefer baseball to cricket.** *Je préfère de loin le base-ball au cricket.*
> - **I'd rather fly than go by train.** *J'aimerais mieux y aller en avion plutôt qu'en train.*
> - **Saturday would suit me better.** *Samedi me conviendrait davantage.*
> - **I'd rather you went instead of me.** *Je préférerais que tu y ailles à ma place.*
> - **Would you rather meet somewhere else?** *Préférez-vous qu'on se retrouve ailleurs ?*

[étage] first UK, second US **2.** [qualité] top / *elle a eu le premier prix d'interprétation* she's won the award for best actress / *le premier pays producteur de vin au monde* the world's leading wine-producing country / *le premier personnage de l'État* the country's Head of State **3.** [état] original / *l'idée première était de...* the original idea was to.... ❖ nm, f first ▸ **être / sortir premier** to be/come first, to be/come top / *elle est la première de sa classe / au hit-parade* she's top of her class/the charts ▸ **jeune premier** CINÉ leading man. ◆ **premier** nm [étage] first floor UK, second floor US / *la dame du premier* the lady on the first floor. ◆ **première** nf **1.** CINÉ première ; THÉÂTRE première, first night **2.** [exploit] first / *c'est une (grande) première chirurgicale* it's a first for surgery **3.** [première classe] first class / *voyager en première* to travel first class **4.** SCOL ≃ lower sixth year ou form UK ; ≃ eleventh grade US **5.** AUTO first (gear) / *être / passer en première* to be in/to go into first. ◆ **premier de l'an** nm ▸ **le premier de l'an** New Year's Day. ◆ **en premier** loc adv first, firstly / *je dois m'occuper en premier de mon visa* the first thing I must do is to see about my visa.

premièrement [pʀəmjɛʀmɑ̃] adv first, firstly.

premier-né, première-née [pʀəmjene, pʀəmjɛʀne] (*mpl* **premiers-nés**, *fpl* **premières-nées**) nm, f first-born (child).

prémisse [pʀemis] nf premise.

prémolaire [pʀemɔlɛʀ] nf premolar.

prémonition [pʀemɔnisjɔ̃] nf premonition.

prémonitoire [pʀemɔnitwaʀ] adj premonitory.

prémunir [32] [pʀemyniʀ] vt ▸ **prémunir qqn (contre)** to protect sb (against). ◆ **se prémunir** vp to protect o.s. ▸ **se prémunir contre qqch** to guard against sthg.

prenais, prenions ⟶ **prendre**.

prenant, e [pʀənɑ̃, ɑ̃t] ❖ p prés ⟶ **prendre**. ❖ adj **1.** [film, histoire] absorbing **2.** DR ▸ **partie prenante** payee.

prénatal, e [pʀenatal] (*pl* **prénatals** *ou* **prénataux** [pʀenato]) adj antenatal, prenatal US ; [allocation] maternity *(avant n)*.

prendre [79] [pʀɑ̃dʀ]

❖ vt

1. [gén] to take / *prends la casserole par le manche* pick the pan up by the handle / *prendre qqch / qqn (en photo)* to take a picture ou photo ou photograph of sthg/sb / *prendre un jour de congé* to take ou to have the day off

2. [enlever] to take (away) / *prendre qqch à qqn* to take sthg from sb

3. [aller chercher - objet] to get, to fetch ; [- personne] to pick up / *inutile de prendre un parapluie* there's no need to take ou no need for an umbrella / *(passer) prendre qqn : je suis passé la prendre chez elle à midi* I picked her up at ou collected her from her home at midday

4. [repas, boisson] to have / *vous prendrez quelque chose ?* would you like something to eat/drink?

5. [voleur] to catch / *se faire prendre* to get caught

6. [responsabilité] to take (on) ▸ **prendre sur soi de faire qqch** to take it upon o.s. to do sthg

7. [aborder - personne] to handle ; [- problème] to tackle / *prendre de bonnes résolutions pour l'avenir* to resolve to do better in the future / *on me prend souvent pour ma sœur* I'm often mistaken for my sister ▸ **prendre qqn en pitié** to take pity on sb ▸ **prendre qqn par qqch** to win sb over by sthg ▸ **prendre qqn par surprise** to take sb by surprise ▸ **à tout prendre** on the whole, all things considered

8. [réserver] to book ; [louer] to rent, to take ; [acheter] to buy / *j'ai pris des artichauts pour ce soir* I've got ou bought some artichokes for tonight

9. [poids] to gain, to put on

10. [embaucher] to take on

❖ vi

1. [ciment, sauce] to set

2. [plante, greffe] to take ; [mode] to catch on

3. [feu] to catch / *je n'arrive pas à faire prendre le feu / les brindilles* I can't get the fire going/the twigs to catch

4. [se diriger] ▸ **prendre à droite** to turn right

◆ **se prendre** vp **1.** [vêtement] to get caught / *le foulard s'est pris dans la portière* the scarf got caught ou shut in the door ▸ **se prendre à** to catch on **2.** [se considérer] : *pour qui se prend-il ?* who does he think he is? **3.** EXPR **s'en prendre à qqn** a) [physiquement] to set about sb UK b) [verbalement] to take it out on sb / *pourquoi faut-il toujours que tu t'en prennes à moi ?* why do you always take it out on me?

◆ **s'y prendre** vp ▸ **je sais comment m'y prendre** I know how to do it ou go about it.

preneur, euse [pʀənœʀ, øz] nm, f [locataire] lessee ; [acheteur] purchaser.

prenne, prennes ⟶ **prendre**.

prénom [pʀenɔ̃] nm first name.

prénommer [3] [pʀenɔme] vt to name, to call. ◆ **se prénommer** vp to be called.

prénuptial, e, aux [pʀenypsjal, o] adj premarital.

préoccupant, e [pʀeɔkypɑ̃, ɑ̃t] adj preoccupying.

préoccupation [pʀeɔkypasjɔ̃] nf preoccupation.

préoccupé, e [pʀeɔkype] adj preoccupied.

préoccuper [3] [pʀeɔkype] vt to preoccupy. ◆ **se préoccuper** vp ▸ **se préoccuper de qqch** to be worried about sthg, to think about.

préparateur, trice [pʀepaʀatœʀ, tʀis] nm, f lab ou laboratory assistant ▸ **préparateur en pharmacie** chemist's assistant UK, druggist's assistant US.

préparatifs [pʀepaʀatif] nmpl preparations.

préparation [pʀepaʀasjɔ̃] nf preparation.

préparatoire [pʀepaʀatwaʀ] adj preparatory.

préparer [3] [pʀepaʀe] vt **1.** [gén] to prepare ; [plat, repas] to cook, to prepare ▸ **préparer qqn à qqch** to prepare sb for sthg **2.** [réserver] ▸ **préparer qqch à qqn** to have sthg in store for sb **3.** [congrès] to organize. ◆ **se préparer** vp **1.** [personne] ▸ **se préparer à qqch / à faire qqch** to prepare for sthg / to do sthg **2.** [tempête] to be brewing.

prépayer [pʀepeje] vt to prepay / *'port prépayé'* 'postage paid'.

prépondérance [pʀepɔ̃deʀɑ̃s] nf ▸ **prépondérance (sur)** dominance (over), supremacy (over).

prépondérant, e [pʀepɔ̃deʀɑ̃, ɑ̃t] adj dominating.

préposé, e [pʀepoze] nm, f (minor) official ; [de vestiaire] attendant ; [facteur] postman (postwoman) UK, mailman US, mail ou letter carrier US ▸ **préposé à qqch** person in charge of sthg.

préposer [3] [pʀepoze] vt to put in charge ▸ **être préposé à qqch / à faire qqch** to be (put) in charge of sthg / of doing sthg.

préposition [pʀepozisjɔ̃] nf preposition.

prépresse [pʀepʀɛs] nm pre-press.

préprogrammé, e [pʀepʀɔgʀame] adj pre-programmed.

prépubère [pʀepybɛʀ] adj prepubescent.

prépuce [pʀepys] nm foreskin.

préréglé, e [pʀeʀegle] adj preset, preprogrammed.

préretraite [pʀeʀətʀɛt] nf early retirement ; [allocation] early retirement pension.

prérogative [pʀeʀɔgativ] nf prerogative.

près [pʀɛ] adv near, close / *le bureau est tout près* the office is very near ou just around the corner / *jeudi c'est trop près, disons plutôt samedi* Thursday is too soon, let's say Saturday. ◆ **de près** loc adv closely / *regarder qqch de près* to watch sthg closely ▸ **de plus / très près** more / very closely / *il est rasé de près* he's clean-shaven. ◆ **près de** loc prép **1.** [dans l'espace] near, close to / *assieds-toi près de lui* sit near him ou next to him **2.** [dans le temps] close to / *il est près de partir* he's about to leave / *il doit être près de la retraite* he must be about to retire **3.** [presque] nearly, almost / *on était près de cinquante* there were almost ou nearly fifty of us. ◆ **à peu près** loc adv more or less, just about / *il est à peu près cinq heures* it's about five o'clock / *il sait à peu près comment y aller* he knows more or less ou roughly how to get there. ◆ **à peu de chose(s) près** loc adv more or less, approximately / *à peu de choses près, il y en a cinquante* there are fifty of them, more or less ou give or take a few. ◆ **à ceci près que, à cela près que** loc conj except that, apart from the fact that. ◆ **à... près** loc adv : *à dix centimètres près* to within ten centimetres / *il n'en est pas à un ou deux jours près* a day or two more or less won't make any difference.

présage [pʀezaʒ] nm omen.

présager [17] [pʀezaʒe] vt **1.** [annoncer] to portend **2.** [prévoir] to predict ▸ **laisser présager de qqch** to hint at sthg.

pré-salé [pʀesale] (*pl* **prés-salés**) nm *lamb reared on salt pastures.*

presbyte [pʀɛsbit] ◆ nmf longsighted person UK, farsighted person US. ◆ adj longsighted UK, farsighted US.

presbytère [pʀɛsbitɛʀ] nm presbytery.

presbytérien, enne [pʀɛsbiteʀjɛ̃, ɛn] nm, f & adj Presbyterian.

presbytie [pʀɛsbisi] nf longsightedness UK, farsightedness US.

prescience [pʀesjɑ̃s] nf *litt* foresight.

préscolaire [pʀeskɔlɛʀ] adj preschool *(avant n)*.

prescription [pʀɛskʀipsjɔ̃] nf **1.** MÉD prescription **2.** DR limitation.

prescrire [99] [pʀɛskʀiʀ] vt **1.** [mesures, conditions] to lay down, to stipulate **2.** MÉD to prescribe. ◆ **se prescrire** vp MÉD to be prescribed.

prescrit, e [pʀɛskʀi, it] pp ⟶ **prescrire**.

prescrivais, prescrivions ⟶ **prescrire**.

préséance [pʀeseɑ̃s] nf precedence.

présélection [pʀeselɛksjɔ̃] nf preselection ; [pour concours] making a list of finalists, short-listing UK.

présélectionner [3] [pʀeselɛksjɔne] vt to preselect ; [candidats] to put on a list of finalists, to short-list UK.

présence [pʀezɑ̃s] nf **1.** [gén] presence ▸ **en présence** face to face ▸ **honorer qqn de sa présence** to honour sb with one's presence ▸ **en présence de** in the presence of ▸ **en ma / sa etc. présence** in my / his / her etc. presence **2.** [compagnie] company *(U)* **3.** [assiduité] attendance. ◆ **présence d'esprit** nf presence of mind.

présent, e [pʀezɑ̃, ɑ̃t] adj **1.** [gén] present / *le présent ouvrage* this work / *la présente loi* this law ▸ **avoir qqch présent à l'esprit** to remember sthg / *être présent à une conférence* to be present at ou to attend a conference / *dans le cas présent* in the present case **2.** [actif] attentive, involved / *les Français ne sont pas du tout présents dans le jeu* the French team is making no impact on the game at all. ◆ **présent** nm **1.** [gén] present ▸ **à présent** at present / *je travaille à présent dans une laiterie* I'm working in a dairy at present ▸ **à présent que** now that ▸ **dès à présent** right away / *vivre dans le présent* to live in the present **2.** GRAM ▸ **le présent** the present tense / *au présent* in the present **3.** [cadeau] present ▸ **faire présent à qqn de qqch** *sout* to make sb a present of sthg. ◆ **présente** nf ▸ **je vous informe par la présente que...** I hereby inform you that....

présentable [pʀezɑ̃tabl] adj **1.** [d'aspect] presentable **2.** [d'attitude] ▸ **tu n'es pas présentable** I can't take you anywhere.

présentateur, trice [pʀezɑ̃tatœʀ, tʀis] nm, f presenter UK, anchorman (anchorwoman).

présentation [pʀezɑ̃tasjɔ̃] nf **1.** [de personne] ▸ **faire les présentations** to make the introductions **2.** [aspect extérieur] appearance ▸ **avoir une bonne / mauvaise présentation** to be of a pleasing / disagreeable appearance **3.** [de papiers, de produit, de film] presentation ▸ **sur présentation de** on presentation of ▸ **présentation de la marque** brand presentation **4.** [de magazine] layout.

présentement [prezɑ̃tmɑ̃] adv at the moment, at present.

présenter [3] [prezɑ̃te] ◆ vt **1.** [gén] to present / *présenter sa candidature à un poste* to apply for a position / *présenter l'avantage de* to have the advantage of ; [projet] to present, to submit **2.** [invité] to introduce / *je te présente ma sœur Blanche* this is ou let me introduce my sister Blanche **3.** [condoléances, félicitations, avantages] to offer / *présenter ses excuses* to offer (one's) apologies ; [hommages] to pay / *présenter ses hommages à qqn* to pay one's respects to sb ▸ **présenter qqch à qqn** to offer sb sthg. ◆ vi *fam* ▸ **présenter bien / mal** to make a good / bad impression. ◆ **se présenter** vp **1.** [se faire connaître] ▸ **se présenter (à)** to introduce o.s. (to) **2.** [être candidat] ▸ **se présenter à** to stand in UK, to run in US / *se présenter aux présidentielles* to run for president **3.** [examen] to sit UK, to take / *se présenter pour un poste* to apply for a job **4.** [paraître] to appear **5.** [occasion, situation] to arise, to present itself / *si une difficulté se présente* if any difficulty should arise **6.** [affaire, contrat] ▸ **se présenter bien / mal** to look good / bad / *l'affaire se présente sous un jour nouveau* the matter can be seen ou appears in a new light.

présentoir [prezɑ̃twar] nm display stand.

préservatif [prezɛrvatif] nm condom.

> ⚠ Preservative signifie « conservateur » et non *préservatif*.

préservation [prezɛrvasjɔ̃] nf preservation.

préserver [3] [prezɛrve] vt to preserve. ◆ **se préserver** vp ▸ **se préserver de** to protect o.s. from.

présidence [prezidɑ̃s] nf **1.** [de groupe] chairmanship **2.** [d'État] presidency **3.** [lieu] presidential residence ou palace.

président, e [prezidɑ̃, ɑ̃t] nm, f **1.** [d'assemblée] chairman (chairwoman) ▸ **président du conseil d'administration** chairman of the board **2.** [d'État] president ▸ **Monsieur / Madame le Président** Mr / Madam President ▸ **président de la République** President (of the Republic) of France **3.** DR [de tribunal] presiding judge ; [de jury] foreman (forewoman). ◆ **président-directeur général, présidente-directrice générale** nm, f (Chairman and) Managing Director UK, President and Chief Executive Officer US.

présidentiable [prezidɑ̃sjabl] nmf would-be presidential candidate.

présidentiel, elle [prezidɑ̃sjɛl] adj presidential ▸ **régime présidentiel** presidential system. ◆ **présidentielle** nf ▸ **la présidentielle** presidential election ou elections.

présider [3] [prezide] ◆ vt **1.** [réunion] to chair **2.** [banquet, dîner] to preside over. ◆ vi ▸ **présider à a)** to be in charge of **b)** *fig* to govern, to preside at.

présomptif, ive [prezɔ̃ptif, iv] adj ▸ **héritier présomptif** heir apparent.

présomption [prezɔ̃psjɔ̃] nf **1.** [hypothèse] presumption **2.** DR presumption / *présomption d'innocence* presumption of innocence **3.** *litt* [prétention] presumptuousness.

> **La présidentielle**
>
> Under France's Fifth Republic, the president is elected directly for a renewable five-year term (**le quinquennat**). Candidates are usually nominated by the main political parties, but anyone who collects the requisite number of sponsors can run. If no candidate wins the absolute majority in the first round of voting, a runoff between the two frontrunners is held two weeks later.

présomptueux, euse [prezɔ̃ptɥø, øz] ◆ adj presumptuous. ◆ nm, f presumptuous person.

presque [prɛsk] adv almost, nearly ▸ **presque rien** next to nothing, scarcely anything ▸ **presque jamais** hardly ever.

presqu'île [prɛskil] nf peninsula.

pressant, e [prɛsɑ̃, ɑ̃t] adj pressing.

press-book [prɛsbuk] (*pl* **press-books**) nm portfolio.

presse [prɛs] nf **1.** [journaux] press ▸ **avoir bonne / mauvaise presse** to have a good / bad press ▸ **presse féminine / financière / nationale / sportive** women's / financial / national / sports magazines / *presse à sensation* ou *à scandale* popular press, gutter press ; ≃ tabloids **2.** [d'imprimerie] press / *être mis sous presse* to go to press / *sortir de presse* to come out.

> **Presse**
>
> The main national newspapers in France are, in alphabetical order:
>
> **l'Équipe**: a popular daily sports newspaper;
>
> **le Figaro**: a quality broadsheet newspaper (it has a predominantly conservative readership);
>
> **France-Dimanche**: a popular weekend broadsheet with a tendency towards sensationalism;
>
> **France-Soir**: a conservative broadsheet newspaper;
>
> **l'Humanité** ("l'Huma"): a quality daily broadsheet (it is published by the French Communist Party);
>
> **Libération** ("Libé"): a quality daily tabloid (with a predominantly left-of-centre readership);
>
> **le Monde**: a quality broadsheet newspaper which appears in the afternoon (its readership is predominantly left-of-centre)

pressé, e [prese] adj **1.** [travail] urgent ▸ **aller au plus pressé** to do first things first **2.** [personne] ▸ **être pressé** to be in a hurry **3.** [citron, orange] freshly squeezed.

presse-agrumes [pʀɛsagʀym] nm inv electric (orange or lemon) squeezer.

presse-citron [pʀɛssitʀɔ̃] nm inv lemon squeezer.

pressentiment [pʀesɑ̃timɑ̃] nm premonition.

pressentir [37] [pʀesɑ̃tiʀ] vt **1.** [événement] to have a premonition of **2.** [personne] to sound out.

presse-papiers [pʀɛspapje] nm inv paperweight.

presse-purée [pʀɛspyʀe] nm inv potato masher.

presser [4] [pʀese] ◆ vt **1.** [écraser - olives] to press; [- citron, orange] to squeeze ▸ **presser qqn comme un citron** *fam fig* to exploit sb to the full, to squeeze sb dry **2.** [disque] to press **3.** [dans ses bras] to squeeze / *il pressait sur son cœur la photo de sa fille* he was clasping a picture of his daughter to his heart **4.** [bouton] to press, to push **5.** *sout* [harceler] ▸ **presser qqn de faire qqch** to press sb to do sthg ▸ **presser qqn de questions** to bombard sb with questions **6.** [faire se hâter] to speed up, to rush / *j'ai horreur qu'on me presse* I hate being rushed ▸ **presser le pas** to speed up, to walk faster. ◆ vi : *le temps presse* time is short / *rien ne presse, ça ne presse pas* there's no (need to) rush ou hurry. ◆ **se presser** vp **1.** [se dépêcher] to hurry (up) ▸ **sans se presser** without hurrying ou rushing / *se presser de faire qqch* to be in a hurry to do sthg **2.** [s'agglutiner] ▸ **se presser (autour de)** to crowd (around) / *les gens se pressaient au guichet* there was a crush at the box office **3.** [se serrer] to huddle / *il se pressait contre moi tant il avait peur* he was pressing up against me from fright.

pressing [pʀesiŋ] nm steam pressing; [établissement] dry cleaner's.

pression [pʀɛsjɔ̃] nf **1.** [gén] pressure ▸ **exercer une pression sur qqch** to exert pressure on sthg / *une simple pression de la main suffit* you just have to press lightly ▸ **exercer une pression sur qqn, faire pression sur qqn** to put pressure on sb ▸ **sous pression** a) *fig* [liquide] under pressure b) [cabine] pressurized / *mettre sous pression* to pressurize ▸ **pression artérielle** blood pressure ▸ **pression atmosphérique** atmospheric pressure / *pression fiscale* tax burden **2.** [sur vêtement] press stud UK, popper UK, snap fastener US **3.** [bière] draught UK ou draft US beer.

pressoir [pʀeswaʀ] nm **1.** [machine] press **2.** [lieu] press house.

pressurer [3] [pʀesyʀe] vt **1.** [objet] to press, to squeeze **2.** *fig* [contribuable] to squeeze.

pressurisation [pʀesyʀizasjɔ̃] nf pressurization.

pressuriser [3] [pʀesyʀize] vt to pressurize.

prestance [pʀɛstɑ̃s] nf bearing ▸ **avoir de la prestance** to have presence.

prestataire [pʀɛstatɛʀ] nmf **1.** [bénéficiaire] person in receipt of benefit, claimant **2.** [fournisseur] provider ▸ **prestataire de service** service provider.

prestation [pʀɛstasjɔ̃] nf **1.** [allocation] benefit UK ▸ **prestation en nature** payment in kind ▸ **prestations familiales** ≃ family allowance UK **2.** [de comédien] performance **3.** [de serment] taking.

preste [pʀɛst] adj *litt* nimble.

prestement [pʀɛstəmɑ̃] adv *litt* nimbly.

prestidigitateur, trice [pʀɛstidiʒitatœʀ, tʀis] nm, f conjurer.

prestidigitation [pʀɛstidiʒitasjɔ̃] nf conjuring.

prestige [pʀɛstiʒ] nm prestige.

prestigieux, euse [pʀɛstiʒjø, øz] adj **1.** [magnifique] splendid **2.** [réputé] prestigious.

présumé, e [pʀezyme] adj presumed.

présumer [3] [pʀezyme] ◆ vt to presume, to assume ▸ **présumer que** to presume (that), to assume (that) ▸ **être présumé coupable / innocent** to be presumed guilty / innocent. ◆ vi ▸ **présumer de qqch** to overestimate sthg.

présupposé [pʀesypoze] nm presupposition.

présupposer [3] [pʀesypoze] vt to presuppose.

présure [pʀezyʀ] nf rennet.

prêt, e [pʀɛ, pʀɛt] adj ready ▸ **prêt à qqch / à faire qqch** ready for sthg / to do sthg ▸ **prêt à tout** ready for anything ▸ **prêts ? partez !** SPORT get set, go!, ready, steady, go! UK. ◆ **prêt** nm [action] lending *(U)*; [objet, matériel] : *prêt à l'usage* off-the-shelf; [somme] loan ▸ **prêt bancaire** bank loan ▸ **prêt non-garanti** unsecured loan ▸ **prêt-logement** repayment mortgage ▸ **prêt sans intérêt** interest-free loan ▸ **prêt personnel** ou **personnalisé** personal loan.

prêt-à-porter [pʀɛtapɔʀte] (*pl* **prêts-à-porter**) nm ready-to-wear clothing *(U)*.

prétendant, e [pʀetɑ̃dɑ̃, ɑ̃t] nm, f [au trône] pretender. ◆ **prétendant** nm *vieilli* & *hum* [amoureux] suitor.

prétendre [73] [pʀetɑ̃dʀ] ◆ vt **1.** [affecter] ▸ **prétendre faire qqch** to claim to do sthg **2.** [affirmer] ▸ **prétendre que** to claim (that), to maintain (that) **3.** *litt* [exiger] ▸ **prétendre faire qqch** to intend to do sthg. ◆ vi [aspirer] ▸ **prétendre à qqch** to aspire to sthg. ◆ **se prétendre** vp : *se prétendre acteur / écrivain* to claim to be an actor / an author.

> ⚠ En anglais moderne, **pretend** signifie généralement « faire semblant » et ne doit pas être employé systématiquement pour traduire *prétendre*.

prétendu, e [pʀetɑ̃dy] ◆ pp ⟶ **prétendre.** ◆ adj *(avant n)* so-called.

prétendument [pʀetɑ̃dymɑ̃] adv supposedly.

prête-nom [pʀɛtnɔ̃] (*pl* **prête-noms**) nm front man.

prétentieux, euse [pʀetɑ̃sjø, øz] ◆ adj pretentious. ◆ nm, f pretentious person.

prétention [pʀetɑ̃sjɔ̃] nf **1.** [suffisance] pretentiousness **2.** [ambition] pretension, ambition ▸ **avoir la prétention de faire qqch** to claim ou pretend to do sthg **3.** EXPR **prétentions (de salaire)** expected salary, target earnings.

prêter [4] [pʀete] ❖ vt **1.** [fournir] ▸ **prêter qqch (à qqn) a)** [objet, argent] to lend (sb) sthg **b)** *fig* [concours, appui] to lend (sb) sthg, to give (sb) sthg / *peux-tu me prêter ta voiture ?* can you lend me ou can I borrow your car? / *prêter attention à* to pay attention to **2.** [attribuer] ▸ **prêter qqch à qqn** to attribute sthg to sb / *prêter de l'importance à qqch* to attach importance to sthg / *on lui a parfois prêté des pouvoirs magiques* he was sometimes alleged ou claimed to have magical powers. ❖ vi ▸ **prêter à** to lead to, to generate / *le texte prête à confusion* the text is open to misinterpretation. ◆ **se prêter** vp ▸ **se prêter à a)** [participer à] to go along with **b)** [convenir à] to fit, to suit / *se prêter au jeu* to enter into the spirit of the game / *si le temps s'y prête* weather permitting.

prétérit [pʀeteʀit] nm preterite.

prêteur, euse [pʀɛtœʀ, øz] ❖ adj generous. ❖ nm, f ▸ **prêteur sur gages** pawnbroker ▸ **prêteur hypothécaire** mortgage lender.

prétexte [pʀetɛkst] nm pretext, excuse ▸ **sous prétexte de faire qqch / que** on the pretext of doing sthg/that, under the pretext of doing sthg/that ▸ **sous aucun prétexte** on no account.

prétexter [4] [pʀetɛkste] vt to give as an excuse.

prétimbré, e [pʀetɛ̃bʀe] adj prepaid.

Pretoria [pʀetɔʀja] npr Pretoria.

prêtre [pʀɛtʀ] nm priest.

prêtresse [pʀɛtʀɛs] nf priestess.

preuve [pʀœv] nf **1.** [gén] proof **2.** DR evidence **3.** [témoignage] sign, token ▸ **faire preuve de qqch** to show sthg ▸ **faire ses preuves** to prove o.s. / itself.

preux [pʀø] *litt* ❖ nm knight valiant. ❖ adj m valiant.

prévaloir [61] [pʀevalwaʀ] vi [dominer] ▸ **prévaloir (sur)** to prevail (over). ◆ **se prévaloir** vp ▸ **se prévaloir de** to boast about.

prévalu [pʀevaly] pp inv ⟶ **prévaloir**.

prévarication [pʀevaʀikasjɔ̃] nf *sout* breach of trust.

prévaudrai, prévaux v ⟶ **prévaloir**.

prévaut ⟶ **prévaloir**.

prévenance [pʀevnɑ̃s] nf **1.** [attitude] thoughtfulness, consideration **2.** [action] considerate ou thoughtful act.

prévenant, e [pʀevnɑ̃, ɑ̃t] adj considerate, attentive.

prévenir [40] [pʀevniʀ] vt **1.** [employé, élève] ▸ **prévenir qqn (de)** to warn sb (about) **2.** [police] to inform **3.** [désirs] to anticipate **4.** [maladie] to prevent **5.** *litt* [prédisposer] ▸ **prévenir qqn contre qqn** to prejudice sb against sb.

préventif, ive [pʀevɑ̃tif, iv] adj **1.** [mesure, médecine] preventive **2.** DR ▸ **être en détention préventive** to be on remand.

prévention [pʀevɑ̃sjɔ̃] nf **1.** [protection] ▸ **prévention (contre)** prevention (of) ▸ **prévention routière** road safety (measures) **2.** DR remand.

prévenu, e [pʀevny] ❖ pp ⟶ **prévenir.** ❖ nm, f accused, defendant.

préviendrai, préviendras ⟶ **prévenir**.

prévisible [pʀevizibl] adj foreseeable.

prévision [pʀevizjɔ̃] nf forecast, prediction ▸ **les prévisions météorologiques** the weather forecast ; [de coûts] estimate ; ÉCON forecast ▸ **prévisions budgétaires** budget forecast / *prévision des ventes* sales forecast. ◆ **en prévision de** loc prép in anticipation of.

prévisionnel, elle [pʀevizjɔnɛl] adj anticipatory ▸ **budget prévisionnel** budget estimate.

prévoir [63] [pʀevwaʀ] vt **1.** [s'attendre à] to expect **2.** [prédire] to predict **3.** [anticiper] to foresee, to anticipate **4.** [programmer] to plan ▸ **n'être pas prévu** to be unforeseen ▸ **comme prévu** as planned, according to plan.

prévoyais, prévoyions ⟶ **prévoir**.

prévoyance [pʀevwajɑ̃s] nf [de personne] foresight ; ⟶ **caisse**.

prévoyant, e [pʀevwajɑ̃, ɑ̃t] adj provident.

prévu, e [pʀevy] pp ⟶ **prévoir**.

prie-Dieu [pʀidjø] nm inv prie-dieu.

prier [10] [pʀije] ❖ vt **1.** RELIG to pray to / *je prie Dieu et tous ses saints que…* I pray (to) God and all his saints that… **2.** [implorer] to beg ▸ **(ne pas) se faire prier (pour faire qqch)** (not) to need to be persuaded (to do sthg) ▸ **je vous en prie a)** [de grâce] please, I beg you **b)** [de rien] don't mention it, not at all **3.** [demander] ▸ **prier qqn de faire qqch** to request sb to do sthg ▸ **prier instamment qqn de faire qqch** to insist that sb does sthg / *je vous prie de croire à mes sentiments distingués* yours sincerely ▸ **vous êtes priés de** you are requested to. ❖ vi RELIG to pray / *prions pour la paix* let us pray for peace.

prière [pʀijɛʀ] nf **1.** [RELIG - recueillement] prayer *(U)*, praying *(U)* ; [- formule] prayer ; [- office] prayers *pl* **2.** [demande] entreaty ▸ **prière de frapper avant d'entrer** please knock before entering.

prieuré [pʀijœʀe] nm priory.

primaire [pʀimɛʀ] adj **1.** [premier] ▸ **couleur primaire** primary colour UK ou color US ▸ **élection primaire** primary (election) ▸ **ère primaire** Palaeozoic era ▸ **études primaires** primary education *(U)* **2.** *péj* [primitif] limited.

primate [pʀimat] nm **1.** ZOOL primate **2.** *fam* [brute] gorilla.

primauté [pʀimote] nf primacy.

prime [pʀim] ❖ nf **1.** [d'employé] bonus / *prime d'ancienneté* seniority bonus / *prime d'intéressement* profit-related bonus / *prime de licenciement* redundancy payment, severance pay / *prime d'objectif* incentive bonus / *prime de précarité bonus paid to compensate for lack of job security* **2.** [allocation - de déménagement, de transport] allowance UK ▸ **prime au retour** repatriation allowance ; [à l'exportation] incentive **3.** [d'assurance] premium / *ils ne toucheront pas la prime* [bonus] they will not qualify for the no-claims bonus **4.** [cadeau] free gift ▸ **en prime** **a)** as a free gift **b)** *fig* in addition / ***en prime, vous gagnez trois tasses à café*** as a bonus, you get a free gift of three coffee cups / ***non seulement il ne fait rien mais en prime il se plaint !*** *hum* not only does he do nothing, but he complains as well! ❖ adj **1.** [premier] ▸ **de prime abord** at first glance ▸ **de prime jeunesse** in the first flush of youth **2.** MATH prime.

primer [3] [pʀime] ❖ vi to take precedence, to come first. ❖ vt **1.** [être supérieur à] to take precedence over **2.** [récompenser] to award a prize to / ***le film a été primé au festival*** the film won an award at the festival.

primerose [pʀimʀoz] nf hollyhock.

primesautier, ère [pʀimsotje, ɛʀ] adj *litt* impulsive.

prime time [pʀajmtajm] (*pl* **prime times**) nm TV prime time / ***une émission diffusée en prime time*** a programme broadcast in prime time.

primeur [pʀimœʀ] nf immediacy ▸ **avoir la primeur de qqch** to be the first to hear sthg. ◆ **primeurs** nfpl early produce *(U)*.

primevère [pʀimvɛʀ] nf primrose.

primitif, ive [pʀimitif, iv] ❖ adj **1.** [gén] primitive **2.** [aspect] original. ❖ nm, f primitive.

primo [pʀimo] adv firstly.

primordial, e, aux [pʀimɔʀdjal, o] adj essential.

prince [pʀɛ̃s] nm prince ▸ **prince consort** prince consort.

prince-de-Galles [pʀɛ̃sdəgal] nm inv & adj inv Prince of Wales check.

princesse [pʀɛ̃sɛs] nf princess.

princier, ère [pʀɛ̃sje, ɛʀ] adj princely.

principal, e, aux [pʀɛ̃sipal, o] ❖ adj **1.** [gén] main, principal **2.** GRAM main. ❖ nm, f SCOL headmaster (headmistress) UK, principal US. ◆ **principal** nm [important] ▸ **le principal** the main thing.

principalement [pʀɛ̃sipalmɑ̃] adv mainly, principally.

principauté [pʀɛ̃sipote] nf principality.

principe [pʀɛ̃sip] nm principle / ***j'ai des principes*** I've got principles / ***je pars du principe que…*** I start from the principle ou I assume that… / ***le principe de la vente par correspondance, c'est…*** the (basic) principle of mail-order selling is… / ***le principe de la vie*** the origin of life ▸ **par principe** on principle / ***il refuse de l'écouter par principe*** he refuses to listen to her on principle / ***tu refuses de signer pour le principe ou pour des raisons personnelles ?*** are you refusing to sign for reasons of principle or for personal reasons? ◆ **en principe** loc adv theoretically, in principle / ***en principe, nous descendons à l'hôtel*** we usually stop at a hotel.

printanier, ère [pʀɛ̃tanje, ɛʀ] adj **1.** [temps] spring like **2.** [couleur] spring **3.** *fig* [humeur] bright and cheerful.

printemps [pʀɛ̃tɑ̃] nm **1.** [saison] spring **2.** *fig* [de la vie] springtime **3.** *litt* [année] ▸ **avoir 20 printemps** to be 20.

prion [pʀijɔ̃] nm BIOL & MÉD prion.

priori [pʀijɔʀi] ◆ **a priori** ❖ loc adv in principle. ❖ nm inv initial reaction. ❖ adj inv a priori.

prioritaire [pʀijɔʀitɛʀ] adj **1.** [industrie, mesure] priority *(avant n)* **2.** AUTO with right of way.

priorité [pʀijɔʀite] nf **1.** [importance primordiale] priority ▸ **donner** ou **accorder la priorité à qqch** to prioritize sthg, to give priority to sthg ▸ **en priorité** first **2.** AUTO right of way ▸ **priorité à droite** give way to the right.

pris, e [pʀi, pʀiz] ❖ pp ⟶ **prendre.** ❖ adj **1.** [place] taken ; [personne] busy ; [mains] full / ***aide-moi, tu vois bien que j'ai les mains prises*** help me, can't you see my hands are full? **2.** [nez] blocked ; [gorge] sore **3.** [envahi] ▸ **pris de** seized with / ***pris de panique*** panic-stricken / ***pris d'une violente douleur*** seized with a terrible pain. ◆ **prise** nf **1.** [sur barre, sur branche] grip, hold ▸ **lâcher prise** **a)** to let go **b)** *fig* to give up ▸ **avoir prise sur qqch** to have hold of sthg ▸ **avoir prise sur qqn** *fig* to have a hold over sb ▸ **être aux prises avec** *fig* to grapple with **2.** [action de prendre -ville] seizure, capture **3.** [à la pêche] haul **4.** ÉLECTR ▸ **prise (de courant)** **a)** [mâle] plug **b)** [femelle] socket ▸ **prise multiple** adaptor ▸ **prise de terre** earth UK, ground US **5.** [de judo] hold ▸ **faire une prise à qqn** SPORT to get sb in a hold **6.** INFORM outlet **7.** EXPR ▸ **prise de conscience** realization ▸ **prise de contact** meeting ▸ **prise en charge** [par Sécurité sociale] (guaranteed) reimbursement ▸ **prise d'otages** hostage taking ▸ **prise de participation** ÉCON acquisition of holdings ▸ **prise de pouvoir** **a)** [légale] (political) takeover **b)** [illégale] seizure of power ▸ **prise de sang** blood test ▸ **prise de son** : ***la prise de son est de Raoul Fleck*** sound (engineer), Raoul Fleck ▸ **prise de tête** *fam* hassle ▸ **prise de vue** shot ▸ **prise de vue** ou **vues** [action] filming, shooting.

prisé, e [pʀize] adj valued / ***des qualités très prisées*** highly valued qualities.

priser [3] [pʀize] vt **1.** *sout* [apprécier] to appreciate, to value **2.** [aspirer] ▸ **priser du tabac** to take snuff.

prisme [pʀism] nm prism.

prison [pʀizɔ̃] nf **1.** [établissement] prison **2.** [réclusion] imprisonment.

prisonnier, ère [pʀizɔnje, ɛʀ] ❖ nm, f prisoner ▸ **faire qqn prisonnier** to take sb prisoner, to capture sb. ❖ adj imprisoned ; *fig* trapped ▸ **être prisonnier de** **a)** to be the prisoner of **b)** *fig* to be a prisoner of ou a slave to.

privatif, ive [pʀivatif, iv] adj **1.** DR private **2.** GRAM privative.

privation [pʀivasjɔ̃] nf deprivation. ◆ **privations** nfpl privations, hardships.

privatisation [pʀivatizasjɔ̃] nf privatization.

privatiser [3] [pʀivatize] vt to privatize.

privé, e [pʀive] adj private. ◆ **privé** nm **1.** ÉCON private sector **2.** [détective] private eye **3.** [intimité] ▸ **en privé** in private ▸ **dans le privé** in private life.

priver [3] [pRive] vt ▸ **priver qqn (de)** to deprive sb (of). ◆ **se priver** vp **1.** [s'abstenir] ▸ **se priver de** to go ou do without, to deprive o.s. of ▸ **ne pas se priver de faire qqch** not to hesitate to do sthg ▸ **ne pas se priver de qqch** to indulge in sthg **2.** *(emploi absolu)* [économiser] to do ou go without.

privilège [pRivilɛʒ] nm privilege. ◆ **privilèges** nmpl ▸ **les privilèges** *the privileges of the aristocracy, cities, corporations, guilds, etc. abolished in 1789.*

privilégié, e [pRivileʒje] ❖ adj **1.** [personne] privileged **2.** [climat, site] favoured UK, favored US. ❖ nm, f privileged person.

privilégier [9] [pRivileʒje] vt to favour UK, to favor US.

prix [pRi] nm **1.** [coût] price ▸ **à aucun prix** on no account / *je ne quitterais le pays à aucun prix !* nothing would induce me to leave the country! / *il veut se faire un nom à n'importe quel prix* he'll stop at nothing to make a name for himself ▸ **au prix fort** at a very high price / *ma mère m'a élevé au prix de grands sacrifices* my mother made great sacrifices to bring me up ▸ **à moitié prix** at half price ▸ **à tout prix** at all costs / *tu dois à tout prix être rentré à minuit* you must be back by midnight at all costs ▸ **prix d'ami** reduced price ▸ **prix comptant** cash price ▸ **acheter** ou **payer qqch à prix d'or** to pay through the nose for sthg ▸ **mettre la tête de qqn à prix** to put a price on sb's head ▸ **y mettre le prix** to pay a lot **2.** ÉCON ▸ **à** ou **au prix coûtant** ou **de revient** at cost (price) ▸ **prix d'achat** purchase price ▸ **à prix fixe** set-price *(avant n)* / *prix exceptionnel* bargain price ▸ **prix hors taxes** price before tax ou duties / *prix de lancement* introductory price ▸ **prix net** net (price) / *prix optimum* optimal price / *prix de prestige* premium price / *prix promotionnel* promotional price ▸ **prix de revient** cost price / *prix (sortie) usine* factory price **3.** [importance] value / *le prix de la vie / liberté* the price of life / freedom / *donner du prix à qqch* to make sthg worthwhile **4.** [récompense] prize / *elle a eu le prix de la meilleure interprétation* she got the award for best actress ▸ **prix Goncourt** *the most prestigious French annual literary prize* ▸ **prix Nobel** a) Nobel prize b) [lauréat] Nobel prizewinner. ◆ **Grand Prix** nm Grand Prix.

pro [pRO] nmf & adj *fam* pro.

probabilité [pRɔbabilite] nf **1.** [chance] probability **2.** [vraisemblance] probability, likelihood ▸ **selon toute probabilité** in all probability.

probable [pRɔbabl] adj probable, likely ▸ **il est probable que** it is likely ou probable that.

probablement [pRɔbabləmɑ̃] adv probably.

probant, e [pRɔbɑ̃, ɑ̃t] adj convincing, conclusive.

probatoire [pRɔbatwaR] adj [période] trial *(avant n)* ; [examen] qualifying.

probité [pRɔbite] nf integrity.

problématique [pRɔblematik] ❖ nf problems *pl.* ❖ adj problematic.

problème [pRɔblɛm] nm problem ▸ **poser un problème** to cause ou pose a problem ▸ **sans problème !, (il n'y a) pas de problème !** *fam* no problem! ▸ **faux problème** imaginary problem ▸ **ça ne lui pose aucun problème** *hum* that doesn't worry him / her.

procédé [pRɔsede] nm **1.** [méthode] process **2.** [conduite] behaviour *(U)* UK, behavior *(U)* US.

procéder [18] [pRɔsede] vi **1.** [agir] to proceed **2.** [exécuter] ▸ **procéder à qqch** to set about sthg / *il sera procédé au démantèlement de l'entreprise* the company will be dismantled **3.** *sout* [provenir] ▸ **procéder de** to come from, to originate in.

procédure [pRɔsedyR] nf procedure ; [démarche] proceedings *pl.*

procédurier, ère [pRɔsedyRje, ɛR] ❖ adj quibbling. ❖ nm, f quibbler.

procès [pRɔsɛ] nm DR trial ▸ **intenter un procès à qqn** to sue sb ▸ **faire le procès de** *fig* to make a case against ▸ **procès en diffamation** libel suit.

processeur [pRɔsesœR] nm processor.

procession [pRɔsesjɔ̃] nf procession ▸ **en procession** in procession.

processus [pRɔsesys] nm process.

procès-verbal [pRɔsɛvɛRbal] (*pl* **procès-verbaux** [pRɔsɛvɛRbo]) nm **1.** [contravention - gén] ticket ; [- pour stationnement interdit] parking ticket **2.** [compte-rendu] minutes.

prochain, e [pRɔʃɛ̃, ɛn] adj **1.** [suivant] next ▸ **à la prochaine !** *fam* see you! **2.** [imminent] impending. ◆ **prochain** nm [semblable] fellow man.

prochainement [pRɔʃɛnmɑ̃] adv soon, shortly.

proche [pRɔʃ] adj **1.** [dans l'espace] near / *le bureau est tout proche* the office is close at hand ou very near ▸ **proche de** a) near, close to b) [semblable à] very similar to, closely related to / *plus proche de chez lui* closer to his home ▸ **je me sens très proche de ce qu'il dit** my feelings are very close ou similar to his / *portrait proche de la réalité* accurate ou lifelike portrait **2.** [dans le temps] imminent, near ▸ **dans un proche avenir** in the immediate future / *le dénouement est proche* the end is in sight **3.** [ami, parent] close. ◆ **proches** nmpl ▸ **les proches** close friends and relatives *sg.* ◆ **de proche en proche** loc adv gradually / *de proche en proche, j'ai fini par reconstituer les événements* step by step, I finally reconstructed the events.

Proche-Orient [pRɔʃɔRjɑ̃] nm : *le Proche-Orient* the Near East.

proclamation [pRɔklamasjɔ̃] nf proclamation.

proclamer [3] [pRɔklame] vt to proclaim, to declare.

procréation [pRɔkReasjɔ̃] nf procreation ▸ **procréation artificielle** artificial reproduction / *procréation médicalement assistée* medically assisted conception ou procreation ou reproduction.

procréer [15] [pRɔkRee] vt *litt* to procreate.

procuration [prɔkyrasjɔ̃] nf proxy ▸ **par procuration** by proxy.

procurer [3] [prɔkyre] vt ▸ **procurer qqch à qqn** a) [suj : personne] to obtain sthg for sb b) [suj : chose] to give ou bring sb sthg. ◆ **se procurer** vp ▸ **se procurer qqch** to obtain sthg.

procureur [prɔkyrœr] nm ▸ **Procureur de la République** *public prosecutor at a* ***tribunal de grande instance*** ; ≃ Attorney General ▸ **procureur général** *public prosecutor at the* ***Parquet*** ; ≃ Director of Public Prosecutions UK ; ≃ district attorney US.

prodigalité [prɔdigalite] nf extravagance *(U)*.

prodige [prɔdiʒ] nm **1.** [miracle] miracle **2.** [tour de force] marvel, wonder ▸ **c'est un prodige d'ingéniosité** it's incredibly ingenious **3.** [génie] prodigy.

prodigieusement [prɔdiʒjøzmɑ̃] adv fantastically, incredibly.

prodigieux, euse [prɔdiʒjø, øz] adj fantastic, incredible.

prodigue [prɔdig] adj [dépensier] extravagant ▸ **prodigue de** *litt* lavish with.

prodiguer [3] [prɔdige] vt *litt* [soins, amitié] ▸ **prodiguer qqch (à)** to lavish sthg (on).

producteur, trice [prɔdyktœr, tris] ◈ nm, f **1.** [gén] producer **2.** AGRIC producer, grower. ◈ adj ▸ **producteur de pétrole** oil-producing *(avant n)* ▸ **producteur d'emplois** which creates jobs.

productif, ive [prɔdyktif, iv] adj productive.

production [prɔdyksjɔ̃] nf **1.** [gén] production / ***production JAT / juste à temps*** JIT / just-in-time production ▸ **la production littéraire d'un pays** the literature of a country **2.** [producteurs] producers *pl*.

productique [prɔdyktik] nf computer-aided ou computer-integrated manufacturing.

productivisme [prɔdyktivism] nm ÉCON productivism.

productiviste [prɔdyktivist] adj ÉCON productivist.

productivité [prɔdyktivite] nf productivity.

produire [98] [prɔdɥir] vt **1.** [gén] to produce **2.** [provoquer] to cause. ◆ **se produire** vp **1.** [arriver] to occur, to take place **2.** [acteur, chanteur] to appear.

produisais, produisions ⟶ produire.

produit, e [prɔdɥi, it] pp ⟶ produire. ◆ **produit** nm **1.** [gén] product ▸ **produits alimentaires** foodstuffs, foods ▸ **produit de beauté** cosmetic, beauty product ▸ **produits chimiques** chemicals ▸ **produits de consommation** consumable goods, consumables ▸ **produit de grande consommation** mass consumption product ▸ **produit dérivé** by-product ▸ **produits d'entretien** cleaning products ▸ **produit financier** financial product ▸ **produit générique** generic product ▸ **produits manufacturés** manufactured goods ▸ **produit de substitution** substitute **2.** [d'investissement] profit, income ▸ **produit de l'impôt** tax revenue / ***le produit de la vente*** the profit made on the sale **3.** ÉCON ▸ **produit brut** gross income ▸ **produit ciblé** niche product ▸ **produit intérieur brut** gross (domestic) product ▸ **produit intérieur net** net domestic product ▸ **produit national brut** gross national product ▸ **produit de prestige** premium product ▸ **produit sous licence** licensed product.

proéminent, e [prɔeminɑ̃, ɑ̃t] adj prominent.

prof [prɔf] nmf *fam* teacher.

profanation [prɔfanasjɔ̃] nf desecration.

profane [prɔfan] ◈ nmf **1.** [non religieux] nonbeliever **2.** [novice] layman. ◈ adj **1.** [laïc] secular **2.** [ignorant] ignorant.

profaner [3] [prɔfane] vt **1.** [église] to desecrate **2.** *fig* [mémoire] to defile.

proférer [18] [prɔfere] vt to utter.

professer [4] [prɔfese] vt to profess.

professeur, e [prɔfɛsœr] nm, f [gén] teacher ; [dans l'enseignement supérieur] lecturer ; [titulaire] professor.

profession [prɔfɛsjɔ̃] nf **1.** [métier] occupation ▸ **de profession** by trade / profession ▸ **sans profession** unemployed **2.** [corps de métier - libéral] profession ▸ **profession libérale** (liberal) profession ▸ **être en profession libérale** to work in a liberal profession ; [manuel] trade. ◆ **profession de foi** nf **1.** RELIG profession of faith **2.** [manifeste] manifesto.

professionnalisme [prɔfɛsjɔnalism] nm professionalism.

professionnel, elle [prɔfɛsjɔnɛl] ◈ adj **1.** [gén] professional **2.** [école] technical ; [enseignement] vocational. ◈ nm, f professional.

professionnellement [prɔfɛsjɔnɛlmɑ̃] adv professionally.

professoral, e, aux [prɔfɛsɔral, o] adj [ton, attitude] professorial ; [corps] teaching *(avant n)*.

professorat [prɔfɛsɔra] nm teaching.

profil [prɔfil] nm **1.** [de personne, d'emploi] profile / ***profil psychologique*** psychological profile ; [de bâtiment] outline ▸ **de profil** a) [visage, corps] in profile b) [objet] from the side **2.** [coupe] section **3.** ÉCON : ***profil de la clientèle*** customer profile / ***profil du consommateur*** consumer profile / ***profil démographique*** demographic profile / ***profil du marché*** market profile **4.** INFORM : ***profil (utilisateur)*** (user) profil.

profilage [prɔfilaʒ] nm INDUST streamlining.

profiler [3] [prɔfile] vt INDUST to shape. ◆ **se profiler** vp **1.** [bâtiment, arbre] to stand out **2.** [solution] to emerge.

profileur, euse [prɔfilœr, øz] nm, f profiler.

profit [prɔfi] nm **1.** [avantage] benefit ▸ **au profit de** in aid of ▸ **tirer profit de** to profit from, to benefit from **2.** [gain] profit ▸ **profits inattendus** ou **exceptionnels** windfall profits.

profitable [prɔfitabl] adj profitable ▸ **être profitable à qqn** to benefit sb, to be beneficial to sb.

profiter [3] [pRɔfite] vi **1.** [tirer avantage] ▸ **profiter de a)** [vacances] to benefit from **b)** [personne] to take advantage of ▸ **profiter de qqch pour faire qqch** to take advantage of sthg to do sthg ▸ **en profiter** to make the most of it ▸ **en profiter pour faire qqch** to take the opportunity to do sthg **2.** [servir] ▸ **profiter à qqn** to be beneficial to sb.

profiterole [pRɔfitRɔl] nf ▸ **profiteroles au chocolat** chocolate profiteroles.

profiteur, euse [pRɔfitœR, øz] nm, f *péj* profiteer.

profond, e [pRɔfɔ̃, ɔ̃d] adj **1.** [gén] deep **2.** [pensée] deep, profound. ◆ **profond** ◈ nm ▸ **au plus profond de** in the depths of. ◈ adv deep.

profondément [pRɔfɔ̃demɑ̃] adv **1.** [enfoui] deep **2.** [intensément - aimer, intéresser] deeply ; [- dormir] soundly ▸ **être profondément endormi** to be fast asleep **3.** [extrêmement - convaincu, ému] deeply, profoundly ; [- différent] profoundly.

profondeur [pRɔfɔ̃dœR] nf depth ▸ **en profondeur** in depth ▸ **profondeur de champ** CINÉ & PHOTO depth of field. ◆ **profondeurs** nfpl depths.

profusion [pRɔfyzjɔ̃] nf ▸ **une profusion de** a profusion of ▸ **à profusion** in abundance, in profusion.

progéniture [pRɔʒenityR] nf offspring.

progiciel [pRɔʒisjɛl] nm software package.

programmable [pRɔgRamabl] adj programmable.

programmateur, trice [pRɔgRamatœR, tRis] nm, f programme UK ou program US planner. ◆ **programmateur** nm automatic control unit.

programmation [pRɔgRamasjɔ̃] nf **1.** INFORM programming ▸ **faire de la programmation** to program ▸ **programmation linéaire** linear programming **2.** RADIO & TV programme UK ou program US planning.

programme [pRɔgRam] nm **1.** [gén] programme UK, program US / *programmes d'été* TV summer schedule ou programmes / *il y a un bon programme ce soir à la télé* it's a good night on TV tonight ▸ **le programme des réjouissances** *hum* the treats in store ▸ **c'est tout un programme** *fam* it's quite an undertaking / *le programme nucléaire / spatial français* the French nuclear / space programme **2.** INFORM program ▸ **programme antivirus** antivirus program ▸ **programme d'application** applications program ▸ **programme de chargement** loader / *programme de diagnostic* malfunction routine **3.** [planning] schedule / *qu'avons-nous au programme aujourd'hui ?* what's on (our schedule) today? **4.** SCOL syllabus / *Shakespeare figure au programme cette année* Shakespeare is on this year's syllabus.

programmé, e [pRɔgRame] adj programmed.

programmer [3] [pRɔgRame] vt **1.** [organiser] to plan **2.** RADIO & TV to schedule **3.** INFORM to program.

programmeur, euse [pRɔgRamœR, øz] nm, f INFORM (computer) programmer.

progrès [pRɔgRɛ] nm progress *(U)* ▸ **être en progrès** to be making (good) progress ▸ **faire des progrès** to make progress.

progresser [4] [pRɔgRese] vi **1.** [avancer] to progress, to advance **2.** [maladie] to spread **3.** [élève] to make progress.

progressif, ive [pRɔgResif, iv] adj progressive ; [difficulté] increasing.

progression [pRɔgResjɔ̃] nf **1.** [avancée] advance **2.** [de maladie, du nationalisme] spread.

progressiste [pRɔgResist] nmf & adj progressive.

progressivement [pRɔgResivmɑ̃] adv progressively.

prohiber [3] [pRɔibe] vt to ban, to prohibit.

prohibitif, ive [pRɔibitif, iv] adj **1.** [dissuasif] prohibitive **2.** DR prohibitory.

prohibition [pRɔibisjɔ̃] nf ban, prohibition. ◆ **Prohibition** nf ▸ **la Prohibition** HIST Prohibition.

proie [pRwa] nf prey ▸ **être la proie de qqn** *fig* to be the prey ou victim of sb ▸ **être la proie de qqch** *fig* to be the victim of sthg ▸ **être en proie à** [sentiment] to be prey to.

projecteur [pRɔʒɛktœR] nm **1.** [de lumière] floodlight ; THÉÂTRE spotlight **2.** [d'images] projector.

projectile [pRɔʒɛktil] nm missile.

projection [pRɔʒɛksjɔ̃] nf **1.** [gén] projection **2.** [jet] throwing **3.** CINÉ ▸ **projection privée** private screening ou showing.

projectionniste [pRɔʒɛksjɔnist] nmf projectionist.

projet [pRɔʒɛ] nm **1.** [perspective] plan **2.** [étude, ébauche] draft / *projet de loi* bill.

projeter [27] [pRɔʃte] vt **1.** [envisager] to plan ▸ **projeter de faire qqch** to plan to do sthg **2.** [missile, pierre] to throw **3.** [film, diapositives] to show **4.** GÉOM & PSYCHO to project. ◆ **se projeter** vp [ombre] to be cast.

prolétaire [pRɔletɛR] nmf & adj proletarian.

prolétariat [pRɔletaRja] nm proletariat.

prolétarien, enne [pRɔletaRjɛ̃, ɛn] adj proletarian.

prolétariser [3] [pRɔletaRize] vt to proletarianize. ◆ **se prolétariser** vp [quartier, population] to become more working-class.

prolifération [pRɔlifeRasjɔ̃] nf proliferation.

proliférer [18] [pRɔlifeRe] vi to proliferate.

prolifique [pRɔlifik] adj prolific.

prolixe [pRɔliks] adj *sout* wordy, verbose.

prolo [pRɔlo] nmf *fam* prole, pleb.

prologue [pRɔlɔg] nm prologue.

prolongation [pRɔlɔ̃gasjɔ̃] nf [extension] extension, prolongation. ◆ **prolongations** nfpl SPORT extra time *(U)* UK, overtime US ▸ **jouer les prolongations** to go into extra time UK ou overtime US.

prolongement [pRɔlɔ̃ʒmɑ̃] nm [de mur, quai] extension ▸ **être dans le prolongement de** to be a continuation of. ◆ **prolongements** nmpl [conséquences] repercussions.

prolonger [17] [pRɔlɔ̃ʒe] vt **1.** [dans le temps] ▸ **prolonger qqch (de)** to prolong sthg (by) **2.** [dans l'espace] ▸ **prolonger qqch (de)** to extend sthg (by). ◆ **se pro-**

longer vp **1.** [événement] to go on, to last **2.** [route] to go on, to continue.

promenade [pʀɔmnad] nf **1.** [balade] walk, stroll ; *fig* trip, excursion ▸ **promenade en voiture** drive ▸ **promenade à vélo** (bike) ride ▸ **faire une promenade** to go for a walk **2.** [lieu] promenade.

promener [19] [pʀɔmne] vt **1.** [personne] to take out (for a walk) ; [en voiture] to take for a drive **2.** *litt* [chagrin] to carry (about) **3.** *fig* [regard, doigts] ▸ **promener qqch sur** to run sthg over. ◆ **se promener** vp to go for a walk.

promeneur, euse [pʀɔmnœʀ, øz] nm, f walker, stroller.

promesse [pʀɔmɛs] nf **1.** [serment] promise ▸ **manquer à sa promesse** to break one's promise ▸ **tenir sa promesse** to keep one's promise ▸ **promesses en l'air** empty promises **2.** [engagement] undertaking ▸ **promesse d'achat / de vente** DR agreement to purchase / to sell ▸ **promesse électorale** election promise **3.** *fig* [espérance] ▸ **être plein de promesses** to be very promising.

promets ⟶ **promettre**.

prometteur, euse [pʀɔmɛtœʀ, øz] adj promising.

promettre [84] [pʀɔmɛtʀ] ❖ vt to promise ▸ **promettre qqch à qqn** to promise sb sthg / *je ne peux rien vous promettre* I can't promise anything ▸ **promettre de faire qqch** to promise to do sthg ▸ **promettre à qqn que** to promise sb that / *je te promets que je ne dirai rien* I promise (you) I won't say anything / *ses récents succès le promettent à une brillante carrière* considering his recent successes, he has a brilliant career ahead of him / *tout cela ne promet rien de bon* it doesn't look ou sound too good. ❖ vi to be promising ▸ **ça promet !** *iron* that bodes well! ◆ **se promettre** vp ▸ **se promettre de faire qqch** to resolve to do sthg / *ils se sont promis de se revoir* they promised (each other) that they would meet again / *je me suis bien promis de ne jamais recommencer* I swore never to do it again, I promised myself I would never do it again.

promis, e [pʀɔmi, iz] ❖ pp ⟶ **promettre.** ❖ adj promised ▸ **promis à qqch** destined for sthg. ❖ nm, f *vieilli* & *hum* intended.

promiscuité [pʀɔmiskɥite] nf overcrowding ▸ **promiscuité sexuelle** (sexual) promiscuity.

promo [pʀɔmo] nf *fam* **1.** MIL, ÉDUC & UNIV year UK, class US / *la promo 2010* the class of 2010 **2.** COMM special offer ▸ **en promo** : *les canapés sont en promo chez X* sofas are on special offer at X.

promontoire [pʀɔmɔ̃twaʀ] nm promontory.

promoteur, trice [pʀɔmɔtœʀ, tʀis] nm, f **1.** [novateur] instigator **2.** [constructeur] property developer.

promotion [pʀɔmɔsjɔ̃] nf **1.** [gén] promotion ▸ **promotion des ventes** sales promotion / *promotion sur le lieu de vente* point-of-sale promotion, point-of-purchase promotion ▸ **en promotion** [produit] on special offer **2.** MIL & SCOL year.

promotionnel, elle [pʀɔmɔsjɔnɛl] adj promotional.

promouvoir [56] [pʀɔmuvwaʀ] vt to promote.

prompt, e [pʀɔ̃, pʀɔ̃t] adj *sout* ▸ **prompt (à faire qqch)** swift (to do sthg).

promptitude [pʀɔ̃tityd] nf *sout* swiftness.

promu, e [pʀɔmy] pp ⟶ **promouvoir**.

promulgation [pʀɔmylgasjɔ̃] nf promulgation.

promulguer [3] [pʀɔmylge] vt to promulgate.

prôner [3] [pʀone] vt *sout* to advocate.

pronom [pʀɔnɔ̃] nm pronoun ▸ **pronom personnel / possessif / relatif** personal / possessive / relative pronoun.

pronominal, e, aux [pʀɔnɔminal, o] adj pronominal.

prononcé, e [pʀɔnɔ̃se] adj marked. ◆ **prononcé** nm [d'arrêt] delivery ; [de sentence] passing.

prononcer [16] [pʀɔnɔ̃se] vt **1.** DR & LING to pronounce **2.** [dire] to utter. ◆ **se prononcer** vp **1.** [se dire] to be pronounced ▸ **comme ça se prononce** as it is pronounced **2.** [trancher - assemblée] to decide, to reach a decision ; [- magistrat] to deliver a verdict ▸ **se prononcer sur** to give one's opinion of.

prononciation [pʀɔnɔ̃sjasjɔ̃] nf **1.** LING pronunciation **2.** DR pronouncement.

pronostic [pʀɔnɔstik] nm **1.** *(gén pl)* [prévision] forecast **2.** MÉD prognosis.

pronostiquer [3] [pʀɔnɔstike] vt **1.** [annoncer] to forecast **2.** MÉD to make a prognosis of.

pronostiqueur, euse [pʀɔnɔstikœʀ, øz] nm, f forecaster.

propagande [pʀɔpagɑ̃d] nf **1.** [endoctrinement] propaganda **2.** *fig* & *hum* [publicité] ▸ **faire de la propagande pour qqch** to plug sthg.

propagation [pʀɔpagasjɔ̃] nf **1.** [de flammes, de maladie] spread, spreading **2.** BIOL & PHYS propagation.

propager [17] [pʀɔpaʒe] vt to spread. ◆ **se propager** vp to spread ; BIOL to be propagated ; PHYS to propagate.

propane [pʀɔpan] nm propane.

propension [pʀɔpɑ̃sjɔ̃] nf ▸ **propension à qqch / à faire qqch** propensity for sthg / to do sthg ; ÉCON ▸ **propension moyenne à consommer** average propensity to consume ▸ **propension moyenne à épargner** average propensity to save.

prophète, prophétesse [pʀɔfɛt, pʀɔfetɛs] nm, f prophet (prophetess). ◆ **Prophète** nm ▸ **le Prophète** the Prophet.

prophétie [pʀɔfesi] nf prophecy.

prophétique [pʀɔfetik] adj prophetic.

prophétiser [3] [pʀɔfetize] vt to prophesy.

prophylactique [pʀɔfilaktik] adj prophylactic.

prophylaxie [pʀɔfilaksi] nf prophylaxis.

propice [pʀɔpis] adj favourable UK, favorable US ▸ **propice à** a) [changement] conducive to b) [culture, élevage] good for.

proportion [pʀɔpɔʀsjɔ̃] nf proportion ▸ **en proportion de** in proportion to ▸ **toutes proportions gardées** relatively speaking.

proportionné, e [pʀɔpɔʀsjɔne] adj ▸ **bien / mal proportionné** well-/badly-proportioned ▸ **proportionné à** proportionate to.

proportionnel, elle [pʀɔpɔʀsjɔnɛl] adj ▸ **proportionnel (à)** proportional (to). ◆ **proportionnelle** nf ▸ **la proportionnelle** proportional representation.

proportionnellement [pʀɔpɔʀsjɔnɛlmɑ̃] adv proportionally.

propos [pʀɔpo] ❖ nm **1.** [discours] talk **2.** [but] intention ▸ **c'est à quel propos ?** what is it about? ▸ **de propos délibéré** deliberately, on purpose ▸ **hors de propos** at the wrong time. ❖ nmpl [paroles] talk *(U)*, words ▸ **tenir des propos d'une extrême banalité** to say extremely banal things. ◆ **à propos** ❖ loc adv **1.** [opportunément] at (just) the right time **2.** [au fait] by the way. ❖ loc adj [opportun] opportune. ◆ **à propos de** loc prép about.

proposer [3] [pʀɔpoze] vt **1.** [offrir] to offer, to propose ▸ **proposer qqch à qqn** to offer sb sthg, to offer sthg to sb / *il a proposé sa place à la vieille dame* he offered the old lady his seat ▸ **proposer à qqn de faire qqch** to offer to do sthg for sb **2.** [suggérer] to suggest, to propose ▸ **proposer de faire qqch** to suggest ou propose doing sthg / *je propose qu'on aille au cinéma* I suggest going to the cinema **3.** [loi, candidat] to propose / *proposer un ordre du jour* to move an agenda. ◆ **se proposer** vp **1.** [offrir ses services] to offer one's services / *je me propose pour coller les enveloppes* I'm volunteering to stick the envelopes **2.** [décider] ▸ **se proposer de faire qqch** to intend ou mean to do sthg / *ils se proposaient de passer ensemble une semaine tranquille* they intended to spend a quiet week together.

proposition [pʀɔpozisjɔ̃] nf **1.** [offre] offer, proposal ▸ **proposition malhonnête** improper suggestion ▸ **faire des propositions à qqn** to proposition sb / *refuser une proposition* to turn down an offer **2.** [suggestion] suggestion, proposal / *quelqu'un a-t-il une autre proposition à faire ?* has anyone any other suggestion ou anything else to suggest? **3.** GRAM clause ▸ **proposition consécutive** ou **de conséquence** consecutive ou result clause **4.** POL : *propositions et contre-propositions* proposals and counterproposals / *la proposition est votée* the motion is passed **5.** ÉCON : *proposition unique de vente* unique selling proposition, USP. ◆ **proposition de loi** nf bill.

propre [pʀɔpʀ] ❖ adj **1.** [nettoyé] clean / *gardez votre ville propre* don't drop litter! UK, don't litter! US **2.** [soigné] neat, tidy / *chez eux c'est bien propre* their house is neat and tidy **3.** [éduqué - enfant] toilet-trained ; [- animal] house-trained UK, housebroken US **4.** [personnel] own / *de mes propres yeux* with my own eyes **5.** [particulier] ▸ **propre à** peculiar to / *sa méthode de travail lui est propre* he has his own particular way of working **6.** [approprié] ▸ **propre (à)** suitable (for), appropriate (for) **7.** [de nature] ▸ **propre à faire qqch** capable of doing sthg / *mesures propres à stimuler la production* appropriate measures for boosting production **8.** *fig* [honnête] respectable / *une affaire pas très propre* a shady business ; *fam* & *hum* ▸ **nous voilà propres !** we're in a fine mess! **9.** FIN ▸ **capitaux** ou **fonds propres** capital stock. ❖ nm **1.** [propreté] cleanness, cleanliness ▸ **recopier qqch au propre** to make a fair copy of sthg, to copy sthg up **2.** [particularité] ▸ **le propre de** the characteristic feature of / *le rire est le propre de l'homme* laughter is unique to man ▸ **avoir qqch en propre** DR to be the sole owner of sthg / *la fortune qu'il a en propre* his own fortune, the fortune that's his by rights. ◆ **au propre** loc adv LING literally / *le mot peut s'employer au propre et au figuré* the word can be used both literally and figuratively.

propre-à-rien [pʀɔpʀaʀjɛ̃] (*pl* **propres-à-rien**) nmf good-for-nothing.

proprement [pʀɔpʀəmɑ̃] adv **1.** [convenablement - habillé] neatly, tidily ; [- se tenir] correctly **2.** [véritablement] completely ▸ **à proprement parler** strictly speaking ▸ **l'événement proprement dit** the event itself, the actual event **3.** [exclusivement] peculiarly.

propret, ette [pʀɔpʀɛ, ɛt] adj neat and tidy.

propreté [pʀɔpʀəte] nf cleanness, cleanliness.

propriétaire [pʀɔpʀijetɛʀ] nmf **1.** [possesseur] owner **2.** [dans l'immobilier] landlord.

propriété [pʀɔpʀijete] nf **1.** [gén] property ▸ **propriété industrielle** DR patent rights *pl* ▸ **propriété privée** private property **2.** [droit] ownership ▸ **propriété commerciale** leasehold ownership *(covenant to extend lease)* ▸ **propriété littéraire et artistique** copyright **3.** [terres] property *(U)* / *une grande / une petite propriété* a large / a small property **4.** [convenance] suitability **5.** [qualité] property, characteristic, feature / *la codéine a des propriétés antitussives* codeine suppresses coughing.

Comment exprimer une proposition

- **Can I make a suggestion?** *Je peux faire une suggestion ?*
- **Can I help you?** *Je peux vous aider ?*
- **Is there anything I can do to help?** *Est-ce que je peux faire quelque chose ?*
- **Would you like me to call him for you?** *Tu veux que je l'appelle ?*
- **Why don't I come and pick you up?** *Et si je passais te prendre ?*
- **Perhaps we could buy him a watch.** *On pourrait peut-être lui acheter une montre.*
- **Shall I open another bottle of wine?** *Est-ce que j'ouvre une autre bouteille de vin ?*
- **How about a game of cards?** *Une partie de cartes, ça te dit ?*

propulser [3] [pʀɔpylse] vt *pr* & *fig* to propel. ◆ **se propulser** vp to move forward, to propel o.s. forward ou along ; *fig* to shoot.

propulsion [pʀɔpylsjɔ̃] nf propulsion.

prorata [pʀɔʀata] ◆ **au prorata de** loc prép in proportion to.

prorogation [pʀɔʀɔgasjɔ̃] nf **1.** DR extension **2.** POL adjournment.

proroger [17] [pʀɔʀɔʒe] vt **1.** DR to extend **2.** POL to adjourn.

prosaïque [pʀozaik] adj prosaic, mundane.

proscription [pʀɔskʀipsjɔ̃] nf [interdiction] banning, prohibition.

proscrire [99] [pʀɔskʀiʀ] vt **1.** [interdire] to ban, to prohibit **2.** [chasser] ▸ **proscrire qqn (de)** to exile sb (from), to banish sb (from).

proscrit, e [pʀɔskʀi, it] ❖ pp ⟶ **proscrire.** ❖ adj **1.** [interdit] banned, prohibited **2.** [chassé] exiled. ❖ nm, f exile.

proscrivais, proscrivions ⟶ **proscrire.**

prose [pʀoz] nf prose ▸ **en prose** in prose.

prosélyte [pʀɔzelit] nmf convert.

prosélytisme [pʀɔzelitism] nm proselytizing.

prospecter [4] [pʀɔspɛkte] vt **1.** [pays, région] to prospect **2.** COMM to canvass.

prospecteur, trice [pʀɔspɛktœʀ, tʀis] nm, f **1.** [de ressources] prospector **2.** COMM canvasser.

prospectif, ive [pʀɔspɛktif, iv] adj ▸ **analyse prospective** COMM forecast. ◆ **prospective** nf futurology.

prospection [pʀɔspɛksjɔ̃] nf **1.** [de ressources] prospecting **2.** COMM canvassing.

prospectus [pʀɔspɛktys] nm (advertising) leaflet.

prospère [pʀɔspɛʀ] adj **1.** [commerce] prosperous **2.** [santé] blooming.

prospérer [18] [pʀɔspeʀe] vi to prosper, to thrive ; [plante, insecte] to thrive.

prospérité [pʀɔspeʀite] nf **1.** [richesse] prosperity **2.** [bien-être] well-being.

prostate [pʀɔstat] nf prostate (gland).

prosterner [3] [pʀɔstɛʀne] ◆ **se prosterner** vp to bow down ▸ **se prosterner devant a)** to bow down before **b)** *fig* to kowtow to.

prostitué [pʀɔstitɥe] nm male prostitute.

prostituée [pʀɔstitɥe] nf prostitute.

prostituer [7] [pʀɔstitɥe] ◆ **se prostituer** vp to prostitute o.s.

prostitution [pʀɔstitysjɔ̃] nf prostitution.

prostration [pʀɔstʀasjɔ̃] nf prostration.

prostré, e [pʀɔstʀe] adj prostrate.

protagoniste [pʀɔtagɔnist] nmf protagonist, hero (heroine).

protecteur, trice [pʀɔtɛktœʀ, tʀis] ❖ adj protective. ❖ nm, f **1.** [défenseur] protector **2.** [des arts] patron **3.** QUÉBEC POL ▸ **le Protecteur du citoyen** the ombudsman. ◆ **protecteur** nm [souteneur] pimp.

protection [pʀɔtɛksjɔ̃] nf **1.** [défense] protection ▸ **protection contre** protection from ou against ▸ **se mettre sous la protection de qqn** to put o.s. under sb's protection ▸ **prendre qqn sous sa protection** to take sb under one's wing ▸ **protection sociale** social welfare **2.** [des arts] patronage.

protectionnisme [pʀɔtɛksjɔnism] nm protectionism.

protectionniste [pʀɔtɛksjɔnist] nmf & adj protectionist.

protectorat [pʀɔtɛktɔʀa] nm protectorate.

protégé, e [pʀɔteʒe] ❖ adj protected. ❖ nm, f protégé.

protège-cahier [pʀɔtɛʒkaje] (*pl* **protège-cahiers**) nm exercise book cover UK, notebook cover US.

protège-matelas [pʀɔtɛʒmatla] nm inv mattress cover.

protège-poignets [pʀɔtɛʒpwanjɛ] nm inv wrist guard, wrist protector.

protéger [22] [pʀɔteʒe] vt **1.** [gén] to protect / *protéger qqn de* ou *contre qqch* to protect sb from ou against sthg **2.** [arts] to be a patron of. ◆ **se protéger** vp [se préserver] to protect o.s. / *protégez-vous contre la grippe* protect yourself against the flu / *se protéger contre le* ou *du soleil* to shield o.s. from the sun ; [mettre un préservatif] to use a condom / *les jeunes sont encouragés à se protéger lors de leurs relations sexuelles* young people are encouraged to protect themselves (by using a condom) ; [pluie] to shelter from.

protège-slip [pʀɔtɛʒslip] (*pl* **protège-slips**) nm panty liner.

protège-tibia [pʀɔtɛʒtibja] (*pl* **protège-tibias**) nm shin pad.

protéine [pʀɔtein] nf protein / *proteine C-réactive* MÉD C-reactive protein.

protestant, e [pʀɔtɛstɑ̃, ɑ̃t] adj & nm, f Protestant.

protestantisme [pʀɔtɛstɑ̃tism] nm Protestantism.

protestataire [pʀɔtɛstatɛʀ] ❖ nmf protestor. ❖ adj *sout* [vote, écrits] protest *(avant n)* ; [cri] of protest.

protestation [pʀɔtɛstasjɔ̃] nf **1.** [contestation] protest **2.** [déclaration] protestation.

protester [3] [pʀɔtɛste] vi to protest ▸ **protester contre qqch** to protest against sthg, to protest sthg US ▸ **protester de qqch** *litt* to protest sthg.

prothèse [pʀɔtɛz] nf prosthesis ▸ **prothèse dentaire** dentures *pl*, false teeth *pl*.

prothésiste [pʀɔtezist] nmf prosthetist ▸ **prothésiste dentaire** prosthodontist, dental prosthetist.

protide [pʀɔtid] nm protein.

protocolaire [pʀɔtɔkɔlɛʀ] adj [poli] conforming to etiquette.

protocole [pʀɔtɔkɔl] nm protocol ; INFORM ▸ **protocole Internet** Internet protocol ▸ **protocole SET®** secure electronic transaction, SET®.

proton [pʀɔtɔ̃] nm proton.

prototype [pʀɔtɔtip] nm prototype.

protubérance [pʀɔtybeʀɑ̃s] nf bulge, protuberance.

protubérant, e [pʀɔtybeʀɑ̃, ɑ̃t] adj bulging, protruding.

proue [pʀu] nf bows *pl*, prow.

prouesse [pʀuɛs] nf feat.

prouver [3] [pʀuve] vt **1.** [établir] to prove **2.** [montrer] to demonstrate, to show. ◆ **se prouver** vp to prove to o.s.

provenance [pʀɔvnɑ̃s] nf origin ▸ **en provenance de** from.

provençal, e, aux [pʀɔvɑ̃sal, o] adj **1.** [de Provence] of/from Provence **2.** CULIN *with tomatoes, garlic and onions.* ◆ **provençal** nm [langue] Provençal. ◆ **Provençal, e, aux** nm, f native OU inhabitant of Provence. ◆ **à la provençale** loc adv CULIN *with tomatoes, garlic and onions.*

Provence [pʀɔvɑ̃s] nf : *la Provence* Provence ▸ **herbes de Provence** ≃ mixed herbs.

provenir [40] [pʀɔvniʀ] vi ▸ **provenir de** a) to come from b) *fig* to be due to, to be caused by.

provenu, e [pʀɔvny] pp ⟶ **provenir**.

proverbe [pʀɔvɛʀb] nm proverb.

proverbial, e, aux [pʀɔvɛʀbjal, o] adj proverbial.

providence [pʀɔvidɑ̃s] nf providence ; *fig* guardian angel. ◆ **Providence** nf Providence.

providentiel, elle [pʀɔvidɑ̃sjɛl] adj providential.

proviendrai, proviendras ⟶ **provenir**.

proviens, provient ⟶ **provenir**.

province [pʀɔvɛ̃s] nf **1.** [gén] province **2.** [campagne] provinces *pl*.

provincial, e, aux [pʀɔvɛ̃sjal, o] adj & nm, f provincial.

proviseur, e [pʀɔvizœʀ] nm, f ≃ head UK ; ≃ headteacher UK ; ≃ headmaster (headmistress) UK ; ≃ principal US.

provision [pʀɔvizjɔ̃] nf **1.** [réserve] stock, supply ▸ **faire provision de qqch** to stock up on OU with sthg **2.** FIN retainer ; ▸ **provision pour créances douteuses** bad debt provision. ◆ **provisions** nfpl provisions.

provisionnel, elle [pʀɔvizjɔnɛl] adj provisional.

provisoire [pʀɔvizwaʀ] ◆ adj temporary ; DR provisional. ◆ nm : *ce n'est que du provisoire* it's only a temporary arrangement.

provisoirement [pʀɔvizwaʀmɑ̃] adv temporarily.

provocant, e [pʀɔvɔkɑ̃, ɑ̃t] adj provocative.

provocateur, trice [pʀɔvɔkatœʀ, tʀis] ◆ adj provocative. ◆ nm, f agitator, troublemaker.

provocation [pʀɔvɔkasjɔ̃] nf provocation.

provoquer [3] [pʀɔvɔke] vt **1.** [entraîner] to cause **2.** [personne] to provoke. ◆ **se provoquer** vp to provoke each other.

proxénète [pʀɔksenɛt] nmf pimp.

proxénétisme [pʀɔksenetism] nm pimping, procuring.

proximité [pʀɔksimite] nf **1.** [de lieu] proximity, nearness ▸ **à proximité de** near **2.** [d'événement] closeness. ◆ **de proximité** loc adj **1.** TECHNOL proximity *(modif)* **2.** [de quartier] : *commerces de proximité* local shops / *police de proximité* community policing / *élu de proximité* a) [de la communauté] local councillor, local representative b) [faisant valoir ses liens avec la communauté] local man OU woman / *médias de proximité* locals OU community media.

pr tjr (*abr écrite de* **pour toujours**) SMS 4eva, 4E.

prude [pʀyd] *litt* ◆ nf prude. ◆ adj prudish.

prudemment [pʀydamɑ̃] adv cautiously.

prudence [pʀydɑ̃s] nf care, caution.

prudent, e [pʀydɑ̃, ɑ̃t] adj careful, cautious ▸ **sois prudent !** be careful !

prud'homme [pʀydɔm] nm ≃ member of an industrial tribunal ▸ **Conseil de prud'hommes** ≃ industrial tribunal.

prune [pʀyn] ◆ nf plum ▸ **compter pour des prunes** *fam* to count for nothing. ◆ adj inv plum-coloured UK, plum-colored US.

pruneau, x [pʀyno] nm **1.** [fruit] prune **2.** *fam* [balle] slug.

prunelle [pʀynɛl] nf ANAT pupil ▸ **j'y tiens comme à la prunelle de mes yeux** it's the apple of my eye.

prunier [pʀynje] nm plum tree ▸ **secouer qqn comme un prunier** *fam* to shake sb until his/her teeth rattle.

prurit [pʀyʀit] nm pruritus.

Prusse [pʀys] nf : *la Prusse* Prussia.

prussien, enne [pʀysjɛ̃, ɛn] adj Prussian. ◆ **Prussien, enne** nm, f Prussian.

PS[1] (*abr de* **Parti socialiste**) nm *French socialist party.*

PS[2], P-S (*abr de* **post-scriptum**) nm PS.

psalmodie [psalmɔdi] nf chanting.

psalmodier [9] [psalmɔdje] ◆ vt to chant ; *fig* & *litt* to drone. ◆ vi to drone.

psaume [psom] nm psalm.

pseudonyme [psødɔnim] nm pseudonym.

PSG (*abr de* **Paris St-Germain**) nm *Paris football team.*

PSIG (*abr de* **peloton de surveillance et d'intervention de la gendarmerie**) nm *gendarmerie commando squad.*

psy [psi] *fam* ◆ nmf (*abr de* **psychiatre**) shrink. ◆ adj : *elle est très psy* she's really into psychology.

psychanalyse [psikanaliz] nf psychoanalysis ▸ **faire la psychanalyse de qqn** to psychoanalyse UK OU psychoanalyze US sb.

psychanalyser [3] [psikanalize] vt to psychoanalyse UK, to psychoanalyze US.

psychanalyste [psikanalist] nmf psychoanalyst, analyst.

psychanalytique [psikanalitik] adj psychoanalytic, psychoanalytical.

psyché [psiʃe] nf cheval glass.

psychédélique [psikedelik] adj psychedelic.

psychiatre [psikjatʀ] nmf psychiatrist.

psychiatrie [psikjatʀi] nf psychiatry.

psychiatrique [psikjatʀik] adj psychiatric.

psychique [psiʃik] adj psychic ; [maladie] psychosomatic.

psychisme [psiʃism] nm psyche, mind.

psychodrame [psikɔdʀam] nm psychodrama ; *fig* melodrama.

psychologie [psikɔlɔʒi] nf psychology.

psychologique [psikɔlɔʒik] adj psychological.

psychologiquement [psikɔlɔʒikmɑ̃] adv psychologically.

psychologue [psikɔlɔg] ❖ nmf psychologist. ❖ adj psychological.

psychomoteur, trice [psikɔmɔtœʀ, tʀis] adj psychomotor.

psychopathe [psikɔpat] nmf psychopath.

psychose [psikoz] nf **1.** MÉD psychosis **2.** [crainte] obsessive fear.

psychosomatique [psikɔsɔmatik] adj psychosomatic.

psychothérapeute [psikɔteʀapøt] nmf psychotherapist.

psychothérapie [psikɔteʀapi] nf psychotherapy.

PTDR *fam* SMS *abr écrite de* **pété de rire**.

Pte *abr écrite de* **porte, pointe**.

PTT (*abr de* **Postes, télécommunications et télédiffusion**) nfpl *former French post office and telecommunications network*.

pu [py] pp ⟶ **pouvoir**.

puant, e [pɥɑ̃, ɑ̃t] adj **1.** [fétide] smelly, stinking **2.** *fam* & *fig* [personne] bumptious, full of oneself.

puanteur [pɥɑ̃tœʀ] nf stink, stench.

pub¹ [pyb] nf *fam* ad, advert UK ; [métier] advertising.

pub² [pœb] nm pub.

pubère [pybɛʀ] adj pubescent.

puberté [pybɛʀte] nf puberty.

pubis [pybis] nm [zone] pubis.

publiable [pyblijabl] adj publishable / *ce n'est guère publiable* it's hardly fit for publication OU to be printed.

public, ique [pyblik] adj public. ◆ **public** nm **1.** [auditoire] audience ▸ **en public** in public **2.** [population] public ▸ **grand public** general public.

publication [pyblikasjɔ̃] nf publication ▸ **publication à compte d'auteur** vanity publishing.

publiciste [pyblisist] nmf **1.** DR specialist in public law **2.** [publicitaire] advertiser, advertising man *(nm)*.

publicitaire [pyblisitɛʀ] ❖ nmf person in advertising. ❖ adj [campagne] advertising *(avant n)* ; [vente, film] promotional.

publicité [pyblisite] nf **1.** [domaine] advertising ▸ **publicité comparative** comparative advertising ▸ **publicité institutionnelle** corporate advertising ▸ **publicité mensongère** misleading advertising, deceptive advertising ▸ **publicité sur le lieu de vente** point-of-sale advertising, POS advertising **2.** [réclame] advertisement, advert UK / *publicité d'amorçage* advance publicity / *publicité comparative dénigrante* knocking copy / *publicité directe* direct advertising / *publicité sur le lieu de vente* point-of-sale promotion, point-of-purchase promotion / *publicité au / en prime time* prime time advertising / *publicité rédactionnelle* advertorial **3.** [autour d'une affaire] publicity *(U)* **4.** [caractère public] public nature.

publier [10] [pyblije] vt **1.** [livre] to publish ; [communiqué] to issue, to release **2.** [nouvelle] to make public.

publipostage [pyblipɔstaʒ] nm mailing ▸ **publipostage d'essai** test OU cold mailing ▸ **publipostage massif** blanket mailing.

publiquement [pyblikmɑ̃] adv publicly.

publireportage [pybliʀəpɔʀtaʒ] nm advertorial, free write-up UK, special advertising section US.

puce [pys] nf **1.** [insecte] flea **2.** INFORM (silicon) chip **3.** *fig* [terme affectueux] pet, love **4.** EXPR **mettre la puce à l'oreille de qqn** to make sb suspicious ▸ **secouer les puces à qqn** *fam* to tear sb off a strip UK. ◆ **puces** nfpl ▸ **les puces** flea market *sg*.

puceau, elle, x [pyso, ɛl, o] nm, f & adj *fam* virgin.

puceron [pysʀɔ̃] nm aphid.

pudding [pudiŋ] nm plum OU Christmas pudding.

pudeur [pydœʀ] nf **1.** [physique] modesty, decency **2.** [morale] restraint.

pudibond, e [pydibɔ̃, ɔ̃d] adj prudish, prim and proper.

pudibonderie [pydibɔ̃dʀi] nf prudishness, primness.

pudique [pydik] adj **1.** [physiquement] modest, decent **2.** [moralement] restrained.

pudiquement [pydikmɑ̃] adv modestly.

puer [7] [pɥe] ❖ vi to stink / *ça pue ici !* it stinks in here! ❖ vt to reek of, to stink of.

puériculteur, trice [pɥeʀikyltœʀ, tʀis] nm, f nursery nurse.

puéricultrice [pɥeʀikyltʀis] nf nursery nurse.

puériculture [pɥeʀikyltyʀ] nf childcare.

puéril, e [pɥeʀil] adj childish.

puérilité [pɥeʀilite] nf childishness.

Puerto Rico [pwɛʀtoʀiko] = **Porto Rico**.

PUF, Puf [pyf] (*abr de* **Presses universitaires de France**) nfpl *French publishing house.*

pugilat [pyʒila] nm fight.

pugnace [pygnas] adj *litt* pugnacious.

pugnacité [pygnasite] nf *litt* pugnacity.

puis [pɥi] adv then ▸ **et puis** [d'ailleurs] and moreover OU besides ▸ **et puis quoi** OU **après ?** *fam* so what?

puisard [pɥizaʀ] nm cesspool.

puiser [3] [pɥize] vt [liquide] to draw ▸ **puiser qqch dans qqch** *fig* to draw OU take sthg from sthg.

puisque [pɥiskə] conj **1.** [gén] since **2.** [renforce une affirmation] : *mais puisqu'il m'attend !* but he's waiting for me!

puissamment [pɥisamɑ̃] adv powerfully.

puissance [pɥisɑ̃s] nf power / *un État au sommet de sa puissance* a state at the height of its power / *une grande puissance de travail* a great capacity for work / *puissance économique* economic power ▸ **puissance nucléaire** nuclear capability ▸ **les grandes puissances** the great powers / *les puissances des ténèbres* the powers of darkness / *un client en puissance* a prospective customer / *puissance de vente* selling power ▸ **puissance d'entrée / de sortie** ÉLECTR input/output (power) / *six puissance cinq* six to the power (of) five. ◆ **en puissance** loc adj potential.

puissant, e [pɥisɑ̃, ɑ̃t] adj powerful. ◆ **puissant** nm ▸ **les puissants** the powerful.

puisse, puisses ⟶ **pouvoir**.

puits [pɥi] nm **1.** [d'eau] well ▸ **puits artésien** artesian well **2.** [de gisement] shaft ▸ **puits d'extraction** extraction shaft ▸ **puits de mine** mine shaft ▸ **puits de pétrole** oil well ▸ **puits de sciences** *fig* fount of all knowledge.

pull [pyl], **pull-over** [pylɔvɛʀ] (*pl* **pull-overs**) nm jumper UK, sweater.

pulluler [3] [pylyle] vi to swarm.

pulmonaire [pylmɔnɛʀ] adj lung *(avant n)*, pulmonary.

pulpe [pylp] nf pulp.

pulpeux, euse [pylpø, øz] adj **1.** [fruit] pulpy ; [jus] containing pulp **2.** *fig* [femme] curvaceous.

pulsation [pylsasjɔ̃] nf beat, beating *(U)*.

pulsion [pylsjɔ̃] nf impulse.

pulvérisateur [pylveʀizatœʀ] nm spray.

pulvérisation [pylveʀizasjɔ̃] nf **1.** [d'insecticide] spraying **2.** MÉD spray ; [traitement] spraying.

pulvériser [3] [pylveʀize] vt **1.** [projeter] to spray **2.** [détruire] to pulverize ; *fig* to smash.

puma [pyma] nm puma.

punaise [pynɛz] ✣ nf **1.** [insecte] bug **2.** *fig* [femme] shrew **3.** [clou] drawing pin UK, thumbtack US. ✣ interj good grief!

punch [pɔ̃ʃ] nm punch.

punching-ball [pœnʃiŋbol] (*pl* **punching-balls**) nm punchball UK, punching bag US.

puni, e [pyni] adj punished.

punir [32] [pyniʀ] vt ▸ **punir qqn (de)** to punish sb (with).

punitif, ive [pynitif, iv] adj punitive.

punition [pynisjɔ̃] nf punishment.

punk [pœnk] nmf & adj inv punk.

pupille [pypij] ✣ nf ANAT pupil. ✣ nmf [orphelin] ward ▸ **pupille de l'État** ≃ child in care UK ▸ **pupille de la Nation** war orphan *(in care)*.

pupitre [pypitʀ] nm **1.** [d'orateur] lectern ; MUS stand **2.** TECHNOL console **3.** [d'écolier] desk.

pur, e [pyʀ] adj **1.** [gén] pure / *à l'état pur* pure, unalloyed, unadulterated / *biscuits pur beurre* (100 %) butter biscuits / *le cognac se boit pur* cognac should be taken straight OU neat **2.** *fig* [absolu] pure, sheer / *par pure méchanceté* out of sheer malice ▸ **pur et simple** pure and simple **3.** *fig* [intention] honourable UK, honorable US / *le regard pur d'un enfant* a child's innocent gaze **4.** [lignes] pure, clean.

purée [pyʀe] nf purée ▸ **purée de pois** *fig* peasouper UK ▸ **purée de pommes de terre** mashed potatoes *pl.*

purement [pyʀmɑ̃] adv purely ▸ **purement et simplement** purely and simply.

pureté [pyʀte] nf **1.** [gén] purity **2.** [de sculpture, de diamant] perfection **3.** [d'intention] honourableness UK, honorableness US.

purgatif, ive [pyʀgatif, iv] adj purgative. ◆ **purgatif** nm purgative.

purgatoire [pyʀgatwaʀ] nm purgatory.

purge [pyʀʒ] nf **1.** MÉD & POL purge **2.** [de radiateur] bleeding.

purger [17] [pyʀʒe] vt **1.** MÉD & POL to purge **2.** [radiateur] to bleed **3.** [peine] to serve. ◆ **se purger** vp to take a purgative.

purifiant, e [pyʀifjɑ̃, ɑ̃t] adj **1.** [crème, lotion] cleansing, purifying **2.** [air] healthy.

purificateur, trice [pyʀifikatœʀ, tʀis] adj purifying, cleansing. ◆ **purificateur** nm purifier.

purification [pyʀifikasjɔ̃] nf purification ▸ **purification ethnique** ethnic cleansing.

purifier [9] [pyʀifje] vt to purify. ◆ **se purifier** vp to become pure OU clean ; *fig* to purify OU cleanse o.s.

purin [pyʀɛ̃] nm slurry.

puriste [pyʀist] nmf & adj purist.

puritain, e [pyʀitɛ̃, ɛn] ✣ adj **1.** [pudibond] puritanical **2.** RELIG Puritan *(avant n)*. ✣ nm, f **1.** [prude] puritan **2.** RELIG Puritan.

puritanisme [pyʀitanism] nm puritanism ; RELIG Puritanism.

pur-sang [pyʀsɑ̃] nm inv thoroughbred.

purulent, e [pyʀylɑ̃, ɑ̃t] adj purulent.

pus [py] nm pus.

pusillanime [pyzilanim] adj *litt* pusillanimous.

pusillanimité [pyzilanimite] nf *litt* pusillanimity.

pustule [pystyl] nf pustule.

putain [pytɛ̃] *vulg* & *injur* ❖ nf **1.** [prostituée] whore **2.** [femme facile] tart, slag UK. ❖ interj **1.** sod it! UK, bugger! UK, goddam! US **2.** [exprime l'étonnement] (well) bugger me! UK, goddam it! US **3.** [pour exprimer le mécontentement] ▸ **(ce) putain de…** this/that sodding… UK, this/that goddam… US.

pute [pyt] nf *vulg* & *injur* [prostituée] whore.

putois [pytwa] nm polecat.

putréfaction [pytʀefaksjɔ̃] nf putrefaction ▸ **en putréfaction** rotting, putrefying.

putréfier [9] [pytʀefje] ◆ **se putréfier** vp to putrefy, to rot.

putrescent, e [pytʀesɑ̃, ɑ̃t] adj putrescent, rotting.

putride [pytʀid] adj **1.** [corps] putrid **2.** [odeur, miasme] fetid, foul.

putsch [putʃ] nm uprising, coup.

putschiste [putʃist] ❖ nmf rebel. ❖ adj rebel *(avant n)*.

puzzle [pœzl] nm jigsaw (puzzle).

P-V nm *abr de* **procès-verbal**.

PVC (*abr de* **polyvinylchloride**) nm PVC.

PVD (*abr de* **pays en voie de développement**) nm developing country.

px (*abr écrite de* **prix**) : *px à déb.* offers.

pygmée [pigme] adj pygmy. ◆ **Pygmée** nmf Pygmy.

pyjama [piʒama] nm pyjamas *pl* UK, pajamas *pl* US / *un pyjama* (a pair of) pyjamas UK, pajamas *pl* US.

pylône [pilon] nm pylon.

Pyongyang [pjɔngjɑ̃g] npr Pyongyang.

pyramide [piʀamid] nf pyramid ▸ **la Pyramide du Louvre** *glass pyramid in the courtyard of the Louvre which serves as its main entrance.*

pyrénéen, enne [piʀeneɛ̃, ɛn] adj Pyrenean. ◆ **Pyrénéen, enne** nm, f Pyrenean.

Pyrénées [piʀene] nfpl ▸ **les Pyrénées** the Pyrenees.

Pyrex® [piʀɛks] nm Pyrex®.

pyrogravure [piʀɔgʀavyʀ] nf pokerwork, pyrography *(terme spécialisé)*.

pyromane [piʀɔman] nmf arsonist ; MÉD pyromaniac.

pyrotechnique [piʀɔtɛknik] adj firework *(avant n)*, pyrotechnic.

python [pitɔ̃] nm python.

Q

q¹, Q [ky] nm inv [lettre] q, Q.

q² *abr écrite de* **quintal**.

Qatar, Katar [katar] nm : *le Qatar* Qatar.

qch SMS *abr écrite de* **quelque chose**.

QCM (*abr de* **questionnaire à choix multiple**) nm multiple choice questionnaire.

qd SMS *abr écrite de* **quand**.

QG (*abr de* **quartier général**) nm HQ.

QI (*abr de* **quotient intellectuel**) nm IQ.

qqch (*abr écrite de* **quelque chose**) sthg.

qqe *abr écrite de* **quelque**.

qqes (*abr écrite de* **quelques**) ⟶ **quelque**.

qqf *abr écrite de* **quelquefois**.

qqn (*abr écrite de* **quelqu'un**) s.o., sb.

qu' ⟶ **que**.

quad [kwad] nm [moto] four-wheel motorbike, quad bike ; [rollers] roller skate.

quadra [k(w)adʀa] nm fortysomething, babyboomer.

quadragénaire [k(w)adʀaʒenɛʀ] ❖ nmf forty year old. ❖ adj ▸ **être quadragénaire** to be in one's forties.

quadrangulaire [k(w)adʀɑ̃gylɛʀ] adj quadrangular.

quadrature [k(w)adʀatyʀ] nf quadrature ▸ **c'est la quadrature du cercle** it's like trying to square the circle.

quadri [kadʀi] (*abr de* **quadrichromie**) nf *fam* four-colour UK ou four-color US processing ou printing / *en quadri* in four colours UK ou colors US.

quadriceps [kwadʀisɛps] nm quadriceps.

quadrichromie [k(w)adʀikʀɔmi] nf four-colour UK ou four-color US printing.

quadrilatère [k(w)adʀilatɛʀ] nm quadrilateral.

quadrillage [kadʀijaʒ] nm **1.** [de papier, de tissu] criss-cross pattern **2.** [policier] combing.

quadrille [kadʀij] nm quadrille.

quadrillé, e [kadʀije] adj squared, cross-ruled.

quadriller [3] [kadʀije] vt **1.** [papier] to mark with squares **2.** [ville - suj : rues] to criss-cross ; [- suj : police] to comb.

quadrimoteur [k(w)adʀimɔtœʀ] ❖ nm four-engined plane. ❖ adj four-engined.

quadriphonie [k(w)adʀifɔni] nf quadraphony.

quadrupède [k(w)adʀypɛd] nm & adj quadruped.

quadruple [k(w)adʀypl] nm & adj quadruple.

quadrupler [3] [k(w)adʀyple] vt & vi to quadruple, to increase fourfold.

quadruplés, ées nmf pl quadruplets, quads.

quai [kɛ] nm **1.** [de gare] platform **2.** [de port] quay, wharf **3.** [de rivière] embankment.

> **Quai**
>
> The names **Quai d'Orsay** and **Quai des Orfèvres** are often used to refer to the government departments situated on the streets of the same name (the foreign office and the police department respectively). **Le Quai de Conti** is sometimes used to refer to the **Académie française**.

qualifiable [kalifjabl] adj [conduite, attitude] ▸ **peu qualifiable** indescribable.

qualificatif, ive [kalifikatif, iv] adj qualifying. ◆ **qualificatif** nm term.

qualification [kalifikasjɔ̃] nf **1.** [gén] qualification **2.** [désignation] designation.

qualifié, e [kalifje] adj **1.** [compétent] skilled, qualified / *non qualifié pour* ineligible for **2.** SPORT [choisi] qualifying **3.** DR aggravated.

qualifier [9] [kalifje] vt **1.** [gén] to qualify ▸ **être qualifié pour qqch / pour faire qqch** to be qualified for sthg / to do sthg **2.** [caractériser] ▸ **qualifier qqn / qqch de qqch** to describe sb / sthg as sthg, to call sb / sthg sthg. ◆ **se qualifier** vp to qualify.

qualitatif, ive [kalitatif, iv] adj qualitative.

qualitativement [kalitativmɑ̃] adv qualitatively.

qualité [kalite] nf **1.** [gén] quality / *de bonne / mauvaise qualité* of good / poor quality / *de première qualité* top-quality, first-rate ▸ **qualité de vie** quality of life **2.** [impression] ▸ **qualité brouillon** ou **listing** [pour une impression] draft quality ▸ **qualité liste rapide** [pour une impression] draft quality ▸ **qualité perçue** perceived quality **3.** [condition] position, capacity ▸ **en qualité de** in my / his etc. capacity as.

quand [kɑ̃] ❖ conj **1.** [lorsque, alors que] when / *quand tu le verras, demande-lui de me téléphoner* when you see him, ask him to phone me / *pourquoi rester ici quand on pourrait partir en week-end ?* why stay here when we could go away for the weekend? **2.** *sout* [introduit une hypothèse] even if. ❖ adv interr when / *quand arriveras-tu ?* when will you arrive? / *je ne sais pas encore quand je pars* I don't know yet when I'm leaving / *jusqu'à quand restez-vous ?* how long are you staying for? ◆ **quand même** ❖ loc conj *sout* even though, even if. ❖ loc adv all the same / *je pense* *qu'il ne viendra pas, mais je l'inviterai quand même* I don't think he'll come but I'll invite him all the same / *tu pourrais faire attention quand même !* you might at least be careful! ❖ interj : *quand même, à son âge !* really, at his/her age! ◆ **quand bien même** loc conj *sout* even though, even if / *j'irai, quand bien même je devrais y aller à pied !* I'll go, even if I have to walk!

quant [kɑ̃] ◆ **quant à** loc prép as for.

quant-à-soi [kɑ̃taswa] nm inv reserve ▸ **rester sur son quant-à-soi** to remain aloof.

quantième [kɑ̃tjɛm] nm date.

quantifiable [kɑ̃tifjabl] adj quantifiable.

quantifier [9] [kɑ̃tifje] vt to quantify.

quantitatif, ive [kɑ̃titatif, iv] adj quantitative.

quantitativement [kɑ̃titativmɑ̃] adv quantitatively.

quantité [kɑ̃tite] nf **1.** [mesure] quantity, amount **2.** [abondance] ▸ **(une) quantité de** a great many, a lot of ▸ **en quantité** in large numbers / *des exemplaires en quantité* a large number of copies **3.** LING [sciences] quantity.

quarantaine [karɑ̃tɛn] nf **1.** [nombre] ▸ **une quarantaine de** about forty **2.** [âge] ▸ **avoir la quarantaine** to be in one's forties **3.** [isolement] quarantine ▸ **mettre qqn en quarantaine** *fig* to send sb to Coventry.

quarante [karɑ̃t] adj num inv & nm forty. *Voir aussi* **six**.

quarantième [karɑ̃tjɛm] adj num inv, nm & nmf fortieth. *Voir aussi* **sixième**.

quart [kar] nm **1.** [fraction] quarter / *deux heures moins le quart* (a) quarter to two, (a) quarter of two US / *deux heures et quart* (a) quarter past two, (a) quarter after two US / *il est moins le quart* it's (a) quarter to, it's a quarter of US ▸ **un quart de** a quarter of ▸ **un quart de cercle** a) [gén] a quarter (of a) circle b) GÉOM a quadrant ▸ **démarrer au quart de tour** a) to start first time b) *fig* to fly off the handle ▸ **un quart d'heure** a quarter of an hour ▸ **passer un mauvais quart d'heure** to have a bad time of it ▸ **quart de ton** quarter tone **2.** NAUT watch / *être de quart* to be on watch OU duty **3.** SPORT ▸ **quart de finale** quarterfinal.

quart-arrière [kararjɛr] nmf QUÉBEC SPORT quarterback.

Quarté® [karte] nm *system of betting involving the first four horses in a race.*

quarteron, onne [kartərɔ̃, ɔn] nm, f [métis] quadroon. ◆ **quarteron** nm *péj* [petit nombre] bunch, gang / *un quarteron de politiciens véreux* a bunch of shady politicians.

quartette [kwartɛt] nm jazz quartet.

quartier [kartje] nm **1.** [de ville] area, district ▸ **les beaux quartiers** the smart areas ▸ **le Quartier latin** the Latin quarter ▸ **quartier résidentiel** residential area ▸ **restaurant de quartier** local restaurant **2.** [de fruit] piece / *un quartier d'orange* an orange segment ; [de viande] quarter **3.** [héraldique, de lune] quarter **4.** *(gén pl)* MIL quarters *pl* ▸ **quartier général** headquarters *pl* ▸ **avoir / donner quartier libre** to have/give permission to leave barracks ; *fig* to have/give permission to go out / *prendre ses quartiers d'hiver à* to winter at **5.** [partie d'une prison] wing ▸ **quartier de haute sécurité** high-security wing **6.** [degré de descendance noble] ▸ **quartiers de noblesse** degree of noble descent.

quartier-maître [kartjemɛtr] (*pl* **quartiers-maîtres**) nm leading seaman.

quart-monde [karmɔ̃d] (*pl* **quarts-mondes**) nm ▸ **le quart-monde** the Fourth World.

quartz [kwarts] nm quartz ▸ **montre à quartz** quartz watch.

quasi [kazi] adv almost, nearly.

quasi- [kazi] préf near ▸ **quasi-collision** near collision.

quasiment [kazimɑ̃] adv *fam* almost, nearly.

quaternaire [kwatɛrnɛr] ❖ adj **1.** GÉOL Quaternary ▸ **ère quaternaire** Quaternary era **2.** CHIM & MATH quaternary. ❖ nm GÉOL Quaternary (period).

quatorze [katɔrz] adj num inv & nm fourteen. *Voir aussi* **six**.

quatorzième [katɔrzjɛm] adj num inv, nm & nmf fourteenth. *Voir aussi* **sixième**.

quatrain [katrɛ̃] nm quatrain.

quatre [katr] ❖ adj num inv four ▸ **monter l'escalier quatre à quatre** to take the stairs four at a time ▸ **se mettre en quatre pour qqn** *fam* to bend over backwards for sb. ❖ nm four. *Voir aussi* **six**.

quatre-heures, quatre heures [katrœr] nm inv *fam* afternoon snack.

quatre-quarts [katkar] nm inv pound cake.

quatre-quatre [katkatr] ❖ adj inv four-wheel drive. ❖ nm ou nf inv four-wheel drive (vehicle).

quatre-vingt = **quatre-vingts**.

quatre-vingt-dix [katrəvɛ̃dis] adj num inv & nm ninety. *Voir aussi* **six**.

quatre-vingt-dixième [katrəvɛ̃dizjɛm] adj num inv, nm & nmf ninetieth. *Voir aussi* **sixième**.

quatre-vingtième [katrəvɛ̃tjɛm] adj num inv, nm & nmf eightieth. *Voir aussi* **sixième**.

quatre-vingts, quatre-vingt [katrəvɛ̃] adj num inv & nm eighty. *Voir aussi* **six**.

quatrième [katrijɛm] ❖ adj num inv, nm & nmf fourth. ❖ nf **1.** SCOL ≃ third year OU form UK ; ≃ eighth grade US **2.** [en danse] fourth position. *Voir aussi* **sixième**.

quatuor [kwatɥɔr] nm quartet ; QUÉBEC [golf] foursome.

que, qu' [k(ə)]

❖ conj

1. [introduit une subordonnée] that / *je sais que tu mens* I know (that) you're lying / *il a dit qu'il viendrait* he said (that) he'd come / *il veut que tu viennes* he wants you to come

2. [introduit une hypothèse] whether / *que vous le vouliez ou non* whether you like it or not

3. [reprend une autre conjonction] *s'il fait beau et que nous avons le temps...* if the weather is good and we have time... / *quand je serai grande et que j'aurai un métier* when I'm grown up and (I) have a job
4. [indique un ordre, un souhait] *qu'il entre !* let him come in! / *que tout le monde sorte !* everybody out! / *que Dieu nous pardonne* may God forgive us
5. [après un présentatif] *voilà / voici que ça recommence !* here we go again! / *je croyais l'affaire faite et voilà qu'elle n'est pas d'accord* I thought the deal was clinched and now I find she disagrees
6. [comparatif - après moins, plus] than ; [- après autant, aussi, même] as / *plus jeune que moi* younger than I (am) ou than me / *elle a la même robe que moi* she has the same dress as I do ou as me
7. [seulement] ▸ **ne... que** only / *je n'ai qu'une sœur* I've only got one sister
❖ pron rel
[chose, animal] which, that / *le contrat que j'ai signé* the contract (which) ou that I signed / *le livre qu'il m'a prêté* the book (which ou that) he lent me ; [personne] whom, that / *la femme que j'aime* the woman (whom ou that) I love
❖ pron interr
what / *que savez-vous au juste ?* what exactly do you know? / *je me demande que faire* I wonder what I should do
❖ adv excl
qu'elle est belle ! how beautiful she is! / *que de monde !* what a lot of people! / *que tu es naïf !* you're so naive!, aren't you naive!
◆ **c'est que** loc conj it's because / *si je vais me coucher, c'est que j'ai sommeil* if I'm going to bed, it's because I'm tired.
◆ **qu'est-ce que** pron interr what / *qu'est-ce que tu veux encore ?* what else do you want?
◆ **qu'est-ce qui** pron interr what / *qu'est-ce qui se passe ?* what's going on?

Québec [kebɛk] nm **1.** [province] : *le Québec* Quebec / *la province de* ou *du Québec* the Province of Quebec / *au Québec* in Quebec **2.** [ville] Quebec / *à Québec* in (the city of) Quebec.

québécois, e [kebekwa, az] adj Quebec *(avant n).* ◆ **québécois** nm [langue] Quebec French. ◆ **Québécois, e** nm, f Quebecker, Québecois.

quel, quelle [kɛl] (*mpl* **quels**, *fpl* **quelles**) ❖ adj interr [personne] which ; [chose] what, which / *quel homme ?* which man? / *quel est cet homme ?* who is this man? / *quel livre voulez-vous ?* what ou which book do you want? / *de quel côté es-tu ?* what ou which side are you on? / *je ne sais quels sont ses projets* I don't know what his plans are / *quelle heure est-il ?* what time is it?, what's the time? ❖ adj excl : *quel idiot !* what an idiot! / *quelle honte !* the shame of it! / *quel beau temps !* what lovely weather! ❖ adj indéf ▸ **quel que** *(+ subj)* **a)** [chose, animal] whatever **b)** [personne] whoever / *il se baigne, quel que soit le temps* he goes swimming whatever the weather / *il refuse de voir les nouveaux arrivants, quels qu'ils soient* he refuses to see new arrivals, whoever they may be. ❖ pron interr which (one) / *de vous trois, quel est le plus jeune ?* which (one) of you three is the youngest?

quelconque [kɛlkɔ̃k] adj **1.** [n'importe lequel] any / *donner un prétexte quelconque* to give any old excuse / *si pour une raison quelconque...* if for any reason... / *une quelconque observation* some remark or other **2.** *(après n)* [banal] ordinary, mediocre.

quelque [kɛlk(ə)] ❖ adj indéf some / *à quelque distance de là* some way away (from there) / *j'ai quelques lettres à écrire* I have some ou a few letters to write / *vous n'avez pas quelques livres à me montrer ?* don't you have any books to show me? / *les quelques fois où j'étais absent* the few times I wasn't there / *les quelques millions de téléspectateurs qui nous regardent* the few million viewers watching us / *dans quelque pays que tu sois* whichever ou whatever country you may be in / *quelque route que je prenne* whatever route I take / *dans quelque temps* in a while / *c'est en quelque sorte un cheval avec un buste d'homme* it is, as it were ou so to speak, a horse with the head and shoulders of a man / *elle est bizarre depuis quelque temps* she's been acting strangely for a ou some time now / *30 euros et quelques* some ou about 30 euros, just over 30 euros / *il est midi et quelques* *fam* it's just gone midday ▸ **quelque peu** somewhat, rather. ❖ adv [environ] about / *les quelque 30 euros qu'il m'a prêtés* the 30 euros or so (that) he lent me / *quelque volontaire qu'il se montrât* however willing he was.

quelque chose [kɛlkəʃoz] pron indéf something / *quelque chose de différent* something different / *quelque chose d'autre* something else / *tu veux boire quelque chose ?* do you want something ou anything to drink? ▸ **apporter un petit quelque chose à qqn** to give sb a little something ▸ **c'est quelque chose !** [ton admiratif] it's really something! ▸ **cela m'a fait quelque chose** I really felt it.

quelquefois [kɛlkəfwa] adv sometimes, occasionally.

quelque part [kɛlkəpaʀ] adv somewhere, someplace US / *l'as-tu vu quelque part ?* did you see him anywhere ou anyplace US?, have you seen him anywhere ou anyplace US?

quelques-uns, quelques-unes [kɛlkəzœ̃, yn] pron indéf some, a few.

quelqu'un [kɛlkœ̃] pron indéf m someone, somebody / *c'est quelqu'un d'ouvert / d'intelligent* he's/she's a frank/an intelligent person.

quémander [3] [kemɑ̃de] vt to beg for ▸ **quémander qqch à qqn** to beg sb for sthg.

qu'en-dira-t-on [kɑ̃diʀatɔ̃] nm inv *fam* tittle-tattle.

quenelle [kənɛl] nf *very finely chopped mixture of fish or chicken cooked in stock.*

quenotte [kənɔt] nf *fam* tooth.

querelle [kəʀɛl] nf quarrel ▸ **chercher querelle à qqn** to pick a quarrel with sb.

quereller [4] [kəʀele] ◆ **se quereller** vp ▸ **se quereller (avec)** to quarrel (with).

querelleur, euse [kəʀɛlœʀ, øz] ❖ adj quarrelsome. ❖ nm, f quarrelsome person.

quérir [keʀiʀ] vt *litt* ▸ **faire quérir qqn** to summon sb ▸ **aller quérir qqn** to go and fetch sb.

qu'est-ce que [kɛskə] ⟶ **que**.

qu'est-ce qui [kɛski] ⟶ **que**.

questeur [kɛstœʀ] nm **1.** HIST quaestor **2.** POL parliamentary administrator.

question [kɛstjɔ̃] nf question / *y a-t-il des questions ?* (are there) any questions? ▸ **poser une question à qqn** to ask sb a question ▸ **il est question de faire qqch** it's a question OU matter of doing sthg / *de quoi est-il question dans ce paragraphe ?* what is this paragraph about? ▸ **il n'en est pas question** there is no question of it ▸ **poser la question de confiance** POL to ask for a vote of confidence ▸ **remettre qqn / qqch en question** to question sb / sthg, to challenge sb / sthg / *mettez-vous mon honnêteté en question ?* are you questioning my honesty? ▸ **question piège a)** [dans un jeu] trick question **b)** [dans un interrogatoire] loaded OU leading question ▸ **question subsidiaire** tiebreaker ▸ **c'est une question de vie ou de mort** it's a matter of life and death ▸ **là n'est pas la question** that's not the point (at issue) OU the issue.

questionnaire [kɛstjɔnɛʀ] nm questionnaire.

questionner [3] [kɛstjɔne] vt to question.

quétaine [ketɛn] adj QUÉBEC *fam* corny, naff UK.

quétainerie [ketɛnʀi] nf QUÉBEC *fam* [objet] piece of junk.

quête [kɛt] nf **1.** *sout* [d'objet, de personne] quest ▸ **se mettre en quête de** to go in search of **2.** [d'aumône] ▸ **faire la quête** to take a collection.

quêter [4] [kete] ❖ vi to collect. ❖ vt *fig* to seek, to look for.

quetsche [kwɛtʃ] nf **1.** [fruit] variety of plum **2.** [eau-de-vie] *type of plum brandy.*

queue [kø] nf **1.** [d'animal] tail ▸ **faire une queue de poisson à qqn** AUTO to cut in front of sb ▸ **histoire sans queue ni tête** *fam* & *fig* cock-and-bull story **2.** [de fruit] stalk **3.** [de poêle] handle **4.** [de liste, de classe] bottom ; [de file, peloton] rear **5.** [file] queue UK, line US ▸ **faire la queue** to queue UK, to stand in line US ▸ **à la queue leu leu** in single file **6.** *vulg* [sexe masculin] dick.

queue-de-cheval [kødʃəval] (*pl* **queues-de-cheval**) nf ponytail.

queue-de-pie [kødpi] (*pl* **queues-de-pie**) nf *fam* tails *pl.*

qui [ki]

❖ pron rel

1. *(sujet)* [personne] who ; [chose] which, that / *l'homme qui parle* the man who's talking / *je l'ai vu qui passait* I saw him pass / *le chien qui aboie* the barking dog, the dog which OU that is barking / *donne-moi le magazine qui est sur la table* give me the magazine (that) OU which is on the table ▸ **qui plus est** (and) what's more ▸ **qui mieux est** even better, better still

2. *(complément d'objet direct)* who / *tu vois qui je veux dire* you see who I mean / *invite qui tu veux* invite whoever OU anyone you like

3. *(après une préposition)* who, whom / *la personne à qui je parle* the person I'm talking to, the person to whom I'm talking / *les personnes au nom de qui ils ont agi* the people in whose name they acted

4. *(indéfini) qui que tu sois* whoever you are / *qui que ce soit* whoever it may be

❖ pron interr

1. *(sujet)* who / *qui es-tu ?* who are you? / *je voudrais savoir qui est là* I would like to know who's there

2. *(complément d'objet, après une préposition)* who, whom / *dites-moi qui vous demandez* tell me who you want to see / *à qui vas-tu le donner ?* who are you going to give it to?, to whom are you going to give it? / *de qui parles-tu ?* who OU whom *sout* are you talking about?

◆ **qui est-ce qui** pron interr who / *qui est-ce qui en veut ?* who wants some?

◆ **qui est-ce que** pron interr who, whom / *qui est-ce que tu connais ici ?* who do you know around here?

quiche [kiʃ] nf quiche.

quiconque [kikɔ̃k] ❖ pron indéf anyone, anybody. ❖ pron indéf *sout* anyone who, whoever.

quid [kwid] pron interr *fam* : *quid de… ?* what about…?

Quid [kwid] npr ▸ **le Quid** *annually updated one-volume encyclopedia of facts and figures.*

quidam [kidam] nm *fam* chap UK, guy US.

quiétude [kjetyd] nf tranquillity UK, tranquility US.

quignon [kiɲɔ̃] nm *fam* hunk.

quille [kij] nf **1.** [de bateau] keel **2.** *arg mil* ▸ **la quille** discharge, demob UK. ◆ **quilles** nfpl **1.** [jeu] ▸ **(jeu de) quilles** skittles *(U)* **2.** *fam* [jambes] pins.

quincaillerie [kɛ̃kajʀi] nf **1.** [ustensiles] ironmongery UK, hardware **2.** [magasin] ironmonger's (shop) UK, hardware shop **3.** *fam* & *fig* [bijoux] jewellery UK, jewelry US.

quincaillier, ère [kɛ̃kaje, ɛʀ] nm, f ironmonger UK, hardware dealer.

quinconce [kɛ̃kɔ̃s] nm ▸ **en quinconce** in a staggered arrangement.

quinine [kinin] nf quinine.

quinoa [kinɔa] nm quinoa.

quinqua [kɛ̃ka] nmf fiftysomething.

quinquagénaire [kɛ̃kaʒenɛʀ] ❖ nmf fifty year old. ❖ adj ▸ **être quinquagénaire** to be in one's fifties.

quinquennal, e, aux [kɛ̃kenal, o] adj [plan] five-year *(avant n)* ; [élection] five-yearly.

quinquennat [kɛ̃kena] nm five-year period of office, quinquennium, lustrum.

quinquina [kɛ̃kina] nm **1.** [pharmacie & BOT] cinchona **2.** [boisson] quinine tonic wine.

quintal, aux [kɛ̃tal, o] nm quintal.

quinte [kɛ̃t] nf MUS fifth. ◆ **quinte de toux** nf coughing fit.

Quinté® [kɛ̃te] nm *French forecast system involving betting on five horses.*

quintessence [kɛ̃tesɑ̃s] nf quintessence.

quintette [kɛ̃tɛt] nm quintet.

quintuple [kɛ̃typl] nm & adj quintuple.

quintupler [3] [kɛ̃typle] vt & vi to quintuple, to increase fivefold.

quinzaine [kɛ̃zɛn] nf **1.** [nombre] fifteen (or so) ▸ **une quinzaine de** about fifteen **2.** [deux semaines] fortnight UK, two weeks *pl* ▸ **quinzaine publicitaire / commerciale** two-week advertising campaign/sale.

quinze [kɛ̃z] ❖ adj num inv fifteen ▸ **dans quinze jours** in a fortnight UK, in two weeks. ❖ nm **1.** [chiffre] fifteen **2.** [rugby] ▸ **le Quinze de France** the French fifteen. ***Voir aussi* six**.

quinzième [kɛ̃zjɛm] adj num inv, nm & nmf fifteenth. ***Voir aussi* sixième**.

quiproquo [kipʀɔko] nm misunderstanding.

Quito [kito] npr Quito.

quittance [kitɑ̃s] nf receipt.

quitte [kit] adj quits ▸ **être quitte de qqch** to be clear of sthg ▸ **en être quitte pour qqch / pour faire qqch** to get off with sthg/doing sthg ▸ **quitte à faire qqch** even if it means doing sthg ▸ **quitte ou double** double or quits UK, double or nothing US.

quitter [3] [kite] vt **1.** [gén] to leave ▸ **ne quittez pas !** [au téléphone] hold the line, please! **2.** [fonctions] to give up **3.** [vêtement] to take off **4.** INFORM to exit. ◆ **se quitter** vp to part.

quitus [kitys] nm discharge.

qui-vive [kiviv] ❖ interj who goes there? ❖ nm inv ▸ **être sur le qui-vive** to be on the alert.

quiz [kwiz] nm quiz.

quoi [kwa] ❖ pron rel *(après prép)* : *ce à quoi je me suis intéressé* what I was interested in / *c'est en quoi vous avez tort* that's where you're wrong ▸ **avoir de quoi vivre** to have enough to live on / *avez-vous de quoi écrire ?* have you got something to write with? ▸ **merci — il n'y a pas de quoi** thank you — don't mention it. ❖ pron interr what / *à quoi penses-tu ?* what are you thinking about? / *je ne sais pas quoi dire* I don't know what to say / *à quoi bon ?* what's the point OU use? / *quoi de plus ?* what else? / *décide-toi, quoi !* *fam* make your mind up, will you? / *tu viens ou quoi ?* *fam* are you coming or what? ◆ **quoi que** loc conj *(+ subj)* whatever / *quoi qu'il arrive* whatever happens / *quoi qu'il dise* whatever he says ▸ **quoi qu'il en soit** be that as it may.

quoique [kwakə] conj although, though.

quolibet [kɔlibɛ] nm jeer, taunt.

quorum [k(w)ɔʀɔm] nm quorum.

quota [kɔta] nm quota.

quote-part [kɔtpaʀ] (*pl* **quotes-parts**) nf share.

quotidien, enne [kɔtidjɛ̃, ɛn] adj daily. ◆ **quotidien** nm **1.** [routine] daily life ▸ **au quotidien** on a day-to-day basis **2.** [journal] daily (newspaper).

quotidiennement [kɔtidjɛnmɑ̃] adv daily, every day.

quotient [kɔsjɑ̃] nm quotient ▸ **quotient intellectuel** intelligence quotient.

QWERTY [kwɛʀti] adj inv : *clavier QWERTY* QWERTY keyboard.

R

r[1], **R** [ɛR] nm inv [lettre] r, R. ◆ **R** (*abr écrite de* **rand**) R.

r[2] *abr écrite de* **rue**.

r1[3] (*abr écrite de* **rien**) SMS nufn.

rab [Rab] nm *fam* [portion] seconds *pl* ; [travail] overtime. ◆ **en rab** loc adj *fam* : ***il y a des patates en rab*** there are some spuds left (over) / ***un ticket en rab*** a spare ticket / ***du tissu en rab*** some spare material.

rabâchage [Rabaʃaʒ] nm *fam* constant harping on *(U)*.

rabâcher [3] [Rabaʃe] *fam* ❖ vi to harp on. ❖ vt to go over (and over).

rabais [Rabɛ] nm reduction, discount ▸ **au rabais** a) *péj* [artiste] third-rate b) [travailler] for a pittance.

rabaisser [4] [Rabese] vt **1.** [réduire] to reduce ; [orgueil] to humble **2.** [personne] to belittle. ◆ **se rabaisser** vp **1.** [se déprécier] to belittle o.s. **2.** [s'humilier] ▸ **se rabaisser à faire qqch** to demean o.s. by doing sthg.

rabat [Raba] nm **1.** [partie rabattue] flap **2.** [de robe d'avocat] bands *pl*.

Rabat [Raba] npr Rabat.

rabat-joie [Rabaʒwa] ❖ nm inv killjoy. ❖ adj inv ▸ **être rabat-joie** to be a killjoy.

rabattable [Rabatabl] adj [siège] folding.

rabatteur, euse [RabatœR, øz] nm, f **1.** [de gibier] beater **2.** *fig* & *péj* [de clientèle] tout.

rabattre [83] [RabatR] vt **1.** [col] to turn down **2.** [siège] to tilt back ; [couvercle] to shut / ***rabats le capot de la voiture*** close the bonnet of the car **3.** [somme] to deduct / ***il a rabattu 5 % sur le prix affiché*** he took ou knocked 5 % off the marked price **4.** [gibier] to drive **5.** *fam* [clients] to tout for **6.** EXPR **en rabattre** to climb down. ◆ **se rabattre** vp **1.** [siège] to tilt back ; [couvercle] to shut **2.** [voiture, coureur] to cut in / ***le car s'est rabattu juste devant moi*** the bus cut in just in front of me **3.** [se contenter] ▸ **se rabattre sur** to fall back on / ***il a dû se rabattre sur un emploi de veilleur de nuit*** he had to make do with a night watchman's job.

rabattu, e [Rabaty] pp → **rabattre**.

rabbin [Rabɛ̃] nm rabbi.

rabibocher [3] [Rabibɔʃe] vt *fam* **1.** [époux] to reconcile, to get back together **2.** [objet] to patch up. ◆ **se rabibocher** vp *fam* to make (it) up.

rabiot [Rabjo] nm *fam* [portion] seconds *pl*, more ; [travail] overtime.

râble [Rabl] nm [de lapin] back ; CULIN saddle.

râblé, e [Rable] adj stocky.

rabot [Rabo] nm plane.

raboter [3] [Rabɔte] vt to plane.

raboteux, euse [Rabɔtø, øz] adj uneven, rugged. ◆ **raboteuse** nf planing machine.

rabougri, e [RabugRi] adj **1.** [plante] stunted **2.** *fam* [personne] shrivelled, wizened.

rabrouer [3] [RabRue] vt to snub.

racaille [Rakaj] nf *péj* riffraff.

raccommodage [Rakɔmɔdaʒ] nm mending.

raccommoder [3] [Rakɔmɔde] vt **1.** [vêtement] to mend **2.** *fam* & *fig* [personnes] to reconcile, to get back together. ◆ **se raccommoder** vp *fam* to make (it) up.

raccompagnateur, trice [Rakɔ̃paɲatœR, tRis] nm, f QUÉBEC [personne qui raccompagne] *person who walks or drives sb home*.

raccompagnement [Rakɔ̃paɲmɑ̃] nm QUÉBEC [action de reconduire] *walking or driving sb home*.

raccompagner [3] [Rakɔ̃paɲe] vt to see home, to take home.

raccord [RakɔR] nm **1.** [liaison] join **2.** [pièce] connector, coupling **3.** CINÉ link.

raccordement [Rakɔrdəmɑ̃] nm connection, linking.

raccorder [3] [Rakɔrde] vt ▸ **raccorder qqch (à)** to connect sthg (to), to join sthg (to). ◆ **se raccorder** vp ▸ **se raccorder par** to be connected ou joined by ▸ **se raccorder à** a) to be connected to b) *fig* [faits] to tie in with.

raccourci [RakuRsi] nm shortcut ▸ **en raccourci** in miniature / ***raccourci clavier*** keyboard shortcut.

raccourcir [32] [RakuRsiR] ❖ vt to shorten. ❖ vi to grow shorter.

raccroc [RakRo] ◆ **par raccroc** loc adv by a fluke.

raccrocher [3] [RakRɔʃe] ❖ vt to hang back up. ❖ vi **1.** [au téléphone] ▸ **raccrocher (au nez de qqn)** to hang up (on sb), to put the phone down (on sb) **2.** *fam* [coureur] to give up. ◆ **se raccrocher** vp ▸ **se raccrocher à** to cling to, to hang on to.

race [Ras] nf [humaine] race ; [animale] breed ▸ **de race** a) pedigree b) [cheval] thoroughbred.

racé, e [Rase] adj **1.** [animal] purebred **2.** [voiture] of distinction.

rachat [Raʃa] nm **1.** [transaction] repurchase ▸ **rachat d'actions** FIN buy-back ▸ **rachat d'entreprise financé par l'endettement** leveraged buyout ▸ **rachat d'entreprise par les salariés** staff ou employee buyout **2.** *fig* [de péchés] atonement.

racheter [28] [raʃte] vt **1.** [acheter en plus - gén] to buy another ; [- pain, lait] to buy some more **2.** [acheter d'occasion] to buy **3.** [acheter après avoir vendu] to buy back **4.** [péché, faute] to atone for ; *fig* [défaut, lapsus] to make up for **5.** [prisonnier] to ransom **6.** [honneur] to redeem **7.** COMM [société] to buy out. ◆ **se racheter** vp *fig* to redeem o.s.

rachidien, enne [raʃidjɛ̃, ɛn] adj rachidian, rachidial.

rachitique [raʃitik] adj suffering from rickets.

rachitisme [raʃitism] nm rickets *(U)*.

racial, e, aux [rasjal, o] adj racial.

racine [rasin] nf root ; [de nez] base ▸ **racine carrée / cubique** MATH square / cube root.

racisme [rasism] nm racism.

raciste [rasist] nmf & adj racist.

racket [rakɛt] nm racket.

racketter [4] [rakɛte] vt ▸ **racketter qqn** to subject sb to a protection racket.

racketteur, euse [rakɛtœr, øz] nm, f racketeer.

raclée [rakle] nf *fam* hiding, thrashing / *mettre une raclée à qqn* to thrash sb.

raclement [rakləmɑ̃] nm scraping (noise) / *on entendit quelques raclements de gorge* some people could be heard clearing their throats.

racler [3] [rakle] vt to scrape / *ce vin racle le gosier* this wine is a bit rough (on the throat). ◆ **se racler** vp ▸ **se racler la gorge** to clear one's throat.

raclette [raklɛt] nf **1.** CULIN *melted Swiss cheese served with jacket potatoes* **2.** [outil] scraper.

racloir [raklwar] nm scraper.

racolage [rakɔlaʒ] nm *fam* & *péj* [par commerçant] touting ; [par prostituée] soliciting.

racoler [3] [rakɔle] vt *fam* & *péj* [suj : commerçant] to tout for ; [suj : prostituée] to solicit.

racoleur, euse [rakɔlœr, øz] ❖ adj *fam* & *péj* [air, sourire] come-hither ; [publicité] strident. ❖ nm, f **1.** COMM tout **2.** [prostitué] streetwalker.

racontar [rakɔ̃tar] nm *fam* piece of gossip. ◆ **racontars** nmpl *fam* tittle-tattle *(U)*.

raconter [3] [rakɔ̃te] vt **1.** [histoire] to tell, to relate ; [événement] to relate, to tell about ▸ **raconter qqch à qqn** to tell sb sthg, to relate sthg to sb **2.** [ragot, mensonge] to tell / *qu'est-ce que tu racontes ?* what are you on about?

racorni, e [rakɔrni] adj **1.** [vieillard] wizened, shrivelled ; [mains] gnarled ; [plante] shrivelled ; [parchemin] dried-up **2.** *sout* [esprit] hardened.

racornir [32] [rakɔrnir] vt to harden. ◆ **se racornir** vp to become hard.

radar [radar] nm radar ▸ **marcher au radar** *fam* to be on automatic pilot.

rade [rad] nf (natural) harbour UK ou harbor US ▸ **rester en rade** *fam* & *fig* to be left stranded.

radeau, x [rado] nm **1.** [embarcation] raft **2.** [train de bois] timber raft.

radial, e, aux [radjal, o] adj radial.

radiateur [radjatœr] nm radiator.

radiation [radjasjɔ̃] nf **1.** PHYS radiation **2.** [de liste, du barreau] striking off.

radical, e, aux [radikal, o] adj radical. ◆ **radical** nm **1.** [gén] radical **2.** LING stem.

radicalement [radikalmɑ̃] adv radically.

radicaliser [3] [radikalize] vt to radicalize, to make more radical. ◆ **se radicaliser** vpi : *le mouvement étudiant s'est radicalisé* the student movement has become more radical.

radier [9] [radje] vt to strike off.

radiesthésiste [radjɛstezist] nmf diviner *(by radiation)*.

radieux, euse [radjø, øz] adj radiant ; [soleil] dazzling.

radin, e [radɛ̃, in] *fam* & *péj* ❖ adj stingy. ❖ nm, f skinflint.

radiner [3] [radine] ◆ **se radiner** vp *fam* to get one's skates on, to get a move on.

radio [radjo] ❖ nf **1.** [station, poste] radio ▸ **à la radio** on the radio ▸ **allumer** ou **mettre la radio** to switch on the radio ▸ **éteindre la radio** to switch off the radio ▸ **passer à la radio a)** [personne] to be on the radio **b)** [chanson] to be played on the radio ▸ **radio locale** ou **privée** ou **libre** independent local radio station ▸ **radio numérique** digital radio ▸ **radio pirate** pirate radio **2.** MÉD ▸ **passer une radio** to have an X-ray, to be X-rayed. ❖ nm radio operator.

radioactif, ive [radjɔaktif, iv] adj radioactive.

radioactivité [radjɔaktivite] nf radioactivity.

radioamateur [radjɔamatœr] nm (radio) ham.

radiocassette [radjɔkasɛt] nf radio cassette player.

radiochirurgie [radjɔʃiryrʒi] nf radiosurgery.

radiodiffuser [3] [radjɔdifyze] vt to broadcast.

radiodiffusion [radjɔdifyzjɔ̃] nf broadcasting.

radioélectrique [radjɔelɛktrik] adj radio *(avant n)*.

radiographie [radjɔgrafi] nf **1.** [technique] radiography **2.** [image] X-ray.

radiographier [9] [radjɔgrafje] vt to X-ray.

radiographique [radjɔgrafik] adj [technique] radiographic ; [examen] X-ray *(modif)*.

radiologie [radjɔlɔʒi] nf radiology.

radiologue [radjɔlɔg], **radiologiste** [radjɔlɔʒist] nmf radiologist.

radiomessagerie [radjomɛsaʒri] nf paging.

radiophonique [radjɔfɔnik] adj radio *(avant n)*.

radioréveil (*pl* **radioréveils**), **radio-réveil** (*pl* **radios-réveils**) [radjɔrevɛj] nm radio alarm, clock radio.

radioscopie [radjɔskɔpi] nf radioscopy.

radioscopique [radjɔskɔpik] adj X-ray *(modif)*.

radio-taxi [ʀadjɔtaksi] (*pl* **radio-taxis**) nm radio taxi, radio-cab.

radiotéléphone [ʀadjɔtelefɔn] nm cordless telephone, portable telephone.

radiotélévisé, e [ʀadjɔtelevize] adj broadcast on both radio and television.

radiothérapie [ʀadjɔteʀapi] nf radiotherapy.

radis [ʀadi] nm radish ▸ **n'avoir plus un radis** *fam* & *fig* not to have a penny UK ou cent US (to one's name).

radium [ʀadjɔm] nm radium.

radius [ʀadjys] nm radius.

radotage [ʀadɔtaʒ] nm rambling.

radoter [3] [ʀadɔte] vi to ramble.

radouber [3] [ʀadube] vt to repair.

radoucir [32] [ʀadusiʀ] vt to soften. ◆ **se radoucir** vp [temps] to become milder ; [personne] to calm down.

radoucissement [ʀadusismɑ̃] nm **1.** [d'attitude] softening **2.** [de température] rise ▸ **un radoucissement du temps** a spell of milder weather.

raf SMS *abr écrite de* **rien à faire**.

rafale [ʀafal] nf **1.** [de vent] gust ▸ **en rafales** in gusts ou bursts **2.** [de coups de feu, d'applaudissements] burst.

raffermir [32] [ʀafɛʀmiʀ] vt **1.** [muscle] to firm up **2.** *fig* [pouvoir] to strengthen. ◆ **se raffermir** vp **1.** [muscle] to firm up **2.** *fig* [prix, autorité] to strengthen.

raffermissant, e [ʀafɛʀmisɑ̃, ɑ̃t] adj [crème] firming.

raffinage [ʀafinaʒ] nm refining.

raffiné, e [ʀafine] adj refined.

raffinement [ʀafinmɑ̃] nm refinement.

raffiner [3] [ʀafine] ❖ vt to refine. ❖ vi ▸ **raffiner sur** to be meticulous about.

raffinerie [ʀafinʀi] nf refinery.

raffoler [3] [ʀafɔle] vi ▸ **raffoler de qqn / qqch** to adore sb / sthg, to be mad about sb / sthg.

raffut [ʀafy] nm *fam* row, racket.

rafiot [ʀafjo] nm *fam* tub *(boat)*.

rafistoler [3] [ʀafistɔle] vt *fam* to patch up.

rafle [ʀafl] nf raid.

rafler [3] [ʀafle] vt to swipe.

rafraîchir [32] [ʀafʀeʃiʀ] ❖ vt **1.** [nourriture, vin] to chill, to cool ; [air] to cool **2.** [vêtement, appartement] to smarten up ; *fig* [mémoire, idées] to refresh ; [connaissances] to brush up **3.** INFORM to refresh ; [navigateur] to reload. ❖ vi to cool (down). ◆ **se rafraîchir** vp **1.** [se refroidir] to cool (down) **2.** [en buvant] to have a drink.

rafraîchissant, e [ʀafʀeʃisɑ̃, ɑ̃t] adj refreshing.

rafraîchissement [ʀafʀeʃismɑ̃] nm **1.** [de climat] cooling **2.** [boisson] cold drink ▸ **prendre un rafraîchissement** to have a drink **3.** [de vêtement, d'appartement] smartening up.

rafting [ʀaftiŋ] nm whitewater rafting.

ragaillardir [32] [ʀagajaʀdiʀ] vt *fam* to buck up, to perk up.

rage [ʀaʒ] nf **1.** [fureur] rage ▸ **être ivre** ou **fou de rage** to be mad with rage ▸ **la rage au ventre** ou **cœur** seething with rage ▸ **faire rage** [tempête] to rage ▸ **rage au volant** QUÉBEC road rage **2.** [manie] ▸ **rage de faire qqch** mania for doing sthg **3.** [maladie] rabies *(U)*. ◆ **rage de dents** nf (raging) toothache.

rageant, e [ʀaʒɑ̃, ɑ̃t] adj *fam* infuriating.

rager [17] [ʀaʒe] vi *fam* to fume.

rageur, euse [ʀaʒœʀ, øz] adj bad-tempered.

rageusement [ʀaʒøzmɑ̃] adv furiously.

raglan [ʀaglɑ̃] ❖ nm inv raglan coat. ❖ adj inv raglan *(avant n)*.

ragnagnas [ʀaɲaɲa] nmpl *fam* period / *elle a ses ragnagnas* she's on the rag.

ragot [ʀago] nm *(gén pl) fam* gossip *sg*, (malicious) rumour UK ou rumor US, tittle-tattle *(U)*.

ragoût [ʀagu] nm stew.

ragoûtant, e [ʀagutɑ̃, ɑ̃t] adj ▸ **peu** ou **pas très ragoûtant** a) [plat] not very appetizing b) *fig* [idée] not very inviting.

rai [ʀɛ] nm *litt* [de soleil] ray.

raid [ʀɛd] nm **1.** AÉRON, FIN & MIL raid ▸ **raid aérien** air raid **2.** SPORT long-distance rally.

raide [ʀɛd] ❖ adj **1.** [cheveux] straight **2.** [tendu - corde] taut ; [- membre, cou] stiff **3.** [pente] steep **4.** [personne - attitude physique] stiff, starchy ; [- caractère] inflexible **5.** *fam* [histoire] hard to swallow, farfetched **6.** *fam* [chanson] rude, blue **7.** *fam* [sans le sou] broke. ❖ adv **1.** [abruptement] steeply **2.** EXPR **tomber raide mort** to drop dead.

raideur [ʀɛdœʀ] nf **1.** [de membre] stiffness **2.** [de personne - attitude physique] stiffness, starchiness ; [- caractère] inflexibility.

raidillon [ʀɛdijɔ̃] nm steep (section of) road.

raidir [32] [ʀɛdiʀ] vt [muscle] to tense ; [corde] to tighten, to tauten. ◆ **se raidir** vp **1.** [se contracter] to grow stiff, to stiffen **2.** *fig* [résister] ▸ **se raidir contre** to steel o.s. against.

raie [ʀɛ] nf **1.** [rayure] stripe **2.** [dans les cheveux] parting UK, part US **3.** [des fesses] crack **4.** [poisson] skate.

raifort [ʀɛfɔʀ] nm horseradish.

rail [ʀaj] nm rail ▸ **remettre qqn / qqch sur les rails** to put sb / sthg back on the rails, to get sb / sthg back on the rails. ◆ **rails** [ʀaj] nmpl tracks.

railler [3] [ʀaje] vt *sout* to mock (at). ◆ **se railler** vp ▸ **se railler de** *sout* to mock (at).

raillerie [ʀajʀi] nf *sout* mockery *(U)*.

railleur, euse [ʀajœʀ, øz] *sout* ❖ adj mocking. ❖ nm, f scoffer.

rainette [ʀenɛt] nf tree frog.

rainure [ʀenyʀ] nf [longue] groove, channel ; [courte] slot.

raisin [ʀɛzɛ̃] nm [fruit] grapes *pl* ▸ **raisin blanc / noir** white / black grapes ▸ **raisins de Corinthe** currants ▸ **raisins secs** raisins.

raison [ʀɛzɔ̃] nf **1.** [gén] reason ▸ **perdre la raison** not to be in one's right mind / *pour la (bonne et) simple raison que* for the simple reason that / *pour quelle raison ?* why? ▸ **recouvrer la raison** to come to one's senses ▸ **à plus forte raison** all the more (so) / *faire entendre raison à qqn, ramener qqn à la raison* to make sb see reason ▸ **se faire une raison** to resign o.s. / *fais-toi une raison, c'est trop tard* you'll just have to put up with OU to accept the fact that it's too late ▸ **raison de plus pour faire qqch** all the more reason to do sthg / *sans raison* for no reason (at all) / *le gouvernement a invoqué la raison d'État pour justifier cette mesure* the government said that it had done this for reasons of State / *le vol est annulé en raison du mauvais temps* the flight has been cancelled because of bad weather **2.** [justesse, équité] ▸ **avoir raison** to be right ▸ **avoir raison de faire qqch** to be right to do sthg ▸ **avoir raison de qqn / qqch** to get the better of sb / sthg ▸ **donner raison à qqn** to prove sb right. ◆ **à raison de** loc prép at (the rate of). ◆ **en raison de** loc prép owing to, because of.

raisonnable [ʀɛzɔnabl] adj reasonable.

raisonnablement [ʀɛzɔnabləmɑ̃] adv **1.** [agir, parler] reasonably **2.** [manger, boire] in moderation.

raisonné, e [ʀɛzɔne] adj **1.** [analyse, projet, décision] reasoned **2.** [grammaire, méthode] structured.

raisonnement [ʀɛzɔnmɑ̃] nm **1.** [faculté] reason, power of reasoning **2.** [argumentation] reasoning, argument.

raisonner [3] [ʀɛzɔne] ❖ vt [personne] to reason with. ❖ vi **1.** [penser] to reason **2.** [discuter] ▸ **raisonner avec** to reason with. ◆ **se raisonner** vp [personne] to be reasonable.

raisonneur, euse [ʀɛzɔnœʀ, øz] ❖ adj reasoning ; *péj* argumentative. ❖ nm, f argumentative person.

rajeunir [32] [ʀaʒœniʀ] ❖ vt **1.** [suj : couleur, vêtement] ▸ **rajeunir qqn** to make sb look younger **2.** [suj : personne] ▸ **rajeunir qqn de trois ans** to take three years off sb's age **3.** [vêtement, canapé] to renovate, to do up ; [meubles] to modernize **4.** *fig* [parti] to rejuvenate. ❖ vi **1.** [personne] to look younger ; [se sentir plus jeune] to feel younger OU rejuvenated **2.** [faubourg] to be modernized. ◆ **se rajeunir** vp to lie about one's age.

rajeunissement [ʀaʒœnismɑ̃] nm [de population] drop in age.

rajout [ʀaʒu] nm addition.

rajouter [3] [ʀaʒute] vt to add ▸ **en rajouter** *fam* to exaggerate.

rajustement [ʀaʒystəmɑ̃], **réajustement** [ʀeaʒystəmɑ̃] nm adjustment / *un rajustement des salaires* a wage adjustment.

rajuster [ʀaʒyste], **réajuster** [ʀeaʒyste] [3] vt to adjust ; [cravate] to straighten. ◆ **se rajuster** vp to straighten one's clothes.

râlant, e [ʀalɑ̃, ɑ̃t] adj *fam* infuriating, exasperating / *c'est râlant !* it's enough to drive you mad!

râle [ʀal] nm moan ; [de mort] death rattle.

ralenti, e [ʀalɑ̃ti] adj slow. ◆ **ralenti** nm **1.** AUTO idling speed ▸ **tourner au ralenti** **a)** AUTO to idle **b)** *fig* to tick over UK ▸ **vivre au ralenti** *fig* to take things easy **2.** CINÉ slow motion.

ralentir [32] [ʀalɑ̃tiʀ] ❖ vt **1.** [allure, expansion] to slow (down) **2.** [rythme] to slacken. ❖ vi to slow down OU up. ◆ **se ralentir** vp to slow down OU up.

ralentissement [ʀalɑ̃tismɑ̃] nm **1.** [d'allure, d'expansion] slowing (down) **2.** [de rythme] slackening **3.** [embouteillage] holdup **4.** PHYS deceleration.

râler [3] [ʀale] vi **1.** [malade] to breathe with difficulty **2.** *fam* [grogner] to moan.

râleur, euse [ʀalœʀ, øz] *fam* ❖ adj moaning *(avant n)*. ❖ nm, f grumbler, moaner.

ralliement [ʀalimɑ̃] nm rallying.

rallier [9] [ʀalje] vt **1.** [poste, parti] to join **2.** [suffrages] to win **3.** [troupes] to rally. ◆ **se rallier** vp to rally ▸ **se rallier à** **a)** [parti] to join **b)** [cause] to rally to **c)** [avis] to come round UK OU around US to.

rallonge [ʀalɔ̃ʒ] nf **1.** [de table] leaf, extension **2.** [électrique] extension (lead) **3.** *fam* [de crédit] extension (of credit).

rallonger [17] [ʀalɔ̃ʒe] ❖ vt to lengthen. ❖ vi to lengthen, to get longer.

rallumer [3] [ʀalyme] vt **1.** [feu, cigarette] to relight ; *fig* [querelle] to revive **2.** [appareil, lumière électrique] to switch (back) on again. ◆ **se rallumer** vp **1.** [feu, guerre, colère] to flare up again **2.** [lumière électrique] to come on again.

rallye [ʀali] nm rally.

RAM, Ram [ʀam] (*abr de* **random access memory**) nf RAM.

ramadan [ʀamadɑ̃] nm Ramadan.

ramage [ʀamaʒ] nm *litt* [d'oiseau] song. ◆ **ramages** nmpl leafy design, foliage *(U)*.

ramassage [ʀamasaʒ] nm collection ▸ **ramassage scolaire** **a)** [action] pick-up (of school children), busing US **b)** [service] school bus.

ramasse [ʀamas] nf ▸ **être à la ramasse** *fam* to be out of it.

ramasse-miettes [ʀamasmjɛt] nm inv crumb-brush and tray (set).

ramasser [3] [ʀamase] vt **1.** [récolter, réunir] to gather, to collect / *ramasser du bois* to gather wood ; *fig* [forces] to gather **2.** [prendre] to pick up ▸ **il était à ramasser à la petite cuillère** **a)** *fam* [épuisé] he was all washed out **b)** [blessé] you could have scraped him off the ground **3.** *fig* [pensée] to sum up / *ramassez vos idées en quelques lignes* condense your ideas into just a few lines **4.** *fam* [claque, rhume] to get / *qu'est-ce que tu vas ramasser !* you're in for it! ◆ **se ramasser**

vp **1.** [se replier] to crouch **2.** *fam* [tomber, échouer] to come a cropper.

ramasseur, euse [ʀamasœʀ, øz] nm, f gatherer ▸ **ramasseur / ramasseuse de balles** [au tennis] ball boy / girl. ◆ **ramasseur** nm [machine & AGRIC] pick-up.

ramassis [ʀamasi] nm *péj* ▸ **un ramassis de** a collection of.

rambarde [ʀɑ̃baʀd] nf (guard) rail.

rame [ʀam] nf **1.** [aviron] oar **2.** RAIL train ▸ **rame de métro** underground UK OU subway US train **3.** [de papier] ream **4.** [tuteur] stake, pole.

rameau, x [ʀamo] nm branch. ◆ **Rameaux** nmpl ▸ **les Rameaux** Palm Sunday.

ramener [19] [ʀamne] vt **1.** [remmener] to take back / *son chauffeur le ramène tous les soirs* his chauffeur drives him back every evening **2.** [rapporter, restaurer] to bring back / *ramène-moi un journal* bring me back a newspaper **3.** [remettre] to put back / *elle ramena le châle sur ses épaules* she pulled the shawl around her shoulders **4.** [réduire] ▸ **ramener qqch à qqch** to reduce sthg to sthg, to bring sthg down to sthg / *cela ramène le problème à sa dimension financière* it reduces the problem to its purely financial aspects **5.** EXPR ▸ **il ramène tout à lui** he sees things only in terms of how they affect him ▸ **la ramener** *fam* to stick one's oar in. ◆ **se ramener** vp **1.** [problème] ▸ **se ramener à** to come down to / *toute l'affaire se ramenait finalement à une querelle de famille* in the end the whole business boiled down to OU was nothing more than a family quarrel **2.** *fam* [arriver] to turn up / *ramène-toi en vitesse !* come on, hurry up!

ramequin [ʀamkɛ̃] nm ramekin.

ramer [3] [ʀame] vi **1.** [rameur] to row **2.** *fam* & *fig* [peiner] to slog.

rameur, euse [ʀamœʀ, øz] nm, f rower.

rameuter [3] [ʀamøte] vt to round up.

ramier [ʀamje] nm wood pigeon.

ramification [ʀamifikasjɔ̃] nf **1.** [division] branch **2.** *(gén pl) fig* [de complot] ramification.

ramifier [9] [ʀamifje] ◆ **se ramifier** vp to branch out.

ramolli, e [ʀamɔli] ❖ adj soft ; *fig* soft (in the head). ❖ nm, f *fam* & *fig* thicko UK, half-wit.

ramollir [32] [ʀamɔliʀ] vt **1.** [beurre] to soften **2.** *fam* & *fig* [ardeurs] to cool. ◆ **se ramollir** vp **1.** [beurre] to go soft, to soften **2.** *fam* & *fig* [courage] to weaken.

ramonage [ʀamɔnaʒ] nm chimney sweeping.

ramoner [3] [ʀamɔne] vt to sweep.

ramoneur [ʀamɔnœʀ] nm (chimney) sweep.

rampant, e [ʀɑ̃pɑ̃, ɑ̃t] adj **1.** [animal] crawling **2.** [plante] creeping **3.** *fig* [attitude] grovelling. ◆ **rampants** nmpl *fam* AÉRON ground staff *(U)*.

rampe [ʀɑ̃p] nf **1.** [d'escalier] banister, handrail ▸ **lâcher la rampe** *fam* & *fig* to kick the bucket **2.** [d'accès] ramp ▸ **rampe de lancement** launch pad **3.** THÉÂTRE ▸ **la rampe** the footlights *pl*.

ramper [3] [ʀɑ̃pe] vi **1.** [animal, soldat, enfant] to crawl **2.** [plante] to creep **3.** *fig* [personne] ▸ **ramper devant** to grovel to **4.** *fig* [inquiétude] to creep.

rampon [ʀɑ̃pɔ̃] nm SUISSE lamb's lettuce.

rancard, rencard [ʀɑ̃kaʀ] nm *fam* [rendez-vous] date, meeting.

rancarder [3] [ʀɑ̃kaʀde] vt **1.** *arg crime* [renseigner] to fill in *(sép)*, to clue up *(sép)* / *qui t'a rancardé ?* who tipped you off? **2.** *tfam* [donner un rendez-vous à] : *rancarder qqn* to arrange to meet sb. ◆ **se rancarder** vp *(emploi réfléchi) arg crime* to get information.

rancart, rencart [ʀɑ̃kaʀ] nm ▸ **mettre au rancart** *fam* to chuck out.

rance [ʀɑ̃s] ❖ nm ▸ **sentir le rance** to smell rancid. ❖ adj **1.** [beurre] rancid **2.** *fig* [idéologie] stale.

ranch [ʀɑ̃tʃ] nm ranch.

ranci [ʀɑ̃si] nm ▸ **sentir le ranci** to have a rancid smell.

rancir [32] [ʀɑ̃siʀ] vi to go rancid.

rancœur [ʀɑ̃kœʀ] nf rancour UK, rancor US, resentment.

rançon [ʀɑ̃sɔ̃] nf ransom ; *fig* price.

rancune [ʀɑ̃kyn] nf rancour UK, rancor US, spite ▸ **garder** OU **tenir rancune à qqn de qqch** to hold a grudge against sb for sthg ▸ **sans rancune !** no hard feelings!

rancunier, ère [ʀɑ̃kynje, ɛʀ] ❖ adj vindictive, spiteful. ❖ nm, f vindictive OU spiteful person.

randonnée [ʀɑ̃dɔne] nf **1.** [promenade - à pied] walk ; [- à cheval, à bicyclette] ride ; [- en voiture] drive **2.** [activité] ▸ **la randonnée a)** [à pied] walking **b)** [à cheval] riding ▸ **faire de la randonnée** to go trekking.

randonneur, euse [ʀɑ̃dɔnœʀ, øz] nm, f walker, rambler.

rang [ʀɑ̃] nm **1.** [d'objets, de personnes] row / *on était au premier rang* we were in the front row / *ce problème devrait être au premier rang de nos préoccupations* this problem should be at the top of our list of priorities ▸ **se mettre en rang par deux** to line up in twos ▸ **en rang d'oignons** *fig* in a row OU line / *entrez / sortez en rang* go in / out in single file / *élever qqn au rang de ministre* to raise OU to promote sb to the rank of minister **2.** MIL rank ▸ **de haut rang** high-ranking ▸ **se mettre sur les rangs** to be in the running ▸ **grossir les rangs de** to swell the ranks of ▸ **sortir du rang a)** *pr* to come up through the ranks **b)** *fig* to stand out **3.** [position sociale] station ▸ **tenir son rang** to maintain one's position in society **4.** QUÉBEC [peuplement rural] rural district **5.** QUÉBEC [chemin] country road.

rangé, e [ʀɑ̃ʒe] adj [sérieux] well-ordered, well-behaved.

rangée [ʀɑ̃ʒe] nf row.

rangement [ʀɑ̃ʒmɑ̃] nm tidying up.

ranger [17] [ʀɑ̃ʒe] vt **1.** [élèves, soldats] to line up **2.** [chambre] to tidy **3.** [objets] to arrange **4.** [voiture] to park **5.** *fig* [livre, auteur] ▸ **ranger parmi** to rank among. ◆ **se ranger** vp **1.** [élèves, soldats] to line up **2.** [voiture] to pull in **3.** [piéton] to step aside **4.** [s'assagir] to settle down **5.** *fig* [se rallier] ▸ **se ranger à** to go along with ▸ **se ranger à côté de** to side with.

ranimer [3] [ranime] vt **1.** [personne] to revive, to bring round **2.** [feu] to rekindle **3.** *fig* [sentiment] to rekindle, to reawaken. ◆ **se ranimer** vp **1.** [personne] to come round UK ou around US, to come to **2.** *fig* [haine, ressentiment] to reawaken, to be renewed ; [volcan] to become active again.

rap [rap] nm rap (music).

rapace [rapas] ◇ nm bird of prey. ◇ adj [cupide] rapacious, grasping.

rapacité [rapasite] nf rapaciousness.

rapatrié, e [rapatrije] ◇ nm, f repatriated settler. ◇ adj repatriated.

rapatriement [rapatrimɑ̃] nm repatriation.

rapatrier [10] [rapatrije] vt to repatriate.

râpe [rap] nf **1.** [de cuisine] grater ▸ **râpe à fromage** cheese grater **2.** [de menuisier] rasp **3.** SUISSE *fam* [avare] miser, skinflint.

râpé, e [rape] adj **1.** CULIN grated **2.** [manteau] threadbare **3.** *fam* [raté] : *c'est râpé !* we've had it! ◆ **râpé** nm grated Gruyère cheese.

râper [3] [rape] vt **1.** CULIN to grate **2.** [bois, métal] to rasp.

rapetasser [3] [raptase] vt *fam* & *péj* to patch up.

rapetisser [3] [raptise] ◇ vt **1.** [rendre plus petit] to make smaller **2.** [faire paraître plus petit] : *rapetisser qqn / qqch* to make sb / sthg seem smaller **3.** [dévaloriser] to belittle. ◇ vi to get smaller / *la piste rapetissait à vue d'œil* the runway looked smaller and smaller by the minute. ◆ **se rapetisser** vp *(emploi réfléchi)* [se dévaloriser] : *se rapetisser aux yeux de qqn* to belittle o.s. in front of sb.

râpeux, euse [rapø, øz] adj **1.** [tissu] rough **2.** [vin] harsh.

raphia [rafja] nm raffia.

rapiat, e [rapja, at] ◇ nm, f *tfam* skinflint, meany UK. ◇ adj [avare] tightfisted, stingy.

rapide [rapid] ◇ adj **1.** [gén] rapid / *une réponse rapide* a quick ou speedy reply ▸ **rapide comme l'éclair** quick as lightning **2.** [train, coureur] fast **3.** [pente] steep **4.** [musique, intelligence] lively, quick ▸ **être rapide à la détente** to be quick off the mark / *jeter un coup d'œil rapide sur qqch* to have a quick glance at sthg. ◇ nm **1.** [train] express (train) **2.** [de fleuve] rapid.

rapidement [rapidmɑ̃] adv rapidly.

rapidité [rapidite] nf rapidity.

rapiécer [20] [rapjese] vt to patch.

rapière [rapjɛr] nf rapier.

raplapla [raplapla] adj inv *fam* **1.** [fatigué] whacked UK, bushed US **2.** [plat] flat / *il est raplapla, ton ballon !* your ball's as flat as a pancake!

rappel [rapɛl] nm **1.** [de réservistes, d'ambassadeur] recall ▸ **rappel sous les drapeaux** (reservists) call-up ou recall **2.** [souvenir] reminder ▸ **rappel d'échéance** reminder of due date ▸ **rappel à l'ordre** call to order / *rappel des titres de l'actualité* a summary of today's news **3.** TÉLÉCOM ▸ **rappel automatique** recall **4.** [de paiement] back pay ▸ **rappel de cotisation** payment of contribution arrears **5.** [de vaccination] booster / *ne pas oublier le rappel l'an prochain* don't forget to renew the vaccination next year **6.** [au spectacle] curtain call, encore **7.** SPORT abseiling UK, rapelling US ▸ **descendre en rappel** to abseil UK ou rappel US (down) / *faire un rappel* to abseil **8.** TECHNOL ▸ **ressort de rappel** return spring.

rappeler [24] [raple] vt **1.** [gén] to call back / *rappelez-moi votre nom* what was your name again, please? / *rappeler qqn à l'ordre* to call sb to order ▸ **rappeler qqn à qqch** *fig* to bring sb back to sthg / *la mort de sa mère l'a rappelé à Aix* the death of his mother took him back to Aix **2.** [faire penser à] ▸ **rappeler qqch à qqn** to remind sb of sthg / *ça me rappelle les vacances* it reminds me of my holidays / *son collier de turquoise rappelle la couleur de ses yeux* her turquoise necklace echoes the colour of her eyes. ◆ **se rappeler** vp to remember / *elle se rappelle avoir reçu une lettre* she remembers receiving a letter / *rappelle-toi que je t'attends !* remember ou don't forget (that) I'm waiting for you!

> **to remember** ou **to remind ?**
>
> **To remember** s'emploie lorsqu'on se rappelle quelque chose :
>
> **I've just remembered where I put them.** *Je viens de me rappeler où je les ai mis.*
>
> **To remind** est employé pour rappeler quelque chose à quelqu'un :
>
> **Remind him of the time of the meeting.** *Rappelez-lui l'heure de la réunion.*

rappelle, rappelles ⟶ **rappeler**.

rapper [rape] vi to rap.

rappeur, euse [rapœr, øz] nm, f rapper.

rappliquer [3] [raplike] vi *fam* to turn up, to show up.

rapport [rapɔr] nm **1.** [corrélation] link, connection ▸ **rapport de causalité** causal link ▸ **je ne vois pas le rapport** I don't see the connection ▸ **n'avoir aucun rapport avec qqch** to have no connection with ou to bear no relation to sthg **2.** [contact] ▸ **mettre qqn en rapport avec qqn** to put sb in touch with sb ▸ **se mettre en rapport avec qqn** to get in touch with sb **3.** [compte-rendu] report / *faire un rapport sur les conditions de travail* to report on working conditions ▸ **rapport annuel** annual report ▸ **rapport de police** police report **4.** [profit]

return, yield / *il vit du rapport de son capital* he lives on the income from his investments **5.** MATH ratio / *un excellent rapport qualité-prix* excellent value for money. ◆ **rapports** nmpl **1.** [relations] relations / *entretenir de bons rapports avec qqn* to be on good terms with sb **2.** [sexuels] ▸ **rapports (sexuels)** intercourse *sg* / *avoir des rapports (sexuels) avec qqn* to have sex with sb. ◆ **par rapport à** loc prép in comparison to, compared with / *on constate un repli de l'euro par rapport aux autres monnaies européennes* the euro has dropped sharply against other European currencies.

rapporter [3] [RapɔRte] vt to bring back / *as-tu rapporté le journal ?* did you get OU buy the paper? / *le chien rapporte la balle* the dog brings back the ball / *quelqu'un a rapporté le sac que tu avais oublié* somebody has brought back OU returned the bag you left behind / *rapporter des intérêts* to yield interest / *sa boutique lui rapporte beaucoup d'argent* her shop brings in a lot of money / *rapporter un projet de loi* to throw out a bill. ◆ **se rapporter** vp ▸ **se rapporter à** to refer OU relate to.

rapporteur, euse [RapɔRtœR, øz] ❖ adj sneaky, telltale *(avant n)*. ❖ nm, f **1.** sneak, telltale **2.** [de commission] rapporteur. ◆ **rapporteur** nm GÉOM protractor.

rapproché, e [RapRɔʃe] adj close.

rapprochement [RapRɔʃmɑ̃] nm **1.** [d'objets, de personnes] bringing together **2.** [entre événements] link, connection **3.** [de pays, de partis] rapprochement, coming together.

rapprocher [3] [RapRɔʃe] vt **1.** [mettre plus près] ▸ **rapprocher qqn / qqch de qqch** to bring sb/sthg nearer to sthg, to bring sb/sthg closer to sthg **2.** *fig* [personnes] to bring together **3.** *fig* [idée, texte] ▸ **rapprocher qqch (de)** to compare sthg (with). ◆ **se rapprocher** vp **1.** [approcher] ▸ **se rapprocher (de qqn / qqch)** to approach (sb/sthg) **2.** [se ressembler] ▸ **se rapprocher de qqch** to be similar to sthg **3.** [se réconcilier] ▸ **se rapprocher de qqn** to become closer to sb.

rapsodie = **rhapsodie**.

rapt [Rapt] nm abduction.

raquette [Rakɛt] nf **1.** [de tennis, de squash] racket ; [de ping-pong] bat UK, paddle **2.** [à neige] snowshoe.

rare [RaR] adj **1.** [peu commun, peu fréquent] rare / *plantes / timbres rares* rare plants/stamps / *les visiteurs se font rares* there are fewer and fewer visitors / *ses rares amis* his few friends **2.** [peu dense] sparse / *il a le cheveu rare* his hair is thinning **3.** [surprenant] unusual, surprising / *il n'est pas rare de le voir ici* it's not uncommon OU unusual to see him here / *ça n'a rien de rare* there's nothing unusual about that.

raréfaction [RaRefaksjɔ̃] nf scarcity ; [d'air] rarefaction.

raréfier [9] [RaRefje] vt to rarefy. ◆ **se raréfier** vp to become rarefied.

rarement [RaRmɑ̃] adv rarely.

rareté [RaRte] nf **1.** [de denrées, de nouvelles] scarcity **2.** [de visites, de lettres] infrequency **3.** [objet précieux] rarity.

rarissime [RaRisim] adj extremely rare.

ras, e [Ra, Raz] adj **1.** [herbe, poil] short **2.** [mesure] full. ◆ **ras** adv short ▸ **à ras** short ▸ **à ras de** level with ▸ **en avoir ras le bol** *fam* to be fed up ▸ **ras le bol !** *fam* that's enough! ◆ **ras du cou** [Radyku] loc adj crew-neck, round-neck.

RAS (*abr de* **rien à signaler**) nothing to report.

rasade [Razad] nf glassful.

rasage [Razaʒ] nm shaving.

rasant, e [Razɑ̃, ɑ̃t] adj **1.** [lumière] low-angled **2.** *fam* [film, discours] boring.

rascasse [Raskas] nf scorpion fish.

ras-du-cou nm inv round neck sweater ; [bijou] necklace.

rase-mottes [Razmɔt] nm inv hedge-hopping.

raser [3] [Raze] vt **1.** [barbe, cheveux] to shave off / *raser qqn* to give sb a shave, to shave sb / *être rasé de près* to be close-shaven **2.** [mur, sol] to hug / *l'hirondelle rase le sol* the swallow is skimming the ground **3.** [village] to raze / *la vieille église a été rasée* the old church was razed to the ground **4.** *fam* [personne] to bore. ◆ **se raser** vp **1.** [avec rasoir] to shave / *se raser la barbe* to shave off one's beard / *se raser les jambes* to shave one's legs **2.** *fam* [s'ennuyer] to be bored / *on se rase ici, allons-nous-en* it's deadly boring here, let's go.

raseur, euse [RazœR, øz] *fam* ❖ adj boring. ❖ nm, f bore.

ras-le-bol [Ralbɔl] nm inv *fam* discontent.

rasoir [RazwaR] ❖ nm razor ▸ **rasoir électrique** electric shaver ▸ **rasoir mécanique** safety razor. ❖ adj inv *fam* boring.

rassasié, e [Rasazje] adj full (up).

rassasier [9] [Rasazje] vt to satisfy. ◆ **se rassasier** vp ▸ **se rassasier de** to tire of, to have one's fill of.

rassemblement [Rasɑ̃bləmɑ̃] nm **1.** [d'objets] collecting, gathering **2.** [foule] crowd, gathering **3.** [union, parti] union **4.** MIL parade ▸ **rassemblement !** fall in!

rassembler [3] [Rasɑ̃ble] vt **1.** [personnes, documents] to collect, to gather **2.** [courage] to summon up ; [idées] to collect. ◆ **se rassembler** vp **1.** [manifestants] to assemble **2.** [famille] to get together.

rasseoir [65] [RaswaR] ◆ **se rasseoir** vp to sit down again.

rasséréner [18] [RaseRene] vt *sout* to calm down. ◆ **se rasséréner** vp *sout* to recover one's serenity.

rassir [32] [RasiR] vi [gâteau, pain] to go stale ; [viande] : *laisser rassir un morceau de bœuf* to let a piece of beef hang. ◆ **se rassir** vpi to go stale.

rassis, e [Rasi, iz] adj **1.** [pain] stale **2.** *sout* [esprit] calm, sober.

rassurant, e [RasyRɑ̃, ɑ̃t] adj reassuring.

rassuré, e [RasyRe] adj confident, at ease.

rassurer [3] [RasyRe] vt to reassure. ◆ **se rassurer** vp to feel at ease ou reassured ▸ **rassurez-vous** don't worry.

rasta [Rasta] ◈ adj inv Rasta *(inv).* ◈ nmf Rasta.

rat [Ra] ◈ nm rat ▸ **rat des champs** field mouse ▸ **petit rat** [danseur] young ballet pupil ▸ **être fait comme un rat** *fam* to be cornered ▸ **rat de bibliothèque** *fam & fig* bookworm. ◈ adj m *fam* [avare] mean, stingy.

ratage [Rataʒ] nm bungling, messing up.

ratatiné, e [Ratatine] adj **1.** [fruit, personne] shrivelled UK ou shriveled US **2.** *fam & fig* [vélo, bagnole] wrecked.

ratatiner [3] [Ratatine] vt **1.** [fruit, personne] to shrivel **2.** *fam & fig* [démolir] to wreck. ◆ **se ratatiner** vp to shrivel up, to become wrinkled.

ratatouille [Ratatuj] nf ratatouille.

rate [Rat] nf **1.** [animal] female rat **2.** [organe] spleen.

raté, e [Rate] nm, f *fam* [personne] failure. ◆ **raté** nm **1.** *(gén pl)* AUTO misfiring *(U)* ▸ **faire des ratés** to misfire **2.** *fig* [difficulté] problem.

râteau, x [Rato] nm rake.

râtelier [Ratəlje] nm **1.** [à fourrage, à outils] rack ▸ **manger à tous les râteliers** *fig* to have a finger in every pie **2.** *fam* [dentier] false teeth *pl.*

rater [3] [Rate] ◈ vt **1.** [train, occasion] to miss / *elle a raté la marche* she missed the step / *c'est une émission à ne pas rater* this programme is a must **2.** [plat, affaire] to make a mess of / *il rate toujours les mayonnaises* his mayonnaise always goes wrong / *tais-toi, tu vas tout faire rater !* shut up or you'll ruin everything! ; [examen] to fail. ◈ vi to go wrong. ◆ **se rater** vp *(emploi réfléchi) fam* **1.** [suicide] : *elle s'est ratée pour la troisième fois* that's her third (unsuccessful) suicide attempt **2.** [échec] : *il s'est coupé les cheveux lui-même, il s'est complètement raté !* he cut his hair himself and made a complete mess of it!

ratiboiser [3] [Ratibwaze] vt *fam* **1.** [voler] to pinch, to nick UK **2.** [ruiner] to clean out *(sép)* **3.** [tuer] to bump off *(sép)*, to do in *(sép)* **4.** [cheveux] : *je suis ressorti ratiboisé de chez le coiffeur* I got scalped at the hairdresser's.

ratification [Ratifikasjɔ̃] nf ratification.

ratifier [9] [Ratifje] vt to ratify.

ration [Rasjɔ̃] nf [quantité] portion ; *fig* share ▸ **ration alimentaire** food intake.

rationalisation [Rasjɔnalizasjɔ̃] nf rationalization.

rationaliser [3] [Rasjɔnalize] vt to rationalize.

rationnel, elle [Rasjɔnɛl] adj rational.

rationnellement [Rasjɔnɛlmɑ̃] adv rationally.

rationnement [Rasjɔnmɑ̃] nm rationing ▸ **carte de rationnement** ration card.

rationner [3] [Rasjɔne] vt to ration. ◆ **se rationner** vp to ration o.s.

ratissage [Ratisaʒ] nm **1.** [de jardin] raking **2.** [de quartier] search.

ratisser [3] [Ratise] vt **1.** [jardin] to rake **2.** [quartier] to search, to comb ▸ **ratisser large** to cast one's net wide **3.** *fam & fig* [au jeu] to clean out **4.** [rugby] to heel.

raton [Ratɔ̃] nm **1.** ZOOL young rat **2.** *tfam* [Arabe] *racist term used with reference to North African Arabs.* ◆ **raton laveur** nm racoon.

ratonnade [Ratɔnad] nf *injur racist term used to describe an attack on North African Arab immigrants.*

RATP (*abr de* **Régie autonome des transports parisiens**) nf *Paris transport authority.*

rattachement [Rataʃmɑ̃] nm uniting, joining.

rattacher [3] [Rataʃe] vt **1.** [attacher de nouveau] to do up, to fasten again **2.** [relier] ▸ **rattacher qqch à a)** to join sthg to **b)** *fig* to link sthg with **3.** [unir] ▸ **rattacher qqn à** to bind sb to. ◆ **se rattacher** vp ▸ **se rattacher à** to be linked to.

ratte [Rat] nf BOT & CULIN fingerling potato, (La) Ratte potato.

rattrapage [RatRapaʒ] nm **1.** SCOL ▸ **cours de rattrapage** remedial class **2.** [de salaires, prix] adjustment.

rattraper [3] [RatRape] vt **1.** [animal, prisonnier] to recapture **2.** [temps] ▸ **rattraper le temps perdu** to make up for lost time **3.** [rejoindre] to catch up with **4.** [bus] to catch **5.** [erreur] to correct **6.** [personne qui tombe] to catch. ◆ **se rattraper** vp **1.** [se retenir] ▸ **se rattraper à qqn / qqch** to catch hold of sb / sthg **2.** [compenser] to catch up **3.** [se faire pardonner] to make amends.

rature [RatyR] nf alteration.

raturer [3] [RatyRe] vt to alter.

rauque [Rok] adj hoarse, husky.

ravage [Ravaʒ] nm [destruction] devastation / *les ravages de la maladie / du temps* the ravages of disease / of time / *faire des ravages* *pr* to wreak havoc / *l'alcoolisme faisait des ravages* *fig* alcoholism was rife / *notre cousin fait des ravages (dans les cœurs) !* our cousin is a heartbreaker!

ravagé, e [Ravaʒe] adj *fam* [fou] : *être ravagé* to be off one's head.

ravager [17] [Ravaʒe] vt [gén] to devastate, to ravage.

ravalement [Ravalmɑ̃] nm cleaning, restoration.

ravaler [3] [Ravale] vt **1.** [façade] to clean, to restore **2.** [personne] ▸ **ravaler qqn au rang de** to lower sb to the level of **3.** [salive] to swallow **4.** *fig* [larmes, colère] to stifle, to hold back. ◆ **se ravaler** vp *litt* to debase o.s., to demean o.s.

rave[1] [Rav] nf BOT rape.

rave[2] [Rɛv], **rave-party** [RɛvpaRti] nf rave (party).

ravi, e [Ravi] adj ▸ **ravi (de)** delighted (with) / *je suis ravi de l'avoir trouvé* I'm delighted that I found it, I'm delighted to have found it / *je suis ravi qu'il soit venu* I'm delighted (that) he has come ▸ **ravi de vous connaître** pleased to meet you.

ravier [ʀavje] nm small dish.

ravigotant, e [ʀavigɔtɑ̃, ɑ̃t] adj *fam* refreshing, stimulating.

ravigote [ʀavigɔt] nf *sauce of mustard, gherkins and capers.*

ravigoter [3] [ʀavigɔte] vt *fam* to perk up, to buck up.

ravin [ʀavɛ̃] nm ravine, gully.

raviné, e [ʀavine] adj [visage] furrowed.

raviner [3] [ʀavine] vt to gully.

ravioli [ʀavjɔli] (*pl* **raviolis**) nm ravioli *(U).*

ravir [32] [ʀaviʀ] vt **1.** [charmer] to delight ▸ **à ravir** beautifully **2.** *litt* [arracher] ▸ **ravir qqch à qqn** to rob sb of sthg.

raviser [3] [ʀavize] ◆ **se raviser** vp to change one's mind.

ravissant, e [ʀavisɑ̃, ɑ̃t] adj delightful, beautiful.

ravissement [ʀavismɑ̃] nm **1.** [enchantement] delight **2.** *litt* & *vieilli* [rapt] rape, ravishing.

ravisseur, euse [ʀavisœʀ, øz] nm, f abductor.

ravitaillement [ʀavitajmɑ̃] nm [en denrées] resupplying ; [en carburant] refuelling UK, refueling US.

ravitailler [3] [ʀavitaje] vt [en denrées] to resupply ; [en carburant] to refuel. ◆ **se ravitailler** vp [en denrées] to get fresh supplies ; [en carburant] to refuel.

raviver [3] [ʀavive] vt **1.** [feu] to rekindle **2.** [couleurs] to brighten up **3.** *fig* [douleur] to revive **4.** [plaie] to reopen.

ravoir [ʀavwaʀ] vt **1.** [jouet, livre] to get back **2.** *fam* [linge] to get clean.

rayé, e [ʀeje] adj **1.** [tissu] striped **2.** [disque, vitre] scratched **3.** [canon] rifled.

rayer [11] [ʀeje] vt **1.** [disque, vitre] to scratch **2.** [nom, mot] to cross out ▸ **rayer qqn d'une liste** to cross sb's name off a list **3.** [canon] to rifle.

rayon [ʀejɔ̃] nm **1.** [de lumière] beam, ray ; *fig* [d'espoir] ray ▸ **un rayon de soleil a)** a ray of sunshine, a sunbeam **b)** MÉTÉOR a brief sunny spell **c)** *fig* a ray of sunshine ▸ **rayon vert** green flash **2.** *(gén pl)* [radiation] radiation *(U)* / ***rayon cathodique*** cathode ray ▸ **rayons infrarouges / ultraviolets** infrared / ultraviolet light ▸ **rayon laser** laser beam ▸ **rayons X** X-rays / ***passer qqch aux rayons X*** to X-ray sthg **3.** [de roue] spoke **4.** GÉOM radius ▸ **dans un rayon de** *fig* within a radius of / ***dans un rayon de vingt kilomètres*** within (a radius of) twenty kilometres ▸ **rayon d'action** range / ***étendre son rayon d'action*** *fig* to increase OU to widen the scope of one's activities **5.** [étagère] shelf **6.** [dans un magasin] department / ***nous n'en avons plus en rayon*** we're out of stock **7.** *fam* [domaine] : ***demande à ton père, c'est son rayon*** ask your father, that's his department / ***il en connaît un rayon en électricité*** he really knows a thing or two about electricity.

rayonnage [ʀejɔnaʒ] nm shelving.

rayonnant, e [ʀejɔnɑ̃, ɑ̃t] adj *pr* & *fig* radiant.

rayonne [ʀejɔn] nf rayon.

rayonnement [ʀejɔnmɑ̃] nm **1.** [gén] radiance ; [des arts] influence **2.** PHYS radiation.

rayonner [3] [ʀejɔne] vi **1.** [soleil] to shine ▸ **rayonner de joie** *fig* to radiate happiness **2.** [culture] to be influential **3.** [avenues, lignes, chaleur] to radiate **4.** [touriste] to tour around *(from a base).*

rayure [ʀejyʀ] nf **1.** [sur étoffe] stripe **2.** [sur disque, sur meuble] scratch **3.** [de fusil] groove.

raz [ʀa] ◆ **raz de marée** nm tidal wave ; POL landslide.

razzia [ʀazja] nf *fam* raid ▸ **faire une razzia sur** to raid, to plunder.

razzier [9] [ʀazje] vt *fam* to raid, to plunder.

RBE (*abr de* **revenu brut d'exploitation**) nm gross profit.

RBL (*abr écrite de* **rouble**) R, Rub.

R-C *abr écrite de* **rez-de-chaussée**.

r.d. (*abr écrite de* **rive droite**) *right (north) bank of the Seine.*

R&D (*abr de* **recherche et développement**) nf R & D.

RDA (*abr de* **République démocratique allemande**) nf HIST GDR.

RDB (*abr de* **revenu disponible brut**) nm gross disposable income.

RdC *abr écrite de* **rez-de-chaussée**.

ré [ʀe] nm inv MUS D ; [chanté] re.

ré(-) [ʀe] préf re(-).

réa [ʀea] nm pulley (wheel).

réabonnement [ʀeabɔnmɑ̃] nm subscription renewal.

réabonner [3] [ʀeabɔne] vt ▸ **réabonner qqn à** to renew sb's subscription to. ◆ **se réabonner** vp ▸ **se réabonner à** to renew one's subscription to.

réac [ʀeak] nmf & adj *péj* reactionary.

réaccoutumer [3] [ʀeakutyme] vt to reaccustom. ◆ **se réaccoutumer** vp ▸ **se réaccoutumer à** to reaccustom o.s. to.

réacheminer [3] [ʀeaʃmine] vt to forward.

réacteur [ʀeaktœʀ] nm [d'avion] jet engine ▸ **réacteur nucléaire** nuclear reactor.

réactif, ive [ʀeaktif, iv] adj reactive. ◆ **réactif** nm reagent.

réaction [ʀeaksjɔ̃] nf ▸ **réaction (à / contre)** reaction (to / against) ▸ **réaction en chaîne** chain reaction.

réactionnaire [ʀeaksjɔnɛʀ] nmf & adj reactionary.

réactiver [3] [ʀeaktive] vt to reactivate.

réactivité [ʀeaktivite] nf **1.** CHIM reactivity **2.** BIOL reactivity, excitability **3.** [d'un collaborateur] resourcefulness.

réactualisation [ʀeaktɥalizasjɔ̃] nf [modernisation] updating, bringing up to date.

réactualiser [3] [ʀeaktɥalize] vt [moderniser] to update, to bring up to date.

réadaptation [ʀeadaptasjɔ̃] nf rehabilitation.

réadapter [3] [Readapte] vt to readapt ; [accidenté] to rehabilitate. ◆ **se réadapter** vp ▸ **se réadapter à** to readapt to.

réaffirmer [3] [ReafiRme] vt to reaffirm.

réagir [32] [Reaʒir] vi ▸ **réagir (à / contre)** to react (to/ against) ▸ **réagir sur** to affect.

réajustement = **rajustement**.

réajuster = **rajuster**.

réalisable [Realizabl] adj **1.** [projet] feasible **2.** FIN realizable.

réalisateur, trice [RealizatœR, tRis] nm, f CINÉ & TV director.

réalisation [Realizasjɔ̃] nf **1.** [de projet] carrying out **2.** CINÉ & TV production.

réaliser [3] [Realize] vt **1.** [projet] to carry out ; [ambitions, rêves] to achieve, to realize **2.** CINÉ & TV to produce **3.** [s'apercevoir de] to realize. ◆ **se réaliser** vp **1.** [ambition] to be realized ; [rêve] to come true **2.** [personne] to fulfil UK ou fulfill US o.s.

réalisme [Realism] nm realism.

réaliste [Realist] ◆ nmf realist. ◆ adj **1.** [personne, objectif] realistic **2.** ART & LITTÉR realist.

réalité [Realite] nf reality ▸ **en réalité** in reality / ***réalité virtuelle*** INFORM virtual reality, VR.

reality-show, reality show [Realitiʃo] (*pl* **reality(-)shows**) nm *talk show focussing on real-life drama.*

réaménagement [Reamenaʒmɑ̃] nm **1.** [de projet] restructuring ▸ **le réaménagement du territoire** land redevelopment **2.** [de taux d'intérêt] readjustment.

réaménager [17] [Reamenaʒe] vt **1.** [espace, salle] to refit, to refurbish **2.** [horaire] to replan, to readjust ; [politique] to reshape **3.** FIN [dette] to reschedule.

réamorcer [16] [ReamɔRse] vt to start up again.

réanimation [Reanimasjɔ̃] nf resuscitation ▸ **en réanimation** in intensive care.

réanimer [3] [Reanime] vt to resuscitate.

réapparaître [91] [ReapaRɛtR] vi to reappear.

réapparition [ReapaRisjɔ̃] nf reappearance.

réapprendre [79] [ReapRɑ̃dR] vt to relearn.

réapprovisionner [3] [ReapRɔvizjɔne] vt COMM [magasin] to restock ; [commerçant] to resupply. ◆ **se réapprovisionner** vp to stock up again.

réarmement [ReaRməmɑ̃] nm rearmament.

réarmer [3] [ReaRme] ◆ vt **1.** MIL & POL to rearm **2.** NAUT to refit. ◆ vi [pays] to rearm. ◆ **se réarmer** vp to rearm.

réassort [ReasɔR] nm **1.** [action] restocking **2.** [result] fresh stock.

réassortiment [ReasɔRtimɑ̃] nm **1.** COMM [d'un magasin] restocking ; [d'un stock] renewing ; [de marchandises] new stock, fresh supplies **2.** [de pièces d'un service] matching (up) ; [d'une soucoupe] replacing.

réassurance [ReasyRɑ̃s] nf reinsurance.

rébarbatif, ive [RebaRbatif, iv] adj **1.** [personne, visage] forbidding **2.** [travail] daunting.

rebâtir [32] [Rəbatir] vt to rebuild.

rebattre [83] [RəbatR] vt [cartes] to reshuffle.

rebattu, e [Rəbaty] ◆ pp ⟶ **rebattre.** ◆ adj overworked, hackneyed.

rebelle [Rəbɛl] adj **1.** [personne] rebellious ; [troupes] rebel *(avant n)* ▸ **rebelle à** [discipline] unamenable to **2.** [mèche, boucle] unruly.

rebeller [4] [Rəbɛle] ◆ **se rebeller** vp ▸ **se rebeller (contre)** to rebel (against).

rébellion [Rebɛljɔ̃] nf rebellion.

rebelote [Rəbəlɔt] nf **1.** [jeu de cartes] rebelote *(said when playing the second card of a pair of king and queen of trumps while playing belote)* **2.** EXPR **rebelote !** *fam* here we go again!

rebiffer [3] [Rəbife] ◆ **se rebiffer** vp *fam* ▸ **se rebiffer (contre)** to rebel (against).

rebiquer [3] [Rəbike] vi *fam* to stick up.

reblochon [Rəblɔʃɔ̃] nm *cow's-milk cheese from Haute-Savoie.*

reboiser [3] [Rəbwaze] vt to reafforest UK, to reforest US.

rebond [Rəbɔ̃] nm bounce.

rebondi, e [Rəbɔ̃di] adj rounded.

rebondir [32] [Rəbɔ̃dir] vi **1.** [objet] to bounce ; [contre mur] to rebound **2.** *fig* [affaire] to come to life (again).

rebondissement [Rəbɔ̃dismɑ̃] nm [d'affaire] new development.

rebord [RəbɔR] nm [de table] edge ; [de fenêtre] sill, ledge.

reboucher [3] [Rəbuʃe] vt [bouteille] to put the cork back in, to recork ; [trou] to fill in.

rebours [RəbuR] ◆ **à rebours** loc adv the wrong way ; *fig* the wrong way round UK ou around US, back to front.

rebouteux, euse [Rəbutø, øz], **rebouteur, euse** [RəbutœR, øz] nm, f bonesetter.

reboutonner [3] [Rəbutɔne] vt to rebutton.

rebrousse-poil [RəbRuspwal] ◆ **à rebrousse-poil** loc adv the wrong way ▸ **prendre qqn à rebrousse-poil** *fig* to rub sb up the wrong way.

rebrousser [3] [RəbRuse] vt to brush back ▸ **rebrousser chemin** *fig* to retrace one's steps.

rebuffade [Rəbyfad] nf rebuff ▸ **essuyer une rebuffade** to be rebuffed.

rébus [Rebys] nm rebus.

rebut [Rəby] nm scrap ▸ **mettre qqch au rebut** to get rid of sthg, to scrap sthg.

rebutant, e [Rəbytɑ̃, ɑ̃t] adj **1.** [travail] disheartening **2.** [manières] disgusting.

rebuter [3] [ʀəbyte] vt **1.** [suj : travail] to dishearten **2.** [suj : manières] to disgust.

recadrer [ʀəkadʀe] vt **1.** CINÉ & PHOTO to crop **2.** *fig* [action, projet] to redefine ; [collaborateur] : *j'ai été obligé de le recadrer car il prenait des décisions intempestives* I had to bring him back into line because he kept making rush decisions.

récalcitrant, e [ʀekalsitʀɑ̃, ɑ̃t] ❖ adj recalcitrant, stubborn. ❖ nm, f recalcitrant.

recalé, e [ʀəkale] *fam* ❖ adj : *recalée en juin, j'ai réussi en septembre* I failed in June but passed in September. ❖ nm, f failed candidate.

recaler [3] [ʀəkale] vt *fam* to fail.

récapitulatif, ive [ʀekapitylatif, iv] adj summary *(avant n)*. ◆ **récapitulatif** nm summary.

récapitulation [ʀekapitylasjɔ̃] nf recapitulation, recap.

récapituler [3] [ʀekapityle] vt to recapitulate, to recap.

recaser [3] [ʀəkaze] vt *fam* [personne] to find a new job for. ◆ **se recaser** vp *(emploi réfléchi) fam* **1.** [retrouver un emploi] to get fixed up with a new job **2.** [se remarier] to get hitched again.

recel [ʀəsɛl] nm [action] receiving OU handling stolen goods ; [délit] possession of stolen goods.

receler [25] [ʀəsəle] vt **1.** [objet volé] to receive, to handle **2.** *fig* [secret, trésor] to contain.

receleur, euse [ʀəsəlœʀ, øz] nm, f receiver *(of stolen goods)*.

récemment [ʀesamɑ̃] adv recently.

recensement [ʀəsɑ̃smɑ̃] nm **1.** [de population] census **2.** [d'objets] inventory.

recenser [3] [ʀəsɑ̃se] vt **1.** [population] to take a census of **2.** [objets] to take an inventory of.

récent, e [ʀesɑ̃, ɑ̃t] adj recent.

recentrer [3] [ʀəsɑ̃tʀe] vt to refocus.

récépissé [ʀesepise] nm receipt.

réceptacle [ʀesɛptakl] nm **1.** [lieu] gathering place **2.** [objet] container.

récepteur, trice [ʀesɛptœʀ, tʀis] adj receiving. ◆ **récepteur** nm receiver.

réceptif, ive [ʀesɛptif, iv] adj receptive.

réception [ʀesɛpsjɔ̃] nf **1.** [gén] reception ▸ **donner une réception** to hold a reception **2.** [de marchandises] receipt **3.** [bureau] reception (desk), front desk US **4.** SPORT [de sauteur, skieur] landing ; [du ballon, avec la main] catch / *bonne réception de X* [avec le pied] X traps the ball.

réceptionnaire [ʀesɛpsjɔnɛʀ] nmf **1.** [de marchandises] receiving clerk **2.** [à l'hôtel] head of reception.

réceptionner [3] [ʀesɛpsjɔne] vt **1.** [marchandises] to take delivery of **2.** [SPORT - avec la main] to catch ; [- avec le pied] to control.

réceptionniste [ʀesɛpsjɔnist] nmf receptionist, desk clerk US.

récessif, ive [ʀesesif, iv] adj recessive.

récession [ʀesesjɔ̃] nf recession.

recette [ʀəsɛt] nf **1.** COMM takings *pl* ▸ **faire recette** *fig* to be a success **2.** [entreprise] incomings, earnings *pl* ▸ **recette(s) annuelle(s)** annual earnings ▸ **recettes nettes** net receipts **3.** CULIN recipe ; *fig* [méthode] recipe, formula.

recevable [ʀəsəvabl] adj **1.** [excuse, offre] acceptable **2.** DR admissible.

receveur, euse [ʀəsəvœʀ, øz] nm, f **1.** ADMIN ▸ **receveur des impôts** tax collector ▸ **receveur des postes** postmaster (postmistress) **2.** [de bus] conductor (conductress) **3.** [de greffe] recipient.

recevoir [52] [ʀəsəvwaʀ] ❖ vt **1.** [gén] to receive / *voilà longtemps que je n'ai pas reçu de ses nouvelles* it's a long time since I last heard from him **2.** [coup] to get, to receive / *recevoir un coup sur la tête* to receive a blow to OU to get hit on the head **3.** [invités] to entertain ; [client] to see ▸ **recevoir qqn à dîner** to have sb to dinner / *j'ai été très bien reçu* I was made (to feel) most welcome **4.** SCOL & UNIV ▸ **être reçu à un examen** to pass an exam / *elle a été reçue à l'épreuve de français* she passed her French exam. ❖ vi **1.** [donner une réception] to entertain / *elle sait merveilleusement recevoir* she's marvellous at entertaining, she's a marvellous hostess **2.** [avocat, médecin] to be available (to see clients) / *le médecin reçoit / ne reçoit pas aujourd'hui* the doctor is/isn't seeing patients today. ◆ **se recevoir** vp SPORT to land.

rechange [ʀəʃɑ̃ʒ] ◆ **de rechange** loc adj spare ; *fig* alternative.

réchapper [3] [ʀeʃape] vi ▸ **réchapper de** to survive.

recharge [ʀəʃaʀʒ] nf **1.** [cartouche] refill **2.** [de batterie] recharging.

rechargeable [ʀəʃaʀʒabl] adj [batterie] rechargeable ; [briquet] refillable.

rechargement [ʀəʃaʀʒəmɑ̃] nm [d'une arme, d'un appareil photo] reloading ; [d'une batterie] recharging ; [d'un téléphone portable, d'un ordinateur] charging ; [d'un briquet, d'un stylo] refilling ; [d'un poêle - à mazout] refuelling ; [- à bois, à charbon] refilling.

recharger [17] [ʀəʃaʀʒe] vt **1.** [batterie] to recharge **2.** [stylo, briquet] to refill **3.** [arme, camion, appareil-photo] to reload.

réchaud [ʀeʃo] nm (portable) stove.

réchauffé, e [ʀeʃofe] adj [plat] reheated ; *fig* rehashed.

réchauffement [ʀeʃofmɑ̃] nm warming (up).

réchauffer [3] [ʀeʃofe] vt **1.** [nourriture] to reheat **2.** [personne] to warm up. ◆ **se réchauffer** vp to warm up.

rêche [ʀɛʃ] adj rough.

recherche [ʀəʃɛʀʃ] nf **1.** [quête & INFORM] search ▸ **être à la recherche de** to be in search of ▸ **se mettre** OU **partir à la recherche de** to go in search of ▸ **faire** OU **effectuer des recherches** to make inquiries **2.** [sciences] research ▸ **faire de la recherche** to do research **3.** [raffinement] elegance.

recherché, e [Rəʃɛʀʃe] adj **1.** [ouvrage] sought-after **2.** [raffiné - vocabulaire] refined ; [- mets] exquisite.

rechercher [3] [Rəʃɛʀʃe] vt **1.** [objet, personne] to search for, to hunt for **2.** [compagnie] to seek out.

rechigner [3] [Rəʃiɲe] vi ▸ **rechigner à** to balk at.

rechute [Rəʃyt] nf relapse.

rechuter [3] [Rəʃyte] vi to relapse.

récidive [Residiv] nf **1.** DR repeat offence UK ou offense US **2.** MÉD recurrence.

récidiver [3] [Residive] vi **1.** DR to commit another offence UK ou offense US **2.** MÉD to recur.

récidiviste [Residivist] nmf repeat ou persistent offender.

récif [Resif] nm reef ▸ **récif de corail** coral reef.

récipiendaire [Resipjɑ̃dɛʀ] nmf *sout* **1.** [dans assemblée] newly elected member **2.** [de diplôme] recipient.

récipient [Resipjɑ̃] nm container.

réciproque [ResipRɔk] ◆ adj reciprocal. ◆ nf ▸ **la réciproque** the reverse.

réciproquement [ResipRɔkmɑ̃] adv mutually ▸ **et réciproquement** and vice versa.

récit [Resi] nm story.

récital, als [Resital] nm recital.

récitatif [Resitatif] nm recitative.

récitation [Resitasjɔ̃] nf recitation.

réciter [3] [Resite] vt to recite.

réclamation [Reklamasjɔ̃] nf claim ▸ **faire une réclamation** to make a claim / *déposer une réclamation* to file a complaint.

réclamer [3] [Reklame] vt **1.** [demander] to ask for, to request ; [avec insistance] to demand **2.** [nécessiter] to require, to demand. ◆ **se réclamer** vp ▸ **se réclamer de** [mouvement] to identify with.

reclasser [3] [Rəklase] vt **1.** [dossiers] to refile **2.** [chômeur] to find a new job for **3.** ADMIN to regrade.

reclus, e [Rəkly, yz] ◆ adj reclusive. ◆ nm, f recluse.

réclusion [Reklyzjɔ̃] nf imprisonment ▸ **réclusion à perpétuité** life imprisonment.

recoiffer [3] [Rəkwafe] vt ▸ **recoiffer qqn** to do sb's hair again. ◆ **se recoiffer** vp to do one's hair again.

recoin [Rəkwɛ̃] nm nook.

reçois, reçoit ⟶ **recevoir**.

recoller [3] [Rəkɔle] vt [objet brisé] to stick back together.

récolte [Rekɔlt] nf **1.** [AGRIC - action] harvesting *(U)*, gathering *(U)* ; [- produit] harvest, crop **2.** *fig* collection.

récolter [3] [Rekɔlte] vt to harvest ; *fig* to collect.

recommandable [Rəkɔmɑ̃dabl] adj commendable ▸ **peu recommandable** undesirable.

recommandation [Rəkɔmɑ̃dasjɔ̃] nf recommendation.

recommandé, e [Rəkɔmɑ̃de] adj **1.** [envoi] registered ▸ **envoyer qqch en recommandé** to send sthg by registered post UK ou mail US **2.** [conseillé] advisable ▸ **ce n'est pas très recommandé** it's not really a good idea, it's not very advisable.

recommander [3] [Rəkɔmɑ̃de] vt to recommend ▸ **recommander à qqn de faire qqch** to advise sb to do sthg ▸ **recommander qqn à qqn** to recommend sb to sb. ◆ **se recommander** vp **1.** [se réclamer] ▸ **se recommander de qqn** to use sb as a referee **2.** [invoquer la protection de] ▸ **se recommander à qqn** to commend o.s. to sb **3.** SUISSE [insister] to be persistent.

recommencement [Rəkɔmɑ̃smɑ̃] nm new beginning.

recommencer [16] [Rəkɔmɑ̃se] ◆ vt [travail] to start ou begin again ; [erreur] to make again ▸ **recommencer à faire qqch** to start ou begin doing sthg again. ◆ vi to start ou begin again / *ne recommence pas !* don't do that again!

recommercialiser [Rəkɔmɛʀsjalize] vt to remarket.

récompense [Rekɔ̃pɑ̃s] nf reward ▸ **en récompense de** as a reward for.

récompenser [3] [Rekɔ̃pɑ̃se] vt to reward.

recomposer [3] [Rəkɔ̃poze] vt **1.** [reconstituer] to piece ou to put together *(sép)* (again), to reconstruct / *son esprit recomposait peu à peu la scène* he gradually reconstructed the scene in his mind / *recomposer une famille* to build another family **2.** TYPO [page] to reset ; [texte] to rekey **3.** [réarranger - chanson] to rewrite ; [- photo] to compose again **4.** CHIM to recompose **5.** TÉLÉCOM : *recomposer un numéro* to dial a number again.

recompter [3] [Rəkɔ̃te] vt to recount.

réconciliation [Rekɔ̃siljasjɔ̃] nf reconciliation.

réconcilier [9] [Rekɔ̃silje] vt to reconcile. ◆ **se réconcilier** vp ▸ **se réconcilier avec** to make it up with.

reconductible [Rəkɔ̃dyktibl] adj renewable.

reconduction [Rəkɔ̃dyksjɔ̃] nf renewal.

reconduire [98] [Rəkɔ̃dɥiʀ] vt **1.** [personne] to accompany, to take **2.** [politique, bail] to renew.

reconduit, e [Rəkɔ̃dɥi, it] pp ⟶ **reconduire**.

reconfigurer [Rəkɔ̃figyRe] vt to reconfigure.

réconfort [Rekɔ̃fɔʀ] nm comfort ▸ **chercher réconfort dans** to seek comfort ou solace in.

réconfortant, e [Rekɔ̃fɔʀtɑ̃, ɑ̃t] adj comforting.

réconforter [3] [Rekɔ̃fɔʀte] vt to comfort.

reconnaissable [Rəkɔnɛsabl] adj recognizable.

reconnaissance [Rəkɔnɛsɑ̃s] nf **1.** [gén] recognition ▸ **reconnaissance de la parole ou vocale** INFORM speech ou voice recognition ▸ **reconnaissance optique de caractères** INFORM optical character recognition, OCR **2.** [aveu] acknowledgment, admission / *la reconnaissance de ses torts lui a valu l'indulgence du jury* his admission of his wrongs won him the leniency of the jury ▸ **reconnaissance de dette** acknowledgment of a debt, IOU **3.** MIL reconnaissance ▸ **aller / partir en reconnaissance** to go out on reconnaissance / *envoyer des hommes en reconnaissance* to send men out on reconnaissance **4.** [gratitude] gratitude / *avoir / éprouver de la reconnaissance envers qqn* to be / to feel grateful to ou towards sb ▸ **exprimer sa reconnaissance à qqn** to show ou express one's gratitude to sb.

reconnaissant, e [rəkɔnɛsɑ̃, ɑ̃t] adj grateful ▸ **je vous en suis très reconnaissant** I am very grateful to you (for it) ▸ **je vous serais reconnaissant de m'aider** I would be grateful if you would help me.

reconnaître [91] [rəkɔnɛtr] vt **1.** [gén] to recognize / *je t'ai reconnu à ta démarche* I recognized you ou I could tell it was you by your walk **2.** [erreur] to admit, to acknowledge / *l'accusé reconnaît-il les faits ?* does the accused acknowledge the facts? / *je reconnais que j'ai eu tort* I admit I was wrong **3.** MIL to reconnoitre / *il envoya dix hommes reconnaître le terrain* he ordered ten men to go and reconnoitre the ground. ◆ **se reconnaître** vp **1.** [s'identifier] to recognize o.s. ▸ **se reconnaître dans** ou **en qqn** to see o.s. in sb / *je me reconnais dans la réaction de ma sœur* I can see myself reacting in the same way as my sister **2.** [s'orienter] to know where one is, to get one's bearings / *mets des étiquettes sur tes dossiers, sinon comment veux-tu qu'on s'y reconnaisse ?* label your files, otherwise we'll get completely confused **3.** [s'avouer] ▸ **se reconnaître coupable** to admit one's guilt.

reconnecter [rəkɔnɛkte] vt to reconnect. ◆ **se reconnecter** vpi INFORM to reconnect o.s., to get back on line.

reconnu, e [rəkɔny] ❖ pp ⟶ **reconnaître.** ❖ adj well-known.

reconquérir [39] [rəkɔ̃kerir] vt to reconquer.

reconquête [rəkɔ̃kɛt] nf reconquest.

reconquiers, reconquiert ⟶ **reconquérir.**

reconquis, e [rəkɔ̃ki, iz] pp ⟶ **reconquérir.**

reconsidérer [18] [rəkɔ̃sidere] vt to reconsider.

reconstituant, e [rəkɔ̃stitɥɑ̃, ɑ̃t] adj invigorating. ◆ **reconstituant** nm tonic.

reconstituer [7] [rəkɔ̃stitɥe] vt **1.** [puzzle] to put together **2.** [crime, délit] to reconstruct.

reconstitution [rəkɔ̃stitysjɔ̃] nf **1.** [de puzzle] putting together **2.** [de crime, délit] reconstruction ▸ **reconstitution historique** CINÉ & TV dramatic reconstruction.

reconstruction [rəkɔ̃stryksjɔ̃] nf reconstruction, rebuilding.

reconstruire [98] [rəkɔ̃strɥir] vt to reconstruct, to rebuild.

reconstruit, e [rəkɔ̃strɥi, it] pp ⟶ **reconstruire.**

reconversion [rəkɔ̃vɛrsjɔ̃] nf **1.** [d'employé] redeployment **2.** [d'usine, de société] conversion ▸ **opérer une reconversion** to restructure ▸ **reconversion économique / technique** economic / technical restructuring.

reconvertir [32] [rəkɔ̃vɛrtir] vt **1.** [employé] to redeploy **2.** [économie] to restructure. ◆ **se reconvertir** vp ▸ **se reconvertir dans** to move into ; [profession] to go into.

recopier [9] [rəkɔpje] vt to copy out.

record [rəkɔr] ❖ nm record / *détenir / améliorer / battre un record* to hold / improve / beat a record ▸ **le record du monde** the world record. ❖ adj inv record *(avant n).*

recordman [rəkɔrdman] (*pl* **recordmans** *ou* **recordmen** [-mɛn]) nm record holder.

recordwoman [rəkɔrdwuman] (*pl* **recordwomans** *ou* **recordwomen** [-mɛn]) nf record holder.

recoucher [3] [rəkuʃe] vt to put back to bed. ◆ **se recoucher** vp to go back to bed.

recoudre [86] [rəkudr] vt to sew (up) again.

recoupement [rəkupmɑ̃] nm cross-check ▸ **par recoupement** by cross-checking.

recouper [3] [rəkupe] vt **1.** [pain] to cut again **2.** COUT to recut **3.** *fig* [témoignages] to compare, to cross-check. ◆ **se recouper** vp **1.** [lignes] to intersect **2.** [témoignages] to match up.

recourbé, e [rəkurbe] adj [cils] curved ; [nez] hooked.

recourber [3] [rəkurbe] vt to bend (over).

recourir [45] [rəkurir] vi ▸ **recourir à a)** [médecin, agence] to turn to **b)** [force, mensonge] to resort to.

recourrai, recourras ⟶ **recourir.**

recours¹, recourt ⟶ **recourir.**

recours² [rəkur] nm **1.** [emploi] ▸ **recours à** use of ▸ **avoir recours à a)** [médecin, agence] to turn to **b)** [force, mensonge] to resort to, to have recourse to **2.** [solution] solution, way out ▸ **en dernier recours** as a last resort **3.** DR action ▸ **recours en cassation** appeal ▸ **recours en justice** legal action ▸ **sans recours a)** without appeal **b)** *fig* final.

recouru [rəkury] pp inv ⟶ **recourir.**

recouvert, e [rəkuvɛr, ɛrt] pp ⟶ **recouvrir.**

recouvrable [rəkuvrabl] adj recoverable.

recouvrement [rəkuvrəmɑ̃] nm **1.** [de surface] covering **2.** [de dettes, d'impôts] collection.

recouvrer [3] [rəkuvre] vt **1.** [vue, liberté] to regain **2.** [dettes, impôts] to collect.

recouvrir [34] [rəkuvrir] vt **1.** [gén] to cover ; [fauteuil] to re-cover **2.** [personne] to cover (up). ◆ **se recouvrir** vp **1.** [tuiles] to overlap **2.** [surface] ▸ **se recouvrir (de)** to be covered (with).

recracher [3] [rəkraʃe] vt to spit out.

récréatif, ive [rekreatif, iv] adj entertaining.

récréation [rekreasjɔ̃] nf **1.** [détente] relaxation, recreation **2.** SCOL break UK, recess US.

recréer [15] [ʀəkʀee] vt to recreate.

récrier [10] [ʀekʀije] ◆ **se récrier** vp *sout* ▸ **se récrier contre qqch** to cry out **ou** to protest against sthg.

récrimination [ʀekʀiminasjɔ̃] nf complaint.

récriminer [3] [ʀekʀimine] vi to complain.

récrire [99] [ʀekʀiʀ], **réécrire** [99] [ʀeekʀiʀ] vt to rewrite.

recroqueviller [3] [ʀəkʀɔkvije] ◆ **se recroqueviller** vp to curl up.

recru, e [ʀəkʀy] adj ▸ **recru de fatigue** *litt* exhausted.

recrudescence [ʀəkʀydɛsɑ̃s] nf renewed outbreak.

recrue [ʀəkʀy] nf recruit.

recrutement [ʀəkʀytmɑ̃] nm recruitment.

recruter [3] [ʀəkʀyte] vt to recruit.

rectal, e, aux [ʀɛktal, o] adj rectal.

rectangle [ʀɛktɑ̃gl] nm rectangle.

rectangulaire [ʀɛktɑ̃gylɛʀ] adj rectangular.

recteur, trice [ʀɛktœʀ, tʀis] nm, f **1.** SCOL *chief administrative officer of an education authority* ; ≃ (Chief) Education Officer UK **2.** QUÉBEC UNIV dean.

rectificatif, ive [ʀɛktifikatif, iv] adj correcting. ◆ **rectificatif** nm correction.

rectification [ʀɛktifikasjɔ̃] nf **1.** [correction] correction **2.** [de tir] adjustment.

rectifier [9] [ʀɛktifje] vt **1.** [tir] to adjust **2.** [erreur] to rectify, to correct ; [calcul] to correct.

rectiligne [ʀɛktiliɲ] adj rectilinear.

recto [ʀɛkto] nm right side ▸ **recto verso** on both sides.

rectorat [ʀɛktɔʀa] nm SCOL *offices of the education authority* ; ≃ Education Offices UK.

rectum [ʀɛktɔm] nm rectum.

reçu, e [ʀəsy] pp ⟶ **recevoir.** ◆ **reçu** nm receipt.

recueil [ʀəkœj] nm collection.

recueillement [ʀəkœjmɑ̃] nm meditation.

recueilli, e [ʀəkœji] adj contemplative, meditative / *un public très recueilli* a very attentive audience / *un visage recueilli* a composed expression.

recueillir [41] [ʀəkœjiʀ] vt **1.** [fonds] to collect **2.** [suffrages] to win **3.** [enfant] to take in. ◆ **se recueillir** vp to meditate.

recuire [98] [ʀəkɥiʀ] vt & vi to recook.

recul [ʀəkyl] nm **1.** [mouvement arrière] step backwards ; MIL retreat **2.** [d'arme à feu] recoil **3.** [de civilisation] decline ; [d'inflation, de chômage] ▸ **recul (de)** downturn (in) **4.** *fig* [retrait] ▸ **prendre du recul** to stand back ▸ **avec du recul** with hindsight.

reculade [ʀəkylad] nf retreat.

reculé, e [ʀəkyle] adj distant.

reculer [3] [ʀəkyle] ◆◆ vt **1.** [voiture] to back up **2.** [date] to put back, to postpone. ◆◆ vi **1.** [aller en arrière] to move backwards ; [voiture] to reverse / *il a heurté le mur en reculant* he backed **ou** reversed into the wall / *mets le frein à main, la voiture recule !* put the handbrake on, the car is rolling backwards! ▸ **ne reculer devant rien** *fig* to stop at nothing / *reculer devant l'ennemi* to retreat in the face of the enemy / *le prix m'a fait reculer* I backed down when I saw the price **2.** [maladie, pauvreté] to be brought under control **3.** [cours, valeur] to fall, to weaken / *le yen recule par rapport au dollar* the yen is losing ground **ou** falling against the dollar.

reculons [ʀəkylɔ̃] ◆ **à reculons** adv backwards.

récup [ʀekyp] (*abr de* **récupération**) *fam* nf **1.** [jour de congé] *compensatory time off work due to previous overtime* **2.** [chiffons, papier, ferraille, etc.] *second-hand object.*

récupérateur, trice [ʀekypeʀatœʀ, tʀis] ◆◆ adj **1.** [qui recycle] : *industrie récupératrice industry based on reclaimed or recycled materials* **2.** [qui repose] : *sommeil récupérateur* refreshing **ou** restorative *sout* sleep. ◆◆ nm, f *industrialist or builder working with reclaimed materials.* ◆ **récupérateur** nm [armement & TECHNOL] recuperator.

récupération [ʀekypeʀasjɔ̃] nf [de déchets] salvage.

récupérer [18] [ʀekypeʀe] ◆◆ vt **1.** [objet] to get back **2.** [déchets] to salvage **3.** [idée] to pick up **4.** [journée] to make up. ◆◆ vi to recover, to recuperate.

récurer [3] [ʀekyʀe] vt to scour.

récurrent, e [ʀekyʀɑ̃, ɑ̃t] adj recurrent.

récuser [3] [ʀekyze] vt **1.** DR to challenge **2.** *sout* [refuser] to reject. ◆ **se récuser** vp *sout* to decline to give an opinion.

recyclable [ʀəsiklabl] adj recyclable.

recyclage [ʀəsiklaʒ] nm **1.** [d'employé] retraining **2.** [de déchets] recycling.

recycler [3] [ʀəsikle] vt **1.** [employé] to retrain **2.** [déchets] to recycle. ◆ **se recycler** vp [employé] to retrain.

rédacteur, trice [ʀedaktœʀ, tʀis] nm, f [de journal] subeditor ; [d'ouvrage de référence] editor ▸ **rédacteur en chef** editor-in-chief.

rédaction [ʀedaksjɔ̃] nf **1.** [de texte] editing **2.** SCOL essay **3.** [personnel] editorial staff.

rédactionnel, elle [ʀedaksjɔnɛl] adj editorial.

reddition [ʀedisjɔ̃] nf surrender.

redécouvrir [34] [ʀədekuvʀiʀ] vt to rediscover.

redéfinir [32] [ʀədefiniʀ] vt to redefine.

redéfinition [ʀədefinisjɔ̃] nf redefinition.

redemander [3] [ʀədəmɑ̃de] vt to ask again for.

redémarrer [3] [ʀədemaʀe] vi to start again ; *fig* to get going again ; INFORM to reboot, to restart.

rédempteur, trice [ʀedɑ̃ptœʀ, tʀis] ◆◆ adj redeeming. ◆◆ nm, f redeemer.

rédemption [ʀedɑ̃psjɔ̃] nf redemption.

redéploiement [ʀədeplwamɑ̃] nm redeployment.

redescendre [73] [ʀədesɑ̃dʀ] ❖ vt *(aux : avoir)* **1.** [escalier] to go/come down again **2.** [objet] to take down again. ❖ vi *(aux : être)* to go/come down again.

redevable [ʀədəvabl] adj ▸ **être redevable de 20 euros à qqn** to owe sb 20 euros ▸ **être redevable à qqn de qqch** [service] to be indebted to sb for sthg.

redevance [ʀədəvɑ̃s] nf [de radio, télévision] licence UK OU license US fee ; [téléphonique] rental (fee).

redevenir [40] [ʀədəvniʀ] vi to become again.

rédhibitoire [ʀedibitwaʀ] adj [défaut] crippling ; [prix] prohibitive.

rediffuser [3] [ʀədifyze] vt to broadcast again, to repeat.

rediffusion [ʀədifyzjɔ̃] nf repeat.

rédiger [17] [ʀediʒe] vt to write, to draft.

redimensionner [3] [ʀadimɑ̃sjɔne] vt INFORM to resize.

redingote [ʀədɛ̃gɔt] nf [de femme] coat ; HIST frock coat.

redire [102] [ʀədiʀ] vt to repeat ▸ **avoir** OU **trouver à redire à qqch** *fig* to find fault with sthg.

rediriger [17] [ʀədiʀiʒe] vt to redirect.

redistribuer [7] [ʀədistʀibɥe] vt to redistribute.

redistribution [ʀədistʀibysjɔ̃] nf redistribution.

redit, e [ʀədi, it] pp ⟶ **redire**.

redite [ʀədit] nf repetition.

redondance [ʀədɔ̃dɑ̃s] nf redundancy.

redondant, e [ʀədɔ̃dɑ̃, ɑ̃t] adj **1.** [mot] redundant, superfluous ; [style] redundant, verbose, wordy **2.** INFORM, LING & TÉLÉCOM redundant.

redonner [3] [ʀədɔne] vt to give back ; [confiance, forces] to restore.

redoublant, e [ʀədublɑ̃, ɑ̃t] nm, f pupil who is repeating a year.

redoublé, e [ʀəduble] adj ▸ **à coups redoublés** twice as hard.

redoubler [3] [ʀəduble] ❖ vt **1.** [syllabe] to reduplicate **2.** [efforts] to intensify **3.** SCOL to repeat. ❖ vi to intensify ▸ **redoubler d'efforts** to redouble one's efforts / *le vent redoubla de fureur* the wind blew twice as hard.

redoutable [ʀədutabl] adj formidable.

Redoute [ʀədut] npr f ▸ **la Redoute** *French mail order firm.*

redouter [3] [ʀədute] vt to fear.

redoux [ʀədu] nm thaw.

redressement [ʀədʀɛsmɑ̃] nm **1.** [de pays, d'économie] recovery **2.** DR ▸ **redressement fiscal** payment of back taxes.

redresser [4] [ʀədʀɛse] ❖ vt **1.** [poteau, arbre] to put OU set upright ▸ **redresser la tête a)** to raise one's head **b)** *fig* to hold up one's head **2.** [situation] to set right. ❖ vi AUTO to straighten up. ◆ **se redresser** vp **1.** [personne] to stand OU sit straight **2.** [pays] to recover.

redresseur [ʀədʀɛsœʀ] nm ▸ **redresseur de torts** righter of wrongs.

réducteur, trice [ʀedyktœʀ, tʀis] adj **1.** [de quantité] reducing **2.** [limitatif] simplistic. ◆ **réducteur** nm CHIM reducing agent.

réduction [ʀedyksjɔ̃] nf **1.** [gén] reduction / *bénéficier d'une réduction* to get a reduction ▸ **réductions d'effectifs** staff cuts, downsizing **2.** MÉD setting.

réduire [98] [ʀedɥiʀ] ❖ vt **1.** [gén] to reduce / *réduire qqch de moitié* to cut sthg by half, to halve sthg ▸ **réduire en** to reduce to / *il a réussi à réduire à néant le travail de dix années* he managed to reduce ten years' work to nothing ▸ **réduire qqn à qqch / à faire qqch** to reduce sb to sthg/to doing sthg / *réduire la presse / l'opposition au silence* to silence the press/the opposition ▸ **être réduit à faire qqch** to be reduced to doing sthg **2.** INFORM to minimize **3.** MÉD to set **4.** SUISSE [ranger] to put away. ❖ vi CULIN to reduce / *faire réduire* to reduce. ◆ **se réduire** vp **1.** [se restreindre] to cut down **2.** [se ramener] ▸ **se réduire à** to come OU boil down to **3.** [se transformer] ▸ **se réduire en** to be reduced to.

réduisais, réduisions ⟶ **réduire**.

réduit, e [ʀedɥi, it] ❖ pp ⟶ **réduire.** ❖ adj reduced. ◆ **réduit** nm **1.** [local] small room **2.** [renfoncement] recess.

rééchelonnement [ʀeeʃlɔnemɑ̃] nm rescheduling ▸ **rééchelonnement des dettes** debt rescheduling.

rééchelonner [3] [ʀeeʃlɔne] vt to reschedule.

réécrire = **récrire**.

rééditer [3] [ʀeedite] vt **1.** [œuvre, auteur] to republish **2.** *fam* [méfaits] to give a repeat performance of.

réédition [ʀeedisjɔ̃] nf new edition.

rééducation [ʀeedykasjɔ̃] nf **1.** [de membre] re-education **2.** [de délinquant, malade] rehabilitation, rehab US.

rééduquer [3] [ʀeedyke] vt **1.** [membre] to re-educate **2.** [délinquant, malade] to rehabilitate, to rehab US.

réel, elle [ʀeɛl] adj real. ◆ **réel** nm ▸ **le réel** reality.

réélection [ʀeelɛksjɔ̃] nf reelection.

réélire [106] [ʀeeliʀ] vt to reelect.

réellement [ʀeɛlmɑ̃] adv really.

réembaucher [3] [ʀeɑ̃boʃe] vt to take on again.

réemploi = **remploi**.

réemployer = **remployer**.

réengager = **rengager**.

réenregistrer [ʀeɑ̃ʀəʒistʀe] vt to rerecord.

rééquilibrer [3] [ʀeekilibʀe] vt to balance (again).

réescompte [ʀeɛskɔ̃t] nm rediscount.

réessayer [11] [ʀeeseje] vt to try again.

réévaluer [7] [ʀeevalɥe] vt to revalue.

réexaminer [3] [ʀeɛgzamine] vt to re-examine.

réexpédier [9] [reɛkspedje] vt to send back.

réexporter [3] [reɛkspɔrte] vt to reexport.

réf. (*abr écrite de* référence) ref.

refaire [109] [rəfɛr] vt **1.** [faire de nouveau - travail, devoir] to do again ; [- voyage] to make again **2.** [mur, toit] to repair **3.** *fam* [personne] to take in. ◆ **se refaire** vp **1.** [se rétablir] ▸ **se refaire une santé** to recover (one's health) **2.** [se réhabituer] ▸ **se refaire à qqch** to get used to sthg again **3.** *fam* [au jeu] to make up ou win back one's losses.

refaisais, refaisions ⟶ refaire.

refait, e [rəfɛ, ɛt] pp ⟶ refaire.

refasse, refasses ⟶ refaire.

réfection [refɛksjɔ̃] nf repair.

réfectoire [refɛktwar] nm refectory.

référé [refere] nm [procédure] special hearing ; [arrêt] temporary ruling ; [ordonnance] temporary injunction.

référence [referɑ̃s] nf reference ▸ **faire référence à** to refer to. ◆ **références** nfpl references.

référencement [referɑ̃smɑ̃] nm **1.** COMM listing **2.** INTERNET referencing.

référencer [16] [referɑ̃se] vt **1.** COMM to list **2.** INTERNET to reference.

référendum [referɛ̃dɔm] nm referendum.

référent, e [referɑ̃, ɑ̃t] adj ⟶ médecin. ◆ **référent** nm referent.

référentiel, elle [referɑ̃sjɛl] adj referential. ◆ **référentiel** nm frame of reference.

référer [18] [refere] vi ▸ **en référer à qqn** to refer the matter to sb. ◆ **se référer** vp ▸ **se référer à** to refer to.

refermer [3] [rəfɛrme] vt to close ou shut again.

refiler [3] [rəfile] vt *fam* ▸ **refiler qqch à qqn** a) [objet] to palm sthg off on sb b) [maladie] to give sthg to sb.

refinancement [rəfinɑ̃səmɑ̃] nm refinancing.

refinancer [3] [rəfinɑ̃se] vt to refinance. ◆ **se refinancer** vp [pour une entreprise] to refinance.

réfléchi, e [refleʃi] adj **1.** [action] considered ▸ **c'est tout réfléchi** I've made up my mind, I've decided **2.** [personne] thoughtful **3.** GRAM reflexive.

réfléchir [32] [refleʃir] ❖ vt **1.** [refléter] to reflect **2.** [penser] ▸ **réfléchir que** to think ou reflect that. ❖ vi to think, to reflect ▸ **réfléchir à** ou **sur qqch** to think about sthg. ◆ **se réfléchir** vp to be reflected.

réfléchissant, e [refleʃisɑ̃, ɑ̃t] adj reflective.

réflecteur [reflɛktœr] nm reflector.

reflet [rəflɛ] nm **1.** [image] reflection **2.** [de lumière] glint.

refléter [18] [rəflete] vt to reflect. ◆ **se refléter** vp **1.** [se réfléchir] to be reflected **2.** [transparaître] to be mirrored.

refleurir [32] [rəflœrir] vi **1.** [fleurir à nouveau] to flower again **2.** *fig* [art] to flourish again.

reflex [reflɛks] ❖ nm reflex camera. ❖ adj reflex *(avant n).*

réflexe [reflɛks] ❖ nm reflex. ❖ adj reflex *(avant n).*

réflexion [reflɛksjɔ̃] nf **1.** [de lumière, d'ondes] reflection **2.** [pensée] reflection, thought ▸ **à la réflexion** on second thoughts ▸ **réflexion faite** on reflection **3.** [remarque] remark.

refluer [3] [rəflye] vi **1.** [liquide] to flow back **2.** [foule] to flow back ; [avec violence] to surge back.

reflux [rəfly] nm **1.** [d'eau] ebb **2.** [de personnes] backward surge.

refonder [rəfɔ̃de] vt [parti] to reform ; [système] to build on new foundations / *refonder une famille* to start a new family.

refondre [75] [rəfɔ̃dr] vt **1.** [métal] to remelt **2.** [ouvrage] to recast.

refonte [rəfɔ̃t] nf **1.** [de métal] remelting **2.** [d'ouvrage] recasting **3.** [d'institution, de système] overhaul, reshaping.

reforestation [rəfɔrɛstasjɔ̃] nf reforestation.

réformateur, trice [refɔrmatœr, tris] ❖ adj reforming. ❖ nm, f **1.** [personne] reformer **2.** RELIG Reformer.

réforme [refɔrm] nf reform ▸ **réforme monétaire** monetary reform.

réformé, e [refɔrme] adj & nm, f Protestant. ◆ **réformé** nm MIL *soldier who has been invalided out.*

reformer [3] [rəfɔrme] vt to re-form. ◆ **se reformer** vp to reform.

réformer [3] [refɔrme] vt **1.** [améliorer] to reform, to improve **2.** MIL to invalid out UK **3.** [matériel] to scrap.

réformisme [refɔrmism] nm reformism.

réformiste [refɔrmist] adj & nmf reformist.

reformulation [rəfɔrmylasjɔ̃] nf rewording.

refoulé, e [rəfule] ❖ adj repressed, frustrated. ❖ nm, f repressed person.

refoulement [rəfulmɑ̃] nm **1.** [de personnes] repelling **2.** PSYCHO repression.

refouler [3] [rəfule] vt **1.** [personnes] to repel, to repulse **2.** PSYCHO to repress.

réfractaire [refraktɛr] ❖ adj **1.** [rebelle] insubordinate ▸ **réfractaire à** resistant to ▸ **être réfractaire à la loi** to flout the law **2.** HIST [prêtre] non-juring **3.** [matière] refractory. ❖ nmf insubordinate.

réfraction [refraksjɔ̃] nf refraction ▸ **indice de réfraction** refractive index.

refrain [rəfrɛ̃] nm MUS refrain, chorus / *c'est toujours le même refrain* *fam* & *fig* it's always the same old story.

refréner [18] [rəfrene] vt to check, to hold back. ◆ **se refréner** vp to control o.s.

réfrigérant, e [refriʒerɑ̃, ɑ̃t] adj **1.** [liquide] refrigerating, refrigerant **2.** *fam* [accueil] icy.

réfrigérateur [refriʒeratœr] nm refrigerator.

réfrigération [refriʒerasjɔ̃] nf refrigeration.

réfringent, e [ʀefʀɛ̃ʒɑ̃, ɑ̃t] adj refractive.

refroidir [32] [ʀəfʀwadiʀ] ◆ vt **1.** [plat] to cool **2.** [décourager] to discourage **3.** *arg* [tuer] to rub out, to do in. ◆ vi to cool. ◆ **se refroidir** vp **1.** [temps] to get OU turn colder **2.** [ardeur] to cool.

refroidissement [ʀəfʀwadismɑ̃] nm **1.** [de température] drop, cooling **2.** [grippe] chill **3.** [de sentiment] cooling off.

refuge [ʀəfyʒ] nm **1.** [abri] refuge ▸ **chercher refuge auprès de qqn** to seek refuge with sb **2.** [de montagne] hut **3.** [sur chaussée] traffic island.

réfugié, e [ʀefyʒje] ◆ adj refugee *(avant n).* ◆ nm, f refugee ▸ **réfugié politique** political refugee.

réfugier [9] [ʀefyʒje] ◆ **se réfugier** vp to take refuge.

refus [ʀəfy] nm inv refusal / *ce n'est pas de refus fam* I wouldn't say no ▸ **essuyer un refus** to meet with a refusal.

refuser [3] [ʀəfyze] vt **1.** [repousser] to refuse ▸ **refuser de faire qqch** to refuse to do sthg **2.** [contester] ▸ **refuser qqch à qqn** to deny sb sthg **3.** [clients, spectateurs] to turn away **4.** [candidat] ▸ **être refusé** to fail. ◆ **se refuser** vp ▸ **se refuser à faire qqch** to refuse to do sthg ▸ **se refuser à tout commentaire** to refuse to make any comment ▸ **ne rien se refuser** not to stint o.s.

réfutation [ʀefytasjɔ̃] nf refutation.

réfuter [3] [ʀefyte] vt to refute.

regagner [3] [ʀəgaɲe] vt **1.** [reprendre] to regain, to win back **2.** [revenir à] to get back to.

regain [ʀəgɛ̃] nm **1.** [herbe] second crop **2.** [retour] ▸ **un regain de** a revival of, a renewal of / *un regain de vie* a new lease of life.

régal, als [ʀegal] nm treat, delight.

régalade [ʀegalad] nf : *boire à la régalade to drink without letting the bottle touch one's lips.*

régaler [3] [ʀegale] vt to treat / *c'est moi qui régale ! fam* it's my treat! ◆ **se régaler** vp : *je me régale* **a)** [nourriture] I'm thoroughly enjoying it **b)** [activité] I'm having the time of my life.

regard [ʀəgaʀ] nm look / *un regard méfiant* a suspicious look / *attirer les regards* to be the centre of attention / *chercher du regard* to look (around) for / *couver qqch / qqn du regard* to stare at sthg / sb with greedy eyes / *il a détourné le regard* he averted his gaze, he looked away / *fusiller qqn du regard fig* to glare at sb, to look OU shoot daggers at sb / *lancer un regard à qqn* to look at sb, to glance at sb / *porter un regard nouveau sur qqn / qqch fig* to look at sb / sthg in a new light, to take a fresh look at sb / sthg / *soutenir le regard de qqn* to be able to look sb straight in the eye. ◆ **au regard de** loc prép in relation to, with regard to / *au regard de la loi* from a legal point of view. ◆ **en regard de** loc prép **1.** [face à] : *en regard de la colonne des chiffres* facing OU opposite the column of figures **2.** [en comparaison avec] compared with.

regardant, e [ʀəgaʀdɑ̃, ɑ̃t] adj *fam* **1.** [économe] mean **2.** [minutieux] ▸ **être très / peu regardant sur qqch** to be very / not very particular about sthg.

regarder [3] [ʀəgaʀde] ◆ vt **1.** [observer, examiner, consulter] to look at ; [télévision, spectacle] to watch / *regarde s'il arrive* see if he's coming / *regarde-moi ça ! fam* just look at that! / *as-tu eu le temps de regarder le dossier ?* did you have time to look at OU to examine the file? ▸ **regarder qqn faire qqch** to watch sb doing sthg / *regarder les trains passer* to watch the trains go by **2.** [considérer] to consider, to regard / *il regarde avec envie la réussite de son frère* he casts an envious eye upon his brother's success, he looks upon his brother's success with envy ▸ **regarder qqn / qqch comme** to regard sb / sthg as, to consider sb / sthg as **3.** [concerner] to concern / *cela ne te regarde pas* it's none of your business. ◆ vi **1.** [observer, examiner] to look / *nous avons regardé partout* we looked OU searched everywhere **2.** [faire attention] ▸ **sans regarder à la dépense** regardless of the expense ▸ **y regarder à deux fois** to think twice about it ▸ **à y bien regarder, à y regarder de plus près** when you think it over, on thinking it over. ◆ **se regarder** vp **1.** [emploi réfléchi] to look at o.s. ▸ **tu ne t'es pas regardé !** *fam* you should take a (good) look at yourself! **2.** [emploi réciproque] to look at one another.

regarnir [32] [ʀəgaʀniʀ] vt to refill, to restock.

régate [ʀegat] nf *(gén pl)* regatta.

régence [ʀeʒɑ̃s] nf regency. ◆ **Régence** nf HIST ▸ **la Régence** the Regency.

régénérant, e [ʀeʒeneʀɑ̃, ɑ̃t] adj regenerative.

régénérer [18] [ʀeʒeneʀe] vt to regenerate. ◆ **se régénérer** vp to regenerate.

Comment exprimer le refus

- **No, I'm sorry, I can't.** *Non, je suis désolé, je ne peux pas.*
- **I'm afraid I can't possibly do that.** *Je regrette, mais je ne peux vraiment pas.*
- **I'm sorry, but it's not up to me.** *Désolé, ça ne dépend pas de moi.*
- **There's really nothing I can do.** *Je ne peux vraiment rien faire.*
- **I am afraid I cannot accept your suggestion.** *Je regrette, mais je ne peux pas accepter votre suggestion.*
- **I refuse to do her job for her.** *Je refuse de faire son travail à sa place.*
- **It's out of the question.** *Il n'en est pas question.*
- **Certainly not!** *Certainement pas !*
- **No way!** *Pas question !*
- **Forget it!** *Alors là, tu peux toujours courir !*

régent, e [reʒɑ̃, ɑ̃t] nm, f regent.

régenter [3] [reʒɑ̃te] vt ▸ **vouloir tout régenter** to want to be the boss.

reggae [rege] nm & adj inv reggae.

régie [reʒi] nf **1.** [entreprise] state-controlled company **2.** RADIO & TV [pièce] control room ; CINÉ, THÉÂTRE & TV [équipe] production team.

regimber [3] [rəʒɛ̃be] vi to balk.

régime [reʒim] nm **1.** [politique] regime / *régime militaire / totalitaire* military/totalitarian regime ▸ **l'Ancien Régime** the Ancien Régime **2.** [administratif] system ▸ **régime carcéral** prison regime ▸ **régime de Sécurité sociale** *subdivision of the French social security system applying to certain professional groups* ▸ **être marié sous le régime de la communauté** to opt for a marriage based on joint ownership of property **3.** [alimentaire] diet ▸ **se mettre au / suivre un régime** to go on/to be on a diet ▸ **régime amincissant** slimming diet ▸ **régime sans sel** salt-free diet **4.** [de moteur] speed **5.** ÉCON : *fonctionner à plein régime* [usine] to work to full capacity ▸ **régime de croisière** economic ou cruising speed **6.** [de fleuve, des pluies] cycle / *le régime des vents* the prevailing winds ou wind system **7.** [de bananes, dattes] bunch.

régiment [reʒimɑ̃] nm **1.** MIL regiment **2.** *fam* [grande quantité] ▸ **un régiment de** masses of, loads of.

région [reʒjɔ̃] nf region ▸ **région parisienne** Paris area ou region.

Région

One of the three main administrative divisions in France, the **Région** was created in 1982. There are twenty-six in all, four of which are overseas. Each **Région** groups together several **départements** and is administered by a **conseil régional**, headed by the **président du conseil régional**.

régional, e, aux [reʒjɔnal, o] adj regional.

régionalisation [reʒjɔnalizasjɔ̃] nf regionalization.

régionalisme [reʒjɔnalism] nm regionalism.

régionaliste [reʒjɔnalist] nmf & adj regionalist.

régir [32] [reʒir] vt to govern.

régisseur [reʒisœr] nm **1.** [intendant] steward **2.** [de théâtre] stage manager.

registre [rəʒistr] nm [gén] register ▸ **registre du commerce** trade register ▸ **registre de comptabilité** ledger ▸ **registres publics d'état civil** register *sg* of births, marriages and deaths.

réglable [reglabl] adj **1.** [adaptable] adjustable **2.** [payable] payable.

réglage [reglaʒ] nm adjustment, setting.

règle [rɛgl] nf **1.** [instrument] ruler ▸ **règle graduée** graduated ruler **2.** [principe, loi] rule / *je suis en règle* my papers are in order / *mets-toi en règle* get your papers in order ▸ **être de règle** to be the rule. ◆ **en règle générale** loc adv as a general rule. ◆ **règles** nfpl [menstruation] period *sg*.

réglé, e [regle] adj **1.** [organisé] regular, well-ordered **2.** [papier] lined, ruled.

réglée [regle] adj f ▸ **être réglée** to have periods, to menstruate.

règlement [rɛgləmɑ̃] nm **1.** [résolution] settling ▸ **règlement de comptes** *fig* settling of scores ▸ **règlement judiciaire** liquidation **2.** [règle] regulation ▸ **observer le règlement** to follow the rules ou regulations **3.** [paiement] settlement.

réglementaire [rɛgləmɑ̃tɛr] adj **1.** [régulier] statutory **2.** [imposé] regulation *(avant n)*.

réglementation [rɛgləmɑ̃tasjɔ̃] nf **1.** [action] regulation **2.** [ensemble de règles] regulations *pl*, rules *pl* ▸ **réglementation du travail / commerce** work / commercial regulations.

réglementer [3] [rɛgləmɑ̃te] vt to control, to regulate.

régler [18] [regle] vt **1.** [affaire, conflit] to settle, to sort out / *c'est une affaire réglée* it is (all) settled now / *quelques détails à régler* a few details to be settled **2.** [appareil] to adjust / *j'ai réglé mon réveil sur 7 h / le four à 200 °C* I've set my alarm for seven o'clock/the oven at 200 degrees **3.** [payer - note] to settle, to pay ; [- commerçant] to pay / *régler l'addition* to pay ou settle the bill / *régler qqch par chèque / par carte de crédit* to pay for sthg by cheque / by credit card. ◆ **se régler** vp **1.** [suivre] ▸ **se régler sur qqn** to model o.s. on sb / *elle a tendance à se régler sur (l'exemple de) sa mère* she has a tendency to model herself on her mother **2.** [affaire, conflit] to be sorted out, to be settled.

réglisse [reglis] nf liquorice UK, licorice US.

réglo [reglo] adj inv *fam* straight.

régnant, e [reɲɑ̃, ɑ̃t] adj [monarque] reigning.

règne [rɛɲ] nm **1.** [de souverain] reign ▸ **sous le règne de** in the reign of **2.** [pouvoir] rule **3.** BIOL kingdom.

régner [18] [reɲe] vi **1.** [souverain] to rule, to reign **2.** [silence] to reign.

regonfler [3] [rəgɔ̃fle] vt **1.** [pneu, ballon] to blow up again, to reinflate **2.** *fam* [personne] to cheer up.

regorger [17] [rəgɔrʒe] vi ▸ **regorger de** to be abundant in.

régresser [4] [regrese] vi **1.** [sentiment, douleur] to diminish **2.** [personne] to regress.

régressif, ive [regresif, iv] adj regressive, backward.

régression [regresjɔ̃] nf **1.** [recul] decline ▸ **régression sociale** ÉCON downward mobility **2.** PSYCHO regression.

regret [rəgrɛ] nm ▸ **regret (de)** regret (for) / *tous mes regrets* I'm very sorry ▸ **à regret** with regret ▸ **sans regret** with no regrets ▸ **avoir le ou être au regret d'informer qqn de** to be sorry ou to regret to inform sb of. *Voir encadré page suivante.*

regrettable [rəgrɛtabl] adj regrettable.

Comment exprimer des regrets

- **I wish I hadn't eaten so much.** *Je n'aurais pas dû manger autant.*
- **I only wish I'd told him earlier.** *Je regrette de ne pas le lui avoir dit plus tôt.*
- **I'd like to have visited the museum.** *J'aurais bien aimé visiter le musée.*
- **I'm sorry I ever mentioned it now!** *J'aurais mieux fait de ne pas en parler !*
- **If only I could drive!** *Si seulement je savais conduire !*
- **What a pity she isn't here!** *Quel dommage qu'elle ne soit pas là !*
- **Unfortunately, we didn't get there on time.** *Malheureusement, nous ne sommes pas arrivés à temps.*

regretter [4] [ʀəɡʀɛte] ❖ vt **1.** [époque] to miss, to regret ; [personne] to miss **2.** [faute] to regret ▸ **regretter d'avoir fait qqch** to regret having done sthg **3.** [déplorer] ▸ **regretter que** (+ *subjonctif*) to be sorry OU to regret that. ❖ vi to be sorry.

regroupement [ʀəɡʀupmɑ̃] nm **1.** [action] gathering together **2.** [groupe] group, assembly.

regrouper [3] [ʀəɡʀupe] vt **1.** [grouper à nouveau] to regroup, to reassemble **2.** [réunir] to group together. ◆ **se regrouper** vp to gather, to assemble.

régularisation [ʀeɡylaʀizasjɔ̃] nf **1.** [d'une situation] straightening out, regularization **2.** FIN : ***paiement de dix mensualités avec régularisation annuelle*** ten monthly payments with end-of-year adjustments **3.** GÉOGR grading.

régulariser [3] [ʀeɡylaʀize] vt **1.** [documents] to sort out, to put in order ; [situation] to straighten out **2.** [circulation, fonctionnement] to regulate.

régularité [ʀeɡylaʀite] nf **1.** [gén] regularity **2.** [de travail, résultats] consistency.

régulateur, trice [ʀeɡylatœʀ, tʀis] adj regulating. ◆ **régulateur** nm regulator.

régulation [ʀeɡylasjɔ̃] nf [contrôle] control, regulation ▸ **régulation des naissances** birth control.

réguler [3] [ʀeɡyle] vt to regulate.

régulier, ère [ʀeɡylje, ɛʀ] adj **1.** [gén] regular **2.** [uniforme, constant] steady, regular **3.** [travail, résultats] consistent **4.** [légal] legal / ***être en situation régulière*** to have all the legally required documents **5.** [correct] straight, above board.

régulièrement [ʀeɡyljɛʀmɑ̃] adv **1.** [gén] regularly **2.** [uniformément] steadily, regularly ; [étalé, façonné] evenly.

régurgitation [ʀeɡyʀʒitasjɔ̃] nf regurgitation.

réhabilitation [ʀeabilitasjɔ̃] nf rehabilitation.

réhabiliter [3] [ʀeabilite] vt **1.** [accusé] to rehabilitate, to clear ; *fig* [racheter] to restore to favour UK OU favor US **2.** [rénover] to restore. ◆ **se réhabiliter** vp to redeem o.s.

réhabituer [7] [ʀeabitɥe] vt to reaccustom. ◆ **se réhabituer** vp ▸ **se réhabituer à qqch** to get used to sthg again.

rehausser [3] [ʀəose] vt **1.** [surélever] to heighten **2.** *fig* [mettre en valeur] to enhance.

rehausseur [ʀəosœʀ] nm booster seat.

réhydrater [3] [ʀeidʀate] vt [peau] to moisturize, to rehydrate. ◆ **se réhydrater** vp to rehydrate oneself / ***pensez à vous réhydrater pendant la course*** don't forget to drink plenty of water during the race.

réimporter [3] [ʀeɛ̃pɔʀte] vt to reimport.

réimposer [3] [ʀeɛ̃poze] vt to retax.

réimpression [ʀeɛ̃pʀɛsjɔ̃] nf reprinting, reprint.

réimprimer [3] [ʀeɛ̃pʀime] vt to reprint.

rein [ʀɛ̃] nm kidney ▸ **rein artificiel** dialysis OU kidney machine. ◆ **reins** nmpl small of the back *sg* / ***avoir mal aux reins*** to have backache UK OU a backache US / ***avoir les reins solides*** **a)** *fam* [être résistant] to have a strong back **b)** [être riche] not to be short of money.

réincarnation [ʀeɛ̃kaʀnasjɔ̃] nf reincarnation.

réincarner [3] [ʀeɛ̃kaʀne] ◆ **se réincarner** vpi to be reincarnated / ***il voulait se réincarner en oiseau*** he wanted to be reincarnated as a bird.

reine [ʀɛn] nf queen ▸ **la reine mère** the Queen Mother / ***la reine de Suède / des Pays-Bas*** the Queen of Sweden / of the Netherlands / ***la reine de cœur / pique*** the queen of hearts / spades / ***la reine de la soirée*** the belle of the ball, the star of the party / ***la reine des abeilles / termites*** the queen bee / termite.

reine-claude [ʀɛnklod] (*pl* **reines-claudes**) nf greengage.

reinette [ʀenɛt] nf *variety of apple similar to pippin.*

réinfecter [4] [ʀeɛ̃fɛkte] vt to reinfect. ◆ **se réinfecter** vpi to become reinfected.

réinitialiser [ʀeinisjalize] vt INFORM to reinitialize.

réinscriptible [ʀeɛ̃skʀiptibl] adj INFORM (re-)recordable ; [cédérom] rewritable.

réinscrire [99] [ʀeɛ̃skʀiʀ] vt ▸ **réinscrire qqn à** to re-enrol UK OU re-enroll US sb for. ◆ **se réinscrire** vp ▸ **se réinscrire à** to re-enrol UK OU re-enroll US for.

réinsérer [18] [ʀeɛ̃seʀe] vt to reinsert. ◆ **se réinsérer** vp to become reintegrated.

réinsertion [ʀeɛ̃sɛʀsjɔ̃] nf [de délinquant] rehabilitation ; [dans la vie professionnelle] reintegration.

réinstaller [3] [ʀeɛ̃stale] vt [chauffage, électricité, téléphone] to reinstall, to put back (*sép*) / ***j'ai réinstallé mon bureau au premier étage*** I've moved my office again and I'm on the first floor UK. ◆ **se réinstaller** vpi **1.** [retourner] to go back, to settle again / *il s'est réinstallé dans son ancien bureau* he's gone ou moved back to his old office **2.** [se rasseoir] to settle (back) down in one's seat.

réintégrer [18] [ʀeɛ̃tegʀe] vt **1.** [rejoindre] to return to **2.** DR to reinstate.

réintroduire [98] [ʀeɛ̃tʀɔdɥiʀ] vt to reintroduce.

réitérer [18] [ʀeiteʀe] vt [promesse, demande] to repeat, to reiterate ; [attaque] to repeat.

rejaillir [32] [ʀəʒajiʀ] vi to splash up ▸ **rejaillir sur qqn** *fig* to rebound on sb.

rejet [ʀəʒɛ] nm **1.** [gén] rejection **2.** [pousse] shoot.

rejeter [27] [ʀəʒte] vt **1.** [relancer] to throw back **2.** [expulser] to bring up, to vomit **3.** [offre, personne] to reject **4.** [partie du corps] ▸ **rejeter la tête / les bras en arrière** to throw back one's head / one's arms **5.** [imputer] ▸ **rejeter la responsabilité de qqch sur qqn** to lay the responsibility for sthg at sb's door. ◆ **se rejeter** vp ▸ **se rejeter la faute l'un sur l'autre** to blame one another for sthg ▸ **se rejeter la responsabilité (de qqch) l'un sur l'autre** to hold one another responsible (for sthg).

rejeton [ʀəʒtɔ̃] nm offspring *(U)*.

rejette, rejettes ⟶ rejeter.

rejoignais, rejoignions ⟶ rejoindre.

rejoindre [82] [ʀəʒwɛ̃dʀ] vt **1.** [retrouver] to join **2.** [regagner] to return to **3.** [concorder avec] to agree with **4.** [rattraper] to catch up with. ◆ **se rejoindre** vp **1.** [personnes, routes] to meet **2.** [opinions] to agree.

rejoint, e [ʀəʒwɛ̃, ɛ̃t] pp ⟶ rejoindre.

réjoui, e [ʀeʒwi] adj joyful.

réjouir [32] [ʀeʒwiʀ] vt to delight. ◆ **se réjouir** vp to be delighted ▸ **se réjouir de qqch** to be delighted at ou about sthg.

réjouissance [ʀeʒwisɑ̃s] nf rejoicing. ◆ **réjouissances** nfpl festivities.

réjouissant, e [ʀeʒwisɑ̃, ɑ̃t] adj joyful, cheerful.

relâche [ʀəlaʃ] nf **1.** [pause] ▸ **sans relâche** without respite ou a break **2.** THÉÂTRE : *demain c'est le jour de relâche* we're closed tomorrow ▸ **faire relâche** to be closed **3.** QUÉBEC SCOL break.

relâché, e [ʀəlaʃe] adj lax, loose.

relâchement [ʀəlaʃmɑ̃] nm relaxation.

relâcher [3] [ʀəlaʃe] vt **1.** [étreinte, cordes] to loosen **2.** [discipline, effort] to relax, to slacken **3.** [prisonnier] to release. ◆ **se relâcher** vp **1.** [se desserrer] to loosen **2.** [faiblir - discipline] to become lax ; [- attention] to flag **3.** [se laisser aller] to slacken off.

relaie, relaies ⟶ relayer.

relais [ʀəlɛ] nm **1.** [auberge] post house ▸ **relais routier** transport cafe UK, truck stop US **2.** SPORT & TV ▸ **prendre / passer le relais** to take / hand over ▸ **(course de) relais** relay **3.** COMM [dans le service des achats] gatekeeper.

relance [ʀəlɑ̃s] nf **1.** [économique] revival, boost ; [de projet] relaunch **2.** [au jeu] stake.

relancer [16] [ʀəlɑ̃se] vt **1.** [renvoyer] to throw back **2.** [faire reprendre - économie] to boost ; [- projet] to relaunch ; [- moteur, machine] to restart ; INFORM to restart.

relater [3] [ʀəlate] vt *litt* to relate.

relatif, ive [ʀəlatif, iv] adj relative ▸ **relatif à** relating to ▸ **tout est relatif** it's all relative. ◆ **relative** nf GRAM relative clause.

relation [ʀəlasjɔ̃] nf relationship / *relation de cause à effet* relation ou relationship of cause and effect / *entrer en relation avec qqn* [le contacter] to get in touch ou to make contact with sb / *mettre qqn en relation avec qqn* to put sb in touch with sb. ◆ **relations** nfpl **1.** [rapport] relationship *sg* / *en excellentes / mauvaises relations avec ses collègues* on excellent / bad terms with one's colleagues ▸ **relations sexuelles** sexual relations, intercourse *(U)* **2.** [connaissance] acquaintance ▸ **avoir des relations** to have connections / *j'ai trouvé à me loger par relations* I found a place to live through knowing the right people ou through the grapevine **3.** [communication] ▸ **relations humaines** a) [gén] dealings between people b) [en sociologie] human relations ▸ **relations internationales** international relations ▸ **relations publiques** public relations.

> **relation ou relationship ?**
>
> Attention à ne pas traduire *une relation* par a relation, qui signifie « un parent ». *Une relation* est le plus souvent a relationship. Le nom pluriel relations en anglais se réfère principalement aux échanges diplomatiques ou professionnels (public relations, customer relations, diplomatic relations).

relationnel, elle [ʀəlasjɔnɛl] adj [problèmes] relationship *(avant n)*.

relationniste [ʀəlasjɔnist] nmf QUÉBEC public relations officer.

relative ⟶ relatif.

relativement [ʀəlativmɑ̃] adv **1.** [passablement] relatively, comparatively, reasonably **2.** *sout* [de façon relative] relatively, contingently *sout*. ◆ **relativement à** loc prép **1.** [par rapport à] compared to, in relation to **2.** [concernant] concerning / *entendre un témoin relativement à une affaire* to hear a witness in relation to a case.

relativiser [3] [ʀəlativize] vt to relativize.

relativité [ʀəlativite] nf relativity.

relax, relaxe [ʀəlaks] adj *fam* relaxed.

relaxant, e [ʀəlaksɑ̃, ɑ̃t] adj relaxing, soothing.

relaxation [ʀəlaksasjɔ̃] nf relaxation.

relaxe = relax.

relaxer [3] [Rəlakse] vt **1.** [reposer] to relax **2.** DR to discharge. ◆ **se relaxer** vp to relax.

relayer [11] [Rəlɛje] vt to relieve. ◆ **se relayer** vp to take over from one another.

relecture [Rəlɛktyʀ] nf second reading, rereading.

relégation [Rəlegasjɔ̃] nf **1.** SPORT relegation **2.** HIST & DR banishment, relegation.

reléguer [18] [Rəlege] vt to relegate.

relent [Rəlɑ̃] nm **1.** [odeur] stink, stench **2.** *fig* [trace] whiff.

relevé, e [Rəlve] adj **1.** [style] elevated **2.** CULIN spicy. ◆ **relevé** nm reading ▸ **faire le relevé de qqch** to read sthg ▸ **relevé de compte** bank statement ▸ **relevé de fin de mois** end-of-month statement ▸ **relevé d'identité bancaire** bank account number, bank details.

relève [Rəlɛv] nf relief ▸ **prendre la relève** to take over.

relèvement [Rəlɛvmɑ̃] nm **1.** [redressement] rebuilding **2.** [hausse] raising **3.** [majoration] increase.

relever [19] [Rəlve] ◈ vt **1.** [redresser - personne] to help up / *ils m'ont relevé* **a)** [debout] they helped me (back) to my feet **b)** [assis] they sat me up OU helped me to sit up ; [pays, économie] to rebuild ; [moral, niveau] to raise / *relever le moral des troupes* to boost the troops' morale **2.** [ramasser] to collect / *relever les copies* SCOL to collect the papers **3.** [tête, col, store] to raise ; [manches] to push up **4.** [CULIN - mettre en valeur] to bring out ; [- pimenter] to season / *relevez l'assaisonnement* make the seasoning more spicy **5.** *fig* [récit] to liven up, to spice up **6.** [noter] to note down ; [compteur] to read / *températures relevées à 16 h* MÉTÉOR temperatures recorded at 4 p.m. **7.** [relayer] to take over from, to relieve / *relever qqn de ses fonctions* to relieve sb of his/her duties **8.** [erreur] to note. ◈ vi **1.** [se rétablir] ▸ **relever de** to recover from / *elle relève d'une grippe* she is recovering from flu **2.** [être du domaine] ▸ **relever de** to come under / *cela relève des tribunaux / de la psychiatrie* it's a matter for the courts / the psychiatrists. ◆ **se relever** vp **1.** [se mettre debout] to stand up / *il l'aida à se relever* he helped her to her feet again ; [sortir du lit] to get up **2.** [se rétablir] ▸ **se relever de qqch** to recover from sthg, to get over sthg / *le parti se relève de ses cendres* OU *ruines* the party is rising from the ashes **3.** [se rehausser] to lift / *les commissures de ses lèvres se relevèrent* the corners of his mouth curled up.

relief [Rəljɛf] nm relief ▸ **sans aucun relief** completely flat ▸ **en relief** in relief, raised ▸ **une carte en relief** relief map ▸ **mettre en relief** *fig* to enhance, to bring out. ◆ **reliefs** nmpl *vieilli* remains.

relier [9] [Rəlje] vt **1.** [livre] to bind **2.** [attacher] ▸ **relier qqch à qqch** to link sthg to sthg **3.** [joindre] to connect **4.** *fig* [associer] to link up.

relieur, euse [RəljœR, øz] nm, f binder.

religieuse ⟶ **religieux**.

religieusement [Rəliʒjøzmɑ̃] adv **1.** [gén] religiously ; [solennellement] reverently **2.** [se marier] in church.

religieux, euse [Rəliʒjø, øz] adj **1.** [vie, chant] religious ; [mariage] religious, church *(avant n)* **2.** [respectueux] reverent. ◆ **religieux** nm monk. ◆ **religieuse** nf **1.** RELIG nun **2.** CULIN ▸ **religieuse au café, religieuse au chocolat** *choux pastry filled with coffee or chocolate confectioner's custard.*

religion [Rəliʒjɔ̃] nf **1.** [culte] religion **2.** [foi] faith **3.** [croyance] religion, faith ▸ **entrer en religion** to take one's vows.

reliquaire [RəlikɛR] nm reliquary.

reliquat [Rəlika] nm balance, remainder.

relique [Rəlik] nf relic.

relire [106] [RəliR] vt **1.** [lire] to reread **2.** [vérifier] to read over. ◆ **se relire** vp to read what one has written.

relish [Rəliʃ] nf QUÉBEC CULIN relish.

reliure [RəljyR] nf binding.

relocalisation [Rəlokalizasjɔ̃] nf relocation.

relocaliser [Rəlokalize] vt to relocate.

relogement [Rəlɔʒmɑ̃] nm rehousing.

reloger [17] [Rəlɔʒe] vt to rehouse.

relookage [Rəlukaʒ] nm makeover / *ils ont fait un relookage de leur site* they've given their website a makeover.

relooker [Rəluke] vt [personne] to give a makeover to ; [produit, journal, site Web] to give a new look to ▸ **se faire relooker** [personne] to have a makeover.

relou [Rəlu] adj *fam* [idiot] stupid / *elle est relou, ta blague* that's a really stupid joke / *tu deviens relou avec tes questions* [agaçant] your questions are starting to get on my nerves.

relu, e [Rəly] pp ⟶ **relire**.

reluire [97] [RəlɥiR] vi to shine, to gleam ▸ **faire reluire qqch** to shine OU polish sthg.

reluisant, e [Rəlɥizɑ̃, ɑ̃t] adj shining, gleaming ▸ **peu** OU **pas très reluisant** **a)** *fig* [avenir, situation] not all that brilliant **b)** [personne] shady.

reluquer [3] [Rəlyke] vt *fam* [personne] to ogle, to eye up ; [objet] to have one's eye on, to covet / *se faire reluquer* to be OU get stared at.

remâcher [3] [Rəmaʃe] vt *fig* to brood over.

remailler [3] [Rəmaje] vt [filet] to mend ; [tricot] to darn.

remake [Rimɛjk] nm CINÉ remake.

rémanent, e [Remanɑ̃, ɑ̃t] adj residual.

remaniement [Rəmanimɑ̃] nm restructuring ▸ **remaniement ministériel** cabinet reshuffle.

remanier [9] [Rəmanje] vt to restructure ; [ministère] to reshuffle.

remaquiller [3] [Rəmakije] vt to make up *(sép)* again. ◆ **se remaquiller** vp *(emploi réfléchi)* [entièrement] to reapply one's make-up ; [partiellement] to touch up one's make-up.

remarier [9] [ʀəmaʀje] ◆ **se remarier** vp to remarry.

remarquable [ʀəmaʀkabl] adj remarkable.

remarquablement [ʀəmaʀkabləmɑ̃] adv remarkably.

remarque [ʀəmaʀk] nf **1.** [observation] remark ; [critique] critical remark **2.** [annotation] note.

remarquer [3] [ʀəmaʀke] ❖ vt **1.** [apercevoir] to notice ▸ **faire remarquer qqch (à qqn)** to point sthg out (to sb) ▸ **se faire remarquer** *péj* to draw attention to o.s. **2.** [noter] to remark, to comment. ❖ vi : *ce n'est pas l'idéal, remarque !* it's not ideal, mind you! ◆ **se remarquer** vp to be noticeable.

remballer [3] [ʀɑ̃bale] vt [marchandise] to pack up.

rembarquer [3] [ʀɑ̃baʀke] vt to reembark. ◆ **se rembarquer** vp to reembark.

rembarrer [3] [ʀɑ̃baʀe] vt *fam* to snub.

remblai [ʀɑ̃blɛ] nm embankment.

remblayer [11] [ʀɑ̃bleje] vt [hausser] to bank up ; [combler] to fill in.

rembobiner [3] [ʀɑ̃bɔbine] vt to rewind.

rembourrage [ʀɑ̃buʀaʒ] nm stuffing, padding.

rembourré, e [ʀɑ̃buʀe] adj [fauteuil, veste] padded.

rembourrer [3] [ʀɑ̃buʀe] vt to stuff, to pad.

remboursable [ʀɑ̃buʀsabl] adj refundable.

remboursement [ʀɑ̃buʀsəmɑ̃] nm refund, repayment.

rembourser [3] [ʀɑ̃buʀse] vt **1.** [dette] to pay back, to repay **2.** [personne] to pay back ▸ **rembourser qqn de qqch** to reimburse sb for sthg / *tu t'es fait rembourser pour ton trajet en taxi ?* did they reimburse you for your taxi journey? **3.** [dépense, achat] : *se faire rembourser* to get a refund.

rembrunir [32] [ʀɑ̃bʀyniʀ] ◆ **se rembrunir** vp to cloud over, to become gloomy.

remède [ʀəmɛd] nm *pr* & *fig* remedy, cure.

remédier [9] [ʀəmedje] vi **1.** [problème] ▸ **remédier à qqch** to solve sthg, to remedy sthg **2.** [situation] ▸ **remédier à qqch** to put sthg right.

remembrement [ʀəmɑ̃bʀəmɑ̃] nm land regrouping.

remémorer [3] [ʀəmemɔʀe] ◆ **se remémorer** vp to recollect.

remerciement [ʀəmɛʀsimɑ̃] nm thanks *pl* ▸ **une lettre de remerciement** a thank-you letter ▸ **avec tous mes remerciements** with all my thanks, with many thanks.

remercier [9] [ʀəmɛʀsje] vt **1.** [dire merci à] to thank ▸ **remercier qqn de** ou **pour qqch** to thank sb for sthg ▸ **non, je vous remercie** no, thank you **2.** [congédier] to dismiss.

remets ⟶ **remettre**.

remettre [84] [ʀəmɛtʀ] vt **1.** [replacer] to put back / *remets le livre où tu l'as trouvé* put the book back where you found it ▸ **remettre en question** to call into question **2.** [enfiler de nouveau] to put back on **3.** [rétablir - lumière, son] to put back on / *remettre qqch à neuf* to restore sthg ▸ **remettre de l'ordre dans qqch** to tidy sthg up ▸ **remettre une montre à l'heure** to put a watch right ▸ **remettre qqch en état de marche** to put sthg back in working order **4.** [donner] ▸ **remettre qqch à qqn** a) to hand sthg over to sb b) [médaille, prix] to present sthg to sb / *on lui a remis le prix Nobel* he was presented with ou awarded the Nobel prize **5.** [ajourner] ▸ **remettre qqch (à)** to put sthg off (until) / *la réunion a été remise à lundi* the meeting has been put off ou postponed until Monday **6.** *fig* [reconnaître] to place **7.** MÉD ▸ **remettre qqn** to put sb back on his feet / *sa cheville n'est pas vraiment encore remise* her ankle isn't reset yet. ◆ **se remettre** vp **1.** [recommencer] ▸ **se remettre à qqch** to take up sthg again / *je me suis remis à l'espagnol* I've taken up Spanish again ▸ **se remettre à fumer** to start smoking again **2.** [se rétablir] to get better ▸ **se remettre de qqch** to get over sthg / *se remettre d'un accident* to recover from ou to get over an accident **3.** [redevenir] : *se remettre debout* to stand up again / *le temps s'est remis au beau* the weather has cleared up **4.** EXPR **je m'en remets à toi** it's up to you, I'll leave it up to you.

rémige [ʀemiʒ] nf remex / *les rémiges* remiges.

réminiscence [ʀeminisɑ̃s] nf reminiscence.

remis, e [ʀəmi, iz] pp ⟶ **remettre**.

Comment exprimer des remerciements

Remercier quelqu'un

- **Thank you (very much)!** *Merci (beaucoup) !*
- **Thanks, it's lovely!** *Merci, c'est très joli !*
- **Thank you for your help.** *Merci pour votre aide.*
- **Thank you for being so patient with me.** *Merci d'avoir autant de patience avec moi.*
- **It's very kind of you to take me back to the hotel.** *C'est très gentil à vous de me raccompagner à l'hôtel.*
- **I really appreciate this.** *Je vous suis vraiment reconnaissant.*
- **I don't know how to thank you.** *Je ne sais comment vous remercier.*

Réponses

- **Not at all.** *De rien.*
- **Don't mention it.** *Je vous en prie.*
- **It was nothing.** *Ce n'est rien.*
- **My pleasure.** *Je vous en prie.*
- **Any time!** *N'hésite pas !*

remise [ʀəmiz] nf **1.** [action] ▸ **remise en jeu** throw-in ▸ **remise en marche** restarting ▸ **remise à neuf** restoration ▸ **remise en place** putting back in place ▸ **remise en question** OU **cause** calling into question / *faire une remise de chèque* to pay in a cheque **2.** [de message, colis] handing over / *remise d'une lettre / d'un paquet en mains propres* personal delivery of a letter/package ; [de médaille, prix] presentation ▸ **remise des prix** SCOL prize-giving **3.** [réduction] discount / *faire une remise à qqn* to give sb a discount OU a reduction ▸ **remise sur paiement (au) comptant** cash discount ▸ **remise de peine** DR remission **4.** [hangar] shed.

remiser [3] [ʀəmize] vt to put away.

rémission [ʀemisjɔ̃] nf remission ▸ **sans rémission** a) [sans pardon possible] without mercy b) [sans relâche] unremittingly.

remix [ʀəmiks] nm [MUS - enregistrement, disque] remix ; [- technique] remixing.

remixé, e [ʀəmikse] adj remastered / *remixé en numérique* digitally remastered.

remixer [ʀəmikse] vt to remix.

remmailler [ʀɑ̃maje] = **remailler**.

remmener [19] [ʀɑ̃mne] vt to take OU bring back.

remodeler [25] [ʀəmɔdle] vt **1.** [forme] to remodel **2.** [remanier] to restructure.

rémois, e [ʀemwa, az] adj of / from Rheims. ◆ **Rémois, e** nm, f native OU inhabitant of Rheims.

remontant, e [ʀəmɔ̃tɑ̃, ɑ̃t] adj [tonique] invigorating. ◆ **remontant** nm tonic.

remontée [ʀəmɔ̃te] nf **1.** [des eaux] rising **2.** [de pente, rivière] ascent **3.** SPORT recovery **4.** SKI ▸ **remontées mécaniques** ski lifts **5.** [des mineurs] bringing to the surface.

remonte-pente [ʀəmɔ̃tpɑ̃t] (*pl* **remonte-pentes**) nm ski tow.

remonter [3] [ʀəmɔ̃te] ❖ vt *(aux : avoir)* **1.** [escalier, pente] to go/come back up / *remonter la rue* to go OU to walk back up the street / *en remontant le cours du temps* going back several centuries **2.** [assembler] to put together again **3.** [manches] to turn up **4.** [horloge, montre] to wind up **5.** [ragaillardir] to put new life into, to cheer up. ❖ vi *(aux : être)* **1.** [monter à nouveau - personne] to go/come back up / *remonte dans ta chambre* go back up to your room / *tu remontes dans mon estime* you've gone up in my esteem ; [baromètre] to rise again ; [prix, température] to go up again, to rise ; [sur vélo] to get back on / *remonter à cheval* a) [se remettre en selle] to remount b) [refaire de l'équitation] to take up riding again ▸ **remonter dans une voiture** to get back into a car **2.** [dater] ▸ **remonter à** to date OU go back to / *on fait généralement remonter la crise à 1910* the crisis is generally believed to have started in 1910.

remontoir [ʀəmɔ̃twaʀ] nm winder.

remontrance [ʀəmɔ̃tʀɑ̃s] nf *(gén pl)* remonstrance, reprimand.

remontrer [3] [ʀəmɔ̃tʀe] vt to show again ▸ **vouloir en remontrer à qqn** to try to show sb up.

remords [ʀəmɔʀ] nm remorse ▸ **être bourrelé de remords** *litt* to be conscience-stricken.

remorque [ʀəmɔʀk] nf trailer ▸ **être en remorque** to be on tow ▸ **être à la remorque** *fig* to drag behind.

remorquer [3] [ʀəmɔʀke] vt **1.** [voiture, bateau] to tow **2.** *fam* [personne] to drag along.

remorqueur [ʀəmɔʀkœʀ] nm tug, tugboat.

rémoulade [ʀemulad] nf remoulade (sauce).

rémouleur [ʀemulœʀ] nm knife grinder.

remous [ʀəmu] ❖ nm [de bateau] wash, backwash ; [de rivière] eddy. ❖ nmpl *fig* stir, upheaval.

rempailler [3] [ʀɑ̃paje] vt to re-cane.

rempart [ʀɑ̃paʀ] nm *(gén pl)* rampart.

rempiler [3] [ʀɑ̃pile] ❖ vt to pile up again. ❖ vi *fam* MIL to sign on again.

remplaçable [ʀɑ̃plasabl] adj replaceable.

remplaçant, e [ʀɑ̃plasɑ̃, ɑ̃t] nm, f [suppléant] stand-in ; SPORT substitute.

remplacement [ʀɑ̃plasmɑ̃] nm **1.** [changement] replacing, replacement **2.** [intérim] substitution ▸ **faire des remplacements** a) to stand in b) [docteur] to act as a locum UK.

remplacer [16] [ʀɑ̃plase] vt **1.** [gén] to replace **2.** [prendre la place de] to stand in for ; SPORT to substitute.

rempli, e [ʀɑ̃pli] adj : *j'ai eu une journée bien remplie* I've had a very full OU busy day / *un emploi du temps très* OU *bien rempli* a very busy schedule / *j'ai le ventre bien rempli, ça va mieux !* *fam* I feel a lot better for that meal!

remplir [32] [ʀɑ̃pliʀ] vt **1.** [gén] to fill ▸ **remplir de** to fill with ▸ **remplir qqn de joie / d'orgueil** to fill sb with happiness/pride **2.** [questionnaire] to fill in OU out **3.** [mission, fonction] to complete, to fulfil. ◆ **se remplir** vp to fill up ▸ **se remplir (de)** to fill (with).

remplissage [ʀɑ̃plisaʒ] nm **1.** [de récipient] filling up **2.** *fig* & *péj* [de texte] padding out.

remploi [ʀɑ̃plwa], **réemploi** [ʀeɑ̃plwa] nm reuse.

remployer [13] [ʀɑ̃plwaje], **réemployer** [13] [ʀeɑ̃plwaje] vt to reuse.

remplumer [3] [ʀɑ̃plyme] ◆ **se remplumer** vp *fam* **1.** [financièrement] to get o.s. back in funds **2.** [se rétablir] to fill out again.

rempocher [3] [ʀɑ̃pɔʃe] vt to pocket again, to put back in one's pocket.

remporter [3] [ʀɑ̃pɔʀte] vt **1.** [repartir avec] to take away again **2.** [gagner] to win.

rempoter [3] [ʀɑ̃pɔte] vt to repot.

remuant, e [ʀəmɥɑ̃, ɑ̃t] adj restless, overactive.

remue-ménage [ʀəmymenaʒ] nm inv commotion, confusion.

remuer [7] [ʀəmɥe] ❖ vt **1.** [bouger, émouvoir] to move **2.** [café, thé] to stir ; [salade] to toss. ❖ vi to move, to stir / *arrête de remuer comme ça* stop being so restless. ◆ **se remuer** vp **1.** [se mouvoir] to move **2.** *fig* [réagir] to make an effort.

rémunérateur, trice [ʀemyneʀatœʀ, tʀis] adj profitable, lucrative.

rémunération [ʀemyneʀasjɔ̃] nf remuneration ▸ **rémunération de départ** starting salary.

rémunérer [18] [ʀemyneʀe] vt **1.** [personne] to remunerate, to pay **2.** [activité] to pay for.

renâcler [3] [ʀənakle] vi to make a fuss ▸ **renâcler devant** ou **à qqch** to balk at sthg.

renaissance [ʀənɛsɑ̃s] nf rebirth. ◆ **Renaissance** nf ▸ **la Renaissance** the Renaissance.

renaître [92] [ʀənɛtʀ] vi **1.** [ressusciter] to come back to life, to come to life again ▸ **se sentir renaître** to feel like a new person ▸ **faire renaître** [passé, tradition] to revive ▸ **renaître à la vie** to take on a new lease of life **2.** [revenir - sentiment, printemps] to return ; [- économie] to revive, to recover.

rénal, e, aux [ʀenal, o] adj renal, kidney *(avant n).*

renard [ʀənaʀ] nm fox.

renardeau, x [ʀənaʀdo] nm fox cub.

Renaudot [ʀənodɔ] npr : *le prix Renaudot annual literary prize for a work of fiction.*

rencard [ʀɑ̃kaʀ] = **rancard**.

rencarder = **rancarder**.

rencart [ʀɑ̃kaʀ] = **rancart**.

renchérir [32] [ʀɑ̃ʃeʀiʀ] vi **1.** [augmenter] to become more expensive ; [prix] to go up **2.** [surenchérir] ▸ **renchérir sur** to add to.

renchérissement [ʀɑ̃ʃeʀismɑ̃] nm increase in price ▸ **renchérissement des prix** price increase.

rencontre [ʀɑ̃kɔ̃tʀ] nf **1.** [gén] meeting ▸ **faire une bonne rencontre** to meet somebody interesting ▸ **faire une mauvaise rencontre** to meet an unpleasant person ▸ **aller / venir à la rencontre de qqn** to go/come to meet sb **2.** [choc, collision] collision.

rencontrer [3] [ʀɑ̃kɔ̃tʀe] vt **1.** [gén] to meet **2.** [heurter] to strike. ◆ **se rencontrer** vp **1.** [gén] to meet **2.** [opinions] to agree.

rendement [ʀɑ̃dmɑ̃] nm [de machine, travailleur] output ; [de terre, placement] yield ; ÉCON ▸ **rendement croissant** increasing returns.

rendez-vous [ʀɑ̃devu] nm inv **1.** [rencontre] appointment ; [amoureux] date / *on a tous rendez-vous au café* we're all meeting at the café / *lors de notre dernier rendez-vous* at our last meeting ▸ **donner rendez-vous à qqn** to arrange to meet sb / *se donner rendez-vous* to arrange to meet ▸ **prendre rendez-vous avec qqn** to make an appointment with sb **2.** [lieu] meeting place.

rendormir [36] [ʀɑ̃dɔʀmiʀ] ◆ **se rendormir** vp to go back to sleep.

rendosser [ʀɑ̃dɔse] vt [un vêtement] to put on again.

rendre [73] [ʀɑ̃dʀ] ❖ vt **1.** [restituer] ▸ **rendre qqch à qqn** to give sthg back to sb, to return sthg to sb / *prête-moi trente euros, je te les rendrai demain* give me thirty euros, I'll pay you back ou I'll give it back to you tomorrow **2.** [invitation, coup] to return **3.** DR to pronounce / *rendre une sentence* to pass ou to pronounce sentence **4.** [produire un effet] to produce / *les photos n'ont pas rendu grand-chose* the pictures didn't come out very well / *mes recherches n'ont encore rien rendu* my research hasn't come up with anything yet ou hasn't produced any results yet **5.** [vomir] to vomit, to cough up **6.** MIL [céder] to surrender ▸ **rendre les armes** to lay down one's arms **7.** *(+ adj)* [faire devenir] to make / *rendre qqch public* to make sthg public **8.** [exprimer] to render. ❖ vi **1.** [produire - champ] to yield / *cette terre ne rend pas* this land is unproductive ou yields no return **2.** [vomir] to vomit, to be sick UK. ◆ **se rendre** vp **1.** [céder, capituler] to give in / *se rendre à la police* to give o.s. up to the police / *j'ai dû me rendre à l'évidence* I had to face facts / *se rendre à la raison* to give in to reason **2.** [aller] ▸ **se rendre à** to go to / *il s'y rend en train* he goes ou gets ou travels there by train **3.** *(+ adj)* [se faire tel] : *se rendre utile / malade* to make o.s. useful / ill.

rêne [ʀɛn] nf rein.

renégat, e [ʀənega, at] nm, f *sout* renegade.

Comment fixer un rendez-vous

- **Can I see you tonight?** *Est-ce qu'on peut se voir ce soir ?*
- **Could we arrange to meet soon?** *Pouvons-nous convenir d'un rendez-vous bientôt ?*
- **Could I make an appointment to see you?** *Puis-je prendre rendez-vous avec vous ?*
- **Are you free any time next week?** *Êtes-vous libre la semaine prochaine ?*
- **When's a good time for you?** *Quand est-ce que ça t'arrange ?*
- **How about Friday?** *Vendredi, ça te va ?*
- **Would Wednesday morning be convenient?** *Mercredi matin, est-ce que ça vous convient ?*
- **Where shall we meet?** *Où est-ce qu'on se retrouve ?*
- **Shall I come to your office?** *Voulez-vous que je vienne à votre bureau ?*
- **Could we meet some other time?** *Pourrions-nous nous voir un autre jour ?*
- **Right, that's settled then.** *Bon, alors c'est réglé.*
- **See you on Friday!** *À vendredi !*

renégocier [9] [ʀənegɔsje] vt to renegotiate.

reneiger [23] [ʀəneʒe] vi to snow again.

renfermé, e [ʀɑ̃fɛʀme] adj introverted, withdrawn. ◆ **renfermé** nm : *ça sent le renfermé* it smells stuffy in here.

renfermer [3] [ʀɑ̃fɛʀme] vt [contenir] to contain. ◆ **se renfermer** vp to withdraw.

renfiler [3] [ʀɑ̃file] vt **1.** [perles] to restring **2.** [aiguille] to rethread **3.** [vêtement] to slip on again.

renflé, e [ʀɑ̃fle] adj bulging.

renflement [ʀɑ̃fləmɑ̃] nm bulge.

renflouer [3] [ʀɑ̃flue] vt **1.** [bateau] to refloat **2.** *fig* [entreprise, personne] to bail out. ◆ **se renflouer** vp *fig* to get back on one's feet (financially).

renfoncement [ʀɑ̃fɔ̃smɑ̃] nm recess.

renfoncer [16] [ʀɑ̃fɔ̃se] vt to push (further) down.

renforcer [16] [ʀɑ̃fɔʀse] vt to reinforce, to strengthen / *cela me renforce dans mon opinion* that confirms my opinion.

renfort [ʀɑ̃fɔʀ] nm reinforcement ▸ **envoyer des renforts** to send reinforcements ▸ **venir en renfort** to come as reinforcements ▸ **à grand renfort de** *fig* with the help of a lot of.

renfrogné, e [ʀɑ̃fʀɔɲe] adj scowling.

renfrogner [3] [ʀɑ̃fʀɔɲe] ◆ **se renfrogner** vp to scowl, to pull a face.

rengager [17] [ʀɑ̃gaʒe], **réengager** [17] [ʀeɑ̃gaʒe] ❖ vt [personnel] to take on again. ❖ vi MIL to re-enlist, to join up again. ◆ **se rengager** vp MIL to re-enlist, to join up again.

rengaine [ʀɑ̃gɛn] nf **1.** *fam* [formule répétée] (old) story **2.** [chanson] (old) song.

rengainer [4] [ʀɑ̃gɛne] vt **1.** [épée] to sheathe ; [pistolet] to put back in its holster **2.** *fam* & *fig* [compliment, question] to withold.

rengorger [17] [ʀɑ̃gɔʀʒe] ◆ **se rengorger** vp *fig* to puff o.s. up.

reniement [ʀənimɑ̃] nm renunciation.

renier [9] [ʀənje] vt **1.** [famille, ami] to disown **2.** [foi, opinion] to renounce, to repudiate **3.** [signature] to refuse to acknowledge.

renifler [3] [ʀənifle] ❖ vi to sniff. ❖ vt to sniff ▸ **renifler quelque chose de louche** *fam* to smell a rat.

renne [ʀɛn] nm reindeer *(inv)*.

renom [ʀənɔ̃] nm renown, fame ▸ **de grand renom** of great renown, famous.

renommé, e [ʀənɔme] adj renowned, famous. ◆ **renommée** nf renown, fame ▸ **de renommée internationale** world-famous, internationally renowned.

renommer [3] [ʀənɔme] vt **1.** [à un poste] to reappoint, to renominate **2.** INFORM to rename.

renoncement [ʀənɔ̃smɑ̃] nm ▸ **renoncement (à)** renunciation (of).

renoncer [16] [ʀənɔ̃se] vi to give up. ◆ **renoncer à** v + prép to give up / *renoncer à comprendre qqch* to give up trying to understand sthg / *renoncer à faire qqch* to give up doing sthg / *renoncer à voir qqn* to give up OU abandon the idea of seeing sb.

renoncule [ʀənɔ̃kyl] nf buttercup.

renouer [6] [ʀənwe] ❖ vt **1.** [lacet, corde] to re-tie, to tie up again **2.** [contact, conversation] to resume. ❖ vi ▸ **renouer avec qqn** to take up with sb again ▸ **renouer avec sa famille** to make it up with one's family again.

renouveau, x [ʀənuvo] nm **1.** [transformation] revival **2.** [regain] ▸ **un renouveau de succès** renewed success.

renouvelable [ʀənuvlabl] adj renewable ; [expérience] repeatable.

renouveler [24] [ʀənuvle] vt **1.** [gén] to renew / *renouveler un abonnement / un permis de séjour* to renew a subscription / a residence permit / *renouveler un exploit / une tentative* to repeat a feat / an attempt / *j'ai préféré ne pas renouveler l'expérience* I chose not to repeat the experience / *renouveler sa garde-robe* to get OU to buy some new clothes **2.** [rajeunir] to revive / *elle a renouvelé le genre policier* she gave the detective story new life. ◆ **se renouveler** vp **1.** [être remplacé] to be renewed **2.** [changer, innover] to have new ideas / *c'est un bon acteur mais il ne se renouvelle pas assez* he's a good actor but he doesn't vary his roles enough **3.** [se répéter] to be repeated, to recur / *je te promets que cela ne se renouvellera pas* I promise you it won't happen again.

renouvelle, renouvelles ⟶ **renouveler**.

renouvellement [ʀənuvɛlmɑ̃] nm renewal.

rénovateur, trice [ʀenɔvatœʀ, tʀis] ❖ adj reformist, reforming. ❖ nm, f reformer / *les grands rénovateurs de la science* the people who revolutionized OU radically transformed science. ◆ **rénovateur** nm [pour nettoyer] restorer.

rénovation [ʀenɔvasjɔ̃] nf renovation, restoration.

rénover [3] [ʀenɔve] vt **1.** [immeuble] to renovate, to restore **2.** [système, méthodes] to reform.

renseignement [ʀɑ̃sɛɲəmɑ̃] nm information *(U)* ▸ **un renseignement** a piece of information ▸ **prendre des renseignements (sur)** to make enquiries (about). ◆ **renseignements** nmpl **1.** [service d'information] enquiries UK, information ▸ **appeler les renseignements** TÉLÉCOM to call directory enquiries UK OU information US **2.** [sécurité] intelligence *(U)* ▸ **les renseignements généraux** *police department responsible for political security*.

renseigner [4] [ʀɑ̃seɲe] vt ▸ **renseigner qqn (sur)** to give sb information (about), to inform sb (about). ◆ **se renseigner** vp **1.** [s'enquérir] to make enquiries, to ask for information **2.** [s'informer] to find out.

rentabiliser [3] [ʀɑ̃tabilize] vt to make profitable.

rentabilité [ʀɑ̃tabilite] nf profitability.

rentable [rɑ̃tabl] adj **1.** COMM profitable **2.** *fam* [qui en vaut la peine] worthwhile.

rente [rɑ̃t] nf **1.** [d'un capital] revenue, income ▸ **vivre de ses rentes** to have a private income **2.** [pension] pension, annuity ▸ **rente viagère** life annuity **3.** [emprunt d'État] government bond.

rentier, ère [rɑ̃tje, ɛʀ] nm, f person of independent means ▸ **mener une vie de rentier** *fig* to lead a life of leisure.

rentre-dedans [rɑ̃tʀədədɑ̃] nm inv ▸ **faire du rentre-dedans à qqn** *fam* to come on strong with sb.

rentrée [rɑ̃tʀe] nf **1.** [fait de rentrer] return **2.** [reprise des activités] ▸ **la rentrée parlementaire** the reopening of parliament ▸ **faire sa rentrée politique a)** [après les vacances] to start the new political season *(after the summer)* **b)** [après une absence] to make one's (political) comeback ▸ **la rentrée des classes** the start of the new school year / *la rentrée est fixée au 6 septembre* school starts again ou schools reopen on September 6th **3.** CINÉ & THÉÂTRE comeback / *la rentrée musicale / théâtrale* the new musical / theatrical season *(after the summer break)* ▸ **faire sa rentrée** to make one's comeback **4.** [recette] income ▸ **avoir une rentrée d'argent** to come into some money ▸ **rentrées de caisse** cash receipts ▸ **rentrées fiscales** tax receipts ou revenue.

La rentrée

The time of the year when children go back to school has considerable cultural significance in France; coming after the long summer break or grandes vacances, it is the time when academic, political, social and commercial activity begins again in earnest.

rentrer [3] [rɑ̃tʀe] ❖ vi *(aux : être)* **1.** [entrer de nouveau] to go back in, to come back in / *tout a fini par rentrer dans l'ordre* everything returned to normal **2.** [entrer] to go in, to come in / *la clé ne rentre pas dans la serrure* the key won't go in **3.** [revenir chez soi] to go back, to come back, to go home, to come home / *je vous laisse, il faut que je rentre* I'll leave you now, I must go home ou get (back) home **4.** [recouvrer, récupérer] ▸ **rentrer dans** to recover, to get back **5.** [se jeter avec violence] ▸ **rentrer dans** to crash into **6.** [s'emboîter] to go in, to fit / *rentrer les uns dans les autres* to fit together **7.** [être compris] ▸ **rentrer dans** to be included in / *cela ne rentre pas dans mes attributions* that is not part of my duties **8.** [être perçu - fonds] to come in / *faire rentrer l'argent / les devises* to bring in money / foreign currency. ❖ vt *(aux : avoir)* **1.** [mettre ou remettre à l'intérieur] to bring in / *rentrer une clé dans une serrure* to put a key in a lock ; [chemise] to tuck in **2.** [ventre] to pull in ; [griffes] to retract, to draw in **3.** *fig* [rage, larmes] to hold back / *rentrer son humiliation* to swallow one's humiliation.

renversant, e [rɑ̃vɛʀsɑ̃, ɑ̃t] adj staggering, astounding.

renverse [rɑ̃vɛʀs] nf ▸ **tomber à la renverse** to fall over backwards.

renversé, e [rɑ̃vɛʀse] adj **1.** [à l'envers] upside down **2.** [qu'on a fait tomber] overturned **3.** [incliné en arrière] tilted back **4.** [stupéfait] staggered.

renversement [rɑ̃vɛʀsəmɑ̃] nm **1.** [inversion] turning upside down **2.** [de situation] reversal **3.** [de régime] overthrow **4.** [de tête, buste] tilting back.

renverser [3] [rɑ̃vɛʀse] vt **1.** [mettre à l'envers] to turn upside down **2.** [faire tomber - objet] to knock over ; [- piéton] to run over ; [- liquide] to spill **3.** *fig* [obstacle] to overcome ; [régime] to overthrow ; [ministre] to throw out of office **4.** [tête, buste] to tilt back **5.** [étonner] to bowl over **6.** [accident] : *se faire renverser par une voiture* to get ou be knocked over by a car. ◆ **se renverser** vp **1.** [incliner le corps en arrière] to lean back **2.** [tomber] to overturn.

renvoi [rɑ̃vwa] nm **1.** [licenciement] dismissal ▸ **notifier à qqn son renvoi** to give sb his / her notice **2.** [de colis, lettre] return, sending back **3.** [ajournement] postponement **4.** [référence] cross-reference **5.** DR referral **6.** [éructation] belch.

renvoie, renvoies ⟶ **renvoyer**.

renvoyer [30] [rɑ̃vwaje] vt **1.** [faire retourner] to send back **2.** [congédier] to dismiss **3.** [colis, lettre] to send back, to return **4.** [balle] to throw back **5.** [réfléchir - lumière] to reflect ; [- son] to echo **6.** [référer] ▸ **renvoyer qqn à** to refer sb to **7.** [différer] to postpone, to put off.

réorganisation [ʀeɔʀganizasjɔ̃] nf reorganization.

réorganiser [3] [ʀeɔʀganize] vt to reorganize.

réorienter [3] [ʀeɔʀjɑ̃te] vt to reorient, to reorientate.

réouverture [ʀeuvɛʀtyʀ] nf reopening.

repaire [ʀəpɛʀ] nm den.

repaître [91] [ʀəpɛtʀ] vt ▸ **repaître ses yeux (de)** to feast one's eyes (on). ◆ **se repaître** vp ▸ **se repaître de a)** [se rassasier] to eat one's fill of **b)** *fig* to revel in.

répandre [74] [ʀepɑ̃dʀ] vt **1.** [verser, renverser] to spill ; [larmes] to shed **2.** [diffuser, dégager] to give off **3.** *fig* [bienfaits] to pour out ; [effroi, terreur, nouvelle] to spread. ◆ **se répandre** vp **1.** [gén] to spread **2.** [liquide] to spill **3.** [personne] ▸ **se répandre en injures** to let out a stream of insults ▸ **se répandre en remerciements** to give one's heartfelt thanks.

répandu, e [ʀepɑ̃dy] ❖ pp ⟶ **répandre.** ❖ adj [opinion, maladie] widespread.

réparable [ʀepaʀabl] adj **1.** [objet] repairable **2.** [erreur] that can be put right.

reparaître [91] [ʀəpaʀɛtʀ] vi to reappear.

réparateur, trice [ʀepaʀatœʀ, tʀis] ❖ adj [sommeil] refreshing. ❖ nm, f repairer.

réparation [ʀepaʀasjɔ̃] nf **1.** [d'objet - action] repairing ; [- résultat] repair ▸ **en réparation** under repair **2.** [de faute] ▸ **réparation (de)** atonement (for) **3.** [indemnité] reparation, compensation.

réparer [3] [ʀepaʀe] vt **1.** [objet] to repair **2.** [faute, oubli] to make up for ▸ **réparer ses torts** to make amends.

reparler [3] [ʀəpaʀle] vi ▸ **reparler de qqn / qqch** to talk about sb/sthg again ▸ **reparler à qqn** to speak to sb again. ◆ **se reparler** vp to speak to each other again.

repartie [ʀəpaʀti] nf retort ▸ **avoir de la repartie** to be good at repartee.

repartir [43] [ʀəpaʀtiʀ] vi *(aux : être)* **1.** [retourner] to go back, to return **2.** [partir de nouveau] to set off again **3.** [recommencer] to start again.

répartir [32] [ʀepaʀtiʀ] vt **1.** [partager] to share out, to divide up **2.** [dans l'espace] to spread out, to distribute **3.** [échelonner] to spread out **4.** [classer] to divide OU split up. ◆ **se répartir** vp to divide up.

répartition [ʀepaʀtisjɔ̃] nf **1.** [partage] sharing out ; [de tâches] allocation **2.** [dans l'espace] distribution.

reparu [ʀəpaʀy] pp ⟶ **reparaître**.

repas [ʀəpa] nm meal ▸ **prendre son repas** to eat ▸ **repas d'affaires** business meal, working lunch/dinner.

repassage [ʀəpasaʒ] nm ironing.

repasser [3] [ʀəpase] ❖ vi *(aux : être)* [passer à nouveau] to go/come back / *repasser par le même chemin* to go back the way one came ; [film] to be on again. ❖ vt *(aux : avoir)* **1.** [frontière, montagne] to cross again, to recross **2.** [examen] to resit UK / *je dois repasser l'allemand / le permis demain* I have to retake German/my driving test tomorrow **3.** [film] to show again **4.** *fam* [transmettre] to pass on **5.** [linge] to iron **6.** [leçon] to go over / *repasser le programme de physique* SCOL to go over the physics course **7.** [remettre] : *repasser une couche de vernis* to put on another coat of varnish **8.** [au téléphone] : *repassez-moi le standard* put me through to the switchboard again.

repasseuse [ʀəpasøz] nf **1.** [ouvrière] ironer **2.** [machine] ironing machine.

repayer [11] [ʀəpeje] vt to pay again.

repêchage [ʀəpeʃaʒ] nm [de noyé, voiture] recovery.

repêcher [4] [ʀəpeʃe] vt **1.** [noyé, voiture] to fish out **2.** *fam* [candidat] to let through.

repeindre [81] [ʀəpɛ̃dʀ] vt to repaint.

repeint, e [ʀəpɛ̃, ɛ̃t] pp ⟶ **repeindre**.

repenser [3] [ʀəpɑ̃se] vt to rethink.

repentir [37] [ʀəpɑ̃tiʀ] nm repentance. ◆ **se repentir** vp to repent ▸ **se repentir de qqch / d'avoir fait qqch** to be sorry for sthg/for having done sthg.

repérable [ʀəpeʀabl] adj : *difficilement repérable* difficult to spot.

repérage [ʀəpeʀaʒ] nm location.

répercussion [ʀepɛʀkysjɔ̃] nf repercussion.

répercuter [3] [ʀepɛʀkyte] vt **1.** [lumière] to reflect ; [son] to throw back **2.** [ordre, augmentation] to pass on. ◆ **se répercuter** vp **1.** [lumière] to be reflected ; [son] to echo **2.** [influer] ▸ **se répercuter sur** to have repercussions on.

repère [ʀəpɛʀ] nm [marque] mark ; [objet concret] landmark ▸ **point de repère** point of reference, reference point.

repérer [18] [ʀəpeʀe] vt **1.** [situer] to locate, to pinpoint **2.** [remarquer] to spot ▸ **se faire repérer** to be spotted. ◆ **se repérer** vp to find one's way around.

répertoire [ʀepɛʀtwaʀ] nm **1.** [agenda] thumb-indexed notebook **2.** [inventaire] catalogue, catalog US, list **3.** [de théâtre, d'artiste] repertoire **4.** INFORM directory.

répertorier [9] [ʀepɛʀtɔʀje] vt to make a list of.

répéter [18] [ʀepete] ❖ vt **1.** [gén] to repeat / *je n'arrête pas de vous le répéter* that's what I've been trying to tell you ▸ **ne pas se le faire répéter deux fois** not to have to be told twice / *ne va pas le répéter (à tout le monde)* don't go telling everybody **2.** [leçon] to go over, to learn ; [rôle] to rehearse. ❖ vi to rehearse / *on ne répète pas demain* there's no rehearsal tomorrow. ◆ **se répéter** vp **1.** [radoter] to repeat o.s. / *au risque de me répéter* at the risk of repeating myself **2.** [se reproduire] to be repeated / *que cela ne se répète pas !* don't let it happen again! / *l'histoire se répète* history repeats itself.

répétitif, ive [ʀepetitif, iv] adj repetitive.

répétition [ʀepetisjɔ̃] nf **1.** [réitération] repetition **2.** MUS & THÉÂTRE rehearsal.

repeupler [5] [ʀəpœple] vt **1.** [région, ville] to repopulate **2.** [forêt] to replant ; [étang] to restock.

repiquage [ʀəpikaʒ] nm **1.** [plantation] planting out **2.** [enregistrement] re-recording.

repiquer [3] [ʀəpike] ❖ vt **1.** [replanter] to plant out **2.** [disque] to tape. ❖ vi *fam* ▸ **repiquer à qqch** to take sthg up again ▸ **repiquer au plat** to have a second helping.

répit [ʀepi] nm respite ▸ **sans répit** without respite.

replacer [16] [ʀəplase] vt **1.** [remettre] to replace, to put back **2.** [situer] to place, to put. ◆ **se replacer** vp to find new employment.

replanter [3] [ʀəplɑ̃te] vt to replant.

replat [ʀəpla] nm ledge.

replâtrer [3] [ʀəplatʀe] vt **1.** [mur, fissure] to replaster **2.** *fam* & *fig* to patch up.

replet, ète [ʀəplɛ, ɛt] adj chubby.

repli [ʀəpli] nm **1.** [de tissu] fold ; [de rivière] bend **2.** [de troupes] withdrawal.

replier [10] [ʀəplije] vt **1.** [plier de nouveau] to fold up again **2.** [ramener en pliant] to fold back **3.** [armée] to withdraw. ◆ **se replier** vp **1.** [armée] to withdraw **2.** [personne] ▸ **se replier sur soi-même** to withdraw into o.s. **3.** [journal, carte] to fold **4.** BOURSE [monnaie] to fall back.

réplique [ʀeplik] nf **1.** [riposte] reply ▸ **sans réplique** [argument] irrefutable **2.** [d'acteur] line ▸ **donner la**

réplique à qqn to play opposite sb **3.** [copie] replica ; [sosie] double.

répliquer [3] [ʀeplike] ◈ vt ▸ **répliquer à qqn que** to reply to sb that. ◈ vi **1.** [répondre] to reply ; [avec impertinence] to answer back **2.** *fig* [riposter] to retaliate.

replonger [17] [ʀəplɔ̃ʒe] ◈ vt to plunge back. ◈ vi to dive back. ◆ **se replonger** vp ▸ **se replonger dans qqch** to immerse o.s. in sthg again.

répondant, e [ʀepɔ̃dɑ̃, ɑ̃t] nm, f guarantor. ◆ **répondant** nm *fam* ▸ **avoir du répondant** to have money behind one.

répondeur [ʀepɔ̃dœʀ] nm ▸ **répondeur (téléphonique** ou **automatique** ou **enregistreur)** answering machine.

répondre [75] [ʀepɔ̃dʀ] ◈ vi : *répondez par oui ou par non* answer ou say yes or no ▸ **répondre à qqn** a) [faire connaître sa pensée] to answer sb, to reply to sb b) [riposter] to answer sb back / *répondre à ses parents / professeurs* to answer one's parents / teachers back ▸ **répondre à qqch** a) [faire une réponse] to reply to sthg, to answer sthg b) [en se défendant] to respond to sthg / *répondez au questionnaire suivant* answer the following questions, fill in the following questionnaire ▸ **répondre au téléphone** to answer the telephone / *ça ne répond pas* nobody's answering, there's no answer. ◈ vt to answer, to reply / *ils m'ont répondu des bêtises* they answered me with a lot of nonsense ▸ **répondre que** to reply that, to answer that / *elle m'a répondu de le faire moi-même* she told me to do it myself. ◆ **répondre à** vt **1.** [correspondre à - besoin] to answer ; [- conditions] to meet / *les dédommagements ne répondent pas à l'attente des sinistrés* the amount offered in compensation falls short of the victims' expectations **2.** [ressembler à - description] to match / *au bleu du ciel répond le bleu de la mer* the blue of the sky matches the blue of the sea. ◆ **répondre de** vt to answer for / *répondre de l'exactitude de qqch / de l'intégrité de qqn* to vouch for the accuracy of sthg / sb's integrity / *les ministres répondent de leurs actes devant le Parlement* ministers are accountable for their actions before Parliament.

répondu, e [ʀepɔ̃dy] pp ⟶ **répondre**.

réponse [ʀepɔ̃s] nf **1.** [action de répondre] answer, reply / *elle a toujours réponse à tout* a) [elle sait tout] she has an answer for everything b) [elle a de la repartie] she's never at a loss for ou she's always ready with an answer ▸ **en réponse à votre lettre...** in reply ou in answer ou in response to your letter... / *réponse par retour du courrier* reply by return of post **2.** [solution] answer / *la réponse à la question n° 5 est fausse* the answer to number 5 is wrong **3.** [réaction] response / *la réponse du gouvernement fut d'imposer le couvre-feu* the government's response was to impose a curfew **4.** TECHNOL response / *temps de réponse d'un appareil* response time of a device.

response ou reply ?

Response et **reply** peuvent tous deux être employés pour traduire *réponse* (voir article). Au sens de « réaction », c'est **response** qu'il faut employer.

report [ʀəpɔʀ] nm **1.** [de réunion, rendez-vous] postponement **2.** COMM [d'écritures] carrying forward **3.** POL [de voix] transfer.

reportage [ʀəpɔʀtaʒ] nm **1.** [article, enquête] report **2.** [métier] reporting.

reporter[1] [ʀəpɔʀtɛʀ] nmf reporter ▸ **grand reporter** international reporter ▸ **reporter d'investigation** ou **d'enquête** investigative reporter.

reporter[2] [3] [ʀəpɔʀte] vt **1.** [rapporter] to take back **2.** [différer] ▸ **reporter qqch à** to postpone sthg till, to put sthg off till **3.** [somme] ▸ **reporter (sur)** to carry forward (to) **4.** [transférer] ▸ **reporter sur** to transfer to. ◆ **se reporter** vp ▸ **se reporter à** a) [se référer à] to refer to b) [se transporter en pensée à] to cast one's mind back to.

reporteur, trice = **reporter**.

repos [ʀəpo] nm **1.** [gén] rest ▸ **prendre un jour de repos** to take a day off **2.** [tranquillité] peace and quiet ▸ **ce n'est pas de tout repos** it's not exactly restful **3.** MIL ▸ **repos !** at ease!

reposant, e [ʀəpozɑ̃, ɑ̃t] adj restful.

reposé, e [ʀəpoze] adj rested ▸ **à tête reposée** with a clear head.

reposer [3] [ʀəpoze] ◈ vt **1.** [poser à nouveau] to put down again, to put back down **2.** [remettre] to put back **3.** [question] to ask again **4.** [appuyer] to rest **5.** [délasser] to rest, to relax. ◈ vi **1.** [pâte] to sit, to stand ; [vin] to stand **2.** [mort] ▸ **ici repose...** here lies... **3.** [théorie] ▸ **reposer sur** to rest on. ◆ **se reposer** vp **1.** [se délasser] to rest **2.** [faire confiance] ▸ **se reposer sur qqn** to rely on sb.

repositionnable [ʀəpozisjɔnabl] adj repositionable, removable.

repositionnement [ʀəpozisjɔnmɑ̃] nm [d'un produit, d'une marque, d'une entreprise] repositioning.

repositionner [3] [ʀəpozisjɔne] vt to reposition. ◆ **se repositionner** vp to reposition o.s.

repoussant, e [ʀəpusɑ̃, ɑ̃t] adj repulsive.

repoussé [ʀəpuse] ◈ adj m repoussé *(modif).* ◈ nm [technique - généralement] repoussé (work) ; [- au marteau] chasing ; [relief] repoussé.

repousser [3] [ʀəpuse] ◈ vi to grow again, to grow back. ◈ vt **1.** [écarter] to push away, to push back ; [l'ennemi] to repel, to drive back **2.** [éconduire] to reject **3.** [proposition] to reject, to turn down **4.** [différer] to put back, to postpone. ◆ **se repousser** vp [aimants] to repel one another.

repoussoir [ʀəpuswaʀ] nm ▸ **servir de repoussoir à qqn** to be a foil to sb.

répréhensible [ʀepʀeɑ̃sibl] adj reprehensible.

reprenais, reprenions ⟶ reprendre.

reprendre [79] [ʀəpʀɑ̃dʀ] ◆ vt **1.** [prendre de nouveau] to take again / *je passe te reprendre dans une heure* I'll come by and pick you up again in an hour ▸ **reprendre la route** to take to the road again **2.** [récupérer - objet prêté] to take back / *tu peux reprendre ton parapluie, je n'en ai plus besoin* I don't need your umbrella anymore, you can take it back ; [prisonnier, ville] to recapture **3.** COMM [entreprise, affaire] to take over ▸ **ni repris ni échangé** goods may not be returned or exchanged / *ils m'ont repris ma voiture pour 1 000 euros* I traded my car in for 1,000 euros **4.** [se resservir] : *reprendre un gâteau / de la viande* to take another cake / some more meat / *reprends un biscuit* have another biscuit **5.** [recommencer] to resume / *« et ainsi », reprit-il...* "and so", he continued... **6.** [retoucher] to repair ; [jupe] to alter / *reprendre une maille* to pick up a stitch **7.** [corriger] to correct / *c'était parfait, je n'ai rien eu à reprendre* it was perfect, I didn't have to make a single correction OU alteration. ◆ vi **1.** [affaires, plante] to pick up **2.** [recommencer] to start again / *la tempête reprit de plus belle* the storm started again with renewed ferocity. ◆ **se reprendre** vp **1.** [rectifier ce qu'on a dit] to correct o.s. / *se reprendre à temps* [avant une bévue] to stop o.s. in time **2.** [recommencer] ▸ **se reprendre à espérer** to find new hope ▸ **s'y reprendre à plusieurs fois** to make several attempts **3.** [se ressaisir] to pull o.s. together.

repreneur [ʀəpʀənœʀ] nm *person who takes over a company with the aim of revitalizing it*.

représailles [ʀəpʀezaj] nfpl reprisals ▸ **par représailles** as a reprisal, in reprisal.

représentant, e [ʀəpʀezɑ̃tɑ̃, ɑ̃t] nm, f representative.

représentatif, ive [ʀəpʀezɑ̃tatif, iv] adj representative.

représentation [ʀəpʀezɑ̃tasjɔ̃] nf **1.** [gén] representation **2.** [spectacle] performance **3.** [métier] commercial travelling UK OU traveling US.

représentativité [ʀəpʀezɑ̃tativite] nf representativeness.

représenter [3] [ʀəpʀezɑ̃te] vt to represent. ◆ **se représenter** vp **1.** [s'imaginer] ▸ **se représenter qqch** to visualize sthg **2.** [se présenter à nouveau] ▸ **se représenter à a)** [aux élections] to stand UK OU run US again at **b)** [à un examen] to resit UK, to represent.

répressif, ive [ʀepʀesif, iv] adj repressive.

répression [ʀepʀesjɔ̃] nf **1.** [de révolte] repression **2.** [de criminalité, d'injustices] suppression.

réprimande [ʀepʀimɑ̃d] nf reprimand.

réprimander [3] [ʀepʀimɑ̃de] vt to reprimand.

réprimer [3] [ʀepʀime] vt **1.** [émotion, rire] to repress, to check **2.** [révolte, crimes] to put down, to suppress.

repris, e [ʀəpʀi, iz] pp ⟶ reprendre. ◆ **repris** nm ▸ **repris de justice** habitual criminal.

reprisage [ʀəpʀizaʒ] nm mending.

reprise [ʀəpʀiz] nf **1.** [recommencement - des hostilités] resumption, renewal ; [- des affaires] revival, recovery ; [- de pièce] revival ▸ **à plusieurs reprises** on several occasions, several times **2.** [boxe] round **3.** [accélération] acceleration **4.** [raccommodage] mending **5.** COMM trade-in, part exchange UK ; [somme payée à un locataire] *sum paid for fixtures and fittings left by outgoing tenant*.

repriser [3] [ʀəpʀize] vt to mend.

réprobateur, trice [ʀepʀɔbatœʀ, tʀis] adj reproachful.

réprobation [ʀepʀɔbasjɔ̃] nf disapproval.

reproche [ʀəpʀɔʃ] nm reproach ▸ **faire des reproches à qqn** to reproach sb ▸ **avec reproche** reproachfully ▸ **sans reproche** blameless.

reprocher [3] [ʀəpʀɔʃe] vt ▸ **reprocher qqch à qqn** to reproach sb for sthg / *je ne vous reproche rien* I don't reproach OU blame you for anything. ◆ **se reprocher** vp ▸ **se reprocher (qqch)** to blame o.s. (for sthg) ▸ **ne rien avoir à se reprocher** to have nothing to reproach o.s. for.

reproducteur, trice [ʀəpʀɔdyktœʀ, tʀis] adj reproductive.

reproduction [ʀəpʀɔdyksjɔ̃] nf reproduction ▸ **reproduction interdite** all rights (of reproduction) reserved.

reproduire [98] [ʀəpʀɔdɥiʀ] vt to reproduce. ◆ **se reproduire** vp **1.** BIOL to reproduce, to breed **2.** [se répéter] to recur.

reproduisais, reproduisions ⟶ reproduire.

reproduit, e [ʀəpʀɔdɥi, it] pp ⟶ reproduire.

reprogrammer [3] [ʀəpʀɔgʀame] vt to reprogram.

reprographie [ʀəpʀɔgʀafi] nf reproduction.

réprouvé, e [ʀepʀuve] ◆ adj rejected. ◆ nm, f outcast.

réprouver [3] [ʀepʀuve] vt [blâmer] to reprove.

reptation [ʀɛptasjɔ̃] nf creeping.

reptile [ʀɛptil] nm reptile.

repu, e [ʀəpy] ◆ pp ⟶ repaître. ◆ adj full, sated.

républicain, e [ʀepyblikɛ̃, ɛn] adj & nm, f republican.

république [ʀepyblik] nf republic ▸ **la République centrafricaine** Central African Republic ▸ **la République française** the French Republic ▸ **la République populaire de Chine** the People's Republic of China ▸ **la République tchèque** the Czech Republic.

répudiation [ʀepydjasjɔ̃] nf repudiation.

répudier [9] [ʀepydje] vt **1.** [femme] to repudiate **2.** [principes, engagements] to renounce.

répugnance [ʀepyɲɑ̃s] nf **1.** [horreur] repugnance **2.** [réticence] reluctance ▸ **avoir** OU **éprouver de la répu-**

gnance à faire qqch to be reluctant to do sthg ▸ **avec répugnance** reluctantly.

répugnant, e [ʀepyɲɑ̃, ɑ̃t] adj repugnant.

répugner [3] [ʀepyɲe] vi ▸ **répugner à qqn** to disgust sb, to fill sb with repugnance ▸ **répugner à faire qqch** to be reluctant to do sthg, to be loath to do sthg.

répulsion [ʀepylsjɔ̃] nf repulsion.

réputation [ʀepytasjɔ̃] nf reputation ▸ **avoir une réputation de** to have a reputation for ▸ **avoir la réputation d'être généreux** to have a reputation for being generous ▸ **connaître qqn / qqch de réputation** to know sb / sthg by reputation ▸ **avoir bonne / mauvaise réputation** to have a good / bad reputation.

réputé, e [ʀepyte] adj famous, well-known ▸ **être réputé pour** to be famous ou well-known for.

requérir [39] [ʀəkeʀiʀ] vt **1.** [nécessiter] to require, to call for **2.** [solliciter] to solicit **3.** DR [réclamer au nom de la loi] to demand.

requête [ʀəkɛt] nf **1.** [prière] petition ▸ **à** ou **sur la requête de** at the request of **2.** DR appeal **3.** INFORM query.

requiem [ʀekɥijɛm] nm inv requiem.

requiers, requiert ⟶ **requérir**.

requin [ʀəkɛ̃] nm shark.

requinquer [3] [ʀəkɛ̃ke] vt *fam* to perk up, to buck up. ◆ **se requinquer** vp *fam* to perk up, to buck up.

requis, e [ʀəki, iz] ❖ pp ⟶ **requérir.** ❖ adj required, requisite.

réquisition [ʀekizisjɔ̃] nf **1.** MIL requisition **2.** DR closing speech for the prosecution.

réquisitionner [3] [ʀekizisjɔne] vt to requisition.

réquisitoire [ʀekizitwaʀ] nm DR closing speech for the prosecution ▸ **réquisitoire (contre)** *fig* indictment (of).

RER (*abr de* **réseau express régional**) nm *train service linking central Paris with its suburbs and airports.*

rescapé, e [ʀɛskape] ❖ adj rescued. ❖ nm, f survivor.

rescousse [ʀɛskus] ◆ **à la rescousse** loc adv ▸ **venir à la rescousse de qqn** to come to sb's rescue ▸ **appeler qqn à la rescousse** to call on sb for help.

réseau, x [ʀezo] nm network ▸ **réseau de distribution** distribution network ▸ **réseau d'espionnage** spy ring, network of spies ▸ **réseau ferroviaire / routier** rail / road network ▸ **réseau fluvial** river system ▸ **réseau local** INFORM LAN *(local area network)* ▸ **réseau urbain** city bus network / *en réseau* INFORM networked.

réseautage [ʀezotaʒ] nm *fam* : *j'ai fait du réseautage* I've been networking.

réseauter [ʀezote] vi *fam* to network.

réséda [ʀezeda] nm mignonette.

réservation [ʀezɛʀvasjɔ̃] nf reservation.

réserve [ʀezɛʀv] nf **1.** [gén] reserve / *faire des réserves de* to lay in supplies ou provisions of / *réserves monétaires / de devises* monetary / currency reserves / *officier de réserve* MIL reserve officer ▸ **en réserve** in reserve / *avoir de la nourriture en réserve* to have food put by, to have food in reserve **2.** [restriction] reservation ▸ **faire des réserves (sur)** to have reservations (about) ▸ **sans réserve** unreservedly / *éloges sans réserve* unreserved praise ▸ **sous toute réserve** ou **toutes réserves** subject to confirmation / *la nouvelle a été publiée sous toute réserve* the news was published with no guarantee as to its accuracy ▸ **sous réserve de** subject to **3.** [d'animaux, de plantes] reserve ▸ **réserve ornithologique** ou **d'oiseaux** bird sanctuary ; [d'Indiens] reservation ▸ **réserve faunique** QUÉBEC wildlife reserve ▸ **réserve naturelle** nature reserve **4.** [local] storeroom. ◆ **Réserve fédérale** nf Federal Reserve.

réservé, e [ʀezɛʀve] adj reserved.

réserver [3] [ʀezɛʀve] vt **1.** [destiner] : *Mesdames, bonsoir, avez-vous réservé ?* good evening, ladies, have you booked UK ou do you have a reservation? ▸ **réserver qqch (à qqn)** **a)** [chambre, place] to reserve ou book sthg (for sb) **b)** *fig* [surprise, désagrément] to have sthg in store (for sb) / *réserver un accueil glacial / chaleureux à qqn* to reserve an icy / a warm welcome for sb **2.** [mettre de côté, garder] ▸ **réserver qqch (pour)** to put sthg on one side (for), to keep sthg (for) / *j'avais réservé des fonds pour l'achat d'une maison* I had put ou set some money aside to buy a house / *réserver le meilleur pour la fin* to keep ou to save the best till last. ◆ **se réserver** vp **1.** [s'accorder] ▸ **se réserver qqch** to keep sthg for o.s. ▸ **se réserver de faire qqch** to wait to do sthg ▸ **se réserver le droit de faire qqch** to reserve the right to do sthg **2.** [se ménager] to save o.s.

réserviste [ʀezɛʀvist] nm reservist.

réservoir [ʀezɛʀvwaʀ] nm **1.** [cuve] tank **2.** [bassin] reservoir **3.** *fig* [de main-d'œuvre] reserve, pool ; [d'idées] source.

résidant, e [ʀezidɑ̃, ɑ̃t] QUÉBEC ❖ adj resident. ❖ nm, f = **résident**.

résidence [ʀezidɑ̃s] nf **1.** [habitation] residence ▸ **résidence principale** main residence ou home ▸ **résidence secondaire** second home ▸ **résidence universitaire** hall of residence UK, dormitory US **2.** [immeuble] block of luxury flats UK, luxury apartment block US. ◆ **résidence surveillée** nf ▸ **en résidence surveillée** under house arrest.

résident, e [ʀezidɑ̃, ɑ̃t] nm, f **1.** [de pays] : *les résidents français en Écosse* French nationals resident in Scotland **2.** [habitant d'une résidence] resident.

résidentiel, elle [ʀezidɑ̃sjɛl] adj residential.

résider [3] [ʀezide] vi **1.** [habiter] ▸ **résider à / dans / en** to reside in **2.** [consister] ▸ **résider dans** to lie in.

résidu [ʀezidy] nm [reste] residue ; [déchet] waste.

résiduel, elle [ʀezidɥɛl] adj residual.

résignation [ʀeziɲasjɔ̃] nf resignation.

résigné, e [ʀeziɲe] ❖ adj resigned. ❖ nm, f resigned person.

résigner [3] [reziɲe] ◆ **se résigner** vp ▸ **se résigner (à)** to resign o.s. (to) / *se résigner à faire qqch* to resign o.s. to doing sthg.

résiliation [reziljasjɔ̃] nf cancellation, termination.

résilience [reziljɑ̃s] nf PSYCHO resilience.

résilier [9] [rezilje] vt to cancel, to terminate.

résille [rezij] nf **1.** [pour cheveux] hairnet **2.** [pour les jambes] ▸ **bas résille** fishnet stockings.

résine [rezin] nf resin.

résiné, e [rezine] adj flavoured UK ou flavored US with resin. ◆ **résiné** nm retsina.

résineux, euse [rezinø, øz] adj resinous. ◆ **résineux** nm conifer.

résistance [rezistɑ̃s] nf **1.** [gén, ÉLECTR & PHYS] resistance ▸ **manquer de résistance** to lack stamina ▸ **opposer une résistance** to put up resistance ▸ **résistance passive** passive resistance **2.** [de radiateur, chaudière] element. ◆ **Résistance** nf ▸ **la Résistance** HIST the Resistance.

résistant, e [rezistɑ̃, ɑ̃t] ❖ adj [personne] tough ; [tissu] hard-wearing, tough ▸ **être résistant au froid / aux infections** to be resistant to the cold/to infection. ❖ nm, f [gén] resistance fighter ; [de la Résistance] member of the Resistance.

résister [3] [reziste] vi to resist ▸ **résister à a)** [attaque, désir] to resist **b)** [tempête, fatigue] to withstand **c)** [personne] to stand up to, to oppose.

résolu, e [rezɔly] ❖ pp ⟶ **résoudre.** ❖ adj resolute ▸ **être bien résolu à faire qqch** to be determined to do sthg.

résolument [rezɔlymɑ̃] adv resolutely.

résolution [rezɔlysjɔ̃] nf **1.** [décision] resolution ▸ **prendre la résolution de faire qqch** to make a resolution to do sthg **2.** [détermination] resolve, determination **3.** [solution] solving.

résolvais, résolvions ⟶ **résoudre**.

résonance [rezɔnɑ̃s] nf **1.** ÉLECTR & PHYS resonance **2.** *fig* [écho] echo.

résonner [3] [rezɔne] vi [retentir] to resound ; [renvoyer le son] to echo ▸ **résonner de** to resound with.

résorber [3] [rezɔrbe] vt **1.** [déficit] to absorb **2.** MÉD to resorb. ◆ **se résorber** vp **1.** [déficit] to be absorbed **2.** MÉD to be resorbed.

résoudre [88] [rezudr] vt **1.** [problème] to solve, to resolve **2.** [décider] ▸ **résoudre qqn à faire qqch** to get sb to make up his/her mind to do sthg **3.** [décomposer] ▸ **résoudre en** to break up ou resolve into. ◆ **se résoudre** vp ▸ **se résoudre à faire qqch** to make up one's mind to do sthg, to decide ou resolve to do sthg.

respect [rɛspɛ] nm respect ▸ **manquer de respect à qqn** to be disrespectful to sb, to show disrespect for sb ▸ **sauf votre respect** with all (due) respect ▸ **avec tout le respect que je vous dois** with all (due) respect, with the greatest of respect ▸ **tenir qqn en respect** *fig* to keep sb at bay. ◆ **respects** nmpl respects, regards.

respectabilité [rɛspɛktabilite] nf respectability.

respectable [rɛspɛktabl] adj respectable.

respecter [4] [rɛspɛkte] vt to respect ▸ **faire respecter la loi** to enforce the law. ◆ **se respecter** vp : *un professeur qui se respecte ne ferait pas cela* no self-respecting teacher would do that.

respectif, ive [rɛspɛktif, iv] adj respective.

respectivement [rɛspɛktivmɑ̃] adv respectively.

respectueusement [rɛspɛktɥøzmɑ̃] adv respectfully.

respectueux, euse [rɛspɛktɥø, øz] adj respectful ▸ **être respectueux de** to have respect for.

respirable [rɛspirabl] adj : *l'air n'est plus respirable* the air is no longer breathable.

respiration [rɛspirasjɔ̃] nf breathing *(U)* / *retenir sa respiration* to hold one's breath ▸ **respiration artificielle** artificial respiration.

respiratoire [rɛspiratwar] adj respiratory.

respirer [3] [rɛspire] ❖ vi **1.** [inspirer-expirer] to breathe **2.** *fig* [se reposer] to get one's breath ; [être soulagé] to be able to breathe again. ❖ vt **1.** [aspirer] to breathe in **2.** *fig* [exprimer] to exude.

resplendir [32] [rɛsplɑ̃dir] vi **1.** [lune] to shine **2.** *fig* [personne] ▸ **resplendir de joie / santé** to be radiant with joy/health.

resplendissant, e [rɛsplɑ̃disɑ̃, ɑ̃t] adj radiant.

responsabilisation [rɛspɔ̃sabilizasjɔ̃] nf making sb aware of his/her responsibilities.

responsabiliser [3] [rɛspɔ̃sabilize] vt ▸ **responsabiliser qqn** to make sb aware of his/her responsibilities.

responsabilité [rɛspɔ̃sabilite] nf **1.** [morale] responsibility ▸ **avoir la responsabilité de** to be responsible for, to have the responsibility of **2.** DR liability ▸ **responsabilité civile** civil liability ▸ **responsabilité collective / pénale** collective/criminal responsibility.

responsable [rɛspɔ̃sabl] ❖ adj **1.** [gén] ▸ **responsable (de)** responsible (for) ; [légalement] liable (for) ; [chargé de] in charge (of), responsible (for) / *il n'est pas responsable de ses actes* DR he cannot be held responsible for his (own) actions / *il est responsable du service après-vente* he's in charge of the after-sales department / *l'abus des graisses animales est largement responsable des affections cardiaques* the main contributing factor to heart disease is over-consumption of animal fats **2.** [sérieux] responsible / *elle s'est toujours comportée en personne responsable* she has always acted responsibly. ❖ nmf **1.** [auteur, coupable] person responsible / *qui est le responsable de l'accident ?* who's responsible for the accident? **2.** [dirigeant] official / *réunion avec les responsables syndicaux* meeting with the union representatives **3.** [personne compétente] person in charge.

resquillage [rɛskijaʒ] nm *fam* = **resquille**.

resquille [rɛskij] nf *fam* **1.** [au théâtre, etc.] sneaking in without paying **2.** [dans autobus, etc.] fare-dodging.

resquiller [3] [ʀɛskije] vi *fam* **1.** [au théâtre, etc.] to sneak in without paying **2.** [dans autobus, etc.] to dodge paying the fare.

resquilleur, euse [ʀɛskijœʀ, øz] nm, f *fam* **1.** [au théâtre, etc.] person who sneaks in without paying **2.** [dans autobus, etc.] fare-dodger.

ressac [ʀəsak] nm undertow.

ressaisir [32] [ʀəseziʀ] ◆ **se ressaisir** vp to pull o.s. together.

ressasser [3] [ʀəsase] vt **1.** [répéter] to keep churning out **2.** *fig* [mécontentement] to dwell on.

ressayer = réessayer.

ressemblance [ʀəsɑ̃blɑ̃s] nf [gén] resemblance, likeness ; [trait] resemblance.

ressemblant, e [ʀəsɑ̃blɑ̃, ɑ̃t] adj lifelike.

ressembler [3] [ʀəsɑ̃ble] vi ▸ **ressembler à** a) [physiquement] to resemble, to look like b) [moralement] to be like, to resemble ▸ **cela ne lui ressemble pas** that's not like him. ◆ **se ressembler** vp to look alike, to resemble each other ▸ **qui se ressemble s'assemble** [proverbe] birds of a feather flock together.

ressemeler [24] [ʀəsəmle] vt to resole.

ressentiment [ʀəsɑ̃timɑ̃] nm resentment.

ressentir [37] [ʀəsɑ̃tiʀ] vt to feel. ◆ **se ressentir** vp ▸ **se ressentir de** a) [suj : travail] to show the effects of b) [suj : personne, pays] to feel the effects of.

resserre [ʀəsɛʀ] nf storeroom.

resserrer [4] [ʀəseʀe] vt **1.** [ceinture, boulon] to tighten **2.** *fig* [lien] to strengthen. ◆ **se resserrer** vp **1.** [route] to (become) narrow **2.** [nœud, étreinte] to tighten **3.** *fig* [relations] to grow stronger, to strengthen.

resservir [38] [ʀəsɛʀviʀ] ❖ vt **1.** [plat] to serve again ; *fig* [histoire] to trot out **2.** [personne] to give another helping to. ❖ vi to be used again. ◆ **se resservir** vp ▸ **se resservir de qqch** a) [ustensile] to use sthg again b) [plat] to take another helping of sthg.

ressort [ʀəsɔʀ] nm **1.** [mécanisme] spring **2.** *fig* [énergie] spirit **3.** *fig* [force] force **4.** *fig* [compétence] ▸ **être du ressort de qqn** to be sb's area of responsibility, to come under sb's jurisdiction. ◆ **en dernier ressort** loc adv in the last resort, as a last resort.

ressortir¹ [43] [ʀəsɔʀtiʀ] ❖ vi *(aux : être)* **1.** [personne] to go out again **2.** *fig* [couleur] ▸ **ressortir (sur)** to stand out (against) ▸ **faire ressortir** to highlight **3.** *fig* [résulter de] ▸ **ressortir de** to emerge from. ❖ vt *(aux : avoir)* to take OU get OU bring out again.

ressortir² [32] [ʀəsɔʀtiʀ] vi [relever] ▸ **ressortir à** a) DR to be in the province of b) *sout* [domaine] to pertain to.

ressortissant, e [ʀəsɔʀtisɑ̃, ɑ̃t] nm, f national.

ressouder [3] [ʀəsude] vt to resolder ; *fig* to cement.

ressource [ʀəsuʀs] nf resort / *elle n'a eu d'autre ressource que de le lui demander* there was no other course (of action) open OU left to her but to ask him / *votre seule ressource est de...* the only course open to you is to... ▸ **avoir de la ressource** to be resourceful ▸ **ressource renouvelable** [écologie] renewable resource. ◆ **ressources** nfpl **1.** [financières] means ▸ **être sans ressources** to be without means ▸ **ressources personnelles** private means **2.** [énergétiques, de langue] resources ▸ **ressources naturelles** natural resources / *ressources humaines* human resources, personnel **3.** [de personne] resourcefulness *(U)* / *nous mobilisons toutes nos ressources pour retrouver les marins disparus* we're mobilizing all our resources OU all the means at our disposal to find the missing sailors.

ressourcer [16] [ʀəsuʀse] ◆ **se ressourcer** vp to recharge one's batteries.

ressouvenir [40] [ʀəsuvniʀ] ◆ **se ressouvenir** vp *litt* ▸ **se ressouvenir de qqn / qqch** to remember sb / sthg.

ressurgir [32] [ʀəsyʀʒiʀ] vi to reappear.

ressusciter [3] [ʀesysite] ❖ vi to rise (from the dead) ; *fig* to revive. ❖ vt to bring back to life, to raise ; *fig* to revive.

restant, e [ʀɛstɑ̃, ɑ̃t] adj remaining, left. ◆ **restant** nm rest, remainder.

restaurant [ʀɛstɔʀɑ̃] nm restaurant ▸ **manger au restaurant** to eat out ▸ **restaurant d'entreprise** staff canteen UK OU cafeteria US ▸ **restaurant universitaire** ≃ university cafeteria OU refectory.

restaurateur, trice [ʀɛstɔʀatœʀ, tʀis] nm, f **1.** CULIN restaurant owner **2.** ART restorer.

restauration [ʀɛstɔʀasjɔ̃] nf **1.** CULIN restaurant business ▸ **restauration rapide** fast food **2.** ART & POL restoration. ◆ **Restauration** nf ▸ **la Restauration** the Restoration.

restaurer [3] [ʀɛstɔʀe] vt to restore. ◆ **se restaurer** vp to have something to eat.

reste [ʀɛst] nm **1.** [de lait, temps] ▸ **le reste (de)** the rest (of) **2.** MATH remainder ▸ **ne pas être en reste (avec)** not to be outdone (by). ◆ **restes** nmpl **1.** [de repas] leftovers **2.** [de mort] remains. ◆ **au reste, du reste** loc adv besides. ◆ **pour le reste** loc adv as for the rest.

rester [3] [ʀɛste] ❖ vi **1.** [dans lieu, état] to stay, to remain / *restez calme !* stay OU keep calm! ▸ **rester sans rien faire** to sit around doing nothing ▸ **rester sur** to retain **2.** [se perpétuer] to endure **3.** [subsister] to remain, to be left / *le seul bien qui me reste* the only thing I have left **4.** [s'arrêter] ▸ **en rester à qqch** to stop at sthg ▸ **en rester là** to finish there **5.** EXPR ▸ **y rester** *fam* [mourir] to pop one's clogs UK. ❖ v impers : *il en reste un peu* there's still a little left / *il te reste de l'argent ?* do you still have some money left? / *il reste beaucoup à faire* there is still a lot to be done ▸ **il reste que..., il n'en reste pas moins que...** the fact remains that... ▸ **reste à savoir si...** it remains to be seen whether....

restituer [7] [ʀɛstitɥe] vt **1.** [objet volé] to return, to restore ; [argent] to refund, to return **2.** [archives, texte] to reconstruct **3.** [énergie] to release **4.** [son] to reproduce.

restitution [ʀɛstitysjɔ̃] nf **1.** [d'argent, objet volé] return **2.** [d'archives, de texte] reconstruction **3.** [d'énergie] release **4.** [de son] reproduction.

resto [ʀɛsto] nm *fam* restaurant ▸ **les Restos du cœur** *charity food distribution centres* ▸ **resto-U** UNIV university refectory, cafeteria.

> **Les Restos du cœur**
>
> Set up by the comedian Coluche, the Restos du cœur (full name, les Restaurants du cœur) are run by volunteers who distribute free meals to the poor and homeless, particularly during the winter months.

Restoroute® [ʀɛstoʀut] nm motorway cafe UK, highway restaurant US.

restreignais, restreignions ⟶ restreindre.

restreindre [81] [ʀɛstʀɛ̃dʀ] vt to restrict. ◆ **se restreindre** vp **1.** [domaine, champ] to narrow **2.** [personne] to cut back ▸ **se restreindre dans qqch** to restrict sthg.

restreint, e [ʀɛstʀɛ̃, ɛ̃t] pp ⟶ restreindre.

restrictif, ive [ʀɛstʀiktif, iv] adj restrictive, limited.

restriction [ʀɛstʀiksjɔ̃] nf **1.** [condition] condition ▸ **sans restriction** unconditionally **2.** [limitation] restriction. ◆ **restrictions** nfpl [alimentaires] rationing *(U)*.

restructuration [ʀəstʀyktyʀasjɔ̃] nf **1.** [d'un quartier, d'une ville] redevelopment **2.** [d'une société, d'un service] restructuring, reorganization.

restructurer [3] [ʀəstʀyktyʀe] vt to restructure.

résultant, e [ʀezyltɑ̃, ɑ̃t] adj resulting. ◆ **résultante** nf **1.** [sciences] resultant **2.** [conséquence] consequence, outcome.

résultat [ʀezylta] nm result ; [d'action] outcome. ◆ **résultats** nmpl results.

résulter [3] [ʀezylte] ◆ vi ▸ **résulter de** to be the result of, to result from. ◆ v impers ▸ **il en résulte que...** as a result,....

résumé [ʀezyme] nm summary, résumé ▸ **en résumé** a) [pour conclure] to sum up b) [en bref] in brief, summarized.

résumer [3] [ʀezyme] vt to summarize. ◆ **se résumer** vp **1.** [suj : personne] to sum up **2.** [se réduire] ▸ **se résumer à qqch / à faire qqch** to come down to sthg/ to doing sthg.

> ⚠ **Resume** signifie « reprendre », « poursuivre » et non *résumer*.

résurgence [ʀezyʀʒɑ̃s] nf resurgence.

resurgir [ʀəsyʀʒiʀ] = ressurgir.

résurrection [ʀezyʀɛksjɔ̃] nf resurrection.

rétablir [32] [ʀetabliʀ] vt **1.** [gén] to restore ; [malade] to restore (to health) **2.** [communications, contact] to re-establish **3.** [dans emploi] ▸ **rétablir qqn (dans)** to reinstate sb (in). ◆ **se rétablir** vp **1.** [silence] to return, to be restored **2.** [malade] to recover **3.** [gymnastique] to pull o.s. up.

rétablissement [ʀetablismɑ̃] nm **1.** [d'ordre] restoration **2.** [de communications] re-establishment **3.** [de malade] recovery / ***nous vous souhaitons un prompt rétablissement*** we wish you a speedy recovery **4.** [dans emploi] reinstatement **5.** [gymnastique] pull-up.

rétamer [3] [ʀetame] vt **1.** [étamer de nouveau] to retin **2.** *tfam* [enivrer] to knock out *(sép)* / ***un verre de champagne suffit à me rétamer*** one glass of champagne is enough to knock me out **3.** *tfam* [battre au jeu] to clean out / ***je me suis fait rétamer au casino*** I got cleaned out at the casino **4.** *tfam* [fatiguer] to wreck **5.** *tfam* [démolir] to wreck / ***il a complètement rétamé sa voiture*** he wrote his car off UK, he totalled his car US **6.** *tfam* [refuser - candidat] to fail / ***ils ont rétamé la moitié des candidats*** they failed half the candidates. ◆ **se rétamer** vpi **1.** *fam* [tomber] to come a cropper UK, to take a tumble / ***je me suis drôlement rétamé au ski*** I took a real tumble when I went skiing **2.** [échouer] to flunk / ***je me suis rétamée à l'oral*** I messed up ou flunked my oral exam.

retaper [3] [ʀətape] vt **1.** *fam* [maison, canapé] to do up **2.** [lettre] to retype **3.** *fam* [personne] to set up. ◆ **se retaper** vp *fam* [personne] to get back on one's feet.

retard [ʀətaʀ] nm **1.** [délai] delay ▸ **être en retard** a) [sur heure] to be late b) [sur échéance] to be behind ▸ **retard de paiement** late payment / ***il est en retard dans ses paiements*** he's behind ou in arrears with (his) payments / ***être en retard sur son temps*** to be behind the times / ***nous avons rendu nos épreuves en retard*** we were late handing in our tests ▸ **avoir du retard** to be late ou delayed / ***ma montre a plusieurs minutes de***

> **Comment résumer**
>
> - **All in all, it was a great success.** *Dans l'ensemble, ça a été une vraie réussite.*
> - **It wasn't that bad in the end.** *Finalement, ce n'était pas si mal.*
> - **All things considered, we didn't do too badly.** *En fin de compte, on ne s'en est pas trop mal tirés.*
> - **To cut a long story short, she's decided to come next week instead.** *Bref, elle a décidé de venir plutôt la semaine prochaine.*
> - **What it all boils down to is we need more money.** *Tout ça pour dire qu'on a besoin de plus d'argent.*
> - **To sum up, the majority of the feedback was positive.** *En résumé, la plupart des commentaires ont été positifs.*

retard my watch is several minutes slow / *le peloton est arrivé avec cinq minutes de retard sur le vainqueur* the pack arrived five minutes after OU behind the winner ▸ **se mettre en retard** to make o.s. late ▸ **rattraper son retard** to make up lost time ▸ **après bien des retards** after much delay **2.** [de pays, peuple, personne] backwardness ▸ **retard scolaire** learning difficulties / *il doit combler son retard en physique* he's got to catch up in physics / *nous avons comblé notre retard industriel en quelques années* we caught up on OU we closed the gap in our industrial development in a few years.

retardataire [ʀətaʀdatɛʀ] ❖ nmf **1.** [en retard] latecomer **2.** [enfant] backward OU retarded person. ❖ adj **1.** [sur heure] late **2.** [idée, enfant] backward.

retardement [ʀətaʀdəmɑ̃] nm ▸ **à retardement** belatedly. *Voir aussi* **bombe**.

retarder [3] [ʀətaʀde] ❖ vt **1.** [personne, train] to delay; [sur échéance] to put back ▸ **retarder qqn dans qqch** to delay sb in sthg **2.** [ajourner - rendez-vous] to put back OU off; [- départ] to put back OU off, to delay **3.** [montre] to put back. ❖ vi **1.** [horloge] to be slow **2.** *fam* [ne pas être au courant] to be behind the times **3.** *fam* [être en décalage] ▸ **retarder sur** to be out of step OU tune with.

retendre [73] [ʀətɑ̃dʀ] vt to retighten.

retenir [40] [ʀətniʀ] vt **1.** [physiquement - objet, personne, cri] to hold back; [- souffle] to hold ▸ **retenir qqn de faire qqch** to stop OU restrain sb from doing sthg / *retiens le chien, il va sauter !* hold the dog back, it's going to jump! **2.** [retarder] to keep, to detain ▸ **retenir qqn à dîner** to have sb stay for dinner **3.** [montant, impôt] to keep back, to withhold / *sommes retenues à la base* OU *source* sums deducted at source **4.** [chambre] to reserve **5.** [leçon, cours] to remember / *et surtout, retiens bien ce qu'on t'a dit* and above all, remember OU don't forget what you've been told **6.** [projet] to accept, to adopt **7.** [eau, chaleur] to retain **8.** MATH to carry / *je pose 5 et je retiens 4* I put down 5 and carry 4 **9.** [intérêt, attention] to hold / *votre CV a retenu toute mon attention* I studied your CV with great interest. ◆ **se retenir** vp **1.** [s'accrocher] ▸ **se retenir à** to hold onto **2.** [se contenir] to hold on ▸ **se retenir de faire qqch** to refrain from doing sthg.

rétention [ʀetɑ̃sjɔ̃] nf MÉD retention.

retentir [32] [ʀətɑ̃tiʀ] vi **1.** [son] to ring (out) **2.** [pièce, rue] ▸ **retentir de** to resound with **3.** *fig* [fatigue, blessure] ▸ **retentir sur** to have an effect on.

retentissant, e [ʀətɑ̃tisɑ̃, ɑ̃t] adj resounding.

retentissement [ʀətɑ̃tismɑ̃] nm **1.** [de mesure] repercussions *pl* **2.** [de spectacle] effect.

retenu, e [ʀətny] pp ⟶ **retenir**.

retenue [ʀətny] nf **1.** [prélèvement] deduction ▸ **retenue à la source** deduction at source **2.** MATH amount carried **3.** SCOL detention **4.** *fig* [de personne - dans relations] reticence; [- dans comportement] restraint ▸ **sans retenue** without restraint.

réticence [ʀetisɑ̃s] nf [hésitation] hesitation, reluctance ▸ **avec réticence** hesitantly ▸ **sans réticence** without hesitation.

réticent, e [ʀetisɑ̃, ɑ̃t] adj hesitant, reluctant.

retiendrai, retiendras ⟶ **retenir**.

retienne, retiennes ⟶ **retenir**.

rétif, ive [ʀetif, iv] adj restive.

rétine [ʀetin] nf retina.

retiré, e [ʀətiʀe] adj **1.** [lieu] remote, isolated; [vie] quiet **2.** [personne] retired.

retirer [3] [ʀətiʀe] vt **1.** [vêtement, emballage] to take off, to remove / *il aida l'enfant à retirer son manteau* he helped the child off with his coat; [permis, jouet] to take away ▸ **retirer qqch à qqn** to take sthg away from sb / *on lui a retiré son permis de conduire* he's been banned from driving **2.** [plainte] to withdraw, to take back **3.** [sortir - personne] to remove, to extricate; [- casserole] to remove **4.** [métal] to extract **5.** [avantages, bénéfices] ▸ **retirer qqch de qqch** to get OU derive sthg from sthg / *retirer un bénéfice important d'une affaire* to make a large profit out of a deal **6.** [bagages, billet] to collect; [argent] to withdraw / *j'ai retiré un peu d'argent de mon compte* I drew OU withdrew some money from my bank account. ◆ **se retirer** vp **1.** [s'isoler] to withdraw, to retreat / *il est tard, je vais me retirer* *sout* it's late, I'm going to retire OU to withdraw **2.** [des affaires] ▸ **se retirer (de)** to retire (from) **3.** [refluer] to recede.

retombée [ʀətɔ̃be] nf **1.** *litt* [déclin] : *la retombée de l'enthousiasme populaire* the decline in popular enthusiasm **2.** ARCHIT & CONSTR springing. ◆ **retombées** nfpl [physique nucléaire] fallout ▸ **retombées radioactives** radioactive fallout; *fig* [répercussions] repercussions, effects / *les retombées d'une campagne publicitaire* the results of an advertising campaign.

retomber [3] [ʀətɔ̃be] vi **1.** [gymnaste, chat] to land / *se laisser retomber sur son lit* to flop OU to fall back onto one's bed **2.** [redevenir] ▸ **retomber malade** to relapse **3.** [pluie] to fall again **4.** *fig* [colère] to die away **5.** [cheveux] to hang down **6.** *fig* [responsabilité] ▸ **retomber sur** to fall on / *tous les torts sont retombés sur elle* she had to bear the brunt of all the blame **7.** [dans un état] to fall back, to lapse *sout* / *retomber dans les mêmes erreurs* to make the same mistakes again / *retomber en enfance* *fam* to lapse into one's second childhood **8.** [rencontrer à nouveau] : *retomber sur qqn* to bump into OU to come across sb again / *retomber sur qqch* to come across sthg again.

retordre [76] [ʀətɔʀdʀ] vt [linge] to wring (out) again.

rétorquer [3] [ʀetɔʀke] vt to retort ▸ **rétorquer à qqn que...** to retort to sb that....

retors, e [ʀətɔʀ, ɔʀs] adj wily.

rétorsion [ʀetɔʀsjɔ̃] nf retaliation ▸ **mesures de rétorsion** retaliatory measures.

retouche [ʀətuʃ] nf **1.** [de texte, vêtement] alteration **2.** ART & PHOTO touching up.

retoucher [3] [Rətuʃe] vt **1.** [texte, vêtement] to alter **2.** ART & PHOTO to touch up.

retour [RətuR] nm **1.** [gén] return ▸ **à mon/ton retour** when I/you get back, on my/your return ▸ **au retour de** a) [étant arrivé] on my/his etc. return from b) [en cours de route] on the way back ▸ **être de retour (de)** to be back (from) / *de retour de Rio, je tentai de la voir* on my return from Rio, I tried to see her / *sur le chemin* ou *la route du retour* on the way back ▸ **'retour à l'expéditeur** ou **l'envoyeur'** 'return to sender' ▸ **retour en arrière** flashback ▸ **retour de bâton** kickback ▸ **retour à la case départ** a) [dans un jeu] back to the start b) *fig* back to square one ou to the drawing board ▸ **retour de flamme** backfire ▸ **retour de manivelle** ou **de bâton** *fam* & *fig* kickback ▸ **en retour** in return ▸ **sans retour** for ever ▸ **(être) sur le retour** *fig* (to be) over the hill / *une beauté sur le retour* a waning beauty **2.** [trajet] journey back, return journey / *combien coûte le retour* how much is the return fare? **3.** INFORM ▸ **retour (d'information)** (information) feedback **4.** FIN ▸ **retour sur investissements** return on investments.

retournement [RətuRnəmɑ̃] nm turnaround, turnabout ▸ **retournement de situation** reversal.

retourner [3] [RətuRne] ◈ vt *(aux : avoir)* **1.** [carte, matelas] to turn over ; [terre] to turn (over) **2.** [pull, poche] to turn inside out **3.** [compliment, objet prêté] ▸ **retourner qqch (à qqn)** to return sthg (to sb), to give sthg back to sb / *je lui ai retourné son* ou *le compliment* I returned the compliment **4.** [lettre, colis] to send back, to return **5.** *fig* [personne] to shake up ▸ **en être tout retourné** to be shaken up. ◈ vi *(aux : être)* to come/go back / *je n'y étais pas retourné depuis des années* I had not been back there for years ▸ **retourner à** a) [personne] to go back ou return to b) [objet] to be returned to / *retourner à un stade antérieur* to revert to an earlier stage ▸ **retourner en arrière** ou **sur ses pas** to retrace one's steps. ◆ **se retourner** vp **1.** [basculer] to turn over **2.** [pivoter] to turn round UK ou around US / *partir sans se retourner* to leave without looking back **3.** *fam* & *fig* [s'adapter] to sort o.s. out UK / *ils ne me laissent pas le temps de me retourner* a) [de décider] they won't give me time to make a decision b) [de me reprendre] they won't give me time to sort things out **4.** [rentrer] ▸ **s'en retourner** to go back (home) **5.** *fig* [s'opposer] ▸ **se retourner contre** to turn against / *tout cela finira par se retourner contre toi* all this will eventually backfire on you.

retracer [16] [RətRase] vt **1.** [ligne] to redraw **2.** [événement] to relate.

rétracter [3] [RetRakte] vt to retract. ◆ **se rétracter** vp **1.** [se contracter] to retract **2.** [se dédire] to back down.

retraduire [98] [RətRadɥiR] vt to translate again.

retrait [RətRɛ] nm **1.** [gén] withdrawal ▸ **retrait du permis** disqualification from driving **2.** BANQUE : *faire un retrait* to withdraw money **3.** [de bagages] collection **4.** [des eaux] ebbing. ◆ **en retrait** loc adj & loc adv **1.** [maison] set back from the road ▸ **rester en retrait** *fig* to hang back **2.** [texte] indented.

retraite [RətRɛt] nf **1.** [gén] retreat ▸ **battre en retraite** to beat a retreat **2.** [cessation d'activité] retirement ▸ **être à la retraite** to be retired ▸ **prendre sa retraite** to retire ▸ **retraite anticipée** early retirement ▸ **retraite complémentaire** supplementary pension, private pension **3.** [revenu] (retirement) pension.

retraité, e [RətRete] ◈ adj **1.** [personne] retired **2.** TECHNOL reprocessed. ◈ nm, f retired person, pensioner UK.

retraitement [RətRɛtmɑ̃] nm reprocessing ▸ **centre** ou **usine de retraitement (des déchets nucléaires)** (nuclear) reprocessing plant.

retranchement [RətRɑ̃ʃmɑ̃] nm entrenchment ▸ **poursuivre** ou **forcer qqn dans ses derniers retranchements** *fig* to drive sb into a corner.

retrancher [3] [RətRɑ̃ʃe] vt **1.** [passage] ▸ **retrancher qqch (de)** to cut sthg out (from), to remove sthg (from) **2.** [montant] ▸ **retrancher qqch (de)** to take sthg away (from), to deduct sthg (from). ◆ **se retrancher** vp to entrench o.s. ▸ **se retrancher derrière/dans** *fig* to take refuge behind/in.

retransmettre [84] [RətRɑ̃smɛtR] vt to broadcast.

retransmis, e [RətRɑ̃smi, iz] pp ⟶ **retransmettre**.

retransmission [RətRɑ̃smisjɔ̃] nf broadcast.

retravailler [3] [RətRavaje] ◈ vt ▸ **retravailler qqch** to work on sthg again. ◈ vi to start work again.

rétrécir [32] [RetResiR] ◈ vt [tissu] to take in. ◈ vi [tissu] to shrink. ◆ **se rétrécir** vp [tissu] to shrink.

rétrécissement [RetResismɑ̃] nm **1.** [de vêtement] shrinkage **2.** MÉD stricture **3.** EXPR **rétrécissement de la chaussée** bottleneck.

retremper [3] [RətRɑ̃pe] vt **1.** [linge] to resoak **2.** [acier] to requench. ◆ **se retremper** vp to go back into the water ; *fig* [dans] to reimmerse o.s.

rétribuer [7] [RetRibɥe] vt **1.** [employé] to pay **2.** [travail] to pay for.

rétribution [RetRibysjɔ̃] nf remuneration.

⚠ Le mot anglais **retribution** signifie « punition », « châtiment » et non *rétribution*.

rétro [RetRo] *fam* ◈ nm **1.** [style] old style ou fashion **2.** [rétroviseur] rearview mirror. ◈ adj inv old-style.

rétroactif, ive [RetRɔaktif, iv] adj retrospective.

rétroactivement [RetRɔaktivmɑ̃] adv retrospectively.

rétrocéder [18] [RetRɔsede] vt to retrocede.

rétrocession [RetRɔsɛsjɔ̃] nf retrocession.

rétrograde [RetRɔgRad] adj *péj* reactionary.

rétrograder [3] [RetRɔgRade] ◈ vt to demote. ◈ vi **1.** AUTO to change down UK, to downshift US **2.** [dans une hiérarchie] to move down.

rétroprojecteur [retʀɔpʀɔʒɛktœʀ] nm overhead projector.

rétrospectif, ive [retʀɔspɛktif, iv] adj retrospective. ◆ **rétrospective** nf retrospective.

rétrospectivement [retʀɔspɛktivmɑ̃] adv retrospectively.

retroussé, e [ʀətʀuse] adj **1.** [manches, pantalon] rolled up **2.** [nez] turned up.

retrousser [3] [ʀətʀuse] vt **1.** [manches, pantalon] to roll up **2.** [lèvres] to curl.

retrouvailles [ʀətʀuvaj] nfpl reunion *sg*.

retrouver [3] [ʀətʀuve] vt **1.** [gén] to find / *a-t-elle retrouvé sa clef ?* a) [elle-même] did she find her key? b) [grâce à autrui] did she get her key back? / *ça y est, j'ai retrouvé le mot !* that's it, the word's come back to me now! ; [appétit] to recover, to regain **2.** [reconnaître] to recognize / *on retrouve les mêmes propriétés dans les polymères* the same properties are to be found in polymers **3.** [ami] to meet, to see / *retrouve-moi en bas* meet me downstairs. ◆ **se retrouver** vp **1.** [entre amis] to meet (up) again / *on se retrouve au café ?* shall we meet up ou see each other at the cafe? **2.** [être de nouveau] to find o.s. again / *se retrouver dans la même situation (qu'avant)* to find o.s. back in the same situation (as before) **3.** [par hasard] to end up / *tu vas te retrouver à l'hôpital* you'll end up in hospital **4.** [s'orienter] to find one's way ▸ **ne pas s'y retrouver** [dans ses papiers] to be completely lost **5.** [erreur, style] to be found, to crop up **6.** [financièrement] ▸ **s'y retrouver** *fam* to break even.

rétroviseur [retʀɔvizœʀ] nm rearview mirror.

réunification [ʀeynifikasjɔ̃] nf reunification.

réunifier [9] [ʀeynifje] vt to reunify.

réunion [ʀeynjɔ̃] nf **1.** [séance] meeting / *dites que je suis en réunion* say that I'm in a meeting ▸ **réunion du Parlement** Parliamentary session UK **2.** [jonction] union, merging **3.** [d'amis, de famille] reunion / *réunion d'anciens élèves* reunion of former pupils **4.** [collection] collection **5.** SPORT meeting ▸ **réunion d'athlétisme** athletics meeting ▸ **réunion hippique** horse show.

Réunion [ʀeunjɔ̃] nf : *(l'île de) la Réunion* Réunion / *à la Réunion* in Réunion.

réunionnais, e [ʀeynjɔnɛ, ɛz] adj of/from Réunion Island. ◆ **Réunionnais, e** nm, f native ou inhabitant of Réunion.

réunir [32] [ʀeyniʀ] vt **1.** [fonds] to collect **2.** [extrémités] to put together, to bring together **3.** [qualités] to combine **4.** [personnes] to bring together ; [après séparation] to reunite. ◆ **se réunir** vp **1.** [personnes] to meet **2.** [entreprises] to combine ; [États] to unite **3.** [fleuves, rues] to converge.

réussi, e [ʀeysi] adj successful ▸ **c'est réussi !** *fig & iron* congratulations!, well done!

réussir [32] [ʀeysiʀ] ❖ vi **1.** [personne, affaire] to succeed, to be a success / *il a réussi dans la vie* he's done well in life, he's a successful man ▸ **réussir à faire qqch** to succeed in doing sthg / *j'ai réussi à le réparer* I managed to mend it **2.** [convenir] ▸ **réussir à** to agree with / *le café lui réussit / ne lui réussit pas* coffee agrees / doesn't agree with him. ❖ vt **1.** [portrait, plat] to make a success of ▸ **réussir un coup fumant** *fam* to pull off a master stroke / *réussir sa vie* to make a success of one's life **2.** [examen] to pass.

réussite [ʀeysit] nf **1.** [succès] success **2.** [jeu de cartes] patience UK, solitaire US.

réutilisable [ʀeytilizabl] adj reusable / *non réutilisable* disposable, throwaway.

réutiliser [3] [ʀeytilize] vt to reuse.

revaloir [60] [ʀəvalwaʀ] vt ▸ **revaloir qqch à qqn** a) [avec reconnaissance] to repay sb for sthg b) [avec hostilité] to get even with sb for sthg.

revalorisation [ʀəvalɔʀizasjɔ̃] nf [de monnaie] revaluation ; [de salaires] raising ; *fig* [d'idée] rehabilitation.

revaloriser [3] [ʀəvalɔʀize] vt [monnaie] to revalue ; [salaires] to raise ; *fig* [idée, doctrine] to rehabilitate.

revanchard, e [ʀəvɑ̃ʃaʀ, aʀd] *péj* ❖ adj of revenge. ❖ nm, f advocate of revenge.

revanche [ʀəvɑ̃ʃ] nf **1.** [vengeance] revenge ▸ **prendre sa revanche** to take one's revenge **2.** SPORT return (match). ◆ **en revanche** loc adv **1.** [par contre] on the other hand **2.** [en contrepartie] in return.

rêvasser [3] [ʀɛvase] vi to daydream.

revaudrai, revaudras ⟶ revaloir.

rêve [ʀɛv] nm dream ▸ **de rêve** *fig* dream *(avant n)*.

rêvé, e [ʀɛve] adj ideal.

revêche [ʀəvɛʃ] adj surly.

réveil [ʀevɛj] nm **1.** [de personne] waking (up) ; *fig* awakening / *j'attendrai ton réveil pour partir* I'll wait until you have woken up ou until you are awake before I leave ▸ **au réveil** on waking (up) / *à mon réveil il était là* when I woke up he was there **2.** [pendule] alarm clock / *réveil téléphonique* wake-up service / *j'ai mis le réveil (à 7 h)* I've set the alarm (for 7 o'clock) **3.** [de volcan] reawakening.

réveiller [4] [ʀeveje] vt **1.** [personne] to wake up **2.** [courage] to revive. ◆ **se réveiller** vp **1.** [personne] to wake (up) **2.** [ambitions] to reawaken.

réveillon [ʀevɛjɔ̃] nm **1.** [jour - de Noël] Christmas Eve ; [- de nouvel an] New Year's Eve **2.** [repas - de Noël] Christmas Eve meal ; [- de nouvel an] New Year's Eve meal.

réveillonner [3] [ʀevɛjɔne] vi to have a Christmas Eve / New Year's Eve meal.

révélateur, trice [ʀevelatœʀ, tʀis] adj revealing. ◆ **révélateur** nm PHOTO developer ; *fig* [ce qui révèle] indication.

révélation [ʀevelasjɔ̃] nf **1.** [gén] revelation **2.** [artiste] discovery.

révéler [18] [ʀevele] vt **1.** [gén] to reveal **2.** [artiste] to discover. ◆ **se révéler** vp **1.** [apparaître] to be revealed **2.** [s'avérer] to prove to be.

revenant [Rəvnɑ̃] nm **1.** [fantôme] spirit, ghost **2.** *fam* [personne] : *tiens, un revenant !* hello, stranger!

revendeur, euse [Rəvɑ̃dœR, øz] nm, f retailer.

revendication [Rəvɑ̃dikasjɔ̃] nf claim, demand.

revendiquer [3] [Rəvɑ̃dike] vt [dû, responsabilité] to claim ; [avec force] to demand.

revendre [73] [Rəvɑ̃dR] vt **1.** [après utilisation] to resell **2.** [vendre plus de] to sell more of.

revendu, e [Rəvɑ̃dy] pp ⟶ **revendre**.

revenir [40] [RəvniR] vi **1.** [gén] to come back, to return / *je reviens (tout de suite)* I'll be (right) back / *la lettre m'est revenue* the letter was returned to me ▸ **revenir de** to come back from, to return from ▸ **revenir à** to come back to, to return to ▸ **revenir au point de départ** a) to go back to the starting point b) *fig* to be back to square one ▸ **revenir à une plus juste vision des choses** to come round to a more balanced view of things ▸ **revenir sur** a) [sujet] to go over again b) [décision] to go back on / *ma décision est prise, je ne reviendrai pas dessus* my mind is made up and I'm not going to change it ▸ **revenir à soi** to come to **2.** [mot, sujet] to crop up **3.** [à l'esprit] ▸ **revenir à** to come back to / *son nom ne me revient pas (à la mémoire)* his name escapes me ou has slipped my mind **4.** [impliquer] : *cela revient au même / à dire que…* it amounts to the same thing/to saying (that)… **5.** [coûter] ▸ **revenir à** to come to, to amount to ▸ **revenir cher** to be expensive **6.** [honneur, tâche] ▸ **revenir à** to fall to / *avec les honneurs qui lui reviennent* with the honours (which are) due to her / *c'est à lui qu'il revient de…* it is up to him to… / *tout le mérite t'en revient* the credit is all yours, you get all the credit for it **7.** CULIN ▸ **faire revenir** to brown **8.** EXPR **sa tête ne me revient pas** I don't like the look of him/her ▸ **il n'en revenait pas** *fam* he couldn't get over it / *je n'en reviens pas qu'il ait dit ça !* *fam* it's amazing he should say that!, I can't get over him saying that! ▸ **revenir de loin** to have been at death's door.

revente [Rəvɑ̃t] nf resale.

revenu, e [Rəvny] pp ⟶ **revenir.** ◆ **revenu** nm [de pays] revenue ; [de personne] earnings, income ; ▸ **revenu annuel** annual earnings ou income ▸ **revenu disponible** disposable income ▸ **revenu imposable** taxable income. ◆ **revenus** nmpl incomings.

rêver [4] [Rɛve] ❖ vi to dream ; [rêvasser] to daydream / *toi ici ? (dites-moi que) je rêve !* you here? I must be dreaming! / *ça fait rêver !* that's the stuff that dreams are made of! / *il ne faut pas rêver !* let's not get carried away! ▸ **rêver de / à** to dream of / about / *je n'avais jamais osé rêver d'un bonheur pareil !* I'd never have dared dream of such happiness! ▸ **elle en rêve la nuit** a) *fam* & *pr* she has dreams about it at night b) *fig* she's obsessed by it / *on ne saurait rêver (une) occasion plus propice* you couldn't wish for a more appropriate occasion. ❖ vt to dream ▸ **rêver que** to dream (that).

réverbération [RevɛRbeRasjɔ̃] nf reverberation.

réverbère [RevɛRbɛR] nm street lamp ou light.

réverbérer [18] [RevɛRbeRe] vt to reverberate.

reverdir [32] [RəvɛRdiR] vi to become green again.

révérence [RevеRɑ̃s] nf **1.** [salut] bow **2.** *litt* [déférence] reverence.

révérencieux, euse [RevеRɑ̃sjø, øz] adj reverent.

révérend, e [RevеRɑ̃, ɑ̃d] adj reverend. ◆ **révérend** nm reverend.

révérer [18] [RevеRe] vt to revere.

rêverie [RɛvRi] nf reverie.

revers [RəvɛR] nm **1.** [de main] back ; [de pièce] reverse ▸ **prendre à revers** to capture from the rear ou from behind ▸ **le revers de la médaille** *fig* the other side of the coin **2.** [de veste] lapel ; [de pantalon] turn-up UK, cuff US **3.** TENNIS backhand **4.** *fig* [de fortune] reversal.

reverser [3] [RəvɛRse] vt **1.** [liquide] to pour out more of **2.** FIN ▸ **reverser qqch sur** to pay sthg into ▸ **reverser qqch dans** to invest sthg in.

réversible [RevɛRsibl] adj reversible.

revêtement [Rəvɛtmɑ̃] nm surface.

revêtir [44] [RəvɛtiR] vt **1.** [mur, surface] ▸ **revêtir (de)** to cover (with) **2.** [aspect] to take on, to assume **3.** [vêtement] to put on ; [personne] to dress **4.** *sout* [de dignité, de pouvoir] ▸ **revêtir qqn de** to invest sb with.

revêts ⟶ **revêtir**.

revêtu, e [Rəvɛty] pp ⟶ **revêtir**.

rêveur, euse [RɛvœR, øz] ❖ adj dreamy. ❖ nm, f dreamer.

reviendrai, reviendras ⟶ **revenir**.

revient [Rəvjɛ̃] ⟶ **prix**.

revigorer [3] [RəvigɔRe] vt to invigorate.

revirement [RəviRmɑ̃] nm [gén] change ; POL about-turn.

révisable [Revizabl] adj subject to review.

réviser [3] [Revize] vt **1.** [réexaminer, modifier] to revise, to review **2.** SCOL to revise UK, to review US **3.** [machine] to check.

révision [Revizjɔ̃] nf **1.** [réexamen, modification] revision, review **2.** [de machine] checkup ; [d'une voiture] service. ◆ **révisions** nfpl SCOL revision *sg* UK, review *sg* US.

révisionnisme [Revizjɔnism] nm revisionism.

révisionniste [Revizjɔnist] nmf & adj revisionist.

revisser [3] [Rəvise] vt to screw back again.

revitaliser [3] [Rəvitalize] vt to revitalize.

revivre [90] [RəvivR] ❖ vi [personne] to come back to life, to revive ; *fig* [espoir] to be revived, to revive ▸ **faire revivre** to revive. ❖ vt to relive ▸ **faire revivre qqch à qqn** to bring sthg back to sb.

révocation [Revɔkasjɔ̃] nf **1.** [de loi] revocation **2.** [de fonctionnaire] dismissal.

revoici [rəvwasi] prép ▸ **me revoici !** it's me again!, I'm back!

revoilà [rəvwala] prép **1.** : *revoilà le printemps !* it looks like spring's here again! / *enfin, te revoilà !* you're back at last! / *les revoilà !* there they are again! **2.** EXPR **nous y revoilà, je m'y attendais !** here we go again! I just knew it.

revoir [62] [rəvwaʀ] vt **1.** [renouer avec] to see again **2.** [corriger, étudier] to revise UK, to review US. ◆ **se revoir** vp [amis] to see each other again ; [professionnellement] to meet again. ◆ **au revoir** interj & nm inv goodbye.

révoltant, e [revɔltɑ̃, ɑ̃t] adj revolting.

révolte [revɔlt] nf revolt ▸ **inciter** ou **pousser qqn à la révolte** to incite sb to revolt ▸ **être en révolte contre** to be in revolt against.

révolté, e [revɔlte] ❖ adj **1.** [rebelle] rebellious, rebel *(avant n)* **2.** [indigné] outraged **3.** MIL mutinous. ❖ nm, f **1.** [gén] rebel **2.** MIL rebel, mutineer.

révolter [3] [revɔlte] vt to disgust. ◆ **se révolter** vp ▸ **se révolter (contre)** to revolt (against).

révolu, e [revɔly] adj past / *avoir 15 ans révolus* ADMIN to be over 15.

révolution [revɔlysjɔ̃] nf **1.** [gén] revolution ▸ **la Révolution française** the French Revolution **2.** *fam* [effervescence] uproar ▸ **en révolution** in an uproar.

révolutionnaire [revɔlysjɔnɛʀ] nmf & adj revolutionary.

révolutionner [3] [revɔlysjɔne] vt **1.** [transformer] to revolutionize **2.** [mettre en émoi] to stir up.

revolver [revɔlvɛʀ] nm revolver.

révoquer [3] [revɔke] vt **1.** [fonctionnaire] to dismiss **2.** [loi] to revoke.

revue [rəvy] nf **1.** [gén] review ▸ **revue de presse** press review ▸ **passer en revue** *fig* to review **2.** [défilé] march-past **3.** [magazine] magazine **4.** [spectacle] revue.

révulsé, e [revylse] adj [traits, visage] contorted / *révulsé de douleur* [visage] contorted with pain / *les yeux révulsés* with his eyes rolled upwards.

révulser [3] [revylse] vt to disgust. ◆ **se révulser** vp to contort.

rewriting [ʀəʀajtiŋ] nm rewriting.

Reykjavik [ʀɛkjavik] npr Reykjavik.

rez-de-chaussée [ʀedʃose] nm inv ground floor UK, first floor US.

rez-de-jardin [ʀedʒaʀdɛ̃] nm inv garden level.

RF *abr écrite de* **République française**.

RFA (*abr de* **République fédérale d'Allemagne**) nf FRG.

RFI (*abr de* **Radio France Internationale**) nf *French world service radio station.*

RFO (*abr de* **Radio-télévision française d'outre-mer**) nf *French overseas broadcasting service.*

r.g. (*abr écrite de* **rive gauche**) *left (south) bank of the Seine.*

RG (*abr de* **Renseignements généraux**) nmpl *police department responsible for political security* ; ≃ Special Branch UK.

Rh (*abr écrite de* **Rhésus**) Rh.

rhabiller [3] [ʀabije] vt to dress again. ◆ **se rhabiller** vp to get dressed again ▸ **aller se rhabiller** *fam* & *fig* to throw in the towel.

rhapsodie, rapsodie [ʀapsɔdi] nf rhapsody.

rhénan, e [ʀenɑ̃, an] adj of/from the Rhine, Rhine *(avant n).*

rhéostat [ʀeɔsta] nm rheostat.

rhésus [ʀezys] nm rhesus (factor) ▸ **rhésus positif/négatif** rhesus positive/negative.

rhétorique [ʀetɔʀik] nf rhetoric.

Rhin [ʀɛ̃] nm : *le Rhin* the Rhine.

rhinite [ʀinit] nf rhinitis *(U).*

rhinocéros [ʀinɔseʀɔs] nm rhinoceros.

rhino-pharyngite [ʀinɔfaʀɛ̃ʒit] (*pl* **rhino-pharyngites**) nf throat infection.

rhodanien, enne [ʀɔdanjɛ̃, ɛn] adj [du Rhône] from the Rhone / *le couloir rhodanien* the Rhone corridor.

Rhodes [ʀɔd] npr Rhodes / *le colosse de Rhodes* the Colossus of Rhodes.

rhododendron [ʀɔdɔdɛ̃dʀɔ̃] nm rhododendron.

Rhône [ʀon] nm : *le Rhône* the (River) Rhone.

rhubarbe [ʀybaʀb] nf rhubarb.

rhum [ʀɔm] nm rum.

rhumatisant, e [ʀymatizɑ̃, ɑ̃t] adj & nm, f rheumatic.

rhumatismal, e, aux [ʀymatismal, o] adj rheumatic.

rhumatisme [ʀymatism] nm rheumatism. ◆ **rhumatismes** nmpl rheumatism *sg* / *avoir des rhumatismes* to have rheumatism.

rhumatologue [ʀymatɔlɔg] nmf rheumatologist.

rhume [ʀym] nm cold ▸ **attraper un rhume** to catch a cold ▸ **rhume des foins** hay fever.

ri [ʀi] pp inv ⟶ **rire**.

RI nm (*abr de* **régiment d'infanterie**) infantry regiment.

Riad = **Riyad**.

riant, e [ʀijɑ̃, ɑ̃t] adj smiling ; *fig* cheerful.

RIB, Rib [ʀib] (*abr de* **relevé d'identité bancaire**) nm bank details *(bank account identification slip).*

ribambelle [ʀibɑ̃bɛl] nf ▸ **ribambelle de** string of.

ribonucléique [ʀibonykleik] adj ribonucleic ▸ **acide ribonucléique** ribonucleic acid.

ricanement [ʀikanmɑ̃] nm snigger.

ricaner [3] [ʀikane] vi to snigger.

Ricard® [ʀikaʀ] nm *brand of pastis.*

RICE, Rice [ʀis] (*abr de* **relevé d'identité de caisse d'épargne**) nm *savings bank account identification slip.*

richard, e [ʀiʃaʀ, aʀd] nm, f *fam* & *péj* moneybags *sg*.

riche [riʃ] ❖ adj **1.** [gén] rich ; [personne, pays] rich, wealthy ▸ **être riche comme Crésus** ou **à millions** to be as rich as Croesus ou Midas / *on n'est pas bien riche chez nous* we're not very well-off / *elle a un vocabulaire / une langue riche* she has a rich vocabulary / a tremendous command of the language ▸ **riche en** ou **de** rich in / *régime riche en calcium* calcium-rich diet / *la journée fut riche en émotions* the day was packed full of excitement / *son premier roman est riche de promesses* his first novel is full of promise ou shows great promise **2.** *(avant n)* [demeure, étoffe] lavish, magnificent **3.** [idée] great. ❖ nmf rich person ▸ **les riches** the rich ▸ **nouveau riche** nouveau riche / *voiture de riche* rich man's car.

richement [riʃmɑ̃] adv richly.

richesse [riʃɛs] nf **1.** [de personne, pays] wealth *(U)* **2.** [d'appartement] sumptuousness *(U)* **3.** [de faune, flore] abundance ▸ **richesse en vitamines** high vitamin content. ◆ **richesses** nfpl **1.** [gén] wealth *(U)* **2.** [de musée] riches.

richissime [riʃisim] adj super-rich.

Richter [riʃtɛr] npr ▸ **échelle de Richter** Richter scale.

ricin [risɛ̃] nm castor-oil plant ▸ **huile de ricin** castor oil.

ricocher [3] [rikɔʃe] vi *pr* & *fig* to rebound ; [balle d'arme] to ricochet.

ricochet [rikɔʃɛ] nm *pr* & *fig* rebound ; [de balle d'arme] ricochet ▸ **par ricochet** in an indirect way.

rictus [riktys] nm rictus.

ride [rid] nf wrinkle ; [de surface d'eau] ripple.

ridé, e [ride] adj wrinkled.

rideau, x [rido] nm curtain, drape US / *rideau de douche* shower curtain / *rideau de fumée* smokescreen ▸ **doubles rideaux** thick curtains / *tirer* ou *ouvrir les rideaux* to draw ou to open the curtains / *tirer* ou *fermer les rideaux* to draw ou to close the curtains / *ça suffit, rideau !* *fam* (that's) enough!, lay off! ▸ **rideau de fer** HIST [frontière] Iron Curtain.

rider [3] [ride] vt **1.** [peau] to wrinkle **2.** [surface] to ruffle. ◆ **se rider** vp to become wrinkled.

ridicule [ridikyl] ❖ adj ridiculous. ❖ nm ▸ **le ridicule** ridicule ▸ **se couvrir de ridicule** to make o.s. look ridiculous ▸ **tourner qqn / qqch en ridicule** to ridicule sb / sthg.

ridiculement [ridikylmɑ̃] adv ridiculously.

ridiculiser [3] [ridikylize] vt to ridicule. ◆ **se ridiculiser** vp to make o.s. look ridiculous.

ridule [ridyl] nf little wrinkle.

rien [rjɛ̃] ❖ pron indéf **1.** [en contexte négatif] ▸ **ne… rien** nothing, not… anything / *ça n'a rien à voir avec toi* it's got nothing to do with you, it doesn't concern you / *je n'ai rien fait* I've done nothing, I haven't done anything / *je n'en sais rien* I don't know (anything about it), I know nothing about it / *rien ne m'intéresse* nothing interests me ▸ **il n'y a plus rien dans le réfrigérateur** there's nothing left in the fridge **2.** [aucune chose] nothing / *que fais-tu ? — rien* what are you doing? — nothing / *rien de nouveau* nothing new ▸ **rien d'autre** nothing else ▸ **rien du tout** nothing at all / *un / une rien du tout* a nobody ▸ **rien à faire** it's no good / *j'en ai rien à faire* *fam* ou *à cirer* *tfam* I don't give a damn ou a toss *tfam* ▸ **de rien !** don't mention it!, not at all! ▸ **pour rien** for nothing / *ne le dérange pas pour rien* don't disturb him for no reason / *j'ai acheté ça pour rien chez un brocanteur* I bought it for next to nothing in a second-hand shop **3.** [quelque chose] anything / *sans rien dire* without saying anything / *n'y a-t-il rien que je puisse faire ?* *sout* is there nothing I can do? ❖ nm ▸ **pour un rien** [se fâcher, pleurer] for nothing, at the slightest thing / *il se fâche pour un rien* he loses his temper over the slightest little thing ▸ **perdre son temps à des riens** to waste one's time with trivia ▸ **en un rien de temps** in no time at all. ◆ **rien que** loc adv only, just / *la vérité, rien que la vérité* the truth and nothing but the truth / *rien que l'idée des vacances la comblait* just thinking about the holiday filled her with joy. ◆ **un rien** loc adv a bit, a shade / *sa robe est un rien trop étroite* her dress is a bit too tight.

rieur, rieuse [rijœr, øz] adj cheerful.

riff [rif] nm MUS ▸ **riffs de guitare** riffage.

Riga [riga] npr Riga.

rigide [riʒid] adj rigid ; [muscle] tense.

rigidité [riʒidite] nf rigidity ; [de muscle] tenseness ; [de principes, mœurs] strictness.

rigolade [rigɔlad] nf *fam* fun *(U)* ▸ **c'est de la rigolade** *fig* it's a walkover.

rigolard, e [rigɔlar, ard] adj *fam* jokey, joking.

rigole [rigɔl] nf channel.

rigoler [3] [rigɔle] vi *fam* **1.** [rire] to laugh **2.** [plaisanter] ▸ **rigoler (de)** to joke (about).

rigolo, ote [rigɔlo, ɔt] *fam* ❖ adj funny. ❖ nm, f *péj* phoney UK, phony US.

rigoriste [rigɔrist] ❖ nmf puritan. ❖ adj austere, puritanical.

rigoureusement [rigurøzmɑ̃] adv **1.** [punir] harshly **2.** [vrai, ponctuel] absolutely / *c'est rigoureusement exact* it's the honest truth.

rigoureux, euse [rigurø, øz] adj **1.** [discipline, hiver] harsh **2.** [analyse] rigorous.

rigueur [rigœr] nf **1.** [de punition] severity, harshness **2.** [de climat] harshness **3.** [d'analyse] rigour UK, rigor US, exactness **4.** EXPR **être de rigueur** to be obligatory ▸ **tenir rigueur de qqch à qqn** to hold sthg against sb. ◆ **à la rigueur** loc adv if necessary, if need be.

rillettes [rijɛt] nfpl *potted pork, duck or goose.*

rime [rim] nf rhyme ▸ **sans rime ni raison** *fig* without rhyme or reason.

rimer [3] [rime] vi ▸ **rimer (avec)** to rhyme (with) ▸ **ça ne rime à rien** *fig* that doesn't make sense.

Rimmel® [rimɛl] nm mascara.

rinçage [rɛ̃saʒ] nm rinsing.

rince-bouche [rɛ̃sbuʃ] nm inv QUÉBEC mouthwash.

rince-doigts [rɛ̃sdwa] nm inv finger bowl.

rincer [16] [rɛ̃se] vt [bouteille] to rinse out ; [cheveux, linge] to rinse ▸ **se faire rincer** *fam* & *fig* to get a soaking. ◆ **se rincer** vp to rinse o.s. ▸ **se rincer la bouche** to rinse one's mouth.

ring [riŋ] nm **1.** [boxe] ring **2.** BELGIQUE [route] bypass.

ringard, e [rɛ̃gar, ard] *fam* ❖ adj **1.** [chanson] corny **2.** [décor] naff UK **3.** [acteur] second-rate **4.** [personne] nerdy. ❖ nm, f nerd.

ringuette [rɛ̃gɛt] nf ringette *(women's sport similar to ice hockey).*

Rio de Janeiro [rjodədʒanɛro] npr Rio de Janeiro.

ripaille [ripaj] nf ▸ **faire ripaille** *fam* & *vieilli* to have a feast.

riposte [ripɔst] nf **1.** [réponse] retort, riposte **2.** [contre-attaque] counterattack.

riposter [3] [ripɔste] ❖ vt ▸ **riposter que** to retort OU riposte that. ❖ vi **1.** [répondre] to riposte ▸ **riposter à a)** [personne] to answer back **b)** [insulte] to reply to **2.** [contre-attaquer] to counter, to retaliate.

rire [95] [rir] ❖ nm laugh / *un petit rire sot* a silly giggle ▸ **rires préenregistrés** OU **en boîte** *fam* RADIO & TV prerecorded OU canned laughter ▸ **avoir un fou rire** to giggle ▸ **éclater de rire** to burst out laughing. ❖ vi **1.** [gén] to laugh / *ta lettre nous a beaucoup fait rire* your letter made us all laugh a lot ▸ **rire de** to laugh at ▸ **rire aux éclats** OU **à gorge déployée** to howl with laughter **2.** [plaisanter] ▸ **tu veux / vous voulez rire ?** you must be joking! ▸ **pour rire** as a joke, for a laugh / *j'ai dit ça pour rire* I (only) said it in jest, I was only joking. ◆ **se rire** vp *sout* ▸ **se rire de** to laugh at.

ris [ri] nm **1.** *(gén pl)* CULIN ▸ **ris de veau** sweetbread **2.** NAUT reef.

risée [rize] nf ridicule ▸ **être la risée de** to be the laughingstock of.

risette [rizɛt] nf *fam* ▸ **faire (une) risette à qqn a)** [enfant] to give sb a nice OU sweet smile **b)** [sourire de commande] to smile politely at sb.

risible [rizibl] adj [ridicule] ridiculous.

risotto [rizɔto] nm risotto.

risque [risk] nm risk ▸ **courir un risque** to run a risk ▸ **évaluation des risques** ÉCON risk assessment ▸ **prendre des risques** to take risks ▸ **à tes / vos risques et périls** at your own risk.

risqué, e [riske] adj **1.** [entreprise] risky, dangerous **2.** [plaisanterie] risqué, daring.

risquer [3] [riske] vt **1.** [vie, prison] to risk ▸ **risquer de faire qqch** to be likely to do sthg / *je risque de perdre tout ce que j'ai* I'm running the risk of losing everything I have ▸ **risquer que** (+ *subjonctif*) to take a risk that ▸ **cela ne risque rien** it will be all right ▸ **risquer gros** to take a big risk ▸ **risquer le tout pour le tout** *fig* to put everything on the line **2.** [tenter] to venture. ◆ **se risquer** vp to venture ▸ **se risquer à faire qqch** to dare to do sthg.

risque-tout [riskətu] nmf *fam* daredevil.

rissolé, e [risɔle] adj browned.

rissoler [3] [risɔle] ❖ vt to brown. ❖ vi to brown ▸ **faire rissoler** to brown.

ristourne [risturn] nf discount ▸ **faire une ristourne à qqn** to give sb a discount.

rite [rit] nm **1.** RELIG rite **2.** *fig* [cérémonial] ritual.

ritournelle [riturnɛl] nf **1.** *fam* & *fig* [rabâchage] old story, old song **2.** MUS ritornello.

rituel, elle [ritɥɛl] adj ritual. ◆ **rituel** nm ritual.

rituellement [ritɥɛlmɑ̃] adv **1.** [selon un rite] ritually, religiously **2.** *fig* [immuablement] unfailingly.

rivage [rivaʒ] nm shore.

rival, e, aux [rival, o] ❖ adj rival *(avant n).* ❖ nm, f rival.

rivaliser [3] [rivalize] vi ▸ **rivaliser avec** to compete with ▸ **rivaliser de** to vie in.

rivalité [rivalite] nf rivalry.

rive [riv] nf [de rivière] bank ▸ **la rive droite** [à Paris] the north bank of the Seine *(generally considered more affluent than the south bank)* ▸ **la rive gauche** [à Paris] the south bank of the Seine *(generally associated with students and artists).*

> **Rive droite, rive gauche**
>
> The Right (north) Bank of the Seine is traditionally associated with business and trade, and has a reputation for being more conservative than the Left Bank. The Left (south) Bank includes districts traditionally favoured by artists, students and intellectuals, and has a reputation for being bohemian and unconventional.

river [3] [rive] vt **1.** [fixer] ▸ **river qqch à qqch** to rivet sthg to sthg **2.** [clou] to clinch ▸ **être rivé à** *fig* to be riveted OU glued to.

riverain, e [rivrɛ̃, ɛn] ❖ adj riverside *(avant n)* ; [de rue] roadside *(avant n).* ❖ nm, f resident.

rivet [rivɛ] nm rivet.

rivière [rivjɛr] nf river. ◆ **rivière de diamants** nf diamond necklace *(with largest stone in the middle).*

rixe [riks] nf fight, brawl.

Riyad, Riad [rijad] npr Riyadh.

riz [ri] nm rice ▸ **riz au lait** rice pudding ▸ **riz pilaf** pilau rice.

riziculture [rizikyltyr] nf rice-growing.

rizière [rizjɛr] nf paddy (field).

RMC (*abr de* **Radio Monte-Carlo**) nf *independent radio station.*

RMI nm *abr de* **revenu minimum d'insertion**.

RMiste [ɛrɛmist] nmf *person receiving the* ***RMI***.

RN (*abr de* **route nationale**) nf ≃ A road UK ; ≃ state highway US.

RNIS (*abr de* **réseau numérique à intégration de services**) nm ISDN *(integrated services digital network)* ▸ **envoyer qqch par RNIS** to ISDN sthg ▸ **ligne RNIS** ISDN line.

ro *abr écrite de* **recto**.

robe [ʀɔb] nf **1.** [de femme] dress ▸ **robe chasuble** pinafore dress ▸ **robe de grossesse** maternity dress ▸ **robe de mariée** wedding dress **2.** [peignoir] ▸ **robe de chambre** dressing gown UK, (bath)robe US **3.** [de magistrat] robe **4.** [de cheval] coat **5.** [de vin] colour UK, color US.

robinet [ʀɔbinɛ] nm tap UK, faucet US.

robinetterie [ʀɔbinɛtʀi] nf [installations] taps *pl* UK, faucets *pl* US.

roboratif, ive [ʀɔbɔʀatif, iv] adj *sout* bracing, invigorating.

robot [ʀɔbo] nm **1.** [gén] robot **2.** [ménager] food processor.

robotique [ʀɔbɔtik] nf robotics *(U)*.

robotisation [ʀɔbɔtizasjɔ̃] nf automation, robotization US.

robotiser [3] [ʀɔbɔtize] vt to automate, to robotize US.

robuste [ʀɔbyst] adj **1.** [personne, santé] robust **2.** [plante] hardy **3.** [voiture] sturdy.

robustesse [ʀɔbystɛs] nf **1.** [de personne] robustness **2.** [de plante] hardiness **3.** [de voiture] sturdiness.

roc [ʀɔk] nm rock.

rocade [ʀɔkad] nf bypass.

rocaille [ʀɔkaj] ◆ nf **1.** [cailloux] loose stones *pl* **2.** [dans un jardin] rock garden, rockery. ◆ adj inv rocaille.

rocailleux, euse [ʀɔkajø, øz] adj **1.** [terrain] rocky **2.** *fig* [voix] harsh.

rocambolesque [ʀɔkɑ̃bɔlɛsk] adj fantastic.

roche [ʀɔʃ] nf rock.

rocher [ʀɔʃe] nm rock / *le Rocher the town of Monaco / le rocher de Gibraltar* the Rock of Gibraltar. ◆ **rocher au chocolat** nm nut chocolate.

rocheux, euse [ʀɔʃø, øz] adj rocky. ◆ **Rocheuses** nfpl ▸ **les Rocheuses** the Rockies.

rock [ʀɔk] ◆ nm rock ('n' roll). ◆ adj inv rock.

rocker [ʀɔkœʀ] nmf = **rockeur**.

rockeur, euse [ʀɔkœʀ, øz] nm, f **1.** [chanteur] rock singer **2.** [fan] rock fan.

rocking-chair [ʀɔkiŋtʃɛʀ] (*pl* **rocking-chairs**) nm rocking chair.

rodage [ʀɔdaʒ] nm **1.** [de véhicule] running in UK, break in US ▸ **en rodage** running in UK **2.** *fig* [de méthode] running-in UK ou breaking-in US ou debugging period.

rodéo [ʀɔdeo] nm rodeo ; *fig* & *iron* free-for-all.

roder [3] [ʀɔde] vt **1.** [véhicule] to run in UK, to break in US **2.** *fig* [méthode] to run in UK, to break in US, to debug ; [personne] to break in.

rôder [3] [ʀode] vi to prowl, to wander about.

rôdeur, euse [ʀodœʀ, øz] nm, f prowler.

rodomontade [ʀɔdɔmɔ̃tad] nf *litt* boasting *(U)*.

rœsti [ʀøʃti] nmpl SUISSE *grated potato fried to form a sort of cake.*

rogations [ʀɔgasjɔ̃] nfpl Rogations.

rogatoire [ʀɔgatwaʀ] adj rogatory.

rogne [ʀɔɲ] nf *fam* bad temper ▸ **être / se mettre en rogne** to be in / to get into a bad mood, to be in / to get into a temper.

rogner [3] [ʀɔɲe] ◆ vt **1.** [ongles] to trim **2.** [revenus] to eat into. ◆ vi ▸ **rogner sur qqch** to cut down on sthg.

rognon [ʀɔɲɔ̃] nm kidney.

rognures [ʀɔɲyʀ] nfpl clippings, trimmings.

rogue [ʀɔg] adj *litt* arrogant.

roi [ʀwa] nm king ▸ **être plus royaliste que le roi** *fig* to be more Catholic than the Pope ▸ **tirer les rois** to celebrate Epiphany. ◆ **Rois mages** nmpl ▸ **les Rois mages** RELIG the Three Wise Men.

> ### Tirer les rois
> At Epiphany, which is celebrated on the 6th of January, the French traditionally enjoy a round, almond-flavoured cake called the **galette des rois**, in honour of the Three Wise Men who visited Jesus at his birth. The cake contains a **fève**, or small porcelain figure hidden by the baker (so called because dried beans were once used instead). The person who finds the figurine is proclaimed king or queen and given a paper crown to wear. He or she must also choose a king or queen from among the other guests. This way of celebrating the feast of Epiphany is found not only in families, but also among friends, at schools, and in the workplace.

Roissy [ʀwasi] npr [aéroport] *commonly-used name for Charles-de-Gaulle airport.*

roitelet [ʀwatlɛ] nm **1.** [oiseau] wren **2.** *péj* & *vieilli* [petit roi] kinglet.

Roland-Garros [ʀɔlɑ̃gaʀɔs] npr *tennis stadium in Paris where the French Open is held.*

> ### Roland-Garros
> The Roland-Garros stadium in western Paris is home to the French Open, held each May. It is one of tennis' four Grand Slam events and the only one played on clay courts. The tournament, which includes men's and women's singles and doubles as well as mixed doubles, is popular in France and elsewhere and attracts large television audiences.

rôle [Rol] nm role, part / *apprendre son rôle* to learn one's part ou lines / *distribuer les rôles* to do the casting, to cast ▸ **jouer un rôle** to play a role ou part ▸ **rôle de composition** character part ou role ▸ **petit rôle** walk-on part / *premier rôle* a) [acteur] leading actor (actress) b) [personnage] lead ▸ **second rôle** secondary ou supporting role ▸ **avoir le beau rôle** *fig* to come off best / *ce n'est pas mon rôle de m'occuper de ça* it's not my job ou it's not up to me to do it.

rôle-titre [Roltitʀ] nm title role.

roller [Rɔllœʀ, Rɔlœʀ] nm [sport] rollerblading, rollerskating ▸ **les rollers** [patins] Rollerblades®, roller-skates ▸ **faire du roller** to go rollerblading, to rollerblade.

rolleur, euse [Rɔllœʀ, øz] nm, f roller skater.

rollmops [Rɔlmɔps] nm rollmop.

ROM, Rom [Rɔm] (*abr de* **read only memory**) nf ROM.

romain, e [Rɔmɛ̃, ɛn] adj Roman. ◆ **romain** nm TYPO roman. ◆ **romaine** nf [salade] cos (lettuce) UK, romaine (lettuce) US. ◆ **Romain, e** nm, f Roman.

roman, e [Rɔmɑ̃, an] adj **1.** [langue] Romance **2.** ARCHIT Romanesque. ◆ **roman** nm **1.** LITTÉR novel ▸ **roman d'action** adventure novel ▸ **roman d'anticipation** ou **de science fiction** science fiction novel ▸ **roman noir** thriller **2.** *fig* & *iron* [exagération] story ; [aventure] saga **3.** ARCHIT ▸ **le roman** the Romanesque.

romance [Rɔmɑ̃s] nf [chanson] love song.

romancer [16] [Rɔmɑ̃se] vt to romanticize.

romanche [Rɔmɑ̃ʃ] nm & adj Romansh.

romancier, ère [Rɔmɑ̃sje, ɛʀ] nm, f novelist.

romand, e [Rɔmɑ̃, ɑ̃d] adj of/from French-speaking Switzerland. ◆ **Romand, e** nm, f French-speaking Swiss.

romanesque [Rɔmanɛsk] adj **1.** LITTÉR novelistic **2.** [aventure] fabulous, storybook *(avant n)*.

roman-feuilleton [Rɔmɑ̃fœjtɔ̃] (*pl* **romans-feuilletons**) nm serial ; *fig* soap opera.

roman-fleuve [Rɔmɑ̃flœv] (*pl* **romans-fleuves**) nm saga.

romanichel, elle [Rɔmaniʃɛl] nm, f gipsy.

romaniste [Rɔmanist] nmf Romanist.

roman-photo [Rɔmɑ̃fɔto] (*pl* **romans-photos**) nm story told in photographs.

romantique [Rɔmɑ̃tik] nmf & adj romantic.

romantisme [Rɔmɑ̃tism] nm **1.** ART Romantic movement **2.** [sensibilité] romanticism.

romarin [RɔmaRɛ̃] nm rosemary.

rombière [Rɔ̃bjɛʀ] nf *fam* & *péj* old biddy.

Rome [Rɔm] npr Rome.

rompre [78] [Rɔ̃pʀ] ❖ vt **1.** *sout* [objet] to break **2.** [charme, marché] to break ; [fiançailles, relations] to break off **3.** *sout* [exercer] ▸ **rompre qqn à** to break sb into. ❖ vi to break ▸ **rompre avec qqn** *fig* to break up with sb ▸ **rompre avec qqch** *fig* to break with sthg. ◆ **se rompre** vp to break ▸ **se rompre le cou / les reins** to break one's neck / back.

rompu, e [Rɔ̃py] ❖ pp ⟶ **rompre.** ❖ adj **1.** [exténué] exhausted ▸ **rompu de** exhausted by / *rompu de fatigue* exhausted **2.** [expérimenté] ▸ **rompu à** experienced in.

romsteck = **rumsteck**.

ronce [Rɔ̃s] nf [arbuste] bramble.

ronchon, onne [Rɔ̃ʃɔ̃, ɔn] *fam* ❖ adj grumpy. ❖ nm, f grumbler.

ronchonner [3] [Rɔ̃ʃɔne] vi *fam* ▸ **ronchonner (après)** to grumble (at).

rond, e [Rɔ̃, Rɔ̃d] adj **1.** [forme, chiffre] round **2.** [joue, ventre] chubby, plump **3.** *fam* [ivre] tight. ◆ **rond** ❖ nm **1.** [cercle] circle ▸ **en rond** in a circle ou ring ▸ **tourner en rond** *fig* to go round in circles **2.** [anneau] ring ▸ **rond de serviette** napkin ring **3.** *fam* [argent] : *je n'ai pas un rond* I haven't got a penny ou bean. ❖ adv ▸ **ça ne tourne pas rond** *fam* & *fig* there's something up ou fishy.

rond-de-cuir [Rɔ̃dkɥiʀ] (*pl* **ronds-de-cuir**) nm *péj* & *vieilli* pen pusher.

ronde [Rɔ̃d] nf **1.** [de surveillance] rounds *pl* ; [de policier] beat **2.** [danse] round **3.** MUS semibreve UK, whole note US. ◆ **à la ronde** loc adv ▸ **à des kilomètres à la ronde** for miles around.

rondelet, ette [Rɔ̃dlɛ, ɛt] adj **1.** [grassouillet] plump **2.** *fig* [somme] goodish, tidy.

rondelle [Rɔ̃dɛl] nf **1.** [de saucisson] slice **2.** [de métal] washer **3.** QUÉBEC [hockey] puck.

rondement [Rɔ̃dmɑ̃] adv [efficacement] efficiently, briskly.

rondeur [Rɔ̃dœʀ] nf **1.** [forme] roundness **2.** [partie charnue] curve **3.** [de caractère] openness.

rondin [Rɔ̃dɛ̃] nm log.

rondouillard, e [Rɔ̃dujaʀ, aʀd] adj *fam* tubby.

rond-point [Rɔ̃pwɛ̃] (*pl* **ronds-points**) nm roundabout UK, traffic circle US.

ronflant, e [Rɔ̃flɑ̃, ɑ̃t] adj *péj* grandiose.

ronflement [Rɔ̃fləmɑ̃] nm **1.** [de dormeur] snore **2.** [de poêle, moteur] hum, purr.

ronfler [3] [Rɔ̃fle] vi **1.** [dormeur] to snore **2.** [poêle, moteur] to hum, to purr **3.** *fam* [dormir] to be in a deep sleep.

ronger [17] [Rɔ̃ʒe] vt [bois, os] to gnaw ; [métal, falaise] to eat away at ; *fig* to gnaw at, to eat away at. ◆ **se ronger** vp **1.** [grignoter] ▸ **se ronger les ongles** to bite one's fingernails **2.** *fig* [se tourmenter] to worry, to torture o.s.

rongeur, euse [Rɔ̃ʒœʀ, øz] adj gnawing, rodent *(avant n)*. ◆ **rongeur** nm rodent.

ronron [Rɔ̃Rɔ̃] nm **1.** [de chat] purr ; [de moteur] purr, hum **2.** *fam* & *fig* [routine] humdrum existence.

ronronnement [Rɔ̃Rɔnmɑ̃] nm [de chat] purring ; [de moteur] purring, humming.

ronronner [3] [Rɔ̃Rɔne] vi [chat] to purr ; [moteur] to purr, to hum.

röntgen [Rœntgɛn] nm roentgen, rontgen, röntgen.

roquefort [Rɔkfɔr] nm Roquefort *(French blue-veined cheese)*.

roquer [3] [Rɔke] vi [échecs] to castle.

roquet [Rɔkɛ] nm **1.** [chien] nasty little dog **2.** *fam* & *péj* [personne] nasty little squirt.

roquette [Rɔkɛt] nf rocket.

ROR [ɛRoɛR *ou* Rɔr] (*abr de* **rougeole oreillons rubéole**) nm MMR (vaccine).

rosace [Rozas] nf **1.** [ornement] rose **2.** [vitrail] rose window **3.** [figure géométrique] rosette.

rosaire [RozɛR] nm rosary.

rosâtre [RozatR] adj pinkish.

rosbif [Rɔsbif] nm **1.** [viande] roast beef **2.** [Anglais] *pejorative term for a British person.*

rose [Roz] ◆ nf rose / *rose blanche / rouge* white / red rose ▸ **rose pompon** fairy rose ▸ **rose trémière** hollyhock ▸ **frais comme une rose** fresh as a daisy ▸ **envoyer qqn sur les roses** *fam* & *fig* to send sb packing. ◆ nm pink / *rose nacré* oyster pink. ◆ adj pink ▸ **rose bonbon** bright pink ▸ **rose fluo** fluorescent ou dayglo pink ▸ **rose thé** tea rose ▸ **vieux rose** old rose / *ce n'est pas (tout) rose* it isn't exactly a bed of roses. ◆ **rose des sables, rose du désert** nf gypsum flower. ◆ **rose des vents** nf compass card.

rosé, e [Roze] adj **1.** [vin] rosé **2.** [teinte] rosy. ◆ **rosé** nm rosé. ◆ **rosée** nf dew.

roseau, x [Rozo] nm reed.

roseraie [RozRɛ] nf rose garden.

rosette [Rozɛt] nf **1.** [nœud] bow **2.** [insigne] rosette. ◆ **rosette de Lyon** nf *dry pork sausage.*

rosier [Rozje] nm rose bush.

rosir [32] [RoziR] vt & vi to turn pink.

rosser [3] [Rɔse] vt to thrash.

rosserie [RɔsRi] nf *fam* nasty remark.

rossignol [Rɔsiɲɔl] nm **1.** [oiseau] nightingale **2.** *fam* & *fig* [article invendable] piece of rubbish **3.** *fam* [passe-partout] picklock.

rot [Ro] nm *fam* burp.

rotatif, ive [Rɔtatif, iv] adj rotary. ◆ **rotative** nf rotary press.

rotation [Rɔtasjɔ̃] nf rotation.

roter [3] [Rɔte] vi *fam* to burp.

rôti, e [Roti] adj roast. ◆ **rôti** nm roast, joint UK ▸ **rôti de veau / porc** roast veal / pork.

rôtie [Roti] nf piece of toast.

rotin [Rɔtɛ̃] nm rattan.

rôtir [32] [RotiR] ◆ vt to roast. ◆ vi **1.** CULIN to roast ▸ **faire rôtir** to roast **2.** *fam* & *fig* [avoir chaud] to be roasting. ◆ **se rôtir** vp ▸ **se rôtir au soleil** *fam* & *fig* to bask in the sunshine.

rôtisserie [RotisRi] nf **1.** [restaurant] ≃ steakhouse **2.** [magasin] *shop selling roast meat.*

rôtissoire [RotiswaR] nf spit.

rotonde [Rɔtɔ̃d] nf **1.** [bâtiment] rotunda **2.** [d'autobus] back seat.

rotor [RɔtɔR] nm rotor.

rotule [Rɔtyl] nf kneecap.

roturier, ère [RɔtyRje, ɛR] ◆ adj **1.** HIST [non noble] common **2.** [commun] plebeian. ◆ nm, f HIST commoner.

rouage [Rwaʒ] nm cog, gearwheel ▸ **les rouages de l'État** *fig* the wheels of State.

roublard, e [RublaR, aRd] *fam* ◆ adj cunning, crafty. ◆ nm, f cunning ou crafty devil.

roublardise [RublaRdiz] nf *fam* **1.** [caractère] cunning, craftiness **2.** [acte] cunning ou crafty trick.

rouble [Rubl] nm rouble.

roucoulement [Rukulmɑ̃] nm cooing ; *fig* billing and cooing.

roucouler [3] [Rukule] ◆ vt to warble ; *fig* to coo. ◆ vi to coo ; *fig* to bill and coo.

roue [Ru] nf **1.** [gén] wheel ▸ **descendre en roue libre** to freewheel downhill ▸ **roue arrière / avant** back / front wheel ▸ **roue d'angle** bevel gear wheel ▸ **roue dentée** cog ▸ **roue motrice** drive ou driving wheel ▸ **la grande roue** the big wheel UK, the Ferris wheel US ▸ **la roue de la Fortune** the wheel of Fortune ▸ **roue de secours** spare wheel ▸ **un deux roues** a two-wheeled vehicle **2.** [de paon] ▸ **faire la roue** to display **3.** [gymnastique] cartwheel **4.** NAUT ▸ **roue du gouvernail** helm.

rouer [6] [Rwe] vt ▸ **rouer qqn de coups** to thrash sb, to give sb a beating.

rouerie [RuRi] nf *litt* **1.** [caractère] cunning **2.** [action] cunning trick.

rouet [Rwɛ] nm [à filer] spinning wheel.

rouge [Ruʒ] ◆ nm **1.** [couleur] red **2.** *fam* [vin] red (wine) ▸ **gros rouge** cheap red wine, plonk UK **3.** [fard] rouge, blusher ▸ **rouge à lèvres** lipstick **4.** AUTO ▸ **passer au rouge** **a)** to turn red **b)** [conducteur] to go through a red light. ◆ adj **1.** [gén] red ▸ **rouge de** red with **2.** [fer, tison] red-hot **3.** *vieilli* POL Red. ◆ adv ▸ **voir rouge** *fig* to see red.

rougeâtre [RuʒatR] adj reddish.

rougeaud, e [Ruʒo, od] ◆ adj red-faced. ◆ nm, f red-faced person.

rouge-gorge [Ruʒgɔrʒ] (*pl* **rouges-gorges**) nm robin.

rougeoiement [Ruʒwamɑ̃] nm reddening.

rougeole [Ruʒɔl] nf measles *sg.*

rougeoyer [13] [Ruʒwaje] vi to turn red.

rouget [Ruʒɛ] nm mullet.

rougeur [RuʒœR] nf **1.** [teinte] redness **2.** [de visage, de chaleur, d'effort] flush ; [de gêne] blush **3.** [sur peau] red spot ou blotch.

rougir [32] [ʀuʒiʀ] ❖ vt **1.** [colorer] to turn red / *des yeux rougis par les larmes* eyes red with weeping **2.** [chauffer] to make red-hot. ❖ vi **1.** [devenir rouge] to turn red **2.** [d'émotion] ▸ **rougir (de)** a) [de plaisir, colère] to flush (with) b) [de gêne] to blush (with) / *je me sentais rougir* I could feel myself going red (in the face) ▸ **rougir jusqu'aux oreilles** to blush to the roots of one's hair **3.** *fig* [avoir honte] ▸ **rougir de qqch** to be ashamed of sthg / *tu n'as pas / il n'y a pas à en rougir* there's nothing for you / nothing to be ashamed of.

rougissant, e [ʀuʒisɑ̃, ɑ̃t] adj [ciel] reddening ; [jeune fille] blushing.

rouille [ʀuj] ❖ nf **1.** [oxyde] rust **2.** CULIN *spicy garlic sauce for fish soup.* ❖ adj inv rust.

rouillé, e [ʀuje] adj **1.** [grille, clef] rusty, rusted / *la serrure est complètement rouillée* the lock is rusted up **2.** *fig* [muscles] stiff / *être rouillé* a) [physiquement] to feel stiff b) [intellectuellement] to feel a bit rusty / *mes réflexes au volant sont un peu rouillés* my driving reflexes are a bit rusty **3.** BOT [blé] affected by rust, rusted ; [feuille] mouldy.

rouiller [3] [ʀuje] ❖ vt to rust, to make rusty. ❖ vi to rust. ◆ **se rouiller** vp to rust ; *fig* to get rusty.

roulade [ʀulad] nf **1.** [galipette] roll **2.** CULIN rolled meat.

roulant, e [ʀulɑ̃, ɑ̃t] adj **1.** [meuble] on wheels, on castors **2.** RAIL ▸ **personnel roulant** train crew.

roulé, e [ʀule] adj rolled ▸ **bien roulée** *fam & fig* curvy, shapely. ◆ **roulé** nm CULIN ≃ swiss roll.

rouleau, x [ʀulo] nm **1.** [gén & TECHNOL] roller ▸ **rouleau compresseur** steamroller ▸ **rouleau encreur** ink roller **2.** [de papier] roll **3.** [à pâtisserie] rolling pin **4.** CULIN ▸ **rouleau de printemps** spring roll, egg roll US.

roulé-boulé [ʀulebule] (*pl* **roulés-boulés**) nm roll.

roulement [ʀulmɑ̃] nm **1.** [gén] rolling **2.** [de hanches] swaying **3.** [de personnel] rotation ▸ **travailler par roulement** to work to a rota UK **4.** [de tambour, tonnerre] roll **5.** TECHNOL rolling bearing ▸ **roulement à billes** ball bearing **6.** FIN circulation.

rouler [3] [ʀule] ❖ vt **1.** [déplacer] to wheel **2.** [enrouler - tapis] to roll up ; [- cigarette] to roll **3.** *fam* [balancer] to sway ▸ **rouler des mécaniques** a) to sway one's shoulders b) *fig* to come OU to play the hard guy **4.** LING to roll / *rouler les r* to roll one's r's **5.** [faire tourner sur soi] to roll **6.** *fam & fig* [duper] to swindle, to do UK / *elle m'a roulé de 30 euros* she diddled OU did me out of 30 euros / *se faire rouler* to be conned OU had. ❖ vi **1.** [ballon, bateau] to roll **2.** [véhicule] to go, to run / *une voiture qui a peu / beaucoup roulé* a car with a low / high mileage ; [suj : personne] to drive / *'roulez au pas'* 'dead slow' / *roule moins vite* slow down, drive more slowly **3.** [tonnerre] to rumble **4.** [suj : conversation] ▸ **rouler sur** to turn on **5.** *fam* [aller bien] ▸ **ça roule** everything's OK OU going well **6.** EXPR ▸ **rouler pour qqn** *fam* to be for sb, to back sb. ◆ **se rouler** vp to roll about ▸ **se rouler par terre** to roll on the ground ▸ **c'était à se rouler par terre** *fam* a) [de rire] it was hysterically funny b) [de douleur] it was so painful ▸ **se rouler en boule** to roll o.s. into a ball.

roulette [ʀulɛt] nf **1.** [petite roue] castor ▸ **comme sur des roulettes** *fam & fig* like clockwork **2.** [de dentiste] drill **3.** [jeux] roulette ▸ **roulette russe** Russian roulette.

rouli-roulant [ʀuliʀulɑ̃] (*pl* **rouli-roulants**) nm QUÉBEC skateboard.

roulis [ʀuli] nm roll.

roulotte [ʀulɔt] nf [de gitan] caravan ; [de tourisme] caravan UK, trailer US ; DR ▸ **vol à la roulotte** theft of goods in car.

roulure [ʀulyʀ] nf *fam & injur* tart, whore.

roumain, e [ʀumɛ̃, ɛn] adj Romanian. ◆ **roumain** nm [langue] Romanian. ◆ **Roumain, e** nm, f Romanian.

Roumanie [ʀumani] nf : *la Roumanie* Romania.

round [ʀawnd] nm round.

roupiller [3] [ʀupije] vi *fam* to snooze.

roupillon [ʀupijɔ̃] nm *fam* snooze.

rouquin, e [ʀukɛ̃, in] *fam* ❖ adj redheaded. ❖ nm, f redhead.

rouspéter [18] [ʀuspete] vi *fam* to grumble, to moan.

rousse ⟶ **roux.**

rousselé, e [ʀusle] QUÉBEC ❖ adj freckled ❖ nm, f person with freckles.

rousseur [ʀusœʀ] nf redness. ◆ **taches de rousseur** nfpl freckles.

roussi [ʀusi] nm burning ▸ **ça sent le roussi** *fam & fig* trouble's on its way.

roussir [32] [ʀusiʀ] ❖ vt **1.** [rendre roux] to turn brown ; CULIN to brown **2.** [brûler légèrement] to singe. ❖ vi to turn brown ; CULIN to brown.

routage [ʀutaʒ] nm sorting and mailing.

routard, e [ʀutaʀ, aʀd] nm, f *fam* backpacker.

route [ʀut] nf **1.** [gén] road / *les accidents de la route* road accidents ▸ **route à grande circulation** main road ▸ **route départementale** secondary road ▸ **route nationale** ≃ A road UK ; ≃ state highway US ▸ **route de montagne** mountain road ▸ **faire de la route** to do a lot of mileage ▸ **en route** on the way ▸ **en route !** let's go! ▸ **mettre en route** a) [démarrer] to start up b) *fig* to get under way ▸ **prendre la** OU **se mettre en route** to set off, to get going ▸ **tenir la route** a) AUTO to hold the road b) *fig* to hold water / *cette politique ne tient pas la route fig* there's no mileage in that policy **2.** [itinéraire] route / *prendre la route des vacances / du soleil* to set off on holiday / to the south ▸ **faire fausse route** a) to go the wrong way b) *fig* to be on the wrong track ▸ **montrer la route à qqn** to show sb the way ▸ **la route des Indes** the road to India **3.** *fig* [voie] path / *la route du succès* the road to success / *la route est toute tracée pour lui* the path is all laid out for him.

routier, ère [ʀutje, ɛʀ] ❖ adj road (*avant n*). ❖ nm, f [chauffeur] long-distance lorry driver UK OU trucker US. ◆ **routier** nm [restaurant] ≃ transport cafe UK ; ≃ truck stop US.

routine [Rutin] nf routine.

routinier, ère [Rutinje, ɛR] adj routine.

rouvert, e [RuvɛR, ɛRt] pp ⟶ **rouvrir**.

rouvrir [34] [RuvRiR] vt to reopen, to open again. ◆ **se rouvrir** vp to reopen, to open again.

roux, rousse [Ru, Rus] ❖ adj 1. [cheveux] red 2. [feuilles] russet, red-brown 3. [sucre] brown. ❖ nm, f [personne] redhead. ◆ **roux** nm 1. [couleur] red, russet 2. CULIN roux.

royal, e, aux [Rwajal, o] adj 1. [de roi] royal 2. [magnifique] princely.

royalement [Rwajalmɑ̃] adv 1. [recevoir] royally ; [vivre] like royalty 2. *fam* [complètement] : *elle s'en moque royalement* she couldn't care less.

royaliste [Rwajalist] nmf & adj royalist.

royalties [Rwajalti(z)] nfpl royalties.

royaume [Rwajom] nm kingdom.

Royaume-Uni [Rwajomyni] nm ▸ **le Royaume-Uni** the United Kingdom.

royauté [Rwajɔte] nf 1. [fonction] kingship 2. [régime] monarchy.

RP ❖ nfpl (*abr de* **relations publiques**) PR *sg*. ❖ nf 1. (*abr de* **recette principale**) main post office 2. *abr de* **région parisienne**.

RSA (*abr de* **revenu de solidarité active**) nm minimum garanteed income.

RSVP (*abr de* **répondez s'il vous plaît**) RSVP.

RTB (*abr de* **Radio-télévision belge**) nf *Belgian broadcasting company*.

rte *abr écrite de* **route**.

RTL (*abr de* **Radio-télévision Luxembourg**) nf *Luxembourg broadcasting company*.

RTT [ɛRtete] (*abr de* **réduction du temps de travail**) nf 1. (statutory) reduction in working hours 2. (extra) day off *(as a result of shorter working hours)* / *poser / prendre une RTT* to book ou claim a day's holiday, to take a day off US.

> **RTT**
>
> Initially planned as a measure to reduce unemployment, the law on a 35-hour working week known as **les trente-cinq heures** has not entirely succeeded but it has generated more leisure time for people in paid employment in the form of days off known as **journées (de) RTT**.

RU (*abr de* **restaurant universitaire**) [Ry] nm university refectory, cafeteria.

ruade [Ryad] nf kick.

Ruanda = **Rwanda**.

ruban [Rybɑ̃] nm ribbon ▸ **ruban adhésif** adhesive tape ▸ **ruban correcteur** correction tape.

rubéole [Rybeɔl] nf German measles *sg*, rubella.

rubicond, e [Rybikɔ̃, ɔ̃d] adj rubicund.

rubis [Rybi] ❖ nm 1. [pierre précieuse] ruby 2. [de montre] jewel 3. EXPR **payer rubis sur l'ongle** to pay cash on the nail. ❖ adj inv [couleur] ruby.

rubrique [RybRik] nf 1. [chronique] column 2. [dans classement] heading.

ruche [Ryʃ] nf 1. [abeilles] hive 2. [abri] hive, beehive ; *fig* hive of activity.

rucher [Ryʃe] nm apiary.

rude [Ryd] adj 1. [surface] rough 2. [voix] harsh 3. [personne, manières] rough, uncouth 4. [hiver, épreuve] harsh, severe ; [tâche, adversaire] tough 5. [appétit] hearty.

> ⚠ L'adjectif anglais **rude** signifie « impoli », « grossier » et non *rude*.

rudement [Rydmɑ̃] adv 1. [brutalement - tomber] hard ; [- répondre] harshly 2. *fam* [très] damn.

rudesse [Rydɛs] nf harshness, severity.

rudimentaire [Rydimɑ̃tɛR] adj rudimentary.

rudiments [Rydimɑ̃] nmpl rudiments.

rudoie, rudoies ⟶ **rudoyer**.

rudoyer [13] [Rydwaje] vt to treat harshly.

rue [Ry] nf street ▸ **rue piétonne** ou **piétonnière** pedestrian area ou street ▸ **descendre dans la rue** to take to the streets ▸ **jeter / mettre / être à la rue** *fig* to throw / to put / to be out on the streets ▸ **ne pas courir les rues** *fig* not to grow on trees, to be thin on the ground.

ruée [Rɥe] nf rush.

ruelle [Rɥɛl] nf [rue] alley, lane.

ruer [7] [Rɥe] vi to kick. ◆ **se ruer** vp ▸ **se ruer sur** to pounce on.

rugby [Rygbi] nm rugby ▸ **rugby à treize / quinze** Rugby League / Union.

rugbyman [Rygbiman] (*pl* **rugbymans** *ou* **rugbymen** [mɛn]) nm rugby player.

rugir [32] [RyʒiR] ❖ vt to roar, to bellow. ❖ vi to roar ; [vent] to howl ; [personne] ▸ **rugir de** to roar with.

rugissement [Ryʒismɑ̃] nm roar, roaring *(U)* ; [de vent] howling.

rugosité [Rygozite] nf 1. [de surface] roughness 2. [aspérité] rough patch.

rugueux, euse [Rygø, øz] adj rough.

ruine [Rɥin] nf 1. [gén & FIN] ruin 2. [château] : *en ruine* ruined / *tomber en ruine* to crumble, to go into ruin 3. [effondrement] ruin, downfall 4. *fam* [personne] wreck 5. [acquisition] : *c'est une vraie ruine* it costs me / you etc. an arm and a leg. ◆ **ruines** nfpl ruins / *les ruines d'un vieux château* the ruins of an old castle.

ruiné, e [Rɥine] adj ruined.

ruiner [3] [Rɥine] vt to ruin. ◆ **se ruiner** vp to ruin o.s., to bankrupt o.s.

ruineux, euse [ʀɥinø, øz] adj ruinous.

ruisseau, x [ʀɥiso] nm **1.** [cours d'eau] stream ▸ **des ruisseaux de larmes** *litt* floods of tears **2.** *fig* & *litt* [caniveau] gutter.

ruisselant, e [ʀɥislɑ̃, ɑ̃t] adj **1.** [inondé] ▸ **ruisselant (d'eau) a)** [imperméable, personne] dripping (wet) **b)** [paroi] streaming OU running with water / *le visage ruisselant de sueur* her face streaming OU dripping with sweat / *les joues ruisselantes de larmes* his cheeks streaming with tears / *une pièce ruisselante de lumière* a room bathed in OU flooded with light **2.** [qui ne cesse de couler] ▸ **eaux ruisselantes** running waters.

ruisseler [24] [ʀɥisle] vi ▸ **ruisseler (de)** to stream (with).

ruissellement [ʀɥisɛlmɑ̃] nm streaming.

rumba [ʀumba] nf rumba.

rumeur [ʀymœʀ] nf **1.** [bruit] murmur **2.** [nouvelle] rumour UK, rumor US.

ruminant [ʀyminɑ̃] nm ruminant.

ruminer [3] [ʀymine] vt to ruminate ; *fig* to mull over.

rumsteck, romsteck [ʀɔmstɛk] nm rump steak.

rupestre [ʀypɛstʀ] adj **1.** ART cave *(avant n)*, rock *(avant n)* **2.** BOT rock *(avant n)*.

rupin, e [ʀypɛ̃, in] *fam* ❖ adj plush. ❖ nm, f moneybags *sg*.

rupture [ʀyptyʀ] nf **1.** [cassure] breaking **2.** *fig* [changement] abrupt change ▸ **en rupture de ban avec** *fig* at odds with **3.** [manque] ▸ **être en rupture de stock** to be out of stock **4.** [de négociations, fiançailles] breaking off ; [de contrat] breach **5.** [amoureuse] breakup, split.

rural, e, aux [ʀyʀal, o] ❖ adj country *(avant n)*, rural. ❖ nm, f country dweller.

ruse [ʀyz] nf **1.** [habileté] cunning, craftiness **2.** [subterfuge] ruse.

rusé, e [ʀyze] ❖ adj cunning, crafty. ❖ nm, f cunning OU crafty person.

ruser [3] [ʀyze] vi to use trickery.

rush [ʀœʃ] *(pl* **rushs** *ou* **rushes**) nm rush.

russe [ʀys] ❖ adj Russian. ❖ nm [langue] Russian. ◆ **Russe** nmf Russian.

Russie [ʀysi] nf : *la Russie* Russia.

Rustine® [ʀystin] nf *small rubber patch for repairing bicycle tyres*.

rustique [ʀystik] ❖ nm [style] rustic style. ❖ adj rustic.

rustre [ʀystʀ] *péj* ❖ nmf lout. ❖ adj loutish.

rut [ʀyt] nm ▸ **être en rut a)** [mâle] to be rutting **b)** [femelle] to be on UK OU in US heat.

rutabaga [ʀytabaga] nm swede UK, rutabaga US.

rutilant, e [ʀytilɑ̃, ɑ̃t] adj [brillant] gleaming.

rutiler [3] [ʀytile] vi *litt* to gleam.

R-V *abr écrite de* **rendez-vous**.

Rwanda, Ruanda [ʀyɑ̃nda] nm : *le Rwanda* Rwanda / *au Rwanda* in Rwanda.

rwandais, e [ʀyɑ̃dɛ, ɛz] adj Rwandan. ◆ **rwandais** nm [langue] Rwandan. ◆ **Rwandais, e** nm, f Rwandan.

rythme [ʀitm] nm **1.** MUS rhythm ▸ **en rythme** in rhythm / *avoir le sens du rythme* [personne] to have rhythm / *suivre le rythme* to keep up **2.** [de travail, production] pace, rate / *travailler à un rythme soutenu* to work at a sustained pace / *à ce rythme-là* at that rate ▸ **au rythme de** at the rate of ▸ **rythme cardiaque** heart rate ▸ **rythme respiratoire** breathing rate.

rythmer [3] [ʀitme] vt to give rhythm to.

rythmique [ʀitmik] ❖ nf rhythmics *(U)*. ❖ adj rhythmical.

S

s¹, S [ɛs] nm inv **1.** [lettre] s, S **2.** [forme] zigzag. ◆ **S.** (*abr écrite de* **sud**) S.

s² (*abr écrite de* **seconde**) s.

s' ⟶ **se, si.**

s/ *abr écrite de* **sur.**

sa ⟶ **son²**

SA (*abr de* **société anonyme**) nf ≃ Ltd UK ; ≃ Inc. US.

S.A. (*abr écrite de* **Son Altesse**) H.H.

sabayon [sabajɔ̃] nm zabaglione.

sabbat [saba] nm **1.** RELIG Sabbath **2.** [de sorciers] sabbath.

sabbatique [sabatik] adj **1.** RELIG Sabbath *(avant n)* **2.** [congé] sabbatical.

sable [sabl] ❖ nm sand ▸ **de sable a)** [plage] sandy **b)** [tempête] sand *(avant n)* ▸ **sables mouvants** quicksand *sg*, quicksands. ❖ adj inv [couleur] sandy.

sablé, e [sable] adj **1.** [route] sandy **2.** CULIN ▸ **gâteau sablé** ≃ shortbread *(U)*. ◆ **sablé** nm ≃ shortbread *(U)*.

sabler [3] [sable] vt **1.** [route] to sand **2.** [façade] to sandblast **3.** [boire] ▸ **sabler le champagne** to crack a bottle of champagne.

sableux, euse [sablø, øz] adj sandy. ◆ **sableuse** nf sandblaster.

sablier [sablije] nm hourglass.

sablière [sablijɛʀ] nf **1.** [carrière] sand quarry **2.** [poutre] stringer.

sablonneux, euse [sablɔnø, øz] adj sandy.

saborder [3] [sabɔʀde] vt [navire] to scuttle ; *fig* [entreprise] to wind up ; *fig* [projet] to scupper UK. ◆ **se saborder** vp **1.** [navire] to be scuttled **2.** *fig* [entreprise] to wind up.

sabot [sabo] nm **1.** [chaussure] clog **2.** [de cheval] hoof **3.** AUTO ▸ **sabot de Denver** wheel clamp, Denver boot ▸ **sabot de frein** brake shoe.

sabotage [sabɔtaʒ] nm **1.** [volontaire] sabotage **2.** [bâclage] bungling.

saboter [3] [sabɔte] vt **1.** [volontairement] to sabotage **2.** [bâcler] to bungle.

saboteur, euse [sabɔtœʀ, øz] nm, f MIL & POL saboteur.

sabre [sabʀ] nm sabre UK, saber US.

sabrer [3] [sabʀe] vt **1.** *vieilli* [avec sabre] to cut down **2.** *fam* [biffer] to slash **3.** *fam* [critiquer] to slam **4.** *fam* [candidat] to fail.

sac [sak] nm **1.** [gén] bag ; [pour grains] sack ; [contenu] bag, bagful, sack, sackful ▸ **sac de couchage** sleeping bag ▸ **sac à dos** rucksack ▸ **sac gonflable** AUTO Airbag® ▸ **sac à main** handbag ▸ **sac en papier** paper bag ▸ **sac de plage** beach bag ▸ **sac (en) plastique a)** [petit] plastic bag **b)** [solide et grand] plastic carrier (bag) UK, large plastic bag US ▸ **sac poubelle a)** bin liner UK, garbage can liner US **b)** [noir] black bag ▸ **sac à provisions** shopping bag ▸ **sac de voyage** overnight ou travelling UK ou traveling US bag **2.** *litt* [pillage] sack ▸ **mettre à sac a)** [ville] to sack **b)** [maison] to ransack **3.** / *méfie-toi, c'est un sac de nœuds, leur affaire fam* be careful, that business of theirs is a real hornets' nest EXPR **sac à puces** *fam* [chien] fleabag ▸ **ça y est, l'affaire est** ou **c'est dans le sac !** *fam* it's as good as done!, it's in the bag! / *ils sont tous à mettre dans le même sac fam* they're all as bad as each other.

saccade [sakad] nf jerk.

saccadé, e [sakade] adj jerky.

saccage [sakaʒ] nm havoc.

saccager [17] [sakaʒe] vt **1.** [piller] to sack **2.** [dévaster] to destroy.

saccharine [sakaʀin] nf saccharin.

SACEM, Sacem [sasɛm] (*abr de* **Société des auteurs, compositeurs et éditeurs de musique**) nf *society that safeguards the rights of French music authors, composers and publishers.*

sacerdoce [sasɛʀdɔs] nm priesthood ; *fig* vocation.

sacerdotal, e, aux [sasɛʀdɔtal, o] adj priestly.

sachant p prés ⟶ **savoir.**

sache, saches ⟶ **savoir.**

sachet [saʃɛ] nm [de bonbons] bag ; [de shampooing] sachet ▸ **sachet de thé** teabag ▸ **soupe en sachet** packet soup UK, package soup US.

sacoche [sakɔʃ] nf **1.** [de médecin, d'écolier] bag **2.** [de cycliste] pannier.

sac-poubelle [sakpubɛl] (*pl* **sacs-poubelle**) nm [petit] dustbin UK ou garbage can US liner ; [grand] rubbish bag UK, garbage bag US.

sacquer [3], **saquer** [3] [sake] vt *fam* **1.** [renvoyer] to sack UK, to fire **2.** [élève] to mark strictly ou harshly **3.** EXPR **je ne peux pas le sacquer** I can't stand ou stomach him.

sacraliser [3] [sakʀalize] vt to hold as sacred.

sacre [sakʀ] nm **1.** [de roi] coronation ; [d'évêque] consecration **2.** QUÉBEC swearword.

sacré, e [sakʀe] adj **1.** [gén] sacred **2.** RELIG [ordres, écritures] holy **3.** *(avant n) fam* [maudit] bloody UK *(avant n)*, goddam US *(avant n)* **4.** *(avant n) fam* [considérable] ▸ **un sacré...** a hell of a....

Sacré-Cœur [sakʀekœʀ] npr m **1.** [édifice] ▸ **le Sacré-Cœur, la basilique du Sacré-Cœur** Sacré-Cœur *(one of the landmarks of Paris, the church situated on the butte Montmartre)* **2.** [fête] ▸ **le Sacré-Cœur, la fête du Sacré-Cœur** the (Feast of the) Sacred Heart.

sacrement [sakʀəmɑ̃] nm sacrament ▸ **les derniers sacrements** the last rites.

sacrément [sakʀemɑ̃] adv *fam* dashed.

sacrer [3] [sakʀe] vt **1.** [roi] to crown ; [évêque] to consecrate **2.** *fig* [déclarer] to hail **3.** QUÉBEC to swear.

sacrifice [sakʀifis] nm sacrifice ▸ **faire un sacrifice / des sacrifices** *fig* to make a sacrifice / sacrifices.

sacrifié, e [sakʀifje] adj **1.** [personne] sacrificed **2.** [prix] giveaway *(avant n)*.

sacrifier [9] [sakʀifje] ❖ vt [gén] to sacrifice ▸ **sacrifier qqch pour qqn / qqch** to sacrifice sthg for sb / sthg ▸ **sacrifier qqch pour faire qqch** to sacrifice sthg to do sthg ▸ **sacrifier qqn / qqch à** to sacrifice sb / sthg to. ❖ vi *litt* [se conformer] ▸ **sacrifier à** to conform to. ◆ **se sacrifier** vp ▸ **se sacrifier à / pour** to sacrifice o.s. to / for.

sacrilège [sakʀilɛʒ] ❖ nm sacrilege. ❖ nmf sacrilegious person. ❖ adj sacrilegious.

sacristain [sakʀistɛ̃] nm sacristan.

sacristie [sakʀisti] nf sacristy.

sacro-saint, e [sakʀɔsɛ̃, ɛ̃t] adj *fam* & *hum* sacrosanct.

sadique [sadik] ❖ nmf sadist. ❖ adj sadistic.

sadisme [sadism] nm sadism.

sadomaso [sadɔmazo] *fam* ❖ adj sadomasochistic. ❖ nmf sadomasochist.

sadomasochisme [sadɔmazɔʃism] nm sadomasochism.

sadomasochiste [sadɔmazɔʃist] ❖ nmf sadomasochist. ❖ adj sadomasochistic.

safari [safaʀi] nm safari ▸ **safari-photo** photographic safari.

SAFER, Safer [safɛʀ] (*abr de* **Société d'aménagement foncier et d'établissement rural**) nf *agency entitled to buy land and earmark it for agricultural use.*

safran [safʀɑ̃] ❖ nm **1.** [épice] saffron **2.** NAUT rudder blade. ❖ adj inv [couleur] saffron.

saga [saga] nf saga.

sagace [sagas] adj sagacious.

sagacité [sagasite] nf sagacity.

sagaie [sagɛ] nf assegai.

sage [saʒ] ❖ adj **1.** [personne, conseil] wise, sensible **2.** [enfant, chien] good **3.** [goûts] modest ; [propos, vêtement] sober. ❖ nm wise man, sage.

sage-femme [saʒfam] (*pl* **sages-femmes**) nf midwife.

sagement [saʒmɑ̃] adv **1.** [avec bon sens] wisely, sensibly **2.** [docilement] like a good girl / boy.

sagesse [saʒɛs] nf **1.** [bon sens] wisdom, good sense **2.** [docilité] good behaviour UK OU behavior US.

Sagittaire [saʒitɛʀ] nm ASTROL Sagittarius ▸ **être (un) Sagittaire** to be (a) Sagittarius.

sagouin, e [sagwɛ̃, in] nm, f *fam* slob. ◆ **sagouin** nm ZOOL squirrel monkey.

Sahara [saaʀa] nm : *le Sahara* the Sahara / *au Sahara* in the Sahara / *le Sahara occidental* the Western Sahara.

saharien, enne [saaʀjɛ̃, ɛn] adj Saharan. ◆ **saharienne** nf safari jacket. ◆ **Saharien, enne** nm, f Saharan.

Sahel [saɛl] npr ▸ **le Sahel** the Sahel.

saignant, e [sɛɲɑ̃, ɑ̃t] adj **1.** [blessure] bleeding **2.** [viande] rare, underdone **3.** *fam* & *fig* [critique] hurtful.

saignée [seɲe] nf **1.** *vieilli* MÉD bloodletting, bleeding **2.** [pli du bras] crook of the arm **3.** [sillon - dans un sol] ditch ; [- dans un mur] groove.

saignement [sɛɲmɑ̃] nm bleeding.

saigner [4] [seɲe] ❖ vt **1.** [malade, animal] to bleed **2.** [financièrement] ▸ **saigner qqn (à blanc)** to bleed sb (white). ❖ vi to bleed / *je saigne du nez* my nose is bleeding, I've got a nosebleed. ◆ **se saigner** vp ▸ **se saigner pour qqn** *fig* to bleed o.s. white for sb.

saillant, e [sajɑ̃, ɑ̃t] adj **1.** [proéminent] projecting, protruding ; [muscles] bulging ; [pommettes] prominent **2.** *fig* [événement] salient, outstanding.

sailli, e [saji] pp ⟶ **saillir**[1], **saillir**[2]

saillie [saji] nf **1.** [avancée] projection ▸ **en saillie** projecting **2.** ZOOL covering.

saillir[1] [50] [sajiʀ] vi [balcon] to project, to protrude ; [muscles] to bulge.

saillir[2] [32] [sajiʀ] vt ZOOL to cover.

sain, e [sɛ̃, sɛn] adj **1.** [gén] healthy ▸ **sain et sauf** safe and sound **2.** [lecture] wholesome **3.** [fruit] fit to eat ; [mur, gestion] sound.

saindoux [sɛ̃du] nm lard.

sainement [sɛnmɑ̃] adv **1.** [vivre] healthily **2.** [raisonner] soundly.

saint, e [sɛ̃, sɛ̃t] ❖ adj **1.** [sacré] holy ▸ **le Saint-Esprit** the Holy Spirit ▸ **leur saint patron** their patron saint ▸ **le saint suaire (de Turin)** the Turin Shroud **2.** [pieux] saintly / *sa mère était une sainte femme* his mother was a real saint **3.** [extrême] ▸ **avoir une sainte horreur de qqch** *fam* to detest sthg. ❖ nm, f saint ▸ **le saint des saints** *fig* the holy of holies ▸ **je ne sais (plus) à quel saint me vouer** I don't know which way to turn (any more).

saint-bernard [sɛ̃bɛʀnaʀ] nm inv **1.** [chien] St Bernard **2.** *fig* [personne] good Samaritan.

Sainte-Catherine [sɛ̃tkatʀin] npr ▸ **coiffer Sainte-Catherine** *to be 25 and still unmarried on Saint Catherine's Day (25th November).*

Sainte-Chapelle [sɛ̃tʃapɛl] npr f : *la Sainte-Chapelle* *thirteenth-century church within the Palais de Justice on the île de la Cité.*

saintement [sɛ̃tmɑ̃] adv ▸ **vivre saintement** to lead a saintly life.

saint-émilion [sɛ̃temiljɔ̃] nm inv *red wine from the Bordeaux region.*

sainte-nitouche [sɛ̃tnituʃ] (*pl* **saintes-nitouches**) nf *péj* : *c'est une sainte-nitouche* butter wouldn't melt in her mouth.

sainteté [sɛ̃tte] nf holiness. ◆ **Sainteté** nf ▸ **Sa Sainteté** His Holiness.

Saint-Germain-des-Prés [sɛ̃ʒɛʀmɛ̃depʀe] npr Saint-Germain-des-Prés *(area of Paris).*

saint-glinglin [sɛ̃glɛ̃glɛ̃] ◆ **à la saint-glinglin** loc adv *fam* till Doomsday.

Saint-Guy [sɛ̃gi] npr ▸ **danse de Saint-Guy** Saint Vitus's dance.

saint-honoré [sɛ̃tɔnɔʀe] nm inv *choux pastry ring filled with confectioner's custard.*

Saint-Marin [sɛ̃maʀɛ̃] npr San Marino / *à Saint-Marin* in San Marino.

saint-marinais, e [sɛ̃maʀinɛ, ɛz] adj of/from San Marino. ◆ **Saint-Marinais, e** nm, f native ou inhabitant of San Marino.

saint-père [sɛ̃pɛʀ] (*pl* **saints-pères**) nm Holy Father.

Saint-Pétersbourg [sɛ̃petɛʀsbuʀ] npr Saint Petersburg.

saint-pierre [sɛ̃pjɛʀ] nm inv [poisson] John Dory.

Saint-Pierre [sɛ̃pjɛʀ] npr : *la basilique Saint-Pierre* Saint Peter's Basilica.

Saint-Siège [sɛ̃sjɛʒ] nm inv ▸ **le Saint-Siège** the Holy See.

Saint-Sylvestre [sɛ̃silvɛstʀ] npr f ▸ **la Saint-Sylvestre** *New Year's Eve* ▸ **le réveillon de la Saint-Sylvestre** *traditional French New Year's Eve celebration.*

sais, sait ⟶ **savoir**.

saisie [sezi] nf **1.** [fiscalité & DR] distraint, seizure **2.** INFORM input ▸ **erreur de saisie** input error ▸ **saisie de données** data capture.

saisir [32] [seziʀ] vt **1.** [empoigner] to take hold of ; [avec force] to seize ▸ **saisir qqn à la gorge** to seize ou grab sb by the throat **2.** FIN & DR to seize, to distrain **3.** INFORM to capture **4.** [comprendre] to grasp **5.** [suj : sensation, émotion] to grip, to seize **6.** [surprendre] ▸ **être saisi par** to be struck by **7.** CULIN to seal **8.** / *'à saisir'* [achat] 'a real bargain'. ◆ **se saisir** vp ▸ **se saisir de qqn / qqch** to seize sb / sthg, to grab sb / sthg.

saisissant, e [sezisɑ̃, ɑ̃t] adj **1.** [spectacle] gripping ; [ressemblance] striking **2.** [froid] biting.

saisissement [sezismɑ̃] nm [émotion] emotion.

saison [sɛzɔ̃] nf season ▸ **la belle saison** the summer months *pl* ▸ **c'est la bonne / mauvaise saison pour** it's the right / wrong time of year for / *ce n'est pas un temps de saison* this weather's unusual for the time of the year ▸ **la saison des amours** the mating season ▸ **la saison des pluies** the rainy season, the rains / *la saison touristique* the tourist season ▸ **en / hors saison** in / out of season / *en pleine saison* at the height of the season ▸ **la haute / basse / morte saison** the high / low / off season / *en cette saison* at this time of (the) year / *en toutes saisons* all year round.

saisonnalité [sɛzɔnalite] nf seasonal nature.

saisonnier, ère [sɛzɔnje, ɛʀ] ❖ adj seasonal. ❖ nm, f seasonal worker.

saké [sake] nm sake.

salace [salas] adj salacious.

salade [salad] nf **1.** [plante] lettuce **2.** [plat] (green) salad ▸ **salade composée** mixed salad ▸ **salade de fruits** fruit salad **3.** *fam* & *fig* [méli-mélo] mess **4.** *fam* & *fig* [baratin] story ▸ **raconter des salades** to tell stories ▸ **vendre sa salade** to lay it on thick.

saladerie [saladʀi] nf salad bar.

saladier [saladje] nm salad bowl.

salaire [salɛʀ] nm **1.** [rémunération] salary, wage ▸ **salaire brut / net / de base** gross / net / basic salary, gross / net / basic wage ▸ **salaire de départ** starting salary ▸ **salaire lié aux bénéfices** profit-related pay **2.** *fig* [récompense] reward.

salaison [salɛzɔ̃] nf **1.** [procédé] salting **2.** [aliment] salted food.

salamalecs [salamalɛk] nmpl *fam* & *péj* bowing and scraping *(U).*

salamandre [salamɑ̃dʀ] nf [animal] salamander.

salami [salami] nm salami.

salant [salɑ̃] ⟶ **marais**.

salarial, e, aux [salaʀjal, o] adj wage *(avant n).*

salariat [salaʀja] nm **1.** [système] paid employment **2.** [salariés] wage-earners *pl*.

salarié, e [salaʀje] ❖ adj **1.** [personne] wage-earning **2.** [travail] paid. ❖ nm, f salaried employee.

salaud [salo] *injur* ❖ nm *vulg* bastard. ❖ adj m *tfam* shitty.

sale [sal] adj **1.** [linge, mains] dirty ; [couleur] dirty, dingy **2.** *(avant n) fam* [type, gueule, coup] nasty ; [tour, histoire] dirty ; [bête, temps] filthy.

salé, e [sale] adj **1.** [eau, saveur] salty ; [beurre] salted ; [viande, poisson] salt *(avant n)*, salted **2.** *fig* [histoire] spicy **3.** *fam* & *fig* [addition, facture] steep. ◆ **salé** nm **1.** [aliment salé] savoury UK ou savory US food **2.** [porc] salt pork.

salement [salmɑ̃] adv **1.** [malproprement] dirtily, disgustingly **2.** *fam* [très] bloody UK, damn.

saler [3] [sale] vt **1.** [gén] to salt **2.** *fam* & *fig* [note] to bump up.

saleté [salte] nf **1.** [malpropreté] dirtiness, filthiness / *les rues sont d'une saleté incroyable* the streets are incredibly dirty ou filthy **2.** [crasse] dirt *(U)*, filth *(U)* ▸ **faire des saletés** to make a mess / *tu as une saleté sur ta veste* you've got some dirt on your jacket **3.** *fam* [pacotille] junk *(U)*, rubbish *(U)* / *c'est de la saleté* it's rubbish **4.** *fam* [maladie] bug / *j'ai attrapé cette saleté à la piscine* I caught this blasted thing at the swimming pool **5.** [obscénité] dirty thing, obscenity ▸ **il m'a dit des saletés** he used obscenities to me **6.** [action] disgusting thing ▸ **faire une saleté à qqn** to play a dirty trick on sb **7.** [calomnie] (piece of) dirt / *tu as encore raconté des saletés sur mon compte* you've been spreading filthy rumours about me again **8.** *tfam* & *péj* [personne] nasty piece of work UK.

salière [saljɛʀ] nf saltcellar, saltshaker US ▸ **salière-poivrière** cruet.

salin, e [salɛ̃, in] adj saline ; [eau] salt *(avant n)*.

salir [32] [saliʀ] vt **1.** [linge, mains] to (make) dirty, to soil **2.** *fig* [réputation, personne] to sully. ◆ **se salir** vp to get dirty.

salissant, e [salisɑ̃, ɑ̃t] adj **1.** [tissu] easily soiled **2.** [travail] dirty, messy.

salissure [salisyʀ] nf stain.

salivaire [salivɛʀ] adj salivary.

salive [saliv] nf saliva ▸ **dépenser beaucoup de salive** *fig* to talk nineteen to the dozen UK ▸ **perdre sa salive** *fig* to waste one's breath.

saliver [3] [salive] vi to salivate.

salle [sal] nf **1.** [pièce] room ▸ **en salle** [au café **a)** [à l'intérieur] inside **b)** [assis] at the table ▸ **salle d'attente** waiting room ▸ **salle de bains** bathroom ▸ **salle de cinéma** cinema UK, movie theater US ▸ **salle de classe** classroom ▸ **salle d'eau, salle de douches** shower room ▸ **salle d'embarquement** departure lounge ▸ **salle des machines** engine room ▸ **salle à manger** dining room ▸ **salle non-fumeurs** ≃ no smoking area ▸ **salle d'opération** operating theatre UK OU room US ▸ **salle de séjour** living room ▸ **salle de spectacle** theatre UK, theater US ▸ **salle des ventes** saleroom UK, salesroom US **2.** [de spectacle] auditorium **3.** [public] audience, house ▸ **jouer devant une salle pleine** to play to a full house ▸ **faire salle comble** to have a full house.

salmigondis [salmigɔ̃di] nm *fam* hotchpotch UK, hodgepodge US.

salmis [salmi] nm *half-roasted game or poultry finished in wine sauce.*

salmonellose [salmɔneloz] nf salmonella poisoning.

salon [salɔ̃] nm **1.** [de maison] lounge UK, living room / *salon en cuir* leather suite ▸ **salon de jardin** garden set **2.** [commerce] ▸ **salon de coiffure** hairdressing salon, hairdresser's ▸ **salon d'essayage** fitting room, changing room ▸ **salon de thé** tearoom **3.** [foire-exposition] show / *Salon de l'automobile* Motor UK OU Car OU Automobile US Show / *Salon du livre annual book fair in Paris.*

salopard [salɔpaʀ] nm *tfam* bastard.

salope [salɔp] nf *vulg* & *injur* bitch.

saloper [3] [salɔpe] vt *fam* to mess up, to make a mess of.

saloperie [salɔpʀi] nf *fam* **1.** [pacotille] rubbish *(U)* **2.** [maladie] bug **3.** [saleté] junk *(U)*, rubbish *(U)* ▸ **faire des saloperies** to make a mess **4.** [action] dirty trick ▸ **faire des saloperies à qqn** to play dirty tricks on sb **5.** [propos] dirty comment.

salopette [salɔpɛt] nf [d'ouvrier] overalls *pl* ; [à bretelles] dungarees *pl* UK, overalls US.

salpêtre [salpɛtʀ] nm saltpetre UK, saltpeter US.

salsa [salsa] nf salsa.

salsifis [salsifi] nm salsify.

saltimbanque [saltɛ̃bɑ̃k] nmf acrobat.

salto [salto] nm SPORT somersault, flip ▸ **salto avant / arrière** forward/backward somersault.

salubre [salybʀ] adj healthy.

salubrité [salybʀite] nf healthiness ▸ **la salubrité publique** public health.

saluer [7] [salɥe] vt **1.** [accueillir] to greet **2.** [dire au revoir à] to take one's leave of **3.** MIL to salute. ◆ **se saluer** vp to say hello/goodbye (to one another).

salut [saly] ◈ nm **1.** [de la main] wave ; [de la tête] nod ; [propos] greeting **2.** MIL salute **3.** [d'acteur] bow **4.** [sauvegarde] safety **5.** RELIG salvation. ◈ interj *fam* [bonjour] hi! ; [au revoir] bye!, see you!

salutaire [salytɛʀ] adj **1.** [conseil, expérience] salutary **2.** [remède, repos] beneficial.

salutation [salytasjɔ̃] nf *litt* salutation, greeting. ◆ **salutations** nfpl ▸ **veuillez agréer, Monsieur, mes salutations distinguées** OU **mes sincères salutations** *sout* yours faithfully UK, yours sincerely.

salutiste [salytist] nmf & adj Salvationist.

Salvador [salvadɔʀ] nm : *le Salvador* El Salvador / *au Salvador* in El Salvador.

salvadorien, enne [salvadɔʀjɛ̃, ɛn] adj Salvadorian. ◆ **Salvadorien, enne** nm, f Salvadorian.

salve [salv] nf salvo.

Salzbourg [salzbuʀ] npr Salzburg.

samaritain, e [samaʀitɛ̃, ɛn] ◈ adj Samaritan. ◈ nm, f SUISSE first-aid worker.

samba [sɑ̃ba] nf samba.

samedi [samdi] nm Saturday / *nous sommes partis samedi* we left on Saturday / *samedi 13 septembre* Saturday 13th September UK, Saturday September 13th US ▸ **samedi dernier / prochain** last/next Saturday ▸ **samedi matin / midi / après-midi / soir** Saturday morning/lunchtime/afternoon/evening ▸ **de / du samedi** Saturday *(avant n)* ▸ **le samedi d'avant** the Saturday before ▸ **le samedi** on Saturdays ▸ **samedi en huit** a week on Saturday UK, Saturday week UK, a week from Saturday US ▸ **samedi en quinze** two weeks on UK OU from US Saturday ▸ **un samedi sur deux** every other Saturday ▸ **nous sommes** OU **c'est samedi** it's Saturday (today) ▸ **tous les samedis** every Saturday.

Samoa [samɔa] npr Samoa.

samouraï [samuʀaj] nm samurai.

samovar [samɔvaʀ] nm samovar.

SAMU, Samu [samy] (*abr de* **service d'aide médicale d'urgence**) nm **1.** MÉD *French ambulance and emergency service* ; ≃ Ambulance Brigade UK ; ≃ Paramedics US **2.** [aide sociale] : *le SAMU social a municipal service that deals with the homeless and assists persons in need.*

sanatorium [sanatɔʀjɔm] nm sanatorium.

sanctifier [9] [sɑ̃ktifje] vt **1.** [rendre saint] to sanctify **2.** [révérer] to hallow.

sanction [sɑ̃ksjɔ̃] nf sanction ; *fig* [conséquence] penalty, price ▸ **prendre des sanctions contre** to impose sanctions on.

sanctionner [3] [sɑ̃ksjɔne] vt to sanction.

sanctuaire [sɑ̃ktɥɛʀ] nm **1.** [d'église] sanctuary **2.** [lieu saint] shrine **3.** *sout* [asile] sanctuary / *un sanctuaire pour les oiseaux* a favorite haunt for birds.

sanctuariser [sɑ̃ktɥaʀize] vt to preserve.

sandale [sɑ̃dal] nf sandal.

sandalette [sɑ̃dalɛt] nf sandal.

Sandow® [sɑ̃do] nm **1.** [attache] elastic cable *(for securing luggage, etc.)* **2.** AÉRON catapult.

sandwich [sɑ̃dwitʃ] (*pl* **sandwiches** *ou* **sandwichs**) nm sandwich ▸ **être pris en sandwich entre** *fam* to be sandwiched between.

sandwicherie [sɑ̃dwitʃʀi] nf sandwich shop ; [avec possibilité de manger sur place] sandwich bar.

sang [sɑ̃] nm blood ▸ **en sang** bleeding ▸ **dans le sang** *fig* in the blood ▸ **se faire du mauvais sang** ou **un sang d'encre** *fam* & *fig* to get really worried ou upset ▸ **suer sang et eau** *fam* & *fig* to sweat blood.

sang-froid [sɑ̃fʀwa] nm inv calm ▸ **de sang-froid** in cold blood ▸ **perdre / garder son sang-froid** to lose / to keep one's head.

sanglant, e [sɑ̃glɑ̃, ɑ̃t] adj bloody ; *fig* cruel.

sangle [sɑ̃gl] nf strap ; [de selle] girth. ◆ **sangles** nfpl webbing *(U)*.

sangler [3] [sɑ̃gle] vt [attacher] to strap ; [cheval] to girth.

sanglier [sɑ̃glije] nm boar.

sanglot [sɑ̃glo] nm sob ▸ **éclater en sanglots** to burst into sobs.

sangloter [3] [sɑ̃glɔte] vi to sob.

sangria [sɑ̃gʀija] nf sangria.

sangsue [sɑ̃sy] nf leech ; *fig* [personne] bloodsucker.

sanguin, e [sɑ̃gɛ̃, in] adj **1.** ANAT blood *(avant n)* **2.** [rouge - visage] ruddy ; [- orange] blood *(avant n)* **3.** [emporté] quick-tempered. ◆ **sanguine** nf **1.** [dessin] red chalk drawing **2.** [fruit] blood orange.

sanguinaire [sɑ̃ginɛʀ] adj **1.** [tyran] bloodthirsty **2.** [lutte] bloody.

sanguinolent, e [sɑ̃ginɔlɑ̃, ɑ̃t] adj stained with blood.

Sanibroyeur® [sanibʀwajœʀ] nm Saniflo® *(toilet with macerator unit)*.

Sanisette® [sanizɛt] nf ≃ superloo UK ; *automatic public toilet.*

sanitaire [sanitɛʀ] ❖ nm bathroom fittings and plumbing. ❖ adj **1.** [service, mesure] health *(avant n)* **2.** [installation, appareil] bathroom *(avant n)*. ◆ **sanitaires** nmpl toilets and showers.

sans [sɑ̃] ❖ prép without / *sans argent* without any money ▸ **sans faire un effort** without making an effort. ❖ adv : *passe-moi mon manteau, je ne veux pas sortir sans* pass me my coat, I don't want to go out without it. ◆ **sans que** loc conj *(+ subjonctif)* : *sans que vous le sachiez* without your knowing.

sans-abri [sɑ̃zabʀi] nmf homeless person.

San Salvador [sɑ̃salvadɔʀ] npr San Salvador.

sanscrit [sɑ̃skʀi] nm Sanskrit.

sans-emploi [sɑ̃zɑ̃plwa] nmf inv unemployed person.

sans-gêne [sɑ̃ʒɛn] ❖ nm inv [qualité] rudeness, lack of consideration. ❖ nmf inv [personne] rude ou inconsiderate person. ❖ adj inv rude, inconsiderate.

sans-le-sou [sɑ̃lsu] nmf inv *fam* person who is broke ou hard up.

sans-logis [sɑ̃lɔʒi] nmf homeless person.

sansonnet [sɑ̃sɔnɛ] nm starling.

sans-papiers [sɑ̃papje] nmf *immigrant without proper identity or working papers.*

sans-plomb [sɑ̃plɔ̃] nm inv unleaded, unleaded petrol UK ou gas US, lead-free petrol UK ou gas US.

santal [sɑ̃tal] nm sandalwood.

santé [sɑ̃te] nf health / *recouvrer la santé* to get one's health back ▸ **santé de fer** strong ou iron constitution ▸ **à ta / votre santé !** cheers!, good health! ▸ **boire à la santé de qqn** to drink sb's health, to toast sb.

santiag [sɑ̃tjag] nf cowboy boot.

Santiago [sɑ̃tjago] npr Santiago.

santon [sɑ̃tɔ̃] nm *figure placed in Christmas crib.*

São Paulo [saopolo] npr **1.** [ville] São Paulo **2.** [État] : *l'État de São Paulo* São Paulo (State).

saoudien, enne [saudjɛ̃, ɛn] adj Saudi (Arabian). ◆ **Saoudien, enne** nm, f Saudi (Arabian).

saoul = **soûl**.

saouler = **soûler**.

sape [sap] nf **1.** [travaux publics & MIL] sapping ; [tranchée] sap **2.** *fig* ▸ **travail de sape** (insidious) undermining / *par un patient travail de sape, ils ont fini par avoir raison de lui* they chipped away at him until he gave in **3.** *(gén pl) fam* [vêtement] rig-out UK, gear.

saper [3] [sape] vt to undermine. ◆ **se saper** vp *fam* to dress o.s. up.

sapeur [sapœʀ] nm sapper.

sapeur-pompier [sapœʀpɔ̃pje] (*pl* **sapeurs-pompiers**) nm fireman, firefighter.

saphir [safiʀ] nm sapphire.

sapidité [sapidite] nf sapidity.

sapin [sapɛ̃] nm **1.** [arbre] fir, firtree ▸ **sapin de Noël** Christmas tree **2.** [bois] fir, deal UK.

sapinière [sapinjɛʀ] nf fir forest.

sapristi [sapʀisti] interj *fam* goodness me!, my goodness!

saquer = sacquer.

SAR (*abr écrite de* Son Altesse Royale) HRH.

sarabande [saʀabɑ̃d] nf **1.** [danse] saraband **2.** *fam* [vacarme] din, racket.

Sarajevo [saʀajɛvo] npr Sarajevo.

sarbacane [saʀbakan] nf [arme] blowpipe, blowgun ; [jouet] peashooter.

sarcasme [saʀkasm] nm sarcasm.

sarcastique [saʀkastik] adj sarcastic.

sarcler [3] [saʀkle] vt to weed.

sarcloir [saʀklwaʀ] nm hoe.

sarcophage [saʀkɔfaʒ] nm sarcophagus.

Sardaigne [saʀdɛɲ] nf : *la Sardaigne* Sardinia.

sarde [saʀd] adj Sardinian. ◆ **Sarde** nmf Sardinian.

sardine [saʀdin] nf **1.** [gén] sardine ▸ **sardines à l'huile** sardines in oil ▸ **être serrés comme des sardines** *fam & fig* to be packed in like sardines.

sardinerie [saʀdinʀi] nf sardine cannery.

sardonique [saʀdɔnik] adj sardonic.

sari [saʀi] nm sari, saree.

SARL, Sarl (*abr de* **société à responsabilité limitée**) nf limited liability company UK / *Leduc, SARL* ≃ Leduc Ltd UK ; ≃ Leduc Inc US.

sarment [saʀmɑ̃] nm **1.** [de vigne] shoot **2.** [tige] stem.

sarrasin, e [saʀazɛ̃, in] adj Saracen. ◆ **sarrasin** nm buckwheat. ◆ **Sarrasin, e** nm, f Saracen.

sarrau [saʀo] nm smock.

sarriette [saʀjɛt] nf savory.

sas [sas] nm **1.** AÉRON & NAUT airlock **2.** [d'écluse] lock **3.** [tamis] sieve.

SAS (*abr écrite de* Son Altesse Sérénissime) HSH.

sashimi [saʃimi] nm CULIN sashimi.

satané, e [satane] adj *(avant n) fam* damned.

satanique [satanik] adj satanic.

satellisation [satelizasjɔ̃] nf **1.** [de fusée] putting into orbit **2.** [de pays] becoming a satellite.

satelliser [3] [satelize] vt **1.** [fusée] to put into orbit **2.** [pays] to make a satellite.

satellite [satelit] ❖ nm satellite ▸ **satellite artificiel / météorologique / de télécommunications** artificial / meteorological / communications satellite ▸ **par satellite** by satellite ▸ **satellite-relais** telecommunications satellite. ❖ adj satellite *(avant n)*.

satiété [sasjete] nf ▸ **à satiété** a) [boire, manger] one's fill b) [répéter] ad nauseam.

satin [satɛ̃] nm satin.

satiné, e [satine] adj satin *(avant n)* ; [peau] satiny-smooth. ◆ **satiné** nm satin-like quality.

satinette [satinɛt] nf **1.** [coton et soie] satinet **2.** [coton seul] sateen.

satire [satiʀ] nf satire.

satirique [satiʀik] adj satirical.

satisfaction [satisfaksjɔ̃] nf satisfaction / *donner (entière) satisfaction à qqn* a) [personne] to give sb (complete) satisfaction b) [travail] to fulfil UK ou to fulfill US sb completely, to give sb a lot of (job) satisfaction / *éprouver de la satisfaction / une grande satisfaction à faire qqch* to feel satisfaction / great satisfaction in doing sthg / *le problème fut résolu à la satisfaction générale* the problem was solved to everybody's satisfaction / *mon fils m'apporte de nombreuses satisfactions* my son is a great satisfaction to me.

satisfaire [109] [satisfɛʀ] vt to satisfy ▸ **satisfaire à** a) [condition, revendication] to meet, to satisfy b) [engagement] to fulfil UK, to fulfill US. ◆ **se satisfaire** vp ▸ **se satisfaire de** to be satisfied with.

satisfaisait, satisfaisions ⟶ satisfaire.

satisfaisant, e [satisfəzɑ̃, ɑ̃t] adj **1.** [travail] satisfactory **2.** [expérience] satisfying.

> **satisfactory** ou **satisfying ?**
>
> **Satisfactory** signifie « convenable », « qui donne satisfaction », tandis que **satisfying** se réfère à « ce qui contente, fait plaisir ».

satisfait, e [satisfɛ, ɛt] ❖ pp ⟶ **satisfaire.** ❖ adj satisfied ▸ **être satisfait de** to be satisfied with ▸ **'satisfait ou remboursé'** 'satisfaction guaranteed or your money back'.

satisfasse, satisfasses ⟶ satisfaire.

saturation [satyʀasjɔ̃] nf saturation.

saturé, e [satyʀe] adj ▸ **saturé (de)** saturated (with).

saturer [3] [satyʀe] vt ▸ **saturer qqch (de)** to saturate sthg (with).

Saturne [satyʀn] npr ASTRON Saturn.

saturnisme [satyʀnism] nm (chronic) lead poisoning, saturnism *(terme spécialisé)*.

satyre [satiʀ] nm satyr ; *fig* sex maniac.

sauce [sos] nf **1.** CULIN sauce ▸ **en sauce** in a sauce ▸ **sauce hollandaise** hollandaise sauce ▸ **sauce tomate / blanche / piquante** tomato / white / spicy sauce **2.** *fam & fig* [accompagnement] presentation ▸ **mettre qqn à toutes les sauces** to use sb as a dogsbody UK.

saucée [sose] nf *fam* downpour / *prendre* ou *recevoir la saucée* to get drenched ou soaked (to the skin) / *il va y avoir une saucée* it's going to bucket down.

saucer [16] [sose] vt **1.** [assiette] to wipe **2.** *fam* [personne] ▸ **se faire saucer** to get soaked.

saucette [sosɛt] QUÉBEC *fam* nf **1.** [petite baignade] quick dip **2.** [courte visite] short visit.

saucière [sosjɛʀ] nf sauceboat.

saucisse [sosis] nf **1.** CULIN sausage ▸ **saucisse de Francfort** frankfurter ▸ **saucisse sèche** dried sausage **2.** *fam* & *vieilli* AÉRON barrage balloon.

saucisson [sosisɔ̃] nm slicing sausage.

saucissonner [3] [sosisɔne] ❖ vi *fam* to have a picnic. ❖ vt **1.** [colis] to truss up **2.** [baguette] to slice up.

sauf¹, sauve [sof, sov] adj [personne] safe, unharmed; *fig* [honneur] saved, intact.

sauf² [sof] prép **1.** [à l'exclusion de] except, apart from **2.** [sous réserve de] barring ▸ **sauf que** except (that).

sauf-conduit [sofkɔ̃dɥi] (*pl* **sauf-conduits**) nm safe-conduct.

sauge [soʒ] nf **1.** CULIN sage **2.** [plante ornementale] salvia.

saugrenu, e [sogʀəny] adj ridiculous, nonsensical.

saule [sol] nm willow ▸ **saule pleureur** weeping willow.

saumâtre [somatʀ] adj **1.** [eau] brackish **2.** *fig* [plaisanterie] distasteful.

saumon [somɔ̃] ❖ nm salmon / *saumon fumé* CULIN smoked salmon UK, lox US. ❖ adj inv salmon pink.

saumoné, e [somɔne] adj salmon *(avant n)*.

saumure [somyʀ] nf brine.

sauna [sona] nm sauna.

saupoudrer [3] [sopudʀe] vt ▸ **saupoudrer qqch de** to sprinkle sthg with.

saupoudreuse [sopudʀøz] nf dredger.

saur [sɔʀ] ⟶ **hareng**.

saurai, sauras ⟶ **savoir**.

saurien [sɔʀjɛ̃] nm saurian.

saut [so] nm **1.** [bond] leap, jump ▸ **au saut du lit** a) [en se levant] on ou upon getting up b) [tôt] first thing in the morning **2.** SPORT ▸ **saut de l'ange** swallow UK ou swan US dive ▸ **saut à la corde** skipping ▸ **saut de haies** hurdling ▸ **saut en hauteur** high jump ▸ **saut en longueur** long jump, broad jump US ▸ **saut à l'élastique** bungee-jumping ▸ **faire du saut à l'élastique** to go bungee-jumping ▸ **saut en parachute** a) [discipline] parachuting, skydiving b) [épreuve] parachute jump ▸ **saut à la perche** a) [discipline] pole vaulting b) [épreuve] pole vault ▸ **saut périlleux** somersault **3.** *fam* & *fig* [visite] ▸ **faire un saut chez qqn** to pop in and see sb / *elle a fait un saut chez nous hier* she dropped by (our house) yesterday **4.** INFORM ▸ **(insérer un) saut de page** (insert) page break / *saut de colonne* (insert) column break.

saute [sot] nf sudden change ▸ **avoir des sautes d'humeur** to have mood swings, to be temperamental.

sauté, e [sote] adj sautéed. ◆ **sauté** nm ▸ **sauté de veau** sautéed veal.

saute-mouton [sotmutɔ̃] nm inv ▸ **jouer à saute-mouton** to play leapfrog.

sauter [3] [sote] ❖ vi **1.** [bondir] to jump, to leap ▸ **sauter à la corde** to skip UK, to skip ou jump rope US / *sauter en hauteur / longueur* to do the high / long jump / *sauter en parachute* to (parachute) jump, to parachute / *sauter à la perche* to pole-vault / *sauter dans un taxi* to jump ou to leap into a taxi / *sauter par la fenêtre* to jump out of the window ▸ **sauter d'un sujet à l'autre** *fig* to jump from one subject to another ▸ **sauter de joie** *fig* to jump for joy ▸ **sauter au cou de qqn** *fig* to throw one's arms around sb **2.** [exploser] to blow up / *faire sauter un pont* to blow up a bridge; [fusible] to blow **3.** [être projeté - bouchon] to fly out; [- serrure] to burst off; [- bouton] to fly off; [- chaîne de vélo] to come off **4.** *fam* [personne] to get the sack UK / *faire sauter un directeur* to kick out ou to fire a manager **5.** [être annulé] to be cancelled **6.** CULIN ▸ **faire sauter qqch** to sauté sthg / *faire sauter des crêpes* to toss pancakes **7.** EXPR **et que ça saute !** *fam* and get a move on! ❖ vt **1.** [fossé, obstacle] to jump ou leap over / *sauter le pas fig* to take the plunge **2.** *fig* [page, repas] to skip **3.** *vulg* [personne] ▸ **sauter qqn** to have it off with sb.

sauterelle [sotʀɛl] nf **1.** ZOOL grasshopper **2.** *fam* & *fig* [personne] beanpole.

sauterie [sotʀi] nf *vieilli* do UK, party.

sauternes [sotɛʀn] nm *sweet dessert wine.*

sauteur, euse [sotœʀ, øz] ❖ adj [insecte] jumping *(avant n)*. ❖ nm, f [athlète] jumper. ◆ **sauteur** nm [cheval] jumper. ◆ **sauteuse** nf CULIN frying pan.

sautiller [3] [sotije] vi to hop.

sautoir [sotwaʀ] nm **1.** [bijou] chain ▸ **sautoir de perles** string of pearls ▸ **porter qqch en sautoir** to wear sthg on a chain round one's neck **2.** SPORT jumping area.

sauvage [sovaʒ] ❖ adj **1.** [plante, animal] wild **2.** [farouche - animal familier] shy, timid; [- personne] unsociable **3.** [conduite, haine] savage. ❖ nmf [solitaire] recluse.

sauvagement [sovaʒmɑ̃] adv savagely.

sauvageon, onne [sovaʒɔ̃, ɔn] nm, f little savage.

sauvagerie [sovaʒʀi] nf **1.** [férocité] brutality, savagery **2.** [insociabilité] unsociableness.

sauvagine [sovaʒin] nf wildfowl.

sauve ⟶ **sauf¹**

sauvegarde [sovgaʀd] nf **1.** [protection] safeguard **2.** INFORM saving; [copie] backup.

sauvegarder [3] [sovgaʀde] vt **1.** [protéger] to safeguard **2.** INFORM to save; [copier] to back up.

sauve-qui-peut [sovkipø] ❖ nm inv [débandade] stampede. ❖ interj every man for himself!

sauver [3] [sove] vt **1.** [gén] to save ▸ **sauver qqn / qqch de** to save sb / sthg from, to rescue sb / sthg from / *sauver qqch de l'oubli* to rescue sthg from oblivion ▸ **sauver qqn de** MÉD to cure sb of / *sauver la vie à qqn* to save sb's life ▸ **sauver sa peau** *fam* to save one's skin / *être sauvé* a) [sain et sauf] to be safe b) [par quelqu'un] to have been saved ou rescued **2.** [navire, biens] to salvage. ◆ **se sauver** vp ▸ **se sauver (de)** to run away (from);

[prisonnier] to escape (from) / *se sauver à toutes jambes* to take to one's heels (and run).

sauvetage [sovtaʒ] nm **1.** [de personne] rescue **2.** [de navire, biens] salvage.

sauveteur [sovtœʀ] nm rescuer.

sauvette [sovɛt] ◆ **à la sauvette** loc adv hurriedly, at great speed.

sauveur [sovœʀ] nm saviour UK, savior US.

SAV [sav] (*abr de* **service après-vente**) nm after-sales service.

sava SMS *abr écrite de* ça va.

savamment [savamɑ̃] adv **1.** [avec érudition] learnedly **2.** [avec habileté] skilfully UK, skillfully US, cleverly.

savane [savan] nf savanna.

savant, e [savɑ̃, ɑ̃t] adj **1.** [érudit] scholarly **2.** [habile] skilful, clever **3.** [animal] performing *(avant n).* ◆ **savant** nm scientist.

savarin [savaʀɛ̃] nm *ring-shaped cake containing rum.*

savate [savat] nf **1.** [pantoufle] worn-out slipper ; [soulier] worn-out shoe **2.** SPORT kick boxing **3.** *fam* & *fig* [personne] clumsy oaf.

saveur [savœʀ] nf flavour UK, flavor US ; *fig* savour UK, savor US.

savoir [59] [savwaʀ] ❖ vt **1.** [gén] to know ▸ **faire savoir qqch à qqn** to tell sb sthg, to inform sb of sthg ▸ **si j'avais su…** had I but known…, if I had only known… / *je l'ai su par son frère* I heard it from her brother / *je ne savais plus où me mettre* OU *me fourrer fam* [de honte] I didn't know where to put myself / *je ne sais où, on ne sait où* God knows where ▸ **sans le savoir** unconsciously, without being aware of it ▸ **en savoir long sur qqn / qqch** to know a lot about sb / sthg ▸ **tu (ne) peux pas savoir** *fam* you have no idea ▸ **pas que je sache** not as far as I know ▸ **(ne pas) savoir de quoi il retourne** (not) to know what it's all about / *que savez-vous de lui ?* what do you know about OU of him? **2.** [être capable de] to know how to / *sais-tu conduire ?* can you drive? / *je n'ai pas su la réconforter* I wasn't able to comfort her / *elle ne sait ni lire ni écrire* she can't read or write / *savoir s'y prendre avec les enfants* to know how to handle children, to be good with children. ❖ nm learning. ◆ **se savoir** vp *(emploi passif)* to become known / *tout se sait dans le village* news travels fast in the village / *ça se saurait s'il était si doué que ça fam* if he was that good, you'd know about it. ◆ **à savoir** loc conj namely, that is.

savoir-faire [savwaʀfɛʀ] nm inv know-how, expertise.

savoir-vivre [savwaʀvivʀ] nm inv good manners *pl.*

savon [savɔ̃] nm **1.** [matière] soap ; [pain] cake OU bar of soap ▸ **savon de Marseille** ≃ household soap **2.** *fam* [réprimande] telling-off ▸ **passer un savon à qqn** to give sb a telling-off.

savonner [3] [savɔne] vt **1.** [linge] to soap **2.** *fam* [enfant] to tell off. ◆ **se savonner** vp to soap o.s.

savonnette [savɔnɛt] nf guest soap.

savonneux, euse [savɔnø, øz] adj soapy.

savourer [3] [savuʀe] vt to savour UK, to savor US.

savoureux, euse [savuʀø, øz] adj **1.** [mets] tasty **2.** *fig* [anecdote] juicy.

savoyard, e [savwajaʀ, aʀd] adj of / from Savoy. ◆ **Savoyard, e** nm, f native OU inhabitant of Savoy.

saxo [sakso] ❖ nm *fam* [instrument] sax. ❖ nm, f [musicien] sax (player).

saxophone [saksɔfɔn] nm saxophone.

saxophoniste [saksɔfɔnist] nmf saxophonist, saxophone player.

saynète [sɛnɛt] nf playlet.

SBB (*abr de* **Schweizerische Bundesbahn**) *Swiss federal railways.*

sbire [sbiʀ] nm *péj* henchman.

sbrinz [ʃbʀints] nm *hard crumbly Swiss cheese made from cow's milk.*

sc. (*abr écrite de* **scène**) sc.

s / c (*abr écrite de* **sous couvert de**) c / o.

scabreux, euse [skabʀø, øz] adj **1.** [propos] shocking, indecent **2.** [entreprise] risky.

scalp [skalp] nm **1.** [action] scalping **2.** [trophée] scalp.

scalpel [skalpɛl] nm scalpel.

scalper [3] [skalpe] vt to scalp.

scampi [skɑ̃pi] nmpl scampi *(U).*

scandale [skɑ̃dal] nm **1.** [fait choquant] scandal **2.** [indignation] uproar **3.** [tapage] scene ▸ **faire du** OU **un scandale** to make a scene.

scandaleusement [skɑ̃daløzmɑ̃] adj scandalously, outrageously.

scandaleux, euse [skɑ̃dalø, øz] adj scandalous, outrageous.

scandaliser [3] [skɑ̃dalize] vt to shock, to scandalize. ◆ **se scandaliser** vp to be shocked, to be scandalized.

scander [3] [skɑ̃de] vt **1.** [vers] to scan **2.** [slogan] to chant.

scandinave [skɑ̃dinav] adj Scandinavian. ◆ **Scandinave** nmf Scandinavian.

Scandinavie [skɑ̃dinavi] nf : *la Scandinavie* Scandinavia.

scanner[1] [4] [skane] vt to scan.

scanner[2] [skanɛʀ] nm scanner.

scaphandre [skafɑ̃dʀ] nm **1.** [de plongeur] diving suit ▸ **scaphandre autonome** aqualung **2.** [d'astronaute] spacesuit.

scaphandrier [skafɑ̃dʀije] nm deep-sea diver.

scarabée [skaʀabe] nm beetle, scarab.

scarification [skaʀifikasjɔ̃] nf **1.** MÉD scarring *(U)*, scarification **2.** [d'un arbre] scarifying.

scarlatine [skaʀlatin] nf scarlet fever.

scarole [skaʀɔl] nf endive.

scatologique [skatɔlɔʒik] adj scatological.

sceau, x [so] nm seal ; *fig* stamp, hallmark ▸ **sous le sceau du secret** *fig* under the seal of secrecy.

scélérat, e [seleʀa, at] ◆ adj wicked. ◆ nm, f villain ; *péj* rogue, rascal.

sceller [4] [sele] vt **1.** [gén] to seal **2.** CONSTR [fixer] to embed.

scellés [sele] nmpl seals ▸ **sous scellés** sealed.

scénario [senaʀjo] nm **1.** CINÉ, LITTÉR & THÉÂTRE [canevas] scenario **2.** CINÉ & TV [découpage, synopsis] screenplay, script **3.** *fig* [rituel] pattern.

scénariste [senaʀist] nmf scriptwriter.

scène [sɛn] nf **1.** [gén] scene / *la scène finale* the last ou closing scene / *la scène se passe à Montréal* the action takes place in ou the scene is set in Montreal / *la scène internationale / politique* the international / political scene ▸ **scène de ménage** domestic row ou scene / *faire une scène (à qqn)* to make a scene **2.** [estrade] stage / *adapter un livre pour la scène* to adapt a book for the stage ou theatre ▸ **entrée en scène** a) THÉÂTRE entrance b) *fig* appearance ▸ **entrer en scène** a) THÉÂTRE to come on stage b) *fig* to come ou to step in ▸ **mettre en scène** a) THÉÂTRE to stage b) CINÉ to direct / *monter sur scène* to go on the stage.

scénique [senik] adj theatrical.

scepticisme [sɛptisism] nm scepticism UK, skepticism US.

sceptique [sɛptik] ◆ nmf sceptic UK, skeptic US. ◆ adj **1.** [incrédule] sceptical UK, skeptical US **2.** PHILO sceptic UK, skeptic US.

sceptre [sɛptʀ] nm sceptre UK, scepter US.

schéma [ʃema] nm **1.** [diagramme] diagram **2.** [résumé] outline.

schématique [ʃematik] adj **1.** [dessin] diagrammatic **2.** [interprétation, exposé] simplified.

schématiquement [ʃematikmɑ̃] adv **1.** [par dessin] diagrammatically **2.** [en résumé] briefly.

schématisation [ʃematizasjɔ̃] nf **1.** [présentation graphique] diagrammatic representation **2.** *péj* [généralisation] oversimplification.

schématiser [3] [ʃematize] vt **1.** [présenter en schéma] to represent diagrammatically **2.** *péj* [généraliser] to oversimplify.

schisme [ʃism] nm **1.** RELIG schism **2.** [d'opinion] split.

schiste [ʃist] nm shale.

schizo [skizo] adj *fam* schizophrenic.

schizoïde [skizɔid] adj schizoid.

schizophrène [skizɔfʀɛn] nmf & adj schizophrenic.

schizophrénie [skizɔfʀeni] nf schizophrenia.

schizophrénique [skizɔfʀenik] adj schizophrenic.

schlinguer [3], **chlinguer** [3] [ʃlɛ̃ge] vi *tfam* to stink.

schnock, chnoque [ʃnɔk] nm *fam* ▸ **du schnock !** dummy!, dimwit!

schublig [ʃublig] nm SUISSE *type of sausage.*

schuss [ʃus] ◆ nm schuss. ◆ adv ▸ **descendre (tout) schuss** to schuss down.

sciatique [sjatik] ◆ nf sciatica. ◆ adj sciatic.

scie [si] nf **1.** [outil] saw ▸ **scie à métaux** hacksaw ▸ **scie sauteuse** jigsaw **2.** [rengaine] catchphrase **3.** *fam* [personne] bore.

sciemment [sjamɑ̃] adv knowingly.

science [sjɑ̃s] nf **1.** [connaissances scientifiques] science ▸ **les sciences économiques** economics ▸ **sciences humaines** ou **sociales** UNIV social sciences ▸ **sciences naturelles** SCOL biology *sg* ▸ **sciences occultes** the occult (sciences) ▸ **les sciences politiques** politics, political sciences **2.** [érudition] knowledge / *il faut toujours qu'il étale sa science* he's always trying to impress everybody with what he knows ▸ **avoir la science infuse** *fig* to know a lot **3.** [art] art.

science-fiction [sjɑ̃sfiksjɔ̃] (*pl* **sciences-fictions**) nf science fiction.

sciences-po [sjɑ̃spo] nfpl UNIV political science *sg.* ◆ **Sciences-Po** npr *grande école for political science.*

scientifique [sjɑ̃tifik] ◆ nmf scientist. ◆ adj scientific.

scientifiquement [sjɑ̃tifikmɑ̃] adv scientifically.

scientisme [sjɑ̃tism] nm Christian Science.

scientologie [sjɑ̃tɔlɔʒi] nf Scientology®.

scier [9] [sje] vt **1.** [branche] to saw **2.** *fam* [personne] to stagger.

scierie [siʀi] nf sawmill.

scinder [3] [sɛ̃de] vt ▸ **scinder (en)** to split (into), to divide (into). ◆ **se scinder** vp ▸ **se scinder (en)** to split (into), to divide (into).

scintillant, e [sɛ̃tijɑ̃, ɑ̃t] adj sparkling.

scintillement [sɛ̃tijmɑ̃] nm sparkle.

scintiller [3] [sɛ̃tije] vi to sparkle.

scission [sisjɔ̃] nf split.

sciure [sjyʀ] nf sawdust.

sclérose [skleʀoz] nf sclerosis ; *fig* ossification ▸ **sclérose en plaques** multiple sclerosis.

sclérosé, e [skleʀoze] ◆ adj sclerotic ; *fig* ossified. ◆ nm, f person suffering from sclerosis ; *fig* person set in his / her ways.

scléroser [3] [skleʀoze] ◆ **se scléroser** vp to become sclerotic ; *fig* to become ossified.

scolaire [skɔlɛʀ] adj school *(avant n)* ; *péj* bookish.

scolarisable [skɔlaʀizabl] adj of school age.

scolarisation [skɔlaʀizasjɔ̃] nf schooling.

scolariser [3] [skɔlaʀize] vt to provide with schooling.

scolarité [skɔlaʀite] nf schooling ▸ **prolonger la scolarité** to raise the school-leaving age UK ▸ **frais de scolarité** a) SCOL school fees b) UNIV tuition fees.

scolastique [skɔlastik] ◆ nf scholasticism. ◆ adj scholastic.

scoliose [skɔljoz] nf curvature of the spine, scoliosis.

scoop [skup] nm scoop.

scooter [skutœʀ] nm scooter ▸ **scooter des mers** jet ski ▸ **scooter des neiges** snowmobile.

scorbut [skɔʀbyt] nm scurvy.

score [skɔʀ] nm **1.** SPORT score **2.** POL result.

scorie [skɔʀi] nf **1.** *(gén pl)* GÉOL scoria **2.** [dans l'industrie] slag *(U)* ; *fig* dregs *pl*.

scorpion [skɔʀpjɔ̃] nm scorpion. ◆ **Scorpion** nm ASTROL Scorpio ▸ **être (un) Scorpion** to be (a) Scorpio.

scotch [skɔtʃ] nm [alcool] whisky, Scotch.

Scotch® [skɔtʃ] nm [adhésif] ≃ Sellotape® UK ; ≃ Scotch tape® US.

scotché, e [skɔtʃe] adj : *être scotché devant la télévision* to be glued to the television.

scotcher [3] [skɔtʃe] vt to sellotape UK, to scotch-tape US.

scout, e [skut] ❖ adj scout *(avant n)*. ❖ nm, f scout.

scoutisme [skutism] nm scouting.

Scrabble® [skʀabl] nm Scrabble®.

scratcher [skʀatʃe] ◆ **scratcher (se)** vp *fam* to crash / *se scratcher contre un arbre* to crash into a tree.

scribe [skʀib] nm HIST scribe.

scribouillard, e [skʀibujaʀ, aʀd] nm, f *péj* pen pusher.

script [skʀipt] nm **1.** TYPO printing, print **2.** CINÉ & TV script.

scripte [skʀipt] nmf CINÉ & TV continuity person.

scriptural, e, aux [skʀiptyʀal, o] adj ▸ **monnaie scripturale** substitute money.

scrotum [skʀɔtɔm] nm scrotum.

scrupule [skʀypyl] nm scruple ▸ **avec scrupule** scrupulously ▸ **sans scrupules a)** [être] unscrupulous **b)** [agir] unscrupulously.

scrupuleusement [skʀypyløzmɑ̃] adv scrupulously.

scrupuleux, euse [skʀypylø, øz] adj scrupulous.

scrutateur, trice [skʀytatœʀ, tʀis] ❖ adj searching. ❖ nm, f POL ≃ scrutineer UK ; ≃ teller US.

scruter [3] [skʀyte] vt to scrutinize.

scrutin [skʀytɛ̃] nm **1.** [vote] ballot ▸ **dépouiller un scrutin** to count the votes **2.** [système] voting system ▸ **scrutin majoritaire** first-past-the-post system UK ▸ **scrutin proportionnel** proportional representation system.

sculpter [3] [skylte] vt to sculpt.

sculpteur [skyltœʀ] nm sculptor.

sculptural, e, aux [skyltyʀal, o] adj sculptural ; *fig* statuesque.

sculpture [skyltyʀ] nf sculpture.

sdb *abr écrite de* **salle de bains**.

SDF (*abr de* **sans domicile fixe**) nmf ▸ **les SDF** the homeless.

SDN (*abr de* **Société des Nations**) nf HIST League of Nations.

se [sə], **s'**

(devant voyelle ou 'h' muet)

❖ pron pers

1. *(réfléchi)* [personne] oneself, himself (herself), themselves ; [chose, animal] itself, themselves / *elle se regarde dans le miroir* she looks at herself in the mirror

2. *(réciproque)* each other, one another / *elles se sont parlé* they spoke to each other OU to one another / *ils se sont rencontrés hier* they met yesterday

3. *(passif)* *ce produit se vend bien / partout* this product is selling well / is sold everywhere / *ça se mange ?* can you eat it?

4. [remplace l'adjectif possessif] *se laver les mains* to wash one's hands / *se couper le doigt* to cut one's finger

5. [dans des tournures impersonnelles] : *il se peut qu'ils arrivent plus tôt* it's possible that they'll arrive earlier, they might arrive earlier

S.E., S. Exc. (*abr écrite de* **Son Excellence**) HE.

S.-E. (*abr écrite de* **sud-est**) SE.

séance [seɑ̃s] nf **1.** [réunion] meeting, sitting, session ▸ **lever la séance** to adjourn the meeting OU session / *la séance est levée !* [au tribunal] the court will adjourn! / *la séance est ouverte !* [au tribunal] this court is now in session! ▸ **séance extraordinaire** special session, extraordinary meeting / *en séance publique* [au tribunal] in open court **2.** [période] session ▸ **séance d'information** briefing session ▸ **séance de rééducation** (session of) physiotherapy ; [de pose] sitting **3.** CINÉ & THÉÂTRE performance / *séance à 19 h 10, film à 19 h 30* program 7.10, film starts 7.30 ▸ **à la séance** TV pay-per-view / *la dernière séance* the last showing ▸ **séance privée** private screening OU showing **4.** *fam* [scène] performance **5.** [à la Bourse] : *ce fut une bonne / mauvaise séance aujourd'hui à la Bourse* it was a good / bad day today on the Stock Exchange **6.** EXPR **séance tenante** right away, forthwith.

séant, e [seɑ̃, ɑ̃t] adj *litt* fitting, seemly. ◆ **séant** nm ▸ **se dresser** OU **se mettre sur son séant** *litt* to sit up.

seau, x [so] nm **1.** [récipient] bucket ▸ **seau à glace** ice bucket **2.** [contenu] bucketful.

sébile [sebil] nf (begging) bowl.

sébum [sebɔm] nm sebum.

sec, sèche [sɛk, sɛʃ] adj **1.** [gén] dry **2.** [fruits] dried **3.** [alcool] neat **4.** [personne - maigre] lean ; [- austère] austere **5.** *fig* [cœur] hard ; [voix, ton] sharp **6.** [sans autre prestation] ▸ **vol sec** flight only **7.** *fam* ▸ **être sec sur un sujet** to have nothing to say on a subject. ◆ **sec** ❖ adv **1.** [beaucoup] ▸ **boire sec** to drink heavily **2.** [frapper] hard **3.** [démarrer] sharply **4.** EXPR **aussi sec** *fam* right away ▸ **être à sec a)** [puits] to be dry OU dried up **b)** *fam* [personne] to be broke. ❖ nm ▸ **tenir au sec** to keep in a dry place.

sécable [sekabl] adj divisible.

SECAM, Secam [sekam] (*abr de* **procédé séquentiel à mémoire**) nm & adj *French TV broadcasting system.*

sécateur [sekatœʀ] nm secateurs *pl.*

sécession [sesesjɔ̃] nf secession ▸ **faire sécession (de)** to secede (from).

sécessionniste [sesesjɔnist] adj & nmf secessionist.

séchage [seʃaʒ] nm drying.

sèche [sɛʃ] nf *fam* cigarette, fag UK.

sèche-cheveux [sɛʃʃəvø] nm inv hairdryer.

sèche-linge [sɛʃlɛ̃ʒ] nm inv tumble-dryer.

sèche-mains [sɛʃmɛ̃] nm inv hand-dryer.

sèchement [sɛʃmɑ̃] adv **1.** [durement] dryly, curtly, tersely / *ne comptez pas sur moi, répondit-elle sèchement* don't count on me, she snapped back **2.** [brusquement] sharply / *prendre un virage un peu sèchement* to take a bend rather sharply **3.** [sans fioritures] dryly / *il expose toujours ses arguments un peu sèchement* he always sets out his arguments rather unimaginatively.

sécher [18] [seʃe] ✧ vt **1.** [linge] to dry **2.** *arg scol* [cours] to skip, to skive off UK. ✧ vi **1.** [linge] to dry **2.** [peau] to dry out ; [rivière] to dry up **3.** *arg scol* [ne pas savoir répondre] to dry up.

sécheresse [sɛʃʀɛs] nf **1.** [de terre, climat, style] dryness **2.** [absence de pluie] drought **3.** [de réponse] curtness.

séchoir [seʃwaʀ] nm **1.** [local] drying shed **2.** [tringle] airer, clotheshorse **3.** [électrique] dryer ▸ **séchoir à cheveux** hairdryer.

second, e [səgɔ̃, ɔ̃d] ✧ adj num inv second ▸ **dans un état second** dazed / *le second marché* FIN the unlisted securities market / *être doué de seconde vue* to be clairvoyant. ✧ nm, f second. *Voir aussi* **sixième.** ◆ **second** nm [assistant] assistant. ◆ **seconde** nf **1.** [unité de temps & MUS] second ▸ **une seconde !** just a second! **2.** SCOL ≃ fifth year ou form UK ; ≃ tenth grade US **3.** [transports] second class / *voyager en seconde* to travel second class **4.** AUTO second gear / *passe en seconde* change into ou to second gear.

secondaire [səgɔ̃dɛʀ] ✧ nm ▸ **le secondaire a)** GÉOL the Mesozoic **b)** SCOL secondary education **c)** ÉCON the secondary sector. ✧ adj **1.** [gén & SCOL] secondary ▸ **effets secondaires** MÉD side effects **2.** GÉOL Mesozoic.

seconder [3] [səgɔ̃de] vt to assist.

secouer [6] [səkwe] vt **1.** [gén] to shake **2.** *fam* [réprimander] to shake up. ◆ **se secouer** vp *fam* to snap out of it.

secourable [səkuʀabl] adj helpful ▸ **main secourable** helping hand.

secourir [45] [səkuʀiʀ] vt [blessé, miséreux] to help ; [personne en danger] to rescue.

secourisme [səkuʀism] nm first aid.

secouriste [səkuʀist] nmf first-aid worker.

secourrai, secourras ⟶ **secourir.**

secours¹, secourt ⟶ **secourir.**

secours² [səkuʀ] nm **1.** [aide] help ▸ **appeler au secours** to call for help ▸ **les secours** emergency services ▸ **au secours !** help! ▸ **porter secours à qqn** to help sb ▸ **voler au secours de qqn** *fig* to rush to sb's aid **2.** [dons] aid, relief **3.** [renfort] relief, reinforcements *pl* **4.** [soins] aid ▸ **les premiers secours** first aid *(U).* ◆ **de secours** loc adj **1.** [trousse, poste] first-aid *(avant n)* **2.** [éclairage, issue] emergency *(avant n)* **3.** [roue] spare.

secouru, e [səkuʀy] pp ⟶ **secourir.**

secousse [səkus] nf **1.** [mouvement] jerk, jolt **2.** *fig* [bouleversement] upheaval ; [psychologique] shock **3.** [tremblement de terre] tremor.

secret, ète [səkʀɛ, ɛt] adj **1.** [gén] secret / *garder* ou *tenir qqch secret* to keep sthg secret / *une vie secrète* a secret life **2.** [personne] reticent. ◆ **secret** nm **1.** [gén] secret / *confier un secret à qqn* to let sb into a secret ▸ **c'est un secret de Polichinelle** it's an open secret ou not much of a secret ▸ **être / mettre qqn dans le secret de** to be / let sb in on the secret of ▸ **être dans le secret des dieux** to have privileged information ▸ **… dont il a le secret** … which he alone knows ▸ **secret d'État** official secret, state secret ▸ **secret de fabrication** COMM trade secret ▸ **secret professionnel** confidentiality / *trahir le secret professionnel* to commit a breach of (professional) confidence **2.** [discrétion] secrecy ▸ **dans le plus grand secret** in the utmost secrecy / *je vous demande le secret sur cette affaire* I want you to keep silent about this matter. ◆ **au secret** loc adv DR in solitary confinement / *mettre qqn au secret* to detain sb in solitary confinement. ◆ **en secret** loc adv **1.** [écrire, économiser] in secret, secretly **2.** [croire, espérer] secretly, privately.

secrétaire [səkʀetɛʀ] ✧ nmf [personne] secretary ▸ **secrétaire de direction** executive secretary ▸ **secrétaire d'État** minister of state ▸ **secrétaire général** COMM company secretary ▸ **secrétaire de rédaction** subeditor. ✧ nm [meuble] writing desk, secretaire.

secrétariat [səkʀetaʀja] nm **1.** [bureau] secretary's office ; [d'organisation internationale] secretariat **2.** [personnel] secretarial staff ▸ **assurer le secrétariat de qqn** to act as sb's secretary **3.** [métier] secretarial work.

secret(-)défense [səkʀɛdefɑ̃s] adj inv & nm inv classified, top secret / *ce dossier est classé secret(-)défense* this file is classified / *un document secret(-)défense* a top secret document.

secrètement [səkʀɛtmɑ̃] adv secretly.

sécréter [18] [sekʀete] vt to secrete ; *litt* & *fig* to exude.

sécrétion [sekʀesjɔ̃] nf secretion.

sectaire [sɛktɛʀ] nmf & adj sectarian.

sectarisme [sɛktaʀism] nm sectarianism.

secte [sɛkt] nf sect.

secteur [sɛktœʀ] nm **1.** [zone] area ▸ **se trouver dans le secteur** *fam* to be somewhere ou someplace US around **2.** ADMIN district **3.** ÉCON, GÉOM & MIL sector ▸ **secteur d'affaires** business sector ▸ **secteur en expansion** growth area ▸ **secteur primaire / secondaire / tertiaire** primary / secondary / tertiary sector ▸ **secteur privé / public** private /

public sector ▸ **secteur tertiaire** business sector **4.** ÉLECTR mains ▸ **sur secteur** off ou from the mains.

section [sɛksjɔ̃] nf **1.** [gén] section ; [de parti] branch **2.** [action] cutting **3.** MIL platoon.

sectionnement [sɛksjɔnmɑ̃] nm **1.** [coupure] severing **2.** *fig* [division] division into sections.

sectionner [3] [sɛksjɔne] vt **1.** [trancher] to sever **2.** *fig* [diviser] to divide into sections. ◆ **se sectionner** vp to split, to be severed.

sectoriel, elle [sɛktɔʀjɛl] adj sector *(avant n)*, sector-based.

sectorisation [sɛktɔʀizasjɔ̃] nf division into sectors.

sectoriser [3] [sɛktɔʀize] vt to divide into sectors.

Sécu [seky] nf *fam* : *la Sécu French social security system* ***abr de* Sécurité sociale**.

séculaire [sekylɛʀ] adj [ancien] age-old.

séculariser [3] [sekylaʀize] vt to secularize.

séculier, ère [sekylje, ɛʀ] adj secular.

secundo [səgɔ̃do] adv in the second place, secondly.

sécurisant, e [sekyʀizɑ̃, ɑ̃t] adj [milieu] secure ; [attitude] reassuring.

sécurisé, e [sekyʀize] adj INFORM [transaction, paiement] secure.

sécuriser [3] [sekyʀize] vt ▸ **sécuriser qqn** to make sb feel secure.

sécuritaire [sekyʀitɛʀ] adj : *programme sécuritaire* security-conscious programme / *mesures sécuritaires* drastic security measures / *idéologie sécuritaire* law-and-order ideology.

sécurité [sekyʀite] nf **1.** [d'esprit] security **2.** [absence de danger] safety ▸ **la sécurité routière** road safety ▸ **en toute sécurité** safe and sound **3.** [dispositif] safety catch **4.** [organisme] ▸ **la Sécurité sociale** ≃ the DSS UK ; ≃ Social Security US.

La Sécurité sociale

The **sécu**, as it is popularly known, created in 1945-1946, provides public health benefits, pensions, maternity leave, etc. These benefits are paid for by obligatory insurance contributions (**cotisations**) made by employers (**cotisations patronales**) and employees (**cotisations salariales**). Many French people have complementary health insurance provided by a **mutuelle**, which guarantees payment of all or part of the expenses not covered by the **Sécurité sociale**.

sédatif, ive [sedatif, iv] adj sedative. ◆ **sédatif** nm sedative.

sédentaire [sedɑ̃tɛʀ] ❖ nmf sedentary person ; [casanier] stay-at-home. ❖ adj [personne, métier] sedentary ; [casanier] stay-at-home.

sédentarisation [sedɑ̃taʀizasjɔ̃] nf settlement (process).

sédentariser [3] [sedɑ̃taʀize] ◆ **se sédentariser** vp [tribu] to settle, to become settled.

sédentarité [sedɑ̃taʀite] nf settled state.

sédiment [sedimɑ̃] nm sediment.

sédimentaire [sedimɑ̃tɛʀ] adj sedimentary.

sédimentation [sedimɑ̃tasjɔ̃] nf sedimentation.

séditieux, euse [sedisjø, øz] *litt* ❖ adj seditious. ❖ nm, f rebel.

sédition [sedisjɔ̃] nf sedition.

séducteur, trice [sedyktœʀ, tʀis] ❖ adj seductive. ❖ nm, f seducer (seductress).

séduction [sedyksjɔ̃] nf **1.** [action] seduction **2.** [attrait] seductive power.

séduire [98] [sedɥiʀ] vt **1.** [plaire à] to attract, to appeal to **2.** [abuser de] to seduce.

séduisais, séduisions ⟶ **séduire**.

séduisant, e [sedɥizɑ̃, ɑ̃t] adj attractive.

séduit, e [sedɥi, it] pp ⟶ **séduire**.

séfarade [sefaʀad] ❖ nmf Sephardi. ❖ adj Sephardic.

segment [sɛgmɑ̃] nm **1.** GÉOM segment **2.** TECHNOL ▸ **segment de frein** brake shoe ▸ **segment de piston** piston ring **3.** COMM ▸ **segment de marché** market segment.

segmentation [sɛgmɑ̃tasjɔ̃] nf segmentation / *segmentation démographique* demographic segmentation.

segmenter [3] [sɛgmɑ̃te] vt to segment.

ségrégation [segʀegasjɔ̃] nf segregation.

ségrégationniste [segʀegasjɔnist] nmf & adj segregationist.

seiche [sɛʃ] nf cuttlefish.

seigle [sɛgl] nm rye.

seigneur [sɛɲœʀ] nm lord ▸ **faire le grand seigneur** *fig* to throw money about ▸ **vivre en grand seigneur** *fig* to live like a lord. ◆ **Seigneur** nm ▸ **le Seigneur** the Lord.

seigneurial, e, aux [sɛɲœʀjal, o] adj lordly ; HIST seigneurial.

sein [sɛ̃] nm breast ; *fig* bosom ▸ **donner le sein (à un bébé)** to breast-feed (a baby). ◆ **au sein de** loc prép within.

Seine [sɛn] nf : *la Seine* the (River) Seine.

seing [sɛ̃] nm [signature] signature. ◆ **sous seing privé** loc adj : *acte sous seing privé* private agreement, simple contract.

séisme [seism] nm earthquake.

séismique = **sismique**.

séismographe = **sismographe**.

séismologie = **sismologie**.

seize [sɛz] adj num inv & nm sixteen. ***Voir aussi* six**.

seizième [sɛzjɛm] adj num inv, nm & nmf sixteenth ▸ **le seizième** *wealthy district of Paris*. ***Voir aussi* sixième**. *Voir encadré page suivante.*

Le seizième

This term often refers to the upper class social background, lifestyle, way of dressing, etc., associated with the sixteenth arrondissement in Paris.

séjour [seʒuʀ] nm **1.** [durée] stay ▸ **interdit de séjour** ≃ banned from entering the country ▸ **séjour linguistique** stay abroad *(to develop language skills)* **2.** [pièce] living room.

séjourner [3] [seʒuʀne] vi to stay.

sel [sɛl] nm salt ; *fig* piquancy ▸ **gros sel** coarse salt. ◆ **sels** nmpl smelling salts ▸ **sels de bain** bath salts.

sélect, e [selɛkt] adj *fam* select.

sélecteur [selɛktœʀ] nm **1.** [dispositif] selector ▸ **sélecteur de température** thermostat **2.** [de moto] gear-change lever UK, gearshift US.

sélectif, ive [selɛktif, iv] adj selective.

sélection [selɛksjɔ̃] nf selection.

sélectionné, e [selɛksjɔne] adj selected.

sélectionner [3] [selɛksjɔne] vt to select, to pick ; INFORM to select.

sélectionneur, euse [selɛksjɔnœʀ, øz] nm, f selector.

sélectivement [selɛktivmɑ̃] adv selectively.

self [sɛlf] nm *fam* self-service (cafeteria).

self-control [sɛlfkɔ̃tʀol] nm inv self-control.

self-made-man [sɛlfmɛdman] (*pl* **self-made-mans** [sɛlfmɛdman] *ou* **self-made-men** [sɛlfmɛdmɛn]) nm self-made man.

self-service [sɛlfsɛʀvis] (*pl* **self-services**) nm self-service cafeteria.

selle [sɛl] nf **1.** [gén] saddle ▸ **se mettre en selle** to mount **2.** [toilettes] ▸ **aller à la selle** to open one's bowels.

seller [4] [sele] vt to saddle.

sellerie [sɛlʀi] nf **1.** [commerce] saddlery **2.** [lieu] tack room.

sellette [sɛlɛt] nf hot seat ▸ **mettre qqn / être sur la sellette** *fig* to put sb / be in the hot seat.

sellier [selje] nm saddler.

selon [səlɔ̃] prép **1.** [conformément à] in accordance with **2.** [d'après] according to ▸ **c'est selon** *fam* & *fig* that (all) depends. ◆ **selon que** loc conj depending on whether.

S. Em. (*abr écrite de* **Son Éminence**) HE.

semailles [səmaj] nfpl **1.** [action] sowing *(U)* **2.** [période] sowing season *sg*.

semaine [səmɛn] nf **1.** [période] week ▸ **à la semaine** [être payé] by the week / *dans une semaine* in a week's time / *deux visites par semaine* two visits a week OU per week ▸ **en semaine** during the week / *toutes les semaines* **a)** [nettoyer, recevoir] every OU each week **b)** [publier, payer] weekly, on a weekly basis ▸ **la semaine sainte** Holy Week ▸ **semaine commerciale** week-long promotion OU sale ▸ **faire qqch à la petite semaine** *fam* & *fig* to do sthg on a short-term basis / *vivre à la petite semaine* *fam* & *fig* to live from day to day OU from hand to mouth **2.** [salaire] weekly wage.

semainier, ère [səmenje, ɛʀ] nm, f person on duty for the week. ◆ **semainier** nm **1.** [bijou] seven-band bracelet **2.** [meuble] *small chest of drawers* **3.** [calendrier] desk diary.

sémantique [semɑ̃tik] ◆ nf semantics *(U)*. ◆ adj semantic.

sémaphore [semafɔʀ] nm **1.** NAUT semaphore **2.** RAIL semaphore, semaphore signals *pl*.

semblable [sɑ̃blabl] ◆ nm [prochain] fellow man / *il n'a pas son semblable* there's nobody like him. ◆ adj **1.** [analogue] similar ▸ **semblable à** like, similar to **2.** *(avant n)* [tel] such.

semblant [sɑ̃blɑ̃] nm ▸ **un semblant de** a semblance of ▸ **faire semblant (de faire qqch)** to pretend (to do sthg).

sembler [3] [sɑ̃ble] ◆ vi to seem. ◆ v impers ▸ **il (me / te) semble que** it seems (to me / you) that.

semelle [səmɛl] nf **1.** [de chaussure - dessous] sole ; [- à l'intérieur] insole / *bottes à semelles fines / épaisses* thin-soled / thick-soled boots ▸ **semelles compensées** platform soles ▸ **semelle intérieure** insole, inner sole **2.** [de ski] underside **3.** CONSTR foundation ; [de poutre] flange **4.** *fam* [viande dure] : *c'est de la semelle, ce steak !* this steak is like (shoe) leather OU old boots UK **5.** EXPR ▸ **battre la semelle** *fam* to stamp one's feet to keep warm ▸ **ne pas quitter qqn d'une semelle** *fam* to stick to sb like glue.

semence [səmɑ̃s] nf **1.** [graine] seed **2.** [sperme] semen *(U)*.

semer [19] [səme] vt **1.** *fig* & *pr* [planter] to sow / *semer un champ* to sow a field **2.** [répandre] to scatter ▸ **semer qqch de** to scatter sthg with, to strew sthg with / *parcours semé d'embûches* course littered with obstacles / *il sème ses affaires partout* he leaves his things everywhere **3.** *fam* [se débarrasser de] to shake off / *semer le peloton* to leave the pack behind **4.** *fam* [perdre] to lose **5.** [propager] to bring / *semer la pagaille* *fam* to wreak havoc / *semer le doute dans l'esprit de qqn* to sow OU to plant a seed of doubt in sb's mind.

semestre [səmɛstʀ] nm half year, six-month period ; SCOL semester.

semestriel, elle [səmɛstʀijɛl] adj **1.** [qui a lieu tous les six mois] half-yearly, six-monthly **2.** [qui dure six mois] six months', six-month.

semeur, euse [səmœʀ, øz] nm, f sower ; *fig* disseminator.

semi-automatique [səmiotɔmatik] adj semi-automatic.

semi-conducteur, trice [səmikɔ̃dyktœʀ, tʀis] adj semiconducting. ◆ **semi-conducteur** nm semiconductor.

semi-fini, e [səmifini] adj semi-finished.

semi-liberté [səmilibɛʀte] (*pl* **semi-libertés**) nf temporary release from prison.

sémillant, e [semijɑ̃, ɑ̃t] adj vivacious.

séminaire [seminɛʀ] nm **1.** RELIG seminary **2.** UNIV [colloque] seminar.

séminal, e, aux [seminal, o] adj seminal.

séminariste [seminaʀist] nm seminarist.

sémiologie [semjɔlɔʒi] nf semiology.

semi-précieux, euse [səmipʀesjø, øz] (*mpl* **semi-précieux**, *fpl* **semi-précieuses**) adj semi-precious.

semi-public, ique [səmipyblik] (*mpl* **semi-publics**, *fpl* **semi-publiques**) adj semi-public.

semi-remorque [səmiʀəmɔʀk] (*pl* **semi-remorques**) nm articulated lorry UK, semitrailer US, rig US.

semis [səmi] nm **1.** [méthode] sowing broadcast **2.** [terrain] seedbed **3.** [plant] seedling.

sémite [semit] adj Semitic. ◆ **Sémite** nmf Semite.

sémitique [semitik] adj Semitic.

semoir [səmwaʀ] nm **1.** [machine] drill **2.** [sac] seedbag.

semonce [səmɔ̃s] nf **1.** [réprimande] reprimand **2.** MIL ▸ **coup de semonce** warning shot.

semoule [səmul] nf semolina.

sempiternel, elle [sɑ̃pitɛʀnɛl] adj eternal.

sénat [sena] nm senate ▸ **le Sénat** *upper house of the French parliament.*

> **Le Sénat**
>
> The **Sénat** is the upper house of the French Parliament. Its members, the **sénateurs**, are elected in each **département** for a six-year mandate by the deputies of the **Assemblée nationale** and certain other government officials. The president of the Senate may deputise for the president of the Republic.

sénateur, trice [senatœʀ, tʀis] nm senator.

Sénégal [senegal] nm : *le Sénégal* Senegal ▸ **au Sénégal** in Senegal.

sénégalais, e [senegalɛ, ɛz] adj Senegalese. ◆ **Sénégalais, e** nm, f Senegalese person.

sénile [senil] adj senile.

sénilité [senilite] nf senility.

senior [senjɔʀ] adj & nmf **1.** SPORT senior **2.** [tourisme] for the over-50s, for the young at heart ; [menu] over 50s' / *notre clientèle senior* our over-50s customers **3.** [personnes de plus de 50 ans] over-50 *(gén pl)*.

sens[1], **sent** ⟶ **sentir**.

sens[2] [sɑ̃s] ❖ nm **1.** [fonction, instinct, raison] sense / *le sens du toucher* the sense of touch ▸ **avoir un sixième sens** to have sixth sense / *avoir le sens de la nuance* to be subtle ▸ **avoir le sens de l'humour** to have a sense of humour UK ou humor US ▸ **avoir le sens de l'orientation** to have a good sense of direction / *ne pas avoir le sens des réalités* to have no grasp of reality ▸ **bon sens** good sense ▸ **tomber sous le sens** *fig* to be perfectly obvious **2.** [opinion, avis] ▸ **à mon sens** to my way of thinking, to my mind **3.** [direction] direction ▸ **dans le sens de la longueur** lengthways ▸ **dans le sens de la marche** in the direction of travel / *dans le sens contraire de la marche* facing the rear *(of a vehicle)* ▸ **dans le sens des aiguilles d'une montre** clockwise ▸ **dans le sens contraire des aiguilles d'une montre** anticlockwise UK, counterclockwise US ▸ **dans tous les sens** *pr* in all directions, all over the place ▸ **en sens inverse** in the opposite direction ▸ **sens dessus dessous** upside down / *la maison était sens dessus dessous* [en désordre] the house was all topsy-turvy ▸ **sens interdit** ou **unique** one-way street **4.** [signification] meaning / *cela n'a pas de sens !* it's nonsensical! / *ce que tu dis n'a pas de sens* [c'est inintelligible, déraisonnable] what you're saying doesn't make sense / *lourd* ou *chargé de sens* meaningful / *porteur de sens* meaningful / *vide de sens* meaningless ▸ **dans** ou **en un sens** in one sense ▸ **à double sens** with a double meaning ▸ **au sens strict (du terme)** strictly speaking ▸ **dans le sens où** in the sense that, in so far as ▸ **en ce sens que** in the sense that ▸ **au sens propre / figuré** in the literal/figurative sense **5.** *fig* [orientation] line / *des mesures allant dans le sens d'une plus grande justice* measures directed at greater justice. ❖ nmpl senses / *pour le plaisir des sens* for the gratification of the senses ▸ **reprendre ses sens** **a)** *pr* to come to **b)** *fig* to come to one's senses.

sensation [sɑ̃sasjɔ̃] nf **1.** [perception] sensation, feeling ▸ **à sensation** sensational ▸ **faire sensation** to cause a sensation **2.** [impression] feeling.

sensationnel, elle [sɑ̃sasjɔnɛl] adj sensational.

sensé, e [sɑ̃se] adj sensible.

sensément [sɑ̃semɑ̃] adv sensibly.

sensibilisation [sɑ̃sibilizasjɔ̃] nf **1.** MÉD & PHOTO sensitization **2.** *fig* [du public] consciousness raising.

sensibiliser [3] [sɑ̃sibilize] vt **1.** MÉD & PHOTO to sensitize **2.** *fig* [public] ▸ **sensibiliser (à)** to make aware (of).

sensibilité [sɑ̃sibilite] nf ▸ **sensibilité (à)** sensitivity (to).

sensible [sɑ̃sibl] adj **1.** [gén] ▸ **sensible (à)** sensitive (to) ▸ **sensible à la vue** visible ▸ **sensible à l'ouïe** audible **2.** [notable] considerable, appreciable.

> ⚠ L'adjectif anglais **sensible**, qui signifie avant tout « sensé », « judicieux », ne peut que très rarement être utilisé pour traduire *sensible*.

sensiblement [sɑ̃sibləmɑ̃] adv **1.** [à peu près] more or less **2.** [notablement] appreciably, considerably.

sensiblerie [sɑ̃sibləʀi] nf *péj* [morale] sentimentality ; [physique] squeamishness.

sensoriel, elle [sɑ̃sɔʀjɛl] adj sensory.

sensualité [sɑ̃sɥalite] nf [lascivité] sensuousness ; [charnelle] sensuality.

sensuel, elle [sɑ̃sɥɛl] adj **1.** [charnel] sensual **2.** [lascif] sensuous.

sentence [sɑ̃tɑ̃s] nf **1.** [jugement] sentence **2.** [maxime] adage.

sentencieux, euse [sɑ̃tɑ̃sjø, øz] adj *péj* sententious.

senteur [sɑ̃tœʀ] nf *litt* perfume.

senti, e [sɑ̃ti] ❖ pp ⟶ **sentir.** ❖ adj ▸ **bien senti** [mots] well-chosen.

sentier [sɑ̃tje] nm path ▸ **sortir des sentiers battus** *fig* to go off the beaten track.

sentiment [sɑ̃timɑ̃] nm feeling / *plein de bons sentiments* full of good intentions / *j'ai le sentiment de l'avoir déjà vu* I have the feeling that I've seen him before / *faire appel aux bons sentiments de qqn* to appeal to sb's better OU finer feelings / *prendre qqn par les sentiments* to appeal to sb's feelings / *ramener qqn à de meilleurs sentiments* to bring sb round to a more generous point of view / *si vous voulez savoir mon sentiment* if you want to know what I think OU feel ▸ **veuillez agréer, Monsieur, l'expression de mes sentiments distingués / cordiaux / les meilleurs** yours faithfully UK /sincerely/truly.

sentimental, e, aux [sɑ̃timɑ̃tal, o] ❖ adj **1.** [amoureux] love *(avant n)* **2.** [sensible, romanesque] sentimental. ❖ nm, f sentimentalist.

sentimentalisme [sɑ̃timɑ̃talism] nm sentimentalism.

sentinelle [sɑ̃tinɛl] nf sentry.

sentir [37] [sɑ̃tiʀ] ❖ vt **1.** [percevoir - par l'odorat] to smell / *je sens une odeur de gaz* I can smell gas ; [par le goût] to taste ; [par le toucher] to feel / *je n'ai rien senti !* I didn't feel a thing! **2.** [exhaler - odeur] to smell of / *ça sent bon le lilas, ici* there's a nice smell of lilac in here **3.** [colère, tendresse] to feel **4.** [affectation, plagiat] to smack of / *son interprétation / style sent un peu trop le travail* her performance/style is rather too constrained **5.** [danger] to sense, to be aware of ▸ **sentir que** to feel (that) / *j'ai senti qu'on me suivait* I felt OU sensed (that) I was being followed **6.** [beauté] to feel, to appreciate **7.** EXPR ▸ **je ne peux pas le sentir** *fam* I can't stand him ▸ **le / la sentir passer** *fam* to really feel it / *vous allez la sentir passer, l'amende !* *fam* you'll certainly know about it when you get the fine! ❖ vi ▸ **sentir bon / mauvais** to smell good/bad / *le fromage sent fort* the cheese smells strong. ◆ **se sentir** ❖ v att ▸ **se sentir bien / fatigué** to feel well/tired / *se sentir en sécurité / danger* to feel safe/threatened ▸ **se sentir la force de faire qqch** to feel strong enough to do sthg / *elle ne se sent plus depuis qu'elle a eu le rôle* *fam* she's been really full of it since she landed the part. ❖ vp [être perceptible] : *ça se sent !* you can really tell!

seoir [67] [swaʀ] ❖ vi *litt* [aller bien] ▸ **seoir à qqn** to become sb. ❖ v impers *litt* ▸ **comme il sied** as is fitting.

Séoul [seul] npr Seoul.

séparable [sepaʀabl] adj separable.

séparation [sepaʀasjɔ̃] nf separation.

séparatisme [sepaʀatism] nm separatism.

séparatiste [sepaʀatist] nmf separatist.

séparé, e [sepaʀe] adj **1.** [intérêts] separate **2.** [couple] separated.

séparément [sepaʀemɑ̃] adv separately.

séparer [3] [sepaʀe] vt **1.** [gén] ▸ **séparer (de)** to separate (from) **2.** [suj : divergence] to divide **3.** [maison] ▸ **séparer (en)** to divide (into). ◆ **se séparer** vp **1.** [se défaire] ▸ **se séparer de** to part with **2.** [conjoints] to separate, to split up ▸ **se séparer de** to separate from, to split up with **3.** [participants] to disperse **4.** [route] ▸ **se séparer (en)** to split (into), to divide (into).

sépia [sepja] ❖ nf **1.** [matière] sepia **2.** [dessin] sepia (drawing). ❖ adj inv sepia.

sept [sɛt] adj num inv & nm seven. ***Voir aussi* six.**

septante [sɛptɑ̃t] adj num inv BELGIQUE SUISSE seventy.

septembre [sɛptɑ̃bʀ] nm September ▸ **de septembre** September *(avant n)* ▸ **en septembre, au mois de septembre** in September ▸ **début septembre, au début du mois de septembre** at the beginning of September ▸ **fin septembre, à la fin du mois de septembre** at the end of September ▸ **d'ici septembre** by September ▸ **(à la) mi-septembre** (in) mid-September ▸ **le premier / deux / dix septembre** the first/second/tenth of September.

septennat [sɛptena] nm seven-year term (of office).

septentrional, e, aux [sɛptɑ̃tʀijɔnal, o] adj northern.

septicémie [sɛptisemi] nf septicaemia UK, septicemia US, blood poisoning.

septième [sɛtjɛm] ❖ adj num inv, nm & nmf seventh. ❖ nf SCOL ≃ third year OU form *(at junior school)* UK ; ≃ fifth grade US. ***Voir aussi* sixième.**

septièmement [sɛtjɛmmɑ̃] adv seventhly, in (the) seventh place.

septique [sɛptik] adj [infecté] septic.

septuagénaire [sɛptɥaʒenɛʀ] ❖ nmf 70-year-old. ❖ adj ▸ **être septuagénaire** to be in one's seventies.

sépulcral, e, aux [sepylkʀal, o] adj sepulchral.

sépulcre [sepylkʀ] nm sepulchre UK, sepulcher US.

sépulture [sepyltyʀ] nf [lieu] burial place.

séquelle [sekɛl] nf *(gén pl)* aftermath ; MÉD aftereffect.

séquence [sekɑ̃s] nf sequence ; [cartes à jouer] run, sequence.

séquentiel, elle [sekɑ̃sjɛl] adj sequential.

séquestration [sekɛstʀasjɔ̃] nf **1.** [de personne] confinement **2.** [de biens] impoundment.

séquestre [sekɛstʀ] nm DR pound ▸ **mettre** OU **placer sous séquestre** to impound.

séquestrer [3] [sekɛstʀe] vt **1.** [personne] to confine **2.** [biens] to impound.

serai, seras ⟶ **être.**

sérail [seʀaj] nm seraglio.

serbe [sɛʀb] adj Serbian. ◆ **Serbe** nmf Serb.

Serbie [sɛʀbi] nf : *la Serbie* Serbia.

serbo-croate [sɛʀbɔkʀɔat] (*pl* **serbo-croates**) ❖ nm [langue] Serbo-Croat. ❖ adj Serbo-Croat, Serbo-Croatian. ◆ **Serbo-Croate** nmf Serbo-Croat speaker.

séré [seʀe] nm SUISSE fromage frais.

serein, e [səʀɛ̃, ɛn] adj **1.** [calme] serene **2.** [impartial] calm, dispassionate.

sereinement [səʀɛnmɑ̃] adv serenely, calmly.

sérénade [seʀenad] nf **1.** MUS serenade **2.** *fam* [tapage] hullabaloo.

sérénité [seʀenite] nf serenity.

serf, serve [sɛʀf, sɛʀv] nm, f serf.

serge [sɛʀʒ] nf serge.

sergent, e [sɛʀʒɑ̃, ɑ̃t] nm, f sergeant.

sergent-chef, sergente-chef [sɛʀʒɑ̃ʃɛf, sɛʀʒɑ̃tʃɛf] (*mpl* **sergents-chefs**, *fpl* **sergentes-chefs**) nm staff sergeant.

sériciculture [seʀisikyltyʀ] nf silkworm farming.

série [seʀi] nf **1.** [gén] series *sg* ▸ **série B** CINÉ & TV B movie **2.** SPORT rank ; [au tennis] seeding **3.** COMM [dans l'industrie] ▸ **produire qqch en série** to mass-produce sthg ▸ **de série** standard ▸ **hors série** a) custom-made b) *fig* outstanding, extraordinary. ◆ **série noire** nf **1.** [roman] ▸ **un roman de série noire** a detective novel ▸ **c'est un vrai personnage de série noire** he's like something out of a detective novel **2.** [catastrophes] chapter of accidents.

sérier [9] [seʀje] vt to classify.

sérieusement [seʀjøzmɑ̃] adv seriously.

sérieux, euse [seʀjø, øz] adj **1.** [grave] serious ▸ **être sérieux comme un pape** to look as solemn as a judge **2.** [digne de confiance] reliable ; [client, offre] genuine **3.** [consciencieux] responsible / *ce n'est pas sérieux* it's irresponsible / *être sérieux dans son travail* to be a conscientious worker, to take one's work seriously **4.** [considérable] considerable / *il a de sérieuses chances de gagner* he stands a good chance of winning / *on a de sérieuses raisons de le penser* we have good reasons to think so. ◆ **sérieux** nm **1.** [application] sense of responsibility / *elle fait son travail avec sérieux* she's serious about her work **2.** [gravité] seriousness ▸ **garder son sérieux** to keep a straight face ▸ **prendre qqn / qqch au sérieux** to take sb / sthg seriously ▸ **se prendre au sérieux** to take o.s. (too) seriously.

sérigraphie [seʀigʀafi] nf silk-screen printing.

sérigraphier [seʀigʀafje] vt to screenprint.

serin, e [səʀɛ̃, in] nm, f **1.** [oiseau] canary **2.** *fam* [niais] idiot, twit UK.

seriner [3] [səʀine] vt *fam* [rabâcher] ▸ **seriner qqch à qqn** to drum sthg into sb.

seringue [səʀɛ̃g] nf syringe.

serment [sɛʀmɑ̃] nm **1.** [affirmation solennelle] oath ▸ **prêter serment** to take an oath ▸ **sous serment** on OU under oath ▸ **serment d'Hippocrate** Hippocratic oath **2.** [promesse] vow, pledge.

sermon [sɛʀmɔ̃] nm *pr* & *fig* sermon.

sermonner [3] [sɛʀmɔne] vt to lecture.

SERNAM, Sernam [sɛʀnam] (*abr de* **Service national de messageries**) nm *rail delivery service* ; ≃ Red Star® UK.

séronégatif, ive [seʀɔnegatif, iv] adj HIV-negative.

séropositif, ive [seʀɔpozitif, iv] adj HIV-positive.

séropositivité [seʀɔpozitivite] nf HIV infection.

serpe [sɛʀp] nf billhook.

serpent [sɛʀpɑ̃] nm ZOOL snake ▸ **serpent à sonnette** OU **sonnettes** rattlesnake.

serpenter [3] [sɛʀpɑ̃te] vi to wind.

serpentin [sɛʀpɑ̃tɛ̃] nm **1.** [de papier] streamer **2.** [tuyau] coil.

serpillière [sɛʀpijɛʀ] nf floor cloth UK, mop US.

serpolet [sɛʀpɔlɛ] nm wild thyme.

serre [sɛʀ] nf [bâtiment] greenhouse, glasshouse UK. ◆ **serres** nfpl ZOOL talons, claws.

serré, e [seʀe] adj **1.** [écriture] cramped ; [tissu] closely-woven ; [rangs] serried **2.** [style] dense, concise **3.** [vêtement, chaussure] tight **4.** [discussion] closely argued ; [match] close-fought **5.** [poing, dents] clenched ▸ **la gorge serrée** with a lump in one's throat ▸ **j'en avais le cœur serré** *fig* it was heartbreaking **6.** [café] strong. ◆ **serré** adv ▸ **jouer serré** to be cautious.

serre-livres [sɛʀlivʀ] nm inv bookend / *deux serre-livres* a pair of bookends.

serrement [sɛʀmɑ̃] nm **1.** [de main] handshake **2.** [de cœur] anguish **3.** [de gorge] tightening.

serrer [4] [seʀe] ❖ vt **1.** [saisir] to grip, to hold tight ▸ **serrer la main à qqn** to shake sb's hand / *serrer qqch contre son cœur* to clasp sthg to one's breast ▸ **serrer qqn dans ses bras** to hug sb **2.** *fig* [rapprocher] to bring together ▸ **serrer les rangs** to close ranks **3.** [poing, dents] to clench ; [lèvres] to purse ; *fig* [cœur] to wring **4.** [suj : vêtement, chaussure] to be too tight for / *la chaussure droite / le col me serre un peu* the right shoe / the collar is a bit tight **5.** [vis, ceinture] to tighten **6.** [trottoir, bordure] to hug **7.** QUÉBEC [ranger] to put away **8.** QUÉBEC [enfermer, mettre en lieu sûr] to put in a safe place. ❖ vi AUTO ▸ **serrer à droite / gauche** to keep right / left. ◆ **se serrer** vp **1.** [se blottir] ▸ **se serrer contre** to huddle up to OU against / *se serrer les uns contre les autres* to huddle together ▸ **se serrer autour de** to crowd OU press around **2.** [se rapprocher] to squeeze up **3.** [se contracter] to tighten / *mon cœur se serra en les voyant* my heart sank when I saw them / *je sentais ma gorge se serrer* I could feel a lump in my throat.

serre-tête [sɛʀtɛt] nm inv headband.

serrure [seʀyʀ] nf lock.

serrurerie [seʀyʀʀi] nf **1.** [métier] locksmith's trade **2.** [ouvrage] metalwork.

serrurier [seʀyʀje] nm locksmith.

sers, sert ⟶ **servir**.

sertir [32] [sɛʀtiʀ] vt **1.** [pierre précieuse] to set **2.** TECHNOL [assujettir] to crimp.

sérum [seʀɔm] nm serum ▸ **sérum physiologique** saline.

servage [sɛʀvaʒ] nm serfdom ; *fig* bondage.

servante [sɛʀvɑ̃t] nf **1.** [domestique] maidservant **2.** TECHNOL tool rest.

serve ⟶ **serf**.

serveur, euse [sɛʀvœʀ, øz] nm, f **1.** [de restaurant] waiter (waitress) ; [de bar] barman (barmaid) UK, bartender US **2.** [joueur de cartes] dealer **3.** TENNIS server. ◆ **serveur** nm INFORM server ▸ **serveur sécurisé** secure server ▸ **serveur vocal** voicemail service.

servi, e [sɛʀvi] pp ⟶ **servir**.

serviable [sɛʀvjabl] adj helpful, obliging.

service [sɛʀvis] nm **1.** [gén] service ▸ **être en service** to be in use, to be set up / *cet hélicoptère / cette presse entrera en service en mai* this helicopter will be put into service / this press will come on stream in May ▸ **hors service** out of order ▸ **mettre en service** to set up ▸ **service minimum** skeleton service **2.** [travail] duty / *pendant le service* while on duty / *être de service* to be on duty / *prendre son service* to go on ou to report for duty / *finir son service* to come off duty **3.** [département] department ▸ **service des achats** purchasing department ▸ **service d'ordre** police and stewards UK *(at a demonstration)* / *assurer le service d'ordre dans un périmètre* to police a perimeter ▸ **service du personnel** personnel department ou division ▸ **service de presse** a) [département] press office b) [personnes] press officers, press office staff ▸ **service de réanimation** intensive care (unit) ▸ **service de renseignements** intelligence service **4.** MIL ▸ **service (militaire)** military ou national service ▸ **service civil** non-military national service **5.** [aide, assistance] favour UK, favor US / *offrir ses services à qqn* to offer one's services to sb, to offer to help sb out ▸ **rendre service** to be helpful / *ça peut encore / toujours rendre service* it can still / it'll always come in handy / *rendre un service à qqn* to do sb a favour UK ou favor US ▸ **service après-vente** after-sales service ▸ **service de bavardage Internet** ou **de chat** Internet Relay Chat, IRC ▸ **les services sociaux** the social services **6.** [à table] ▸ **premier / deuxième service** first / second sitting **7.** [pourboire] service (charge) ▸ **service compris / non compris** service included / not included **8.** [assortiment - de porcelaine] service, set ; [- de linge] set / *acheter un service de 6 couverts en argent* to buy a 6-place canteen of silver cutlery **9.** SPORT service, serve / *prendre le service de qqn* to break sb's serve ou service.

serviette [sɛʀvjɛt] nf **1.** [de table] serviette, napkin **2.** [de toilette] towel ▸ **serviette de bain** bath towel ▸ **serviette de plage** beach towel **3.** [porte-documents] briefcase **4.** [protection] ▸ **serviette hygiénique** ou **périodique** sanitary towel UK ou napkin US.

serviette-éponge [sɛʀvjɛtepɔ̃ʒ] (*pl* **serviettes-éponges**) nf terry towel.

servile [sɛʀvil] adj **1.** [gén] servile **2.** [traduction, imitation] slavish.

servir [38] [sɛʀviʀ] ◆ vt **1.** [gén] to serve ▸ **servir qqch à qqn** to serve sb sthg, to help sb to sthg ▸ **qu'est-ce que je vous sers ?** what can I get you? / *c'est difficile de se faire servir ici* it's difficult to get served here / *le dîner est servi !* dinner's ready ou served! / *sers-moi à boire* give ou pour me a drink **2.** [avantager] to serve (well), to help / *servir les ambitions de qqn* to serve ou to aid ou to further sb's ambitions / *sa mémoire la sert beaucoup* her memory's a great help to her. ◆ vi **1.** [avoir un usage] to be useful ou of use ▸ **ça peut toujours / encore servir** it may / may still come in useful / *ça n'a jamais servi* it's never been used **2.** [être utile] ▸ **servir à qqch / à faire qqch** to be used for sthg / for doing sthg / *sa connaissance du russe lui a servi dans son métier* her knowledge of Russian helped her ou was of use to her in her job / *tu vois bien que ça a servi à quelque chose de faire une pétition !* as you see, getting up a petition did serve some purpose! ▸ **ça ne sert à rien** it's pointless **3.** [tenir lieu] ▸ **servir de** a) [personne] to act as b) [chose] to serve as / *je lui ai servi d'interprète* I acted as his interpreter / *le coffre me sert aussi de table* I also use the trunk as a table **4.** *vieilli* [domestique] to be in service / *elle sert au château depuis 40 ans* she's worked as a servant ou been in service at the castle for 40 years **5.** MIL & SPORT to serve / *à toi de servir !* your serve ou service! **6.** [jeu de cartes] to deal. ◆ **se servir** vp **1.** [prendre] ▸ **se servir (de)** to help o.s. (to) / *je me suis servi un verre de lait* I poured myself a glass of milk ▸ **servez-vous !** help yourself! **2.** [utiliser] ▸ **se servir de qqn / qqch** to use sb / sthg / *c'est une arme dont on ne se sert plus* it's a weapon which is no longer used ou in use.

serviteur [sɛʀvitœʀ] nm servant.

servitude [sɛʀvityd] nf **1.** [esclavage] servitude **2.** *(gén pl)* [contrainte] constraint **3.** DR easement.

ses ⟶ **son** ².

sésame [sezam] nm **1.** BOT sesame **2.** *fig* [formule magique] ▸ **sésame ouvre-toi** open sesame.

session [sesjɔ̃] nf **1.** [d'assemblée] session, sitting **2.** UNIV exam session **3.** QUÉBEC SCOL & UNIV academic session **4.** INFORM ▸ **ouvrir une session** to log in ou on ▸ **fermer** ou **clore une session** to log out ou off.

set [sɛt] nm **1.** TENNIS set **2.** [napperon] ▸ **set (de table)** set of table ou place mats.

SET® (*abr de* **secure electronic transaction**) INFORM SET®.

setter [setɛʀ] nm setter.

seuil [sœj] nm *pr* & *fig* threshold ▸ **seuil de rentabilité** COMM breakeven point.

seul, e [sœl] ◆ adj **1.** [isolé] alone ▸ **seul à seul** alone (together), privately / *je voudrais te parler seul à seul* I'd like to talk to you in private **2.** [sans compagnie] alone, by o.s. / *parler tout seul* to talk to o.s. **3.** [sans aide] on one's own, by o.s. / *il a bâti sa maison tout seul* he built his house all by himself **4.** [unique] ▸ **le seul…**

the only... ▸ **un seul...** a single... ▸ **pas un seul...** not one..., not a single... / *je l'ai vue une seule et unique fois* I saw her only once / *il n'a qu'un seul défaut* he's only got one fault **5.** [esseulé] lonely **6.** [sans partenaire, non marié] alone, on one's own / *elle est seule avec trois enfants* she's bringing up three children on her own. ❖ nm, f ▸ **le seul** the only one / *tu voudrais t'arrêter de travailler ? t'es pas le seul !* *fam* you'd like to stop work? you're not the only one! ▸ **un seul** a single one, only one / *pas un seul (de ses camarades) n'était prêt à l'épauler* not a single one (of her friends) was prepared to help her.

alone ou lonely ?

L'adjectif **alone** se réfère à la solitude objective, au fait d'être sans compagnie. L'adjectif **lonely** fait référence au sentiment de solitude, au fait de se sentir seul :

Though I live alone, I'm never lonely. *Bien que je vive seul, je ne me sens jamais seul.*

seulement [sœlmɑ̃] adv **1.** [gén] only ; [exclusivement] only, solely **2.** [même] even. ◆ **non seulement... mais (encore)** loc corrélative not only... but (also).

sève [sɛv] nf **1.** BOT sap **2.** *fig* [vigueur] vigour UK, vigor US.

sévère [sevɛʀ] adj severe.

sévèrement [sevɛʀmɑ̃] adv severely.

sévérité [seveʀite] nf severity.

sévices [sevis] nmpl *sout* ill treatment *(U)*.

Séville [sevij] npr Seville.

sévir [32] [seviʀ] vi **1.** [gouvernement] to act ruthlessly ou severely **2.** [épidémie, guerre] to rage **3.** [punir] to give out a punishment.

sevrage [səvʀaʒ] nm **1.** [d'enfant] weaning **2.** [de toxicomane] withdrawal.

sevrer [19] [səvʀe] vt to wean ▸ **sevrer qqn de** *fig* to deprive sb of.

sexagénaire [sɛksaʒenɛʀ] ❖ nmf sixty-year-old. ❖ adj ▸ **être sexagénaire** to be in one's sixties.

sex-appeal [sɛksapil] nm sex appeal.

S. Exc. (*abr écrite de* **Son Excellence**) HE.

sexe [sɛks] nm **1.** [gén] sex ▸ **le sexe fort / faible** *fam* the stronger / weaker sex **2.** [organe] genitals *pl*.

sexisme [sɛksism] nm sexism.

sexiste [sɛksist] nmf & adj sexist.

sexologie [sɛksɔlɔʒi] nf sexology.

sexologue [sɛksɔlɔg] nmf sexologist.

sex-shop [sɛksʃɔp] (*pl* **sex-shops**) nm sex shop.

sex-symbol [sɛkssɛ̃bɔl] (*pl* **sex-symbols**) nm sex symbol.

sextant [sɛkstɑ̃] nm sextant.

sextuple [sɛkstypl] ❖ nm : *le sextuple de 3* 6 times 3. ❖ adj sixfold.

sexualité [sɛksɥalite] nf sexuality.

sexué, e [sɛksɥe] adj [animal] sexed ; [reproduction] sexual.

sexuel, elle [sɛksɥɛl] adj sexual.

sexuellement [sɛksɥɛlmɑ̃] adv sexually.

sexy [sɛksi] adj inv *fam* sexy.

seyais, seyait ⟶ **seoir**.

seyant, e [sɛjɑ̃, ɑ̃t] adj becoming.

Seychelles [seʃɛl] nfpl : *les Seychelles* the Seychelles / *aux Seychelles* in the Seychelles.

SF (*abr de* **science-fiction**) nf sci-fi ▸ **film de SF** sci-fi movie.

SFIO (*abr de* **Section française de l'internationale ouvrière**) nf HIST *former name of the French socialist party*.

SG *abr de* **secrétaire général**.

SGA *abr de* **secrétaire général adjoint**.

SGEN (*abr de* **Syndicat général de l'éducation nationale**) nm *teachers' trade union*.

SGML (*abr de* **standard generalized markup language**) INFORM SGML.

shabbat [ʃabat] nm = **sabbat**.

shah, chah [ʃa] nm shah.

shaker [ʃɛkœʀ] nm cocktail shaker.

shampoing = **shampooing**.

shampooing [ʃɑ̃pwɛ̃] nm shampoo.

shampouiner [3] [ʃɑ̃pwine] vt to shampoo.

shampouineur, euse [ʃɑ̃pwinœʀ, øz] nm, f shampooer.

Shanghai [ʃɑ̃gaj] npr Shanghai.

shérif [ʃeʀif] nm sheriff.

sherry [ʃeʀi] nm sherry.

shetland [ʃɛtlɑ̃d] nm **1.** [laine] Shetland wool **2.** [cheval] Shetland pony.

Shetland [ʃɛtlɑ̃d] nfpl : *les Shetland* the Shetlands.

shiatsu [ʃiatsu] nm shiatsu.

shit [ʃit] nm *fam* hash.

shooter [3] [ʃute] vi to shoot ▸ **shooter dans qqch** *fam* to kick sthg. ◆ **se shooter** vp *fam & arg crime* to shoot up.

shopping [ʃɔpiŋ] nm shopping ▸ **faire du shopping** to go (out) shopping.

short [ʃɔʀt] nm shorts *pl*, pair of shorts.

show [ʃo] nm show.

show-biz [ʃobiz] nm inv *fam* show biz.

show-business [ʃobiznɛs] nm inv show business.

si[1] [si] nm inv MUS B ; [chanté] ti.

si[2] [si] ❖ adv **1.** [tellement] so / *elle est si belle* she is so beautiful / *elle a de si beaux cheveux !* she has such beautiful hair! / *il roulait si vite qu'il a eu un accident* he was driving so fast (that) he had an accident / *ce n'est pas si facile que ça* it's not as easy as that / *si vieux qu'il soit* however old he may be, old as he is / *il est si mignon !* he's (ever) so sweet! / *je la vois si peu* I see so little of her, I see her so rarely / *il n'est pas si bête qu'il en a l'air* he's not as stupid as he seems **2.** [oui] yes / *tu n'aimes pas le café ? — si* don't you like coffee? — yes, I do / *je n'y arriverai jamais — mais si !* I'll never manage — of course you will! / *ce n'est pas fermé ? — si* isn't it closed? — yes (it is) / *ça n'a pas d'importance — si, ça en a !* it doesn't matter — it DOES ou yes it does! / *tu n'aimes pas ça ? — si, si !* don't you like that? — oh yes I DO! ❖ conj **1.** [gén] if / *si tu veux, on y va* we'll go if you want / *si tu faisais cela, je te détesterais* I would hate you if you did that ▸ **si seulement** if only **2.** [exprimant une hypothèse] if / *si tu venais de bonne heure, on pourrait finir avant midi* if you came early we would be able to finish before midday / *s'il m'arrivait quelque chose, prévenez John* should anything happen to me ou if anything should happen to me, call John / *ah toi, si je ne me retenais pas… !* just count yourself lucky I'm restraining myself! / *si j'avais su, je me serais méfié* if I had known ou had I known, I would have been more cautious **3.** [dans une question indirecte] if, whether / *dites-moi si vous venez* tell me if ou whether you're coming **4.** [emploi exclamatif] : *si je m'attendais à te voir ici !* well, I (certainly) didn't expect to meet you here ou fancy meeting you here! ❖ nm inv ▸ **il y a toujours des si et des mais** there are always ifs and buts / *avec des si, on mettrait Paris en bouteille* [proverbe] if ifs and buts were pots and pans, there'd be no trade for tinkers. ◆ **si bien que** loc conj so that, with the result that / *il ne sait pas lire une carte, si bien qu'on s'est perdus* he can't read a map, and so we got lost. ◆ **si ce n'est que** loc conj apart from the fact that, except (for the fact) that / *il n'a pas de régime, si ce n'est qu'il ne doit pas fumer* he has no special diet, except that he mustn't smoke. ◆ **si tant est que** loc conj (+ *subjonctif*) providing, provided (that) / *on se retrouvera à 18 h, si tant est que l'avion arrive à l'heure* we'll meet at 6 p.m. provided (that) ou if the plane arrives on time.

SI nm **1.** (*abr de* **syndicat d'initiative**) tourist office **2.** (*abr de* **système international**) SI.

siamois, e [sjamwa, az] adj Siamese ▸ **frères siamois, sœurs siamoises a)** MÉD Siamese twins **b)** *fig* inseparable companions. ◆ **Siamois, e** nm, f *vieilli* Siamese person.

Sibérie [sibeʀi] nf : *la Sibérie* Siberia.

sibérien, enne [sibeʀjɛ̃, ɛn] adj Siberian. ◆ **Sibérien, enne** nm, f Siberian.

sibyllin, e [sibilɛ̃, in] adj enigmatic.

sic [sik] adv sic.

SICAV, Sicav [sikav] (*abr de* **société d'investissement à capital variable**) nf inv **1.** [société] unit trust UK, mutual fund US **2.** [action] share in a unit trust UK ou mutual fund US.

Sicile [sisil] nf : *la Sicile* Sicily.

sicilien, enne [sisiljɛ̃, ɛn] adj Sicilian. ◆ **Sicilien, enne** nm, f Sicilian.

SICOB, Sicob [sikɔb] (*abr de* **Salon des industries, du commerce et de l'organisation du bureau**) nm ▸ **le Sicob** *annual information technology fair in Paris.*

SIDA, sida [sida] (*abr de* **syndrome d'immunodéficience acquise**) nm AIDS.

side-car [sidkaʀ] (*pl* **side-cars**) nm sidecar.

sidéen, enne [sideɛ̃, ɛn] nm, f person with AIDS.

sidéral, e, aux [sideʀal, o] adj sidereal.

sidérant, e [sideʀɑ̃, ɑ̃t] adj *fam* staggering.

sidérer [18] [sideʀe] vt *fam* to stagger.

sidérurgie [sideʀyʀʒi] nf **1.** [industrie] iron and steel industry **2.** [technique] iron and steel metallurgy.

sidérurgique [sideʀyʀʒik] adj steel *(avant n)*.

sidérurgiste [sideʀyʀʒist] nmf steelworker.

sidologue [sidɔlɔg] nmf AIDS specialist.

siècle [sjɛkl] nm **1.** [cent ans] century / *l'affaire du siècle* the bargain of the century **2.** [époque, âge] age ▸ **le siècle de l'atome** the atomic age **3.** *(gén pl) fam* [longue durée] ages *pl* ▸ **ça fait des siècles que…** it's ages since….

sied, siéra ⟶ **seoir**.

siège [sjɛʒ] nm **1.** [meuble & POL] seat / *siège avant / arrière* front/back seat ▸ **siège auto bébé** baby car seat ▸ **siège auto enfant** child car seat **2.** MIL siege / *faire le siège d'une ville* to lay siege to ou to besiege a town ▸ **lever le siège** to lift the siege **3.** [d'organisme] headquarters, head office / *le siège du gouvernement* the seat of government ▸ **siège social** registered office **4.** MÉD ▸ **se présenter par le siège** to be in the breech position **5.** DR bench.

siéger [22] [sjeʒe] vi **1.** [juge, assemblée] to sit **2.** *litt* [mal] to have its seat ; [maladie] to be located.

sien [sjɛ̃] ◆ **le sien, la sienne** [lәsjɛn, lasjɛn] (*mpl* **les siens** [lesjɛ̃], *fpl* **les siennes** [lesjɛn]) pron poss [d'homme] his ; [de femme] hers ; [de chose, d'animal] its ▸ **les siens** his/her family ▸ **faire des siennes** to be up to one's usual tricks.

sierra [sjeʀa] nf sierra.

sieste [sjɛst] nf nap.

sifflant, e [siflɑ̃, ɑ̃t] adj [son] whistling ; [voix] hissing ; LING sibilant.

sifflement [sifləmɑ̃] nm [son] whistling ; [de serpent] hissing.

siffler [3] [sifle] ❖ vi to whistle ; [serpent] to hiss. ❖ vt **1.** [air de musique] to whistle **2.** [femme] to whistle at **3.** [chien] to whistle (for) **4.** [acteur] to boo, to hiss **5.** *fam* [verre] to knock back.

sifflet [siflɛ] nm whistle. ◆ **sifflets** nmpl hissing *(U)*, boos.

sifflotement [siflɔtmɑ̃] nm whistling.

siffloter [3] [siflɔte] vi & vt to whistle.

sigle [sigl] nm acronym, (set of) initials.

signal, aux [siɲal, o] nm **1.** [geste, son] signal ▸ **signal d'alarme** alarm (signal) ▸ **signal d'alerte** warning signal ▸ **signal de détresse** distress signal ▸ **donner le signal (de)** to give the signal (for) ▸ **signal du marché** market indicator **2.** [panneau] sign.

signalement [siɲalmɑ̃] nm description.

signaler [3] [siɲale] ❖ vt **1.** [fait] to point out ▸ **rien à signaler** nothing to report **2.** [à la police] to denounce. ❖ vi [à train, navire] ▸ **signaler à** to signal to. ◆ **se signaler** vp ▸ **se signaler par** to become known for, to distinguish o.s. by.

signalétique [siɲaletik] adj identifying.

signalisation [siɲalizasjɔ̃] nf **1.** [action] signposting **2.** [panneaux] signs *pl* ; [au sol] (road) markings *pl* ; NAUT signals *pl*.

signaliser [3] [siɲalize] vt [route] to provide with roadsigns and markings ; [voie ferrée] to equip with signals ; [piste d'aéroport] to provide with markings and beacons / *c'est bien / mal signalisé* [route] it's been well / badly signposted.

signataire [siɲatɛʀ] nmf signatory.

signature [siɲatyʀ] nf **1.** [nom, marque] signature ▸ **signature électronique** digital signature, e-signature **2.** [acte] signing **3.** ÉCON strapline.

signe [siɲ] nm **1.** [gén] sign ▸ **en signe de** as a sign of / *mettre un brassard en signe de deuil* to wear an armband as a sign of mourning ▸ **être né sous le signe de** ASTROL to be born under the sign of ▸ **être placé sous le signe de** *fig* [conférence, transaction] to be marked by / *faire signe à qqn* to signal to sb / *faire un signe de la main à qqn* [pour saluer, attirer l'attention] to wave to sb, to wave one's hand at sb / *quand vous serez à Paris, faites-moi signe* *fig* when you're in Paris, let me know ▸ **signe avant-coureur** advance indication ▸ **signe de la croix** RELIG sign of the cross ▸ **signe dollar** dollar sign ▸ **signe de ralliement** rallying symbol ▸ **signe de reconnaissance** means of recognition ▸ **donner signe de vie** to get in touch **2.** [trait] mark ▸ **signe distinctif** characteristic ▸ **signe particulier** distinguishing mark / *'signes particuliers : néant'* 'distinguishing marks: none' **3.** [indication] sign / *c'est un signe* a) [mauvais] that's ominous b) [bon] that's a good sign / *c'est signe de* : *c'est signe de pluie / de beau temps* it's a sign of rain / of good weather / *c'est signe que...* it's a sign that... / *c'est bon signe* it's a good sign, it augurs well *sout* / *c'est mauvais signe* it's a bad sign, it's ominous / *(un) signe de* : *il n'y a aucun signe d'amélioration* there's no sign of (any) improvement / *c'est un signe des temps* it's a sign of the times / *il n'a pas donné signe de vie depuis janvier* there's been no sign of him since January / *donner des signes d'impatience* to give OU to show signs of impatience / *la voiture donne des signes de fatigue* the car is beginning to show its age ▸ **signe annonciateur** OU **avant-coureur** forerunner ▸ **signes extérieurs de richesse** DR outward signs of wealth **4.** LING, MATH, MÉD & MUS sign / *le signe moins / plus* the minus / plus sign **5.** [imprimerie] ▸ **signe de correction** proofreading mark OU symbol ▸ **signe de ponctuation** punctuation mark.

signer [3] [siɲe] vt to sign. ◆ **se signer** vp to cross o.s.

signet [siɲɛ] nm [d'un livre & INTERNET] bookmark.

significatif, ive [siɲifikatif, iv] adj significant.

signification [siɲifikasjɔ̃] nf **1.** [sens] meaning **2.** DR service (of documents).

significativement [siɲifikativmɑ̃] adv significantly / *la récession affecte significativement la consommation* the recession is significantly affecting consumption.

signifier [9] [siɲifje] vt **1.** [vouloir dire] to mean / *de telles menaces ne signifient rien de sa part* such threats mean nothing coming from him / *que signifie ceci ?* what's the meaning of this? **2.** [faire connaître] to make known / *signifier son congé à qqn* to give sb notice of dismissal *sout*, to give sb his / her notice / *signifier ses intentions à qqn* to make one's intentions known OU to state one's intentions to sb **3.** DR to serve notice of.

silence [silɑ̃s] nm **1.** [gén] silence / *demander* OU *réclamer le silence* to call for silence / *garder le silence (sur)* to remain silent (about) / *imposer le silence à qqn* to shut sb up / *dans le silence de la nuit* in the still OU silence of the night ▸ **silence de glace** stony silence ▸ **silence de mort** deathly hush / *il régnait un silence de mort* it was as quiet OU silent as the grave / *silence radio* radio silence / *il devait me rappeler après son voyage mais depuis un mois silence radio* *hum* he was supposed to call me back after his trip but I haven't heard a peep OU a dicky bird *vieilli* out of him for a month ▸ **passer qqch sous silence** to avoid mentioning sthg **2.** MUS rest **3.** CINÉ : *silence on tourne !* quiet on the set! **4.** [lacune] : *le silence de la loi en la matière* the absence of legislation regarding this matter.

silencieusement [silɑ̃sjøzmɑ̃] adv in silence, silently.

silencieux, euse [silɑ̃sjø, øz] adj **1.** [lieu, appareil] quiet **2.** [personne - taciturne] quiet ; [- muet] silent. ◆ **silencieux** nm AUTO silencer UK, muffler US.

silex [silɛks] nm flint.

silhouette [silwɛt] nf **1.** [de personne] silhouette ; [de femme] figure ; [d'objet] outline **2.** ART silhouette.

silice [silis] nf silica.

siliceux, euse [silisø, øz] adj silicious, siliceous.

silicium [silisjɔm] nm silicon.

silicone [silikon] nf silicone.

sillage [sijaʒ] nm wake.

sillon [sijɔ̃] nm **1.** [tranchée, ride] furrow **2.** [de disque] groove.

sillonner [3] [sijɔne] vt **1.** [champ] to furrow **2.** [ciel] to crisscross.

silo [silo] nm silo.

simagrées [simagʀe] nfpl ▸ **faire des simagrées** to make a fuss.

simiesque [simjɛsk] adj simian.

similaire [similɛʀ] adj similar.

similarité [similaʀite] nf similarity.

simili [simili] ❖ nm **1.** *fam* [imitation] imitation ▸ **en simili** imitation *(avant n)* **2.** [de photogravure] halftone plate ou block. ❖ nf *fam* halftone illustration.

similicuir [similikɥiʀ] nm imitation leather.

similitude [similityd] nf similarity.

simple [sɛ̃pl] ❖ adj **1.** [gén] simple ▸ **simple d'esprit** simple-minded **2.** [ordinaire] ordinary **3.** [billet] ▸ **un aller simple** a single ticket. ❖ nm TENNIS singles *sg.* ◆ **simples** nmpl medicinal plants ou herbs.

simplement [sɛ̃pləmɑ̃] adv simply ▸ **tout simplement** quite simply, just.

simplet, ette [sɛ̃plɛ, ɛt] adj **1.** [personne] simple **2.** *péj* [raisonnement] simplistic.

simplicité [sɛ̃plisite] nf simplicity ▸ **d'une simplicité enfantine** childishly simple.

simplificateur, trice [sɛ̃plifikatœʀ, tʀis] adj simplifying.

simplification [sɛ̃plifikasjɔ̃] nf simplification.

simplifier [9] [sɛ̃plifje] vt **1.** [procédé] to simplify **2.** [explication] to simplify, to make simpler / ***en simplifiant à outrance*** by oversimplifying / ***cela simplifierait les choses*** it would make things easier **3.** MATH [fraction] to reduce, to simplify ; [équation] to simplify. ◆ **se simplifier** ❖ vpi to become simplified ou simpler. ❖ vpt to simplify / ***elle se simplifie l'existence*** she makes her life simpler.

simplisme [sɛ̃plism] nm *péj* oversimplification.

simpliste [sɛ̃plist] adj *péj* simplistic.

simulacre [simylakʀ] nm **1.** [semblant] ▸ **un simulacre de** a pretence of, a sham **2.** [action simulée] enactment.

simulateur, trice [simylatœʀ, tʀis] nm, f pretender ; [de maladie] malingerer. ◆ **simulateur** nm TECHNOL simulator.

simulation [simylasjɔ̃] nf **1.** [gén] simulation **2.** [comédie] shamming, feigning ; [de maladie] malingering.

simuler [3] [simyle] vt **1.** [gén] to simulate **2.** [feindre] to feign, to sham.

simultané, e [simyltane] adj simultaneous.

simultanéité [simyltaneite] nf simultaneousness.

simultanément [simyltanemɑ̃] adv simultaneously.

Sinaï [sinaj] npr : *le Sinaï* Sinai ▸ **le mont Sinaï** Mount Sinai.

sincère [sɛ̃sɛʀ] adj sincere.

sincèrement [sɛ̃sɛʀmɑ̃] adv **1.** [franchement] honestly, sincerely ▸ **sincèrement vôtre** yours sincerely **2.** [vraiment] really, truly.

sincérité [sɛ̃seʀite] nf sincerity ▸ **en toute sincérité** in all sincerity.

sinécure [sinekyʀ] nf sinecure ▸ **ce n'est pas une sinécure** *fam* it's not exactly a cushy job.

sine qua non [sinekwanɔn] loc adj inv ▸ **condition sine qua non** prerequisite.

Singapour [sɛ̃gapuʀ] npr Singapore / ***à Singapour*** in Singapore.

singe [sɛ̃ʒ] nm ZOOL monkey ; [de grande taille] ape.

singe-araignée [sɛ̃ʒaʀɛɲe] *(pl* **singes-araignées)** nm ZOOL spider monkey.

singer [17] [sɛ̃ʒe] vt **1.** [personne] to mimic, to ape **2.** [sentiment] to feign.

singerie [sɛ̃ʒʀi] nf **1.** [grimace] face **2.** [manières] fuss *(U).*

singulariser [3] [sɛ̃gylaʀize] vt to draw ou call attention to. ◆ **se singulariser** vp to draw ou call attention to o.s.

singularité [sɛ̃gylaʀite] nf **1.** [bizarrerie] strangeness **2.** [particularité] peculiarity.

singulier, ère [sɛ̃gylje, ɛʀ] adj **1.** *sout* [bizarre] strange ; [spécial] uncommon **2.** GRAM singular **3.** [d'homme à homme] ▸ **combat singulier** single combat. ◆ **singulier** nm GRAM singular.

singulièrement [sɛ̃glyjɛʀmɑ̃] adv **1.** *litt* [bizarrement] strangely **2.** [beaucoup, très] particularly.

sinisant, e [sinizɑ̃, ɑ̃t] nm, f **1.** [sinologue] specialist in the subject of China **2.** [qui parle chinois] Chinese speaker.

sinistre [sinistʀ] ❖ nm **1.** [catastrophe] disaster **2.** DR damage *(U).* ❖ adj **1.** [personne, regard] sinister ; [maison, ambiance] gloomy **2.** *(avant n) fam* [crétin, imbécile] dreadful, terrible.

sinistré, e [sinistʀe] ❖ adj [région] disaster *(avant n)*, disaster-stricken ; [famille] disaster-stricken. ❖ nm, f disaster victim.

sinistrose [sinistʀoz] nf pessimism.

sinologue [sinɔlɔg] nmf Sinologist, China-watcher.

sinon [sinɔ̃] conj **1.** [autrement] or else, otherwise / ***je ne peux pas, sinon je l'aurais fait*** I can't, otherwise I would have done it / ***j'essaierai d'être à l'heure, sinon partez sans moi*** I'll try to be on time, but if I'm not go without me / ***tais-toi, sinon…!*** be quiet or else…! **2.** [sauf] except, apart from / ***elle l'a, sinon aimé, du moins apprécié*** although ou if she didn't like it she did at least appreciate it / ***que faire, sinon attendre ?*** what can we do other than wait? **3.** [si ce n'est] if not. ◆ **sinon que** loc conj except that.

sinueux, euse [sinɥø, øz] adj winding ; *fig* tortuous.

sinuosité [sinɥozite] nf bend, twist. ◆ **sinuosités** nfpl *fig* tortuousness, convolutions.

sinus [sinys] nm **1.** ANAT sinus **2.** MATH sine.

sinusite [sinyzit] nf sinusitis *(U).*

sionisme [sjɔnism] nm Zionism.

sioniste [sjɔnist] nmf & adj Zionist.

sioux [sju] adj [anthropologie] Siouan. ◆ **Sioux** nmf Sioux / ***les Sioux*** the Sioux (Indians). ◆ **sioux** nm LING Sioux.

siphon [sifɔ̃] nm **1.** [tube] siphon **2.** [bouteille] soda siphon.

siphonné, e [sifɔne] adj *fam* [fou] batty, crackers UK.

siphonner [3] [sifɔne] vt to siphon.

sire [siʀ] nm **1.** HIST lord **2.** EXPR **un triste sire** *fam* a sad character. ◆ **Sire** nm Sire.

sirène [siʀɛn] nf siren.

sirocco [siʀɔko] nm sirocco.

sirop [siʀo] nm syrup ▸ **sirop d'érable** maple syrup ▸ **sirop de grenadine** (syrup of) grenadine ▸ **sirop de menthe** mint cordial ▸ **sirop contre la toux** cough mixture ou syrup.

siroter [3] [siʀɔte] vt *fam* to sip.

sirupeux, euse [siʀypø, øz] adj syrupy.

sis, e [si, siz] adj DR located.

sismique [sismik], **séismique** [seismik] adj seismic.

sismographe [sismɔgʀaf], **séismographe** [seismɔgʀaf] nm seismograph.

sismologie [sismɔlɔʒi], **séismologie** [seismɔlɔʒi] nf seismology.

sitcom [sitkɔm] nm & nf sitcom.

site [sit] nm **1.** [emplacement] site ▸ **site archéologique / historique** archaeological/historic site ▸ **site naturel** unspoiled site **2.** [paysage] beauty spot **3.** INFORM ▸ **site FTP** FTP site ▸ **site Web** website.

sitôt [sito] adv ▸ **sitôt après** immediately after ▸ **pas de sitôt** not for some time, not for a while ▸ **sitôt arrivé,...** as soon as I/he etc. arrived,... ▸ **sitôt dit, sitôt fait** no sooner said than done. ◆ **sitôt que** loc conj as soon as.

situation [sitɥasjɔ̃] nf **1.** [position, emplacement] position, location **2.** [contexte, circonstance] situation ▸ **situation de famille** marital status / *ma situation financière n'est pas brillante !* my financial situation is ou my finances are none too healthy! / *je n'aimerais pas être dans ta situation* I wouldn't like to be in your position / *tu vois un peu la situation !* do you get the picture? **3.** [emploi] job, position / *avoir une bonne situation* **a)** [être bien payé] to have a well-paid job **b)** [être puissant] to have a high-powered job **4.** FIN financial statement, account ▸ **situation de compte** account balance ▸ **situation de trésorerie** cash budget. ◆ **en situation** loc adv in real life / *voyons comment elle va aborder les choses en situation* let's see how she gets on in real life ou when faced with the real thing. ◆ **en situation de** loc prép : *être en situation de faire qqch* to be in a position to do sthg.

situé, e [sitɥe] adj situated / *bien / mal situé* well/badly situated.

situer [7] [sitɥe] vt **1.** [maison] to site, to situate **2.** [sur carte] to locate **3.** [personne] to size up. ◆ **se situer** vp [scène] to be set ; [dans classement] to be.

SIVOM, Sivom [sivɔm] (*abr de* **syndicat intercommunal à vocation multiple**) nm *group of local authorities pooling public services.*

six (*en fin de phrase* [sis] *, devant consonne ou 'h' aspiré* [si] *, devant voyelle ou 'h' muet* [siz] *)* ❖ adj num inv six / *il a six ans* he is six (years old) / *il est six heures* it's six (o'clock) / *le six janvier* (on) the sixth of January UK, (on) January sixth US / *daté du six septembre* dated the sixth of September UK ou September sixth US / *Charles Six* Charles the Sixth / *page six* page six. ❖ nm inv **1.** [gén] six ▸ **six de pique** six of spades **2.** [adresse] (number) six **3.** SPORT ▸ **le six** number six. ❖ pron six / *ils étaient six* there were six of them ▸ **ils sont venus à six** six (of them) came ▸ **couper / partager en six** to cut/divide into six ▸ **six par six** six at a time ▸ **six d'entre eux / nous / vous** six of them/us/you ▸ **cinq sur six** five out of six.

sixième [sizjɛm] ❖ adj num inv sixth. ❖ nmf sixth ▸ **arriver / se classer sixième** to come (in)/to be placed sixth. ❖ nf SCOL ≃ first year ou form UK ; ≃ sixth grade US ▸ **être en sixième** to be in the first year ou form UK, to be in sixth grade US ▸ **entrer en sixième** to start attending "collège". ❖ nm **1.** [part] ▸ **le / un sixième de** one/a sixth of / *cinq sixièmes* five sixths **2.** [arrondissement] sixth arrondissement **3.** [étage] sixth floor UK, seventh floor US.

sixièmement [sizjɛmmɑ̃] adv sixthly, in (the) sixth place.

six-quatre-deux [siskatdø] ◆ **à la six-quatre-deux** loc adv *fam* in a slapdash way.

Skaï® [skaj] nm inv leatherette.

skate [skɛt], **skateboard** [skɛtbɔʀd] nm skateboard / *faire du skate* to skateboard.

sketch [skɛtʃ] (*pl* **sketches**) nm sketch *(in a revue, etc.).*

ski [ski] nm **1.** [objet] ski **2.** [sport] skiing ▸ **faire du ski** to ski ▸ **ski acrobatique / alpin / de fond** freestyle/alpine/cross-country skiing ▸ **ski nautique** water skiing ▸ **ski de randonnée** ski-touring ▸ **ski hors piste** off-piste skiing **3.** AÉRON landing skid. ◆ **de ski** loc adj [chaussures, lunettes] ski *(modif)* ; [vacances, séjour] skiing *(modif).*

skiable [skjabl] adj skiable / *la piste noire n'est plus skiable* it's now impossible to ski down ou to use the black run / *la station a un grand domaine skiable* the resort has many ski slopes.

skicross [skikʀɔs] nm ski cross.

skier [10] [skje] vi to ski.

skieur, euse [skjœʀ, øz] nm, f skier.

skinhead [skinɛd] nm skinhead.

skippeur, euse [skipœʀ, øz] nm, f **1.** [capitaine] skipper **2.** [barreur] helmsman.

sky-surfing [skajsœʀfiŋ] (*pl* **sky-surfings**), **sky-surf** (*pl* **sky-surfs**) nm SPORT sky-surfing.

slalom [slalɔm] nm **1.** SKI slalom ▸ **slalom géant / spécial** giant/special slalom **2.** [zigzags] : *faire du slalom* to zigzag.

slalomer [3] [slalɔme] vi **1.** SKI to slalom **2.** [zigzaguer] to zigzag.

slalomeur, euse [slalɔmœʀ, øz] nm, f slalom skier.

slam [slam] nm [poésie] slam.

slameur, euse [slamœʀ, øz] nm, f slammer.

slave [slav] adj Slavonic. ◆ **Slave** nmf Slav.

slim [slim] nm [pantalon] slim-fit ou skinny jeans.

slip [slip] nm briefs *pl*, underpants *pl* ▸ **slip de bain** a) [d'homme] swimming trunks *pl* b) [de femme] bikini bottoms *pl*.

s.l.n.d. (*abr de* **sans lieu ni date**) date and origin unknown.

sloche, slush [slɔʃ] nf QUÉBEC slush.

slogan [slɔgɑ̃] nm slogan.

slovaque [slɔvak] ❖ adj Slovak. ❖ nm [langue] Slovak. ◆ **Slovaque** nmf Slovak.

Slovaquie [slɔvaki] nf : *la Slovaquie* Slovakia.

slovène [slɔvɛn] ❖ adj Slovenian. ❖ nm [langue] Slovenian. ◆ **Slovène** nmf Slovenian.

Slovénie [slɔveni] nf : *la Slovénie* Slovenia.

slow [slo] nm slow dance.

slt SMS *abr écrite de* **salut**.

slush [slɔʃ] nf QUÉBEC = **sloche**.

SM, S-M (*abr de* **sado-masochisme**) nm S & M.

S.M. (*abr écrite de* **Sa Majesté**) HM.

smala(h) [smala] nf **1.** [de chef arabe] retinue **2.** *fam* [famille] brood.

smartphone [smaʀtfon] nm smartphone.

smash [sma(t)ʃ] (*pl* **smashs** *ou* **smashes**) nm SPORT smash / *faire un smash* to smash (the ball).

smasher [3] [sma(t)ʃe] vi TENNIS to smash (the ball).

SME (*abr de* **Système monétaire européen**) nm EMS.

SMI (*abr de* **Système monétaire international**) ÉCON IMS *(International Monetary System)*.

SMIC, Smic [smik] (*abr de* **salaire minimum interprofessionnel de croissance**) nm *index-linked guaranteed minimum wage*.

smicard, e [smikaʀ, aʀd] nm, f *minimum-wage earner*.

smiley [smaɪlɪ] nm smiley.

smocks [smɔk] nmpl smocking *(U)*.

smoking [smɔkiŋ] nm dinner jacket, tuxedo US.

SMUR, Smur [smyʀ] (*abr de* **service mobile d'urgence et de réanimation**) nm *French ambulance and emergency unit*.

snack [snak] nm **1.** = **snack-bar 2.** [collation] snack.

snack-bar [snakbaʀ] (*pl* **snack-bars**), **snack** [snak] nm snack bar, self-service restaurant, cafeteria.

SNC (*abr de* **service non compris**) service not included.

SNCB (*abr de* **Société nationale des chemins de fer belges**) nf *Belgian railways board*.

SNCF (*abr de* **Société nationale des chemins de fer français**) nf *French railways board*.

SNES, Snes [snɛs] (*abr de* **Syndicat national de l'enseignement secondaire**) nm *secondary school teachers' union*.

Sne-sup [snɛsyp] (*abr de* **Syndicat national de l'enseignement supérieur**) nm *university teachers' union*.

SNI (*abr de* **Syndicat national des instituteurs**) nm *primary school teachers' union*.

sniffer [3] [snife] vi & vt *tfam* to snort / *sniffer de la colle* to gluesniff, to sniff glue.

SNJ (*abr de* **Syndicat national des journalistes**) nm *national union of journalists*.

snob [snɔb] ❖ nmf snob. ❖ adj snobbish.

snober [3] [snɔbe] vt to snub, to cold-shoulder.

snobinard, e [snɔbinaʀ, aʀd] *fam* ❖ adj rather snobbish. ❖ nm, f a bit of a snob.

snobisme [snɔbism] nm snobbery, snobbishness.

snowboard [snobɔʀd] nm [planche] snowboard ; [sport] snowboarding / *faire du snowboard* to snowboard.

SNSM (*abr de* **Société nationale de sauvetage en mer**) nf *national sea-rescue association*.

soap opera [sopɔpeʀa] (*pl* **soap operas**), **soap** [sop] (*pl* **soaps**) nm soap (opera).

sobre [sɔbʀ] adj **1.** [personne] temperate **2.** [style] sober ; [décor, repas] simple.

sobrement [sɔbʀəmɑ̃] adv **1.** [boire] in moderation **2.** [se vêtir] soberly.

sobriété [sɔbʀijete] nf sobriety.

sobriquet [sɔbʀikɛ] nm nickname.

soc [sɔk] nm ploughshare UK, plowshare US.

sociabilité [sɔsjabilite] nf sociability.

sociable [sɔsjabl] adj sociable.

social, e, aux [sɔsjal, o] adj **1.** [rapports, classe, service] social **2.** COMM ▸ **raison sociale** company name. ◆ **social** nm ▸ **le social** social affairs *pl*.

social-démocrate, sociale-démocrate [sɔsjaldemɔkʀat] (*mpl* **sociaux-démocrates** [sɔsjodemɔkʀat], *fpl* **sociales-démocrates**) ❖ nmf social democrat. ❖ adj social democratic.

socialement [sɔsjalmɑ̃] adv socially.

socialisation [sɔsjalizasjɔ̃] nf **1.** [développement social] socialization **2.** POL nationalization.

socialiser [3] [sɔsjalize] vt **1.** [enfant] to socialize **2.** POL to nationalize.

socialisme [sɔsjalism] nm socialism.

socialiste [sɔsjalist] nmf & adj socialist.

sociétaire [sɔsjetɛʀ] nmf member.

société [sɔsjete] nf **1.** [communauté, classe sociale, groupe] society ▸ **la société de consommation** the consumer society ▸ **en société** in society ▸ **cela ne se fait pas dans la bonne société** it's not done in good company OU in the best society ▸ **la haute société** high society ▸ **société littéraire / savante** literary/learned society ▸ **la Société protectrice des animaux** = **SPA** ▸ **société secrète** secret society ▸ **jeux de société** games *(for playing indoors, often with boards or cards)* **2.** SPORT club **3.** *litt* [présence] company, society **4.** COMM company, firm ▸ **société d'affacturage** factoring company ▸ **société de bourse** securities house, brokerage firm ▸ **société de capitaux (à responsabilité limitée)** limited liability company ▸ **société (de capitaux) par actions (à respon-**

sabilité limitée) (limited liability) joint-stock company / *société de commerce en ligne* online retailer ▸ **société d'économie mixte** government-controlled corporation ▸ **société financière / de crédit** finance/credit company ▸ **société mère** parent company ▸ **société en participation** joint-venture company ▸ **société de personnes** partnership, joint-stock company UK ▸ **société de services** service company ▸ **société sœur** sister company.

socioculturel, elle [sɔsjɔkyltyʀɛl] adj social and cultural.

socio-économique [sɔsjɔekɔnɔmik] adj socio-economic.

socio-éducatif, ive (*mpl* **socio-éducatifs**, *fpl* **socio-éducatives**) [sɔsjɔedykatif, iv] adj socioeducational.

sociologie [sɔsjɔlɔʒi] nf sociology.

sociologique [sɔsjɔlɔʒik] adj sociological.

sociologue [sɔsjɔlɔg] nmf sociologist.

sociopolitique [sɔsjopɔlitik] adj sociopolitical.

socioprofessionnel, elle [sɔsjɔpʀɔfɛsjɔnɛl] adj socioprofessional.

socle [sɔkl] nm **1.** [de statue] plinth, pedestal **2.** [de lampe] base **3.** GÉOGR ▸ **socle continental** continental shelf.

socquette [sɔkɛt] nf ankle OU short sock.

soda [sɔda] nm fizzy drink.

sodium [sɔdjɔm] nm sodium.

sodomie [sɔdɔmi] nf buggery, sodomy.

sodomiser [3] [sɔdɔmize] vt to sodomize.

sœur [sœʀ] nf **1.** [gén] sister ▸ **grande / petite sœur** big/little sister ▸ **sœur de lait** foster sister **2.** RELIG nun, sister.

sofa [sɔfa] nm sofa.

Sofia [sɔfja] npr Sofia.

SOFRES, Sofres [sɔfʀɛs] (*abr de* **Société française d'enquête par sondages**) nf *French opinion poll company.*

soft [sɔft] ❖ nm inv *fam* INFORM software. ❖ adj inv [film, roman] softcore.

software [sɔftwɛʀ] nm software.

soi [swa] pron pers oneself ▸ **chacun pour soi** every man for himself ▸ **en soi** in itself, per se ▸ **cela va de soi** that goes without saying ▸ **il va de soi que** it goes without saying that. ◆ **chez soi** loc adv at home / *se sentir chez soi* to feel at home. ◆ **soi-même** pron pers oneself.

soi-disant [swadizɑ̃] ❖ adj inv (*avant n*) so-called. ❖ adv *fam* supposedly.

soie [swa] nf **1.** [textile] silk ▸ **en soie** silk ▸ **soie grège** raw silk ▸ **soie sauvage** wild silk **2.** [poil] bristle.

soierie [swaʀi] nf **1.** (*gén pl*) [textile] silk **2.** [industrie] silk trade.

soif [swaf] nf thirst ▸ **soif (de)** *fig* thirst (for), craving (for) ▸ **avoir soif** to be thirsty ▸ **étancher sa soif** to quench one's thirst ▸ **jusqu'à plus soif** a) to excess b) *fig* until one has had one's fill.

soignant, e [swaɲɑ̃, ɑ̃t] adj caring / *le personnel soignant est en grève* the nursing staff are on strike.

soigné, e [swaɲe] adj **1.** [travail] meticulous **2.** [personne] well-groomed ; [jardin, mains] well-cared-for **3.** *fam* & *fig* [cuite, raclée] awful, massive.

soigner [3] [swaɲe] vt **1.** [suj : médecin] to treat ; [suj : infirmière, parent] to nurse **2.** [invités, jardin, mains] to look after **3.** [travail, présentation] to take care over. ◆ **se soigner** vp to take care of o.s., to look after o.s.

soigneur [swaɲœʀ] nm SPORT trainer ; [boxe] second.

soigneusement [swaɲøzmɑ̃] adv carefully.

soigneux, euse [swaɲø, øz] adj **1.** [personne] tidy, neat **2.** [travail] careful ▸ **soigneux de** careful with.

soin [swɛ̃] nm **1.** [attention] care ▸ **avoir** OU **prendre soin de** to take care of, to look after ▸ **avoir** OU **prendre soin de faire qqch** to be sure to do sthg / *confier à qqn le soin de faire qqch* to entrust sb with the task of doing sthg ▸ **aux bons soins de** in the care of, in the hands of / *aux bons soins de* [dans le courrier] care of ▸ **avec soin** carefully / *sa maison est toujours rangée avec soin* his house is always very neat OU tidy ▸ **sans soin** a) [procéder] carelessly b) [travail] careless ▸ **être aux petits soins pour qqn** *fam* to wait on sb hand and foot **2.** [souci] concern. ◆ **soins** nmpl care (*U*) / *prodiguer des soins à un nouveau-né* to care for a newborn baby ▸ **les premiers soins** first aid *sg* ▸ **soins dentaires** dental treatment OU care ▸ **soins (médicaux)** medical care OU treatment / *soins du visage* skin care (*for the face*).

soir [swaʀ] nm evening ▸ **demain soir** tomorrow evening OU night ▸ **le soir** in the evening ▸ **à ce soir !** see you tonight!

soirée [swaʀe] nf **1.** [soir] evening ▸ **en soirée** CINÉ & THÉÂTRE evening (*avant n*) **2.** [réception] party ▸ **de soirée** evening (*avant n*) ▸ **charmante soirée !** *iron* wonderful evening!

sois ⟶ être.

soit[1] [swat] adv so be it.

soit[2] [swa] ❖ v ⟶ être. ❖ conj **1.** [c'est-à-dire] in other words, that is to say **2.** MATH [étant donné] : *soit une droite AB* given a straight line AB. ◆ **soit... soit** loc corrélative either... or. ◆ **soit que... soit que** loc corrélative (+ *subjonctif*) whether... or (whether).

soixantaine [swasɑ̃tɛn] nf **1.** [nombre] ▸ **une soixantaine (de)** about sixty, sixty-odd **2.** [âge] ▸ **avoir la soixantaine** to be in one's sixties.

soixante [swasɑ̃t] ❖ adj num inv sixty ▸ **les années soixante** the Sixties. ❖ nm sixty. ***Voir aussi* six.**

soixante-dix [swasɑ̃tdis] ❖ adj num inv seventy ▸ **les années soixante-dix** the Seventies. ❖ nm seventy. ***Voir aussi* six.**

soixante-dixième [swasɑ̃tdizjɛm] adj num inv, nm & nmf seventieth. ***Voir aussi* sixième.**

soixante-huitard, e [swasɑ̃tɥitaʀ, aʀd] ❖ adj of May 1968. ❖ nm, f *person who participated in the events of May 1968.*

soixantième [swasɑ̃tjɛm] adj num inv, nm & nmf sixtieth. ***Voir aussi* sixième.**

soja [sɔʒa] nm soya.

sol [sɔl] nm **1.** [terre] ground **2.** [de maison] floor **3.** [territoire] soil **4.** MUS G ; [chanté] so.

solaire [sɔlɛʀ] adj **1.** [énergie, four] solar **2.** [crème] sun *(avant n)*.

solarium [sɔlaʀjɔm] nm solarium.

soldat [sɔlda] nm **1.** MIL soldier ; [grade] private ▸ **le soldat inconnu** the Unknown Soldier **2.** [jouet] (toy) soldier ▸ **soldat de plomb** tin soldier, toy soldier.

solde [sɔld] ✧ nm **1.** [de compte, facture] balance ▸ **solde créditeur / débiteur** credit / debit balance ▸ **solde à découvert** outstanding balance ▸ **solde d'ouverture** opening balance ▸ **solde de fin de mois** end-of-month balance **2.** [rabais] ▸ **en solde** [acheter] in a sale. ✧ nf MIL pay ▸ **à la solde de qqn** *fig* in the pay of sb. ◆ **soldes** nmpl sales.

soldé, e [sɔlde] adj [article] reduced.

solder [3] [sɔlde] vt **1.** [compte] to close **2.** [marchandises] to sell off. ◆ **se solder** vp ▸ **se solder par a)** FIN to show **b)** *fig* [aboutir] to end in.

soldeur, euse [sɔldœʀ, øz] nm, f *buyer and seller of discount goods*.

sole [sɔl] nf **1.** sole ▸ **sole de Douvres** QUÉBEC Dover sole ▸ **sole meunière** *sole coated with flour and fried in butter* **2.** QUÉBEC [plie] plaice.

solécisme [sɔlesism] nm solecism.

soleil [sɔlɛj] nm **1.** [lumière, chaleur] sun, sunlight ▸ **au soleil** in the sun ▸ **en plein soleil** right in the sun ▸ **il fait (du) soleil** it's sunny / *il y aura beaucoup de soleil sur le sud de la France* it'll be very sunny in OU over southern France ▸ **prendre le soleil** to sunbathe / *une journée sans soleil* a day with no sunshine ▸ **sous un soleil de plomb** *fig* in the blazing sun ; [astre, motif] sun ▸ **soleil couchant / levant** setting / rising sun ▸ **le soleil de minuit** the midnight sun **2.** [tournesol] sunflower.

solennel, elle [sɔlanɛl] adj **1.** [cérémonieux] ceremonial **2.** [grave] solemn **3.** [pompeux] pompous.

solennellement [sɔlanɛlmɑ̃] adv **1.** [avec importance] ceremonially **2.** [avec sérieux] solemnly.

solennité [sɔlanite] nf **1.** [gravité] solemnity **2.** [raideur] stiffness, formality **3.** [fête] special occasion.

Solex® [sɔlɛks] nm ≃ moped.

solfège [sɔlfɛʒ] nm ▸ **apprendre le solfège** to learn the rudiments of music.

solfier [9] [sɔlfje] vt to sol-fa.

solidaire [sɔlidɛʀ] adj **1.** [lié] ▸ **être solidaire de qqn** to be behind sb, to show solidarity with sb **2.** [relié] interdependent, integral.

solidariser [3] [sɔlidaʀize] ◆ **se solidariser** vp ▸ **se solidariser (avec)** to show solidarity (with).

solidarité [sɔlidaʀite] nf [entraide] solidarity ▸ **par solidarité** [se mettre en grève] in sympathy.

solide [sɔlid] ✧ adj **1.** [état, corps] solid **2.** [construction] solid, sturdy / *peu solide* [chaise, pont] rickety **3.** [personne] sturdy, robust ▸ **solide sur ses jambes** steady on one's feet / *avoir une solide constitution* to have an iron constitution **4.** [argument] solid, sound / *attitude empreinte d'un solide bon sens* no-nonsense attitude, attitude based on sound common sense **5.** [relation] stable, strong. ✧ nm solid / *il nous faut du solide* *fam* & *fig* we need something solid OU concrete / *les voitures suédoises, c'est du solide* *fam* Swedish cars are built to last / *son dernier argument, c'est du solide !* *fam* & *fig* her last argument is rock solid!

solidement [sɔlidmɑ̃] adv **1.** [gén] firmly **2.** [attaché] firmly, securely.

solidifier [9] [sɔlidifje] vt **1.** [ciment, eau] to solidify **2.** [structure] to reinforce. ◆ **se solidifier** vp to solidify.

solidité [sɔlidite] nf **1.** [de matière, construction] solidity **2.** [de mariage] stability, strength **3.** [de raisonnement, d'argument] soundness.

soliloque [sɔlilɔk] nm *sout* soliloquy.

soliste [sɔlist] nmf soloist.

solitaire [sɔlitɛʀ] ✧ adj **1.** [de caractère] solitary **2.** [esseulé, retiré] lonely. ✧ nmf [personne] loner, recluse. ✧ nm [jeu, diamant] solitaire. ◆ **en solitaire** ✧ loc adj [course, vol] solo *(modif)* ; [navigation] single-handed. ✧ loc adv [vivre, travailler] on one's own ; [naviguer] single-handed / *il vit en solitaire dans sa vieille maison* he lives on his own in his old house.

solitude [sɔlityd] nf **1.** [isolement] loneliness **2.** [retraite] solitude.

solive [sɔliv] nf joist.

sollicitation [sɔlisitasjɔ̃] nf *(gén pl)* entreaty.

solliciter [3] [sɔlisite] vt **1.** [demander - entretien, audience] to request ; [- attention, intérêt] to seek ▸ **solliciter qqch de qqn** to ask sb for sthg, to seek sthg from sb **2.** [s'intéresser à] ▸ **être sollicité** to be in demand **3.** [faire appel à] ▸ **solliciter qqn pour faire qqch** to appeal to sb to do sthg.

sollicitude [sɔlisityd] nf solicitude, concern.

solo [sɔlo] ✧ nm solo ▸ **en solo** solo. ✧ adj solo *(avant n)*.

solstice [sɔlstis] nm ▸ **solstice d'été / d'hiver** summer / winter solstice.

solubilité [sɔlybilite] nf solubility.

soluble [sɔlybl] adj **1.** [matière] soluble ; [café] instant **2.** *fig* [problème] solvable.

soluté [sɔlyte] nm solution.

solution [sɔlysjɔ̃] nf **1.** [résolution] solution, answer ▸ **chercher / trouver la solution** to seek / to find the solution, to seek / to find the answer ▸ **solution de facilité** easy answer, easy way out **2.** [liquide] solution. ◆ **solution de continuité** nf break ▸ **sans solution de continuité** without a break.

solutionner [3] [sɔlysjɔne] vt to solve.

solvabilité [sɔlvabilite] nf solvency.

solvable [sɔlvabl] adj solvent, creditworthy.

solvant [sɔlvɑ̃] nm solvent.

somali = **somalien**.

Somalie [sɔmali] nf : *la Somalie* Somalia.

somalien, enne [sɔmaljɛ̃, ɛn], **somali, e** [sɔmali] adj Somali. ◆ **Somalien, enne, Somali, e** nm, f Somali.

somatiser [3] [sɔmatize] vt to somatize.

sombre [sɔ̃bʀ] adj **1.** [couleur, costume, pièce] dark **2.** *fig* [pensées, avenir] dark, gloomy **3.** *fig* [complot] murky **4.** *(avant n) fam* [profond] ▸ **c'est un sombre crétin** he's a prize idiot.

sombrer [3] [sɔ̃bʀe] vi to sink ▸ **sombrer dans** *fig* to sink into.

sommaire [sɔmɛʀ] ❖ adj **1.** [explication] brief **2.** [exécution] summary **3.** [installation] basic. ❖ nm summary.

sommairement [sɔmɛʀmɑ̃] adv **1.** [expliquer] briefly **2.** [délibérer] summarily **3.** [peu - vêtu] scantily; [- meublé] basically.

sommation [sɔmasjɔ̃] nf **1.** [assignation] summons *sg* **2.** [ordre - de payer] demand; [- de se rendre] warning.

somme¹ [sɔm] nf **1.** [addition] total, sum ▸ **faire la somme de plusieurs choses** to add up several things / *somme de travail / d'énergie* amount of work / energy **2.** [d'argent] sum, amount / *c'est une somme !* that's a lot of money! / *j'ai dépensé des sommes folles* I spent huge amounts of money **3.** [ouvrage] overview. ◆ **en somme** loc adv in short / *en somme, tu refuses* in short, your answer is no. ◆ **somme toute** loc adv when all's said and done / *somme toute, tu as eu de la chance* all things considered, you've been lucky.

somme² [sɔm] nm nap / *faire un (petit) somme* to have a nap.

sommeil [sɔmɛj] nm **1.** sleep ▸ **avoir sommeil** to be sleepy ▸ **tomber de sommeil** to be asleep on one's feet ▸ **dormir d'un sommeil de plomb** *fig* to be in a deep sleep / *j'ai le sommeil léger / profond* I'm a light / heavy sleeper **2.** / *sommeil lent / paradoxal* NREM / REM sleep EXPR **le premier sommeil** the first hours of sleep. ◆ **en sommeil** ❖ loc adj [volcan, économie] inactive, dormant. ❖ loc adv : *rester en sommeil* to remain dormant ou inactive / *mettre un secteur économique en sommeil* to put an economic sector in abeyance.

sommeiller [4] [sɔmeje] vi **1.** [personne] to doze **2.** *fig* [qualité] to be dormant.

sommelier, ère [sɔməlje, ɛʀ] nm, f wine waiter (wine waitress).

sommer [3] [sɔme] vt : *sommer qqn de faire qqch sout* to order sb to do sthg.

sommes ⟶ être.

sommet [sɔmɛ] nm **1.** [de montagne] summit, top **2.** *fig* [de hiérarchie] top; [de perfection] height **3.** GÉOM apex.

sommier [sɔmje] nm base, bed base.

sommité [sɔmite] nf **1.** [personne] leading light **2.** BOT head.

somnambule [sɔmnɑ̃byl] ❖ nmf sleepwalker. ❖ adj ▸ **être somnambule** to be a sleepwalker.

somnifère [sɔmnifɛʀ] nm sleeping pill.

somnolence [sɔmnɔlɑ̃s] nf sleepiness, drowsiness.

somnolent, e [sɔmnɔlɑ̃, ɑ̃t] adj [personne] sleepy, drowsy; *fig* [vie] dull; *fig* [économie] sluggish.

somnoler [3] [sɔmnɔle] vi to doze.

somptueusement [sɔ̃ptɥøzmɑ̃] adv sumptuously, lavishly.

somptueux, euse [sɔ̃ptɥø, øz] adj sumptuous, lavish.

somptuosité [sɔ̃ptɥozite] nf lavishness *(U)*.

son¹ [sɔ̃] nm **1.** [bruit] sound ▸ **au son de** to the sound of ▸ **son et lumière** son et lumière **2.** [céréale] bran.

son², sa, ses [sɔ̃, sa, se]

❖ adj poss

1. [possesseur défini - homme] his; [- femme] her; [- chose, animal] its / *à sa vue, elle s'évanouit* on seeing him / her, she fainted / *il aime son père* he loves his father / *elle aime ses parents* she loves her parents / *la ville a perdu son charme* the town has lost its charm **2.** [possesseur indéfini] one's; [après « chacun », « tout le monde », etc.] his / her, their / *il faut faire ses preuves* one has to show one's mettle *sout*, you have to show your mettle / *tout le monde a ses problèmes* everybody has (his ou their) problems

3. [emploi expressif] *ça a son charme* it's got its own charm ou a certain charm / *il a réussi à avoir son samedi fam* he managed to get Saturday off

sonar [sɔnaʀ] nm sonar.

sonate [sɔnat] nf sonata.

sondage [sɔ̃daʒ] nm **1.** [enquête] poll, survey ▸ **sondage d'opinion** opinion poll **2.** TECHNOL drilling **3.** MÉD probing.

sonde [sɔ̃d] nf **1.** MÉTÉOR sonde; [spatiale] probe **2.** MÉD probe **3.** NAUT sounding line **4.** TECHNOL drill.

sondé, e [sɔ̃de] nm, f poll respondent.

sonder [3] [sɔ̃de] vt **1.** MÉD & NAUT to sound **2.** [terrain] to drill **3.** *fig* [opinion, personne] to sound out.

sondeur, euse [sɔ̃dœʀ, øz] nm, f pollster. ◆ **sondeur** nm TECHNOL sounder.

songe [sɔ̃ʒ] nm *litt* dream ▸ **en songe** in a dream.

songé, e [sɔ̃ʒe] adj QUÉBEC *fam* [réfléchi, intelligent] thoughtful, well thought out.

songer [17] [sɔ̃ʒe] ❖ vt ▸ **songer que** to consider that. ❖ vi ▸ **songer à** to think about.

songeur, euse [sɔ̃ʒœʀ, øz] adj pensive, thoughtful.

sonnant, e [sɔnɑ̃, ɑ̃t] adj : *à six heures sonnantes* at six o'clock sharp.

sonné, e [sɔne] adj **1.** [passé] : *il est trois heures sonnées* it's gone three o'clock / *il a quarante ans bien sonnés fam & fig* he's the wrong side of forty **2.** *fam & fig* [étourdi] groggy **3.** *fam & fig* [fou] cracked.

sonner [3] [sɔne] ❖ vt **1.** [cloche] to ring ▸ **sonner les cloches à qqn** *fam* to give sb a telling-off ou roasting **2.** [retraite, alarme] to sound **3.** [domestique] to ring for

4. *fam* & *fig* [siffler] : ***je ne t'ai pas sonné !*** who asked you! **5.** *fam* [assommer] to knock out *(sép)*, to stun ; [abasourdir] to stun, to stagger, to knock (out) / ***ça l'a sonné !*** he was reeling under the shock! ❖ vi **1.** [gén] to ring / ***j'ai mis le réveil à sonner pour*** ou ***à 8 h*** I've set the alarm for 8 o'clock ▸ **sonner chez qqn** to ring sb's bell / ***on a sonné*** there's someone at the door / ***sonner creux*** **a)** to sound hollow, to give a hollow sound **b)** *fig* to have a hollow ring ▸ **sonner faux** to be out of tune ; *fig* to ring false / ***l'heure de la vengeance a sonné*** *fig* the time for revenge has come **2.** [jouer] ▸ **sonner de** to sound / ***sonner du cor*** to sound the horn.

sonnerie [sɔnʀi] nf **1.** [bruit] ringing **2.** [mécanisme] striking mechanism **3.** [signal] call.

sonnet [sɔnɛ] nm sonnet.

sonnette [sɔnɛt] nf bell.

sono [sɔno] nf *fam* [de salle] P.A. (system) ; [de discothèque] sound system.

sonore [sɔnɔʀ] adj **1.** CINÉ & PHYS sound *(avant n)* **2.** [voix, rire] ringing, resonant **3.** [salle] resonant.

sonorisation [sɔnɔʀizasjɔ̃] nf **1.** [action - de film] addition of the soundtrack ; [- de salle] wiring for sound **2.** [matériel - de salle] public address system, P.A. (system) ; [- de discothèque] sound system.

sonoriser [3] [sɔnɔʀize] vt **1.** [film] to add the soundtrack to **2.** [salle] to wire for sound.

sonorité [sɔnɔʀite] nf **1.** [de piano, voix] tone **2.** [de salle] acoustics *pl*.

sont ⟶ **être**.

Sopalin® [sɔpalɛ̃] nm kitchen roll UK, paper towels US.

sophisme [sɔfism] nm sophism.

sophistication [sɔfistikasjɔ̃] nf sophistication.

sophistiqué, e [sɔfistike] adj sophisticated.

soporifique [sɔpɔʀifik] ❖ adj soporific. ❖ nm sleeping drug, soporific.

soprane [sɔpʀan] nf = **soprano**.

soprano [sɔpʀano] *(pl* **sopranos** *ou* **soprani** [sɔpʀani]) nm & nmf soprano.

sorbet [sɔʀbɛ] nm sorbet UK, sherbet US.

sorbetière [sɔʀbətjɛʀ] nf ice-cream maker.

sorbier [sɔʀbje] nm sorb, service tree.

Sorbonne [sɔʀbɔn] nf ▸ **la Sorbonne** the Sorbonne *(highly respected Paris university)*.

sorcellerie [sɔʀsɛlʀi] nf witchcraft, sorcery.

sorcier, ère [sɔʀsje, ɛʀ] ❖ nm, f sorcerer (witch). ❖ adj ▸ **ce n'est pas sorcier** *fig* there's no magic involved.

sordide [sɔʀdid] adj squalid ; *fig* sordid.

Sorlingues [sɔʀlɛ̃g] nfpl ▸ **les (îles) Sorlingues** the Scilly Isles.

sornettes [sɔʀnɛt] nfpl nonsense *(U)*.

sors ⟶ **sortir**.

sort [sɔʀ] nm **1.** [maléfice] spell ▸ **jeter un sort (à qqn)** to cast a spell (on sb) **2.** [destinée] fate ▸ **faire un sort à qqch** *fam* & *fig* to polish sthg off **3.** [condition] lot **4.** [hasard] ▸ **le sort** fate ▸ **tirer au sort** to draw lots.

sortable [sɔʀtabl] adj presentable / ***tu n'es pas sortable !*** I can't take you anywhere!

sortant, e [sɔʀtɑ̃, ɑ̃t] adj **1.** [numéro] winning **2.** [président, directeur] outgoing *(avant n)*.

sorte [sɔʀt] ❖ nf sort, kind ▸ **une sorte de** a sort of, a kind of / ***une sorte de grand dadais*** *péj* a big clumsy oaf ▸ **toutes sortes de** all kinds of, all sorts of ▸ **de la sorte** in that way, in that manner / ***comment osez-vous me traiter de la sorte ?*** how dare you treat me in that way ou like that! ▸ **de telle sorte que** so that, in such a way that ▸ **en quelque sorte** in a way, as it were ▸ **faire en sorte que** to see to it that / ***fais en sorte d'arriver à l'heure*** try to be there on time. ❖ v ⟶ **sortir**.

sortie [sɔʀti] nf **1.** [issue] exit, way out ; [d'eau, d'air] outlet / ***'attention, sortie de garage / véhicules'*** 'caution, garage entrance / vehicle exit' ▸ **sortie d'autoroute** motorway junction ou exit UK, freeway exit US ▸ **sortie de secours** emergency exit / ***attends-moi à la sortie*** wait for me outside / ***par ici la sortie !*** this way out, please! **2.** [départ] : ***c'est la sortie de l'école*** it's hometime UK, school's out US / ***à ma sortie de prison / d'hôpital*** when I come (ou came) out of prison / hospital, on my release from prison / discharge from hospital ▸ **à la sortie du travail** when work finishes, after work **3.** [de produit] launch, launching ; [de disque] release ; [de livre] publication **4.** *(gén pl)* [dépense] outgoings *pl* UK, expenditure *(U)* **5.** [excursion] outing ▸ **sortie scolaire** school outing / ***on a organisé une petite sortie en famille / à vélo*** we've organized a little family outing / cycle ride ; [au cinéma, au restaurant] evening ou night out ▸ **faire une sortie** to go out / ***c'est son jour de sortie*** [d'un domestique] it's his / her day off **6.** MIL sortie **7.** [de liquide, gaz] escape **8.** INFORM ▸ **sortie imprimante** printout ▸ **sortie papier** hard copy.

sortie-de-bain [sɔʀtidbɛ̃] *(pl* **sorties-de-bain**) nf bathrobe.

sortilège [sɔʀtilɛʒ] nm spell.

sortir [43] [sɔʀtiʀ] ❖ vi *(aux : être)* **1.** [de la maison, du bureau, etc.] to leave, to go / come out / ***sors !*** get out (of here)! / ***elle est sortie déjeuner / se promener*** she's gone (out) for lunch / for a walk ▸ **sortir de** to go / come out of, to leave / ***sortir d'une pièce*** to leave a room / ***sortir de prison*** to come out of ou to be released from prison / ***sortir de l'école / du bureau*** [finir sa journée] to finish school / work / ***sortir d'une voiture*** to get out of a car / ***sortir du lit*** to get out of bed / ***sortir par la fenêtre*** to get out ou to leave by the window **2.** [pour se distraire] to go out / ***je sors très peu*** I hardly ever go out ▸ **sortir avec qqn** to go out with sb **3.** *fig* [quitter] ▸ **sortir de** [réserve, préjugés] to shed / ***elle est sortie de son silence pour écrire son second roman*** she broke her silence to write her second novel **4.** MÉD ▸ **sortir de** **a)** [coma] to come out of **b)** [de maladie] to get over, to recover from / ***je sors d'une grippe*** I'm just recovering from a bout of flu **5.** [film, livre, produit] to come out ;

[disque] to be released / *ça vient de sortir !* it's just (come) out!, it's (brand) new! **6.** [au jeu - carte, numéro] to come up **7.** [s'écarter de] ▸ **sortir de a)** [sujet] to get away from **b)** [légalité, compétence] to be outside **8.** [s'échapper] to get out / *faire sortir qqn / des marchandises d'un pays* to smuggle sb/goods out of a country **9.** INFORM : *sortir (d'un système)* to exit (from a system) ▸ **sortir d'un fichier** to close a file **10.** NAUT & AÉRON : *sortir du port* to leave harbour / *sortir en mer* to put out to sea / *aujourd'hui, les avions / bateaux ne sont pas sortis* the planes were grounded/the boats stayed in port today **11.** EXPR ça **m'est complètement sorti de la tête** it went clean out of my mind ▸ **d'où il sort, celui-là ?** where did HE spring from? ❖ vt *(aux : avoir)* **1.** [gén] ▸ **sortir qqch (de)** to take sthg out (of) **2.** [de situation difficile] to get out, to extract ▸ **je vais te sortir d'affaire** I'll get you out of it **3.** [produit] to launch ; [disque] to bring out, to release ; [livre] to bring out, to publish **4.** *fam* [bêtise] to come out with / *il m'a sorti que j'étais trop vieille !* he told me I was too old, just like that! **5.** [mettre dehors - vu de l'intérieur] to put out OU outside ; [- vu de l'extérieur] to bring out OU outside *(sép)* / *sortir la poubelle* to take out the rubbish bin UK OU the trash US **6.** *fam* [expulser] to get OU to throw out *(sép)* / *elle a sorti la Suédoise en trois sets* she disposed of OU beat the Swedish player in three sets **7.** [s'écarter de] : *attention à ne pas sortir du sujet !* be careful not to get off OU to stray from the subject! ◆ **au sortir de** loc prép [dans le temps] : *au sortir de l'hiver* as winter draws to a close / *au sortir de la guerre* towards the end of the war. ◆ **se sortir** vp **1.** *fig* [de pétrin] to get out / *se sortir d'une situation embarrassante* to get (o.s.) out of OU *sout* to extricate o.s. from an embarrassing situation ▸ **s'en sortir a)** [en réchapper] to come out of it **2.** : *il s'en est finalement sorti* **a)** [il a survécu] he pulled through in the end **b)** [il a réussi] he won through in the end **3.** [y arriver] to get through it, to pull through / *malgré les allocations, on ne s'en sort pas* in spite of the benefit, we're not making ends meet / *tu t'en es très bien sorti* you did very well **4.** ▸ **s'en sortir pour** *fam* [avoir à payer] to be stung for.

SOS nm SOS ▸ **SOS médecins / dépannage** emergency medical/repair service ▸ **SOS-Racisme** *voluntary organization set up to combat racism in French society* ▸ **lancer un SOS** to send out an SOS.

sosie [sɔzi] nm double.

sot, sotte [so, sɔt] ❖ adj silly, foolish. ❖ nm, f fool.

sottement [sɔtmɑ̃] adv stupidly, foolishly.

sottise [sɔtiz] nf stupidity *(U)*, foolishness *(U)* ▸ **dire / faire une sottise** to say/do something stupid.

sottisier [sɔtizje] nm *collection of howlers.*

sou [su] nm ▸ **être sans le sou** to be penniless ▸ **je n'ai pas le premier sou pour acheter une voiture** I really can't afford a car. ◆ **sous** nmpl *fam* money *(U)* ▸ **être près de ses sous** to be tightfisted ▸ **parler gros sous** to talk big money.

souahéli = swahili.

soubassement [subasmɑ̃] nm base.

soubresaut [subʀəso] nm **1.** [de voiture] jolt **2.** [de personne] start.

soubrette [subʀɛt] nf maid.

souche [suʃ] nf **1.** [d'arbre] stump ▸ **dormir comme une souche** *fam* & *fig* to sleep like a log **2.** [de carnet] counterfoil, stub **3.** [de famille] founder ▸ **de vieille souche** of old stock **4.** LING root.

souci [susi] nm **1.** [tracas] worry / *donner du souci à qqn* to worry sb / *se faire du souci* to worry **2.** [préoccupation] concern / *avoir des soucis* to have worries ▸ **c'est le dernier** OU **le cadet de mes soucis** that's the least of my worries **3.** [problème] problem, issue / *il y a un petit souci avec l'ordinateur* there's a minor issue with the computer ▸ **pas de soucis !** no problem, no worries **4.** [fleur] marigold. ◆ **sans souci** ❖ loc adj [vie, personne carefree / *être sans soucis*sans tracas] to be free of worries. ❖ loc adv : *vivre sans souci* **a)** [de façon insouciante] to live a carefree life **b)** [sans tracas] to live a life free of worries.

soucier [9] [susje] ◆ **se soucier** vp ▸ **se soucier de** to care about.

soucieux, euse [susjø, øz] adj **1.** [préoccupé] worried, concerned **2.** [concerné] ▸ **être soucieux de qqch / de faire qqch** to be concerned about sthg/about doing sthg.

soucoupe [sukup] nf **1.** [assiette] saucer **2.** [vaisseau] ▸ **soucoupe volante** flying saucer.

soudain, e [sudɛ̃, ɛn] adj sudden. ◆ **soudain** adv suddenly, all of a sudden.

soudainement [sudɛnmɑ̃] adv suddenly.

Soudan [sudɑ̃] nm : *le Soudan* the Sudan / *au Soudan* in the Sudan.

soudanais, e [sudanɛ, ɛz] adj Sudanese. ◆ **Soudanais, e** nm, f Sudanese person.

soude [sud] nf soda ▸ **soude caustique** caustic soda.

souder [3] [sude] vt **1.** TECHNOL to weld, to solder **2.** MÉD to knit **3.** *fig* [unir] to bind together.

soudeur, euse [sudœʀ, øz] nm, f [personne] welder, solderer. ◆ **soudeuse** nf [machine] welding machine.

soudoyer [13] [sudwaje] vt to bribe.

soudure [sudyʀ] nf **1.** TECHNOL welding ; [résultat] weld ▸ **faire la soudure** *fig* to bridge the gap **2.** MÉD knitting.

souffert, e [sufɛʀ, ɛʀt] pp ⟶ **souffrir.**

souffle [sufl] nm **1.** [respiration] breathing / *jusqu'à mon dernier souffle* as long as I live and breathe, to my dying day ; [expiration] puff, breath ▸ **un souffle d'air** *fig* a breath of air, a puff of wind **2.** *fig* [inspiration] inspiration **3.** [d'explosion] blast **4.** MÉD ▸ **souffle au cœur** heart murmur **5.** EXPR **avoir le souffle coupé** to have one's breath taken away ▸ **couper le souffle à qqn** to take sb's breath away / *être à bout de souffle* [haletant] to be out of breath / *reprendre son souffle* to get one's breath OU wind back ▸ **retenir son souffle** to hold one's breath.

soufflé, e [sufle] adj **1.** CULIN soufflé *(avant n)* **2.** *fam* & *fig* [étonné] flabbergasted. ◆ **soufflé** nm soufflé ▸ **soufflé au fromage** cheese soufflé.

soufflement [sufləmɑ̃] nm hissing sound.

souffler [3] [sufle] ❖ vt **1.** [bougie] to blow out **2.** [verre] to blow **3.** [vitre] to blow out, to shatter **4.** [chuchoter] ▸ **souffler qqch à qqn** to whisper sthg to sb / *on ne souffle pas !* no whispering!, don't whisper (the answer)! **5.** *fam* [prendre] ▸ **souffler qqch à qqn** to pinch sthg from sb UK / *je me suis fait souffler ma place* someone's pinched my seat **6.** *fam* [époustoufler - suj : événement, personne] to take aback, to stagger, to knock out *(sép)* / *son insolence m'a vraiment soufflé !* I was quite staggered at her rudeness! ❖ vi **1.** [gén] to blow / *ils m'ont fait souffler dans le ballon* they gave me a breath test / *quand le vent souffle de l'ouest* when the wind blows OU comes from the west **2.** [respirer] to puff, to pant ▸ **souffler comme un bœuf** *fam* to wheeze like a pair of old bagpipes **3.** [se reposer] to have a break / *au bureau, on n'a pas le temps de souffler !* it's all go at the office!

soufflerie [sufləʀi] nf **1.** [d'orgue] bellows *sg* **2.** AÉRON wind tunnel.

soufflet [suflɛ] nm **1.** [instrument] bellows *sg* **2.** [de train] connecting corridor, concertina vestibule **3.** COUT gusset **4.** *litt* [claque] slap.

souffleur, euse [suflœʀ, øz] nm, f THÉÂTRE prompt. ◆ **souffleur** nm [de verre] blower. ◆ **souffleuse** nf : *souffleuse (à neige)* snowblower.

souffrance [sufʀɑ̃s] nf suffering. ◆ **en souffrance** loc adv : *être* OU *rester en souffrance* to be held up / *dossiers en souffrance* files pending.

souffrant, e [sufʀɑ̃, ɑ̃t] adj poorly.

souffre-douleur [sufʀədulœʀ] nm inv whipping boy.

souffreteux, euse [sufʀətø, øz] adj sickly.

souffrir [34] [sufʀiʀ] ❖ vi to suffer ▸ **souffrir de** to suffer from / *souffrir de la chaleur* **a)** [être très sensible à] to suffer in the heat **b)** [être atteint par] to suffer from the heat ▸ **souffrir du dos / cœur** to have back / heart problems / *c'est une intervention bénigne, vous ne souffrirez pas* it's a very minor operation, you won't feel any pain / *faire souffrir* [faire mal] to cause pain to, to hurt / *les récoltes n'ont pas trop souffert* the crops didn't suffer too much OU weren't too badly damaged / *c'est le sud du pays qui a le plus souffert* the southern part of the country was the worst hit. ❖ vt **1.** [ressentir] to suffer **2.** *litt* [supporter] to stand, to bear / *elle ne souffre pas d'être critiquée* she can't stand OU take criticism / *son dossier ne peut souffrir aucun délai* his case simply cannot be postponed. ◆ **se souffrir** vp *(emploi réciproque) litt* : *ils ne peuvent pas se souffrir* they can't stand OU bear each other.

soufi [sufi] adj inv Sufic. ◆ **Soufi** nm Sufi.

soufisme [sufism] nm Sufism.

soufre [sufʀ] nm sulphur UK, sulfur US ▸ **sentir le soufre** *fig* to smack of heresy.

souhait [swɛ] nm wish ▸ **tous nos souhaits de** our best wishes for ▸ **à souhait** to perfection ▸ **à tes / vos souhaits !** bless you!

souhaitable [swɛtabl] adj desirable ▸ **il est souhaitable que** *(+ subj)* it is desirable that….

souhaiter [4] [swete] vt ▸ **souhaiter qqch** to wish for sthg ▸ **souhaiter faire qqch** to hope to do sthg ▸ **souhaiter qqch à qqn** to wish sb sthg ▸ **souhaiter à qqn de faire qqch** to hope that sb does sthg ▸ **souhaiter que…** *(+ subj)* to hope that….

souiller [3] [suje] vt *litt* [salir] to soil ; *fig* to sully.

souillure [sujyʀ] nf *litt* **1.** *(gén pl)* [déchet] waste *(U)* **2.** *fig* [morale] stain.

souk [suk] nm souk ; *fam* & *fig* chaos.

soul [sul] nf & adj inv MUS soul.

soûl, e, saoul, e [su, sul] adj drunk ▸ **être soûl de** *fig* to be drunk on. ◆ **soûl** nm ▸ **tout mon / son soûl** *fig* to my / his / her heart's content.

soulagement [sulaʒmɑ̃] nm relief.

soulager [17] [sulaʒe] vt **1.** [gén] to relieve **2.** [véhicule] to lighten. ◆ **se soulager** vp **1.** [se libérer] to find relief **2.** [satisfaire un besoin naturel] to relieve o.s.

soûler, saouler [3] [sule] vt **1.** *fam* [enivrer] ▸ **soûler qqn a)** to get sb drunk **b)** *fig* to intoxicate sb **2.** *fig* [de plaintes, d'éloges] ▸ **soûler qqn** to bore sb silly. ◆ **se soûler** vp *fam* to get drunk.

soûlerie [sulʀi] nf drinking spree.

soulèvement [sulɛvmɑ̃] nm uprising.

soulever [19] [sulve] vt **1.** [fardeau, poids] to lift ; [rideau] to raise **2.** *fig* [question] to raise, to bring up **3.** *fig* [enthousiasme] to generate, to arouse ; [tollé] to stir up ▸ **soulever qqn contre** to stir sb up against **4.** [foule] to stir. ◆ **se soulever** vp **1.** [s'élever] to raise o.s., to lift o.s. **2.** [se révolter] to rise up.

Comment exprimer des souhaits

- **I wish it would stop raining!** *Si seulement il pouvait s'arrêter de pleuvoir !*
- **I wish you could have seen her face!** *J'aurais voulu que tu voies sa tête !*
- **I'd love you to meet them.** *J'aimerais tellement que vous fassiez leur connaissance.*
- **I hope we meet again.** *J'espère que nous nous reverrons.*
- **I just hope she says yes!** *Pourvu qu'elle dise oui !*
- **It would be great if we could all go.** *Ça serait vraiment bien si on pouvait tous y aller.*
- **I'd give anything to be there now!** *Je donnerais n'importe quoi pour être là-bas !*

soulier [sulje] nm shoe ▸ **être dans ses petits souliers** *fig* to feel awkward.

souligner [3] [suliɲe] vt **1.** [par un trait] to underline **2.** *fig* [insister sur] to underline, to emphasize **3.** [mettre en valeur] to emphasize.

soumets ⟶ **soumettre**.

soumettre [84] [sumɛtʀ] vt **1.** [astreindre] ▸ **soumettre qqn à** to subject sb to **2.** [ennemi, peuple] to subjugate **3.** [projet, problème] ▸ **soumettre qqch (à)** to submit sthg (to). ◆ **se soumettre** vp ▸ **se soumettre (à)** to submit (to); [loi, obligation] to abide by.

soumis, e [sumi, iz] ❖ pp ⟶ **soumettre.** ❖ adj **1.** [gén] submissive **2.** [impôt] liable, subject to / *soumis à l'impôt* liable to tax.

soumission [sumisjɔ̃] nf submission.

soupape [supap] nf valve ▸ **soupape de sûreté** safety valve.

soupçon [supsɔ̃] nm **1.** [suspicion, intuition] suspicion ▸ **être au-dessus / à l'abri de tout soupçon** to be above / free from all suspicion **2.** *fig* [quantité] ▸ **un soupçon de** a hint of.

soupçonner [3] [supsɔne] vt [suspecter] to suspect ▸ **soupçonner qqn de qqch / de faire qqch** to suspect sb of sthg / of doing sthg ▸ **soupçonner que** *(+ subj)* to suspect that.

soupçonneux, euse [supsɔnø, øz] adj suspicious.

soupe [sup] nf **1.** CULIN soup ▸ **soupe à l'oignon** onion soup ▸ **soupe populaire** soup kitchen ▸ **être soupe au lait** *fig* to have a quick temper ▸ **cracher dans la soupe** *fam & fig* to bite the hand that feeds **2.** *fam & fig* [neige] slush.

soupente [supɑ̃t] nf cupboard under the stairs.

souper [3] [supe] ❖ nm supper. ❖ vi to have supper ▸ **en avoir soupé de qqch / de faire qqch** *fam & fig* to be sick and tired of sthg / of doing sthg.

soupeser [19] [supəze] vt **1.** [poids] to feel the weight of **2.** *fig* [évaluer] to weigh up.

soupière [supjɛʀ] nf tureen.

soupir [supiʀ] nm **1.** [souffle] sigh ▸ **pousser un soupir** to let out OU give a sigh / *pousser des soupirs* to sigh ▸ **rendre le dernier soupir** to breathe one's last **2.** MUS crotchet rest UK, quarter-note rest US.

soupirail, aux [supiʀaj, o] nm barred basement window *(for ventilation purposes)*.

soupirant [supiʀɑ̃] nm *vieilli & hum* suitor.

soupirer [3] [supiʀe] ❖ vt to sigh. ❖ vi **1.** [souffler] to sigh **2.** *fig & litt* [rechercher] ▸ **soupirer après qqch** to sigh for sthg, to yearn after sthg.

souple [supl] adj **1.** [gymnaste] supple **2.** [pas] lithe **3.** [paquet, col] soft **4.** [tissu, cheveux] flowing **5.** [tuyau, horaire, caractère] flexible.

souplesse [suplɛs] nf **1.** [de gymnaste] suppleness **2.** [flexibilité - de tuyau] pliability, flexibility; [- de matière] suppleness **3.** [de personne] flexibility.

sourate = **surate**.

source [suʀs] nf **1.** [gén] source ▸ **tenir de bonne source** OU **de source sûre** to have sthg on good authority OU from a reliable source ▸ **puiser à la source** *fig* to go to the source ▸ **imposer à la source** to tax at the source / *retenir les impôts à la source* to deduct tax at source, to operate a pay-as-you-earn system UK ▸ **ça coule de source** *fig* it's obvious **2.** [d'eau] spring / *source chaude* hot spring ▸ **prendre sa source à** to rise in / *remonter jusqu'à la source* **a)** [d'un fleuve] to go upriver until one finds the source **b)** [d'une habitude, d'un problème] to go back to the root **3.** [cause] source / *cette formulation peut être source de malentendus* the way it's worded could give rise to misinterpretations / *une source de revenus* a source of income **4.** ÉLECTR ▸ **source de courant** power supply.

sourcer [suʀse] vt [citation, information] to source.

sourcier, ère [suʀsje, ɛʀ] nm, f water diviner.

sourcil [suʀsi] nm eyebrow ▸ **froncer les sourcils** to frown.

sourcilière [suʀsiljɛʀ] ⟶ **arcade**.

sourciller [3] [suʀsije] vi ▸ **sans sourciller** without batting an eyelid.

sourcilleux, euse [suʀsijø, øz] adj fussy, finicky.

sourd[1], e [suʀ, suʀd] ❖ adj **1.** [personne] deaf ▸ **être / rester sourd à qqch** *fig* to be / to remain deaf to sthg **2.** [bruit, voix] muffled **3.** [douleur] dull **4.** [lutte, hostilité] silent. ❖ nm, f deaf person.

sourd[2], sourdait ⟶ **sourdre**.

sourdement [suʀdəmɑ̃] adv **1.** [avec un bruit sourd] dully **2.** *fig* [secrètement] silently.

sourdine [suʀdin] nf mute ▸ **en sourdine a)** [sans bruit] softly **b)** [secrètement] in secret ▸ **mettre une sourdine à qqch** to tone sthg down.

sourdingue [suʀdɛ̃g] *tfam* ❖ adj cloth-eared. ❖ nmf cloth-ears.

sourd-muet, sourde-muette [suʀmɥɛ, suʀdmɥɛt] *(mpl* **sourds-muets**, *fpl* **sourdes-muettes)** ❖ adj deaf-mute, deaf-and-dumb. ❖ nm, f deaf-mute, deaf-and-dumb person.

sourdre [73] [suʀdʀ] vi *litt* to well up.

souriant, e [suʀjɑ̃, ɑ̃t] adj smiling, cheerful.

souriceau, x [suʀiso] nm baby mouse.

souricière [suʀisjɛʀ] nf mousetrap; *fig* trap.

sourire [95] [suʀiʀ] ❖ vi to smile ▸ **sourire à qqn a)** to smile at sb **b)** *fig* [campagne] to appeal to sb **c)** [destin, chance] to smile on sb ▸ **sourire de qqn / qqch** [être amusé par] to smile at sb / sthg. ❖ nm smile ▸ **garder le sourire** to keep smiling.

souris [suʀi] nf **1.** INFORM & ZOOL mouse ▸ **souris infrarouge** infrared mouse **2.** [viande] knuckle **3.** *fam* [fille] bird UK, chick US.

sournois, e [suʀnwa, az] ❖ adj **1.** [personne] underhand **2.** *fig* [maladie, phénomène] unpredictable. ❖ nm, f underhanded person.

sournoisement [suʀnwazmɑ̃] adv in an underhand way.

sous [su] prép **1.** [gén] under / *ça s'est passé sous nos yeux* it took place before our very eyes / *être sous la douche* to be in the OU having a shower / *emballé sous vide* vacuum-packed ▸ **nager sous l'eau** to swim underwater / *parfait sous tous rapports* perfect in every respect / *sous son air calme...* beneath his calm appearance... / *sous le coup de l'émotion* in the grip of the emotion / *sous ses ordres* under his command ▸ **sous cet aspect** OU **angle** from that point of view **2.** [dans un délai de] within / *sous huit jours* within a week.

sous-alimentation [suzalimɑ̃tasjɔ̃] (*pl* **sous-alimentations**) nf malnutrition, undernourishment.

sous-alimenté, e [suzalimɑ̃te] (*mpl* **sous-alimentés**, *fpl* **-es**) adj malnourished, underfed.

sous-bois [subwa] nm inv undergrowth.

sous-chef [suʃɛf] (*pl* **sous-chefs**) nmf second-in-command.

sous-continent [sukɔ̃tinɑ̃] nm subcontinent ▸ **sous-continent indien** Indian subcontinent.

souscripteur, trice [suskʀiptœʀ, tʀis] nm, f subscriber.

souscription [suskʀipsjɔ̃] nf subscription / *lancer* OU *ouvrir une souscription* to start a fund / *uniquement en souscription* available to subscribers only.

souscrire [99] [suskʀiʀ] ❖ vt [gén] to sign. ❖ vi FIN to apply for ▸ **souscrire à** to subscribe to.

sous-cutané, e [sukytane] (*mpl* **sous-cutanés**, *fpl* **-es**) adj MÉD subcutaneous.

sous-développé, e [sudevlɔpe] (*mpl* **sous-développés**, *fpl* **-es**) adj ÉCON underdeveloped ; *fig* & *péj* backward.

sous-directeur, trice [sudiʀɛktœʀ, tʀis] (*mpl* **sous-directeurs**, *fpl* **-trices**) nm, f assistant manager (assistant manageress).

sous-effectif [suzefɛktif] (*pl* **sous-effectifs**) nm understaffing ▸ **en sous-effectif a)** [entreprise, usine] understaffed.

sous-employé, e [suzɑ̃plwaje] (*mpl* **sous-employés**, *fpl* **-es**) adj underemployed.

sous-employer [13] [suzɑ̃plwaje] vt [travailleur] to underemploy ; [appareil] to underuse.

sous-ensemble [suzɑ̃sɑ̃bl] (*pl* **sous-ensembles**) nm subset.

sous-entendre [73] [suzɑ̃tɑ̃dʀ] vt to imply.

sous-entendu [suzɑ̃tɑ̃dy] (*pl* **sous-entendus**) nm insinuation.

sous-équipé, e [suzekipe] (*mpl* **sous-équipés**, *fpl* **-es**) adj underequipped.

sous-estimer [3] [suzɛstime] vt to underestimate, to underrate. ◆ **se sous-estimer** vp to underrate o.s.

sous-évaluer [7] [suzevalɥe] vt to underestimate.

sous-exploiter [3] [suzɛksplwate] vt to underexploit.

sous-exposer [3] [suzɛkspoze] vt to underexpose.

sous-fifre [sufifʀ] (*pl* **sous-fifres**) nm *fam* underling.

sous-jacent, e [suʒasɑ̃, ɑ̃t] (*mpl* **sous-jacents**, *fpl* **sous-jacentes**) adj underlying.

Sous-le-Vent [suləvɑ̃] npr ▸ **les îles Sous-le-Vent a)** [en Polynésie] the Leeward Islands, the Western Society Islands **b)** [aux Antilles] the Netherlands (and Venezuelan) Antilles. ***Voir aussi* île**.

sous-lieutenant, e [suljøtnɑ̃, ɑ̃] (*mpl* **sous-lieutenants**, *fpl* **-es**) nm MIL sub-lieutenant.

sous-location [sulɔkasjɔ̃] (*pl* **sous-locations**) nf subletting.

sous-louer [6] [sulwe] vt to sublet.

sous-main [sumɛ̃] nm inv desk blotter.

sous-marin, e [sumaʀɛ̃, in] adj underwater *(avant n)*. ◆ **sous-marin** (*pl* **sous-marins**) nm **1.** NAUT submarine **2.** QUÉBEC CULIN submarine sandwich.

sous-marque [sumaʀk] nf sub-brand.

sous-œuvre [suzœvʀ] ◆ **en sous-œuvre** loc adv ▸ **reprise en sous-œuvre** underpinning.

sous-officier [suzɔfisje] (*pl* **sous-officiers**) nm non-commissioned officer.

sous-ordre [suzɔʀdʀ] (*pl* **sous-ordres**) nm **1.** [personne] subordinate **2.** [espèce] suborder.

sous-payer [11] [supeje] vt to underpay.

sous-peuplé, e [supœple] (*mpl* **sous-peuplés**, *fpl* **-es**) adj underpopulated.

sous-préfecture [supʀefɛktyʀ] (*pl* **sous-préfectures**) nf sub-prefecture.

sous-préfet [supʀefɛ] (*pl* **sous-préfets**) nm sub-prefect.

sous-produit [supʀɔdɥi] (*pl* **sous-produits**) nm **1.** [objet] by-product **2.** *fig* [imitation] pale imitation.

sous-pull [supyl] (*pl* **sous-pulls**) nm (light-weight) sweater.

sous-répertoire [suʀepɛʀtwaʀ] (*pl* **sous-répertoires**) nm INFORM sub-directory.

sous-secrétaire [susəkʀetɛʀ] (*pl* **sous-secrétaires**) nm ▸ **sous-secrétaire d'État** Under-Secretary of State.

soussigné, e [susiɲe] ❖ adj ▸ **je soussigné** I the undersigned ▸ **nous soussignés** we the undersigned. ❖ nm, f undersigned.

sous-sol [susɔl] (*pl* **sous-sols**) nm **1.** [de bâtiment] basement **2.** [naturel] subsoil.

sous-tasse [sutas] (*pl* **sous-tasses**) nf saucer.

sous-tendre [73] [sutɑ̃dʀ] vt to underpin.

sous-titre [sutitʀ] (*pl* **sous-titres**) nm subtitle.

sous-titré, e [sutitʀe] (*mpl* **sous-titrés**, *fpl* **-es**) adj subtitled, with subtitles.

sous-titrer [3] [sutitʀe] vt to subtitle.

sous-total [sutɔtal] (*pl* **sous-totaux**) nm subtotal.

soustraction [sustʀaksjɔ̃] nf MATH subtraction.

soustraire [112] [sustʀɛʀ] vt **1.** [retrancher] ▸ **soustraire qqch de** to subtract sthg from **2.** *sout* [voler] ▸ **soustraire qqch de qqch** to remove sthg from sthg ▸ **soustraire qqch à qqn** to take sthg away from sb **3.** [faire échapper] ▸ **soustraire qqn à qqch** to shield sb from sthg. ◆ **se soustraire** vp ▸ **se soustraire à** to escape from.

sous-traitance [sutʀɛtɑ̃s] (*pl* **sous-traitances**) nf subcontracting ▸ **donner qqch en sous-traitance** to subcontract sthg.

sous-traitant, e [sutʀɛtɑ̃, ɑ̃t] (*mpl* **sous-traitants**, *fpl* **-es**) adj subcontracting. ◆ **sous-traitant** (*pl* **sous-traitants**) nm subcontractor.

sous-traiter [4] [sutʀete] vt to subcontract.

soustrayais, soustrayions ⟶ **soustraire**.

sous-verre [suvɛʀ] nm inv *picture or document framed between a sheet of glass and a rigid backing.*

sous-vêtement [suvɛtmɑ̃] (*pl* **sous-vêtements**) nm undergarment ▸ **sous-vêtements** underwear *(U)*, underclothes.

soutane [sutan] nf cassock.

soute [sut] nf hold.

soutenable [sutnabl] adj **1.** [défendable] tenable **2.** [supportable] bearable.

soutenance [sutnɑ̃s] nf viva UK.

soutènement [sutɛnmɑ̃] nm **1.** CONSTR support **2.** [de mines] timbering. ◆ **de soutènement** loc adj support *(modif)*, supporting.

souteneur [sutnœʀ] nm procurer.

soutenir [40] [sutniʀ] vt **1.** [immeuble, personne] to support, to hold up **2.** [effort, intérêt] to sustain **3.** [encourager] to support ; POL to back, to support **4.** [affirmer] ▸ **soutenir que** to maintain (that) **5.** [résister à] to withstand ; [regard, comparaison] to bear. ◆ **se soutenir** vp **1.** [se maintenir] to hold o.s. up, to support o.s. **2.** [s'aider] to support each other, to back each other (up).

soutenu, e [sutny] adj **1.** [style, langage] elevated **2.** [attention, rythme] sustained **3.** [couleur] vivid.

souterrain, e [sutɛʀɛ̃, ɛn] adj underground. ◆ **souterrain** nm underground passage.

soutien [sutjɛ̃] nm support ▸ **apporter son soutien à** to give one's support to ▸ **soutien de famille** breadwinner.

soutien-gorge [sutjɛ̃gɔʀʒ] (*pl* **soutiens-gorge**) nm bra.

soutif [sutif] nm *fam* bra.

soutirer [3] [sutiʀe] vt **1.** [liquide] to decant **2.** *fig* [tirer] ▸ **soutirer qqch à qqn** to extract sthg from sb.

souvenance [suvnɑ̃s] nf *litt* recollection.

souvenir [40] [suvniʀ] nm **1.** [réminiscence, mémoire] memory ▸ **en souvenir de** in memory of ▸ **rappeler qqn au bon souvenir de qqn** to remember sb to sb ▸ **avec mes meilleurs souvenirs** with kind regards **2.** [objet] souvenir. ◆ **se souvenir** vp [ne pas oublier] ▸ **se souvenir de qqch / de qqn** to remember sthg / sb ▸ **se souvenir que** to remember (that).

souvent [suvɑ̃] adv often ▸ **le plus souvent** more often than not.

souvenu, e [suvny] pp ⟶ **souvenir**.

souverain, e [suvʀɛ̃, ɛn] ❖ adj **1.** [remède, état] sovereign **2.** [indifférence] supreme. ❖ nm, f [monarque] sovereign, monarch.

souverainement [suvʀɛnmɑ̃] adv **1.** [extrêmement] intensely **2.** [avec autorité] regally **3.** [absolument - bon] supremely ; [- parfait] absolutely.

souveraineté [suvʀɛnte] nf sovereignty.

souviendrai, souviendras ⟶ **souvenir**.

souvienne, souviennes ⟶ **souvenir**.

souviens, souvient ⟶ **souvenir**.

soviet [sɔvjɛt] nm soviet ▸ **Soviet suprême** Supreme Soviet.

soviétique [sɔvjetik] adj Soviet. ◆ **Soviétique** nmf Soviet (citizen).

soviétologue [sɔvjetɔlɔg] nmf Kremlinologist.

soyeux, euse [swajø, øz] adj silky.

soyez ⟶ **être**.

SPA (*abr de* **Société protectrice des animaux**) nf *French society for the protection of animals* ; ≃ RSPCA UK ; ≃ SPCA US.

spacieux, euse [spasjø, øz] adj spacious.

spaghettis [spagɛti] nmpl spaghetti *(U)*.

spam [spam] nm INFORM spam.

sparadrap [spaʀadʀa] nm sticking plaster UK, Band-Aid® US.

spartiate [spaʀsjat] adj [austère] Spartan ▸ **à la spartiate** *fig* in a Spartan fashion. ◆ **spartiates** nfpl [sandales] Roman sandals. ◆ **Spartiate** nmf Spartan.

spasme [spasm] nm spasm.

spasmodique [spasmɔdik] adj spasmodic.

spasmophilie [spasmɔfili] nf spasmophilia.

spatial, e, aux [spasjal, o] adj space *(avant n)*.

spatio-temporel, elle [spasjɔtɑ̃pɔʀɛl] (*mpl* **spatio-temporelle**, *fpl* **-elles**) adj spatio-temporal.

spatule [spatyl] nf **1.** [ustensile] spatula **2.** [de ski] tip.

spätzli [ʃpetsli] nmpl SUISSE small dumplings.

speaker, speakerine [spikœʀ, spikʀin] nm, f announcer.

spécial, e, aux [spesjal, o] adj **1.** [particulier] special ▸ **spécial à** special to **2.** *fam* [bizarre] peculiar.

spécialement [spesjalmɑ̃] adv **1.** [exprès] specially **2.** [particulièrement] particularly, especially ▸ **pas spécialement** *fam* not particularly, not specially.

spécialisation [spesjalizasjɔ̃] nf specialization.

spécialisé, e [spesjalize] adj [gén] specialized ; INFORM dedicated, special-purpose / *des chercheurs spécialisés dans l'intelligence artificielle* researchers specializing in artificial intelligence.

spécialiser [3] [spesjalize] vt to specialize. ◆ **se spécialiser** vp ▸ **se spécialiser (dans)** to specialize (in).

spécialiste [spesjalist] nmf specialist ▸ **spécialiste de la prise de risques** ÉCON venture capitalist.

spécialité [spesjalite] nf speciality UK, specialty US.

spécieux, euse [spesjø, øz] adj *litt* specious.

spécification [spesifikasjɔ̃] nf specification.

spécificité [spesifisite] nf specificity.

spécifier [9] [spesifje] vt to specify.

spécifique [spesifik] adj specific.

spécifiquement [spesifikmɑ̃] adv specifically.

spécimen [spesimɛn] nm **1.** [représentant] specimen **2.** [exemplaire] sample.

spectacle [spɛktakl] nm **1.** [représentation] show **2.** [domaine] show business, entertainment **3.** [tableau] spectacle, sight ▸ **se donner en spectacle** *fig* to make a spectacle OU an exhibition of o.s.

spectaculaire [spɛktakylɛʀ] adj spectacular.

spectateur, trice [spɛktatœʀ, tʀis] nm, f **1.** [témoin] witness **2.** [de spectacle] spectator.

spectre [spɛktʀ] nm **1.** [fantôme] spectre UK, specter US ▸ **le spectre de** *fig* the spectre UK OU specter US of **2.** PHYS spectrum.

spéculateur, trice [spekylatœʀ, tʀis] nm, f speculator / *spéculateur à la baisse* bear / *spéculateur à la hausse* bull / *spéculateur sur devises* currency speculator.

spéculatif, ive [spekylatif, iv] adj speculative.

spéculation [spekylasjɔ̃] nf speculation / *spéculation à la baisse/hausse* bear/bull trading / *spéculation à la journée* day trading.

spéculer [3] [spekyle] vi ▸ **spéculer sur** a) FIN to speculate in b) *fig* [miser] to count on / *spéculer en Bourse* to speculate on the stock exchange / *spéculer sur l'or* to speculate in gold.

speculo(o)s [spekylos] nm BELGIQUE *crunchy sweet biscuit flavoured with cinnamon*.

speech [spitʃ] (*pl* **speechs** *ou* **speeches**) nm speech.

speed [spid] adj *fam* hyper / *il est très speed* he's really hyper.

speedé, e [spide] adj *fam* hyper.

speeder [spide] vi *fam* to hurry.

spéléologie [speleɔlɔʒi] nf [exploration] potholing UK, spelunking US ; [science] speleology.

spéléologue [speleɔlɔg] nmf [explorateur] potholer UK, spelunker US ; [scientifique] speleologist.

spencer [spɛnsɛʀ] nm *short fitted jacket or coat*.

spermatozoïde [spɛʀmatɔzɔid] nm sperm, spermatozoon.

sperme [spɛʀm] nm sperm, semen.

spermicide [spɛʀmisid] ◆ adj spermicidal. ◆ nm spermicide, spermatocide.

sphère [sfɛʀ] nf sphere ▸ **les hautes sphères de** the higher reaches of ▸ **sphère d'influence** sphere of influence.

sphérique [sfeʀik] adj spherical.

sphincter [sfɛ̃ktɛʀ] nm sphincter.

sphinx [sfɛ̃ks] nm inv **1.** MYTH [personne énigmatique] sphinx **2.** ZOOL hawk moth.

spirale [spiʀal] nf spiral ▸ **en spirale** spiral.

spiritisme [spiʀitism] nm spiritualism.

spiritualité [spiʀitɥalite] nf spirituality.

spirituel, elle [spiʀitɥɛl] adj **1.** [de l'âme, moral] spiritual **2.** [vivant, drôle] witty.

spirituellement [spiʀitɥɛlmɑ̃] adv **1.** [moralement] spiritually **2.** [avec humour] wittily.

spiritueux [spiʀitɥø] nm spirit.

spleen [splin] nm *litt* spleen.

splendeur [splɑ̃dœʀ] nf **1.** [beauté, prospérité] splendour UK, splendor US **2.** [merveille] : *c'est une splendeur !* it's magnificent!

splendide [splɑ̃did] adj magnificent, splendid.

spolier [9] [spɔlje] vt to despoil.

spongieux, euse [spɔ̃ʒjø, øz] adj spongy.

sponsor [spɔ̃sɔʀ] nm sponsor.

sponsoring [spɔ̃sɔʀiŋ] nm sponsoring, corporate sponsorship.

sponsorisation [spɔ̃sɔʀizasjɔ̃] nf sponsoring, sponsorship.

sponsoriser [3] [spɔ̃sɔʀize] vt to sponsor.

spontané, e [spɔ̃tane] adj spontaneous.

spontanéité [spɔ̃taneite] nf spontaneity.

spontanément [spɔ̃tanemɑ̃] adv spontaneously.

sporadique [spɔʀadik] adj sporadic.

sporadiquement [spɔʀadikmɑ̃] adv sporadically.

sport [spɔʀ] ◆ nm sport ▸ **de sport** sports *(avant n)* ▸ **sport d'équipe/de combat** team/combat sport ▸ **sports d'hiver** winter sports ▸ **aller aux sports d'hiver** to go on a skiing holiday. ◆ adj inv **1.** [vêtement] sports *(avant n)* **2.** [fair play] sporting.

sportif, ive [spɔʀtif, iv] ◆ adj **1.** [association, résultats] sports *(avant n)* **2.** [personne, physique] sporty, athletic **3.** [fair play] sportsmanlike, sporting. ◆ nm, f sportsman (sportswoman).

sportswear [spɔʀtswɛʀ] nm sportswear.

spot [spɔt] nm **1.** [lampe] spot, spotlight **2.** [publicité] ▸ **spot (publicitaire)** commercial, advert UK, spot advertisement.

Spot [spɔt] (*abr de* **satellite pour l'observation de la Terre**) nm earth observation satellite.

spray [spʀɛ] nm spray / *parfum en spray* spray OU spray-on perfume.

sprint [spʀint] nm [SPORT - accélération] spurt ; [- course] sprint ▸ **piquer un sprint** *fam* to put on a spurt.

sprinter[1] [3] [spʀinte] vi to sprint.

sprinter[2] [spʀintœʀ] nm sprinter.

sprinteur, euse [spʀintœʀ, øz] = **sprinter**.

squale [skwal] nm dogfish.

square [skwaʀ] nm small public garden.

squash [skwaʃ] nm squash.

squat [skwat] nm squat.

squatter[1] [skwatœʀ] nm squatter.

squatter[2] [3] [skwate] ◆ vt to squat in. ◆ vi to squat.

squatteur, euse [skwatœʀ, øz] = **squatter**.

squelette [skəlɛt] nm skeleton.

squelettique [skəletik] adj **1.** [corps] emaciated **2.** [exposé] sketchy, skeletal.

SRAS [sʀas] (*abr écrite de* **syndrome respiratoire aigu sévère**) nm MÉD SARS.

Sri Lanka [ʃʀilɑ̃ka] nm : *le Sri Lanka* Sri Lanka / *au Sri Lanka* in Sri Lanka.

sri lankais, e [ʃʀilɑ̃kɛ, ɛz] adj Sri Lankan. ◆ **Sri Lankais, e** nm, f Sri Lankan.

SRPJ (*abr de* **Service régional de la police judiciaire**) nm ≃ regional crime squad.

SS ◆ nf **1.** (*abr de* **Sécurité sociale**) ≃ DSS UK ; ≃ SSA US **2.** (*abr de* **SchutzStaffel**) SS / *un SS* a member of the SS. ◆ (*abr de* **steamship**) SS.

S.S. (*abr écrite de* **Sa Sainteté**) H.H.

S /S (*abr écrite de* **steamship**) S/S.

SSII [ɛsɛsdøzi] (*abr de* **société de services et d'ingénierie en informatique**) nf computer engineering and maintenance company.

SSR (*abr de* **Société suisse romande**) nf *French-language Swiss broadcasting company.*

St (*abr écrite de* **saint**) St.

stabilisateur, trice [stabilizatœʀ, tʀis] adj stabilizing.

stabilisation [stabilizasjɔ̃] nf stabilization.

stabiliser [3] [stabilize] vt **1.** [gén] to stabilize ; [meuble] to steady **2.** [terrain] to make firm. ◆ **se stabiliser** vp **1.** [véhicule, prix, situation] to stabilize **2.** [personne] to settle down.

stabilité [stabilite] nf stability.

stable [stabl] adj **1.** [gén] stable **2.** [meuble] steady, stable.

stade [stad] nm **1.** [terrain] stadium **2.** [étape & MÉD] stage ▸ **en être au stade de / où** to reach the stage of / at which.

Stade de France [staddəfʀɑ̃s] nm Stade de France *(stadium built for the 1998 World Cup in the north of Paris).*

staff [staf] nm staff.

staffeur, euse [stafœʀ, øz] nm, f plasterer *(working in staff).*

stage [staʒ] nm SCOL work placement UK, internship US ; [sur le temps de travail] in-service training ▸ **faire un stage** a) [cours] to go on a training course b) [expérience professionnelle] to go on a work placement UK, to undergo an internship US.

> ⚠ Le mot anglais stage signifie « scène » ou « étape » et non *stage*.

stagiaire [staʒjɛʀ] ◆ nmf trainee, intern US. ◆ adj trainee *(avant n).*

stagnant, e [stagnɑ̃, ɑ̃t] adj stagnant.

stagnation [stagnasjɔ̃] nf stagnation.

stagner [3] [stagne] vi to stagnate.

stakhanovisme [stakanɔvism] nm Stakhanovism.

stakhanoviste [stakanɔvist] nmf & adj Stakhanovite, hard worker.

stalactite [stalaktit] nf stalactite.

stalagmite [stalagmit] nf stalagmite.

stalle [stal] nf stall.

stand [stɑ̃d] nm **1.** [d'exposition] stand **2.** [de fête] stall ▸ **stand de tir** shooting range, firing range.

standard [stɑ̃daʀ] ◆ adj inv standard. ◆ nm **1.** [norme] standard **2.** [téléphonique] switchboard.

standardisation [stɑ̃daʀdizasjɔ̃] nf standardization.

standardiser [3] [stɑ̃daʀdize] vt to standardize.

standardiste [stɑ̃daʀdist] nmf switchboard operator.

standing [stɑ̃diŋ] nm standing / *immeuble de grand standing* prestigious block of flats UK, luxury apartment building US / *quartier de grand standing* select district.

staphylocoque [stafilɔkɔk] nm staphylococcus.

star [staʀ] nf CINÉ star.

starlette [staʀlɛt] nf starlet.

starter [staʀtɛʀ] nm AUTO choke ▸ **mettre le starter** to pull the choke out.

starting-block [staʀtiŋblɔk] (*pl* **starting-blocks**) nm starting block.

start up [staʀtɔp] nf start-up.

station [stasjɔ̃] nf **1.** [arrêt - de bus] stop ; [- de métro] station / *à quelle station dois-je descendre ?* which stop do I get off at? ▸ **station de taxis** taxi stand **2.** [installations] station ▸ **station d'épuration** sewage treatment plant ▸ **station météorologique** weather station ▸ **station orbitale** orbital station ▸ **station spatiale** space station **3.** [ville] resort ▸ **station de ski / de sports d'hiver** ski / winter sports resort ▸ **station thermale** spa (town) **4.** [position] position ▸ **station debout** standing position ▸ **station verticale** upright position **5.** INFORM ▸ **station de travail** work station.

stationnaire [stasjɔnɛʀ] adj stationary.

stationnement [stasjɔnmɑ̃] nm parking ▸ **'stationnement interdit'** 'no parking' ▸ **stationnement bilatéral** parking on both sides of the road / *stationnement en double file* double-parking ▸ **stationnement en épi** angle ou angled parking / *stationnement unilatéral* parking on one side (of the road) / *stationnement payant* parking fee payable.

stationner [3] [stasjɔne] vi to park.

station-service [stasjɔ̃sɛʀvis] (*pl* **stations-service**) nf service station, petrol station UK, gas station US.

statique [statik] adj static.

statisticien, enne [statistisjɛ̃, ɛn] nm, f statistician.

statistique [statistik] ❖ adj statistical. ❖ nf **1.** [science] statistics *(U)* **2.** [donnée] statistic / *statistiques démographiques* demographics.

statistiquement [statistikmɑ̃] adv statistically.

stats [stat] nfpl *fam* stats ▸ **faire des stats** to do stats.

statuaire [statɥɛʀ] nf & adj statuary.

statue [staty] nf statue.

statuer [7] [statɥe] vi ▸ **statuer sur** to give a decision on.

statuette [statɥɛt] nf statuette.

statu quo [statykwo] nm inv status quo.

stature [statyʀ] nf stature.

statut [staty] nm status. ◆ **statuts** nmpl statutes, by laws US.

statutaire [statytɛʀ] adj statutory.

Ste (*abr écrite de* **sainte**) St.

Sté (*abr écrite de* **société**) Co.

steak [stɛk] nm steak ▸ **steak frites** steak and chips UK ou fries US ▸ **steak haché** mince UK, ground beef US.

stégosaure [stegɔzɔʀ] nm stegosaurus.

stèle [stɛl] nf stele.

stellaire [stelɛʀ] adj stellar.

stencil [stɛnsil] nm stencil.

sténo [steno] ❖ nmf stenographer. ❖ nf shorthand.

sténodactylo [stenɔdaktilo] nmf shorthand typist UK, stenographer US.

sténodactylographie [stenɔdaktilɔgʀafi] nf shorthand typing.

sténographe [stenɔgʀaf] nmf stenographer.

sténographie [stenɔgʀafi] nf shorthand ▸ **en sténographie** in shorthand.

sténographier [9] [stenɔgʀafje] vt to take down in shorthand.

sténographique [stenɔgʀafik] adj shorthand *(avant n)*.

sténotypiste [stenɔtipist] nmf stenotypist.

stentor [stɑ̃tɔʀ] ⟶ **voix**.

steppe [stɛp] nf steppe.

stéréo [stereo] ❖ adj inv stereo. ❖ nf stereo ▸ **en stéréo** in stereo.

stéréotype [stereɔtip] nm stereotype.

stéréotypé, e [stereɔtipe] adj stereotyped.

stérile [steʀil] adj **1.** [personne] sterile, infertile ; [terre] barren **2.** *fig* [inutile - discussion] sterile ; [- efforts] futile **3.** MÉD sterile.

stérilet [steʀilɛ] nm IUD, intrauterine device.

stérilisateur [steʀilizatœʀ] nm sterilizer.

stérilisation [steʀilizasjɔ̃] nf sterilization.

stérilisé, e [steʀilize] adj sterilized.

stériliser [3] [steʀilize] vt to sterilize.

stérilité [steʀilite] nf *pr* & *fig* sterility ; [d'efforts] futility.

sterling [stɛʀliŋ] adj inv & nm inv sterling.

sternum [stɛʀnɔm] nm breastbone, sternum.

stéthoscope [stetɔskɔp] nm stethoscope.

steward [stiwaʀt] nm steward.

stick [stik] nm [tube] stick / *de la colle en stick* a stick of glue / *un déodorant en stick* a stick deodorant.

sticker [stikœʀ] nm sticker.

stigmate [stigmat] nm *(gén pl)* mark, scar. ◆ **stigmates** nmpl RELIG stigmata.

stigmatiser [3] [stigmatize] vt *litt* [dénoncer] to denounce.

stimulant, e [stimylɑ̃, ɑ̃t] adj stimulating. ◆ **stimulant** nm **1.** [remontant] stimulant **2.** [motivation] incentive, stimulus.

stimulateur [stimylatœʀ] nm ▸ **stimulateur cardiaque** pacemaker.

stimulation [stimylasjɔ̃] nf stimulation.

stimuler [3] [stimyle] vt to stimulate.

stipuler [3] [stipyle] vt ▸ **stipuler que** to stipulate (that).

STO (*abr de* **service du travail obligatoire**) nm HIST forced labour *(by French workers requisitioned during the Second World War)*.

stock [stɔk] nm stock ▸ **en stock** in stock / *stock existant en magasin* in stock ▸ **tout un stock de** *fig* & *iron* a whole stock of, plenty of.

stockage [stɔkaʒ] nm **1.** [de marchandises] stocking **2.** INFORM storage.

stock-car [stɔkkaʀ] (*pl* **stock-cars**) nm [voiture] stock car ; [course] stock car racing / *faire du stock-car* to go stock car racing.

stocker [3] [stɔke] vt **1.** [marchandises] to stock **2.** INFORM to store.

Stockholm [stɔkɔlm] npr Stockholm.

stock-option [stɔkɔpsjɔ̃] nf stock option.

stoïcisme [stɔisism] nm **1.** PHILO Stoicism **2.** *fig* [courage] stoicism.

stoïque [stɔik] ❖ nmf Stoic. ❖ adj stoical.

stoïquement [stɔikmɑ̃] adv stoically.

stomacal, e, aux [stɔmakal, o] adj stomach *(avant n)*.

stomatologie [stɔmatɔlɔʒi] nf stomatology.

stomatologiste [stɔmatɔlɔʒist], **stomatologue** [stɔmatɔlɔg] nmf stomatologist.

stop [stɔp] ❖ interj stop! / *dis-moi stop !* say when! ❖ nm **1.** [feu] brake light **2.** [panneau] stop sign **3.** [auto-stop] hitchhiking, hitching ▸ **faire du stop** to hitch, to hitchhike / *on y est allés en stop* we hitch-hiked ou hitched there.

stopper [3] [stɔpe] ❖ vt **1.** [arrêter] to stop, to halt **2.** COUT to repair by invisible mending. ❖ vi to stop.

store [stɔʀ] nm **1.** [de fenêtre] blind **2.** [de magasin] awning.

STP *abr de* **s'il te plaît**.

strabisme [stʀabism] nm squint ▸ **être atteint de strabisme** to (have a) squint.

strangulation [stʀɑ̃gylasjɔ̃] nf strangulation.

strapontin [stʀapɔ̃tɛ̃] nm **1.** [siège] pull-down seat **2.** *fig* [position] minor role.

stras [stʀas] = **strass**.

strass [stʀas] nm paste.

stratagème [stʀataʒɛm] nm stratagem.

strate [stʀat] nf stratum.

stratège [stʀatɛʒ] nm strategist.

stratégie [stʀateʒi] nf strategy / *stratégie globale* global strategy / *stratégie marketing* marketing strategy / *stratégie de positionnement* positioning strategy.

stratégique [stʀateʒik] adj strategic ▸ **matières premières stratégiques** strategic raw materials.

stratifié, e [stʀatifje] adj **1.** GÉOL stratified **2.** TECHNOL laminated.

stratosphère [stʀatɔsfɛʀ] nf stratosphere.

stress [stʀɛs] nm stress.

stressant, e [stʀɛsɑ̃, ɑ̃t] adj stressful.

stressé, e [stʀɛse] adj stressed.

stresser [4] [stʀɛse] ❖ vt ▸ **stresser qqn** to cause sb stress, to put sb under stress. ❖ vi to be stressed.

Stretch® [stʀɛtʃ] nm inv *stretch material.*

stretching [stʀɛtʃiŋ] nm SPORT stretching, stretching exercises *pl.*

strict, e [stʀikt] adj **1.** [personne, règlement] strict **2.** [sobre] plain **3.** [absolu - minimum] bare, absolute ; [- vérité] absolute.

strictement [stʀiktəmɑ̃] adv **1.** [rigoureusement] strictly **2.** [sobrement] plainly, soberly.

strident, e [stʀidɑ̃, ɑ̃t] adj strident, shrill.

stridulation [stʀidylasjɔ̃] nf chirping.

strie [stʀi] nf *(gén pl)* **1.** [sillon] groove ; [en relief] ridge **2.** [rayure] streak.

strié, e [stʀije] adj **1.** [rayé] striped **2.** GÉOL striated.

strier [10] [stʀije] vt to streak.

string [stʀiŋ] nm G-string.

strip-poker [stʀippɔkɛʀ] *(pl* **strip-pokers***)* nm strip poker.

strip-tease [stʀiptiz] *(pl* **strip-teases***)* nm striptease.

strip-teaseur, strip-teaseuse *(mpl* **strip-teaseurs***, fpl* **strip-teaseuses***)* [stʀiptizœʀ, øz] nm, f stripper.

striure [stʀijyʀ] nf **1.** [sillons] grooves *pl* ; [en relief] ridges *pl* **2.** [rayures] streaks *pl.*

strophe [stʀɔf] nf verse.

structural, e, aux [stʀyktyʀal, o] adj structural.

structuralisme [stʀyktyʀalism] nm structuralism.

structure [stʀyktyʀ] nf structure ▸ **structure** ou **structures d'accueil** reception facilities / *structures administratives / politiques* administrative / political facilities.

structuré, e [stʀyktyʀe] adj structured, organized.

structurel, elle [stʀyktyʀɛl] adj structural.

structurer [3] [stʀyktyʀe] vt to structure. ◆ **se structurer** vp to be / become structured.

strychnine [stʀiknin] nf strychnine.

stuc [styk] nm stucco.

studieusement [stydjøzmɑ̃] adv studiously.

studieux, euse [stydjø, øz] adj **1.** [personne] studious **2.** [vacances] study *(avant n).*

studio [stydjo] nm **1.** CINÉ, PHOTO & TV studio ▸ **studio d'enregistrement** recording studio **2.** [appartement] studio flat UK, studio apartment US. ◆ **en studio** loc adv : *tourné en studio* shot in studio / *scène tournée en studio* studio scene.

stupéfaction [stypefaksjɔ̃] nf astonishment, stupefaction.

stupéfait, e [stypefɛ, ɛt] adj astounded, stupefied.

stupéfiant, e [stypefjɑ̃, ɑ̃t] adj astounding, stunning. ◆ **stupéfiant** nm narcotic, drug.

stupéfier [9] [stypefje] vt to astonish, to stupefy.

stupeur [stypœʀ] nf **1.** [stupéfaction] astonishment **2.** MÉD stupor.

stupide [stypid] adj **1.** *péj* [abruti] stupid **2.** [insensé - mort] senseless ; [- accident] stupid **3.** *litt* [interdit] stunned.

stupidement [stypidmɑ̃] adv stupidly.

stupidité [stypidite] nf stupidity ▸ **faire / dire des stupidités** to do / say something stupid.

stups [styp] nmpl *arg crime* ▸ **les stups** the narcotics ou drugs squad.

style [stil] nm **1.** [gén] style ▸ **de style** period *(avant n)* ▸ **style Empire / Louis XIII** Empire / Louis XIII Style ▸ **style de vie** lifestyle **2.** GRAM ▸ **style direct / indirect** direct / indirect speech.

stylé, e [stile] adj [personnel] well-trained.

styliser [3] [stilize] vt to stylize.

stylisme [stilism] nm COUT design, designing.

styliste [stilist] nmf COUT designer.

stylistique [stilistik] ❖ adj stylistic. ❖ nf stylistics *(U).*

stylo [stilo] nm pen ▸ **stylo bille** ballpoint (pen) ▸ **stylo correcteur** correction pen ▸ **stylo plume** fountain pen.

stylo-feutre [stilofœtʀ] (*pl* **stylos-feutres**) nm felt-tip pen.

su, e [sy] pp ⟶ **savoir.** ◆ **au vu et au su de** loc prép under the eyes of.

suave [sɥav] adj [voix] smooth ; [parfum] sweet.

suavité [sɥavite] nf pleasantness.

subalpin, e [sybalpɛ̃, in] adj subalpine.

subalterne [sybaltɛʀn] ❖ nmf subordinate, junior. ❖ adj [rôle] subordinate ; [employé] junior.

subaquatique [sybakwatik] adj underwater.

subconscient, e [sybkɔ̃sjɑ̃, ɑ̃t] adj subconscious. ◆ **subconscient** nm subconscious.

subdiviser [3] [sybdivize] vt to subdivide. ◆ **se subdiviser** vp to be subdivided.

subdivision [sybdivizjɔ̃] nf subdivision.

subir [32] [sybiʀ] vt **1.** [conséquences, colère] to suffer ; [personne] to put up with **2.** [opération, épreuve, examen] to undergo **3.** [dommages, pertes] to sustain, to suffer ▸ **subir une hausse** to be increased.

subit, e [sybi, it] adj sudden.

subitement [sybitmɑ̃] adv suddenly.

subjectif, ive [sybʒɛktif, iv] adj **1.** [personnel, partial] subjective **2.** MÉD ▸ **troubles subjectifs** symptoms.

subjectivité [sybʒɛktivite] nf subjectivity.

subjonctif [sybʒɔ̃ktif] nm subjunctive.

subjuguer [3] [sybʒyge] vt to captivate.

sublimation [syblimasjɔ̃] nf sublimation.

sublime [syblim] adj sublime.

sublimer [3] [syblime] vt to sublimate.

submergé, e [sybmɛʀʒe] adj **1.** [rochers] submerged ; [champs] submerged, flooded **2.** [surchargé, accablé] inundated / *submergé de travail* snowed under with work / *submergé de réclamations* inundated with complaints **3.** [incapable de faire face] swamped, up to one's eyes / *depuis que ma secrétaire est partie, je suis submergé* since my secretary left, I've been up to my eyes in work.

submerger [17] [sybmɛʀʒe] vt **1.** [inonder] to flood **2.** [envahir] to overcome, to overwhelm **3.** [déborder] to overwhelm ▸ **être submergé de travail** to be swamped with work.

submersible [sybmɛʀsibl] nm & adj submersible.

subodorer [3] [sybɔdɔʀe] vt *fam* to smell, to scent.

subordination [sybɔʀdinasjɔ̃] nf subordination.

subordonné, e [sybɔʀdɔne] ❖ adj GRAM subordinate, dependent. ❖ nm, f subordinate. ◆ **subordonnée** nf GRAM subordinate clause.

subordonner [3] [sybɔʀdɔne] vt **1.** [chose] ▸ **subordonner qqch à qqch** to make sthg dependent on sthg **2.** [personne] ▸ **subordonner qqn à qqn** to subordinate sb to sb.

subornation [sybɔʀnasjɔ̃] nf bribing, subornation.

suborner [3] [sybɔʀne] vt **1.** *litt* & *vieilli* [séduire] to lead astray **2.** DR to bribe, to suborn.

subreptice [sybʀɛptis] adj surreptitious.

subrepticement [sybʀɛptismɑ̃] adv surreptitiously.

subroger [17] [sybʀɔʒe] vt DR to substitute.

subsaharien, enne [sybsaaʀjɛ̃, ɛn] adj sub-Saharan.

subséquent, e [sypsekɑ̃, ɑ̃t] adj *sout* subsequent.

subside [sypsid] nm *(gén pl)* grant, subsidy.

subsidiaire [sybzidjɛʀ] adj subsidiary.

subsidiarité [sybzidjaʀite] nf subsidiarity.

subsistance [sybzistɑ̃s] nf subsistence ▸ **pourvoir à la subsistance de sa famille** to support one's family.

subsister [3] [sybziste] vi **1.** [chose] to remain **2.** [personne] to live, to subsist.

subsonique [sypsɔnik] adj subsonic.

substance [sypstɑ̃s] nf **1.** [matière] substance **2.** [essence] gist ▸ **en substance** in substance.

substantiel, elle [sypstɑ̃sjɛl] adj substantial.

substantif [sypstɑ̃tif] nm noun.

substituable [sypstitɥabl] adj replaceable.

substituer [7] [sypstitɥe] vt ▸ **substituer qqch à qqch** to substitute sthg for sthg. ◆ **se substituer** vp ▸ **se substituer à a)** [personne] to stand in for, to substitute for **b)** [chose] to take the place of.

substitut [sypstity] nm **1.** [remplacement] substitute **2.** DR deputy public prosecutor.

substitution [sypstitysjɔ̃] nf substitution.

substrat [sypstʀa] nm **1.** [de récit, réflexion] basis **2.** GÉOL & LING substratum **3.** CHIM substrate.

subterfuge [syptɛʀfyʒ] nm subterfuge.

subtil, e [syptil] adj subtle.

subtilement [syptilmɑ̃] adv subtly.

subtiliser [3] [syptilize] vt to steal.

subtilité [syptilite] nf subtlety.

subtropical, e, aux [syptʀɔpikal, o] adj subtropical.

suburbain, e [sybyʀbɛ̃, ɛn] adj suburban.

subvenir [40] [sybvəniʀ] vi ▸ **subvenir à** [besoins] to provide for ▸ **subvenir aux besoins de qqn** to meet sb's needs ; [dépenses] to cover.

subvention [sybvɑ̃sjɔ̃] nf grant, subsidy ▸ **subvention de l'État** government grant ▸ **subvention d'État** government subsidy ▸ **subventions gouvernementales** government handouts.

subventionné [sybvɑ̃sjɔne] adj subsidized / *un projet subventionné par l'État* government-funded project / *une école subventionnée (par l'État)* a grant-maintained school.

subventionner [3] [sybvɑ̃sjɔne] vt to give a grant to, to subsidize ; ÉCON [industrie, entreprise] ▸ **subventionner excessivement** to featherbed.

subvenu, e [sybvəny] pp ⟶ **subvenir**.

subversif, ive [sybvɛʀsif, iv] adj subversive.

subversion [sybvɛʀsjɔ̃] nf subversion.

subviendrai, subviendras ⟶ **subvenir**.

subviens, subvient ⟶ **subvenir**.

suc [syk] nm **1.** [d'arbre] sap ; [de fruit, viande] juice ▸ **suc gastrique** gastric juices *pl* **2.** *litt* [quintessence] essence.

succédané [syksedane] nm substitute.

succéder [18] [syksede] vt ▸ **succéder à a)** [suivre] to follow **b)** [remplacer] to succeed, to take over from / *tous ceux qui lui ont succédé* all his successors, all those who came after him / *un épais brouillard a succédé au soleil* the sun gave way to thick fog. ◆ **se succéder** vpi [se suivre] to follow each other / *les crises se succèdent* it's just one crisis after another.

succès [syksɛ] nm **1.** [gén] success ▸ **avoir du succès** to be very successful ▸ **avoir un succès fou (auprès de)** to be very successful (with) ▸ **à succès** hit *(avant n)* ▸ **sans succès a)** [essai] unsuccessful **b)** [essayer] unsuccessfully ▸ **avec succès a)** [essai] successful **b)** [essayer] successfully ▸ **se tailler un franc succès** *fig* to be a great ou huge success **2.** [chanson, pièce] hit **3.** [conquête] conquest.

successeur [syksesœʀ] nm **1.** [gén] successor **2.** DR successor, heir.

successif, ive [syksesif, iv] adj successive.

succession [syksesjɔ̃] nf **1.** [gén] succession ▸ **une succession de** a succession of ▸ **prendre la succession de qqn** to take over from sb, to succeed sb **2.** DR succession, inheritance ▸ **droits de succession** death duties UK, inheritance tax US.

successivement [syksesivmɑ̃] adv successively.

succinct, e [syksɛ̃, ɛ̃t] adj **1.** [résumé] succinct **2.** [repas] frugal.

succinctement [syksɛ̃tmɑ̃] adv **1.** [résumer] succinctly **2.** [manger] frugally.

succion [syksjɔ̃, sysjɔ̃] nf suction, sucking.

succomber [3] [sykɔ̃be] vi ▸ **succomber (à)** to succumb (to).

succulent, e [sykylɑ̃, ɑ̃t] adj delicious.

succursale [sykyʀsal] nf branch.

sucer [16] [syse] vt to suck / *pastilles à sucer* lozenges to be sucked / *sucer son pouce* to suck one's thumb.

sucette [sysɛt] nf [friandise] lolly UK, lollipop ▸ **sucette au caramel** caramel lollipop.

suçon [sysɔ̃] nm lovebite, hickey US.

sucre [sykʀ] nm sugar ▸ **sucre de betterave / canne** beet/cane sugar ▸ **sucre cristallisé** granulated sugar ▸ **sucre (d'érable)** QUÉBEC maple sugar ▸ **sucre glace** icing sugar UK, confectioner's sugar US ▸ **sucre en morceaux** lumps of sugar ▸ **sucre d'orge** barley sugar ▸ **sucre en poudre, sucre semoule** caster sugar UK, finely granulated sugar US ▸ **sucre roux** ou **brun** brown sugar ▸ **casser du sucre sur le dos de qqn** *fam* & *fig* to talk about sb behind his/her back. ◆ **au sucre** loc adj [fruits, crêpes] (sprinkled) with sugar.

sucré, e [sykʀe] adj [naturellement] sweet ; [artificiellement] sweetened / *je n'aime pas le café sucré* I don't like sugar in my coffee ▸ **non sucré** unsweetened.

sucrer [3] [sykʀe] vt **1.** [café, thé] to sweeten, to sugar **2.** *fam* [permission] to withdraw ; [passage, réplique] to cut ▸ **sucrer qqch à qqn** to take sthg away from sb. ◆ **se sucrer** vp **1.** [se servir en sucre] to take some sugar **2.** *fam* [s'octroyer une part] to line one's pockets.

sucrerie [sykʀəʀi] nf **1.** [usine] sugar refinery **2.** [friandise] sweet UK, candy US **3.** QUÉBEC [forêt d'érables] maple forest, sugar bush.

Sucrette® [sykʀɛt] nf (artificial) sweetener.

sucrier¹ [sykʀije] nm sugar bowl.

sucrier², ère [sykʀije, ɛʀ] adj sugar *(avant n)*.

sud [syd] ◆◆ nm south ▸ **un vent du sud** a southerly wind ▸ **le vent du sud** the south wind ▸ **au sud** in the south ▸ **au sud (de)** to the south (of). ◆◆ adj inv [gén] south ; [province, région] southern.

sud-africain, e [sydafʀikɛ̃, ɛn] (*mpl* **sud-africains**, *fpl* **sud-africaines**) adj South African. ◆ **Sud-Africain, e** nm, f South African.

sud-américain, e [sydameʀikɛ̃, ɛn] (*mpl* **sud-américains**, *fpl* **sud-américaines**) adj South American. ◆ **Sud-Américain, e** nm, f South American.

sudation [sydasjɔ̃] nf sweating.

sud-coréen, enne [sydkɔʀeɛ̃, ɛn] (*mpl* **sud-coréens**, *fpl* **sud-coréennes**) adj South Korean. ◆ **Sud-Coréen, enne** nm, f South Korean.

sud-est [sydɛst] nm & adj inv southeast.

Sudoku® [sydoky] nm Sudoku.

sud-ouest [sydwɛst] nm & adj inv southwest.

Suède [sɥɛd] nf : *la Suède* Sweden.

suédine [syedin] nf suedette.

suédois, e [sɥedwa, az] adj Swedish. ◆ **suédois** nm [langue] Swedish. ◆ **Suédois, e** nm, f Swede.

suée [sɥe] nf *fam* sweat.

suer [7] [sɥe] ◆◆ vi [personne] to sweat ▸ **faire suer qqn** *fam* & *fig* to give sb a hard time ▸ **se faire suer** *fam* & *fig* to be bored to tears. ◆◆ vt to exude.

sueur [sɥœʀ] nf sweat ▸ **être en sueur** to be sweating ▸ **avoir des sueurs froides** *fig* to be in a cold sweat.

Suez [sɥɛz] npr : *le canal de Suez* the Suez Canal.

suffi [syfi] pp inv ⟶ **suffire**.

suffire [100] [syfiʀ] ◆◆ vi **1.** [être assez] ▸ **suffire pour qqch / pour faire qqch** to be enough for sthg/to do sthg, to be sufficient for sthg/to do sthg ▸ **ça suffit !** that's enough! **2.** [satisfaire] ▸ **suffire à** to be enough for. ◆◆ v impers ▸ **il suffit de...** all that is necessary is..., all that you have to do is... ▸ **il suffit d'un moment d'inattention pour que...** it only takes a moment of carelessness for... / *il lui suffit de donner sa démission* all he has to do is resign ▸ **il suffit que** *(+ subj)* : *il suffit que vous lui écriviez* all (that) you need do is write to him. ◆ **se suffire** vp ▸ **se suffire à soi-même** to be self-sufficient.

suffisais ⟶ suffire.

suffisamment [syfizamɑ̃] adv sufficiently.

suffisance [syfizɑ̃s] nf [vanité] self-importance / *c'est un homme plein de suffisance* he's a very self-satisfied man.

suffisant, e [syfizɑ̃, ɑ̃t] adj **1.** [satisfaisant] sufficient **2.** [vaniteux] self-important.

suffise ⟶ suffire.

suffixe [syfiks] nm suffix.

suffocant, e [syfɔkɑ̃, ɑ̃t] adj **1.** [chaleur, fumée] suffocating **2.** *fig* [nouvelle, révélation] astonishing, incredible.

suffocation [syfɔkasjɔ̃] nf suffocation.

suffoquer [3] [syfɔke] ❖ vt **1.** [suj : chaleur, fumée] to suffocate **2.** *fig* [suj : colère] to choke ; [suj : nouvelle, révélation] to astonish, to stun. ❖ vi to choke ▸ **suffoquer de** *fig* to choke with.

suffrage [syfʀaʒ] nm vote ▸ **rallier tous les suffrages** to win all the votes ▸ **recueillir des suffrages** to win votes ▸ **suffrage indirect / restreint / universel** indirect / restricted / universal suffrage.

suffragette [syfʀaʒɛt] nf POL suffragette.

suggérer [18] [sygʒeʀe] vt **1.** [proposer] to suggest ▸ **suggérer qqch à qqn** to suggest sthg to sb ▸ **suggérer à qqn de faire qqch** to suggest that sb (should) do sthg **2.** [faire penser à] to evoke.

suggestif, ive [sygʒɛstif, iv] adj **1.** [musique] evocative **2.** [pose, photo] suggestive.

suggestion [sygʒɛstjɔ̃] nf suggestion.

suicidaire [sɥisidɛʀ] adj suicidal.

suicide [sɥisid] ❖ nm suicide. ❖ adj suicide *(avant n)*.

suicidé, e [sɥiside] nm, f suicide.

suicider [3] [sɥiside] ◆ **se suicider** vp to commit suicide, to kill o.s.

suie [sɥi] nf soot.

suif [sɥif] nm tallow.

suintant, e [sɥɛ̃tɑ̃, ɑ̃t] adj [mur] sweating ; [plaie] weeping.

suintement [sɥɛ̃tmɑ̃] nm **1.** [de mur] sweating ; [de plaie] weeping **2.** [d'eau] seeping, oozing.

suinter [3] [sɥɛ̃te] vi **1.** [eau, sang] to ooze, to seep **2.** [surface, mur] to sweat ; [plaie] to weep.

suis¹ ⟶ être.

suis², suit ⟶ suivre.

suisse [sɥis] ❖ adj Swiss. ❖ nm **1.** RELIG verger **2.** QUÉBEC [tamia] chipmunk. ◆ **Suisse** ❖ nf [pays] : *la Suisse* Switzerland ▸ **la Suisse allemande / italienne / romande** German- / Italian- / French-speaking Switzerland. ❖ nmf [personne] Swiss (person) / *les Suisses* the Swiss. ◆ **en suisse** loc adv *fam* alone, on one's own.

Suissesse [sɥisɛs] nf Swiss woman.

suite [sɥit]

❖ nf

1. [de liste, feuilleton] continuation / *suite page 17* continued on page 17 / *la suite au prochain numéro* to be continued (in our next issue) / *suite et fin* final instalment

2. [série - de maisons, de succès] series ; [- d'événements] sequence / *attendons la suite des événements* let's wait to see what happens next / *une suite de malheurs* a run OU series of misfortunes / *écoute la suite* **a)** [du discours] listen to what comes next **b)** [de mon histoire] listen to what happened next

3. [succession] ▸ **prendre la suite de a)** [personne] to succeed, to take over from **b)** [affaire] to take over ▸ **à la suite** one after the other / *un nom avec plusieurs chiffres inscrits à la suite* a name followed by a string of numbers ▸ **à la suite de** *fig* following / *à la suite de son discours télévisé, sa cote a remonté* following her speech on TV, her popularity rating went up / *avoir de la suite dans les idées* to be coherent OU consistent / *tu as de la suite dans les idées !* *hum* you certainly know what you want!

4. [escorte] retinue

5. MUS suite

6. [appartement] suite

◆ **suites** nfpl consequences / *avoir des suites* to have repercussions / *elle est morte des suites de ses blessures* she died of her wounds.

◆ **de suite** loc adv **1.** [l'un après l'autre] in succession / *elle est restée de garde 48 heures de suite* she was on duty for 48 hours on end **2.** [immédiatement] immediately / *il revient de suite* he'll be right back.

◆ **par la suite** loc adv afterwards / *ils se sont mariés par la suite* they eventually got married.

◆ **par suite de** loc prép owing to, because of / *par suite d'un arrêt de travail des techniciens* due to industrial action by technical staff.

◆ **sans suite** loc adj **1.** [incohérent] disconnected / *il tenait des propos sans suite* his talk was incoherent **2.** COMM discontinued.

◆ **suite à** loc prép ADMIN : *suite à votre lettre* further to OU in response to OU with reference to your letter / *suite à votre appel téléphonique* further to your phone call.

suivais, suivions ⟶ suivre.

suivant, e [sɥivɑ̃, ɑ̃t] ❖ adj next, following. ❖ nm, f next OU following one ▸ **au suivant !** next! ◆ **suivant** prép according to ▸ **suivant que** according to whether.

suiveur, euse [sɥivœʀ, øz] nm, f follower.

suivi, e [sɥivi] ❖ pp ⟶ suivre. ❖ adj **1.** [visites] regular ; [travail] sustained ; [qualité] consistent **2.** [raisonnement] coherent. ◆ **suivi** nm follow-up.

suivre [89] [sɥivʀ] ❖ vt **1.** [gén] to follow / *la police les a suivis sur plusieurs kilomètres* the police chased them for several kilometres / *suivez le guide* this way (for the guided tour), please / *suivre qqn des yeux* ou *du regard* to follow sb with one's eyes ▸ **'faire suivre'** 'please forward' / *faire suivre son courrier* to have one's mail forwarded / *suivre un régime* to be on a diet ▸ **suivre le mouvement** to (just) go ou tag along with the crowd ; [comprendre] to follow / *je ne te suis plus* I'm not with you any more **2.** [suj : médecin] to treat / *je suis suivie par un très bon médecin* I'm with ou under a very good doctor **3.** [se dérouler après] to follow (on from), to come after / *la réunion sera suivie d'une collation* refreshments will be served after the meeting ; *(en usage absolu)* : *le jour qui suivit* (the) next day, the following day ; *(tournure impersonnelle)* : *il suit de votre déclaration que le témoin ment* it follows from your statement that the witness is lying. ❖ vi **1.** SCOL to keep up / *il a du mal à suivre en physique* he's having difficulty keeping up in physics **2.** [venir après] to follow / *procéder comme suit* proceed as follows. ◆ **se suivre** vp to follow one another / *les trois coureurs se suivent de très près* the three runners are very close behind one another ou are tightly bunched. ◆ **à suivre** ❖ loc adj : *c'est une affaire à suivre* it's something we should keep an eye on. ❖ loc adv : *'à suivre'* 'to be continued'.

sujet, ette [syʒɛ, ɛt] ❖ adj ▸ **être sujet à qqch** to be subject ou prone to sthg / *sujet à des attaques cardiaques* subject to heart attacks / *nous sommes tous sujets à l'erreur* we're all prone to making mistakes ▸ **être sujet à faire qqch** to be apt ou liable to do sthg ▸ **être sujet à caution** *fig* to be unconfirmed / *leurs informations sont sujettes à caution* their information should be taken warily. ❖ nm, f [de souverain] subject. ◆ **sujet** nm **1.** [gén] subject ▸ **c'est à quel sujet ?** what is it about? / *quel est le sujet du livre ?* what's the book about? ▸ **sujet de conversation** topic of conversation **2.** [motif] ▸ **sujet de** cause for, reason for / *sujet de plainte* grievance / *leur salaire est leur principal sujet de mécontentement* the main cause of their dissatisfaction is their salary. ◆ **au sujet de** loc prép about, concerning / *c'est au sujet de Martha ?* is it about Martha? / *à ce sujet, j'aimerais vous faire remarquer que...* concerning this matter, I'd like to point out to you that... / *je voudrais parler au directeur — c'est à quel sujet ?* I'd like to talk to the manager — what about?

sulfate [sylfat] nm sulphate UK, sulfate US.

sulfure [sylfyʀ] nm sulphide UK, sulfide US.

sulfureux, euse [sylfyʀø, øz] adj sulphurous UK, sulfurous US.

sulfurique [sylfyʀik] adj sulphuric UK, sulfuric US.

sulfurisé, e [sylfyʀize] adj ▸ **papier sulfurisé** greaseproof paper UK, wax paper US.

sultan, e [syltɑ̃, an] nm, f sultan (sultana).

sultanat [syltana] nm sultanate.

Sumatra [symatʀa] npr Sumatra / *à Sumatra* in Sumatra.

summum [sɔmɔm] nm summit, height.

sumo [sumo] nm sumo.

Sup de Co [sypdəko] *fam abr de* **École supérieure de commerce**.

super [sypɛʀ] *fam* ❖ adj inv super, great. ❖ nm four star (petrol) UK, premium US.

superbe [sypɛʀb] ❖ adj superb ; [enfant, femme] beautiful. ❖ nf *litt* pride, arrogance.

superbement [sypɛʀbəmɑ̃] adv superbly.

supercarburant [sypɛʀkaʀbyʀɑ̃] nm high-octane petrol UK ou gasoline US.

supercherie [sypɛʀʃəʀi] nf deception, trickery.

supérette [sypeʀɛt] nf mini-market, superette US.

superfétatoire [sypɛʀfetatwaʀ] adj *litt* superfluous.

superficie [sypɛʀfisi] nf **1.** [surface] area **2.** *fig* [aspect superficiel] surface.

superficiel, elle [sypɛʀfisjɛl] adj superficial.

superficiellement [sypɛʀfisjɛlmɑ̃] adv superficially.

superflu, e [sypɛʀfly] adj superfluous. ◆ **superflu** nm superfluity.

superforme [sypɛʀfɔʀm] nf *fam* top form, top shape.

super-huit [sypɛʀɥit] nm inv super-eight.

supérieur, e [sypeʀjœʀ] ❖ adj **1.** [étage] upper / *les jouets sont à l'étage supérieur* toys are on the next floor ou the floor above **2.** [intelligence, qualité] superior / *intelligence supérieure à la moyenne* above-average intelligence ▸ **supérieur à a)** [température] higher than, above **b)** [notation] superior to / *une note supérieure à 10* a mark above 10 **3.** [dominant -équipe] superior / *les autorités supérieures* the powers above ; [cadre] senior

Comment changer de sujet

- **By the way, who was that you were talking to before?** *Au fait, à qui est-ce que tu parlais tout à l'heure ?*
- **Before I forget, where did you say she lives?** *Avant que j'oublie : où tu m'as dit qu'elle habitait ?*
- **While I remember, have I told you about next week's meeting?** *Pendant que j'y pense, est-ce que je t'ai parlé de la réunion de la semaine prochaine ?*
- **Talking of holidays, are you going skiing this year?** *À propos de vacances, tu vas faire du ski cette année ?*
- **That reminds me. What time do we have to leave?** *À propos, à quelle heure est-ce qu'il faut partir ?*
- **On a completely different note, new regulations will come into effect next month.** *Sur un tout autre sujet, de nouvelles réglementations entrent en vigueur le mois prochain.*
- **Let's change the subject!** *Changeons de sujet !*

4. [SCOL - classe] upper, senior ; [- enseignement] higher 5. *péj* [air] superior / *ne prends pas cet air supérieur !* don't look so superior! ❖ nm, f superior.

supériorité [sypeʀjɔʀite] nf superiority.

superlatif [sypɛʀlatif] nm superlative.

supermarché [sypɛʀmaʀʃe] nm supermarket.

superposable [sypɛʀpozabl] adj stacking *(avant n)*.

superposer [3] [sypɛʀpoze] vt to stack. ◆ **se superposer** vp to be stacked ; GÉOL to be superposed.

superposition [sypɛʀpozisjɔ̃] nf 1. [action] stacking 2. [état] superposition 3. *fig* [d'influences] combination.

superproduction [sypɛʀpʀɔdyksjɔ̃] nf spectacular.

superpuissance [sypɛʀpɥisɑ̃s] nf superpower.

supersonique [sypɛʀsɔnik] adj supersonic.

superstar [sypɛʀstaʀ] nf *fam* superstar.

superstitieux, euse [sypɛʀstisjø, øz] ❖ adj superstitious. ❖ nm, f superstitious person.

superstition [sypɛʀstisjɔ̃] nf 1. [croyance] superstition 2. [obsession] obsessive attachment.

superviser [3] [sypɛʀvize] vt to supervise.

supervision [sypɛʀvizjɔ̃] nf supervision.

supplanter [3] [syplɑ̃te] vt to supplant.

suppléance [sypleɑ̃s] nf supply post UK, substitute post US.

suppléant, e [sypleɑ̃, ɑ̃t] ❖ adj acting *(avant n)*, temporary. ❖ nm, f substitute, deputy.

suppléer [15] [syplee] ❖ vt 1. *litt* [carence] to compensate for 2. [personne] to stand in for. ❖ vi ▸ **suppléer à** to compensate for, to make up for.

supplément [syplemɑ̃] nm 1. [surplus] ▸ **un supplément de détails** additional details, extra details 2. PRESSE supplement 3. [de billet] extra charge ▸ **en supplément** extra.

supplémentaire [syplemɑ̃tɛʀ] adj extra, additional.

suppliant, e [syplijɑ̃, ɑ̃t] ❖ adj begging, imploring, beseeching *litt* / *d'un ton suppliant* imploringly, pleadingly. ❖ nm, f supplicant.

supplication [syplikasjɔ̃] nf plea.

supplice [syplis] nm torture ; *fig* [souffrance] torture, agony ▸ **être un supplice** to be agony ▸ **être au supplice** to be in agony OU torment ▸ **mettre qqn au supplice** to torture sb ▸ **supplice de Tantale** torture.

supplicié, e [syplisje] nm, f victim of torture.

supplier [10] [syplije] vt ▸ **supplier qqn de faire qqch** to beg OU implore sb to do sthg ▸ **je t'en** OU **vous en supplie** I beg OU implore you.

supplique [syplik] nf petition.

support [sypɔʀ] nm 1. [socle] support, base 2. *fig* [de communication] medium ▸ **supports audiovisuels** audiovisual aids ▸ **support pédagogique** teaching aid ▸ **support publicitaire** advertising medium.

supportable [sypɔʀtabl] adj 1. [douleur] bearable 2. [conduite] tolerable, acceptable.

supporter[1] [3] [sypɔʀte] vt 1. [soutenir, encourager] to support 2. [endurer] to bear, to stand / *des plantes qui supportent / ne supportent pas le froid* plants that do well / badly in the cold / *je ne supporte pas l'alcool / la pilule* drink / the pill doesn't agree with me ▸ **supporter que** (+ *subj*) : *il ne supporte pas qu'on le contredise* he cannot bear being contradicted / *il faudra le supporter encore deux jours* we'll have to put up with him for two more days 3. [résister à] to withstand / *leur nouvelle voiture supporte la comparaison avec la concurrence* their new car will bear OU stand comparison with anything produced by their competitors / *sa théorie ne supporte pas une critique sérieuse* his theory won't stand up to serious criticism. ◆ **se supporter** vp [se tolérer] to bear OU stand each other.

supporter[2] [sypɔʀtɛʀ] nm supporter.

supporteur, euse [sypɔʀtɛʀ, øz] = **supporter**.

supposé, e [sypoze] adj [montant] estimated ; [criminel] alleged ; [admis] : *la vitesse est supposée constante* the speed is assumed to be constant.

supposer [3] [sypoze] vt 1. [imaginer] to suppose, to assure ▸ **en supposant que** (+ *subj*) supposing (that) ▸ **à supposer que** (+ *subj*) supposing (that) 2. [impliquer] to imply, to presuppose.

supposition [sypozisjɔ̃] nf supposition, assumption.

suppositoire [sypozitwaʀ] nm suppository.

suppôt [sypo] nm *litt* henchman ▸ **suppôt du diable** OU **de Satan** fiend.

suppression [sypʀesjɔ̃] nf 1. [de permis de conduire] withdrawal ; [de document] suppression 2. [de mot, passage] deletion 3. [de loi, poste] abolition.

supprimer [3] [sypʀime] vt 1. [document] to suppress ; [obstacle, difficulté] to remove 2. [mot, passage] to delete 3. [loi, poste] to abolish 4. [témoin] to do away with, to eliminate / *supprimer les étapes / intermédiaires* to do away with the intermediate stages / the middlemen 5. [permis de conduire, revenus] ▸ **supprimer qqch à qqn** to take sthg away from sb 6. [douleur] to take away, to suppress 7. [retirer] : *supprimer des emplois* to lay people off, to make people redundant UK / *j'ai partiellement supprimé le sel* I cut down on salt / *ils vont supprimer des trains dans les zones rurales* train services will be cut in rural areas 8. INFORM to delete. ◆ **se supprimer** vp *(emploi réfléchi)* to take one's own life.

suppurer [3] [sypyʀe] vi to suppurate.

supputation [sypytasjɔ̃] nf calculation, computation.

supputer [3] [sypyte] vt to calculate, to compute.

supranational, e, aux [sypʀanasjɔnal, o] adj supranational.

suprématie [sypʀemasi] nf supremacy.

suprême [sypʀɛm] ❖ adj 1. [gén] supreme 2. *sout* [moment, pensée] last. ❖ nm *fillets in a cream sauce*.

suprêmement [sypʀɛmmɑ̃] adv supremely.

sur [syʀ]

◆ prép

1. [position - dessus] on ; [- au-dessus de] above, over / *sur la table* on the table / *il a jeté ses affaires sur le lit* he threw his things onto the bed / *une chambre avec vue sur la mer* a room with a view of ou over the sea

2. [direction] towards, toward US / *sur la droite / gauche* on the right/left, to the right/left / *le malheur s'est abattu sur cette famille* unhappiness has fallen upon this family

3. [distance] *travaux sur 10 kilomètres* roadworks for 10 kilometres UK ou kilometers US / *la foire s'étend sur 3 000 m2* the fair covers 3,000 m2

4. [d'après] by / *juger qqn sur sa mine* to judge sb by his/her appearance

5. [grâce à] on / *ça s'ouvre sur simple pression* you open it by just pressing it / *il vit sur les revenus de ses parents* he lives on ou off his parents' income

6. [au sujet de] on, about / *faire des recherches sur qqch* to do some research into sthg / *je sais peu de choses sur elle* I don't know much about her

7. [proportion] out of ; [mesure] by / *9 sur 10* 9 out of 10 / *un mètre sur deux* one metre UK ou meter US by two / *un jour sur deux* every other day / *une fois sur deux* every other time

8. [indiquant une relation de supériorité] over / *régner sur un pays* to rule over a country

◆ **sur ce** loc adv whereupon.

sûr, e [syʀ] adj **1.** [sans danger] safe **2.** [digne de confiance - personne] reliable, trustworthy ; [- goût] reliable, sound ; [- investissement] sound **3.** [certain] sure, certain ▸ **sûr de** sure of ▸ **sûr et certain** absolutely certain ▸ **sûr de soi** self-confident, sure of o.s.

surabondance [syʀabɔ̃dɑ̃s] nf overabundance.

surabondant, e [syʀabɔ̃dɑ̃, ɑ̃t] adj overabundant.

surabonder [3] [syʀabɔ̃de] vi to overabound.

suractivé, e [syʀaktive] adj [produit, crème] superactive.

suractivité [syʀaktivite] nf hyperactivity.

suraigu, ë [syʀegy] adj high-pitched, shrill.

surajouter [3] [syʀaʒute] vt to add (on top). ◆ **se surajouter** vp to be added (on top).

suralimenter [3] [syʀalimɑ̃te] vt **1.** [personne] to overfeed **2.** [moteur] to supercharge.

suranné, e [syʀane] adj *litt* old-fashioned, outdated.

surate [syʀat], **sourate** [suʀat] nf sura.

surbooké, e [syʀbuke] adj overbooked.

surbooking [syʀbukiŋ] nm overbooking.

surbrillance [syʀbʀijɑ̃s] nf ▸ **mettre qqch en surbrillance** INFORM to highlight sthg.

surcharge [syʀʃaʀʒ] nf **1.** [de poids] excess load ; [de bagages] excess weight **2.** *fig* [surcroît] ▸ **une surcharge de travail** extra work **3.** [surabondance] surfeit **4.** [de document] alteration **5.** [de timbre] surcharge.

surcharger [17] [syʀʃaʀʒe] vt **1.** [véhicule, personne] ▸ **surcharger (de)** to overload (with) **2.** [texte] to alter extensively **3.** [timbre] to surcharge.

surchauffe [syʀʃof] nf overheating.

surchauffé, e [syʀʃofe] adj **1.** [trop chauffé] overheated / *l'air était toujours surchauffé dans l'atelier* the air in the workshop was always too hot **2.** [surexcité] overexcited / *des esprits surchauffés* reckless individuals.

surchauffer [3] [syʀʃofe] vt to overheat.

surchemise [syʀʃəmiz] nf overshirt.

surclasser [3] [syʀklase] vt to outclass.

surconsommation [syʀkɔ̃sɔmasjɔ̃] nf overconsumption.

surcroît [syʀkʀwa] nm ▸ **un surcroît de travail / d'inquiétude** additional work/anxiety ▸ **de** ou **par surcroît** moreover, what is more.

surdimensionné, e [syʀdimɑ̃sjɔne] adj oversize(d).

surdi-mutité (*pl* **surdi-mutités**), **surdimutité** [syʀdimytite] nf deaf-muteness.

surdiplômé, e [syʀdiplome] adj overqualified.

surdité [syʀdite] nf deafness.

surdose [syʀdoz] nf overdose.

surdoué, e [syʀdwe] adj exceptionally ou highly gifted.

sureau, x [syʀo] nm elder.

sureffectif [syʀefɛktif] nm overmanning, overstaffing.

surélever [19] [syʀɛlve] vt to raise, to heighten.

sûrement [syʀmɑ̃] adv **1.** [certainement] certainly ▸ **sûrement pas !** *fam* no way!, definitely not! **2.** [sans doute] certainly, surely **3.** [sans risque] surely, safely.

surenchère [syʀɑ̃ʃɛʀ] nf higher bid ; *fig* overstatement, exaggeration ▸ **faire de la surenchère** *fig* to try to go one better.

surenchérir [32] [syʀɑ̃ʃeʀiʀ] vi to bid higher ; *fig* to try to go one better.

surendetté, e [syʀɑ̃dete] adj overindebted.

surendettement [syʀɑ̃dɛtmɑ̃] nm **1.** [gén] overindebtedness, debt burden **2.** [d'une entreprise] overborrowing.

surestimer [3] [syʀɛstime] vt **1.** [exagérer] to overestimate **2.** [surévaluer] to overvalue. ◆ **se surestimer** vp to overestimate o.s.

sûreté [syʀte] nf **1.** [sécurité] safety ▸ **en sûreté** safe ▸ **de sûreté** safety *(avant n)* **2.** [fiabilité] reliability **3.** DR surety. ◆ **Sûreté** nf ▸ **la Sûreté (nationale)** ≃ C.I.D. UK ; ≃ F.B.I. US.

surévaluer [7] [syʀevalɥe] vt **1.** [donner une valeur supérieure à] to overvalue / *le conseil municipal a surévalué les terrains* the council overvalued the land **2.** [accorder une importance excessive à] to overestimate / *surévaluer un joueur de football* to overestimate a football player. ◆ **se surévaluer** vp to overestimate one's abilities.

surexcitation [syʀɛksitasjɔ̃] nf overexcitement.

surexcité, e [syʀeksite] adj overexcited.

surexciter [3] [syʀɛksite] vt to overexcite.

surexposer [3] [syʀɛkspoze] vt to overexpose.

surf [sœʀf] nm surfing ▸ **surf des neiges** snowboarding.

surface [syʀfas] nf **1.** [extérieur, apparence] surface ▸ **faire surface** *pr* & *fig* to surface ▸ **en surface** superficially **2.** [superficie] surface area. ◆ **grande surface** nf hypermarket UK, supermarket US. ◆ **moyenne surface** nf high-street store UK, superette US.

surfait, e [syʀfɛ, ɛt] adj overrated.

surfer [3] [sœʀfe] vi **1.** SPORT to go surfing **2.** INFORM to surf.

surfeur, euse [sœʀfœʀ, øz] nm, f surfer.

surfiler [3] [syʀfile] vt to oversew.

surfin, e [syʀfɛ̃, in] adj superfine, extra fine.

surfréquentation [syʀfʀekɑ̃tasjɔ̃] nf : *la surfréquentation du site* the fact that too many visitors come to the site.

surgelé, e [syʀʒəle] adj frozen. ◆ **surgelé** nm frozen food.

surgeler [25] [syʀʒəle] vt to freeze.

surgir [32] [syʀʒiʀ] vi to appear suddenly ; *fig* [difficulté] to arise, to come up.

surhomme [syʀɔm] nm superman.

surhumain, e [syʀymɛ̃, ɛn] adj superhuman.

surimi [syʀimi] nm surimi.

surimposer [3] [syʀɛ̃poze] vt to overtax *(financially)*.

surimpression [syʀɛ̃pʀesjɔ̃] nf double exposure.

Surinam(e) [syʀinam] nm : *le Suriname* Surinam / *au Suriname* in Surinam.

surinfection [syʀɛ̃fɛksjɔ̃] nf secondary infection.

surinformation [syʀɛ̃fɔʀmasjɔ̃] nf information overload.

surinformer [syʀɛ̃fɔʀme] vt to overinform.

surjet [syʀʒɛ] nm overcasting stitch.

surjouer [syʀʒwe] vt & vi to overact.

sur-le-champ [syʀləʃɑ̃] loc adv immediately, straightaway.

surlendemain [syʀlɑ̃dmɛ̃] nm ▸ **le surlendemain** two days later / *le surlendemain de mon départ* two days after I left.

surligner [3] [syʀliɲe] vt to highlight.

surligneur [syʀliɲœʀ] nm highlighter (pen).

surmenage [syʀmənaʒ] nm overwork.

surmené, e [syʀməne] nm, f [nerveusement] person suffering from nervous exhaustion ; [par le travail] overworked person.

surmener [19] [syʀməne] vt to overwork. ◆ **se surmener** vp to overwork.

surmontable [syʀmɔ̃tabl] adj surmountable.

surmonter [3] [syʀmɔ̃te] vt **1.** [obstacle, peur] to overcome, to surmount **2.** [suj : statue, croix] to surmount, to top.

surnager [17] [syʀnaʒe] vi **1.** [flotter] to float (on the surface) **2.** *fig* [subsister] to remain, to survive.

surnaturel, elle [syʀnatyʀɛl] adj supernatural. ◆ **surnaturel** nm ▸ **le surnaturel** the supernatural.

surnom [syʀnɔ̃] nm nickname.

surnombre [syʀnɔ̃bʀ] ◆ **en surnombre** loc adv too many.

surnommer [3] [syʀnɔme] vt to nickname.

surpasser [3] [syʀpase] vt to surpass, to outdo. ◆ **se surpasser** vp to surpass OU excel o.s.

surpayer [11] [syʀpeje] vt [personne] to overpay ; [article] to pay too much for.

surpêche [syʀpɛʃ] nf overfishing.

surpeuplé, e [syʀpœple] adj overpopulated.

surpeuplement [syʀpœpləmɑ̃] nm overpopulation.

surplace [syʀplas] nm ▸ **faire du surplace** [voiture] to be stuck (in traffic).

surplis [syʀpli] nm surplice.

surplomb [syʀplɔ̃] ◆ **en surplomb** loc adj overhanging.

surplomber [3] [syʀplɔ̃be] ◈ vt to overhang. ◈ vi to be out of plumb.

surplus [syʀply] nm **1.** [excédent] surplus **2.** [magasin] army surplus store **3.** [supplément de prix] surcharge **4.** FIN disposable income. ◆ **au surplus** loc adv besides, what is more.

surpoids [syʀpwa] nm excess weight.

surpopulation [syʀpɔpylasjɔ̃] nf overpopulation.

surprenant, e [syʀpʀənɑ̃, ɑ̃t] adj surprising, amazing.

surprendrai, surprendras ⟶ **surprendre**.

surprendre [79] [syʀpʀɑ̃dʀ] vt **1.** [voleur] to catch (in the act) **2.** [secret] to overhear **3.** [prendre à l'improviste] to surprise, to catch unawares **4.** [étonner] to surprise, to amaze. ◆ **se surprendre** vp ▸ **se surprendre à faire qqch** to catch o.s. doing sthg.

surpris, e [syʀpʀi, iz] ◈ pp ⟶ **surprendre**. ◈ adj **1.** [pris au dépourvu] surprised / *l'ennemi, surpris, n'opposa aucune résistance* caught off their guard, the enemy put up no resistance **2.** [déconcerté] surprised / *je suis surpris de son absence* I'm surprised (that) she's not here **3.** [vu, entendu par hasard] : *quelques mots surpris entre deux portes* a snatch of overheard conversation.

surprise [syʀpʀiz] ◈ nf surprise / *à la surprise générale* to everybody's surprise / *avoir une surprise* to be surprised ▸ **par surprise** by surprise ▸ **faire une surprise à qqn** to give sb a surprise / *on a souvent de mauvaises surprises avec lui* you often have unpleasant surprises with him / *quelle (bonne) surprise !* what a (nice OU pleasant) surprise! ◈ adj [inattendu] surprise *(avant n)* ▸ **attaque surprise** surprise attack ▸ **grève surprise** lightning strike ▸ **visite surprise** surprise OU unexpected visit.

surproduction [syʀpʀɔdyksjɔ̃] nf overproduction.

surprotéger [22] [syʀpʀɔteʒe] vt to overprotect.

surqualifié, e [syʀkalifje] adj overqualified.

surréalisme [syʀʀealism] nm surrealism.

surréel, elle [syʀʀeɛl] adj *litt* surreal.

surreprésenté, e [syʀʀəpʀezɑ̃te] adj overrepresented.

surréservation [syʀʀesɛʀvasjɔ̃] nm = **overbooking**.

sursaut [syʀso] nm **1.** [de personne] jump, start ▸ **en sursaut** with a start **2.** [d'énergie] burst, surge.

sursauter [3] [syʀsote] vi to start, to give a start.

surseoir [66] [syʀswaʀ] ◆ **surseoir à** v + prép **1.** *litt* [différer - publication, décision] to postpone, to defer **2.** DR : *surseoir à statuer* to defer a judgment / *surseoir à une exécution* to stay an execution.

sursis [syʀsi] nm DR [délai] reprieve ▸ **six mois avec sursis** six months' suspended sentence ▸ **en sursis** in remission.

sursitaire [syʀsitɛʀ] nmf MIL [gén] *person whose call-up has been deferred.*

surtaxe [syʀtaks] nf surcharge.

surtension [syʀtɑ̃sjɔ̃] nf INFORM power surge.

surtitrer [syʀtitʀe] vt **1.** [article] to head **2.** [au théâtre, à l'Opéra] to surtitle / *la pièce est surtitrée en français* the play is surtitled in French.

surtout [syʀtu] adv **1.** [avant tout] above all **2.** [spécialement] especially, particularly ▸ **surtout pas** certainly not. ◆ **surtout que** loc conj *fam* especially as.

survécu [syʀveky] pp ⟶ **survivre**.

surveillance [syʀvɛjɑ̃s] nf supervision ; [de la police, de militaire] surveillance ▸ **être sous surveillance** to be under surveillance ▸ **Direction de la surveillance du territoire** counterespionage section ; ADMIN & DR surveillance ▸ **surveillance légale** sequestration (by the courts). ◆ **sans surveillance** loc adj & loc adv unattended, unsupervised. ◆ **sous surveillance** loc adv **1.** [par la police] under surveillance / *mettre* ou *placer qqch sous surveillance* to put sthg under surveillance **2.** MÉD under observation.

surveillant, e [syʀvɛjɑ̃, ɑ̃t] nm, f supervisor ; [de prison] guard, warder UK.

surveiller [4] [syʀveje] vt **1.** [enfant] to watch, to keep an eye on ; [suspect] to keep a watch on **2.** [travaux] to supervise ; [examen] to invigilate UK **3.** [ligne, langage] to watch. ◆ **se surveiller** vp to watch o.s.

survenir [40] [syʀvəniʀ] vi **1.** [personne] to arrive unexpectedly **2.** [incident] to occur.

survenu, e [syʀvəny] pp ⟶ **survenir**.

survêt [syʀvɛt] nm *fam* tracksuit.

survêtement [syʀvɛtmɑ̃] nm tracksuit.

survie [syʀvi] nf [de personne] survival.

surviendrai, surviendras ⟶ **survenir**.

survient ⟶ **survenir**.

survitaminé, e [syʀvitamine] adj *fam* [animateur, film] supercharged.

survitrage [syʀvitʀaʒ] nm double glazing / *poser un survitrage* to fit double glazing.

survivant, e [syʀvivɑ̃, ɑ̃t] ❖ nm, f survivor. ❖ adj surviving.

survivre [90] [syʀvivʀ] vi to survive ▸ **survivre à** a) [personne] to outlive, to survive b) [accident, malheur] to survive.

survol [syʀvɔl] nm **1.** [de territoire] flying over **2.** [de texte] skimming through.

survoler [3] [syʀvɔle] vt **1.** [territoire] to fly over **2.** [texte] to skim (through).

survolter [3] [syʀvɔlte] vt **1.** ÉLECTR to boost **2.** [exciter] to work ou to stir up, to overexcite.

sus [sy(s)] interj ▸ **sus à l'ennemi !** at the enemy! ◆ **en sus** loc adv moreover, in addition ▸ **en sus de** over and above, in addition to.

susceptibilité [sysɛptibilite] nf touchiness, sensitivity.

susceptible [sysɛptibl] adj **1.** [ombrageux] touchy, sensitive **2.** [en mesure de] ▸ **susceptible de faire qqch** liable ou likely to do sthg / *susceptible d'amélioration, susceptible d'être amélioré* open to improvement.

susciter [3] [sysite] vt **1.** [admiration, curiosité] to arouse **2.** [ennuis, problèmes] to create ▸ **susciter qqch à qqn** *sout* to make ou cause sthg for sb.

susdit, e [sysdi, it] ❖ adj above-mentioned. ❖ nm, f above-mentioned (person).

sushi [suʃi] nm sushi.

susnommé, e [sysnɔme] ❖ adj above-named. ❖ nm, f above-named (person).

suspect, e [syspɛ, ɛkt] ❖ adj **1.** [personne] suspicious ▸ **suspect de qqch** suspected of sthg **2.** [douteux] suspect. ❖ nm, f suspect.

Comment exprimer la surprise

- **I don't believe it!** *Pas possible !*
- **That's amazing!** *C'est incroyable !*
- **It can't be true!** *C'est pas vrai !*
- **Never!** *Non !*
- **Well I never!** *Ça alors !*
- **Oh my God!** *Oh, mon Dieu !*
- **I can't get over it!** *Je n'en reviens pas !*
- **I couldn't believe my eyes.** *Je n'en croyais pas mes yeux.*
- **You should have seen his face!** *Tu aurais vu sa tête !*
- **What a nice surprise!** *Quelle bonne surprise !*
- **I'm speechless!** *Je suis sans voix !*
- **You shouldn't have!** *Vous n'auriez pas dû !*

suspecter [4] [syspɛkte] vt to suspect, to have one's suspicions about ▸ **suspecter qqn de qqch / de faire qqch** to suspect sb of sthg / of doing sthg.

suspendre [73] [syspɑ̃dʀ] vt **1.** [lustre, tableau] to hang (up) / *suspendre au plafond / au mur* to hang from the ceiling / on the wall **2.** [pourparlers] to suspend ; [séance] to adjourn ; [journal] to suspend publication of **3.** [fonctionnaire, constitution] to suspend **4.** [jugement] to postpone, to defer. ◆ **se suspendre** vp ▸ **se suspendre à** to hang from.

suspendu, e [syspɑ̃dy] ❖ pp ⟶ **suspendre.** ❖ adj **1.** [fonctionnaire] suspended **2.** [séance] adjourned **3.** [lustre, tableau] : *suspendu au plafond / au mur* hanging from the ceiling / on the wall **4.** [véhicule] ▸ **bien / mal suspendu** with good / bad suspension.

suspens [syspɑ̃] ◆ **en suspens** loc adv in abeyance.

suspense [syspɑ̃s, syspɛns] nm suspense ▸ **film à suspense** thriller ▸ **roman à suspense** thriller, suspense story.

suspension [syspɑ̃sjɔ̃] nf **1.** [gén] suspension ▸ **en suspension** in suspension, suspended **2.** [de combat] halt ; [d'audience] adjournment **3.** [lustre] light fitting.

suspicieux, euse [syspisjø, øz] adj suspicious.

suspicion [syspisjɔ̃] nf suspicion.

sustentation [systɑ̃tasjɔ̃] nf AÉRON lift.

sustenter [3] [systɑ̃te] ◆ **se sustenter** vp *vieilli* & *hum* to take sustenance.

susurrer [3] [sysyʀe] vt & vi to murmur.

suture [sytyʀ] nf suture.

suturer [3] [sytyʀe] vt to stitch up *(sép)*, to suture.

SUV (*abr de* **sport utility vehicle**) nm SUV.

suzeraineté [syzʀɛnte] nf suzerainty.

svastika, swastika [zvastika] nm swastika.

svelte [zvɛlt] adj slender.

sveltesse [zvɛltɛs] nf slenderness.

SVP *abr de* **s'il vous plaît**.

SVT (*abr de* **sciences de la vie et de la Terre**) nfpl ENS biology.

swahili, e [swaili], **souahéli, e** [swaeli] adj Swahili. ◆ **swahili, souahéli** nm [langue] Swahili.

swastika = **svastika**.

Swaziland [swazilɑ̃d] nm : *le Swaziland* Swaziland.

sweat [swit] nm sweatshirt.

sweat-shirt [switʃœʀt] (*pl* **sweat-shirts**) nm sweatshirt.

Sydney [sidnɛ] npr Sydney.

syllabe [silab] nf syllable.

sylphide [silfid] nf sylph.

sylvestre [silvɛstʀ] adj *litt* forest *(avant n)* ; ⟶ **pin**.

sylviculture [silvikyltyʀ] nf forestry.

symbiose [sɛ̃bjoz] nf BIOL symbiosis. ◆ **en symbiose** loc adv in symbiosis, symbiotically / *ils vivent en symbiose* *fig* they're inseparable.

symbole [sɛ̃bɔl] nm symbol.

symbolique [sɛ̃bɔlik] ❖ adj **1.** [figure] symbolic **2.** [geste, contribution] token *(avant n)* **3.** [rémunération] nominal. ❖ nf **1.** [système] system of symbols **2.** [interprétation] interpretation.

symboliquement [sɛ̃bɔlikmɑ̃] adv symbolically.

symboliser [3] [sɛ̃bɔlize] vt to symbolize.

symbolisme [sɛ̃bɔlism] nm symbolism.

symétrie [simetʀi] nf symmetry.

symétrique [simetʀik] adj symmetrical.

symétriquement [simetʀikmɑ̃] adv symmetrically.

sympa [sɛ̃pa] adj *fam* [personne] likeable, nice ; [soirée, maison] pleasant, nice ; [ambiance] friendly.

sympathie [sɛ̃pati] nf **1.** [pour personne, projet] liking ▸ **avoir de la sympathie pour qqn** to have a liking for sb, to be fond of sb ▸ **accueillir un projet avec sympathie** to look sympathetically ou favourably on a project **2.** [condoléances] sympathy.

sympathique [sɛ̃patik] adj **1.** [personne] likeable, nice ; [soirée, maison] pleasant, nice ; [ambiance] friendly **2.** ANAT & MÉD sympathetic.

sympathisant, e [sɛ̃patizɑ̃, ɑ̃t] ❖ adj sympathizing. ❖ nm, f sympathizer.

sympathiser [3] [sɛ̃patize] vi to get on well ▸ **sympathiser avec qqn** to get on well with sb.

symphonie [sɛ̃fɔni] nf symphony.

symphonique [sɛ̃fɔnik] adj [musique] symphonic ; [concert, orchestre] symphony *(avant n)*.

symposium [sɛ̃pozjɔm] nm symposium.

symptomatique [sɛ̃ptɔmatik] adj symptomatic.

symptôme [sɛ̃ptom] nm symptom.

synagogue [sinagɔg] nf synagogue.

synapse [sinaps] nf **1.** ANAT synapse **2.** BIOL synapsis.

synchrone [sɛ̃kʀɔn] adj synchronous.

synchronique [sɛ̃kʀɔnik] adj synchronic.

synchronisation [sɛ̃kʀɔnizasjɔ̃] nf synchronization.

synchronisé, e [sɛ̃kʀɔnize] adj synchronized.

synchroniser [3] [sɛ̃kʀɔnize] vt to synchronize.

syncope [sɛ̃kɔp] nf **1.** [évanouissement] blackout ▸ **tomber en syncope** to faint **2.** MUS syncopation.

syncopé, e [sɛ̃kɔpe] adj syncopated.

syndic [sɛ̃dik] nm [de copropriété] managing agent.

syndical, e, aux [sɛ̃dikal, o] adj **1.** [délégué, revendication] (trade) union *(avant n)* UK, labor union *(avant n)* US **2.** [patronal] ▸ **chambre syndicale** employers' association.

syndicalisme [sɛ̃dikalism] nm **1.** [mouvement] trade unionism **2.** [activité] (trade) union UK ou labor union US activity.

syndicaliste [sɛ̃dikalist] ❖ nmf trade unionist UK, union activist US. ❖ adj (trade) union *(avant n)* UK, labor union *(avant n)* US.

syndicat [sɛ̃dika] nm [d'employés, d'agriculteurs] (trade) union UK, labor union US; [d'employeurs, de propriétaires] association. ◆ **syndicat d'initiative** nm tourist office.

syndication [sɛ̃dikasjɔ̃] nf [de contenus] syndication.

syndiqué, e [sɛ̃dike] ◈ adj unionized. ◈ nm, f (trade) union member, trade unionist UK.

syndiquer [3] [sɛ̃dike] vt to unionize. ◆ **se syndiquer** vp **1.** [personne] to join a (trade UK ou labor US union) **2.** [groupe] to form a (trade UK ou labor US union).

syndrome [sɛ̃drom] nm syndrome ▸ **syndrome immunodéficitaire acquis** acquired immunodeficiency syndrome.

synergie [sinɛrʒi] nf synergy, synergism.

synode [sinɔd] nm synod ▸ **le saint-synode** the holy synod.

synonyme [sinɔnim] ◈ nm synonym. ◈ adj synonymous.

synopsis [sinɔpsis] ◈ nf SCI & ÉDUC [bref aperçu] synopsis. ◈ nm CINÉ synopsis.

synoptique [sinɔptik] adj synoptic.

synovie [sinɔvi] ⟶ **épanchement**.

syntagme [sɛ̃tagm] nm phrase.

syntaxe [sɛ̃taks] nf syntax.

synthé [sɛ̃te] nm *fam* synth.

synthèse [sɛ̃tɛz] nf **1.** [opération & CHIM] synthesis **2.** [exposé] overview.

synthétique [sɛ̃tetik] adj **1.** [vue] overall **2.** [produit] synthetic **3.** [personne] ▸ **avoir l'esprit synthétique** to have a gift for summing things up.

synthétiser [3] [sɛ̃tetize] vt to synthesize.

synthétiseur [sɛ̃tetizœr] nm synthesizer.

syphilis [sifilis] nf syphilis.

Syrie [siri] nf : *la Syrie* Syria.

syrien, enne [sirjɛ̃, ɛn] adj Syrian. ◆ **Syrien, enne** nm, f Syrian.

systématique [sistematik] adj systematic.

systématiquement [sistematikmɑ̃] adv systematically.

systématiser [3] [sistematize] vt to systematize. ◆ **se systématiser** vp to be/become systematic.

système [sistɛm] nm **1.** [structure] system / *le système d'éducation français* the French educational system / *système de valeurs* values system ▸ **le système D** resourcefulness ▸ **système métrique** metric system ▸ **système nerveux** nervous system ▸ **système solaire** solar system **2.** POL & ÉCON ▸ **analyse de système** systems analysis ▸ **système monétaire européen** European Monetary System ▸ **système majoritaire** majority rule ▸ **système de production** system of production ▸ **système de retraite** pension scheme **3.** INFORM ▸ **système bureautique** office automation system ▸ **système expert** expert system ▸ **système d'exploitation** operating system ▸ **système intégré de gestion** management information system ▸ **système de navigation** browser ▸ **système de nom de domaine** Domain Name System, DNS **4.** AUTO ▸ **système anti-démarrage** immobilizer.

T

t, T [te] nm inv t, T.

t. (*abr écrite de* **tome**) vol.

t' ⟶ **te**.

ta ⟶ **ton²**

TAA (*abr de* **train autos accompagnées**) nm car-sleeper train ; ≃ Motorail® UK.

tabac [taba] nm **1.** [plante, produit] tobacco ▸ **tabac blond** mild OU Virginia tobacco ▸ **tabac brun** dark tobacco ▸ **tabac gris** shag ▸ **tabac à priser** snuff / *campagne contre le tabac* anti-smoking campaign **2.** [magasin] tobacconist's UK / *un bar tabac, un bar-tabac* a bar with a tobacco counter **3.** / *et autres ennuis du même tabac* fam and troubles of that ilk EXPR **faire un tabac** fam to be a huge hit ▸ **passer à tabac** fam to beat up, to work over.

tabagie [tabaʒi] nf **1.** [pièce] smoke-filled room **2.** QUÉBEC [bureau de tabac] tobacco shop, tobacconist's UK.

tabagisme [tabaʒism] nm **1.** [intoxication] nicotine addiction **2.** [habitude] smoking.

tabasser [3] [tabase] vt fam to beat up, to work over.

tabatière [tabatjɛʀ] nf snuffbox.

tabernacle [tabɛʀnakl] nm tabernacle.

table [tabl] nf **1.** [meuble] table ▸ **à table !** lunch/dinner etc. is ready! ▸ **être à table** to be at table, to be having a meal ▸ **se mettre à table** to sit down to eat ; fig to come clean ▸ **dresser** OU **mettre la table** to lay the table / *sortir* OU *se lever de table* to leave the table, to get up from the table ▸ **quitter la table** to leave the table ▸ **table de chevet** OU **de nuit** bedside table ▸ **table basse** coffee table ▸ **table de cuisson** hob ▸ **table gigogne** nest of tables ▸ **table de jeu** OU **à jouer** gaming table ▸ **table à langer** baby changing table ▸ **table de montage** a) [en imprimerie & PHOTO] light table b) CINÉ cutting table ▸ **table d'opération** operating table ▸ **table roulante** trolley ▸ **table de travail** desk **2.** [nourriture] ▸ **les plaisirs de la table** good food / *une des meilleures tables de Paris* one of the best restaurants in Paris. ◆ **table d'écoute** nf wiretapping set OU equipment / *elle est sur table d'écoute* her phone is tapped / *mettre qqn sur table d'écoute* to tap sb's phone. ◆ **table des matières** nf contents *pl*, table of contents. ◆ **table de multiplication** nf (multiplication) table. ◆ **table ronde** nf [conférence] round table.

tableau, x [tablo] nm **1.** [peinture] painting, picture ; fig [description] picture / *un tableau de Goya* a painting by Goya ▸ **tableau de maître** old master ▸ **noircir le tableau** fig to paint a gloomy picture / *vous nous faites un tableau très alarmant de la situation* you've painted an alarming picture of the situation / *vous voyez d'ici le tableau !* fam you can imagine OU picture the scene! **2.** THÉÂTRE scene **3.** [panneau] board ▸ **tableau d'affichage** notice board UK, bulletin board US ▸ **tableau des arrivées / départs** arrivals/departures board ▸ **tableau de bord** a) AÉRON instrument panel b) AUTO dashboard / *tableau des fusibles* fuseboard ▸ **tableau noir** blackboard / *aller au tableau* to go to the front of the classroom *(and answer questions or recite a lesson)* **4.** [liste] register ▸ **tableau d'avancement** promotions roster OU list ▸ **tableau de chasse** a) [chasse] bag b) AÉRON list of kills ▸ **tableau de chasse** bag ▸ **tableau (périodique) des éléments** CHIM periodic table ▸ **tableau d'honneur** honours board UK, honor roll US / *elle a eu le tableau d'honneur ce mois-ci* she was on the roll of honour this month **5.** [de données] table.

tablée [table] nf table.

tabler [3] [table] vi ▸ **tabler sur** to count OU bank on.

tablette [tablɛt] nf **1.** [planchette] shelf **2.** [de chewing-gum] stick ; [de chocolat] bar ▸ **je vais l'inscrire** OU **le noter dans mes tablettes** fig I'll make a note of it **3.** EXPR **mettre qqn sur la tablette** QUÉBEC [placardiser] to put sb on the shelf.

tabletter [4] [tablɛte] QUÉBEC vt **1.** [classer sans donner suite] to forget **2.** fam [placardiser] to put on the shelf.

tableur [tablœʀ] nm INFORM spreadsheet.

tablier [tablije] nm **1.** [de cuisinière] apron ; [d'écolier] smock **2.** [de magasin] shutter ; [de cheminée] flue-shutter **3.** [de pont] roadway, deck.

tabloïd [tablɔid] nm tabloid.

tabou, e [tabu] adj taboo. ◆ **tabou** nm taboo.

taboulé [tabule] nm *Lebanese dish of bulgur wheat, onions, tomatoes and herbs.*

tabouret [tabuʀɛ] nm stool ▸ **tabouret de bar / de cuisine / de piano** bar/kitchen/piano stool.

tabulateur [tabylatœʀ] nm tabulator, tab.

tac [tak] nm ▸ **du tac au tac** tit for tat.

TAC (*abr de* **train auto-couchettes**) nm car-sleeper train ; ≃ Motorail® UK.

tache [taʃ] nf **1.** [de pelage] marking ; [de peau] mark ▸ **tache de rousseur** OU **de son** freckle **2.** [de couleur, lumière] spot, patch **3.** [sur nappe, vêtement] stain ▸ **faire tache d'huile** fig to gain ground **4.** litt [morale] blemish.

tâche [taʃ] nf task ▸ **faciliter la tâche de qqn** to make sb's task easier ▸ **travailler à la tâche** to do piecework ▸ **se tuer à la tâche** fig to work o.s. to death.

tacher [3] [taʃe] vt **1.** [nappe, vêtement] to stain, to mark **2.** *fig* [réputation] to tarnish. ◆ **se tacher** vp **1.** [enfant] to get one's clothes dirty **2.** [nappe] to stain, to mark.

tâcher [3] [taʃe] ❖ vt ▸ **tâche que ça soit parfait** try to make sure it's perfect. ❖ vi ▸ **tâcher de faire qqch** to try to do sthg.

tâcheron, onne [taʃʀɔ̃, ɔn] nm, f *péj* drudge.

tacheté, e [taʃte] adj spotted.

tacheter [27] [taʃte] vt to spot, to speckle.

tachycardie [takikaʀdi] nf tachycardia.

tacite [tasit] adj tacit.

tacitement [tasitmɑ̃] adv tacitly.

taciturne [tasityʀn] adj taciturn.

tacle [takl] nm tackle ▸ **tacle glissé** sliding tackle.

tacot [tako] nm *fam* jalopy, heap.

tact [takt] nm [délicatesse] tact ▸ **avoir du tact** to be tactful ▸ **manquer de tact** to be tactless.

tacticien, enne [taktisjɛ̃, ɛn] nm, f tactician.

tactile [taktil] adj tactile.

tactique [taktik] ❖ adj tactical. ❖ nf tactics *pl*.

taekwondo [tekwɔ̃do] nm SPORT taekwondo.

tænia [tenja] = **ténia**.

taf [taf] nm *fam* work.

taffe [taf] nf *fam* drag, puff.

taffetas [tafta] nm **1.** [tissu] taffeta **2.** [sparadrap] plaster UK.

tag [tag] nm *identifying name written with a spray can on walls, the sides of trains, etc.*

tagine = **tajine**.

tagliatelles [taljatɛl] nfpl tagliatelle *(U)*.

taguer [3] [tage] vt to tag *(with graffiti)*.

tagueur, euse [tagœʀ, øz] nm, f *person who sprays their "tag" on walls, the sides of trains, etc.*

Tahiti [taiti] npr Tahiti / *à Tahiti* in Tahiti.

tahitien, enne [taisjɛ̃, ɛn] adj Tahitian. ◆ **tahitien** nm [langue] Tahitian. ◆ **Tahitien, enne** nm, f Tahitian.

taïaut, tayaut [tajo] interj tally-ho.

Taibei [tajbɛ], **T'ai-pei** [tajpɛ] npr Taipei.

taie [tɛ] nf **1.** [enveloppe] ▸ **taie (d'oreiller)** pillowcase, pillowslip **2.** [sur œil] leucoma, opaque spot.

taïga [tajga] nf taiga.

taillader [3] [tajade] vt to gash. ◆ **se taillader** vpt : *se taillader les poignets* to slash one's wrists.

taille [taj] nf **1.** [action - de pierre, diamant] cutting ; [- d'arbre, de haie] pruning **2.** [stature] height / *un homme de petite taille* a short man / *être de taille* to measure up ▸ **être de taille à faire qqch** *fig* to be capable of doing sthg **3.** [mesure, dimensions] size / *une pièce de taille moyenne* an average-sized room ▸ **vous faites quelle taille ?** what size are you?, what size do you take? ▸ **ce n'est pas à ma taille** it doesn't fit me ▸ **de taille** sizeable, considerable / *une surprise de taille* a big surprise **4.** [milieu du corps] waist / *avoir la taille fine* to be slim-waisted ou slender-waisted ▸ **avoir une taille de guêpe** *fig* to be wasp-waisted **5.** [partie d'un vêtement] waist / *un jean (à) taille basse* low-waisted ou hipster UK ou hip-hugger US jeans.

taille-crayon [tajkʀɛjɔ̃] (*pl* **taille-crayons**) nm pencil sharpener.

tailler [3] [taje] vt **1.** [couper - chair, pierre, diamant] to cut ; [- arbre, haie] to prune ; [- crayon] to sharpen ; [- bois] to carve **2.** [vêtement] to cut out. ◆ **se tailler** vp **1.** [obtenir] to achieve **2.** *fam* [se sauver] to beat it, to clear off.

tailleur [tajœʀ] nm **1.** [couturier] tailor **2.** [vêtement] (lady's) suit **3.** [de diamants, pierre] cutter **4.** EXPR **s'asseoir en tailleur** to sit cross-legged.

tailleur-pantalon [tajœʀpɑ̃talɔ̃] (*pl* **tailleurs-pantalons**) nm trouser suit UK, pantsuit US.

taillis [taji] nm coppice, copse.

tain [tɛ̃] nm silvering ▸ **miroir sans tain** two-way mirror.

taire [111] [tɛʀ] vt to conceal. ◆ **se taire** vp **1.** [rester silencieux] to be silent ou quiet **2.** [cesser de s'exprimer] to fall silent ▸ **faire taire qqn** to make sb be quiet ▸ **tais-toi !** shut up! **3.** [orchestre] to fall silent ; [cris] to cease.

taisais, taisions ⟶ **taire**.

taise, taises ⟶ **taire**.

Taiwan [tajwan] npr Taiwan / *à Taiwan* in Taiwan.

taiwanais, e [tajwanɛ, ɛz] adj Taiwanese. ◆ **Taiwanais, e** nm, f Taiwanese.

tajine, tagine [taʒin] nm *North African stew of mutton steamed with a variety of vegetables.*

talc [talk] nm talcum powder.

talent [talɑ̃] nm talent ▸ **avoir du talent** to be talented, to have talent ▸ **les jeunes talents** young talent *(U)*.

talentueux, euse [talɑ̃tɥø, øz] adj talented.

talion [taljɔ̃] nm ▸ **la loi du talion** an eye for an eye (and a tooth for a tooth).

talisman [talismɑ̃] nm talisman.

talkie-walkie [tɔkiwɔki] (*pl* **talkies-walkies**) nm walkie-talkie.

talk-show [tokʃo] nm talk show, chat show UK.

talle [tal] nf QUÉBEC BOT bunch, cluster.

taloche [talɔʃ] nf *fam* [gifle] slap.

talon [talɔ̃] nm **1.** [gén] heel ▸ **talons aiguilles / hauts** stiletto / high heels / *chaussures à talons aiguilles* stilettos / *chaussures à talons hauts* high-heeled shoes ▸ **talons plats** low ou flat heels ▸ **talon d'Achille** Achilles' heel ▸ **être / marcher sur les talons de qqn** *fig* to be / to follow hard on sb's heels ▸ **tourner les talons** *fig* to turn on one's heel **2.** [de chèque] counterfoil UK, stub **3.** [jeux de cartes] stock.

talonner [3] [talɔne] vt **1.** [suj : poursuivant] to be hard on the heels of **2.** [suj : créancier] to harry, to hound.

talonnette [talɔnɛt] nf **1.** [de chaussure] heel cushion, heel-pad **2.** [de pantalon] binding *(to reinforce trouser bottoms)*.

talquer [3] [talke] vt to put talcum powder on.

talus [taly] nm embankment.

tamarin [tamaʀɛ̃] nm [fruit] tamarind.

tamarinier [tamaʀinje] nm tamarind tree.

tamaris [tamaʀis], **tamarix** [tamaʀiks] nm tamarisk.

tambouille [tɑ̃buj] nf *fam* **1.** [plat] grub **2.** [cuisine] cooking.

tambour [tɑ̃buʀ] nm **1.** [instrument, cylindre] drum ▸ **sans tambour ni trompette** *fam* & *fig* without any fuss ▸ **tambour battant** *fam* & *fig* briskly **2.** [musicien] drummer **3.** [porte à tourniquet] revolving door **4.** [à broder] embroidery hoop.

tambourin [tɑ̃buʀɛ̃] nm **1.** [à grelots] tambourine **2.** [tambour] tambourin.

tambouriner [3] [tɑ̃buʀine] ❖ vt to drum. ❖ vi ▸ **tambouriner sur** ou **à** to drum on ▸ **tambouriner contre** to drum against.

tamis [tami] nm **1.** [crible] sieve **2.** [de raquette] strings *pl*.

Tamise [tamiz] nf ▸ **la Tamise** the Thames.

tamisé, e [tamize] adj [éclairage] subdued.

tamiser [3] [tamize] vt **1.** [farine] to sieve **2.** [lumière] to filter.

tampon [tɑ̃pɔ̃] nm **1.** [bouchon] stopper, plug **2.** [éponge] pad ▸ **tampon à récurer** scourer **3.** [de coton, d'ouate] pad ▸ **tampon hygiénique** ou **périodique** tampon **4.** [cachet] stamp ▸ **tampon encreur** inking pad **5.** *pr* & *fig* [amortisseur] buffer.

tamponner [3] [tɑ̃pɔne] vt **1.** [document] to stamp **2.** [plaie] to dab. ◆ **se tamponner** vp to crash into each other.

tamponneur, euse [tɑ̃pɔnœʀ, øz] adj colliding.

tamponneuse [tɑ̃pɔnøz] ⟶ **auto**.

tam-tam [tamtam] (*pl* **tam-tams**) nm tom-tom.

Tananarive [tananaʀiv] npr Antananarivo.

tancer [16] [tɑ̃se] vt *litt* to rebuke.

tanche [tɑ̃ʃ] nf tench.

tandem [tɑ̃dɛm] nm **1.** [vélo] tandem **2.** [duo] pair ▸ **en tandem** together, in tandem.

tandis [tɑ̃di] ◆ **tandis que** loc conj **1.** [pendant que] while **2.** [alors que] while, whereas.

tangage [tɑ̃gaʒ] nm pitching, pitch.

tangent, e [tɑ̃ʒɑ̃, ɑ̃t] adj ▸ **tangent à** MATH tangent to, tangential to ▸ **c'était tangent** *fam* & *fig* it was close, it was touch and go. ◆ **tangente** nf tangent.

tangible [tɑ̃ʒibl] adj tangible.

tango [tɑ̃go] nm tango.

tanguer [3] [tɑ̃ge] vi to pitch.

tanière [tanjɛʀ] nf den, lair.

tanin, tannin [tanɛ̃] nm tannin.

tank [tɑ̃k] nm tank.

tannage [tanaʒ] nm tanning.

tannant, e [tanɑ̃, ɑ̃t] adj *fam* [assommant] irritating, maddening.

tanner [3] [tane] vt **1.** [peau] to tan **2.** *fam* [personne] to pester, to annoy.

tannerie [tanʀi] nf **1.** [usine] tannery **2.** [opération] tanning.

tanneur, euse [tanœʀ, øz] nm, f **1.** [ouvrier] tanner **2.** [commerçant] leather merchant.

tannin = **tanin**.

tant [tɑ̃] ❖ adv **1.** [quantité] ▸ **tant de** so much / *tant de travail* so much work / *vous m'avez reçu avec tant de générosité que je ne sais quoi dire* you've made me so welcome that I'm lost for words **2.** [nombre] ▸ **tant de** so many / *tant d'années ont passé que j'ai oublié* so many years have gone by that I've forgotten / *tant de livres / d'élèves* so many books/pupils **3.** [tellement] such a lot, so much / *il l'aime tant* he loves her so much / *le jour tant attendu arriva enfin* the long-awaited day arrived at last / *tant de gens* so many people **4.** [quantité indéfinie] so much / *ça coûte tant* it costs so much / *à tant pour cent* at so many per cent **5.** [un jour indéfini] ▸ **votre lettre du tant** your letter of such-and-such a date **6.** [comparatif] ▸ **tant que** as much as / *elle ne travaille pas tant que les autres* she doesn't work as much ou as hard as the others **7.** [valeur temporelle] ▸ **tant que a)** [aussi longtemps que] as long as **b)** [pendant que] while / *tu peux rester tant que tu veux* you can stay as long as you like / *tant qu'il y a de la vie, il y a de l'espoir* while there's life there's hope / *tant qu'on y est* while we're at it. ❖ nm : *suite à votre lettre du tant* with reference to your letter of such and such a date / *vous serez payé le tant* you'll be paid on such and such a date. ◆ **en tant que** loc conj as ▸ **en tant que tel** as such. ◆ **tant bien que mal** loc adv after a fashion, somehow or other / *le moteur est reparti, tant bien que mal* somehow, the engine started up again. ◆ **tant mieux** loc adv so much the better ▸ **tant mieux pour lui** good for him / *vous n'avez rien à payer — tant mieux !* you don't have anything to pay — good ou fine! ◆ **tant pis** loc adv too bad ▸ **tant pis pour lui** too bad for him / *je reste, tant pis s'il n'est pas content* I'm staying, too bad if he doesn't like it. ◆ **(un) tant soit peu** loc adv the slightest bit / *si elle avait un tant soit peu de bon sens* if she had the slightest bit of common sense.

Tantale [tɑ̃tal] ⟶ **supplice**.

tante [tɑ̃t] nf **1.** [parente] aunt **2.** *vulg* [homosexuel] poof UK, fairy.

tantinet [tɑ̃tinɛ] nm *fam* tiny bit. ◆ **un tantinet** loc adv *fam* a tiny (little) bit ▸ **un tantinet exagéré / trop long** a bit exaggerated/too long / *un tantinet stupide* a tiny bit stupid.

tantôt [tɑ̃to] adv **1.** [parfois] sometimes **2.** *vieilli* [après-midi] this afternoon.

Tanzanie [tɑ̃zani] nf : *la Tanzanie* Tanzania.

tanzanien, enne [tɑ̃zanjɛ̃, ɛn] adj Tanzanian. ◆ **Tanzanien, enne** nm, f Tanzanian.

TAO (*abr de* **traduction assistée par ordinateur**) nf CAT.

taoïsme [taɔism] nm Taoism.

taon [tɑ̃] nm horsefly.

tapage [tapaʒ] nm **1.** [bruit] row ▸ **tapage nocturne** ≃ disturbance of the peace **2.** *fig* [battage] fuss *(U)*.

tapageur, euse [tapaʒœʀ, øz] adj **1.** [hôte, enfant] rowdy **2.** [style] flashy **3.** [liaison, publicité] blatant.

tapant, e [tapɑ̃, ɑ̃t] adj : *à six heures tapant* ou *tapantes* at six sharp ou on the dot.

tape [tap] nf slap.

tapé, e [tape] adj **1.** *fam* [fou] crackers, cracked **2.** [fruit - abîmé] bruised **3.** *fam* [juste et vigoureux - réplique] smart / *ça c'est une réponse bien tapée !* that's really hit the nail on the head! **4.** *fam* [marqué par l'âge - visage] aged. ◆ **tapée** nf *fam* [multitude] : *une tapée de dossiers* heaps of files / *il y avait une tapée de photographes* there was a swarm of photographers.

tape-à-l'œil [tapalœj] ❖ adj inv flashy. ❖ nm inv show.

tapenade [tapənad] nf *pounded anchovies with capers, olives and tuna fish.*

taper [3] [tape] ❖ vt **1.** [personne, cuisse] to slap ▸ **taper (un coup) à la porte** to knock at the door **2.** *fam* [demander de l'argent à] ▸ **taper qqn de** to touch sb for / *il m'a tapé de 300 euros* he touched me for 300 euros, he cadged UK ou bummed US 300 euros off me. ❖ vi **1.** [frapper] to hit ▸ **taper du poing sur** to bang one's fist on ▸ **taper dans ses mains** to clap **2.** [à la machine] to type / *il tape bien / mal* he types well / badly, he's a good / bad typist **3.** *fam* [soleil] to beat down **4.** *fig* [critiquer] ▸ **taper sur qqn** to knock sb / *elle s'est fait taper dessus dans la presse* the newspapers really panned her **5.** *fam* [puiser] ▸ **taper dans** to dip into. ◆ **se taper** ❖ vpt *fam* **1.** [chocolat, vin] to put away **2.** [corvée] to be landed with / *je me suis tapé les cinq étages à pied* I had to walk up the five floors. ❖ vp *(emploi réciproque)* to hit each other / *ils ont fini par se taper dessus* eventually, they came to blows.

tapette [tapɛt] nf **1.** [à tapis] carpet beater **2.** [à mouches] flyswatter **3.** *vulg* [homosexuel] poof UK, fairy.

tapinois [tapinwa] ◆ **en tapinois** loc adv furtively.

tapioca [tapjɔka] nm tapioca.

tapir¹ [tapiʀ] nm ZOOL tapir.

tapir² [32] [tapiʀ] ◆ **se tapir** vp **1.** [se blottir] to crouch ; *fig* [sentiment] to be hidden / *une maison tapie au creux de la vallée fig* a house hidden away in the valley **2.** [se cacher] to retreat.

tapis [tapi] nm **1.** [gén] carpet ; [de gymnase] mat ▸ **tapis roulant a)** [pour bagages] conveyor belt **b)** [pour personnes] travelator ▸ **tapis de sol** groundsheet ▸ **dérouler le tapis rouge** *fig* to roll out the red carpet ▸ **mettre un sujet sur le tapis** *fig* to bring up a subject **2.** INFORM ▸ **tapis de souris** mouse mat UK, mouse pad US.

tapis-brosse [tapibʀɔs] (*pl* **tapis-brosses**) nm doormat.

tapisser [3] [tapise] vt ▸ **tapisser (de)** to cover (with).

tapisserie [tapisʀi] nf [de laine] tapestry ; [papier peint] wallpaper ▸ **faire tapisserie** *fig* to be a wallflower.

tapissier, ère [tapisje, ɛʀ] nm, f **1.** [artisan] tapestry maker **2.** [décorateur] (interior) decorator **3.** [commerçant] upholsterer.

taponner [3] [tapɔne] QUÉBEC ❖ vt **1.** [tâter, manipuler] to finger **2.** [attouchements] to grope. ❖ vi **1.** [tâtonner] : **taponner avec qqch** to fiddle with sthg **2.** [tergiverser, hésiter] to hesitate, to waver.

tapotement [tapɔtmɑ̃] nm tapping.

tapoter [3] [tapɔte] ❖ vt to tap ; [joue] to pat. ❖ vi ▸ **tapoter sur** to tap on.

tapuscrit [tapyskʀi] nm typescript.

taquet [takɛ] nm **1.** [butée] stop, catch **2.** [loquet] latch.

taquin, e [takɛ̃, in] ❖ adj teasing. ❖ nm, f tease.

taquiner [3] [takine] vt **1.** [faire enrager] to tease / *cesse de la taquiner* stop teasing her **2.** [suj : douleur] to worry **3.** EXPR **taquiner le goujon** *fam* to do a bit of fishing ▸ **taquiner le piano / violon** *fam* to play the piano / violin a bit. ◆ **se taquiner** vp *(emploi réciproque)* to tease each other.

taquinerie [takinʀi] nf teasing.

tarabiscoté, e [taʀabiskɔte] adj elaborate.

tarabuster [3] [taʀabyste] vt **1.** [suj : personne] to badger **2.** [suj : idée] to niggle at UK.

tarama [taʀama] nm taramasalata.

tarauder [3] [taʀode] vt to tap ; *fig* to torment.

tard [taʀ] adv late ▸ **au plus tard** at the latest ▸ **sur le tard a)** [en fin de journée] late in the day **b)** [dans la vie] late in life.

tarder [3] [taʀde] ❖ vi ▸ **tarder à faire qqch a)** [attendre pour] to delay ou put off doing sthg **b)** [être lent à] to take a long time to do sthg ▸ **ne pas tarder à faire qqch** not to take long to do sthg / *le feu ne va pas tarder à s'éteindre* it won't be long before the fire goes out / *elle ne devrait plus tarder maintenant* she should be here any time now. ❖ v impers : *il me tarde de te revoir / qu'il vienne* I am longing to see you again / for him to come.

tardif, ive [taʀdif, iv] adj **1.** [heure] late **2.** [excuse] belated.

tardivement [taʀdivmɑ̃] adv [arriver] late ; [s'excuser] belatedly.

tare [taʀ] nf **1.** [défaut] defect **2.** [de balance] tare **3.** *fam* & *péj* [personne] cretin.

taré, e [taʀe] ❖ adj **1.** [héréditairement] tainted ; *fig* flawed **2.** *fam* & *péj* [idiot] cracked. ❖ nm, f **1.** [héréditaire] degenerate **2.** *fam* & *péj* [idiot] cretin.

tarentule [taʀɑ̃tyl] nf tarantula.

targette [taʀʒɛt] nf bolt.

targuer [3] [taʀge] ◆ **se targuer** vp *sout* ▸ **se targuer de qqch / de faire qqch** to boast about sthg / about doing sthg.

targui [taʀgi] = **touareg**.

tarif [taʀif] nm **1.** [prix - de restaurant, café] price ; [- de service] rate, price ; [douanier] tariff ▸ **plein tarif** full rate OU price ▸ **tarif douanier** customs rate ▸ **tarif minimum** minimum charge ▸ **tarifs postaux** postage rates ▸ **tarif préférentiel** preferential rate ▸ **tarif réduit** a) reduced price b) [au cinéma, théâtre] concession UK ▸ **à tarif réduit** a) [loisirs] reduced-price b) [transport] reduced-fare **2.** [tableau] price list.

tarifaire [taʀifɛʀ] adj tariff *(avant n)*.

tarifer [3] [taʀife] vt to fix the price OU rate for.

tarification [taʀifikasjɔ̃] nf fixing of the price OU rate.

tarir [32] [taʀiʀ] ❖ vt to dry up. ❖ vi to dry up ▸ **elle ne tarit pas d'éloges sur son professeur** she never stops praising her teacher. ◆ **se tarir** vp to dry up.

tarot [taʀo] nm tarot. ◆ **tarots** nmpl tarot cards.

tartare [taʀtaʀ] adj Tartar ▸ **sauce tartare** tartare sauce ▸ **steak tartare** steak tartare. ◆ **Tartare** nmf Tartar.

tarte [taʀt] ❖ nf **1.** [gâteau] tart, pie US ▸ **tarte aux pommes** apple tart UK, apple pie US ▸ **tarte tatin** ≃ upside-down apple cake **2.** *fam* & *fig* [gifle] slap **3.** EXPR **c'est pas de la tarte !** *fam* it's no joke OU picnic! ▸ **tarte à la crème** CINÉ custard pie. ❖ adj *(avec ou sans accord)* **1.** *fam* [idiot] stupid **2.** *fig* [sujet, propos] hackneyed.

tartelette [taʀtəlɛt] nf tartlet.

Tartempion [taʀtɑ̃pjɔ̃] npr *fam* so-and-so / *c'est euh, Tartempion, qui me l'a donné* it's er… what's-his-name who gave it to me.

tartiflette [taʀtiflɛt] nf *cheese and potato gratin from the Savoy region*.

tartinade [taʀtinad] nf QUÉBEC CULIN spread.

tartine [taʀtin] nf **1.** [de pain] piece of bread and butter ▸ **tartine de confiture** piece of bread and jam ▸ **tartine grillée** a piece of toast **2.** *fam* & *fig* [laïus] ▸ **en mettre une tartine** OU **des tartines** to write reams.

tartiner [3] [taʀtine] vt **1.** [pain] to spread ▸ **chocolat / fromage à tartiner** chocolate / cheese spread **2.** *fam* & *fig* [pages] to cover.

tartre [taʀtʀ] nm **1.** [de dents, vin] tartar **2.** [de chaudière] fur, scale.

tartuf(f)e [taʀtyf] nm hypocrite.

tas [ta] nm heap ▸ **un tas de** a lot of ▸ **apprendre sur le tas** *fam* & *fig* to learn on the job / *mettre en tas* [feuilles, objets] to pile OU to heap up / *tas d'ordures* rubbish UK OU garbage US heap. ◆ **sur le tas** *fam* ❖ loc adj **1.** [formation] on-the-job **2.** CONSTR on-site. ❖ loc adv **1.** [se former] on the job / *il a appris son métier sur le tas fam* he learned his trade as he went along **2.** CONSTR [tailler] on site.

taser [tazœʀ] nm taser.

tasse [tas] nf cup ▸ **tasse à café / à thé** coffee / tea cup ▸ **tasse de café / de thé** cup of coffee / tea.

tasseau, x [taso] nm bracket.

tassement [tasmɑ̃] nm **1.** [de neige] compression ; [de fondations] settling **2.** *fig* [diminution] decline.

tasser [3] [tase] vt **1.** [neige] to compress, to pack down **2.** [vêtements, personnes] ▸ **tasser qqn / qqch dans** to stuff sb / sthg into. ◆ **se tasser** vp **1.** [fondations] to settle **2.** *fig* [vieillard] to shrink **3.** [personnes] to squeeze up **4.** *fam* & *fig* [situation] to settle down.

taste-vin [tastəvɛ̃], **tâte-vin** [tatvɛ̃] nm inv tasting cup.

tata [tata] nf auntie.

tâter [3] [tate] ❖ vt to feel ; *fig* to sound out. ❖ vi ▸ **tâter de** to have a taste of. ◆ **se tâter** vp *fam* & *fig* [hésiter] to be in UK OU of US two minds.

tâte-vin = **taste-vin**.

tatie [tati] nf *fam* auntie.

tatillon, onne [tatijɔ̃, ɔn] ❖ adj finicky. ❖ nm, f finicky person.

tâtonnement [tatɔnmɑ̃] nm **1.** [action] groping **2.** *(gén pl)* [tentative] trial and error *(U)*.

tâtonner [3] [tatɔne] vi to grope around.

tâtons [tatɔ̃] ◆ **à tâtons** loc adv ▸ **marcher / procéder à tâtons** to feel one's way.

tatou [tatu] nm armadillo.

tatouage [tatwaʒ] nm **1.** [action] tattooing **2.** [dessin] tattoo.

tatouer [6] [tatwe] vt to tattoo.

taudis [todi] nm slum.

taulard = **tôlard**.

taule = **tôle**.

taulier = **tôlier**.

taupe [top] nf *pr* & *fig* mole ▸ **être myope comme une taupe** *fig* to be as blind as a bat.

taupinière [topinjɛʀ] nf molehill.

taureau, x [tɔʀo] nm [animal] bull ▸ **prendre le taureau par les cornes** to take the bull by the horns. ◆ **Taureau** nm ASTROL Taurus ▸ **être (un) Taureau** to be (a) Taurus.

tauromachie [tɔʀɔmaʃi] nf bullfighting.

taux [to] nm **1.** [proportion] rate ; [de cholestérol, d'alcool] level / *taux d'échec / de réussite* failure / success rate ▸ **taux de fécondité** reproduction rate / *taux de mémorisation* recall rate ▸ **taux de natalité / mortalité** birth / death rate / *son taux d'invalidité est de 50 %* he's 50 % disabled ▸ **taux zéro** zero-rating **2.** ÉCON ▸ **taux de base** FIN minimum lending rate ▸ **taux de change** exchange rate ▸ **taux de couverture** margin ratio ▸ **taux de crédit** lending rate / *à quel taux prêtent-ils ?* what is their lending rate? ▸ **taux de croissance** growth rate ▸ **taux d'escompte** rate of discount, discounted rate ▸ **taux fixe** fixed rate ▸ **taux flottant** floating rate ▸ **taux horaire** hourly rate ▸ **taux d'intérêt** interest rate ▸ **taux officiel**

d'escompte minimum lending rate ▸ **taux de rendement** rate of return.

taverne [tavɛʀn] nf tavern.

taxable [taksabl] adj taxable, liable to duty.

taxation [taksasjɔ̃] nf taxation.

taxe [taks] nf tax, controlled price ▸ **hors taxe** a) COMM exclusive of tax, before tax b) [boutique, achat] duty-free ▸ **taxe sur la valeur ajoutée** value-added tax ▸ **taxe d'habitation** *tax paid on residence* ; ≃ council tax UK / local tax US ▸ **toutes taxes comprises** inclusive of tax / *vendre qqch à la taxe* to sell sthg at the controlled price.

taxer [3] [takse] vt **1.** [imposer] to tax **2.** [fixer] ▸ **taxer le prix de qqch à** to fix the price of sthg at **3.** *fam* [traiter] ▸ **taxer qqn de qqch** to call sb sthg **4.** [accuser] ▸ **taxer qqn de qqch** to accuse sb of sthg **5.** *fam* [prendre] ▸ **taxer qqch à qqn** to cadge sthg off ou from sb.

taxi [taksi] nm **1.** [voiture] taxi, cab US **2.** [chauffeur] taxi driver.

taxidermiste [taksidɛʀmist] nmf taxidermist.

taximètre [taksimɛtʀ] nm meter.

taxinomie [taksinɔmi] nf taxonomy.

Taxiphone® [taksifɔn] nm **1.** [téléboutique] call shop **2.** *vieilli* pay phone.

tayaut [tajo] = **taïaut**.

TB, tb (*abr écrite de* **très bien**) VG.

TBE, tbe (*abr écrite de* **très bon état**) vgc.

TCA (*abr de* **taxe sur le chiffre d'affaires**) nf tax on turnover.

TCF (*abr de* **Touring Club de France**) nm *French motorists' club* ; ≃ AA UK ; ≃ AAA US.

Tchad [tʃad] nm : *le Tchad* Chad / *au Tchad* in Chad.

tchadien, enne [tʃadjɛ̃, ɛn] adj of/from Chad. ◆ **tchadien** nm [langue] Chadic. ◆ **Tchadien, enne** nm, f person from Chad.

tchador [tʃadɔʀ] nm chador.

tchao [tʃao] *fam* = **ciao**.

tchat [tʃat] nm = **chat**.

tchatche [tʃatʃ] nf *fam* ▸ **avoir la tchatche** to have the gift of the gab.

tchatcher [tʃatʃe] vi *fam* to chat (away).

tchatcheur, euse [tʃatʃœʀ, øz] nm, f *fam* smooth talker.

tchécoslovaque [tʃekɔslɔvak] adj Czechoslovakian. ◆ **Tchécoslovaque** nmf Czechoslovak.

Tchécoslovaquie [tʃekɔslɔvaki] nf : *la Tchécoslovaquie* Czechoslovakia.

tchèque [tʃɛk] ❖ adj Czech ▸ **la République tchèque** the Czech Republic. ❖ nm [langue] Czech. ◆ **Tchèque** nmf Czech.

tchétchène [tʃetʃɛn] adj Chechen. ◆ **Tchétchène** nmf Chechen.

Tchétchénie [tʃetʃeni] nf : *la Tchétchénie* Chechnya.

tchin-tchin [tʃintʃin] interj *fam* cheers.

TCS (*abr de* **Touring Club de Suisse**) nm *Swiss motorists' club* ; ≃ AA UK ; ≃ AAA US.

TD (*abr de* **travaux dirigés**) nmpl supervised practical work.

TdF (*abr de* **Télévision de France**) nf *French broadcasting authority*.

te [tə], **t'** pron pers **1.** [complément d'objet direct] you **2.** [complément d'objet indirect] (to) you **3.** [réfléchi] yourself **4.** [avec un présentatif] ▸ **te voici !** here you are!

té [te] ❖ nm **1.** [équerre] T-square **2.** [menuiserie] tee. ❖ interj [dialecte] : *té ! voilà Martin !* hey, here comes Martin! ◆ **en té** loc adj T-shaped.

teasing [tiziŋ] nm [pratique marketing] teasing.

technicien, enne [tɛknisjɛ̃, ɛn] nm, f **1.** [professionnel] technician **2.** [spécialiste] ▸ **technicien (de)** expert (in).

technicité [tɛknisite] nf **1.** [de produit] technical nature **2.** [avance technologique] technological sophistication **3.** [savoir-faire] skill.

technico-commercial, e [tɛknikokɔmɛʀsjal] (*mpl* **technico-commerciaux**, *fpl* **technico-commerciales**) ❖ adj sales engineer *(avant n)*. ❖ nm, f sales engineer.

Technicolor® [tɛknikɔlɔʀ] nm Technicolor®.

technique [tɛknik] ❖ adj technical. ❖ nf technique.

techniquement [tɛknikmɑ̃] adv technically.

techno [tɛkno] adj & nf techno.

technocrate [tɛknɔkʀat] nmf technocrat.

technologie [tɛknɔlɔʒi] nf technology ▸ **de haute technologie** high-tech.

technologique [tɛknɔlɔʒik] adj technological.

technologue [tɛknɔlɔg], **technologiste** [tɛknɔlɔʒist] nmf technologist.

technopole [tɛknɔpɔl] nf *large urban centre with teaching and research facilities to support development of hi-tech industries*.

teck, tek [tɛk] nm teak.

teckel [tekɛl] nm dachshund.

tectonique [tɛktɔnik] ❖ adj tectonic. ❖ nf tectonics *(U)* ▸ **la tectonique des plaques** plate tectonics.

TEE (*abr de* **Trans-Europ-Express**) nm TEE.

teen-ager [tinedʒœʀ] (*pl* **teen-agers**) nmf teenager.

tee-shirt (*pl* **tee-shirts**), **T-shirt** (*pl* **T-shirts**) [tiʃœʀt] nm T-shirt.

Téflon® [teflɔ̃] nm Teflon®.

TEG (*abr de* **taux effectif garanti**) nm APR.

Téhéran [teeʀɑ̃] npr Tehran.

teignais, teignions ⟶ **teindre**.

teigne [tɛɲ] nf **1.** [mite] moth **2.** MÉD ringworm **3.** *fam, fig & péj* [femme] cow UK ; [homme] bastard.

teigneux, euse [tɛɲø, øz] *fam & péj* ❖ adj ▸ **être teigneuse** [femme] to be a cow UK ▸ **être teigneux**

[homme] to be a bastard. ◆ nm, f [femme] cow UK ; [homme] bastard.

teindre [81] [tɛ̃dʀ] vt to dye. ◆ **se teindre** vp ▸ **se teindre les cheveux** to dye one's hair.

teint, e [tɛ̃, tɛ̃t] ◆ pp ⟶ **teindre.** ◆ adj dyed. ◆ **teint** nm **1.** [carnation] complexion **2.** [couleur] ▸ **tissu bon** OU **grand teint** colourfast UK OU colorfast US material ▸ **bon teint** *fig* staunch, dyed-in-the-wool. ◆ **teinte** nf colour UK, color US ▸ **une teinte de** *fig* a hint of.

teinté, e [tɛ̃te] adj tinted ▸ **teinté de** *fig* tinged with.

teinter [3] [tɛ̃te] vt to stain. ◆ **se teinter** vp ▸ **se teinter de** to become tinged with.

teinture [tɛ̃tyʀ] nf **1.** [action] dyeing **2.** [produit] dye. ◆ **teinture d'iode** nf tincture of iodine.

teinturerie [tɛ̃tyʀʀi] nf **1.** [pressing] dry cleaner's **2.** [métier] dyeing.

teinturier, ère [tɛ̃tyʀje, ɛʀ] nm, f **1.** [de pressing] dry cleaner **2.** [technicien] dyer.

tek = **teck.**

tel, telle [tɛl] (*mpl* **tels**, *fpl* **telles**) ◆ adj **1.** [valeur indéterminée] such and such a ▸ **tel et tel** such and such a / *il m'a demandé de lui acheter tel et tel livre* he asked me to buy him such and such books **2.** [semblable] such / *un tel homme* such a man / *une telle générosité* such generosity / *de telles gens* such people / *je n'ai rien dit de tel* I never said anything of the sort **3.** [valeur emphatique ou intensive] such / *un tel génie* such a genius / *un tel bonheur* such happiness / *la douleur fut telle que je faillis m'évanouir* the pain was so bad that I nearly fainted **4.** [introduit un exemple ou une énumération] : *elle a filé tel l'éclair* she shot off like a bolt of lightning ▸ **tel (que)** such as, like / *des métaux tels le cuivre et le fer* metals such as copper and iron **5.** [introduit une comparaison] like / *il est tel que je l'avais toujours rêvé* he's just like I always dreamt he would be ▸ **tel quel** as it is/was etc. / *tout est resté tel quel depuis son départ* everything is just as he left it. ◆ pron indéf : *tel veut marcher, tandis que tel autre veut courir* one will want to walk, while another will want to run / *Une telle m'a dit qu'il était parti* someone or other told me he'd left. ◆ **à tel point que** loc conj to such an extent that. ◆ **de telle manière que** loc conj in such a way that.

tél. (*abr écrite de* **téléphone**) tel.

télé [tele] nf *fam* TV, telly UK. ◆ **de télé** loc adj *fam* [chaîne, émission] TV *(modif)*.

téléachat [teleaʃa] nm TV teleshopping ▸ **chaîne de téléachat** shopping channel.

téléacteur, trice [teleaktɛʀ, tʀis] nm, f telesalesperson.

télébenne [telebɛn], **télécabine** [telekabin] nf cable car.

Téléboutique® [telebutik] nf [taxiphone] ≃ Telecom shop® UK ; ≃ telephone store US call shop.

Télécarte® [telekaʀt] nf phonecard.

téléchargeable [teleʃaʀʒabl] adj downloadable.

téléchargement [teleʃaʀʒəmɑ̃] nm INFORM downloading.

télécharger [17] [teleʃaʀʒe] vt INFORM to download.

télécommande [telekɔmɑ̃d] nf remote control.

télécommander [3] [telekɔmɑ̃de] vt to operate by remote control ; *fig* to mastermind.

télécommunication [telekɔmynikasjɔ̃] nf telecommunications *pl*.

téléconférence [telekɔ̃feʀɑ̃s] nf teleconference.

téléconseiller, ère [telekɔ̃seje, ɛʀ] nm, f call centre person.

télécopie [telekɔpi] nf fax.

télécopieur [telekɔpjœʀ] nm fax (machine).

télédétection [teledetɛksjɔ̃] nf remote sensing ▸ **satellite de télédétection** spy satellite.

télédiffuser [3] [teledifyze] vt to televise.

télédiffusion [teledifyzjɔ̃] nf televising.

télédistribution [teledistʀibysjɔ̃] nf cable television.

télé-enseignement [teleɑ̃sɛɲmɑ̃] (*pl* **télé-enseignements**) nm distance learning.

téléfilm [telefilm] nm film made for television.

télégramme [telegʀam] nm telegram, wire US, cable US.

télégraphe [telegʀaf] nm telegraph.

télégraphie [telegʀafi] nf telegraphy.

télégraphier [9] [telegʀafje] vt to telegraph, to wire US, to cable US.

télégraphique [telegʀafik] adj [fil, poteau] telegraph *(avant n)* ▸ **en style télégraphique** in telegraphic style, in telegraphese.

télégraphiste [telegʀafist] nmf **1.** [technicien] telegraphist **2.** [employé] telegraph boy (telegraph girl).

téléguidage [telegidaʒ] nm remote control.

téléguidé, e [telegide] adj **1.** [missile] guided **2.** [piloté à distance] radiocontrolled **3.** *fig* [manipulé] manipulated.

téléguider [3] [telegide] vt to operate by remote control ; *fig* to mastermind.

téléinformatique [teleɛ̃fɔʀmatik] nf INFORM data communication.

téléjournal [teleʒuʀnal] nm QUÉBEC television news.

télématique [telematik] ◆ nf telematics *(U)*. ◆ adj telematic.

téléobjectif [teleɔbʒɛktif] nm telephoto lens *sg*.

téléopérateur, trice [teleɔpeʀatœʀ, tʀis] nm, f call centre agent.

télépaiement [telepemɑ̃] nm electronic payment.

télépathie [telepati] nf telepathy.

télépathique [telepatik] adj telepathic.

téléphérique [telefeʀik] nm cableway.

téléphone [telefɔn] nm telephone ▸ **téléphone avec appareil photo** camera phone, cam phone ▸ **téléphone à carte** cardphone ▸ **téléphone cellulaire** cellular telephone ▸ **téléphone à clapet** flip phone, clamshell ▸ **téléphone sans fil** cordless telephone ▸ **téléphone portable** mobile phone ▸ **téléphone rouge** hotline ▸ **téléphone de voiture** carphone.

téléphoner [3] [telefɔne] ◆ vt to telephone, to phone. ◆ vi to telephone, to phone ▸ **téléphoner à qqn** to telephone sb, to phone sb (up) UK. ◆ **se téléphoner** vp *(emploi réciproque)* to call each other / *on se téléphone, d'accord ?* we'll talk on the phone later, OK?

téléphonie [telefɔni] nf telephony / *téléphonie sans fil* wireless telephony.

téléphonique [telefɔnik] adj telephone *(avant n)*, phone *(avant n)*.

téléphoniste [telefɔnist] nmf (telephone) operator, telephonist UK.

téléprospection [teleprɔspɛksjɔ̃] nf telemarketing.

télé-réalité [telerealite] (*pl* **télé-réalités**) nf TV reality TV, fly-on-the-wall television / *une émission de télé-réalité* a) fly-on-the-wall documentary b) [de style feuilleton] docusoap.

télescopage [teleskɔpaʒ] nm 1. [de véhicules] concertinaing 2. *fig* [d'idées] cross-fertilization.

télescope [teleskɔp] nm telescope.

télescoper [3] [teleskɔpe] vt [véhicule] to crash into. ◆ **se télescoper** vp 1. [véhicules] to concertina UK 2. *fig* [idées] to influence each other.

télescopique [teleskɔpik] adj 1. [antenne] telescopic 2. [planète] visible only by telescope.

téléscripteur [teleskriptœr] nm teleprinter UK, teletypewriter US.

télésiège [telesjɛʒ] nm chairlift.

téléski [teleski] nm ski tow.

téléspectateur, trice [telespɛktatœr, tris] nm, f (television) viewer.

télésurveillance [telesyrvejɑ̃s] nf remote surveillance.

Télétex® [teletɛks] nm teletex.

télétraitement [teletrɛtmɑ̃] nm teleprocessing.

télétransmission [teletrɑ̃smisjɔ̃] nf remote transmission.

télétravail, aux [teletravaj, o] nm teleworking.

télétravailleur, euse [teletravajœr, øz] nm, f teleworker.

Télétype® [teletip] nm Teletype®.

téléuniversité [teleyniversite] nf QUÉBEC distance learning university.

télévangéliste [televɑ̃ʒelist] nmf televangelist, television ou TV evangelist.

télévendeur, euse [televɑ̃dœr, øz] nm, f telesales operator.

télévente [televɑ̃t] nf [à la télévision] television selling ; [via Internet] online selling ou commerce, e-commerce.

télévérité [televerite] nf reality TV.

télévisé, e [televize] adj [discours, match] televised.

téléviser [3] [televize] vt to televise.

téléviseur [televizœr] nm television (set).

télévision [televizjɔ̃] nf television ▸ **à la télévision** on television ▸ **télévision câblée** cable television ▸ **télévision à la carte** ou **à la séance** pay-per-view television ▸ **télévision interactive** interactive television ▸ **télévision numérique** digital television ▸ **télévision à plasma** plasma TV ▸ **télévision par satellite** satellite television.

télévisuel, elle [televizɥɛl] adj television *(avant n)*.

télex [telɛks] nm inv telex.

télexer [4] [telekse] vt to telex.

tellement [tɛlmɑ̃] adv 1. [si, à ce point] so ; (+ *compar*) so much / *tellement plus jeune que* so much younger than ▸ **pas tellement** not especially, not particularly / *ce n'est plus tellement frais / populaire* it's no longer all that fresh/popular 2. [autant] ▸ **tellement de** a) [personnes, objets] so many b) [gentillesse, travail] so much 3. [tant] so much / *elle a tellement changé* she's changed so much / *je ne comprends rien tellement il parle vite* he talks so quickly that I can't understand a word.

téloche [telɔʃ] nf *fam* telly UK.

téméraire [temerɛr] ◆ adj 1. [audacieux] bold 2. [imprudent] rash. ◆ nmf hothead.

témérité [temerite] nf 1. [audace] boldness 2. [imprudence] rashness.

témoignage [temwaɲaʒ] nm 1. DR testimony, evidence *(U)* ▸ **faux témoignage** perjury 2. [gage] token, expression ▸ **en témoignage de** as a token of 3. [récit] account.

témoigner [3] [temwaɲe] ◆ vt 1. [manifester] to show, to display 2. DR ▸ **témoigner que** to testify that. ◆ vi 1. DR to testify ▸ **témoigner contre** to testify against ▸ **témoigner en faveur de qqn** to testify in sb's favour UK ou favor US 2. ▸ **témoigner de** a) [être le signe de] to show b) [certifier] to testify (as) to.

témoin [temwɛ̃] ◆ nm 1. [spectateur] witness ▸ **être témoin de qqch** to be a witness to sthg, to witness sthg ▸ **prendre qqn à témoin (de)** to call on sb as a witness (of) 2. DR ▸ **témoin à charge** DR witness for the prosecution ▸ **témoin oculaire** eyewitness ▸ **faux témoin** perjurer / *c'est le témoin du marié* he's the best man 3. INFORM indicator / *témoin de connexion* cookie 4. *litt* [marque] ▸ **témoin de** evidence *(U)* of / *l'architecture, témoin d'une époque* architecture that bears witness to an era 5. [preuve] : *elle a bien mené sa carrière, témoin sa réussite* she has managed her career well, her success is a testimony to that 6. SPORT baton / *passer le témoin* to hand over ou to pass the baton. ◆ adj [appartement] show *(avant n)*.

tempe [tɑ̃p] nf temple.

tempérament [tɑ̃peramɑ̃] nm temperament ▸ **avoir du tempérament** to be hot-blooded / *ce n'est pas dans* *mon tempérament* it's not like me, it's not in my nature / *il est d'un tempérament plutôt anxieux* he's the worrying kind. ◆ **à tempérament** ❖ loc adj [achat] on deferred payment. ❖ loc adv [acheter] on hire purchase UK, on an installment plan US.

tempérance [tɑ̃peʀɑ̃s] nf temperance, moderation.

tempérant, e [tɑ̃peʀɑ̃, ɑ̃t] adj temperate.

température [tɑ̃peʀatyʀ] nf temperature ▸ **avoir de la température** to have a temperature ▸ **prendre sa température** to take one's temperature.

tempéré, e [tɑ̃peʀe] adj **1.** [climat] temperate **2.** [personne] even-tempered.

tempérer [18] [tɑ̃peʀe] vt **1.** [adoucir] to temper; *fig* [enthousiasme, ardeur] to moderate **2.** *fig* & *litt* [douleur, peine] to attenuate, to soothe. ◆ **se tempérer** vp *(emploi réfléchi)* to restrain o.s.

tempête [tɑ̃pɛt] nf storm ▸ **une tempête de** *fig* a storm of ▸ **tempête de sable** sandstorm.

tempêter [4] [tɑ̃pete] vi to rage.

tempétueux, euse [tɑ̃petyø, øz] adj *litt* stormy; *fig* tempestuous.

temple [tɑ̃pl] nm **1.** HIST temple **2.** [protestant] church.

tempo [tɛmpo] nm tempo.

temporaire [tɑ̃pɔʀɛʀ] adj temporary.

temporairement [tɑ̃pɔʀɛʀmɑ̃] adv temporarily.

temporel, elle [tɑ̃pɔʀɛl] adj **1.** [défini dans le temps] time *(avant n)* **2.** [terrestre] temporal.

temporisateur, trice [tɑ̃pɔʀizatœʀ, tʀis] ❖ adj **1.** [stratégie] delaying *(avant n)* **2.** [personne] who stalls OU delays. ❖ nm, f person who stalls OU delays.

temporiser [3] [tɑ̃pɔʀize] vi to play for time, to stall.

temps [tɑ̃]

❖ nm

1. [gén] time / *ça prend un certain temps* it takes some time / *au* OU *du temps où* (in the days) when / *de mon temps* in my day / *pendant ce temps* meanwhile / *les premiers temps* at the beginning / *ces temps-ci* OU *ces derniers temps* these days / *en temps de guerre / paix* in wartime/peacetime ▸ **en temps normal** OU **ordinaire** usually, in normal circumstances ▸ **en un temps record** in record time ▸ **en temps réel** : *traitement en temps réel* real-time processing ▸ **en temps utile** in due course ▸ **il est grand temps de partir** it is high time that we left ▸ **il était temps !** *iron* and about time too! ▸ **avoir le temps de faire qqch** to have time to do sthg ▸ **avoir du temps devant soi** to have time to spare OU on one's hands ▸ **avoir tout son temps** to have all the time in the world ▸ **être dans les temps a)** [pour un travail] to be on schedule OU time **b)** [pour une course] to be within the time (limit) ▸ **faire son temps** *fam* : *la cafetière / mon manteau a fait son temps* the coffee machine's/ my coat's seen better days ▸ **gagner du temps** to save time ▸ **ne pas laisser à qqn le temps de se retourner** not to give sb the time to catch his/her breath ▸ **passer le temps** to pass the time / *je passe mon temps à lire* I spend (all) my time reading ▸ **prendre son temps** to take one's time ▸ **tuer le temps** to kill time ▸ **à temps** in time / *je n'arriverai / je ne finirai jamais à temps !* I'll never make it/I'll never finish in time! ▸ **de temps à autre** now and then OU again ▸ **de temps en temps** from time to time ▸ **en même temps** at the same time ▸ **en même temps que** at the same time as ▸ **tout le temps** all the time, the whole time / *ne me harcèle pas tout le temps !* don't keep on pestering me! ▸ **par les temps qui courent** in this day and age ▸ **temps libre** free time ▸ **temps mort a)** SPORT stoppage time, injury time **b)** *fig* break, pause ▸ **à plein temps** full-time ▸ **à mi-temps** half-time ▸ **à temps partiel** part-time / *un temps partiel* a part-time job

2. MUS beat / *valse à trois temps* waltz in three-four time

3. GRAM tense

4. MÉTÉOR weather / *quel temps fait-il à Nîmes ?* what's the weather like in Nîmes? / *par ce temps* in this weather / *vous nous amenez le beau / mauvais temps* you've brought the fine/bad weather with you / *gros temps* rough weather OU conditions / *un temps de chien* foul weather

5. TECHNOL ▸ **temps d'antenne** TV air time ▸ **temps de communication** [sur téléphone portable] airtime

tenable [tənabl] adj bearable.

tenace [tənas] adj **1.** [gén] stubborn **2.** *fig* [odeur, rhume] lingering **3.** [colle] strong.

ténacité [tenasite] nf **1.** [d'odeur] lingering nature **2.** [de préjugé, personne] stubbornness.

tenailler [3] [tənaje] vt to torment.

tenailles [tənaj] nfpl pincers.

tenancier, ère [tənɑ̃sje, ɛʀ] nm, f manager (manageress).

tenant, e [tənɑ̃, ɑ̃t] nm, f ▸ **tenant du titre** title holder. ◆ **tenant** nm **1.** *(gén pl)* [d'une opinion] supporter **2.** EXPR **d'un seul tenant** in one piece, intact ▸ **les tenants et les aboutissants** [d'une affaire] the ins and outs, the full details.

tendance [tɑ̃dɑ̃s] ❖ nf **1.** [disposition] tendency ▸ **avoir tendance à qqch / à faire qqch** to have a tendency to sthg/to do sthg, to be inclined to sthg/to do sthg / *tu as un peu trop tendance à croire que tout t'est dû* you're too inclined to think that the world owes you a living **2.** [économique, de mode] trend / *les nouvelles tendances de l'art / la mode* the new trends in art/fashion **3.** [position, opinion] : *un parti de tendance libérale* a party with liberal tendencies **4.** ÉCON trend ▸ **tendance à la baisse** OU **baissière** downward trend / *tendances de la consommation* consumer trends ▸ **tendance à la hausse** OU **haussière** upward trend / *tendance inflationniste* inflationary trend. ❖ adj : *une coupe très tendance* *fam* a very fashionable cut.

tendancieusement [tɑ̃dɑ̃sjøzmɑ̃] adv tendentiously.

tendancieux, euse [tɑ̃dɑ̃sjø, øz] adj tendentious.

tendeur [tɑ̃dœʀ] nm **1.** [sangle] elastic strap *(for fastening luggage, etc.)* **2.** [appareil] wire-strainer **3.** [de bicyclette] chain adjuster **4.** [de tente] runner.

tendinite [tɑ̃dinit] nf tendinitis.

tendon [tɑ̃dɔ̃] nm tendon ▸ **tendon d'Achille** Achilles' tendon.

tendre[1] [tɑ̃dʀ] ❖ adj **1.** [gén] tender **2.** [matériau] soft **3.** [couleur] delicate. ❖ nmf tender-hearted person.

tendre[2] [73] [tɑ̃dʀ] ❖ vt **1.** [corde] to tighten **2.** [muscle] to tense **3.** [objet, main] ▸ **tendre qqch à qqn** to hold out sthg to sb **4.** [bâche] to hang **5.** [piège] to set (up). ❖ vi ▸ **tendre à / vers a)** [évoluer vers] to tend to/towards **b)** [viser à] to aim at. ◆ **se tendre** vp to tighten ; *fig* [relations] to become strained.

tendrement [tɑ̃dʀəmɑ̃] adv tenderly.

tendresse [tɑ̃dʀɛs] nf **1.** [affection] tenderness **2.** [indulgence] sympathy. ◆ **tendresses** nfpl ▸ **se faire des tendresses** to be loving with each other.

tendron [tɑ̃dʀɔ̃] nm *part of veal rib.*

tendu, e [tɑ̃dy] ❖ pp ⟶ **tendre**[2]. ❖ adj **1.** [fil, corde] taut **2.** [pièce] ▸ **tendu de a)** [velours] hung with **b)** [papier peint] covered with **3.** [personne] tense **4.** [atmosphère, rapports] strained **5.** [main] outstretched.

ténèbres [tenɛbʀ] nfpl darkness *sg*, shadows ; *fig* depths.

ténébreux, euse [tenebʀø, øz] adj *litt* **1.** [forêt] dark, shadowy **2.** *fig* [dessein, affaire] mysterious **3.** [personne] serious, solemn.

teneur [tənœʀ] nf content ; [de traité] terms *pl* ▸ **teneur en alcool / cuivre** alcohol/copper content.

ténia, tænia [tenja] nm tapeworm.

tenir [40] [təniʀ]

❖ vt

1. [objet, personne, solution] to hold / *tenir la main de qqn* to hold sb's hand

2. [garder, conserver, respecter] to keep / *elle tient ses chiens attachés* she keeps her dogs tied up / *tenir chaud* to keep warm ; [avoir reçu] *les propriétés que je tenais de ma mère* [par héritage] the properties I'd inherited from my mother

3. [gérer - boutique] to keep, to run

4. [apprendre] ▸ **tenir qqch de qqn** to have sthg from sb / *nous tenons de source sûre / chinoise que...* we have it on good authority/we hear from Chinese sources that...

5. [considérer] ▸ **tenir qqn pour** to regard sb as

❖ vi

1. [être solide] to stay up, to hold together / *tout ça tient avec de la colle* all this is held together with glue

2. [durer] to last / *aucun parfum ne tient sur moi* perfumes don't stay on me

3. [pouvoir être contenu] to fit / *on tient facilement à cinq dans la barque* the boat sits five in comfort / *son histoire tient en peu de mots* his story can be summed up in a few words

4. [être attaché] ▸ **tenir à a)** [personne] to care about **b)** [privilèges] to value / *si tu tiens à la vie...* if you value your life...

5. [vouloir absolument] ▸ **tenir à faire qqch** to insist on doing sthg / *je tiens à ce qu'ils aient une bonne éducation* I'm most concerned that they should have a good education

6. [ressembler] ▸ **tenir de** to take after

7. [relever de] ▸ **tenir de** to have something of / *sa guérison tient du miracle* his recovery is something of a miracle

8. [dépendre de] ▸ **il ne tient qu'à toi de...** it's entirely up to you to...

9. EXPR **tenir bon** to stand firm / *il me refusait une augmentation, mais j'ai tenu bon* he wouldn't give me a rise but I held out ou stood my ground ▸ **qu'à cela ne tienne** it ou that doesn't matter ▸ **tiens ! a)** [en donnant] here! **b)** [surprise] well, well! **c)** [pour attirer attention] look!

◆ **se tenir** vp **1.** [réunion] to be held **2.** [personnes] to hold one another ▸ **se tenir par la main** to hold hands **3.** [être présent] to be / *se tenir aux aguets* to be on the lookout, to watch out **4.** [être cohérent] to make sense / *je voudrais trouver un alibi qui se tienne* I'm looking for a plausible excuse **5.** [se conduire] to behave (o.s.) / *bien se tenir* to behave o.s. **6.** [se retenir] ▸ **se tenir (à)** to hold on (to) **7.** [se borner] ▸ **s'en tenir à** to stick to / *tenez-vous-en aux ordres* confine yourself to carrying out orders.

tennis [tenis] ❖ nm **1.** [sport] tennis **2.** [terrain] tennis court. ❖ nmpl tennis shoes, sneakers US.

tennisman [tenisman] (*pl* **-s** *ou* **tennismen** [tenismen]) nm tennis player.

ténor [tenɔʀ] ❖ adj [instrument de musique] tenor *(avant n).* ❖ nm **1.** [chanteur] tenor **2.** *fig* [vedette] : *un ténor de la politique* a political star performer.

tensioactif, ive [tɑ̃sjɔaktif, iv] adj surface-active.

tension [tɑ̃sjɔ̃] nf **1.** [contraction, désaccord] tension **2.** MÉD pressure ▸ **avoir de la tension** to have high blood pressure ▸ **tension artérielle** blood pressure ▸ **tension (nerveuse)** [État] tension, strain, nervous stress **3.** ÉLECTR voltage ▸ **haute / basse tension** high/low voltage. ◆ **sous tension** ❖ loc adj **1.** ÉLECTR [fil] live **2.** [état physique] tense, under stress. ❖ loc adv : *mettre un appareil sous tension* to switch on an appliance.

tentaculaire [tɑ̃takylɛʀ] adj *fig* sprawling.

tentacule [tɑ̃takyl] nm tentacle.

tentant, e [tɑ̃tɑ̃, ɑ̃t] adj tempting.

tentateur, trice [tɑ̃tatœʀ, tʀis] ❖ adj tempting. ❖ nm, f tempter (temptress).

tentation [tɑ̃tasjɔ̃] nf temptation.

tentative [tɑ̃tativ] nf attempt ▸ **tentative d'homicide** attempted homicide ▸ **tentative de meurtre a)** [gén] murder attempt **b)** DR attempted murder ▸ **tentative de suicide** suicide attempt.

tente [tɑ̃t] nf tent. ◆ **tente à oxygène** nf oxygen tent.

tenter [3] [tɑ̃te] vt **1.** [entreprendre] ▸ **tenter qqch / de faire qqch** to attempt sthg / to do sthg **2.** [plaire] to tempt ▸ **être tenté par qqch / de faire qqch** to be tempted by sthg / to do sthg.

tente-roulotte [tɑ̃tʀulɔt] (*pl* **tentes-roulottes**) nf QUÉBEC tent trailer, camping trailer.

tenture [tɑ̃tyʀ] nf hanging.

tenu, e [təny] ❖ pp ⟶ **tenir.** ❖ adj **1.** [obligé] ▸ **être tenu à qqch** to be bound by sthg ▸ **être tenu de faire qqch** to be required OU obliged to do sthg **2.** [en ordre] ▸ **bien / mal tenu** [maison] well / badly kept.

ténu, e [teny] adj **1.** [fil] fine ; *fig* [distinction] tenuous **2.** [voix] thin.

tenue [təny] nf **1.** [entretien] running / *l'école est réputée pour sa tenue* the school is renowned for being well-run ▸ **tenue de la comptabilité** bookkeeping **2.** [manières] good manners *pl* / *voyons, un peu de tenue !* come now, behave yourself! **3.** [maintien du corps] posture **4.** [costume] dress / *'tenue correcte exigée'* 'dress code' ▸ **tenue réglementaire** regulation uniform ▸ **tenue de soirée** evening dress / *une tenue de sport* sports gear OU kit ▸ **être en petite tenue** to be scantily dressed / *officiers en grande tenue* officers in dress uniform. ◆ **tenue de route** nf roadholding / *avoir une bonne tenue de route* to hold the road well / *avoir une mauvaise tenue de route* to have poor road holding.

tequila [tekila] nf tequila.

ter [tɛʀ] ❖ adv MUS three times. ❖ adj : *12 ter* 12B.

TER [teəɛʀ] (*abr de* **train express régional**) nm *fast intercity train.*

térébenthine [teʀebɑ̃tin] nf turpentine.

Tergal® [tɛʀgal] nm ≃ Terylene®.

tergiversation [tɛʀʒivɛʀsasjɔ̃] nf shilly-shallying *(U).*

tergiverser [3] [tɛʀʒivɛʀse] vi to shilly-shally.

termaillage [tɛʀmajaʒ] nm ÉCON leads and lags.

terme [tɛʀm] nm **1.** [fin] end / *sa convalescence touche à son terme* his convalescence will soon be over / *ils arrivèrent enfin au terme de leur voyage* they finally reached the end of their journey ▸ **mettre un terme à** to put an end OU a stop to **2.** [de grossesse] term ▸ **mener une grossesse à terme** to go full term / *bébé né à terme* baby born at full term ▸ **avant terme** prematurely **3.** [échéance] time limit ; [de loyer] rent day / *avoir plusieurs termes de retard* to be several months behind (with one's rent) ▸ **à court / moyen / long terme a)** [calculer] in the short / medium / long term **b)** [projet] short- / medium- / long-term **4.** [mot, élément] term / *terme technique* technical term **5.** FIN ▸ **à terme** forward *(avant n)* ▸ **assurance à terme** term insurance ▸ **opérations à terme** forward transactions / *passé ce terme, vous devrez payer des intérêts* after that date, interest becomes due. ◆ **termes** nmpl **1.** [expressions] words / *ce furent ses propres termes* those were her very words ▸ **en d'autres termes** in other words **2.** [de contrat] terms / *aux termes de la loi / du traité* under the terms of the law / of the treaty **3.** [relations] ▸ **être en bons / mauvais termes avec qqn** to be on good / bad terms with sb.

terminaison [tɛʀminɛzɔ̃] nf GRAM ending. ◆ **terminaison nerveuse** nf nerve ending.

terminal, e, aux [tɛʀminal, o] adj **1.** [au bout] final **2.** MÉD [phase] terminal. ◆ **terminal, aux** nm terminal. ◆ **terminale** nf SCOL ≃ upper sixth year OU form UK ; ≃ twelfth grade US.

terminer [3] [tɛʀmine] vt to end, to finish ; [travail, repas] to finish ▸ **terminer qqch par** to finish sthg with / *je suis bien soulagé d'en avoir terminé avec cette affaire* I'm really glad to have seen the end of this business / *pour terminer, je remercie tous les participants* finally, let me thank all those who took part / *un clip termine l'émission* the programme ends with a pop video. ◆ **se terminer** vp to end, to finish ▸ **se terminer par** to end OU finish with / *l'histoire se termine par la mort du héros* the story ends with the death of the hero ▸ **se terminer en** to end in / *ça s'est terminé en drame* it ended in a tragedy.

terminologie [tɛʀminɔlɔʒi] nf terminology.

terminus [tɛʀminys] nm terminus.

termite [tɛʀmit] nm termite.

termitière [tɛʀmitjɛʀ] nf termite nest.

ternaire [tɛʀnɛʀ] adj CHIM & MATH ternary ; LITTÉR & MUS triple.

terne [tɛʀn] adj dull.

ternir [32] [tɛʀniʀ] vt to dirty ; [métal, réputation] to tarnish. ◆ **se ternir** vp to get dirty ; [métal, réputation] to tarnish.

terrain [tɛʀɛ̃] nm **1.** [sol] soil / *terrain sédimentaire / volcanique* sedimentary / volcanic formations ▸ **tout terrain** all-terrain ▸ **vélo tout terrain** mountain bike **2.** [surface] piece of land / *terrain accidenté* uneven terrain ▸ **terrain à bâtir** development land *(U)*, building plot / *terrain cultivé / en friche* cultivated / uncultivated land ▸ **terrain vague** waste ground *(U)* OU land *(U)* UK, vacant lot US **3.** [emplacement - de football, rugby] pitch UK ; [- de golf] course ▸ **terrain d'aviation** airfield ▸ **terrain de camping** campsite ▸ **terrain de jeux** playground **4.** MIL terrain / *l'armée occupe le terrain conquis* the army is occupying the captured territory **5.** *fig* [domaine] ground ▸ **en terrain glissant** *fig* on shaky ground / *être sur son terrain* to be on familiar ground *fig* **6.** EXPR **céder du terrain à qqn** to give ground to sb ▸ **gagner du terrain** to gain ground ▸ **gagner du terrain sur qqn** to gain on sb ▸ **un homme de terrain** a man with practical experience ▸ **sur le terrain** in the field / *sonde le terrain avant d'agir* see how the land lies before making a move / *trouver un terrain d'entente* to find common ground.

terrasse [tɛʀas] nf terrace.

terrassement [tɛʀasmɑ̃] nm [action] excavation.

terrasser [3] [tɛʀase] vt [suj : personne] to bring down ; [suj : émotion] to overwhelm ; [suj : maladie] to conquer.

terrassier [tɛʀasje] nm labourer UK, laborer US.

terre [tɛʀ] nf **1.** [monde] world / *si je suis encore sur cette terre* if I am still alive **2.** [sol] ground ▸ **par terre** on the ground / *tomber par terre* to fall down ▸ **sous terre** underground / *j'aurais voulu rentrer sous terre* I wished the earth would swallow me up ▸ **terre à terre** *fig* down-to-earth ▸ **terre arable** farmland ▸ **terre battue** a) [dans une habitation] earth ou hard-earth ou mud floor b) [dans une cour] bare ground c) [sur un court de tennis] clay (surface) **3.** [matière] earth, soil ▸ **terre cuite** terracotta / *en terre cuite* earthenware *(modif)* ▸ **terre glaise** clay **4.** [propriété] land *(U)* / *acheter une terre* to buy a piece of land / *vivre sur / de ses terres* to live on / off one's estates **5.** [territoire, continent] land / *les terres arctiques* the Arctic regions ▸ **sur la terre ferme** on dry land ▸ **terre d'exil** place of exile ▸ **terre natale** native land **6.** ÉLECTR earth UK, ground US / *mettre* ou *relier qqch à la terre* to earth UK ou to ground US sthg. ◆ **Terre** nf **1.** GÉOL ▸ **la Terre** Earth ▸ **sciences de la Terre** earth sciences **2.** RELIG ▸ **la Terre promise** the Promised Land ▸ **la Terre sainte** the Holy Land.

terreau [tɛʀo] nm compost.

terre-neuve [tɛʀnœv] nm inv Newfoundland (dog).

Terre-Neuve [tɛʀnœv] nf Newfoundland / *à Terre-Neuve* in Newfoundland.

terre-plein [tɛʀplɛ̃] (*pl* **terre-pleins**) nm platform.

terrer [4] [tɛʀe] ◆ **se terrer** vp to go to earth.

terrestre [tɛʀɛstʀ] adj **1.** [croûte, atmosphère] of the earth **2.** [animal, transport] land *(avant n)* **3.** [plaisir, paradis] earthly **4.** [considérations] worldly.

terreur [tɛʀœʀ] nf terror.

terreux, euse [tɛʀø, øz] adj **1.** [substance, goût] earthy **2.** [mains, teint] muddy.

terrible [tɛʀibl] adj **1.** [gén] terrible **2.** [appétit, soif] terrific, enormous / *avoir un travail terrible* to have a terrific ou an enormous amount of work **3.** *fam* [excellent] brilliant.

terriblement [tɛʀibləmɑ̃] adv terribly.

terrien, enne [tɛʀjɛ̃, ɛn] ❖ adj **1.** [foncier] ▸ **propriétaire terrien** landowner **2.** [vertu] rural. ❖ nm, f [habitant de la Terre] earthling.

terrier [tɛʀje] nm **1.** [tanière] burrow **2.** [chien] terrier.

terrifiant, e [tɛʀifjɑ̃, ɑ̃t] adj **1.** [effrayant] terrifying **2.** *fam* [extraordinaire] amazing.

terrifier [9] [tɛʀifje] vt to terrify.

terril [tɛʀil *ou* tɛʀi] nm slag heap.

terrine [tɛʀin] nf terrine.

territoire [tɛʀitwaʀ] nm **1.** [pays, zone] territory **2.** ADMIN area. ◆ **territoire d'outre-mer** nm (French) overseas territory.

territorial, e, aux [tɛʀitɔʀjal, o] adj territorial.

terroir [tɛʀwaʀ] nm **1.** [sol] soil **2.** [région rurale] country ▸ **du terroir** rural.

terroriser [3] [tɛʀɔʀize] vt to terrorize.

terrorisme [tɛʀɔʀism] nm terrorism.

terroriste [tɛʀɔʀist] ❖ nmf terrorist. ❖ adj terrorist *(avant n)*.

tertiaire [tɛʀsjɛʀ] ❖ nm tertiary sector. ❖ adj tertiary.

tertio [tɛʀsjo] adv third, thirdly.

tes ⟶ **ton**[2]

tesson [tesɔ̃] nm piece of broken glass.

test [tɛst] nm test ▸ **test d'aptitude** aptitude test / *test aveugle* [marketing] blind test / *tests de concept* concept testing / *tests auprès des consommateurs* consumer testing ▸ **test de dépistage** screening test / *test de dépistage du SIDA* AIDS test ▸ **test de grossesse** pregnancy test / *faire passer un test à qqn* to give sb a test.

testament [tɛstamɑ̃] nm will ; *fig* legacy. ◆ **Testament** nm ▸ **Ancien / Nouveau Testament** Old / New Testament.

testamentaire [tɛstamɑ̃tɛʀ] adj of a will.

tester [3] [tɛste] ❖ vt to test. ❖ vi to make a will.

testicule [tɛstikyl] nm testicle.

tétaniser [3] [tetanize] vt to cause to go into spasm ; *fig* to paralyse UK, to paralyze US.

tétanos [tetanos] nm tetanus.

têtard [tɛtaʀ] nm tadpole.

tête [tɛt]

❖ nf

1. [gén] head / *avoir mal à la tête* to have a headache / *elle s'est trouvée à la tête d'une grosse fortune* she found herself in possession of a great fortune ▸ **de la tête aux pieds** from head to foot ou toe ▸ **la tête en bas** head down ▸ **la tête la première** head first ▸ **10 euros par tête** 10 euros a head ou each ▸ **tête chercheuse** homing head ▸ **tête d'écriture** INFORM write head ▸ **tête de lecture** INFORM read head ▸ **tête de liste** POL main candidate ▸ **tête de mort** death's head ▸ **avoir qqch en tête** to have sthg in mind ▸ **excuse-moi, j'avais la tête ailleurs** sorry, I was thinking about something else ou I was miles away ▸ **avoir la grosse tête** *fam* to be big-headed ▸ **en avoir par-dessus la tête** *fam* to be sick (and tired) of it ▸ **avoir la tête sur les épaules** to have a good head on one's shoulders ▸ **se casser la tête pour faire qqch** *fam* & *fig* to kill o.s. doing sthg ▸ **se laver la tête** to wash one's hair ▸ **se payer la tête de qqn** *fam* to make fun of sb, to take the mickey out of sb UK ▸ **être tête en l'air** *fam* to have one's head in the clouds ▸ **être tombé sur la tête** *fam* to have a screw loose ▸ **faire la tête** *fam* to sulk ▸ **n'en faire qu'à sa tête** to do exactly as one pleases ▸ **garder la tête froide** to keep a cool head ▸ **perdre la tête** to lose one's head ▸ **piquer une tête** *fam* to have ou go for a dip ▸ **tenir tête à qqn** to stand up to sb ▸ **tourner la tête à qqn** to turn sb's head

2. [visage] face / *avoir une bonne tête* to look like a nice person / *ne fais pas cette tête !* *fam* don't pull UK ou make such a long face!

3. [devant - de cortège, peloton] head, front / *prendre la tête du défilé* to head ou to lead the procession ▸ **de tête** a) [voiture] front *(avant n)* b) *fig* [personne] high-powered ▸ **en tête** SPORT in the lead / *en tête des sondages* leading the polls ▸ **tête de série** SPORT seeded player

tête-à-queue [tɛtakø] nm inv spin.

tête-à-tête [tɛtatɛt] nm inv tête-à-tête ▸ **en tête-à-tête** alone.

tête-bêche [tɛtbɛʃ] loc adv head to tail.

tête-de-nègre [tɛtdənɛgʀ] adj inv dark brown.

tétée [tete] nf feed.

téter [tete] vi to suckle.

tétine [tetin] nf **1.** [de biberon, mamelle] nipple, teat **2.** [sucette] dummy UK, pacifier US.

téton [tetɔ̃] nm **1.** *fam* [sein] breast **2.** TECHNOL nipple.

Tétrabrick® [tetʀabʀik] nm carton.

tétralogie [tetʀalɔʒi] nf tetralogy.

tétraplégique [tetʀapleʒik] adj & nmf quadriplegic.

têtu, e [tety] adj stubborn.

teuf [tœf] nf *fam* party, rave.

teufeur, euse [tœfœʀ, øz] nm, f *fam* partygoer.

teuf-teuf [tœftœf] nm inv old banger.

teuton, onne [tøtɔ̃, ɔn] *péj* ❖ adj Teutonic. ❖ nm, f Teuton.

tex mex [tɛksmɛks] ❖ adj Tex Mex. ❖ nm Tex Mex food.

texte [tɛkst] nm **1.** [écrit] wording ▸ **dans le texte** in the original ▸ **texte intégral** unabridged text ▸ **texte de loi** legal text **2.** [imprimé] text **3.** [extrait] passage.

textile [tɛkstil] ❖ adj textile *(avant n)*. ❖ nm **1.** [matière] textile **2.** [industrie] ▸ **le textile** textiles *pl*, the textile industry.

texto [tɛksto] ❖ adv *fam* word for word, verbatim / *il a dit ça, texto* those were his very OU exact words. ❖ nm TÉLÉCOM text (message).

textuel, elle [tɛkstɥɛl] adj **1.** [analyse] textual ; [citation] exact **2.** [traduction] literal.

textuellement [tɛkstɥɛlmɑ̃] adv verbatim.

texture [tɛkstyʀ] nf texture.

TF1 (*abr de* **Télévision française 1**) nf *French independent television company.*

TG (*abr de* **Trésorerie générale**) nf *local finance office.*

TGI *abr de* **tribunal de grande instance**.

TGV® (*abr de* **train à grande vitesse**) nm *French high-speed train.*

thaï [taj] nm & adj inv Thai. ◆ **Thaï** nm, f Thai.

thaïlandais, e [tajlɑ̃dɛ, ɛz] adj Thai. ◆ **Thaïlandais, e** nm, f Thai.

Thaïlande [tajlɑ̃d] nf : *la Thaïlande* Thailand.

thalasso [talasɔ] nf *fam* **abr de thalassothérapie**.

thalassothérapie [talasɔteʀapi] nf seawater therapy.

thaumaturge [tomatyʀʒ] nm *litt* miracle worker.

thé [te] nm tea ▸ **thé au citron / lait** tea with lemon / milk ▸ **thé nature** tea without milk, black tea UK.

théâtral, e, aux [teatʀal, o] adj **1.** [saison] theatre *(avant n)* UK, theater *(avant n)* US **2.** [ton] theatrical.

théâtralement [teatʀalmɑ̃] adv theatrically.

théâtre [teatʀ] nm **1.** [bâtiment, représentation] theatre UK, theater US / *aller au théâtre* to go to the theatre **2.** [troupe] theatre UK OU theater US company ▸ **théâtre municipal** local theatre ▸ **théâtres subventionnés** state-subsidized theatres **3.** [art] ▸ **faire du théâtre** to be on the stage ▸ **adapté pour le théâtre** adapted for the stage ▸ **le théâtre de boulevard** mainstream popular theatre *(as first played in theatres on the Paris boulevards)* ▸ **le théâtre de rue** street theatre ▸ **théâtre filmé** film of a play / *metteur en scène de théâtre* (stage) director **4.** [œuvre] plays *pl* **5.** [lieu] scene / *notre région a été le théâtre de nombreuses mutations* our part of the country has seen a lot of changes ▸ **théâtre d'opérations** MIL theatre UK OU theater US of operations.

théière [tejɛʀ] nf teapot.

théine [tein] nf caffeine.

thématique [tematik] ❖ adj thematic. ❖ nf themes *pl.*

thème [tɛm] nm **1.** [sujet & MUS] theme **2.** SCOL prose. ◆ **thème astral** nm birth chart.

théocratie [teɔkʀasi] nf theocracy.

théologie [teɔlɔʒi] nf theology.

théologien, enne [teɔlɔʒjɛ̃, ɛn] nm, f theologian.

théologique [teɔlɔʒik] adj theological.

théorème [teɔʀɛm] nm theorem.

théoricien, enne [teɔʀisjɛ̃, ɛn] nm, f theoretician.

théorie [teɔʀi] nf theory ▸ **en théorie** in theory.

théorique [teɔʀik] adj theoretical.

théoriquement [teɔʀikmɑ̃] adv theoretically.

théoriser [3] [teɔʀize] ❖ vt to theorize about. ❖ vi ▸ **théoriser (sur)** to theorize (about).

thérapeute [teʀapøt] nmf therapist.

thérapeutique [teʀapøtik] ❖ adj therapeutic. ❖ nf therapy.

thérapie [teʀapi] nf therapy / *thérapie génique* gene therapy.

thermal, e, aux [tɛʀmal, o] adj thermal.

thermalisme [tɛʀmalism] nm ≃ hydrotherapy.

thermes [tɛʀm] nmpl thermal baths.

thermique [tɛʀmik] adj thermal.

thermodynamique [tɛʀmɔdinamik] ❖ adj thermodynamic. ❖ nf thermodynamics *(U).*

Thermolactyl® [tɛʀmɔlaktil] nm *thermal clothing fabric.*

thermomètre [tɛʀmɔmɛtʀ] nm [instrument] thermometer.

thermonucléaire [tɛʀmɔnykleɛʀ] adj thermonuclear.

Thermos® [tɛʀmos] nm & nf Thermos®(flask).

thermostat [tɛʀmɔsta] nm thermostat.

thésard, e [tezaʀ, aʀd] nm, f *fam* PhD student.

thésauriser [3] [tezɔʀize] ◈ vt to hoard. ◈ vi to hoard money.

thésaurus, thesaurus [tezɔʀys] nm inv thesaurus.

thèse [tɛz] nf **1.** [opinion] argument ▸ **pièce / roman à thèse** drama / novel of ideas **2.** PHILO & UNIV thesis ▸ **thèse de doctorat** doctorate **3.** [théorie] theory.

thon [tɔ̃] nm tuna.

thoracique [tɔʀasik] adj thoracic.

thorax [tɔʀaks] nm thorax.

thriller [sʀilœʀ, tʀilœʀ] nm thriller.

thrombose [tʀɔ̃boz] nf thrombosis.

thune, tune [tyn] nf *arg* cash *(U)*, dough *(U)*.

thuya [tyja] nm thuja ▸ **thuya occidental** white cedar.

thym [tɛ̃] nm thyme.

thyroïde [tiʀɔid] nf thyroid (gland).

TI *abr de* **tribunal d'instance**.

Tibet [tibɛ] nm : *le Tibet* Tibet / *au Tibet* in Tibet.

tibétain, e [tibetɛ̃, ɛn] adj Tibetan. ◆ **Tibétain, e** nm, f Tibetan.

tibia [tibja] nm tibia.

tic [tik] nm tic.

TIC [tik] (*abr de* **technologies de l'information et de la communication**) nfpl ICT.

ticket [tikɛ] nm ticket ▸ **ticket de caisse** (till) receipt UK, sales slip US ▸ **ticket modérateur** *proportion of medical expenses payable by the patient* ▸ **ticket de rationnement** HIST ration coupon ▸ **ticket-repas** ≃ luncheon voucher UK ; ≃ meal ticket US ▸ **avoir un ticket avec qqn** *fam* & *fig* to have made a hit with sb.

tic-tac [tiktak] ◈ interj tick-tock! ◈ nm inv tick-tock.

tie-break [tajbʀɛk] (*pl* **tie-breaks**) nm tie break.

tiédasse [tjedas] adj *péj* tepid.

tiède [tjɛd] ◈ adj **1.** [boisson, eau] tepid, lukewarm **2.** [vent] mild **3.** *fig* [accueil] lukewarm. ◈ adv ▸ **à boire tiède** serve lukewarm.

tièdement [tjɛdmɑ̃] adv half-heartedly.

tiédeur [tjedœʀ] nf **1.** [chaleur modérée] tepidness **2.** *fig* [de climat] mildness **3.** *fig* [indifférence] half-heartedness.

tiédir [32] [tjediʀ] ◈ vt to warm. ◈ vi to become warm ▸ **faire tiédir qqch** to warm sthg.

tien [tjɛ̃] ◆ **le tien, la tienne** [lətjɛn, latjɛn] (*mpl* **les tiens** [letjɛ̃], *fpl* **les tiennes** [letjɛn]) pron poss yours ▸ **les tiens** your family / *mets-y du tien !* make an effort! ▸ **à la tienne !** cheers! ▸ **tu as encore fait des tiennes !** *fam* you've been up to your tricks again!

tiendrai, tiendras ⟶ **tenir**.

tienne[1] v ⟶ **tenir**.

tienne[2] pron poss ⟶ **tien**.

tiens, tient ⟶ **tenir**.

tierce [tjɛʀs] ◈ nf **1.** MUS third **2.** [cartes à jouer, escrime] tierce **3.** TYPO final proof **4.** INFORM [pour des transactions sur Internet] ▸ **tierce partie de confiance** trusted third party. ◈ adj ⟶ **tiers**.

Tiercé® [tjɛʀse] nm *system of betting involving the first three horses in a race.*

tiers, tierce [tjɛʀ, tjɛʀs] adj ▸ **une tierce personne** a third party. ◆ **tiers** nm **1.** [étranger] outsider, stranger **2.** [tierce personne] third party ▸ **assurance au tiers** third-party insurance **3.** [de fraction] ▸ **le tiers de** one-third of ▸ **tiers provisionnel** *thrice-yearly income tax payment based on estimated tax due for the previous year.*

tiers-monde [tjɛʀmɔ̃d] nm ▸ **le tiers-monde** the Third World.

tiers-mondisation [tjɛʀmɔ̃dizasjɔ̃] nf : *la tiers-mondisation de ce pays* this country's economic degeneration to Third World levels.

tiers-mondiste [tjɛʀmɔ̃dist] ◈ adj favouring UK ou favoring US the Third World. ◈ nmf champion of the Third World.

tiers-payant [tjɛʀpɛjɑ̃] nm *system by which a proportion of the fee for medical treatment is paid directly to the hospital, doctor or pharmacist by the patient's insurer.*

tifs [tif] nmpl *fam* hair *(U)*.

TIG (*abr de* **travail d'intérêt général**) nm community service.

tige [tiʒ] nf **1.** [de plante] stem, stalk **2.** [de bois, métal] rod.

tignasse [tiɲas] nf *fam* mop (of hair).

tigre [tigʀ] nm tiger ▸ **jaloux comme un tigre** *fig* fiercely jealous. ◆ **tigres** nmpl [Philippines, Thaïlande] ▸ **les tigres (asiatiques)** the (Asian) tiger economies.

tigré, e [tigʀe] adj **1.** [rayé] striped ; [chat] tabby *(avant n)* **2.** [tacheté] spotted ; [cheval] piebald.

tigresse [tigʀɛs] nf tigress.

tilleul [tijœl] nm lime (tree).

tilsit [tilsit] nm *strong firm Swiss cheese with holes in it.*

tilt [tilt] nm ▸ **faire tilt** *fam* & *fig* to ring a bell.

tilter [tilte] vi *fam* to understand, to twig.

timbale [tɛ̃bal] nf **1.** [gobelet] (metal) cup ▸ **décrocher la timbale** *fig* to hit the jackpot **2.** CULIN timbale **3.** MUS kettledrum.

timbrage [tɛ̃bʀaʒ] nm postmarking.

timbre [tɛ̃bʀ] nm **1.** [gén] stamp ▸ **timbre dateur** date stamp ▸ **timbre fiscal** revenue stamp ▸ **timbre tuberculinique** tuberculosis patch **2.** [de voix] timbre / *un beau timbre de voix* beautiful mellow tones, a beautiful rich voice **3.** [de bicyclette] bell.

timbré, e [tɛ̃bʀe] ◈ adj **1.** [papier, enveloppe] stamped **2.** [voix] resonant **3.** *fam* [fou] barmy UK, doolally UK. ◈ nm, f *fam* loony.

timbre(-poste) [tɛ̃bʀ(əpɔst)] (*pl* **timbres(-poste)**) nm (postage) stamp.

timbrer [3] [tɛ̃bʀe] vt to stamp.

timide [timid] ❖ adj **1.** [personne] shy **2.** [protestation, essai] timid **3.** [soleil] uncertain. ❖ nmf shy person.

timidement [timidmɑ̃] adv shyly ; [protester] timidly.

timidité [timidite] nf **1.** [de personne] shyness **2.** [de protestation] timidness.

timing [tajmiŋ] nm **1.** [emploi du temps] schedule **2.** [organisation] timing.

timonier [timɔnje] nm helmsman.

timoré, e [timɔʀe] adj fearful, timorous.

Timor-Oriental [timɔʀɔʀjɑ̃tal] npr East Timor.

tintamarre [tɛ̃tamaʀ] nm *fam* racket.

tintement [tɛ̃tmɑ̃] nm [de cloche, d'horloge] chiming ; [de pièces] jingling.

tinter [3] [tɛ̃te] vi **1.** [cloche, horloge] to chime **2.** [pièces] to jingle.

tintin [tɛ̃tɛ̃] interj *fam* no way!, not a chance!

tintouin [tɛ̃twɛ̃] nm *fam* **1.** [vacarme] racket **2.** [souci] worry.

TIP [tip] (*abr de* **titre interbancaire de paiement**) nm *payment slip for bills* ; ≃ bank giro payment slip UK.

tique [tik] nf tick.

tiquer [3] [tike] vi *fam* ▸ **tiquer (sur)** to wince (at).

tir [tiʀ] nm **1.** [SPORT - activité] shooting ; [- lieu] ▸ **(centre de) tir** shooting range ▸ **tir à l'arc** archery ▸ **tir au but** penalty shoot-out ▸ **tir à la carabine / au pistolet** rifle-/ pistol-shooting ▸ **tir au pigeon** clay pigeon shooting **2.** [trajectoire] shot **3.** [salve] fire *(U)* / *un tir intense / nourri / sporadique* heavy/sustained/sporadic fire ▸ **tir par rafales** firing in bursts / *tir de roquette* rocket attack / *rectifier le tir fig* to change one's approach to a problem, to change one's angle of attache **4.** [manière, action de tirer] firing.

TIR (*abr de* **transports internationaux routiers**) *international road transport agreement allowing lorries to avoid customs until they reach their destination.*

tirade [tiʀad] nf **1.** THÉÂTRE soliloquy **2.** [laïus] tirade.

tirage [tiʀaʒ] nm **1.** [de journal] circulation ; [de livre] print run ▸ **à grand tirage** mass circulation ▸ **tirage limité** limited edition / *un tirage de 50 000 exemplaires* a print run of 50,000 / *écrivain qui fait de gros tirages* bestselling author **2.** [du loto] draw ▸ **tirage au sort** drawing lots / *nous t'avons désigné par tirage au sort* we drew lots and your name came up **3.** [de cheminée] draught UK, draft US / *le tirage est bon / mauvais* it draws well/doesn't draw well **4.** [d'un prêt] drawdown **5.** [de vin] drawing off **6.** EXPR **il y a du tirage** *fam* & *fig* there is some friction.

tiraillement [tiʀajmɑ̃] nm *(gén pl)* **1.** [crampe] cramp **2.** *fig* [conflit] conflict.

tirailler [3] [tiʀaje] ❖ vt **1.** [tirer sur] to tug (at) **2.** *fig* [écarteler] ▸ **être tiraillé par / entre qqch** to be torn by/between sthg. ❖ vi to fire wildly.

tirailleur [tiʀajœʀ] nm skirmisher.

tiramisu [tiʀamisu] nm CULIN tiramisu.

tirant [tiʀɑ̃] nm **1.** NAUT ▸ **tirant d'eau** draught / *avoir cinq pieds de tirant d'eau* to draw five feet (of water) **2.** CONSTR [entrait] tie beam ; [fer plat] rod **3.** [de mines] strap, tie beam.

tire[1] [tiʀ] nf **1.** *fam* [voiture] wheels *pl* **2.** EXPR **vol à la tire** *fam* pickpocketing ▸ **voleur à la tire** *fam* pickpocket.

tire[2] [tiʀ] nf QUÉBEC ▸ **tire d'érable** maple taffy.

tiré, e [tiʀe] adj [fatigué] ▸ **avoir les traits tirés** OU **le visage tiré** to look drawn ; ÉCON ▸ **tiré par la demande** demand-led.

tire-au-flanc [tiʀoflɑ̃] nm inv *fam* shirker, skiver UK.

tire-botte [tiʀbɔt] (*pl* **tire-bottes**) nm boot-jack.

tire-bouchon [tiʀbuʃɔ̃] (*pl* **tire-bouchons**) nm corkscrew. ◆ **en tire-bouchon** loc adv corkscrew *(avant n)*.

tire-bouchonner [tiʀbuʃɔne] ❖ vt to twiddle. ❖ vi to get OU become twisted.

tire-d'aile [tiʀdɛl] ◆ **à tire d'aile** loc adv as quickly as possible.

tire-fesses [tiʀfɛs] nm inv *fam* ski tow.

tire-lait [tiʀlɛ] nm inv breast pump.

tire-larigot [tiʀlaʀigo] ◆ **à tire-larigot** loc adv *fam* to one's heart's content.

tirelire [tiʀliʀ] nf moneybox UK, piggy bank US.

tirer [3] [tiʀe] ❖ vt **1.** [gén] to pull / *elle me tira doucement par la manche* she tugged OU pulled at my sleeve / *tirer les cheveux à qqn* to pull sb's hair / *tirer la chasse d'eau* to flush the toilet ; [rideaux] to draw ; [tiroir] to pull open **2.** [tracer - trait] to draw ; [- plan] to draw up **3.** [revue, livre] to print ▸ **'bon à tirer'** 'passed for press' / *un bon à tirer* [épreuve] a press proof / *je voudrais que cette photo soit tirée sur du papier mat* I'd like a matt print of this picture **4.** [avec arme] to fire **5.** [faire sortir - vin] to draw off ▸ **tirer qqn de** *pr* & *fig* to help OU get sb out of / *tirer qqn de son silence* to draw sb out (of his/her silence) ▸ **tirer un revolver / un mouchoir de sa poche** to pull a gun/a handkerchief out of one's pocket ▸ **tirer la langue** to stick out one's tongue **6.** [aux cartes, au loto] to draw / *le gagnant sera tiré au sort* there will be a draw to decide the winner **7.** [plaisir, profit] to derive **8.** [déduire - conclusion] to draw ; [- leçon] to learn **9.** [fabriquer] : *tirer qqch de* to derive OU to get OU to make sthg from / *des produits tirés du pétrole* oil-based products / *tirer des sons d'un instrument* to get OU to draw sounds from an instrument / *tirer un film d'une pièce de théâtre* to adapt a play for the screen / *photos tirées d'un film* movie stills **10.** [chèque, argent liquide] to draw / *tirer de l'argent d'un compte / au distributeur* to draw money out of OU to withdraw money from an account/an ATM **11.** [obtenir, soutirer] : *la police n'a rien pu tirer de lui* the police couldn't get anything out of him / *je n'ai pas pu en tirer davantage* I couldn't get any more out of her **12.** SPORT [à la pétanque, boule en main] to throw ; [boule placée] to knock out *(sép)* ; FOOT to take / *tirer un corner* to take a corner ; TENNIS [passing-shot, volée] to hit ; [en haltérophilie] to lift ; [escrime] : *tirer des armes* to fence **13.** EXPR **tirer qqch au clair** to shed light on sthg. ◆ vi **1.** [tendre] ▸ **tirer sur** to pull on ou at / *ne tire pas sur ton gilet* don't pull your cardigan out of shape **2.** [aspirer] ▸ **tirer sur** [pipe] to draw ou pull on **3.** [couleur] : *bleu tirant sur le vert* greenish blue **4.** [cheminée] to draw / *la cheminée tire mal* the fireplace doesn't draw properly **5.** [avec arme] to fire, to shoot / *on m'a tiré dessus* I was fired ou shot at / *tirer à balles / à blanc* to fire bullets / blanks / *tirer sur qqn* to take a shot ou to shoot ou to fire at sb **6.** SPORT to shoot. ◆ **se tirer** vp **1.** *fam* [s'en aller] to push off / *tire-toi !* [ton menaçant] beat it!, clear ou push off! **2.** [se sortir] ▸ **se tirer de** to get o.s. out of / *il s'est bien / mal tiré de l'entrevue* he did well / badly at the interview ▸ **s'en tirer** *fam* to escape / *il ne s'en tirera pas comme ça* he won't get off so lightly, he won't get away with it / *je m'en suis tiré avec une suspension de permis* I got away with my licence being suspended / *il s'est tiré de chez lui* *fam* [s'enfuir] he's left home.

tiret [tiʀɛ] nm dash.

tirette [tiʀɛt] nf **1.** [planchette] leaf **2.** BELGIQUE [fermeture] zip UK, zipper US **3.** [commande] lever.

tireur, euse [tiʀœʀ, øz] nm, f **1.** [avec arme] gunman ▸ **tireur d'élite** marksman (markswoman) **2.** [de chèque] drawer **3.** [cartomancien] ▸ **tireuse de cartes** fortune teller.

tiroir [tiʀwaʀ] nm drawer.

tiroir-caisse [tiʀwaʀkɛs] (*pl* **tiroirs-caisses**) nm till.

tisane [tizan] nf herb(al) tea.

tison [tizɔ̃] nm ember.

tisonnier [tizɔnje] nm poker.

tissage [tisaʒ] nm weaving.

tisser [3] [tise] vt *pr* & *fig* to weave ; [suj : araignée] to spin.

tisserand, e [tisʀɑ̃, ɑ̃d] nm, f weaver.

tissu [tisy] nm **1.** [étoffe] cloth, material **2.** BIOL tissue ▸ **tissu adipeux** adipose tissue ▸ **tissu conjonctif** connective tissue.

tissu-éponge [tisyepɔ̃ʒ] (*pl* **tissus-éponges**) nm towelling *(U)* UK, toweling *(U)* US.

titan [titɑ̃] nm Titan ▸ **de titan** *fig* titanic.

titi [titi] nm *fam* ▸ **titi parisien** Parisian urchin.

titiller [3] [titije] vt to titillate.

titrage [titʀaʒ] nm **1.** [d'œuvre, de film] titling **2.** [de liquide] titration.

titre [titʀ] nm **1.** [gén] title ▸ **titre courant** running title **2.** [de presse] headline ▸ **gros titre** headline ou banner headline / *faire les gros titres des quotidiens* to hit ou to make the front page of the daily newspapers **3.** [universitaire] diploma, qualification / *recruter sur titres* to recruit on the basis of (paper) qualifications **4.** DR title ▸ **titre de propriété** title deed **5.** FIN security ▸ **avance sur titres** advance on ou against securities ▸ **titre nominatif** registered bond ▸ **titre au porteur** a) [action] bearer share b) [obligation] floater ou bearer security ▸ **titre universel de paiement** payment slip formerly used to settle bills **6.** [de monnaie] fineness / *le titre des monnaies d'or et d'argent est fixé par la loi* the precious metal content of gold and silver coins is determined by law **7.** EXPR ▸ **à titre d'essai** on a trial basis ▸ **à titre exceptionnel** exceptionally ▸ **à titre d'exemple** by way of example ▸ **à titre gracieux** ou **gratuit** free of charge ▸ **à titre d'information** for information ▸ **à titre indicatif** for information (only) ▸ **à titre privé / professionnel** in a private / professional capacity ▸ **à aucun titre** on any account, in any way ▸ **à ce titre** [pour cette raison] for this reason, on this account ▸ **à juste titre** with just cause, justifiably so / *elle s'est emportée, (et) à juste titre* she lost her temper and understandably ou rightly so ▸ **à quel titre ?** a) [en vertu de quel droit] in what capacity? b) [pour quelle raison] on what grounds? ▸ **au même titre que** in the same way that / *je proteste au même titre que mon voisin* I protest for the same reasons as my neighbour. ◆ **titre de transport** nm ticket. ◆ **en titre** loc adj **1.** [titulaire] titular **2.** [attitré] official / *le fournisseur en titre de la cour de Hollande* the official ou appointed supplier to the Dutch Court.

titrer [3] [titʀe] vt **1.** [œuvre] to title **2.** [liquide] to titrate.

titrisation [titʀizasj] nf securitization.

tituber [3] [titybe] vi to totter.

titulaire [titylɛʀ] ◆ adj [employé] permanent ; UNIV with tenure. ◆ nmf [de passeport, permis] holder ; [de poste, chaire] occupant ; FIN account holder.

titulariser [3] [titylaʀize] vt to give tenure to.

tjr, tjrs (*abr écrite de* **toujours**) SMS Alwz.

TNP (*abr de* **traité de non-prolifération**) nm NPT.

TNT ◆ nm (*abr de* **trinitrotoluène**) TNT. ◆ nf (*abr de* **télévision numérique terrestre**) DTTV.

toast [tost] nm **1.** [pain grillé] toast *(U)* **2.** [discours] toast ▸ **porter un toast à** to drink a toast to.

toasteur [tɔstœʀ] nm toaster.

toboggan [tɔbɔgɑ̃] nm **1.** [traîneau] toboggan **2.** [de terrain de jeu] slide ; [de piscine] chute **3.** AUTO flyover UK, overpass US.

toc [tɔk] ◆ interj ▸ **et toc !** so there! ◆ nm *fam* : *c'est du toc* it's fake ▸ **en toc** fake *(avant n).* ◆ adj inv rubbishy.

TOC [tɔk] (*abr de* **troubles obsessionnels compulsifs**) nmpl MÉD OCD.

tocade [tɔkad] = **toquade**.

tocard, e [tɔkaʀ, aʀd] adj *fam* [tableau, décor] naff UK, tacky. ◆ **tocard** nm *fam* **1.** [cheval] old nag **2.** [personne] dead loss, (born) loser.

tocsin [tɔksɛ̃] nm alarm bell.

tofu [tɔfu] nm CULIN tofu.

Togo [tɔgo] nm : *le Togo* Togo / *au Togo* in Togo.

togolais, e [tɔgɔlɛ, ɛz] adj Togolese. ◆ **Togolais, e** nm, f Togolese person / *les Togolais* the Togolese.

tohu-bohu [tɔybɔy] nm inv commotion.

toi [twa] pron pers you / *alors, tu es content de toi ?* I hope you're pleased with yourself, then! / *c'est toi qui* *le dis !* that's what YOU say! / *habille-toi !* get dressed! / *qu'est-ce que tu en sais, toi ?* what do YOU know about it? / *un ami à toi* *fam* a friend of yours. ◆ **toi-même** pron pers yourself.

toile [twal] nf **1.** [étoffe] cloth ; [de lin] linen ▸ **toile cirée** oilcloth **2.** [tableau] canvas, picture **3.** NAUT [voilure] sails *pl.* ◆ **toile d'araignée** nf spider's web. ◆ **toile de fond** nf backdrop. ◆ **Toile** nf ▸ **la Toile** INFORM the Web, the web.

toilettage [twalɛtaʒ] nm grooming.

toilette [twalɛt] nf **1.** [de personne, d'animal] washing ▸ **faire sa toilette** to (have a) wash UK, to wash up US **2.** [parure, vêtements] outfit, clothes *pl* **3.** [de monument, voiture] cleaning **4.** [de texte] tidying up. ◆ **toilettes** nfpl toilet(s) UK, bath room US, rest room US.

toiletter [4] [twalɛte] vt **1.** [chien, chat] to groom / *je fais toiletter le chien au moins une fois par mois* I take the dog to be groomed at least once a month **2.** *fam* [modifier légèrement - texte] to amend, to doctor.

toise [twaz] nf height gauge.

toiser [3] [twaze] vt to eye (up and down). ◆ **se toiser** vp to eye each other up and down.

toison [twazɔ̃] nf **1.** [pelage] fleece **2.** [chevelure] mop (of hair).

toit [twa] nm roof.

toiture [twatyʀ] nf roof, roofing.

TOK? SMS *abr écrite de* **tu es d'accord?**

Tokyo [tɔkjo] npr Tokyo.

tôlard, e, taulard, e [tolaʀ, aʀd] nm, f *arg* jailbird, con.

tôle[1] [tol] nf [de métal] sheet metal ▸ **tôle ondulée** corrugated iron.

tôle[2], **taule** [tol] nf *tfam* [prison] nick UK, clink.

tolérable [tɔleʀabl] adj **1.** [comportement] excusable **2.** [douleur] bearable, tolerable.

tolérance [tɔleʀɑ̃s] nf **1.** [gén] tolerance **2.** [liberté] concession.

tolérant, e [tɔleʀɑ̃, ɑ̃t] adj **1.** [large d'esprit] tolerant **2.** [indulgent] liberal.

tolérer [18] [tɔleʀe] vt to tolerate. ◆ **se tolérer** vp to put up with OU tolerate each other.

tôlier, ère, taulier, ère [tolje, ɛʀ] nm, f *fam* [propriétaire] hotel owner.

tollé [tɔle] nm protest ▸ **soulever un tollé général** *fig* to cause a general outcry.

toltèque [tɔltɛk] adj Toltec. ◆ **Toltèque** nmf Toltec.

TOM [tɔm] (*abr de* **territoire d'outre-mer**) nm former French overseas territory.

tomate [tɔmat] nf tomato ▸ **tomates à la provençale** *baked or fried tomatoes with herbs, breadcrumbs and garlic.*

tombal, e, als, aux [tɔ̃bal, o] adj funerary, tomb *(modif)*, tombstone *(modif)* ▸ **pierre tombale** gravestone.

tombant, e [tɔ̃bɑ̃, ɑ̃t] adj [moustaches] drooping ; [épaules] sloping.

tombe [tɔ̃b] nf **1.** [fosse] grave, tomb **2.** [pierre] gravestone, tombstone.

tombeau, x [tɔ̃bo] nm tomb ▸ **rouler à tombeau ouvert** *fig* to drive at breakneck speed.

tombée [tɔ̃be] nf fall ▸ **à la tombée du jour** OU **de la nuit** at nightfall.

tombér [3] [tɔ̃be] ❖ vi *(aux : être)* **1.** [gén] to fall ▸ **faire tomber qqn** to knock sb over OU down ▸ **je suis tombé de haut** *fig* you could have knocked me down with a feather ▸ **faire tomber qqch** to make sthg fall / *j'ai fait tomber mes lunettes* I've dropped my glasses ▸ **tomber bien a)** [robe] to hang well **b)** *fig* [visite, personne] to come at a good time / *ah, vous tombez bien, je voulais justement vous parler* ah, you've come just at the right moment, I wanted to speak to you **2.** [cheveux] to fall out / *ses longs cheveux lui tombaient dans le dos* her long hair hung down her back **3.** [nouvelle] to break / *à 20 h, la nouvelle est tombée* the news came through at 8 p.m. **4.** [diminuer - prix] to drop, to fall ; [- fièvre, vent] to drop ; [- jour] to come to an end ; [- colère] to die down / *la température est tombée de 10 degrés* the temperature has dropped OU fallen (by) 10 degrees **5.** [devenir brusquement] ▸ **tomber amoureux** to fall in love / *tomber enceinte* to become pregnant ▸ **être bien / mal tombé** to be lucky/unlucky **6.** [trouver] ▸ **tomber sur** to come across / *je suis tombé sur ton article dans le journal* I came across your article in the newspaper **7.** [attaquer] ▸ **tomber sur** to set about / *il tombe sur les nouveaux pour la moindre erreur* he comes down on the newcomers like a ton of bricks if they make the slightest mistake **8.** [se placer] ▸ **tomber sous** [loi, juridiction] to come OU fall under ▸ **tomber sous la main** to come to hand **9.** [date, événement] to fall on / *mon anniversaire tombe un dimanche* my birthday is OU falls on a Sunday. ❖ vt *(aux : avoir)* *fam* [séduire] to lay / *il les tombe toutes* he's got them falling at his feet.

tombeur [tɔ̃bœʀ] nm *fam* & *fig* womanizer, Casanova.

tombola [tɔ̃bɔla] nf raffle.

tome [tɔm] nm volume.

tomme [tɔm] nf ▸ **tomme (de Savoie)** *semi-hard cow's milk cheese from Savoy.*

tommette [tɔmɛt] nf terracotta floor tile.

ton[1] [tɔ̃] nm **1.** [de voix] tone ▸ **hausser / baisser le ton** to raise/lower one's voice / *ne me parle pas sur ce ton !* don't speak to me like that OU in that tone of voice! / *ne le prends pas sur ce ton !* don't take it like that! / *on nous répète sur tous les tons que…* we're being told over and over again that…, it's being drummed into us that… / *sur le ton de la plaisanterie* jokingly, in jest, in a joking tone / *ton monocorde* drone / *sur un ton monocorde* monotonously / *ton nasillard* twang / *d'un ton sec* curtly **2.** MUS key ▸ **donner le ton a)** to give the chord **b)** *fig* to set the tone ▸ **le ton majeur / mineur** major/minor key / *il est de bon ton de mépriser l'argent* *fig* it's quite the thing OU good form to despise money / *tu crois que je serai dans le ton ?* *fig* do you think I'll fit in? / *elle a très vite donné le ton de la conversation* she quickly set the tone of the conversation **3.** [couleur] tone, shade / *être* *dans le même ton que* to tone in with / *les verts sont en tons dégradés* the greens are shaded (from dark to light).

ton², ta, tes [tɔ̃, ta, te] adj poss your / *ta meilleure amie* your best friend / *un de tes amis* one of your friends, a friend of yours.

tonalité [tɔnalite] nf **1.** MUS tonality **2.** *fig* [impression] tone **3.** [au téléphone] dialling tone UK, dial tone US.

tondeuse [tɔ̃døz] nf [à cheveux] clippers *pl* ▸ **tondeuse (à gazon)** mower, lawnmower.

tondre [75] [tɔ̃dʀ] vt [gazon] to mow ; [mouton] to shear ; [caniche, cheveux] to clip ▸ **se laisser** ou **se faire tondre par qqn** *fig* to be fleeced by sb.

tondu, e [tɔ̃dy] adj [caniche, cheveux] clipped ; [pelouse] mown.

tongs [tɔ̃g] nfpl flip-flops UK, thongs US.

tonicité [tɔnisite] nf [des muscles] tone.

tonifiant, e [tɔnifjɑ̃, ɑ̃t] adj [climat] invigorating, bracing ; [lecture] stimulating.

tonifier [9] [tɔnifje] vt [peau] to tone ; [esprit] to stimulate.

tonique [tɔnik] ❖ adj **1.** [boisson] tonic *(avant n)* ; [froid] bracing ; [lotion] toning **2.** LING & MUS tonic. ❖ nm MÉD tonic. ❖ nf MUS tonic, keynote.

tonitruant, e [tɔnitʀyɑ̃, ɑ̃t] adj booming.

tonnage [tɔnaʒ] nm tonnage.

tonnant, e [tɔnɑ̃, ɑ̃t] adj thundering, thunderous.

tonne [tɔn] nf **1.** [1000 kg] tonne **2.** *fam* [grande quantité] ▸ **des tonnes de** tons ou loads of **3.** [tonneau] tun.

tonneau, x [tɔno] nm **1.** [baril] barrel, cask **2.** [en voiture] roll **3.** NAUT ton.

tonnelet [tɔnlɛ] nm keg, small cask.

tonnelle [tɔnɛl] nf bower, arbour.

tonner [3] [tɔne] vi to thunder.

tonnerre [tɔnɛʀ] nm thunder ▸ **coup de tonnerre** a) thunderclap b) *fig* bombshell ▸ **du tonnerre** *fam* & *fig* terrific, great.

tonsure [tɔ̃syʀ] nf tonsure.

tonte [tɔ̃t] nf [de mouton] shearing ; [de gazon] mowing ; [de caniche, cheveux] clipping.

tonton [tɔ̃tɔ̃] nm uncle.

tonus [tɔnys] nm **1.** [dynamisme] energy **2.** [de muscle] tone.

top [tɔp] ❖ nm **1.** [signal] beep **2.** [vêtement] top. ❖ adj *fam* ▸ **être au top niveau** to be at the top (level). ◆ **top secret** adj inv top secret.

topaze [tɔpaz] nf topaz.

toper [3] [tɔpe] vi ▸ **tope-là !** right, you're on!

topinambour [tɔpinɑ̃buʀ] nm Jerusalem artichoke.

topique [tɔpik] ❖ adj pertinent. ❖ nm topical ou local remedy.

topo [tɔpo] nm *fam* spiel ▸ **c'est toujours le même topo** *fig* it's always the same old story.

topographie [tɔpɔgʀafi] nf topography.

topographique [tɔpɔgʀafik] adj topographical.

toponymie [tɔpɔnimi] nf toponymy.

toquade, tocade [tɔkad] nf *fam* ▸ **toquade (pour)** a) [personne] crush (on) b) [style, mode] craze (for).

toque [tɔk] nf [de juge, de jockey] cap ; [de cuisinier] hat.

toqué, e [tɔke] *fam* ❖ adj ▸ **toqué (de)** crazy (about), nuts (about). ❖ nm, f nutter UK, nutcase.

torche [tɔʀʃ] nf torch ▸ **torche électrique** (electric) torch UK, flashlight US.

torcher [3] [tɔʀʃe] vt *fam* **1.** [assiette, fesses] to wipe **2.** [travail] to dash off **3.** [bouteille] to polish off. ◆ **se torcher** vp *arg* to wipe one's bottom.

torchis [tɔʀʃi] nm daub *(building material).*

torchon [tɔʀʃɔ̃] nm **1.** [serviette] cloth **2.** *fam* [travail] mess **3.** *fam* [journal] rag.

tordant, e [tɔʀdɑ̃, ɑ̃t] adj *fam* hilarious.

tord-boyaux [tɔʀbwajo] nm inv *fam* gutrot.

tordre [76] [tɔʀdʀ] vt **1.** [gén] to twist **2.** [linge] to wring (out). ◆ **se tordre** vp ▸ **se tordre la cheville** to twist one's ankle ▸ **se tordre de douleur** *fig* to writhe in pain ▸ **se tordre de rire** *fam* & *fig* to die laughing, to be in stitches.

tordu, e [tɔʀdy] ❖ pp ⟶ **tordre.** ❖ adj *fam* [bizarre, fou] crazy ; [esprit] warped. ❖ nm, f *fam* nutcase.

torero [tɔʀeʀo] nm bullfighter.

tornade [tɔʀnad] nf tornado.

torpeur [tɔʀpœʀ] nf torpor.

torpille [tɔʀpij] nf **1.** MIL torpedo **2.** [poisson] torpedo, electric ray.

torpiller [3] [tɔʀpije] vt to torpedo.

torpilleur [tɔʀpijœʀ] nm torpedo boat.

torréfaction [tɔʀefaksjɔ̃] nf roasting.

torréfier [9] [tɔʀefje] vt to roast.

torrent [tɔʀɑ̃] nm torrent ▸ **pleuvoir à torrents** *fig* to pour down ▸ **un torrent de** a) *fig* [injures] a stream of b) [lumière, larmes] a flood of.

torrentiel, elle [tɔʀɑ̃sjɛl] adj torrential.

torride [tɔʀid] adj torrid.

tors, e [tɔʀ, tɔʀs] adj twisted.

torsade [tɔʀsad] nf **1.** [de cheveux] twist, coil **2.** [de pull] cable **3.** ARCHIT cabling, cable moulding. ◆ **à torsades** loc adj ARCHIT cabled.

torsader [3] [tɔʀsade] vt to twist.

torse [tɔʀs] nm chest ▸ **bomber le torse** to puff ou throw out one's chest ; *fig* to puff up (with pride).

torsion [tɔʀsjɔ̃] nf twisting ; PHYS torsion.

tort [tɔʀ] nm **1.** [erreur] fault ▸ **avoir tort** to be wrong ▸ **avoir tort de faire qqch** to be wrong to do sthg / *tu as tort de ne pas la prendre au sérieux* you're making a mistake in not taking her seriously, you're wrong not to take her seriously ▸ **parler à tort et à travers** to talk nonsense / *elle dépense son argent à tort et à travers* money burns a hole in her pocket, she spends money like water / *donner tort à qqn* [désapprouver] to disagree with sb ▸ **être dans son** OU **en tort** to be in the wrong / *dans cet accident, c'est lui qui est en tort* he is to blame for the accident ▸ **reconnaître ses torts** to acknowledge one's faults ▸ **à tort** wrongly / *condamner qqn à tort* to blame sb wrongly ▸ **à tort ou à raison** rightly or wrongly / *les torts sont partagés* both parties are equally to blame **2.** [préjudice] wrong ▸ **causer** OU **faire du tort à qqn** to wrong sb / *réparer le tort qu'on a causé* to right the wrong one has caused, to make good the wrong one has done / *réparer un tort* to make amends / *avoir tous les torts* **a)** [gén] to be entirely to blame **b)** [dans un accident] to be fully responsible **c)** [dans un divorce] to be the guilty party.

torticolis [tɔʀtikɔli] nm stiff neck.

tortillement [tɔʀtijmɑ̃] nm wriggling, writhing.

tortiller [3] [tɔʀtije] ❖ vt [enrouler] to twist ; [moustache] to twirl. ❖ vi ▸ **tortiller des hanches** to swing one's hips ▸ **il n'y a pas à tortiller** *fig* there's no getting out of it. ◆ **se tortiller** vp to writhe, to wriggle.

tortionnaire [tɔʀsjɔnɛʀ] ❖ nmf torturer. ❖ adj given to torture.

tortue [tɔʀty] nf tortoise ; *fam* & *fig* [personne] slowcoach UK, slowpoke US.

tortueux, euse [tɔʀtɥø, øz] adj winding, twisting ; *fig* tortuous.

torture [tɔʀtyʀ] nf torture ▸ **sous la torture** under torture.

torturer [3] [tɔʀtyʀe] vt to torture. ◆ **se torturer** vp to torment o.s. ▸ **se torturer pour** to agonize over.

torve [tɔʀv] adj ▸ **œil** OU **regard torve** threatening look.

tôt [to] adv **1.** [de bonne heure] early / *se lever tôt* **a)** [ponctuellement] to get up early **b)** [habituellement] to be an early riser **2.** [avant le moment prévu] soon / *il est trop tôt pour le dire* it's too early OU soon to say that / *il fallait y penser plus tôt* you should have thought about it earlier OU before **3.** [vite] soon, early ▸ **ce n'est pas trop tôt !** *fam* and about time too! ▸ **tôt ou tard** sooner or later / *tôt ou tard, quelqu'un se plaindra* sooner or later OU one of these days, someone's bound to complain / *le plus tôt possible* as early OU as soon as possible. ◆ **au plus tôt** loc adv at the earliest / *samedi au plus tôt* on Saturday at the earliest.

total, e, aux [tɔtal, o] adj total ▸ **somme totale** total (amount). ◆ **total** nm total ▸ **au total** **a)** in total **b)** *fig* on the whole, all in all / *faire le total* to work out the total.

totalement [tɔtalmɑ̃] adv totally.

totaliser [3] [tɔtalize] vt **1.** [additionner] to add up, to total **2.** [réunir] to have a total of.

totalitaire [tɔtalitɛʀ] adj totalitarian.

totalitarisme [tɔtalitaʀism] nm totalitarianism.

totalité [tɔtalite] nf **1.** [intégralité] whole ▸ **la totalité de** **a)** [inscrits] all (of) **b)** [classe] the whole of, the entire / *la totalité de la somme* the whole (of the) sum **2.** [ensemble] : *la totalité des marchandises* all the goods / *la presque totalité des tableaux* almost all the paintings **3.** PHILO totality, wholeness. ◆ **en totalité** loc adv in full, completely / *somme remboursée en totalité* sum paid back in full / *le navire a été détruit en totalité* the ship was completely destroyed, the whole ship was destroyed.

totem [tɔtɛm] nm totem.

touareg, ègue [twaʀɛg], **targui, e** [taʀgi] adj Tuareg. ◆ **touareg** nm [langue] Tuareg. ◆ **Touareg, ègue, Targui, e** nm, f Tuareg.

toubib [tubib] nmf *fam* doc.

toucan [tukɑ̃] nm toucan.

touchant, e [tuʃɑ̃, ɑ̃t] adj touching.

touche [tuʃ] nf **1.** [de clavier] key ▸ **touche alphanumérique** alphanumeric key / *touche entrée / contrôle* enter/controlkey ▸ **touche fléchée** OU **de direction** arrow key ▸ **touche de fonction** function key **2.** [de peinture] stroke / *du vert en touches légères* light strokes of green / *mettre la touche finale à qqch* *fig* to put the finishing touches to sthg **3.** *fig* [note] ▸ **une touche de** a touch of / *une touche de cynisme* a touch OU tinge OU hint of cynicism **4.** *fam* [allure] appearance, look / *on avait une de ces touches avec nos cheveux mouillés !* we did look funny with our hair all wet! **5.** [à la pêche] bite ▸ **faire une touche** *fig* to make a hit ▸ **avoir une touche avec qqn** *fam* & *fig* to have something going with sb **6.** [FOOT - ligne] touch line ; [- remise en jeu] throw-in / *envoyer le ballon en touche* to kick the ball into touch ▸ **être mis / rester sur la touche** *fam* & *fig* to be left/to

Comment exprimer que l'on donne tort à quelqu'un

- **With respect, I think you're mistaken.** *Sauf votre respect, je crois que vous vous trompez.*
- **I'm sorry, but you're wrong.** *Je regrette, mais vous avez tort.*
- **You've got it all wrong.** *Vous n'avez rien compris.*
- **You've got the wrong end of the stick!** *Vous avez tout compris de travers !*
- **That can't be right, surely.** *Ça ne peut pas être ça, si ?*
- **Actually, that's not strictly true.** *En fait, ce n'est pas tout à fait exact.*
- **I'm sorry, I don't accept your assessment of my report.** *Je suis désolé. Je ne suis pas d'accord avec votre évaluation de mon rapport.*
- **I beg to differ.** *Permettez-moi de ne pas partager votre avis.*
- **Rubbish!** *N'importe quoi !*

stay on the sidelines / *quand il a eu 50 ans, ils l'ont mis sur la touche* fam & fig when he was fifty, they put him out to grass ou they threw him on the scrap heap **7.** [au rugby - ligne] touch (line); [- remise en jeu] line-out **8.** [escrime] hit.

touche-à-tout [tuʃatu] nmf inv fam [adulte] dabbler; [enfant] : *c'est un petit touche-à-tout* he's into everything.

toucher [3] [tuʃe] ❖ nm ▸ **le toucher** the (sense of) touch ▸ **au toucher** to the touch / *doux/rude au toucher* soft/rough to the touch ▸ **il a un bon toucher de balle** he's got a nice touch. ❖ vt **1.** [palper, émouvoir] to touch / *ne me touche pas !* get your hands off me!, don't touch me! / *elle a été très touchée par sa disparition* she was badly shaken by his death / *vos compliments me touchent beaucoup* I'm very touched by your kind words **2.** [correspondant] to contact, to reach / *si notre message l'avait touché...* if our message had got (through) to him ou reached him... / *où peut-on vous toucher ?* where can you be contacted ou reached?; [cible] to hit **3.** [rivage] to reach; [cible] to hit **4.** [salaire] to get, to be paid; [chèque] to cash; [gros lot] to win / *toucher le tiercé* to win the tiercé **5.** [concerner] to affect, to concern / *une affaire qui touche la Défense nationale* a matter related to defence, a defence-related matter. ❖ vi ▸ **toucher à a)** to touch **b)** [problème] to touch on **c)** [inconscience, folie] to border ou verge on **d)** [maison] to adjoin / *ne touchez pas aux parcs nationaux !* hands off the national parks! / *je n'ai jamais touché à la drogue* I've never been on ou touched drugs / *toucher à la perfection* to be close to perfection ▸ **toucher à tout a)** pr to fiddle with ou to touch everything **b)** fig to dabble (in everything) ▸ **toucher à sa fin** to draw to a close / *le projet touche à son terme* the project is nearing its end. ◆ **se toucher** vp [maisons] to be adjacent (to each other), to adjoin (each other).

touffe [tuf] nf tuft.

touffu, e [tufy] adj [forêt] dense; [barbe] bushy.

touiller [3] [tuje] vt fam [mélanger] to stir; [salade] to toss.

touillette [tujɛt] nf fam stirrer.

toujours [tuʒuʀ] adv **1.** [continuité, répétition] always / *ils s'aimeront toujours* they will always love one another, they will love one another forever / *elle est toujours en retard* she is always late ▸ **toujours plus** more and more ▸ **toujours moins** less and less **2.** [encore] still / *toujours pas* still not / *elle n'a toujours pas téléphoné* she hasn't phoned yet, she still hasn't phoned **3.** [de toute façon] anyway, anyhow. ◆ **de toujours** loc adj : *ce sont des amis de toujours* they are lifelong friends. ◆ **pour toujours** loc adv forever, for good. ◆ **toujours est-il que** loc conj the fact remains that.

toundra [tundʀa] nf tundra.

toupet [tupɛ] nm **1.** [de cheveux] quiff UK, tuft of hair **2.** fam & fig [aplomb] cheek ▸ **avoir du toupet, ne pas manquer de toupet** to have a cheek.

toupie [tupi] nf (spinning) top.

tour [tuʀ] ❖ nm **1.** [périmètre] circumference ▸ **faire le tour de** to go round / *faire le tour d'une question* fig to consider a problem from all angles ▸ **faire un tour** to go for a walk/drive etc. / *nous irons faire un tour dans les Pyrénées* we'll go for a trip in the Pyrenees ▸ **faire le tour du propriétaire** to go on a tour of inspection ▸ **tour d'horizon** survey ▸ **faire un tour d'horizon** to deal with all aspects of a problem ▸ **tour de piste** SPORT lap ▸ **tour de taille** waist measurement / *quel est votre tour de taille/hanches ?* what size waist/hips are you? **2.** [rotation] turn ▸ **fermer à double tour** to double-lock ▸ **à tour de bras** fig nonstop ▸ **en un tour de main** fig in the twinkling of an eye ▸ **tour de manège** ride on a roundabout UK ou a merry-go-round **3.** [plaisanterie] trick ▸ **avoir plus d'un tour dans son sac** fam to have more than one trick up one's sleeve ▸ **jouer un bon/mauvais tour à qqn** to play a joke/dirty trick on sb ▸ **tour de force** amazing feat / *il a réussi le tour de force de la convaincre* he managed to convince her, and it was quite a tour de force ou quite an achievement **4.** [succession] turn / *attendre son tour* to wait one's turn ▸ **c'est à mon tour** it's my turn ▸ **j'ai fait la cuisine/la vaisselle etc. plus souvent qu'à mon tour** I've done more than my fair share of cooking/washing-up etc. ▸ **tour de garde** [d'un médecin] spell ou turn of duty ▸ **tour de scrutin** ballot, round of voting ▸ **à tour de rôle** in turn ▸ **tour à tour** alternately, in turn **5.** [d'événements] turn / *cette affaire prend un très mauvais tour* this business is going very wrong **6.** [de potier] wheel. ❖ nf **1.** [monument, de château] tower; [immeuble] tower-block UK, high rise US ▸ **tour de bureaux** office (tower) block ▸ **tour d'habitation** tower ou high-rise block ▸ **tour d'ivoire** fig ivory tower **2.** [échecs] rook, castle **3.** [industrie du pétrole] ▸ **tour de forage** drilling rig. ◆ **tour de contrôle** nf control tower. ◆ **Tour de France** npr m : *le Tour de France* the Tour de France.

Le Tour de France

The world-famous annual cycle race starts in a different town each year, but the home stretch is always the Champs-Élysées in Paris. The widespread excitement caused by the race, along with the heroic status of many **coureurs cyclistes**, reflects the continuing fondness of the French for cycling in general. In recent years, this positive image has been tarnished by a series of doping scandals.

tourbe [tuʀb] nf peat.

tourbière [tuʀbjɛʀ] nf peat bog.

tourbillon [tuʀbijɔ̃] nm **1.** [de vent] whirlwind ▸ **un tourbillon de** a whirl of **2.** [de poussière, fumée] swirl **3.** [d'eau] whirlpool **4.** fig [agitation] hurly-burly.

tourbillonnant, e [tuʀbijɔnɑ̃, ɑ̃t] adj swirling, whirling.

tourbillonner [3] [tuʀbijɔne] vi to whirl, to swirl; fig to whirl (round).

tourelle [turɛl] nf turret.

tourisme [turism] nm tourism / *faire du tourisme* a) [dans un pays] to go touring b) [dans une ville] to go sightseeing / *notre région vit du tourisme* we are a tourist area.

tourista, **turista** [turista] nf traveller's UK ou traveler's US tummy, t(o)urista US.

touriste [turist] ✧ nmf tourist ▸ **en touriste** as a tourist. ✧ adj tourist *(avant n)*.

touristique [turistik] adj tourist *(avant n)*.

tourment [turmɑ̃] nm *litt* torment.

tourmente [turmɑ̃t] nf *litt* **1.** [tempête] storm, tempest **2.** *fig* turmoil.

tourmenté, **e** [turmɑ̃te] adj **1.** [angoissé - personne] tormented, troubled, anguished ; [- conscience] tormented, troubled **2.** [visage] tormented / *un regard tourmenté* a haunted ou tormented look **3.** [époque] troubled **4.** MÉTÉOR & NAUT : *mer tourmentée* rough ou heavy sea.

tourmenter [3] [turmɑ̃te] vt to torment. ◆ **se tourmenter** vp to worry o.s., to fret.

tournage [turnaʒ] nm CINÉ shooting.

tournailler [3] [turnaje] vi *fam* to prowl about ▸ **tournailler autour de qqn / qqch** to hover around sb / sthg.

tournant, **e** [turnɑ̃, ɑ̃t] adj [porte] revolving ; [fauteuil] swivel *(avant n)* ; [pont] swing *(avant n)*. ◆ **tournant** nm bend ; *fig* turning point ▸ **je l'attends au tournant** *fam* & *fig* I'll get even with him / her.

tournante [turnɑ̃t] nf gang rape, gangbang.

tourné, **e** [turne] adj **1.** [lait] sour, off **2.** EXPR **bien tourné** a) [lettre] well-worded b) [personne] shapely ▸ **mal tourné** a) [lettre] badly-worded b) [personne] unattractive c) [esprit] warped.

tournebroche [turnəbrɔʃ] nm spit.

tournedos [turnədo] nm *steak taken from the thickest part of the fillet*.

tournée [turne] nf **1.** [voyage] tour / *être en tournée* a) [facteur, représentant] to be off on one's rounds b) [chanteur] to be on tour / *faire sa tournée* a) [facteur, livreur] to do ou to make one's round b) [représentant] to be on the road / *faire une tournée en Europe* to go on a European tour ▸ **tournée de conférences** lecture tour **2.** *fam* [consommations] round / *c'est ma tournée* it's my round / *tournée générale !* drinks all round! **3.** *fam* [correction] thrashing, hiding.

tourner [3] [turne] ✧ vt **1.** [gén] to turn / *tourne le bouton jusqu'au 7* turn the knob to 7 **2.** [pas, pensées] to turn, to direct / *tourner son attention vers* to focus one's attention on, to turn one's attention to **3.** [obstacle, loi] to get round UK ou around US / *tourner la difficulté / le règlement / la loi* *fig* to get round the problem / regulations / law **4.** CINÉ to shoot / *tourner un film* a) to shoot ou to make a film UK ou movie US b) [acteur] to make a film UK ou movie US **5.** *fig* [formuler] ▸ **bien tourner qqch** to put sthg well / *il tourne bien ses phrases* he's got a neat turn of phrase. ✧ vi **1.** [gén] to turn ; [moteur] to turn over ; [planète] to revolve / *tourner au coin de la rue* to turn at the corner (of the street) / *tourner sur soi-même* a) to turn round b) [vite] to spin (round and round) / *la Terre tourne sur elle-même* the Earth spins on its axis ▸ **bien tourner** [situation, personne] to turn out well ou satisfactorily ▸ **mal tourner** [initiative, plaisanterie] to turn out badly, to go wrong ▸ **tourner autour de qqn** *fig* to hang around sb ▸ **tourner autour du pot** ou **du sujet** *fig* to beat about the bush ▸ **tourner au ridicule** *fig* to become ridiculous **2.** *fam* [entreprise] to tick over UK, to go ok / *faire tourner une entreprise* [directeur] to run a business **3.** [lait] to go off UK, to go bad US. ◆ **se tourner** vp to turn (right) round UK ou around US / *je ne sais plus de quel côté me tourner* I don't know which way to turn any more ▸ **se tourner vers** to turn towards ou toward UK ou around US / *tous les regards se tournèrent vers elle* all eyes turned to look at her.

tournesol [turnəsɔl] nm **1.** [plante] sunflower **2.** [colorant] litmus.

tourneur, **euse** [turnœr, øz] nm, f turner, lathe operator.

tournevis [turnəvis] nm screwdriver.

tournicoter [3] [turnikɔte] vi *fam* to wander up and down.

tourniquet [turnikɛ] nm **1.** [entrée] turnstile **2.** MÉD tourniquet.

tournis [turni] nm *fam* ▸ **avoir le tournis** to feel dizzy ou giddy ▸ **donner le tournis à qqn** to make sb dizzy ou giddy.

tournoi [turnwa] nm tournament.

tournoiement [turnwamɑ̃] nm wheeling, whirling.

tournoyer [13] [turnwaje] vi to wheel, to whirl.

tournure [turnyr] nf **1.** [apparence] turn ▸ **prendre tournure** to take shape **2.** [formulation] form ▸ **tournure de phrase** turn of phrase.

tour-opérateur [turɔperatœr] (*pl* **tour-opérateurs**) nm tour operator.

tourte [turt] nf pie.

tourteau, **x** [turto] nm **1.** [crabe] crab **2.** [pour bétail] oil cake.

tourtereau, **x** [turtəro] nm young turtledove. ◆ **tourtereaux** nmpl *fam* & *fig* [amoureux] lovebirds.

tourterelle [turtərɛl] nf turtledove.

tourtière [turtjɛr] nf pie dish.

tous ⟶ **tout**.

Toussaint [tusɛ̃] nf ▸ **la Toussaint** All Saints' Day.

La Toussaint

All Saints' Day is a public holiday in France. It is the traditional occasion for a visit to the cemetery to lay flowers (usually chrysanthemums) on the graves.

tousser [3] [tuse] vi to cough.

toussotement [tusɔtmɑ̃] nm coughing.

toussoter [3] [tusɔte] vi to cough.

tout, toute [tu, tut] (*mpl* **tous** [tus], *fpl* **toutes** [tut])

◆ adj

1. (*avec substantif singulier déterminé*) all / *tout le vin* all the wine / *tout un gâteau* a whole cake / *toute la journée / la nuit* all day/night, the whole day/night / *toute sa famille* all his family, his whole family / *j'ai tout mon temps* I've plenty of time ou all the time in the world

2. (*avec pronom démonstratif*) ▸ **tout ceci / cela** all this/that / *tout ce que je sais* all I know

◆ adj indéf

1. [exprime la totalité] all / *tous les gâteaux* all the cakes / *toutes les femmes* all the women / *tous les deux* both of us/them etc. / *tous les trois* all three of us/them etc. / *il roulait tous feux éteints* he was driving with his lights off

2. [chaque] every / *tous les jours* every day / *tous les deux ans* every two years ▸ **tous les combien ?** *fam* how often? / *toutes les fois qu'on s'est rencontrés* every time we've met

3. [n'importe quel] any ▸ **à toute heure** at any time

◆ pron indéf

everything, all / *je t'ai tout dit* I've told you everything / *ils voulaient tous la voir* they all wanted to see her ▸ **ce sera tout ?** will that be all ▸ **c'est tout** that's all / *il est tout sauf un génie* call him anything but not a genius / *j'adore les prunes — prends-les toutes* I love plums — take them all ou all of them / *on aura tout vu !* now I've ou we've seen everything! / *tous ensemble* all together

◆ **tout** ◆ adv **1.** [entièrement, tout à fait] very, quite / *tout jeune / près* very young/near / *tout neuf* brand new / *tout nu* stark naked / *ils étaient tout seuls* they were all alone / *tout en haut* right at the top / *tout à côté de moi* right next to me **2.** [avec un gérondif] : *tout en marchant* while walking. ◆ nm ▸ **un tout** a whole ▸ **le tout est de...** the main thing is to... / *le tout est de ne pas se tromper* the most important thing is to get this right.

◆ **du tout au tout** loc adv completely, entirely / *changer du tout au tout* to change completely.

◆ **tout à fait** loc adv **1.** [complètement] quite, entirely / *ce n'est pas tout à fait exact* it's not quite correct **2.** [exactement] exactly / *c'est tout à fait ce que je cherche / le même* it's exactly what I've been looking for/the same.

◆ **tout à l'heure** loc adv **1.** [futur] in a little while, shortly **2.** [passé] a little while ago.

◆ **tout de suite** loc adv immediately, at once / *tournez à gauche tout de suite après le pont* turn left immediately after the bridge.

tout-à-l'égout [tutalegu] nm inv mains drainage.

toutefois [tutfwa] adv however.

toutou [tutu] nm **1.** *fam* [chien] doggie **2.** QUÉBEC [peluche] stuffed toy.

tout-petit [tup(ə)ti] (*pl* **tout-petits**) nm toddler, tot.

tout-puissant, toute-puissante [tupɥisɑ̃, tutpɥisɑ̃t] (*mpl* **tout-puissants**, *fpl* **toutes-puissantes**) adj omnipotent, all-powerful. ◆ **Tout-Puissant** nm ▸ **le Tout-Puissant** the Almighty.

tout-terrain [tutɛʀɛ̃] ◆ adj inv off-road. ◆ nm inv dirt-track driving ou riding. ◆ nm inv & nf inv cross-country car ou vehicle.

tout-venant [tuvnɑ̃] nm inv ▸ **le tout-venant** ordinary people *pl*.

toux [tu] nf cough.

toxicité [tɔksisite] nf toxicity.

toxicologie [tɔksikɔlɔʒi] nf toxicology.

toxicomane [tɔksikɔman] nmf drug addict.

toxicomanie [tɔksikɔmani] nf drug addiction.

toxine [tɔksin] nf toxin.

toxique [tɔksik] adj toxic.

TP ◆ nmpl (*abr de* **travaux publics**) civil engineering. ◆ nm (*abr de* **Trésor public**) *public revenue office*.

TPC (*abr de* **tierce partie de confiance**) INFORM [pour des transactions sur Internet] TTP.

TPE [tepeø] ◆ nmpl (*abr de* **travaux personnels encadrés**) GIS. ◆ nf (*abr de* **très petite entreprise**) VSB.

TPG (*abr de* **trésorier-payeur général**) nm paymaster.

tps *abr écrite de* **temps**.

trac [tʀak] nm nerves *pl* ; THÉÂTRE stage fright ▸ **avoir le trac** a) to get nervous b) THÉÂTRE to get stage fright.

traçabilité [tʀasabilite] nf traceability.

tracas [tʀaka] nm worry.

tracasser [3] [tʀakase] vt to worry, to bother. ◆ **se tracasser** vp to worry.

tracasserie [tʀakasʀi] nf annoyance.

tracassier, ère [tʀakasje, ɛʀ] adj irksome.

trace [tʀas] nf **1.** [d'animal, de fugitif] track / *des traces de pas* footprints, footmarks / *des traces de pneus* tyre tracks ou wheel marks / *ils sont sur la trace du bandit / d'un manuscrit* they are on the bandit's trail/tracking down a manuscript / *suivre à la trace* [fuyard, gibier] to track (down) **2.** [de brûlure, fatigue] mark / *il portait des traces de coups* his body showed signs of having been beaten / *sans laisser de traces* without (a) trace **3.** (*gén pl*) [vestige] trace / *on y a retrouvé les traces d'une civilisation très ancienne* traces of a very ancient civilization have been discovered there **4.** [très petite quantité] ▸ **une trace de** a trace of / *elle parle sans la moindre trace d'accent* she speaks without the slightest trace ou hint of an accent **5.** SKI trail ▸ **trace directe** direct descent / *faire la trace* to break a trail **6.** [à la recherche de] on the trail of ou track of / *ils sont sur la trace d'un dossier* they are tracking down a file.

tracé [tRase] nm [lignes] plan, drawing ; [de parcours] line.

tracer [16] [tRase] ◆ vt **1.** [dessiner, dépeindre] to draw **2.** [route, piste] to mark out ▸ **tracer la voie / le chemin à qqn** *fig* to show sb the way. ◆ vi *fam* to belt along UK.

traceur [tRasœR] nm INFORM plotter.

trachée-artère [tRaʃeaRtɛR] (*pl* **trachées-artères**) nf windpipe, trachea.

trachéite [tRakeit] nf throat infection.

tract [tRakt] nm leaflet.

tractations [tRaktasjɔ̃] nfpl negotiations, dealings.

tracter [3] [tRakte] vt to tow.

tracteur [tRaktœR] nm tractor.

traction [tRaksjɔ̃] nf **1.** [action de tirer] towing, pulling ▸ **traction avant / arrière** front- / rear-wheel drive **2.** TECHNOL tensile stress **3.** [SPORT - au sol] press-up UK, push-up US ; [- à la barre] pull-up.

trader nm = **tradeur**.

tradeur, euse [tRedœR, øz] nm, f trader.

tradition [tRadisjɔ̃] nf tradition ▸ **renouer avec la tradition** to revive a tradition.

traditionaliste [tRadisjɔnalist] nmf & adj traditionalist.

traditionnel, elle [tRadisjɔnɛl] adj **1.** [de tradition] traditional **2.** [habituel] usual.

traditionnellement [tRadisjɔnɛlmɑ̃] adv traditionally.

traducteur, trice [tRadyktœR, tRis] nm, f translator. ◆ **traducteur** nm INFORM translator.

traduction [tRadyksjɔ̃] nf **1.** [gén] translation ▸ **traduction assistée par ordinateur** computer-aided translation **2.** *litt* [expression] rendering.

traduire [98] [tRadɥiR] vt **1.** [texte] to translate / *traduire qqch en français / anglais* to translate sthg into French / English **2.** [révéler - crise] to reveal, to betray ; [- sentiments, pensée] to render, to express **3.** DR ▸ **traduire qqn en justice** to bring sb before the courts. ◆ **se traduire** vp *(emploi passif)* : *la phrase peut se traduire de différentes façons* the sentence can be translated in different ways. ◆ **se traduire par** vp + prép [avoir pour résultat] : *cela se traduit par des changements climatiques* it results in ou entails changes in the climate / *la sécheresse s'est traduite par une baisse de la production agricole* agricultural production fell as a result of the drought.

traduisible [tRadɥizibl] adj translatable.

trafic [tRafik] nm **1.** [de marchandises] traffic, trafficking **2.** [circulation] traffic. ◆ **trafic d'influence** nm corruption, taking bribes.

trafiquant, e [tRafikɑ̃, ɑ̃t] nm, f trafficker, dealer.

trafiquer [3] [tRafike] ◆ vt *fam* **1.** [falsifier] to tamper with **2.** [manigancer] : *qu'est-ce que tu trafiques ?* what are you up to? ◆ vi to be involved in trafficking ▸ **trafiquer de qqch** to traffic in sthg.

tragédie [tRaʒedi] nf tragedy.

tragédien, enne [tRaʒedjɛ̃, ɛn] nm, f tragedian (tragedienne), tragic actor (actress).

tragi-comédie [tRaʒikɔmedi] (*pl* **tragi-comédies**) nf tragicomedy.

tragi-comique [tRaʒikɔmik] (*pl* **tragi-comiques**) adj tragicomic, tragicomical.

tragique [tRaʒik] ◆ adj tragic. ◆ nm **1.** [auteur] tragedian **2.** [caractère] ▸ **le tragique** tragedy ▸ **prendre qqch au tragique** to act as if sthg were a tragedy ▸ **tourner au tragique** to take a tragic turn.

tragiquement [tRaʒikmɑ̃] adv tragically.

trahir [32] [tRaiR] vt **1.** [gén] to betray / *trahir qqn* to deceive sb, to be unfaithful to sb / *trahir sa promesse / ses engagements* to break one's promise / one's commitments / *trahir les intérêts de qqn* to betray sb's interests / *son visage ne trahit aucun émoi* he remained stony-faced **2.** [suj : moteur] to let down ; [suj : forces] to fail / *si ma mémoire ne me trahit pas* if my memory serves me right **3.** [pensée] to misrepresent / *mes paroles ont trahi ma pensée* my words failed to express my true thoughts **4.** [révéler, démasquer] to betray, to give away *(sép)* / *trahir un secret* to give away a secret / *son silence l'a trahie* her silence gave her away. ◆ **se trahir** vp to give o.s. away / *il s'est trahi en faisant du bruit* he gave himself away by making a noise.

trahison [tRaizɔ̃] nf **1.** [gén] betrayal **2.** DR treason.

train [tRɛ̃] nm **1.** [transports] train ▸ **train de banlieue** suburban ou commuter train ▸ **train direct** non-stop ou through train ▸ **train (à) grande vitesse** high-speed train ▸ **train de marchandises** goods UK ou freight train ▸ **train de voyageurs** passenger train / *être dans le train* to be on the train / *elle voyage beaucoup en train* she travels by train a great deal ▸ **monter dans ou prendre le train en marche** to climb onto ou to jump on the bandwagon **2.** AÉRON : *train d'atterrissage* landing gear **3.** [allure] pace ▸ **aller à fond de train ou à un train d'enfer** to speed ou to race along / *au train où vont les choses* the way things are going, at this rate / *les négociations ont été menées bon train* the negotiations made good progress **4.** [série] ▸ **un train de** a series of ▸ **train de camions** convoy ou line of lorries UK ou trucks US ▸ **train de péniches** train ou string of barges ▸ **train de réformes** set of reforms **5.** *fam* [postérieur] backside, butt US ▸ **courir ou filer au train de qqn a)** [le suivre partout] to stick to sb like glue **b)** [le prendre en filature] to tail ou to shadow sb **6.** EXPR **être en train** *fig* to be on form / *se mettre en train* to warm up / *être en train de faire qqch* to be (busy) doing sthg. ◆ **train de vie** nm lifestyle. ◆ **en train de** loc prép : *être en train de faire qqch* to be (busy) doing sthg / *être en train de lire / travailler* to be reading / working / *l'opinion publique est en train d'évoluer* public opinion is changing.

traînailler [3] [tRɛnaje], **traînasser** [3] [tRɛnase] vi *fam* **1.** [vagabonder] to loaf about **2.** [être lent] to dawdle.

traînant, e [tʀɛnɑ̃, ɑ̃t] adj **1.** [robe] trailing **2.** [voix] drawling ; [démarche] dragging.

traînard, e [tʀɛnaʀ, aʀd] nm, f *fam* straggler ; *fig* slowcoach UK, slowpoke US.

traînasser = **traînailler**.

traîne [tʀɛn] nf **1.** [de robe] train **2.** [à la pêche] dragnet ▸ **pêche à la traîne** trolling **3.** QUÉBEC [traîneau] ▸ **traîne sauvage** toboggan **4.** EXPR **être à la traîne** to lag behind.

traîneau, x [tʀɛno] nm sleigh, sledge.

traînée [tʀene] nf **1.** [trace] trail ▸ **se répandre comme une traînée de poudre** *fig* to spread like wildfire **2.** *tfam* & *injur* [prostituée] tart, whore.

traîner [4] [tʀene] ❖ vt **1.** [tirer, emmener] to drag / *traîner les pieds* to shuffle along, to drag one's feet ▸ **traîner qqn dans la boue** *fig* to drag sb's name through the mud **2.** [emmener avec soi] to lug around, to cart around **3.** [maladie] to be unable to shake off / *ça fait des semaines que je traîne cette angine* this sore throat has been with ou plaguing me for weeks. ❖ vi **1.** [personne, animal] to dawdle / *ne traîne pas, Mamie nous attend* stop dawdling ou do hurry up, Grandma's expecting us / *des chiens traînent dans le village* dogs roam around the village **2.** [maladie, affaire] to drag on / *traîner en longueur* to drag / *faire traîner des pourparlers / un procès* to drag out negotiations / a trial **3.** [robe] to trail **4.** [vêtements, livres] to lie around ou about / *laisser traîner qqch* to leave sthg lying around. ◆ **se traîner** vp **1.** [personne] to drag o.s. along / *je me suis traînée jusque chez le docteur* *fig* I dragged myself to the doctor's **2.** [jour, semaine] to drag.

traînerie [tʀɛnʀi] nf QUÉBEC *thing left lying around.*

training [tʀɛniŋ] nm **1.** [entraînement] training **2.** [survêtement] tracksuit top.

train-train [tʀɛ̃tʀɛ̃] nm inv *fam* routine, daily grind.

traire [112] [tʀɛʀ] vt **1.** [vache] to milk **2.** [lait] to draw.

trait [tʀɛ] nm **1.** [ligne] line, stroke ▸ **trait de soulignement** underscore ▸ **trait d'union** hyphen / *prendre un trait d'union* to be hyphenated ou take a hyphen / *servir de trait d'union entre* *fig* to bridge the gap between, to link ▸ **tirer un trait sur qqch** *fig* to put sthg behind one / *tirer un trait sur le passé* *fig* to turn over a new leaf, to make a complete break with the past / *d'un trait de plume* with a stroke of the pen / *voici l'intrigue, résumée à grands traits* here's a broad ou rough outline of the plot **2.** *(gén pl)* [de visage] feature / *avoir les traits tirés* to look drawn ▸ **ressembler à qqn trait pour trait** to be the spitting image of sb, to be exactly like sb **3.** [caractéristique] trait, feature ▸ **trait de caractère** character trait **4.** [acte] act ▸ **trait d'esprit** witticism, flash of wit ▸ **trait de génie** brainwave **5.** EXPR **avoir trait à** to have to do with, to concern. ◆ **d'un trait** loc adv [boire, lire] in one go.

traitant, e [tʀɛtɑ̃, ɑ̃t] adj [shampooing, crème] medicated ; ⟶ **médecin**.

traite [tʀɛt] nf **1.** [de vache] milking **2.** COMM bill, draft ▸ **escompter une traite** to discount a bill ou draft ▸ **tirer une traite sur** to draw a bill ou draft on **3.** [d'esclaves] ▸ **la traite des Noirs** the slave trade ▸ **la traite des Blanches** the white slave trade. ◆ **d'une seule traite** loc adv without stopping, in one go.

traité [tʀete] nm **1.** [ouvrage] treatise **2.** POL treaty ▸ **traité de non-prolifération** non-proliferation treaty.

traitement [tʀɛtmɑ̃] nm **1.** [gén & MÉD] treatment / *donner un traitement à qqn* to prescribe (a treatment) for sb / *être sous traitement* to be being treated ou having treatment ou under treatment ▸ **mauvais traitement** ill-treatment / *faire subir de mauvais traitements à qqn* to ill-treat sb ▸ **traitement de faveur** special treatment **2.** [rémunération] wage **3.** INFORM processing / *traitement différé* off-line processing ▸ **traitement de données** data processing ▸ **traitement de texte** word processing ▸ **traitement de la parole** speech processing / *traitement par lots* batch processing **4.** [procédé] processing, treatment ▸ **traitement anti-rouille** rustproofing / *le traitement des récoltes* **a)** the treating of crops **b)** [par avion] the spraying of crops **5.** [de problème] handling.

traiter [4] [tʀete] ❖ vt **1.** [gén & MÉD] to treat ▸ **se faire traiter** MÉD to be treated / *on me traite à l'homéopathie* I'm having homeopathy ▸ **bien / mal traiter qqn** to treat sb well / badly / *traiter qqn d'égal à égal* to treat sb as an equal **2.** [qualifier] ▸ **traiter qqn d'imbécile / de lâche etc.** to call sb an imbecile / a coward etc. / *traiter qqn de tous les noms* to call sb all the names under the sun **3.** [question, thème] to deal with / *vous ne traitez pas le sujet* you're not addressing the question **4.** [dans l'industrie & INFORM] to process / *traiter qqch par lots* to batch process sthg. ❖ vi **1.** [négocier] to negotiate / *nous ne traiterons pas avec des terroristes* we won't bargain ou negotiate with terrorists **2.** [livre] ▸ **traiter de** to deal with. ◆ **se traiter** ❖ vp *(emploi passif)* [maladie] : *ça se traite aux antibiotiques* it can be treated with antibiotics. ❖ vp *(emploi réciproque)* [personne] : *ils se traitaient de menteurs* they were calling each other liars.

traiteur [tʀɛtœʀ] nm caterer.

traître, esse [tʀɛtʀ, ɛs] ❖ adj treacherous. ❖ nm, f traitor / *prendre qqn en traître* to play an underhand trick on sb.

traîtreusement [tʀɛtʀøzmɑ̃] adv treacherously.

traîtrise [tʀɛtʀiz] nf **1.** [déloyauté] treachery **2.** [acte] act of treachery.

trajectoire [tʀaʒɛktwaʀ] nf trajectory, path ; *fig* path.

trajet [tʀaʒɛ] nm **1.** [distance] distance **2.** [itinéraire] route **3.** [voyage] journey.

tram [tʀam] *fam* = **tramway**.

trame [tʀam] nf weft ; *fig* framework.

tramer [3] [tʀame] vt *sout* to plot. ◆ **se tramer** ❖ vp to be plotted. ❖ v impers ▸ **il se trame quelque chose** there's something afoot.

tramontane [tʀamɔ̃tan] nf tramontane, transmontane.

trampoline [tʀɑ̃pɔlin] nm trampoline.

tramway [tʀamwɛ] nm tram UK, streetcar US.

tranchant, e [tʀɑ̃ʃɑ̃, ɑ̃t] adj **1.** [instrument] sharp **2.** [personne] assertive **3.** [ton] curt. ◆ **tranchant** nm edge ▸ **à double tranchant** *fig* two-edged.

tranche [tʀɑ̃ʃ] nf **1.** [de gâteau, jambon] slice / *tranche de bacon* [à frire] rasher (of bacon) ▸ **tranche napolitaine** CULIN Neapolitan slice ou ice-cream / *débiter* ou *couper qqch en tranches* to slice sthg (up), to cut sthg into slices ▸ **tranche d'âge** *fig* age bracket ▸ **tranche de vie** *fig* slice of life **2.** [de livre, pièce] edge **3.** [période] part, section ▸ **tranche horaire** time slot ; RADIO & TV [tard dans la soirée] ▸ **tranche nocturne** graveyard slot **4.** ÉCON & FIN [de revenus] portion ; [de paiement] instalment UK, installment US ; [fiscale] bracket ; [d'un prêt, d'un crédit] tranche ▸ **tranche de salaire** ou **de revenu** income bracket, income group ▸ **tranche d'imposition** tax band.

tranchée [tʀɑ̃ʃe] nf MIL [Travaux Publics] trench / *creuser une tranchée* to (dig a) trench.

trancher [3] [tʀɑ̃ʃe] ❖ vt [couper] to cut ; [pain, jambon] to slice ▸ **trancher la question** *fig* to settle the question. ❖ vi **1.** *fig* [décider] to decide **2.** [contraster] ▸ **trancher avec** ou **sur** to contrast with.

tranchoir [tʀɑ̃ʃwaʀ] nm **1.** [couteau] chopper **2.** [planche] chopping board.

tranquille [tʀɑ̃kil] adj **1.** [endroit, vie] quiet / *marcher d'un pas tranquille* to stroll unhurriedly ▸ **laisser qqn / qqch tranquille** to leave sb / sthg alone ▸ **se tenir / rester tranquille** to keep / remain quiet / *allons dans mon bureau, nous y serons plus tranquilles pour discuter* let's go into my office, we can talk there without being disturbed **2.** [rassuré] at ease, easy / *soyez tranquille* don't worry / *je serais plus tranquille s'il n'était pas seul* I'd feel easier in my mind knowing that he wasn't on his own.

tranquillement [tʀɑ̃kilmɑ̃] adv **1.** [sans s'agiter] quietly **2.** [sans s'inquiéter] calmly.

tranquillisant, e [tʀɑ̃kilizɑ̃, ɑ̃t] adj **1.** [nouvelle] reassuring **2.** [médicament] tranquillizing. ◆ **tranquillisant** nm tranquillizer UK, tranquilizer US / *mettre qqn sous tranquillisants* to put sb on tranquillizers.

tranquilliser [3] [tʀɑ̃kilize] vt to reassure. ◆ **se tranquilliser** vp to set one's mind at rest.

tranquillité [tʀɑ̃kilite] nf **1.** [calme] peacefulness, quietness **2.** [sérénité] peace, tranquillity UK, tranquility US ▸ **tranquillité d'esprit** peace of mind.

transaction [tʀɑ̃zaksjɔ̃] nf transaction ▸ **transactions boursières électroniques** FIN electronic trading.

transactionnel, elle [tʀɑ̃zaksjɔnɛl] adj **1.** PSYCHO transactional **2.** DR compromise *(avant n).*

transalpin, e [tʀɑ̃zalpɛ̃, in] adj transalpine.

transat [tʀɑ̃zat] ❖ nm deckchair. ❖ nf transatlantic race.

transatlantique [tʀɑ̃zatlɑ̃tik] ❖ adj transatlantic. ❖ nm transatlantic liner. ❖ nf transatlantic race.

transbahuter [3] [tʀɑ̃sbayte] vt *fam* to hump UK ou lug along, to schlepp US.

transbordement [tʀɑ̃sbɔʀdəmɑ̃] nm transfer.

transcendant, e [tʀɑ̃sɑ̃dɑ̃, ɑ̃t] adj **1.** *fam* [extraordinaire] special, great **2.** MATH & PHILO transcendental.

transcender [3] [tʀɑ̃sɑ̃de] vt to transcend. ◆ **se transcender** vp to surpass o.s.

transcoder [3] [tʀɑ̃skɔde] vt to transcribe.

transcription [tʀɑ̃skʀipsjɔ̃] nf [de document & MUS] transcription ; [dans un autre alphabet] transliteration ▸ **transcription phonétique** phonetic transcription.

transcrire [99] [tʀɑ̃skʀiʀ] vt [document & MUS] to transcribe ; [dans un autre alphabet] to transliterate.

transcrit, e [tʀɑ̃skʀi, it] pp ⟶ **transcrire**.

transcutané, e [tʀɑ̃skytane] adj MÉD transcutaneous.

transdermique [tʀɑ̃sdɛʀmik] adj PHARM transdermal ▸ **timbre transdermique** skin ou transdermal patch.

transe [tʀɑ̃s] nf ▸ **être en transe** *fig* to be beside o.s.. ◆ **transes** nfpl *sout* agony *(U).*

transférer [18] [tʀɑ̃sfeʀe] vt to transfer.

transfert [tʀɑ̃sfɛʀ] nm transfer ▸ **transfert de fonds électronique** INFORM electronic funds transfer.

transfigurer [3] [tʀɑ̃sfigyʀe] vt to transfigure.

transformable [tʀɑ̃sfɔʀmabl] adj convertible.

transformateur, trice [tʀɑ̃sfɔʀmatœʀ, tʀis] adj **1.** [dans l'industrie] processing *(avant n)* **2.** *fig* [pouvoir, action] for change. ◆ **transformateur** nm transformer.

transformation [tʀɑ̃sfɔʀmasjɔ̃] nf **1.** [de pays, personne] transformation **2.** [dans l'industrie] processing **3.** [rugby] conversion.

transformer [3] [tʀɑ̃sfɔʀme] vt **1.** [gén] to transform ; [magasin] to convert ▸ **transformer qqch en** to turn sthg into **2.** [dans l'industrie, au rugby] to convert. ◆ **se transformer** vp ▸ **se transformer en monstre / papillon** to turn into a monster / butterfly.

transfuge [tʀɑ̃sfyʒ] nmf renegade.

transfusé, e [tʀɑ̃sfyze] nm, f [personne] transfusion recipient.

transfuser [3] [tʀɑ̃sfyze] vt [sang] to transfuse.

transfusion [tʀɑ̃sfyzjɔ̃] nf ▸ **transfusion (sanguine)** (blood) transfusion.

transgénérationnel, elle [tʀɑ̃sʒeneʀasjɔnɛl] adj transgenerational.

transgénique [tʀɑ̃sʒenik] adj transgenic.

transgresser [4] [tʀɑ̃sgʀese] vt [loi] to infringe ; [ordre] to disobey.

transgression [tʀɑ̃zgʀɛsjɔ̃] nf infringement, transgression.

transhumance [tʀɑ̃zymɑ̃s] nf transhumance.

transi, e [tʀɑ̃zi] adj ▸ **être transi de** to be paralysed UK ou paralyzed US, to be transfixed with ▸ **être transi de froid** to be chilled to the bone.

transiger [17] [tʀɑ̃ziʒe] vi ▸ **transiger (sur)** to compromise (on).

transistor [3] [tʀɑ̃zistɔʀ] nm transistor.

transit [tʀɑ̃zit] nm transit ▸ **en transit** in transit.

transitaire [tʀɑ̃zitɛʀ] nm forwarding agent.

transiter [3] [tʀɑ̃zite] ❖ vt to forward. ❖ vi to pass in transit ▸ **transiter par** to pass through.

transitif, ive [tʀɑ̃sitif, iv] adj transitive.

transition [tʀɑ̃zisjɔ̃] nf transition ▸ **sans transition** with no transition, abruptly.

transitivité [tʀɑ̃zitivite] nf transitivity.

transitoire [tʀɑ̃zitwaʀ] adj [passager] transitory.

translucide [tʀɑ̃slysid] adj translucent.

transmettre [84] [tʀɑ̃smɛtʀ] vt **1.** [message, salutations] ▸ **transmettre qqch (à)** to pass sthg on (to) **2.** [tradition, propriété] ▸ **transmettre qqch (à)** to hand sthg down (to) **3.** [fonction, pouvoir] ▸ **transmettre qqch (à)** to hand sthg over (to) **4.** [maladie] ▸ **transmettre qqch (à)** to transmit sthg (to), to pass sthg on (to) **5.** [concert, émission] to broadcast. ◆ **se transmettre** vp **1.** [maladie] to be passed on, to be transmitted **2.** [nouvelle] to be passed on **3.** [courant, onde] to be transmitted **4.** [tradition] to be handed down.

transmis, e [tʀɑ̃smi, iz] pp ⟶ **transmettre**.

transmissible [tʀɑ̃smisibl] adj **1.** [patrimoine] transferable **2.** [maladie] transmissible.

transmission [tʀɑ̃smisjɔ̃] nf **1.** [de biens] transfer **2.** [de maladie] transmission **3.** [de message] passing on **4.** [de tradition] handing down.

transocéanique [tʀɑ̃zɔseanik] adj transoceanic.

transpalette [tʀɑ̃spalɛt] nf pallet truck, stacker.

transparaître [91] [tʀɑ̃spaʀɛtʀ] vi to show.

transparence [tʀɑ̃spaʀɑ̃s] nf transparency ▸ **par transparence** against the light.

transparent, e [tʀɑ̃spaʀɑ̃, ɑ̃t] adj transparent. ◆ **transparent** nm transparency.

transpercer [16] [tʀɑ̃spɛʀse] vt to pierce ; *fig* [suj : froid, pluie] to go right through.

transpiration [tʀɑ̃spiʀasjɔ̃] nf [sueur] perspiration.

transpirer [3] [tʀɑ̃spiʀe] vi **1.** [suer] to perspire **2.** *fig* [être divulgué] to leak out.

transplant [tʀɑ̃splɑ̃] nm MÉD transplant.

transplantation [tʀɑ̃splɑ̃tasjɔ̃] nf **1.** [d'arbre, de population] transplanting **2.** MÉD transplant.

transplanter [3] [tʀɑ̃splɑ̃te] vt to transplant.

transport [tʀɑ̃spɔʀ] nm transport *(U)*, transportation *(U)* US ▸ **transport aérien** air transport ▸ **transport ferroviaire** rail transport ▸ **transport maritime** sea transport ▸ **transports en commun** public transport *sg*.

transportable [tʀɑ̃spɔʀtabl] adj [marchandise] transportable ; [blessé] fit to be moved.

transporter [3] [tʀɑ̃spɔʀte] vt **1.** [marchandises, personnes] to transport **2.** *fig* [enthousiasmer] to delight ▸ **être transporté de joie / bonheur** to be beside o.s. with joy / happiness.

transporteur [tʀɑ̃spɔʀtœʀ] nm **1.** [personne] carrier ▸ **transporteur routier** road haulier UK OU hauler US **2.** [machine] conveyor.

transposer [3] [tʀɑ̃spoze] vt **1.** [déplacer] to transpose **2.** [adapter] ▸ **transposer qqch (à)** to adapt sthg (for).

transposition [tʀɑ̃spozisjɔ̃] nf **1.** [déplacement] transposition **2.** [adaptation] ▸ **transposition (à)** adaptation (for).

transsexuel, elle [tʀɑ̃ssɛksɥɛl] adj & nm, f transsexual.

transvaser [3] [tʀɑ̃svaze] vt to decant.

transversal, e, aux [tʀɑ̃svɛʀsal, o] adj **1.** [coupe] cross *(avant n)* **2.** [chemin] running at right angles, cross *(avant n)* US **3.** [vallée] transverse.

transversalité [tʀɑ̃svɛʀsalite] nf transversality.

trapèze [tʀapɛz] nm **1.** GÉOM trapezium **2.** [gymnastique] trapeze **3.** ANAT trapezius.

trapéziste [tʀapezist] nmf trapeze artist.

trappage [tʀapaʒ] nm QUÉBEC trapping.

trappe [tʀap] nf **1.** [ouverture] trapdoor **2.** [piège] trap.

trappeur [tʀapœʀ] nm trapper.

trapu, e [tʀapy] adj **1.** [personne] stocky, solidly built **2.** [édifice] squat.

traquenard [tʀaknaʀ] nm trap ; *fig* trap, pitfall.

traquer [3] [tʀake] vt [animal] to track ; [personne, faute] to track OU hunt down.

trash [tʀaʃ] ❖ adj inv trashy / *un film trash* a (deliberately) trashy film. ❖ nm trash / *elle fait dans le trash* she's pretty trashy.

traumatisant, e [tʀomatizɑ̃, ɑ̃t] adj traumatizing.

traumatiser [3] [tʀomatize] vt to traumatize.

traumatisme [tʀomatism] nm traumatism.

traumatologie [tʀomatɔlɔʒi] nf ≃ casualty department UK ; ≃ emergency room US.

travail, aux [tʀavaj, o] nm **1.** [gén] work *(U)* ▸ **se mettre au travail** to get down to work ▸ **demander du travail** [projet] to require some work ▸ **abattre du travail** *fig* to get through a lot of work ▸ **mâcher le travail à qqn** *fig* to spoon-feed sb **2.** [tâche, emploi] job / *chercher du* OU *un travail* to be job-hunting, to be looking for a job ▸ **travail de bureau** office work ▸ **travail d'intérêt général** DR community service ▸ **travail intérimaire** temporary work ▸ **le travail manuel** manual work, manual labour UK OU labor US ▸ **travail au noir** moonlighting ▸ **travail précaire** casual labour UK OU labor US ▸ **le travail saisonnier** seasonal work ▸ **le travail salarié** paid work ▸ **le travail temporaire a)** [gén] temporary work **b)** [dans un bureau] temping ▸ **c'est un travail de fourmi** it's a painstaking task / *contrat de travail* employment contract / *mes instruments de travail* the tools of my trade **3.** [du métal, du bois] working / *elle est attirée par le travail du bois / de la soie* she's interested in working with wood / with silk **4.** [de la mémoire] workings *pl* **5.** [phénomène - du bois] warping ; [- du temps, fermentation] action **6.** MÉD ▸ **être en travail** to be in labour UK ou labor US ▸ **entrer en travail** to go into labour UK ou labor US. ◆ **travaux** nmpl **1.** [d'aménagement] work *(U)* ; [routiers] roadworks UK, roadwork US ▸ **travaux publics** civil engineering *sg* ▸ **'attention, travaux'** 'caution', work in progress **2.** SCOL ▸ **travaux dirigés** class work ▸ **travaux manuels** arts and crafts ▸ **travaux pratiques** practical work *(U)*. ◆ **travaux d'approche** nmpl preliminary work *(U)*.

travaillé, e [tʀavaje] adj **1.** [matériau] wrought, worked **2.** [style] laboured UK, labored US **3.** [tourmenté] ▸ **être travaillé par** to be tormented by.

travailler [3] [tʀavaje] ❖ vi **1.** [gén] to work ▸ **travailler chez / dans** to work at/in ▸ **travailler à qqch** to work on sthg ▸ **travailler à temps partiel** to work part-time / *travailler dur* to work hard / *travailler en free-lance* to do freelance work, to be a freelancer / *travailler en indépendant* to be self-employed / *elle travaille dans l'informatique* she works with computers / *travailler sur ordinateur* to work on a computer **2.** [métal, bois] to warp. ❖ vt **1.** [étudier] to work at ou on ; [piano] to practise UK, to practice US **2.** [essayer de convaincre] to work on **3.** [suj : idée, remords] to torment / *être travaillé par le remords / l'angoisse* to be tormented by remorse/ anxiety **4.** [matière] to work, to fashion / *travailler la terre* to work ou to till *sout* the land.

travailleur, euse [tʀavajœʀ, øz] ❖ adj hard-working. ❖ nm, f worker ▸ **travailleur à domicile** homeworker ▸ **travailleur émigré** migrant worker ▸ **travailleur indépendant** self-employed person ▸ **travailleur saisonnier** migrant worker.

travailliste [tʀavajist] ❖ nmf member of the Labour Party. ❖ adj Labour *(avant n)*.

travée [tʀave] nf **1.** [de bâtiment] bay **2.** [de sièges] row.

traveller [tʀavlœʀ] nm inv traveller's cheque UK, traveler's check US.

traveller's cheque, traveler's check = **traveller**.

travelling [tʀavliŋ] nm [mouvement] travelling UK ou traveling US shot.

travelo [tʀavlo] nm *fam* & *injur* drag queen.

travers [tʀavɛʀ] nm failing, fault / *elle tombait dans les mêmes travers que ses prédécesseurs* she displayed the same shortcomings as her predecessors. ◆ **à travers** loc adv & loc prép through / *à travers les âges* throughout the centuries / *prendre* ou *passer à travers champs* to go through the fields ou across country. ◆ **au travers** loc adv through ▸ **passer au travers** *fig* to escape. ◆ **au travers de** loc prép through / *passer au travers des dangers* to escape danger. ◆ **de travers** loc adv **1.** [irrégulièrement - écrire] unevenly ▸ **marcher de travers** to stagger **2.** [nez, escalier] crooked **3.** [obliquement] sideways ▸ **regarder qqn de travers** *fig* to look askance at sb **4.** [mal] wrong ▸ **aller de travers** to go wrong ▸ **comprendre qqch de travers** to misunderstand sthg ▸ **prendre qqch de travers** to take sthg the wrong way. ◆ **en travers** loc adv crosswise / *la remorque du camion s'est mise en travers* the truck jack-knifed. ◆ **en travers de** loc prép across / *s'il se met en travers de mon chemin fig* if he stands in my way.

traverse [tʀavɛʀs] nf **1.** [de chemin de fer] sleeper UK, tie US **2.** [chemin] short cut.

traversée [tʀavɛʀse] nf crossing.

traverser [3] [tʀavɛʀse] vt **1.** [rue, mer, montagne] to cross ; [ville] to go through **2.** [peau, mur] to go through, to pierce **3.** [crise, période] to go through.

traversier [tʀavɛʀsje] nm QUÉBEC ferry.

traversin [tʀavɛʀsɛ̃] nm bolster.

travesti, e [tʀavɛsti] adj **1.** [pour s'amuser] dressed up (in fancy dress) **2.** THÉÂTRE [comédien] playing a female part. ◆ **travesti** nm [homosexuel] transvestite.

travestir [32] [tʀavɛstiʀ] vt **1.** [déguiser] to dress up **2.** *fig* [vérité, idée] to distort. ◆ **se travestir** vp **1.** [pour bal] to wear fancy dress **2.** [en femme] to put on drag.

travestissement [tʀavɛstismɑ̃] nm **1.** [pour bal] wearing fancy dress **2.** [en femme] putting on drag **3.** *fig* [de vérité] distortion.

traviole [tʀavjɔl] ◆ **de traviole** *fam* ❖ loc adj [tableau] aslant, crooked ; [dents] crooked, badly set. ❖ loc adv **1.** [en biais] : *marcher de traviole* [ivrogne] to stagger ou to totter along / *j'écris de traviole* my handwriting's all crooked ou cockeyed / *tu as mis ton chapeau de traviole* you've put your hat on crooked ou UK skew-wiff **2.** [mal] : *il fait tout de traviole* he can't do anything right / *tout va de traviole* everything's going wrong / *tu comprends toujours tout de traviole* you always get hold of the wrong end of the stick.

trayeuse [tʀɛjøz] nf milking machine.

trébucher [3] [tʀebyʃe] vi ▸ **trébucher (sur / contre)** to stumble (over/against).

trèfle [tʀɛfl] nm **1.** [plante] clover ▸ **trèfle à quatre feuilles** four-leaved UK ou four-leaf US clover **2.** [carte] club ; [famille] clubs *pl*.

tréfonds [tʀefɔ̃] nm *litt* depths *pl*.

treillage [tʀɛjaʒ] nm [clôture] trellis (fencing).

treille [tʀɛj] nf **1.** [vigne] climbing vine **2.** [tonnelle] trellised vines *pl*, vine arbour.

treillis [tʀɛji] nm **1.** [clôture] trellis (fencing) **2.** [toile] canvas **3.** MIL combat uniform.

treize [tʀɛz] adj num inv & nm thirteen. *Voir aussi* **six**.

treizième [tʀɛzjɛm] adj num inv, nm & nmf thirteenth. *Voir aussi* **sixième**.

trekkeur, euse [tʀɛkœʀ, øz] nm, f trekker.

trekking [tʀɛkiŋ] nm trek.

tréma [tʀema] nm diaeresis UK, dieresis US.

tremblant, e [tʀɑ̃blɑ̃, ɑ̃t] adj **1.** [personne - de froid] shivering ; [- d'émotion] trembling, shaking ▸ **être tout tremblant** to be trembling ou shaking **2.** [voix] quavering **3.** [lumière] flickering.

tremblante [tʀɑ̃blɑ̃t] nf ▸ **tremblante du mouton** scrapie.

tremble [tʀɑ̃bl] nm aspen.

tremblement [tʀɑ̃bləmɑ̃] nm **1.** [de corps] trembling **2.** [de voix] quavering **3.** [de feuilles] fluttering. ◆ **tremblement de terre** nm earthquake.

trembler [3] [tʀɑ̃ble] vi **1.** [personne - de froid] to shiver ; [- d'émotion] to tremble, to shake **2.** *fig* & *sout* [avoir peur] to fear ▸ **trembler que** *(+ subj)* to fear (that) ▸ **trembler de faire qqch** to be scared to do sthg **3.** [voix] to quaver **4.** [lumière] to flicker **5.** [terre] to shake.

tremblotant, e [tʀɑ̃blɔtɑ̃, ɑ̃t] adj **1.** [personne] trembling **2.** [voix] quavering **3.** [lumière] flickering.

tremblote [tʀɑ̃blɔt] nf *fam* ▸ **avoir la tremblote a)** to have the shakes **b)** [de peur] to have the jitters **c)** [de froid] to have the shivers.

trembloter [3] [tʀɑ̃blɔte] vi **1.** [personne] to tremble **2.** [voix] to quaver **3.** [lumière] to flicker.

trémière [tʀemjɛʀ] ⟶ **rose**.

trémolo [tʀemɔlo] nm tremolo ▸ **avoir des trémolos dans la voix** *hum* to have a quaver in one's voice.

trémousser [3] [tʀemuse] ◆ **se trémousser** vp to jig up and down.

trempe [tʀɑ̃p] nf **1.** [envergure] calibre ▸ **de sa trempe** of his/her calibre **2.** *fam* [coups] thrashing.

trempé, e [tʀɑ̃pe] adj **1.** [personne, vêtements] soaked, drenched ; [chaussures, jardin] waterlogged / *trempé de sueur* soaked with sweat / *trempé de larmes* [mouchoir] tear-stained **2.** [énergique] ▸ **avoir le caractère bien trempé** to be resilient **3.** [métallurgie] quenched **4.** [verre] toughened.

tremper [3] [tʀɑ̃pe] ❖ vt **1.** [mouiller] to soak ▸ **faire tremper** to soak **2.** [plonger] ▸ **tremper qqch dans** to dip sthg into **3.** [métal] to harden, to quench. ❖ vi **1.** [linge] to soak **2.** [se compromettre] ▸ **tremper dans** to be involved in. ◆ **se tremper** vp **1.** [se mouiller] to get soaking wet **2.** [se plonger] to have a quick dip.

trempette [tʀɑ̃pɛt] nf *fam* ▸ **faire trempette a)** [se baigner] to go for a dip **b)** [avec biscuit] to dunk.

tremplin [tʀɑ̃plɛ̃] nm SKI ski jump ; *fig* springboard.

trench-coat [tʀɛnʃkot] (*pl* **trench-coats**) nm trench coat.

trentaine [tʀɑ̃tɛn] nf **1.** [nombre] ▸ **une trentaine de** about thirty **2.** [âge] ▸ **avoir la trentaine** to be in one's thirties.

trente [tʀɑ̃t] ❖ adj num inv thirty ▸ **trente-trois tours** LP, long-playing record. ❖ nm thirty ▸ **être / se mettre sur son trente et un** *fam* & *fig* to be in / to put on one's Sunday best. *Voir aussi* **six**.

trentenaire [tʀɑ̃tnɛʀ] adj & nmf thirty-year-old.

trente-six *(en fin de phrase* [tʀɑ̃tsis] *, devant consonne ou 'h' aspiré* [tʀɑ̃tsi] *, devant voyelle ou 'h' muet* [tʀɑ̃tsiz] *)* ❖ adj num *fam* [pour exprimer la multitude] umpteen, dozens of / *il n'y a pas trente-six solutions !* there aren't all that many solutions! / *j'ai trente-six mille choses à faire* I've a hundred and one things to do. ❖ nm inv *fam* ▸ **tous les trente-six du mois** once in a blue moon. *Voir aussi* **cinquante**.

trentième [tʀɑ̃tjɛm] adj num inv, nm & nmf thirtieth. *Voir aussi* **sixième**.

trépaner [3] [tʀepane] vt MÉD to trepan.

trépas [tʀepa] nm *litt* demise.

trépasser [3] [tʀepase] vi *litt* to pass away.

trépidant, e [tʀepidɑ̃, ɑ̃t] adj [vie] hectic.

trépidation [tʀepidasjɔ̃] nf [vibration] vibration.

trépied [tʀepje] nm **1.** [support] tripod **2.** [meuble] three-legged stool / table.

trépignement [tʀepiɲmɑ̃] nm stamping.

trépigner [3] [tʀepiɲe] vi to stamp one's feet.

très [tʀɛ] adv very / *très malade* very ill / *très bien* very well / *être très aimé* to be much OU greatly liked / *avoir très peur / faim* to be very frightened / hungry / *j'ai très envie de…* I'd very much like to….

trésor [tʀezɔʀ] nm treasure ▸ **mon trésor** *fig* my precious. ◆ **Trésor** nm ▸ **le Trésor public** the public revenue department. ◆ **trésors** nmpl riches, treasures ▸ **des trésors de** *fig* a wealth *sg* of.

trésorerie [tʀezɔʀʀi] nf **1.** [service] accounts department **2.** [gestion] accounts *pl* **3.** [fonds] finances *pl*, funds *pl*.

trésorier, ère [tʀezɔʀje, ɛʀ] nm, f treasurer.

tressaillement [tʀesajmɑ̃] nm [de joie] thrill ; [de douleur] wince.

tressaillir [47] [tʀesajiʀ] vi **1.** [de joie] to thrill ; [de douleur] to wince **2.** [sursauter] to start, to jump.

tressauter [3] [tʀesote] vi [sursauter] to jump, to start ; [dans véhicule] to be tossed about ▸ **faire tressauter** to toss OU jolt about.

tresse [tʀɛs] nf **1.** [de cheveux] plait **2.** [de rubans] braid.

tresser [4] [tʀese] vt **1.** [cheveux] to plait **2.** [osier] to braid **3.** [panier, guirlande] to weave.

tréteau, x [tʀeto] nm trestle.

treuil [tʀœj] nm winch, windlass.

trêve [tʀɛv] nf **1.** [cessez-le-feu] truce **2.** *fig* [répit] rest, respite ▸ **trêve de plaisanteries / de sottises** that's enough joking / nonsense. ◆ **sans trêve** loc adv relentlessly, unceasingly.

tri [tʀi] nm [de lettres] sorting ; [de candidats] selection ▸ **faire le tri dans qqch** *fig* to sort sthg out ; [dans les poubelles] : *tri (des déchets) sorting of rubbish into different types for recycling*.

triage [tʀijaʒ] nm [de lettres] sorting ; [de candidats] selection.

triangle [tʀijɑ̃gl] nm triangle ▸ **triangle isocèle** isosceles triangle ▸ **triangle rectangle** right-angled triangle.

triangulaire [tʀijɑ̃gylɛʀ] adj triangular.

triathlète [tʀijatlɛt] nmf triathlete.

triathlon [tʀijatlɔ̃] nm triathlon.

tribal, e, aux [tʀibal, o] adj tribal.

tribord [tʀibɔʀ] nm starboard ▸ **à tribord** on the starboard side, to starboard.

tribu [tʀiby] nf tribe.

tribulations [tʀibylasjɔ̃] nfpl tribulations, trials.

tribun [tʀibœ̃] nm **1.** HIST tribune **2.** [orateur] popular orator.

tribunal, aux [tʀibynal, o] nm **1.** DR court ▸ **tribunal correctionnel** ≃ magistrates' court UK ; ≃ county court US ▸ **tribunal pour enfants** juvenile court ▸ **tribunal d'exception** special court ▸ **tribunal de grande instance** ≃ crown court UK ; ≃ circuit court US ▸ **tribunal d'instance** ≃ magistrates' court UK ; ≃ county court US ▸ **tribunal de police** police court **2.** *fig* [jugement] judgment.

tribune [tʀibyn] nf **1.** [d'orateur] platform **2.** *(gén pl)* [de stade] stand **3.** *fig* [lieu d'expression] forum ▸ **tribune libre** PRESSE opinion column.

tribut [tʀiby] nm *litt* tribute.

tributaire [tʀibytɛʀ] adj ▸ **être tributaire de** to depend ou be dependent on.

tricentenaire [tʀisɑ̃tnɛʀ] ◆ adj three-hundred-year-old. ◆ nm tricentennial.

triceps [tʀisɛps] nm triceps.

tricératops [tʀiseʀatɔps] nm triceratops.

triche [tʀiʃ] nf *fam* cheating.

tricher [3] [tʀiʃe] vi **1.** [au jeu, à un examen] to cheat **2.** [mentir] ▸ **tricher sur** to lie about.

tricherie [tʀiʃʀi] nf cheating.

tricheur, euse [tʀiʃœʀ, øz] nm, f cheat.

tricolore [tʀikɔlɔʀ] adj **1.** [à trois couleurs] three-coloured UK, three-colored US **2.** [français] French.

tricot [tʀiko] nm **1.** [vêtement] jumper UK, sweater ▸ **tricot de corps** vest UK, undershirt US **2.** [ouvrage] knitting ▸ **faire du tricot** to knit **3.** [étoffe] knitted fabric, jersey.

tricoter [3] [tʀikɔte] vi & vt to knit.

tricycle [tʀisikl] nm tricycle.

trident [tʀidɑ̃] nm **1.** MYTH trident **2.** [fourche] pitchfork.

tridimensionnel, elle [tʀidimɑ̃sjɔnɛl] adj three-dimensional.

triennal, e, aux [tʀienal, o] adj **1.** [mandat] three-year **2.** [élection] three-yearly.

trier [10] [tʀije] vt **1.** [classer] to sort out **2.** [sélectionner] to select ▸ **trier sur le volet** to handpick.

trifouiller [3] [tʀifuje] vi *fam* to rummage around.

trigonométrie [tʀigɔnɔmetʀi] nf trigonometry.

trilingue [tʀilɛ̃g] ◆ nmf person who is trilingual. ◆ adj trilingual.

trille [tʀij] nm trill.

trilogie [tʀilɔʒi] nf trilogy.

trim. 1. (*abr écrite de* **trimestre**) quarter **2.** (*abr écrite de* **trimestriel**) quarterly.

trimaran [tʀimaʀɑ̃] nm trimaran.

trimbaler [3] [tʀɛ̃bale] vt *fam* [personne] to trail around ; [chose] to cart around, to schlepp around US. ◆ **se trimbaler** vp *fam* to trail around.

trimer [3] [tʀime] vi *fam* to slave away.

trimestre [tʀimɛstʀ] nm **1.** SCOL term UK, trimester US, quarter US **2.** [loyer] quarter's rent ; [rente] quarter's income **3.** EXPR **par trimestre** termly.

trimestriel, elle [tʀimɛstʀijɛl] adj [loyer, magazine] quarterly ; SCOL end-of-term *(avant n)* UK.

trimoteur [tʀimɔtœʀ] ◆ nm three-engined plane. ◆ adj three-engined.

tringle [tʀɛ̃gl] nf rod ▸ **tringle à rideaux** curtain rod.

trinité [tʀinite] nf *litt* trinity. ◆ **Trinité** nf ▸ **la Trinité** the Trinity.

trinôme [tʀinom] adj & nm MATH trinomial.

trinquer [3] [tʀɛ̃ke] vi **1.** [boire] to toast, to clink glasses ▸ **trinquer à** to drink to **2.** *fam* [personne] to get the worst of it ; [voiture] to be damaged.

trio [tʀijo] nm trio.

triomphal, e, aux [tʀijɔ̃fal, o] adj [succès] triumphal ; [accueil] triumphant.

triomphalement [tʀijɔ̃falmɑ̃] adv **1.** [en triomphe] in triumph **2.** [fièrement] triumphantly.

triomphalisme [tʀijɔ̃falism] nm triumphalism.

triomphant, e [tʀijɔ̃fɑ̃, ɑ̃t] adj [équipe] winning ; [air] triumphant.

triomphateur, trice [tʀijɔ̃fatœʀ, tʀis] ◆ adj triumphant. ◆ nm, f victor.

triomphe [tʀijɔ̃f] nm triumph.

triompher [3] [tʀijɔ̃fe] vi **1.** [gén] to triumph ▸ **triompher de** to triumph over ▸ **faire triompher qqch** to ensure the success of sthg **2.** [crier victoire] to rejoice.

trip [tʀip] nm *arg crime* trip.

triparti, e [tʀipaʀti], **tripartite** [tʀipaʀtit] adj tripartite.

tripatouiller [3] [tʀipatuje] vt *fam* **1.** [fruits] to paw **2.** [texte, compte] to fiddle with.

triperie [tʀipʀi] nf **1.** [commerce] tripe trade **2.** [boutique] tripe shop **3.** [aliments] tripe.

tripes [tʀip] nfpl **1.** [d'animal, de personne] guts ▸ **prendre qqn aux tripes** *fam* & *fig* to get sb in the guts **2.** CULIN tripe *sg*.

tripier, ère [tʀipje, ɛʀ] nm, f tripe butcher.

triple [tʀipl] ◆ adj triple. ◆ nm ▸ **le triple (de)** three times as much (as).

triplé [tʀiple] nm **1.** [au turf] *bet on three horses winning in three different races* **2.** SPORT [trois victoires] hat-trick of victories. ◆ **triplés, ées** nmf pl triplets.

triplement [tʀipləmɑ̃] ◆ adv trebly. ◆ nm threefold increase, tripling.

tripler [3] [tʀiple] vt & vi to triple.

triporteur [tʀipɔʀtœʀ] nm tricycle *(used for deliveries)*.

tripot [tʀipo] nm *péj* gambling den.

tripotage [tʀipɔtaʒ] nm *(gén pl) fam* [manigances] fiddling *(U)*.

tripoter [3] [tʀipɔte] *fam* ◆ vt **1.** [stylo, montre] to play with **2.** [femme] to feel up. ◆ vi ▸ **tripoter dans a)** [fouiller dans] to rummage about in **b)** [trafiquer] to dabble in.

tripous, tripoux [tʀipu] nmpl *stuffed tripe*.

triptyque [tʀiptik] nm triptych.

trique [tʀik] nf cudgel.

trisomie [tʀizɔmi] nf trisomy ▸ **trisomie 21** trisomy 21.

trisomique [tʀizɔmik] ◆ adj : *enfant trisomique* Down's syndrome child. ◆ nmf Down's syndrome child.

triste [tʀist] adj **1.** [personne, nouvelle] sad ▸ **être triste de qqch / de faire qqch** to be sad about sthg / about doing sthg / *d'un air triste* bleakly ▸ **faire triste figure** ou **mine** *litt* to look pitiful **2.** [paysage, temps] gloomy ▸ **une ville triste à pleurer** a dreadfully bleak town ; [couleur] dull **3.** *(avant n)* [lamentable] sorry / *elle était dans un triste état* she was in a sorry state / *son triste sort* his sad ou unhappy fate.

tristement [tʀistəmɑ̃] adv **1.** [d'un air triste] sadly **2.** [lugubrement] gloomily **3.** [de façon regrettable] sadly, regrettably ▸ **tristement célèbre** notorious.

tristesse [tʀistɛs] nf **1.** [de personne, nouvelle] sadness **2.** [de paysage, temps] gloominess.

tristounet, ette [tʀistunɛ, ɛt] adj *fam* **1.** [personne] sad **2.** [humeur] gloomy.

trithérapie [tʀiteʀapi] nf combination therapy.

triton [tʀitɔ̃] nm triton.

triturer [3] [tʀityʀe] vt **1.** [sel] to grind **2.** [mouchoir] to knead. ◆ **se triturer** vp *fam* ▸ **se triturer l'esprit** ou **les méninges** to rack one's brains.

trivial, e, aux [tʀivjal, o] adj **1.** [banal] trivial **2.** [vulgaire] crude, coarse.

trivialité [tʀivjalite] nf **1.** [banalité] triviality **2.** [vulgarité] vulgar ou coarse expression.

tr / mn, tr / min (*abr écrite de* **tour par minute**) r/min, rpm.

troc [tʀɔk] nm **1.** [échange] exchange **2.** [système économique] barter.

troène [tʀɔɛn] nm privet.

troglodyte [tʀɔglɔdit] nm cave dweller, troglodyte.

trogne [tʀɔɲ] nf *fam* [visage] mug.

trognon [tʀɔɲɔ̃] ◆ nm [de fruit] core. ◆ adj *fam* [mignon] sweet, cute.

troïka [tʀɔika] nf troika.

trois [tʀwa] ◆ nm three. ◆ adj num inv three ▸ **les trois-huit** shift work ▸ **trois fois rien** *fig* nothing at all ; ***Voir aussi* six**.

trois étoiles [tʀwazetwal] ◆ adj three-star *(avant n)*. ◆ nm three-star hotel / restaurant.

troisième [tʀwazjɛm] ◆ adj num inv & nmf third. ◆ nm third ; [étage] third floor UK, fourth floor US. ◆ nf **1.** SCOL ≃ fourth year ou form UK ; ≃ ninth grade US **2.** [vitesse] third (gear). ***Voir aussi* sixième**.

troisièmement [tʀwazjɛmmɑ̃] adv thirdly.

trois-mâts [tʀwama] nm inv three-master.

trois-quarts [tʀwakaʀ] nm inv [rugby] three-quarter.

trolley [tʀɔlɛ] nm **1.** *fam* [transports] = **trolleybus 2.** [chariot] truck *(on cableway)* **3.** ÉLECTR trolley.

trolley(bus) [tʀɔlɛ(bys)] nm trolleybus.

trombe [tʀɔ̃b] nf water spout ▸ **passer en trombe** *fig* to zoom past, to speed past ▸ **des trombes d'eau** torrential rain *(U)*.

trombone [tʀɔ̃bɔn] nm **1.** [agrafe] paper clip **2.** [instrument] trombone ▸ **trombone à coulisse** slide trombone **3.** [joueur] trombone player, trombonist.

trompe [tʀɔ̃p] nf **1.** [instrument] trumpet **2.** [d'éléphant] trunk **3.** [d'insecte] proboscis **4.** ANAT tube.

trompe-l'œil [tʀɔ̃plœj] nm inv **1.** [peinture] trompe-l'œil ▸ **en trompe-l'œil** done in trompe-l'œil **2.** [apparence] deception.

tromper [3] [tʀɔ̃pe] vt **1.** [personne] to deceive / *tromper qqn sur ses intentions* to mislead sb as to one's intentions / *on m'a trompé sur la qualité* I was misinformed as to the quality ; [époux] to be unfaithful to, to deceive / *elle le trompe avec Thomas* she's having an affair with Thomas behind his back **2.** [vigilance] to elude **3.** *litt* [espoirs] to fall short of / *tromper l'espoir de qqn* to disappoint sb **4.** [faim] to stave off. ◆ **se tromper** vp to make a mistake, to be mistaken / *se tromper d'adresse* to go to the wrong address ▸ **se tromper de jour / maison** to get the wrong day / house / *se tromper dans une addition / dictée* to get a sum / dictation wrong / *si je ne me trompe* if I'm not mistaken.

tromperie [tʀɔ̃pʀi] nf deception.

trompette [tʀɔ̃pɛt] nf trumpet.

trompettiste [tʀɔ̃petist] nmf trumpeter.

trompeur, euse [tʀɔ̃pœʀ, øz] ◆ adj **1.** [personne] deceitful **2.** [calme, apparence] deceptive. ◆ nm, f deceitful person.

trompeusement [tʀɔ̃pøzmɑ̃] adv **1.** [hypocritement] deceitfully **2.** [apparemment] deceptively.

tronc [tʀɔ̃] nm **1.** [d'arbre, de personne] trunk **2.** [d'église] collection box **3.** [de veine, nerf] stem. ◆ **tronc commun** nm [de programmes] common element ou feature ; SCOL core syllabus.

tronche [tʀɔ̃ʃ] nf *fam* [visage] mug.

tronçon [tʀɔ̃sɔ̃] nm **1.** [morceau] piece, length **2.** [de route, de chemin de fer] section.

tronçonner [3] [tʀɔ̃sɔne] vt to cut into pieces.

tronçonneuse [tʀɔ̃sɔnøz] nf chain saw.

trône [tʀon] nm throne.

trôner [3] [tʀone] vi **1.** [personne] to sit enthroned ; [objet] to have pride of place **2.** *hum* [faire l'important] to lord it.

tronquer [3] [tʀɔ̃ke] vt to truncate.

trop [tʀo] adv **1.** *(devant adj, adv)* too / ***trop vieux / loin*** too old / far / ***nous étions trop nombreux*** there were too many of us / ***avoir trop chaud / froid / peur*** to be too hot / cold / frightened **2.** *(avec v)* too much / ***cela n'a que trop duré*** it's been going on far too long / ***trop c'est trop !*** enough is enough! / ***il mange trop*** he eats too much / ***nous étions trop*** there were too many of us / ***on a trop chargé la voiture*** we've overloaded the car / ***je n'aime pas trop le chocolat*** I don't like chocolate very much / ***on ne se voit plus trop*** we don't really see each other any more / ***sans trop savoir pourquoi*** without really knowing why / ***en faire trop*** a) [travailler] to overdo things b) [pour plaire] to overdo it **3.** *(avec complément)* ▸ **trop de** a) [quantité] too much b) [nombre] too many / ***il y a beaucoup trop de monde*** there are far too many people / ***j'ai trop de soucis pour me charger des vôtres*** I've too many worries of my own to deal with yours. ◆ **en trop, de trop** loc adv too much / many / ***2 euros de*** ou ***en trop*** 2 euros too much / ***il y a un verre en trop*** there's a ou one glass too many / ***un rafraîchissement ne serait pas de trop !*** a drink wouldn't go amiss! / ***une personne de*** ou ***en trop*** one person too many ▸ **être de trop** [personne] to be in the way, to be unwelcome / ***se sentir en trop*** to feel in the way.

trophée [tʀɔfe] nm trophy.

tropical, e, aux [tʀɔpikal, o] adj tropical.

tropique [tʀɔpik] nm tropic ▸ **tropique du Cancer / du Capricorne** Tropic of Cancer / Capricorn. ◆ **tropiques** nmpl tropics.

trop-perçu [tʀɔpɛʀsy] (*pl* **trop-perçus**) nm excess payment, overpayment.

trop-plein [tʀɔplɛ̃] (*pl* **trop-pleins**) nm **1.** [excès] excess ; *fig* excess, surplus **2.** [déversoir] overflow.

troquer [3] [tʀɔke] vt ▸ **troquer qqch (contre)** a) to barter sthg (for) b) *fig* to swap sthg (for).

troquet [tʀɔkɛ] nm *fam* (small) café.

trot [tʀo] nm trot ▸ **au trot** at a trot ▸ **au trot !** *fam* & *fig* on the double!

trotte [tʀɔt] nf *fam* : ***il y a une bonne trotte d'ici à la plage*** it's a fair distance ou it's quite a step from here to the beach / ***ils en ont fait, une trotte !*** they've covered quite a distance!

trotter [3] [tʀɔte] vi **1.** [cheval] to trot **2.** [personne] to run around.

trotteur, euse [tʀɔtœʀ, øz] nm, f trotter. ◆ **trotteuse** nf second hand.

trottiner [3] [tʀɔtine] vi to trot.

trottinette [tʀɔtinɛt] nf child's scooter.

trottoir [tʀɔtwaʀ] nm pavement UK, sidewalk US ▸ **faire le trottoir** *fam* & *fig* to walk the streets.

trou [tʀu] nm **1.** [gén] hole ▸ **trou d'aération** air vent ▸ **trou d'air** air pocket / ***des trous d'air*** turbulence ▸ **trou normand** *glass of Calvados taken between courses* ▸ **trou de serrure** keyhole / ***faire un trou à son collant*** to make a hole in ou to rip one's tights / ***elle a fait son trou dans l'édition*** she has made a nice little niche for herself in publishing **2.** [manque, espace vide] gap ▸ **trou de mémoire** memory lapse **3.** *fam* [prison] nick UK, clink / ***être au trou*** to be inside **4.** *fam* [endroit reculé] (little) place, hole *péj* , one-horse-town *hum* / ***pas même un café, quel trou !*** not even a café, what a dump!

troublant, e [tʀublɑ̃, ɑ̃t] adj disturbing.

trouble [tʀubl] ◆ adj **1.** [eau] cloudy **2.** [image, vue] blurred **3.** [affaire] shady. ◆ nm **1.** [désordre] trouble, discord **2.** [gêne] confusion ; [émoi] agitation **3.** *(gén pl)* [dérèglement] disorder ▸ **troubles moteurs** motor disorders ▸ **troubles respiratoires** respiratory disorders. ◆ **troubles** nmpl [sociaux] unrest *(U)*.

trouble-fête [tʀubləfɛt] (*pl* **trouble-fêtes**) nmf spoilsport.

troubler [3] [tʀuble] vt **1.** [eau] to cloud, to make cloudy **2.** [image, vue] to blur **3.** [sommeil, événement] to disrupt, to disturb **4.** [esprit, raison] to cloud **5.** [inquiéter, émouvoir] to disturb **6.** [rendre perplexe] to trouble. ◆ **se troubler** vp **1.** [eau] to become cloudy **2.** [personne] to become flustered.

trouée [tʀue] nf gap ; MIL breach.

trouer [3] [tʀue] vt **1.** [chaussette] to make a hole in **2.** *fig* [silence] to disturb.

troufion [tʀufjɔ̃] nm *fam* soldier.

trouillard, e [tʀujaʀ, aʀd] *fam* ◆ adj yellow, chicken. ◆ nm, f chicken.

trouille [tʀuj] nf *fam* fear, terror.

troupe [tʀup] nf **1.** MIL troop **2.** [d'amis] group, band ; [de singes] troop **3.** THÉÂTRE theatre UK ou theater US group.

troupeau, x [tʀupo] nm [de vaches, d'éléphants] herd ; [de moutons, d'oies] flock ; *péj* [de personnes] herd.

trousse [tʀus] nf case, bag ▸ **trousse de secours** first-aid kit ▸ **trousse de toilette** toilet bag. ◆ **trousses** nfpl ▸ **avoir qqn à ses trousses** *fig* to have sb hot on one's heels ▸ **être aux trousses de qqn** *fig* to be hot on the heels of sb.

trousseau, x [tʀuso] nm **1.** [de mariée] trousseau **2.** [de clés] bunch.

trousser [3] [tʀuse] vt **1.** [manches] to roll up ; [jupe] to hitch up **2.** CULIN to truss.

trouvaille [tʀuvaj] nf **1.** [découverte] find, discovery **2.** [invention] new idea.

trouvé, e [tʀuve] adj [découvert] ▸ **enfant trouvé** foundling / ***bien trouvé*** [original] well-chosen, apposite / ***voilà une réponse bien trouvée !*** that's a (pretty) good answer! / ***tout trouvé*** ready-made.

trouver [3] [tʀuve] ◆ vt to find / ***trouver qqch par hasard*** to chance ou to stumble upon sthg / ***j'ai trouvé ce livre en faisant du rangement*** I found ou came across this book while I was tidying up ▸ **trouver que** to feel (that) / ***trouver qqch à qqn : je lui trouve du charme***

I think he's got charm ▸ **trouver bon / mauvais que...** to think (that) it is right/wrong that... ▸ **trouver qqch à faire / à dire etc.** to find sthg to do/say etc. ▸ **trouver à s'occuper** to find something to do. ◈ v impers ▸ **il se trouve que...** the fact is that... / *il se trouve que quelqu'un vous a vu dans mon bureau* as it happens, somebody saw you in my office. ◆ **se trouver** vp **1.** [dans un endroit] to be / *où se trouve la gare ?* where's the station? ▸ **si ça se trouve** *fam* maybe **2.** [dans un état] to find o.s. / *se trouver dans l'impossibilité de faire qqch* to find o.s. OU to be unable to do sthg **3.** [se sentir] to feel / *je me suis trouvé bête d'avoir crié* I felt stupid for having screamed.

truand [tʀyɑ̃] nm crook.

truander [3] [tʀyɑ̃de] vt *fam* to rip off.

trublion [tʀyblijɔ̃] nm troublemaker.

truc [tʀyk] nm *fam* **1.** [combine] trick / *j'ai un truc pour rentrer sans payer* I know a way of getting in without paying **2.** [chose] thing, thingamajig ▸ **ce n'est pas son truc** it's not his thing / *j'ai plein de trucs à faire* I've got lots to do / *je pense à un truc* I've just thought of something / *mange pas de ce truc-là !* don't eat any of that (stuff)!

trucage = **truquage**.

truchement [tʀyʃmɑ̃] nm ▸ **par le truchement de qqn** through sb.

trucider [3] [tʀyside] vt *fam* & *hum* to bump off.

truculence [tʀykylɑ̃s] nf vividness, colourfulness UK, colorfulness US.

truculent, e [tʀykylɑ̃, ɑ̃t] adj colourful UK, colorful US.

truelle [tʀyɛl] nf trowel.

truffe [tʀyf] nf **1.** [champignon] truffle ▸ **truffe en chocolat** chocolate truffle **2.** [museau] muzzle.

truffer [3] [tʀyfe] vt **1.** [volaille] to garnish with truffles **2.** *fig* [discours] ▸ **truffer de** to stuff with.

truie [tʀɥi] nf sow.

truite [tʀɥit] nf trout.

truquage, trucage [tʀykaʒ] nm **1.** [d'élections] rigging **2.** CINÉ (special) effect.

truquer [3] [tʀyke] vt **1.** [élections] to rig **2.** CINÉ to use special effects in.

trust [tʀœst] nm **1.** [groupement] trust **2.** [entreprise] corporation.

ts *abr écrite de* **tous**.

tsar [tsaʀ], **tzar** [dzaʀ] nm tsar.

tsé-tsé [tsetse] ⟶ **mouche**.

tsigane, tzigane [tsigan] adj Gypsyish. ◆ **Tsigane, Tzigane** nmf (Hungarian) Gypsy.

tsunami [tsynami] nm *pr* tsunami ; *fig* upheaval.

TSVP (*abr de* **tournez s'il vous plaît**) PTO.

tt *abr écrite de* **tout**.

TT, TTA (*abr de* **transit temporaire (autorisé)**) *registration for vehicles bought in France for tax-free export by non-residents.*

TTC (*abr de* **toutes taxes comprises**) loc adj inclusive of all tax, including tax.

tt conf. *abr écrite de* **tout confort**.

ttes *abr écrite de* **toutes**.

TTX (*abr écrite de* **traitement de texte**) WP.

tu¹, e [ty] pp ⟶ **taire**.

tu² [ty] pron pers you / *dire tu à qqn* to use the "tu" form to sb.

TU (*abr de* **temps universel**) nm UT, GMT.

tuant, e [tɥɑ̃, ɑ̃t] adj *fam* **1.** [épuisant] exhausting **2.** [énervant] tiresome.

tuba [tyba] nm **1.** MUS tuba **2.** [de plongée] snorkel.

tube [tyb] nm **1.** [gén] tube ▸ **tube cathodique** cathode ray tube ▸ **à pleins tubes** a) *fam* & *fig* [chanter, crier] at the top of one's voice b) [mettre la musique] at full blast **2.** *fam* [chanson] hit. ◆ **tube digestif** nm digestive tract.

tubercule [tybɛʀkyl] nm **1.** BOT tuber **2.** ANAT tubercle.

tuberculeux, euse [tybɛʀkylø, øz] ◈ adj tubercular. ◈ nm, f tuberculosis sufferer.

tuberculose [tybɛʀkyloz] nf tuberculosis.

tubulaire [tybylɛʀ] adj tubular.

TUC, Tuc [tyk] (*abr de* **travail d'utilité collective**) nm *community work scheme for unemployed young people.*

tué, e [tɥe] nm, f **1.** [dans un accident] : *11 tués et 25 blessés* 11 dead OU 11 people killed and 25 injured **2.** MIL ▸ **tué à l'ennemi** killed in action.

tue-mouches [tymuʃ] ⟶ **papier**.

tuer [7] [tɥe] vt to kill / *je t'assure, il est à tuer !* *fam* [exaspérant] honestly, I could (cheerfully) kill him! / *se faire tuer* to be killed, to get o.s killed ▸ **tuer qqch dans l'œuf** to nip sthg in the bud. ◆ **se tuer** vp **1.** [se suicider] to kill o.s. **2.** [par accident] to die **3.** *fig* [s'épuiser] ▸ **se tuer à faire qqch** to wear o.s. out doing sthg / *elle se tue à la tâche* she's working herself to death.

tuerie [tyʀi] nf slaughter.

tue-tête [tytɛt] ◆ **à tue-tête** loc adv at the top of one's voice.

tueur, euse [tɥœʀ, øz] nm, f **1.** [meurtrier] killer ▸ **tueur à gages** hit man ▸ **tueur en série** serial killer **2.** [dans abattoir] slaughterer.

tufékoi SMS *abr écrite de* **tu fais quoi ?**

tuile [tɥil] nf **1.** [de toit] tile **2.** *fam* [désagrément] blow.

tulipe [tylip] nf tulip.

tulle [tyl] nm tulle.

tuméfié, e [tymefje] adj swollen.

tumeur [tymœʀ] nf tumour UK, tumor US.

tumoral, e, aux [tymɔʀal, o] adj tumorous.

tumulte [tymylt] nm **1.** [désordre] hubbub **2.** *litt* [trouble] tumult.

tumultueux, euse [tymyltɥø, øz] adj stormy.

tune = **thune**.

tuner [tynɛʀ] nm tuner.

tungstène [tœ̃kstɛn] nm tungsten.

tuning [tyniŋ] nm AUTO tuning.

tunique [tynik] nf tunic.

Tunis [tynis] npr Tunis.

Tunisie [tynizi] nf : *la Tunisie* Tunisia.

tunisien, enne [tynizjɛ̃, ɛn] adj Tunisian. ◆ **Tunisien, enne** nm, f Tunisian.

tunnel [tynɛl] nm tunnel.

TUP [typ] (*abr de* **titre universel de paiement**) nm *payment slip formerly used to settle bills.*

tuque [tyk] nf QUÉBEC wool hat, tuque QUÉBEC.

turban [tyʀbɑ̃] nm turban.

turbin [tuʀbɛ̃] nm *fam* ▸ **aller au turbin** to go to work.

turbine [tyʀbin] nf turbine.

turbo [tyʀbo] nm & nf turbo.

turboréacteur [tyʀbɔʀeaktœʀ] nm turbojet.

turbot [tyʀbo] nm turbot.

turbotrain [tyʀbɔtʀɛ̃] nm turbotrain.

turbulence [tyʀbylɑ̃s] nf **1.** [de personne] boisterousness **2.** MÉTÉOR turbulence.

turbulent, e [tyʀbylɑ̃, ɑ̃t] adj boisterous.

turc, turque [tyʀk] adj Turkish. ◆ **turc** nm [langue] Turkish. ◆ **Turc, Turque** nm, f Turk.

turf [tœʀf] nm [activité] ▸ **le turf** racing.

turfiste [tœʀfist] nmf racegoer.

turista = **tourista**.

turkmène [tyʀkmɛn] ❖ adj Turkmen. ❖ nm [langue] Turkmen. ◆ **Turkmène** nmf Turkoman.

turlupiner [3] [tyʀlypine] vt *fam* to nag.

turnover [tœʀnɔvœʀ] nm turnover.

turpitude [tyʀpityd] nf [littéraire] turpitude.

turque ⟶ **turc**.

Turquie [tyʀki] nf : *la Turquie* Turkey.

turquoise [tyʀkwaz] nf & adj inv turquoise.

tutelle [tytɛl] nf **1.** DR guardianship **2.** [dépendance] supervision / *sous la tutelle des Nations unies* under United Nations supervision **3.** [protection] protection.

tuteur, trice [tytœʀ, tʀis] nm, f guardian. ◆ **tuteur** nm [pour plante] stake.

tutoiement [tytwamɑ̃] nm *use of* ***tu***.

tutoyer [13] [tytwaje] vt ▸ **tutoyer qqn** to use the familiar "tu" form to sb / *elle tutoie son professeur* ≃ she's on first-name terms with her teacher. ◆ **se tutoyer** vp to use the familiar "tu" form with each other.

tutu [tyty] nm tutu.

tuyau, x [tɥijo] nm **1.** [conduit] pipe ▸ **tuyau d'arrosage** hosepipe **2.** *fam* [renseignement] tip.

tuyauter [3] [tɥijote] vt *fam* to give a tip to.

tuyauterie [tɥijotʀi] nf piping *(U)*, pipes *pl*.

TV (*abr de* **télévision**) nf TV.

TVA (*abr de* **taxe à la valeur ajoutée**) nf ≃ VAT.

TVHD (*abr de* **télévision haute définition**) nf HDTV.

twa SMS *abr écrite de* **toi**.

tweed [twid] nm tweed.

twin-set [twinsɛt] (*pl* **twin-sets**) nm twin set UK, sweater set US.

tympan [tɛ̃pɑ̃] nm **1.** ANAT eardrum **2.** ARCHIT tympanum.

type [tip] ❖ nm **1.** [exemple caractéristique] perfect example / *il est le type parfait du professeur* he's the classic example of a teacher / *c'est le type même du romantique* he's the typical romantic **2.** [genre] type ▸ **avoir le type nordique / méditerranéen** to have Nordic / Mediterranean features **3.** *fam* [individu] guy, bloke UK / *c'est un drôle de type !* **a)** [bizarre] he's a pretty weird bloke! **b)** [louche] he's a shady character! / *quel sale type !* what a nasty piece of work! UK, what an SOB! US. ❖ adj [caractéristique] typical / *contrat type* model contract / *erreur type* typical ou classic mistake.

typé, e [tipe] adj : *il est bien* ou *très typé* he has all the characteristic features.

typhoïde [tifɔid] ❖ nf typhoid. ❖ adj ▸ **fièvre typhoïde** typhoid fever.

typhon [tifɔ̃] nm typhoon.

typhus [tifys] nm typhus.

typique [tipik] adj typical.

typiquement [tipikmɑ̃] adv typically.

typographe [tipɔgʀaf] nmf typographer.

typographie [tipɔgʀafi] nf typography.

typographique [tipɔgʀafik] adj typographical.

typologie [tipɔlɔʒi] nf typology.

tyran [tiʀɑ̃] nm tyrant.

tyrannie [tiʀani] nf tyranny.

tyrannique [tiʀanik] adj tyrannical.

tyranniser [3] [tiʀanize] vt to tyrannize.

tyrannosaure [tiʀanozɔʀ] nm tyrannosaurus.

tyrolien, enne [tiʀɔljɛ̃, ɛn] adj Tyrolean. ◆ **tyrolienne** nf [air] Tyrolienne. ◆ **Tyrolien, enne** nm, f Tyrolean.

tzar = **tsar**.

tzatziki [tzatziki] nm CULIN tzatziki.

tzigane = **tsigane**.

U

u, **U** [y] nm inv u, U.

ubiquité [ybikɥite] nf ubiquity / *je n'ai pas le don d'ubiquité* I can't be everywhere (at once).

UE (*abr de* **Union européenne**) nf EU.

UEFA (*abr de* **Union of European Football Associations**) nf UEFA.

UEO (*abr de* **Union de l'Europe occidentale**) nf WEU.

UER nf **1.** (*abr de* **unité d'enseignement et de recherche**) *former name for a university department* **2.** (*abr de* **Union européenne de radiodiffusion**) EBU.

UFC (*abr de* **Union fédérale des consommateurs**) nf *French consumers' association.*

UFR (*abr de* **unité de formation et de recherche**) nf university department.

UHF (*abr de* **ultra-haute fréquence**) nf UHF.

UHT (*abr de* **ultra-haute température**) nf UHT.

Ukraine [ykʀɛn] nf : *l'Ukraine* the Ukraine.

ukrainien, **enne** [ykʀɛnjɛ̃, ɛn] adj Ukrainian. ◆ **ukrainien** nm [langue] Ukrainian. ◆ **Ukrainien**, **enne** nm, f Ukrainian.

ulcère [ylsɛʀ] nm ulcer.

ulcérer [18] [ylseʀe] vt **1.** MÉD to ulcerate **2.** *sout* [mettre en colère] to enrage. ◆ **s'ulcérer** vp to ulcerate, to fester.

ulcéreux, **euse** [ylseʀø, øz] adj [plaie] ulcerous ; [organe] ulcerated.

ULM (*abr de* **ultraléger motorisé**) nm microlight.

Ulster [ylstɛʀ] nm : *l'Ulster* Ulster.

ultérieur, **e** [ylteʀjœʀ] adj later, subsequent.

ultérieurement [ylteʀjœʀmɑ̃] adv later, subsequently.

ultimatum [yltimatɔm] nm ultimatum.

ultime [yltim] adj ultimate, final.

ultra- [yltʀa] préf ultra-.

ultraconservateur, **trice** [yltʀakɔ̃sɛʀvatœʀ, tʀis] adj ultraconservative.

ultramoderne [yltʀamɔdɛʀn] adj ultramodern.

ultrarésistant, **e** [yltʀaʀezistɑ̃, ɑ̃t] adj [matériau] ultra-resistant ; [virus] resistant.

ultrasensible [yltʀasɑ̃sibl] adj [personne] ultrasensitive ; [pellicule] high-speed.

ultrason [yltʀasɔ̃] nm ultrasound *(U).*

ultraviolet, **ette** [yltʀavjɔlɛ, ɛt] adj ultraviolet. ◆ **ultraviolet** nm ultraviolet.

ululement, **hululement** [ylylmɑ̃] nm hoot, hooting *(U).*

ululer [3], **hululer** [3] [ylyle] vi to hoot.

UMP [yɛmpe] (*abr de* **Union pour un mouvement populaire**) nf POL *French right-wing political party.*

un, **une** [yn, œ̃]

❖ art indéf

a, an *(devant voyelle)* / *un homme* a man / *un livre* a book / *une femme* a woman / *une pomme* an apple

❖ pron indéf

one / *l'un de mes amis* one of my friends ▸ **l'un l'autre** each other ▸ **les uns les autres** one another ▸ **l'un…, l'autre** one…, the other ▸ **les uns…, les autres** some…, others ▸ **l'un et l'autre** both (of them) ▸ **l'un ou l'autre** either (of them) ▸ **ni l'un ni l'autre** neither one nor the other, neither (of them) / *un des seuls* one of the few / *appelle-le un de ces jours* give him a call one of these days

❖ adj num inv

one / *une personne à la fois* one person at a time / *avale les cachets un par un* swallow the tablets one by one OU one at a time / *les enfants de un à sept ans* children (aged) from one to seven

❖ nm

one *Voir aussi* **six**.

◆ **une** nf ▸ **faire la / être à la une** PRESSE to make the / to be on the front page / *ce sujet sera à la un de notre dernier journal télévisé ce soir* this will be one of the main items in our late news bulletin ▸ **ne faire ni une ni deux** not to think twice / *j'en ai une (bonne) à t'apprendre* wait till you hear this.

unanime [ynanim] adj unanimous.

unanimement [ynanimmɑ̃] adv unanimously.

unanimité [ynanimite] nf unanimity ▸ **faire l'unanimité** to be unanimously approved ▸ **à l'unanimité** unanimously.

underground [œndœʀgʀaɔnd] ❖ nm inv underground. ❖ adj inv underground *(avant n).*

une [yn] ⟶ **un**.

UNEF, **Unef** [ynɛf] (*abr de* **Union nationale des étudiants de France**) nf *students' union* ; ≃ NUS UK.

UNESCO, **Unesco** [ynɛsko] (*abr de* **United Nations Educational, Scientific and Cultural Organization**) nf UNESCO.

uni, **e** [yni] adj **1.** [joint, réuni] united **2.** [famille, couple] close **3.** [surface, mer] smooth ; [route] even **4.** [étoffe, robe] plain, self-coloured UK, self-colored US.

UNICEF, **Unicef** [ynisɛf] (*abr de* **United Nations International Children's Emergency Fund**) nm UNICEF.

unicité [ynisite] nf *litt* uniqueness.

unidose [ynidoz] adj single-dose.

unième [ynjɛm] adj num inv : *cinquante et unième* fifty-first.

unificateur, trice [ynifikatœʀ, tʀis] adj unifying.

unification [ynifikasjɔ̃] nf unification.

unifier [9] [ynifje] vt **1.** [régions, parti] to unify **2.** [programmes] to standardize. ◆ **s'unifier** vp to unite, to unify.

unifolié [ynifɔlje] nm ▸ **l'unifolié** the Maple Leaf Flag *(of Canada)*.

uniforme [ynifɔʀm] ❖ adj uniform ; [régulier] regular / *un paysage uniforme* an unchanging ou a monotonous landscape. ❖ nm uniform.

uniformément [ynifɔʀmemɑ̃] adv uniformly.

uniformisation [ynifɔʀmizasjɔ̃] nf standardization.

uniformiser [3] [ynifɔʀmize] vt **1.** [couleur] to make uniform **2.** [programmes, lois] to standardize.

uniformité [ynifɔʀmite] nf **1.** [gén] uniformity ; [de mouvement] regularity **2.** [monotonie] monotony.

unijambiste [yniʒɑ̃bist] ❖ adj one-legged. ❖ nmf one-legged person.

unilatéral, e, aux [ynilateʀal, o] adj unilateral.

unilatéralement [ynilateʀalmɑ̃] adv unilaterally.

uninominal, e, aux [yninɔminal, o] adj ▸ **scrutin uninominal** voting for a single candidate.

union [ynjɔ̃] nf **1.** [de couleurs] blending **2.** [mariage] union ▸ **union conjugale** marriage ▸ **union libre** cohabitation / *vivre en union libre* to cohabit **3.** [de pays] union / *union nationale* national coalition ; [de syndicats] confederation / *union de consommateurs* consumer association ▸ **union douanière** customs union **4.** [entente] unity. ◆ **Union africaine** nf African Union. ◆ **Union européenne** nf European Union. ◆ **Union soviétique** nf : *l'(ex-)Union soviétique* the (former) Soviet Union.

unique [ynik] adj **1.** [seul - enfant, veston] only ; [- préoccupation] sole **2.** [principe, prix] single **3.** [exceptionnel] unique / *tu es vraiment unique !* fam & iron you're priceless!

uniquement [ynikmɑ̃] adv **1.** [exclusivement] only, solely **2.** [seulement] only, just.

unir [32] [yniʀ] vt **1.** [assembler - mots, qualités] to put together, to combine ; [- pays] to unite ▸ **unir qqch à** a) [pays] to unite sthg with b) [mot, qualité] to combine sthg with **2.** [partis, familles] to unite **3.** [marier] to unite, to join in marriage. ◆ **s'unir** vp **1.** [s'associer] to unite, to join together **2.** [se joindre - rivières] to merge ; [- couleurs] to go together **3.** [se marier] to be joined in marriage.

unisexe [ynisɛks] adj unisex.

unisson [ynisɔ̃] nm unison ▸ **à l'unisson** in unison.

unitaire [ynitɛʀ] adj **1.** [à l'unité] : *prix unitaire* unit price **2.** [manifestation, politique] joint *(avant n)*.

unité [ynite] nf **1.** [cohésion] unity / *arriver à une certaine unité de pensée* ou *vues* to reach a certain consensus ▸ **les trois unités, l'unité d'action, l'unité de temps et l'unité de lieu** HIST & THÉÂTRE the three unities, unity of action, unity of time, and unity of place **2.** COMM, MATH & MIL unit ▸ **unité de production** ÉCON [usine] production unit ▸ **à l'unité** COMM unit *(avant n)* ▸ **prix à l'unité** unit price. ◆ **unité centrale** nf INFORM central processing unit. ◆ **unité de valeur** nf *university course unit* ; ≃ credit.

univers [ynivɛʀ] nm universe ; *fig* world.

universaliser [3] [ynivɛʀsalize] vt to universalize, to make universal. ◆ **s'universaliser** vp to become universal.

universalité [ynivɛʀsalite] nf universality.

universel, elle [ynivɛʀsɛl] adj universal.

universellement [ynivɛʀsɛlmɑ̃] adv universally.

universitaire [ynivɛʀsitɛʀ] ❖ adj university *(avant n)*. ❖ nmf academic.

université [ynivɛʀsite] nf university.

univoque [ynivɔk] adj **1.** [mot, tournure] unambiguous **2.** [relation] one-to-one UK, one-on-one US.

Untel, Unetelle [œ̃tɛl, yntɛl] nm, f Mr so-and-so (Mrs so-and-so).

upériser [ypeʀize] vt to sterilize at ultrahigh temperature ▸ **lait upérisé** UHT milk.

uppercut [ypɛʀkyt] nm uppercut.

uranium [yʀanjɔm] nm uranium.

urbain, e [yʀbɛ̃, ɛn] adj **1.** [de la ville] urban **2.** *litt* [affable] urbane.

urbanisation [yʀbanizasjɔ̃] nf urbanization.

urbaniser [3] [yʀbanize] vt to urbanize. ◆ **s'urbaniser** vp to become urbanized ou built up.

urbanisme [yʀbanism] nm town planning UK, city planning US.

urbanité [yʀbanite] nf urbanity.

urbi et orbi [yʀbiɛtɔʀbi] loc adj & loc adv RELIG urbi et orbi ▸ **clamer qqch urbi et orbi** *fig* to proclaim sthg for all to hear.

urée [yʀe] nf urea.

urémie [yʀemi] nf uraemia.

urgemment [yʀʒamɑ̃] adv urgently.

urgence [yʀʒɑ̃s] nf **1.** [de mission] urgency **2.** MÉD emergency ▸ **les urgences** the casualty department *sg* UK, emergency room US, ER US. ◆ **d'urgence** ❖ loc adj **1.** [mesures, soins] emergency *(modif)* / *c'est un cas d'urgence* it's an emergency **2.** POL ▸ **état d'urgence** state of emergency ▸ **procédure d'urgence** emergency ou special powers. ❖ loc adv immediately.

urgent, e [yʀʒɑ̃, ɑ̃t] adj urgent.

urgentissime [yʀʒɑ̃tisim] adj *fam* super urgent / *elle a un travail urgentissime à finir* she has a massively urgent job to finish.

urgentiste [yʀʒɑ̃tist] nmf MÉD A&E doctor.

urger [17] [yʀʒe] vi *fam* : *ça urge ?* is it urgent?, how urgent is it? / *je veux faire pipi — ça urge ?* I want a wee-wee — how desperate are you? / *j'ai du travail, mais ça n'urge pas* I do have some work to do, but it's not urgent ou but there's no rush.

urinaire [yʀinɛʀ] adj urinary.

urine [yrin] nf urine.

uriner [3] [yrine] vi to urinate.

urinoir [yrinwar] nm urinal.

URL (*abr de* **uniform resource locator**) nf URL.

urne [yrn] nf **1.** [vase] urn **2.** [de vote] ballot box ▸ **aller aux urnes** to go to the polls.

urologie [yrɔlɔʒi] nf urology.

URSS (*abr de* **Union des républiques socialistes soviétiques**) nf : *l'(ex-)URSS* the (former) USSR.

URSSAF, Urssaf [yrsaf] (*abr de* **Union de recouvrement des cotisations de sécurité sociale et d'allocations familiales**) nf *administrative body responsible for collecting social security funds.*

urticaire [yrtikɛr] nf urticaria, hives *pl*.

Uruguay [yrygwɛ] nm : *l'Uruguay* Uruguay.

uruguayen, enne [yrygwejɛ̃, ɛn] adj Uruguayan. ◆ **Uruguayen, enne** nm, f Uruguayan.

us [ys] nmpl ▸ **les us et coutumes** the ways and customs.

USA (*abr de* **United States of America**) nmpl USA.

usage [yzaʒ] nm **1.** [gén] use ▸ **faire usage de qqch** to use sthg / *faire un usage abusif du pouvoir* to abuse power ▸ **en usage** in use / *cette technique n'est plus en usage* this technique is now obsolete OU is no longer in use ▸ **à l'usage** a) [à l'emploi] with use b) [vêtement] with wear / *c'est à l'usage qu'on s'aperçoit des défauts d'une cuisine* you only realize what the shortcomings of a kitchen are after you've used it for a while ▸ **à l'usage de qqn** for (the use of) sb / *un livre de cuisine à l'usage des enfants* a cookery book aimed at OU intended for children ▸ **à usage externe / interne** for external/internal use ▸ **hors d'usage** out of action / *appareil d'usage courant* household appliance / *à usage unique* [seringue, produit] use-once-then-throw-away / *perdre l'usage de la parole* to lose one's power of speech **2.** [coutume] custom / *c'est l'usage* it's the done thing / *c'est conforme à l'usage* OU *aux usages* it's in accordance with the rules of etiquette ▸ **d'usage** customary / *échanger les banalités d'usage* to exchange the customary platitudes **3.** LING usage / *le mot est entré dans l'usage* the word is now in common use / *le mot est sorti de l'usage* the word has become obsolete OU is no longer used.

usagé, e [yzaʒe] adj worn, old.

usager [yzaʒe] nm user ▸ **les usagers de la route** road-users.

usant, e [yzɑ̃, ɑ̃t] adj [tâche] gruelling, wearing ; [enfant] wearing, tiresome ▸ **c'est usant** it really wears you down.

USB (*abr de* **universal serial bus**) nm INFORM USB ▸ **clé USB** USB key, USB stick UK ▸ **port USB** USB port.

usé, e [yze] adj **1.** [détérioré] worn **2.** [personne] worn-out **3.** [plaisanterie] hackneyed, well-worn.

user [3] [yze] ❖ vt **1.** [consommer] to use **2.** [vêtement] to wear out **3.** [forces] to use up ; [santé] to ruin ; [personne] to wear out. ❖ vi **1.** [se servir] ▸ **user de** a) [charme] to use b) [droit, privilège] to exercise **2.** [traiter] ▸ **en user bien avec qqn** *litt* to treat sb well. ◆ **s'user** vp **1.** [chaussure] to wear out **2.** [personne] to wear o.s. out **3.** [amour] to burn itself out.

usinage [yzinaʒ] nm **1.** [façonnage] machining **2.** [fabrication] manufacturing.

usine [yzin] nf factory.

usiner [3] [yzine] vt **1.** [façonner] to machine **2.** [fabriquer] to manufacture.

usité, e [yzite] adj in common use ▸ **très / peu usité** commonly/rarely used.

USP [yɛspe] (*abr de* **unité de soins palliatifs**) nf MÉD palliative care unit.

ustensile [ystɑ̃sil] nm implement, tool ▸ **ustensiles de cuisine** kitchen utensils.

usuel, elle [yzɥɛl] adj common, usual.

usuellement [yzɥɛlmɑ̃] adv usually, ordinarily.

usufruit [yzyfrɥi] nm usufruct.

usuraire [yzyrɛr] adj usurious.

usure [yzyr] nf **1.** [de vêtement, meuble] wear ; [de forces] wearing down ▸ **avoir qqn à l'usure** *fam* to wear sb down ▸ **obtenir qqch à l'usure** to get sthg through sheer persistence **2.** [intérêt] usury.

usurier, ère [yzyrje, ɛr] nm, f usurer.

usurpateur, trice [yzyrpatœr, tris] ❖ adj usurping *(avant n)*. ❖ nm, f usurper.

usurpation [3] [yzyrpasjɔ̃] nf usurpation.

usurper [3] [yzyrpe] vt to usurp.

ut [yt] nm inv C.

utérin, ine [yterɛ̃, in] adj uterine.

utérus [yterys] nm uterus, womb.

utile [ytil] adj useful ▸ **être utile à qqn** to be useful OU of help to sb, to help sb.

utilement [ytilmɑ̃] adv usefully, profitably.

utilisable [ytilizabl] adj usable.

utilisateur, trice [ytilizatœr, tris] nm, f user ; INFORM : *utilisateur disposant d'une licence* registered user ▸ **utilisateur étranger** unauthorized user ▸ **utilisateur final** end user / *utilisateur pilote* lead user / *utilisateur tardif* late adopter.

utilisation [ytilizasjɔ̃] nf use.

utiliser [3] [ytilize] vt to use. ◆ **s'utiliser** vp to be used / *je ne sais pas comment cela s'utilise* I don't know how this is used.

utilitaire [ytilitɛr] ❖ adj **1.** [pratique] utilitarian ; [véhicule] commercial **2.** *péj* [préoccupations] material ; [caractère] materialistic. ❖ nm INFORM utility (program).

utilité [ytilite] nf **1.** [usage] usefulness **2.** DR ▸ **entreprise d'utilité publique** public utility ▸ **organisme d'utilité publique** registered charity **3.** EXPR **jouer les utilités** a) THÉÂTRE to play bit parts b) *fig* to play second fiddle.

utopie [ytɔpi] nf **1.** [idéal] utopia **2.** [projet irréalisable] unrealistic idea.

utopique [ytɔpik] adj utopian.

utopiste [ytɔpist] nmf utopian.

UV ❖ nf (*abr de* **unité de valeur**) *university course unit* ; ≃ credit. ❖ (*abr de* **ultraviolet**) UV.

UVA (*abr de* **ultraviolet A**) nm UVA ▸ **bronzage UVA** sunlamp tan.

V

v, V [ve] nm inv v, V ▸ **pull en v** V-neck sweater.

v.[1] **1.** LITTÉR (*abr écrite de* **vers**) v. **2.** (*abr écrite de* **verset**) v. **3.** [environ] (*abr écrite de* **vers**) approx.

v.[2], **V.** *abr écrite de* **voir**.

V1[3] SMS *abr écrite de* **viens**.

va [va] ❖ ⟶ **aller.** ❖ interj ▸ **courage, va !** come on, cheer up! ▸ **va donc !** *fam* come on! / *va pour 10 euros / demain* *fam* OK, let's say 10 euros / tomorrow.

VA (*abr écrite de* **voltampère**) VA.

vacance [vakɑ̃s] nf vacancy ▸ **vacance du pouvoir** power vacuum / *pendant la vacance du siège* while the seat is empty ▸ **vacance de succession** DR abeyance of succession. ◆ **vacances** nfpl holiday *sg* UK, vacation *sg* US ▸ **bonnes vacances !** have a good holiday! ▸ **être / partir en vacances** to be / go on holiday / *prendre des vacances* to take a holiday, to go on holiday / *rentrer de vacances* to come back from holiday ou vacation ▸ **les grandes vacances** the summer holidays ▸ **vacances de neige** skiing holidays ou vacation ▸ **vacances scolaires** school holidays UK ou break US.

vacancier, ère [vakɑ̃sje, ɛʀ] ❖ adj holiday *(avant n)*. ❖ nm, f holiday-maker UK, vacationer US.

vacant, e [vakɑ̃, ɑ̃t] adj [poste] vacant ; [logement] vacant, unoccupied.

vacarme [vakaʀm] nm racket, din.

vacataire [vakatɛʀ] ❖ adj [employé] temporary. ❖ nmf temporary worker, temp.

vacation [vakasjɔ̃] nf [d'expert] session.

vaccin [vaksɛ̃] nm vaccine.

vaccination [vaksinasjɔ̃] nf vaccination.

vacciner [3] [vaksine] vt ▸ **vacciner qqn (contre)** a) MÉD to vaccinate sb (against) b) *fam* & *fig* to make sb immune (to).

vache [vaʃ] ❖ nf **1.** ZOOL cow ▸ **vache laitière** ou **à lait** milker, dairy cow **2.** [cuir] cowhide **3.** *fam* & *péj* [femme] cow UK ; [homme] pig / *ah les vaches, ils ne m'ont pas invité !* the swines didn't invite me! **4.** COMM [produit] : *vache à lait* cash cow, milch cow **5.** EXPR **la vache !** *fam* hell! ❖ adj *fam* rotten / *allez, ne sois pas vache* come on, don't be rotten, come on, be a sport UK / *faire un coup vache à qqn* to play a dirty trick on sb.

vachement [vaʃmɑ̃] adv *fam* bloody UK, dead UK, real US.

vacherie [vaʃʀi] nf *fam* nastiness ▸ **faire / dire une vacherie** to do / say something nasty.

vacherin [vaʃʀɛ̃] nm [dessert] *meringue filled with ice-cream and fruit*.

vachette [vaʃɛt] nf **1.** [jeune vache] calf **2.** [cuir] calfskin.

vacillant, e [vasijɑ̃, ɑ̃t] adj **1.** [jambes, fondations] unsteady ; [lumière] flickering **2.** [mémoire, santé] failing ; [caractère] wavering, indecisive.

vaciller [3] [vasije] vi **1.** [jambes, fondations] to shake ; [lumière] to flicker ▸ **vaciller sur ses jambes** to be unsteady on one's legs **2.** [mémoire, santé] to fail.

vacuité [vakɥite] nf *sout* [de propos] emptiness, vacuousness.

vade-mecum [vademekɔm] nm inv vade mecum.

vadrouille [vadʀuj] nf **1.** *fam* [promenade, voyage] ▸ **être / partir en vadrouille** to be / to go off gallivanting **2.** QUÉBEC [pour laver les sols] mop.

va-et-vient [vaevjɛ̃] nm inv **1.** [de personnes] comings and goings *pl*, toing and froing **2.** [de balancier] to-and-fro movement **3.** ▸ **(porte) va-et-vient** swing door **4.** ÉLECTR two-way switch.

vagabond, e [vagabɔ̃, ɔ̃d] ❖ adj **1.** [chien] stray ; [vie] vagabond *(avant n)* **2.** [humeur] restless. ❖ nm, f [rôdeur] vagrant, tramp ; *litt* [voyageur] wanderer.

vagabondage [vagabɔ̃daʒ] nm [délit] vagrancy ; [errance] wandering, roaming.

vagabonder [3] [vagabɔ̃de] vi **1.** [personne] to wander, to roam **2.** [esprit, imagination] to wander.

vagal, e, aux [vagal, o] adj ANAT vagal ▸ **malaise vagal** vasovagal episode.

vagin [vaʒɛ̃] nm vagina.

vaginal, e, aux [vaʒinal, o] adj vaginal.

vaginite [vaʒinit] nf vaginitis.

vagir [32] [vaʒiʀ] vi to cry, to wail.

vagissement [vaʒismɑ̃] nm cry, wail.

vague[1] [vag] ❖ adj **1.** [idée, promesse] vague **2.** [vêtement] loose-fitting **3.** *(avant n)* [quelconque] : *il a un vague travail dans un bureau* he has some job or other in an office **4.** *(avant n)* [cousin] distant. ❖ nm ▸ **rester dans le vague** *fig* to remain vague ▸ **avoir du vague à l'âme** *fig* to be wistful.

vague[2] [vag] nf wave ▸ **une vague de** a) [touristes, immigrants] a wave of b) [d'enthousiasme] a surge of ▸ **une vague de fond** *pr* & *fig* a groundswell ▸ **une vague de froid** a cold spell ▸ **la nouvelle vague** the new wave ▸ **vague de chaleur** heatwave / *une vague de protestations / grèves* a wave of protest / strikes.

vaguelette [vaglɛt] nf ripple, wave.

vaguement [vagmɑ̃] adv vaguely.

vahiné [vaine] nf Tahitian woman.

vaillamment [vajamɑ̃] adv bravely, valiantly.

vaillance [vajɑ̃s] nf *litt* bravery, courage ; MIL valour UK, valor US.

vaillant, e [vajɑ̃, ɑ̃t] adj **1.** [enfant, vieillard] hale and hearty **2.** *litt* [héros] valiant.

vain, e [vɛ̃, vɛn] adj **1.** [inutile] vain, useless ▸ **en vain** in vain, to no avail **2.** *litt* [vaniteux] vain.

vaincre [114] [vɛ̃kʀ] vt **1.** [ennemi] to defeat **2.** [obstacle, peur] to overcome.

vaincu, e [vɛ̃ky] ❖ pp ⟶ **vaincre.** ❖ adj defeated. ❖ nm, f defeated person.

vainement [vɛnmɑ̃] adv vainly.

vainqueur [vɛ̃kœʀ] ❖ nm **1.** [de combat] conqueror, victor **2.** SPORT winner. ❖ adj m victorious, conquering.

vairon [vɛʀɔ̃] ❖ adj m **1.** [yeux] of different colours **2.** [cheval] wall-eyed. ❖ nm minnow.

vais ⟶ **aller**.

vaisseau, x [vɛso] nm **1.** *litt* NAUT vessel, ship ▸ **vaisseau spatial** AÉRON spaceship **2.** ANAT vessel **3.** ARCHIT nave.

vaisselier [vɛsəlje] nm dresser.

vaisselle [vɛsɛl] nf crockery ▸ **faire** OU **laver la vaisselle** to do the dishes, to wash up UK.

val [val] (*pl* **vals** *ou* **vaux** [vo]) nm valley.

valable [valabl] adj **1.** [passeport] valid **2.** [raison, excuse] valid, legitimate **3.** [œuvre] good, worthwhile **4.** EXPR **cela reste valable** that still stands.

valentin [valɑ̃tɛ̃] nm QUÉBEC [carte] Valentine card.

valériane [valeʀjan] nf valerian.

valet [valɛ] nm **1.** [serviteur] servant ▸ **valet de chambre** manservant, valet **2.** *péj* [homme servile] lackey **3.** [cartes à jouer] jack, knave.

valeur [valœʀ] nf **1.** [gén & MUS] value / *bijoux sans valeur* worthless jewels / *manuscrit d'une valeur inestimable* invaluable manuscript ▸ **avoir de la valeur** to be valuable ▸ **mettre en valeur a)** [talents] to bring out **b)** [terre] to exploit ▸ **prendre de la valeur** to increase in value ▸ **perdre de sa valeur** to lose its value ▸ **de (grande) valeur a)** [chose] (very) valuable **b)** [personne] of (great) worth OU merit ▸ **des objets de valeur** valuables, items of value, valuable items / *un collaborateur de valeur* a prized colleague ▸ **valeur absolue** absolute value ▸ **valeur nominale** face value ▸ **valeur nutritive** nutritional value, goodness **2.** *(gén pl)* FIN stocks and shares *pl*, securities *pl* ▸ **valeurs (mobilières)** stocks and shares, securities ▸ **valeurs à revenu fixe / variable** fixed/variable income securities ▸ **valeur refuge a)** [gén] sound investment **b)** [Bourse] currency-safe investment **3.** ÉCON value ▸ **valeur ajoutée** added value ▸ **valeur au comptant** OU **de rachat** cash value ▸ **valeur comptable** book value ▸ **valeur marchande / vénale** market/monetary value ▸ **valeur perçue** perceived value ▸ **valeur à la revente** resale value **4.** [mérite] worth, merit / *avoir conscience de sa valeur* to know one's own worth **5.** *fig* [importance] value, importance / *la valeur sentimentale d'un collier* the sentimental value of a necklace ▸ **attacher** OU **accorder une grande valeur à qqch** to prize sthg, to set great value by sthg **6.** [équivalent] ▸ **la valeur de** the equivalent of / *donnez-lui la valeur d'une cuillère à soupe de sirop* give him the equivalent of a tablespoonful of syrup. ◆ **valeurs** nfpl [critères de référence] values / *valeurs morales / sociales / familiales* moral/social/family values ; ÉCON ▸ **valeurs matérielles** tangible assets.

valeureusement [valœʀøzmɑ̃] adv *litt* valiantly, bravely.

valeureux, euse [valœʀø, øz] adj *litt* valiant, brave.

validation [validasjɔ̃] nf validation, authentication.

valide [valid] adj **1.** [personne] spry **2.** [contrat] valid.

valider [3] [valide] vt to validate, to authenticate.

validité [validite] nf validity.

valise [valiz] nf case UK, suitcase ▸ **faire sa valise / ses valises a)** *pr* to pack one's case/cases **b)** *fam* & *fig* [partir] to pack one's bags ▸ **valise diplomatique** diplomatic bag.

vallée [vale] nf valley.

vallon [valɔ̃] nm small valley.

vallonné, e [valɔne] adj undulating.

valoir [60] [valwaʀ] ❖ vi **1.** [gén] to be worth ▸ **ça vaut combien ?** how much is it? / *que vaut ce film ?* is this film any good? / *l'émission d'hier ne valait pas grand-chose* yesterday's programme wasn't up to much ▸ **ne rien valoir** not to be any good, to be worthless ▸ **ça vaut mieux** *fam* that's best ▸ **ça ne vaut pas la peine** it's not worth it ▸ **faire valoir a)** [vues] to assert **b)** [talent] to show / *faire valoir ses droits à la retraite* to provide evidence for one's entitlement to a pension **2.** [règle] ▸ **valoir pour** to apply to, to hold good for / *le règlement vaut pour tout le monde* the rules hold for everyone **3.** COMM & ÉCON : *à ce prix-là, ça vaut le coup* at that price, you can't go wrong / *à valoir sur* : *il y a deux euros à valoir sur votre prochain achat* you'll get two euros off your next purchase / *faire valoir un capital* to turn a sum of money to (good) account, to make a sum of money yield a good profit / *faire valoir une propriété* to derive profit from a property / *ne pas valoir cher* to be cheap OU inexpensive / *valoir très cher* to cost a lot, to be very expensive / *verser un acompte à valoir sur une somme* to pay a deposit to be set off against a sum. ❖ vt [médaille, gloire] to bring, to earn / *ses efforts lui ont valu une médaille aux jeux Olympiques* his efforts earned him a medal at the Olympic Games / *qu'est-ce qui me vaut l'honneur / le plaisir de ta visite ?* to what do I owe the honour/pleasure of your visit? ❖ v impers ▸ **il vaudrait mieux que nous partions** it would be better if we left, we'd better leave. ◆ **se valoir** vp to be equally good/bad / *nous nous valons au sprint* we're both equally good (as) sprinters / *tu vas voter Dupond ou Dufort ? — tout ça se vaut !* *fam* are you going to vote Dupond or Dufort? — it's six of one and half a dozen of the other OU it's all the same thing!

valorisant, e [valɔrizɑ̃, ɑ̃t] adj good for one's image.

valorisation [valɔrizasjɔ̃] nf [d'immeuble, de région] development ▸ **valorisation de soi** good self-image.

valoriser [3] [valɔrize] vt [immeuble, région] to develop ; [individu, société] to improve the image of.

valse [vals] nf **1.** waltz **2.** *fam* & *fig* [de personnel] reshuffle **3.** [des prix] spiralling.

valser [3] [valse] vi to waltz / *envoyer valser qqch fam* & *fig* to send sthg flying / *envoyer valser qqn fam* & *fig* [employé] to give sb the elbow.

valseur, euse [valsœr, øz] nm, f [danseur] waltzer.

valu [valy] pp inv ⟶ **valoir**.

valve [valv] nf valve.

vamp [vɑ̃p] nf vamp.

vamper [3] [vɑ̃pe] vt *fam* to vamp.

vampire [vɑ̃pir] nm **1.** [fantôme] vampire **2.** *fig* [personne avide] vulture **3.** ZOOL vampire bat.

vampiriser [3] [vɑ̃pirize] vt *fam* & *fig* to control.

van [vɑ̃] nm [fourgon] horsebox UK, horsecar US.

vandale [vɑ̃dal] nmf vandal.

vandalisme [vɑ̃dalism] nm vandalism.

vanille [vanij] nf vanilla.

vanillé, e [vanije] adj vanilla *(avant n)*.

vanité [vanite] nf vanity.

vaniteux, euse [vanitø, øz] ❖ adj vain, conceited. ❖ nm, f vain ou conceited person.

vanity-case [vanitikez] (*pl* **vanity-cases**) nm vanity case.

vanne [van] nf **1.** [d'écluse] lockgate **2.** *fam* [remarque] gibe.

vanné, e [vane] adj *fam* [personne] dead beat.

vanner [3] [vane] vt **1.** [grain] to winnow **2.** *fam* [fatiguer] to wear out **3.** *fam* [se moquer de] to make gibes at, to have a go at.

vannerie [vanri] nf basketwork, wickerwork.

vannier [vanje] nm basket maker.

vantail, aux [vɑ̃taj, o] nm [de porte] leaf ; [d'armoire] door.

vantard, e [vɑ̃tar, ard] ❖ adj bragging, boastful. ❖ nm, f boaster.

vantardise [vɑ̃tardiz] nf boasting *(U)*, bragging *(U)*.

vanter [3] [vɑ̃te] vt to vaunt. ◆ **se vanter** vp to boast, to brag ▸ **se vanter de qqch** to boast ou brag about sthg ▸ **se vanter de faire qqch** to boast ou brag about doing sthg.

va-nu-pieds [vanypje] nmf inv beggar.

vapes [vap] nfpl *fam* ▸ **être dans les vapes** to have one's head in the clouds ▸ **tomber dans les vapes** to pass out.

vapeur [vapœr] ❖ nf **1.** [d'eau] steam ▸ **à la vapeur** steamed ▸ **bateau à vapeur** steamboat, steamer ▸ **locomotive à vapeur** steam engine ▸ **renverser la vapeur a)** NAUT to reverse engines **b)** *fig* to backpedal **2.** [émanation] vapour UK, vapor US. ❖ nm steamer. ◆ **vapeurs** nfpl **1.** [émanations] fumes **2.** EXPR **avoir ses vapeurs** *vieilli* to have the vapours UK ou vapors US.

vapocuiseur [vapɔkɥizœr] nm pressure cooker.

vaporeux, euse [vapɔrø, øz] adj **1.** *litt* [ciel, lumière] hazy **2.** [tissu] filmy.

vaporisateur [vapɔrizatœr] nm **1.** [atomiseur] spray, atomizer **2.** [dans l'industrie] vaporizer.

vaporisation [vapɔrizasjɔ̃] nf **1.** [de parfum, déodorant] spraying **2.** PHYS vaporization.

vaporiser [3] [vapɔrize] vt **1.** [parfum, déodorant] to spray **2.** PHYS to vaporize. ◆ **se vaporiser** vp to vaporize.

vaquer [3] [vake] vi ▸ **vaquer à** to see to, to attend to.

varappe [varap] nf rock climbing.

varappeur, euse [varapœr, øz] nm, f (rock) climber.

varech [varɛk] nm kelp.

vareuse [varøz] nf **1.** [veste] loose-fitting jacket **2.** [de marin] pea jacket **3.** [d'uniforme] tunic.

variable [varjabl] ❖ adj **1.** [temps] changeable **2.** [distance, résultats] varied, varying **3.** [température] variable. ❖ nf variable.

variante [varjɑ̃t] nf variant.

variateur [varjatœr] nm ÉLECTR dimmer switch.

variation [varjasjɔ̃] nf variation.

varice [varis] nf varicose vein.

varicelle [varisɛl] nf chickenpox.

varié, e [varje] adj **1.** [divers] various **2.** [non monotone] varied, varying.

varier [9] [varje] vt & vi to vary.

variété [varjete] nf variety. ◆ **variétés** nfpl variety show *sg*.

variole [varjɔl] nf smallpox.

variqueux, euse [varikø, øz] adj varicose.

Varsovie [varsɔvi] npr Warsaw / *le pacte de Varsovie* the Warsaw Pact.

vas ⟶ **aller**.

vasculaire [vaskylɛr] adj vascular.

vase¹ [vaz] nm vase ▸ **en vase clos** *fig* in a vacuum.

vase² [vaz] nf mud, silt.

vasectomie [vazɛktɔmi] nf vasectomy.

vaseline [vazlin] nf Vaseline®, petroleum jelly UK.

vaseux, euse [vazø, øz] adj **1.** [fond] muddy, silty **2.** *fam* [personne] under the weather **3.** *fam* [raisonnement, article] woolly.

vasistas [vazistas] nm fanlight.

vasouillard, e [vazujar, ard] adj *fam* in a daze.

vasque [vask] nf **1.** [de fontaine] basin **2.** [coupe] bowl.

vassal, e, aux [vasal, o] nm, f vassal.

vaste [vast] adj vast, immense.

Vatican [vatikɑ̃] nm : *le Vatican* the Vatican / *l'État de la cité du Vatican* Vatican City / *au Vatican* in Vatican City.

va-tout [vatu] nm inv ▸ **jouer son va-tout** *fig* to stake one's all.

vaudeville [vodvil] nm vaudeville.

vaudevillesque [vodvilɛsk] adj ludicrous.

vaudou [vodu] nm voodoo.

vaudrait ⟶ **valoir**.

vau-l'eau [volo] ◆ **à vau-l'eau** loc adv *pr* with the flow ▸ **aller à vau-l'eau** *fig* to go down the drain.

vaurien, enne [voʀjɛ̃, ɛn] nm, f good-for-nothing.

vaut ⟶ **valoir**.

vautour [votuʀ] nm vulture.

vautrer [3] [votʀe] ◆ **se vautrer** vp [dans la boue, dans la débauche] to wallow ; [sur l'herbe, dans un fauteuil] to sprawl.

va-vite [vavit] ◆ **à la va-vite** loc adv *fam* in a rush.

vd *abr écrite de* **vend**.

VDQS (*abr de* **vin délimité de qualité supérieure**) nm *label indicating quality of wine.*

vds *abr écrite de* **vends**.

veau, x [vo] nm **1.** [animal] calf ▸ **le Veau d'or** the golden calf **2.** [viande] veal **3.** [peau] calfskin **4.** *péj* [personne] lump.

vecteur [vɛktœʀ] nm **1.** GÉOM vector **2.** [intermédiaire] vehicle ; MÉD carrier.

vécu, e [veky] ❖ pp ⟶ **vivre.** ❖ adj real.

vedettariat [vədɛtaʀja] nm stardom.

vedette [vədɛt] nf **1.** NAUT patrol boat ▸ **vedette de la douane** customs patrol boat **2.** [star] star / *vedette du petit écran / du cinéma* TV/film star / *une vedette de la politique / du rugby* a big name in politics/rugby ▸ **mettre en vedette** *fig* to turn the spotlight on / *partager la vedette avec qqn* **a)** THÉÂTRE to share star billing with sb **b)** *fig* to share the limelight with sb.

végétal, e, aux [veʒetal, o] adj [huile] vegetable *(avant n)* ; [cellule, fibre] plant *(avant n)*.

végétalien, enne [veʒetaljɛ̃, ɛn] adj & nm, f vegan.

végétarien, enne [veʒetaʀjɛ̃, ɛn] adj & nm, f vegetarian.

végétarisme [veʒetaʀism] nm vegetarianism.

végétatif, tive [veʒetatif, iv] adj vegetative ; *fig* vegetable-like.

végétation [veʒetasjɔ̃] nf vegetation. ◆ **végétations** nfpl adenoids.

végéter [18] [veʒete] vi to vegetate.

véhémence [veemɑ̃s] nf vehemence.

véhément, e [veemɑ̃, ɑ̃t] adj vehement.

véhicule [veikyl] nm vehicle ▸ **véhicule banalisé** unmarked vehicle ▸ **véhicule sanitaire** ambulance.

véhiculer [3] [veikyle] vt to transport ; *fig* to convey.

veille [vɛj] nf **1.** [jour précédent] day before, eve ▸ **la veille au soir** the previous evening, the evening before / *la veille de mon anniversaire* the day before my birthday / *la veille de Noël* Christmas Eve ▸ **à la veille de** *fig* on the eve of **2.** [éveil] wakefulness ; [privation de sommeil] sleeplessness **3.** [garde] ▸ **être de veille** to be on night duty.

veillée [veje] nf **1.** [soirée] evening **2.** [de mort] wake, vigil.

veiller [4] [veje] ❖ vi **1.** [rester éveillé] to stay up **2.** [rester vigilant] ▸ **veiller à qqch** to look after sthg ▸ **veiller à faire qqch** to see that sthg is done ▸ **veiller sur** to watch over. ❖ vt to sit up with.

veilleur [vejœʀ] nm ▸ **veilleur de nuit** night watchman.

veilleuse [vejøz] nf **1.** [lampe] nightlight **2.** AUTO sidelight **3.** [de chauffe-eau] pilot light.

veinard, e [vɛnaʀ, aʀd] *fam* ❖ adj lucky. ❖ nm, f lucky devil.

veine [vɛn] nf **1.** [gén] vein ▸ **en veine de** in the mood for ▸ **s'ouvrir les veines** to slash one's wrists ▸ **se saigner aux quatre veines** *fig* to bleed o.s. dry **2.** [de marbre] vein ; [de bois] grain **3.** [filon] seam, vein **4.** *fam* [chance] luck ▸ **avoir de la veine** to be lucky ▸ **avoir une veine de cocu** *fig* to have the luck of the devil.

veiné, e [vene] adj [marbre] veined ; [bois] grained.

veineux, euse [venø, øz] adj **1.** ANAT venous **2.** [marbre] veined ; [bois] grainy.

veinule [venyl] nf venule.

Velcro® [vɛlkʀo] nm Velcro®.

vêler [4] [vele] vi to calve.

vélin [velɛ̃] nm vellum.

véliplanchiste [veliplɑ̃ʃist] nmf windsurfer.

velléitaire [veleitɛʀ] ❖ nmf indecisive person. ❖ adj indecisive.

velléité [veleite] nf whim.

vélo [velo] nm bike ▸ **faire du vélo** to go cycling.

véloce [velɔs] adj *litt* swift.

vélociraptor [velɔsiʀaptɔʀ] nm velociraptor.

vélocité [velɔsite] nf *litt* swiftness, speed.

vélodrome [velɔdʀom] nm velodrome.

vélomoteur [velɔmɔtœʀ] nm light motorcycle, moped.

velours [vəluʀ] nm velvet.

velouté, e [vəlute] adj velvety. ◆ **velouté** nm **1.** [de peau] velvetiness **2.** [potage] cream soup ▸ **velouté d'asperges** cream of asparagus soup.

velu, e [vəly] adj hairy.

venaison [vənɛzɔ̃] nf venison.

vénal, e, aux [venal, o] adj venal.

vénalité [venalite] nf venality.

venant [vənɑ̃] ◆ **à tout venant** loc adv to all comers.

vendange [vɑ̃dɑ̃ʒ] nf **1.** [récolte] grape harvest, wine harvest **2.** [raisins] grape crop **3.** [période] ▸ **les vendanges** (grape) harvest time *sg*.

vendanger [17] [vɑ̃dɑ̃ʒe] ✥ vt to harvest grapes from. ✥ vi to harvest the grapes.

vendangeur, euse [vɑ̃dɑ̃ʒœʀ, øz] nm, f grape-picker.

vendetta [vɑ̃deta] nf vendetta.

vendeur, euse [vɑ̃dœʀ, øz] nm, f salesman (saleswoman).

vendre [73] [vɑ̃dʀ] vt **1.** to sell ▸ **'à vendre'** 'for sale' / *vendre (qqch) en gros* to sell (sthg) wholesale ▸ **vendre qqch à perte** to sell sthg at a loss **2.** / *la publicité fait vendre* advertising sells. ◆ **se vendre** vp **1.** [maison, produit] to be sold / *ça se vend bien / mal actuellement* it is/isn't selling well at the moment ▸ **se vendre comme des petits pains** to sell ou to go like hot cakes **2.** *péj* [se laisser corrompre] to sell o.s. / *se vendre à l'adversaire* to sell o.s. to ou to sell out to the opposite side **3.** [se trahir] to give o.s. away.

vendredi [vɑ̃dʀədi] nm Friday ▸ **Vendredi Saint** Good Friday. *Voir aussi* **samedi**.

vends ⟶ **vendre**.

vendu, e [vɑ̃dy] ✥ pp ⟶ **vendre.** ✥ adj **1.** [cédé] sold **2.** [corrompu] corrupt. ✥ nm, f traitor.

venelle [vənɛl] nf alley.

vénéneux, euse [venenø, øz] adj poisonous.

vénérable [veneʀabl] adj venerable.

vénération [veneʀasjɔ̃] nf veneration, reverence.

vénérer [18] [veneʀe] vt to venerate, to revere.

vénerie [vɛnʀi] nf hunting.

vénérien, enne [veneʀjɛ̃, ɛn] adj venereal.

Venezuela [venezɥela] nm : *le Venezuela* Venezuela / *au Venezuela* in Venezuela.

vénézuélien, enne [venezɥeljɛ̃, ɛn] adj Venezuelan. ◆ **Vénézuélien, enne** nm, f Venezuelan.

vengeance [vɑ̃ʒɑ̃s] nf vengeance.

venger [17] [vɑ̃ʒe] vt to avenge. ◆ **se venger** vp to get one's revenge ▸ **se venger de qqn** to take revenge on sb ▸ **se venger de qqch** to take revenge for sthg ▸ **se venger sur** to take it out on.

vengeur, vengeresse [vɑ̃ʒœʀ, vɑ̃ʒʀɛs] ✥ adj vengeful. ✥ nm, f avenger.

véniel, elle [venjɛl] adj venial.

venimeux, euse [vənimø, øz] adj venomous.

venin [vənɛ̃] nm venom.

venir [40] [vəniʀ] vi **1.** [gén] to come / *alors, tu viens ?* are you coming? / *faire venir une personne chez soi* to have somebody come round / *il me vient une idée* I've got an idea / *le moment est venu de* the time has come to / *Roger viendra me chercher* Roger will come and collect me ▸ **venir de a)** [personne, mot] to come from **b)** [échec] to be due to / *le mot vient du latin* the word comes ou derives from Latin / *c'est de là que vient le mal / problème* this is the root of the evil/problem ▸ **venir à a)** [maturité] to reach **b)** [question, sujet] to come to / *s'il venait à mourir…* if he was to die… / *il lui vient à l'épaule* he comes up to his/her shoulder ▸ **venir de faire qqch** to have just done sthg / *je viens de l'avoir au téléphone* I was on the phone to her just a few minutes ou a short while ago / *je viens de la voir* I've just seen her ▸ **où veux-tu en venir ?** what are you getting at? ▸ **en venir aux mains** ou **coups** to come to blows ▸ **les générations à venir** future ou coming generations **2.** [plante, arbre] to come on. ◆ **s'en venir** vp *litt* to come (along).

Venise [vəniz] npr Venice.

vénitien, enne [venisjɛ̃, ɛn] adj Venetian. ◆ **Vénitien, enne** nm, f Venetian.

vent [vɑ̃] nm wind ▸ **il fait** ou **il y a du vent** headwind / *le vent souffle / tourne* the wind is blowing/changing / *le vent tombe / se lève* the wind is dropping/rising ▸ **sentir d'où vient le vent** to see which way the wind blows ou how the land lies ▸ **vent arrière a)** AÉRON tail wind **b)** NAUT rear wind ▸ **vent contraire** headwind ▸ **vent debout** head wind ▸ **vent de terre / mer** land/sea breeze ▸ **dans le vent** trendy ▸ **avoir vent de** *fig* to get wind of ▸ **bon vent !** *fam* & *fig* good riddance! ▸ **contre vents et marées** *fig* come hell or high water.

vente [vɑ̃t] nf **1.** [cession, transaction] sale ▸ **en vente** on sale UK, for sale US / *mettre une maison en vente* to put a house up for sale ▸ **en vente libre** available over the counter / *en vente sur / sans ordonnance* obtainable on prescription/without a prescription ▸ **vente au comptant** cash sale ▸ **promesse de ventes** sales agreement ▸ **vente à perte** dumping ▸ **vente répétée** repeat sale **2.** [domaine] ▸ **vente de charité** (charity) bazaar ▸ **vente par correspondance** mail order ▸ **vente à la criée** sale by auction ▸ **vente en demi-gros** cash-and-carry ▸ **vente au détail** retail sales ▸ **vente directe** direct selling ▸ **vente aux enchères** auction ▸ **vente forcée** forced sale ▸ **vente en gros** wholesale sales ▸ **vente en ligne** e-commerce ▸ **ventes sur le marché intérieur** home ou domestic sales ▸ **vente par téléphone** telesales, telemarketing **3.** [service] sales (department) / *le responsable des ventes* the sales manager **4.** [technique] selling ▸ **vente à domicile** door-to-door selling ▸ **vente à tempérament** hire-purchase UK ou installment plan US selling.

venter [3] [vɑ̃te] v impers ▸ **il vente** it's windy, the wind is blowing.

venteux, euse [vɑ̃tø, øz] adj windy.

ventilateur [vɑ̃tilatœʀ] nm fan.

ventilation [vɑ̃tilasjɔ̃] nf **1.** [de pièce] ventilation **2.** FIN breakdown.

ventiler [3] [vɑ̃tile] vt **1.** [pièce] to ventilate **2.** FIN to break down.

ventouse [vɑ̃tuz] nf **1.** [de caoutchouc] suction pad ; [d'animal] sucker **2.** MÉD ventouse **3.** TECHNOL air vent.

ventral, e, aux [vɑ̃tʀal, o] adj ventral.

ventre [vɑ̃tʀ] nm [de personne] stomach ▸ **avoir / prendre du ventre** to have/be getting (a bit of) a paunch ▸ **avoir le ventre ballonné** to have a bloated stomach ▸ **à plat ventre** flat on one's stomach ▸ **ventre à terre** *fig* flat out ▸ **avoir quelque chose dans le ventre** *fam* & *fig* to have guts.

ventricule [vɑ̃tʀikyl] nm ventricle.

ventriloque [vɑ̃tʀilɔk] nmf ventriloquist.

ventripotent, e [vɑ̃tʀipɔtɑ̃, ɑ̃t] adj *fam* pot-bellied.

ventru, e [vɑ̃tʀy] adj **1.** *fam* [personne] pot-bellied **2.** [cruche] round ; [commode] bow-fronted.

venu, e [vəny] ❖ pp ⟶ venir. ❖ adj ▸ **bien venu** welcome ▸ **mal venu** unwelcome ▸ **il serait mal venu de faire cela** it would be improper to do that. ❖ nm, f ▸ **nouveau venu** newcomer. ◆ **venue** nf coming, arrival.

Vénus [venys] npr Venus.

vépéciste [vepesist] nm mail-order company.

vêpres [vɛpʀ] nfpl vespers.

ver [vɛʀ] nm worm ▸ **ver luisant** glow-worm ▸ **ver à soie** silkworm ▸ **ver solitaire** tapeworm ▸ **ver de terre** earthworm ▸ **nu comme un ver** *fam* stark naked ▸ **tirer les vers du nez à qqn** *fig* to worm information out of sb.

véracité [veʀasite] nf truthfulness.

véranda [veʀɑ̃da] nf veranda.

verbal, e, aux [vɛʀbal, o] adj **1.** [promesse, violence] verbal **2.** GRAM verb *(avant n)*.

verbalement [vɛʀbalmɑ̃] adv verbally.

verbaliser [3] [vɛʀbalize] ❖ vt to verbalize. ❖ vi to make out a report.

verbe [vɛʀb] nm **1.** GRAM verb ▸ **verbe impersonnel** impersonal verb **2.** *litt* [langage] words *pl*, language.

verbeux, euse [vɛʀbø, øz] adj wordy, verbose.

verbiage [vɛʀbjaʒ] nm verbiage.

verdâtre [vɛʀdatʀ] adj greenish.

verdeur [vɛʀdœʀ] nf **1.** [de personne] vigour UK, vigor US, vitality **2.** [de langage] crudeness **3.** [de fruit] tartness ; [de vin] acidity **4.** [de bois] greenness.

verdict [vɛʀdikt] nm verdict.

verdir [32] [vɛʀdiʀ] vt & vi to turn green.

verdoyant, e [vɛʀdwajɑ̃, ɑ̃t] adj green.

verdoyer [13] [vɛʀdwaje] vi to turn green.

verdure [vɛʀdyʀ] nf **1.** [végétation] greenery **2.** [couleur] greenness **3.** [légumes verts] green vegetables *pl*, greens *pl*.

véreux, euse [veʀø, øz] adj worm-eaten, maggoty ; *fig* shady.

verge [vɛʀʒ] nf **1.** ANAT penis **2.** *litt* [baguette] rod, stick.

verger [vɛʀʒe] nm orchard.

vergeture [vɛʀgətyʀ] nf stretchmark.

verglacé, e [vɛʀglase] adj icy.

verglas [vɛʀgla] nm (black) ice.

vergogne [vɛʀgɔɲ] ◆ **sans vergogne** loc adv shamelessly.

vergue [vɛʀg] nf yard.

véridique [veʀidik] adj truthful.

vérifiable [veʀifjabl] adj verifiable.

vérificateur, trice [veʀifikatœʀ, tʀis] ❖ adj ▸ **comptable vérificateur** auditor. ❖ nm, f inspector.

vérification [veʀifikasjɔ̃] nf **1.** [contrôle] check, checking ▸ **vérification antivirale** INFORM anti-virus check **2.** [confirmation] proof, confirmation **3.** FIN checking ▸ **vérification des comptes** audit.

vérifier [9] [veʀifje] vt **1.** [contrôler] to check **2.** [confirmer] to prove, to confirm. ◆ **se vérifier** vp to prove accurate.

vérin [veʀɛ̃] nm jack.

véritable [veʀitabl] adj real ; [ami] true ▸ **du cuir / de l'or véritable** real leather / gold.

véritablement [veʀitabləmɑ̃] adv really.

vérité [veʀite] nf **1.** [chose vraie, réalité, principe] truth *(U)* ▸ **dire ses quatre vérités à qqn** *fam* to tell sb a few home truths **2.** [sincérité] sincerity **3.** [ressemblance - de reproduction] accuracy ; [- de personnage, portrait] trueness to life. ◆ **en vérité** loc adv actually, really.

verlan [vɛʀlɑ̃] nm back slang.

> **Verlan**
>
> This form of slang, popular among young people, involves inverting the syllables of words. The term verlan is the word l'envers pronounced back to front. Well-known examples of verlan are ripou (pourri, used to refer to corrupt policemen), laisse béton ! (laisse tomber !, forget it!), and meuf (femme). The term Beur comes from the verlan version of the word Arabe.

vermeil, eille [vɛʀmɛj] adj scarlet. ◆ **vermeil** nm silver-gilt.

vermicelle [vɛʀmisɛl] nm vermicelli *(U)*.

vermifuge [vɛʀmifyʒ] nm [pour chat, chien] worm tablet.

vermillon [vɛʀmijɔ̃] nm & adj inv vermilion.

vermine [vɛʀmin] nf **1.** [parasites] vermin **2.** *fig* [canaille] rat.

vermisseau, x [vɛʀmiso] nm **1.** [ver] small worm **2.** *fig* [être chétif] runt.

vermoulu, e [vɛʀmuly] adj riddled with woodworm ; *fig* moth-eaten.

vermouth [vɛʀmut] nm vermouth.

vernaculaire [vɛʀnakylɛʀ] adj vernacular.

verni, e [vɛʀni] adj **1.** [bois] varnished **2.** [souliers] ▸ **chaussures vernies** patent-leather shoes **3.** *fam* [chanceux] lucky.

vernir [32] [vɛʀniʀ] vt to varnish.

vernis [vɛʀni] nm varnish ; *fig* veneer ▸ **vernis à ongles** nail polish ou varnish.

vernissage [vɛʀnisaʒ] nm **1.** [de meuble] varnishing **2.** [d'exposition] private viewing.

vérole [verɔl] nf MÉD ▸ **petite vérole** smallpox.

verrat [vera] nm boar.

verre [vɛr] nm **1.** [matière, récipient] glass ; [quantité] glassful, glass ▸ **verre dépoli** frosted glass ▸ **verre incassable** shatterproof glass ▸ **verre ballon** brandy glass ▸ **verre à dents** tooth mug ou glass / *verre doseur* measuring glass ▸ **verre à moutarde** mustard jar ▸ **verre à pied** long-stemmed glass ▸ **verre à vin** wineglass / *mettre qqch sous verre* to put sthg in a clip frame / *objets de verre* glassware *(U)* **2.** [optique] lens ▸ **porter des verres** to wear glasses ▸ **verres antireflet** anti-glare coated lenses ▸ **verres de contact** contact lenses ▸ **verres correcteurs** correcting lenses ▸ **verre grossissant** magnifying glass ▸ **verre optique** optical glass / *verres polarisés* polaroid lenses ▸ **verres progressifs** progressive lenses, progressives UK **3.** [boisson] drink ▸ **boire un verre** to have a drink / *je bois* ou *prends juste un petit verre* I'll just have a quick one.

verrerie [vɛrri] nf **1.** [fabrication] glass-making **2.** [usine] glassworks *sg* **3.** [objets] glassware.

verrier [vɛrje] nm glassmaker.

verrière [vɛrjɛr] nf **1.** [pièce] conservatory **2.** [toit] glass roof.

verrine [vɛrin] nf *appetizer or dessert served in a small glass.*

verroterie [vɛrɔtri] nf coloured UK ou colored US glass beads *pl*.

verrou [vɛru] nm bolt ▸ **mettre qqn / être sous les verrous** to put sb / to be behind bars.

verrouillage [vɛrujaʒ] nm AUTO ▸ **verrouillage centralisé** central locking.

verrouiller [3] [vɛruje] vt **1.** [porte] to bolt **2.** [personne] to lock up. ◆ **se verrouiller** vp to lock o.s. in.

verrue [vɛry] nf wart ▸ **verrue plantaire** verruca.

vers¹ [vɛr] ❖ nm line. ❖ nmpl ▸ **en vers** in verse ▸ **faire des vers** to write poetry.

vers² [vɛr] prép **1.** [dans la direction de] towards, toward US **2.** [aux environs de - temporel] around, about ; [- spatial] near / *vers la fin du mois* towards ou toward US the end of the month.

Versailles [vɛrsaj] npr Versailles / *le château de Versailles* (the Palace of) Versailles.

versant [vɛrsɑ̃] nm side.

versatile [vɛrsatil] adj changeable, fickle.

verse [vɛrs] ◆ **à verse** loc adv ▸ **pleuvoir à verse** to pour down.

versé, e [vɛrse] adj ▸ **être versé dans** to be versed ou well-versed in.

Verseau [vɛrso] nm ASTROL Aquarius ▸ **être (un) Verseau** to be (an) Aquarius.

versement [vɛrsəmɑ̃] nm payment.

verser [3] [vɛrse] ❖ vt **1.** [eau] to pour ; [larmes, sang] to shed **2.** [argent] to pay. ❖ vi to overturn, to tip over ▸ **verser dans** *fig* to lapse into.

verset [vɛrsɛ] nm verse.

verseur, euse [vɛrsœr, øz] adj pouring *(avant n).* ◆ **verseur** nm pourer. ◆ **verseuse** nf pot, jug UK *(for coffee maker).*

versification [vɛrsifikasjɔ̃] nf versification.

version [vɛrsjɔ̃] nf **1.** [gén] version ▸ **version française / originale** French / original version **2.** [traduction] translation *(into mother tongue)* **3.** INFORM [d'un logiciel] ▸ **version alpha** alpha version ▸ **version bêta** beta version ▸ **version de démonstration** ou **d'évaluation** demo version.

verso [vɛrso] nm back.

versus [vɛrsys] prép versus.

vert, e [vɛr, vɛrt] adj **1.** [couleur, fruit, légume, bois] green ▸ **être vert de peur** to be white with fear **2.** *fig* [vieillard] spry, sprightly **3.** [réprimande] sharp **4.** [à la campagne] ▸ **le tourisme vert** country holidays *pl* ▸ **station verte** rural tourist centre **5.** *fam* [histoire] smutty ▸ **(en entendre) des vertes et des pas mûres** (to hear) all sorts of awful things ▸ **il lui en a fait voir des vertes et des pas mûres !** he's really put her through it! ◆ **vert** nm **1.** [couleur] green ▸ **vert bouteille / d'eau / pomme / tendre** bottle / sea / apple / soft green / *peint* ou *teint en vert* painted ou tinted green / *le feu est passé au vert* the lights have turned (to) green **2.** [verdure] ▸ **se mettre au vert** to take a break in the country. ◆ **Verts** nmpl ▸ **les Verts** POL the Greens.

vert-de-gris [vɛrdəgri] ❖ nm inv verdigris. ❖ adj inv grey-green UK, gray-green US.

vertébral, e, aux [vɛrtebral, o] adj vertebral.

vertèbre [vɛrtɛbr] nf vertebra.

vertébré, e [vɛrtebre] adj vertebrate. ◆ **vertébré** nm vertebrate.

vertement [vɛrtəmɑ̃] adv sharply.

vertical, e, aux [vɛrtikal, o] adj vertical. ◆ **verticale** nf vertical ▸ **à la verticale** a) [descente] vertical b) [descendre] vertically.

verticalement [vɛrtikalmɑ̃] adv vertically.

vertige [vɛrtiʒ] nm **1.** [peur du vide] vertigo ▸ **donner le vertige à qqn** to make sb dizzy **2.** [étourdissement] dizziness ; *fig* intoxication ▸ **avoir des vertiges** to suffer from ou have dizzy spells.

vertigineux, euse [vɛrtiʒinø, øz] adj **1.** *fig* [vue, vitesse] breathtaking **2.** [hauteur] dizzy.

vertu [vɛrty] nf **1.** [morale, chasteté] virtue **2.** [pouvoir] properties *pl*, power. ◆ **en vertu de** loc prép in accordance with.

vertueusement [vɛrtɥøzmɑ̃] adv virtuously.

vertueux, euse [vɛrtɥø, øz] adj virtuous.

verve [vɛrv] nf eloquence ▸ **être en verve** to be particularly eloquent.

verveine [vɛrvɛn] nf **1.** [plante] verbena **2.** [infusion] verbena tea.

vésicule [vezikyl] nf vesicle ▸ **vésicule biliaire** gall bladder.

Vespa® [vɛspa] nf scooter, Vespa®.

vespasienne [vɛspazjɛn] nf public urinal.

vespéral, e, aux [vɛspeʀal, o] adj *litt* evening *(avant n)*.

vessie [vesi] nf bladder.

veste [vɛst] nf **1.** [vêtement] jacket ▸ **veste croisée / droite** double-/single-breasted jacket ▸ **retourner sa veste** *fam* & *fig* to change one's colours UK ou colors US **2.** *fam* [échec] ▸ **ramasser** ou **prendre une veste** to come a cropper.

vestiaire [vɛstjɛʀ] nm **1.** [au théâtre] cloakroom **2.** *(gén pl)* SPORT changing room UK, locker room US.

vestibule [vɛstibyl] nm [pièce] hall, vestibule.

vestige [vɛstiʒ] nm *(gén pl)* [de ville] remains *pl* ; *fig* [de civilisation, grandeur] vestiges *pl*, relic.

vestimentaire [vɛstimɑ̃tɛʀ] adj [industrie] clothing *(avant n)* ; [dépense] on clothes ▸ **détail vestimentaire** accessory.

veston [vɛstɔ̃] nm jacket.

vétéciste [vetesist] nmf hybrid bike rider.

vêtement [vɛtmɑ̃] nm garment, article of clothing ▸ **vêtements** clothing *(U)*, clothes.

vétéran [veteʀɑ̃] nm veteran.

vétérinaire [veteʀinɛʀ] ❖ adj veterinary *(avant n)*. ❖ nmf vet UK, veterinary surgeon UK, veterinarian US.

vététiste [vetetist] nmf mountain biker.

vétille [vetij] nf triviality.

vêtir [44] [vetiʀ] vt to dress. ◆ **se vêtir** vp to dress, to get dressed.

vétiver [vetivɛʀ] nm vetiver.

veto [veto] nm inv veto ▸ **mettre son veto à qqch** to veto sthg.

véto [veto] nmf *fam* vet.

vêtu, e [vɛty] ❖ pp ⟶ **vêtir.** ❖ adj ▸ **vêtu (de)** dressed (in) ▸ **à demi-vêtu** half-dressed.

vétuste [vetyst] adj dilapidated.

vétusté [vetyste] nf dilapidation.

veuf, veuve [vœf, vœv] ❖ adj widowed. ❖ nm, f widower (widow).

veuille ⟶ **vouloir**.

veule [vøl] adj *litt* spineless.

veulerie [vølʀi] nf *litt* spinelessness.

veut ⟶ **vouloir**.

veuvage [vœvaʒ] nm [de femme] widowhood ; [d'homme] widowerhood.

veuve ⟶ **veuf**.

veux ⟶ **vouloir**.

vexant, e [vɛksɑ̃, ɑ̃t] adj **1.** [contrariant] annoying, vexing **2.** [blessant] hurtful.

vexation [vɛksasjɔ̃] nf [humiliation] insult.

vexatoire [vɛksatwaʀ] adj offensive.

vexer [4] [vɛkse] vt to offend. ◆ **se vexer** vp to take offence UK ou offense US.

VF (*abr de* **version française**) nf *indicates that a film has been dubbed into French*.

VHF (*abr de* **very high frequency**) nf VHF.

via [vja] prép via.

viabiliser [3] [vjabilize] vt to service.

viabilité [vjabilite] nf **1.** [de route] passable state **2.** [d'entreprise, organisme] viability.

viable [vjabl] adj viable.

viaduc [vjadyk] nm viaduct.

viager, ère [vjaʒe, ɛʀ] adj life *(avant n)*. ◆ **viager** nm life annuity ▸ **mettre qqch en viager** to sell sthg in return for a life annuity.

viande [vjɑ̃d] nf meat ▸ **viande blanche** white meat ▸ **viande froide** cold meat ▸ **viande rouge** red meat.

viatique [vjatik] nm **1.** RELIG ▸ **recevoir le viatique** to receive the last rites *pl* **2.** *litt* [soutien] lifeline.

vibrant, e [vibʀɑ̃, ɑ̃t] adj **1.** [corde] vibrating **2.** *fig* [discours] stirring.

vibraphone [vibʀafɔn] nm vibraphone.

vibration [vibʀasjɔ̃] nf vibration.

vibratoire [vibʀatwaʀ] adj vibratory.

vibrer [3] [vibʀe] vi **1.** [trembler] to vibrate **2.** *fig* [être ému] ▸ **vibrer (de)** to be stirred (with).

vibreur [vibʀœʀ] nm TÉLÉCOM VibraCall® (alert ou feature).

vibromasseur [vibʀomasœʀ] nm vibrator.

vicaire [vikɛʀ] nm curate.

vice [vis] nm **1.** [de personne] vice **2.** [d'objet] fault, defect ▸ **vice caché** hidden flaw ▸ **vice de forme** DR flaw.

vice-consul, e [viskɔ̃syl] (*mpl* **vice-consuls**, *fpl* **-es**) nm, f vice-consul.

vice-présidence [vispʀezidɑ̃s] (*pl* **vice-présidences**) nf POL vice-presidency ; [de société] vice-chairmanship.

vice-président, e [vispʀezidɑ̃, ɑ̃t] (*mpl* **vice-présidents**, *fpl* **vice-présidentes**) nm, f POL vice-president ; [de société] vice-chairman (vice-chairwoman).

vice versa [vis(e)vɛʀsa] loc adv vice versa.

vichy [viʃi] nm **1.** [étoffe] gingham **2.** [eau] vichy (water).

vicié, e [visje] adj [air] polluted, tainted.

vicier [9] [visje] vt **1.** [air] to pollute, to taint **2.** DR to invalidate.

vicieux, euse [visjø, øz] adj **1.** [personne, conduite] perverted, depraved **2.** [animal] restive **3.** [attaque] underhand **4.** *sout* [prononciation, locution] incorrect.

vicinal, e, aux [visinal, o] ⟶ **chemin**.

vicissitudes [visisityd] nfpl *litt* vicissitudes.

vicomte, vicomtesse [vikɔ̃t, vikɔ̃tɛs] nm, f viscount (viscountess).

victime [viktim] nf victim ; [blessé] casualty.

victimisation [viktimizasjɔ̃] nf victimization.

victimiser [viktimize] vt to victimize.

victoire [viktwaʀ] nf MIL victory ; POL & SPORT win, victory ▸ **chanter** ou **crier victoire** to boast of one's success.

victorieux, euse [viktɔʀjø, øz] adj **1.** MIL victorious ; POL & SPORT winning *(avant n)*, victorious **2.** [air] triumphant.

victuailles [viktɥaj] nfpl provisions.

vidange [vidɑ̃ʒ] nf **1.** [action] emptying, draining **2.** AUTO oil change **3.** [mécanisme] waste outlet. ◆ **vidanges** nfpl sewage *(U)*.

vidanger [17] [vidɑ̃ʒe] vt to empty, to drain.

vide [vid] ◆ nm **1.** [espace] void / *le moteur tourne à vide* the engine's ticking over ou idling ; *fig* [néant, manque] emptiness **2.** [absence d'air] vacuum ▸ **conditionné sous vide** vacuum-packed **3.** [ouverture] gap, space **4.** DR ▸ **vide juridique** legal vacuum / *il y a un vide juridique en la matière* the law is not specific on this matter **5.** EXPR **faire le vide** [se détendre] to have some time on one's own / *faire le vide autour de soi* to drive all one's friends away / *faire des promesses dans le vide* to make empty promises ▸ **parler dans le vide** a) [sans objet] to talk aimlessly b) [sans auditeur] to talk to a brick wall ou to o.s. ▸ **regarder dans le vide** to stare into space. ◆ adj empty / *avoir le ventre vide* to have an empty stomach / *un regard vide* a vacant stare ▸ **vide de** *fig* devoid of / *des remarques vides de sens* meaningless remarks, remarks devoid of meaning. ◆ **à vide** loc adj & loc adv empty.

vide-grenier [vidgʀənje] nm inv second-hand goods sale, car-boot sale UK, yard sale US.

vidéo [video] ◆ adj inv video *(avant n)*. ◆ nf video ▸ **vidéo à la demande** video-on-demand.

vidéocassette [videɔkasɛt] nf video cassette.

vidéoconférence [videokɔ̃feʀɑ̃s] = **visioconférence**.

vidéodisque [videɔdisk] nm videodisc UK, videodisk US.

vidéoprojecteur [videɔpʀɔʒektœʀ] nm video projector.

vide-ordures [vidɔʀdyʀ] nm inv rubbish chute UK, garbage chute US.

vidéosphère [videosfɛʀ] nf videosphere.

vidéosurveillance [videɔsyʀvɛjɑ̃s] nf video surveillance.

vidéothèque [videɔtɛk] nf video library.

vidéotransmission [videɔtʀɑ̃smisjɔ̃] nf video transmission.

vide-poches [vidpɔʃ] nm inv **1.** [chez soi] tidy **2.** [de voiture] glove compartment.

vide-pomme [vidpɔm] *(pl inv ou* **vide-pommes***)* nm apple corer.

vider [3] [vide] vt **1.** [rendre vide] to empty / *vider les ordures* to put out the rubbish UK ou garbage US / *vider son verre* to drain one's glass / *nous avons vidé une bouteille à deux* we downed a bottle between the two of us ▸ **vider son sac** *fam & fig* to get things off one's chest **2.** [évacuer] ▸ **vider les lieux** to vacate the premises **3.** [poulet] to clean **4.** *fam* [personne - épuiser] to drain / *être vidé* to be exhausted ; [expulser] to chuck out. ◆ **se vider** vp **1.** [eaux] ▸ **se vider dans** to empty into, to drain into **2.** [baignoire, salle] to empty.

videur [vidœʀ] nm bouncer.

vie [vi] nf **1.** [gén] life / *avoir la vie dure* to have a hard life ▸ **coûter la vie à qqn** to cost sb his/her life / *entrer dans la vie active* to start working ▸ **être en vie** to be alive ▸ **être entre la vie et la mort** to be at death's door ▸ **sa vie durant** for one's entire life ▸ **à vie** for life ▸ **une vie de chien** *fam* a dog's life ▸ **mener la vie dure à qqn** to make sb's life hell / *l'œuvre de toute une vie* a lifetime's work ▸ **prendre la vie du bon côté** to look on the bright side of life / *rater sa vie* to make a mess of one's life / *refaire sa vie* to start afresh ou all over again / *risquer sa vie* to risk one's life ▸ **voir la vie en rose** to see life through rose-tinted UK ou rose-colored US glasses / *membre à vie* life member **2.** [subsistance] cost of living / *dans ce pays, la vie n'est pas chère* prices are very low in this country ▸ **gagner sa vie** to earn one's living **3.** TECHNOL life / *à courte vie* short-lived / *à longue vie* long-lived.

vieil ⟶ **vieux**.

vieillard [vjɛjaʀ] nm old man. ◆ **vieillards** nmpl [personnes âgées] old people, the elderly.

vieille ⟶ **vieux**.

vieillerie [vjɛjʀi] nf [objet] old thing.

vieillesse [vjɛjɛs] nf **1.** [fin de la vie] old age **2.** [vieillards] ▸ **la vieillesse** old people *pl*.

vieilli, e [vjeji] adj [mode, attitude] dated.

vieillir [32] [vjejiʀ] ◆ vi **1.** [personne] to grow old, to age ▸ **vieillir bien / mal** to age well/badly / *tu ne vieillis pas* you never seem to look any older **2.** CULIN to mature, to age **3.** [tradition, idée] to become dated ou outdated / *son roman a beaucoup vieilli* her novel seems really dated now. ◆ vt ▸ **vieillir qqn** [coiffure, vêtement] to make sb look older / *c'est fou ce que les cheveux longs la vieillissent !* long hair makes her look a lot older! ; [personne] : *ils m'ont vieilli de cinq ans* they said I was five years older than I actually am. ◆ **se vieillir** vp [d'apparence] to make o.s. look older ; [dans les propos] to say one is older than one really is.

vieillissement [vjejismɑ̃] nm **1.** [de personne] ageing **2.** [de mot, d'idée] obsolescence **3.** [de vin, fromage] maturing, ageing.

vieillot, otte [vjejo, ɔt] adj old-fashioned.

vielle [vjɛl] nf hurdy-gurdy.

Vienne [vjɛn] npr **1.** [en France] Vienne **2.** [en Autriche] Vienna.

viennois, e [vjenwa, az] adj Viennese ▸ **pain viennois** Vienna loaf. ◆ **Viennois, e** nm, f Viennese.

viennoiserie [vjenwazʀi] nf *pastry made with sweetened dough like croissant, brioche, etc.*

vierge [vjɛʀʒ] ◆ nf virgin ▸ **la (Sainte) Vierge** the (Blessed) Virgin, The Virgin Mary. ◆ adj **1.** [personne] virgin **2.** [terre] virgin ; [page] blank ; [casier judiciaire] clean ▸ **vierge de** unsullied by. ◆ **Vierge** nf ASTROL Virgo ▸ **être (une) Vierge** to be (a) Virgo.

Viêt Nam [vjɛtnam] nm : *le Viêt Nam* Vietnam / *au Viêt Nam* in Vietnam / *le Nord Viêt Nam* HIST North Vietnam / *le Sud Viêt Nam* HIST South Vietnam.

vietnamien, enne [vjɛtnamjɛ̃, ɛn] adj Vietnamese. ◆ **vietnamien** nm [langue] Vietnamese. ◆ **Vietnamien, enne** nm, f Vietnamese person.

vieux, vieille [vjø, vjɛj] ◆ adj *(**vieil** devant voyelle ou 'h' muet)* old / *les vieilles gens* old people, elderly people, the elderly / *un vieil homme* an old OU elderly man / *sa vieille mère* her old OU aged mother ▸ **se faire vieux** to get old / *faire vieux* to look old ▸ **vieux jeu** old-fashioned / *ce que tu peux être vieux jeu !* you're so behind the times! / *un vieux numéro* [de magazine] a back issue / *recycler les vieux papiers* to recycle waste paper / *une amitié vieille de 20 ans* a friendship that goes back 20 years / *c'est une manie de vieille fille* it's an old-maidish thing to do *péj* / *des manies de vieux garçon* bachelor ways. ◆ nm, f **1.** [personne âgée] old man (woman) / *les vieux* the old / *elle a pris un sacré coup de vieux* *fam* she's looking a lot older ▸ **un petit vieux** a little old man / *une petite vieille* a little old lady **2.** *fam* [ami] ▸ **mon vieux** old chap OU boy UK, old buddy US ▸ **ma vieille** old girl **3.** *fam* [parent] old man (woman) ▸ **ses vieux** his folks. ◆ nm [meubles] antique furniture.

vif, vive [vif, viv] adj **1.** [preste - enfant] lively ; [- imagination] vivid / *rouler à vive allure* to drive at great speed **2.** [couleur, œil] bright / *avoir le regard vif* to have a lively look in one's eye ▸ **rouge / jaune vif** bright red / yellow **3.** [reproche] sharp ; [discussion] bitter / *je le lui dirai de vive voix* I'll tell him personally **4.** *sout* [vivant] alive **5.** [douleur, déception] acute ; [intérêt] keen ; [amour, haine] intense, deep / *c'est avec un vif plaisir que…* it's with great pleasure that… / *avec un vif soulagement* with a profound sense of relief. ◆ **vif** nm **1.** DR living person **2.** [à la pêche] live bait **3.** EXPR **entrer dans le vif du sujet** to get to the heart of the matter ▸ **piquer au vif** to touch a raw nerve ▸ **prendre qqn sur le vif** to catch sb red-handed ▸ **une photo prise sur le vif** an action photograph. ◆ **à vif** loc adj [plaie] open / *la chair était à vif* the flesh was exposed ▸ **j'ai les nerfs à vif** *fig* my nerves are frayed.

vif-argent [vifaʀʒɑ̃] nm inv quicksilver ; *fig* [personne] live wire.

vigie [viʒi] nf **1.** [NAUT - personne] lookout ; [- poste] crow's nest **2.** RAIL observation box.

vigilance [viʒilɑ̃s] nf vigilance.

vigilant, e [viʒilɑ̃, ɑ̃t] adj vigilant, watchful.

vigile [viʒil] nm watchman.

Vigipirate [viʒipiʀat] npr ▸ **le plan Vigipirate** *measures to protect the public from terrorist attacks.*

vigne [viɲ] nf **1.** [plante] vine, grapevine **2.** [plantation] vineyard. ◆ **vigne vierge** nf Virginia creeper.

vigneron, onne [viɲəʀɔ̃, ɔn] nm, f wine grower.

vignette [viɲɛt] nf **1.** [timbre] label ; [de médicament] price sticker *(for reimbursement by the social security services)* ; AUTO tax disc UK **2.** [motif] vignette.

vignoble [viɲɔbl] nm **1.** [plantation] vineyard **2.** [vignes] vineyards *pl.*

vigoureusement [viguʀøzmɑ̃] adv vigorously.

vigoureux, euse [viguʀø, øz] adj [corps, personne] vigorous ; [bras, sentiment] strong.

vigueur [vigœʀ] nf vigour UK, vigor US. ◆ **en vigueur** loc adj in force.

VIH, V.I.H. (*abr de* **virus d'immunodéficience humaine**) nm HIV.

vil, e [vil] adj *litt* vile, base.

vilain, e [vilɛ̃, ɛn] adj **1.** [gén] nasty **2.** [laid] ugly. ◆ **vilain** nm **1.** HIST villein **2.** *fam* [grabuge] ▸ **il y aura du vilain** there's going to be trouble.

vilebrequin [vilbʀəkɛ̃] nm **1.** [outil] brace and bit **2.** AUTO crankshaft.

vilenie [vileni] nf *litt* **1.** [caractère] vileness, baseness **2.** [action] vile deed ; [parole] vile comment.

vilipender [3] [vilipɑ̃de] vt *litt* to vilify.

villa [vila] nf villa.

village [vilaʒ] nm village ▸ **village de vacances** holiday village UK, vacation village US.

villageois, e [vilaʒwa, az] ◆ adj rustic. ◆ nm, f villager.

ville [vil] nf [petite, moyenne] town ; [importante] city / *à la ville comme à la scène* in real life as (well as) on stage / *les gens de la ville* city-dwellers, townspeople ▸ **aller en ville** to go into town / *et si nous dînions en ville ?* let's eat out tonight ▸ **habiter en ville** to live in town ▸ **ville champignon** town which has mushroomed ▸ **ville dortoir** dormitory town UK, bedroom community US ▸ **ville nouvelle** new town ▸ **ville d'eau** spa (town) ▸ **ville industrielle / universitaire** industrial / university town ▸ **chaussures de ville** smart casual shoes ▸ **tenue de ville** smart casual.

villégiature [vileʒjatyʀ] nf holiday UK, vacation US.

Villette [vilɛt] npr ▸ **la Villette** *cultural complex in north Paris (including a science museum, theatre and park).*

vin [vɛ̃] nm wine / *vin blanc / rosé / rouge* white / rosé / red wine / *vin champagnisé* champagne-style wine / *vin résiné* retsina / *vin de table* table wine. ◆ **vin d'honneur** nm reception.

Le vin

France's strong tradition of vine-growing and winemaking dates back to the Roman Empire. Despite falling domestic consumption and steadily increasing sales of wines from elsewhere in Europe and the New World, wine continues to play a vital role in the country's economy. Wine has a profound influence on local culture in wine-growing areas, where most vineyards are family-run using traditional methods.

The word **terroir** is one of the keys to understanding wine in France. It refers to a wine-growing area (Alsace, Beaujolais, Bordeaux, Bourgogne, Champagne, Val-de-Loire, Vallée du Rhône, Corse, etc.), and it also evokes the characteristics specific to those areas that determine wine type and quality (particularly climate, topography, soil type and local expertise).

Some vineyards that produce wines of exceptional quality are known as **grands crus** (great vineyards), a term which is used by extension to refer to the wines made there. **Premier cru** and **cru bourgeois** wines are also of high quality, though they are slightly less prestigious than **grands crus**. The vital importance of **terroir** explains why French wine is traditionally identified by its geographical origin (area or estate), rather than its varietal (Syrah, Cabernet Sauvignon, Chardonnay, etc.).

The **AOC** (**appellation d'origine contrôlée**) label guarantees the origin and quality of some 340 wines, and strictly controls the varietals used in their making. The great **appellations** include: "Pomerol", "Pauillac" (Bordeaux), "Sauternes" (Bordeaux), "Mâcon" (Burgundy), "Chablis" (Burgundy), "Pouilly-Fuissé" (Burgundy), "Pouilly-Fumé" (Loire), "Sancerre" (Loire), "Gewurztraminer", "Riesling" (Alsace).

vinaigre [vinɛgʀ] nm vinegar / *vinaigre de framboise / de vin* raspberry/wine vinegar ▸ **tourner au vinaigre** *fam* & *fig* to turn sour.

vinaigrer [4] [vinegʀe] vt to put vinegar on.

vinaigrette [vinɛgʀɛt] nf oil and vinegar dressing.

vinasse [vinas] nf *péj* plonk UK.

vindicatif, ive [vɛ̃dikatif, iv] adj vindictive.

vindicte [vɛ̃dikt] nf ▸ **vindicte publique** DR justice.

vingt [vɛ̃] adj num inv & nm twenty. *Voir aussi* six.

vingtaine [vɛ̃tɛn] nf ▸ **une vingtaine de** about twenty.

vingtième [vɛ̃tjɛm] adj num inv, nm & nmf twentieth. *Voir aussi* sixième.

vinicole [vinikɔl] adj wine-growing, wine-producing.

vinification [vinifikasjɔ̃] nf winemaking.

vintage [vɛ̃taʒ *ou* vintɛdʒ] ◆ adj inv vintage. ◆ nm : *le vintage est très tendance aujourd'hui* vintage fashions are very much in vogue.

viol [vjɔl] nm **1.** [de femme] rape ▸ **au viol !** rape! **2.** [de sépulture] desecration ; [de sanctuaire] violation.

violacé, e [vjɔlase] adj purplish.

violation [vjɔlasjɔ̃] nf violation, breach ▸ **violation de domicile** unauthorized entry.

viole [vjɔl] nf viol.

violemment [vjɔlamɑ̃] adv **1.** [frapper] violently **2.** [rétorquer] sharply.

violence [vjɔlɑ̃s] nf violence ▸ **se faire violence** to force o.s.

violent, e [vjɔlɑ̃, ɑ̃t] adj **1.** [personne, tempête] violent **2.** *fig* [douleur, angoisse, chagrin] acute ; [haine, passion] violent **3.** *fam* [excessif] annoying.

violenter [3] [vjɔlɑ̃te] vt to assault sexually.

violer [3] [vjɔle] vt **1.** [femme] to rape **2.** [loi, traité] to break **3.** [sépulture] to desecrate ; [sanctuaire] to violate.

violet, ette [vjɔlɛ, ɛt] adj purple ; [pâle] violet. ◆ **violet** nm purple ; [pâle] violet.

violette [vjɔlɛt] nf violet.

violeur, euse [vjɔlœʀ, øz] nm, f rapist.

violon [vjɔlɔ̃] nm **1.** [instrument] violin ▸ **accorder ses violons** *fig* to come to an agreement **2.** [musicien] violin (player) **3.** *fam* [prison] nick UK, clink. ◆ **violon d'Ingres** nm hobby.

violoncelle [vjɔlɔ̃sɛl] nm **1.** [instrument] cello **2.** [musicien] cello (player).

violoncelliste [vjɔlɔ̃selist] nmf cellist.

violoneux [vjɔlɔnø] nm fiddler.

violoniste [vjɔlɔnist] nmf violinist.

VIP [viajpi, veipe] (*abr de* **very important person**) nm VIP.

vipère [vipɛʀ] nf viper.

virage [viʀaʒ] nm **1.** [sur route] bend ▸ **négocier un virage** to negotiate a bend ▸ **prendre un virage** to take a bend ▸ **virage sans visibilité** blind corner ▸ **virage en épingle à cheveux** hairpin bend **2.** [changement] turn **3.** CHIM colour UK ou color US change **4.** MÉD positive reaction ▸ **virage ambulatoire** QUÉBEC shift to ambulatory care.

viral, e, aux [viʀal, o] adj viral.

virée [viʀe] nf *fam* ▸ **faire une virée a)** [en voiture] to go for a spin **b)** [dans bars] ≃ to go on a pub crawl.

virement [viʀmɑ̃] nm **1.** FIN transfer ▸ **virement automatique** automatic transfer, standing order ▸ **virement bancaire / postal** bank/giro UK transfer ▸ **virement de crédit** credit transfer ▸ **virement interbancaire** interbank transfer ▸ **faire un virement** to transfer **2.** NAUT ▸ **virement (de bord)** tacking.

virer [3] [viʀe] ◆ vi **1.** [tourner] ▸ **virer à droite / à gauche** to turn right/left **2.** [étoffe] to change colour UK ou color US ▸ **virer au blanc / jaune** to go white/yellow **3.** PHOTO to tone **4.** MÉD to react positively. ◆ vt **1.** FIN to transfer **2.** *fam* [renvoyer] to kick out.

virevolte [virvɔlt] nf **1.** [mouvement] twirl **2.** *fig* [volte-face] about-turn UK, about-face US, U-turn.

virevolter [3] [virvɔlte] vi **1.** [tourner] to twirl OU spin round UK OU around US **2.** *fig* [changer de sujet] to flit from one subject to another.

virginal, e, aux [virʒinal, o] adj virginal.

virginité [virʒinite] nf **1.** [de personne] virginity **2.** [de sentiment] purity.

virgule [virgyl] nf [entre mots] comma ; [entre chiffres] (decimal) point.

viril, e [viril] adj virile.

virilité [virilite] nf virility.

virologie [virɔlɔʒi] nf virology.

virtualité [virtɥalite] nf potentiality, possibility.

virtuel, elle [virtɥɛl] adj potential ▸ **animal virtuel** cyberpet.

virtuellement [virtɥɛlmɑ̃] adv **1.** [potentiellement] potentially **2.** [pratiquement] virtually.

virtuose [virtɥoz] nmf virtuoso.

virtuosité [virtɥozite] nf virtuosity.

virulence [virylɑ̃s] nf virulence.

virulent, e [virylɑ̃, ɑ̃t] adj virulent.

virus [virys] nm INFORM & MÉD virus ; *fig* bug / *dépourvu de virus* bug-free ▸ **virus informatique** computer virus.

vis [vis] nf screw ▸ **serrer la vis à qqn** *fig* to put the screws on sb.

visa [viza] nm visa ▸ **visa de censure** censor's certificate ▸ **visa d'entrée** entry visa.

Visa® [viza] nf ▸ **la (carte) Visa** Visa® (card).

visage [vizaʒ] nm face ▸ **à visage découvert** *fig* openly.

visagiste [vizaʒist] nmf beautician.

vis-à-vis [vizavi] nm **1.** [personne] person sitting opposite **2.** [tête-à-tête] encounter **3.** [immeuble] ▸ **avoir un vis-à-vis** to have a building opposite. ◆ **vis-à-vis de** loc prép **1.** [en face de] opposite **2.** [en comparaison de] beside, compared with **3.** [à l'égard de] towards, toward US.

viscéral, e, aux [viseral, o] adj **1.** ANAT visceral **2.** *fam* [réaction] gut *(avant n)* ; [haine, peur] deep-seated.

viscéralement [viseralmɑ̃] adv deeply ▸ **être viscéralement opposé à** to be passionately opposed to.

viscère [visɛr] nm *(gén pl)* innards *pl*.

viscose [viskoz] nf viscose.

viscosité [viskozite] nf **1.** [de liquide] viscosity **2.** [de surface] stickiness.

visé, e [vize] adj **1.** [concerné] concerned **2.** [vérifié] stamped.

visée [vize] nf **1.** [avec arme] aiming **2.** *(gén pl) fig* [intention, dessein] aim.

viser [3] [vize] ❖ vt **1.** [cible] to aim at **2.** *fig* [poste] to aspire to, to aim for ; [personne] to be directed OU aimed at **3.** *fam* [fille, voiture] to get a load of **4.** [document] to check, to stamp. ❖ vi to aim, to take aim ▸ **viser à** to aim at ▸ **viser à faire qqch** to aim to do sthg, to be intended to do sthg ▸ **viser haut** *fig* to aim high ▸ **ne pas viser juste** not to aim accurately, to aim wide.

viseur [vizœr] nm **1.** [d'arme] sights *pl* **2.** PHOTO viewfinder.

visibilité [vizibilite] nf visibility.

visible [vizibl] adj **1.** [gén] visible **2.** [personne] : *il n'est pas visible* he's not seeing visitors.

visiblement [viziblәmɑ̃] adv visibly.

visière [vizjɛr] nf **1.** [de casque] visor **2.** [de casquette] peak **3.** [de protection] eyeshade.

visioconférence [vizjokɔ̃ferɑ̃s], **vidéoconférence** [videokɔ̃ferɑ̃s] nf videoconference.

vision [vizjɔ̃] nf **1.** [faculté] eyesight, vision **2.** [représentation] view, vision **3.** [mirage] vision.

visionnaire [vizjɔnɛr] nmf & adj visionary.

visionnement [vizjɔnmɑ̃] nm QUÉBEC screening.

visionner [3] [vizjɔne] vt to view.

visionneuse [vizjɔnøz] nf viewer.

visiophone [vizjɔfɔn] nm videophone, viewphone.

visite [vizit] nf **1.** [chez un ami, officielle] visit ▸ **avoir de la visite** OU **une visite** to have visitors ▸ **rendre visite à qqn** to pay sb a visit / *je m'attendais à sa visite* I was expecting him to call **2.** [MÉD - à l'extérieur] call, visit ; [- à l'hôpital] rounds *pl* / *heures de visite* visiting hours ▸ **passer une visite médicale** to have a medical UK OU a physical US **3.** [de monument] tour ▸ **visite audioguidée** audio guided tour ▸ **visite guidée** guided tour **4.** [d'expert] inspection ▸ **visite d'inspection** visitation, visit.

visiter [3] [vizite] vt **1.** [en touriste] to tour **2.** [malade, prisonnier] to visit.

visiteur, euse [vizitœr, øz] nm, f visitor.

vison [vizɔ̃] nm mink.

visqueux, euse [viskø, øz] adj **1.** [liquide] viscous **2.** [surface] sticky **3.** *fig* [personne, manières] slimy, smarmy.

visser [3] [vise] vt **1.** [planches] to screw together **2.** [couvercle] to screw down **3.** [bouchon] to screw in ; [écrou] to screw on **4.** *fam* & *fig* [enfant] to keep a tight rein on. ◆ **se visser** vp *(emploi passif)* to screw on OU in / *ampoule qui se visse* screw-in bulb.

visualisation [vizɥalizasjɔ̃] nf INFORM display mode.

visualiser [3] [vizɥalize] vt **1.** [gén] to visualize **2.** INFORM to display ; TECHNOL to make visible.

visuel, elle [vizɥɛl] adj visual. ◆ **visuel** nm INFORM visual display unit ▸ **visuel graphique** graphical display unit.

visuellement [vizɥɛlmɑ̃] adv visually.

vital, e, aux [vital, o] adj vital.

vitalité [vitalite] nf vitality.

vitamine [vitamin] nf vitamin.

vitaminé, e [vitamine] adj with added vitamins, vitamin-enriched.

vite [vit] adv **1.** [rapidement] quickly, fast ▸ **fais vite !** hurry up! ▸ **avoir vite fait de faire qqch** to have been quick to do sthg / *ça a été vite réglé* it was settled in no time at all, it was soon settled / *méfie-toi, il a vite fait de s'énerver* be careful, he loses his temper easily / *on lui a repeint sa grille vite fait, bien fait* *fam* we gave her gate a nice new coat of paint in no time / *va plus vite* speed up, go faster **2.** [tôt] soon / *envoyez vite votre bulletin-réponse !* send your entry form now! / *j'ai vite compris de quoi il s'agissait* I soon realized what it was all about, it didn't take me long to realize what it was all about.

vitesse [vitɛs] nf **1.** [gén] speed ▸ **prendre de la vitesse** to pick up ou gather speed ▸ **prendre qqn de vitesse** *fig* to outstrip sb ▸ **à toute vitesse** at top speed ▸ **vitesse de croisière** cruising speed **2.** AUTO gear ▸ **en quatrième vitesse** *fam* & *fig* at the double.

viticole [vitikɔl] adj wine-growing.

viticulteur, trice [vitikyltœʀ, tʀis] nm, f wine-grower.

viticulture [vitikyltyʀ] nf wine-growing.

vitivinicole [vitivinikɔl] adj relating to vine growing and wine production.

vitiviniculture [vitivinikyltyʀ] nf vine growing and wine production.

vitrage [vitʀaʒ] nm **1.** [vitres] windows *pl* **2.** [toit] glass roof.

vitrail, aux [vitʀaj, o] nm stained-glass window.

vitre [vitʀ] nf **1.** [de fenêtre] pane of glass, windowpane **2.** [de voiture, train] window.

vitré, e [vitʀe] adj glass *(avant n)*.

vitrer [3] [vitʀe] vt to glaze.

vitreux, euse [vitʀø, øz] adj **1.** [roche] vitreous **2.** [œil, regard] glassy, glazed.

vitrier [vitʀije] nm glazier.

vitrification [vitʀifikasjɔ̃] nf **1.** [de parquet] sealing and varnishing **2.** [d'émail] vitrification.

vitrifier [9] [vitʀifje] vt **1.** [parquet] to seal and varnish **2.** [émail] to vitrify.

vitrine [vitʀin] nf **1.** [de boutique] (shop) window ; *fig* showcase ▸ **lécher les vitrines** to go window-shopping **2.** [meuble] display cabinet.

vitriol [vitʀijɔl] nm vitriol.

vitrocéramique [vitʀoseʀamik] adj : *plaque vitrocéramique* ceramic hob.

vitupération [vitypeʀasjɔ̃] nf *litt* vituperation, vilification.

vitupérer [18] [vitypeʀe] vt *litt* to rail against.

vivable [vivabl] adj [appartement] livable-in ; [situation] bearable, tolerable ; [personne] : *il n'est pas vivable* he's impossible to live with.

vivace [vivas] adj **1.** [plante] perennial ; [arbre] hardy **2.** *fig* [haine, ressentiment] deep-rooted, entrenched ; [souvenir] enduring.

vivacité [vivasite] nf **1.** [promptitude - d'une personne] liveliness, vivacity ▸ **vivacité d'esprit** quick-wittedness **2.** [d'un coloris, du teint] intensity, brightness **3.** [de propos] sharpness.

vivant, e [vivɑ̃, ɑ̃t] adj **1.** [en vie] alive, living / *enterré vivant* buried alive **2.** [enfant, quartier] lively **3.** [souvenir] still fresh **4.** *fig* [preuve] living. ◆ **vivant** nm **1.** [vie] ▸ **du vivant de qqn** in sb's lifetime **2.** [personne] ▸ **les vivants** the living ▸ **un bon vivant** *fig* a person who enjoys (the good things in) life.

> **alive, living ou live ?**
>
> Les trois adjectifs peuvent être employés pour traduire *vivant*, mais ils présentent des différences d'emploi.
>
> **Alive** ne peut être employé que comme attribut :
>
> **The fish were still alive.** *Les poissons étaient encore vivants.*
>
> **Living** est généralement employé comme épithète :
>
> **I prefer living plants to artificial ones.** *Je préfère les plantes vivantes aux plantes artificielles.*
>
> Lorsqu'il signifie *vivant*, **live** n'est généralement employé qu'en tant qu'épithète :
>
> **I bought a live crabe.** *J'ai acheté un crabe vivant.*

vivarium [vivaʀjɔm] nm vivarium.

vivats [viva] nmpl cheers, cheering *sg*.

vive[1] [viv] nf [poisson] weever.

vive[2] [viv] interj three cheers for ▸ **vive le roi !** long live the King!

vive-eau [vivo] (*pl* **vives-eaux** [vivzo]) nf ▸ **(marée de) vive-eau** spring tide ▸ **les vives-eaux** the spring tides.

vivement [vivmɑ̃] ◆ adv **1.** [agir] quickly **2.** [répondre] sharply **3.** [affecter] deeply. ◆ interj : *vivement les vacances !* roll on the holidays! / *vivement que l'été arrive* I'll be glad when summer comes, summer can't come quick enough.

vivier [vivje] nm **1.** [de poissons] fish pond ; [dans un restaurant] fish tank **2.** *fig* [concentration] breeding-ground.

vivifiant, e [vivifjɑ̃, ɑ̃t] adj invigorating, bracing.

vivifier [9] [vivifje] vt to invigorate.

vivipare [vivipaʀ] adj viviparous.

vivisection [vivisɛksjɔ̃] nf vivisection.

vivoter [3] [vivɔte] vi **1.** [personne] to live from hand to mouth **2.** [affaire, commerce] to struggle to survive.

vivre [90] [vivʀ] ◆ vi to live ; [être en vie] to be alive / *vivre avec qqn* a) [maritalement] to live with sb b) [en amis] to share ou to live with sb ▸ **vivre de** to live on / *vivre de sa plume* to live by one's pen ▸ **vivre d'amour et d'eau fraîche** to live on love alone ▸ **faire vivre sa famille** to support one's family ▸ **être difficile/facile à vivre** to be hard/easy to get on with ▸ **avoir vécu** to have seen life / *elle a vécu jusqu'à 95 ans* she lived to be 95 / *il fait bon vivre ici* life is good ou it's a good life here / *ils ont tout juste de quoi vivre* they've just enough to live on. ❖ vt **1.** [passer] to spend / *vivre des temps difficiles* to live through ou to experience difficult times / *vivre sa vie* to live one's own life **2.** [éprouver] to experience / *elle a mal/bien vécu mon départ* she couldn't cope/she coped well after I left. ❖ nm ▸ **le vivre et le couvert** board and lodging. ◆ **vivres** nmpl provisions ▸ **couper les vivres à qqn** *fig* to cut off sb's livelihood.

vivrier, ère [vivʀije, ɛʀ] adj ▸ **culture vivrière** food crops *pl*.

vizir [viziʀ] nm vizier.

VL (*abr de* **véhicule lourd**) nm HGV.

vlan [vlɑ̃] interj wham!, bang!

vo *abr écrite de* **verso**.

VO (*abr de* **version originale**) nf *indicates that a film has not been dubbed* / *en VO sous-titrée* in the original version with subtitles.

vocable [vɔkabl] nm term.

vocabulaire [vɔkabylɛʀ] nm **1.** [gén] vocabulary **2.** [livre] lexicon, glossary.

vocal, e, aux [vɔkal, o] adj vocal ▸ **ensemble vocal** choir.

vocalise [vɔkaliz] nf ▸ **faire des vocalises** to do singing exercises.

vocaliser [3] [vɔkalize] vi to do singing exercises.

vocatif [vɔkatif] nm vocative (case).

vocation [vɔkasjɔ̃] nf **1.** [gén] vocation **2.** [d'organisation] mission.

vocifération [vɔsifeʀasjɔ̃] nf shout, scream.

vociférer [18] [vɔsifeʀe] vt to shout, to scream.

vod [veode] (*abr de* **video on demand**) nf VOD.

vodcast [vɔdkast] nm INFORM vodcast.

vodka [vɔdka] nf vodka.

vœu, x [vø] nm **1.** RELIG [résolution] vow ▸ **faire le vœu de faire qqch** to vow to do sthg ▸ **faire vœu de silence** to take a vow of silence **2.** [souhait, requête] wish. ◆ **vœux** nmpl greetings ▸ **meilleurs vœux** best wishes ▸ **tous nos vœux de bonheur** our best wishes for your future happiness.

vogue [vɔg] nf vogue, fashion ▸ **en vogue** fashionable, in vogue.

voguer [3] [vɔge] vi *litt* to sail.

voici [vwasi] prép **1.** [pour désigner, introduire] here is/are / *le voici* here he/it is / *les voici* here they are / *vous cherchiez des allumettes ? en voici* were you looking for matches? there are some here / *l'homme que voici* this man (here) / *voici ce qui s'est passé* this is what happened **2.** [il y a] : *voici trois mois* three months ago / *voici quelques années que je ne l'ai pas vu* I haven't seen him for some years (now), it's been some years since I last saw him **3.** [caractérisant un état] : *me voici prêt* I'm ready now / *nous voici enfin arrivés !* here we are at last! **4.** [désignant une action proche dans le temps] : *voici qu'ils recommencent avec leur musique !* their music's started (up) again! / *voici venir le printemps* spring is coming.

voie [vwa] nf **1.** [route] road ▸ **route à deux voies** two-lane road / *voie de dégagement* slip road ▸ **voie express** ou **rapide** express way ▸ **voie navigable** waterway ▸ **la voie publique** the public highway ▸ **voie sans issue** no through road ▸ **voie privée** private road / *les voies sur berges* [à Paris] *expressway running along the Seine in Paris* **2.** [rails] track, line ; [quai] platform ▸ **voie ferrée** railway line UK, railroad line US ▸ **voie de garage** a) siding b) *fig* dead-end job **3.** [mode de transport] route ▸ **par la voie maritime/aérienne** by sea/air / *par voie de terre* overland, by land **4.** ANAT passage, tract ▸ **par voie buccale** ou **orale** orally, by mouth / *par les voies naturelles* naturally ▸ **par voie rectale** by rectum ▸ **voie respiratoire** respiratory tract **5.** *fig* [chemin] way ▸ **être en bonne voie** to be going well / *votre dossier est en bonne voie* your file is being processed ▸ **être sur la bonne/mauvaise voie** to be on the right/wrong track ▸ **mettre qqn sur la voie** to put sb on the right track ▸ **ouvrir la voie** to pave the way ▸ **la voie royale** *fig* the high road (to success) ▸ **trouver sa voie** to find one's feet **6.** [filière, moyen] means *pl* / *par des voies détournées* by devious means, by a circuitous route ▸ **suivre la voie hiérarchique** to go through the official channels *pl*. ◆ **voie de fait** nf assault / *se livrer à des voies de fait sur qqn* to assault sb. ◆ **Voie lactée** nf ▸ **la Voie lactée** the Milky Way. ◆ **en voie de** loc prép on the way ou road to ▸ **en voie de développement** developing / *espèces en voie de disparition* endangered species / *en voie de guérison* getting better, on the road to recovery.

voilà [vwala] prép **1.** [pour désigner] there is/are / *le voilà* there he/it is / *les voilà* there they are / *me voilà* that's me, there I am / *le voilà qui arrive* (look) he's here / *vous cherchiez de l'encre ? en voilà* you were looking for ink? there is some (over) there / *la maison que voilà* that house (there) / *nous voilà arrivés* we've arrived / *en voilà un qui n'a pas peur !* *fam* HE's certainly got guts! / *en voilà une surprise/des manières !* what a surprise/way to behave! **2.** [reprend ce dont on a parlé] that is ; [introduit ce dont on va parler] this is / *voilà ce que j'en pense* this is/that is what I think / *voilà ce que c'est que de mentir !* that's where lying gets you! ▸ **voilà tout** that's all ▸ **et voilà !** there we are! **3.** [il y a] : *voilà dix jours* ten days ago / *voilà dix ans que je le connais* I've known him for ten years (now) **4.** [désignant une action proche dans le temps] : *voilà que la nuit tombe* (now) it's getting dark / *voilà qu'ils remettent ça avec leur musique !* *fam* they're at it again with their music!

voilage [vwalaʒ] nm **1.** [rideau] net curtain **2.** [garniture] veil.

voile[1] [vwal] nf **1.** [de bateau] sail ▸ **mettre les voiles** *fam* & *fig* to shoot off, to scarper UK **2.** [activité] sailing.

voile[2] [vwal] nm **1.** [textile] voile **2.** [coiffure] veil ▸ **voile de mariée** marriage veil ▸ **lever le voile sur** *fig* to lift the veil on **3.** [de brume] mist **4.** PHOTO fogging *(U)* **5.** MÉD : *voile au poumon* shadow on the lung / *j'ai un voile devant* ou *sur les yeux* my vision ou sight is blurred.

voilé, e [vwale] adj **1.** [visage, allusion] veiled **2.** [ciel, regard] dull **3.** [roue] buckled **4.** PHOTO fogged **5.** [son, voix] muffled.

voiler [3] [vwale] vt **1.** [visage] to veil **2.** [vérité, sentiment] to hide **3.** [suj : brouillard, nuages] to cover **4.** [roue] to buckle. ◆ **se voiler** vp **1.** [femme] to wear a veil **2.** [ciel] to cloud over ; [yeux] to mist over **3.** [roue] to buckle.

voilette [vwalɛt] nf veil.

voilier [vwalje] nm [bateau] sailing boat UK, sailboat US.

voilure [vwalyʀ] nf **1.** [de bateau] sails *pl* **2.** [d'avion] wings *pl* **3.** [de parachute] canopy.

voir [62] [vwaʀ] ◆ vt **1.** [gén] to see / *je l'ai vu tomber* I saw him fall ▸ **faire voir qqch à qqn** to show sb sthg / *fais voir !* let me see!, show me! ▸ **avoir assez vu qqn** *fam* to be fed up with sb ▸ **ne rien avoir à voir avec** *fig* to have nothing to do with / *l'instruction n'a rien à voir avec l'intelligence* education has nothing to do with intelligence / *je te vois bien papa !* I can just see you as a father! / *je ne vois pas comment je pourrais t'aider* I can't see how I could help you / *tu vois ce que je veux dire ?* do you see ou understand what I mean? ▸ **voyons,...** [en réfléchissant] let's see,... / *un peu de courage, voyons !* come on, be brave! ▸ **ni vu ni connu** *fam* without anyone being any the wiser / *j'en ai vu d'autres ! fam* I've seen worse!, I've been through worse! / *je dois aller voir le médecin* I've got to go to the doctor's **2.** [dossier, affaire] to look at ou into, to go over. ◆ vi to see / *voir bien* to see clearly, to have good eyesight / *voir mal* to have poor eyesight. ◆ **se voir** vp **1.** [se regarder] to see o.s., to watch o.s. **2.** [s'imaginer] to see ou to imagine ou to picture o.s. / *elle se voyait déjà championne !* she thought the championship was hers already! **3.** [se rencontrer] to see one another ou each other **4.** [se remarquer] to be obvious, to show ▸ **ça se voit !** you can tell! / *il porte une perruque, ça se voit bien* you can tell he wears a wig.

voire [vwaʀ] adv even.

voirie [vwaʀi] nf **1.** ADMIN ≃ Department of Transport **2.** [décharge] rubbish dump UK, garbage dump US.

voisin, e [vwazɛ̃, in] ◆ adj **1.** [pays, ville] neighbouring UK, neighboring US / *les pays voisins de l'équateur / de notre territoire* the countries near the equator / bordering on our territory ; [maison] next-door / *il habite la maison voisine* he lives next door **2.** [idée] similar / *des pratiques voisines du charlatanisme* practices akin to ou bordering on quackery. ◆ nm, f neighbour UK, neighbor US / *voisin d'à côté* next-door neighbour / *mes voisins du dessus / dessous* the people upstairs / downstairs from me ▸ **voisin de palier** next-door neighbour *(in a flat)* / *mon voisin de table* the person next to me ou my neighbour at table.

voisinage [vwazinaʒ] nm **1.** [quartier] neighbourhood UK, neighborhood US **2.** [environs] vicinity **3.** [relations] ▸ **rapports de bon voisinage** (good) neighbourliness UK ou neighborliness US.

voisiner [3] [vwazine] vi ▸ **voisiner avec** to be next to.

voiture [vwatyʀ] nf **1.** [automobile] car ▸ **voiture de location** hire UK ou rental US car ▸ **voiture d'occasion / de sport** second-hand / sports car **2.** [de train] carriage UK, car US. ◆ **voiture d'enfant** nf pram UK, baby carriage US.

voiture-balai [vwatyʀbalɛ] (*pl* **voitures-balais**) nf SPORT *car which follows a cycle race to pick up competitors who drop out* / *faire la voiture-balai fig* to go round picking up the stragglers.

voix [vwa] nf **1.** [gén] voice ▸ **voix caverneuse** hollow voice ▸ **voix de fausset** falsetto voice ▸ **voix de poitrine / tête** chest / head voice ▸ **voix de stentor** stentorian voice ▸ **voix de ténor** tenor voice ▸ **voix off** voice-over ▸ **à voix basse** in a low voice, quietly ▸ **à voix haute** a) [parler] in a loud voice b) [lire] aloud ▸ **de vive voix** in person / *avoir de la voix* to have a strong voice ▸ **donner de la voix** a) [chien] to bark b) [personne] to shout, to raise one's voice, to bawl / *être* ou *rester sans voix* a) [d'épouvante] to be speechless, to be struck dumb b) [d'émotion, de chagrin] to be speechless / *poser sa voix* to train one's voice ▸ **avoir voix au chapitre** *fig* to have a say in the matter **2.** [suffrage] vote / *donner sa voix à* to give one's vote to, to vote for / *obtenir 1 500 voix* to win ou to get 1,500 votes ▸ **recueillir des voix** to win ou get votes.

vol [vɔl] nm **1.** [d'oiseau, avion] flight ▸ **attraper qqch au vol** to catch sthg in mid-air / *saisir une occasion au vol fig* to jump at ou to seize an opportunity ▸ **vol (en) charter** charter flight ▸ **vol d'essai** test flight / *pratiquer le* ou *faire du vol libre* to go hang-gliding ▸ **vol à vue** sight flight ▸ **vol à voile** gliding / *pratiquer le* ou *faire du vol à voile* to glide, to do gliding / *prendre son vol* to fly away, to take wing *litt* ▸ **à vol d'oiseau** as the crow flies ▸ **en plein vol** in flight **2.** [groupe d'oiseaux] flight, flock / *vol de perdreaux* flock ou covey of partridges **3.** [délit] theft / *commettre un vol* to commit a theft, to steal ▸ **vol à l'arraché** bag snatching ▸ **vol avec effraction** breaking and entering ▸ **vol à l'étalage** shoplifting ▸ **vol à main armée** armed robbery. ◆ **de haut vol** loc adj [artiste, spécialiste] top *(avant n)* ; [projet] ambitious, far-reaching.

vol. (*abr écrite de* **volume**) vol.

volage [vɔlaʒ] adj fickle.

volaille [vɔlaj] nf ▸ **la volaille** poultry, (domestic) fowl.

volant[1], **e** [vɔlɑ̃, ɑ̃t] adj **1.** [qui vole] flying ▸ **personnel volant** aircrew **2.** [mobile] ▸ **feuille volante** loose sheet.

volant[2] nm **1.** [de voiture] steering wheel **2.** [de robe] flounce **3.** [de badminton] shuttlecock.

volatil[1], **e** [vɔlatil] adj volatile.

volatile[2] nm (domestic) fowl.

volatiliser [3] [vɔlatilize] ◆ **se volatiliser** vp to volatilize ; *fig* to vanish into thin air.

vol-au-vent [vɔlovɑ̃] nm inv vol-au-vent.

volcan [vɔlkɑ̃] nm volcano ; *fig* spitfire ▸ **être assis sur un volcan** *fig* to be sitting on the edge of a volcano.

volcanique [vɔlkanik] adj volcanic ; *fig* [tempérament] fiery.

volcanologue [vɔlkanɔlɔg] = **vulcanologue**.

volée [vɔle] nf **1.** [d'oiseau] flight **2.** [de flèches] volley ▸ **une volée de coups** a hail of blows / *volée d'insultes fig* shower of insults **3.** FOOT & TENNIS volley / *il n'est pas / il est très bon à la volée* he's a bad / he's a good volleyer / *monter à la volée* to come to the net **4.** *fam* [gifle] thrashing, hiding / *tu vas recevoir la volée !* you're really going to get it! **5.** CONSTR ▸ **volée d'escaliers** flight of stairs. ◆ **à la volée** loc adv : *attraper* ou *saisir à la volée* [clés, balle] to catch in mid-air / *saisir un nom à la volée* to (just) catch a name. ◆ **de haute volée** loc adj [spécialiste] top *(avant n)* ; [projet] ambitious, far-reaching.

voler [3] [vɔle] ❖ vi to fly. ❖ vt [personne] to rob / *il s'est fait voler son portefeuille* his wallet was stolen ; [chose] to steal ▸ **voler qqch à qqn** to steal sthg from sb / *il volait de l'argent dans la caisse* he used to steal money from the till / *on m'a volé ma montre !* my watch has been stolen!

volet [vɔlɛ] nm **1.** [de maison] shutter **2.** [de dépliant] leaf ; [d'émission] part **3.** INFORM drive door.

voleter [27] [vɔlte] vi **1.** [papillon] to flit ou flutter about **2.** [robe] to flutter.

voleur, euse [vɔlœʀ, øz] ❖ adj thieving. ❖ nm, f thief ▸ **au voleur !** stop thief!

volière [vɔljɛʀ] nf aviary.

volley-ball [vɔlɛbol] (*pl* **volley-balls**) nm volleyball.

volleyeur, euse [vɔlɛjœʀ, øz] nm, f volleyball player.

volontaire [vɔlɔ̃tɛʀ] ❖ nmf volunteer. ❖ adj **1.** [omission] deliberate ; [activité] voluntary **2.** [enfant] strong-willed.

volontairement [vɔlɔ̃tɛʀmɑ̃] adv deliberately ; [offrir] voluntarily.

volontariat [vɔlɔ̃taʀja] nm voluntary service *(in armed forces)*.

volontariste [vɔlɔ̃taʀist] nmf & adj voluntarist.

volonté [vɔlɔ̃te] nf **1.** [vouloir] will ▸ **à volonté** unlimited, as much as you like ▸ **les dernières volontés** last wishes ▸ **faire les quatre volontés de qqn** *fam* & *fig* to obey sb's every whim **2.** [disposition] ▸ **bonne volonté** willingness, good will ▸ **mauvaise volonté** unwillingness **3.** [détermination] willpower.

volontiers [vɔlɔ̃tje] adv **1.** [avec plaisir] with pleasure, gladly, willingly **2.** [affable, bavard] naturally.

volt [vɔlt] nm volt.

voltage [vɔltaʒ] nm voltage.

volte [vɔlt] nf **1.** [de cheval] volt, volte **2.** *litt* [pirouette] pirouette.

volte-face [vɔltəfas] nf inv about-turn UK, about-face US ; *fig* U-turn, about-turn UK, about-face US.

voltige [vɔltiʒ] nf **1.** [au trapèze] trapeze work ▸ **haute voltige a)** flying trapeze act **b)** *fig* mental gymnastics *(U)* **2.** [à cheval] circus riding **3.** [en avion] aerobatics *(U)*.

voltiger [17] [vɔltiʒe] vi **1.** [acrobate] to perform on a flying trapeze **2.** [insecte, oiseau] to flit ou flutter about **3.** [feuilles] to flutter about.

voltigeur [vɔltiʒœʀ] nm **1.** [acrobate] trapeze artist **2.** MIL light infantryman **3.** QUÉBEC [baseball] : *voltigeur gauche / droit* left / right fielder / *voltigeur du centre* centre fielder.

volubile [vɔlybil] adj voluble.

volubilis [vɔlybilis] nm morning glory.

volubilité [vɔlybilite] nf volubility.

volume [vɔlym] nm **1.** [tome] volume **2.** [en acoustique] volume / *augmente* ou *monte le volume* turn the sound up / *baisse* ou *descend le volume* turn the sound down **3.** [quantité globale] volume, amount / *le volume des exportations* the volume of exports / *volume de ventes* volume of sales **4.** [poids, épaisseur] volume / *une permanente donnerait du volume à vos cheveux* a perm would give your hair more body **5.** INFORM [unité] volume ▸ **volume mémoire** storage capacity.

volumineux, euse [vɔlyminø, øz] adj voluminous, bulky.

volupté [vɔlypte] nf [sensuelle] sensual ou voluptuous pleasure ; [morale, esthétique] delight.

voluptueusement [vɔlyptɥøzmɑ̃] adv voluptuously.

voluptueux, euse [vɔlyptɥø, øz] adj voluptuous.

volute [vɔlyt] nf **1.** [de fumée] wreath **2.** ARCHIT volute, helix.

vomi [vɔmi] nm *fam* vomit.

vomir [32] [vɔmiʀ] vt **1.** [aliments] to bring up **2.** [fumées] to belch, to spew (out) ; [injures] to spit out.

vomissement [vɔmismɑ̃] nm **1.** [action] vomiting **2.** [vomissure] vomit.

vomitif, ive [vɔmitif, iv] adj emetic ; *fam* & *fig* revolting, sickening. ◆ **vomitif** nm emetic.

vont ⟶ **aller**.

vorace [vɔʀas] adj voracious.

voracement [vɔʀasmɑ̃] adv voraciously.

voracité [vɔʀasite] nf voracity.

vos ⟶ **votre**.

votant, e [vɔtɑ̃, ɑ̃t] nm, f voter.

vote [vɔt] nm vote ▸ **vote à main levée** (ballot by) show of hands ▸ **vote secret, vote à bulletins secrets** secret ballot.

voter [3] [vɔte] ❖ vi to vote. ❖ vt POL to vote for ; [crédits] to vote ; [loi] to pass.

votre [vɔtʀ] (*pl* **vos** [vo]) adj poss your.

vôtre [votʀ] ◆ **le vôtre, la vôtre** (*pl* **les vôtres**) pron poss yours ▸ **les vôtres** your family / *vous et les vôtres* people like you / *je suis des vôtres* I'm on your side / *vous devriez y mettre du vôtre* you ought to pull your weight ▸ **à la vôtre !** your good health!

vouer [6] [vwe] vt **1.** [promettre, jurer] ▸ **vouer qqch à qqn** to swear ou vow sthg to sb **2.** [consacrer] to devote **3.** [condamner] ▸ **être voué à** to be doomed to. ◆ **se vouer** vp ▸ **se vouer à** to dedicate ou devote o.s. to.

vouloir [57] [vulwaʀ] ❖ vt **1.** [gén] to want / *voulez-vous boire quelque chose ?* would you like something to drink? / *veux-tu te taire !* will you be quiet! / *je voudrais savoir* I would like to know / *voudriez-vous vous joindre à nous ?* would you care ou like to join us? ▸ **vouloir que** (+ subj) : *je veux qu'il parte* I want him to leave ▸ **vouloir qqch de qqn / qqch** to want sthg from sb / sthg / *combien voulez-vous de votre maison ?* how much do you want for your house? ▸ **ne pas vouloir de qqn / qqch** not to want sb / sthg / *je ne veux pas entendre parler de ça !* I won't hear of it ou such a thing! ▸ **je veux bien** I don't mind / *je veux bien être patient, mais il y a des limites !* I can be patient, but there are limits! ▸ **si tu veux** if you like, if you want ▸ **comme tu veux !** as you like! / *un peu de respect, tu veux (bien)* a bit less cheek, if you don't mind! ▸ **sans le vouloir** without meaning ou wishing to, unintentionally / *je l'ai vexé sans le vouloir* I offended him unintentionally ou without meaning to **2.** [suj : coutume] to demand / *la dignité de notre profession veut que...* the dignity of our profession demands that... / *comme le veulent les usages* as convention dictates **3.** [s'attendre à] to expect / *que voulez-vous que j'y fasse ?* what do you want me to do about it? / *pourquoi voudrais-tu qu'on se fasse cambrioler ?* why do you assume we might be burgled? **4.** [essayer de] : *vouloir faire* to want ou to try to do / *en voulant la sauver, il s'est noyé* he drowned in his attempt ou trying to rescue her / *tu veux me faire peur ?* are you trying to frighten me? **5.** [formules de politesse] : *veuillez vous asseoir* please take a seat / *veuillez m'excuser un instant* (will you) please excuse me for a moment / *veuillez avoir l'obligeance de...* would you kindly ou please... / *veuillez recevoir, Monsieur, mes salutations distinguées* yours sincerely UK ou truly US **6.** EXPR **vouloir dire** to mean ▸ **ça veut tout dire !** that says it all! ▸ **si on veut** more or less, if you like ▸ **en vouloir** *fam* to be a real go-getter ▸ **en vouloir à qqn** to have a grudge against sb / *tu ne m'en veux pas ?* no hard feelings? ▸ **tu l'auras voulu !** on your own head (be it)! ❖ nm ▸ **le bon / mauvais vouloir de qqn** sb's goodwill / ill will. ◆ **se vouloir** vp : *elle se veut différente* she thinks she's different / *le livre se veut une satire de l'aristocratie allemande* the book claims ou is supposed to be a satire on the German aristocracy ▸ **s'en vouloir de faire qqch** to be cross with o.s. for doing sthg / *je m'en veux de l'avoir laissé partir* I feel bad at having let him go.

voulu, e [vuly] ❖ pp ⟶ **vouloir.** ❖ adj **1.** [requis] requisite **2.** [délibéré] intentional.

vous [vu] pron pers **1.** [sujet, objet direct] you / *dire vous à qqn* to use the "vous" form to sb / *eux m'ont compris, pas vous* they understood me, you didn't / *je vous connais, vous !* I know YOU! / *elle vous a accusés tous les trois* she accused all three of you **2.** [objet indirect] (to) you / *pensez un peu à vous* think of yourself a bit **3.** [après préposition, comparatif] you / *de vous à moi* between (the two of) us ou you and me / *à vous trois, vous finirez bien la tarte ?* surely the three of you can finish the tart? **4.** [réfléchi] yourself, yourselves / *taisez-vous !* be quiet! / *regardez-vous* look at yourself / *taisez-vous tous !* be quiet, all of you! ◆ **vous-même** pron pers yourself / *vous pouvez vérifier par vous* you can check for yourself. ◆ **vous-mêmes** pron pers yourselves.

voûte [vut] nf **1.** ARCHIT vault ; *fig* arch ▸ **la voûte céleste** the sky **2.** ANAT ▸ **voûte du palais** roof of the mouth ▸ **voûte plantaire** arch (of the foot).

voûté, e [vute] adj **1.** [homme] stooping, round-shouldered ; [dos] bent / *avoir le dos voûté* to stoop, to have a stoop / *ne te tiens pas voûté* stand up straight **2.** [galerie] vaulted, arched.

voûter [3] [vute] vt to arch over, to vault. ◆ **se voûter** vp to be ou become stooped.

vouvoiement [vuvwamɑ̃] nm use of the "vous" form.

vouvoyer [13] [vuvwaje] vt ▸ **vouvoyer qqn** to use the "vous" form to sb. ◆ **se vouvoyer** vp to use the formal "vous" form with each other.

Vouvoyer

The **vous** form of "you" is used among people who have just been introduced or don't know each other well, but also in the professional world, particularly among colleagues at different levels in a hierarchy. Students from primary school to university level are expected to use **vous** with their teachers, even though professors often address students as **tu**. **Vous** is also common among children- and parents-in-law, even if they have known each other for many years. In some high-society families, parents and children (and even spouses) use **vous** with each other. **Tu** is reserved for friends, animals, inanimate objects and often colleagues whom one regards as equals.

voyage [vwajaʒ] nm journey, trip ; [sur la mer, dans l'espace] voyage / *partir en voyage* to go away, to go on a trip / *bon voyage !* have a good ou safe journey! ▸ **les voyages** travel *sg*, travelling *(U)* UK, traveling *(U)* US ▸ **voyage d'affaires** business trip ▸ **voyage de noces** honeymoon ▸ **voyage organisé** package tour.

voyager [17] [vwajaʒe] vi to travel.

voyageur, euse [vwajaʒœʀ, øz] nm, f traveller UK, traveler US ▸ **voyageur de commerce** commercial traveller UK, traveling salesman US.

voyagiste [vwajaʒist] nm tour operator.

voyance [vwajɑ̃s] nf clairvoyance.

voyant, e [vwajɑ̃, ɑ̃t] ❖ adj loud, gaudy. ❖ nm, f [devin] seer ▸ **voyante extralucide** clairvoyant. ◆ **voyant** nm [lampe] light ; AUTO indicator (light) ▸ **voyant d'essence / d'huile** petrol / oil warning light.

voyelle [vwajɛl] nf vowel.

voyeur, euse [vwajœʀ, øz] nm, f voyeur, Peeping Tom.

voyeurisme [vwajœʀism] nm voyeurism.

voyou [vwaju] nm **1.** [garnement] urchin **2.** [loubard] lout.

VPC (*abr de* **vente par correspondance**) nf mail order sales.

vrac [vʀak] ◆ **en vrac** loc adv **1.** [sans emballage] loose **2.** [en désordre] higgledy-piggledy **3.** [au poids] in bulk.

vrai, e [vʀɛ] adj **1.** [histoire] true ▸ **c'est** ou **il est vrai que…** it's true that… ▸ **c'est pas vrai !** *fam* never!, I don't believe it! / *il l'a bien mérité, pas vrai ?* he deserved it, didn't he? **2.** [or, perle, nom] real / *c'est une copie, ce n'est pas un vrai Modigliani* it's a copy, it's not a real Modigliani **3.** [personne] natural / *des dialogues vrais* dialogues that ring true **4.** [ami, raison] real, true / *c'est une histoire vraie* it's a true story. ◆ **vrai** nm ▸ **le vrai** truth ▸ **être dans le vrai** to be right / *il y a du vrai dans ses critiques* there's some truth in her criticism ▸ **à vrai dire, à dire vrai** to tell the truth / *cette fois-ci, je pars pour de vrai* this time I'm really leaving.

vraiment [vʀɛmɑ̃] adv really.

vraisemblable [vʀɛsɑ̃blabl] adj likely, probable ; [excuse] plausible.

vraisemblablement [vʀɛsɑ̃blabləmɑ̃] adv probably, in all probability.

vraisemblance [vʀɛsɑ̃blɑ̃s] nf likelihood, probability ; [d'excuse] plausibility ▸ **contre toute vraisemblance** implausibly ▸ **selon toute vraisemblance** in all probability.

V / Réf (*abr écrite de* **Votre référence**) your ref.

vrille [vʀij] nf **1.** BOT tendril **2.** [outil] gimlet **3.** [spirale] spiral **4.** AÉRON spin / *descendre en vrille* to spin downwards **5.** EXPR ▸ **partir en vrille** *fam* **a)** [situation, projet] to go pear-shaped **b)** [personne] to go crazy.

vriller [3] [vʀije] ❖ vi **1.** [avion] to spin **2.** [parachute] to twist. ❖ vt to bore into.

vrombir [32] [vʀɔ̃biʀ] vi to hum.

vrombissement [vʀɔ̃bismɑ̃] nm humming *(U)*.

VRP (*abr de* **voyageur, représentant, placier**) nm rep.

vs (*abr écrite de* **versus**) prép vs.

VTC [vetese] (*abr de* **vélo tout chemin**) nf SPORT hybrid bike.

VTT [vetete] nm **1.** (*abr de* **vélo tout-terrain**) mountain bike **2.** QUÉBEC (*abr de* **véhicule tout-terrain**) ATV.

vu, e [vy] ❖ pp → **voir.** ❖ adj **1.** [perçu] ▸ **être bien / mal vu** to be acceptable / unacceptable **2.** [compris] clear. ◆ **vu** prép given, in view of. ◆ **vu que** loc conj given that, seeing that. ◆ **vue** nf **1.** [sens, vision] sight, eyesight / *avoir une bonne vue* to have good eyesight / *avoir une mauvaise vue* to have bad ou poor eyesight / *perdre la vue* to lose one's sight, to go blind / *recouvrer la vue* to get one's sight ou eyesight back **2.** [regard] gaze / *il s'évanouit à la vue du sang* he faints at the sight of blood ▸ **à première vue** at first sight ▸ **à vue** on sight ▸ **de vue** by sight / *je le connais de vue* I know his face, I know him by sight / *perdre qqn de vue* to lose touch with sb ▸ **en vue** [vedette] in the public eye ▸ **à vue de nez** *fam* at a rough guess ▸ **à vue d'œil** : *mes économies disparaissent à vue d'œil* my savings just disappear before my very eyes ▸ **en mettre plein la vue à qqn** *fam* & *fig* to dazzle sb **3.** [panorama, idée] view / *vue panoramique* panoramic view / *vue sur la mer* sea view ▸ **vue d'ensemble** *fig* overview ▸ **avoir qqn / qqch en vue** to have sb / sthg in mind. ◆ **à vue** ❖ loc adj BANQUE ▸ **dépôt à vue** call deposit ▸ **retrait à vue** withdrawal on demand. ❖ loc adv [atterrir] visually ; [tirer] on sight ; [payable] at sight. ◆ **vues** nfpl plans ▸ **avoir des vues sur qqn** to have designs on sb, to have one's eye on sb ▸ **avoir des vus sur qqch** to covet sthg. ◆ **en vue de** loc prép with a view to / *j'y vais en vue de préparer le terrain* I'm going in order to prepare the ground.

vulcaniser [3] [vylkanize] vt to vulcanize.

vulcanologue [vylkanɔlɔg], **volcanologue** [vɔlkanɔlɔg] nmf vulcanologist, volcanologist.

vulgaire [vylgɛʀ] adj **1.** [grossier] vulgar, coarse **2.** *(avant n) péj* [quelconque] common **3.** [courant] common, popular.

vulgairement [vylgɛʀmɑ̃] adv **1.** [grossièrement] vulgarly, coarsely **2.** [couramment] commonly, popularly.

vulgarisation [vylgaʀizasjɔ̃] nf popularization.

vulgariser [3] [vylgaʀize] vt to popularize.

vulgarité [vylgaʀite] nf vulgarity, coarseness.

vulnérabilité [vylneʀabilite] nf vulnerability.

vulnérable [vylneʀabl] adj vulnerable.

vulve [vylv] nf vulva.

Vve *abr de* **veuve**.

VVF (*abr de* **village vacances famille**) nm *state-subsidized holiday village*.

VX *abr écrite de* **vieux**.

WX

w, W [dubləve] nm inv w, W.

wagon [vagɔ̃] nm carriage UK, car US ▸ **wagon fumeurs** smoking carriage UK ou car US ▸ **wagon de marchandises** goods wagon ou truck UK, freight car US ▸ **wagon non-fumeurs** non-smoking carriage UK ou car US ▸ **wagon de première / seconde classe** first-class / second-class carriage UK ou car US.

wagon-citerne [vagɔ̃sitɛʀn] (*pl* **wagons-citernes**) nm tank wagon UK ou car US.

wagon-lit [vagɔ̃li] (*pl* **wagons-lits**) nm sleeping car, sleeper.

wagonnet [vagɔnɛ] nm small truck.

wagon-restaurant [vagɔ̃ʀɛstɔʀɑ̃] (*pl* **wagons-restaurants**) nm restaurant UK ou dining US car.

Wah Wah [wawa] nf MUS ▸ **pédale Wah Wah** Wah Wah pedal.

Walkman® [wɔkman] nm personal stereo, Walkman®.

wallon, onne [walɔ̃, ɔn] adj Walloon. ◆ **wallon** nm [langue] Walloon. ◆ **Wallon, onne** nm, f Walloon.

Wallonie [walɔni] nf : *la Wallonie* Southern Belgium *(where French and Walloon are spoken).*

WAP [wap] (*abr de* **wireless application protocol**) nm TÉLÉCOM WAP ▸ **téléphone WAP** WAP telephone.

wapiti [wapiti] nm wapiti.

warning [waʀniŋ] nm AUTO hazard warning lights UK, hazard lights US.

wasabi [wazabi] nm wasabi.

Washington [waʃiŋtɔn] npr **1.** [ville] Washington DC **2.** [État] Washington State.

wassingue [vasɛ̃g] nf floorcloth.

water-polo [watɛʀpɔlo] nm water polo.

waterproof [watɛʀpʀuf] adj inv waterproof.

waters [watɛʀ] nmpl toilet *sg*.

waterzooi, waterzoï [watɛʀzɔj] nm BELGIQUE *chicken or fish with vegetables, cooked in a cream sauce, a Flemish speciality.*

watt [wat] nm watt.

Wb (*abr écrite de* **weber**) Wb.

W.-C., W-C [vese] (*abr de* **water-closet**) nm ou nmpl WC *sg*, toilets.

Web [wɛb] nm ▸ **le Web** the Web, the web.

webcam [wɛbkam] nf webcam.

webcaméra [wɛbkameʀa] nf QUÉBEC webcam.

webcast [wɛbkast] nm webcast.

webcasting [wɛbkastiŋ] nm webcasting.

weblog [wɛblɔg] nm blog.

webmail [wɛbmɛl] nm webmail.

webmestre [wɛbmɛstʀ], **webmaster** [wɛbmastœʀ] nm webmaster.

webradio [wɛbʀadjo] nf web radio station.

webtélé [wɛbtele] nf web TV station.

webzine [wɛbzin] [wɛbzin] nm webzine.

week-end [wikɛnd] (*pl* **week-ends**) nm weekend ▸ **bon week-end !** have a good ou nice weekend! ▸ **partir en week-end** to go away for the weekend.

western [wɛstɛʀn] nm western.

Wh (*abr écrite de* **wattheure**) Wh.

whisky [wiski] (*pl* **whiskys** *ou* **whiskies**) nm [écossais] whisky, scotch ; [irlandais ou américain] whiskey ▸ **whisky sec** straight ou neat whisky.

whist [wist] nm whist.

white-spirit [wajtspiʀit] (*pl* **white-spirits**) nm white spirit UK.

Wi-Fi, wi-fi [wifi] (*abr de* **wireless fidelity**) nm inv Wi-Fi.

Windsurf® [windsœʀf] nm Windsurf® (surfboard).

wok [wɔk] nm wok.

WORM (*abr de* **write once read many times**) INFORM WORM.

WWW (*abr de* **World Wide Web**) nf WWW.

WYSIWYG [wiziwig] (*abr de* **what you see is what you get**) WYSIWYG.

x, X [iks] nm inv x, X ▸ **l'X** *prestigious engineering college in Paris.*

xénophobe [gzenɔfɔb] ◆ nmf xenophobe. ◆ adj xenophobic.

xénophobie [gzenɔfɔbi] nf xenophobia.

xérès [gzeʀɛs, xeʀɛs] nm sherry.

XML (*abr de* **extensible markup language**) nm XML.

XXL (*abr de* **extra extra large**) adj XXL / *un tee-shirt XXL* an XXL tee-shirt ou T-shirt.

xylophone [ksilɔfɔn] nm xylophone.

YZ

y¹, **Y** [igʀɛk] nm inv y, Y.

y² [i] ❖ adv [lieu] there / *j'y vais demain* I'm going there tomorrow / *mets-y du sel* put some salt in it / *va voir sur la table si les clefs y sont* go and see if the keys are on the table / *on ne peut pas couper cet arbre, des oiseaux y ont fait leur nid* you can't cut down that tree, some birds have built their nest there ou in it / *ils ont ramené des vases anciens et y ont fait pousser des fleurs exotiques* they brought back some antique vases and grew exotic flowers in them. ❖ pron pers *(la traduction varie selon la préposition utilisée avec le verbe)* : *pensez-y* think about it / *n'y comptez pas* don't count on it ▸ **j'y suis !** I've got it ! ; ⟶ **aller, avoir**.

ya SMS *abr écrite de* **il y a**.

yacht [jot] nm yacht.

yacht-club [jotklœb] (*pl* **yacht-clubs**) nm yacht club.

yaourt [jauʀt], **yog(h)ourt** [jɔguʀt] nm yoghurt ▸ **yaourt aux fruits / nature** fruit/plain yoghurt.

yaourtière [jauʀtjɛʀ] nf yoghurt maker.

Yémen [jemɛn] nm : *le Yémen* Yemen / *au Yémen* in Yemen / *le Yémen du Nord* North Yemen / *le Yémen du Sud* South Yemen.

yéménite [jemenit] adj Yemeni. ◆ **Yéménite** nmf Yemeni.

yen [jɛn] nm yen.

yeux ⟶ **œil**.

yé-yé [jeje] *vieilli* ❖ nmf pop fan. ❖ adj inv pop *(avant n)*.

yiddish [jidiʃ] nm inv & adj inv Yiddish.

yin [jin] nm yin ▸ **le yin et le yang** yin and yang.

yoga [jɔga] nm yoga.

yoghourt [jɔguʀt] = **yaourt**.

yogi [jɔgi] nm yogi.

yogourt [jɔguʀt] = **yaourt**.

Yom Kippour [jɔmkipuʀ] nm inv Yom Kippur.

yougoslave [jugɔslav] adj Yugoslav, Yugoslavian. ◆ **Yougoslave** nmf Yugoslav, Yugoslavian.

Yougoslavie [jugɔslavi] nf ▸ **la Yougoslavie** Yugoslavia ▸ **l'ex-Yougoslavie** the former Yugoslavia.

youpala [jupala] nm baby bouncer.

youpi [jupi] interj yippee!

youyou [juju] nm dinghy.

yoyo [jojo] nm *fam* MÉD grommet.

Yo-yo® [jɔjɔ] nm inv yo-yo.

yuan [jɥan] nm [monnaie] yuan.

yucca [juka] nm yucca.

z, **Z** [zɛd] nm inv z, Z.

ZAC, **Zac** [zak] (*abr de* **zone d'aménagement concerté**) nf *area earmarked for local government planning project.*

ZAD, **Zad** [zad] (*abr de* **zone d'aménagement différé**) nf *area earmarked for future development.*

Zagreb [zagʀɛb] npr Zagreb.

Zaïre [zaiʀ] nm HIST : *le Zaïre* Zaïre / *au Zaïre* in Zaïre.

zaïrois, e [zaiʀwa, az] adj Zairian. ◆ **Zaïrois, e** nm, f Zairian.

zakouski [zakuski] nmpl zakuski, zakouski.

Zambie [zɑ̃bi] nf : *la Zambie* Zambia.

zambien, enne [zɑ̃bjɛ̃, ɛn] adj Zambian. ◆ **Zambien, enne** nm, f Zambian.

zapotèque [zapɔtɛk] adj Zapotec. ◆ **Zapotèque** nmf Zapotec.

zapper [3] [zape] vi to zap, to channel-hop, to channel-flick.

zappeur, euse [zapœʀ, øz] nm, f channel hopper, zapper.

zapping [zapiŋ] nm zapping, channel-hopping.

zèbre [zɛbʀ] nm zebra ▸ **un drôle de zèbre** *fam* & *fig* an oddball.

zébrer [18] [zebʀe] vt to streak, to stripe.

zébrure [zebʀyʀ] nf **1.** [de pelage] stripe **2.** [marque] weal.

zébu [zeby] nm zebu.

ZEC [zɛk] (*abr de* **zone d'exploitation contrôlée**) nf QUÉBEC controlled harvesting zone.

zélateur, trice [zelatœʀ, tʀis] nm, f zealot.

zèle [zɛl] nm zeal ▸ **faire du zèle** *péj* to be over-zealous.

zélé, e [zele] adj zealous.

zen [zɛn] ❖ nm Zen. ❖ adj inv Zen ▸ **rester zen** to keep cool.

zénith [zenit] nm zenith ▸ **être au zénith de** *fig* to be at the height ou peak of.

ZEP, **Zep** [zɛp] (*abr de* **zone d'éducation prioritaire**) nf *designated area with special educational needs.*

zéro [zeʀo] ❖ nm **1.** [chiffre] zero, nought UK ; [énoncé dans un numéro de téléphone] O UK, zero **2.** [nombre] nought UK, nothing ▸ **deux buts à zéro** two goals to nil UK ou zero / *zéro partout* no score / *j'ai* *eu zéro* I got (a) nought ▸ **zéro de conduite** black mark **3.** [de graduation] freezing point, zero ▸ **à zéro** at zero ▸ **zéro absolu** absolute zero ▸ **au-dessus / au-dessous de zéro** above / below (zero) ▸ **avoir le moral à zéro** *fig* to be ou feel down ▸ **repartir à** ou **de zéro** to start again from scratch **4.** *fam* [personne] dead loss. ◆ adj ▸ **zéro faute** no mistakes / *ça te coûtera zéro centime* it'll cost you nothing at all.

zeste [zɛst] nm peel, zest ▸ **zeste de citron** lemon peel ou zest.

zézaiement [zezɛmɑ̃] nm lisp.

zézayer [11] [zezeje] vi to lisp.

ZI *abr de* **zone industrielle**.

zibeline [ziblin] nf sable.

zieuter, zyeuter [3] [zjøte] vt *fam* to get an eyeful of.

ZIF, Zif [zif] (*abr de* **zone d'intervention foncière**) nf *area earmarked for local government planning project.*

zigoto [zigɔto] nm *fam* ▸ **un drôle de zigoto** an oddball.

zigouiller [3] [ziguje] vt *fam* to bump off.

zigzag [zigzag] nm zigzag ▸ **en zigzag** winding.

zigzaguer [3] [zigzage] vi to zigzag (along).

Zimbabwe [zimbabwe] nm : *le Zimbabwe* Zimbabwe / *au Zimbabwe* in Zimbabwe.

zimbabwéen, enne [zimbabweɛ̃, ɛn] adj Zimbabwean. ◆ **Zimbabwéen, enne** nm, f Zimbabwean.

zinc [zɛ̃g] nm **1.** [matière] zinc **2.** *fam* [comptoir] bar **3.** *fam* [avion] crate.

zinzin [zɛ̃zɛ̃] adj *fam* cracked.

Zip® [zip] nm zip UK, zipper US.

zipper [3] [zipe] vt to zip up ; INFORM to zip.

zizanie [zizani] nf ▸ **semer la zizanie** *fig* to sow discord.

zizi [zizi] nm *fam* willy UK, peter US.

zodiacal, e, aux [zɔdjakal, o] adj [signe] of the zodiac ; [position] in the zodiac.

zodiaque [zɔdjak] nm zodiac.

zombi [zɔ̃bi] nm *fam* zombie.

zona [zona] nm shingles *(U)*.

zone [zon] nf **1.** [région] zone, area ▸ **zone de turbulences** [en avion] turbulence zone **2.** [administration] ▸ **zone bleue** restricted parking zone ▸ **zone piétonne** ou **piétonnière** pedestrian precinct UK ou zone US ▸ **zone de stationnement interdit** no parking area **3.** GÉOGR ▸ **zone dépressionnaire** ou **de dépression** trough of low pressure ▸ **zone désertique** desert belt ▸ **zone forestière** forest belt / *la zone d'influence de l'Asie* Asia's sphere of influence **4.** FIN ▸ **zone d'action** area of operations / *la zone d'activité du directeur commercial* the commercial manager's area ▸ **zone d'activités** business park ▸ **zone commerciale** retail park ▸ **zone dollar** dollar area ▸ **zone industrielle** industrial estate UK ou park US ▸ **zone monétaire** monetary zone ▸ **zone sterling** sterling area **5.** [faubourg] ▸ **la zone** the slum belt / *cette famille, c'est vraiment la zone* *fam* they're real dropouts in that family **6.** INFORM ▸ **zone de données** data field ▸ **zone de mémoire** storage area **7.** TÉLÉCOM ▸ **zone de couverture** coverage area **8.** ANAT ▸ **zone érogène** erogenous zone **9.** [astronautique] ▸ **zone de couverture (d'un satellite)** area of coverage (of a satellite).

zoner [3] [zone] vi *fam* to hang about, to hang around.

zoo [zo(o)] nm zoo.

zoologie [zɔɔlɔʒi] nf zoology.

zoologique [zɔɔlɔʒik] adj zoological.

zoologiste [zɔɔlɔʒist] nmf zoologist.

zoom [zum] nm **1.** [objectif] zoom (lens) **2.** [gros plan] zoom.

zoomer [3] [zume] vi [pour se rapprocher] to zoom in ; [pour s'éloigner] to zoom out.

zoophile [zɔɔfil] ◆ nmf person who practises bestiality. ◆ adj of ou relating to bestiality.

zooplancton [zɔɔplɑ̃ktɔ̃] nm zooplankton.

zouave [zwav] nm **1.** MIL Zouave ▸ **le zouave du pont de l'Alma** *the one surviving statue of the four built at water level on the Pont de l'Alma in Paris; it serves as a popular guide to the level of the Seine, which reached his beard in 1910* **2.** ▸ **faire le zouave** *fam* **a)** [faire le pitre] to clown about **b)** [faire le malin] to show off.

zoulou, e [zulu] adj Zulu. ◆ **Zoulou, e** nm, f : *les Zoulous* the Zulus.

zozo [zozo] nm *fam* mug UK, nitwit.

zozoter [3] [zozɔte] vi *fam* to lisp.

ZUP, Zup [zyp] (*abr de* **zone à urbaniser en priorité**) nf *area earmarked for urgent urban development*.

Zurich [zyʀik] npr Zörich.

zut [zyt] interj *fam* damn!

zyeuter = **zieuter**.

zygomatique [zigɔmatik] adj zygomatic.

zygote [zigɔt] nm zygote.

Cahier pratique

Practical supplement

Sommaire
Contents

Grammaire anglaise

English grammar

1. A, AN

FORMES

- L'article indéfini s'écrit **a** [ə] devant une consonne, **an** [ən] devant une voyelle :

a game (un jeu)	an apple (une pomme)
a year (une année)	an egg (un œuf)
a new boat (un nouveau bateau)	an old boat (un vieux bateau)

- Cependant on emploie :
  - **a** devant un nom qui commence par une voyelle se prononçant [j] ou [w] ou devant un « **h** » se prononçant [h] : a university (une université), a one-way ticket (un aller simple), a house (une maison).
  - **an** devant un « **h** » muet : an honour (un honneur), an hour (une heure).

EMPLOIS

- On n'emploie l'article indéfini que devant un dénombrable singulier :
  I want a sandwich. Je veux un sandwich.
  I'll eat an apple. Je mangerai une pomme.
- Il désigne une personne ou une chose sans détermination précise, un élément parmi d'autres :
  Valérie's bought a new coat. Valérie a acheté un nouveau manteau.
  Can you give me an idea of what it will cost? Pouvez-vous me donner une idée de ce que cela coûtera ?
- On l'emploie pour exprimer la généralité. L'élément cité est alors représentatif de l'ensemble :
  A horse travels faster than a donkey. Un cheval va plus vite qu'un âne.
- Il indique l'appartenance à une catégorie et il précède obligatoirement un nom de métier :
  She's a widow. Elle est veuve.
  My sister is a musician. Ma sœur est musicienne.
- Il s'emploie dans les indications de mesure avec un sens distributif : ninety kilometres an hour (quatre-vingt-dix kilomètres par heure), four times a day (quatre fois par jour).
- Il est inutile de répéter l'article dans une énumération avec **and** :
  You should wear a shirt and tie. Tu devrais porter une chemise et une cravate.
- Il s'emploie après la préposition **without** : without a ticket (sans titre de transport), without a hat (sans chapeau).
- **Half** peut se combiner avec l'article indéfini : half a pint of beer (une demi-pinte de bière), half an apple (une demi-pomme).
- Au pluriel, on omet l'article :
  a little house (une petite maison) ⟶ little houses (des petites maisons)

2. LES ADJECTIFS

FORMES

- En anglais, l'adjectif ne change jamais de forme. Il est toujours invariable en genre et en nombre :

an old man (un vieil homme)	old men (des vieux hommes)
an old woman (une veille femme)	old women (des vieilles femmes)

- Un substantif peut avoir une fonction d'adjectif : a pocket dictionary (un dictionnaire de poche), a grammar book (un livre de grammaire).

POSITION

- L'adjectif épithète se place toujours devant le nom qu'il qualifie :

ø	green	onions	(oignons nouveaux)
my	dirty old	jeans	(mon vieux jean sale)
these	three expensive	vases	(ces trois vases chers)

- L'adjectif attribut se place après le verbe (**be, seem**) :
  Your hands are dirty. Tu as les mains sales.
  That doesn't seem right to me. Cela ne me semble pas correct.
- L'adjectif mis en apposition a une assez grande liberté de position dans la phrase :
  Burgundy is a region famous for its wines. La Bourgogne est une région célèbre pour son vin.
  Weary after their long day, the children were soon asleep. Éreintés après cette longue journée, les enfants se sont vite endormis.
  I started to run, by now certain that someone was following me. J'ai commencé à courir, certain désormais que quelqu'un me suivait.

ORDRE DES ÉPITHÈTES

- À l'intérieur d'un groupe nominal, le nom peut être précédé de plusieurs adjectifs épithètes. En général l'ordre est le suivant :

  A tatty old red, white and blue British flag flapped in the wind. Un vieux drapeau britannique en lambeaux, rouge, blanc et bleu, claquait au vent.

  - ***L'adjectif le plus près du nom*** désigne la qualité la plus essentielle, la plus objective, le plus souvent dans cet ordre : matière, taille, couleur, nationalité.

  a sports car (une voiture de sport)
  an Italian sports car (une voiture de sport italienne)
  a red Italian sports car (une voiture de sport italienne rouge)

  - ***L'adjectif le plus éloigné du nom*** désigne la qualité la moins objective, celle qui renvoie le plus à l'appréciation personnelle du locuteur :
  a beautiful red Italian sports car (une superbe voiture de sport italienne rouge)

- Dans une énumération comprenant plus de deux termes, les adjectifs sont séparés par une virgule et les deux derniers peuvent être coordonnés par **and** ou **or** :
  He's the only nice, tall, dark and handsome young man that I know. Il est le seul jeune homme que je connaisse à être gentil, grand, brun et beau.
  I'm looking for some genuine old, red and green, Indian or Chinese ceremonial costumes. Je recherche d'authentiques costumes de cérémonie rouge et vert, indiens ou chinois.
- Quand deux adjectifs épithètes précèdent un nom, ils sont reliés par **and** seulement s'il s'agit d'adjectifs qui décrivent la couleur, la matière ou une caractéristique essentielle de l'objet : a nice warm bath (un bon bain chaud), a silk and wool jumper (un pull en laine et soie), a black and white film (un film en noir et blanc).

3. LES ADJECTIFS POSSESSIFS

L'adjectif possessif est un déterminant qui marque la relation d'appartenance, de possession ou de lien. Il se place devant le nom.

FORMES

		SINGULIER	PLURIEL
1ère PERSONNE		my	our
2e PERSONNE		your	your
3e PERSONNE	masculin	his	their
	féminin	her	
	indéfini	one's	
	neutre	its	

EMPLOIS

- À la troisième personne, le choix de l'adjectif possessif dépend du ***sexe du possesseur*** uniquement :
  She's my best friend. C'est ma meilleure amie.
  Her father is the local doctor. Son père est le médecin du coin.

- Lorsque le possesseur est un nom collectif, l'adjectif possessif est le neutre **its** ou **their** :
  The bank doesn't pay its staff very well. = The bank don't pay their staff very well.
  La banque ne paie pas très bien son personnel.

- Pour mettre l'accent sur le caractère personnel de la possession on peut ajouter le mot **own** :
  Does that car belong to the company, or is it your own? Est-ce que cette voiture appartient à l'entreprise, ou est-ce qu'elle est à toi ?

- À la différence du français, l'adjectif possessif peut accompagner les parties du corps dont on parle :
  I wash my hair every day. Je me lave les cheveux tous les jours.
  I hurt my hand. Je me suis fait mal à la main.
  Her head was aching from all the noise. Elle avait mal à la tête à cause du bruit.

- En anglais soutenu, on trouve le pronom possessif dans le groupe sujet de la construction en **-ing** :
  David said he enjoyed you singing to them. = David said he enjoyed your singing to them. *(soutenu)*
  David a dit qu'il avait apprécié vous entendre chanter pour eux.

4. LES ADVERBES

L'adverbe peut modifier le verbe, l'adjectif, la phrase entière ou un autre adverbe.

FORMES

- On peut former de nombreux adverbes, en particulier ceux de manière, en ajoutant le suffixe **-ly** à l'adjectif :

slow	→ slow**ly**	lent	→ lentement
clear	→ clear**ly**	clair	→ clairement

- Attention aux changements orthographiques :

-y	→	**-ily**	happ**ily** (joyeusement)	tid**ily** (soigneusement)
-le	→	**-ly**	gent**ly** (doucement)	nob**ly** (généreusement)
-ll	→	**-lly**	fu**lly** (pleinement)	du**lly** (d'un air morne)
-ic	→	**-ically**	drast**ically** (radicalement)	histor**ically** (historiquement)
	mais	publ**icly** (publiquement)		

- On peut également former un adverbe à partir du participe du verbe en lui ajoutant le suffixe **-ly** :
  boringly (de manière ennuyeuse) ; tiredly (d'un air fatigué) ; repeatedly (à maintes reprises).

- Lorsque l'adjectif est déjà terminé par **-ly**, ce qui est le cas pour un certain nombre d'entre eux comme friendly (amical), silly (idiot), likely (probable), il faut utiliser l'expression **in a … way** ou **manner** :
  in a friendly way = in a friendly manner (= d'une manière amicale)

- Certains adverbes très courants ont la même forme que l'adjectif ou le déterminant correspondant : fast (rapidement), early (tôt), wrong (mal), late (tardivement), right (correctement), hard (dur, attentivement, sérieusement), much (beaucoup), either (non plus), enough (suffisamment).

- Certaines prépositions sont utilisées comme adverbes :
  Philip sat down behind. Philip s'est assis à l'arrière.
  You've never told me that before. Tu ne m'avais jamais dit ça avant.

- On peut former un adverbe en ajoutant un suffixe à la préposition :
  Wear a waterproof jacket and something warm underneath. Mets une veste imperméable et quelque chose de chaud en dessous.

- Ne confondez pas **after** *(préposition)* et **afterwards** *(adverbe)* :
  She spoke to me about it after lunch. Elle m'en a parlé après déjeuner.
  She spoke to me about it afterwards. Elle m'en a parlé ensuite.

- Certains adverbes changent de forme dans les phrases négatives ou interrogatives. On utilise beaucoup ces adverbes dans des phrases au « present perfect » (voir 41) :

  - **already** → **yet** *(toujours positionné en fin de phrase)*

    My cousins have already arrived. Mes cousins sont déjà arrivés.
    My cousins haven't arrived yet. Mes cousins ne sont pas encore arrivés.
    Have you finished your homework yet? As-tu déjà fini tes devoirs ?

  - **still** → **any more, any longer**

    She's still complaining. Elle se plaint encore.
    She isn't complaining any more. Elle ne se plaint plus.

- **too ⟶ either**

I was there too. J'étais là aussi.
I wasn't there either. Je n'étais pas là non plus.
I hardly know them either. Moi non plus, je ne les connais pas vraiment.

- **too ⟶ enough**

The pudding's too sweet. Le pudding est trop sucré.
The pudding's not sweet enough. Le pudding n'est pas assez sucré.

- **a long way ⟶ far   a long time ⟶ long**

They've come a long way. Ils sont venus de loin.
They haven't come far. Ils ne sont pas venus de loin.
We stayed there a long time. Nous y sommes restés longtemps.
We didn't stay there long. Nous n'y sommes pas restés longtemps.

POSITION

● En général, l'adverbe ne se place jamais entre le verbe et le complément d'objet, ou entre le verbe et la particule ou préposition qui le suit :

You'll see your cousins soon. Tu verras bientôt tes cousins.
John turned up late. John est arrivé en retard.
We're looking forward to our holiday very much. Nous attendons les vacances avec impatience.

● La place de l'adverbe dans la phrase dépend en grande partie de ce qu'il exprime. Les adverbes de manière et de temps se placent plutôt à la fin de la phrase :

Before you start, read all the questions thoroughly. Avant de commencer, lisez toutes les questions avec attention.
I'll speak to you later. Je te parlerai plus tard.

● Certains adverbes comme as well, (not)… either se placent toujours à la fin de la phrase :

Andy sent me some flowers as well. Andy m'a aussi envoyé des fleurs.
John doesn't like it, and I can't say I do either. John ne l'aime pas et moi non plus.

● Les adverbes de modalité comme luckily (heureusement), unfortunately (malheureusement), probably (probablement), certainly (sûrement) qui expriment un point de vue affectif et certains adverbes de temps se placent fréquemment en tête de phrase. L'adverbe de modalité porte sur l'ensemble de la phrase et exprime le point de vue du locuteur sur ce dont il parle :

Suddenly it started pouring with rain. D'un coup, il se mit à pleuvoir à verse.
Firstly, you're late. Secondly, you haven't got the money. Premièrement, tu es en retard. Deuxièmement, tu n'as pas l'argent.
Unfortunately, I won't be able to come. Malheureusement, je ne pourrai pas venir.

● Les adverbes de fréquence always (toujours), sometimes (parfois), often (souvent), never (jamais), usually (d'habitude), etc. et ceux de repérage temporel still (encore), already (déjà), then (alors), by now (à présent), etc. se placent à différents endroits :

- entre le sujet et le verbe (si le verbe s'écrit en un seul mot) :

I never saw them again. Je ne les ai jamais revus.

- après le premier auxiliaire, si le verbe est précédé de plusieurs auxiliaires :

I should never have done it. Je n'aurais jamais dû le faire.

- après les temps simples du verbe be :

Your hands are still dirty. Tes mains sont encore sales.

● Only et even s'emploient comme les adverbes de fréquence :

I've only seen him a few times. Je l'ai seulement vu deux ou trois fois.
I have even finished the homework for tomorrow. J'ai même terminé les devoirs à faire pour demain.

● Les adverbes qui modifient le sens des adjectifs, d'autres adverbes ou les compléments de verbe se placent avant eux. En revanche, enough se place après le mot qu'il modifie :

She arrived elegantly dressed in a silk kimono. Elle est arrivée élégamment vêtue d'un kimono en soie.
I'm afraid you're not old enough to see this film. J'ai peur que tu n'aies pas l'âge de voir ce film.

5. A FEW, A LITTLE

DÉTERMINANT / PRONOM	DÉNOMBRABLE SINGULIER	DÉNOMBRABLE PLURIEL	INDÉNOMBRABLE
a few	–	**a few** friends	–
a little	–	–	**a little** champagne

- **A few** et **a little** sont des quantifieurs ; ils peuvent être déterminants ou pronoms.
- On emploie **a few** avec des noms dénombrables au pluriel (voir 16). Il signifie ***quelques***, ou ***quelques-uns*** lorsqu'il est pronom.
  I'll write down a few ideas before I start. Je vais écrire quelques idées avant de commencer.
  Have you read all of his books? — Just a few. As-tu lu tous ses livres ? — Seulement quelques-uns.
- **A little** est utilisé avec des noms indénombrables. Il signifie ***un peu de***, ou ***un peu*** lorsqu'il est pronom.
  I only take a little sugar in my coffee. Je prends juste un peu de sucre dans mon café.
  Don't put so much sugar in my coffee! I only want a little! Ne mets pas autant de sucre dans mon café ! J'en veux juste un peu !
- **A little** peut aussi être un adverbe. Il signifie ***un peu*** :
  He seems a little better. Il a l'air un peu mieux.
  I slept a little in the afternoon. J'ai un peu dormi dans l'après-midi.
- Dans les phrases négatives, **a few** devient **not... many**, et **a little** devient **not... much** (voir 39) :
  A few of her ideas were interesting. Quelques-unes de ses idées étaient intéressantes.
  Not many of her ideas were interesting. Peu de ses idées étaient intéressantes.
  She didn't have many interesting ideas. Elle n'avait pas beaucoup d'idées intéressantes.
  A little sugar is enough. Un peu de sucre suffit.
  You don't need much sugar. Tu n'as pas besoin de beaucoup de sucre.
- Dans les phrases interrogatives (voir 38), on emploie **many** à la place de **a few**, et **much** à la place de **a little**. On trouve aussi **a lot (of)**, **lots (of)** :
  Has she got many friends? A-t-elle beaucoup d'amis ?
  Is there much left? Est-ce qu'il en reste beaucoup ?
  Do we need a lot of petrol? Est-ce qu'il nous faut beaucoup d'essence ?

6. AGO

- **Ago** est un adverbe de repérage temporel. Il permet de dire quand quelque chose s'est passé. Il n'y a pas de limitation de durée avec **ago**, il peut s'agir d'un intervalle court ou long. **Ago** peut se traduire par ***il y a*** :
  It happened a long time / six years / two days / five minutes ago. Cela s'est passé il y a longtemps / il y a six ans / il y a deux jours / il y a cinq minutes.
- **Ago** se place en général en fin de phrase et le verbe est toujours au passé [prétérit simple ou prétérit en **be + -ing** (voir 47, 48)]. On le trouve dans les phrases négatives ou affirmatives, et aussi dans les questions, où l'on emploie **how long ago** en début de phrase (voir 38, 39) :
  I met him six years ago in Istanbul. Je l'ai rencontré il y a six ans à Istanbul.
  He was teaching English six years ago. Il enseignait l'anglais il y a six ans.
  How long ago did you start Italian classes? Depuis combien de temps as-tu commencé les cours d'italien ?
  I started Italian classes not very long ago. J'ai commencé les cours d'italien il n'y a pas très longtemps.
- Il convient de distinguer **ago** de **before** qui n'indique pas de lien avec le présent, mais dépend d'un moment du passé :
  I met him six years ago in Istanbul. Je l'ai rencontré il y a six ans à Istanbul.
  I had heard about him five months before. J'avais entendu parler de lui cinq mois plus tôt.
- **For**, par contraste, insiste sur la durée dans le présent ou le passé.

7. L'ARTICLE ZÉRO (Ø)

- L'article zéro se signale par l'absence de tout signe devant le nom.
- Devant les noms indénombrables ou les dénombrables pluriels, l'article zéro souligne l'aspect « générique » du nom (voir 16) :

  I don't like Øwork. Je n'aime pas travailler.
  I don't like ØFrench beer. Je n'aime pas la bière française.
  ØLife has treated him well. La vie a été douce pour lui.
  Make Ølove not Øwar. Faites l'amour, pas la guerre.
  I don't like ØMondays. Je n'aime pas les lundis.
  ØCars travel faster than Øbuses. Les voitures vont plus vite que les bus.
  ØPeople are funny. Les gens sont drôles.

- ***On omet*** donc l'article devant des noms indiquant :
  - ***le lieu :*** to be in bed (être au lit); to go to work (aller au travail); to go to church (aller à l'église); to go to hospital (aller à l'hôpital); to go to school (aller à l'école); to get home (rentrer à la maison); to go to prison (aller en prison); from left to right (de gauche à droite) ;

    mais : to go to the toilet (se rendre aux toilettes)
  - ***les repas :*** to have breakfast (prendre le petit déjeuner); to meet for lunch (se retrouver pour déjeuner); to invite some friends to dinner / supper (inviter des amis à dîner / à souper) ;
  - ***les moyens de transport :*** to come by car (venir en voiture); to go by bus / train (aller en bus / train); to arrive on foot (venir à pied) ;

    mais : I saw some friends on the train. J'ai vu des amis dans le train.
  - ***le temps :*** in spring (au printemps); last night (la nuit dernière); at night (de nuit); next year (l'année prochaine); from beginning to end (du début à la fin) ;

    mais : in the evening (le soir).

- On omet également l'article devant les noms propres et les titres : Doctor Allen (docteur Allen); King Louis XIV of France (le roi de France Louis XIV); President Kennedy (le président Kennedy) ;

  mais : the President of the United States (le président des États-Unis).
- On l'omet devant les noms de pays, sauf s'ils sont formés à partir d'un nom commun : France (la France); England (l'Angleterre) ;

  mais : the British Isles (les Îles Britanniques); the United States (les États-Unis).
- Au pluriel, on omet l'article si l'on veut opposer deux éléments :

  He gave me sweets *(and not cakes)*. Il m'a donné des bonbons *(et non pas des gâteaux)*.

  Si l'on veut mettre l'accent sur la quantité, on utilisera **some** (voir 56) :
  He gave me some sweets *(two, three or more)*. Il m'a donné des bonbons *(deux, trois, ou plus)*.

8. LES AUXILIAIRES

- En anglais, le temps, la voix, la négation, la modalité ne peuvent être exprimés par un seul mot. Le groupe verbal peut comprendre jusqu'à six termes, qui apportent ou complètent ces informations.
- Quand il y a plus d'un auxiliaire devant le verbe, l'ordre des auxiliaires est déterminé. On en trouve généralement deux dans la même phrase, mais il peut y en avoir jusqu'à quatre devant le verbe.
- Le verbe principal est toujours situé en dernier, les autres termes sont les auxiliaires du verbe.
- On utilise **be** (voir 11) et **have** (voir 27) pour former les temps et les formes composés :

  I have been watching television since nine o'clock. Je suis devant la télévision depuis neuf heures.
  She wasn't watching television, she was doing her homework. Elle ne regardait pas la télé, elle faisait ses devoirs.
- On utilise **be** pour former le passif :

  This programme is watched by millions. Des millions de personnes regardent ce programme.
  Our television has been stolen. Notre téléviseur a été volé.
- On utilise **do** (voir 19) pour les phrases négatives ou interrogatives (voir 38, 39), suivi de la base verbale :

  Do you watch television? Est-ce que tu regardes la télé ?
  She didn't watch television last night. Elle n'a pas regardé la télé hier soir.

- Les auxiliaires modaux sont un sous-groupe des auxiliaires. On les utilise pour exprimer l'obligation, la modalité, la possibilité :
  You must watch the TV tonight, there's a great film on. Tu dois regarder la télé ce soir, il y a un film superbe.
  Will you be there? Tu seras là ?
  Can I have some more cake? Est-ce que je pourrais avoir encore un peu de gâteau ?
  May I borrow your lighter? Puis-je vous emprunter votre briquet ?
- Les modaux sont suivis :
  - de la base verbale :

    I can swim. Je sais nager.
  - de l'auxiliaire du « present perfect », **have** :

    She should have known better. Elle n'aurait pas dû faire ça.
  - de l'auxiliaire de la forme « en be + -ing », **be** :

    I will be working tonight. Je vais travailler ce soir.
  - de l'auxiliaire de la voix passive, **be** :

    He must be caught immediately. Il doit être attrapé tout de suite.
- L'auxiliaire **be** de la forme « en be + -ing » *(aspect : déroulement)* est suivi de la terminaison **-ing** :
  Why are you staring at me? Pourquoi me regardes-tu comme ça ?
- À la forme passive, il est suivi de **being** + participe passé :
  My car is being repaired. Ma voiture est en train d'être réparée.
- L'auxiliaire **be** de la voix passive est suivi du participe passé :
  The work was easily done. Le travail a été fait facilement.
- L'auxiliaire du « present perfect » **have** est suivi :
  - du participe passé :

    I have always liked you. Je t'ai toujours apprécié.
  - de **be** + base verbale + **-ing** *(déroulement)* :

    Have you been drinking? Est-ce que tu as bu ?
  - ou de **be** + forme passive du verbe :

    The money has been stolen. L'argent a été volé.

PROPRIÉTÉS

Les modaux, be, have et do (lorsqu'ils sont auxiliaires), et le verbe be ont les propriétés suivantes :

- Ils peuvent se contracter, surtout devant la négation not (voir 15) :
  He's gone away. Il est parti.
  She won't come. Elle ne viendra pas.
  They don't know. Ils ne savent pas.
  I'm sorry. Je suis désolé.
- Ils se placent devant le sujet des questions :
  Can I come? Puis-je venir ?
  Do you speak English? Parlez-vous anglais ?
  Were you there? Étiez-vous là-bas ?
- On les trouve seuls dans les reprises, les réponses courtes ou les « tags » :
  I worked much harder than you did. J'ai travaillé bien plus dur que toi.
  Would you buy it if you had the money? — Yes, I would / No, I wouldn't. Tu l'achèterais si tu avais l'argent ? — Oui / Non.
  You're Betty Ayres, aren't you? Vous êtes Betty Ayres, n'est-ce pas ?
- Lorsqu'ils sont accentués, ce n'est pas l'auxiliaire en tant que tel qui est mis en avant mais l'ensemble de la prédication :
  Don't be angry with him. He did try to call. Ne sois pas fâché contre lui. Il a vraiment essayé d'appeler.
  I can't speak German but I can speak French. Je ne parle pas allemand, mais je parle français.
  You're quite wrong. I do know him. Tu as tort. Je le connais.

ORDRE DANS LA PHRASE

- Dans les phrases affirmatives, on trouve l'ordre suivant :
  SUJET - AUXILIAIRE - VERBE - RESTE DE LA PHRASE
  Brian can give you a lift. Brian peut te déposer.
  You have been seeing him again, I know it. Je sais que tu l'as revu.
- Dans les phrases négatives, la négation se place entre l'auxiliaire et le verbe, ou se contracte avec l'auxiliaire :
  SUJET - PREMIER AUXILIAIRE - NÉGATION - VERBE
  He won't come tomorrow. Il ne viendra pas demain.
  They haven't read it. Ils ne l'ont pas lu.
  I don't have to work today. Je ne dois pas aller travailler aujourd'hui.
- Dans les phrases interrogatives, l'auxiliaire ou do se place devant le sujet de la phrase :
  (MOT INTERROG.) AUXILIAIRE - SUJET - VERBE - RESTE DE LA PHRASE
  Can Peter borrow your CDs? Est-ce que Peter peut emprunter vos CD ?
  Haven't you been doing your homework? Tu n'as pas fait tes devoirs ?
  (Why) do you have to work today? (Pourquoi) dois-tu aller travailler aujourd'hui ?

9. LES AUXILIAIRES MODAUX

- **Can, could, may, might, must, shall, should, will** et **would** sont des auxiliaires modaux.
- En utilisant ces auxiliaires le locuteur donne son point de vue sur les chances de réalisation d'un événement (la probabilité) ou prend position sur ce qu'il convient de faire.
- **Need** et **dare** peuvent exprimer la modalité et se comporter comme des auxiliaires, mais quelquefois ils se comportent comme des verbes ordinaires.

FORMES

- Les modaux ont, au présent, une seule et unique forme :
  I can go / you can go / he can go / we can go / they can go.
- Les modaux n'ont pas de forme en **-ing** mais ils peuvent se combiner avec la forme **be + -ing** (voir 21). On utilise cette forme pour exprimer la probabilité :
  He can't still be working. *(fortement improbable)* Il ne peut pas être encore en train de travailler.
  I must be dreaming. *(forte probabilité)* Je dois rêver.
  She will undoubtedly be having lunch when you phone. *(certitude)* Elle sera sûrement en train de déjeuner quand tu appelleras.
- Seuls **can, may, will** et **shall** possèdent un prétérit :
  can → could may → might will → would shall → should
- Tous les modaux (sauf **may**) ont une forme contractée à la forme négative. **Will, would, shall** ont des formes affirmatives contractées.

TEMPS CHRONOLOGIQUE ET TEMPS GRAMMATICAL

Les modaux n'ont pas toujours une valeur temporelle (chronologique). Leur forme prétérit fait souvent référence à de l'irréel, à de l'incertain.

- Pour indiquer un contexte futur ou passé, on est alors obligé d'utiliser un équivalent :
  I can afford a car now. Je peux m'offrir une voiture désormais.
  → I'll soon be able to afford a car. Je vais bientôt pouvoir m'offrir une voiture.
  → I wasn't able to afford a car. Je ne pouvais pas m'offrir une voiture.
- Cependant la forme prétérit des modaux peut exprimer le passé, notamment dans le discours rapporté :
  He said that he would come. Il a dit qu'il viendrait.
  I asked whether I might use the telephone. J'ai demandé si je pouvais utiliser le téléphone.
- La forme prétérit du modal a souvent une signification propre, autonome, différente de la forme présent. Elle peut exprimer un plus grand degré d'incertitude, un degré de politesse plus élevé :
  I may see them tomorrow. *(possible)* Il se peut que je les voie demain.
  I might see them tomorrow. *(improbable)* Je les verrai peut-être demain.
  Can I have some more soup? Je peux avoir encore un peu de soupe ?
  Could I have some more soup? *(poli)* Pourrais-je avoir davantage de soupe ?

10. LES AUXILIAIRES MODAUX ET L'INFINITIF PASSÉ

Comparez les deux exemples :

They should have finished work by now. *(probabilité)* Ils devraient avoir fini leur travail maintenant.
They should have finished the job yesterday. *(obligation atténuée)* Ils auraient dû terminer le boulot hier.

- Les modaux n'ont pas de participe passé mais ils peuvent se combiner avec la forme **have** + participe passé (voir 41).
  - Le locuteur exprime une incertitude :

    I'm not sure, but I think you may have made a mistake. Je ne suis pas sûr, mais je pense que tu as pu commettre une erreur.
  - **Might** renforce l'incertitude exprimée.

    He might have told me, but I don't remember. Il m'en a peut-être parlé, mais je ne m'en souviens pas.
- On trouve également **will** (voir 67) et **must** (voir 31) + **have** + participe passé, avec une valeur de forte probabilité, plutôt que de doute :

  That will ou must have been Jenny that you saw. Tu as dû voir Jenny.
  She must have forgotten to come. Elle a dû oublier de venir.
- Avec **needn't** + **have** + participe passé, le locuteur indique qu'il n'était pas nécessaire de faire quelque chose :

  You needn't have come if you didn't want to *(but you did)*. Tu n'étais pas obligé de venir si tu ne le voulais pas *(mais tu l'as fait)*.
- **Will / would** et **shall / should + have** + participe passé peuvent marquer l'expression du futur :

  I'll have left for America by this time tomorrow. Demain à la même heure, je serai en route pour l'Amérique.
  He said that he would have seen her by six o'clock. Il a dit qu'il l'aurait vue avant six heures.
  - Ces tournures expriment aussi le conditionnel, l'irréel dans les propositions introduites par **if** (voir 57) :

    I would have been much happier if you had told me earlier. J'aurais été bien plus heureux si tu m'en avais parlé plus tôt.
- **Could have** + participe passé sert à exprimer un événement possible, ou probable dans le passé :

  I could (= might) have left it on the bus. Je l'ai peut-être laissé dans le bus *(mais je n'en suis pas sûr)*.
  - On l'utilise aussi pour rendre l'irréel, avec quelquefois une intention de reproche :

    You could have asked her while she was here *(but you didn't)*. Tu aurais pu lui demander pendant qu'elle était là *(mais tu ne l'as pas fait)*.

11. BE

FORMES

PRÉSENT	PRÉTÉRIT	PARTICIPE PASSÉ	TERMINAISON EN -ING
I am	I was	been	being
you are	you were		
he / she / it is	he / she / it was		
we are	we were		
you are	you were		
they are	they were		

EMPLOIS

- **Be** peut être un verbe auxiliaire (voir 8) ou un verbe à sens plein. Néanmoins, quelle que soit son utilisation, les négations se font en ajoutant simplement **not**. **Be** peut être auxiliaire de la forme en

be + **ing**, et dans ce cas, il est suivi du verbe terminé par **-ing**. Il sert à exprimer l'aspect (le déroulement) :

Why are you staring at me? Pourquoi me regardes-tu comme ça ?

She wasn't watching the television last night. Elle ne regardait pas la télévision hier soir.

- Il peut aussi être l'auxiliaire de la voix passive, il est alors suivi du participe passé :

The work was easily done. Le travail a été fait facilement.

The programme is watched by millions. L'émission est regardée par des millions de téléspectateurs.

My suit is being mended. Mon costume est en train d'être raccommodé.

- Auxiliaire ou verbe à sens plein, il peut se contracter, et surtout avec la négation **not** (sauf pour la première personne du singulier) (voir 15) :

She isn't ready. Elle n'est pas prête.

I wasn't smoking. Je ne fumais pas.

I'm sorry. Je suis désolé.

mais : I'm not ready. Je ne suis pas prêt.

- Il se place en tête de phrase et devant le sujet dans les questions :

Were you there? Étais-tu là ?

Are you joking? Tu plaisantes ?

- On peut le trouver seul dans les reprises, les « tags », les réponses courtes lorsque les phrases de départ comprennent une forme conjuguée de **be** :

You're Betty Ayres, aren't you? Vous êtes Betty Ayres, n'est-ce pas ?

- Quand il est accentué ce n'est pas lui en tant que tel qui est mis en avant mais l'ensemble de la prédication (effet d'emphase) :

You may not believe me, but she is my mother. Tu peux me croire ou non, mais c'est ma mère.

- La forme passive **be** + participe passé peut être ambiguë ; elle peut faire référence soit à un résultat, soit au passage d'un état à un autre :

The window was broken all last winter. La fenêtre était cassée pendant toute la durée de l'hiver dernier.

The window was broken last night (by some kids throwing stones). La fenêtre a été cassée la nuit dernière (par des enfants qui ont jeté des cailloux).

They were married for twenty-five years. Ils ont été mariés pendant vingt-cinq ans.

They were married at St. Steven's Church last Saturday. Leur mariage a été célébré à l'église St Steven samedi dernier.

  - L'utilisation de **get** qui exprime ce passage d'un état à un autre permet de lever l'ambiguïté :

  They got married at St. Steven's Church last Saturday. Ils se sont mariés à l'église St Steven samedi dernier.

- **Be** est souvent utilisé en anglais pour traduire ***avoir*** ou ***faire*** :

I'm 16 / hungry / lucky / frightened. J'ai 16 ans / faim / de la chance / peur.

It's cold / windy. Il fait froid / du vent.

12. LE CAS POSSESSIF

- Le cas possessif indique le plus souvent une relation de possession : Mary's suitcase (la valise de Marie).
- Il peut aussi indiquer une relation d'un autre type : London's railway network (le réseau ferroviaire de Londres) ; today's paper (le journal du jour) ; women's studies (les études des femmes = *études pour ou au sujet des femmes*).
- Le possesseur est généralement une personne, un groupe d'individus, une entreprise, une équipe ou un animal. Cependant, on peut aussi trouver des noms référant à des choses, ou à des notions abstraites : Mary's car (la voiture de Mary) ; the tree's branches (les branches de l'arbre) ; the company's profits (les profits de l'entreprise) ; life's little pleasures (les petits plaisirs de la vie).

FORMES

- Pour les noms singuliers ou pluriels qui ne se terminent pas en **-s**, le nom du possesseur est suivi de **-'s** puis du nom de la chose possédée : my wife's car (la voiture de ma femme) ; children's clothes (des vêtements pour enfants).
- Il en est de même pour les noms au singulier terminés par un **-s** : James's sister (la sœur de James) ; the boss's desk (le bureau du patron).

- Pour les noms au pluriel qui se terminent par un **-s**, le nom du possesseur est suivi de l'apostrophe puis du nom de la chose possédée : boys' clothes (des vêtements de garçon) ; the countries' leaders (les dirigeants des pays). Au pluriel, c'est donc l'apostrophe qui marque la relation de possession :
  my sister's friend (l'ami de ma sœur) ⟶ my sisters' friend (l'ami de mes sœurs).

EMPLOIS

- Le nom au cas possessif (le possesseur) et son déterminant précèdent le nom de la chose possédée :
  my daughter's teacher (le professeur de ma fille) ; our uncles' houses (les maisons de nos oncles).
- Lorsque le possédé a déjà été mentionné, il est inutile de le répéter :
  That car over there, is it your father's? — No, it's mine. Cette voiture là-bas, est-ce que c'est celle de ton père ? — Non, c'est la mienne.
- Le **-'s** employé seul avec le possesseur peut faire référence à **shop** ou **house** ; il est inutile de le préciser :
  We bought some sausages at the butcher's. *(= butcher's shop)* Nous avons acheté des saucisses chez le boucher.
  I heard the news at Steve's. *(= Steve's house)* J'ai appris la nouvelle chez Steve.
- On peut rendre compte de plusieurs relations de possession à la suite :
  Have you met Jack's sister's teacher? *(= the teacher of the sister of Jack)* As-tu rencontré le professeur de la sœur de Jack ?
- Le possesseur peut se composer de plusieurs éléments. Si ces éléments sont reliés par **and** ou **or**, le **-'s** se rattache alors au dernier mot :
  We visited the King of Spain's palace. Nous avons visité le palais du roi d'Espagne.
  That's either Alice or Tracey's pencil case. C'est soit la trousse d'Alice soit celle de Tracey.
  He's Lorraine and David's dad. C'est le père de Lorraine et David.
- On peut aussi employer le cas possessif pour indiquer une durée ou un moment bien repéré :
  I've just done two days' hard work. Je viens juste de faire deux grosses journées de travail.
  We're taking two weeks' holiday at Easter. Nous allons prendre deux semaines de vacances à Pâques.
  Do you still have last week's paper? Est-ce que tu as encore le journal de la semaine dernière ?

CAS POSSESSIF ET CONSTRUCTION EN OF

- Un cas possessif en **-'s** a souvent le même sens qu'une construction en **of** :
  the company's profits = the profits of the company (les profits de l'entreprise).
- Avec les noms propres, seul le cas possessif en **-'s** est possible :
  Bill's clothes (les vêtements de Bill) ; the Jones's daughter (la fille des Jones).
- La construction en **of** est plus courante pour les objets inanimés :
  the front of the house (la façade de la maison) ; the corner of the room (le coin de la pièce).

CAS POSSESSIF ET CONSTRUCTION EN -ING

En anglais soutenu, on trouve le cas possessif dans le groupe sujet de la construction en **-ing** :
I dislike John laughing at me. Je n'aime pas que John se moque de moi.
(= je n'aime pas quand c'est lui qui se moque)
I dislike John's laughing at me. Je n'aime pas que John se moque de moi.
(= je n'aime pas la façon dont il se moque)

13. LE COMPARATIF ET LE SUPERLATIF DE L'ADJECTIF

- Le comparatif s'emploie pour comparer deux éléments. Il existe trois grandes catégories de comparatifs :
  - ***le comparatif de supériorité*** (plus … que) se construit avec l'adjectif au comparatif suivi de **than** :
    He's older than you. Il est plus âgé que toi.
    The city is even more beautiful than I expected. La ville est encore plus belle que ce à quoi je m'attendais.
  - ***le comparatif d'infériorité*** (moins … que) se construit avec **less** suivi de la forme de base de l'adjectif et de **than** :
    The film was less enjoyable than I'd hoped. Le film était moins bien que ce que j'attendais.
    He is less happy about his job than (he was) last year. Il se plaît moins dans son travail que l'an dernier.

- ***le comparatif d'égalité*** (aussi … que) se construit en employant **as** avant et après l'adjectif (voir 2) :
My uncle is as handsome as Jude Law. Mon oncle est aussi beau que Jude Law.

Les adverbes **much** (voir 29), **far** renforcent et intensifient la comparaison :
He's much older than his wife. Il est bien plus âgé que sa femme.

À l'inverse, **a little** (voir 5), **a bit**, **rather** atténuent la comparaison :
I'm feeling a bit better today. Je me sens un peu mieux aujourd'hui.
She's a little less talkative than her brother. Elle est un peu moins bavarde que son frère.

- Le superlatif s'emploie pour comparer un élément à un ensemble d'éléments. On distingue deux grandes catégories de superlatifs :
  - ***le superlatif de supériorité*** (le / la plus …) se construit avec la forme de l'adjectif au superlatif précédé de **the** ou d'un autre déterminant :
  It's the most interesting book I've read this year. C'est le livre le plus intéressant que j'aie lu cette année.
  Patience isn't John's strongest quality. La patience n'est pas la plus grande qualité de John.
  My best friend is Deborah. Deborah est ma meilleure amie.
  - ***le superlatif d'infériorité*** (le / la moins …) se construit avec **the least** devant l'adjectif à la forme neutre :
  This is the least interesting part of the book. C'est la partie la moins intéressante du livre.
  It's my least happy childhood memory. C'est le moins joyeux de mes souvenirs d'enfance.

Lorsque la relation de supériorité concerne seulement deux choses ou deux personnes, le superlatif se construit avec **the** suivi de l'adjectif au comparatif de supériorité et de **of** :
This is the likelier of the two possibilities. C'est la possibilité la plus envisageable des deux.

Le complément de l'adjectif au superlatif est introduit par **in** ou **of** :
Henry's the worst child in the whole school. Henry est le pire enfant de toute l'école.
It was the happiest day of my life. Ce fut le plus beau jour de ma vie.

Le superlatif est souvent suivi d'une relative avec ou sans **ever** :
He's the tallest man I've ever seen. C'est l'homme le plus grand que j'aie jamais vu.
It's the most beautiful place we visited. C'est le plus beau site que nous ayons visité.

Pour exprimer la progression ou la régression, on utilise le comparatif :
It's getting colder and colder. Il fait de plus en plus froid.
Food is getting more and more expensive. La nourriture devient de plus en plus chère.
He's less and less co-operative. Il se montre de moins en moins coopératif.

FORMES

Le comparatif et le superlatif de supériorité de l'adjectif peuvent de former de deux façons.

- On ajoute **-er** pour le comparatif et **-est** pour le superlatif :
  - aux adjectifs courts (d'une seule syllabe) :

fast → faster → fastest rapide → plus rapide → le plus rapide

  - aux adjectifs de deux syllabes, principalement ceux terminés en **-y**, **-le** et en **-ow** :

dirty → dirtier → dirtiest sale → plus sale → le plus sale
narrow → narrower → narrowest étroit → plus étroit → le plus étroit

  - et à ces mêmes adjectifs lorsqu'ils sont précédés du préfixe **un-** :

unhappy → unhappier → unhappiest malheureux → plus malheureux → le plus malheureux

- On emploie **more** pour le comparatif et **most** pour le superlatif :
  - avec les adjectifs longs (de trois syllabes et plus) :

beautiful → more beautiful → most beautiful beau → plus beau → le plus beau

  - avec la plupart des adjectifs de deux syllabes dont ceux qui se terminent en **-ful**, **-less**, **-al**, **-ant**, **-ent**, **-ic**, **-ive**, **-ous**, ou qui commencent par **a-** :

graceful → more graceful → most graceful gracieux → plus gracieux → le plus gracieux
distant → more distant → most distant distant → plus distant → le plus distant
aware → more aware → most aware conscient → plus conscient → le plus conscient

• devant tous les participes :

boring → more boring → most boring ennuyeux → plus ennuyeux → le plus ennuyeux
spoilt → more spoilt → most spoilt gâté → plus gâté → le plus gâté

- Beaucoup d'adjectifs de deux syllabes peuvent former leur comparatif / superlatif des deux façons :
  common → commoner → commonest
  common → more common → most common
  commun → plus commun → le plus commun
  Dans le doute, préférez **more** et **most** qui sonnent généralement mieux que **-er** et **-est** mal employés.

- Attention aux changements orthographiques :

• Après une voyelle courte, la consonne finale est doublée :

big → bigger → biggest gros → plus gros → le plus gros
fat → fatter → fattest gras → plus gras → le plus gras

• Le **-y** final devient **-i-** devant **-er** et **-est** :

silly → sillier → silliest idiot → plus idiot → le plus idiot
unhappy → unhappier → unhappiest malheureux → plus malheureux → le plus malheureux

• On ajoute **-r** ou **-st** aux adjectifs se terminant en **-e** :

simple → simpler → simplest simple → plus simple → le plus simple
rude → ruder → rudest impoli → plus impoli → le plus impoli

- Les adjectifs suivants ont un comparatif et un superlatif irréguliers :

ADJECTIF	COMPARATIF	SUPERLATIF
bad (mauvais)	worse (pire)	the worst (le pire)
far (loin)	farther / further (plus loin)	the farthest / furthest (le plus loin)
good (bien)	better (mieux)	the best (le meilleur)
little (peu)	less (moins)	the least (le moins)
much / many (beaucoup)	more (plus)	the most (le plus)
few (quelques)	fewer (moins de)	the fewest (le moins de)

14. LE COMPARATIF ET LE SUPERLATIF DE L'ADVERBE

- La plupart des adverbes forment leur comparatif de supériorité en ajoutant **more** devant l'adverbe, et leur superlatif en ajoutant **(the) most** :
  He spoke more angrily than he had before. Il parla plus rageusement qu'il ne l'avait fait auparavant.
  He was the one who spoke (the) most angrily. C'était celui qui avait parlé le plus rageusement.

- Quelques adverbes courants, **soon** (bientôt), **late** (tard), **early** (tôt), **near** (près), **close** (près), **high** (haut), **low** (bas) ont un comparatif en **-er** et un superlatif en **-est** (pour la construction, voir 13) :
  The builders completed the job sooner than I had expected. Les maçons ont terminé leur travail plus vite que je ne m'y attendais.
  Who arrived the earliest? Qui est arrivé le plus tôt ?

- Les adverbes suivants ont un comparatif et un superlatif irréguliers :

ADVERBE	COMPARATIF	SUPERLATIF
well (bien)	better (mieux)	best (meilleur)
badly (mal)	worse (pire)	worst (le pire)
much (beaucoup)	more (plus)	most (le plus)
little (peu)	less (moins)	least (le moins)
far (loin)	farther / further (plus loin)	farthest / furthest (le plus loin)

- Le comparatif d'infériorité se forme avec **less** suivi de l'adverbe. Il peut être suivi de **than** et de sa subordonnée de comparaison :

  We have started to look at this matter less favourably. Nous avons commencé à considérer ce sujet moins favorablement.

- Le comparatif d'égalité se forme en employant **as** avant et après l'adverbe :

  He doesn't learn as quickly as his brother. Il n'apprend pas aussi vite que son frère.

- L'adjectif au comparatif ou au superlatif peut être employé de manière adverbiale :

  Can't you work a little quicker / more quickly? Tu ne pourrais pas travailler un peu plus vite ?

- Pour exprimer la progression ou la régression, on utilise le comparatif :

  She ran faster and faster towards the edge of the cliff. Elle courait de plus en plus vite vers le bord de la falaise.

  He has to see the doctor more and more frequently. Il doit voir le docteur de plus en plus souvent.

15. LA CONTRACTION

- Les formes contractées des auxiliaires (voir 8, 9) et de l'auxiliaire-verbe **be** (voir 11) sont utilisées à l'oral, et à l'écrit dans un registre de langue familier. Dans les phrases affirmatives, seuls **be**, **have** (voir 27), **will** / **shall** (voir 67) et **would** (voir 68) possèdent des formes contractées. Tous les auxiliaires sauf **may** (voir 30) ont des formes contractées qui incorporent la négation **not**.

- Dans les phrases interro-négatives, on utilise la contraction :

  Can't you find it? Tu ne peux pas le trouver ?

  Doesn't he agree? Il n'est pas d'accord ?

- En langage parlé et familier, et particulièrement en anglais américain, la préposition se contracte avec la forme verbale ou le nom qui la précède :

  I gotta go. *(= got to)* Je dois y aller.

  She's kinda strange. *(= kind of)* Elle est un peu bizarre.

  I'm gonna kill you! *(= going to)* Je vais te tuer !

DANS LES PHRASES AFFIRMATIVES

- **Be :** seules les formes du présent sont contractées.

I'm [aɪm]	**we're** [wɪəʳ]
you're [juəʳ]	**you're** [juəʳ]
he's / she's / it's [hi:z / ʃi:z / ɪts]	**they're** [ðeəʳ]

- **Have :** les formes présent et passé peuvent être contractées.

  have → **'ve** They've got a flat in Paris. Ils ont un appartement à Paris.

  has → **'s** She's gone away. Elle est partie.

  had → **'d** I'd decided to go. J'avais décidé de partir.

- **Will / shall :** leur forme contractée est **-'ll**.

  I'll come tomorrow. Je viendrai demain.

- **Would :** sa forme contractée est **-'d**.

  He said he'd help me. Il a dit qu'il m'aiderait.

DANS LES PHRASES NÉGATIVES

- **Be**
  - À la première personne du singulier, la forme contractée porte sur **am** (**'m**) alors que **not** reste entier :

    I'm not sure what to do. Je ne sais pas quoi faire.

    Dans les phrases et les « tags » interro-négatives, **am not** adopte la forme contractée **aren't** :

    Aren't I going to see you again? Je ne vais plus vous revoir ?

    I am right, aren't I? J'ai raison, n'est-ce pas ?

- **are** [ɑ:r, ər] → **aren't** [ɑ:nt] : Aren't you Frank's sister? Tu ne serais pas la sœur de Frank ?
- **was** [wɒz, wəz] → **wasn't** [wɑzənt] : She wasn't very pleased. Elle n'était pas très contente.
- **is** [ɪz] → **isn't** ['ɪzənt] : I hope it isn't too cold. J'espère que ce n'est pas trop froid.
- **were** [wɜ:r, wər] → **weren't** [wɜ:nt] : Why weren't you at work? Pourquoi n'étiez-vous pas au travail ?

● **Have**

- **have** [hæv, əv] → **haven't** ['(h)ævənt] : We haven't eaten yet. Nous n'avons pas encore mangé.
- **has** [hæz, əz] → **hasn't** ['(h)æzənt] : He hasn't got it. Il ne l'a pas.
- **had** [hæd, əd] → **hadn't** ['(h)ædənt] : I wish we hadn't come. Je regrette que nous soyons venus.

● **Do**

- **do** [du:, də] → **don't** [dəʊnt] : I don't live here. Je n'habite pas ici.
- **does** [dʌz, dəz] → **doesn't** ['dʌzənt] : She doesn't agree. Elle n'est pas d'accord.
- **did** [dɪd] → **didn't** ['dɪdənt] : Why didn't you tell me? Pourquoi ne m'avez-vous rien dit ?

LES AUXILIAIRES MODAUX

● **Can** [kæn, kən] → **can't** [kɑ:nt] : Sally can't dance. Sally ne sait pas danser.
La forme négative non contractée s'écrit en un seul mot : **cannot**.

● **Could** [kʊd, kəd] → **couldn't** ['kʊdənt] : I couldn't help it. Je ne pouvais pas m'en empêcher.

● **Dare** [deər] → **daren't** [deənt] : I daren't think about it. Je n'ose pas y penser.

● **May** n'a pas de forme contractée : You may not speak to the driver. Vous n'êtes pas autorisés à parler au chauffeur.

● **Might** [maɪt] → **mightn't** ['maɪtənt] : He mightn't have come. Il aurait pu ne pas venir.

● **Must** [mʌst] → **mustn't** ['mʌsənt] : You mustn't be so noisy. Tu ne dois pas être aussi bruyant.

● **Need** [ni:d] → **needn't** ['ni:dənt] : You needn't pay me now. Il n'est pas nécessaire que tu me paies maintenant.

● **Ought to** [ɔ:ttə] → **oughtn't to** ['ɔ:təntə] : My mother said I oughtn't to talk to strangers. Ma mère a dit que je ne devrais pas parler aux étrangers.

● **Shall** [ʃæl, ʃəl] → **shan't** [ʃɑ:nt] : I shan't answer you! Je ne te répondrai pas !

● **Should** [ʃʊd, ʃəd] → **shouldn't** ['ʃʊdənt] : You shouldn't fight. Tu ne devrais pas te battre.

● **Will** [wɪl] → **won't** [wəʊnt] : He won't help me. Il ne veut pas m'aider.

● **Would** [wʊd, wəd] → **wouldn't** ['wʊdənt] : Why wouldn't she tell me? Pourquoi ne voulait-elle rien me dire ?

16. DÉNOMBRABLES ET INDÉNOMBRABLES

LES DÉNOMBRABLES

● Les noms qui réfèrent à des unités que l'on peut compter sont appelés les dénombrables.

● Ils ont un singulier et un pluriel.

● Ils peuvent être précédés de l'article indéfini **a / an** *(au singulier)* (voir 1), d'un nombre (voir 32), de **some** *(au pluriel)* (voir 56), d'un adjectif possessif (voir 3) ou démonstratif.

I want a sandwich. Je veux un sandwich.
I want two sandwiches. Je veux deux sandwiches.
I want some chicken sandwiches. Je veux des sandwiches au poulet.

LES INDÉNOMBRABLES

● Les indénombrables réfèrent à des ensembles d'objets, à de la matière, à des états, à des notions abstraites.

● Ils n'ont pas de pluriel, mais ils peuvent représenter plusieurs objets.

- Ils sont précédés de l'article ø ou de **some** ou d'un adjectif possessif ou démonstratif : water (eau), furniture (meubles), bread (pain), money (argent), dirt (saleté), weather (temps), happiness (bonheur), hope (espoir), peace (paix), work (travail). Dans ce dictionnaire, les noms indénombrables sont signalé par (U).

  I want some food. Je veux de quoi manger.
  I need some money. J'ai besoin d'argent.
  We want ø peace. Nous voulons la paix.

- Le choix du déterminant qui précède le nom, du pronom qui le remplace, de l'accord avec le verbe qui suit dépend de la catégorie à laquelle appartient le nom (dénombrable ou indénombrable) (voir 40).

CHANGEMENTS DE CATÉGORIE

- Certains dénombrables peuvent être utilisés comme indénombrables. Ils changent alors de sens et de fonctionnement :

  He's got three chickens in his garden. *(les oiseaux)* Il a trois poulets dans son jardin.
  Are we having chicken for lunch? *(la matière)* On mange du poulet à midi ?

- Certains indénombrables peuvent être utilisés comme des dénombrables.

  Can I have two cups of tea? Puis-je avoir deux tasses de thé ?
  Can I have two teas, please? Puis-je avoir deux tasses de thé, s'il vous plaît ?

QUANTIFIER LES INDÉNOMBRABLES

- On peut désirer fragmenter, quantifier des éléments, isoler une unité d'un ensemble représenté par un indénombrable. Pour cela on dispose de « dénombreurs » qu'on place devant le nom.

  - Quantification précise : a pot of paint (un pot de peinture) ; a kilo of rice (un kilo de riz) ; a box of washing powder (un baril de lessive).
  - Fragmentation imprécise avec **piece** ou **bit** (un morceau de) :

She gave me	a bit	of	cake.	Elle m'a donné un morceau de gâteau.
	two pieces		work.	Elle m'a donné deux choses à faire.
	a piece		news.	Elle m'a donné une information.

- Certains noms exigent des dénombreurs spécifiques :

  a portion of ou a serving of → food / pudding / meat (une portion de nourriture / pudding / viande) ;
  a slice of → bread / cake (une tranche de pain / gâteau) ;
  a loaf of → bread (une miche de pain) ;
  a bowl of → soup (un bol de soupe) ;
  a spell of → bad weather (une vague de mauvais temps) ;
  a glimmer of → hope (une lueur d'espoir).

17. LE DISCOURS INDIRECT

- Le discours indirect est utilisé pour rapporter les paroles ou les pensées d'une personne en les introduisant par le verbe de la principale. Les exemples ci-dessous couvrent l'ensemble des énoncés que l'on peut rapporter au discours indirect :

  - les phrases déclaratives :

    They said (that) they wanted to meet you. Ils ont dit qu'ils voulaient vous rencontrer.
    They told us when the programme was starting. Ils nous ont dit quand le programme commençait.

  - les questions :

    I asked her whether she had seen my glasses Je lui ai demandé si elle avait vu mes lunettes.
    I asked them where to park my car. Je leur ai demandé où garer ma voiture.

  - les ordres :

    I told her not to worry. Je lui ai dit de ne pas s'en faire.
    I told them when to leave. Je leur ai dit quand partir.

- les exclamations :

I was surprised how fast the time went. J'étais étonné de voir la vitesse à laquelle le temps avait passé.
I was surprised what a good singer he was. J'étais surpris d'entendre qu'il chantait si bien.

- La construction d'une phrase au discours indirect dépend du verbe qui l'introduit.
- Beaucoup de verbes qui introduisent le discours indirect supportent le déplacement de la négation :

I don't think that that's correct. Je ne crois pas que cela soit exact.

DÉCLARATIVES

- La plupart des verbes qui introduisent le discours indirect sont suivis par une subordonnée nominale avec un verbe conjugué à un mode personnel introduite par **that** ou un mot en **wh-** : say (dire), announce (annoncer), report (rapporter), claim (prétendre que), think (penser).

They announced (that) the school would be closed from Wednesday. Ils ont annoncé que l'école fermerait ses portes à partir de mercredi.
They did not announce when it would open again. Ils n'ont pas annoncé sa réouverture.

- Cependant, il y a quelques exceptions avec des verbes comme know (savoir), believe (croire), expect (s'attendre à) :

We know (that) he's innocent. = We know him to be innocent. Nous savons qu'il est innocent.

QUESTIONS

- La plupart des verbes qui introduisent une question rapportée au discours indirect sont suivis par une subordonnée nominale complète avec un verbe conjugué à un mode personnel. C'est le cas pour ask (demander), enquire (s'enquérir), wonder (se demander), investigate (enquêter).
- Si au discours direct l'interrogation était introduite par un mot en **wh-**, au discours indirect la subordonnée sera introduite par le même mot en **wh-** :

When did you see her? Quand l'avez-vous vue ?
⟶ Bill asked (me) when I had seen her. Bill m'a demandé quand je l'avais vue.
Why didn't he phone? Pourquoi n'a-t-il pas téléphoné ?
⟶ I wonder why he didn't phone. Je me demande pourquoi il n'a pas téléphoné.
What songs do you know? Quelles chansons connais-tu ?
⟶ She asked (him) what songs he knew. Elle lui a demandé quelles chansons il connaissait.

- Si au discours direct la question impliquait une réponse en **yes/no** (voir 38), au discours indirect la subordonnée est introduite par la conjonction **whether** ou par la conjonction **if** (en anglais moins soutenu) :

Can you pay soon? Pouvez-vous payer rapidement ?
⟶ They asked (us) whether we could pay soon. Ils nous ont demandé si nous pouvions payer rapidement.
Are you Liz Harris? Êtes-vous Liz Harris ?
⟶ He asked (her) if she was Liz Harris. Il lui demanda si elle était bien Liz Harris.

- Certains verbes comme ask (demander), wonder (se demander), ou des expressions comme want to know (vouloir savoir) peuvent être suivis d'une subordonnée nominale introduite par un mot en **wh-** + **to** + base verbale :

Where can I contact you? Où puis-je vous joindre ?
⟶ I'd like to know where to contact you. J'aimerais savoir où vous joindre.

ORDRES

- La plupart des verbes qui introduisent un ordre rapporté au discours indirect comme command (ordonner), order (ordonner), force (forcer), sont suivis de **to** + base verbale :

The general ordered the army to advance. Le général ordonna à son armée d'avancer.

- Les verbes comme tell (dire), instruct (donner des instructions à), etc. peuvent être suivis d'une construction infinitive introduite par un mot en **wh-** + **to** + base verbale :

We weren't told which books to read. On ne nous a pas dit quels livres lire.

- Certains verbes comme tell (dire), insist (insister), require (exiger), peuvent être suivis d'une subordonnée introduite par **that** où peuvent apparaître les auxiliaires **should** et **would** (voir 71) :

I've already told you that you should go to the police. Je t'ai déjà dit que tu devais aller à la police.

- Le verbe say (dire) est toujours suivi d'une subordonnée introduite par **that** + **should**, **must** ou **have to** :

My parents say that I must help them tomorrow. Mes parents disent que je dois les aider demain.

- Après certains verbes comme insist (insister), suggest (suggérer), on emploie le subjonctif présent plutôt que l'auxiliaire **should** + base verbale :

  They <u>insist that</u> every customer <u>be treated</u> equally. Ils insistent pour que chaque client soit traité de la même manière.

EXCLAMATIONS

- La plupart des verbes qui introduisent une exclamation au discours indirect sont suivis d'une subordonnée nominale complète introduite par **how**, **what** (voir 37) :

  I was delighted <u>how</u> well it worked. J'étais ravi car ça s'était très bien passé.

  I'm amazed at <u>what</u> good weather we've had. Je suis très étonné qu'on ait eu si beau temps.

- Certains verbes qui introduisent une exclamation au discours indirect, comme exclaim (s'exclamer), shout (crier), sont suivis d'une subordonnée nominale introduite par **that** :

  How well she plays! Qu'est-ce qu'elle joue bien !

  → He exclaimed <u>that</u> she played very well. Il s'écria qu'elle jouait très bien.

18. LE DISCOURS INDIRECT : CONCORDANCE DES TEMPS

VERBE DE LA PRINCIPALE AU PRÉSENT, AU FUTUR OU AU « PRESENT PERFECT »

Lorsque le verbe employé pour rapporter le discours est au présent simple (voir 44), au présent en **be** + **-ing** (voir 43), au futur (voir 22) ou au « present perfect » (voir 41), le temps de la subordonnée est le même que celui qui aurait convenu au style direct :

Principale		Subordonnée
Jim says Jim dit Jim will say Jim dira Jim has said Jim a dit	(that)	his wife <u>drives</u> the car every day. que sa femme conduit la voiture tous les jours.
		his wife <u>is driving</u> the car at present. que c'est sa femme qui conduit la voiture en ce moment.
		his wife <u>will drive</u> the car tomorrow. que sa femme conduira la voiture demain.
		his wife <u>has driven</u> the car many times. que sa femme a conduit la voiture bien des fois.
		his wife <u>drove</u> the car yesterday. que sa femme a conduit la voiture hier.
		his wife <u>had driven</u> the car before him. que sa femme avait conduit la voiture avant lui.

VERBE DE LA PRINCIPALE AU PASSÉ

Lorsque le verbe employé pour rapporter le discours est à une des formes du passé [prétérit simple (voir 48) ou en **be** + **-ing** (voir 47), « past perfect » (voir 36), « would + base verbale » (voir 71)], il y a deux manières de choisir le temps de la subordonnée :

- Dans le premier cas, le temps employé dans la subordonnée est déterminé par le contexte et la situation.

Exemple : vous rencontrez Anne à 10 heures du matin et elle vous dit que son emploi du temps pour la journée est le suivant :

9am arrive at school (9 h arrivée à l'école)

12pm have lunch (12 h repas)

3.30pm practise the piano (15 h 30 jouer du piano)

À 2 heures de l'après-midi, vous rencontrez un ami qui cherche Anne ; vous pourrez lui dire :

Anne said (that) she arrived at school at nine am. Anne a dit qu'elle est arrivée à l'école à 9 h du matin.

Anne said (that) she would have lunch at midday. Anne a dit qu'elle mangerait à midi.

Anne said (that) she will practise the piano at three thirty. Anne a dit qu'elle jouerait du piano à 15 h 30.

Dans l'exemple : Anne said that she would have lunch at midday on emploie la forme **would** + **have** (futur dans le passé) (voir 23). La raison est simple à comprendre : à 10 heures, le déjeuner d'Anne aura lieu dans le futur, mais à 14 heures, le déjeuner est terminé et le locuteur rapporte un événement qui a eu lieu dans le passé.

Dans ce cas, toutes les combinaisons de temps et de formes verbales peuvent s'employer :

My sister was saying that Radiohead will be playing here next week. Ma sœur disait que Radiohead vont jouer ici la semaine prochaine.

They told me that Joan has already had her baby. Ils m'ont dit que Joan a déjà eu son bébé.

He said that his new car will go faster than his old one did. Il a dit que sa nouvelle voiture ira plus vite que l'ancienne.

- Dans le second cas, le verbe de la subordonnée doit obligatoirement être à une des formes du passé, un peu comme en français. Le temps du verbe est décalé d'un cran dans le passé :

I go to school. Je vais à l'école.
⟶ He said that he went to school. Il a dit qu'il allait à l'école.
He has gone away. Il est parti.
⟶ I said that he had gone away. J'ai dit qu'il était parti.
She will go soon. Elle va partir bientôt.
⟶ They said that she would go soon. Ils disaient qu'elle allait bientôt partir.

L'emploi des temps est donc le suivant :

DISCOURS DIRECT		DISCOURS INDIRECT
présent	→	*prétérit*
prétérit *« present perfect »*	→	*« past perfect »*
futur	→	**would / should** + *base verbale*

Cependant, le prétérit n'est pas systématiquement remplacé par le « past perfect », il peut souvent être conservé :

We went to church. Nous allions à l'église.
⟶ He said that they had gone to church. Il disait qu'ils avaient été à l'église.
⟶ He said that they went to church. Il disait qu'ils allaient à l'église.

Reprenons l'exemple de l'emploi du temps d'Anne. Dans ce deuxième cas nous obtenons :

Anne said (that) she (had) arrived at school at nine am. Anne a dit qu'elle était arrivée à l'école à 9 heures du matin.
Anne said (that) she would have lunch at midday. Anne a dit qu'elle mangerait à midi.
Anne said (that) she would practise the piano at three thirty. Anne a dit qu'elle jouerait du piano à 15 h 30.

De même, les autres exemples cités dans le premier cas deviennent :

My sister was saying that Radiohead would be playing here next week. Ma sœur disait que Radiohead joueraient ici la semaine suivante.
They told me that Joan had already had her baby. Ils m'ont dit que Joan avait déjà eu son bébé.
He said that his new car would go faster than his old one did / had done. Il a dit que sa nouvelle voiture irait plus vite que l'ancienne.

- La méthode 1 a certains avantages :
  - elle permet de garder au discours indirect la différence entre ce qui est révolu, et ce qui ne l'est pas encore :

1. Lucy said that she has worked there for years *(and she still does)*. Lucy a dit qu'elle travaille là depuis des années *(elle y travaille encore)*.
Lucy said that she worked there for years *(but now she has left)*. Lucy a dit qu'elle a travaillé là pendant des années *(mais maintenant elle n'y travaille plus)*.
2. Lucy said that she had worked there for years. Lucy a dit qu'elle y avait travaillé pendant des années.

- elle permet de garder au discours indirect la différence entre des événements qui sont maintenant passés et ceux qui sont encore à venir :

1. Harry said he would come. *(but he has not come)* Harry a dit qu'il viendrait. *(mais il n'est pas venu)*
Harry said he will come. *(and we expect him tomorrow)* Harry a dit qu'il viendra. *(on l'attend pour demain)*
2. Harry said he would come. Harry a dit qu'il viendrait.

QUELLE MÉTHODE CHOISIR ?

Les énoncés 1 et 2 ci-dessous sont possibles tous deux :
1. Polly said she's playing hockey this afternoon. Polly a dit qu'elle allait jouer au hockey cet après-midi.
2. Polly said she was playing hockey this afternoon. Polly a dit qu'elle jouait au hockey dans l'après-midi.

- C'est la méthode 1 qui est la plus employée. On la préfère à l'oral si l'auxiliaire peut être contracté.
- La méthode 2 s'emploie si le locuteur qui rapporte le discours a un doute quelconque sur sa véracité.
- En règle générale, lorsque le locuteur est certain des faits qu'il rapporte, il emploie plus volontiers la méthode 1 :

Polly said she was playing hockey this afternoon, but I don't believe her. Polly a dit qu'elle jouait au hockey dans l'après-midi, mais je ne la crois pas.
Polly said she's playing hockey this afternoon, so that must be her hockey stick. Polly a dit qu'elle allait jouer au hockey cet après-midi, donc ceci doit être sa crosse.
I told him we've won some money. Was that sensible of me? Je lui ai dit qu'on avait gagné de l'argent. Ai-je eu raison de le lui dire ?
I told him we'd won some money just to make him jealous. Je lui ai dit qu'on avait gagné de l'argent juste pour le rendre jaloux.

MODIFICATIONS ENTRAÎNÉES PAR LE DISCOURS DIRECT

- La personne (pronoms personnels) (voir 50), les adjectifs et les pronoms possessifs (voir 3, 51), le temps, le lieu du discours direct ne sont pas exprimés de la même manière au discours indirect. Les changements apportés dépendent du locuteur et de la situation :

- ***discours direct*** :

Paul à Mark: Bring your guitar to my party next Saturday!
« Apporte ta guitare à ma fête, samedi prochain ! »

- ***discours indirect*** :

Mark à Sarah : "Paul asked me to bring my guitar to his party next Saturday."
(avant la soirée) « Paul m'a demandé d'apporter ma guitare à sa fête, samedi prochain. »

Sarah à John : "Paul asked Mark to bring his guitar to his party on Saturday."
(avant la soirée) « Paul a demandé à Mark d'apporter sa guitare à sa fête, samedi prochain. »

Sarah à Gary : "Paul asked Mark to bring his guitar to his party last Saturday."
(après la fête) « Paul a demandé à Mark d'apporter sa guitare à sa fête, samedi dernier. »

- Les adverbes subissent aussi cette modification :

DISCOURS DIRECT		DISCOURS INDIRECT
now (maintenant)	→	then, at that time, before… (à ce moment-là, à l'époque, avant...)
today (aujourd'hui)	→	on that day (ce jour-là)
yesterday (hier)	→	the day before (le jour d'avant)
tomorrow (demain)	→	the next day, the day after (le jour suivant, le jour d'après)
next week (la semaine prochaine)	→	the following week (la semaine suivante)
last week (la semaine dernière)	→	the week before (la semaine précédente)
a year ago (il y a un an)	→	a year before (un an avant)

LES MODAUX AU DISCOURS INDIRECT

Les modaux (voir 9) utilisés dans le discours direct sont remplacés par leur forme passée dans le discours indirect dont la principale est au passé. Leur sens, dans ce cas, ne change pas et reste celui du verbe modal au présent, mais dans un contexte passé :

You may go. Vous pouvez y aller.
⟶ They said that I might go. Ils ont dit que je pouvais y aller.
Can you help me? Pouvez-vous m'aider ?
⟶ I asked whether he could help me. Je lui ai demandé s'il pouvait m'aider.

Must, ought to et **need** n'ont pas de forme passée (voir 31). Cependant, ils peuvent parfois être repris (voir la méthode 1) :

I must stay at home. Je dois rester à la maison.
⟶ I told her that I must stay at home. Je lui ai dit que je devais rester à la maison.
You ought to try harder. Tu devrais persévérer.
⟶ They said that he ought to try harder. Ils ont dit qu'il devrait faire plus d'effort.
Need I go? Dois-je y aller ?
⟶ She asked whether she need go. Elle m'a demandé si elle devait y aller.

19. DO

FORMES

PRÉSENT		PRÉTÉRIT	PARTICIPE PASSÉ	TERMINAISON EN -ING
I do	we do	did	done	doing
you do	you do			
he / she / it does	they do			

EMPLOIS

- **Do** est un verbe auxiliaire (voir 8) et un verbe à sens plein.
- Dans les phrases qui ne comportent pas d'auxiliaires, on utilise l'auxiliaire **do, does, did** pour les questions (voir 38) et les phrases négatives (voir 39) :
  Do you often watch television? Est-ce que tu regardes souvent la télévision ?
  She didn't watch television at all last night. Elle n'a pas du tout regardé la télévision hier soir.
- Comme les autres verbes auxiliaires, il peut se contracter avec **not** (voir 15) :
  They don't know. Ils ne savent pas.
- Il se place devant le sujet dans les questions et après les mots interrogatifs :
  Do you speak English? Est-ce que tu parles anglais ?
  Where do you live? Où habites-tu ?
  L'ordre des mots dans une question est : ***mot en* wh- + *auxiliaire* + *sujet* + *verbe*.**
- On peut le trouver seul dans les reprises, les réponses courtes et les « tags » lorsqu'il n'y a pas d'auxiliaires dans la phrase de départ ou qu'il y a au contraire une forme conjuguée de l'auxiliaire **do** :
  I worked much harder than you did. J'ai travaillé beaucoup plus dur que toi.
  Did you see him yesterday? — I did. Est-ce que tu l'as vu hier ? — Oui.
  You don't understand, do you? Tu ne comprends pas, n'est-ce pas ?
- Enfin, lorsqu'il est accentué, ce n'est pas l'auxiliaire qui est mis en avant mais l'ensemble de la prédication :
  You're quite wrong. I do know him. Very well indeed. Tu te trompes. Je t'assure que je le connais. Très bien, même.
  She does look like her mother. Elle ressemble vraiment à sa mère.
  After all, she did tell me. Après tout, elle a fini par me le dire.

20. FEW, LITTLE, FEWER, LESS

	PEU DE + NOM (QUANTITÉ INSUFFISANTE) DÉTERMINANT	PEU (QUANTITÉ INSUFFISANTE) PRONOM
dénombrable pluriel	**few** cups	**few Ø**
indénombrable	**little** water	**little Ø**

- **Few** et **little** sont des quantifieurs. Ils peuvent être déterminants, ils sont rarement pronoms.
- On emploie **few** devant des noms dénombrables au pluriel. Il signifie « un petit nombre de », « peu de ». **Little** est utilisé avec des noms indénombrables. Il signifie « une (trop) petite quantité de », « (trop) peu de » :
  It's a country with few resources and little wealth. C'est un pays avec peu de ressources et peu de richesse.
- Au comparatif, few devient **fewer** et little devient **less**.
- Au superlatif, la forme de few est **(the) fewest** ; de little est **(the) least**. On le traduit par « (le) moins de » :
  There were fewer people than I expected. *(comparatif - déterminant)* Il y avait moins de personnes que je ne pensais.
  This lecture attracted the fewest students of the whole year. *(superlatif - déterminant)* Ce cours a attiré le plus faible nombre d'étudiants de toute l'année.
  Any problems? The fewer, the better! *(comparatif - pronom)* Des problèmes ? Moins il y en a, mieux c'est !
  There are fewer of them than I thought. *(comparatif - pronom)* Il y en a moins (d'entre eux) que je ne pensais.
  You always drink less coffee than me. *(comparatif- déterminant)* Tu bois toujours moins de café que moi.
  She hasn't got the least knowledge of the problem. *(superlatif - déterminant)* Elle n'a pas la moindre connaissance du problème.
  She always eats the least. *(superlatif- pronom)* C'est toujours elle qui mange le moins.
- **Little** peut aussi être un adverbe. Il signifie alors « peu », « pas beaucoup » :
  She's little more than a servant. Elle n'est rien de plus qu'une simple domestique.
  We see each other very little now. On se voit très peu maintenant.
- **Little by little** est une locution adverbiale qui signifie « petit à petit », « peu à peu » :
  Little by little, things began to change. Petit à petit, les choses commencèrent à changer.
  I came to understand, little by little. J'ai compris peu à peu.
- **Less** et **least** sont aussi des adverbes :
  You seem to smoke less these days. On dirait que tu fumes moins en ce moment.
  This is the least interesting book I've ever read. C'est le livre le moins intéressant que j'aie jamais lu.
- On peut employer **not ... much** et **not ... many** à la place de **little** et **few** (voir 29) :
  We don't have much money. Nous n'avons pas beaucoup d'argent.
  She hasn't got many friends. Elle n'a pas beaucoup d'amis.

21. LA FORME EN -ING

- La terminaison **-ing** s'ajoute à la base verbale : be**ing**, do**ing**, want**ing**, say**ing**, try**ing**, carry**ing**...
- Quand la base verbale se termine par :
  - une consonne + **-e**, le **-e** disparaît :

    have → having
    like → liking
    come → coming
  - **-ie**, la terminaison devient **-ying** :

    die → dying
    tie → tying
  - des voyelles, la terminaison est régulière, **-ing** :

    agree → agreeing
    be → being
    ski → skiing

- Quand la base verbale se termine par une voyelle simple accentuée, suivie d'une seule consonne, la consonne est doublée :

rob → robbing
sit → sitting
occur → occurring
admit → admitting

- Mais si le son voyelle comprend deux lettres, il n'y a pas de doublement de la consonne :

need → needing
dread → dreading

- Quand la base verbale se termine par une consonne non accentuée, on ajoute **-ing** à la base verbale :

enter → entering
widen → widening
credit → crediting

- Notez bien toutefois les verbes terminés par :

-c	**-cking**	panic	panicking
-m	**-mming**	program	programming
-p	**-pping**	worship	worshipping
-l	**-lling**	travel	travelling

22. LE FUTUR

En anglais, il n'y a pas de temps grammatical futur. Cependant, le locuteur dispose d'un certain nombre de moyens pour dire qu'un événement va avoir lieu dans l'avenir. Selon le point de vue qu'il adopte, il choisira une forme plutôt qu'une autre en fonction de la probabilité de réalisation de l'événement, par exemple, ou du moment de sa réalisation dans l'avenir (plus ou moins proche). Voici les différentes manières d'exprimer le futur :

- **will / shall** + base verbale :
  They will be here soon. Ils seront bientôt là. (voir 67)
- **be going to** + base verbale :
  It's going to rain. Il va pleuvoir.
- Présent en **be** + **-ing** :
  She's taking me out tonight. Elle m'emmène dîner dehors ce soir. (voir 43)
- **will / shall** + **be** + **-ing** :
  I'll be going home next week. Je rentrerai à la maison la semaine prochaine. (voir 67)
- Présent simple :
  The train leaves at eight o'clock. Le train part à huit heures. (voir 44)
- **be to / be about to** + base verbale :
  We're to see him on Tuesday. Nous avons prévu de le voir mardi.
  They're about to leave. Ils sont sur le point de partir.

23. LE FUTUR DANS LE PASSÉ

- La forme passée de **will / shall**, **be going to** et **will / shall + be** + base verbale + **-ing**, peut s'employer pour exprimer « le futur dans le passé » (notion de futur antérieur en français). Ces formes passées gardent les mêmes valeurs que les formes au présent.

WOULD / SHOULD

Les auxiliaires **would / should** (voir 71) sont les formes passées de **will / shall** (voir 67) et s'emploient principalement dans les subordonnées introduites par **that** et autres propositions nominales (= compléments), souvent dans le cadre du discours indirect (voir 17, 18) :

You said that you would pay us within ten days. Vous nous aviez dit que nous serions payés dans les dix jours.
I knew that he'd arrive on time – and here he is! Je savais qu'il arriverait à l'heure – et le voici !

I hoped she wouldn't be angry. J'espérais qu'elle ne serait pas en colère.
They forgot to tell us when the wedding would be. Ils ont oublié de nous dire la date du mariage.

La différence entre **would / should** est la même que celle entre **will / shall**. Cependant, **should** est rare avec cette valeur.

WAS / WERE GOING TO

La forme passée de **be going to** est la façon la plus commune de traduire la notion de futur dans le passé :

They were going to visit you but they had to work late. Ils avaient l'intention de vous rendre visite mais ils ont dû travailler tard.
She was going to study medicine but she failed the examination. Elle devait faire des études de médecine mais elle a raté les examens.
I thought you were going to be sick. Je pensais que vous alliez vomir.
The sky was black and it seemed that it was going to rain. Le ciel était noir et il semblait qu'il allait pleuvoir.

24. GET

- En anglais familier, **get** s'emploie plus souvent que **be** pour exprimer le passage d'un état à un autre :

The window got broken last night (by some kids throwing stones). La fenêtre a été cassée la nuit dernière (par des enfants qui ont jeté des cailloux).
They got married at St. Stephen's Church last week. Ils se sont mariés à l'église St Stephen la semaine dernière.

- **Get** suivi du participe passé peut être traduit en français par un verbe pronominal :

She got dressed. Elle s'est habillée.

L'emploi de **be** à la place de **get** dans ce cas impliquerait que l'action est réalisée par quelqu'un d'autre (passif) ou qu'elle est accomplie :

The baby was washed and put to bed. Le bébé a été baigné puis mis au lit.
She was already dressed when I rang. Elle était déjà habillée quand je l'ai appelée.

- La formation du passif avec **get** indique que le sujet de la phrase a une certaine part de responsabilité dans ce qui lui arrive et que l'action a un caractère imprévu, alors que **be** (voir 11) implique que l'action résulte d'une volonté particulière :

He got left behind in the rush. Il s'est retrouvé abandonné dans toute cette agitation.
He was left behind to look after the house. Il est resté pour s'occuper de la maison.

- **Get** suivi d'un adjectif se traduit par « devenir » :

I must stop eating, I'm getting so fat! Il faut que j'arrête de manger, je deviens tellement gros !
It was getting colder and colder. Il faisait de plus en plus froid.

- **Get** remplace souvent **have** dans le sens de « recevoir », « obtenir » :

I got a call from him last night. J'ai reçu un coup de fil de sa part la nuit dernière.
She got a new dress for the party. Elle a eu une nouvelle robe pour la fête.

- Le verbe **get** se combine avec les particules about, across, ahead, along, around, away, back, by, down, in, off, on, out, over, round, through et up pour former des verbes à particules (voir 63) :

I always get up late at the weekend. Je me lève toujours tard le week-end.
How are you getting on with your Italian classes? Comment ça va avec tes cours d'italien ?

- Dans les phrases interrogatives (voir 38) et négatives (voir 39), **get** se comporte comme un verbe ordinaire :

He doesn't get paid as well as he should. Il n'est pas payé autant qu'il le devrait.
Did you get well looked after? Est-ce qu'on s'est bien occupé de toi ?

25. GONE/BEEN

- Au « present perfect » (voir 41), le participe passé **gone** peut être remplacé par **been**. Il y a cependant une différence de sens :

The Fosters have gone to Spain on holiday. Les Foster sont partis en vacances en Espagne.
The Fosters have been to Spain on holiday. Les Foster ont passé leurs vacances en Espagne.

  - Dans la première phrase, le locuteur dit que les Foster sont allés en vacances en Espagne et qu'ils y sont encore.
  - Dans la deuxième phrase, le locuteur dit que les Foster sont allés en vacances en Espagne et qu'ils en sont revenus.

- On retrouve cette différence avec le « pastperfect » :
  I couldn't see him because he'd gone to London. Je n'ai pas pu le voir car il était parti à Londres.
  When I last saw him he'd just been to London. La dernière fois que je l'ai vu il venait de revenir de Londres.

26. HAD BETTER

- **Had better** est utilisé pour donner des conseils ou des recommandations. Cette locution se contracte en **-'d better**. Elle est utilisée aussi bien dans un contexte passé que présent et elle est toujours suivie directement du verbe sans **to** :
  You'd better go to the hairdresser's. Tu devrais aller chez le coiffeur.
  I told him he'd better phone you. Je lui ai dit qu'il ferait mieux de t'appeler.
- À la première personne du singulier ou du pluriel, **had better** sert à exprimer des projets personnels :
  I'd better go on a diet, I've put on a lot of weight. Je devrais me mettre au régime, j'ai beaucoup grossi.
- Cette forme verbale ne peut se mettre à la forme négative, mais la recommandation ou le conseil contenus après **had better** peuvent inclure une interdiction, une menace etc. utilisant **not**. Dans ce cas, **not** suit directement **better** :
  I'd better not forget. Il vaut mieux pas que j'oublie.
  She'd better not mention it again. Elle n'a pas intérêt à en reparler.

27. HAVE

FORMES

PRÉSENT		PRÉTÉRIT	PARTICIPE PASSÉ	TERMINAISON EN -ING
I have	we have	had	had	having
you have	you have			
he / she / it has	they have			

EMPLOIS

- **Have** peut être un verbe auxiliaire (voir 8) ou un verbe à sens plein.
- On utilise **have** au présent (**have** ou **has**) comme auxiliaire du « present perfect » (voir 41) et sa forme au prétérit **had** comme auxiliaire du « past perfect ». Dans les deux cas, l'auxiliaire est suivi du participe passé :
  I have always liked you. Je t'ai toujours apprécié.
  Have you been drinking? Est-ce que tu as bu ?
  The money has been stolen. L'argent a été volé.
  I wish they had told me before. Ils auraient dû me le dire avant.
- Quand il est auxiliaire, il se place devant le verbe et exprime l'aspect (le déroulement d'une action) :
  I've done my homework. J'ai fait mes devoirs.
  Have you been drinking? Est-ce que tu as bu ?
- Comme tous les verbes auxiliaires, **have** peut se contracter, et surtout avec la négation **not** (voir 15) :
  He's gone away. Il est parti.
  He hasn't replied yet. Il n'a pas encore répondu.
- **Have** se place devant le sujet dans les questions et se place après les mots interrogatifs :
  Have you eaten yet? Est-ce que tu as déjà mangé ?
  Where have you been? Où es-tu allé ?
- On peut le trouver seul dans les reprises, les « tags », les réponses courtes dans des phrases comportant une forme conjuguée de **have** :
  You've been to London, haven't you? Tu es allé à Londres, n'est-ce pas ?
  Have you ever been skiing? — Yes, I have. Est-ce que tu es déjà allé au ski ? Oui.
- Quand il est accentué ce n'est pas l'auxiliaire en tant que tel qui est mis en avant mais l'ensemble de la prédication (effet d'emphase) :
  Don't be angry with him. He has paid me what he owed me. Ne sois pas en colère contre lui. Il m'a payé ce qu'il me devait.

- Lorsqu'une situation particulière affecte le sujet de la phrase, le locuteur peut en rendre compte en employant la construction « sujet + **have (got)** + complément d'objet + verbe en **-ing** », ou « sujet + **have** + complément d'objet + verbe au participe passé » :

  I've got a button missing from my jacket. Il manque un bouton à ma veste.

  Laura had her bike stolen the other day. Laura s'est fait voler son vélo l'autre jour.

VERBE À SENS PLEIN

- En tant que verbe à sens plein, **have** signifie « avoir, posséder ». Ce sens-là n'est pas compatible avec la forme en **be +-ing**. On peut éventuellement le remplacer par **have got** :

  I have £10/red hair/a sister. J'ai 10£ / les cheveux roux / une sœur.

  I've got £10/red hair/a sister. J'ai 10£ / les cheveux roux / une sœur.

- **Have** a aussi le sens général de « prendre, connaître, faire l'expérience de ». Il est l'équivalent de take, experience. Ce sens-là est compatible avec la forme en **be +-ing**. On ne peut pas employer **have got** :

  We're having breakfast/a bath/a shower/a rest/a good time. Nous prenons le petit déjeuner / un bain / une douche / un moment de repos / un moment de détente.

- **Have** fonctionne comme tous les verbes à sens plein, c'est-à-dire en utilisant **do** pour les questions ou les phrases négatives :

  I don't have any money. Do you have any? Je n'ai pas d'argent. En avez-vous ?

- **Have** dans l'expression **have got** fonctionne comme un auxiliaire :

  I haven't got any money. Have you got any? Je n'ai pas d'argent. En avez-vous ?

28. L'IMPÉRATIF

L'impératif est utilisé pour exprimer l'ordre, l'offre ou l'invitation. Il existe trois personnes : la première personne du pluriel, la deuxième et la troisième personne du singulier ou du pluriel :

Please remember to post my letter. S'il te plaît, n'oublie pas de poster ma lettre.

Don't be rude! Ne sois pas grossier !

Let him go! See if I care! Qu'il parte ! Je m'en fiche !

LA PREMIÈRE PERSONNE DU PLURIEL

- Lorsque le locuteur fait une suggestion dans laquelle il s'inclut, il emploie **let's** à la forme affirmative, et **let's not** à la forme négative. Cette forme est toujours contractée :

  Let's go to the cinema this evening. Et si on allait au cinéma ce soir ?

  Let's not think about it. N'y pensons pas !

- On peut employer la forme interrogative **shall we**, équivalente à **let's**. Il est possible d'employer **shall we** en fin de phrase, en position de « tag », après l'impératif **let's...**, pour se montrer plus persuasif :

  Shall we take a drive in the country on Saturday? Pourquoi ne pas faire un tour en voiture dans la campagne samedi ?

  Let's go to the cinema this evening, shall we? Et si on allait au cinéma ce soir, qu'en dis-tu ?

- On peut également exprimer la suggestion avec l'expression **what about** + base verbale + **-ing** :

  What about getting a pizza? Et si on commandait une pizza ?

LA DEUXIÈME PERSONNE DU SINGULIER / PLURIEL

- À la deuxième personne, l'impératif a la même forme au singulier et au pluriel.

  - Forme affirmative : base verbale (sans sujet)

    Pass me that book, please. Passe-moi ce livre, s'il te plaît.

  - Forme négative : **don't** + base verbale (sans sujet)

    Don't talk with your mouth full, David. Ne parle pas la bouche pleine, David !

- Le verbe à l'impératif n'a pas de sujet. **You** peut se rencontrer lorsqu'il est mis en relief. À la forme négative, **you** se place après **don't** :

  You sit over there. Toi, assieds-toi là-bas.

  Don't you worry (yourself) about him. Ne t'inquiète pas pour lui.

- Pour exprimer un ordre atténué (offre, invitation) on peut employer l'auxiliaire **do** :

  (Do) have another piece of cake. Prenez une autre part de gâteau, je vous en prie.

- L'impératif, même précédé de **please** (s'il vous plaît), peut sembler impoli, sauf pour faire une offre ou une invitation. Pour formuler des requêtes plus polies, on peut employer **can** *(capacité physique)* et **will** *(bonne volonté)* (voir 67) à la forme interrogative :

  Can you pass me the sugar, please? Pourriez-vous me passer le sucre, s'il vous plaît ?
  Will you please close the window? Tu veux bien fermer la fenêtre, s'il te plaît ?
  Pass me the sugar, will you? Passe-moi le sucre, tu veux bien ?

- Pour obtenir un effet de politesse encore plus marqué, on peut employer **could** et **would** (voir 68) (passé de **can** et **will**). Cependant, ces formes peuvent induire une nuance d'ironie de la part du locuteur :

  Could you give me a hand with this suitcase? Tu ne pourrais pas m'aider à porter cette valise ?
  Would you be so kind as to hold the door open for me? Aurais-tu l'amabilité de m'ouvrir la porte ?

LA TROISIÈME PERSONNE DU SINGULIER / PLURIEL

On emploie l'auxiliaire **let** + le pronom complément (voir 50) :

I don't care if he's in a hurry. Let him wait! Je me moque qu'il soit pressé. Qu'il attende !
Let them come and talk to me. Qu'ils viennent me parler !

Cette construction peut être ambiguë, elle peut en effet se traduire ainsi : Laisse-les venir me parler !

Cependant, le contexte peut généralement vous aider à lever toute ambiguïté.

29. MANY, MUCH

DÉTERMINANT / PRONOM	DÉNOMBRABLE SINGULIER	DÉNOMBRABLE PLURIEL	INDÉNOMBRABLE
many	—	**many** films	—
much	—	—	**much** time

- **Much** et **many** [beaucoup (de)] sont des quantifieurs. Ils peuvent être déterminants et pronoms. **Much** est toujours associé à un nom indénombrable et **many** à des noms dénombrables au pluriel (voir 16) :

  I don't have many friends here. *(déterminant)* Je n'ai pas beaucoup d'amis ici.
  Why do you need so much money? *(déterminant)* Pourquoi vous avez besoin d'autant d'argent ?
  Do you need many of them? *(pronom)* Il vous en faut beaucoup ?
  Is there any left? — Not much. *(pronom)* Est-ce qu'il en reste ? — Pas beaucoup.

- **Much** et **many** s'emploient surtout dans les phrases interrogatives et négatives. Dans les phrases affirmatives, on utilise surtout **a lot (of)** et **lots (of)** :

  How much time do you have this evening? Tu as combien de temps ce soir ?
  Not much. Pas beaucoup.
  I have a lot of free time at the moment. J'ai beaucoup de temps en ce moment.

- Dans les phrases exclamatives et interrogatives, ils sont précédés de **how** (voir 37, 38) :

  How much he's changed! Qu'est-ce qu'il a changé !

- **Much, many** deviennent **more** au comparatif et **(the) most** au superlatif (voir 13,14) :

  She didn't have many questions to ask you. Elle n'avait pas beaucoup de questions à vous poser.
  She had more questions to ask than me. Elle avait plus de questions à poser que moi.
  She asked the most questions. C'est elle qui a posé le plus de questions.
  She didn't have much trouble with it. Elle n'a pas eu trop de difficultés avec ça.
  She had more trouble with it than she should have done. Elle a eu plus de difficultés avec ça qu'elle n'aurait dû.
  She had the most trouble with the final exam. C'est à l'examen final qu'elle a eu le plus de difficultés.

- **Much** est aussi un adverbe. Il signifie « beaucoup ». **So much** est traduit par « tant », et **too much** correspond à « trop » :

  I don't like him much. Je ne l'aime pas beaucoup.
  Don't work so much! Ne travaille pas tant !
  He eats too much. Il mange trop.

30. MAY, MIGHT

- **May** s'emploie pour demander ou accorder la permission. **Might** n'a cette valeur que dans le discours rapporté avec une subordonnée :

  You <u>may</u> stay up late this evening. Vous avez l'autorisation de vous coucher tard ce soir.

  No, you <u>may</u> not smoke in here. Non, vous n'avez pas le droit de fumer ici. (=You must not smoke in here.) (= Vous ne devez pas fumer ici.)

  <u>May</u> I ask a question? Puis-je poser une question ?

  I asked him if I <u>might</u> borrow his hammer. Je lui ai demandé si je pouvais emprunter son marteau.

- **May** ne s'emploie que dans un contexte présent. L'équivalent dans les contextes passé ou futur est **be allowed to** (être autorisé à, avoir le droit de) :

  She <u>wasn't</u> <u>allowed</u> <u>to</u> see him again. Elle n'a pas eu l'autorisation de le revoir.

  I hope that <u>I'll be allowed to</u> drive. J'espère que j'aurai le droit de conduire.

- **May** s'emploie pour exprimer une possibilité virtuelle, non permanente, une certaine probabilité. Avec **might**, le locuteur exprime une plus grande incertitude qu'avec **may** :

  You <u>may</u> be right but I'll have to check. Il est possible que vous ayez raison mais je vais devoir vérifier.

  If you phone now, you <u>might</u> catch him in his office. Si vous l'appelez maintenant, vous pourrez peut-être le joindre dans son bureau.

31. MUST, MUSTN'T

- **Must** exprime l'obligation, la contrainte. **Must not**, **mustn't** ont une valeur d'interdiction :

  You <u>must</u> finish your homework before you go out. Tu dois terminer tes devoirs avant de sortir.

  I <u>must</u> get up early tomorrow morning. Je dois me lever tôt demain matin.

  You <u>mustn't</u> climb on the table. Vous ne devez pas monter sur la table.

- Dans ce sens on trouve rarement **must** dans les questions et il ne peut être employé pour indiquer une habitude. Il n'a pas de forme prétérit. **Have to** et **need to** sont utilisés comme équivalents de **must** lorsque l'emploi de **must** est impossible (certaines questions, contextes futur et passé et habitude) :

  <u>Do I have to</u> finish my homework before I go out? Est-ce que je suis obligé de finir mes devoirs avant de sortir ?

  <u>Do I have to</u> wear my best clothes to the interview? Dois-je me mettre sur mon trente-et-un pour l'entretien ?

  <u>I needed to</u> get up early the following day. J'avais besoin de me lever tôt le jour suivant.

  <u>I have to</u> get up early every morning to get to work. Je dois me lever tôt chaque matin pour aller travailler.

- **Mustn't** peut aussi signifier pour le sujet de la phrase « l'obligation négative », c'est-à-dire l'obligation de ne pas faire quelque chose :

  You <u>mustn't</u> get up early tomorrow. You must stay in bed and rest. Tu ne dois pas te lever tôt demain matin. Tu dois rester au lit et te reposer.

- **Don't have to** et **needn't** expriment une absence d'obligation :

  Tomorrow is a holiday, so I <u>don't have to</u> ou <u>needn't</u> get up early. Demain est un jour férié, je ne suis donc pas obligé de me lever tôt.

- **Must** peut aussi indiquer la forte probabilité, la nécessité logique :

  It can't be true. I <u>must</u> be dreaming. Cela ne peut pas être vrai. Je dois rêver.

  There <u>must</u> be some mistake. Il doit y avoir une erreur.

  It <u>must</u> have been raining; the pavements are wet. Il a dû pleuvoir ; la chaussée est mouillée.

- Quand il indique la nécessité logique, son équivalent dans les contextes passé ou futur est **have to**. Dans les questions on emploie **can** et dans les négations **can't** qui indique, à l'inverse, une forte improbabilité :

  It <u>had to</u> be true. Cela devait être vrai.

  <u>Can</u> it be true? Cela peut-il être vrai ?

  It <u>can't</u> be true. Cela ne peut pas être vrai.

32. LES NOMBRES CARDINAUX ET ORDINAUX

Les nombres fonctionnent comme des quantifieurs. Ils se placent devant des dénombrables (voir 16). Ils peuvent aussi les remplacer :

DÉTERMINANT	**one** book	**two** books
PRONOM	**one**	**two**

FORMES

- Les nombres cardinaux indiquent la quantité (notez les différences - en gras- avec les formes de base).

0	zero	*13*	**thirteen**	*60*	sixty
1	one	*14*	fourteen	*70*	seventy
2	two	*15*	**fifteen**	*80*	eighty
3	three	*16*	sixteen	*90*	ninety
4	four	*17*	seventeen	*100*	one hundred
5	five	*18*	eighteen	*110*	one hundred and ten
6	six	*19*	nineteen	*200*	two hundred
7	seven	*20*	**twenty**	*300*	three hundred
8	eight	*21*	twenty-one	*501*	five hundred and one
9	nine	*22*	twenty-two	*1,000*	one thousand
10	ten	*30*	**thirty**	*2,000*	two thousand
11	**eleven**	*40*	**forty**	*1,000,000*	one million
12	**twelve**	*50*	**fifty**		

- Les nombres ordinaux indiquent l'ordre.

1st	**first**	*12th*	**twelfth**
2nd	**second**	*13th*	thirteenth
3rd	**third**	*20th*	**twentieth**
4th	fourth	*30th*	**thirtieth**
5th	**fifth**	*40th*	**fortieth**
6th	sixth	*50th*	**fiftieth**
7th	seventh	*61st*	sixty-**first**
8th	**eighth**	*72nd*	seventy-**second**
9th	**ninth**	*83rd*	eighty-**third**
10th	tenth	*95th*	ninety-**fifth**
11th	eleventh	*101st*	one hundred and **first**

Pour les former on ajoute **-th** au nombre cardinal, sauf pour les exceptions indiquées en gras.

EMPLOIS

- Le nombre se place après les autres déterminants, mais devant l'adjectif qui précède le nom :

DÉTERMINANT + NOMBRE + ADJECTIF + NOM

her third husband son troisième mari
my two best friends mes deux meilleurs amis

- Lorsqu'on a un cardinal et un ordinal, l'ordinal précède le cardinal :

the first twelve students on the list les douze premiers étudiants sur la liste

- Lorsqu'ils sont utilisés comme pronoms, les nombres ordinaux sont souvent précédés de **the**, **my**, etc…

They accepted one of my ideas but rejected the other two. Ils ont accepté une de mes idées mais ont rejeté les deux autres.

I've had two meals today already. This is my ou the third. J'ai déjà mangé deux fois aujourd'hui. C'est la troisième (fois).

- **Dozen**, **million**, **thousand** et **hundred** ne s'accordent que lorsqu'ils sont suivis de la préposition **of** :

  dozens of eggs des douzaines d'œufs
  hundreds of books des centaines de livres
  millions of people des millions de personnes

- Quand ils sont précédés d'un déterminant (un nombre, un article, several, a few, etc.), ils ne prennent pas de **-s** :

  a dozen eggs une douzaine d'œufs
  a hundred books une centaine de livres
  a million people un million de personnes
  several thousand stamps plusieurs milliers de timbres
  a few hundred sheep quelques centaines de moutons

- On emploie **a** devant **hundred, thousand, million** en général. **One** ajoute une nuance de précision, ou s'emploie dans un contexte formel :

  The experiment was repeated <u>one</u> hundred times. L'expérience fut répétée une centaine de fois.
  The total is <u>one</u> thousand four hundred and seventy-two. Le total s'élève à 1 472.

33. TRADUIRE « ON »

- Pour traduire « on », **you** (voir 50) est utilisé lorsqu'on veut représenter les « gens en général », par exemple pour demander ou donner des renseignements :

  How do <u>you</u> get to the train station? Comment va-t-on à la gare ?
  They say the weather will be fine, but <u>you</u> can never be sure. Ils disent qu'il fera beau, mais on ne peut jamais en être sûr.

- Si, au contraire, on souhaite parler d'un groupe dont on fait partie, on utilisera **we** :

  <u>We</u> often work late at the office. On travaille souvent jusque tard le soir au bureau.
  What shall <u>we</u> have for dinner? Qu'est-ce qu'on va manger ce soir ?

- En anglais soutenu, le pronom indéfini utilisé pour parler des « gens en général » est **one** (**one's** au cas possessif). Son emploi est plus formel que **you** :

  The climate becomes drier as <u>one</u> moves east. Le climat devient plus sec quand on va vers l'est.

- On utilisera le pronom indéfini **somebody** ou **someone** (voir 49) quand **on** a le sens de « quelqu'un » :

  <u>Someone</u> told me the news about Frank. On m'a raconté la nouvelle concernant Frank.

- Quand le sens de **on** est très général ou que la source de l'information n'est pas identifiée, il est possible d'utiliser le passif (voir 64) :

  English is <u>spoken</u> here. On parle anglais ici.
  Newspapers can <u>be</u> <u>bought</u> at the train station. On peut acheter des journaux à la gare.

34. L'ORDRE DES COMPLÉMENTS, LA CONSTRUCTION DES VERBES

SUJET + VERBE

Ce type de construction concerne les verbes intransitifs comme : come (venir), go (aller), wait (attendre), work (travailler) et les verbes à particules comme take off (retirer), slow down (ralentir), sit down (s'asseoir) [voir 63].

  They're coming. Ils arrivent.
  I gave up. J'ai abandonné.

SUJET + VERBE + COMPLÉMENT D'OBJET DIRECT (C.O.D)

- Ce type de construction concerne les verbes transitifs comme use (utiliser), like (aimer), want (vouloir), bring (apporter), enjoy (apprécier)... :

  Daphne wears a horrible perfume. Daphne utilise un parfum horrible.

- Tous les verbes prépositionnels et de nombreux verbes à particules sont transitifs :

  Please turn on the radio. Allume la radio s'il te plaît.
  I looked carefully at the drawings. J'ai regardé les dessins avec attention.

- Lorsque le verbe est suivi d'un C.O.D., celui-ci ne peut pas être séparé du verbe, aucun mot ne peut s'intercaler entre eux :

  We see him quite often. Nous le voyons souvent.
  He speaks English very well. Il parle très bien anglais.

- En anglais, il est très courant que des verbes transitifs soient employés sans complément :
  I was reading all last night. J'ai passé la nuit dernière à lire.

SUJET + VERBE + COMPLÉMENT D'OBJET INDIRECT (C.O.I.) + C.O.D.

- Cette construction concerne les verbes à deux compléments comme give (donner), send (envoyer), tell (dire), make (faire), cook (cuisiner) :
  They've sent me another letter. Ils m'ont envoyé une autre lettre.
  Bert baked his wife a birthday cake. Bert a fait un gâteau d'anniversaire pour sa femme.

Notez que le C.O.I. (le bénéficiaire de l'action) se place toujours devant le C.O.D. (l'objet affecté par l'action).

- Si le C.O.I. est mentionné, il doit toujours être accompagné du C.O.D., sauf s'il s'agit du verbe **tell** :
  Chris told me. Chris m'a raconté.
  Chris told a story. Chris a raconté une histoire.
  Chris told me a story. Chris m'a raconté une histoire.
- Les verbes qui prennent deux compléments peuvent se classer en deux grandes catégories :
  - les verbes faisant référence à la notion de don et de transmission : give (donner), send (envoyer), throw (jeter), offer (offrir), show (montrer), pay (payer), teach (enseigner), ...

    Leur C.O.I. peut être introduit par **to** (+ bénéficiaire de l'action) :
    Mick threw me the ball. ⟶ Mick threw the ball to me. Mick m'a lancé la balle.
  - les verbes faisant référence à la création, la fabrication, l'aide : make (faire), do (faire), build (construire), find (trouver), sing (chanter), ...

    Leur C.O.I. peut être introduit par la préposition **for** (+ bénéficiaire de l'action) :
    Mick found me my hat. ⟶ Mick found my hat for me. Mick m'a retrouvé mon chapeau.
- Le C.O.I. de quelques verbes comme **bet** (parier), **save** (sauver) ne peut pas être introduit par une préposition :
  They bet me £10 that I wouldn't win. Ils ont parié 10£ que je ne gagnerais pas.
  Your help saved me a lot of time. Ton aide m'a fait gagner beaucoup de temps.
- Le C.O.I. est généralement introduit par une préposition :
  - lorsque le C.O.D. est court (pronom par exemple) et que le C.O.I. est long :

    I gave it to the woman in the red coat. Je l'ai donné à la femme au manteau rouge.
  - dans une phrase passive :

    A hotel room was booked for us. Une chambre d'hôtel nous a été réservée.
  - dans une phrase interrogative :

    Who did you knit that pullover for? Pour qui as-tu tricoté ce pull ?
  - dans une proposition relative :

    That's the man who I paid the money to. Voici l'homme à qui j'ai donné l'argent.

SUJET + VERBE + COMPLÉMENT CIRCONSTANCIEL

Certains verbes doivent toujours être complétés par un complément circonstanciel :
My grandparents live in Liverpool. Mes grand-parents vivent à Liverpool.
The show will last for ninety minutes. Le spectacle va durer quatre-vingt-dix minutes.

SUJET + VERBE + C.O.D. + COMPLÉMENT CIRCONSTANCIEL

- Avec certains verbes comme put (mettre), set (poser), place (placer), stick (coller), shove (pousser), le C.O.D. doit être suivi d'un complément de lieu :
  I put the book on the shelf. J'ai posé le livre sur l'étagère.
  She drove me to London. Elle m'a conduit à Londres.
- Certains verbes ont deux constructions possibles :
  The car splashed me with mud. = The car splashed mud over me.
  La voiture m'a aspergé de boue.

SUJET + VERBE + ATTRIBUT DU SUJET

- Deux types de verbes prennent un attribut (adjectif ou nom) :
  - les verbes d'état comme **be** (être), **look** (regarder), **appear** (apparaître), **seem** (sembler), **taste** (goûter) :

    The food smells wonderful. La nourriture sent merveilleusement bon.
  - les verbes qui font référence à un changement d'état : **become** (devenir), **get** (obtenir), **turn** (tourner) :

    Later she became a famous film star. Elle devint plus tard une célèbre actrice de cinéma.
    The weather has turned cold. Le temps est devenu froid.

- Certains verbes comme les verbes exprimant un changement d'état, par exemple **get** (devenir) et **turn** (tourner), mais pas **become** (devenir) ne peuvent être suivis que par un adjectif attribut. **Be** (être) peut être suivi d'une préposition + un nom, d'un adverbe ou d'une proposition :

  Alan is getting fat. *[et surtout pas* Alan is getting a very fat man *]* Alan est en train de grossir.
  The plate is on the table. L'assiette est sur la table.
  My excuse is that I forgot. Mon excuse, c'est que j'ai oublié.

SUJET + VERBE + C.O.D + ATTRIBUT DU COMPLÉMENT

- L'attribut du complément précise les caractéristiques de celui-ci.
- Certains verbes comme appoint (nommer), proclaim (proclamer), elect (élire), sont suivis d'attributs du complément qui sont toujours des noms :

  The army proclaimed Caesar their leader. L'armée s'est choisie César pour chef.
- D'autres comme drive (conduire), get (obtenir) sont suivis par un attribut du complément qui est toujours un adjectif :

  That noise is driving me crazy. Ce bruit me rend fou.
- D'autres comme make (faire), consider (considérer) peuvent être suivis par les deux :

  You've made me very happy ou a very happy man. Tu me rends très heureux. / Tu as fait de moi un homme comblé.

35. LE PARTICIPE PASSÉ

FORMES

- Le participe passé des verbes réguliers se forme en ajoutant **-ed** à la base verbale :

  I've finished my dinner, mum. Can I watch TV now? J'ai fini mon dîner, maman. Je peux regarder la télé maintenant ?
  The work will not be completed on time. Le travail ne sera pas terminé à temps.
- À la forme négative, **not** se place devant le participe passé :

  This is a subject not dealt with in this book. Ce sujet n'est pas traité dans ce livre.
- Les formes du prétérit (voir 48) et du participe passé des verbes réguliers sont toujours les mêmes :

  looked (regardé), cheated (triché), failed (échoué), seemed (semblé), appeared (apparu), repaired (réparé).
- Quand la base verbale se termine par une consonne non accentuée, on ajoute **-ed** à la base verbale :

  entered (entré), widened (élargi).
- Lorsque la base verbale se termine par :
  - **-e**, on ajoute **-d** :

    hoped (espéré), liked (aimé), judged (jugé), debated (débattu), invited (invité), agreed (mis d'accord);
  - une consonne + **y**, le **y** disparaît et la terminaison est **-ied** :

    tried (essayé), replied (répliqué) ;
  - une voyelle + **y**, la terminaison est régulière, **-ed** :

    enjoyed (apprécié), played (joué).
- Lorsque la base verbale se termine par une voyelle accentuée simple + une consonne, la consonne est doublée :

  flopped (échoué), banned (interdit), knitted (tricoté), admitted (admis), barred (interdit), referred (fait référence à).

- Notez bien les verbes terminés par :

-c	→ -cked	panic	→ panicked
-m	→ -mmed	program	→ programmed
-p	→ -pped	worship	→ worshipped
-l	→ -lled	travel	→ travelled

EMPLOIS

Le participe passé peut avoir différentes fonctions et places dans la phrase :

- Au « present perfect » (voir 41) : **have** + participe passé
  Who's finished their homework? Qui a terminé ses devoirs ?
- Au « past perfect » (voir 36) : **had** + participe passé
  She had prepared a lovely meal. Elle avait préparé un délicieux repas.
- Au passif (voir 64) : **be** / **get** + participe passé
  The train has been delayed by leaves on the line. Le train a eu du retard car il y avait des feuilles mortes sur la voie.
  I hope you didn't get lost. J'espère que tu ne t'es pas perdu.
- Comme adjectif (voir 2), par exemple bored (ennuyé), tired (fatigué), well-known (connu).
- Dans les propositions en apposition :
  I found out from a letter written by a friend. Je l'ai appris grâce à une lettre écrite par un ami.

36. LE « PAST PERFECT »

- Le « past perfect » se construit avec **had** + participe passé (voir 35). Ce temps s'emploie principalement dans les propositions subordonnées, en particulier dans le discours indirect (voir 17) ; il indique qu'il y a un décalage temporel entre deux événements du passé. Le « past perfect » sert de passé au prétérit simple (voir 48) et au « present perfect » (voir 41) :
  Have you seen her yet? Vous l'avez déjà vue ? → He asked me if I had seen her yet. Il m'a demandé si je l'avais déjà vue.
  Were you frightened? Vous avez eu peur ? → He asked me if I had been frightened. Il m'a demandé si j'avais eu peur.
- Dans les propositions introduites par **when** (quand), **after** (après), etc., on peut employer le prétérit simple plutôt que le « past perfect » si le décalage temporel dans le passé n'est pas explicitement mentionné :
  I saw Ben some time after I spoke to you. J'ai vu Ben un peu après t'avoir parlé.
- Le « past perfect » peut se combiner avec la forme « en **be** + **-ing** » (voir 42), et dans ce cas il est souvent associé à **for** ou à **since** :
  He had been sitting there for two hours before she arrived. Il est resté deux heures assis là avant qu'elle n'arrive.

37. LA PHRASE EXCLAMATIVE

- Lorsque le locuteur veut exprimer son appréciation positive ou négative sur un élément, marquant surprise ou désapprobation, il peut mettre cet élément en avant dans un énoncé exclamatif. L'élément est placé en début de phrase :
  What an unusual dress she's wearing! Tiens, sa robe est vraiment originale !
  How tall he is! Qu'est-ce qu'il est grand !
  What a load of rubbish! N'importe quoi !
- Si c'est sur un nom ou un groupe nominal que porte l'exclamation, on utilise **what**. S'il s'agit d'un adjectif ou d'un adverbe, on utilise **how** :
  You've got some nice friends. Tu as des amis sympathiques. → What nice friends you've got! Qu'est-ce qu'ils sont sympas tes amis !
  Peter is clever. Peter est intelligent. → How clever Peter is! Qu'est-ce que Peter est intelligent !
- S'il s'agit d'un nom indénombrable, celui-ci, précédé ou non d'un adjectif, suit **what** et ne prend pas d'article :
  What awful luck! Quelle chance folle !
- Avec un nom dénombrable singulier, **what** est suivi de l'article **a** ou **an** puis du nom (avec ou sans adjectif) :
  What an (original) idea! Quelle idée (originale) !
  What a hero! Quel héros !

- Enfin, devant un nom dénombrable pluriel, **what** est directement suivi du nom (avec ou sans adjectif) :

What idiots! Quels imbéciles !
What beautiful pictures! Quelles belles images !

- Lorsque le reste de la phrase n'apporte pas d'information supplémentaire nécessaire à la compréhension de l'ensemble, il peut être omis :

What a lovely day (it is)! Quelle belle journée !
What utter nonsense (you're talking)! N'importe quoi !

- Le locuteur dispose d'autres moyens pour exprimer sa surprise ou son étonnement. Il peut par exemple employer un « tag », ou modifier l'adjectif avec un adverbe du type **so** (tellement), **really** (vraiment) :

He is tall, isn't he! Il est grand, n'est-ce pas ?
He's so tall! Il est tellement grand !
He's really tall! Il est vraiment grand !

- On peut également employer une structure interrogative impliquant une réponse en **yes** / **no** (voir 38), ou une interro-négative. Ce procédé est très utilisé en anglais américain où l'adverbe **ever** peut être placé devant l'adjectif ou l'adverbe que le locuteur veut mettre en relief :

Haven't you grown! Qu'est-ce que tu as grandi !
Are you (ever) stupid! Faut-il que tu sois (toujours) idiot !

38. LA PHRASE INTERROGATIVE

En anglais, on rencontre deux sortes de phrases interrogatives :

- Les questions impliquant une réponse en **yes / no** :

Can you swim? — Yes, I can. / No, I can't.
Tu sais nager ? — Oui. / Non.

- Les questions commençant par un mot en **wh-** comme **who** (qui), **what** (que), **when** (quand), **where** (où), **why** (pourquoi) et aussi **how** (comment). Le locuteur demande à son interlocuteur de fournir une information sur un élément précis :

What is that instrument? — It's a clarinet. Quel est cet instrument ? — C'est une clarinette.
Who are you going to see? — Trevor. / No one special. Qui vas-tu voir ? — Trevor. / Personne en particulier.

- Les questions impliquant une réponse en **yes / no** ont généralement une intonation différente des questions en **wh-**. Dans les questions en **yes / no**, l'intonation monte en fin de phrase. Dans les questions en **wh-**, l'intonation tombe en fin de phrase comme dans les énoncés normaux.

- Il existe d'autres formes de phrases interrogatives :
  - les interro-négatives :

  Aren't you coming? Tu viens ?
  - les « tags » :

  You are coming, aren't you? Tu viens, n'est-ce pas ?
  - les questions rapportées (voir 17) :

  "Are you ill, Sue?" asked Greg. « Tu es malade, Sue ? » demanda Greg.
  →Greg asked Sue if she was ill. Greg demanda à Sue si elle était malade.
  "Where do you live?" I asked. « Où vivez-vous ? » leur ai-je demandé.
  →I asked them where they lived. Je leur ai demandé où ils habitaient.

LES QUESTIONS IMPLIQUANT UNE RÉPONSE EN YES / NO

- On les construit selon le schéma « auxiliaire + sujet + verbe + reste de la phrase » :

Was it raining hard? Est-ce qu'il pleuvait beaucoup ?
Would you like a drink? Tu veux boire un verre ?
Have those customers been waiting long? Est-ce que ces clients attendent depuis longtemps ?

- **Be** se comporte comme un auxiliaire (voir 8, 11) en introduisant l'interrogation même s'il est le seul verbe de la phrase :

Is it possible to mend it? Est-ce qu'il est possible de le réparer ?
Were you happy with the result? Tu étais content du résultat ?

- Aux temps qui n'ont pas d'auxiliaire (le présent et le prétérit simple), c'est l'auxiliaire **do** (voir 19) qui est employé :

  You read the Times. Vous lisez le Times. → Do you read the Times? Est-ce que vous lisez le Times ?
  Carol knows your brother. Carol connaît ton frère. → Does Carol know your brother? Est-ce que Carol connaît ton frère ?

- Dans les questions impliquant une réponse en **yes / no**, tout comme dans les phrases négatives, **some** (voir 56), **a lot**, etc., ainsi que certains adverbes (voir 4), changent de forme :

  Have you got any sugar? Vous avez du sucre ?
  Do you know much about computers? Vous vous y connaissez en informatique ?
  Has the newspaper arrived yet? Le journal est-il déjà arrivé ?

- Cependant, on peut également employer dans ces questions les mêmes mots que pour les phrases affirmatives :

  Have you got some sugar? Vous avez du sucre ?
  Do you know a lot about computers? Vous vous y connaissez en informatique ?
  Has the newspaper already arrived? Le journal est-il déjà arrivé ?

- La différence est liée au point de vue du locuteur. En employant des mots « positifs » dans une question, le locuteur induit que la réponse qu'il attend est **yes** :

  Do you know many people here? *(I ask because I don't know.)* Vous connaissez beaucoup de gens ici ? *(Je demande car je n'en sais rien.)*
  Do you know lots of people here? *(It seems to me that you do.)* Vous connaissez beaucoup de gens ici ? *(Il me semble que oui.)*

LES QUESTIONS COMMENÇANT PAR UN MOT EN WH-

- Les questions en **wh-** servent à demander une information précise à son interlocuteur :

  What are you doing? Qu'est-ce que tu fais ?
  Who gave you those lovely flowers? Qui t'a donné ces jolies fleurs ?

- Elles sont introduites par un mot interrogatif, pronom ou déterminant comme **who** (qui), **whom** (qui), **whose** (à qui), **which** (que), **what** (que) (voir 65, 66) ou un adverbe comme **when** (quand), **where** (où), **why** (pourquoi), ou bien **how** (comment). Certains mots interrogatifs sont des composés comme **how long** (combien de temps), **how often** (à quelle fréquence), **how far** (à quelle distance)…

- Il est possible d'ajouter le suffixe **-ever** à la plupart des mots interrogatifs en **wh-** : **whoever**, **why ever**. Cette forme s'emploie pour exprimer la surprise :

  Whoever could that be phoning so late? Qui peut bien appeler si tard ?
  Why ever did you say that? Qu'est-ce qui t'a pris de dire ça ?

- Un mot interrogatif en **wh-** peut souvent s'employer seul :

  I'll do it. — When? Je vais le faire. — Quand ?
  We've got visitors this evening. — Who? On va avoir de la visite ce soir. — Qui ?

- **What?** s'emploie pour demander à quelqu'un de répéter ce qu'il vient de dire. Cette tournure est cependant impolie et son équivalent beaucoup plus soutenu est **Pardon?**

L'ORDRE DES MOTS DANS UNE QUESTION EN WH-

- C'est le mot interrogatif qui vient en tête de phrase. Il peut être placé, si le niveau de langue est plus soutenu, derrière une préposition, mais en langage plus familier, la préposition est rejetée à la fin de la phrase interrogative :

  In which country were you born? (= Which country were you born in?)
  Dans quel pays êtes-vous né ?
  From whom did you buy it? (= Who did you buy it from?)
  À qui l'avez-vous acheté ?

- Si le mot en **wh-** n'est pas le sujet de la phrase, l'inversion est obligatoire et l'ordre est le suivant : « mot interrogatif + auxiliaire + sujet + verbe ». Au présent simple on emploie **do / does** et **did** au prétérit simple (voir 19) :

  When are the guests coming? Quand les invités vont-ils arriver ?
  How long have you been working in Belfast? Tu travailles depuis longtemps à Belfast ?
  Why does Judy dislike me so much? Pourquoi Judy me déteste-t-elle autant ?
  Who did you tell about the wedding? À qui as-tu parlé du mariage ?

- Lorsque le mot interrogatif en **wh-** est ou fait partie du sujet de la phrase, l'ordre des mots reste le même que dans la phrase affirmative, c'est-à-dire qu'il n'y a pas d'inversion :

  Who told you about the wedding? Qui t'a parlé du mariage ?
  Whose car was the most badly damaged? Quelle voiture a été la plus endommagée ?

RÉPONSES AUX QUESTIONS EN WH-

- Si l'interrogation porte sur le sujet de la phrase, la réponse est courte et se compose d'un sujet et quelquefois du premier auxiliaire :

  Who broke the window? — Me. / I did.
  Qui a cassé la fenêtre ? — Moi. / C'est moi.

  Who's coming for dinner tonight? — John (is). / John and Pamela (are).
  Qui vient manger ce soir ? — John. / John et Pamela.

- Le locuteur peut se contenter de répondre par ce qu'on lui demande, ou bien construire une phrase complète :

  Where did he go? — To London. / First he went to London, then to Bristol.
  Où est-il allé ? — À Londres. / Il est d'abord allé à Londres, puis à Bristol.

  Why did they arrive late? — Because they missed the bus.
  Pourquoi sont-ils arrivés en retard ? — Parce qu'ils ont raté leur bus.

39. LA PHRASE NÉGATIVE

FORME

- La négation **not** se place après le premier auxiliaire (voir 8, 9) conjugué ou le verbe **be** (voir 11) :

  She isn't coming tonight. Elle ne vient pas ce soir.
  We mustn't forget our passports. Il ne faut pas oublier nos passeports.
  I haven't been to the theatre for ages. Je ne suis pas allé au théâtre depuis des lustres.

- En langage familier (à l'écrit comme à l'oral) on emploie la forme contractée de l'auxiliaire + **not** (voir 15). La négation porte sur toute la phrase :

  The bus won't have arrived by eight thirty. Le bus ne sera pas arrivé pour huit heures trente.
  Our teacher wasn't very pleased with us. Notre professeur n'était pas très content de nous.
  If you hadn't told me I wouldn't have known. Si tu ne m'avais rien dit je n'aurais jamais rien su.

- Cependant, la négation **not** peut avoir une portée plus limitée ; elle se place alors directement devant le mot ou l'expression concerné(e) :

  The weather has been not bad. Le temps a été plutôt pas mal.
  Not all her ideas are good. Elle n'a pas que des bonnes idées.

- Le présent et le prétérit simple n'ont pas d'auxiliaire à la forme affirmative (voir 44, 48). À la forme négative c'est l'auxiliaire **do** (voir 19) qui sert de support à la négation **not** :

  - au présent :

	SINGULIER	PLURIEL
1ère personne	I don't know.	We don't know.
2e personne	You don't know.	You don't know.
3e personne	He / She / It doesn't know.	They don't know.

  Peter rides a bike. Peter fait du vélo. →Peter doesn't ride a bike. Peter ne fait pas de vélo.
  The British drink coffee. Les Anglais boivent du café. →The British don't drink coffee. Les Anglais ne boivent pas de café.

  - au prétérit on emploie **didn't** + base verbale à toutes les personnes.

  You remembered my birthday. Tu t'es souvenu de mon anniversaire.
  →You didn't remember my birthday. Tu ne t'es pas souvenu de mon anniversaire.

AUTRES MOTS NÉGATIFS

- En anglais, le locuteur dispose d'un certain nombre d'autres mots négatifs comme **never** (jamais), **nothing** (rien), **no one** (personne), **nowhere** (nulle part), ainsi que d'expressions négatives composées à partir de **no** comme **in no way** (en aucune manière), **on no account** (en aucun cas). **Never** (jamais), tout comme la négation **not**, se place au passé après l'auxiliaire conjugué. Les autres mots négatifs se placent à différents endroits de la phrase selon leur portée et leur fonction :

  I have never been to Spain. Je ne suis jamais allé en Espagne.
  There are no biscuits left in the tin. Il ne reste plus de biscuits dans la boîte.
  Nothing can stop me from winning. Rien ne peut m'empêcher de gagner.

- On peut exprimer la négation de deux manières :

  We haven't seen anyone. = We've seen no one. Nous n'avons vu personne.

- Le déterminant **some** et ses composés ne peuvent jamais suivre la négation **not**.

- Le locuteur dispose également d'un certain nombre de mots « quasi-négatifs » comme **hardly** (à peine), **scarcely** (à peine), et **only** (seulement). Ils se placent généralement devant le mot qu'ils modifient :

  I hardly know him. Je le connais à peine.
  mais
  I've only met her three times. Je ne l'ai rencontrée que trois fois.

- Certains mots restrictifs (comme **without**) se comportent comme des mots négatifs :

  I found the house without any difficulty. J'ai trouvé la maison sans aucun problème.

- En style plus soutenu, les adverbes négatifs, les expressions négatives, les mots et les expressions « quasi-négatifs » peuvent se placer en début de phrase. Il y a alors inversion du sujet avec l'auxiliaire. L'ordre des mots est « négation + auxiliaire + sujet + verbe » :

  On no account should you tell him what we're planning. Vous ne devez en aucun cas lui parler de nos projets.
  Little did I know that he would return later. J'étais loin de me douter qu'il reviendrait plus tard.

40. LE PLURIEL DES NOMS

PLURIELS RÉGULIERS

- Seuls les noms dénombrables (voir 16) prennent une marque de pluriel.

- La marque de pluriel est généralement **-s** :

book	→ books	un livre	→ des livres
bird	→ birds	un oiseau	→ des oiseaux
hat	→ hats	un chapeau	→ des chapeaux

- Cependant, pour les noms se terminant par **-s, -sh, -ch, -x, -z** ou par **-o**, la marque du pluriel est **-es** :

bus	→ buses	un bus	→ des bus
box	→ boxes	une boîte	→ des boîtes
kiss	→ kisses	un baiser	→ des baisers
tomato	→ tomatoes	une tomate	→ des tomates

- Quelques exceptions comme kilo, piano, photo, prennent un **-s**.

- Pour les noms terminés en **-y** la marque du pluriel est en **-ies** :

baby	→ babies	un bébé	→ des bébés
cherry	→ cherries	une cerise	→ des cerises
entry	→ entries	une entrée	→ des entrées

- Sauf lorsque le **-y** est précédé d'une voyelle :

boy	→ boys	un garçon	→ des garçons
day	→ days	un jour	→ des jours

- Pour les noms terminés en **-f** ou **-fe**, la marque du pluriel est en **-ves** :

wife	→ wives	une épouse	→ des épouses
knife	→ knives	un couteau	→ des couteaux
half	→ halves	une moitié	→ des moitiés
leaf	→ leaves	une feuille	→ des feuilles

- Quelques exceptions, belief (croyance), chief (chef), cliff (falaise), proof (preuve), safe (coffre-fort), prennent un **-s**.

PLURIELS IRRÉGULIERS

- Pour certains noms, le pluriel entraîne une modification à l'intérieur du nom :

man →men	homme → hommes	tooth →teeth	dent → dents
woman →women	femme → femmes	goose →geese	oie → oies
child →children	enfant → enfants	mouse →mice	souris → souris
foot →feet	pied → pieds	louse →lice	pou → poux

- Certains noms ont la même forme au singulier et au pluriel : sheep (mouton-s), deer (cerf-s), salmon (saumon-s), aircraft (avion-s), series (série-s), species (espèce-s).

- Certains noms qui font référence à des mesures, ou à des nombres cardinaux, ont des pluriels réguliers quand ils sont utilisés seuls. S'ils sont précédés d'un nombre ou de **many** (voir 29, 32), ils gardent souvent leur forme du singulier. C'est notamment le cas de **hundred** (cent), **thousand** (mille), **pound** (livre) *(monnaie ou poids)*, **foot** (pied), **stone** *(poids d'environ 6 kg)* :

  I have thousands of books. I've just bought two hundred more. J'ai des milliers de livres. Je viens juste d'en acheter deux cents de plus.

  He's six foot (or feet) tall and weighs fourteen stone. Il mesure un mètre quatre-vingt-trois et pèse quatre-vingt-huit kilos.

- Certains mots, en particulier d'origine grecque ou latine, peuvent garder leur pluriel d'origine :

basis →bases	base → bases
analysis →analyses	analyse → analyses
thesis →theses	thèse → thèses
referendum →referenda	référendum → référendums

- Les noms propres (notamment de famille) prennent la marque du pluriel :

  I went to the Smiths for dinner last night. Je suis allé diner chez les Smith hier soir.

41. LE « PRESENT PERFECT »

FORMES

- Pour former le « present perfect » on emploie **have** au présent (**have** ou **has**) + participe passé du verbe (voir 27, 35) :

  They've painted their house purple. Ils ont peint leur maison en violet.

  I have thought about it a lot and I still don't agree. J'y ai beaucoup pensé et je ne suis toujours pas d'accord.

  Have you ever seen a kangaroo? As-tu déjà vu un kangourou ?

- Dans les phrases affirmatives, l'auxiliaire **have** peut être contracté (voir 15) :

  I've been ill. J'ai été malade.

  She's been ill. Elle a été malade.

- À la forme interrogative, il y a inversion du sujet et de l'auxiliaire (voir 38) :

  Have you studied the past tense in English? Avez-vous étudié le passé en anglais ?

  Has Ron been to work today? Est-ce que Ron est allé travailler aujourd'hui ?

- À la forme négative (voir 39), la négation **not** se place derrière l'auxiliaire. Pour la forme contractée de **have** + **not**, voir 15 :

  My pay hasn't gone up this year. Mon salaire n'a pas augmenté cette année.

VALEURS

- Le « present perfect » s'emploie pour désigner un événement passé dont les conséquences sont toujours mesurables et visibles au moment présent. Comparez avec les exemples au prétérit ci-après.

- Avec les verbes d'état, ce dont on parle et qui a commencé dans le passé se poursuit au moment présent :

  She's lived in Norwich all her life. *(« present perfect »)* Elle a vécu à Norwich toute sa vie *(et elle y vit encore)*.

  She lived in Norwich all her life. *(prétérit)* Elle a vécu à Norwich toute sa vie *(mais maintenant elle est morte)*.

  I've known Ken since I was at school. *(« present perfect »)* Je connais Ken depuis l'école *(et je le vois encore)*.

  I knew Ken when I was at school. *(prétérit)* Je connaissais Ken quand j'étais à l'école *(mais je ne le vois plus)*.

- On emploie le « present perfect » pour décrire des habitudes, des caractéristiques toujours vraies au moment présent :

  She's taught French for twenty years. *(« present perfect »)* Elle enseigne le français depuis vingt ans.

  She taught French for twenty years before retiring. *(prétérit)* Elle a enseigné le français pendant vingt ans avant de prendre sa retraite.

  Have you always spent your Saturdays shopping? *(« present perfect »)* Est-ce que tu as toujours passé tes samedis à faire du shopping ?

  Did you always visit your mum on Saturday before you moved to London? *(prétérit)* Est-ce que tu allais voir ta mère tous les samedis avant de déménager à Londres ?

- On l'emploie pour constater au moment présent les conséquences d'une action accomplie dans le passé. Le locuteur met en valeur les conséquences de cette action :

  They've mended the fence. Isn't that an improvement? *(« present perfect »)* Ils ont réparé la clôture. N'est-ce pas mieux ?

  They mended the fence yesterday; it was a hard job. *(prétérit)* Ils ont réparé la clôture hier ; c'était un travail difficile.

  I've broken my arm. I hurts to move my fingers. *(« present perfect »)* Je me suis cassé le bras. Ça me fait mal quand je bouge les doigts.

- On l'emploie pour constater au moment présent les conséquences d'un événement passé. Le moment auquel cet événement a eu lieu dans le passé n'intéresse pas le locuteur :

  I've read Macbeth (so I can tell you the story). *(« present perfect »)* J'ai lu Macbeth (donc je peux vous en raconter l'histoire).

  I read Macbeth at school (but I've forgotten all about it now). *(prétérit)* J'ai lu Macbeth à l'école (mais maintenant je ne m'en souviens plus).

  We've already had chickenpox (so we can't catch it again). *(« present perfect »)* Nous avons déjà eu la varicelle (donc nous ne pouvons pas l'attraper une seconde fois).

  Have you seen my newspaper? (I want to read it.) *(« present perfect »)* Tu as vu mon journal ? (Je veux le lire.)

« PRESENT PERFECT » OU PRÉTÉRIT ?

- Avec le « present perfect », on ne se soucie pas du moment de l'événement mais de ses conséquences sur le présent. En revanche, si pour le locuteur l'événement est repéré avec précision dans le passé, il emploie alors le prétérit (voir 48) :

  Have you seen the Van Gogh exhibition at the Tate Gallery? *(« present perfect »)* Avez-vous vu l'exposition Van Gogh à la Tate Gallery ?

  Did you see the Van Gogh exhibition when you went to London? *(prétérit)* Avez-vous vu l'exposition Van Gogh lors de votre séjour à Londres ?

- Lorsqu'un événement passé a déjà été mentionné une fois, il peut servir de repère temporel et ce qui suit est alors au prétérit :

  Alison has been offered the job. We were all very surprised. On a proposé ce travail à Alison. Nous avons été tous très surpris.

  I've only played rugby once and I didn't enjoy it very much. Je n'ai joué au rugby qu'une seule fois, et je n'ai pas beaucoup apprécié.

- Un événement au prétérit est unique et vu dans sa totalité. Lorsqu'il se répète, le locuteur dispose de plusieurs moyens pour le mentionner :

  - de l'adverbe **often**, de l'auxiliaire **would** (voir 68, 71) ou de l'expression **used to** (voir 62).

  - du « present perfect », soit parce que cet événement a des conséquences dans le présent, soit parce qu'il peut encore se produire :

  He often stole things from cars. *(prétérit)* Il volait souvent des choses dans les voitures.

  He's stolen from cars before (so he might have stolen your radio). *(« present perfect »)* Il a déjà volé des choses dans des voitures avant (donc il se peut qu'il ait volé votre radio).

- Le locuteur peut mettre l'accent tonique sur l'auxiliaire **have** (voir 27) pour souligner l'importance actuelle des conséquences de l'événement passé dont il parle :

  Don't nag me. I have washed the dishes. Arrête de me casser les pieds. Je l'ai faite, la vaisselle.

  Jill might know. Unlike you, she has studied Spanish. Jill pourrait le savoir. Contrairement à toi, elle a étudié l'espagnol, elle !

LES REPÈRES TEMPORELS

● Le prétérit s'emploie avec des repères temporels, adverbes ou expressions de temps qui l'ancrent dans le passé. Ces repères répondent à une question introduite par **when** (quand) : a week ago (il y a une semaine); last year (l'année dernière); on Tuesday (mardi) ; at one o'clock (à une heure); when I was young (quand j'étais jeune); in 2012 (en 2012).

We visited the Science Museum yesterday. *(prétérit)* Nous avons visité le Musée des Sciences hier.
He got here five minutes ago. *(prétérit)* Il est arrivé ici il y a 5 minutes.
When did you speak to them? *(prétérit)* Quand leur as-tu parlé ?

● Le « present perfect » s'emploie avec des repères temporels qui incluent le moment présent. Ces repères temporels répondent à une question introduite par **how long** (combien de temps), **how often** (à quelle fréquence), **so far** (jusque là), **until now** (jusque maintenant). Les propositions introduites par **since** (depuis) ou les compléments de temps introduits par **since** ou **for** (depuis) (si ce dont on parle se poursuit dans le présent) peuvent également servir de repères temporels au « present perfect » :

He's worked at Healey's for five years / since 2003. Il travaille chez Healey depuis 5 ans / depuis 2003.
How long have you been here? Tu es là depuis combien de temps ?
I've been waiting for two hours. Ça fait deux heures que j'attends.

● Cependant, si le complément de temps introduit par **for** décrit une durée qui appartient complètement au passé, on doit utiliser le prétérit :

He worked at Healey's for five years while he was a student. Il a travaillé chez Healey pendant 5 ans alors qu'il était étudiant.

● Le prétérit et le « present perfect » peuvent s'employer avec des repères temporels qui incluent le moment présent, comme **this morning** (ce matin), **today** (aujourd'hui) :

She wrote some postcards today (and won't write any more). *(prétérit)* Elle a écrit des cartes postales aujourd'hui (et n'en écrira plus aucune).
She's written some postcards today (and might write some more). *(« present perfect »)* Elle a écrit des cartes postales aujourd'hui (et pourrait encore en écrire d'autres).

● Le « present perfect » est souvent employé avec des adverbes de fréquence comme **always** (toujours), **sometimes** (de temps en temps) et **never** (jamais) mais aussi avec **already** (déjà), **yet** (déjà, encore), **not yet** (pas encore), **recently** (récemment), **just** (juste), **it's the first time** (c'est la première fois) :

I've always wanted to have a surfboard. J'ai toujours voulu avoir une planche de surf.
Have you read any good books recently? Avez-vous lu de bons livres récemment ?

● Dans les questions avec le « present perfect » **ever** signifie « déjà » :

Have you ever been to Rome? Es-tu déjà allé à Rome ?

● Le « present perfect » peut s'associer à d'autres formes verbales pour donner un effet d'antériorité d'un événement par rapport à un autre :

He'll have arrived	by the time you leave.
Il sera arrivé	avant que vous ne partiez.
1	2

L'événement décrit dans la proposition 1 (= l'arrivée), aura lieu avant celui décrit dans la proposition 2 (= le départ).

AUTRES FORMES VERBALES

Voici différentes formes verbales composées (pour l'ordre des auxiliaires dans la phrase, voir 8) :

● « Present perfect » en **be + -ing** (voir 42) :

I've been sitting here for three hours now. Ça fait maintenant trois heures que je suis assis là.

● « Past perfect » (voir 36) :

I'd been very worried before the exams, but they went quite well. J'avais été très inquiet avant les examens, mais ils se sont très bien déroulés.

● « Past perfect » en **be + -ing** (voir 36) :

We'd only been working for ten minutes when the fire alarm rang. On ne travaillait que depuis dix minutes lorsque l'alarme incendie retentit.

● « Future perfect » ou futur antérieur (voir 22, 67) :

Do they think they'll have repaired my bike by Monday? Est-ce qu'ils pensent qu'ils auront réparé mon vélo d'ici lundi ?

- « Future perfect » en **be + -ing** (voir 21, 22) :

  I suppose he'll have been drinking on the way home. Je suppose qu'il aura bu un verre sur le chemin du retour.

- « Present perfect » et modaux (voir 9) :

  We would have gone out for a walk but it was too cold. Nous voulions partir nous promener mais il faisait trop froid.

  I could have danced all night. J'aurais pu danser toute la nuit.

42. LE « PRESENT PERFECT » EN BE + -ING

Le « present perfect » en **be** **+-ing** a, comme le « present perfect » simple, la valeur de résultat d'une action (voir 41). Il ne peut pas s'employer avec les verbes qui n'acceptent pas la forme « en **be** **+-ing** », par exemple les verbes d'état (voir 43).

FORMES

Il se construit avec le « present perfect » de **be** (has / have been) (voir 11) suivi de la forme verbale en **-ing** :

It has been snowing all day. Il a neigé toute la journée.
They have been chatting for two hours. Ils bavardent depuis deux heures.

EMPLOIS

- Le locuteur emploie le « present perfect » en **be** **+-ing** pour faire référence à des événements qui ont duré un certain temps et dont les conséquences sont encore visibles, constatables :

  This seat's wet. It's been raining. Ce siège est mouillé. Il a plu.
  Your hands are dirty. What have you been doing? Tes mains sont sales. Qu'as-tu bien pu faire ?

- Cela implique souvent que l'événement dont on parle n'est pas encore terminé au moment présent, qu'il se poursuit. Comparez avec le « present perfect » :

  Who's been taking my sweets? (There are still some left.) *(« present perfect » en* **be** **+-ing** *)* Qui m'a pris des bonbons ? (Il en reste encore quelques uns.)

  Who's taken my sweets? (There are none left.) *(« present perfect »)* Qui a pris mes bonbons ? (Il n'en reste plus.)

- Le « present perfect » en **be** **+-ing** s'emploie souvent avec des verbes qui décrivent des états temporaires comme wait (attendre), sit (être assis), stand (être debout), et stay (rester) :

  She's been sitting there for hours now. Ça fait maintenant des heures qu'elle est assise là.
  How long have we been waiting for this bus? Ça fait combien de temps que nous attendons ce bus ?

- Il est souvent associé à **for** et **since** , qui indiquent la durée ou le point de départ d'une action :

  I've been working on this essay for three days / since Monday. Je travaille sur cet essai depuis trois jours / lundi.

43. LE PRÉSENT EN BE + -ING

On emploie le présent en **be** **+-ing** (« present continuous ») pour parler d'un événement non terminé, toujours en cours, qui inclut le moment présent :

Chelsea are winning 2-0 with ten minutes left. Chelsea mène 2-0 alors qu'il reste encore 10 minutes à jouer.
Be quiet. I'm listening to the radio. Tais-toi. Je suis en train d'écouter la radio.
Are you all sitting comfortably? Êtes-vous tous confortablement installés ?

FORMES

- Il se forme avec l'auxiliaire **be** au présent + base verbale + **-ing** (voir 8, 11, 21). Dans la phrase interrogative, il y a inversion du sujet avec l'auxiliaire :

  Is your mother making the dinner? Est-ce que ta mère est en train de préparer le dîner ?

- Dans les phrases négatives, on place la négation **not** après l'auxiliaire (voir 39). À l'oral, on utilise généralement la forme contractée (voir 15) :

  Our company isn't doing well. = Our company's not doing well. Notre entreprise ne marche pas fort.

Cette forme est la plus courante, sauf lorsque le sujet est le pronom **I** , la seule forme contractée possible est **I'm not** :

I'm not feeling very well. Je ne me sens pas très bien.

VALEURS

- Le locuteur emploie le présent en **be** + **-ing** pour désigner un événement en cours au moment où il parle. L'événement a commencé dans le passé, continue dans le présent et n'est pas terminé :
  What's happening? — We're just going out. Que se passe-t-il ? — Nous sommes sur le point de partir.
- Avec les verbes d'action, le présent en **be** + **-ing** indique que l'action se produit au moment présent :
  It's raining. Il pleut.
  You're talking too loud. Tu parles trop fort.
- Avec les verbes exprimant des actions brèves et rapides, le présent en **be** + **-ing** indique que l'action qui se déroule se répète plusieurs fois de suite :
  The children are jumping up and down with happiness. Les enfants bondissent de joie.
- Avec des verbes exprimant le passage d'un état à un autre, le présent en **be** + **-ing** indique que ce processus est en cours d'accomplissement :
  The bus is pulling up at the bus stop. Le bus s'arrête à l'arrêt de bus.
  They're widening the pavement down the road. Ils sont en train d'agrandir le trottoir au bout de la route.
- Le présent en **be** + **-ing** peut aussi avoir une valeur de futur, souvent pour rendre compte de projets, d'actions programmées. L'événement a donc toutes les chances de se réaliser dans un avenir proche. Le sujet de la phrase est généralement une personne :
  I'm starting work at the bakery on Monday. Je vais commencer à travailler lundi à la boulangerie.
- Pour mettre en évidence cette valeur de futur, le présent en **be** + **-ing** est généralement associé à des expressions et adverbes de temps comme **soon** (bientôt), **later** (plus tard), **next week** (la semaine prochaine) ou **in two months** (dans deux mois), **tomorrow** (demain). Cette valeur se rencontre souvent avec des verbes de mouvement :
  Steve's coming home tomorrow. Steve rentrera demain à la maison.
  They're arriving at one o'clock and leaving at three. Ils arriveront à une heure, et partiront à trois heures.
  What are you doing next week? — We're going to Norwich. Que ferez-vous la semaine prochaine ? — Nous irons à Norwich.
- Le présent en **be** + **-ing** peut aussi exprimer la menace ou la détermination :
  You're not going out tonight and that's final! Non, tu ne sortiras pas ce soir et c'est sans discussion !

RESTRICTIONS D'EMPLOI

- Certains verbes ne s'emploient pas avec le présent en **be** + **-ing** :
  - les verbes exprimant des attitudes intellectuelles, psychiques ou spéculatives comme imagine (imaginer), know (savoir), suppose (supposer), understand (comprendre) :

    I know you're tired. Je sais que tu es fatigué.
    Do you believe in God? Croyez-vous en Dieu ?
  - les verbes exprimant des attitudes affectives comme like (aimer), hate (détester), prefer (préférer), want (vouloir) *(sauf à l'oral dans un contexte familier)* :

    Bob loves Sue. Bob aime Sue.
  - les verbes d'état, les verbes exprimant la possession, l'appartenance comme have (avoir) et la caractéristique comme be (être), à savoir belong to (appartenir à), own (posséder), consist of (consister en), depend on (dépendre de), matter (avoir de l'importance), resemble (ressembler), appear (sembler) :

    Are you ill? Vous êtes malade ?
    That seems to be right. Cela semble vrai.
    These shoes don't fit me. Ces chaussures ne me vont pas.
    The box contains sweets. La boîte contient des bonbons.
- En revanche certaines constructions avec **be** décrivant des attitudes momentanées, passagères, sont compatibles avec cette forme :
  The children are being naughty. Les enfants se montrent méchants.
  My brother's being a nuisance again. Mon frère se montre encore casse-pieds.
- Le sens d'un verbe ne suffit pas toujours à indiquer s'il peut se combiner ou non avec le présent en **be** + **-ing**. Il faut consulter un dictionnaire. À ce titre, l'exemple des verbes enjoy et like – qui ont pourtant un sens assez proche – est parlant :
  We are enjoying our holiday. Nous profitons de nos vacances. (***et non*** ~~We are liking our holiday.~~)

Certains verbes qui ne sont pas compatibles avec ce type de présent peuvent l'être lorsqu'ils sont employés dans une forme verbale composée :

I need a hammer. J'ai besoin d'un marteau.
Can you lend me your tools? I'll be needing a hammer tomorrow. Tu peux me prêter tes outils ? J'aurai besoin d'un marteau demain.

- Certains verbes ont un sens différent lorsqu'ils sont employés au présent en **be +-ing** :

I (can) see some ships. Je vois des bateaux.
I'm seeing her soon. Je la vois bientôt.
I think you're wrong. Je pense que tu as tort.
I'm thinking of getting a dog. J'envisage d'avoir un chien.

44. LE PRÉSENT SIMPLE

On emploie le présent simple (« simple present ») pour parler d'événements qui se répètent, d'habitudes, de caractéristiques, de vérités générales. Il s'emploie également avec les verbes d'état :

My brother works in an insurance company. Mon frère travaille dans une agence d'assurance.
Do you know Kate Harrison? Connaissez-vous Kate Harrison ?

FORMES

	SINGULIER	PLURIEL
1ère personne	I like music.	We like music.
2e personne	You like music.	You like music.
3e personne	He / she / it likes music.	They like music.

- Au présent simple, toutes les formes du verbe, sauf celle de la troisième personne du singulier, sont constituées de la base verbale. La troisième personne du singulier se termine toujours par **-s** :

I write letters. J'écris des lettres.
They write letters. Ils écrivent des lettres.
She write**s** letters. Elle écrit des lettres.

- La terminaison **-s** s'ajoute à la base verbale :

take → takes prendre → prend
open → opens ouvrir → ouvre

- Les verbes se terminant par **-ss**, **-sh**, **-ch**, **-x** prennent **-es** à la troisième personne :

fix → fixes réparer → répare
wash → washes laver → lave
stress → stresses souligner → souligne
watch → watches regarder → regarde

- Pour les verbes se terminant par une consonne + **-y** → **-y** devient **-ies** :

try → tries essayer → essaie reply → replies rétorquer → rétorque

- Mais ceux qui se terminent par une voyelle + **-y** → on ajoute **-s** :

enjoy → enjoys apprécier → apprécie play → plays jouer → joue

- Les phrases interrogatives, négatives et emphatiques nécessitent toutes l'emploi d'un auxiliaire.

VALEURS

- La valeur du présent simple dépend en partie du sens du verbe conjugué :

I live in Glasgow but I work in Edinburgh. Je vis à Glasgow mais je travaille à Édimbourg.
Do you remember the name of her sister? Te souviens-tu du nom de sa sœur ?

- Le présent simple a une valeur de vérité générale : c'est vrai maintenant, ça l'a été dans le passé, ça le sera dans l'avenir. Dans un contexte formel, les verbes d'état ne s'emploient jamais au présent en **be +-ing** mais avec le présent simple :

Jenny likes chocolate. Jenny aime le chocolat.
Do you think they'll agree? Tu penses qu'ils seront d'accord ?

Two times three makes six. Deux fois trois égalent six.
Does the Thames flow through Oxford? La Tamise coule-t-elle à Oxford ?

● Pour les verbes qui décrivent des actions, des événements, le présent simple indique que cet événement est habituel ou qu'il se répète. L'action ne se déroule pas nécessairement au moment où le locuteur parle. Les adverbes **often** (souvent), **sometimes** (parfois), **occasionally** (de temps en temps), **never** (jamais) renforcent cette valeur :

He plays tennis on Saturdays. Il joue au tennis le samedi.
Don't you ever eat meat? Vous ne mangez jamais de viande ?
It rains a lot in Wales. Il pleut beaucoup au Pays de Galles.

● Au présent simple, certains verbes comme promise (promettre), wish (souhaiter), accept (accepter) introduits par **I** ou **we** indiquent que le locuteur fait ce qu'il dit au moment même où il le dit :

I'm sorry. Je suis désolé.
We wish you every success in your exams. Nous vous souhaitons de réussir vos examens.

● Au présent simple, certains verbes (introductifs) comme hear (entendre), understand (comprendre), say (dire), claim (réclamer) permettent de décrire un événement du passé ou du futur qui a un lien avec le présent :

I hear that you've lost your purse. Il paraît que tu as perdu ton porte-monnaie.
The weather forecast says that it's going to rain tomorrow. La météo dit qu'il va pleuvoir demain.

● Le présent simple peut avoir valeur de commentaire ; il permet de rendre compte des événements ou des actions au moment où ils se déroulent (commentaires sportifs, indications scéniques, mais aussi recettes de cuisine, instructions d'utilisation…) :

Nani passes to Rooney. Rooney shoots, and it's a goal! Nani passe le ballon à Rooney. Rooney tire et c'est le but !
You put two eggs into a bowl and add 200 grams of flour. Mettez deux œufs dans un saladier et ajoutez 200 grammes de farine.

● Avec cette valeur, le présent simple peut parfois être employé pour rendre compte d'événements passés, pour leur donner plus de force au présent, par exemple dans les titres de journaux, ou pour raconter une histoire drôle :

Nicolas shakes hands with Paul. Nicolas serre la main de Paul. *(= dans la presse, sous une photo)*
A man goes into a pub and asks for a pint of beer… Un homme entre dans un pub et commande une pinte de bière…

● Le présent simple est employé avec une valeur de futur :

- dans les subordonnées introduites par **if** (si), **when** (quand) ou **after** (après) :

He'll get into trouble if he carries on like that. Il va s'attirer des ennuis s'il continue comme ça.
She'll see her mother when she goes to London next month. Elle verra sa mère lorsqu'elle ira à Londres le mois prochain.
The town will be much quieter after the tourists leave. La ville sera bien plus calme quand les touristes seront partis.

- lorsque l'événement décrit est une vérité générale :

Christmas Day falls on a Wednesday this year. Noël tombe un mercredi cette année.
The sun rises at seven fifteen tomorrow morning. Le soleil se lèvera à sept heures et quart demain matin.

- lorsque l'événement a été programmé, planifié (cet emploi est particulièrement fréquent pour parler d'un voyage qui va avoir lieu dans un avenir proche) :

We start from London and spend the first night in Maldon. Then we go on to Ipswich. Nous partirons de Londres et passerons la première nuit à Maldon. Puis nous irons à Ipswich.

45. PRÉSENT SIMPLE ET PRÉSENT EN BE + -ING

● Le présent simple (voir 44), en général, exprime ce qui est permanent, alors que le présent en **be** + **-ing** exprime le temporaire, le transitoire :

What do you do? — I work in a bank. Qu'est-ce que vous faites ? — Je travaille dans une banque.
What are you doing? — I'm cleaning my room. **Qu'est-ce que vous êtes en train de faire ? — Je suis en train de nettoyer ma chambre.**

● Le présent en **be** + **-ing** (voir 43) indique que la situation présente est simplement provisoire, qu'elle ne durera pas longtemps :

We live in Leeds *(= Leeds est notre résidence fixe.)* Nous habitons à Leeds.
We're living in Leeds. *(= Leeds est notre résidence temporaire.)* Nous habitons à Leeds en ce moment.

Notez que ces différentes formes ne peuvent être rendues que d'une seule façon en français : par le présent de l'indicatif.

- Le présent en **be** + **-ing** peut désigner une habitude qui n'est que temporaire et momentanée mais qui n'est pas forcément en train de se produire :

  You're smoking far too much these days. Tu fumes beaucoup trop ces temps-ci.

  I'm taking the train to work while my car's being fixed. Je prends le train pour aller au travail pendant que je fais réparer ma voiture.

- Le présent en **be** + **-ing** associé à des adverbes comme **always** ou **forever** indique que l'action dont on parle se répète depuis très longtemps, qu'elle est une habitude constante. Il y a souvent une note d'agacement dans le ton du locuteur :

  He's always complaining about his boss. Il n'arrête pas de se plaindre de son patron.

  He's forever telling me his problems. Il faut toujours qu'il me parle de ses problèmes.

46. LE PRÉTÉRIT MODAL

FORMES

- La forme du prétérit modal correspond à la forme du prétérit simple (voir 48) pour tous les verbes.
- Le prétérit modal de **be** est **were** à toutes les personnes :

  I wouldn't do that if I were you. Je ne ferais pas ça si j'étais vous.

  He shouted and jumped about as if he were mad. Il criait et sautillait comme s'il était fou.

EMPLOIS

- On emploie le verbe au prétérit ou **were** avec cette valeur :
  - dans des subordonnées introduites par **if** (si) [voir 57], pour faire référence à de l'irréel, de l'hypothétique :

    If I were you, I'd tell him what I think of it. À ta place, je lui dirais ce que j'en pense.

    If only she were here! Si seulement elle était là !
  - dans des subordonnées introduites par **as if** (comme si), **as though** (comme si):

    She talks to me as if I were a child. Elle me parle comme à un enfant.
  - derrière des verbes comme **wish** (souhaiter), **suppose** (supposer) [voir 69] :

    I wish I were / was a little bit taller. Si seulement j'étais un peu plus grand.
- L'emploi de **were** dénote un niveau de langue plutôt soutenu, tandis qu'en anglais familier on emploie **was**.

47. LE PRÉTÉRIT EN BE + -ING

FORMES

- Le prétérit en **be** + **-ing** se forme avec **be** au prétérit + base verbale + **-ing** :

  I was watching the television when you called. Je regardais la télé quand tu as appelé.

- Dans la phrase interrogative, il y a inversion du sujet et de l'auxiliaire (voir 38). Dans la phrase négative (voir 39), la négation se place derrière l'auxiliaire (voir 8) :

  Where were you going when I saw you? Où allais-tu quand je t'ai vu ?

  It wasn't raining when I left the house. Il ne pleuvait pas quand j'ai quitté la maison.

VALEURS

- Le prétérit en **be** + **-ing** s'emploie pour désigner un événement en cours de déroulement, mais dans un contexte passé :

  They were still arguing at the end of the meeting. Ils étaient toujours en train de se disputer à la fin de la réunion.

  They arrived while we were washing the dishes. Ils arrivèrent alors que nous faisions la vaisselle.

- TEMPS = PASSÉ
  They arrived = *action ponctuelle*
  while we were washing… = *action vue à un moment de son déroulement*
- Comparez les deux phrases suivantes :
  When Jane got home her husband was making the dinner. Quand Jane rentra à la maison, son mari était en train de préparer le dîner.
  When Jane got home her husband made the dinner. Quand Jane rentra à la maison, son mari prépara le dîner.
  - Dans la première, Jane arrive pendant la préparation du dîner, pendant le déroulement d'une action qui a commencé sans elle.
  - Dans la deuxième, les deux actions ont lieu l'une après l'autre : le dîner est préparé après l'arrivée de Jane.
- Lorsque les événements ont lieu en même temps, le prétérit en **be** + **-ing** peut être employé dans les deux propositions :
  You were watching the television while I was washing up. Tu regardais la télé pendant que je faisais la vaisselle.
- Le locuteur met l'accent sur le déroulement de ces événements dans le passé, sans considérer le moment où ils se terminent :
  What were you doing when I called you? Qu'est-ce que tu faisais quand je t'ai appelé ?
- Lorsque le prétérit en **be** + **-ing** est modifié par des adverbes comme **just** (juste), **recently** (récemment), il désigne un événement passé très récent :
  My sister was just saying that there's been a fire at her school. Ma sœur vient juste de me dire qu'il y a eu le feu à son école.
- Le prétérit en **be** + **-ing** est parfois préféré au prétérit simple pour formuler une requête (effet de politesse) :
  I was hoping that you might be able to give me some advice. J'espérais que vous pourriez me conseiller.

48. LE PRÉTÉRIT SIMPLE

Le prétérit simple (« simple past ») est le seul ***vrai*** temps du passé. L'événement dont on parle appartient complètement au passé, il est révolu ; il y a une coupure par rapport au moment présent :
Billy stole the apples yesterday. Billy a volé les pommes hier.
He seemed to be happy about something. Il semblait content de quelque chose.
We were very worried. Why didn't you phone? Nous étions très inquiets. Pourquoi n'as-tu pas téléphoné ?

FORMES

Les formes du prétérit et du participe passé des verbes réguliers sont toujours les mêmes (voir 35).

- Dans les phrases affirmatives, le verbe au prétérit a la même forme à toutes les personnes. Pour le verbe **be** et les verbes irréguliers, voir la liste pages 709-712 : I / he / she / it was ; you / we / they were.
  I knew him when I was young. Je l'ai connu quand j'étais jeune.
  Jenny asked us whether we were happy. Jenny nous a demandé si nous étions heureux.
- Les phrases interrogatives, négatives ou emphatiques nécessitent l'emploi de l'auxiliaire **did** (voir 19).

VALEURS

- On emploie la forme du prétérit :
  - dans certaines propositions introduites par **if** (si) *(prétérit modal)* (voir 46, 57) :

    If I wrote a letter, would you reply? Si j'écrivais une lettre, est-ce que tu y répondrais ?
  - dans le discours rapporté (voir 17) :

    He said that he wrote lots of letters. Il disait qu'il écrivait beaucoup de lettres.
- On emploie le prétérit simple pour parler d'événements passés révolus, complètement achevés. L'événement a eu lieu à un moment précis du passé, généralement explicitement mentionné par le locuteur :
  The Chinese invented the compass about 1,000 years ago. Les Chinois ont inventé la boussole il y a environ 1 000 ans.
  Ow, that hurt! *(To doctor giving injection.)* Aïe, ça fait mal ! *(Au docteur qui fait une piqûre.)*

- Le prétérit simple est le temps du récit : histoires, contes de fées, romans, etc...
  There was once a beautiful princess who had a wicked stepmother... Il était une fois une belle princesse qui avait une méchante belle-mère...

- L'événement est vu dans sa totalité (début, déroulement, fin). Que cet événement ait duré ou se soit répété importe peu :
  The Romans invaded Britain in 44 AD and remained for 400 years. Les Romains ont envahi la Grande-Bretagne en 44 après Jésus Christ et y sont restés 400 ans.
  In one year Jeremy sold 25 cars. Jeremy a vendu 25 voitures en un an.

- Lorsque deux verbes sont coordonnés par **and**, il peut y avoir ambiguïté. Les deux événements ont eu lieu, soit en même temps, soit l'un après l'autre :
  Yesterday, I tidied my room and listened to some CDs. Hier, j'ai rangé ma chambre et j'ai écouté quelques CD.

- Le prétérit simple peut être employé pour parler d'événements présents, lorsque le locuteur formule une requête, un conseil, une suggestion, avec une grande politesse :
  Did you want to see me? — Yes, I wondered if you could help us. Vous vouliez me voir ? — Oui, je me demandais si vous pourriez nous aider.

- Le prétérit simple est employé pour exprimer ce que l'on suppose ou ce que l'on souhaite, en particulier dans les propositions conditionnelles introduites par **if** (si), mais aussi après les expressions comme **I'd rather** (je préférerais) [voir 70], **it's time** (il est temps...) *(prétérit modal)* :
  I'd rather you didn't come tomorrow. Je préférerais que tu ne viennes pas demain.
  It's time that the baby was in bed. Il est temps de mettre le bébé au lit.

49. LES PRONOMS INDÉFINIS

FORMES

somebody (quelqu'un)	anybody (n'importe qui)	everybody (tout le monde)	nobody (personne)
someone (quelqu'un)	anyone (n'importe qui)	everyone (tout le monde)	no one (personne)
something (quelque chose)	anything (n'importe quoi)	everything (tout)	nothing (rien)

Somebody came running out of the shop. Quelqu'un est sorti de la boutique en courant.
Has anyone phoned today? Est-ce que quelqu'un a appelé aujourd'hui ?
Everything is going well and everyone seems happy. Tout se passe bien et tout le monde a l'air heureux.
I saw no one that I knew. Je n'ai vu personne que je connaissais.

EMPLOIS

- Les pronoms terminés par **-body** et **-one** font référence à des personnes.

- Les pronoms terminés par **-thing** font référence à des choses.

- L'emploi des pronoms commençant par **some-** et **any-** suit les mêmes règles que les déterminants et pronoms **some** et **any** (voir 56) :
  I must do something about my hair. Je dois faire quelque chose pour mes cheveux.
  Have you found anything interesting? Avez-vous trouvé quelque chose d'intéressant ?
  Nothing appears to have arrived. Apparemment rien n'est encore arrivé.

- Les pronoms commençant par **any-** peuvent signifier « n'importe qui / quoi » ou « quiconque » :
  Anyone who knows anything about the fire should speak to the police. Quiconque sachant quoi que ce soit au sujet de l'incendie devrait parler à la police.

- Tous les pronoms indéfinis, même ceux commençant par **every-**, sont suivis d'un verbe au singulier. Cependant, **somebody**, **someone**, **everybody**, **everyone**, **nobody**, **no one** peuvent être repris par un pronom personnel ou un déterminant pluriel :
  Someone's left their umbrella behind. Quelqu'un a oublié son parapluie.
  Nobody here speaks Italian. Personne ici ne parle italien.
  Everyone is going to need their raincoat(s). Vous allez tous avoir besoin de votre imperméable.

- Le pronom indéfini est le seul pronom en anglais qui peut avoir un adjectif en apposition. L'adjectif suit le pronom :

  Jenny's always saying something stupid. Jenny dit toujours des choses stupides.
  No one important came to the meeting. Personne d'important n'est venu à la réunion.
  Is there anything left? Est-ce qu'il vous reste quelque chose ?

- Le pronom indéfini peut aussi s'employer au cas possessif. Il prend alors la place du possesseur (voir 12) :

  I hope I haven't been wasting everybody's time. J'espère ne pas vous avoir fait perdre votre temps.

50. LES PRONOMS PERSONNELS

Le pronom personnel remplace les noms et les groupes nominaux. Il peut être sujet ou complément (direct ou indirect). À la troisième personne, il peut être masculin, féminin ou neutre.

FORMES

		PRONOM SUJET	PRONOM COMPLÉMENT D'OBJET
SINGULIER			
1ère PERSONNE		**I**	**me**
2e PERSONNE		**you**	**you**
3e PERSONNE	**masculin**	**he**	**him**
	fémininin	**she**	**her**
	indéfini	**one**	**one**
	neutre	**it**	**it**
PLURIEL			
1ère PERSONNE		**we**	**us**
2e PERSONNE		**you**	**you**
3e PERSONNE		**they**	**them**

EMPLOIS

- **You** correspond aux formes singulier et pluriel de la deuxième personne (tu, vous). On l'emploie [de même que les possessifs **your** (ton / votre), **yours** (le tien / le vôtre)] quel que soit le degré de familiarité.

- **They, them**, etc. sont souvent utilisés en anglais familier pour renvoyer à une seule personne, si son sexe est inconnu ou s'il n'est pas essentiel de le connaître :

  If you find a good piano teacher, tell me about them. Si tu trouves un bon professeur de piano, n'hésite pas à m'en parler.

- Des noms au singulier qui font référence à des groupes de personnes, comme par exemple les noms d'équipes sportives ou de sociétés commerciales, sont souvent considérés comme des pluriels et sont repris par **they**, etc. :

  The union say that they will go on strike. Le syndicat dit qu'ils vont faire grève.
  Liverpool have sacked their manager. Liverpool a renvoyé son entraîneur.

- On emploie le pronom sujet quand il est sujet du verbe :

  Last night I saw someone I hadn't seen for years. La nuit dernière, j'ai vu quelqu'un que je n'avais pas vu depuis des années.
  How many tickets are we going to buy? Combien de tickets allons-nous acheter ?

- Quand le sujet est composé d'une énumération de plusieurs personnes + **I**, le pronom sujet **I** est placé en dernier :

  My sister and I went to the same school. Ma sœur et moi sommes allés à la même école.

- On emploie le pronom sujet en anglais très soutenu après le verbe **be**, après des mots comme **than** (que) et **as** (comme), lorsque le pronom apparaît seul et que le verbe est omis :

  It was he who told me the news. C'est lui qui m'a raconté la nouvelle.
  She is taller than I. *(= She is taller than I am.)* Elle est plus grande que moi.

- Notez que la forme d'insistance du pronom sujet, « moi », est également rendue par **I** :

  I did it. C'est moi qui l'ai fait.

- On emploie le pronom complément d'objet :
  - quand il est complément du verbe (il n'y a pas de différence entre le complément d'objet direct, indirect et d'attribution) :

    Does Alistair know them well? Est-ce qu'Alistair les connaît bien ?
    They gave you dinner. Did you thank them for it? Ils t'ont invité à dîner Est-ce que tu les en as remerciés ?

  - après les prépositions :

    Chris will be staying with us. Chris restera avec nous.
    You need to speak to him. Tu as besoin de lui parler.

- Dans la langue parlée, après le verbe **be** ou des mots comme **than** et **as**, on emploie le pronom complément d'objet plutôt que le pronom sujet, surtout lorsqu'il apparaît tout seul :

  I hope that's not him again. J'espère que ce n'est pas encore lui.
  She's taller than me. Elle est plus grande que moi.
  He doesn't know as much as her. Il ne sait pas autant de choses qu'elle.

51. LES PRONOMS POSSESSIFS

On emploie les pronoms possessifs pour exprimer l'appartenance. En anglais, l'accord du pronom possessif se fait avec le genre du possesseur :

This isn't your book, it's hers. Ce n'est pas ton livre, c'est le sien. *(= son livre à elle)*

FORMES

		SINGULIER	PLURIEL
1ère PERSONNE		**mine**	**ours**
2e PERSONNE		**yours**	**yours**
3e PERSONNE	**masculin**	**his**	**theirs**
	féminin	**hers**	
	indéfini	—	—
	neutre	—	—

- **It** et **one** n'ont pas de pronom possessif. Si nécessaire, on peut employer **its own**, **one's own**.

EMPLOIS

On emploie le pronom possessif pour remplacer le groupe « adjectif possessif + groupe nominal » lorsque le nom a déjà été mentionné ou qu'il est inutile de le répéter (voir 3) :

Whose is this suitcase? Is it yours or mine? — I think it's your brother's. À qui appartient cette valise ? À toi ou à moi ? — Je crois que c'est celle de ton frère.
You do your work and I'll do mine. Fais ton travail et je ferai le mien.
If you haven't got a raincoat, Judy will lend you one of hers. Si tu n'as pas d'imperméable, Judy te prêtera un des siens.

52. LES PRONOMS RÉFLÉCHIS

FORMES

		SINGULIER	PLURIEL
1ʳᵉ PERSONNE		**myself**	**ourselves**
2ᵉ PERSONNE		**yourself**	**yourselves**
3ᵉ PERSONNE	**masculin**	**himself**	**themselves**
	féminin	**herself**	
	indéfini	**oneself**	
	neutre	**itself**	

I hurt <u>myself</u>. Je me suis fait mal.
We felt angry with <u>ourselves</u>. Nous étions en colère après nous-mêmes.
Stop thinking about <u>yourself</u>. Arrête de ne penser qu'à toi.
You should look after <u>yourselves</u>. Vous devriez faire attention à vous.
John killed <u>himself</u>. John s'est suicidé.
They all enjoyed <u>themselves</u>. Ils se sont tous bien amusés.
Your mother talks to <u>herself</u>. Ta mère parle toute seule.
This oven turns <u>itself</u> off. Ce four s'éteint tout seul.

EMPLOIS

- On emploie les pronoms réfléchis :
  - pour renvoyer au sujet du verbe (personne ou chose) lorsqu'il est repris comme complément :

    He gave <u>himself</u> the largest portion of chips. Il s'est servi la plus grosse portion de frites.
  - pour insister sur le sujet de la phrase :

    I'll do it <u>myself</u>. C'est moi qui le ferai.
- À la différence du français, peu de verbes en anglais exigent l'emploi du pronom réfléchi :
  Kevin prides <u>himself</u> on his work. Kevin s'enorgueillit de son travail.
  We have enjoyed <u>ourselves</u> very much. Nous nous sommes beaucoup amusés.
- Certains verbes, dont ceux qui font référence aux soins corporels ou aux mouvements, ne sont pas réfléchis en anglais alors qu'ils le sont en français : to get up (se lever), to shave (se raser), to lie down (se coucher), to sit down (s'asseoir), to wash (se laver), to brush one's hair (se brosser les cheveux).
  I <u>go to bed</u> at eleven pm and <u>get up</u> at six thirty. Then I <u>wash</u> and <u>shave</u>. Je me couche à onze heures du soir et je me réveille à six heures trente. Puis je me lave et je me rase.

53. LES PRONOMS RELATIFS

- Le pronom relatif introduit une proposition relative (voir 58, 65) :
  She's the girl <u>who</u> / <u>that</u> got the job. C'est elle qui a eu le poste.
  That's the stone <u>which</u> / <u>that</u> broke the window. C'est la pierre qui a cassé la fenêtre.
  Are you the witness (<u>who</u> / <u>that</u>) the police are looking for? C'est vous le témoin que la police recherche ?
- La proposition relative détermine un nom ; elle a un peu le même rôle qu'un adjectif.
- Dans la proposition relative, le pronom relatif remplace le nom (= l'antécédent du pronom) :
  There is the dog. + The dog bit me. Voilà le chien. + Le chien m'a mordu.
  → There is the dog that bit me. Voilà le chien qui m'a mordu.

That est le pronom relatif. That bit me est la proposition relative. Dog est l'antécédent.

FORMES

Les principaux pronoms relatifs sont :

Pour les êtres animés	**who** (qui)	**that** (que)	**whom** (qui)
Pour les choses	**which** (que)	**that** (que)	

EMPLOIS

Le pronom relatif peut être sujet, complément d'objet du verbe ou introduit par une préposition. Dans ce dernier cas, en anglais courant, le pronom relatif se place en tête de la relative tandis que la préposition reste à sa place habituelle :

Here is the stone (that) he broke the window with yesterday. Voici la pierre avec laquelle il a cassé la fenêtre hier.

Dans une proposition en anglais soutenu, la préposition sera placée en tête de la relative :

Here is the stone with which he broke the window yesterday. Voici la pierre avec laquelle il a cassé la fenêtre hier.

OMISSION DU RELATIF

- À l'écrit comme à l'oral on peut omettre le pronom relatif et il est presque toujours omis dans la langue parlée.
- Il peut être omis :
  - lorsqu'il est complément d'objet :

    Have you asked everyone (who / that) you know? Tu as demandé à tous ceux que tu connais ?
    Isn't that the dress (which / that) you wanted? Ce ne serait pas la robe que tu voulais ?
  - lorsqu'il n'est pas précédé de la préposition qui l'introduit :

    They're the friends (who / that) we had dinner with. Ce sont les amis avec lesquels nous avons dîné.
    The tents (which / that) we were sleeping in were blown away. Les tentes dans lesquelles nous dormions ont été emportées par le vent.
- Il ne peut pas être omis :
  - lorsqu'il est sujet du verbe :

    This is the train which / that leaves in ten minutes. C'est le train qui part dans dix minutes.
    The manager who / that hired me has now left the company. Le recruteur qui m'a engagé a maintenant quitté l'entreprise.
  - en anglais soutenu, lorsqu'il est complément d'une préposition placée en tête de la relative. Dans ce cas, on emploie **whom** pour les personnes, et **which** pour les choses. **That** ne peut pas être employé :

    He is the man about whom I warned you. = He is the man (who / whom / that) I warned you about. Voici l'homme au sujet duquel je vous ai alerté.

    The chair on which she was standing suddenly collapsed. = The chair (which / that) she was standing on suddenly collapsed. La chaise sur laquelle elle était montée s'effondra d'un seul coup.

54. SHALL

- **Shall** est rarement utilisé dans les affirmations et il est particulièrement rare en anglais américain. **Shan't** est encore plus rare. **Should** est la forme prétérit de **shall** dans le discours rapporté (voir 17, 55).
- À la 1ère personne, **shall** est employé pour exprimer le futur et **should** le futur dans le passé (voir 22, 23) :

  I shall be home by six. Je serai à la maison à six heures.
  I should be home by six o'clock if the train's on time. Je devrais être à la maison à six heures si le train est à l'heure.
- Lorsque le sujet de la phrase emploie **shall** à la 1ère personne, il exprime l'obligation qu'il s'impose (promesses, déclarations d'intention, menaces). Comparez avec **will** (voir 67) :

  I shall pay you on Monday. Je vous paierai lundi.
  I shall hit you if you don't shut up. Je vais te frapper si tu ne te tais pas.

- À la 1ère personne, dans les questions, il s'emploie pour faire des propositions, des invitations et des suggestions ou pour demander des conseils :

  Shall I make you a cup of tea? Désirez-vous que je vous fasse une tasse de thé ?
  Shall we go for a picnic on Sunday? Et si nous allions faire un pique-nique dimanche ?

- À la 2e personne **shall** accentué est employé pour donner des ordres (en anglais très soutenu) :

  You shall be quiet! Taisez-vous !

55. SHOULD

- **Should** exprime l'obligation atténuée, indique ce qu'il serait bon (moralement ou autrement) de faire, a valeur de conseil :

  You should read this book. It's very interesting. Tu devrais lire ce livre. Il est très intéressant.
  Motorists shouldn't smoke while driving. Les automobilistes ne devraient pas fumer en conduisant.

- **Should** peut exprimer une forte probabilité (ce qui doit logiquement arriver) :

  I wonder where they are. They should be here by now. Je me demande où ils sont. Ils devraient déjà être ici.
  There shouldn't be any problem getting tickets. On ne devrait pas avoir de mal à obtenir des billets.

- **Should** apparaît avec un sujet de phrase à la 1ère personne dans des expressions figées :

  Do you think he'll be home soon? — I should think so. Tu crois qu'il sera bientôt rentré ? — Je pense bien que oui.
  He apologised for his behaviour. — I should think so! Il s'est excusé pour son comportement. — Ben, il était bien obligé !

- **Should** s'emploie dans les propositions introduites par **that**, lorsque l'adjectif exprime un jugement sur ce qui suit. Après certains verbes comme demand (réclamer), il se comporte comme un subjonctif (voir 46) :

  I'm amazed that you should think that. Je suis étonné que tu puisses penser ça.
  They demanded that he should repay the money. Ils ont exigé qu'il rembourse l'argent.

- **Should** se rencontre dans des propositions introduites par **if** (si) [voir 57] où il renforce l'aspect hypothétique. On trouve plutôt cet emploi en style soutenu :

  If you should see him, please tell him the news. Si vous le voyez, veuillez lui annoncer la nouvelle, s'il vous plaît.

- **Should** employé avec **have** + participe passé du verbe peut exprimer un regret ou un reproche (voir 35) :

  You should have checked the timetable. Vous auriez dû vérifier l'emploi du temps.

- **Should** est utilisé pour exprimer le futur dans le passé (voir 23) et dans le discours indirect (voir 17).
- Pour la différence entre **must / mustn't**, **don't have to**, et **should / shouldn't**, voir 31.

56. SOME, ANY, NO

DÉTERMINANT/ PRONOM	DÉNOMBRABLE SINGULIER	DÉNOMBRABLE PLURIEL	INDÉNOMBRABLE
some	—	**some** errors	**some** time
any	**any** error	**any** errors	**any** time
no	**no** error	**no** errors	**no** time

- **Some**, **any** et **no** sont des quantifieurs. **Some** et **any** peuvent être déterminants ou pronoms. Ils signifient « un certain nombre (de) », « une certaine quantité (de) » et sont employés en tant que déterminants avec des noms dénombrables au pluriel ou des indénombrables (voir 16).
- **Some** est utilisé dans un contexte affirmatif et **any** est son équivalent dans les phrases interrogatives et négatives, au discours direct et indirect (voir 17, 38, 39). Dans les affirmations **any** a le sens de « n'importe quel », « n'importe lequel » :

  I have some good books to read. J'ai quelques bons livres à lire.
  More tea / biscuits? — No, I've had some already. Encore un peu de thé / quelques gâteaux ? — Non j'en ai déjà pris.
  Some say it's true. Certains disent que c'est vrai.
  Some of my friends are married. Certains de mes amis sont mariés.
  I don't know if there's any tea left / if there are any biscuits left. Je ne sais pas s'il reste du thé / des biscuits.
  You didn't do any of the things I told you to. Tu n'as fait aucune des choses que je t'avais demandé de faire.

- **Some** peut être utilisé dans les questions si la réponse attendue est oui :

  Would you like <u>some</u> hot soup? It's so cold outside. Tu veux un peu de soupe bien chaude ? Il fait si froid dehors.

- **No (= any)** est déterminant. Il nie l'existence d'une quantité, d'une qualité ou d'une chose. On l'emploie avec des noms dénombrables ou indénombrables (voir 16). **None** est le pronom correspondant. **No** se traduit par « aucun », « pas de » ; **none** a le sens de « aucun ». Si l'on emploie **none** ou **no**, le reste de la phrase est à la forme affirmative :

  <u>No</u> changes seem to have occurred. Aucun changement ne semble avoir eu lieu.
  <u>None</u> of this is your fault. Rien de tout ça n'est de ta faute.
  There's <u>none</u> left. Il n'en reste plus.

- **Some**, **any** et **no** peuvent cependant être employés avec un dénombrable au singulier. Ils ont alors une valeur qualitative, souvent ironique ou peu flatteuse. **Any** peut se traduire par « n'importe lequel » :

  She married <u>some</u> man she met on holiday. Elle a épousé un type qu'elle a rencontré en vacances.
  <u>Any</u> good doctor would have seen that! N'importe quel bon médecin s'en serait rendu compte !
  <u>No</u> sensible person would dispute this. Quelqu'un de raisonnable ne le contesterait pas.

- On emploie **any** après **without** :

  He did it calmly, <u>without</u> <u>any</u> fuss. Il l'a fait calmement, sans faire d'histoires.

- **Some**, **any** et **no** sont aussi des adverbes :

  It's <u>some</u> fifty kilometres from Paris. C'est à environ cinquante kilomètres de Paris.
  Are you feeling <u>any</u> better? Est-ce que tu te sens un peu mieux ?
  <u>No</u> less than 500 people have been made redundant. Pas moins de 500 personnes ont été licenciées.

- À partir de **some**, **any** et **no**, on forme les adverbes **somewhere** (quelque part), **anywhere** (quelque part), (n'importe où) et **not anywhere** ou **nowhere** (nulle part). On emploie **somewhere** dans un contexte affirmatif, **anywhere** dans un contexte négatif ou interrogatif, au discours direct et indirect, et **nowhere** dans les phrases négatives :

  I think I've seen it <u>somewhere</u>. Je crois que je l'ai vu quelque part.
  Have you seen it <u>anywhere</u>? L'as-tu vu quelque part ?
  There's <u>nowhere</u> like it. Aucun endroit au monde ne vaut celui-ci.

- Suivant le même modèle, on trouve **sometimes** qui devient **ever** dans les phrases interrogatives et **never** dans les phrases négatives :

  I <u>sometimes</u> go and see her at the weekend. Je vais parfois la voir le week-end.
  Have you <u>ever</u> been to her place? Es-tu déjà allé chez elle ?
  You <u>never</u> say anything positive about my work. Tu ne fais jamais la moindre remarque positive sur mon travail.

- De même, **somehow** et **anyhow** sont construits à partir de **some** et **any**. On les traduit différemment selon le contexte :

  She's <u>somehow</u> managed to lose the ring. Elle a trouvé le moyen de perdre la bague.
  <u>Somehow</u> it doesn't feel right. Je ne sais pas pourquoi mais il y a quelque chose qui ne va pas.
  Well <u>anyhow</u>, someone had to tell him. De toute façon, il fallait bien que quelqu'un le lui dise.

57. LES SUBORDONNÉES INTRODUITES PAR IF

La subordonnée de condition introduite par **if** (si) est une subordonnée circonstancielle.

- Il existe trois types de condition. Le temps utilisé dans la subordonnée rend compte de cette différence de sens :

  - possibilité de réalisation dans l'avenir :

    <u>If</u> I pass my exams, my parents <u>will</u> be happy. Si je réussis mes examens, mes parents seront contents.

  - réalisation hypothétique ou invraisemblable :

    <u>If</u> I passed my exams, my parents <u>would</u> be happy. Si je réussissais mes examens, mes parents seraient contents.

  - irréel du passé *(condition non réalisée dans le passé)* :

    <u>If</u> I had passed my exams, my parents <u>would have been</u> happy. Si j'avais réussi mes examens, mes parents auraient été contents.

- Dans les subordonnées introduites par **if**, on a tendance à employer les formes non-affirmatives des pronoms et des déterminants :

  any (de / du) *(plutôt que* some*)* ; **much** (beaucoup) *(plutôt que* a lot of*)* *[un peu comme dans les questions]* (voir 38).

  If I had <u>any</u> money (at all), I'd lend you <u>some</u>. Si j'avais de l'argent *(le moindre argent)*, je t'en prêterais.

● Cependant le locuteur peut choisir d'utiliser les formes affirmatives selon le degré de probabilité qu'il veut exprimer. **Some**, en effet, est moins improbable que **any** :

If I had some more money, I could buy another CD. Si j'avais plus d'argent, je pourrais acheter un autre CD.

● En revanche, pour les adverbes, on emploie les formes affirmatives : **already** *(et non* yet*)* (déjà), **too** *(et non* either*)* (aussi) :

If Arthur's already here, send him up. Si Arthur est déjà là, faites-le monter.

● Dans la proposition principale (dont dépend la subordonnée introduite par **if**) les pronoms et déterminants s'emploient normalement : **some** si la proposition principale est affirmative, **any** si elle est interrogative ou négative.

If there's anything to eat, I'll save some for you. S'il y a quelque chose à manger, je vous en garderai.
If John knows something, why hasn't he told anybody? Si John sait quelque chose, pourquoi n'a-t-il rien dit à personne ?

LA RÉALISATION POSSIBLE

● Ce type de condition est pour ainsi dire « neutre ». La condition peut se réaliser ou elle peut très bien ne pas se réaliser ; les chances sont égales.

● Si la proposition fait référence au futur, comme c'est souvent le cas, le temps employé dans la subordonnée est le présent simple (voir 44) :

We'll go to the zoo tomorrow if it doesn't rain. Nous irons au zoo demain s'il ne pleut pas.

● Le locuteur peut employer différents temps en fonction de ce qu'il veut exprimer :

We always have a good time if Charlie comes. On s'amuse toujours quand Charlie vient.
If you haven't seen this film, go and see it now. Si tu n'as pas encore vu ce film, vas-y maintenant !
If Sheila said that, she was lying. Si Sheila a dit ça, elle a menti.

LA RÉALISATION HYPOTHÉTIQUE, L'IRRÉEL

● Le locuteur pense qu'il est peu probable que la condition se réalise :

I would be very surprised if she turned up now. Je serais très surpris qu'elle arrive maintenant.
You could do much better if you tried harder. Vous pourriez faire bien mieux si vous vous en donniez la peine.

● Ou bien il pense qu'il est impossible qu'elle se réalise :

We'd have more fun if Sylvia was here. On s'amuserait plus si Sylvia était là.
I'd buy you an ice-cream if I had my purse with me. Je t'achèterais une glace si j'avais mon porte-monnaie avec moi.

● Quand, dans la principale, on emploie **would / could** + base verbale, on a, dans la subordonnée en **if**, le prétérit simple (voir 48) :

If I knew the answer, I'd tell you. Si je connaissais la réponse, je te la dirais.
If we bought a car, we could go to London more often. Si on achetait une voiture, on pourrait aller à Londres plus souvent.

● Dans la subordonnée introduite par **if**, on emploie souvent le prétérit modal :

I wouldn't do that if I were you. Je ne ferais pas ça si j'étais vous.
If she were my sister, I'd be very cross. Si elle était ma sœur, je serais très en colère.

● Si le locuteur juge que la réalisation de l'événement annoncé est fort improbable, la construction **be** au prétérit modal suivi de **to** + base verbale est souvent employée :

I'd certainly accept if they were to offer me the job. J'accepterais certainement s'ils devaient m'offrir le poste.
If she were to agree we'd be able to get started on the work. Si elle devait accepter, nous pourrions commencer le travail.

L'IRRÉEL DU PASSÉ

● L'irréel du passé signifie que la condition posée dans le passé ne s'est pas réalisée, l'événement évoqué dans la principale n'a donc pas eu lieu :

I would have returned the book if I'd known you needed it. J'aurais rendu le livre si j'avais su que tu en avais besoin.
If he hadn't had a good lawyer he might have gone to prison. S'il n'avait pas eu un bon avocat, il aurait pu aller en prison.

- En général, dans la principale on emploie **would** + **have** + participe passé et dans la subordonnée en **if** on emploie **had** + participe passé (voir 35) :

  I would have gone to see them if I had known they were ill. Je serais allé les voir si j'avais su qu'ils étaient malades.

  If I'd been warned, I would have called. Si on m'avait prévenu, j'aurais appelé.

- Dans la principale, on peut également employer la forme passée d'autres modaux :

  We could have been home by now if we hadn't been delayed. Nous serions déjà rentrés si nous n'avions pas été retardés.

  If we'd got through to the final, we might have won. Si on avait atteint la finale, on aurait pu gagner.

SUBORDONNÉES DE CONDITION AVEC INVERSION : AUXILIAIRE - SUJET - VERBE

L'inversion « premier auxiliaire-sujet-verbe » peut remplacer une subordonnée introduite par **if**. Cette construction dénote un niveau de langue soutenu. Si le verbe de la subordonnée est au présent, on emploie **should** suivi du sujet, du verbe et du reste de la phrase. Si le verbe de la subordonnée est à un temps composé, on utilise l'auxiliaire du verbe dans l'inversion (voir 8) :

If you change your mind, please let us know at once. = Should you change your mind, please let us know at once. Si vous deviez changer d'avis, merci de nous le faire savoir tout de suite.

We would have paid you earlier if we had known about your problems. = Had we known about your problems we would have paid you earlier. Si nous avions été au courant de vos problèmes nous vous aurions payé plus tôt.

58. LES SUBORDONNÉES RELATIVES

La subordonnée relative complète un élément de la principale à laquelle elle est reliée par un pronom relatif (voir 53). Il existe deux sortes de relatives : la relative restrictive et la relative appositive.

LA RELATIVE RESTRICTIVE

- Elle détermine l'antécédent et apporte une information indispensable à la compréhension de l'ensemble de la phrase :

  That's the book that I enjoyed the most. C'est le livre que j'ai le plus apprécié.

  I prefer students who work hard. Je préfère les étudiants qui travaillent dur.

- Dans les constructions verbe + **-ing**, avec le participe passé (voir 35) ou avec un groupe adjectival, le pronom relatif ainsi que le verbe **be** peuvent parfois être omis :

  Do you know the people sitting in the corner? Tu connais ces gens, assis dans le coin là-bas ?

  I took a seat close to the door. J'ai pris un siège proche de la porte.

LA RELATIVE APPOSITIVE

- Elle se contente d'apporter une information complémentaire (non nécessaire) sur l'antécédent :

  Do you know Iris, who used to work here? Tu connais Iris, elle travaillait ici avant ?

- Une relative appositive peut aussi avoir pour antécédent une autre proposition et donner une information supplémentaire sur cette proposition :

  She's just got engaged, which has made her family very happy. Elle vient de se fiancer, ce qui a rendu sa famille très heureuse.

- Seule une relative appositive peut suivre un nom propre :

  J.K. Rowling, who wrote the Harry Potter series, has now become a billionaire. J.K. Rowling, qui a écrit la série des Harry Potter, est devenue milliardaire.

  We stayed on Tiree, which is a little island off the west coast of Scotland. Nous étions à Tiree, qui est une petite île au large de la côte ouest de l'Écosse.

- À la différence de la relative restrictive, la relative appositive ne peut pas être introduite par le pronom **that** (ou par **that** omis). Elle est introduite par :
  - **which** lorsque l'antécédent est un objet, une chose, ou l'ensemble d'une proposition ;
  - **who** lorsque l'antécédent est une personne ;
  - **whom** lorsque l'antécédent est une personne qui est complément du verbe ; seulement en style soutenu ;
  - **whose** lorsque l'antécédent est une personne ; on l'emploie pour exprimer la possession.

● À l'oral, on observe une légère pause en début et fin de proposition, et à l'écrit l'appositive se trouve après une virgule ou entre deux virgules :

You've done the housework, which is very kind of you. **Tu as fait le ménage, ce qui est très gentil de ta part.**

It's from my uncle, who(m) you met last year in Swansea. **Ça vient de mon oncle, que tu as rencontré l'année dernière à Swansea.**

The little girl, whose face was very dirty, asked me for money. **La petite fille, dont le visage était très sale, m'a demandé de l'argent.**

59. THE

FORMES

L'article défini est **the** et il précède le nom, dénombrable ou indénombrable, au singulier ou au pluriel : the book (le livre), the boy (le garçon), the money (l'argent), the girls (les filles), the bicycles (les vélos), the truth (la vérité).

EMPLOIS

● On emploie l'article **the** lorsque ce dont on parle est clairement défini dans la situation ou le contexte :

I saw a policeman. The policeman saw me. J'ai vu un agent de police. L'agent de police m'a vu.

Give me the red pencil – yes, the one that's on the table. Donne-moi le crayon rouge – oui, celui qui est sur la table.

● On emploie l'article **the** lorsque la personne ou la chose dont on parle est considérée comme unique dans l'univers, dans notre environnement, ou qu'elle fait partie de notre vie quotidienne : the bank (la banque), the shops (les boutiques), the garage (le garage), the postman (le facteur).

The sun hasn't shone for a whole week. On n'a pas vu le soleil de toute la semaine.

I'm going to the station. Je vais à la gare.

Be quiet, I'm on the phone. Chut, je suis au téléphone.

● On utilise l'article **the** lorsque l'élément a déjà été mentionné :

They met in Madrid for **ø** talks. The talks proved difficult. Ils se sont retrouvés à Madrid pour des discussions. Les discussions se sont avérées difficiles.

● On emploie l'article **the** lorsque l'élément (nom ou groupe nominal) est déterminé par une relative ou un complément :

The children that were playing in the street have gone home now. Les enfants qui jouaient dans la rue sont rentrés chez eux à présent.

The decision to raise the interest rates was welcomed in the City. La City a bien accueilli la nouvelle selon laquelle les taux d'intérêt seraient relevés.

Ask the girl in the green shirt. Demande à la fille en chemise verte.

● On emploie **the** devant un adjectif substantivé ayant un sens générique. Ce procédé est très courant avec les adjectifs de nationalité :

The old and the poor have suffered greatly. Les personnes âgées et les pauvres ont beaucoup souffert.

Dans ce cas, l'adjectif substantivé reste invariable et il est suivi d'un verbe au pluriel.

● **All** (tout), **half** (la moitié) et **both** (les deux) peuvent se combiner avec l'article **the** :

All the people at the meeting agreed with me. Toutes les personnes présentes à la réunion étaient d'accord avec moi.

Both the dresses are lovely. Ces robes sont toutes deux jolies.

Half the country is over sixty. La moitié du pays a plus de soixante ans.

● Il est inutile de répéter l'article dans une énumération avec **and** :

The king, queen and princes were executed. Le roi, la reine et les princes furent exécutés.

60. THERE IS/ARE

● L'expression **there is / are** correspond au français « il y a » (invariable). En anglais, le verbe **be** s'accorde avec le nom qui le suit : **there is** si le nom est au singulier, **there are** quand le nom est au pluriel. Le verbe **be** peut se conjuguer à tous les temps et à toutes les formes, et se combine souvent avec un modal :

There's a pie in the oven for your dinner. Il y a une tarte dans le four four pour votre dîner.

There was a large white cat in the window. Il y avait un gros chat blanc à la fenêtre.

There have been a few changes around here. Quelques changements ont eu lieu par ici.

- À la forme négative ou interrogative, **there** se comporte comme un pronom et **there is / are** subit les mêmes changements que les formes verbales :
  Is there anything for me? Y a-t-il quelque chose pour moi ?
  There hasn't been any answer. Il n'y a eu aucune réponse.
- En langage familier, on emploie souvent **there is** même si le nom ou groupe nominal qui suit est au pluriel :
  There's lots of things that we still need to discuss. Il y a encore beaucoup de choses dont il faut qu'on discute.
- **There** peut être repris dans un « tag » :
  There hasn't been much rain recently, has there? Il n'a pas beaucoup plu récemment, n'est-ce pas ?
- **There is / are** se traduira donc par « il y a » ou par un verbe à une forme impersonnelle. Pour rendre « voici, voilà », on emploie plutôt **here is / are**, mais aussi une construction avec **there** :
  Here he is. Le voici.
  Here are some good examples. Voici quelques bons exemples.
  There you are! Te voilà !

61. THIS, THAT

FORMES

SINGULIER	PLURIEL
this (ce, cet, cette)	**these** (ces)
that (ce, cet, cette)	**those** (ces)

EMPLOIS

- Les démonstratifs peuvent être déterminants et pronoms :
  Take this book. Prends ce livre. Take this. Prends ça.
  Give me that shampoo. Donne-moi ce shampooing. Give me that. Donne-moi ça.
- Souvent on peut employer indifféremment **this / these** et **that / those** :
  Do you think this / that is a good idea? Est-ce que tu crois que c'est une bonne idée ?
- Mais ils peuvent aussi avoir des emplois différenciés :
  - le locuteur emploie **this / these** pour désigner des choses ou des personnes proches de lui, dans l'espace, dans le temps ou affectivement. Ils sont alors souvent associés à **here** (ici) et **now** (maintenant).
  - le locuteur emploie **that / those** pour désigner des choses ou des personnes éloignées de lui, dans l'espace, dans le temps ou affectivement. Ils sont alors souvent associés à **there** (là) et **then** (à ce moment-là).

  This food here is to eat now; that over there is for the picnic. Cette nourriture-ci, c'est pour maintenant ; celle qui se trouve là-bas, c'est pour le pique-nique.
  He was born in 1905. That's a long time ago. Il est né en 1905. C'était il y a longtemps.
  Isn't that your father over there? Ce n'est pas ton père, là-bas ?
  This music is excellent. Cette musique est excellente.
  Oh no! This is awful! I've forgotten my keys! Oh non ! C'est terrible ! J'ai oublié mes clés !
- Quand deux choses se trouvent très fortement contrastées, on utilise **this / these** pour l'une et **the other / the others** (l'autre / les autres) pour l'autre :
  Nadal is serving from this end and Federer receiving at the other. Nadal sert de ce côté, et Federer reçoit de l'autre.
- On peut remplacer le nom déterminé par **this / that** par **one** :
  Which skirt should I wear, this one or that one? Quelle jupe dois-je mettre, celle-ci ou celle-là ?
- Pour faire référence à quelque chose qui n'a pas encore été mentionné, on emploie seulement **this / these** :
  Listen to this! I'm going to tell you a story. Écoute ça ! Je vais te raconter une histoire.
- Pour faire référence à des personnes, on emploie seulement le pronom **those** pour traduire « ceux, celles ». Dans ce cas-là, **those** est souvent suivi d'une relative restrictive :
  Those of you who agree, please raise your hand. Ceux d'entre vous qui sont d'accord, levez la main, s'il vous plaît.

- **This, that** et **these** lorsqu'ils sont pronoms ne désignent pas des personnes mais des choses :
  The policy of the British government is directly opposed to that of France. La politique du gouvernement britannique est à l'exact opposé de celle de la France.
- **This** et **that** peuvent être des adverbes :
  He isn't that stupid, is he? Il n'est pas si bête, si ?
  I caught a fish and it was this big! J'ai pris un poisson gros comme ça !
- Pour **that** conjonction et pronom relatif voir 53.

62. USED TO

- Pour insister sur le côté habituel ou répétitif d'un événement dans le passé, on peut employer l'expression **used to** :
  They used to live just down the road. Ils vivaient juste au bout de la rue.
- Notez qu'en français, pour traduire cette valeur, on emploie l'imparfait.
- On emploie l'expression **used to** pour désigner quelque chose qui a existé un certain temps et a pris fin, ou qui s'est souvent répété dans le passé :
  He used to drink too much. Il buvait trop.
  I used to know her when I was at school. Je la connaissais quand j'allais à l'école.
- À la forme négative, **used to** a deux constructions possibles, soit **used not to**, soit **didn't use to**.
  I used not to be so fat. = I didn't use to be so fat. Je n'étais pas si gros avant.
- À la forme interrogative, **use** se comporte comme un verbe ordinaire, il est introduit par l'auxiliaire **did** (voir 19) :
  Did he really use to be a footballer? Est-ce qu'il était vraiment footballeur ?
- **Used to** peut s'employer dans les reprises comme auxiliaire, mais rarement dans les « tags » :
  I like her much more now than I used to. Je l'apprécie beaucoup plus maintenant qu'avant.
  She used to go out with your brother, didn't she? Elle sortait avec ton frère, n'est-ce pas ?

63. LES VERBES À PARTICULES ET LES VERBES PRÉPOSITIONNELS

De nombreux verbes anglais sont composés de plusieurs éléments, à savoir de la base verbale + un ou deux éléments. Cet élément peut être une particule adverbiale (up, down, off) ou une préposition (to, at, in). On parlera donc de verbes à particules et de verbes prépositionnels. Ces éléments changent le sens du verbe, aussi est-il important d'en tenir compte pour ne pas faire d'erreur :
He told me. Il me l'a dit.
He told me off. Il m'a grondé.

- Les verbes composés sont très courants en anglais et il s'en crée toujours de nouveaux.
- Comme tous les verbes, ces verbes peuvent être :
  - intransitifs (sans complément d'objet)
    Agnes turned up late. Agnes est arrivée en retard.
    He's very ill. I hope he pulls through. Il est très malade. J'espère qu'il va s'en sortir.
  - ou transitifs (suivis d'un complément d'objet)
    She turned off the tap = She turned the tap off. Elle a fermé le robinet.
    You can rely on me. I'll look after you. Tu peux me faire confiance. Je m'occuperai de toi.
    Isn't she the girl who's going out with your brother? Ce n'est pas elle, la fille qui sort avec ton frère ?
- Il y a trois types de constructions où la base verbale est suivie d'une particule et d'un complément d'objet. Lorsque le complément est un nom, les trois constructions sont très semblables :
  - verbes à particules :
    The speaker got his message over to his audience. *(= communiquer)* L'intervenant a communiqué son message au public.
  - verbes prépositionnels :
    The company got over its financial problems. *(= surmonter)* L'entreprise a surmonté ses problèmes financiers.
  - verbes suivis d'une préposition :
    The burglar got over the garden wall. *(= escalader)* Le cambrioleur a escaladé le mur du jardin.

- Ces constructions ont un point commun, elles peuvent toutes être mises au passif (voir 64) :
  The message was got over clearly to the audience. Le message a été clairement communiqué aux spectateurs.
  The company's problems have now finally been got over. Les problèmes de l'entreprise ont finalement été surmontés.
  The wall is so high that it cannot be got over. Ce mur est si haut qu'il ne peut être escaladé.
- Mais il y a des différences grammaticales importantes entre les verbes à particules et les autres.
- Pour distinguer les verbes à particules des verbes prépositionnels, on les met à l'impératif. Le verbe à particule ne peut se séparer de sa particule, elle fait partie intégrante du verbe :
  I feel like giving up meat. J'ai bien envie d'arrêter de manger de la viande.
  Don't give it up! N'arrête pas !
- À l'inverse, les verbes prépositionnels n'ont une préposition que lorsqu'ils sont suivis d'un complément. Sinon, on a simplement la base verbale :
  He listened to me. Il m'a écouté.
  Listen! Écoute !

LES VERBES À PARTICULES

- Dans les verbes à particules, la base verbale + particule adverbiale forment un tout. La particule modifie le sens du verbe en perdant de son sens initial et sans avoir forcément de relation avec le complément. Ils peuvent être transitifs (suivis d'un complément) ou intransitifs (sans complément) :
  turn off (a light) éteindre (une lumière)
  drink up (your milk) finir (votre lait)
  make up (a story) imaginer (une histoire)
  bring up (a child) élever (un enfant)
  hold down (a job) garder (un travail)
  put in (an application) présenter (une candidature)
- La particule est souvent un adverbe de lieu. Elle se place immédiatement après la base verbale :
  Please sit down here. Assieds-toi ici s'il te plaît.
  The house blew up. La maison a explosé.
- Devant certains verbes à particules transitifs, quand le complément d'objet est un nom, il peut se placer avant ou après la particule :
  I made the story up. = I made up the story. J'ai inventé l'histoire.
- Quand le complément d'objet est un pronom, il se place toujours devant la particule :
  I made it up. Je l'ai inventée.
- En dehors du complément d'objet, le seul mot qui peut se placer entre la base verbale et la particule est un adverbe. Cela n'est possible que si la particule a son sens propre :
  He turned the gas right off. Il a fermé le gaz à fond.
- La particule reste derrière le verbe dans les questions et les propositions relatives (voir 38) :
  What did you find out? Qu'as-tu déniché ?
  This is a piece of work which you must see through on your own. C'est un travail que tu dois mener à bien tout seul.

LES VERBES À PARTICULES PRÉPOSITIONNELS

- Certains verbes à particules se construisent toujours avec une préposition et un complément. C'est le cas de :
  put up with (discomfort) supporter (l'inconfort)
  look forward to (a holiday) attendre avec impatience (des vacances)
  check up on (a fact) vérifier (un fait)
  look down on (poor people) mépriser (les pauvres)
  get away with (a crime) s'en sortir à bon compte (d'un crime)
- La première particule suit presque toujours immédiatement le verbe. La préposition se comporte comme celle des verbes prépositionnels :
  I hope you'll make up with her soon. J'espère que tu vas vite te réconcilier avec elle.
  I look forward greatly to their arrival. J'attends leur arrivée avec impatience.
  He's someone with whom it's impossible to get on well. C'est quelqu'un avec qui il est impossible de s'entendre.

LES VERBES PRÉPOSITIONNELS

- Les verbes prépositionnels sont formés d'une base verbale et d'une préposition. Ils sont toujours suivis d'un complément :

  look at (a picture) regarder (une image)
  ask for (some money) demander (de l'argent)
  make for (the door) aller vers (la porte)
  refer to (a book) faire référence à (un livre)
  keep to (a promise) tenir (une promesse)
  look over (a new house) visiter (une nouvelle maison)

- Le complément d'objet se place toujours après la préposition, que le complément soit ou non un pronom :

  I looked at the picture. J'ai regardé l'image.
  I looked at it. Je l'ai regardée.

- Le verbe et la préposition peuvent être séparés par un ou plusieurs adverbes :

  I went carefully over all my notes before the exam. J'ai relu avec attention toutes mes notes avant l'examen.

- Dans les questions et les propositions relatives, la préposition reste derrière le verbe. La préposition ne se déplace devant le mot interrogatif ou le pronom relatif qu'en style soutenu :

  Who are you thinking about? = About whom are you thinking? À qui penses-tu ?

64. LA VOIX PASSIVE

FORME

- Pour former le passif, on emploie l'auxiliaire **be** + participe passé du verbe :

  Our school was opened by the Queen in 1985. Notre école a été inaugurée par la reine en 1985.
  Have all the lights been switched off? Est-ce que toutes les lumières ont été éteintes ?

- La voix passive se combine avec tous les temps, aspects et modes du verbe. Cependant, la combinaison been being est rare (pour l'ordre des auxiliaires dans la phrase, voir 8, 9) :

  I wondered whether she'd been warned about the danger. Je me suis demandé si on l'avait avertie du danger.
  You will be thrown out of school if your work doesn't improve. Tu seras renvoyé de l'école si ton travail ne s'améliore pas.

- Le complément d'agent du verbe au passif est introduit par la préposition **by** (par), mais il n'est pas toujours mentionné :

  The costumes were made by the children's mothers. Les costumes ont été faits par les mères des enfants.
  I was hurt by what he said. J'ai été blessé par ce qu'il a dit.

- La plupart des verbes transitifs, c'est-à-dire susceptibles d'avoir un complément d'objet, et la plupart des verbes prépositionnels ou à particules (voir 63), peuvent s'employer au passif. La préposition ou la particule se placent après le verbe :

  You were seen taking money from the cash box. Tu as été vu en train de prendre de l'argent dans la caisse.
  The meeting has been put off. La réunion a été remise à plus tard.
  The matter will be dealt with tomorrow. L'affaire sera traitée demain.

- Les verbes qui peuvent avoir deux compléments, comme give (donner), peuvent avoir deux constructions passives :

  Simon gave Mandy a book. Simon a donné un livre à Mandy.
  = 1. Mandy was given a book (by Simon). Mandy a reçu un livre (de la part de Simon).
  = 2. The book was given to Mandy (by Simon). Le livre a été donné à Mandy (par Simon).

Le locuteur choisit la construction en fonction de l'élément de la phrase qu'il veut accentuer. La première construction met en valeur l'objet de l'action (book), la seconde le destinataire ou bénéficiaire de l'action (Mandy).

- Certains verbes, comme have, get, find, peuvent avoir une valeur passive quand ils sont suivis du participe passé :

  Have you had your hair coloured? Est-ce que tu as teint tes cheveux ?
  I came back and found the money stolen. Je suis rentré et j'ai vu que l'argent avait été volé.

- Certains des verbes introducteurs peuvent être mis au passif. Mais ils se construisent alors avec **to** devant la base verbale : ask (demander), allow (permettre), expect (s'attendre à), help (aider), make (faire), tell (dire), persuade (persuader), invite (inviter), remind (rappeler), believe (croire) :

  We were made to do the cleaning. On nous a fait faire le ménage.
  She can't be persuaded to come. On ne peut la convaincre de venir.

- Pour d'autres verbes, comme see (voir), la forme verbale au passif peut être suivie de **to** + base verbale ou du verbe en **-ing** :

  He was seen leaving / to leave the building at nine o'clock. On l'a vu quitter l'immeuble à neuf heures.

- Avec des verbes comme say (dire), report (signaler), think (penser), believe (croire), know (savoir), on a deux constructions possibles :

  It is said that she was attacked by her ex-husband. On dit qu'elle a été attaquée par son ex-mari.
  She is said to have been attacked by her ex-husband. On dit d'elle qu'elle a été attaquée par son ex-mari.

EMPLOIS

- Le locuteur choisit la voix passive lorsqu'il veut mettre en relief le bénéficiaire ou le résultat d'une action (ils deviennent sujet du verbe au passif). Le complément d'agent (ex-sujet de la phrase active) peut être omis :

  My son cleaned his car. Mon fils a lavé sa voiture.
  The car has been cleaned (by my son). La voiture a été lavée (par mon fils).

- Le passif s'emploie beaucoup en anglais journalistique, technique et scientifique, et c'est souvent une bonne traduction du « on » français (voir 33) :

  The printer can be used with most computers. L'imprimante est compatible avec la plupart des ordinateurs.
  The Prime Minister is said to be extremely concerned. On dit que le Premier Ministre est extrêmement inquiet.

- La forme passive **be** + participe passé peut être ambiguë ; elle peut faire référence soit à un résultat, soit au passage d'un état à un autre :

  The window was broken all last winter. La fenêtre est restée cassée pendant tout l'hiver dernier.
  The window was broken last night (by some kids throwing stones). La fenêtre a été cassée la nuit dernière (par des enfants qui ont jeté des cailloux).
  They were married for twenty-five years. Ils ont été mariés pendant vingt-cinq ans.

LE PASSIF AVEC GET

En anglais familier, **get** (se faire, devenir) s'emploie plus souvent que **be** pour exprimer le passage d'un état à un autre ou un événement plutôt qu'un état (voir 24) :

My car got stolen. On m'a volé ma voiture.
They got divorced a year ago. Ils ont divorcé il y a un an.

65. WHO, WHOM

Who et **whom** peuvent être pronoms interrogatifs ou pronoms relatifs.

PRONOM INTERROGATIF

- Les pronoms interrogatifs **who** et **whom** ne sont utilisés que pour les personnes :

  Who told you the news? Qui t'a annoncé la nouvelle ?

- **Who** peut être sujet ou complément d'objet du verbe, ainsi que complément introduit par une préposition :

  Who broke the window with a stone? *(= sujet)* Qui a cassé la fenêtre en jetant une pierre ?
  Who did you see? *(= complément)* Qui as-tu vu ?
  Who did you speak to? *(= complément + préposition)* À qui as-tu parlé ?

- Si l'interrogation porte sur le sujet du verbe, l'ordre des mots dans la phrase ne change pas par rapport à la forme affirmative :

  Who told you about the party? Qui t'a parlé de cette fête ?

- Si **who** n'est pas le sujet du verbe, mais le complément (introduit ou non par une préposition), l'ordre des mots est le même que dans toutes les phrases interrogatives :

  Who do you want to see? Qui voulez-vous voir ?

- Lorsque **who** est sujet, le verbe qui suit est soit au singulier soit au pluriel selon le contexte :
  Who is he? Qui est-il ?
  Who are they? Qui sont-ils ?
- En anglais courant, le mot interrogatif vient en tête de phrase, mais la préposition reste à sa place habituelle, derrière le verbe :
  Who did you get this money from? Qui t'as donné cet argent ?
  Who were you arguing with? Avec qui te disputais-tu ?
- En anglais soutenu, on utilise **whom** lorsqu'il est
  - complément d'objet :
    Whom did you see? Qui as-tu vu ?
  - ou introduit par une préposition :
    With whom were you arguing? Avec qui te disputais-tu ?

  Dans le premier exemple l'emploi de **whom** au lieu de **who** n'est pas obligatoire. En revanche, **whom** doit être employé dans le second exemple, car il est précédé de la préposition **with**.
- Tous les mots interrogatifs peuvent introduire des phrases au discours indirect (voir 17) :
  He asked me who I was. Il m'a demandé qui j'étais.
  She asked me who(m) I came with. Elle m'a demandé qui m'avait accompagné.

PRONOM RELATIF

- Le pronom relatif **who** peut être sujet, complément d'objet direct ou complément introduit par une préposition. Dans ce cas, la préposition reste toujours en fin de phrase :
  I have a brother who is an engineer. Un de mes frères est ingénieur.
  I just met a friend (who) I know from university. Je viens de rencontrer un ami que je connais de l'université.
  They're the friends (who) we had dinner with. Ce sont les amis avec lesquels nous avons dîné.
- **Who** ne peut pas être omis quand il est sujet.
- On peut le remplacer par **that**, ou l'omettre quand il est complément.
- Le pronom relatif **whom** peut être complément d'objet direct ou complément introduit par une préposition. Il est généralement utilisé dans un contexte soutenu. La langue soutenue place la préposition avant **whom** :
  I just met a friend (whom) I know from university. Je viens de rencontrer un ami que je connais de l'université.
  They're the friends (whom) we had dinner with. = They're the friends with whom we had dinner. Ce sont les amis avec lesquels nous avons dîné.

66. WHOSE

DÉTERMINANT ET PRONOM INTERROGATIF

- **Whose** est un déterminant. Il est souvent utilisé dans les phrases interrogatives et se comporte comme un interrogatif :
  Whose story do you believe? Tu crois l'histoire de qui ?
  Whose work is the best? Qui travaille le mieux ?
- Le pronom interrogatif **whose** est le cas possessif de **who** (qui) et de **what** (quoi). On l'emploie pour s'enquérir du possesseur :
  Whose is that coat? À qui appartient ce manteau ?
  Whose are those coats? À qui appartiennent ces manteaux ?
  I've had letters from both of them. Whose should I reply to first? J'ai reçu du courrier de chacun d'eux. À qui dois-je répondre d'abord ?
- **Whose**, comme tous les pronoms interrogatifs, peut introduire des phrases au discours indirect (voir 17) :
  He asked me whose it was. Il m'a demandé à qui cela appartenait.

PRONOM RELATIF

- Le pronom relatif **whose** est le cas possessif de **who.** Il remplace donc des personnes et correspond à « dont » :
  That is the passenger. Voici la passagère. + Her bags were damaged. Ses valises ont été abîmées.
  → That is the passenger whose bags were damaged. Voici la passagère dont les valises ont été abîmées.

Isn't that the girl whose picture was in all the newspapers? Ce ne serait pas la fille dont la photo se trouvait dans tous les journaux ?

- Si l'antécédent est une chose, on peut employer **of which** qui se place directement après le complément du nom auquel il se rapporte. Cependant cette tournure, considérée comme lourde, est rare :

  In the garden there was a tree, the branches of which hung out over the wall.
  = In the garden there was a tree whose branches hung out over the wall. Il y avait dans le jardin un arbre dont les branches tombaient de l'autre côté du mur.

67. WILL, SHALL

FORMES

- **Will** et **shall** sont des auxiliaires modaux (voir 9). Ils ont des formes contractées dans les phrases affirmatives (**'ll**) et négatives (**won't**, **shan't**, voir 15) :

  I'll see you this evening. Je vous verrai ce soir.
  We shan't be there on time. Nous ne serons pas là à l'heure.
  Will you send it tomorrow? Est-ce que vous l'enverrez demain ?

- La forme du futur se construit avec sujet + **will** + base verbale (voir 22) :

  I will go. J'irai.
  She will stay. Elle restera.

- Dans les phrases interrogatives, il y a inversion du sujet avec l'auxiliaire (voir 38) :

  Will there be anything nice to eat? Est-ce qu'il y aura quelque chose de bon à manger ?
  Will you be finished by five o'clock? Tu auras fini à cinq heures ?

- Dans les phrases négatives (voir 39), la négation **not** se place derrière l'auxiliaire :

  Mr Smith won't be able to see you before eleven o'clock. Mr Smith ne pourra pas vous voir avant onze heures.

- Les phrases négatives dont le sujet est un pronom personnel ont deux constructions possibles. La seconde est plus emphatique et moins courante que la première :

  They won't be back by this evening. Ils ne seront pas revenus d'ici ce soir.
  They'll not be back by this evening. Non, ils ne seront pas revenus d'ici ce soir.

- Lorsqu'on veut exprimer le futur dans les subordonnées de temps introduites par **when** (quand), **if** (si), **after** (après), il ne faut jamais employer **will** mais le présent simple :

  We will stay at home if it rains. Nous resterons à la maison s'il pleut.
  I'll tell her when I see her. Je lui dirai lorsque je la verrai.

- Lorsqu'il exprime le futur, **shall** est généralement utilisé à la première personne (du singulier ou du pluriel) :

  I shall see him tomorrow. (= I will see him tomorrow.) Je le verrai demain.
  I suppose we shall be late. (= I suppose we will be late.) Je suppose que nous serons en retard.

- Les formes contractées **I'll / you'll** remplacent soit **shall**, soit **will**.

EMPLOIS AVEC VALEUR DE FUTUR

- **Will** et **shall** traduisent l'idée de prédiction ; lorsque le locuteur les emploie pour parler d'un événement futur, il prédit que cet événement a des chances de se réaliser dans l'avenir. On peut donc utiliser **will** et **shall** dans la plupart des cas :

  I'll be home tomorrow. Je serai rentré demain.
  Where will you be next month? Où serez-vous le mois prochain ?
  We'll be back in time for dinner. Nous serons de retour à temps pour dîner.
  By the year 2025 there will be no oil left. D'ici 2025 il n'y aura plus de pétrole.

- **Will** et **shall** sont avant tout les auxiliaires du futur ; cependant, ils ont un certain nombre d'autres valeurs (voir 9) qui se combinent souvent avec celles du futur. Lorsque le sujet de la phrase a la volonté de faire quelque chose et que cet événement se situe dans l'avenir, les deux valeurs sont combinées :

  I'll help you with your homework. Je vais t'aider à faire tes devoirs.
  Will you come with me to the theatre tonight? Veux-tu venir au théâtre avec moi ce soir ?

- Dans les phrases interrogatives à la première personne, il y a quelquefois une nette différence de sens entre **will** et **shall** :

  Will I go into the examination before you? Est-il prévu que je passe l'examen avant toi ?

Shall I go into the examination before you? Dois-je passer l'examen avant toi ?

- Dans le premier exemple on se pose une question sur l'organisation : est-il prévu que… ?
- Dans le deuxième exemple l'interlocuteur fait une proposition, une offre : si tu veux, j'irai passer l'examen avant toi.

EXPRESSION DE LA REQUÊTE

Avec **will** à la forme interrogative, on peut faire une demande polie :

Will you please close the window? Tu veux bien fermer la fenêtre, s'il te plaît ?
Close the window, will you? Tu veux bien fermer la fenêtre ?

EMPLOI AVEC VALEUR DE FRÉQUENTATIF

On peut utiliser **will** pour exprimer une habitude dans le présent ou une vérité permanente :

Mum will call when we're in the middle of dinner. Maman va encore appeler quand nous serons au milieu du repas.
Cats won't normally eat vegetables. Normalement, les chats ne mangent pas de légumes.

WILL / SHALL + BE + BASE VERBALE + -ING

- Avec **will / shall** + **be** + base verbale + **-ing** l'événement décrit peut acquérir une nuance de futur inéluctable :

Louise will be coming to my party. = She'll be there, I'm sure.
Louise viendra à ma fête. = Elle sera là, j'en suis sûr.

- On emploie **will / shall** + **be** + base verbale + **-ing** pour décrire un événement qui sera en train de se dérouler à un moment précis du futur :

At six o'clock I shall be driving home from work. À six heures je serai en train de rentrer du travail en voiture.
She'll probably be watching television when we call. Elle sera sûrement en train de regarder la télé lorsqu'on appellera.

- Cette construction est aussi utilisée pour exprimer une requête, une demande polie concernant les projets d'une personne :

Will you sing for us? (= Please sing for us.) Veux-tu chanter pour nous ? (= S'il te plaît, chante pour nous.)
Will you be singing for us? (= Do you plan to sing for us anyway?) Est-ce que tu chanteras pour nous ? (= As-tu prévu de chanter pour nous de toute façon ?)

WILL / SHALL + « PRESENT PERFECT », PASSIF

- **Will** et **shall** peuvent s'employer avec le « present perfect » et la voix passive. Les différentes valeurs du « present perfect » (voir 41) et de la voix passive (voir 64) se combinent avec celles du futur (voir 22). (pour l'ordre des auxiliaires dans la phrase, voir 8, 9) :
  - futur et « present perfect » : **will / shall** + **have** + participe passé :

    Will you have finished your exams by next Friday? Auras-tu fini de passer tes examens d'ici vendredi prochain ?
  - futur et voix passive : **will / shall** + **be** + participe passé :

    The part of Hamlet will be played by Julian Smith. Le rôle d'Hamlet sera joué par Julian Smith.
- On rencontre rarement des combinaisons plus complexes. Cependant, on peut trouver :
  - **will / shall** + « present perfect » + passif :

    The work will probably have been finished by Friday. Le travail sera probablement fini d'ici vendredi.
  - **will / shall** + « present perfect » en **be** + **-ing** :

    I expect that he'll have been drinking on the way home. J'imagine qu'il aura bu un verre sur le chemin du retour.
- Dans cette combinaison du futur, du « present perfect » en **be** + **-ing**, le locuteur parle d'un événement, d'une activité qu'il suppose être en cours de déroulement au même moment, et dont les conséquences apparaîtront dans un temps futur.

68. WILL OU WOULD ?

- **Will** indique qu'un événement aura vraisemblablement lieu dans l'avenir. **Would** est utilisé comme passé de **will** (voir 67).

- **Will** est l'expression de la volonté du sujet de la phrase. **Would** est alors le passé de **will** dans le discours rapporté :

  He'll carry those suitcases for you if you ask him. Il portera tes valises si tu lui demandes.
  He said he'd carry my suitcases. Il a dit qu'il porterait mes valises.

- Lorsque le sujet de la phrase est à la 1ère personne, **will** peut correspondre à une déclaration d'intention, à une promesse :

  I'll deal with this straight after lunch. Je m'occuperai de ça tout de suite après le déjeuner.
  We won't make any noise. Nous ne ferons aucun bruit.

- Dans les questions dont le sujet est à la 2e personne, **will** s'emploie pour adresser une requête. **Would** ajoute une note supplémentaire de politesse à cette requête :

  Will you lend me £5? — No, I won't. Tu me prêtes 5£ ? — Non, pas question.
  Will / would you cook the dinner this evening? Tu prépareras / préparerais le dîner ce soir ?
  Would you mind cooking the dinner this evening? *(plus poli)* Cela te dérangerait de préparer le dîner ce soir ?

- **Will** est aussi employé dans des invitations, suggestions, etc., **will** est aussi repris pour y répondre :

  If you have any problems, I'll help you. Si tu as le moindre problème, je t'aiderai.
  I'm having a party. Will you come? — Sorry, I won't be able to. Je vais faire une fête. Est-ce que tu viendras ? — Désolé, je ne pourrai pas venir.

- **Won't** marque le refus, témoigne de la mauvaise volonté du sujet de la phrase à faire quelque chose. **Wouldn't** peut conserver cette valeur dans un contexte passé :

  I won't listen to such lies and nonsense. Je n'écouterai pas de tels mensonges et de pareilles inepties.
  He wouldn't tell me where he'd been. Il ne voulait pas me dire où il était allé.

- **Will** est l'expression de la certitude du locuteur, à propos d'un événement présent. **Would** exprime une certitude moindre :

  Who's ringing the doorbell? — That'll be the postman. Qui sonne à la porte ? — C'est sûrement le facteur.
  I suppose the woman next to her would be her sister. J'imagine que la femme qui se trouve à côté d'elle est sa sœur.

- **Will** accentué exprime une caractéristique du sujet de la phrase, généralement désapprouvée par le locuteur. **Would** fonctionne dans ce sens comme le passé de **will** :

  Boys will be boys. Ah les garçons, on ne les changera jamais !
  He refused to help. — He would! Il a refusé de m'aider. — Évidemment ! Ça ne m'étonne pas.

- **Would** indique la caractéristique et l'habitude dans le passé, tout comme **will** peut avoir ce sens dans le présent. Cette habitude appartient au passé, elle n'a plus cours maintenant. Comparez avec **used to** (voir 62). On ne peut pas l'employer avec des verbes comme know (savoir) et like (aimer) :

  He would sit for hours and hours reading her love letters. Il restait assis pendant des heures et des heures, à lire ses lettres d'amour.

- **Would** apparaît dans des expressions figées comme **would like**, **would love**, **would rather** :

  Would you like a cup of tea? — I'd love one. Voulez-vous une tasse de thé ? — Oui, cela me ferait très plaisir.
  I know I've got an exam, but I'd rather not think about it. Je sais que j'ai un examen, mais je préférerais ne pas y penser.

- **Would**, dans les propositions introduites par **that** ou **if**, a valeur d'hypothétique, d'irréel :

  I thought (that) they'd lose the match. Je pensais qu'ils allaient perdre le match.
  If he'd (= he had) smoked less, he'd (= he would) still be alive today. S'il avait moins fumé, il serait encore en vie aujourd'hui.

69. WISH

- Le verbe **wish** est utilisé pour formuler le souhait ou le regret dans le présent ou dans le passé. **I wish** est suivi d'une proposition avec un sujet et un verbe. On traduit souvent cette forme verbale par « si seulement... » :

  I wish they'd go away. Si seulement ils voulaient bien partir.

- **Wish** + prétérit (modal) exprime un regret relatif au présent. La chose souhaitée n'a aucune chance de se réaliser. Elle peut concerner le locuteur ou une autre personne :

I wish I was rich. Si seulement j'étais riche.
Every teenage girl wishes she looked like Kate Moss. Toutes les adolescentes aimeraient ressembler à Kate Moss.
I wish you didn't get so upset about her. Je regrette que tu te mettes dans un état pareil à cause d'elle.

- Si on utilise le verbe **be**, on peut utiliser **was** ou **were**, **were** étant d'un registre plus soutenu :
  I wish I was rich./I wish I were rich. Si seulement j'étais riche.
  I wish he wasn't so bossy./I wish he weren't so bossy. Si seulement il n'était pas si autoritaire.

- Pour exprimer une demande de façon indirecte, exprimer un sentiment d'irritation ou parler d'une chose qui a une chance de se réaliser, on emploie **wish** + **would** :
  I wish you would talk to me more often. J'aimerais que tu me parles plus souvent.
  I wish somebody would answer the phone. Je voudrais que quelqu'un décroche le téléphone.

- Enfin, on peut aussi formuler un regret par rapport à un événement du passé. On emploie dans ce cas **wish** + « present perfect » :
  I wish you had spoken to me before. Je regrette que tu ne m'en aies pas parlé avant.
  I wish I'd bought the house, it was perfect. Je regrette de n'avoir pas acheté la maison, elle était parfaite.

- **Wish** suivi du verbe avec **to** prend le sens de « vouloir », avec une idée de prévision dans le futur :
  They wish to have five children. Ils veulent cinq enfants.
  We wish to stay for four nights. Nous voudrions rester quatre nuits.

70. WOULD RATHER

- Cette locution verbale, le plus souvent contractée en **-'d rather**, est utilisée pour exprimer une préférence ou un souhait. Elle est suivie de l'infinitif sans **to** :
  I'd rather leave now, if you don't mind. Je préférerais partir maintenant si ça ne vous ennuie pas.
  He'd rather know the truth. Il aimerait mieux connaître la vérité.

- Dans une phrase où l'on veut exprimer les deux termes d'un choix, **-'d rather** peut être suivi de **than** et du deuxième terme sans **to** :
  I'd rather go home early tonight than go out. Je préférerais rentrer tôt ce soir, plutôt que de sortir.

- Si on exprime un souhait vis-à-vis d'une autre personne, celle-ci est mentionnée juste après **rather** et le verbe est au prétérit modal (voir 46) :
  I'd rather you didn't come at all. Je préférerais que tu ne viennes pas du tout.
  He'd rather she came more often. Il préférerait qu'elle vienne plus souvent.
  She tells everyone my business; I'd rather she didn't. Elle parle de mes affaires à tout le monde; je préférerais qu'elle s'en abstienne.

71. WOULD, SHOULD

- Les auxiliaires **would / should** sont les formes passées de **will / shall** et s'emploient principalement dans les subordonnées introduites par **that** et autres propositions nominales :
  You said that you would pay us within ten days. Vous nous aviez dit que nous serions payés dans les dix jours.
  I knew that he'd arrive on time – and here he is! Je savais qu'il arriverait à l'heure - et le voici !
  I hoped she wouldn't be angry. J'espérais qu'elle ne serait pas en colère.
  I knew that I should have put a bet on! J'étais sûr que j'aurais dû parier.

- La différence entre **would / should** est la même que celle entre **will / shall** (voir 67). Cependant, **should** est rare avec valeur de futur dans le passé.

WOULD / SHOULD + BE + BASE VERBALE + -ING

On emploie la forme passée de **will / shall** + **be** + base verbale + **-ing** principalement dans les subordonnées introduites par **that** ou **if** [souvent dans le discours indirect (voir 17)] :
Brian said that he would be playing football this afternoon. Brian a dit qu'il jouerait au foot cet après-midi.
The driver said that the bus would be leaving in ten minutes. Le chauffeur a dit que le bus partirait dans dix minutes.
She asked me if I'd be working late. Elle m'a demandé si j'allais travailler tard.

Verbes irréguliers anglais

English irregular verbs

infinitif	prétérit	participe passé	infinitif	prétérit	participe passé
arise	arose	arisen	dream	dreamt, dreamed	dreamt, dreamed
awake	awoke	awoken	drink	drank	drunk
be	was, were	been	drive	drove	driven
bear	bore	borne	dwell	dwelt, dwelled	dwelt, dwelled
beat	beat	beaten	eat	ate	eaten
become	became	become	fall	fell	fallen
befall	befell	befallen	feed	fed	fed
begin	began	begun	feel	felt	felt
behold	beheld	beheld	fight	fought	fought
bend	bent	bent	find	found	found
beseech	besought	besought	flee	fled	fled
beset	beset	beset	fling	flung	flung
bet	bet, betted	bet, betted	fly	flew	flown
bid [for auctions]	bid	bid	forbear	forbore	forborne
bid [say]	bade	bidden	forbid	forbade	forbidden
bind	bound	bound	forecast	forecast	forecast
bite	bit	bitten	forego	forewent	foregone
bleed	bled	bled	foresee	foresaw	foreseen
blow	blew	blown	foretell	foretold	foretold
break	broke	broken	forget	forgot	forgotten
breed	bred	bred	forgive	forgave	forgiven
bring	brought	brought	forsake	forsook	forsaken
build	built	built	freeze	froze	frozen
burn	burnt, burned	burnt, burned	get	got	got (Am gotten)
burst	burst	burst	give	gave	given
buy	bought	bought	go	went	gone
can	could	—	grind	ground	ground
cast	cast	cast	grow	grew	grown
catch	caught	caught	hang	hung, hanged	hung, hanged
choose	chose	chosen	have	had	had
cling	clung	clung	hear	heard	heard
come	came	come	hide	hid	hidden
cost	cost	cost	hit	hit	hit
creep	crept	crept	hold	held	held
cut	cut	cut	hurt	hurt	hurt
deal	dealt	dealt	keep	kept	kept
dig	dug	dug	kneel	knelt, kneeled	knelt, kneeled
do	did	done	know	knew	known
draw	drew	drawn	lay	laid	laid

infinitif	prétérit	participe passé	infinitif	prétérit	participe passé
lead	led	led	show	showed	shown
lean	leant, leaned	leant, leaned	shrink	shrank	shrunk
leap	leapt, leaped	leapt, leaped	shut	shut	shut
learn	learnt, learned	learnt, learned	sing	sang	sung
leave	left	left	sink	sank	sunk
lend	lent	lent	sit	sat	sat
let	let	let	slay	slew	slain
lie	lay	lain	sleep	slept	slept
light	lit, lighted	lit, lighted	slide	slid	slid
lose	lost	lost	sling	slung	slung
make	made	made	slink	slunk	slunk
may	might	—	slit	slit	slit
mean	meant	meant	smell	smelt, smelled	smelt, smelled
meet	met	met	sow	sowed	sown, sowed
mistake	mistook	mistaken	speak	spoke	spoken
mow	mowed	mown, mowed	speed	sped, speeded	sped, speeded
pay	paid	paid	spell	spelt, spelled	spelt, spelled
put	put	put	spend	spent	spent
quit	quit, quitted	quit, quitted	spill	spilt, spilled	spilt, spilled
read	read	read	spin	spun	spun
rend	rent	rent	spit	spat, spit	spat, spit
rid	rid	rid	split	split	split
ride	rode	ridden	spoil	spoilt, spoiled	spoilt, spoiled
ring	rang	rung	spread	spread	spread
rise	rose	risen	spring	sprang	sprung
run	ran	run	stand	stood	stood
saw	sawed	sawn, sawed	steal	stole	stolen
say	said	said	stick	stuck	stuck
see	saw	seen	sting	stung	stung
seek	sought	sought	stink	stank	stunk
sell	sold	sold	stride	strode	stridden
send	sent	sent	strike	struck	struck, stricken
set	set	set	strive	strove	striven
shake	shook	shaken	swear	swore	sworn
shall	should	—	sweep	swept	swept
shear	sheared	shorn, sheared	swell	swelled	swollen, swelled
shed	shed	shed	swim	swam	swum
shine	shone	shone	swing	swung	swung
shoot	shot	shot	take	took	taken

infinitif	prétérit	participe passé
teach	taught	taught
tear	tore	torn
tell	told	told
think	thought	thought
throw	threw	thrown
thrust	thrust	thrust
tread	trod	trod, trodden
upset	upset	upset
wake	woke, waked	woken, waked
wear	wore	worn
weave	wove, weaved	woven, weaved
wed	wed, wedded	wed, wedded
weep	wept	wept
wet	wet, wetted	wet, wetted
will	would	—
win	won	won
wind	wound	wound
withdraw	withdrew	withdrawn
withhold	withheld	withheld
withstand	withstood	withstood
wring	wrung	wrung
write	wrote	written

Conjugaisons françaises

French verb tables

	1 avoir	2 être	3 chanter
Indicatif présent	j'ai tu as il, elle a nous avons vous avez ils, elles ont	je suis tu es il, elle est nous sommes vous êtes ils, elles sont	je chante tu chantes il, elle chante nous chantons vous chantez ils, elles chantent
Indicatif imparfait	il, elle avait	il, elle était	il, elle chantait
Indicatif passé simple	il, elle eut ils, elles eurent	il, elle fut ils, elles furent	il, elle chanta ils, elles chantèrent
Indicatif futur	j'aurai il, elle aura	je serai il, elle sera	je chanterai il, elle chantera
Conditionnel présent	j'aurais il, elle aurait	je serais il, elle serait	je chanterais il, elle chanterait
Subjonctif présent	que j'aie qu'il, elle ait que nous ayons qu'ils, elles aient	que je sois qu'il, elle soit que nous soyons qu'ils, elles soient	que je chante qu'il, elle chante que nous chantions qu'ils, elles chantent
Subjonctif imparfait	qu'il, elle eût qu'ils, elles eussent	qu'il, elle fût qu'ils, elles fussent	qu'il, elle chantât qu'ils, elles chantassent
Impératif	aie ayons, ayez	sois soyons, soyez	chante chantons, chantez
Participe présent	ayant	étant	chantant
Participe passé	eu, eue	été	chanté, e

	4 baisser	5 pleurer	6 jouer
Indicatif présent	je baisse tu baisses il, elle baisse nous baissons vous baissez ils, elles baissent	je pleure tu pleures il, elle pleure nous pleurons vous pleurez ils, elles pleurent	je joue tu joues il, elle joue nous jouons vous jouez ils, elles jouent
Indicatif imparfait	il, elle baissait	il, elle pleurait	il, elle jouait
Indicatif passé simple	il, elle baissa ils, elles baissèrent	il, elle pleura ils, elles pleurèrent	il, elle joua ils, elles jouèrent
Indicatif futur	je baisserai il, elle baissera	je pleurerai il, elle pleurera	je jouerai il, elle jouera
Conditionnel présent	je baisserais il, elle baisserait	je pleurerais il, elle pleurerait	je jouerais il, elle jouerait
Subjonctif présent	que je baisse qu'il, elle baisse que nous baissions qu'ils, elles baissent	que je pleure qu'il, elle pleure que nous pleurions qu'ils, elles pleurent	que je joue qu'il, elle joue que nous jouions qu'ils, elles jouent
Subjonctif imparfait	qu'il, elle baissât qu'ils, elles baissassent	qu'il, elle pleurât qu'ils, elles pleurassent	qu'il, elle jouât qu'ils, elles jouassent
Impératif	baisse baissons, baissez	pleure pleurons, pleurez	joue jouons, jouez
Participe présent	baissant	pleurant	jouant
Participe passé	baissé, e	pleuré, e	joué, e

	7 saluer	8 arguer	9 copier
Indicatif présent	je salue tu salues il, elle salue nous saluons vous saluez ils, elles saluent	j'argue, arguë tu argues, arguës il, elle argue, arguë nous arguons vous arguez ils, elles arguent, arguënt	je copie tu copies il, elle copie nous copions vous copiez ils, elles copient
Indicatif imparfait	il, elle saluait	il, elle arguait	il, elle copiait
Indicatif passé simple	il, elle salua ils, elles saluèrent	il, elle argua ils, elles arguèrent	il, elle copia ils, elles copièrent
Indicatif futur	je saluerai il, elle saluera	j'arguerai, arguërai il, elle arguera, arguëra	je copierai il, elle copiera
Conditionnel présent	je saluerais il, elle saluerait	j'arguerais, arguërais il, elle arguerait, arguërait	je copierais il, elle copierait
Subjonctif présent	que je salue qu'il, elle salue que nous saluions qu'ils, elles saluent	que j'argue, arguë qu'il, elle argue, arguë que nous arguions qu'ils, elles arguent, arguënt	que je copie qu'il, elle copie que nous copiions qu'ils, elles copient
Subjonctif imparfait	qu'il, elle saluât qu'ils, elles saluassent	qu'il, elle arguât qu'ils, elles arguassent	qu'il, elle copiât qu'ils, elles copiassent
Impératif	salue saluons, saluez	argue, arguë arguons, arguez	copie copions, copiez
Participe présent	saluant	arguant	copiant
Participe passé	salué, e	argué, e	copié, e

	10 prier	11 payer	12 grasseyer
Indicatif présent	je prie tu pries il, elle prie nous prions vous priez ils, elles prient	je paie, paye tu paies, payes il, elle paie, paye nous payons vous payez ils, elles paient, payent	je grasseye tu grasseyes il, elle grasseye nous grasseyons vous grasseyez ils, elles grasseyent
Indicatif imparfait	il, elle priait	il, elle payait	il, elle grasseyait
Indicatif passé simple	il, elle pria ils, elles prièrent	il, elle paya ils, elles payèrent	il, elle grasseya ils, elles grasseyèrent
Indicatif futur	je prierai il, elle priera	je paierai, payerai il, elle paiera, payera	je grasseyerai il, elle grasseyera
Conditionnel présent	je prierais il, elle prierait	je paierais, payerais il, elle paierait, payerait	je grasseyerais il, elle grasseyerait
Subjonctif présent	que je prie qu'il, elle prie que nous priions qu'ils, elles prient	que je paie, paye qu'il, elle paie, paye que nous payions qu'ils, elles paient, payent	que je grasseye qu'il, elle grasseye que nous grasseyions qu'ils, elles grasseyent
Subjonctif imparfait	qu'il, elle priât qu'ils, elles priassent	qu'il, elle payât qu'ils, elles payassent	qu'il, elle grasseyât qu'ils, elles grasseyassent
Impératif	prie prions, priez	paie, paye payons, payez	grasseye grasseyons, grasseyez
Participe présent	priant	payant	grasseyant
Participe passé	prié, e	payé, e	grasseyé, e

	13 ployer	14 essuyer	15 créer
Indicatif présent	je ploie tu ploies il, elle ploie nous ployons vous ployez ils, elles ploient	j'essuie tu essuies il, elle essuie nous essuyons vous essuyez ils, elles essuient	je crée tu crées il, elle crée nous créons vous créez ils, elles créent
Indicatif imparfait	il, elle ployait	il, elle essuyait	il, elle créait
Indicatif passé simple	il, elle ploya ils, elles ployèrent	il, elle essuya ils, elles essuyèrent	il, elle créa ils, elles créèrent
Indicatif futur	je ploierai il, elle ploiera	j'essuierai il, elle essuiera	je créerai il, elle créera
Conditionnel présent	je ploierais il, elle ploierait	j'essuierais il, elle essuierait	je créerais il, elle créerait
Subjonctif présent	que je ploie qu'il, elle ploie que nous ployions qu'ils, elles ploient	que j'essuie qu'il, elle essuie que nous essuyions qu'ils, elles essuient	que je crée qu'il, elle crée que nous créions qu'ils, elles créent
Subjonctif imparfait	qu'il, elle ployât qu'ils, elles ployassent	qu'il, elle essuyât qu'ils, elles essuyassent	qu'il, elle créât qu'ils, elles créassent
Impératif	ploie ployons, ployez	essuie essuyons, essuyez	crée créons, créez
Participe présent	ployant	essuyant	créant
Participe passé	ployé, e	essuyé, e	créé, e

	16 avancer	17 manger	18 céder
Indicatif présent	j'avance tu avances il, elle avance nous avançons vous avancez ils, elles avancent	je mange tu manges il, elle mange nous mangeons vous mangez ils, elles mangent	je cède tu cèdes il, elle cède nous cédons vous cédez ils, elles cèdent
Indicatif imparfait	il, elle avançait	il, elle mangeait	il, elle cédait
Indicatif passé simple	il, elle avança ils, elles avancèrent	il, elle mangea ils, elles mangèrent	il, elle céda ils, elles cédèrent
Indicatif futur	j'avancerai il, elle avancera	je mangerai il, elle mangera	je céderai, cèderai il, elle cédera, cèdera
Conditionnel présent	j'avancerais il, elle avancerait	je mangerais il, elle mangerait	je céderais, cèderais il, elle céderait, cèderait
Subjonctif présent	que j'avance qu'il, elle avance que nous avancions qu'ils, elles avancent	que je mange qu'il, elle mange que nous mangions qu'ils, elles mangent	que je cède qu'il, elle cède que nous cédions qu'ils, elles cèdent
Subjonctif imparfait	qu'il, elle avançât qu'ils, elles avançassent	qu'il, elle mangeât qu'ils, elles mangeassent	qu'il, elle cédât qu'ils, elles cédassent
Impératif	avance avançons, avancez	mange mangeons, mangez	cède cédons, cédez
Participe présent	avançant	mangeant	cédant
Participe passé	avancé, e	mangé, e	cédé, e

	19 semer*	20 rapiécer	21 acquiescer
Indicatif présent	je sème tu sèmes il, elle sème nous semons vous semez ils, elles sèment	je rapièce tu rapièces il, elle rapièce nous rapiéçons vous rapiécez ils, elles rapiècent	j'acquiesce tu acquiesces il, elle acquiesce nous acquiesçons vous acquiescez ils, elles acquiescent
Indicatif imparfait	il, elle semait	il, elle rapiéçait	il, elle acquiesçait
Indicatif passé simple	il, elle sema ils, elles semèrent	il, elle rapiéça ils, elles rapiécèrent	il, elle acquiesça ils, elles acquiescèrent
Indicatif futur	je sèmerai il, elle sèmera	je rapiécerai, rapiècerai il, elle rapiécera, rapiècera	j'acquiescerai il, elle acquiescera
Conditionnel présent	je sèmerais il, elle sèmerait	je rapiécerais, rapiècerais il, elle rapiécerait, rapiècerait	j'acquiescerais il, elle acquiescerait
Subjonctif présent	que je sème qu'il, elle sème que nous semions qu'ils, elles sèment	que je rapièce qu'il, elle rapièce que nous rapiécions qu'ils, elles rapiècent	que j'acquiesce qu'il, elle acquiesce que nous acquiescions qu'ils, elles acquiescent
Subjonctif imparfait	qu'il, elle semât qu'ils, elles semassent	qu'il, elle rapiéçât qu'ils, elles rapiéçassent	qu'il, elle acquiesçât qu'ils, elles acquiesçassent
Impératif	sème semons, semez	rapièce rapiéçons, rapiécez	acquiesce acquiesçons, acquiescez
Participe présent	semant	rapiéçant	acquiesçant
Participe passé	semé, e	rapiécé, e	acquiescé

*En nouvelle orthographe, un certain nombre de verbes, tels qu'*amonceler* peuvent se conjuguer comme *semer*.

	22 siéger	23 déneiger	24 appeler
Indicatif présent	je siège tu sièges il, elle siège nous siégeons vous siégez ils, elles siègent	je déneige tu déneiges il, elle déneige nous déneigeons vous déneigez ils, elles déneigent	j'appelle tu appelles il, elle appelle nous appelons vous appelez ils, elles appellent
Indicatif imparfait	il, elle siégeait	il, elle déneigeait	il, elle appelait
Indicatif passé simple	il, elle siégea ils, elles siégèrent	il, elle déneigea ils, elles déneigèrent	il, elle appela ils, elles appelèrent
Indicatif futur	je siégerai, siègerai il, elle siégera, siègera	je déneigerai il, elle déneigera	j'appellerai il, elle appellera
Conditionnel présent	je siégerais, siègerais il, elle siégerait, siègerait	je déneigerais il, elle déneigerait	j'appellerais il, elle appellerait
Subjonctif présent	que je siège qu'il, elle siège que nous siégions qu'ils, elles siègent	que je déneige qu'il, elle déneige que nous déneigions qu'ils, elles déneigent	que j'appelle qu'il, elle appelle que nous appelions qu'ils, elles appellent
Subjonctif imparfait	qu'il, elle siégeât qu'ils, elles siégeassent	qu'il, elle déneigeât qu'ils, elles déneigeassent	qu'il, elle appelât qu'ils, elles appelassent
Impératif	siège siégeons, siégez	déneige déneigeons, déneigez	appelle appelons, appelez
Participe présent	siégeant	déneigeant	appelant
Participe passé	siégé	déneigé, e	appelé, e

	25 peler*	26 interpeller	27 jeter
Indicatif présent	je pèle tu pèles il, elle pèle nous pelons vous pelez ils, elles pèlent	j'interpelle tu interpelles il, elle interpelle nous interpellons vous interpellez ils, elles interpellent	je jette tu jettes il, elle jette nous jetons vous jetez ils, elles jettent
Indicatif imparfait	il, elle pelait	il, elle interpellait	il, elle jetait
Indicatif passé simple	il, elle pela ils, elles pelèrent	il, elle interpella ils, elles interpellèrent	il, elle jeta ils, elles jetèrent
Indicatif futur	je pèlerai il, elle pèlera	j'interpellerai il, elle interpellera	je jetterai il, elle jettera
Conditionnel présent	je pèlerais il, elle pèlerait	j'interpellerais il, elle interpellerait	je jetterais il, elle jetterait
Subjonctif présent	que je pèle qu'il, elle pèle que nous pelions qu'ils, elles pèlent	que j'interpelle qu'il, elle interpelle que nous interpellions qu'ils, elles interpellent	que je jette qu'il, elle jette que nous jetions qu'ils, elles jettent
Subjonctif imparfait	qu'il, elle pelât qu'ils, elles pelassent	qu'il, elle interpellât qu'ils, elles interpellassent	qu'il, elle jetât qu'ils, elles jetassent
Impératif	pèle pelons, pelez	interpelle interpellons, interpellez	jette jetons, jetez
Participe présent	pelant	interpellant	jetant
Participe passé	pelé, e	interpellé, e	jeté, e

*En nouvelle orthographe, un certain nombre de verbes, tels qu'*amonceler* peuvent se conjuguer comme *peler*.

	28 acheter*	29 dépecer	30 envoyer
Indicatif présent	j'achète tu achètes il, elle achète nous achetons vous achetez ils, elles achètent	je dépèce tu dépèces il, elle dépèce nous dépeçons vous dépecez ils, elles dépècent	j'envoie tu envoies il, elle envoie nous envoyons vous envoyez ils, elles envoient
Indicatif imparfait	il, elle achetait	il, elle dépeçait	il, elle envoyait
Indicatif passé simple	il, elle acheta ils, elles achetèrent	il, elle dépeça ils, elles dépecèrent	il, elle envoya ils, elles envoyèrent
Indicatif futur	j'achèterai il, elle achètera	je dépècerai il, elle dépècera	j'enverrai il, elle enverra
Conditionnel présent	j'achèterais il, elle achèterait	je dépècerais il, elle dépècerait	j'enverrais il, elle enverrait
Subjonctif présent	que j'achète qu'il, elle achète que nous achetions qu'ils, elles achètent	que je dépèce qu'il, elle dépèce que nous dépecions qu'ils, elles dépècent	que j'envoie qu'il, elle envoie que nous envoyions qu'ils, elles envoient
Subjonctif imparfait	qu'il, elle achetât qu'ils, elles achetassent	qu'il, elle dépeçât qu'ils, elles dépeçassent	qu'il, elle envoyât qu'ils, elles envoyassent
Impératif	achète achetons, achetez	dépèce dépeçons, dépecez	envoie envoyons, envoyez
Participe présent	achetant	depeçant	envoyant
Participe passé	acheté, e	dépecé, e	envoyé, e

*En nouvelle orthographe, un certain nombre de verbes, tels qu'*amonceler* peuvent se conjuguer comme *acheter*.

	31 aller	32 finir	33 haïr
Indicatif présent	je vais tu vas il, elle va nous allons vous allez ils, elles vont	je finis tu finis il, elle finit nous finissons vous finissez ils, elles finissent	je hais tu hais il, elle hait nous haïssons vous haïssez ils, elles haïssent
Indicatif imparfait	il, elle allait	il, elle finissait	il, elle haïssait
Indicatif passé simple	il, elle alla ils, elles allèrent	il, elle finit ils, elles finirent	il, elle haït ils, elles haïrent
Indicatif futur	j'irai il, elle ira	je finirai il, elle finira	je haïrai il, elle haïra
Conditionnel présent	j'irais il, elle irait	je finirais il, elle finirait	je haïrais il, elle haïrait
Subjonctif présent	que j'aille qu'il, elle aille que nous allions qu'ils, elles aillent	que je finisse qu'il, elle finisse que nous finissions qu'ils, elles finissent	que je haïsse qu'il, elle haïsse que nous haïssions qu'ils, elles haïssent
Subjonctif imparfait	qu'il, elle allât qu'ils, elles allassent	qu'il, elle finît qu'ils, elles finissent	qu'il, elle haït qu'ils, elles haïssent
Impératif	va allons, allez	finis finissons, finissez	hais haïssons, haïssez
Participe présent	allant	finissant	haïssant
Participe passé	allé, e	fini, e	haï, e

	34 ouvrir	35 fuir	36 dormir
Indicatif présent	j'ouvre tu ouvres il, elle ouvre nous ouvrons vous ouvrez ils, elles ouvrent	je fuis tu fuis il, elle fuit nous fuyons vous fuyez ils, elles fuient	je dors tu dors il, elle dort nous dormons vous dormez ils, elles dorment
Indicatif imparfait	il, elle ouvrait	il, elle fuyait	il, elle dormait
Indicatif passé simple	il, elle ouvrit ils, elles ouvrirent	il, elle fuit ils, elles fuirent	il, elle dormit ils, elles dormirent
Indicatif futur	j'ouvrirai il, elle ouvrira	je fuirai il, elle fuira	je dormirai il, elle dormira
Conditionnel présent	j'ouvrirais il, elle ouvrirait	je fuirais il, elle fuirait	je dormirais il, elle dormirait
Subjonctif présent	que j'ouvre qu'il, elle ouvre que nous ouvrions qu'ils, elles ouvrent	que je fuie qu'il, elle fuie que nous fuyions qu'ils, elles fuient	que je dorme qu'il, elle dorme que nous dormions qu'ils, elles dorment
Subjonctif imparfait	qu'il, elle ouvrît qu'ils, elles ouvrissent	qu'il, elle fuît qu'ils, elles fuissent	qu'il, elle dormît qu'ils, elles dormissent
Impératif	ouvre ouvrons, ouvrez	fuis fuyons, fuyez	dors dormons, dormez
Participe présent	ouvrant	fuyant	dormant
Participe passé	ouvert, e	fui, e	dormi

	37 mentir	38 servir	39 acquérir
Indicatif présent	je mens tu mens il, elle ment nous mentons vous mentez ils, elles mentent	je sers tu sers il, elle sert nous servons vous servez ils, elles servent	j'acquiers tu acquiers il, elle acquiert nous acquérons vous acquérez ils, elles acquièrent
Indicatif imparfait	il, elle mentait	il, elle servait	il, elle acquérait
Indicatif passé simple	il, elle mentit ils, elles mentirent	il, elle servit ils, elles servirent	il, elle acquit ils, elles acquirent
Indicatif futur	je mentirai il, elle mentira	je servirai il, elle servira	j'acquerrai il, elle acquerra
Conditionnel présent	je mentirais il, elle mentirait	je servirais il, elle servirait	j'acquerrais il, elle acquerrait
Subjonctif présent	que je mente qu'il, elle mente que nous mentions qu'ils, elles mentent	que je serve qu'il, elle serve que nous servions qu'ils, elles servent	que j'acquière qu'il, elle acquière que nous acquérions qu'ils, elles acquièrent
Subjonctif imparfait	qu'il, elle mentît qu'ils, elles mentissent	qu'il, elle servît qu'ils, elles servissent	qu'il, elle acquît qu'ils, elles acquissent
Impératif	mens mentons, mentez	sers servons, servez	acquiers acquérons, acquérez
Participe présent	mentant	servant	acquérant
Participe passé	menti	servi, e	acquis, e

	40 venir	41 cueillir	42 mourir
Indicatif présent	je viens tu viens il, elle vient nous venons vous venez ils, elles viennent	je cueille tu cueilles il, elle cueille nous cueillons vous cueillez ils, elles cueillent	je meurs tu meurs il, elle meurt nous mourons vous mourez ils, elles meurent
Indicatif imparfait	il, elle venait	il, elle cueillait	il, elle mourait
Indicatif passé simple	il, elle vint ils, elles vinrent	il, elle cueillit ils, elles cueillirent	il, elle mourut ils, elles moururent
Indicatif futur	je viendrai il, elle viendra	je cueillerai il, elle cueillera	je mourrai il, elle mourra
Conditionnel présent	je viendrais il, elle viendrait	je cueillerais il, elle cueillerait	je mourrais il, elle mourrait
Subjonctif présent	que je vienne qu'il, elle vienne que nous venions qu'ils, elles viennent	que je cueille qu'il, elle cueille que nous cueillions qu'ils, elles cueillent	que je meure qu'il, elle meure que nous mourions qu'ils, elles meurent
Subjonctif imparfait	qu'il, elle vînt qu'ils, elles vinssent	qu'il, elle cueillît qu'ils, elles cueillissent	qu'il, elle mourût qu'ils, elles mourussent
Impératif	viens venons, venez	cueille cueillons, cueillez	meurs mourons, mourez
Participe présent	venant	cueillant	mourant
Participe passé	venu, e	cueilli, e	mort, e

	43 partir	44 revêtir	45 courir
Indicatif présent	je pars tu pars il, elle part nous partons vous partez ils, elles partent	je revêts tu revêts il, elle revêt nous revêtons vous revêtez ils, elles revêtent	je cours tu cours il, elle court nous courons vous courez ils, elles courent
Indicatif imparfait	il, elle partait	il, elle revêtait	il, elle courait
Indicatif passé simple	il, elle partit ils, elles partirent	il, elle revêtit ils, elles revêtirent	il, elle courut ils, elles coururent
Indicatif futur	je partirai il, elle partira	je revêtirai il, elle revêtira	je courrai il, elle courra
Conditionnel présent	je partirais il, elle partirait	je revêtirais il, elle revêtirait	je courrais il, elle courrait
Subjonctif présent	que je parte qu'il, elle parte que nous partions qu'ils, elles partent	que je revête qu'il, elle revête que nous revêtions qu'ils, elles revêtent	que je coure qu'il, elle coure que nous courions qu'ils, elles courent
Subjonctif imparfait	qu'il, elle partît qu'ils, elles partissent	qu'il, elle revêtît qu'ils, elles revêtissent	qu'il, elle courût qu'ils, elles courussent
Impératif	pars partons, partez	revêts revêtons, revêtez	cours courons, courez
Participe présent	partant	revêtant	courant
Participe passé	parti, e	revêtu, e	couru, e

	46 faillir	47 défaillir	48 bouillir
Indicatif présent	je faillis, faux tu faillis, faux il, elle faillit, faut nous faillissons, faillons vous faillissez, faillez ils, elles faillissent, faillent	je défaille tu défailles il, elle défaille nous défaillons vous défaillez ils, elles défaillent	je bous tu bous il, elle bout nous bouillons vous bouillez ils, elles bouillent
Indicatif imparfait	il, elle faillissait, faillait	il, elle défaillait	il, elle bouillait
Indicatif passé simple	il, elle faillit ils, elles faillirent	il, elle défaillit ils, elles défaillirent	il, elle bouillit ils, elles bouillirent
Indicatif futur	je faillirai, faudrai il, elle faillira, faudra	je défaillirai, défaillerai il, elle défaillira, défaillera	je bouillirai il, elle bouillira
Conditionnel présent	je faillirais, faudrais il, elle faillirait, faudrait	je défaillirais, défaillerais il, elle défaillirait, défaillerait	je bouillirais il, elle bouillirait
Subjonctif présent	que je faillisse, faille qu'il, elle faillisse, faille que nous faillissions, faillions qu'ils, elles faillissent, faillent	que je défaille qu'il, elle défaille que nous défaillions qu'ils, elles défaillent	que je bouille qu'il, elle bouille que nous bouillions qu'ils, elles bouillent
Subjonctif imparfait	qu'il, elle faillît qu'ils, elles faillissent	qu'il, elle défaillît qu'ils, elles défaillissent	qu'il, elle bouillît qu'ils, elles bouillissent
Impératif	faillis, faux ; faillissons, faillons ; faillissez, faillez	défaille défaillons, défaillez	bous bouillons, bouillez
Participe présent	faillissant, faillant	défaillant	bouillant
Participe passé	failli	défailli	bouilli, e

	49 gésir *	50 saillir	51 ouïr
Indicatif présent	je gis tu gis il, elle gît nous gisons vous gisez ils, elles gisent	– – il, elle saille – – ils, elles saillent	j'ouïs, ois tu ouïs, ois il, elle ouït, oit nous ouïssons, oyons vous ouïssez, oyez ils, elles ouïssent, oient
Indicatif imparfait	il, elle gisait	il, elle saillait	il, elle ouïssait, oyait
Indicatif passé simple	–	il, elle saillit ils, elles saillirent	il, elle ouït ils, elles ouïrent
Indicatif futur	–	– il, elle saillera	j'ouïrai, orrais il, elle ouïra, orra
Conditionnel présent	–	– il, elle saillerait	j'ouïrais il, elle ouïrait, orrait
Subjonctif présent	–	– qu'il, elle saille – qu'ils, elles saillent	que j'ouïsse, oie qu'il, elle ouïsse, oie que nous ouïssions, oyions qu'ils, elles ouïssent, oient
Subjonctif imparfait	–	qu'il, elle saillît qu'ils, elles saillissent	qu'il, elle ouït qu'ils, elles ouïssent
Impératif	–	–	ouïs, ois ; ouïssons, oyons ; ouïssez, oyez
Participe présent	gisant	saillant	oyant
Participe passé	–	sailli, e	ouï, e

* *Gésir* est défectif aux autres temps et modes.

	52 recevoir	53 devoir	54 mouvoir
Indicatif présent	je reçois tu reçois il, elle reçoit nous recevons vous recevez ils, elles reçoivent	je dois tu dois il, elle doit nous devons vous devez ils, elles doivent	je meus tu meus il, elle meut nous mouvons vous mouvez ils, elles meuvent
Indicatif imparfait	il, elle recevait	il, elle devait	il, elle mouvait
Indicatif passé simple	il, elle reçut ils, elles reçurent	il, elle dut ils, elles durent	il, elle mut ils, elles murent
Indicatif futur	je recevrai il, elle recevra	je devrai il, elle devra	je mouvrai il, elle mouvra
Conditionnel présent	je recevrais il, elle recevrait	je devrais il, elle devrait	je mouvrais il, elle mouvrait
Subjonctif présent	que je reçoive qu'il, elle reçoive que nous recevions qu'ils, elles reçoivent	que je doive qu'il, elle doive que nous devions qu'ils, elles doivent	que je meuve qu'il, elle meuve que nous mouvions qu'ils, elles meuvent
Subjonctif imparfait	qu'il, elle reçût qu'ils, elles reçussent	qu'il, elle dût qu'ils, elles dussent	qu'il, elle mût qu'ils, elles mussent
Impératif	reçois recevons, recevez	dois devons, devez	meus mouvons, mouvez
Participe présent	recevant	devant	mouvant
Participe passé	reçu, e	dû, due, dus, dues	mû, mue, mus, mues

	55 émouvoir	56 promouvoir	57 vouloir
Indicatif présent	j'émeus tu émeus il, elle émeut nous émouvons vous émouvez ils, elles émeuvent	je promeus tu promeus il, elle promeut nous promouvons vous promouvez ils, elles promeuvent	je veux tu veux il, elle veut nous voulons vous voulez ils, elles veulent
Indicatif imparfait	il, elle émouvait	il, elle promouvait	il, elle voulait
Indicatif passé simple	il, elle émut ils, elles émurent	il, elle promut ils, elles promurent	il, elle voulut ils, elles voulurent
Indicatif futur	j'émouvrai il, elle émouvra	je promouvrai il, elle promouvra	je voudrai il, elle voudra
Conditionnel présent	j'émouvrais il, elle émouvrait	je promouvrais il, elle promouvrait	je voudrais il, elle voudrait
Subjonctif présent	que j'émeuve qu'il, elle émeuve que nous émeuvions qu'ils, elles émeuvent	que je promeuve qu'il, elle promeuve que nous promouvions qu'ils, elles promeuvent	que je veuille qu'il, elle veuille que nous voulions qu'ils, elles veuillent
Subjonctif imparfait	qu'il, elle émût qu'ils, elles émussent	qu'il, elle promût qu'ils, elles promussent	qu'il, elle voulût qu'ils, elles voulussent
Impératif	émeus émouvons, émouvez	promeus promouvons, promouvez	veux, veuille ; voulons, veuillons ; voulez, veuillez
Participe présent	émouvant	promouvant	voulant
Participe passé	ému, e	promu, e	voulu, e

	58 pouvoir	59 savoir	60 valoir
Indicatif présent	je peux, puis tu peux il peut nous pouvons vous pouvez ils, elles peuvent	je sais tu sais il, elle sait nous savons vous savez ils, elles savent	je vaux tu vaux il, elle vaut nous valons vous valez ils, elles valent
Indicatif imparfait	il, elle pouvait	il, elle savait	il, elle valait
Indicatif passé simple	il, elle put ils, elles purent	il, elle sut ils, elles surent	il, elle valut ils, elles valurent
Indicatif futur	je pourrai il, elle pourra	je saurai il, elle saura	je vaudrai il, elle vaudra
Conditionnel présent	je pourrais il, elle pourrait	je saurais il, elle saurait	je vaudrais il, elle vaudrait
Subjonctif présent	que je puisse qu'il, elle puisse que nous puissions qu'ils, elles puissent	que je sache qu'il, elle sache que nous sachions qu'ils, elles sachent	que je vaille qu'il, elle vaille que nous valions qu'ils, elles vaillent
Subjonctif imparfait	qu'il, elle pût qu'ils, elles pussent	qu'il, elle sût qu'ils, elles sussent	qu'il, elle valût qu'ils, elles valussent
Impératif	–	sache sachons, sachez	vaux valons, valez
Participe présent	pouvant	sachant	valant
Participe passé	pu	su, e	valu, e

	61 prévaloir	62 voir	63 prévoir
Indicatif présent	je prévaux tu prévaux il, elle prévaut nous prévalons vous prévalez ils, elles prévalent	je vois tu vois il, elle voit nous voyons vous voyez ils, elles voient	je prévois tu prévois il, elle prévoit nous prévoyons vous prévoyez ils, elles prévoient
Indicatif imparfait	il, elle prévalait	il, elle voyait	il, elle prévoyait
Indicatif passé simple	il, elle prévalut ils, elles prévalurent	il, elle vit ils, elles virent	il, elle prévit ils, elles prévirent
Indicatif futur	je prévaudrai il, elle prévaudra	je verrai il, elle verra	je prévoirai il, elle prévoira
Conditionnel présent	je prévaudrais il, elle prévaudrait	je verrais il, elle verrait	je prévoirais il, elle prévoirait
Subjonctif présent	que je prévale qu'il, elle prévale que nous prévalions qu'ils, elles prévalent	que je voie qu'il, elle voie que nous voyions qu'ils, elles voient	que je prévoie qu'il, elle prévoie que nous prévoyions qu'ils, elles prévoient
Subjonctif imparfait	qu'il, elle prévalût qu'ils, elles prévalussent	qu'il, elle vît qu'ils, elles vissent	qu'il, elle prévît qu'ils, elles prévissent
Impératif	prévaux prévalons, prévalez	vois voyons, voyez	prévois prévoyons, prévoyez
Participe présent	prévalant	voyant	prévoyant
Participe passé	prévalu, e	vu, e	prévu, e

	64 pourvoir	65 asseoir	66 surseoir*
Indicatif présent	je pourvois tu pourvois il, elle pourvoit nous pourvoyons vous pourvoyez ils, elles pourvoient	j'assieds, j'assois tu assieds, assois il, elle assied, assoit nous asseyons, assoyons vous asseyez, assoyez ils, elles asseyent, assoient	je sursois tu sursois il, elle sursoit nous sursoyons vous sursoyez ils, elles sursoient
Indicatif imparfait	il, elle pourvoyait	il, elle asseyait, assoyait	il, elle sursoyait
Indicatif passé simple	il, elle pourvut ils, elles pourvurent	il, elle assit ils, elles assirent	il, elle sursit ils, elles sursirent
Indicatif futur	je pourvoirai il, elle pourvoira	j'assiérai, j'assoirai il, elle assiéra, assoira	je surseoirai il, elle surseoira
Conditionnel présent	je pourvoirais il, elle pourvoirait	j'assiérais, j'assoirais il, elle assiérait, assoirait	je surseoirais il, elle surseoirait
Subjonctif présent	que je pourvoie qu'il, elle pourvoie que nous pourvoyions qu'ils, elles pourvoient	que j'asseye, j'assoie qu'il, elle asseye, assoie que nous asseyions, assoyions qu'ils, elles asseyent, assoient	que je sursoie qu'il, elle sursoie que nous sursoyions qu'ils, elles sursoient
Subjonctif imparfait	qu'il, elle pourvût qu'ils, elles pourvussent	qu'il, elle assît qu'ils, elles assissent	qu'il, elle sursît qu'ils, elles sursissent
Impératif	pourvois pourvoyons, pourvoyez	assieds, assois ; asseyons, assoyons ; asseyez, assoyez	sursois sursoyons, sursoyez
Participe présent	pourvoyant	asseyant, assoyant	sursoyant
Participe passé	pourvu, e	assis, e	sursis

*En nouvelle orthographe, *surseoir* devient *sursoir* ; les formes du futur et du conditionnel deviennent *je sursoirai* et *je sursoirais*.

	67 seoir	68 pleuvoir	69 falloir
Indicatif présent	– – il, elle sied – – ils, elles siéent	– – il pleut – – –	– – il faut – – –
Indicatif imparfait	il, elle seyait	il pleuvait	il fallait
Indicatif passé simple	–	il plut –	il fallut –
Indicatif futur	– il, elle siéra	– il pleuvra	– il faudra
Conditionnel présent	– il, elle siérait	– il pleuvrait	– il faudrait
Subjonctif présent	– qu'il, elle siée – qu'ils, elles siéent	– qu'il pleuve – –	– qu'il faille – –
Subjonctif imparfait	–	qu'il plût –	qu'il fallût –
Impératif	–	–	–
Participe présent	seyant	pleuvant	–
Participe passé	–	plu	fallu

	70 échoir	71 déchoir	72 choir
Indicatif présent	– – il, elle échoit – – ils, elles échoient	je déchois tu déchois il, elle déchoit nous déchoyons vous déchoyez ils, elles déchoient	je chois tu chois il, elle choit – – ils, elles choient
Indicatif imparfait	il, elle échoyait	–	–
Indicatif passé simple	il, elle échut ils, elles échurent	il, elle déchut ils, elles déchurent	il, elle chut ils, elles churent
Indicatif futur	– il, elle échoira, écherra	je déchoirai il, elle déchoira	je choirai, cherrai il, elle choira, cherra
Conditionnel présent	– il, elle échoirait, écherrait	je déchoirais il, elle déchoirait	je choirais, cherrais il, elle choirait, cherrait
Subjonctif présent	– qu'il, elle échoie – qu'ils, elles échoient	que je déchoie qu'il, elle déchoie que nous déchoyions qu'ils, elles déchoient	–
Subjonctif imparfait	qu'il, elle échût qu'ils, elles échussent	qu'il, elle déchût qu'ils, elles déchussent	qu'il, elle chût –
Impératif	–	–	–
Participe présent	échéant	–	–
Participe passé	échu, e	déchu, e	chu, e

	73 vendre	74 répandre	75 répondre
Indicatif présent	je vends tu vends il, elle vend nous vendons vous vendez ils, elles vendent	je répands tu répands il, elle répand nous répandons vous répandez ils, elles répandent	je réponds tu réponds il, elle répond nous répondons vous répondez ils, elles répondent
Indicatif imparfait	il, elle vendait	il, elle répandait	il, elle répondait
Indicatif passé simple	il, elle vendit ils, elles vendirent	il, elle répandit ils, elles répandirent	il, elle répondit ils, elles répondirent
Indicatif futur	je vendrai il, elle vendra	je répandrai il, elle répandra	je répondrai il, elle répondra
Conditionnel présent	je vendrais il, elle vendrait	je répandrais il, elle répandrait	je répondrais il, elle répondrait
Subjonctif présent	que je vende qu'il, elle vende que nous vendions qu'ils, elles vendent	que je répande qu'il, elle répande que nous répandions qu'ils, elles répandent	que je réponde qu'il, elle réponde que nous répondions qu'ils, elles répondent
Subjonctif imparfait	qu'il, elle vendît qu'ils, elles vendissent	qu'il, elle répandît qu'ils, elles répandissent	qu'il, elle répondît qu'ils, elles répondissent
Impératif	vends vendons, vendez	répands répandons, répandez	réponds répondons, répondez
Participe présent	vendant	répandant	répondant
Participe passé	vendu, e	répandu, e	répondu, e

	76 mordre	77 perdre	78 rompre
Indicatif présent	je mords tu mords il, elle mord nous mordons vous mordez ils, elles mordent	je perds tu perds il, elle perd nous perdons vous perdez ils, elles perdent	je romps tu romps il, elle rompt nous rompons vous rompez ils, elles rompent
Indicatif imparfait	il, elle mordait	il, elle perdait	il, elle rompait
Indicatif passé simple	il, elle mordit ils, elles mordirent	il, elle perdit ils, elles perdirent	il, elle rompit ils, elles rompirent
Indicatif futur	je mordrai il, elle mordra	je perdrai il, elle perdra	je romprai il, elle rompra
Conditionnel présent	je mordrais il, elle mordrait	je perdrais il, elle perdrait	je romprais il, elle romprait
Subjonctif présent	que je morde qu'il, elle morde que nous mordions qu'ils, elles mordent	que je perde qu'il, elle perde que nous perdions qu'ils, elles perdent	que je rompe qu'il, elle rompe que nous rompions qu'ils, elles rompent
Subjonctif imparfait	qu'il, elle mordît qu'ils, elles mordissent	qu'il, elle perdît qu'ils, elles perdissent	qu'il, elle rompît qu'ils, elles rompissent
Impératif	mords mordons, mordez	perds perdons, perdez	romps rompons, rompez
Participe présent	mordant	perdant	rompant
Participe passé	mordu, e	perdu, e	rompu, e

	79 prendre	80 craindre	81 peindre
Indicatif présent	je prends tu prends il, elle prend nous prenons vous prenez ils, elles prennent	je crains tu crains il, elle craint nous craignons vous craignez ils, elles craignent	je peins tu peins il, elle peint nous peignons vous peignez ils, elles peignent
Indicatif imparfait	il, elle prenait	il, elle craignait	il, elle peignait
Indicatif passé simple	il, elle prit ils, elles prirent	il, elle craignit ils, elles craignirent	il, elle peignit ils, elles peignirent
Indicatif futur	je prendrai il, elle prendra	je craindrai il, elle craindra	je peindrai il, elle peindra
Conditionnel présent	je prendrais il, elle prendrait	je craindrais il, elle craindrait	je peindrais il, elle peindrait
Subjonctif présent	que je prenne qu'il, elle prenne que nous prenions qu'ils, elles prennent	que je craigne qu'il, elle craigne que nous craignions qu'ils, elles craignent	que je peigne qu'il, elle peigne que nous peignions qu'ils, elles peignent
Subjonctif imparfait	qu'il, elle prît qu'ils, elles prissent	qu'il, elle craignît qu'ils, elles craignissent	qu'il, elle peignît qu'ils, elles peignissent
Impératif	prends prenons, prenez	crains craignons, craignez	peins peignons, peignez
Participe présent	prenant	craignant	peignant
Participe passé	pris, e	craint, e	peint, e

	82 joindre	83 battre	84 mettre
Indicatif présent	je joins tu joins il, elle joint nous joignons vous joignez ils, elles joignent	je bats tu bats il, elle bat nous battons vous battez ils, elles battent	je mets tu mets il, elle met nous mettons vous mettez ils, elles mettent
Indicatif imparfait	il, elle joignait	il, elle battait	il, elle mettait
Indicatif passé simple	il, elle joignit ils, elles joignirent	il, elle battit ils, elles battirent	il, elle mit ils, elles mirent
Indicatif futur	je joindrai il, elle joindra	je battrai il, elle battra	je mettrai il, elle mettra
Conditionnel présent	je joindrais il, elle joindrait	je battrais il, elle battrait	je mettrais il, elle mettrait
Subjonctif présent	que je joigne qu'il, elle joigne que nous joignions qu'ils, elles joignent	que je batte qu'il, elle batte que nous battions qu'ils, elles battent	que je mette qu'il, elle mette que nous mettions qu'ils, elles mettent
Subjonctif imparfait	qu'il, elle joignît qu'ils, elles joignissent	qu'il, elle battît qu'ils, elles battissent	qu'il, elle mît qu'ils, elles missent
Impératif	joins joignons, joignez	bats battons, battez	mets mettons, mettez
Participe présent	joignant	battant	mettant
Participe passé	joint, e	battu, e	mis, e

	85 moudre	86 coudre	87 absoudre
Indicatif présent	je mouds tu mouds il, elle moud nous moulons vous moulez ils, elles moulent	je couds tu couds il, elle coud nous cousons vous cousez ils, elles cousent	j'absous tu absous il, elle absout nous absolvons vous absolvez ils, elles absolvent
Indicatif imparfait	il, elle moulait	il, elle cousait	il, elle absolvait
Indicatif passé simple	il, elle moulut ils, elles moulurent	il, elle cousit ils, elles cousirent	il, elle absolut ils, elles absolurent
Indicatif futur	je moudrai il, elle moudra	je coudrai il, elle coudra	j'absoudrai il, elle absoudra
Conditionnel présent	je moudrais il, elle moudrait	je coudrais il, elle coudrait	j'absoudrais il, elle absoudrait
Subjonctif présent	que je moule qu'il, elle moule que nous moulions qu'ils, elles moulent	que je couse qu'il, elle couse que nous cousions qu'ils, elles cousent	que j'absolve qu'il, elle absolve que nous absolvions qu'ils, elles absolvent
Subjonctif imparfait	qu'il, elle moulût qu'ils, elles moulussent	qu'il, elle cousît qu'ils, elles cousissent	qu'il, elle absolût qu'ils, elles absolussent
Impératif	mouds moulons, moulez	couds cousons, cousez	absous absolvons, absolvez
Participe présent	moulant	cousant	absolvant
Participe passé	moulu, e	cousu, e	absous, oute

	88 résoudre	89 suivre	90 vivre
Indicatif présent	je résous tu résous il, elle résout nous résolvons vous résolvez ils, elles résolvent	je suis tu suis il, elle suit nous suivons vous suivez ils, elles suivent	je vis tu vis il, elle vit nous vivons vous vivez ils, elles vivent
Indicatif imparfait	il, elle résolvait	il, elle suivait	il, elle vivait
Indicatif passé simple	il, elle résolut ils, elles résolurent	il, elle suivit ils, elles suivirent	il, elle vécut ils, elles vécurent
Indicatif futur	je résoudrai il, elle résoudra	je suivrai il, elle suivra	je vivrai il, elle vivra
Conditionnel présent	je résoudrais il, elle résoudrait	je suivrais il, elle suivrait	je vivrais il, elle vivrait
Subjonctif présent	que je résolve qu'il, elle résolve que nous résolvions qu'ils, elles résolvent	que je suive qu'il, elle suive que nous suivions qu'ils, elles suivent	que je vive qu'il, elle vive que nous vivions qu'ils, elles vivent
Subjonctif imparfait	qu'il, elle résolût qu'ils, elles résolussent	qu'il, elle suivît qu'ils, elles suivissent	qu'il, elle vécût qu'ils, elles vécussent
Impératif	résous résolvons, résolvez	suis suivons, suivez	vis vivons, vivez
Participe présent	résolvant	suivant	vivant
Participe passé	résolu, e	suivi, e	vécu, e

	91 paraître	92 naître	93 croître
Indicatif présent	je parais tu parais il, elle paraît nous paraissons vous paraissez ils, elles paraissent	je nais tu nais il, elle naît nous naissons vous naissez ils, elles naissent	je croîs tu croîs il, elle croît nous croissons vous croissez ils, elles croissent
Indicatif imparfait	il, elle paraissait	il, elle naissait	il, elle croissait
Indicatif passé simple	il, elle parut ils, elles parurent	il, elle naquit ils, elles naquirent	il, elle crût ils, elles crûrent
Indicatif futur	je paraîtrai il, elle paraîtra	je naîtrai il, elle naîtra	je croîtrai il, elle croîtra
Conditionnel présent	je paraîtrais il, elle paraîtrait	je naîtrais il, elle naîtrait	je croîtrais il, elle croîtrait
Subjonctif présent	que je paraisse qu'il, elle paraisse que nous paraissions qu'ils, elles paraissent	que je naisse qu'il, elle naisse que nous naissions qu'ils, elles naissent	que je croisse qu'il, elle croisse que nous croissions qu'ils, elles croissent
Subjonctif imparfait	qu'il, elle parût qu'ils, elles parussent	qu'il, elle naquît qu'ils, elles naquissent	qu'il, elle crût qu'ils, elles crûssent
Impératif	parais paraissons, paraissez	nais naissons, naissez	croîs croissons, croissez
Participe présent	paraissant	naissant	croissant
Participe passé	paru, e	né, e	crû, crue, crus, crues

	94 accroître	95 rire	96 conclure
Indicatif présent	j'accrois tu accrois il, elle accroît nous accroissons vous accroissez ils, elles accroissent	je ris tu ris il, elle rit nous rions vous riez ils, elles rient	je conclus tu conclus il, elle conclut nous concluons vous concluez ils, elles concluent
Indicatif imparfait	il, elle accroissait	il, elle riait	il, elle concluait
Indicatif passé simple	il, elle accrut ils, elles accrurent	il, elle rit ils, elles rirent	il, elle conclut ils, elles conclurent
Indicatif futur	j'accroîtrai il, elle accroîtra	je rirai il, elle rira	je conclurai il, elle conclura
Conditionnel présent	j'accroîtrais il, elle accroîtrait	je rirais il, elle rirait	je conclurais il, elle conclurait
Subjonctif présent	que j'accroisse qu'il, elle accroisse que nous accroissions qu'ils, elles accroissent	que je rie qu'il, elle rie que nous riions qu'ils, elles rient	que je conclue qu'il, elle conclue que nous concluions qu'ils, elles concluent
Subjonctif imparfait	qu'il, elle accrût qu'ils, elles accrussent	qu'il, elle rît qu'ils, elles rissent	qu'il, elle conclût qu'ils, elles conclussent
Impératif	accrois accroissons, accroissez	ris rions, riez	conclus concluons, concluez
Participe présent	accroissant	riant	concluant
Participe passé	accru, e	ri	conclu, e

	97 nuire	98 conduire	99 écrire
Indicatif présent	je nuis tu nuis il, elle nuit nous nuisons vous nuisez ils, elles nuisent	je conduis tu conduis il, elle conduit nous conduisons vous conduisez ils, elles conduisent	j'écris tu écris il, elle écrit nous écrivons vous écrivez ils, elles écrivent
Indicatif imparfait	il, elle nuisait	il, elle conduisait	il, elle écrivait
Indicatif passé simple	il, elle nuisit ils, elles nuisirent	il, elle conduisit ils, elles conduisirent	il, elle écrivit ils, elles écrivirent
Indicatif futur	je nuirai il, elle nuira	je conduirai il, elle conduira	j'écrirai il, elle écrira
Conditionnel présent	je nuirais il, elle nuirait	je conduirais il, elle conduirait	j'écrirais il, elle écrirait
Subjonctif présent	que je nuise qu'il, elle nuise que nous nuisions qu'ils, elles nuisent	que je conduise qu'il, elle conduise que nous conduisions qu'ils, elles conduisent	que j'écrive qu'il, elle écrive que nous écrivions qu'ils, elles écrivent
Subjonctif imparfait	qu'il, elle nuisît qu'ils, elles nuisissent	qu'il, elle conduisît qu'ils, elles conduisissent	qu'il, elle écrivît qu'ils, elles écrivissent
Impératif	nuis nuisons, nuisez	conduis conduisons, conduisez	écris écrivons, écrivez
Participe présent	nuisant	conduisant	écrivant
Participe passé	nui	conduit, e	écrit, e

	100 suffire	101 confire	102 dire
Indicatif présent	je suffis tu suffis il, elle suffit nous suffisons vous suffisez ils, elles suffisent	je confis tu confis il, elle confit nous confisons vous confisez ils, elles confisent	je dis tu dis il, elle dit nous disons vous dites ils, elles disent
Indicatif imparfait	il, elle suffisait	il, elle confisait	il, elle disait
Indicatif passé simple	il, elle suffit ils, elles suffirent	il, elle confit ils, elles confirent	il, elle dit ils, elles dirent
Indicatif futur	je suffirai il, elle suffira	je confirai il, elle confira	je dirai il, elle dira
Conditionnel présent	je suffirais il, elle suffirait	je confirais il, elle confirait	je dirais il, elle dirait
Subjonctif présent	que je suffise qu'il, elle suffise que nous suffisions qu'ils, elles suffisent	que je confise qu'il, elle confise que nous confisions qu'ils, elles confisent	que je dise qu'il, elle dise que nous disions qu'ils, elles disent
Subjonctif imparfait	qu'il, elle suffit qu'ils, elles suffissent	qu'il, elle confit qu'ils, elles confissent	qu'il, elle dit qu'ils, elles dissent
Impératif	suffis suffisons, suffisez	confis confisons, confisez	dis disons, dites
Participe présent	suffisant	confisant	disant
Participe passé	suffi	confit, e	dit, e

	103 contredire	104 maudire	105 bruire
Indicatif présent	je contredis tu contredis il, elle contredit nous contredisons vous contredisez ils, elles contredisent	je maudis tu maudis il, elle maudit nous maudissons vous maudissez ils, elles maudissent	je bruis tu bruis il, elle bruit – – –
Indicatif imparfait	il, elle contredisait	il, elle maudissait	il, elle bruyait
Indicatif passé simple	il, elle contredit ils, elles contredirent	il, elle maudit ils, elles maudirent	–
Indicatif futur	je contredirai il, elle contredira	je maudirai il, elle maudira	je bruirai il, elle bruira
Conditionnel présent	je contredirais il, elle contredirait	je maudirais il, elle maudirait	je bruirais il, elle bruirait
Subjonctif présent	que je contredise qu'il, elle contredise que nous contredisions qu'ils, elles contredisent	que je maudisse qu'il, elle maudisse que nous maudissions qu'ils, elles maudissent	–
Subjonctif imparfait	qu'il, elle contredît qu'ils, elles contredissent	qu'il, elle maudît qu'ils, elles maudissent	–
Impératif	contredis contredisons, contredisez	maudis maudissons, maudissez	–
Participe présent	contredisant	maudissant	–
Participe passé	contredit, e	maudit, e	bruit

	106 lire	107 croire	108 boire
Indicatif présent	je lis tu lis il, elle lit nous lisons vous lisez ils, elles lisent	je crois tu crois il, elle croit nous croyons vous croyez ils, elles croient	je bois tu bois il, elle boit nous buvons vous buvez ils, elles boivent
Indicatif imparfait	il, elle lisait	il, elle croyait	il, elle buvait
Indicatif passé simple	il, elle lut ils, elles lurent	il, elle crut ils, elles crurent	il, elle but ils, elles burent
Indicatif futur	je lirai il, elle lira	je croirai il, elle croira	je boirai il, elle boira
Conditionnel présent	je lirais il, elle lirait	je croirais il, elle croirait	je boirais il, elle boirait
Subjonctif présent	que je lise qu'il, elle lise que nous lisions qu'ils, elles lisent	que je croie qu'il, elle croie que nous croyions qu'ils, elles croient	que je boive qu'il, elle boive que nous buvions qu'ils, elles boivent
Subjonctif imparfait	qu'il, elle lût qu'ils, elles lussent	qu'il, elle crût qu'ils, elles crussent	qu'il, elle bût qu'ils, elles bussent
Impératif	lis lisons, lisez	crois croyons, croyez	bois buvons, buvez
Participe présent	lisant	croyant	buvant
Participe passé	lu, e	cru, e	bu, e

	109 faire	110 plaire	111 taire
Indicatif présent	je fais tu fais il, elle fait nous faisons vous faites ils, elles font	je plais tu plais il, elle plaît nous plaisons vous plaisez ils, elles plaisent	je tais tu tais il, elle tait nous taisons vous taisez ils, elles taisent
Indicatif imparfait	il, elle faisait	il, elle plaisait	il, elle taisait
Indicatif passé simple	il, elle fit ils, elles firent	il, elle plut ils, elles plurent	il, elle tut ils, elles turent
Indicatif futur	je ferai il, elle fera	je plairai il, elle plaira	je tairai il, elle taira
Conditionnel présent	je ferais il, elle ferait	je plairais il, elle plairait	je tairais il, elle tairait
Subjonctif présent	que je fasse qu'il, elle fasse que nous fassions qu'ils, elles fassent	que je plaise qu'il, elle plaise que nous plaisions qu'ils, elles plaisent	que je taise qu'il, elle taise que nous taisions qu'ils, elles taisent
Subjonctif imparfait	qu'il, elle fît qu'ils, elles fissent	qu'il, elle plût qu'ils, elles plussent	qu'il, elle tût qu'ils, elles tussent
Impératif	fais faisons, faites	plais plaisons, plaisez	tais taisons, taisez
Participe présent	faisant	plaisant	taisant
Participe passé	fait, e	plu	tu, e

	112 extraire	113 clore	114 vaincre
Indicatif présent	j'extrais tu extrais il, elle extrait nous extrayons vous extrayez ils, elles extraient	je clos tu clos il, elle clôt nous closons vous closez ils, elles closent	je vaincs tu vaincs il, elle vainc nous vainquons vous vainquez ils, elles vainquent
Indicatif imparfait	il, elle extrayait	–	il, elle vainquait
Indicatif passé simple	–	–	il, elle vainquit ils, elles vainquirent
Indicatif futur	j'extrairai il, elle extraira	je clorai il, elle clora	je vaincrai il, elle vaincra
Conditionnel présent	j'extrairais il, elle extrairait	je clorais il, elle clorait	je vaincrais il, elle vaincrait
Subjonctif présent	que j'extraie qu'il, elle extraie que nous extrayions qu'ils, elles extraient	que je close qu'il, elle close que nous closions qu'ils, elles closent	que je vainque qu'il, elle vainque que nous vainquions qu'ils, elles vainquent
Subjonctif imparfait	–	–	qu'il, elle vainquît qu'ils, elles vainquissent
Impératif	extrais extrayons, extrayez	clos –	vaincs vainquons, vainquez
Participe présent	extrayant	closant	vainquant
Participe passé	extrait, e	clos, e	vaincu, e

	115 frire	116 foutre
Indicatif présent	je fris tu fris il, elle frit – – –	je fous tu fous il, elle fout nous foutons vous foutez ils, elles foutent
Indicatif imparfait	–	il, elle foutait
Indicatif passé simple	–	–
Indicatif futur	je frirai il, elle frira	je foutrai il, elle foutra
Conditionnel présent	je frirais il, elle frirait	je foutrais il, elle foutrait
Subjonctif présent	–	que je foute qu'il, elle foute que nous foutions qu'ils, elles foutent
Subjonctif imparfait	–	–
Impératif	fris –	fous foutons, foutez
Participe présent	–	foutant
Participe passé	frit, e	foutu, e

La correspondance
Correspondence

Sommaire
Contents

Opening and closing formulas

	OPENING FORMULAS	CLOSING FORMULAS
To a relative or close friend	Cher Cédric,/Mon cher Cédric, Chère Françoise,/Ma chère Françoise, Chère mamie, etc.	Je t'embrasse (très fort)/ À bientôt Bises/Grosses bises Bisous/Gros bisous
To an acquaintance	Cher Monsieur, Chère Madame, Chère Mademoiselle, Cher ami,/Chère amie,	Amicalement Bien amicalement Amitiés
In formal correspondence, when you know the name and sex of the person you are writing to	Monsieur, Madame, Mademoiselle,	Veuillez agréer OR Je vous prie d'agréer, Monsieur, mes salutations distinguées OR l'expression de mes sentiments distingués.
In formal correspondence, when you do not know the name or sex of the person you are writing to	Messieurs, Madame, Monsieur,	Veuillez agréer OR Je vous prie d'agréer, Messieurs,/Madame, Monsieur, mes salutations distinguées OR l'expression de mes sentiments distingués.

Formules d'appel et formules finales

	FORMULES D'APPEL	FORMULES FINALES
À des amis intimes, membres de la famille	Dear David Dear Lily Dear Mum and Dad Dear Uncle Tony	Love With love **Formules plus affectueuses :** Lots of love **Formules plus neutres :** Yours From Best wishes
À des connaissances, des amis	Dear Harriet Dear Sally and Michael Dear Mrs Simpson Dear Mr Brown Dear Mr and Mrs Adams	(With) best wishes (With) kind regards Regards Yours All the best
Dans une lettre d'affaires, lorsqu'on connaît le nom du correspondant	Dear Mr Jones Dear Mrs Clarke Dear Ms Fletcher Dear Dr Illingworth	Yours sincerely ***(UK)*** Sincerely ***(US)*** Yours truly (surtout ***US***)
Pour s'adresser à quelqu'un dont on ne connaît pas le nom	Dear Sir Dear Madam	Yours faithfully ***(UK)*** Sincerely yours ***(US)***
Pour s'adresser à quelqu'un dont on ne sait si c'est un homme ou une femme, et dont on ignore le nom.	Dear Sir or Madam Dear Sir/Madam Dear Sirs ***(UK)*** Gentlemen ***(US)***	Yours faithfully ***(UK)*** Sincerely yours ***(US)***

Model layout of a letter to a friend or relative

The date is shown in the top right-hand corner and is often preceded by the name of the place where the letter is written. If no place name is given, the date starts with a capital "L" *(Le 2 mars 2011)*.

Note that the opening formula is always followed by a comma.

Grenoble, le 2 mars 2011

Cher Laurent,

J'espère que tu vas bien. Je suis désolée de ne pas avoir répondu à ta lettre plus tôt, mais je suis vraiment débordée en ce moment. Je voulais avant tout te remercier pour le livre que tu m'as envoyé pour mon anniversaire. Je l'ai trouvé passionnant.

Je profite également de cette lettre pour t'annoncer que je vais bientôt me marier... Eh oui, tout arrive ! Tu sais peut-être que j'ai rencontré Pierre il y a un an environ, et que nous vivons ensemble depuis quelque temps. Nous avons l'intention d'officialiser tout ça en mai ou en juin. Si je t'en parle, c'est bien sûr parce que j'aimerais beaucoup que tu viennes. Il faudra que tu réserves tous tes week-ends de mai et juin jusqu'à ce qu'une date précise soit fixée !

J'espère avoir de tes nouvelles bientôt.

Je t'embrasse.

Céline

Présentation type de lettre à un ami, un parent

La présence de la virgule après la formule d'appel n'est pas obligatoire.

Remarquez que, dans les lettres manuscrites, chaque nouveau paragraphe commence en retrait.

Au Royaume-Uni, l'adresse de l'expéditeur figure en haut à droite. Aux États-Unis, dans la correspondance personnelle, les nom et adresse de l'expéditeur n'apparaissent pas.

47 Mulberry Lane,
Oxford
OX4 3LA

19 May 2011

Dear Jane,

Just a few lines to let you have my new address. Sorry I haven't been in touch for so long but we've been very busy trying to organize the move. As always, there were a lot of last-minute complications, but we are now in Oxford and both looking forward to starting our new jobs.

I would have called you but the telephone has not been connected yet and I'm having problems with my mobile! I'll let you have the number as soon as I know it myself.

I must admit that I was a bit sad to leave Paris, but I'm sure it was the right decision. We've already joined the local tennis club in the hope of meeting people and all the neighbours seem really friendly. You'll have to come and see us when we've finished unpacking!

Hope you're well and not working too hard. Drop us a line when you have time. It's always great to hear from you.

Love,

Carol
XXX

En anglais britannique, on peut faire figurer « th », « st », « nd » et « rd » après le chiffre : *19th May 2011.* Aux États-Unis, le mois figure le plus souvent avant le jour, qui est séparé de l'année par une virgule : *May 19, 2011.*

Chaque croix figurant au bas de la lettre représente un baiser.

Notez que si la formule d'appel est suivie d'une virgule, la formule finale l'est également.

Addressing an envelope

The name and address are placed in the bottom right-hand corner of the envelope. Each line begins with a capital letter.

The sender's name and address can be placed on the reverse of the envelope at the top. In formal and business correspondence it is usually placed on the front in the top left-hand corner of the envelope.

Mademoiselle Irène Hubert
Appt 128, Bât. D
Résidence des Feuillantines
128, avenue des Feuillantines
59000 LILLE

French postcodes consist of five numbers written without any spaces. Of these numbers, the first two indicate the *département*. The postcode is written before the name of the town or village which should be written in capital letters.

Note that the first name is always given in full, even in business correspondence.

In business correspondence abbreviations of titles *(M., Mme, MM., Mmes, Mlle, Mlles)* are possible, although it is preferable to give the title in full *(Monsieur, Madame, Messieurs, Mesdames, Mademoiselle, Mesdemoiselles)*.

Madame Francine Liber
Directrice des ressources humaines
EDIMEDIA
5, boulevard du Versant Nord
SAINTE-FOY QC G1N 4G2
CANADA

Rédaction de l'enveloppe

• Au Royaume-Uni

L'adresse se place au milieu de l'enveloppe.

L'expéditeur peut éventuellement écrire son adresse au dos de l'enveloppe, en haut.

Le prénom du destinataire peut être écrit en entier : *Mr John Taylor,* ou seulement avec les initiales : *Mr J P Taylor.*

Dans le style britannique, on donne aujourd'hui couramment les abréviations des titres, les initiales et les adresses sans ponctuation.

Le code postal se présente généralement sous la forme de deux groupes de lettres et de chiffres.

Mr J P Taylor
Flat 3
399 Manor Ave
Penwortham
Preston
Lancs
PR1 0XY

• Aux États-Unis

L'adresse se place au milieu de l'enveloppe.

L'adresse de l'expéditeur figure en haut à gauche du nom et de l'adresse du destinataire.

Aux États-Unis, les abréviations de titres et les initiales s'écrivent avec un point abréviatif. Par ailleurs, les adresses comportent parfois des virgules et un point final.

Le numéro de l'appartement peut être placé avant ou après le numéro et le nom de la rue ou en bas de l'enveloppe à gauche. Il est parfois précédé du signe # signifiant « numéro ».

Mr. J. Miller
1108 Village Rd
Chaska, MN 55318

Ms. C. Dunn
4308 Driftwood Rd, Apt 3A
Cleveland, OH 44223

Le code postal suit le nom de la ville.

Writing to a friend

Toulouse, le 5 mai 2011

Cher Christophe,

Une fois de plus, j'ai laissé passer plusieurs mois avant de te répondre, je suis impardonnable ! J'ai tout de même des circonstances atténuantes : j'ai changé de service dans ma société, et je suis maintenant beaucoup plus souvent en déplacement.

Tu as l'air de bien t'adapter à ton nouveau cadre de vie ; est-ce que tu t'es fait des amis ? C'est certainement beaucoup plus facile de rencontrer des gens dans une petite ville, surtout quand on est sportif comme toi et qu'on peut s'inscrire à tout un tas de clubs et d'associations.

En tout cas, compte sur moi pour venir te rendre visite très bientôt, puisque tu m'invites si gentiment. J'avais justement l'intention de prendre quelques jours de congé début juillet ; est-ce que la semaine du 4 au 10 te conviendrait ?

J'espère que tu ne seras pas aussi fainéant que moi et que tu répondras vite !

Je t'embrasse.

Christine

Salut, les copains ! Quel temps fait-il à Nancy ? Ici, le soleil brille, la mer est bleue, le sable doré, bref c'est le paradis. Enfin, ça serait vraiment le paradis si Anne ne m'obligeait pas à aller visiter les petits villages de l'intérieur à l'heure de la sieste...

On vous racontera tout plus en détail à notre retour.

Bises.

Sandra

Jérôme et Pascale Hulet
25 bis, rue Georges Clemenceau
54000 Nancy
FRANCE

Écrire à un ami

Tuesday

Hi!
Saw this card and thought of you!
Having a great time exploring Cairo's markets and museums. Having a few problems with the language – but quite a lot of people seem to understand English. Off to visit the pyramids tomorrow – and maybe a camel ride! Wish you were here.
All my love,
Isabelle

Andy and Yvonne Birch
52 Moor Grange View
Wellington Heath
HERTFORDSHIRE
GREAT BRITAIN

24 Lodge Road
Peterborough
PE7 4QZ

15 January 2007

Dear Anne,

Just a quick note to let you know that everything is fine and to apologize for not having written sooner. As you can see, I have moved since the last time I wrote – and lost your address in the move!

How are things in Paris? You didn't say much about the course in your last letter. I hope everything is going well. As you can imagine, life has been a bit hectic at this end, what with the move and Christmas. The new house is much larger and closer to work. I now have a spare bedroom (for visitors!) and a second bathroom. What luxury!

Did Serge write and tell you that he's getting married? I think the wedding is in August.

Anyway, I must dash. Give my love to Richard and please write again soon.

Lots of love,

Mary

Making and cancelling a reservation on-line

Hazel.Brown

à :laroseraie@worldnet.fr
envoyé : jeudi 2 décembre 2010 18:32
de : hazelbrown@easynet.co.uk
objet : réservation

Bonjour,

J'ai trouvé votre adresse dans la brochure que m'a envoyée l'office du tourisme de Villard-de-Lans.

Je voudrais réserver une chambre avec bain pour deux personnes en demi-pension pour la semaine du 14 au 20 février 2011, de préférence orientation sud et avec balcon.

Salutations

Hazel Brown

Court Place Barn
23 Lea Road
Bakewell DE45 1AR
ROYAUME-UNI

===============

Hazel.Brown

à : laroseraie@worldnet.fr
envoyé : vendredi 18 décembre 2010 15:41
de : hazelbrown@easynet.co.uk
objet : ma réservation pour février

Monsieur,

J'ai bien reçu votre réponse concernant la disponibilité d'une chambre pour deux. Malheureusement, je viens de me casser la jambe et dois renoncer à mon séjour en montagne. J'annule donc notre réservation mais espère bien pouvoir passer quelques jours à Villard-de-Lans l'année prochaine.

J'espère que cette annulation tardive ne vous causera pas trop de désagrément et vous adresse mes meilleures salutations.

Hazel Brown

Court Place Barn
23 Lea Road
Bakewell DE45 1AR
ROYAUME-UNI

===============

Faire et annuler une réservation sur Internet

Harry.Catte

From: hcat@hotmail.com
Sent: 7 September 2010 9:12
To: info@hoteljacinta.co.uk

Dear Mr Seymour

I regret to inform you that owing to a change in plans we shall be unable to stay at your hotel between 29 and 31 October 2010.

We hope to choose another date this winter to stay at the Jacinta and consider this unfortunate cancellation a simple postponement. Please accept my apologies for any inconvenience it may have caused.

Yours truly,

Harry Catte

18 Prince Edward Street
EDINBURGH EH10 6AF
0131 423 6561

===============

Harry.Catte

From: hcat@hotmail.com
Sent: 14 September 2010 10:44
To: info@hoteljacinta.co.uk

Dear Sir or Madam

Having visited your website at www.hoteljacinta.co.uk, I wish to reserve three nights' bed-and-breakfast accommodation at your hotel from 29-31 October inclusive. I require a double room with en-suite bathroom, and the room should be as quiet as possible. As for dietary requirements, my wife and I are both vegetarians.

Please let me know whether you have a room available for these dates, and also whether your hotel can provide Internet access to guests.

I presume that, at the advertised all-inclusive rate of £37.50 per person per night, the total cost of our stay would be £225. Can you confirm this?

Regards,

Harry Catte
hcat@hotmail.com
18 Prince Edward Street
EDINBURGH EH10 6AF
0131 423 6561

« Best regards », n'est employé que pour une personne de connaissance.

Learning a language abroad

Madame, Monsieur,

Je souhaite avoir des renseignements concernant vos cours de langue.
Je suis actuellement étudiant dans une école de commerce et je souhaiterais vivement suivre une formation diplômante en français des affaires.
Votre site Web indique que votre école est reconnue par la Chambre de commerce et d'industrie de Paris et qu'elle prépare les étudiants à un certain nombre de ses examens.
J'espère pouvoir me rendre en France cet été pour un séjour de trois à quatre semaines et je voudrais savoir si vous proposerez des cours préparant aux examens de la Chambre de commerce pendant cette période.
J'ai étudié le français jusqu'au bac.
Vous remerciant par avance, je vous prie d'agréer, Madame, Monsieur, l'expression de mes sentiments distingués.

Nathaniel Cartwright

Séjours linguistiques

Dear Sir/Madam,

I am writing to ask for more information about your language courses.

I am currently studying in a business school and would be particularly interested in obtaining a qualification in business English.

Your website mentions that your school is recognised by the London Chamber of Commerce and prepares candidates for a number of its exams.

I am hoping to come to England for three or four weeks this summer and would like to know if you will be running Chamber of Commerce exam courses at that time.

I have the equivalent of an A-Level in English.

Thanking you in advance,

Yours faithfully,

Laurent Leblanc

Host family

Introducing oneself

De : Nathaniel White
À : Françoise Denis
Objet : ma famille d'accueil
Date : 4 juin 2012

Chère Madame Denis,

Centerlangs vient de m'envoyer vos coordonnées et je vous écris pour vous donner quelques informations à mon sujet.
Je m'appelle Nathaniel mais tout le monde m'appelle Nate.
J'habite à New York avec mes parents, mes trois sœurs et notre chien, Max.
Quand je ne suis pas en classe, j'aime aller au cinéma, faire de la marche en montagne et lire.
Est-ce que vous avez des animaux ?
Avez-vous toujours habité à Marseille ?
En attendant de vous rencontrer en juillet !
Bien cordialement,
Nate

La famille d'accueil

Se présenter

From: Daniel Coulomb
To: Jennifer Turner
Subject: My host family
Date: 4 June 2012

Dear Mrs Turner,

I have just received your details from Centerlangs, and I am writing to let you know a little about myself.
My name is Daniel, but everyone calls me Danny.
I live in the Massif Central, a range of volcanic mountains in central France.
I live with my parents, my three sisters, and our dog, Max.
When I'm not at school, I enjoy going to the cinema, walking in the mountains and reading.
Do you have any pets?
Have you always lived in Eastbourne?
Looking forward to meeting you all in July!
Yours,
Danny

Host family

How to say thank you

Chère Madame Lazzarelli,

J'ai passé un très agréable séjour à Paris. Je vous remercie pour votre gentillesse, les petits tuyaux touristiques et tout ce que vous avez fait pour moi.
Grâce à vous, j'ai pu constater que ce que les Américains pensent de la cuisine française est tout à fait vrai !
Je voulais également vous remercier à nouveau pour le week-end où vous m'avez emmenée en Bretagne.
Je garde de très bons souvenirs du temps passé avec votre fille à visiter Paris. Si elle vient à Boston un jour, cela me fera vraiment plaisir de la revoir.
J'espère que toute la famille va bien. Transmettez-leur mes amitiés.

Bien cordialement,

Jennifer

La famille d'accueil

Remerciements

Dear Mrs Havils,

I had a lovely stay in London. I very much appreciated your kindness, all the tourist tips you gave me and all the generous things you did for me.
Through you, I was able to discover that what French people say about English food is a myth.
I would like to thank you again for having taken me to Brighton with you for the weekend.
I have very fond memories of the time I spent sightseeing with your daugher in London. If she ever comes to Marseille I would be delighted to see her again.
I hope everybody in your family is well. Please give them my regards.

Yours,

Anne

Internships

Cover letter

Madame,

Je suis étudiante en dernière année d'études commerciales. J'aimerais savoir s'il serait possible d'effectuer un stage de trois mois dans votre service entre le 1er juillet et le 30 septembre de cette année.

Au cours de mes études, je me suis particulièrement intéressée aux marchés étrangers, à l'import-export ainsi qu'au français des affaires.

C'est pourquoi je pense pouvoir vous être utile pour la réalisation de tâches simples, qui me permettraient par la même occasion de mieux connaître les activités de votre entreprise et de mettre en pratique mes connaissances.

Je suis fiable et ponctuelle et souhaite me familiariser avec le monde du travail.

N'hésitez pas à me contacter si vous désirez de plus amples informations. Je suis disponible pour un entretien les mercredis et vendredis après-midi.

Dans l'attente d'une réponse de votre part, je vous prie d'accepter l'expression de mes meilleurs sentiments,

Brenda Woods

Les stages

Demande de stage

Dear Ms Osborne,

I am a student, currently in my final year of a Business Studies degree.
I would like to inquire as to whether you have any openings for three months' work experience in your department during the period July to September this year.
During my course of study, I have concentrated particularly on overseas markets, imports and exports, and business English, and so I hope that while learning from your business activities, I may also be able to help out with some of the simpler tasks in the office.
I am reliable and punctual, and eager to get an insight into the world of work and put my academic knowledge to use.
Please do not hesitate to contact me if you require any more information.
I am available for an interview on Wednesday and Friday afternoons.
In the meantime, I look forward to hearing from you.

Yours sincerely,

Anne Marceau

French CV

This information is optional. Other marital statuses include: *marié(e), divorcé(e), séparé(e), pacsé(e), veuf (veuve).*

Age can be replaced by date of birth or both can be indicated.

Daniel Peter Lowe

3 Hilda Cottages
Mansfield
Nottinghamshire NG18 7BF
Royaume-Uni
Téléphone : + 44 1623 29385

Célibataire
22 ans
Nationalité britannique

FORMATION

2008-2011	BSc en multimédia (licence), mention très bien Université de Sheffield Projet de dernière année : production d'un CD-ROM utilisant des techniques de vidéo numérique
2006-2008	A-levels (baccalauréat). Options : langue anglaise, mathématiques, informatique, français
2004-2006	GCSEs : langue anglaise, littérature anglaise, mathématiques, physique, chimie, dessin industriel, géographie, français

EXPÉRIENCE PROFESSIONNELLE

2010-2011	Animation d'un cybercafé à Mansfield
2009-2010	Participation à la coordination de conférences sur le multimédia (Nottingham, Sheffield, Manchester)
été 2010	Stage d'un mois chez Nova Média, Bruxelles. Travail sur un système de reconnaissance automatique de la parole

DIVERS

- Connaissance approfondie de nombreux logiciels :
- Adobe Illustrator, Quark, MS Office, etc.
- Systèmes d'exploitation : Windows (Mac/PC), Linux
- Français lu, écrit, parlé. Nombreux séjours en France.
- Goût pour les voyages, le cinéma, le karaté et la randonnée.

Other possibilities: *notions de japonais, bonne connaissance du japonais, japonais courant.*

CV britannique

L'adresse durant l'année universitaire n'est donnée que si elle est différente de l'adresse permanente.

Selon le statut : *married, divorced, separated.*

Name:	Serge Aubain
Term Address:	46, rue Passerat 42000 Saint-Etienne France
Telephone:	+ 33 5 77 46 98 75
Home Address:	38 avenue Mozart 86000 Poitiers France
Telephone:	+ 33 5 56 43 87 60
Date of Birth:	17.10.90
Nationality:	French
Marital Status:	Single

EDUCATION AND QUALIFICATIONS

2011	École des mines de St-Étienne, 42023 St-Étienne Cedex 2, France First year of a Diploma in Civil Engineering. Core subjects: Maths, Computing, Physics, Mechanical Engineering, Economics, English. Options: Biotechnology, German.
2009	Lycée Fauriel, 145-149, cours Fauriel, 86000 Poitiers. Baccalauréat S (equivalent to A-level). Subjects: Maths, Physics, Chemistry, French, Geography, History, English, German.

WORK EXPERIENCE

July 2011- Sept. 2011	Group leader at a children's holiday camp, La Rochelle. Duties included organizing activities for children aged between 10 and 16 years, teaching tennis and swimming, liaising with other leaders.
2009-2011	Part-time work as a lifeguard at the local swimming pool.

INTERESTS AND OTHER QUALIFICATIONS

Life saving award (gold medallion)
Full clean driving licence
Basic word processing
Tennis (captain of the school tennis team 2005-2007)
Swimming
Theatre

Signifie que le titulaire du permis n'a jamais été pénalisé pour infraction.

REFEREES

Mme Sylvie Pasteur
(Headmistress)
Lycée Fauriel
145-149, cours Fauriel
86000 Poitiers
France

M. Paul Minoche
(Head Lifeguard)
Piscine de Grouchy
86000 Poitiers
France

En règle générale, si l'on est étudiant, on fournit une référence scolaire ou universitaire et une référence personnelle ou professionnelle.

CV américain

Remarquez qu'aux États-Unis on n'indique ni la situation de famille ni la date de naissance, car ces informations ne sont plus considérées comme devant être connues de l'employeur.

Les diplômes américains et britanniques portent parfois des noms différents et il peut être nécessaire de donner un équivalent.

Anne-Marie Bertheas
20, rue de la Paix
13200 Arles
France
Tél. : 0033 4 46 75 88 09

EMPLOYMENT	2005-	English teacher, Lycée Pothier, 13200 Arles Teaching English to French students aged 13-18 as preparation for the Baccalauréat (equivalent to high school diploma)
	2001-2002	Language assistant, Hutton Comprehensive, Hutton, Lancashire, Great Britain Teaching French to English students aged 11-16 as preparation for the GCSE examination (equivalent to high school diploma)
	1999-2001	Sales assistant, Auchan, Place du Peuple, 13200 Arles Weekend work in the electrical department of a large supermarket.
EDUCATION	1999-2005	University of Lille, Lille, France
	June 2005	CAPES (high school teaching qualification)
	May 2003	Licence d'anglais (equivalent to BA) English Language, Literature and Civilization
	May 2001	Diplôme de Français Langue Étrangère (qualification for teaching French as a foreign language)
LANGUAGES	English	(near-native fluency)
	German	(written and spoken)
	Spanish	(basic knowledge)
OTHER INFORMATION	Word processing (Word, QuarkXpress) Full clean driver's license Secretary of Arles France-Great Britain Society	
REFERENCES	Available upon request	

Driving licence en anglais britannique.

English - French
anglais - français

A

a¹ (*pl* **a's**), **A** (*pl* **A's** *or* **As**) [eɪ] noun [letter] a *m inv*, A *m inv* ▸**to get from A to B** aller d'un point à un autre ▸**from A to Z** de A à Z, depuis A jusqu'à Z. ◆ **A** noun **1.** MUS la *m inv* **2.** SCH [mark] A *m inv*.

a² (*weak form* [ə], *strong form* [eɪ], *before vowel or silent 'h'* **an**: *weak form* [ən], *strong form* [æn]) indef art **1.** [gen] un (une) / ***a boy*** un garçon / ***a table*** une table / ***an orange*** une orange / ***I can't see a thing*** je ne vois rien **2.** [referring to occupation] : ***to be a lawyer / plumber*** être avocat/plombier / ***have you seen a doctor?*** as-tu vu un médecin ? **3.** [before numbers, quantities] un (une) / ***a hundred / thousand pounds*** cent/mille livres / ***an hour and a half*** une heure et demie / ***a few weeks / months*** quelques semaines/mois / ***a lot of money*** beaucoup d'argent **4.** [to express prices, ratios] : ***20p a kilo*** 20p le kilo / ***£10 a person*** 10 livres par personne / ***twice a week / month*** deux fois par semaine/mois / ***50 km an hour*** 50 km à l'heure **5.** [preceding person's name] un certain (une certaine) / ***a Mr Jones*** un certain M. Jones **6.** [after half, rather, such, what] : ***half a glass of wine*** un demi-verre de vin / ***what a lovely dress!*** quelle jolie robe !

a. *abbr of* **acre**.

A-1 adj *inf* excellent(e).

A3¹ ❖ noun [paper size] format *m* A3. ❖ adj ▸**A3 paper** papier *m* (format) A3.

A3² MESSAGING *written abbr of* **anytime, anywhere, anyplace**.

A4 noun UK format *m* A4.

AA ❖ adj *abbr of* **anti-aircraft.** ❖ noun **1.** (*abbr of* **Automobile Association**) *automobile club britannique* ; ≃ ACF *m* ; ≃ TCF *m* **2.** (*abbr of* **Associate in Arts**) *diplôme universitaire américain de lettres* **3.** (*abbr of* **Alcoholics Anonymous**) Alcooliques Anonymes *mpl*.

AAA noun **1.** (*abbr of* **Amateur Athletic Association**) *fédération britannique d'athlétisme* **2.** (*abbr of* **American Automobile Association**) *automobile club américain* ; ≃ ACF *m* ; ≃ TCF *m*.

aardvark ['ɑːdvɑːk] noun oryctérope *m*.

aargh [ɑː] excl aargh !

AB noun US *abbr of* **Bachelor of Arts**.

aback [ə'bæk] adv ▸**to be taken aback** être décontenancé(e) / ***he was rather taken aback when I said that*** ça l'a surpris que je dise ça.

abacus ['æbəkəs] (*pl* **-cuses** *or* **-ci**) noun boulier *m*, abaque *m*.

abandon [ə'bændən] ❖ vt abandonner / ***to abandon ship*** abandonner OR quitter le navire / ***the match was abandoned because of bad weather*** on a interrompu le match en raison du mauvais temps. ❖ noun ▸**with abandon** avec abandon.

abandoned [ə'bændənd] adj abandonné(e).

abandonment [ə'bændənmənt] noun **1.** [of place, person, project] abandon *m* **2.** [of right] cession *f*.

abashed [ə'bæʃt] adj confus(e).

abate [ə'beɪt] vi [storm, fear] se calmer ; [noise] faiblir.

abattoir ['æbətwɑːʳ] noun abattoir *m*.

abbess ['æbes] noun abbesse *f*.

abbey ['æbɪ] noun abbaye *f*.

abbot ['æbət] noun abbé *m*.

abbreviate [ə'briːvɪeɪt] vt abréger.

abbreviation [əˌbriːvɪ'eɪʃn] noun abréviation *f*.

ABC noun **1.** [alphabet] alphabet *m* **2.** *fig* [basics] B.A.-Ba *m*, abc *m* **3.** (*abbr of* **American Broadcasting Company**) *chaîne de télévision américaine*.

abdicate ['æbdɪkeɪt] vt & vi abdiquer.

abdication [ˌæbdɪ'keɪʃn] noun abdication *f*.

abdomen ['æbdəmən] noun abdomen *m*.

abdominal [æb'dɒmɪnl] adj abdominal(e).

abduct [əb'dʌkt] vt enlever.

abduction [æb'dʌkʃn] noun enlèvement *m*.

aberration [ˌæbə'reɪʃn] noun aberration *f*.

abet [ə'bet] (*pt & pp* **-ted**, *cont* **-ting**) vt ⟶ **aid**.

abeyance [ə'beɪəns] noun ▸**in abeyance** en attente.

abhor [əb'hɔːʳ] (*pt & pp* **-red**, *cont* **-ring**) vt exécrer, abhorrer.

abhorrence [əb'hɒrəns] noun *fml* aversion *f*, horreur *f* / ***to have an abhorrence of sthg*** avoir horreur de qqch OR une aversion pour qqch, avoir qqch en horreur.

abhorrent [əb'hɒrənt] adj répugnant(e).

abide [ə'baɪd] vt supporter, souffrir / ***I can't abide hypocrisy*** je ne supporte pas l'hypocrisie. ◆ **abide by** vt insep respecter, se soumettre à.

abiding [ə'baɪdɪŋ] adj [lasting - feeling, interest] constant(e) ; [- memory] éternel(elle), impérissable.

ability [ə'bɪlətɪ] (*pl* **-ies**) noun **1.** [capacity, capability] aptitude *f* / ***children at different levels of ability / of different abilities*** des enfants de niveaux intellectuels différents/aux compétences diverses ▸**to do sthg to the best of one's ability** faire qqch de son mieux **2.** [skill] talent *m*.

abject ['æbdʒekt] adj **1.** [poverty] noir(e) **2.** [person] pitoyable ; [flattery] servile / ***an abject apology*** de plates excuses.

abjectly ['æbdʒektlɪ] adv [act, refuse] de manière abjecte ; [apologise] avec servilité, servilement ▸ **abjectly poor** d'une pauvreté absolue.

ablaze [ə'bleɪz] adj **1.** [on fire] en feu **2.** *fig* [bright] ▸ **to be ablaze with** être resplendissant(e) de.

able ['eɪbl] adj **1.** [capable] ▸ **to be able to do sthg** pouvoir faire qqch / *I wasn't able to see* je ne voyais pas **2.** [accomplished] compétent(e).

able-bodied [-ˌbɒdɪd] adj en bonne santé, valide.

ably ['eɪblɪ] adv avec compétence, habilement.

abnormal [æb'nɔːml] adj anormal(e).

abnormality [ˌæbnɔː'mælətɪ] (*pl* **-ies**) noun **1.** [gen] anomalie *f* **2.** [abnormal state, condition] anormalité *f* **3.** MED malformation *f*.

abnormally [æb'nɔːməlɪ] adv anormalement.

aboard [ə'bɔːd] ❖ adv à bord. ❖ prep [ship, plane] à bord de ; [bus, train] dans.

abode [ə'bəʊd] noun *fml* ▸ **of no fixed abode** sans domicile fixe.

abolish [ə'bɒlɪʃ] vt abolir.

abolition [ˌæbə'lɪʃn] noun abolition *f*.

A-bomb (*abbr of* **atom bomb**) noun bombe *f* atomique.

abominable [ə'bɒmɪnəbl] adj abominable.

abominable snowman noun ▸ **the abominable snowman** l'abominable homme *m* des neiges.

abominably [ə'bɒmɪnəblɪ] adv abominablement.

abomination [əˌbɒmɪ'neɪʃn] noun **1.** *fml* [loathing] abomination *f* / *we hold such behaviour in abomination* ce genre de comportement nous fait horreur OR nous horrifie **2.** *fml* [detestable act] abomination *f*, acte *m* abominable **3.** [awful thing] abomination *f*, chose *f* abominable.

aboriginal [ˌæbə'rɪdʒənl] adj **1.** [culture, legend] aborigène, des aborigènes **2.** BOT & ZOOL aborigène. ◆ **Aboriginal** adj aborigène, des aborigènes.

aborigine [ˌæbə'rɪdʒənɪ] noun aborigène *mf* d'Australie.

abort [ə'bɔːt] ❖ vt **1.** [pregnancy] interrompre **2.** *fig* [plan, project] abandonner, faire avorter **3.** COMPUT abandonner. ❖ vi COMPUT abandonner.

abortion [ə'bɔːʃn] noun avortement *m*, interruption *f* (volontaire) de grossesse ▸ **to have an abortion** se faire avorter.

abortive [ə'bɔːtɪv] adj manqué(e).

abound [ə'baʊnd] vi **1.** [be plentiful] abonder **2.** [be full] ▸ **to abound with** OR **in** abonder en.

about [ə'baʊt]

❖ adv

1. [approximately] environ, à peu près / *about fifty / a hundred / a thousand* environ cinquante/cent/mille / *at about five o'clock* vers cinq heures / *I'm just about ready* je suis presque prêt / *it's about time you started* il serait grand temps que vous vous y mettiez / *I've had just about enough!* j'en ai vraiment assez !

2. [referring to place] : *to run about* courir çà et là / *to leave things lying about* laisser traîner des affaires / *to walk about* aller et venir, se promener / *is there anyone about?* il y a quelqu'un ? / *there's a lot of flu about* il y a beaucoup de grippe en ce moment / *stop fooling about!* *inf* arrête de faire l'imbécile !

3. [on the point of] ▸ **to be about to do sthg** être sur le point de faire qqch / *I was just about to leave* j'allais partir, j'étais sur le point de partir

❖ prep

1. [relating to, concerning] au sujet de / *a film about Paris* un film sur Paris / *what is it about?* de quoi s'agit-il ? / *I'm worried about her* je suis inquiet à son sujet / *there's no doubt about it* cela ne fait aucun doute, il n'y a aucun doute là-dessus / *to talk about sthg* parler de qqch / *she asked me about my mother* elle m'a demandé des nouvelles de ma mère / *what do you want to see me about?* vous voulez me voir à quel sujet ? / *I can't do anything about it* je n'y peux rien / *what do you think about modern art?* que pensez-vous de l'art moderne ? / *I was thinking about my father* je pensais à mon père / *what I like about her is her generosity* ce que j'aime en OR chez elle, c'est sa générosité / *I don't know about you, but I fancy a drink* toi, je ne sais pas, mais moi je boirais bien un verre / *OK, what's this all about?* bon, qu'est-ce qui se passe ?

2. [referring to place] : *his belongings were scattered about the room* ses affaires étaient éparpillées dans toute la pièce / *to wander about the streets* errer de par les rues

3. [busy with] : *while I'm about it* pendant que j'y suis / *be quick about it!* faites vite !, dépêchez-vous !

about-turn UK, **about-face** US noun **1.** MIL demi-tour *m* ; *fig* volte-face *f inv* **2.** POL revirement *m*.

above [ə'bʌv] ❖ adv **1.** [on top, higher up] au-dessus / *the people in the flat above* les voisins du dessus / *to fall from above* tomber d'en haut **2.** [in text] ci-dessus, plus haut / *two lines above* deux lignes plus haut **3.** [more, over] plus / *children aged 5 and above* les enfants âgés de 5 ans et plus OR de plus de 5 ans **4.** [a higher rank or authority] en haut / *we've had orders from above* nous avons reçu des ordres d'en haut. ❖ prep **1.** [on top of, higher up than] au-dessus de / *they live above the shop* ils habitent au-dessus du magasin / *above ground* en surface **2.** [more than] plus de / *it's above my price limit* c'est au-dessus du prix OR ça dépasse le prix que je me suis fixé / *he values friendship above success* il accorde plus d'importance à l'amitié qu'à la réussite **3.** [too good for] ▸ **to be above doing sthg** ne pas s'abaisser à faire qqch / *above suspicion / reproach* au-dessus de tout soupçon/reproche **4.** [higher in rank, quality than] au-dessus de / *she's ranked above the other athletes* elle se classe devant les autres athlètes. ◆ **above all** adv avant tout.

aboveboard [əˌbʌv'bɔːd] adj honnête.

above-mentioned [-'menʃnd] *fml* ◆ adj cité(e) plus haut, susmentionné(e). ◆ noun (*pl inv*) : *the above-mentioned* [person] le susmentionné, la susmentionnée.

above-named *fml* ◆ adj susnommé(e). ◆ noun (*pl inv*) : *the above-named* le susnommé, la susnommée.

abracadabra [ˌæbrəkə'dæbrə] excl abracadabra !

abrasion [ə'breɪʒn] noun *fml* [on skin] écorchure *f*, égratignure *f*.

abrasive [ə'breɪsɪv] ◆ adj [substance] abrasif(ive) ; *fig* caustique, acerbe. ◆ noun abrasif *m*.

abreast [ə'brest] adv de front, côte à côte. ◆ **abreast of** prep ▸ **to keep abreast of** se tenir au courant de.

abridge [ə'brɪdʒ] vt [book] abréger ; [article, play, speech] écourter, abréger.

abridged [ə'brɪdʒd] adj abrégé(e).

abroad [ə'brɔ:d] adv à l'étranger.

abrupt [ə'brʌpt] adj **1.** [sudden] soudain(e), brusque **2.** [brusque] abrupt(e).

abruptly [ə'brʌptlɪ] adv **1.** [suddenly] brusquement **2.** [brusquely] abruptement.

abs [æbz] pl n *inf* [abdominal muscles] abdos *mpl* / *I'm working on my abs* je travaille mes abdos ▸ **to have killer abs** avoir des abdos en béton OR des tablettes de chocolat.

ABS (*abbr of* **Anti-lock braking system**) noun ABS *m*.

abscess ['æbses] noun abcès *m*.

abscond [əb'skɒnd] vi s'enfuir.

abseil ['æbseɪl] vi UK descendre en rappel.

abseiling ['æbseɪlɪŋ] noun UK (descente *f* en) rappel *m*.

absence ['æbsəns] noun absence *f* ▸ **in the absence of** [thing] faute de.

absent ['æbsənt] adj ▸ **absent (from)** absent(e) (de) ▸ **to be absent without leave** MIL être en absence irrégulière.

absentee [ˌæbsən'ti:] noun absent *m*, -e *f*.

absenteeism [ˌæbsən'ti:ɪzm] noun absentéisme *m*.

absent-minded [-'maɪndɪd] adj distrait(e).

absent-mindedly [-'maɪndɪdlɪ] adv distraitement.

absent-mindedness [-'maɪndɪdnɪs] noun distraction *f*, absence *f*.

absolute ['æbsəlu:t] adj **1.** [complete - fool, disgrace] complet(ète) / *what absolute nonsense!* quelles bêtises, vraiment ! **2.** [totalitarian - ruler, power] absolu(e).

absolutely ['æbsə'lu:tlɪ] adv absolument.

absolute majority noun majorité *f* absolue.

absolution [ˌæbsə'lu:ʃn] noun absolution *f*.

absolve [əb'zɒlv] vt ▸ **to absolve sb (from)** absoudre qqn (de).

absorb [əb'zɔ:b] vt [gen] absorber ; [information] retenir, assimiler ▸ **to be absorbed in sthg** être absorbé(e) dans qqch.

absorbency [əb'sɔ:bənsɪ] noun [gen] pouvoir *m* absorbant ; CHEM & PHYS absorptivité *f*.

absorbent [əb'zɔ:bənt] adj absorbant(e).

absorbing [əb'zɔ:bɪŋ] adj captivant(e).

absorption [əb'zɔ:pʃn] noun absorption *f*.

abstain [əb'steɪn] vi ▸ **to abstain (from)** s'abstenir (de).

abstainer [əb'steɪnər] noun **1.** [teetotaller] abstinent *m*, -e *f* **2.** [person not voting] abstentionniste *mf*.

abstemious [æb'sti:mjəs] adj *fml* frugal(e), sobre.

abstention [əb'stenʃn] noun abstention *f*.

abstinence ['æbstɪnəns] noun abstinence *f*.

abstract ◆ adj ['æbstrækt] abstrait(e). ◆ noun ['æbstrækt] [summary] résumé *m*, abrégé *m*. ◆ vt [æb'strækt] [summarize] résumer.

abstraction [æb'strækʃn] noun **1.** [distractedness] distraction *f* **2.** [abstract idea] abstraction *f*.

abstruse [æb'stru:s] adj abstrus(e).

absurd [əb'sɜ:d] adj absurde.

absurdity [əb'sɜ:dətɪ] (*pl* **-ies**) noun absurdité *f*.

absurdly [əb'sɜ:dlɪ] adv absurdement / *it was absurdly complicated* c'était d'une complexité absurde.

ABTA ['æbtə] (*abbr of* **Association of British Travel Agents**) noun *association des agences de voyage britanniques*.

abundance [ə'bʌndəns] noun abondance *f* ▸ **in abundance** en abondance.

abundant [ə'bʌndənt] adj abondant(e).

abundantly [ə'bʌndəntlɪ] adv **1.** [clear, obvious] parfaitement, tout à fait **2.** [exist, grow] en abondance.

abuse ◆ noun [ə'bju:s] (*U*) **1.** [offensive remarks] insultes *fpl*, injures *fpl* **2.** [maltreatment] mauvais traitement *m* ▸ **child abuse** mauvais traitements infligés aux enfants ▸ **physical abuse** sévices *mpl* corporels **3.** [of power, drugs] abus *m*. ◆ vt [ə'bju:z] **1.** [insult] insulter, injurier **2.** [maltreat] maltraiter **3.** [power, drugs] abuser de.

abuser [ə'bju:zər] noun **1.** [gen] : *abusers of the system* ceux qui profitent du système **2.** [of child] *personne qui a maltraité un enfant physiquement ou psychologiquement* **3.** [of drugs] : *(drug) abuser* drogué *m*, -e *f*.

abusive [ə'bju:sɪv] adj grossier(ère), injurieux(euse).

abusively [ə'bju:sɪvlɪ] adv **1.** [speak, write] de façon offensante, grossièrement **2.** [behave, treat] brutalement **3.** [use] abusivement.

abysmal [ə'bɪzml] adj épouvantable, abominable.

abysmally [ə'bɪzməlɪ] adv abominablement.

abyss [ə'bɪs] noun abîme *m*, gouffre *m*.

AC noun **1.** UK (*abbr of* **athletics club**) *club d'athlétisme* **2.** (*abbr of* **alternating current**) courant *m* alternatif **3.** *abbr of* **air-conditioning**.

acacia [ə'keɪʃə] noun acacia *m*.

academic [ˌækə'demɪk] ◆ adj **1.** [of college, university] universitaire **2.** [person] intellectuel(elle) **3.** [question, discussion] théorique / *out of academic interest* par simple curiosité. ◆ noun universitaire *mf*.

academic year noun année *f* scolaire OR universitaire.

academy [ə'kædəmɪ] (*pl* -ies) noun **1.** [school, college] école *f* ▸**academy of music** conservatoire *m* **2.** [institution, society] académie *f*.

ACAS ['eɪkæs] (*abbr of* **Advisory, Conciliation and Arbitration Service**) noun *organisme britannique de conciliation des conflits du travail.*

accede [æk'si:d] vi **1.** [agree] ▸**to accede to** agréer, donner suite à **2.** [monarch] ▸**to accede to the throne** monter sur le trône.

accelerate [ək'seləreɪt] vi **1.** [car, driver] accélérer **2.** [inflation, growth] s'accélérer.

acceleration [əkˌselə'reɪʃn] noun accélération *f*.

accelerator [ək'seləreɪtəʳ] noun accélérateur *m* ▸**accelerator pedal** pédale *f* d'accélérateur.

accent ['æksent] noun accent *m*.

accentuate [æk'sentjʊeɪt] vt accentuer.

accept [ək'sept] vt **1.** [gen] accepter ; [for job, as member of club] recevoir, admettre / *he proposed and she accepted (him)* il la demanda en mariage et elle accepta / *the machine only accepts coins* la machine n'accepte que les pièces / *she's been accepted at* OR US *to Harvard* elle a été admise à Harvard **2.** [agree] ▸**to accept that...** admettre que....

acceptable [ək'septəbl] adj acceptable.

acceptably [ək'septəblɪ] adv convenablement.

acceptance [ək'septəns] noun **1.** [gen] acceptation *f* / *the idea is gaining acceptance* l'idée fait son chemin **2.** [for job, as member of club] admission *f*.

accepted [ək'septɪd] adj [ideas, fact] reconnu(e).

access ['ækses] ❖ noun **1.** [entry, way in] accès *m* ▸**to gain access to** avoir accès à **2.** [opportunity to use, see] ▸**to have access to sthg** avoir qqch à sa disposition, disposer de qqch. ❖ vt COMPUT avoir accès à.

access card noun carte *f* d'accès.

access code noun COMPUT code *m* d'accès.

accessibility [əkˌsesə'bɪlətɪ] noun **1.** [of place] accessibilité *f* **2.** [availability] accès *m*.

accessible [ək'sesəbl] adj **1.** [reachable - place] accessible **2.** [available] disponible.

accession [æk'seʃn] noun [of monarch] accession *f*.

access number noun COMPUT [to ISP] numéro *m* d'accès.

accessorize, accessorise UK [ək'sesəraɪz] vt accessoiriser.

accessory [ək'sesərɪ] (*pl* -ies) noun **1.** [for car, vacuum cleaner] accessoire *m* **2.** LAW complice *mf* **3.** COMPUT accessoire *m*. ◆ **accessories** pl n accessoires *mpl*.

access ramp noun bretelle *f* d'accès.

access road noun [to motorway] bretelle *f* de raccordement OR d'accès.

access time noun COMPUT temps *m* d'accès.

accident ['æksɪdənt] noun accident *m* ▸**accident and emergency department** UK (service *m* des) urgences *fpl* ▸**by accident** par hasard, par accident ▸**it was an accident waiting to happen** c'était une bombe à retardement *fig*

accidental [ˌæksɪ'dentl] adj accidentel(elle).

accidentally [ˌæksɪ'dentəlɪ] adv **1.** [drop, break] par mégarde **2.** [meet] par hasard.

accident-prone adj prédisposé(e) aux accidents.

acclaim [ə'kleɪm] ❖ noun *(U)* éloges *mpl*. ❖ vt louer.

acclamation [ˌæklə'meɪʃn] noun *(U)* acclamation *f*.

acclimatization UK, **acclimatisation** UK [əˌklaɪmətaɪ'zeɪʃn], **acclimation** US [ˌæklə'meɪʃn] noun [to climate] acclimatation *f* ; [to conditions, customs] accoutumance *f*, acclimatement *m*.

acclimatize UK, **acclimatise** UK [ə'klaɪmətaɪz], **acclimate** US ['ækləmeɪt] vi ▸**to acclimatize (to)** s'acclimater (à).

accolade ['ækəleɪd] noun accolade *f* ▸**the ultimate accolade** la consécration suprême.

accommodate [ə'kɒmədeɪt] vt **1.** [provide room for] loger / *the cottage accommodates up to six people* dans la villa, on peut loger jusqu'à six (personnes) **2.** [oblige - person, wishes] satisfaire.

accommodating [ə'kɒmədeɪtɪŋ] adj obligeant(e).

accommodation [əˌkɒmə'deɪʃn] noun UK logement *m* ▸**office accommodation** bureaux *mpl*.

accommodations [əˌkɒmə'deɪʃnz] pl n US = **accommodation**

accompaniment [ə'kʌmpənɪmənt] noun MUS accompagnement *m*.

accompanist [ə'kʌmpənɪst] noun MUS accompagnateur *m*, -trice *f*.

accompany [ə'kʌmpənɪ] (*pt & pp* -ied) vt **1.** [gen] accompagner **2.** MUS ▸**to accompany sb (on)** accompagner qqn (à).

accompanying [ə'kʌmpənɪɪŋ] adj : *the accompanying documents* les documents ci-joints / *children will not be allowed in without an accompanying adult* l'entrée est interdite aux enfants non accompagnés.

accomplice [ə'kʌmplɪs] noun complice *mf*.

accomplish [ə'kʌmplɪʃ] vt accomplir.

accomplished [ə'kʌmplɪʃt] adj accompli(e).

accomplishment [ə'kʌmplɪʃmənt] noun **1.** [action] accomplissement *m* **2.** [achievement] réussite *f*. ◆ **accomplishments** pl n talents *mpl*.

accord [ə'kɔ:d] noun ▸**to do sthg of one's own accord** faire qqch de son propre chef OR de soi-même ▸**to be in accord with** être d'accord avec ▸**with one accord** d'un commun accord.

accordance [ə'kɔ:dəns] noun ▸**in accordance with** conformément à.

according [ə'kɔ:dɪŋ] ◆ **according to** prep **1.** [as stated or shown by] d'après ▸**according to her** selon elle **2.** [with regard to] suivant, en fonction de.

accordingly [ə'kɔ:dɪŋlɪ] adv **1.** [appropriately] en conséquence **2.** [consequently] par conséquent.

accordion [ə'kɔ:djən] noun accordéon *m*.

accost [ə'kɒst] vt accoster.

account [ə'kaʊnt] noun **1.** [with bank, shop, company] compte *m* / *put it on* OR *charge it to my account* mettez cela sur mon compte / *I'd like to settle my account* je voudrais régler ma note ▸ **accounts payable** comptes *mpl* fournisseurs ▸ **accounts receivable** comptes *mpl* clients **2.** [report] compte-rendu *m* / *he gave his account of the accident* il a donné sa version de l'accident **3.** [business, patronage] appui *m* ; [in advertising] budget *m* **4.** PHR **to call sb to account** demander des comptes à qqn ▸ **to give a good account of o.s.** faire bonne impression ▸ **to put something to good account** tirer parti de qqch ▸ **to take account of sthg, to take sthg into account** prendre qqch en compte ▸ **to be of no account** n'avoir aucune importance. ◆ **accounts** pl n [of business] comptabilité *f*, comptes *mpl* ▸ **to do the accounts** faire les comptes. ◆ **by all accounts** adv d'après ce que l'on dit, au dire de tous. ◆ **on account** adv à crédit / *I paid £100 on account* j'ai versé un acompte de 100 livres. ◆ **on account of** prep à cause de. ◆ **on no account** adv en aucun cas, sous aucun prétexte. ◆ **account for** vt insep **1.** [explain] justifier, expliquer / *he has to account for every penny he spends* il doit rendre compte de chaque euro qu'il dépense / *there's no accounting for his behaviour* il n'y a aucune explication à son comportement / *has everyone been accounted for?* personne n'a été oublié ? **2.** [represent] représenter / *wine accounts for 5 % of exports* le vin représente 5 % des exportations.

accountability [ə,kaʊntə'bɪlətɪ] noun *(U)* responsabilité *f*.

accountable [ə'kaʊntəbl] adj **1.** [responsible] ▸ **accountable (for)** responsable (de) **2.** [answerable] ▸ **to be accountable to** rendre compte à, rendre des comptes à.

accountancy [ə'kaʊntənsɪ] noun comptabilité *f*.

accountant [ə'kaʊntənt] noun comptable *mf*.

account balance noun [status] situation *f* de compte.

account executive noun responsable *mf* grands comptes.

account holder noun titulaire *mf* du compte.

accounting [ə'kaʊntɪŋ] noun comptabilité *f*.

account manager noun = **account executive**.

account number noun numéro *m* de compte.

accredit [ə'kredɪt] vt **1.** [credit] créditer / *they accredited the discovery to him* on lui a attribué cette découverte / *she is accredited with having discovered radium* on lui attribue la découverte du radium **2.** [provide with credentials] accréditer / *ambassador accredited to Morocco* ambassadeur accrédité au Maroc **3.** [recognize as bona fide] agréer.

accredited [ə'kredɪtɪd] adj attitré(e).

accrual [ə'kru:əl] noun *fml* accumulation *f* ▸ **accruals** FIN compte *m* de régularisation (du passif).

accrue [ə'kru:] vi [money] fructifier ; [interest] courir.

accumulate [ə'kju:mjʊleɪt] ◈ vt accumuler, amasser. ◈ vi s'accumuler.

accumulation [ə,kju:mjʊ'leɪʃn] noun **1.** *(U)* [act of accumulating] accumulation *f* **2.** [things accumulated] amas *m*.

accuracy ['ækjʊrəsɪ] noun **1.** [of description, report] exactitude *f* **2.** [of weapon, typist, figures] précision *f*.

accurate ['ækjʊrət] adj **1.** [description, report] exact(e) / *the report was accurate in every detail* le compte rendu était fidèle jusque dans les moindres détails **2.** [weapon, typist, figures] précis(e).

accurately ['ækjʊrətlɪ] adv **1.** [truthfully - describe, report] fidèlement **2.** [precisely - aim] avec précision ; [- type] sans faute.

accusation [,ækju:'zeɪʃn] noun accusation *f*.

accuse [ə'kju:z] vt ▸ **to accuse sb of sthg / of doing sthg** accuser qqn de qqch / de faire qqch.

accused [ə'kju:zd] *(pl inv)* noun LAW ▸ **the accused** l'accusé *m*, -e *f*.

accuser [ə'kju:zə^r] noun accusateur *m*, -trice *f*.

accusing [ə'kju:zɪŋ] adj accusateur(trice).

accusingly [ə'kju:zɪŋlɪ] adv d'une manière accusatrice.

accustom [ə'kʌstəm] vt habituer, accoutumer ▸ **to accustom sb to sthg** habituer qqn à qqch.

accustomed [ə'kʌstəmd] adj ▸ **to be accustomed to sthg / to doing sthg** avoir l'habitude de qqch / de faire qqch.

AC / DC ◈ noun *written abbr of* **alternating current / direct current**. ◈ adj *inf* [bisexual] : *to be AC / DC* marcher à voile et à vapeur.

ace [eɪs] ◈ noun as *m* ▸ **to be within an ace of** *fig* être à deux doigts de. ◈ adj *inf* [top-class] de haut niveau.

acerbic [ə'sɜ:bɪk] adj acerbe.

acetate ['æsɪteɪt] noun acétate *m*.

acetic acid [ə'si:tɪk-] noun acide *m* acétique.

ache [eɪk] ◈ noun douleur *f*. ◈ vi **1.** [back, limb] faire mal / *my head aches* j'ai mal à la tête **2.** *fig* [want] ▸ **to be aching for sthg / to do sthg** mourir d'envie de qqch / de faire qqch.

achieve [ə'tʃi:v] vt [success, victory] obtenir, remporter ; [goal] atteindre ; [ambition] réaliser ; [fame] parvenir à.

> ⚠ Achever means *to finish*, not *to achieve*.

achievement [ə'tʃi:vmənt] noun **1.** [success] réussite *f* **2.** [of goal, objective] réalisation *f*.

achiever [ə'tʃi:və^r] noun fonceur *m*, -euse *f*.

Achilles' heel [ə'kɪli:z-] noun talon *m* d'Achille.

Achilles' tendon noun tendon *m* d'Achille.

aching ['eɪkɪŋ] adj douloureux(euse), endolori(e).

achy ['eɪkɪ] adj *inf* douloureux(euse), endolori(e).

acid ['æsɪd] ◈ adj *lit* & *fig* acide. ◈ noun acide *m*.

acidic [ə'sɪdɪk] adj acide.

acidity [ə'sɪdətɪ] noun acidité *f*.

acid rain noun *(U)* pluies *fpl* acides.

acid test noun *fig* épreuve *f* décisive.

acknowledge [ək'nɒlɪdʒ] vt **1.** [fact, situation, person] reconnaître / *we acknowledge (the fact) that we were wrong* nous admettons notre erreur / *they acknowledged him as their leader* ils l'ont reconnu comme leur chef **2.** [letter] ▸ **to acknowledge (receipt of)** accuser réception de **3.** [greet] saluer.

acknowledged [ək'nɒlɪdʒd] adj [expert, authority] reconnu(e).

acknowledg(e)ment [ək'nɒlɪdʒmənt] noun **1.** [admission] reconnaissance *f* ; [of mistake] reconnaissance *f*, aveu *m* / *in acknowledgement of your letter* en réponse à votre lettre / *acknowledgement of receipt* accusé *m* de réception / *he received a watch in acknowledgement of his work* il a reçu une montre en reconnaissance OR remerciement de son travail **2.** [letter, receipt] accusé *m* de réception ; [for payment] quittance *f*, reçu *m*. ◆ **acknowledg(e)ments** pl n [in article, book] remerciements *mpl*.

ACLU (*abbr of* American Civil Liberties Union) noun *ligue américaine des droits du citoyen*.

acne ['æknɪ] noun acné *f*.

acorn ['eɪkɔ:n] noun gland *m*.

acoustic [ə'ku:stɪk] adj acoustique. ◆ **acoustics** pl n [of room] acoustique *f*.

acoustic guitar noun guitare *f* sèche.

acquaint [ə'kweɪnt] vt ▸ **to acquaint sb with sthg** mettre qqn au courant de qqch ▸ **to be acquainted with sb** connaître qqn.

acquaintance [ə'kweɪntəns] noun **1.** [person] connaissance *f* **2.** [with person] ▸ **to make sb's acquaintance** faire la connaissance de qqn.

acquiesce [,ækwɪ'es] vi ▸ **to acquiesce (to** OR **in sthg)** donner son accord (à qqch).

acquiescence [,ækwɪ'esns] noun consentement *m*.

acquire [ə'kwaɪəʳ] vt acquérir.

acquired [ə'kwaɪəd] adj acquis(e) / *an acquired taste* un goût acquis.

acquisition [,ækwɪ'zɪʃn] noun acquisition *f*.

acquisitive [ə'kwɪzɪtɪv] adj avide de possessions.

acquit [ə'kwɪt] (*pt & pp* **-ted**, *cont* **-ting**) vt **1.** LAW acquitter **2.** [perform] ▸ **to acquit o.s. well / badly** bien / mal se comporter.

acquittal [ə'kwɪtl] noun acquittement *m*.

acre ['eɪkəʳ] noun ≃ demi-hectare *m (= 4046,9 m2)*.

acrid ['ækrɪd] adj [taste, smell] âcre ; *fig* acerbe.

acrimonious [,ækrɪ'məʊnjəs] adj acrimonieux(euse).

acrimoniously [,ækrɪ'məʊnjəslɪ] adv [say] avec amertume / *the meeting ended acrimoniously* la réunion s'est terminée dans l'amertume.

acrobat ['ækrəbæt] noun acrobate *mf*.

acrobatic [,ækrə'bætɪk] adj acrobatique. ◆ **acrobatics** pl n acrobatie *f*.

acronym ['ækrənɪm] noun acronyme *m*.

across [ə'krɒs] ❖ adv **1.** [from one side to the other] en travers / *to run across* traverser en courant / *I helped him across* je l'ai aidé à traverser / *she walked across to Mary* elle s'est dirigée vers Mary / *I looked across at my mother* j'ai regardé ma mère **2.** [in measurements] : *the river is 2 km across* la rivière mesure 2 km de large **3.** [in crossword] : *21 across* 21 horizontalement **4.** PHR ▸ **to get sthg across (to sb)** faire comprendre qqch (à qqn). ❖ prep **1.** [from one side to the other] d'un côté à l'autre de, en travers de / *to walk across the road* traverser la route / *to run across the road* traverser la route en courant / *there's a bridge across the river* il y a un pont sur la rivière / *he leaned across my desk* il s'est penché par-dessus mon bureau / *a smile spread across her face* un sourire a éclairé son visage **2.** [on the other side of] de l'autre côté de / *the house across the road* la maison d'en face / *he sat across the table from me* il s'assit en face de moi / *she glanced across the room at us* elle nous lança un regard de l'autre bout de la pièce **3.** [throughout] en travers de, à travers / *the study of literature across cultures* l'étude de la littérature à travers différentes cultures / *he gave speeches all across Europe* il a fait des discours dans toute l'Europe. ◆ **across from** prep en face de.

across-the-board adj général(e).

acrylic [ə'krɪlɪk] ❖ adj acrylique ▸ **acrylic paint** peinture *f* acrylique. ❖ noun acrylique *m*.

act [ækt] ❖ noun **1.** [action, deed] acte *m* ▸ **to catch sb in the act** prendre qqn sur le fait ▸ **to catch sb in the act of doing sthg** surprendre qqn en train de faire qqch **2.** LAW loi *f* **3.** [of play, opera] acte *m* ; [in cabaret] numéro *m* ; *fig* [pretence] ▸ **to put on an act** jouer la comédie **4.** PHR ▸ **to get in on the act** s'y mettre ▸ **to get one's act together** se reprendre en main. ❖ vi **1.** [gen] agir **2.** [behave] se comporter ▸ **to act as if** se conduire comme si, se comporter comme si ▸ **to act like** se conduire comme, se comporter comme **3.** [in play, film] jouer ; *fig* [pretend] jouer la comédie **4.** [function] ▸ **to act as a)** [person] être **b)** [object] servir de ▸ **to act for sb, to act on behalf of sb** représenter qqn. ❖ vt [part] jouer ▸ **to act the fool** faire l'imbécile ▸ **act your age!** ce n'est plus de ton âge ! ◆ **act on** vt insep **1.** [advice, suggestion] suivre ; [order] exécuter / *acting on your instructions, we have cancelled your account* selon vos instructions, nous avons fermé votre compte **2.** [chemical, drug] agir sur. ◆ **act out** vt sep **1.** [feelings, thoughts] exprimer **2.** [event] mimer. ◆ **act up** vi faire des siennes.

ACT (*abbr of* American College Test) noun *examen américain de fin d'études secondaires*.

acting ['æktɪŋ] ❖ adj par intérim, provisoire. ❖ noun [in play, film] interprétation *f*.

action ['ækʃn] noun **1.** [gen] action *f* ▸ **to take action** agir, prendre des mesures ▸ **to put sthg into action** mettre qqch à exécution / *to go into action* entrer en action ▸ **in action a)** [person] en action **b)** [machine] en marche ▸ **out**

of action a) [person] hors de combat b) [machine] hors service, hors d'usage / *it's time for action* il est temps d'agir, passons aux actes ▸ **to be killed in action** mourir au combat **2.** [deed] acte *m*, geste *m*, action *f* / *he's not responsible for his actions* il n'est pas responsable de ses actes ▸ **actions speak louder than words** les actes en disent plus long que les mots **3.** LAW procès *m*, action *f* ▸ **to bring an action against sb** intenter un procès à OR contre qqn, intenter une action contre qqn **4.** [of book, film, play] intrigue *f*, action *f* / *action!* CIN silence, on tourne !

actionable ['ækʃnəbl] adj [allegations, deed, person] passible de poursuites ; [claim] recevable.

action group noun groupe *m* de pression.

action movie noun film *m* d'action.

action-packed adj [film] bourré(e) d'action ; [holiday] rempli(e) d'activités, bien rempli(e).

action replay noun UK répétition *f* immédiate (au ralenti).

action stations ❖ pl n MIL postes *mpl* de combat. ❖ excl : *action stations!* à vos postes !

activate ['æktɪveɪt] vt mettre en marche.

active ['æktɪv] adj **1.** [gen] actif(ive) ; [encouragement] vif (vive) / *to be active in sthg, to take an active part in sthg* prendre une part active à qqch / *to be politically active* être engagé(e) **2.** [volcano] en activité.

active duty US = active service.

active file noun COMPUT fichier *m* actif.

actively ['æktɪvlɪ] adv activement.

active service noun ▸ **to be killed on active service** mourir au champ d'honneur.

activewear ['æktɪvweəʳ] noun vêtements *mpl* de sport.

active window noun COMPUT fenêtre *f* active OR activée.

activist ['æktɪvɪst] noun activiste *mf*.

activity [æk'tɪvətɪ] (*pl* -ies) noun activité *f*.

activity centre noun centre *m* d'activités ; [specifically for children] centre *m* aéré OR de loisirs.

activity holiday noun UK vacances *fpl* actives.

act of God noun catastrophe *f* naturelle.

actor ['æktəʳ] noun acteur *m*, -trice *f*.

actress ['æktrɪs] noun actrice *f*.

actual ['æktʃʊəl] adj réel(elle) / *what were her actual words?* quels étaient ses mots exacts ? / *the actual cost was £1,000* le coût exact était de 1 000 livres / *the actual ceremony starts at ten a.m.* la cérémonie proprement dite commence à dix heures.

actually ['æktʃʊəlɪ] adv **1.** [really, in truth] vraiment / *what did he actually say?* qu'est-ce qu'il a dit vraiment ? / *she's actually older than she looks* en fait, elle est plus âgée qu'elle n'en a l'air **2.** [by the way] au fait.

> ⚠ Actuellement means *at the moment*, not *actually*.

actuary ['æktjʊərɪ] (*pl* -ies) noun actuaire *mf*.

acumen ['ækjʊmen] noun flair *m* ▸ **business acumen** le sens des affaires.

acupressure ['ækjʊpreʃəʳ] noun MED acupressing *m*.

acupuncture ['ækjʊpʌŋktʃəʳ] noun acupuncture *f*, acuponcture *f*.

acupuncturist ['ækjʊpʌŋktʃərɪst] noun acupuncteur *m*, -trice *f*.

acute [ə'kju:t] adj **1.** [severe - pain, illness] aigu(ë) ; [- danger] sérieux(euse), grave **2.** [perceptive - person, mind] perspicace **3.** [keen - eyesight] perçant(e) ; [- hearing] fin(e) ; [- sense of smell] développé(e) **4.** MATH ▸ **acute angle** angle *m* aigu **5.** LING ▸ **e acute** e accent aigu.

acute accent noun accent *m* aigu.

acutely [ə'kju:tlɪ] adv [extremely] extrêmement.

a/c (*abbr of* account (current)) cc.

ad [æd] (*abbr of* advertisement) noun *inf* [in newspaper] annonce *f* ; [on TV] pub *f*.

AD (*abbr of* Anno Domini) ap. J.-C.

adamant ['ædəmənt] adj résolu(e), inflexible / *he was quite adamant that I was wrong* il a soutenu dur comme fer que j'avais tort.

adamantly ['ædəməntlɪ] adv résolument / *he was adamantly against* OR *opposed to the idea* il était résolument opposé à l'idée.

Adam's apple ['ædəmz-] noun pomme *f* d'Adam.

adapt [ə'dæpt] ❖ vt adapter. ❖ vi ▸ **to adapt (to)** s'adapter (à).

adaptability [ə,dæptə'bɪlətɪ] noun souplesse *f*.

adaptable [ə'dæptəbl] adj [person] souple.

adaptation [,ædæp'teɪʃn] noun [of book, play] adaptation *f*.

adapter, **adaptor** [ə'dæptəʳ] noun [ELEC UK - for several devices] prise *f* multiple ; [- for foreign plug] adaptateur *m*.

ADC noun **1.** *abbr of* aide-de-camp **2.** (*abbr of* Aid to Dependent Children) *aux États-Unis, aide pour enfants assistés* **3.** (*abbr of* analogue-digital converter) CAN *m*.

add [æd] vt **1.** [gen] ▸ **to add sthg (to)** ajouter qqch (à) **2.** [numbers] additionner. ◆ **add in** vt sep ajouter. ◆ **add on** vt sep ▸ **to add sthg on (to)** rajouter qqch (à). ◆ **add to** vt insep ajouter à, augmenter. ◆ **add up** ❖ vt sep additionner. ❖ vi *inf* [make sense] : *it doesn't add up* c'est pas logique. ◆ **add up to** vt insep se monter à, s'élever à.

added ['ædɪd] adj supplémentaire.

adder ['ædəʳ] noun vipère *f*.

addict ['ædɪkt] noun **1.** drogué *m*, -e *f* **2.** *fig* fanatique *mf*, fana *mf* / *she's a film addict* c'est une fana de cinéma.

addicted [ə'dɪktɪd] adj ▸ **addicted (to)** a) drogué(e) (à) b) *fig* passionné(e) (de).

addiction [ə'dɪkʃn] noun ▸ **addiction (to)** a) dépendance *f* (à) b) *fig* penchant *m* (pour).

addictive [ə'dɪktɪv] adj qui rend dépendant(e).

Addis Ababa ['ædɪs'æbəbə] noun Addis-Ababa, Addis-Abeba.

addition [ə'dɪʃn] noun addition *f* ▸ **in addition (to)** en plus (de).

additional [ə'dɪʃənl] adj supplémentaire.

additionally [ə'dɪʃənəlɪ] adv **1.** [further, more] davantage, plus **2.** [moreover] en outre, de plus.

additive ['ædɪtɪv] noun additif *m*.

addled ['ædld] adj **1.** [egg] pourri(e) **2.** [brain] embrouillé(e).

add-on ❖ adj COMPUT supplémentaire. ❖ noun COMPUT dispositif *m* supplémentaire.

address [ə'dres] ❖ noun **1.** [place] adresse *f* / *we've changed our address* nous avons changé d'adresse **2.** [speech] discours *m*. ❖ vt **1.** [gen] adresser / *the letter is addressed to you* cette lettre vous est adressée / *address all complaints to the manager* adressez vos doléances au directeur **2.** [meeting, conference] prendre la parole à **3.** [problem, issue] aborder, examiner ▸ **to address o.s. to** s'attaquer à.

address book noun carnet *m* d'adresses.

addressee [,ædre'si:] noun destinataire *mf*.

adenoids ['ædɪnɔɪdz] pl n végétations *fpl*.

adept ['ædept] adj ▸ **adept (at)** doué(e) (pour).

adequacy ['ædɪkwəsɪ] noun **1.** [of amount] quantité *f* nécessaire **2.** [of person] compétence *f*.

adequate ['ædɪkwət] adj adéquat(e).

adequately ['ædɪkwətlɪ] adv **1.** [sufficiently] suffisamment **2.** [well enough] de façon satisfaisante OR adéquate.

adhere [əd'hɪəʳ] vi **1.** [stick] ▸ **to adhere (to)** adhérer (à) **2.** [observe] ▸ **to adhere to** obéir à **3.** [keep] ▸ **to adhere to** adhérer à.

adherence [əd'hɪərəns] noun ▸ **adherence to** adhésion *f* à.

adherent [əd'hɪərənt] ❖ adj adhérent(e). ❖ noun [to party] adhérent *m*, -e *f*, partisan *m*, -e *f* ; [to agreement] adhérent *m*, -e *f* ; [to belief, religion] adepte *mf*.

adhesive [əd'hi:sɪv] ❖ adj adhésif(ive). ❖ noun adhésif *m*.

adhesive tape noun ruban *m* adhésif.

ad hoc [,æd'hɒk] adj ad hoc *(inv)*.

ad infinitum [,ædɪnfɪ'naɪtəm] adv à l'infini.

adjacent [ə'dʒeɪsənt] adj ▸ **adjacent (to)** adjacent(e) (à), contigu(ë) (à).

adjective ['ædʒɪktɪv] noun adjectif *m*.

adjoin [ə'dʒɔɪn] vt être contigu(ë) à, toucher.

adjoining [ə'dʒɔɪnɪŋ] ❖ adj voisin(e). ❖ prep attenant à.

adjourn [ə'dʒɜ:n] ❖ vt ajourner. ❖ vi suspendre la séance.

adjournment [ə'dʒɜ:nmənt] noun ajournement *m*.

adjudge [ə'dʒʌdʒ] vt déclarer.

adjudicate [ə'dʒu:dɪkeɪt] ❖ vt juger, décider. ❖ vi ▸ **to adjudicate (on** OR **upon)** se prononcer (sur).

adjudication [ə,dʒu:dɪ'keɪʃn] noun jugement *m*.

adjudicator [ə'dʒu:dɪkeɪtəʳ] noun [of competition] juge *m*, arbitre *m* ; [of dispute] arbitre *m*.

adjunct ['ædʒʌŋkt] noun complément *m*.

adjust [ə'dʒʌst] ❖ vt ajuster, régler / *figures adjusted for inflation* chiffres en monnaie constante. ❖ vi ▸ **to adjust (to)** s'adapter (à).

adjustable [ə'dʒʌstəbl] adj réglable.

adjusted [ə'dʒʌstɪd] adj ▸ **to be well adjusted** être (bien) équilibré(e).

adjustment [ə'dʒʌstmənt] noun **1.** [modification] ajustement *m* ; TECH réglage *m* ▸ **to make an adjustment to** apporter une modification à **2.** [change in attitude] ▸ **adjustment (to)** adaptation *f* (à).

adjutant ['ædʒʊtənt] noun adjudant *m*.

ad lib [,æd'lɪb] ❖ adj improvisé(e). ❖ adv à volonté. ❖ noun improvisation *f*. ◆ **ad-lib** (*pt & pp* **ad-libbed**, *cont* **-bing**) vi improviser.

admin ['ædmɪn] (*abbr of* **administration**) noun UK *inf* administration *f*.

administer [əd'mɪnɪstəʳ] vt **1.** [company, business] administrer, gérer **2.** [justice, punishment] dispenser **3.** [drug, medication] administrer.

administrate [əd'mɪnɪstreɪt] vt = **administer**.

administration [əd,mɪnɪ'streɪʃn] noun administration *f*. ◆ **Administration** noun US ▸ **the Administration** le gouvernement.

administrative [əd'mɪnɪstrətɪv] adj administratif(ive).

administrative costs pl n frais *mpl* d'administration OR de gestion.

administrator [əd'mɪnɪstreɪtəʳ] noun administrateur *m*, -trice *f*.

admirable ['ædmərəbl] adj admirable.

admirably ['ædmərəblɪ] adv admirablement.

admiral ['ædmərəl] noun amiral *m*.

Admiralty ['ædmərəltɪ] noun UK ▸ **the Admiralty** le ministère de la Marine.

admiration [,ædmə'reɪʃn] noun admiration *f*.

admire [əd'maɪəʳ] vt admirer.

admirer [əd'maɪərəʳ] noun admirateur *m*, -trice *f*.

admiring [əd'maɪərɪŋ] adj admiratif(ive).

admiringly [əd'maɪərɪŋlɪ] adv avec admiration.

admissible [əd'mɪsəbl] adj LAW recevable.

admission [əd'mɪʃn] noun **1.** [permission to enter] admission *f* ▸ **admissions officer** OR **tutor** SCH & UNIV responsable *mf* des inscriptions **2.** [to museum] entrée *f* **3.** [confession] confession *f*, aveu *m* ▸ **by his / her own admission** de son propre aveu.

admit [əd'mɪt] (*pt & pp* **-ted**, *cont* **-ting**) ❖ vt **1.** [confess] reconnaître ▸ **to admit (that)…** reconnaître que… ▸ **to admit doing sthg** reconnaître avoir fait qqch ▸ **to**

admit defeat *fig* s'avouer vaincu(e) **2.** [allow to enter, join] admettre ▸ **'admits two'** [on ticket] 'valable pour deux personnes' ▸ **to be admitted to hospital** UK OR **to the hospital** US être admis(e) à l'hôpital. ❖ vi ▸ **to admit to** admettre, reconnaître.

admittance [əd'mɪtəns] noun admission *f* ▸ **to gain admittance to** parvenir à, entrer dans ▸ **'no admittance'** 'entrée interdite'.

admittedly [əd'mɪtɪdlɪ] adv de l'aveu général.

admonish [əd'mɒnɪʃ] vt réprimander.

ad nauseam [ˌæd'nɔːzɪæm] adv [talk] à n'en plus finir.

ado [ə'duː] noun ▸ **without further** OR **more ado** sans plus de cérémonie.

adolescence [ˌædə'lesns] noun adolescence *f*.

adolescent [ˌædə'lesnt] ❖ adj adolescent(e) ; *pej* puéril(e). ❖ noun adolescent *m*, -e *f*.

adopt [ə'dɒpt] vt adopter.

adopted [ə'dɒptɪd] adj [child] adoptif(ive) ; [country] d'adoption, adoptif(ive).

adoption [ə'dɒpʃn] noun adoption *f*.

adoptive [ə'dɒptɪv] adj adoptif(ive).

adorable [ə'dɔːrəbl] adj adorable.

adoration [ˌædə'reɪʃn] noun adoration *f*.

adore [ə'dɔːʳ] vt adorer.

adoring [ə'dɔːrɪŋ] adj [person] adorateur(trice) ; [look] d'adoration.

adoringly [ə'dɔːrɪŋlɪ] adv avec adoration.

adorn [ə'dɔːn] vt orner.

adornment [ə'dɔːnmənt] noun décoration *f*.

ADP (*abbr of* **automatic data processing**) noun *traitement automatique de données*.

adrenalin(e) [ə'drenəlɪn] noun adrénaline *f*.

Adriatic [ˌeɪdrɪ'ætɪk] noun : *the Adriatic (Sea)* l'Adriatique *f*, la mer Adriatique.

adrift [ə'drɪft] ❖ adj à la dérive ▸ **to feel adrift** se sentir perdu(e). ❖ adv ▸ **to go adrift** *fig* aller à la dérive.

adroit [ə'drɔɪt] adj adroit(e).

ADSL (*abbr of* **Asymmetric Digital Subscriber Line**) noun ADSL *m*, RNA *m offic*.

adulation [ˌædjʊ'leɪʃn] noun adulation *f*.

adult ['ædʌlt] ❖ adj **1.** [gen] adulte **2.** [film, literature] pour adultes. ❖ noun adulte *mf*.

adult education noun enseignement *m* pour adultes.

adulterate [ə'dʌltəreɪt] vt frelater.

adulteration [əˌdʌltə'reɪʃn] noun frelatage *m*.

adulterer [ə'dʌltərəʳ] noun personne *f* adultère.

adulteress [ə'dʌltərɪs] noun adultère *f*.

adulterous [ə'dʌltərəs] adj adultère.

adultery [ə'dʌltərɪ] noun adultère *m*.

adulthood ['ædʌlthʊd] noun âge *m* adulte ▸ **in adulthood** à l'âge adulte.

adult student noun US = **mature student**.

advance [əd'vɑːns] ❖ noun **1.** [gen] avance *f* / *an advance on his salary* une avance sur son salaire **2.** [progress] progrès *m*. ❖ comp à l'avance. ❖ vt **1.** [gen] avancer / *the date of the meeting was advanced by one week* la réunion a été avancée d'une semaine / *we advanced her £100 on her salary* nous lui avons avancé 100 livres sur son salaire **2.** [improve] faire progresser OR avancer. ❖ vi **1.** [gen] avancer **2.** [improve] progresser.
◆ **advances** pl n ▸ **to make advances to sb** a) [sexual] faire des avances à qqn b) [business] faire des propositions à qqn. ◆ **in advance** adv à l'avance. ◆ **in advance of** prep **1.** [in front of] en avance sur **2.** [prior to] en avance de, avant.

advance copy noun [of book, magazine] exemplaire *m* de lancement.

advanced [əd'vɑːnst] adj avancé(e) ▸ **advanced in years** *euph* d'un âge avancé.

advancement [əd'vɑːnsmənt] noun **1.** [promotion] avancement *m* **2.** [progress] progrès *m*.

advance publicity noun publicité *f* d'amorçage.

advancing [əd'vɑːnsɪŋ] adj qui approche, qui avance / *the advancing army* l'armée en marche OR qui avance / *the advancing tide* la marée qui monte.

advantage [əd'vɑːntɪdʒ] noun ▸ **advantage (over)** avantage *m* (sur) / *they have an advantage over us* OR *the advantage of us* ils ont un avantage sur nous ▸ **to be to one's advantage** être à son avantage ▸ **to take advantage of sthg** profiter de qqch ▸ **to take advantage of sb** exploiter qqn.

advantageous [ˌædvən'teɪdʒəs] adj avantageux(euse).

advent ['ædvənt] noun avènement *m*. ◆ **Advent** noun RELIG Avent *m*.

Advent calendar noun calendrier *m* de l'Avent.

adventure [əd'ventʃəʳ] noun aventure *f*.

adventure game noun COMPUT jeu *m* d'aventures.

adventure holiday noun UK circuit *m* aventure.

adventure playground noun UK terrain *m* d'aventures.

adventurer [əd'ventʃərəʳ] noun aventurier *m*, -ère *f*.

adventurous [əd'ventʃərəs] adj aventureux(euse).

adverb ['ædvɜːb] noun adverbe *m*.

adverbial [əd'vɜːbɪəl] adj adverbial(e).

adversarial [ˌædvə'seərɪəl] adj antagoniste, hostile.

adversary ['ædvəsərɪ] (*pl* **-ies**) noun adversaire *mf*.

adverse ['ædvɜːs] adj défavorable.

adversely ['ædvɜːslɪ] adv de façon défavorable.

adversity [əd'vɜːsətɪ] noun adversité *f*.

advert ['ædvɜːt] UK = **advertisement**.

advertise ['ædvətaɪz] ❖ vt COMM faire de la publicité pour ; [event] annoncer / *we advertised our house in the local paper* nous avons mis OR passé une annonce pour vendre notre maison dans le journal local. ❖ vi faire de la publicité / *to advertise in the press / on radio / on TV* faire de la publicité dans la presse / à la radio / à la télévision ▸ **to advertise for sb / sthg** chercher qqn / qqch par voie d'annonce.

advertisement [əd'vɜ:tɪsmənt] noun [in newspaper] annonce *f* ; COMM publicité *f* / *to put an advertisement in the paper* passer une annonce dans le journal.

advertiser ['ædvətaɪzəʳ] noun annonceur *m*, -euse *f*.

advertising ['ædvətaɪzɪŋ] noun *(U)* publicité *f* ▸ **advertising agency** agence *f* de publicité ▸ **advertising campaign** campagne *f* publicitaire OR de publicité ▸ **advertising space** espace *m* publicitaire.

advice [əd'vaɪs] noun *(U)* conseils *mpl* ▸ **a piece of advice** un conseil ▸ **to give sb advice** donner des conseils à qqn ▸ **to take sb's advice** suivre les conseils de qqn ▸ **letter of advice** avis *m*.

advice slip noun reçu *m (du distributeur de billets)*.

advisability [əd,vaɪzə'bɪlətɪ] noun bien-fondé *m*.

advisable [əd'vaɪzəbl] adj conseillé(e), recommandé(e).

advise [əd'vaɪz] ❖ vt **1.** [give advice to] ▸ **to advise sb to do sthg** conseiller à qqn de faire qqch ▸ **to advise sb against sthg** déconseiller qqch à qqn ▸ **to advise sb against doing sthg** déconseiller à qqn de faire qqch **2.** [professionally] ▸ **to advise sb on sthg** conseiller qqn sur qqch **3.** [inform] ▸ **to advise sb (of sthg)** aviser qqn (de qqch). ❖ vi **1.** [give advice] ▸ **to advise against sthg / against doing sthg** déconseiller qqch / de faire qqch **2.** [professionally] ▸ **to advise on sthg** conseiller sur qqch.

advisedly [əd'vaɪzɪdlɪ] adv en connaissance de cause, délibérément.

adviser, **advisor** US [əd'vaɪzəʳ] noun conseiller *m*, -ère *f*.

advisory [əd'vaɪzərɪ] adj consultatif(ive) ▸ **in an advisory capacity** OR **role** à titre consultatif.

advocacy ['ædvəkəsɪ] noun plaidoyer *m*.

advocate ❖ noun ['ædvəkət] **1.** LAW avocat *m*, -e *f* **2.** [supporter] partisan *m*. ❖ vt ['ædvəkeɪt] préconiser, recommander.

adware ['ædweəʳ] noun publiciel *m*.

Aegean [i:'dʒi:ən] noun ▸ **the Aegean (Sea)** la mer Égée.

aegis, **egis** US ['i:dʒɪs] noun ▸ **under the aegis of** sous l'égide de.

aeon UK, **eon** US ['i:ən] noun *fig* éternité *f*.

aerate ['eəreɪt] vt **1.** [liquid] gazéifier ; [blood] oxygéner **2.** [soil] retourner.

aerial ['eərɪəl] ❖ adj aérien(enne). ❖ noun UK antenne *f* ▸ **aerial socket** prise *f* d'antenne.

aerobatics [,eərəʊ'bætɪks] noun *(U)* acrobatie *f* aérienne.

aerobic [eə'rəʊbɪk] adj aérobie.

aerobics [eə'rəʊbɪks] noun *(U)* aérobic *m*.

aerodrome ['eərədrəʊm] noun UK aérodrome *m*.

aerodynamic [,eərəʊdaɪ'næmɪk] adj aérodynamique.
◆ **aerodynamics** ❖ noun *(U)* aérodynamique *f*. ❖ pl n [aerodynamic qualities] aérodynamisme *m*.

aeronautics [,eərə'nɔ:tɪks] noun *(U)* aéronautique *f*.

aeroplane ['eərəpleɪn] noun UK avion *m*.

aerosol ['eərəsɒl] noun aérosol *m*.

aerospace ['eərəʊspeɪs] noun ▸ **the aerospace industry** l'industrie *f* aérospatiale.

aesthete, **esthete** US ['i:sθi:t] noun esthète *mf*.

aesthetic, **esthetic** US [i:s'θetɪk] adj esthétique.

aesthetically, **esthetically** US [i:s'θetɪklɪ] adv esthétiquement.

aestheticism, **estheticism** US [i:s'θetɪsɪzm] noun esthétisme *m*.

aesthetics, **esthetics** US [i:s'θetɪks] noun *(U)* esthétique *f*.

afar [ə'fɑ:ʳ] adv ▸ **from afar** de loin.

affable ['æfəbl] adj affable.

affably ['æfəblɪ] adv affablement, avec affabilité.

affair [ə'feəʳ] noun **1.** [gen] affaire *f* **2.** [extra-marital relationship] liaison *f*. ◆ **affairs** pl n affaires *fpl*.

affect [ə'fekt] vt **1.** [influence] avoir un effet OR des conséquences sur **2.** [emotionally] affecter, émouvoir **3.** [put on] affecter.

affectation [,æfek'teɪʃn] noun affectation *f*.

affected [ə'fektɪd] adj affecté(e).

-affected suffix affecté(e) par / *famine / drought-affected* affecté par la famine / sécheresse.

affectedly [ə'fektɪdlɪ] adv avec affectation, d'une manière affectée.

affection [ə'fekʃn] noun affection *f*.

How to reply to an advertisement

- **J'appelle au sujet de l'annonce parue dans le journal d'hier.** *I'm calling about the ad published in yesterday's paper.*
- **J'ai vu votre annonce dans le journal d'aujourd'hui.** *I saw your ad in today's paper.*
- **Est-ce que l'appartement est encore libre ?** *Is the flat still available?*
- **Pouvez-vous me renseigner sur les services de nettoyage de bureaux ?** *I'm phoning to enquire about office cleaning services.*
- **Votre annonce concernant un poste de traducteur m'a vivement intéressé.** *I was very interested to see your advertisement for the post of translator.*
- **J'ai décidé de poser ma candidature pour le poste de la petite annonce parce que je veux travailler à l'étranger.** *I decided to apply for the advertised post because I want to work abroad*

affectionate [ə'fekʃnət] adj affectueux(euse).

affectionately [ə'fekʃnətlɪ] adv affectueusement.

affidavit [,æfɪ'deɪvɪt] noun *déclaration écrite sous serment*.

affiliate ◆ noun [ə'fɪlɪeɪt] affilié *m*, -e *f*. ◆ vt [ə'fɪlɪət] affilier ▸ **to affiliate o.s. to** OR **with** s'affilier à.

affiliated [ə'fɪlɪeɪtɪd] adj [member, organization] affilié(e) ▸ **to be affiliated to** OR **with** être affilié à / *an affiliated company* une filiale.

affiliation [ə,fɪlɪ'eɪʃn] noun affiliation *f*.

affinity [ə'fɪnətɪ] (*pl* -ies) noun affinité *f* ▸ **to have an affinity with sb** avoir des affinités avec qqn.

affirm [ə'fɜ:m] vt **1.** [declare] affirmer **2.** [confirm] confirmer.

affirmation [,æfə'meɪʃn] noun **1.** [declaration] affirmation *f* **2.** [confirmation] confirmation *f*.

affirmative [ə'fɜ:mətɪv] ◆ adj affirmatif(ive). ◆ noun ▸ **in the affirmative** par l'affirmative.

affirmative action noun *(U)* US mesures *fpl* d'embauche antidiscriminatoires *(en faveur des minorités)*.

affix [ə'fɪks] vt [stamp] coller.

afflict [ə'flɪkt] vt affliger ▸ **to be afflicted with** souffrir de.

affliction [ə'flɪkʃn] noun affliction *f*.

affluence ['æfluəns] noun prospérité *f*.

affluent ['æfluənt] adj riche.

affluent society noun société *f* d'abondance.

afford [ə'fɔ:d] vt **1.** [buy, pay for] ▸ **to be able to afford sthg** avoir les moyens d'acheter qqch / *how much can you afford?* combien pouvez-vous mettre ?, jusqu'à combien pouvez-vous aller ? / *I can't afford £50!* je ne peux pas mettre 50 livres ! **2.** [spare] ▸ **to be able to afford the time (to do sthg)** avoir le temps (de faire qqch) **3.** [harmful, embarrassing thing] ▸ **to be able to afford sthg** pouvoir se permettre qqch **4.** [provide, give] procurer.

affordability [ə,fɔ:də'bɪlɪtɪ] noun prix *m* raisonnable / *this is an area of high affordability pressure* c'est une zone où les prix de l'immobilier atteignent des niveaux très élevés.

affordable [ə'fɔ:dəbl] adj abordable / *at an affordable price* à un prix abordable.

afforestation [æ,fɒrɪ'steɪʃn] noun boisement *m*.

affray [ə'freɪ] noun UK bagarre *f*.

affront [ə'frʌnt] ◆ noun affront *m*, insulte *f*. ◆ vt insulter, faire un affront à.

Afghan ['æfgæn], **Afghani** [æf'gænɪ] ◆ adj afghan(e). ◆ noun Afghan *m*, -e *f*.

Afghani = **Afghan**.

Afghanistan [æf'gænɪstæn] noun Afghanistan *m* ▸ **in Afghanistan** en Afghanistan.

aficionado [ə,fɪsjə'nɑ:dəʊ] (*pl* -s) noun aficionado *m*, amoureux *m*, -euse *f* / *theatre aficionados, aficionados of the theatre* les aficionados du théâtre.

afield [ə'fɪəld] adv ▸ **far afield** loin.

afloat [ə'fləʊt] adj *lit* & *fig* à flot.

afoot [ə'fʊt] adj en préparation.

aforementioned [ə'fɔ:,menʃənd], **aforesaid** [ə'fɔ:sed] adj susmentionné(e).

aforenamed [ə'fɔ:neɪmd] adj *fml* susnommé(e), précité(e).

afraid [ə'freɪd] adj **1.** [frightened, apprehensive] ▸ **to be afraid (of)** avoir peur (de) ▸ **to be afraid of doing** OR **to do sthg** avoir peur de faire qqch / *there's nothing to be afraid of* il n'y a rien à craindre **2.** [in apologies] ▸ **to be afraid (that)...** regretter que... ▸ **I'm afraid so / not** j'ai bien peur que oui/non.

afresh [ə'freʃ] adv de nouveau.

Africa ['æfrɪkə] noun Afrique *f* ▸ **in Africa** en Afrique.

How to ask for and give advice

Asking for advice

- **Que feriez-vous à ma place ?** *What would you do, if you were me?*
- **Qu'est-ce que tu en penses ?** *What do you think?*
- **J'aurais besoin d'un conseil.** *I could do with some advice.*
- **Tu crois que je devrais lui en parler ?** *Do you think I should talk to him about it?*

Giving advice

- **Tu veux mon avis ?** *Do you want to know what I think?*
- **Si tu veux mon avis, je pense que tu devrais y aller.** *If you want my advice, I think you should go.*
- **Tu sais, je crois que tu devrais accepter.** *You know, I think you should accept.*
- **À ta place je le lui dirais.** *If I were you, I'd tell her.*
- **Je vous conseille de le lui dire.** *I advise you to tell her.*
- **Tu devrais le lui dire.** *You really should tell her.*
- **Tu ferais peut-être mieux de le lui dire.** *Perhaps you should tell her.*
- **Pourquoi tu ne le lui dis pas carrément ?** *Why don't you tell her straight out?*
- **Et si tu lui en parlais ?** *What about talking to her about it?*
- **Ce serait peut-être pas mal de lui écrire.** *You could always try writing to him.*

African ['æfrɪkən] ❖ adj africain(e). ❖ noun Africain *m*, -e *f*.

African-American ❖ noun Noir américain *m*, Noire américaine *f*. ❖ adj noir américain (noire américaine).

African Union noun POL Union *f* africaine.

Afrikaans [,æfrɪ'kɑ:ns] noun afrikaans *m*.

Afro ['æfrəʊ] (*pl* -s) ❖ adj [hairstyle] afro. ❖ noun coiffure *f* afro.

Afro-American ❖ noun Afro-Américain *m*, -e *f*. ❖ adj afro-américain(e).

Afro-Caribbean ❖ noun Afro-antillais *m*, -e *f*. ❖ adj afro-antillais(e).

aft [ɑ:ft] adv sur OR à l'arrière.

AFT (*abbr of* **American Federation of Teachers**) noun *syndicat américain d'enseignants*.

after ['ɑ:ftər] ❖ prep **1.** [gen] après / *after a while* au bout d'un moment, après un moment / *Smith comes after Smedley* Smith vient après Smedley ▸ **to shout after sb** crier après OR contre qqn / *they ran after him* ils lui ont couru après / *close the door after you* fermez la porte derrière vous ▸ **to be after sb / sthg** *inf* [in search of] chercher qqn / qqch ▸ **after you!** après vous ! ▸ **to name sb after sb** donner à qqn le nom de qqn **2.** [in time] après / *after dark* après la tombée de la nuit / *day after day* jour après jour / *(for) mile after mile* sur des kilomètres et des kilomètres / *it is after six o'clock already* il est déjà six heures passées OR plus de six heures / *it's twenty after three* US il est trois heures vingt. ❖ adv après / *two days after* deux jours après OR plus tard / *the week after* la semaine d'après OR suivante. ❖ conj après que / *I came after he had left* je suis arrivé après qu'il est parti / *after saying goodnight to the children* après avoir dit bonsoir aux enfants. ◆ **afters** pl n UK *inf* dessert *m*. ◆ **after all** adv après tout / *so she was right after all* alors elle avait raison en fait. ◆ **one after another, one after the other** adv l'un après l'autre, les uns après les autres.

afterbirth ['ɑ:ftəbɜ:θ] noun placenta *m*.

aftercare ['ɑ:ftəkeər] noun postcure *f* / *good aftercare facilities* un bon suivi médical.

after-dinner adj [speaker, speech] de fin de dîner OR banquet / *an after-dinner drink* ≃ un digestif.

aftereffect ['ɑ:ftərɪ,fekt] noun (*usu pl*) [gen] suite *f* ; MED séquelle *f*.

afterglow ['ɑ:ftəgləʊ] noun [of sunset] dernières lueurs *fpl*, derniers reflets *mpl* ; *fig* [of pleasure] sensation *f* de bien-être *(après coup)*.

after-hours adj [after closing time] qui suit la fermeture ; [after work] qui suit le travail / *an after-hours bar* US un bar de nuit. ◆ **after hours** adv [after closing time] après la fermeture ; [after work] après le travail.

afterlife ['ɑ:ftəlaɪf] (*pl* -**lives**) noun vie *f* future.

aftermath ['ɑ:ftəmæθ] noun conséquences *fpl*, suites *fpl*.

afternoon [,ɑ:ftə'nu:n] noun après-midi *m inv* / *this afternoon* cet après-midi / *tomorrow / yesterday afternoon* demain / hier après-midi / *all afternoon* tout l'après-midi ▸ **in the afternoon** l'après-midi / *at 2 o'clock in the afternoon* à 2 h de l'après-midi ▸ **good afternoon** bonjour ▸ **afternoon nap** OR **rest** sieste *f* ▸ **afternoon snack** goûter *m* ▸ **afternoon tea** *thé pris avec une légère collation dans le cours de l'après-midi*. ◆ **afternoons** adv US (dans) l'après-midi.

afterpains ['ɑ:ftəpeɪnz] pl n tranchées *fpl* utérines.

after-party noun after *m*.

after-sales service noun service *m* après-vente.

after-school adj [activities] extrascolaire.

aftershave ['ɑ:ftəʃeɪv] noun après-rasage *m*.

after-shaving lotion noun US = **aftershave**

aftershock ['ɑ:ftəʃɒk] noun réplique *f*.

aftersun ['ɑ:ftəsʌn] adj : *aftersun cream* crème *f* après-soleil.

aftertaste ['ɑ:ftəteɪst] noun *lit* & *fig* arrière-goût *m*.

after-tax adj [profits] après impôts, net d'impôt ; [salary] net d'impôt.

afterthought ['ɑ:ftəθɔ:t] noun pensée *f* OR réflexion *f* après coup.

afterwards UK ['ɑ:ftəwədz], **afterward** US ['ɑ:ftəwəd] adv après.

again [ə'gen] adv encore une fois, de nouveau ▸ **to do again** refaire ▸ **to say again** répéter ▸ **to start again** recommencer / *it's me again!* c'est encore moi !, me revoici ! ▸ **again and again** à plusieurs reprises ▸ **time and again** maintes et maintes fois / *I didn't see them again* je ne les ai plus revus ▸ **half as much again** à moitié autant ▸ **(twice) as much again** deux fois autant ▸ **come again?** *inf* comment ?, pardon ? ▸ **then** OR **there again** d'autre part.

against [ə'genst] prep & adv contre / *I banged my knee against the chair* je me suis cogné le genou contre la chaise / *the fight against inflation / crime* la lutte contre l'inflation / la criminalité / *to decide against sthg* décider de ne pas faire qqch / *it's against the law to steal* le vol est interdit par la loi / *the dollar fell against the yen* FIN le dollar a baissé par rapport au yen ▸ **(as) against** contre.

age [eɪdʒ] (UK *cont* **ageing**, US *cont* **aging**) ❖ noun **1.** [gen] âge *m* / *she's 20 years of age* elle a 20 ans / *at the age of 25* à l'âge de 25 ans ▸ **what age are you?** quel âge avez-vous ? / *when I was your age* quand j'avais votre âge / *I have a son your age* j'ai un fils de votre âge ▸ **to be of age** US avoir l'âge légal pour consommer de l'alcool dans un lieu public ▸ **to be under age** être mineur(e) ▸ **to come of age** atteindre sa majorité **2.** [old age] vieillesse *f* **3.** [in history] époque *f* / *through the ages* à travers les âges. ❖ vt & vi vieillir / *to age well* a) [person] vieillir bien b) [wine, cheese] s'améliorer en vieillissant. ◆ **ages** pl n ▸ **ages ago** il y a une éternité / *I haven't seen him for ages* je ne l'ai pas vu depuis une éternité / *it took him ages to do the work* il a mis très longtemps à faire le travail.

age bracket noun = **age group**

aged ❖ adj **1.** [eɪdʒd] [of stated age] : *aged 15* âgé(e) de 15 ans **2.** ['eɪdʒɪd] [very old] âgé(e), vieux (vieille). ❖ pl n ['eɪdʒɪd] ▸ **the aged** les personnes *fpl* âgées.

age group noun tranche *f* d'âge.

ageing UK, **aging** US ['eɪdʒɪŋ] ❖ adj vieillissant(e). ❖ noun vieillissement *m*.

ageism ['eɪdʒɪzm] noun âgisme *m*.

ageist ['eɪdʒɪst] ❖ adj [action, policy] qui relève de l'âgisme. ❖ noun *personne qui fait preuve d'âgisme.*

ageless ['eɪdʒlɪs] adj sans âge.

age limit noun limite *f* d'âge.

agency ['eɪdʒənsɪ] (*pl* **-ies**) noun **1.** [business] agence *f* **2.** [organization] organisme *m*.

agenda [ə'dʒendə] (*pl* **-s**) noun ordre *m* du jour.

agent ['eɪdʒənt] noun agent *m*, -e *f*.

age-old adj antique.

aggravate ['ægrəveɪt] vt **1.** [make worse] aggraver **2.** [annoy] agacer.

aggravating ['ægrəveɪtɪŋ] adj [annoying] agaçant(e).

aggravation [,ægrə'veɪʃn] noun **1.** *(U)* [trouble] agacements *mpl* **2.** [annoying thing] agacement *m*.

aggregate ['ægrɪgət] ❖ adj total(e). ❖ noun **1.** [total] total *m* **2.** [material] agrégat *m*.

aggression [ə'greʃn] noun agression *f*.

aggressive [ə'gresɪv] adj agressif(ive).

aggressively [ə'gresɪvlɪ] adv d'une manière agressive.

aggressiveness [ə'gresɪvnɪs] noun **1.** [gen] agressivité *f* **2.** COMM [of businessman] combativité *f*; [of campaign] dynamisme *m*, fougue *f*.

aggressor [ə'gresər] noun agresseur *m*.

aggrieved [ə'gri:vd] adj blessé(e), froissé(e).

aggro ['ægrəʊ] noun UK *inf* enquiquinement *m*.

aghast [ə'gɑ:st] adj ▸ **aghast (at sthg)** atterré(e) (par qqch).

agile [UK 'ædʒaɪl, US 'ædʒəl] adj agile.

agility [ə'dʒɪlətɪ] noun agilité *f*.

aging US = **ageing**.

agitate ['ædʒɪteɪt] ❖ vt **1.** [disturb] inquiéter **2.** [shake] agiter. ❖ vi ▸ **to agitate for / against** faire campagne pour / contre.

agitated ['ædʒɪteɪtɪd] adj agité(e).

agitation [,ædʒɪ'teɪʃn] noun **1.** [anxiety] agitation *f* **2.** POL campagne *f* mouvementée.

agitator ['ædʒɪteɪtər] noun agitateur *m*, -trice *f*.

aglow [ə'gləʊ] adj [fire] rougeoyant(e) ; [sky] embrasé(e) / *to be aglow with colour* briller de couleurs vives / *his face was aglow with excitement / health* son visage rayonnait d'émotion / de santé.

AGM (*abbr of* **annual general meeting**) noun UK AGA *f*.

agnostic [æg'nɒstɪk] ❖ adj agnostique. ❖ noun agnostique *mf*.

agnosticism [æg'nɒstɪsɪzm] noun agnosticisme *m*.

ago [ə'gəʊ] adv : *a long time ago* il y a longtemps / *three days ago* il y a trois jours.

agog [ə'gɒg] adj ▸ **to be agog (with)** être en ébullition (à propos de).

agonize, agonise UK ['ægənaɪz] vi ▸ **to agonize over** OR **about sthg** se tourmenter au sujet de qqch.

agonized, agonised UK ['ægənaɪzd] adj [behaviour, reaction] angoissé(e), d'angoisse ; [cry] déchirant(e).

agonizing, agonising UK ['ægənaɪzɪŋ] adj [situation] angoissant(e) ; [decision] déchirant(e), angoissant(e) ; [pain] atroce.

agonizingly, agonisingly UK ['ægənaɪzɪŋlɪ] adv [difficult] extrêmement.

agony ['ægənɪ] (*pl* **-ies**) noun **1.** [physical pain] douleur *f* atroce ▸ **to be in agony** souffrir le martyre **2.** [mental pain] angoisse *f* ▸ **to be in agony** être angoissé(e), être torturé(e) par l'angoisse.

agony aunt noun UK *inf personne qui tient la rubrique du courrier du cœur.*

agony column noun UK *inf* courrier *m* du cœur.

agoraphobia [,ægərə'fəʊbjə] noun agoraphobie *f*.

agoraphobic [,ægərə'fəʊbɪk] ❖ adj agoraphobe. ❖ noun agoraphobe *mf*.

agrarian [ə'greərɪən] ❖ adj agraire. ❖ noun agrarien *m*, -enne *f*.

agree [ə'gri:] ❖ vi **1.** [concur] ▸ **to agree (with / about)** être d'accord (avec / au sujet de) ▸ **to agree on** [price, terms] convenir de **2.** [consent] ▸ **to agree (to sthg)** donner son consentement (à qqch) / *they agreed to share the cost* ils se sont mis d'accord pour partager les frais / *to agree on a date* convenir d'une date **3.** [be in favour] être d'accord / *I don't agree with censorship* je suis contre OR je n'admets pas la censure **4.** [be consistent] concorder **5.** [suit sb] ▸ **to agree with** réussir à / *rich food doesn't agree with me* la nourriture riche ne me réussit pas **6.** GRAM ▸ **to agree (with)** s'accorder (avec). ❖ vt **1.** [concur, concede] ▸ **to agree (that)...** admettre que... / *we all agree that he's innocent* nous sommes tous d'accord pour dire qu'il est innocent, nous sommes tous d'avis qu'il est innocent / *they agreed that they had made a mistake* ils ont reconnu OR convenu qu'ils avaient fait une faute **2.** [arrange] ▸ **to agree to do sthg** se mettre d'accord pour faire qqch **3.** [price, conditions] accepter, convenir de / *the budget has been agreed* le budget a été adopté.

agreeable [ə'grɪəbl] adj **1.** [pleasant] agréable **2.** [willing] ▸ **to be agreeable to** consentir à.

agreeably [ə'grɪəblɪ] adv agréablement.

agreed [ə'gri:d] adj ▸ **to be agreed (on sthg)** être d'accord (à propos de qqch).

agreement [ə'gri:mənt] noun **1.** [gen] accord *m* ▸ **to be in agreement (with)** être d'accord (avec) ▸ **to reach an agreement** parvenir à un accord **2.** [consistency] concordance *f*.

agricultural [,ægrɪ'kʌltʃərəl] adj agricole.

agriculture ['ægrɪkʌltʃəʳ] noun agriculture *f*.

agritourism ['ægrɪtʊərɪzəm] noun agritourisme *m*.

agro-industry ['ægrəʊ-] noun agro-industrie *f*.

agroterrorism ['ægrəʊterərɪzəm] noun agro-terrorisme *m*.

aground [ə'graʊnd] adv ▸ **to run aground** s'échouer.

ah [ɑ:] excl ah !

aha [ɑ:'hɑ:] excl ah, ah !

ahead [ə'hed] adv **1.** [in front] devant, en avant ▸ **to go / be sent on ahead** partir / être envoyé(e) en avant ▸ **right** OR **straight ahead** droit devant / *the road ahead* la route devant nous / eux etc. **2.** [in better position] en avance / *Scotland are ahead by two goals to one* l'Écosse mène par deux à un ▸ **to get ahead** [be successful] réussir **3.** [in time] à l'avance / *the months ahead* les mois à venir / *to plan ahead* faire des projets. ◆ **ahead of** prep **1.** [in front of] devant **2.** [in time] avant ▸ **ahead of schedule** [work] en avance sur le planning ▸ **ahead of time** en avance.

ahoy [ə'hɔɪ] excl NAUT ohé ! ▸ **ship ahoy!** ohé, du bateau !

AI noun **1.** (*abbr of* **Amnesty International**) AI *m* **2.** (*abbr of* **artificial intelligence**) IA *f* **3.** *abbr of* **artificial insemination**.

AICE [eɪs] (*abbr of* **Advanced International Certificate of Education**) noun SCH *diplôme international d'études secondaires qui donne accès aux études universitaires, délivré par l'université de Cambridge*.

aid [eɪd] ❖ noun aide *f* ▸ **with the aid of** a) [person] avec l'aide de b) [thing] à l'aide de ▸ **to go to the aid of sb** OR **to sb's aid** aller à l'aide de qqn ▸ **in aid of** au profit de. ❖ vt **1.** [help] aider **2.** LAW ▸ **to aid and abet sb** être complice de qqn.

AID noun **1.** (*abbr of* **artificial insemination by donor**) IAD *f* **2.** (*abbr of* **Agency for International Development**) AID *f*.

aide [eɪd] noun POL aide *mf*.

aide-de-camp [eɪddə'kɑ̃] (*pl* **aides-de-camp** [ˌeɪdz-]) noun aide *m* de camp.

aide-mémoire [ˌeɪdmem'wɑ:] (*pl* **aides-mémoire** ['eɪdz-]) noun aide-mémoire *m inv*.

AIDS, Aids [eɪdz] (*abbr of* **acquired immune deficiency syndrome**) ❖ noun SIDA *m*, sida *m*. ❖ comp ▸ **AIDS patient** sidéen *m*, -enne *f* ▸ **AIDS specialist** sidologue *mf* ▸ **aids test** test *m* du sida.

aids-related adj lié(e) au sida / *aids-related complex* ARC *m*.

aid worker noun [voluntary] volontaire *mf* ; [paid] employé *m*, -e *f* d'une organisation humanitaire.

ailing ['eɪlɪŋ] adj **1.** [ill] souffrant(e) **2.** *fig* [economy, industry] dans une mauvaise passe.

ailment ['eɪlmənt] noun maladie *f*.

aim [eɪm] ❖ noun **1.** [objective] but *m*, objectif *m* **2.** [in firing gun, arrow] ▸ **to take aim at** viser. ❖ vt **1.** [gun, camera] ▸ **to aim sthg at** braquer qqch sur **2.** *fig* ▸ **to be aimed at** a) [plan, campaign] être destiné(e) à, viser b) [criticism] être dirigé(e) contre. ❖ vi ▸ **to aim (at)** viser ▸ **to aim at** OR **for** *fig* viser ▸ **to aim to do sthg** viser à faire qqch.

aimless ['eɪmlɪs] adj [person] désœuvré(e) ; [life] sans but.

aimlessly ['eɪmlɪslɪ] adv sans but.

ain't [eɪnt] *inf* ⟶ **am not, are not, is not, has not, have not**.

air [eəʳ] ❖ noun **1.** [gen] air *m* ▸ **to throw sthg into the air** jeter qqch en l'air / *the smoke rose into the air* la fumée s'éleva vers le ciel / *I need some (fresh) air* j'ai besoin de prendre l'air ▸ **by air** [travel] par avion / *to disappear* OR *vanish into thin air* se volatiliser, disparaître sans laisser de traces ▸ **to be (up) in the air** *fig* [plans] être vague ▸ **to clear the air** *fig* dissiper les malentendus **2.** RADIO & TV ▸ **on the air** à l'antenne / *to go on the air* a) passer à l'antenne / *to go off the air* a) [person] rendre l'antenne b) [programme] se terminer c) [station] cesser d'émettre **3.** [manner, atmosphere] air *m* / *an air of mystery* un air mystérieux. ❖ comp [transport] aérien(enne). ❖ vt **1.** [room, linen] aérer **2.** [make publicly known] faire connaître OR communiquer **3.** [broadcast] diffuser. ❖ vi **1.** [clothes] sécher **2.** US RADIO & TV : *the movie airs next week* le film sera diffusé la semaine prochaine. ◆ **airs** pl n ▸ **airs and graces** manières *fpl* ▸ **to give o.s. airs, to put on airs** prendre de grands airs.

airbag ['eabæg] noun AUTO Airbag® *m*.

airbase ['eəbeɪs] noun base *f* aérienne.

airbed ['eəbed] noun matelas *m* pneumatique.

airborne ['eəbɔ:n] adj **1.** [troops] aéroporté(e) ; [seeds] emporté(e) par le vent **2.** [plane] qui a décollé.

airbrake ['eəbreɪk] noun frein *m* à air comprimé.

airbrush ['eəbrʌʃ] ❖ noun pistolet *m (pour peindre)*. ❖ vt peindre au pistolet.

airbus ['eəbʌs] noun airbus *m*.

air-conditioned [-kən'dɪʃnd] adj climatisé(e), à air conditionné.

air-conditioning [-kən'dɪʃnɪŋ] noun climatisation *f*.

aircraft ['eəkrɑ:ft] (*pl inv*) noun avion *m*.

aircraft carrier noun porte-avions *m inv*.

aircrew ['eəkru:] noun équipage *m (d'avion)*.

airfare ['eəfeəʳ] noun prix *m* du billet (d'avion), tarif *m* aérien.

airfield ['eəfi:ld] noun terrain *m* d'aviation.

airforce ['eəfɔ:s] ❖ noun armée *f* de l'air. ❖ comp [base] aérien(enne).

Air Force One noun *nom de l'avion officiel du président des États-Unis*.

air freight noun fret *m* aérien.

air freshener [-'freʃənəʳ] noun désodorisant *m (pour la maison)*.

airgun ['eəgʌn] noun carabine *f* OR fusil *m* à air comprimé.

airhead ['eəhed] noun *inf* taré *m*, -e *f*.

air hostess ['eə,həʊstɪs] noun UK *dated* hôtesse *f* de l'air.

airing ['eərɪŋ] noun ▸ **to give sthg an airing** a) aérer qqch b) *fig* [opinions] exposer qqch.

airing cupboard noun UK placard *m* séchoir.

airless ['eəlɪs] adj [room] qui sent le renfermé.

air letter ['eəletəʳ] noun aérogramme *m*.

airlift ['eəlɪft] ❖ noun pont *m* aérien. ❖ vt transporter par pont aérien.

airline ['eəlaɪn] noun compagnie *f* aérienne.

airliner ['eəlaɪnəʳ] noun [short-distance] (avion *m*) moyen-courrier *m* ; [long-distance] (avion *m*) long-courrier *m*.

airlock ['eəlɒk] noun **1.** [in tube, pipe] poche *f* d'air **2.** [airtight chamber] sas *m*.

airmail ['eəmeɪl] noun poste *f* aérienne ▸ **by airmail** par avion.

air marshal noun général *m* de corps aérien.

airplane ['eəpleɪn] noun US avion *m* ▸ **airplane mode** [on mobile phone] mode *m* avion.

airplay ['eəpleɪ] noun RADIO ▸ **to get a lot of airplay** passer beaucoup à la radio.

air pocket noun trou *m* d'air.

air pollution noun pollution *f* atmosphérique.

airport ['eəpɔːt] ❖ noun aéroport *m*. ❖ comp de l'aéroport ▸ **airport tax** taxe *f* d'aéroport ▸ **airport terminal** aérogare *f*.

air pressure noun pression *f* atmosphérique.

air raid noun raid *m* aérien, attaque *f* aérienne.

air-raid shelter noun abri *m* antiaérien.

air rifle noun carabine *f* à air comprimé.

air-sea rescue noun sauvetage *m* en mer *(par hélicoptère)*.

airship ['eəʃɪp] noun (ballon *m*) dirigeable *m*.

airsick ['eəsɪk] adj ▸ **to be airsick** avoir le mal de l'air.

airspace ['eəspeɪs] noun espace *m* aérien.

airspeed ['eəspiːd] noun vitesse *f* vraie *(d'un avion)*.

air steward noun steward *m*.

air stewardess noun *dated* hôtesse *f* de l'air.

airstrip ['eəstrɪp] noun piste *f* (d'atterrissage).

air terminal noun aérogare *f*.

airtight ['eətaɪt] adj hermétique.

airtime ['eətaɪm] noun **1.** RADIO temps *m* d'antenne **2.** [on mobile phone] temps *m* de communication.

air-to-air adj [missile, rocket] air-air *(inv)*.

air-to-surface adj MIL air-sol *(inv)*.

air-traffic control noun contrôle *m* du trafic (aérien).

air-traffic controller noun aiguilleur *m* (du ciel).

air travel noun déplacement *m* OR voyage *m* par avion.

airwaves ['eəweɪvz] pl n ondes *fpl* (hertziennes).

airway ['eəweɪ] noun **1.** AERON [route] voie *f* aérienne ; [company] ligne *f* aérienne **2.** MED voies *fpl* respiratoires **3.** [shaft] conduit *m* d'air.

airworthy ['eə,wɜːðɪ] adj en état de navigation.

airy ['eərɪ] (*compar* **-ier**, *superl* **-iest**) adj **1.** [room] aéré(e) **2.** [notions, promises] chimérique, vain(e) **3.** [nonchalant] nonchalant(e).

airy-fairy adj UK *inf* [person, notion] farfelu(e).

aisle [aɪl] noun [in cinema, supermarket, plane] allée *f* ; [on train] couloir *m* (central).

ajar [ə'dʒɑːʳ] adj entrouvert(e).

aka (*abbr of* **also known as**) alias.

akimbo [ə'kɪmbəʊ] adv : ***with arms akimbo*** les mains OR poings sur les hanches.

akin [ə'kɪn] adj ▸ **to be akin to** être semblable à.

alabaster [,ælə'bɑːstəʳ] noun albâtre *m*.

alacrity [ə'lækrətɪ] noun empressement *m*.

alarm [ə'lɑːm] ❖ noun **1.** [fear] alarme *f*, inquiétude *f* **2.** [device] alarme *f* ▸ **to raise** OR **sound the alarm** donner OR sonner l'alarme. ❖ vt alarmer, alerter.

alarm clock noun réveil *m*, réveille-matin *m inv*.

alarmed [ə'lɑːmd] adj **1.** [anxious] inquiet(ète) / ***don't be alarmed*** ne vous alarmez OR effrayez pas / ***to become alarmed*** a) [person] s'alarmer b) [animal] s'effaroucher, prendre peur **2.** [vehicle, building] équipé(e) d'une alarme.

alarming [ə'lɑːmɪŋ] adj alarmant(e), inquiétant(e).

alarmingly [ə'lɑːmɪŋlɪ] adv d'une manière alarmante OR inquiétante.

alarmist [ə'lɑːmɪst] adj alarmiste.

alas [ə'læs] excl hélas !

Alaska [ə'læskə] noun Alaska *m* ▸ **in Alaska** en Alaska.

Albania [æl'beɪnjə] noun Albanie *f* ▸ **in Albania** en Albanie.

Albanian [æl'beɪnjən] ❖ adj albanais(e). ❖ noun **1.** [person] Albanais *m*, -e *f* **2.** [language] albanais *m*.

albatross ['ælbətrɒs] (*pl inv or* **-es**) noun albatros *m*.

albeit [ɔːl'biːɪt] conj *fml* bien que *(+ subjunctive)*.

Albert Hall ['ælbət-] noun ▸ **the Albert Hall** *salle de concert à Londres*.

The Albert Hall

Grande salle londonienne accueillant concerts et manifestations diverses ; elle porte le nom du prince Albert, époux de la reine Victoria. Réputée pour sa grande capacité, elle est souvent évoquée dans des comparaisons métaphoriques : **enough people to fill the Albert Hall**.

albino [æl'biːnəʊ] ❖ noun (*pl* -s) albinos *mf*. ❖ comp albinos *(inv)*.

album ['ælbəm] noun album *m*.

albumen ['ælbjʊmɪn] noun [of egg] albumen *m*.

alchemy ['ælkəmɪ] noun alchimie *f*.

alcohol ['ælkəhɒl] noun alcool *m*.

alcohol-free adj sans alcool ▸ **alcohol-free beer** UK bière *f* sans alcool.

alcoholic [,ælkə'hɒlɪk] ❖ adj [person] alcoolique ; [drink] alcoolisé(e). ❖ noun alcoolique *mf*.

alcoholism ['ælkəhɒlɪzm] noun alcoolisme *m*.

alcopop ['ælkəʊpɒp] noun UK *boisson gazeuse faiblement alcoolisée*.

alcove ['ælkəʊv] noun alcôve *f*.

ale [eɪl] noun bière *f*.

alert [ə'lɜ:t] ❖ adj **1.** [vigilant] vigilant(e) **2.** [perceptive] vif (vive), éveillé(e) **3.** [aware] ▸ **to be alert to** être conscient(e) de. ❖ noun [warning] alerte *f* ▸ **on the alert a)** [watchful] sur le qui-vive **b)** MIL en état d'alerte. ❖ vt alerter ▸ **to alert sb to sthg** avertir qqn de qqch.

alert box noun COMPUT message *m* d'alerte.

alertness [ə'lɜ:tnɪs] noun **1.** [vigilance] vigilance *f* **2.** [liveliness] vivacité *f*, esprit *m* éveillé.

Aleutian Islands [ə'lu:ʃjən-] pl n ▸ **the Aleutian Islands** les îles *fpl* Aléoutiennes.

A-level (*abbr of* **Advanced level**) noun ≃ baccalauréat *m*.

A-level

Examen sanctionnant la fin du cycle secondaire en Grande-Bretagne. Il se prépare en deux ans après le **GCSE** et donne accès aux études supérieures. Il est beaucoup plus spécialisé que le baccalauréat français, les élèves ne présentant en moyenne que trois matières. Chaque **A-level** est noté séparément et les élèves s'efforcent d'obtenir les meilleurs résultats dans chacune des matières, car le système d'accès à l'Université est très sélectif. En Écosse, l'examen équivalent est le **Higher** ou le **Higher Grade**, qui est moins spécialisé et comprend cinq matières.

Alexandria [,ælɪg'zɑ:ndrɪə] noun Alexandrie.

alfalfa [æl'fælfə] noun luzerne *f*.

alfresco [æl'freskəʊ] adj & adv en plein air.

algae ['ældʒi:] pl n algues *fpl*.

algebra ['ældʒɪbrə] noun algèbre *f*.

Algeria [æl'dʒɪərɪə] noun Algérie *f* ▸ **in Algeria** en Algérie.

Algerian [æl'dʒɪərɪən] ❖ adj algérien(enne). ❖ noun Algérien *m*, -enne *f*.

Algiers [æl'dʒɪəz] noun Alger.

algorithm ['ælgərɪðm] noun algorithme *m*.

alias ['eɪlɪəs] ❖ adv alias. ❖ noun (*pl* **-es**) **1.** faux nom *m*, nom *m* d'emprunt **2.** COMPUT [in e-mail, on desktop] alias *m*.

aliasing ['eɪlɪəsɪŋ] noun COMPUT aliassage *m*, crénelage *m*.

alibi ['ælɪbaɪ] noun alibi *m*.

Alice band noun bandeau *m* *(pour les cheveux)*.

alien ['eɪljən] ❖ adj **1.** [gen] étranger(ère) **2.** [from outer space] extraterrestre. ❖ noun **1.** [from outer space] extraterrestre *mf* **2.** LAW [foreigner] étranger *m*, -ère *f* **3.** [immigrant] immigré *m*, -e *f*.

alienate ['eɪljəneɪt] vt aliéner.

alienated ['eɪljəneɪtɪd] adj : ***many young people feel alienated and alone*** beaucoup de jeunes se sentent seuls et rejetés.

alienation [,eɪljə'neɪʃn] noun PSYCHOL aliénation *f*.

alight [ə'laɪt] ❖ adj allumé(e), en feu. ❖ vi **1.** [bird] se poser **2.** [from bus, train] ▸ **to alight from** descendre de.

align [ə'laɪn] vt **1.** [line up] aligner **2.** [ally] ▸ **to align o.s. with sb** s'aligner sur qqn.

alignment [ə'laɪnmənt] noun alignement *m*.

alike [ə'laɪk] ❖ adj semblable ▸ **to look alike** se ressembler. ❖ adv de la même façon.

alimentary canal [,ælɪmentərɪ-] noun tube *m* digestif.

alimony ['ælɪmənɪ] noun pension *f* alimentaire.

A-line adj trapèze *(inv)*.

A-list noun **1.** [in Hollywood] *liste des stars les plus en vue du moment* / ***an A-list celebrity*** une star très en vogue **2.** [for party] *liste d'invités de marque* / ***she's on my A-list for the party*** c'est une des personnes que je veux absolument inviter à ma fête.

alive [ə'laɪv] adj **1.** [living] vivant(e), en vie **2.** [practice, tradition] vivace ▸ **to keep alive** préserver **3.** [lively] plein(e) de vitalité ▸ **to come alive a)** [story, description] prendre vie **b)** [person, place] s'animer **4.** [aware] ▸ **to be alive to sthg** être conscient(e) de qqch **5.** [full of] ▸ **to be alive with sthg** grouiller de qqch, pulluler de qqch.

alkali ['ælkəlaɪ] (*pl* **-s** *or* **-es**) noun alcali *m*.

alkaline ['ælkəlaɪn] adj alcalin(e).

all [ɔ:l]

❖ adj

1. *(with sg noun)* tout (toute) / ***all day / night / evening*** toute la journée / la nuit / la soirée / ***all the drink*** toute la boisson / ***all the time*** tout le temps

2. *(with pl noun)* tous (toutes) / ***all the boxes*** toutes les boîtes / ***all men*** tous les hommes / ***all three died*** ils sont morts tous les trois, tous les trois sont morts

❖ pron

1. *(sg)* [the whole amount] tout *m* / ***all of the butter / the cakes*** tout le beurre / tous les gâteaux / ***she drank it all, she drank all of it*** elle a tout bu

2. *(pl)* [everybody, everything] tous (toutes) / *all of them came, they all came* ils sont tous venus / *all I want is to rest* tout ce que je veux c'est du repos / *will that be all?* ce sera tout ? / *it's all his fault* c'est sa faute à lui **3.** *(with superl)* ▸ **... of all** ... de tous (toutes) / *I like this one best of all* je préfère celui-ci entre tous / *hers was the best / worst essay of all* sa dissertation était la meilleure / la pire de toutes

❖ adv

1. [entirely] complètement / *I'd forgotten all about that* j'avais complètement oublié cela ▸ **all alone** tout seul (toute seule) ▸ **that's all very well, but...** tout cela est bien beau, mais...

2. [in sport, competitions] *the score is five all* le score est cinq partout

3. *(with compar) to run all the faster* courir d'autant plus vite / *all the better* d'autant mieux

◆ **all but** adv presque, pratiquement.

◆ **all in all** adv dans l'ensemble.

◆ **all that** adv si... que ça / *it's not all that interesting* ce n'est pas si intéressant que ça.

◆ **in all** adv en tout.

Allah ['ælə] noun Allah *m*.

all along adv depuis le début.

all-American adj cent pour cent américain(e) ▸ **the all-American boy** le jeune américain type.

all-around US = all-round.

allay [ə'leɪ] vt [fears, anger] apaiser, calmer ; [doubts] dissiper.

all clear noun [signal, announcement] signal *m* de fin d'alerte ; *fig* feu *m* vert.

all-consuming adj [passion, ambition] dévorant(e).

all-day adj qui dure toute la journée / *all-day breakfast* petit-déjeuner *m* servi toute la journée.

allegation [,ælɪ'geɪʃn] noun allégation *f* ▸ **to make allegations (about)** faire des allégations (sur).

allege [ə'ledʒ] vt prétendre, alléguer ▸ **to allege (that)...** prétendre que..., alléguer que... ▸ **she is alleged to have done it** on prétend qu'elle l'a fait.

alleged [ə'ledʒd] adj prétendu(e).

allegedly [ə'ledʒɪdlɪ] adv prétendument.

allegiance [ə'li:dʒəns] noun allégeance *f*.

allegorical [,ælɪ'gɒrɪkl] adj allégorique.

allegory ['ælɪgərɪ] (*pl* -ies) noun allégorie *f*.

alleluia [,ælɪ'lu:jə] excl alléluia !

all-embracing [-ɪm'breɪsɪŋ] adj exhaustif(ive), complet(ète).

allergen ['ælədʒen] noun allergène *m*.

allergenic [ælə'dʒenɪk] adj allergisant(e).

allergic [ə'lɜ:dʒɪk] adj ▸ **allergic (to)** allergique (à) ▸ **to be allergic to hard work** *hum* être allergique au travail.

allergy ['ælədʒɪ] (*pl* -ies) noun allergie *f* ▸ **to have an allergy to sthg** être allergique à qqch.

alleviate [ə'li:vɪeɪt] vt apaiser, soulager.

all-expenses-paid adj tous frais payés.

alley cat noun chat *m* de gouttière.

alley(way) ['ælɪ(weɪ)] noun [street] ruelle *f* ; [in garden] allée *f*.

alliance [ə'laɪəns] noun alliance *f*.

allied ['ælaɪd] adj **1.** MIL allié(e) **2.** [related] connexe.

alligator ['ælɪgeɪtəʳ] (*pl inv or* -s) noun alligator *m*.

all-important adj capital(e), crucial(e).

all-in adj UK [price] global(e). ◆ **all in** adv [inclusive] tout compris.

all-inclusive adj [price, tariff] net (nette), tout compris(e), forfaitaire ; [insurance policy] tous risques.

all-in-one adj tout-en-un *(inv)*.

alliteration [ə,lɪtə'reɪʃn] noun allitération *f*.

all-night adj [party] qui dure toute la nuit ; [bar] ouvert(e) toute la nuit.

all-nighter [-'naɪtə] noun : *the party will be an all-nighter* la fête va durer toute la nuit / *we pulled an all-nighter for the physics exam* US on a passé la nuit à réviser l'examen de physique.

allocate ['æləkeɪt] vt [money, resources] ▸ **to allocate sthg (to sb)** attribuer qqch (à qqn).

allocation [,ælə'keɪʃn] noun **1.** [gen] attribution *f* **2.** [share of money] somme *f* allouée.

allot [ə'lɒt] (*pt & pp* -ted, *cont* -ting) vt [job] assigner ; [money, resources] attribuer ; [time] allouer.

allotment [ə'lɒtmənt] noun **1.** UK [garden] jardin *m* ouvrier *(loué par la commune)* **2.** [sharing out] attribution *f* **3.** [share] part *f*.

all out adv : *to go all out to do sthg* se donner à fond pour faire qqch. ◆ **all-out** adj [strike, war] total(e) ; [effort] maximum *(inv)*.

allow [ə'laʊ] vt **1.** [permit - activity, behaviour] autoriser, permettre ▸ **to allow sb to do sthg** permettre à qqn de faire qqch, autoriser qqn à faire qqch / *we weren't allowed in* on ne nous a pas permis d'entrer / *I won't allow such behaviour!* je ne tolérerai pas une telle conduite ! ▸ **allow me** permettez-moi **2.** [set aside - money, time] prévoir / *allow a week for delivery* il faut prévoir OR compter une semaine pour la livraison **3.** [grant - money, time] accorder, allouer ; [- opportunity] donner ; [- claim] admettre **4.** [concede] ▸ **to allow that...** admettre que... ◆ **allow for** vt insep tenir compte de / *we hadn't allowed for these extra costs* nous n'avions pas prévu ces frais supplémentaires / *allowing for the bad weather* compte tenu du mauvais temps.

allowable [ə'laʊəbl] adj admissible.

allowance [ə'laʊəns] noun **1.** UK [money received] indemnité *f* ▸ **cost-of-living allowance** indemnité de vie chère **2.** US [pocket money] argent *m* de poche **3.** [excuse] ▸ **to make allowances for sb** faire preuve d'indulgence envers qqn ▸ **to make allowances for sthg** prendre qqch en considération.

alloy ['ælɔɪ] noun alliage *m*.

all-party talks noun POL *discussions entre tous les partis.*

all-powerful adj tout-puissant (toute-puissante).

all-purpose adj [gen] qui répond à tous les besoins, passe-partout *(inv)*; [tool, vehicle] polyvalent(e) / *all-purpose cleaning fluid* détachant *m* tous usages.

all right ◆ adv bien / *they're doing all right* **a)** [progressing well] ça va (pour eux) **b)** [successful] ils se débrouillent bien. ◆ excl [in answer - yes] d'accord / *all right, let's go!* bon, on y va ? ◆ adj **1.** [healthy] en bonne santé ; [unharmed] sain et sauf (saine et sauve) / *are you all right?* ça va ? **2.** *inf* [acceptable, satisfactory] : *it was all right* c'était pas mal ▸ **that's all right** [never mind] ce n'est pas grave / *is everything all right, Madam?* tout va bien, Madame ? **3.** [allowable] ▸ **is it all right if…?** ça ne vous dérange pas si… ? / *it's all right* **a)** [no problem] ça va **4.** [pleasant] bien, agréable ; [nice-looking] chouette / *she's all right* *inf* elle est pas mal.

all-round UK, **all-around** US adj **1.** [multi-skilled] doué(e) dans tous les domaines **2.** [comprehensive] complet(ète).

all-rounder [-'raʊndəʳ] noun UK **1.** [versatile person] ▸ **to be an all-rounder** être bon (bonne) en tout **2.** SPORT sportif complet *m*, sportive complète *f*.

All Saints' Day noun (le jour de) la Toussaint.

all-singing all-dancing adj dernier cri.

All Souls' Day noun le jour OR la Fête des Morts.

all-star adj [show, performance] avec beaucoup de vedettes, à vedettes / *with an all-star cast* avec un plateau de vedettes.

all-terrain vehicle [ɔ:ltə,reɪn'vi:ɪkl] noun véhicule *m* tout terrain, 4x4 *m*.

all-time adj [record] sans précédent / *sales have reached an all-time high / low* les ventes ont connu le niveau le plus élevé jamais atteint / sont tombées au niveau le plus bas jamais atteint.

allude [ə'lu:d] vi ▸ **to allude to** faire allusion à.

allure [ə'ljʊəʳ] noun charme *m*.

alluring [ə'ljʊərɪŋ] adj séduisant(e).

allusion [ə'lu:ʒn] noun allusion *f*.

all-weather adj [surface] de toute saison, tous temps ▸ **all-weather court** TENNIS (terrain *m* en) quick *m*.

ally ◆ noun ['ælaɪ] (*pl* **-ies**) allié *m*, -e *f*. ◆ vt (*pt & pp* **-ied**) ▸ **to ally o.s. with** s'allier à.

almanac ['ɔ:lmənæk] noun almanach *m*.

almighty [ɔ:l'maɪtɪ] adj *inf* [noise] terrible. ◆ **Almighty** noun ▸ **the Almighty** le Tout-Puissant.

almond ['ɑ:mənd] noun [nut] amande *f* ▸ **almond (tree)** amandier *m*.

almost ['ɔ:lməʊst] adv presque / *I almost missed the bus* j'ai failli rater le bus.

alms [ɑ:mz] pl n *dated* aumône *f*.

aloft [ə'lɒft] adv **1.** [in the air] en l'air **2.** NAUT dans la mâture.

alone [ə'ləʊn] ◆ adj seul(e) / *she alone knows the truth* elle seule connaît la vérité. ◆ adv seul ▸ **to leave sthg alone** ne pas toucher à qqch / *leave me alone!* laisse-moi tranquille ! ▸ **to go it alone** faire cavalier seul.

along [ə'lɒŋ] ◆ adv : *to walk along* se promener / *to move along* avancer / *can I come along (with you)?* est-ce que je peux venir (avec vous) ? ◆ prep le long de / *to run / walk along the street* courir / marcher le long de la rue. ◆ **along with** prep ainsi que.

alongside [ə,lɒŋ'saɪd] ◆ prep [along] le long de, à côté de ; [beside] à côté de. ◆ adv bord à bord.

aloof [ə'lu:f] ◆ adj distant(e). ◆ adv ▸ **to remain aloof (from)** garder ses distances (vis-à-vis de).

aloofness [ə'lu:fnɪs] noun attitude *f* distante, réserve *f*.

aloud [ə'laʊd] adv à voix haute, tout haut.

alpha ['ælfə] noun **1.** [Greek letter] alpha *m* **2.** UK SCH ≃ mention *f* bien / *alpha plus* ≃ mention *f* très bien.

alphabet ['ælfəbet] noun alphabet *m*.

alphabetical [,ælfə'betɪkl] adj alphabétique ▸ **in alphabetical order** par ordre alphabétique.

alphabetically [,ælfə'betɪklɪ] adv par ordre alphabétique.

alphabetize, alphabetise UK ['ælfəbətaɪz] vt classer par ordre alphabétique.

alpha male noun mâle *m* alpha.

alphanumeric key noun COMPUT touche *f* alphanumérique.

alpha version noun COMPUT [of program] version *f* alpha.

alpine ['ælpaɪn] adj alpin(e).

Alps [ælps] pl n ▸ **the Alps** les Alpes *fpl*.

al-Qaeda, al-Qaida [,ælkæ'i:də] noun Al-Qaida *m*.

already [ɔ:l'redɪ] adv déjà.

alright [,ɔ:l'raɪt] = **all right**.

Alsatian [æl'seɪʃn] ◆ adj alsacien(enne). ◆ noun **1.** [person] Alsacien *m*, -enne *f* **2.** UK [dog] berger *m* allemand.

also ['ɔ:lsəʊ] adv aussi.

also-ran noun [person] perdant *m*, -e *f*.

altar ['ɔ:ltəʳ] noun autel *m*.

alter ['ɔ:ltəʳ] ◆ vt changer, modifier ▸ **to have a dress / suit altered** faire retoucher une robe / un costume. ◆ vi changer.

alteration [,ɔ:ltə'reɪʃn] noun modification *f*, changement *m* ▸ **to make an alteration** OR **alterations to sthg** changer OR modifier qqch.

altercation [,ɔ:ltə'keɪʃn] noun altercation *f*.

alter ego ['ɔ:ltəʳ-] (*pl* **-s**) noun alter ego *m*.

alternate ◆ adj [UK ɔ:l'tɜ:nət, US 'ɔ:ltərnət] alterné(e), alternatif(ive) / *on alternate days* tous les deux jours, un jour sur deux. ◆ vt ['ɔ:ltərneɪt] faire alterner. ◆ vi ['ɔ:ltərneɪt] ▸ **to alternate (with)** alterner (avec) ▸ **to alternate between sthg and sthg** passer de qqch à qqch.

alternately [ɔ:l'tɜ:nətlɪ] adv alternativement.

alternating ['ɔ:ltəneɪtɪŋ] adj [gen] alternant(e), en alternance ; ELEC & TECH alternatif(ive) ; MATH alterné(e).

alternating current ['ɔ:ltəneɪtɪŋ-] noun courant *m* alternatif.

alternative [ɔ:l'tɜ:nətɪv] ◆ adj **1.** [different] autre **2.** [non-traditional - society] parallèle ; [- art, energy] alternatif(ive). ◆ noun **1.** [between two solutions] alternative *f* **2.** [other possibility] ▸ **alternative (to)** solution *f* de remplacement (à) ▸ **to have no alternative** ne pas avoir le choix ▸ **to have no alternative but to do sthg** ne pas avoir d'autre choix que de faire qqch.

alternatively [ɔ:l'tɜ:nətɪvlɪ] adv ou bien.

alternative medicine noun médecine *f* parallèle OR douce.

alternator ['ɔ:ltəneɪtəʳ] noun ELEC alternateur *m*.

although [ɔ:l'ðəʊ] conj bien que *(+ subjunctive)*.

altitude ['æltɪtju:d] noun altitude *f*.

alt key [ælt-] noun touche *f* alt.

alto ['æltəʊ] (*pl* -s) ◆ noun **1.** [male voice] haute-contre *f* **2.** [female voice] contralto *m*. ◆ comp alto.

altogether [,ɔ:ltə'geðəʳ] adv **1.** [completely] entièrement, tout à fait **2.** [considering all things] tout compte fait **3.** [in all] en tout.

altruism ['æltrʊɪzm] noun altruisme *m*.

altruist ['æltrʊɪst] noun altruiste *mf*.

altruistic [,æltrʊ'ɪstɪk] adj altruiste.

aluminium UK [,æljʊ'mɪnɪəm], **aluminum** US [ə'lu:mɪnəm] ◆ noun aluminium *m*. ◆ comp en aluminium ▸ **aluminium foil** papier *m* aluminium.

alumna [ə'lʌmnɑ:] (*pl* -nae) noun ancienne étudiante *f* *(d'une université)*.

alumnus [ə'lʌmnəs] (*pl* -ni) noun ancien étudiant *m* *(d'une université)*.

always ['ɔ:lweɪz] adv toujours.

always-on [,ɔ:lweɪz'ɒn] adj permanent(e).

Alzheimer's (disease) ['ælts,haɪməz-] noun maladie *f* d'Alzheimer.

am [æm] ⟶ be.

a.m. (*abbr of* ante meridiem) ▸ **at 3 a.m.** à 3h (du matin).

AM (*abbr of* amplitude modulation) noun AM *f*.

amalgam [ə'mælgəm] noun amalgame *m*.

amalgamate [ə'mælgəmeɪt] vt & vi [companies] fusionner.

amalgamation [ə,mælgə'meɪʃn] noun [of companies] fusion *f*.

amass [ə'mæs] vt amasser.

amateur ['æmətəʳ] ◆ adj amateur *(inv)* ; *pej* d'amateur QUÉBEC. ◆ noun amateur *m*.

amateurish [,æmətɜ:rɪʃ] adj d'amateur.

amaze [ə'meɪz] vt étonner, stupéfier.

amazed [ə'meɪzd] adj stupéfait(e).

amazement [ə'meɪzmənt] noun stupéfaction *f*.

amazing [ə'meɪzɪŋ] adj **1.** [surprising] étonnant(e), ahurissant(e) **2.** [wonderful] excellent(e).

amazingly [ə'meɪzɪŋlɪ] adv étonnamment.

Amazon ['æməzn] noun **1.** [river] ▸ **the Amazon** l'Amazone *f* **2.** [region] ▸ **the Amazon (Basin)** l'Amazonie *f* ▸ **in the Amazon** en Amazonie ▸ **the Amazon rain forest** la forêt amazonienne.

ambassador [æm'bæsədəʳ] noun ambassadeur *m*, -drice *f*.

amber ['æmbəʳ] ◆ adj **1.** [amber-coloured] ambré(e) **2.** UK [traffic light] orange *(inv)*. ◆ noun **1.** [substance] ambre *m* **2.** UK [colour - of traffic light] orange *m*. ◆ comp [made of amber] d'ambre.

ambiance ['æmbɪəns] = **ambience**.

ambidextrous [,æmbɪ'dekstrəs] adj ambidextre.

ambience ['æmbɪəns] noun ambiance *f*.

ambiguity [,æmbɪ'gju:ətɪ] (*pl* -ies) noun ambiguïté *f*.

ambiguous [æm'bɪgjʊəs] adj ambigu(ë).

ambiguously [æm'bɪgjʊəslɪ] adv de façon ambiguë.

ambition [æm'bɪʃn] noun ambition *f*.

ambitious [æm'bɪʃəs] adj ambitieux(euse).

ambivalence [æm'bɪvələns] noun ambivalence *f*.

ambivalent [æm'bɪvələnt] adj ambivalent(e).

amble ['æmbl] vi déambuler.

ambulance ['æmbjʊləns] ◆ noun ambulance *f*. ◆ comp ▸ **ambulance man** ambulancier *m* ▸ **ambulance woman** ambulancière *f*.

ambush ['æmbʊʃ] ◆ noun embuscade *f*. ◆ vt tendre une embuscade à.

ameba US [ə'mi:bə] noun = **amoeba**.

amen [,ɑ:'men] excl amen !

amenable [ə'mi:nəbl] adj ▸ **amenable (to)** ouvert(e) (à).

amend [ə'mend] vt [generally] modifier ; [law] amender. ◆ **amends** pl n ▸ **to make amends (for)** se racheter (pour).

amendment [ə'mendmənt] noun [generally] modification *f* ; [to law] amendement *m*.

amenities [ə'mi:nətɪz] pl n **1.** [features] agréments *mpl* ; [facilities] équipements *mpl* / ***urban amenities*** équipements *mpl* collectifs **2.** [social courtesy] civilités *fpl*, politesses *fpl*.

America [ə'merɪkə] noun Amérique *f* ▸ **in America** en Amérique. ◆ **Americas** pl n ▸ **the Americas** les Amériques *fpl*.

American [ə'merɪkn] ◆ adj américain(e). ◆ noun Américain *m*, -e *f*.

American football noun UK football *m* américain.

American Indian noun Indien *m*, -enne *f* d'Amérique, Amérindien *m*, -enne *f*.

Americanism [ə'merɪkənɪzm] noun américanisme *m*.

americanize, americanise UK [ə'merɪkənaɪz] vt américaniser.

amethyst ['æmɪθɪst] noun améthyste *f*.

Amex ['æmeks] (*abbr of* American Stock Exchange) noun *deuxième place boursière des États-Unis.*

amiable ['eɪmjəbl] adj aimable.

amicable ['æmɪkəbl] adj amical(e).

amicably ['æmɪkəblɪ] adv amicalement.

amid(st) [ə'mɪd(st)] prep au milieu de, parmi.

amino acid [ə'mi:nəʊ-] noun acide *m* aminé.

amiss [ə'mɪs] ❖ adj : *is there anything amiss?* y a-t-il quelque chose qui ne va pas ? ❖ adv ▸ **to take sthg amiss** prendre qqch de travers.

AML MESSAGING *written abbr of* all my love.

ammo ['æməʊ] noun *(U) inf* munitions *fpl*.

ammonia [ə'məʊnjə] noun [liquid] ammoniaque *f*.

ammunition [,æmjʊ'nɪʃn] noun *(U)* **1.** MIL munitions *fpl* **2.** *fig* [argument] argument *m*.

amnesia [æm'ni:zjə] noun amnésie *f*.

amnesty ['æmnəstɪ] (*pl* -ies) noun amnistie *f*.

amoeba, **ameba** US [ə'mi:bə] amibe *f*.

amok [ə'mɒk] adv ▸ **to run amok** être pris(e) d'une crise de folie furieuse.

among [ə'mʌŋ], **amongst** [ə'mʌŋst] prep parmi, entre ▸ **among other things** entre autres (choses).

amoral [,eɪ'mɒrəl] adj amoral(e).

amorous ['æmərəs] adj amoureux(euse).

amorphous [ə'mɔ:fəs] adj informe.

amortize, **amortise** UK [ə'mɔ:taɪz] vt FIN amortir.

amount [ə'maʊnt] noun **1.** [quantity] quantité *f* ▸ **a great amount of** beaucoup de / *in small / large amounts* en petites / grandes quantités **2.** [sum of money] somme *f*, montant *m* / *do you have the exact amount?* avez-vous le compte (exact) ? / *you're in credit to the amount of £100* vous avez un crédit de 100 livres / *'amount due'* 'montant à régler'. ◆ **amount to** vt insep **1.** [total] s'élever à **2.** [be equivalent to] revenir à, équivaloir à.

amp [æmp] noun **1.** *abbr of* ampere **2.** *inf* (*abbr of* amplifier) ampli *m*.

ampere ['æmpeəʳ] noun ampère *m*.

ampersand ['æmpəsænd] noun esperluette *f*.

amphetamine [æm'fetəmi:n] noun amphétamine *f*.

amphibian [æm'fɪbɪən] noun batracien *m*.

amphibious [æm'fɪbɪəs] adj amphibie.

amphitheatre UK, **amphitheater** US ['æmfɪ,θɪətəʳ] noun amphithéâtre *m*.

ample ['æmpl] adj **1.** [enough] suffisamment de, assez de **2.** [large] ample.

amplification [,æmplɪfɪ'keɪʃn] noun **1.** [of sound] amplification *f* **2.** [of idea, statement] développement *m*.

amplifier ['æmplɪfaɪəʳ] noun amplificateur *m*.

amplify ['æmplɪfaɪ] (*pt & pp* -ied) ❖ vt **1.** [sound] amplifier **2.** [idea, statement] développer. ❖ vi ▸ **to amplify on sthg** développer qqch.

amplitude ['æmplɪtju:d] noun [breadth, scope] ampleur *f*, envergure *f* ; ASTRON & PHYS amplitude *f*.

amply ['æmplɪ] adv **1.** [sufficiently] amplement **2.** [considerably] largement.

amputate ['æmpjʊteɪt] vt & vi amputer.

amputation [,æmpjʊ'teɪʃn] noun amputation *f*.

amputee [,æmpjʊ'ti:] noun amputé *m*, -e *f*.

Amsterdam [,æmstə'dæm] noun Amsterdam.

amuck [ə'mʌk] = amok.

amulet ['æmjʊlɪt] noun amulette *f*.

amuse [ə'mju:z] vt **1.** [make laugh] amuser, faire rire **2.** [entertain] divertir, distraire ▸ **to amuse o.s. (by doing sthg)** s'occuper (à faire qqch).

amused [ə'mju:zd] adj **1.** [laughing] amusé(e) ▸ **to be amused at** OR **by sthg** trouver qqch amusant **2.** [entertained] ▸ **to keep o.s. amused** s'occuper.

amusement [ə'mju:zmənt] noun **1.** [laughter] amusement *m* **2.** [diversion, game] distraction *f*.

amusement arcade noun UK galerie *f* de jeux.

amusement park noun parc *m* d'attractions.

amusing [ə'mju:zɪŋ] adj amusant(e).

an *(stressed* [æn], *unstressed* [ən]*)* ⟶ a.

anabolic steroid [,ænə'bɒlɪk-] noun (stéroïde *m*) anabolisant *m*.

anachronism [ə'nækrənɪzm] noun anachronisme *m*.

anachronistic [ə,nækrə'nɪstɪk] adj anachronique.

anaemia, **anemia** US [ə'ni:mjə] noun anémie *f*.

anaemic, **anemic** US [ə'ni:mɪk] adj MED anémique ; *fig* & *pej* fade, plat(e).

anaesthesia, **anesthesia** US [,ænɪs'θi:zjə] noun anesthésie *f*.

anaesthetic, **anesthetic** US [,ænɪs'θetɪk] noun anesthésique *m* ▸ **under anaesthetic** sous anesthésie ▸ **local / general anaesthetic** anesthésie *f* locale / générale.

anaesthetist, **anesthetist** US [æ'ni:sθətɪst], **anesthesiologist** [æ,ni:sθəzɪ'ɒlədzɪst] noun anesthésiste *mf*.

anaesthetize, **anaesthetise** UK, **anesthetize** US [æ'ni:sθətaɪz] vt anesthésier.

anagram ['ænəgræm] noun anagramme *f*.

anal ['eɪnl] adj anal(e).

analgesic [,ænæl'dʒi:sɪk] ❖ adj analgésique. ❖ noun analgésique *m*.

analog = analogue.

analogous [ə'næləgəs] adj ▸ **analogous (to)** analogue (à).

analogue UK, **analog** ['ænəlɒg] ❖ adj [watch, clock] analogique. ❖ noun analogue *m*.

analogy [ə'nælədʒɪ] (*pl* -ies) noun analogie *f* ▸ **to draw an analogy with / between** faire une comparaison avec / entre ▸ **by analogy** par analogie.

analyse UK, **analyze** US ['ænəlaɪz] vt analyser.

analysis [ə'næləsɪs] (*pl* **-ses**) noun analyse *f* ▸ **in the final** OR **last analysis** en dernière analyse.

analyst ['ænəlɪst] noun analyste *mf*.

analytic(al) [,ænə'lɪtɪk(l)] adj analytique.

analyze US = **analyse**.

anaphylactic [ænəfə'læktɪk] adj [shock] anaphylactique.

anarchic [æ'nɑ:kɪk] adj anarchique.

anarchist ['ænəkɪst] noun anarchiste *mf*.

anarchistic [,ænə'kɪstɪk] adj anarchiste.

anarchy ['ænəkɪ] noun anarchie *f*.

anathema [ə'næθəmə] noun anathème *m*.

anatomical [,ænə'tɒmɪkl] adj anatomique.

anatomically [,ænə'tɒmɪklɪ] adv anatomiquement / ***anatomically correct*** [doll, model] réaliste du point de vue anatomique.

anatomy [ə'nætəmɪ] (*pl* **-ies**) noun anatomie *f*.

ANC (*abbr of* **African National Congress**) noun ANC *m*.

ancestor ['ænsestə^r] noun *lit* & *fig* ancêtre *m*.

ancestral [æn'sestrəl-] adj ancestral(e) / ***ancestral home*** demeure *f* ancestrale.

ancestry ['ænsestrɪ] (*pl* **-ies**) noun **1.** [past] ascendance *f* **2.** *(U)* [ancestors] ancêtres *mpl*.

anchor ['æŋkə^r] ◆ noun **1.** NAUT ancre *f* ▸ **to drop / weigh anchor** jeter/lever l'ancre **2.** US TV présentateur *m*, -trice *f*. ◆ vt **1.** [secure] ancrer **2.** US TV présenter. ◆ vi NAUT jeter l'ancre.

anchorman ['æŋkəmæn] (*pl* **-men**) noun US TV présentateur *m*.

anchorwoman ['æŋkə,wʊmən] (*pl* **-women**) noun US TV présentatrice *f*.

anchovy ['æntʃəvɪ] (*pl inv or* **-ies**) noun anchois *m*.

ancient ['eɪnʃənt] adj **1.** [monument] historique ; [custom] ancien(enne) **2.** *hum* [car] antique ; [person] vieux (vieille).

ancillary [æn'sɪlərɪ] adj auxiliaire.

> **and**
>
> *(stressed* [ænd], *unstressed* [ənd] OR [ən]*)*
>
> ◆ conj
>
> **1.** [as well as, plus] et / ***get your hat and coat*** va chercher ton manteau et ton chapeau / ***he opened the door and went out*** il a ouvert la porte et est sorti
>
> **2.** [in numbers] ***one hundred and eighty*** cent quatre-vingts / ***six and a half*** six et demi
>
> **3.** [to] ***come and look!*** venez voir ! / ***try and come*** essayez de venir ▸ **wait and see** vous verrez bien
>
> **4.** [indicating continuity, repetition] ***he cried and cried*** il n'arrêtait pas de pleurer / ***for hours and hours*** pendant des heures (et des heures) / ***louder and louder*** de plus en plus fort
>
> ◆ **and so on, and so forth** adv et ainsi de suite.

Andes ['ændi:z] pl n ▸ **the Andes** les Andes *fpl*.

Andorra [æn'dɔ:rə] noun Andorre *f* ▸ **in Andorra** en Andorre.

androgynous [æn'drɒdʒɪnəs] adj androgyne.

android ['ændrɔɪd] noun androïde *m*.

anecdotal [,ænek'dəʊtl] adj anecdotique ▸ **anecdotal evidence** preuve *f* OR témoignage *m* anecdotique.

anecdote ['ænɪkdəʊt] noun anecdote *f*.

anemia US = **anaemia**.

anemic US = **anaemic**.

anemone [ə'nemənɪ] noun anémone *f*.

anesthesia US = **anaesthesia**.

anesthetic US = **anaesthetic**.

anesthetist US = **anaesthetist**.

anesthetize US = **anaesthetize**.

anew [ə'nju:] adv ▸ **to start anew** recommencer (à zéro).

angel ['eɪndʒəl] noun ange *m*.

Angeleno [,ændʒə'li:nəʊ] noun *habitant de Los Angeles*.

angelic [æn'dʒelɪk] adj angélique.

angel investor noun FIN ange *m* investisseur.

anger ['æŋgə^r] ◆ noun colère *f*. ◆ vt fâcher, irriter.

anger management noun *thérapie pour aider les gens coléreux à mieux se maîtriser*.

angina [æn'dʒaɪnə] noun angine *f* de poitrine.

angle ['æŋgl] ◆ noun **1.** [gen] angle *m* ▸ **at an angle** de travers, en biais / ***the roads intersect at an angle of 90°*** les routes se croisent à angle droit **2.** [point of view] point *m* de vue, angle *m* / ***from an economic angle*** d'un point de vue économique. ◆ vi pêcher (à la ligne) ▸ **to angle for** *fig* [invitation, compliments] chercher à obtenir, quêter.

angle bracket noun crochet *m*.

angler ['æŋglə^r] noun pêcheur *m* (à la ligne).

Anglican ['æŋglɪkən] ◆ adj anglican(e). ◆ noun anglican *m*, -e *f*.

anglicism ['æŋglɪsɪzm] noun anglicisme *m*.

anglicize, anglicise UK ['æŋglɪsaɪz] vt angliciser.

angling ['æŋglɪŋ] noun pêche *f* à la ligne.

Anglo- ['æŋgləʊ] pref anglo-.

Anglo-American ◆ adj anglo-américain(e). ◆ noun Anglo-Américain *m*, -e *f*.

Anglo-French adj anglo-français(e), franco-anglais(e), franco-britannique.

Anglo-Irish ◆ adj anglo-irlandais(e). ◆ noun LING anglais *m* parlé en Irlande. ◆ pl n : ***the Anglo-Irish*** les Anglo-Irlandais *mpl*.

anglophile ['æŋgləʊfaɪl] adj anglophile. ◆ **Anglophile** noun anglophile *mf*.

anglophobe ['æŋgləʊfəʊb] adj anglophobe. ◆ **Anglophobe** noun anglophobe *mf*.

Anglo-Saxon ◆ adj anglo-saxon(onne). ◆ noun **1.** [person] Anglo-saxon *m*, -onne *f* **2.** [language] anglo-saxon *m*.

Angola [æŋ'gəʊlə] noun Angola *m* ▸ **in Angola** en Angola.

Angolan [æŋ'gəʊlən] ❖ adj angolais(e). ❖ noun Angolais *m*, -e *f*.

angora [æŋ'gɔ:rə] noun angora *m*.

angrily ['æŋgrəlɪ] adv avec colère.

angry ['æŋgrɪ] (*compar* **-ier**, *superl* **-iest**) adj [person] en colère, fâché(e) ; [words, quarrel] violent(e) ▸ **to be angry with** OR **at sb** être en colère OR fâché contre qqn ▸ **to get angry** se mettre en colère, se fâcher.

angst [æŋst] noun anxiété *f*.

anguish ['æŋgwɪʃ] noun angoisse *f*.

anguished ['æŋgwɪʃt] adj angoissé(e).

angular ['æŋgjʊlə^r] adj anguleux(euse).

animal ['ænɪml] ❖ noun ZOOL animal *m* ; *pej* brute *f*. ❖ adj animal(e) ▸ **animal welfare** protection *f* des animaux.

animate ['ænɪmət] adj animé(e), vivant(e).

animated ['ænɪmeɪtɪd] adj animé(e).

animation [,ænɪ'meɪʃn] noun animation *f*.

animator ['ænɪmeɪtə^r] noun animateur *m*, -trice *f*.

anime ['ænɪmeɪ] noun anime *m*, animé *m*.

animosity [,ænɪ'mɒsətɪ] (*pl* **-ies**) noun animosité *f*.

aniseed ['ænɪsi:d] noun anis *m*.

ankle ['æŋkl] ❖ noun cheville *f*. ❖ comp ▸ **ankle socks** socquettes *fpl* ▸ **ankle boots** bottines *fpl*.

anklebone ['æŋkəlbəʊn] noun astragale *m*.

ankle-length adj qui descend jusqu'à la cheville.

anklet ['æŋklɪt] noun **1.** [chain] bracelet *m* de cheville **2.** US [ankle sock] socquette *f*.

annals ['ænlz] pl n annales *fpl*.

annex, annexe UK ['æneks] noun [building] annexe *f*.

annexation [,ænek'seɪʃn] noun annexion *f*.

annihilate [ə'naɪəleɪt] vt anéantir, annihiler.

annihilation [ə,naɪə'leɪʃn] noun anéantissement *m*.

anniversary [,ænɪ'vɜ:sərɪ] (*pl* **-ies**) noun anniversaire *m* ▸ **anniversary card** carte *f* d'anniversaire (de mariage) ▸ **anniversary present** cadeau *m* d'anniversaire (de mariage).

annotate ['ænəteɪt] vt annoter.

annotation [,ænə'teɪʃn] noun [action] annotation *f* ; [note] annotation *f*, note *f*.

announce [ə'naʊns] vt annoncer.

announcement [ə'naʊnsmənt] noun **1.** [statement] déclaration *f* ; [in newspaper] avis *m* **2.** *(U)* [act of stating] annonce *f*.

announcer [ə'naʊnsə^r] noun RADIO & TV speaker *m*, speakerine *f*.

annoy [ə'nɔɪ] vt agacer, contrarier.

annoyance [ə'nɔɪəns] noun contrariété *f*.

annoyed [ə'nɔɪd] adj mécontent(e), agacé(e) ▸ **to get annoyed** se fâcher ▸ **to be annoyed at sthg** être contrarié(e) par qqch ▸ **to be annoyed with sb** être fâché(e) contre qqn.

annoying [ə'nɔɪɪŋ] adj agaçant(e), énervant(e).

annoyingly [ə'nɔɪɪŋlɪ] adv de manière gênante OR agaçante / *she was annoyingly vague* elle était si vague que c'en était agaçant.

annual ['ænjʊəl] ❖ adj annuel(elle). ❖ noun **1.** [plant] plante *f* annuelle **2.** [book - gen] publication *f* annuelle ; [- for children] album *m*.

annual earnings pl n **1.** [of company] recette(s) *fpl* annuelle(s) **2.** [of person] revenu *m* annuel.

annual general meeting noun UK assemblée *f* générale annuelle.

annual income noun revenu *m* annuel.

annually ['ænjʊəlɪ] adv annuellement.

annuity [ə'nju:ɪtɪ] (*pl* **-ies**) noun rente *f*.

annul [ə'nʌl] (*pt & pp* **-led**, *cont* **-ling**) vt [generally] annuler ; [law] abroger.

annulment [ə'nʌlmənt] noun [generally] annulation *f* ; [of law] abrogation *f*.

Annunciation [ə,nʌnsɪ'eɪʃn] noun ▸ **the Annunciation** l'Annonciation *f*.

anode ['ænəʊd] noun anode *f*.

anoint [ə'nɔɪnt] vt oindre.

anomalous [ə'nɒmələs] adj anormal(e).

anomaly [ə'nɒməlɪ] (*pl* **-ies**) noun anomalie *f*.

anon [ə'nɒn] adv *dated* & *liter* [soon] bientôt, sous peu / *see you anon* *hum* à bientôt.

anon. [ə'nɒn] (***abbr of*** **anonymous**) anon.

anonymity [,ænə'nɪmətɪ] noun anonymat *m*.

anonymous [ə'nɒnɪməs] adj anonyme.

anonymously [ə'nɒnɪməslɪ] adv anonymement.

anorak ['ænəræk] noun anorak *m*.

anorexia (nervosa) [,ænə'reksɪə (nɜ:'vəʊsə)] noun anorexie *f* mentale.

anorexic [,ænə'reksɪk] adj & noun anorexique.

another [ə'nʌðə^r] ❖ adj **1.** [additional] : *another apple* encore une pomme, une pomme de plus, une autre pomme / *in another few minutes* dans quelques minutes / *(would you like) another drink?* (voulez-vous) encore un verre ? **2.** [different] : *another job* un autre travail. ❖ pron **1.** [additional one] un autre (une autre), encore un (encore une) **2.** [different one] un autre (une autre).

A. N. Other [,eɪen'ʌðər] noun UK monsieur X, madame X.

Ansaphone® ['ɑ:nsəfəʊn] noun répondeur *m* (téléphonique).

ANSI (***abbr of*** **American National Standards Institute**) noun *association américaine de normalisation*.

answer ['ɑ:nsə^r] ❖ noun **1.** [gen] réponse *f* ▸ **in answer to** en réponse à / *I rang the bell but there was no answer* j'ai sonné mais personne n'a répondu OR n'a ouvert / *he has an answer for everything* il a réponse à tout **2.** [to problem] solution *f* / *the (right) answer* la bonne réponse / *there's no easy answer* *lit* & *fig* il n'y a pas de solution facile. ❖ vt répondre à ▸ **to answer the door** aller ouvrir la porte ▸ **to answer the phone** répondre au téléphone. ❖ vi [reply] répondre. ◆ **answer back** ❖ vt sep répondre à. ❖ vi répondre. ◆ **answer for** vt insep être responsable de, répondre de / *this government has a lot to answer for* ce gouvernement a bien des comptes à rendre.

answerable ['ɑ:nsərəbl] adj ▸ **answerable to sb / for sthg** responsable devant qqn / de qqch.

answering machine ['ɑ:nsərɪŋ-] noun répondeur *m*.

answerphone ['ænsəfəʊn] noun répondeur *m* (téléphonique).

ant [ænt] noun fourmi *f*.

antacid [,ænt'æsɪd] noun (médicament *m*) alcalin *m*.

antagonism [æn'tægənɪzm] noun antagonisme *m*, hostilité *f*.

antagonist [æn'tægənɪst] noun antagoniste *mf*, adversaire *mf*.

antagonistic [æn,tægə'nɪstɪk] adj [hostile] hostile.

antagonize, antagonise UK [æn'tægənaɪz] vt éveiller l'hostilité de.

Antarctic [æn'tɑ:ktɪk] ❖ noun ▸ **the Antarctic** l'Antarctique *m* ▸ **in the Antarctic** dans l'Antarctique. ❖ adj antarctique.

Antarctica [æn'tɑ:ktɪkə] noun Antarctique *m*, le continent *m* antarctique.

ante ['æntɪ] noun *inf* & *fig* ▸ **to up** OR **raise the ante** faire monter les enchères.

anteater ['ænt,i:tər] noun tamanoir *m*, fourmilier *m*.

antecedent [,æntɪ'si:dənt] noun antécédent *m*.

antelope ['æntɪləʊp] (*pl inv or* -s) noun antilope *f*.

antenatal [,æntɪ'neɪtl] adj prénatal(e).

antenatal clinic noun service *m* de consultation prénatale.

antenna [æn'tenə] noun **1.** (*pl* -nae) [of insect] antenne *f* **2.** (*pl* -s) US [for TV, radio] antenne *f*.

anteroom ['æntɪrʊm] noun antichambre *f*.

anthem ['ænθəm] noun hymne *m*.

anthill ['ænthɪl] noun fourmilière *f*.

anthology [æn'θɒlədʒɪ] (*pl* -ies) noun anthologie *f*.

anthrax ['ænθræks] noun charbon *m*.

anthropological [,ænθrəpə'lɒdʒɪkl] adj anthropologique.

anthropologist [,ænθrə'pɒlədʒɪst] noun anthropologue *mf*.

anthropology [,ænθrə'pɒlədʒɪ] noun anthropologie *f*.

anti- ['æntɪ] pref anti-.

antiabortion [,æntɪə'bɔ:ʃn] adj : *the antiabortion movement* le mouvement contre l'avortement.

antiaircraft [,æntɪ'eəkrɑ:ft] adj antiaérien(enne).

antiapartheid [,æntɪə'pɑ:theɪt] adj anti-apartheid (*inv*).

antibacterial [,æntɪbæk'ti:rɪəl] adj antibactérien(ienne).

antiballistic missile [,æntɪbə'lɪstɪk-] noun missile *m* antibalistique.

antibiotic [,æntɪbaɪ'ɒtɪk] noun antibiotique *m*.

antibody ['æntɪ,bɒdɪ] (*pl* -ies) noun anticorps *m*.

anticipate [æn'tɪsɪpeɪt] vt **1.** [expect] s'attendre à, prévoir / *I didn't anticipate leaving so early* je ne m'attendais pas à ce qu'on parte si tôt / *as anticipated* comme prévu **2.** [request, movement] anticiper ; [competitor] prendre de l'avance sur **3.** [look forward to] savourer à l'avance.

anticipation [æn,tɪsɪ'peɪʃn] noun [expectation] attente *f* ; [eagerness] impatience *f* ▸ **in anticipation** avec impatience ▸ **in anticipation of** en prévision de ▸ **thanking you in anticipation** en vous remerciant d'avance.

anticlimax [æntɪ'klaɪmæks] noun déception *f*.

anticlockwise [,æntɪ'klɒkwaɪz] adj & adv UK dans le sens inverse des aiguilles d'une montre.

anticompetitive [,æntɪkəm'petɪtɪv] adj ECON anticoncurrentiel(elle).

anticonstitutional [,æntɪkɒnstɪ'tju:ʃənl] adj POL anticonstitutionnel(elle).

antics ['æntɪks] pl n **1.** [of children, animals] gambades *fpl* **2.** *pej* [of politicians] bouffonneries *fpl*.

anticyclone [,æntɪ'saɪkləʊn] noun anticyclone *m*.

antidemocratic [,æntɪdemə'krætɪk] adj POL antidémocratique.

antidepressant [,æntɪdɪ'presnt] noun antidépresseur *m*.

antidote ['æntɪdəʊt] noun *lit* & *fig* ▸ **antidote (to)** antidote *m* (contre).

antidumping [,æntɪ'dʌmpɪŋ] adj [law, legislation] antidumping.

anti-Establishment adj POL anticonformiste.

antifreeze ['æntɪfri:z] noun antigel *m*.

antiglare ['æntɪgleər] adj : *antiglare headlights* phares *mpl* antiéblouissants.

antiglobalization, antiglobalisation [,æntɪgləʊbəlaɪ'zeɪʃən] ❖ noun POL antimondialisation *f*. ❖ adj POL antimondialisation.

antihistamine [,æntɪ'hɪstəmɪn] noun antihistaminique *m*.

anti-inflammatory adj anti-inflammatoire.

antinuclear [,æntɪ'nju:klɪər] adj antinucléaire.

antioxidant [,æntɪ'ɔksɪdənt] noun antioxydant *m*.

antipathy [æn'tɪpəθɪ] noun ▸ **antipathy (to** OR **towards)** antipathie *f* (pour).

antiperspirant [,æntɪ'pɜ:spərənt] noun antiperspirant *m*.

antipodean [æn,tɪpə'dɪən] adj des antipodes.

antipodes [æn'tɪpədi:z] pl n antipodes *mpl*. ◆ **Antipodes** pl n : *the Antipodes* l'Australie *f* et la Nouvelle-Zélande.

antiquarian [,æntɪ'kweərɪən] ❖ adj ▸ **antiquarian bookshop** librairie *f* spécialisée dans les éditions anciennes. ❖ noun amateur *m* d'antiquités.

antiquated ['æntɪkweɪtɪd] adj dépassé(e).

antique [æn'ti:k] ❖ adj ancien(enne). ❖ noun [object] objet *m* ancien ; [piece of furniture] meuble *m* ancien.

antique dealer noun antiquaire *mf*.

antique shop noun magasin *m* d'antiquités.

antiquity [æn'tɪkwətɪ] (*pl* **-ies**) noun antiquité *f*.

anti-Semitic [-sɪ'mɪtɪk] adj antisémite.

anti-Semitism [-semɪtɪzəm] noun antisémitisme *m*.

antiseptic [,æntɪ'septɪk] ❖ adj antiseptique. ❖ noun antiseptique *m*.

antisocial [,æntɪ'səʊʃl] adj **1.** [against society] antisocial(e) **2.** [unsociable] peu sociable, sauvage.

antiterrorist [,æntɪ'terərɪst] adj antiterroriste.

antithesis [æn'tɪθɪsɪs] (*pl* **-ses**) noun opposé *m*, antithèse *f*.

antivirus ['æntɪvairəs] adj antivirus ▸ **antivirus check** COMPUT vérification *f* antivirale ▸ **antivirus program** COMPUT programme *m* antivirus.

antler ['æntlər] noun corne *f*. ◆ **antlers** pl n bois *mpl* *(de cervidés)*, ramure *f*.

antonym ['æntənɪm] noun antonyme *m*.

Antwerp ['æntwɜ:p] noun Anvers.

anus ['eɪnəs] noun anus *m*.

anvil ['ænvɪl] noun enclume *f*.

anxiety [æŋ'zaɪətɪ] (*pl* **-ies**) noun **1.** [worry] anxiété *f* **2.** [cause of worry] souci *m* **3.** [keenness] désir *m* farouche.

anxious ['æŋkʃəs] adj **1.** [worried] anxieux(euse), très inquiet(ète) ▸ **to be anxious about** se faire du souci au sujet de **2.** [keen] ▸ **to be anxious to do sthg** tenir à faire qqch ▸ **to be anxious that** tenir à ce que *(+ subjunctive)*.

anxiously ['æŋkʃəslɪ] adv avec anxiété.

any ['enɪ] ❖ adj **1.** *(with negative)* de, d' / *I haven't got any money / tickets* je n'ai pas d'argent / de billets / *he never does any work* il ne travaille jamais / *he can't stand any noise* il ne supporte pas le moindre bruit, il ne supporte aucun bruit / *hardly* OR *barely* OR *scarcely any* très peu de **2.** [some - with sg noun] du, de l', de la ; [- with pl noun] des / *have you got any money / milk / cousins?* est-ce que vous avez de l'argent / du lait / des cousins ? / *were you in any danger?* étiez-vous en danger ? **3.** [no matter which] n'importe quel (n'importe quelle) / *at any time of day* à n'importe quel moment OR à tout moment de la journée / *any box will do* n'importe quelle boîte fera l'affaire. ❖ pron **1.** *(with negative)* en / *I didn't buy any (of them)* je n'en ai pas acheté / *I didn't know any of the guests* je ne connaissais aucun des invités / *there was hardly any of it left* il n'en restait que très peu **2.** [some] en / *do you have any?* est-ce que vous en avez ? / *can any of you change a tyre?* est-ce que l'un d'entre vous sait changer un pneu ? ▸ **if any** si tant est qu'il y en ait / *few, if any, are likely to be successful* il y en a très peu, si tant est qu'il y en ait, qui ont une chance de réussir **3.** [no matter which one or ones] n'importe lequel (n'importe laquelle) / *take any you like* prenez n'importe lequel / laquelle, prenez celui / celle que vous voulez / *any of the suspects would fit that description* cette description s'applique à tous les suspects. ❖ adv **1.** *(with negative)* : *I can't see it any more* je ne le vois plus / *we can't go any further* nous ne pouvons aller plus loin **2.** [some, a little] un peu / *do you want any more potatoes?* voulez-vous encore des pommes de terre ? / *are you finding the course any easier now?* est-ce que tu trouves le cours un peu plus facile maintenant ? / *is that any better / different?* est-ce que c'est mieux / différent comme ça ? *See also* **case, day, moment, rate**.

ANY1 MESSAGING *written abbr of* **anyone**.

anybody ['enɪ,bɒdɪ] = **anyone**.

anyhow ['enɪhaʊ] adv **1.** [in spite of that] quand même, néanmoins **2.** [carelessly] n'importe comment **3.** [in any case] de toute façon.

any more, anymore US ['enɪmɔ:r] adv : *they don't live here any more* ils n'habitent plus ici.

anyone ['enɪwʌn] pron **1.** *(in negative sentences)* : *I didn't see anyone* je n'ai vu personne / *there was hardly anyone there* il n'y avait presque personne **2.** *(in questions)* quelqu'un / *(is) anyone home?* il y a quelqu'un ? **3.** [any person] n'importe qui / *invite anyone you want* invitez qui vous voulez / *it could happen to anyone* ça pourrait arriver à tout le monde OR n'importe qui / *I don't care what anyone thinks* je me fiche de ce que pensent les gens.

anyplace US ['enɪpleɪs] = **anywhere**.

anything ['enɪθɪŋ] pron **1.** *(in negative sentences)* : *I didn't see anything* je n'ai rien vu / *don't do anything stupid!* ne fais pas de bêtise ! / *I don't know anything about computers* je ne m'y connais pas du tout OR je n'y connais rien en informatique / *he isn't anything like his father* il ne ressemble en rien à son père **2.** *(in questions)* quelque chose / *did you hear anything?* avez-vous entendu quelque chose ? / *did you notice anything unusual?* avez-vous remarqué quelque chose de bizarre ? / *can't we do anything?* est-ce qu'il n'y a rien à faire ? **3.** [any object, event] n'importe quoi / *just tell him anything* racontez-lui n'importe quoi / *anything you like* tout ce que vous voudrez / *if anything happens…* s'il arrive quoi que ce soit… / *it's as easy as anything* c'est facile comme tout. ◆ **anything but** adv pas du tout.

anytime ['enɪtaɪm] adv **1.** [at any time] n'importe quand / *call me anytime* appelle-moi quand tu veux / *they can flower anytime between May and September* ils peuvent fleurir à n'importe quel moment entre mai et septembre **2.** [you're welcome] je t'en prie, je vous en prie / *thanks for driving me to the airport — anytime!* merci de m'avoir conduit à l'aéroport — je t'en prie !

anyway ['enɪweɪ] adv [in any case] de toute façon.

anywhere ['enɪweəʳ], **anyplace** US ['enɪpleɪs] adv **1.** *(in negative sentences)* : *I haven't seen him anywhere* je ne l'ai vu nulle part / *this isn't getting us anywhere* tout ça ne nous mène à rien / *he isn't anywhere near as quick as you are* il est loin d'être aussi rapide que toi **2.** *(in questions)* quelque part / *have you seen my keys anywhere?* avez-vous vu mes clés (quelque part) ? / *are you going anywhere at Easter?* vous partez à Pâques ? / *do they need anywhere to stay?* ont-ils besoin d'un endroit où loger ? **3.** [any place] n'importe où / *just put it down anywhere* posez-le n'importe où / *sit anywhere you like* asseyez-vous où vous voulez **4.** [any amount, number] : *anywhere between 5,000 and 10,000* quelque chose entre 5000 et 10000.

AOB, a.o.b. (*abbr of* **any other business**) divers.

aorta [eɪ'ɔ:tə] (*pl* **-s** *or* **-ae**) noun aorte *f.*

AP ['eɪ'pi:] (*abbr of* **Advanced Placement**) noun US SCH *examen de niveau universitaire passé par les lycéens qui le souhaitent pour obtenir des crédits pour l'université.*

apart [ə'pɑ:t] adv **1.** [separated] : *the houses were about 10 kilometres apart* les maisons étaient à environ 10 kilomètres l'une de l'autre / *cities as far apart as Johannesburg and Hong Kong* des villes aussi éloignées l'une de l'autre que Johannesburg et Hong Kong ▸ **to keep apart** séparer ▸ **we're living apart** nous sommes séparés **2.** [to one side] à l'écart **3.** [in several parts] ▸ **to take sthg apart** démonter qqch ▸ **to fall apart** tomber en morceaux **4.** [aside] ▸ **joking apart** sans plaisanter, plaisanterie à part. ◆ **apart from** prep **1.** [except for] à part, sauf **2.** [as well as] en plus de, outre.

apartheid [ə'pɑ:theɪt] noun apartheid *m.*

apartment [ə'pɑ:tmənt] noun appartement *m.*

apartment building noun US immeuble *m (d'habitation).*

apathetic [,æpə'θetɪk] adj apathique.

apathy ['æpəθɪ] noun apathie *f.*

ape [eɪp] ◆ noun singe *m.* ◆ vt singer.

aperitif [əperə'ti:f] noun apéritif *m.*

aperture ['æpə,tjʊəʳ] noun **1.** [hole, opening] orifice *m*, ouverture *f* **2.** PHOT ouverture *f.*

apeshit ['eɪpʃɪt] adj US *vulg* ▸ **to go apeshit** être fou de rage, péter les plombs.

apex ['eɪpeks] (*pl* **-es** *or* **apices** ['eɪpɪsi:z]) noun sommet *m.*

APEX ['eɪpeks] (*abbr of* **advance purchase excursion**) noun ▸ **APEX ticket** billet *m* APEX.

aphasia [ə'feɪzjə] noun aphasie *f.*

aphid ['eɪfɪd] noun puceron *m.*

aphorism ['æfərɪzm] noun aphorisme *m.*

aphrodisiac [,æfrə'dɪzɪæk] noun aphrodisiaque *m.*

apices ['eɪpɪsi:z] pl n ⟶ **apex.**

apiece [ə'pi:s] adv [for each person] chacun(e), par personne ; [for each thing] chacun(e), pièce *(inv).*

aplenty [ə'plentɪ] adj *liter* : *she's always had money aplenty* elle a toujours eu beaucoup OR énormément d'argent.

aplomb [ə'plɒm] noun aplomb *m*, assurance *f.*

apocalypse [ə'pɒkəlɪps] noun apocalypse *f.*

apocalyptic [ə,pɒkə'lɪptɪk] adj apocalyptique.

apocryphal [ə'pɒkrɪfl] adj apocryphe.

apogee ['æpədʒi:] noun apogée *m.*

apolitical [,eɪpə'lɪtɪkəl] adj apolitique.

apologetic [ə,pɒlə'dʒetɪk] adj [letter] d'excuse ▸ **to be apologetic about sthg** s'excuser de qqch.

apologetically [ə,pɒlə'dʒetɪklɪ] adv en s'excusant, pour s'excuser.

apologize, apologise UK [ə'pɒlədʒaɪz] vi s'excuser ▸ **to apologize to sb (for sthg)** faire des excuses à qqn (pour qqch).

apology [ə'pɒlədʒɪ] (*pl* **-ies**) noun excuses *fpl.*

apoplectic [,æpə'plektɪk] adj **1.** MED apoplectique **2.** *inf* [very angry] hors de soi.

apoplexy ['æpəpleksɪ] noun apoplexie *f.*

apostle [ə'pɒsl] noun RELIG apôtre *m.*

apostrophe [ə'pɒstrəfɪ] noun apostrophe *f.*

app [æp] (*abbr of* **application**) noun COMPUT application *f*, appli *f inf.*

appal UK (*pt & pp* **-led**, *cont* **-ling**), **appall** US [ə'pɔ:l] vt horrifier.

appall US = **appal.**

appalled [ə'pɔ:ld] adj horrifié(e).

appalling [ə'pɔ:lɪŋ] adj épouvantable.

appallingly [ə'pɔ:lɪŋlɪ] adv épouvantablement.

apparatus [,æpə'reɪtəs] (*pl inv or* **-es**) noun **1.** [device] appareil *m*, dispositif *m* **2.** *(U)* [in gym] agrès *mpl* **3.** [system, organization] appareil *m.*

apparel [ə'pærəl] noun US habillement *m.*

apparent [ə'pærənt] adj **1.** [evident] évident(e) ▸ **for no apparent reason** sans raison particulière **2.** [seeming] apparent(e).

apparently [ə'pærəntlɪ] adv **1.** [it seems] à ce qu'il paraît **2.** [seemingly] apparemment, en apparence.

apparition [,æpə'rɪʃn] noun apparition *f.*

appeal [ə'pi:l] ◆ vi **1.** [request] ▸ **to appeal (to sb for sthg)** lancer un appel (à qqn pour obtenir qqch) **2.** [make a plea] ▸ **to appeal to** faire appel à **3.** LAW ▸ **to appeal (against)** faire appel (de) **4.** [attract, interest] ▸ **to appeal to sb** plaire à qqn / *it appeals to me* ça me plaît. ◆ noun **1.** [request] appel *m* / *an appeal for help* un appel au secours **2.** LAW appel *m* / *right of appeal* droit *m* d'appel / *on appeal* en seconde instance **3.** [charm, interest] intérêt *m*, attrait *m.*

appealing [ə'pi:lɪŋ] adj **1.** [attractive] attirant(e), sympathique **2.** [pleading] suppliant(e).

appear [ə'pɪəʳ] vi **1.** [gen] apparaître ; [book] sortir, paraître **2.** [seem] sembler, paraître ▸ **to appear**

to do something sembler faire qqch / *she appeared nervous* elle avait l'air nerveuse ▸ **it would appear (that)...** il semblerait que... **3.** [in play, film] jouer **4.** LAW comparaître / *to appear before the court* OR *the judge* comparaître devant le tribunal / *they appeared as witnesses for the defence* ils ont témoigné pour la défense.

appearance [ə'pɪərəns] noun **1.** [gen] apparition *f* ▸ **to make an appearance** se montrer ▸ **to put in an appearance** faire acte de présence / *she's made a number of television appearances* elle est passée plusieurs fois à la télévision **2.** [look] apparence *f*, aspect *m* / *don't judge by appearances* ne vous fiez pas aux apparences, il ne faut pas se fier aux apparences ▸ **by** OR **to all appearances** selon toute apparence ▸ **to keep up appearances** sauver les apparences.

appease [ə'pi:z] vt apaiser.

appeasement [ə'pi:zmənt] noun apaisement *m*.

append [ə'pend] vt *fml* [document, note] joindre ; [signature] apposer.

appendage [ə'pendɪdʒ] noun appendice *m*.

appendices [ə'pendɪsi:z] pl n ⟶ **appendix**.

appendicitis [ə,pendɪ'saɪtɪs] noun *(U)* appendicite *f*.

appendix [ə'pendɪks] (*pl* **-ixes** *or* **-ices**) noun appendice *m* ▸ **to have one's appendix out** OR **removed** OR **taken out** US se faire opérer de l'appendicite.

appetite ['æpɪtaɪt] noun **1.** [for food] ▸ **appetite (for)** appétit *m* (pour) **2.** *fig* [enthusiasm] ▸ **appetite (for)** goût *m* (de OR pour).

appetizer, appetiser UK ['æpɪtaɪzər] noun [food] amuse-gueule *m inv* ; [drink] apéritif *m*.

appetizing, appetising UK ['æpɪtaɪzɪŋ] adj [food] appétissant(e).

applaud [ə'plɔ:d] ❖ vt **1.** [clap] applaudir **2.** [approve] approuver, applaudir à. ❖ vi applaudir.

applause [ə'plɔ:z] noun *(U)* applaudissements *mpl*.

apple ['æpl] noun pomme *f* ▸ **she's the apple of her father's eye** *inf* son père tient à elle comme à la prunelle de ses yeux.

apple pie noun tarte *f* aux pommes.

applet ['æplət] noun COMPUT appelette *f*, appliquette *f*.

apple tree noun pommier *m*.

appliance [ə'plaɪəns] noun [device] appareil *m* ▸ **domestic appliance** appareil ménager.

applicable [ə'plɪkəbl] adj ▸ **applicable (to)** applicable (à).

applicant ['æplɪkənt] noun ▸ **applicant (for) a)** [job] candidat *m*, -e *f* (à) **b)** [state benefit] demandeur *m*, -euse *f* (de) ; UNIV ▸ **college** US OR **university applicant** candidat à l'inscription à l'université.

application [,æplɪ'keɪʃn] noun **1.** [gen] application *f* **2.** [for job] ▸ **application (for)** demande *f* (de).

application form noun [for post] dossier *m* de candidature ; UNIV dossier *m* d'inscription.

applications program [,æplɪ'keɪʃns-] noun COMPUT programme *m* d'application.

applicator ['æplɪkeɪtər] noun [for lotion, glue] applicateur *m*.

applied [ə'plaɪd] adj [science] appliqué(e).

appliqué [ə'pli:keɪ] noun application *f*.

apply [ə'plaɪ] (*pt & pp* **-ied**) ❖ vt appliquer / *we apply the same rule to all students* nous appliquons la même règle à OR pour tous les étudiants ▸ **to apply o.s. (to sthg)** s'appliquer (à qqch) ▸ **to apply one's mind (to sthg)** s'appliquer (à qqch) / *to apply pressure to sthg* exercer une pression OR appuyer sur qqch ▸ **to apply the brakes** freiner. ❖ vi **1.** [for work, grant] ▸ **to apply (for)** faire une demande (de) ▸ **to apply to sb (for sthg)** s'adresser à qqn (pour obtenir qqch) ▸ **to apply for a job** faire une demande d'emploi / *she has decided to apply for the job* elle a décidé de poser sa candidature pour cet emploi / ***'apply within'*** 's'adresser à l'intérieur OR ici' **2.** [be relevant] ▸ **to apply to** s'appliquer à, concerner / *this law applies to all citizens* cette loi s'applique à tous les citoyens / *this doesn't apply to us* nous ne sommes pas concernés.

appoint [ə'pɔɪnt] vt **1.** [to job, position] ▸ **to appoint sb (as sthg)** nommer qqn (qqch) ▸ **to appoint sb to sthg** nommer qqn à qqch / *she was appointed to the post of director* elle a été nommée directrice / *his appointed agent* son agent attitré **2.** [time, place] fixer.

appointment [ə'pɔɪntmənt] noun **1.** [to job, position] nomination *f*, désignation *f* ▸ **'by appointment to Her Majesty the Queen'** 'fournisseur de sa Majesté la Reine' **2.** [job, position] poste *m*, emploi *m* / *'appointments'* 'offres *fpl* d'emploi' **3.** [arrangement to meet] rendez-vous *m* ▸ **to make an appointment** prendre un rendez-vous / *do you have an appointment?* avez-vous (pris) rendez-vous ? ▸ **by appointment** sur rendez-vous.

apportion [ə'pɔ:ʃn] vt répartir.

appraisal [ə'preɪzl] noun évaluation *f*.

appraise [ə'preɪz] vt évaluer.

appreciable [ə'pri:ʃəbl] adj [difference] sensible ; [amount] appréciable.

appreciably [ə'pri:ʃəblɪ] adv sensiblement.

appreciate [ə'pri:ʃɪeɪt] ❖ vt **1.** [value, like] apprécier, aimer **2.** [recognize, understand] comprendre, se rendre compte de **3.** [be grateful for] être reconnaissant(e) de / *I would appreciate a prompt reply to this letter* je vous serais obligé de bien vouloir me répondre dans les plus brefs délais. ❖ vi FIN prendre de la valeur.

appreciation [ə,pri:ʃɪ'eɪʃn] noun **1.** [liking] contentement *m* **2.** [understanding] compréhension *f* **3.** [gratitude] reconnaissance *f* **4.** FIN augmentation *f* de valeur **5.** [of novel, play] critique *f*.

appreciative [ə'pri:ʃjətɪv] adj [person] reconnaissant(e) ; [remark] élogieux(euse).

apprehend [,æprɪ'hend] vt *fml* [arrest] appréhender, arrêter.

apprehension [,æprɪ'henʃn] noun [anxiety] appréhension *f*, crainte *f*.

apprehensive [ˌæprɪ'hensɪv] adj inquiet(ète) ▸ **to be apprehensive about sthg** appréhender OR craindre qqch.

apprehensively [ˌæprɪ'hensɪvlɪ] adv avec appréhension.

apprentice [ə'prentɪs] ◆ noun apprenti *m*, -e *f*. ◆ vt ▸ **to be apprenticed to sb** être apprenti(e) chez qqn.

apprenticeship [ə'prentɪsʃɪp] noun apprentissage *m*.

approach [ə'prəʊtʃ] ◆ noun **1.** [gen] approche *f* / *she heard his approach* elle l'a entendu venir / *the approach of spring* la venue du printemps **2.** [method] démarche *f*, approche *f* / *another approach to the problem* une autre façon d'aborder le problème / *his approach is all wrong* il s'y prend mal **3.** [to person] ▸ **to make an approach to sb** faire une proposition à qqn. ◆ vt **1.** [come near to - place, person, thing] s'approcher de / *as we approached Boston* comme nous approchions de Boston ; *fig* approcher de / *we are approaching a time when...* le jour approche où... / *speeds approaching the speed of light* des vitesses proches de celle de la lumière **2.** [speak to] parler à / *a salesman approached me* un vendeur m'a abordé / *I approached him about the job* je lui ai parlé du poste / *they approached him about doing a deal* ils sont entrés en contact avec lui pour conclure un marché **3.** [tackle - problem] aborder / *that's not the way to approach it* ce n'est pas comme cela qu'il faut s'y prendre. ◆ vi s'approcher.

approachable [ə'prəʊtʃəbl] adj accessible.

approaching [ə'prəʊtʃɪŋ] adj qui approche.

appropriate ◆ adj [ə'prəʊprɪət] [clothing] convenable ; [action] approprié(e) ; [moment] opportun(e). ◆ vt [ə'prəʊprɪeɪt] **1.** LAW s'approprier **2.** [allocate] affecter.

appropriately [ə'prəʊprɪətlɪ] adv [dress] convenablement ; [behave] de manière appropriée.

appropriation [əˌprəʊprɪ'eɪʃn] noun **1.** [taking] appropriation *f* **2.** [allocation] affectation *f*.

approval [ə'pru:vl] noun approbation *f* / *to meet with sb's approval* obtenir OR recevoir l'approbation de qqn / *submit the proposal for his approval* soumettez la proposition à son approbation ▸ **on approval** COMM à condition, à l'essai.

approve [ə'pru:v] ◆ vi ▸ **to approve (of sthg)** approuver (qqch) / *I don't approve of him* il me déplaît. ◆ vt [ratify] approuver, ratifier.

approved [ə'pru:vd] adj approuvé(e), agréé(e).

approving [ə'pru:vɪŋ] adj approbateur(trice).

approx. [ə'prɒks] (*abbr of* approximately) approx., env.

approximate ◆ adj [ə'prɒksɪmət] approximatif(ive). ◆ vi [ə'prɒksɪmeɪt] ▸ **to approximate to** se rapprocher de.

approximately [ə'prɒksɪmətlɪ] adv à peu près, environ.

approximation [əˌprɒksɪ'meɪʃn] noun ▸ **approximation (to)** approximation *f* (de).

APR noun **1.** (*abbr of* annualized percentage rate) TEG *m* **2.** (*abbr of* annual purchase rate) taux *m* annuel.

Apr. (*abbr of* April) avr.

après-ski [ˌæpreɪ'ski:] noun (*U*) activités *fpl* après-ski.

apricot ['eɪprɪkɒt] ◆ noun abricot *m*. ◆ comp à l'abricot.

April ['eɪprəl] noun avril *m*. ***See also*** September.

April Fools' Day noun le 1er avril.

April Fools' Day

En Grande-Bretagne, le premier avril est l'occasion de farces en tout genre ; en revanche, la tradition du « poisson d'avril » n'existe pas.

apron ['eɪprən] noun **1.** [clothing] tablier *m* ▸ **to be tied to sb's apron strings** *inf* être toujours dans les jupes de qqn **2.** AERON aire *f* de stationnement.

apropos ['æprəpəʊ] ◆ adj pertinent(e), à propos. ◆ prep ▸ **apropos (of)** à propos (de).

apt [æpt] adj **1.** [pertinent] pertinent(e), approprié(e) **2.** [likely] ▸ **to be apt to do sthg** avoir tendance à faire qqch.

APT (*abbr of* advanced passenger train) noun ≃ TGV *m*.

Apt. (*abbr of* apartment) appt.

aptitude ['æptɪtju:d] noun aptitude *f*, disposition *f* ▸ **to have an aptitude for** avoir des dispositions pour.

aptitude test noun test *m* d'aptitude.

aptly ['æptlɪ] adv avec justesse, à propos.

aquaculture ['ækwəˌkʌltʃər] noun aquaculture *f*.

aqualung ['ækwəlʌŋ] noun scaphandre *m* autonome.

aquamarine [ˌækwəmə'ri:n] noun [colour] bleu vert *m inv*.

aquaplane ['ækwəpleɪn] vi UK AUTO faire de l'aquaplaning.

aquarium [ə'kweərɪəm] (*pl* **-riums** *or* **-ria**) noun aquarium *m*.

Aquarius [ə'kweərɪəs] noun Verseau *m* ▸ **to be (an) Aquarius** être Verseau.

aquarobics [ˌækwə'rəʊbɪks] noun aquagym *f*.

aquatic [ə'kwætɪk] adj **1.** [animal, plant] aquatique **2.** [sport] nautique.

aqueduct ['ækwɪdʌkt] noun aqueduc *m*.

Arab ['ærəb] ◆ adj arabe. ◆ noun **1.** [person] Arabe *mf* **2.** [horse] pur-sang *m* arabe.

Arabia [ə'reɪbjə] noun Arabie *f*.

Arabian [ə'reɪbjən] adj d'Arabie, arabe.

Arabic ['ærəbɪk] ◆ adj arabe. ◆ noun arabe *m*.

Arabic numeral noun chiffre *m* arabe.

arable ['ærəbl] adj arable.

arbiter ['ɑ:bɪtər] noun *fml* arbitre *m*.

arbitrary ['ɑːbɪtrərɪ] adj arbitraire.

arbitrate ['ɑːbɪtreɪt] vi arbitrer.

arbitration [ˌɑːbɪ'treɪʃn] noun arbitrage *m* ▸ **to go to arbitration** recourir à l'arbitrage.

arbitrator ['ɑːbɪtreɪtəʳ] noun arbitre *m*, médiateur *m*, -trice *f* / *the dispute has been referred to the arbitrator* le litige a été soumis à l'arbitrage.

arc [ɑːk] noun arc *m*.

ARC (*abbr of* **AIDS-related complex**) noun ARC *m*.

arcade [ɑː'keɪd] noun **1.** [for shopping] galerie *f* marchande **2.** [covered passage] arcades *fpl* **3.** US galerie *f* de jeux.

arch [ɑːʧ] ❖ adj malicieux(euse), espiègle. ❖ noun **1.** ARCHIT arc *m*, voûte *f* **2.** [of foot] voûte *f* plantaire, cambrure *f*. ❖ vt cambrer, arquer. ❖ vi former une voûte.

arch- [ɑːʧ] pref grand(e), principal(e).

archaeological [ˌɑːkɪə'lɒdʒɪkl] adj archéologique.

archaeologist [ˌɑːkɪ'ɒlədʒɪst] noun archéologue *mf*.

archaeology [ˌɑːkɪ'ɒlədʒɪ] noun archéologie *f*.

archaic [ɑː'keɪɪk] adj archaïque.

archangel ['ɑːkˌeɪndʒəl] noun archange *m*.

archbishop [ˌɑːʧ'bɪʃəp] noun archevêque *m*.

archduke [ˌɑːʧ'djuːk] noun archiduc *m*.

arched [ɑːʧt] adj **1.** ARCHIT cintré(e), courbé(e) **2.** [curved] arqué(e), cambré(e).

archenemy [ˌɑːʧ'enɪmɪ] (*pl* **-ies**) noun ennemi *m* numéro un.

archeological = **archaeological**.

archeologist = **archaeologist**.

archeology = **archaeology**.

archer ['ɑːʧəʳ] noun archer *m*.

archery ['ɑːʧərɪ] noun tir *m* à l'arc.

archetypal [ˌɑːkɪ'taɪpl] adj typique.

archetype ['ɑːkɪtaɪp] noun archétype *m*.

archipelago [ˌɑːkɪ'pelɪgəʊ] (*pl* **-es** *or* **-s**) noun archipel *m*.

architect ['ɑːkɪtekt] noun *lit* & *fig* architecte *mf*.

architectural [ˌɑːkɪ'tekʧərəl] adj architectural(e).

architecturally [ˌɑːkɪ'tektʃərəlɪ] adv au OR du point de vue architectural.

architecture ['ɑːkɪtekʧəʳ] noun [gen & COMPUT] architecture *f*.

archive ['ɑːkaɪv] ❖ noun [repository] archives *fpl*, dépôt *m* / *the archives* les archives *fpl*. ❖ comp [photo] d'archives. ❖ vt archiver.

archive file ['ɑːkaɪv-] noun COMPUT fichier *m* archives.

archivist ['ɑːkɪvɪst] noun archiviste *mf*.

archway ['ɑːʧweɪ] noun passage *m* voûté.

arctic ['ɑːktɪk] ❖ adj **1.** arctique **2.** *fig* [cold] glacial(e). ❖ noun US [overshoe] couvre-chaussure *m*.
◆ **Arctic** ❖ noun ▸ **the Arctic (Ocean)** l'(océan *m*) Arctique *m* / *in the Arctic* dans l'Arctique. ❖ adj arctique.

Arctic Circle noun ▸ **the Arctic Circle** le cercle arctique.

ardent ['ɑːdənt] adj fervent(e), passionné(e).

ardently ['ɑːdəntlɪ] adv ardemment, passionnément.

ardour UK, **ardor** US ['ɑːdəʳ] noun ardeur *f*, ferveur *f*.

arduous ['ɑːdjʊəs] adj ardu(e).

are (*weak form* [əʳ], *strong form* [ɑːʳ]) ⟶ **be**.

area ['eərɪə] noun **1.** [region] région *f* ▸ **landing area** aire *f* d'atterrissage ▸ **parking area** aire *f* de stationnement ▸ **in the area** dans la région ▸ **in the area of** [approximately] environ, à peu près **2.** [surface size] aire *f*, superficie *f* **3.** [of knowledge, interest] domaine *m*.

area code noun US indicatif *m* de zone.

arena [ə'riːnə] noun *lit* & *fig* arène *f*.

aren't [ɑːnt] ⟶ **are not**.

Argentina [ˌɑːdʒən'tiːnə] noun Argentine *f* ▸ **in Argentina** en Argentine.

Argentine ['ɑːdʒəntaɪn], **Argentinian** [ˌɑːdʒən'tɪnɪən] ❖ adj argentin(e). ❖ noun Argentin *m*, -e *f*.

arguable ['ɑːgjʊəbl] adj discutable, contestable.

arguably ['ɑːgjʊəblɪ] adv : *she's arguably the best* on peut soutenir qu'elle est la meilleure.

argue ['ɑːgjuː] ❖ vi **1.** [quarrel] ▸ **to argue (with sb about sthg)** se disputer (avec qqn à propos de qqch) **2.** [reason] ▸ **to argue (for / against)** argumenter (pour / contre). ❖ vt débattre de, discuter de ▸ **to argue that** soutenir OR maintenir que.

argument ['ɑːgjʊmənt] noun **1.** [quarrel] dispute *f* ▸ **to have an argument (about sthg)** se disputer (à propos de qqch) **2.** [reason] argument *m* / *there is a strong argument in favour of the proposal* il y a de bonnes raisons pour soutenir OR appuyer cette proposition **3.** *(U)* [reasoning] discussion *f*, débat *m* / *for the sake of argument* à titre d'exemple.

argumentative [ˌɑːgjʊ'mentətɪv] adj querelleur(euse), batailleur(euse).

argy-bargy [ˌɑːdʒɪ'bɑːdʒɪ] noun *(U)* UK *inf* chamailleries *fpl*.

aria ['ɑːrɪə] noun aria *f*.

arid ['ærɪd] adj *lit* & *fig* aride.

Aries ['eəriːz] noun Bélier *m* ▸ **to be (an) Aries** être Bélier.

arise [ə'raɪz] (*pt* **arose**, *pp* **arisen** [ə'rɪzn]) vi [appear] surgir, survenir ▸ **to arise from** résulter de, provenir de ▸ **if the need arises** si le besoin se fait sentir.

aristocracy [ˌærɪ'stɒkrəsɪ] (*pl* **-ies**) noun aristocratie *f*.

aristocrat [UK 'ærɪstəkræt, US ə'rɪstəkræt] noun aristocrate *mf*.

aristocratic [UK ˌærɪstə'krætɪk, US əˌrɪstə'krætɪk] adj aristocratique.

arithmetic [ə'rɪθmətɪk] noun arithmétique *f*.

ark [ɑ:k] noun arche *f.*

arm [ɑ:m] ❖ noun **1.** [of person, chair] bras *m* ▸ **arm in arm** bras dessus bras dessous ▸ **to chance one's arm** *fig* tenter le coup ▸ **to keep sb at arm's length** UK *fig* tenir qqn à distance ▸ **to twist sb's arm** *fig* forcer la main à qqn **2.** [of garment] manche *f* **3.** [of organization] section *f*, aile *f.* ❖ vt armer. ◆ **arms** pl n armes *fpl* ▸ **to take up arms** prendre les armes ▸ **to be up in arms about sthg** s'élever contre qqch.

armada [ɑ:'mɑ:də] noun armada *f.*

armadillo [,ɑ:mə'dɪləʊ] (*pl* -s) noun tatou *m.*

Armageddon [,ɑ:mə'gedn] noun Armageddon *m.*

armaments ['ɑ:məmənts] pl n [weapons] matériel *m* de guerre, armements *mpl.*

armband ['ɑ:mbænd] noun brassard *m* ; [mourning] brassard *m* de deuil, crêpe *m.*

armchair ['ɑ:mtʃeəʳ] noun fauteuil *m.*

armed [ɑ:md] adj *lit* & *fig* ▸ **armed (with)** armé(e) (de).

armed forces pl n forces *fpl* armées.

Armenia [ɑ:'mi:njə] noun Arménie *f* ▸ **in Armenia** en Arménie.

Armenian [ɑ:'mi:njən] ❖ adj arménien(enne). ❖ noun **1.** [person] Arménien *m*, -enne *f* **2.** [language] arménien *m.*

armful ['ɑ:mfʊl] noun brassée *f* / *in armfuls, by the armful* par pleines brassées, par brassées entières.

armhole ['ɑ:mhəʊl] noun emmanchure *f.*

armistice ['ɑ:mɪstɪs] noun armistice *m.*

armour UK, **armor** US ['ɑ:məʳ] noun **1.** [for person] armure *f* **2.** [for military vehicle] blindage *m.*

armoured UK, **armored** US ['ɑ:məd] adj MIL blindé(e).

armoured car UK, **armored car** US [,ɑ:məd-] noun voiture *f* blindée.

armour-plated UK, **armor-plated** US [-pleɪtɪd] adj blindé(e).

armoury UK (*pl* -ies), **armory** US (*pl* -ies) ['ɑ:mərɪ] noun arsenal *m.*

armpit ['ɑ:mpɪt] noun aisselle *f* ▸ **this place is the armpit of the world** cette ville est un trou paumé.

armrest ['ɑ:mrest] noun accoudoir *m.*

arms embargo ['ɑ:mz-] noun embargo *m* sur les armes.

arms race ['ɑ:mz-] noun course *f* aux armements.

arm-twisting [-'twɪstɪŋ] noun *(U)* *inf* pressions *fpl.*

arm-wrestle vi : *to arm-wrestle with sb* faire une partie de bras de fer avec qqn.

army ['ɑ:mɪ] (*pl* -ies) noun *lit* & *fig* armée *f.*

A-road noun UK ≃ route *f* nationale.

aroma [ə'rəʊmə] noun arôme *m.*

aromatherapist [ə,rəʊmə'θerəpɪst] noun spécialiste *mf* en aromathérapie, aromathérapeute *mf.*

aromatherapy [ə,rəʊmə'θerəpɪ] noun aromathérapie *f.*

aromatic [,ærə'mætɪk] adj aromatique.

arose [ə'rəʊz] pt ⟶ **arise**.

around [ə'raʊnd] ❖ adv **1.** [about, round] ▸ **to walk around** se promener ▸ **to lie around** [clothes] traîner / *to travel around* voyager **2.** [on all sides] (tout) autour / *the fields all around* les champs tout autour **3.** [near] dans les parages / *to stay* OR *to stick around* rester dans les parages / *he's around somewhere* il n'est pas loin, il est dans le coin **4.** [in circular movement] ▸ **to turn around** se retourner **5.** [in existence] : *that firm has been around for years* cette société existe depuis des années / *there wasn't much money around in those days* les gens n'avaient pas beaucoup d'argent à l'époque **6.** / *I don't know my way around yet* je suis encore un peu perdu PHR **he has been around** *inf* il n'est pas né d'hier, il a de l'expérience. ❖ prep **1.** [gen] autour de ▸ **to walk around a garden / town** faire le tour d'un jardin / d'une ville ▸ **all around the country** dans tout le pays / *they travelled around Europe* ils ont voyagé à travers l'Europe ; *fig* : *to find a way (to get) around a problem* trouver un moyen de contourner un problème **2.** [near] ▸ **around here** par ici / *my keys are somewhere around here* mes clés sont quelque part par là **3.** [approximately] environ, à peu près / *around five o'clock* vers cinq heures / *he's around your age* il a environ OR à peu près votre âge.

around-the-clock adj : *around-the-clock protection / surveillance* protection *f*/surveillance *f* 24 heures sur 24.

arousal [ə'raʊzl] noun éveil *m.*

arouse [ə'raʊz] vt **1.** [excite - feeling] éveiller, susciter ; [- person] exciter **2.** [wake] réveiller.

arrange [ə'reɪndʒ] ❖ vt **1.** [flowers, books, furniture] arranger, disposer **2.** [event, meeting] organiser, fixer ▸ **to arrange to do sthg** convenir de faire qqch / *she arranged for him to come to Edinburgh* elle a fait le nécessaire pour qu'il vienne à Édimbourg / *I can arrange a loan* je peux m'arranger pour obtenir un prêt / *here is the first instalment, as arranged* voici le premier versement, comme convenu **3.** MUS arranger. ❖ vi prendre des dispositions, s'arranger / *I've arranged with the boss to leave early tomorrow* je me suis arrangé avec le patron pour partir de bonne heure demain.

arranged marriage [ə'reɪndʒd-] noun mariage *m* arrangé.

arrangement [ə'reɪndʒmənt] noun **1.** [agreement] accord *m*, arrangement *m* ▸ **to come to an arrangement** s'entendre, s'arranger / *price by arrangement* prix à débattre **2.** [of furniture, books] arrangement *m* ▸ **flower arrangement** composition *f* florale **3.** MUS arrangement *m.* ◆ **arrangements** pl n dispositions *fpl*, préparatifs *mpl* ▸ **to make arrangements** prendre des mesures OR dispositions / *could you make arrangements to change the meeting?* pouvez-vous faire le nécessaire pour changer la date de la réunion ? / *what are the travel arrangements?* comment le voyage est-il organisé ?

array [ə'reɪ] ◆ noun **1.** [of objects] étalage *m* **2.** COMPUT tableau *m*. ◆ vt [ornaments] disposer.

arrears [ə'rɪəz] pl n [money owed] arriéré *m* ▸ **to be in arrears** a) [late] être en retard b) [owing money] avoir des arriérés.

arrest [ə'rest] ◆ noun [by police] arrestation *f* ▸ **under arrest** en état d'arrestation / *he was put under arrest* il a été arrêté / *they made several arrests* ils ont procédé à plusieurs arrestations. ◆ vt **1.** [gen] arrêter **2.** *fml* [sb's attention] attirer, retenir.

arresting [ə'restɪŋ] adj [striking] frappant(e), saisissant(e).

arrival [ə'raɪvl] noun **1.** [gen] arrivée *f* ▸ **late arrival** [of train] retard *m* **2.** [person - at airport, hotel] arrivant *m*, -e *f* ▸ **new arrival** a) [person] nouveau venu *m*, nouvelle venue *f* b) [baby] nouveau-né *m*, nouveau-née *f*.

arrive [ə'raɪv] vi [generally] arriver ; [baby] être né(e) ▸ **to arrive at** [conclusion, decision] arriver à.

arrogance ['ærəgəns] noun arrogance *f*.

arrogant ['ærəgənt] adj arrogant(e).

arrogantly ['ærəgəntlɪ] adv avec arrogance.

arrow ['ærəʊ] noun flèche *f*.

arrow key noun COMPUT touche *f* fléchée OR de direction.

arrowroot ['ærəʊru:t] noun arrow-root *m*.

arse UK [ɑ:s], **ass** US [æs] noun *vulg* cul *m*.

arsehole UK ['ɑ:shəʊl], **asshole** US ['æshəʊl] noun *vulg* trou *m* du cul / *don't be such an arsehole* ne sois pas si con.

arsenal ['ɑ:sənl] noun arsenal *m*.

arsenic ['ɑ:snɪk] noun arsenic *m*.

arson ['ɑ:sn] noun incendie *m* criminel OR volontaire.

arsonist ['ɑ:sənɪst] noun incendiaire *mf*.

art [ɑ:t] ◆ noun art *m*. ◆ comp [exhibition] d'art ; [college] des beaux-arts ▸ **art student** étudiant *m*, -e *f* d'une école des beaux-arts. ◆ **arts** ◆ pl n **1.** UK SCH & UNIV lettres *fpl* **2.** [fine arts] ▸ **the arts** les arts *mpl*. ◆ comp UK SCH & UNIV de lettres ▸ **arts student** étudiant *m*, -e *f* en lettres.

art deco [-'dekəʊ] noun art *m* déco.

artefact ['ɑ:tɪfækt] = **artifact**.

arterial [ɑ:'tɪərɪəl] adj **1.** [blood] artériel(elle) **2.** UK [road] à grande circulation.

arteriosclerosis [ɑ:ˌtɪərɪəʊsklɪə'rəʊsɪs] noun artériosclérose *f*.

artery ['ɑ:tərɪ] (*pl* **-ies**) noun artère *f*.

artful ['ɑ:tfʊl] adj rusé(e), malin(igne).

art gallery noun [public] musée *m* d'art ; [for selling paintings] galerie *f* d'art.

art-house adj [cinema, film] d'art et d'essai.

arthritic [ɑ:'θrɪtɪk] adj arthritique.

arthritis [ɑ:'θraɪtɪs] noun arthrite *f* ▸ **arthritis sufferer** arthritique *mf*.

artichoke ['ɑ:tɪtʃəʊk] noun artichaut *m*.

article ['ɑ:tɪkl] noun article *m* ▸ **article of clothing** vêtement *m*.

articulate ◆ adj [ɑ:'tɪkjʊlət] [person] qui sait s'exprimer ; [speech] net (nette), distinct(e). ◆ vt [ɑ:'tɪkjʊleɪt] [thought, wish] formuler.

articulated lorry [ɑ:'tɪkjʊleɪtɪd-] noun UK semi-remorque *m*.

articulately [ɑ:'tɪkjʊlətlɪ] adv [speak] distinctement ; [explain] clairement.

articulation [ɑ:ˌtɪkjʊ'leɪʃn] noun articulation *f*.

artifact ['ɑ:tɪfækt] noun objet *m* fabriqué.

artificial [ˌɑ:tɪ'fɪʃl] adj **1.** [not natural] artificiel(elle) **2.** [insincere] affecté(e).

artificial insemination noun insémination *f* artificielle.

artificial intelligence noun intelligence *f* artificielle.

artificially [ˌɑ:tɪ'fɪʃəlɪ] adv artificiellement.

artificial respiration noun respiration *f* artificielle.

artillery [ɑ:'tɪlərɪ] noun artillerie *f*.

artisan [ˌɑ:tɪ'zæn] noun artisan *m*, -e *f*.

artist ['ɑ:tɪst] noun artiste *mf*.

artiste [ɑ:'ti:st] noun artiste *mf*.

artistic [ɑ:'tɪstɪk] adj [person] artiste ; [style] artistique.

artistically [ɑ:'tɪstɪklɪ] adv avec art, de façon artistique.

artistry ['ɑ:tɪstrɪ] noun art *m*, talent *m* artistique.

artless ['ɑ:tlɪs] adj naturel(elle), ingénu(e).

art nouveau [ˌɑ:nu:'vəʊ] noun art *m* nouveau.

artwork ['ɑ:twɜ:k] noun iconographie *f*, illustration *f*.

arty ['ɑ:tɪ] (*compar* **-ier**, *superl* **-iest**) adj *inf* & *pej* [person] qui se veut artiste OR bohème ; [clothing] de style bohème ; [object, film, style] prétentieux(euse).

as

(*stressed* [æz], *unstressed* [əz])

◆ conj

1. [referring to time] comme, alors que / *she rang (just) as I was leaving* elle m'a téléphoné au moment même où OR juste comme je partais / *I listened as she explained the plan to them* je l'ai écoutée leur expliquer le projet ▸ **as time goes by** à mesure que le temps passe, avec le temps

2. [like] comme / *A as in Able* a comme Anatole / *as I told you* comme je vous l'ai dit / *as you know,...* comme tu le sais,... / *do as I say* fais ce que je (te) dis / *leave it as it is* laissez-le tel qu'il est OR tel quel / *she's working too hard as it is* elle travaille déjà assez dur comme ça ▸ **as it turns out** finalement, en fin de compte ▸ **as things stand** les choses étant ce qu'elles sont

3. [because, since] comme, puisque / *let her drive, as it's her car* laissez-la conduire, puisque c'est sa voiture

◆ prep

1. [referring to function, characteristic] en, comme, en tant que / *I'm speaking as your friend* je te parle en ami / *he made a name as an actor* il s'est fait un nom comme acteur / *she works as a nurse* elle est infirmière / *he was dressed as a clown* il était habillé en clown **2.** [referring to attitude, reaction] *it came as a shock* cela nous a fait un choc / *she treats it as a game* elle prend ça à la rigolade

❖ adv

(in comparisons) **as... as...** aussi... que... / *he's as tall as I am* il est aussi grand que moi / *as red as a tomato* rouge comme une tomate / *twice as big as* deux fois plus gros que ▸ **as much / many as** autant que / *as much wine / many chocolates as* autant de vin / de chocolats que / *as often as possible* aussi souvent que possible

◆ **as it were** adv pour ainsi dire.

◆ **as for** prep quant à.

◆ **as from, as of** prep dès, à partir de.

◆ **as if, as though** conj comme si / *it looks as if* OR *as though it will rain* on dirait qu'il va pleuvoir.

◆ **as to** prep **1.** [concerning] en ce qui concerne, au sujet de **2.** = as for.

AS¹ (*abbr of* **Associate in / of Science**) noun *diplômé en sciences.*

AS² *abbr of* **American Samoa.**

asap, ASAP (*abbr of* **as soon as possible**) adv dès que possible, le plus tôt OR le plus vite possible, asap.

asbestos [æs'bestəs] noun asbeste *m*, amiante *m*.

asbestosis [ˌæsbes'təʊsɪs] noun asbestose *f*.

ASBO ['æzbəʊ] (*abbr of* **anti-social behaviour order**) noun UK *ordonnance civile sanctionnant des comportements antisociaux.*

ascend [ə'send] vt & vi monter ▸ **to ascend the throne** monter sur le trône.

ascendancy [ə'sendənsɪ] noun ascendant *m*.

ascendant [ə'sendənt] noun ▸ **to be in the ascendant** avoir le dessus.

ascendency [ə'sendənsɪ] = **ascendancy.**

ascending [ə'sendɪŋ] adj croissant(e) ▸ **in ascending order** en ordre croissant.

ascension [ə'senʃn] noun ascension *f*. ◆ **Ascension** noun RELIG ▸ **the Ascension** l'Ascension *f*.

ascent [ə'sent] noun *lit* & *fig* ascension *f*.

ascertain [ˌæsə'teɪn] vt établir.

ascetic [ə'setɪk] ❖ adj ascétique. ❖ noun ascète *mf*.

ASCII ['æskɪ] (*abbr of* **American Standard Code for Information Interchange**) noun ASCII *m*.

ascribe [ə'skraɪb] vt ▸ **to ascribe sthg to** a) attribuer qqch à b) [blame] imputer qqch à.

aseptic [ˌeɪ'septɪk] adj aseptique.

asexual [ˌeɪ'sekʃʊəl] adj asexué(e).

ash [æʃ] noun **1.** [from cigarette, fire] cendre *f* **2.** [tree] frêne *m*. ◆ **ashes** pl n cendres *fpl*.

ASH [æʃ] (*abbr of* **Action on Smoking and Health**) noun *ligue antitabac britannique.*

ashamed [ə'ʃeɪmd] adj honteux(euse), confus(e) ▸ **to be ashamed of** avoir honte de ▸ **to be ashamed to do sthg** avoir honte de faire qqch.

ashcan ['æʃkæn] noun US poubelle *f*.

ashen ['æʃn] adj **1.** [ash-coloured] cendré(e), couleur de cendre ; [face] blême, livide **2.** [of ashwood] en (bois de) frêne.

ashore [ə'ʃɔːr] adv à terre.

ashtray ['æʃtreɪ] noun cendrier *m*.

Ash Wednesday noun le mercredi des Cendres.

Asia [UK 'eɪʃə, US 'eɪʒə] noun Asie *f* ▸ **in Asia** en Asie.

Asia Minor noun Asie *f* Mineure.

Asian [UK 'eɪʃn, US 'eɪʒn] ❖ adj asiatique. ❖ noun [person] Asiatique *mf*.

Asiatic [ˌeɪʒɪ'ætɪk] adj asiatique.

aside [ə'saɪd] ❖ adv **1.** [to one side] de côté ▸ **to move aside** s'écarter ▸ **to take sb aside** prendre qqn à part ▸ **to brush** OR **sweep sthg aside** balayer OR repousser qqch **2.** [apart] à part ▸ **aside from** à l'exception de. ❖ noun **1.** [in play] aparté *m* **2.** [remark] réflexion *f*, commentaire *m*.

ask [ɑːsk] ❖ vt **1.** [gen] demander ▸ **to ask sb sthg** demander qqch à qqn / *he asked me my name* il m'a demandé mon nom / *she asked him about his job* elle lui a posé des questions sur son travail ▸ **to ask sb for sthg** demander qqch à qqn ▸ **to ask sb to do sthg** demander à qqn de faire qqch / *he asked them a favour* il leur a demandé un service ▸ **if you ask me...** si tu veux mon avis... **2.** [put - question] poser **3.** COMM : *to ask a price* demander un prix / *what are you asking for it?* combien en voulez-vous OR demandez-vous ? **4.** [invite] inviter. ❖ vi demander. ◆ **ask after** vt insep demander des nouvelles de. ◆ **ask for** vt insep **1.** [person] demander à voir **2.** [thing] demander.

askance [ə'skæns] adv ▸ **to look askance at sb** regarder qqn d'un air désapprobateur.

askew [ə'skjuː] adj [not straight] de travers.

asking price ['ɑːskɪŋ-] noun prix *m* demandé.

asleep [ə'sliːp] adj endormi(e) ▸ **to fall asleep** s'endormir ▸ **to be fast** OR **sound asleep** dormir profondément OR à poings fermés ▸ **to be asleep at the switch** US OR **at the wheel** *fig* ne pas faire son travail / *Congress is asleep at the switch* le Congrès somnole.

AS-level [eɪ'eslevl] (*abbr of* **Advanced Supplementary Level**) noun SCH *examen facultatif complétant les A-levels.*

asparagus [ə'spærəgəs] noun *(U)* asperges *fpl*.

aspartame ['æspəteɪm] noun aspartame *m*.

ASPCA (*abbr of* **American Society for the Prevention of Cruelty to Animals**) noun *société américaine protectrice des animaux.*

aspect ['æspekt] noun **1.** [gen] aspect *m* **2.** [of building] orientation *f*.

aspersions [ə'spɜːʃnz] pl n ▸ **to cast aspersions on** jeter le discrédit sur.

asphalt ['æsfælt] noun asphalte *m*.

asphyxia [əs'fɪksɪə] noun asphyxie *f*.

asphyxiate [əs'fɪksɪeɪt] vt asphyxier.

asphyxiating [əs'fɪksɪeɪtɪŋ] adj asphyxiant(e).

asphyxiation [əs,fɪksɪ'eɪʃn] noun asphyxie *f*.

aspic ['æspɪk] noun aspic *m*.

aspirate ['æspərət] adj LING aspiré(e).

aspiration [,æspə'reɪʃn] noun aspiration *f*.

aspire [ə'spaɪər] vi ▸ **to aspire to sthg / to do sthg** aspirer à qqch / à faire qqch.

aspirin ['æsprɪn] noun aspirine *f*.

aspiring [ə'spaɪərɪŋ] adj : *she was an aspiring writer* elle avait pour ambition de devenir écrivain.

ass [æs] noun **1.** [donkey] âne *m* **2.** *inf* [idiot] imbécile *mf*, idiot *m*, -e *f* **3.** US *vulg* = **arse 4.** PHR ▸ **to kick ass** assurer / *the Lakers kicked ass last night* les Lakers ont assuré grave hier soir / *let's go kick some ass!* on va leur montrer qui on est OR ce qu'on sait faire !

assail [ə'seɪl] vt assaillir.

assailant [ə'seɪlənt] noun assaillant *m*, -e *f*.

assassin [ə'sæsɪn] noun assassin *m*.

assassinate [ə'sæsɪneɪt] vt assassiner.

assassination [ə,sæsɪ'neɪʃn] noun assassinat *m*.

assault [ə'sɔ:lt] ❖ noun **1.** MIL ▸ **assault (on)** assaut *m* (de), attaque *f* (de) **2.** [physical attack] ▸ **assault (on sb)** agression *f* (contre qqn) ▸ **assault and battery** LAW coups *mpl* et blessures. ❖ vt [attack - physically] agresser ; [- sexually] violenter.

assault course noun parcours *m* du combattant.

assemble [ə'sembl] ❖ vt **1.** [gather] réunir **2.** [fit together] assembler, monter. ❖ vi se réunir, s'assembler.

assembly [ə'semblɪ] (*pl* **-ies**) noun **1.** [gen] assemblée *f* **2.** [fitting together] assemblage *m*.

assembly line noun chaîne *f* de montage.

assembly point noun point *m* de rassemblement.

assent [ə'sent] ❖ noun consentement *m*, assentiment *m*. ❖ vi ▸ **to assent (to)** donner son consentement OR assentiment (à).

assert [ə'sɜ:t] vt **1.** [fact, belief] affirmer, soutenir **2.** [authority] imposer ▸ **to assert o.s.** s'imposer.

assertion [ə'sɜ:ʃn] noun [claim] assertion *f*, affirmation *f*.

assertive [ə'sɜ:tɪv] adj [generally] assuré(e) ; *pej* péremptoire.

assertively [ə'sɜ:tɪvlɪ] adv [generally] fermement ; *pej* de façon péremptoire.

assertiveness [ə'sɜ:tɪvnɪs] noun manière *f* assurée ; *pej* arrogance *f*.

assertiveness training noun stage *m* d'affirmation de soi.

assess [ə'ses] vt évaluer, estimer.

assessment [ə'sesmənt] noun **1.** [opinion] opinion *f* **2.** [calculation] évaluation *f*, estimation *f*.

assessor [ə'sesər] noun [of tax] contrôleur *m*, -euse *f* (des impôts).

asset ['æset] noun avantage *m*, atout *m* / *she will be an asset to the company* sa compétence sera un atout pour la société. ◆ **assets** pl n COMM actif *m*.

asset-stripping [-,strɪpɪŋ] noun *rachat d'une société pour en récupérer l'actif*.

asshole US ['æshəʊl] noun *vulg* = **arsehole**.

assiduous [ə'sɪdjʊəs] adj assidu(e).

assiduously [ə'sɪdjʊəslɪ] adv assidûment.

assign [ə'saɪn] vt **1.** [allot] ▸ **to assign sthg (to)** assigner qqch (à) ▸ **assigned seating** US [in theatre] places *fpl* numérotées **2.** [give task to] ▸ **to assign sb (to sthg / to do sthg)** nommer qqn (à qqch / pour faire qqch).

assignation [,æsɪg'neɪʃn] noun rendez-vous *m* (amoureux).

assignment [ə'saɪnmənt] noun **1.** [task] mission *f* ; SCH devoir *m* **2.** [act of assigning] attribution *f*.

assimilate [ə'sɪmɪleɪt] vt assimiler.

assimilation [ə,sɪmɪ'leɪʃn] noun assimilation *f*.

assist [ə'sɪst] vt ▸ **to assist sb (with sthg / in doing sthg)** **a)** aider qqn (dans qqch / à faire qqch) **b)** [professionally] assister qqn (dans qqch / pour faire qqch).

assistance [ə'sɪstəns] noun aide *f* ▸ **to be of assistance (to)** être utile (à).

assistance dog noun chien *m* guide.

assistant [ə'sɪstənt] ❖ noun assistant *m*, -e *f* ▸ **(shop) assistant** UK vendeur *m*, -euse *f*. ❖ comp [director, editor, librarian, secretary] adjoint(e) ▸ **assistant manager** sous-directeur *m*, -trice *f* ▸ **assistant referee** SPORT assistant-arbitre *m*.

assistant headmaster UK [ə'sɪstənt ,hed'mɑ:stər], **assistant principal** US [ə'sɪstənt ,prɪnsəpl] noun SCH principal *m* adjoint, principale *f* adjointe.

associate ❖ adj [ə'səʊʃɪət] associé(e). ❖ noun [ə'səʊʃɪət] associé *m*, -e *f*. ❖ vt [ə'səʊʃɪeɪt] ▸ **to associate sb / sthg (with)** associer qqn / qqch (à) ▸ **to be associated with** être associé(e) à. ❖ vi [ə'səʊʃɪeɪt] ▸ **to associate with sb** fréquenter qqn.

association [ə,səʊsɪ'eɪʃn] noun association *f* ▸ **in association with** avec la collaboration de.

assorted [ə'sɔ:tɪd] adj varié(e).

assortment [ə'sɔ:tmənt] noun mélange *m*.

Asst. *abbr of* **assistant**.

assuage [ə'sweɪdʒ] vt [thirst, hunger] assouvir ; [grief] soulager.

assume [ə'sju:m] vt **1.** [suppose] supposer, présumer **2.** [power, responsibility] assumer **3.** [appearance, attitude] adopter.

assumed name [ə'sju:md-] noun nom *m* d'emprunt.

assuming [ə'sju:mɪŋ] conj en supposant que.

assumption [ə'sʌmpʃn] noun **1.** [supposition] supposition *f* **2.** [of power] prise *f*. ◆ **Assumption** noun RELIG ▸ **the Assumption** l'Assomption *f*.

assurance [ə'ʃʊərəns] noun **1.** [gen] assurance *f* **2.** [promise] garantie *f*, promesse *f*.

assure [ə'ʃʊər] vt ▸ **to assure sb (of)** assurer qqn (de).

assured [ə'ʃʊəd] adj assuré(e).

assuredly [ə'ʃʊərɪdlɪ] adv assurément, sûrement, sans aucun doute.

asterisk ['æstərɪsk] noun astérisque *m*.

astern [ə'stɜ:n] adv NAUT en poupe.

asteroid ['æstərɔɪd] noun astéroïde *m*.

asthma ['æsmə] noun asthme *m*.

asthmatic [æs'mætɪk] ❖ adj asthmatique. ❖ noun asthmatique *mf*.

astigmatism [æ'stɪgmətɪzm] noun astigmatisme *m*.

astonish [ə'stɒnɪʃ] vt étonner.

astonished [ə'stɒnɪʃt] adj surpris(e).

astonishing [ə'stɒnɪʃɪŋ] adj étonnant(e).

astonishingly [ə'stɒnɪʃɪŋlɪ] adv incroyablement / *astonishingly, they both decided to leave* aussi étonnant que cela paraisse, ils ont tous les deux décidé de partir.

astonishment [ə'stɒnɪʃmənt] noun étonnement *m*.

astound [ə'staʊnd] vt stupéfier.

astounded [ə'staʊndɪd] adj stupéfait(e).

astounding [ə'staʊndɪŋ] adj stupéfiant(e).

astoundingly [ə'staʊndɪŋlɪ] adv incroyablement / *astoundingly beautiful* d'une beauté incroyable / *astoundingly enough, they'd already met* chose extraordinaire, ils s'étaient déjà rencontrés.

astray [ə'streɪ] adv ▸ **to go astray** [become lost] s'égarer ▸ **to lead sb astray** détourner qqn du droit chemin.

astride [ə'straɪd] ❖ adv à cheval, à califourchon. ❖ prep à cheval OR califourchon sur.

astringent [ə'strɪndʒənt] ❖ adj astringent(e). ❖ noun astringent *m*.

astrologer [ə'strɒlədʒə^r] noun astrologue *mf*.

astrological [,æstrə'lɒdʒɪkl] adj astrologique.

astrologist [ə'strɒlədʒɪst] = **astrologer**.

astrology [ə'strɒlədʒɪ] noun astrologie *f*.

astronaut ['æstrənɔ:t] noun astronaute *mf*.

astronomer [ə'strɒnəmə^r] noun astronome *mf*.

astronomic(al) [,æstrə'nɒmɪk(l)] adj astronomique.

astronomically [,æstrə'nɒmɪklɪ] adv [generally] astronomiquement ; *fig* : *prices have risen astronomically* les prix ont atteint des sommets astronomiques.

astronomy [ə'strɒnəmɪ] noun astronomie *f*.

astrophysics [,æstrəʊ'fɪzɪks] noun *(U)* astrophysique *f*.

Astroturf® ['æstrəʊ,tɜ:f] noun gazon *m* artificiel.

astute [ə'stju:t] adj malin(igne).

astutely [ə'stju:tlɪ] adv astucieusement, avec finesse OR perspicacité.

astuteness [ə'stju:tnɪs] noun finesse *f*, perspicacité *f*.

asunder [ə'sʌndə^r] adv *liter* ▸ **to tear asunder** déchirer en deux.

asylum [ə'saɪləm] noun asile *m*.

asylum-seeker noun demandeur *m*, -euse *f* d'asile.

asymmetric(al) [,eɪsɪ'metrɪk(l)] adj asymétrique.

at

(stressed [æt], *unstressed* [ət]*)*

❖ prep

1. [indicating place, position] à / *they arrived at the airport* ils sont arrivés à l'aéroport / *at my father's* chez mon père ▸ **at home** à la maison, chez soi / *at my house / the dentist's* chez moi / le dentiste ▸ **at school** à l'école ▸ **at work** au travail

2. [indicating direction] vers / *to look at sb* regarder qqn / *to smile at sb* sourire à qqn / *to shoot at sb* tirer sur qqn / *don't shout at me!* ne me crie pas dessus !

3. [indicating a particular time] à / *at midnight / noon / eleven o'clock* à minuit / midi / onze heures / *I work at night* je travaille de nuit ▸ **at Christmas / Easter** à Noël / Pâques / *I'm busy at the moment* je suis occupé en ce moment

4. [indicating age, speed, rate] à / *at 52 (years of age)* à 52 ans / *he started working at 15* il a commencé à travailler à (l'âge de) 15 ans / *at 100 mph* à 160 km / h / *he drove at 50 mph* il faisait du 80 (à l'heure) / *the temperature stands at 30⁰* la température est de 30⁰

5. [indicating price] *at £50 a pair* 50 livres la paire / *it's a bargain at £5* à 5 livres, c'est une bonne affaire

6. [indicating particular state, condition] en ▸ **at peace / war** en paix / guerre ▸ **to be at lunch / dinner** être en train de déjeuner / dîner

7. *(after adjectives) amused / appalled / puzzled at sthg* diverti(e) / effaré(e) / intrigué(e) par qqch / *delighted at sthg* ravi(e) de qqch ▸ **to be bad / good at sthg** être mauvais(e) / bon (bonne) en qqch

8. [in electronic address] arobase *f*

◆ **at all** adv **1.** *(with negative)* ▸ **not at all** [when thanked] je vous en prie, il n'y a pas de quoi / *she's not at all happy* elle n'est pas du tout contente / *nothing at all* rien du tout **2.** [in the slightest] : *anything at all will do* n'importe quoi fera l'affaire / *do you know her at all?* est-ce que vous la connaissez ? / *if you had any feelings at all* si vous aviez le moindre sentiment.

ATB¹ (*abbr of* **all-terrain bike**) noun VTT *m*.

ATB² MESSAGING *written abbr of* **all the best**.

ate [UK et, US eɪt] pt ⟶ **eat**.

atheism ['eɪθɪɪzm] noun athéisme *m*.

atheist ['eɪθɪɪst] noun athée *mf*.

Athens ['æθɪnz] noun Athènes.

athlete ['æθli:t] noun athlète *mf*.

athlete's foot noun *(U)* mycose *f*.

athletic [æθ'letɪk] adj athlétique. ◆ **athletics** pl n UK athlétisme *m* ; US sports *mpl*.

atishoo [ə'tɪʃu:] excl atchoum !

Atlantic [ət'læntɪk] ❖ adj atlantique. ❖ noun ▸ **the Atlantic (Ocean)** l'océan *m* Atlantique, l'Atlantique *m*.

atlas ['ætləs] noun atlas *m*.

Atlas ['ætləs] noun ▸ **the Atlas Mountains** l'Atlas *m*.

ATM noun **1.** US (*abbr of* **automatic** OR **automated teller machine**) DAB **2.** (*written abbr of* **at the moment**) maintenant.

atmosphere ['ætmə,sfɪər] noun atmosphère *f*.

atmospheric [,ætməs'ferɪk] adj **1.** [pressure, pollution] atmosphérique **2.** [film, music] d'ambiance.

atoll ['ætɒl] noun atoll *m*.

atom ['ætəm] noun **1.** TECH atome *m* **2.** *fig* [tiny amount] grain *m*, parcelle *f*.

atom bomb noun bombe *f* atomique.

atomic [ə'tɒmɪk] adj atomique.

atomic bomb = **atom bomb**.

atomic energy noun énergie *f* atomique.

atomizer, atomiser UK ['ætəmaɪzər] noun atomiseur *m*, vaporisateur *m*.

atone [ə'təʊn] vi ▸ **to atone for** racheter.

atonement [ə'təʊnmənt] noun ▸ **atonement (for)** réparation *f* (de).

A to Z noun plan *m* de ville.

at-risk adj : *an at-risk group* un groupe OR une population à risque.

atrocious [ə'trəʊʃəs] adj [cruel, evil] atroce, horrible ; [very bad] affreux(euse), atroce.

atrociously [ə'trəʊʃəslɪ] adv **1.** [cruelly] atrocement, horriblement **2.** [badly] affreusement, atrocement.

atrocity [ə'trɒsətɪ] (*pl* **-ies**) noun [terrible act] atrocité *f*.

atrophy ['ætrəfɪ] (*pt & pp* **-ied**) ❖ noun atrophie *f*. ❖ vi s'atrophier. ❖ vt atrophier.

at sign noun TYPO & COMPUT arobase *f*.

attach [ə'tætʃ] vt **1.** [gen] ▸ **to attach sthg (to)** attacher qqch (à) **2.** [letter] joindre.

attaché [ə'tæʃeɪ] noun attaché *m*, -e *f*.

attaché case noun attaché-case *m*.

attached [ə'tætʃt] adj **1.** [fastened on] attaché(e) **2.** [letter] joint(e) **3.** [for work, job] ▸ **attached to** rattaché(e) à **4.** [fond] ▸ **attached to** [fond of] attaché(e) à.

attachment [ə'tætʃmənt] noun **1.** [device] accessoire *m* **2.** [fondness] ▸ **attachment (to)** attachement *m* (à) **3.** COMPUT pièce *f* jointe.

attack [ə'tæk] ❖ noun **1.** [physical, verbal] ▸ **attack (on)** attaque *f* (contre) / *to go on the attack* passer à l'attaque / *to come under attack* être en butte aux attaques **2.** [of illness] crise *f*. ❖ vt **1.** [gen] attaquer **2.** [job, problem] s'attaquer à. ❖ vi attaquer.

attack dog noun chien *m* d'attaque.

attacker [ə'tækər] noun **1.** [assailant] agresseur *m* **2.** SPORT attaquant *m*, -e *f*.

attain [ə'teɪn] vt atteindre, parvenir à.

attainable [ə'teɪnəbl] adj [level, objective, profits] réalisable ; [position] accessible / *a growth rate attainable by industrialized countries* un taux de croissance à la portée des OR accessible aux pays industrialisés.

attainment [ə'teɪnmənt] noun **1.** [of success, aims] réalisation *f* **2.** [skill] talent *m*.

attempt [ə'tempt] ❖ noun ▸ **attempt (at)** tentative *f* (de) / *to make an attempt at doing sthg* OR *to do sthg* essayer de faire qqch ▸ **attempt on sb's life** tentative d'assassinat. ❖ vt tenter, essayer ▸ **to attempt to do sthg** essayer OR tenter de faire qqch.

attempted [ə'temptɪd] adj ▸ **attempted murder / suicide** tentative *f* de meurtre / de suicide.

attend [ə'tend] ❖ vt **1.** [meeting, party] assister à / *she attends the same course as me* elle suit les mêmes cours que moi / *the concert was well attended* il y avait beaucoup de monde au concert **2.** [school, church] aller à. ❖ vi **1.** [be present] être présent(e) / *let us know if you are unable to attend* prévenez-nous si vous ne pouvez pas venir **2.** [pay attention] ▸ **to attend (to)** prêter attention (à). ◆ **attend to** vt insep **1.** [deal with] s'occuper de, régler **2.** [look after - customer] s'occuper de ; [- patient] soigner.

attendance [ə'tendəns] noun **1.** [number present] assistance *f*, public *m* **2.** [presence] présence *f*.

attendant [ə'tendənt] ❖ adj [problems] qui en découle. ❖ noun [at museum, car park] gardien *m*, -enne *f* ; [at petrol station] pompiste *mf* ▸ **swimming-pool attendant** maître *m* nageur.

attention [ə'tenʃn] ❖ noun *(U)* **1.** [gen] attention *f* ▸ **to bring sthg to sb's attention, to draw sb's attention to sthg** attirer l'attention de qqn sur qqch ▸ **to attract** OR **catch sb's attention** attirer l'attention de qqn ▸ **to pay attention to** prêter attention à / *may I have your attention for a moment?* pourriez-vous m'accorder votre attention un instant ? / *the news came to his attention* il a appris la nouvelle ▸ **for the attention of** COMM à l'attention de **2.** [care] soins *mpl*, attentions *fpl* / *they need medical attention* ils ont besoin de soins médicaux **3.** MIL ▸ **to stand to attention** se mettre au garde-à-vous. ❖ excl MIL garde-à-vous !

attention-seeking ❖ noun : *it's just attention-seeking* il / elle etc. essaie juste de se faire remarquer. ❖ adj : *her attention-seeking behaviour* son besoin constant de se faire remarquer.

attentive [ə'tentɪv] adj [paying attention] attentif(ive) ; [considerate] attentionné(e), prévenant(e).

attentively [ə'tentɪvlɪ] adv attentivement.

attest [ə'test] ❖ vt attester, certifier. ❖ vi ▸ **to attest to** témoigner de.

attic ['ætɪk] noun grenier *m*.

attire [ə'taɪər] noun *(U)* *fml* tenue *f*.

attitude ['ætɪtju:d] noun **1.** [gen] ▸ **attitude (to** OR **towards)** attitude *f* (envers) **2.** [posture] pose *f* **3.** *inf* : *to have attitude* **a)** [to be stylish] avoir du cran **b)** [to be arrogant] être frimeur(euse).

attn. (*abbr of* **for the attention of**) à l'attention de.

attorney [ə'tɜ:nɪ] noun US avocat *m*, -e *f*.

attorney general (*pl* **attorneys general**) noun [in England, Wales and Northern Ireland] *principal avocat de la couronne* ; [in US] ministre *m* de la Justice.

attract [ə'trækt] vt attirer / *to attract criticism* s'attirer des critiques ▸ **to be attracted to** être attiré(e) par.

attraction [ə'trækʃn] noun **1.** [gen] attraction *f* ▸ **attraction to sb** attirance *f* envers qqn **2.** [of thing] attrait *m*.

attractive [ə'træktɪv] adj [person] attirant(e), séduisant(e) ; [thing, idea] attrayant(e), séduisant(e) ; [investment] intéressant(e).

attractively [ə'træktɪvlɪ] adv [decorate, arrange] de manière attrayante ; [smile, dress] de manière séduisante.

attributable [ə'trɪbjʊtəbl] adj ▸ **attributable to** dû (due) à, attribuable à.

attribute ❖ vt [ə'trɪbju:t] ▸ **to attribute sthg to** attribuer qqch à. ❖ noun ['ætrɪbju:t] attribut *m*.

attrition [ə'trɪʃn] noun usure *f* ▸ **war of attrition** guerre *f* d'usure.

attuned [ə'tju:nd] adj ▸ **attuned to** a) [generally] accoutumé(e) à b) [ears] habitué(e) à.

atypical [,eɪ'tɪpɪkl] adj atypique.

aubergine ['əʊbəʒi:n] noun UK aubergine *f*.

auburn ['ɔ:bən] adj auburn *(inv)*.

auction ['ɔ:kʃn] ❖ noun vente *f* aux enchères ▸ **at** OR **by auction** aux enchères ▸ **to put sthg up for auction** mettre qqch (dans une vente) aux enchères. ❖ vt vendre aux enchères. ◆ **auction off** vt sep vendre aux enchères.

auctioneer [,ɔ:kʃə'nɪər] noun commissaire-priseur *m*.

auction room noun salle *f* des ventes.

audacious [ɔ:'deɪʃəs] adj audacieux(euse).

audacity [ɔ:'dæsətɪ] noun audace *f*.

audible ['ɔ:dəbl] adj audible.

audience ['ɔ:djəns] noun **1.** [of play, film] public *m*, spectateurs *mpl* ; [of TV programme] téléspectateurs *mpl* **2.** [formal meeting] audience *f*.

audio ['ɔ:dɪəʊ] adj audio *(inv)*.

audioblog ['ɔ:dɪəʊblɒg] noun audioblog *m*.

audiobook ['ɔ:dɪəʊbʊk] noun livre *m* audio.

audiotyping ['ɔ:dɪəʊ,taɪpɪŋ] noun audiotypie *f*.

audiotypist ['ɔ:dɪəʊ,taɪpɪst] noun audiotypiste *mf*.

audiovisual [,ɔ:dɪəʊvɪzjʊəl] adj audiovisuel(elle).

audit ['ɔ:dɪt] ❖ noun audit *m*, vérification *f* des comptes. ❖ vt **1.** vérifier, apurer **2.** US UNIV : *he audits several courses* il assiste à plusieurs cours en tant qu'auditeur libre.

audition [ɔ:'dɪʃn] ❖ noun THEAT audition *f* ; CIN & TV (séance *f* d')essai *m*. ❖ vi ▸ **to audition (for)** a) THEAT passer une audition (pour) b) CIN & TV faire un essai (pour).

auditor ['ɔ:dɪtər] noun auditeur *m*, -trice *f*.

auditorium [,ɔ:dɪ'tɔ:rɪəm] (*pl* **-riums** *or* **-ria**) noun salle *f*.

au fait [,əʊ'feɪ] adj ▸ **to be au fait with sthg** être au fait de qqch, connaître qqch.

Aug. *abbr of* August.

augment [ɔ:g'ment] vt augmenter, accroître.

augur ['ɔ:gər] vi ▸ **to augur well / badly** être de bon / mauvais augure.

august [ɔ:'gʌst] adj auguste, noble.

August ['ɔ:gəst] noun août *m*. *See also* September.

Auld Lang Syne [,ɔ:ldlæŋ'saɪn] noun *chant traditionnel britannique correspondant à « Ce n'est qu'un au revoir, mes frères ».*

aunt [ɑ:nt] noun tante *f*.

auntie, **aunty** (*pl* **-ies**) ['ɑ:ntɪ] noun *inf* tata *f*, tantine *f*.

au pair [,əʊ'peər] noun jeune fille *f* au pair.

aura ['ɔ:rə] noun atmosphère *f*.

aural ['ɔ:rəl] adj auditif(ive).

auspices ['ɔ:spɪsɪz] pl n ▸ **under the auspices of** sous les auspices de.

auspicious [ɔ:'spɪʃəs] adj prometteur(euse).

Aussie ['ɒzɪ] *inf* ❖ adj australien(enne). ❖ noun Australien *m*, -enne *f*.

austere [ɒ'stɪər] adj austère.

austerity [ɒ'sterətɪ] noun austérité *f*.

Australasia [,ɒstrə'leɪʒə] noun Australasie *f* ▸ **in Australasia** en Australasie.

Australia [ɒ'streɪljə] noun Australie *f* ▸ **in Australia** en Australie.

Australian [ɒ'streɪljən] ❖ adj australien(enne). ❖ noun Australien *m*, -enne *f*.

Austria ['ɒstrɪə] noun Autriche *f* ▸ **in Austria** en Autriche.

Austrian ['ɒstrɪən] ❖ adj autrichien(enne). ❖ noun Autrichien *m*, -enne *f*.

autarchy ['ɔ:tɑ:kɪ] (*pl* **-ies**) noun **1.** = **autocracy** **2.** [self-rule] autocratie *f*.

authentic [ɔ:'θentɪk] adj authentique.

authenticate [ɔ:'θentɪkeɪt] vt établir l'authenticité de.

authentication [ɔ:,θentɪ'keɪʃn] noun authentification *f*.

authenticity [,ɔ:θen'tɪsətɪ] noun authenticité *f*.

author ['ɔ:θər] noun auteur *m*.

authoring ['ɔ:θərɪŋ] noun [of DVD] authoring *m (création des menus et du système de navigation)* ▸ **authoring language** COMPUT langage *m* auteur ▸ **authoring package** OR **software** COMPUT logiciel *m* auteur ▸ **authoring tool** COMPUT outil *m* auteur.

authoritarian [ɔ:,θɒrɪ'teərɪən] adj autoritaire.

authoritarianism [ɔ:,θɒrɪ'teərɪənɪzm] noun autoritarisme *m*.

authoritative [ɔ:'θɒrɪtətɪv] adj **1.** [person, voice] autoritaire **2.** [study] qui fait autorité.

authority [ɔ:'θɒrətɪ] (*pl* **-ies**) noun **1.** [organization, power] autorité *f* ▸ **to be in authority** être le / la responsable **2.** [permission] autorisation *f* / *without authority* sans autorisation / *they had no authority to answer* ils n'étaient pas habilités à répondre **3.** [expert] ▸ **authority (on sthg)** expert *m*, -e *f* (en qqch) **4.** PHR ▸ **to have it on good authority** le tenir de bonne source OR de source sûre. ◆ **authorities** pl n ▸ **the authorities** les autorités *fpl*.

authorization, **authorisation** UK [ˌɔːθəraɪ'zeɪʃn] noun [act, permission] autorisation *f* ; [official sanction] pouvoir *m*, mandat *m* / ***he has authorization to leave the country*** il est autorisé à quitter le pays.

authorize, **authorise** UK ['ɔːθəraɪz] vt ▸ **to authorize sb (to do sthg)** autoriser qqn (à faire qqch).

authorized, **authorised** UK ['ɔːθəraɪzd] adj autorisé(e) / ***authorized dealer*** COMM distributeur *m* agréé / ***authorized capital*** FIN capital *m* social OR nominal.

autism ['ɔːtɪzm] noun autisme *m*.

autistic [ɔː'tɪstɪk] adj [child] autiste ; [behaviour] autistique.

auto ['ɔːtəʊ] (*pl* **-s**) noun US auto *f*, voiture *f*.

autobiographic(al) ['ɔːtəˌbaɪə'græfɪk(l)] adj autobiographique.

autobiography [ˌɔːtəbaɪ'ɒgrəfɪ] (*pl* **-ies**) noun autobiographie *f*.

autocorrect [ˌɔːtəʊkə'rekt] vt COMPUT corriger automatiquement.

autocracy [ɔː'tɒkrəsɪ] (*pl* **autocracies**) noun autocratie *f*.

autocrat ['ɔːtəkræt] noun autocrate *m*.

autocratic [ˌɔːtə'krætɪk] adj autocratique.

Autocue® ['ɔːtəʊkjuː] noun UK téléprompteur *m*.

auto-dial ['ɔːtəʊˌdaɪəl] noun : ***a phone with auto-dial*** un poste à numérotation automatique.

autofocus ['ɔːtəʊˌfəʊkəs] noun autofocus *m inv*.

autoformat ['ɔːtəʊˌfɔːmæt] noun COMPUT composition *f* automatique.

autograph ['ɔːtəgrɑːf] ❖ noun autographe *m*. ❖ vt signer.

Automat® ['ɔːtəmæt] noun US *restaurant où les plats sont vendus dans des distributeurs automatiques*.

automate ['ɔːtəmeɪt] vt automatiser.

automated ['ɔːtəmeɪtɪd] adj automatisé(e) ▸ **automated telling machine** US, **automated teller** US distributeur *m* automatique (de billets).

automatic [ˌɔːtə'mætɪk] ❖ adj **1.** [gen] automatique ▸ **automatic telling machine** US distributeur *m* automatique (de billets) **2.** [gesture] machinal(e). ❖ noun **1.** [car] voiture *f* à transmission automatique **2.** [gun] automatique *m* **3.** [washing machine] lave-linge *m* automatique.

automatically [ˌɔːtə'mætɪklɪ] adv **1.** [gen] automatiquement **2.** [move, reply] machinalement.

automatic pilot noun *lit* & *fig* pilote *m* automatique.

automation [ˌɔːtə'meɪʃn] noun automatisation *f*, automation *f*.

automaton [ɔː'tɒmətən] (*pl* **-tons** *or* **-ta**) noun *lit* & *fig* automate *mf*.

automobile ['ɔːtəməbiːl] noun US automobile *f*.

automotive [ˌɔːtə'məʊtɪv] adj automobile.

autonomous [ɔː'tɒnəməs] adj autonome.

autonomy [ɔː'tɒnəmɪ] noun autonomie *f*.

autopilot [ˌɔːtəʊ'paɪlət] = **automatic pilot**.

autopsy ['ɔːtɒpsɪ] (*pl* **-ies**) noun autopsie *f*.

autosave ['ɔːtəʊˌseɪv] noun COMPUT sauvegarde *f* automatique.

autumn ['ɔːtəm] ❖ noun UK automne *m* ▸ **in autumn** en automne. ❖ comp d'automne.

autumnal [ɔː'tʌmnəl] adj automnal(e).

auxiliary [ɔːg'zɪljərɪ] ❖ adj auxiliaire. ❖ noun (*pl* **-ies**) auxiliaire *mf*.

auxiliary verb noun (verbe *m*) auxiliaire *m*.

av. (*abbr of* **average**) adj moyen(ne).

Av. (*abbr of* **avenue**) av.

avail [ə'veɪl] ❖ noun ▸ **to no avail** en vain, sans résultat. ❖ vt ▸ **to avail o.s. of** profiter de.

availability [əˌveɪlə'bɪlətɪ] noun disponibilité *f*.

available [ə'veɪləbl] adj disponible / ***they made the data available to us*** ils ont mis les données à notre disposition.

avalanche ['ævəlɑːnʃ] noun *lit* & *fig* avalanche *f*.

avant-garde [ˌævɒŋ'gɑːd] adj d'avant-garde.

avarice ['ævərɪs] noun avarice *f*.

avaricious [ˌævə'rɪʃəs] adj avare.

avatar ['ɑːvɪtəʳ] noun RELIG & COMPUT avatar *m*.

Ave. (*abbr of* **avenue**) av.

avenge [ə'vendʒ] vt venger.

avenger [ə'vendʒəʳ] noun vengeur *m*, -eresse *f*.

avenue ['ævənjuː] noun avenue *f*.

average ['ævərɪdʒ] ❖ adj moyen(enne). ❖ noun moyenne *f* / ***above / below average*** au-dessus / au-dessous de la moyenne ▸ **on average** en moyenne / ***we travelled an average of 100 miles a day*** nous avons fait une moyenne de 100 miles par jour OR 100 miles par jour en moyenne. ❖ vt : ***the factory averages 10 machines a day*** l'usine produit en moyenne 10 machines par jour / ***the cars were averaging 90 mph*** les voitures roulaient en moyenne à 150 km/h. ◆ **average out** ❖ vt sep établir la moyenne de. ❖ vi ▸ **to average out at** donner la moyenne de.

averse [ə'vɜːs] adj : ***I'm not averse to the occasional drink*** *hum* je ne dis pas non à un verre de temps en temps.

aversion [ə'vɜːʃn] noun ▸ **aversion (to)** aversion *f* (pour).

avert [ə'vɜːt] vt **1.** [avoid] écarter ; [accident] empêcher **2.** [eyes, glance] détourner.

aviary ['eɪvjərɪ] (*pl* **-ies**) noun volière *f*.

aviation [ˌeɪvɪ'eɪʃn] noun aviation *f*.

avid ['ævɪd] adj ▸ **avid (for)** avide (de).

avidly ['ævɪdlɪ] adv avidement, avec avidité.

avocado [ˌævə'kɑːdəʊ] (*pl* **-s** *or* **-es**) noun ▸ **avocado (pear)** avocat *m*.

avoid [ə'vɔɪd] vt éviter ▸ **to avoid doing sthg** éviter de faire qqch / *don't avoid the issue* n'essaie pas d'éviter OR d'éluder la question.

avoidable [ə'vɔɪdəbl] adj qui peut être évité(e).

avowed [ə'vaʊd] adj **1.** [supporter, opponent] déclaré(e) **2.** [aim, belief] avoué(e).

AWACS ['eɪwæks] (*abbr of* airborne warning and control system) noun AWACS *m*.

await [ə'weɪt] vt attendre / *she's awaiting trial* elle est dans l'attente de son procès / *a long-awaited holiday* des vacances qui se sont fait attendre.

awake [ə'weɪk] ❖ adj **1.** [not sleeping] réveillé(e) / *are you awake?* tu dors ? ▸ **to be wide awake** être complètement réveillé(e) **2.** *fig* [aware] ▸ **awake to** conscient(e) de. ❖ vt (*pt* awoke *or* awaked, *pp* awoken) **1.** [wake up] réveiller **2.** *fig* [feeling] éveiller. ❖ vi (*pt* awoke *or* awaked, *pp* awoken) **1.** [wake up] se réveiller **2.** *fig* [feeling] s'éveiller.

awaken [ə'weɪkn] ❖ vt éveiller ▸ **to be awakened to sthg** prendre conscience de qqch. ❖ vi s'éveiller.

awakening [ə'weɪknɪŋ] noun **1.** [from sleep] réveil *m* **2.** *fig* [of feeling] éveil *m* ▸ **a rude awakening** un réveil brutal.

award [ə'wɔ:d] ❖ noun **1.** [prize] prix *m* **2.** [compensation] dommages-intérêts *mpl*. ❖ vt ▸ **to award sb sthg, to award sthg to sb** a) [prize] décerner qqch à qqn b) [compensation, free kick] accorder qqch à qqn.

award-winner noun [person] lauréat *m*, -e *f* ; [film] film *m* primé ; [book] livre *m* primé.

award-winning adj qui a reçu un prix / *he gave an award-winning performance in...* il a reçu un prix pour son rôle dans....

aware [ə'weə^r] adj ▸ **to be aware of sthg** se rendre compte de qqch, être conscient(e) de qqch ▸ **to be aware that** se rendre compte que, être conscient que ▸ **politically aware** politisé(e).

awareness [ə'weənɪs] noun *(U)* conscience *f*.

awash [ə'wɒʃ] adj *lit* & *fig* ▸ **awash (with)** inondé(e) (de) / *awash with rumours* parcouru de rumeurs.

away [ə'weɪ] ❖ adv **1.** [in opposite direction] ▸ **to move** OR **walk away (from)** s'éloigner (de) ▸ **to look away** détourner le regard ▸ **to turn away** se détourner **2.** [in distance] : *we live 4 miles away (from here)* nous habitons à 6 kilomètres (d'ici) ▸ **to keep sb away** empêcher qqn de s'approcher **3.** [in time] : *the elections are a month away* les élections se dérouleront dans un mois **4.** [absent] absent(e) / *she's away on holiday* elle est partie en vacances **5.** [in safe place] ▸ **to put sthg away** ranger qqch **6.** [so as to be gone or used up] ▸ **to fade away** disparaître ▸ **to give sthg away** donner qqch, faire don de qqch ▸ **to take sthg away** emporter qqch **7.** [continuously] : *to be working away* travailler sans arrêt. ❖ adj SPORT [fans] de l'équipe des visiteurs ▸ **away game** match *m* à l'extérieur ▸ **away team** équipe *f* des visiteurs.

awe [ɔ:] noun respect *m* mêlé de crainte ▸ **to be in awe of sb** être impressionné(e) par qqn.

awe-inspiring adj [impressive] impressionnant(e), imposant(e) ; [amazing] stupéfiant(e) ; [frightening] terrifiant(e).

awesome ['ɔ:səm] adj impressionnant(e).

awe-struck adj [intimidated] intimidé(e), impressionné(e) ; [amazed] stupéfait(e) ; [frightened] frappé(e) de terreur.

awful ['ɔ:fʊl] adj **1.** [terrible] affreux(euse) **2.** *inf* [very great] ▸ **an awful lot (of)** énormément (de).

awfully ['ɔ:flɪ] adv *inf* [bad, difficult] affreusement ; [nice, good] extrêmement.

awhile [ə'waɪl] adv *liter* un moment.

awkward ['ɔ:kwəd] adj **1.** [clumsy] gauche, maladroit(e) **2.** [embarrassed] mal à l'aise, gêné(e) / *she felt awkward about going* cela la gênait d'y aller **3.** [difficult - person, problem, task] difficile **4.** [inconvenient] incommode / *you've come at an awkward time* vous êtes arrivé au mauvais moment **5.** [embarrassing] embarrassant(e), gênant(e).

awkwardly ['ɔ:kwədlɪ] adv **1.** [move] gauchement, maladroitement **2.** [with embarrassment] avec gêne OR embarras.

awkwardness ['ɔ:kwədnɪs] noun **1.** [of person, movement] gaucherie *f*, maladresse *f* **2.** [embarrassment] gêne *f*, embarras *m*.

awl [ɔ:l] noun poinçon *m*, alêne *f*.

awning ['ɔ:nɪŋ] noun **1.** [of tent] auvent *m* **2.** [of shop] banne *f*.

awoke [ə'wəʊk] pt ⟶ awake.

awoken [ə'wəʊkn] pp ⟶ awake.

AWOL ['eɪwɒl] (*abbr of* absent without leave) ▸ **to be / go AWOL** MIL être/partir en absence irrégulière.

awry [ə'raɪ] ❖ adj de travers. ❖ adv ▸ **to go awry** aller de travers, mal tourner.

axe, ax US [æks] ❖ noun hache *f* ▸ **to have an axe to grind** prêcher pour sa paroisse. ❖ vt [project] abandonner ; [jobs] supprimer.

axes ['æksi:z] pl n ⟶ axis.

axiom ['æksɪəm] noun axiome *m*.

axis ['æksɪs] (*pl* axes ['æksi:z]) noun axe *m* ▸ **the Axis of Evil** l'Axe *m* du Mal.

axle ['æksl] noun essieu *m*.

aye [aɪ] ❖ adv [generally] oui. ❖ noun oui *m* ; [in voting] voix *f* pour.

azalea [ə'zeɪljə] noun azalée *f*.

Azerbaijan [,æzəbaɪ'dʒɑ:n] noun Azerbaïdjan *m*.

Azerbaijani [,æzəbaɪ'dʒɑ:nɪ] ❖ adj azerbaïdjanais(e). ❖ noun Azerbaïdjanais *m*, -e *f*.

AZERTY keyboard [ə'zɜ:tɪ-] noun clavier *m* AZERTY.

Azores [ə'zɔ:z] pl n ▸ **the Azores** les Açores *fpl* ▸ **in the Azores** aux Açores.

Aztec ['æztek] ❖ adj aztèque. ❖ noun Aztèque *mf*.

azure ['æʒə^r] adj azuré(e), bleu(e) d'azur.

B

b (*pl* **b's** *or* **bs**), **B** (*pl* **B's** *or* **Bs**) [biː] noun [letter] b *m inv*, B *m inv.* ◆ **B** noun **1.** MUS si *m* **2.** SCH [mark] B *m inv* **3.** MESSAGING ***written abbr of* be**.

b. ***abbr of* born**.

B4 MESSAGING ***written abbr of* before**.

B & B noun ***abbr of* bed and breakfast**.

BA noun **1.** ***abbr of* Bachelor of Arts** **2.** (***abbr of* British Academy**) *organisme public d'aide à la recherche dans le domaine des lettres* **3.** (***abbr of* British Airways**) *compagnie aérienne britannique*.

BAA noun *organisme autonome responsable des aéroports en Grande-Bretagne*.

babble ['bæbl] ❖ noun [of voices] murmure *m*, rumeur *f*. ❖ vi [person] babiller ; [stream] gazouiller.

babbling ['bæblɪŋ] ❖ noun **1.** [of voices] rumeur *f* ; [of baby] babillage *m*, babil *m* ; [of stream] gazouillement *m*, babil *m* **2.** [chatter] bavardage *m*. ❖ adj babillard(e).

babe [beɪb] noun **1.** *liter* [baby] bébé *m* **2.** US *inf* [term of affection] chéri *m*, -e *f* **3.** PHR **she's no babe in arms** elle n'est pas née de la dernière pluie.

baboon [bə'buːn] noun babouin *m*.

baby ['beɪbɪ] (*pl* **-ies**) noun **1.** [child] bébé *m* **2.** *inf* [darling] chéri *m*, -e *f*.

baby boomer [-ˌbuːməʳ] noun US *personne née pendant le baby-boom d'après-guerre*.

baby buggy noun **1.** UK [foldable pushchair] ▸ **Baby buggy®** poussette *f* **2.** US = **baby carriage**.

baby carriage noun US landau *m*.

baby face noun visage *m* de bébé. ◆ **baby-face** adj au visage de bébé.

babyish ['beɪbɪɪʃ] adj puéril(e), enfantin(e).

baby-minder noun UK nourrice *f*.

baby-sit vi faire du baby-sitting.

baby-sitter noun baby-sitter *mf*.

baby-sitting noun garde *f* d'enfants, baby-sitting *m*.

baby talk noun langage *m* enfantin OR de bébé.

baby-walker noun trotteur *m*.

baccalaureate [ˌbækə'lɔːrɪət] noun UNIV ≃ licence *f*.

bachelor ['bætʃələʳ] noun célibataire *m*.

bachelorette party US = **hen party**.

bachelor flat noun garçonnière *f*.

Bachelor of Arts noun UK UNIV [degree] ≃ licence *f* en OR ès lettres ; [person] ≃ licencié *m*, -e *f* en OR ès lettres.

Bachelor of Medicine noun UK UNIV [degree] ≃ licence *f* de médecine ; [person] ≃ licencié *m*, -e *f* en médecine.

Bachelor of Science noun UK UNIV [degree] ≃ licence *f* en OR ès sciences ; [person] ≃ licencié *m*, -e *f* en OR ès sciences.

bachelor party noun US enterrement *m* de vie de garçon ▸ **to have a bachelor party** enterrer sa vie de garçon.

bachelor's degree noun UK ≃ licence *f*.

back [bæk]

❖ adv

1. [backwards] en arrière / ***to step / move back*** reculer / ***to push back*** repousser ▸ **to tie one's hair back** attacher ses cheveux en arrière / ***he glanced back*** il a regardé derrière lui

2. [to former position or state] ***I'll be back at five*** je rentrerai OR serai de retour à dix-sept heures / ***I'd like my money back*** [in shop] je voudrais me faire rembourser / ***to go back*** retourner / ***to come back*** revenir, rentrer / ***to drive back*** rentrer en voiture ▸ **to go back and forth** [person] faire des allées et venues ▸ **to go back to sleep** se rendormir / ***she wants her children back*** elle veut qu'on lui rende ses enfants / ***business soon got back to normal*** les affaires ont vite repris leur cours normal ▸ **to be back (in fashion)** revenir à la mode

3. [earlier] ***six pages back*** six pages plus haut / ***ten years back*** *inf* il y a dix ans ▸ **to think back to** repenser à / ***as far back as I can remember*** d'aussi loin que je m'en souvienne / ***back in November*** déjà au mois de novembre

4. [in return] ▸ **to phone** OR **call back** rappeler ▸ **to write back** répondre ▸ **to pay sb back** rembourser qqn / ***I hit him back*** je lui ai rendu son coup

❖ noun

1. [of person, animal] dos *m* / ***I fell flat on my back*** je suis tombé à la renverse OR sur le dos / ***we lay on our backs*** nous étions allongés sur le dos / ***I only saw them from the back*** je ne les ai vus que de dos ▸ **to break the back of a job** faire le plus gros d'un travail ▸ **behind sb's back** *fig* derrière le dos de qqn ▸ **to stab sb in the back** *fig* poignarder qqn dans le dos ▸ **to put sb's back up** casser les pieds de qqn ▸ **to turn one's back on sb / sthg** *fig* ignorer qqn / qqch

2. [of door, book, hand] dos *m* ; [of head] derrière *m* ; [of envelope, cheque] revers *m* ; [of page] verso *m* ; [of chair] dossier *m* ▸ **to know somewhere like the back of one's hand** connaître un endroit comme sa poche

3. [of room, fridge] fond *m* ; [of car] arrière *m* / *the garden is out* OR *round the back* le jardin se trouve derrière la maison ▸ **it's the back of beyond** UK c'est un trou perdu

4. SPORT arrière *m*

❖ adj *(in compounds)*

1. [at the back] de derrière ; [wheel] arrière *(inv)* ; [page] dernier(ère) / *the back legs of a horse* les pattes arrière d'un cheval / *the back room* la pièce qui donne sur l'arrière

2. [overdue] ▸ **back rent** arriéré *m* de loyer

❖ vt

1. [reverse] reculer / *I backed the car into the garage* j'ai mis la voiture dans le garage en marche arrière

2. [support] appuyer, soutenir

3. [bet on] parier sur, miser sur

❖ vi

reculer

◆ **back away** vi reculer.

◆ **back down** vi céder.

◆ **back off** vi reculer.

◆ **back onto** vt : *the house backs onto the park* l'arrière de la maison donne sur le parc.

◆ **back out** vi [of promise] se dédire.

◆ **back up** ❖ vt sep **1.** [support - claim] appuyer, soutenir ; [- person] épauler, soutenir **2.** [reverse] reculer **3.** COMPUT sauvegarder, faire une copie de sauvegarde de. ❖ vi [reverse] reculer.

backache ['bækeɪk] noun ▸ **to have backache** UK, **to have a backache** US avoir mal aux reins OR au dos.

backbench ['bækbentʃ] ❖ noun *banc des membres du Parlement britannique qui n'ont pas de portefeuille.* ❖ comp [opinion, support] des « backbenchers ».

backbencher [,bæk'bentʃər] noun UK POL *député qui n'a aucune position officielle au gouvernement ni dans aucun parti.*

backbiting ['bækbaɪtɪŋ] noun médisance *f*.

backbone ['bækbəʊn] noun ANAT épine *f* dorsale, colonne *f* vertébrale ; *fig* [main support] pivot *m*.

backbreaking ['bæk,breɪkɪŋ] adj éreintant(e).

back burner noun ▸ **to put sthg on the back burner** *inf* mettre qqch en veilleuse.

backchat UK ['bækʧæt], **backtalk** US ['bæktɔ:k] noun *inf* insolence *f*.

backcloth ['bækklɒθ] UK = **backdrop**.

backcomb ['bækkəʊm] vt UK crêper.

back copy noun vieux numéro *m* (d'un journal).

backdate [,bæk'deɪt] vt antidater.

back door noun porte *f* de derrière ▸ **to get a job through** OR **by the back door** *fig* obtenir un emploi par relations.

backdrop ['bækdrɒp] noun *lit* & *fig* toile *f* de fond.

-backed [bækt] suffix **1.** [chair] à dos, à dossier / *a broad-backed man* un homme qui a le dos large **2.** [supported by] : *US-backed rebels* des rebelles soutenus par les États-Unis.

backer ['bækər] noun commanditaire *m*, bailleur *m* de fonds.

backfire [,bæk'faɪər] vi **1.** AUTO pétarader **2.** [plan] ▸ **to backfire (on sb)** se retourner (contre qqn).

backflip ['bækflɪp] noun [in gymnastics] culbute *f* à l'envers.

backgammon ['bæk,gæmən] noun backgammon *m* ; ≃ jacquet *m*.

background ['bækgraʊnd] ❖ noun **1.** [in picture, view] arrière-plan *m* ▸ **in the background** a) *lit* dans le fond, à l'arrière-plan b) *fig* au second plan **2.** [of event, situation] contexte *m* / *the economic background to the crisis* les raisons économiques de la crise **3.** [upbringing] milieu *m* / *people from a working-class background* gens *mpl* de milieu ouvrier. ❖ comp [music, noise] de fond ▸ **background reading / information** lectures / informations générales *(pour un certain sujet)*.

backhand ['bækhænd] noun revers *m*.

backhanded ['bækhændɪd] adj [compliment, remark] ambigu(ë), équivoque.

backhander ['bækhændər] noun UK *inf* pot-de-vin *m*.

backing ['bækɪŋ] noun **1.** [support] soutien *m* **2.** [lining] doublage *m* **3.** UK MUS accompagnement *m*.

backing group noun UK *musiciens qui accompagnent un chanteur.*

back issue = **back number**.

backlash ['bæklæʃ] noun contrecoup *m*, choc *m* en retour.

backless ['bæklɪs] adj [dress] décolleté(e) dans le dos.

backlist ['bæklɪst] noun liste *f* des ouvrages disponibles ▸ **backlist titles** ouvrages *mpl* de fonds.

backlit ['bæklɪt] adj [screen] rétro-éclairé(e).

backlog ['bæklɒg] noun ▸ **backlog (of work)** arriéré *m* de travail, travail *m* en retard.

back number noun vieux numéro *m*.

backpack ['bækpæk] noun sac *m* à dos.

backpacker ['bækpækər] noun randonneur *m*, -euse *f* *(avec sac à dos)*.

backpacking ['bækpækɪŋ] noun ▸ **to go backpacking** faire de la randonnée *(avec sac à dos)*.

back pay noun rappel *m* de salaire.

backpedal [,bæk'pedl] (UK *pt & pp* **-led**, *cont* **-ling**, US *pt & pp* **-ed**, *cont* **-ing**) vi *fig* ▸ **to backpedal (on)** faire marche OR machine arrière (sur).

backrest ['bækrest] noun dossier *m*.

back seat noun [in car] siège *m* OR banquette *f* arrière ▸ **to take a back seat** *fig* jouer un rôle secondaire.

back-seat driver noun *personne qui n'arrête pas de donner des conseils au conducteur.*

backside [,bæk'saɪd] noun *inf* postérieur *m*, derrière *m*.

backslash ['bækslæʃ] noun COMPUT barre *f* oblique inversée.

backspace ['bækspeɪs] ❖ noun [key] touche *f* de retour en arrière. ❖ vi [in typing] reculer d'un espace.

backstage [ˌbæk'steɪdʒ] adv dans les coulisses.

backstairs [ˌbæk'steəz] ❖ pl n [secondary] escalier *m* de service ; [secret] escalier *m* secret OR dérobé. ❖ adj [secret] secret(ète), furtif(ive) ; [unfair] déloyal(e) / *backstairs gossip* bruits *mpl* de couloirs.

back street noun petite rue *f*.

backstreet ['bækstriːt] adj [secret] secret(ète), furtif(ive) ; [underhanded] louche ▸ **backstreet abortion** avortement *m* clandestin ▸ **backstreet abortionist** faiseuse *f* d'anges.

backstroke ['bækstrəʊk] noun dos *m* crawlé.

backtalk US = **backchat**.

back-to-back ❖ adj *lit* & *fig* dos à dos. ❖ noun : *back-to-backs* [houses] *rangée de maisons construites dos à dos et séparées par un passage étroit, typique des régions industrielles du nord de l'Angleterre.* ◆ **back to back** adv **1.** [stand] dos à dos **2.** [happen] l'un après l'autre.

back to front adv à l'envers.

backtrack ['bæktræk] = **backpedal**.

backup ['bækʌp] ❖ adj **1.** [plan, team] de secours, de remplacement **2.** COMPUT de sauvegarde ▸ **backup copy** copie *f* de sauvegarde. ❖ noun **1.** [gen] aide *f*, soutien *m* **2.** COMPUT (copie *f* de) sauvegarde *f* **3.** US [traffic jam] embouteillage *m*.

backward ['bækwəd] ❖ adj **1.** [movement, look] en arrière **2.** [country] arriéré(e) ; [person] arriéré(e), attardé(e). ❖ adv US = **backwards**.

backwardness ['bækwədnɪs] noun **1.** [of development - country] sous-développement *m* ; [- person] retard *m* mental ; [- of economy] retard *m* **2.** [reluctance] hésitation *f*, lenteur *f*.

backwards ['bækwədz], **backward** US ['bækwərd] adv [move, go] en arrière, à reculons ; [read list] à rebours, à l'envers ▸ **backwards and forwards** [movement] de va-et-vient, d'avant en arrière et d'arrière en avant / *to walk backwards and forwards* aller et venir.

backwash ['bækwɒʃ] noun remous *m*.

backwater ['bækˌwɔːtəʳ] noun [place] désert *m*.

backyard [ˌbæk'jɑːd] noun **1.** UK [yard] arrière-cour *f* **2.** US [garden] jardin *m* de derrière.

bacon ['beɪkən] noun bacon *m*.

bacteria [bæk'tɪərɪə] pl n bactéries *fpl*.

bacterial [bæk'tɪərɪəl] adj bactérien(enne).

bacteriology [bækˌtɪərɪ'ɒlədʒɪ] noun bactériologie *f*.

bad [bæd] ❖ adj (*compar* **worse**, *superl* **worst**) **1.** [not good] mauvais(e) ▸ **to be bad at sthg** être mauvais en qqch / *he's in a bad mood* OR *bad temper* il est de mauvaise humeur / *things look bad* la situation n'est pas brillante ▸ **to go from bad to worse** aller de mal en pis, empirer ▸ **too bad!** dommage ! ▸ **not bad** pas mal **2.** [unhealthy] malade / *smoking is bad for you* fumer est mauvais pour la santé / *I'm feeling bad* je ne suis pas dans mon assiette / *he's in a bad way* a) il va mal, il est en piteux état / *to have a bad heart* être cardiaque **3.** [serious] ▸ **a bad cold** un gros rhume **4.** [rotten] pourri(e), gâté(e) ▸ **to go bad** se gâter, s'avarier **5.** [guilty] ▸ **to feel bad about sthg** se sentir coupable de qqch **6.** [naughty] méchant(e). ❖ adv US = **badly**.

bad blood noun ressentiment *m*, rancune *f*.

bad cheque UK, **bad check** US noun chèque *m* sans provision.

bad debt noun créance *f* irrécouvrable OR douteuse.

baddie, baddy ['bædɪ] noun UK *inf* méchant *m*.

bade [bæd] pt ⟶ **bid**.

badge [bædʒ] noun **1.** [metal, plastic] badge *m* **2.** [sewn-on] écusson *m*. ◆ **badge in** vi badger *(en entrant)*. ◆ **badge out** vi badger *(en sortant)*.

badger ['bædʒəʳ] ❖ noun blaireau *m*. ❖ vt ▸ **to badger sb (to do sthg)** harceler qqn (pour qu'il fasse qqch).

badly ['bædlɪ] (*compar* **worse**, *superl* **worst**) adv **1.** [not well] mal / *badly made / organized* mal fait(e) / organisé(e) ▸ **to think badly of sb** penser du mal de qqn **2.** [seriously - wounded] grièvement ; [- affected] gravement, sérieusement ▸ **to be badly in need of sthg** avoir vraiment OR absolument besoin de qqch.

badly-off adj **1.** [poor] pauvre, dans le besoin **2.** [lacking] ▸ **to be badly-off for sthg** manquer de qqch.

bad-mannered [-'mænəd] adj [child] mal élevé(e) ; [shop assistant] impoli(e).

badminton ['bædmɪntən] noun badminton *m*.

badmouth ['bædmaʊθ] vt médire de, dénigrer.

badness ['bædnɪs] noun [of behaviour] méchanceté *f*.

bad-tempered [-'tempəd] adj **1.** [by nature] qui a mauvais caractère **2.** [in a bad mood] de mauvaise humeur.

baffle ['bæfl] vt déconcerter, confondre.

baffling ['bæflɪŋ] adj déconcertant(e).

Bafta ['bæftə] (*abbr of* **British Academy of Film and Television Awards**) noun ▸ **Bafta (award)** *prix récompensant les meilleurs films et émissions de télévision en Grande-Bretagne.*

bag [bæg] ❖ noun **1.** [gen] sac *m* ▸ **she's a bag of bones** elle n'a que la peau sur les os ▸ **it's in the bag** *inf* c'est dans la poche, l'affaire est dans le sac **2.** [handbag] sac *m* à main. ❖ vt (*pt & pp* **-ged**, *cont* **-ging**) **1.** [put into bags] mettre en sac, ensacher **2.** UK *inf* [reserve] garder / *I bagged that job* j'ai décroché ce poste. ◆ **bags** pl n **1.** [under eyes] poches *fpl* **2.** UK *inf* [lots] ▸ **bags of** plein OR beaucoup de.

bagboy ['bægbɔɪ] noun US commis *m (qui aide à l'emballage des achats)*.

bagel ['beɪgəl] noun *petit pain en couronne.*

baggage ['bægɪdʒ] noun *(U)* bagages *mpl*.

baggage car noun US fourgon *m (d'un train)*.

baggage reclaim UK, **baggage claim** US noun retrait *m* des bagages.

baggage room noun US consigne *f*.

baggy ['bægɪ] (*compar* **-ier**, *superl* **-iest**) adj ample.

Baghdad [bæg'dæd] noun Bagdad.

bag lady noun *inf* clocharde *f*.

bagpipes ['bægpaɪps] pl n cornemuse *f*.

bag-snatcher [-snætʃəʳ] noun voleur *m*, -euse *f* à la tire.

bah [bɑː] excl bah !

Bahamas [bə'hɑːməz] pl n ▸ **the Bahamas** les Bahamas *fpl* ▸ **in the Bahamas** aux Bahamas.

bail [beɪl] ❖ noun *(U)* caution *f* ▸ **on bail** sous caution / *the judge granted / refused bail* le juge a accordé / refusé la mise en liberté provisoire sous caution. ❖ vt **1.** LAW [subj: guarantor] payer la caution pour, se porter garant(e) de ; [subj: judge] mettre en liberté provisoire sous caution **2.** [water] vider. ❖ vi US *inf* [leave] se casser / *don't bail on us now!* ne nous laisse pas tomber maintenant ! ◆ **bail out** ❖ vt sep **1.** [pay bail for] se porter garant(e) de **2.** *fig* [rescue] tirer d'affaire. ❖ vi US [from plane] sauter (en parachute).

bailiff ['beɪlɪf] noun huissier *m*.

bait [beɪt] ❖ noun appât *m* ▸ **to rise to** OR **take the bait** *fig* mordre à l'hameçon. ❖ vt **1.** [put bait on] appâter **2.** [tease] harceler, tourmenter.

baize [beɪz] noun feutrine *f*.

bake [beɪk] ❖ vt **1.** CULIN faire cuire au four **2.** [clay, bricks] cuire. ❖ vi [food] cuire au four.

baked [beɪkt] adj US *inf* défoncé(e) *(drogué)*.

baked beans [beɪkt-] pl n haricots *mpl* blancs à la tomate.

baked potato [beɪkt-] noun pomme *f* de terre en robe des champs OR de chambre.

baker ['beɪkəʳ] noun boulanger *m*, -ère *f* ▸ **baker's (shop)** UK boulangerie *f*.

bakery ['beɪkərɪ] (*pl* **-ies**) noun boulangerie *f*.

baking ['beɪkɪŋ] ❖ adj *inf* : *it's a baking hot day!* on cuit aujourd'hui ! ❖ noun cuisson *f*.

baking powder noun levure *f* (chimique).

baking tin noun [for cakes] moule *m* à gâteau ; [for meat] plat *m* à rôtir.

balaclava (helmet) [,bælə'klɑːvə-] noun passe-montagne *m*.

balance ['bæləns] ❖ noun **1.** [equilibrium] équilibre *m* ▸ **to keep / lose one's balance** garder / perdre l'équilibre ▸ **off balance** déséquilibré(e) / *to strike a balance between the practical and the idealistic* trouver un juste milieu entre la réalité et l'idéal **2.** *fig* [counterweight] contrepoids *m* ; [of evidence] poids *m*, force *f* **3.** [scales] balance *f* ▸ **to be** OR **hang in the balance** *fig* être en balance / *his remark tipped the balance in his favour* sa remarque a fait pencher la balance en sa faveur **4.** FIN solde *m* / *balance due* solde débiteur. ❖ vt **1.** [keep in balance] maintenir en équilibre **2.** [compare] ▸ **to balance sthg against sthg** mettre qqch et qqch en balance **3.** [in accounting] ▸ **to balance a budget** équilibrer un budget ▸ **to balance the books** clôturer les comptes, dresser le bilan. ❖ vi **1.** [maintain equilibrium] se tenir en équilibre / *the weights balance* les poids s'équilibrent **2.** [budget, accounts] s'équilibrer. ◆ **on balance** adv tout bien considéré. ◆ **balance out** vi : *the advantages and disadvantages balance out* les avantages contrebalancent OR compensent les inconvénients.

balanced ['bælənst] adj [fair] juste, impartial(e).

balanced diet [,bælənst-] noun alimentation *f* équilibrée.

balance of trade noun balance *f* commerciale.

balancing ['bælənsɪŋ] noun **1.** [physical effort] stabilisation *f* / *a balancing act* un numéro d'équilibriste / *it was a real balancing act keeping everyone happy* *fig* il fallait jongler pour pouvoir satisfaire tout le monde **2.** FIN [account, books - equalizing] balance *f* ; [- settlement] règlement *m*, solde *m*.

balcony ['bælkənɪ] (*pl* **-ies**) noun balcon *m*.

bald [bɔːld] adj **1.** [head, man] chauve **2.** [tyre] lisse **3.** *fig* [blunt] direct(e).

bald eagle noun *aigle à tête blanche (cet oiseau est l'emblème des États-Unis et figure sur le sceau officiel)*.

balderdash ['bɔːldədæʃ] noun *(U)* *dated* âneries *fpl*, bêtises *fpl*.

bald-headed adj chauve.

balding ['bɔːldɪŋ] adj qui devient chauve.

baldness ['bɔːldnɪs] noun calvitie *f*.

bald spot noun ▸ **to have a bald spot** avoir un début de calvitie.

bale [beɪl] noun balle *f*. ◆ **bale out** UK ❖ vt sep [boat] écoper, vider. ❖ vi [from plane] sauter en parachute.

Balearic Islands [,bælɪ'ærɪk-], **Balearics** [,bælɪ'ærɪks] pl n ▸ **the Balearic Islands** les Baléares *fpl* ▸ **in the Balearic Islands** aux Baléares.

baleful ['beɪlfʊl] adj *liter* sinistre.

Bali ['bɑːlɪ] noun Bali *m* ▸ **in Bali** à Bali.

balk [bɔːk] vi ▸ **to balk (at)** hésiter OR reculer (devant).

Balkan ['bɔːlkən] adj balkanique.

Balkans ['bɔːlkənz], **Balkan States** ['bɔːlkən-] pl n ▸ **the Balkans** les Balkans *mpl*, les États *mpl* balkaniques ▸ **in the Balkans** dans les Balkans.

ball [bɔːl] noun **1.** [round shape] boule *f* ; [in game] balle *f* ; [football] ballon *m* ▸ **to be on the ball** *fig* connaître son affaire, s'y connaître ▸ **to play ball with sb** *fig* coopérer avec qqn ▸ **to start the ball rolling** *fig* lancer la discussion **2.** [of foot] plante *f* **3.** [dance] bal *m* ▸ **to have a ball** *fig* bien s'amuser. ◆ **balls** *vulg* ❖ pl n [testicles] couilles *fpl*. ❖ noun *(U)* [nonsense] conneries *fpl*.

balle, ballon, boule OR bille?

In general, larger balls such as footballs and beach balls are called **ballons**, and smaller non-inflatable balls such as tennis balls and ping-pong balls are called **balles**. Billiard balls and bowling balls are **boules**. A ball of something, such as clay or snow, is also a **boule**, while very tiny balls are more likely to be called **billes**.

ballad ['bæləd] noun ballade *f*.

ball-and-socket joint noun TECH rotule *f*.

ballast ['bæləst] noun lest *m*.

ball bearing noun bille *f* de roulement / ***ball bearings*** roulement *m* à billes.

ball boy noun ramasseur *m* de balles.

ballcock ['bɔːlkɒk] noun (robinet à) flotteur *m*.

ballerina [ˌbæləˈriːnə] noun ballerine *f*.

ballet ['bæleɪ] noun **1.** *(U)* [art of dance] danse *f* **2.** [work] ballet *m*.

ballet dancer noun danseur *m*, -euse *f* de ballet.

ball game noun **1.** US [baseball match] match *m* de base-ball **2.** *inf* [situation] ▸ **it's a whole new ball game** c'est une autre paire de manches.

ball girl noun ramasseuse *f* de balles.

ballistic [bəˈlɪstɪk] adj balistique / ***to go ballistic*** *inf* péter les plombs.

ballistic missile noun missile *m* balistique.

ballistics [bəˈlɪstɪks] noun *(U)* balistique *f*.

balloon [bəˈluːn] ◆ noun **1.** [gen] ballon *m* **2.** [in cartoon] bulle *f*. ◆ vi [swell] gonfler.

ballooning [bəˈluːnɪŋ] noun ▸ **to go ballooning** faire une ascension en ballon.

balloon loan noun crédit-ballon *m*.

ballot ['bælət] ◆ noun **1.** [voting paper] bulletin *m* de vote **2.** [voting process] scrutin *m*. ◆ vt appeler à voter. ◆ vi ▸ **to ballot for sthg** voter pour qqch.

ballot box noun **1.** [container] urne *f* **2.** [voting process] scrutin *m*.

ballpark ['bɔːlpɑːk] noun **1.** US [stadium] stade *m* de base-ball **2.** *inf* [approximate range] ordre *m* de grandeur / ***his guess was in the right ballpark*** il avait plutôt bien deviné.

ballpark figure noun *inf* chiffre *m* approximatif.

ballpoint ['bɔːlpɔɪnt] ◆ adj à bille ▸ **ballpoint pen** stylo *m* (à) bille, Bic® *m*. ◆ noun stylo *m* (à) bille, Bic® *m*.

ballroom ['bɔːlrʊm] noun salle *f* de bal.

ballroom dancing noun *(U)* danse *f* de salon.

balls-up UK, **ball-up** US noun *v inf* ▸ **to make a balls-up of sthg** saloper qqch.

ballsy ['bɔːlzɪ] adj US *v inf* culotté(e).

balm [bɑːm] noun baume *m*.

balmy ['bɑːmɪ] (*compar* **-ier**, *superl* **-iest**) adj doux (douce).

baloney [bəˈləʊnɪ] noun *(U)* *inf* foutaises *fpl*, bêtises *fpl*.

balsam ['bɔːlsəm] noun baume *m*.

balsamic vinegar [bɔːlˈsæmɪk] noun vinaigre *m* balsamique.

Baltic ['bɔːltɪk] ◆ adj [port, coast] de la Baltique. ◆ noun ▸ **the Baltic (Sea)** la Baltique.

Baltic State noun ▸ **the Baltic States** les pays *mpl* baltes.

balustrade [ˌbæləsˈtreɪd] noun balustrade *f*.

bamboo [bæmˈbuː] noun bambou *m*.

bamboozle [bæmˈbuːzl] vt *inf* embobiner.

ban [bæn] ◆ noun interdiction *f* ▸ **there is a ban on smoking** il est interdit de fumer. ◆ vt (*pt & pp* **-ned**, *cont* **-ning**) interdire ▸ **to ban sb from doing sthg** interdire à qqn de faire qqch.

banal [bəˈnɑːl] adj *pej* banal(e), ordinaire.

banality [bəˈnælətɪ] noun banalité *f*.

banana [bəˈnɑːnə] noun banane *f*.

banana republic noun république *f* bananière.

banana skin noun *lit* peau *f* de banane, *fig* gaffe / ***he slipped on a banana skin*** *fig* il a fait une gaffe.

band [bænd] noun **1.** [MUS - rock] groupe *m* ; [- military] fanfare *f* ; [- jazz] orchestre *m* **2.** [group, strip] bande *f* **3.** [stripe] rayure *f* **4.** [range] tranche *f*. ◆ **band together** vi se grouper, s'unir.

bandage ['bændɪdʒ] ◆ noun bandage *m*, bande *f*. ◆ vt mettre un pansement OR un bandage sur.

Band-Aid® noun pansement *m* adhésif.

bandan(n)a [bænˈdænə] noun bandana *m*.

b and b, **B and B** noun ***abbr of*** **bed and breakfast**.

bandit ['bændɪt] noun bandit *m*.

bandmaster ['bændˌmɑːstəʳ] noun chef *m* d'orchestre.

bandsman ['bændzmən] (*pl* **-men**) noun musicien *m* (d'orchestre).

bandstand ['bændstænd] noun kiosque *m* à musique.

bandwagon ['bændwægən] noun ▸ **to jump on the bandwagon** suivre le mouvement.

bandwidth ['bændwɪdθ] noun **1.** RADIO largeur *f* de bande **2.** [in acoustics] bande *f* passante.

bandy ['bændɪ] (*compar* **-ier**, *superl* **-iest**) adj qui a les jambes arquées ▸ **to have bandy legs** avoir les jambes arquées. ◆ **bandy about, bandy around** (*pt & pp* **-ied**) vt sep répandre, faire circuler.

bandy-legged [-ˌlegd] adj = **bandy**.

bane [beɪn] noun ▸ **he's the bane of my life** c'est le fléau de ma vie.

bang [bæŋ] ◆ adv **1.** [exactly] ▸ **bang in the middle** en plein milieu ▸ **to be bang on time** être pile à l'heure **2.** *inf* [away] : ***bang goes my holiday!*** mes vacances sont tombées à l'eau ! OR dans le lac. ◆ noun **1.** [blow] coup *m* violent **2.** [of gun] détonation *f* ; [of door] claquement *m* ▸ **to go with a bang** *inf* & *fig* être du tonnerre. ◆ vt [generally] frapper violemment ; [door] claquer ▸ **to bang one's head / knee** se cogner la tête / le genou. ◆ vi **1.** [knock] ▸ **to bang on** frapper à **2.** [make a loud noise - gun] détoner ; [- door] claquer **3.** [crash] ▸ **to bang into** se cogner contre. ◆ excl boum ! ◆ **bangs** pl n US frange *f*. ◆ **bang down** vt sep poser violemment.

banger ['bæŋəʳ] noun UK **1.** *inf* [sausage] saucisse *f* **2.** *inf* [old car] vieille guimbarde *f*, vieux tacot *m* **3.** [firework] pétard *m*.

Bangkok [ˌbæŋˈkɒk] noun Bangkok.

Bangladesh [ˌbæŋgləˈdeʃ] noun Bangladesh *m* ▸ **in Bangladesh** au Bangladesh.

Bangladeshi [ˌbæŋgləˈdeʃɪ] ❖ adj bangladais(e), bangladeshi. ❖ noun Bangladais *m*, -e *f*, Bangladeshi *mf*.

bangle [ˈbæŋgl] noun bracelet *m*.

bang-on *inf* ❖ adv **1.** [exactly] pile / *to hit sthg bang-on* frapper qqch en plein dans le mille **2.** [punctually] à l'heure. ❖ adj : *his answers were bang-on* ses réponses étaient percutantes.

banish [ˈbænɪʃ] vt bannir.

banister [ˈbænɪstəʳ] noun rampe *f*.

banjo [ˈbændʒəʊ] (*pl* **-s** *or* **-es**) noun banjo *m*.

bank [bæŋk] ❖ noun **1.** [generally] banque *f* / *she has £10,000 in the bank* elle a 10 000 livres à la banque **2.** [of river, lake] rive *f*, bord *m* **3.** [of earth] talus *m* **4.** [of clouds] masse *f* ; [of fog] nappe *f*. ❖ vt FIN mettre OR déposer à la banque. ❖ vi **1.** FIN ▸ **to bank with** avoir un compte à **2.** [plane] tourner. ◆ **bank on** vt insep compter sur.

bankable [ˈbæŋkəbl] adj bancable, escomptable / *to be bankable fig* être une valeur sûre.

bank account noun compte *m* en banque.

bank balance noun UK solde *m* bancaire.

bankbook [ˈbæŋkbʊk] noun livret *m* de banque.

bank card = **banker's card**.

bank charges pl n frais *mpl* bancaires.

bank clerk noun employé *m*, -e *f* de banque.

bank details noun relevé *m* d'identité bancaire, RIB *m*.

banker [ˈbæŋkəʳ] noun banquier *m*.

banker's card noun UK carte *f* d'identité bancaire.

banker's draft noun traite *f* bancaire.

banker's order noun UK prélèvement *m* automatique.

bank holiday noun UK jour *m* férié.

banking [ˈbæŋkɪŋ] noun ▸ **to go into banking** travailler dans la banque.

banking hours pl n heures *fpl* d'ouverture des banques.

bank loan noun emprunt *m* (bancaire).

bank manager noun directeur *m*, -trice *f* de banque.

bank note noun billet *m* de banque.

bank rate noun taux *m* d'escompte.

bank robber noun cambrioleur *m*, -euse *f* de banque.

bankroll [ˈbæŋkrəʊl] US *inf* ❖ noun fonds *mpl*, finances *fpl*. ❖ vt financer.

bankrupt [ˈbæŋkrʌpt] ❖ adj failli(e) ▸ **to go bankrupt** faire faillite. ❖ noun failli *m*, -e *f*. ❖ vt mettre en faillite.

bankruptcy [ˈbæŋkrəptsɪ] (*pl* **-ies**) noun **1.** [gen] faillite *f* **2.** *fig* [lack] ▸ **moral bankruptcy** manque *m* de crédibilité.

bank statement noun relevé *m* de compte.

banner [ˈbænəʳ] noun **1.** [flag] banderole *f* **2.** COMPUT bandeau *m*.

banner ad noun bannière *f* publicitaire.

banner headline noun PRESS gros titre *m*, manchette *f*.

bannister [ˈbænɪstəʳ] noun = **banister**.

banns [bænz] pl n ▸ **to publish the banns** publier les bans.

banquet [ˈbæŋkwɪt] noun banquet *m*.

bantam [ˈbæntəm] noun poule *f* naine.

bantamweight [ˈbæntəmweɪt] noun poids *m* coq.

banter [ˈbæntəʳ] ❖ noun *(U)* plaisanterie *f*, badinage *m*. ❖ vi plaisanter, badiner.

bap [bæp] noun UK petit pain *(rond) m*.

baptism [ˈbæptɪzm] noun baptême *m* ▸ **baptism of fire** baptême du feu.

Baptist [ˈbæptɪst] noun baptiste *mf*.

baptize, **baptise** UK [UK bæpˈtaɪz, US ˈbæptaɪz] vt baptiser.

bar [bɒʳ] ❖ noun **1.** [piece - of gold] lingot *m* ; [- of chocolate] tablette *f* ▸ **a bar of soap** une savonnette **2.** [length of wood, metal] barre *f* / *an iron bar* une barre de fer ▸ **to be behind bars** être derrière les barreaux OR sous les verrous **3.** *fig* [obstacle] obstacle *m* **4.** [pub] bar *m* **5.** [counter of pub] comptoir *m*, zinc *m* **6.** MUS mesure *f* **7.** PHR **to lower the bar** placer la barre moins haut ▸ **to raise the bar** placer la barre plus haut ▸ **to set the bar high** placer la barre haut. ❖ vt (*pt & pp* **-red**, *cont* **-ring**) **1.** [door, road] barrer ; [window] mettre des barreaux à ▸ **to bar sb's way** barrer la route OR le passage à qqn **2.** [ban] interdire, défendre ▸ **to bar sb (from)** interdire à qqn (de). ❖ prep sauf, excepté ▸ **bar none** sans exception. ◆ **Bar** noun LAW ▸ **the Bar a)** UK le barreau **b)** US les avocats *mpl*.

Barbadian [bɑːˈbeɪdɪən] ❖ adj barbadien(ne). ❖ noun Barbadien *m*, -ne *f*.

Barbados [bɑːˈbeɪdɒs] noun Barbade *f* ▸ **in Barbados** à la Barbade.

barbarian [bɑːˈbeərɪən] noun barbare *mf*.

barbaric [bɑːˈbærɪk] adj barbare.

barbarism [ˈbɑːbərɪzm] noun **1.** [state] barbarie *f* **2.** [in language] barbarisme *m*.

barbarity [bɑːˈbærətɪ] noun **1.** [brutality] barbarie *f*, inhumanité *f* **2.** [atrocity] atrocité *f* / *the barbarities committed by the enemy* les atrocités commises par l'ennemi.

barbarous [ˈbɑːbərəs] adj barbare.

barbecue [ˈbɑːbɪkjuː] ❖ noun barbecue *m*. ❖ vt griller sur un barbecue.

barbed [ˈbɑːbd] adj [arrow, hook] barbelé(e) ; *fig* [comment] acerbe, acide.

barbed wire [bɑːbd-], **barbwire** US [ˈbɑːʳbwaɪəʳ] noun *(U)* fil *m* de fer barbelé.

barber ['bɑ:bəʳ] noun coiffeur *m* (pour hommes) ▸ **barber's (shop)** UK salon *m* de coiffure (pour hommes) ▸ **to go to the barber's** UK aller chez le coiffeur.

barbie ['bɑ:bɪ] noun AUSTR *inf* barbecue *m*.

barbiturate [bɑ:'bɪtjʊrət] noun barbiturique *m*.

bar chart, bar graph noun diagramme *m* à bâtons, graphique *m* à OR en barres, graphique *m* en colonnes.

bar code noun code *m* à barres, code-barres *m*.

bare [beəʳ] ❖ adj **1.** [feet, arms] nu(e) ; [trees, hills] dénudé(e) / *he killed a tiger with his bare hands* il a tué un tigre à mains nues / *his head was bare* il était nu-tête / *we had to sleep on bare floorboards* nous avons dû coucher à même le plancher **2.** [absolute, minimum] ▸ **the bare facts** les simples faits ▸ **the bare minimum** le strict minimum ▸ **the bare essentials** le strict nécessaire **3.** [empty] vide **4.** [mere] : *it cost us a bare £10* cela nous a coûté simplement 10 livres. ❖ vt découvrir / *to bare one's head* se découvrir la tête ▸ **to bare one's teeth** montrer les dents / *to bare one's soul* mettre son âme à nu.

bareback ['beəbæk] ❖ adj qui monte à cru OR à nu. ❖ adv à cru, à nu.

barefaced ['beəfeɪst] adj éhonté(e).

barefoot(ed) [,beə'fʊt(ɪd)] ❖ adj aux pieds nus. ❖ adv nu-pieds, pieds nus.

bareheaded [,beə'hedɪd] ❖ adj nu-tête *(inv)*. ❖ adv nu-tête.

barelegged [,beə'legd] ❖ adj aux jambes nues. ❖ adv les jambes nues.

barely ['beəlɪ] adv [scarcely] à peine, tout juste.

barf [bɑ:f] ❖ vi US *v inf* vomir. ❖ noun vomi *m*.

bargain ['bɑ:gɪn] ❖ noun **1.** [agreement] marché *m* / *to strike* OR *to make a bargain with sb* conclure un marché avec qqn ▸ **into the bargain** en plus, par-dessus le marché **2.** [good buy] affaire *f*, occasion *f*. ❖ vi négocier ▸ **to bargain with sb for sthg** négocier qqch avec qqn. ◆ **bargain for, bargain on** vt insep compter sur, prévoir / *they got more than they bargained for* ils ne s'attendaient pas à un coup pareil.

bargain basement noun [in shop] *dans certains grands magasins, sous-sol où sont regroupés les articles en solde et autres bonnes affaires.*

bargain-hunter noun dénicheur *m*, -euse *f* de bonnes affaires.

bargaining ['bɑ:gɪnɪŋ] noun *(U)* [haggling] marchandage *m* ; [negociating] négociations *fpl*.

bargaining power noun influence *f* sur les négociations.

bargain price noun prix *m* exceptionnel.

barge [bɑ:dʒ] ❖ noun péniche *f*. ❖ vi *inf* ▸ **to barge past sb** bousculer qqn ▸ **to barge into sb** rentrer dans qqn. ◆ **barge in** vi *inf* ▸ **to barge in (on)** interrompre.

barge pole noun UK ▸ **I wouldn't touch it with a barge pole** *inf* je ne m'y frotterais pas.

bar graph = **bar chart**.

barhop ['bɑ:hɒp] vi US faire la tournée des bars / *we went barhopping* on a fait les bars, on a fait la tournée des bars.

barista [bə'ri:stə] noun barman *m*, barmaid *f*.

baritone ['bærɪtəʊn] noun baryton *m*.

bark [bɑ:k] ❖ noun **1.** [of dog] aboiement *m* ▸ **his bark is worse than his bite** *inf* il n'est pas si terrible qu'il en a l'air **2.** [on tree] écorce *f*. ❖ vt [subj: person] aboyer. ❖ vi [dog] ▸ **to bark (at)** aboyer (après).

barking ['bɑ:kɪŋ] ❖ noun *(U)* aboiement *m*. ❖ adj UK *inf* ▸ **to be barking mad** être fou à lier.

barley ['bɑ:lɪ] noun orge *f*.

barley sugar noun UK sucre *m* d'orge.

barley water noun UK orgeat *m*.

barmaid ['bɑ:meɪd] noun UK barmaid *f*, serveuse *f* de bar.

barman ['bɑ:mən] (*pl* **-men**) noun UK barman *m*, serveur *m* de bar.

barmy ['bɑ:mɪ] (*compar* **-ier**, *superl* **-iest**) adj UK *inf* toqué(e), timbré(e).

barn [bɑ:n] noun grange *f*.

barnacle ['bɑ:nəkl] noun anatife *m*, bernache *f*.

barn dance noun **1.** [occasion] soirée *f* de danse campagnarde **2.** UK [type of dance] danse *f* campagnarde.

barn owl noun chouette *f*.

barometer [bə'rɒmɪtəʳ] noun *lit* & *fig* baromètre *m*.

baron ['bærən] noun baron *m* ▸ **press / oil baron** baron *m* de la presse / du pétrole, magnat *m* de la presse / du pétrole.

baroness ['bærənɪs] noun baronne *f*.

baronet ['bærənɪt] noun baronnet *m*.

baroque [bə'rɒk] adj baroque.

barrack ['bærək] vt UK huer, conspuer. ◆ **barracks** pl n caserne *f*.

barracuda [,bærə'ku:də] noun barracuda *m*.

barrage ['bærɑ:ʒ] noun **1.** [of firing] barrage *m* **2.** [of questions] avalanche *f*, déluge *m* **3.** UK [dam] barrage *m*.

barred [bɑ:d] adj [window] à barreaux.

barrel ['bærəl] noun **1.** [for beer, wine] tonneau *m*, fût *m* **2.** [for oil] baril *m* **3.** [of gun] canon *m*.

barren ['bærən] adj stérile.

barrette [bə'ret] noun US barrette *f*.

barricade [,bærɪ'keɪd] ❖ noun barricade *f*. ❖ vt barricader ▸ **to barricade o.s. in** se barricader.

barrier ['bærɪəʳ] noun *lit* & *fig* barrière *f*.

barring ['bɑ:rɪŋ] prep sauf.

barrister ['bærɪstəʳ] noun UK avocat *m*, -e *f*.

barrow ['bærəʊ] noun brouette *f*.

bar staff noun personnel *m* de bar.

bar stool noun tabouret *m* de bar.

bartender ['bɑ:tendəʳ] noun US barman *m*.

barter ['bɑ:tər] ❖ noun troc *m.* ❖ vt ▸ **to barter sthg (for)** troquer OR échanger qqch (contre). ❖ vi faire du troc.

base [beɪs] ❖ noun base *f.* ❖ vt baser ▸ **to base sthg on** OR **upon** baser OR fonder qqch sur / *where are you based?* où êtes-vous installé ? / *the job is based in Tokyo* le poste est basé à Tokyo. ❖ adj *liter* indigne, ignoble.

baseball ['beɪsbɔ:l] noun base-ball *m.*

baseball cap noun casquette *f* de base-ball.

base camp noun camp *m* de base.

base-jump vi pratiquer le base-jump.

Basel ['bɑ:zl] noun Bâle.

baseless ['beɪslɪs] adj sans fondement.

baseline ['beɪslaɪn] noun ligne *f* de fond.

basement ['beɪsmənt] noun sous-sol *m.*

base rate noun UK taux *m* de base.

bases ['beɪsi:z] pl n ⟶ **basis**.

bash [bæʃ] *inf* ❖ noun **1.** [painful blow] coup *m* **2.** UK [attempt] ▸ **to have a bash** tenter le coup **3.** [party] fête *f*, boum *f.* ❖ vt **1.** [hit - gen] frapper, cogner ; [- car] percuter **2.** [criticize] critiquer, attaquer.

bashful ['bæʃfʊl] adj timide.

basic ['beɪsɪk] adj [problem, theme] fondamental(e) ; [vocabulary, salary] de base. ◆ **basics** pl n **1.** [rudiments] éléments *mpl*, bases *fpl* **2.** [essential foodstuffs] aliments *mpl* de première nécessité.

BASIC ['beɪsɪk] (*abbr of* **Beginner's All-purpose Symbolic Instruction Code**) noun basic *m.*

basically ['beɪsɪklɪ] adv **1.** [essentially] au fond, fondamentalement **2.** [really] en fait.

basic rate noun UK taux *m* de base.

basil ['bæzl] noun basilic *m.*

basilica [bə'zɪlɪkə] noun basilique *f.*

basin ['beɪsn] noun **1.** UK [bowl - for cooking] terrine *f* ; [- for washing] cuvette *f* **2.** UK [in bathroom] lavabo *m* **3.** GEOG bassin *m.*

basis ['beɪsɪs] (*pl* **-es**) noun base *f* ▸ **on the basis of** sur la base de ▸ **on a regular basis** de façon régulière ▸ **to be paid on a weekly / monthly basis** toucher un salaire hebdomadaire/mensuel / *the basis for assessing income tax* l'assiette de l'impôt sur le revenu.

bask [bɑ:sk] vi ▸ **to bask in the sun** se chauffer au soleil ▸ **to bask in sb's approval** *fig* jouir de la faveur de qqn.

basket ['bɑ:skɪt] noun [generally] corbeille *f* ; [with handle] panier *m.*

basketball ['bɑ:skɪtbɔ:l] ❖ noun basket-ball *m*, basket *m.* ❖ comp de basket.

basket case noun *v inf* : *to be a basket case* **a)** [nervous wreck] être un paquet de nerfs **b)** [mad person] être bon (bonne) à enfermer.

Basle [bɑ:l] = **Basel**.

basmati (rice) [ˌbæz'mætɪ(-)] noun (riz) basmati *m.*

Basque [bɑ:sk] ❖ adj basque. ❖ noun **1.** [person] Basque *mf* **2.** [language] basque *m.*

bass[1] [beɪs] ❖ adj bas (basse). ❖ noun **1.** [singer] basse *f* **2.** [double bass] contrebasse *f* **3.** = **bass guitar**.

bass[2] [bæs] (*pl inv or* **-es**) noun [fish] perche *f.*

bass clef [beɪs-] noun clef *f* de fa.

bass drum [beɪs-] noun grosse caisse *f.*

bass guitar [beɪs-] noun basse *f.*

bassist ['beɪsɪst] noun bassiste *mf.*

bassoon [bə'su:n] noun basson *m.*

bastard ['bɑ:stəd] noun **1.** [illegitimate child] bâtard *m*, -e *f*, enfant naturel *m*, enfant naturelle *f* **2.** *v inf* [unpleasant person] salaud *m*, saligaud *m.*

baste [beɪst] vt arroser.

bastion ['bæstɪən] noun bastion *m.*

bat [bæt] ❖ noun **1.** [animal] chauve-souris *f* **2.** [for cricket, baseball] batte *f* ; UK [for table-tennis] raquette *f* **3.** PHR **to do sthg off one's own bat** UK faire qqch de son propre chef. ❖ vt (*pt & pp* **-ted**, *cont* **-ting**) [ball] frapper (avec la batte). ❖ vi (*pt & pp* **-ted**, *cont* **-ting**) manier la batte.

batch [bætʃ] noun **1.** [of papers] tas *m*, liasse *f* ; [of letters, applicants] série *f* **2.** [of products] lot *m.*

batch processing noun COMPUT traitement *m* par lots.

bated ['beɪtɪd] adj ▸ **with bated breath** en retenant son souffle.

bath [bɑ:θ] ❖ noun **1.** UK [bathtub] baignoire *f* **2.** [act of washing] bain *m* ▸ **to have** UK OR **take a bath** prendre un bain. ❖ vt UK baigner, donner un bain à. ◆ **baths** pl n UK piscine *f.*

bathe [beɪð] ❖ vt **1.** [wound] laver **2.** [subj: light, sunshine] ▸ **to be bathed in** OR **with** être baigné(e) de. ❖ vi **1.** [swim] se baigner **2.** [take a bath] prendre un bain.

bather ['beɪðər] noun baigneur *m*, -euse *f.*

bathing ['beɪðɪŋ] noun (*U*) baignade *f.*

bathing costume UK, **bathing suit** noun maillot *m* de bain.

bathing trunks pl n slip *m* OR caleçon *m* de bain.

bath mat noun tapis *m* de bain.

bath oil noun huile *f* de bain.

bathrobe ['bɑ:θrəʊb] noun [made of towelling] sortie *f* de bain ; [dressing gown] peignoir *m.*

bathroom ['bɑ:θrʊm] noun **1.** [room with bath] salle *f* de bains **2.** US [toilet] toilettes *fpl.*

bath towel noun serviette *f* de bain.

bathtub ['bɑ:θtʌb] noun baignoire *f.*

batik [bə'ti:k] noun batik *m.*

baton ['bætən] noun **1.** [of conductor] baguette *f* **2.** [in relay race] témoin *m* **3.** UK [of policeman] bâton *m*, matraque *f.*

batsman ['bætsmən] (*pl* **-men**) noun batteur *m.*

battalion [bə'tæljən] noun bataillon *m.*

batten ['bætn] noun planche *f*, latte *f*. ◆ **batten down** vt insep ▸ **to batten down the hatches** fermer les écoutilles.

batter ['bætər] ❖ noun *(U)* pâte *f*. ❖ vt battre. ◆ **batter down** vt sep [door] abattre.

battered ['bætəd] adj **1.** [child, woman] battu(e) **2.** [car, hat] cabossé(e) **3.** CULIN en beignet.

battering ['bætərɪŋ] noun ▸ **to take a battering** *fig* être ébranlé(e).

battering ram noun bélier *m*.

battery ['bætərɪ] *(pl* **-ies***)* noun [generally] batterie *f* ; [of calculator, toy] pile *f*.

battery charger noun chargeur *m*.

battery farming noun élevage *m* intensif OR en batterie.

battery hen noun poulet *m* de batterie.

battle ['bætl] ❖ noun **1.** [in war] bataille *f* **2.** [struggle] ▸ **battle (for / against / with)** lutte *f* (pour/contre/avec), combat *m* (pour/contre/avec) ▸ **battle of wits** joute *f* d'esprit ▸ **that's half the battle** le plus dur est fait ▸ **to be fighting a losing battle** mener un combat perdu d'avance. ❖ vi ▸ **to battle (for / against / with)** se battre (pour/contre/avec), lutter (pour/contre/avec).

battleaxe UK, **battleax** US ['bætəlæks] noun **1.** [weapon] hache *f* d'armes **2.** *pej* & *hum* [woman] virago *f*.

battledress ['bætldres] noun tenue *f* de combat.

battlefield ['bætlfi:ld], **battleground** ['bætlgraʊnd] noun **1.** MIL champ *m* de bataille **2.** *fig* [controversial subject] polémique *f*.

battlements ['bætlmənts] pl n remparts *mpl*.

battle-scarred adj [army, landscape] marqué(e) par les combats ; [person] marqué(e) par la vie ; *hum* [car, table] abîmé(e).

battleship ['bætlʃɪp] noun cuirassé *m*.

batty ['bætɪ] *(compar* **-ier**, *superl* **-iest***)* adj *inf* [crazy] cinglé(e), dingue ; [eccentric] bizarre.

bauble ['bɔ:bl] noun babiole *f*, colifichet *m*.

baud [bɔ:d] noun COMPUT baud *m*.

baulk [bɔ:k] = **balk**.

Bavaria [bə'veərɪə] noun Bavière *f* ▸ **in Bavaria** en Bavière.

Bavarian [bə'veərɪən] ❖ adj bavarois(e). ❖ noun Bavarois *m*, -e *f*.

bawdy ['bɔ:dɪ] *(compar* **-ier**, *superl* **-iest***)* adj grivois(e), salé(e).

bawl [bɔ:l] vt & vi brailler.

bay [beɪ] ❖ noun **1.** GEOG baie *f* **2.** [for loading] aire *f* (de chargement) **3.** [for parking] place *f* (de stationnement) **4.** [horse] cheval *m* bai **5.** PHR ▸ **to keep sb / sthg at bay** tenir qqn/qqch à distance, tenir qqn/qqch en échec. ❖ vi hurler.

bay leaf noun feuille *f* de laurier.

bayonet ['beɪənɪt] noun baïonnette *f*.

bay window noun fenêtre *f* en saillie.

bazaar [bə'zɑ:r] noun **1.** [market] bazar *m* **2.** [charity sale] vente *f* de charité.

bazooka [bə'zu:kə] noun bazooka *m*.

B2B [ˌbi:tə'bi:] *(abbr of* **business to business***)* noun COMM B to B.

BBC *(abbr of* **British Broadcasting Corporation***)* noun *office national britannique de radiodiffusion* ▸ **the BBC** la BBC.

BBFN MESSAGING *(written abbr of* **bye bye for now***)* salut.

BBL MESSAGING *(written abbr of* **be back later***)* je reviens.

BBQ noun *abbr of* **barbecue**.

B2C [ˌbi:tə'si:] *(abbr of* **business to customer***)* noun COMM B to C.

BC 1. *(abbr of* **before Christ***)* av. J.-C. **2.** *abbr of* **British Columbia**.

Bcc *(abbr of* **blind carbon copy***)* noun Cci *m*.

BCG *(abbr of* **Bacillus Calmette-Guérin***)* noun BCG *m*.

be [bi:] *(pt* **was** *or* **were**, *pp* **been***)*

❖ aux vb

1. *(in combination with present participle to form continuous tense)* ***what is he doing?*** qu'est-ce qu'il fait ? / ***he is having breakfast*** il prend OR il est en train de prendre son petit déjeuner / ***it's snowing*** il neige / ***what are you going to do about it?*** qu'est-ce que vous allez OR comptez faire ? / ***they've been promising reform for years*** ça fait des années qu'ils nous promettent des réformes

2. *(in combination with past participle to form passive)* être / ***to be loved*** être aimé(e) / ***plans are being made*** on fait des projets / ***what is left to do?*** qu'est-ce qui reste à faire ? / ***socks are sold by the pair*** les chaussettes se vendent par deux / ***it is said / thought that…*** on dit/pense que…

3. *(in tag questions and answers)* ***he's always causing trouble, isn't he? — yes, he is*** il est toujours en train de créer des problèmes, n'est-ce pas ? — oui, toujours / ***the meal was delicious, wasn't it?*** le repas était délicieux, non ? OR vous n'avez pas trouvé ? / ***you're back, are you?*** vous êtes revenu alors ? / ***is she satisfied? — she is*** est-elle satisfaite ? — oui(, elle l'est)

4. *(followed by 'to' + infinitive)* ***the firm is to be sold*** on va vendre la société / ***I'm to be promoted*** je vais avoir de l'avancement / ***you're not to tell anyone*** ne le dis à personne / ***I'm to be home by 10 o'clock*** il faut que je rentre avant 10 h / ***there was no one to be seen*** il n'y avait personne / ***what am I to say to them?*** qu'est-ce que je vais leur dire ?

❖ cop vb

1. *(with adj, noun)* être / ***to be a doctor / plumber*** être médecin/plombier / ***he is American*** il est américain, c'est un Américain / ***she's intelligent / attractive*** elle est intelligente/jolie / ***he was angry / tired*** il était fâché/fatigué / ***I'm hot / cold*** j'ai chaud/froid / ***I am hungry / thirsty / afraid*** j'ai faim/soif/peur / ***my feet /***

hands are frozen j'ai les pieds gelés/mains gelées / *1 plus 1 is 2* 1 et 1 font 2 ▸ **just be yourself** soyez vous-même, soyez naturel
2. [referring to health] aller, se porter / *to be ill* être malade / *she's better now* elle va mieux maintenant ▸ **how are you?** comment allez-vous ? / *I am fine* ça va
3. [referring to age] ▸ **how old are you?** quel âge avez-vous ? / *I'm 20 (years old)* j'ai 20 ans
4. [cost] coûter, faire / *how much was it?* combien cela a-t-il coûté ?, combien ça faisait ? / *that will be £10, please* cela fait 10 livres, s'il vous plaît
5. [measure] : *the table is one metre long* la table fait un mètre de long / *how tall is he?* combien mesure-t-il ?
❖ vi
1. [exist] être, exister / *the greatest scientist that ever was* le plus grand savant qui ait jamais existé OR de tous les temps
2. [referring to place] être / *Toulouse is in France* Toulouse se trouve OR est en France / *the school is two kilometres from here* l'école est à deux kilomètres d'ici / *he will be here tomorrow* il sera là demain
3. [happen, occur] être, avoir lieu / *the concert is on Saturday* le concert est OR a lieu samedi / *when is your birthday?* quand est OR c'est quand ton anniversaire ? / *the spring holidays are in March this year* les vacances de printemps tombent en mars cette année
4. [referring to movement] aller, être / *I've been to the cinema* j'ai été OR je suis allé au cinéma / *has the plumber been?* le plombier est-il (déjà) passé ?
5. PHR **it is what it is** US *inf* c'est comme ça ▸ **been there, done that (, got the t-shirt)** *inf* je connais (déjà)
❖ impers vb
1. [referring to time, dates, distance] être / *yesterday was Monday* hier on était OR c'était lundi / *it's 3 km to the next town* la ville voisine est à 3 km
2. [referring to the weather] faire / *it's hot/cold* il fait chaud/froid
3. *(with* **there***)* : *there is, there are* il y a / *there are six of them* ils sont OR il y en a six / *there will be swimming* on nagera
4. [for emphasis] : *it's me/Paul/the milkman* c'est moi/Paul/le laitier / *it was your mother who decided* c'est ta mère qui a décidé / *this is my friend John* voici mon ami John / *there are the others* voilà les autres.

beach [biːtʃ] ❖ noun plage *f*. ❖ vt échouer.

beach ball noun ballon *m* de plage.

beach buggy noun buggy *m*.

beachcomber ['biːtʃˌkəʊmər] noun *ramasseur d'objets trouvés sur la plage*.

beachhead ['biːtʃhed] noun MIL tête *f* de pont.

beachwear ['biːtʃweər] noun *(U)* tenue *f* de plage.

beacon ['biːkən] noun **1.** [warning fire] feu *m*, fanal *m* **2.** [lighthouse] phare *m* **3.** [radio beacon] radiophare *m*.

bead [biːd] noun **1.** [of wood, glass] perle *f* **2.** [of sweat] goutte *f*.

beaded ['biːdɪd] adj orné(e) de perles.

beading ['biːdɪŋ] noun *(U)* baguette *f* de recouvrement.

beady ['biːdɪ] *(compar* **-ier**, *superl* **-iest***)* adj ▸ **beady eyes** petits yeux perçants.

beady-eyed adj aux yeux perçants.

beagle ['biːgl] noun beagle *m*.

beak [biːk] noun bec *m*.

beaker ['biːkər] noun gobelet *m*.

be-all noun ▸ **the be-all and end-all** la seule chose qui compte.

beam [biːm] ❖ noun **1.** [of wood, concrete] poutre *f* **2.** [of light] rayon *m*. ❖ vt [signal, news] transmettre. ❖ vi **1.** [smile] faire un sourire radieux **2.** [shine] rayonner.

beaming ['biːmɪŋ] adj **1.** [smiling] radieux(euse) **2.** [shining] rayonnant(e).

bean [biːn] noun [gen] haricot *m* ; [of coffee] grain *m* ▸ **to be full of beans** *inf* & *dated* péter le feu ▸ **to spill the beans** *inf* manger le morceau.

beanbag ['biːnbæg] noun [chair] sacco *m*.

beanshoot ['biːnʃuːt], **beansprout** ['biːnspraʊt] noun germe *m* OR pousse *f* de soja.

bear [beər] ❖ noun **1.** [animal] ours *m* **2.** FIN baissier *m* **3.** US *inf* [hassle] : *it's a real bear* c'est pénible / *these stains are a bear to get rid of* ces taches sont vraiment difficiles à enlever. ❖ vt *(pt* **bore**, *pp* **borne***)* **1.** [carry, have] porter / *I still bear the scars* j'en porte encore les cicatrices / *he bears no resemblance to his father* il ne ressemble pas du tout à son père / *to bear sthg in mind* ne pas oublier qqch **2.** [endure, tolerate] supporter / *the news was more than she could bear* elle n'a pas pu supporter la nouvelle / *I can't bear to see you go* je ne supporte pas que tu t'en ailles / *I can't bear Christmas* je n'aime pas Noël **3.** [accept - responsibility, blame] assumer ; [- costs] supporter **4.** [child] donner naissance à **5.** [feeling] ▸ **to bear sb a grudge** garder rancune à qqn **6.** FIN [interest] rapporter / *his investment bore 8 % interest* ses investissements lui ont rapporté 8 % d'intérêt. ❖ vi *(pt* **bore**, *pp* **borne***)* ▸ **to bear left / right** se diriger vers la gauche / la droite ▸ **to bring pressure / influence to bear on sb** exercer une pression / une influence sur qqn. ◆ **bear down** vi ▸ **to bear down on sb / sthg** s'approcher de qqn / qqch de façon menaçante. ◆ **bear on, bear upon** vt insep [be relevant to] se rapporter à, être relatif à ; [concern] intéresser, concerner. ◆ **bear out** vt sep confirmer, corroborer. ◆ **bear up** vi tenir le coup. ◆ **bear with** vt insep être patient(e) avec.

bearable ['beərəbl] adj [tolerable] supportable.

beard [bɪəd] noun barbe *f*.

bearded ['bɪədɪd] adj barbu(e) ▸ **bearded liberal** libéral *m* bien-pensant.

bearer ['beərər] noun **1.** [gen] porteur *m*, -euse *f* **2.** [of passport] titulaire *mf*.

bear hug noun *inf* ▸ **to give sb a bear hug** serrer qqn très fort.

bearing ['beərɪŋ] noun **1.** [connection] ▸ **bearing (on)** rapport *m* (avec) **2.** [deportment] allure *f*, maintien *m* **3.** TECH [for shaft] palier *m* ▸ **rolling bearing** roulement *m* **4.** [on compass] orientation *f* ▸ **to get one's bearings** s'orienter, se repérer.

-bearing suffix : *rain-bearing clouds* des nuages chargés de pluie / *fruit-bearing trees* des arbres fructifères.

bear market noun FIN marché *m* à la baisse.

beast [bi:st] noun **1.** [animal] bête *f* **2.** *inf* & *pej* [person] brute *f*.

beastly ['bi:stlɪ] (*compar* **-ier**, *superl* **-iest**) adj UK *dated* [person] malveillant(e), cruel(elle) ; [headache, weather] épouvantable.

beat [bi:t] ◆ noun **1.** [of heart, drum, wings] battement *m* **2.** MUS [rhythm] mesure *f*, temps *m* **3.** [of policeman] ronde *f*. ◆ adj *inf* crevé(e). ◆ vt (*pt* **beat**, *pp* **beaten**) **1.** [gen] battre / *to beat sb with a stick* donner des coups de bâton à qqn / *to beat a drum* battre du tambour **2.** [defeat] battre / *she beat him at poker* elle l'a battu au poker / *Liverpool were beaten* Liverpool a perdu / *they beat us to it* ils nous ont devancés, ils sont arrivés avant nous ▸ **it beats me** *inf* ça me dépasse **3.** [be better than] être bien mieux que, valoir mieux que / *nothing beats a cup of tea* rien ne vaut une tasse de thé **4.** PHR **beat it!** *inf* décampe !, fiche le camp ! ◆ vi (*pt* **beat**, *pp* **beaten**) battre / *to beat on* OR *at the door* cogner à la porte. ◆ **beat down** ◆ vi **1.** [sun] taper, cogner **2.** [rain] s'abattre. ◆ vt sep [seller] faire baisser son prix à. ◆ **beat off** vt sep [resist] repousser. ◆ **beat up** vt sep *inf* **1.** [attack] tabasser, passer à tabac **2.** PSYCHOL culpabiliser ▸ **to beat o.s. up (about sthg)** culpabiliser (à propos de qqch).

beaten ['bi:tn] adj battu(e).

beaten-up adj cabossé(e).

beater ['bi:təʳ] noun **1.** [for eggs] batteur *m*, fouet *m* **2.** [for carpet] tapette *f* **3.** [of wife, child] bourreau *m*.

beating ['bi:tɪŋ] noun **1.** [blows] raclée *f*, rossée *f* **2.** [defeat] défaite *f* ▸ **that will take some beating!** *inf* on ne pourra sans doute jamais faire mieux.

beating up (*pl* **beatings up**) noun *inf* passage *m* à tabac.

beat-up adj *inf* déglingué(e).

beautician [bju:'tɪʃn] noun esthéticien *m*, -enne *f*.

beautiful ['bju:tɪfʊl] adj **1.** [gen] beau (belle) **2.** *inf* [very good] joli(e).

beautifully ['bju:təflɪ] adv **1.** [attractively - dressed] élégamment ; [- decorated] avec goût **2.** *inf* [very well] parfaitement, à la perfection.

beautify ['bju:tɪfaɪ] (*pt* & *pp* **-ied**) vt embellir, orner / *to beautify o.s.* se faire une beauté.

beauty ['bju:tɪ] ◆ noun (*pl* **-ies**) **1.** [gen] beauté *f* ▸ **beauty is in the eye of the beholder** *prov* il n'y a pas de laides amours *prov* ▸ **beauty is only skin-deep** *prov* la beauté n'est pas tout *prov* **2.** *inf* [very good thing] merveille *f* / *that's the beauty of it* c'est ça qui est formidable. ◆ comp [products] de beauté.

beauty contest noun concours *m* de beauté.

beauty mask noun masque *m* de beauté.

beauty parade noun défilé *m* d'un concours de beauté.

beauty parlour UK, **beauty parlor** US noun institut *m* de beauté.

beauty queen noun reine *f* de beauté.

beauty salon = **beauty parlour**.

beauty sleep noun : *I need my beauty sleep* *hum* j'ai besoin de mon compte de sommeil pour être frais le matin.

beauty spot noun **1.** [picturesque place] site *m* pittoresque **2.** [on skin] grain *m* de beauté.

beaver ['bi:vəʳ] noun castor *m*. ◆ **beaver away** vi travailler d'arrache-pied.

becalmed [bɪ'kɑ:md] adj [ship] encalminé(e).

became [bɪ'keɪm] pt ⟶ **become**.

because [bɪ'kɒz] conj parce que. ◆ **because of** prep à cause de.

béchamel sauce [ˌbeɪʃə'mel-] noun sauce *f* béchamel, béchamel *f*.

beck [bek] noun ▸ **to be at sb's beck and call** être aux ordres OR à la disposition de qqn.

beckon ['bekən] ◆ vt **1.** [signal to] faire signe à **2.** *fig* [draw, attract] séduire. ◆ vi [signal] ▸ **to beckon to sb** faire signe à qqn.

become [bɪ'kʌm] (*pt* **became**, *pp* **become**) vi devenir ▸ **to become quieter** se calmer ▸ **to become irritated** s'énerver / *what has become of them?* que sont-ils devenus ?

becoming [bɪ'kʌmɪŋ] adj **1.** [attractive] seyant(e), qui va bien **2.** [appropriate] convenable.

bed [bed] noun **1.** [to sleep on] lit *m* ▸ **to go to bed** se coucher ▸ **to go to bed with sb** *euph* coucher avec qqn ▸ **to make the bed** faire le lit **2.** [flowerbed] parterre *m* ▸ **it's not a bed of roses** *fig* ce n'est pas tout rose **3.** [of sea, river] lit *m*, fond *m*. ◆ **bed down** (*pt* & *pp* **-ded**, *cont* **-ding**) vi coucher, se coucher.

BEd [ˌbi:'ed] (*abbr of* **Bachelor of Education**) noun UK [degree] ≃ licence *f* de sciences de l'éducation ; [person] ≃ licencié *m*, -e *f* en sciences de l'éducation.

bed and breakfast noun ≃ chambre *f* d'hôte.

bedbug ['bedbʌg] noun punaise *f*.

bedclothes ['bedkləʊðz] pl n draps *mpl* et couvertures *fpl*.

bedcover ['bedˌkʌvəʳ] noun couvre-lit *m*, dessus-de-lit *m inv*.

bedding ['bedɪŋ] noun (*U*) = **bedclothes**.

bedevil [bɪ'devl] (UK *pt* & *pp* **-led**, *cont* **-ling**, US *pt* & *pp* **-ed**, *cont* **-ing**) vt ▸ **to be bedevilled with** être surchargé(e) de.

bedfellow ['bedˌfeləʊ] noun *fig* partenaire *mf*.

bedlam ['bedləm] noun pagaille *f*.

bed linen noun *(U)* draps *mpl* et taies *fpl*.

bedpan ['bedpæn] noun bassin *m*.

bedraggled [bɪ'drægld] adj [person] débraillé(e) ; [hair] embroussaillé(e).

bedridden ['bed,rɪdn] adj grabataire.

bedrock ['bedrɒk] noun *(U)* **1.** GEOL soubassement *m* **2.** *fig* [basis] base *f*, fondement *m*.

bedroom ['bedrʊm] noun chambre *f* (à coucher).

-bedroomed [,bedrʊmd] suffix : *two-bedroomed flat* trois-pièces *m*.

bedside ['bedsaɪd] noun chevet *m*.

bedside manner noun [of doctor] comportement *m* envers les malades.

bedsit ['bed,sɪt], **bedsitter** ['bedsɪtəʳ], **bedsitting room** ['bed'sɪtɪŋ-] noun UK chambre *f* meublée.

bedsore ['bedsɔːʳ] noun escarre *f*.

bedspread ['bedspred] noun couvre-lit *m*, dessus-de-lit *m inv*.

bedtime ['bedtaɪm] noun heure *f* du coucher.

bed-wetting [,wetɪŋ] noun énurésie *f*, incontinence *f* nocturne.

bee [biː] noun abeille *f* ▸ **to have a bee in one's bonnet (about)** avoir une idée fixe (à propos de).

Beeb [biːb] noun UK *inf* ▸ **the Beeb** la BBC.

beech [biːtʃ] (*pl inv or* **beeches**) ❖ noun [tree] hêtre *m* ; [wood] (bois *m* de) hêtre *m*. ❖ comp [chair, table] de hêtre ▸ **beech grove** hêtraie *f* ▸ **beech nut** faine *f* ▸ **beech tree** hêtre *m*.

beef [biːf] ❖ noun **1.** [meat] bœuf *m* / *joint of beef* rôti *m* (de bœuf), rosbif *m* **2.** (UK *pl* **beeves** [biːvz]) [animal] bœuf *m* **3.** *inf* [complaint] grief *m* / *what's your beef?* tu as un problème ? / *to have a beef with sb / sthg* avoir des ennuis avec qqn / qqch. ❖ comp [sausage, stew] de bœuf / *beef cattle* bœufs *mpl* de boucherie. ❖ vi *inf* râler / *to beef about sthg* râler contre qqch. ◆ **beef up** vt sep *inf* [army, campaign] renforcer ; [report, story] étoffer.

beefburger ['biːf,bɜːgəʳ] noun UK hamburger *m*.

beehive ['biːhaɪv] noun **1.** [for bees] ruche *f* / *the Beehive State* l'Utah *m* **2.** [hairstyle] *coiffure très haute maintenue avec de la laque*.

beekeeper ['biː,kiːpəʳ] noun apiculteur *m*, -trice *f*.

beeline ['biːlaɪn] noun ▸ **to make a beeline for** *inf* aller tout droit OR directement vers.

been [biːn] pp ⟶ **be**.

beep [biːp] *inf* ❖ noun bip *m* ; [on anwering machine] bip sonore. ❖ vi faire bip.

beeper noun = **bleeper**.

beer [bɪəʳ] noun bière *f*.

Beer

Le Royaume-Uni est l'un des pays du monde où l'on consomme le plus de bière, et celle-ci continue de jouer un rôle culturel et social assez important malgré une forte baisse de consommation au profit du vin depuis les années 1970.

La bière traditionnelle, ou **ale**, de fermentation haute, peu gazéifiée et de couleur brune ou ambrée, se décline en plusieurs catégories : la **bitter**, comme son nom l'indique, est plus amère que la **pale ale** et la **mild**. La **stout** est une bière presque noire à la mousse crémeuse. Les bières blondes (**lagers**), de fermentation basse, sont moins traditionnelles.

Les **pubs** sont les lieux privilégiés pour la consommation de la bière, qui reste, en dépit des évolutions sociales, le symbole d'un univers populaire et masculin. Le nom de la brasserie propriétaire du pub figure sur l'enseigne de celui-ci, à moins qu'il ne s'agisse d'une **free house** (pub indépendant). Aux grandes brasseries industrielles s'ajoutent un grand nombre de petites brasseries locales aux méthodes plus ou moins artisanales, dont la production est parfois qualifiée de **real ale**. Il existe enfin de nombreuses microbrasseries (**microbreweries** ou **brewpubs**) qui proposent des bières brassées sur place.

La bière se boit traditionnellement dans deux types de verre, le **pint glass**, légèrement évasé et aux parois lisses, et le **mug**, chope en verre épais souvent ornée d'un motif en creux très caractéristique. Leur contenance est soit d'une pinte (**pint** : environ 0,6 litre), soit d'une demi-pinte (**half-pint**). On demandera donc par exemple **a half of bitter, a pint of lager, a half of Brampton's**, etc.

Enfin, le **yard of ale** est une curiosité que l'on trouve accrochée derrière le bar dans certains pubs. Ce verre évasé d'environ un mètre de long fait l'objet de défis que se lancent certains buveurs de bière : il faut en effet une certaine adresse pour boire le **yard of ale** en gardant ses vêtements secs.

beer garden noun UK *jardin attenant à un pub* ; ≃ terrasse *f*.

beeswax ['biːzwæks] noun cire *f* d'abeille.

beet [biːt] noun US betterave *f*.

beetle ['bi:tl] noun scarabée *m*.

beetroot ['bi:tru:t] noun UK betterave *f*.

befall [bɪ'fɔ:l] (*pt* **befell** [-'fel], *pp* **befallen** [-'fɔ:lən]) *liter* ❖ vt advenir à. ❖ vi arriver, survenir.

befit [bɪ'fɪt] (*pt & pp* **-ted**, *cont* **-ting**) vt seoir à.

befitting [bɪ'fɪtɪŋ] adj *fml* convenable, seyant(e) / *in a manner befitting a statesman* d'une façon qui sied à un homme d'État.

before [bɪ'fɔ:ʳ] ❖ adv auparavant, avant / *I've never been there before* je n'y suis jamais allé(e) / *I've seen it before* je l'ai déjà vu / *haven't we met before?* est-ce que nous ne nous sommes pas OR ne nous sommes-nous pas déjà rencontrés ? ▸ **the year before** l'année d'avant OR précédente / *the night before* la veille au soir. ❖ prep **1.** [in time] avant / *the day before the meeting* la veille de la réunion / *it should have been done before now* ça devrait déjà être fait **2.** [in space] devant / *to appear before the court / judge* comparaître devant le tribunal / juge / *we have a difficult task before us* *fig* nous avons une tâche difficile devant nous. ❖ conj avant de *(+ infinitive)*, avant que *(+ subjunctive)* / *before leaving* avant de partir / *before you leave* avant que vous ne partiez / *it was almost an hour before the ambulance arrived* il a fallu presque une heure avant que l'ambulance n'arrive.

beforehand [bɪ'fɔ:hænd] adv à l'avance.

befriend [bɪ'frend] vt prendre en amitié.

befuddle [bɪ'fʌdl] vt **1.** [confuse - person] brouiller l'esprit OR les idées de, embrouiller ; [- mind] embrouiller **2.** [muddle with alcohol] griser, enivrer.

befuddled [bɪ'fʌdld] adj [confused] embrouillé(e).

beg [beg] (*pt & pp* **-ged**, *cont* **-ging**) ❖ vt **1.** [money, food] mendier **2.** [favour] solliciter, quémander ; [forgiveness] demander ▸ **to beg sb to do sthg** prier OR supplier qqn de faire qqch ▸ **to beg sb for sthg** implorer qqch de qqn **3.** PHR **to beg, borrow or steal** se procurer par tous les moyens. ❖ vi **1.** [for money, food] ▸ **to beg (for sthg)** mendier (qqch) **2.** [plead] supplier ▸ **to beg for** [forgiveness] demander.

began [bɪ'gæn] pt ⟶ **begin**.

beggar ['begəʳ] noun mendiant *m*, -e *f*.

begging bowl ['begɪŋ-] noun sébile *f (de mendiant)*.

begin [bɪ'gɪn] (*pt* **began**, *pp* **begun**, *cont* **-ning**) ❖ vt **1.** [start] commencer ▸ **to begin doing** OR **to do sthg** commencer OR se mettre à faire qqch / *she began life as a waitress* elle a débuté comme serveuse / *I can't begin to explain* c'est trop difficile à expliquer **2.** [found - institution, club] fonder, inaugurer ; [- argument, fight, war] déclencher, faire naître ; [- conversation] engager, amorcer. ❖ vi commencer / *the day began badly / well* la journée s'annonçait mal / bien / *to begin again* OR *afresh* recommencer (à zéro) / *let me begin by thanking our host* permettez-moi tout d'abord de remercier notre hôte / *the play begins with a murder* la pièce débute par un meurtre ▸ **to begin with** pour commencer, premièrement / *everything went well to begin with* tout s'est bien passé au début OR au départ.

beginner [bɪ'gɪnəʳ] noun débutant *m*, -e *f*.

beginning [bɪ'gɪnɪŋ] noun début *m*, commencement *m* / *in* OR *at the beginning* au début, au commencement / *from beginning to end* du début à la fin, d'un bout à l'autre.

begonia [bɪ'gəʊnjə] noun bégonia *m*.

begrudge [bɪ'grʌdʒ] vt **1.** [envy] ▸ **to begrudge sb sthg** envier qqch à qqn **2.** [do unwillingly] ▸ **to begrudge doing sthg** rechigner à faire qqch.

beguile [bɪ'gaɪl] vt [charm] séduire.

beguiling [bɪ'gaɪlɪŋ] adj [charming] séduisant(e).

begun [bɪ'gʌn] pp ⟶ **begin**.

behalf [bɪ'hɑ:f] noun ▸ **on behalf of** UK**, in behalf of** US de la part de, au nom de.

behave [bɪ'heɪv] ❖ vt ▸ **to behave o.s.** bien se conduire OR se comporter. ❖ vi **1.** [in a particular way] se conduire, se comporter / *to well / badly* bien / mal se comporter **2.** [acceptably] bien se tenir **3.** [to function] fonctionner, marcher.

behaviour UK, **behavior** US [bɪ'heɪvjəʳ] noun conduite *f*, comportement *m*.

behead [bɪ'hed] vt décapiter.

beheld [bɪ'held] pt & pp ⟶ **behold**.

behind [bɪ'haɪnd] ❖ prep **1.** [gen] derrière **2.** [in time] en retard sur / *they arrived two hours behind us* ils sont arrivés deux heures après nous. ❖ adv **1.** [gen] derrière **2.** [in time] en retard ▸ **to leave sthg behind** oublier qqch ▸ **to stay behind** rester ▸ **to be behind with sthg** être en retard dans qqch. ❖ noun *inf* derrière *m*, postérieur *m*.

behind-the-scenes adj secret(ète) / *a behind-the-scenes look at politics* un regard en coulisse sur la politique.

behold [bɪ'həʊld] (*pt & pp* **beheld**) vt *liter* voir, regarder.

beige [beɪʒ] ❖ adj beige. ❖ noun beige *m* ▸ **in beige** en beige.

Beijing [ˌbeɪ'dʒɪŋ] noun Beijing.

being ['bi:ɪŋ] noun **1.** [creature] être *m* **2.** [existence] ▸ **in being** existant(e).

Beirut [ˌbeɪ'ru:t] noun Beyrouth ▸ **East Beirut** Beyrouth-Est ▸ **West Beirut** Beyrouth-Ouest.

belated [bɪ'leɪtɪd] adj tardif(ive).

belatedly [bɪ'leɪtɪdlɪ] adv tardivement.

belch [beltʃ] ❖ noun renvoi *m*, rot *m*. ❖ vt [smoke, fire] vomir, cracher. ❖ vi **1.** [person] éructer, roter **2.** [smoke, fire] cracher, vomir.

beleaguered [bɪ'li:gəd] adj *lit* assiégé(e) ; *fig* harcelé(e), tracassé(e).

belfry ['belfrɪ] (*pl* **-ies**) noun beffroi *m*, clocher *m*.

Belgian ['beldʒən] ❖ adj belge. ❖ noun Belge *mf*.

Belgium ['beldʒəm] noun Belgique *f* ▸ **in Belgium** en Belgique.

Belgrade [ˌbel'greɪd] noun Belgrade.

belie [bɪ'laɪ] (*cont* **-lying**) vt **1.** [disprove] démentir **2.** [give false idea of] donner une fausse idée de.

belief [bɪ'li:f] noun **1.** [faith, certainty] ▸ **belief (in)** croyance *f* (en) **2.** [principle, opinion] opinion *f*, conviction *f* ▸ **in the belief that** persuadé(e) OR convaincu(e) que.

believable [bɪ'li:vəbl] adj croyable.

believe [bɪ'li:v] ❖ vt croire / *he's getting married! — I don't believe it!* il va se marier ! — c'est pas vrai ! / *he couldn't believe his ears / his eyes* il n'en croyait pas ses oreilles / ses yeux ▸ **believe it or not** tu ne me croiras peut-être pas. ❖ vi croire ▸ **to believe in sb** croire en qqn ▸ **to believe in sthg** croire à qqch / *he believes in giving the public greater access to information* il est d'avis qu'il faut donner au public un plus grand accès à l'information.

believer [bɪ'li:vər] noun **1.** RELIG croyant *m*, -e *f* **2.** [in idea, action] ▸ **believer in** partisan *m*, -e *f* de.

Belisha beacon [bɪ'li:ʃə-] noun UK *globe lumineux indiquant un passage clouté.*

belittle [bɪ'lɪtl] vt dénigrer, rabaisser.

Belize [be'li:z] noun Belize *m* ▸ **in Belize** au Belize.

bell [bel] noun [of church] cloche *f* ; [handbell] clochette *f* ; [on door] sonnette *f* ; [on bike] timbre *m* ▸ **the name rings a bell** ce nom me dit quelque chose.

bell-bottoms pl n pantalon *m* à pattes d'éléphant.

belle [bel] noun belle *f*, beauté *f* / *the belle of the ball* la reine du bal ▸ **Southern belle** *dame de haut rang dans les États du sud des États-Unis.*

bellhop ['belhɒp] noun US groom *m*, chasseur *m*.

belligerence [bɪ'lɪdʒərəns] noun belligérance *f*.

belligerent [bɪ'lɪdʒərənt] adj **1.** [at war] belligérant(e) **2.** [aggressive] belliqueux(euse).

bellow ['beləʊ] ❖ vt [order] hurler, brailler. ❖ vi **1.** [person] brailler, beugler **2.** [bull] beugler.

bellows ['beləʊz] pl n soufflet *m*.

bell-ringer noun carillonneur *m*, -euse *f*.

belly ['belɪ] (*pl* **-ies**) noun [of person] ventre *m* ; [of animal] panse *f*.

bellyache ['belɪeɪk] ❖ noun mal *m* de ventre. ❖ vi *inf* râler, rouspéter.

bellyaching ['belɪ,eɪkɪŋ] noun (*U*) *inf* ronchonnements *mpl*, rouspétances *fpl*.

belly button noun *inf* nombril *m*.

belly dancer noun danseuse *f* orientale.

belly flop noun : *to do a belly flop* faire un plat.

bellyful ['belɪfʊl] noun *inf* [of food] ventre *m* plein ; UK *fig* : *I've had a bellyful of your complaints* j'en ai ras le bol de tes rouspétances.

belly laugh noun *inf* gros rire *m*.

belly-up adv *inf* ▸ **to go belly-up** a) [project] tomber à l'eau b) [company] faire faillite.

belong [bɪ'lɒŋ] vi **1.** [be property] ▸ **to belong to sb** appartenir OR être à qqn **2.** [be member] ▸ **to belong to sthg** être membre de qqch **3.** [be in right place] être à sa place / *that chair belongs here* ce fauteuil va là.

belongings [bɪ'lɒŋɪŋz] pl n affaires *fpl*.

Belorussia [,beləʊ'rʌʃə] noun Biélorussie *f* ▸ **in Belorussia** en Biélorussie.

beloved [bɪ'lʌvd] ❖ adj bien-aimé(e). ❖ noun bien-aimé *m*, -e *f*.

below [bɪ'ləʊ] ❖ adv **1.** [lower] en dessous, en bas / *the flat below* l'appartement d'en dessous OR du dessous / *children of five and below* les enfants de cinq ans et moins **2.** [in text] ci-dessous **3.** NAUT en bas. ❖ prep sous, au-dessous de / *below the poverty line* en dessous du seuil de pauvreté / *children below the age of five* les enfants de moins de cinq ans ▸ **to be below sb in rank** occuper un rang inférieur à qqn.

below-average adj en dessous de la moyenne.

below-the-line accounts noun comptes *mpl* de résultats exceptionnels.

belt [belt] ❖ noun **1.** [for clothing] ceinture *f* ▸ **that was below the belt** *inf* c'était un coup bas ▸ **to tighten one's belt** *fig* se serrer la ceinture ▸ **under one's belt** *fig* à son actif **2.** TECH courroie *f* **3.** [of land, sea] région *f*. ❖ vt *inf* flanquer une raclée à. ❖ vi UK *inf* [car] rouler à toute blinde OR à pleins gaz ; [person] foncer. ◆ **belt out** vt sep *inf* [song] beugler. ◆ **belt up** vi UK *inf* la fermer, la boucler.

beltway ['belt,weɪ] noun US route *f* périphérique.

bemused [bɪ'mju:zd] adj perplexe.

bench [bentʃ] noun **1.** [gen & POL] banc *m* **2.** [caned, padded] banquette *f* **3.** [in lab, workshop] établi *m*.

benchmark ['bentʃ,mɑ:k] ❖ noun *lit* repère *m* ; [in surveying] repère *m* de nivellement ; *fig* repère *m*, point *m* de référence. ❖ comp ▸ **benchmark test** COMPUT test *m* d'évaluation (de programme).

benchmarking ['bentʃmɑ:kɪŋ] noun benchmarking *m*, étalonnage *m* concurrentiel.

benchwarmer ['bentʃwɔ:mər] noun US *inf* SPORT *joueur qui se trouve souvent sur le banc des remplaçants.*

bend [bend] ❖ noun **1.** [in road] courbe *f*, virage *m* **2.** [in pipe, river] coude *m* **3.** PHR **round** UK OR **around** US **the bend** *inf* dingue, fou (folle). ❖ vt (*pt & pp* **bent**) **1.** [arm, leg] plier / *they bent their heads over their books* ils se penchèrent sur leurs livres **2.** [wire, fork] tordre, courber / *he bent the rod out of shape* il a tordu la barre. ❖ vi (*pt & pp* **bent**) [person] se baisser, se courber ; [tree, rod] plier / *she bent over the counter* elle s'est penchée par-dessus le comptoir / *the road bends to the left* la route tourne à gauche ▸ **to bend over backwards for sb** se mettre en quatre pour qqn. ◆ **bends** pl n ▸ **the bends** la maladie des caissons.

bender ['bendər] noun *inf* [drinking binge] beuverie *f* ▸ **to go on a bender** faire la noce.

bendy ['bendɪ] (*compar* **-ier**, *superl* **-iest**) adj *inf* flexible.

beneath [bɪ'ni:θ] ❖ adv dessous, en bas. ❖ prep **1.** [under] sous **2.** [unworthy of] : *she thinks the work is beneath her* elle estime que le travail est indigne d'elle.

benediction [,benɪ'dɪkʃn] noun bénédiction *f*.

benefactor ['benɪfæktər] noun bienfaiteur *m*.

benefactress ['benɪfæktrɪs] noun bienfaitrice *f*.

beneficial [ˌbenɪ'fɪʃl] adj ▸ **beneficial (to sb)** salutaire (à qqn) ▸ **beneficial (to sthg)** utile (à qqch).

beneficiary [ˌbenɪ'fɪʃərɪ] (*pl* **-ies**) noun bénéficiaire *mf*.

benefit ['benɪfɪt] ❖ noun **1.** [advantage] avantage *m* ▸ **for the benefit of** dans l'intérêt de ▸ **to be to sb's benefit, to be of benefit to sb** être dans l'intérêt de qqn / *to give sb the benefit of the doubt* laisser OR accorder à qqn le bénéfice du doute **2.** ADMIN [allowance of money] allocation *f*, prestation *f* / *social security benefits* UK prestations sociales / *tax benefit* US dégrèvement *m*. ❖ comp ▸ **benefit performance** représentation *f* de bienfaisance. ❖ vt profiter à, être avantageux pour. ❖ vi ▸ **to benefit from** tirer avantage de, profiter de.

benefits agency noun caisse *f* des allocations sociales.

Benelux ['benɪlʌks] noun Bénélux *m* ▸ **the Benelux countries** les pays du Bénélux.

benevolent [bɪ'nevələnt] adj bienveillant(e).

BEng [ˌbiː'endʒ] (*abbr of* **Bachelor of Engineering**) noun UK [degree] ≃ licence *f* de mécanique ; [person] ≃ licencié(e) en mécanique.

Bengal [ˌbeŋ'gɔːl] noun Bengale *m* ▸ **in Bengal** au Bengale ▸ **the Bay of Bengal** le golfe du Bengale.

benign [bɪ'naɪn] adj **1.** [person] gentil(ille), bienveillant(e) **2.** MED bénin(igne).

Benin [be'niːn] noun Bénin *m* ▸ **in Benin** au Bénin.

bent [bent] ❖ pt & pp ⟶ **bend.** ❖ adj **1.** [wire, bar] tordu(e) **2.** [person, body] courbé(e), voûté(e) **3.** UK *inf* [dishonest] véreux(euse) **4.** [determined] ▸ **to be bent on doing sthg** vouloir absolument faire qqch, être décidé(e) à faire qqch. ❖ noun ▸ **bent (for)** penchant *m* (pour).

bequeath [bɪ'kwiːð] vt *lit* & *fig* léguer.

bequest [bɪ'kwest] noun legs *m*.

berate [bɪ'reɪt] vt réprimander.

Berber ['bɜːbər] ❖ adj berbère. ❖ noun **1.** [person] Berbère *mf* **2.** [language] berbère *m*.

bereaved [bɪ'riːvd] ❖ adj endeuillé(e), affligé(e). ❖ noun (*pl inv*) ▸ **the bereaved** la famille du défunt.

bereavement [bɪ'riːvmənt] noun deuil *m*.

bereft [bɪ'reft] adj *liter* ▸ **bereft of** privé(e) de.

beret ['bereɪ] noun béret *m*.

Bering Sea ['berɪŋ-] noun ▸ **the Bering Sea** la mer de Béring.

Bering Strait ['berɪŋ-] noun ▸ **the Bering Strait** le détroit de Béring.

berk [bɜːk] noun UK *inf* idiot *m*, -e *f*, andouille *f*.

Berlin [bɜː'lɪn] noun Berlin ▸ **East Berlin** Berlin-Est ▸ **West Berlin** Berlin-Ouest ▸ **the Berlin Wall** le mur de Berlin.

Berliner [bɜː'lɪnə] noun Berlinois *m*, -e *f*.

Bermuda [bə'mjuːdə] noun Bermudes *fpl* ▸ **in Bermuda** aux Bermudes.

Bermuda shorts pl n bermuda *m*.

berry ['berɪ] (*pl* **-ies**) noun baie *f*.

berserk [bə'zɜːk] adj ▸ **to go berserk** devenir fou furieux (folle furieuse).

berth [bɜːθ] ❖ noun **1.** [in harbour] poste *m* d'amarrage, mouillage *m* **2.** [in ship, train] couchette *f* **3.** PHR **to give sb a wide berth** éviter qqn. ❖ vt [ship] amener à quai. ❖ vi [ship] accoster, se ranger à quai.

beseech [bɪ'siːtʃ] (*pt & pp* **besought** *or* **beseeched**) vt *liter* ▸ **to beseech sb (to do sthg)** implorer OR supplier qqn (de faire qqch).

beset [bɪ'set] ❖ adj ▸ **beset with** OR **by** [doubts] assailli(e) de / *the plan is beset with risks* le plan comporte une multitude de risques. ❖ vt (*pt & pp* **beset**, *cont* **-ting**) assaillir.

beside [bɪ'saɪd] prep **1.** [next to] à côté de, auprès de **2.** [compared with] comparé(e) à, à côté de **3.** PHR **to be beside o.s. with anger** être hors de soi ▸ **to be beside o.s. with joy** être fou (folle) de joie.

besides [bɪ'saɪdz] ❖ adv en outre, en plus. ❖ prep en plus de.

besiege [bɪ'siːdʒ] vt **1.** [town, fortress] assiéger **2.** *fig* [trouble, annoy] assaillir, harceler ▸ **to be besieged with** être assailli(e) OR harcelé(e) de.

besotted [bɪ'sɒtɪd] adj ▸ **besotted (with sb)** entiché(e) (de qqn).

besought [bɪ'sɔːt] pt & pp ⟶ **beseech**.

bespectacled [bɪ'spektəkld] adj qui porte des lunettes, à lunettes.

bespoke [bɪ'spəʊk] adj UK [clothes] fait(e) sur mesure ; [tailor] à façon.

best [best] ❖ adj le meilleur (la meilleure) / *she was dressed in her best clothes* elle portait ses plus beaux vêtements / *I'm doing what is best for the family* je fais ce qu'il y a de mieux pour la famille / *the best thing (to do) is to keep quiet* le mieux, c'est de ne rien dire. ❖ adv le mieux / *he does it best* c'est lui qui le fait le mieux / *which film did you like best?* quel est le film que vous avez préféré ? ❖ noun le mieux ▸ **to do one's best** faire de son mieux / *it / she is the best there is* c'est le meilleur / la meilleure qui soit / *the best you can say is that...* le mieux qu'on puisse dire c'est que... / *it was the best we could do* nous ne pouvions pas faire mieux / *they're the best of friends* ce sont les meilleurs amis du monde / *it's journalism at its best* c'est du journalisme de haut niveau / *I'm not at my best in the morning* je ne suis pas en forme le matin ▸ **all the best!** meilleurs souhaits ! ▸ **to be for the best** être pour le mieux ▸ **to make the best of sthg** s'accommoder de qqch, prendre son parti de qqch ▸ **he wants the best of both worlds** il veut le beurre et l'argent du beurre. ◆ **at best** adv au mieux.

best-before date noun date *f* limite de consommation.

best-case adj : *this is the best-case scenario* c'est le scénario le plus optimiste.

bestial ['bestjəl] adj bestial(e).

best man noun garçon *m* d'honneur.

bestow [bɪ'stəʊ] vt *fml* ▸ **to bestow sthg on sb** conférer qqch à qqn.

best-seller noun [book] best-seller *m*.

best-selling adj à succès.

bet [bet] ❖ noun pari *m* / *it's a safe bet that...* *fig* il est certain que... ▸ **all bets are off** l'issue est incertaine ▸ **to hedge one's bets** se couvrir. ❖ vt (*pt & pp* **bet** *or* **-ted**, *cont* **-ting**) parier. ❖ vi (*pt & pp* **bet** *or* **-ted**, *cont* **-ting**) parier / *I wouldn't bet on it* *fig* je n'en suis pas si sûr ▸ **you bet!** *inf* un peu !, et comment !

beta ['bi:tə] noun bêta *m inv*.

beta-blocker ['bi:tə,blɒkər] noun bêtabloquant *m*.

beta test noun test *m* bêta.

beta version noun COMPUT [of program] version *f* bêta.

Bethlehem ['beθlɪhem] noun Bethléem.

betray [bɪ'treɪ] vt trahir.

betrayal [bɪ'treɪəl] noun **1.** [of person] trahison *f* **2.** ▸ **betrayal of trust** abus *m* de confiance **3.** [of secret] révélation *f*.

betrayer [bɪ'treɪər] noun traître *m*, -esse *f*.

betrothed [bɪ'trəʊðd] adj *dated* ▸ **betrothed (to)** fiancé(e) (à).

better ['betər] ❖ adj *(compar of* ***good****)* meilleur(e) / *I'm better at languages than he is* je suis meilleur OR plus fort en langues que lui / *he's a better cook than you are* il cuisine mieux que toi / *that's better!* voilà qui est mieux ! ▸ **to get better a)** [generally] s'améliorer **b)** [after illness] se remettre, se rétablir / *it's better if I don't see them* il vaut mieux OR il est préférable que je ne les voie pas / *she's a better person for it* ça lui a fait beaucoup de bien. ❖ adv *(compar of* ***well****)* mieux / *he swims better than I do* il nage mieux que moi / *I liked his last book better* j'ai préféré son dernier livre / *better looking* plus beau (belle) / *better paid / prepared* mieux payé(e) / préparé(e) / *the less he knows the better* moins il en saura, mieux ça vaudra / *I'd better leave* il faut que je parte, je dois partir / *you'd better let your mother know* tu ferais mieux de le dire à ta mère / *you'd better be on time!* tu as intérêt à être à l'heure ! ❖ noun le meilleur (la meilleure) / *the situation has taken a turn for the better* la situation a pris une meilleure tournure ▸ **for better or worse** pour le meilleur ou pour le pire ▸ **to get the better of sb** avoir raison de qqn. ❖ vt améliorer ▸ **to better o.s.** s'élever.

better half noun *inf* moitié *f*.

betterment ['betəmənt] noun [generally] amélioration *f* ; LAW [of property] plus-value *f*.

better off adj **1.** [financially] plus à son aise **2.** [in better situation] mieux. ◆ **better-off** pl n ▸ **the better-off** les gens riches OR aisés.

betting ['betɪŋ] noun *(U)* paris *mpl*.

betting shop noun UK ≃ bureau *m* de P.M.U.®

between [bɪ'twi:n] ❖ prep **1.** entre / *he sat (in) between Paul and Anne* il s'est assis entre Paul et Anne / *between now and this evening* d'ici ce soir / *children between the ages of 5 and 10* les enfants de 5 à 10 ans / *a bus runs between the airport and the hotel* un bus fait la navette entre l'aéroport et l'hôtel / *to choose between sthg and sthg* choisir entre qqch et qqch / *they shared the cake between them* ils se sont partagé le gâteau / *between us we saved enough money for the trip* à nous tous nous avons économisé assez d'argent pour le voyage **2.** / *between you and me, between ourselves* entre nous. ❖ adv ▸ **(in) between a)** [in space] au milieu **b)** [in time] dans l'intervalle.

beverage ['bevərɪdʒ] noun *fml* boisson *f*.

bevvy ['bevɪ] noun UK *inf* breuvage, boisson alcoolisée.

bevy ['bevɪ] (*pl* **-ies**) noun bande *f*, troupe *f*.

beware [bɪ'weər] vi ▸ **to beware (of)** prendre garde (à), se méfier (de) ▸ **beware of...** attention à....

bewilder [bɪ'wɪldər] vt rendre perplexe, dérouter.

bewildered [bɪ'wɪldəd] adj déconcerté(e), perplexe.

bewildering [bɪ'wɪldərɪŋ] adj déconcertant(e), déroutant(e).

bewilderment [bɪ'wɪldəmənt] noun confusion *f*, perplexité *f* / *to my complete bewilderment he refused* à mon grand étonnement, il a refusé.

bewitch [bɪ'wɪtʃ] vt **1.** [cast spell over] ensorceler, enchanter **2.** [fascinate] enchanter, charmer.

bewitched [bɪ'wɪtʃt] adj ensorcelé(e), enchanté(e).

bewitching [bɪ'wɪtʃɪŋ] adj charmeur(euse), ensorcelant(e).

beyond [bɪ'jɒnd] ❖ prep **1.** [in space] au-delà de **2.** [in time] après, plus tard que **3.** [exceeding] au-dessus de / *it's beyond my control* je n'y peux rien / *it's beyond my responsibility* cela n'entre pas dans le cadre de mes responsabilités / *beyond belief* incroyable. ❖ adv au-delà / *major changes are foreseen for 2005 and beyond* des changements importants sont prévus pour 2005 et au-delà.

BF MESSAGING *written abbr of* **boyfriend**.

b/f *abbr of* **brought forward**.

bi- [baɪ] pref bi-.

biannual [baɪ'ænjʊəl] adj semestriel(elle).

bias ['baɪəs] noun **1.** [prejudice] préjugé *m*, parti *m* pris **2.** [tendency] tendance *f*.

biased, biassed ['baɪəst] adj partial(e) ▸ **to be biased towards sb / sthg** favoriser qqn / qqch ▸ **to be biased against sb / sthg** défavoriser qqn / qqch.

bib [bɪb] noun [for baby] bavoir *m*, bavette *f*.

Bible ['baɪbl] noun ▸ **the Bible** la Bible. ◆ **bible** noun bible *f*.

bible-basher, bible-thumper noun *inf & pej* évangéliste *mf* de carrefour.

biblical ['bɪblɪkl] adj biblique.

bibliography [,bɪblɪ'ɒgrəfɪ] (*pl* **-ies**) noun bibliographie *f*.

bicarbonate [baɪ'kɑ:bənət] noun bicarbonate *m* ▸ **bicarbonate of soda** bicarbonate *m* de soude.

bicentenary UK [ˌbaɪsen'tiːnərɪ] (*pl* **-ies**), **bicentennial** US [ˌbaɪsen'tenjəl] noun bicentenaire *m.*

biceps ['baɪseps] (*pl inv*) noun biceps *m.*

bicker ['bɪkəʳ] vi se chamailler.

bickering ['bɪkərɪŋ] noun *(U)* chamailleries *fpl.*

bickie ['bɪkɪ] noun UK *inf* biscuit *m*, petit gâteau *m.*

bicycle ['baɪsɪkl] ◆ noun bicyclette *f*, vélo *m.* ◆ vi aller à bicyclette OR vélo.

bicycler ['baɪsɪkləʳ] noun US cycliste *mf.*

bicycle rack noun [for parking] ratelier *m* à bicyclettes OR à vélos ; [on car roof] porte-vélos *m inv.*

bid [bɪd] ◆ noun **1.** [attempt] tentative *f* / ***the prisoners made a bid for freedom*** les prisonniers ont fait une tentative d'évasion / ***a rescue bid*** une tentative de sauvetage **2.** [at auction] enchère *f* / ***a bid of £100*** **a)** [gen] une offre de 100 livres **b)** [at auction] une enchère de 100 livres **3.** COMM offre *f* / ***the firm made*** OR ***put in a bid for the contract*** l'entreprise a fait une soumission OR a soumissionné pour le contrat. ◆ vt (*pt & pp* **bid**, *cont* **-ding**) **1.** [at auction] faire une enchère de / ***what am I bid for this table?*** combien m'offre-t-on pour cette table ? **2.** (*pt* **bid** *or* **bade**, *pp* **bid** *or* **bidden**, *cont* **-ding**) *liter* [request] ▸ **to bid sb do sthg** prier qqn de faire qqch / ***he bade them enter*** il les pria d'entrer **3.** (*pt* **bid** *or* **bade**, *pp* **bid** *or* **bidden**, *cont* **-ding**) *fml* [say] ▸ **to bid sb good morning** souhaiter le bonjour à qqn / ***they bade him farewell*** ils lui firent leurs adieux. ◆ vi (*pt & pp* **bid**, *cont* **-ding**) **1.** [at auction] ▸ **to bid (for)** faire une enchère (pour) / ***they bid against us*** ils ont surenchéri sur notre offre **2.** [attempt] ▸ **to bid for sthg** briguer qqch / ***he's bidding for the presidency*** il vise la présidence **3.** COMM faire une soumission, répondre à un appel d'offres.

bidder ['bɪdəʳ] noun enchérisseur *m*, -euse *f.*

bidding ['bɪdɪŋ] noun *(U)* enchères *fpl.*

bide [baɪd] vt ▸ **to bide one's time** attendre son heure OR le bon moment.

bidet ['biːdeɪ] noun bidet *m.*

bid price noun cours *m* acheteur.

biennial [baɪ'enɪəl] ◆ adj biennal(e). ◆ noun plante *f* bisannuelle.

bier [bɪəʳ] noun bière *f.*

bifocals [ˌbaɪ'fəʊklz] pl n lunettes *fpl* bifocales.

big [bɪg] (*compar* **-ger**, *superl* **-gest**) adj **1.** [gen] grand(e) / ***to get*** OR ***to grow bigger*** grandir / ***my big sister*** ma grande sœur **2.** [in amount, bulk - box, crowd, book] gros (grosse) / ***the crowd got bigger*** la foule a grossi **3.** [important, significant - decision, problem] grand(e), important(e) ; [- drop, increase] fort(e), important(e) / ***the big day*** le grand jour / ***he's big in publishing, he's a big man in publishing*** c'est quelqu'un d'important dans l'édition **4.** PHR ▸ **to do things in a big way** faire les choses en grand / ***to be big on sthg*** *inf* adorer OR être fana de qqch.

bigamist ['bɪgəmɪst] noun bigame *mf.*

bigamy ['bɪgəmɪ] noun bigamie *f.*

Big Apple noun ▸ **the Big Apple** *surnom de New York.*

big bang theory noun la théorie du big-bang OR big bang.

Big Ben [-'ben] noun Big Ben *m.*

big-boned adj fortement charpenté(e).

big-budget adj à gros budget.

big business noun *(U)* les grandes entreprises *fpl.*

big cat noun fauve *m.*

big deal *inf* ◆ noun : ***it's no big deal*** ce n'est pas dramatique / ***what's the big deal?*** où est le problème ? ◆ excl tu parles !, et alors ?

big dipper [-'dɪpəʳ] noun **1.** UK [rollercoaster] montagnes *fpl* russes **2.** US ASTRON ▸ **the Big Dipper** la Grande Ourse.

Big Easy pr n US *surnom de La Nouvelle-Orléans.*

big fish noun *inf* huile *f*, gros bonnet *m.*

big game noun gros gibier *m.*

biggie ['bɪgɪ] noun *inf* [success - song] tube *m* ; [- film, album] succès *m.*

big gun noun *inf* gros bonnet *m.*

big hand noun **1.** [on clock] grande aiguille *f* **2.** *inf* [applause] : ***let's give him a big hand*** applaudissons-le bien fort.

bighead ['bɪghed] noun *inf* crâneur *m*, -euse *f.*

bigheaded [ˌbɪg'hedɪd] adj *inf* crâneur(euse).

bighearted [ˌbɪg'hɑːtɪd] adj au grand cœur / ***to be bighearted*** avoir le cœur sur la main, avoir bon OR du cœur.

big money noun *inf* ▸ **to make big money** se faire du pognon.

bigmouth ['bɪgmaʊθ] (*pl* [-maʊðz]) noun *inf* grande gueule *f* / ***she's such a bigmouth*** elle ne sait pas la fermer.

big name noun *inf* personne *f* connue, célébrité *f.*

big noise noun *inf* gros bonnet *m.*

bigot ['bɪgət] noun sectaire *mf.*

bigoted ['bɪgətɪd] adj sectaire.

bigotry ['bɪgətrɪ] noun sectarisme *m.*

big screen noun : ***the big screen*** le grand écran, le cinéma.

big shot noun *inf* huile *f*, grosse légume *f.*

big smoke noun UK *inf* : ***the big smoke*** **a)** [gen] la grande ville **b)** [London] Londres.

big time noun *inf* ▸ **to make** OR **to hit the big time** réussir, arriver en haut de l'échelle.

big toe noun gros orteil *m.*

big top noun chapiteau *m.*

big wheel noun **1.** UK [at fairground] grande roue *f* **2.** *inf* [big shot] huile *f*, grosse légume *f.*

bigwig ['bɪgwɪg] noun *inf* huile *f*, gros bonnet *m.*

bike [baɪk] noun *inf* **1.** [bicycle] vélo *m*, bécane *f* **2.** [motorcycle] bécane *f*, moto *f.*

biker ['baɪkəʳ] noun *inf* motard *m*, motocycliste *mf.*

bike shed noun cabane *f* OR remise *f* à vélos.

bikeway ['baɪkweɪ] noun US piste *f* cyclable.

bikini [bɪ'ki:nɪ] noun Bikini® *m*.

bikini line noun : *to have one's bikini line done* se faire faire une épilation maillot.

bilateral [,baɪ'lætərəl] adj bilatéral(e) ▸ **bilateral agreement** accord *m* bilatéral ▸ **bilateral trade** commerce *m* bilatéral.

bilberry ['bɪlbərɪ] (*pl* **-ies**) noun myrtille *f*.

bile [baɪl] noun **1.** [fluid] bile *f* **2.** [anger] mauvaise humeur *f*.

bilingual [baɪ'lɪŋgwəl] adj bilingue.

bilious ['bɪljəs] adj **1.** [sickening] écœurant(e) **2.** [nauseous] qui a envie de vomir.

bill [bɪl] ◆ noun **1.** [statement of cost] ▸ **bill (for)** **a)** note *f* OR facture *f* (de) **b)** [in restaurant] addition *f* (de) / *may I have the bill please?* l'addition, s'il vous plaît / *put it on my bill* mettez-le sur ma note **2.** [in parliament] projet *m* de loi / *to vote on a bill* mettre un projet de loi au vote **3.** [of show, concert] programme *m* / *to head* OR *to top the bill* être en tête d'affiche OR en vedette **4.** US [banknote] billet *m* de banque **5.** [poster] ▸ **'post** OR **stick** UK **no bills'** 'défense d'afficher' **6.** [beak] bec *m* **7.** PHR **to be given a clean bill of health** être déclaré(e) en parfait état de santé. ◆ vt **1.** [invoice] ▸ **to bill sb (for)** envoyer une facture à qqn (pour) **2.** [advertise] annoncer / *they're billed as the best band in the world* on les présente comme le meilleur groupe du monde.

billboard ['bɪlbɔ:d] noun panneau *m* d'affichage.

billet ['bɪlɪt] ◆ noun logement *m* (chez l'habitant). ◆ vt loger, cantonner.

billfold ['bɪlfəʊld] noun US portefeuille *m*.

billiards ['bɪljədz] noun billard *m*.

billing ['bɪlɪŋ] noun **1.** THEAT ▸ **to get** OR **to have top / second billing** être en tête d'affiche / en deuxième place à l'affiche **2.** US [advertising] ▸ **to give sthg advance billing** annoncer qqch **3.** *lit* & *fig* [sound] ▸ **billing and cooing** roucoulements *mpl*.

billion ['bɪljən] num **1.** US [thousand million] milliard *m* **2.** UK *dated* [million million] billion *m*.

billionaire [,bɪljə'neər] noun milliardaire *mf*.

billionth ['bɪljənθ] adj & noun milliardième.

bill of exchange noun effet *m* OR lettre *f* de change.

Bill of Rights noun ▸ **the Bill of Rights** *les dix premiers amendements à la Constitution américaine.*

billow ['bɪləʊ] ◆ noun nuage *m*, volute *f*. ◆ vi [smoke, steam] tournoyer ; [skirt, sail] se gonfler.

billy goat ['bɪlɪ-] noun bouc *m*.

bimbo ['bɪmbəʊ] (*pl* **-s** *or* **-es**) noun *inf* & *pej* : *she's a bit of a bimbo* c'est le genre « pin-up ».

bimonthly [,baɪ'mʌnθlɪ] ◆ adj **1.** [every two months] bimestriel(elle) **2.** [twice a month] bimensuel(elle). ◆ adv **1.** [every two months] tous les deux mois **2.** [twice a month] deux fois par mois.

bin [bɪn] ◆ noun **1.** UK [for rubbish] poubelle *f* **2.** [for grain, coal] coffre *m* **3.** [for bread] huche *f*, boîte *f*. ◆ vt UK *inf* balancer.

binary ['baɪnərɪ] adj binaire.

binbag ['bɪnbæg] noun UK sac-poubelle *m*.

bind [baɪnd] ◆ vt (*pt* & *pp* **bound**) **1.** [tie up] attacher, lier **2.** [unite - people] lier **3.** [bandage] panser **4.** [book] relier **5.** [constrain] contraindre, forcer. ◆ noun *inf* **1.** UK [nuisance] corvée *f* **2.** [difficult situation] ▸ **to be in a bit of a bind** être dans le pétrin. ◆ **bind over** vt sep ▸ **to be bound over** être sommé(e) d'observer une bonne conduite.

binder ['baɪndər] noun **1.** [machine] lieuse *f* **2.** [person] relieur *m*, -euse *f* **3.** [cover] classeur *m*.

binding ['baɪndɪŋ] ◆ adj [contract, promise] qui lie OR engage ; [agreement] irrévocable. ◆ noun **1.** [on book] reliure *f* **2.** [on dress, tablecloth] liséré *m*.

bin-end noun fin *f* de série *(de vin)*.

binge [bɪndʒ] *inf* ◆ noun ▸ **to go on a binge** prendre une cuite. ◆ vi ▸ **to binge on sthg** se gaver OR se bourrer de qqch.

binge drinking noun *fait de boire de très grandes quantités d'alcool en une soirée, de façon régulière.*

binge eating noun hyperphagie *f*, consommation *f* compulsive de nourriture.

bingo ['bɪŋgəʊ] noun bingo *m* ; ≃ loto *m*.

bin liner noun UK sac-poubelle *m*.

binman ['bɪnmæn] (*pl* **-men**) noun UK éboueur *m*.

binoculars [bɪ'nɒkjʊləz] pl n jumelles *fpl*.

bio ['baɪəʊ] adj bio *(inv)*.

biochemical [,baɪəʊ'kemɪkl] ◆ adj biochimique. ◆ noun produit *m* biochimique.

biochemistry [,baɪəʊ'kemɪstrɪ] noun biochimie *f*.

biodegradable [,baɪəʊdɪ'greɪdəbl] adj biodégradable.

biodiesel ['baɪəʊdi:zəl] noun biodiesel *m*.

biodiversity [,baɪəʊdaɪ'vɜ:sətɪ] noun biodiversité *f*.

biofuel ['baɪəʊfju:l] noun biocarburant *m*.

biographer [baɪ'ɒgrəfər] noun biographe *mf*.

biographic(al) [,baɪə'græfɪk(l)] adj biographique.

biography [baɪ'ɒgrəfɪ] (*pl* **-ies**) noun biographie *f*.

biological [,baɪə'lɒdʒɪkl] adj [generally] biologique ; [washing powder] aux enzymes.

biological clock noun horloge *f* interne biologique.

biological mother noun mère *f* biologique.

biological weapon noun arme *f* biologique.

biologist [baɪ'ɒlədʒɪst] noun biologiste *mf*.

biology [baɪ'ɒlədʒɪ] noun biologie *f*.

biometric [,baɪəʊ'metrɪk] adj biométrique.

bionic [baɪ'ɒnɪk] adj bionique.

biopic ['baɪəʊpɪk] noun *inf* film *m* biographique.

biopsy ['baɪɒpsɪ] (*pl* **-ies**) noun biopsie *f*.

biotechnology [,baɪəutek'nɒlədʒɪ] noun biotechnologie *f*.

bioterrorism [,baɪəʊ'terərɪzm] noun bioterrorisme *m*.

biowarfare [,baɪəʊ'wɔ:feə] noun guerre *f* biologique.

bioweapon ['baɪəʊwepən] noun arme *f* biologique.

biplane ['baɪpleɪn] noun biplan *m*.

bipolar disorder [baɪ'pəuləʳ-] noun MED trouble *m* bipolaire.

birch [bɜ:ʧ] noun **1.** [tree] bouleau *m* **2.** [stick] ▸ **the birch** la verge, le fouet.

bird [bɜ:d] noun **1.** [creature] oiseau *m* ▸ **to kill two birds with one stone** faire d'une pierre deux coups **2.** UK *inf* [woman] gonzesse *f*.

bird-brained [-breɪnd] adj *inf* [person] écervelé(e), qui a une cervelle d'oiseau ; [idea] insensé(e).

birdcage ['bɜ:dkeɪdʒ] noun cage *f* à oiseaux.

bird flu noun grippe *f* aviaire.

birdie ['bɜ:dɪ] noun **1.** [childrens' vocabulary] petit oiseau *m* **2.** GOLF birdie *m*.

bird of prey noun oiseau *m* de proie.

birdseed ['bɜ:dsi:d] noun graine *f* pour oiseaux.

bird's-eye view noun *lit* vue *f* aérienne ; *fig* vue *f* d'ensemble.

bird-watcher [-,wɒʧəʳ] noun observateur *m*, -trice *f* d'oiseaux.

bird-watching noun ornithologie *f* / *to go bird-watching* aller observer les oiseaux.

Biro® ['baɪərəu] noun UK stylo *m* à bille.

birth [bɜ:θ] noun *lit* & *fig* naissance *f* ▸ **to give birth (to)** donner naissance (à).

birth certificate noun acte *m* OR extrait *m* de naissance.

birth control noun *(U)* régulation *f* OR contrôle *m* des naissances.

birthday ['bɜ:θdeɪ] ❖ noun anniversaire *m*. ❖ comp [party, present] d'anniversaire.

birthday suit noun *inf* & *hum* [of man] costume *m* d'Adam ; [of woman] costume *m* d'Ève.

birthmark ['bɜ:θmɑ:k] noun tache *f* de vin.

birth mother noun mère *f* gestationnelle.

birthparent ['bɜ:θpeərənt] noun parent *m* biologique.

birthplace ['bɜ:θpleɪs] noun lieu *m* de naissance.

birthrate ['bɜ:θreɪt] noun (taux *m* de) natalité *f*.

birthright ['bɜ:θraɪt] noun droit *m* de naissance OR du sang.

birth sign noun signe *m* du zodiaque / *what's your birth sign?* tu es de quel signe ?

BIS (*abbr of* **Department for Business, Innovation and Skills**) noun *ministère britannique du commerce et de l'industrie*.

Biscay ['bɪskeɪ] noun ▸ **the Bay of Biscay** le golfe de Gascogne.

biscuit ['bɪskɪt] noun UK biscuit *m*, petit gâteau *m* ; US scone *m*.

bisect [baɪ'sekt] vt couper OR diviser en deux.

bisexual [,baɪ'sekʃjuəl] ❖ adj bisexuel(elle). ❖ noun bisexuel *m*, -elle *f*.

bishop ['bɪʃəp] noun **1.** RELIG évêque *mf* **2.** [in chess] fou *m*.

bison ['baɪsn] (*pl inv or* **-s**) noun bison *m*.

bistro ['bi:strəu] (*pl* **-s**) noun bistro *m*.

bit [bɪt] ❖ pt ⟶ **bite.** ❖ noun **1.** [small piece - of paper, cheese] morceau *m*, bout *m* ; [- of book, film] passage *m* / *I just want a bit* je n'en veux qu'un petit peu ▸ **bits and pieces** UK petites affaires *fpl* OR choses *fpl* ▸ **to fall to bits** tomber en morceaux ▸ **to take sthg to bits** démonter qqch / *you missed out the best bit* [of story, joke] tu as oublié le meilleur **2.** [amount] : *a bit of money / time* un peu d'argent / de temps / *a bit of shopping* quelques courses / *it's a bit of a nuisance* c'est un peu embêtant / *a bit of trouble* un petit problème ▸ **quite a bit of** pas mal de, beaucoup de / *he's away quite a bit* il est souvent absent / *they haven't changed a bit* ils n'ont pas du tout changé **3.** [short time] ▸ **for a bit** pendant quelque temps **4.** [of drill] mèche *f* **5.** [of bridle] mors *m* / *to take the bit between one's teeth* *fig* prendre le mors aux dents **6.** COMPUT bit *m* **7.** PHR ▸ **to do one's bit** UK faire sa part ▸ **every bit as… as** tout aussi… que ▸ **it's all a bit much** [overwhelming] c'en est trop ▸ **it's a bit much** c'est un peu fort ▸ **not a bit** [not at all] pas du tout. ◆ **a bit** adv un peu / *I'm a bit tired* je suis un peu fatigué(e). ◆ **bit by bit** adv petit à petit, peu à peu.

bitch [bɪʧ] ❖ noun **1.** [female dog] chienne *f* **2.** *inf* & *pej* [woman] salope *f*, garce *f*. ❖ vi *inf* rouspéter, râler ▸ **to bitch about sb** casser du sucre sur le dos de qqn.

bitchy [bɪʧɪ] (*compar* **-ier**, *superl* **-iest**) adj *inf* vache, rosse.

bite [baɪt] ❖ noun **1.** [act of biting] morsure *f*, coup *m* de dent **2.** *inf* [food] ▸ **to have a bite (to eat)** manger un morceau **3.** [wound] piqûre *f* **4.** UK [sharp flavour] piquant *m*. ❖ vt (*pt* **bit**, *pp* **bitten**) **1.** [subj: person, animal] mordre **2.** [subj: insect, snake] piquer, mordre. ❖ vi (*pt* **bit**, *pp* **bitten**) **1.** [animal, person] ▸ **to bite (into)** mordre (dans) ▸ **to bite off sthg** arracher qqch d'un coup de dents ▸ **to bite off more than one can chew** *fig* avoir les yeux plus gros que le ventre **2.** [insect, snake] mordre, piquer **3.** [grip] adhérer, mordre **4.** *fig* [take effect] se faire sentir.

bite-sized [-,saɪzd] adj : *cut the meat into bite-sized pieces* coupez la viande en petits dés.

biting ['baɪtɪŋ] adj **1.** [very cold] cinglant(e), piquant(e) **2.** [humour, comment] mordant(e), caustique.

bit map ['bɪtmæp] noun mode *m* points ▸ **bit map screen** écran *m* pixel.

bit part noun petit rôle *m*.

bitrate ['bɪtreɪt] noun COMPUT débit *m* binaire, bitrate *m*.

bitten ['bɪtn] pp ⟶ **bite**.

bitter ['bɪtəʳ] ❖ adj **1.** [gen] amer(ère) ▸ **to the bitter end** jusqu'au bout **2.** [icy] glacial(e) **3.** [argument] violent(e). ❖ noun UK *bière relativement amère, à forte teneur en houblon*.

bitterly ['bɪtəlɪ] adv **1.** [of weather] : *it's bitterly cold* il fait un froid de canard **2.** [disappointed] cruellement ; [cry, complain] amèrement ; [criticize] âprement, violemment.

bitterness ['bɪtənɪs] noun **1.** [gen] amertume *f* **2.** [of wind, weather] âpreté *f*.

bittersweet ['bɪtəswi:t] adj [taste] aigre-doux(-douce) ; [memory] doux-amer (douce-amère).

bitty ['bɪtɪ] (*compar* **-ier**, *superl* **-iest**) adj UK *inf* décousu(e).

bitumen ['bɪtjʊmɪn] noun bitume *m*.

bivouac ['bɪvʊæk] ❖ noun bivouac *m*. ❖ vi (*pt & pp* **-ked**, *cont* **-king**) bivouaquer.

biweekly [,baɪ'wi:klɪ] ❖ adj **1.** [every two weeks] bimensuel(elle) **2.** [twice a week] bihebdomadaire. ❖ adv **1.** [every two weeks] tous les quinze jours **2.** [twice a week] deux fois par semaine.

biyearly [,baɪ'jɪəlɪ] ❖ adj [every two years] biennal(e) ; [twice yearly] semestriel(elle). ❖ adv [every two years] tous les deux ans ; [twice yearly] deux fois par an. ❖ noun (*pl* **-ies**) biennale *f*.

bizarre [bɪ'zɑ:ʳ] adj bizarre.

blab [blæb] (*pt & pp* **-bed**, *cont* **-bing**) vi *inf* lâcher le morceau.

blabber ['blæbəʳ] *inf* ❖ vi jaser, babiller / *to blabber on about sthg* parler de qqch à n'en plus finir. ❖ noun **1.** [person] moulin *m* à paroles **2.** [prattle] bavardage *m*, papotage *m*.

blabbermouth ['blæbə,maʊθ] (*pl* [,maʊðz]) noun *inf* pipelette *f*.

black [blæk] ❖ adj **1.** [gen] noir(e) ▸ **as black as ink** noir comme du jais OR de l'encre **2.** [race] noir(e) / *he won the black vote* il a gagné les voix de l'électorat noir ▸ **black man** Noir *m* ▸ **black woman** Noire *f* ▸ **black American** Afro-Américain *m*, -e *f* **3.** [coffee] noir(e) ; [tea] nature (*inv*). ❖ noun **1.** [colour] noir *m* / *to be dressed in black* **a)** [gen] être habillé de OR en noir **b)** [in mourning] porter le deuil **2.** [person] noir *m*, -e *f* **3.** PHR **in the black** [financially solvent] solvable, sans dettes ▸ **it's the new black** *inf* c'est très tendance. ❖ vt **1.** [make black] noircir ; [shoes] cirer *(avec du cirage noir)* / *he blacked his attacker's eye* il a poché l'œil de son agresseur **2.** UK [boycott] boycotter. ◆ **black out** ❖ vt sep **1.** [city] faire le black-out dans, occulter **2.** [TV programme] faire le black-out sur, occulter. ❖ vi [faint] s'évanouir.

black and white ❖ adj **1.** [photograph, television] noir(e) et blanc(che) / *a black-and-white film* un film en noir et blanc **2.** *fig* [clear-cut] précis(e), net (nette) / *there's no black-and-white solution* le problème n'est pas simple. ❖ noun **1.** [drawing, print] dessin *m* en noir et blanc ; [photograph] photographie *f* en noir et blanc **2.** [written down] : *to put sthg down in black and white* écrire qqch noir sur blanc.

blackball ['blækbɔ:l] vt blackbouler.

black belt noun ceinture *f* noire.

blackberry ['blækbərɪ] (*pl* **-ies**) noun mûre *f* ▸ **blackberry bush** mûrier *m*.

blackbird ['blækbɜ:d] noun merle *m*.

blackboard ['blækbɔ:d] noun tableau *m* (noir).

black box noun [flight recorder] boîte *f* noire.

black cab noun taxi *m* londonien.

black comedy noun comédie *f* d'humour noir.

blackcurrant [,blæk'kʌrənt] noun cassis *m*.

blacken ['blækn] ❖ vt **1.** [make dark] noircir **2.** *fig* [reputation] ternir. ❖ vi s'assombrir.

black eye noun œil *m* poché OR au beurre noir.

blackhead ['blækhed] noun [on skin] point *m* noir.

black hole noun trou *m* noir.

black ice noun verglas *m*.

blackjack ['blækdʒæk] ❖ noun **1.** [card game] vingt-et-un *m* **2.** US [weapon] matraque *f*. ❖ vt US matraquer.

blackleg ['blækleg] noun UK *pej* jaune *m*.

blacklist ['blæklɪst] ❖ noun liste *f* noire. ❖ vt mettre sur la liste noire.

black magic noun magie *f* noire.

blackmail ['blækmeɪl] ❖ noun *lit & fig* chantage *m*. ❖ vt **1.** [for money] faire chanter **2.** *fig* [emotionally] faire du chantage à.

blackmailer ['blækmeɪləʳ] noun maître-chanteur *m*.

black mark noun *fig* mauvais point *m*.

black market noun marché *m* noir.

blackout ['blækaʊt] noun **1.** MIL & PRESS black-out *m* **2.** [power cut] panne *f* d'électricité **3.** [fainting fit] évanouissement *m*.

black pepper noun poivre *m* gris.

black pudding noun UK boudin *m*.

Black Sea noun ▸ **the Black Sea** la mer Noire.

black sheep noun brebis *f* galeuse.

blacksmith ['blæksmɪθ] noun [for horses] maréchal-ferrant *m* ; [for tools] forgeron *m*.

black spot noun UK AUTO point *m* noir.

black tie noun *nœud papillon noir porté avec une tenue de soirée* ▸ **'black tie'** [on invitation card] 'tenue de soirée exigée'. ◆ **black-tie** adj : *it's black-tie* il faut être en smoking.

bladder ['blædəʳ] noun vessie *f*.

blade [bleɪd] noun **1.** [of knife, saw] lame *f* **2.** [of propeller] pale *f* **3.** [of grass] brin *m*.

blah [blɑ:] *inf* ❖ noun **1.** [talk] baratin *m*, bla-bla-bla *m inv* **2.** US [blues] : *to have the blahs* avoir le cafard. ❖ adj US **1.** [uninteresting] insipide, ennuyeux(euse) **2.** [blue] : *to feel blah* avoir le cafard.

Blairite ['bleəraɪt] ❖ noun partisan *m* de la politique de Tony Blair. ❖ adj [views, policies] du gouvernement de Tony Blair.

blame [bleɪm] ❖ noun responsabilité *f*, faute *f* ▸ **to take the blame for sthg** endosser la responsabilité de qqch / *they laid* OR *put the blame for the incident on the secretary* ils ont rejeté la responsabilité de l'incident sur la secrétaire. ❖ vt blâmer, condamner ▸ **to blame sthg on** rejeter la responsabilité de qqch sur, imputer qqch à ▸ **to blame sb / sthg for sthg** reprocher qqch à qqn / qqch ▸ **to be to blame for sthg** être responsable de qqch / *he is not to blame* ce n'est pas de sa faute.

blameless ['bleɪmlɪs] adj [person] innocent(e) ; [life] irréprochable.

blameworthy ['bleɪm,wɜ:ðɪ] adj *fml* [person] fautif(ive), coupable ; [action] répréhensible.

blanch [blɑ:ntʃ] ❖ vt blanchir. ❖ vi blêmir, pâlir.

blancmange [blə'mɒndʒ] noun blanc-manger *m*.

bland [blænd] adj **1.** [person - dull] insipide, ennuyeux(euse) ; [- ingratiating] mielleux(euse), doucereux(e) **2.** [food] fade, insipide **3.** [music, style] insipide.

blandly ['blændlɪ] adv [say - dully] affablement, avec affabilité ; [- ingratiatingly] d'un ton mielleux.

blank [blæŋk] ❖ adj **1.** [sheet of paper] blanc (blanche) ; [wall] nu(e) / *fill in the blank spaces* remplissez les blancs OR les (espaces) vides / *leave this line blank* n'écrivez rien sur cette ligne **2.** *fig* [look] vide, sans expression / *my mind went blank* j'ai eu un trou. ❖ noun **1.** [empty space] blanc *m* **2.** [cartridge] cartouche *f* à blanc **3.** PHR **to draw a blank** faire chou blanc.

blank cheque UK, **blank check** US noun FIN chèque *m* en blanc ; *fig* carte *f* blanche.

blanket ['blæŋkɪt] ❖ adj global(e), général(e). ❖ noun **1.** [for bed] couverture *f* **2.** [of snow] couche *f*, manteau *m* ; [of fog] nappe *f*. ❖ vt recouvrir.

blankly ['blæŋklɪ] adv [stare] avec les yeux vides.

blare [bleəʳ] vi [person, voice] hurler ; [radio] beugler. ◆ **blare out** vi [person, voice] hurler ; [radio] beugler.

blarney ['blɑ:nɪ] *inf* ❖ noun [smooth talk] baratin *m* ; [flattery] flatterie *f*. ❖ vt [smooth-talk] baratiner ; [wheedle] embobiner ; [flatter] flatter.

blasé [UK 'blɑ:zeɪ, US ,blɑ:'zeɪ] adj blasé(e).

blaspheme [blæs'fi:m] ❖ vi blasphémer. ❖ vt blasphémer.

blasphemous ['blæsfəməs] adj [words] blasphématoire ; [person] blasphémateur(trice).

blasphemy ['blæsfəmɪ] (*pl* **-ies**) noun blasphème *m*.

blast [blɑ:st] ❖ noun **1.** [explosion] explosion *f* **2.** [of air, from bomb] souffle *m*. ❖ vt [hole, tunnel] creuser à la dynamite. ❖ excl UK *inf* zut !, mince ! ◆ **(at) full blast** adv [play music] à pleins gaz OR tubes ; [work] d'arrache-pied. ◆ **blast off** vi [of space shuttle] être mis à feu, décoller.

blasted ['blɑ:stɪd] adj *inf* fichu(e), maudit(e).

blast-off noun [of space shuttle] mise *f* à feu, lancement *m*.

blatant ['bleɪtənt] adj criant(e), flagrant(e).

blatantly ['bleɪtəntlɪ] adv d'une manière flagrante.

blaze [bleɪz] ❖ noun **1.** [fire] incendie *m* **2.** *fig* [of colour, light] éclat *m*, flamboiement *m* / *a blaze of gunfire* des coups de feu, une fusillade ▸ **in a blaze of publicity** à grand renfort de publicité / *in a sudden blaze of anger* sous le coup de la colère. ❖ vi **1.** [fire] flamber **2.** *fig* [with colour] flamboyer / *he suddenly blazed with anger* il s'est enflammé de colère.

blazer ['bleɪzəʳ] noun blazer *m*.

blazing ['bleɪzɪŋ] adj **1.** [sun, heat] ardent(e) ▸ **blazing hot** torride, brûlant(e) **2.** [row] violent(e).

bleach [bli:tʃ] ❖ noun eau *f* de Javel. ❖ vt [hair] décolorer ; [clothes] blanchir.

bleached [bli:tʃt] adj [hair] décoloré(e).

bleachers ['bli:tʃəz] pl n US SPORT gradins *mpl*.

bleak [bli:k] adj **1.** [future] sombre **2.** [place, weather, face] lugubre, triste.

bleary ['blɪərɪ] (*compar* **-ier**, *superl* **-iest**) adj [eyes] trouble, voilé(e).

bleary-eyed [,blɪərɪ'aɪd] adj aux yeux troubles.

bleat [bli:t] ❖ noun [of sheep] bêlement *m*. ❖ vi [sheep] bêler ; *fig* [person] se plaindre, geindre.

bleed [bli:d] (*pt & pp* **bled** [bled]) ❖ vi saigner. ❖ vt [radiator] purger.

bleeding ['bli:dɪŋ] ❖ noun **1.** [loss of blood] saignement *m* ; [haemorrhage] hémorragie *f* ; [taking of blood] saignée *f* **2.** [of plant] écoulement *m* de sève. ❖ adj **1.** [wound] saignant(e), qui saigne ; [person] qui saigne **2.** UK *v inf* [as intensifier] fichu(e), sacré(e). ❖ adv UK *v inf* vachement.

bleep [bli:p] UK ❖ noun bip *m*, bip-bip *m*. ❖ vt appeler avec un bip, biper. ❖ vi faire bip-bip.

bleeper ['bli:pəʳ] noun UK bip *m*, biper *m*.

blemish ['blemɪʃ] ❖ noun *lit & fig* défaut *m*. ❖ vt [reputation] souiller, tacher.

blend [blend] ❖ noun mélange *m*. ❖ vt ▸ **to blend sthg (with)** mélanger qqch (avec OR à). ❖ vi ▸ **to blend (with)** se mêler (à OR avec). ◆ **blend in** vi se fondre. ◆ **blend into** vt insep se fondre dans.

blender ['blendəʳ] noun mixer *m*.

bless [bles] (*pt & pp* **-ed** *or* **blest**) vt bénir ▸ **to be blessed with a)** [talent] être doué(e) de **b)** [children] avoir la chance OR le bonheur d'avoir ▸ **bless you! a)** [after sneezing] à vos souhaits ! **b)** [thank you] merci mille fois !

blessed ['blesɪd] adj **1.** RELIG saint(e), béni(e) **2.** [relief, silence] merveilleux(euse) **3.** *inf* [blasted] fichu(e), maudit(e).

blessing ['blesɪŋ] noun *lit & fig* bénédiction *f* ▸ **a blessing in disguise** une bonne chose en fin de compte ▸ **to count one's blessings** s'estimer heureux(euse) de ce que l'on a ▸ **a mixed blessing** quelque chose qui a du bon et du mauvais.

blest [blest] pt & pp ⟶ **bless.**

blew [blu:] pt ⟶ **blow.**

blight [blaɪt] ❖ noun **1.** [plant disease] rouille *f*, charbon *m* **2.** *fig* [scourge] fléau *m*, calamité *f*. ❖ vt gâcher, briser.

blimey ['blaɪmɪ] excl UK *inf* zut alors !, mince alors !

blind [blaɪnd] ❖ adj **1.** *lit* & *fig* aveugle / *to go blind* devenir aveugle / *he's blind in one eye* il est aveugle d'un œil, il est borgne ▸ **as blind as a bat** myope comme une taupe ▸ **to be blind to sthg** ne pas voir qqch ▸ **to turn a blind eye to sthg** fermer les yeux sur qqch **2.** UK *inf* [for emphasis] ▸ **blind drunk** complètement rond(e), bourré(e) / *it doesn't make a blind bit of difference to me* cela m'est complètement égal / *he didn't take a blind bit of notice* il a fait comme si de rien n'était. ❖ adv **1.** [drive, fly - without visibility] sans visibilité ; [- using only instruments] aux instruments **2.** [as intensifier] : *I would swear blind he was there* j'aurais donné ma tête à couper OR j'aurais juré qu'il était là. ❖ noun **1.** [for window] store *m* **2.** US [for watching birds, animals] cachette *f*. ❖ pl n ▸ **the blind** les aveugles *mpl* / *it's a case of the blind leading the blind* c'est l'aveugle qui conduit l'aveugle. ❖ vt aveugler ▸ **to blind sb to sthg** *fig* cacher qqch à qqn / *to blind sb with science hum* éblouir qqn par sa science.

blind alley noun *lit* & *fig* impasse *f*.

blind corner noun UK AUTO virage *m* sans visibilité.

blind date noun *rendez-vous avec quelqu'un qu'on ne connaît pas.*

blindfold ['blaɪndfəʊld] ❖ adv les yeux bandés. ❖ noun bandeau *m*. ❖ vt bander les yeux à.

blinding ['blaɪndɪŋ] adj **1.** [light] aveuglant(e) **2.** [obvious] évident(e), manifeste.

blindly ['blaɪndlɪ] adv [unseeingly] à l'aveuglette ; [without thinking] aveuglément.

blindness ['blaɪndnɪs] noun cécité *f* ▸ **blindness (to sthg)** *fig* aveuglement *m* (devant qqch).

blind side noun AUTO angle *m* mort / *on my blind side* dans mon angle mort.

blind spot noun **1.** AUTO angle *m* mort **2.** *fig* [inability to understand] blocage *m*.

blind testing noun tests *mpl* aveugles.

bling (bling) ['blɪŋ('blɪŋ)] adj *inf* [ostentatious] bling(-)bling, tape-à-l'œil.

blink [blɪŋk] ❖ noun **1.** [of eyes] clignement *m* **2.** [of light] clignotement *m* **3.** PHR **on the blink** *inf* [machine] détraqué(e). ❖ vt **1.** [eyes] cligner **2.** US AUTO ▸ **to blink one's lights** faire un appel de phares. ❖ vi **1.** [person] cligner des yeux **2.** [light] clignoter.

blinkered ['blɪŋkəd] adj ▸ **to be blinkered** *lit* & *fig* avoir des œillères.

blinkers ['blɪŋkəz] pl n UK œillères *fpl*.

blinking ['blɪŋkɪŋ] adj UK *inf* & *dated* sacré(e), fichu(e).

blip [blɪp] noun **1.** [sound] bip *m* **2.** [on radar] spot *m* **3.** *fig* [temporary problem] problème *m* passager.

bliss [blɪs] noun bonheur *m* suprême, félicité *f*.

blissful ['blɪsfʊl] adj [day, silence] merveilleux(euse), divin(e) ; [ignorance] total(e).

blissfully ['blɪsfʊlɪ] adv [smile] d'un air heureux ; [happy, unaware] parfaitement.

blister ['blɪstəʳ] ❖ noun [on skin] ampoule *f*, cloque *f*. ❖ vi **1.** [skin] se couvrir d'ampoules **2.** [paint] cloquer, se boursoufler.

blistering ['blɪstərɪŋ] adj [sun] brûlant(e), ardent(e) ; [attack] caustique, cinglant(e).

blisteringly ['blɪstərɪŋlɪ] adv : *it was blisteringly hot* il faisait une chaleur étouffante.

blister pack noun blister *m*.

blithe [blaɪð] adj **1.** [unworried] insouciant(e) **2.** *dated* [cheerful] joyeux(euse), gai(e).

blithely ['blaɪðlɪ] adv gaiement, joyeusement.

blithering ['blɪðərɪŋ] adj *inf* & *dated* sacré(e) / *a blithering idiot* un crétin fini.

blitz [blɪts] noun **1.** MIL bombardement *m* aérien **2.** UK *fig* ▸ **to have a blitz on sthg** s'attaquer à qqch.

blitzed [blɪtst] adj US *inf* bourré(e) *(ivre)*.

blizzard ['blɪzəd] noun tempête *f* de neige.

bloated ['bləʊtɪd] adj **1.** [face] bouffi(e), boursouflé(e) **2.** [with food] ballonné(e).

blob [blɒb] noun **1.** [drop] goutte *f* **2.** [indistinct shape] forme *f* / *a blob of colour* une tache de couleur.

bloc [blɒk] noun bloc *m*.

block [blɒk] ❖ noun **1.** [building] ▸ **office block** UK immeuble *m* de bureaux ▸ **block of flats** UK immeuble *m* **2.** US [of buildings] pâté *m* de maisons / *it's five blocks from here* c'est cinq rues plus loin **3.** [of stone, ice] bloc *m* **4.** [obstruction] blocage *m* / *to have a (mental) block about sthg* faire un blocage sur qqch. ❖ vt **1.** [road, pipe, view] boucher / *to block sb's way* barrer le chemin à qqn **2.** [prevent] bloquer, empêcher. ◆ **block off** vt sep [road] barrer ; [pipe, entrance] boucher. ◆ **block out** vt sep **1.** [from mind] chasser **2.** [light] empêcher d'entrer. ◆ **block up** ❖ vt sep boucher. ❖ vi se boucher.

blockade [blɒ'keɪd] ❖ noun blocus *m*. ❖ vt faire le blocus de.

blockage ['blɒkɪdʒ] noun obstruction *f*.

block booking noun UK location *f* en bloc.

blockbuster ['blɒkbʌstəʳ] noun *inf* [book] best-seller *m* ; [film] film *m* à succès, superproduction *f*.

block capitals pl n majuscules *fpl* d'imprimerie / *in block capitals* en majuscules.

blockhead ['blɒkhed] noun *inf* crétin *m*, -e *f*, imbécile *mf*.

block letters pl n majuscules *fpl* d'imprimerie.

block vote noun UK vote *m* groupé.

blog [blɒg] (*abbr of* **weblog**) noun blog *m*.

blogger ['blɒgəʳ] noun bloggeur *m*, -euse *f*.

blogging ['blɒgɪŋ] noun blogging *m*, création *f* de blogs.

blogosphere ['blɒgəʊsfɪəʳ] noun blogosphère *f.*

bloke [bləʊk] noun UK *inf* type *m.*

blokeish ['bləʊkɪʃ], **blokey** ['bləʊkɪ] adj UK *inf* [behaviour, humour] de mec ; [joke] macho.

blond [blɒnd] adj blond(e).

blonde [blɒnd] ❖ adj blond(e). ❖ noun [woman] blonde *f.*

blood [blʌd] noun sang *m* / *to donate* OR *to give blood* donner son sang ▸ **in cold blood** de sang-froid ▸ **it made my blood boil** cela m'a mis dans une colère noire ▸ **it made my blood run cold** cela m'a glacé le sang ▸ **it's in his blood** *fig* il a cela dans le sang ▸ **new** OR **fresh blood** *fig* sang frais.

blood bank noun banque *f* de sang.

bloodbath ['blʌdbɑ:θ] (*pl* [-bɑ:ðz]) noun bain *m* de sang, massacre *m.*

blood cell noun globule *m.*

blood count noun numération *f* globulaire.

bloodcurdling ['blʌd,kɜ:dlɪŋ] adj à vous glacer le sang.

blood donor noun donneur *m,* -euse *f* de sang.

blood group noun UK groupe *m* sanguin.

bloodhound ['blʌdhaʊnd] noun limier *m.*

bloodless ['blʌdlɪs] adj **1.** [face, lips] exsangue, pâle **2.** [coup, victory] sans effusion de sang.

bloodletting ['blʌd,letɪŋ] noun [killing] tuerie *f.*

blood money noun prix *m* du sang.

blood orange noun orange *f* sanguine.

blood pressure noun tension *f* artérielle ▸ **to have high blood pressure** faire de l'hypertension.

blood relation, blood relative noun parent *m,* -e *f* par le sang.

bloodshed ['blʌdʃed] noun carnage *m.*

bloodshot ['blʌdʃɒt] adj [eyes] injecté(e) de sang.

blood sports pl n chasse *f.*

bloodstained ['blʌdsteɪnd] adj taché(e) de sang, ensanglanté(e).

bloodstream ['blʌdstri:m] noun sang *m.*

blood sugar noun glycémie *f* / *blood-sugar level* taux *m* de glycémie.

blood test noun prise *f* de sang, examen *m* du sang / *to have a blood test* faire faire une analyse de sang.

bloodthirsty ['blʌd,θɜ:stɪ] adj sanguinaire.

blood transfusion noun transfusion *f* sanguine.

blood type noun groupe *m* sanguin.

blood vessel noun vaisseau *m* sanguin.

bloody ['blʌdɪ] ❖ adj (*compar* **-ier**, *superl* **-iest**) **1.** [gen] sanglant(e) **2.** UK *v inf* foutu(e) / *you bloody idiot!* espèce de con ! ❖ adv UK *v inf* vachement.

bloody-minded [-'maɪndɪd] adj UK *inf* contrariant(e).

bloody-mindedness [-'maɪndɪdnɪs] noun UK *inf* caractère *m* difficile / *it's sheer bloody-mindedness on your part* tu le fais uniquement pour emmerder le monde.

bloom [blu:m] ❖ noun fleur *f.* ❖ vi fleurir.

bloomer ['blu:məʳ] noun **1.** [plant] plante *f* fleurie / *a night bloomer* une plante qui fleurit la nuit **2.** : *early / late bloomer* une adolescence précoce / tardive **3.** UK *inf* [blunder] gaffe *f*, faux pas *m* / *I made a terrible bloomer* j'ai fait une gaffe terrible **4.** UK CULIN [loaf] *pain cranté sur le dessus.*

blooming ['blu:mɪŋ] ❖ adj **1.** UK *inf* [to show annoyance] sacré(e), fichu(e) **2.** [person] éclatant(e), resplendissant(e). ❖ adv UK *inf* sacrément.

blossom ['blɒsəm] ❖ noun [of tree] fleurs *fpl* ▸ **in blossom** en fleur(s). ❖ vi **1.** [tree] fleurir **2.** *fig* [person] s'épanouir.

blot [blɒt] ❖ noun *lit* & *fig* tache *f.* ❖ vt (*pt & pp* **-ted**, *cont* **-ting**) **1.** [paper] faire des pâtés sur **2.** [ink] sécher. ◆ **blot out** vt sep [light, sun] cacher, masquer ; [memory, thought] effacer.

blotchy ['blɒtʃɪ] (*compar* **-ier**, *superl* **-iest**) adj couvert(e) de marbrures OR taches.

blotting paper ['blɒtɪŋ-] noun *(U)* (papier *m*) buvard *m.*

blouse [blaʊz] noun chemisier *m.*

blow [bləʊ]

❖ vi (*pt* **blew**, *pp* **blown**)

1. [gen] souffler / *she blew on her hands / on her coffee* elle a soufflé dans ses mains / sur son café ▸ **he blows hot and cold** il souffle le chaud et le froid

2. [in wind] *the trees were blowing in the wind* le vent soufflait dans les arbres / *the door blew open* la porte s'ouvrit à la volée / *the door blew shut* la porte a claqué

3. [fuse] sauter

❖ vt (*pt* **blew**, *pp* **blown**)

1. [subj: wind] faire voler, chasser

2. [with mouth, nose] *to blow one's nose* se moucher / *to blow sb a kiss* envoyer un baiser à qqn / *he blew the dust off the book* il a soufflé sur le livre pour enlever la poussière

3. [trumpet] jouer de, souffler dans ▸ **to blow a whistle** donner un coup de sifflet, siffler / *the referee blew his whistle for time* l'arbitre a sifflé la fin du match ▸ **to blow one's own trumpet** se vanter ▸ **to blow the whistle on sthg** dévoiler qqch

4. [bubbles] faire

5. [tyre] faire éclater ; [fuse, safe] faire sauter / *the house was blown to pieces* la maison a été entièrement détruite par l'explosion / *the blast almost blew his hand off* l'explosion lui a presque emporté la main / *he blew a gasket* UK OR *a fuse when he found out* quand il l'a appris, il a piqué une crise

6. *inf* [money] claquer

7. *inf* [spoil - chance] gâcher / *I blew it!* j'ai tout gâché !

❖ noun
1. [hit] coup *m* ▸ **to come to blows** en venir aux mains ▸ **to soften the blow** *fig* adoucir le coup ▸ **to strike a blow for** *fig* servir la cause de / *it was a big blow to her pride* son orgueil en a pris un coup
2. UK *drugs sl* [marijuana] herbe *f* ; US *drugs sl* [cocaine] cocaïne *f*
◆ **blow away** vt sep **1.** [subj: wind] chasser, disperser ▸ **let's take a walk to blow away the cobwebs** UK allons nous promener pour nous changer les idées **2.** US *inf* [defeat completely] écraser, battre à plate couture **3.** US *inf* [impress] : *it really blew me away!* j'ai trouvé ça génial !
◆ **blow off** ❖ vi s'envoler. ❖ vt **1.** US *inf* to blow sb off ; [not turn up] poser un lapin à qqn ; [ignore] snober qqn ; [rebuff] (se) prendre un râteau / *don't try to blow me off* n'essaie pas de te débarrasser de moi **2.** *vulg* [perform oral sex on] faire une pipe à qqn.
◆ **blow out** ❖ vt sep [candle] souffler. ❖ vi **1.** [candle] s'éteindre **2.** [tyre] éclater.
◆ **blow over** vi se calmer.
◆ **blow up** ❖ vt sep **1.** [inflate] gonfler **2.** [with bomb] faire sauter **3.** [photograph] agrandir. ❖ vi exploser.

blow-by-blow adj *fig* détaillé(e).

blow-dry ❖ noun Brushing® *m*. ❖ vt faire un Brushing® à.

blowlamp UK ['bləʊlæmp], **blowtorch** ['bləʊtɔːtʃ] noun chalumeau *m*, lampe *f* à souder.

blown [bləʊn] pp ⟶ blow.

blowout ['bləʊaʊt] noun **1.** US [of tyre] éclatement *m* **2.** UK *inf* [big meal] grande bouffe *f*, gueuleton *m* **3.** [of gas] éruption *f*.

blowtorch = blowlamp.

blowzy ['blaʊzɪ] adj UK négligé(e).

BLT (*abbr of* **bacon, lettuce and tomato**) noun *sandwich avec du bacon, de la laitue et de la tomate.*

blubber ['blʌbəʳ] ❖ noun graisse *f* de baleine. ❖ vi *inf* & *pej* chialer, pleurer comme un veau.

bludgeon ['blʌdʒən] vt matraquer.

blue [bluː] ❖ adj **1.** [colour] bleu(e) **2.** *inf* [sad] triste, cafardeux(euse) **3.** *inf* & *dated* [pornographic] porno *(inv)*. ❖ noun bleu *m* ▸ **in blue** en bleu ▸ **out of the blue** a) [happen] subitement b) [arrive] à l'improviste.
◆ **blues** pl n ▸ **the blues** a) MUS le blues b) *inf* [sad feeling] le blues, le cafard.

bluebell ['bluːbel] noun jacinthe *f* des bois.

blueberry ['bluːbərɪ] noun myrtille *f*.

bluebird ['bluːbɜːd] noun oiseau *m* bleu.

blue-black adj bleu noir *(inv)*.

blue-blooded [-'blʌdɪd] adj de sang noble, qui a du sang bleu.

bluebottle ['bluːˌbɒtl] noun mouche *f* bleue, mouche de la viande.

blue cheese noun (fromage *m*) bleu *m*.

blue chip noun FIN valeur *f* sûre, titre *m* de premier ordre. ◆ **blue-chip** comp de premier ordre.

blue-collar adj manuel(elle).

blue-eyed boy [-aɪd-] noun UK *inf* chouchou *m*.

blue jeans pl n US blue-jean *m*, jean *m*.

blue moon noun ▸ **once in a blue moon** tous les trente-six du mois.

blueprint ['bluːprɪnt] noun [photographic] photocalque *m* ; *fig* plan *m*, projet *m*.

blue-sky comp ▸ **blue-sky research** recherches *fpl* sans applications immédiates.

blue tit noun UK mésange *f* bleue.

Bluetooth ['bluːtuːθ] noun TELEC technologie *f* Bluetooth.

bluff [blʌf] ❖ adj franc (franche). ❖ noun **1.** [deception] bluff *m* ▸ **to call sb's bluff** prendre qqn au mot **2.** [cliff] falaise *f* à pic. ❖ vt bluffer, donner le change à. ❖ vi faire du bluff, bluffer.

blunder ['blʌndəʳ] ❖ noun gaffe *f*, bévue *f*. ❖ vi **1.** [make mistake] faire une gaffe, commettre une bévue **2.** [move clumsily] avancer d'un pas maladroit.

blunt [blʌnt] ❖ adj **1.** [knife] émoussé(e) ; [pencil] épointé(e) ; [object, instrument] contondant(e) **2.** [person, manner] direct(e), carré(e). ❖ vt *lit* & *fig* émousser.

bluntly ['blʌntlɪ] adv carrément, brutalement.

bluntness ['blʌntnɪs] noun brusquerie *f*.

blur [blɜːʳ] ❖ noun forme *f* confuse, tache *f* floue. ❖ vt (*pt & pp* **-red**, *cont* **-ring**) **1.** [vision] troubler, brouiller **2.** [distinction] rendre moins net (nette).

blurb [blɜːb] noun texte *m* publicitaire.

blurred [blɜːd] adj **1.** [photograph] flou(e) **2.** [vision] trouble **3.** [distinction] peu net (nette), vague.

blurt [blɜːt] ◆ **blurt out** vt sep laisser échapper.

blush [blʌʃ] ❖ noun rougeur *f*. ❖ vi rougir.

blusher ['blʌʃəʳ] noun UK fard *m* à joues, blush *m*.

bluster ['blʌstəʳ] ❖ noun *(U)* propos *mpl* coléreux. ❖ vi tempêter.

blustery ['blʌstərɪ] adj venteux(euse).

BMA (*abbr of* **British Medical Association**) noun *ordre britannique des médecins.*

B-movie noun film *m* de série B.

BMX (*abbr of* **bicycle motorcross**) noun bicross *m*.

BN MESSAGING *written abbr of* **been**.

BO *abbr of* **body odour**.

boa constrictor ['bəʊəkən'strɪktəʳ] noun boa *m* constricteur.

boar [bɔːʳ] noun **1.** [male pig] verrat *m* **2.** [wild pig] sanglier *m*.

board [bɔːd] ❖ noun **1.** [plank] planche *f* **2.** [for notices] panneau *m* d'affichage **3.** [for games - gen] tableau *m* ; [- for chess] échiquier *m* **4.** [blackboard] tableau *m* (noir) **5.** [of company] ▸ **board (of directors)**

conseil *m* d'administration / *who's on the board?* qui siège au conseil d'administration ? **6.** [committee] comité *m*, conseil *m* ▸ **board of examiners** jury *m* d'examen **7.** UK [at hotel, guesthouse] pension *f* ▸ **board and lodging** pension ▸ **full board** pension complète ▸ **half board** demi-pension *f* **8.** ▸ **on board** [on ship, plane, bus, train] à bord **9.** PHR **to take sthg on board** **a)** [knowledge] assimiler qqch **b)** [advice] accepter qqch ▸ **above board** régulier(ère), dans les règles ▸ **across the board** **a)** [agreement] général(e) **b)** [apply] de façon générale ▸ **to go by the board** aller à vau-l'eau, être abandonné(e) ▸ **to sweep the board** tout rafler OR gagner. ❖ vt [ship, aeroplane] monter à bord de ; [train, bus] monter dans. ❖ vi : *the flight is now boarding at gate 3* embarquement immédiat du vol porte 3.

boarder ['bɔːdər] noun **1.** [lodger] pensionnaire *mf* **2.** [at school] interne *mf*, pensionnaire *mf*.

board game noun jeu *m* de société.

boarding card ['bɔːdɪŋ-] noun carte *f* d'embarquement.

boarding house ['bɔːdɪŋhaʊs] (*pl* [-haʊzɪz]) noun *dated* pension *f* de famille.

boarding pass ['bɔːdɪŋ-] noun carte *f* d'embarquement.

boarding school ['bɔːdɪŋ-] noun pensionnat *m*, internat *m*.

board meeting noun réunion *f* du conseil d'administration.

Board of Trade pr n ▸ **the Board of Trade** **a)** UK le ministère du Commerce **b)** US la chambre de commerce.

boardroom ['bɔːdrʊm] noun salle *f* du conseil (d'administration).

boardwalk ['bɔːdwɔːk] noun US trottoir *m* en planches.

boast [bəʊst] ❖ noun vantardise *f*, fanfaronnade *f*. ❖ vt [special feature] s'enorgueillir de. ❖ vi ▸ **to boast (about)** se vanter (de).

boastful ['bəʊstfʊl] adj vantard(e), fanfaron(onne).

boat [bəʊt] noun [large] bateau *m* ; [small] canot *m*, embarcation *f* ▸ **by boat** en bateau ▸ **to be in the same boat** être logé(e) à la même enseigne.

boater ['bəʊtər] noun [hat] canotier *m*.

boating ['bəʊtɪŋ] noun canotage *m*.

boatswain ['bəʊsn], **bosun** ['bəʊsn] noun maître *m* d'équipage.

bob [bɒb] ❖ noun **1.** [hairstyle] coupe *f* au carré **2.** UK *inf* & *dated* [shilling] shilling *m* **3.** = **bobsleigh.** ❖ vi (*pt & pp* **-bed**, *cont* **-bing**) [boat, ship] tanguer.

Bob [bɒb] pr n ▸ **Bob's your uncle!** *inf* et voilà le travail !

bobbin ['bɒbɪn] noun bobine *f*.

bobble [bɒbl] noun pompon *m*.

bobby ['bɒbɪ] (*pl* **-ies**) noun UK *inf* & *dated* agent *m* de police.

bobsleigh UK ['bɒbsleɪ], **bobsled** US ['bɒbsled] noun bobsleigh *m*.

bode [bəʊd] vi *liter* ▸ **to bode ill / well (for)** être de mauvais/bon augure (pour).

bodge [bɒdʒ] vt UK *inf* **1.** [spoil] saboter, bousiller **2.** [mend clumsily] rafistoler.

bodice ['bɒdɪs] noun corsage *m*.

bodily ['bɒdɪlɪ] ❖ adj [needs] matériel(elle) ; [pain] physique. ❖ adv [lift, move] à bras-le-corps.

body ['bɒdɪ] (*pl* **-ies**) noun **1.** [of person] corps *m* ▸ **to keep body and soul together** subsister **2.** [corpse] corps *m*, cadavre *m* ▸ **over my dead body!** il faudra d'abord me passer sur le corps ! **3.** [organization] organisme *m*, organisation *f* **4.** [of car] carrosserie *f* ; [of plane] fuselage *m* **5.** [mass] masse *f* / *a body of water* un plan d'eau / *a growing body of evidence* une accumulation de preuves / *the body of public opinion* la majorité de l'opinion publique / *the main body of voters* le gros des électeurs **6.** *(U)* [of wine] corps *m* **7.** *(U)* [of hair] volume *m* **8.** UK [garment] body *m*.

bodybuilder ['bɒdɪbɪldər] noun [person] culturiste *mf* ; [machine] extenseur *m* ; [food] aliment *m* énergétique.

body building noun culturisme *m*.

bodyguard ['bɒdɪgɑːd] noun garde *m* du corps.

body language noun langage *m* du corps.

body lotion noun lait *m* corporel.

body odour UK, **body odor** US noun odeur *f* corporelle.

body piercing noun piercing *m*.

bodysurf vi SPORT body-surfer.

bodysurfing noun SPORT body-surfing *m*.

body warmer [-ˌwɔːmər] noun gilet *m* matelassé.

bodywork ['bɒdɪwɜːk] noun carrosserie *f*.

boffin ['bɒfɪn] noun UK *inf* savant *m*.

bog [bɒg] noun **1.** [marsh] marécage *m* **2.** UK *v inf* [toilet] chiottes *fpl*. ◆ **bog off** vi UK *v inf* : *oh, bog off!* dégage !

bogey ['bəʊgɪ] noun GOLF bogey *m*.

bogged down [ˌbɒgd-] adj **1.** *fig* [in work] ▸ **bogged down (in)** submergé(e) (de) **2.** [car] ▸ **bogged down (in)** enlisé(e) (dans).

boggle ['bɒgl] vi ▸ **the mind boggles!** ce n'est pas croyable !, on croit rêver !

boggy ['bɒgɪ] adj marécageux(euse).

bogie ['bəʊgɪ] noun RAIL bogie *m*.

bog-standard adj UK *inf* [restaurant, food] ordinaire, médiocre ; [film, book] sans intérêt, médiocre ; [hotel] standard *(inv)*, médiocre.

bogus ['bəʊgəs] adj faux (fausse), bidon *(inv)*.

bohemian [bəʊ'hiːmjən] ❖ adj [person] bohème ; [lifestyle] de bohème. ❖ noun bohème *mf*. ◆ **Bohemian** ❖ adj bohémien(enne). ❖ noun Bohémien *m*, -enne *f*.

boil [bɔɪl] ❖ noun **1.** MED furoncle *m* **2.** [boiling point] ▸ **to bring sthg to the boil** porter qqch à ébullition ▸ **to come to the boil** venir à ébullition. ❖ vt **1.** [water, food] faire bouillir **2.** [kettle] mettre sur le feu. ❖ vi [water] bouillir. ◆ **boil away** vi [evaporate] s'évaporer. ◆ **boil down to** vt insep *fig* revenir à, se résumer à. ◆ **boil over** vi **1.** [liquid] déborder **2.** *fig* [feelings] exploser.

boiled ['bɔɪld] adj bouilli(e) ▸ **boiled egg** œuf *m* à la coque ▸ **boiled sweet** UK bonbon *m* (à sucer).

boiler ['bɔɪləʳ] noun chaudière *f*.

boiler suit noun UK bleu *m* de travail.

boiling ['bɔɪlɪŋ] adj **1.** [liquid] bouillant(e) **2.** *inf* [weather] très chaud(e), torride ; [person] : *I'm boiling (hot)!* je crève de chaleur ! **3.** [angry] ▸ **boiling with rage** en rage, écumant(e) de rage.

boiling point noun point *m* d'ébullition.

boisterous ['bɔɪstərəs] adj turbulent(e), remuant(e).

bold [bəʊld] adj **1.** [confident] hardi(e), audacieux(euse) **2.** [lines, design] hardi(e) ; [colour] vif (vive), éclatant(e) **3.** TYPO ▸ **bold type** OR **print** caractères *mpl* gras.

boldly ['bəʊldlɪ] adv hardiment, avec audace.

boldness ['bəʊldnɪs] noun **1.** [courage] intrépidité *f*, audace *f* **2.** [impudence] impudence *f*, effronterie *f* **3.** [force] vigueur *f*, hardiesse *f*.

Bolivia [bə'lɪvɪə] noun Bolivie *f* ▸ **in Bolivia** en Bolivie.

Bolivian [bə'lɪvɪən] ❖ adj bolivien(enne). ❖ noun Bolivien *m*, -enne *f*.

bollard ['bɒlɑ:d] noun UK [on road] borne *f*.

bollocking ['bɒləkɪŋ] noun UK *v inf* engueulade *f* / *he got / she gave him a right bollocking* il a reçu / elle lui a passé un sacré savon.

bollocks ['bɒləks] UK *v inf* ❖ pl n couilles *fpl*. ❖ excl quelles conneries !

Bolshevik ['bɒlʃɪvɪk] ❖ adj bolchevique. ❖ noun bolchevique *mf*.

bolshie, bolshy UK *inf* ❖ noun ['bɒlʃɪ] rouge *mf*. ❖ adj **1.** [intractable] ronchon(onne) **2.** POL rouge.

bolster ['bəʊlstəʳ] ❖ noun [pillow] traversin *m*. ❖ vt renforcer, affirmer. ◆ **bolster up** vt sep soutenir, appuyer.

bolt [bəʊlt] ❖ noun **1.** [on door, window] verrou *m* **2.** [type of screw] boulon *m*. ❖ adv ▸ **bolt upright** droit(e) comme un piquet. ❖ vt **1.** [fasten together] boulonner **2.** [close - door, window] verrouiller, fermer au verrou **3.** [food] engouffrer, engloutir. ❖ vi [run] détaler.

bomb [bɒm] ❖ noun bombe *f*. ❖ vt bombarder.

bombard [bɒm'bɑ:d] vt *lit* & *fig* ▸ **to bombard (with)** bombarder (de).

bombardment [bɒm'bɑ:dmənt] noun bombardement *m*.

bombastic [bɒm'bæstɪk] adj pompeux(euse).

bombed-out adj *inf* **1.** [exhausted] crevé(e), nase **2.** [very crowded] plein(e) à craquer **3.** [drunk] bourré(e), beurré(e) ; [on drugs] défoncé(e).

bomber ['bɒməʳ] noun **1.** [plane] bombardier *m* **2.** [person] plastiqueur *m*.

bomber jacket noun blouson *m* d'aviateur.

bombing ['bɒmɪŋ] noun bombardement *m*.

bombproof ['bɒmpru:f] adj à l'épreuve des bombes.

bombshell ['bɒmʃel] noun *fig* bombe *f*.

bombsight ['bɒmsaɪt] noun viseur *m* de bombardement.

bombsite ['bɒmsaɪt] noun lieu *m* bombardé.

bona fide [,bəʊnə'faɪdɪ] adj [genuine] véritable, authentique ; [offer] sérieux(euse).

bonanza [bə'nænzə] noun aubaine *f*, filon *m*.

bonce [bɒns] noun UK *inf* caboche *f*.

bond [bɒnd] ❖ noun **1.** [between people] lien *m* **2.** [promise] engagement *m* **3.** FIN bon *m*, titre *m*. ❖ vt **1.** [glue] ▸ **to bond sthg to sthg** coller qqch sur qqch **2.** *fig* [people] unir. ❖ vi **1.** [stick together] ▸ **to bond (together)** être collé(e) (ensemble) **2.** *fig* [people] établir des liens.

bondage ['bɒndɪdʒ] noun servitude *f*, esclavage *m*.

bonding ['bɒndɪŋ] noun **1.** PSYCHOL liens *mpl* affectifs **2.** [of two objects] collage *m* **3.** ELEC système *m* OR circuit *m* régulateur de tension **4.** CONSTR liaison *f*.

bone [bəʊn] ❖ noun [generally] os *m* ; [of fish] arête *f* ▸ **bone of contention** pomme *f* de discorde ▸ **to feel** OR **know sthg in one's bones** avoir le pressentiment de qqch ▸ **I have a bone to pick with you** j'ai un compte à régler avec toi ▸ **to make no bones about sthg** ne pas cacher qqch. ❖ vt [meat] désosser ; [fish] enlever les arêtes de.

bone china noun porcelaine *f* tendre.

bone-dry adj tout à fait sec (sèche).

bonehead ['bəʊnhed] noun *inf* crétin *m*, -e *f*, imbécile *mf*.

bone-idle adj UK *inf* paresseux(euse) comme une couleuvre OR un lézard.

boneless ['bəʊnlɪs] adj [meat] sans os ; [fish] sans arêtes.

bone marrow noun moelle *f* osseuse.

boner ['bəʊnəʳ] noun **1.** US [blunder] gaffe *f*, bourde *f* ▸ **to pull a boner** faire une gaffe **2.** *vulg* [erection] ▸ **to have a boner** bander.

bonfire ['bɒn,faɪəʳ] noun [for fun] feu *m* de joie ; [to burn rubbish] feu.

Bonfire Night noun UK le 5 novembre *(commémoration de la tentative de Guy Fawkes de faire sauter le Parlement en 1605)*.

bongo ['bɒŋgəʊ] (*pl* **-s** *or* **-es**) noun ▸ **bongo (drum)** bongo *m*.

bonhomie ['bɒnəmi:] noun *fml* bonhomie *f*.

bonk [bɒŋk] *v inf* & *hum* ❖ vi s'envoyer en l'air. ❖ vt s'envoyer en l'air avec. ❖ noun partie *f* de jambes en l'air.

bonkers ['bɒŋkəz] adj UK *inf* fou *(before vowel or silent 'h' **fol**)* (folle), cinglé(e).

Bonn [bɒn] noun Bonn.

bonnet ['bɒnɪt] noun **1.** UK [of car] capot *m* **2.** [hat] bonnet *m*.

bonny ['bɒnɪ] (*compar* **-ier**, *superl* **-iest**) adj Scot beau (belle), joli(e).

bonus ['bəʊnəs] (*pl* **-es**) noun **1.** [extra money] prime *f*, gratification *f* **2.** *fig* [added advantage] plus *m*.

bony ['bəʊnɪ] (*compar* **-ier**, *superl* **-iest**) adj **1.** [person, hand, face] maigre, osseux(euse) **2.** [meat] plein(e) d'os ; [fish] plein(e) d'arêtes.

boo [bu:] ❖ excl hou ! ❖ noun (*pl* **-s**) huée *f*. ❖ vt & vi huer.

boob [bu:b] UK, **boo-boo** [bu:bu:] noun *inf* **1.** [mistake] gaffe *f*, bourde *f* **2.** US [injury] bobo *m*. ◆ **boobs** pl n *v inf* nichons *mpl*.

booby prize ['bu:bɪ-] noun prix *m* de consolation.

booby trap ['bu:bɪ-] noun **1.** [bomb] objet *m* piégé **2.** [practical joke] farce *f*. ◆ **booby-trap** vt piéger.

boogie ['bu:gɪ] *inf* ❖ noun ▸ **to have a boogie** danser. ❖ vi danser.

book [bʊk] ❖ noun **1.** [for reading] livre *m* ▸ **book lover** bibliophile *mf* / ***mathematics is a closed book to me*** je ne comprends rien aux mathématiques ▸ **to do sthg by the book** faire qqch selon les règles ▸ **he can read her like a book** pour lui elle est transparente ▸ **to throw the book at sb** donner le maximum à qqn **2.** [of stamps, tickets, cheques] carnet *m* ; [of matches] pochette *f*. ❖ vt **1.** [reserve - gen] réserver ; [- performer] engager ▸ **to be fully booked** être complet(ète) / ***have you already booked your trip?*** avez-vous déjà fait les réservations pour votre voyage ? **2.** [engage] embaucher, engager / ***he's booked solid until next week*** il est complètement pris jusqu'à la semaine prochaine **3.** *inf* [subj: police] coller un PV à / ***he was booked for speeding*** il a attrapé une contravention pour excès de vitesse **4.** UK FOOT prendre le nom de. ❖ vi réserver. ◆ **books** pl n COMM livres *mpl* de comptes ▸ **to do the books** tenir les livres ▸ **to be in sb's bad books** être mal vu(e) de qqn ▸ **to be in sb's good books** être dans les petits papiers de qqn. ◆ **book in** UK ❖ vt sep réserver une chambre à. ❖ vi [at hotel] prendre une chambre. ◆ **book up** vt sep réserver, retenir.

bookable ['bʊkəbl] adj UK **1.** [seats, tickets] qu'on peut réserver OR louer **2.** FOOT [offence] pour laquelle l'arbitre donne un carton jaune.

bookbinding ['bʊk,baɪndɪŋ] noun reliure *f*.

bookcase ['bʊkkeɪs] noun bibliothèque *f*.

bookend ['bʊkend] noun serre-livres *m inv*, presse-livres *m inv*.

book group noun club *m* de lecture.

bookie ['bʊkɪ] noun *inf* bookmaker *m*, book *m*.

booking ['bʊkɪŋ] noun **1.** [reservation] réservation *f* **2.** UK FOOT ▸ **to get a booking** recevoir un carton jaune.

booking clerk noun UK préposé *m*, -e *f* à la location OR la vente des billets.

booking office noun UK bureau *m* de réservation OR location.

bookish ['bʊkɪʃ] adj [person] studieux(euse), qui aime la lecture.

bookkeeper ['bʊk,ki:pəʳ] noun comptable *mf*.

bookkeeping ['bʊk,ki:pɪŋ] noun comptabilité *f*.

booklet ['bʊklɪt] noun brochure *f*.

bookmaker ['bʊk,meɪkəʳ] noun bookmaker *m*.

bookmark ['bʊkmɑ:k] ❖ noun signet *m*. ❖ vt : ***to bookmark a site*** mettre un signet à un site.

bookseller ['bʊk,seləʳ] noun libraire *mf*.

bookshelf ['bʊkʃelf] (*pl* **-shelves**) noun rayon *m* OR étagère *f* à livres.

bookshop UK ['bʊkʃɒp], **bookstore** US ['bʊkstɔ:ʳ] noun librairie *f*.

bookstall ['bʊkstɔ:l] noun UK kiosque *m* (à journaux).

bookstore ['bʊkstɔ:ʳ] US = **bookshop**.

book token noun UK chèque-livre *m*.

bookworm ['bʊkwɜ:m] noun rat *m* de bibliothèque.

boom [bu:m] ❖ noun **1.** [loud noise] grondement *m* **2.** [in business, trade] boom *m* **3.** NAUT bôme *f* **4.** [for TV camera, microphone] girafe *f*, perche *f*. ❖ vi **1.** [make noise] gronder **2.** [business, trade] être en plein essor OR en hausse.

boomerang ['bu:məræŋ] noun boomerang *m*.

booming ['bu:mɪŋ] ❖ adj **1.** [sound] retentissant(e) **2.** [business] prospère, en plein essor. ❖ noun [gen] retentissement *m* ; [of guns, thunder] grondement *m* ; [of waves] grondement *m*, mugissement *m* ; [of organ] ronflement *m* ; [of voice] rugissement *m*, grondement *m*.

boom town noun ville *f* en plein essor, ville-champignon *f*.

boon [bu:n] noun avantage *m*, bénédiction *f*.

boor [bʊəʳ] noun butor *m*, rustre *m*.

boorish ['bʊərɪʃ] adj rustre, grossier(ère).

boost [bu:st] ❖ noun [to production, sales] augmentation *f* ; [to economy] croissance *f* ▸ **to give a boost to** stimuler. ❖ vt **1.** [production, sales] accroître, stimuler **2.** [popularity] accroître, renforcer ▸ **to boost sb's spirits** OR **morale** remonter le moral à qqn.

booster ['bu:stəʳ] noun MED rappel *m* / ***booster shot*** piqûre *f* de rappel.

booster seat noun AUTO (siège *m*) rehausseur *m*.

boot [bu:t] ❖ noun **1.** [for walking, sport] chaussure *f* **2.** [fashion item] botte *f* **3.** UK [of car] coffre *m*. ❖ vt *inf* flanquer des coups de pied à. ◆ **to boot** adv par-dessus le marché, en plus. ◆ **boot out** vt sep *inf* flanquer à la porte.

boot camp noun US *inf* MIL camp *m* d'entraînement pour nouvelles recrues.

bootcut ['bu:tkʌt] adj [pantalon, jean] trompette.

boot disk noun COMPUT disque *m* de démarrage.

booth [bu:ð] noun **1.** [at fair] baraque *f* foraine **2.** [telephone booth] cabine *f* **3.** [voting booth] isoloir *m*.

bootleg ['bu:tleg] adj *inf* [recording] pirate ; [whisky] de contrebande.

bootlicker ['bu:t,lɪkəʳ] noun *inf* lèche-bottes *mf inv*.

booty ['bu:tɪ] noun butin *m*.

booze [bu:z] *inf* ❖ noun *(U)* alcool *m*, boisson *f* alcoolisée. ❖ vi picoler, lever le coude.

boozer ['bu:zəʳ] noun *inf* **1.** [person] picoleur *m*, -euse *f* **2.** UK [pub] pub *m*.

booze-up noun UK *inf* beuverie *f*, soûlerie *f* / *to have a booze-up* prendre une cuite.

boozy ['bu:zɪ] *(compar* **-ier**, *superl* **-iest**) adj *inf* [person] soûlard(e) ; [party, evening] de soûlographie.

bop [bɒp] *inf* ❖ noun **1.** [hit] coup *m* **2.** [disco, dance] boum *f*. ❖ vt *(pt & pp* **-ped**, *cont* **-ping**) [hit] taper, donner un coup à. ❖ vi *(pt & pp* **-ped**, *cont* **-ping**) [dance] danser.

border ['bɔ:dəʳ] ❖ noun **1.** [between countries] frontière *f* **2.** [edge] bord *m* **3.** [in garden] bordure *f*. ❖ vt **1.** [country] toucher à, être limitrophe de **2.** [edge] border. ◆ **border on** vt insep friser, être voisin(e) de.

borderline ['bɔ:dəlaɪn] ❖ adj ▸ **borderline case** cas *m* limite. ❖ noun *fig* limite *f*, ligne *f* de démarcation.

bore [bɔ:ʳ] ❖ pt ⟶ **bear**. ❖ noun **1.** [person] raseur *m*, -euse *f* ; [situation, event] corvée *f* **2.** [of gun] calibre *m*. ❖ vt **1.** [not interest] ennuyer, raser ▸ **to bore sb stiff** OR **to tears** OR **to death** ennuyer qqn à mourir **2.** [drill] forer, percer.

bored [bɔ:d] adj [person] qui s'ennuie ; [look] d'ennui ▸ **to be bored with** en avoir assez de / *I'm bored with this book* ce livre m'ennuie.

boredom ['bɔ:dəm] noun *(U)* ennui *m*.

boring ['bɔ:rɪŋ] adj ennuyeux(euse), assommant(e).

born [bɔ:n] adj né(e) ▸ **to be born** naître / *I was born in 1965* je suis né(e) en 1965 / *when were you born?* quelle est ta date de naissance ? ▸ **born and bred** né(e) et élevé(e).

born-again Christian noun évangéliste *mf*.

borne [bɔ:n] pp ⟶ **bear**.

Borneo ['bɔ:nɪəʊ] noun Bornéo *m* ▸ **in Borneo** à Bornéo.

borough ['bʌrə] noun municipalité *f*.

borrow ['bɒrəʊ] vt emprunter ▸ **to borrow sthg (from sb)** emprunter qqch (à qqn).

borrower ['bɒrəʊəʳ] noun emprunteur *m*, -euse *f*.

borrowing ['bɒrəʊɪŋ] noun emprunt *m*.

Bosnia ['bɒznɪə] noun Bosnie *f* ▸ **in Bosnia** en Bosnie.

Bosnia-Herzegovina [-ˌhɜ:tsəgə'vi:nə] noun Bosnie-Herzégovine *f*.

Bosnian ['bɒznɪən] ❖ adj bosniaque. ❖ noun Bosniaque *mf*.

bosom ['bʊzəm] noun ANAT poitrine *f*, seins *mpl* ; *fig* sein *m* ▸ **bosom friend** ami *m*, -e *f* intime.

boss [bɒs] ❖ noun patron *m*, -onne *f*, chef *m* / *I'll show you who's boss!* je vais te montrer qui est le chef ! ▸ **to be one's own boss** travailler à son compte. ❖ vt *pej* donner des ordres à, régenter. ◆ **boss about, boss around** vt sep *pej* donner des ordres à, régenter.

boss-eyed adj UK *inf* qui louche.

bossy ['bɒsɪ] *(compar* **-ier**, *superl* **-iest**) adj *pej* autoritaire.

bosun ['bəʊsn] = **boatswain**.

bot [bɒt] noun COMPUT bot *m* informatique, robogiciel *m*.

botanical garden noun jardin *m* botanique.

botanist ['bɒtənɪst] noun botaniste *mf*.

botany ['bɒtənɪ] noun botanique *f*.

botch [bɒtʃ] ◆ **botch up** vt sep *inf* bousiller, saboter.

both [bəʊθ] ❖ adj les deux. ❖ pron ▸ **both (of them)** (tous) les deux (toutes) les deux) / *both of us are coming* on vient tous les deux. ❖ adv : *she is both intelligent and amusing* elle est à la fois intelligente et drôle.

bother ['bɒðəʳ] ❖ vt **1.** [worry] ennuyer, inquiéter ▸ **to bother o.s. (about)** se tracasser (au sujet de) ▸ **I can't be bothered to do it** UK je n'ai vraiment pas envie de le faire **2.** [pester, annoy] embêter / *I'm sorry to bother you* excusez-moi de vous déranger. ❖ vi ▸ **to bother about sthg** s'inquiéter de qqch ▸ **don't bother (to do it)** ce n'est pas la peine (de le faire) / *don't bother getting up* ne vous donnez pas la peine de vous lever. ❖ noun *(U)* UK embêtement *m* / *I hope I'm not putting you to any bother* j'espère que je ne vous cause pas trop de dérangement / *it's no bother at all* cela ne me dérange OR m'ennuie pas du tout.

bothered ['bɒðəd] adj inquiet(ète) / *I am really bothered that so many people are unemployed* cela m'inquiète que tant de personnes soient au chômage / *I am bothered about it* OR *I am bothered by it* UK cela me dérange.

Botox® ['bəʊtɒks] noun *(U)* MED Botox *m*.

Botswana [bɒ'tswɑ:nə] noun Botswana *m* ▸ **in Botswana** au Botswana.

bottle ['bɒtl] ❖ noun **1.** [gen] bouteille *f* ; [for medicine, perfume] flacon *m* ; [for baby] biberon *m* **2.** *(U)* UK *inf* [courage] cran *m*, culot *m*. ❖ vt [wine] mettre en bouteilles ; [fruit] mettre en bocal. ◆ **bottle out** vi UK *inf* se dégonfler. ◆ **bottle up** vt sep [feelings] refouler, contenir.

bottle bank noun UK container *m* pour verre usagé.

bottled ['bɒtld] adj en bouteille.

bottle-fed adj élevé(e) OR allaité(e) au biberon.

bottle-feed vt allaiter OR nourrir au biberon.

bottleneck ['bɒtlnek] noun **1.** [in traffic] bouchon *m*, embouteillage *m* **2.** [in production] goulet *m* d'étranglement.

bottle-opener noun ouvre-bouteilles *m inv*, décapsuleur *m*.

bottle party noun soirée *f (où chacun apporte quelque chose à boire)*.

bottom ['bɒtəm] ❖ adj **1.** [lowest] du bas / *the bottom half of the chart* la partie inférieure du tableau / *the bottom floor* le rez-de-chaussée / *the bottom end of the table* le bas de la table **2.** [in class] dernier(ère) / *the bottom half of the class / list* la deuxième moitié de la classe / liste. ❖ noun **1.** [of bottle, lake, garden] fond *m* ; [of page, ladder, street] bas *m* ; [of hill] pied *m* / *at the bottom of page one* au bas de la OR en bas de page un / *at the bottom of the street / garden* au bout de la rue / du jardin / *I believe, at the bottom of my heart, that...* je crois, au fond de moi-même, que... **2.** [of scale] bas *m* ; [of class] dernier *m*, -ère *f* / *he's (at the) bottom of his class* il est le dernier de sa classe / *you're at the bottom of the list* vous êtes en queue de liste / *you have to start at the bottom and work your way up* vous devez commencer au plus bas et monter dans la hiérarchie à la force du poignet **3.** [buttocks] derrière *m* **4.** [cause] : *what's at the bottom of it?* qu'est-ce qui en est la cause ? ▸ **to get to the bottom of sthg** aller au fond de qqch, découvrir la cause de qqch / *I'm sure she's at the bottom of all this* je suis sûr que c'est elle qui est à l'origine de cette histoire **5.** [of two-piece garment] bas *m* / *pyjama bottoms* bas de pyjama. ◆ **bottom out** vi atteindre son niveau le plus bas.

bottomless ['bɒtəmlɪs] adj **1.** [very deep] sans fond **2.** [endless] inépuisable.

bottom line noun *fig* ▸ **the bottom line** l'essentiel *m*.

bottommost ['bɒtəmməʊst] adj le plus bas (la plus basse).

bottom-of-the-range adj bas de gamme.

bottom-up adj [design, approach, democracy] ascendant(e).

botulism ['bɒtjʊlɪzm] noun botulisme *m*.

bough [baʊ] noun branche *f*.

bought [bɔːt] pt & pp ⟶ **buy**.

boulder ['bəʊldəʳ] noun rocher *m*.

boulevard ['buːləvɑːd] noun boulevard *m*.

bounce [baʊns] ❖ vi **1.** [ball] rebondir ; [person] sauter / *the ball bounced down the steps* la balle a rebondi de marche en marche **2.** [light] être réfléchi(e) ; [sound] être renvoyé(e) **3.** *inf* [cheque] être sans provision **4.** [e-mail] ne pas être livré. ❖ vt **1.** [ball] faire rebondir / *he bounced the baby on his knee* il a fait sauter l'enfant sur son genou **2.** *inf* [cheque] : *the bank bounced my cheque* la banque a refusé mon chèque. ❖ noun rebond *m*. ◆ **bounce back** vi *fig* se remettre vite.

bounce message noun rapport *m* de non livraison *(d'un e-mail)*.

bouncer ['baʊnsəʳ] noun *inf* videur *m*.

bouncy ['baʊnsɪ] (*compar* **-ier**, *superl* **-iest**) adj **1.** [lively] dynamique **2.** [ball] qui rebondit ; [bed] élastique, souple.

bound [baʊnd] ❖ pt & pp ⟶ **bind.** ❖ adj **1.** [certain] : *he's bound to win* il va sûrement gagner / *she's bound to see it* elle ne peut pas manquer de le voir / *it was bound to happen* c'était à prévoir / *but he's bound to say that* mais il est certain que c'est cela qu'il va dire **2.** [obliged] ▸ **to be bound to do sthg** être obligé(e) OR tenu(e) de faire qqch ▸ **I'm bound to say / admit that...** je dois dire / reconnaître que... / *they are bound by the treaty to take action* l'accord les oblige à prendre des mesures / *the teacher felt bound to report them* l'enseignant s'est cru obligé de les dénoncer **3.** [for place] ▸ **to be bound for a)** [subj: person] être en route pour **b)** [subj: plane, train] être à destination de. ❖ noun [leap] bond *m*, saut *m*. ❖ vt ▸ **to be bounded by a)** [subj: field] être limité(e) OR délimité(e) par **b)** [subj: country] être limitrophe de / *a country bounded on two sides by the sea* un pays limité par la mer de deux côtés. ❖ vi [leap] bondir, sauter / *the children bounded into / out of the classroom* les enfants sont entrés dans / sortis de la salle de classe en faisant des bonds. ◆ **bounds** pl n limites *fpl* / *the situation has gone beyond the bounds of all reason* la situation est devenue complètement aberrante OR insensée / *her rage knew no bounds* sa colère était sans bornes / *within the bounds of possibility* dans la limite du possible ▸ **out of bounds** interdit, défendu.

-bound suffix **1.** [restricted] confiné(e) / *house-bound* confiné à la maison / *snow-bound road* route *f* complètement enneigée **2.** [heading towards] : *a south-bound train* un train en partance pour le Sud / *city-bound traffic* circulation *f* en direction du centre-ville.

boundary ['baʊndərɪ] (*pl* **-ies**) noun [gen] frontière *f* ; [of property] limite *f*, borne *f*.

boundless ['baʊndlɪs] adj illimité(e), sans bornes.

bountiful ['baʊntɪfʊl] adj *liter* [ample] abondant(e).

bounty ['baʊntɪ] noun *liter* [generosity] générosité *f*, libéralité *f*.

bouquet [bʊ'keɪ] noun bouquet *m*.

bourbon ['bɜːbən] noun bourbon *m*.

bourgeois ['bɔːʒwɑː] adj *pej* bourgeois(e).

bout [baʊt] noun **1.** [of illness] accès *m* ▸ **a bout of flu** une grippe **2.** [session] période *f* ▸ **a bout of drinking** une beuverie **3.** [boxing match] combat *m*.

boutique [buː'tiːk] noun boutique *f*.

bovine ['bəʊvaɪn] ❖ adj *lit* & *fig* bovin(e). ❖ noun bovin *m*.

bow¹ [baʊ] ❖ noun **1.** [in greeting] révérence *f* / *to take a bow* saluer **2.** [of ship] proue *f*, avant *m*. ❖ vt [head] baisser, incliner. ❖ vi **1.** [make a bow] saluer **2.** [defer] ▸ **to bow to** s'incliner devant. ◆ **bow down** vi s'incliner. ◆ **bow out** vi tirer sa révérence.

bow² [bəʊ] noun **1.** [weapon] arc *m* **2.** MUS archet *m* **3.** [knot] nœud *m* / *tie it in a bow* faites un nœud.

bowel ['baʊəl] noun [human] intestin *m* ; [animal] boyau *m*, intestin *m* / *a bowel disorder* troubles *mpl* intestinaux. ◆ **bowels** pl n ANAT intestins *mpl* ; *fig* entrailles *fpl* / *the bowels of the earth* les entrailles de la terre.

bowl [bəʊl] ❖ noun **1.** [container - gen] jatte *f*, saladier *m* ; [- small] bol *m* ; [- for washing up] cuvette *f* ▸ **sugar bowl** sucrier *m* **2.** [of toilet, sink] cuvette *f* ; [of pipe] fourneau *m*. ❖ vt CRICKET lancer. ❖ vi CRICKET lancer la balle. ◆ **bowls** noun *(U)* boules *fpl (sur herbe)*. ◆ **bowl over** vt sep *lit* & *fig* renverser.

bow-legged [ˌbəʊ'legɪd] adj aux jambes arquées.

bowler ['bəʊlər] noun **1.** CRICKET lanceur *m* **2.** UK ▸ **bowler (hat)** chapeau *m* melon.

bowling ['bəʊlɪŋ] noun *(U)* bowling *m*.

bowling alley noun [building] bowling *m* ; [alley] piste *f* de bowling.

bowling green noun terrain *m* de boules *(sur herbe)*.

bow tie [bəʊ-] noun nœud *m* papillon.

box [bɒks] ❖ noun **1.** [gen] boîte *f* **2.** THEAT loge *f* **3.** UK *inf* [television] ▸ **the box** la télé **4.** PHR **to think outside the box** réfléchir de façon créative. ❖ vi boxer, faire de la boxe ▸ **to box clever** *fig* ruser. ◆ **box in** vt sep **1.** [trap] coincer **2.** [enclose - pipes] encastrer.

boxed [bɒkst] adj en boîte, en coffret.

boxer ['bɒksəʳ] noun **1.** [fighter] boxeur *m*, -euse *f* **2.** [dog] boxer *m*.

boxer shorts pl n boxer-short *m*.

box file noun boîte *f* archive.

boxing ['bɒksɪŋ] noun boxe *f*.

Boxing Day noun *le 26 décembre*.

boxing glove noun gant *m* de boxe.

boxing ring noun ring *m*.

box number noun numéro *m* d'annonce, référence *f*.

box office noun bureau *m* de location.

boxroom ['bɒksrʊm] noun UK débarras *m*.

boy [bɔɪ] ❖ noun **1.** [male child] garçon *m* **2.** *inf* [male friend] : *I'm going out with the boys tonight* je sors avec mes potes ce soir. ❖ excl *inf* ▸ **(oh) boy!** ben, mon vieux !, ben, dis-donc !

boy band noun boy's band *m*.

boycott ['bɔɪkɒt] ❖ noun boycott *m*, boycottage *m*. ❖ vt boycotter.

boyfriend ['bɔɪfrend] noun copain *m*, petit ami *m*.

boyhood ['bɔɪhʊd] noun enfance *f*.

boyish ['bɔɪɪʃ] adj **1.** [appearance - of man] gamin(e) ; [- of woman] de garçon **2.** [behaviour] garçonnier(ère).

boy scout noun scout *m*, éclaireur *m*.

boy wonder noun petit génie *m*.

Br (*abbr of* **brother**) RELIG F.

bra [brɑː] noun soutien-gorge *m*.

brace [breɪs] ❖ noun **1.** [on teeth] appareil *m* (dentaire) **2.** [on leg] appareil *m* orthopédique **3.** [pair] paire *f*, couple *m*. ❖ vt **1.** [steady] soutenir, consolider ▸ **to brace o.s.** s'accrocher, se cramponner **2.** *fig* [prepare] ▸ **to brace o.s. (for sthg)** se préparer (à qqch). ◆ **braces** pl n **1.** UK [for trousers] bretelles *fpl* **2.** [for teeth] appareil *m* dentaire OR orthodontique.

bracelet ['breɪslɪt] noun bracelet *m*.

bracing ['breɪsɪŋ] adj vivifiant(e).

bracken ['brækn] noun fougère *f*.

bracket ['brækɪt] ❖ noun **1.** [support] support *m* **2.** [parenthesis - round] parenthèse *f* ; [- square] crochet *m* ▸ **in brackets** entre parenthèses/crochets **3.** [group] ▸ **age / income bracket** tranche *f* d'âge/de revenus. ❖ vt **1.** [enclose in brackets] mettre entre parenthèses/crochets **2.** [group] ▸ **to bracket sb / sthg (together) with** mettre qqn/qqch dans le même groupe que.

bracketing ['brækɪtɪŋ] noun **1.** [in parentheses] mise *f* entre parenthèses ; [in square brackets] mise *f* entre crochets **2.** [in a vertical list] réunion *f* par une accolade.

brackish ['brækɪʃ] adj saumâtre.

brag [bræg] (*pt & pp* **-ged**, *cont* **-ging**) vi se vanter.

braid [breɪd] ❖ noun **1.** [on uniform] galon *m* **2.** US [of hair] tresse *f*, natte *f*. ❖ vt US [hair] tresser, natter.

braille [breɪl] noun braille *m*.

brain [breɪn] noun cerveau *m* ▸ **he's got money on the brain** il ne pense qu'à l'argent. ◆ **brains** pl n [intelligence] intelligence *f* ▸ **to pick sb's brains** faire appel aux lumières de qqn ▸ **to rack** OR **cudgel one's brains** se creuser la tête OR la cervelle.

> **cerveau** OR **cervelle?**
>
> The anatomical term is **cerveau**; **cervelle** is used when brains are being referred to as a food item (**cervelle d'agneau**), or metaphorically to refer to the human mind (**se creuser la cervelle; il n'a rien dans la cervelle**).

brainbox ['breɪnbɒks] noun UK *inf* & *dated* [person] cerveau *m*.

brainchild ['breɪntʃaɪld] noun *inf* idée *f* personnelle, invention *f* personnelle.

brain dead adj dans un coma dépassé / *he's brain dead inf* & *pej* il n'a rien dans le cerveau.

brain drain noun fuite *f* OR exode *m* des cerveaux.

brainless ['breɪnlɪs] adj stupide.

brainpower ['breɪn,paʊəʳ] noun intelligence *f*.

brainstorm ['breɪnstɔːm] noun **1.** UK [mental aberration] moment *m* d'aberration **2.** US [brilliant idea] idée *f* géniale OR de génie.

brainstorming ['breɪn,stɔːmɪŋ] noun brainstorming *m*, remue-méninges *m inv*.

brainteaser ['breɪn,tiːzəʳ] noun colle *f*.

brainwash ['breɪnwɒʃ] vt faire un lavage de cerveau à.

brainwashing ['breɪnwɒʃɪŋ] noun lavage *m* de cerveau.

brainwave ['breɪnweɪv] noun UK idée *f* géniale OR de génie.

brainy ['breɪnɪ] (*compar* **-ier**, *superl* **-iest**) adj *inf* intelligent(e).

braise [breɪz] vt braiser.

brake [breɪk] ❖ noun *lit* & *fig* frein *m*. ❖ vi freiner.

brake light noun stop *m*, feu *m* arrière.

brake pedal noun (pédale *f* de) frein *m*.

bramble ['bræmbl] noun [bush] ronce *f* ; UK [fruit] mûre *f*.

bran [bræn] noun son *m*.

branch [brɑ:ntʃ] ❖ noun **1.** [of tree, subject] branche *f* **2.** [of railway] bifurcation *f*, embranchement *m* **3.** [of company] filiale *f*, succursale *f* ; [of bank] agence *f*. ❖ vi bifurquer. ◆ **branch off** vi bifurquer. ◆ **branch out** vi [person, company] étendre ses activités, se diversifier.

brand [brænd] ❖ noun **1.** COMM marque *f* **2.** *fig* [type, style] type *m*, genre *m*. ❖ vt **1.** [cattle] marquer au fer rouge **2.** *fig* [classify] ▸ **to brand sb (as) sthg** étiqueter qqn comme qqch, coller à qqn l'étiquette de qqch.

brand building noun création *f* de marque.

brandish ['brændɪʃ] vt brandir.

brand leader noun marque *f* dominante.

brand loyalty noun fidélité *f* à la marque.

brand name noun marque *f*.

brand-new adj flambant neuf (flambant neuve), tout neuf (toute neuve).

brand recognition noun identification *f* de la marque.

brandy ['brændɪ] (*pl* **-ies**) noun cognac *m*.

brash [bræʃ] adj effronté(e).

brass [brɑ:s] noun **1.** [metal] laiton *m*, cuivre *m* jaune **2.** MUS ▸ **the brass** les cuivres *mpl* **3.** PHR ▸ **the (top** US OR **big) brass** *inf* les grosses légumes, le gratin.

brass band noun fanfare *f*.

brasserie ['bræsərɪ] noun brasserie *f*.

brat [bræt] noun *inf* & *pej* sale gosse *m*.

brat pack noun [gen] jeunes loups *mpl* ; CIN *terme désignant les jeunes acteurs populaires des années 80*.

bravado [brə'vɑ:dəʊ] noun bravade *f*.

brave [breɪv] ❖ adj courageux(euse), brave. ❖ noun guerrier *m* indien, brave *m*. ❖ vt braver, affronter.

bravely ['breɪvlɪ] adv courageusement, vaillamment.

bravery ['breɪvərɪ] noun courage *m*, bravoure *f*.

bravo [,brɑ:'vəʊ] excl bravo !

bravura [brə'vʊərə] noun [gen & MUS] bravoure *f*.

brawl [brɔ:l] noun bagarre *f*, rixe *f*.

brawn [brɔ:n] noun *(U)* **1.** [muscle] muscle *m* **2.** UK [meat] fromage *m* de tête.

brawny ['brɔ:nɪ] (*compar* **-ier**, *superl* **-iest**) adj musclé(e).

bray [breɪ] vi [donkey] braire.

brazen ['breɪzn] adj [person] effronté(e), impudent(e) ; [lie] éhonté(e). ◆ **brazen out** vt sep ▸ **to brazen it out** crâner.

brazenness ['breɪznnɪs] noun effronterie *f*.

brazier ['breɪzjə^r] noun brasero *m*.

Brazil [brə'zɪl] noun Brésil *m* ▸ **in Brazil** au Brésil.

Brazilian [brə'zɪljən] ❖ adj brésilien(enne). ❖ noun Brésilien *m*, -enne *f*.

brazil nut noun noix *f* du Brésil.

BRB MESSAGING (***written abbr of* be right back**) je reviens tout de suite.

breach [bri:tʃ] ❖ noun **1.** [of law, agreement] infraction *f*, violation *f* ; [of promise] rupture *f* ▸ **to be in breach of sthg** enfreindre OR violer qqch ▸ **breach of confidence** abus *m* de confiance ▸ **breach of contract** rupture *f* de contrat **2.** [opening, gap] trou *m*, brèche *f* ▸ **she stepped into the breach when I fell ill** elle m'a remplacé au pied levé quand je suis tombé malade **3.** [in friendship, marriage] brouille *f*. ❖ vt **1.** [agreement, contract] rompre **2.** [make hole in] faire une brèche dans.

breach of the peace noun atteinte *f* à l'ordre public.

bread [bred] noun pain *m* ▸ **bread and butter** a) [food] tartine *f* beurrée, pain *m* beurré b) *fig* gagne-pain *m*.

breadbasket ['bred,bɑ:skɪt] noun **1.** [basket] corbeille *f* à pain **2.** GEOG région *f* céréalière **3.** *inf* & *dated* [stomach] estomac *m*.

bread bin UK, **bread box** US noun boîte *f* à pain.

breadboard ['bredbɔ:d] noun planche *f* à pain.

breadcrumb ['bredkrʌm] noun miette *f* de pain. ◆ **breadcrumbs** pl n CULIN chapelure *f*, panure *f* / ***fish fried in breadcrumbs*** du poisson pané.

breaded ['bredɪd] adj pané(e).

breadline ['bredlaɪn] noun ▸ **to be on the breadline** être sans ressources OR sans le sou.

breadstick ['bredstɪk] noun gressin *m*.

breadth [bretθ] noun **1.** [width] largeur *f* **2.** *fig* [scope] ampleur *f*, étendue *f*.

breadwinner ['bred,wɪnə^r] noun soutien *m* de famille.

break [breɪk] ❖ noun

1. [gap] ▸ **break (in)** trouée *f* (dans) / ***a break in the clouds*** une éclaircie

2. [fracture] fracture *f* / ***a clean break*** a) [in object] une cassure nette b) [in bone] une fracture simple

3. [change] ▸ **a break with tradition** une rupture d'avec la tradition / ***to make a clean break with the past*** rompre avec le passé

4. [pause - gen] pause *f* ; UK [- at school] récréation *f* ▸ **to take a break** a) [short] faire une pause b) [longer] prendre des jours de congé ▸ **without a break** sans interruption ▸ **to have a break from doing sthg** arrêter de faire qqch / ***you need a break*** a) [short rest] tu as besoin de faire une pause b) [holiday] tu as besoin de vacances / ***a break for commercials, a (commercial) break*** a) RADIO un intermède de publicité b) TV un écran publicitaire, une page de publicité ▸ **lunch break** pause *f* de midi

5. *inf* [luck] ▸ **(lucky) break** chance *f*, veine *f* / ***to have a bad break*** manquer de veine

6. *liter* [of day] ▸ **at (the) break of day** au point du jour, à l'aube

7. COMPUT [key] break *m*

❖ vt (*pt* **broke**, *pp* **broken**)

1. [gen] casser, briser ▸ **to break one's arm / leg** se casser le bras / la jambe / ***the fall broke his back*** la chute lui a brisé les reins / ***is the bone broken?*** y a-t-il une fracture ? / ***the river broke its banks*** la rivière est sortie de son lit

/ *to break cover* a) [animal] être débusqué b) [person] sortir à découvert ▸ **to break a habit** se défaire d'une (mauvaise) habitude / *to break sb's heart* briser le cœur à qqn ▸ **to break sb's hold** se dégager de l'étreinte de qqn ▸ **to break new ground** innover, faire œuvre de pionnier ▸ **to break a record** battre un record ▸ **to break a strike** briser une grève ▸ **break a leg!** *inf* merde ! *(pour souhaiter bonne chance à un acteur)*

2. [journey] interrompre / *we broke our journey at Brussels* nous avons fait une étape à Bruxelles

3. [contact, silence] rompre / *a cry broke the silence* un cri a déchiré OR percé le silence

4. [not keep - law, rule] enfreindre, violer ; [- promise] manquer à / *he broke his word to her* il a manqué à la parole qu'il lui avait donnée

5. [tell] ▸ **to break the news (of sthg to sb)** annoncer la nouvelle (de qqch à qqn) / *break it to her gently* annonce-le lui avec ménagement

6. TENNIS ▸ **to break sb's serve** prendre le service de qqn

❖ vi (*pt* **broke**, *pp* **broken**)

1. [gen] se casser, se briser ▸ **to break loose** OR **free** se dégager, s'échapper / *the ship broke loose from its moorings* le bateau a rompu ses amarres

2. [pause] s'arrêter, faire une pause / *let's break for coffee* arrêtons-nous pour prendre un café

3. [day] poindre, se lever

4. [weather] se gâter

5. [wave] se briser

6. [voice - with emotion] se briser ; [- at puberty] muer

7. [news] se répandre, éclater

8. SPORT [boxers] se dégager ; [ball] dévier ; [in billiards, pool] donner l'acquit

9. PHR **to break even** rentrer dans ses frais

◆ **break away** vi **1.** [escape] s'échapper **2.** [end relationship] ▸ **to break away from sb** abandonner qqn, quitter qqn.

◆ **break down** ❖ vt sep **1.** [destroy - barrier] démolir ; [- door] enfoncer **2.** [analyse] analyser **3.** [substance] décomposer. ❖ vi **1.** [car, machine] tomber en panne ; [resistance] céder ; [negotiations] échouer **2.** [emotionally] fondre en larmes, éclater en sanglots **3.** [decompose] se décomposer.

◆ **break in** ❖ vi **1.** [burglar] entrer par effraction **2.** [interrupt] ▸ **to break in (on sb / sthg)** interrompre (qqn / qqch). ❖ vt sep **1.** [horse] dresser ; [person] rompre, accoutumer **2.** [shoes] faire.

◆ **break into** vt insep **1.** [subj: burglar] entrer par effraction dans **2.** [begin] ▸ **to break into song / applause** se mettre à chanter / applaudir **3.** [become involved in] ▸ **to break into a market** pénétrer un marché ▸ **to break into the music business** percer dans la chanson.

◆ **break off** ❖ vt sep **1.** [detach] détacher **2.** [talks, relationship] rompre ; [holiday] interrompre. ❖ vi **1.** [become detached] se casser, se détacher **2.** [stop talking] s'interrompre, se taire **3.** [stop working] faire une pause, s'arrêter de travailler.

◆ **break out** vi **1.** [begin - fire] se déclarer ; [- fighting] éclater **2.** [skin, person] ▸ **to break out in spots** se couvrir de boutons **3.** [escape] ▸ **to break out (of)** s'échapper (de), s'évader (de).

◆ **break through** ❖ vt insep [subj: sun] percer / *she broke through the crowd* elle se fraya un chemin à travers la foule. ❖ vi [sun] percer.

◆ **break up** ❖ vt sep **1.** [into smaller pieces] mettre en morceaux **2.** [end - marriage, relationship] détruire ; [- fight, party] mettre fin à. ❖ vi **1.** [into smaller pieces - gen] se casser en morceaux ; [- ship] se briser **2.** [end - marriage, relationship] se briser ; [- talks, party] prendre fin ; [- school] finir, fermer ▸ **to break up (with sb)** rompre (avec qqn) **3.** [crowd] se disperser **4.** PHR **you're breaking up!** [on phone] je ne te capte plus !

◆ **break with** vt insep : *to break with tradition* rompre avec la tradition.

breakable ['breɪkəbl] adj cassable, fragile.

breakage ['breɪkɪdʒ] noun bris *m*.

breakaway ['breɪkəweɪ] adj [faction] dissident(e).

break dancing noun smurf *m*.

breakdown ['breɪkdaʊn] noun **1.** [of vehicle, machine] panne *f* ; [of negotiations] échec *m* ; [in communications] rupture *f* ▸ **nervous breakdown** dépression *f* nerveuse **2.** [analysis] détail *m*.

breakdown lorry, **breakdown truck** noun UK dépanneuse *f*.

breaker ['breɪkə^r^] noun [wave] brisant *m*.

break-even adj ▸ **break-even point** seuil *m* de rentabilité, point *m* mort ▸ **break-even price** prix *m* d'équilibre.

breakfast ['brekfəst] ❖ noun petit déjeuner *m*. ❖ vi ▸ **to breakfast (on)** déjeuner (de).

breakfast cereal noun céréales *fpl*.

breakfast television noun UK télévision *f* du matin.

break-in noun cambriolage *m*.

breaking ['breɪkɪŋ] noun ▸ **breaking and entering** LAW entrée *f* par effraction.

breaking point noun limite *f*.

breakneck ['breɪknek] adj ▸ **at breakneck speed** à fond de train.

breakthrough ['breɪkθruː] noun percée *f*.

breakup ['breɪkʌp] noun [of marriage, relationship] rupture *f*.

breakwater ['breɪkˌwɔːtə^r^] noun digue *f*, brise-lames *m inv*.

bream [briːm] (*pl inv or* -s) noun brème *f*.

breast [brest] noun **1.** [of woman] sein *m* ; [of man] poitrine *f* **2.** [meat of bird] blanc *m* **3.** PHR **to make a clean breast of it** tout avouer.

breast-fed adj nourri(e) au sein.

breast-feed vt & vi allaiter.

breast-feeding noun allaitement *m* au sein.

breast pocket noun poche *f* de poitrine.

breaststroke ['breststrəʊk] noun brasse *f*.

breath [breθ] noun souffle *m*, haleine *f* ▸ **to take a deep breath** inspirer profondément ▸ **to go out for a breath of (fresh) air** sortir prendre l'air ▸ **she / it was a breath of fresh air** elle représentait / c'était une véritable bouffée d'oxygène ▸ **out of breath** hors d'haleine, à bout de souffle ▸ **to get one's breath back** reprendre haleine OR son souffle ▸ **to hold one's breath** *lit* & *fig* retenir son souffle ▸ **it took my breath away** cela m'a coupé le souffle.

breathable ['bri:ðəbl] adj respirable.

breathalyse UK, **breathalyze** US ['breθəlaɪz] vt ≃ faire subir l'Alcootest® à.

breathe [bri:ð] ❖ vi respirer / *to breathe heavily* OR *deeply* a) [after exertion] souffler OR respirer bruyamment b) [during illness] respirer péniblement ▸ **I can breathe more easily now** *fig* je respire maintenant. ❖ vt **1.** [inhale] respirer / *she breathed a sigh of relief* elle poussa un soupir de soulagement **2.** [give out - smell] souffler des relents de. ◆ **breathe in** vi & vt sep inspirer. ◆ **breathe out** vi & vt sep expirer.

breather ['bri:ðəʳ] noun *inf* moment *m* de repos OR répit.

breath freshener noun purificateur *m* d'haleine, spray *m* buccal.

breathing ['bri:ðɪŋ] noun respiration *f*, souffle *m*.

breathing space noun *fig* répit *m*.

breathless ['breθlɪs] adj **1.** [out of breath] hors d'haleine, essoufflé(e) **2.** [with excitement] fébrile, fiévreux(euse).

breathlessness ['breθlɪsnɪs] noun essoufflement *m*.

breathtaking ['breθˌteɪkɪŋ] adj à vous couper le souffle.

breathtakingly ['breθˌteɪkɪŋlɪ] adv de manière impressionnante / *breathtakingly funny* d'une drôlerie irrésistible / *breathtakingly good* époustouflant / *breathtakingly stupid* d'une bêtise invraisemblable.

breath test noun Alcootest® *m*.

breathy ['breθɪ] (*compar* **-ier**, *superl* **-iest**) adj [generally] qui respire bruyamment ; MUS qui manque d'attaque.

bred [bred] ❖ pt & pp ⟶ **breed.** ❖ adj élevé *m*, -e *f*.

-bred in compounds élevé ▸ **ill / well-bred** mal / bien élevé.

breech [bri:ʧ] ❖ noun **1.** [of gun] culasse *f* **2.** [of person] derrière *m*. ❖ vt [gun] munir d'une culasse.

breed [bri:d] (*pt & pp* **bred** [bred]) ❖ noun *lit* & *fig* race *f*, espèce *f*. ❖ vt **1.** [animals, plants] élever **2.** *fig* [suspicion, contempt] faire naître, engendrer. ❖ vi se reproduire.

breeder ['bri:dəʳ] noun éleveur *m*, -euse *f*.

breeding ['bri:dɪŋ] noun *(U)* **1.** [of animals, plants] élevage *m* **2.** [manners] bonnes manières *fpl*, savoir-vivre *m*.

breeding-ground noun *fig* terrain *m* propice.

breeze [bri:z] ❖ noun brise *f*. ❖ vi ▸ **to breeze in / out** a) [quickly] entrer / sortir en coup de vent b) [casually] entrer / sortir d'un air désinvolte.

breezy ['bri:zɪ] (*compar* **-ier**, *superl* **-iest**) adj **1.** [windy] venteux(euse) **2.** [cheerful] jovial(e), enjoué(e).

Breton ['bretn] ❖ adj breton(onne). ❖ noun **1.** [person] Breton *m*, -onne *f* **2.** [language] breton *m*.

brevity ['brevɪtɪ] noun brièveté *f*.

brew [bru:] ❖ vt [beer] brasser ; [tea] faire infuser ; [coffee] préparer, faire. ❖ vi **1.** [tea] infuser ; [coffee] se faire **2.** *fig* [trouble, storm] se préparer, couver.

brewer ['bru:əʳ] noun brasseur *m*.

brewery ['brʊərɪ] (*pl* **-ies**) noun brasserie *f*.

briar [braɪəʳ] noun églantier *m*.

bribe [braɪb] ❖ noun pot-de-vin *m*. ❖ vt ▸ **to bribe sb (to do sthg)** soudoyer qqn (pour qu'il fasse qqch).

bribery ['braɪbərɪ] noun corruption *f*.

bric-à-brac ['brɪkəbræk] ❖ noun bric-à-brac *m*. ❖ comp : *a bric-à-brac shop / stall* une boutique / un éventaire de brocanteur.

brick [brɪk] noun brique *f*. ◆ **brick up** vt sep murer.

bricklayer ['brɪkˌleɪəʳ] noun maçon *m*.

brickwork ['brɪkwɜ:k] noun briquetage *m*.

bridal ['braɪdl] adj [dress] de mariée ; [suite] nuptial(e).

bride [braɪd] noun mariée *f*.

bridegroom ['braɪdgrʊm] noun marié *m*.

bridesmaid ['braɪdzmeɪd] noun demoiselle *f* d'honneur.

bride-to-be noun future mariée *f*.

bridge [brɪdʒ] ❖ noun **1.** [gen] pont *m* ▸ **I'll cross that bridge when I come to it** chaque chose en son temps **2.** [on ship] passerelle *f* **3.** [of nose] arête *f* **4.** [card game, for teeth] bridge *m*. ❖ vt *fig* [gap] réduire.

bridging loan ['brɪdʒɪŋ-] noun UK crédit-relais *m*.

bridle ['braɪdl] ❖ noun bride *f*. ❖ vt mettre la bride à, brider. ❖ vi ▸ **to bridle (at sthg)** se rebiffer (contre qqch).

brief [bri:f] ❖ adj **1.** [short] bref (brève), court(e) **2.** [revealing] très court(e). ❖ noun **1.** LAW affaire *f*, dossier *m* / *he took our brief* il a accepté de plaider notre cause **2.** UK [instructions] instructions *fpl* / *my brief was to develop sales* la tâche OR la mission qui m'a été confiée était de développer les ventes. ❖ vt ▸ **to brief sb (on)** a) [bring up to date] mettre qqn au courant (de) b) [instruct] briefer qqn (sur). ◆ **briefs** pl n slip *m*. ◆ **in brief** adv en bref, en deux mots.

briefcase ['bri:fkeɪs] noun serviette *f*.

briefing ['bri:fɪŋ] noun instructions *fpl*, briefing *m*.

briefly ['bri:flɪ] adv **1.** [for a short time] un instant **2.** [concisely] brièvement.

brigade [brɪ'geɪd] noun brigade *f*.

brigadier [ˌbrɪgə'dɪəʳ] noun général *m* de brigade.

bright [braɪt] adj **1.** [room] clair(e) ; [light, colour] vif (vive) ; [sunlight] éclatant(e) / *the weather will get brighter later* le temps s'améliorera en cours de journée / *cloudy with bright intervals* nuageux avec des éclaircies **2.** [eyes, future] brillant(e) / *to be bright* *and breezy* avoir l'air en pleine forme ▸ **to look on the bright side** prendre les choses du bon côté, être optimiste **3.** [intelligent] intelligent(e) / *a bright idea* une idée géniale OR lumineuse. ◆ **brights** pl n US *inf* feux *mpl* de route, phares *mpl.* ◆ **bright and early** adv de bon matin.

brighten ['braɪtn] vi **1.** [become lighter] s'éclaircir **2.** [face, mood] s'éclairer. ◆ **brighten up** ❖ vt sep égayer. ❖ vi **1.** [person] s'égayer, s'animer **2.** [weather] se dégager, s'éclaircir.

brightly ['braɪtlɪ] adv **1.** [shine] avec éclat **2.** [cheerfully] gaiement.

brightly-coloured adj aux couleurs vives.

brightness ['braɪtnɪs] noun [of light, colour] éclat *m* ; [of TV] intensité *f.*

bright spark noun UK *inf* [clever person] lumière *f.*

brilliance ['brɪljəns] noun **1.** [cleverness] intelligence *f* **2.** [of colour, light] éclat *m.*

brilliant ['brɪljənt] adj **1.** [gen] brillant(e) **2.** [colour] éclatant(e) **3.** *inf* [wonderful] super *(inv)*, génial(e).

brilliantly ['brɪljəntlɪ] adv **1.** [cleverly] brillamment **2.** [coloured] vivement **3.** [shine] avec éclat.

brim [brɪm] ❖ noun bord *m.* ❖ vi *(pt & pp* **-med**, *cont* **-ming)** ▸ **to brim with** *lit* & *fig* être plein(e) de. ◆ **brim over** vi ▸ **to brim over (with)** *lit* & *fig* déborder (de).

brimstone ['brɪmstəʊn] noun **1.** [sulphur] soufre *m* **2.** [butterfly] citron *m.*

brine [braɪn] noun saumure *f.*

bring [brɪŋ] *(pt & pp* **brought**) vt **1.** [person] amener / *her father's bringing her home today* son père la ramène à la maison aujourd'hui / *that brings us to the next question* cela nous amène à la question suivante **2.** [object] apporter / *I'll bring the books (across) tomorrow* j'apporterai les livres demain / *did you bring anything with you?* as-tu apporté quelque chose ? / *he brought his dog with him* il a emmené son chien / *black musicians brought jazz to Europe* les musiciens noirs ont introduit le jazz en Europe / *that brings the total to £350* cela fait 350 livres en tout **3.** [cause - happiness, shame] entraîner, causer / *it brings bad / good luck* ça porte malheur / bonheur / *money does not always bring happiness* l'argent ne fait pas toujours le bonheur ▸ **to bring sthg to an end** mettre fin à qqch / *to bring sthg into question* mettre OR remettre qqch en question / *to bring sthg to sb's attention* OR *knowledge* OR *notice* attirer l'attention de qqn sur qqch / *to bring sb to his / her senses* ramener qqn à la raison / *the story brought tears to my eyes* l'histoire m'a fait venir les larmes aux yeux / *who knows what the future will bring?* qui sait ce que l'avenir nous réserve ? **4.** LAW ▸ **to bring charges against sb** porter plainte contre qqn / *to bring an action* OR *a suit against sb* intenter un procès à OR contre qqn ▸ **to be brought to trial** comparaître en justice / *the case was brought before the court* l'affaire a été déférée au tribunal **5.** PHR **I couldn't bring myself to do it** je ne pouvais me résoudre à le faire. ◆ **bring about** vt sep causer, provoquer. ◆ **bring along** vt sep [person] amener ; [object] apporter. ◆ **bring around** vt sep [make conscious] ranimer. ◆ **bring back** vt sep **1.** [object] rapporter ; [person] ramener **2.** [memories] rappeler **3.** [reinstate] rétablir. ◆ **bring down** vt sep **1.** [plane] abattre ; [government] renverser **2.** [prices] faire baisser. ◆ **bring forward** vt sep **1.** [gen] avancer **2.** [in bookkeeping] reporter. ◆ **bring in** vt sep **1.** [law] introduire **2.** [money - subj: person] gagner ; [- subj: deal] rapporter **3.** LAW [verdict] rendre. ◆ **bring off** vt sep [plan] réaliser, réussir ; [deal] conclure, mener à bien. ◆ **bring on** vt sep [cause] provoquer, causer / *you've brought it on yourself* tu l'as cherché. ◆ **bring out** vt sep **1.** [product] lancer ; [book] publier, faire paraître **2.** [cause to appear] faire ressortir. ◆ **bring round** UK, **bring to** vt sep = **bring around.** ◆ **bring up** vt sep **1.** [raise - children] élever **2.** [mention] mentionner **3.** [vomit] rendre, vomir.

bring-and-buy noun UK ▸ **bring-and-buy (sale)** *brocante de particuliers en Grande-Bretagne.*

brink [brɪŋk] noun ▸ **on the brink of** au bord de, à la veille de.

brisk [brɪsk] adj **1.** [quick] vif (vive), rapide **2.** [busy] ▸ **business is brisk** les affaires marchent bien **3.** [manner, tone] déterminé(e) **4.** [wind] frais (fraîche).

briskly ['brɪsklɪ] adv **1.** [quickly] d'un bon pas **2.** [efficiently, confidently] avec détermination.

bristle ['brɪsl] ❖ noun poil *m.* ❖ vi *lit* & *fig* se hérisser. ◆ **bristle with** vt insep grouiller de.

bristly ['brɪslɪ] *(compar* **-ier**, *superl* **-iest**) adj aux poils raides.

Brit [brɪt] (*abbr of* **Briton**) noun *inf* Britannique *mf.*

Britain ['brɪtn] noun Grande-Bretagne *f* ▸ **in Britain** en Grande-Bretagne.

British ['brɪtɪʃ] ❖ adj britannique. ❖ pl n ▸ **the British** les Britanniques *mpl.*

British Broadcasting Corporation noun : *the British Broadcasting Corporation* la BBC.

British Council noun ▸ **the British Council** *organisme public chargé de promouvoir la langue et la culture anglaises.*

British Isles pl n ▸ **the British Isles** les îles *fpl* Britanniques.

British Summer Time noun heure *f* d'été *(en Grande-Bretagne).*

Briton ['brɪtn] noun Britannique *mf.*

Brittany ['brɪtənɪ] noun Bretagne *f* / *in Brittany* en Bretagne.

brittle ['brɪtl] adj fragile.

broach [brəʊtʃ] vt [subject] aborder.

broad [brɔːd] adj **1.** [wide - gen] large ; [- range, interests] divers(e), varié(e) / *we offer a broad range of products* nous offrons une large OR grande gamme de produits **2.** [description] général(e) / *here is a broad outline* voilà les grandes lignes / *his books still have a very broad appeal* ses livres plaisent toujours à OR intéressent toujours un vaste public **3.** [hint] transparent(e) ; [accent] prononcé(e). ◆ **in broad daylight** adv en plein jour.

B-road noun UK ≃ route *f* départementale OR secondaire.

broadband ['brɔ:dbænd] noun COMPUT transmission *f* à larges bandes / *have you got broadband?* tu as (l') ADSL ? ◆ **broadband** adj à larges bandes ▸ **broadband Internet connection** connexion *f* à haut débit.

broad bean noun fève *f*, gourgane *f* QUÉBEC.

broadcast ['brɔ:dkɑ:st] (*pt & pp* **broadcast**) ❖ noun RADIO & TV émission *f*. ❖ vt RADIO radiodiffuser, diffuser ; TV téléviser.

broadcaster ['brɔ:dkɑ:stər] noun personnalité *f* de la télévision / de la radio.

broadcasting ['brɔ:dkɑ:stɪŋ] noun *(U)* RADIO radiodiffusion *f* ; TV télévision *f*.

broaden ['brɔ:dn] ❖ vt élargir. ❖ vi s'élargir. ◆ **broaden out** ❖ vt sep élargir. ❖ vi s'élargir, s'étendre.

broadly ['brɔ:dlɪ] adv **1.** [generally] généralement ▸ **broadly speaking** généralement parlant **2.** [smile] jusqu'aux oreilles.

broad-minded [-'maɪndɪd] adj large d'esprit / *to be broad-minded* avoir les idées larges / *he has very broad-minded parents* ses parents sont très tolérants OR larges d'esprit.

broadsheet ['brɔ:dʃi:t] noun journal *m* de qualité.

> **Broadsheet**
>
> Le terme **broadsheet** (Royaume-Uni) ou **broadside** (États-Unis) désigne les journaux de qualité, imprimés sur des feuilles grand format, qui contiennent des informations sérieuses et des rubriques culturelles, sportives et financières de bon niveau. Au Royaume-Uni, les principaux journaux nationaux de qualité sont : **The Guardian** (tendance centre gauche), **The Independent**, **The Daily Telegraph** (tendance conservatrice), **The Times** (tendance centre droit), **The Financial Times**. Cependant, la majorité de ces quotidiens ont aujourd'hui adopté un format réduit, plus pratique pour les usagers des transports en commun. Aux États-Unis, les grands journaux nationaux sont **The Wall Street Journal** ainsi que **The New York Times**, **The Washington Post** et **The Los Angeles Times** dans leurs éditions nationales.

brocade [brə'keɪd] noun brocart *m*.

broccoli ['brɒkəlɪ] noun *(U)* brocoli *m*.

brochure ['brəʊʃər] noun brochure *f*, prospectus *m*.

brogues [brəʊgz] pl n *chaussures lourdes souvent ornées de petits trous.*

broil [brɔɪl] vt US griller, faire cuire au gril.

broke [brəʊk] ❖ pt ⟶ **break.** ❖ adj *inf* fauché(e) ▸ **to go broke** [company] faire faillite ▸ **to go for broke** risquer le tout pour le tout.

broken ['brəʊkn] ❖ pp ⟶ **break.** ❖ adj **1.** [gen] cassé(e) ▸ **to have a broken leg** avoir la jambe cassée / *broken heart* cœur brisé / *to die of a broken heart* mourir de chagrin **2.** [interrupted - journey, sleep] interrompu(e) ; [- line] brisé(e) **3.** [promise] non respecté(e) **4.** [marriage] brisé(e), détruit(e) ; [home] désuni(e) **5.** [hesitant] : *to speak in broken English* parler un anglais hésitant.

broken-down adj **1.** [not working] en panne **2.** [dilapidated] délabré(e).

brokenhearted [ˌbrəʊkn'hɑ:tɪd] adj au cœur brisé.

broker ['brəʊkər] noun courtier *m*, -ière *f* ▸ **(insurance) broker** assureur *m*, courtier(ière) d'assurances.

brolly ['brɒlɪ] (*pl* **-ies**) noun UK *inf* pépin *m*.

bronchitis [brɒŋ'kaɪtɪs] noun *(U)* bronchite *f*.

bronze [brɒnz] ❖ adj [colour] (couleur) bronze *(inv)*. ❖ noun **1.** [gen] bronze *m* **2.** = **bronze medal.** ❖ comp en bronze.

bronzed [brɒnzd] adj bronzé(e).

bronze medal noun médaille *f* de bronze.

bronze medallist noun : *he's the bronze medallist* il a remporté la médaille de bronze.

brooch [brəʊtʃ] noun broche *f*.

brood [bru:d] ❖ noun **1.** [of animals] couvée *f* **2.** [of children] nichée *f*, marmaille *f*. ❖ vi ▸ **to brood (over** OR **about sthg)** ressasser (qqch), remâcher (qqch).

broody ['bru:dɪ] (*compar* **-ier**, *superl* **-iest**) adj **1.** [sad] triste, cafardeux(euse) **2.** [hen] couveuse / *to feel broody* UK *inf* & *fig* être en mal d'enfant.

brook [brʊk] ❖ noun ruisseau *m*. ❖ vt *fml* tolérer, souffrir.

broom [bru:m] noun balai *m*.

broomstick ['bru:mstɪk] noun manche *m* à balai.

Bros, bros (*written abbr of* **brothers**) Frères.

broth [brɒθ] noun bouillon *m*.

brothel ['brɒθl] noun bordel *m*.

brother ['brʌðər] ❖ noun frère *m*. ❖ excl *inf* ben, dis-donc !

brotherhood ['brʌðəhʊd] noun **1.** [companionship] fraternité *f* **2.** [organization] confrérie *f*, société *f*.

brother-in-law (*pl* **brothers-in-law**) noun beau-frère *m*.

brotherly ['brʌðəlɪ] adj fraternel(elle).

brought [brɔ:t] pt & pp ⟶ **bring**.

brow [braʊ] noun **1.** [forehead] front *m* **2.** [eyebrow] sourcil *m* ▸ **to knit one's brows** froncer les sourcils **3.** [of hill] sommet *m*.

browbeat ['braʊbi:t] (*pt* **browbeat**, *pp* **-en**) vt rudoyer, brutaliser.

browbeaten ['braʊbi:tn] adj opprimé(e), tyrannisé(e).

brown [braʊn] ❖ adj **1.** [colour] brun(e), marron *(inv)* **2.** [tanned] bronzé(e), hâlé(e). ❖ noun [colour] marron *m*, brun *m* ▸ **in brown** en marron. ❖ vt [food] faire dorer.

> **marron, brun** OR **châtain?**
>
> The most commonly used adjective for referring to the colour brown is **marron** (which is invariable):
>
> **une robe marron** *a brown dress*
>
> Another adjective for the same colour, **brun(e)**, is mostly used for describing eyes, hair or skin spots and occasionally for other things:
>
> **un ours brun** *a brown bear*
>
> Some human attributes can be referred to by either adjective:
>
> **des yeux marron** OR **des yeux bruns** *brown eyes*
>
> **Châtain** is an adjective used exclusively to describe brown hair, with an implication of a slightly lighter hue:
>
> **de longs cheveux châtains** *long (chestnut) brown hair*
>
> The nouns **marron** and **brun(e)** are used with the same restrictions as the respective adjectives, thus:
>
> **Pour peindre les vaches, prends du marron.** *To paint the cows use brown.*
>
> **La brune que tu as vue hier, c'était ma sœur.** *The brunette you saw yesterday was my sister.*

brown bread noun *(U)* pain *m* complet OR bis.

brownfield site ['braʊnfi:ld-] noun terrain *m* à bâtir *(après démolition de bâtiments préexistants).*

brown goods pl n COMM *biens de consommation de taille moyenne tels que téléviseur, radio ou magnétoscope.*

brownie ['braʊnɪ] noun **1.** [elf] lutin *m*, farfadet *m* **2.** [cake] brownie *m*. ◆ **Brownie (Guide)** noun ≃ jeannette *f*.

Brownie point ['braʊnɪ-] noun *inf* bon point *m*.

brown paper noun papier *m* d'emballage, papier kraft ▸ **brown paper bag** sac *m* en papier kraft.

brown sugar noun sucre *m* roux.

browse [braʊz] ❖ vi **1.** [look] : ***I'm just browsing*** [in shop] je ne fais que regarder ▸ **to browse through** [magazine] feuilleter **2.** [animal] brouter **3.** COMPUT naviguer. ❖ vt [file, document] parcourir ▸ **to browse a site** COMPUT naviguer sur un site.

browser ['braʊzəʳ] noun COMPUT navigateur *m*, browser *m*.

bruise [bru:z] ❖ noun bleu *m*. ❖ vt **1.** [skin, arm] se faire un bleu à ; [fruit] taler **2.** *fig* [pride] meurtrir, blesser. ❖ vi [person] se faire un bleu ; [fruit] se taler.

bruised [bru:zd] adj **1.** [skin, arm] qui a des bleus ; [fruit] talé(e) **2.** *fig* [pride] meurtri(e), blessé(e).

bruiser ['bru:zəʳ] noun *inf* [big man] malabar *m* ; [fighter] cogneur *m*.

Brummie, Brummy ['brʌmɪ] noun UK *inf habitant de Birmingham.*

brunch [brʌntʃ] ❖ noun brunch *m*. ❖ vi prendre un brunch, bruncher.

Brunei ['bru:naɪ] noun Brunei *m* ▸ **in Brunei** au Brunei.

brunette [bru:'net] noun brunette *f*.

brunt [brʌnt] noun ▸ **to bear** OR **take the brunt of** subir le plus gros de.

bruschetta [brʊs'ketə] noun CULIN bruschette *f*.

brush [brʌʃ] ❖ noun **1.** [gen] brosse *f* ; [of painter] pinceau *m* **2.** [encounter] : ***to have a brush with the police*** avoir des ennuis avec la police. ❖ vt **1.** [clean with brush] brosser **2.** [move with hand] : ***he brushed away some crumbs*** il a enlevé quelques miettes (avec sa main) **3.** [touch lightly] effleurer. ◆ **brush aside** vt sep *fig* écarter, repousser. ◆ **brush off** vt sep [dismiss] envoyer promener. ◆ **brush up** ❖ vt sep [revise] réviser. ❖ vi ▸ **to brush up on sthg** réviser qqch.

brushed [brʌʃt] adj [metal] poli(e) ; [cotton, nylon] peigné(e).

brush-off noun *inf* ▸ **to give sb the brush-off** envoyer promener qqn.

brush-up noun UK *inf* ▸ **to have a wash and brush-up** se donner un coup de peigne.

brushwood ['brʌʃwʊd] noun *(U)* brindilles *fpl*.

brushwork ['brʌʃwɜ:k] noun *(U)* [of painter] touche *f*.

brusque, brusk US [bru:sk] adj brusque.

brusquely, bruskly US ['bru:sklɪ] adv [abruptly] avec brusquerie ; [curtly] avec brusquerie OR rudesse, brutalement.

Brussels ['brʌslz] noun Bruxelles.

brussels sprout noun chou *m* de Bruxelles.

brutal ['bru:tl] adj brutal(e).

brutality [bru:'tælətɪ] (*pl* **-ies**) noun brutalité *f*.

brutalize, brutalise UK ['bru:təlaɪz] vt brutaliser.

brutally ['bru:təlɪ] adv [attack, kill, treat] brutalement, sauvagement ; [say] brutalement, franchement ; [cold] extrêmement / ***she gave a brutally honest account of events*** elle a raconté les événements avec une franchise brutale OR un réalisme brutal.

brute [bru:t] ❖ adj [force] brutal(e). ❖ noun brute *f*.

brutish ['bru:tɪʃ] adj **1.** [animal-like] animal(e), bestial(e) **2.** [cruel] brutal(e), violent(e) ; [coarse] grossier(ère).

BS (*abbr of* **Bachelor of Science**) noun US = **BSc**.

B/S *abbr of* **bill of sale**.

BSc (*abbr of* **Bachelor of Science**) noun UK [degree] ≃ licence *f* en OR ès sciences ; [person] ≃ licencié *m*, -e *f* en OR ès sciences.

BSE (*abbr of* **bovine spongiform encephalopathy**) noun EBS *f*.

BSI (*abbr of* **British Standards Institution**) noun *association britannique de normalisation* ; ≃ AFNOR *f*.

BST 1. (*abbr of* **British Summer Time**) *heure d'été britannique* **2.** (*abbr of* **British Standard Time**) *heure officielle britannique*.

BTW (*written abbr of* **by the way**) adv *inf* à propos.

bubble ['bʌbl] ❖ noun bulle *f* / *the dotcom / property bubble* la bulle Internet/immobilière. ❖ vi **1.** [liquid] faire des bulles, bouillonner **2.** *fig* [person] ▸ **to bubble with** déborder de.

bubble bath noun bain *m* moussant.

bubble gum noun bubble-gum *m*.

bubblejet printer ['bʌbldʒet-] noun imprimante *f* à jet d'encre.

bubble wrap noun emballage-bulle *m*.

bubbly ['bʌblɪ] ❖ adj (*compar* **-ier**, *superl* **-iest**) **1.** [water] pétillant(e) **2.** *fig* [lively] plein(e) de vie. ❖ noun *inf* champagne *m*.

Bucharest [ˌbju:kə'rest] noun Bucarest.

buck [bʌk] ❖ noun **1.** [male animal] mâle *m* **2.** US *inf* [dollar] dollar *m* ▸ **to make a fast buck** gagner facilement du fric **3.** *inf* [responsibility] ▸ **the buck stops here** maintenant, j'en prends la responsabilité ▸ **to pass the buck** refiler la responsabilité. ❖ vt **1.** [subj: horse] désarçonner d'une ruade **2.** *inf* [trend] ▸ **to buck the trend** aller à contre-courant. ❖ vi [horse] ruer. ◆ **buck up** *inf* ❖ vt sep **1.** UK [improve] ▸ **buck your ideas up!** reprenez-vous ! **2.** [cheer up] : *to buck sb up* remonter le moral à qqn. ❖ vi **1.** UK *dated* [hurry up] se remuer, se dépêcher **2.** [cheer up] ne pas se laisser abattre.

bucket ['bʌkɪt] noun **1.** [gen] seau *m* **2.** *inf* [lots] ▸ **buckets of rain** des trombes d'eau / *he has buckets of charm* il a énormément de charme / *she has buckets of money* elle est pleine aux as.

Buckingham Palace ['bʌkɪŋəm-] noun le palais de Buckingham *(résidence officielle du souverain britannique)*.

buckle ['bʌkl] ❖ noun boucle *f*. ❖ vt **1.** [fasten] boucler **2.** [bend] voiler. ❖ vi [wheel] se voiler ; [knees, legs] se plier. ◆ **buckle down** vi ▸ **to buckle down (to)** s'atteler (à). ◆ **buckle up** vi US ▸ **buckle up!** attachez vos ceintures !

buck's fizz noun UK *cocktail composé de champagne et de jus d'orange*.

buckshot ['bʌkʃɒt] noun chevrotine *f*.

buckskin ['bʌkskɪn] noun *(U)* peau *f* de daim.

buckteeth [ˌbʌk'ti:θ] pl n dents *fpl* en avant.

buckwheat ['bʌkwi:t] noun blé *m* noir.

bud [bʌd] ❖ noun bourgeon *m* ▸ **to nip sthg in the bud** *fig* écraser OR étouffer qqch dans l'œuf. ❖ vi (*pt & pp* **-ded**, *cont* **-ding**) bourgeonner.

Budapest [ˌbju:də'pest] noun Budapest.

Buddha ['bʊdə] noun Bouddha *m*.

Buddhism ['bʊdɪzm] noun bouddhisme *m*.

Buddhist ['bʊdɪst] ❖ adj bouddhiste. ❖ noun bouddhiste *mf*.

budding ['bʌdɪŋ] adj [writer, artist] en herbe.

buddy ['bʌdɪ] (*pl* **-ies**) noun *inf* pote *m*.

budge [bʌdʒ] ❖ vt faire bouger. ❖ vi bouger.

budgerigar ['bʌdʒərɪgɑ:ʳ] noun perruche *f*.

budget ['bʌdʒɪt] ❖ adj [holiday, price] pour petits budgets. ❖ noun budget *m* ▸ **the Budget** UK le budget. ❖ vt budgétiser. ❖ vi préparer un budget. ◆ **budget for** vt insep prévoir.

budgetary ['bʌdʒɪtrɪ] adj budgétaire.

budgie ['bʌdʒɪ] noun *inf* perruche *f*.

Buenos Aires [ˌbwenəs'aɪrɪz] noun Buenos Aires.

buff [bʌf] ❖ adj [brown] chamois *(inv)*. ❖ noun *inf* [expert] mordu *m*, -e *f*.

buffalo ['bʌfələʊ] (*pl inv or* **-es** *or* **-s**) noun buffle *m* ; US bison *m*.

buffer ['bʌfəʳ] noun **1.** [gen] tampon *m* **2.** COMPUT mémoire *f* tampon.

buffering ['bʌfərɪŋ] noun COMPUT [storage] stockage *m* en mémoire tampon ; [use] utilisation *f* de mémoire tampon.

buffer zone noun région *f* tampon.

buffet[1] [UK 'bʊfeɪ, US bə'feɪ] noun [food, cafeteria] buffet *m*.

buffet[2] ['bʌfɪt] vt [physically] frapper.

buffet car ['bʊfeɪ-] noun UK wagon-restaurant *m*.

buffoon [bə'fu:n] noun bouffon *m*.

bug [bʌg] ❖ noun **1.** [insect] punaise *f* **2.** *inf* [germ] microbe *m* **3.** *inf* [listening device] micro *m* **4.** COMPUT bogue *m*, bug *m* **5.** [enthusiasm] ▸ **the travel bug** le virus des voyages. ❖ vt (*pt & pp* **-ged**, *cont* **-ging**) **1.** *inf* [telephone] mettre sur table d'écoute ; [room] cacher des micros dans **2.** *inf* [annoy] embêter. ◆ **bug off!** vi US *v inf* allez, dégage !

bugbear ['bʌgbeəʳ] noun cauchemar *m*.

bug-free adj COMPUT [program] exempt(e) d'erreurs OR de bogues.

bugger ['bʌgəʳ] UK *v inf* ❖ noun **1.** [person] con *m*, conne *f* **2.** [job] : *this job's a real bugger!* ce travail est vraiment chiant ! ❖ excl merde ! ❖ vt ▸ **bugger it!** merde alors ! ◆ **bugger off** vi UK *v inf* ▸ **bugger off!** fous le camp !

bugger all noun UK *v inf* que dalle.

buggered ['bʌgəd] adj UK *v inf* **1.** [broken] foutu(e) **2.** [in surprise] : *well, I'll be buggered!* merde alors ! **3.** [in annoyance] : *buggered if I know* j'en sais foutre rien.

buggy ['bʌgɪ] (*pl* **-ies**) noun **1.** [carriage] boghei *m* **2.** [pushchair] poussette *f* ; US [pram] landau *m*.

bugle ['bju:gl] noun clairon *m*.

bug-ridden adj **1.** [room, hotel] infesté(e) de vermine **2.** [software] plein(e) de bugs OR de bogues.

build [bɪld] ❖ vt (*pt & pp* **built**) *lit* & *fig* construire, bâtir / *houses are being built* des maisons sont en construction. ❖ noun **1.** carrure *f* / *of medium build* de taille OR corpulence moyenne **2.** [construction] construction *f*. ◆ **build into** vt sep **1.** CONSTR encastrer dans **2.** [include in] inclure dans. ◆ **build on, build upon** ❖ vt insep [success] tirer avantage de. ❖ vt sep [base on] baser sur. ◆ **build up** ❖ vt sep [business] développer ; [reputation] bâtir ▸ **to build up one's strength** reprendre des forces. ❖ vi [clouds] s'amonceler ; [traffic] augmenter.

builder ['bɪldəʳ] noun entrepreneur *m*, -euse *f*.

building ['bɪldɪŋ] noun bâtiment *m*.

building block noun **1.** [toy] cube *m* **2.** *fig* [element] élément *m*, composante *f*.

building site noun chantier *m*.

building society noun UK ≃ société *f* d'épargne et de financement immobilier.

Building societies

Les **building societies** sont des institutions financières mutualistes initialement fondées pour permettre à leurs membres d'acquérir un logement. Autrefois, chaque grande ville anglaise avait sa **building society**, comme en témoignent les noms de la plupart des établissements actuels (**Leeds Building Society**, **Cambridge Building Society**, etc.). Aujourd'hui, les **building societies** proposent un éventail de services financiers et font directement concurrence aux banques, tout en restant spécialisées dans le prêt immobilier (**mortgage lending**). Certaines **building societies** se sont démutualisées pour devenir des banques. Voir aussi **savings and loan association**.

buildup ['bɪldʌp] noun [increase] accroissement *m*.

built [bɪlt] ❖ pt & pp ⟶ **build.** ❖ adj bâti(e).

built-in adj **1.** CONSTR encastré(e) **2.** [inherent] inné(e).

built-up adj ▸ **built-up area** agglomération *f*.

bulb [bʌlb] noun **1.** ELEC ampoule *f* **2.** BOT oignon *m* **3.** [of thermometer] cuvette *f*.

bulbous ['bʌlbəs] adj bulbeux(euse).

Bulgaria [bʌl'geərɪə] noun Bulgarie *f* ▸ **in Bulgaria** en Bulgarie.

Bulgarian [bʌl'geərɪən] ❖ adj bulgare. ❖ noun **1.** [person] Bulgare *mf* **2.** [language] bulgare *m*.

bulge [bʌldʒ] ❖ noun **1.** [lump] bosse *f* **2.** [in sales] croissance *f* soudaine. ❖ vi ▸ **to bulge (with)** être gonflé(e) (de).

bulging ['bʌldʒɪŋ] adj [pocket, bag] bourré(e), plein(e) à craquer ; [muscles] gonflé(e).

bulimia (nervosa) [bjʊ'lɪmɪə (nɜ:'vəʊsə)] noun boulimie *f*.

bulk [bʌlk] ❖ noun **1.** [mass] volume *m* **2.** [of person] corpulence *f* **3.** COMM ▸ **in bulk** en gros **4.** [majority] ▸ **the bulk of** le plus gros de. ❖ adj en gros.

bulk buying noun *(U)* achat *m* en gros.

bulkhead ['bʌlkhed] noun cloison *f*.

bulk mail noun *(U)* envois *mpl* en nombre.

bulky ['bʌlkɪ] (*compar* **-ier**, *superl* **-iest**) adj volumineux(euse).

bull [bʊl] noun **1.** [male cow] taureau *m* ; [male elephant, seal] mâle *m* **2.** FIN haussier *m* **3.** *(U)* US *v inf* [nonsense] conneries *fpl*.

bulldog ['bʊldɒg] noun bouledogue *m*.

bulldog clip® noun UK pince *f* à dessin.

bulldoze ['bʊldəʊz] vt **1.** CONSTR passer au bulldozer **2.** *fig* [force] ▸ **to bulldoze one's way** forcer son chemin ▸ **to bulldoze sb into doing sthg** contraindre OR forcer qqn à faire qqch.

bulldozer ['bʊldəʊzəʳ] noun bulldozer *m*.

bullet ['bʊlɪt] noun [for gun] balle *f*.

bulletin ['bʊlətɪn] noun bulletin *m*.

bulletin board noun **1.** US [generally] tableau *m* d'affichage **2.** COMPUT ▸ **bulletin board (system)** babillards *mpl*.

bulletproof ['bʊlɪtpru:f] ❖ adj [glass, vest] pare-balles *(inv)* ; [vehicle] blindé(e). ❖ vt [door, vehicle] blinder.

bullfight ['bʊlfaɪt] noun corrida *f*.

bullfighter ['bʊl,faɪtəʳ] noun toréador *mf*.

bullfighting ['bʊl,faɪtɪŋ] noun *(U)* [activity] courses *fpl* de taureaux ; [art] tauromachie *f*.

bullfinch ['bʊlfɪntʃ] noun bouvreuil *m*.

bullion ['bʊljən] noun *(U)* ▸ **gold bullion** or *m* en barres.

bullish ['bʊlɪʃ] adj FIN à la hausse.

bull market noun FIN marché *m* à la hausse.

bullock ['bʊlək] noun bœuf *m*.

bullring ['bʊlrɪŋ] noun arène *f*.

bull's-eye noun centre *m*.

bullshit ['bʊlʃɪt] *vulg* ❖ noun *(U)* conneries *fpl*. ❖ vi (*pt & pp* **-ted**, *cont* **-ting**) dire des conneries.

bull terrier noun bull-terrier *m*.

bully ['bʊlɪ] ❖ noun (*pl* **-ies**) tyran *m*. ❖ vt (*pt & pp* **-ied**) tyranniser, brutaliser ▸ **to bully sb into doing sthg** forcer OR obliger qqn à faire qqch.

bullying ['bʊlɪɪŋ] noun *(U)* brimades *fpl*.

bulrush ['bʊlrʌʃ] noun jonc *m*.

bum [bʌm] (*pt & pp* **-med**, *cont* **-ming**) noun **1.** UK *inf* [bottom] derrière *m* **2.** *inf* & *pej* [tramp] clochard *m* **3.** *inf* [idler] bon à rien *m*. ◆ **bum around** vi *inf* **1.** [waste time] perdre son temps **2.** [travel aimlessly] se balader.

bumblebee ['bʌmblbi:] noun bourdon *m*.

bumbling ['bʌmblɪŋ] adj *inf* empoté(e).

bumf [bʌmf] noun *(U)* UK *inf* paperasses *fpl*.

bummer ['bʌmər] noun *v inf* [bad experience] poisse *f* / *the film's a real bummer* ce film est vraiment nul OR un vrai navet / *what a bummer!* les boules !

bump [bʌmp] ◆ noun **1.** [lump] bosse *f* **2.** [knock, blow] choc *m* **3.** [noise] bruit *m* sourd. ◆ vt [head] cogner ; [car] heurter. ◆ vi [car] ▸ **to bump along** cahoter. ◆ **bump into** vt insep [meet by chance] rencontrer par hasard. ◆ **bump off** vt sep *inf* liquider. ◆ **bump up** vt sep *inf* faire grimper.

bumper ['bʌmpər] ◆ adj [harvest, edition] exceptionnel(elle). ◆ noun **1.** AUTO pare-chocs *m inv* **2.** US RAIL tampon *m*.

bumper cars pl n auto *fpl* tamponneuses.

bumper-to-bumper adj pare-chocs contre pare-chocs.

bumph [bʌmf] UK *inf* = **bumf**.

bumpkin ['bʌmpkɪn] noun *inf* & *pej* plouc *m*, péquenaud *m*.

bumptious ['bʌmpʃəs] adj suffisant(e).

bumpy ['bʌmpɪ] (*compar* **-ier**, *superl* **-iest**) adj **1.** [surface] défoncé(e) **2.** [ride] cahoteux(euse) ; [sea crossing] agité(e).

bun [bʌn] noun **1.** UK [cake] petit pain *m* aux raisins ; [bread roll] petit pain au lait **2.** [hairstyle] chignon *m*.

bunch [bʌntʃ] ◆ noun [of people] groupe *m* ; [of flowers] bouquet *m* ; [of grapes] grappe *f* ; [of bananas] régime *m* ; [of keys] trousseau *m*. ◆ vt grouper. ◆ vi se grouper. ◆ **bunches** pl n UK [hairstyle] couettes *fpl*.

bundle ['bʌndl] ◆ noun [of clothes] paquet *m* ; [of notes, newspapers] liasse *f* ; [of wood] fagot *m* / *he's a bundle of nerves* c'est un paquet de nerfs. ◆ vt [put roughly - person] entasser ; [- clothes] fourrer, entasser / *he was bundled into the car* on l'a poussé dans la voiture brusquement OR sans ménagement. ◆ **bundle off** vt sep [person] envoyer en hâte. ◆ **bundle up** vt sep [clothes] mettre en tas ; [newspapers] mettre en liasse ; [wood] mettre en fagot.

bundling ['bʌndlɪŋ] noun [of products] groupage *m*.

bung [bʌŋ] ◆ noun bonde *f*. ◆ vt UK *inf* envoyer.

bungalow ['bʌŋgələʊ] noun bungalow *m*.

bunged up [bʌŋd-] adj UK *inf* bouché(e).

bungee ['bʌndʒi:] noun ▸ **bungee (cord)** tendeur *m* ▸ **bungee jump(ing)** saut *m* à l'élastique.

bungle ['bʌŋgl] vt gâcher, bâcler.

bunion ['bʌnjən] noun oignon *m*.

bunk [bʌŋk] noun **1.** [bed] couchette *f* **2.** *(U) inf* [nonsense] foutaises *fpl* **3.** PHR **to do a bunk** UK *inf* mettre les voiles.

bunk bed noun lit *m* superposé.

bunker ['bʌŋkər] noun **1.** GOLF & MIL bunker *m* **2.** [for coal] coffre *m*.

bunny ['bʌnɪ] (*pl* **-ies**) noun ▸ **bunny (rabbit)** lapin *m*.

Bunsen burner ['bʌnsn-] noun bec *m* Bunsen.

bunting ['bʌntɪŋ] noun *(U)* guirlandes *fpl* (de drapeaux).

buoy [UK bɔɪ, US 'bu:ɪ] noun bouée *f*. ◆ **buoy up** vt sep [encourage] soutenir.

buoyancy ['bɔɪənsɪ] noun **1.** [ability to float] flottabilité *f* **2.** *fig* [optimism] entrain *m*.

buoyant ['bɔɪənt] adj **1.** [able to float] qui flotte **2.** *fig* [person] enjoué(e) ; [economy] florissant(e) ; [market] ferme.

burden ['bɜ:dn] ◆ noun *lit* & *fig* ▸ **burden (on)** charge *f* (pour), fardeau *m* (pour) / *to be a burden to sb* être un fardeau pour qqn / *the tax burden* le fardeau OR le poids des impôts. ◆ vt ▸ **to burden sb with** [responsibilities, worries] accabler qqn de.

bureau ['bjʊərəʊ] (*pl* **-x**) noun **1.** UK [desk] bureau *m* ; US [chest of drawers] commode *f* **2.** [office] bureau *m* **3.** US POL service *m* (gouvernemental).

bureaucracy [bjʊə'rɒkrəsɪ] (*pl* **-ies**) noun bureaucratie *f*.

bureaucrat ['bjʊərəkræt] noun bureaucrate *mf*.

bureaucratic [,bjʊərə'krætɪk] adj bureaucratique.

bureaux ['bjʊərəʊz] pl n ⟶ **bureau**.

burgeoning ['bɜ:dʒənɪŋ] adj [industry, population] en expansion, en plein essor / *a burgeoning talent* un talent en herbe / *the burgeoning movement for independence* le mouvement naissant pour l'indépendance.

burger ['bɜ:gər] noun hamburger *m*.

burglar ['bɜ:glər] noun cambrioleur *m*, -euse *f*.

burglar alarm noun système *m* d'alarme.

burglarize US = **burgle**.

burglary ['bɜ:glərɪ] (*pl* **-ies**) noun cambriolage *m*.

burgle ['bɜ:gl], **burglarize** US ['bɜ:gləraɪz] vt cambrioler.

Burgundy ['bɜ:gəndɪ] noun Bourgogne *f* ▸ **in Burgundy** en Bourgogne.

burial ['berɪəl] noun enterrement *m*.

burial chamber noun caveau *m*.

burial ground noun cimetière *m*.

burlesque [bɜ:'lesk] ◆ noun **1.** LITER & THEAT burlesque *m*, parodie *f* **2.** US [striptease show] revue *f* déshabillée, striptease *m*. ◆ adj burlesque. ◆ vt parodier.

burly ['bɜ:lɪ] (*compar* **-ier**, *superl* **-iest**) adj bien charpenté(e).

Burma ['bɜ:mə] noun Birmanie *f* / *in Burma* en Birmanie.

Burmese [,bɜ:'mi:z] ◆ adj birman(e). ◆ noun **1.** [person] Birman *m*, -e *f* **2.** [language] birman *m*.

burn [bɜ:n] ◆ vt (*pt & pp* **burnt** *or* **-ed**) **1.** [heat] brûler ▸ **to burn o.s.** se brûler / *I've burned my hand* je me suis brûlé la main / *three people were burnt to death* trois personnes sont mortes carbonisées OR ont été brûlées vives / *to be burnt alive* être brûlé vif / *his cigarette burnt a hole in the carpet* sa cigarette a fait un trou dans la moquette / *I've burnt the potatoes* j'ai laissé brûler les pommes de terre / *the house was burnt to the ground* la maison fut réduite en cendres OR brûla entièrement ▸ **to burn one's boats** OR **bridges** *fig* brûler ses vaisseaux OR les ponts ▸ **to burn one's fingers, to get one's fingers burnt** *fig* se brûler les doigts ▸ **to have money to burn** *fig* avoir de l'argent à ne pas savoir qu'en faire **2.** COMPUT graver / *to burn a CD* graver un CD. ❖ vi (*pt & pp* **burnt** *or* **-ed**) brûler / *this material won't burn* ce tissu est ininflammable / *my skin burns easily* j'attrape facilement des coups de soleil / *the church burned to the ground* l'église a été réduite en cendres ▸ **to burn with** *fig* brûler de / *my face was burning* [with embarrassment] j'avais le visage en feu, j'étais tout rouge. ❖ noun brûlure *f*. ◆ **burn down** ❖ vt sep [building, town] incendier. ❖ vi **1.** [building] brûler complètement **2.** [fire] baisser d'intensité. ◆ **burn out** ❖ vt sep [exhaust] ▸ **to burn o.s. out** s'user. ❖ vi [fire] s'éteindre. ◆ **burn up** ❖ vt sep [destroy by fire] brûler / *this car burns up a lot of petrol* cette voiture consomme beaucoup d'essence / *to burn up a lot of calories / energy* dépenser OR brûler beaucoup de calories / d'énergie. ❖ vi [satellite] se désintégrer (sous l'effet de la chaleur).

burned-out ['bɜ:nd-] adj = **burnt-out**.

burner ['bɜ:nər] noun brûleur *m*.

burning ['bɜ:nɪŋ] adj **1.** [on fire] en flammes **2.** [very hot] brûlant(e) ; [cheeks, face] en feu **3.** [passion, desire] ardent(e) ; [interest] passionné(e) ▸ **burning question** question *f* brûlante.

burnish ['bɜ:nɪʃ] vt astiquer, polir.

burnout ['bɜ:naʊt] noun **1.** AERON *arrêt par suite d'épuisement du combustible* **2.** ELEC : *what caused the burnout?* qu'est-ce qui a fait griller les circuits ? **3.** [exhaustion] épuisement *m* total.

Burns' Night [bɜ:nz-] noun *fête célébrée en l'honneur du poète écossais Robert Burns, le 25 janvier*.

burnt [bɜ:nt] pt & pp ⟶ **burn**.

burnt-out adj **1.** [building, car] détruit(e) (par le feu) **2.** *fig* [person] usé(e).

burp [bɜ:p] *inf* ❖ noun rot *m*. ❖ vi roter.

burqa [bɜ:kə] noun burqa *f*.

burrow ['bʌrəʊ] ❖ noun terrier *m*. ❖ vi **1.** [dig] creuser un terrier **2.** *fig* [search] fouiller.

bursar ['bɜ:sər] noun **1.** [treasurer] intendant *m*, -e *f* **2.** SCOT [student] boursier *m*, -ère *f*.

bursary ['bɜ:sərɪ] (*pl* **-ies**) noun UK [scholarship, grant] bourse *f*.

burst [bɜ:st] ❖ vi (*pt & pp* **burst**) **1.** [break, explode] éclater / *his heart felt as if it would burst with joy / grief* il crut que son cœur allait éclater de joie / se briser de chagrin **2.** [move suddenly] : *the door burst open* la porte s'est ouverte brusquement / *two policemen burst into the house* deux policiers ont fait irruption dans la maison / *the sun burst through the clouds* le soleil perça OR apparut à travers les nuages. ❖ vt (*pt & pp* **burst**) faire éclater / *the river is about to burst its banks* le fleuve est sur le point de déborder / *to burst a blood vessel* se faire éclater une veine, se rompre un vaisseau sanguin. ❖ noun [of gunfire] rafale *f* ; [of enthusiasm] élan *m* ▸ **a burst of applause** un tonnerre d'applaudissements / *he had a sudden burst of energy* il a eu un sursaut d'énergie. ◆ **burst into** vt insep **1.** [room] faire irruption dans **2.** [begin suddenly] ▸ **to burst into tears** fondre en larmes ▸ **to burst into song** se mettre tout d'un coup à chanter ▸ **to burst into flames** s'enflammer, prendre feu. ◆ **burst out** vt insep [say suddenly] s'exclamer ▸ **to burst out laughing** éclater de rire ▸ **to burst out crying** fondre en larmes.

bursting ['bɜ:stɪŋ] adj **1.** [full] plein(e), bourré(e) **2.** [with emotion] ▸ **bursting with** débordé(e) de **3.** [eager] ▸ **to be bursting to do sthg** mourir d'envie de faire qqch. ◆ **to bursting** phr ▸ **to be full to bursting** être plein à craquer.

Burundi [bʊ'rʊndɪ] noun Burundi *m* ▸ **in Burundi** au Burundi.

bury ['berɪ] (*pt & pp* **-ied**) vt **1.** [in ground] enterrer / *to be buried at sea* être immergé(e) en haute mer ▸ **to bury o.s. in sthg** *fig* se plonger dans qqch **2.** [hide] cacher, enfouir / *to bury one's face in one's hands* enfouir son visage dans ses mains.

bus [bʌs] noun [generally] autobus *m*, bus *m* ; [long-distance] car *m* ▸ **by bus** en autobus OR car.

bus conductor noun receveur *m*, -euse *f* d'autobus.

bus driver noun conducteur *m*, -trice *f* d'autobus.

bush [bʊʃ] noun **1.** [plant] buisson *m* **2.** [open country] ▸ **the bush** la brousse **3.** PHR **she doesn't beat about the bush** elle n'y va pas par quatre chemins.

bushel ['bʊʃl] noun boisseau *m*.

bushfire ['bʊʃ,faɪər] noun feu *m* de brousse.

bushy ['bʊʃɪ] (*compar* **-ier**, *superl* **-iest**) adj touffu(e).

busily ['bɪzɪlɪ] adv activement / *to be busily engaged in sthg / in doing sthg* être très occupé à qqch / à faire qqch / *he was busily scribbling in his notebook* il griffonnait sur son calepin d'un air affairé.

business ['bɪznɪs] ❖ noun **1.** *(U)* [commerce] affaires *fpl* / *business is good / bad* les affaires vont bien / mal / *we have lost business to foreign competitors* nous avons perdu une partie de notre clientèle au profit de concurrents étrangers / *the travel business* les métiers OR le secteur du tourisme / *she's in the publishing business* elle est dans l'édition / *he's in business* il est dans les affaires / *this firm has been in business for 25 years* cette entreprise tourne depuis 25 ans ▸ **on business** pour affaires / *to do business with* travailler OR traiter avec / *from now on I'll take my business elsewhere* désormais j'irai voir OR je m'adresserai ailleurs ▸ **to go out of business** fermer, faire faillite **2.** [company] entreprise *f* / *would you like to have* OR *to run your own business?* aimeriez-vous travailler à votre compte ? **3.** [concern] affaire *f* / *he had no business to tell you that* ce n'était pas à lui de vous le dire ▸ **to mean business** *inf* ne pas plaisanter / *it's my (own) business if I decide not to go* c'est mon affaire OR cela ne regarde que moi si je décide de ne pas y aller / *it's none of your business* cela ne vous regarde pas **4.** [affair, matter] histoire *f*, affaire *f* / *any other business* [on agenda] points *mpl* divers / *she had important business to discuss* elle avait à parler d'affaires importantes / *I'm tired of the whole business* je suis las de toute cette histoire. ❖ comp [meeting] d'affaires.

business account noun compte *m* professionnel OR commercial.

business card noun carte *f* de visite.

business centre UK, **business center** US noun centre *m* des affaires.

business class noun classe *f* affaires.

business expenses pl n [for individual] frais *mpl* professionnels ; [for firm] frais *mpl* généraux.

business hours pl n heures *fpl* ouvrables.

businesslike ['bɪznɪslaɪk] adj systématique, méthodique.

businessman ['bɪznɪsmæn] (*pl* **-men**) noun homme *m* d'affaires.

business manager noun COMM & INDUST directeur *m* commercial ; SPORT manager *m* ; THEAT directeur *m*.

business model noun modèle *m* économique.

business park noun zone *f* d'activités.

business partner noun associé *m*, -e *f*.

business plan noun projet *m* d'entreprise.

business reply card noun carte-réponse *f*.

business school noun école *f* de commerce.

business-to-business adj interentreprises, B to B.

business trip noun voyage *m* d'affaires.

businesswoman ['bɪznɪs,wʊmən] (*pl* **-women**) noun femme *f* d'affaires.

busk [bʌsk] vi UK jouer de la musique *(dans la rue ou le métro)*.

busker ['bʌskəʳ] noun UK chanteur *m*, -euse *f* des rues.

bus lane noun UK voie *f* des bus.

bus pass noun UK *carte d'autobus pour le troisième âge.*

bus shelter noun Abribus® *m*.

bus station noun gare *f* routière.

bus stop noun arrêt *m* de bus.

bust [bʌst] ❖ adj *inf* **1.** [broken] foutu(e) **2.** [bankrupt] ▸ **to go bust** faire faillite. ❖ noun **1.** [bosom] poitrine *f* **2.** [statue] buste *m* **3.** *police sl* [raid] descente *f*. ❖ vt (*pt & pp* **bust** *or* **-ed**) **1.** *inf* [break] péter **2.** *police sl* [arrest] arrêter ; [raid] faire une descente à. ❖ vi US *inf* ▸ **to be busting to do sthg** crever d'envie de faire qqch.

buster ['bʌstəʳ] noun US *inf* **1.** [pal] : *thanks, buster* merci, mon pote **2.** [tamer, breaker] dompteur *m*, -euse *f*.

-buster in compounds *inf* ▸ **crime-busters** superflics *mpl*.

bustle ['bʌsl] ❖ noun *(U)* [activity] remue-ménage *m inv*. ❖ vi s'affairer.

bustling ['bʌslɪŋ] adj [place] qui bourdonne d'activité.

bust-up noun *inf* **1.** [quarrel] engueulade *f* **2.** [of marriage, relationship] rupture *f*.

busty ['bʌstɪ] (*compar* **-ier**, *superl* **-iest**) adj qui a une forte poitrine / *she was a big, busty woman* c'était une femme forte, à la poitrine plantureuse.

busy ['bɪzɪ] ❖ adj (*compar* **-ier**, *superl* **-iest**) **1.** [gen] occupé(e) ▸ **to be busy doing sthg** être occupé à faire qqch / *he likes to keep (himself) busy* il aime bien s'occuper / *I'm afraid I'm busy tomorrow* malheureusement je suis pris demain **2.** [life, week] chargé(e) ; [town, office] animé(e) / *this is our busiest period* [business, shop] c'est la période où nous sommes en pleine activité **3.** US TELEC [engaged] occupé(e). ❖ vt ▸ **to busy o.s. (doing sthg)** s'occuper (à faire qqch).

busybody ['bɪzɪ,bɒdɪ] (*pl* **-ies**) noun *inf* & *pej* mouche *f* du coche.

busy signal noun US TELEC tonalité *f* OCCUPÉ.

but [bʌt] ❖ conj mais / *I'm sorry, but I don't agree* je suis désolé, mais je ne suis pas d'accord / *but now let's talk about you* mais parlons plutôt de toi. ❖ prep sauf, excepté / *everyone was at the party but Jane* tout le monde était à la soirée sauf Jane / *he has no one but himself to blame* il ne peut s'en prendre qu'à lui-même. ❖ adv *fml* seulement, ne… que / *she has but recently joined the firm* elle n'est entrée dans la société que depuis peu / *had I but known!* si j'avais su ! / *we can but try* on peut toujours essayer. ◆ **but for** prep sans / *but for her* sans elle. ◆ **but then** adv mais / *… but then I've known him for years* … mais il faut dire OR il est vrai que je le connais depuis des années.

butane ['bju:teɪn] noun butane *m*.

butch [bʊtʃ] adj *inf* & *pej* [woman] hommasse.

butcher ['bʊtʃəʳ] ❖ noun boucher *m*, -ère *f* ▸ **butcher's (shop)** UK boucherie *f*. ❖ vt **1.** [animal] abattre **2.** *fig* [massacre] massacrer.

butchery ['bʊtʃərɪ] noun *lit* & *fig* boucherie *f*.

butler ['bʌtləʳ] noun maître *m* d'hôtel *(chez un particulier)*.

butt [bʌt] ❖ noun **1.** [of cigarette, cigar] mégot *m* **2.** [of rifle] crosse *f* **3.** [for water] tonneau *m* **4.** [of joke, criticism] cible *f*. ❖ vt donner un coup de tête à. ◆ **butt in** vi [interrupt] ▸ **to butt in on sb** interrompre qqn ▸ **to butt in on sthg** s'immiscer OR s'imposer dans qqch. ◆ **butt out** vi US *inf* : *why don't you just butt out?* fiche-moi la paix !

butter ['bʌtəʳ] ❖ noun beurre *m* ▸ **butter wouldn't melt in her mouth** *inf* on lui donnerait le bon Dieu sans confession. ❖ vt beurrer. ◆ **butter up** vt sep *inf* passer de la pommade à.

butter bean noun haricot *m* beurre.

buttercup ['bʌtəkʌp] noun UK bouton *m* d'or.

butter dish noun beurrier *m*.

butterfingers ['bʌtə,fɪŋgəz] (*pl inv*) noun *inf* maladroit *m*, -e *f*.

butterfly ['bʌtəflaɪ] (*pl* **-ies**) noun [insect, swimming stroke] papillon *m* ▸ **to have butterflies in one's stomach** avoir le trac.

buttermilk ['bʌtəmɪlk] noun **1.** [sour liquid] babeurre *m* **2.** US [clabbered milk] lait *m* fermenté.

butterscotch ['bʌtəskɒtʃ] noun caramel *m* dur.

buttery ['bʌtərɪ] adj [smell, taste] de beurre ; [fingers] couvert de beurre ; [biscuits] fait avec beaucoup de beurre.

butt naked adj US *inf* à poil.

buttocks ['bʌtəks] pl n fesses *fpl*.

button ['bʌtn] ❖ noun **1.** [gen] bouton *m* **2.** US [badge] badge *m*. ❖ vt = **button up.** ◆ **button up** vt sep boutonner.

buttonhole ['bʌtnhəʊl] ❖ noun **1.** [hole] boutonnière *f* **2.** UK [flower] fleur *f* à la boutonnière. ❖ vt *inf* coincer.

button mushroom noun champignon *m* de Paris.

buttress ['bʌtrɪs] ❖ noun contrefort *m*. ❖ vt [wall] soutenir, étayer.

buxom ['bʌksəm] adj bien en chair.

buy [baɪ] ❖ vt (*pt & pp* **bought**) acheter / *to buy sthg for sb, to buy sb sthg* acheter qqch à OR pour qqn / *can I buy you a coffee?* puis-je t'offrir un café ? ▸ **to buy sthg from sb** acheter qqch à qqn / *they bought it for £100* ils l'ont payé 100 livres / *she bought herself a pair of skis* elle s'est acheté une paire de skis. ❖ noun ▸ **a good buy** une bonne affaire. ◆ **buy in** vt sep UK stocker. ◆ **buy into** vt insep **1.** FIN acheter une participation dans **2.** [believe] ▸ **to buy into sthg** adhérer à qqch. ◆ **buy off** vt sep ▸ **to buy sb off** acheter le silence de qqn. ◆ **buy out** vt sep **1.** COMM racheter la part de **2.** [from army] ▸ **to buy o.s. out** se racheter. ◆ **buy up** vt sep acheter en masse.

buyer ['baɪər] noun acheteur *m*, -euse *f*.

buyer's market noun marché *m* d'acheteurs.

buyout ['baɪaʊt] noun rachat *m*.

buy-to-let noun investissement *m* locatif.

buzz [bʌz] ❖ noun **1.** [of insect] bourdonnement *m* **2.** *inf* [telephone call] ▸ **to give sb a buzz** passer un coup de fil à qqn **3.** *inf* [gossip] : *what's the buzz?* quoi de neuf ? / *the buzz on the streets is that…* le bruit court que…. ❖ vi ▸ **to buzz (with)** bourdonner (de) / *the office is buzzing with rumours* les rumeurs fusent au bureau / *this place is really buzzing* il y a une super ambiance ici. ❖ vt [on intercom] appeler. ◆ **buzz off** vi UK *inf* ▸ **buzz off!** file !, fous le camp !

buzzard ['bʌzəd] noun **1.** UK [hawk] buse *f* **2.** US [vulture] urubu *m*.

buzzer ['bʌzər] noun [for door] sonnette *f* ; [on game show] buzzer *m* ; [on microwave, radio alarm] sonnerie *f* / *when the buzzer goes off* quand ça sonne.

buzzing ['bʌzɪŋ] noun [of insect] bourdonnement *m* ; [of machine] ronronnement *m*.

buzzword ['bʌzwɜːd] noun *inf* mot *m* à la mode.

b/w (*abbr of* **black and white**) adj NB.

by [baɪ] ❖ adv **1.** [past] : *she drove by without stopping* elle est passée (en voiture) sans s'arrêter / *two hours have gone by* deux heures ont passé / *as time went by he became less bitter* avec le temps il est devenu moins amer **2.** [near] : *is there a bank close by?* y a-t-il une banque près d'ici ? **3.** [to, at someone's home] : *I'll stop* OR *drop by this evening* je passerai ce soir. ❖ prep **1.** [indicating cause, agent] par / *caused / written / killed by* causé(e) / écrit(e) / tué(e) par / *I was shocked by his reaction* sa réaction m'a choqué / *a book by Toni Morrison* un livre de Toni Morrison **2.** [indicating means, method, manner] : *by letter / phone* par courrier / téléphone / *to travel by bus / train / plane / ship* voyager en bus / en train / en avion / en bateau / *I know her by name / sight* je la connais de nom / vue / *to dine by candlelight* dîner aux chandelles / *he's a lawyer by profession* il est avocat de son métier ▸ **by doing sthg** en faisant qqch / *he learned to cook by watching his mother* il a appris à faire la cuisine en regardant sa mère / *she took her by the hand* elle l'a prise par la main **3.** [to explain a word or expression] par / *what do you mean by "all right"?* qu'est-ce que tu veux dire par « très bien » ? **4.** [beside, close to] près de / *by the sea* au bord de la mer / *I sat by her bed* j'étais assis à son chevet / *don't stand by the door* ne restez pas debout près de la porte **5.** [past] : *to pass by sb / sthg* passer devant qqn / qqch / *to drive by sb / sthg* passer en voiture devant qqn / qqch / *she walked right by me* elle passa juste devant moi **6.** [via, through] par / *come in by the back door* entrez par la porte de derrière **7.** [at or before a particular time] avant, pas plus tard que / *I'll be there by eight* j'y serai avant huit heures / *I'll have finished by Friday* j'aurai fini pour vendredi / *by 1914 it was all over* en 1914 c'était fini / *by the time you read this letter I'll be in California* lorsque tu liras cette lettre, je serai en Californie / *he should be in India by now* il devrait être en Inde maintenant / *she had already married by then* à ce moment-là elle était déjà mariée **8.** [during] ▸ **by day** le OR de jour ▸ **by night** la OR de nuit **9.** [according to] selon, suivant / *they're rich, even by American standards* ils sont riches même par rapport aux normes américaines / *it's 6:15 by my watch* il est 6 h 15 à OR d'après ma montre / *to play by the rules* faire les choses dans les règles / *it's all right by me* *inf* moi, je suis d'accord OR je n'ai rien contre **10.** [in quantities, amounts] à / *she won by five points* elle a gagné de cinq points / *by the yard* au mètre / *by the thousands* par milliers / *paid by the day / week / month* payé(e) à la journée / à la semaine / au mois / *to cut prices by 50 %* réduire les prix de 50 % / *his second book is better by far* son deuxième livre est nettement meilleur **11.** [in arithmetic] par / *divide / multiply 20 by 2* divisez / multipliez 20 par 2 **12.** [in measurements] : *2 metres by 4* 2 mètres sur 4 **13.** [indicating gradual change] : *week by week* de semaine en semaine ▸ **day by day** jour après jour, de jour en jour ▸ **one by one** un à un, un par un **14.** PHR **(all) by oneself** (tout) seul ((toute) seule) / *I'm all by myself today* je suis tout seul aujourd'hui. ◆ **by and by** adv *liter* bientôt. ◆ **by the by** adj : *that's by the by* ça n'a pas d'importance.

bye(-bye) [baɪ(baɪ)] excl *inf* au revoir !, salut !

by-election UK noun élection *f* partielle.

Byelorussia [bɪˌeləʊ'rʌʃə] = **Belorussia**.

bygone ['baɪgɒn] adj d'autrefois. ◆ **bygones** pl n ▸ **to let bygones be bygones** oublier le passé.

bylaw ['baɪlɔː] noun arrêté *m*.

by-line, **byline** US ['baɪlaɪn] noun PRESS signature *f*.

bypass ['baɪpɑːs] ❖ noun **1.** [road] route *f* de contournement **2.** MED ▸ **bypass (operation)** pontage *m*. ❖ vt [town, difficulty] contourner ; [subject] éviter.

by-product, **byproduct** US ['baɪprɒdʌkt] noun **1.** [product] dérivé *m* **2.** *fig* [consequence] conséquence *f*.

bystander ['baɪˌstændəʳ] noun spectateur *m*, -trice *f*.

byte [baɪt] noun COMPUT octet *m*.

byway ['baɪweɪ] noun **1.** [road] chemin *m* détourné OR écarté **2.** *fig* [of subject] à-côté *m*.

byword ['baɪwɜːd] noun [symbol] ▸ **to be a byword for** être synonyme de.

C

c[1] (*pl* **c's** *or* **cs**), **C** (*pl* **C's** *or* **Cs**) [siː] noun [letter] c *m inv*, C *m inv.* ◆ **C** noun **1.** MUS do *m* **2.** SCH [mark] C *m inv* **3.** (*abbr of* **Celsius, centigrade**) C **4.** MESSAGING *written abbr of* **see**.

c[2] [siː] **1.** (*abbr of* **century**) s. **2.** (*abbr of* **cent(s)**) ct.

c., ca. *abbr of* **circa**.

c/a *abbr of* **credit account, current account**.

cab [kæb] noun **1.** [taxi] taxi *m* **2.** [of lorry] cabine *f*.

CAB (*abbr of* **Citizens Advice Bureau**) noun *service britannique d'information et d'aide au consommateur*.

cabaret ['kæbəreɪ] noun cabaret *m*.

cabbage ['kæbɪdʒ] noun [vegetable] chou *m*.

cabbie, cabby ['kæbɪ] noun *inf* chauffeur *m* de taxi.

cabin ['kæbɪn] noun **1.** [on ship, plane] cabine *f* **2.** [house] cabane *f*.

cabin class noun seconde classe *f*.

cabin crew noun équipage *m*.

cabinet ['kæbɪnɪt] noun **1.** [cupboard] meuble *m* **2.** POL cabinet *m*.

cabinet-maker noun ébéniste *mf*.

cabinet minister noun [UK] ministre *mf*.

cable ['keɪbl] ◆ noun câble *m*. ◆ vt [news] câbler ; [person] câbler à.

cable car noun téléphérique *m*.

cablecast ['keɪblkɑːst] vt [US] TV transmettre par câble.

cable television, cable TV noun câble *m*, télévision *f* par câble.

caboodle [kə'buːdl] noun *inf* ▸ **the whole caboodle** et tout le tremblement.

cache [kæʃ] ◆ noun **1.** [store] cache *f* **2.** COMPUT mémoire-cache *f*, antémémoire *f*. ◆ vt COMPUT stocker dans la mémoire-cache.

cache memory noun COMPUT antémémoire *f*, mémoire *f* cache.

cack-handed [kæk-] adj [UK] *inf* maladroit(e), gauche.

cackle ['kækl] ◆ noun **1.** [of hen] caquet *m* **2.** [of person] jacassement *m*. ◆ vi **1.** [hen] caqueter **2.** [person] jacasser.

cacophony [kæ'kɒfənɪ] noun cacophonie *f*.

cactus ['kæktəs] (*pl* **-tuses** *or* **-ti**) noun cactus *m*.

cad [kæd] noun *dated* goujat *m*.

CAD [kæd] (*abbr of* **computer-aided design**) noun CAO *f*.

cadaverous [kə'dævərəs] adj *fml* & *liter* cadavéreux, cadavérique.

CADCAM ['kædkæm] (*abbr of* **computer-aided design and manufacturing**) noun CFAO *f*.

caddie ['kædɪ] ◆ noun GOLF caddie *m*. ◆ vi ▸ **to caddie for sb** servir de caddie à qqn.

caddy ['kædɪ] (*pl* **-ies**) noun [UK] [for tea] boîte *f* à thé.

cadence ['keɪdəns] noun [of voice] intonation *f*.

cadet [kə'det] noun élève *m* officier.

cadge [kædʒ] [UK] *inf* & *dated* ◆ vt ▸ **to cadge sthg off** OR **from sb** taper qqn de qqch. ◆ vi ▸ **to cadge off** OR **from sb** taper qqn.

caesarean (section) [UK], **cesarean (section)** [US] [sɪ'zeərɪən-] noun césarienne *f*.

Caesar salad noun *salade de laitue romaine, de croûtons et de parmesan*.

cafe, café ['kæfeɪ] noun café *m*.

cafeteria [ˌkæfɪ'tɪərɪə] noun cafétéria *f*, cantine *f*.

cafetiere, cafetière [kæfə'tjɛər] noun [UK] cafetière *f* à piston.

caff [kæf] noun [UK] *inf* snack *m*.

caffeine ['kæfiːn] noun caféine *f*.

caffeine-free adj sans caféine.

cage [keɪdʒ] noun **1.** [for animal] cage *f* **2.** [PHR] **to rattle sb's cage** mettre qqn en colère.

cagey ['keɪdʒɪ] (*compar* **-ier**, *superl* **-iest**) adj *inf* discret(ète).

cagoule [kə'guːl] noun [UK] K-way® *m inv*.

cahoots [kə'huːts] noun *inf* ▸ **to be in cahoots (with)** être de mèche (avec).

CAI (*abbr of* **computer-aided instruction**) noun EAO *m*.

cairn [keən] noun [pile of rocks] cairn *m*.

Cairo ['kaɪərəʊ] noun Le Caire.

cajole [kə'dʒəʊl] vt ▸ **to cajole sb (into doing sthg)** enjôler qqn (pour qu'il fasse qqch).

cake [keɪk] noun **1.** [sweet] gâteau *m* ; [of fish, potato] croquette *f* ▸ **it's a piece of cake** *inf* & *fig* c'est du gâteau ▸ **to sell like hot cakes** partir comme des petits pains ▸ **you can't have your cake and eat it** on ne peut pas avoir le beurre et l'argent du beurre **2.** [of soap] pain *m*.

caked [keɪkt] adj ▸ **caked with mud** recouvert(e) de boue séchée.

cal [kæl] (*abbr of* **calorie**) noun cal.

CAL (*abbr of* **computer-assisted** (OR **aided**) **learning**) noun enseignement *m* assisté par ordinateur.

calamity [kəˈlæmətɪ] (*pl* **-ies**) noun calamité *f*.

calcium [ˈkælsɪəm] noun calcium *m*.

calculate [ˈkælkjʊleɪt] vt **1.** [result, number] calculer ; [consequences] évaluer **2.** [plan] ▸ **to be calculated to do sthg** être calculé(e) pour faire qqch. ◆ **calculate on** vi ▸ **to calculate on sthg** compter sur qqch ▸ **to calculate on doing sthg** compter faire qqch.

calculated [ˈkælkjʊleɪtɪd] adj calculé(e).

calculating [ˈkælkjʊleɪtɪŋ] adj *pej* calculateur(trice).

calculation [ˌkælkjʊˈleɪʃn] noun calcul *m*.

calculator [ˈkælkjʊleɪtəʳ] noun calculatrice *f*.

calculus [ˈkælkjʊləs] noun calcul *m*.

calendar [ˈkælɪndəʳ] noun calendrier *m*.

calendar month noun mois *m* (de calendrier).

calendar year noun année *f* civile.

calf [kɑːf] (*pl* **calves** [kɑːvz]) noun **1.** [of cow, leather] veau *m* ; [of elephant] éléphanteau *m* ; [of seal] bébé *m* phoque **2.** ANAT mollet *m*.

caliber US [ˈkælɪbəʳ] = **calibre**.

calibrate [ˈkælɪbreɪt] vt [scale] étalonner ; [gun] calibrer.

calibre UK, **caliber** US [ˈkælɪbəʳ] noun calibre *m*.

calico [ˈkælɪkəʊ] noun calicot *m*.

California [ˌkælɪˈfɔːnjə] noun Californie *f* ▸ **in California** en Californie.

Californian [ˌkælɪˈfɔːnjən] ❖ adj californien(enne). ❖ noun Californien *m*, -enne *f*.

call [kɔːl] ❖ noun

1. [cry] appel *m*, cri *m* / *a call for help* un appel à l'aide OR au secours

2. TELEC appel *m* (téléphonique) / *to make a call* passer un coup de téléphone / *I'll give you a call* je t'appellerai / *there's a call for you* on vous demande au téléphone / *to take a call* prendre un appel

3. [summons, invitation] appel *m* ▸ **to be on call** [doctor] être de garde

4. [visit] visite *f* ▸ **to pay a call on sb** rendre visite à qqn

5. [demand] ▸ **call (for)** demande *f* (de) / *there have been calls for a return to capital punishment* il y a des gens qui demandent le rétablissement de la peine de mort

❖ vt

1. [name, describe] appeler / *what's this thing called?* comment ça s'appelle ce truc ? / *she's called Joan* elle s'appelle Joan / *he has a cat called Felix* UK il a un chat qui s'appelle Félix / *let's call it £10* disons 10 livres / *he called me a liar* il m'a traité de menteur / *Denver is where I call home* c'est à Denver que je me sens chez moi / *I don't call that clean* ce n'est pas ce que j'appelle propre ▸ **let's call it a day** si on s'arrêtait là pour aujourd'hui ?

2. [telephone] appeler / *don't call me at work* ne m'appelle pas au bureau / *we called his house* nous avons appelé chez lui / *to call the police / fire brigade* appeler la police / les pompiers

3. [shout, summon] appeler / *can you call the children to the table?* pouvez-vous appeler les enfants pour qu'ils viennent à table ? / *he called me over* il m'a appelé / *he was called to the phone* on l'a demandé au téléphone / *she was suddenly called home* elle a été rappelée soudainement chez elle / *she was called as a witness* elle a été citée comme témoin

4. [announce - meeting] convoquer ; [- strike] lancer ; [- flight] appeler ; [- election] annoncer

❖ vi

1. [shout - person] crier ; [- animal, bird] pousser un cri / des cris / *to call for help* appeler à l'aide OR au secours

2. TELEC appeler ▸ **who's calling?** qui est à l'appareil ? / *where are you calling from?* d'où appelles-tu ?

3. [visit] passer / *I was out when they called* je n'étais pas là quand ils sont passés

◆ **call away** vt sep : *she's often called away on business* elle doit souvent partir en déplacement OR s'absenter pour affaires.

◆ **call back** ❖ vt sep rappeler. ❖ vi **1.** TELEC rappeler **2.** [visit again] repasser.

◆ **call by** vi *inf* passer.

◆ **call for** vt insep **1.** [collect - person] passer prendre ; [- package, goods] passer chercher / *he called for her at her parents' house* il est allé la chercher chez ses parents **2.** [demand] demander / *the situation called for quick thinking* la situation demandait OR exigeait qu'on réfléchisse vite.

◆ **call in** ❖ vt sep **1.** [expert, police] faire venir / *the army was called in to assist with the evacuation* on a fait appel à l'armée pour aider à l'évacuation **2.** COMM [goods] rappeler ; FIN [loan] exiger le remboursement de. ❖ vi passer.

◆ **call off** vt sep **1.** [cancel] annuler ▸ **to call off a strike** rapporter un ordre de grève **2.** [dog] rappeler.

◆ **call on** vt insep **1.** [visit] passer voir **2.** [ask] ▸ **to call on sb to do sthg** demander à qqn de faire qqch.

◆ **call out** ❖ vt sep **1.** [police, doctor] appeler **2.** [order to strike] : *they called the workers out* ils ont donné la consigne de grève aux ouvriers **3.** [cry out] crier / *"over here," he called out* « par ici », appela-t-il. ❖ vi [cry out] crier.

◆ **call round** vi UK passer / *can I call round this evening?* puis-je passer ce soir ?

◆ **call up** vt sep **1.** MIL & TELEC appeler **2.** COMPUT rappeler.

CALL (*abbr of* **computer assisted (OR aided) language learning**) noun enseignement *m* des langues assisté par ordinateur.

call box noun UK cabine *f* (téléphonique).

call centre UK, **call center** US noun centre *m* d'appels.

caller [ˈkɔːləʳ] noun **1.** [visitor] visiteur *m*, -euse *f* **2.** TELEC demandeur *m*.

caller ID display, caller display noun TELEC présentation *f* du numéro.

call girl noun call-girl *f*.

calligraphy [kəˈlɪgrəfɪ] noun calligraphie *f*.

calling ['kɔ:lɪŋ] noun **1.** [profession] métier *m* **2.** [vocation] vocation *f*.

calling card noun US **1.** [visiting card] carte *f* de visite **2.** TELEC carte *f* téléphonique.

callipers UK, **calipers** US ['kælɪpəz] pl n **1.** MATH compas *m* **2.** MED appareil *m* orthopédique.

callous ['kæləs] adj dur(e).

callousness ['kæləsnɪs] noun dureté *f*.

call screening noun filtrage *m* d'appels.

call-up noun ordre *m* de mobilisation.

callus ['kæləs] (*pl* **-es**) noun cal *m*, durillon *m*.

call waiting noun signal *m* d'appel.

calm [kɑ:m] ❖ adj calme / *keep calm!* du calme !, restons calmes ! ❖ noun calme *m* ▸ **the calm before the storm** le calme avant la tempête. ❖ vt calmer. ◆ **calm down** ❖ vt sep calmer. ❖ vi se calmer / *calm down!* calmez-vous !, ne vous énervez pas !

calming ['kɑ:mɪŋ] adj calmant(e).

calmly ['kɑ:mlɪ] adv calmement.

calmness ['kɑ:mnɪs] noun calme *m*.

Calor gas® ['kælər-] noun UK butane *m*.

calorie ['kælərɪ] noun calorie *f*.

calorie-conscious adj : *she's very calorie-conscious* elle fait très attention au nombre de calories qu'elle absorbe.

calorie-controlled adj [diet] hypocalorique, faible en calories.

calorie-free adj sans calories.

calorific [,kælə'rɪfɪk] adj calorifique.

calve [kɑ:v] vi vêler.

calves [kɑ:vz] pl n ⟶ **calf**.

cam [kæm] noun came *f*.

CAM [kæm] (*abbr of* **computer-aided manufacturing**) noun FAO *f*.

camaraderie [,kæmə'rɑ:dərɪ] noun camaraderie *f*.

camber ['kæmbər] noun [of road] bombement *m*.

Cambodia [kæm'bəʊdjə] noun Cambodge *m* ▸ **in Cambodia** au Cambodge.

Cambodian [kæm'bəʊdjən] ❖ adj cambodgien(enne). ❖ noun Cambodgien *m*, -enne *f*.

camcorder ['kæm,kɔ:dər] noun Caméscope® *m*.

came [keɪm] pt ⟶ **come**.

camel ['kæml] ❖ adj ocre *(inv)*. ❖ noun chameau *m*.

camellia [kə'mi:ljə] noun camélia *m*.

cameo ['kæmɪəʊ] (*pl* **-s**) noun **1.** [jewellery] camée *m* **2.** CIN & THEAT courte apparition *f (d'une grande vedette)*.

camera ['kæmərə] noun PHOT appareil photo *m* ; CIN & TV caméra *f* ▸ **video camera** caméra *f* (vidéo). ◆ **in camera** adv à huis clos.

cameraman ['kæmərəmæn] (*pl* **-men**) noun cameraman *m*, cadreur *m*.

camera phone noun téléphone *m* avec appareil photo.

camera-shy adj qui n'aime pas être photographié.

Cameroon [,kæmə'ru:n] noun Cameroun *m* ▸ **in Cameroon** au Cameroun.

camisole ['kæmɪsəʊl] noun camisole *f*.

camomile ['kæməmaɪl] ❖ noun camomille *f*. ❖ comp ▸ **camomile tea** infusion *f* de camomille.

camouflage ['kæməflɑ:ʒ] ❖ noun camouflage *m*. ❖ vt camoufler.

camp [kæmp] ❖ noun camp *m* ▸ **(summer) camp** US colonie *f* de vacances. ❖ vi camper. ◆ **camp out** vi camper.

campaign [kæm'peɪn] ❖ noun campagne *f*. ❖ vi ▸ **to campaign (for / against)** mener une campagne (pour / contre).

campaigner [kæm'peɪnər] noun militant *m*, -e *f*.

campaign trail noun tournée *f* électorale.

camp bed noun UK lit *m* de camp.

camper ['kæmpər] noun **1.** [person] campeur *m*, -euse *f* **2.** [vehicle] camping-car *m*.

camper van noun UK camping-car *m*.

campfire ['kæmp,faɪər] noun feu *m* de camp.

camphor ['kæmfər] noun camphre *m*.

camping ['kæmpɪŋ] noun camping *m* ▸ **to go camping** faire du camping.

camping site, **campsite** ['kæmpsaɪt] noun (terrain *m* de) camping *m*.

campus ['kæmpəs] (*pl* **-es**) noun campus *m*.

camshaft ['kæmʃɑ:ft] noun arbre *m* à cames.

can¹ [kæn] ❖ noun [of drink, food] boîte *f* ; [of oil] bidon *m* ; [of paint] pot *m*. ❖ vt (*pt & pp* **-ned**, *cont* **-ning**) mettre en boîte.

can²

(weak form [kən], *strong form* [kæn], *conditional and preterite form* ***could****; negative form* ***cannot*** *and* ***can't****)*

❖ modal vb

1. [be able to] pouvoir / *can you come to lunch?* tu peux venir déjeuner ? / *she couldn't come* elle n'a pas pu venir / *I'll come if I can* je viendrai si je (le) peux / *I'll come as soon as I can* je viendrai aussitôt que possible OR aussitôt que je pourrai / *we'll do everything we can to help* nous ferons tout ce que nous pourrons OR tout notre possible pour aider / *I can't* OR *cannot afford it* je ne peux pas me le payer / *can you see / hear / smell something?* tu vois / entends / sens quelque chose ? / *can you feel it?* tu le sens ? / *I can't understand you* je ne te comprends pas OR je ne comprends pas ce que tu dis

2. [know how to] savoir / *I can play the piano* je sais jouer du piano / *can you drive / cook?* tu sais conduire / cuisiner ? / *she can speak three languages* elle parle trois langues

3. [indicating permission, in polite requests] pouvoir / *you can use my car if you like* tu peux prendre ma voiture si tu veux / *we can't wear jeans to work* on ne peut pas aller au travail en jeans / *can I speak to*

John, please? est-ce que je pourrais parler à John, s'il vous plaît ? / *can I borrow your sweater? — yes, you can* puis-je emprunter ton pull ? — (mais oui,) bien sûr / *can I just say something here?* est-ce que je peux dire quelque chose ? / *can I be of any assistance?* puis-je vous aider ?
4. [indicating disbelief, puzzlement] pouvoir / *what can she have done with it?* qu'est-ce qu'elle a bien pu en faire ? / *we can't just leave him here* on ne peut tout de même pas le laisser ici ▸ **you can't be serious!** tu ne parles pas sérieusement ! / *he can't possibly have finished already!* ce n'est pas possible qu'il ait déjà fini ! / *can't we at least talk about it?* est-ce que nous pouvons au moins en discuter ? / *how can you say that?* comment pouvez-vous OR osez-vous dire ça ?
5. [indicating possibility] : *the contract can still be cancelled* il est toujours possible d'annuler OR on peut encore annuler le contrat / *the job can't be finished in one day* il est impossible de finir le travail OR le travail ne peut pas se faire en un jour / *I could see you tomorrow* je pourrais vous voir demain / *the train could have been cancelled* peut-être que le train a été annulé
6. [indicating usual state or behaviour] : *she can be a bit difficult sometimes* elle peut parfois être (un peu) difficile / *Edinburgh can be very chilly* il peut faire très froid à Édimbourg

Canada ['kænədə] noun Canada *m* ▸ **in Canada** au Canada.

Canadian [kə'neɪdjən] ❖ adj canadien(enne). ❖ noun Canadien *m*, -enne *f*.

canal [kə'næl] noun canal *m*.

canapé ['kænəpeɪ] noun canapé *m (petit four)*.

canary [kə'neərɪ] (*pl* **-ies**) noun canari *m*.

Canary Islands pl n ▸ **the Canary Islands** les îles *fpl* Canaries ▸ **in the Canary Islands** aux Canaries.

cancan ['kænkæn] noun cancan *m*.

cancel ['kænsl] (UK *pt & pp* **-led**, *cont* **-ling**, US *pt & pp* **-ed**, *cont* **-ing**) vt **1.** [gen] annuler ; [appointment, delivery] décommander **2.** [stamp] oblitérer ; [cheque] faire opposition à. ◆ **cancel out** vt sep annuler / *to cancel each other out* s'annuler.

cancellation [ˌkænsə'leɪʃn] noun annulation *f*.

cancer ['kænsəʳ] ❖ noun cancer *m*. ❖ comp ▸ **cancer patient** cancéreux *m*, -euse *f* ▸ **cancer research** lutte *f* contre le cancer ▸ **cancer ward** service *m* de cancérologie. ◆ **Cancer** noun Cancer *m* ▸ **to be (a) Cancer** être Cancer.

cancerous ['kænsərəs] adj cancéreux(euse).

candelabra [ˌkændɪ'lɑːbrə] noun candélabre *m*.

candid ['kændɪd] adj franc (franche).

⚠ Candide means *innocent* or *naïve*, not *candid*.

candidacy ['kændɪdəsɪ] noun candidature *f*.

candidate ['kændɪdət] noun ▸ **candidate (for)** candidat *m*, -e *f* (pour).

candidature ['kændɪdətʃəʳ] noun UK candidature *f*.

candidly ['kændɪdlɪ] adv franchement.

candied ['kændɪd] adj confit(e).

candle ['kændl] noun bougie *f*, chandelle *f* ▸ **to burn the candle at both ends** brûler la chandelle par les deux bouts.

candlelight ['kændllaɪt] noun lueur *f* d'une bougie OR d'une chandelle.

candlelit ['kændllɪt] adj aux chandelles.

candlestick ['kændlstɪk] noun bougeoir *m*.

can-do ['kænduː] adj ▸ **can-do spirit** esprit *m* de battant OR de gagneur.

candour UK, **candor** US ['kændəʳ] noun franchise *f*.

candy ['kændɪ] (*pl* **-ies**) noun US **1.** *(U)* [confectionery] confiserie *f* **2.** [sweet] bonbon *m*.

candy apple noun US pomme *f* d'amour.

candy bar noun US [chocolate] barre *f* de chocolat ; [muesli] barre *f* de céréales.

candyfloss ['kændɪflɒs] noun UK barbe *f* à papa.

cane [keɪn] ❖ noun **1.** *(U)* [for furniture] rotin *m* **2.** [walking stick] canne *f* **3.** [for punishment] ▸ **the cane** la verge **4.** [for supporting plant] tuteur *m*. ❖ comp en rotin. ❖ vt fouetter.

cane sugar noun sucre *m* de canne.

canine ['keɪnaɪn] ❖ adj canin(e). ❖ noun ▸ **canine (tooth)** canine *f*.

canister ['kænɪstəʳ] noun [for film, tea] boîte *f* ; [for gas, smoke] bombe *f*.

cannabis ['kænəbɪs] noun cannabis *m*.

canned [kænd] adj **1.** [food, drink] en boîte **2.** *inf & fig* [music] enregistré(e) ; [laughter] préenregistré(e).

cannelloni [ˌkænɪ'ləʊnɪ] noun cannelloni *m*.

cannery ['kænərɪ] (*pl* **-ies**) noun conserverie *f*.

cannibal ['kænɪbl] noun cannibale *mf*.

cannibalism ['kænɪbəlɪzm] noun cannibalisme *m*, anthropophagie *f*.

cannon ['kænən] (*pl inv or* **-s**) noun canon *m*. ◆ **cannon into** vt insep UK percuter.

cannonball ['kænənbɔːl] noun boulet *m* de canon.

cannot ['kænɒt] *fml* ⟶ **can²**

canny ['kænɪ] (*compar* **-ier**, *superl* **-iest**) adj [shrewd] adroit(e).

canoe [kə'nuː] ❖ noun canoë *m*, kayak *m*. ❖ vi (*pt & pp* **-d**, *cont* **-ing**) faire du canoë.

canoeing [kə'nuːɪŋ] noun *(U)* canoë-kayak *m*.

canoeist [kə'nuːɪst] noun canoéiste *mf*.

canon ['kænən] noun canon *m*.

canoodle [kə'nuːdl] vi *inf & dated* se faire des mamours.

can opener noun ouvre-boîtes *m inv*.

canopy ['kænəpɪ] (*pl* **-ies**) noun **1.** [over bed] ciel *m* de lit, baldaquin *m* ; [over seat] dais *m* **2.** [of trees, branches] voûte *f*.

cant [kænt] noun *(U)* paroles *fpl* hypocrites.

can't [kɑ:nt] ⟶ **cannot**.

cantankerous [kæn'tæŋkərəs] adj hargneux(euse).

canteen [kæn'ti:n] noun UK **1.** [restaurant] cantine *f* **2.** [box of cutlery] ménagère *f*.

canter ['kæntəʳ] ❖ noun petit galop *m*. ❖ vi aller au petit galop.

cantilever ['kæntɪli:vəʳ] noun cantilever *m*.

Cantonese [,kæntə'ni:z] ❖ adj cantonais(e). ❖ noun [language] cantonais *m*.

canvas ['kænvəs] noun toile *f* ▸ **under canvas** [in a tent] sous la tente.

canvass ['kænvəs] ❖ vt **1.** POL [person] solliciter la voix de **2.** [opinion] sonder. ❖ vi POL solliciter des voix.

canvasser ['kænvəsəʳ] noun **1.** POL agent *m* électoral **2.** [for opinion poll] sondeur *m*, -euse *f*.

canvassing ['kænvəsɪŋ] noun **1.** POL démarchage *m* électoral **2.** [for opinion poll] sondage *m*.

canyon ['kænjən] noun canyon *m*.

canyoning ['kænjənɪŋ] noun canyoning *m*.

cap [kæp] ❖ noun **1.** [hat - gen] casquette *f* ▸ **to go cap in hand to sb** se présenter humblement devant qqn **2.** [of pen] capuchon *m* ; [of bottle] capsule *f* ; [of lipstick] bouchon *m* **3.** UK [contraceptive device] diaphragme *m*. ❖ vt (*pt & pp* **-ped**, *cont* **-ping**) **1.** [top] ▸ **to be capped with** être coiffé(e) de **2.** [outdo] ▸ **to cap it all** pour couronner le tout **3.** [spending] limiter, restreindre / *to cap greenhouse emissions* plafonner les émissions de gaz à effet de serre.

CAP (*abbr of* **Common Agricultural Policy**) noun PAC *f*.

capability [,keɪpə'bɪlətɪ] (*pl* **-ies**) noun capacité *f*.

capable ['keɪpəbl] adj ▸ **capable (of)** capable (de).

capably ['keɪpəblɪ] adv avec compétence.

capacious [kə'peɪʃəs] adj *fml* vaste.

capacitor [kə'pæsɪtəʳ] noun condensateur *m*.

capacity [kə'pæsɪtɪ] ❖ noun (*pl* **-ies**) **1.** *(U)* [limit] capacité *f*, contenance *f* ▸ **full to capacity** plein(e), comble ▸ **to work at full capacity** [factory] travailler à plein rendement **2.** [ability] ▸ **capacity (for)** aptitude *f* (à) **3.** [role] qualité *f* ▸ **in my capacity as...** en ma qualité de... ▸ **in an advisory capacity** en tant que conseiller. ❖ comp ▸ **capacity audience** salle *f* comble.

cape [keɪp] noun **1.** GEOG cap *m* **2.** [cloak] cape *f*.

Cape Cod noun le cap Cod.

Cape Horn noun le cap Horn.

Cape of Good Hope noun ▸ **the Cape of Good Hope** le cap de Bonne-Espérance.

caper ['keɪpəʳ] ❖ noun **1.** CULIN câpre *f* **2.** *inf* [dishonest activity] coup *m*, combine *f*. ❖ vi gambader.

Cape Town noun Le Cap.

Cape Verde [-vɜ:d] noun ▸ **the Cape Verde Islands** les îles *fpl* du Cap-Vert ▸ **in Cape Verde** au Cap-Vert.

capful ['kæpfʊl] noun [of liquid] capsule *f* (pleine).

capillary [kə'pɪlərɪ] (*pl* **-ies**) noun capillaire *m*.

capita ⟶ **per capita**.

capital ['kæpɪtl] ❖ adj **1.** [letter] majuscule **2.** [offence] capital(e). ❖ noun **1.** [of country] ▸ **capital (city)** capitale *f* **2.** TYPO ▸ **capital (letter)** majuscule *f* ▸ **in capitals** en lettres majuscules **3.** *(U)* [money] capital *m* ▸ **to make capital (out) of** *fig* tirer profit de.

capital gains tax noun impôt *m* sur les plus-values.

capitalism ['kæpɪtəlɪzm] noun capitalisme *m*.

capitalist ['kæpɪtəlɪst] ❖ adj capitaliste. ❖ noun capitaliste *mf*.

capitalize, capitalise UK ['kæpɪtəlaɪz] vi ▸ **to capitalize on** tirer parti de.

capital punishment noun peine *f* capitale OR de mort.

Capitol ['kæpɪtl] noun ▸ **the Capitol** le Capitole.

capitulate [kə'pɪtjʊleɪt] vi capituler.

cappuccino [,kæpʊ'tʃi:nəʊ] (*pl* **-s**) noun cappuccino *m*.

capricious [kə'prɪʃəs] adj capricieux(euse).

Capricorn ['kæprɪkɔ:n] noun Capricorne *m* ▸ **to be (a) Capricorn** être Capricorne.

caps [kæps] (*abbr of* **capital letters**) pl n cap ▸ **caps lock** verrouillage *m* des majuscules.

capsicum ['kæpsɪkəm] noun poivron *m*.

capsize [kæp'saɪz] ❖ vt faire chavirer. ❖ vi chavirer.

capsule ['kæpsju:l] noun **1.** [gen] capsule *f* **2.** MED gélule *f*.

Capt. (*abbr of* **captain**) cap.

captain ['kæptɪn] ❖ noun capitaine *mf*. ❖ vt **1.** [ship] commander **2.** [sports team] être le capitaine de.

caption ['kæpʃn] noun légende *f*.

captivate ['kæptɪveɪt] vt captiver.

captivating ['kæptɪveɪtɪŋ] adj captivant(e).

captive ['kæptɪv] ❖ adj captif(ive). ❖ noun captif *m*, -ive *f*.

captive audience noun audience *f* captive.

captivity [kæp'tɪvətɪ] noun *(U)* captivité *f* ▸ **in captivity** en captivité.

captor ['kæptəʳ] noun ravisseur *m*, -euse *f*.

capture ['kæptʃəʳ] ❖ vt **1.** [person, animal] capturer ; [city] prendre ; [market] conquérir **2.** [attention, imagination] captiver **3.** [subj: painting, photo] rendre **4.** COMPUT saisir. ❖ noun [of person, animal] capture *f* ; [of city] prise *f*.

car [kɑ:ʳ] ❖ noun **1.** AUTO voiture *f* **2.** RAIL wagon *m*, voiture *f*. ❖ comp [door, accident] de voiture ; [industry] automobile.

carafe [kə'ræf] noun carafe *f*.

car alarm noun AUTO alarme *f* de voiture.

caramel ['kærəmel] noun caramel *m*.

caramelize, caramelise UK ['kærəməlaɪz] vi se caraméliser.

carat ['kærət] noun UK carat *m* / *24-carat gold* or à 24 carats.

caravan ['kærəvæn] ❖ noun [people travelling] caravane *f* ; UK [vehicle] caravane *f* ; [towed by horse] roulotte *f*. ❖ comp UK [holiday] en caravane.

caravan site noun UK camping *m* pour caravanes.

carbohydrate [ˌkɑːbəʊ'haɪdreɪt] noun CHEM hydrate *m* de carbone. ◆ **carbohydrates** pl n [in food] glucides *mpl*.

car bomb noun voiture *f* piégée.

carbon ['kɑːbən] noun **1.** [element] carbone *m* **2.** = carbon copy **3.** = carbon paper.

carbonated ['kɑːbəneɪtɪd] adj [mineral water] gazeux(euse).

carbon copy noun **1.** [document] carbone *m* **2.** *fig* [exact copy] réplique *f*.

carbon dioxide [-daɪ'ɒksaɪd] noun gaz *m* carbonique.

carbon footprint noun empreinte *f* carbone.

carbon monoxide noun oxyde *m* de carbone.

carbon-neutral adj neutre en carbone.

carbon paper noun TYPO (papier *m*) carbone *m*.

car-boot sale noun UK *brocante en plein air où les coffres des voitures servent d'étal*.

carburettor UK, **carburetor** US [ˌkɑːbə'retəʳ] noun carburateur *m*.

carcass ['kɑːkəs] noun [of animal] carcasse *f*.

carcinogen [kɑː'sɪnədʒən] noun (agent *m*) carcinogène *m* OR cancérogène *m*.

carcinogenic [ˌkɑːsɪnə'dʒenɪk] adj carcinogène, cancérogène.

card [kɑːd] noun **1.** [gen] carte *f* ▸ **to play one's cards right** *fig* bien jouer son jeu ▸ **to put** OR **lay one's cards on the table** *fig* jouer cartes sur table **2.** *(U)* [cardboard] carton *m* **3.** COMPUT carte *f*. ◆ **cards** pl n ▸ **to play cards** jouer aux cartes. ◆ **on the cards** UK, **in the cards** US adv *inf* ▸ **it's on the cards that…** il y a de grandes chances pour que….

cardamom ['kɑːdəməm] noun cardamome *f*.

cardboard ['kɑːdbɔːd] ❖ noun *(U)* carton *m*. ❖ comp en carton.

cardboard box noun boîte *f* en carton.

card-carrying adj ▸ **card-carrying member** membre *m*.

card game noun jeu *m* de cartes.

cardiac ['kɑːdɪæk] adj cardiaque.

cardiac arrest noun arrêt *m* du cœur.

cardigan ['kɑːdɪgən] noun cardigan *m*.

cardinal ['kɑːdɪnl] ❖ adj cardinal(e). ❖ noun RELIG cardinal *m*.

cardinal number, cardinal numeral noun nombre *m* cardinal.

card index noun UK fichier *m*.

cardiogram ['kɑːdɪəgræm] noun cardiogramme *m*.

cardiograph ['kɑːdɪəgrɑːf] noun cardiographe *m*.

cardiologist [ˌkɑːdɪ'ɒlədʒɪst] noun cardiologue *mf*.

cardiology [ˌkɑːdɪ'ɒlədʒɪ] noun cardiologie *f*.

cardiovascular [ˌkɑːdɪəʊ'væskjʊləʳ] adj cardiovasculaire.

cardphone ['kɑːdfəʊn] noun UK téléphone *m* à carte.

card trick noun tour *m* de cartes.

care [keəʳ] ❖ noun **1.** *(U)* [protection, supervision] soin *m*, attention *f* ▸ **to take care of** [look after] s'occuper de / *who will take care of your cat?* qui va s'occuper OR prendre soin de ton chat ? / *I'll take care of the reservations* je me charge des réservations OR de faire les réservations, je vais m'occuper des réservations / *I have important business to take care of* j'ai une affaire importante à expédier / *I can take care of myself* je peux OR je sais me débrouiller (tout seul) / *the problem will take care of itself* le problème va s'arranger tout seul / *I'm leaving the matter in your care* je vous confie l'affaire, je confie l'affaire à vos soins / *the children are in the care of a nanny* on a laissé OR confié les enfants à une nurse OR à la garde d'une nurse ▸ **take care! a)** [be careful] faites bien attention à vous ! **b)** [bye-bye] à plus ! **2.** *(U)* [attention, caution] attention *f*, soin *m* / *take care not to offend her* faites attention à OR prenez soin de ne pas la vexer / *you should take care of that cough* vous devriez (faire) soigner cette toux / *drive with care* conduisez prudemment **3.** [cause of worry] souci *m* / *you look as though you haven't a care in the world* on dirait que tu n'as pas le moindre souci **4.** UK ADMIN : *the baby was put in care* OR *taken into care* on a retiré aux parents la garde de leur bébé. ❖ vi **1.** [be concerned] se sentir concerné(e) ▸ **to care about** se soucier de / *they really do care about the project* le projet est vraiment important pour eux / *she cares a lot about her family* elle est très attachée OR elle tient beaucoup à sa famille / *a book for all those who care about the environment* un livre pour tous ceux qui s'intéressent à l'environnement OR qui se sentent concernés par les problèmes d'environnement / *I don't care what people think* je me moque de ce que pensent les gens / *we could be dead for all he cares* pour lui, nous pourrions aussi bien être morts **2.** [mind] : *I don't care* ça m'est égal / *who cares?* qu'est-ce que ça peut faire ? ▸ **I couldn't care less** *inf* je m'en moque pas mal. ◆ **care of** prep chez. ◆ **care for** vt insep *dated* [like] aimer.

CARE [keəʳ] (*abbr of* **Cooperative for Assistance and Relief Everywhere**) noun *organisation humanitaire américaine*.

career [kə'rɪəʳ] ❖ noun carrière *f*. ❖ comp de carrière. ❖ vi aller à toute vitesse.

careerist [kə'rɪərɪst] noun *pej* carriériste *mf*.

career-minded adj ambitieux(euse).

careers adviser noun UK conseiller *m*, -ère *f* d'orientation.

career woman noun femme *f* qui privilégie sa carrière.

carefree ['keəfri:] adj insouciant(e).

careful ['keəfʊl] adj **1.** [cautious] prudent(e) ▸ **to be careful to do sthg** prendre soin de faire qqch, faire attention à faire qqch ▸ **be careful!** fais attention ! / *be careful of the wet floor!* attention au sol mouillé ! ▸ **to be careful with one's money** regarder à la dépense **2.** [work] soigné(e) ; [worker] consciencieux(euse).

carefully ['keəflɪ] adv **1.** [cautiously] prudemment **2.** [thoroughly] soigneusement.

caregiver ['keəgɪvəʳ] noun [family member] aidant *m* familial, aidante *f* familiale ; [professional] aide-soignant *m*, -e *f*.

careless ['keəlɪs] adj **1.** [work] peu soigné(e) ; [driver] négligent(e) **2.** [unconcerned] insouciant(e).

carelessly ['keəlɪslɪ] adv **1.** [inattentively] sans faire attention **2.** [unconcernedly] avec insouciance.

carelessness ['keəlɪsnɪs] noun **1.** [inattention] manque *m* d'attention **2.** [lack of concern] insouciance *f*.

carer ['keərəʳ] noun [family member] aidant *m* familial, aidante *f* familiale ; [professional] aide-soignant *m*, -e *f*.

caress [kə'res] ❖ noun caresse *f*. ❖ vt caresser.

caretaker ['keə,teɪkəʳ] noun UK concierge *mf*.

care worker noun aide-soignant *m*, -e *f*.

careworn ['keəwɔ:n] adj accablé(e) de soucis, rongé(e) par les soucis.

cargo ['kɑ:gəʊ] ❖ noun (*pl* **-es** *or* **-s**) cargaison *f*. ❖ comp ▸ **cargo ship** cargo *m*.

car hire noun UK location *f* de voitures.

Caribbean [UK kærɪ'bi:ən, US kə'rɪbɪən] ❖ adj caraïbe. ❖ noun ▸ **the Caribbean (Sea)** la mer des Caraïbes OR des Antilles ▸ **in the Caribbean** dans les Caraïbes.

caribou ['kærɪbu:] (*pl inv or* **-s**) noun caribou *m*.

caricature ['kærɪkə,tjʊəʳ] ❖ noun **1.** [cartoon] caricature *f* **2.** [travesty] parodie *f*. ❖ vt caricaturer.

caries ['keəri:z] noun *(U)* carie *f*.

caring ['keərɪŋ] adj bienveillant(e).

carjack ['kɑ:,dʒæk] vt ▸ **to be carjacked** se faire voler sa voiture sous la menace d'une arme.

carload ['kɑ:,ləʊd] noun : *a carload of boxes / people* une voiture pleine de cartons / de gens.

carlot [kɑ:lɒt] noun US parking *m (d'un garage automobile)*.

carnage ['kɑ:nɪdʒ] noun carnage *m*.

carnal ['kɑ:nl] adj *liter* charnel(elle).

carnation [kɑ:'neɪʃn] noun œillet *m*.

carnival ['kɑ:nɪvl] noun **1.** [festival] carnaval *m* **2.** US [fun fair] fête *f* foraine.

carnivore ['kɑ:nɪvɔ:ʳ] noun carnivore *mf*.

carnivorous [kɑ:'nɪvərəs] adj carnivore.

carol ['kærəl] noun ▸ **(Christmas) carol** chant *m* de Noël.

carouse [kə'raʊz] vi faire la fête.

carousel [,kærə'sel] noun **1.** [at fair] manège *m* **2.** [at airport] carrousel *m*.

carp [kɑ:p] ❖ noun (*pl inv or* **-s**) carpe *f*. ❖ vi ▸ **to carp (about sthg)** critiquer (qqch).

car park noun UK parking *m*.

Carpathians [kɑ:'peɪθɪənz] pl n ▸ **the Carpathians** les Carpates *fpl* ▸ **in the Carpathians** dans les Carpates.

carpenter ['kɑ:pəntəʳ] noun [on building site, in shipyard] charpentier *m* ; [furniture-maker] menuisier *m*.

carpentry ['kɑ:pəntrɪ] noun [on building site, in shipyard] charpenterie *f* ; [furniture-making] menuiserie *f*.

carpet ['kɑ:pɪt] ❖ noun *lit* & *fig* tapis *m* ▸ **(fitted) carpet** moquette *f* ▸ **to sweep sthg under the carpet** *fig* tirer le rideau sur qqch. ❖ vt [floor] recouvrir d'un tapis ; [with fitted carpet] recouvrir de moquette, moquetter / *carpeted with snow* *fig* recouvert d'un tapis de neige.

carphone ['kɑ:,fəʊn] noun téléphone *m* de voiture.

carpool ['kɑ:pu:l] noun covoiturage *m*.

carport ['kɑ:,pɔ:t] noun appentis *m* (pour voitures).

car rental noun US location *f* de voitures.

carriage ['kærɪdʒ] noun **1.** [of train, horsedrawn] voiture *f* **2.** *(U)* UK [transport of goods] transport *m* ▸ **carriage paid** OR **free** franco de port ▸ **carriage forward** en port dû **3.** [on typewriter] chariot *m* **4.** *liter* [bearing] port *m*.

carriage clock noun pendule *f* de voyage *(décorative)*.

carriage return noun retour *m* chariot.

carriageway ['kærɪdʒweɪ] noun UK chaussée *f*.

carrier ['kærɪəʳ] noun **1.** COMM transporteur *m* **2.** [of disease] porteur *m*, -euse *f* **3.** MIL ▸ **(aircraft) carrier** porte-avions *m inv* **4.** [on bicycle] porte-bagages *m inv* **5.** [phone company] opérateur *m* **6.** = **carrier bag**.

carrier bag noun sac *m* (en plastique).

carrier pigeon noun pigeon *m* voyageur.

carrion ['kærɪən] noun *(U)* charogne *f*.

carrot ['kærət] noun carotte *f*.

carry ['kærɪ] (*pt & pp* **-ied**) ❖ vt **1.** [subj: person, wind, water] porter / *she carried her baby on her back / in her arms* elle portait son enfant sur son dos / dans ses bras / *the porter carried the suitcases downstairs / upstairs* le porteur a descendu / monté les bagages ; [subj: vehicle] transporter **2.** [disease] transmettre **3.** [responsibility] impliquer ; [consequences] entraîner / *this offence carries a fine of £50* ce délit entraînera une amende de 50 livres / *our products carry a 6-month warranty* nos produits sont accompagnés d'une garantie de 6 mois **4.** [motion, proposal] voter **5.** [baby] attendre **6.** MATH retenir. ❖ vi [sound] porter. ◆ **carry away** vt insep : *he was carried away by his enthusiasm / imagination* il s'est laissé emporter par son enthousiasme / imagination / *I got a bit carried away and spent all my money* je me suis emballé et j'ai dépensé tout mon argent.

◆ **carry forward** vt sep FIN reporter. ◆ **carry off** vt sep **1.** [plan] mener à bien / *she carried it off beautifully* elle s'en est très bien tirée **2.** [prize] remporter. ◆ **carry on** ❖ vt insep continuer ▸ **to carry on doing sthg** continuer à OR de faire qqch. ❖ vi **1.** [continue] continuer ▸ **to carry on with sthg** continuer qqch **2.** *inf* [make a fuss] faire des histoires **3.** *inf* [have a love affair] ▸ **to carry on with sb** avoir une liaison avec qqn. ◆ **carry out** vt insep [task] remplir ; [plan, order] exécuter ; [experiment] effectuer ; [investigation] mener / *he failed to carry out his promise* il a manqué à sa parole, il n'a pas tenu OR respecté sa promesse / *to carry out one's (professional) duties* s'acquitter de ses fonctions. ◆ **carry over** vt sep **1.** [defer, postpone] reporter / *to carry over a loss to the following year* reporter une perte sur l'année suivante **2.** COMM : *to carry over goods from one season to another* stocker des marchandises d'une saison sur l'autre. ◆ **carry through** vt sep [accomplish] réaliser.

carryall ['kærɪɔ:l] noun US fourre-tout *m inv*.

carrycot ['kærɪkɒt] noun UK couffin *m*.

carry-on ❖ noun UK *inf* : *what a carry-on!* quelle histoire ! ❖ adj : *carry-on items, carry-on luggage* OR *bags* bagages à main.

carsick ['kɑ:ˌsɪk] adj ▸ **to be carsick** être malade en voiture.

car sickness noun mal *m* de la route / *to suffer from car sickness* être malade en voiture.

cart [kɑ:t] ❖ noun **1.** [gen] charrette *f* **2.** US [shopping cart] chariot *m*, Caddie® *m* **3.** [for online purchases] panier *m* / ‘ *add to cart*’ ‘ajouter au panier’. ❖ vt *inf* traîner.

carte blanche noun carte *f* blanche.

cartel [kɑ:'tel] noun cartel *m*.

cartilage ['kɑ:tɪlɪdʒ] noun cartilage *m*.

carton ['kɑ:tn] noun **1.** [box] boîte *f* en carton **2.** [of cream, yoghurt] pot *m* ; [of milk] carton *m*.

cartoon [kɑ:'tu:n] noun **1.** [satirical drawing] dessin *m* humoristique **2.** [comic strip] bande *f* dessinée **3.** [film] dessin *m* animé.

cartoon character noun personnage *m* de bande dessinée.

cartoonist [kɑ:'tu:nɪst] noun **1.** [of satirical drawings] dessinateur *m*, -trice *f* humoristique **2.** [of comic strips] dessinateur *m*, -trice *f* de bandes dessinées.

cartoon strip noun bande *f* dessinée.

cartridge ['kɑ:trɪdʒ] noun **1.** [for gun, pen] cartouche *f* **2.** [for camera] chargeur *m*.

cartwheel ['kɑ:twi:l] noun [movement] roue *f*.

carve [kɑ:v] ❖ vt **1.** [wood, stone] sculpter ; [design, name] graver **2.** [slice - meat] découper **3.** PHR **it's not carved in stone** ce n'est pas gravé dans le marbre. ❖ vi découper. ◆ **carve out** vt sep *fig* se tailler. ◆ **carve up** vt sep *fig* diviser.

carving ['kɑ:vɪŋ] noun [of wood] sculpture *f* ; [of stone] ciselure *f*.

car wash noun [process] lavage *m* de voitures ; [place] station *f* de lavage de voitures.

cascade [kæ'skeɪd] ❖ noun [waterfall] cascade *f*. ❖ vi [water] tomber en cascade.

case [keɪs] noun **1.** [gen] cas *m* ▸ **to be the case** être le cas ▸ **in case of** en cas de ▸ **in that case** dans ce cas / *in this particular case* en l'occurrence / *in your case* en ce qui vous concerne, dans votre cas ▸ **in which case** auquel cas / *in some cases* dans certains cas ▸ **as** OR **whatever the case may be** selon le cas / *it's a clear case of mismanagement* c'est un exemple manifeste de mauvaise gestion / *it was a case of having to decide on the spur of the moment* il fallait décider sur-le-champ ▸ **a case in point** un bon exemple **2.** [argument] ▸ **case (for / against)** arguments *mpl* (pour / contre) / *there is a good case against / for establishing quotas* il y a beaucoup à dire contre / en faveur de l'établissement de quotas / *to make (out) a case for sthg* présenter des arguments pour OR en faveur de qqch **3.** LAW affaire *f*, procès *m* / *her case comes up next week* son procès a lieu la semaine prochaine / *to try a case* juger une affaire / *the case is closed* c'est une affaire classée ▸ **he's on the case** a) [working on it] il s'en occupe **4.** [container - gen] caisse *f* ; [- for glasses] étui *m* **5.** UK [suitcase] valise *f*. ◆ **in any case** adv quoi qu'il en soit, de toute façon / *in any case I shan't be coming* je ne viendrai pas en tout cas OR de toute façon. ◆ **in case** ❖ conj au cas où / *I kept a place for you, in case you were late* je t'ai gardé une place, au cas où tu serais en retard. ❖ adv ▸ **(just) in case** à tout hasard / *I'll take my umbrella (just) in case* je vais prendre mon parapluie au cas où.

case history noun MED antécédents *mpl*.

case-sensitive adj : *this password is case-sensitive* le respect des majuscules et des minuscules est nécessaire pour ce mot de passe.

case study noun étude *f* de cas.

cash [kæʃ] ❖ noun *(U)* **1.** [notes and coins] liquide *m* ▸ **to pay (in) cash** payer comptant OR en espèces **2.** *inf* [money] sous *mpl*, fric *m* / *to be short of cash* être à court (d'argent) ▸ **cash prize** prix *m* en espèces **3.** [payment] ▸ **cash in advance** paiement *m* à l'avance ▸ **cash on delivery** paiement à la livraison. ❖ vt encaisser. ◆ **cash in** vi *inf* ▸ **to cash in on** tirer profit de.

cash and carry noun UK libre-service *m* de gros, cash-and-carry *m*.

cashback ['kæʃbæk] noun UK **1.** [in mortgage lending] *prime versée par une société de crédit immobilier au souscripteur d'un emprunt* **2.** [in supermarket] *espèces retirées à la caisse d'un supermarché lors d'un paiement par carte*.

cash card noun carte *f* de retrait.

cash cow noun COMM [product] vache *f* à lait.

cash desk noun UK caisse *f*.

cash dispenser [-dɪˌspensəʳ] noun distributeur *m* automatique de billets.

cashew (nut) ['kæʃu:-] noun noix *f* de cajou.

cash flow noun marge *f* d'auto-financement, cash-flow *m*.

cashier [kæ'ʃɪəʳ] noun caissier *m*, -ère *f*.

cashless ['kæʃlɪs] adj sans argent ▸ **cashless pay system** système *m* de paiement électronique ▸ **cashless society** société *f* de l'argent virtuel.

cash machine noun distributeur *m* de billets.

cashmere [kæʃ'mɪəʳ] ❖ noun cachemire *m*. ❖ comp en OR de cachemire.

cash payment noun paiement *m* comptant, versement *m* en espèces.

cash point, **cashpoint** noun UK **1.** [cash dispenser] distributeur *m* (automatique de billets), DAB *m* **2.** [shop counter] caisse *f*.

cash register noun caisse *f* enregistreuse.

casing ['keɪsɪŋ] noun revêtement *m* ; TECH boîtier *m*.

casino [kə'si:nəʊ] (*pl* **-s**) noun casino *m*.

cask [kɑ:sk] noun tonneau *m*.

casket ['kɑ:skɪt] noun **1.** [for jewels] coffret *m* **2.** US [coffin] cercueil *m*.

Caspian Sea ['kæspɪən-] noun ▸ **the Caspian Sea** la (mer) Caspienne.

casserole ['kæsərəʊl] noun **1.** [stew] ragoût *m* **2.** [pot] cocotte *f*.

cassette [kæ'set] noun [of magnetic tape] cassette *f* ; PHOT recharge *f*.

cassette recorder noun magnétophone *m* à cassettes.

cassock ['kæsək] noun soutane *f*.

cast [kɑ:st] ❖ noun **1.** CIN & THEAT [actors] acteurs *mpl* ; [list of actors] distribution *f* **2.** ART & TECH [act of moulding - metal] coulage *m*, coulée *f* ; [- plaster] moulage *m* ; [mould] moule *m* **3.** MED [for broken limb] plâtre *m* / *her arm was in a cast* elle avait un bras dans le plâtre. ❖ vt (*pt & pp* **cast**) **1.** [throw] jeter ▸ **to cast doubt on sthg** mettre qqch en doute ▸ **to cast a spell (on)** jeter un sort (à) / *we'll have to cast our net wide to find the right candidate* il va falloir ratisser large pour trouver le bon candidat / *the accident cast a shadow over their lives* l'accident a jeté une ombre sur leur existence / *could you cast an eye over this report?* voulez-vous jeter un œil sur ce rapport ? / *the evidence cast suspicion on him* les preuves ont jeté la suspicion sur lui ▸ **to cast lots** UK tirer au sort **2.** CIN & THEAT donner un rôle à / *the director cast her in the role of the mother* le metteur en scène lui a attribué le rôle de la mère **3.** [vote] ▸ **to cast one's vote** voter **4.** [metal] couler ; [statue] mouler. ◆ **cast about**, **cast around** vi ▸ **to cast about for sthg** chercher qqch. ◆ **cast aside** vt sep *fig* écarter, rejeter. ◆ **cast off** ❖ vt sep [old practices] se défaire de. ❖ vi NAUT larguer les amarres.

castanets [,kæstə'nets] pl n castagnettes *fpl*.

castaway ['kɑ:stəweɪ] noun naufragé *m*, -e *f*.

caste [kɑ:st] noun caste *f*.

caster ['kɑ:stəʳ] noun **1.** [sifter] saupoudroir *m*, saupoudreuse *f* **2.** [wheel] roulette *f*.

caster sugar noun UK sucre *m* en poudre.

castigate ['kæstɪgeɪt] vt *fml* châtier, punir.

casting ['kɑ:stɪŋ] noun [for film, play] distribution *f*.

casting vote noun voix *f* prépondérante.

cast iron noun fonte *f*. ◆ **cast-iron** adj **1.** [made of cast iron] en OR de fonte **2.** [will] de fer ; [alibi] en béton ▸ **to have a cast-iron stomach** avoir un estomac en béton.

castle ['kɑ:sl] noun **1.** [building] château *m* **2.** CHESS tour *f*.

castoff ['kɑ:stɒf] noun (*usu pl*) UK [piece of clothing] vieux vêtement *m* ; *fig* [person] laissé-pour-compte *m*, laissée-pour-compte *f*. ◆ **cast-off** adj UK dont personne ne veut / *cast-off clothes* vieux vêtements *mpl*.

castor ['kɑ:stəʳ] = **caster**.

castor oil noun huile *f* de ricin.

castrate [kæ'streɪt] vt châtrer.

castration [kæ'streɪʃn] noun castration *f*.

casual ['kæʒʊəl] adj **1.** [relaxed, indifferent] désinvolte / *to make casual conversation* parler de choses et d'autres, parler à bâtons rompus ▸ **casual sex** rapports *mpl* sexuels de rencontre **2.** [offhand] sans-gêne **3.** [chance] fortuit(e) **4.** [clothes] décontracté(e), sport (*inv*) **5.** [work, worker] temporaire.

casualization, **casualisation** UK [,kæʒʊəlaɪ'zeɪʃən] noun précarisation *f*.

casually ['kæʒʊəlɪ] adv [in a relaxed manner] avec désinvolture ▸ **casually dressed** habillé simplement.

casualty ['kæʒjʊəltɪ] (*pl* **-ies**) noun **1.** [dead person] mort *m*, -e *f*, victime *f* ; [injured person] blessé *m*, -e *f* ; [of road accident] accidenté *m*, -e *f* **2.** UK = **casualty department**.

casualty department noun UK service *m* des urgences.

cat [kæt] noun **1.** [domestic] chat *m* ▸ **to be like a cat on hot bricks** UK OR **on a hot tin roof** US être sur des charbons ardents ▸ **to let the cat out of the bag** vendre la mèche ▸ **to put the cat among the pigeons** UK jeter un pavé dans la mare ▸ **to rain cats and dogs** pleuvoir des cordes ▸ **the cat's whiskers** UK le nombril du monde ▸ **it's the cat's pyjamas** UK OR **pajamas** US *inf* c'est génial **2.** [wild] fauve *m*.

CAT noun **1.** UK (*abbr of* **computer-aided teaching**) EAO *m* **2.** (*abbr of* **computer-aided translation**) TAO *f* **3.** [kæt] (*abbr of* **computerized axial tomography**) CAT *f* / *CAT scan* scanographie *f*.

catacombs ['kætəku:mz] pl n catacombes *fpl*.

Catalan ['kætə,læn] ❖ adj catalan(e). ❖ noun **1.** [person] Catalan *m*, -e *f* **2.** [language] catalan *m*.

catalogue, **catalog** US ['kætəlɒg] ❖ noun [gen] catalogue *m* ; [in library] fichier *m*. ❖ vt cataloguer.

Catalonia [,kætə'ləʊnɪə] noun Catalogne *f* ▸ **in Catalonia** en Catalogne.

catalyst ['kætəlɪst] noun *lit* & *fig* catalyseur *m*.

catalytic convertor, **catalytic converter** [,kætə'lɪtɪkkən'vɜ:təʳ] noun pot *m* catalytique.

catamaran [ˌkætəməˈræn] noun catamaran *m*.

catapult [ˈkætəpʌlt] ◆ noun **1.** UK [hand-held] lance-pierres *m inv* **2.** HIST [machine] catapulte *f*. ◆ vt *lit* & *fig* catapulter.

cataract [ˈkætərækt] noun cataracte *f*.

catarrh [kəˈtɑːʳ] noun catarrhe *m*.

catastrophe [kəˈtæstrəfɪ] noun catastrophe *f*.

catastrophic [ˌkætəˈstrɒfɪk] adj catastrophique.

catatonic [ˌkætəˈtɒnɪk] adj catatonique.

cat burglar noun UK monte-en-l'air *m inv*.

catcall [ˈkætkɔːl] noun sifflet *m*.

catch [kætʃ] ◆ vt (*pt & pp* **caught**) **1.** [gen] attraper / *to catch hold of sthg* attraper qqch / *to catch sb's arm* saisir OR prendre qqn par le bras ▸ **to catch sight** OR **a glimpse of** apercevoir ▸ **to catch sb's attention** attirer l'attention de qqn ▸ **to catch sb's imagination** séduire qqn / *to catch a cold* s'enrhumer, attraper un rhume / *to catch cold* attraper OR prendre froid ▸ **to catch the post** UK arriver à temps pour la levée / *I just caught the end of the film* j'ai juste vu la fin du film ▸ **catch you later!** US *inf* à plus ! **2.** [discover, surprise] prendre, surprendre ▸ **to catch sb doing sthg** surprendre qqn à faire qqch / *you won't catch me doing the washing-up!* tu ne me verras jamais faire la vaisselle ! **3.** [hear clearly] saisir, comprendre / *I didn't quite catch what you said* je n'ai pas bien entendu ce que vous avez dit **4.** [trap] : *he got caught by the police* il s'est fait attraper par la police / *we got caught in a thunderstorm* nous avons été surpris par l'orage / *I caught my finger in the door* je me suis pris le doigt dans la porte / *he caught his coat on the brambles* son manteau s'est accroché aux ronces **5.** [strike] frapper / *he fell and caught his head on the radiator* il est tombé et s'est cogné la tête contre le radiateur. ◆ vi (*pt & pp* **caught**) **1.** [become hooked, get stuck] se prendre / *her skirt caught on a nail* sa jupe s'est accrochée à un clou **2.** [fire] prendre, partir. ◆ noun **1.** [of ball, thing caught] prise *f* / *good catch!* SPORT bien rattrapé ! / *he's a good catch* c'est une belle prise / *to play catch* jouer à la balle **2.** [fastener - of box] fermoir *m* ; [- of window] loqueteau *m* ; [- of door] loquet *m* **3.** [snag] hic *m*, entourloupette *f* / *where's* OR *what's the catch?* qu'est-ce que ça cache ?, où est le piège ? ◆ **catch at** vt insep attraper, essayer d'attraper. ◆ **catch on** vi **1.** [become popular] prendre **2.** *inf* [understand] ▸ **to catch on (to sthg)** piger (qqch). ◆ **catch out** vt sep UK [trick] prendre en défaut, coincer / *I won't be caught out like that again!* on ne m'y prendra plus ! ◆ **catch up** ◆ vt sep rattraper / *the material got caught up in the machinery* le tissu s'est pris dans la machine / *to get caught up in a wave of enthusiasm* être gagné par une vague d'enthousiasme / *he was too caught up in the film to notice what was happening* il était trop absorbé par le film pour remarquer ce qui se passait. ◆ vi ▸ **to catch up on sthg** rattraper qqch / *to catch up on* OR *with one's work* rattraper le retard qu'on a pris dans son travail / *I need to catch up on some sleep* j'ai du sommeil à rattraper. ◆ **catch up with** vt insep rattraper / *his past will catch up with him one day* il finira par être rattrapé par son passé.

catch-22 [-twentɪˈtuː] noun : *it's a catch-22 situation* on ne peut pas s'en sortir.

catch-all adj fourre-tout *(inv)*.

catching [ˈkætʃɪŋ] adj contagieux(euse).

catchment area [ˈkætʃmənt-] noun UK [of school] secteur *m* de recrutement scolaire ; [of hospital] circonscription *f* hospitalière.

catchphrase [ˈkætʃfreɪz] noun rengaine *f*.

catchword [ˈkætʃwɜːd] noun slogan *m*.

catchy [ˈkætʃɪ] (*compar* **-ier**, *superl* **-iest**) adj facile à retenir, entraînant(e).

catechism [ˈkætəkɪzm] noun catéchisme *m*.

categorical [ˌkætɪˈgɒrɪkl] adj catégorique.

categorize, **categorise** UK [ˈkætəgəraɪz] vt [classify] ▸ **to categorize sb (as sthg)** cataloguer qqn (en tant que OR comme).

category [ˈkætəgərɪ] (*pl* **-ies**) noun catégorie *f*.

cater [ˈkeɪtəʳ] vi [provide food] s'occuper de la nourriture, prévoir les repas. ◆ **cater for** vt insep UK **1.** [tastes, needs] pourvoir à, satisfaire ; [customers] s'adresser à **2.** [anticipate] prévoir. ◆ **cater to** vt insep satisfaire.

caterer [ˈkeɪtərəʳ] noun traiteur *m*.

catering [ˈkeɪtərɪŋ] noun [trade] restauration *f*.

caterpillar [ˈkætəpɪləʳ] noun chenille *f*.

catfight [ˈkætfaɪt] ◆ noun crêpage *m* de chignon / *they were having a catfight* elles se crêpaient le chignon. ◆ vi se bagarrer *(en parlant de femmes)*.

cat flap noun UK chatière *f*.

cathartic [kəˈθɑːtɪk] ◆ adj cathartique. ◆ noun MED purgatif *m*, cathartique *m*.

cathedral [kəˈθiːdrəl] noun cathédrale *f*.

catheter [ˈkæθɪtəʳ] noun cathéter *m*.

Catholic [ˈkæθlɪk] ◆ adj catholique. ◆ noun catholique *mf*. ◆ **catholic** adj [tastes] éclectique.

Catholicism [kəˈθɒlɪsɪzm] noun catholicisme *m*.

catkin [ˈkætkɪn] noun chaton *m*.

cat litter noun litière *f* (pour chats) ▸ **cat litter tray** bac *m* à litière.

catnap [ˈkætnæp] *inf* ◆ noun (petit) somme *m* / *to have a catnap* faire un petit somme. ◆ vi sommeiller, faire un petit somme.

Catseyes® [ˈkætsaɪz] pl n UK catadioptres *mpl*.

catsuit [ˈkætsuːt] noun UK combinaison-pantalon *f*.

catsup [ˈkætsəp] noun US ketchup *m*.

cattle [ˈkætl] pl n bétail *m*.

catty [ˈkætɪ] (*compar* **-ier**, *superl* **-iest**) adj *inf* & *pej* [spiteful] rosse, vache.

catwalk [ˈkætwɔːk] noun passerelle *f*.

Caucasian [kɔː'keɪzjən] ❖ adj caucasien(enne). ❖ noun **1.** GEOG Caucasien *m*, -enne *f* **2.** [white person] Blanc *m*, Blanche *f*.

Caucasus ['kɔːkəsəs] noun ▸ **the Caucasus** le Caucase.

caucus ['kɔːkəs] noun **1.** US POL comité *m* électoral *(d'un parti)* **2.** UK POL comité *m (d'un parti)*.

caught [kɔːt] pt & pp ⟶ **catch**.

cauldron ['kɔːldrən] noun chaudron *m*.

cauliflower ['kɒlɪˌflaʊəʳ] noun chou-fleur *m*.

cause [kɔːz] ❖ noun cause *f* / *I have no cause for complaint* je n'ai pas à me plaindre, je n'ai pas lieu de me plaindre ▸ **to have cause to do sthg** avoir lieu OR des raisons de faire qqch. ❖ vt causer ▸ **to cause sb to do sthg** faire faire qqch à qqn ▸ **to cause sthg to be done** faire faire qqch ▸ **to cause a sensation** faire sensation.

causeway ['kɔːzweɪ] noun chaussée *f*.

caustic ['kɔːstɪk] adj caustique.

caution ['kɔːʃn] ❖ noun **1.** *(U)* [care] précaution *f*, prudence *f* / *to proceed with caution* **a)** [gen] agir avec circonspection OR avec prudence **b)** [in car] avancer lentement **2.** [warning] avertissement *m* **3.** UK LAW réprimande *f*. ❖ vt **1.** [warn] ▸ **to caution sb against doing sthg** déconseiller à qqn de faire qqch **2.** UK [subj: police officer] *informer un suspect que tout ce qu'il dira peut être retenu contre lui* ▸ **to caution sb for sthg** réprimander qqn pour qqch. ❖ vi : *to caution against sthg* déconseiller qqch.

cautionary ['kɔːʃənərɪ] adj [tale] édifiant(e).

cautious ['kɔːʃəs] adj prudent(e).

cautiously ['kɔːʃəslɪ] adv avec prudence, prudemment.

cautiousness ['kɔːʃəsnɪs] noun prudence *f*, circonspection *f*.

cavalier [ˌkævə'lɪəʳ] adj [offhand] cavalier(ère).

cavalry ['kævlrɪ] noun cavalerie *f*.

cave [keɪv] noun caverne *f*, grotte *f*. ◆ **cave in** vi **1.** [roof, ceiling] s'affaisser **2.** [yield] ▸ **to cave in (to sthg)** capituler OR céder (devant qqch).

⚠ The French word cave means a *cellar*, not a *cave*.

caveat ['kævɪæt] noun avertissement *m* ; LAW notification *f* d'opposition.

caveman ['keɪvmæn] (*pl* **-men**) noun homme *m* des cavernes.

cave painting [keɪv-] noun peinture *f* rupestre.

cavern ['kævən] noun caverne *f*.

cavernous ['kævənəs] adj [room, building] immense.

caviar(e) ['kævɪɑːʳ] noun caviar *m*.

caving ['keɪvɪŋ] noun UK spéléologie *f* ▸ **to go caving** faire de la spéléologie.

cavity ['kævətɪ] (*pl* **-ies**) noun cavité *f*.

cavort [kə'vɔːt] vi gambader.

cayenne (pepper) [keɪ'en-] noun poivre *m* de cayenne.

CB noun (*abbr of* **citizens' band**) CB *f*.

CBE (*abbr of* **Companion of (the Order of) the British Empire**) noun *distinction honorifique britannique*.

CBI noun *abbr of* **Confederation of British Industry**.

CBS (*abbr of* **Columbia Broadcasting System**) noun *chaîne de télévision américaine*.

cc noun **1.** (*abbr of* **cubic centimetre**) cm³ **2.** (*abbr of* **carbon copy**) pcc.

CC noun *abbr of* **county council**.

CCTV noun *abbr of* **closed-circuit television**.

CD ❖ noun (*abbr of* **compact disc**) CD *m*. ❖ **1.** *abbr of* **civil defence** **2.** (*abbr of* **Corps Diplomatique**) CD.

CD burner noun COMPUT graveur *m* de CD.

CD-I (*abbr of* **compact disc interactive**) noun CD-I *m*.

CD player noun lecteur *m* de CD.

CD-R [ˌsiːdiː'ɑːʳ] (*abbr of* **compact disc recordable**) noun CD(-R) *m*.

CD-ROM [ˌsiːdiː'rɒm] (*abbr of* **compact disc read only memory**) noun CD-ROM *m*, CD-Rom *m*.

CD-ROM drive noun lecteur *m* de CD-ROM OR de disque optique.

CD-RW [ˌsiːdiːɑː'dʌbljuː] (*abbr of* **compact disc rewritable**) noun CD-RW *m*.

CD tower noun colonne *f* (de rangement) pour CD.

CD writer noun graveur *m* de CD.

cease [siːs] *fml* ❖ vt cesser ▸ **to cease doing** OR **to do sthg** cesser de faire qqch. ❖ vi cesser.

cease-fire noun cessez-le-feu *m inv*.

ceaseless ['siːslɪs] adj *fml* incessant(e), continuel(elle).

ceaselessly ['siːslɪslɪ] adv *fml* sans arrêt OR cesse, continuellement.

cede [siːd] vt céder.

cedilla [sɪ'dɪlə] noun cédille *f*.

Ceefax® ['siːfæks] noun UK télétexte *m* de la BBC.

ceilidh ['keɪlɪ] noun *manifestations informelles avec chants, contes et danses en Écosse et en Irlande*.

ceiling ['siːlɪŋ] noun *lit* & *fig* plafond *m*.

celeb [sɪ'leb] noun *inf* célébrité *f*, star *f*.

celebrate ['selɪbreɪt] ❖ vt **1.** [gen] célébrer, fêter **2.** RELIG célébrer. ❖ vi faire la fête.

celebrated ['selɪbreɪtɪd] adj célèbre.

celebration [ˌselɪ'breɪʃn] noun **1.** *(U)* [activity, feeling] fête *f*, festivités *fpl* **2.** [event] festivités *fpl*.

celebratory [ˌselə'breɪtərɪ] adj [dinner] de fête ; [marking official occasion] commémoratif ; [atmosphere, mood] de fête, festif(ve) / *to have a celebratory drink* prendre un verre pour fêter l'évènement.

celebrity [sɪ'lebrətɪ] (*pl* **-ies**) noun célébrité *f*.

celeriac [sɪ'lerɪæk] noun céleri-rave *m*.

celery ['selərɪ] noun céleri *m* (en branches).

celestial [sɪ'lestjəl] adj céleste.

celibacy ['selɪbəsɪ] noun célibat *m*.

celibate ['selɪbət] adj célibataire.

cell [sel] noun **1.** [gen & COMPUT] cellule *f* **2.** US *inf* [mobile phone] mobile *m*.

cellar ['seləʳ] noun cave *f*.

cellist ['ʧelɪst] noun violoncelliste *mf*.

cello ['ʧeləʊ] (*pl* -s) noun violoncelle *m*.

Cellophane® ['seləfeɪn] noun Cellophane® *f*.

cell phone ['selfəʊn], **cellular phone** ['seljʊləʳ-] US noun (téléphone *m*) portable *m*, (téléphone *m*) mobile *m*.

cellulite ['seljʊlaɪt] noun cellulite *f*.

Celluloid® ['seljʊlɔɪd] noun celluloïd® *m*.

cellulose ['seljʊləʊs] noun cellulose *f*.

Celsius ['selsɪəs] adj Celsius *(inv)*.

Celt [kelt] noun Celte *mf*.

Celtic ['keltɪk] ❖ adj celte. ❖ noun [language] celte *m*.

cement [sɪ'ment] ❖ noun ciment *m*. ❖ vt *lit* & *fig* cimenter.

cement mixer noun bétonnière *f*.

cemetery ['semɪtrɪ] (*pl* -ies) noun cimetière *m*.

cenotaph ['senətɑ:f] noun cénotaphe *m*.

censor ['sensəʳ] ❖ noun censeur *m*. ❖ vt censurer.

censorship ['sensəʃɪp] noun censure *f*.

censure ['senʃəʳ] ❖ noun blâme *m*, critique *f*. ❖ vt blâmer, critiquer.

census ['sensəs] (*pl* -es) noun recensement *m*.

cent [sent] noun **1.** [pour le dollar] cent *m* **2.** [pour l'euro] centime *m*, (euro) cent *m* *offic* **3.** PHR **to put one's two cents in** US mettre son grain de sel.

centaur ['sentɔ:ʳ] noun centaure *m*.

centenarian [ˌsentɪ'neərɪən] noun & adj centenaire.

centenary UK [sen'ti:nərɪ] (*pl* -ies), **centennial** US [sen'tenjəl] noun centenaire *m*.

center US = **centre**.

centered ['sentəd] adj US : *he's not very centered* il est un peu paumé.

center strip noun US terre-plein *m* central.

centigrade ['sentɪgreɪd] adj centigrade.

centigram(me) ['sentɪgræm] noun centigramme *m*.

centilitre UK, **centiliter** US ['sentɪˌli:təʳ] noun centilitre *m*.

centimetre UK, **centimeter** US ['sentɪˌmi:təʳ] noun centimètre *m*.

centipede ['sentɪpi:d] noun mille-pattes *m inv*.

central ['sentrəl] adj central(e) ▸ **central to** essentiel(elle) à.

Central African ❖ adj centrafricain(e). ❖ noun Centrafricain *m*, -e *f*.

Central African Republic noun ▸ **the Central African Republic** la République centrafricaine ▸ **in the Central African Republic** en République centrafricaine.

Central America noun Amérique *f* centrale ▸ **in Central America** en Amérique centrale.

Central American ❖ adj centraméricain(e). ❖ noun Centraméricain *m*, -e *f*.

Central Europe noun Europe *f* centrale.

Central European ❖ noun habitant *m*, -e *f* de l'Europe centrale. ❖ adj d'Europe centrale.

central government noun l'État *m (par opposition aux pouvoirs régionaux)*.

central heating noun chauffage *m* central.

centralization, centralisation UK [ˌsentrəlaɪ'zeɪʃn] noun centralisation *f*.

centralize, centralise UK ['sentrəlaɪz] vt centraliser.

central locking [-'lɒkɪŋ] noun AUTO verrouillage *m* centralisé.

centrally ['sentrəlɪ] adv centralement.

central reservation noun UK AUTO terre-plein *m* central.

centre UK, **center** US ['sentəʳ] ❖ noun centre *m* / *in the centre* au centre ▸ **centre of attention** centre d'attraction, point *m* de mire ▸ **centre of gravity** centre de gravité / *a sports / health centre* un centre sportif / médical. ❖ adj **1.** [middle] central(e) ▸ **a centre parting** une raie au milieu **2.** POL du centre, centriste. ❖ vt centrer. ◆ **centre around, centre on** vt insep se concentrer sur.

centre back UK, **center back** US noun FOOT arrière *m* central.

centre forward UK, **center forward** US noun FOOT avant-centre *m inv*.

centre half UK, **center half** US noun FOOT arrière *m* central.

centrepiece UK, **centerpiece** US ['sentəpi:s] noun **1.** [decoration] milieu *m* de table **2.** *fig* [principal element] élément *m* principal.

century ['senʧʊrɪ] (*pl* -ies) noun siècle *m*.

CEO (*abbr of* chief executive officer) noun US P-DG *m inv*.

ceramic [sɪ'ræmɪk] adj en céramique ▸ **ceramic tiles** carrelage *m*. ◆ **ceramics** pl n [objects] objets *mpl* en céramique.

cereal ['sɪərɪəl] noun céréale *f*.

cerebral ['serɪbrəl] adj cérébral(e).

cerebral palsy noun paralysie *f* cérébrale.

ceremonial [ˌserɪ'məʊnjəl] ❖ adj [dress] de cérémonie ; [duties] honorifique. ❖ noun cérémonial *m*.

ceremonious [ˌserɪ'məʊnjəs] adj solennel(elle).

ceremoniously [ˌserɪ'məʊnjəslɪ] adv solennellement, avec cérémonie ; [mock-solemnly] cérémonieusement.

ceremony ['serɪmənɪ] (*pl* **-ies**) noun **1.** [event] cérémonie *f* **2.** *(U)* [pomp, formality] cérémonies *fpl* ▸ **without ceremony** sans cérémonie ▸ **to stand on ceremony** faire des cérémonies.

cert [sɜ:t] noun UK *inf* : *it's a (dead) cert* c'est tout ce qu'il y a de sûr, c'est couru.

certain ['sɜ:tn] adj **1.** [gen] certain(e) / *he is certain to be late* il est certain qu'il sera en retard, il sera certainement en retard ▸ **to be certain of sthg / of doing sthg** être assuré de qqch / de faire qqch, être sûr de qqch / de faire qqch ▸ **to make certain** vérifier ▸ **to make certain of** s'assurer de ▸ **I know for certain that…** je suis sûr OR certain que… **2.** [named person] ▸ **a certain…** un certain (une certaine) ….

certainly ['sɜ:tnlɪ] adv certainement / *can you help me? — certainly!* pouvez-vous m'aider ? — bien sûr OR volontiers ! / *certainly not!* bien sûr que non !, certainement pas !

certainty ['sɜ:tntɪ] (*pl* **-ies**) noun certitude *f*.

certifiable [,sɜ:tɪ'faɪəbl] adj [mad] bon (bonne) à enfermer.

certificate [sə'tɪfɪkət] noun certificat *m*.

certified ['sɜ:tɪfaɪd] adj [teacher] diplômé(e) ; [document] certifié(e).

certified check noun US chèque *m* de banque.

certified mail noun US envoi *m* recommandé.

certify ['sɜ:tɪfaɪ] (*pt & pp* **-ied**) vt **1.** [declare true] ▸ **to certify (that)** certifier OR attester que **2.** [give certificate to] diplômer **3.** [declare insane] déclarer mentalement aliéné(e) / *you should be certified!* on devrait t'enfermer !

cervical [sə'vaɪkl] adj [cancer] du col de l'utérus.

cervical smear noun UK frottis *m* vaginal.

cervix ['sɜ:vɪks] (*pl* **-ices**) noun col *m* de l'utérus.

cesarean (section) US [sɪ'zeərɪən-] = **caesarean (section)**.

cessation [se'seɪʃn] noun cessation *f*.

cesspit ['sespɪt], **cesspool** ['sespu:l] noun fosse *f* d'aisance.

cf. (*abbr of* **confer**) cf.

c/f *abbr of* **carried forward**.

CFC (*abbr of* **chlorofluorocarbon**) noun CFC *m*.

CFO ['si:ef'əʊ] (*abbr of* **Chief Financial Officer**) noun US contrôleur *m*, -euse *f* de gestion.

CGI noun **1.** COMPUT (*abbr of* **common gateway interface**) CGI *f*, interface *f* commune de passerelle **2.** COMPUT (*abbr of* **computer-generated imagery**) images *fpl* créées par ordinateur.

chad [tʃæd] noun US **1.** [residue from punched paper] confettis *mpl* **2.** [of ballot card] *perforation incomplète d'une fiche de vote qui conduit à une mauvaise interprétation des résultats lors du comptage automatique*.

Chad [tʃæd] noun Tchad *m* ▸ **in Chad** au Tchad.

chafe [tʃeɪf] ❖ vt [rub] irriter. ❖ vi **1.** [skin] être irrité(e) **2.** [person] ▸ **to chafe at** s'irriter OR s'énerver de.

chaff [tʃɑ:f] noun *(U)* balle *f*.

chaffinch ['tʃæfɪntʃ] noun pinson *m*.

chagrin ['ʃægrɪn] ❖ noun *liter* (vif) dépit *m*, (vive) déception *f* OR contrariété *f* / *much to my chagrin* à mon grand dépit. ❖ vt contrarier, décevoir.

chain [tʃeɪn] ❖ noun chaîne *f* ▸ **chain of events** suite *f* OR série *f* d'événements ▸ **chain of office** chaîne *f* *(insigne de la fonction de maire)*. ❖ vt [person, animal] enchaîner ; [object] attacher avec une chaîne.

chain letter noun chaîne *f*.

chain mail noun *(U)* cotte *f* de mailles.

chain reaction noun réaction *f* en chaîne.

chain saw noun tronçonneuse *f*.

chain-smoke vi fumer cigarette sur cigarette.

chain-smoker noun fumeur invétéré *m*, fumeuse invétérée *f*, gros fumeur *m*, grosse fumeuse *f*.

chain store noun grand magasin *m* *(à succursales multiples)*.

chair [tʃeər] ❖ noun **1.** [gen] chaise *f* ; [armchair] fauteuil *m* **2.** [university post] chaire *f* **3.** [of meeting] présidence *f* ▸ **to take the chair** présider **4.** US *inf* : *the chair* la chaise électrique. ❖ vt [meeting] présider ; [discussion] diriger.

chairlift noun télésiège *m*.

chairman ['tʃeəmən] (*pl* **-men**) noun président *m*, -e *f*.

chairmanship ['tʃeəmənʃɪp] noun présidence *f*.

chairperson ['tʃeə,pɜ:sn] (*pl* **-s**) noun président *m*, -e *f*.

chairwoman ['tʃeə,wʊmən] (*pl* **-women**) noun présidente *f*.

chaise longue [ʃeɪz'lɒŋ] (*pl* **chaises longues**) noun méridienne *f*.

chalet ['ʃæleɪ] noun chalet *m*.

chalice ['tʃælɪs] noun calice *m*.

chalk [tʃɔ:k] noun craie *f*. ◆ **by a long chalk** adv UK de loin. ◆ **not by a long chalk** adv UK loin s'en faut, loin de là. ◆ **chalk up** vt sep [victory, success] remporter.

chalkboard ['tʃɔ:kbɔ:d] noun US tableau *m* (noir).

challenge ['tʃælɪndʒ] ❖ noun défi *m* / *to take up the challenge* relever le défi / *he needs a job that presents more of a challenge* il a besoin d'un emploi plus stimulant. ❖ vt **1.** [to fight, competition] : *she challenged me to a race / a game of chess* elle m'a défié à la course / aux échecs ▸ **to challenge sb to do sthg** défier qqn de faire qqch / *she needs a job that really challenges her* elle a besoin d'un travail qui soit pour elle une gageure OR un challenge **2.** [question] mettre en question OR en doute.

challenger ['tʃælɪndʒər] noun challenger *m*.

challenging ['tʃælɪndʒɪŋ] adj **1.** [task, job] stimulant(e) **2.** [look, tone of voice] provocateur(trice).

chamber ['tʃeɪmbər] noun [gen] chambre *f*. ◆ **chambers** pl n [of barrister, judge] cabinet *m*.

chambermaid ['tʃeɪmbəmeɪd] noun femme *f* de chambre.

chamber of commerce noun chambre *f* de commerce.

chameleon [kə'mi:ljən] noun caméléon *m*.

chamois[1] ['ʃæmwɑ:] (*pl inv*) noun [animal] chamois *m*.

chamois[2] ['ʃæmɪ] noun ▸ **chamois (leather)** peau *f* de chamois.

champ [tʃæmp] ❖ noun *inf* champion *m*, -onne *f*. ❖ vi [horse] ronger, mâchonner.

champagne [,ʃæm'peɪn] noun champagne *m*.

champion ['tʃæmpjən] noun champion *m*, -onne *f*.

championship ['tʃæmpjənʃɪp] noun championnat *m*.

chance [tʃɑ:ns] ❖ noun **1.** (*U*) [luck] hasard *m* / *it was pure chance that I found it* je l'ai trouvé tout à fait par hasard ▸ **by chance** par hasard ▸ **if by any chance** si par hasard / *is there any chance of seeing you again?* serait-il possible de vous revoir ? / *to leave things to chance* laisser faire les choses / *to leave nothing to chance* ne rien laisser au hasard **2.** [likelihood] chance *f* / *we have an outside chance of success* nous avons une très faible chance de réussir / *she's got a good* OR *strong chance of being accepted* elle a de fortes chances d'être acceptée OR reçue / *to be in with a chance of doing sthg* avoir une chance de faire qqch ▸ **she didn't stand a chance (of doing sthg)** elle n'avait aucune chance (de faire qqch) ▸ **on the off chance** à tout hasard **3.** [opportunity] occasion *f* / *I haven't had a chance to write to him* je n'ai pas trouvé l'occasion de lui écrire / *give her a chance to defend herself* donnez-lui l'occasion de se défendre / *I'm offering you the chance of a lifetime* je vous offre la chance de votre vie / *this is your last chance* c'est votre dernière chance **4.** [risk] risque *m* ▸ **to take a chance** risquer le coup ▸ **to take a chance on doing sthg** se risquer à faire qqch / *I don't want to take the chance of losing* je ne veux pas prendre le risque de perdre. ❖ adj fortuit(e), accidentel(elle). ❖ vt **1.** [risk] risquer ▸ **to chance it** tenter sa chance **2.** *liter* [happen] ▸ **to chance to do sthg** faire qqch par hasard. ◆ **chances** pl n chances *fpl* / *(the) chances are (that) he'll never find out* il y a de fortes OR grandes chances qu'il ne l'apprenne jamais / *what are her chances of making a full recovery?* quelles sont ses chances de se rétablir complètement ?

chancellor ['tʃɑ:nsələʳ] noun **1.** [chief minister] chancelier *m*, -ière *f* **2.** UNIV président *m*, -e *f* honoraire.

Chancellor of the Exchequer noun UK Chancelier *m* de l'Échiquier ; ≃ ministre *m* des Finances.

chancy ['tʃɑ:nsɪ] (*compar* **-ier**, *superl* **-iest**) adj *inf* [risky] risqué(e).

chandelier [,ʃændə'lɪəʳ] noun lustre *m*.

change [tʃeɪndʒ] ❖ noun **1.** [gen] ▸ **change (in sb / in sthg)** changement *m* (en qqn / de qqch) ▸ **change of clothes** vêtements *mpl* de rechange / *a change for the better / worse* un changement en mieux / pire, une amélioration / dégradation ▸ **to make a change** changer un peu ▸ **for a change** pour changer (un peu) / *it'll be* OR *make a nice change for them not to have the children in the house* cela les changera agréablement de ne pas avoir les enfants à la maison / *I need a change of scene* OR *scenery* j'ai besoin de changer de décor OR d'air **2.** [money] monnaie *f* / *can you give me change for five pounds?* pouvez-vous me faire la monnaie de cinq livres ? / *I don't have any loose* OR *small change* je n'ai pas de petite monnaie. ❖ vt **1.** [gen] changer / *to change one's name* changer de nom / *to change one's clothes* se changer ▸ **to change sthg into sthg** changer OR transformer qqch en qqch / *the illness completely changed his personality* la maladie a complètement transformé son caractère **2.** [jobs, trains, sides] changer de / *to change places with sb* changer de place avec qqn / *the liquid / her hair has changed colour* le liquide a / ses cheveux ont changé de couleur ▸ **to change hands** changer de main **3.** [money] changer / *I'd like to change my pounds into dollars* j'aimerais changer mes livres contre des OR en dollars / *can you change a ten-pound note?* [into coins] pouvez-vous me donner la monnaie d'un billet de dix livres ? ❖ vi **1.** [gen] changer / *to change for the better / worse* changer en mieux / pire / *the wind has changed* le vent a changé OR tourné / *wait for the lights to change* attendez que le feu passe au vert **2.** [change clothes] se changer / *to change into another pair of trousers* changer de pantalon / *they changed out of their uniforms* ils ont enlevé leurs uniformes **3.** [be transformed] ▸ **to change into** se changer en. ◆ **change over** vi [convert] ▸ **to change over from / to** passer de / à.

changeable ['tʃeɪndʒəbl] adj [mood] changeable ; [weather] variable.

changeover ['tʃeɪndʒ,əʊvəʳ] noun ▸ **changeover (to)** passage *m* (à), changement *m* (pour).

changing ['tʃeɪndʒɪŋ] adj changeant(e).

changing room noun UK SPORT vestiaire *m* ; [in shop] cabine *f* d'essayage.

channel ['tʃænl] ❖ noun **1.** TV chaîne *f* ; RADIO station *f* / *the film is on Channel 2* le film est sur la deuxième chaîne **2.** [for irrigation] canal *m* ; [duct] conduit *m* **3.** [on river, sea] chenal *m*. ❖ vt (UK *pt & pp* **-led**, *cont* **-ling**, US *pt & pp* **-ed**, *cont* **-ing**) *lit* & *fig* canaliser. ◆ **Channel** noun ▸ **the (English) Channel** la Manche. ◆ **channels** pl n ▸ **to go through the proper channels** suivre OR passer la filière.

channel-hop vi TV zapper.

channel-hopper ['tʃænlhəʊpəʳ] noun zappeur *m*, -euse *f*.

Channel Islands pl n ▸ **the Channel Islands** les îles *fpl* Anglo-Normandes / *in the Channel Islands* dans les îles Anglo-Normandes.

Channel tunnel noun ▸ **the Channel tunnel** le tunnel sous la Manche.

chant [tʃɑ:nt] ❖ noun chant *m*. ❖ vt **1.** RELIG chanter **2.** [words, slogan] scander. ❖ vi **1.** RELIG chanter **2.** [repeat words] scander des mots / des slogans.

chaos ['keɪɒs] noun chaos *m*.

chaotic [keɪ'ɒtɪk] adj chaotique.

chap [tʃæp] noun UK *inf* [man] type *m*.

chapel ['tʃæpl] noun chapelle *f*.

chaperon(e) ['ʃæpərəun] ❖ noun chaperon *m*. ❖ vt chaperonner.

chaplain ['tʃæplɪn] noun aumônier *m*.

chapped [tʃæpt] adj [skin, lips] gercé(e).

chapter ['tʃæptəʳ] noun chapitre *m*.

char [tʃɑːʳ] ❖ noun UK [cleaner] femme *f* de ménage. ❖ vt (*pt & pp* **-red**, *cont* **-ring**) [burn] calciner. ❖ vi (*pt & pp* **-red**, *cont* **-ring**) UK [work as cleaner] faire des ménages.

character ['kærəktəʳ] noun **1.** [gen] caractère *m* / *her behaviour is out of character* ce comportement ne lui ressemble pas ▸ **character-forming** UK OR **character-building** qui forme le caractère / *it's character-forming* ça forme le caractère **2.** [in film, book, play] personnage *m* **3.** *inf* [eccentric] phénomène *m*, original *m*.

character actor noun acteur *m* de genre.

character assassination noun diffamation *f*.

characteristic [,kærəktə'rɪstɪk] ❖ adj caractéristique. ❖ noun caractéristique *f*.

characterization [,kærəktəraɪ'zeɪʃn] noun caractérisation *f*.

characterize, characterise UK ['kærəktəraɪz] vt caractériser.

character witness noun témoin *m* de moralité.

charade [ʃə'rɑːd] noun farce *f*. ◆ **charades** noun (*U*) charades *fpl*.

char-broil vt US CULIN griller au charbon de bois.

charcoal ['tʃɑːkəul] noun [for drawing] charbon *m* ; [for burning] charbon de bois.

charge [tʃɑːdʒ] ❖ noun **1.** [cost] prix *m* / *administrative charges* frais *mpl* de dossier / *admission charge* prix d'entrée / *delivery charge* frais de port / *postal / telephone charges* frais postaux/téléphoniques / *there's a charge of one pound for use of the locker* il faut payer une livre pour utiliser la consigne automatique / *there's no charge for children* c'est gratuit pour les enfants **2.** LAW accusation *f*, inculpation *f* / *to file charges against sb* déposer une plainte contre qqn / *he was arrested on a charge of conspiracy* il a été arrêté sous l'inculpation d'association criminelle / *he pleaded guilty to the charge of robbery* il a plaidé coupable à l'accusation de vol / *the government rejected charges that it was mismanaging the economy* le gouvernement a rejeté l'accusation selon laquelle il gérait mal l'économie **3.** [responsibility] ▸ **to take charge of** se charger de ▸ **to be in charge of, to have charge of** être responsable de, s'occuper de ▸ **in charge** responsable / *who's in charge here?* qui est-ce qui commande ici ? / *I was put in charge of the investigation* on m'a confié la responsabilité de l'enquête **4.** ELEC & MIL charge *f*. ❖ vt **1.** [customer, sum] faire payer / *they charge £5 for admission* le prix d'entrée est 5 livres / *the doctor charged her $90 for a visit* le médecin lui a fait payer OR lui a pris 90 dollars pour une consultation / *how much do you charge?* vous prenez combien ? ▸ **to charge sthg to sb** mettre qqch sur le compte de qqn / *can I charge this jacket?* US [with a credit card] puis-je payer cette veste avec ma carte (de crédit) ? **2.** [suspect, criminal] ▸ **to charge sb (with)** accuser qqn (de) / *I'm charging you with the murder of X* je vous inculpe du meurtre de X **3.** ELEC & MIL charger. ❖ vi **1.** [ask in payment] : *do you charge for delivery?* est-ce que vous faites payer la livraison ? / *he doesn't charge* il ne demande OR prend rien **2.** [rush] se précipiter, foncer / *suddenly two policemen charged into the room* tout d'un coup deux policiers ont fait irruption dans la pièce.

chargeable ['tʃɑːdʒəbl] adj **1.** [costs] ▸ **chargeable to** à la charge de **2.** [offence] qui entraîne une inculpation.

charge card noun carte *f* de compte crédit (*auprès d'un magasin*).

charged [tʃɑːdʒd] adj [emotional] chargé(e).

charger ['tʃɑːdʒəʳ] noun **1.** [for batteries] chargeur *m*, -euse *f* **2.** *liter* [soldier's horse] cheval *m* de bataille.

char-grilled adj UK CULIN grillé(e) au feu de bois.

chariot ['tʃærɪət] noun char *m*.

charisma [kə'rɪzmə] noun charisme *m*.

charismatic [,kærɪz'mætɪk] adj charismatique.

charitable ['tʃærətəbl] adj **1.** [person, remark] charitable **2.** [organization] de charité.

charity ['tʃærətɪ] (*pl* **-ies**) noun charité *f*.

charlatan ['ʃɑːlətən] noun charlatan *m*.

charm [tʃɑːm] ❖ noun charme *m*. ❖ vt charmer.

charmer ['tʃɑːməʳ] noun charmeur *m*, -euse *f*.

charming ['tʃɑːmɪŋ] adj charmant(e).

charmless ['tʃɑːmlɪs] adj sans charme, dépourvu(e) de charme.

charred [tʃɑːd] adj calciné(e).

chart [tʃɑːt] ❖ noun **1.** [diagram] graphique *m*, diagramme *m* **2.** [map] carte *f* ▸ **weather chart** carte *f* météorologique. ❖ vt **1.** [plot, map] porter sur une carte **2.** *fig* [record] retracer **3.** être au hit-parade. ◆ **charts** pl n ▸ **the charts** le hit-parade.

charter ['tʃɑːtəʳ] ❖ noun [document] charte *f*. ❖ vt [plane, boat] affréter.

chartered accountant [,tʃɑːtəd-] noun UK expert-comptable *m*.

charter flight noun vol *m* charter.

charter plane noun (avion *m*) charter *m*.

chart-topping adj qui est en tête du hit-parade.

chary ['tʃeərɪ] (*compar* **-ier**, *superl* **-iest**) adj ▸ **to be chary of doing sthg** hésiter à faire qqch.

chase [tʃeɪs] ❖ noun **1.** [pursuit] poursuite *f*, chasse *f* ▸ **to give chase** poursuivre **2.** PHR **cut to the chase!** abrège ! ❖ vt **1.** [pursue] poursuivre **2.** [drive away] chasser **3.** *fig* [money, jobs] faire la chasse à. ❖ vi ▸ **to chase after sb / sthg** courir après qqn/qqch. ◆ **chase up** vt sep UK [person, information] rechercher, faire la chasse à.

chaser [ˈʧeɪsəʳ] noun [drink] *verre d'alcool qu'on prend après une bière.*

chasm [ˈkæzm] noun **1.** *lit* & *fig* abîme *m* **2.** *fig* fossé *m*.

chassis [ˈʃæsɪ] (*pl inv*) noun châssis *m*.

chaste [ʧeɪst] adj chaste.

chasten [ˈʧeɪsn] vt châtier.

chastity [ˈʧæstətɪ] noun chasteté *f*.

chat [ʧæt] ❖ noun **1.** [conversation] conversation *f* ▸ **to have a chat** causer, bavarder **2.** INTERNET chat *m*. ❖ vi (*pt & pp* **-ted**, *cont* **-ting**) causer, bavarder. ◆ **chat up** vt sep UK *inf* baratiner.

chatline [ˈtʃætlaɪn] noun [gen] réseau *m* téléphonique (payant) ; [for sexual encounters] téléphone *m* rose.

chatroom [ˈʧætrʊm] noun salle *f* de chat.

chat show noun UK talk-show *m* ▸ **chat show host** présentateur *m*, -trice *f* de talk-show.

chatter [ˈʧætəʳ] ❖ noun **1.** [of person] bavardage *m* / ***it's not just chatter*** ce ne sont pas que des paroles en l'air **2.** [of animal, bird] caquetage *m* **3.** US [terrorist communications] : ***increased terrorist chatter has been observed by the FBI*** le FBI constate une augmentation des échanges entre terroristes. ❖ vi **1.** [person] bavarder **2.** [animal, bird] jacasser, caqueter **3.** [teeth] ▸ **his teeth were chattering** il claquait des dents.

chatterbox [ˈʧætəbɒks] noun *inf* moulin *m* à paroles.

chatty [ˈʧætɪ] (*compar* **-ier**, *superl* **-iest**) adj [person] bavard(e) ; [letter] plein(e) de bavardages.

chauffeur [ˈʃəʊfəʳ] ❖ noun chauffeur *m*. ❖ vt conduire.

chauffeur-driven adj conduit(e) par un chauffeur.

chauvinism [ˈʃəʊvɪnɪzm] noun **1.** [sexism] machisme *m*, phallocratie *f* **2.** [nationalism] chauvinisme *m*.

chauvinist [ˈʃəʊvɪnɪst] noun **1.** [sexist] macho *m* **2.** [nationalist] chauvin *m*, -e *f*.

chauvinistic [ˌʃəʊvɪˈnɪstɪk] adj **1.** [sexist] macho, machiste **2.** [nationalistic] chauvin(e).

chav [ʧæv] noun UK *inf* & *pej* racaille *f*, lascar *m*.

cheap [ʧiːp] ❖ adj **1.** [inexpensive] pas cher (chère), bon marché (*inv*) / ***labour is cheaper in the Far East*** la main-d'œuvre est moins chère en Extrême-Orient **2.** [at a reduced price - fare, rate] réduit(e) ; [- ticket] à prix réduit **3.** [low-quality] de mauvaise qualité **4.** [joke, comment] facile ▸ **a cheap shot** un coup bas. ❖ adv (à) bon marché / ***I can get it for you cheaper*** je peux vous le trouver pour moins cher. ❖ noun ▸ **on the cheap** pour pas cher.

cheapen [ˈʧiːpn] vt [degrade] rabaisser.

cheaply [ˈʧiːplɪ] adv à bon marché, pour pas cher.

cheapskate [ˈʧiːpskeɪt] noun *inf* grigou *m*.

cheat [ʧiːt] ❖ noun tricheur *m*, -euse *f*. ❖ vt tromper ▸ **to cheat sb out of sthg** escroquer qqch à qqn ▸ **to feel cheated** se sentir lésé OR frustré. ❖ vi **1.** [in game, exam] tricher **2.** *inf* [be unfaithful] ▸ **to cheat on sb** tromper qqn.

cheating [ˈʧiːtɪŋ] noun tricherie *f*.

Chechen [ˈʧeʧen] ❖ adj tchétchène. ❖ noun Tchétchène *mf*.

Chechenia, Chechnya [ˌʧeʧenˈjɑː] noun Tchétchénie *f* / ***in Chechenia*** en Tchétchénie.

check [ʧek] ❖ noun **1.** [inspection, test] ▸ **check (on)** contrôle *m* (de) / ***to do*** OR ***to run a check on sb*** se renseigner sur qqn **2.** [restraint] ▸ **check (on)** frein *m* (à), restriction *f* (sur) ▸ **to put a check on sthg** freiner qqch ▸ **to keep** OR **hold sthg in check** [emotions] maîtriser qqch ▸ **checks and balances** POL *aux États-Unis, système d'équilibre des pouvoirs* **3.** US [bill] note *f* **4.** [pattern] carreaux *mpl* **5.** US [mark, tick] coche *f* **6.** US = **cheque**. ❖ vt **1.** [test, verify] vérifier / ***the doctor checked my blood pressure*** le médecin a pris ma tension ; [passport, ticket] contrôler **2.** [restrain, stop] enrayer, arrêter ▸ **to check o.s.** se retenir **3.** US [mark, tick] cocher ▸ **to check a box** cocher une case. ❖ vi ▸ **to check (for sthg)** vérifier (qqch) ▸ **to check on sthg** vérifier OR contrôler qqch / ***I'll have to check with the accountant*** je vais devoir vérifier auprès du comptable. ◆ **check in** ❖ vt sep [luggage, coat] enregistrer. ❖ vi **1.** [at hotel] signer le registre **2.** [at airport] se présenter à l'enregistrement. ◆ **check into** vt insep : ***to check into a hotel*** descendre dans un hôtel. ◆ **check off** vt sep pointer, cocher. ◆ **check out** ❖ vt sep **1.** [luggage, coat] retirer **2.** [investigate] vérifier **3.** *inf* : ***check this out*** **a)** [look] vise un peu ça **b)** [listen] écoute-moi ça. ❖ vi [from hotel] régler sa note. ◆ **check up** vi ▸ **to check up on sb** prendre des renseignements sur qqn ▸ **to check up (on sthg)** vérifier (qqch).

> **Checks and balances**
>
> Ce système de contrôle mutuel, garanti par la Constitution, est l'un des principes fondamentaux du gouvernement américain. Il a été élaboré afin d'assurer l'équilibre entre les pouvoirs législatif, exécutif et judiciaire.

checkbook US = **chequebook**.

check box noun case *f* (à cocher).

checked [ʧekt] adj à carreaux.

checkerboard [ʧekəbɔːd] noun US damier.

checkered US = **chequered**.

checkers [ˈʧekəz] noun (*U*) US jeu *m* de dames.

check guarantee card noun US carte *f* bancaire.

check-in noun enregistrement *m*.

checking account [ˈʧekɪŋ-] noun US compte *m* courant.

checklist [ˈʧeklɪst] noun liste *f* de contrôle.

checkmate [ˈʧekmeɪt] noun échec et mat *m*.

checkout [ˈʧekaʊt] noun [in supermarket] caisse *f*.

checkpoint [ˈʧekpɔɪnt] noun [place] (poste *m* de) contrôle *m*.

checkup [ˈʧekʌp] noun MED bilan *m* de santé, check-up *m*.

Cheddar (cheese) ['ʧedəʳ-] noun (fromage *m* de) cheddar *m*.

cheek [ʧi:k] ❖ noun **1.** [of face] joue *f* **2.** *inf* [impudence] culot *m*. ❖ vt UK *inf* être insolent(e) avec.

cheekbone ['ʧi:kbəʊn] noun pommette *f*.

-cheeked [tʃi:kt] suffix aux joues... / *rosy-cheeked* aux joues roses OR rouges / *round-cheeked* aux joues rebondies OR rondes, joufflu.

cheekily ['ʧi:kɪlɪ] adv avec insolence.

cheekiness ['ʧi:kɪnɪs] noun insolence *f*.

cheeky ['ʧi:kɪ] (*compar* **-ier**, *superl* **-iest**) adj insolent(e), effronté(e).

cheep [ʧi:p] ❖ noun pépiement *m*. ❖ vi pépier.

cheer [ʧɪəʳ] ❖ noun [shout] acclamation *f*. ❖ vt **1.** [shout for] acclamer **2.** [gladden] réjouir. ❖ vi applaudir. ◆ **cheers** excl **1.** [said before drinking] santé ! **2.** UK *inf* [goodbye] salut !, ciao !, tchao ! **3.** UK *inf* [thank you] merci. ◆ **cheer on** vt sep encourager. ◆ **cheer up** ❖ vt sep remonter le moral à. ❖ vi s'égayer.

cheerful ['ʧɪəfʊl] adj joyeux(euse), gai(e).

cheerfully ['ʧɪəfʊlɪ] adv **1.** [joyfully] joyeusement, gaiement **2.** [willingly] de bon gré OR cœur.

cheering ['ʧɪərɪŋ] ❖ adj [news, story] réconfortant(e). ❖ noun *(U)* acclamations *fpl*.

cheerio [,ʧɪərɪ'əʊ] excl UK *inf* au revoir !, salut !

cheerleader ['ʧɪə,li:dəʳ] noun *majorette qui stimule l'enthousiasme des supporters des équipes sportives, surtout aux États-Unis*.

cheerless ['ʧɪəlɪs] adj morne, triste.

cheery ['ʧɪərɪ] (*compar* **-ier**, *superl* **-iest**) adj joyeux(euse).

cheese [ʧi:z] noun fromage *m* ▸ **the big cheese** *inf* [the boss] le patron (la patronne), le big boss.

cheeseboard ['ʧi:zbɔ:d] noun plateau *m* à fromage.

cheeseburger ['ʧi:z,bɜ:gəʳ] noun cheeseburger *m*, hamburger *m* au fromage.

cheesecake ['ʧi:zkeɪk] noun CULIN gâteau *m* au fromage blanc, cheesecake *m*.

cheesed off [tʃi:zd-] adj UK *inf* : *to be cheesed off* en avoir marre / *I'm cheesed off with this job* j'en ai marre de ce boulot.

cheesemonger ['ʧi:zmʌŋgəʳ] noun fromager *m*, -ère *f*.

cheesy ['ʧi:zɪ] (*compar* **-ier**, *superl* **-iest**) adj **1.** [tasting of cheese] au goût de fromage **2.** *inf* [song, TV programme] cucul, gnangnan, mièvre **3.** PHR **a cheesy grin** un sourire toutes dents dehors.

cheetah ['ʧi:tə] noun guépard *m*.

chef [ʃef] noun chef *mf*.

chemical ['kemɪkl] ❖ adj chimique / *chemical waste* déchets *mpl* chimiques. ❖ noun produit *m* chimique.

chemical weapons pl n armes *fpl* chimiques.

chemist ['kemɪst] noun **1.** UK [pharmacist] pharmacien *m*, -enne *f* ▸ **chemist's (shop)** pharmacie *f* **2.** [scientist] chimiste *mf*.

chemistry ['kemɪstrɪ] noun chimie *f* / *the chemistry is right / wrong* l'alchimie fonctionne / ne fonctionne pas.

chemotherapy [,ki:məʊ'θerəpɪ] noun chimiothérapie *f*.

cheque UK, **check** US [ʧek] noun chèque *m* ▸ **to pay by cheque** payer par chèque.

cheque account UK, **checking account** US noun compte *m* chèques.

chequebook UK, **checkbook** US ['ʧekbʊk] noun chéquier *m*, carnet *m* de chèques.

cheque card noun UK carte *f* bancaire.

chequered UK, **checkered** US ['ʧekəd] adj **1.** [patterned] à carreaux **2.** *fig* [career, life] mouvementé(e).

cherish ['ʧerɪʃ] vt chérir ; [hope] nourrir, caresser.

cherished ['ʧerɪʃt] adj cher (chère).

cherry ['ʧerɪ] (*pl* **-ies**) noun [fruit] cerise *f* ▸ **cherry (tree)** cerisier *m*.

cherub ['ʧerəb] (*pl* **-s** *or* **-im**) noun chérubin *m*.

chess [ʧes] noun *(U)* échecs *mpl*.

chessboard ['ʧesbɔ:d] noun échiquier *m*.

chessman ['ʧesmæn] (*pl* **-men**) noun pièce *f*.

chest [ʧest] noun **1.** ANAT poitrine *f* ▸ **to get sthg off one's chest** *inf* déballer ce qu'on a sur le cœur **2.** [box] coffre *m*.

chestnut ['ʧesnʌt] ❖ adj [colour] châtain *(inv)*. ❖ noun [nut] châtaigne *f* ▸ **chestnut (tree)** châtaignier *m*.

chest of drawers (*pl* **chests of drawers**) noun commode *f*.

chesty ['ʧestɪ] (*compar* **-ier**, *superl* **-iest**) adj [cough] de poitrine.

chew [ʧu:] ❖ noun UK [sweet] bonbon *m* (à mâcher). ❖ vt mâcher. ◆ **chew over** vt sep *fig* [think over] ruminer, remâcher. ◆ **chew up** vt sep mâchouiller ▸ **he's all chewed up about it** *inf* ça le ronge de l'intérieur.

chewing gum ['ʧu:ɪŋ-] noun chewing-gum *m*.

chewy [ʧu:ɪ] (*compar* **-ier**, *superl* **-iest**) adj [food] difficile à mâcher.

chic [ʃi:k] ❖ adj chic *(inv)*. ❖ noun chic *m*.

chick [ʧɪk] noun [bird] oisillon *m* ; [chicken] poussin *m*.

chicken ['ʧɪkɪn] ❖ adj *inf* [cowardly] froussard(e). ❖ noun **1.** [bird, food] poulet *m* ▸ **it's a chicken and egg situation** c'est l'histoire de la poule et de l'œuf **2.** *inf* [coward] froussard *m*, -e *f*. ◆ **chicken out** vi *inf* se dégonfler.

chickenfeed ['ʧɪkɪnfi:d] noun *(U)* *fig* bagatelle *f*.

chickenpox ['ʧɪkɪnpɒks] noun *(U)* varicelle *f*.

chicken wire noun grillage *m*.

chick flick noun *inf* *film qui cible les jeunes femmes*.

chick lit noun *inf littérature populaire, en général écrite par des femmes, qui cible les jeunes femmes.*

chickpea ['tʃɪkpi:] noun pois *m* chiche.

chicory ['tʃɪkərɪ] noun UK [vegetable] endive *f.*

chide [tʃaɪd] (*pt* **chided** *or* **chid** [tʃɪd], *pp* **chid** *or* **chidden** ['tʃɪdn]) vt *liter* ▸ **to chide sb (for sthg)** réprimander qqn (à propos de qqch).

chief [tʃi:f] ❖ adj **1.** [main - aim, problem] principal(e) **2.** [head] en chef. ❖ noun chef *m.*

chief constable noun UK commissaire *m* de police divisionnaire.

chief executive noun directeur général *m*, directrice générale *f.* ◆ **Chief Executive** noun US ▸ **the Chief Executive** le président des États-Unis.

chiefly ['tʃi:flɪ] adv **1.** [mainly] principalement **2.** [above all] surtout.

chieftain ['tʃi:ftən] noun chef *m.*

chiffon ['ʃɪfɒn] noun mousseline *f.*

chihuahua [tʃɪ'wɑ:wə] noun chihuahua *m.*

chilblain ['tʃɪlbleɪn] noun engelure *f.*

child [tʃaɪld] (*pl* **children** ['tʃɪldrən]) noun enfant *mf.*

child benefit noun *(U)* UK ≃ allocations *fpl* familiales.

childbirth ['tʃaɪldbɜ:θ] noun *(U)* accouchement *m.*

child care noun **1.** UK ADMIN protection *f* de l'enfance **2.** US [day care] : *child care center* crèche *f*, garderie *f.*

child directory noun COMPUT sous-répertoire *m.*

childfree ['tʃaɪldfri:] adj US [couple, household] sans enfants.

child-friendly adj [area, city] aménagé(e) pour les enfants ; [house, furniture] conçu(e) pour les enfants.

childhood ['tʃaɪldhʊd] noun enfance *f.*

childish ['tʃaɪldɪʃ] adj *pej* puéril(e), enfantin(e).

childishly ['tʃaɪldɪʃlɪ] adv *pej* de façon puérile.

childless ['tʃaɪldlɪs] adj sans enfants.

childlike ['tʃaɪldlaɪk] adj enfantin(e), d'enfant.

child maintenance noun pension *f* alimentaire.

childminder ['tʃaɪld,maɪndər] noun UK gardienne *f* d'enfants, nourrice *f.*

child prodigy noun enfant *mf* prodige.

childproof ['tʃaɪldpru:f] adj [container] *qui ne peut pas être ouvert par les enfants* ▸ **childproof lock** verrouillage *m* de sécurité pour enfants.

children ['tʃɪldrən] pl n ⟶ **child**.

children's home noun maison *f* d'enfants.

child support noun US LAW pension *f* alimentaire.

Chile ['tʃɪlɪ] noun Chili *m* ▸ **in Chile** au Chili.

Chilean ['tʃɪlɪən] ❖ adj chilien(enne). ❖ noun Chilien *m*, -enne *f.*

chili ['tʃɪlɪ] = **chilli**.

chill [tʃɪl] ❖ adj frais (fraîche). ❖ noun **1.** [illness] coup *m* de froid **2.** [in temperature] ▸ **there's a chill in the air** le fond de l'air est frais **3.** [feeling of fear] frisson *m.* ❖ vt **1.** [drink, food] mettre au frais **2.** [person] faire frissonner. ❖ vi **1.** [drink, food] rafraîchir **2.** *inf* [relax] se détendre / *just chill for a minute* détendez-vous une minute. ◆ **chill out** vi *inf* décompresser ▸ **chill out!** du calme !

chilli ['tʃɪlɪ] (*pl* **-es**) noun [vegetable] piment *m* ▸ **chilli dog** hot dog *m* au chili.

chilling ['tʃɪlɪŋ] adj **1.** [very cold] glacial(e) **2.** [frightening] qui glace le sang.

chilly ['tʃɪlɪ] (*compar* **-ier**, *superl* **-iest**) adj froid(e) ▸ **to feel chilly** avoir froid / *it's chilly* il fait froid.

chime [tʃaɪm] ❖ noun [of bell, clock] carillon *m.* ❖ vt [time] sonner. ❖ vi [bell, clock] carillonner.

chimney ['tʃɪmnɪ] noun cheminée *f.*

chimneypot ['tʃɪmnɪpɒt] noun mitre *f* de cheminée.

chimneysweep ['tʃɪmnɪswi:p] noun ramoneur *m.*

chimp(anzee) [tʃɪmp(ən'zi:)] noun chimpanzé *m.*

chin [tʃɪn] noun menton *m.*

china ['tʃaɪnə] ❖ noun porcelaine *f.* ❖ comp en porcelaine.

China ['tʃaɪnə] noun Chine *f* ▸ **in China** en Chine ▸ **the People's Republic of China** la République populaire de Chine.

Chinatown ['tʃaɪnətaʊn] noun quartier *m* chinois.

chinchilla [tʃɪn'tʃɪlə] noun chinchilla *m.*

Chinese [,tʃaɪ'ni:z] ❖ adj chinois(e). ❖ noun [language] chinois *m.* ❖ pl n ▸ **the Chinese** les Chinois *mpl.*

chink [tʃɪŋk] ❖ noun **1.** [narrow opening] fente *f* **2.** [sound] tintement *m.* ❖ vi tinter.

chino ['tʃi:nəʊ] noun TEX chino *m* ▸ **chinos** [trousers] chinos *mpl.*

chintz [tʃɪnts] ❖ noun chintz *m.* ❖ comp de chintz.

chinwag ['tʃɪnwæg] noun UK *inf* ▸ **to have a chinwag** tailler une bavette.

chip [tʃɪp] ❖ noun **1.** UK [fried potato] frite *f* ; US [potato crisp] chip *m* **2.** [of glass, metal] éclat *m* ; [of wood] copeau *m* **3.** [flaw] ébréchure *f* **4.** [microchip] puce *f* **5.** [for gambling] jeton *m* **6.** PHR **when the chips are down** en cas de coup dur ▸ **to have a chip on one's shoulder** en avoir gros sur le cœur. ❖ vt (*pt & pp* **-ped**, *cont* **-ping**) [cup, glass] ébrécher. ◆ **chip in** *inf* ❖ vt insep [contribute] contribuer. ❖ vi **1.** [contribute] contribuer **2.** [interrupt] mettre son grain de sel. ◆ **chip off** vt sep enlever petit morceau par petit morceau.

chip-and-pin noun UK paiement *m* par carte à puce.

chipboard ['tʃɪpbɔ:d] noun aggloméré *m.*

chipmunk ['tʃɪpmʌŋk] noun tamia *m.*

chipolata [,tʃɪpə'lɑ:tə] noun chipolata *f.*

chipped [tʃɪpt] adj [flawed] ébréché(e).

chippings ['tʃɪpɪŋz] pl n [on road] gravillons *mpl* ; [of wood] copeaux *mpl* ▸ **'loose chippings'** 'attention gravillons'.

chip shop noun UK friterie *f*.

chiropodist [kɪ'rɒpədɪst] noun pédicure *mf*.

chiropody [kɪ'rɒpədɪ] noun podologie *f*.

chirp [tʃɜ:p] vi [bird] pépier ; [cricket] chanter.

chirpy ['tʃɜ:pɪ] (*compar* **-ier**, *superl* **-iest**) adj gai(e).

chisel ['tʃɪzl] ◆ noun [for wood] ciseau *m* ; [for metal, rock] burin *m*. ◆ vt (UK *pt & pp* **-led**, *cont* **-ling**, US *pt & pp* **-ed**, *cont* **-ing**) ciseler.

chit [tʃɪt] noun [note] note *f*, reçu *m*.

chitchat ['tʃɪttʃæt] noun *(U) inf* bavardage *m* / ***enough of this chitchat*** assez bavardé.

chivalrous ['ʃɪvlrəs] adj chevaleresque.

chivalry ['ʃɪvlrɪ] noun *(U)* **1.** *liter* [of knights] chevalerie *f* **2.** [good manners] galanterie *f*.

chives [tʃaɪvz] pl n ciboulette *f*.

chloride ['klɔ:raɪd] noun chlorure *m*.

chlorinated ['klɔ:rɪneɪtɪd] adj chloré(e).

chlorine ['klɔ:ri:n] noun chlore *m*.

chloroform ['klɒrəfɔ:m] noun chloroforme *m*.

chlorophyll ['klɒrəfɪl] noun chlorophylle *f*.

chocaholic noun = **chocoholic**.

choc-ice ['tʃɒkaɪs] noun UK Esquimau® *m*.

chock [tʃɒk] noun cale *f*.

chock-a-block, chock-full adj *inf* ▸ **chock-a-block (with)** plein(e) à craquer (de).

chocoholic ['tʃɒkə,hɒlɪk] noun *inf* accro *mf* du chocolat, fondu *m* de chocolat.

chocolate ['tʃɒkələt] ◆ noun chocolat *m*. ◆ comp au chocolat.

choice [tʃɔɪs] ◆ noun choix *m* / ***to make a choice*** faire un choix / ***to have first choice*** pouvoir choisir en premier / ***it's your choice*** c'est à vous de choisir OR décider / ***we had no choice but to accept*** nous ne pouvions pas faire autrement que d'accepter ▸ **by** OR **from choice** par choix / ***a wide choice of goods*** un grand choix de marchandises. ◆ adj de choix.

choir ['kwaɪəʳ] noun chœur *m*.

choirboy ['kwaɪəbɔɪ] noun jeune choriste *m*.

choke [tʃəʊk] ◆ noun AUTO starter *m*. ◆ vt **1.** [strangle] étrangler, étouffer **2.** [block] obstruer, boucher. ◆ vi s'étrangler. ◆ **choke back** vt insep [anger] étouffer ; [tears] refouler.

choked [tʃəʊkt] adj **1.** [cry, voice] étranglé(e) **2.** UK *inf* [person - moved] secoué(e) ; [- sad] peiné(e), attristé(e) ; [- annoyed] énervé(e), fâché(e).

cholera ['kɒlərə] noun choléra *m*.

cholesterol [kə'lestərɒl] noun cholestérol *m* ▸ **cholesterol level** taux *m* de cholestérol.

chomp ['tʃɒmp] *inf* ◆ vi & vt mastiquer bruyamment. ◆ noun mastication *f* bruyante.

choose [tʃu:z] (*pt* **chose**, *pp* **chosen**) ◆ vt **1.** [select] choisir ▸ **there's little** OR **not much to choose between them** ils se valent **2.** [decide] ▸ **to choose to do sthg** décider OR choisir de faire qqch. ◆ vi [select] ▸ **to choose (from)** choisir (parmi OR entre).

choos(e)y ['tʃu:zɪ] (*compar* **-ier**, *superl* **-iest**) adj difficile.

chop [tʃɒp] ◆ noun **1.** CULIN côtelette *f* **2.** [blow] coup *m (de hache, etc.)* ▸ **he's for the chop** UK *fig* il va sûrement se faire saquer. ◆ vt (*pt & pp* **-ped**, *cont* **-ping**) **1.** [wood] couper ; [vegetables] hacher **2.** *inf* & *fig* [funding, budget] réduire **3.** PHR ▸ **to chop and change** changer sans cesse d'avis. ◆ **chops** pl n *inf* babines *fpl*. ◆ **chop down** vt sep [tree] abattre. ◆ **chop up** vt sep couper en morceaux.

chopper ['tʃɒpəʳ] noun **1.** [axe] couperet *m* **2.** *inf* [helicopter] hélico *m*.

chopping board ['tʃopɪŋ-] noun hachoir *m*.

choppy ['tʃɒpɪ] (*compar* **-ier**, *superl* **-iest**) adj [sea] agité(e).

chopstick ['tʃɒpstɪk] noun baguette *f (pour manger)*.

choral ['kɔ:rəl] adj choral(e).

chord [kɔ:d] noun MUS accord *m* ▸ **to strike a chord with sb** toucher qqn.

chore [tʃɔ:ʳ] noun corvée *f* ▸ **household chores** travaux *mpl* ménagers.

choreograph ['kɒrɪəgrɑ:f] vt [ballet, dance] chorégraphier, faire la chorégraphie de ; *fig* [meeting, party] organiser.

choreographer [,kɒrɪ'ɒgrəfəʳ] noun chorégraphe *mf*.

choreography [,kɒrɪ'ɒgrəfɪ] noun chorégraphie *f*.

chortle ['tʃɔ:tl] vi glousser.

chorus ['kɔ:rəs] ◆ noun **1.** [part of song] refrain *m* **2.** [singers] chœur *m* **3.** *fig* [of praise, complaints] concert *m*. ◆ vt répondre en chœur.

chose [tʃəʊz] pt ⟶ **choose**.

chosen ['tʃəʊzn] pp ⟶ **choose**.

choux pastry [ʃu:-] noun pâte *f* à choux.

chowder ['tʃaʊdəʳ] noun [of fish] soupe *f* de poisson ; [of seafood] soupe *f* aux fruits de mer.

Christ [kraɪst] ◆ noun Christ *m*. ◆ excl Seigneur !, bon Dieu !

christen ['krɪsn] vt **1.** [baby] baptiser **2.** [name] nommer.

christening ['krɪsnɪŋ] ◆ noun baptême *m*. ◆ comp de baptême.

Christian ['krɪstʃən] ◆ adj **1.** RELIG chrétien(enne) **2.** [kind] charitable. ◆ noun chrétien *m*, -enne *f*.

Christianity [,krɪstɪ'ænətɪ] noun christianisme *m*.

Christian name noun prénom *m*.

Christmas ['krɪsməs] ◆ noun Noël *m* ▸ **happy** OR **merry Christmas!** joyeux Noël ! ◆ comp de Noël.

Christmas cake noun UK gâteau *m* de Noël.

Christmas card noun carte *f* de Noël.

Christmas carol noun chant *m* de Noël, noël *m* ; RELIG cantique *m* de Noël.

Christmas cracker noun UK diablotin *m*.

Christmas Day noun jour *m* de Noël.

Christmas Eve noun veille *f* de Noël.

Christmas pudding noun UK pudding *m* (de Noël).

Christmas stocking noun ≃ soulier *m* de Noël.

Christmas tree noun arbre *m* de Noël.

chrome [krəʊm], **chromium** ['krəʊmɪəm] ❖ noun chrome *m.* ❖ comp chromé(e).

chromosome ['krəʊməsəʊm] noun chromosome *m.*

chronic ['krɒnɪk] adj [illness, unemployment] chronique ; [liar, alcoholic] invétéré(e).

chronically ['krɒnɪklɪ] adv de façon chronique.

chronicle ['krɒnɪkl] ❖ noun chronique *f.* ❖ vt faire la chronique de.

chronological [,krɒnə'lɒdʒɪkl] adj chronologique.

chronologically [,krɒnə'lɒdʒɪklɪ] adv chronologiquement.

chronology [krə'nɒlədʒɪ] noun chronologie *f.*

chrysalis ['krɪsəlɪs] (*pl* **-lises**) noun chrysalide *f.*

chrysanthemum [krɪ'sænθəməm] (*pl* **-s**) noun chrysanthème *m.*

chubby ['tʃʌbɪ] (*compar* **-ier**, *superl* **-iest**) adj [cheeks, face] joufflu(e) ; [person, hands] potelé(e).

chuck [tʃʌk] vt *inf* **1.** [throw] lancer, envoyer **2.** [job, boyfriend] laisser tomber. ◆ **chuck away, chuck out** vt sep *inf* jeter, balancer.

chuckle ['tʃʌkl] ❖ noun petit rire *m.* ❖ vi glousser.

chuffed [tʃʌft] adj UK *inf* ▸ **chuffed (with sthg / to do sthg)** ravi(e) (de qqch / de faire qqch).

chug [tʃʌg] (*pt & pp* **-ged**, *cont* **-ging**) vi [train] faire teuf-teuf.

chum [tʃʌm] noun *inf* copain *m*, copine *f.*

chummy ['tʃʌmɪ] (*compar* **-ier**, *superl* **-iest**) adj *inf* ▸ **to be chummy with sb** être copain *m*, copine *f* avec qqn.

chump [tʃʌmp] noun *inf* imbécile *mf.*

chunk [tʃʌŋk] noun gros morceau *m.*

chunky ['tʃʌŋkɪ] (*compar* **-ier**, *superl* **-iest**) adj [person, furniture] trapu(e) ; [sweater, jewellery] gros (grosse).

church [tʃɜːtʃ] noun **1.** [building] église *f* ▸ **to go to church** **a)** aller à l'église **b)** [Catholics] aller à la messe **2.** [organization] Église *f.*

churchgoer ['tʃɜːtʃ,gəʊəʳ] noun pratiquant *m*, -e *f.*

Church of England noun ▸ **the Church of England** l'Église d'Angleterre.

The Church of England

L'Église d'Angleterre (de confession anglicane) est l'Église officielle de la Grande-Bretagne ; son chef laïque est le souverain, son chef spirituel, l'archevêque de Cantorbéry.

churchyard ['tʃɜːtʃjɑːd] noun cimetière *m.*

churlish ['tʃɜːlɪʃ] adj grossier(ère).

churn [tʃɜːn] ❖ noun **1.** [for making butter] baratte *f* **2.** [for milk] bidon *m.* ❖ vt [stir up] battre. ❖ vi : *my stomach was churning* j'avais l'estomac tout retourné. ◆ **churn out** vt sep *inf* produire en série. ◆ **churn up** vt sep battre.

chute [ʃuːt] noun glissière *f* ▸ **rubbish** UK OR **garbage** US **chute** vide-ordures *m inv.*

chutney ['tʃʌtnɪ] noun chutney *m.*

chutzpah ['hʊtspə] noun US *inf* culot *m.*

CIA (*abbr of* **Central Intelligence Agency**) noun CIA *f.*

ciabatta [tʃə'bɑːtə] noun ciabatta *m.*

cicada [sɪ'kɑːdə] noun cigale *f.*

CID (*abbr of* **Criminal Investigation Department**) noun *la police judiciaire britannique.*

cider ['saɪdəʳ] noun **1.** UK cidre *m* ▸ **hard cider** US cidre *m* **2.** US [non-alcoholic] jus *m* de pomme.

cigar [sɪ'gɑːʳ] noun cigare *m.*

cigarette [,sɪgə'ret] noun cigarette *f.*

cigarette butt, cigarette end UK noun mégot *m.*

cigarette lighter noun briquet *m.*

ciggie ['sɪgɪ] noun *inf* clope *m ou f*, sèche *f.*

C-in-C noun *abbr of* **commander-in-chief**.

cinch [sɪntʃ] noun *inf* : *it's a cinch* c'est un jeu d'enfants.

cinder ['sɪndəʳ] noun cendre *f.*

Cinderella [,sɪndə'relə] noun Cendrillon *f.*

cinema ['sɪnəmə] noun UK cinéma *m.*

cinemagoer ['sɪnɪmə,gəʊəʳ] noun personne *f* qui fréquente les cinémas.

cinematography [,sɪnəmə'tɒgrəfɪ] noun UK cinématographie *f.*

cinnamon ['sɪnəmən] noun cannelle *f.*

cipher ['saɪfəʳ] noun [secret writing] code *m.*

circa ['sɜːkə] prep environ.

circle ['sɜːkl] ❖ noun **1.** [gen] cercle *m* ▸ **to come full circle** revenir à son point de départ ▸ **to go round in circles** *fig* tourner en rond **2.** [in theatre, cinema] balcon *m.* ❖ vt **1.** [draw a circle round] entourer (d'un cercle) **2.** [move round] faire le tour de. ❖ vi [plane] tourner en rond.

circuit ['sɜːkɪt] noun **1.** [gen & ELEC] circuit *m* **2.** [lap] tour *m* ; [movement round] révolution *f.*

circuit board noun plaquette *f* (de circuits imprimés).

circuit breaker noun disjoncteur *m.*

circuitous [sə'kjuːɪtəs] adj indirect(e).

circular ['sɜːkjʊləʳ] ❖ adj **1.** [gen] circulaire **2.** [argument] qui tourne en rond **3.** PHR **to put sthg in the circular file** US *inf* jeter qqch à la corbeille à papier. ❖ noun [letter] circulaire *f* ; [advertisement] prospectus *m.*

circulate ['sɜ:kjʊleɪt] ◆ vi **1.** [gen] circuler **2.** [socialize] se mêler aux invités. ◆ vt [rumour] propager ; [document] faire circuler.

circulation [,sɜ:kjʊ'leɪʃn] noun **1.** [gen] circulation *f* **2.** PRESS tirage *m*.

circumcise ['sɜ:kəmsaɪz] vt circoncire.

circumcised ['sɜ:kəmsaɪzd] adj circoncis(e).

circumcision [,sɜ:kəm'sɪʒn] noun circoncision *f*.

circumference [sə'kʌmfərəns] noun circonférence *f*.

circumflex ['sɜ:kəmfleks] noun ▸ **circumflex (accent)** accent *m* circonflexe.

circumnavigate [,sɜ:kəm'nævɪgeɪt] vt ▸ **to circumnavigate the world** faire le tour du monde en bateau.

circumscribe ['sɜ:kəmskraɪb] vt *fml* [restrict] limiter.

circumspect ['sɜ:kəmspekt] adj circonspect(e).

circumstances ['sɜ:kəmstənsɪz] pl n circonstances *fpl* ▸ **under** OR **in no circumstances** en aucun cas ▸ **under** OR **in the circumstances** en de telles circonstances.

circumstantial [,sɜ:kəm'stænʃl] adj *fml* ▸ **circumstantial evidence** preuve *f* indirecte.

circumvent [,sɜ:kəm'vent] vt *fml* [law, rule] tourner, contourner.

circumvention [,sɜ:kəm'venʃn] noun [of law, rule] fait *m* de tourner OR contourner.

circus ['sɜ:kəs] noun cirque *m*.

cirrhosis [sɪ'rəʊsɪs] noun cirrhose *f*.

CIS (*abbr of* **Commonwealth of Independent States**) noun CEI *f*.

cissy ['sɪsɪ] (*pl* **-ies**) noun UK *inf* femmelette *f*.

cistern ['sɪstən] noun **1.** UK [inside roof] réservoir *m* d'eau **2.** [in toilet] réservoir *m* de chasse d'eau.

citadel ['sɪtədəl] noun *lit* & *fig* citadelle *f*.

citation [saɪ'teɪʃn] noun citation *f*.

cite [saɪt] vt citer.

citizen ['sɪtɪzn] noun **1.** [of country] citoyen *m*, -enne *f* **2.** [of town] habitant *m*, -e *f*.

Citizens Advice Bureau noun *service britannique d'information et d'aide au consommateur.*

citizenship ['sɪtɪznʃɪp] noun citoyenneté *f*.

citric acid ['sɪtrɪk-] noun acide *m* citrique.

citrus fruit ['sɪtrəs-] noun agrume *m*.

city ['sɪtɪ] (*pl* **-ies**) noun ville *f*, cité *f*. ◆ **City** noun UK ▸ **the City** la City *(quartier financier de Londres ; le nom est souvent employé pour désigner le monde britannique de la finance ; la City est aussi connue sous le nom de « Square Mile »).*

city centre UK noun centre-ville *m*.

city-dweller noun citadin *m*, -e *f*.

city hall noun US ≃ mairie *f* ; ≃ hôtel *m* de ville.

civic ['sɪvɪk] adj [leader, event] municipal(e) ; [duty, pride] civique.

civil ['sɪvl] adj **1.** [public] civil(e) **2.** [polite] courtois(e), poli(e).

civil engineer noun ingénieur *m* des travaux publics.

civil engineering noun génie *m* civil.

civilian [sɪ'vɪljən] ◆ noun civil *m*, -e *f*. ◆ comp civil(e).

civility [sɪ'vɪlətɪ] noun politesse *f*.

civilization, civilisation UK [,sɪvəlaɪ'zeɪʃn] noun civilisation *f*.

civilize, civilise UK ['sɪvɪlaɪz] vt civiliser.

civilized, civilised UK ['sɪvəlaɪzd] adj civilisé(e).

civil law noun droit *m* civil.

civil liberties pl n libertés *fpl* civiques.

civil list noun UK liste *f* civile *(allouée à la famille royale par le Parlement britannique).*

civil partner noun conjoint *m*, -e *f* (par union civile).

civil partnership noun *loi britannique qui garantit aux couples homosexuels les mêmes droits qu'aux couples mariés en matière de succession, de retraite, et pour les questions de garde et d'éducation des enfants.*

civil rights pl n droits *mpl* civils.

civil servant noun fonctionnaire *mf*.

civil service noun fonction *f* publique.

civil union noun union *f* civile.

civil war noun guerre *f* civile.

CJD noun *abbr of* **Creutzfeldt-Jakob disease**.

cl (*abbr of* **centilitre**) cl.

clad [klæd] adj *liter* [dressed] ▸ **clad in** vêtu(e) de.

claim [kleɪm] ◆ noun **1.** [demand] demande *f* / *she has many claims on her time* elle est très prise / *he made too many claims on their generosity* il a abusé de leur générosité ▸ **pay claim** demande *f* d'augmentation (de salaire) **2.** [in insurance] demande *f* d'indemnité / *to put in a claim for sthg* demander une indemnité pour qqch **3.** [right] droit *m* ▸ **to lay claim to sthg** revendiquer qqch ▸ **his only claim to fame is that he once appeared on TV** c'est à une apparition à la télévision qu'il doit d'être célèbre **4.** [assertion] affirmation *f* / *I make no claims to understand why* je ne prétends pas comprendre pourquoi. ◆ vt **1.** [ask for] réclamer / *to claim damages* réclamer des dommages et intérêts **2.** [responsibility, credit] revendiquer / *he claims all the credit* il s'attribue tout le mérite **3.** [maintain] prétendre / *it is claimed that…* on dit OR prétend que… / *to claim to be sthg* se faire passer pour qqch, prétendre être qqch. ◆ vi ▸ **to claim for sthg** faire une demande d'indemnité pour qqch ▸ **to claim (on one's insurance)** faire une déclaration de sinistre.

claimant ['kleɪmənt] noun [to throne] prétendant *m*, -e *f* ; [of state benefit] demandeur *m*, -eresse *f*, requérant *m*, -e *f*.

clairvoyant [kleə'vɔɪənt] ◆ adj [person] qui a des dons de double vue. ◆ noun voyant *m*, -e *f*.

clam [klæm] (*pt & pp* **-med**, *cont* **-ming**) noun palourde *f*. ◆ **clam up** vi *inf* la boucler.

clamber ['klæmbəʳ] vi grimper.

clammy ['klæmɪ] (*compar* **-ier**, *superl* **-iest**) adj [skin] moite ; [weather] lourd et humide.

clamor US ['klæməʳ] = **clamour**.

clamorous ['klæmərəs] adj bruyant(e).

clamour UK, **clamor** US ['klæməʳ] ◆ noun *(U)* **1.** [noise] cris *mpl* **2.** [demand] revendication *f* bruyante. ◆ vi ▸ **to clamour for sthg** demander qqch à cor et à cri.

clamp [klæmp] ◆ noun **1.** [gen] pince *f*, agrafe *f* **2.** [for carpentry] serre-joint *m* **3.** MED clamp *m* **4.** AUTO sabot *m* de Denver. ◆ vt **1.** [gen] serrer **2.** AUTO poser un sabot de Denver à. ◆ **clamp down** vi ▸ **to clamp down (on)** sévir (contre).

clampdown ['klæmpdaʊn] noun ▸ **clampdown (on)** répression *f* (contre).

clan [klæn] noun clan *m*.

clandestine [klæn'destɪn] adj clandestin(e).

clang [klæŋ] ◆ noun bruit *m* métallique. ◆ vi émettre un bruit métallique.

clanger ['klæŋəʳ] noun UK *inf* gaffe *f*.

clank [klæŋk] ◆ noun cliquetis *m*. ◆ vi cliqueter.

clap [klæp] ◆ noun **1.** [of hands] applaudissement *m*, battement *m* (de main) **2.** [of thunder] coup *m*. ◆ vt (*pt & pp* **-ped**, *cont* **-ping**) **1.** [hands] ▸ **to clap one's hands** applaudir, taper des mains **2.** *inf* [place] mettre ▸ **to clap eyes on sb** apercevoir qqn. ◆ vi (*pt & pp* **-ped**, *cont* **-ping**) applaudir, taper des mains.

clapped-out [klæpt-] adj UK *inf* déglingué(e).

clapperboard ['klæpəbɔ:d] noun claquette *f*.

clapping ['klæpɪŋ] noun *(U)* applaudissements *mpl*.

claptrap ['klæptræp] noun *(U)* *inf* sottises *fpl*.

claret ['klærət] noun **1.** [wine] bordeaux *m* rouge **2.** [colour] bordeaux *m inv*.

clarification [ˌklærɪfɪ'keɪʃn] noun [explanation] éclaircissement *m*, clarification *f*.

clarify ['klærɪfaɪ] (*pt & pp* **-ied**) vt [explain] éclaircir, clarifier.

clarinet [ˌklærə'net] noun clarinette *f*.

clarity ['klærətɪ] noun clarté *f*.

clash [klæʃ] ◆ noun **1.** [of interests, personalities] conflit *m* **2.** [fight, disagreement] heurt *m*, affrontement *m* **3.** [noise] fracas *m*. ◆ vi **1.** [fight, disagree] se heurter **2.** [differ, conflict] entrer en conflit **3.** [coincide] ▸ **to clash (with sthg)** tomber en même temps (que qqch) **4.** [colours] jurer **5.** [cymbals] résonner.

clasp [klɑ:sp] ◆ noun [on necklace] fermoir *m* ; [on belt] boucle *f*. ◆ vt [hold tight] serrer ▸ **to clasp hands** se serrer la main.

class [klɑ:s] ◆ noun **1.** [gen] classe *f* **2.** [lesson] cours *m*, classe *f* **3.** [category] catégorie *f* ▸ **to be in a class of one's own** être d'une tout autre classe. ◆ comp de classe. ◆ vt classer.

class-conscious adj *pej* snob *(inv)*.

classic ['klæsɪk] ◆ adj classique. ◆ noun classique *m*. ◆ **classics** pl n humanités *fpl*.

classical ['klæsɪkl] adj classique.

classical music noun musique *f* classique.

classification [ˌklæsɪfɪ'keɪʃn] noun classification *f*.

classified ['klæsɪfaɪd] adj [information, document] classé secret (classée secrète).

classified ad noun petite annonce *f*.

classify ['klæsɪfaɪ] (*pt & pp* **-ied**) vt classifier, classer.

classless ['klɑ:slɪs] adj sans distinctions sociales.

classmate ['klɑ:smeɪt] noun camarade *mf* de classe.

classroom ['klɑ:srʊm] noun (salle *f* de) classe *f*.

classroom assistant noun SCH aide-éducateur *m*, -trice *f*.

classy ['klɑ:sɪ] (*compar* **-ier**, *superl* **-iest**) adj *inf* chic *(inv)*.

clatter ['klætəʳ] ◆ noun cliquetis *m* ; [louder] fracas *m*. ◆ vi [metal object] cliqueter.

clause [klɔ:z] noun **1.** [in document] clause *f* **2.** GRAM proposition *f*.

claustrophobia [ˌklɔ:strə'fəʊbjə] noun claustrophobie *f*.

claustrophobic [ˌklɔ:strə'fəʊbɪk] adj **1.** [atmosphere] qui rend claustrophobe **2.** [person] claustrophobe.

claw [klɔ:] ◆ noun **1.** [of cat, bird] griffe *f* **2.** [of crab, lobster] pince *f*. ◆ vt griffer. ◆ vi [person] ▸ **to claw at** s'agripper à. ◆ **claw back** vt sep UK [money] récupérer.

clay [kleɪ] noun argile *f*.

clay pigeon shooting noun ball-trap *m*.

clean [kli:n] ◆ adj **1.** [not dirty] propre **2.** [sheet of paper, driving licence] vierge ; [reputation] sans tache / *clean living* une vie saine ▸ **to come clean about sthg** *inf* confesser qqch **3.** [joke] de bon goût **4.** [smooth] net (nette) / *to make a clean break* couper net / *we made a clean break with the past* nous avons rompu avec le passé, nous avons tourné la page. ◆ adv : *the handle broke clean off* l'anse a cassé net / *I clean forgot* j'ai complètement oublié. ◆ vt nettoyer / *I cleaned the mud from my shoes* j'ai enlevé la boue de mes chaussures ▸ **to clean one's teeth** se brosser OR laver les dents / *to clean the windows* faire les vitres OR les carreaux. ◆ vi [person] faire le ménage. ◆ noun ▸ **to give sthg a clean** nettoyer qqch / *the carpet needs a good clean* la moquette a grand besoin d'être nettoyée. ◆ **clean out** vt sep **1.** [room, drawer] nettoyer à fond **2.** *inf & fig* [person] nettoyer. ◆ **clean up** ◆ vt sep [clear up] nettoyer / *clean this mess up!* nettoyez-moi ce fouillis ! ◆ vi *inf* [make a profit] ramasser de l'argent.

clean-burning adj [fuel] *brûlant sans résidu de combustible*.

clean-cut adj **1.** [lines] net (nette) ; [shape] bien délimité(e), net (nette) **2.** [person] propre (sur soi), soigné(e).

cleaner ['kli:nəʳ] noun **1.** [person] personne *f* qui fait le ménage ▸ **window cleaner** laveur *m*, -euse *f* de carreaux **2.** [substance] produit *m* d'entretien **3.** [machine] appareil *m* de nettoyage **4.** [shop] ▸ **cleaner's** pressing *m*.

cleaning ['kli:nɪŋ] noun nettoyage *m*.

cleaning lady noun femme *f* de ménage.

cleanliness ['klenlɪnɪs] noun propreté *f*.

clean-living adj qui mène une vie saine.

cleanly ['kli:nlɪ] adv [cut] nettement.

cleanness ['kli:nnɪs] noun propreté *f*.

cleanse [klenz] vt **1.** [skin, wound] nettoyer **2.** *fig* [make pure] purifier ▸ **to cleanse sb / sthg of** délivrer qqn / qqch de.

cleanser ['klenzəʳ] noun [detergent] détergent *m* ; [for skin] démaquillant *m*.

clean-shaven [-'ʃeɪvn] adj rasé(e) de près.

cleansing ['klenzɪŋ] ❖ noun nettoyage *m*. ❖ adj [lotion] démaquillant(e) ; [power, property] de nettoyage.

clear [klɪəʳ] ❖ adj

1. [gen] clair(e) ; [glass, plastic] transparent(e) / *clear honey* miel liquide / *on a clear day* par temps clair

2. [easily understood] clair(e) ; [voice, sound] qui s'entend nettement ; [difference] net (nette) ▸ **to make sthg clear (to sb)** expliquer qqch clairement (à qqn) ▸ **to make it clear that** préciser que ▸ **to make o.s. clear** bien se faire comprendre / *it's clear that he's lying* il est évident OR clair qu'il ment / *it is a clear case of favouritism* c'est manifestement du favoritisme, c'est un cas de favoritisme manifeste / *he is quite clear about what has to be done* il sait parfaitement ce qu'il y a à faire / *they won by a clear majority* ils ont gagné avec une large majorité / *a clear profit* un bénéfice net

3. [road, space] libre, dégagé(e) / *the roads are clear of snow* les routes sont déblayées OR déneigées / *we're clear of the traffic* nous sommes sortis des encombrements / *his schedule is clear* il n'a rien de prévu sur son emploi du temps / *we have two clear days to get there* on a deux jours entiers pour y aller

4. [not guilty] ▸ **to have a clear conscience** avoir la conscience tranquille

❖ adv

▸ **to stand clear** s'écarter ▸ **to stay clear of sb / sthg, to steer clear of sb / sthg** éviter qqn / qqch

❖ noun

▸ **in the clear a)** [out of danger] hors de danger **b)** [free from suspicion] au-dessus de tout soupçon

❖ vt

1. [road, path] dégager ; [table] débarrasser ; [obstacle, fallen tree] enlever / *she cleared the plates from the table* elle a débarrassé la table ▸ **to clear one's throat** s'éclaircir la voix / *clear the room!* évacuez la salle ! / *the police cleared the way for the procession* la police a ouvert un passage au cortège / *the talks cleared the way for a ceasefire* les pourparlers ont préparé le terrain OR ont ouvert la voie pour un cessez-le-feu / *I went for a walk to clear my head* **a)** j'ai fait un tour pour m'éclaircir les idées

2. LAW innocenter / *to clear sb of a charge* disculper qqn d'une accusation / *give him a chance to clear himself* donnez-lui la possibilité de se justifier OR de prouver son innocence / *to clear one's name* se justifier, défendre son honneur

3. [jump] sauter, franchir

4. [debt] s'acquitter de / *he cleared the backlog of work* il a rattrapé le travail en retard

5. [pass through] *to clear customs* **a)** [person] passer la douane **b)** [shipment] être dédouané / *the bill cleared the Senate* le projet de loi a été voté par le Sénat

6. [authorize] donner le feu vert à / *you'll have to clear it with the boss* il faut demander l'autorisation OR l'accord OR le feu vert du patron

7. [cheque] compenser

8. SPORT *to clear the ball* dégager le ballon

❖ vi

[fog, smoke] se dissiper ; [weather, sky] s'éclaircir / *it takes three days for the cheque to clear* il y a trois jours de délai d'encaissement

◆ **clear away** vt sep [plates] débarrasser / *we cleared away the dishes* nous avons débarrassé (la table) OR desservi ; [books] enlever.

◆ **clear off** vi UK *inf* dégager / *clear off!* fiche le camp !

◆ **clear out** ❖ vt sep [cupboard] vider ; [room] ranger / *to clear everyone out of a room* faire évacuer une pièce. ❖ vi *inf* [leave] dégager.

◆ **clear up** ❖ vt sep **1.** [tidy] ranger **2.** [mystery, misunderstanding] éclaircir. ❖ vi **1.** [weather] s'éclaircir / *it's clearing up* le temps se lève **2.** [tidy up] tout ranger.

clearance ['klɪərəns] noun **1.** [of rubbish] enlèvement *m* ; [of land] déblaiement *m* **2.** [permission] autorisation *f* **3.** [free space] dégagement *m*.

clearance sale noun soldes *mpl*.

clear-cut adj net (nette).

cleared cheque noun UK chèque *m* compensé.

clear-headed [-'hedɪd] adj lucide.

clearing ['klɪərɪŋ] noun [in wood] clairière *f*.

clearing house noun **1.** [organization] bureau *m* central **2.** [bank] chambre *f* de compensation.

clearing-up noun **1.** [of house] remise *f* en ordre **2.** [after earthquake, bombing] déblaiement *m*.

clearly ['klɪəlɪ] adv **1.** [distinctly, lucidly] clairement **2.** [obviously] manifestement.

clearout ['klɪəraʊt] noun UK *inf* (grand) nettoyage *m*.

clear-sighted adj qui voit juste.

cleavage ['kli:vɪdʒ] noun **1.** [between breasts] décolleté *m* **2.** [division] division *f*.

cleaver ['kli:vəʳ] noun couperet *m*.

clef [klef] noun clef *f*.

cleft [kleft] noun fente *f*.

cleft palate noun fente *f* de la voûte du palais.

clemency ['klemənsɪ] noun clémence *f*.

clementine ['kleməntaɪn] noun clémentine *f*.

clench [klentʃ] vt serrer.

clergy ['klɜ:dʒɪ] pl n ▸ **the clergy** le clergé.

clergyman ['klɜ:dʒɪmən] (*pl* **-men**) noun membre *m* du clergé.

cleric ['klerɪk] noun membre *m* du clergé.

clerical ['klerɪkl] adj **1.** ADMIN de bureau **2.** RELIG clérical(e).

clerk [UK klɑ:k, US klɜ:rk] noun **1.** [in office] employé *m*, -e *f* de bureau **2.** LAW clerc *mf* **3.** US [shop assistant] vendeur *m*, -euse *f*.

clever ['klevəʳ] adj **1.** [intelligent - person] intelligent(e) ; [- idea] ingénieux(euse) **2.** [skilful] habile, adroit(e).

cleverly ['klevəlɪ] adv **1.** [intelligently] intelligemment **2.** [skilfully] habilement.

cleverness ['klevənɪs] noun **1.** [intelligence] intelligence *f* **2.** [skill] habileté *f*.

cliché ['kli:ʃeɪ] noun cliché *m*.

clichéd [UK 'kli:ʃeɪd, US kli:'ʃeɪd] adj banal(e) / *a clichéd phrase* un cliché, une banalité, un lieu commun.

click [klɪk] ❖ noun **1.** [of lock] déclic *m* ; [of tongue, heels] claquement *m* **2.** COMPUT clic *m*. ❖ vt **1.** faire claquer **2.** COMPUT cliquer / *to click on* cliquer sur. ❖ vi **1.** [heels] claquer ; [camera] faire un déclic **2.** *inf* & *fig* [become clear] : *it clicked* cela a fait tilt **3.** COMPUT cliquer.

click-through adj ▸ **click-through licence** OR **agreement** contrat *m* de licence en ligne ▸ **click-through rate** taux *m* de clics.

client ['klaɪənt] noun client *m*, -e *f*.

clientele [ˌkli:ən'tel] noun clientèle *f*.

client list noun liste *f* de clients.

cliff [klɪf] noun falaise *f*.

cliffhanger ['klɪfˌhæŋəʳ] noun *inf* situation *f* à suspense.

climactic [klaɪ'mæktɪk] adj [point] culminant(e).

climate ['klaɪmɪt] noun climat *m*.

climate change noun changement *m* climatique.

climate control noun US AUTO climatiseur *m*.

climatic [klaɪ'mætɪk] adj climatique.

climatologist [ˌklaɪmə'tɒlədʒɪst] noun climatologue *mf*.

climax ['klaɪmæks] noun [culmination] apogée *m*.

climb [klaɪm] ❖ noun ascension *f*, montée *f*. ❖ vt **1.** [tree, rope] monter à ; [stairs] monter ; [wall, hill] escalader **2.** PHR **to climb the walls** *inf* [be bored, anxious] grimper aux rideaux. ❖ vi **1.** [person] monter, grimper / *they climbed over the fence* ils passèrent par-dessus la barrière **2.** [plant] grimper ; [road] monter ; [plane] prendre de l'altitude **3.** [increase] augmenter. ◆ **climb down** vi *fig* reconnaître qu'on a tort.

climb-down noun UK reculade *f*.

climber ['klaɪməʳ] noun **1.** [person] alpiniste *mf*, grimpeur *m*, -euse *f* **2.** [plant] plante *f* grimpante.

climbing ['klaɪmɪŋ] noun [rock climbing] escalade *f* ; [mountain climbing] alpinisme *m*.

climbing frame noun UK cage *f* à poules.

clinch [klɪntʃ] vt [deal] conclure.

cling [klɪŋ] (*pt & pp* **clung**) vi **1.** [hold tightly] ▸ **to cling (to)** s'accrocher (à), se cramponner (à) **2.** [clothes] ▸ **to cling (to)** coller (à).

clingfilm ['klɪŋfɪlm] noun UK film *m* alimentaire transparent.

clingy ['klɪŋɪ] (*compar* **-ier**, *superl* **-iest**) adj [clothing] moulant(e) ; *pej* [person] importun(e).

clinic ['klɪnɪk] noun [building] centre *m* médical, clinique *f*.

clinical ['klɪnɪkl] adj **1.** MED clinique **2.** *fig* [attitude] froid(e).

clinically ['klɪnɪklɪ] adv MED cliniquement.

clink [klɪŋk] ❖ noun cliquetis *m*. ❖ vi tinter.

clip [klɪp] ❖ noun **1.** [for paper] trombone *m* ; [for hair] pince *f* ; [of earring] clip *m* ; TECH collier *m* **2.** [excerpt] extrait *m*. ❖ vt (*pt & pp* **-ped**, *cont* **-ping**) **1.** [fasten] attacher **2.** [nails] couper ; [hedge] tailler ; [newspaper cutting] découper **3.** *inf* [hit] ▸ **to clip sb round the ear** flanquer une gifle à qqn.

clipboard ['klɪpbɔ:d] noun écritoire *f* à pince.

clip-on adj [badge] à pince ▸ **clip-on earrings** clips *mpl*.

clipped [klɪpt] adj [voice] saccadé(e).

clippers ['klɪpəz] pl n [for hair] tondeuse *f* ; [for nails] pince *f* à ongles ; [for hedge] cisaille *f* à haie ; [for pruning] sécateur *m*.

clipping ['klɪpɪŋ] noun US [from newspaper] coupure *f*.

clique [kli:k] noun clique *f*.

cliquey ['kli:kɪ], **cliquish** ['kli:kɪʃ] adj *pej* exclusif(ive), qui a l'esprit de clan.

cloak [kləʊk] ❖ noun **1.** [garment] cape *f* **2.** *fig* [for secret] couverture *f*. ❖ vt ▸ **to be cloaked in** être entouré(e) de.

cloak-and-dagger adj ▸ **a cloak-and-dagger story** un roman d'espionnage.

cloakroom ['kləʊkrʊm] noun **1.** [for clothes] vestiaire *m* ▸ **cloakroom attendant** préposé *m*, -e *f* au vestiaire **2.** UK [toilets] toilettes *fpl*.

clobber ['klɒbəʳ] *inf* ❖ noun *(U)* UK **1.** [belongings] affaires *fpl* **2.** [clothes] vêtements *mpl*. ❖ vt [hit] frapper, tabasser.

clock [klɒk] noun **1.** [large] horloge *f* ; [small] pendule *f* ▸ **(a)round the clock** [work, be open] 24 heures sur 24 ▸ **to put the clock back a)** retarder l'horloge **b)** *fig* revenir en arrière ▸ **to put the clock forward** avancer l'horloge **2.** AUTO [mileometer] compteur *m*. ◆ **clock in, clock on** vi [at work] pointer *(à l'arrivée)*. ◆ **clock off, clock out** vi [at work] pointer *(à la sortie)*. ◆ **clock up** vt insep [miles] faire, avaler.

clockface ['klɒkfeɪs] noun cadran *m*.

clockwise ['klɒkwaɪz] adj & adv dans le sens des aiguilles d'une montre.

clockwork ['klɒkwɜ:k] ❖ noun ▸ **to go like clockwork** *fig* aller OR marcher comme sur des roulettes. ❖ comp [toy] mécanique.

clod [klɒd] noun [of earth] motte *f*.

clog [klɒg] (*pt & pp* **-ged**, *cont* **-ging**) vt boucher. ◆ **clogs** pl n sabots *mpl*. ◆ **clog up** ❖ vt sep boucher. ❖ vi se boucher.

cloister ['klɔɪstəʳ] noun [passage] cloître *m*.

cloistered ['klɔɪstəd] adj cloîtré(e).

clone [kləʊn] ❖ noun [gen & COMPUT] clone *m*. ❖ vt cloner.

cloning ['kləʊnɪŋ] noun clonage *m*.

close¹ [kləʊs] ❖ adj **1.** [near] : *the library is close to the school* la bibliothèque est près de l'école / *we are close to an agreement* nous sommes presque arrivés à un accord / *close to tears* au bord des larmes / *they're very close in age* ils ont presque le même âge ▸ **a close friend** un ami intime (une amie intime) / *a close relative* un parent proche ▸ **close up, close to** de près ▸ **close by, close at hand** tout près ▸ **that was a close shave** OR **thing** OR **call** on l'a échappé belle **2.** [link, resemblance] fort(e) ; [cooperation, connection] étroit(e) / *they stay in close contact* ils restent en contact en permanence **3.** [questioning] serré(e) ; [examination] minutieux(euse) ▸ **to keep a close watch on sb / sthg** surveiller qqn / qqch de près ▸ **to pay close attention** faire très attention ▸ **to have a close look at sb / sthg** regarder qqn / qqch de près **4.** UK [weather] lourd(e) ; [air in room] renfermé(e) **5.** [result, contest, race] serré(e). ❖ adv ▸ **close (to)** près (de) / *I live close to the river* j'habite près de la rivière / *she lives close by* elle habite tout près ▸ **to come closer (together)** se rapprocher / *don't come too close* n'approche pas OR ne t'approche pas trop / *did you win? — no, we didn't even come close* avez-vous gagné ? — non, loin de là. ❖ noun [street] cul-de-sac *m*. ◆ **close on, close to** prep [almost] près de.

close² [kləʊz] ❖ vt **1.** [gen] fermer ▸ **to close one's eyes (to something)** fermer les yeux (sur qqch) **2.** [end] clore / *the subject is now closed* l'affaire est close **3.** COMPUT fermer / *to close (a window)* fermer (une fenêtre) / *to close (an application)* quitter (une application). ❖ vi **1.** [shop, bank] fermer ; [door, lid] (se) fermer / *this window doesn't close properly* cette fenêtre ne ferme pas bien OR ferme mal / *the door closed quietly behind them* la porte s'est refermée sans bruit derrière eux **2.** [end] se terminer, finir **3.** FIN : *the share index closed two points down* l'indice (boursier) a clôturé en baisse de deux points. ❖ noun fin *f* ▸ **to bring sthg to a close** mettre fin à qqch / *the year drew to a close* l'année s'acheva. ◆ **close down** vt sep & vi fermer. ◆ **close in** vi [night, fog] descendre ; [person] ▸ **to close in (on)** approcher OR se rapprocher (de). ◆ **close off** vt insep [road] barrer / *the area was closed off to the public* le quartier était fermé au public.

close-cropped [ˌkləʊs-] adj ras(e).

closed [kləʊzd] adj fermé(e).

closed circuit television noun télévision *f* en circuit fermé.

closed shop noun *entreprise dans laquelle le monopole d'embauche est pratiqué*.

close-knit [ˌkləʊs-] adj (très) uni(e).

closely ['kləʊslɪ] adv [listen, examine, watch] de près ; [resemble] beaucoup ▸ **to be closely related to** OR **with** être proche parent de ▸ **to work closely with sb** travailler en étroite collaboration avec qqn.

closeness ['kləʊsnɪs] noun **1.** [nearness] proximité *f* **2.** [intimacy] intimité *f*.

close-range [kləʊs-] adj à courte portée.

close-run ['kləʊs-] adj = **close¹**

closet ['klɒzɪt] ❖ noun US [cupboard] placard *m*. ❖ adj *inf* non avoué(e). ❖ vt ▸ **to be closeted with sb** être enfermé(e) avec qqn.

close-up ['kləʊs-] noun gros plan *m*.

closing ['kləʊzɪŋ] adj [stages, remarks] final(e) ; [speech] de clôture.

closing-down sale, closing-out sale US noun liquidation *f*.

closing time ['kləʊzɪŋ-] noun heure *f* de fermeture.

closure ['kləʊʒəʳ] noun **1.** fermeture *f* **2.** [after personal tragedy] ▸ **to get closure** tourner la page.

clot [klɒt] ❖ noun **1.** [of blood, milk] caillot *m* **2.** UK *inf* [fool] empoté *m*, -e *f*. ❖ vi (*pt & pp* **-ted**, *cont* **-ting**) [blood] coaguler.

cloth [klɒθ] noun **1.** *(U)* [fabric] tissu *m* **2.** [duster] chiffon *m* ; [for drying] torchon *m*.

clothe [kləʊð] vt *fml* [dress] habiller ▸ **clothed in** habillé(e) de.

clothes [kləʊðz] pl n vêtements *mpl*, habits *mpl* ▸ **to put one's clothes on** s'habiller ▸ **to take one's clothes off** se déshabiller.

clothes hanger noun cintre *m*.

clotheshorse ['kləʊðzhɔ:s] noun séchoir *m* à linge.

clothes peg UK, **clothespin** US ['kləʊðzpɪn] noun pince *f* à linge.

clothes rack noun US portant *m* à vêtements.

clothing ['kləʊðɪŋ] noun *(U)* vêtements *mpl*, habits *mpl*.

clotted cream ['klɒtɪd-] noun UK *crème épaisse, spécialité de la Cornouailles*.

cloud [klaʊd] ❖ noun nuage *m* ▸ **to be under a cloud** être mal vu. ❖ vt **1.** [mirror] embuer **2.** *fig* [memory, happiness] gâcher ▸ **to cloud the issue** brouiller les cartes. ◆ **cloud over** vi **1.** [sky] se couvrir **2.** [face] s'assombrir.

cloudburst ['klaʊdbɜ:st] noun trombe *f* d'eau.

cloud-cuckoo-land noun UK *inf* : *they are living in cloud-cuckoo-land* ils n'ont pas les pieds sur terre.

cloudless ['klaʊdlɪs] adj sans nuages.

cloudy ['klaʊdɪ] (*compar* **-ier**, *superl* **-iest**) adj **1.** [sky, day] nuageux(euse) **2.** [liquid] trouble.

clout [klaʊt] *inf* ✧ noun **1.** [blow] coup *m* **2.** *(U)* [influence] poids *m*, influence *f*. ✧ vt donner un coup à.

clove [kləʊv] noun ▸ **a clove of garlic** une gousse d'ail. ◆ **cloves** pl n [spice] clous *mpl* de girofle.

clover ['kləʊvər] noun trèfle *m*.

clown [klaʊn] ✧ noun **1.** [performer] clown *mf* **2.** [fool] pitre *m*. ✧ vi faire le pitre.

cloying ['klɔɪɪŋ] adj **1.** [smell] écœurant(e) **2.** [sentimentality] à l'eau de rose.

club [klʌb] ✧ noun **1.** [organization, place] club *m* **2.** [weapon] massue *f* **3.** ▸ **(golf) club** club *m* **4.** [playing card] trèfle *m*. ✧ comp [member, fees] du club. ✧ vt (*pt & pp* **-bed**, *cont* **-bing**) matraquer. ◆ **clubs** pl n [playing cards] trèfle *m* / *the six of clubs* le six de trèfle. ◆ **club together** vi se cotiser.

clubbing ['klʌbɪŋ] noun sorties *fpl* en boîte, clubbing *m* / *she loves clubbing* elle adore sortir en boîte ▸ **to go clubbing** sortir en boîte.

club class noun classe *f* club.

clubhouse ['klʌbhaʊs] (*pl* [-haʊzɪz]) noun club *m*, pavillon *m*.

club sandwich noun sandwich *m* mixte *(à trois étages)*.

cluck [klʌk] vi glousser.

clue [klu:] noun **1.** [in crime] indice *m* / *I haven't (got) a clue (about)* je n'ai aucune idée (sur) **2.** [answer] ▸ **the clue to sthg** la solution de qqch **3.** [in crossword] définition *f*.

clued-up [klu:d-] adj UK *inf* calé(e).

clueless ['klu:lɪs] adj *inf* qui n'a aucune idée.

clump [klʌmp] ✧ noun **1.** [of trees, bushes] massif *m*, bouquet *m* **2.** [sound] bruit *m* sourd. ✧ vi ▸ **to clump about** marcher d'un pas lourd.

clumsiness ['klʌmzɪnɪs] noun **1.** [lack of coordination] maladresse *f*, gaucherie *f* **2.** [awkwardness - of tool] caractère *m* peu pratique ; [- of design] lourdeur *f* **3.** [tactlessness] gaucherie *f*, manque *m* de tact.

clumsy ['klʌmzɪ] (*compar* **-ier**, *superl* **-iest**) adj **1.** [ungraceful] maladroit(e), gauche **2.** [awkward - tool, object] peu pratique ; [- design] lourd(e) **3.** [tactless] gauche, sans tact.

clung [klʌŋ] pt & pp ⟶ **cling**.

clunk [klʌŋk] ✧ noun [sound] bruit *m* sourd. ✧ vi faire un bruit sourd.

clunky ['klʌŋkɪ] adj [shoes] gros (grosse) ; [furniture] encombrant(e) ; [user interface] lourd(e).

cluster ['klʌstər] ✧ noun [group] groupe *m*. ✧ vi [people] se rassembler ; [buildings] être regroupé(e).

cluster bomb noun bombe *f* à fragmentation.

clutch [klʌtʃ] ✧ noun AUTO embrayage *m*. ✧ vt agripper. ✧ vi ▸ **to clutch at** s'agripper à. ◆ **clutches** pl n ▸ **in the clutches of** dans les griffes de.

clutch bag noun pochette *f*.

clutter ['klʌtər] ✧ noun désordre *m* ▸ **in a clutter** en désordre. ✧ vt mettre en désordre.

cluttered ['klʌtəd] adj encombré(e).

cm (*abbr of* **centimetre**) noun cm.

CND (*abbr of* **Campaign for Nuclear Disarmament**) noun *mouvement pour le désarmement nucléaire*.

co- [kəʊ] pref co-.

CO¹ noun **1.** *abbr of* **commanding officer** **2.** (*abbr of* **Commonwealth Office**) *secrétariat d'État au Commonwealth* **3.** *abbr of* **conscientious objector**.

CO² *abbr of* **Colorado**.

c/o (*abbr of* **care of**) a/s.

Co. **1.** (*abbr of* **Company**) Cie **2.** *abbr of* **County**.

coach [kəʊtʃ] ✧ noun **1.** UK [bus] car *m*, autocar *m* **2.** UK RAIL voiture *f* **3.** [horsedrawn] carrosse *m* **4.** SPORT entraîneur *m* **5.** [tutor] répétiteur *m*, -trice *f*. ✧ vt **1.** SPORT entraîner **2.** [tutor] donner des leçons (particulières) à.

coaching ['kəʊtʃɪŋ] noun *(U)* **1.** SPORT entraînement *m* **2.** [tutoring] leçons *fpl* particulières **3.** [for work, career] coaching *m*.

coachload ['kəʊtʃləʊd] noun : *a coachload of tourists* un autocar OR car plein de touristes.

coach party noun UK excursion *f* en autocar.

coach trip noun UK excursion *f* en autocar.

coagulate [kəʊ'ægjʊleɪt] vi coaguler.

coal [kəʊl] noun charbon *m*.

coalesce [ˌkəʊə'les] vi s'unir.

coalface ['kəʊlfeɪs] noun front *m* de taille ▸ **to work at the coalface** travailler sur le terrain.

coalfield ['kəʊlfi:ld] noun bassin *m* houiller.

coalition [ˌkəʊə'lɪʃn] noun coalition *f*.

coalition government noun POL gouvernement *m* de coalition.

coalman ['kəʊlmæn] (*pl* **-men**) noun UK charbonnier *m*.

coalmine ['kəʊlmaɪn] noun mine *f* de charbon.

coarse [kɔ:s] adj **1.** [rough - cloth] grossier(ère) ; [- hair] épais(aisse) ; [- skin] granuleux(euse) **2.** [vulgar] grossier(ère).

coarsen ['kɔ:sn] ✧ vt rendre grossier(ère). ✧ vi devenir grossier(ère).

coast [kəʊst] ✧ noun côte *f*. ✧ vi [in car, on bike] avancer en roue libre.

coastal ['kəʊstl] adj côtier(ère).

coaster ['kəʊstər] noun [small mat] dessous *m* de verre.

coastguard ['kəʊstgɑ:d] noun **1.** [person] garde-côte *m* **2.** [organization] ▸ **the coastguard** la gendarmerie maritime.

coastline ['kəʊstlaɪn] noun côte *f*.

coast-to-coast adj [walk, route, race] d'un bout du pays à l'autre ; [TV channel, network] national(e).

coat [kəʊt] ✧ noun **1.** [garment] manteau *m* **2.** [of animal] pelage *m* **3.** [layer] couche *f*. ✧ vt ▸ **to coat sthg (with)** **a)** recouvrir qqch (de) **b)** [with paint] enduire qqch (de)

c) [with flour, sugar] saupoudrer qqch (de) d) [with chocolate] enrober qqch (de).

-coated [kəʊtɪd] in compounds ▸ **plastic-coated** plastifié(e) ▸ **silver-coated** plaqué(e) argent.

coat hanger noun cintre *m*.

coating ['kəʊtɪŋ] noun couche *f* ; CULIN glaçage *m*.

coat of arms (*pl* **coats of arms**) noun blason *m*.

coauthor [kəʊ'ɔ:θəʳ] noun co-auteur *m*.

coax [kəʊks] vt ▸ **to coax sb (to do** OR **into doing sthg)** persuader qqn (de faire qqch) à force de cajoleries.

cob [kɒb] noun ⟶ **corn**.

cobalt ['kəʊbɔ:lt] noun cobalt *m*.

cobble ['kɒbl] ◆ **cobble together** vt sep [agreement, book] bricoler ; [speech] improviser.

cobbled ['kɒbld] adj pavé(e).

cobbler ['kɒbləʳ] noun cordonnier *m*, -ière *f*.

cobbles ['kɒblz], **cobblestones** ['kɒblstəʊnz] pl n pavés *mpl*.

Cobol ['kəʊbɒll] (*abbr of* **Common Business-Oriented Language**) noun COBOL *m*.

cobra ['kəʊbrə] noun cobra *m*.

cobweb ['kɒbweb] noun toile *f* d'araignée.

Coca-Cola® [,kəʊkə'kəʊlə] noun Coca-Cola® *m inv*.

cocaine [kəʊ'keɪn] noun cocaïne *f*.

cock [kɒk] ❖ noun **1.** [male chicken] coq *m* **2.** [male bird] mâle *m*. ❖ vt **1.** [gun] armer **2.** [head] incliner. ◆ **cock up** vt sep UK *v inf* faire merder.

cock-a-doodle-doo [,kɒkədu:dl'du:] noun & onomat cocorico.

cock-a-hoop adj UK *inf* ravi(e).

cock-and-bull story noun histoire *f* à dormir debout.

cockatoo [,kɒkə'tu:] (*pl* **-s**) noun cacatoès *m*.

cockerel ['kɒkrəl] noun jeune coq *m*.

cocker spaniel noun cocker *m*.

cockeyed ['kɒkaɪd] adj *inf* **1.** [lopsided] de travers **2.** [foolish] complètement fou (folle).

cockfight ['kɒfaɪt] noun combat *m* de coqs.

cockiness ['kɒkɪnɪs] noun impertinence *f*.

cockle ['kɒkl] noun [shellfish] coque *f*.

Cockney ['kɒknɪ] ❖ noun (*pl* **Cockneys**) **1.** [person] Cockney *mf (personne issue des quartiers populaires de l'est de Londres)* **2.** [dialect, accent] cockney *m*. ❖ comp cockney *(inv)*.

cockpit ['kɒkpɪt] noun [in plane] cockpit *m*.

cockroach ['kɒkrəʊtʃ] noun cafard *m*.

cocksure [,kɒk'ʃɔ:ʳ] adj trop sûr(e) de soi.

cocktail ['kɒkteɪl] noun cocktail *m*.

cocktail bar noun bar *m (dans un hôtel, un aéroport)*.

cocktail dress noun robe *f* de soirée.

cocktail lounge noun bar *m (dans un hôtel, un aéroport)*.

cocktail party noun cocktail *m (fête)*.

cocktail stick noun bâtonnet *m* à apéritif.

cock-up noun UK *v inf* ▸ **to make a cock-up** se planter.

cocky ['kɒkɪ] (*compar* **-ier**, *superl* **-iest**) adj *inf* suffisant(e).

cocoa ['kəʊkəʊ] noun cacao *m*.

coconut ['kəʊkənʌt] noun noix *f* de coco.

cocoon [kə'ku:n] ❖ noun *lit* & *fig* cocon *m*. ❖ vt *fig* [person] couver.

cocooned [kə'ku:nd] adj enfermé(e), cloîtré(e).

cod [kɒd] (*pl inv*) noun morue *f*.

COD *abbr of* **cash on delivery**, **collect on delivery**.

code [kəʊd] ❖ noun code *m*. ❖ vt coder.

coded ['kəʊdɪd] adj codé(e).

codeine ['kəʊdi:n] noun codéine *f*.

code name noun nom *m* de code.

codeword ['kəʊdwɜ:d] noun [password] mot *m* de passe ; [name] mot *m* codé.

cod-liver oil noun huile *f* de foie de morue.

codswallop ['kɒdz,wɒləp] noun *(U)* UK *inf* bêtises *fpl*.

co-ed [kəʊ'ed] ❖ adj *abbr of* **coeducational**. ❖ noun **1.** (*abbr of* **coeducational student**) *étudiante d'une université mixte américaine* **2.** (*abbr of* **coeducational school**) *école mixte britannique*.

coeducational [,kəʊedju:'keɪʃənl] adj mixte.

coefficient [,kəʊɪ'fɪʃnt] noun coefficient *m*.

coeliac UK, **celiac** US ['si:lɪæk] adj cœliaque ▸ **coeliac disease** maladie *f* cœliaque, intolérance *f* au gluten.

coerce [kəʊ'ɜ:s] vt ▸ **to coerce sb (into doing sthg)** contraindre qqn (à faire qqch).

coercion [kəʊ'ɜ:ʃn] noun coercition *f*.

coexist [,kəʊɪg'zɪst] vi coexister.

coexistence [,kəʊɪg'zɪstəns] noun coexistence *f*.

coexistent [,kəʊɪg'zɪstənt] adj coexistant(e).

C of E *abbr of* **Church of England**.

coffee ['kɒfɪ] noun café *m*.

coffee bean noun grain *m* de café.

coffee break noun pause-café *f*.

coffee cup noun tasse *f* à café.

coffee maker noun cafetière *f* électrique.

coffee morning noun UK *réunion matinale pour prendre le café*.

coffeepot ['kɒfɪpɒt] noun cafetière *f*.

coffee table noun table *f* basse.

coffers ['kɒfəz] pl n coffres *mpl*.

coffin ['kɒfɪn] noun cercueil *m*.

cog [kɒg] noun [tooth on wheel] dent *f* ; [wheel] roue *f* dentée ▸ **a cog in the machine** *fig* un simple rouage.

cogent ['kəʊdʒənt] adj convaincant(e).

cogitate ['kɒdʒɪteɪt] vi *fml* réfléchir.

cognac ['kɒnjæk] noun cognac *m*.

cognitive ['kɒgnɪtɪv] adj cognitif(ive).

cogwheel ['kɒgwi:l] noun roue *f* dentée.

cohabit [ˌkəʊ'hæbɪt] vi *fml* cohabiter.

cohabitation [ˌkəʊhæbɪ'teɪʃn] noun cohabitation *f*.

coherence [kəʊ'hɪərəns] noun **1.** [cohesion] adhérence *f* **2.** [logical consistency] cohérence *f*.

coherent [kəʊ'hɪərənt] adj cohérent(e).

coherently [kəʊ'hɪərəntlɪ] adv de façon cohérente.

cohesion [kəʊ'hi:ʒn] noun cohésion *f*.

cohesive [kəʊ'hi:sɪv] adj cohésif(ive).

co-host ❖ noun coprésentateur *m*, -trice *f*. ❖ vt coprésenter / *he co-hosted the Eurovision Song Contest* il a coprésenté le concours de l'Eurovision / *the Oscars were co-hosted by…* les Oscars ont été présentés par….

coil [kɔɪl] ❖ noun **1.** [of rope] rouleau *m* ; [one loop] boucle *f* **2.** ELEC bobine *f* **3.** UK [contraceptive device] stérilet *m*. ❖ vt enrouler. ❖ vi s'enrouler. ◆ **coil up** vt sep enrouler.

coin [kɔɪn] ❖ noun pièce *f* (de monnaie). ❖ vt [word] inventer ▸ **to coin a phrase** pour employer un lieu commun.

coinage ['kɔɪnɪdʒ] noun **1.** *(U)* [currency] monnaie *f* **2.** [new word] néologisme *m*.

coincide [ˌkəʊɪn'saɪd] vi coïncider.

coincidence [kəʊ'ɪnsɪdəns] noun coïncidence *f*.

coincidental [kəʊˌɪnsɪ'dentl] adj de coïncidence.

coincidentally [kəʊˌɪnsɪ'dentəlɪ] adv par hasard.

coin-operated [-'ɒpəˌreɪtɪd] adj automatique.

coitus ['kəʊɪtəs] noun coït *m*.

Coke® [kəʊk] noun Coca® *m*.

coke [kəʊk] noun **1.** [fuel] coke *m* **2.** *drugs sl* coco *f*, coke *f*.

cokehead ['kəʊkhed] noun *inf* ▸ **to be a cokehead** être accro à la coke.

Col. (*abbr of* **colonel**) Col.

cola ['kəʊlə] noun cola *m*.

colander ['kʌləndəʳ] noun passoire *f*.

cold [kəʊld] ❖ adj froid(e) / *it's cold* il fait froid ▸ **to be cold** avoir froid / *her hands are cold* elle a les mains froides ▸ **to get cold a)** [person] avoir froid **b)** [hot food] refroidir / *she was out cold* elle était sans connaissance. ❖ noun **1.** [illness] rhume *m* / *to have a cold* être enrhumé **2.** [low temperature] froid *m* / *come in out of the cold* entrez vous mettre au chaud.

> **froid OR froideur?**
>
> Le **froid** is used to talk about cold temperatures: **les mois de grand froid** *the coldest months*, while la **froideur** refers to the coldness of a person: **elle est d'une froideur glaciale** *she's an incredibly cold person*. The adjective **froid** refers to both.

cold-blooded [-'blʌdɪd] adj **1.** [animal] à sang-froid **2.** *fig* [killer] sans pitié ; [murder] de sang-froid.

cold calling noun [on phone] démarchage *m* téléphonique ; [at home] démarchage *m* à domicile.

cold feet pl n ▸ **to have OR get cold feet** *inf* avoir la trouille.

cold-hearted [-'hɑ:tɪd] adj insensible.

coldly ['kəʊldlɪ] adv froidement.

coldness ['kəʊldnɪs] noun froideur *f*.

cold shoulder noun ▸ **to give sb the cold shoulder** *inf* être froid(e) avec qqn.

cold sore noun bouton *m* de fièvre.

cold storage noun ▸ **to put sthg into cold storage** [food] mettre qqch en chambre froide.

cold sweat noun sueur *f* froide.

cold turkey noun *drugs sl* [drugs withdrawal] manque *m* ▸ **to go cold turkey a)** [stop taking drugs] arrêter de se droguer d'un seul coup **b)** [suffer withdrawal symptoms] être en manque.

cold war noun ▸ **the cold war** la guerre froide.

coleslaw ['kəʊlslɔ:] noun chou *m* cru mayonnaise.

colic ['kɒlɪk] noun colique *f*.

collaborate [kə'læbəreɪt] vi collaborer.

collaboration [kəˌlæbə'reɪʃn] noun collaboration *f*.

collaborative [kə'læbərətɪv] adj fait(e) en collaboration OR en commun.

collaborator [kə'læbəreɪtəʳ] noun collaborateur *m*, -trice *f*.

collage ['kɒlɑ:ʒ] noun collage *m*.

collagen ['kɒlədʒən] noun collagène *m*.

collapse [kə'læps] ❖ noun [gen] écroulement *m*, effondrement *m* ; [of marriage] échec *m*. ❖ vi **1.** [building, person] s'effondrer, s'écrouler ; [marriage] échouer **2.** [fold up] être pliant(e).

collapsible [kə'læpsəbl] adj pliant(e).

collar ['kɒləʳ] ❖ noun **1.** [on clothes] col *m* **2.** [for dog] collier *m* **3.** TECH collier *m*, bague *f*. ❖ vt *inf* [detain] coincer.

collarbone ['kɒləbəʊn] noun clavicule *f*.

collate [kə'leɪt] vt collationner.

collateral [kɒ'lætərəl] noun *(U)* nantissement *m*.

colleague ['kɒli:g] noun collègue *mf*.

collect [kə'lekt] ❖ vt **1.** [gather together - gen] rassembler, recueillir ; [- wood] ramasser ▸ **to collect o.s.** se reprendre **2.** [as a hobby] collectionner **3.** [go to get] aller chercher, passer prendre **4.** [money] recueillir ; [taxes] percevoir / *to collect an order* COMM retirer une commande ▸ **collect on delivery** US paiement à la livraison. ❖ vi **1.** [crowd, people] se rassembler **2.** [dust, leaves, dirt] s'amasser, s'accumuler **3.** [for charity, gift] faire la quête. ❖ adv US TELEC ▸ **to call (sb) collect** téléphoner (à qqn) en PCV. ❖ adj US : *a collect call* un (appel en) PCV. ◆ **collect up** vt sep ramasser.

collectable [kə'lektəbl] ❖ adj prisé(e) (par les collectionneurs). ❖ noun objet *m* prisé par les collectionneurs.

collected [kə'lektɪd] adj **1.** [calm] posé(e), maître (maîtresse) de soi **2.** LITER ▸ **collected works** œuvres *fpl* complètes.

collection [kə'lekʃn] noun **1.** [of objects] collection *f* **2.** LITER recueil *m* **3.** [of rubbish] ramassage *m* ; [of taxes] perception *f* **4.** [of money] quête *f* **5.** [of mail] levée *f*.

collective [kə'lektɪv] ❖ adj collectif(ive). ❖ noun coopérative *f*.

collective bargaining noun *(U) négociations de convention collective*.

collectively [kə'lektɪvlɪ] adv collectivement.

collector [kə'lektər] noun **1.** [as a hobby] collectionneur *m*, -euse *f* **2.** [of debts, rent] encaisseur *m* ▸ **collector of taxes** percepteur *m*.

collector's item noun pièce *f* de collection.

college ['kɒlɪdʒ] noun **1.** [gen] ≃ école *f* d'enseignement (technique) supérieur **2.** [of university] *maison communautaire d'étudiants sur un campus universitaire*.

collide [kə'laɪd] vi ▸ **to collide (with)** entrer en collision (avec).

collie ['kɒlɪ] noun colley *m*.

colliery ['kɒljərɪ] (*pl* **-ies**) noun UK mine *f*.

collision [kə'lɪʒn] noun **1.** [crash] ▸ **collision (with / between)** collision *f* (avec / entre) ▸ **to be on a collision course (with)** *fig* aller au-devant de l'affrontement (avec) **2.** *fig* [conflict] conflit *m*.

colloquial [kə'ləʊkwɪəl] adj familier(ère).

colloquialism [kə'ləʊkwɪəlɪzm] noun expression *f* familière.

collude [kə'lu:d] vi ▸ **to collude with sb** comploter avec qqn.

collusion [kə'lu:ʒn] noun ▸ **in collusion with** de connivence avec.

cologne [kə'ləʊn] noun eau *f* de cologne.

Colombia [kə'lɒmbɪə] noun Colombie *f* ▸ **in Colombia** en Colombie.

Colombian [kə'lɒmbɪən] ❖ adj colombien(enne). ❖ noun Colombien *m*, -enne *f*.

colon ['kəʊlən] noun **1.** ANAT côlon *m* **2.** [punctuation mark] deux-points *m inv*.

colonel ['kɜ:nl] noun colonel *m*.

colonial [kə'ləʊnjəl] adj colonial(e).

colonialism [kə'ləʊnjəlɪzm] noun colonialisme *m*.

colonist ['kɒlənɪst] noun colon *m*.

colonize, **colonise** UK ['kɒlənaɪz] vt coloniser.

colonnade [,kɒlə'neɪd] noun colonnade *f*.

colony ['kɒlənɪ] (*pl* **-ies**) noun colonie *f*.

color US = **colour**.

colossal [kə'lɒsl] adj colossal(e).

colour UK, **color** US ['kʌlər] ❖ noun couleur *f* ▸ **in colour** en couleur. ❖ adj en couleur. ❖ vt **1.** [food, liquid] colorer ; [with pen, crayon] colorier **2.** [dye] teindre **3.** *fig* [judgment] fausser. ❖ vi rougir. ◆ **colours** pl n [flag, of team] couleurs *fpl*. ◆ **colour in** vt sep colorier.

colour-blind UK, **color-blind** US adj *lit* daltonien(enne) ; *fig* qui ne fait pas de discrimination raciale.

colour-coded UK, **color-coded** US adj codé(e) par couleur.

coloured UK, **colored** US ['kʌləd] adj de couleur / *brightly coloured* de couleur vive.

-coloured UK, **-colored** US suffix (de) couleur… / *rust-coloured* couleur de rouille.

colourfast UK, **colorfast** US ['kʌləfɑ:st] adj grand teint *(inv)*.

colourful UK, **colorful** US ['kʌləfʊl] adj **1.** [gen] coloré(e) **2.** [person, area] haut(e) en couleur.

colouring UK, **coloring** US ['kʌlərɪŋ] noun **1.** [dye] colorant *m* **2.** *(U)* [complexion] teint *m*.

colourless UK, **colorless** US ['kʌləlɪs] adj **1.** [not coloured] sans couleur, incolore **2.** *fig* [uninteresting] terne.

colour scheme UK, **color scheme** US noun combinaison *f* de couleurs.

colour supplement noun UK supplément *m* illustré.

colt [kəʊlt] noun [young horse] poulain *m*.

column ['kɒləm] noun **1.** [gen] colonne *f* **2.** PRESS [article] rubrique *f*.

columnist ['kɒləmnɪst] noun chroniqueur *m*.

.com ['dɒtkɒm] COMPUT *abréviation désignant les entreprises commerciales dans les adresses électroniques*.

coma ['kəʊmə] noun coma *m*.

comatose ['kəʊmətəʊs] adj comateux(euse).

comb [kəʊm] ❖ noun [for hair] peigne *m*. ❖ vt **1.** [hair] peigner **2.** [search] ratisser.

combat ['kɒmbæt] ❖ noun combat *m*. ❖ vt combattre.

combats, **combat trousers** pl n pantalon *m* treillis.

combination [,kɒmbɪ'neɪʃn] noun combinaison *f*.

combination lock noun serrure *f* à combinaison.

combine ❖ vt [kəm'baɪn] [gen] rassembler ; [pieces] combiner ▸ **to combine sthg with sthg** a) [two substances] mélanger qqch avec OR à qqch b) *fig* allier qqch à qqch. ❖ vi [kəm'baɪn] COMM & POL ▸ **to combine (with)** fusionner (avec). ❖ noun ['kɒmbaɪn] **1.** [group] cartel *m* **2.** ⟶ **combine harvester**.

combined [kəm'baɪnd] adj combiné(e), conjugué(e) / *a combined effort* un effort conjugué ; MIL : *combined forces* forces alliées / *combined operation* a) [by several nations] opération alliée b) [by forces of one nation] opération interarmées.

combine harvester ['kɒmbaɪn-] noun moissonneuse-batteuse *f*.

combustible [kəm'bʌstəbl] adj combustible.

combustion [kəm'bʌstʃn] noun combustion *f.*

come [kʌm] (*pt* **came**, *pp* **come**) vi **1.** [move] venir ; [arrive] arriver, venir / *come here* venez ici ▸ **coming!** j'arrive ! / *come with me* **a)** [accompany] venez avec moi, accompagnez-moi **b)** [follow] suivez-moi / *would you like to come for lunch / dinner?* voulez-vous venir déjeuner / dîner ? / *I've got people coming* **a)** [short stay] j'ai des invités **b)** [long stay] il y a des gens qui viennent / *to come in time / late* arriver à temps / en retard / *the news came as a shock* la nouvelle m'a / lui a etc. fait un choc ▸ **the time has come** le moment est venu / *fashions come and go* la mode change tout le temps / *the computer industry has come a very long way since then* l'informatique a fait énormément de progrès depuis ce temps-là ▸ **to come running** arriver en courant ▸ **he doesn't know whether he's coming or going** il ne sait plus où il en est **2.** [reach] ▸ **to come up to** arriver à, monter jusqu'à / *the water came up to my knees* l'eau m'arrivait aux genoux ▸ **to come down to** descendre OR tomber jusqu'à / *her hair comes (down) to her waist* ses cheveux lui arrivent à la taille **3.** [happen] arriver, se produire / *such an opportunity only comes once in your life* une telle occasion ne se présente qu'une fois dans la vie / *take life as it comes* prenez la vie comme elle vient ▸ **come what may** quoi qu'il arrive / *how did you come to fail your exam?* comment as-tu fait pour échouer à ton examen ? **4.** [become] ▸ **to come undone** se défaire ▸ **to come unstuck** se décoller **5.** [begin gradually] ▸ **to come to do sthg** en arriver à OR en venir à faire qqch / *we have come to expect this kind of thing* nous nous attendons à ce genre de chose maintenant / *(now that I) come to think of it* maintenant que j'y songe, réflexion faite **6.** [be placed in order] venir, être placé(e) ▸ **P comes before Q** P vient avant Q, P précède Q / *who came first?* qui a été placé premier ? / *she came second in the exam* elle était deuxième à l'examen / *that speech comes in Act 3 / on page 10* on trouve ce discours dans l'acte 3 / à la page 10 **7.** [exist] exister / *this table comes in two sizes* cette table existe OR se fait en deux dimensions / *a house doesn't come cheap* une maison coûte OR revient cher ▸ **he's as silly as they come** il est sot comme pas un **8.** *v inf* [sexually] jouir. ◆ **to come** adv à venir ▸ **in (the) days / years to come** dans les jours / années à venir. ◆ **come about** vi [happen] arriver, se produire. ◆ **come across** ❖ vt insep tomber sur, trouver par hasard. ❖ vi [speaker, message] faire de l'effet / *you don't come across very well* tu présentes mal ▸ **to come across as being sincere** donner l'impression d'être sincère. ◆ **come along** vi **1.** [arrive by chance] arriver **2.** [improve - work] avancer ; [- student] faire des progrès / *the project is coming along nicely* le projet avance bien **3.** PHR **come along!** *dated* **a)** [expressing encouragement] allez ! **b)** [hurry up] allez, dépêche-toi ! ◆ **come apart** vi **1.** [fall to pieces] tomber en morceaux **2.** [come off] se détacher. ◆ **come around, come round** UK vi **1.** [change opinion] changer d'avis **2.** [regain consciousness] reprendre connaissance, revenir à soi **3.** [happen] venir, revenir / *when the championships / elections come around* au moment des championnats / élections. ◆ **come at** vt insep [attack] attaquer. ◆ **come across** vt insep tomber sur, trouver par hasard. ◆ **come back** vi **1.** [in talk, writing] ▸ **to come back to sthg** revenir à qqch **2.** [memory] ▸ **to come back (to sb)** revenir (à qqn) **3.** [become fashionable again] redevenir à la mode. ◆ **come by** vt insep **1.** [get, obtain] trouver, dénicher **2.** US [visit, drop in on] : *they came by the house* ils sont passés à la maison. ◆ **come down** vi **1.** [decrease] baisser **2.** [descend] descendre. ◆ **come down to** vt insep se résumer à, se réduire à. ◆ **come down with** vt insep [cold, flu] attraper. ◆ **come forward** vi se présenter. ◆ **come from** vt insep venir de. ◆ **come in** vi **1.** [enter] entrer / *come in!* entrez ! **2.** [arrive, be received] arriver **3.** [be involved] jouer un rôle / *I don't see where I come in* je ne vois pas quel rôle je vais jouer. ◆ **come in for** vt insep [criticism] être l'objet de. ◆ **come into** vt insep **1.** [inherit] hériter de **2.** [begin to be] ▸ **to come into being** prendre naissance, voir le jour ▸ **to come into sight** apparaître. ◆ **come of** vt insep [result from] résulter de. ◆ **come off** vi **1.** [button, label] se détacher ; [stain] s'enlever **2.** [joke, attempt] réussir **3.** [person] ▸ **to come off well / badly** bien / mal s'en tirer **4.** PHR **come off it!** *inf* et puis quoi encore !, non mais sans blague ! ◆ **come on** vi **1.** [start] commencer, apparaître **2.** [start working - light, heating] s'allumer **3.** [progress, improve] avancer, faire des progrès **4.** PHR **come on!** **a)** [expressing encouragement] allez ! **b)** [hurry up] allez, dépêche-toi ! **c)** [expressing disbelief] allons donc ! ◆ **come out** vi **1.** [exit] sortir / *would you like to come out with me tonight?* est-ce que tu veux sortir avec moi ce soir ? **2.** [become known] être découvert(e) **3.** [appear - product, book, film] sortir, paraître ; [- sun, moon, stars] paraître **4.** [in exam, race] finir, se classer **5.** [go on strike] faire grève **6.** [declare publicly] ▸ **to come out for / against sthg** se déclarer pour / contre qqch **7.** [photograph] réussir. ◆ **come over** ❖ vi [move towards speaker] venir / *do you want to come over this evening?* tu veux venir à la maison ce soir ? ❖ vt insep [subj: sensation, emotion] envahir / *I don't know what's come over her* je ne sais pas ce qui lui a pris. ◆ **come round** UK vi = **come around.** ◆ **come through** ❖ vt insep survivre à. ❖ vi **1.** [arrive] arriver **2.** [survive] s'en tirer. ◆ **come to** ❖ vt insep **1.** [reach] ▸ **to come to an end** se terminer, prendre fin ▸ **to come to power** arriver au pouvoir ▸ **to come to a decision** arriver à OR prendre une décision **2.** [concern] : *when it comes to physics, she's a genius* pour ce qui est de la physique, c'est un génie / *when it comes to paying...* quand il faut payer... **3.** [amount to] s'élever à. ❖ vi [regain consciousness] revenir à soi, reprendre connaissance. ◆ **come under** vt insep **1.** [be subjected to - authority, control] dépendre de ; [- influence] tomber sous, être soumis à / *the government is coming under pressure to lower taxes* le gouvernement subit des pressions visant à réduire les impôts ▸ **to come under attack (from)** être en butte aux attaques (de) **2.** [heading] se trouver sous. ◆ **come up** vi **1.** [be mentioned] survenir **2.** [be imminent] approcher **3.** [happen unexpectedly] se présenter **4.** [sun] se lever. ◆ **come up against** vt insep se heurter à. ◆ **come upon** vt insep [find] tomber sur. ◆ **come up to** vt insep **1.** [approach - in space] s'approcher de ; [- in time] / *we're coming up to Christmas* Noël approche **2.** [equal] répondre à. ◆ **come up with** vt insep [answer, idea] proposer.

comeback ['kʌmbæk] noun come-back *m* ▸ **to make a comeback** a) [fashion] revenir à la mode b) [actor] revenir à la scène.

comedian [kə'mi:djən] noun [comic] comique *m* ; THEAT comédien *m*.

comedienne [kə,mi:dɪ'en] noun [comic] actrice *f* comique ; THEAT comédienne *f*.

comedown ['kʌmdaʊn] noun *inf* : *it was a comedown for her* elle est tombée bien bas pour faire ça.

comedy ['kɒmədɪ] (*pl* **-ies**) noun comédie *f*.

come-on noun ▸ **to give sb the come-on** *inf* essayer d'aguicher qqn.

comet ['kɒmɪt] noun comète *f*.

come-uppance [,kʌm'ʌpəns] noun ▸ **to get one's come-uppance** *inf* recevoir ce qu'on mérite.

comfort ['kʌmfət] ❖ noun **1.** *(U)* [ease] confort *m* ▸ **that was too close for comfort** c'était moins cinq **2.** [luxury] commodité *f* **3.** [solace] réconfort *m*, consolation *f*. ❖ vt réconforter, consoler.

comfortable ['kʌmftəbl] adj **1.** [gen] confortable **2.** *fig* [person - at ease, financially] à l'aise **3.** [after operation, accident] : *he's comfortable* son état est stationnaire.

comfortably ['kʌmftəblɪ] adv **1.** [sit, sleep] confortablement **2.** [without financial difficulty] à l'aise ▸ **comfortably off** à l'aise **3.** [win] aisément.

comforter ['kʌmfətəʳ] noun **1.** [person] soutien *m* moral **2.** US [quilt] édredon *m* ; [duvet] couette *f*.

comforting ['kʌmfətɪŋ] adj [thought, words] réconfortant(e).

comfort zone noun : *to stay within one's comfort zone* rester en terrain connu / *to step out of one's comfort zone* prendre des risques.

comfy ['kʌmfɪ] (*compar* **-ier**, *superl* **-iest**) adj *inf* confortable.

comic ['kɒmɪk] ❖ adj comique, amusant(e). ❖ noun **1.** [comedian] comique *m*, actrice *f* comique **2.** [magazine] bande *f* dessinée. ◆ **comics** pl n US [in newspaper] bandes *fpl* dessinées.

comical ['kɒmɪkl] adj comique, drôle.

comic book noun magazine *m* de bandes dessinées.

comic strip noun bande *f* dessinée.

coming ['kʌmɪŋ] ❖ adj [future] à venir, futur(e). ❖ noun ▸ **comings and goings** allées et venues *fpl*.

coming of age noun majorité *f*.

coming out noun [of homosexual] coming-out *m* ; [d'une jeune fille] entrée *f* dans le monde.

comma ['kɒmə] noun virgule *f*.

command [kə'mɑ:nd] ❖ noun **1.** [order] ordre *m* / *they are at your command* ils sont à vos ordres **2.** *(U)* [control] commandement *m* / *who is in command here?* qui est-ce qui commande ici ? ▸ **in command of** a) MIL à la tête de b) *fig* en possession de **3.** [of language, subject] maîtrise *f* / *she has a good command of two foreign languages* elle possède bien deux langues étrangères ▸ **to have at one's command** a) [language] maîtriser b) [resources] avoir à sa disposition **4.** COMPUT commande *f* ▸ **command prompt** invite *f* de commande. ❖ vt **1.** [order] ▸ **to command sb to do sthg** ordonner OR commander à qqn de faire qqch / *she commanded that we leave immediately* elle nous a ordonné OR nous a donné l'ordre de partir immédiatement **2.** MIL [control] commander **3.** [deserve - respect] inspirer ; [- attention, high price] mériter.

commandant [,kɒmən'dænt] noun commandant *m*.

commandeer [,kɒmən'dɪəʳ] vt réquisitionner.

commander [kə'mɑ:ndəʳ] noun **1.** [in army] commandant *m* **2.** [in navy] capitaine *m* de frégate.

commander-in-chief (*pl* **commanders-in-chief**) noun commandant *m* en chef.

commanding [kə'mɑ:ndɪŋ] adj **1.** [lead, position] dominant(e) **2.** [voice, manner] impérieux(euse).

commanding officer noun commandant *m*.

commandment [kə'mɑ:ndmənt] noun RELIG commandement *m*.

commando [kə'mɑ:ndəʊ] (*pl* **-s** *or* **-es**) noun commando *m*.

commemorate [kə'meməreɪt] vt commémorer.

commemoration [kə,memə'reɪʃn] noun commémoration *f*.

commemorative [kə'memərətɪv] adj commémoratif(ive).

commence [kə'mens] *fml* ❖ vt commencer, entamer ▸ **to commence doing sthg** commencer à faire qqch. ❖ vi commencer.

commencement [kə'mensmənt] noun *fml* commencement *m*, début *m*.

commend [kə'mend] vt **1.** [praise] ▸ **to commend sb (on** OR **for)** féliciter qqn (de) **2.** [recommend] ▸ **to commend sthg (to sb)** recommander qqch (à qqn).

commendable [kə'mendəbl] adj louable.

commendation [,kɒmen'deɪʃn] noun ▸ **to get a commendation for sthg** être récompensé(e) pour qqch.

commensurate [kə'menʃərət] adj *fml* ▸ **commensurate with** correspondant(e) à.

comment ['kɒment] ❖ noun commentaire *m*, remarque *f* ▸ **no comment!** sans commentaire ! / *teacher's comments* SCH appréciations *fpl* du professeur. ❖ vt ▸ **to comment that** remarquer que. ❖ vi ▸ **to comment (on)** faire des commentaires OR remarques (sur) / *comment on the text* commentez le texte, faites le commentaire du texte.

commentary ['kɒməntrɪ] (*pl* **-ies**) noun commentaire *m*.

commentate ['kɒmənteɪt] vi RADIO & TV ▸ **to commentate (on)** faire un reportage (sur).

commentator ['kɒmənteɪtəʳ] noun commentateur *m*, -trice *f*.

commerce ['kɒmɜːs] noun *(U)* commerce *m*, affaires *fpl*.

commercial [kə'mɜːʃl] ❖ adj commercial(e). ❖ noun publicité *f*, spot *m* publicitaire.

commercial break noun publicités *fpl*.

commercialism [kə'mɜːʃəlɪzm] noun mercantilisme *m*.

commercialization, **commercialisation** UK [kəˌmɜːʃəlaɪ'zeɪʃn] noun commercialisation *f*.

commercialize, **commercialise** UK [kə'mɜːʃəlaɪz] vt commercialiser.

commercially [kə'mɜːʃəlɪ] adv commercialement.

commercial-use adj à usage commercial.

commie ['kɒmɪ] *inf* & *pej* ❖ adj coco. ❖ noun coco *mf*.

commiserate [kə'mɪzəreɪt] vi ▸ **to commiserate with sb** témoigner de la compassion pour qqn.

commiseration [kəˌmɪzə'reɪʃn] noun compassion *f*.

commission [kə'mɪʃn] ❖ noun **1.** [money, investigative body] commission *f* / ***commission of inquiry, fact-finding commission*** commission d'enquête **2.** [order for work] commande *f* / ***work done on commission*** travail fait sur commande. ❖ vt [work] commander ▸ **to commission sb to do sthg** charger qqn de faire qqch.

commissionaire [kəˌmɪʃə'neəʳ] noun UK portier *m* *(d'un hôtel, etc.)*.

commissioner [kə'mɪʃnəʳ] noun **1.** [in police] commissaire *mf* **2.** [commission member] membre *mf* d'une commission.

commit [kə'mɪt] *(pt & pp* **-ted**, *cont* **-ting**) ❖ vt **1.** [crime, sin] commettre ▸ **to commit suicide** se suicider **2.** [promise - money, resources] allouer ▸ **to commit o.s. (to sthg / to doing sthg)** s'engager (à qqch / à faire qqch) **3.** [consign] ▸ **to commit sb to prison** faire incarcérer qqn ▸ **to commit sthg to memory** apprendre qqch par cœur. ❖ vi : ***he finds it hard to commit*** il a du mal à s'engager dans une relation.

commitment [kə'mɪtmənt] noun **1.** *(U)* [dedication] engagement *m* **2.** [responsibility] obligation *f*.

committal [kə'mɪtl] noun **1.** [sending - gen] remise *f* ; [- to prison] incarcération *f*, emprisonnement *m* ; [- to mental hospital] internement *m* ; [- to grave] mise *f* en terre **2.** LAW ▸ **committal proceedings, committal for trial** ≃ mise *f* en accusation **3.** [of crime] perpétration *f*.

committed [kə'mɪtɪd] adj [writer, politician] engagé(e) ; [Christian] convaincu(e) / ***he's committed to his work*** il fait preuve d'engagement dans son travail.

committee [kə'mɪtɪ] noun commission *f*, comité *m*.

commode [kə'məʊd] noun [with chamber pot] chaise *f* percée.

commodity [kə'mɒdətɪ] *(pl* **-ies**) noun marchandise *f*.

commodity market noun ECON marché *m* des matières premières.

common ['kɒmən] ❖ adj **1.** [frequent] courant(e) / ***it's quite common*** c'est courant OR tout à fait banal / ***a common occurrence*** une chose fréquente OR qui arrive souvent / ***a common expression*** une expression courante / ***in common use*** d'usage courant **2.** [shared] ▸ **common (to)** commun(e) (à) / ***by common consent*** d'un commun accord **3.** [ordinary] banal(e) / ***the common people*** le peuple, les gens du commun ▸ **the common man** Monsieur *m* tout-le-monde **4.** UK *pej* [vulgar] vulgaire. ❖ noun [land] terrain *m* communal. ◆ **in common** adv en commun / ***to have sthg in common with sb*** avoir qqch en commun avec qqn / ***we have nothing in common*** nous n'avons rien en commun.

common cold noun rhume *m*.

common denominator noun *lit* & *fig* dénominateur *m* commun.

commoner ['kɒmənəʳ] noun roturier *m*, -ère *f*.

common factor noun facteur *m* commun.

common gateway interface noun COMPUT interface *f* commune de passerelle.

common good noun ▸ **for the common good** dans l'intérêt général.

common ground noun [in interests] intérêt *m* commun ; [for discussion] terrain *m* d'entente.

common knowledge noun ▸ **it is common knowledge that…** tout le monde sait que…, il est de notoriété publique que….

common law noun droit *m* coutumier. ◆ **common-law** adj ▸ **common-law wife** concubine *f*.

commonly ['kɒmənlɪ] adv [generally] d'une manière générale, généralement.

common-or-garden adj UK *inf* : ***the common-or-garden variety*** le modèle standard OR ordinaire.

commonplace ['kɒmənpleɪs] adj banal(e), ordinaire.

common room noun [staffroom] salle *f* des professeurs ; [for students] salle commune.

Commons ['kɒmənz] pl n UK ▸ **the Commons** les Communes *fpl*, la Chambre des Communes.

common sense noun *(U)* bon sens *m*.

Commonwealth ['kɒmənwelθ] noun ▸ **the Commonwealth** le Commonwealth.

The Commonwealth

Le British Commonwealth of Nations, fondé en 1931 et connu depuis 1949 sous le nom de Commonwealth, regroupe 53 États indépendants ainsi que plusieurs territoires britanniques tels que les Bermudes, les Malouines et Gibraltar. La plupart des États membres du Commonwealth sont d'anciennes possessions de l'Empire britannique.

commotion [kəˈməʊʃn] noun remue-ménage *m*.

communal [ˈkɒmjʊnl] adj [kitchen, garden] commun(e) ; [life] communautaire, collectif(ive).

commune ❖ noun [ˈkɒmju:n] communauté *f*. ❖ vi [kəˈmju:n] ▸ **to commune with** communier avec.

communicate [kəˈmju:nɪkeɪt] vt & vi communiquer.

communicating [kəˈmju:nɪkeɪtɪŋ] adj [rooms] communicant(e) ▸ **communicating door** porte *f* de communication.

communication [kəˌmju:nɪˈkeɪʃn] noun contact *m* ; TELEC communication *f* / *are you in communication with her?* êtes-vous en contact OR en relation avec elle ? / *to be good at communication, to have good communication skills* avoir des talents de communicateur, être un bon communicateur. ◆ **communications** pl n moyens *mpl* de communication.

communicative [kəˈmju:nɪkətɪv] adj [talkative] communicatif(ive).

communicator [kəˈmju:nɪkeɪtəʳ] noun ▸ **to be a good communicator** avoir le don de la communication ▸ **to be a bad communicator** avoir des difficultés de communication.

communion [kəˈmju:njən] noun communion *f*. ◆ **Communion** noun *(U)* RELIG communion *f*.

Communism [ˈkɒmjʊnɪzm] noun communisme *m*.

Communist [ˈkɒmjʊnɪst] ❖ adj communiste. ❖ noun communiste *mf*.

community [kəˈmju:nətɪ] (*pl* **-ies**) noun communauté *f* / *the business community* le monde des affaires / *the international community* la communauté internationale.

community care noun *système britannique d'assistance sociale au niveau local.*

community centre UK, **community center** US noun foyer *m* municipal.

community policing noun ≃ îlotage *m*.

community service noun *(U)* travail *m* d'intérêt général.

community spirit noun esprit *m* de groupe.

commute [kəˈmju:t] ❖ vt LAW commuer. ❖ vi [to work] *faire la navette pour se rendre à son travail.*

commuter [kəˈmju:təʳ] noun *personne qui fait tous les jours la navette de banlieue en ville pour se rendre à son travail.*

commuting [kəˈmju:tɪŋ] noun *(U)* trajets *mpl* réguliers, migrations *fpl* quotidiennes *(entre le domicile, généralement en banlieue, et le lieu de travail).*

compact ❖ adj [kəmˈpækt] compact(e). ❖ noun [ˈkɒmpækt] **1.** [for face powder] poudrier *m* **2.** US AUTO ▸ **compact (car)** petite voiture *f*. ❖ vt [kəmˈpækt] tasser, rendre compact.

compact disc noun compact *m* (disc *m*), disque *m* compact.

companion [kəmˈpænjən] noun [person] camarade *mf* ▸ **travelling** UK OR **traveling** US **companion** compagnon *m*, compagne *f* de voyage.

companionable [kəmˈpænjənəbl] adj sociable.

companionship [kəmˈpænjənʃɪp] noun compagnie *f*.

company [ˈkʌmpənɪ] (*pl* **-ies**) noun **1.** [COMM - gen] société *f* ; [- insurance, airline, shipping company] compagnie *f* / *Jones & Company* Jones et Compagnie **2.** [companionship] compagnie *f* / *we enjoy one another's company* nous aimons être ensemble / *she's good company* elle est d'agréable compagnie ▸ **to keep sb company** tenir compagnie à qqn ▸ **to part company (with)** se séparer (de) **3.** [of actors] troupe *f*.

company car noun voiture *f* de fonction.

company director noun directeur *m*, -trice *f*.

company secretary noun secrétaire général *m*, secrétaire générale *f*.

comparable [ˈkɒmprəbl] adj ▸ **comparable (to** OR **with)** comparable (à).

comparative [kəmˈpærətɪv] adj **1.** [relative] relatif(ive) **2.** [study, in grammar] comparatif(ive).

comparatively [kəmˈpærətɪvlɪ] adv [relatively] relativement.

compare [kəmˈpeəʳ] ❖ vt ▸ **to compare sb / sthg (with** OR **to)** comparer qqn / qqch (avec), comparer qqn / qqch (à) ▸ **compared with** OR **to** par rapport à. ❖ vi ▸ **to compare (with)** être comparable (à) ▸ **to compare favourably / unfavourably with** supporter / ne pas supporter la comparaison avec.

comparison [kəmˈpærɪsn] noun comparaison *f* ▸ **in comparison with** OR **to** en comparaison de, par rapport à.

compartment [kəmˈpɑ:tmənt] noun compartiment *m*.

compartmentalize, compartmentalise UK [ˌkɒmpɑ:tˈmentəlaɪz] vt compartimenter.

compass [ˈkʌmpəs] noun [magnetic] boussole *f*. ◆ **compasses** pl n ▸ **(a pair of) compasses** un compas.

compassion [kəmˈpæʃn] noun compassion *f*.

compassionate [kəmˈpæʃənət] adj compatissant(e).

compassionate leave noun [gen & MIL] permission *f* exceptionnelle *(pour raisons personnelles)*.

compatibility [kəmˌpætəˈbɪlətɪ] noun [gen & COMPUT] ▸ **compatibility (with)** compatibilité *f* (avec).

compatible [kəmˈpætəbl] adj [gen & COMPUT] ▸ **compatible (with)** compatible (avec).

compatriot [kəmˈpætrɪət] noun compatriote *mf*.

compel [kəmˈpel] (*pt & pp* **-led**, *cont* **-ling**) vt **1.** [force] ▸ **to compel sb (to do sthg)** contraindre OR obliger qqn (à faire qqch) **2.** [cause - sympathy, attention] susciter.

compelling [kəmˈpelɪŋ] adj [forceful] irrésistible.

compendium [kəmˈpendɪəm] (*pl* **-diums** *or* **-dia**) noun [book] abrégé *m*.

compensate [ˈkɒmpenseɪt] ❖ vt ▸ **to compensate sb for sthg** [financially] dédommager OR indemniser qqn de qqch. ❖ vi ▸ **to compensate for sthg** compenser qqch.

compensation [ˌkɒmpen'seɪʃn] noun **1.** [money] ▸ **compensation (for)** dédommagement *m* (pour) **2.** [way of compensating] ▸ **compensation (for)** compensation *f* (pour).

compere ['kɒmpeəʳ] UK ❖ noun animateur *m*, -trice *f*. ❖ vt présenter, animer.

compete [kəm'pi:t] vi **1.** [vie - people] ▸ **to compete with sb for sthg** disputer qqch à qqn ▸ **to compete for sthg** se disputer qqch **2.** COMM ▸ **to compete (with)** être en concurrence (avec) ▸ **to compete for sthg** se faire concurrence pour qqch / *we have to compete on an international level* nous devons être à la hauteur de la concurrence sur le plan international **3.** [take part] être en compétition / *to compete against sb for sthg* concourir OR être en compétition avec qqn pour qqch.

competence ['kɒmpɪtəns] noun *(U)* [proficiency] compétence *f*, capacité *f*.

competent ['kɒmpɪtənt] adj compétent(e).

competently ['kɒmpɪtəntlɪ] adv avec compétence.

competing [kəm'pi:tɪŋ] adj [theories] opposé(e).

competition [ˌkɒmpɪ'tɪʃn] noun **1.** *(U)* [rivalry] rivalité *f*, concurrence *f* **2.** *(U)* COMM concurrence *f* **3.** [race, contest] concours *m*, compétition *f*.

competitive [kəm'petətɪv] adj **1.** [person] qui a l'esprit de compétition ; [match, sport] de compétition ▸ **competitive examination** concours *m* **2.** [COMM - goods] compétitif(ive) ; [- manufacturer] concurrentiel(elle) ▸ **competitive advantage** avantage *m* concurrentiel ▸ **competitive analysis** analyse *f* des concurrents ▸ **competitive marketplace** marché *m* de concurrence ▸ **competitive pricing** politique *f* de prix compétitifs.

competitively [kəm'petətɪvlɪ] adv **1.** [play] dans un esprit de compétition **2.** COMM ▸ **competitively priced** à un prix compétitif.

competitiveness [kəm'petətɪvnɪs] noun compétitivité *f*.

competitor [kəm'petɪtəʳ] noun concurrent *m*, -e *f*.

compilation [ˌkɒmpɪ'leɪʃn] noun compilation *f*.

compile [kəm'paɪl] vt rédiger.

complacence [kəm'pleɪsns], **complacency** [kəm'pleɪsnsɪ] noun autosatisfaction *f*.

complacent [kəm'pleɪsnt] adj satisfait(e) de soi.

complacently [kəm'pleɪsntlɪ] adv [act] d'un air suffisant ; [say] d'un ton suffisant.

complain [kəm'pleɪn] vi **1.** [make complaint] ▸ **to complain (about)** se plaindre (de) / *to complain to sb (about sthg)* se plaindre à OR auprès de qqn (au sujet de qqch) / *she complained that he was always late* elle s'est plainte qu'il était toujours en retard **2.** MED ▸ **to complain of** se plaindre de.

complaining [kəm'pleɪnɪŋ] adj [customer] mécontent(e).

complaint [kəm'pleɪnt] noun **1.** [gen] plainte *f* ; [in shop] réclamation *f* **2.** MED affection *f*, maladie *f*.

complement ❖ noun ['kɒmplɪmənt] **1.** [accompaniment] accompagnement *m* **2.** [number] effectif *m* ▸ **full complement** effectif complet **3.** GRAM complément *m*. ❖ vt ['kɒmplɪˌment] aller bien avec.

complementary [ˌkɒmplɪ'mentərɪ] adj complémentaire.

complementary medicine noun médecine *f* douce.

complete [kəm'pli:t] ❖ adj **1.** [gen] complet(ète) / *the complete works of Shakespeare* les œuvres complètes de Shakespeare / *he's a complete fool* c'est un crétin fini OR un parfait imbécile ▸ **complete with** doté(e) de, muni(e) de **2.** [finished] achevé(e). ❖ vt **1.** [make whole] compléter / *to complete an order* COMM exécuter une commande **2.** [finish] achever, terminer **3.** [questionnaire, form] remplir.

completely [kəm'pli:tlɪ] adv complètement.

How to complain

- **J'ai une réclamation à faire au sujet de l'ordinateur acheté chez vous.** *I've got a complaint about the computer I bought from you.*
- **Je ne suis pas très content / pas content du tout du service qui nous a été fourni.** *I am not very happy / not at all happy with the service we have received.*
- **J'estime que le travail a été effectué de façon déplorable.** *I am not at all happy with the way in which the work was done.*
- **Il y a un problème avec le chauffage, il ne marche plus du tout.** *There's a problem with the heating. It's not working at all.*
- **Nous avons été traités de façon inadmissible.** *The way we have been treated is quite unacceptable.*
- **Je pense que vous devriez me rembourser ou au moins me le remplacer.** *I think you should give me my money back or at least replace the item.*
- **Je pense être en droit d'attendre un dédommagement.** *I think I am well within my rights to ask for compensation.*
- **J'exige le remboursement intégral de l'appareil photo / de mes frais.** *I expect the cost of the camera / my expenses to be fully reimbursed.*
- **Je voudrais voir le directeur, s'il vous plaît.** *I'd like to see the manager, please.*
- **J'aimerais que ce problème soit résolu le plus vite possible.** *I would appreciate (it) if this problem could be sorted out as quickly as possible.*
- **Je compte sur vous pour régler ce problème.** *I am relying on you to sort out this problem.*

completion [kəm'pliːʃn] noun achèvement *m*.

complex ['kɒmpleks] ❖ adj complexe. ❖ noun [mental, of buildings] complexe *m*.

complexion [kəm'plekʃn] noun teint *m* ▸ **of all complexions** *fig* de tous bords.

complexity [kəm'pleksətɪ] (*pl* **-ies**) noun complexité *f*.

compliance [kəm'plaɪəns] noun ▸ **compliance (with)** conformité *f* (à).

compliant [kəm'plaɪənt] adj **1.** [person] docile ; [document, object] conforme **2.** [compatible] compatible.

complicate ['kɒmplɪkeɪt] vt compliquer.

complicated ['kɒmplɪkeɪtɪd] adj compliqué(e).

complication [ˌkɒmplɪ'keɪʃn] noun complication *f*.

complicity [kəm'plɪsətɪ] noun ▸ **complicity (in)** complicité *f* (dans).

compliment ❖ noun ['kɒmplɪmənt] compliment *m*. ❖ vt ['kɒmplɪˌment] ▸ **to compliment sb (on)** féliciter qqn (de). ◆ **compliments** pl n *fml* compliments *mpl*.

complimentary [ˌkɒmplɪ'mentərɪ] adj **1.** [admiring] flatteur(euse) **2.** [free] gratuit(e).

complimentary ticket noun billet *m* de faveur.

compliments slip noun UK papillon *m* (*joint à un envoi, etc.*).

comply [kəm'plaɪ] (*pt & pp* **-ied**) vi ▸ **to comply with** se conformer à.

component [kəm'pəʊnənt] noun composant *m*.

compose [kəm'pəʊz] vt **1.** [gen] composer ▸ **to be composed of** se composer de, être composé de **2.** [calm] ▸ **to compose o.s.** se calmer.

composed [kəm'pəʊzd] adj [calm] calme.

composer [kəm'pəʊzəʳ] noun compositeur *m*, -trice *f*.

composite ['kɒmpəzɪt] ❖ adj composite. ❖ noun composite *m*.

composition [ˌkɒmpə'zɪʃn] noun composition *f*.

compos mentis [ˌkɒmpəs'mentɪs] adj sain d'esprit.

compost [UK 'kɒmpɒst, US 'kɒmpəʊst] noun compost *m*.

composure [kəm'pəʊʒəʳ] noun sang-froid *m*, calme *m*.

compound ❖ adj ['kɒmpaʊnd] composé(e). ❖ noun ['kɒmpaʊnd] **1.** CHEM & LING composé *m* **2.** [enclosed area] enceinte *f*. ❖ vt [kəm'paʊnd] **1.** [mixture, substance] ▸ **to be compounded of** se composer de, être composé(e) de **2.** [difficulties] aggraver.

comprehend [ˌkɒmprɪ'hend] vt [understand] comprendre.

comprehensible [ˌkɒmprɪ'hensəbl] adj compréhensible, intelligible.

comprehension [ˌkɒmprɪ'henʃn] noun compréhension *f*.

comprehensive [ˌkɒmprɪ'hensɪv] ❖ adj **1.** [account, report] exhaustif(ive), détaillé(e) **2.** [insurance] tous-risques (*inv*). ❖ noun UK = **comprehensive school**.

> ⚠ Compréhensif means *understanding*, not *comprehensive*.

comprehensive school noun *établissement secondaire britannique d'enseignement général*.

compress [kəm'pres] vt **1.** [squeeze, press] comprimer **2.** [shorten - text] condenser **3.** COMPUT compresser.

compression [kəm'preʃn] noun **1.** [of air] compression *f* **2.** [of text] condensation *f*.

comprise [kəm'praɪz] vt comprendre ▸ **to be comprised of** consister en, comprendre.

compromise ['kɒmprəmaɪz] ❖ noun compromis *m*. ❖ vt compromettre ▸ **to compromise o.s.** se compromettre. ❖ vi transiger.

compromising ['kɒmprəmaɪzɪŋ] adj compromettant(e).

compulsion [kəm'pʌlʃn] noun **1.** [strong desire] ▸ **to have a compulsion to do sthg** ne pas pouvoir s'empêcher de faire qqch **2.** (*U*) [obligation] obligation *f*.

compulsive [kəm'pʌlsɪv] adj **1.** [smoker, liar, etc.] invétéré(e) **2.** [book, TV programme] captivant(e).

compulsively [kəm'pʌlsɪvlɪ] adv **1.** PSYCHOL [drink, steal, smoke] d'une façon compulsive **2.** *fig* irrésistiblement.

compulsory [kəm'pʌlsərɪ] adj obligatoire.

compunction [kəm'pʌŋkʃn] noun (*U*) scrupule *m*, remords *m*.

computation [ˌkɒmpjuː'teɪʃn] noun calcul *m*.

compute [kəm'pjuːt] vt calculer.

computer [kəm'pjuːtəʳ] noun ordinateur *m*.

computer-aided, **computer-assisted** [-ə'sɪstɪd] adj assisté(e) par ordinateur.

computer-aided design noun conception *f* assistée par ordinateur.

computer-aided learning noun enseignement *m* assisté par ordinateur.

computer dating noun (*U*) *rencontres sélectionnées par ordinateur*.

computer game noun jeu *m* électronique.

computer-generated [-'dʒenəreɪtɪd] adj créé(e) par ordinateur.

computer-generated image noun image *f* de synthèse.

computer graphics pl n infographie *f*.

computerized, **computerised** UK [kəm'pjuːtəraɪzd] adj informatisé(e).

computer language noun langage *m* de programmation.

computer-literate adj qui a des compétences en informatique.

computer program noun programme *m* informatique.

computer programmer noun programmeur *m*, -euse *f*.

computer programming noun programmation *f*.

computer science noun informatique *f*.

computer virus noun virus *m* informatique.

computing [kəm'pju:tɪŋ] noun informatique *f*.

comrade ['kɒmreɪd] noun camarade *mf*.

comradeship ['kɒmreɪdʃɪp] noun camaraderie *f*.

con [kɒn] *inf* ❖ noun **1.** [trick] escroquerie *f* **2.** *prison sl* taulard *m*. ❖ vt (*pt & pp* **-ned**, *cont* **-ning**) [trick] ▸ **to con sb (out of)** escroquer qqn (de) ▸ **to con sb into doing sthg** persuader qqn de faire qqch (en lui mentant).

con artist noun *inf* arnaqueur *m*.

concave [ˌkɒn'keɪv] adj concave.

conceal [kən'si:l] vt cacher, dissimuler ▸ **to conceal sthg from sb** cacher qqch à qqn.

concealed [kən'si:ld] adj [lighting] indirect(e) ; [driveway, entrance] caché(e).

concealer [kən'si:ləʳ] noun correcteur *m (pour imperfections)*.

concede [kən'si:d] ❖ vt concéder. ❖ vi céder.

conceit [kən'si:t] noun [arrogance] vanité *f*.

conceited [kən'si:tɪd] adj vaniteux(euse).

conceivable [kən'si:vəbl] adj concevable.

conceivably [kən'si:vəblɪ] adv : *they might conceivably win* il se peut qu'ils gagnent / *I can't conceivably do that* il n'est pas question que je fasse ça.

conceive [kən'si:v] ❖ vt concevoir. ❖ vi **1.** MED concevoir **2.** [imagine] ▸ **to conceive of** concevoir.

concentrate ['kɒnsəntreɪt] ❖ vt concentrer / *it concentrates the mind* cela aide à se concentrer. ❖ vi ▸ **to concentrate (on)** se concentrer (sur) / *the government should concentrate on improving the economy* le gouvernement devrait s'attacher à améliorer la situation économique.

concentrated ['kɒnsəntreɪtɪd] adj concentré(e) ; [effort] intense.

concentration [ˌkɒnsən'treɪʃn] noun concentration *f*.

concentration camp noun camp *m* de concentration.

concentric [kən'sentrɪk] adj concentrique.

concept ['kɒnsept] noun concept *m* ▸ **concept testing** tests *mpl* de concept.

conception [kən'sepʃn] noun [gen & MED] conception *f*.

conceptual [kən'septʃʊəl] adj conceptuel(elle).

concern [kən'sɜ:n] ❖ noun **1.** [worry, anxiety] souci *m*, inquiétude *f* ▸ **to show concern for** s'inquiéter de / *there's no cause for concern* il n'y a pas de raison de s'inquiéter / *this is a matter of great concern* c'est un sujet très inquiétant / *my main concern is the price* ce qui m'inquiète surtout, c'est le prix **2.** [matter of interest] : *it's no concern of mine* cela ne me regarde pas **3.** COMM [company] affaire *f*. ❖ vt **1.** [worry] inquiéter ▸ **to be concerned (about)** s'inquiéter (de) / *we were concerned to learn that…* nous avons appris avec inquiétude que… **2.** [involve] concerner, intéresser ▸ **to be concerned with** [subj: person] s'intéresser à ▸ **to concern o.s. with sthg** s'intéresser à, s'occuper de **3.** [subj: book, film] traiter de.

concerned [kən'sɜ:nd] adj **1.** [worried] inquiet(ète), soucieux(euse) / *we were concerned for* OR *about his health* nous étions inquiets pour sa santé **2.** [involved] intéressé(e) / *pass this request on to the department concerned* transmettez cette demande au service compétent / *notify the person concerned* avisez qui de droit / *the people concerned* **a)** [in question] les personnes en question OR dont il s'agit **b)** [involved] les intéressés.

concerning [kən'sɜ:nɪŋ] prep en ce qui concerne.

concert ['kɒnsət] noun concert *m*. ◆ **in concert** adv **1.** MUS à l'unisson **2.** *fml* [acting as one] de concert.

concerted [kən'sɜ:tɪd] adj [effort] concerté(e).

concert hall noun salle *f* de concert.

concertina [ˌkɒnsə'ti:nə] ❖ noun concertina *m*. ❖ vi (*pt & pp* **-ed**, *cont* **-ing**) UK [cars] s'écraser en accordéon.

concerto [kən'tʃɜ:təʊ] (*pl* **-s**) noun concerto *m*.

concession [kən'seʃn] noun **1.** [gen] concession *f* **2.** UK [special price] réduction *f*.

concessionary [kən'seʃnərɪ] adj UK [fare] à prix réduit.

conciliation [kənˌsɪlɪ'eɪʃn] noun conciliation *f*.

conciliatory [kən'sɪlɪətrɪ] adj conciliant(e).

concise [kən'saɪs] adj concis(e).

concisely [kən'saɪslɪ] adv de façon concise, avec concision.

conclude [kən'klu:d] ❖ vt conclure. ❖ vi [meeting] prendre fin ; [speaker] conclure.

conclusion [kən'klu:ʒn] noun conclusion *f* ▸ **it was a foregone conclusion** c'était à prévoir ▸ **to jump to the wrong conclusion** tirer des conclusions trop hâtives.

conclusive [kən'klu:sɪv] adj concluant(e).

conclusively [kən'klu:sɪvlɪ] adv de façon concluante OR décisive, définitivement.

concoct [kən'kɒkt] vt préparer ; *fig* concocter.

concoction [kən'kɒkʃn] noun préparation *f*.

concord ['kɒŋkɔ:d] noun [harmony] concorde *f*.

concourse ['kɒŋkɔ:s] noun [hall] hall *m*.

concrete ['kɒŋkri:t] ❖ adj [definite] concret(ète). ❖ noun *(U)* béton *m*. ❖ comp [made of concrete] en béton. ❖ vt bétonner.

concrete mixer noun bétonnière *f*.

concubine ['kɒŋkjʊbaɪn] noun concubine *f*.

concur [kən'kɜ:ʳ] (*pt & pp* **-red**, *cont* **-ring**) vi [agree] ▸ **to concur (with)** être d'accord (avec).

concurrent [kən'kʌrənt] adj **1.** [simultaneous] concomitant(e), simultané(e) **2.** [acting together] concerté(e)

3. [agreeing] concordant(e), d'accord **4.** MATH & TECH [intersecting] concourant(e).

concurrently [kən'kʌrəntlɪ] adv simultanément.

concussed [kən'kʌst] adj commotionné(e).

concussion [kən'kʌʃn] noun commotion *f.*

condemn [kən'dem] vt condamner.

condemnation [ˌkɒndem'neɪʃn] noun condamnation *f.*

condemned [kən'demd] adj condamné(e).

condensation [ˌkɒnden'seɪʃn] noun condensation *f.*

condense [kən'dens] ❖ vt condenser. ❖ vi se condenser.

condescend [ˌkɒndɪ'send] vi **1.** [talk down] ▸ **to condescend to sb** se montrer condescendant(e) envers qqn **2.** [deign] ▸ **to condescend to do sthg** daigner faire qqch, condescendre à faire qqch.

condescending [ˌkɒndɪ'sendɪŋ] adj condescendant(e).

condescension [ˌkɒndɪ'senʃn] noun condescendance *f.*

condiment ['kɒndɪmənt] noun condiment *m.*

condition [kən'dɪʃn] ❖ noun **1.** [gen] condition *f* ▸ **in (a) good / bad condition** en bon / mauvais état ▸ **out of condition** pas en forme / *in working condition* en état de marche / *to make a condition that* stipuler que **2.** MED maladie *f* / *he has a heart condition* il a une maladie du cœur. ❖ vt **1.** [gen] conditionner **2.** [hair] ▸ **to condition one's hair** mettre de l'après-shampooing. ◆ **conditions** pl n conditions *fpl.*

conditional [kən'dɪʃənl] adj conditionnel(elle) ▸ **to be conditional on** OR **upon** dépendre de.

conditionally [kən'dɪʃnəlɪ] adv conditionnellement.

conditioned [kən'dɪʃnd] adj conditionné(e).

conditioner [kən'dɪʃnəʳ] noun **1.** [for hair] après-shampooing *m* **2.** [for clothes] assouplissant *m.*

conditioning [kən'dɪʃnɪŋ] noun PSYCHOL conditionnement *m.*

condo ['kɒndəʊ] noun US *inf abbr of* **condominium.**

condolences [kən'dəʊlənsɪz] pl n condoléances *fpl.*

condom ['kɒndəm] noun préservatif *m.*

condominium [ˌkɒndə'mɪnɪəm] noun US **1.** [apartment] appartement *m* dans un immeuble en copropriété **2.** [apartment block] immeuble *m* en copropriété.

condone [kən'dəʊn] vt excuser.

condor ['kɒndɔːʳ] noun condor *m.*

conducive [kən'djuːsɪv] adj ▸ **to be conducive to sthg / to doing sthg** inciter à qqch / à faire qqch.

conduct ❖ noun ['kɒndʌkt] conduite *f* / *her conduct towards me* son comportement envers moi OR à mon égard. ❖ vt [kən'dʌkt] **1.** [carry out, transmit] conduire **2.** [behave] ▸ **to conduct o.s. well / badly** se conduire bien / mal **3.** MUS diriger. ❖ vi MUS diriger.

conductivity [ˌkɒndʌk'tɪvətɪ] noun conductivité *f.*

conductor [kən'dʌktəʳ] noun **1.** MUS chef *m* d'orchestre **2.** [on bus] receveur *m* **3.** US [on train] chef *m* de train.

conductress [kən'dʌktrɪs] noun [on bus] receveuse *f.*

conduit ['kɒndɪt] noun conduit *m.*

cone [kəʊn] noun **1.** [shape] cône *m* **2.** [for ice cream] cornet *m* **3.** [from tree] pomme *f* de pin. ◆ **cone off** vt sep UK [road, lane] mettre des cônes de signalisation sur.

cone-shaped [-ʃeɪpt] adj en forme de cône, conique.

confectioner [kən'fekʃnəʳ] noun confiseur *m* ▸ **confectioner's (shop)** confiserie *f.*

confectionery [kən'fekʃnərɪ] noun confiserie *f.*

confederate ❖ noun [kən'fedərət] **1.** [member of confederacy] confédéré *m*, -e *f* **2.** [accomplice] complice *mf.* ❖ adj [kən'fedərət] confédéré *m*, -e *f.* ❖ vt [kən'fedəreɪt] confédérer. ❖ vi se confédérer. ◆ **Confederate** ❖ noun HIST sudiste *mf (pendant la guerre de Sécession américaine)* ▸ **the Confederates** les Confédérés. ❖ adj HIST ▸ **the Confederate flag** *drapeau des sudistes américains, considéré aujourd'hui comme un symbole raciste* ▸ **the Confederate States** les États *mpl* confédérés *(pendant la guerre de Sécession américaine).*

confederation [kənˌfedə'reɪʃn] noun confédération *f.*

confer [kən'fɜːʳ] *(pt & pp* **-red**, *cont* **-ring)** ❖ vt ▸ **to confer sthg (on sb)** conférer qqch (à qqn). ❖ vi ▸ **to confer (with sb on** OR **about sthg)** s'entretenir (avec qqn de qqch).

conference ['kɒnfərəns] noun conférence *f* ▸ **in conference** en conférence.

conference call noun téléconférence *f.*

conference centre UK, **conference center** US noun centre *m* de conférences.

conference hall noun salle *f* de conférence.

conferencing ['kɒnfərənsɪŋ] noun *(U)* téléconférence *f* ▸ **web conferencing** conférences *fpl* en ligne, webconférences *fpl.*

confess [kən'fes] ❖ vt **1.** [admit] avouer, confesser / *to confess one's guilt* OR *that one is guilty* avouer sa culpabilité, s'avouer coupable / *I must* OR *I have to confess I was wrong* je dois reconnaître OR admettre que j'avais tort **2.** RELIG confesser. ❖ vi ▸ **to confess to sthg** avouer qqch.

confession [kən'feʃn] noun confession *f* / *I've a confession to make* j'ai un aveu à vous faire.

confessional [kən'feʃənl] noun confessionnal *m.*

confetti [kən'fetɪ] noun *(U)* confettis *mpl.*

confidant [ˌkɒnfɪ'dænt] noun confident *m.*

confidante [ˌkɒnfɪ'dænt] noun confidente *f.*

confide [kən'faɪd] ❖ vt confier. ❖ vi ▸ **to confide in sb** se confier à qqn.

confidence ['kɒnfɪdəns] noun **1.** [self-assurance] confiance *f* en soi, assurance *f* / *he lacks confidence* il n'est pas très sûr de lui **2.** [trust] confiance *f* ▸ **to have confidence in** avoir confiance en / *I have every confidence that you'll succeed* je suis absolument certain que vous réussirez / *to put one's confidence in sb / sthg* faire confiance à qqn / qqch **3.** [secrecy] ▸ **in confidence** en confidence **4.** [secret] confidence *f.*

confidence-building adj [exercise, activity] *qui vise à stimuler la confiance en soi.*

confidence trick noun abus *m* de confiance.

confident ['kɒnfɪdənt] adj **1.** [self-assured] ▸ **to be confident** avoir confiance en soi **2.** [sure] sûr(e).

confidential [ˌkɒnfɪ'denʃl] adj confidentiel(elle).

confidentiality ['kɒnfɪˌdenʃɪ'ælətɪ] noun confidentialité *f.*

confidentiality agreement noun accord *m* de confidentialité.

confidentially [ˌkɒnfɪ'denʃəlɪ] adv confidentiellement.

confidently ['kɒnfɪdəntlɪ] adv [speak, predict] avec assurance.

configuration [kənˌfɪgə'reɪʃn] noun [gen & COMPUT] configuration *f.*

configure [kən'fɪgə] vt [gen & COMPUT] configurer.

confine [kən'faɪn] vt **1.** [limit] limiter ▸ **to confine o.s. to** se limiter à **2.** [shut up] enfermer, confiner.

confined [kən'faɪnd] adj [space, area] restreint(e).

confinement [kən'faɪnmənt] noun **1.** [imprisonment] emprisonnement *m* **2.** *dated* MED couches *fpl.*

confines ['kɒnfaɪnz] pl n confins *mpl.*

confirm [kən'fɜ:m] vt confirmer.

confirmation [ˌkɒnfə'meɪʃn] noun confirmation *f.*

confirmed [kən'fɜ:md] adj [habitual] invétéré(e) ; [bachelor, spinster] endurci(e).

confiscate ['kɒnfɪskeɪt] vt confisquer.

confiscation [ˌkɒnfɪ'skeɪʃn] noun confiscation *f.*

conflict ❖ noun ['kɒnflɪkt] conflit *m* / *to be in conflict (with)* être en conflit (avec) / *a conflict of interests* un conflit d'intérêts. ❖ vi [kən'flɪkt] ▸ **to conflict (with)** s'opposer (à), être en conflit (avec).

conflicting [kən'flɪktɪŋ] adj contradictoire.

conform [kən'fɔ:m] vi ▸ **to conform (to** OR **with)** se conformer (à).

conformist [kən'fɔ:mɪst] ❖ adj conformiste. ❖ noun conformiste *mf.*

conformity [kən'fɔ:mətɪ] noun ▸ **conformity (to** OR **with)** conformité *f* (à).

confound [kən'faʊnd] vt [confuse, defeat] déconcerter.

confront [kən'frʌnt] vt **1.** [problem, enemy] affronter **2.** [challenge] ▸ **to confront sb (with)** confronter qqn (avec).

confrontation [ˌkɒnfrʌn'teɪʃn] noun affrontement *m.*

confuse [kən'fju:z] vt **1.** [disconcert] troubler ▸ **to confuse the issue** brouiller les cartes **2.** [mix up] confondre.

confused [kən'fju:zd] adj **1.** [not clear] compliqué(e) **2.** [disconcerted] troublé(e), désorienté(e) / *I'm confused* je n'y comprends rien.

confusing [kən'fju:zɪŋ] adj pas clair(e).

confusingly [kən'fju:zɪŋlɪ] adv de façon embrouillée.

confusion [kən'fju:ʒn] noun confusion *f.*

congeal [kən'dʒi:l] vi [blood] se coaguler.

congenial [kən'dʒi:njəl] adj sympathique, agréable.

congenital [kən'dʒenɪtl] adj MED congénital(e).

congested [kən'dʒestɪd] adj **1.** [street, area] encombré(e) **2.** MED congestionné(e).

congestion [kən'dʒestʃn] noun **1.** [of traffic] encombrement *m* **2.** MED congestion *f.*

congestion charge noun UK taxe *f* anti-embouteillages.

conglomerate [ˌkən'glɒmərət] noun COMM conglomérat *m.*

conglomeration [kənˌglɒmə'reɪʃn] noun conglomération *f.*

Congo ['kɒŋgəʊ] noun **1.** [country] ▸ **the Congo** le Congo ▸ **in the Congo** au Congo **2.** [former Zaïre] ▸ **the Democratic Republic of Congo** la République démocratique du Congo **3.** [river] ▸ **the Congo** le Congo.

Congolese [ˌkɒŋgə'li:z] ❖ adj congolais(e). ❖ noun Congolais *m*, -e *f.*

congrats [kən'græts] interj *inf* ▸ **congrats!** bravo !

congratulate [kən'grætʃʊleɪt] vt ▸ **to congratulate sb (on sthg / on doing sthg)** féliciter qqn (de qqch / d'avoir fait qqch).

How to congratulate someone

- **C'est formidable !** *That's wonderful!*
- **Bravo !** *Well done!*
- **Bien joué !** *Well done!*
- **C'était très réussi ta soirée.** *It was a wonderful party.*
- **(Toutes mes) félicitations !** *Congratulations!*
- **Alors, il paraît qu'il faut te féliciter ?** *I hear congratulations are in order.*
- **Félicitations pour votre promotion !** *Congratulations on your promotion!*
- **Laissez-moi vous féliciter.** *Let me congratulate you.*
- **Je suis très content pour vous.** *I'm so happy for you.*
- **Ça m'a fait très plaisir d'apprendre que tu avais réussi ton concours.** *I was so pleased to hear that you'd passed your exam.*
- **Nous avons été ravis d'apprendre la bonne nouvelle.** *We were delighted to hear the good news.*
- **Ça, c'est une bonne nouvelle !** *That's great news!*

congratulations [kənˌɡrætʃʊ'leɪʃənz] pl n félicitations *fpl*.

congratulatory [kən'ɡrætʃʊlətrɪ] adj de félicitations.

congregate ['kɒŋɡrɪɡeɪt] vi se rassembler.

congregation [ˌkɒŋɡrɪ'ɡeɪʃn] noun assemblée *f* des fidèles.

congress ['kɒŋɡres] noun [meeting] congrès *m*. ◆ **Congress** noun US POL le Congrès.

> **Congress**
>
> Le Congrès, organe législatif américain, est constitué du Sénat et de la Chambre des représentants ; tout projet de loi doit être approuvé séparément par ces deux chambres.

congressman ['kɒŋɡresmən] (*pl* **-men**) noun US POL membre *m* du Congrès.

congresswoman ['kɒŋɡresˌwʊmən] (*pl* **-women**) noun US POL membre *m* (féminin) du Congrès.

conical ['kɒnɪkl] adj conique.

conifer ['kɒnɪfəʳ] noun conifère *m*.

coniferous [kə'nɪfərəs] adj [tree] conifère ; [forest] de conifères.

conjecture [kən'dʒektʃəʳ] ❖ noun conjecture *f*. ❖ vt & vi conjecturer.

conjoined twins [kən'dʒɒɪnd-] pl n jumeaux *mpl* conjoints OR siamois.

conjugal ['kɒndʒʊɡl] adj conjugal(e).

conjugate ❖ vt ['kɒndʒʊɡeɪt] conjuguer. ❖ vi se conjuguer. ❖ adj ['kɒndʒʊɡɪt] conjoint *m*, -e *f*, uni *m*, -e *f*.

conjugation [ˌkɒndʒʊ'ɡeɪʃn] noun GRAM conjugaison *f*.

conjunction [kən'dʒʌŋkʃn] noun **1.** GRAM conjonction *f* **2.** [combination] combinaison *f*, mélange *m* ▸ **in conjunction with** conjointement avec.

conjunctivitis [kənˌdʒʌŋktɪ'vaɪtɪs] noun conjonctivite *f*.

conjure ❖ vt [kən'dʒʊəʳ] *fml* supplier. ❖ vi ['kʌndʒəʳ] [by magic] faire des tours de prestidigitation. ◆ **conjure up** vt sep évoquer.

conjurer ['kʌndʒərəʳ] noun prestidigitateur *m*, -trice *f*.

conjuror ['kʌndʒərəʳ] = **conjurer**.

conk [kɒŋk] noun UK *inf* pif *m*. ◆ **conk out** vi *inf* tomber en panne.

conker ['kɒŋkəʳ] noun UK marron *m*.

conman ['kɒnmæn] (*pl* **-men**) noun escroc *m*.

connect [kə'nekt] ❖ vt **1.** [join] ▸ **to connect sthg (to)** relier qqch (à) **2.** [on telephone] mettre en communication / *I'm trying to connect you* j'essaie d'obtenir votre communication **3.** [associate] associer ▸ **to connect sb / sthg to, to connect sb / sthg with** associer qqn / qqch à **4.** ELEC [to power supply] ▸ **to connect sthg to** brancher qqch à. ❖ vi [train, plane, bus] ▸ **to connect (with)** assurer la correspondance (avec).

connected [kə'nektɪd] adj [related] ▸ **to be connected with** avoir un rapport avec / *they are not connected* il n'y a aucun rapport entre eux.

Connecticut [kə'netɪkət] noun Connecticut *m* ▸ **in Connecticut** dans le Connecticut.

connecting [kə'nektɪŋ] adj ▸ **connecting flight / train** correspondance *f*.

connection [kə'nekʃn] noun **1.** [relationship] ▸ **connection (between / with)** rapport *m* (entre / avec) / *to make a connection between* OR *to* OR *with sthg* faire le lien avec qqch ▸ **in connection with** à propos de **2.** ELEC branchement *m*, connexion *f* **3.** [on telephone] communication *f* / *it's a bad connection* la ligne est mauvaise **4.** [plane, train, bus] correspondance *f* / *to miss one's connection* rater sa correspondance **5.** [professional acquaintance] relation *f*.

connectivity [ˌkɒnek'tɪvɪtɪ] noun connectivité *f*.

connive [kə'naɪv] vi **1.** [plot] comploter ▸ **to connive with sb** être de connivence avec qqn **2.** [allow to happen] ▸ **to connive at sthg** fermer les yeux sur qqch.

conniving [kə'naɪvɪŋ] adj *pej* malhonnête.

connoisseur [ˌkɒnə'sɜːʳ] noun connaisseur *m*, -euse *f*.

connotation [ˌkɒnə'teɪʃn] noun connotation *f*.

conquer ['kɒŋkəʳ] vt **1.** [country, etc.] conquérir **2.** [fears, inflation, etc.] vaincre.

conqueror ['kɒŋkərəʳ] noun conquérant *m*, -e *f*.

conquest ['kɒŋkwest] noun conquête *f*.

conscience ['kɒnʃəns] noun conscience *f* ▸ **to have a guilty conscience** avoir mauvaise conscience ▸ **in all conscience** en mon / votre etc. âme et conscience.

conscientious [ˌkɒnʃɪ'enʃəs] adj consciencieux(euse).

conscientiously [ˌkɒnʃɪ'enʃəslɪ] adv consciencieusement.

conscientious objector noun objecteur *m* de conscience.

conscious ['kɒnʃəs] adj **1.** [not unconscious] conscient(e) **2.** [aware] ▸ **conscious of sthg** conscient(e) de qqch **3.** [intentional - insult] délibéré(e), intentionnel(elle) ; [- effort] conscient(e).

-conscious suffix : *clothes-conscious* qui fait attention à sa tenue / *age-conscious* conscient de son âge / *health-conscious* soucieux de sa santé / *money-conscious* qui fait attention à ses dépenses.

consciously ['kɒnʃəslɪ] adv intentionnellement.

consciousness ['kɒnʃəsnɪs] noun conscience *f*.

conscript ❖ noun ['kɒnskrɪpt] MIL conscrit *m*. ❖ vt [kən'skrɪpt] MIL appeler sous les drapeaux.

conscription [kən'skrɪpʃn] noun conscription *f*.

consecrate ['kɒnsɪkreɪt] vt consacrer.

consecrated ['kɒnsɪkreɪtɪd] adj RELIG consacré(e) ▸ **consecrated ground** terre *f* sainte OR bénite.

consecration [ˌkɒnsɪ'kreɪʃn] noun consécration *f*.

consecutive [kən'sekjʊtɪv] adj consécutif(ive).

consecutively [kən'sekjʊtɪvlɪ] adv consécutivement.

consensus [kən'sensəs] noun consensus *m*.

consent [kən'sent] ❖ noun *(U)* **1.** [permission] consentement *m* **2.** [agreement] accord *m*. ❖ vi ▸ **to consent (to)** consentir (à).

consequence ['kɒnsɪkwəns] noun **1.** [result] conséquence *f* / *as a consequence of* à la suite de ▸ **in consequence** par conséquent / *to take* OR *to suffer the consequences* accepter OR subir les conséquences **2.** [importance] importance *f* / *it's of no consequence* c'est sans conséquence, cela n'a pas d'importance.

consequent ['kɒnsɪkwənt] adj *fml* consécutif(ive) ; [resulting] résultant(e).

consequently ['kɒnsɪkwəntlɪ] adv par conséquent.

conservation [ˌkɒnsə'veɪʃn] noun [of nature] protection *f* ; [of buildings] conservation *f* ; [of energy, water] économie *f*.

conservation area noun secteur *m* sauvegardé.

conservationist [ˌkɒnsə'veɪʃənɪst] noun écologiste *mf*.

conservatism [kən'sɜːvətɪzm] noun conservatisme *m*. ◆ **Conservatism** noun POL conservatisme *m*.

conservative [kən'sɜːvətɪv] ❖ adj **1.** [traditionalist] traditionaliste **2.** [cautious] prudent(e). ❖ noun traditionaliste *mf*. ◆ **Conservative** ❖ adj POL conservateur(trice). ❖ noun POL conservateur *m*, -trice *f*.

conservatively [kən'sɜːvətɪvlɪ] adv [dress] de façon conventionnelle.

Conservative Party noun ▸ **the Conservative Party** le parti conservateur.

conservatory [kən'sɜːvətrɪ] (*pl* **-ies**) noun [of house] jardin *m* d'hiver.

conserve ❖ noun ['kɒnsɜːv] confiture *f*. ❖ vt [kən'sɜːv] [energy, supplies] économiser ; [nature, wildlife] protéger.

consider [kən'sɪdər] vt **1.** [think about] examiner / *I'll consider it* je verrai, je réfléchirai / *have you ever considered becoming an actress?* avez-vous jamais songé à devenir actrice ? / *she's being considered for the post of manager* on pense à elle pour le poste de directeur **2.** [take into account] prendre en compte ▸ **all things considered** tout compte fait / *he has a wife and family to consider* il a une femme et une famille à prendre en considération **3.** [judge] considérer / *I've always considered her (as* OR *to be) a good friend* je l'ai toujours considérée comme une bonne amie / *I consider myself lucky* je m'estime heureux.

considerable [kən'sɪdrəbl] adj considérable.

considerably [kən'sɪdrəblɪ] adv considérablement.

considerate [kən'sɪdərət] adj prévenant(e) / *that's very considerate of you* c'est très gentil à vous OR de votre part.

considerately [kən'sɪdərətlɪ] adv avec des égards.

consideration [kənˌsɪdə'reɪʃn] noun **1.** *(U)* [careful thought] réflexion *f* / *the matter needs careful consideration* le sujet demande une attention particulière ▸ **to take sthg into consideration** tenir compte de qqch, prendre qqch en considération **2.** *(U)* [care] attention *f* / *to show consideration for sb / sb's feelings* ménager qqn / la sensibilité de qqn **3.** [factor] facteur *m*.

considered [kən'sɪdəd] adj ▸ **it's my considered opinion that...** après mûre réflexion je pense que....

considering [kən'sɪdərɪŋ] ❖ prep étant donné. ❖ conj étant donné que.

consign [kən'saɪn] vt ▸ **to consign sb / sthg to** reléguer qqn / qqch à.

consigner US = **consignor**.

consignment [ˌkən'saɪnmənt] noun [load] expédition *f*.

consignor [kən'saɪnər] noun expéditeur *m*, -trice *f*.

consist [kən'sɪst] ◆ **consist in** vt insep ▸ **to consist in sthg** consister dans qqch ▸ **to consist in doing sthg** consister à faire qqch. ◆ **consist of** vt insep consister en.

consistency [kən'sɪstənsɪ] (*pl* **-ies**) noun **1.** [coherence] cohérence *f* **2.** [texture] consistance *f*.

consistent [kən'sɪstənt] adj **1.** [regular - behaviour] conséquent(e) ; [- improvement] régulier(ère) ; [- supporter] constant(e) **2.** [coherent] cohérent(e) / *to be consistent with* **a)** [with one's position] être compatible avec **b)** [with the facts] correspondre avec.

> ⚠ The French adjective **consistant** means *solid* or *substantial*, not *consistent*.

consistently [kən'sɪstəntlɪ] adv **1.** [without exception] invariablement **2.** [argue, reason] de manière cohérente.

consolation [ˌkɒnsə'leɪʃn] noun réconfort *m*.

consolation prize noun prix *m* de consolation.

console ❖ noun ['kɒnsəʊl] tableau *m* de commande ; COMPUT & MUS console *f*. ❖ vt [kən'səʊl] consoler / *he had to console himself with second place* il a dû se contenter de la deuxième place.

consolidate [kən'sɒlɪdeɪt] ❖ vt **1.** [strengthen] consolider **2.** [merge] fusionner. ❖ vi fusionner.

consolidated [kən'sɒlɪdeɪtɪd] adj [annuity, loan, loss] consolidé(e) ; [in name of company] *désigne une société née de la fusion de deux entreprises* / *consolidated accounts* comptes *mpl* consolidés OR intégrés.

consolidation [kənˌsɒlɪ'deɪʃn] noun *(U)* **1.** [strengthening] affermissement *m* **2.** [merging] fusion *f*.

consommé [UK kən'sɒmeɪ, US ˌkɒnsə'meɪ] noun consommé *m*.

consonant ['kɒnsənənt] noun consonne *f*.

consort ❖ vi [kən'sɔːt] *fml* ▸ **to consort with sb** fréquenter qqn. ❖ noun ['kɒnsɔːt] ▸ **prince consort** prince *m* consort.

consortium [kən'sɔːtjəm] (*pl* **-tiums** *or* **-tia**) noun consortium *m*.

conspicuous [kən'spɪkjʊəs] adj voyant(e), qui se remarque.

conspicuously [kən'spɪkjʊəslɪ] adv [dressed] de manière voyante ; [wealthy] ostensiblement.

conspiracy [kən'spɪrəsɪ] (*pl* **-ies**) noun conspiration *f*, complot *m*.

conspirator [kən'spɪrətəʳ] noun conspirateur *m*, -trice *f*.

conspiratorial [kən,spɪrə'tɔːrɪəl] adj de conspirateur.

conspiratorially [kən,spɪrə'tɔːrɪəlɪ] adv [smile, whisper, wink] d'un air de conspiration.

conspire [kən'spaɪəʳ] ❖ vt ▸ **to conspire to do sthg** **a)** comploter de faire qqch **b)** [subj: events] contribuer à faire qqch. ❖ vi ▸ **to conspire against / with sb** conspirer contre / avec qqn.

constable ['kʌnstəbl] noun UK [policeman] agent *m* de police.

constabulary [kən'stæbjʊlərɪ] (*pl* **-ies**) noun UK police *f*.

constant ['kɒnstənt] adj **1.** [unvarying] constant(e) **2.** [recurring] continuel(elle) **3.** *liter* [faithful] fidèle.

constantly ['kɒnstəntlɪ] adv constamment.

constellation [,kɒnstə'leɪʃn] noun constellation *f*.

consternation [,kɒnstə'neɪʃn] noun consternation *f*.

constipated ['kɒnstɪpeɪtɪd] adj constipé(e).

constipation [,kɒnstɪ'peɪʃn] noun constipation *f*.

constituency [kən'stɪtjʊənsɪ] (*pl* **-ies**) noun [area] circonscription *f* électorale.

constituent [kən'stɪtjʊənt] ❖ adj constituant(e). ❖ noun **1.** [voter] électeur *m*, -trice *f* **2.** [element] composant *m*.

constitute ['kɒnstɪtjuːt] vt **1.** [form, represent] représenter, constituer **2.** [establish, set up] constituer.

constitution [,kɒnstɪ'tjuːʃn] noun constitution *f*. ◆ **Constitution** noun ▸ **the (United States) Constitution** la Constitution américaine.

Constitution

La Constitution britannique, à la différence de la Constitution américaine ou française (reposant sur un texte écrit et définitif), n'est pas un document en soi, mais le résultat de la succession des lois dans le temps, fonctionnant sur le principe de la jurisprudence.

constitutional [,kɒnstɪ'tjuːʃənl] adj constitutionnel(elle).

constitutionally [,kɒnstɪ'tjuːʃnəlɪ] adv **1.** POL [act] constitutionnellement **2.** [strong, weak] de OR par nature.

constrain [kən'streɪn] vt **1.** [coerce] forcer, contraindre ▸ **to constrain sb to do sthg** forcer qqn à faire qqch **2.** [restrict] limiter.

constraint [kən'streɪnt] noun **1.** [restriction] ▸ **constraint (on)** limitation *f* (à) **2.** *(U)* [self-control] retenue *f*, réserve *f* **3.** [coercion] contrainte *f*.

constrict [kən'strɪkt] vt **1.** [compress] serrer **2.** [limit] limiter.

constricting [kən'strɪktɪŋ] adj **1.** [clothes] qui entrave les mouvements **2.** [circumstances, lifestyle] contraignant(e).

constriction [kən'strɪkʃn] noun **1.** [in chest, throat] constriction *f* **2.** [restriction] restriction *f* ▸ **social constrictions** restrictions sociales.

construct ❖ vt [kən'strʌkt] construire. ❖ noun ['kɒnstrʌkt] *fml* [concept] concept *m*.

construction [kən'strʌkʃn] ❖ noun construction *f* ▸ **under construction** en construction. ❖ comp [worker] du bâtiment ▸ **construction site** chantier *m*.

construction industry noun industrie *f* du bâtiment.

constructive [kən'strʌktɪv] adj constructif(ive).

constructive dismissal noun démission *f* provoquée *(sous la pression de la direction)*.

constructively [kən'strʌktɪvlɪ] adv d'une manière constructive.

construe [kən'struː] vt *fml* [interpret] ▸ **to construe sthg as** interpréter qqch comme.

consul ['kɒnsəl] noun consul *m*, -e *f*.

consular ['kɒnsjʊləʳ] adj consulaire.

consulate ['kɒnsjʊlət] noun consulat *m*.

consult [kən'sʌlt] ❖ vt consulter. ❖ vi ▸ **to consult with sb** s'entretenir avec qqn.

consultancy [kən'sʌltənsɪ] (*pl* **-ies**) noun UK [company] cabinet *m* d'expert-conseil.

consultant [kən'sʌltənt] noun **1.** [expert] expert-conseil *m* **2.** UK [hospital doctor] spécialiste *mf*.

consultation [,kɒnsəl'teɪʃn] noun **1.** [meeting, discussion] entretien *m* **2.** [reference] consultation *f*.

consulting [kən'sʌltɪŋ] noun cabinet *m* d'expert.

consulting room noun MED cabinet *m* de consultation.

consume [kən'sjuːm] vt **1.** [food, fuel, etc.] consommer **2.** *liter* [fill] ▸ **to be consumed by hatred / passion** être consumé(e) par la haine / la passion.

consumer OR **consommer?**

The verb consumer is used when referringto something burning (une fois la bougie consumée ; des objets calcinés mais non entièrement consumés) and in a metaphorical sense when referring to all-consuming emotions such as love or jealousy (consumée par la jalousie ; la haine me consume). Consommer is used when talking about eating food, using fuel or buying consumer goods (une voiture qui consomme peu ; vous consommez trop de matières grasses ; les Français consomment moins).

consumer [kən'sjuːmər] ❖ noun consommateur *m*, -trice *f*. ❖ comp ▸ **consumer credit** crédit *m* à la consommation ▸ **consumer demand** demande *f* des consommateurs ▸ **consumer durables** biens *mpl* durables ▸ **consumer goods** biens *mpl* de consommation ▸ **consumer market** marché *m* de la consommation ▸ **consumer profile** profil *m* du consommateur ▸ **consumer society** société *f* de consommation ▸ **consumer spending** dépenses *fpl* de consommation ▸ **consumer testing** tests *mpl* auprès des consommateurs ▸ **consumer trends** tendances *fpl* de la consommation.

consumerism [kən'sjuːmərɪzm] noun *(U)* **1.** [buying] (règne *m* de la) société *f* de consommation **2.** [protection of rights] consumérisme *m*.

consummate ❖ adj [kən'sʌmət] consommé(e) ; [liar] fieffé(e). ❖ vt ['kɒnsəmeɪt] consommer.

consummation [ˌkɒnsə'meɪʃn] noun **1.** [of marriage] consommation *f* **2.** [culmination] apogée *m*.

consumption [kən'sʌmpʃn] noun **1.** [use] consommation *f* **2.** *dated* [tuberculosis] phtisie *f*.

cont. *abbr of* continued.

contact ['kɒntækt] ❖ noun **1.** *(U)* [touch, communication] contact *m* ▸ **in contact (with sb)** en rapport OR contact (avec qqn) ▸ **to lose contact with sb** perdre le contact avec qqn / *to come into contact with sb* entrer OR se mettre en contact OR en rapport avec qqn ▸ **to make contact with sb** prendre contact OR entrer en contact avec qqn **2.** [person] relation *f*, contact *m* / *she has some useful business contacts* elle a quelques bons contacts (professionnels). ❖ vt contacter, prendre contact avec ; [by phone] joindre, contacter.

contact lens noun verre *m* OR lentille *f* de contact.

contact number noun : *do you have a contact number?* tu as un numéro où on peut te joindre ?

contacts ['kɒntækts] pl n lentilles *fpl* (de contact).

contact sport noun sport *m* de contact.

contagious [kən'teɪdʒəs] adj contagieux(euse).

contagiousness [kən'teɪdʒəsnɪs] noun contagion *f*, contagiosité *f*.

contain [kən'teɪn] vt **1.** [hold, include] contenir, renfermer **2.** *fml* [control] contenir ; [epidemic] circonscrire.

contained [kən'teɪnd] adj [person] maître (maîtresse) de soi.

container [kən'teɪnər] noun **1.** [box, bottle, etc.] récipient *m* **2.** [for transporting goods] conteneur *m*, container *m*.

containment [kən'teɪnmənt] noun *(U)* **1.** [limitation] : *our efforts at the containment of this violence* nos efforts pour contenir cette violence **2.** POL ▸ **policy of containment** politique *f* d'endiguement.

contaminate [kən'tæmɪneɪt] vt contaminer.

contaminated [kən'tæmɪneɪtɪd] adj contaminé(e).

contamination [kənˌtæmɪ'neɪʃn] noun contamination *f*.

cont'd *written abbr of* continued.

contemplate ['kɒntempleɪt] ❖ vt **1.** [consider] envisager ▸ **to contemplate doing sthg** envisager de faire qqch **2.** *fml* [look at] contempler. ❖ vi [consider] méditer.

contemplation [ˌkɒntem'pleɪʃn] noun contemplation *f*.

contemplative [kən'templətɪv] adj contemplatif(ive).

contemporary [kən'tempərərɪ] ❖ adj contemporain(e). ❖ noun (*pl* **-ies**) contemporain *m*, -e *f*.

contempt [kən'tempt] noun **1.** [scorn] ▸ **contempt (for)** mépris *m* (pour) ▸ **to hold sb in contempt** mépriser qqn **2.** LAW ▸ **contempt (of court)** outrage *m* à la cour.

contemptible [kən'temptəbl] adj méprisable.

contemptuous [kən'temptʃʊəs] adj méprisant(e) ▸ **contemptuous of sthg** dédaigneux(euse) de qqch.

contend [kən'tend] ❖ vi **1.** [deal] ▸ **to contend with sthg** faire face à qqch / *I've got enough to contend with* j'ai assez de problèmes comme ça **2.** [compete] ▸ **to contend for** a) [subj: several people] se disputer b) [subj: one person] se battre pour ▸ **to contend against** lutter contre. ❖ vt *fml* [claim] ▸ **to contend that...** soutenir OR prétendre que....

contender [kən'tendər] noun [in election] candidat *m*, -e *f* ; [in competition] concurrent *m*, -e *f* ; [in boxing, etc.] prétendant *m*, -e *f*.

content ❖ adj [kən'tent] ▸ **content (with)** satisfait(e) (de), content(e) (de) ▸ **to be content to do sthg** ne pas demander mieux que de faire qqch. ❖ noun ['kɒntent] **1.** [amount] teneur *f* / *it has a high fibre content* c'est riche en fibres **2.** [subject matter] contenu *m*. ❖ vt [kən'tent] ▸ **to content o.s. with sthg / with doing sthg** se contenter de qqch / de faire qqch. ◆ **contents** pl n **1.** [of container, document] contenu *m* **2.** [at front of book] table *f* des matières.

contented [kən'tentɪd] adj satisfait(e).

contention [kən'tenʃn] noun *fml* **1.** [argument, assertion] assertion *f*, affirmation *f* **2.** *(U)* [disagreement] dispute *f*, contestation *f* **3.** [competition] ▸ **to be in contention** être en lice.

contentious [kən'tenʃəs] adj contentieux(euse), contesté(e).

contentment [kən'tentmənt] noun contentement *m*.

contest ❖ noun ['kɒntest] **1.** [competition] concours *m* **2.** [for power, control] combat *m*, lutte *f*. ❖ vt [kən'test] **1.** [compete for] disputer **2.** [dispute] contester.

contestant [kən'testənt] noun concurrent *m*, -e *f*.

context ['kɒntekst] noun contexte *m* ▸ **out of context** a) [word] hors contexte b) [remark] hors de son contexte.

context-dependent adj ▸ **to be context-dependent** dépendre du contexte.

context-sensitive adj COMPUT contextuel(le).

contextualize, contextualise UK [kɒn'tekstjʊəlaɪz] vt [events, facts] contextualiser, remettre dans son contexte.

continent ['kɒntɪnənt] noun continent *m*. ◆ **Continent** noun UK ▸ **the Continent** l'Europe *f* continentale.

continental [ˌkɒntɪ'nentl] ❖ adj **1.** GEOG continental(e) **2.** UK [European - food] d'Europe continentale ; [- holidays] en Europe continentale. ❖ noun UK Européen continental *m*, Européenne continentale *f*.

continental breakfast noun petit déjeuner *m (par opposition à « English breakfast »).*

Continental breakfast

Ce terme désigne un petit déjeuner léger, composé d'un jus de fruits, de café ou de thé et de toasts ou viennoiseries, par opposition au **English breakfast** traditionnel, beaucoup plus copieux et comportant un plat chaud.

contingency [kən'tɪndʒənsɪ] (*pl* **-ies**) noun éventualité *f*.

contingency plan noun plan *m* d'urgence.

contingent [kən'tɪndʒənt] ❖ adj *fml* ▸ **to be contingent on** OR **upon** dépendre de. ❖ noun contingent *m*.

continual [kən'tɪnjʊəl] adj continuel(elle).

continually [kən'tɪnjʊəlɪ] adv continuellement.

continuation [kənˌtɪnjʊ'eɪʃn] noun **1.** *(U)* [act] continuation *f* **2.** [sequel] suite *f*.

continue [kən'tɪnju:] ❖ vt **1.** [carry on] continuer, poursuivre ▸ **to continue doing** OR **to do sthg** continuer à OR de faire qqch **2.** [after an interruption] reprendre. ❖ vi **1.** [carry on] continuer ▸ **to continue with sthg** poursuivre qqch, continuer qqch **2.** [after an interruption] reprendre, se poursuivre.

continuing [kən'tɪnju:ɪŋ] adj continu(e) ; [interest] soutenu(e) / *the continuing story of a small American town* [TV serial] l'histoire *f* d'une petite ville américaine ▸ **continuing education** formation *f* permanente OR continue ▸ **continuing education class** cours *mpl* de formation permanente OR continue.

continuity [ˌkɒntɪ'nju:ətɪ] noun continuité *f*.

continuous [kən'tɪnjʊəs] adj continu(e).

continuous assessment noun UK contrôle *m* continu des connaissances.

continuously [kən'tɪnjʊəslɪ] adv sans arrêt, continuellement.

contort [kən'tɔ:t] ❖ vt tordre. ❖ vi se tordre.

contortion [kən'tɔ:ʃn] noun **1.** *(U)* [twisting] torsion *f* **2.** [position] contorsion *f*.

contour ['kɒnˌtʊər] ❖ noun **1.** [outline] contour *m* **2.** [on map] courbe *f* de niveau. ❖ comp [map] avec courbes de niveau ▸ **contour line** courbe *f* de niveau.

contraband ['kɒntrəbænd] ❖ adj de contrebande. ❖ noun contrebande *f*.

contraception [ˌkɒntrə'sepʃn] noun contraception *f*.

contraceptive [ˌkɒntrə'septɪv] ❖ adj [method, device] anticonceptionnel(elle), contraceptif(ive) ; [advice] sur la contraception. ❖ noun contraceptif *m*.

contraceptive pill noun pilule *f* anticonceptionnelle OR contraceptive.

contract ❖ noun ['kɒntrækt] contrat *m* / *to be under contract* être sous contrat, avoir un contrat / *to put work out to contract* sous-traiter du travail ▸ **contract of employment** contrat de travail. ❖ vt [kən'trækt] **1.** [gen] contracter **2.** COMM ▸ **to contract sb (to do sthg)** passer un contrat avec qqn (pour faire qqch) ▸ **to contract to do sthg** s'engager par contrat à faire qqch. ❖ vi [decrease in size, length] se contracter. ◆ **contract in** vi UK s'engager par contrat. ◆ **contract out** ❖ vt sep [work] sous-traiter. ❖ vi UK ▸ **to contract out (of)** se dégager (de).

contraction [kən'trækʃn] noun contraction *f*.

contractor [kən'træktər] noun entrepreneur *m*.

contractual [kən'træktʃʊəl] adj contractuel(elle).

contractually [kən'træktʃʊəlɪ] adv [binding] par contrat.

contradict [ˌkɒntrə'dɪkt] vt contredire.

contradiction [ˌkɒntrə'dɪkʃn] noun contradiction *f* ▸ **contradiction in terms** contradiction dans les termes.

contradictory [ˌkɒntrə'dɪktərɪ] adj contradictoire ; [behaviour] incohérent(e).

contraflow ['kɒntrəfləʊ] noun UK circulation *f* à contre-sens.

contralto [kən'træltəʊ] (*pl* **-s**) noun contralto *m*.

contraption [kən'træpʃn] noun machin *m*, truc *m*.

contrary ['kɒntrərɪ] ❖ adj **1.** [opposite] ▸ **contrary (to)** contraire (à), opposé(e) (à) **2.** [kən'treərɪ] [awkward] contrariant(e). ❖ noun contraire *m* ▸ **on the contrary** au contraire ▸ **evidence to the contrary** preuves tendant à démontrer le contraire / *his statements to the contrary* ses propos soutenant le contraire. ◆ **contrary to** prep contrairement à.

contrast [kən'trɑ:st] ❖ noun ['kɒntrɑ:st] contraste *m* ▸ **by** OR **in contrast** par contraste ▸ **in contrast with** OR **to sthg** par contraste avec qqch. ❖ vt contraster. ❖ vi ▸ **to contrast (with)** faire contraste (avec).

contrasting [kən'trɑ:stɪŋ] adj [colours] contrasté(e) ; [personalities, views] opposé(e), contraire.

contravene [ˌkɒntrə'vi:n] vt enfreindre, transgresser.

contravention [ˌkɒntrə'venʃn] noun *fml* infraction *f*, contravention *f*.

contribute [kən'trɪbju:t] ❖ vt **1.** [money] apporter ; [help, advice, ideas] donner, apporter **2.** [write] ▸ **to contribute an article to a magazine** écrire un article pour un magazine. ❖ vi **1.** [gen] ▸ **to contribute (to)** contribuer (à) **2.** [write material] ▸ **to contribute to** collaborer à.

contributing [kən'trɪbju:tɪŋ] adj ▸ **to be a contributing factor in** contribuer à.

contribution [ˌkɒntrɪ'bjuːʃn] noun **1.** [of money] ▸ **contribution (to)** cotisation *f* (à), contribution *f* (à) **2.** [to debate] : *his contribution to the discussion* ce qu'il a apporté à la discussion **3.** [article] article *m*.

contributor [kən'trɪbjʊtəʳ] noun **1.** [of money] donateur *m*, -trice *f* **2.** [to magazine, newspaper] collaborateur *m*, -trice *f*.

contributory [kən'trɪbjʊtərɪ] adj ▸ **to be a contributory factor in** contribuer à.

contributory pension scheme noun UK système *m* de retraite par répartition.

contrite ['kɒntraɪt] adj *liter* contrit(e), pénitent(e).

contrition [kən'trɪʃn] noun *liter* contrition *f*, pénitence *f*.

contrivance [kən'traɪvns] noun [contraption] machine *f*, appareil *m*.

contrive [kən'traɪv] vt *fml* **1.** [engineer] combiner **2.** [manage] ▸ **to contrive to do sthg** se débrouiller pour faire qqch, trouver moyen de faire qqch.

contrived [kən'traɪvd] adj tiré(e) par les cheveux.

control [kən'trəʊl] ❖ noun **1.** [gen] contrôle *m* ; [of traffic] régulation *f* ▸ **to gain** OR **take control (of)** prendre le contrôle (de) ▸ **beyond** OR **outside sb's control** indépendant de la volonté de qqn ▸ **to get sb / sthg under control** maîtriser qqn / qqch / *everything's under control* tout va bien, aucun problème, tout est au point ▸ **to be in control of sthg** a) [subj: boss, government] diriger qqch b) [subj: army] avoir le contrôle de qqch c) [of emotions, situation] maîtriser qqch / *to have control of* OR *over sb* avoir de l'autorité sur qqn ▸ **to get out of control** [subj: crowd] devenir impossible à contrôler / *his car went out of control* il a perdu le contrôle de sa voiture / *her children are completely out of control* ses enfants sont intenables ▸ **to lose control** [of emotions] perdre le contrôle **2.** [in experiment] témoin *m* **3.** [restraint] contrôle *m* / *price / wage controls* contrôle des prix / des salaires. ❖ vt (*pt & pp* **-led**, *cont* **-ling**) **1.** [company, country] être à la tête de, diriger **2.** [operate] commander, faire fonctionner **3.** [restrict, restrain - disease] enrayer, juguler ; [- inflation] mettre un frein à, contenir ; [- children] tenir ; [- crowd] contenir ; [- traffic] régler ; [- emotions] maîtriser, contenir ▸ **to control o.s.** se maîtriser, se contrôler. ❖ comp [button, knob, switch] de commande. ◆ **controls** pl n [of machine, vehicle] commandes *fpl*.

control experiment noun cas *m* témoin.

control key noun COMPUT touche *f* CONTROL.

controllable [kən'trəʊləbl] adj [animal, person, crowd] discipliné(e) ; [emotions, situation] maîtrisable ; [expenditure, inflation] contrôlable.

controlled [kən'trəʊld] adj [person] maître (maîtresse) de soi.

controller [kən'trəʊləʳ] noun [person] contrôleur *m*.

controlling [kən'trəʊlɪŋ] adj [factor] déterminant(e).

controlling interest noun participation *f* majoritaire.

control panel noun tableau *m* de bord.

control room noun salle *f* des commandes, centre *m* de contrôle.

control tower noun tour *f* de contrôle.

controversial [ˌkɒntrə'vɜːʃl] adj [writer, theory] controversé(e) ▸ **to be controversial** donner matière à controverse.

controversy ['kɒntrəvɜːsɪ, UK kən'trɒvəsɪ] (*pl* **-ies**) noun controverse *f*, polémique *f*.

conundrum [kə'nʌndrəm] (*pl* **-s**) noun énigme *f*.

conurbation [ˌkɒnɜː'beɪʃn] noun *fml* conurbation *f*.

convalesce [ˌkɒnvə'les] vi se remettre d'une maladie, relever de maladie.

convalescence [ˌkɒnvə'lesns] noun convalescence *f*.

convalescent [ˌkɒnvə'lesnt] ❖ adj [home] de convalescence. ❖ noun convalescent *m*, -e *f*.

convection [kən'vekʃn] noun convection *f*.

convene [kən'viːn] ❖ vt convoquer, réunir. ❖ vi se réunir, s'assembler.

convenience [kən'viːnjəns] noun **1.** [usefulness] commodité *f* **2.** [personal comfort, advantage] agrément *m*, confort *m* ▸ **at your earliest convenience** *fml* dès que possible **3.** [facility] confort *m*.

convenience food noun aliment *m* tout préparé.

convenience store noun US *petit supermarché de quartier*.

convenient [kən'viːnjənt] adj **1.** [suitable] qui convient **2.** [handy] pratique, commode.

conveniently [kən'viːnjəntlɪ] adv d'une manière commode ▸ **conveniently situated** bien situé.

convent ['kɒnvənt] noun couvent *m*.

convention [kən'venʃn] noun **1.** [agreement, assembly] convention *f* **2.** [practice] usage *m*, convention *f*.

conventional [kən'venʃənl] adj conventionnel(elle) ▸ **it's conventional to...** l'usage veut que....

convent school noun couvent *m*.

converge [kən'vɜːdʒ] vi ▸ **to converge (on)** converger (sur).

conversant [kən'vɜːsənt] adj *fml* ▸ **conversant with sthg** familiarisé(e) avec qqch, qui connaît bien qqch.

conversation [ˌkɒnvə'seɪʃn] noun conversation *f* ▸ **to make conversation** faire la conversation.

conversational [ˌkɒnvə'seɪʃənl] adj de la conversation.

conversationalist [ˌkɒnvə'seɪʃnəlɪst] noun causeur *m*, -euse *f*.

converse ❖ adj ['kɒnvɜːs] *fml* opposé(e), contraire. ❖ noun ['kɒnvɜːs] [opposite] ▸ **the converse** le contraire, l'inverse *m*. ❖ vi [kən'vɜːs] *fml* converser.

conversely [kən'vɜːslɪ] adv *fml* inversement.

conversion [kən'vɜːʃn] noun **1.** [changing, in religious beliefs] conversion *f* **2.** [in building] aménagement *m*, transformation *f* **3.** RUGBY transformation *f*.

convert ❖ vt [kən'vɜ:t] **1.** [change] ▸ **to convert sthg to** OR **into** convertir qqch en ▸ **to convert sb (to)** RELIG convertir qqn (à) **2.** [building, ship] ▸ **to convert sthg to** OR **into** aménager qqch en **3.** RUGBY transformer. ❖ vi [kən'vɜ:t] ▸ **to convert from sthg to sthg** passer de qqch à qqch. ❖ noun ['kɒnvɜ:t] converti *m*, -e *f*.

converted [kən'vɜ:tɪd] adj **1.** [building, ship] aménagé(e) **2.** RELIG converti(e).

convertible [kən'vɜ:təbl] ❖ adj **1.** [bed, sofa] transformable, convertible **2.** [currency] convertible **3.** [car] décapotable. ❖ noun (voiture *f*) décapotable *f*.

convex [kɒn'veks] adj convexe.

convey [kən'veɪ] vt **1.** *fml* [transport] transporter **2.** [express] ▸ **to convey sthg (to sb)** communiquer qqch (à qqn).

conveyancing [kən'veɪənsɪŋ] noun *(U)* LAW procédure *f* translative de propriété.

conveyor belt [kən'veɪəʳ-] noun tapis *m* roulant.

convict ❖ noun ['kɒnvɪkt] détenu *m*. ❖ vt [kən'vɪkt] ▸ **to convict sb of sthg** reconnaître qqn coupable de qqch.

convicted [kən'vɪktɪd] adj : *he's a convicted murderer* il a été reconnu coupable d'un meurtre.

conviction [kən'vɪkʃn] noun **1.** [belief, fervour] conviction *f* **2.** LAW [of criminal] condamnation *f*.

convince [kən'vɪns] vt convaincre, persuader ▸ **to convince sb of sthg / to do sthg** convaincre qqn de qqch / de faire qqch, persuader qqn de qqch / de faire qqch.

convinced [kən'vɪnst] adj ▸ **convinced (of)** convaincu(e) (de), persuadé(e) (de).

convincing [kən'vɪnsɪŋ] adj **1.** [persuasive] convaincant(e) **2.** [resounding - victory] retentissant(e), éclatant(e).

convincingly [kən'vɪnsɪŋlɪ] adv [argue, speak, pretend] de façon convaincante ; [beat, win] de façon éclatante.

convivial [kən'vɪvɪəl] adj convivial(e), joyeux(euse).

convoluted ['kɒnvəlu:tɪd] adj [tortuous] compliqué(e).

convoy ['kɒnvɔɪ] noun convoi *m* ▸ **in convoy** en convoi.

convulse [kən'vʌls] vt [person] ▸ **to be convulsed with** se tordre de.

convulsion [kən'vʌlʃn] noun MED convulsion *f*.

coo [ku:] vi [for a baby] roucouler.

COO noun *abbr of* **chief operating officer**.

cook [kʊk] ❖ noun cuisinier *m*, -ère *f* / *she's a good cook* elle fait bien la cuisine. ❖ vt **1.** [food] faire cuire ; [meal] préparer **2.** *inf* [falsify] maquiller. ❖ vi [person] cuisiner, faire la cuisine ; [food] cuire. ◆ **cook up** vt sep [plan] combiner ; [excuse] inventer.

cookbook ['kʊk,bʊk] = **cookery book**.

cooked [kʊkt] adj cuit(e).

cooker ['kʊkəʳ] noun UK [stove] cuisinière *f*.

cookery ['kʊkərɪ] noun cuisine *f* ▸ **cookery book** UK livre *m* de cuisine ▸ **cookery course** stage *m* de cuisine ▸ **cookery programme** émission *f* de cuisine.

cookie ['kʊkɪ] noun **1.** US [biscuit] biscuit *m*, gâteau *m* sec ▸ **cookie jar** bocal *m* à biscuits ▸ **to be caught with one's hand in the cookie jar** être pris en flagrant délit **2.** COMPUT cookie *m*.

cooking ['kʊkɪŋ] ❖ noun cuisine *f* / *do you like cooking?* tu aimes faire la cuisine ? ❖ comp de cuisine ; [chocolate] à cuire ▸ **cooking oil** huile *f* de friture.

cooking apple noun pomme *f* à cuire.

cool [ku:l] ❖ adj **1.** [not warm] frais (fraîche) ; [dress] léger(ère) **2.** [calm] calme **3.** [unfriendly] froid(e) **4.** *inf* [excellent] génial(e) ; [trendy] branché(e). ❖ vt faire refroidir. ❖ vi **1.** [become less warm] refroidir **2.** [abate] se calmer. ❖ noun [calm] ▸ **to keep / lose one's cool** garder / perdre son sang-froid, garder / perdre son calme. ◆ **cool down** ❖ vt sep **1.** [make less warm - food] faire refroidir ; [- person] rafraîchir **2.** [make less angry] calmer, apaiser. ❖ vi **1.** [become less warm - food, engine] refroidir ; [- person] se rafraîchir **2.** [become less angry] se calmer. ◆ **cool off** vi **1.** [become less warm] refroidir ; [person] se rafraîchir **2.** [become less angry] se calmer.

coolant ['ku:lənt] noun agent *m* de refroidissement.

cool box noun UK glacière *f*.

cooler noun US glacière *f*.

cool-headed [-'hedɪd] adj calme.

cooling-off period ['ku:lɪŋ-] noun **1.** délai *m* de réflexion **2.** SPORT temps *m* de repos.

coolness ['ku:lnɪs] noun **1.** [in temperature] fraîcheur *f* **2.** [calmness] calme *m*, sang-froid *m* **3.** [unfriendliness] froideur *f*.

coop [ku:p] noun poulailler *m*. ◆ **coop up** vt sep *inf* confiner.

Co-op ['kəʊ,ɒp] (*abbr of* **Co-operative society**) noun Coop *f*.

cooperate [kəʊ'ɒpəreɪt] vi ▸ **to cooperate (with sb / sthg)** coopérer (avec qqn / à qqch), collaborer (avec qqn / à qqch).

cooperation [kəʊ,ɒpə'reɪʃn] noun *(U)* **1.** [collaboration] coopération *f*, collaboration *f* **2.** [assistance] aide *f*, concours *m*.

cooperative [kəʊ'ɒpərətɪv] ❖ adj coopératif(ive). ❖ noun coopérative *f*.

coordinate ❖ noun [kəʊ'ɔ:dɪnət] [on map, graph] coordonnée *f*. ❖ vt [kəʊ'ɔ:dɪneɪt] coordonner. ◆ **coordinates** pl n [clothes] coordonnés *mpl*.

coordination [kəʊ,ɔ:dɪ'neɪʃn] noun coordination *f*.

coordinator [kəʊ'ɔ:dɪneɪtəʳ] noun coordinateur *m*, coordonnateur *m*.

co-owner noun copropriétaire *mf*.

cop [kɒp] noun *inf* flic *m*. ◆ **cop out** (*pt & pp* **-ped**, *cont* **-ping**) vi *inf* ▸ **to cop out (of sthg)** se défiler OR se dérober (à qqch).

co-parenting noun coparentalité *f*.

cope [kəʊp] vi se débrouiller ▸ **to cope with** faire face à / *I can't cope anymore* je n'en peux plus / *she's coping very well on her own* elle s'en sort très bien toute seule.

Copenhagen [ˌkəʊpən'heɪgən] noun Copenhague.

copier ['kɒpɪəʳ] noun copieur *m*, photocopieur *m*.

co-pilot ['kəʊˌpaɪlət] noun copilote *mf*.

copious ['kəʊpjəs] adj [notes] copieux(euse) ; [supply] abondant(e).

cop-out noun *inf* dérobade *f*, échappatoire *f*.

copper ['kɒpəʳ] noun **1.** [metal] cuivre *m* **2.** UK *inf* [police officer] flic *m*.

coppice ['kɒpɪs], **copse** [kɒps] noun taillis *m*, hallier *m*.

co-produce vt CIN & TV coproduire.

co-production noun CIN & TV coproduction *f*.

copulate ['kɒpjʊleɪt] vi ▸ **to copulate (with)** s'accoupler (à OR avec).

copulation [ˌkɒpjʊ'leɪʃn] noun copulation *f*.

copy ['kɒpɪ] ❖ noun **1.** [imitation] copie *f*, reproduction *f* **2.** [duplicate] copie *f* **3.** [of book] exemplaire *m* ; [of magazine] numéro *m*. ❖ vt (*pt & pp* **-ied**) **1.** [imitate] copier, imiter **2.** [photocopy] photocopier. ❖ vi (*pt & pp* **-ied**) copier. ◆ **copy down** vt sep prendre des notes de. ◆ **copy in** vt sep mettre en copie / *to copy sb in (on sthg)* mettre qqn en copie de qqch. ◆ **copy out** vt sep recopier.

copy and paste ❖ noun copier-coller *m*. ❖ vt copier-coller.

copycat ['kɒpɪkæt] ❖ noun *inf* copieur *m*, -euse *f*. ❖ comp inspiré(e) par un autre (une autre).

copy-editing noun préparation *f* de copie.

copy editor noun secrétaire *mf* de rédaction.

copy-protect vt protéger contre la copie.

copyright ['kɒpɪraɪt] noun copyright *m*, droit *m* d'auteur.

copywriter ['kɒpɪˌraɪtəʳ] noun concepteur-rédacteur publicitaire *m*, conceptrice-rédactrice publicitaire *f*.

coral ['kɒrəl] ❖ noun corail *m*. ❖ comp de corail.

coral reef noun récif *m* de corail.

cord [kɔ:d] ❖ noun **1.** [string] ficelle *f* ; [rope] corde *f* **2.** [electric] fil *m*, cordon *m* **3.** [fabric] velours *m* côtelé. ❖ comp en velours côtelé. ◆ **cords** pl n pantalon *m* en velours côtelé.

cordial ['kɔ:djəl] ❖ adj cordial(e), chaleureux(euse). ❖ noun cordial *m*.

cordless ['kɔ:dlɪs] adj [telephone] sans fil ; [shaver] à piles.

cordon ['kɔ:dn] noun cordon *m*. ◆ **cordon off** vt sep barrer (par un cordon de police).

cordon bleu [-blɜ:] adj cordon bleu.

corduroy ['kɔ:dərɔɪ] ❖ noun velours *m* côtelé. ❖ comp en velours côtelé.

core [kɔ:ʳ] ❖ noun **1.** [of apple] trognon *m*, cœur *m* **2.** [of cable, Earth] noyau *m* ; [of nuclear reactor] cœur *m* **3.** *fig* [of people] noyau *m* ; [of problem, policy] essentiel *m* ▸ **core literacy** alphabétisation *f* de base ▸ **core numeracy** acquis *mpl* numériques de base ▸ **core skill** compétence *f* de base **4.** [of computer] mémoire *f* centrale. ❖ vt enlever le cœur de.

CORE [kɔ:ʳ] (*abbr of* **Congress of Racial Equality**) noun *ligue américaine contre le racisme.*

Corfu [kɔ:'fu:] noun Corfou ▸ **in Corfu** à Corfou.

coriander [ˌkɒrɪ'ændəʳ] noun coriandre *f*.

cork [kɔ:k] noun **1.** [material] liège *m* **2.** [stopper] bouchon *m*.

corked [kɔ:kt] adj [wine] qui a le goût de bouchon.

corkscrew ['kɔ:kskru:] noun tire-bouchon *m*.

cormorant ['kɔ:mərənt] noun cormoran *m*.

corn [kɔ:n] ❖ noun **1.** UK [wheat] grain *m* ; US [maize] maïs *m* ▸ **corn on the cob** épi *m* de maïs cuit **2.** [on foot] cor *m*. ❖ comp ▸ **corn bread** pain *m* de farine de maïs ▸ **corn oil** huile *f* de maïs.

Corn (*written abbr of* **Cornwall**) *comté anglais.*

corn dog noun US *saucisse enrobée de pâte à la farine de maïs et frite à l'huile.*

cornea ['kɔ:nɪə] (*pl* **-s**) noun cornée *f*.

corned beef [kɔ:nd-] noun UK corned-beef *m inv*.

corner ['kɔ:nəʳ] ❖ noun **1.** [angle] coin *m*, angle *m* / *to look at sb / sthg out of the corner of one's eye* regarder qqn / qqch du coin de l'œil ▸ **to cut corners** *fig* brûler les étapes **2.** [bend in road] virage *m*, tournant *m* / *on* OR *at the corner* au coin / *it's just around* OR UK *round the corner* **a)** [house, shop] c'est à deux pas d'ici **b)** *fig* [event] c'est tout proche **3.** FOOT corner *m*. ❖ vt **1.** [person, animal] acculer **2.** [market] accaparer.

corner kick noun = **corner**.

corner shop noun magasin *m* du coin OR du quartier.

cornerstone ['kɔ:nəstəʊn] noun *fig* pierre *f* angulaire.

cornet ['kɔ:nɪt] noun **1.** [instrument] cornet *m* à pistons **2.** UK [ice-cream cone] cornet *m* de glace.

cornfed ['kɔ:nfed] adj US *inf* rustre / *it's about a cornfed girl who makes it big in Manhattan* c'est l'histoire d'une fille de la campagne qui réussit à Manhattan.

cornfield ['kɔ:nfi:ld] noun **1.** UK [of wheat] champ *m* de blé **2.** US [of maize] champ *m* de maïs.

cornflakes ['kɔ:nfleɪks] pl n corn-flakes *mpl*.

cornflour UK ['kɔ:nflaʊəʳ], **cornstarch** US ['kɔ:nstɑ:ʧ] noun ≃ Maïzena® *f* fécule *f* de maïs.

cornice ['kɔ:nɪs] noun corniche *f*.

Cornish ['kɔ:nɪʃ] ❖ adj de Cornouailles, cornouaillais(e). ❖ pl n ▸ **the Cornish** les Cornouaillais *mpl*.

corn rows pl n coiffure *f* tressée à l'africaine.

cornstarch ['kɔ:nstɑ:ʧ] US = **cornflour**.

Cornwall ['kɔ:nwɔ:l] noun Cornouailles *f* ▸ **in Cornwall** en Cornouailles.

corny ['kɔ:nɪ] (*compar* **-ier**, *superl* **-iest**) adj *inf* [joke] peu original(e) ; [story, film] à l'eau de rose.

corollary [kə'rɒlərɪ] (*pl* **-ies**) noun corollaire *m*.

coronary ['kɒrənrɪ] (*pl* **-ies**), **coronary thrombosis** [-θrɒm'bəʊsɪs] (*pl* **-ses**) noun infarctus *m* du myocarde.

coronation [ˌkɒrə'neɪʃn] noun couronnement *m*.

coroner ['kɒrənəʳ] noun coroner *m*.

Corp. (*abbr of* **corporation**) Cie.

corporal ['kɔːpərəl] noun [gen] caporal *m* ; [in artillery] brigadier *m*.

corporal punishment noun châtiment *m* corporel.

corporate ['kɔːpərət] adj **1.** [business] corporatif(ive), de société **2.** [collective] collectif(ive).

corporate hospitality noun *(U) réceptions données par une société pour ses clients*.

corporation [ˌkɔːpə'reɪʃn] noun **1.** UK [town council] conseil *m* municipal **2.** [large company] compagnie *f*, société *f* enregistrée.

corps [kɔːʳ] (*pl inv*) noun corps *m* ▸ **the press corps** la presse.

corpse [kɔːps] noun cadavre *m*.

corpulent ['kɔːpjʊlənt] adj corpulent(e).

corpus ['kɔːpəs] (*pl* **-pora** *or* **-puses**) noun corpus *m*, recueil *m*.

corpuscle ['kɔːpʌsl] noun globule *m*.

corral [kɒ'rɑːl] noun corral *m*.

correct [kə'rekt] ❖ adj **1.** [accurate] correct(e), exact(e) / *that is correct* c'est exact / *you're quite correct* tu as parfaitement raison **2.** [proper, socially acceptable] correct(e), convenable / *the correct procedure* la procédure d'usage. ❖ vt corriger / *to correct sb on* OR *about sthg* corriger OR reprendre qqn sur qqch / *to correct o.s.* se reprendre, se corriger.

correction [kə'rekʃn] noun correction *f*.

correction fluid noun liquide *m* correcteur.

correctly [kə'rektlɪ] adv **1.** [accurately] correctement, exactement **2.** [properly, acceptably] correctement, comme il faut.

correctness [kə'rektnɪs] noun **1.** [of answer, prediction] exactitude *f*, justesse *f* **2.** [of behaviour, dress] correction *f*.

correlate ['kɒrəleɪt] ❖ vt mettre en corrélation, corréler. ❖ vi ▸ **to correlate (with)** correspondre (à), être en corrélation (avec).

correlation [ˌkɒrə'leɪʃn] noun corrélation *f*.

correspond [ˌkɒrɪ'spɒnd] vi **1.** [gen] ▸ **to correspond (with** OR **to)** correspondre (à) **2.** [write letters] ▸ **to correspond (with sb)** correspondre (avec qqn).

correspondence [ˌkɒrɪ'spɒndəns] noun ▸ **correspondence (with)** correspondance *f* (avec).

correspondence course noun cours *m* par correspondance.

correspondent [ˌkɒrɪ'spɒndənt] noun correspondant *m*, -e *f*.

corresponding [ˌkɒrɪ'spɒndɪŋ] adj correspondant(e).

corridor ['kɒrɪdɔːʳ] noun [in building] couloir *m*, corridor *m*.

corroborate [kə'rɒbəreɪt] vt corroborer, confirmer.

corroboration [kəˌrɒbə'reɪʃən] noun corroboration *f*, confirmation *f*.

corroborative [kə'rɒbərətɪv] adj [evidence, statement] à l'appui.

corrode [kə'rəʊd] ❖ vt corroder, attaquer. ❖ vi se corroder.

corrosion [kə'rəʊʒn] noun corrosion *f*.

corrosive [kə'rəʊsɪv] adj corrosif(ive).

corrugated ['kɒrəgeɪtɪd] adj ondulé(e).

corrugated iron noun tôle *f* ondulée.

corrupt [kə'rʌpt] ❖ adj [gen & COMPUT] corrompu(e) / *corrupt practices* pratiques *fpl* malhonnêtes. ❖ vt corrompre, dépraver.

corruption [kə'rʌpʃn] noun corruption *f*.

corruptly [kə'rʌptlɪ] adv **1.** [dishonestly] de manière corrompue **2.** [in a depraved way] d'une manière dépravée OR corrompue.

corset ['kɔːsɪt] noun corset *m*.

Corsica ['kɔːsɪkə] noun Corse *f* ▸ **in Corsica** en Corse.

Corsican ['kɔːsɪkən] ❖ adj corse. ❖ noun **1.** [person] Corse *mf* **2.** [language] corse *m*.

cortege, cortège [kɔː'teɪʒ] noun cortège *m*.

cortisone ['kɔːtɪzəʊn] noun cortisone *f*.

How to correct somebody

- **Je crois que ce n'est pas tout à fait ça.** *I don't think that's quite right.*
- **En fait, ce n'est pas tout à fait exact.** *Actually, that's not strictly true.*
- **Vous croyez ? Moi je dirais plutôt que...** *Do you think so? I'd say...*
- **Tu es sûr que ça se dit / s'écrit comme ça ?** *Are you sure that's how you say / spell it?*
- **Si je peux me permettre, je pense que ce n'est pas tout à fait ça.** *With all due respect, I don't think that's quite right.*
- **Vous vous trompez, il n'a rien à voir là-dedans.** *You're wrong, this has nothing to do with him.*
- **Non, c'est faux.** *No, that's wrong.*
- **Ce n'est pas ça du tout.** *That's totally wrong.*
- **Tu ne m'as pas compris.** *You've misunderstood me.*
- **Ah non, je n'ai pas dit ça !** *I didn't say that at all!*
- **N'importe quoi !** *Rubbish!*

cos[1], **'cos** UK, **cause** US [kɒz] *inf* conj = **because**.

cos[2] [kɒs] noun UK ▸ **cos (lettuce)** (laitue *f*) romaine *f*.

cosh [kɒʃ] UK ❖ noun matraque *f*, gourdin *m*. ❖ vt frapper, matraquer.

cosily UK, **cozily** US ['kəʊzɪlɪ] adv [furnished] confortablement.

cosmetic [kɒz'metɪk] ❖ noun cosmétique *m*, produit *m* de beauté. ❖ adj *fig* superficiel(elle).

cosmetic surgery noun chirurgie *f* esthétique.

cosmic ['kɒzmɪk] adj cosmique.

cosmonaut ['kɒzmənɔ:t] noun cosmonaute *mf*.

cosmopolitan [kɒzmə'pɒlɪtn] adj cosmopolite.

cosmos ['kɒzmɒs] noun ▸ **the cosmos** le cosmos.

cosset ['kɒsɪt] vt dorloter, choyer.

cost [kɒst] ❖ noun *lit* & *fig* coût *m* / *the cost of petrol has gone up* le prix de l'essence a augmenté / *the firm cut its costs by 30 %* l'entreprise a réduit ses frais de 30 % / *the car was repaired at a cost of £500* la réparation de la voiture a coûté 500 livres / *at no extra cost* sans frais supplémentaires / *at the cost of her job / reputation / marriage* au prix de son travail / sa réputation / son mariage / *to find out* OR *to learn* OR *to discover to one's cost* apprendre OR découvrir à ses dépens ▸ **at all costs** à tout prix, coûte que coûte. ❖ vt **1.** (*pt & pp* **cost**) *lit* & *fig* coûter / *did it cost much?* est-ce que cela a coûté cher ? / *it cost me £10* ça m'a coûté 10 livres / *it costs nothing to join* l'inscription est gratuite / *it cost us a lot of time and effort* ça nous a demandé beaucoup de temps et de travail / *it cost him his job* cela lui a coûté son travail, cela lui a fait perdre son travail **2.** (*pt & pp* **-ed**) COMM [estimate] évaluer le coût de. ◆ **costs** pl n LAW dépens *mpl*, frais *mpl* judiciaires / *to be awarded costs* se voir accorder des frais et dépens / *to be ordered to pay costs* être condamné aux dépens.

co-star ['kəʊ-] ❖ noun partenaire *mf*. ❖ vt [subj: film] avoir comme vedettes. ❖ vi ▸ **to co-star with** partager la vedette avec.

Costa Rica [ˌkɒstə'ri:kə] noun Costa Rica *m* ▸ **in Costa Rica** au Costa Rica.

Costa Rican [ˌkɒstə'ri:kən] ❖ adj costaricien(enne). ❖ noun Costaricien *m*, -enne *f*.

cost-cutting ❖ noun compression *f* OR réduction *f* des coûts ▸ **cost-cutting drive** OR **exercise** opération *f* de réduction des dépenses. ❖ adj de compression OR de réduction des coûts.

cost-effective adj rentable.

cost-effectiveness noun rentabilité *f*.

costing ['kɒstɪŋ] noun évaluation *f* du coût.

costly ['kɒstlɪ] (*compar* **-ier**, *superl* **-iest**) adj *lit* & *fig* coûteux(euse).

cost of living noun coût *m* de la vie.

costume ['kɒstju:m] noun **1.** [gen] costume *m* **2.** UK [swimming costume] maillot *m* (de bain).

costume jewellery UK, **costume jewelry** US noun *(U)* bijoux *mpl* fantaisie.

cosy UK, **cozy** US ['kəʊzɪ] ❖ adj (*compar* **-ier**, *superl* **-iest**) **1.** [house, room] douillet(ette) ; [atmosphere] chaleureux(euse) ▸ **to feel cosy** se sentir bien au chaud **2.** [intimate] intime. ❖ noun (*pl* **-ies**) cosy *m*.

cot [kɒt] noun **1.** UK [for child] lit *m* d'enfant, petit lit **2.** US [folding bed] lit *m* de camp.

cot death noun UK mort *f* subite du nourrisson.

cottage ['kɒtɪdʒ] noun cottage *m*, petite maison *f* (de campagne).

cottage cheese noun fromage *m* blanc.

cottage pie noun UK ≃ hachis *m* Parmentier.

cotton ['kɒtn] ❖ noun **1.** [gen] coton *m* **2.** [thread] fil *m* de coton **3.** US [cotton wool] coton *m* hydrophile. ❖ comp de coton. ◆ **cotton on** vi *inf* ▸ **to cotton on (to sthg)** piger (qqch), comprendre (qqch).

cotton bud UK, **cotton swab** US noun coton-tige *m*.

cotton candy noun US barbe *f* à papa.

cotton wool noun UK ouate *f*, coton *m* hydrophile.

couch [kaʊtʃ] ❖ noun **1.** [sofa] canapé *m*, divan *m* **2.** [in doctor's surgery] lit *m*. ❖ vt exprimer, formuler.

couch potato noun *inf* flemmard *m*, -e *f (qui passe son temps devant la télé)*.

cougar ['ku:gəʳ] (*pl inv or* **-s**) noun cougouar *m*, couguar *m*.

cough [kɒf] ❖ noun toux *f* / *I've got a cough* je tousse. ❖ vi tousser. ❖ vt [blood] cracher (en toussant). ◆ **cough up** vt sep **1.** [bring up] cracher (en toussant) **2.** *v inf* [pay up] casquer, cracher.

cough drop US, **cough sweet** UK noun pastille *f* pour la toux.

cough mixture noun UK sirop *m* pour la toux.

could [kʊd] modal vb **1.** = **can 2.** [be able to] : *I'd come if I could* je viendrais si je (le) pouvais / *she could no longer walk* elle ne pouvait plus marcher / *he could see her talking to her boss* il la voyait qui parlait avec son patron / *she could read and write* elle savait lire et écrire / *she could speak three languages* elle parlait trois langues **3.** [in polite requests and suggestions] : *could I borrow your sweater?* est-ce que je pourrais t'emprunter ton pull ? / *could you help me please?* pourriez-vous OR est-ce que vous pourriez m'aider, s'il vous plaît ? / *you could always complain to the director* tu pourrais toujours te plaindre au directeur / *if I could just intervene here* est-ce que je peux me permettre d'intervenir ici ? **4.** [indicating possibility] : *they could give up at any time* ils pourraient abandonner n'importe quand / *could he be lying?* se pourrait-il qu'il mente ? / *they could have changed their plans* ils ont peut-être changé leurs plans / *I couldn't possibly do it before tomorrow* je ne pourrai vraiment pas le faire avant demain / *how could you say that?* comment avez-vous pu dire ça OR une chose pareille ? / *who on earth could that be?* qui diable cela peut-il bien être ?

couldn't ['kʊdnt] ⟶ **could not**.

could've ['kʊdəv] ⟶ **could have**.

council ['kaʊnsl] ❖ noun conseil *m.* ❖ comp du conseil.

council estate noun UK quartier *m* de logements sociaux.

council house noun UK maison *f* qui appartient à la municipalité ; ≃ H.L.M. *m ou f.*

councillor UK, **councilor** US ['kaʊnsələr] noun UK conseiller *m*, -ère *f.*

council tax noun UK ≃ impôts *mpl* locaux.

counsel ['kaʊnsəl] ❖ noun **1.** *(U) fml* [advice] conseil *m* **2.** [lawyer] avocat *m*, -e *f.* ❖ vt (UK *pt & pp* **-led**, *cont* **-ling**, US *pt & pp* **-ed**, *cont* **-ing**) ▸ **to counsel sb to do sthg** *fml* conseiller à qqn de faire qqch.

counselling UK, **counseling** US ['kaʊnsəlɪŋ] noun *(U)* conseils *mpl.*

counsellor UK, **counselor** US ['kaʊnsələr] noun **1.** [gen] conseiller *m*, -ère *f* **2.** US [lawyer] avocat *m.*

count [kaʊnt] ❖ noun **1.** [total] total *m* ▸ **to keep count of** tenir le compte de ▸ **to lose count of sthg** ne plus savoir qqch, ne pas se rappeler qqch ▸ **blood (cell) count** numération *f* globulaire **2.** [point] : *I disagree with him on two counts* je ne suis pas d'accord avec lui sur deux points **3.** LAW [charge] chef *m* d'accusation / *guilty on three counts of murder* coupable de meurtre sur trois chefs d'accusation **4.** [aristocrat] comte *m.* ❖ vt **1.** [gen] compter / *there are five people, not counting me* sans moi, on est cinq / *not counting public holidays* sans compter les jours fériés ▸ **don't count your chickens (before they're hatched)** *prov* il ne faut pas vendre la peau de l'ours (avant de l'avoir tué) *prov* **2.** [consider] ▸ **to count sb as sthg** considérer qqn comme qqch / *student grants are not counted as taxable income* les bourses d'études ne sont pas considérées comme revenu imposable / *count yourself lucky (that...)* estime-toi heureux (que...). ❖ vi **1.** [gen] compter ▸ **to count (up) to** compter jusqu'à / *to count on one's fingers* compter sur ses doigts / *counting from tomorrow* à partir de demain **2.** [be considered] ▸ **to count as** être considéré(e) comme / *two children count as one adult* deux enfants comptent pour un adulte / *this exam counts towards the final mark* cet examen compte dans la note finale / *experience counts more than qualifications* l'expérience compte davantage que les diplômes / *that / he doesn't count* ça / il ne compte pas. ◆ **count against** vt insep jouer contre. ◆ **count in** vt sep *inf* : *count me in!* je suis de la partie ! ◆ **count (up)on** vt insep **1.** [rely on] compter sur / *we're counting on you* nous comptons sur toi / *I wouldn't count on him turning up, if I were you* si j'étais vous, je ne m'attendrais pas à ce qu'il vienne **2.** [expect] s'attendre à, prévoir / *I wasn't counting on getting here so early* je ne comptais pas arriver si tôt. ◆ **count out** vt sep **1.** [money] compter **2.** *inf* [leave out] : *count me out!* ne comptez pas sur moi ! ◆ **count up** vt insep compter.

countdown ['kaʊntdaʊn] noun compte *m* à rebours.

countenance ['kaʊntənəns] ❖ noun *liter* [face] visage *m.* ❖ vt approuver, admettre.

counter ['kaʊntər] ❖ noun **1.** [in shop, bank] comptoir *m* **2.** [in board game] pion *m.* ❖ vt ▸ **to counter sthg (with)** [criticism] riposter à qqch (par) ▸ **to counter sthg by doing sthg** s'opposer à qqch en faisant qqch. ❖ vi ▸ **to counter with sthg / by doing sthg** riposter par qqch / en faisant qqch. ◆ **counter to** adv contrairement à ▸ **to run counter to** aller à l'encontre de.

counteract [ˌkaʊntə'rækt] vt contrebalancer, compenser.

counterattack ['kaʊntərəˌtæk] ❖ noun contre-attaque *f.* ❖ vt & vi contre-attaquer.

counterclockwise [ˌkaʊntə'klɒkwaɪz] adj & adv US dans le sens inverse des aiguilles d'une montre.

counterfeit ['kaʊntəfɪt] ❖ adj faux (fausse). ❖ vt contrefaire.

counterfoil ['kaʊntəfɔɪl] noun UK talon *m*, souche *f.*

counterintelligence [ˌkaʊntərɪn'telɪdʒəns] noun contre-espionnage *m.*

counterintuitive [ˌkaʊntərɪn'tjuːɪtɪv] adj qui va contre l'intuition.

countermand [ˌkaʊntə'mɑːnd] vt annuler.

countermeasure [ˌkaʊntə'meʒər] noun contre-mesure *f.*

counteroffensive [ˌkaʊntərə'fensɪv] noun contre-offensive *f.*

counterpane ['kaʊntəpeɪn] noun UK *dated* couvre-lit *m*, dessus-de-lit *m inv.*

counterpart ['kaʊntəpɑːt] noun [person] homologue *mf* ; [thing] équivalent *m*, -e *f.*

counterpoint ['kaʊntəpɔɪnt] noun MUS contrepoint *m.*

counterproductive [ˌkaʊntəprə'dʌktɪv] adj qui a l'effet inverse.

counterproposal ['kaʊntəprəˌpəʊzl] noun contre-proposition *f.*

counter-revolution noun contre-révolution *f.*

countersign ['kaʊntəsaɪn] vt contresigner.

countess ['kaʊntɪs] noun comtesse *f.*

countless ['kaʊntlɪs] adj innombrable.

country ['kʌntrɪ] ❖ noun (*pl* **-ies**) **1.** [nation] pays *m* **2.** [countryside] ▸ **the country** la campagne ▸ **in the country** à la campagne **3.** [region] région *f* ; [terrain] terrain *m* **4.** MUS = **country and western.** ❖ comp de la campagne, campagnard(e).

country and western ❖ noun country *m.* ❖ comp country *(inv).*

country club noun club *m* de loisirs (à la campagne).

country-dweller noun campagnard *m*, -e *f*, habitant *m*, -e *f* de la campagne.

country folk ['kʌntrɪfəʊk] pl n gens *mpl* de la campagne.

countryman ['kʌntrɪmən] (*pl* **-men**) noun [from same country] compatriote *m.*

country music noun = **country and western.**

countryside ['kʌntrɪsaɪd] noun campagne *f.*

countrywoman ['kʌntrɪˌwʊmən] (*pl* **-women**) noun [from same country] compatriote *f*.

county ['kaʊntɪ] (*pl* **-ies**) noun comté *m*.

county council noun UK conseil *m* général.

coup [ku:] noun **1.** [rebellion] ▸ **coup (d'état)** coup *m* d'État **2.** [success] coup *m* (de maître), beau coup *m*.

couple ['kʌpl] ❖ noun **1.** [in relationship] couple *m* **2.** [small number] ▸ **a couple (of) a)** [two] deux **b)** [a few] quelques, deux ou trois. ❖ vt **1.** [join] ▸ **to couple sthg (to)** atteler qqch (à) **2.** *fig* [associate] ▸ **to couple sthg with** associer qqch à ▸ **coupled with** ajouté OR joint à.

couplet ['kʌplɪt] noun couplet *m*.

coupon ['ku:pɒn] noun **1.** [voucher] bon *m* **2.** [form] coupon *m*.

courage ['kʌrɪdʒ] noun courage *m* ▸ **to take courage (from sthg)** être encouragé (par qqch) ▸ **to have the courage of one's convictions** avoir le courage de ses opinions.

courageous [kə'reɪdʒəs] adj courageux(euse).

courageously [kə'reɪdʒəslɪ] adv courageusement, avec courage.

courgette [kɔ:'ʒet] noun UK courgette *f*.

courier ['kʊrɪə^r] noun **1.** UK [on holiday] guide *m*, accompagnateur *m*, -trice *f* **2.** [to deliver letters, packages] courrier *m*, messager *m*.

course [kɔ:s] ❖ noun **1.** [gen] cours *m* ▸ **course of action** ligne *f* de conduite / *your best course of action is to sue* la meilleure chose que vous ayez à faire est d'intenter un procès ▸ **in the course of** au cours de / *in the course of the next few weeks* dans le courant des semaines qui viennent / *in the normal* OR *ordinary course of events* normalement, en temps normal ▸ **to run** OR **take its course** [illness, event] suivre son cours **2.** SCH & UNIV enseignement *m*, cours *mpl* ▸ **to take a course (in)** suivre un cours (de) / *it's a five-year course* c'est un enseignement sur cinq ans / *I'm taking* OR *doing a computer course* je suis des cours OR un stage d'informatique **3.** MED [of injections] série *f* ▸ **course of treatment** traitement *m* **4.** [of ship, plane] route *f* / *to change course* **a)** [ship, plane, company] changer de cap OR de direction **b)** *fig* [argument, discussion] changer de direction, dévier ▸ **to be on course a)** suivre le cap fixé **b)** *fig* [on target] être dans la bonne voie ▸ **to be off course** faire fausse route **5.** [of meal] plat *m* / *a three / five course meal* un repas comprenant trois/cinq plats / *first course* entrée *f* / *there's a cheese course* il y a du fromage **6.** SPORT terrain *m* ▸ **to stay the course** tenir le coup. ❖ vi *liter* [flow] couler. ◆ **of course** adv **1.** [inevitably, not surprisingly] évidemment, naturellement / *no-one believed me, of course* évidemment OR bien sûr, personne ne m'a cru **2.** [for emphasis] bien sûr / *of course I believe you / she loves you* bien sûr que je te crois/qu'elle t'aime ▸ **of course not** bien sûr que non.

coursebook ['kɔ:sbʊk] noun UK livre *m* de cours.

coursework ['kɔ:swɜ:k] noun *(U)* travail *m* personnel.

court [kɔ:t] ❖ noun **1.** [LAW - building, room] cour *f*, tribunal *m* ; [- judge, jury] ▸ **the court** la justice / *silence in court!* silence dans la salle ! ▸ **to appear in court** comparaître devant un tribunal / *to go to court* aller en justice / *to take sb to court* faire un procès à qqn / *to settle sthg out of court* régler qqch à l'amiable **2.** [SPORT - gen] court *m* ; [- for basketball, volleyball] terrain *m* ▸ **on court** sur le court **3.** [courtyard, of monarch] cour *f*. ❖ vt [danger, disaster] aller au-devant de ; [favour] rechercher / *to court popularity* chercher à se rendre populaire. ❖ vi *dated* sortir ensemble, se fréquenter.

courteous ['kɜ:tjəs] adj courtois(e), poli(e).

courteously ['kɜ:tjəslɪ] adv [speak, reply] avec courtoisie, courtoisement.

courtesy ['kɜ:tɪsɪ] noun courtoisie *f*, politesse *f*. ◆ **(by) courtesy of** prep avec la permission de.

courtesy car noun voiture *f* mise gratuitement à la disposition du client.

courthouse ['kɔ:thaʊs] (*pl* [-haʊzɪz]) noun US palais *m* de justice, tribunal *m*.

courtier ['kɔ:tjə^r] noun courtisan *m*.

court-martial ❖ noun (*pl* **court-martials** *or* **courts-martial**) cour *f* martiale. ❖ vt (UK *pt & pp* **-led**, *cont* **-ling**, US *pt & pp* **-ed**, *cont* **-ing**) traduire en cour *f* martiale.

court of law noun tribunal *m*, cour *f* de justice.

court order noun ordonnance *f* du tribunal.

courtroom ['kɔ:trʊm] noun salle *f* de tribunal.

courtship ['kɔ:ʃɪp] noun **1.** [of people] cour *f* **2.** [of animals] parade *f*.

court shoe noun UK escarpin *m*.

courtyard ['kɔ:tjɑ:d] noun cour *f*.

cousin ['kʌzn] noun cousin *m*, -e *f*.

cove [kəʊv] noun [bay] crique *f*.

covenant ['kʌvənənt] noun **1.** [of money] engagement *m* contractuel **2.** [agreement] convention *f*, contrat *m*.

Coventry ['kɒvəntrɪ] noun ▸ **to send sb to Coventry** UK mettre qqn en quarantaine.

cover ['kʌvə^r] ❖ noun **1.** [covering - of furniture] housse *f* ; [- of pan] couvercle *m* ; [- of book, magazine] couverture *f* / *to read a book (from) cover to cover* lire un livre de la première à la dernière page OR d'un bout à l'autre **2.** [blanket] couverture *f* ▸ **bed cover** couvre-lit *m* **3.** [protection, shelter] abri *m* ▸ **to take cover** s'abriter, se mettre à l'abri ▸ **under cover** à l'abri, à couvert ▸ **under cover of darkness** à la faveur de la nuit / *air cover* MIL couverture *f* aérienne **4.** [concealment] couverture *f* / *to work under cover* travailler clandestinement / *your cover has been blown* *inf* vous avez été démasqué **5.** UK [insurance] couverture *f*, garantie *f* / *to have cover against sthg* être couvert OR assuré contre qqch **6.** MUS = **cover version.** ❖ vt **1.** [gen] ▸ **to cover sthg (with)** couvrir qqch (de) / *to cover one's eyes / ears* se couvrir les yeux / les oreilles / *to be covered in dust / snow* être recouvert de poussière/neige / *his face was covered in spots* son visage était couvert de boutons / *water covers most* *of the earth's surface* l'eau recouvre la plus grande partie de la surface de la terre **2.** [include, deal with] englober, comprendre / *his interests cover a wide field* il a des intérêts très variés / *there's one point we haven't covered* il y a un point que nous n'avons pas traité OR vu / *the law doesn't cover that kind of situation* la loi ne prévoit pas ce genre de situation / *£30 should cover it* 30 livres devraient suffire **3.** [insure] ▸ **to cover sb against** couvrir qqn en cas de **4.** PRESS, RADIO & TV [report on] couvrir, faire la couverture de. ❖ vi : *to cover for sb* [replace] remplacer qqn. ◆ **cover up** vt sep **1.** [person, object, face] couvrir **2.** *fig* [scandal] dissimuler, cacher.

coverage ['kʌvərɪdʒ] noun [of news] reportage *m* / *radio / television coverage of the tournament* la retransmission radiophonique / télévisée du tournoi ▸ **coverage area** [of mobile phone network] zone *f* de couverture.

covered ['kʌvəd] adj [walkway, bridge, market] couvert(e) / *cook, covered, for one hour* couvrir et faire OR laisser cuire une heure.

covering ['kʌvərɪŋ] noun [of floor] revêtement *m* ; [of snow, dust] couche *f*.

covering letter UK, **cover letter** US noun lettre *f* explicative OR d'accompagnement.

cover story noun article *m* principal (faisant la couverture).

covert ['kʌvət] adj [activity] clandestin(e) ; [look, glance] furtif(ive).

cover-up noun étouffement *m*, dissimulation *f*.

cover version noun reprise *f*.

covet ['kʌvɪt] vt convoiter.

cow [kaʊ] ❖ noun **1.** [farm animal] vache *f* **2.** [female elephant] femelle *f* **3.** UK *inf* & *pej* [woman] vache *f*, chameau *m*. ❖ vt intimider, effrayer.

coward ['kaʊəd] noun lâche *mf*, poltron *m*, -onne *f*.

cowardice ['kaʊədɪs] noun lâcheté.

cowardliness ['kaʊədlɪnɪs] noun lâcheté *f*.

cowardly ['kaʊədlɪ] adj lâche.

cowboy ['kaʊbɔɪ] ❖ noun **1.** [cattlehand] cow-boy *m* **2.** UK *inf* [dishonest workman] fumiste *m*. ❖ comp de cow-boys.

cower ['kaʊə^r] vi se recroqueviller.

cowhide ['kaʊhaɪd] noun peau *f* de vache.

co-worker noun collègue *mf*.

cowshed ['kaʊʃed] noun étable *f*.

cox [kɒks], **coxswain** ['kɒksən] noun barreur *m*.

coy [kɔɪ] adj qui fait le / la timide.

coyly ['kɔɪlɪ] adv en faisant le / la timide.

coyote [kɔɪ'əʊtɪ] noun coyote *m*.

coz MESSAGING *written abbr of* **because**.

cozy US = **cosy**.

CPA noun *abbr of* **certified public accountant**.

CPU noun *abbr of* **central processing unit**.

cr. *abbr of* **credit, creditor**.

crab [kræb] noun crabe *m*.

crabby ['kræbɪ] (*compar* **-ier**, *superl* **-iest**) adj *inf* grognon(onne), ronchon(onne).

crack [kræk] ❖ noun **1.** [in glass, pottery] fêlure *f* ; [in wall, wood, ground] fissure *f* ; [in skin] gerçure *f* **2.** [gap - in door] entrebâillement *m* ; [- in curtains] interstice *m* ▸ **at the crack of dawn** au point du jour **3.** [noise - of whip] claquement *m* ; [- of twigs] craquement *m* **4.** [joke] plaisanterie *f* **5.** *inf* [attempt] ▸ **to have a crack at sthg** tenter qqch, essayer de faire qqch **6.** *drugs sl* crack *m*. ❖ adj [troops] de première classe ▸ **crack shot** tireur *m*, -euse *f* d'élite. ❖ vt **1.** [glass, plate] fêler ; [wood, wall] fissurer **2.** [egg, nut] casser **3.** [whip] faire claquer ▸ **to crack the whip** faire le gendarme **4.** [bang, hit sharply] ▸ **to crack one's head** se cogner la tête **5.** *inf* [bottle] ▸ **to crack (open) a bottle** ouvrir une bouteille **6.** [solve - problem] résoudre ; [- code] déchiffrer / *the police have cracked the case* la police a résolu l'affaire / *I think we've cracked it* je pense que nous y sommes arrivés **7.** *inf* [make - joke] faire. ❖ vi **1.** [glass, pottery] se fêler ; [ground, wood, wall] se fissurer ; [skin] se crevasser, se gercer **2.** [whip] claquer ; [twigs] craquer **3.** [break down - person] craquer, s'effondrer ; [- system, empire] s'écrouler ; [- resistance] se briser / *their marriage cracked under the strain* leur mariage s'est détérioré sous l'effet du stress **4.** UK *inf* [act quickly] ▸ **to get cracking** s'y mettre / *I'll get cracking on dinner / cleaning the windows* je vais me mettre à préparer le dîner / nettoyer les vitres. ◆ **crack down** vi ▸ **to crack down (on)** sévir (contre). ◆ **crack up** ❖ vi **1.** [ice] se fissurer ; [paint] se craqueler ; [ground] se crevasser **2.** *inf* [person] craquer, s'effondrer / *I must be cracking up* [going mad] je débloque **3.** *inf* [with laughter] se tordre de rire. ❖ vt sep **1.** [make laugh] faire se tordre de rire **2.** (*always passive*) [say good things about] : *he's not what he's cracked up to be* il n'est pas aussi fantastique qu'on le dit OR prétend.

crackbrained ['krækbreɪnd] adj *inf* débile, dingue.

crackdown ['krækdaʊn] noun ▸ **crackdown (on)** mesures *fpl* énergiques (contre).

cracked ['krækt] adj **1.** [vase, glass] fêlé(e) ; [wall] fissuré(e) ; [paint, varnish] craquelé(e) **2.** [voice] fêlé(e) **3.** *inf* [mad] cinglé(e), toqué(e).

cracker ['krækə^r] noun **1.** [biscuit] cracker *m*, craquelin *m* **2.** UK [for Christmas] diablotin *m*.

crackers ['krækəz] adj UK *inf* dingue, cinglé(e).

cracking ['krækɪŋ] adj *inf* ▸ **to walk at a cracking pace** UK marcher à toute allure.

crackle ['krækl] ❖ noun [of fire] crépitement *m* ; [of frying food, on radio] grésillement *m* ; [on phone] friture *f*. ❖ vi [fire] crépiter ; [frying food, radio] grésiller.

crackling ['kræklɪŋ] noun (*U*) **1.** [of fire] crépitement *m* ; [of cooking, on radio] grésillement *m* ; [on phone] friture *f* **2.** [pork skin] couenne *f* rissolée.

crackpot ['krækpɒt] *inf* ❖ adj fou (folle). ❖ noun cinglé *m*, -e *f*, tordu *m*, -e *f*.

cradle ['kreɪdl] ❖ noun berceau *m* ; TECH nacelle *f*. ❖ vt [baby] bercer ; [object] tenir délicatement.

craft [krɑ:ft] (*pl inv*) ❖ noun **1.** [trade, skill] métier *m* **2.** [boat] embarcation *f*. ❖ comp ▸ **craft shop** boutique *f* d'artisanat.

craftily ['krɑ:ftɪlɪ] adv astucieusement / *to behave craftily* **a)** agir astucieusement OR habilement **b)** *pej* agir avec ruse.

craftiness ['krɑ:ftɪnɪs] noun habileté *f* ; *pej* ruse *f*, roublardise *f*.

craftsman ['krɑ:ftsmən] (*pl* **-men**) noun artisan *m*, homme *m* de métier.

craftsmanship ['krɑ:ftsmənʃɪp] noun *(U)* **1.** [skill] dextérité *f*, art *m* **2.** [skilled work] travail *m*, exécution *f*.

craftsmen pl n ⟶ **craftsman**.

crafty ['krɑ:ftɪ] (*compar* **-ier**, *superl* **-iest**) adj [person, idea, scheme] malin(igne), astucieux(ieuse) ; *pej* [person] rusé(e), roublard(e) ; [idea, scheme] rusé(e).

crag [kræg] noun rocher *m* escarpé.

craggy ['krægɪ] (*compar* **-ier**, *superl* **-iest**) adj **1.** [rock] escarpé(e) **2.** [face] anguleux(euse).

cram [kræm] (*pt & pp* **-med**, *cont* **-ming**) ❖ vt **1.** [stuff] fourrer **2.** [overfill] ▸ **to cram sthg with** bourrer qqch de. ❖ vi bachoter.

crammed ['kræmd] adj [full - bus, train, room, suitcase] bourré(e), bondé(e) / *to be crammed with people* être bondé / *to be crammed with sthg* être plein à craquer OR bourré de qqch / *the encyclopedia is crammed with useful information* l'encyclopédie regorge d'informations utiles.

cramming ['kræmɪŋ] noun bachotage *m*.

cramp [kræmp] ❖ noun crampe *f*. ❖ vt gêner, entraver.

cramped [kræmpt] adj [room] exigu(ë) / *it's a bit cramped in here* on est un peu à l'étroit ici.

cranberry ['krænbərɪ] (*pl* **-ies**) noun canneberge *f*, airelle *f*.

crane [kreɪn] ❖ noun grue *f*. ❖ vt ▸ **to crane one's neck** tendre le cou. ❖ vi tendre le cou.

cranium ['kreɪnjəm] (*pl* **-niums** *or* **-nia**) noun crâne *m*.

crank [kræŋk] ❖ noun **1.** TECH manivelle *f* **2.** *inf* [person] excentrique *mf*. ❖ vt **1.** [wind - handle] tourner ; [- mechanism] remonter (à la manivelle) **2.** AUTO faire démarrer à la manivelle.

crankshaft ['kræŋkʃɑ:ft] noun vilebrequin *m*.

cranky ['kræŋkɪ] (*compar* **-ier**, *superl* **-iest**) adj *inf* **1.** [odd] excentrique **2.** US [bad-tempered] grognon(onne).

cranny ['krænɪ] (*pl* **-ies**) noun ⟶ **nook**.

crap [kræp] noun *(U)* *v inf* merde *f* / *it's a load of crap* tout ça, c'est des conneries.

crappy ['kræpɪ] (*compar* **-ier**, *superl* **-iest**) adj *v inf* merdique.

crash [kræʃ] ❖ noun **1.** [accident] accident *m* / *car / plane / train crash* accident de voiture / d'avion / ferroviaire / *to be (involved) in a crash* [person] avoir un accident **2.** [noise] fracas *m* / *a crash of thunder* un coup de tonnerre **3.** FIN krach *m* **4.** COMPUT panne *f*. ❖ vt **1.** : *I crashed the car* j'ai eu un accident avec la voiture / *she crashed the car into a wall* elle est rentrée dans OR a percuté un mur (avec la voiture) **2.** COMPUT planter **3.** *inf* [attend without invitation] : *to crash a party* entrer dans une fête sans y être invité. ❖ vi **1.** [cars, trains] se percuter, se rentrer dedans ; [car, train] avoir un accident ; [plane] s'écraser ▸ **to crash into** [wall] rentrer dans, emboutir / *we're going to crash* **a)** [plane] on va s'écraser **b)** [car] on va lui rentrer dedans / rentrer dans le mur etc. **c)** [train] on va avoir un accident / *the cars crashed (head on)* les voitures se sont embouties OR percutées (par l'avant) **2.** [fall, hit loudly or violently] : *the tree came crashing down* l'arbre est tombé avec fracas / *the vase crashed to the ground* le vase s'est écrasé au sol **3.** [FIN - business, company] faire faillite ; [- stock market] s'effondrer **4.** COMPUT tomber en panne **5.** *inf* [sleep] dormir ; [fall asleep] s'endormir **6.** PHR **to crash and burn** US *inf* [fail] se casser la gueule.
◆ **crash out** vi *inf* [fall asleep] s'endormir ; [spend the night, sleep] roupiller.

crash barrier noun glissière *f* de sécurité.

crash course noun cours *m* intensif.

crash diet noun régime *m* intensif.

crash helmet noun casque *m* de protection.

crash-land ❖ vt faire atterrir en catastrophe. ❖ vi atterrir en catastrophe.

crash landing noun atterrissage *m* en catastrophe.

crass [kræs] adj [comment, person] lourd(e) ; [behaviour, stupidity] grossier(ère).

crassness ['kræsnɪs] noun [of comment, person] lourdeur *f*, manque *m* de finesse / *the crassness of his behaviour* son manque de finesse.

crate [kreɪt] noun cageot *m*, caisse *f*.

crater ['kreɪtər] noun cratère *m*.

cravat [krə'væt] noun cravate *f*.

crave [kreɪv] ❖ vt [affection, luxury] avoir soif de ; [cigarette, chocolate] avoir un besoin fou OR maladif de. ❖ vi ▸ **to crave for a)** [affection, luxury] avoir soif de **b)** [cigarette, chocolate] avoir un besoin fou OR maladif de.

craving ['kreɪvɪŋ] noun ▸ **craving for a)** [affection, luxury] soif *f* de **b)** [cigarette, chocolate] besoin *m* fou OR maladif de.

crawl [krɔ:l] ❖ vi **1.** [baby] marcher à quatre pattes ; [person] se traîner **2.** [insect] ramper **3.** [vehicle, traffic] avancer au pas **4.** *inf* [place, floor] ▸ **to be crawling with** grouiller de **5.** *inf* [grovel] ▸ **to crawl (to sb)** ramper (devant qqn). ❖ noun **1.** [slow pace] ▸ **at a crawl** au pas, au ralenti **2.** [swimming stroke] ▸ **the crawl** le crawl.

crayfish ['kreɪfɪʃ] (*pl inv or* **-es**) noun écrevisse *f*.

crayon ['kreɪɒn] noun crayon *m* de couleur.

craze [kreɪz] noun engouement *m*.

crazed [kreɪzd] adj ▸ **crazed (with)** rendu fou (rendue folle) (de).

-crazed suffix rendu fou par / *drug-crazed* rendu fou par la drogue / *power-crazed dictators* des dictateurs fous de pouvoir / *he was half-crazed with fear* il était à moitié fou de peur.

crazily ['kreɪzɪlɪ] adv [behave] comme un fou.

craziness ['kreɪzɪnɪs] noun folie *f*.

crazy ['kreɪzɪ] (*compar* **-ier**, *superl* **-iest**) adj *inf* **1.** [mad] fou (folle) / *to drive* OR *to send sb crazy* rendre qqn fou / *like crazy* [work, drive, run, spend money] comme un fou **2.** [enthusiastic] ▸ **to be crazy about sb / sthg** être fou (folle) de qqn / qqch / *he's football crazy* c'est un fana OR un cinglé de foot ▸ **to go crazy over sthg** flasher sur qqch.

CRB [ˌsiːɑːˈbiː] (*abbr of* **Criminal Records Bureau**) noun UK *organisme chargé de vérifier le casier judiciaire de personnels sensibles.*

creak [kriːk] ❖ noun [of door, handle] craquement *m* ; [of floorboard, bed] grincement *m*. ❖ vi [door, handle] craquer ; [floorboard, bed] grincer.

creaky ['kriːkɪ] (*compar* **-ier**, *superl* **-iest**) adj [door, handle] qui craque ; [floorboard, bed] qui grince.

cream [kriːm] ❖ adj [in colour] crème (*inv*). ❖ noun **1.** [gen] crème *f* **2.** [colour] crème *m*. ❖ vt UK [potatoes] mettre en purée. ◆ **cream off** vt sep *fig* écrémer.

cream cake noun UK gâteau *m* à la crème.

cream cheese noun fromage *m* frais.

cream cracker noun UK biscuit *m* salé (*souvent mangé avec du fromage*).

cream tea noun UK *goûter se composant de thé et de scones servis avec de la crème et de la confiture.*

creamy ['kriːmɪ] (*compar* **-ier**, *superl* **-iest**) adj **1.** [taste, texture] crémeux(euse) **2.** [colour] crème (*inv*).

crease [kriːs] ❖ noun [in fabric - deliberate] pli *m* ; [- accidental] (faux) pli. ❖ vt froisser. ❖ vi **1.** [fabric] se froisser **2.** [face, forehead] se plisser.

creased [kriːst] adj **1.** [fabric] froissé(e) **2.** [face] plissé(e).

crease-resistant adj infroissable.

create [kriːˈeɪt] vt créer.

creation [kriːˈeɪʃn] noun création *f*.

creative [kriːˈeɪtɪv] adj créatif(ive).

creatively [kriːˈeɪtɪvlɪ] adv de manière créative / *you're not thinking very creatively about your future* tu n'as pas d'idées très originales pour ton avenir.

creativity [ˌkriːeɪˈtɪvətɪ] noun créativité *f*.

creator [kriːˈeɪtəʳ] noun créateur *m*, -trice *f*.

creature ['kriːtʃəʳ] noun créature *f*.

creature comforts pl n confort *m* matériel / *I like my creature comforts* j'aime OR je suis attaché à mon (petit) confort.

crèche [kreʃ] noun UK crèche *f*.

cred [kred] noun : *to have (street) cred* UK *inf* [credibility] être branché OR dans le coup / *he wants to get some (street) cred* il veut faire branché OR dans le coup.

credence ['kriːdns] noun ▸ **to give** OR **lend credence to sthg** ajouter foi à qqch.

credentials [krɪˈdenʃlz] pl n **1.** [papers] papiers *mpl* d'identité ; *fig* [qualifications] capacités *fpl* **2.** [references] références *fpl*.

credibility [ˌkredəˈbɪlətɪ] noun crédibilité *f* / *credibility rating* crédibilité *f*.

credible ['kredəbl] adj crédible.

credit ['kredɪt] ❖ noun **1.** FIN crédit *m* ▸ **to be in credit a)** [person] avoir un compte approvisionné **b)** [account] être approvisionné ▸ **on credit** à crédit / *to give sb credit, to give credit to sb* **a)** [bank] accorder un découvert à qqn **b)** [shop, pub] faire crédit à qqn **2.** (*U*) [praise] honneur *m*, mérite *m* / *to take the credit for sthg / doing sthg* s'attribuer le mérite de qqch / d'avoir fait qqch / *all the credit should go to the team* tout le mérite doit revenir à l'équipe ▸ **to be to sb's credit a)** [successfully completed] être à l'actif de qqn **b)** [in sb's favour] être à l'honneur de qqn / *to her credit she did finish the exam* il faut lui accorder qu'elle a fini l'examen / *to be a credit to one's family / school, to do one's family / school credit* faire honneur à sa famille / son école, être l'honneur de sa famille / son école ▸ **to give sb credit for sthg** reconnaître que qqn a fait qqch / *I gave you credit for more sense* je vous supposais plus de bon sens **3.** UNIV unité *f* de valeur. ❖ comp [boom] du crédit ; [sales] à crédit / *credit entry* écriture *f* au crédit / *credit side* crédit *m*, avoir *m* / *to run a credit check on sb* **a)** [to ensure enough money in account] vérifier la solvabilité de qqn, vérifier que le compte de qqn est approvisionné **b)** [to ensure no record of bad debts] vérifier le passé bancaire de qqn. ❖ vt **1.** FIN : *to credit £10 to an account, to credit an account with £10* créditer un compte de 10 livres **2.** *inf* [believe] croire **3.** [give the credit to] ▸ **to credit sb with sthg** accorder OR attribuer qqch à qqn / *he's credited with inventing…* il a, dit-on, inventé…. ◆ **credits** pl n CIN générique *m*.

creditable ['kredɪtəbl] adj honorable.

credit card noun carte *f* de crédit.

credit crunch noun crise *f* du crédit.

credit facilities pl n UK facilités *fpl* de paiement OR de crédit.

credit limit UK, **credit line** US noun limite *f* de crédit.

credit note noun avoir *m* ; FIN note *f* de crédit.

creditor ['kredɪtəʳ] noun créancier *m*, -ère *f*.

credit rating noun degré *m* de solvabilité.

credit score noun US = **credit rating**.

credit voucher noun chèque *m* de caisse.

creditworthiness ['kredɪtˌwɜːðɪnɪs] noun solvabilité *f*.

creditworthy ['kredɪtˌwɜːðɪ] adj solvable.

credulity [krɪˈdjuːlətɪ] noun crédulité *f*.

credulous ['kredjʊləs] adj crédule.

creed [kri:d] noun **1.** [belief] principes *mpl* **2.** RELIG croyance *f*.

creek [kri:k] noun **1.** [inlet] crique *f* **2.** US [stream] ruisseau *m*.

creep [kri:p] ❖ vi (*pt & pp* **crept**) **1.** [insect] ramper ; [traffic] avancer au pas **2.** [move stealthily] se glisser **3.** *inf* [grovel] ▸ **to creep (to sb)** ramper (devant qqn). ❖ noun *inf* [nasty person] sale type *m*. ◆ **creeps** pl n ▸ **to give sb the creeps** *inf* donner la chair de poule à qqn. ◆ **creep in** vi [appear] apparaître. ◆ **creep up on** vt surprendre.

creeper ['kri:pər] noun [plant] plante *f* grimpante. ◆ **creepers** pl n chaussures *fpl* à semelles de crêpe.

creeping ['kri:pɪŋ] adj **1.** [plant - upwards] grimpant(e) ; [- along the ground] rampant(e) **2.** [insect] rampant(e) **3.** *fig* [inflation] galopant(e) ; [change] graduel(elle) / *creeping paralysis* paralysie *f* progressive.

creepy ['kri:pɪ] (*compar* **-ier**, *superl* **-iest**) adj *inf* qui donne la chair de poule.

creepy-crawly [-'krɔ:lɪ] (*pl* **-ies**) noun *inf* bestiole *f* qui rampe.

cremate [krɪ'meɪt] vt incinérer.

cremation [krɪ'meɪʃn] noun incinération *f*.

crematorium UK [,kremə'tɔ:rɪəm] (*pl* **-riums** *or* **-ria**), **crematory** US ['kremətrɪ] (*pl* **-ies**) noun crématorium *m*.

crème de la crème ['kremdəlæ'krem] noun : *the crème de la crème* le gratin, le dessus du panier.

creosote ['krɪəsəʊt] ❖ noun créosote *f*. ❖ vt créosoter.

crepe [kreɪp] noun **1.** [cloth, rubber] crêpe *m* **2.** [pancake] crêpe *f*.

crept [krept] pt & pp ⟶ **creep**.

crescendo [krɪ'ʃendəʊ] (*pl* **-s**) noun crescendo *m*.

crescent ['kresnt] ❖ adj en forme de croissant ▸ **crescent moon** croissant *m* de lune. ❖ noun **1.** [shape] croissant **2.** UK [street] rue *f* en demi-cercle.

cress [kres] noun cresson *m*.

crest [krest] noun **1.** [of bird, hill] crête *f* **2.** [on coat of arms] timbre *m*.

crestfallen ['krest,fɔ:ln] adj découragé(e).

Crete [kri:t] noun Crète *f* ▸ **in Crete** en Crète.

cretin ['kretɪn] noun *inf* [idiot] crétin *m*, -e *f*.

cretinous ['kretɪnəs] adj *lit* & *fig* crétin(e).

crevasse [krɪ'væs] noun crevasse *f*.

crevice ['krevɪs] noun fissure *f*.

crew [kru:] noun **1.** [of ship, plane] équipage *m* **2.** [team] équipe *f* ▸ **ambulance crew** ambulanciers *mpl*.

crew cut noun coupe *f* en brosse.

crew neck noun col *m* ras le OR du cou, ras-le-cou *m*.

crib [krɪb] ❖ noun **1.** [cot] lit *m* d'enfant **2.** US *inf* [house] baraque *f* ; [apartment] appart *m* / *where's your crib?* tu crèches où ? ❖ vt (*pt & pp* **-bed**, *cont* **-bing**) *inf* [copy] ▸ **to crib sthg off** OR **from sb** copier qqch sur qqn.

crib death noun US = **cot death**.

crick [krɪk] ❖ noun [in neck] torticolis *m*. ❖ vt ▸ **to crick one's neck, to have a crick in one's neck** attraper un torticolis ▸ **to crick one's back** se faire un tour de reins.

cricket ['krɪkɪt] ❖ noun **1.** [game] cricket *m* **2.** [insect] grillon *m*. ❖ comp de cricket.

cricketer ['krɪkɪtər] noun joueur *m* de cricket.

crikey ['kraɪkɪ] excl UK *inf* & *dated* zut alors !

crime [kraɪm] ❖ noun **1.** [serious] crime *m* / *a life of crime* une vie de criminel ▸ **crimes against humanity** crimes *mpl* contre l'humanité **2.** [minor] délit *m*. ❖ comp ▸ **crime novel** roman *m* policier ▸ **crime prevention** lutte *f* contre le crime.

> ⚠ The French word **crime** has a more restricted meaning than the English word, and refers to serious offences tried at the **Cour d'assises**, especially murder. For less serious crimes, use the word **délit**.

Crimea [kraɪ'mɪə] noun ▸ **the Crimea** la Crimée ▸ **in the Crimea** en Crimée.

crime wave noun vague *f* de criminalité.

criminal ['krɪmɪnl] ❖ adj criminel(elle). ❖ noun criminel *m*, -elle *f*.

criminal assault noun agression *f* criminelle, voie *f* de fait.

criminalize, criminalise UK ['krɪmɪnəlaɪz] vt criminaliser.

criminal law noun droit *m* pénal.

criminally ['krɪmɪnəlɪ] adv criminellement / *he's been criminally negligent* sa négligence est criminelle.

criminal offence noun délit *m* / *drink driving is a criminal offence* la conduite en état d'ivresse est un crime puni par la loi.

criminal record noun casier *m* judiciaire / *she hasn't got a criminal record* son casier judiciaire est vierge, elle n'a pas de casier judiciaire.

Criminal Records Bureau noun *organisme chargé de vérifier le casier judiciaire de personnels sensibles*.

criminology [,krɪmɪ'nɒlədʒɪ] noun criminologie *f*.

crimp [krɪmp] vt [hair] crêper.

crimson ['krɪmzn] ❖ adj [in colour] rouge foncé *(inv)* ; [with embarrassment] cramoisi(e). ❖ noun cramoisi *m*.

cringe [krɪndʒ] vi **1.** [in fear] avoir un mouvement de recul (par peur) **2.** *inf* [with embarrassment] ▸ **to cringe (at sthg)** ne plus savoir où se mettre (devant qqch).

cringing ['krɪndʒɪŋ] adj [fearful] craintif(ive) ; [servile] servile, obséquieux(euse).

crinkle ['krɪŋkl] ❖ noun [in paper] pli *m* ; [in cloth] (faux) pli. ❖ vt [clothes] froisser. ❖ vi [clothes] se froisser.

cripple ['krɪpl] ❖ noun *dated* & *offens* infirme *mf*. ❖ vt **1.** MED [disable] estropier **2.** [country] paralyser ; [ship, plane] endommager.

crippling ['krɪplɪŋ] adj **1.** MED [disease] qui rend infirme **2.** [taxes, debts] écrasant(e).

crisis ['kraɪsɪs] (*pl* **crises** ['kraɪsi:z]) noun crise *f*.

crisp [krɪsp] adj **1.** [pastry] croustillant(e) ; [apple, vegetables] croquant(e) ; [snow] craquant(e) **2.** [weather, manner] vif (vive). ◆ **crisps** pl n UK chips *fpl*.

crispbread ['krɪspbred] noun UK pain *m* suédois.

crispness ['krɪspnɪs] noun **1.** [of food, paper] craquant *m* ; [of clothing, sheets, weather] fraîcheur *f* ; [of wine] caractère *m* vif **2.** [of reasoning] clarté *f*, rigueur *f* **3.** [of style] précision *f* **4.** [brusqueness] tranchant *m*, brusquerie *f*.

crispy ['krispɪ] (*compar* **-ier**, *superl* **-iest**) adj [pastry] croustillant(e) ; [apple, vegetables] croquant(e).

criterion [kraɪ'tɪərɪən] (*pl* **-rions** *or* **-ria**) noun critère *m*.

critic ['krɪtɪk] noun **1.** [reviewer] critique *mf* **2.** [detractor] détracteur *m*, -trice *f*.

critical ['krɪtɪkl] adj critique ▸ **to be critical of sb / sthg** critiquer qqn / qqch.

critically ['krɪtɪklɪ] adv **1.** [ill] gravement / *critically important* d'une importance capitale **2.** [analytically] de façon critique.

criticism ['krɪtɪsɪzm] noun critique *f*.

criticize, criticise UK ['krɪtɪsaɪz] vt & vi critiquer.

critique [krɪ'ti:k] noun critique *f*.

croak [krəʊk] ❖ noun **1.** [of frog] coassement *m* ; [of raven] croassement *m* **2.** [hoarse voice] voix *f* rauque. ❖ vi **1.** [frog] coasser ; [raven] croasser **2.** [person] parler d'une voix rauque.

croaky ['krəʊkɪ] adj enroué(e).

Croat ['krəʊæt], **Croatian** [krəʊ'eɪʃn] ❖ adj croate. ❖ noun **1.** [person] Croate *mf* **2.** [language] croate *m*.

Croatia [krəʊ'eɪʃə] noun Croatie *f* ▸ **in Croatia** en Croatie.

Croatian = **Croat**.

crochet ['krəʊʃeɪ] ❖ noun crochet *m*. ❖ vt faire au crochet.

crockery ['krɒkərɪ] noun vaisselle *f*.

crocodile ['krɒkədaɪl] (*pl inv or* **-s**) noun crocodile *m*.

crocodile tears pl n larmes *fpl* de crocodile.

crocus ['krəʊkəs] (*pl* **-es**) noun crocus *m*.

croft [krɒft] noun UK petite ferme *f* *(particulièrement en Écosse)*.

croissant noun croissant *m*.

crony ['krəʊnɪ] (*pl* **-ies**) noun *inf* copain *m*, copine *f*.

crook [krʊk] ❖ noun **1.** [criminal] escroc *m* **2.** [of arm, elbow] pliure *f* **3.** [shepherd's staff] houlette *f*. ❖ vt [finger, arm] plier.

crooked ['krʊkɪd] adj **1.** [bent] courbé(e) **2.** [teeth, tie] de travers **3.** *inf* [dishonest] malhonnête.

croon [kru:n] vt & vi chantonner.

crop [krɒp] ❖ noun **1.** [kind of plant] culture *f* **2.** [harvested produce] récolte *f* **3.** [whip] cravache *f*. ❖ vt (*pt & pp* **-ped**, *cont* **-ping**) **1.** [hair] couper très court **2.** [subj: cows, sheep] brouter. ◆ **crop up** vi survenir.

cropped ['krɒpt] adj ▸ **cropped hair** cheveux coupés ras ▸ **cropped trousers** pantacourt *m*.

cropper ['krɒpər] noun *inf* ▸ **to come a cropper** [fall over] se casser la figure ; [make mistake] se planter.

croquet ['krəʊkeɪ] noun croquet *m*.

croquette [krɒ'ket] noun croquette *f*.

cross [krɒs] ❖ adj [person] fâché(e) ; [look] méchant(e) ▸ **to get cross (with sb)** se fâcher (contre qqn) / *she's cross with me* elle est fâchée contre moi / *he makes me so cross!* qu'est-ce qu'il peut m'agacer ! ❖ noun **1.** [gen] croix *f* / *he signed with a cross* il a signé d'une croix / *the Cross* la Croix **2.** [hybrid] croisement *m* / *a cross between a horse and a donkey* un croisement d'un cheval et d'une ânesse / *a cross between a thriller and a comedy* un mélange de policier et de comédie. ❖ vt **1.** [gen] traverser / *the bridge crosses the river at Orléans* le pont franchit OR enjambe le fleuve à Orléans / *it crossed my mind that…* j'ai pensé OR l'idée m'a effleuré que… **2.** [arms, legs] croiser / *to cross one's arms / one's legs* croiser les bras / les jambes ▸ **cross your fingers** OR **keep your fingers crossed for me** pense à moi et croise les doigts **3.** RELIG ▸ **to cross o.s.** faire le signe de croix, se signer **4.** UK [cheque] barrer. ❖ vi **1.** [go across] traverser / *she crossed (over) to the other side of the road* elle a traversé la route / *they crossed from Dover to Boulogne* ils ont fait la traversée de Douvres à Boulogne **2.** [intersect] se croiser / *our letters crossed in the post* nos lettres se sont croisées. ◆ **cross off, cross out** vt sep rayer.

crossbar ['krɒsbɑ:r] noun **1.** SPORT barre *f* transversale **2.** [on bicycle] barre *f*.

crossbow ['krɒsbəʊ] noun arbalète *f*.

crossbreed ['krɒsbri:d] noun hybride *m*.

cross-Channel adj transManche.

cross-check ❖ noun contre-vérification *f*. ❖ vt faire une contre-vérification de.

cross-country ❖ adj ▸ **cross-country running** cross *m* ▸ **cross-country skiing** ski *m* de fond. ❖ adv à travers champs. ❖ noun cross-country *m*, cross *m*.

cross-dressing noun travestisme *m*.

cross-examination noun LAW contre-interrogatoire *m*.

cross-examine vt LAW faire subir un contre-interrogatoire à ; *fig* questionner de près.

cross-eyed [-aɪd] adj qui louche.

cross-fertilize vt [plants] croiser.

crossfire ['krɒs,faɪər] noun *(U)* feu *m* croisé.

crossing ['krɒsɪŋ] noun **1.** [on road] passage *m* clouté ; [on railway line] passage *m* à niveau **2.** [sea journey] traversée *f*.

crossing guard noun US *employée municipale qui fait traverser les enfants*.

cross-legged [-legd] adv en tailleur.

crossly ['krɒslɪ] adv [say] d'un air fâché.

cross-platform adj multiplateforme.

cross-purposes pl n ▸ **to be at cross-purposes** ne pas être sur la même longueur d'ondes ▸ **to talk at cross-purposes** ne pas parler de la même chose.

cross-refer vt & vi renvoyer.

cross-reference noun renvoi *m*.

crossroads ['krɒsrəʊdz] (*pl inv*) noun croisement *m* ▸ **to be at a crossroads** *fig* se trouver à un point critique.

cross-section noun **1.** [drawing] coupe *f* transversale **2.** [sample] échantillon *m*.

crosswalk ['krɒswɔ:k] noun US passage *m* clouté, passage *m* pour piétons.

crosswind ['krɒswɪnd] noun vent *m* de travers.

crossword (puzzle) ['krɒswɜ:d-] noun mots croisés *mpl*.

crotch [krɒtʃ] noun entrejambe *m*.

crotchet ['krɒtʃɪt] noun UK MUS noire *f*.

crotchety ['krɒtʃɪtɪ] adj UK *inf* grognon(onne).

crouch [kraʊtʃ] vi s'accroupir.

croupier ['kru:pɪəʳ] noun croupier *m*.

crouton ['kru:tɒn] noun croûton *m*.

crow [krəʊ] ❖ noun corbeau *m* ▸ **as the crow flies** à vol d'oiseau. ❖ vi **1.** [cock] chanter **2.** *inf* [person] frimer.

crowbar ['krəʊbɑ:ʳ] noun pied-de-biche *m*.

crowd [kraʊd] ❖ noun **1.** [mass of people] foule *f* / *she stands out in a crowd* elle se distingue de la masse / *the crowd* la foule, la masse du peuple **2.** [particular group] bande *f*, groupe *m*. ❖ vi s'amasser / *to crowd round sb / sthg* se presser autour de qqn / qqch. ❖ vt **1.** [streets, town] remplir **2.** [force into small space] entasser.

crowded ['kraʊdɪd] adj ▸ **crowded (with)** bondé(e) (de), plein(e) (de).

crowdpuller ['kraʊd,pʊləʳ] noun UK *inf* : *his play is a real crowdpuller* sa pièce attire les foules.

crown [kraʊn] ❖ noun **1.** [of king, on tooth] couronne *f* **2.** [of head, hill] sommet *m* ; [of hat] fond *m*. ❖ vt couronner. ◆ **Crown** ❖ noun ▸ **the Crown** [monarchy] la Couronne. ❖ comp de la Couronne.

crown court noun UK [in England, Wales] tribunal *m* de grande instance.

crowning ['kraʊnɪŋ] adj *fig* suprême / *the crowning glory of her career* le couronnement de sa carrière.

crown jewels pl n joyaux *mpl* de la Couronne.

crown prince noun prince *m* héritier.

Crown Prosecution Service pr n ▸ **the Crown Prosecution Service** *organisme public qui décide si les affaires doivent être portées devant les tribunaux en Angleterre et au Pays de Galles*.

crow's feet pl n pattes *fpl* d'oie.

crucial ['kru:ʃl] adj crucial(e).

crucially ['kru:ʃlɪ] adv de façon cruciale / *crucially important* d'une importance cruciale.

crucible ['kru:sɪbl] noun creuset *m*.

crucifix ['kru:sɪfɪks] noun crucifix *m*.

Crucifixion [,kru:sɪ'fɪkʃn] noun ▸ **the Crucifixion** la Crucifixion.

crucify ['kru:sɪfaɪ] (*pt & pp* **-ied**) vt crucifier.

crude [kru:d] ❖ adj **1.** [material] brut(e) **2.** [joke, drawing] grossier(ère). ❖ noun *(U)* ▸ **crude (oil)** brut *m*.

crudely ['kru:dlɪ] adv **1.** [joke, remark] grossièrement, crûment **2.** [draw, sketch] grossièrement, sommairement.

crude oil noun *(U)* brut *m*.

cruel [krʊəl] (*compar* **-ler**, *superl* **-lest**) adj cruel(elle).

cruelly ['krʊəlɪ] adv cruellement.

cruelty ['krʊəltɪ] noun *(U)* cruauté *f*.

cruet ['kru:ɪt] noun service *m* à condiments.

cruise [kru:z] ❖ noun croisière *f*. ❖ vi **1.** [sail] croiser **2.** [car] rouler ; [plane] voler.

cruise missile noun missile *m* de croisière.

cruiser ['kru:zəʳ] noun **1.** [warship] croiseur *m* **2.** [cabin cruiser] yacht *m* de croisière.

cruising ['kru:zɪŋ] noun [in boat] croisière *f*, croisières *fpl* ▸ **cruising altitude** altitude *f* de croisière ▸ **cruising holiday** croisière *f* ▸ **cruising range** AERON autonomie *f* à vitesse de croisière ▸ **cruising speed** vitesse *f* de croisière.

crumb [krʌm] noun **1.** [of food] miette *f* **2.** *fig* [of information] bribe *f*.

crumble ['krʌmbl] ❖ noun crumble *m* (aux fruits). ❖ vt émietter. ❖ vi **1.** [bread, cheese] s'émietter ; [building, wall] s'écrouler ; [cliff] s'ébouler ; [plaster] s'effriter **2.** *fig* [society, relationship] s'effondrer.

crumbly ['krʌmblɪ] (*compar* **-ier**, *superl* **-iest**) adj friable.

crummy ['krʌmɪ] (*compar* **-ier**, *superl* **-iest**) adj *inf* minable.

crumpet ['krʌmpɪt] noun CULIN petite crêpe *f* épaisse.

crumple ['krʌmpl] ❖ vt [crease] froisser. ❖ vi [clothes] se froisser ; [car, bodywork] se mettre en accordéon. ◆ **crumple up** vt sep chiffonner.

crumpled ['krʌmpld] adj froissé(e) / *to be lying in a crumpled heap* **a)** [clothes] être jeté en boule **b)** [person] être recroquevillé par terre.

crunch [krʌntʃ] ❖ noun **1.** crissement *m* ▸ **when it comes to the crunch** *inf* au moment crucial OR décisif ▸ **if it comes to the crunch** *inf* s'il le faut **2.** *inf* [busy time] ▸ **to have a crunch on** être surchargé(e). ❖ vt **1.** [with teeth] croquer **2.** [underfoot] crisser. ❖ vi [feet, tyres] crisser.

crunchy ['krʌntʃɪ] (*compar* **-ier**, *superl* **-iest**) adj **1.** [food] croquant(e) **2.** [snow, gravel] qui crisse **3.** US *inf* [interested in health foods] branché(e) bio.

crusade [kru:'seɪd] ❖ noun *liter* & *fig* croisade *f*. ❖ vi ▸ **to crusade for / against** faire campagne pour/contre.

crusader [kru:'seɪdəʳ] noun **1.** HIST croisé *m* **2.** [campaigner] militant *m*, -e *f*.

crush [krʌʃ] ❖ noun **1.** [crowd] foule *f* **2.** *inf* [infatuation] ▸ **to have a crush on sb** avoir le béguin pour qqn **3.** UK [drink] ▸ **orange crush** orange *f* pressée. ❖ vt **1.** [gen] écraser ; [seeds, grain] broyer ; [ice] piler **2.** *fig* [hopes] anéantir / *she felt crushed by the news* elle a été accablée OR atterrée par la nouvelle.

crushing ['krʌʃɪŋ] adj **1.** [defeat, blow] écrasant(e) **2.** [remark] humiliant(e).

crust [krʌst] noun croûte *f*.

crustacean [krʌ'steɪʃn] noun crustacé *m*.

crusty ['krʌstɪ] (*compar* **-ier**, *superl* **-iest**) adj **1.** [food] croustillant(e) **2.** [person] grincheux(euse).

crutch [krʌtʃ] noun **1.** [stick] béquille *f* ; *fig* soutien *m* **2.** UK [crotch] entrejambe *m*.

crux [krʌks] noun nœud *m*.

cry [kraɪ] ❖ noun (*pl* **cries**) **1.** [weep] ▸ **to have a good cry** pleurer un bon coup **2.** [of person, bird] cri *m* / *he heard a cry for help* il a entendu crier au secours ▸ **a far cry from** loin de. ❖ vt (*pt & pp* **cried**) [tears] pleurer ▸ **to cry o.s. to sleep** s'endormir à force de pleurer ▸ **to cry wolf** crier au loup. ❖ vi **1.** [weep] pleurer / *she cried in* OR *with frustration* elle pleurait d'impuissance **2.** [shout] crier / *to cry for help* crier au secours **3.** PHR **it's no use crying over spilt milk** *prov* ce qui est fait est fait ▸ **to cry into one's beer** US *inf* pleurer sur son sort. ◆ **cry off** vi UK se dédire. ◆ **cry out** ❖ vt crier. ❖ vi crier ; [in pain, dismay] pousser un cri. ◆ **cry out for** vt insep [demand] réclamer à grands cris / *the room is crying out for...* la pièce a bien besoin de....

crybaby ['kraɪˌbeɪbɪ] (*pl* **-ies**) noun *inf* & *pej* pleurnicheur *m*, -euse *f*.

crying ['kraɪɪŋ] ❖ adj *inf* ▸ **it's a crying shame** c'est scandaleux ▸ **a crying need for sthg** un grand besoin de qqch, un besoin urgent de qqch. ❖ noun (*U*) pleurs *mpl*.

crypt [krɪpt] noun crypte *f*.

cryptic ['krɪptɪk] adj mystérieux(euse), énigmatique.

crystal ['krɪstl] ❖ noun cristal *m*. ❖ comp en cristal.

crystal ball noun boule *f* de cristal.

crystal clear adj **1.** [transparent] de cristal **2.** [obvious] clair(e) comme de l'eau de roche.

crystallize, crystalise UK ['krɪstəlaɪz] ❖ vi *lit* & *fig* se cristalliser. ❖ vt **1.** [make clear] cristalliser, concrétiser **2.** [preserve in sugar] ▸ **crystallized fruit** fruits *mpl* confits.

CSA pr n **1.** *abbr of* **Confederate States of America** **2.** *abbr of* **Child Support Agency**.

CS gas noun (*U*) gaz *m* lacrymogène.

CST (*abbr of* **Central Standard Time**) noun *heure du centre des États-Unis*.

CU MESSAGING (*written abbr of* **see you**) @+.

cub [kʌb] noun **1.** [young animal] petit *m* **2.** [boy scout] louveteau *m*.

Cuba ['kju:bə] noun Cuba ▸ **in Cuba** à Cuba.

Cuban ['kju:bən] ❖ adj cubain(e). ❖ noun Cubain *m*, -e *f*.

cubbyhole ['kʌbɪhəʊl] noun cagibi *m*.

cube [kju:b] ❖ noun **1.** [gen & MATH] cube *m* **2.** (*abbr of* **cubicle**) poste *m* de travail. ❖ vt MATH élever au cube.

cube root noun racine *f* cubique.

cubic ['kju:bɪk] adj cubique.

cubicle ['kju:bɪkl] noun cabine *f*.

cubism ['kju:bɪzm] noun cubisme *m*.

Cub Scout noun louveteau *m*.

cuckoo ['kʊku:] noun coucou *m*.

cuckoo clock noun coucou *m*.

cucumber ['kju:kʌmbəʳ] noun concombre *m*.

cud [kʌd] noun ▸ **to chew the cud** *lit* & *fig* ruminer.

cuddle ['kʌdl] ❖ noun caresse *f*, câlin *m*. ❖ vt caresser, câliner. ❖ vi se faire un câlin, se câliner. ◆ **cuddle up** vi ▸ **to cuddle up (to sb)** se pelotonner (contre qqn).

cuddly ['kʌdlɪ] (*compar* **-ier**, *superl* **-iest**) adj [person] câlin(e).

cuddly toy noun jouet *m* en peluche.

cudgel ['kʌdʒəl] ❖ noun trique *f* ▸ **to take up the cudgels for sb / sthg** prendre fait et cause pour qqn/qqch. ❖ vt (UK *pt & pp* **-led**, *cont* **-ling**, US *pt & pp* **-ed**, *cont* **-ing**) frapper à coups de trique.

cue [kju:] noun **1.** RADIO, THEAT & TV signal *m* ▸ **on cue** au bon moment ▸ **to take one's cue from sb** emboîter le pas à qqn **2.** *fig* [stimulus] signe *m* / *this could be the cue for a recovery* cela pourrait marquer le début d'une amélioration **3.** [in snooker, pool] queue *f* (de billard).

cuff [kʌf] ❖ noun **1.** [of sleeve] poignet *m* ▸ **off the cuff** au pied levé **2.** US [of trouser] revers *m inv* **3.** [blow] gifle *f*. ❖ vt gifler.

cuff link noun bouton *m* de manchette.

cuisine [kwɪ'zi:n] noun cuisine *f*.

cul-de-sac ['kʌldəsæk] noun cul-de-sac *m*.

culinary ['kʌlɪnərɪ] adj culinaire.

cull [kʌl] ❖ noun massacre *m*. ❖ vt **1.** [kill] massacrer **2.** [gather] recueillir.

culminate ['kʌlmɪneɪt] vi ▸ **to culminate in sthg** se terminer par qqch, aboutir à qqch.

culmination [ˌkʌlmɪ'neɪʃn] noun apogée *m*.

culottes [kju:'lɒts] pl n jupe-culotte *f*.

culpable ['kʌlpəbl] adj coupable.

culprit ['kʌlprɪt] noun coupable *mf*.

CUL8R MESSAGING (*written abbr of* **see you later**) @+.

cult [kʌlt] ✣ noun culte *m* ; [sect] secte *m*. ✣ comp culte.

cultivate ['kʌltɪveɪt] vt cultiver.

cultivated ['kʌltɪveɪtɪd] adj cultivé(e).

cultivation [ˌkʌltɪ'veɪʃn] noun *(U)* [farming] culture *f*.

cultural ['kʌltʃərəl] adj culturel(elle).

culturally ['kʌltʃərəlɪ] adv culturellement.

culture ['kʌltʃər] noun culture *f*.

cultured ['kʌltʃəd] adj [educated] cultivé(e).

culture shock noun choc *m* culturel.

cum [kʌm] ✣ prep avec / *a kitchen-cum-dining area* une cuisine *f* avec coin-repas / *he's a teacher-cum-philosopher* il est philosophe aussi bien qu'enseignant. ✣ noun *vulg* [semen] foutre *m*.

cumbersome ['kʌmbəsəm] adj **1.** [object] encombrant(e) **2.** [system] lourd(e).

cumin ['kʌmɪn] noun cumin *m*.

cumulative ['kju:mjʊlətɪv] adj cumulatif(ive).

cunning ['kʌnɪŋ] ✣ adj **1.** [shrewd] astucieux(euse), malin(igne) ; *pej* rusé(e), fourbe **2.** [skilful] habile, astucieux(euse). ✣ noun *(U)* **1.** [guile] finesse *f*, astuce *f* ; *pej* ruse *f*, fourberie *f* **2.** [skill] habileté *f*, adresse *f*.

cunningly ['kʌnɪŋlɪ] adv **1.** [shrewdly] astucieusement, finement ; *pej* avec ruse OR fourberie **2.** [skilfully] habilement, astucieusement.

cunt [kʌnt] noun *vulg* **1.** [vagina] con *m*, chatte *f* **2.** [man] enculé *m* ; [woman] salope *f*.

cup [kʌp] ✣ noun **1.** [container, unit of measurement] tasse *f* / *a cup of coffee* une tasse de café **2.** [prize, competition] coupe *f* **3.** [of bra] bonnet *m*. ✣ vt (*pt & pp* **-ped**, *cont* **-ping**) [hands] mettre en coupe / *to cup one's hands around sthg* mettre ses mains autour de qqch.

cupboard ['kʌbəd] noun placard *m*.

cupcake noun **1.** US [cake] petit gâteau *m* **2.** [term of affection] mon chou, ma puce.

cup final noun SPORT finale *f* de la coupe ▸ **the Cup Final** UK la finale de la Coupe de Football.

cup holder noun SPORT détenteur *m* de la coupe.

cupid ['kju:pɪd] noun [figure] amour *m*.

curable ['kjʊərəbl] adj curable, guérissable.

curate ['kjʊərət] noun UK vicaire *m*.

curator [ˌkjʊə'reɪtər] noun conservateur *m*, -trice *f*.

curb [kɜ:b] ✣ noun **1.** [control] ▸ **curb (on)** frein *m* (à) **2.** US [of road] bord *m* du trottoir. ✣ vt mettre un frein à.

curdle ['kɜ:dl] vi cailler.

cure [kjʊər] ✣ noun ▸ **cure (for) a)** MED remède *m* (contre) **b)** *fig* remède *m* (à). ✣ vt **1.** MED guérir **2.** [solve - problem] éliminer **3.** [rid] ▸ **to cure sb of sthg** guérir qqn de qqch, faire perdre l'habitude de qqch à qqn **4.** [preserve - by smoking] fumer ; [- by salting] saler ; [- tobacco, hide] sécher.

cure-all noun panacée *f*.

curfew ['kɜ:fju:] noun couvre-feu *m*.

curio ['kjʊərɪəʊ] (*pl* **-s**) noun bibelot *m*.

curiosity [ˌkjʊərɪ'ɒsətɪ] noun curiosité *f*.

curious ['kjʊərɪəs] adj ▸ **curious (about)** curieux(euse) (à propos de).

curiously ['kjʊərɪəslɪ] adv **1.** [inquisitively] avec curiosité **2.** [strangely] curieusement ▸ **curiously enough** curieusement, chose curieuse.

curl [kɜ:l] ✣ noun **1.** [of hair] boucle *f* **2.** [of smoke] volute *f*. ✣ vt **1.** [hair] boucler **2.** [roll up] enrouler. ✣ vi **1.** [hair] boucler **2.** [roll up] s'enrouler ▸ **to curl into a ball** se mettre en boule. ◆ **curl up** vi [person, animal] se mettre en boule, se pelotonner.

curler ['kɜ:lər] noun bigoudi *m*.

curling ['kɜ:lɪŋ] noun curling *m*.

curling tongs pl n UK fer *m* à friser.

curly ['kɜ:lɪ] (*compar* **-ier**, *superl* **-iest**) adj [hair] bouclé(e).

currant ['kʌrənt] noun [dried grape] raisin *m* de Corinthe, raisin sec.

currency ['kʌrənsɪ] (*pl* **-ies**) noun **1.** [type of money] monnaie *f* **2.** *(U)* [money] devise *f* **3.** *fml* [acceptability] ▸ **to gain currency** s'accréditer.

current ['kʌrənt] ✣ adj [price, method] actuel(elle) ; [year, week] en cours ; [boyfriend, girlfriend] du moment ▸ **current issue** dernier numéro. ✣ noun **1.** [of water, air, electricity] courant *m* ▸ **alternating / direct current** courant *m* alternatif / continu **2.** [trend] tendance *f*.

current account noun UK compte *m* courant.

current affairs pl n actualité *f*, questions *fpl* d'actualité.

currently ['kʌrəntlɪ] adv actuellement.

curriculum [kə'rɪkjələm] (*pl* **-lums** *or* **-la**) noun programme *m* d'études.

curriculum vitae [-'vi:taɪ] (*pl* **curricula vitae**) noun curriculum vitae *m*.

curry ['kʌrɪ] (*pl* **-ies**) noun curry *m*.

curry powder noun poudre *f* de curry.

curse [kɜ:s] ✣ noun **1.** [evil spell] malédiction *f* ; *fig* fléau *m* **2.** [swearword] juron *m*. ✣ vt maudire. ✣ vi jurer.

curse word noun US juron *m*.

cursor ['kɜ:sər] noun COMPUT curseur *m*.

cursory ['kɜ:sərɪ] adj superficiel(elle).

curt [kɜ:t] adj brusque.

curtail [kɜ:'teɪl] vt **1.** [visit] écourter **2.** [rights, expenditure] réduire.

curtain ['kɜ:tn] noun rideau *m*. ◆ **curtain off** vt sep [bed] cacher derrière un rideau ; [room] diviser par un rideau.

curtain call noun rappel *m*.

curts(e)y ['kɜːtsɪ] (*pl* **curtseys** *or* **curtsies** *pt & pp* **curtseyed** *or* **curtsied**) ❖ noun révérence *f*. ❖ vi faire une révérence.

curvaceous [kɜː'veɪʃəs] adj *inf* bien roulé(e).

curvature ['kɜːvətjəʳ] noun courbure *f* ; MED [of spine] déviation *f*.

curve [kɜːv] ❖ noun courbe *f*. ❖ vi faire une courbe.

curved [kɜːvd] adj courbe.

curvy ['kɜːvɪ] (*compar* **-ier**, *superl* **-iest**) adj [line] courbé(e) ; [woman] bien roulée.

cushion ['kʊʃn] ❖ noun coussin *m*. ❖ vt [fall, blow, effects] amortir ▸ **to be cushioned against** [inflation, reality] être paré contre.

cushy ['kʊʃɪ] (*compar* **-ier**, *superl* **-iest**) adj *inf* pépère, peinard(e).

custard ['kʌstəd] noun UK crème *f* anglaise.

custodial [kʌ'stəʊdjəl] adj **1.** LAW de prison ▸ **custodial sentence** peine *f* de prison **2.** [guarding] ▸ **custodial staff** personnel *m* de surveillance.

custodian [kʌ'stəʊdjən] noun [of building] gardien *m*, -enne *f* ; [of museum] conservateur *m*.

custody ['kʌstədɪ] noun **1.** [of child] garde *f* / *to be given* OR *awarded custody of a child* LAW obtenir la garde d'un enfant **2.** LAW ▸ **in custody** en garde à vue / *he was taken into (police) custody* il a été mis en état d'arrestation.

custom ['kʌstəm] noun **1.** [tradition, habit] coutume *f* **2.** COMM clientèle *f* / *thank you for your custom* merci de nous avoir honorés de votre commande. ◆ **customs** noun [place] douane *f* ▸ **to go through customs** passer (à) la douane.

customary ['kʌstəmrɪ] adj [behaviour] coutumier(ère) ; [way, time] habituel(elle).

custom-built adj fait(e) sur commande OR mesure.

customer ['kʌstəməʳ] noun **1.** [client] client *m*, -e *f* **2.** *inf* [person] type *m*.

customer care noun service *m* client.

customer loyalty noun fidélité *f* de la clientèle.

customer profile noun profil *m* du client OR du consommateur.

customer service noun service *m* client ▸ **customer service advisor** conseiller *m*, -ère *f* clientèle.

customize, customise UK ['kʌstəmaɪz] vt [make] fabriquer OR assembler sur commande ; [modify] modifier sur commande.

custom-made adj fait(e) sur mesure.

Customs and Excise noun UK ≃ service *m* des contributions indirectes.

customs duty noun droit *m* de douane.

customs officer noun douanier *m*, -ère *f*.

cut [kʌt] ❖ noun **1.** [in wood] entaille *f* ; [in skin] coupure *f* / *to make a cut in sthg* [with knife, scissors] faire une entaille dans qqch / *she had a nasty cut on her leg* elle s'était fait une vilaine entaille à la jambe **2.** [of meat] morceau *m* **3.** [reduction] ▸ **cut (in)** **a)** [taxes, salary, personnel] réduction *f* (de) **b)** [film, article] coupure *f* (dans) / *a cut in government spending* une réduction OR diminution des dépenses publiques / *budget cuts* FIN restrictions *fpl* budgétaires **4.** *inf* [share] part *f* **5.** [of suit, hair] coupe *f* **6.** PHR **a cut above (the rest)** *inf* supérieur(e) aux autres. ❖ vt (*pt & pp* **cut**, *cont* **-ting**) **1.** [gen] couper / *to cut one's finger* se couper le doigt / *cut the box open with the knife* ouvrez la boîte avec le couteau / *she cut articles from the paper* elle découpait des articles dans le journal / *cut the cake in half / in three pieces* coupez le gâteau en deux / en trois / *I cut my nails / my hair* je me suis coupé les ongles / les cheveux / *you've had your hair cut* vous vous êtes fait couper les cheveux **2.** [taxes, costs, workforce] réduire / *to cut prices* casser les prix / *the athlete cut 5 seconds off the world record* OR *cut the world record by 5 seconds* l'athlète a amélioré le record mondial de 5 secondes **3.** [interrupt] interrompre, couper / *to cut sb short* couper la parole à qqn / *we had to cut our visit short* nous avons dû écourter notre visite ▸ **to cut a long story short, I left** bref OR en deux mots, je suis parti **4.** [subj: baby] : *he's cutting a tooth* il fait ses dents **5.** *inf* [lecture, class] sécher. ❖ vi (*pt & pp* **cut**, *cont* **-ting**) **1.** [gen] couper / *cut around the edge* découpez OR coupez en suivant le bord / *she cut into the bread* elle a entamé le pain **2.** [intersect] se couper **3.** COMPUT couper **4.** CIN & TV [stop filming] couper ; [change scenes] : *the film cuts straight from the love scene to the funeral* l'image passe directement de la scène d'amour à l'enterrement. ◆ **cut across** vt insep **1.** [as short cut] couper à travers / *this path cuts across the swamp* ce sentier traverse OR coupe à travers le marécage **2.** [transcend] ne pas tenir compte de. ◆ **cut back** ❖ vt sep **1.** [prune] tailler **2.** [reduce] réduire. ❖ vi ▸ **to cut back on** réduire, diminuer. ◆ **cut down** ❖ vt sep **1.** [chop down] couper **2.** [reduce] réduire, diminuer. ❖ vi ▸ **to cut down on smoking / eating / spending** fumer / manger / dépenser moins. ◆ **cut in** vi **1.** [interrupt] ▸ **to cut in (on sb)** interrompre (qqn) **2.** AUTO & SPORT se rabattre. ◆ **cut off** vt sep **1.** [piece, crust] couper **2.** [finger, leg - subj: surgeon] amputer **3.** [power, telephone, funding] couper **4.** [separate] ▸ **to be cut off (from)** **a)** [person] être coupé(e) (de) **b)** [village] être isolé(e) (de). ◆ **cut out** ❖ vt sep **1.** [photo, article] découper ; [sewing pattern] couper ; [dress] tailler ▸ **to be cut out for sthg** *fig* [person] être fait pour qqch **2.** [stop] : *to cut out smoking / chocolates* arrêter de fumer / de manger des chocolats ▸ **cut it out!** *inf* ça suffit ! **3.** [exclude] exclure. ❖ vi [stall] caler. ◆ **cut up** vt sep [chop up] couper, hacher.

cut-and-dried adj tout fait (toute faite).

cut-and-paste vt & vi COMPUT couper-coller.

cutback ['kʌtbæk] noun ▸ **cutback (in)** réduction *f* (de).

cute [kjuːt] adj [appealing] mignon(onne).

cuticle ['kjuːtɪkl] noun envie *f*.

cutlery ['kʌtlərɪ] noun (*U*) couverts *mpl*.

cutlet ['kʌtlɪt] noun côtelette *f*.

cutoff (point) ['kʌtof-] noun [limit] point *m* de limite.

cutout ['kʌtaʊt] noun **1.** [on machine] disjoncteur *m* **2.** [shape] découpage *m*.

cut-price UK, **cut-rate** US adj à prix réduit.

cutthroat ['kʌtθrəʊt] adj [ruthless] acharné(e).

cutting ['kʌtɪŋ] ❖ adj [sarcastic - remark] cinglant(e) ; [- wit] acerbe. ❖ noun **1.** [of plant] bouture *f* **2.** UK [from newspaper] coupure *f* **3.** UK [for road, railway] tranchée *f*.

cutting board noun US planche *f* à découper.

cutting-edge adj [technology] de pointe.

cuttlefish ['kʌtlfɪʃ] (*pl inv*) noun seiche *f*.

cut up adj UK *inf* [upset] affligé(e).

CV (*abbr of* **curriculum vitae**) noun CV *m*.

cwt. *abbr of* **hundredweight**.

cyanide ['saɪənaɪd] noun cyanure *m*.

cyberbanking ['saɪbəˌbæŋkɪŋ] noun COMPUT transactions *fpl* bancaires en ligne.

cyberbullying ['saɪbəbʊlɪɪŋ] noun cyber-agression *f*.

cybercafé ['saɪbəˌkæfeɪ] noun cybercafé *m*.

cybercrime ['saɪbəˌkraɪm] noun délinquance *f* informatique.

cyberculture ['saɪbəˌkʌltʃəʳ] noun cyberculture *f*.

cybernaut ['saɪbəˌnɔːt] noun cybernaute *mf*.

cybernetics [ˌsaɪbə'netɪks] noun *(U)* cybernétique *f*.

cybersex ['saɪbəˌseks] noun cybersexe *m*.

cyber shop noun boutique *f* en ligne.

cybershopping ['saɪbəʃɒpɪŋ] noun achats *mpl* en ligne, cybershopping *m*.

cyberspace ['saɪbəspeɪs] noun cyberespace *m*.

cybersquatting ['saɪbəskwɒtɪŋ] noun cybersquatting *m*.

cyberstalking ['saɪbəstɔːkɪŋ] noun harcèlement *m* en ligne, cyber-harcèlement *m*.

cyber store = **cyber shop**.

cybersurfer ['saɪbəˌsɜːfəʳ] noun cybernaute *mf*.

cyborg ['saɪbɔːg] noun cyborg *m*.

cyclamen ['sɪkləmən] (*pl inv*) noun cyclamen *m*.

cycle ['saɪkl] ❖ noun **1.** [of events, songs] cycle *m* **2.** [bicycle] bicyclette *f*. ❖ comp [path, track] cyclable ; [race] cycliste ; [shop] de cycles. ❖ vi faire de la bicyclette.

cycle lane noun piste *f* cyclable.

cycling ['saɪklɪŋ] noun cyclisme *m*.

cyclist ['saɪklɪst] noun cycliste *mf*.

cyclone ['saɪkləʊn] noun cyclone *m*.

cygnet ['sɪgnɪt] noun jeune cygne *m*.

cylinder ['sɪlɪndəʳ] noun cylindre *m*.

cylindrical [sɪ'lɪndrɪkl] adj cylindrique.

cymbal ['sɪmbl] noun cymbale *f*.

cynic ['sɪnɪk] noun cynique *mf*.

cynical ['sɪnɪkl] adj cynique.

cynically ['sɪnɪklɪ] adv cyniquement.

cynicism ['sɪnɪsɪzm] noun cynisme *m*.

cypress ['saɪprəs] noun cyprès *m*.

Cypriot ['sɪprɪət] ❖ adj chypriote. ❖ noun Chypriote *mf* ▸ **Greek / Turkish Cypriot** Chypriote grec (grecque)/turc (turque).

Cyprus ['saɪprəs] noun Chypre *f* ▸ **in Cyprus** à Chypre.

cyst [sɪst] noun kyste *m*.

cystitis [sɪs'taɪtɪs] noun cystite *f*.

czar [zɑːʳ] noun [sovereign] tsar *m* ; [top person] éminence *f* grise, ponte *m*.

Czech [tʃek] ❖ adj tchèque. ❖ noun **1.** [person] Tchèque *mf* **2.** [language] tchèque *m*.

Czechoslovakia [ˌtʃekəslə'vækɪə] noun Tchécoslovaquie *f* ▸ **in Czechoslovakia** en Tchécoslovaquie.

Czech Republic noun République *f* tchèque.

D

d (*pl* **d's** *or* **ds**), **D** (*pl* **D's** *or* **Ds**) [diː] noun [letter] d *m inv*, D *m inv*. ◆ **D** noun **1.** MUS ré *m* **2.** SCH [mark] D *m inv*.

d. (*abbr of* **died**) : *d. 1913* mort en 1913.

D US *abbr of* **Democrat, Democratic**.

D&T (*abbr of* **Design and Technology**) noun UK SCH technologie *f (matière scolaire)*, techno *f inf*.

DA *abbr of* **district attorney**.

dab [dæb] ❖ noun [of cream, powder, ointment] petit peu *m* ; [of paint] touche *f*. ❖ vt (*pt & pp* **-bed**, *cont* **-bing**) **1.** [skin, wound] tamponner **2.** [apply - cream, ointment] ▸ **to dab sthg on** OR **onto** appliquer qqch sur. ❖ vi (*pt & pp* **-bed**, *cont* **-bing**) ▸ **to dab at sthg** tamponner qqch.

dabble ['dæbl] ❖ vt tremper dans l'eau. ❖ vi ▸ **to dabble in** toucher un peu à.

dabbler ['dæbləʳ] noun dilettante *mf*.

dab hand noun UK ▸ **to be a dab hand (at sthg)** être doué(e) (pour qqch).

dachshund ['dækshʊnd] noun teckel *m*.

dad [dæd], **daddy** ['dædɪ] (*pl* **-ies**) noun *inf* papa *m*.

daffodil ['dæfədɪl] noun jonquille *f (c'est un emblème du pays de Galles)*.

daft [dɑːft] adj UK *inf* stupide, idiot(e).

dagger ['dægəʳ] noun poignard *m*.

dahlia ['deɪljə] noun dahlia *m*.

daily ['deɪlɪ] ❖ adj **1.** [occurrence] quotidien(enne) / *a daily paper* un quotidien / *to be paid on a daily basis* être payé à la journée **2.** [rate, output] journalier(ère). ❖ adv [happen, write] quotidiennement / *twice daily* deux fois par jour. ❖ noun (*pl* **-ies**) **1.** [newspaper] quotidien *m* **2.** UK [cleaning woman] femme *f* de ménage.

daintily ['deɪntɪlɪ] adv [eat, walk] délicatement ; [dressed] coquettement.

dainty ['deɪntɪ] (*compar* **-ier**, *superl* **-iest**) adj délicat(e).

dairy ['deərɪ] (*pl* **-ies**) noun **1.** [on farm] laiterie *f* **2.** [shop] crémerie *f*.

dairy farm noun ferme *f* laitière.

dairy products pl n produits *mpl* laitiers.

dais ['deɪɪs] noun estrade *f*.

daisy ['deɪzɪ] (*pl* **-ies**) noun [weed] pâquerette *f* ; [cultivated] marguerite *f*.

dale [deɪl] noun vallée *f*.

dally ['dælɪ] (*pt & pp* **-ied**) vi **1.** [dawdle] lanterner ▸ **to dally over sthg** lanterner sur OR dans qqch **2.** [toy - with idea] badiner, caresser ; [- with affections] jouer **3.** *arch* [flirt] flirter.

dalmatian [dæl'meɪʃn] noun [dog] dalmatien *m*.

dam [dæm] ❖ noun [across river] barrage *m*. ❖ vt (*pt & pp* **-med**, *cont* **-ming**) construire un barrage sur.
◆ **dam up** vt sep endiguer.

damage ['dæmɪdʒ] ❖ noun **1.** [physical harm] dommage *m*, dégât *m* / *damage to property* dégâts *mpl* matériels **2.** [harmful effect] tort *m*. ❖ vt **1.** [harm physically] endommager, abîmer **2.** [have harmful effect on] nuire à.
◆ **damages** pl n LAW dommages et intérêts *mpl* / *to award damages to sb for sthg* accorder des dommages et intérêts à qqn pour qqch.

damaging ['dæmɪdʒɪŋ] adj ▸ **damaging (to)** préjudiciable (à).

Damascus [də'mæskəs] noun Damas.

Dame [deɪm] noun UK *titre accordé aux femmes titulaires de certaines décorations*.

dammit ['dæmɪt] excl *inf* mince ▸ **as near as dammit** UK à un cheveu près.

damn [dæm] ❖ adj *inf* fichu(e), sacré(e). ❖ adv *inf* sacrément. ❖ noun *inf* ▸ **not to give** OR **care a damn (about sthg)** se ficher pas mal (de qqch). ❖ vt **1.** RELIG [condemn] damner **2.** *inf* [curse] ▸ **damn you!** va au diable ! ▸ **damn it!** zut ! ❖ excl *inf* zut !

damnation [dæm'neɪʃn] noun RELIG damnation *f*.

damned [dæmd] *inf* ❖ adj fichu(e), sacré(e) ▸ **I'm damned if…** si tu crois que… ▸ **well I'll be** US OR **I'm damned!** UK c'est trop fort !, elle est bien bonne celle-là ! ❖ adv sacrément.

damnedest ['dæmdəst] *inf* ❖ noun [utmost] : *he did his damnedest to ruin the party* il a vraiment fait tout ce qu'il pouvait pour gâcher la soirée. ❖ adj US incroyable.

damn-fool adj *inf* crétin(e), idiot(e).

damning ['dæmɪŋ] adj accablant(e).

damp [dæmp] ❖ adj humide. ❖ noun humidité *f*. ❖ vt [make wet] humecter. ◆ **damp down** vt sep [restrain - unrest, violence] contenir, maîtriser ; [- enthusiasm] refroidir.

dampen ['dæmpən] vt **1.** [make wet] humecter **2.** *fig* [emotion] abattre.

damper ['dæmpəʳ] noun **1.** MUS étouffoir *m* **2.** [for fire] registre *m* **3.** PHR ▸ **to put a damper on sthg** jeter un froid sur qqch.

dampness ['dæmpnɪs] noun humidité *f*.

damp-proof adj protégé(e) contre l'humidité, hydrofuge ▸ **damp-proof course** CONSTR couche *f* d'étanchéité.

damp squib noun UK *inf* déception *f*.

damson ['dæmzn] noun prune *f* de Damas.

dance [dɑ:ns] ❖ noun **1.** [gen] danse *f* **2.** [social event] bal *m*. ❖ vi danser / *to dance with sb* danser avec qqn.

dance floor noun piste *f* de danse.

dancer ['dɑ:nsəʳ] noun danseur *m*, -euse *f*.

dancing ['dɑ:nsɪŋ] noun *(U)* danse *f*.

dandelion ['dændɪlaɪən] noun pissenlit *m*.

dander ['dændəʳ] noun *inf* & *dated* ▸ **to get one's / sb's dander up** se mettre / mettre qqn en rogne.

dandruff ['dændrʌf] noun *(U)* pellicules *fpl*.

dandy ['dændɪ] (*pl* **-ies**) noun dandy *m*.

Dane [deɪn] noun Danois *m*, -e *f*.

danger ['deɪndʒəʳ] noun **1.** *(U)* [possibility of harm] danger *m* / *'danger, keep out!'* 'danger, entrée interdite !' ▸ **in danger** en danger ▸ **out of danger** hors de danger **2.** [hazard, risk] ▸ **danger (to)** risque *m* (pour) ▸ **to be in danger of doing sthg** risquer de faire qqch.

danger money noun *(U)* UK prime *f* de risque.

dangerous ['deɪndʒərəs] adj dangereux(euse).

dangerous driving noun UK LAW conduite *f* dangereuse.

dangerously ['deɪndʒərəslɪ] adv dangereusement ▸ **dangerously ill** gravement malade.

danger zone noun zone *f* dangereuse.

dangle ['dæŋgl] ❖ vt laisser pendre. ❖ vi pendre.

Danish ['deɪnɪʃ] ❖ adj danois(e). ❖ noun **1.** [language] danois *m* **2.** US = **Danish pastry.** ❖ pl n ▸ **the Danish** les Danois *mpl*.

Danish pastry noun *gâteau feuilleté fourré aux fruits.*

dank [dæŋk] adj humide et froid(e).

Danube ['dænju:b] noun ▸ **the Danube** le Danube.

dapper ['dæpəʳ] adj pimpant(e).

dappled ['dæpld] adj **1.** [light] tacheté(e) **2.** [horse] pommelé(e).

dare [deəʳ] ❖ vt **1.** [be brave enough] ▸ **to dare to do sthg** oser faire qqch / *don't you dare!* je te le déconseille ! **2.** [challenge] ▸ **to dare sb to do sthg** défier qqn de faire qqch / *I dare you!* chiche ! **3.** PHR ▸ **I dare say** je suppose, sans doute. ❖ vi oser ▸ **how dare you!** comment osez-vous ! ❖ noun défi *m* ▸ **to do sthg for a dare** faire qqch par défi.

daredevil ['deə,devl] noun casse-cou *m inv*.

daren't [deənt] UK ⟶ **dare not.**

daring ['deərɪŋ] ❖ adj audacieux(euse). ❖ noun audace *f*.

daringly ['deərɪŋlɪ] adv audacieusement, hardiment / *a daringly low neckline* un décolleté audacieux OR provocant.

dark [dɑ:k] ❖ adj **1.** [room, night] sombre / *it's getting dark* il commence à faire nuit **2.** [in colour] foncé(e) / *dark chocolate* chocolat *m* noir **3.** [dark-haired] brun(e) ; [dark-skinned] basané(e) / *to have dark hair* avoir les cheveux bruns, être brun **4.** *fig* [days, thoughts] sombre, triste ; [look] noir(e). ❖ noun **1.** [darkness] ▸ **the dark** l'obscurité *f* / *to see in the dark* voir dans le noir ▸ **to be afraid of the dark** avoir peur du noir ▸ **to be in the dark about sthg** ignorer tout de qqch **2.** [night] ▸ **before / after dark** avant / après la tombée de la nuit.

Dark Ages pl n ▸ **the Dark Ages** le haut Moyen Âge.

darken ['dɑ:kn] ❖ vt assombrir. ❖ vi s'assombrir.

dark horse noun *fig* quantité *f* inconnue.

darkish ['dɑ:kɪʃ] adj [colour, sky, wood] plutôt OR assez sombre ; [hair, skin] plutôt brun(e) OR foncé(e) ; [person] plutôt brun(e).

darkly ['dɑ:klɪ] adv [hint] énigmatiquement ; [say] sur un ton sinistre.

darkness ['dɑ:knɪs] noun obscurité *f*.

darkroom ['dɑ:krʊm] noun chambre *f* noire.

dark-skinned adj à la peau foncée.

darling ['dɑ:lɪŋ] ❖ adj **1.** [dear] chéri(e) **2.** *inf* [cute] adorable. ❖ noun **1.** [loved person, term of address] chéri *m*, -e *f* **2.** [idol] chouchou *m*, idole *f*.

darn [dɑ:n] ❖ noun reprise *f*. ❖ vt repriser. ❖ adj *inf* sacré(e), satané(e). ❖ adv *inf* sacrément. ❖ excl *inf* zut !

darning ['dɑ:nɪŋ] noun [work] reprisage *m*.

dart [dɑ:t] ❖ noun **1.** [arrow] fléchette *f* **2.** SEW pince *f*. ❖ vt darder. ❖ vi se précipiter. ◆ **darts** noun [game] jeu *m* de fléchettes.

dartboard ['dɑ:tbɔ:d] noun cible *f* de jeu de fléchettes.

dash [dæʃ] ❖ noun **1.** [of milk, wine] goutte *f* ; [of cream] soupçon *m* ; [of salt] pincée *f* ; [of colour, paint] touche *f* **2.** [in punctuation] tiret *m* **3.** AUTO tableau *m* de bord **4.** [rush] ▸ **to make a dash for** se ruer vers. ❖ vt [throw] jeter avec violence / *several boats were dashed against the cliffs* plusieurs bateaux ont été projetés OR précipités contre les falaises / *to dash sb's hopes* réduire les espoirs de qqn à néant. ❖ vi se précipiter ▸ **I must dash!** je dois me sauver ! ◆ **dash off** vt sep [write quickly] écrire en vitesse.

dashboard ['dæʃbɔ:d] noun tableau *m* de bord.

dashing ['dæʃɪŋ] adj fringant(e).

DAT [dæt] (*abbr of* **digital audio tape**) noun DAT *m*.

data ['deɪtə] noun *(U)* données *fpl*.

data bank noun banque *f* de données.

database ['deɪtəbeɪs] noun base *f* de données.

data capture noun saisie *f* de données.

data processing noun traitement *m* de données.

data protection noun protection *f* de l'information.

data transmission noun transmission *f* de données.

date [deɪt] ❖ noun **1.** [in time] date *f* / *what's the date today?, what's today's date?* quelle est la date aujourd'hui ?, le combien sommes-nous aujourd'hui ? / *today's date is the 20th January* nous sommes le 20 janvier / *would you be free on that date?* est-ce que vous seriez libre ce jour-là OR à cette date ? / *to set a date* **a)** fixer une date **b)** [engaged couple] fixer la date de son mariage

/ *at a later* OR *some future date* plus tard, ultérieurement *fml* ▸ **to date** à ce jour **2.** [appointment] rendez-vous *m inv* / *let's make a date for lunch* prenons rendez-vous pour déjeuner ensemble / *to go out on a date* sortir en compagnie de quelqu'un **3.** [person] petit ami *m*, petite amie *f* / *who's your date tonight?* avec qui sors-tu ce soir ? **4.** [fruit] datte *f.* ❖ vt **1.** [gen] dater / *a fax dated May 6th* un fax daté du 6 mai **2.** [go out with] sortir avec. ❖ vi **1.** [go out of fashion] dater **2.** [go out on dates] sortir avec des garçons/filles / *how long have you two been dating?* ça fait combien de temps que vous sortez ensemble OR que vous vous voyez ? ◆ **date back to, date from** vt insep dater de.

Date

En anglais américain parlé, l'article défini n'est pas utilisé devant les dates. On dira : **December ninth** (américain) ou **the ninth** (britannique). Pour les dates en chiffres, les Américains donnent le mois, le jour, l'année (5/17/12), alors que les Britanniques commencent par le jour, puis le mois et l'année (17/5/12).

datebook ['deɪtbʊk] noun US agenda *m.*

dated ['deɪtɪd] adj qui date.

date of birth noun date *f* de naissance.

date rape noun *viol commis par une personne connue de la victime.*

datestamp ['deɪtstæmp] ❖ noun tampon *m* dateur ; [used for cancelling] oblitérateur *m*, timbre *m* à date ; [postmark] cachet *m* de la poste. ❖ vt [book] tamponner, mettre le cachet de la date sur ; [letter] oblitérer.

dating ['deɪtɪŋ] noun [of building, artefact] datation *f.*

daub [dɔ:b] vt ▸ **to daub sthg with sthg** barbouiller qqch de qqch.

daughter ['dɔ:təʳ] noun fille *f.*

daughter-in-law (*pl* **daughters-in-law**) noun belle-fille *f.*

daunt [dɔ:nt] vt intimider.

daunting ['dɔ:ntɪŋ] adj intimidant(e).

dawdle ['dɔ:dl] vi flâner.

dawdler ['dɔ:dləʳ] noun lambin *m*, -e *f*, traînard *m*, -e *f.*

dawdling ['dɔ:dlɪŋ] ❖ noun : *stop all this dawdling!* arrête de traînasser ! ❖ adj traînard.

dawn [dɔ:n] ❖ noun *liter* & *fig* aube *f* ▸ **at dawn** à l'aube ▸ **from dawn to dusk** du matin au soir. ❖ vi **1.** [day] poindre **2.** [era, period] naître. ◆ **dawn (up) on** vt insep venir à l'esprit de.

dawn chorus noun UK concert *m* des oiseaux à l'aube.

dawn raid noun descente *f* à l'aube ; [by police] descente *f* OR rafle *f* à l'aube ; FIN attaque *f* à l'ouverture.

day [deɪ] noun **1.** [gen] jour *m* ; [duration] journée *f* / *it's a nice* OR *fine day* c'est une belle journée, il fait beau aujourd'hui / *what day is it (today)?* quel jour sommes-nous (aujourd'hui) ? / *(on) that day* ce jour-là / *(on) the day (that* OR *when) she was born* le jour où elle est née ▸ **the day before** la veille ▸ **the day after** le lendemain ▸ **the day before yesterday** avant-hier ▸ **the day after tomorrow** après-demain / *all day (long)* toute la journée ▸ **any day now** d'un jour à l'autre ▸ **one day, some day, one of these days** un jour (ou l'autre), un de ces jours / *day after day, day in day out* jour après jour ▸ **day and night** jour et nuit ▸ **to call it a day** laisser tomber ▸ **to make sb's day** réchauffer le cœur de qqn ▸ **to save money for a rainy day** mettre de l'argent de côté en cas de besoin **2.** *(often pl)* [lifetime, era] époque *f* / *in days to come* à l'avenir / *in days gone by* par le passé / *in the good old days* dans le temps / *in my/our day* de mon/notre temps / *the happiest/worst days of my life* les plus beaux/les pires jours de ma vie / *what are you up to these days?* qu'est-ce que tu fais de beau ces temps-ci ? / *honestly, teenagers these days!* vraiment, les adolescents d'aujourd'hui ! ▸ **those were the days** c'était le bon temps ▸ **his days are numbered** ses jours sont comptés ▸ **it's early days yet** ce n'est que le début. ◆ **days** adv le jour.

jour OR **journée?**

The difference between **jour** and **journée** is less a question of meaning than of conventions of use; indeed in some contexts they are interchangeable: **ce travail m'a pris deux jours** and **ce travail m'a pris deux journées** mean the same.

Most of the time **jour** is an objective, neutral, factual term referring to a day of the week:

Livraison en trois jours maximum. *Delivery within three days.*

Venez un autre jour. *Come another day.*

Quel jour sommes-nous ? *What day is it?*

Il y a vingt ans jour pour jour. *Twenty years ago to the day.*

Trois fois par jour. *Three times a day.*

Using **journée** rather than **jour** is more subjective, placing the day in a human perspective and often emphasizing duration:

J'ai de longues journées. *I work long hours.*

Les travaux prendront quatre bonnes journées. *The work will take four full days.*

Il n'a pas perdu sa journée ! *It's been a good day for him!*

Exceptions to the rule of thumb according to which **jour** is more objective and **journée** more subjective occur in set phrases:

Le jour de gloire est arrivé. [from "la Marseillaise"] *The glorious day has dawned.* **C'est pas mon jour !** *It's not my day!*

C'est un jour à marquer d'une pierre blanche ! *It's a day to remember!*

J'attends les beaux jours pour sortir la table dans le jardin. *I'll wait for summer before setting the table up in the garden.*

dayboy ['deɪbɔɪ] noun UK SCH externe *m*.

daybreak ['deɪbreɪk] noun aube *f* ▸ **at daybreak** à l'aube.

day care noun [for elderly, disabled] service *m* d'accueil de jour ; [for children] service *m* de garderie. ◆ **day-care** adj [facilities - for elderly, disabled] d'accueil de jour ; [- for children] de garderie.

day-care centre UK, **day-care center** US noun **1.** UK *centre d'animation et d'aide sociale* **2.** US garderie *f*.

day centre UK, **day center** US noun *centre d'animation et d'aide sociale*.

daydream ['deɪdri:m] ❖ noun rêverie *f*. ❖ vi rêvasser.

daydreamer ['deɪdri:mər] noun rêveur *m*, -euse *f*.

daygirl ['deɪgɜ:l] noun UK SCH externe *f*.

Day-Glo® ['deɪgləʊ] adj fluorescent(e).

daylight ['deɪlaɪt] noun **1.** [light] lumière *f* du jour **2.** [dawn] aube *f* **3.** PHR **to scare the (living) daylights out of sb** *inf* faire une peur bleue à qqn.

daylight robbery noun : *that's daylight robbery* UK *inf* c'est du vol manifeste.

daylight saving time noun heure *f* d'été.

day nursery noun UK garderie *f*, crèche *f*.

day off (*pl* **days off**) noun jour *m* de congé.

day release noun UK *jour de formation*.

day return noun UK *billet aller et retour valable pour une journée*.

day school noun externat *m*.

daytime ['deɪtaɪm] ❖ noun jour *m*, journée *f*. ❖ comp [job, flight] de jour ▸ **daytime television** émissions *fpl* diffusées pendant la journée.

day-to-day adj [routine, life] journalier(ère) ▸ **on a day-to-day basis** au jour le jour.

day trip noun excursion *f* d'une journée.

day tripper noun excursionniste *mf*.

daze [deɪz] ❖ noun ▸ **in a daze** hébété(e), ahuri(e). ❖ vt **1.** [subj: blow] étourdir **2.** *fig* [subj: shock, event] abasourdir, sidérer.

dazed [deɪzd] adj **1.** [by blow] étourdi(e) **2.** *fig* [by shock, event] abasourdi(e), sidéré(e).

dazzle ['dæzl] ❖ noun *(U)* éblouissement *m*. ❖ vt éblouir.

dazzling ['dæzlɪŋ] adj éblouissant(e).

DC[1] noun (*abbr of* **direct current**) courant *m* continu.

DC[2] *abbr of* **District of Columbia**.

dd. *abbr of* **delivered**.

D-day, D-Day ['di:deɪ] noun *lit* & *fig* le jour J.

DD *written abbr of* **direct debit**.

deacon ['di:kn] noun diacre *m*.

deaconess [ˌdi:kə'nes] noun diaconesse *f*.

deactivate [ˌdi:'æktɪveɪt] vt désamorcer.

dead [ded] ❖ adj **1.** [not alive, not lively] mort(e) / *dead or alive* mort ou vif / *half dead with hunger / exhaustion* à demi mort de faim / d'épuisement / *dead and buried* mort et enterré / *the dead woman's husband* le mari de la défunte / *to drop (down)* OR *to fall down dead* tomber mort ▸ **to shoot sb dead** abattre qqn ▸ **he wouldn't be seen dead doing that** il ne ferait cela pour rien au monde **2.** [numb] engourdi(e) **3.** [not operating - battery] à plat / *the telephone's dead* il n'y a pas de tonalité **4.** [complete - silence] de mort / *dead calm* NAUT calme *m* plat ▸ **to come to a dead stop** s'arrêter net **5.** [lacking activity - town] mort ; [- business, market] très calme **6.** PHR **you're dead meat!** tu es un homme mort ! ❖ adv **1.** [directly, precisely] : *dead ahead* droit devant soi / *dead on time* pile à l'heure / *you're dead right* UK *inf* tu as entièrement raison **2.** *inf* [completely] ▸ **to be dead set against sthg** être complètement contre qqch ▸ **to be dead set on sthg** vouloir faire qqch à tout prix **3.** [suddenly] ▸ **to stop dead** s'arrêter net. ❖ noun ▸ **in the dead of night / winter** au cœur de la nuit / de l'hiver. ❖ pl n ▸ **the dead** les morts *mpl*.

deadbeat ['dedbi:t] noun US *inf* flemmard *m*, -e *f* ▸ **a deadbeat dad** un père indigne *(qui ne paie pas sa pension alimentaire)*.

dead cat bounce noun FIN *brève remontée d'un marché en forte baisse*.

dead duck noun : *it's a dead duck inf* c'est foutu, c'est fichu.

deaden ['dedn] vt [sound] assourdir ; [pain] calmer.

dead end noun impasse *f*.

dead-end job noun travail *m* sans débouchés.

deadhead ['dedhed] vt enlever les fleurs fanées de.

dead letter noun *fig* [rule, law] lettre *f* morte.

deadline ['dedlaɪn] noun dernière limite *f*.

deadliness ['dedlɪnɪs] noun [of poison, snake] caractère *m* mortel ; [of weapon] caractère *m* meurtrier.

deadlock ['dedlɒk] noun impasse *f*.

deadlocked ['dedlɒkt] adj dans une impasse.

dead loss noun UK *inf* ▸ **to be a dead loss a)** [person, thing] être complètement nul (nulle) à rien.

deadly ['dedlɪ] ❖ adj (*compar* **-ier**, *superl* **-iest**) **1.** [poison, enemy] mortel(elle) **2.** [accuracy] imparable / *in deadly earnest* [say] avec le plus grand sérieux. ❖ adv [boring, serious] tout à fait ▸ **deadly pale** d'une pâleur mortelle.

deadpan ['dedpæn] ❖ adj pince-sans-rire *(inv)*. ❖ adv impassiblement.

Dead Sea noun ▸ **the Dead Sea** la mer Morte.

dead tree edition noun *inf* édition *f* papier, édition *f* imprimée.

dead tree media pl n *inf* médias *mpl* imprimés.

dead weight noun *lit* & *fig* poids *m* mort.

dead wood UK, **deadwood** US ['dedwʊd] noun *(U) fig* [people] personnes *fpl* improductives ; [things, material] choses *fpl* inutiles.

deaf [def] ❖ adj sourd(e) ▸ **to be deaf to sthg** être sourd à qqch. ❖ pl n ▸ **the deaf** les sourds *mpl*.

deaf-and-dumb adj sourd-muet (sourde-muette).

deafen ['defn] vt assourdir.

deafening ['defnɪŋ] adj assourdissant(e).

deaf-mute ❖ adj sourd-muet (sourde-muette). ❖ noun sourd-muet *m*, sourde-muette *f*.

deafness ['defnɪs] noun surdité *f*.

deal [di:l] ❖ noun **1.** [quantity] ▸ **a good** OR **great deal** beaucoup ▸ **a good** OR **great deal of** beaucoup de, bien de/des / *he thinks a great deal of her* il l'estime énormément / *big deal! inf* & *iro* tu parles d'un coup !, la belle affaire ! / *he made a big deal out of it inf* il en a fait tout un plat OR tout un cinéma / *no big deal inf* ça ne fait rien **2.** [business agreement] marché *m*, affaire *f* ▸ **to do** OR **strike a deal with sb** conclure un marché avec qqn / *the deal is off* l'affaire est annulée, le marché est rompu / *the government does not do deals with terrorists* le gouvernement ne traite pas avec les terroristes **3.** *inf* [treatment] ▸ **to get a bad deal** ne pas faire une affaire / *to give sb a fair deal* traiter loyalement avec qqn. ❖ vt (*pt & pp* **dealt**) **1.** [strike] ▸ **to deal sb / sthg a blow, to deal a blow to sb / sthg** porter un coup à qqn/qqch **2.** [cards] donner, distribuer **3.** [drugs] revendre. ❖ vi (*pt & pp* **dealt**) **1.** [at cards] donner, distribuer **2.** [in drugs] faire le trafic (de drogues). ◆ **deal in** vt insep COMM faire le commerce de. ◆ **deal out** vt sep distribuer. ◆ **deal with** vt insep **1.** [handle] s'occuper de / *a difficult child to deal with* un enfant difficile / *I can't deal with all the work I've got* je ne me sors pas de tout le travail que j'ai / *the management dealt with the situation promptly* la direction a réagi immédiatement **2.** [be about] traiter de / *in my lecture, I shall deal with…* dans mon cours, je traiterai de… **3.** [do business with] traiter OR négocier avec.

deal-breaker ['di:lbreɪkəʳ] noun élément *m* rédhibitoire *(pour l'achat d'un produit)*.

dealer ['di:ləʳ] noun **1.** [trader] négociant *m* ; [in drugs] trafiquant *m* **2.** [cards] donneur *m*.

dealership ['di:ləʃɪp] noun concession *f*.

dealing ['di:lɪŋ] noun commerce *m*. ◆ **dealings** pl n relations *fpl*, rapports *mpl*.

dealt [delt] pt & pp ⟶ **deal**.

dean ['di:n] noun **1.** doyen *m*, -enne *f* d'université **2.** US ≃ CPE *mf (membre de l'administration d'un lycée qui conseille les élèves et s'occupe des problèmes disciplinaires)*.

dear [dɪəʳ] ❖ adj ▸ **dear (to)** cher (chère) (à) ▸ **Dear Sir** [in letter] Cher Monsieur ▸ **Dear Madam** Chère Madame / *Dear Mrs Baker* **a)** Madame **b)** [less formal] Chère Madame **c)** [informal] Chère Madame Baker. ❖ noun chéri *m*, -e *f*. ❖ excl ▸ **oh dear!** mon Dieu !

dearly ['dɪəlɪ] adv [love, wish] de tout son cœur.

dearth [dɜ:θ] noun pénurie *f*.

death [deθ] noun mort *f* / *to freeze / to starve to death* mourir de froid / de faim / *to meet one's death* trouver la mort ▸ **to be put to death** être mis à mort, être exécuté ▸ **to frighten sb to death** faire une peur bleue à qqn ▸ **to worry sb to death** rendre qqn fou d'inquiétude ▸ **to be sick to death of sthg / of doing sthg** en avoir marre de qqch / de faire qqch ▸ **to be at death's door** être à l'article de la mort.

deathbed ['deθbed] noun lit *m* de mort.

deathblow ['deθbləʊ] noun *fig* coup *m* fatal OR mortel / *to be the deathblow for sthg* porter un coup fatal OR mortel à qqch.

death certificate noun acte *m* de décès.

death duty UK, **death tax** US noun droits *mpl* de succession.

death knell noun glas *m*.

deathly ['deθlɪ] ❖ adj (*compar* **-ier**, *superl* **-iest**) de mort. ❖ adv comme la mort.

death penalty noun peine *f* de mort.

death rate noun taux *m* de mortalité.

death row noun US quartier *m* des condamnés à mort.

death sentence noun condamnation *f* à mort.

death squad noun escadron *m* de la mort.

death tax US = **death duty**.

death throes [-,θrəʊz] pl n agonie *f* ; [painful] affres *fpl* de la mort ; *fig* agonie *f* / *to be in one's death throes* **a)** agoniser, être agonisant **b)** [suffering] connaître les affres de la mort / *to be in its death throes fig* [project, business] agoniser, être agonisant.

death toll noun nombre *m* de morts.

death trap noun *inf* véhicule *m* / bâtiment *m* dangereux.

deathwatch beetle noun vrillette *f*.

death wish noun désir *m* de mort.

débâcle, debacle [de'bɑ:kl] noun débâcle *f*.

debar [di:'bɑ:ʳ] (*pt & pp* **-red**, *cont* **-ring**) vt ▸ **to debar sb (from)** [place] exclure qqn (de) ▸ **to debar sb from doing sthg** interdire à qqn de faire qqch.

debase [dɪ'beɪs] vt dégrader ▸ **to debase o.s.** s'avilir.

debasement [dɪ'beɪsmənt] noun dégradation *f* ; [of person] avilissement *m*.

debatable [dɪ'beɪtəbl] adj discutable, contestable.

debate [dɪ'beɪt] ❖ noun débat *m* / *there's been a lot of debate about it* cela a été très OR longuement débattu / *open to debate* discutable. ❖ vt débattre, discuter ▸ **to debate whether** s'interroger pour savoir si. ❖ vi débattre.

debating society [dɪ'beɪtɪŋ-] noun UK club *m* de débats.

debauched [dɪ'bɔ:tʃt] adj débauché(e).

debauchery [dɪ'bɔ:tʃərɪ] noun débauche *f*.

debilitate [dɪ'bɪlɪteɪt] vt débiliter, affaiblir.

debilitating [dɪ'bɪlɪteɪtɪŋ] adj débilitant(e).

debility [dɪ'bɪlətɪ] noun débilité *f*, faiblesse *f*.

debit ['debɪt] ❖ noun débit *m*. ❖ vt débiter.

debit account noun compte *m* débiteur.

debit card noun carte *f* de paiement à débit immédiat.

debonair [,debə'neər] adj fringant(e).

debrief [,di:'bri:f] vt faire faire un compte-rendu de mission à.

debriefing [,di:'bri:fɪŋ] noun compte-rendu *m* (de mission).

debris ['deɪbri:] noun *(U)* débris *mpl*.

debt [det] noun dette *f* ▸ **to be in debt** avoir des dettes, être endetté(e) / *to get* OR *to run into debt* s'endetter ▸ **to be in sb's debt** être redevable à qqn ▸ **outstanding debt** dette OR créance à recouvrer.

debt collector noun agent *m* de recouvrements.

debtor ['detər] noun débiteur *m*, -trice *f*.

debt rescheduling, debt restructuring noun rééchelonnement *m* des dettes.

debt trap noun piège *m* de la dette.

debug [,di:'bʌg] (*pt & pp* **-ged**, *cont* **-ging**) vt **1.** [room] enlever les micros cachés dans **2.** COMPUT [program] mettre au point, déboguer.

debunk [,di:'bʌŋk] vt démentir.

debut ['deɪbju:] noun débuts *mpl*.

debutante ['debjʊtɑ:nt] noun débutante *f*.

Dec. (*abbr of* **December**) déc.

decade ['dekeɪd] noun décennie *f*.

decadence ['dekədəns] noun décadence *f*.

decadent ['dekədənt] adj décadent(e).

decaf(f) ['di:kæf] noun *inf* déca *m*.

decaffeinated [dɪ'kæfɪneɪtɪd] adj décaféiné(e).

decamp [dɪ'kæmp] vi *inf* décamper, filer.

decant [dɪ'kænt] vt décanter.

decanter [dɪ'kæntər] noun carafe *f*.

decapitate [dɪ'kæpɪteɪt] vt décapiter.

decathlon [dɪ'kæθlɒn] noun décathlon *m*.

decay [dɪ'keɪ] ❖ noun **1.** [of body, plant] pourriture *f*, putréfaction *f* ; [of tooth] carie *f* **2.** *fig* [of building] délabrement *m* ; [of society] décadence *f*. ❖ vi **1.** [rot] pourrir ; [tooth] se carier **2.** *fig* [building] se délabrer, tomber en ruines ; [society] tomber en décadence.

deceased [dɪ'si:st] ❖ adj décédé(e). ❖ noun (*pl inv*) ▸ **the deceased** le défunt, la défunte.

deceit [dɪ'si:t] noun tromperie *f*, supercherie *f*.

deceitful [dɪ'si:tfʊl] adj trompeur(euse), fourbe.

deceive [dɪ'si:v] vt [person] tromper, duper ; [subj: memory, eyes] jouer des tours à ▸ **to deceive o.s.** se leurrer, s'abuser.

decelerate [,di:'seləreɪt] vi ralentir.

December [dɪ'sembər] noun décembre *m*. ***See also* September**.

decency ['di:snsɪ] noun décence *f*, bienséance *f* ▸ **to have the decency to do sthg** avoir la décence de faire qqch.

decent ['di:snt] adj **1.** [behaviour, dress] décent(e) **2.** [wage, meal] correct(e), décent(e) **3.** [person] gentil(ille), brave.

decently ['di:sntlɪ] adv **1.** [properly] décemment, convenablement **2.** [adequately] correctement.

decentralization, decentralisation UK [di:,sentrəlaɪ'zeɪʃn] noun décentralisation *f*.

decentralize, decentralise UK [,di:'sentrəlaɪz] vt décentraliser.

deception [dɪ'sepʃn] noun **1.** [lie, pretence] tromperie *f*, duperie *f* **2.** *(U)* [lying] supercherie *f*.

> ⚠ **Déception** means *disappointment*, not *deception*.

deceptive [dɪ'septɪv] adj trompeur(euse).

deceptively [dɪ'septɪvlɪ] adv en apparence.

decibel ['desɪbel] noun décibel *m*.

decide [dɪ'saɪd] ❖ vt décider ▸ **to decide to do sthg** décider de faire qqch. ❖ vi se décider / *I can't decide* je n'arrive pas à me décider / *to decide against / in favour of doing sthg* décider de ne pas / de faire qqch. ◆ **decide (up)on** vt insep se décider pour, choisir.

decided [dɪ'saɪdɪd] adj **1.** [definite] certain(e), incontestable **2.** [resolute] décidé(e), résolu(e).

decidedly [dɪ'saɪdɪdlɪ] adv **1.** [clearly] manifestement, incontestablement **2.** [resolutely] résolument.

decider [dɪ'saɪdər] noun [goal] but *m* décisif ; [point] point *m* décisif ; [match] match *m* décisif, rencontre *f* décisive ; [factor] facteur *m* décisif.

deciding [dɪ'saɪdɪŋ] adj ▸ **deciding vote** vote *m* décisif.

deciduous [dɪ'sɪdjʊəs] adj à feuilles caduques.

decimal ['desɪml] ❖ adj décimal(e). ❖ noun décimale *f*.

decimal currency noun monnaie *f* décimale.

decimalize, decimalise UK ['desɪməlaɪz] vt UK décimaliser.

decimal point noun virgule *f*.

decimate ['desɪmeɪt] vt décimer.

decipher [dɪ'saɪfər] vt déchiffrer.

decision [dɪ'sɪʒn] noun décision *f* ▸ **to make a decision** prendre une décision / *to come to* OR *to arrive at* OR *to reach a decision* parvenir à une décision / *to make the right / wrong decision* faire le bon / mauvais choix / *it's your decision* c'est toi qui décides.

decision-maker noun décideur *m*, -euse *f*, décisionnaire *mf*.

decision-making noun prise *f* de décisions.

decisive [dɪ'saɪsɪv] adj **1.** [person] déterminé(e), résolu(e) **2.** [factor, event] décisif(ive).

decisively [dɪ'saɪsɪvlɪ] adv **1.** [speak] d'un ton décidé ; [act] avec décision **2.** [considerably, definitely] nettement, bien.

decisiveness [dɪ'saɪsɪvnɪs] noun fermeté *f*, résolution *f*.

deck [dek] ❖ noun **1.** [of ship] pont *m* **2.** [of bus] étage *m* ▸ **top** OR **upper deck** impériale *f* **3.** [of cards] jeu *m* **4.** US [of house] véranda *f*. ❖ vt [decorate] ▸ **to deck sthg with** parer OR orner qqch de. ◆ **deck out** vt sep agrémenter, parer.

deckchair ['dektʃeəʳ] noun chaise longue *f*, transat *m*.

-decker ['dekəʳ] suffix : *double-decker bus* bus *m* à impériale / *double-decker sandwich* sandwich *m* double.

decking ['dekɪŋ] noun **1.** terrasse *f* en bois **2.** [duckboards] caillebotis *m*.

declamatory [dɪ'klæmətrɪ] adj [style] déclamatoire.

declaration [ˌdeklə'reɪʃn] noun déclaration *f*.

Declaration of Independence noun ▸ **the Declaration of Independence** *la Déclaration d'Indépendance des États-Unis d'Amérique (1776)*.

declare [dɪ'kleəʳ] vt déclarer.

declassified [ˌdiː'klæsɪfaɪd] adj [information] déclassé(e).

declassify [ˌdiː'klæsɪfaɪ] (*pt & pp* **-ied**) vt [information] déclasser.

declension [dɪ'klenʃn] noun GRAM déclinaison *f*.

decline [dɪ'klaɪn] ❖ noun déclin *m* ▸ **to be in decline** être en déclin ▸ **on the decline** en baisse. ❖ vt décliner ▸ **to decline to do sthg** refuser de faire qqch. ❖ vi **1.** [deteriorate] décliner **2.** [refuse] refuser.

declutter [diː'klʌtəʳ] vt [room, computer, one's life] désencombrer.

decode [ˌdiː'kəʊd] vt décoder.

decoder [ˌdiː'kəʊdəʳ] noun décodeur *m*.

decommission [ˌdiːkə'mɪʃn] vt mettre hors service.

decompose [ˌdiːkəm'pəʊz] vi se décomposer.

decomposition [ˌdiːkɒmpə'zɪʃn] noun décomposition *f*.

decompress [ˌdiːkəm'pres] vt [gas, air] décomprimer ; [diver] faire passer en chambre de décompression.

decompression [ˌdiːkəm'preʃn] noun décompression *f*.

decongestant [ˌdiːkən'dʒestənt] noun décongestionnant *m*.

deconstruct [ˌdiːkən'strʌkt] vt déconstruire.

decontaminate [ˌdiːkən'tæmɪneɪt] vt décontaminer.

decontamination ['diːkənˌtæmɪ'neɪʃn] ❖ noun décontamination *f*. ❖ comp [equipment, team] de décontamination ; [expert] en décontamination.

decor, décor ['deɪkɔːʳ] noun décor *m*.

decorate ['dekəreɪt] vt décorer.

decoration [ˌdekə'reɪʃn] noun décoration *f*.

decorative ['dekərətɪv] adj décoratif(ive).

decorator ['dekəreɪtəʳ] noun décorateur *m*, -trice *f*.

decorous ['dekərəs] adj bienséant(e), convenable.

decorum [dɪ'kɔːrəm] noun décorum *m*.

decoy ❖ noun ['diːkɔɪ] [for hunting] appât *m*, leurre *m* ; [person] compère *m*. ❖ vt [dɪ'kɔɪ] attirer dans un piège.

decrease ❖ noun ['diːkriːs] ▸ **decrease (in)** diminution *f* (de), baisse *f* (de). ❖ vt [dɪ'kriːs] diminuer, réduire. ❖ vi [dɪ'kriːs] diminuer, décroître.

decreasing [diː'kriːsɪŋ] adj qui diminue, décroissant(e).

decree [dɪ'kriː] ❖ noun **1.** [order, decision] décret *m* **2.** US LAW arrêt *m*, jugement *m*. ❖ vt décréter, ordonner.

decree absolute (*pl* **decrees absolute**) noun UK jugement *m* définitif.

decree nisi [-'naɪsaɪ] (*pl* **decrees nisi**) noun UK jugement *m* provisoire.

decrepit [dɪ'krepɪt] adj [person] décrépit(e) ; [house] délabré(e).

decrepitude [dɪ'krepɪtjuːd] noun décrépitude *f*.

decriminalize, decriminalise UK [diː'krɪmɪnəˌlaɪz] vt dépénaliser.

decry [dɪ'kraɪ] (*pt & pp* **-ied**) vt décrier, dénigrer.

dedicate ['dedɪkeɪt] vt **1.** [book] dédier **2.** [life, career] consacrer ▸ **to dedicate o.s. to sthg** se consacrer à qqch **3.** US [open for public use] inaugurer.

dedicated ['dedɪkeɪtɪd] adj **1.** [person] dévoué(e) **2.** COMPUT spécialisé(e).

dedication [ˌdedɪ'keɪʃn] noun **1.** [commitment] dévouement *m* **2.** [in book] dédicace *f*.

deduce [dɪ'djuːs] vt déduire, conclure.

deduct [dɪ'dʌkt] vt déduire, retrancher.

deductible [dɪ'dʌktəbl] adj déductible.

deduction [dɪ'dʌkʃn] noun déduction *f*.

deed [diːd] noun **1.** [action] action *f*, acte *m* **2.** LAW acte *m* notarié.

deed poll (*pl* **deed polls** *or* **deeds poll**) noun UK ▸ **to change one's name by deed poll** changer de nom légalement OR officiellement.

deem [diːm] vt juger, considérer ▸ **to deem it wise to do sthg** juger prudent de faire qqch.

deep [diːp] ❖ adj profond(e) / *the water / hole is five metres deep* l'eau / le trou a cinq mètres de profondeur / *the deep blue sea* le vaste océan / *deep in the forest* au (fin) fond de la forêt / *the crowd stood 15 deep* la foule se tenait sur 15 rangées / *to be in a deep sleep* être profondément endormi / *a deep breath* une inspiration profonde / *we're in deep trouble* nous sommes dans de sales draps / *with deepest sympathy* avec mes plus sincères condoléances / *the deep end* [of swimming pool] le grand bain ▸ **to be thrown in at the deep end** *fig* recevoir le baptême du feu. ❖ adv profondément / *they went deep into the forest* ils se sont enfoncés dans la forêt / *feelings were running deep* les sentiments se sont exacerbés ▸ **deep down** [fundamentally] au fond ▸ **to be deep in thought** être perdu(e) dans ses pensées / *don't go in too deep* [in water] n'allez pas où c'est profond, n'allez pas trop loin / *don't get in too deep* [involved] ne t'implique pas trop.

-deep suffix : *the water is only ankle-deep* l'eau ne monte OR n'arrive qu'aux chevilles / *she was ankle-deep in mud* elle était dans la boue jusqu'aux chevilles / *she was knee- / waist-deep in water* elle avait de l'eau jusqu'aux genoux/jusqu'à la taille.

deepen ['di:pn] ❖ vt [hole, channel] approfondir. ❖ vi **1.** [river, sea] devenir profond(e) **2.** [crisis, recession, feeling] s'aggraver **3.** [darkness] augmenter.

deepening ['di:pnɪŋ] adj [crisis, recession] qui s'aggrave.

deep freeze noun congélateur *m*. ◆ **deep-freeze** vt congeler.

deep-fried adj frit(e).

deep-fry vt faire frire.

deeply ['di:plɪ] adv profondément.

deepness ['di:pnɪs] noun [of ocean, voice, writer, remark] profondeur *f* ; [of note, sound] gravité *f*.

deep-rooted adj [prejudice] ancré(e), enraciné(e) ; [hatred] vivace, tenace ; [affection] profond(e).

deep-sea adj ▸ **deep-sea diving** plongée *f* sous-marine ▸ **deep-sea fishing** pêche *f* hauturière.

deep-seated ['si:tɪd] adj [belief, fear] profond(e), enraciné(e).

deep-set adj [eyes] enfoncé(e).

Deep South pr n ▸ **the Deep South** [in the US] *l'extrême Sud conservateur (Alabama, Floride, Géorgie, Louisiane, Mississippi, Caroline du Sud, partie orientale du Texas).*

deep vein thrombosis noun thrombose *f* veineuse profonde.

deer [dɪəʳ] (*pl inv*) noun cerf *m*.

deerstalker ['dɪə,stɔ:kəʳ] noun [hat] chapeau *m* à la Sherlock Holmes.

deface [dɪ'feɪs] vt barbouiller.

de facto [deɪ'fæktəu] adv & adj de facto, de fait.

defamation [,defə'meɪʃn] noun diffamation *f*.

defamatory [dɪ'fæmətrɪ] adj diffamatoire, diffamant(e).

default [dɪ'fɔ:lt] ❖ noun **1.** [failure] défaillance *f* ▸ **by default** par défaut **2.** COMPUT valeur *f* par défaut / *drive C is the default* C est l'unité de disque par défaut. ❖ comp COMPUT implicite, par défaut. ❖ vi **1.** manquer à ses engagements ▸ **to default on** manquer à **2.** COMPUT prendre une sélection par défaut / *the computer automatically defaults to drive C* l'ordinateur sélectionne l'unité de disque C par défaut.

defaulter [dɪ'fɔ:ltəʳ] noun partie *f* défaillante.

default setting noun COMPUT configuration *f* par défaut.

defeat [dɪ'fi:t] ❖ noun défaite *f* ▸ **to admit defeat** s'avouer vaincu(e). ❖ vt **1.** [team, opponent] vaincre, battre **2.** [motion, proposal] rejeter **3.** [plans] faire échouer.

defeatism [dɪ'fi:tɪzm] noun défaitisme *m*.

defeatist [dɪ'fi:tɪst] ❖ adj défaitiste. ❖ noun défaitiste *mf*.

defecate ['defəkeɪt] vi déféquer.

defect ❖ noun ['di:fekt] défaut *m*. ❖ vi [dɪ'fekt] ▸ **to defect to** passer à.

defection [dɪ'fekʃn] noun défection *f*.

defective [dɪ'fektɪv] adj défectueux(euse).

defector [dɪ'fektəʳ] noun transfuge *mf*.

defence UK, **defense** US [dɪ'fens] ❖ noun **1.** [gen] défense *f* / *to come to sb's defence* venir à la défense de qqn / *to act / to speak in defence of sthg* **a)** [following attack] agir / parler en défense de qqch **b)** [in support of] agir / parler en faveur de qqch **2.** [protective device, system] protection *f* / *to use sthg as a defence against sthg* se servir de qqch comme défense OR protection contre qqch, se servir de qqch pour se défendre OR se protéger de qqch **3.** LAW ▸ **the defence** la défense / *witness for the defence* témoin *m* à décharge, témoin de la défense / *the case for the defence* la défense / *he said in defence that…* il a répondu pour sa défense que… **4.** SPORT défense *f*. ❖ comp **1.** MIL [forces] de défense ; [cuts, minister, spending] de la défense **2.** LAW [lawyer] de la défense ; [witness] à décharge. ◆ **defences** pl n [of country] moyens *mpl* de défense.

defenceless UK, **defenseless** US [dɪ'fenslɪs] adj sans défense.

defence mechanism UK, **defense mechanism** US noun mécanisme *m* de défense.

defend [dɪ'fend] ❖ vt défendre ▸ **to defend o.s.** se défendre. ❖ vi SPORT défendre.

defendant [dɪ'fendənt] noun défendeur *m*, -eresse *f* ; [in trial] accusé *m*, -e *f*.

defender [dɪ'fendəʳ] noun défenseur *m*.

defense US = **defence**.

defenseless US = **defenceless**.

defensible [dɪ'fensəbl] adj [idea, opinion] défendable.

defensive [dɪ'fensɪv] ❖ adj défensif(ive). ❖ noun ▸ **on the defensive** sur la défensive.

defer [dɪ'fɜ:ʳ] (*pt & pp* **-red**, *cont* **-ring**) ❖ vt différer. ❖ vi ▸ **to defer to sb** s'en remettre à (l'opinion de) qqn.

deference ['defərəns] noun déférence *f*.

deferential [,defə'renʃl] adj respectueux(euse).

deferred [dɪ'fɜ:d] adj [gen] ajourné(e), retardé(e) ; [payment, charges, shares] différé(e) ; [annuity] à paiement différé, à jouissance différée ▸ **deferred sentence** LAW jugement *m* dont le prononcé est suspendu, jugement ajourné.

defiance [dɪ'faɪəns] noun défi *m* ▸ **in defiance of** au mépris de.

defiant [dɪ'faɪənt] adj [person] intraitable, intransigeant(e) ; [action] de défi.

defiantly [dɪ'faɪəntlɪ] adv [say] d'un ton de défi.

defibrillator [di:'fɪbrɪleɪtəʳ] noun MED défibrillateur *m*.

deficiency [dɪ'fɪʃnsɪ] (*pl* **-ies**) noun **1.** [lack] manque *m* ; [of vitamins] carence *f* **2.** [inadequacy] imperfection *f*, défaut *m*.

deficient [dɪ'fɪʃnt] adj **1.** [lacking] ▸ **to be deficient in** manquer de **2.** [inadequate] insuffisant(e), médiocre.

deficit ['defɪsɪt] noun déficit *m* ▸ **budget deficit** déficit *m* budgétaire.

defile [dɪ'faɪl] vt souiller, salir.

define [dɪ'faɪn] vt définir.

defining [dɪ'faɪnɪŋ] adj restrictif(ive).

definite ['defɪnɪt] adj **1.** [plan] bien déterminé(e) ; [date] certain(e) **2.** [improvement, difference] net (nette), marqué(e) **3.** [answer] précis(e), catégorique **4.** [confident - person] assuré(e).

definite article noun article *m* défini.

definitely ['defɪnɪtlɪ] adv **1.** [without doubt] sans aucun doute, certainement **2.** [for emphasis] catégoriquement / *are you going to the show? — definitely!* est-ce que tu vas au spectacle ? — absolument !

definition [defɪ'nɪʃn] noun **1.** [gen] définition *f* **2.** [clarity] clarté *f*, précision *f*.

definitive [dɪ'fɪnɪtɪv] adj définitif(ive).

definitively [dɪ'fɪnɪtɪvlɪ] adv définitivement.

deflate [dɪ'fleɪt] ❖ vt **1.** [balloon, tyre] dégonfler **2.** *fig* [person] rabaisser, humilier **3.** ECON [prices] faire baisser / *to deflate the economy* pratiquer une politique déflationniste / *this measure is intended to deflate the economy* cette mesure est destinée à faire de la déflation. ❖ vi [balloon, tyre] se dégonfler.

deflation [dɪ'fleɪʃn] noun ECON déflation *f*.

deflationary [dɪ'fleɪʃnərɪ] adj [policy] de déflation ; [measure] déflationniste.

deflect [dɪ'flekt] vt [ball, bullet] dévier ; [stream] détourner, dériver ; [criticism] détourner.

deflection [dɪ'flekʃn] noun [of ball, bullet] déviation *f* ; [of stream] détournement *m*, dérivation *f*.

deforestation [di:ˌfɒrɪ'steɪʃn] noun déforestation *f*, déboisement *m*.

deform [dɪ'fɔ:m] vt déformer.

deformed [dɪ'fɔ:md] adj difforme.

deformity [dɪ'fɔ:mətɪ] (*pl* **-ies**) noun difformité *f*, malformation *f*.

defragment [ˌdi:fræg'ment] vt COMPUT défragmenter.

defraud [dɪ'frɔ:d] vt [person] escroquer ; [Inland Revenue] frauder.

defray [dɪ'freɪ] vt [costs] couvrir ; [expenses] rembourser.

defrost [ˌdi:'frɒst] ❖ vt **1.** [fridge] dégivrer ; [frozen food] décongeler **2.** US [AUTO - de-ice] dégivrer ; [- demist] désembuer. ❖ vi [fridge] dégivrer ; [frozen food] se décongeler.

deft [deft] adj adroit(e).

deftly ['deftlɪ] adv adroitement.

defunct [dɪ'fʌŋkt] adj qui n'existe plus ; [person] défunt(e).

defuse [ˌdi:'fju:z] vt désamorcer.

defy [dɪ'faɪ] (*pt & pp* **-ied**) vt **1.** [gen] défier ▸ **to defy sb to do sthg** mettre qqn au défi de faire qqch **2.** [efforts] résister à, faire échouer.

degenerate ❖ adj [dɪ'dʒenərət] dégénéré(e). ❖ noun [dɪ'dʒenərət] dégénéré *m*, -e *f*. ❖ vi [dɪ'dʒenəreɪt] ▸ **to degenerate (into)** dégénérer (en).

degradation [ˌdegrə'deɪʃn] noun [of person] déchéance *f* ; [of place] dégradation *f*.

degrade [dɪ'greɪd] vt [person] avilir.

degrading [dɪ'greɪdɪŋ] adj dégradant(e), avilissant(e).

degree [dɪ'gri:] noun **1.** [measurement] degré *m* / *the temperature is 28 degrees in New York* la température est de 28 degrés à New York / *it's three degrees outside* il fait trois degrés dehors / *a 90 degree angle* GEOM un angle de 90 degrés **2.** UNIV diplôme *m* universitaire / *she has a degree in economics* elle est diplômée en sciences économiques / *he's taking* OR *doing a degree in biology* il fait une licence de biologie **3.** [amount] ▸ **to a certain degree** jusqu'à un certain point, dans une certaine mesure ▸ **a degree of risk** un certain risque ▸ **a degree of truth** une certaine part de vérité ▸ **by degrees** progressivement, petit à petit **4.** US LAW : *murder in the first degree* homicide *m* volontaire.

-degree suffix : *first / second / third-degree burns* brûlures *fpl* au premier / deuxième / troisième degré / *first-degree murder* US LAW ≃ homicide *m* volontaire.

dehumanize, dehumanise UK [di:'hju:mənaɪz] vt déshumaniser.

dehydrate [ˌdi:haɪ'dreɪt] vt déshydrater.

dehydrated [ˌdi:haɪ'dreɪtɪd] adj déshydraté(e).

dehydration [ˌdi:haɪ'dreɪʃn] noun déshydratation *f*.

de-ice [di:'aɪs] vt dégivrer.

de-icer [di:'aɪsəʳ] noun dégivreur *m*.

deify ['di:ɪfaɪ] vt déifier.

deign [deɪn] vt ▸ **to deign to do sthg** daigner faire qqch.

deity ['di:ɪtɪ] (*pl* **-ies**) noun dieu *m*, déesse *f*, divinité *f*.

déjà vu [ˌdeʒɑ:'vju:] noun déjà vu *m*.

dejected [dɪ'dʒektɪd] adj abattu(e), découragé(e).

dejection [dɪ'dʒekʃn] noun abattement *m*, découragement *m*.

delay [dɪ'leɪ] ❖ noun retard *m*, délai *m* / *there's a three to four hour delay on all international flights* il y a trois à quatre heures de retard sur tous les vols internationaux ▸ **without delay** sans délai. ❖ vt **1.** [cause to be late] retarder / *the flight was delayed (for) three hours* le vol a été retardé de trois heures **2.** [defer] différer ▸ **to delay doing sthg** tarder à faire qqch. ❖ vi ▸ **to delay (in doing sthg)** tarder (à faire qqch).

delayed [dɪ'leɪd] adj ▸ **to be delayed** [person, train] être retardé(e).

delayed-action [dɪ'leɪd-] adj [response] après coup ▸ **delayed-action shutter** PHOT dispositif *m* à retardement.

delaying [dɪ'leɪɪŋ] adj dilatoire / *delaying tactics* OR *action* manœuvres *fpl* dilatoires.

delectable [dɪ'lektəbl] adj délicieux(euse).

delectation [ˌdi:lek'teɪʃn] noun *liter* & *hum* délectation *f* / *for your delectation* pour votre plus grand plaisir.

delegate ❖ noun ['delɪgət] délégué *m*, -e *f*. ❖ vt ['delɪgeɪt] déléguer ▸ **to delegate sb to do sthg** déléguer qqn pour faire qqch ▸ **to delegate sthg to sb** déléguer qqch à qqn. ❖ vi ['delɪgeɪt] déléguer.

delegation [ˌdelɪ'geɪʃn] noun délégation *f*.

delete [dɪ'li:t] vt supprimer, effacer.

delete key noun COMPUT touche *f* effacer.

deletion [dɪ'li:ʃn] noun suppression *f*, effacement *m*.

Delhi ['delɪ] noun Delhi.

deli ['delɪ] noun *inf abbr of* **delicatessen**.

deliberate ❖ adj [dɪ'lɪbərət] **1.** [intentional] voulu(e), délibéré(e) **2.** [slow] lent(e), sans hâte. ❖ vi [dɪ'lɪbəreɪt] délibérer.

deliberately [dɪ'lɪbərətlɪ] adv **1.** [on purpose] exprès, à dessein **2.** [slowly] posément, sans se presser.

deliberation [dɪˌlɪbə'reɪʃn] noun **1.** [consideration] délibération *f* **2.** [slowness] mesure *f*. ◆ **deliberations** pl n délibérations *fpl*, discussions *fpl*.

delicacy ['delɪkəsɪ] (*pl* **-ies**) noun **1.** [gen] délicatesse *f* **2.** [food] mets *m* délicat.

delicate ['delɪkət] adj délicat(e) ; [movement] gracieux(euse).

delicately ['delɪkətlɪ] adv **1.** [gen] délicatement ; [move] gracieusement, avec grâce **2.** [tactfully] avec délicatesse, subtilement.

delicatessen [ˌdelɪkə'tesn] noun épicerie *f* fine.

delicious [dɪ'lɪʃəs] adj délicieux(euse).

deliciously [dɪ'lɪʃəslɪ] adv délicieusement.

delight [dɪ'laɪt] ❖ noun **1.** [great pleasure] délice *m* ▸ **to take delight in doing sthg** prendre grand plaisir à faire qqch **2.** [wonderful thing, person] : *she's a delight to work with* c'est un plaisir de travailler avec elle / *a delight to the eyes* un régal pour les yeux. ❖ vt enchanter, charmer. ❖ vi ▸ **to delight in sthg / in doing sthg** prendre grand plaisir à qqch / à faire qqch.

delighted [dɪ'laɪtɪd] adj ▸ **delighted (by** OR **with)** enchanté(e) (de), ravi(e) (de) ▸ **to be delighted that** être enchanté OR ravi que ▸ **to be delighted to do sthg** être enchanté OR ravi de faire qqch.

delightful [dɪ'laɪtfʊl] adj ravissant(e), charmant(e) ; [meal] délicieux(euse).

delightfully [dɪ'laɪtfʊlɪ] adv d'une façon charmante.

delimit [di:'lɪmɪt] vt délimiter.

delineate [dɪ'lɪnɪeɪt] vt **1.** [outline, sketch] tracer **2.** [define, describe] définir, décrire.

delinquency [dɪ'lɪŋkwənsɪ] noun délinquance *f*.

delinquent [dɪ'lɪŋkwənt] ❖ adj délinquant(e). ❖ noun délinquant *m*, -e *f*.

delirious [dɪ'lɪrɪəs] adj *liter* & *fig* délirant(e).

deliriously [dɪ'lɪrɪəslɪ] adv de façon délirante, frénétiquement / *deliriously happy* follement heureux.

delirium [dɪ'lɪrɪəm] noun délire *m*.

deliver [dɪ'lɪvər] ❖ vt **1.** [distribute] ▸ **to deliver sthg (to sb)** a) [mail, newspaper] distribuer qqch (à qqn) b) COMM livrer qqch (à qqn) / *what time is the post* OR *mail delivered?* le courrier est distribué à quelle heure ? ▸ **can he deliver the goods?** *inf* est-ce qu'il peut tenir parole ? **2.** [speech] faire ; [warning] donner ; [message] remettre ; [blow, kick] donner, porter **3.** [baby] mettre au monde **4.** [free] délivrer **5.** US POL [votes] obtenir. ❖ vi **1.** COMM livrer **2.** [fulfil promise] tenir sa promesse.

deliverance [dɪ'lɪvərəns] noun délivrance *f*.

delivery [dɪ'lɪvərɪ] (*pl* **-ies**) noun **1.** COMM livraison *f* **2.** [way of speaking] élocution *f* **3.** [birth] accouchement *m*.

delivery note noun bulletin *m* de livraison.

delivery van UK, **delivery truck** US noun camionnette *f* de livraison.

delta ['deltə] (*pl* **-s**) noun delta *m*.

delude [dɪ'lu:d] vt tromper, induire en erreur ▸ **to delude o.s.** se faire des illusions.

deluded [dɪ'lu:dɪd] adj **1.** [mistaken, foolish] : *a poor deluded young man* un pauvre jeune homme qu'on a trompé OR induit en erreur **2.** PSYCHOL sujet à des délires.

deluge ['delju:dʒ] ❖ noun déluge *m* ; *fig* avalanche *f*. ❖ vt ▸ **to be deluged with** être débordé(e) OR submergé(e) de.

delusion [dɪ'lu:ʒn] noun illusion *f* ▸ **delusions of grandeur** folie *f* des grandeurs.

deluxe, de luxe [də'lʌks] adj de luxe.

delve [delv] vi ▸ **to delve into** a) [past] fouiller b) [bag, etc.] fouiller dans.

demand [dɪ'mɑ:nd] ❖ noun **1.** [claim, firm request] revendication *f*, exigence *f* ▸ **wage demand** revendication salariale ▸ **on demand** sur demande **2.** [obligation, requirement] exigence *f* / *to make demands on sb* exiger beaucoup de qqn **3.** [need] ▸ **demand (for)** demande *f* (de) ▸ **in demand** demandé(e), recherché(e) / *due to public demand* à la demande du public. ❖ vt **1.** [ask for - justice, money] réclamer ; [- explanation, apology] exiger ▸ **to demand to do sthg** exiger de faire qqch **2.** [require] demander, exiger.

> ⚠ **Demander** simply means *to ask*, and does not imply insistence. It is rarely the correct translation for *to demand*.

demanding [dɪ'mɑ:ndɪŋ] adj **1.** [exhausting] astreignant(e) **2.** [not easily satisfied] exigeant(e).

demand-led adj ECON tiré(e) par la demande.

demarcate ['di:mɑ:keɪt] vt *fml* délimiter.

demarcation [,di:mɑ:'keɪʃn] noun démarcation *f*.

dematerialize, dematerialise UK [di:mə'tɪərɪəlaɪz] vi se volatiliser.

demean [dɪ'mi:n] vt avilir, déshonorer ▸ **to demean o.s.** s'abaisser.

demeaning [dɪ'mi:nɪŋ] adj avilissant(e), dégradant(e).

demeanour UK, **demeanor** US [dɪ'mi:nəʳ] noun *(U) fml* comportement *m*.

demented [dɪ'mentɪd] adj fou (folle), dément(e).

dementia [dɪ'menʃə] noun démence *f*.

demerara sugar [,demə'reərə-] noun UK cassonade *f*.

demigod ['demɪgɒd] noun demi-dieu *m*.

demilitarized zone, demilitarised zone UK [,di:'mɪlɪtəraɪzd-] noun zone *f* démilitarisée.

demise [dɪ'maɪz] noun *(U)* décès *m* ; *fig* mort *f*, fin *f*.

demister [,di:'mɪstəʳ] noun UK dispositif *m* antibuée.

demo ['deməʊ] (*abbr of* **demonstration**) ❖ noun **1.** UK *inf* manif *f* **2.** MUS démo *f* **3.** COMPUT version *f* de démonstration OR d'évaluation. ❖ vt faire une démo de / *they demoed the software* ils ont fait une démo du logiciel.

demob [,di:'mɒb] (*pt & pp* **-bed**, *cont* **-bing**) UK *inf* ❖ vt démobiliser. ❖ noun **1.** [demobilization] démobilisation *f* **2.** [soldier] soldat *m* démobilisé. ❖ comp ▸ **demob suit** ≃ tenue *f* civile.

demobilize, demobilise UK [,di:'məʊbɪlaɪz] vt démobiliser.

democracy [dɪ'mɒkrəsɪ] (*pl* **-ies**) noun démocratie *f*.

democrat ['deməkræt] noun démocrate *mf*. ◆ **Democrat** noun US démocrate *mf*.

democratic [,demə'krætɪk] adj démocratique. ◆ **Democratic** adj US démocrate.

democratically [,demə'krætɪklɪ] adv démocratiquement.

Democratic Party noun US ▸ **the Democratic Party** le Parti démocrate.

demographic [,demə'græfɪk] adj démographique.

demographics [,demə'græfɪks] noun statistiques *fpl* démographiques.

demolish [dɪ'mɒlɪʃ] vt **1.** [destroy] démolir **2.** *inf* [eat] engloutir, engouffrer.

demolition [,demə'lɪʃn] noun démolition *f*.

demon ['di:mən] ❖ noun [evil spirit] démon *m*. ❖ comp *inf* ▸ **demon driver / chess player** as du volant/des échecs.

demonic [di:'mɒnɪk] adj diabolique.

demonize, demonise ['di:mə,naɪz] vt diaboliser.

demonstrable [dɪ'mɒnstrəbl] adj démontrable.

demonstrably [dɪ'mɒnstrəblɪ] adv manifestement.

demonstrate ['demənstreɪt] ❖ vt **1.** [prove] démontrer, prouver **2.** [machine, computer] faire une démonstration de. ❖ vi ▸ **to demonstrate (for / against)** manifester (pour/contre).

demonstration [demən'streɪʃn] noun **1.** [of machine, emotions] démonstration *f* **2.** [public meeting] manifestation *f*.

demonstrative [dɪ'mɒnstrətɪv] adj expansif(ive), démonstratif(ive).

demonstrator ['demənstreɪtəʳ] noun **1.** [in march] manifestant *m*, -e *f* **2.** [of machine, product] démonstrateur *m*, -trice *f*.

demoralize, demoralise UK [dɪ'mɒrəlaɪz] vt démoraliser.

demoralized, demoralised UK [dɪ'mɒrəlaɪzd] adj démoralisé(e).

demoralizing, demoralising UK [dɪ'mɒrəlaɪzɪŋ] adj démoralisant(e).

demote [,di:'məʊt] vt rétrograder.

demotion [,di:'məʊʃn] noun rétrogradation *f*.

demotivate [,di:'məʊtɪveɪt] vt démotiver.

demo version noun COMPUT version *f* de démonstration OR d'évaluation.

demure [dɪ'mjʊəʳ] adj modeste, réservé(e).

demystify [,di:'mɪstɪfaɪ] (*pt & pp* **-ied**) vt démystifier.

den [den] noun [of animal] antre *m*, tanière *f*.

deniable [dɪ'naɪəbl] adj niable.

denial [dɪ'naɪəl] noun [of rights, facts, truth] dénégation *f* ; [of accusation] démenti *m* / *in denial* en déni.

denigrate ['denɪgreɪt] vt dénigrer.

denim ['denɪm] noun jean *m*. ◆ **denims** pl n ▸ **a pair of denims** un jean.

denim jacket noun veste *f* en jean.

Denmark ['denmɑ:k] noun Danemark *m* ▸ **in Denmark** au Danemark.

denomination [dɪ,nɒmɪ'neɪʃn] noun **1.** RELIG confession *f* **2.** [money] valeur *f*.

denominator [dɪ'nɒmɪneɪtəʳ] noun dénominateur *m*.

denote [dɪ'nəʊt] vt dénoter.

denounce [dɪ'naʊns] vt dénoncer.

dense [dens] adj **1.** [crowd, forest] dense ; [fog] dense, épais(aisse) **2.** *inf* [stupid] bouché(e).

densely ['denslɪ] adv : *densely packed* [hall, etc.] complètement bondé(e) / *densely populated* très peuplé(e) / *densely wooded* couvert(e) de forêts épaisses.

density ['densətɪ] (*pl* **-ies**) noun densité *f*.

dent [dent] ❖ noun bosse *f*. ❖ vt cabosser.

dental ['dentl] adj dentaire / *dental appointment* rendez-vous *m* chez le dentiste.

dental floss noun fil *m* dentaire.

dental hygienist noun = **hygienist**.

dental surgeon noun chirurgien-dentiste *m*.

dental treatment noun traitement *m* dentaire.

dented ['dentɪd] adj cabossé(e).

dentist ['dentɪst] noun dentiste *mf*.

dentistry ['dentɪstrɪ] noun dentisterie *f*.

dentures ['dentʃəz] pl n dentier *m*.

denude [dɪ'nju:d] vt *fml* ▸ **to denude sthg (of)** dépouiller qqch (de).

denunciation [dɪ,nʌnsɪ'eɪʃn] noun dénonciation *f*.

deny [dɪ'naɪ] (*pt & pp* **-ied**) vt **1.** [refute] nier / *to deny doing* OR *having done sthg* nier avoir faire qqch **2.** *fml* [refuse] nier, refuser ▸ **to deny sb sthg** refuser qqch à qqn.

deodorant [di:'əʊdərənt] noun déodorant *m*.

deodorizer [di:'əʊdəraɪzər] noun [for home] désodorisant *m*.

depart [dɪ'pɑ:t] vi *fml* **1.** [leave] ▸ **to depart (from)** partir (de) **2.** [differ] ▸ **to depart from sthg** s'écarter de qqch.

department [dɪ'pɑ:tmənt] noun **1.** [in organization] service *m* **2.** [in shop] rayon *m* **3.** SCH & UNIV département *m* **4.** [in government] département *m*, ministère *m*.

departmental [,di:pɑ:t'mentl] adj de service.

department store noun grand magasin *m*.

departure [dɪ'pɑ:tʃər] noun **1.** [leaving] départ *m* **2.** [change] nouveau départ *m* / *a departure from tradition* un écart par rapport à la tradition.

departure lounge noun salle *f* d'embarquement.

depend [dɪ'pend] vi ▸ **to depend on** a) [be dependent on] dépendre de b) [rely on] compter sur c) [emotionally] se reposer sur / *it depends on you / the weather* cela dépend de vous / du temps ▸ **it depends** cela dépend ▸ **depending on** selon.

dependable [dɪ'pendəbl] adj [person] sur qui on peut compter ; [source of income] sûr(e) ; [car] fiable.

dependant [dɪ'pendənt] noun personne *f* à charge.

dependence [dɪ'pendəns] noun ▸ **dependence (on)** dépendance *f* (de).

dependency [dɪ'pendənsɪ] (*pl* **-ies**) noun dépendance *f*.

dependency culture noun ECON *situation d'une société dont les membres ont une mentalité d'assistés.*

dependent [dɪ'pendənt] adj **1.** [reliant] ▸ **dependent (on)** dépendant(e) (de) ▸ **to be dependent on sb / sthg** dépendre de qqn / qqch / *the economy is dependent on oil* l'économie repose sur le pétrole **2.** [addicted] dépendant(e), accro **3.** [contingent] ▸ **to be dependent on** dépendre de.

depersonalize, depersonalise UK [,di:'pɜ:snəlaɪz] vt dépersonnaliser.

depict [dɪ'pɪkt] vt **1.** [show in picture] représenter **2.** [describe] ▸ **to depict sb / sthg as** dépeindre qqn / qqch comme.

depiction [dɪ'pɪkʃn] noun **1.** [description] description *f* **2.** [picture] représentation *f*.

depilatory [dɪ'pɪlətrɪ] adj dépilatoire.

deplete [dɪ'pli:t] vt épuiser.

depletion [dɪ'pli:ʃn] noun épuisement *m*.

deplorable [dɪ'plɔ:rəbl] adj déplorable.

deplore [dɪ'plɔ:r] vt déplorer.

deploy [dɪ'plɔɪ] vt déployer.

deployment [dɪ'plɔɪmənt] noun déploiement *m*.

depopulate [,di:'pɒpjʊleɪt] vt dépeupler.

depopulated [,di:'pɒpjʊleɪtɪd] adj dépeuplé(e).

depopulation [di:,pɒpjʊ'leɪʃn] noun dépeuplement *m*.

deport [dɪ'pɔ:t] vt expulser.

deportation [,di:pɔ:'teɪʃn] noun expulsion *f*.

deportation order noun arrêt *m* d'expulsion.

deportment [dɪ'pɔ:tmənt] noun *fml* & *dated* [behaviour] comportement *m* ; [carriage, posture] maintien *m*.

depose [dɪ'pəʊz] vt déposer.

deposit [dɪ'pɒzɪt] ◆ noun **1.** [gen] dépôt *m* ▸ **to make a deposit** [into bank account] déposer de l'argent **2.** [payment - as guarantee] caution *f* ; [- as instalment] acompte *m* ; [- on bottle] consigne *f* / *a £50 deposit* 50 livres d'acompte OR d'arrhes. ◆ vt déposer / *I'd like to deposit £500* j'aimerais faire un versement de 500 livres.

deposit account noun UK compte *m* sur livret.

deposition [,depə'zɪʃn] noun **1.** LAW déposition *f* **2.** [of minerals] dépôt *m* **3.** [removal of leader] déposition *f*.

depositor [də'pɒzɪtər] noun déposant *m*, -e *f*.

depot ['depəʊ] noun **1.** [gen] dépôt *m* **2.** US [station] gare *f*.

depravation [,deprə'veɪʃn] noun dépravation *f*.

depraved [dɪ'preɪvd] adj dépravé(e).

depravity [dɪ'prævətɪ] noun dépravation *f*.

deprecate ['deprɪkeɪt] vt *fml* désapprouver.

deprecating ['deprɪkeɪtɪŋ] adj désapprobateur(trice).

depreciate [dɪ'pri:ʃɪeɪt] vi se déprécier.

depreciation [dɪ,pri:ʃɪ'eɪʃn] noun dépréciation *f*.

depress [dɪ'pres] vt **1.** [sadden, discourage] déprimer **2.** [weaken - economy] affaiblir ; [- prices] faire baisser.

depressed [dɪ'prest] adj **1.** [sad] déprimé(e) **2.** [run-down - area] en déclin.

depressing [dɪ'presɪŋ] adj déprimant(e).

depressingly [dɪ'presɪŋlɪ] adv [say, speak] de manière déprimante / *unemployment is depressingly high* le taux de chômage est déprimant.

depression [dɪ'preʃn] noun **1.** [gen] dépression *f* **2.** [sadness] tristesse *f*. ◆ **Depression** noun ECON ▸ **the (Great) Depression** la crise (économique) de 1929.

depressive [dɪ'presɪv] adj dépressif(ive).

deprivation [,deprɪ'veɪʃn] noun privation *f*.

deprive [dɪ'praɪv] vt ▸ **to deprive sb of sthg** priver qqn de qqch.

deprived [dɪ'praɪvd] adj défavorisé(e).

dept. *abbr of* **department**.

depth [depθ] noun profondeur *f* / *the canal is about 12 metres in depth* le canal a environ 12 mètres de profondeur / *depth of field / focus* PHOT profondeur *f* de champ / foyer ▸ **in depth** [study, analyse] en profondeur ▸ **to be out of one's depth** a) [in water] ne pas avoir pied b) *fig* avoir perdu pied, être dépassé. ◆ **depths** pl n ▸ **the depths** a) [of seas] les profondeurs *fpl* b) [of memory, archives] le fin fond / *in the depths of winter* au cœur de l'hiver ▸ **to be in the depths of despair** toucher le fond du désespoir.

deputation [ˌdepjʊ'teɪʃn] noun délégation *f*.

deputize, deputise UK ['depjʊtaɪz] vi ▸ **to deputize for sb** assurer les fonctions de qqn, remplacer qqn.

deputy ['depjʊtɪ] ❖ adj adjoint(e) ▸ **deputy chairman** vice-président *m* ▸ **deputy head** SCH directeur *m* adjoint ▸ **deputy leader** POL vice-président *m*. ❖ noun (*pl* **-ies**) **1.** [second-in-command] adjoint *m*, -e *f* **2.** US [deputy sheriff] shérif *m* adjoint.

derail [dɪ'reɪl] vt [train] faire dérailler.

derailment [dɪ'reɪlmənt] noun déraillement *m*.

deranged [dɪ'reɪndʒd] adj dérangé(e).

derby [UK 'dɑ:bɪ, US 'dɜ:bɪ] (*pl* **-ies**) noun **1.** SPORT derby *m* **2.** US [hat] chapeau *m* melon.

deregulate [ˌdi:'regjʊleɪt] vt déréglementer.

deregulation [ˌdi:regjʊ'leɪʃn] noun déréglementation *f*.

derelict ['derəlɪkt] adj en ruines.

dereliction [ˌderə'lɪkʃn] noun **1.** [abandonment] abandon *m* **2.** UK [negligence] négligence *f* / *dereliction of duty* manquement *m* au devoir.

deride [dɪ'raɪd] vt railler.

derision [dɪ'rɪʒn] noun dérision *f*.

derisive [dɪ'raɪsɪv] adj moqueur(euse).

derisory [də'raɪzərɪ] adj **1.** [puny, trivial] dérisoire **2.** [derisive] moqueur(euse).

derivation [ˌderɪ'veɪʃn] noun [of word] dérivation *f*.

derivative [dɪ'rɪvətɪv] ❖ adj *pej* pas original(e). ❖ noun dérivé *m*.

derive [dɪ'raɪv] ❖ vt **1.** [draw, gain] ▸ **to derive sthg from sthg** tirer qqch de qqch **2.** [originate] ▸ **to be derived from** venir de. ❖ vi ▸ **to derive from** venir de.

dermatitis [ˌdɜ:mə'taɪtɪs] noun dermatite *f*.

dermatologist [ˌdɜ:mə'tɒlədʒɪst] noun dermatologue *mf*.

dermatology [ˌdɜ:mə'tɒlədʒɪ] noun dermatologie *f*.

derogatory [dɪ'rɒgətrɪ] adj [comment, remark] désobligeant(e) ; [word] péjoratif(ive).

derrick ['derɪk] noun **1.** [crane] mât *m* de charge **2.** [over oil well] derrick *m*.

derv [dɜ:v] noun UK gas-oil *m*.

desalination [di:ˌsælɪ'neɪʃn] noun dessalement *m*, dessalaison *f*.

descant ['deskænt] noun [tune] déchant *m*.

descend [dɪ'send] ❖ vt *fml* [go down] descendre. ❖ vi **1.** *fml* [go down] descendre **2.** [fall] ▸ **to descend (on)** a) [enemy] s'abattre (sur) b) [subj: silence, gloom] tomber (sur) **3.** [arrive] ▸ **to descend on** a) [a town] arriver en nombre dans, envahir b) [subj: in-laws, etc.] arriver à l'improviste chez **4.** [stoop] ▸ **to descend to sthg / to doing sthg** s'abaisser à qqch / à faire qqch.

descendant [dɪ'sendənt] noun descendant *m*, -e *f*.

descended [dɪ'sendɪd] adj ▸ **to be descended from sb** descendre de qqn.

descending [dɪ'sendɪŋ] adj ▸ **in descending order** en ordre décroissant.

descent [dɪ'sent] noun **1.** [downwards movement] descente *f* **2.** *(U)* [origin] origine *f*.

describe [dɪ'skraɪb] vt décrire.

description [dɪ'skrɪpʃn] noun **1.** [account] description *f* / *a man answering the police description* un homme correspondant au signalement donné par la police **2.** [type] sorte *f*, genre *m*.

descriptive [dɪ'skrɪptɪv] adj descriptif(ive).

desecrate ['desɪkreɪt] vt profaner.

desecration [ˌdesɪ'kreɪʃn] noun profanation *f*.

deseed [ˌdi:'si:d] vt [fruit] épépiner.

deselect [ˌdi:sɪ'lekt] vt UK ne pas resélectionner pour une réélection.

desert ❖ noun ['dezət] désert *m*. ❖ vt [dɪ'zɜ:t] **1.** [place] déserter **2.** [person, group] déserter, abandonner. ❖ vi [dɪ'zɜ:t] MIL déserter. ◆ **deserts** pl n [dɪ'zɜ:ts] ▸ **to get one's just deserts** recevoir ce que l'on mérite.

deserted [dɪ'zɜ:tɪd] adj désert(e).

deserter [dɪ'zɜ:təʳ] noun déserteur *m*.

desertion [dɪ'zɜ:ʃn] noun **1.** MIL désertion *f* **2.** [of person] abandon *m*.

desert island ['dezət-] noun île *f* déserte.

deserve [dɪ'zɜ:v] vt mériter ▸ **to deserve to do sthg** mériter de faire qqch / *she deserves wider recognition* elle mérite d'être plus largement reconnue.

deserved [dɪ'zɜ:vd] adj mérité(e).

deservedly [dɪ'zɜ:vɪdlɪ] adv à juste titre.

deserving [dɪ'zɜ:vɪŋ] adj [person] méritant(e) ; [cause, charity] méritoire ▸ **to be deserving of sthg** *fml* mériter qqch.

desiccated ['desɪkeɪtɪd] adj séché(e).

design [dɪ'zaɪn] ❖ noun **1.** [plan, drawing] plan *m*, étude *f* **2.** *(U)* [art] design *m* **3.** [pattern] motif *m*, dessin *m* **4.** [shape] ligne *f* ; [of dress] style *m* **5.** *fml* [intention] dessein *m* ▸ **by design** à dessein ▸ **to have designs on sb / sthg** avoir des desseins sur qqn / qqch. ❖ vt **1.** [draw plans for - building, car] faire les plans de, dessiner ; [- dress] créer

2. [plan] concevoir, mettre au point ▸ **to be designed for sthg / to do sthg** être conçu pour qqch / pour faire qqch.

Design and Technology noun UK SCH technologie *f (matière scolaire)*, techno *f inf.*

designate ❖ adj ['dezɪgnət] désigné(e). ❖ vt ['dezɪgneɪt] désigner ▸ **to designate sb as sthg / to do sthg** désigner qqn à qqch / pour faire qqch.

designation [ˌdezɪg'neɪʃn] noun *fml* [name] appellation *f*.

designer [dɪ'zaɪnəʳ] ❖ adj de marque. ❖ noun INDUST concepteur *m*, -trice *f* ; ARCHIT dessinateur *m*, -trice *f* ; [of dresses, etc.] styliste *mf* ; THEAT décorateur *m*, -trice *f*.

designer stubble noun *hum* barbe *f* de deux jours.

desirability [dɪˌzaɪərə'bɪlətɪ] noun *(U)* **1.** [benefits] intérêt *m*, avantage *m*, opportunité *f* / *no one questions the desirability of lowering interest rates* personne ne conteste les avantages d'une baisse des taux d'intérêts **2.** [attractiveness] charmes *mpl*, attraits *mpl*.

desirable [dɪ'zaɪərəbl] adj **1.** [enviable, attractive] désirable **2.** *fml* [appropriate] désirable, souhaitable.

desire [dɪ'zaɪəʳ] ❖ noun désir *m* ▸ **desire for sthg / to do sthg** désir de qqch / de faire qqch. ❖ vt désirer ▸ **it leaves a lot to be desired** ça laisse beaucoup à désirer.

desirous [dɪ'zaɪərəs] adj *fml* ▸ **desirous of sthg / of doing sthg** désireux(euse) de qqch / de faire qqch.

desist [dɪ'zɪst] vi *fml* ▸ **to desist (from doing sthg)** cesser (de faire qqch).

desk [desk] noun bureau *m*.

desk editor noun rédacteur *m*, -trice *f*.

desk lamp noun lampe *f* de bureau.

desktop ['desktɒp] ❖ adj [computer] de bureau. ❖ noun COMPUT bureau *m*, poste *m* de travail.

desktop publishing noun publication *f* assistée par ordinateur.

desolate ['desələt] adj **1.** [place] abandonné(e) **2.** [person] désespéré(e), désolé(e).

desolation [ˌdesə'leɪʃn] noun désolation *f*.

despair [dɪ'speəʳ] ❖ noun *(U)* désespoir *m* ▸ **to be in despair** être au désespoir. ❖ vi désespérer ▸ **to despair of** désespérer de ▸ **to despair of doing sthg** désespérer de faire qqch.

despairing [dɪ'speərɪŋ] adj de désespoir.

despatch [dɪ'spætʃ] UK = **dispatch**.

desperate ['desprət] adj désespéré(e) ▸ **to be desperate for sthg** avoir absolument besoin de qqch.

desperately ['desprətlɪ] adv désespérément / *desperately ill* gravement malade.

desperation [ˌdespə'reɪʃn] noun désespoir *m* / *he agreed in desperation* en désespoir de cause, il a accepté.

despicable [dɪ'spɪkəbl] adj ignoble.

despicably [dɪ'spɪkəblɪ] adv [behave] bassement, d'une façon indigne.

despise [dɪ'spaɪz] vt [person] mépriser ; [racism] exécrer.

despite [dɪ'spaɪt] prep malgré.

despondent [dɪ'spɒndənt] adj abattu(e), consterné(e).

despot ['despɒt] noun despote *m*.

despotic [de'spɒtɪk] adj despotique.

dessert [dɪ'zɜːt] noun dessert *m*.

dessertspoon [dɪ'zɜːtspuːn] noun **1.** [spoon] cuillère *f* à dessert **2.** [spoonful] cuillerée *f* à dessert.

dessert wine noun vin *m* doux.

destabilize, destabilise UK [ˌdiː'steɪbɪlaɪz] vt déstabiliser.

destination [ˌdestɪ'neɪʃn] noun destination *f*.

destined ['destɪnd] adj **1.** [intended] ▸ **destined for** destiné(e) à ▸ **destined to do sthg** destiné à faire qqch **2.** [bound] ▸ **destined for** à destination de.

destiny ['destɪnɪ] (*pl* **-ies**) noun destinée *f*.

destitute ['destɪtjuːt] adj indigent(e).

destitution [ˌdestɪ'tjuːʃn] noun misère *f*, indigence *f*.

de-stress [diː'stres] noun dé-stresser *inf*.

destroy [dɪ'strɔɪ] vt **1.** [ruin] détruire / *to destroy sb's life* briser la vie de qqn **2.** [put down - animal] faire piquer.

destroyer [dɪ'strɔɪəʳ] noun **1.** [ship] destroyer *m* **2.** [person, thing] destructeur *m*, -trice *f*.

destruction [dɪ'strʌkʃn] noun destruction *f*.

destructive [dɪ'strʌktɪv] adj [harmful] destructeur(trice).

destructiveness [dɪ'strʌktɪvnɪs] noun [of bomb, weapon] capacité *f* destructrice ; [of criticism] caractère *m* destructeur ; [of person] penchant *m* destructeur.

desultory ['desəltrɪ] adj *fml* [conversation] décousu(e) ; [attempt] peu enthousiaste.

detach [dɪ'tætʃ] vt **1.** [pull off] détacher ▸ **to detach sthg from sthg** détacher qqch de qqch **2.** [dissociate] ▸ **to detach o.s. from sthg** a) [from reality] se détacher de qqch b) [from proceedings, discussions] s'écarter de qqch.

detachable [dɪ'tætʃəbl] adj détachable, amovible.

detached [dɪ'tætʃt] adj [unemotional] détaché(e).

detached house noun UK maison *f* individuelle.

detachment [dɪ'tætʃmənt] noun détachement *m*.

detail ['diːteɪl] ❖ noun **1.** [small point] détail *m* ▸ **to go into detail** entrer dans les détails ▸ **in detail** en détail / *attention to detail is important* il faut être minutieux OR méticuleux **2.** MIL détachement *m*. ❖ vt [list] détailler. ◆ **details** pl n [personal information] coordonnées *fpl*.

detailed ['diːteɪld] adj détaillé(e).

detailing ['diːteɪlɪŋ] noun US [thorough cleaning] nettoyage *m* complet.

detain [dɪ'teɪn] vt **1.** [in police station] détenir ; [in hospital] garder **2.** [delay] retenir.

detainee [ˌdiːteɪ'niː] noun détenu *m*, -e *f*.

detect [dɪ'tekt] vt **1.** [subj: person] déceler **2.** [subj: machine] détecter.

detectable [dɪ'tektəbl] adj [gen] détectable ; [illness] que l'on peut dépister.

detection [dɪ'tekʃn] noun *(U)* **1.** [of crime] dépistage *m* **2.** [of aircraft, submarine] détection *f*.

detective [dɪ'tektɪv] noun détective *mf*.

detective novel noun roman *m* policier.

detector [dɪ'tektəʳ] noun détecteur *m*.

detention [dɪ'tenʃn] noun **1.** [of suspect, criminal] détention *f* ▸ **in detention** en détention **2.** SCH retenue *f* ▸ **in detention** en retenue.

deter [dɪ'tɜːʳ] *(pt & pp* **-red**, *cont* **-ring**) vt dissuader ▸ **to deter sb from doing sthg** dissuader qqn de faire qqch.

detergent [dɪ'tɜːdʒənt] noun détergent *m*.

deteriorate [dɪ'tɪərɪəreɪt] vi se détériorer.

deterioration [dɪˌtɪərɪə'reɪʃn] noun détérioration *f*.

determination [dɪˌtɜːmɪ'neɪʃn] noun détermination *f*.

determine [dɪ'tɜːmɪn] vt **1.** [establish, control] déterminer **2.** *fml* [decide] ▸ **to determine to do sthg** décider de faire qqch.

determined [dɪ'tɜːmɪnd] adj **1.** [person] déterminé(e) ▸ **determined to do sthg** déterminé à faire qqch **2.** [effort] obstiné(e).

determining [dɪ'tɜːmɪnɪŋ] adj déterminant(e).

deterrent [dɪ'terənt] ❖ adj de dissuasion, dissuasif(ive). ❖ noun moyen *m* de dissuasion.

detest [dɪ'test] vt détester.

detestable [dɪ'testəbl] adj détestable.

dethrone [dɪ'θrəʊn] vt détrôner.

detonate ['detəneɪt] ❖ vt faire détoner. ❖ vi détoner.

detonator ['detəneɪtəʳ] noun détonateur *m*.

detour ['diːˌtʊəʳ] ❖ noun détour *m*. ❖ vi faire un détour. ❖ vt (faire) dévier.

detox ['diːtɒks] noun *inf* désintoxication *f* / *detox centre* centre *m* de désintoxication.

detoxification [diːˌtɒksɪfɪ'keɪʃn] noun [of person] désintoxication *f*.

detract [dɪ'trækt] vi ▸ **to detract from** diminuer.

detraction [dɪ'trækʃn] noun critique *f*, dénigrement *m*.

detractor [dɪ'træktəʳ] noun détracteur *m*, -trice *f*.

detriment ['detrɪmənt] noun ▸ **to the detriment of** au détriment de.

detrimental [ˌdetrɪ'mentl] adj préjudiciable.

detritus [dɪ'traɪtəs] noun *(U)* détritus *m*.

Dettol® ['detɒl] noun *solution antiseptique*.

deuce [djuːs] noun TENNIS égalité *f*.

Deutschmark ['dɔɪtʃˌmɑːk] noun mark *m* allemand.

devaluation [ˌdiːvæljʊ'eɪʃn] noun dévaluation *f*.

devalue [ˌdiː'væljuː] vt dévaluer.

devastate ['devəsteɪt] vt **1.** [destroy - area, city] dévaster **2.** *fig* [person] accabler.

devastated ['devəsteɪtɪd] adj **1.** [area, city] dévasté(e) **2.** *fig* [person] accablé(e).

devastating ['devəsteɪtɪŋ] adj **1.** [hurricane, remark] dévastateur(trice) **2.** [upsetting] accablant(e) **3.** [attractive] irrésistible.

devastatingly ['devəsteɪtɪŋlɪ] adv de manière dévastatrice ; [as intensifier] : *devastatingly beautiful* d'une beauté irrésistible.

devastation [ˌdevə'steɪʃn] noun dévastation *f*.

develop [dɪ'veləp] ❖ vt **1.** [gen] développer **2.** [land, area] aménager, développer **3.** [illness, fault, habit] contracter **4.** [resources] développer, exploiter. ❖ vi **1.** [grow, advance] se développer / *to develop into sthg* devenir qqch **2.** [appear - problem, trouble] se déclarer **3.** PHOT se développer.

developed [dɪ'veləpt] adj [film] développé(e) ; [land] mis(e) en valeur, aménagé(e) ; [country] développé(e) / *this coast is highly developed* on a beaucoup construit le long de cette côte.

developer [dɪ'veləpəʳ] noun **1.** [of land] promoteur *m* immobilier **2.** [person] ▸ **to be an early / a late developer** être en avance / en retard sur son âge **3.** PHOT [chemical] développateur *m*, révélateur *m*.

developing country [dɪ'veləpɪŋ-] noun pays *m* en voie de développement.

development [dɪ'veləpmənt] noun **1.** [gen] développement *m* / *a surprise development* un rebondissement / *there are no new developments* il n'y a rien de nouveau ▸ **development grant** subvention *f* pour le développement **2.** *(U)* [of land, area] exploitation *f* **3.** [land being developed] zone *f* d'aménagement ; [developed area] zone aménagée **4.** [group of buildings] lotissement *m* **5.** *(U)* [of illness, fault] évolution *f*.

developmental [dɪˌveləp'mentl] adj de développement.

deviance ['diːvjəns], **deviancy** ['diːvjənsɪ] noun [gen & PSYCHOL] déviance *f* / *deviance from the norm* écart *m* par rapport à la norme.

deviant ['diːvjənt] ❖ adj déviant(e). ❖ noun déviant *m*, -e *f*.

deviate ['diːvɪeɪt] vi ▸ **to deviate (from)** dévier (de), s'écarter (de).

deviation [ˌdiːvɪ'eɪʃn] noun **1.** [abnormality] déviance *f* **2.** [departure - from rule, plan] écart *m* ; *pej* déviation *f*.

device [dɪ'vaɪs] noun **1.** [apparatus] appareil *m*, dispositif *m* **2.** [plan, method] moyen *m* ▸ **to leave sb to their own devices** laisser qqn se débrouiller tout seul.

device-agnostic adj [application] universel(elle) *(fonctionnant sur n'importe quel type d'ordinateur, de téléphone, etc.)*.

devil ['devl] noun **1.** [evil spirit] diable *m* ▸ **speak** OR **talk of the devil (and he appears)!** quand on parle du loup (on en voit la queue) ! ▸ **better the devil you know than the devil you don't** *prov* on sait ce qu'on perd, on ne sait pas ce qu'on trouve ▸ **the devil finds** OR **makes work for idle hands** *prov* l'oisiveté est (la) mère de tous les vices *prov* **2.** *inf* [person] type *m* / *you little devil!* petit monstre ! / *you lucky devil!* veinard ! / *poor devil!* pauvre diable ! **3.** [for emphasis] ▸ **who / where /**

why the devil...? qui/où/pourquoi diable... ? / *how the devil should I know?* comment voulez-vous que je sache ? ◆ **Devil** noun [Satan] ▸ **the Devil** le Diable.

devilish ['devlɪʃ] adj diabolique.

devil-may-care adj insouciant(e).

devil's advocate noun avocat *m* du diable ▸ **to play devil's advocate** se faire l'avocat du diable.

devious ['di:vjəs] adj **1.** [dishonest - person] retors(e), sournois(e) ; [- scheme, means] détourné(e) **2.** [tortuous] tortueux(euse).

deviously ['di:vjəslɪ] adv sournoisement.

deviousness ['di:vjəsnɪs] noun [dishonesty] sournoiserie *f*.

devise [dɪ'vaɪz] vt concevoir.

devoid [dɪ'vɔɪd] adj *fml* ▸ **devoid of** dépourvu(e) de, dénué(e) de.

devolution [,di:və'lu:ʃn] noun POL décentralisation *f*.

devolve [dɪ'vɒlv] vi *fml* ▸ **to devolve on** OR **upon sb** incomber à qqn.

devote [dɪ'vəʊt] vt ▸ **to devote sthg to sthg** consacrer qqch à qqch ▸ **to devote o.s. to sthg** se vouer OR se consacrer à qqch.

devoted [dɪ'vəʊtɪd] adj dévoué(e) / *a devoted mother* une mère dévouée à ses enfants.

devotee [,devə'ti:] noun [fan] passionné *m*, -e *f*.

devotion [dɪ'vəʊʃn] noun **1.** [commitment] ▸ **devotion (to)** dévouement *m* (à) **2.** RELIG dévotion *f*.

devour [dɪ'vaʊəʳ] vt *liter* & *fig* dévorer.

devout [dɪ'vaʊt] adj dévot(e).

dew [dju:] noun rosée *f*.

dexterity [dek'sterətɪ] noun dextérité *f*.

dext(e)rous ['dekstrəs] adj habile.

dextrose ['dekstrəʊs] noun dextrose *m*.

DfE (*abbr of* **Department for Education**) noun *ministère britannique de l'éducation nationale*.

DfT (*abbr of* **Department for Transport**) noun *ministère britannique du transport*.

dhal [dɑ:l] noun dal *m*.

diabetes [,daɪə'bi:ti:z] noun diabète *m*.

diabetic [,daɪə'betɪk] ◆ adj **1.** [person] diabétique **2.** [jam, chocolate] pour diabétiques. ◆ noun diabétique *mf*.

diabolic(al) [,daɪə'bɒlɪk(l)] adj **1.** [evil] diabolique **2.** *inf* [very bad] atroce.

diagnose ['daɪəgnəʊz] vt diagnostiquer.

diagnosis [,daɪəg'nəʊsɪs] (*pl* **-ses**) noun diagnostic *m*.

diagnostic [,daɪəg'nɒstɪk] adj diagnostique.

diagnostics [,daɪəg'nɒstɪks] noun *(U)* COMPUT & MED diagnostic *m*.

diagonal [daɪ'ægənl] ◆ adj [line] diagonal(e). ◆ noun diagonale *f*.

diagonally [daɪ'ægənəlɪ] adv en diagonale.

diagram ['daɪəgræm] noun diagramme *m*.

dial ['daɪəl] ◆ noun cadran *m* ; [of radio] cadran de fréquences. ◆ vt (UK *pt & pp* **-led**, *cont* **-ling**, US *pt & pp* **-ed**, *cont* **-ing**) [number] composer.

dialect ['daɪəlekt] noun dialecte *m*.

dialling code ['daɪəlɪŋ-] noun UK indicatif *m*.

dialling tone UK ['daɪəlɪŋ-], **dial tone** US noun tonalité *f*.

dialogue UK, **dialog** US ['daɪəlɒg] noun dialogue *m*.

dialogue box UK, **dialog box** US noun COMPUT boîte *f* de dialogue.

dial tone US = **dialling tone**.

dial-up noun ▸ **dial-up access** accès *m* commuté ▸ **dial-up connection** connexion *f* par téléphone ▸ **dial-up modem** modem *m* téléphonique ▸ **dial-up service** service *m* de connexion à Internet par téléphone.

dialysis [daɪ'ælɪsɪs] noun dialyse *f*.

diamanté [dɪə'mɒnteɪ] adj diamanté(e).

diameter [daɪ'æmɪtəʳ] noun diamètre *m*.

diametrically [,daɪə'metrɪklɪ] adv ▸ **diametrically opposed** diamétralement opposé(e).

diamond ['daɪəmənd] noun **1.** [gem] diamant *m* **2.** [shape] losange *m* **3.** [playing card] carreau *m*. ◆ **diamonds** pl n carreau *m* / *the six of diamonds* le six de carreau.

diamond wedding noun noces *fpl* de diamant.

diaper ['daɪəpəʳ] noun US couche *f*.

diaphanous [daɪ'æfənəs] adj diaphane.

diaphragm ['daɪəfræm] noun diaphragme *m*.

diarrhoea UK, **diarrhea** US [,daɪə'rɪə] noun diarrhée *f*.

diary ['daɪərɪ] (*pl* **-ies**) noun **1.** [appointment book] agenda *m* **2.** [journal] journal *m*.

diatribe ['daɪətraɪb] noun diatribe *f*.

dice [daɪs] ◆ noun (*pl inv*) [for games] dé *m* ▸ **no dice** US *inf* pas question. ◆ vt couper en dés.

dicey ['daɪsɪ] (*compar* **-ier**, *superl* **-iest**) adj UK *inf* risqué(e).

dichotomy [daɪ'kɒtəmɪ] (*pl* **-ies**) noun dichotomie *f*.

dick [dɪk] noun **1.** *vulg* [penis] queue *f* **2.** US *inf* [detective] privé *m* **3.** UK *v inf* [idiot] con *m*.

dickens ['dɪkɪnz] noun UK *inf* & *dated* ▸ **who / what / where the dickens...?** qui/que/où diable... ?

dickhead ['dɪkhed] noun *v inf* con *m*.

dickybird ['dɪkɪbɜ:d] noun *inf* petit oiseau *m*.

dictate ◆ vt [dɪk'teɪt] dicter ▸ **to dictate sthg to sb** dicter qqch à qqn. ◆ vi [dɪk'teɪt] **1.** [read aloud] ▸ **to dictate to sb** dicter à qqn **2.** [give orders] ▸ **to dictate to sb** commander à qqn, donner des ordres à qqn. ◆ noun ['dɪkteɪt] ordre *m*.

dictation [dɪk'teɪʃn] noun dictée *f*.

dictator [dɪk'teɪtəʳ] noun dictateur *m*.

dictatorial [,dɪktə'tɔ:rɪəl] adj dictatorial(e).

dictatorship [dɪk'teɪtəʃɪp] noun dictature *f*.

diction ['dɪkʃn] noun diction *f*.

dictionary ['dɪkʃənrɪ] (*pl* **-ies**) noun dictionnaire *m*.

dictum ['dɪktəm] (*pl* **dicta** ['dɪktə] *or* **dictums**) noun *fml* **1.** [statement] affirmation *f* ; LAW remarque *f* superfétatoire **2.** [maxim] dicton *m*, maxime *f*.

did [dɪd] pt ⟶ **do**.

didactic [dɪ'dæktɪk] adj didactique.

diddle ['dɪdl] vt *inf* escroquer, rouler.

didn't ['dɪdnt] ⟶ **did not**.

die [daɪ] ❖ vi (*pt & pp* **died**, *cont* **dying**) **1.** mourir ▸ **to be dying** se mourir ▸ **to be dying to do sthg** mourir d'envie de faire qqch / *to be dying for a drink / cigarette* mourir d'envie de boire un verre / de fumer une cigarette **2.** PHR **to die for** [very good] à tomber par terre. ❖ noun **1.** [for shaping metal] matrice *f* **2.** (*pl* **dice** [daɪs]) [dice] dé *m*. ◆ **die away** vi [sound] s'éteindre ; [wind] tomber. ◆ **die down** vi [sound] s'affaiblir ; [wind] tomber ; [fire] baisser. ◆ **die out** vi s'éteindre, disparaître.

diehard ['daɪhɑːd] noun ▸ **to be a diehard a)** être coriace **b)** [reactionary] être réactionnaire.

diesel ['diːzl] noun diesel *m*.

diesel fuel, diesel oil noun diesel *m*.

diet ['daɪət] ❖ noun **1.** [eating pattern] alimentation *f* **2.** [to lose weight] régime *m* ▸ **to be on a diet** être au régime ▸ **to go on a diet** faire OR suivre un régime. ❖ comp [low-calorie] de régime. ❖ vi faire OR suivre un régime.

dietary ['daɪətrɪ] adj diététique.

dieter ['daɪətəʳ] noun personne *f* qui suit un régime.

dietician [ˌdaɪə'tɪʃn] noun diététicien *m*, -enne *f*.

differ ['dɪfəʳ] vi **1.** [be different] être différent(e), différer ; [people] être différent ▸ **to differ from** être différent de **2.** [disagree] ▸ **to differ with sb (about sthg)** ne pas être d'accord avec qqn (à propos de qqch).

difference ['dɪfrəns] noun différence *f* / *I can't tell the difference between the two* je ne vois pas la différence entre les deux ▸ **it doesn't make any difference** cela ne change rien / *to make all the difference* faire toute la différence / *a difference of opinion* une différence OR divergence d'opinion.

different ['dɪfrənt] adj ▸ **different (from)** différent(e) (de) / *that's quite a different matter* ça, c'est une autre affaire OR histoire.

differential [ˌdɪfə'renʃl] ❖ adj différentiel(elle). ❖ noun **1.** [between pay scales] écart *m* **2.** TECH différentielle *f*.

differentiate [ˌdɪfə'renʃɪeɪt] ❖ vt ▸ **to differentiate sthg from sthg** différencier qqch de qqch, faire la différence entre qqch et qqch. ❖ vi ▸ **to differentiate (between)** faire la différence (entre).

differently ['dɪfrəntlɪ] adv différemment, autrement / *to think differently* ne pas être d'accord.

differently abled adj [in politically correct language] handicapé(e).

difficult ['dɪfɪkəlt] adj difficile.

difficulty ['dɪfɪkəltɪ] (*pl* **-ies**) noun difficulté *f* ▸ **to have difficulty in doing sthg** avoir de la difficulté OR du mal à faire qqch.

diffidence ['dɪfɪdəns] noun manque *m* d'assurance.

diffident ['dɪfɪdənt] adj [person] qui manque d'assurance ; [manner, voice, approach] hésitant(e).

diffuse ❖ adj [dɪ'fjuːs] **1.** [vague] diffus(e) **2.** [spread out - city] étendu(e) ; [- company] éparpillé(e). ❖ vt [dɪ'fjuːz] diffuser, répandre. ❖ vi [dɪ'fjuːz] **1.** [light] se diffuser, se répandre **2.** [information] se répandre.

diffusion [dɪ'fjuːʒn] noun diffusion *f*.

dig [dɪg] ❖ vi (*pt & pp* **dug**, *cont* **-ging**) **1.** [in ground] creuser **2.** [subj: belt, strap] : *his elbow was digging into my side* son coude me rentrait dans les côtes ▸ **to dig into sb** couper qqn. ❖ vt (*pt & pp* **dug**, *cont* **-ging**) **1.** [hole] creuser **2.** [garden] bêcher **3.** [press] ▸ **to dig sthg into sthg** enfoncer qqch dans qqch. ❖ noun **1.** *fig* [unkind remark] pique *f* **2.** ARCHEOL fouilles *fpl*. ◆ **dig out** vt sep **1.** [rescue] dégager **2.** *inf* [find] dénicher. ◆ **dig up** vt sep **1.** [from ground] déterrer ; [potatoes] arracher **2.** *inf* [information] dénicher.

digest ❖ noun ['daɪdʒest] résumé *m*, digest *m*. ❖ vt [dɪ'dʒest] *lit* & *fig* digérer.

digestible [dɪ'dʒestəbl] adj digeste.

digestion [dɪ'dʒestʃn] noun digestion *f*.

digestive [dɪ'dʒestɪv] adj digestif(ive).

digger ['dɪgəʳ] noun **1.** [miner] mineur *m* ; UK *inf* CONSTR terrassier *m* **2.** [machine] excavatrice *f*, pelleteuse *f* **3.** *inf* [Australian] Australien *m*, -enne *f* ; [New Zealander] Néo-Zélandais *m*, -e *f*.

digibox ['dɪdʒɪbɒks] noun UK TV décodeur *m* numérique.

digit ['dɪdʒɪt] noun **1.** [figure] chiffre *m* **2.** [finger] doigt *m* ; [toe] orteil *m*.

digital ['dɪdʒɪtl] adj numérique.

digital audio tape = **DAT**.

digital broadcasting noun diffusion *f* numérique.

digital camcorder noun Caméscope® *m* numérique.

digital camera noun appareil *m* photo numérique.

digital display noun affichage *m* numérique.

digitally remastered adj remixé en numérique.

digital radio noun radio *f* numérique.

digital recording noun enregistrement *m* numérique.

digital signature noun signature *f* électronique OR numérique.

digital television noun [technique] télévision *f* numérique.

digital watch noun montre *f* à affichage digital.

digitize, digitise UK ['dɪdʒɪtaɪz] vt numériser.

dignified ['dɪgnɪfaɪd] adj digne, plein(e) de dignité.

dignify ['dɪgnɪfaɪ] (*pt & pp* **-ied**) vt [place, appearance] donner de la grandeur à.

dignitary ['dɪgnɪtrɪ] (*pl* **-ies**) noun dignitaire *m*.

dignity ['dɪgnətɪ] noun dignité *f*.

digress [daɪ'gres] vi ▸ **to digress (from)** s'écarter (de).

digression [daɪ'greʃn] noun digression *f*.

digs [dɪgz] pl n UK *inf* piaule *f*.

dike [daɪk] noun **1.** [wall, bank] digue *f* **2.** *inf* & *offens* [lesbian] gouine *f*.

dilapidated [dɪ'læpɪdeɪtɪd] adj délabré(e).

dilapidation [dɪˌlæpɪ'deɪʃn] noun [of building] délabrement *m*, dégradation *f*.

dilate [daɪ'leɪt] ◆ vt dilater. ◆ vi se dilater.

dilated [daɪ'leɪtɪd] adj dilaté(e).

dilemma [dɪ'lemə] noun dilemme *m*.

dilettante [ˌdɪlɪ'tæntɪ] (*pl* **-tes** *or* **-ti**) noun dilettante *mf*.

diligence ['dɪlɪdʒəns] noun application *f*.

diligent ['dɪlɪdʒənt] adj appliqué(e).

diligently ['dɪlɪdʒəntlɪ] adv avec assiduité OR soin OR application, assidûment.

dill [dɪl] noun aneth *m*.

dilly-dally ['dɪlɪdælɪ] (*pt & pp* **dilly-dallied**) vi *inf* [dawdle] lanterner, lambiner ; [hesitate] hésiter, tergiverser.

dilute [daɪ'lu:t] ◆ adj dilué(e). ◆ vt ▸ **to dilute sthg (with)** diluer qqch (avec).

dilution [daɪ'lu:ʃn] noun dilution *f*.

dim [dɪm] ◆ adj (*compar* **-mer**, *superl* **-mest**) **1.** [dark - light] faible ; [- room] sombre **2.** [indistinct - memory, outline] vague **3.** [weak - eyesight] faible **4.** *inf* [stupid] borné(e). ◆ vt & vi (*pt & pp* **-med**, *cont* **-ming**) baisser.

dime [daɪm] noun US (pièce *f* de) dix cents *mpl* ▸ **they're a dime a dozen** [common] il y en a à la pelle.

dimension [dɪ'menʃn] noun dimension *f*.

dime store noun US supérette *f* de quartier.

diminish [dɪ'mɪnɪʃ] vt & vi diminuer.

diminished [dɪ'mɪnɪʃt] adj diminué(e).

diminished responsibility noun LAW responsabilité *f* atténuée.

diminishing [dɪ'mɪnɪʃɪŋ] ◆ adj [influence, number, speed] décroissant(e), qui va en diminuant ; [price, quality] qui baisse, en baisse ▸ **the law of diminishing returns** la loi des rendements décroissants. ◆ noun diminution *f*, baisse *f*.

diminutive [dɪ'mɪnjʊtɪv] *fml* ◆ adj minuscule. ◆ noun GRAM diminutif *m*.

dimly ['dɪmlɪ] adv [lit] faiblement ; [remember] vaguement.

dimmers ['dɪmərz] pl n US [dipped headlights] phares *mpl* code *(inv)* ; [parking lights] feux *mpl* de position.

dimmer (switch) ['dɪmər-] noun variateur *m* de lumière.

dimple ['dɪmpl] noun fossette *f*.

dimwit ['dɪmwɪt] noun *inf* crétin *m*, -e *f*.

dim-witted [-'wɪtɪd] adj *inf* crétin(e).

din [dɪn] noun *inf* barouf *m*.

dine [daɪn] vi *fml* dîner. ◆ **dine out** vi dîner dehors.

diner ['daɪnər] noun **1.** [person] dîneur *m*, -euse *f* **2.** US [café] petit restaurant *m* sans façon.

dingbat ['dɪŋbæt] noun *inf* **1.** US [thing] truc *m*, machin *m* **2.** [fool] crétin *m*, -e *f*, gourde *f*.

dinghy ['dɪŋgɪ] (*pl* **-ies**) noun [for sailing] dériveur *m* ; [for rowing] (petit) canot *m*.

dinginess ['dɪndʒɪnɪs] noun [shabbiness] aspect *m* miteux OR douteux ; [drabness] couleur *f* terne.

dingo ['dɪŋgəʊ] (*pl* **-es**) noun dingo *m*.

dingy ['dɪndʒɪ] (*compar* **-ier**, *superl* **-iest**) adj [shabby] miteux(euse) ; [dirty] douteux(euse) ; [colour] terne.

dining car ['daɪnɪŋ-] noun wagon-restaurant *m*.

dining room ['daɪnɪŋ-] noun **1.** [in house] salle *f* à manger **2.** [in hotel] restaurant *m*.

dining table ['daɪnɪŋ-] noun table *f (de salle à manger)*.

dinner ['dɪnər] noun dîner *m*.

dinner jacket noun smoking *m*.

dinner party noun dîner *m (sur invitation)*.

dinner table noun table *f (de salle à manger)*.

dinnertime ['dɪnətaɪm] noun heure *f* du dîner.

dinosaur ['daɪnəsɔ:r] noun dinosaure *m*.

dint [dɪnt] noun *fml* ▸ **by dint of** à force de.

diocese ['daɪəsɪs] noun diocèse *m*.

diode ['daɪəʊd] noun diode *f*.

dip [dɪp] ◆ noun **1.** [in road, ground] déclivité *f* **2.** [sauce] sauce *f*, dip *m* **3.** [swim] baignade *f* (rapide) ▸ **to go for a dip** aller se baigner en vitesse, aller faire trempette. ◆ vt (*pt & pp* **-ped**, *cont* **-ping**) **1.** [into liquid] ▸ **to dip sthg in** OR **into** tremper OR plonger qqch dans **2.** UK AUTO ▸ **to dip one's headlights** se mettre en code. ◆ vi (*pt & pp* **-ped**, *cont* **-ping**) **1.** [sun] baisser, descendre à l'horizon ; [wing] plonger **2.** [road, ground] descendre.

diphtheria [dɪf'θɪərɪə] noun diphtérie *f*.

diphthong ['dɪfθɒŋ] noun diphtongue *f*.

diploma [dɪ'pləʊmə] (*pl* **-s**) noun diplôme *m*.

diplomacy [dɪ'pləʊməsɪ] noun diplomatie *f*.

diplomat ['dɪpləmæt] noun diplomate *m*.

diplomatic [ˌdɪplə'mætɪk] adj **1.** [service] diplomatique **2.** [tactful] diplomate.

diplomatically [ˌdɪplə'mætɪklɪ] adv POL diplomatiquement ; *fig* avec diplomatie, diplomatiquement.

diplomatic bag noun valise *f* diplomatique.

diplomatic corps noun corps *m* diplomatique.

diplomatic immunity noun immunité *f* diplomatique.

diplomatic relations pl n relations *fpl* diplomatiques.

dippy ['dɪpɪ] (*compar* **-ier**, *superl* **-iest**) adj *inf* écervelé(e).

dipsomaniac [ˌdɪpsəˈmeɪnɪæk] noun dipsomane *mf*.

dipstick [ˈdɪpstɪk] noun AUTO jauge *f (de niveau d'huile)*.

dire [ˈdaɪəʳ] adj [need, consequences] extrême ; [warning] funeste ▸ **in dire straits** dans une situation désespérée.

direct [dɪˈrekt] ❖ adj direct(e) ; [challenge] manifeste / *direct flight / route* vol *m* / chemin *m* direct / *he's a direct descendant of the King* il descend du roi en ligne directe / *she asked some very direct questions* elle a posé des questions parfois très directes / *it's the direct opposite of what I said* c'est exactement le contraire de ce que j'ai dit. ❖ vt **1.** [gen] diriger / *can you direct me to the train station?* pourriez-vous m'indiquer le chemin de la gare ? **2.** [aim] ▸ **to direct sthg at sb** [question, remark] adresser qqch à qqn / *the campaign is directed at teenagers* cette campagne vise les adolescents / *we should direct all our efforts towards improving our education service* nous devrions consacrer tous nos efforts à améliorer notre système scolaire **3.** CIN, RADIO & TV [film, programme] réaliser ; [actors] diriger ; THEAT [play] mettre en scène **4.** [order] ▸ **to direct sb to do sthg** ordonner à qqn de faire qqch / *to direct the jury* instruire le jury. ❖ adv directement.

direct access noun accès *m* direct.

direct advertising noun publicité *f* directe.

direct current noun courant *m* continu.

direct debit noun UK prélèvement *m* automatique.

direct dialling UK, **direct dialing** US noun automatique *m*.

direction [dɪˈrekʃn] noun direction *f* ▸ **under the direction of** sous la direction de. ◆ **directions** pl n **1.** [to find a place] indications *fpl* **2.** [for use] instructions *fpl*.

directive [dɪˈrektɪv] noun directive *f*.

directly [dɪˈrektlɪ] adv **1.** [in straight line] directement **2.** [honestly, clearly] sans détours **3.** [exactly - behind, above] exactement **4.** [immediately] immédiatement **5.** [very soon] tout de suite.

direct mail noun publipostage *m*.

direct marketing noun marketing *m* direct.

direct object noun complément *m* (d'objet) direct.

director [dɪˈrektəʳ] noun **1.** [of company] directeur *m*, -trice *f* **2.** THEAT metteur *m* en scène ; CIN & TV réalisateur *m*, -trice *f*.

directorate [dɪˈrektərət] noun conseil *m* d'administration.

director-general (*pl* **directors-general** *or* **director-generals**) noun directeur *m* général.

Director of Public Prosecutions noun UK ≃ procureur *m* général.

director's chair noun fauteuil *m* régisseur.

directorship [dɪˈrektəʃɪp] noun **1.** [position] poste *m* de directeur **2.** [period] direction *f*.

directory [dɪˈrektərɪ] (*pl* **-ies**) noun **1.** [annual publication] annuaire *m* **2.** COMPUT répertoire *m*.

directory enquiries UK, **directory assistance** US noun (service *m* des) renseignements *mpl* téléphoniques.

direct speech UK, **direct discourse** US noun discours *m* direct.

dirge [dɜːdʒ] noun chant *m* funèbre.

dirt [dɜːt] noun *(U)* **1.** [mud, dust] saleté *f* **2.** [earth] terre *f*.

dirt-cheap *inf* ❖ adv pour rien / *I bought it dirt-cheap* je l'ai payé trois fois rien. ❖ adj très bon marché.

dirt track noun chemin *m* de terre.

dirty [ˈdɜːtɪ] ❖ adj (*compar* **-ier**, *superl* **-iest**) **1.** [not clean, not fair] sale / *he got his shirt dirty* il a sali sa chemise ▸ **to give sb a dirty look** regarder qqn de travers OR d'un sale œil **2.** [smutty - language, person] grossier(ère) ; [- book, joke] cochon(onne) / *to have a dirty mind* avoir l'esprit mal tourné. ❖ vt (*pt & pp* **-ied**) salir.

dirty bomb noun bombe *f* sale.

dirty money noun argent *m* mal acquis OR sale.

dirty trick noun [malicious act] sale tour *m* / *to play a dirty trick on sb* jouer un sale tour OR un tour de cochon à qqn. ◆ **dirty tricks** pl n : *they've been up to their dirty tricks again* ils ont encore fait des leurs / *dirty tricks campaign* POL *manœuvres déloyales visant à discréditer un adversaire politique*.

dis [dɪs] vt US *inf* = **diss**.

disability [ˌdɪsəˈbɪlətɪ] (*pl* **-ies**) noun infirmité *f* / *people with disabilities* les handicapés.

disable [dɪsˈeɪbl] vt **1.** [injure] rendre infirme **2.** [put out of action - guns, vehicle] mettre hors d'action.

disabled [dɪsˈeɪbld] ❖ adj [person] handicapé(e), infirme. ❖ pl n ▸ **the disabled** les handicapés, les infirmes.

disabuse [ˌdɪsəˈbjuːz] vt *fml* ▸ **to disabuse sb (of)** détromper qqn (sur).

disadvantage [ˌdɪsədˈvɑːntɪdʒ] noun désavantage *m*, inconvénient *m* ▸ **to be at a disadvantage** être désavantagé ▸ **to be to sb's disadvantage** être au désavantage de qqn.

disadvantaged [ˌdɪsədˈvɑːntɪdʒd] adj défavorisé(e).

disaffected [ˌdɪsəˈfektɪd] adj mécontent(e).

disaffection [ˌdɪsəˈfekʃn] noun mécontentement *m*.

disagree [ˌdɪsəˈgriː] vi **1.** [have different opinions] ▸ **to disagree (with)** ne pas être d'accord (avec) **2.** [differ] ne pas concorder **3.** [subj: food, drink] ▸ **to disagree with sb** ne pas réussir à qqn.

disagreeable [ˌdɪsəˈgriːəbl] adj désagréable.

disagreement [ˌdɪsəˈgriːmənt] noun **1.** [in opinion] désaccord *m* **2.** [argument] différend *m* **3.** [dissimilarity] différence *f*.

disallow [ˌdɪsəˈlaʊ] vt **1.** *fml* [appeal, claim] rejeter **2.** [goal] refuser.

disappear [ˌdɪsəˈpɪəʳ] vi disparaître.

disappearance [ˌdɪsəˈpɪərəns] noun disparition *f*.

disappoint [ˌdɪsəˈpɔɪnt] vt décevoir.

disappointed [ˌdɪsəˈpɔɪntɪd] adj ▸ **disappointed (in** OR **with)** déçu(e) (par).

disappointing [ˌdɪsəˈpɔɪntɪŋ] adj décevant(e).

disappointingly [ˌdɪsəˈpɔɪntɪŋlɪ] adv : *disappointingly low grades* des notes d'une faiblesse décevante / *he did disappointingly badly in the exam* ses résultats à l'examen ont été très décevants.

disappointment [ˌdɪsəˈpɔɪntmənt] noun déception *f*.

disapproval [ˌdɪsəˈpruːvl] noun désapprobation *f*.

disapprove [ˌdɪsəˈpruːv] vi ▸ **to disapprove of sb / sthg** désapprouver qqn / qqch / *do you disapprove?* est-ce que tu as quelque chose contre ?

disapproving [ˌdɪsəˈpruːvɪŋ] adj désapprobateur(trice).

disapprovingly [ˌdɪsəˈpruːvɪŋlɪ] adv [look] d'un air désapprobateur ; [speak] d'un ton désapprobateur, avec désapprobation.

disarm [dɪsˈɑːm] vt & vi *lit* & *fig* désarmer.

disarmament [dɪsˈɑːməmənt] noun désarmement *m*.

disarming [dɪsˈɑːmɪŋ] adj désarmant(e).

disarmingly [dɪsˈɑːmɪŋlɪ] adv de façon désarmante / *disarmingly honest / friendly* d'une honnêteté / amabilité désarmante.

disarray [ˌdɪsəˈreɪ] noun ▸ **in disarray** a) en désordre b) [government] en pleine confusion.

disassociate [ˌdɪsəˈsəʊʃɪeɪt] vt ▸ **to disassociate o.s. from** se dissocier de.

disaster [dɪˈzɑːstəʳ] noun **1.** [damaging event] catastrophe *f* / *air disaster* catastrophe aérienne **2.** *(U)* [misfortune] échec *m*, désastre *m* ▸ **a disaster waiting to happen** une bombe à retardement *fig* **3.** *inf* [failure] désastre *m*.

disaster area noun [after natural disaster] zone *f* sinistrée.

disastrous [dɪˈzɑːstrəs] adj désastreux(euse).

disastrously [dɪˈzɑːstrəslɪ] adv de façon désastreuse.

disband [dɪsˈbænd] ❖ vt [army, club] disperser ; [organization] disperser, dissoudre. ❖ vi [army] se disperser ; [organization] se dissoudre.

disbar [dɪsˈbɑːʳ] *(pt & pp* **-ed**, *cont* **-ring**) vt LAW rayer du barreau OR du tableau de l'ordre *(des avocats)*.

disbelief [ˌdɪsbɪˈliːf] noun ▸ **in** OR **with disbelief** avec incrédulité.

disbelieve [ˌdɪsbɪˈliːv] vt ne pas croire.

disc UK, **disk** US [dɪsk] noun disque *m*.

discard [dɪˈskɑːd] vt mettre au rebut.

discarded [dɪˈskɑːdɪd] adj mis(e) au rebut.

disc brake UK, **disk brake** US noun frein *m* à disque.

discern [dɪˈsɜːn] vt discerner, distinguer.

discernible [dɪˈsɜːnəbl] adj **1.** [visible] visible **2.** [noticeable] sensible.

discerning [dɪˈsɜːnɪŋ] adj judicieux(euse).

discharge ❖ noun [ˈdɪstʃɑːdʒ] **1.** [of patient] autorisation *f* de sortie, décharge *f* ; LAW relaxe *f* ▸ **to get one's discharge** MIL être rendu à la vie civile **2.** *fml* [fulfilment - of duties] accomplissement *m* **3.** [emission - of smoke] émission *f* ; [- of sewage] déversement *m* ; MED écoulement *m* **4.** [payment] acquittement *m*. ❖ vt [dɪsˈtʃɑːdʒ] **1.** [allow to leave - patient] signer la décharge de ; [- prisoner, defendant] relaxer ; [- soldier] rendre à la vie civile **2.** *fml* [fulfil] assumer **3.** [emit - smoke] émettre ; [- sewage, chemicals] déverser **4.** [pay] acquitter, régler.

disciple [dɪˈsaɪpl] noun disciple *m*.

disciplinarian [ˌdɪsɪplɪˈneərɪən] noun *personne impitoyable en matière de discipline.*

disciplinary [ˈdɪsɪplɪnərɪ] adj disciplinaire ▸ **to take disciplinary action against sb** prendre des mesures disciplinaires contre qqn..

discipline [ˈdɪsɪplɪn] ❖ noun discipline *f*. ❖ vt **1.** [control] discipliner **2.** [punish] punir.

disciplined [ˈdɪsɪplɪnd] adj discipliné(e).

disc jockey noun disc-jockey *m*.

disclaim [dɪsˈkleɪm] vt *fml* nier.

disclaimer [dɪsˈkleɪməʳ] noun démenti *m*, dénégation *f*, désaveu *m*.

disclose [dɪsˈkləʊz] vt révéler, divulguer.

disclosure [dɪsˈkləʊʒəʳ] noun révélation *f*, divulgation *f*.

disco [ˈdɪskəʊ] *(pl* **-s**) (*abbr of* **discotheque**) noun discothèque *f*.

discoloured UK, **discolored** US [dɪsˈkʌləd] adj décoloré(e) ; [teeth] jauni(e).

discomfort [dɪsˈkʌmfət] noun **1.** *(U)* [physical pain] douleur *f* ▸ **to be in some discomfort** ne pas se sentir très bien ▸ **to cause sb discomfort** gêner qqn **2.** *(U)* [anxiety, embarrassment] malaise *m* **3.** [uncomfortable condition] inconfort *m*.

disconcert [ˌdɪskənˈsɜːt] vt déconcerter.

How to express disapproval

- **Je désapprouve totalement son attitude.** *I don't approve of his attitude at all.*
- **Ça ne me plaît pas qu'il fréquente ces gens.** *I don't like him mixing with those people.*
- **Elle a eu tort de lui parler comme ça.** *She had no right to speak to him like that.*
- **Ce ne sont pas des façons (de faire).** *That's no way to behave.*
- **Mais qu'est-ce qui lui a pris !** *What's his problem?*
- **Je ne peux pas dire que j'approuve son attitude.** *I can't say that I approve of his attitude.*
- **Je ne sais pas si elle a bien fait de lui en parler.** *I'm not sure she did the right thing by telling him.*
- **C'est inadmissible !** *It's just not on!*

disconcerting [ˌdɪskən'sɜ:tɪŋ] adj déconcertant(e).

disconnect [ˌdɪskə'nekt] vt **1.** [detach] détacher **2.** [from gas, electricity - appliance] débrancher ; [- house] couper **3.** TELEC couper.

disconnected [ˌdɪskə'nektɪd] adj [thoughts] sans suite ; [events] sans rapport.

disconsolate [dɪs'kɒnsələt] adj triste, inconsolable.

discontent [ˌdɪskən'tent] noun ▸ **discontent (with)** mécontentement *m* (à propos de).

discontented [ˌdɪskən'tentɪd] adj mécontent(e).

discontinue [ˌdɪskən'tɪnju:] vt cesser, interrompre.

discord ['dɪskɔ:d] noun **1.** *(U)* [disagreement] discorde *f*, désaccord *m* **2.** MUS dissonance *f*.

discordant [dɪ'skɔ:dənt] adj **1.** [conflicting] discordant(e) ; [relationship] plein(e) de discordance **2.** MUS dissonant(e).

discotheque ['dɪskəʊtek] noun discothèque *f*.

discount ❖ noun ['dɪskaʊnt] remise *f* / *I bought it at a discount* je l'ai acheté au rabais / *she got a discount* on lui a fait une remise / *'discount for cash'* 'escompte au comptant' / *shares offered at a discount* des actions offertes en dessous du pair. ❖ vt [UK dɪs'kaʊnt, US 'dɪskaʊnt] [report, claim] ne pas tenir compte de.

discount rate noun taux *m* d'escompte.

discount store noun COMM magasin *m* de vente au rabais.

discourage [dɪs'kʌrɪdʒ] vt décourager ▸ **to discourage sb from doing sthg** dissuader qqn de faire qqch.

discouraged [dɪs'kʌrɪdʒd] adj découragé(e) / *don't be discouraged* ne te laisse pas abattre OR décourager.

discouragement [dɪ'skʌrɪdʒmənt] noun **1.** [attempt to discourage] : *I met with discouragement on all sides* tout le monde a essayé de me décourager / *my plans met with discouragement* on a essayé de me dissuader de poursuivre mes projets **2.** [deterrent] : *the metal shutters act as a discouragement to vandals* les rideaux métalliques servent à décourager les vandales.

discouraging [dɪ'skʌrɪdʒɪŋ] adj décourageant(e).

discourse ['dɪskɔ:s] noun *fml* ▸ **discourse (on)** discours *m* (sur).

discourteous [dɪs'kɜ:tjəs] adj discourtois(e).

discourtesy [dɪs'kɜ:tɪsɪ] noun manque *m* de courtoisie.

discover [dɪ'skʌvəʳ] vt découvrir.

discovery [dɪ'skʌvərɪ] *(pl* **-ies***)* noun découverte *f*.

discredit [dɪs'kredɪt] ❖ noun discrédit *m*. ❖ vt discréditer.

discredited [dɪs'kredɪtɪd] adj discrédité(e).

discreet [dɪ'skri:t] adj discret(ète).

discreetly [dɪ'skri:tlɪ] adv discrètement.

discrepancy [dɪ'skrepənsɪ] *(pl* **-ies***)* noun ▸ **discrepancy (in / between)** divergence *f* (entre).

discrete [dɪs'kri:t] adj *fml* séparé(e), bien distinct(e).

discretion [dɪ'skreʃn] noun *(U)* **1.** [tact] discrétion *f* **2.** [judgment] jugement *m*, discernement *m* / *use your own discretion* à vous de juger ▸ **at the discretion of** à la discrétion de.

discretionary [dɪ'skreʃənrɪ] adj discrétionnaire.

discriminate [dɪ'skrɪmɪneɪt] vi **1.** [distinguish] différencier, distinguer ▸ **to discriminate between** faire la distinction entre **2.** [be prejudiced] ▸ **to discriminate against sb** faire de la discrimination envers qqn.

discriminating [dɪ'skrɪmɪneɪtɪŋ] adj judicieux(ieuse).

discrimination [dɪˌskrɪmɪ'neɪʃn] noun **1.** [prejudice] discrimination *f* **2.** [judgment] discernement *m*, jugement *m*.

discriminatory [dɪ'skrɪmɪnətrɪ] adj [treatment, proposals] discriminatoire / *the company is being discriminatory* la société pratique la discrimination.

discursive [dɪ'skɜ:sɪv] adj *fml* [essay, report, person] discursif(ive).

discus ['dɪskəs] *(pl* **-es***)* noun disque *m*.

discuss [dɪ'skʌs] vt discuter (de) ▸ **to discuss sthg with sb** discuter de qqch avec qqn.

discussion [dɪ'skʌʃn] noun discussion *f* / *to come up for discussion* [report, proposal] être discuté.

discussion group noun groupe *m* de discussion.

disdain [dɪs'deɪn] ❖ noun ▸ **disdain (for)** dédain *m* (pour). ❖ vt dédaigner ▸ **to disdain to do sthg** dédaigner de faire qqch.

disdainful [dɪs'deɪnfʊl] adj dédaigneux(euse).

disease [dɪ'zi:z] noun **1.** [illness] maladie *f* **2.** *fig* [unhealthy attitude, habit] mal *m*.

diseased [dɪ'zi:zd] adj [plant, body] malade.

disembark [ˌdɪsɪm'bɑ:k] vi débarquer.

disembodied [ˌdɪsɪm'bɒdɪd] adj désincarné(e).

disenchanted [ˌdɪsɪn'tʃɑ:ntɪd] adj ▸ **disenchanted (with)** désenchanté(e) (de).

disenchantment [ˌdɪsɪn'tʃɑ:ntmənt] noun désillusion *f*, désenchantement *m*.

disengage [ˌdɪsɪn'geɪdʒ] vt **1.** [release] ▸ **to disengage sthg (from)** libérer OR dégager qqch (de) ▸ **to disengage o.s. from** se libérer OR se dégager de **2.** TECH déclencher ▸ **to disengage the gears** débrayer.

disentangle [ˌdɪsɪn'tæŋgl] vt ▸ **to disentangle sthg from** enlever qqch de ▸ **to disentangle o.s. from** se dégager de.

disfigure [dɪs'fɪgəʳ] vt défigurer.

disfigured [dɪs'fɪgəd] adj défiguré(e).

disfigurement [dɪs'fɪgəmənt] noun défigurement *m*.

disfranchise [ˌdɪs'fræntʃaɪz] vt priver du droit électoral.

disgrace [dɪs'greɪs] ❖ noun **1.** [shame] honte *f* ▸ **to bring disgrace on sb** jeter la honte sur qqn ▸ **in disgrace** en défaveur **2.** [cause of shame - thing] honte *f*, scandale *m* ; [- person] honte *f*. ❖ vt faire honte à ▸ **to disgrace o.s.** se couvrir de honte.

disgraceful [dɪs'greɪsfʊl] adj honteux(euse), scandaleux(euse).

disgracefully [dɪs'greɪsfʊlɪ] adv honteusement.

disgruntled [dɪs'grʌntld] adj mécontent(e).

disguise [dɪs'gaɪz] ❖ noun déguisement *m* ▸ **in disguise** déguisé(e). ❖ vt **1.** [person, voice] déguiser ▸ **to disguise o.s. as** se déguiser en **2.** [hide - fact, feelings] dissimuler.

disgust [dɪs'gʌst] ❖ noun ▸ **disgust (at)** **a)** [behaviour, violence] dégoût *m* (pour) **b)** [decision] dégoût (devant) ▸ **in disgust** dégoûté(e), écœuré(e). ❖ vt dégoûter, écœurer.

disgusted [dɪs'gʌstɪd] adj [displeased] écœuré(e) ; [sick] écœuré(e), dégoûté(e).

disgusting [dɪs'gʌstɪŋ] adj dégoûtant(e).

disgustingly [dɪs'gʌstɪŋlɪ] adv : *a disgustingly bad meal* un repas épouvantable / *she is disgustingly clever / successful* *inf* elle est intelligente / elle réussit au point que c'en est écœurant.

dish [dɪʃ] ❖ noun plat *m* ; US [plate] assiette *f*. ❖ vi US *inf* ▸ **to dish on sb** cafarder qqn. ◆ **dishes** pl n vaisselle *f* ▸ **to do** OR **wash the dishes** faire la vaisselle. ◆ **dish out** vt sep *inf* distribuer. ◆ **dish up** vt sep *inf* servir.

dish aerial UK, **dish antenna** US noun antenne *f* parabolique.

disharmony [ˌdɪs'hɑːmənɪ] noun désaccord *m*, mésentente *f*.

dishcloth ['dɪʃklɒθ] noun lavette *f*.

dishearten [dɪs'hɑːtn] vt décourager, abattre, démoraliser / *don't get disheartened* ne te décourage pas, ne te laisse pas abattre.

disheartening [dɪs'hɑːtnɪŋ] adj décourageant(e).

dishevelled UK, **disheveled** US [dɪ'ʃevəld] adj [person] échevelé(e) ; [hair] en désordre.

dishonest [dɪs'ɒnɪst] adj malhonnête.

dishonesty [dɪs'ɒnɪstɪ] noun malhonnêteté *f*.

dishonour UK, **dishonor** US [dɪs'ɒnər] ❖ noun déshonneur *m*. ❖ vt déshonorer.

dishonourable UK, **dishonorable** US [dɪs'ɒnərəbl] adj [person] peu honorable ; [behaviour] déshonorant(e).

dishtowel ['dɪʃtaʊəl] noun torchon *m*.

dishwasher ['dɪʃˌwɒʃər] noun [machine] lave-vaisselle *m inv*.

dishwashing liquid noun US liquide *m* vaisselle.

dishwater ['dɪʃˌwɔːtər] noun eau *f* de vaisselle / *this coffee is like dishwater!* c'est du jus de chaussettes, ce café !

dishy ['dɪʃɪ] (*compar* **-ier**, *superl* **-iest**) adj UK *inf* mignon(onne), sexy *(inv)*.

disillusion [ˌdɪsɪ'luːʒn] vt faire perdre ses illusions à, désillusionner.

disillusioned [ˌdɪsɪ'luːʒnd] adj désillusionné(e), désenchanté(e) ▸ **to become disillusioned** perdre ses illusions ▸ **to be disillusioned with** ne plus avoir d'illusions sur.

disincentive [ˌdɪsɪn'sentɪv] noun ▸ **to be a disincentive** avoir un effet dissuasif ; [in work context] être démotivant(e).

disinclination [ˌdɪsɪnklɪ'neɪʃn] noun [of person] peu *m* d'inclination / *her disinclination to believe him* sa tendance à ne pas le croire / *the West's disinclination to go on lending* le peu d'enthousiasme dont fait preuve l'Occident pour continuer à prêter de l'argent.

disinclined [ˌdɪsɪn'klaɪnd] adj ▸ **to be disinclined to do sthg** être peu disposé(e) à faire qqch.

disinfect [ˌdɪsɪn'fekt] vt désinfecter.

disinfectant [ˌdɪsɪn'fektənt] noun désinfectant *m*.

disinformation [ˌdɪsɪnfə'meɪʃn] noun désinformation *f*.

disingenuous [ˌdɪsɪn'dʒenjʊəs] adj peu sincère.

disinherit [ˌdɪsɪn'herɪt] vt déshériter.

disintegrate [dɪs'ɪntɪgreɪt] vi **1.** [object] se désintégrer, se désagréger **2.** *fig* [project] s'écrouler ; [marriage] se désagréger.

disintegration [dɪsˌɪntɪ'greɪʃn] noun **1.** [of object] désintégration *f*, désagrégation *f* **2.** *fig* [of project, marriage] effondrement *m*.

disinterest [ˌdɪs'ɪntərest] noun **1.** [objectivity] : *his disinterest was the reason we chose him* on l'a choisi parce qu'il n'avait aucun intérêt dans l'affaire **2.** [lack of interest] manque *m* d'intérêt.

disinterested [ˌdɪs'ɪntrəstɪd] adj **1.** [objective] désintéressé(e) **2.** [uninterested] ▸ **disinterested (in)** indifférent(e) (à).

disinvestment [ˌdɪsɪn'vestmənt] noun désinvestissement *m*.

disjointed [dɪs'dʒɔɪntɪd] adj décousu(e).

disk [dɪsk] noun **1.** COMPUT disque *m*, disquette *f* **2.** US = **disc**.

disk drive noun COMPUT lecteur *m* de disques OR de disquettes.

diskette [dɪs'ket] noun COMPUT disquette *f*.

disk operating system noun COMPUT système *m* d'exploitation (à disques).

disk space noun espace *m* disque.

dislike [dɪs'laɪk] ❖ noun ▸ **dislike (of)** aversion *f* (pour) ▸ **her likes and dislikes** ce qu'elle aime et ce qu'elle n'aime pas ▸ **to take a dislike to sb / sthg** prendre qqn / qqch en grippe. ❖ vt ne pas aimer.

dislocate ['dɪsləkeɪt] vt **1.** MED se démettre **2.** [disrupt - plans] désorganiser, perturber.

dislocation [ˌdɪslə'keɪʃn] noun **1.** [of shoulder, knee] luxation *f*, déboîtement *m* **2.** [disruption - of plans] perturbation *f*.

dislodge [dɪs'lɒdʒ] vt ▸ **to dislodge sthg (from)** **a)** déplacer qqch (de) **b)** [free] décoincer qqch (de) ▸ **to dislodge sb from a position** déloger qqn d'un poste.

disloyal [ˌdɪsˈlɔɪəl] adj ▸ **disloyal (to)** déloyal(e) (envers).

disloyalty [ˌdɪsˈlɔɪəltɪ] noun déloyauté *f* / *an act of disloyalty* un acte déloyal.

dismal [ˈdɪzml] adj **1.** [gloomy, depressing] lugubre **2.** [unsuccessful - attempt] infructueux(euse) ; [- failure] lamentable.

dismantle [dɪsˈmæntl] vt démanteler.

dismay [dɪsˈmeɪ] ❖ noun consternation *f* ▸ **to sb's dismay** à la consternation de qqn. ❖ vt consterner.

dismayed [dɪsˈmeɪd] adj consterné(e), effondré(e).

dismember [dɪsˈmembəʳ] vt démembrer.

dismiss [dɪsˈmɪs] vt **1.** [from job] ▸ **to dismiss sb (from)** congédier qqn (de) **2.** [refuse to take seriously - idea, person] écarter ; [- plan, challenge] rejeter / *police dismissed the warning as a hoax* la police n'a pas tenu compte de l'avertissement et l'a pris pour une mauvaise plaisanterie **3.** [allow to leave - class] laisser sortir ; [- troops] faire rompre les rangs à / *class dismissed!* vous pouvez sortir ! **4.** LAW [hung jury] dissoudre / *to dismiss a charge* [judge] rendre une ordonnance de non-lieu / *case dismissed!* affaire classée !

dismissal [dɪsˈmɪsl] noun **1.** [from job] licenciement *m*, renvoi *m* **2.** [refusal to take seriously] rejet *m*.

dismissive [dɪsˈmɪsɪv] adj [tone of voice, gesture] méprisant(euse) ▸ **to be dismissive of** ne faire aucun cas de.

dismissively [dɪsˈmɪsɪvlɪ] adv [offhandedly] d'un ton dédaigneux ; [in final tone of voice] d'un ton sans appel.

dismount [ˌdɪsˈmaʊnt] vi ▸ **to dismount (from)** descendre (de).

disobedience [ˌdɪsəˈbiːdjəns] noun désobéissance *f*.

disobedient [ˌdɪsəˈbiːdjənt] adj désobéissant(e).

disobey [ˌdɪsəˈbeɪ] ❖ vt désobéir à. ❖ vi désobéir.

disorder [dɪsˈɔːdəʳ] noun **1.** [disarray] ▸ **in disorder** en désordre **2.** *(U)* [rioting] troubles *mpl* **3.** MED trouble *m*.

disordered [dɪsˈɔːdəd] adj **1.** [in disarray] en désordre **2.** MED ▸ **mentally disordered** déséquilibré(e).

disorderly [dɪsˈɔːdəlɪ] adj **1.** [untidy - room] en désordre ; [- appearance] désordonné(e) **2.** [unruly] indiscipliné(e).

disorganization, disorganisation UK [dɪsˌɔːgənaɪˈzeɪʃn] noun désorganisation *f*.

disorganized, disorganised UK [dɪsˈɔːgənaɪzd] adj [person] désordonné(e), brouillon(onne) ; [system] mal conçu(e).

disorient [dɪsˈɔːrɪənt], **disorientate** UK [dɪsˈɔːrɪənteɪt] vt désorienter / *to be disoriented* être désorienté / *it's easy to become disoriented* **a)** c'est facile de perdre son sens de l'orientation **b)** *fig* on a vite fait d'être désorienté.

disoriented [dɪsˈɔːrɪəntɪd], **disorientated** UK [dɪsˈɔːrɪənteɪtɪd] adj désorienté(e).

disorienting US [dɪsˈɔːrɪəntɪŋ] adj déroutant(e).

disown [dɪsˈəʊn] vt désavouer.

disparage [dɪˈspærɪdʒ] vt dénigrer.

disparaging [dɪˈspærɪdʒɪŋ] adj désobligeant(e).

disparagingly [dɪˈspærɪdʒɪŋlɪ] adv [say, look at] d'un air désobligeant.

disparate [ˈdɪspərət] adj disparate.

disparity [dɪˈspærətɪ] (*pl* **-ies**) noun ▸ **disparity (between** OR **in)** disparité *f* (entre).

dispassionate [dɪˈspæʃnət] adj impartial(e).

dispatch [dɪˈspætʃ] ❖ noun [message] dépêche *f*. ❖ vt [send] envoyer, expédier.

dispatch rider noun MIL estafette *f* ; [courier] coursier *m*.

dispel [dɪˈspel] (*pt & pp* **-led**, *cont* **-ling**) vt [feeling] dissiper, chasser.

dispensable [dɪˈspensəbl] adj [person] dont on peut se passer ; [expenses, luxury] superflu(e).

dispensary [dɪˈspensərɪ] (*pl* **-ies**) noun officine *f*.

dispensation [ˌdɪspenˈseɪʃn] noun [permission] dispense *f*.

dispense [dɪˈspens] vt [justice, medicine] administrer.
◆ **dispense with** vt insep **1.** [do without] se passer de **2.** [make unnecessary] rendre superflu(e) ▸ **to dispense with the need for sthg** rendre qqch superflu.

dispenser [dɪˈspensəʳ] noun distributeur *m*.

dispensing chemist [dɪˈspensɪŋ-] noun UK pharmacien *m*, -enne *f*.

How to express dislikes

- **Je déteste conduire la nuit.** *I hate driving at night.*
- **Je ne supporte pas qu'on me parle comme ça.** *I will not be spoken to like that.*
- **Ça m'agace qu'elle s'invite sans prévenir.** *It annoys me the way she comes round without any warning.*
- **Il me tape sur le système.** *inf He gets on my nerves.*
- **Je ne peux pas le voir (en peinture).** *inf I can't stand him.*
- **Je ne l'aime pas trop.** *I don't really like him / her / it.*
- **Je ne suis pas très branché sport.** *inf I'm not really into sport.*
- **L'informatique, c'est pas vraiment mon truc.** *inf Computers aren't really my thing.*
- **Les films de science-fiction, ce n'est pas ma tasse de thé.** *Science fiction films aren't really my cup of tea.*
- **Ses tableaux ne m'emballent pas.** *inf I don't think much of his paintings.*

dispersal [dɪ'spɜ:sl] noun dispersion *f*.
disperse [dɪ'spɜ:s] ❖ vt **1.** [crowd] disperser **2.** [knowledge, news] répandre, propager. ❖ vi se disperser.
dispirited [dɪ'spɪrɪtɪd] adj découragé(e), abattu(e).
dispiriting [dɪ'spɪrɪtɪŋ] adj décourageant(e).
displace [dɪs'pleɪs] vt **1.** [cause to move] déplacer **2.** [supplant] supplanter.
displacement [dɪs'pleɪsmənt] noun déplacement *m*.
displacement activity noun PSYCHOL déplacement *m*.
display [dɪ'spleɪ] ❖ noun **1.** [arrangement] exposition *f* ; [of goods, merchandise] étalage *m*, exposition *f* ▸ **on display** exposé / *to put sthg on display* exposer qqch / *the exam results were on display* les résultats des examens étaient affichés **2.** [demonstration] manifestation *f* **3.** [public event] spectacle *m* / *a fireworks display* un feu d'artifice **4.** [COMPUT - device] écran *m* ; [- information displayed] affichage *m*, visualisation *f*. ❖ vt **1.** [arrange] exposer **2.** [show] faire preuve de, montrer.
display advertisement noun encadré *m*.
displease [dɪs'pli:z] vt déplaire à, mécontenter.
displeased [dɪs'pli:zd] adj mécontent(e) / *to be displeased with* OR *at* être mécontent de.
displeasure [dɪs'pleʒəʳ] noun mécontentement *m*.
disposable [dɪ'spəʊzəbl] adj [throw away] jetable.
disposable camera noun appareil *m* photo jetable.
disposable income noun surplus *m*, revenu *m* disponible.
disposal [dɪ'spəʊzl] noun **1.** [removal] enlèvement *m* **2.** [availability] ▸ **at sb's disposal** à la disposition de qqn.
dispose [dɪ'spəʊz] ◆ **dispose of** vt insep [get rid of] se débarrasser de ; [problem] résoudre.

> ⚠ Disposer de only means *to have at one's disposal*, and cannot be used to translate other meanings of *dispose of*.

disposed [dɪ'spəʊzd] adj **1.** [willing] ▸ **to be disposed to do sthg** être disposé(e) à faire qqch **2.** [friendly] ▸ **to be well disposed to** OR **towards sb** être bien disposé(e) envers qqn.
disposition [ˌdɪspə'zɪʃn] noun **1.** [temperament] caractère *m*, tempérament *m* **2.** [tendency] ▸ **disposition to do sthg** tendance *f* à faire qqch.
dispossess [ˌdɪspə'zes] vt *fml* ▸ **to dispossess sb of sthg** déposséder qqn de qqch.
dispossessed [ˌdɪspə'zest] ❖ pl n : *the dispossessed* les dépossédés *mpl*. ❖ adj dépossédé(e).
disproportionate [ˌdɪsprə'pɔ:ʃnət] adj ▸ **disproportionate (to)** disproportionné(e) (à).
disproportionately [ˌdɪsprə'pɔ:ʃnətlɪ] adv d'une façon disproportionnée / *a disproportionately large sum* une somme disproportionnée.
disprove [ˌdɪs'pru:v] vt réfuter.
disputable [dɪ'spju:təbl] adj discutable, contestable.
dispute [dɪ'spju:t] ❖ noun **1.** [quarrel] dispute *f* **2.** *(U)* [disagreement] désaccord *m* ▸ **in dispute a)** [people] en désaccord **b)** [matter] en discussion / *open to dispute* contestable **3.** INDUST conflit *m*. ❖ vt contester / *I would dispute that* je ne suis pas d'accord.
disputed [dɪ'spju:tɪd] adj **1.** [decision, fact, claim] contesté(e) **2.** [fought over] : *this is a much disputed territory* ce territoire fait l'objet de beaucoup de conflits.
disqualification [dɪsˌkwɒlɪfɪ'keɪʃn] noun disqualification *f*.
disqualify [ˌdɪs'kwɒlɪfaɪ] *(pt & pp* **-ied***)* vt **1.** [subj: authority] ▸ **to disqualify sb (from doing sthg)** interdire à qqn (de faire qqch) ▸ **to disqualify sb from driving** UK retirer le permis de conduire à qqn **2.** [subj: illness, criminal record] ▸ **to disqualify sb (from doing sthg)** rendre qqn incapable (de faire qqch) **3.** SPORT disqualifier.
disquiet [dɪs'kwaɪət] noun inquiétude *f*.
disregard [ˌdɪsrɪ'gɑ:d] ❖ noun *(U)* ▸ **disregard (for) a)** [money, danger] mépris *m* (pour) **b)** [feelings] indifférence *f* (à). ❖ vt [fact] ignorer ; [danger] mépriser ; [warning] ne pas tenir compte de.
disrepair [ˌdɪsrɪ'peəʳ] noun délabrement *m* ▸ **to fall into disrepair** se délabrer.
disreputable [dɪs'repjʊtəbl] adj peu respectable.
disrepute [ˌdɪsrɪ'pju:t] noun ▸ **to bring sthg into disrepute** discréditer qqch ▸ **to fall into disrepute** acquérir une mauvaise réputation.
disrespect [ˌdɪsrɪ'spekt] noun irrespect *m*, irrévérence *f* / *she has a healthy disrespect for authority* elle porte un irrespect OR une irrévérence salutaire à toute forme d'autorité / *I meant no disrespect (to your family)* je ne voulais pas me montrer irrespectueux OR irrévérencieux (envers votre famille) / *to show disrespect towards sb / sthg* manquer de respect à qqn / qqch / *to treat sb / sthg with disrespect* traiter qqn / qqch irrespectueusement.
disrespectful [ˌdɪsrɪ'spektfʊl] adj irrespectueux(euse).
disrupt [dɪs'rʌpt] vt perturber.
disruption [dɪs'rʌpʃn] noun perturbation *f*.
disruptive [dɪs'rʌptɪv] adj perturbateur(trice).
diss [dɪs] vt **1.** US *inf* faire semblant de ne pas voir, ignorer / *she dissed me* elle m'a même pas calculé **2.** (*abbr of* disrespect) insulter, offenser / *she dissed me* ≃ elle m'a traité.
dissatisfaction ['dɪsˌsætɪs'fækʃn] noun mécontentement *m*.
dissatisfied [ˌdɪs'sætɪsfaɪd] adj ▸ **dissatisfied (with)** mécontent(e) (de), pas satisfait(e) (de).
dissect [dɪ'sekt] vt *lit* & *fig* disséquer.
dissection [dɪ'sekʃn] noun *lit* & *fig* dissection *f*.
dissemble [dɪ'sembl] *liter* ❖ vi dissimuler. ❖ vt [feelings, motives] dissimuler.
disseminate [dɪ'semɪneɪt] vt disséminer.
dissemination [dɪˌsemɪ'neɪʃn] noun dissémination *f*.
dissension [dɪ'senʃn] noun discorde *f*, dissension *f*.
dissent [dɪ'sent] ❖ noun dissentiment *m*. ❖ vi ▸ **to dissent (from)** être en désaccord (avec).

dissenter [dɪ'sentəʳ] noun dissident *m*, -e *f*.

dissenting [dɪ'sentɪŋ] adj ▸ **dissenting voice** opinion *f* contraire.

dissertation [ˌdɪsə'teɪʃn] noun **1.** thèse *f (de doctorat)* **2.** exposé *m* **3.** UNIV mémoire *m*.

disservice [ˌdɪs'sɜːvɪs] noun ▸ **to do sb a disservice** rendre un mauvais service à qqn.

dissident ['dɪsɪdənt] noun dissident *m*, -e *f*.

dissimilar [ˌdɪ'sɪmɪləʳ] adj ▸ **dissimilar (to)** différent(e) (de).

dissipate ['dɪsɪpeɪt] ❖ vt **1.** PHYS [heat, energy] dissiper **2.** [cloud, fears] dissiper ; [fortune] dilapider, gaspiller ; [energies] disperser, gaspiller. ❖ vi se dissiper.

dissipated ['dɪsɪpeɪtɪd] adj [person, life] dissolu(e).

dissipation [ˌdɪsɪ'peɪʃn] noun **1.** [of cloud, fears, hopes] dissipation *f* ; [of fortune] dilapidation *f* ; [of energies] dispersion *f*, gaspillage *m* ; PHYS [of heat, energy] dissipation *f* **2.** [debauchery] débauche *f*.

dissociate [dɪ'səʊʃɪeɪt] vt dissocier ▸ **to dissociate o.s. from** se dissocier de.

dissolute ['dɪsəluːt] adj dissolu(e).

dissolve [dɪ'zɒlv] ❖ vt dissoudre. ❖ vi **1.** [substance] se dissoudre **2.** *fig* [disappear] disparaître. ◆ **dissolve in(to)** vt insep ▸ **to dissolve into tears** fondre en larmes.

dissuade [dɪ'sweɪd] vt ▸ **to dissuade sb (from)** dissuader qqn (de).

distance ['dɪstəns] ❖ noun distance *f* / *at a distance of 50 metres* à (une distance de) 50 mètres / *is it within walking distance?* peut-on y aller à pied ? / *a short distance away* tout près ▸ **from a distance** de loin ▸ **in the distance** au loin / *to keep sb at a distance* tenir qqn à distance (respectueuse) / *to keep one's distance (from sb)* garder ses distances (par rapport à qqn). ❖ vt ▸ **to distance o.s. from** se distancier de.

distance learning noun télé-enseignement *m*.

distant ['dɪstənt] adj **1.** [gen] ▸ **distant (from)** éloigné(e) (de) **2.** [reserved - person, manner] distant(e).

distantly ['dɪstəntlɪ] adv **1.** [in the distance] au loin **2.** [resemble] vaguement / *to be distantly related* **a)** [people] avoir un lien de parenté éloigné **b)** [ideas, concepts] avoir un rapport éloigné **3.** [speak, behave, look] froidement, d'un air distant OR froid.

distaste [dɪs'teɪst] noun ▸ **distaste (for)** dégoût *m* (pour).

distasteful [dɪs'teɪstfʊl] adj répugnant(e), déplaisant(e).

distemper [dɪ'stempəʳ] noun *(U)* **1.** [paint] détrempe *f* **2.** [disease] maladie *f* de Carré.

distend [dɪ'stend] ❖ vt gonfler. ❖ vi [stomach] se ballonner, se gonfler ; [sails] se gonfler.

distended [dɪ'stendɪd] adj [stomach] ballonné(e) gonflé(e).

distil UK *(pt & pp* **-led**, *cont* **-ling**), **distill** US [dɪ'stɪl] vt **1.** [liquid] distiller **2.** *fig* [information] tirer.

distillation [ˌdɪstɪ'leɪʃn] noun *lit* & *fig* distillation *f*.

distillery [dɪ'stɪlərɪ] *(pl* **-ies**) noun distillerie *f*.

distinct [dɪ'stɪŋkt] adj **1.** [different] ▸ **distinct (from)** distinct(e) (de), différent(e) (de) ▸ **as distinct from** par opposition à **2.** [definite - improvement] net (nette) ▸ **a distinct possibility** une forte chance.

distinction [dɪ'stɪŋkʃn] noun **1.** [difference] distinction *f*, différence *f* ▸ **to draw** OR **make a distinction between** faire une distinction entre **2.** *(U)* [excellence] distinction *f* **3.** [exam result] mention *f* très bien.

distinctive [dɪ'stɪŋktɪv] adj distinctif(ive).

distinctively [dɪ'stɪŋktɪvlɪ] adv [coloured] de manière distinctive.

distinctly [dɪ'stɪŋktlɪ] adv [see, remember] clairement.

distinguish [dɪ'stɪŋgwɪʃ] vt **1.** [tell apart] ▸ **to distinguish sthg from sthg** distinguer qqch de qqch, faire la différence entre qqch et qqch **2.** [perceive] distinguer **3.** [characterize] caractériser **4.** [excel] ▸ **to distinguish o.s.** se distinguer.

distinguishable [dɪ'stɪŋgwɪʃəbl] adj **1.** [visible] visible **2.** [recognizable] reconnaissable / *to be easily distinguishable from* se distinguer facilement de, être facile à distinguer de / *the male is distinguishable by his red legs* le mâle est reconnaissable à OR se distingue par ses pattes rouges.

distinguished [dɪ'stɪŋgwɪʃt] adj distingué(e).

distinguishing [dɪ'stɪŋgwɪʃɪŋ] adj [feature, mark] distinctif(ive) / *distinguishing features* [on passport] signes *m* particuliers.

distort [dɪ'stɔːt] vt déformer.

distorted [dɪ'stɔːtɪd] adj déformé(e).

distortion [dɪ'stɔːʃn] noun déformation *f*.

distract [dɪ'strækt] vt ▸ **to distract sb (from)** distraire qqn (de).

distracted [dɪ'stræktɪd] adj [preoccupied] distrait(e).

distracting [dɪ'stræktɪŋ] adj **1.** [disruptive] gênant(e) / *I find it distracting* ça m'empêche de me concentrer / *it's very distracting having so many people in the office* c'est très difficile de se concentrer (sur son travail) avec autant de gens dans le bureau **2.** [amusing] distrayant(e).

distraction [dɪ'strækʃn] noun **1.** [interruption, diversion] distraction *f* **2.** [state of mind] confusion *f* ▸ **to drive sb to distraction** rendre qqn fou.

distraught [dɪ'strɔːt] adj éperdu(e).

distress [dɪ'stres] ❖ noun [anxiety] détresse *f* ; [pain] douleur *f*, souffrance *f*. ❖ vt affliger.

distressed [dɪ'strest] adj [anxious, upset] affligé(e).

distressing [dɪ'stresɪŋ] adj [news, image] pénible.

distribute [dɪ'strɪbjuːt] vt **1.** [gen] distribuer **2.** [spread out] répartir.

distribution [ˌdɪstrɪ'bjuːʃn] noun **1.** [gen] distribution *f* **2.** [spreading out] répartition *f*.

distributor [dɪ'strɪbjʊtəʳ] noun AUTO & COMM distributeur *m*.

district ['dɪstrɪkt] noun **1.** [area - of country] région *f* ; [- of town] quartier *m* **2.** ADMIN district *m*.

district attorney noun US ≃ procureur *m* de la République.

district council noun UK ≃ conseil *m* général.

district court noun US ≃ tribunal *m* d'instance (fédéral).

district nurse noun UK infirmière *f* visiteuse OR à domicile.

distrust [dɪs'trʌst] ❖ noun méfiance *f*. ❖ vt se méfier de.

distrustful [dɪs'trʌstfʊl] adj méfiant(e).

disturb [dɪ'stɜ:b] vt **1.** [interrupt] déranger **2.** [upset, worry] inquiéter **3.** [sleep, surface] troubler.

disturbance [dɪ'stɜ:bəns] noun **1.** POL troubles *mpl* ; [fight] tapage *m* ▸ **disturbance of the peace** LAW trouble *m* de l'ordre public **2.** [interruption] dérangement *m* **3.** [of mind, emotions] trouble *m*.

disturbed [dɪ'stɜ:bd] adj **1.** [emotionally, mentally] perturbé(e) **2.** [worried] inquiet(ète).

disturbing [dɪ'stɜ:bɪŋ] adj [image] bouleversant(e) ; [news] inquiétant(e).

disturbingly [dɪ'stɜ:bɪŋlɪ] adv : *the level of pollution is disturbingly high* la pollution a atteint un niveau inquiétant.

disunity [ˌdɪs'ju:nətɪ] noun désunion *f*.

disuse [ˌdɪs'ju:s] noun ▸ **to fall into disuse** [word, custom, law] tomber en désuétude.

disused [ˌdɪs'ju:zd] adj désaffecté(e).

ditch [dɪtʃ] ❖ noun fossé *m*. ❖ vt *inf* [boyfriend, girlfriend] plaquer ; [old car, clothes] se débarrasser de ; [plan] abandonner.

dither ['dɪðəʳ] vi hésiter.

ditherer ['dɪðərəʳ] noun *inf* : *he's such a terrible ditherer* il est toujours à hésiter sur tout.

dithering ['dɪðərɪŋ] noun COMPUT tramage *m*.

ditto ['dɪtəʊ] adv idem.

diuretic [ˌdaɪjʊ'retɪk] noun diurétique *m*.

diva ['di:və] (*pl* **-s**) noun diva *f*.

divan [dɪ'væn] noun divan *m*.

dive [daɪv] ❖ vi (UK *pt & pp* **-d**, US *pt & pp* **-d** *or* **dove**) plonger ; [bird, plane] piquer / *she dived into the crowd* elle se jeta dans la foule. ❖ noun **1.** [gen] plongeon *m* **2.** [of plane] piqué *m* **3.** *inf* & *pej* [bar, restaurant] bouge *m*.

diver ['daɪvəʳ] noun plongeur *m*, -euse *f*.

diverge [daɪ'vɜ:dʒ] vi ▸ **to diverge (from)** diverger (de).

divergence [daɪ'vɜ:dʒəns] noun divergence *f*.

divergent [daɪ'vɜ:dʒənt] adj divergent(e).

diverse [daɪ'vɜ:s] adj divers(e).

diversification [daɪˌvɜ:sɪfɪ'keɪʃn] noun diversification *f*.

diversify [daɪ'vɜ:sɪfaɪ] (*pt & pp* **-ied**) ❖ vt diversifier. ❖ vi se diversifier.

diversion [daɪ'vɜ:ʃn] noun **1.** [amusement] distraction *f* ; [tactical] diversion *f* **2.** UK [of traffic] déviation *f* **3.** [of river, funds] détournement *m*.

diversity [daɪ'vɜ:sətɪ] noun diversité *f*.

divert [daɪ'vɜ:t] vt **1.** UK [traffic] dévier **2.** [river, funds] détourner **3.** [person - amuse] distraire ; [- tactically] détourner.

divest [daɪ'vest] vt *fml* ▸ **to divest sb of** dépouiller qqn de ▸ **to divest o.s. of** se défaire de.

divide [dɪ'vaɪd] ❖ vt **1.** [separate] séparer **2.** [share out] diviser, partager ▸ **to divide sthg between** OR **among** partager qqch entre **3.** [split up] ▸ **to divide sthg (into)** diviser qqch (en) **4.** MATH : *89 divided by 3* 89 divisé par 3 **5.** [people - in disagreement] diviser. ❖ vi se diviser. ❖ noun [difference] division *f*. ◆ **divide up** vt sep **1.** [split up] diviser **2.** [share out] partager.

divided [dɪ'vaɪdɪd] adj [nation] divisé(e) ; [opinions, loyalties] partagé(e).

dividend ['dɪvɪdend] noun dividende *m* ▸ **to pay dividends** *fig* porter ses fruits.

divider [dɪ'vaɪdəʳ] noun [in room] meuble *m* de séparation. ◆ **dividers** pl n MATH : *(a pair of) dividers* un compas à pointes sèches.

dividers [dɪ'vaɪdəz] pl n UK compas *m* à pointes sèches.

dividing line [dɪ'vaɪdɪŋ-] noun ligne *f* de démarcation.

divine [dɪ'vaɪn] ❖ adj divin(e). ❖ vt **1.** [truth, meaning] deviner ; [future] prédire **2.** [water] découvrir, détecter.

diving ['daɪvɪŋ] noun (*U*) plongeon *m* ; [with breathing apparatus] plongée *f* (sous-marine).

diving board noun plongeoir *m*.

divinity [dɪ'vɪnətɪ] (*pl* **-ies**) noun **1.** [godliness, god] divinité *f* **2.** [study] théologie *f*.

divisible [dɪ'vɪzəbl] adj ▸ **divisible (by)** divisible (par).

division [dɪ'vɪʒn] noun **1.** [gen] division *f* **2.** [separation] séparation *f*.

division sign noun signe *m* de division.

divisive [dɪ'vaɪsɪv] adj qui sème la division OR la discorde.

divorce [dɪ'vɔ:s] ❖ noun divorce *m* / *he asked his wife for a divorce* il a demandé à sa femme de divorcer, il a demandé le divorce à sa femme / *her first marriage ended in divorce* son premier mariage s'est soldé par un divorce / *they're getting a divorce* ils divorcent. ❖ vt **1.** [husband, wife] divorcer / *they got divorced a few years ago* ils ont divorcé il y a quelques années **2.** [separate] ▸ **to divorce sthg from** séparer qqch de.

divorcé [dɪ'vɔ:seɪ] noun divorcé *m*.

divorced [dɪ'vɔ:st] adj divorcé(e).

divorcée [dɪvɔ:'si:] noun divorcée *f*.

divulge [daɪ'vʌldʒ] vt divulguer.

DIY (*abbr of* **do-it-yourself**) noun UK bricolage *m*.

dizziness ['dɪzɪnɪs] noun vertige *m*.

dizzy ['dɪzɪ] (*compar* **-ier**, *superl* **-iest**) adj **1.** [giddy] ▸ **to feel dizzy** avoir la tête qui tourne **2.** *fig* [height] vertigineux(euse).

DJ, **deejay** noun **1.** (*abbr of* **disc jockey**) disc-jockey *m* **2.** (*abbr of* **dinner jacket**) smoking *m*.

Djibouti [dʒɪ'bu:tɪ] noun Djibouti ▸ **in Djibouti** à Djibouti.

dl (*abbr of* **decilitre**) dl.

DNA (*abbr of* **deoxyribonucleic acid**) noun ADN *m* ▸ **DNA test** test *m* ADN ▸ **DNA testing** tests *mpl* ADN.

DNS [ˌdi:en'es] (*abbr of* **Domain Name System**) noun COMPUT DNS *m*, système *m* de nom de domaine.

do¹ [du:]

❖ aux vb (*pt* **did**, *pp* **done**)

1. *(in negatives) I don't believe you* je ne te crois pas / *don't leave it there* ne le laisse pas là / *I didn't want to see him* je ne voulais pas le voir

2. *(in questions) what did he want?* qu'est-ce qu'il voulait ? / *do you know her?* est-ce que tu la connais ?, la connais-tu ? / *do you think she'll come?* tu crois qu'elle viendra ?

3. *(referring back to previous verb) she reads more than I do* elle lit plus que moi ▸ **I like reading — so do I** j'aime lire — moi aussi / *neither do I / does she* moi / elle non plus / *I'll talk to her about it — please do / don't!* je lui en parlerai — oh, oui / non s'il vous plaît ! / *yes it does — no it doesn't* mais si — mais non

4. *(in question tags) you know her, don't you?* tu la connais, n'est-ce pas ? / *I upset you, didn't I?* je t'ai fait de la peine, n'est-ce pas ? / *so you think you can dance, do you?* alors tu t'imagines que tu sais danser, c'est ça ? / *you didn't sign it, did you?* [disbelief, horror] tu ne l'as pas signé, quand même ?

5. [for emphasis] *I did tell you but you've forgotten* je te l'avais bien dit, mais tu l'as oublié / *do come in!* entrez donc ! / *if you* DO *decide to buy it* si tu décides finalement de l'acheter

❖ vt (*pt* **did**, *pp* **done**)

1. [perform an activity, a service] faire / *what are you doing?* qu'est-ce que tu fais ?, que fais-tu ?, qu'es-tu en train de faire ? / *to do aerobics / gymnastics* faire de l'aérobic / de la gymnastique / *he did a good job* il a fait du bon travail / *they do gourmet dinners* ils font OR préparent des repas gastronomiques / *what can I do for you?* que puis-je (faire) pour vous ? / *shall we do lunch?* *inf* et si on allait déjeuner ensemble ? ▸ **to do the cooking / housework** faire la cuisine / le ménage ▸ **to do one's hair** se coiffer ▸ **to do one's teeth** se laver OR se brosser les dents

2. [take action] faire ▸ **to do something about sthg** trouver une solution pour qqch / *somebody* DO *something!* que quelqu'un fasse quelque chose ! / *I don't know what to do with him!* je ne sais vraiment pas que faire de lui ! / *what do you want me to do with this?* que veux-tu que je fasse de ça ?

3. [have particular effect] faire ▸ **to do more harm than good** faire plus de mal que de bien / *who did this to you?* qui est-ce qui t'a fait ça ? / *what have you done to your hair?* qu'est-ce que tu as fait à tes cheveux ?

4. [referring to job] ▸ **what do you do?** qu'est-ce que vous faites dans la vie ?

5. [study] faire / *I did physics at school* j'ai fait de la physique à l'école

6. [travel at a particular speed] faire, rouler / *the car can do 110 mph* ≃ la voiture peut faire du 180 à l'heure

7. [be good enough for] *that'll do me nicely* cela m'ira très bien, cela fera très bien mon affaire

❖ vi (*pt* **did**, *pp* **done**)

1. [act] faire / *do as I tell you* fais comme je te dis / *do as you're told!* fais ce qu'on te dit ! / *you would do well to reconsider* tu ferais bien de reconsidérer la question

2. [perform in a particular way] *they're doing really well* leurs affaires marchent bien / *he could do better* il pourrait mieux faire / *the company's not doing too badly* l'entreprise ne se débrouille pas trop mal / *how did you do in the exam?* comment ça a marché à l'examen ?

3. [be good enough, be sufficient] suffire, aller / *will £6 do?* est-ce que 6 livres suffiront ?, 6 livres, ça ira ? ▸ **that will do** ça suffit / *this won't do* ça ne peut pas continuer comme ça

❖ noun (*pl* **dos** *or* **do's**)

[party] fête *f*, soirée *f*

◆ **dos** pl n ▸ **dos and don'ts** ce qu'il faut faire et ne pas faire.

◆ **do away with** vt insep supprimer.

◆ **do down** vt sep UK *inf* dire du mal de.

◆ **do for** vt insep UK *inf* : *these kids will do for me* ces gosses vont me tuer / *I'm done for* je suis fichu OR foutu.

◆ **do in** vt sep **1.** *inf* [murder, kill] supprimer, assassiner **2.** [injure] : *to do one's back / one's knee in* se bousiller le dos / le genou.

◆ **do out of** vt sep *inf* ▸ **to do sb out of sthg** escroquer OR carotter qqch à qqn.

◆ **do up** vt sep **1.** [fasten - shoelaces, shoes] attacher ; [- buttons, coat] boutonner / *your shirt's not done up* ta chemise est déboutonnée **2.** [decorate - room, house] refaire **3.** [wrap up] emballer.

◆ **do with** vt insep **1.** [need] avoir besoin de / *I could have done with some help* j'aurais eu bien besoin d'aide **2.** [have connection with] : *it has to do with your missing car* c'est au sujet de votre voiture volée / *that has nothing to do with it* ça n'a rien à voir, ça n'a aucun rapport / *what's that got to do with it?* et alors, quel rapport ?, qu'est-ce que ça a à voir ? / *I had nothing to do with it* je n'y étais pour rien / *it's nothing to do with me* je n'y suis pour rien / *I want nothing to do with it / you* je ne veux rien avoir à faire là-dedans / avec toi.

◆ **do without** ❖ vt insep se passer de. ❖ vi s'en passer.

do² (*abbr of* **ditto**) do.

doable ['du:əbl] adj *inf* faisable.

d.o.b., DOB *written abbr of* **date of birth**.

doc [dɒk] noun *inf* [doctor] toubib *m* / *morning, doc* bonjour docteur.

docile [UK 'dəʊsaɪl, US 'dɒsəl] adj docile.

dock [dɒk] ❖ noun **1.** [in harbour] docks *mpl* **2.** LAW banc *m* des accusés. ❖ vt [wages] faire une retenue sur. ❖ vi [ship] arriver à quai.

docker ['dɒkəʳ] noun docker *mf*.

docket ['dɒkɪt] noun UK fiche *f* (descriptive).

docking station noun station *f* d'accueil *(d'un appareil électronique)*.

dockyard ['dɒkjɑ:d] noun chantier *m* naval.

doctor ['dɒktəʳ] ❖ noun **1.** MED docteur *m*, médecin *m* / *he / she is a doctor* il / elle est docteur OR médecin ▸ **to go to the doctor('s)** aller chez le docteur ▸ **doctor's note** certificat *m* médical **2.** UNIV docteur *m*. ❖ vt **1.** [results, report] falsifier ; [text, food] altérer **2.** UK [cat] châtrer.

doctorate ['dɒktərət], **doctor's degree** noun doctorat *m*.

doctrinaire [ˌdɒktrɪ'neəʳ] adj doctrinaire.

doctrine ['dɒktrɪn] noun doctrine *f*.

docudrama [ˌdɒkjʊ'drɑ:mə] (*pl* **-s**) noun TV docudrame *m*.

document ❖ noun ['dɒkjʊmənt] document *m* / *to draw up a document* rédiger un document / *may I have a look at your travel documents, sir?* pourrais-je voir votre titre de transport, monsieur ? ❖ vt ['dɒkjʊment] documenter.

documentary [ˌdɒkjʊ'mentərɪ] ❖ adj documentaire. ❖ noun (*pl* **-ies**) documentaire *m*.

documentation [ˌdɒkjʊmen'teɪʃn] noun documentation *f*.

docusoap ['dɒkju:səʊp] noun docudrame *m (sous forme de feuilleton)*.

doddering ['dɒdərɪŋ], **doddery** ['dɒdərɪ] adj *inf* branlant(e).

doddle ['dɒdl] noun UK *inf* : *it was a doddle* c'était du gâteau.

dodge [dɒdʒ] ❖ noun *inf* combine *f*. ❖ vt éviter, esquiver. ❖ vi s'esquiver.

Dodgems® ['dɒdʒəmz] pl n UK autos *fpl* tamponneuses.

dodgy ['dɒdʒɪ] adj UK *inf* [plan, deal] douteux(euse).

dodo ['dəʊdəʊ] (*pl* **-s** *or* **-es**) noun **1.** [extinct bird] dronte *m*, dodo *m* **2.** *inf* [fool] andouille *f*.

doe [dəʊ] noun **1.** [deer] biche *f* **2.** [rabbit] lapine *f*.

DOE noun (*abbr of* **Department of Energy**) *ministère américain de l'énergie*.

doer ['du:əʳ] noun *inf* personne *f* dynamique.

does *(weak form* [dəz], *strong form* [dʌz]*)* ⟶ **do**.

doesn't ['dʌznt] ⟶ **does not**.

dog [dɒg] ❖ noun **1.** [animal] chien *m*, chienne *f* / *'beware of the dog'* 'attention, chien méchant' ▸ **it's a dog's life** c'est une vie de chien ▸ **it's (a case of) dog eat dog** c'est la loi de la jungle ▸ **you can't teach an old dog new tricks** *prov* les vieilles habitudes ont la vie dure ▸ **this country is going to the dogs** ce pays va à vau-l'eau **2.** US [hot dog] hot dog *m* **3.** US [product, company] catastrophe *f* ; [thing] : *it's a dog* c'est nul. ❖ vt (*pt & pp* **-ged**, *cont* **-ging**) **1.** [subj: person - follow] suivre de près **2.** [subj: problems, bad luck] poursuivre / *to be dogged by bad health / problems* ne pas arrêter d'avoir des ennuis de santé / des problèmes.

dog collar noun **1.** [of dog] collier *m* de chien **2.** [of priest] col *m* d'ecclésiastique.

dog-eared [-ɪəd] adj écorné(e).

dogfight ['dɒgfaɪt] noun **1.** [between dogs] combat *m* de chiens **2.** [between aircraft] combat *m* aérien.

dogged ['dɒgɪd] adj tenace.

doggedly ['dɒgɪdlɪ] adv [fight, persist] avec ténacité OR persévérance ; [refuse] obstinément.

doggone ['dɑ:gɑ:n] interj US *inf* ▸ **doggone (it)!** zut !, nom d'une pipe !

doggy bag, doggie bag noun *sac pour emporter les restes d'un repas au restaurant*.

doghouse ['dɒghaʊs] (*pl* [-haʊzɪz]) noun **1.** US [kennel] chenil *m*, niche *f* **2.** PHR **to be in the doghouse (with sb)** *inf* ne pas être en odeur de sainteté OR être en disgrâce (auprès de qqn).

dog licence noun UK *permis de posséder un chien*.

dogma ['dɒgmə] noun dogme *m*.

dogmatic [dɒg'mætɪk] adj dogmatique.

dog mess noun UK crottes *fpl* de chien ; [referred to in official notices] déjections *fpl* canines.

do-gooder [-'gʊdəʳ] noun *pej* bonne âme *f*.

dog paddle noun nage *f* du chien.

dogsbody ['dɒgzˌbɒdɪ] (*pl* **-ies**) noun UK *inf* [woman] bonne *f* à tout faire ; [man] factotum *m*.

dog tag noun MIL plaque *f* d'identification.

dog-tired adj *inf* épuisé(e).

doing ['du:ɪŋ] noun ▸ **is this your doing?** c'est toi qui est cause de tout cela ? ◆ **doings** pl n actions *fpl*.

do-it-yourself noun *(U)* bricolage *m*.

doldrums ['dɒldrəmz] pl n ▸ **to be in the doldrums** *fig* être dans le marasme.

dole [dəʊl] noun UK [unemployment benefit] allocation *f* de chômage ▸ **to be on the dole** être au chômage. ◆ **dole out** vt sep [food, money] distribuer au compte-gouttes.

doleful ['dəʊlfʊl] adj morne.

doll [dɒl] noun poupée *f*.

dollar ['dɒləʳ] noun dollar *m* ▸ **another day, another dollar!** US *inf* **a)** [start of day] encore une journée de boulot à se farcir ! **b)** [end of day] encore une journée de passée !

dollar rate noun cours *m* du dollar.

dollar sign noun signe *m* dollar.

dolled up [dɒld-] adj *inf* pomponné(e).

dollop ['dɒləp] noun *inf* bonne cuillerée *f*.

doll's house UK, **dollhouse** US [dɒlhaʊs] noun maison *f* de poupée.

dolly ['dɒlɪ] (*pl* **-ies**) noun **1.** [doll] poupée *f* **2.** [for TV or film camera] travelling *m*.

dolphin ['dɒlfɪn] noun dauphin *m*.

domain [də'meɪn] noun *lit* & *fig* domaine *m*.

domain name noun COMPUT nom *m* de domaine.

dome [dəʊm] noun dôme *m*.

domestic [də'mestɪk] ❖ adj **1.** [policy, politics, flight, market] intérieur(e) **2.** [chores, animal] domestique **3.** [home-loving] casanier(ère). ❖ noun domestique *mf*.

domestically [də'mestɪklɪ] adv ECON & POL : *to be produced domestically* être produit à l'intérieur du pays OR au niveau national.

domesticate [də'mestɪkeɪt] vt [animal] domestiquer, apprivoiser ; *hum* [person] habituer aux tâches ménagères.

domesticated [də'mestɪkeɪtɪd] adj **1.** [animal] domestiqué(e) **2.** *hum* [person] popote *(inv)*.

domicile ['dɒmɪsaɪl] noun domicile *m*.

dominance ['dɒmɪnəns] noun prédominance *f* ; [of person] supériorité *f*.

dominant ['dɒmɪnənt] adj dominant(e) ; [personality, group] dominateur(trice).

dominate ['dɒmɪneɪt] vt dominer.

dominating ['dɒmɪneɪtɪŋ] adj [person] dominateur(trice).

domination [ˌdɒmɪ'neɪʃn] noun domination *f*.

domineer [ˌdɒmɪ'nɪəʳ] vi se montrer autoritaire / *to domineer over sb* se montrer autoritaire avec qqn.

domineering [ˌdɒmɪ'nɪərɪŋ] adj autoritaire.

Dominica [də'mɪnɪkə] noun la Dominique ▸ **in Dominica** à la Dominique.

dominion [də'mɪnjən] noun **1.** *(U)* [power] domination *f* **2.** [land] territoire *m*.

domino ['dɒmɪnəʊ] (*pl* **-es**) noun domino *m*. ◆ **dominoes** pl n dominos *mpl*.

domino effect noun effet *m* d'entraînement.

don [dɒn] ❖ noun UK UNIV professeur *m* d'université. ❖ vt (*pt & pp* **-ned**, *cont* **-ning**) *fml* [clothing] revêtir.

doN US MESSAGING *written abbr of* **doing**.

donate [də'neɪt] vt faire don de.

donation [də'neɪʃn] noun don *m*.

done [dʌn] ❖ pp ⟶ **do.** ❖ adj **1.** [job, work] achevé(e) / *I'm nearly done* j'ai presque fini **2.** [cooked] cuit(e) **3.** [socially acceptable] ▸ **that's not the done thing** ça ne se fait pas. ❖ excl [to conclude deal] tope !

donkey ['dɒŋkɪ] (*pl* **-s**) noun âne *m*, ânesse *f*.

donkey jacket noun UK *veste longue en tissu épais, généralement bleu foncé*.

donkeywork ['dɒŋkɪwɜːk] noun UK *inf* ▸ **to do the donkeywork** faire le sale boulot.

donor ['dəʊnəʳ] noun **1.** MED donneur *m*, -euse *f* **2.** [to charity] donateur *m*, -trice *f*.

donor card noun carte *f* de donneur.

don't [dəʊnt] ⟶ **do not**.

donut ['dəʊnʌt] US = **doughnut**.

doodle ['duːdl] ❖ noun griffonnage *m*. ❖ vi griffonner.

doom [duːm] noun [fate] destin *m*.

doomed [duːmd] adj condamné(e) / *they were doomed to die* ils étaient condamnés à mourir / *the plan was doomed to failure* le plan était voué à l'échec.

door [dɔːʳ] noun porte *f* ; [of vehicle] portière *f* / *she walked through the door* elle franchit la porte / *can someone answer the door?* est-ce que quelqu'un peut aller ouvrir ? ▸ **to open the door to sthg** *fig* ouvrir la voie à qqch.

doorbell ['dɔːbel] noun sonnette *f*.

do-or-die adj [chance, effort] désespéré(e), ultime ; [attitude, person] jusqu'au-boutiste.

doorhandle ['dɔːhændl] noun poignée *f* de porte.

doorknob ['dɔːnɒb] noun bouton *m* de porte.

doorknocker ['dɔːˌnɒkəʳ] noun heurtoir *m*.

doorman ['dɔːmən] (*pl* **-men**) noun portier *m*.

doormat ['dɔːmæt] noun *lit* & *fig* paillasson *m*.

doorstep ['dɔːstep] noun pas *m* de la porte.

doorstop ['dɔːstɒp] noun butoir *m* de porte.

door-to-door adj [salesman, selling] à domicile.

doorway ['dɔːweɪ] noun embrasure *f* de la porte.

dope [dəʊp] ❖ noun *inf* **1.** *drugs sl* dope *f* **2.** [for athlete, horse] dopant *m* **3.** *inf* [fool] imbécile *mf*. ❖ vt [horse] doper.

dope test noun contrôle *m* anti-dopage.

dopey, dopy ['dəʊpɪ] (*compar* **-ier**, *superl* **-iest**) adj **1.** *inf* [silly] idiot(e), abruti(e) **2.** [drugged] drogué(e), dopé(e) ; [sleepy] (à moitié) endormi(e).

dopy adj = **dopey**.

dork [dɔːk] noun US *inf* [idiot] niais *m*, -e *f* ; [studious person] binoclard *m*, -e *f*.

dorm noun US *inf* = **dormitory**.

dormant ['dɔːmənt] adj **1.** [volcano] endormi(e) **2.** [law] inappliqué(e).

dormer (window) ['dɔːməʳ-] noun lucarne *f*.

dormice ['dɔːmaɪs] pl n ⟶ **dormouse**.

dormitory ['dɔːmətrɪ] (*pl* **-ies**) noun **1.** [gen] dortoir *m* **2.** US [in university] ≃ cité *f* universitaire.

dormouse ['dɔːmaʊs] (*pl* **-mice**) noun loir *m*.

DOS [dɒs] (*abbr of* **disk operating system**) noun DOS *m*.

dosage ['dəʊsɪdʒ] noun dosage *m*.

dose [dəʊs] ❖ noun **1.** MED dose *f* **2.** *fig* [amount] ▸ **a dose of the measles** la rougeole. ❖ vt ▸ **to dose sb with sthg** administrer qqch à qqn.

dosh [dɒʃ] noun UK *v inf* fric *m*.

doss [dɒs] ◆ **doss down** vi UK *inf* crécher.

dosser ['dɒsər] noun UK *inf* clochard *m*, -e *f*.

dossier ['dɒsɪeɪ] noun dossier *m*.

dot [dɒt] ❖ noun point *m* ▸ **on the dot** à l'heure pile. ❖ vt (*pt & pp* **-ted**, *cont* **-ting**) ▸ **dotted with** parsemé(e) de.

DOT (*abbr of* **Department of Transportation**) noun *ministère américain du transport*.

dotage ['dəʊtɪdʒ] noun ▸ **to be in one's dotage** être gâteux(euse).

dotcom ['dɒtkɒm] noun dot com *f*, point com *f* ▸ **the dotcom economy** l'économie des dot coms ▸ **the dotcom bubble** la bulle Internet.

dote [dəʊt] ◆ **dote (up)on** vt insep adorer.

doting ['dəʊtɪŋ] adj : *she has a doting grandfather* elle a un grand-père qui l'adore.

dot-matrix printer noun imprimante *f* matricielle.

dotted line ['dɒtɪd-] noun ligne *f* pointillée ▸ **to sign on the dotted line** *fig* donner formellement son accord.

dotty ['dɒtɪ] (*compar* **-ier**, *superl* **-iest**) adj UK *inf* toqué(e).

double ['dʌbl] ❖ adj double / *double thickness* double épaisseur / *"ally" is spelt "a", double "l", "y"* « ally » s'écrit « a », deux « l », « y » / *a word with a double meaning* un mot à double sens ▸ **double doors** porte *f* à deux battants. ❖ adv **1.** [twice] : *double the amount* deux fois plus ▸ **to see double** voir double **2.** [in two] en deux ▸ **to bend double** se plier en deux. ❖ noun **1.** [twice as much] : *I earn double what I used to* je gagne le double de ce que je gagnais auparavant ▸ **at** OR **on the double** au pas de course **2.** [drink, look-alike] double *m* **3.** CIN doublure *f*. ❖ vt doubler. ❖ vi **1.** [increase twofold] doubler **2.** [have second purpose] ▸ **to double as** faire office de. ◆ **doubles** pl n TENNIS double *m*. ◆ **double back** vi [animal, person, road] tourner brusquement / *the path doubles back on itself* le sentier te ramène sur tes pas. ◆ **double up** ❖ vt sep ▸ **to be doubled up** être plié(e) en deux. ❖ vi [bend over] se plier en deux.

double act noun UK duo *m*.

double agent noun agent *m* double.

double-barrelled UK, **double-barreled** US [-'bærəld] adj **1.** [shotgun] à deux coups **2.** UK [name] à rallonge.

double bass [-beɪs] noun contrebasse *f*.

double bed noun lit *m* pour deux personnes, grand lit.

double bill noun double programme *m*.

double-breasted [-'brestɪd] adj [jacket] croisé(e).

double-check vt & vi revérifier.

double chin noun double menton *m*.

double click noun COMPUT double-clic *m*. ◆ **double-click** ❖ vi faire un double-clic, cliquer deux fois. ❖ vt double-cliquer / *to double-click on sthg* double-cliquer sur qqch.

double cream noun UK crème *f* fraîche épaisse.

double-cross vt trahir.

double date noun sortie *f* à quatre *(deux couples)*. ◆ **double-date** vi sortir à quatre *(deux couples)*.

double-dealing ❖ noun *(U)* fourberie *f*, double jeu *m*. ❖ adj fourbe, faux (fausse) comme un jeton.

double-decker [-'dekər] noun UK [bus] autobus *m* à impériale.

double-density adj COMPUT [disk] double-densité *(inv)*.

double digits US = **double figures**.

double Dutch noun UK charabia *m*, baragouin *m* / *it's all double-dutch to me!* c'est de l'hébreu pour moi !

double-edged [-'edʒd] adj *lit* & *fig* à double tranchant.

double entendre [ˌduːblɑ̃'tɑ̃dr] noun allusion *f* grivoise.

double fault noun double faute *f*.

double figures pl n UK ▸ **to be in(to) double figures** être au-dessus de dix, dépasser la dizaine.

double-glazing [-'gleɪzɪŋ] noun double vitrage *m*.

double-jointed [-'dʒɒɪntɪd] adj désarticulé(e).

double-lock vt fermer à double tour.

double-page spread noun PRESS & TYPO double page *f*.

double-park vi se garer en double file.

double parking noun stationnement *m* en double file.

double-quick adj & adv UK *inf* en deux temps trois mouvements.

double room noun chambre *f* pour deux personnes.

double-sided adj COMPUT [disk] double-face.

double spacing noun double interligne *m* / *in double spacing* à double interligne.

double standard noun : *to have double standards* avoir deux poids OR deux mesures.

double take noun ▸ **to do a double take** marquer un temps d'arrêt.

double-talk noun *(U)* propos *mpl* ambigus.

double time noun tarif *m* double.

double vision noun vue *f* double.

double whammy [-'wæmɪ] noun double malédiction *f*.

double yellow (line) noun UK ▸ **to be parked on a double yellow (line)** être en stationnement interdit.

doubly ['dʌblɪ] adv doublement.

doubt [daʊt] ❖ noun doute *m* ▸ **there is no doubt that** il n'y a aucun doute que / *I have no doubt* OR *doubts about it* je n'en doute pas ▸ **without (a) doubt** sans aucun doute ▸ **beyond all doubt** indubitablement ▸ **to be in doubt a)** [person] ne pas être sûr(e) **b)** [outcome] être incertain(e) / *if* OR *when in doubt* s'il y a un doute, en cas de doute ▸ **no doubt** sans aucun doute / *I have my doubts about him* j'ai des doutes sur lui OR à son sujet. ❖ vt douter ▸ **to doubt whether** OR **if** douter que / *I doubt (whether) she'll be there* je doute qu'elle soit là / *I doubt it* j'en doute / *there was no doubting their sincerity* on ne pouvait pas mettre en doute leur sincérité.

doubtful ['daʊtfʊl] adj **1.** [decision, future] incertain(e) **2.** [unsure] ▸ **to be doubtful about** OR **of** douter de **3.** [person, value] douteux(euse).

doubtfully ['daʊtfʊlɪ] adv [uncertainly] avec doute, d'un air de doute ; [indecisively] avec hésitation, de façon indécise.

doubtless ['daʊtlɪs] adv sans aucun doute.

dough [dəʊ] noun *(U)* **1.** CULIN pâte *f* **2.** *v inf* [money] fric *m*.

doughnut ['dəʊnʌt] noun beignet *m*.

dour [dʊəʳ] adj austère.

douse [daʊs] vt **1.** [fire, flames] éteindre **2.** [drench] tremper.

dove[1] [dʌv] noun [bird] colombe *f*.

dove[2] [dəʊv] pt US ⟶ **dive**.

Dover ['dəʊvəʳ] noun Douvres.

dovetail ['dʌvteɪl] *fig* ❖ vt faire coïncider. ❖ vi coïncider.

dowager ['daʊədʒəʳ] noun douairière *f*.

dowdy ['daʊdɪ] (*compar* **-ier**, *superl* **-iest**) adj sans chic.

down [daʊn]

❖ adv

1. [downwards] en bas, vers le bas ▸ **to bend down** se pencher ▸ **to climb down** descendre ▸ **to fall down** tomber (par terre) ▸ **to pull down** tirer vers le bas / *down and down* de plus en plus bas / *down at the bottom of the hill/page* en bas de la colline/de la page / *I'll be down in a minute* [downstairs] je descends dans un instant

2. [along] *we went down to have a look* on est allé jeter un coup d'œil / *I'm going down to the shop* je vais au magasin

3. [southwards] *we travelled down to London* on est descendu à Londres / *we're going down south* nous descendons vers le sud

4. [lower in amount] *prices are coming down* les prix baissent ▸ **down to the last detail** jusqu'au moindre détail

5. [in written form] ▸ **to write sthg down** noter qqch / *get it down in writing* OR *on paper* mettez-le par écrit / *it's down in my diary/on the calendar* c'est dans mon agenda/sur le calendrier

❖ prep

1. [downwards] ▸ **they ran down the hill/stairs** ils ont descendu la colline/l'escalier en courant / *a line down the middle of the page* une ligne verticale au milieu de la page / *tears ran down her face* des larmes coulaient le long de son visage / *to go down the plughole* passer par le trou (de l'évier/de la baignoire) / *it's down the stairs* c'est en bas de l'escalier

2. [along] ▸ **to walk down the street** descendre la rue / *they live down the street* ils habitent plus loin OR plus bas dans la rue

❖ adj

1. *inf* [depressed] ▸ **to feel down** avoir le cafard

2. [behind] *they're two goals down* ils perdent de deux buts

3. [lower in amount] *prices are down again* les prix ont encore baissé / *the pound is down against the dollar* FIN la livre a baissé par rapport au dollar

4. [computer, telephones] en panne

❖ noun

(U) duvet *m*

❖ vt

1. [knock over] abattre

2. [drink] avaler d'un trait

◆ **downs** pl n UK collines *fpl*.

down-and-out ❖ adj indigent(e). ❖ noun personne *f* dans le besoin.

down-at-heel, down-at-the-heels US adj déguenillé(e).

downbeat ['daʊnbi:t] adj *inf* pessimiste.

downcast ['daʊnkɑ:st] adj **1.** [sad] démoralisé(e) **2.** [eyes] baissé(e).

downer ['daʊnəʳ] noun *inf* **1.** [drug] tranquillisant *m* **2.** [depressing event or person] : *he's/it's a real downer* il est/c'est flippant.

downfall ['daʊnfɔ:l] noun *(U)* ruine *f*.

downgrade ['daʊngreɪd] vt [job] déclasser ; [employee] rétrograder.

downhearted [ˌdaʊn'hɑ:tɪd] adj découragé(e).

downhill [ˌdaʊn'hɪl] ❖ adj **1.** [downward] en pente / *it's downhill all the way now* *fig* ça va être du gâteau maintenant **2.** [skiing] ▸ **downhill skier** descendeur *m*, -euse *f*. ❖ noun [race in skiing] descente *f*. ❖ adv ▸ **to walk downhill** descendre la côte / *her career is going downhill* *fig* sa carrière est sur le déclin.

Downing Street ['daʊnɪŋ-] noun *rue du centre de Londres où réside le Premier ministre*.

Downing Street

C'est à Downing Street, à Londres, que se trouvent les résidences officielles du Premier ministre (au n° 10) et du chancelier de l'Échiquier (au n° 11). Tony Blair a été le premier chef de gouvernement à avoir choisi de résider au n° 11 pour des raisons de confort familial. Par extension, le nom de la rue est employé pour désigner le Premier ministre et ses fonctions.

down-in-the-mouth adj : *to be down-in-the-mouth* être abattu(e).

download [ˌdaʊn'ləʊd] vt COMPUT télécharger.

downloadable [ˌdaʊn'ləʊdəbl] adj COMPUT téléchargeable.

downloading [ˌdaʊn'ləʊdɪŋ] noun COMPUT téléchargement *m*.

down-market adj [product] bas de gamme ; [book] grande diffusion *(inv)* / *it's a rather down-market area* ce n'est pas un quartier très chic.

down payment noun acompte *m*.

downpour ['daʊnpɔːʳ] noun pluie *f* torrentielle.

downright ['daʊnraɪt] ❖ adj [lie] effronté(e). ❖ adv franchement.

downshift [ˌdaʊn'ʃɪft] vi US rétrograder.

downside ['daʊnsaɪd] noun désavantage *m*.

downsize ['daʊnsaɪz] vt **1.** [company] réduire les effectifs de **2.** COMPUT [application] réduire l'échelle de.

downsizing ['daʊnsaɪzɪŋ] noun INDUST réduction *f* des effectifs ; COMPUT réduction *f* d'échelle.

Down's syndrome noun trisomie *f* 21.

downstairs [ˌdaʊn'steəz] ❖ adj du bas ; [on floor below] à l'étage en-dessous. ❖ adv en bas ; [on floor below] à l'étage en-dessous ▸ **to come** OR **go downstairs** descendre.

downstream [ˌdaʊn'striːm] adv en aval.

downswing ['daʊnswɪŋ] noun **1.** [trend] tendance *f* à la baisse, baisse *f* **2.** GOLF mouvement *m* descendant.

downtime ['daʊntaɪm] noun **1.** temps *m* improductif **2.** US *fig* [time for relaxing] : *on the weekends I need some downtime* j'ai besoin de faire une pause le week-end.

down-to-earth adj terre-à-terre *(inv)*.

downtown [ˌdaʊn'taʊn] US ❖ adj : *downtown Paris* le centre de Paris. ❖ adv en ville.

downtrodden ['daʊnˌtrɒdn] adj opprimé(e).

downturn ['daʊntɜːn] noun ▸ **downturn (in)** baisse *f* (de).

down under adv en Australie/Nouvelle-Zélande.

downward ['daʊnwəd] ❖ adj **1.** [towards ground] vers le bas **2.** [trend] à la baisse. ❖ adv = **downwards**.

downward-compatible adj COMPUT compatible vers le bas.

downwards ['daʊnwədz] adv **1.** [look, move] vers le bas **2.** [in hierarchy] : *from the president downwards* du président jusqu'au bas de la hiérarchie.

dowry ['daʊərɪ] (*pl* **-ies**) noun dot *f*.

doz. (*abbr of* **dozen**) douz.

doze [dəʊz] ❖ noun somme *m*. ❖ vi sommeiller. ◆ **doze off** vi s'assoupir.

dozen ['dʌzn] ❖ num adj : *a dozen eggs* une douzaine d'œufs. ❖ noun douzaine *f* / *50p a dozen* 50p la douzaine ▸ **dozens of** *inf* des centaines de.

dozy ['dəʊzɪ] (*compar* **-ier**, *superl* **-iest**) adj **1.** [sleepy] somnolent(e) **2.** UK *inf* [stupid] lent(e).

DPh, DPhil [ˌdiː'fɪl] (*abbr of* **Doctor of Philosophy**) noun UK *docteur en philosophie*.

dpi *abbr of* **dots per inch**.

dr *abbr of* **debtor**.

Dr. 1. (*written abbr of* **Drive**) av **2.** (*abbr of* **Doctor**) Dr.

drab [dræb] (*compar* **-ber**, *superl* **-best**) adj [colour] terne, fade ; [surroundings] morne, triste.

draconian [drə'kəʊnjən] adj draconien(enne).

draft [drɑːft] ❖ noun **1.** [early version] premier jet *m*, ébauche *f* ; [of letter] brouillon *m* ▸ **draft treaty** projet *m* de convention **2.** [money order] traite *f* **3.** US MIL ▸ **the draft** la conscription *f* **4.** US = **draught.** ❖ vt **1.** [speech] ébaucher, faire le plan de ; [letter] faire le brouillon de **2.** US MIL appeler **3.** [staff] muter.

draft dodger [-dɒdʒəʳ] noun US insoumis *m*.

draft-proof US = **draught-proof**.

draft quality noun [of printout] qualité *f* brouillon OR listing, qualité *f* liste rapide.

draftsman US = **draughtsman**.

drafty US = **draughty**.

drag [dræg] ❖ vt (*pt & pp* **-ged**, *cont* **-ging**) **1.** [gen] traîner / *to drag sthg on* OR *along the ground* traîner qqch par terre / *to drag one's feet* traîner les pieds / *I couldn't drag him away from his work* je ne pouvais pas l'arracher à son travail / *don't drag me into this!* ne me mêlez pas à vos histoires ! **2.** [lake, river] draguer **3.** COMPUT faire glisser ▸ **to drag and drop** glisser-lâcher. ❖ vi (*pt & pp* **-ged**, *cont* **-ging**) **1.** [dress, coat] traîner **2.** *fig* [time, action] traîner en longueur. ❖ noun **1.** *inf* [bore] plaie *f* / *he's a real drag!* c'est un vrai casse-pieds ! / *what a drag!* quelle barbe !, c'est la barbe ! **2.** *inf* [on cigarette] bouffée *f* **3.** [wind resistance] coefficient *m* de pénétration (dans l'air) **4.** [cross-dressing] ▸ **in drag** en travesti. ◆ **drag down** vt sep *fig* : *they dragged him down with them* ils l'ont entraîné dans leur chute. ◆ **drag in** vt sep [include - person] mêler ; [- subject] faire allusion à. ◆ **drag on** vi [meeting, time] s'éterniser, traîner en longueur / *don't let the matter drag on* ne laissez pas traîner l'affaire. ◆ **drag out** vt sep **1.** [protract] prolonger, faire traîner **2.** [facts] tirer, arracher ▸ **to drag sthg out of sb** soutirer qqch à qqn.

drag-and-drop noun COMPUT glisser-lâcher *m*.

dragnet ['drægnet] noun **1.** [net] drège *f* **2.** *fig* [to catch criminal] piège *m*.

dragon ['drægən] noun *lit* & *fig* dragon *m*.

dragonfly ['drægnflaɪ] (*pl* **-ies**) noun libellule *f*.

dragoon [drə'guːn] ❖ noun dragon *m*. ❖ vt ▸ **to dragoon sb into doing sthg** contraindre qqn à faire qqch.

drain [dreɪn] ❖ noun **1.** [pipe] égout *m* ▸ **down the drain** [money] jeté par les fenêtres **2.** [depletion - of resources, funds] ▸ **drain on** épuisement *m* de. ❖ vt **1.** [vegetables] égoutter ; [land] assécher, drainer

2. [strength, resources] épuiser ▸ **to feel drained** être vidé(e) **3.** [drink, glass] boire. ❖ vi [dishes] égoutter / *the blood drained from his face* il blêmit.

drainage ['dreɪnɪdʒ] noun **1.** [pipes, ditches] (système *m* du) tout-à-l'égout *m* **2.** [draining - of land] drainage *m*.

drained [dreɪnd] adj [of strength, resources] épuisé(e), éreinté(e).

draining board UK ['dreɪnɪŋ-], **drainboard** US ['dreɪnbɔ:rd] noun égouttoir *m*.

drainpipe ['dreɪnpaɪp] noun tuyau *m* d'écoulement.

drainpipes, drainpipe trousers pl n UK pantalon-cigarette *m*.

drake [dreɪk] noun canard *m*.

dram [dræm] noun Scot goutte *f* (de whisky).

drama ['drɑ:mə] ❖ noun **1.** [play, excitement] drame *m* **2.** *(U)* [art] théâtre *m*. ❖ comp [school] d'art dramatique ; [critic] dramatique.

drama queen noun *inf* : *he's a real drama queen* il en fait des tonnes / *don't be such a drama queen* arrête ton cinéma.

dramatic [drə'mætɪk] adj **1.** [gen] dramatique **2.** [sudden, noticeable] spectaculaire.

dramatically [drə'mætɪklɪ] adv **1.** [noticeably] de façon spectaculaire **2.** [theatrically] de façon théâtrale.

dramatist ['dræmətɪst] noun dramaturge *mf*.

dramatization, dramatisation UK [,dræmətaɪ'zeɪʃn] noun adaptation *f* pour la télévision / la scène / l'écran.

dramatize, dramatise UK ['dræmətaɪz] vt **1.** [rewrite as play, film] adapter pour la télévision / la scène / l'écran **2.** *pej* [make exciting] dramatiser.

drank [dræŋk] pt ⟶ **drink**.

drape [dreɪp] vt draper ▸ **to be draped with** OR **in** être drapé(e) de. ◆ **drapes** pl n US rideaux *mpl*.

drastic ['dræstɪk] adj **1.** [measures] drastique, radical(e) **2.** [improvement, decline] spectaculaire.

drastically ['dræstɪklɪ] adv [change, decline] de façon spectaculaire.

drat [dræt] excl *inf* : *drat!* diable !, bon sang !

draught UK, **draft** US [drɑ:ft] noun **1.** [air current] courant *m* d'air **2.** *liter* [gulp] gorgée *f* **3.** [from barrel] ▸ **on draught** [beer] à la pression. ◆ **draughts** noun UK jeu *m* de dames.

draught beer UK, **draft beer** US noun bière *f* à la pression.

draughtboard ['drɑ:ftbɔ:d] noun UK damier *m*.

draught-proof UK, **draft-proof** US ❖ vt calfeutrer. ❖ adj calfeutré(e).

draughtsman UK (*pl* **-men**), **draftsman** US (*pl* **-men**) noun dessinateur *m*, -trice *f*.

draughty UK (*compar* **-ier**, *superl* **-iest**), **drafty** US (*compar* **-ier**, *superl* **-iest**) ['drɑ:ftɪ] adj plein(e) de courants d'air.

draw [drɔ:] ❖ vt (*pt* **drew**, *pp* **drawn**) **1.** [pull, take] tirer / *to draw the curtains* **a)** [open] tirer OR ouvrir les rideaux **b)** [shut] tirer OR fermer les rideaux / *he drew his knife from* OR *out of his pocket* il a tiré son couteau de sa poche / *to draw a sword* dégainer une épée / *to draw water from a well* puiser de l'eau dans un puits / *to draw money from the bank* retirer de l'argent à la banque / *to draw lots* tirer au sort ▸ **to draw breath** *fig* souffler **2.** [sketch] dessiner / *to draw a picture of sb* faire le portrait de qqn / *she drew a vivid picture of village life* elle (nous) a fait une description vivante de la vie de village **3.** [comparison, distinction] établir, faire **4.** [attract, lead] attirer, entraîner ▸ **to draw sb's attention to** attirer l'attention de qqn sur ▸ **to be** OR **feel drawn to** être OR se sentir attiré(e) par. ❖ vi (*pt* **drew**, *pp* **drawn**) **1.** [sketch] dessiner **2.** [move] ▸ **to draw away** reculer / *the crowd drew to one side* la foule s'est rangée sur le côté OR s'est écartée ▸ **to draw to an end** OR **a close** tirer à sa fin / *to draw to a halt* s'arrêter **3.** SPORT faire match nul / *Italy drew against Spain* l'Italie et l'Espagne ont fait match nul ▸ **to be drawing** être à égalité. ❖ noun **1.** SPORT [result] match *m* nul **2.** [lottery] tirage *m* **3.** [attraction] attraction *f*. ◆ **draw in** vi **1.** [move] : *the train drew in* le train est entré en gare **2.** [days] raccourcir. ◆ **draw into** vt sep ▸ **to draw sb into sthg** mêler qqn à qqch / *I got drawn into the project* je me suis laissé impliquer dans le projet. ◆ **draw on** vt insep **1.** = **draw upon 2.** [cigarette] tirer sur. ◆ **draw out** vt sep **1.** [encourage - person] faire sortir de sa coquille **2.** [prolong] prolonger **3.** [money] faire un retrait de, retirer. ◆ **draw up** ❖ vt sep [contract, plan] établir, dresser. ❖ vi [vehicle] s'arrêter. ◆ **draw upon** vt insep [information] utiliser, se servir de ; [reserves, resources] puiser dans.

drawback ['drɔ:bæk] noun inconvénient *m*, désavantage *m*.

drawbridge ['drɔ:brɪdʒ] noun pont-levis *m*.

drawer [drɔ:ʳ] noun [in desk, chest] tiroir *m*.

drawing ['drɔ:ɪŋ] noun dessin *m*.

drawing board noun planche *f* à dessin ▸ **back to the drawing board** *inf* retour à la case départ.

drawing pin noun UK punaise *f*.

drawing room noun salon *m*.

drawl [drɔ:l] ❖ noun voix *f* traînante. ❖ vt dire d'une voix traînante.

drawn [drɔ:n] ❖ pp ⟶ **draw.** ❖ adj **1.** [curtains] tiré(e) **2.** [face] fatigué(e), tiré(e).

drawn-out adj prolongé(e).

drawstring ['drɔ:strɪŋ] noun cordon *m*.

dread [dred] ❖ noun *(U)* épouvante *f*. ❖ vt appréhender ▸ **to dread doing sthg** appréhender de faire qqch ▸ **I dread to think** je n'ose pas imaginer.

dreaded ['dredɪd] adj redouté(e).

dreadful ['dredfʊl] adj affreux(euse), épouvantable.

dreadfully ['dredfʊlɪ] adv **1.** [badly] terriblement **2.** [extremely] extrêmement / *I'm dreadfully sorry* je regrette infiniment.

dreadlocks ['dredlɒks] pl n coiffure *f* rasta.

dreads [dredz] pl n = **dreadlocks**.

dream [dri:m] ❖ noun **1.** rêve *m* / *I had a dream about my mother* j'ai rêvé de ma mère / *the child had a bad dream* l'enfant a fait un mauvais rêve OR un cauchemar / *sweet dreams!* faites de beaux rêves ! **2.** [wish, fantasy] rêve *m*, désir *m* / *the woman of his dreams* la femme de ses rêves / *her dream was to become a pilot* elle rêvait de devenir pilote / *a job beyond my wildest dreams* un travail comme je n'ai jamais osé imaginer OR qui dépasse tous mes rêves / *the American dream* le rêve américain / *the holiday was like a dream come true* les vacances étaient comme un rêve devenu réalité / *in your dreams!* *inf* tu peux toujours rêver ! ❖ adj de rêve / *the dream ticket* **a)** POL [policies] le programme utopique OR à faire rêver **b)** [candidates] le couple idéal. ❖ vt (*pt & pp* **-ed** *or* **dreamt**) rêver / *he dreamt a dream* il a fait un rêve / *you must have dreamt it* vous avez dû le rêver ▸ **to dream (that)...** rêver que... ▸ **I never dreamed this would happen** je n'aurais jamais pensé que cela puisse arriver. ❖ vi (*pt & pp* **-ed** *or* **dreamt**) ▸ **to dream (of** OR **about)** rêver (de) / *it can't be true, I must be dreaming* ce n'est pas vrai, je rêve ▸ **I wouldn't dream of it** cela ne me viendrait même pas à l'idée / *dream on!* *inf* on peut toujours rêver ! ◆ **dream up** vt sep inventer.

dreamboat ['dri:mbəʊt] noun *inf & dated* homme *m*, femme *f* de rêve.

dreamer ['dri:mər] noun [unrealistic person] utopiste *mf*.

dreamily ['dri:mɪlɪ] adv rêveusement.

dreamlike ['dri:mlaɪk] adj comme dans un rêve.

dreamt [dremt] pt & pp ⟶ **dream**.

dreamy ['dri:mɪ] (*compar* **-ier**, *superl* **-iest**) adj **1.** [distracted] rêveur(euse) **2.** [dreamlike] de rêve.

dreariness ['drɪərɪnɪs] noun [of surroundings] aspect *m* morne OR terne, monotonie *f* ; [of life] monotonie *f*, tristesse *f*.

dreary ['drɪərɪ] (*compar* **-ier**, *superl* **-iest**) adj **1.** [weather] morne ; [surroundings] morne, triste ; [life] morne, monotone **2.** [person] ennuyeux(euse).

dredge [dredʒ] ❖ noun = **dredger**. ❖ vt draguer. ◆ **dredge up** vt sep **1.** [with dredger] draguer **2.** *fig* [from past] déterrer.

dredger ['dredʒər] noun [ship] dragueur *m* ; [machine] drague *f*.

dregs [dregz] pl n *lit & fig* lie *f*.

drench [drentʃ] vt tremper ▸ **to be drenched in** OR **with** être inondé(e) de.

drenching ['drentʃɪŋ] ❖ noun trempage *m*. ❖ adj : *drenching rain* pluie *f* battante OR diluvienne.

dress [dres] ❖ noun **1.** [woman's garment] robe *f* **2.** (*U*) [clothing] costume *m*, tenue *f*. ❖ vt **1.** [clothe] habiller ▸ **to be dressed** être habillé(e) ▸ **to be dressed in** être vêtu(e) de ▸ **to get dressed** s'habiller **2.** [bandage] panser **3.** CULIN [salad] assaisonner. ❖ vi s'habiller. ◆ **dress up** ❖ vt sep [facts] maquiller. ❖ vi **1.** [in costume] se déguiser **2.** [in best clothes] s'habiller (élégamment).

dressed ['drest] adj **1.** habillé(e) / *a well-dressed / smartly-dressed man* un homme bien habillé / élégant / *she was not appropriately dressed for the country* elle n'avait pas la tenue appropriée pour la campagne / *she was dressed as a man* elle était habillée en homme **2.** PHR **to be dressed to kill** *inf* : *she was dressed to kill* elle avait un look d'enfer ▸ **to be dressed to the nines** être tiré(e) à quatre épingles.

dresser ['dresər] noun **1.** [for dishes] vaisselier *m* **2.** US [chest of drawers] commode *f* **3.** [person] : *a smart dresser* une personne qui s'habille avec chic.

dressing ['dresɪŋ] noun **1.** [bandage] pansement *m* **2.** [for salad] assaisonnement *m* **3.** US [for turkey] farce *f*.

dressing-down noun UK *inf* réprimande *f*, semonce *f* / *to give sb a dressing-down* passer un savon à qqn.

dressing gown noun UK robe *f* de chambre.

dressing room noun **1.** THEAT loge *f* **2.** SPORT vestiaire *m*.

dressing table noun coiffeuse *f*.

dressing-up noun [children's game] déguisement *m*.

dressmaker ['dres,meɪkər] noun couturier *m*, -ère *f*.

dressmaking ['dres,meɪkɪŋ] noun couture *f*.

dress rehearsal noun générale *f*.

dress sense noun : *to have good dress sense* savoir s'habiller / *she's got no dress sense* elle ne sait pas s'habiller.

dressy ['dresɪ] (*compar* **-ier**, *superl* **-iest**) adj habillé(e).

drew [dru:] pt ⟶ **draw**.

dribble ['drɪbl] ❖ noun **1.** [saliva] bave *f* **2.** [trickle] traînée *f*. ❖ vt SPORT dribbler. ❖ vi **1.** [drool] baver **2.** [liquid] tomber goutte à goutte, couler.

dribs [drɪbz] pl n ▸ **in dribs and drabs** peu à peu, petit à petit.

dried [draɪd] ❖ pp ⟶ **dry**. ❖ adj [milk, eggs] en poudre ; [fruit] sec (sèche) ; [flowers] séché(e).

dried-up adj asséché(e).

drier ['draɪər] = **dryer**.

drift [drɪft] ❖ noun **1.** [movement] mouvement *m* ; [direction] direction *f*, sens *m* **2.** [meaning] sens *m* général / *I get your drift* je vois ce que vous voulez dire **3.** [of snow] congère *f* ; [of sand, leaves] amoncellement *m*, entassement *m*. ❖ vi **1.** [boat] dériver **2.** [snow, sand, leaves] s'amasser, s'amonceler **3.** [person] errer ▸ **to drift into sthg** se retrouver dans qqch ▸ **to drift apart** se détacher l'un de l'autre. ◆ **drift off** vi [person] s'assoupir.

drifter ['drɪftər] noun [person] personne *f* sans but dans la vie.

driftwood ['drɪftwʊd] noun bois *m* flottant.

drill [drɪl] ❖ noun **1.** [tool] perceuse *f* ; [dentist's] fraise *f* ; [in mine] perforatrice *f* **2.** [exercise, training] exercice *m.* ❖ vt **1.** [wood, hole] percer ; [tooth] fraiser ; [well] forer **2.** [soldiers] entraîner ▸ **to drill sthg into sb** faire rentrer qqch dans la tête de qqn. ❖ vi **1.** [bore] ▸ **to drill into a)** [wood] percer dans **b)** [tooth] fraiser dans **2.** [excavate] ▸ **to drill for oil** forer à la recherche de pétrole.

drilling ['drɪlɪŋ] noun *(U)* [in metal, wood] forage *m*, perçage *m* ; [by dentist] fraisage *m* / *drilling for oil* forage pétrolier.

drilling platform noun plate-forme *f* (de forage).

drilling rig noun **1.** [on land] derrick *m*, tour *f* de forage **2.** [at sea] = **drilling platform**.

drink [drɪŋk] ❖ noun **1.** [gen] boisson *f* ; [alcoholic] verre *m* / *would you like something to drink?* voulez-vous boire quelque chose ? / *may I have a drink?* puis-je boire quelque chose ? / *a drink of water* un verre d'eau / *we invited them in for a drink* nous les avons invités à prendre un verre / *there's plenty of food and drink* il y a tout ce qu'on veut à boire et à manger **2.** *(U)* [alcohol] alcool *m* / *to be the worse for drink* être en état d'ébriété / *to smell of drink* sentir l'alcool. ❖ vt (*pt* **drank**, *pp* **drunk**) boire / *the water is not fit to drink* l'eau n'est pas potable. ❖ vi (*pt* **drank**, *pp* **drunk**) boire / *she drank out of* OR *from the bottle* elle a bu à la bouteille ▸ **to drink to sb / to sb's success** boire à qqn / à la réussite de qqn / *'don't drink and drive'* 'boire ou conduire, il faut choisir'.

drinkable ['drɪŋkəbl] adj **1.** [water] potable **2.** [palatable] buvable.

drink-driver noun UK conducteur *m*, -trice *f* ivre / *he's a notorious drink-driver* tout le monde sait qu'il conduit souvent en état d'ébriété.

drink-driving UK, **drunk driving** US, **drunken driving** US noun conduite *f* en état d'ivresse.

drinker ['drɪŋkər] noun buveur *m*, -euse *f*.

drinking ['drɪŋkɪŋ] ❖ adj : *I'm not a drinking man* je ne bois pas. ❖ noun *(U)* boisson *f*.

drinking fountain noun fontaine *f* d'eau potable.

drinking water noun eau *f* potable.

drinks machine UK, **drink machine** US noun distributeur *m* de boissons.

drip [drɪp] ❖ noun **1.** [drop] goutte *f* **2.** MED goutte-à-goutte *m inv* **3.** *inf* [wimp] femmelette *f*. ❖ vt (*pt & pp* **-ped**, *cont* **-ping**) laisser tomber goutte à goutte. ❖ vi (*pt & pp* **-ped**, *cont* **-ping**) **1.** [gen] goutter, tomber goutte à goutte **2.** [person] ▸ **to be dripping with** *lit & fig* être ruisselant(e) de.

drip-dry adj qui ne se repasse pas.

drip-feed ❖ noun goutte-à-goutte *m inv.* ❖ vt alimenter par perfusion.

dripping ['drɪpɪŋ] ❖ adj ▸ **dripping (wet)** dégoulinant(e). ❖ noun *(U)* graisse *f*.

drippy ['drɪpɪ] (*compar* **-ier**, *superl* **-iest**) adj **1.** *inf & pej* [person] mou *(before vowel or silent 'h'* **mol**) (molle) **2.** [tap] qui fuit OR goutte.

drive [draɪv] ❖ noun **1.** [in car] trajet *m* (en voiture) ▸ **to go for a drive** faire une promenade (en voiture) / *it's an hour's drive from here* c'est à une heure d'ici en voiture **2.** [urge] désir *m*, besoin *m* **3.** [campaign] campagne *f* / *the company is having a sales drive* la compagnie fait une campagne de vente **4.** *(U)* [energy] dynamisme *m*, énergie *f* / *we need someone with drive* il nous faut quelqu'un de dynamique **5.** [road to house] allée *f* **6.** SPORT drive *m*. ❖ vt (*pt* **drove**, *pp* **driven**) **1.** [vehicle, passenger] conduire / *he drives a taxi / lorry* il est chauffeur de taxi / camionneur / *I drive a Volvo* j'ai une Volvo / *he drove her into town* il l'a conduite OR emmenée en voiture en ville / *she drove the car into a tree* elle a heurté un arbre avec la voiture **2.** TECH entraîner, actionner / *driven by electricity* marchant à l'électricité **3.** [animals, people] pousser / *to drive sb out of the house / of the country* chasser qqn de la maison / du pays **4.** [motivate, push] pousser / *he drives himself too hard* il exige trop de lui-même **5.** [force] ▸ **to drive sb to sthg / to do sthg** pousser qqn à qqch / à faire qqch, conduire qqn à qqch / à faire qqch / *he was driven to it* on lui a forcé la main ▸ **to drive sb mad** OR **crazy** rendre qqn fou / *his performance drove the audience wild* *inf* son spectacle a mis le public en délire **6.** [nail, stake] enfoncer **7.** SPORT driver. ❖ vi (*pt* **drove**, *pp* **driven**) [driver] conduire ; [travel by car] aller en voiture / *do you* OR *can you drive?* savez-vous conduire ? / *I was driving at 100 mph* je roulais à 160 km/h / *we drove home / down to the coast* nous sommes rentrés / descendus sur la côte en voiture / *they drove all night* ils ont roulé toute la nuit / *drive on the right* roulez à droite, tenez votre droite. ◆ **drive at** vt insep : *what are you driving at?* où voulez-vous en venir ? ◆ **drive down** vt sep ECON [prices, inflation] faire baisser. ◆ **drive up** vt sep ECON [prices, inflation] faire monter.

drive-by (*pl* **drive-bys**) noun *inf* ▸ **drive-by shooting** *fusillade exécutée d'un véhicule en marche* / *he was killed in a drive-by shooting* il s'est fait descendre par un tireur en voiture.

drive-in US ❖ noun drive-in *m*, ciné-parc *m offic.* ❖ adj [retaurant, movie theather] drive-in *(inv)*.

drivel ['drɪvl] noun *(U)* *inf* foutaises *fpl*, idioties *fpl*.

driven ['drɪvn] pp ⟶ **drive**.

-driven suffix **1.** TECH (fonctionnant) à / *electricity / steam-driven engine* machine électrique / à vapeur **2.** *fig* déterminé par / *market / consumer-driven* déterminé par les contraintes du marché / les exigences du consommateur **3.** COMPUT contrôlé par / *menu-driven* contrôlé par menu.

driver ['draɪvər] noun **1.** [of vehicle - gen] conducteur *m*, -trice *f* ; [- of taxi] chauffeur *m* **2.** [COMPUT - software] driver *m*, pilote *m* ; [- hardware] unité *f* de contrôle.

driver's license US = **driving licence**.

drive-through ❖ adj où l'on reste dans sa voiture. ❖ noun drive-in *m inv*, ciné-parc *m offic.*

driveway ['draɪvweɪ] noun allée *f*.

driving ['draɪvɪŋ] ◆ adj [rain] battant(e) ; [wind] cinglant(e). ◆ noun *(U)* conduite *f*.

driving force noun force *f* motrice.

driving instructor noun moniteur *m*, -trice *f* d'auto-école.

driving lesson noun leçon *f* de conduite.

driving licence UK, **driver's license** US noun permis *m* de conduire.

driving school noun auto-école *f*.

driving seat noun place *f* du conducteur / *she's in the driving seat* *fig* c'est elle qui mène l'affaire OR qui tient les rênes.

driving test noun (examen *m* du) permis *m* de conduire.

drizzle ['drɪzl] ◆ noun bruine *f*. ◆ impers vb bruiner.

drizzly ['drɪzlɪ] *(compar* **-ier**, *superl* **-iest**) adj bruineux(euse).

droll [drəʊl] adj drôle.

dromedary ['drɒmədrɪ] *(pl* **-ies**) noun dromadaire *m*.

drone [drəʊn] ◆ noun **1.** [of traffic, voices] ronronnement *m* ; [of insect] bourdonnement *m* **2.** [male bee] abeille *f* mâle, faux-bourdon *m*. ◆ vi [engine] ronronner ; [insect] bourdonner. ◆ **drone on** vi parler d'une voix monotone ▸ **to drone on about sthg** rabâcher qqch.

drool [dru:l] vi baver ▸ **to drool over** *fig* baver (d'admiration) devant.

droop [dru:p] vi **1.** [head] pencher ; [shoulders, eyelids] tomber **2.** *fig* [spirits] faiblir.

droopy ['dru:pɪ] *(compar* **-ier**, *superl* **-iest**) adj [moustache, shoulders] qui tombe ; [flowers] qui commence à se faner.

drop [drɒp] ◆ noun **1.** [of liquid] goutte *f* / *drop by drop* goutte à goutte ▸ **it's just a drop in the ocean** ce n'est qu'une goutte d'eau dans la mer **2.** [decrease] baisse *f*, chute *f* / *a drop in prices* une baisse OR une chute des prix **3.** [distance down] dénivellation *f* / *it was a long drop from the top of the wall* ça faisait haut depuis le haut du mur ▸ **sheer drop** à-pic *m inv* **4.** [delivery] livraison *f* ; [from plane] parachutage *m*, droppage *m* / *to make a drop* déposer un colis **5.** [sweet] pastille *f*. ◆ vt *(pt & pp* **-ped**, *cont* **-ping**) **1.** [let fall] laisser tomber / *they dropped soldiers / supplies by parachute* ils ont parachuté des soldats / du ravitaillement / *to drop anchor* NAUT mouiller, jeter l'ancre **2.** [voice, speed, price] baisser **3.** [abandon] abandonner / *I've dropped the idea of going* j'ai renoncé à y aller / *let's drop the subject* ne parlons plus de cela, parlons d'autre chose ; [player] exclure **4.** [let out of car] déposer / *could you drop me at the corner please?* pouvez-vous me déposer au coin s'il vous plaît ? **5.** [utter] ▸ **to drop a hint that** laisser entendre que / *she let (it) drop that she had been there* **a)** [accidentally] elle a laissé échapper qu'elle y était allée **b)** [deliberately] elle a fait comprendre qu'elle y était allée **6.** TENNIS [game, set] perdre **7.** [send] ▸ **to drop sb a note** OR **line** écrire un petit mot à qqn / *I'll drop it in the post* OR *mail* je la mettrai à la poste. ◆ vi *(pt & pp* **-ped**, *cont* **-ping**) **1.** [fall] tomber / *she dropped to her knees* elle est tombée à genoux / *I'm ready to drop* **a)** [from fatigue] je tombe de fatigue, je ne tiens plus sur mes jambes **b)** [from sleepiness] je tombe de sommeil / *she dropped dead* elle est tombée raide morte / *the road drops into the valley* la route plonge vers la vallée **2.** [temperature, demand] baisser ; [voice, wind] tomber **3.** [end] cesser / *there the matter dropped* l'affaire en est restée là. ◆ **drops** pl n MED gouttes *fpl*. ◆ **drop by** vi *inf* passer. ◆ **drop in** vi *inf* ▸ **to drop in (on sb)** passer (chez qqn). ◆ **drop off** ◆ vt sep déposer. ◆ vi **1.** [fall asleep] s'endormir **2.** [interest, sales] baisser. ◆ **drop out** vi : *she dropped out of the race* elle s'est retirée de la course / *he dropped out of school* il a abandonné ses études / *to drop out of society* vivre en marge de la société.

drop-dead adv *inf* vachement / *he's drop-dead gorgeous* il est craquant.

drop-down adj COMPUT [menu] déroulant(e).

drop goal noun drop-goal *m*, drop *m*.

drop-in centre noun UK *centre d'assistance sociale permanente*.

drop kick noun coup *m* de pied tombé.

droplet ['drɒplɪt] noun gouttelette *f*.

drop-off noun **1.** [decrease] baisse *f*, diminution *f* / *a drop-off in sales* une baisse des ventes **2.** US [descent] à-pic *m inv* / *there's a sharp drop-off in the road* la rue descend en pente très raide.

dropout ['drɒpaʊt] noun [from society] marginal *m*, -e *f* ; [from college] étudiant *m*, -e *f* qui abandonne ses études.

dropper ['drɒpər] noun compte-gouttes *m inv*.

droppings ['drɒpɪŋz] pl n [of bird] fiente *f* ; [of animal] crottes *fpl*.

drop shot noun amorti *m*.

dross [drɒs] noun *(U)* UK déchets *mpl* ; *fig* rebut *m*.

drought [draʊt] noun sécheresse *f*.

drove [drəʊv] ◆ pt ⟶ **drive**. ◆ noun [of animals] troupeau *m* en marche ; [of people] foule *f*.

drown [draʊn] ◆ vt **1.** [in water] noyer **2.** [sound] ▸ **to drown (out)** couvrir. ◆ vi se noyer.

drowsiness ['draʊzɪnɪs] noun *(U)* somnolence *f* / '*may cause drowsiness*' [medication] 'peut provoquer des somnolences'.

drowsy ['draʊzɪ] *(compar* **-ier**, *superl* **-iest**) adj assoupi(e), somnolent(e).

drudge [drʌdʒ] noun homme *m* de peine, femme *f* de peine.

drudgery ['drʌdʒərɪ] noun *(U)* corvée *f*.

drug [drʌg] ◆ noun **1.** [medicine] médicament *m* / *to be on drugs* prendre des médicaments **2.** [narcotic] drogue *f* / *to be on drugs* se droguer ▸ **drug user** drogué *m*, -e *f*. ◆ vt *(pt & pp* **-ged**, *cont* **-ging**) droguer.

drug abuse noun usage *m* de stupéfiants.

drug addict noun drogué *m*, -e *f*, toxicomane *mf*.

drug addiction noun toxicomanie *f*.

druggie ['drʌgɪ] noun *inf* [addict] toxico *mf*.

druggist ['drʌgɪst] noun US pharmacien *m*, -enne *f*.

drug peddler, drug pedlar noun = **drug peddler**.

drug pusher noun revendeur *m*, -euse *f* de drogue.

drugstore ['drʌgstɔːʳ] noun US drugstore *m*.

drug test noun [of athlete, horse] contrôle *m* antidopage.

druid ['dru:ɪd] noun druide *m*.

drum [drʌm] ❖ noun **1.** MUS tambour *m* **2.** [container] bidon *m*. ❖ vt & vi (*pt & pp* **-med**, *cont* **-ming**) tambouriner. ◆ **drums** pl n batterie *f*. ◆ **drum into** vt sep ▸ **to drum sthg into sb** enfoncer qqch dans la tête de qqn. ◆ **drum up** vt sep [support, business] rechercher, solliciter.

drum kit noun batterie *f*.

drummer ['drʌməʳ] noun [gen] (joueur de) tambour *m* ; [in pop group] batteur *m*, -euse *f*.

drum roll noun roulement *m* de tambour.

drumstick ['drʌmstɪk] noun **1.** [for drum] baguette *f* de tambour **2.** [of chicken] pilon *m*.

drunk [drʌŋk] ❖ pp ⟶ **drink.** ❖ adj **1.** [on alcohol] ivre, soûl(e) ▸ **to get drunk** se soûler, s'enivrer ▸ **drunk and disorderly** en état d'ivresse sur la voie publique **2.** *fig* [excited, carried away] ▸ **to be drunk with** OR **on** être enivré(e) OR grisé(e) par. ❖ noun soûlard *m*, -e *f*.

drunkard ['drʌŋkəd] noun alcoolique *mf*.

drunk driving US = **drink-driving**.

drunken ['drʌŋkn] adj [person] ivre ; [quarrel] d'ivrognes.

drunkenly ['drʌŋkənlɪ] adv [speak, sing, shout] comme un ivrogne.

drunkenness ['drʌŋkənɪs] noun ivresse *f*.

dry [draɪ] ❖ adj (*compar* **-ier**, *superl* **-iest**) **1.** [gen] sec (sèche) ; [day] sans pluie **2.** [river, earth] asséché(e) **3.** [wry] pince-sans-rire (*inv*) **4.** [dull] aride. ❖ vt (*pt & pp* **dried**) [gen] sécher ; [with cloth] essuyer. ❖ vi (*pt & pp* **dried**) sécher. ◆ **dry out** vt sep & vi sécher. ◆ **dry up** ❖ vt sep [dishes] essuyer. ❖ vi **1.** [river, lake] s'assécher **2.** [supply] se tarir **3.** [actor, speaker] avoir un trou, sécher **4.** UK [dry dishes] essuyer.

dry-clean vt nettoyer à sec.

dry cleaner noun ▸ **dry cleaner's** pressing *m*.

dry-cleaning noun nettoyage *m* à sec.

dryer ['draɪəʳ] noun [for clothes] séchoir *m*.

dry ice noun neige *f* carbonique.

dry land noun terre *f* ferme.

dryness ['draɪnɪs] noun (*U*) **1.** [of ground] sécheresse *f* ; [of humour] causticité *f* **2.** [dullness] aridité *f*.

dry-roasted adj [peanuts] grillé(e) à sec.

dry rot noun pourriture *f* sèche.

dry run noun répétition *f*.

DTP (*abbr of* **desktop publishing**) noun PAO *f*.

DT's [,di:'ti:z] (*abbr of* **delirium tremens**) pl n *inf* ▸ **to have the DT's** avoir une crise de délirium tremens.

dual ['dju:əl] adj double.

dual carriageway noun UK route *f* à quatre voies.

dual-core processor noun processeur *m* à double cœur.

dual-heritage adj métis(isse).

dual nationality noun double nationalité *f*.

dual-purpose adj à double emploi.

dub [dʌb] (*pt & pp* **-bed**, *cont* **-bing**) vt **1.** [nickname] surnommer **2.** CIN & TV [add soundtrack, voice] sonoriser ; [in foreign language] doubler / *dubbed into French* doublé en français.

Dubai [,du:'baɪ] noun Dubayy.

dubbed [dʌbd] adj **1.** CIN doublé(e) **2.** [nicknamed] surnommé(e).

dubious ['dju:bjəs] adj **1.** [suspect] douteux(euse) **2.** [uncertain] hésitant(e), incertain(e) ▸ **to be dubious about doing sthg** hésiter à faire qqch.

Dublin ['dʌblɪn] noun Dublin.

Dubliner ['dʌblɪnəʳ] noun Dublinois *m*, -e *f*.

duchess ['dʌtʃɪs] noun duchesse *f*.

duchy ['dʌtʃɪ] (*pl* **-ies**) noun duché *m*.

duck [dʌk] ❖ noun canard *m* ▸ **she took to it like a duck to water** elle était comme un poisson dans l'eau. ❖ vt **1.** [head] baisser **2.** [responsibility] esquiver, se dérober à **3.** [submerge] ▸ **to duck sb** mettre la tête de qqn sous l'eau. ❖ vi **1.** [lower head] se baisser **2.** [dive] : *he ducked behind the wall* il se cacha derrière le mur. ◆ **duck out** vi ▸ **to duck out (of sthg)** se soustraire (à qqch).

duckling ['dʌklɪŋ] noun caneton *m*.

duct [dʌkt] noun **1.** [pipe] canalisation *f* **2.** ANAT canal *m*.

dud [dʌd] ❖ adj [bomb] non éclaté(e) ; [cheque] sans provision, en bois. ❖ noun obus *m* non éclaté.

dude [dju:d] noun US *inf* [man] gars *m*, type *m*.

due [dju:] ❖ adj **1.** [expected] : *to be due to do sthg* devoir faire qqch / *the book is due out in May* le livre doit sortir en mai / *she's due back shortly* elle devrait rentrer sous peu / *when is the train due?* à quelle heure le train doit-il arriver ? / *her baby is* OR *she's due any day now* elle doit accoucher d'un jour à l'autre **2.** [appropriate] dû (due), qui convient / *to give sthg due consideration* accorder mûre réflexion à qqch / *to fail to exercise due care and attention* ne pas prêter l'attention nécessaire ▸ **in due course a)** [at the appropriate time] en temps voulu **b)** [eventually] à la longue / *with (all) due respect…* avec tout le respect que je vous dois,…, sauf votre respect… **3.** [owed, owing] dû (due) / *when's the next instalment due?* quand le prochain versement doit-il être fait ? / *repayment due on December 1st* remboursement à effectuer le 1er décembre / *she's due a pay rise* elle devrait recevoir une augmentation / *to be due an apology* avoir droit à des excuses / *to be due a bit of luck / some good weather* mériter un peu de chance / du beau temps / *(to give) credit where credit's due* pour dire ce qui est, pour être juste. ❖ adv : *due west* droit vers l'ouest. ❖ noun dû *m* ▸ **to give him his due** il faut lui rendre cette justice. ◆ **dues** pl n cotisation *f*. ◆ **due to** prep [owing to] dû à ; [because of] provoqué par, à cause de / *due to bad weather they arrived late* ils sont arrivés en retard à cause du mauvais temps / *it's all due to you* c'est grâce à toi.

due date noun jour *m* de l'échéance.

due diligence noun FIN due-diligence *f*.

duel ['dju:əl] ❖ noun duel *m*. ❖ vi (UK *pt & pp* **-led**, *cont* **-ling**, US *pt & pp* **-ed**, *cont* **-ing**) se battre en duel.

duet [dju:'et] noun duo *m*.

duff [dʌf] adj UK *inf* [useless] nul (nulle). ◆ **duff up** vt sep UK *inf* tabasser.

duffel bag ['dʌfl-] noun sac *m* marin.

duffel coat ['dʌfl-] noun duffel-coat *m*.

dug [dʌg] pt & pp ⟶ **dig**.

dugout ['dʌgaʊt] noun **1.** [canoe] pirogue *f* **2.** SPORT abri *m* de touche.

duke [dju:k] noun duc *m*.

dull [dʌl] ❖ adj **1.** [boring - book, conversation] ennuyeux(euse) ; [- person] terne **2.** [colour, light] terne **3.** [weather] maussade **4.** [sound, ache] sourd(e). ❖ vt **1.** [pain] atténuer ; [senses] émousser **2.** [make less bright] ternir.

dullness ['dʌlnɪs] noun **1.** [slow-wittedness] lenteur *f* OR lourdeur *f* d'esprit **2.** [tedium - of book, speech] caractère *m* ennuyeux **3.** [dimness - of light] faiblesse *f* ; [- of weather] caractère *m* maussade **4.** [of sound, pain] caractère *m* sourd ; [of blade] manque *m* de tranchant **5.** [listlessness] apathie *f*.

dully ['dʌlɪ] adv **1.** [listlessly] d'un air déprimé **2.** [tediously] de manière ennuyeuse **3.** [dimly] faiblement **4.** [not sharply] sourdement.

duly ['dju:lɪ] adv **1.** [properly] dûment **2.** [as expected] comme prévu.

dumb [dʌm] adj **1.** [unable to speak] muet(ette) **2.** *inf* [stupid] idiot(e).

dumbbell ['dʌmbel] noun [weight] haltère *m*.

dumbfounded [dʌm'faʊndɪd] adj [person] abasourdi(e), interloqué(e) ; [silence] stupéfait(e) / *to be dumbfounded at* OR *by sthg* être abasourdi OR interloqué par qqch.

dumbing down ['dʌmɪŋ-] noun nivellement *m* par le bas.

dumbstruck ['dʌmstrʌk] adj muet(ette) de stupeur.

dumbwaiter [,dʌm'weɪtər] noun [lift] monte-plats *m inv*.

dummy ['dʌmɪ] ❖ adj faux (fausse). ❖ noun (*pl* **-ies**) **1.** [of tailor] mannequin *m* **2.** [mock-up] maquette *f* **3.** UK [for baby] sucette *f*, tétine *f* **4.** SPORT feinte *f*. ❖ vt & vi SPORT feinter.

dummy run noun essai *m*.

dump [dʌmp] ❖ noun **1.** [for rubbish] décharge *f* **2.** MIL dépôt *m* **3.** *inf* [ugly place] taudis *m*. ❖ vt **1.** [put down] déposer **2.** [dispose of] jeter **3.** COMPUT vider **4.** *inf* [boyfriend, girlfriend] laisser tomber, plaquer. ❖ vi *inf* / *to dump on sb* mettre qqn dans la merde *vulg*. ◆ **dumps** pl n ▸ **to be (down) in the dumps** avoir le cafard.

dumper (truck) UK ['dʌmpər-], **dump truck** US noun tombereau *m*, dumper *m*.

dumping ['dʌmpɪŋ] noun décharge *f* ▸ **'no dumping'** 'décharge interdite'.

dumping ground noun décharge *f*.

dumpling ['dʌmplɪŋ] noun boulette *f* de pâte.

dumpy ['dʌmpɪ] (*compar* **-ier**, *superl* **-iest**) adj *inf* boulot(otte).

dunce [dʌns] noun cancre *m*.

dune [dju:n] noun dune *f*.

dung [dʌŋ] noun fumier *m*.

dungarees [,dʌŋgə'ri:z] pl n **1.** UK [for work] bleu *m* de travail ; [fashion garment] salopette *f* **2.** US [heavy jeans] jean *m* épais.

dungeon ['dʌndʒən] noun cachot *m*.

dunk [dʌŋk] vt *inf* tremper.

Dunkirk [dʌn'kɜ:k] noun Dunkerque.

dunno [də'nəʊ] *inf* ⟶ **I don't know**.

duo ['dju:əʊ] noun duo *m*.

dupe [dju:p] ❖ noun dupe *f*. ❖ vt [trick] duper ▸ **to dupe sb into doing sthg** amener qqn à faire qqch en le dupant.

duplex ['dju:pleks] noun US **1.** [apartment] duplex *m* **2.** [house] maison *f* jumelée.

duplicate ❖ adj ['dju:plɪkət] [key, document] en double. ❖ noun ['dju:plɪkət] double *m* ▸ **in duplicate** en double. ❖ vt ['dju:plɪkeɪt] **1.** [copy - gen] faire un double de ; [- on photocopier] photocopier **2.** [repeat] ▸ **to duplicate work** faire double emploi.

duplication [,dju:plɪ'keɪʃn] noun *(U)* **1.** [copying] copie *f* **2.** [repetition] répétition *f*.

duplicity [dju:'plɪsətɪ] noun duplicité *f*.

durability [,djʊərə'bɪlətɪ] noun [of product] solidité *f*.

durable ['djʊərəbl] adj solide, résistant(e).

durable goods noun biens *mpl* (de consommation) durables.

duration [djʊ'reɪʃn] noun durée *f* ▸ **for the duration of** jusqu'à la fin de.

duress [djʊ'res] noun ▸ **under duress** sous la contrainte.

during ['djʊərɪŋ] prep pendant, au cours de.

dusk [dʌsk] noun crépuscule *m*.

dusky ['dʌskɪ] (*compar* **-ier**, *superl* **-iest**) adj *liter* mordoré(e).

dust [dʌst] ❖ noun *(U)* poussière *f* ▸ **to gather dust** **a)** [get dusty] prendre la poussière **b)** *fig* tomber dans l'oubli. ❖ vt **1.** [clean] épousseter **2.** [cover with powder] ▸ **to**

dust sthg (with) saupoudrer qqch (de) **3.** PHR **it's done and dusted a)** [the work is finished] c'est complètement terminé **b)** [the file is closed] l'affaire est classée. ❖ vi faire la poussière. ◆ **dust off** vt sep épousseter ; *fig* dépoussiérer.

dustbin ['dʌstbɪn] noun UK poubelle *f*.

dustbin man UK = **dustman**.

dustbowl ['dʌstbəʊl] noun désert *m* de poussière.

dustcart ['dʌstkɑ:t] noun UK camion *m* des boueux.

duster ['dʌstər] noun **1.** [cloth] chiffon *m* (à poussière) **2.** US [overall] blouse *f*, tablier *m*.

dusting ['dʌstɪŋ] noun **1.** [of room, furniture] époussetage *m*, dépoussiérage *m* / *to do the dusting* épousseter, enlever OR faire la poussière **2.** [with sugar, insecticide] saupoudrage *m*.

dust jacket noun [on book] jaquette *f*.

dustman ['dʌstmən] (*pl* **-men**) noun UK éboueur *m*, -se *f*.

dustpan ['dʌstpæn] noun pelle *f* à poussière.

dustproof ['dʌstpru:f] adj imperméable OR étanche à la poussière.

dustsheet ['dʌstʃi:t] noun UK housse *f* de protection.

dust-up noun *inf* accrochage *m*, prise *f* de bec.

dusty ['dʌstɪ] (*compar* **-ier**, *superl* **-iest**) adj poussiéreux(euse).

Dutch [dʌtʃ] ❖ adj néerlandais(e), hollandais(e). ❖ noun [language] néerlandais *m*, hollandais *m*. ❖ pl n ▸ **the Dutch** les Néerlandais, les Hollandais. ❖ adv ▸ **to go Dutch** partager les frais.

Dutch courage noun : *he had a drink to give himself some Dutch courage* il but un verre pour se donner du courage.

Dutchman ['dʌtʃmən] (*pl* **-men**) noun Néerlandais *m*, Hollandais *m*.

Dutchwoman ['dʌtʃˌwʊmən] (*pl* **-women**) noun Néerlandaise *f*, Hollandaise *f*.

dutiful ['dju:tɪfʊl] adj obéissant(e).

dutifully ['dju:tɪflɪ] adv consciencieusement.

duty ['dju:tɪ] (*pl* **-ies**) noun **1.** *(U)* [responsibility] devoir *m* / *to fail in one's duty* manquer à son devoir **2.** [work] ▸ **to be on / off duty** être / ne pas être de service **3.** [tax] droit *m*. ◆ **duties** pl n fonctions *fpl* / *in the course of one's duties* dans l'exercice de ses fonctions.

duty bound adj ▸ **to be duty bound (to do sthg)** être tenu(e) (de faire qqch).

duty-free adj hors taxe.

duty-free shop noun boutique *f* hors taxe.

duty of care noun devoir *m* de diligence.

duty officer noun préposé *m*, -e *f* de service.

duvet ['du:veɪ] noun UK couette *f*.

duvet cover noun UK housse *f* de couette.

DVD (*abbr of* **Digital Video or Versatile Disc**) noun DVD *m*.

DVD player noun lecteur *m* de DVD.

DVD-ROM (*abbr of* **Digital Video or Versatile Disc read only memory**) noun DVD-ROM *m*.

DVLA (*abbr of* **Driver and Vehicle Licensing Agency**) noun *service des immatriculations et des permis de conduire en Grande-Bretagne*.

dwarf [dwɔ:f] ❖ adj [plant, animal] nain(e). ❖ noun (*pl* **-s** *or* **dwarves** [dwɔ:vz]) nain *m*, -e *f*. ❖ vt [tower over] écraser.

dweeb [dwi:b] noun US *inf* crétin *m*, -e *f*.

dwell [dwel] (*pt & pp* **dwelt** *or* **-ed**) vi *liter* habiter. ◆ **dwell on** vt insep s'étendre sur.

dwelling ['dwelɪŋ] noun *liter* habitation *f*.

dwelt [dwelt] pt & pp ⟶ **dwell**.

dwindle ['dwɪndl] vi diminuer.

dwindling ['dwɪndlɪŋ] adj en diminution.

DWP (*abbr of* **Department for Work and Pensions**) noun *ministère britannique de la sécurité sociale*.

dye [daɪ] ❖ noun teinture *f*. ❖ vt teindre.

dyed [daɪd] adj teint(e).

dyed-in-the-wool [daɪd-] adj bon teint *(inv)*.

dying ['daɪɪŋ] ❖ cont ⟶ **die.** ❖ adj [person] mourant(e), moribond(e) ; [plant, language, industry] moribond. ❖ pl n ▸ **the dying** les mourants *mpl*.

dyke [daɪk] = **dike**.

dynamic [daɪ'næmɪk] adj dynamique. ◆ **dynamics** pl n dynamique *f*.

dynamism ['daɪnəmɪzm] noun dynamisme *m*.

dynamite ['daɪnəmaɪt] ❖ noun *(U) lit* & *fig* dynamite *f*. ❖ vt dynamiter, faire sauter.

dynamo ['daɪnəməʊ] (*pl* **-s**) noun dynamo *f*.

dynasty [UK 'dɪnəstɪ, US 'daɪnəstɪ] (*pl* **-ies**) noun dynastie *f*.

dysentery ['dɪsntrɪ] noun dysenterie *f*.

dysfunctional [dɪs'fʌŋkʃənəl] adj dysfonctionnel(elle) / *dysfunctional family* famille *f* disfonctionnelle.

dyslexia [dɪs'leksɪə] noun dyslexie *f*.

dyslexic [dɪs'leksɪk] adj dyslexique.

e (*pl* **e's** *or* **es**), **E** (*pl* **E's** *or* **Es**) [iː] noun [letter] e *m inv*, E *m inv.* ◆ **E** noun **1.** MUS mi *m* **2.** (*abbr of* **east**) E.

e-account noun compte *m* bancaire électronique.

each [iːtʃ] ❖ adj chaque. ❖ pron chacun(e) / *the books cost £10.99 each* les livres coûtent 10,99 livres (la) pièce ▸ **each other** l'un l'autre (l'une l'autre), les uns les autres (les unes les autres) / *they love each other* ils s'aiment / *we've known each other for years* nous nous connaissons depuis des années.

eager [ˈiːgəʳ] adj passionné(e), avide ▸ **to be eager for** être avide de ▸ **to be eager to do sthg** être impatient de faire qqch.

eager beaver noun *inf* travailleur *m* acharné, travailleuse *f* acharnée, mordu *m*, -e *f* du travail.

eagerly [ˈiːgəlɪ] adv [talk, plan] avec passion, avidement ; [wait] avec impatience.

eagerness [ˈiːgənɪs] noun [to know, see, find out] impatience *f* ; [to help] empressement *m* ; [in eyes, voice] excitation *f*, enthousiasme *m* / *his eagerness to please* sa volonté de plaire.

eagle [ˈiːgl] noun [bird] aigle *m*.

eagle-eyed [-aɪd] adj qui a des yeux d'aigle.

ear [ɪəʳ] noun **1.** [gen] oreille *f* ▸ **by ear** MUS à l'oreille ▸ **to have an ear for** [music, languages] avoir (de) l'oreille pour ▸ **to go in one ear and out the other** *inf* entrer par une oreille et ressortir par l'autre ▸ **to have** OR **keep one's ear to the ground** *inf* être aux écoutes ▸ **to play it by ear** *fig* improviser, voir sur le moment **2.** [of corn] épi *m*.

earache [ˈɪəreɪk] noun ▸ **to have earache, to have an earache** US avoir mal à l'oreille.

earbashing [ˈɪəbæʃɪŋ] noun UK *inf* : *to give sb an earbashing* passer un savon à qqn, souffler dans les bronches à qqn / *to get an earbashing* se faire passer un savon, se faire souffler dans les bronches.

eardrum [ˈɪədrʌm] noun tympan *m*.

earful [ˈɪəfʊl] noun **1.** : *to get an earful of water* prendre de l'eau plein l'oreille **2.** PHR **to give sb an earful** *inf* [tell off] passer un savon à qqn ▸ **to give sb an earful about sthg** US [say a lot to] raconter qqch à qqn en long, en large et en travers.

earl [ɜːl] noun comte *m*.

earlier [ˈɜːlɪəʳ] ❖ adj [previous] précédent(e) ; [more early] plus tôt. ❖ adv plus tôt / *as I mentioned earlier* comme je l'ai signalé tout à l'heure ▸ **earlier on** plus tôt.

earliest [ˈɜːlɪəst] ❖ adj [first] premier(ère) ; [most early] le plus tôt. ❖ noun ▸ **at the earliest** au plus tôt.

earlobe [ˈɪələʊb] noun lobe *m* de l'oreille.

early [ˈɜːlɪ] ❖ adj (*compar* **-ier**, *superl* **-iest**) **1.** [before expected time] en avance / *to be early* [person, train, flight, winter] être en avance / *you're too early* vous arrivez trop tôt, vous êtes en avance / *let's have an early lunch* déjeunons de bonne heure **2.** [in day] de bonne heure / *the early train* le premier train / *to make an early start* partir de bonne heure / *I need an early night* je dois me coucher de bonne heure **3.** [at beginning] : *in the early sixties* au début des années soixante / *the early chapters* les premiers chapitres / *he's in his early twenties* il a une vingtaine d'années. ❖ adv **1.** [before expected time] en avance / *I was ten minutes early* j'étais en avance de dix minutes **2.** [in day] tôt, de bonne heure ▸ **as early as** dès ▸ **early on** tôt / *early in the evening / in the afternoon* tôt le soir / (dans) l'après-midi **3.** [at beginning] : *early in her life* dans sa jeunesse / *early in the year / winter* au début de l'année / de l'hiver.

early bird noun **1.** : *to be an early bird inf* être matinal **2.** PHR **it's the early bird that catches the worm a)** *prov* [it's good to get up early] le monde appartient à ceux qui se lèvent tôt *prov* **b)** [it's good to arrive early] les premiers arrivés sont les mieux servis.

early closing noun UK COMM *jour où l'on ferme tôt.*

early retirement noun retraite *f* anticipée.

early warning system noun système *m* de première alerte.

earmark [ˈɪəmɑːk] vt ▸ **to be earmarked for** être réservé(e) à.

earmuffs [ˈɪəmʌfs] pl n cache-oreilles *m inv*.

earn [ɜːn] vt **1.** [as salary] gagner **2.** COMM rapporter **3.** *fig* [respect, praise] gagner, mériter.

earner [ˈɜːnəʳ] noun **1.** [person] salarié *m*, -e *f* **2.** UK *inf* [deal] ▸ **a nice little earner** une affaire juteuse.

earnest [ˈɜːnɪst] adj sérieux(euse). ◆ **in earnest** ❖ adj sérieux(euse). ❖ adv pour de bon, sérieusement.

earnestly [ˈɜːnɪstlɪ] adv sérieusement.

earnings [ˈɜːnɪŋz] pl n [of person] salaire *m*, gains *mpl* ; [of company] bénéfices *mpl*.

earphones [ˈɪəfəʊnz] pl n casque *m*.

earpiece [ˈɪəpiːs] noun [of telephone receiver, personal stereo] écouteur *m*.

earplugs [ˈɪəplʌgz] pl n boules *fpl* Quiès®.

earring [ˈɪərɪŋ] noun boucle *f* d'oreille.

earshot [ˈɪəʃɒt] noun ▸ **within earshot** à portée de voix ▸ **out of earshot** hors de portée de voix.

ear-splitting adj assourdissant(e).

earth [ɜ:θ] ❖ noun [gen & ELEC] terre *f* ▸ **how / what / where / why on earth…?** mais comment / que / où / pourquoi donc… ? / *there's nothing on earth I'd like better* il n'y a rien au monde dont j'aie plus envie ▸ **to bring sb down to earth (with a bump)** ramener qqn sur terre (brutalement) ▸ **to come back down to earth again** revenir OR redescendre sur terre ▸ **to cost the earth** UK coûter les yeux de la tête. ❖ vt UK ELEC ▸ **to be earthed** être à la masse.

earthed [ɜ:θt] adj UK ELEC mis(e) à la terre ▸ **earthed conductor** conducteur *m* au sol.

earthenware ['ɜ:θnweəʳ] ❖ adj en terre cuite. ❖ noun *(U)* poteries *fpl*.

earthling ['ɜ:θlɪŋ] noun terrien *m*, -enne *f*.

earthly ['ɜ:θlɪ] adj terrestre / *what earthly reason could she have for doing that?* *inf* pourquoi diable a-t-elle fait ça ?

earth mother noun **1.** MYTH déesse *f* de la Terre **2.** *inf* & *fig* mère *f* nourricière.

earthquake ['ɜ:θkweɪk] noun tremblement *m* de terre.

earth-shaking, earth-shattering adj UK *inf* [news] renversant(e).

earthworks ['ɜ:θwɜ:ks] pl n ARCHEOL fortifications *fpl* en terre.

earthworm ['ɜ:θwɜ:m] noun ver *m* de terre.

earthy ['ɜ:θɪ] *(compar* **-ier**, *superl* **-iest)** adj **1.** *fig* [humour, person] truculent(e) **2.** [taste, smell] de terre, terreux(euse).

earwax ['ɪəwæks] noun cérumen *m*.

earwig ['ɪəwɪg] noun perce-oreille *m*.

ease [i:z] ❖ noun *(U)* **1.** [lack of difficulty] facilité *f* ▸ **to do sthg with ease** faire qqch sans difficulté OR facilement **2.** [comfort] : *a life of ease* une vie facile ▸ **at ease** à l'aise ▸ **ill at ease** mal à l'aise. ❖ vt **1.** [pain] calmer ; [restrictions] modérer **2.** [move carefully] ▸ **to ease sthg in / out** faire entrer / sortir qqch délicatement. ❖ vi [problem] s'arranger ; [pain] s'atténuer ; [rain] diminuer. ◆ **ease off** vi [pain] s'atténuer ; [rain] diminuer. ◆ **ease up** vi **1.** [rain] diminuer **2.** [relax] se détendre.

easel ['i:zl] noun chevalet *m*.

easily ['i:zɪlɪ] adv **1.** [without difficulty] facilement **2.** [without doubt] de loin **3.** [in a relaxed manner] tranquillement.

easiness ['i:zɪnɪs] noun [lack of difficulty] facilité *f*.

east [i:st] ❖ noun **1.** [direction] est *m* **2.** [region] ▸ **the east** l'est *m*. ❖ adj est *(inv)* ; [wind] d'est. ❖ adv à l'est, vers l'est ▸ **east of** à l'est de. ◆ **East** noun ▸ **the East** a) [gen & POL] l'Est *m* b) [Asia] l'Orient *m*.

eastbound ['i:stbaʊnd] adj en direction de l'est.

East End noun ▸ **the East End** *les quartiers est de Londres.*

Easter ['i:stəʳ] noun Pâques *m*.

Easter bunny noun [gen] lapin *m* de Pâques ; [imaginary creature] *personnage imaginaire qui distribue des friandises aux enfants.*

Easter egg noun œuf *m* de Pâques.

easterly ['i:stəlɪ] adj à l'est, de l'est ; [wind] de l'est ▸ **in an easterly direction** vers l'est.

eastern ['i:stən] adj de l'est. ◆ **Eastern** adj [gen & POL] de l'Est ; [from Asia] oriental(e).

Easter Sunday noun dimanche *m* de Pâques.

East Germany noun ▸ **(former) East Germany** (l'ex-) Allemagne *f* de l'Est ▸ **in East Germany** en Allemagne de l'Est.

eastward ['i:stwəd] ❖ adj à l'est, vers l'est. ❖ adv = **eastwards**.

eastwards ['i:stwədz] adv vers l'est.

easy ['i:zɪ] ❖ adj *(compar* **-ier**, *superl* **-iest) 1.** [not difficult, comfortable] facile / *it's easy to see why / that…* on voit bien pourquoi / que… / *it's an easy mistake to make* c'est une erreur qui est facile à faire / *the easy way out* OR *option* la solution facile OR de facilité / *in easy stages* a) [travel] par petites étapes b) [learn] sans peine / *it's easy money* *inf* c'est de l'argent gagné facilement OR sans se fatiguer **2.** [relaxed - manner] naturel(elle) ; [- person, atmosphere] décontracté(e) / *I'm easy* *inf* [I don't mind] ça m'est égal / *easy to get on with* facile à vivre. ❖ adv ▸ **to go easy on** *inf* y aller doucement avec ▸ **to take it** OR **things easy** *inf* ne pas se fatiguer ▸ **easier said than done** plus facile à dire qu'à faire.

easy-care adj UK [garment] d'entretien facile.

easygoing [,i:zɪ'gəʊɪŋ] adj [person] facile à vivre ; [manner] complaisant(e).

easy listening noun MUS variété *f*.

easy-peasy noun *inf* & *hum* fastoche, facile.

eat [i:t] *(pt* ate, *pp* **eaten)** vt & vi manger. ◆ **eat away, eat into** vt insep **1.** [subj: acid, rust] ronger **2.** [deplete] grignoter. ◆ **eat out** vi manger au restaurant. ◆ **eat up** vt sep **1.** [food] manger **2.** *fig* [use up] ▸ **to eat up money** revenir très cher ▸ **to eat up time** demander beaucoup de temps.

eaten ['i:tn] pp ⟶ **eat**.

eater ['i:təʳ] noun mangeur *m*, -euse *f*.

eatery ['i:tərɪ] noun US *inf* restaurant *m*.

eating ['i:tɪŋ] adj **1.** [for eating] ▸ **eating apple / pear** pomme *f* / poire *f* à couteau ▸ **eating place** OR **house** restaurant *m* **2.** [of eating] ▸ **eating disorder** trouble *m* du comportement alimentaire ▸ **eating habits** habitudes *fpl* alimentaires.

eau de Cologne [,əʊdəkə'ləʊn] noun eau *f* de Cologne.

eaves ['i:vz] pl n avant-toit *m*.

eavesdrop ['i:vzdrɒp] *(pt & pp* **-ped**, *cont* **-ping)** vi ▸ **to eavesdrop (on sb)** écouter (qqn) de façon indiscrète.

e-banking noun cyberbanque *f*.

ebb [eb] ❖ noun reflux *m* ▸ **the ebb and flow** *fig* les hauts et les bas ▸ **to be at a low ebb** *fig* aller mal. ❖ vi

1. [tide, sea] se retirer, refluer **2.** *liter* [strength] ▸ **to ebb (away)** décliner.

ebb tide noun marée *f* descendante.

ebony ['ebənɪ] ❖ adj [colour] noir(e) d'ébène. ❖ noun ébène *f*.

e-book noun livre *m* électronique, e-book *m*.

ebullient [ɪ'bʊljənt] adj exubérant(e).

e-business noun **1.** [company] cyberentreprise *f* **2.** *(U)* [trade] cybercommerce *m*, commerce *m* électronique.

EC (*abbr of* **European Community**) noun CE *f*.

e-card noun COMPUT carte *f* électronique.

e-cash noun argent *m* virtuel OR électronique.

eccentric [ɪk'sentrɪk] ❖ adj [odd] excentrique, bizarre. ❖ noun [person] excentrique *mf*.

eccentricity [ˌeksen'trɪsətɪ] (*pl* **-ies**) noun [oddity] excentricité *f*, bizarrerie *f*.

ECG noun **1.** (*abbr of* **electrocardiogram**) ECG *m* **2.** (*abbr of* **electrocardiograph**) ECG *m*.

echelon ['eʃəlɒn] noun échelon *m*.

echo ['ekəʊ] ❖ noun (*pl* **-es**) *lit* & *fig* écho *m*. ❖ vt (*pt & pp* **-ed**, *cont* **-ing**) [words] répéter ; [opinion] faire écho à. ❖ vi (*pt & pp* **-ed**, *cont* **-ing**) retentir, résonner.

éclair [eɪ'kleəʳ] noun éclair *m*.

eclectic [e'klektɪk] adj éclectique.

eclipse [ɪ'klɪps] ❖ noun *lit* & *fig* éclipse *f*. ❖ vt *fig* éclipser.

eco- [ˌiːkəʊ-] pref éco-.

eco-friendly adj qui respecte l'environnement.

eco-label noun écolabel *m*.

E-coli [ˌiː'kəʊlaɪ] noun E-coli *m*, bactérie *f* Escherischia coli.

ecological [ˌiːkə'lɒdʒɪkl] adj écologique.

ecologically [ˌiːkə'lɒdʒɪklɪ] adv du point de vue écologique.

ecologist [ɪ'kɒlədʒɪst] noun écologiste *mf*.

ecology [ɪ'kɒlədʒɪ] noun écologie *f*.

e-commerce noun *(U)* commerce *m* électronique, cybercommerce *m*.

economic [ˌiːkə'nɒmɪk] adj **1.** ECON économique ▸ **economic bubble** bulle *f* économique **2.** [profitable] rentable.

economical [ˌiːkə'nɒmɪkl] adj **1.** [cheap] économique **2.** [person] économe.

economically [ˌiːkə'nɒmɪklɪ] adv **1.** ECON économiquement ▸ **not economically active** [unemployed] inactif(ve) **2.** [live] de manière économe ; [write] avec sobriété ; [use] de manière économe, avec parcimonie.

Economic and Monetary Union noun Union *f* économique et monétaire.

economic climate noun climat *m* économique.

economic migrant noun émigrant *m*, -e *f* de la faim OR pour des raisons économiques.

economics [ˌiːkə'nɒmɪks] ❖ noun *(U)* économie *f* (politique), sciences *fpl* économiques. ❖ pl n [of plan, business] aspect *m* financier.

economist [ɪ'kɒnəmɪst] noun économiste *mf*.

economize, economise UK [ɪ'kɒnəmaɪz] vi économiser.

economy [ɪ'kɒnəmɪ] (*pl* **-ies**) noun économie *f* / *false economy* fausse économie ▸ **economies of scale** économies d'échelle.

economy class noun classe *f* touriste.

economy drive noun campagne *f* de restrictions.

economy-size(d) adj [pack, jar] taille économique *(inv)*.

ecosystem ['iːkəʊˌsɪstəm] noun écosystème *m*.

ecotax ['iːkəʊtæks] noun écotaxe *f*.

ecoterrorism ['iːkəʊ,'terərɪzm] noun écoterrorisme *m*.

ecoterrorist ['iːkəʊˌterərɪst] noun écoterroriste *mf*.

ecotourism ['iːkəʊˌ'tʊərɪzm] noun écotourisme *m*, tourisme *m* vert.

eco-warrior noun éco-guerrier *m*, -ère *f*.

ecstasy ['ekstəsɪ] (*pl* **-ies**) noun **1.** [pleasure] extase *f*, ravissement *m* ▸ **to go into ecstasies about sthg** s'extasier sur qqch **2.** [drug] ecstasy *m ou f*.

ecstatic [ek'stætɪk] adj [person] en extase ; [feeling] extatique.

ecstatically [ek'stætɪklɪ] adv [say, shout] d'un air extasié ▸ **to be ecstatically happy** être au comble du bonheur.

ECT (*abbr of* **electroconvulsive therapy**) noun électrochocs *mpl*.

Ecuador ['ekwədɔːʳ] noun Équateur *m* ▸ **in Ecuador** en Équateur.

ecumenical [iːkjʊ'menɪkl] adj œcuménique.

eczema ['eksɪmə] noun eczéma *m*.

eddy ['edɪ] ❖ noun (*pl* **-ies**) tourbillon *m*. ❖ vi (*pt & pp* **-ied**) tourbillonner.

Eden ['iːdn] noun ▸ **(the Garden of) Eden** le jardin *m* d'Éden, l'Éden *m*.

edge [edʒ] ❖ noun **1.** [gen] bord *m* ; [of coin, book] tranche *f* ; [of knife] tranchant *m* ▸ **to be on the edge of** *fig* être à deux doigts de **2.** [advantage] ▸ **to have an edge over** OR **the edge on** avoir un léger avantage sur **3.** *fig* [in voice] note *f* tranchante. ❖ vi ▸ **to edge forward** avancer tout doucement. ◆ **on edge** adj contracté(e), tendu(e).

edged [edʒd] adj ▸ **edged with** bordé(e) de.

edgeways UK ['edʒweɪz], **edgewise** US ['edʒwaɪz] adv latéralement, de côté.

edginess ['edʒɪnɪs] noun **1.** [nervousness] nervosité *f* **2.** [modernity] caractère *m* ultra-contemporain.

edgy ['edʒɪ] (*compar* **-ier**, *superl* **-iest**) adj **1.** [nervous] contracté(e), tendu(e) **2.** [contemporary] ultra-contemporain.

edible ['edɪbl] adj [safe to eat] comestible.

edict ['i:dɪkt] noun décret *m*.

edifice ['edɪfɪs] noun édifice *m*.

edify ['edɪfaɪ] (*pt & pp* **-ied**) vt édifier.

edifying ['edɪfaɪɪŋ] adj édifiant(e).

Edinburgh ['edɪnbrə] noun Édimbourg.

The Edinburgh Festival

Le Festival international d'Édimbourg, créé en 1947, est aujourd'hui l'un des plus grands festivals de théâtre et de musique du monde ; il a lieu chaque année d'août à septembre. Le festival « off » (Fringe) est une grande rencontre du théâtre expérimental.

edit ['edɪt] vt **1.** [correct - text] corriger **2.** CIN monter ; RADIO & TV réaliser **3.** [magazine] diriger ; [newspaper] être le rédacteur en chef de. ◆ **edit out** vt sep couper.

editing ['edɪtɪŋ] noun [of newspaper, magazine] rédaction *f* ; [initial corrections] révision *f*, correction *f* ; [in preparation for publication] édition *f*, préparation *f* à la publication ; [of film, tape] montage *m* ; COMPUT [of file] édition *f*.

edition [ɪ'dɪʃn] noun édition *f*.

editor ['edɪtəʳ] noun **1.** [of magazine] directeur *m*, -trice *f* ; [of newspaper] rédacteur *m*, -trice *f* en chef **2.** [of text] correcteur *m*, -trice *f* **3.** CIN monteur *m*, -euse *f* ; RADIO & TV réalisateur *m*, -trice *f*.

editorial [,edɪ'tɔ:rɪəl] ❖ adj [department, staff] de la rédaction ; [style, policy] éditorial(e) ; [freedom] des rédacteurs. ❖ noun éditorial *m*.

editor-in-chief noun rédacteur *m*, -trice *f* en chef.

EDP (*abbr of* **electronic data processing**) noun *traitement électronique de données*.

educate ['edʒʊkeɪt] vt **1.** SCH & UNIV instruire **2.** [inform] informer, éduquer.

educated ['edʒʊkeɪtɪd] adj [person] instruit(e) / *to make an educated guess* faire une supposition bien informée.

education [,edʒʊ'keɪʃn] noun **1.** [gen] éducation *f* / *the education system* le système éducatif / *standards of education* niveau *m* scolaire ▸ **primary / secondary education** (enseignement *m*) primaire *m* / secondaire *m* ▸ **tertiary education** enseignement *m* supérieur **2.** [teaching] enseignement *m*, instruction *f*.

educational [,edʒʊ'keɪʃənl] adj **1.** [establishment, policy] pédagogique ▸ **educational prospects** avenir *m* scolaire **2.** [toy, experience] éducatif(ive).

educator ['edʒʊkeɪtəʳ] noun éducateur *m*, -trice *f*.

edutainment ❖ noun [games] jeux *mpl* éducatifs ; [TV programmes] émissions *fpl* éducatives pour les enfants ; [software] logiciels *mpl* ludo-éducatifs. ❖ adj ludo-éducatif(ive).

Edwardian [ed'wɔ:dɪən] adj de l'époque 1900.

EEA (*abbr of* **European Economic Area**) noun EEE *m*.

E2EG MESSAGING *written abbr of* **ear to ear grin**.

EEG noun **1.** (*abbr of* **electroencephalogram**) EEG *m* **2.** (*abbr of* **electroencephalograph**) EEG *m*.

eek [i:k] excl *inf* hi !

eel [i:l] noun anguille *f*.

eerie ['ɪərɪ] (*compar* **-ier**, *superl* **-iest**) adj inquiétant(e), sinistre.

eerily ['ɪərəlɪ] adv sinistrement, d'une manière sinistre / *it was eerily quiet in the house* un calme inquiétant régnait dans la maison.

efface [ɪ'feɪs] vt effacer.

effect [ɪ'fekt] ❖ noun **1.** [gen] effet *m* ▸ **to have an effect on** avoir OR produire un effet sur ▸ **for effect** pour attirer l'attention, pour se faire remarquer ▸ **to take effect** [law] prendre effet, entrer en vigueur ▸ **to put sthg into effect** [policy, law] mettre qqch en application / *with immediate effect* à compter d'aujourd'hui / *to no* OR *little effect* en vain **2.** [meaning] ▸ **a statement to the effect that...** une déclaration selon laquelle... ▸ **or words to that effect** ou quelque chose de ce genre. ❖ vt [repairs, change] effectuer ; [reconciliation] amener. ◆ **effects** pl n ▸ **(special) effects** effets *mpl* spéciaux ▸ **personal effects** *fml* effets *mpl* personnels.

effective [ɪ'fektɪv] adj **1.** [successful] efficace **2.** [actual, real] effectif(ive).

effectively [ɪ'fektɪvlɪ] adv **1.** [successfully] efficacement **2.** [in fact] effectivement.

effectiveness [ɪ'fektɪvnɪs] noun efficacité *f*.

effeminate [ɪ'femɪnət] adj efféminé(e).

effervescence [,efə'vesəns] noun [of liquid] effervescence *f* ; [of wine] pétillement *m* ; *fig* [of person] vitalité *f*, pétulance *f* ; [of personality] pétulance *f*.

effervescent [,efə'vesənt] adj [liquid] effervescent(e) ; [drink] gazeux(euse).

effete [ɪ'fi:t] adj *fml* [person, gesture] veule.

efficacious [efɪ'keɪʃəs] adj *fml* efficace.

efficacy ['efɪkəsɪ] noun efficacité *f*.

efficiency [ɪ'fɪʃənsɪ] noun [of person, method] efficacité *f* ; [of factory, system] rendement *m*.

efficient [ɪ'fɪʃənt] adj efficace.

efficiently [ɪ'fɪʃəntlɪ] adv efficacement.

effigy ['efɪdʒɪ] (*pl* **-ies**) noun effigie *f*.

effing ['efɪŋ] UK *v inf* ❖ adj de merde. ❖ adv foutrement. ❖ noun : *there was a lot of effing and blinding* on a eu droit à un chapelet de jurons.

effluent ['eflʊənt] noun effluent *m*.

effort ['efət] noun effort *m* ▸ **to be worth the effort** valoir la peine ▸ **with effort** avec peine ▸ **to make the effort to do sthg** s'efforcer de faire qqch ▸ **to make an / no effort to do sthg** faire un effort / ne faire aucun effort pour faire qqch.

effortless ['efətlɪs] adj [easy] facile ; [natural] aisé(e).

effortlessly ['efətlɪslɪ] adv sans effort, facilement.

effrontery [ɪ'frʌntərɪ] noun effronterie *f*.

effusive [ɪ'fju:sɪv] adj [person] démonstratif(ive) ; [welcome] plein(e) d'effusions.

effusively [ɪ'fju:sɪvlɪ] adv avec effusion.

E-fit® ['i:fɪt] noun portrait-robot *m* électronique.

EFL ['efəl] (*abbr of* **English as a foreign language**) noun *anglais langue étrangère.*

EFT (*abbr of* **electronic funds transfer**) noun COMPUT transfert *m* de fonds électronique.

EFTA ['eftə] (*abbr of* **European Free Trade Association**) noun AELE *f*, AEL-E *f*.

EFTPOS ['eftpɒs] (*abbr of* **electronic funds transfer at point of sale**) noun COMPUT transfert *m* de fonds électronique au point de vente.

EFTS [efts] (*abbr of* **electronic funds transfer system**) noun *système électronique de transferts de fonds.*

e.g. (*abbr of* **exempli gratia**) adv par exemple.

egalitarian [ɪ,gælɪ'teərɪən] adj égalitaire.

egalitarianism [ɪ,gælɪ'teərɪənɪzm] noun égalitarisme *m*.

egg [eg] noun œuf *m*. ◆ **egg on** vt sep pousser, inciter.

eggcup ['egkʌp] noun coquetier *m*.

egghead ['eghed] noun *inf* intello *mf*.

eggplant ['egplɑ:nt] noun US aubergine *f*.

eggshell ['egʃel] noun coquille *f* d'œuf ▸ **to be walking on eggshells** US *inf* marcher sur des œufs.

egg timer noun [with sand] sablier *m* ; [mechanical] minuteur *m*.

egg white noun blanc *m* d'œuf.

eggy ['egɪ] adj *inf* [stained] taché(e) OR souillé(e) de jaune d'œuf / *an eggy taste / smell* un goût / une odeur d'œuf ▸ **eggy bread** pain *m* perdu.

egg yolk noun jaune *m* d'œuf.

egis noun US = **aegis**.

ego ['i:gəʊ] (*pl* **-s**) noun moi *m*.

egocentric [,i:gəʊ'sentrɪk] adj égocentrique.

egoism ['i:gəʊɪzm] noun égoïsme *m*.

egoist ['i:gəʊɪst] noun égoïste *mf*.

egoistic [,i:gəʊ'ɪstɪk] adj égoïste.

ego-surfing noun *recherche de son propre nom sur Internet.*

egotism ['i:gətɪzm] noun égotisme *m*.

egotist ['i:gətɪst] noun égotiste *mf*.

egotistic(al) [,i:gə'tɪstɪk(l)] adj égotiste.

ego trip noun *inf* : *she's just on an ego trip* c'est par vanité qu'elle le fait.

Egypt ['i:dʒɪpt] noun Égypte *f* ▸ **in Egypt** en Égypte.

Egyptian [ɪ'dʒɪpʃn] ◆ adj égyptien(enne). ◆ noun Égyptien *m*, -enne *f*.

eh [eɪ] excl UK *inf* hein ?

EHRC (*abbr of* **Equality and Human Rights Commission**) noun Commission pour l'égalité et les droits de l'Homme.

eiderdown ['aɪdədaʊn] noun UK [bed cover] édredon *m*.

eight [eɪt] num huit. ***See also* six**.

8 MESSAGING *written abbr of* **ate**.

eighteen [,eɪ'ti:n] num dix-huit. ***See also* six**.

eighteenth [,eɪ'ti:nθ] num dix-huitième. ***See also* sixth**.

eighth [eɪtθ] num huitième. ***See also* sixth**.

eighth grade noun US SCH *classe de l'enseignement secondaire correspondant à la quatrième (13-14 ans).*

eightieth ['eɪtɪɪθ] num quatre-vingtième. ***See also* sixth**.

eighty ['eɪtɪ] (*pl* **-ies**) num quatre-vingts. ***See also* sixty**.

Eire ['eərə] noun République *f* d'Irlande.

either ['aɪðər *or* 'i:ðər] ◆ adj **1.** [one or the other] l'un ou l'autre (l'une ou l'autre) (des deux) / *she couldn't find either jumper* elle ne trouva ni l'un ni l'autre des pulls ▸ **either way** de toute façon **2.** [each] chaque ▸ **on either side** de chaque côté. ◆ pron ▸ **either (of them)** l'un ou l'autre *m*, l'une ou l'autre *f* / *I don't like either (of them)* je n'aime aucun des deux, je n'aime ni l'un ni l'autre. ◆ adv *(in negatives)* non plus / *I don't either* moi non plus. ◆ conj ▸ **either... or** soit... soit, ou... ou / *either you stop complaining or I go home!* ou tu arrêtes de te plaindre, ou je rentre chez moi / *I'm not fond of either him or his wife* je ne les aime ni lui ni sa femme.

ejaculate [ɪ'dʒækjʊleɪt] ◆ vt *fml* [exclaim] s'écrier. ◆ vi [have orgasm] éjaculer.

ejaculation [ɪ,dʒækjʊ'leɪʃn] noun **1.** [physiological] éjaculation *f* **2.** *fml* [exclamation] exclamation *f*.

eject [ɪ'dʒekt] vt **1.** [troublemaker] expulser **2.** [cartridge, pilot] éjecter ; [lava] projeter.

ejection [ɪ'dʒekʃn] noun **1.** [of troublemaker] expulsion *f* **2.** [of cartridge, pilot] éjection *f* ; [of lava] projection *f*.

ejector seat UK [ɪ'dʒektər-], **ejection seat** US [ɪ'dʒekʃn-] noun siège *m* éjectable.

eke [i:k] ◆ **eke out** vt sep [make last] faire durer ; [scrape] ▸ **to eke out a living** gagner tout just sa vie.

elaborate ◆ adj [ɪ'læbrət] [ceremony, procedure] complexe ; [explanation, plan] détaillé(e), minutieux(euse). ◆ vi [ɪ'læbəreɪt] ▸ **to elaborate (on)** donner des précisions (sur).

elaborately [ɪ'læbərətlɪ] adv [planned] minutieusement ; [decorated] avec recherche.

elapse [ɪ'læps] vi s'écouler.

elastic [ɪ'læstɪk] ◆ adj *lit* & *fig* élastique. ◆ noun *(U)* élastique *m*.

elasticated UK [ɪ'læstɪkeɪtɪd], **elasticized** US [ɪ'læstɪsaɪzd] adj élastique.

elastic band noun UK élastique *m*, caoutchouc *m*.

elasticity [,elæ'stɪsətɪ] noun élasticité *f*.

Elastoplast® [ɪ'læstəplɑ:st] noun UK pansement *m* adhésif.

elated [ɪ'leɪtɪd] adj transporté(e) (de joie).

elation [ɪ'leɪʃn] noun exultation *f*, joie *f*.

elbow ['elbəʊ] ✧ noun coude *m*. ✧ vt ▸ **to elbow sb aside** écarter qqn du coude.

elbow grease noun *inf* huile *f* de coude.

elbowroom ['elbəʊrʊm] noun *inf* ▸ **to have some elbowroom** avoir ses coudées franches.

elder ['eldəʳ] ✧ adj aîné(e). ✧ noun **1.** [older person] aîné *m*, -e *f* **2.** [of tribe, church] ancien *m* **3.** ▸ **elder (tree)** sureau *m*.

elderberry ['eldə,berɪ] (*pl* **-ies**) noun [fruit] baie *f* de sureau ; [tree] sureau *m*.

elderflower ['eldə,flaʊəʳ] noun fleur *f* de sureau.

elderly ['eldəlɪ] ✧ adj âgé(e). ✧ pl n ▸ **the elderly** les personnes *fpl* âgées.

eldest ['eldɪst] adj aîné(e).

elect [ɪ'lekt] ✧ adj élu(e). ✧ vt **1.** [by voting] élire **2.** *fml* [choose] ▸ **to elect to do sthg** choisir de faire qqch.

elected [ɪ'lektɪd] adj élu(e).

election [ɪ'lekʃn] noun élection *f* ▸ **to have** OR **hold an election** procéder à une élection ▸ **local elections** élections locales.

election campaign noun campagne *f* électorale.

electioneering [ɪ,lekʃə'nɪərɪŋ] noun (*U*) *pej* propagande *f* électorale.

election promise noun promesse *f* électorale.

elective [ɪ'lektɪv] noun US SCH cours *m* facultatif.

elector [ɪ'lektəʳ] noun électeur *m*, -trice *f*.

electoral [ɪ'lektərəl] adj électoral(e).

electoral register, **electoral roll** noun UK ▸ **the electoral register** la liste électorale.

electorate [ɪ'lektərət] noun ▸ **the electorate** l'électorat *m*.

electric [ɪ'lektrɪk] adj *lit* & *fig* électrique. ◆ **electrics** pl n UK *inf* [in car, machine] installation *f* électrique.

electrical [ɪ'lektrɪkl] adj électrique.

electrical engineer noun ingénieur *m* électricien.

electrical engineering noun électrotechnique *f*.

electrically [ɪ'lektrɪklɪ] adv [heated] à l'électricité ; [charged, powered] électriquement.

electric blue ✧ noun bleu *m* électrique. ✧ adj bleu électrique.

electric chair noun ▸ **the electric chair** la chaise électrique.

electric current noun courant *m* électrique.

electric fence noun clôture *f* électrique.

electric fire noun radiateur *m* électrique.

electric guitar noun guitare *f* électrique.

electrician [,ɪlek'trɪʃn] noun électricien *m*, -enne *f*.

electricity [,ɪlek'trɪsətɪ] noun électricité *f*.

electric shock noun décharge *f* électrique.

electrification [ɪ,lektrɪfɪ'keɪʃn] noun électrification *f*.

electrify [ɪ'lektrɪfaɪ] (*pt* & *pp* **-ied**) vt **1.** TECH électrifier **2.** *fig* [excite] galvaniser, électriser.

electrifying [ɪ'lektrɪfaɪɪŋ] adj [exciting] galvanisant(e), électrisant(e).

electro- [ɪ'lektrəʊ] pref électro-.

electroacoustic [ɪ,lektrəʊə'ku:stɪk] adj électroacoustique.

electrocardiogram [ɪ,lektrəʊ'kɑ:dɪəgræm] noun électrocardiogramme *m*.

electrocardiograph [ɪ,lektrəʊ'kɑ:dɪəgrɑ:f] noun électrocardiographe *m*.

electrocute [ɪ'lektrəkju:t] vt électrocuter.

electrocution [ɪ,lektrə'kju:ʃn] noun électrocution *f*.

electrode [ɪ'lektrəʊd] noun électrode *f*.

electroencephalogram [ɪ,lektrəʊen'sefələgræm] noun électro-encéphalogramme *m*.

electrolysis [,ɪlek'trɒləsɪs] noun électrolyse *f*.

electromagnet [ɪ,lektrəʊ'mægnɪt] noun électroaimant *m*.

electromagnetic [ɪ,lektrəʊmæg'netɪk] adj électromagnétique.

electron [ɪ'lektrɒn] noun électron *m*.

electronic [,ɪlek'trɒnɪk] adj électronique. ◆ **electronics** ✧ noun (*U*) [technology, science] électronique *f*. ✧ pl n [equipment] (équipement *m*) électronique *f*.

electronically [,ɪlek'trɒnɪklɪ] adv électroniquement ; [operated] par voie électronique.

electronic banking noun opérations *fpl* bancaires électroniques.

electronic funds transfer noun COMPUT transfert *m* de fonds électronique.

electronic mail noun courrier *m* électronique, messagerie *f* électronique.

electronic media noun médias *mpl* électroniques.

electronic organizer, **electronic organiser** UK noun agenda *m* électronique.

electronic publishing noun (*U*) édition *f* électronique.

electronic tagging noun (*U*) étiquetage *m* électronique.

electroplated [ɪ'lektrəʊpleɪtɪd] adj métallisé(e) par galvanoplastie.

elegance ['elɪgəns] noun élégance *f*.

elegant ['elɪgənt] adj élégant(e).

elegantly ['elɪgəntlɪ] adv élégamment.

elegy ['elɪdʒɪ] (*pl* **-ies**) noun élégie *f*.

element ['elɪmənt] noun **1.** [gen] élément *m* ▸ **an element of truth** une part de vérité **2.** [in heater, kettle] résistance *f* **3.** PHR ▸ **to be in one's element** être dans son élément. ◆ **elements** pl n **1.** [basics] rudiments *mpl* **2.** [weather] ▸ **the elements** les éléments *mpl*.

elementary [,elɪ'mentərɪ] adj élémentaire.

elementary school noun US école *f* primaire.

elephant ['elɪfənt] (*pl inv or* **-s**) noun éléphant *m* ▸ **the elephant in the room** le gros problème que tout le monde fait semblant de ne pas voir.

elevate ['elɪveɪt] vt **1.** [give importance to] ▸ **to elevate sb / sthg (to)** élever qqn / qqch (à) **2.** [raise] soulever.

elevated ['elɪveɪtɪd] adj **1.** [important] important(e) **2.** [lofty] élevé(e) **3.** [raised] surélevé(e).

elevation [,elɪ'veɪʃn] noun **1.** [promotion] élévation *f* **2.** [height] hauteur *f*.

elevator ['elɪveɪtəʳ] noun US ascenseur *m*.

eleven [ɪ'levn] num onze. ***See also*** **six**.

elevenses [ɪ'levnzɪz] noun *(U)* UK ≃ pause-café *f*.

eleventh [ɪ'levnθ] num onzième. ***See also*** **sixth**.

eleventh grade noun US SCH *classe de l'enseignement secondaire correspondant à la première (16-17 ans).*

eleventh hour noun *fig* ▸ **the eleventh hour** la onzième heure, la dernière minute.

elf [elf] (*pl* **elves** [elvz]) noun elfe *m*, lutin *m*.

elfin ['elfɪn] adj *fig* [face, features] délicat(e).

elicit [ɪ'lɪsɪt] vt *fml* ▸ **to elicit sthg (from sb)** arracher qqch (à qqn).

eligibility [,elɪdʒə'bɪlətɪ] noun **1.** [suitability] admissibilité *f* **2.** *dated* [of bachelor] acceptabilité *f*.

eligible ['elɪdʒəbl] adj **1.** [suitable, qualified] admissible ▸ **to be eligible for sthg** avoir droit à qqch ▸ **to be eligible to do sthg** avoir le droit de faire qqch **2.** *dated* [bachelor] ▸ **to be eligible** être un bon parti.

eliminate [ɪ'lɪmɪneɪt] vt ▸ **to eliminate sb / sthg (from)** éliminer qqn / qqch (de).

elimination [ɪ,lɪmɪ'neɪʃn] noun élimination *f*.

elite [ɪ'li:t] ❖ adj d'élite. ❖ noun élite *f*.

elitism [ɪ'li:tɪzm] noun élitisme *m*.

elitist [ɪ'li:tɪst] ❖ adj élitiste. ❖ noun élitiste *mf*.

elixir [ɪ'lɪksəʳ] noun **1.** [magic drink] élixir *m* **2.** *fig* [magic cure] panacée *f*.

Elizabethan [ɪ,lɪzə'bi:θn] ❖ adj élisabéthain(e). ❖ noun Élisabéthain *m*, -e *f*.

elk [elk] (*pl inv or* **-s**) noun élan *m*.

ellipse [ɪ'lɪps] noun ellipse *f*.

ellipsis [ɪ'lɪpsɪs] (*pl* **-ses**) noun GRAM ellipse *f*.

elliptical [ɪ'lɪptɪkl] adj **1.** [in shape] en ellipse **2.** *fml* [indirect, cryptic] elliptique.

elm [elm] noun ▸ **elm (tree)** orme *m*.

elocution [,elə'kju:ʃn] noun élocution *f*, diction *f*.

elongate ['i:lɒŋgeɪt] ❖ vt allonger ; [line] prolonger. ❖ vi s'allonger, s'étendre.

elongated ['i:lɒŋgeɪtɪd] adj allongé(e) ; [fingers] long (longue).

elope [ɪ'ləʊp] vi ▸ **to elope (with)** s'enfuir (avec).

elopement [ɪ'ləʊpmənt] noun fugue *f* (amoureuse).

eloquence ['eləkwəns] noun éloquence *f*.

eloquent ['eləkwənt] adj éloquent(e).

eloquently ['eləkwəntlɪ] adv avec éloquence.

else [els] adv ▸ **anything else** n'importe quoi d'autre ▸ **anything else?** [in shop] et avec ceci ?, ce sera tout ? / ***he doesn't need anything else*** il n'a besoin de rien d'autre ▸ **everyone else** tous les autres ▸ **nothing else** rien d'autre ▸ **someone else** quelqu'un d'autre ▸ **something else** quelque chose d'autre, autre chose ▸ **somewhere else** ailleurs ▸ **who / what else?** qui / quoi d'autre ? ▸ **where else?** (à) quel autre endroit ? / ***it'll teach him a lesson, if nothing else*** au moins, ça lui servira de leçon. ◆ **or else** conj **1.** [or if not] sinon, sans quoi **2.** [as threat] ou alors… !, sinon… !

elsewhere [els'weəʳ] adv ailleurs, autre part.

ELT (*abbr of* **English language teaching**) noun *enseignement de l'anglais.*

elucidate [ɪ'lu:sɪdeɪt] *fml* ❖ vt élucider. ❖ vi expliquer.

elude [ɪ'lu:d] vt échapper à.

elusive [ɪ'lu:sɪv] adj insaisissable ; [success] qui échappe.

elves [elvz] pl n ⟶ **elf**.

'em [əm] pron *inf* ***abbr of*** **them**.

emaciated [ɪ'meɪʃɪeɪtɪd] adj [face] émacié(e) ; [person, limb] décharné(e).

e-mail, email (***abbr of*** **electronic mail**) noun [message] (e-)mail *m*, courrier *m* électronique / ***to send an e-mail*** envoyer un mail ; [address] e-mail *m*, adresse *f* électronique, courriel *m* QUÉBEC.

e-mail account noun compte *m* de courrier électronique.

e-mail address noun adresse *f* électronique.

emanate ['emәneɪt] *fml* ❖ vt dégager. ❖ vi ▸ **to emanate from** émaner de.

emancipate [ɪ'mænsɪpeɪt] vt ▸ **to emancipate sb (from)** affranchir OR émanciper qqn (de).

emancipated [ɪ'mænsɪpeɪtɪd] adj affranchi(e), émancipé(e).

emancipation [ɪ,mænsɪ'peɪʃn] noun ▸ **emancipation (from)** affranchissement *m* (de), émancipation *f* (de).

e-marketing noun e-marketing *m*.

emasculate [ɪ'mæskjʊleɪt] vt *fml* [weaken] émasculer.

embalm [ɪm'bɑ:m] vt embaumer.

embankment [ɪm'bæŋkmənt] noun [of river] berge *f* ; [of railway] remblai *m* ; [of road] banquette *f*.

embargo [em'bɑ:gəʊ] ❖ noun (*pl* **-es**) ▸ **embargo (on)** embargo *m* (sur). ❖ vt (*pt & pp* **-ed**, *cont* **-ing**) mettre l'embargo sur.

embark [ɪm'bɑ:k] vi **1.** [board ship] ▸ **to embark (on)** embarquer (sur) **2.** [start] ▸ **to embark on** OR **upon sthg** s'embarquer dans qqch.

embarkation [,embɑ:'keɪʃn] noun embarquement *m*.

embarkation card noun UK carte *f* d'embarquement.

embarrass [ɪm'bærəs] vt embarrasser.

embarrassed [ɪm'bærəst] adj embarrassé(e).

embarrassing [ɪm'bærəsɪŋ] adj embarrassant(e).

embarrassingly [ɪm'bærəsɪŋlɪ] adv de manière embarrassante / *it was embarrassingly obvious* c'était évident au point d'en être embarrassant.

embarrassment [ɪm'bærəsmənt] noun embarras *m* ▸ **to be an embarrassment** a) [person] causer de l'embarras b) [thing] être embarrassant.

embassy ['embəsɪ] (*pl* **-ies**) noun ambassade *f*.

embattled [ɪm'bætld] adj [troubled] en difficulté.

embed [ɪm'bed] (*pt & pp* **-ded**, *cont* **-ding**) vt [in wood] enfoncer ; [in rock] sceller ; [in cement] sceller, noyer ; [jewels] enchâsser, incruster.

embedded [ɪm'bedɪd] adj [in wood] enfoncé(e) ; [in rock] scellé(e) ; [in cement] scellé(e), noyé(e) ; [jewels] enchâssé(e), incrusté(e).

embellish [ɪm'belɪʃ] vt **1.** [decorate] ▸ **to embellish sthg (with)** a) [room, house] décorer qqch (de) b) [dress] orner qqch (de) **2.** [story] enjoliver.

embers ['embəz] pl n braises *fpl*.

embezzle [ɪm'bezl] vt détourner.

embezzlement [ɪm'bezlmənt] noun détournement *m* de fonds.

embezzler [ɪm'bezlər] noun escroc *m*.

embitter [ɪm'bɪtər] vt [person] remplir d'amertume, aigrir ; [relations] altérer, détériorer.

embittered [ɪm'bɪtəd] adj aigri(e).

emblazoned [ɪm'bleɪznd] adj **1.** [design, emblem] ▸ **emblazoned (on)** blasonné(e) (sur) **2.** [flag, garment] ▸ **to be emblazoned with** arborer l'insigne OR le blason de.

emblem ['embləm] noun emblème *m*.

emblematic [,emblə'mætɪk] adj emblématique.

embodiment [ɪm'bɒdɪmənt] noun incarnation *f*.

embody [ɪm'bɒdɪ] (*pt & pp* **-ied**) vt incarner ▸ **to be embodied in sthg** être exprimé dans qqch.

embolism ['embəlɪzm] noun embolie *f*.

emboss [ɪm'bɒs] vt [metal] repousser, estamper ; [leather] estamper, gaufrer ; [cloth, paper] gaufrer.

embossed [ɪm'bɒst] adj **1.** [heading, design] ▸ **embossed (on)** inscrit(e) (sur), gravé(e) en relief (sur) **2.** [wallpaper, leather] gaufré(e).

embrace [ɪm'breɪs] ❖ noun étreinte *f*. ❖ vt embrasser. ❖ vi s'embrasser, s'étreindre.

embroider [ɪm'brɔɪdər] ❖ vt **1.** SEW broder **2.** *pej* [embellish] enjoliver. ❖ vi SEW broder.

embroidered [ɪm'brɔɪdəd] adj SEW brodé(e).

embroidery [ɪm'brɔɪdərɪ] noun *(U)* broderie *f*.

embroil [ɪm'brɔɪl] vt ▸ **to be embroiled (in)** être mêlé(e) (à).

embryo ['embrɪəʊ] (*pl* -s) noun embryon *m* ▸ **in embryo** *fig* à l'état embryonnaire.

embryonic [,embrɪ'ɒnɪk] adj embryonnaire.

emcee [,em'si:] US ***abbr of* master of ceremonies**.

emend [ɪ'mend] vt corriger.

emerald ['emərəld] ❖ adj [colour] émeraude *(inv)*. ❖ noun [stone] émeraude *f*.

emerge [ɪ'mɜ:dʒ] ❖ vi **1.** [come out] ▸ **to emerge (from)** sortir (de) **2.** [from experience, situation] ▸ **to emerge from** sortir de **3.** [become known] apparaître **4.** [come into existence - poet, artist] percer ; [- movement, organization] émerger. ❖ vt ▸ **it emerges that...** il ressort OR il apparaît que....

emergence [ɪ'mɜ:dʒəns] noun émergence *f*.

emergency [ɪ'mɜ:dʒənsɪ] ❖ adj d'urgence. ❖ noun (*pl* **-ies**) urgence *f* ▸ **in an emergency, in emergencies** en cas d'urgence.

emergency brake noun [generally] frein *m* de secours ; US [handbrake] frein *m* à main.

emergency exit noun sortie *f* de secours.

emergency landing noun atterrissage *m* forcé.

emergency room noun US salle *f* des urgences.

emergency services pl n ≃ police-secours *f*.

emergency stop noun UK arrêt *m* d'urgence.

emergent [ɪ'mɜ:dʒənt] adj qui émerge.

emerging market noun ECON marché *m* émergent.

emery board ['emərɪ-] noun lime *f* à ongles.

emetic [ɪ'metɪk] ❖ adj émétique. ❖ noun émétique *m*.

emigrant ['emɪgrənt] noun émigré *m*, -e *f*.

emigrate ['emɪgreɪt] vi ▸ **to emigrate (to)** émigrer (en / à).

emigration [,emɪ'greɪʃn] noun émigration *f*.

émigré, emigré ['emɪgreɪ] noun émigré *m*, -e *f*.

eminence ['emɪnəns] noun *(U)* [prominence] renom *m*.

eminent ['emɪnənt] adj éminent(e).

eminently ['emɪnəntlɪ] adv *fml* éminemment.

emir [e'mɪər] noun émir *m*.

emirate ['emərət] noun émirat *m*.

emissary ['emɪsərɪ] (*pl* **-ies**) noun émissaire *m*.

emission [ɪ'mɪʃn] noun émission *f*.

emissions target noun cible *f* de réduction des émissions.

emit [ɪ'mɪt] (*pt & pp* **-ted**, *cont* **-ting**) vt émettre.

e-money noun argent *m* électronique, argent *m* virtuel.

emoticon [ɪ'məʊtɪkɒn] noun émoticon *m*, souriant *m*.

emotion [ɪ'məʊʃn] noun **1.** *(U)* [strength of feeling] émotion *f* **2.** [particular feeling] sentiment *m*.

emotional [ɪ'məʊʃənl] adj **1.** [sensitive, demonstrative] émotif(ive) **2.** [moving] émouvant(e) **3.** [psychological] émotionnel(elle).

emotional intelligence noun intelligence *f* émotionnelle.

emotionally [ɪ'məʊʃnəlɪ] adv **1.** [with strong feeling] avec émotion **2.** [psychologically] émotionnellement.

emotionless [ɪ'məʊʃnlɪs] adj impassible.

emotive [ɪ'məʊtɪv] adj qui enflamme l'esprit.

empathize, empathise UK ['empəθaɪz] vt : *to empathize with* s'identifier à.

empathy ['empəθɪ] noun *(U)* ▸ **empathy (with)** empathie *f* (envers), communion *f* de sentiments (avec).

emperor ['empərə^r] noun empereur *m*.

emphasis ['emfəsɪs] *(pl* **-ses***)* noun ▸ **emphasis (on)** accent *m* (sur) ▸ **with great emphasis** avec insistance ▸ **to lay** OR **place emphasis on sthg** insister sur OR souligner qqch.

emphasize, emphasise UK ['emfəsaɪz] vt insister sur.

emphatic [ɪm'fætɪk] adj [forceful] catégorique.

emphatically [ɪm'fætɪklɪ] adv **1.** [with emphasis] catégoriquement **2.** [certainly] absolument.

empire ['empaɪə^r] noun empire *m*.

empire-building noun édification *f* d'empires / *there's too much empire-building going on* on joue trop les bâtisseurs d'empires.

empirical [ɪm'pɪrɪkl] adj empirique.

empiricism [ɪm'pɪrɪsɪzm] noun empirisme *m*.

employ [ɪm'plɔɪ] vt employer / *they employ 245 staff* ils ont 245 employés / *he has been employed with the firm for twenty years* il travaille pour cette entreprise depuis vingt ans ▸ **to be employed as** être employé comme ▸ **to employ sthg as sthg / to do sthg** employer qqch comme qqch / pour faire qqch.

employable [ɪm'plɔɪəbl] adj qui peut être employé(e).

employed [ɪm'plɔɪd] ❖ adj employé(e) / *I am not employed at the moment* je n'ai pas de travail en ce moment. ❖ pl n personnes *fpl* qui ont un emploi / *employers and employed* patronat *m* et salariat *m*.

employee [ɪm'plɔɪi:] noun employé *m*, -e *f*.

employer [ɪm'plɔɪə^r] noun employeur *m*, -euse *f*.

employment [ɪm'plɔɪmənt] noun emploi *m*, travail *m* / *employment contract* contrat *m* d'emploi.

employment agency noun bureau *m* OR agence *f* de placement.

emporium [em'pɔ:rɪəm] noun [shop] grand magasin *m*.

empower [ɪm'paʊə^r] vt *fml* ▸ **to be empowered to do sthg** être habilité(e) à faire qqch.

empowering [ɪm'paʊərɪŋ] adj qui donne un sentiment de pouvoir.

empowerment [ɪm'paʊamant] noun : *the empowerment of women / of ethnic minorities* la plus grande autonomie des femmes / des minorités ethniques.

empress ['emprɪs] noun impératrice *f*.

emptiness ['emptɪnɪs] noun *(U)* vide *m*.

empty ['emptɪ] ❖ adj *(compar* **-ier**, *superl* **-iest***)* **1.** [containing nothing] vide **2.** *pej* [meaningless] vain(e) **3.** *liter* [tedious] morne. ❖ vt vider ▸ **to empty sthg into / out of** vider qqch dans / de. ❖ vi *(pt & pp* **-ied***)* se vider. ❖ noun *(pl* **-ies***)* *inf* bouteille *f* vide.

empty-handed [-'hændɪd] adj les mains vides.

empty-headed [-'hedɪd] adj sans cervelle.

emu ['i:mju:] *(pl inv or* **-s***)* noun émeu *m*.

EMU *(abbr of* **European Monetary Union***)* noun UEM *f*.

emulate ['emjʊleɪt] vt imiter.

emulsion [ɪ'mʌlʃn] UK ❖ noun **1.** ▸ **emulsion (paint)** peinture *f* mate OR à émulsion **2.** PHOT émulsion *f*. ❖ vt peindre.

enable [ɪ'neɪbl] vt ▸ **to enable sb to do sthg** permettre à qqn de faire qqch.

enabled [ɪ'neɪbəld] adj COMPUT [option] activé(e).

enact [ɪ'nækt] vt **1.** LAW promulguer **2.** THEAT jouer.

enamel [ɪ'næml] noun **1.** [material] émail *m* **2.** [paint] peinture *f* laquée.

enamoured UK, **enamored** US [ɪ'næməd] adj ▸ **enamoured of** amoureux(euse) de.

enc. *abbr of* **enclosure, enclosed**.

encampment [ɪn'kæmpmənt] noun campement *m*.

encapsulate [ɪn'kæpsjʊleɪt] vt ▸ **to encapsulate sthg (in)** résumer qqch (en).

encase [ɪn'keɪs] vt ▸ **to be encased in a)** [armour] être enfermé(e) dans **b)** [leather] être bardé(e) de.

enchant [ɪn'tʃɑ:nt] vt **1.** [delight] enchanter, ravir **2.** [put spell on] enchanter, ensorceler.

enchanting [ɪn'tʃɑ:ntɪŋ] adj enchanteur(eresse).

enchantment [ɪn'tʃɑ:ntmənt] noun **1.** [delight] enchantement *m*, ravissement *m* / *to fill sb with enchantment* enchanter OR ravir qqn **2.** [casting of spell] enchantement *m*, ensorcellement *m*.

encircle [ɪn'sɜ:kl] vt entourer ; [subj: troops] encercler.

encl. = **enc.**

enclave ['enkleɪv] noun enclave *f*.

enclose [ɪn'kləʊz] vt **1.** [surround, contain] entourer **2.** [put in envelope] joindre ▸ **please find enclosed…** veuillez trouver ci-joint….

enclosure [ɪn'kləʊʒə^r] noun **1.** [place] enceinte *f* **2.** [in letter] pièce *f* jointe.

encode [en'kəʊd] vt coder, chiffrer ; COMPUT encoder.

encoding [en'kəʊdɪŋ] noun codage *m* ; COMPUT encodage *m*.

encompass [ɪn'kʌmpəs] vt *fml* **1.** [include] contenir **2.** [surround] entourer ; [subj: troops] encercler.

encore ['ɒŋkɔ:^r] ❖ noun rappel *m*. ❖ excl bis !

encounter [ɪn'kaʊntə^r] ❖ noun rencontre *f*. ❖ vt *fml* rencontrer.

encourage [ɪn'kʌrɪdʒ] vt **1.** [give confidence to] ▸ **to encourage sb (to do sthg)** encourager qqn (à faire qqch) **2.** [promote] encourager, favoriser.

encouragement [ɪn'kʌrɪdʒmənt] noun encouragement *m*.

encouraging [ɪn'kʌrɪdʒɪŋ] adj encourageant(e).

encroach [ɪn'krəʊtʃ] vi ▸ **to encroach on** OR **upon** empiéter sur.

encrusted [ɪn'krʌstɪd] adj ▸ **encrusted with a)** incrusté(e) de **b)** [with mud] encroûté(e) de.

encrypt [en'krɪpt] vt **1.** COMPUT crypter **2.** TV coder.

encryption [en'krɪpʃn] noun *(U)* **1.** COMPUT cryptage *m* **2.** TV codage *m*, encodage *m*.

encumber [ɪn'kʌmbəʳ] vt *fml* ▸ **to be encumbered with** a) être encombré(e) de b) [with debts] être grevé(e) de.

encyclop(a)edia [ɪn,saɪklə'pi:djə] noun encyclopédie *f*.

encyclop(a)edic [ɪn,saɪkləʊ'pi:dɪk] adj encyclopédique.

end [end] ❖ noun **1.** [gen] fin *f* ▸ **at an end** terminé, fini ▸ **to put an end to sthg** mettre fin à qqch ▸ **at the end of the day** *fig* en fin de compte ▸ **in the end** [finally] finalement ▸ **an end in itself** une fin en soi / *to achieve* OR *to attain one's end* atteindre son but **2.** [of rope, path, garden, table] bout *m*, extrémité *f* ; [of box] côté *m* / *to change ends* SPORT changer de côté ▸ **this is the end of the road** OR **line** c'est fini ▸ **to make (both) ends meet** [financially] joindre les deux bouts **3.** [leftover part - of cigarette] mégot *m* ; [- of pencil] bout *m*. ❖ vt mettre fin à ; [meeting, discussion] clore ; [day] finir ▸ **to end sthg with** terminer OR finir qqch par ▸ **he decided to end it all** [life, relationship] il décida d'en finir. ❖ vi se terminer ▸ **to end in** se terminer par ▸ **it'll end in tears** ça va mal finir ▸ **to end with** se terminer par OR avec. ◆ **end up** vi finir ▸ **to end up doing sthg** finir par faire qqch. ◆ **end to end** phr **1.** [with ends adjacent] bout à bout **2.** = **from end to end.** ◆ **from end to end** phr d'un bout à l'autre. ◆ **no end** adv *inf* [pleased, worried] vachement. ◆ **no end of** prep *inf* énormément de. ◆ **on end** adv **1.** [upright] debout **2.** [continuously] d'affilée / *for hours / days on end* pendant des heures entières / des jours entiers.

endanger [ɪn'deɪndʒəʳ] vt mettre en danger.

endangered species [ɪn'deɪndʒəd-] noun espèce *f* en voie de disparition.

endear [ɪn'dɪəʳ] vt ▸ **to endear sb to sb** faire aimer OR apprécier qqn de qqn ▸ **to endear o.s. to sb** se faire aimer de qqn, plaire à qqn.

endearing [ɪn'dɪərɪŋ] adj [personality, person] attachant(e) ; [smile] engageant(e).

endearment [ɪn'dɪəmənt] noun paroles *fpl* affectueuses.

endeavour UK, **endeavor** US *fml* [ɪn'devəʳ] ❖ noun effort *m*, tentative *f*. ❖ vt ▸ **to endeavour to do sthg** s'efforcer OR tenter de faire qqch.

endemic [en'demɪk] adj endémique.

endgame ['endgeɪm] noun CHESS fin *m* de partie.

ending ['endɪŋ] noun fin *f*, dénouement *m*.

endive ['endaɪv] noun **1.** US [salad vegetable] endive *f* **2.** UK [chicory] chicorée *f*.

endless ['endlɪs] adj **1.** [unending] interminable ; [patience, possibilities] infini(e) ; [resources] inépuisable **2.** [vast] infini(e).

endlessly ['endlɪslɪ] adv sans arrêt, continuellement ; [stretch] à perte de vue / *endlessly patient / kind* d'une patience / gentillesse infinie.

endocrinology [,endəʊkraɪ'nɒlədʒɪ] noun MED endocrinologie *f*.

end-of-year adj **1.** [gen] de fin d'année **2.** FIN de fin d'exercice ▸ **end-of-year balance sheet** bilan *m* de l'exercice.

endorse [ɪn'dɔ:s] vt **1.** [approve] approuver **2.** [cheque] endosser **3.** UK [driving licence] porter une contravention à.

endorsement [ɪn'dɔ:smənt] noun **1.** [approval] approbation *f* **2.** [of cheque] endossement *m* **3.** UK [on driving licence] *contravention portée au permis de conduire*.

endow [ɪn'daʊ] vt **1.** [equip] ▸ **to be endowed with sthg** être doté(e) de qqch **2.** [donate money to] faire des dons à.

endowment [ɪn'daʊmənt] noun **1.** *fml* [ability] capacité *f*, qualité *f* **2.** [donation] don *m*.

end result noun résultat *m* final.

endurable [ɪn'djʊərəbl] adj supportable.

endurance [ɪn'djʊərəns] noun endurance *f*.

endure [ɪn'djʊəʳ] ❖ vt supporter, endurer. ❖ vi perdurer.

enduring [ɪn'djʊərɪŋ] adj durable.

end user noun utilisateur final *m*, utilisatrice finale *f*.

enema ['enɪmə] noun lavement *m*.

enemy ['enɪmɪ] ❖ noun (*pl* **-ies**) ennemi *m*, -e *f*. ❖ comp ennemi(e).

enemy-occupied adj [territory] occupé(e) par l'ennemi.

energetic [,enə'dʒetɪk] adj énergique ; [person] plein(e) d'entrain.

energetically [,enə'dʒetɪklɪ] adv énergiquement.

energize, **energise** UK ['enədʒaɪz] vt [person] donner de l'énergie à, stimuler ; ELEC exciter, envoyer de l'électricité dans.

energy ['enədʒɪ] (*pl* -ies) noun énergie *f* / *to be / to feel full of energy* être / se sentir plein d'énergie / *to save* OR *to conserve energy* faire des économies d'énergie ▸ **energy crisis** crise *f* énergétique OR de l'énergie.

How to express encouragement

- **Je trouve tout cela très positif.** *I have a good feeling about this.*
- **Tout ça m'a l'air très bien.** *That all seems fine to me.*
- **Vous tenez le bon bout.** *You're on the right track.*
- **Encore un effort. Vous y êtes presque.** *Come on, you're almost there.*
- **Tu ne vas pas laisser tomber maintenant !** *You can't give up now!*
- **Vas-y, demande-lui !** *Go on, ask her!*
- **Allez, tu sais bien que ça va te plaire.** *Oh, go on — you know you'll enjoy it.*
- **Tu es très bien comme ça.** *You look just fine.*

energy-saving adj d'économie d'énergie.

enervating ['enəveɪtɪŋ] adj *fml* débilitant(e).

enfold [ɪn'fəʊld] vt *liter* **1.** [embrace] ▸ **to enfold sb / sthg (in)** envelopper qqn / qqch (dans) ▸ **to enfold sb in one's arms** étreindre qqn **2.** [engulf] envelopper.

enforce [ɪn'fɔ:s] vt appliquer, faire respecter.

enforceable [ɪn'fɔ:səbl] adj applicable.

enforcement [ɪn'fɔ:smənt] noun application *f*.

enforcer [in'fɔ:sər] noun US agent *m* de police.

enfranchise [ɪn'fræntʃaɪz] vt **1.** [give vote to] accorder le droit de vote à **2.** [set free] affranchir.

engage [ɪn'geɪdʒ] ❖ vt **1.** [attention, interest] susciter, éveiller ▸ **to engage sb in conversation** engager la conversation avec qqn **2.** TECH engager **3.** *fml* [employ] engager ▸ **to be engaged in** OR **on sthg** prendre part à qqch. ❖ vi [be involved] ▸ **to engage in** s'occuper de.

engaged [ɪn'geɪdʒd] adj **1.** UK [to be married] ▸ **engaged (to sb)** fiancé(e) (à qqn) ▸ **to get engaged** se fiancer **2.** [busy] occupé(e) ▸ **engaged in sthg** engagé dans qqch **3.** UK [telephone, toilet] occupé(e).

engaged tone noun UK tonalité *f* « occupé ».

engagement [ɪn'geɪdʒmənt] noun **1.** [to be married] fiançailles *fpl* **2.** [appointment] rendez-vous *m inv*.

engagement ring noun bague *f* de fiançailles.

engaging [ɪn'geɪdʒɪŋ] adj engageant(e) ; [personality] attirant(e).

engender [ɪn'dʒendər] vt *fml* engendrer, susciter.

engine ['endʒɪn] noun **1.** [of vehicle] moteur *m* **2.** RAIL locomotive *f*.

engineer [,endʒɪ'nɪər] ❖ noun **1.** [of roads] ingénieur *m*, -e *f* ; [of machinery, on ship] mécanicien *m*, -ienne *f* ; [of electrical equipment] technicien *m*, -ienne *f* **2.** US [train driver] mécanicien *m*, -ienne *f*. ❖ vt **1.** [construct] construire **2.** [contrive] manigancer.

engineering [,endʒɪ'nɪərɪŋ] noun ingénierie *f*.

England ['ɪŋglənd] noun Angleterre *f* ▸ **in England** en Angleterre.

English ['ɪŋglɪʃ] ❖ adj anglais(e). ❖ noun [language] anglais *m*. ❖ pl n ▸ **the English** les Anglais.

English breakfast noun petit déjeuner *m* anglais traditionnel.

> **English breakfast**
>
> Le petit déjeuner traditionnel anglais se compose d'un plat chaud (œufs au bacon, saucisses, etc.), de céréales ou de porridge, et de toasts, le tout accompagné de café ou de thé ; il est aujourd'hui souvent remplacé par une collation plus légère.

Englishman ['ɪŋglɪʃmən] (*pl* **-men**) noun Anglais *m*.

English-speaking adj [as native language] anglophone ; [as learned language] parlant anglais.

Englishwoman ['ɪŋglɪʃ,wʊmən] (*pl* **-women**) noun Anglaise *f*.

engrave [ɪn'greɪv] vt ▸ **to engrave sthg (on stone / in one's memory)** graver qqch (sur la pierre / dans sa mémoire).

engraver [ɪn'greɪvər] noun graveur *m*.

engraving [ɪn'greɪvɪŋ] noun gravure *f*.

engrossed [ɪn'grəʊst] adj ▸ **to be engrossed (in sthg)** être absorbé(e) (par qqch).

engrossing [ɪn'grəʊsɪŋ] adj absorbant(e).

engulf [ɪn'gʌlf] vt engloutir.

enhance [ɪn'hɑ:ns] vt améliorer.

enhanced [ɪn'hɑ:nst] adj [reputation] [quality, performance amélioré(e), meilleur(e) ; [prestige] [value, chances augmenté(e), accru(e) ; [taste, beauty] rehaussé(e), mis(e) en valeur.

-enhanced in compounds ▸ **computer-enhanced** [graphics] optimisé(e) par ordinateur ▸ **protein-enhanced** enrichi(e) en protéines.

enhancement [ɪn'hɑ:nsmənt] noun amélioration *f*.

enigma [ɪ'nɪgmə] noun énigme *f*.

enigmatic [,enɪg'mætɪk] adj énigmatique.

enigmatically [,enɪg'mætɪklɪ] adv [smile, speak] d'un air énigmatique ; [worded] d'une manière énigmatique.

enjoy [ɪn'dʒɔɪ] ❖ vt **1.** [like] aimer ▸ **to enjoy doing sthg** avoir plaisir à OR aimer faire qqch / *to enjoy life* aimer la vie ▸ **to enjoy o.s.** s'amuser / *enjoy your meal!* bon appétit ! **2.** *fml* [possess] jouir de. ❖ vi US ▸ **enjoy! a)** [enjoy yourself] amuse-toi bien ! **b)** [before meal] bon appétit !

enjoyable [ɪn'dʒɔɪəbl] adj agréable.

enjoyment [ɪn'dʒɔɪmənt] noun **1.** [gen] plaisir *m* **2.** *fml* [possession] jouissance *f*.

enlarge [ɪn'lɑ:dʒ] vt agrandir. ◆ **enlarge (up)on** vt insep développer.

enlarged [ɪn'lɑ:dʒd] adj [majority] accru(e) ; [photograph] agrandi(e) ; MED [tonsil, liver] hypertrophié(e) / *enlarged edition* [of reference book] édition *f* augmentée.

enlargement [ɪn'lɑ:dʒmənt] noun **1.** [expansion] extension *f* **2.** PHOT agrandissement *m*.

enlighten [ɪn'laɪtn] vt éclairer.

enlightened [ɪn'laɪtnd] adj éclairé(e).

enlightening [ɪn'laɪtnɪŋ] adj édifiant(e).

enlightenment [ɪn'laɪtnmənt] noun *(U)* éclaircissement *m*. ◆ **Enlightenment** noun ▸ **the Enlightenment** le siècle des Lumières.

enlist [ɪn'lɪst] ❖ vt **1.** MIL enrôler **2.** [recruit] recruter **3.** [obtain] s'assurer. ❖ vi MIL ▸ **to enlist (in)** s'enrôler (dans).

enliven [ɪn'laɪvn] vt animer ; [book, film] égayer.

en masse [ɒn'mæs] adv en masse, massivement.

enmity ['enmətɪ] (*pl* **-ies**) noun hostilité *f*.

enormity [ɪ'nɔ:mətɪ] noun [extent] étendue *f*.

enormous [ɪ'nɔːməs] adj énorme ; [patience, success] immense.

enormously [ɪ'nɔːməslɪ] adv énormément ; [long, pleased] immensément.

enough [ɪ'nʌf] ❖ adj assez de / *enough money / time* assez d'argent/de temps. ❖ pron assez ▸ **more than enough** largement, bien assez ▸ **enough is enough** trop c'est trop ▸ **that's enough (of that)!** ça suffit maintenant ! ▸ **to have had enough (of sthg)** en avoir assez (de qqch). ❖ adv **1.** [sufficiently] assez ▸ **big enough for sthg / to do sthg** assez grand pour qqch/pour faire qqch ▸ **to be good enough to do sthg** *fml* être assez aimable pour faire qqch **2.** [rather] plutôt ▸ **oddly enough** bizarrement.

enquire [ɪn'kwaɪəʳ] ❖ vt UK ▸ **to enquire when / whether / how...** demander quand/si/comment.... ❖ vi ▸ **to enquire (about)** se renseigner (sur).

enquiry [ɪn'kwaɪərɪ] (*pl* **-ies**) noun **1.** [question] demande *f* de renseignements ▸ **'Enquiries'** 'renseignements' **2.** [investigation] enquête *f*.

enrage [ɪn'reɪdʒ] vt rendre furieux, mettre en rage.

enrich [ɪn'rɪtʃ] vt enrichir.

enrol UK (*pt & pp* **-led**, *cont* **-ling**), **enroll** US (*pt & pp* **-ed**, *cont* **-ing**) [ɪn'rəʊl] ❖ vt inscrire. ❖ vi ▸ **to enrol (in)** s'inscrire (à).

enrolment UK, **enrollment** US [ɪn'rəʊlmənt] noun **1.** (*U*) [registration] inscription *f* **2.** [person enrolled] inscrit *m*.

en route [ɒn'ruːt] adv ▸ **en route (to)** en route (vers) ▸ **en route from** en provenance de.

ensemble [ɒn'sɒmbl] noun [gen & MUS] ensemble *m*.

enshrine [ɪn'ʃraɪn] vt ▸ **to be enshrined in** être garanti(e) par.

ensign ['ensaɪn] noun **1.** [flag] pavillon *m* **2.** US [sailor] enseigne *m*.

enslave [ɪn'sleɪv] vt asservir.

ensue [ɪn'sjuː] vi s'ensuivre.

ensuing [ɪn'sjuːɪŋ] adj qui s'ensuit.

en suite [ˌɒn'swiːt] adj & adv : *with en suite bathroom, with bathroom en suite* avec salle de bain particulière.

ensure [ɪn'ʃʊəʳ] vt assurer ▸ **to ensure (that)...** s'assurer que....

ENT (*abbr of* Ear, Nose & Throat) noun ORL *f*.

entail [ɪn'teɪl] vt entraîner / *what does the work entail?* en quoi consiste le travail ?

entangled [ɪn'tæŋgld] adj **1.** [caught] ▸ **to be entangled in** être enchevêtré(e) dans **2.** [in problem, difficult situation] ▸ **to be entangled in** être empêtré(e) dans **3.** *fig* [with person] ▸ **to be entangled with** avoir une liaison avec.

entanglement [ɪn'tæŋglmənt] noun liaison *f* (amoureuse).

entente cordiale noun entente *f* cordiale.

enter ['entəʳ] ❖ vt **1.** [room, vehicle] entrer dans / *the ship entered the harbour* le navire est entré au OR dans le port **2.** [university, army] entrer à ; [school] s'inscrire à, s'inscrire dans **3.** [competition, race] s'inscrire à ; [politics] se lancer dans **4.** [register] ▸ **to enter sb / sthg for sthg** inscrire qqn/qqch à qqch **5.** [write down] inscrire **6.** COMPUT entrer **7.** [submit] présenter / *to enter an appeal* LAW interjeter appel. ❖ vi **1.** [come or go in] entrer **2.** [register] ▸ **to enter (for)** s'inscrire (à). ◆ **enter into** vt insep [negotiations, correspondence] entamer / *to enter into an agreement with sb* conclure un accord avec qqn.

enter key noun COMPUT (touche *f*) entrée *f*.

enterprise ['entəpraɪz] noun entreprise *f*.

enterprising ['entəpraɪzɪŋ] adj qui fait preuve d'initiative.

entertain [ˌentə'teɪn] ❖ vt **1.** [amuse] divertir **2.** [invite - guests] recevoir **3.** *fml* [thought, proposal] considérer **4.** *fml* [hopes] nourrir. ❖ vi [have guests] recevoir.

entertainer [ˌentə'teɪnəʳ] noun fantaisiste *mf*.

entertaining [ˌentə'teɪnɪŋ] ❖ adj divertissant(e). ❖ noun ▸ **to do a lot of entertaining** recevoir beaucoup.

entertainment [ˌentə'teɪnmənt] ❖ noun **1.** (*U*) [amusement] divertissement *m* **2.** [show] spectacle *m*. ❖ comp du spectacle.

enthral UK (*pt & pp* **-led**, *cont* **-ling**), **enthrall** US (*pt & pp* **-ed**, *cont* **-ing**) [ɪn'θrɔːl] vt captiver.

enthralling [ɪn'θrɔːlɪŋ] adj captivant(e).

enthuse [ɪn'θjuːz] vi ▸ **to enthuse (over)** s'enthousiasmer (pour).

enthusiasm [ɪn'θjuːzɪæzm] noun **1.** [passion, eagerness] ▸ **enthusiasm (for)** enthousiasme *m* (pour) **2.** [interest] passion *f*.

enthusiast [ɪn'θjuːzɪæst] noun enthousiaste *mf*.

enthusiastic [ɪnˌθjuːzɪ'æstɪk] adj enthousiaste.

enthusiastically [ɪnˌθjuːzɪ'æstɪklɪ] adv avec enthousiasme.

entice [ɪn'taɪs] vt séduire.

enticing [ɪn'taɪsɪŋ] adj alléchant(e) ; [smile] séduisant(e).

entire [ɪn'taɪəʳ] adj entier(ère).

entirely [ɪn'taɪəlɪ] adv entièrement, totalement.

entirety [ɪn'taɪrətɪ] noun ▸ **in its entirety** en entier.

entitle [ɪn'taɪtl] vt **1.** [allow] ▸ **to entitle sb to sthg** donner droit à qqch à qqn ▸ **to entitle sb to do sthg** autoriser qqn à faire qqch / *to be entitled to do sthg* a) [by status] être habilité à faire qqch b) [by rules] être en droit de faire qqch ▸ **to be entitled to sthg** avoir droit à qqch **2.** [film, painting] intituler / *the book is entitled...* le livre s'intitule....

entitlement [ɪn'taɪtlmənt] noun droit *m*.

entity ['entətɪ] (*pl* **-ies**) noun entité *f*.

entomology [ˌentə'mɒlədʒɪ] noun entomologie *f*.

entourage [ˌɒntʊ'rɑːʒ] noun entourage *m*.

entrails ['entreɪlz] pl n entrailles *fpl*.

entrance ❖ noun ['entrəns] **1.** [way in] ▸ **entrance (to)** entrée *f* (de) **2.** [arrival] entrée *f* **3.** [entry] ▸ **to gain entrance to a)** [building] obtenir l'accès à **b)** [society, university] être admis(e) dans. ❖ vt [ɪn'trɑ:ns] ravir, enivrer.

entrance examination noun examen *m* d'entrée.

entrance fee noun **1.** [to cinema, museum] droit *m* d'entrée **2.** [for club] droit *m* d'inscription.

entrance hall ['entrəns-] noun [in house] vestibule *m* ; [in hotel] hall *m*.

entrancing [ɪn'trɑ:nsɪŋ] adj enchanteur(eresse).

entrant ['entrənt] noun [in race, competition] concurrent *m*, -e *f*.

entrapment [ɪn'træpmənt] noun *incitation au délit par un policier afin de justifier une arrestation.*

entreat [ɪn'tri:t] vt ▸ **to entreat sb (to do sthg)** supplier qqn (de faire qqch).

entreaty [ɪn'tri:tɪ] (*pl* **-ies**) noun prière *f*, supplication *f*.

entrée ['ɒntreɪ] noun **1.** [right of entry] entrée *f* **2.** CULIN [course preceding main dish] entrée *f* ; US [main dish] plat *m* principal OR de résistance.

entrenched [ɪn'trentʃt] adj ancré(e).

entrepreneur [ˌɒntrəprə'nɜ:ʳ] noun entrepreneur *m*.

entrepreneurial [ˌɒntrəprə'nɜ:rɪəl] adj [person] qui a l'esprit d'entreprise ; [skill] d'entrepreneur.

entrust [ɪn'trʌst] vt ▸ **to entrust sthg to sb, to entrust sb with sthg** confier qqch à qqn.

entry ['entrɪ] (*pl* **-ies**) noun **1.** [gen] entrée *f* / *she was refused entry to the country* on lui a refusé l'entrée dans le pays ▸ **to gain entry to** avoir accès à ▸ **'no entry' a)** 'défense d'entrer' **b)** AUTO 'sens interdit' **2.** [in competition] inscription *f* **3.** [in dictionary] entrée *f* ; [in diary, ledger] inscription *f*.

entry fee noun entrée *f*.

entry-level adj [bottom-of-the-range] bas de gamme, d'entrée de gamme.

Entryphone® ['entrɪˌfəʊn] noun UK Interphone® *m* *(à l'entrée d'un immeuble ou de bureaux).*

entwine [ɪn'twaɪn] ❖ vt entrelacer. ❖ vi s'entrelacer.

E number noun additif *m* E.

enumerate [ɪ'nju:məreɪt] vt énumérer.

enunciate [ɪ'nʌnsɪeɪt] ❖ vt **1.** [word] articuler **2.** [idea, plan] énoncer, exposer. ❖ vi articuler.

envelop [ɪn'veləp] vt envelopper.

envelope ['envələʊp] noun enveloppe *f*.

enviable ['envɪəbl] adj enviable.

enviably ['envɪəblɪ] adv d'une manière enviable / *enviably rich / well-read* d'une richesse / culture enviable.

envious ['envɪəs] adj envieux(euse).

enviously ['envɪəslɪ] adv avec envie.

environment [ɪn'vaɪərənmənt] noun **1.** [surroundings] milieu *m*, cadre *m* **2.** [natural world] ▸ **the environment** l'environnement *m* ▸ **Department of the Environment** UK ≃ ministère *m* de l'Environnement **3.** COMPUT environnement *m*.

environment agency noun agence *f* pour la protection de l'environnement.

environmental [ɪnˌvaɪərən'mentl] adj [pollution, awareness] de l'environnement ; [impact] sur l'environnement.

Environmental Heath Officer noun UK inspecteur *m* sanitaire.

environmentalist [ɪnˌvaɪərən'mentəlɪst] noun écologiste *mf*, environnementaliste *mf*.

environmentally [ɪnˌvaɪərən'mentəlɪ] adv [damaging] pour l'environnement ▸ **to be environmentally aware** être sensible aux problèmes de l'environnement.

Environmental Protection Agency noun US ≃ ministère *m* de l'Environnement.

environment-friendly adj [policy] respectueux(euse) de l'environnement ; [product] non polluant(e).

environs [ɪn'vaɪərənz] pl n environs *mpl*.

envisage [ɪn'vɪzɪdʒ], **envision** US [ɪn'vɪʒn] vt envisager.

envoy ['envɔɪ] noun émissaire *m*.

envy ['envɪ] ❖ noun envie *f*, jalousie *f* ▸ **to be the envy of** faire envie à ▸ **to be green with envy** être malade de jalousie. ❖ vt (*pt & pp* **-ied**) envier ▸ **to envy sb sthg** envier qqch à qqn.

enzyme ['enzaɪm] noun enzyme *f*.

eon US = **aeon**.

EP (*abbr of* **European Parliament**) noun Parlement *m* européen.

EPA *abbr of* **Environmental Protection Agency**.

epaulet(te) ['epəlet] noun épaulette *f*.

ephemeral [ɪ'femərəl] adj éphémère.

epic ['epɪk] ❖ adj épique. ❖ noun épopée *f*.

epicentre UK, **epicenter** US ['epɪsentəʳ] noun épicentre *m*.

epidemic [ˌepɪ'demɪk] noun épidémie *f*.

epidural [ˌepɪ'djʊərəl] noun péridurale *f*.

epigram ['epɪgræm] noun épigramme *f*.

epigraph ['epɪgrɑ:f] noun épigraphe *f*.

epilepsy ['epɪlepsɪ] noun épilepsie *f*.

epileptic [ˌepɪ'leptɪk] ❖ adj épileptique. ❖ noun épileptique *mf*.

epilogue ['epɪlɒg] noun épilogue *m*.

Epiphany [ɪ'pɪfənɪ] noun Épiphanie *f*.

episcopal [ɪ'pɪskəpl] adj épiscopal(e).

episode ['epɪsəʊd] noun épisode *m*.

epistle [ɪ'pɪsl] noun épître *f*.

epitaph ['epɪtɑ:f] noun épitaphe *f*.

epithet ['epɪθet] noun épithète *f*.

epitome [ɪ'pɪtəmɪ] noun ▸ **the epitome of** le modèle de.

epitomize, epitomise UK [ɪ'pɪtəmaɪz] vt incarner.

epoch ['i:pɒk] noun époque *f*.

epoch-making [-'meɪkɪŋ] adj qui fait date.

eponymous [ɪ'pɒnɪməs] adj éponyme.

equable ['ekwəbl] adj [character, person] égal(e), placide ; [climate] égal(e), constant(e).

equal ['i:kwəl] ❖ adj **1.** [gen] ▸ **equal (to)** égal(e) (à) / *equal in number* égal en nombre ▸ **on equal terms** d'égal à égal **2.** [capable] ▸ **equal to sthg** à la hauteur de qqch. ❖ noun égal *m*, -e *f* / *to talk to sb as an equal* parler à qqn d'égal à égal. ❖ vt (UK *pt & pp* **-led**, *cont* **-ling**, US *pt & pp* **-ed**, *cont* **-ing**) égaler / *2 and 2 equal(s) 4* 2 et 2 égalent OR font 4 / *let x equal y* si x égale y.

equality [i:'kwɒlətɪ] noun égalité *f*.

equalize, equalise UK ['i:kwəlaɪz] ❖ vt niveler. ❖ vi UK SPORT égaliser.

equalizer ['i:kwəlaɪzəʳ] noun UK SPORT but *m* égalisateur.

equally ['i:kwəlɪ] adv **1.** [important, stupid] tout aussi / *I like them equally* je les apprécie de la même façon **2.** [in amount] en parts égales **3.** [also] en même temps.

equal opportunities pl n égalité *f* des chances.

equal(s) sign noun signe *m* d'égalité.

equanimity [,ekwə'nɪmətɪ] noun sérénité *f*, égalité *f* d'âme.

equate [ɪ'kweɪt] vt ▸ **to equate sthg with sthg** assimiler qqch à qqch.

equation [ɪ'kweɪʒn] noun équation *f*.

equator [ɪ'kweɪtəʳ] noun ▸ **the equator** l'équateur *m*.

equatorial [,ekwə'tɔ:rɪəl] adj équatorial(e).

equestrian [ɪ'kwestrɪən] adj équestre.

equidistant [,i:kwɪ'dɪstənt] adj ▸ **equidistant (from)** équidistant(e) (de).

equilibrium [,i:kwɪ'lɪbrɪəm] noun équilibre *m*.

equinox ['i:kwɪnɒks] noun équinoxe *m*.

equip [ɪ'kwɪp] (*pt & pp* **-ped**, *cont* **-ping**) vt équiper ▸ **to equip sb / sthg with** équiper qqn / qqch de, munir qqn / qqch de / *he's well equipped for the job* il est bien préparé pour ce travail.

equipment [ɪ'kwɪpmənt] noun *(U)* équipement *m*, matériel *m*.

equitable ['ekwɪtəbl] adj équitable.

equity ['ekwətɪ] (*pl* **-ies**) noun **1.** [fairness] équité *f* **2.** LAW [system] équité *f* ; [right] droit *m* équitable **3.** FIN [market value] fonds *mpl* OR capitaux *mpl* propres. ◆ **Equity** noun *principal syndicat britannique des gens du spectacle*.

equivalence [ɪ'kwɪvələns] noun équivalence *f*.

equivalent [ɪ'kwɪvələnt] ❖ adj équivalent(e) ▸ **to be equivalent to** être équivalent à, équivaloir à. ❖ noun équivalent *m*.

equivocal [ɪ'kwɪvəkl] adj équivoque.

equivocate [ɪ'kwɪvəkeɪt] vi parler de façon équivoque.

equivocation [ɪ,kwɪvə'keɪʃn] noun *(U)* *fml* [words] paroles *fpl* équivoques ; [prevarication] tergiversation *f*.

er [ɜ:ʳ] excl euh !

ER 1. (***written abbr of*** **Elizabeth Regina**) *emblème de la reine Élisabeth* **2.** US (***abbr of*** **Emergency Room**) urgences *fpl*.

era ['ɪərə] (*pl* **-s**) noun ère *f*, période *f*.

ERA ['ɪərə] (***abbr of*** **Equal Rights Amendment**) noun US *projet d'amendement constitutionnel pour l'égalité des droits des femmes*.

eradicate [ɪ'rædɪkeɪt] vt éradiquer.

eradication [ɪ,rædɪ'keɪʃn] noun éradication *f*.

erase [ɪ'reɪz] vt **1.** [rub out] gommer **2.** *fig* [memory] effacer ; [hunger, poverty] éliminer.

eraser [ɪ'reɪzəʳ] noun gomme *f*.

erect [ɪ'rekt] ❖ adj **1.** [person, posture] droit(e) **2.** [penis] en érection. ❖ vt **1.** [statue] ériger ; [building] construire **2.** [tent] dresser.

erection [ɪ'rekʃn] noun **1.** *(U)* [of statue] érection *f* ; [of building] construction *f* **2.** [erect penis] érection *f*.

ergonomic [,ɜ:gəʊ'nɒmɪk] adj ergonomique.

ergonomically [,ɜ:gəʊ'nɒmɪkəlɪ] adv du point de vue ergonomique.

ergonomics [,ɜ:gə'nɒmɪks] noun ergonomie *f*.

Eritrea [,erɪ'treɪə] noun Érythrée *f* ▸ **in Eritrea** en Érythrée.

Eritrean [,erɪ'treɪən] ❖ adj érythréen(enne). ❖ noun Érythréen *m*, -enne *f*.

ERM (***abbr of*** **Exchange Rate Mechanism**) noun mécanisme *m* des changes (du SME).

ermine ['ɜ:mɪn] noun [fur] hermine *f*.

erode [ɪ'rəʊd] ❖ vt **1.** [rock, soil] éroder **2.** *fig* [confidence, rights] réduire. ❖ vi **1.** [rock, soil] s'éroder **2.** *fig* [confidence] diminuer ; [rights] se réduire.

erogenous zone [ɪ'rɒdʒɪnəs-] noun zone *f* érogène.

erosion [ɪ'rəʊʒn] noun **1.** [of rock, soil] érosion *f* **2.** *fig* [of confidence] baisse *f* ; [of rights] diminution *f*.

erotic [ɪ'rɒtɪk] adj érotique.

eroticism [ɪ'rɒtɪsɪzm] noun érotisme *m*.

err [ɜ:ʳ] vi se tromper ▸ **to err is human** l'erreur est humaine ▸ **to err on the side of** pécher par excès de.

errand ['erənd] noun course *f*, commission *f* ▸ **to go on** OR **run an errand** faire une course.

errata [e'rɑ:tə] ❖ pl n ⟶ **erratum.** ❖ pl n [list] errata *m inv*.

erratic [ɪ'rætɪk] adj irrégulier(ère).

erratically [ɪ'rætɪklɪ] adv [act, behave] de manière fantasque OR capricieuse ; [move, work] irrégulièrement, par à-coups / *he drives erratically* il conduit de façon déconcertante.

erratum [e'rɑ:təm] (*pl* **errata**) noun erratum *m*.

erroneous [ɪ'rəʊnjəs] adj *fml* erroné(e).

error ['erəʳ] noun erreur *f* ▸ **a spelling / typing error** une faute d'orthographe / de frappe ▸ **an error of judgment** une erreur de jugement ▸ **in error** par erreur.

error message noun COMPUT message *m* d'erreur.

erstwhile ['ɜːstwaɪl] adj *liter* d'autrefois.

erudite ['eruːdaɪt] adj savant(e).

erudition [ˌeruː'dɪʃn] noun érudition *f*.

erupt [ɪ'rʌpt] vi **1.** [volcano] entrer en éruption **2.** *fig* [violence, war] éclater.

eruption [ɪ'rʌpʃn] noun **1.** [of volcano] éruption *f* **2.** [of violence] explosion *f* ; [of war] déclenchement *m*.

escalate ['eskəleɪt] vi **1.** [conflict] s'intensifier **2.** [costs] monter en flèche.

escalation [ˌeskə'leɪʃn] noun **1.** [of conflict, violence] intensification *f* **2.** [of costs] montée *f* en flèche.

escalator ['eskəleɪtəʳ] noun escalier *m* roulant.

escalope ['eskəˌlɒp] noun escalope *f*.

escapade [ˌeskə'peɪd] noun aventure *f*, exploit *m*.

escape [ɪ'skeɪp] ❖ noun **1.** [gen] fuite *f*, évasion *f* ▸ **to make one's escape** s'échapper ▸ **to have a lucky escape** l'échapper belle **2.** [leakage - of gas, water] fuite *f*. ❖ vt échapper à / *to escape doing sthg* éviter de faire qqch ▸ **to escape notice** échapper à l'attention. ❖ vi **1.** [gen] s'échapper, fuir ; [from prison] s'évader ▸ **to escape from a)** [place] s'échapper de **b)** [danger, person] échapper à / *he escaped to Italy* il s'est enfui en Italie **2.** [survive] s'en tirer.

escape clause noun clause *f* échappatoire.

escape key noun COMPUT touche *f* d'échappement.

escape route noun **1.** [from prison] moyen *m* d'évasion **2.** [from fire] *itinéraire d'évacuation en cas d'incendie*.

escapism [ɪ'skeɪpɪzm] noun *(U)* évasion *f* (de la réalité).

escapist [ɪ'skeɪpɪst] adj [literature, film] d'évasion.

escapologist [ˌeskə'pɒlədʒɪst], **escape artist** US noun virtuose *mf* de l'évasion.

escarpment [ɪ'skɑːpmənt] noun escarpement *m*.

eschew [ɪs'tʃuː] vt *fml* s'abstenir de.

escort ❖ noun ['eskɔːt] **1.** [guard] escorte *f* ▸ **under escort** sous escorte **2.** [companion - male] cavalier *m* ; [- female] hôtesse *f*. ❖ vt [ɪ'skɔːt] escorter, accompagner.

e-shopping noun *(U)* cyberachat *m*.

e-signature noun signature *f* électronique.

Eskimo ['eskɪməʊ] ❖ adj esquimau(aude). ❖ noun (*pl* **-s**) **1.** [person] Esquimau *m*, -aude *f (attention: le terme « Eskimo », comme son équivalent français, est souvent considéré comme injurieux en Amérique du Nord. On préférera le terme « Inuit »)* **2.** [language] esquimau *m*.

ESL (*abbr of* **English as a Second Language**) noun *anglais deuxième langue*.

ESOL ['iːsɒl] (*abbr of* **English for Speakers of Other Languages**) noun US SCH anglais *m* langue seconde.

esophagus US = **oesophagus**.

esoteric [ˌesə'terɪk] adj ésotérique.

esp. *abbr of* **especially**.

ESP noun **1.** (*abbr of* **extrasensory perception**) perception *f* extrasensorielle **2.** (*abbr of* **English for special purposes**) *anglais à usage professionnel*.

espadrille [ˌespə'drɪl] noun espadrille *f*.

especial [ɪ'speʃl] adj *fml* spécial(e), particulier(ère).

especially [ɪ'speʃəlɪ] adv **1.** [in particular] surtout **2.** [more than usually] particulièrement **3.** [specifically] spécialement.

Esperanto [ˌespə'ræntəʊ] noun espéranto *m*.

espionage ['espɪəˌnɑːʒ] noun espionnage *m*.

esplanade [ˌesplə'neɪd] noun esplanade *f*.

espouse [ɪ'spaʊz] vt épouser.

espresso [e'spresəʊ] (*pl* **-s**) noun express *m inv*.

Esq. *abbr of* **Esquire**.

Esquire [ɪ'skwaɪəʳ] noun : *G. Curry Esquire* Monsieur G. Curry.

essay ['eseɪ] noun **1.** SCH & UNIV dissertation *f* **2.** LITER essai *m*.

> ⚠ An *essay* written by a student is **une dissertation**, not **un essai**.

essayist ['eseɪɪst] noun essayiste *mf*.

essence ['esns] noun **1.** [nature] essence *f*, nature *f* ▸ **in essence** par essence **2.** CULIN extrait *m*.

essential [ɪ'senʃl] adj **1.** [absolutely necessary] ▸ **essential (to** OR **for)** indispensable (à) **2.** [basic] essentiel(elle), de base. ◆ **essentials** pl n **1.** [basic commodities] produits *mpl* de première nécessité **2.** [most important elements] essentiel *m*.

essentially [ɪ'senʃəlɪ] adv essentiellement, fondamentalement.

est. *abbr of* **established, estimated, estimate**.

EST (*abbr of* **Eastern Standard Time**) noun *heure d'hiver de la côte est des États-Unis*.

establish [ɪ'stæblɪʃ] vt **1.** [gen] établir / *it has been established that there is no case against the defendant* il a été démontré qu'il n'y a pas lieu de poursuivre l'accusé ▸ **to establish contact with** établir le contact avec **2.** [organization, business] fonder, créer.

established [ɪ'stæblɪʃt] adj **1.** [custom] établi(e) **2.** [business, company] fondé(e).

establishment [ɪ'stæblɪʃmənt] noun **1.** [gen] établissement *m* **2.** [of organization, business] fondation *f*, création *f*. ◆ **Establishment** noun [status quo] ▸ **the Establishment** l'ordre *m* établi, l'Establishment *m*.

estate [ɪ'steɪt] noun **1.** [land, property] propriété *f*, domaine *m* **2.** ▸ **(housing) estate** lotissement *m* **3.** US ▸ **(industrial) estate** zone *f* industrielle **4.** LAW [inheritance] biens *mpl*.

estate agency noun UK agence *f* immobilière.

estate agent noun UK agent *m* immobilier.

estate car noun UK break *m*.

esteem [ɪ'sti:m] ❖ noun estime *f* ▸ **to hold sb / sthg in high esteem** tenir qqn / qqch en haute estime. ❖ vt estimer.

esthetic US = **aesthetic**.

estimate ❖ noun ['estɪmət] **1.** [calculation, judgment] estimation *f*, évaluation *f* **2.** COMM devis *m*. ❖ vt ['estɪmeɪt] estimer, évaluer. ❖ vi ['estɪmeɪt] COMM ▸ **to estimate for** faire OR établir un devis pour.

estimated ['estɪmeɪtɪd] adj estimé(e).

estimation [,estɪ'meɪʃn] noun **1.** [opinion] opinion *f* **2.** [calculation] estimation *f*, évaluation *f*.

Estonia [e'stəʊnɪə] noun Estonie *f* ▸ **in Estonia** en Estonie.

Estonian [e'stəʊnɪən] ❖ adj estonien(enne). ❖ noun **1.** [person] Estonien *m*, -enne *f* **2.** [language] estonien *m*.

estranged [ɪ'streɪndʒd] adj [couple] séparé(e) ; [husband, wife] dont on s'est séparé.

estrogen US = **oestrogen**.

estuary ['estjʊərɪ] (*pl* **-ies**) noun estuaire *m*.

ETA (*abbr of* **estimated time of arrival**) noun HPA *f*.

e-tailer noun détaillant *m* en ligne.

et al. ['etæl] (*abbr of* **et alii**) et coll., et al.

etc. (*abbr of* **et cetera**) etc.

etcetera [ɪt'setərə] adv et cetera.

etch [etʃ] vt graver à l'eau forte ▸ **to be etched on sb's memory** être gravé dans la mémoire de qqn.

etching ['etʃɪŋ] noun gravure *f* à l'eau forte.

eternal [ɪ'tɜ:nl] adj **1.** [life] éternel(elle) **2.** *fig* [complaints, whining] sempiternel(elle) **3.** [truth, value] immuable.

eternally [ɪ'tɜ:nəlɪ] adv éternellement.

eternity [ɪ'tɜ:nətɪ] noun éternité *f*.

ether ['i:θəʳ] noun éther *m*.

ethereal [i:'θɪərɪəl] adj éthéré(e).

Ethernet noun Ethernet *m* ▸ **Ethernet cable** câble *m* Ethernet.

ethic ['eθɪk] noun éthique *f*, morale *f*. ◆ **ethics** ❖ noun (*U*) [study] éthique *f*, morale *f*. ❖ pl n [morals] morale *f*.

ethical ['eθɪkl] adj moral(e).

Ethiopia [,i:θɪ'əʊpɪə] noun Éthiopie *f* ▸ **in Ethiopia** en Éthiopie.

Ethiopian [,i:θɪ'əʊpɪən] ❖ adj éthiopien(enne). ❖ noun Éthiopien *m*, -enne *f*.

ethnic ['eθnɪk] adj **1.** [traditions, groups] ethnique **2.** [clothes] folklorique.

ethnic cleansing [-'klenzɪŋ] noun purification *f* ethnique.

ethnic minority noun minorité *f* ethnique.

ethnocentric [,eθnəʊ'sentrɪk] adj ethnocentrique.

ethnology [eθ'nɒlədʒɪ] noun ethnologie *f*.

ethos ['i:θɒs] noun éthos *m*.

etiquette ['etɪket] noun convenances *fpl*, étiquette *f*.

e-trade noun (*U*) cybercommerce *m*, commerce *m* électronique.

etymological [,etɪmə'lɒdʒɪkl] adj étymologique.

etymology [,etɪ'mɒlədʒɪ] (*pl* **-ies**) noun étymologie *f*.

EU (*abbr of* **European Union**) noun UE *f* ▸ **EU policy** la politique de l'Union Européenne, la politique communautaire.

eucalyptus [,ju:kə'lɪptəs] noun eucalyptus *m*.

Eucharist ['ju:kərɪst] noun Eucharistie *f*.

eulogize, eulogise UK ['ju:lədʒaɪz] vt faire le panégyrique de.

eulogy ['ju:lədʒɪ] (*pl* **-ies**) noun panégyrique *m*.

eunuch ['ju:nək] noun eunuque *m*.

euphemism ['ju:fəmɪzm] noun euphémisme *m*.

euphemistic [,ju:fə'mɪstɪk] adj euphémique.

euphoria [ju:'fɔ:rɪə] noun euphorie *f*.

euphoric [ju:'fɒrɪk] adj euphorique.

Eurasian [jʊə'reɪʒən] ❖ adj eurasien(enne). ❖ noun Eurasien *m*, -enne *f*.

eureka [jʊə'ri:kə] excl eurêka !

euro ['jʊərəʊ] noun euro *m*.

Euro- pref euro-.

euro area noun zone *f* euro.

Eurocentric ['jʊərəʊ,sentrɪk] adj européocentrique.

Eurocheque ['jʊərəʊ,tʃek] noun UK eurochèque *m*.

Eurocrat ['jʊərə,kræt] noun eurocrate *mf*.

Eurodollar ['jʊərəʊ,dɒləʳ] noun eurodollar *m*.

Euroland ['jʊərəʊlænd] noun POL euroland *m*.

Euro MP (*abbr of* **European Member of Parliament**) noun député *m* OR parlementaire *m* européen, eurodéputé *m*.

Europe ['jʊərəp] noun Europe *f*.

European [,jʊərə'pi:ən] ❖ adj européen(enne). ❖ noun Européen *m*, -enne *f*.

European Central Bank noun Banque *f* centrale européenne.

European Commission noun Commission *f* des communautés européennes.

European Community noun Communauté *f* européenne.

European Court of Justice noun Cour *f* européenne de justice.

European Monetary System noun Système *m* monétaire européen.

European Parliament noun Parlement *m* européen.

European Single Market noun Marché *m* unique européen.

European Union noun Union *f* européenne.

Europhile ['jʊərəʊˌfaɪl] noun partisan *m* de l'Europe unie.

Euro-rebel noun POL anti-Européen *m*, -enne *f*.

Eurosceptic ['jʊərʊəˌskeptɪk] noun UK eurosceptique *mf*.

Eurostar® ['jʊərəʊstɑːʳ] noun Eurostar® *m*.

euro zone noun zone *f* euro.

Eustachian tube [juː'steɪʃən-] noun trompe *f* d'Eustache.

euthanasia [ˌjuːθə'neɪzjə] noun euthanasie *f*.

evacuate [ɪ'vækjʊeɪt] vt évacuer.

evacuation [ɪˌvækjʊ'eɪʃn] noun évacuation *f*.

evacuee [ɪˌvækjuː'iː] noun évacué *m*, -e *f*.

evade [ɪ'veɪd] vt **1.** [gen] échapper à **2.** [issue, question] esquiver, éluder.

evaluate [ɪ'væljʊeɪt] vt évaluer.

evaluation [ɪˌvæljʊ'eɪʃn] noun évaluation *f*.

evangelical [ˌiːvæn'dʒelɪkl] adj évangélique.

evangelism [ɪ'vændʒəlɪzm] noun évangélisation *f*.

evangelist [ɪ'vændʒəlɪst] noun évangéliste *mf*.

evaporate [ɪ'væpəreɪt] vi **1.** [liquid] s'évaporer **2.** *fig* [hopes, fears] s'envoler ; [confidence] disparaître.

evaporation [ɪˌvæpə'reɪʃn] noun évaporation *f*.

evasion [ɪ'veɪʒn] noun **1.** [of responsibility] dérobade *f* **2.** [lie] faux-fuyant *m*.

evasive [ɪ'veɪsɪv] adj évasif(ive) ▸ **to take evasive action** faire une manœuvre d'évitement.

evasiveness [ɪ'veɪsɪvnɪs] noun caractère *m* évasif.

eve [iːv] noun veille *f*.

even ['iːvn] ❖ adj **1.** [speed, rate] régulier(ère) ; [temperature, temperament] égal(e) **2.** [flat, level] plat(e), régulier(ère) **3.** [equal - contest] équilibré(e) ; [- teams, players] de la même force ; [- scores] à égalité ▸ **to get even with sb** se venger de qqn / *now we're even* nous voilà quittes, nous sommes quittes maintenant **4.** [not odd - number] pair(e). ❖ adv **1.** [gen] même ▸ **even now** encore maintenant ▸ **even then** même alors / *not even* même pas **2.** [in comparisons] : *even bigger / better / more stupid* encore plus grand/mieux/plus bête. ◆ **even as** conj au moment même où. ◆ **even if** conj même si. ◆ **even so** adv quand même. ◆ **even though** conj bien que (+ *subjunctive*). ◆ **even out** ❖ vt sep égaliser. ❖ vi s'égaliser.

even-handed [-'hændɪd] adj impartial(e).

evening ['iːvnɪŋ] noun soir *m* ; [duration, entertainment] soirée *f* / *(good) evening!* bonsoir ! ▸ **in the evening** le soir / *it is 8 o'clock in the evening* il est 8 h du soir / *this evening* ce soir / *that evening* ce soir-là / *tomorrow evening* demain soir. ◆ **evenings** adv US le soir.

> **soir OR soirée?**
>
> The word **soir** refers to the evening as a subdivision of the day and is used to situate events in time (**hier soir**, **ce soir**, **tous les soirs**). The word **soirée** refers to the evening as a stretch of time during which activities take place (**ça m'a pris une soirée entière**; **on a terminé la soirée en boîte**; **toute la soirée**) and is also used to refer to the evening in progress (**la soirée vient de commencer**).

evening class noun cours *m* du soir.

evening dress noun [worn by man] habit *m* de soirée ; [worn by woman] robe *f* du soir.

evening wear noun *(U)* = **evening dress**.

evenly ['iːvnlɪ] adv **1.** [breathe, distributed] régulièrement **2.** [equally - divided] également ▸ **to be evenly matched** être de la même force **3.** [calmly] calmement, sur un ton égal.

evensong ['iːvnsɒŋ] noun vêpres *fpl*.

event [ɪ'vent] noun **1.** [happening] événement *m* **2.** SPORT épreuve *f* **3.** [case] ▸ **in the event of** en cas de ▸ **in the event that** au cas où. ◆ **in any event** adv en tout cas, de toute façon. ◆ **in the event** adv UK en l'occurrence, en réalité.

even-tempered [-'tempəd] adj d'humeur égale.

eventful [ɪ'ventfʊl] adj mouvementé(e).

eventual [ɪ'ventʃʊəl] adj final(e) / *the eventual winner was X* finalement, le vainqueur a été X.

eventuality [ɪˌventʃʊ'ælətɪ] (*pl* **-ies**) noun éventualité *f*.

eventually [ɪ'ventʃʊəlɪ] adv finalement, en fin de compte / *he'll get tired of it eventually* il s'en lassera à la longue, il finira par s'en lasser.

> ⚠ **Éventuellement** means *possibly*, not *eventually*.

ever ['evəʳ] adv **1.** [at any time] jamais / *have you ever been to Paris?* êtes-vous déjà allé à Paris ? / *I hardly ever see him* je ne le vois presque jamais ▸ **if ever** si jamais / *all they ever do is work* ils ne font que travailler ; [with comparatives] : *lovelier / more slowly than ever* plus joli/plus lentement que jamais / *he's as sarcastic as ever* il est toujours aussi sarcastique ; [with superlatives] : *the first / biggest ever* le tout premier/plus grand qu'on ait jamais vu **2.** [all the time] toujours ▸ **as ever** comme toujours **3.** [for emphasis] ▸ **ever so** UK tellement ▸ **ever such** UK vraiment ▸ **why / how ever?** pourquoi/comment donc ? ▸ **is he ever stupid!** US ce qu'il est bête ! / *they lived happily ever after* ils vécurent heureux et eurent beaucoup d'enfants. ◆ **ever since** ❖ adv depuis (ce moment-là). ❖ conj depuis que. ❖ prep depuis.

Everest ['evərɪst] noun l'Everest *m*.

evergreen ['evəgri:n] ✣ adj à feuilles persistantes. ✣ noun arbre *m* à feuilles persistantes.

everlasting [,evə'lɑ:stɪŋ] adj éternel(elle).

evermore US [,evə'mɔ:ʳ] adv toujours ▸ **for evermore** pour toujours, à jamais.

every ['evrɪ] adj chaque / *every morning* chaque matin, tous les matins / *there's every chance she'll pass the exam* elle a toutes les chances de réussir à son examen / *every (single) one of these pencils is broken* tous ces crayons (sans exception) sont cassés / *once every month* une fois par mois. ◆ **every now and then, every so often** adv de temps en temps, de temps à autre. ◆ **every other** adj : *every other day* tous les deux jours,, un jour sur deux / *every other street* une rue sur deux. ◆ **every which way** adv US partout, de tous côtés.

everybody ['evrɪ,bɒdɪ] = **everyone**.

everyday ['evrɪdeɪ] adj quotidien(enne).

everyone ['evrɪwʌn] pron chacun, tout le monde.

everything ['evrɪθɪŋ] pron tout.

everywhere ['evrɪweəʳ] adv partout.

evict [ɪ'vɪkt] vt expulser.

eviction [ɪ'vɪkʃn] noun expulsion *f*.

evidence ['evɪdəns] noun *(U)* **1.** [proof] preuve *f* **2.** LAW [of witness] témoignage *m* ▸ **to give evidence** témoigner. ◆ **in evidence** adj [noticeable] en évidence.

⚠ Except in the expression *against all the evidence*, the word *evidence* is never translated by **évidence**.

evident ['evɪdənt] adj évident(e), manifeste.

evidently ['evɪdəntlɪ] adv **1.** [seemingly] apparemment **2.** [obviously] de toute évidence, manifestement.

evil ['i:vl] ✣ adj [person] mauvais(e), malveillant(e). ✣ noun mal *m*.

evil eye noun : *the evil eye* le mauvais œil / *to give sb the evil eye* jeter le mauvais œil à qqn.

evil-minded [-'maɪndɪd] adj malveillant(e), malintentionné(e).

evince [ɪ'vɪns] vt *fml* faire montre de.

evocation [,evəʊ'keɪʃn] noun évocation *f*.

evocative [ɪ'vɒkətɪv] adj évocateur(trice).

evoke [ɪ'vəʊk] vt [memory] évoquer ; [emotion, response] susciter.

evolution [,i:və'lu:ʃn] noun évolution *f*.

evolutionary [,i:və'lu:ʃnərɪ] adj évolutionniste.

evolve [ɪ'vɒlv] ✣ vt développer. ✣ vi ▸ **to evolve (into / from)** se développer (en / à partir de).

EVRY1 MESSAGING *written abbr of* **everyone**.

e-wallet noun portefeuille *m* électronique.

ewe [ju:] noun brebis *f*.

ex [eks] ✣ prep **1.** COMM départ, sortie / *price ex works* prix *m* départ OR sortie usine **2.** FIN sans. ✣ noun *inf* [gen] ex *mf* ; [husband] ex-mari *m* ; [wife] ex-femme *f* / *my ex* **a)** [girlfriend] mon ancienne petite amie **b)** [boyfriend] mon ancien petit ami.

ex- [eks] pref ex-.

exacerbate [ɪg'zæsəbeɪt] vt [feeling] exacerber ; [problems] aggraver.

exact [ɪg'zækt] ✣ adj exact(e), précis(e) ▸ **to be exact** pour être exact OR précis, exactement. ✣ vt ▸ **to exact sthg (from)** exiger qqch (de).

exacting [ɪg'zæktɪŋ] adj [job, standards] astreignant(e) ; [person] exigeant(e).

exactitude [ɪg'zæktɪtju:d] noun exactitude *f*.

exactly [ɪg'zæktlɪ] ✣ adv exactement / *it's not exactly what I expected* ce n'est pas tout à fait ce que j'attendais. ✣ excl exactement !, parfaitement !

exaggerate [ɪg'zædʒəreɪt] vt & vi exagérer.

exaggerated [ɪg'zædʒəreɪtɪd] adj [sigh, smile] forcé(e).

exaggeration [ɪg,zædʒə'reɪʃn] noun exagération *f*.

exalt [ɪg'zɔ:lt] vt **1.** [praise highly] exalter, chanter les louanges de **2.** [in rank] élever (à un rang plus important).

exalted [ɪg'zɔ:ltɪd] adj haut placé(e).

exam [ɪg'zæm] noun examen *m* ▸ **to take** OR **sit** UK **an exam** passer un examen / *to pass / to fail an exam* réussir à / échouer à un examen.

examination [ɪg,zæmɪ'neɪʃn] noun examen *m*.

examination board noun comité *m* d'examen.

examine [ɪg'zæmɪn] vt **1.** [gen] examiner ; [passport] contrôler **2.** LAW, SCH & UNIV interroger.

examiner [ɪg'zæmɪnəʳ] noun UK examinateur *m*, -trice *f* ▸ **internal / external examiner** UNIV examinateur *m* de l'établissement / de l'extérieur.

exam paper noun UK [test] sujet *m* (d'examen) ; [answers] copie *f*.

example [ɪg'zɑ:mpl] noun exemple *m* ▸ **for example** par exemple ▸ **to follow sb's example** suivre l'exemple de qqn / *to set an example* montrer l'exemple ▸ **to make an example of sb** punir qqn pour l'exemple.

exasperate [ɪg'zæspəreɪt] vt exaspérer.

exasperating [ɪg'zæspəreɪtɪŋ] adj énervant(e), exaspérant(e).

exasperation [ɪg,zæspə'reɪʃn] noun exaspération *f*.

excavate ['ekskəveɪt] vt **1.** [land] creuser **2.** [object] déterrer.

excavation [,ekskə'veɪʃn] noun **1.** [gen] excavation *f* **2.** ARCHEOL fouilles *fpl*.

excavator ['ekskə,veɪtəʳ] noun UK [machine] pelleteuse *f*.

exceed [ɪk'si:d] vt **1.** [amount, number] excéder **2.** [limit, expectations] dépasser.

exceedingly [ɪk'si:dɪŋlɪ] adv extrêmement.

excel [ɪk'sel] (*pt & pp* **-led**, *cont* **-ling**) vi ▸ **to excel (in** OR **at)** exceller (dans) ▸ **to excel o.s.** UK se surpasser.

excellence ['eksələns] noun excellence *f*, supériorité *f*.

Excellency ['eksələnsɪ] (*pl* **-ies**) noun Excellence *f*.

excellent ['eksələnt] adj excellent(e).

except [ɪk'sept] ❖ prep & conj ▸ **except (for)** à part, sauf / *except weekends* à part OR excepté OR sauf le week-end / *except if* sauf OR à part si. ❖ vt ▸ **to except sb (from)** exclure qqn (de).

exception [ɪk'sepʃn] noun **1.** [exclusion] ▸ **exception (to)** exception *f* (à) ▸ **with the exception of** à l'exception de ▸ **without exception** sans exception **2.** [offence] ▸ **to take exception to** s'offenser de, se froisser de.

exceptionable [ɪk'sepʃnəbl] adj [objectionable] offensant(e), outrageant(e).

exceptional [ɪk'sepʃənl] adj exceptionnel(elle).

exceptionally [ɪk'sepʃnəlɪ] adv exceptionnellement.

excerpt ['eksɜ:pt] noun ▸ **excerpt (from)** extrait *m* (de), passage *m* (de).

excess [ɪk'ses] (*before nouns* ['ekses]) ❖ adj excédentaire. ❖ noun excès *m* ▸ **to be in excess of** dépasser ▸ **to excess** à l'excès.

excess baggage noun excédent *m* de bagages.

excess fare noun UK supplément *m*.

excessive [ɪk'sesɪv] adj excessif(ive).

excessively [ɪk'sesɪvlɪ] adv excessivement.

exchange [ɪks'tʃeɪndʒ] ❖ noun **1.** [gen] échange *m* ▸ **in exchange (for)** en échange (de) **2.** TELEC ▸ **(telephone) exchange** central *m* (téléphonique) **3.** FIN change *m* ▸ **foreign exchange office** bureau *m* de change. ❖ vt [swap] échanger ▸ **to exchange sthg for sthg** échanger qqch contre qqch ▸ **to exchange sthg with sb** échanger qqch avec qqn.

exchangeable [ɪks'tʃeɪndʒəbl] adj échangeable, qui peut être échangé(e).

exchange rate noun FIN taux *m* de change.

Exchange Rate Mechanism noun mécanisme *m* (des taux) de change (du SME).

Exchequer [ɪks'tʃekər] noun UK ▸ **the Exchequer** ≃ le ministère des Finances.

excise ['eksaɪz] ❖ noun *(U)* contributions *fpl* indirectes. ❖ vt *fml* [tumour] exciser ; [passage from book] supprimer.

excise duty ['eksaɪz-] noun [taxation] contribution *f* indirecte.

excitable [ɪk'saɪtəbl] adj excitable.

excite [ɪk'saɪt] vt exciter.

excited [ɪk'saɪtɪd] adj excité(e).

excitedly [ɪk'saɪtɪdlɪ] adv [behave, watch] avec agitation ; [say] sur un ton animé ; [wait] fébrilement.

excitement [ɪk'saɪtmənt] noun **1.** [state] excitation *f* **2.** [exciting thing] sensation *f*, émotion *f*.

exciting [ɪk'saɪtɪŋ] adj passionnant(e) ; [prospect] excitant(e).

excl. 1. (*written abbr of* **excluding**) ▸ **excl. taxes** HT **2.** *written abbr of* **exclude(d)**.

exclaim [ɪk'skleɪm] ❖ vt s'écrier. ❖ vi s'exclamer.

exclamation [,ekskləˈmeɪʃn] noun exclamation *f*.

exclamation mark UK, **exclamation point** US noun point *m* d'exclamation.

exclamatory [ɪk'sklæmətrɪ] adj exclamatif(ive).

exclude [ɪk'sklu:d] vt ▸ **to exclude sb / sthg (from)** exclure qqn / qqch (de).

excluding [ɪk'sklu:dɪŋ] prep sans compter, à l'exclusion de.

exclusion [ɪk'sklu:ʒn] noun ▸ **exclusion (from)** exclusion *f* (de) ▸ **to the exclusion of** à l'exclusion de.

exclusive [ɪk'sklu:sɪv] ❖ adj **1.** [high-class] fermé(e) **2.** [unique - use, news story] exclusif(ive) / *to have an exclusive contract with a company* avoir un contrat exclusif avec une société. ❖ noun PRESS exclusivité *f*. ◆ **exclusive of** prep ▸ **exclusive of interest** intérêts non compris.

exclusively [ɪk'sklu:sɪvlɪ] adv exclusivement.

exclusiveness [ɪk'sklu:sɪvnɪs], **exclusivity** [,eksklu:'sɪvətɪ] noun **1.** [of restaurant, address, district] chic *m* **2.** [of contract] nature *f* exclusive.

exclusive rights noun droits *mpl* exclusifs, exclusivité *f*.

excommunicate [,ekskə'mju:nɪkeɪt] vt excommunier.

excommunication ['ekskə,mju:nɪ'keɪʃn] noun excommunication *f*.

excrement ['ekskrɪmənt] noun excrément *m*.

excrete [ɪk'skri:t] vt excréter.

excruciating [ɪk'skru:ʃɪeɪtɪŋ] adj atroce.

excruciatingly [ɪk'skru:ʃɪeɪtɪŋlɪ] adv [painful, boring] atrocement, affreusement.

excursion [ɪk'skɜ:ʃn] noun [trip] excursion *f*.

excuse ❖ noun [ɪk'skju:s] excuse *f* / *I'm not making excuses for them* je ne les excuse pas / *to make one's excuses* s'excuser, présenter ses excuses. ❖ vt [ɪk'skju:z] **1.** [gen] excuser ▸ **to excuse sb for sthg / for doing sthg** excuser qqn de qqch / de faire qqch ▸ **to excuse o.s. (for doing sthg)** s'excuser (de faire qqch) / *I'll excuse your lateness (just) this once* je te pardonne ton retard pour cette fois ▸ **excuse me a)** [to attract attention] excusez-moi **b)** [forgive me] pardon, excusez-moi **c)** US [sorry] pardon **2.** [let off] ▸ **to excuse sb (from)** dispenser qqn (de).

ex-directory adj UK sur la liste rouge.

exec [ɪg'zek] *abbr of* **executive**.

execrable ['eksɪkrəbl] adj exécrable.

executable ❖ adj COMPUT exécutable. ❖ noun COMPUT fichier *m* exécutable.

execute ['eksɪkju:t] vt exécuter.

execution [,eksɪ'kju:ʃn] noun exécution *f*.

executioner [,eksɪ'kju:ʃnər] noun bourreau *m*.

executive [ɪg'zekjʊtɪv] ❖ adj **1.** [power, board] exécutif(ive) **2.** [desk, chair] de cadre, spécial(e) cadre ; [washroom] de la direction. ❖ noun **1.** COMM cadre *m* **2.** [of government] exécutif *m* ; [of political party] comité *m* central, bureau *m*.

executive director noun cadre *m* supérieur.

executive toy noun gadget *m* pour cadres.

executor [ɪg'zekjʊtəʳ] noun exécuteur *m* testamentaire.

exemplary [ɪg'zemplərɪ] adj exemplaire.

exemplify [ɪg'zemplɪfaɪ] (*pt & pp* **-ied**) vt **1.** [typify] exemplifier **2.** [give example of] exemplifier, illustrer.

exempt [ɪg'zempt] ❖ adj ▸ **exempt (from)** exempt(e) (de). ❖ vt ▸ **to exempt sb (from)** exempter qqn (de).

exemption [ɪg'zempʃn] noun exemption *f*.

exercise ['eksəsaɪz] ❖ noun exercice *m* ▸ **to take exercise** prendre de l'exercice / *piano exercises* exercices de piano / *it was a pointless exercise* cela n'a servi absolument à rien / *they're on exercises* MIL ils sont à l'exercice. ❖ vt **1.** [gen] exercer ; [dog, horse] donner de l'exercice à ; [troops] entraîner **2.** [trouble] ▸ **to exercise sb's mind** préoccuper qqn. ❖ vi prendre de l'exercice.

exercise bike noun vélo *m* d'appartement.

exercise book noun UK [notebook] cahier *m* d'exercices ; [published book] livre *m* d'exercices.

exert [ɪg'zɜ:t] vt exercer ; [strength] employer ▸ **to exert o.s.** se donner du mal.

exertion [ɪg'zɜ:ʃn] noun effort *m*.

exfoliant [eks'fəʊlɪənt] noun exfoliant *m*.

exfoliate [eks'fəʊlɪeɪt] ❖ vi s'exfolier. ❖ vt exfolier.

exhale [eks'heɪl] ❖ vt exhaler. ❖ vi expirer.

exhaust [ɪg'zɔ:st] ❖ noun **1.** *(U)* [fumes] gaz *mpl* d'échappement **2.** ▸ **exhaust (pipe)** pot *m* OR tuyau *m* d'échappement. ❖ vt épuiser.

exhausted [ɪg'zɔ:stɪd] adj épuisé(e).

exhausting [ɪg'zɔ:stɪŋ] adj épuisant(e).

exhaustion [ɪg'zɔ:stʃn] noun épuisement *m*.

exhaustive [ɪg'zɔ:stɪv] adj complet(ète), exhaustif(ive).

exhaust pipe noun pot *m* OR tuyau *m* d'échappement.

exhibit [ɪg'zɪbɪt] ❖ noun **1.** ART objet *m* exposé **2.** LAW pièce *f* à conviction. ❖ vt **1.** [demonstrate - feeling] montrer ; [- skill] faire preuve de **2.** ART exposer. ❖ vi ART exposer.

exhibition [,eksɪ'bɪʃn] noun **1.** ART exposition *f* **2.** [of feeling] démonstration *f* **3.** PHR ▸ **to make an exhibition of o.s.** UK se donner en spectacle.

exhibitionist [,eksɪ'bɪʃnɪst] noun exhibitionniste *mf*.

exhibitor [ɪg'zɪbɪtəʳ] noun exposant *m*, -e *f*.

exhilarate [ɪg'zɪləreɪt] vt exalter, griser.

exhilarated [ɪg'zɪləreɪtɪd] adj [mood, laugh] exalté(e).

exhilarating [ɪg'zɪləreɪtɪŋ] adj [experience] grisant(e) ; [walk] vivifiant(e).

exhort [ɪg'zɔ:t] vt ▸ **to exhort sb to do sthg** exhorter qqn à faire qqch.

exhume [eks'hju:m] vt exhumer.

ex-husband noun ex-mari *m*.

exile ['eksaɪl] ❖ noun **1.** [condition] exil *m* ▸ **in exile** en exil **2.** [person] exilé *m*, -e *f*. ❖ vt ▸ **to exile sb (from / to)** exiler qqn (de / vers).

exiled ['eksaɪld] adj exilé(e).

exist [ɪg'zɪst] vi exister.

existence [ɪg'zɪstəns] noun existence *f* ▸ **in existence** qui existe, existant(e) ▸ **to come into existence** naître.

existential [,egzɪ'stenʃl] adj existentiel(elle).

existentialism [,egzɪ'stenʃəlɪzm] noun existentialisme *m*.

existentialist [,egzɪ'stenʃəlɪst] ❖ adj existentialiste. ❖ noun existentialiste *mf*.

existing [ɪg'zɪstɪŋ] adj existant(e).

exit ['eksɪt] ❖ noun sortie *f* ▸ **to make one's exit** a) sortir b) THEAT faire sa sortie. ❖ vi sortir.

exit poll noun *sondage effectué à la sortie des bureaux de vote.*

exodus ['eksədəs] noun exode *m*.

ex officio [eksə'fɪʃɪəʊ] adj & adv ex officio.

exonerate [ɪg'zɒnəreɪt] vt ▸ **to exonerate sb (from)** disculper qqn (de).

exorbitant [ɪg'zɔ:bɪtənt] adj exorbitant(e).

exorcism ['eksɔ:sɪzm] noun exorcisme *m* / *to carry out* OR *to perform an exorcism* pratiquer un exorcisme.

exorcist ['eksɔ:sɪst] noun exorciste *mf*.

exorcize, exorcise UK ['eksɔ:saɪz] vt exorciser.

exotic [ɪg'zɒtɪk] adj exotique.

expand [ɪk'spænd] ❖ vt [production, influence] accroître ; [business, department, area] développer. ❖ vi [population, influence] s'accroître ; [business, department, market] se développer ; [metal] se dilater. ◆ **expand (up)on** vt insep développer.

expandable [ɪk'spændɪbl] adj [gas, material] expansible ; [idea, theory] qui peut être développé ; [basic set] qui peut être complété ; COMPUT [memory] extensible.

expanding [ɪk'spændɪŋ] adj **1.** [company, empire, gas, metal] en expansion ; [influence] grandissant(e) ; [industry, market] en expansion, qui se développe ▸ **the expanding universe theory** la théorie de l'expansion de l'univers **2.** [extendable] : *expanding suitcase / briefcase* valise / serviette extensible.

expanse [ɪk'spæns] noun étendue *f*.

expansion [ɪk'spænʃn] noun [of production, population] accroissement *m* ; [of business, department, area] développement *m* ; [of metal] dilatation *f*.

expansion slot noun COMPUT créneau *m* pour carte d'extension.

expansive [ɪk'spænsɪv] adj expansif(ive).

expat [,eks'pæt] (*abbr of* **expatriate**) *inf* ❖ noun expatrié *m*, -e *f*. ❖ adj [Briton, American] expatrié(e) ; [bar, community] des expatriés.

expatriate [eks'pætrɪət] ◆ adj expatrié(e). ◆ noun expatrié *m*, -e *f*.

expect [ɪk'spekt] ◆ vt **1.** [anticipate] s'attendre à ; [event, letter, baby] attendre / *when do you expect it to be ready?* quand pensez-vous que cela sera prêt ? ▸ **to expect sb to do sthg** s'attendre à ce que qqn fasse qqch / *(at) what time should we expect you then?* à quelle heure devons-nous vous attendre alors ? / *to expect the worst* s'attendre au pire / *I expected as much!* je m'en doutais !, c'est bien ce que je pensais ! / *she is as well as can be expected* elle va aussi bien que sa condition le permet **2.** [count on] compter sur **3.** [demand] exiger, demander ▸ **to expect sb to do sthg** attendre de qqn qu'il fasse qqch ▸ **to expect sthg from sb** exiger qqch de qqn / *I'm expected to write all his speeches* je suis censé OR supposé rédiger tous ses discours **4.** UK [suppose] supposer / *I expect so* je crois que oui / *I expect you're right* tu dois avoir raison. ◆ vi **1.** [anticipate] ▸ **to expect to do sthg** compter faire qqch **2.** [be pregnant] ▸ **to be expecting** être enceinte, attendre un bébé.

expectancy ⟶ **life expectancy**.

expectant [ɪk'spektənt] adj qui est dans l'expectative.

expectantly [ɪk'spektəntlɪ] adv dans l'expectative.

expectation [ˌekspek'teɪʃn] noun **1.** [hope] espoir *m*, attente *f* / *to have high expectations of sb / sthg* attendre beaucoup de qqn / qqch / *to exceed sb's expectations* dépasser l'attente OR les espérances de qqn **2.** [belief] ▸ **it's my expectation that…** à mon avis,… ▸ **against all expectation OR expectations, contrary to all expectation OR expectations** contre toute attente.

expected [ɪk'spektɪd] adj attendu(e).

expectorant [ɪk'spektərənt] noun expectorant *m*.

expedient [ɪk'spi:djənt] *fml* ◆ adj indiqué(e). ◆ noun expédient *m*.

expedite ['ekspɪdaɪt] vt *fml* accélérer ; [arrival, departure] hâter.

expedition [ˌekspɪ'dɪʃn] noun expédition *f*.

expel [ɪk'spel] (*pt & pp* **-led**, *cont* **-ling**) vt **1.** [gen] expulser **2.** SCH renvoyer.

expend [ɪk'spend] vt ▸ **to expend time / money (on)** consacrer du temps / de l'argent (à).

expendable [ɪk'spendəbl] adj [person, workforce, equipment] superflu(e) ; [troops, spies] qui peut être sacrifié(e).

expenditure [ɪk'spendɪtʃər] noun *(U)* dépense *f*.

expense [ɪk'spens] noun **1.** [amount spent] dépense *f* **2.** *(U)* [cost] frais *mpl* ▸ **to go to great expense (to do sthg)** faire beaucoup de frais (pour faire qqch) ▸ **at the expense of** au prix de ▸ **at sb's expense a)** [financial] aux frais de qqn **b)** *fig* aux dépens de qqn. ◆ **expenses** pl n COMM frais *mpl* ▸ **on expenses** sur la note de frais.

expense account noun frais *mpl* de représentation.

expenses-paid adj [trip, holiday] tous frais payés.

expensive [ɪk'spensɪv] adj **1.** [financially - gen] cher (chère), coûteux(euse) ; [- tastes] dispendieux(euse) **2.** [mistake] qui coûte cher.

expensively [ɪk'pensɪvlɪ] adv à grands frais.

experience [ɪk'spɪərɪəns] ◆ noun expérience *f* / *do you have any experience of working with animals?* avez-vous déjà travaillé avec des animaux ? / *to speak from experience* parler en connaissance de cause / *to put sthg down to experience* tirer un enseignement OR une leçon de qqch. ◆ vt [difficulty] connaître ; [disappointment] éprouver, ressentir ; [loss, change] subir.

experienced [ɪk'spɪərɪənst] adj expérimenté(e) ▸ **to be experienced at OR in sthg** avoir de l'expérience en OR en matière de qqch.

experiment [ɪk'sperɪmənt] ◆ noun expérience *f* ▸ **to carry out an experiment** faire une expérience. ◆ vi ▸ **to experiment (with sthg)** expérimenter (qqch) ▸ **to experiment on** faire une expérience sur.

experimental [ɪkˌsperɪ'mentl] adj expérimental(e).

experimentation [ɪkˌsperɪmen'teɪʃn] noun expérimentation *f*.

expert ['ekspɜ:t] ◆ adj expert(e) ; [advice] d'expert ▸ **expert at sthg / at doing sthg** expert en qqch / à faire qqch. ◆ noun expert *m*, -e *f*.

expertise [ˌekspɜ:'ti:z] noun *(U)* compétence *f*.

expertly ['ekspɜ:tlɪ] adv d'une manière experte, expertement.

expiate ['ekspɪeɪt] vt expier.

expire [ɪk'spaɪər] vi expirer.

expiry [ɪk'spaɪərɪ] noun UK expiration *f*.

expiry date noun UK date *f* de péremption.

explain [ɪk'spleɪn] ◆ vt expliquer ▸ **to explain sthg to sb** expliquer qqch à qqn. ◆ vi s'expliquer ▸ **to explain to sb (about sthg)** expliquer (qqch) à qqn. ◆ **explain away** vt sep justifier.

explanation [ˌeksplə'neɪʃn] noun ▸ **explanation (for)** explication *f* (de).

explanatory [ɪk'splænətrɪ] adj explicatif(ive).

expletive [ɪk'spli:tɪv] noun *fml* juron *m*.

explicable [ɪk'splɪkəbl] adj explicable.

explicit [ɪk'splɪsɪt] adj explicite ▸ **sexually explicit** à teneur sexuelle explicite.

explicitly [ɪk'splɪsɪtlɪ] adv explicitement.

explode [ɪk'spləʊd] ◆ vt **1.** [bomb] faire exploser **2.** *fig* [theory] discréditer. ◆ vi *lit* & *fig* exploser.

exploit ◆ noun ['eksplɔɪt] exploit *m*. ◆ vt [ɪk'splɔɪt] exploiter.

exploitation [ˌeksplɔɪ'teɪʃn] noun *(U)* exploitation *f*.

exploration [ˌeksplə'reɪʃn] noun exploration *f*.

exploratory [ɪk'splɒrətrɪ] adj exploratoire.

explore [ɪk'splɔ:r] vt & vi explorer.

explorer [ɪk'splɔ:rər] noun explorateur *m*, -trice *f*.

explosion [ɪk'spləʊʒn] noun explosion *f* ; [of interest, emotion] débordement *m*.

explosive [ɪk'spləʊsɪv] ❖ adj *lit* & *fig* explosif(ive). ❖ noun explosif *m*.

explosive device noun engin *m* explosif.

exponent [ɪk'spəʊnənt] noun [of theory] défenseur *m*.

exponential [ˌekspə'nenʃl] adj exponentiel(elle).

export ❖ noun ['ekspɔ:t] exportation *f*. ❖ comp ['ekspɔ:t] d'exportation. ❖ vt [ɪk'spɔ:t] exporter. ◆ **exports** pl n exportations *fpl*.

exportable [ɪk'spɔ:təbl] adj exportable.

exportation [ˌekspɔ:'teɪʃn] noun exportation *f*.

export ban noun interdiction *f* d'exporter.

exporter [ek'spɔ:tər] noun exportateur *m*, -trice *f*.

export licence UK, **export license** US noun permis *m* d'exportation.

expose [ɪk'spəʊz] vt **1.** [uncover] exposer, découvrir ▸ **to be exposed to sthg** être exposé à qqch **2.** [unmask - corruption] révéler ; [-person] démasquer.

exposed [ɪk'spəʊzd] adj [land, house, position] exposé(e).

exposition [ˌekspə'zɪʃn] noun **1.** *fml* [explanation] exposé *m* **2.** [exhibition] exposition *f*.

exposure [ɪk'spəʊʒər] noun **1.** [to light, radiation] exposition *f* **2.** MED ▸ **to die of exposure** mourir de froid **3.** [unmasking - of corruption] révélation *f* ; [-of person] dénonciation *f* **4.** [PHOT - time] temps *m* de pose ; [-photograph] pose *f* **5.** *(U)* [publicity] publicité *f* ; [coverage] couverture *f*.

expound [ɪk'spaʊnd] *fml* ❖ vt exposer. ❖ vi ▸ **to expound on** faire un exposé sur.

express [ɪk'spres] ❖ adj **1.** UK [letter, delivery] exprès *(inv)* **2.** [train, coach] express *(inv)* **3.** *fml* [specific] exprès(esse). ❖ adv exprès. ❖ noun [train] rapide *m*, express *m*. ❖ vt exprimer ▸ **to express o.s.** s'exprimer.

expression [ɪk'spreʃn] noun expression *f*.

expressionism [ɪk'spreʃənɪzm] noun expressionnisme *m*.

expressionist [ɪk'spreʃənɪst] ❖ adj expressionniste. ❖ noun expressionniste *mf*.

expressionless [ɪk'spreʃənlɪs] adj [voice] sans expression ; [face] impassible.

expressive [ɪk'spresɪv] adj expressif(ive).

expressively [ɪk'spresɪvlɪ] adv de façon expressive.

expressly [ɪk'spreslɪ] adv expressément.

expresso noun expresso *m*.

expressway [ɪk'spresweɪ] noun US voie *f* express.

expropriate [eks'prəʊprɪeɪt] vt exproprier.

expropriation [eks,prəʊprɪ'eɪʃn] noun expropriation *f*.

expulsion [ɪk'spʌlʃn] noun **1.** [gen] expulsion *f* **2.** SCH renvoi *m*.

exquisite [ɪk'skwɪzɪt] adj exquis(e).

exquisitely [ɪk'skwɪzɪtlɪ] adv de façon exquise.

ext., **extn.** (*abbr of* **extension**) : *ext. 4174* p. 4174.

extant [ek'stænt] adj qui existe encore.

extend [ɪk'stend] ❖ vt **1.** [enlarge - building] agrandir **2.** [make longer - gen] prolonger ; [-visa] proroger ; [-deadline] repousser **3.** [expand - rules, law] étendre (la portée de) ; [-power] accroître / *the company decided to extend its activities into the export market* la société a décidé d'étendre ses activités au marché de l'exportation **4.** [stretch out - arm, hand] étendre **5.** [offer - help] apporter, offrir ; [-credit] accorder / *to extend an invitation to sb* faire une invitation à qqn ▸ **to extend a welcome to sb** souhaiter la bienvenue à qqn. ❖ vi **1.** [stretch - in space] s'étendre ; [-in time] continuer **2.** [rule, law] ▸ **to extend to sb / sthg** inclure qqn / qqch.

extendable [ɪk'stendəbl] adj [contract] qui peut être prolongé(e).

extended family noun famille *f* élargie.

extension [ɪk'stenʃn] noun **1.** [to building] agrandissement *m* **2.** [lengthening - gen] prolongement *m* ; [-of visit] prolongation *f* ; [-of visa] prorogation *f* ; [-of deadline] report *m* **3.** [of power] accroissement *m* ; [of law] élargissement *m* **4.** TELEC poste *m* **5.** ELEC prolongateur *m* **6.** COMPUT ▸ **filename extension** extension *m* de nom de fichier.

extension lead noun UK prolongateur *m*, rallonge *f*.

How to ask for and give explanations

Asking for explanations

- **Qu'est-ce que tu veux dire, exactement ?** *What do you mean exactly?*
- **C'est-à-dire ?** *Meaning?*
- **Pourriez-vous être plus précis ?** *Could you be a little more specific?*
- **Qu'entendez-vous par là ?** *What do you mean by that?*
- **Où est-ce que tu veux en venir, au juste ?** *Where exactly are you heading with that?*
- **Comment ça ?** *How do you mean?*
- **Auriez-vous l'obligeance de m'expliquer la proposition en détail ?** *I would be grateful if you could explain the proposal in more detail.*

Giving explanations

- **Je veux / voulais dire que...** *I mean / meant that...*
- **e vais tâcher d'être plus clair...** *Let me try to explain a little more clearly...*
- **Je m'explique :...** *Let me explain:...*
- **Ce que j'essaie de dire, c'est...** *What I'm trying to say is...*

extensive [ɪk'stensɪv] adj **1.** [in amount] considérable **2.** [in area] vaste **3.** [in range - discussions] approfondi(e) ; [- changes, use] considérable.

extensively [ɪk'stensɪvlɪ] adv **1.** [in amount] considérablement **2.** [in range] abondamment, largement.

extent [ɪk'stent] noun **1.** [of land, area] étendue *f*, superficie *f* ; [of problem, damage] étendue **2.** [degree] ▸ **to what extent…?** dans quelle mesure… ? ▸ **to the extent that a)** [in so far as] dans la mesure où **b)** [to the point where] au point que ▸ **to a certain extent** dans une certaine mesure ▸ **to a large** OR **great extent** en grande partie ▸ **to some extent** en partie.

extenuating circumstances [ɪk'stenjʊeɪtɪŋ-] pl n circonstances *fpl* atténuantes.

exterior [ɪk'stɪərɪər] ❖ adj extérieur(e). ❖ noun **1.** [of house, car] extérieur *m* **2.** [of person] dehors *m*, extérieur *m*.

exterminate [ɪk'stɜːmɪneɪt] vt exterminer.

extermination [ɪk,stɜːmɪ'neɪʃn] noun extermination *f*.

external [ɪk'stɜːnl] adj externe. ◆ **externals** pl n apparences *fpl*.

externalize, externalise UK [ɪk'stɜːnəlaɪz] vt extérioriser.

externally [ɪk'stɜːnəlɪ] adv extérieurement.

extinct [ɪk'stɪŋkt] adj **1.** [species] disparu(e) **2.** [volcano] éteint(e).

extinction [ɪk'stɪŋkʃn] noun [of species] extinction *f*, disparition *f*.

extinguish [ɪk'stɪŋgwɪʃ] vt **1.** [fire, cigarette] éteindre **2.** *fig* [memory, feeling] anéantir.

extinguisher [ɪk'stɪŋgwɪʃər] noun = **fire extinguisher**.

extort [ɪk'stɔːt] vt ▸ **to extort sthg from sb** extorquer qqch à qqn.

extortion [ɪk'stɔːʃn] noun extorsion *f*.

extortionate [ɪk'stɔːʃnət] adj *pej* exorbitant(e).

extra ['ekstrə] ❖ adj supplémentaire / *no extra charge / cost* aucun supplément de prix/frais supplémentaire / *service / VAT is extra* le service/la TVA est en supplément / *she asked for an extra £2* elle a demandé 2 livres de plus. ❖ noun **1.** [addition] supplément *m* ▸ **optional extra** option *f* / *a car with many extras* une voiture avec de nombreux accessoires en option **2.** CIN & THEAT figurant *m*, -e *f*. ❖ adv [hard, big] extra ; [pay, charge] en plus.

extra- ['ekstrə] pref extra-.

extract ❖ noun ['ekstrækt] extrait *m*. ❖ vt [ɪk'strækt] **1.** [take out - tooth] arracher ▸ **to extract sthg from** tirer qqch de **2.** [confession, information] ▸ **to extract sthg (from sb)** arracher qqch (à qqn), tirer qqch (de qqn) **3.** [coal, oil] extraire.

extraction [ɪk'strækʃn] noun *(U)* **1.** [origin] origine *f* **2.** [of coal, tooth] extraction *f*.

extractor [ɪk'stræktər] noun [machine, tool] extracteur *m* ; [fan] ventilateur *m*, aérateur *m* ▸ **juice extractor** UK presse-fruits *m inv*.

extracurricular [,ekstrəkə'rɪkjʊlər] adj en dehors du programme.

extradite ['ekstrədaɪt] vt ▸ **to extradite sb (from / to)** extrader qqn (de/vers).

extradition [,ekstrə'dɪʃn] ❖ noun extradition *f*. ❖ comp d'extradition.

extramarital [,ekstrə'mærɪtl] adj extraconjugal(e).

extramural [,ekstrə'mjʊərəl] adj UNIV hors faculté.

extraneous [ɪk'streɪnjəs] adj **1.** [irrelevant] superflu(e) **2.** [outside] extérieur(e).

extranet noun extranet *m*.

extraordinarily [ɪk'strɔːdnrəlɪ] adv **1.** [as intensifier] extraordinairement, incroyablement **2.** [unusually] extraordinairement, d'une manière inhabituelle.

extraordinary [ɪk'strɔːdnrɪ] adj UK extraordinaire.

extrapolate [ɪk'stræpəleɪt] vt & vi extrapoler.

extrasensory perception [,ekstrə'sensərɪ-] noun perception *f* extrasensorielle.

extraterrestrial [,ekstrətə'restrɪəl] adj extraterrestre.

extra time noun UK SPORT prolongation *f*.

extravagance [ɪk'strævəgəns] noun **1.** *(U)* [excessive spending] gaspillage *m*, prodigalités *fpl* **2.** [luxury] extravagance *f*, folie *f*.

extravagant [ɪk'strævəgənt] adj **1.** [wasteful - person] dépensier(ère) ; [- use, tastes] dispendieux(euse) **2.** [elaborate, exaggerated] extravagant(e).

extravagantly [ɪk'strævəgəntlɪ] adv **1.** [wastefully] : *to live extravagantly* vivre sur un grand pied / *an extravagantly furnished room* une pièce meublée à grands frais OR luxueusement meublée **2.** [exaggeratedly - behave, act, talk] de manière extravagante ; [- praise] avec excès / *extravagantly worded claims* des affirmations exagérées OR excessives.

extravaganza [ɪk,strævə'gænzə] noun folie *f*, fantaisie *f*.

extra-virgin adj [olive oil] extra vierge.

extreme [ɪk'striːm] ❖ adj extrême / *on the extreme right of the screen* à l'extrême droite de l'écran / *extreme sports* sports *mpl* extrêmes. ❖ noun extrême *m* / *extremes of temperature* extrêmes de température ▸ **to extremes** à l'extrême ▸ **to take sthg to extremes** mener qqch à l'extrême ▸ **in the extreme** à l'extrême.

extremely [ɪk'striːmlɪ] adv extrêmement.

extreme sport noun sport *m* extrême.

extremism [ɪk'striːmɪzm] noun extrémisme *m*.

extremist [ɪk'striːmɪst] ❖ adj extrémiste. ❖ noun extrémiste *mf*.

extremity [ɪk'stremətɪ] (*pl* **-ies**) noun extrémité *f*.

extricate ['ekstrɪkeɪt] vt ▸ **to extricate sthg (from)** dégager qqch (de) ▸ **to extricate o.s. (from) a)** [from seat belt] s'extirper (de) **b)** [from difficult situation] se tirer (de).

extrovert ['ekstrəvɜːt] ◆ adj extraverti(e). ◆ noun extraverti *m*, -e *f*.

exuberance [ɪg'zjuːbərəns] noun exubérance *f*.

exuberant [ɪg'zjuːbərənt] adj exubérant(e).

exude [ɪg'zjuːd] vt **1.** [liquid, smell] exsuder **2.** *fig* [confidence] respirer ; [charm] déborder de.

exult [ɪg'zʌlt] vi exulter ▸ **to exult at** OR **in** se réjouir de.

exultant [ɪg'zʌltənt] adj triomphant(e).

ex-wife noun ex-femme *f*.

eye [aɪ] ◆ noun **1.** [gen] œil *m* ▸ **before my / yours etc. (very) eyes** juste sous mes / tes etc. yeux ▸ **to cast** OR **run one's eye over sthg** jeter un coup d'œil sur qqch ▸ **to catch one's eye** attirer le regard ▸ **to catch sb's eye** attirer l'attention de qqn ▸ **the children were all eyes** les enfants n'en perdaient pas une miette ▸ **to clap** OR **lay** OR **set eyes on sb** poser les yeux sur qqn ▸ **to cry one's eyes out** pleurer toutes les larmes de son corps ▸ **to feast one's eyes on sthg** se délecter à regarder qqch ▸ **to have an eye for sthg** avoir le coup d'œil pour qqch, s'y connaître en qqch ▸ **he has eyes in the back of his head** il a des yeux derrière la tête ▸ **to have one's eye on sb** avoir qqn à l'œil ▸ **to have one's eye on sthg** avoir repéré qqch ▸ **in my / yours etc. eyes** à mes / tes etc. yeux ▸ **to keep one's eyes open** avoir l'œil ▸ **to keep one's eyes open for sthg** [try to find] essayer de repérer qqch ▸ **to keep an eye on sthg** surveiller qqch, garder l'œil sur qqch ▸ **there is more to this than meets the eye** ce n'est pas aussi simple que cela OR qu'il y paraît ▸ **to open sb's eyes (to sthg)** ouvrir les yeux de qqn (sur qqch) ▸ **not to see eye to eye with sb** ne pas partager la même opinion que qqn ▸ **to close** OR **shut one's eyes to sthg** fermer les yeux sur qqch ▸ **I'm up to my eyes in work** UK j'ai du travail jusque par-dessus la tête / *with an eye to sthg / to doing sthg* en vue de qqch / de faire qqch **2.** [of needle] chas *m*. ◆ vt (*cont* **eyeing** *or* **eying**) regarder, reluquer. ◆ **eye up** vt sep UK reluquer.

eyeball ['aɪbɔːl] ◆ noun globe *m* oculaire. ◆ vt *inf* fixer.

eyebrow ['aɪbraʊ] noun sourcil *m* ▸ **to raise one's eyebrows** tiquer, sourciller.

eye candy noun *(U) inf* tape *m* à l'oeil *hum* & *pej*.

eye-catching adj voyant(e).

eye contact noun ▸ **to make eye contact with sb** regarder qqn dans les yeux ▸ **to avoid eye contact with sb** éviter le regard de qqn.

-eyed [aɪd] suffix aux yeux... / *blue-eyed* aux yeux bleus / *she stared at him, wide-eyed* elle le regardait, les yeux écarquillés / *one-eyed* borgne, qui n'a qu'un œil.

eye drops pl n gouttes *fpl* (pour les yeux).

eyeful ['aɪfʊl] noun **1.** [of dirt, dust] : *I got an eyeful of sand* j'ai reçu du sable plein les yeux **2.** *inf* [look] regard *m* / *get an eyeful of that!* visez un peu ça ! **3.** *inf* [woman] belle fille *f*.

eyelash ['aɪlæʃ] noun cil *m*.

eye-level adj qui est au niveau OR à la hauteur de l'œil.

eyelid ['aɪlɪd] noun paupière *f* ▸ **she didn't bat an eyelid** *inf* elle n'a pas sourcillé OR bronché.

eyeliner ['aɪˌlaɪnər] noun eye-liner *m*.

eye-opener noun *inf* révélation *f*.

eye-opening adj *inf* qui ouvre les yeux, révélateur(trice).

eyepatch ['aɪpætʃ] noun cache *m*.

eye shadow noun fard *m* à paupières.

eyesight ['aɪsaɪt] noun vue *f*.

eyesore ['aɪsɔːr] noun *pej* horreur *f*.

eyestrain ['aɪstreɪn] noun fatigue *f* des yeux.

eyetooth ['aɪtuːθ] (*pl* **-teeth**) noun UK ▸ **to give one's eyeteeth for sthg / to do sthg** donner n'importe quoi pour qqch / pour faire qqch.

eyewash ['aɪwɒʃ] noun *(U)* UK *inf* & *dated* [nonsense] fadaises *fpl*.

eyewitness [ˌaɪ'wɪtnɪs] noun témoin *mf* oculaire.

eyrie ['ɪərɪ] noun aire *f* *(d'un aigle)*.

e-zine ['iːziːn] noun magazine *m* électronique.

F

f (*pl* **f's** *or* **fs**), **F** (*pl* **F's** *or* **Fs**) [ef] noun [letter] f *m inv*, F *m inv*. ◆ **F** noun **1.** MUS fa *m* **2.** (*abbr of* **Fahrenheit**) F.

FA (*abbr of* **Football Association**) noun *fédération britannique de football*.

fab [fæb] adj *inf* super.

fable ['feɪbl] noun fable *f*.

fabled ['feɪbld] adj fabuleux(euse), légendaire.

fabric ['fæbrɪk] noun **1.** [cloth] tissu *m* **2.** [of building, society] structure *f*.

fabricate ['fæbrɪkeɪt] vt fabriquer.

fabrication [ˌfæbrɪ'keɪʃn] noun **1.** [lie, lying] fabrication *f*, invention *f* **2.** [manufacture] fabrication *f*.

fabulous ['fæbjʊləs] adj **1.** [gen] fabuleux(euse) **2.** *inf* [excellent] sensationnel(elle), fabuleux(euse).

fabulously ['fæbjʊləslɪ] adv fabuleusement.

facade, **façade** [fə'sɑːd] noun façade *f*.

face [feɪs] ◆ noun **1.** [of person] visage *m*, figure *f* ▸ **face to face** face à face ▸ **to look sb in the face** regarder qqn dans les yeux ▸ **to say sthg to sb's face** dire qqch à qqn en face ▸ **to show one's face** se montrer **2.** [expression] visage *m*, mine *f* ▸ **to make** OR **pull a face** faire la grimace ▸ **her face fell** son visage s'est assombri ▸ **she put on a brave face** elle a fait bon visage OR bonne contenance **3.** [of cliff, mountain] face *f*, paroi *f* ; [of building] façade *f* ; [of clock, watch] cadran *m* ; [of coin, shape] face **4.** [surface - of planet] surface *f* / *she has vanished off the face of the earth* *fig* elle a complètement disparu de la circulation **5.** [respect] ▸ **to save / lose face** sauver / perdre la face **6.** PHR **to fly in the face of sthg** être en contradiction avec qqch / *it flies in the face of logic* ce n'est pas logique ▸ **on the face of it** à première vue ▸ **to be in sb's face** US *inf* faire chier qqn / *get out of my face, will you?* ne me fais pas chier ! ◆ vt **1.** [look towards - subj: person, building] faire face à / *the house faces the sea / south* la maison donne sur la mer / est orientée vers le sud / *she was facing him* elle était en face de lui ; [turn towards] faire face à / *face the wall* tournez-vous vers le mur **2.** [decision, crisis] être confronté(e) à ; [problem, danger] faire face à / *I was faced with having to pay for the damage* j'ai été obligé OR dans l'obligation de payer les dégâts ▸ **we'll just have to face the music** *inf* il va falloir affronter la tempête OR faire front **3.** [truth] faire face à, admettre / *we must face facts* il faut voir les choses comme elles sont / *let's face it, we're lost* admettons-le, nous sommes perdus **4.** *inf* [cope with] affronter / *I can't face telling her* je n'ai pas le courage de le lui dire. ◆ **face down** adv [person] face contre terre ; [object] à l'envers ; [card] face en dessous. ◆ **face up** adv [person] sur le dos ; [object] à l'endroit ; [card] face en dessus. ◆ **in the face of** prep devant. ◆ **face up to** vt insep faire face à.

facecloth ['feɪsklɒθ] noun UK gant *m* de toilette.

face cream noun crème *f* pour le visage.

-faced [feɪst] suffix au visage… / *round-faced* au visage rond / *white-faced* blême.

faceless ['feɪslɪs] adj anonyme.

facelift ['feɪslɪft] noun lifting *m* ; *fig* restauration *f*, rénovation *f*.

face mask noun [cosmetic] masque *m* de beauté ; SPORT masque *m*.

face-off noun SPORT remise *f* en jeu ; *fig* confrontation *f*.

face pack noun UK masque *m* de beauté.

face-saving [-ˌseɪvɪŋ] adj qui sauve la face.

facet ['fæsɪt] noun facette *f*.

facetious [fə'siːʃəs] adj facétieux(euse).

face-to-face adj face à face.

face value noun [of coin, stamp] valeur *f* nominale ▸ **to take sthg at face value** prendre qqch au pied de la lettre.

facial ['feɪʃl] ◆ adj facial(e). ◆ noun nettoyage *m* de peau.

facile [UK 'fæsaɪl, US 'fæsl] adj *pej* facile.

facilitate [fə'sɪlɪteɪt] vt faciliter.

facility [fə'sɪlətɪ] (*pl* **-ies**) noun **1.** [ability] ▸ **to have a facility for sthg** avoir de la facilité OR de l'aptitude pour qqch **2.** [feature] fonction *f* / *the clock also has a radio facility* ce réveil fait aussi radio / *an overdraft facility* UK une autorisation de découvert. ◆ **facilities** pl n [amenities] équipement *m*, aménagement *m* / *there are facilities for cooking* il y a ce qu'il faut pour faire la cuisine / *washing facilities* installations sanitaires ▸ **facilities manager** responsable *mf* des services généraux.

facing ['feɪsɪŋ] adj d'en face ; [sides] opposé(e).

facsimile [fæk'sɪmɪlɪ] noun **1.** [fax] télécopie *f*, fax *m* **2.** [copy] fac-similé *m*.

fact [fækt] noun **1.** [true piece of information] fait *m* ▸ **the fact is** le fait est ▸ **the fact remains that…** toujours est-il que… / *I'll give you all the facts and figures* je vous donnerai tous les détails voulus ▸ **to know sthg for a fact** savoir pertinemment qqch ▸ **I know for a fact that they're friends** je sais pertinemment qu'ils sont amis **2.** *(U)* [truth] faits *mpl*, réalité *f* / *fact and fiction* le réel et l'imaginaire. ◆ **in fact** adv en fait / *he claims to be a writer, but in (actual) fact he's a journalist* il prétend être écrivain mais en fait c'est un journaliste.

fact-finding [-'faɪndɪŋ] adj d'enquête.

faction ['fækʃn] noun faction *f*.

fact of life noun fait *m*, réalité *f* ▸ **the facts of life** *euph* les choses *fpl* de la vie.

factor ['fæktəʳ] noun facteur *m*, -trice *f*.

factory ['fæktərɪ] (*pl* **-ies**) noun fabrique *f*, usine *f*.

factory farming noun élevage *m* industriel.

fact sheet noun résumé *m*, brochure *f*.

factual ['fæktʃʊəl] adj factuel(elle), basé(e) sur les faits.

faculty ['fæklti] (*pl* **-ies**) noun **1.** [gen] faculté *f* **2.** US [of college] ▸ **the faculty** le corps enseignant.

FA Cup noun *en Angleterre, championnat de football dont la finale se joue à Wembley*.

fad [fæd] noun engouement *m*, mode *f* ; [personal] marotte *f*.

fade [feɪd] ✧ vt [jeans, curtains, paint] décolorer. ✧ vi **1.** [jeans, curtains, paint] se décolorer ; [colour] passer ; [flower] se flétrir, faner **2.** [light] baisser, diminuer **3.** [sound] diminuer, s'affaiblir **4.** [memory] s'effacer ; [feeling, interest] diminuer **5.** [smile] s'effacer, s'évanouir. ◆ **fade away, fade out** vi [sound, anger] diminuer ; [image] s'effacer.

faded ['feɪdɪd] adj [colour] passé(e).

faeces UK, **feces** US ['fi:si:z] pl n fèces *fpl*.

faff [fæf] ◆ **faff about, faff around** vi UK *inf* glander.

fag [fæg] noun *inf* **1.** UK [cigarette] clope *m* **2.** UK [chore] corvée *f* **3.** US *offens* [homosexual] pédé *m*.

fag end noun UK *inf* mégot *m*.

faggot ['fægət] noun **1.** UK CULIN boulette *f* de viande **2.** US *inf* & *offens* [homosexual] pédé *m*.

Fahrenheit ['færənhaɪt] adj Fahrenheit *(inv)*.

fail [feɪl] ✧ noun SCH & UNIV échec *m*. ✧ vt **1.** [exam, test] rater, échouer à / *he failed his driving test* il n'a pas eu son permis **2.** [not succeed] ▸ **to fail to do sthg** ne pas arriver à faire qqch / *I fail to see how I can help* je ne vois pas comment je peux aider **3.** [neglect] ▸ **to fail to do sthg** omettre de faire qqch / *he failed to mention he was married* il a omis de signaler qu'il était marié / *they never fail to call* ils ne manquent jamais d'appeler **4.** [candidate] refuser **5.** [subj: courage] manquer à ; [subj: friend, memory] lâcher / *words fail me* je ne sais pas quoi dire. ✧ vi **1.** [not succeed] ne pas réussir OR y arriver / *her attempt was bound to fail* sa tentative était vouée à l'échec / *it never fails* ça ne rate jamais / *if all else fails* en dernier recours **2.** [not pass exam] échouer / *I failed in maths* j'ai été collé OR recalé en maths **3.** [stop functioning] lâcher / *his heart failed* son cœur s'est arrêté / *the power failed* il y a eu une panne d'électricité **4.** [be insufficient] manquer, faire défaut / *their crops failed* ils ont perdu les récoltes / *she failed in her duty* elle a manqué OR failli à son devoir **5.** [weaken - health, daylight] décliner ; [- eyesight] baisser. ◆ **without fail** adv [for certain] sans faute, à coup sûr ; [always] inévitablement, immanquablement.

failed [feɪld] adj [singer, writer] raté(e).

failing ['feɪlɪŋ] ✧ noun [weakness] défaut *m*, point *m* faible. ✧ prep à moins de ▸ **failing that** à défaut.

fail-safe adj [device] à sûreté intégrée.

failure ['feɪljəʳ] noun **1.** [lack of success, unsuccessful thing] échec *m* / *her failure to attend* le fait qu'elle ne soit pas venue / *the play was a dismal failure* la pièce a été OR a fait un four noir **2.** [person] raté *m*, -e *f* / *I feel a complete failure* je me sens vraiment nulle **3.** [of engine, brake] défaillance *f* ; [of crop] perte *f*.

faint [feɪnt] ✧ adj **1.** [smell] léger(ère) ; [memory] vague ; [sound, hope] faible **2.** [slight - chance] petit(e), faible / *I haven't the faintest idea* je n'en ai pas la moindre idée **3.** [dizzy] : *I'm feeling a bit faint* je ne me sens pas bien / *he was faint with exhaustion* la tête lui tournait de fatigue. ✧ vi s'évanouir / *to be fainting from* OR *with hunger* défaillir de faim.

faint-hearted [-'hɑ:tɪd] adj timoré(e), timide.

faintly ['feɪntlɪ] adv **1.** [recall] vaguement ; [shine] faiblement ; [smile - indifferently] vaguement ; [- sadly] faiblement **2.** [rather, slightly] légèrement.

faintness ['feɪntnɪs] noun **1.** [dizziness] étourdissement *m*, étourdissements *mpl* **2.** [of image] flou *m* **3.** [of smell, sound, hope] faiblesse *f* ; [of memory] imprécision *f*.

fair [feəʳ] ✧ adj **1.** [just - person] juste, équitable ; [contest, match] correct ; [criticism] justifié, mérité ▸ **it's not fair!** ce n'est pas juste ! ▸ **to be fair...** il faut dire que... ▸ **she's had more than her fair share of problems** elle a largement eu sa part de problèmes ▸ **fair's fair: it's her turn now** il faut être juste, c'est son tour maintenant **2.** [quite large] grand(e), important(e) / *she reads a fair amount* elle lit pas mal **3.** [quite good] assez bon (assez bonne) ▸ **to have a fair idea of sthg** avoir sa petite idée sur qqch **4.** [hair] blond(e) **5.** [skin, complexion] clair(e) **6.** [weather] beau (belle). ✧ noun **1.** UK [funfair] fête *f* foraine **2.** [trade fair] foire *f*. ✧ adv [fairly] loyalement ▸ **he told us fair and square** il nous l'a dit sans détours OR carrément / *to play fair* jouer franc jeu. ◆ **fair enough** adv *inf* OK, d'accord.

fair copy noun copie *f* au propre.

fair game noun proie *f* rêvée.

fairground ['feəgraʊnd] noun champ *m* de foire.

fair-haired [-'heəd] adj [person] blond(e).

fairly ['feəlɪ] adv **1.** [rather] assez ▸ **fairly certain** presque sûr **2.** [justly] équitablement ; [describe] avec impartialité ; [fight, play] loyalement.

fair-minded [-'maɪndɪd] adj impartial(e), équitable.

fairness ['feənɪs] noun [justness] équité *f* ▸ **in fairness (to sb)** pour être juste (envers qqn).

fair play noun fair-play *m inv*.

fair sex noun : *the fair sex* le beau sexe.

fair-sized adj assez grand(e).

fair-skinned adj blanc (blanche), de peau.

fairway ['feəweɪ] noun fairway *m*, allée *f* QUÉBEC.

fair-weather adj [clothing, vessel] qui convient seulement au beau temps ▸ **a fair-weather friend** un ami des beaux OR bons jours.

fairy ['feərɪ] (*pl* **-ies**) noun **1.** [imaginary creature] fée *f* ▸ **to be away with the fairies** *inf* être complètement à côté de ses pompes **2.** *inf* & *offens* [homosexual] pédé *m*, tapette *f*.

fairy godmother noun bonne fée *f*.

fairy lights pl n UK guirlande *f* électrique.

fairy story noun LITER conte *m* de fées ; [untruth] histoire *f* à dormir debout.

fairy tale noun conte *m* de fées.

fait accompli [ˌfeɪtə'kɒmpli:] (*pl* **faits accomplis** [ˌfeɪzə'kɒmpli:]) noun fait *m* accompli.

faith [feɪθ] noun **1.** [belief] foi *f*, confiance *f* ▸ **faith in sb / sthg** confiance en qqn / qqch ▸ **in bad faith** de mauvaise foi ▸ **in good faith** en toute bonne foi **2.** RELIG foi *f*.

faithful ['feɪθfʊl] ❖ adj **1.** [person] fidèle **2.** [account, translation] exact(e). ❖ pl n RELIG ▸ **the faithful** les fidèles *mpl*.

faithfully ['feɪθfʊlɪ] adv [loyally] fidèlement ▸ **to promise faithfully that…** donner sa parole que… ▸ **Yours faithfully** UK [in letter] je vous prie d'agréer mes salutations distinguées.

faith healer noun guérisseur *m*, -euse *f*.

faith school noun UK SCH école *f* confessionnelle.

fake [feɪk] ❖ adj faux (fausse). ❖ noun **1.** [object, painting] faux *m* **2.** [person] imposteur *m*. ❖ vt **1.** [results] falsifier ; [signature] imiter **2.** [illness, emotions] simuler / *to fake it* **a)** faire semblant. ❖ vi [pretend] simuler, faire semblant.

falafel [fə'læfəl] = **felafel**.

falcon ['fɔ:lkən] noun faucon *m*.

Falkland Islands ['fɔ:klənd-], **Falklands** ['fɔ:kləndz] pl n ▸ **the Falkland Islands** les îles *fpl* Falkland, les Malouines *fpl* ▸ **in the Falkland Islands** aux îles Falkland, aux Malouines.

fall [fɔ:l] ❖ vi (*pt* **fell**, *pp* **fallen**) **1.** [gen] tomber / *she fell off the stool / out of the window* elle est tombée du tabouret / par la fenêtre / *they fell into one another's arms* ils sont tombés dans les bras l'un de l'autre / *as night fell* à la tombée de la nuit **2.** [decrease] baisser **3.** [become] ▸ **to fall ill** tomber malade ▸ **to fall open** s'ouvrir ▸ **to fall silent** se taire ▸ **to fall vacant** se libérer **4.** [belong, be classed] : *to fall into two groups* se diviser en deux groupes / *the matter falls under our jurisdiction* cette question relève de notre juridiction **5.** [disintegrate] ▸ **to fall to bits** OR **pieces** tomber en morceaux **6.** [be captured - city] ▸ **to fall (to sb)** tomber (aux mains de qqn) **7.** UK POL [constituency] ▸ **to fall to sb** passer à qqn. ❖ noun **1.** [gen] ▸ **fall (in)** chute (de) **2.** US [autumn] automne *m*. ◆ **falls** pl n chutes *fpl*. ◆ **fall about** vi UK *inf* ▸ **to fall about (laughing)** se tordre (de rire). ◆ **fall apart** vi **1.** [disintegrate - book, chair] tomber en morceaux ; *fig* / *their marriage is falling apart* leur mariage est en train de se briser OR va à vau-l'eau **2.** *fig* [country] tomber en ruine ; [person] s'effondrer. ◆ **fall away** vi [land] descendre, s'abaisser. ◆ **fall back** vi [person, crowd] reculer. ◆ **fall back on** vt insep [resort to] se rabattre sur. ◆ **fall behind** vi **1.** [in race] se faire distancer **2.** [with rent] être en retard ▸ **to fall behind with** UK OR **in** US **one's work** avoir du retard dans son travail. ◆ **fall down** vi [fail] échouer / *the plan falls down on three points* ce plan pèche sur trois points. ◆ **fall for** vt insep **1.** *inf* [fall in love with] tomber amoureux(euse) de **2.** [trick, lie] se laisser prendre à ▸ **to fall for it** tomber dans le panneau. ◆ **fall in** vi **1.** [roof, ceiling] s'écrouler, s'affaisser **2.** MIL former les rangs. ◆ **fall in with** vt insep [go along with] accepter. ◆ **fall off** vi **1.** [branch, handle] se détacher, tomber **2.** [demand, numbers] baisser, diminuer. ◆ **fall on** vt insep **1.** [subj: eyes, gaze] tomber sur **2.** [attack] se jeter sur. ◆ **fall out** vi **1.** [hair, tooth] tomber **2.** [friends] se brouiller **3.** MIL rompre les rangs. ◆ **fall over** ❖ vt insep ▸ **to fall over sthg** trébucher sur qqch et tomber ▸ **to be falling over o.s. to do sthg** *inf* se mettre en quatre pour faire qqch. ❖ vi [person, chair] tomber. ◆ **fall through** vi [plan, deal] échouer. ◆ **fall to** vt insep [subj: duty] incomber à, revenir à ▸ **it falls to me to…** c'est à moi de….

fallacious [fə'leɪʃəs] adj *fml* fallacieux(euse).

fallacy ['fæləsɪ] (*pl* **-ies**) noun erreur *f*, idée *f* fausse.

fallen ['fɔ:ln] pp ⟶ **fall**.

fall guy noun US *inf* [scapegoat] bouc *m* émissaire.

fallible ['fæləbl] adj faillible.

falling ['fɔ:lɪŋ] adj [decreasing] en baisse.

Fallopian tube [fə'ləʊpɪən-] noun trompe *f* de Fallope.

fallout ['fɔ:laʊt] noun *(U)* [radiation] retombées *fpl*.

fallow ['fæləʊ] adj ▸ **to lie fallow** être en jachère.

false [fɔ:ls] adj **1.** [generally] faux (fausse) **2.** [insincere] perfide, fourbe ; [disloyal] déloyal(e).

false alarm noun fausse alerte *f*.

falsehood ['fɔ:lshʊd] noun *fml* **1.** [lie] mensonge *m* **2.** *(U)* [lack of truth] fausseté *f*.

falsely ['fɔ:lslɪ] adv à tort ; [smile, laugh] faussement.

false start noun *lit* & *fig* faux départ *m*.

false teeth pl n dentier *m*.

falsetto [fɔ:l'setəʊ] ❖ noun (*pl* **-s**) [singer] fausset *m*. ❖ adv [sing] en fausset.

falsify ['fɔ:lsɪfaɪ] (*pt* & *pp* **-ied**) vt falsifier.

falter ['fɔ:ltər] vi **1.** [move unsteadily] chanceler **2.** [steps, voice] devenir hésitant(e) **3.** [hesitate, lose confidence] hésiter.

faltering ['fɔ:ltərɪŋ] adj [steps, voice] hésitant(e).

fame [feɪm] noun gloire *f*, renommée *f*.

famed [feɪmd] adj célèbre, renommé(e) / *famed for his generosity* connu OR célèbre pour sa générosité.

familiar [fə'mɪljər] adj familier(ère) ▸ **familiar to sb** connu de qqn / *his name is familiar* j'ai déjà entendu son nom (quelque part), son nom me dit quelque chose / *a familiar feeling* un sentiment bien connu ▸ **familiar with sthg** familiarisé(e) avec qqch ▸ **to be on familiar terms with sb** être en termes familiers avec qqn.

familiarity [fə,mɪlɪ'ærətɪ] noun *(U)* **1.** [knowledge] ▸ **familiarity with sthg** connaissance *f* de qqch, familiarité *f* avec qqch **2.** [normality] caractère *m* familier **3.** *pej* [excessive informality] familiarité *f*.

familiarize, **familiarise** UK [fə'mɪljəraɪz] vt ▸ **to familiarize o.s. with sthg** se familiariser avec qqch ▸ **to familiarize sb with sthg** familiariser qqn avec qqch.

family ['fæmlɪ] ❖ noun (*pl* **-ies**) famille *f* / *have you any family?* **a)** [relatives] avez-vous de la famille ? **b)** [children] avez-vous des enfants ? / *to start a family* avoir un (premier) enfant. ❖ comp **1.** [belonging to family] de famille **2.** [suitable for all ages] familial(e).

family business noun entreprise *f* familiale.

family doctor noun médecin *m* de famille.

family-friendly adj **1.** [hôtel, camping] qui accueille volontiers les familles **2.** [politique, proposition] qui favorise la famille **3.** [spectacle] pour toute la famille.

family leave noun congé *m* parental.

family life noun vie *f* de famille.

family man noun : *he's a family man* il aime la vie de famille, c'est un bon père de famille.

family name noun nom *m* de famille.

family planning noun planning *m* familial ▸ **family planning clinic** centre *m* de planning familial.

family-size(d) adj [jar, packet] familial(e).

family tree noun arbre *m* généalogique.

famine ['fæmɪn] noun famine *f*.

famished ['fæmɪʃt] adj *inf* [very hungry] affamé(e) / *I'm famished!* je meurs de faim !

famous ['feɪməs] adj ▸ **famous (for)** célèbre (pour).

famously ['feɪməslɪ] adv *dated* ▸ **to get on** OR **along famously** s'entendre comme larrons en foire.

fan [fæn] ❖ noun **1.** [of paper, silk] éventail *m* **2.** [electric or mechanical] ventilateur *m* **3.** [enthusiast] fan *mf* **4.** PHR **when the shit hits the fan** *inf* **a)** [when it comes to a head] quand ça va péter **b)** [when it goes public] quand ça se saura. ❖ vt (*pt & pp* **-ned**, *cont* **-ning**) **1.** [face] éventer ▸ **to fan o.s.** s'éventer **2.** [fire, feelings] attiser.
◆ **fan out** vi se déployer.

fanatic [fə'nætɪk] noun fanatique *mf*.

fanatical [fə'nætɪkl] adj fanatique.

fanaticism [fə'nætɪsɪzm] noun fanatisme *m*.

fanciful ['fænsɪfʊl] adj **1.** [odd] bizarre, fantasque **2.** [elaborate] extravagant(e).

fan club noun fan-club *m*.

fancy ['fænsɪ] ❖ adj (*compar* **-ier**, *superl* **-iest**) **1.** [elaborate - hat, clothes] extravagant(e) ; [- food, cakes] raffiné(e) **2.** [expensive - restaurant, hotel] de luxe ; [- prices] fantaisiste. ❖ noun (*pl* **-ies**) **1.** UK [desire, liking] envie *f*, lubie *f* ▸ **to take a fancy to sb** se prendre d'affection pour qqn ▸ **to take a fancy to sthg** se mettre à aimer qqch ▸ **to take sb's fancy** faire envie à qqn, plaire à qqn **2.** [fantasy] rêve *m*. ❖ vt (*pt & pp* **-ied**) **1.** UK *inf* [want] avoir envie de ▸ **to fancy doing sthg** avoir envie de faire qqch **2.** UK *inf* [like] : *I fancy her* elle me plaît ▸ **to fancy o.s.** ne pas se prendre pour rien OR n'importe qui ▸ **to fancy o.s. as sthg** se prendre pour qqch **3.** [imagine] : *fancy meeting you here!* tiens, c'est toi ! je n'aurais jamais pensé te rencontrer ici ! ▸ **fancy that!** ça alors ! **4.** *dated* [think] penser.

fancy-dress (party) noun fête *f* déguisée.

fancy-free adj sans souci.

fanfare ['fænfeəʳ] noun fanfare *f*.

fang [fæŋ] noun [of wolf] croc *m* ; [of snake] crochet *m*.

fan mail noun courrier *m* de fans.

fanny ['fænɪ] noun US *inf* [buttocks] fesses *fpl*.

fanny pack noun US banane *f (sac)*.

fan-shaped adj en éventail.

fantasize, **fantasise** UK ['fæntəsaɪz] vi ▸ **to fantasize (about sthg / about doing sthg)** fantasmer (sur qqch / sur le fait de faire qqch).

fantastic [fæn'tæstɪk] adj **1.** *inf* [wonderful] fantastique, formidable **2.** [incredible] extraordinaire, incroyable **3.** [exotic] fabuleux(euse).

fantasy ['fæntəsɪ] ❖ noun (*pl* **-ies**) **1.** [dream, imaginary event] rêve *m*, fantasme *m* **2.** *(U)* [fiction] fiction *f* **3.** [imagination] fantaisie *f*. ❖ comp imaginaire.

fanzine ['fænzi:n] noun fanzine *m*.

fao (*abbr of* **for the attention of**) à l'attention de.

FAO (*abbr of* **Food and Agriculture Organization**) noun FAO *f*.

FAQ [fak *or* ɛfeɪ'kju:] ❖ noun COMPUT (*abbr of* **frequently asked questions**) foire *f* aux questions, FAQ *f*. ❖ adj & adv (*abbr of* **free alongside quay**) FLQ.

far [fɑ:ʳ] ❖ adv **1.** [in distance] loin ▸ **how far is it?** c'est à quelle distance ?, (est-ce que) c'est loin ? ▸ **have you come far?** vous venez de loin ? ▸ **far away** OR **off** loin ▸ **far and wide** partout ▸ **as far as** jusqu'à / *as far as the eye can see* à perte de vue **2.** [in time] ▸ **far off** dans longtemps / *he's not far off sixty* il n'a pas loin de la soixantaine ▸ **as far back as a)** [be founded] dès **b)** [remember, go] jusqu'à ▸ **so far** jusqu'à maintenant, jusqu'ici **3.** [in degree or extent] bien / *I wouldn't trust him very far* je ne lui ferais pas tellement confiance / *she is far more intelligent than I am* elle est bien OR beaucoup plus intelligente que moi ▸ **he's not far wrong** OR **out** OR **off** il n'est pas loin / *as far as I know* autant que je sache / *not as far as I know* pas que je sache / *as far as I'm concerned* pour ma part / *as far as possible* autant que possible, dans la mesure du possible / *it's all right as far as it goes* pour ce qui est de ça, pas de problème ▸ **in so far as** dans la mesure où ▸ **far and away, by far** de loin ▸ **far from it** loin de là, au contraire ▸ **so far so good** jusqu'ici tout va bien / *£5 doesn't go far nowadays* on ne va pas loin avec 5 livres de nos jours ▸ **to go so far as to do sthg** aller jusqu'à faire qqch ▸ **to go too far** aller trop loin. ❖ adj (*compar* **farther** *or* **further**, *superl* **farthest** *or* **furthest**) **1.** [extreme] : *the far end of the street* l'autre bout de la rue / *the far right of the party* l'extrême droite du parti / *the door on the far left* la porte la plus à gauche **2.** *liter* [remote] lointain(e).

faraway ['fɑːrəweɪ] adj lointain(e).

farce [fɑːs] noun **1.** THEAT farce *f* **2.** *fig* [disaster] pagaille *f*, vaste rigolade *f*.

farcical ['fɑːsɪkl] adj grotesque.

fare [feəʳ] ❖ noun **1.** [payment] prix *m*, tarif *m* **2.** *dated* [food] nourriture *f*. ❖ vi [manage] ▸ **to fare well / badly** bien / mal se débrouiller.

Far East noun ▸ **the Far East** l'Extrême-Orient *m*.

farewell [ˌfeə'wel] ❖ noun adieu *m*. ❖ excl *liter* adieu !

far-fetched [-'fetʃt] adj bizarre, farfelu / *a far-fetched alibi* un alibi tiré par les cheveux / *a far-fetched story* une histoire à dormir debout.

far-flung adj [widespread] étendu(u), vaste ; [far] lointain(e).

farm [fɑːm] ❖ noun ferme *f*. ❖ vt cultiver. ❖ vi être cultivateur. ◆ **farm out** vt sep confier en sous-traitance.

farmer ['fɑːməʳ] noun fermier *m*, -ière *f*.

farmers' market noun marché *m* de producteurs.

farmhand ['fɑːmhænd] noun ouvrier *m*, -ère *f* agricole.

farmhouse ['fɑːmhaʊs] (*pl* [-haʊzɪz]) noun ferme *f*.

farming ['fɑːmɪŋ] noun *(U)* agriculture *f* ; [of animals] élevage *m*.

farmland ['fɑːmlænd] noun *(U)* terres *fpl* cultivées OR arables.

farmyard ['fɑːmjɑːd] noun cour *f* de ferme.

far-off adj **1.** [days] lointain(e) ; [time] reculé(e) **2.** [in distance] lointain(e).

far-reaching [-'riːtʃɪŋ] adj d'une grande portée.

farsighted [ˌfɑː'saɪtɪd] adj **1.** [person] prévoyant(e) ; [plan] élaboré(e) avec clairvoyance **2.** US [longsighted] hypermétrope.

farsightedness [ˌfɑː'saɪtɪdnɪs] noun **1.** [of person] prévoyance *f*, perspicacité *f* ; [of act, decision] clairvoyance *f* **2.** US MED hypermétropie *f*, presbytie *f*.

fart [fɑːt] *v inf* ❖ noun **1.** [air] pet *m* **2.** [person] con *m*, conne *f* / *an old fart* un vieux con. ❖ vi péter.

farther ['fɑːðəʳ] compar ⟶ **far**.

farthest ['fɑːðəst] superl ⟶ **far**.

fascinate ['fæsɪneɪt] vt fasciner.

fascinating ['fæsɪneɪtɪŋ] adj [person, country] fascinant(e) ; [job] passionnant(e) ; [idea, thought] très intéressant(e).

fascination [ˌfæsɪ'neɪʃn] noun fascination *f*.

fascism ['fæʃɪzm] noun fascisme *m*.

fascist ['fæʃɪst] ❖ adj fasciste. ❖ noun fasciste *mf*.

fashion ['fæʃn] ❖ noun **1.** [clothing, style] mode *f* ▸ **to be in / out of fashion** être / ne plus être à la mode ▸ **fashion model** mannequin *m* (de mode) **2.** [manner] manière *f*. ❖ vt *fml* façonner, fabriquer.

fashionable ['fæʃnəbl] adj à la mode.

fashionably ['fæʃnəblɪ] adv élégamment, à la mode / *her hair is fashionably short* elle a les cheveux coupés court selon la mode.

fashion designer noun styliste *mf*.

fashionista [fæʃə'nɪstə] noun *inf* fashionista *mf*.

fashion show noun défilé *m* de mode.

fashion victim noun *hum* victime *f* de la mode.

fast [fɑːst] ❖ adj **1.** [rapid] rapide ▸ **fast train** rapide *m* **2.** [clock, watch] en avance / *my watch is (three minutes) fast* ma montre avance (de trois minutes). ❖ adv **1.** [rapidly] vite / *how fast does this car go?* à quelle vitesse va cette voiture ? / *she ran off as fast as her legs would carry her* elle s'est sauvée à toutes jambes, elle a pris ses jambes à son cou **2.** [firmly] solidement / *shut fast* bien fermé ▸ **to hold fast to sthg** *lit* & *fig* s'accrocher à qqch ▸ **fast asleep** profondément endormi. ❖ noun jeûne *m*. ❖ vi jeûner.

fasten ['fɑːsn] ❖ vt [jacket, bag] fermer ; [seat belt] attacher ▸ **to fasten sthg to sthg** attacher qqch à qqch. ❖ vi ▸ **to fasten on to sb / sthg** se cramponner à qqn / qqch.

fastener ['fɑːsnəʳ] noun [of bag, necklace] fermoir *m* ; [of dress] fermeture *f*.

fastening ['fɑːsnɪŋ] noun fermeture *f*.

fast food noun fast-food *m*, restauration *f* rapide.

fast-forward ❖ noun avance *f* rapide. ❖ vt mettre en avance rapide. ❖ vi mettre la bande en avance rapide.

fastidious [fə'stɪdɪəs] adj [fussy] méticuleux(euse).

fast lane noun [on motorway] voie *f* rapide ▸ **life in the fast lane** *fig* la vie à cent à l'heure.

fast-moving adj [film] plein(e) d'action / *fast-moving events* des évènements rapides.

fast-paced [-'peɪst] adj **1.** [novel, film, TV show] au rythme trépidant **2.** [game, sport] rapide.

fast-track adj : *fast-track executives des cadres qui gravissent rapidement les échelons.*

fat [fæt] ❖ adj (*compar* **-ter**, *superl* **-test**) **1.** [overweight] gros (grosse), gras (grasse) ▸ **to get fat** grossir **2.** [not lean - meat] gras (grasse) **3.** [thick - file, wallet] gros (grosse), épais(aisse) **4.** [large - profit, cheque] gros (grosse) **5.** *iro* [small] ▸ **a fat lot of good that did you!** ça t'a bien avancé ! / *I reckon you'll get it back — fat chance!* je pense qu'on te le rendra — tu parles ! ❖ noun **1.** [flesh, on meat, in food] graisse *f* **2.** *(U)* [for cooking] matière *f* grasse / *margarine low in fat* margarine pauvre en matières grasses OR allégée ▸ **pork fat** saindoux *m*.

fatal ['feɪtl] adj **1.** [serious - mistake] fatal(e) ; [- decision, words] fatidique **2.** [accident, illness] mortel(elle).

fatalist ['feɪtəlɪst] ❖ adj fataliste. ❖ noun fataliste *mf*.

fatalistic [ˌfeɪtə'lɪstɪk] adj fataliste.

fatality [fə'tæləti] (*pl* **-ies**) noun **1.** [accident victim] mort *m* **2.** *fml* [destiny] fatalité *f*.

fatally ['feɪtəlɪ] adv **1.** [seriously] sérieusement, gravement **2.** [wounded] mortellement ▸ **fatally ill** dans un état désespéré.

fat cat noun *inf* & *pej* richard *m*, huile *f*.

fate [feɪt] noun **1.** [destiny] destin *m* ▸ **to tempt fate** tenter le diable **2.** [result, end] sort *m*.

fated ['feɪtɪd] adj fatal(e), marqué(e) par le destin ▸ **to be fated to do sthg** être voué OR destiné à faire qqch.

fateful ['feɪtfʊl] adj fatidique.

fat-free adj sans matières grasses.

father ['fɑ:ðəʳ] ❖ noun père *m*. ❖ vt engendrer. ◆ **Father** noun **1.** [priest] Père *m* **2.** [God] Dieu le Père *m* ▸ **Our Father** notre Père.

Father Christmas noun UK le Père Noël.

father figure noun personne *f* qui joue le rôle du père / *he was a father figure for all the employees* le personnel le considérait un peu comme un père.

fatherhood ['fɑ:ðəhʊd] noun *(U)* paternité *f*.

father-in-law (*pl* **fathers-in-law**) noun beau-père *m*.

fatherly ['fɑ:ðəlɪ] adj paternel(elle).

Father's Day noun fête *f* des Pères.

fathom ['fæðəm] ❖ noun brasse *f*. ❖ vt ▸ **to fathom sb / sthg (out)** comprendre qqn / qqch.

fatigue [fə'ti:g] ❖ noun **1.** [exhaustion] épuisement *m* **2.** [in metal] fatigue *f*. ❖ vt épuiser. ◆ **fatigues** pl n tenue *f* de corvée, treillis *m*.

fatless ['fætlɪs] adj sans matières grasses.

fatten ['fætn] vt engraisser. ◆ **fatten up** vt sep engraisser.

fattening ['fætnɪŋ] adj qui fait grossir.

fatty ['fætɪ] ❖ adj (*compar* **-ier**, *superl* **-iest**) gras (grasse). ❖ noun (*pl* **-ies**) *inf* & *pej* gros *m*, grosse *f*.

fatuous ['fætjʊəs] adj *fml* stupide, niais(e).

fatwa ['fætwə] noun RELIG fatwa *f*.

faucet ['fɔ:sɪt] noun US robinet *m*.

fault ['fɔ:lt] ❖ noun **1.** [responsibility, in tennis] faute *f* ▸ **it's not MY fault** je n'y suis pour rien ▸ **it's my fault** c'est de ma faute **2.** [mistake, imperfection] défaut *m* ▸ **to find fault with sb / sthg** critiquer qqn / qqch ▸ **at fault** fautif(ive) **3.** GEOL faille *f*. ❖ vt ▸ **to fault sb (on sthg)** prendre qqn en défaut (sur qqch).

faultless ['fɔ:ltlɪs] adj impeccable.

faulty ['fɔ:ltɪ] (*compar* **-ier**, *superl* **-iest**) adj défectueux(euse).

fauna ['fɔ:nə] noun faune *f*.

faux pas [ˌfəʊ'pɑ:] (*pl inv*) noun faux-pas *m*.

favour UK, **favor** US ['feɪvəʳ] ❖ noun **1.** [approval] faveur *f*, approbation *f* ▸ **to look with favour on sb** considérer qqn favorablement ▸ **in sb's favour** en faveur de qqn ▸ **to be in / out of favour with sb** avoir / ne pas avoir les faveurs de qqn, avoir / ne pas avoir la cote avec qqn ▸ **to curry favour with sb** chercher à gagner la faveur de qqn **2.** [kind act] service *m* ▸ **to do sb a favour** rendre (un) service à qqn **3.** [favouritism] favoritisme *m* **4.** [advantage] ▸ **to rule in sb's favour** décider OR statuer en faveur de qqn / *the odds are in his favour* il est (donné) favori. ❖ vt **1.** [prefer] préférer, privilégier **2.** [treat better, help] favoriser **3.** *iro* [honour] ▸ **to favour sb with sthg** faire à qqn l'honneur de qqch. ◆ **in favour** adv [in agreement] pour, d'accord. ◆ **in favour of** prep **1.** [in preference to] au profit de **2.** [in agreement with] ▸ **to be in favour of sthg / of doing sthg** être partisan(e) de qqch / de faire qqch.

favourable UK, **favorable** US ['feɪvrəbl] adj [positive] favorable.

favourably UK, **favorably** US ['feɪvrəblɪ] adv favorablement ; [placed] bien.

favourite UK, **favorite** US ['feɪvrɪt] ❖ adj favori(ite). ❖ noun [person] favori *m*, -ite *f*. ◆ **favorites** pl n COMPUT favoris *mpl*, signets *mpl*.

favouritism UK, **favoritism** US ['feɪvrɪtɪzm] noun favoritisme *m*.

fawn [fɔ:n] ❖ adj fauve *(inv)*. ❖ noun [animal] faon *m*. ❖ vi ▸ **to fawn on sb** flatter qqn servilement.

fax [fæks] ❖ noun fax *m*, télécopie *f*. ❖ vt **1.** [person] envoyer un fax à **2.** [document] envoyer en fax.

fax machine noun fax *m*, télécopieur *m*.

fax number noun numéro *m* de fax.

faze [feɪz] vt *inf* démonter, déconcerter.

FBI (*abbr of* **Federal Bureau of Investigation**) noun US FBI *m*.

FCO (*abbr of* **Foreign and Commonwealth Office**) noun *ministère britannique des affaires étrangères et du Commonwealth*.

fear [fɪəʳ] ❖ noun **1.** *(U)* [feeling] peur *f* / *have no fear* ne craignez rien, soyez sans crainte **2.** [object of fear] crainte *f* / *he expressed his fears about their future* il a exprimé son inquiétude en ce qui concerne leur avenir **3.** [risk] risque *m* ▸ **for fear of** de peur de *(+ infinitive)*, de peur que *(+ subjunctive)* / *there is no fear of her leaving* elle ne risque pas de partir, il est peu probable qu'elle parte. ❖ vt **1.** [be afraid of] craindre, avoir peur de / *never fear, fear not* ne craignez rien, soyez tranquille **2.** [anticipate] craindre ▸ **to fear (that)...** craindre que..., avoir peur que.... ❖ vi [be afraid] ▸ **to fear for sb / sthg** avoir peur pour qqn / qqch, craindre pour qqn / qqch.

fearful ['fɪəfʊl] adj **1.** *fml* [frightened] peureux(euse) ▸ **to be fearful of sthg** avoir peur de qqch **2.** [frightening] effrayant(e).

fearless ['fɪəlɪs] adj intrépide.

fearlessly ['fɪəlɪslɪ] adv avec intrépidité.

fearlessness ['fɪəlɪsnɪs] noun audace *f*, absence *f* de peur.

fearsome ['fɪəsəm] adj [temper] effroyable.

feasibility [,fi:zə'bɪlətɪ] noun *(U)* possibilité *f*.

feasibility study noun étude *f* de faisabilité.

feasible ['fi:zəbl] adj faisable, possible.

feast [fi:st] ❖ noun [meal] festin *m*, banquet *m*. ❖ vi ▸ **to feast on** OR **off sthg** se régaler de qqch.

feat [fi:t] noun exploit *m*, prouesse *f*.

feather ['feðər] noun plume *f*.

featherbrained ['feðəbreɪnd] adj [person] écervelé(e) ; [idea, scheme] inconsidéré(e).

featherweight ['feðəweɪt] noun [boxer] poids *m* plume.

feathery ['feðərɪ] adj **1.** [bird] à plumes **2.** *fig* [light and soft - snowflake] doux et léger comme la plume.

feature ['fi:tʃər] ❖ noun **1.** [characteristic] caractéristique *f* / *the novel has just one redeeming feature* le roman est sauvé par un seul élément **2.** GEOG particularité *f* **3.** [article] article *m* de fond **4.** RADIO & TV émission *f* spéciale, spécial *m* **5.** CIN long métrage *m*. ❖ vt **1.** [subj: film, exhibition] mettre en vedette / *featuring James Dean* avec, dans le rôle principal, James Dean **2.** PRESS [display prominently] : *the story / the picture is featured on the front page* le récit/la photo est en première page **3.** [comprise] présenter, comporter. ❖ vi ▸ **to feature (in)** figurer en vedette (dans). ◆ **features** pl n [of face] traits *mpl*.

feature film noun long métrage *m*.

feature-length adj CIN : *a feature-length film* un long métrage / *a feature-length cartoon* un film d'animation.

featureless ['fi:tʃəlɪs] adj sans trait distinctif.

feature writer noun journaliste *mf*.

Feb. [feb] (*abbr of* **February**) févr.

February ['februərɪ] noun février *m*. *See also* **September**.

feces US = **faeces**.

feckless ['feklɪs] adj inepte.

fed [fed] ❖ pt & pp ⟶ **feed**. ❖ noun US *inf* agent *m*, -e *f* du FBI.

Fed [fed] noun **1.** US *inf* (*abbr of* **Federal Reserve Board**) *organe de contrôle de la Banque centrale américaine* **2.** *abbr of* **federal 3.** *written abbr of* **federation**.

federal ['fedrəl] adj fédéral(e).

Federal Agent noun US agent *m* fédéral, agente *f* fédérale.

Federal Bureau of Investigation noun FBI *m* ; ≃ police *f* judiciaire.

federalism ['fedrəlɪzm] noun fédéralisme *m*.

federalist ['fedrəlɪst] ❖ adj fédéraliste. ❖ noun fédéraliste *mf*.

Federal Reserve noun US Réserve *f* fédérale.

federation [,fedə'reɪʃn] noun fédération *f*.

fed up adj ▸ **to be fed up (with)** en avoir marre (de).

fee [fi:] noun [of school] frais *mpl* ; [of doctor] honoraires *mpl* ; [for membership] cotisation *f* ; [for entrance] tarif *m*, prix *m*.

feeble ['fi:bəl] adj faible.

feeble-minded adj faible d'esprit.

feebly ['fi:blɪ] adv faiblement.

feed [fi:d] ❖ vt (*pt & pp* **fed**) **1.** [give food to] nourrir / *to feed sthg to sb, to feed sb sthg* donner qqch à manger à qqn **2.** [fire, fears] alimenter / *to feed a parking meter* mettre des pièces dans un parcmètre **3.** [put, insert] ▸ **to feed sthg into sthg** mettre OR insérer qqch dans qqch / *to feed data into a computer* entrer des données dans un ordinateur. ❖ vi (*pt & pp* **fed**) **1.** [take food] ▸ **to feed (on** OR **off)** se nourrir (de) **2.** [be strengthened] ▸ **to feed on** OR **off** s'appuyer sur. ❖ noun **1.** [for baby] repas *m* **2.** [animal food] nourriture *f*.

feedback ['fi:dbæk] noun *(U)* **1.** [reaction] réactions *fpl* / *we haven't had much feedback from them* nous n'avons pas eu beaucoup de réactions OR d'échos de leur part / *we welcome feedback from customers* nous sommes toujours heureux d'avoir les impressions OR les réactions de nos clients **2.** ELEC réaction *f*, rétroaction *f*.

feeding frenzy noun frénésie *f* alimentaire / *to have a feeding frenzy* avoir un comportement agressif.

feel [fi:l] ❖ vt (*pt & pp* **felt**) **1.** [touch] toucher / *feel the quality of this cloth* apprécie la qualité de ce tissu ▸ **to feel one's way a)** avancer à tâtons **b)** [in new job, difficult situation] avancer avec précaution **2.** [sense, experience, notice] sentir ; [emotion] ressentir ▸ **to feel o.s. doing sthg** se sentir faire qqch **3.** [believe] ▸ **to feel (that)…** croire que…, penser que… / *she feels very strongly that…* elle est tout à fait convaincue que… **4.** PHR **I'm not feeling myself today** je ne suis pas dans mon assiette aujourd'hui. ❖ vi (*pt & pp* **felt**) **1.** [have sensation] : *to feel cold / hot / sleepy* avoir froid / chaud / sommeil / *my hands / feet feel cold* j'ai froid aux mains / pieds / *to feel safe* se sentir en sécurité ▸ **to feel like sthg / like doing sthg** [be in mood for] avoir envie de qqch / de faire qqch **2.** [have emotion] se sentir / *to feel angry* être en colère / *to feel (like) a fool* se sentir bête / *if that's how you feel…* si c'est comme ça que tu vois les choses… **3.** [seem] sembler / *it feels good to be alive / home* c'est bon d'être en vie / chez soi / *it feels strange* ça fait drôle **4.** [by touch] : *to feel hard / soft / smooth / rough* être dur / doux / lisse / rêche (au toucher) / *your forehead feels hot* ton front est brûlant / *it feels like leather* on dirait du cuir ▸ **to feel for sthg** chercher qqch. ❖ noun **1.** [sensation, touch] toucher *m*, sensation *f* **2.** [atmosphere] atmosphère *f* / *his music has a really Latin feel (to it)* il y a vraiment une influence latine dans sa musique **3.** / *to get the feel of sthg* s'habituer à qqch PHR **to have a feel for sthg** avoir l'instinct pour qqch.

feeler ['fi:lər] noun antenne *f*.

feelgood ['fi:lgʊd] adj *inf* qui donne la pêche / *the feelgood factor* l'optimisme *m* ambiant.

feeling ['fi:lɪŋ] noun **1.** [emotion] sentiment *m* ▸ **I know the feeling** je sais ce que c'est ▸ **bad feeling** animosité *f*, hostilité *f* / *the feeling is mutual* c'est réciproque

2. [physical sensation] sensation *f* **3.** [intuition, sense] sentiment *m*, impression *f* ; [opinion] avis *m*, opinion *f* / *I had a feeling he would write* j'avais le pressentiment qu'il allait écrire / *she has very strong feelings about it* elle a des opinions très arrêtées là-dessus **4.** [understanding] sensibilité *f* ▸ **to have a feeling for sthg** comprendre OR apprécier qqch. ◆ **feelings** pl n sentiments *mpl* ▸ **no hard feelings!** sans rancune !

fee-paying [-ˈpeɪɪŋ] adj UK [pupil] d'un établissement privé ; [school] privé(e).

feet [fi:t] pl n ⟶ **foot**.

feign [feɪn] vt *fml* feindre.

feigned [feɪnd] adj [surprise, innocence] feint(e) ; [illness, madness, death] simulé(e).

feint [feɪnt] ❖ noun feinte *f*. ❖ vi feinter.

feisty [ˈfaɪstɪ] (*compar* **-ier**, *superl* **-iest**) adj *inf* [lively] plein(e) d'entrain ; [combative] qui a du cran.

felafel [fəˈlæfəl] noun CULIN falafel *m*.

felicitous [fɪˈlɪsɪtəs] adj *fml* heureux(euse).

feline [ˈfi:laɪn] ❖ adj félin(e). ❖ noun félin *m*.

fell [fel] ❖ pt ⟶ **fall**. ❖ vt [tree, person] abattre. ◆ **fells** pl n GEOG lande *f*.

fella [ˈfelə] noun *inf* [man] mec *m*, type *m*.

fellow [ˈfeləʊ] ❖ noun **1.** *dated* [man] homme *m* **2.** [comrade, peer] camarade *m*, compagnon *m* **3.** [of society, college] membre *m*, associé *m*. ❖ adj ▸ **one's fellow men** ses semblables ▸ **fellow feeling** sympathie *f* ▸ **fellow passenger** compagnon *m*, compagne *f* (de voyage) ▸ **fellow student** camarade *mf* (d'études).

fellowship [ˈfeləʊʃɪp] noun **1.** [comradeship] amitié *f*, camaraderie *f* **2.** [society] association *f*, corporation *f* **3.** [of society, college] titre *m* de membre OR d'associé **4.** UNIV [scholarship] bourse *f* d'études dans l'enseignement supérieur ; [status] poste *m*, de chercheur-euse *f*.

felony [ˈfelənɪ] (*pl* **-ies**) noun LAW crime *m*, forfait *m*.

felt [felt] ❖ pt & pp ⟶ **feel**. ❖ noun *(U)* feutre *m*.

felt-tip pen noun stylo-feutre *m*.

female [ˈfi:meɪl] ❖ adj [person] de sexe féminin ; [animal, plant] femelle ; [sex, figure] féminin(e) ▸ **female student** étudiante *f* ▸ **female worker** travailleuse *f*, ouvrière *f*. ❖ noun femelle *f*.

feminine [ˈfemɪnɪn] ❖ adj féminin(e). ❖ noun GRAM féminin *m*.

femininity [femɪˈnɪnətɪ] noun *(U)* féminité *f*.

feminism [ˈfemɪnɪzm] noun féminisme *m*.

feminist [ˈfemɪnɪst] noun féministe *mf*.

fence [fens] ❖ noun [barrier] clôture *f* ▸ **to sit on the fence** *fig* ménager la chèvre et le chou. ❖ vt clôturer, entourer d'une clôture. ◆ **fence off** vt sep séparer par une clôture.

fencing [ˈfensɪŋ] noun **1.** SPORT escrime *f* **2.** [material] clôture *f*.

fend [fend] vi ▸ **to fend for o.s.** se débrouiller tout seul. ◆ **fend off** vt sep [blows] parer ; [questions, reporters] écarter.

fender [ˈfendəʳ] noun **1.** [around fireplace] pare-feu *m inv* **2.** [on boat] défense *f* **3.** US [on car] aile *f*.

fennel [ˈfenl] noun fenouil *m*.

ferment ❖ noun [ˈfɜ:ment] *(U)* [unrest] agitation *f*, effervescence *f* ▸ **in ferment** en effervescence. ❖ vi [fəˈment] [wine, beer] fermenter.

fermentation [ˌfɜ:mənˈteɪʃn] noun fermentation *f*.

fern [fɜ:n] noun fougère *f*.

ferocious [fəˈrəʊʃəs] adj [animal, criticism] féroce ; [heat] terrible, intense ; [climate] rude.

ferociousness [fəˈrəʊʃəsnɪs], **ferocity** [fəˈrɒsətɪ] noun [of person, animal, attack, criticism] férocité *f* ; [of heat] intensité *f*, caractère *m* torride ; [of climate] rudesse *f*.

ferret [ˈferɪt] noun furet *m*. ◆ **ferret about, ferret around** vi *inf* fureter un peu partout. ◆ **ferret out** vt sep *inf* dénicher.

Ferris wheel [ˈferɪs-] noun US grande roue *f*.

ferry [ˈferɪ] ❖ noun ferry *m*, ferry-boat *m* ; [smaller] bac *m*. ❖ vt transporter.

ferryman [ˈferɪmən] (*pl* **-men**) noun passeur *m*.

fertile [ˈfɜ:taɪl] adj **1.** [land, imagination] fertile, fécond(e) **2.** [person] fécond(e).

fertility [fɜ:ˈtɪlətɪ] noun **1.** [of land, imagination] fertilité *f* **2.** [of person] fécondité *f*.

fertilization, fertilisation UK [ˌfɜ:tɪlaɪˈzeɪʃn] noun **1.** [of soil] fertilisation *f* **2.** [of egg] fécondation *f*.

fertilize, fertilise UK [ˈfɜ:tɪlaɪz] vt **1.** [soil] fertiliser, amender **2.** [egg] féconder.

fertilizer, fertiliser UK [ˈfɜ:tɪlaɪzəʳ] noun engrais *m*.

fervent [ˈfɜ:vənt] adj fervent(e).

fervently [ˈfɜ:vəntlɪ] adv [beg, desire, speak] avec ferveur ; [believe] ardemment.

fervour UK, **fervor** US [ˈfɜ:vəʳ] noun ferveur *f*.

fester [ˈfestəʳ] vi **1.** [wound, sore] suppurer **2.** [emotion, quarrel] s'aigrir.

festering [ˈfestrɪŋ] adj [wound] suppurant(e) ; [unrest, resentment] qui couve.

festival [ˈfestəvl] noun **1.** [event, celebration] festival *m* **2.** [holiday] fête *f*.

festive [ˈfestɪv] adj de fête.

festive season noun UK ▸ **the festive season** la période des fêtes.

festivity [fesˈtɪvətɪ] (*pl* **-ies**) noun [merriness] fête *f*. ◆ **festivities** pl n festivités *fpl* / *the Christmas festivities* les fêtes *fpl* de Noël.

festoon [feˈstu:n] vt décorer de guirlandes ▸ **to be festooned with** être décoré de.

feta [ˈfetə] noun ▸ **feta (cheese)** feta *f*.

fetal US [ˈfi:tl] = **foetal**.

fetch ['fetʃ] vt **1.** [go and get] aller chercher / *go / run and fetch him* va / va vite le chercher **2.** [raise - money] rapporter / *the painting fetched £8,000* le tableau a atteint la somme de 8 000 livres. ◆ **fetch up** vi *inf* [end up] se retrouver / *to fetch up in hospital / in a ditch* se retrouver à l'hôpital / dans un fossé.

fetching ['fetʃɪŋ] adj séduisant(e).

fete, fête [feɪt] ❖ noun fête *f*, kermesse *f*. ❖ vt fêter, faire fête à.

> **Fête**
>
> En Grande-Bretagne, les **village fêtes** sont des fêtes de village, avec des ventes de produits artisanaux, des manifestations sportives et des jeux pour enfants ; elles sont souvent destinées à réunir des fonds pour des œuvres de charité.

fetid ['fetɪd] adj fétide.

fetish ['fetɪʃ] noun **1.** [sexual obsession] objet *m* de fétichisme **2.** [mania] manie *f*, obsession *f*.

fetishism ['fetɪʃɪzm] noun fétichisme *m*.

fetter ['fetər] vt [person] enchaîner ; [movements] entraver. ◆ **fetters** pl n fers *mpl*, chaînes *fpl*.

fettle ['fetl] noun *inf* & *dated* ▸ **in fine fettle** en pleine forme.

fetus US ['fi:təs] = **foetus**.

feud [fju:d] ❖ noun querelle *f*. ❖ vi se quereller.

feudal ['fju:dl] adj féodal(e).

feudalism ['fju:dəlɪzm] noun féodalisme *m*.

fever ['fi:vər] noun fièvre *f*.

feverish ['fi:vərɪʃ] adj fiévreux(euse).

fever pitch noun comble *m*.

few [fju:] ❖ adj peu de / *the first few pages* les toutes premières pages / *in the past / next few days* pendant les deux ou trois derniers / prochains jours / *he has a few more friends than I have* il a un peu plus d'amis que moi ▸ **quite a few, a good few** pas mal de, un bon nombre de ▸ **few and far between** rares ▸ **he's had a few (too many)** *inf* [drinks] il a bu un coup (de trop). ❖ pron peu / *how many of them are there? — very few* combien sont-ils ? — très peu nombreux. ◆ **a few** ❖ adj quelques-uns *mpl*, quelques-unes *f* / *I need a few books* j'ai besoin de quelques livres. ❖ pron : *a few of them are wearing hats* quelques-uns d'entre eux portent des chapeaux.

fewer ['fju:ər] ❖ adj moins (de) ▸ **no fewer than** pas moins de. ❖ pron moins.

fewest ['fju:əst] adj le moins (de).

fiancé [fɪ'ɒnseɪ] noun fiancé *m*.

fiancée [fɪ'ɒnseɪ] noun fiancée *f*.

fiasco [fɪ'æskəʊ] (UK *pl* **-s**, US *pl* **-es**) noun fiasco *m*.

fib [fɪb] *inf* ❖ noun bobard *m*, blague *f*. ❖ vi (*pt & pp* **-bed**, *cont* **-bing**) raconter des bobards OR des blagues.

fibber ['fɪbər] noun *inf* menteur *m*, -euse *f*.

fibre UK, **fiber** US ['faɪbər] noun fibre *f*.

fibreglass UK, **fiberglass** US ['faɪbəglɑ:s] ❖ noun *(U)* fibre *f* de verre. ❖ comp en fibre de verre.

fibre optic, fiber optic US adj [cable] en fibres optiques.

fibre-tip (pen) UK = **felt-tip pen**.

fibrous ['faɪbrəs] adj fibreux(euse).

fickle ['fɪkl] adj versatile.

fiction ['fɪkʃn] noun fiction *f*.

fictional ['fɪkʃənl] adj fictif(ive).

fictitious [fɪk'tɪʃəs] adj [false] fictif(ive).

fiddle ['fɪdl] ❖ vi [play around] ▸ **to fiddle with sthg** tripoter qqch. ❖ vt UK *inf* truquer. ❖ noun **1.** [violin] violon *m* ▸ **to be (as) fit as a fiddle** se porter comme un charme ▸ **to play second fiddle (to sb)** jouer un rôle secondaire (auprès de qqn), passer au second plan (auprès de qqn) **2.** UK *inf* [fraud] combine *f*, escroquerie *f*. ◆ **fiddle about, fiddle around** vi **1.** [fidget] ne pas se tenir tranquille, s'agiter ▸ **to fiddle about with sthg** tripoter qqch **2.** [waste time] perdre son temps.

fiddler ['fɪdlər] noun joueur *m*, -euse *f* de violon.

fiddlesticks ['fɪdlstɪks] interj *inf* & *dated* [in disagreement] balivernes *fpl*, sornettes *fpl* ; [in annoyance] bon sang de bonsoir.

fiddly ['fɪdlɪ] (*compar* **-ier**, *superl* **-iest**) adj UK *inf* délicat(e).

fidelity [fɪ'delətɪ] noun **1.** [loyalty] fidélité *f* **2.** [accuracy - of report] fidélité *f*.

fidget ['fɪdʒɪt] vi remuer.

fidgety ['fɪdʒɪtɪ] adj *inf* remuant(e).

field [fi:ld] ❖ noun **1.** [gen & COMPUT] champ *m* ▸ **field of vision** champ de vision **2.** [for sports] terrain *m* ▸ **to lead the field a)** [in race] mener la course, être en tête **b)** *fig* [in sales, area of study] être en tête **3.** [of knowledge] domaine *m* / *what's your field?, what field are you in?* quel est ton domaine ? **4.** [real environment] ▸ **in the field** sur le terrain. ❖ vi tenir le champ.

field day noun ▸ **to have a field day** s'en donner à cœur joie.

fielder ['fi:ldər] noun joueur *m* qui tient le champ.

field event noun compétition *f* d'athlétisme *(hormis la course)*.

fieldmouse ['fi:ldmaʊs] (*pl* **fieldmice** [-maɪs]) noun mulot *m*.

field study noun étude *f* sur le terrain.

field trip noun SCH voyage *m* d'étude.

fieldwork ['fi:ldwɜ:k] noun *(U)* recherches *fpl* sur le terrain.

fiend [fi:nd] noun **1.** [cruel person] monstre *m* **2.** *inf* [fanatic] fou *m*, folle *f*, mordu *m*, -e *f*.

fiendish ['fi:ndɪʃ] adj **1.** [evil] diabolique **2.** *inf* [very difficult, complex] abominable, atroce.

fiendishly ['fi:ndɪʃlɪ] adv **1.** [cruelly] diaboliquement **2.** *inf* [extremely] : *fiendishly difficult* abominablement OR atrocement difficile.

fierce [fɪəs] adj féroce ; [heat] torride ; [storm, temper] violent(e).

fiercely ['fɪəslɪ] adv férocement ; [attack] violemment ; [defend] avec acharnement.

fierceness ['fɪəsnɪs] noun **1.** [of animal, look, person] férocité *f* **2.** [of desire] violence *f* ; [of sun] ardeur *f* ; [of resistance] acharnement *m* ; [of criticism] férocité *f*.

fiery ['faɪərɪ] (*compar* **-ier**, *superl* **-iest**) adj **1.** [burning] ardent(e) **2.** [spicy] très piquant(e) **3.** [volatile - speech] enflammé(e) ; [- temper, person] fougueux(euse) **4.** [bright red] flamboyant(e).

FIFA ['fi:fə] (*abbr of* **Fédération Internationale de Football Association**) noun FIFA *f*.

FIFO (*abbr of* **first in first out**) noun PEPS *m*.

fifteen [fɪf'ti:n] num quinze. *See also* **six**.

fifteenth [ˌfɪf'ti:nθ] num quinzième. *See also* **sixth**.

fifth [fɪfθ] num cinquième. *See also* **sixth**.

Fifth Amendment noun ▸ **the Fifth Amendment** le Cinquième Amendement *(qui garantit les droits des inculpés, aux États-Unis)*.

fifth grade noun US SCH *classe de l'enseignement primaire correspondant au CM2 (9-10 ans)*.

fiftieth ['fɪftɪəθ] num cinquantième. *See also* **sixth**.

fifty ['fɪftɪ] num cinquante. *See also* **sixty**.

fifty-fifty ❖ adj moitié-moitié, fifty-fifty / *to have a fifty-fifty chance* avoir cinquante pour cent de chances. ❖ adv moitié-moitié, fifty-fifty.

fig [fɪg] noun figue *f*.

fight [faɪt] ❖ noun **1.** [physical] bagarre *f* ▸ **to have a fight (with sb)** se battre (avec qqn), se bagarrer (avec qqn) / *to pick a fight (with sb)* chercher la bagarre (avec qqn) ▸ **to put up a fight** se défendre / *are you going to the fight?* [boxing match] est-ce que tu vas voir le combat ? **2.** *fig* [battle, struggle] lutte *f*, combat *m* **3.** [argument] dispute *f* ▸ **to have a fight (with sb)** se disputer (avec qqn). ❖ vt (*pt & pp* **fought**) **1.** [physically] se battre contre OR avec **2.** [conduct - war] mener / *to fight a battle* livrer (une) bataille / *to fight a court case* **a)** [subj: lawyer] défendre une cause **b)** [subj: plaintiff, defendant] être en procès / *to fight an election* [politician] se présenter à une élection **3.** [enemy, racism] combattre. ❖ vi (*pt & pp* **fought**) **1.** [in war, punch-up] se battre / *he fought in the war* il a fait la guerre **2.** *fig* [struggle] ▸ **to fight for / against sthg** lutter pour / contre qqch / *to fight for one's rights / to clear one's name* lutter pour ses droits / pour prouver son innocence **3.** [argue] ▸ **to fight (about OR over)** se battre OR se disputer (à propos de). ◆ **fight back** ❖ vt insep refouler. ❖ vi riposter. ◆ **fight off** vt sep **1.** [attacker] repousser **2.** [illness, desire] venir à bout de. ◆ **fight out** vt sep : *leave them to fight it out* laisse-les se bagarrer et régler cela entre eux.

fighter ['faɪtər] noun **1.** [plane] avion *m* de chasse, chasseur *m* **2.** [soldier] combattant *m* **3.** [combative person] battant *m*, -e *f*.

fighting ['faɪtɪŋ] noun *(U)* [punch-up] bagarres *fpl* ; [in war] conflits *mpl*.

fighting chance noun ▸ **to have a fighting chance** avoir de bonnes chances.

figment ['fɪgmənt] noun ▸ **a figment of sb's imagination** le fruit de l'imagination de qqn.

figurative ['fɪgərətɪv] adj **1.** [meaning] figuré(e) **2.** ART figuratif(ive).

figuratively ['fɪgərətɪvlɪ] adv au figuré.

figure [UK 'fɪgər, US 'fɪgjər] ❖ noun **1.** [statistic, number] chiffre *m* / *in round figures* en chiffres ronds ▸ **to put a figure on sthg** chiffrer qqch / *to be in double figures* [inflation, unemployment] dépasser la barre OR le seuil des 10 % / *she's good at figures* elle est bonne en calcul **2.** [human shape, outline] silhouette *f*, forme *f* **3.** [personality, diagram] figure *f* **4.** [shape of body] ligne *f*. ❖ vt US [suppose] penser, supposer. ❖ vi [feature] figurer, apparaître / *she figured prominently in the scandal* elle a été très impliquée dans le scandale. ◆ **figure out** vt sep [understand] comprendre ; [find] trouver / *she still hasn't figured out how to do it* elle n'a toujours pas trouvé comment faire / *we couldn't figure it out* nous n'arrivions pas à comprendre OR saisir.

figurehead ['fɪgəhed] noun **1.** [on ship] figure *f* de proue **2.** *fig & pej* [leader] homme *m* de paille.

figure-hugging [-ˌhʌgɪŋ] adj [dress] moulant(e).

figure of speech noun figure *f* de rhétorique.

figure skating noun patinage *m* artistique.

figurine [UK 'fɪgəri:n, US ˌfɪgjə'ri:n] noun figurine *f*.

Fiji ['fi:dʒi:] noun Fidji *fpl* ▸ **in Fiji** à Fidji.

Fijian [ˌfi:'dʒi:ən] ❖ adj fidjien(enne). ❖ noun Fidjien *m*, -enne *f*.

filament ['fɪləmənt] noun [in light bulb] filament *m*.

filch [fɪltʃ] vt *inf* chiper.

file [faɪl] ❖ noun **1.** [folder, report] dossier *m* ▸ **on file, on the files** répertorié dans les dossiers **2.** COMPUT fichier *m* ▸ **file extension** extension *f* de fichier ▸ **file format** format *m* de fichier **3.** [tool] lime *f*. ❖ vt **1.** [document] classer / *to be filed under a letter / subject* être classé sous une lettre / dans une catégorie **2.** [LAW - accusation, complaint] porter, déposer ; [- lawsuit] intenter / *to file a suit against sb* intenter un procès à qqn ▸ **to file an appeal** US interjeter OR faire appel **3.** [fingernails, wood] limer / *to file one's fingernails* se limer les ongles. ❖ vi **1.** [classify documents] faire du classement **2.** [walk in single file] marcher en file indienne / *the troops filed past the general* les troupes ont défilé devant le général **3.** LAW ▸ **to file for divorce** demander le divorce.

file management noun COMPUT gestion *f* de fichiers.

file manager noun COMPUT gestionnaire *m* de fichiers.

filename ['faɪlˌneɪm] noun COMPUT nom *m* de fichier.

file-sharing noun partage *m* de fichiers.

filigree ['fɪlɪgri:] adj en filigrane. noun filigrane *m*.

filing ['faɪlɪŋ] noun **1.** [of documents] classement *m* / *I still have a lot of filing to do* j'ai encore beaucoup de choses à classer **2.** LAW [of complaint, claim] dépôt *m*.

filing cabinet ['faɪlɪŋ-] noun classeur *m*, fichier *m*.

Filipino [,fɪlɪ'pi:nəʊ] adj philippin(e). noun (*pl* -s) Philippin *m*, -e *f*.

fill [fɪl] vt **1.** [gen] remplir ▸ **to fill sthg with sthg** remplir qqch de qqch / *she filled his head with nonsense* elle lui a bourré le crâne de bêtises **2.** [gap, hole] boucher / *the product filled a gap in the market* le produit a comblé un vide sur le marché **3.** [vacancy - subj: employer] pourvoir à ; [- subj: employee] prendre. noun ▸ **to eat one's fill** manger à sa faim ▸ **to have had one's fill of sthg** en avoir assez de qqch. ◆ **fill in** vt sep **1.** [form] remplir **2.** [inform] ▸ **to fill sb in (on)** mettre qqn au courant (de). vt insep ▸ **I'm just filling in time** je fais ça en attendant. vi [substitute] ▸ **to fill in for sb** remplacer qqn. ◆ **fill out** vt sep [form] remplir. vi [get fatter] prendre de l'embonpoint. ◆ **fill up** vt sep remplir. vi se remplir / *to fill up with petrol* faire le plein d'essence.

filled [fɪld] adj **1.** [roll] garni(e) **2.** [with emotion] ▸ **filled (with)** plein(e) (de).

filler ['fɪlər] noun [for cracks] mastic *m*.

fillet UK, **filet** US ['fɪlɪt] noun filet *m*.

fillet steak noun filet *m* de bœuf.

filling ['fɪlɪŋ] adj très nourrissant(e). noun **1.** [in tooth] plombage *m* **2.** [in cake, sandwich] garniture *f*.

filling station noun station-service *f*.

filly ['fɪlɪ] (*pl* -ies) noun pouliche *f*.

film [fɪlm] noun **1.** [movie] film *m* **2.** [layer, for camera] pellicule *f* **3.** [footage] images *fpl*. vt & vi filmer. ◆ **film over** vi s'embuer, se voiler / *to film over with tears* s'embuer de larmes.

film buff noun *inf* cinéphile *mf*.

film crew noun équipe *f* de tournage.

film industry noun industrie *f* cinématographique OR du cinéma.

filming ['fɪlmɪŋ] noun *(U)* tournage *m*.

film star noun vedette *f* de cinéma.

Filofax® ['faɪləʊfæks] noun Filofax® *m*.

filter ['fɪltər] noun filtre *m*. vt [coffee] passer ; [water, oil, air] filtrer. vi [people] ▸ **to filter in** entrer par petits groupes. ◆ **filter out** vt sep filtrer. ◆ **filter through** vi filtrer.

filter coffee noun café *m* filtre.

filth [fɪlθ] noun *(U)* **1.** [dirt] saleté *f*, crasse *f* **2.** [obscenity] obscénités *fpl*.

filthy ['fɪlθɪ] (*compar* -ier, *superl* -iest) adj **1.** [very dirty] dégoûtant(e), répugnant(e) **2.** [obscene] obscène.

fin [fɪn] noun **1.** [of fish] nageoire *f* **2.** US [for swimmer] palme *f*.

final ['faɪnl] adj **1.** [last] dernier(ère) **2.** [at end] final(e) **3.** [definitive] définitif(ive) / *the referee's decision is final* la décision de l'arbitre est sans appel / *that's my final offer* c'est ma dernière offre / *I'm not moving, and that's final!* je ne bouge pas, un point c'est tout ! noun finale *f*. ◆ **finals** pl n UNIV examens *mpl* de dernière année.

final cut noun CIN final cut *m*, montage *m* définitif.

finale [fɪ'nɑ:lɪ] noun finale *m*.

finalist ['faɪnəlɪst] noun finaliste *mf*.

finality [faɪ'nælətɪ] noun [of decision, death] irrévocabilité *f*, caractère *m* définitif / *there was a note of finality in his voice* il y avait quelque chose d'irrévocable dans sa voix.

finalization, finalisation UK [,faɪnəlaɪ'zeɪʃn] noun [of details, plans, arrangements] mise *f* au point ; [of deal, agreement] conclusion *f*.

finalize, finalise UK ['faɪnəlaɪz] vt [details, plans] mettre au point ; [deal, decision, agreement] mener à bonne fin.

finally ['faɪnəlɪ] adv enfin.

finance noun ['faɪnæns] *(U)* finance *f*. vt [faɪ'næns] financer. ◆ **finances** pl n finances *fpl*.

financial [fɪ'nænʃl] adj financier(ère).

financial adviser UK, **financial advisor** US noun conseiller financier *m*, conseillère financière *f*.

financially [fɪ'nænʃəlɪ] adv financièrement.

financial year UK, **fiscal year** US noun exercice *m* *(en Grande-Bretagne, l'année fiscale commence le 6 avril pour les particuliers et le 1er avril pour les organismes publiques ; aux États-Unis, elle correspond à l'année civile pour les particuliers et commence le 1er octobre pour le gouvernement)*.

financier [fɪ'nænsɪər] noun UK financier *m*.

finch [fɪntʃ] noun fringillidé *m*.

find [faɪnd] vt (*pt & pp* **found**) **1.** [gen] trouver ▸ **to find one's way** trouver son chemin / *I find her very pretty* je la trouve très jolie / *he finds it very hard / impossible to make friends* il a beaucoup de mal à / il n'arrive pas à se faire des amis / *go and find me a pair of scissors* va me chercher une paire de ciseaux ▸ **to find one's feet** [in new job, situation] prendre ses repères **2.** [realize] ▸ **to find (that)…** s'apercevoir que… ; [discover, learn] constater / *they came back to find the house had been burgled* à leur retour, ils ont constaté que la maison avait été cambriolée **3.** LAW ▸ **to be found guilty / not guilty (of)** être déclaré(e) coupable / non coupable (de). noun trouvaille *f*. ◆ **find out** vi se renseigner. vt insep **1.** [information] se renseigner sur **2.** [truth] découvrir, apprendre. vt sep démasquer.

findings ['faɪndɪŋz] pl n conclusions *fpl*.

fine [faɪn] adj **1.** [good - work] excellent(e) ; [- building, weather] beau (belle) / *a fine day* une belle journée / *of the finest quality* de première qualité **2.** [perfectly satisfactory] très bien ▸ **I'm fine** ça va bien / *I'll be back in about an hour or so — fine* je serai de retour d'ici environ une heure — d'accord OR entendu OR très bien / *that sounds fine* a) [suggestion, idea] très bien, parfait **3.** [thin, smooth] fin(e) ▸ **to cut it fine** calculer juste **4.** [minute - detail, distinction] subtil(e) ; [- adjustment, tuning] délicat(e). ❖ adv [very well] très bien. ❖ noun amende *f* / *a parking fine* une contravention OR amende pour stationnement interdit. ❖ vt condamner à une amende.

fine art noun **1.** *(U)* beaux-arts *mpl* **2.** PHR **he's got it down to a fine art** *inf* il est expert en la matière.

finely ['faınlı] adv **1.** [chopped, ground] fin **2.** [tuned, balanced] délicatement.

finery ['faınərı] noun *(U)* parure *f*.

finesse [fı'nes] noun finesse *f*.

fine-tooth(ed) comb noun ▸ **to go over sthg with a fine-toothed comb** passer qqch au peigne fin.

fine-tune vt [mechanism] régler avec précision ; *fig* [plan] peaufiner ; [economy] *régler grâce à des mesures fiscales et monétaires.*

fine-tuning [-'tju:nıŋ] noun [of machine, engine, radio] réglage *m* fin ; *fig* [of plan] peaufinage *m* ; [of economy] *réglage obtenu par des mesures fiscales et monétaires.*

finger ['fıŋgəʳ] ❖ noun doigt *m* ▸ **to be all fingers and thumbs** avoir des mains de beurre, avoir deux mains gauches ▸ **to keep one's fingers crossed** croiser les doigts ▸ **she didn't lay a finger on him** elle n'a pas touché un cheveu de sa tête ▸ **he didn't lift a finger to help** il n'a pas levé le petit doigt ▸ **to point a** OR **the finger at sb** [accuse] accuser qqn ▸ **to put one's finger on sthg** mettre le doigt sur qqch / *something has changed but I can't put my finger on it* il y a quelque chose de changé mais je n'arrive pas à dire ce que c'est ▸ **to twist sb round one's little finger** faire ce qu'on veut de qqn / *to have one's finger on the pulse* a) [person] être très au fait de ce qui se passe b) [magazine, TV programme] être à la pointe de l'actualité. ❖ vt [feel] palper.

finger food noun [savoury] amuse-gueules *mpl* ; [sweet] petits-fours *mpl*.

fingerless glove ['fıŋgələs-] noun mitaine *f*.

fingermark ['fıŋgəma:k] noun trace *f* de doigt.

fingernail ['fıŋgəneıl] noun ongle *m (de la main)*.

fingerprint ['fıŋgəprınt] noun empreinte *f* (digitale) ▸ **to take sb's fingerprints** prendre les empreintes de qqn.

fingertip ['fıŋgətıp] noun bout *m* du doigt ▸ **at one's fingertips** sur le bout des doigts.

finicky ['fınıkı] adj *pej* [eater, task] difficile ; [person] tatillon(onne).

finish ['fınıʃ] ❖ noun **1.** [end] fin *f* ; [of race] arrivée *f* **2.** [texture] finition *f*. ❖ vt finir, terminer ; [exhaust] achever, tuer ▸ **to finish doing sthg** finir OR terminer de faire qqch. ❖ vi finir, terminer ; [school, film] se terminer / *to finish first / third* [in race] arriver premier / troisième. ◆ **finish off** vt sep finir, terminer. ◆ **finish up** vi finir / *they finished up arguing* ils ont fini par se disputer. ◆ **finish with** vt insep [want no more contact with] en finir avec ; [boyfriend, girlfriend] rompre avec ; [have no further use for] ne plus avoir besoin de.

finished ['fınıʃt] adj **1.** [ready, done, over] fini(e), terminé(e) **2.** [no longer interested] ▸ **to be finished with sthg** en avoir fini avec qqch **3.** *inf* [done for] fichu(e).

finishing line UK ['fınıʃıŋ-], **finish line** US noun ligne *f* d'arrivée.

finishing school ['fınıʃıŋ-] noun *école privée pour jeunes filles surtout axée sur l'enseignement des bonnes manières.*

finite ['faınaıt] adj fini(e).

Finland ['fınlənd] noun Finlande *f* ▸ **in Finland** en Finlande.

Finn [fın] noun Finlandais *m*, -e *f*.

Finnish ['fınıʃ] ❖ adj finlandais(e), finnois(e). ❖ noun [language] finnois *m*.

fir [fɜ:ʳ] noun sapin *m*.

fire ['faıəʳ] ❖ noun **1.** [gen] feu *m* ▸ **on fire** en feu / *his forehead / he is on fire* *fig* [because of fever] son front / il est brûlant / *to lay a fire* préparer un feu ▸ **to catch fire** prendre feu ▸ **to set fire to sthg** mettre le feu à qqch ▸ **open fire** feu de cheminée **2.** [out of control] incendie *m* / *fire!* au feu ! / *to cause* OR *to start a fire* [person, faulty wiring] provoquer un incendie / *the building / village was set on fire* le bâtiment / village a été incendié **3.** UK [heater] appareil *m* de chauffage **4.** *(U)* [shooting] coups *mpl* de feu ▸ **to open fire (on)** ouvrir le feu (sur) / *to return (sb's) fire* riposter (au tir de qqn). ❖ vt **1.** [shoot] tirer **2.** *fig* [questions, accusations] lancer **3.** US [dismiss] renvoyer. ❖ vi ▸ **to fire (on** OR **at)** faire feu (sur), tirer (sur) / *fire!* MIL feu ! / *fire away!* allez-y !

fire alarm noun alarme *f* incendie.

firearm ['faıərɑ:m] noun arme *f* à feu.

firebrand ['faıəbrænd] noun *fig* exalté *m*, -e *f*.

firebreak ['faıəbreık] noun pare-feu *m inv*.

fire brigade UK, **fire department** US noun (sapeurs-) pompiers *mpl*.

fire chief US noun capitaine *m* des pompiers OR sapeurs-pompiers.

firecracker ['faıə,krækəʳ] noun pétard *m*.

fire department US = **fire brigade**.

fire drill noun exercice *m* d'évacuation en cas d'incendie.

fire engine noun voiture *f* de pompiers.

fire escape noun escalier *m* de secours.

fire exit noun sortie *f* de secours.

fire extinguisher noun extincteur *m* d'incendie.

fire fighter noun pompier *m*, sapeur-pompier *m* (volontaire).

firefly ['faıəflaı] (*pl* **-ies**) noun luciole *f*.

fireguard ['faıəgɑ:d] noun garde-feu *m inv*.

fire hazard noun ▸ **to be a fire hazard** présenter un risque d'incendie.

fire hydrant [-'haıdrənt] noun bouche *f* d'incendie.

firelight ['faɪəlaɪt] noun *(U)* lueur *f* du feu.

firelighter ['faɪəlaɪtəʳ] noun allume-feu *m inv.*

fireman ['faɪəmən] (*pl* **-men**) noun pompier *m*, -ière *f*.

fireplace ['faɪəpleɪs] noun cheminée *f*.

firepower ['faɪə,paʊəʳ] noun puissance *f* de feu.

fireproof ['faɪəpru:f] adj ignifugé(e).

fire-retardant adj ignifuge.

fireside ['faɪəsaɪd] noun ▸ **by the fireside** au coin du feu.

fire station noun caserne *f* des pompiers.

fire truck US = **fire engine**.

firewall ['faɪəwɔ:l] noun COMPUT pare-feu *m*.

firewood ['faɪəwʊd] noun bois *m* de chauffage.

firework ['faɪəwɜ:k] noun pièce *f* d'artifice. ◆ **fireworks** pl n [outburst of anger] étincelles *fpl* ; [display] feu *m* d'artifice.

firework(s) display noun feu *m* d'artifice.

firing ['faɪərɪŋ] noun *(U)* MIL tir *m*, fusillade *f*.

firing line noun MIL ligne *f* de tir / *to be in the firing line* *fig* être dans la ligne de tir.

firing squad noun peloton *m* d'exécution.

firm [fɜ:m] ❖ adj **1.** [gen] ferme ▸ **to stand firm** tenir bon **2.** [support, structure] solide **3.** [evidence, news] certain(e). ❖ noun firme *f*, société *f*. ◆ **firm up** ❖ vt sep **1.** [prices, trade] renforcer **2.** [agreement] rendre définitif(ive). ❖ vi [prices, trade] se renforcer.

firmly ['fɜ:mlɪ] adv fermement.

first [fɜ:st] ❖ adj premier(ère) ▸ **for the first time** pour la première fois ▸ **first thing in the morning** tôt le matin / *the first six months* les six premiers mois ▸ **first things first** commençons par le plus important ▸ **I don't know the first thing about it** je ne sais absolument rien là-dessus, je n'y connais rien du tout. ❖ adv **1.** [before anyone else] en premier / *I saw it first!* c'est moi qui l'ai vu le premier OR en premier ! / *women and children first* les femmes et les enfants d'abord **2.** [before anything else] d'abord ▸ **first of all** tout d'abord **3.** [for the first time] (pour) la première fois. ❖ noun **1.** [person] premier *m*, -ère *f* **2.** [unprecedented event] première *f* **3.** UK UNIV *diplôme universitaire avec mention très bien.* ◆ **at first** adv d'abord. ◆ **at first hand** adv de première main.

first aid noun *(U)* premiers secours *mpl*.

first-aider [-'eɪdəʳ] noun UK secouriste *mf*.

first-aid kit noun trousse *f* de premiers secours.

first-born ❖ adj premier-né (première-née). ❖ noun premier-né *m*, première-née *f*.

first-class adj **1.** [excellent] excellent(e) **2.** UK UNIV avec mention très bien **3.** [ticket, compartment] de première classe ; [stamp, letter] tarif normal.

first cousin noun cousin germain *m*, cousine germaine *f*.

first-degree adj **1.** MED ▸ **first-degree burn** brûlure *f* au premier degré **2.** US LAW ▸ **first-degree murder** ≃ homicide *m* volontaire.

first floor noun UK premier étage *m* ; US rez-de-chaussée *m inv.*

first-generation adj de première génération.

first grade noun US SCH *classe de l'école primaire correspondant au CP (5-6 ans).*

firsthand [fɜ:st'hænd] adj & adv de première main.

first lady noun première dame *f* du pays, femme *f* du Président.

first language noun langue *f* maternelle.

firstly ['fɜ:stlɪ] adv premièrement.

first name noun prénom *m*. ◆ **first-name** adj ▸ **to be on first-name terms with sb** appeler qqn par son prénom.

first night noun première *f*.

first-past-the-post adj UK POL [system] majoritaire à un tour.

first-rate adj excellent(e).

first refusal noun priorité *f*.

first-time buyer noun [of property] *personne achetant un logement pour la première fois.*

First World War noun ▸ **the First World War** la Première Guerre Mondiale.

fiscal ['fɪskl] adj fiscal(e).

fish [fɪʃ] ❖ noun (*pl inv*) poisson *m*. ❖ vt [river, sea] pêcher dans. ❖ vi **1.** [fisherman] ▸ **to fish (for sthg)** pêcher (qqch) **2.** [try to obtain] ▸ **to fish for a)** [compliments] essayer de s'attirer **b)** [information] essayer d'obtenir. ◆ **fish out** vt sep *inf* sortir, extirper.

fish and chips pl n UK poisson *m* frit avec frites.

fishcake ['fɪʃkeɪk] noun croquette *f* de poisson.

fisherman ['fɪʃəmən] (*pl* **-men**) noun pêcheur *m*, -euse *f*.

fish finger UK, **fish stick** US noun CULIN bâtonnet *m* de poisson pané.

fishing ['fɪʃɪŋ] noun pêche *f* ▸ **to go fishing** aller à la pêche.

fishing boat noun bateau *m* de pêche.

fishing rod noun canne *f* à pêche.

fishmonger ['fɪʃ,mʌŋgəʳ] noun UK poissonnier *m*, -ère *f* ▸ **fishmonger's (shop)** poissonnerie *f*.

fishnet ['fɪʃnet] noun **1.** [for fishing] filet *m* **2.** [material] ▸ **fishnet stockings / tights** bas *mpl* / collant *m* résille.

fish slice noun UK pelle *f* à poisson.

fish tank noun [in house] aquarium *m* ; [on fish farm] vivier *m*.

fishy ['fɪʃɪ] (*compar* **-ier**, *superl* **-iest**) adj **1.** [smell, taste] de poisson **2.** [suspicious] louche.

fission ['fɪʃn] noun fission *f*.

fissure ['fɪʃəʳ] noun fissure *f*.

fist [fɪst] noun poing *m*.

fistfight ['fɪstfaɪt] noun bagarre *f* aux poings / *to have a fistfight with sb* se battre aux poings contre qqn.

fisticuffs ['fɪstɪkʌfs] noun *(U) hum* bagarre *f*.

fit [fɪt] ◆ adj **1.** [suitable] convenable / *fit to eat* **a)** [edible] mangeable **b)** [not poisonous] comestible / *fit to drink* [water] potable ▸ **to be fit for sthg** être bon (bonne) à qqch / *a meal fit for a king* un repas digne d'un roi ▸ **to be fit to do sthg** être apte à faire qqch / *she's not a fit mother* c'est une mère indigne / *to be fit to drop* être mort de fatigue ▸ **to see** OR **think fit (to do sthg)** juger bon (de faire qqch) **2.** [healthy] en forme ▸ **to keep fit** se maintenir en forme. ◆ noun **1.** [of clothes, shoes] ajustement *m* / *it's a tight fit* c'est un peu juste / *it's a good fit* c'est la bonne taille **2.** [epileptic seizure] crise *f* ▸ **to have a fit a)** avoir une crise **b)** *fig* piquer une crise **3.** [bout - of crying] crise *f* ; [- of rage] accès *m* ; [- of sneezing] suite *f* / *to get a fit of the giggles* être pris d'un OR piquer un fou rire ▸ **in fits and starts** par à-coups. ◆ vt *(pt & pp* **-ted**, *cont* **-ting)** **1.** [be correct size for] aller à / *those trousers fit you better than the other ones* ce pantalon te va mieux que l'autre / *the lid doesn't fit the pot very well* ce couvercle n'est pas très bien adapté à la casserole **2.** [place] ▸ **to fit sthg into sthg** insérer qqch dans qqch **3.** [provide] ▸ **to fit sthg with sthg** équiper OR munir qqch de qqch **4.** [be suitable for] correspondre à / *to make the punishment fit the crime* adapter le châtiment au crime **5.** [for clothes] ▸ **to be fitted for** essayer. ◆ vi *(pt & pp* **-ted**, *cont* **-ting)** [be correct size, go] aller ; [into container] entrer / *we won't all fit round one table* nous ne tiendrons pas tous autour d'une table.
◆ **fit in** ◆ vt sep [find time for - patient] prendre ; [- friend] trouver du temps pour / *could you fit in this translation by the end of the week?* est-ce que vous pourriez faire cette traduction d'ici la fin de la semaine ? ◆ vi s'intégrer ▸ **to fit in with sthg** correspondre à qqch ▸ **to fit in with sb** s'accorder à qqn.

fitful ['fɪtfʊl] adj [sleep] agité(e) ; [wind, showers] intermittent(e).

fitness ['fɪtnɪs] noun *(U)* **1.** [health] forme *f* **2.** [suitability] ▸ **fitness (for)** aptitude *f* (pour).

fitted ['fɪtəd] adj **1.** [suited] ▸ **fitted for** OR **to** apte à ▸ **to be fitted to do sthg** être apte à faire qqch **2.** [tailored - shirt, jacket] ajusté(e) ▸ **fitted sheet** drap-housse *m* **3.** UK [built-in] encastré(e).

fitted carpet [,fɪtəd-] noun UK moquette *f*.

fitted kitchen [,fɪtəd-] noun UK cuisine *f* intégrée OR équipée.

fitting ['fɪtɪŋ] ◆ adj *fml* approprié(e). ◆ noun **1.** [part] appareil *m* **2.** [for clothing] essayage *m*. ◆ **fittings** pl n UK installations *fpl*.

-fitting suffix : *close-fitting, tight-fitting* **a)** [item of clothing] moulant **b)** [screwtop lid] qui ferme bien **c)** [lid of saucepan] adapté / *loose-fitting* [item of clothing] ample.

fittingly ['fɪtɪŋlɪ] adv [dressed] convenablement / *fittingly, the government has agreed to ratify the treaty* comme il le fallait, le gouvernement a accepté de ratifier le traité.

fitting room noun cabine *f* d'essayage.

five [faɪv] num cinq. *See also* **six**.

five-a-side UK ◆ noun SPORT football *m* à dix. ◆ comp SPORT ▸ **five-a-side football** football *m* à dix.

five-day week noun semaine *f* de cinq jours.

fiver ['faɪvər] noun *inf* **1.** UK [amount] cinq livres *fpl* ; [note] billet *m* de cinq livres **2.** US [amount] cinq dollars *mpl* ; [note] billet *m* de cinq dollars.

five-star adj [hotel] cinq étoiles ; [treatment] exceptionnel(elle).

fix [fɪks] ◆ vt **1.** [gen] fixer ▸ **to fix sthg to sthg** fixer qqch à qqch / *have you (got) anything fixed for Friday?* as-tu quelque chose de prévu pour vendredi ? **2.** [arrange, sort out] s'occuper de / *I'll fix it* je vais m'en occuper / *try to fix it so you don't have to stay overnight* essaye de t'arranger pour que tu ne sois pas obligé de passer la nuit là-bas **3.** [in memory] graver **4.** [repair] réparer **5.** *inf* [rig] truquer **6.** [food, drink] préparer. ◆ noun **1.** *inf* [difficult situation] ▸ **to be in a fix** être dans le pétrin **2.** *drugs sl* piqûre *f* **3.** *inf* [unfair arrangement] : *the result was a fix* le résultat avait été truqué. ◆ **fix up** vt sep **1.** [provide] ▸ **to fix sb up with sthg** obtenir qqch pour qqn **2.** [arrange] arranger / *to fix sb up with a date* trouver un/une partenaire à qqn **3.** [room, house] refaire.

fixated [fɪk'seɪtɪd] adj fixé(e) / *to be fixated on sthg* être fixé sur qqch.

fixation [fɪk'seɪʃn] noun ▸ **fixation (on** OR **about)** obsession *f* (de).

fixed [fɪkst] adj **1.** [attached] fixé(e) **2.** [set, unchanging] fixe ; [smile] figé(e).

fixed assets pl n immobilisations *fpl*.

fixed rate noun FIN taux *m* fixe.

fixer ['fɪksər] noun **1.** *inf* [person] combinard *m*, -e *f* **2.** PHOT fixateur *m* **3.** [adhesive] adhésif *m*.

fixture ['fɪkstʃər] noun **1.** [furniture] installation *f* **2.** [permanent feature] tradition *f* bien établie **3.** UK SPORT rencontre *f* (sportive).

fizz [fɪz] ◆ vi [lemonade, champagne] pétiller ; [fireworks] crépiter. ◆ noun [of drink] pétillement *m*.

fizzle ['fɪzl] ◆ **fizzle out** vi [fire] s'éteindre ; [firework] se terminer ; [interest, enthusiasm] se dissiper.

fizzy ['fɪzɪ] *(compar* **-ier**, *superl* **-iest)** adj pétillant(e).

fjord [fjɔːd] noun fjord *m*.

flab [flæb] noun *inf & pej* graisse *f*.

flabbergasted ['flæbəgɑːstɪd] adj sidéré(e).

flabby ['flæbɪ] *(compar* **-ier**, *superl* **-iest)** adj mou (molle).

flaccid ['flæsɪd] adj flasque.

flag [flæg] ◆ noun drapeau *m*. ◆ vi *(pt & pp* **-ged**, *cont* **-ging)** [person, enthusiasm, energy] faiblir ; [conversation] traîner. ◆ **flag down** vt sep [taxi] héler ▸ **to flag sb down** faire signe à qqn de s'arrêter.

flag day noun **1.** [in UK] *jour de quête d'une œuvre de charité* **2.** [in US] : *Flag Day le 14 juin, jour férié qui commémore la création du drapeau américain.* ➡ See note.

Flag day

En Grande-Bretagne, les **flag days** ont lieu en général le samedi. On fait appel à la générosité des particuliers qui, en contrepartie de leurs dons pour des œuvres de bienfaisance, reçoivent un insigne ou un badge. Aux États-Unis, **Flag Day** commémore l'adoption le 14 juin 1777 des **Stars and Stripes**, l'actuel drapeau américain.

flagged [flægd] adj dallé(e).

flagging ['flægɪŋ] adj [enthusiasm, spirits] qui baisse ; [conversation] qui tombe OR s'épuise.

flagpole ['flægpəʊl] noun mât *m*.

flagrant ['fleɪgrənt] adj flagrant(e).

flagrantly ['fleɪgrəntlɪ] adv [abuse, disregard, defy] d'une manière flagrante.

flagship ['flægʃɪp] noun **1.** [ship] vaisseau *m* amiral **2.** *fig* [product] produit *m* vedette ; [company] fleuron *m*.

flagship store noun magasin *m* vitrine.

flagstone ['flægstəʊn] noun dalle *f*.

flail [fleɪl] vi battre l'air.

flair [fleəʳ] noun **1.** [talent] don *m* ▸ **to have a flair for sthg** avoir un don pour qqch **2.** *(U)* [stylishness] style *m*.

flak [flæk] noun *(U)* **1.** [gunfire] tir *m* antiaérien **2.** *inf* [criticism] critiques *fpl* sévères.

flake [fleɪk] ❖ noun [of paint, plaster] écaille *f* ; [of snow] flocon *m* ; [of skin] petit lambeau *m*. ❖ vi **1.** [paint, plaster] s'écailler ; [skin] peler **2.** US *inf* : ***he flaked on the deadline*** il a raté le délai. ◆ **flake out** vi *inf* s'écrouler de fatigue.

flaky ['fleɪkɪ] (*compar* **-ier**, *superl* **-iest**) adj **1.** [flaking - skin] qui pèle ; [- paintwork] écaillé(e) ; [- texture] floconneux(euse) **2.** *inf* [person] barjo.

flambé ['flɑ:mbeɪ] ❖ adj flambé(e). ❖ vt (*pt & pp* **-ed**, *cont* **-ing**) flamber.

flamboyance [flæm'bɔɪəns] noun [of style, dress, behaviour] extravagance *f*.

flamboyant [flæm'bɔɪənt] adj **1.** [showy, confident] extravagant(e) **2.** [brightly coloured] flamboyant(e).

flame [fleɪm] ❖ noun flamme *f* ▸ **in flames** en flammes. ❖ vi **1.** [be on fire] flamber **2.** [redden] s'empourprer.

flame-grilled adj CULIN grillé(e) au feu de bois.

flamenco [flə'meŋkəʊ] ❖ noun flamenco *m*. ❖ comp [dancer] de flamenco ▸ **flamenco music** flamenco *m*.

flameproof ['fleɪmpru:f] adj [dish] allant au feu.

flame-retardant [-rɪ'tɑ:dənt] adj qui ralentit la propagation des flammes.

flaming ['fleɪmɪŋ] adj **1.** [fire-coloured] flamboyant(e) **2.** UK [very angry] furibond(e) **3.** UK *inf* [expressing annoyance] foutu(e), fichu(e).

flamingo [flə'mɪŋgəʊ] (*pl* **-s** *or* **-es**) noun flamant *m* rose.

flammable ['flæməbl] adj inflammable.

flan [flæn] noun UK tarte *f* ; US flan *m*.

Flanders ['flɑ:ndəz] noun Flandre *f*, Flandres *fpl*.

flange [flændʒ] ❖ noun [on pipe] bride *f*, collerette *f* ; RAIL [on rail] patin *m*. ❖ comp ▸ **flange girder** poutre *f* en I.

flank [flæŋk] ❖ noun flanc *m*. ❖ vt ▸ **to be flanked by** être flanqué(e) de.

flannel ['flænl] noun **1.** [fabric] flanelle *f* **2.** UK [facecloth] gant *m* de toilette. ◆ **flannels** pl n UK pantalon *m* de flanelle.

flap [flæp] ❖ noun **1.** [of envelope, pocket] rabat *m* ; [of skin] lambeau *m* **2.** UK *inf* [panic] ▸ **in a flap** paniqué(e). ❖ vt & vi (*pt & pp* **-ped**, *cont* **-ping**) battre.

flapjack ['flæpdʒæk] noun **1.** UK [biscuit] biscuit *m* à l'avoine **2.** US [pancake] crêpe *f* épaisse.

flare [fleəʳ] ❖ noun [distress signal] fusée *f* éclairante. ❖ vi **1.** [burn brightly] ▸ **to flare (up)** s'embraser **2.** [intensify] ▸ **to flare (up) a)** [war, revolution] s'intensifier soudainement **b)** [person] s'emporter **3.** [widen - trousers, skirt] s'évaser ; [- nostrils] se dilater. ◆ **flares** pl n UK pantalon *m* à pattes d'éléphant.

flared [fleəd] adj [trousers] à pattes d'éléphant ; [skirt] évasé(e).

flare gun noun pistolet *m* de détresse, lance-fusées *m inv*.

flash [flæʃ] ❖ adj **1.** PHOT au flash **2.** *inf* [expensive-looking] tape-à-l'œil *(inv)*. ❖ noun **1.** [of light, colour] éclat *m* ▸ **flash of lightning** éclair *m* **2.** PHOT flash *m* **3.** [sudden moment] éclair *m* ▸ **in a flash** en un rien de temps ▸ **quick as a flash** rapide comme l'éclair. ❖ vt **1.** [shine] projeter ▸ **to flash one's headlights** faire un appel de phares **2.** [send out - signal, smile] envoyer ; [- look] jeter / ***to flash a smile at sb*** *fig* lancer OR adresser un sourire à qqn **3.** [show] montrer / ***to flash a message up on the screen*** faire apparaître un message sur l'écran / ***to flash one's money around*** **a)** [to impress] dépenser son argent avec ostentation. ❖ vi **1.** [torch] briller **2.** [light - on and off] clignoter ; [eyes] jeter des éclairs / ***lightning flashed directly overhead*** il y a eu des éclairs juste au-dessus / ***to flash at sb*** AUTO faire un appel de phares à qqn **3.** [rush] ▸ **to flash by** OR **past** passer comme un éclair **4.** [thought] : ***to flash into one's mind*** venir soudainement à l'esprit / ***my life flashed before me*** ma vie a défilé devant mes yeux **5.** [appear] surgir.

flashback ['flæʃbæk] noun flash-back *m*, retour *m* en arrière.

flashbulb ['flæʃbʌlb] noun ampoule *f* de flash.

flash card noun *carte portant un mot, une image, etc. utilisée comme aide à l'apprentissage.*

flash drive noun COMPUT clé *f* USB.

flasher ['flæʃəʳ] noun **1.** UK [light] clignotant *m* **2.** UK *inf* [man] exhibitionniste *m*.

flash flood noun crue *f* subite.

flashgun ['flæʃgʌn] noun flash *m*.

flashlight ['flæʃlaɪt] noun US [torch] lampe *f* électrique.

flash photography noun photographie *f* au flash.

flashy ['flæʃɪ] (*compar* **-ier**, *superl* **-iest**) adj *inf* tape-à-l'œil *(inv)*.

flask [flɑ:sk] noun **1.** [thermos flask] Thermos® *m ou f* **2.** CHEM ballon *m* **3.** [hip flask] flasque *f*.

flat [flæt] ❖ adj (*compar* **-ter**, *superl* **-test**) **1.** [gen] plat(e) / *he was lying flat on his back* il était allongé à plat sur le dos / *to fall flat* [joke] tomber à plat **2.** [tyre] crevé(e) **3.** [refusal, denial] catégorique **4.** [business, trade] calme **5.** [dull - voice, tone] monotone ; [- performance, writing] terne / *to feel flat* *fig* se sentir vidé OR à plat **6.** [MUS - person] qui chante trop grave ; [- note] bémol **7.** [fare, price] fixe **8.** [beer, lemonade] éventé(e) / *to go flat* [beer, soft drink] s'éventer, perdre ses bulles **9.** [battery] à plat. ❖ adv **1.** [level] à plat **2.** [absolutely] ▸ **flat broke** complètement fauché(e) / *she turned me down flat* elle a refusé catégoriquement **3.** [exactly] : *two hours flat* deux heures pile **4.** MUS faux. ❖ noun **1.** UK [apartment] appartement *m* **2.** [of hand, blade] plat *m* **3.** MUS bémol *m*. ◆ **flat out** adv [work] d'arrache-pied ; [travel - subj: vehicle] le plus vite possible.

flat-chested [-'tʃestɪd] adj plat(e) comme une limande.

flatfish ['flætfɪʃ] (*pl inv*) noun poisson *m* plat.

flat-footed [-'fʊtɪd] adj aux pieds plats.

flat-hunt vi *(usu in progressive)* UK chercher un appartement.

flatline ['flætlaɪn] vi US *inf* [die] mourir.

flatly ['flætlɪ] adv **1.** [absolutely] catégoriquement **2.** [dully - say] avec monotonie ; [- perform] de façon terne.

flatmate ['flætmeɪt] noun UK *personne avec laquelle on partage un appartement*.

flat-pack ❖ noun meuble *m* en kit / *it comes as a flat-pack* c'est livré en kit. ❖ adj ▸ **flat-pack furniture** meubles *mpl* en kit.

flat rate noun tarif *m* forfaitaire.

flat-screen adj TV & COMPUT à écran plat.

flatten ['flætn] vt **1.** [make flat - steel, paper] aplatir ; [- wrinkles, bumps] aplanir ▸ **to flatten o.s. against sthg** s'aplatir contre qqch **2.** [destroy] raser **3.** *inf* [knock out] assommer. ◆ **flatten out** ❖ vi s'aplanir. ❖ vt sep aplanir.

flatter ['flætəʳ] vt flatter ▸ **to flatter o.s. (that)** se flatter *(de + infinitive)*.

flattering ['flætərɪŋ] adj **1.** [complimentary] flatteur(euse) **2.** [clothes] seyant(e).

flattery ['flætərɪ] noun flatterie *f*.

flatulence ['flætjʊləns] noun flatulence *f*.

flaunt [flɔ:nt] vt faire étalage de.

flautist UK ['flɔ:tɪst], **flutist** US ['flu:tɪst] noun flûtiste *mf*.

flavour UK, **flavor** US ['fleɪvəʳ] ❖ noun **1.** [of food] goût *m* ; [of ice cream, yoghurt] parfum *m* **2.** *fig* [atmosphere] atmosphère *f*. ❖ vt parfumer.

-flavoured UK, **-flavored** US ['fleɪvəd] suffix : *chocolate-flavoured* au chocolat / *vanilla-flavoured* à la vanille.

flavouring UK, **flavoring** US ['fleɪvərɪŋ] noun *(U)* parfum *m*.

flavourless UK, **flavorless** US ['fleɪvəlɪs] adj sans goût, insipide.

flaw [flɔ:] noun [in material, character] défaut *m* ; [in plan, argument] faille *f*.

flawed [flɔ:d] adj [material, character] qui présente des défauts ; [plan, argument] qui présente des failles.

flawless ['flɔ:lɪs] adj parfait(e).

flax [flæks] noun lin *m*.

flay [fleɪ] vt [skin] écorcher.

flea [fli:] noun **1.** puce *f* **2.** UK *inf* PHR ▸ **to send sb away with a flea in his / her ear** envoyer promener qqn.

fleabite ['fli:baɪt] noun piqûre *f* OR morsure *f* de puce ; *fig* [trifle] broutille *f*.

flea-bitten adj couvert(e) de puces ; *fig* [shabby] miteux(euse).

flea market noun marché *m* aux puces.

fleck [flek] ❖ noun moucheture *f*, petite tache *f*. ❖ vt ▸ **flecked with** moucheté(e) de.

fled [fled] pt & pp ⟶ **flee**.

fledg(e)ling ['fledʒlɪŋ] ❖ adj [industry] nouveau(elle) ; [doctor, democracy] jeune. ❖ noun oisillon *m*.

flee [fli:] (*pt & pp* **fled**) vt & vi fuir.

fleece [fli:s] ❖ noun **1.** [animal] toison *f* ; [fabric] polaire *f* **2.** [jacket] veste *f* en (laine) polaire ; [sweater] sweat *m* en (laine) polaire. ❖ vt *inf* escroquer.

fleecy ['fli:sɪ] adj [clouds] cotonneux(euse) ; [material] laineux(euse) / *a fleecy jacket* une veste en laine polaire.

fleet [fli:t] noun **1.** [of ships] flotte *f* **2.** [of cars, buses] parc *m*.

fleeting ['fli:tɪŋ] adj [moment] bref (brève) ; [look] fugitif(ive) ; [visit] éclair *(inv)*.

Fleet Street noun *rue de la City de Londres dont le nom est utilisé pour désigner la presse britannique*.

Flemish ['flemɪʃ] ❖ adj flamand(e). ❖ noun [language] flamand *m*. ❖ pl n ▸ **the Flemish** les Flamands *mpl*.

flesh [fleʃ] noun chair *f* ▸ **his / her flesh and blood** [family] les siens ▸ **in the flesh** en chair et en os. ◆ **flesh out** vt sep étoffer.

flesh-coloured UK, **flesh-colored** US adj [tights] couleur chair.

flesh wound noun blessure *f* superficielle.

fleshy ['fleʃɪ] (*compar* **-ier**, *superl* **-iest**) adj [arms] charnu(e) ; [person] bien en chair ; [cheeks] joufflu(e).

flew [flu:] pt ⟶ **fly**.

flex [fleks] ❖ noun ELEC fil *m.* ❖ vt [bend] fléchir.

flexibility ['fleksə'bɪlətɪ] noun flexibilité *f.*

flexible ['fleksəbl] adj flexible ▸ **my flexible friend** ma carte de crédit.

flexitime ['fleksɪtaɪm], **flextime** US ['flekstaɪm] noun *(U)* horaire *m* à la carte OR flexible.

flick [flɪk] ❖ noun **1.** [of whip, towel] petit coup *m* **2.** [with finger] chiquenaude *f* **3.** *inf* CIN film *m.* ❖ vt **1.** [whip, towel] donner un petit coup de **2.** [with finger - remove] enlever d'une chiquenaude ; [- throw] envoyer d'une chiquenaude **3.** [switch] appuyer sur. ◆ **flicks** pl n UK *inf* & *dated* ▸ **the flicks** le ciné. ◆ **flick through** vt insep feuilleter.

flicker ['flɪkər] ❖ noun **1.** [of light, candle] vacillement *m* **2.** [of hope, interest] lueur *f.* ❖ vi **1.** [candle, light] vaciller **2.** [shadow] trembler ; [eyelids] ciller.

flick knife noun UK couteau *m* à cran d'arrêt.

flier ['flaɪər] noun **1.** [pilot] aviateur *m*, -trice *f* **2.** [aircraft passenger] passager *m*, -ère *f* **3.** [advertising leaflet] prospectus *m.*

flight [flaɪt] noun **1.** [gen] vol *m* / *flight BA 314 to Paris* le vol BA 314 à destination de Paris / *how was your flight?* as-tu fait bon voyage ? ▸ **flight of fancy** OR **of the imagination** envolée *f* de l'imagination **2.** [of steps, stairs] volée *f* / *it's another three flights up* c'est trois étages plus haut **3.** [escape] fuite *f* / *to take flight* prendre la fuite.

flight attendant noun steward *m*, hôtesse *f* de l'air.

flight crew noun équipage *m.*

flight deck noun **1.** [of aircraft carrier] pont *m* d'envol **2.** [of plane] cabine *f* de pilotage.

flight path noun trajectoire *f.*

flight simulator noun simulateur *m* de vol.

flighty ['flaɪtɪ] *(compar* **-ier**, *superl* **-iest***)* adj frivole.

flimsy ['flɪmzɪ] *(compar* **-ier**, *superl* **-iest***)* adj [dress, material] léger(ère) ; [building, bookcase] peu solide ; [excuse] piètre.

flinch [flɪntʃ] vi tressaillir ▸ **to flinch from sthg / from doing sthg** reculer devant qqch / à l'idée de faire qqch.

fling [flɪŋ] ❖ noun *inf* [affair] aventure *f*, affaire *f.* ❖ vt *(pt & pp* **flung***)* lancer ▸ **to fling o.s. into an armchair / onto the ground** se jeter dans un fauteuil / par terre.

flint [flɪnt] noun **1.** [rock] silex *m* **2.** [in lighter] pierre *f.*

flip [flɪp] ❖ vt *(pt & pp* **-ped**, *cont* **-ping***)* **1.** [turn - pancake] faire sauter ; [- record] tourner **2.** [switch] appuyer sur **3.** [flick] envoyer d'une chiquenaude ▸ **to flip a coin** jouer à pile ou face. ❖ vi *(pt & pp* **-ped**, *cont* **-ping***)* *inf* [lose control] flipper ; [become angry] piquer une colère. ❖ noun **1.** [flick] chiquenaude *f* **2.** [somersault] saut *m* périlleux. ◆ **flip through** vt insep feuilleter.

flip chart noun tableau *m* à feuilles.

flip-flop noun [shoe] tong *f.*

flippant ['flɪpənt] adj désinvolte.

flipper ['flɪpər] noun **1.** [of animal] nageoire *f* **2.** [for swimmer, diver] palme *f.*

flip phone noun téléphone *m* à clapet.

flipping ['flɪpɪŋ] UK *inf* ❖ adj fichu(e). ❖ adv sacrément.

flip side noun **1.** *fig* [disadvantage of] inconvénient *m* / *the flip side was that I felt lonely* le côté négatif était que je me sentais seul **2.** [of record] face *f* B.

flip top ❖ noun [of packet] couvercle *m* à rabat. ❖ adj [mobile phone] à clapet.

flirt [flɜːt] ❖ noun flirt *m.* ❖ vi **1.** [with person] ▸ **to flirt (with sb)** flirter (avec qqn) **2.** [with idea] ▸ **to flirt with sthg** caresser qqch.

flirtatious [flɜː'teɪʃəs] adj flirteur(euse).

flit [flɪt] *(pt & pp* **-ted**, *cont* **-ting***)* vi **1.** [bird] voleter **2.** [expression, idea] ▸ **to flit across** traverser.

float [fləʊt] ❖ noun **1.** [for buoyancy] flotteur *m* **2.** [in procession] char *m* **3.** [money] petite caisse *f.* ❖ vt **1.** [on water] faire flotter **2.** [idea, project] lancer. ❖ vi [on water] flotter ; [through air] glisser.

floating ['fləʊtɪŋ] adj **1.** [on water] flottant(e) **2.** [transitory] instable.

flock [flɒk] ❖ noun **1.** [of birds] vol *m* ; [of sheep] troupeau *m* **2.** *fig* [of people] foule *f.* ❖ vi ▸ **to flock to** aller en masse à.

flog [flɒg] *(pt & pp* **-ged**, *cont* **-ging***)* vt **1.** [whip] flageller **2.** UK *inf* [sell] refiler.

flood [flʌd] ❖ noun **1.** [of water] inondation *f* **2.** [great amount] déluge *m*, avalanche *f.* ❖ vt **1.** [with water, light] inonder **2.** [overwhelm] ▸ **to flood sthg (with)** inonder qqch (de) ▸ **to flood the market** inonder le marché. ❖ vi **1.** [river] déborder **2.** [street, land] être inondé(e) **3.** [arrive in great amounts] : *applications have flooded in* on a été inondé de demandes ▸ **to flood back** revenir en foule. ◆ **floods** pl n **1.** [of water] inondations *fpl* **2.** *fig* [of tears] torrents *mpl.*

flood-damaged adj abîmé(e) OR endommagé(e) par les eaux.

floodgate ['flʌdgeɪt] noun vanne *f*, porte *f* d'écluse ▸ **to open the floodgates** *fig* : *the new law will open the floodgates to all kinds of fraudulent practices* cette nouvelle loi est la porte ouverte à toutes sortes de pratiques frauduleuses.

flooding ['flʌdɪŋ] noun *(U)* inondations *fpl.*

floodlight ['flʌdlaɪt] noun projecteur *m.*

floodlit ['flʌdlɪt] adj [match, ground] éclairé(e) *(avec des projecteurs)* ; [building] illuminé(e).

flood tide noun marée *f* haute.

floor [flɔːr] ❖ noun **1.** [of room - gen] sol *m* ; [- wooden] plancher *m* ; [of club, disco] piste *f* / *to put sthg / to sit on the floor* poser qqch / s'asseoir par terre **2.** [of valley, sea, forest] fond *m* **3.** [storey] étage *m* **4.** [at meeting, debate] auditoire *m* / *to have / to take the floor* [speaker] avoir / prendre la parole **5.** FIN corbeille *f.* ❖ vt **1.** [knock down] terrasser **2.** [baffle] dérouter.

floorboard ['flɔ:bɔ:d] noun plancher *m*.

floor cloth noun UK serpillière *f*.

flooring ['flɔ:rɪŋ] noun planchéiage *m*.

floor lamp noun US lampadaire *m*.

floorspace ['flɔ:speɪs] noun espace *m*.

floozy ['flu:zɪ] (*pl* **-ies**) noun *dated* & *pej* pouffiasse *f*.

flop [flɒp] *inf* ❖ noun [failure] fiasco *m*. ❖ vi (*pt* & *pp* **-ped**, *cont* **-ping**) **1.** [fail] être un fiasco **2.** [fall - subj: person] s'affaler.

floppy ['flɒpɪ] (*compar* **-ier**, *superl* **-iest**) adj [ears, flower] tombant(e) ; [collar] lâche.

floppy (disk) noun disquette *f*, disque *m* souple.

flora ['flɔ:rə] noun flore *f* ▸ **flora and fauna** la flore et la faune.

floral ['flɔ:rəl] adj floral(e) ; [pattern, dress] à fleurs.

Florence ['flɒrəns] noun Florence.

florid ['flɒrɪd] adj **1.** [red] rougeaud(e) **2.** [extravagant] fleuri(e).

Florida ['flɒrɪdə] noun Floride *f* ▸ **in Florida** en Floride.

florist ['flɒrɪst] noun fleuriste *mf* ▸ **florist's (shop)** magasin *m* de fleuriste.

floss [flɒs] ❖ noun *(U)* **1.** [silk] bourre *f* de soie **2.** [dental floss] fil *m* dentaire. ❖ vt ▸ **to floss one's teeth** se nettoyer les dents au fil dentaire.

flotation [fləʊ'teɪʃn] noun COMM lancement *m*.

flotsam ['flɒtsəm] noun *(U)* ▸ **flotsam and jetsam** a) débris *mpl* b) *fig* épaves *fpl*.

flounce [flaʊns] ❖ noun volant *m*. ❖ vi : *to flounce out / off* sortir / partir dans un mouvement d'humeur.

flouncy ['flaʊnsɪ] adj [dress, skirt] froufroutant(e).

flounder ['flaʊndəʳ] ❖ noun (*pl inv or* **-s**) flet *m*. ❖ vi **1.** [in water, mud, snow] patauger **2.** [in conversation] bredouiller.

flour ['flaʊəʳ] noun farine *f*.

flourish ['flʌrɪʃ] ❖ vi [plant, flower] bien pousser ; [children] être en pleine santé ; [company, business] prospérer ; [arts] s'épanouir. ❖ vt brandir. ❖ noun grand geste *m*.

flourishing ['flʌrɪʃɪŋ] adj [plant, garden] florissant(e) ; [children] resplendissant(e) de santé ; [company, arts] prospère.

floury ['flaʊərɪ] adj **1.** [covered in flour - hands] enfariné(e) ; [- clothes] couvert(e) de farine **2.** [potatoes] farineux(euse).

flout [flaʊt] vt bafouer.

flow [fləʊ] ❖ noun **1.** [movement - of water, information] circulation *f* ; [- of funds] mouvement *m* ; [- of words] flot *m* ▸ **to be in full flow** [orator] être en plein discours **2.** [of tide] flux *m*. ❖ vi **1.** [gen] couler / *the river flows into the sea* la rivière se jette dans la mer / *the whisky flowed freely* le whisky a coulé à flots **2.** [traffic,] s'écouler / *new measures designed to enable the traffic to flow more freely* de nouvelles mesures destinées à rendre la circulation plus fluide **3.** [tide] monter **4.** [hair, clothes] flotter **5.** [result] ▸ **to flow from** découler de **6.** [days, weeks] ▸ **to flow by** s'écouler.

flow chart, **flow diagram** noun organigramme *m*.

flower ['flaʊəʳ] ❖ noun fleur *f*. ❖ comp [pattern] floral(e). ❖ vi **1.** [bloom] fleurir **2.** *fig* [flourish] s'épanouir.

flowerbed ['flaʊəbed] noun parterre *m*.

flowered ['flaʊəd] adj à fleurs.

flowerpot ['flaʊəpɒt] noun pot *m* de fleurs.

flower power noun *pacifisme prôné par les hippies, surtout dans les années soixante.*

flower-seller noun vendeur *m*, -euse *f* de fleurs.

flowery ['flaʊərɪ] (*compar* **-ier**, *superl* **-iest**) adj **1.** [dress, material] à fleurs **2.** *pej* [style] fleuri(e).

flowing ['fləʊɪŋ] adj [water, writing] coulant(e) ; [hair, robes] flottant(e).

flown [fləʊn] pp ⟶ **fly**.

fl. oz. *abbr of* **fluid ounce**.

flu [flu:] noun *(U)* grippe *f* ▸ **to have (the) flu** avoir la grippe.

fluctuate ['flʌktʃʊeɪt] vi [rate, temperature, results] fluctuer ; [interest, enthusiasm, support] être fluctuant OR variable.

fluctuating ['flʌktʃʊeɪtɪŋ] adj [rate, figures, prices] fluctuant(e) ; [enthusiasm, support] fluctuant(e), variable ; [needs, opinions] fluctuant(e), changeant(e).

fluctuation [ˌflʌktʃʊ'eɪʃn] noun fluctuation *f*.

flue [flu:] noun conduit *m*, tuyau *m*.

fluency ['flu:ənsɪ] noun aisance *f* ▸ **fluency in French** aisance à s'exprimer en français.

fluent ['flu:ənt] adj **1.** [in foreign language] ▸ **to speak fluent French** parler couramment le français ▸ **to be fluent (in French)** parler couramment (le français) **2.** [writing, style] coulant(e), aisé(e).

fluently ['flu:əntlɪ] adv **1.** [speak - in foreign language] couramment **2.** [read, speak, write] avec aisance.

fluff [flʌf] ❖ noun *(U)* **1.** [down] duvet *m* **2.** [dust] moutons *mpl*. ❖ vt **1.** [puff up] faire bouffer **2.** *inf* [do badly] rater.

fluffy ['flʌfɪ] (*compar* **-ier**, *superl* **-iest**) adj duveteux(euse) ; [toy] en peluche.

fluid ['flu:ɪd] ❖ noun fluide *m* ; [in diet, for cleaning] liquide *m*. ❖ adj **1.** [flowing] fluide **2.** [unfixed] changeant(e).

fluidity [flu:'ɪdətɪ] noun **1.** [of substance] fluidité *f* **2.** [of style, play] fluidité *f* **3.** [liability to change - of situation, plans] indétermination *f*.

fluid ounce noun *= 0,03 litre.*

fluke [flu:k] noun *inf* [chance] coup *m* de bol.

flummox ['flʌməks] vt désarçonner.

flummoxed ['flʌməkst] adj : *I was completely flummoxed* ça m'a complètement démonté.

flung [flʌŋ] pt & pp ⟶ **fling**

flunk [flʌŋk] US *inf* ◆ vt **1.** [exam, test] rater **2.** [student] recaler. ◆ vi se faire recaler.

fluorescent [flʊə'resənt] adj fluorescent(e).

fluorescent light noun lumière *f* fluorescente.

fluoride ['flʊəraɪd] noun fluorure *m*.

flurry ['flʌrɪ] (*pl* **-ies**) noun **1.** [of snow] rafale *f*, averse *f* **2.** *fig* [of objections] concert *m* ; [of activity, excitement] débordement *m*.

flush [flʌʃ] ◆ adj **1.** [level] ▸ **flush with** de niveau avec **2.** *inf* [rich] plein(e) aux as. ◆ noun **1.** [in lavatory] chasse *f* d'eau **2.** [blush] rougeur *f* **3.** [sudden feeling] accès *m* ▸ **in the first flush of sthg** *liter* dans la première ivresse de qqch. ◆ vt **1.** [toilet] ▸ **to flush the toilet** tirer la chasse d'eau ▸ **to flush sthg down the toilet** faire partir qqch en tirant la chasse d'eau **2.** [force out of hiding] ▸ **to flush sb out** déloger qqn. ◆ vi [blush] rougir.

flushed [flʌʃt] adj **1.** [red-faced] rouge **2.** [excited] ▸ **flushed with** exalté(e) par.

fluster ['flʌstər] ◆ noun trouble *m*. ◆ vt troubler.

flustered ['flʌstəd] adj troublé(e).

flute [flu:t] noun MUS flûte *f*.

flutist US = **flautist**.

flutter ['flʌtər] ◆ noun **1.** [of wings] battement *m* **2.** [of heart] palpitation *f* **3.** *inf* [of excitement] émoi *m*. ◆ vt battre. ◆ vi **1.** [bird, insect] voleter ; [wings] battre **2.** [flag, dress] flotter **3.** [heart] palpiter.

flux [flʌks] noun [change] ▸ **to be in a state of flux** être en proie à des changements permanents.

fly [flaɪ] ◆ noun (*pl* **flies**) **1.** [insect] mouche *f* ▸ **I wouldn't mind being a fly on the wall** *inf* j'aimerais bien être une petite souris ▸ **a fly in the ointment** *fig* un ennui, un hic ▸ **there are no flies on him** *inf* il n'est pas fou **2.** [of trousers] braguette *f* **3.** PHR **on the fly** UK *inf* : *he did it on the fly* il l'a fait en douce / *; to make decisions on the fly* prendre des décisions sur-le-champ / *create audio playlists on the fly* créez des listes de lecture audio de façon autonome. ◆ vt (*pt* **flew**, *pp* **flown**) **1.** [kite, plane] faire voler **2.** [passengers, supplies] transporter par avion **3.** [flag] faire flotter. ◆ vi (*pt* **flew**, *pp* **flown**) **1.** [bird, insect, plane] voler **2.** [pilot] faire voler un avion **3.** [passenger] voyager en avion **4.** [move fast, pass quickly] filer / *I really must fly!* *inf* il faut vraiment que je file OR que je me sauve ! ▸ **time flies** comme le temps passe / *to knock* OR *to send sb flying* envoyer qqn rouler à terre **5.** [rumours, stories] se répandre comme une traînée de poudre **6.** [attack] ▸ **to fly at sb** sauter sur qqn / *to let fly* **a)** [physically] envoyer OR décocher un coup **b)** [verbally] s'emporter **7.** [flag] flotter **8.** [be successful] cartonner / *British film is flying right now* le cinéma britannique cartonne actuellement / *she's flying* [in career] elle va de succès en succès **9.** PHR **it'll never fly** [project, scheme] ça ne marchera jamais. ◆ **fly away** vi s'envoler. ◆ **fly in** ◆ vt sep envoyer par avion. ◆ vi [plane] arriver ; [person] arriver par avion. ◆ **fly into** vt insep ▸ **to fly into a rage / temper** s'emporter. ◆ **fly out** ◆ vt sep envoyer par avion. ◆ vi [plane] partir ; [person] partir en avion / *I'll fly out to join you next Monday* je prendrai l'avion pour te rejoindre lundi prochain.

flyaway ['flaɪə,weɪ] adj **1.** [hair] fin(e), difficile **2.** [person] frivole, étourdi(e) ; [idea] frivole.

fly-by-night *inf* ◆ adj **1.** [unreliable] peu fiable, sur qui on ne peut pas compter ; [firm, operation] véreux, louche **2.** [passing] éphémère. ◆ noun **1.** [person - irresponsible] écervelé *m*, -e *f* ; [- in debt] débiteur *m*, -trice *f* qui décampe en douce **2.** [nightclubber] fêtard *m*, -e *f*, couche-tard *mf*.

flyer ['flaɪər] = **flier**.

flying ['flaɪɪŋ] ◆ adj volant(e). ◆ noun aviation *f* ▸ **to like flying** aimer prendre l'avion.

flying colours UK, **flying colors** US pl n ▸ **to pass (sthg) with flying colours** réussir (qqch) haut la main.

flying saucer noun soucoupe *f* volante.

flying start noun ▸ **to get off to a flying start** prendre un départ sur les chapeaux de roue.

flying visit noun visite *f* éclair.

flyleaf ['flaɪli:f] (*pl* **-leaves**) noun page *f* de garde.

fly-on-the-wall adj [documentary] pris(e) sur le vif.

flyover ['flaɪ,əʊvər] noun UK saut-de-mouton *m*.

flypast ['flaɪ,pɑ:st] noun UK défilé *m* aérien.

fly-tipping noun dépôt *m* d'ordures illégal.

flyweight ['flaɪweɪt] noun poids *m* mouche.

FM noun (*abbr of* **frequency modulation**) FM *f*.

FO (*abbr of* **Foreign Office**) noun *ministère britannique des affaires étrangères*.

foal [fəʊl] noun poulain *m*.

foam [fəʊm] ◆ noun *(U)* **1.** [bubbles] mousse *f* **2.** ▸ **foam (rubber)** caoutchouc *m* Mousse®. ◆ vi [water, champagne] mousser.

foamy ['fəʊmɪ] (*compar* **-ier**, *superl* **-iest**) adj [with bubbles] mousseux(euse).

fob [fɒb] (*pt & pp* **-bed**, *cont* **-bing**) ◆ **fob off** vt sep repousser ▸ **to fob sthg off on sb** refiler qqch à qqn ▸ **to fob sb off with sthg** se débarrasser de qqn à l'aide de qqch.

focal ['fəʊkl] adj *lit* & *fig* focal(e).

focal point noun foyer *m* ; *fig* point *m* central.

focus ['fəʊkəs] ◆ noun (*pl* **-cuses** *or* **-ci**) **1.** PHOT mise *f* au point ▸ **in focus** net ▸ **out of focus** flou **2.** [centre - of rays] foyer *m* ; [- of earthquake] centre *m* ▸ **focus of attention** centre d'attention. ◆ vt [lens, camera] mettre au point ▸ **to focus sthg on a)** [lens, camera, eyes] ajuster qqch sur **b)** [attention] concentrer qqch sur / *all eyes were focussed on him* tous les regards étaient rivés sur lui. ◆ vi **1.** [with camera, lens] se fixer ; [eyes] accommoder ▸ **to focus on sthg** fixer qqch **2.** [attention] ▸ **to focus on sthg** *fig* se concentrer sur qqch / *the debate focussed on unemployment* le débat était centré sur le problème du chômage / *his speech focussed on the role of the media* son discours a porté principalement sur le rôle des médias.

fodder ['fɒdər] noun *(U)* fourrage *m*.

foe [fəʊ] noun *liter* ennemi *m*.

FOE noun **1.** (*abbr of* **Friends of the Earth**) AT *mpl* **2.** (*abbr of* **Fraternal Order of Eagles**) *organisation caritative américaine*.

foetal UK, **fetal** US ['fi:tl] adj [position] fœtal(e) ; [death] du fœtus.

foetus UK, **fetus** US ['fi:təs] noun fœtus *m*.

fog [fɒg] noun *(U)* brouillard *m*.

fogbound ['fɒgbaʊnd] adj bloqué(e) par le brouillard.

fogey ['fəʊgɪ] = **fogy**.

foggiest ['fɒgɪəst] noun *inf* ▸ **I haven't the foggiest** je n'en ai pas la moindre idée.

foggy ['fɒgɪ] (*compar* **-ier**, *superl* **-iest**) adj [misty] brumeux(euse).

foghorn ['fɒghɔ:n] noun sirène *f* de brume.

fog lamp UK, **fog light** US noun feu *m* de brouillard.

fogy ['fəʊgɪ] (*pl* **-ies**) noun *inf* ▸ **old fogy** vieux machin *m*.

foible ['fɔɪbl] noun marotte *f*.

foil [fɔɪl] ❖ noun **1.** *(U)* [metal sheet - of tin, silver] feuille *f* **2.** CULIN papier *m* d'aluminium **3.** [contrast] ▸ **to be a foil to** OR **for** servir de repoussoir à. ❖ vt déjouer.

foist [fɔɪst] vt ▸ **to foist sthg on sb** imposer qqch à qqn.

fold [fəʊld] ❖ vt **1.** [bend, close up] plier ▸ **to fold one's arms** croiser les bras **2.** [wrap] envelopper. ❖ vi **1.** [close up - table, chair] se plier ; [- petals, leaves] se refermer **2.** *inf* [company, project] échouer ; THEAT quitter l'affiche. ❖ noun **1.** [in material, paper] pli *m* **2.** [for animals] parc *m* **3.** *fig* [spiritual home] ▸ **the fold** le bercail. ◆ **fold up** ❖ vt sep plier. ❖ vi **1.** [close up - table, map] se plier ; [- petals, leaves] se refermer **2.** [company, project] échouer.

-fold suffix : *a ten-fold increase* une multiplication par dix / *your investment should multiply six-fold* votre investissement devrait vous rapporter six fois plus.

foldaway ['fəʊldəˌweɪ] adj pliant(e).

folder ['fəʊldər] noun **1.** [for papers - wallet] chemise *f* ; [- binder] classeur *m* **2.** COMPUT dossier *m*, répertoire *m*.

folding ['fəʊldɪŋ] adj [table, umbrella] pliant(e) ; [doors] en accordéon.

foliage ['fəʊlɪɪdʒ] noun feuillage *m*.

folk [fəʊk] ❖ adj [art, dancing] folklorique ; [medicine] populaire. ❖ pl n [people] gens *mpl*. ❖ noun [music] musique *f* folk. ◆ **folks** pl n *inf* **1.** [relatives] famille *f* **2.** [everyone] : *hi there, folks!* bonjour tout le monde !

folklore ['fəʊklɔ:r] noun folklore *m*.

folk music noun musique *f* folk.

folk singer noun chanteur *m*, -euse *f* folk.

folk song noun chanson *f* folk.

follicle ['fɒlɪkl] noun follicule *m*.

follow ['fɒləʊ] ❖ vt suivre ▸ **(to be) followed by sthg** (être) suivi de qqch / *to follow sb in / out* entrer / sortir à la suite de qqn / *his eyes followed her everywhere* il la suivait partout du regard OR des yeux / *he followed his father into politics* il est entré en politique sur les traces de son père. ❖ vi **1.** [gen] suivre ▸ **as follows** comme suit **2.** [be logical] tenir debout ▸ **it follows that…** il s'ensuit que…. ◆ **follow up** vt sep **1.** [pursue - idea, suggestion] prendre en considération ; [- advertisement] donner suite à **2.** [complete] ▸ **to follow sthg up with** faire suivre qqch de.

follower ['fɒləʊər] noun [believer] disciple *mf*.

following ['fɒləʊɪŋ] ❖ adj suivant(e). ❖ noun groupe *m* d'admirateurs. ❖ prep après.

follow-through noun **1.** [of plan] suite *f*, continuation *f* **2.** [in ball games] accompagnement *m (d'un coup)* ; [in billiards] coulé *m*.

follow-up ❖ adj complémentaire. ❖ noun suite *f*.

folly ['fɒlɪ] noun *(U)* [foolishness] folie *f*.

foment [fəʊ'ment] vt *fml* fomenter.

fond [fɒnd] adj **1.** [affectionate] affectueux(euse) ▸ **to be fond of** aimer beaucoup **2.** *liter* [hope, wish] naïf (naïve).

fondant ['fɒndənt] noun fondant *m*.

fondle ['fɒndl] vt caresser.

fondly ['fɒndlɪ] adv **1.** [affectionately - gaze, smile] affectueusement ; [- remember] avec tendresse **2.** *liter* [believe, wish] naïvement.

fondness ['fɒndnɪs] noun [for person] affection *f* ; [for thing] penchant *m*.

fondue ['fɒndju:] noun fondue *f*.

font [fɒnt] noun **1.** [in church] fonts *mpl* baptismaux **2.** COMPUT & TYPO police *f* (de caractères).

food [fu:d] noun nourriture *f* ▸ **that's food for thought** cela donne à réfléchir.

food chain noun chaîne *f* alimentaire.

foodie ['fu:dɪ] noun *inf* fin gourmet *m*.

food miles pl n kilomètres *mpl* alimentaires.

food mixer noun mixer *m*.

food poisoning [-ˌpɔɪznɪŋ] noun intoxication *f* alimentaire.

food processor [-ˌprəʊsesər] noun robot *m* ménager.

food stamp noun US bon *m* alimentaire *(accordé aux personnes sans ressources)*.

foodstuffs ['fu:dstʌfs] pl n denrées *fpl* alimentaires.

food technology noun technologie *f* alimentaire.

fool [fu:l] ❖ noun **1.** [idiot] idiot *m*, -e *f* / *I felt such a fool* je me suis senti bête ▸ **to make a fool of sb** tourner qqn en ridicule ▸ **to make a fool of o.s.** se rendre ridicule ▸ **to act** OR **play the fool** faire l'imbécile **2.** UK [dessert] ≃ mousse *f*. ❖ vt duper / *your excuses don't fool me* vos excuses ne prennent pas avec moi ▸ **to fool sb into doing sthg** amener qqn à faire qqch en le dupant. ❖ vi faire l'imbécile. ◆ **fool about, fool around** vi **1.** [behave foolishly] faire l'imbécile / *I'm only fooling around* je ne fais que plaisanter, c'est pour rire **2.** *inf* [be unfaithful] être infidèle.

foolhardy ['fu:lˌhɑ:dɪ] adj téméraire.

foolish ['fu:lɪʃ] adj idiot(e), stupide.

foolishly ['fu:lɪʃlɪ] adv stupidement, bêtement.

foolproof ['fu:lpru:f] adj infaillible.

foot [fʊt] ◆ noun **1.** (*pl* **feet** [fi:t]) [gen] pied *m* ; [of animal] patte *f* ; [of page, stairs] bas *m* ▸ **to be on one's feet** être debout / *the children are always under my feet* les enfants sont toujours dans mes jambes ▸ **to get to one's feet** se mettre debout, se lever ▸ **to be back on one's feet** être remis(e) (d'une maladie) ▸ **he claims he's divorced — divorced, my foot!** *inf* il prétend être divorcé — divorcé, mon œil ! ▸ **to get** OR **to start off on the right / wrong foot** être bien / mal parti(e) ▸ **to have itchy feet** avoir la bougeotte ▸ **to have two left feet** *inf* être pataud(e) OR empoté(e) ▸ **to put one's foot down** mettre le holà ▸ **to put one's foot in it** mettre les pieds dans le plat ▸ **to put one's feet up** se reposer ▸ **to be rushed off one's feet** ne pas avoir le temps de souffler ▸ **to set foot in** mettre le pied en ▸ **to stand on one's own two feet** se débrouiller (par soi-même) **2.** (*pl inv or* **feet**) [unit of measurement] = *30,48 cm* ; ≃ pied *m*. ◆ vt *inf* ▸ **to foot the bill** payer la note.

footage ['fʊtɪdʒ] noun *(U)* séquences *fpl*.

foot-and-mouth disease noun fièvre *f* aphteuse.

football ['fʊtbɔ:l] noun **1.** [game - soccer] football *m*, foot *m* ; [- American football] football américain **2.** [ball] ballon *m* de football OR foot.

football club noun UK club *m* de football.

footballer ['fʊtbɔ:lər] noun UK joueur *m*, -euse *f* de football, footballeur *m*, -euse *f*.

football field noun US terrain *m* de football américain.

football game noun US match *m* de football américain.

football ground noun UK terrain *m* de football.

football match noun UK match *m* de football.

football player = **footballer**.

football pools pl n UK ≃ loto *m* sportif.

football supporter noun UK supporter *m* (de football).

footbridge ['fʊtbrɪdʒ] noun passerelle *f*.

footer ['fʊtər] noun COMPUT titre *m* en bas de page.

foothills ['fʊthɪlz] pl n contreforts *mpl*.

foothold ['fʊthəʊld] noun prise *f* (de pied) ▸ **to get a foothold a)** trouver une prise (de pied) **b)** *fig* prendre pied, s'imposer.

footing ['fʊtɪŋ] noun **1.** [foothold] prise *f* ▸ **to lose one's footing** trébucher **2.** *fig* [basis] position *f* ▸ **on an equal footing (with)** sur un pied d'égalité (avec).

footlights ['fʊtlaɪts] pl n THEAT rampe *f*.

footloose ['fʊtlu:s] adj ▸ **footloose and fancy-free** libre comme l'air.

footman ['fʊtmən] (*pl* **-men**) noun valet *m* de pied.

footnote ['fʊtnəʊt] noun note *f* en bas de page.

footpath ['fʊtpɑ:θ] (*pl* [-pɑ:ðz]) noun sentier *m*.

footprint ['fʊtprɪnt] noun empreinte *f* (de pied), trace *f* (de pas).

footrest ['fʊtrest] noun [gen] repose-pieds *m* ; [stool] tabouret *m*.

footsie ['fʊtsɪ] noun *inf* : *to play footsie with sb* **a)** UK faire du pied à qqn **b)** US être le complice de qqn.

Footsie ['fʊtsɪ] noun *inf nom familier de l'indice boursier du Financial Times*.

footsore ['fʊtsɔ:r] adj ▸ **to be footsore** avoir mal aux pieds.

footstep ['fʊtstep] noun **1.** [sound] bruit *m* de pas **2.** [footprint] empreinte *f* (de pied) ▸ **to follow in sb's footsteps** marcher sur OR suivre les traces de qqn.

footstool ['fʊtstu:l] noun tabouret *m*.

footwear ['fʊtweər] noun *(U)* chaussures *fpl*.

footwork ['fʊtwɜ:k] noun *(U)* SPORT jeu *m* de jambes.

fop [fɒp] noun dandy *m*.

foppish ['fɒpɪʃ] adj [man] dandy ; [dress, manner] de dandy.

for [fɔ:r]

◆ prep

1. [referring to intention, destination, purpose] pour / *this is for you* c'est pour vous / *the plane for Paris* l'avion à destination de Paris / *I'm going for the papers* je vais prendre OR acheter les journaux / *let's meet for a drink* retrouvons-nous pour prendre un verre / *we did it for a laugh* OR *for fun* on l'a fait pour rire ▸ **what's it for?** ça sert à quoi ? / *what for?* pourquoi ? / *I don't know what she said that for* je ne sais pas pourquoi elle a dit ça / *'for sale'* 'à vendre' / *these books are for reference only* ces livres sont à consulter sur place

2. [representing, on behalf of] pour / *the MP for Barnsley* le député de Barnsley / *let me do that for you* laissez-moi faire, je vais vous le faire / *I'll go to the meeting for you* j'irai à la réunion à votre place

3. [because of] pour, en raison de / *for various reasons* pour plusieurs raisons / *the town is famous for its cathedral* la ville est célèbre pour sa cathédrale / *a prize for swimming* un prix de natation / *he couldn't speak for laughing* il ne pouvait pas parler tellement il riait / *for fear of being ridiculed* de OR par peur d'être ridiculisé

4. [with regard to] pour ▸ **to be ready for sthg** être prêt à OR pour qqch / *it's not for me to say* ce n'est pas à moi à le dire ▸ **to be young for one's age** être jeune pour son âge ▸ **to feel sorry for sb** plaindre qqn

5. [indicating amount of time, space] *there's no time for that now* on n'a pas le temps de faire cela OR de s'occuper de cela maintenant / *there's room for another person* il y a de la place pour encore une personne

6. [indicating period of time] *she'll be away for a month* elle sera absente (pendant) un mois / *we talked for hours* on a parlé pendant des heures / *I've lived here for 3 years* j'habite ici depuis 3 ans, cela fait 3 ans que

j'habite ici / *I can do it for you for tomorrow* je peux vous le faire pour demain
7. [indicating distance] pendant, sur / *for 50 kilometres* pendant OR sur 50 kilomètres / *I walked for miles* j'ai marché (pendant) des kilomètres
8. [indicating particular occasion] pour / *for Christmas* pour Noël / *the meeting scheduled for the 30th* la réunion prévue pour le 30
9. [indicating amount of money, price] *they're 50p for ten* cela coûte 50p les dix / *I bought / sold it for £10* je l'ai acheté/vendu 10 livres / *I wrote a cheque for £15* j'ai fait un chèque de 15 livres
10. [in favour of, in support of] pour / *to vote for sthg* voter pour qqch ▸ **to be all for sthg** être tout à fait pour OR en faveur de qqch
11. [in ratios] pour
12. [indicating meaning, exchange] *P for Peter* P comme Peter / *what's the Greek for "mother"?* comment dit-on « mère » en grec ? / *do you have change for a pound?* vous avez la monnaie d'une livre ? / *he exchanged the bike for another model* il a échangé le vélo contre OR pour un autre modèle
❖ conj
fml [as, since] car
◆ **for all** ❖ prep malgré / *for all his money...* malgré tout son argent.... ❖ conj ▸ **for all I know** pour autant que je sache ▸ **for all I care** pour ce que cela me fait.
◆ **for ever** adv = **forever**.

FOR (*abbr of* **free on rail**) franco wagon.

forage ['fɒrɪdʒ] vi ▸ **to forage (for)** fouiller (pour trouver).

foray ['fɒreɪ] noun ▸ **foray (into)** *liter* incursion *f* (dans).

forbad [fə'bæd], **forbade** [fə'beɪd] pt ⟶ **forbid**.

forbearance [fɔː'beərəns] noun **1.** [patience] patience *f*, tolérance *f* **2.** [restraint] abstention *f*.

forbid [fə'bɪd] (*pt* **-bade** *or* **-bad**, *pp* **forbid** *or* **-bidden**, *cont* **-bidding**) vt interdire, défendre ▸ **to forbid sb to do sthg** interdire OR défendre à qqn de faire qqch ▸ **God** OR **Heaven forbid!** pourvu que non !

forbidden [fə'bɪdn] ❖ pp ⟶ **forbid.** ❖ adj interdit(e), défendu(e).

forbidding [fə'bɪdɪŋ] adj [severe, unfriendly] austère ; [threatening] sinistre.

force [fɔːs] ❖ noun **1.** [gen] force *f* / *force of circumstances* force *f* des choses / *the force of gravity* la pesanteur / *force of habit* force de l'habitude ▸ **by force** de force **2.** [group] ▸ **security forces** forces *fpl* de sécurité ▸ **in force** en force / *the students were there in force* les étudiants étaient venus en force OR en grand nombre **3.** [effect] ▸ **to be in / to come into force** être/entrer en vigueur. ❖ vt **1.** [gen] forcer ▸ **to force sb to do sthg** forcer qqn à faire qqch / *the car forced us off the road* la voiture nous a forcés à quitter la route ▸ **to force sthg open** forcer qqch (pour l'ouvrir) ▸ **to force one's way through** se frayer un chemin à travers ▸ **to force one's way into** entrer de force dans **2.** [press] ▸ **to force sthg on sb** imposer qqch à qqn. ◆ **forces** pl n ▸ **the forces** les forces *fpl* armées ▸ **to join forces** joindre ses efforts. ◆ **by force of** prep à force de. ◆ **force back** vt sep [crowd] repousser ; [emotion, tears] refouler. ◆ **force down** vt sep **1.** [food] se forcer à manger **2.** [aeroplane] forcer à atterrir.

forced [fɔːst] adj forcé(e).

force-feed vt nourrir de force.

forceful ['fɔːsfʊl] adj [person] énergique ; [speech] vigoureux(euse).

forcefully ['fɔːsfʊlɪ] adv avec force.

forceps ['fɔːseps] pl n forceps *m*.

forcible ['fɔːsəbl] adj **1.** [using physical force] par (la) force **2.** [powerful] fort(e).

forcibly ['fɔːsəblɪ] adv **1.** [using physical force] de force **2.** [powerfully] avec vigueur.

ford [fɔːd] ❖ noun gué *m*. ❖ vt traverser à gué.

fore [fɔːʳ] ❖ adj NAUT à l'avant. ❖ noun ▸ **to come to the fore** s'imposer.

forearm ['fɔːrɑːm] noun avant-bras *m inv*.

forebears ['fɔːbeəz] pl n aïeux *mpl*.

foreboding [fɔː'bəʊdɪŋ] noun pressentiment *m*.

forecast ['fɔːkɑːst] ❖ noun prévision *f* ▸ **(weather) forecast** prévisions météorologiques ▸ **budget forecast** prévisions *fpl* budgétaires. ❖ vt (*pt & pp* **forecast** *or* **-ed**) prévoir.

forecaster ['fɔːkɑːstəʳ] noun **1.** [analyst] prévisionniste *mf* **2.** [of weather] présentateur *m*, -trice *f* de la météo.

foreclose [fɔː'kləʊz] ❖ vt saisir. ❖ vi ▸ **to foreclose on sb** saisir les biens de qqn.

foreclosure [fɔː'kləʊʒəʳ] noun forclusion *f*.

forecourt ['fɔːkɔːt] noun [of petrol station] devant *m* ; [of building] avant-cour *f*.

forefathers ['fɔːˌfɑːðəz] = **forebears**.

forefinger ['fɔːˌfɪŋgəʳ] noun index *m*.

forefront ['fɔːfrʌnt] noun ▸ **in** OR **at the forefront of** au premier plan de.

forego [fɔː'gəʊ] = **forgo**.

foregone conclusion ['fɔːgɒn-] noun ▸ **it's a foregone conclusion** c'est couru.

foreground ['fɔːgraʊnd] noun premier plan *m* ▸ **in the foreground** au premier plan.

forehand ['fɔːhænd] noun TENNIS coup *m* droit.

forehead ['fɔːhed] noun front *m*.

foreign ['fɒrən] adj **1.** [gen] étranger(ère) ; [correspondent] à l'étranger **2.** [policy, trade] extérieur(e).

foreign affairs pl n affaires *fpl* étrangères.

foreign aid noun aide *f* extérieure.

foreign body noun corps *m* étranger.

foreign currency noun *(U)* devises *fpl* étrangères.

foreigner ['fɒrənəʳ] noun étranger *m*, -ère *f*.

foreign exchange noun change *m* ▸ **foreign exchange markets** marchés *mpl* des devises ▸ **foreign exchange rates** taux *mpl* de change.

foreign minister noun ministre *m* des Affaires étrangères.

Foreign Office noun UK ▸ **the Foreign Office** ≃ le ministère des Affaires étrangères.

Foreign Secretary noun UK ≃ ministre *m* des Affaires étrangères.

foreleg ['fɔ:leg] noun [of horse] membre *m* antérieur ; [of other animals] patte *f* de devant.

foreman ['fɔ:mən] (*pl* **-men**) noun **1.** [of workers] contremaître *m*, -esse *f* **2.** LAW président *m* du jury.

foremost ['fɔ:məʊst] ❖ adj principal(e). ❖ adv ▸ **first and foremost** tout d'abord.

forename ['fɔ:neɪm] noun prénom *m*.

forensic [fə'rensɪk] adj [department, investigation] médico-légal(e).

forensic medicine, **forensic science** noun médecine *f* légale.

foreplay ['fɔ:pleɪ] noun *(U)* préliminaires *mpl*.

forerunner ['fɔ:ˌrʌnəʳ] noun précurseur *m*.

foresee [fɔ:'si:] (*pt* **-saw**, *pp* **-seen**) vt prévoir.

foreseeable [fɔ:'si:əbl] adj prévisible ▸ **for the foreseeable future** pour tous les jours/mois etc. à venir ▸ **in the foreseeable future** dans un futur proche.

foreseen [fɔ:'si:n] pp ⟶ **foresee**.

foreshadow [fɔ:'ʃædəʊ] vt présager.

foresight ['fɔ:saɪt] noun *(U)* prévoyance *f*.

foreskin ['fɔ:skɪn] noun prépuce *m*.

forest ['fɒrɪst] noun forêt *f*.

forestall [fɔ:'stɔ:l] vt [attempt, discussion] prévenir ; [person] devancer.

forestry ['fɒrɪstrɪ] noun sylviculture *f*.

foretaste ['fɔ:teɪst] noun avant-goût *m*.

foretell [fɔ:'tel] (*pt & pp* **-told**) vt prédire.

forethought ['fɔ:θɔ:t] noun prévoyance *f*.

foretold [fɔ:'təʊld] pt & pp ⟶ **foretell**.

forever [fə'revəʳ] adv **1.** [eternally] (pour) toujours **2.** *inf* [long time] : ***don't take forever about it!*** et ne mets pas des heures !

forewarn [fɔ:'wɔ:n] vt avertir.

forewarning [ˌfɔ:'wɔ:nɪŋ] noun avertissement *m*.

foreword ['fɔ:wɜ:d] noun avant-propos *m inv*.

forfeit ['fɔ:fɪt] ❖ noun amende *f* ; [in game] gage *m*. ❖ vt perdre.

forgave [fə'geɪv] pt ⟶ **forgive**.

forge [fɔ:dʒ] ❖ noun forge *f*. ❖ vt **1.** INDUST forger **2.** [signature, money] contrefaire ; [passport] falsifier. ◆ **forge ahead** vi prendre de l'avance.

forger ['fɔ:dʒəʳ] noun faussaire *mf*.

forgery ['fɔ:dʒərɪ] (*pl* **-ies**) noun **1.** *(U)* [crime] contrefaçon *f* **2.** [forged article] faux *m*.

forget [fə'get] (*pt* **-got**, *pp* **-gotten**, *cont* **-getting**) ❖ vt oublier / ***let's forget the whole business*** n'en parlons plus ▸ **to forget to do sthg** oublier de faire qqch ▸ **forget it!** laisse tomber ! ▸ **to forget o.s.** perdre le contrôle de soi. ❖ vi ▸ **to forget (about sthg)** oublier (qqch).

forgetful [fə'getfʊl] adj distrait(e), étourdi(e).

forgetfulness [fə'getfʊlnɪs] noun étourderie *f*.

forget-me-not noun myosotis *m*.

forgettable [fə'getəbl] adj qui ne présente pas d'intérêt.

forgivable [fə'gɪvəbl] adj pardonnable.

forgive [fə'gɪv] (*pt* **-gave**, *pp* **-given**) vt pardonner ▸ **to forgive sb for sthg / for doing sthg** pardonner qqch à qqn / à qqn d'avoir fait qqch.

forgiveness [fə'gɪvnɪs] noun *(U)* pardon *m*.

forgiving [fə'gɪvɪŋ] adj indulgent(e).

forgo [fɔ:'gəʊ] (*pt* **-went**, *pp* **-gone**) vt *fml* renoncer à.

forgot [fə'gɒt] pt ⟶ **forget**.

forgotten [fə'gɒtn] pp ⟶ **forget**.

4gv MESSAGING ***written abbr of* forgive**.

4gvn MESSAGING ***written abbr of* forgiven**.

fork [fɔ:k] ❖ noun **1.** [for eating] fourchette *f* **2.** [for gardening] fourche *f* **3.** [in road] bifurcation *f* ; [of river] embranchement *m*. ❖ vi bifurquer. ◆ **fork out** *inf* ❖ vt insep allonger, débourser ▸ **to fork out money on** UK OR **for** US allonger OR débourser de l'argent pour. ❖ vi ▸ **to fork out (for)** casquer (pour).

forked [fɔ:kt] adj [tongue] fourchu(e) ; [river, road] à bifurcation.

forklift truck ['fɔ:klɪft-] noun chariot *m* élévateur.

forlorn [fə'lɔ:n] adj **1.** [person, face] malheureux(euse), triste **2.** [place, landscape] désolé(e) **3.** [hope, attempt] désespéré(e).

form [fɔ:m] ❖ noun **1.** [shape, fitness, type] forme *f* / ***we studied three different forms of government*** nous avons examiné trois systèmes de gouvernement OR trois régimes différents / ***form of address*** formule de politesse ▸ **on form** UK, **in form** US en pleine forme ▸ **off form** UK pas en forme ▸ **in the form of** sous forme de ▸ **to take the form of** prendre la forme de / ***what form should my questions take?*** comment devrais-je formuler mes questions ? **2.** [questionnaire] formulaire *m* ▸ **printed form** imprimé *m* **3.** UK SCH classe *f* **4.** [usual behaviour] ▸ **true to form** typiquement. ❖ vt former / ***form a queue*** UK OR ***line*** US ***please*** faites la queue, s'il vous plaît / ***to form the basis of sthg*** constituer la base de OR servir de base à qqch. ❖ vi se former / ***doubts began to form in his mind*** des doutes commencèrent à prendre forme dans son esprit, il commença à avoir des doutes.

formal ['fɔ:ml] adj **1.** [official, conventional] officiel(elle) / ***formal agreement / contract*** accord *m* / contrat *m* en bonne et due forme / ***a formal dinner*** un dîner officiel

▸ **formal dress** a) [for ceremony] tenue *f* de cérémonie b) [for evening] tenue *f* de soirée / *we gave him a formal warning* nous l'avons averti officiellement OR dans les règles **2.** [person] formaliste ; [language] soutenu(e).

formality [fɔ:'mælətɪ] (*pl* **-ies**) noun formalité *f*.

formalize, formalise UK ['fɔ:məlaɪz] vt organiser de façon formelle.

formally ['fɔ:məlɪ] adv **1.** [correctly, seriously] de façon correcte **2.** [not casually] ▸ **to be formally dressed** être en tenue de cérémonie **3.** [officially] officiellement.

format ['fɔ:mæt] ❖ noun [gen & COMPUT] format *m*. ❖ vt (*pt & pp* **-ted**, *cont* **-ting**) COMPUT formater.

formation [fɔ:'meɪʃn] noun **1.** [gen] formation *f* **2.** [of idea, plan] élaboration *f*.

formative ['fɔ:mətɪv] adj formateur(trice).

formatting ['fɔ:mætɪŋ] noun COMPUT formatage *m*.

former ['fɔ:məʳ] ❖ adj **1.** [previous] ancien(enne) ▸ **former husband** ex-mari *m* ▸ **former pupil** ancien élève *m*, ancienne élève *f* **2.** [first of two] premier(ère). ❖ noun ▸ **the former** le premier (la première), celui-là (celle-là).

formerly ['fɔ:məlɪ] adv autrefois.

formidable ['fɔ:mɪdəbl] adj redoutable, terrible.

formula ['fɔ:mjʊlə] (*pl* **-as** *or* **-ae**) noun formule *f*.

formulaic [ˌfɔ:mjʊ'leɪɪk] adj stéréotypé(e) / *the film is very formulaic* le film est plein de stéréotypes / *formulaic expression* formule *f* toute faite.

formulate ['fɔ:mjʊleɪt] vt formuler.

fornication [ˌfɔ:nɪ'keɪʃn] noun *fml* fornication *f*.

forsake [fə'seɪk] (*pt* **forsook**, *pp* **forsaken**) vt *liter* [person] abandonner ; [habit] renoncer à.

forsaken [fə'seɪkn] adj abandonné(e).

forsook [fə'sʊk] pt ⟶ **forsake**.

fort [fɔ:t] noun fort *m* ▸ **to hold (down) the fort** [at office, shop] garder la boutique.

forte ['fɔ:tɪ] noun point *m* fort.

forth [fɔ:θ] adv *liter* en avant ▸ **from that day forth** dorénavant.

forthcoming [fɔ:θ'kʌmɪŋ] adj **1.** [imminent] à venir **2.** [available] : *no answer was forthcoming* on n'a pas eu de réponse **3.** [helpful] communicatif(ive).

forthright ['fɔ:θraɪt] adj franc (franche), direct(e).

forthwith [ˌfɔ:θ'wɪθ] adv *fml* aussitôt.

fortieth ['fɔ:tɪɪθ] num quarantième. *See also* **sixth**.

fortification [ˌfɔ:tɪfɪ'keɪʃn] noun fortification *f*.

fortified wine ['fɔ:tɪfaɪd-] noun vin *m* de liqueur.

fortify ['fɔ:tɪfaɪ] (*pt & pp* **-ied**) vt **1.** MIL fortifier **2.** *fig* [resolve] renforcer.

fortitude ['fɔ:tɪtju:d] noun courage *m*.

fortnight ['fɔ:tnaɪt] noun UK quinze jours *mpl*, quinzaine *f*.

fortnightly ['fɔ:tˌnaɪtlɪ] ❖ adj UK bimensuel(elle). ❖ adv tous les quinze jours.

fortress ['fɔ:trɪs] noun forteresse *f*.

fortuitous [fɔ:'tju:ɪtəs] adj *fml* fortuit(e).

fortunate ['fɔ:tʃnət] adj heureux(euse) ▸ **to be fortunate** avoir de la chance.

fortunately ['fɔ:tʃnətlɪ] adv heureusement.

fortune ['fɔ:tʃu:n] noun **1.** [wealth] fortune *f* **2.** [luck] fortune *f*, chance *f* **3.** [future] ▸ **to tell sb's fortune** dire la bonne aventure à qqn. ◆ **fortunes** pl n fortune *f*.

fortune-teller [-ˌteləʳ] noun diseuse *f* de bonne aventure.

fortune-telling noun [gen] *fait de dire la bonne aventure* ; [with cards] cartomancie *f*.

forty ['fɔ:tɪ] num quarante. *See also* **sixty**.

forty winks pl n *inf* petit somme *m*.

forum ['fɔ:rəm] (*pl* **-s**) noun **1.** [gén] forum *m*, tribune *f* **2.** INTERNET forum *m*.

forward ['fɔ:wəd] ❖ adj **1.** [movement] en avant / *the seat is too far forward* le siège est trop avancé OR en avant **2.** [planning] à long terme **3.** [impudent] effronté(e). ❖ adv **1.** [ahead] en avant ▸ **to go** OR **move forward** avancer / *three witnesses came forward* *fig* trois témoins se sont présentés **2.** [in time] ▸ **to bring a meeting forward** avancer la date d'une réunion ▸ **to put a watch forward** avancer une montre. ❖ noun SPORT avant *m*. ❖ vt **1.** [letter] faire suivre ; [goods] expédier **2.** [career] faire avancer.

forwarding address ['fɔ:wədɪŋ-] noun adresse *f* où faire suivre le courrier.

forward-looking [-'lʊkɪŋ] adj tourné(e) vers le futur.

forward roll noun cabriole *f*, culbute *f*.

forwards ['fɔ:wədz] adv = **forward**.

forward slash noun COMPUT barre *f* oblique.

forwent [fɔ:'went] pt ⟶ **forgo**.

fossil ['fɒsl] noun fossile *m*.

fossil fuel noun combustible *m* fossile.

fossilized, fossilised UK ['fɒsɪlaɪzd] adj fossilisé(e).

foster ['fɒstəʳ] ❖ adj [family] d'accueil. ❖ vt **1.** [child] accueillir **2.** *fig* [nurture] nourrir, entretenir.

foster child noun enfant *m* placé en famille d'accueil.

foster parent noun parent *m* nourricier.

fought [fɔ:t] pt & pp ⟶ **fight**.

foul [faʊl] ❖ adj **1.** [gen] infect(e) ; [water] croupi(e) ▸ **to fall foul of sb** se mettre qqn à dos **2.** [language] grossier(ère), ordurier(ère). ❖ noun SPORT faute *f*. ❖ vt *fml* **1.** [make dirty] souiller, salir **2.** SPORT commettre une faute contre **3.** [mechanism, propeller] entraver. ◆ **foul up** vt sep *inf* gâcher.

foul-mouthed [-'maʊðd] adj au langage grossier.

foul play noun (*U*) **1.** SPORT antijeu *m* **2.** [crime] acte *m* malveillant.

foul-up noun *inf* [mix-up] cafouillage *m* ; [mechanical difficulty] problème *m* OR difficulté *f* mécanique.

found [faʊnd] ❖ pt & pp ⟶ **find.** ❖ vt **1.** [hospital, town] fonder **2.** [base] ▸ **to found sthg on** fonder OR baser qqch sur.

foundation [faʊn'deɪʃn] noun **1.** [creation, organization] fondation *f* **2.** [basis] fondement *m*, base *f* **3.** ▸ **foundation (cream)** fond *m* de teint. ◆ **foundations** pl n CONSTR fondations *fpl*.

foundation stone noun première pierre *f*.

founder ['faʊndəʳ] ❖ noun fondateur *m*, -trice *f*. ❖ vi **1.** [ship] sombrer **2.** *fig* [plan, hopes] s'effondrer, s'écrouler.

founding father noun père *m* fondateur.

foundling ['faʊndlɪŋ] noun *fml* enfant *mf* trouvé ▸ **foundling hospital** hospice *m* pour enfants trouvés.

foundry ['faʊndrɪ] (*pl* **-ies**) noun fonderie *f*.

fount [faʊnt] noun [origin] source *f* ; UK TYPO police *f*.

fountain ['faʊntɪn] noun fontaine *f*.

fountain pen noun stylo *m* à encre.

four [fɔːʳ] num quatre ▸ **on all fours** à quatre pattes. ***See also*** **six.**

4 (***written abbr of*** **for**) MESSAGING pr.

four-by-four noun AUTO quatre-quatre *m*.

four-door adj à quatre portes.

4eva, 4E MESSAGING (***written abbr of*** **for ever**) pr tjr.

four-leaved clover UK [-liːvd-], **four-leaf clover** US [-liːf-] noun trèfle *m* à quatre feuilles.

four-letter word noun mot *m* grossier.

four-poster (bed) noun lit *m* à baldaquin.

foursome ['fɔːsəm] noun groupe *m* de quatre.

four-star adj [hotel] quatre étoiles.

fourteen [ˌfɔː'tiːn] num quatorze. ***See also*** **six.**

fourteenth [ˌfɔː'tiːnθ] num quatorzième. ***See also*** **sixth.**

fourth [fɔːθ] num quatrième. ***See also*** **sixth.**

fourth grade noun US SCH *classe de l'école primaire correspondant au CM1 (8-9 ans).*

fourthly ['fɔːθlɪ] adv quatrièmement, en quatrième lieu.

Fourth of July noun ▸ **the Fourth of July** *Fête de l'Indépendance américaine, célébrée le 4 juillet.*

four-wheel drive noun ▸ **with four-wheel drive** à quatre roues motrices.

fowl [faʊl] (*pl inv or* **-s**) noun volaille *f*.

fox [fɒks] ❖ noun renard *m*. ❖ vt laisser perplexe.

foxglove ['fɒksglʌv] noun digitale *f*.

foxhunting ['fɒksˌhʌntɪŋ] noun *(U)* chasse *f* au renard.

foxy ['fɒksɪ] adj *inf* [sexy] sexy *(inv)*.

foyer ['fɔɪeɪ] noun **1.** [of hotel, theatre] foyer *m* **2.** US [of house] hall *m* d'entrée.

Fr. (***abbr of*** **father**) P.

fracas ['frækɑː, US 'freɪkəs] (UK *pl inv*, US *pl* **-ses**) noun bagarre *f*.

fraction ['frækʃn] noun fraction *f* / *a fraction too big* légèrement OR un petit peu trop grand.

fractionally ['frækʃnəlɪ] adv un tout petit peu.

fractious ['frækʃəs] adj grincheux(euse).

fracture ['fræktʃəʳ] ❖ noun fracture *f*. ❖ vt fracturer.

fragile ['frædʒaɪl] adj fragile.

fragility [frə'dʒɪlətɪ] noun fragilité *f*.

fragment ❖ noun ['frægmənt] fragment *m*. ❖ vi [fræg'ment] se fragmenter.

fragmented [fræg'mentɪd] adj fragmenté(e).

fragrance ['freɪgrəns] noun parfum *m*.

fragrance-free adj non parfumé(e).

fragrant ['freɪgrənt] adj parfumé(e).

frail [freɪl] adj fragile.

frailty ['freɪltɪ] (*pl* **-ies**) noun **1.** [gen] fragilité *f* **2.** [moral weakness] faiblesse *f*.

frame [freɪm] ❖ noun **1.** [gen] cadre *m* ; [of glasses] monture *f* ; [of door, window] encadrement *m* ; [of boat] carcasse *f* **2.** [physique] charpente *f*. ❖ vt **1.** [gen] encadrer **2.** [express] formuler **3.** *inf* [set up] monter un coup contre.

frame of mind noun état *m* d'esprit.

framework ['freɪmwɜːk] noun **1.** [structure] armature *f*, carcasse *f* **2.** *fig* [basis] structure *f*, cadre *m*.

franc [fræŋk] noun franc *m*.

France [frɑːns] noun France *f* ▸ **in France** en France.

franchise ['fræntʃaɪz] noun **1.** POL droit *m* de vote **2.** COMM franchise *f*.

Francophile ['fræŋkəfaɪl] ❖ adj francophile. ❖ noun francophile *mf*.

Francophobe ['fræŋkəfəʊb] ❖ adj francophobe. ❖ noun francophobe *mf*.

Francophone ['fræŋkəfəʊn] ❖ adj francophone. ❖ noun francophone *mf*.

Franglais ['frɒŋgleɪ] noun franglais *m*.

frank [fræŋk] ❖ adj franc (franche). ❖ vt UK affranchir.

Frankfurt ['fræŋkfət] noun ▸ **Frankfurt (am Main)** Francfort(-sur-le-Main).

frankfurter ['fræŋkfɜːtəʳ] noun saucisse *f* de Francfort.

frankincense ['fræŋkɪnsens] noun encens *m*.

frankly ['fræŋklɪ] adv franchement.

frankness ['fræŋknɪs] noun franchise *f*.

frantic ['fræntɪk] adj frénétique ▸ **to be frantic (with worry)** être fou (folle) d'inquiétude.

frantically ['fræntɪklɪ] adv frénétiquement, avec frénésie.

fraternal [frə'tɜːnl] adj fraternel(elle).

fraternity [frə'tɜːnətɪ] (*pl* **-ies**) noun **1.** [community] confrérie *f* **2.** *(U)* [friendship] fraternité *f* **3.** US [of students] club *m* d'étudiants *(de sexe masculin)*.

fraternize, fraternise UK ['frætənaɪz] vi fraterniser.

fraud [frɔ:d] noun **1.** *(U)* [crime] fraude *f* **2.** *pej* [impostor] imposteur *m*.

fraudulent ['frɔ:djʊlənt] adj frauduleux(euse).

fraught [frɔ:t] adj **1.** [full] ▸ **fraught with** plein(e) de **2.** UK [person] tendu(e); [time, situation] difficile.

fray [freɪ] ❖ vt *fig* : *my nerves were frayed* j'étais extrêmement tendu(e), j'étais à bout de nerfs. ❖ vi [material, sleeves] s'user / *tempers frayed* *fig* l'atmosphère était tendue OR électrique. ❖ noun *liter* bagarre *f*.

frayed [freɪd] adj [jeans, collar] élimé(e).

frazzled ['fræzld] adj *inf* **1.** [person] éreinté(e) **2.** [by cooking] desséché(e).

freak [fri:k] ❖ adj bizarre, insolite. ❖ noun **1.** [strange creature] monstre *m*, phénomène *m* **2.** [unusual event] accident *m* bizarre **3.** *inf* [fanatic] fana *mf*; [addict] accro *mf* / *a health freak* un fana de la forme. ◆ **freak out** *inf* ❖ vi [get angry] exploser (de colère); [panic] paniquer. ❖ vt sep ▸ **to freak sb out** faire sauter qqn au plafond.

freaky ['fri:kɪ] adj *inf* bizarre, insolite.

freckle ['frekl] noun tache *f* de rousseur.

freckled ['frekld] adj taché(e) de son, marqué(e) de taches de rousseur / *a freckled face / nose* un visage / nez couvert de taches de rousseur.

free [fri:] ❖ adj (*compar* **freer**, *superl* **freest**) **1.** [gen] libre ▸ **to be free to do sthg** être libre de faire qqch ▸ **feel free!** je t'en prie ! / *the hostage managed to get free* l'otage a réussi à se libérer ▸ **to set free** libérer ▸ **free from** OR **of worry** sans souci / *she doesn't have a free moment* elle n'a pas un moment de libre **2.** [not paid for] gratuit(e) **3.** [generous] ▸ **to be free with money** dépenser sans compter / *she's very free with her criticism* elle ne ménage pas ses critiques. ❖ adv **1.** [without payment] gratuitement ▸ **free of charge** gratuitement ▸ **for free** gratuitement / *children travel (for) free* les enfants voyagent gratuitement **2.** [run, live] librement. ❖ vt (*pt & pp* **freed**) **1.** [gen] libérer **2.** [trapped person, object] dégager / *she tried to free herself from his grasp* elle essaya de se libérer OR dégager de son étreinte.

-free [fri:] suffix sans ▸ **sugar-free** sans sucre(s).

freebie ['fri:bɪ] noun *inf* faveur *f*.

freedom ['fri:dəm] noun **1.** [gen] liberté *f* ▸ **freedom of information** liberté d'information ▸ **freedom of speech** liberté d'expression **2.** [exception] ▸ **freedom (from)** exemption *f* (de).

freedom fighter noun partisan *m*, -e *f*.

free enterprise noun *(U)* libre entreprise *f*.

free-fall noun *(U)* chute *f* libre.

Freefone® ['fri:fəʊn] noun *(U)* UK ≃ numéro *m* vert.

free-for-all noun mêlée *f* générale.

free-form adj de forme libre.

free gift noun prime *f*.

freehand ['fri:hænd] adj & adv à main levée.

freehold ['fri:həʊld] ❖ adv en propriété inaliénable. ❖ noun propriété *f* foncière inaliénable.

freeholder ['fri:həʊldəʳ] noun propriétaire foncier *m*, propriétaire foncière *f*.

free house noun UK pub *m* en gérance libre.

free kick noun coup *m* franc.

freelance ['fri:lɑ:ns] ❖ adj indépendant(e), free-lance *(inv)*. ❖ adv en free-lance. ❖ noun indépendant *m*, -e *f*, free-lance *mf inv*. ❖ vi travailler en indépendant OR en free-lance.

freelancer ['fri:lɑ:nsəʳ] noun travailleur *m* indépendant, travailleuse *f* indépendante, free-lance *mf inv*.

freeloader ['fri:ləʊdəʳ] noun *inf* parasite *m*.

freely ['fri:lɪ] adv **1.** [gen] librement **2.** [generously] sans compter.

free-market economy noun économie *f* de marché.

Freemason ['fri:ˌmeɪsn] noun franc-maçon *m*.

Freemasonry ['fri:ˌmeɪsnrɪ] noun franc-maçonnerie *f*.

Freepost® ['fri:pəʊst] noun UK port *m* payé.

free-range adj de ferme.

free sample noun échantillon *m* gratuit.

freesia ['fri:zjə] noun freesia *m*.

free speech noun liberté *f* d'expression.

free spirit noun non-conformiste *mf*.

freestanding [ˌfri:'stændɪŋ] adj [furniture] non-encastré(e).

freestyle ['fri:staɪl] noun [in swimming] nage *f* libre.

freethinker [fri:'θɪŋkəʳ] noun libre-penseur *m*, -euse *f*.

free trade noun *(U)* libre-échange *m*.

freeware ['fri:weəʳ] noun COMPUT gratuiciels *mpl* / *a piece of freeware* un gratuiciel.

freeway ['fri:weɪ] noun US autoroute *f*.

freewheel [ˌfri:'wi:l] vi [on bicycle] rouler en roue libre; [in car] rouler au point mort.

free will noun *(U)* libre arbitre *m* ▸ **to do sthg of one's own free will** faire qqch de son propre gré.

freeze [fri:z] ❖ vt (*pt* **froze**, *pp* **frozen**) **1.** [gen] geler; [food] congeler **2.** [wages, prices] bloquer. ❖ vi (*pt* **froze**, *pp* **frozen**) **1.** [gen] geler **2.** [stop moving] s'arrêter. ❖ noun **1.** [cold weather] gel *m* **2.** [of wages, prices] blocage *m*. ◆ **freeze over** vi geler. ◆ **freeze up** vi geler, se bloquer.

freeze-dried [-'draɪd] adj lyophilisé(e).

freeze-dry vt lyophiliser.

freeze-frame noun CIN arrêt *m* sur image.

freezer ['fri:zəʳ] noun congélateur *m*.

freezing ['fri:zɪŋ] ❖ adj glacé(e) / *I'm freezing* je gèle. ❖ noun = **freezing point**.

freezing point noun point *m* de congélation.

freight [freɪt] noun [goods] fret *m*.

freight train noun US train *m* de marchandises.

French [frentʃ] ✧ adj français(e). ✧ noun [language] français *m*. ✧ pl n ▸ **the French** les Français *mpl*.

French bean noun UK haricot *m* vert.

French bread noun *(U)* baguette *f*.

French Canadian ✧ adj canadien français (canadienne française). ✧ noun Canadien français *m*, Canadienne française *f*.

French doors = **French windows**.

French dressing noun [in UK] vinaigrette *f* ; [in US] *sauce-salade à base de mayonnaise et de ketchup*.

French fries pl n US frites *fpl*.

French horn noun cor *m* d'harmonie.

French kiss ✧ noun baiser *m* profond. ✧ vt embrasser sur la bouche *(avec la langue)*. ✧ vi s'embrasser sur la bouche *(avec la langue)*.

Frenchman ['frentʃmən] (*pl* **-men**) noun Français *m*.

French stick noun UK baguette *f*.

French windows pl n porte-fenêtre *f*.

Frenchwoman ['frentʃ,wʊmən] (*pl* **-women**) noun Française *f*.

frenemy ['frenəmɪ] noun *ennemi qui se fait passer pour un ami* / ***they're frenemies*** ils se détestent cordialement.

frenetic [frə'netɪk] adj frénétique.

frenzied ['frenzɪd] adj [haste, activity] frénétique ; [attack] déchaîné(e) ; [mob] en délire.

frenzy ['frenzɪ] (*pl* **-ies**) noun frénésie *f*.

frequency ['fri:kwənsɪ] (*pl* **-ies**) noun fréquence *f*.

frequent ✧ adj ['fri:kwənt] fréquent(e). ✧ vt [frɪ'kwent] fréquenter.

frequently ['fri:kwəntlɪ] adv fréquemment.

fresco ['freskəʊ] (*pl* **-es** *or* **-s**) noun fresque *f*.

fresh [freʃ] ✧ adj **1.** [gen] frais (fraîche) ▸ **fresh from** a) [the oven] qui sort de b) [university] frais émoulu (fraîche émoulue) de ▸ **as fresh as a daisy** frais (fraîche) comme une rose **2.** [not salty] doux (douce) **3.** [new - drink, piece of paper] autre ; [- look, approach] nouveau(elle) / ***start on a fresh page*** prenez une nouvelle page ▸ **to make a fresh start** repartir à zéro **4.** *inf* & *dated* [cheeky] familier(ère) ▸ **to get fresh with sb** se montrer osé(e) avec qqn. ✧ adv : ***fresh-ground / made*** qui vient juste d'être moulu(e) / fait(e) ▸ **to be fresh out of sthg** *inf* ne plus avoir de qqch.

freshen ['freʃn] ✧ vt rafraîchir. ✧ vi [wind] devenir plus fort(e). ◆ **freshen up** ✧ vt sep **1.** [wash] ▸ **to freshen o.s. up** faire un brin de toilette **2.** [smarten up] rafraîchir. ✧ vi faire un brin de toilette.

fresher ['freʃəʳ] noun UK UNIV bizut *m*, étudiant *m*, -e *f* de première année.

fresh-faced adj [person] au teint frais.

freshly ['freʃlɪ] adv [squeezed, ironed] fraîchement.

freshman ['freʃmæn] (*pl* **-men**) noun US SCH bizut *m*, élève *mf (en première année)* ; UNIV étudiant *m*, -e *f (de première année)*.

freshness ['freʃnɪs] noun *(U)* **1.** [gen] fraîcheur *f* **2.** [originality] nouveauté *f*.

freshwater ['freʃ,wɔ:təʳ] adj d'eau douce.

fret [fret] (*pt & pp* **-ted**, *cont* **-ting**) vi [worry] s'inquiéter.

fretful ['fretfʊl] adj [baby] grognon(onne) ; [night, sleep] agité(e).

Freudian slip ['frɔɪdɪən-] noun lapsus *m*.

FRG (*abbr of* **Federal Republic of Germany**) noun RFA *f*.

Fri. (*abbr of* **Friday**) ven.

friar ['fraɪəʳ] noun frère *m*.

fricassee ['frɪkəsi:] ✧ noun fricassée *f*. ✧ vt fricasser.

friction ['frɪkʃn] noun *(U)* friction *f*.

Friday ['fraɪdɪ] noun vendredi *m*. *See also* **Saturday**.

fridge [frɪdʒ] noun frigo *m*.

fridge-freezer noun UK réfrigérateur-congélateur *m*.

fried [fraɪd] ✧ pt & pp ⟶ **fry**. ✧ adj frit(e) ▸ **fried egg** œuf *m* au plat.

friend [frend] ✧ noun ami *m*, -e *f* / ***Bill's a good friend of mine*** Bill est un grand ami à moi ▸ **to be friends** être amis ▸ **to be friends with sb** être ami avec qqn / ***we're just good friends*** nous sommes bons amis sans plus ▸ **to make friends (with sb)** se lier d'amitié (avec qqn). ✧ vt US [on networking site] marquer comme ami / ***will you friend me?*** tu veux bien me marquer comme ami ?

friendless ['frendlɪs] adj sans amis.

friendliness ['frendlɪnɪs] noun gentillesse *f*.

friendly ['frendlɪ] ✧ adj (*compar* **-ier**, *superl* **-iest**) [person, manner, match] amical(e) ; [nation] ami(e) ; [argument] sans conséquence ▸ **to be friendly with sb** être ami avec qqn. ✧ noun (*pl* **-ies**) UK match *m* amical.

friendship ['frendʃɪp] noun amitié *f*.

fries [fraɪz] = **French fries**.

frieze [fri:z] noun frise *f*.

frigate ['frɪgət] noun frégate *f*.

fright [fraɪt] noun peur *f* ▸ **to give sb a fright** faire peur à qqn ▸ **to take fright** prendre peur.

frighten ['fraɪtn] vt faire peur à, effrayer ▸ **to frighten sb into doing sthg** forcer qqn à faire qqch sous la menace.
◆ **frighten away** vt sep chasser en faisant peur à.
◆ **frighten off** vt sep chasser en faisant peur à.

frightened ['fraɪtnd] adj apeuré(e) ▸ **to be frightened of sthg / of doing sthg** avoir peur de qqch / de faire qqch.

frightening ['fraɪtnɪŋ] adj effrayant(e).

frighteningly ['fraɪtnɪŋlɪ] adv à faire peur / ***the story was frighteningly true to life*** l'histoire était d'un réalisme effrayant.

frightful ['fraɪtfʊl] adj *dated* effroyable.

frightfully ['fraɪtfʊlɪ] adv UK *dated* : ***he's a frightfully good dancer*** il danse remarquablement bien / ***I'm frightfully sorry*** je suis absolument désolé.

frigid ['frɪdʒɪd] adj **1.** [sexually] frigide **2.** [very cold] glacial, glacé(e).

frill [frɪl] noun **1.** [decoration] volant *m* **2.** *inf* [extra] supplément *m*.

frilly ['frɪlɪ] (*compar* **-ier**, *superl* **-iest**) adj à fanfreluches.

fringe [frɪndʒ] ❖ noun **1.** [gen] frange *f* **2.** [edge - of village] bordure *f* ; [- of wood, forest] lisière *f*. ❖ vt [edge] border.

fringe benefit noun avantage *m* extrasalarial.

fringe group noun groupe *m* marginal.

fringe theatre noun UK théâtre *m* d'avant-garde.

Frisbee® ['frɪzbɪ] noun Frisbee *m inv*.

frisk [frɪsk] ❖ vt fouiller. ❖ vi gambader.

frisky ['frɪskɪ] (*compar* **-ier**, *superl* **-iest**) adj *inf* vif (vive).

fritter ['frɪtər] noun beignet *m*. ◆ **fritter away** vt sep gaspiller ▸ **to fritter money / time away on sthg** gaspiller son argent / son temps en qqch.

frivolity [frɪ'vɒlətɪ] (*pl* **-ies**) noun frivolité *f*.

frivolous ['frɪvələs] adj frivole.

frizz [frɪz] ❖ noun : *she had a frizz of blond hair* elle avait des cheveux blonds tout frisés. ❖ vt faire friser. ❖ vi friser.

frizzy ['frɪzɪ] (*compar* **-ier**, *superl* **-iest**) adj crépu(e).

fro [frəʊ] ⟶ **to and fro**.

frock [frɒk] noun *dated* robe *f*.

frog [frɒg] noun [animal] grenouille *f* ▸ **to have a frog in one's throat** avoir un chat dans la gorge.

frogman ['frɒgmən] (*pl* **-men**) noun homme-grenouille *m*.

frogmarch ['frɒgmɑːtʃ] vt UK *emmener quelqu'un de force en lui tenant les bras dans le dos.*

frogmen ['frɒgmən] pl n ⟶ **frogman**.

frogspawn ['frɒgspɔːn] noun (*U*) œufs *mpl* de grenouille.

frolic ['frɒlɪk] ❖ noun ébats *mpl*. ❖ vi (*pt & pp* **-ked**, *cont* **-king**) folâtrer.

from

(*weak form* [frəm], *strong form* [frɒm])

❖ prep

1. [indicating source, origin, removal] de / *where are you from?* d'où êtes-vous ? / *I've just come back from there* j'en reviens / *I got a letter from her today* j'ai reçu une lettre d'elle aujourd'hui / *a flight from Paris* un vol en provenance de Paris / *to translate from Spanish into English* traduire d'espagnol en anglais / *to drink from a glass* boire dans un verre / *he's not back from work yet* il n'est pas encore rentré de son travail / *he took a notebook from his pocket* il a sorti un carnet de sa poche / *to take sthg (away) from sb* prendre qqch à qqn / *I bought my piano from a neighbour* j'ai acheté mon piano à un voisin

2. [indicating a deduction] de ▸ **to deduct sthg from sthg** retrancher qqch de qqch

3. [indicating escape, separation] de / *he ran away from home* il a fait une fugue, il s'est sauvé de chez lui / *we sheltered from the rain in a cave* nous nous sommes abrités de la pluie dans une caverne

4. [indicating position] de / *seen from above / below* vu(e) d'en haut / d'en bas

5. [indicating distance] de / *it's 60 km from here* c'est à 60 km d'ici / *how far is it from Paris to Lyons?* combien y a-t-il de Paris à Lyon ?

6. [indicating material object is made out of] en / *it's made from wood / plastic* c'est en bois / plastique / *Calvados is made from apples* le calvados est fait avec des pommes

7. [starting at a particular time] de / *from 2 pm to* OR *till 6 pm* de 14 h à 18 h / *from birth* de naissance / *from the age of four* à partir de quatre ans / *from the moment I saw him* dès que OR dès l'instant où je l'ai vu

8. [indicating difference] de / *to be different from sb / sthg* être différent de qqn / qqch

9. [indicating change] ▸ **from... to** de... à / *the price went up from £100 to £150* le prix est passé OR monté de 100 livres à 150 livres

10. [because of, as a result of] de / *to suffer from cold / hunger* souffrir du froid / de la faim / *I guessed she was Australian from the way she spoke* j'ai deviné qu'elle était australienne à sa façon de parler

11. [on the evidence of] d'après, à / *to speak from personal experience* parler par expérience OR d'après son expérience personnelle / *from what you're saying...* d'après ce que vous dites... / *from the way she talks you'd think she were the boss* à l'entendre, on croirait que c'est elle le patron

12. [indicating lowest amount] depuis, à partir de / *prices start from £50* le premier prix est de 50 livres.

frond [frɒnd] noun fronde *f*.

front [frʌnt] ❖ noun **1.** [most forward part - gen] avant *m* ; [- of dress, envelope, house] devant *m* ; [- of class] premier rang *m* ; [of queue] début *m* / *I'll be at the front of the train* je serai en tête de OR à l'avant du train **2.** METEOR & MIL front *m* / *to present a united front (on sthg)* *fig* faire front commun (devant qqch) **3.** [issue, area] plan *m* ▸ **on the domestic / employment front** sur le plan intérieur / du travail / *the Prime Minister is being attacked on all fronts* on s'en prend au Premier ministre de tous côtés **4.** ▸ **(sea)front** front *m* de mer / *a walk along* OR *on the front* une promenade au bord de la mer **5.** [outward appearance - of person] contenance *f* ; *pej* [- of business] façade *f* / *to put on a bold* OR *brave front* faire preuve de courage. ❖ adj [tooth, garden] de devant ; [row, page] premier(ère) / *front seat / wheel* AUTO siège *m* / roue *f* avant ▸ **front cover** couverture *f*. ❖ vt **1.** [be opposite] être en face de **2.** [TV programme] présenter. ❖ vi ▸ **to front onto sthg** donner sur qqch. ◆ **in front** adv **1.** [further forward - walk, push] devant ; [- people] à l'avant **2.** [winning] ▸ **to be in front** mener. ◆ **in front of** prep devant.

frontage ['frʌntɪdʒ] noun [of house] façade *f* ; [of shop] devanture *f*.

frontal ['frʌntl] adj **1.** [attack] de front **2.** [view] de face.

frontbench [ˌfrʌnt'bentʃ] noun UK *à la chambre des Communes, bancs occupés respectivement par les ministres du gouvernement en exercice et ceux du gouvernement fantôme.*

front desk noun réception *f*.

front door noun porte *f* d'entrée.

frontier ['frʌnˌtɪəʳ, US frʌn'tɪər] noun [border] frontière *f* ; *fig* limite *f*.

frontispiece ['frʌntɪspi:s] noun frontispice *m*.

front line noun ▸ **the front line** le front.

front man noun **1.** [of company, organization] porte-parole *m inv* **2.** TV présentateur *m*.

front-page adj [article] de première page.

front-runner noun favori *m*, -ite *f*.

front-wheel drive noun traction *f* avant.

front yard noun US jardin *m (devant une maison)*.

frost [frɒst] ❖ noun gel *m*. ❖ vi ▸ **to frost over** OR **up** geler.

frostbite ['frɒstbaɪt] noun *(U)* gelure *f*.

frostbitten ['frɒstˌbɪtn] adj [toe, finger] gelé(e).

frosted ['frɒstɪd] adj **1.** [glass] dépoli(e) **2.** US CULIN glacé(e).

frost-free adj [refrigerator, freezer] à dégivrage automatique.

frosting ['frɒstɪŋ] noun *(U)* US glaçage *m*.

frosty ['frɒstɪ] *(compar* **-ier**, *superl* **-iest**) adj **1.** [weather, welcome] glacial(e) **2.** [field, window] gelé(e).

froth [frɒθ] ❖ noun [on beer] mousse *f* ; [on sea] écume *f*. ❖ vi [beer] mousser ; [sea] écumer.

frothy ['frɒθɪ] *(compar* **-ier**, *superl* **-iest**) adj [beer] mousseux(euse) ; [sea] écumeux(euse).

frown [fraʊn] ❖ noun froncement *m* de sourcils. ❖ vi froncer les sourcils. ◆ **frown (up)on** vt insep désapprouver.

froze [frəʊz] pt ⟶ **freeze**.

frozen [frəʊzn] ❖ pp ⟶ **freeze**. ❖ adj [generally] gelé(e) ; [food] congelé(e) ▸ **frozen with fear** *fig* mort(e) de peur.

frozen assets pl n capitaux *mpl* gelés.

fructose ['frʌktəʊs] noun fructose *m*.

frugal ['fru:gl] adj **1.** [meal] frugal(e) **2.** [person, life] économe.

frugally ['fru:gəlɪ] adv [live] simplement, frugalement ; [distribute, give] parcimonieusement.

fruit [fru:t] ❖ noun *(pl inv or* **-s**) fruit *m* ▸ **to bear fruit** *fig* porter ses fruits. ❖ comp [flan] aux fruits ▸ **fruit tree** arbre *m* fruitier. ❖ vi donner des fruits.

fruit bowl noun compotier *m*.

fruitcake ['fru:tkeɪk] noun cake *m*.

fruit cocktail noun macédoine *f* de fruits.

fruit fly noun mouche *f* du vinaigre, drosophile *f*.

fruitful ['fru:tfʊl] adj [successful] fructueux(euse).

fruition [fru:'ɪʃn] noun ▸ **to come to fruition** se réaliser.

fruit juice noun jus *m* de fruits.

fruitless ['fru:tlɪs] adj vain(e).

fruit machine noun UK machine *f* à sous.

fruit salad noun salade *f* de fruits, macédoine *f*.

fruity ['fru:tɪ] *(compar* **-ier**, *superl* **-iest**) adj **1.** [flavour, sauce] fruité(e), de fruit ; [perfume, wine] fruité(e) **2.** [voice] étoffé(e), timbré(e) **3.** *inf* [joke, story] corsé(e), salé(e).

frump [frʌmp] noun femme *f* mal habillée.

frumpily ['frʌmpɪlɪ] adv : *frumpily dressed* mal fagoté.

frumpish ['frʌmpɪʃ] = **frumpy**.

frumpy ['frʌmpɪ] *(compar* **-ier**, *superl* **-iest**) adj mal habillé(e).

frustrate [frʌ'streɪt] vt **1.** [annoy, disappoint] frustrer **2.** [prevent] faire échouer.

frustrated [frʌ'streɪtɪd] adj **1.** [person, artist] frustré(e) **2.** [effort, love] vain(e).

frustrating [frʌ'streɪtɪŋ] adj frustrant(e).

frustration [frʌ'streɪʃn] noun frustration *f*.

fry [fraɪ] *(pt & pp* **fried**) vt & vi frire.

fryer ['fraɪəʳ] noun **1.** [pan] poêle *f* (à frire) ; [for deep-fat frying] friteuse *f* **2.** [chicken] poulet *m* à frire.

frying pan ['fraɪɪŋ-] noun poêle *f* à frire ▸ **to jump out of the frying pan into the fire** tomber de Charybde en Scylla.

fry-up noun UK *inf plat constitué de plusieurs aliments frits ensemble.*

ft. *abbr of* **foot, feet**.

FT (*abbr of* **Financial Times**) noun *quotidien britannique d'information financière* ▸ **the FT index** l'indice *m* boursier du FT ; ≃ le Cac 40.

FTP (*abbr of* **file transfer protocol**) noun FTP *m*.

FTSE ['futsi] (*abbr of* **Financial Times Stock Exchange**) pr n ▸ **the FTSE 100 index** l'index FTSE 100.

fuchsia ['fju:ʃə] noun fuchsia *m*.

fuck [fʌk] *vulg* ❖ vt & vi baiser. ❖ excl putain de merde ! ◆ **fuck off** vi *vulg* foutre le camp ▸ **fuck off!** fous le camp !

fuck all noun *vulg* que dalle / *it's got fuck all to do with you!* occupe-toi donc de tes fesses !

fucking ['fʌkɪŋ] adj *vulg* putain de.

fuddy-duddy ['fʌdɪˌdʌdɪ] *(pl* **-ies**) noun *inf* & *pej* personne *f* vieux jeu.

fudge [fʌdʒ] ❖ noun *(U)* [sweet] caramel *m* (mou). ❖ vt **1.** *inf* [figures] truquer ; [issue] esquiver **2.** US [ruin] : *I fudged it* je l'ai complètement raté.

fuel [fjʊəl] ❖ noun combustible *m* ; [for engine] carburant *m* ▸ **to add fuel to** *fig* alimenter. ❖ vt (UK *pt & pp* **-led**, *cont* **-ling** US *pt & pp* **-ed**, *cont* **-ing**) **1.** [supply with fuel] alimenter (en combustible / carburant) **2.** *fig* [speculation] nourrir.

fuel-efficient adj économique, qui ne consomme pas beaucoup.

fuel tank noun réservoir *m* à carburant.

fug [fʌg] noun UK renfermé *m*.

fugitive ['fju:dʒətɪv] noun fugitif *m*, -ive *f*.

fugue [fju:g] noun fugue *f*.

fulcrum ['fʊlkrəm] (*pl* **-crums** *or* **-cra**) noun pivot *m*.

fulfil UK (*pt & pp* **-led**, *cont* **-ling**), **fulfill** US [fʊl'fɪl] vt **1.** [duty, role] remplir ; [hope] répondre à ; [ambition, prophecy] réaliser **2.** [satisfy - need] satisfaire ▸ **to fulfil o.s.** s'épanouir.

fulfilled [fʊl'fɪld] adj [life] épanoui(e), heureux(euse) ; [person] épanoui(e), comblé(e).

fulfilling [fʊl'fɪlɪŋ] adj épanouissant(e).

fulfilment UK, **fulfillment** US [fʊl'fɪlmənt] noun (*U*) **1.** [satisfaction] grande satisfaction *f* **2.** [of ambition, dream] réalisation *f* ; [of role, promise] exécution *f* ; [of need] satisfaction *f*.

full [fʊl] ❖ adj **1.** [gen] plein(e) ; [bus, car park] complet(ète) ; [with food] gavé(e), repu(e) / *her parents were full of hope* ses parents étaient remplis d'espoir / *her letters are full of spelling mistakes* ses lettres sont truffées de fautes d'orthographe / *to be full of o.s.* être plein(e) de soi-même OR imbu(e) de sa personne **2.** [complete - recovery, control] total(e) ; [- explanation, day] entier(ère) ; [- volume] maximum (*inv*) / *the house is a full 10 miles from town* la maison est à 15 bons kilomètres de la ville / *in full uniform* en grande tenue / *I didn't get the full story* je n'ai pas entendu tous les détails de l'histoire **3.** [busy - life] rempli(e) ; [- timetable, day] chargé(e) / *I've got a full week ahead of me* j'ai une semaine chargée devant moi **4.** [flavour] riche **5.** [plump - figure] rondelet(ette) ; [- mouth] charnu(e) **6.** [skirt, sleeve] ample. ❖ adv **1.** [directly] : *full in the face* en plein (dans le) visage **2.** [very] ▸ **you know full well that…** tu sais très bien que… **3.** [at maximum] au maximum / *I turned the heat full on* UK OR *on full* j'ai mis le chauffage à fond. ❖ noun ▸ **in full** complètement, entièrement / *she paid in full* elle a tout payé ▸ **to the full** pleinement / *to enjoy life to the full* UK profiter de la vie au maximum.

fullback ['fʊlbæk] noun SPORT arrière *m*.

full-blooded [-'blʌdɪd] adj **1.** [pure-blooded] de race pure **2.** [strong, complete] robuste.

full-blown [-'bləʊn] adj général(e) ▸ **to have full-blown AIDS** avoir le Sida avéré.

full-bodied [-'bɒdɪd] adj qui a du corps.

full cream milk noun UK lait *m* entier.

full-fat adj entier(ère).

full-fledged US = **fully-fledged**

full-frontal adj de face.

full-grown adj adulte.

full house noun [at show, event] représentation *f* à bureaux fermés.

full-length ❖ adj **1.** [portrait, mirror] en pied **2.** [dress, novel] long (longue) ▸ **full-length film** long métrage. ❖ adv de tout son long.

full monty [-'mɒntɪ] noun *inf* : *the full monty* la totale.

full moon noun pleine lune *f*.

fullness ['fʊlnɪs] noun [of voice] ampleur *f* ; [of life] richesse *f* ▸ **in the fullness of time** avec le temps.

full-on adj *inf* [documentary, film - hard-hitting] dur(e) ; [- sexually explicit] cru(e) / *he's full-on* **a)** [gen] il en fait trop **b)** [making sexual advances] il est entreprenant.

full-page adj sur toute une page.

full-scale adj **1.** [life-size] grandeur nature (*inv*) **2.** [complete] de grande envergure.

full-size(d) adj **1.** [life-size] grandeur nature (*inv*) **2.** [adult] adulte **3.** US AUTO ▸ **full-sized car** grande berline.

full stop UK ❖ noun point *m*. ❖ adv un point c'est tout.

full time noun UK SPORT fin *f* de match. ◆ **full-time** adj & adv [work, worker] à temps plein.

full up adj [bus, train] complet(ète) ; [with food] gavé(e), repu(e).

fully ['fʊlɪ] adv [understand, satisfy] tout à fait ; [train, describe] entièrement.

fully-fitted adj [kitchen] intégré(e).

fully-fledged UK, **full-fledged** US [-'fledʒd] adj diplômé(e).

fulness ['fʊlnɪs] = **fullness**

fulsome ['fʊlsəm] adj excessif(ive).

fumble ['fʌmbl] ❖ vt [catch] mal attraper. ❖ vi fouiller, tâtonner ▸ **to fumble for** fouiller pour trouver.

fume [fju:m] vi [with anger] rager. ◆ **fumes** pl n [from paint] émanations *fpl* ; [from smoke] fumées *fpl* ; [from car] gaz *mpl* d'échappement.

fumigate ['fju:mɪgeɪt] vt fumiger.

fumigation [ˌfju:mɪ'geɪʃn] noun fumigation *f*.

fun [fʌn] ❖ noun (*U*) **1.** [pleasure, amusement] : *the game is great fun* ce jeu est très amusant ▸ **to have fun** s'amuser ▸ **for fun, for the fun of it** pour s'amuser **2.** [playfulness] ▸ **to be full of fun** être plein(e) d'entrain **3.** [ridicule] ▸ **to make fun of** OR **poke fun at sb** se moquer de qqn. ❖ adj amusant(e).

function ['fʌŋkʃn] ❖ noun **1.** [gen] fonction *f* **2.** [formal social event] réception *f* officielle **3.** [software] fonctionnalité *f*. ❖ vi fonctionner ▸ **to function as** servir de.

functional ['fʌŋkʃnəl] adj **1.** [practical] fonctionnel(elle) **2.** [operational] en état de marche.

functionality [fʌŋkʃ'nælətɪ] noun fonctionnalité *f*.

functionary ['fʌŋkʃnərɪ] (*pl* **-ies**) noun fonctionnaire *mf*.

function key noun COMPUT touche *f* de fonction.

function room noun salle *f* de réception.

fund [fʌnd] ❖ noun [generally] fonds *m* ; *fig* [of knowledge] puits *m*. ❖ vt financer. ◆ **funds** pl n fonds *mpl*.

fundamental [ˌfʌndəˈmentl] adj ▸ **fundamental (to)** fondamental(e) (à). ◆ **fundamentals** pl n principes *mpl* de base.

fundamentalism [ˌfʌndəˈmentəlɪzm] noun [generally] fondamentalisme *m* ; [Muslim] intégrisme *m*.

fundamentalist [ˌfʌndəˈmentəlɪst] ❖ adj [gen] fondamentaliste ; [Muslim] intégriste. ❖ noun [gen] fondamentaliste *mf* ; [Muslim] intégriste *mf*.

fundamentally [ˌfʌndəˈmentəlɪ] adv fondamentalement.

funding [ˈfʌndɪŋ] noun *(U)* financement *m*.

fundraiser [ˈfʌndˌreɪzəʳ] noun [person] collecteur *m*, -trice *f* de fonds ; [event] *projet organisé pour collecter des fonds*.

fund-raising [-ˌreɪzɪŋ] ❖ noun *(U)* collecte *f* de fonds. ❖ comp [event, campaign] organisé(e) pour collecter des fonds.

funeral [ˈfjuːnərəl] noun obsèques *fpl*.

funeral director noun entrepreneur *m* de pompes funèbres.

funeral home US = **funeral parlour**.

funeral parlour UK, **funeral home** US noun entreprise *f* de pompes funèbres.

funfair [ˈfʌnfeəʳ] noun UK fête *f* foraine.

fun-filled adj divertissant(e).

fungal [ˈfʌŋgl] adj fongique.

fungi [ˈfʌŋgaɪ] pl n ⟶ **fungus**.

fungicide [ˈfʌndʒɪsaɪd] noun fongicide *m*.

fungus [ˈfʌŋgəs] (*pl* **-gi** *or* **-guses**) noun champignon *m*.

funk [fʌŋk] noun *(U)* **1.** MUS funk *m* **2.** UK *inf* & *dated* [fear] frayeur *f* ▸ **to be in a (blue) funk** avoir une peur bleue **3.** US *inf* & *dated* [depression] découragement *m*.

funky [ˈfʌŋkɪ] (*compar* **-ier**, *superl* **-iest**) adj MUS funky *(inv)*.

fun-loving adj qui aime s'amuser OR rire.

funnel [ˈfʌnl] ❖ noun **1.** [tube] entonnoir *m* **2.** [of ship] cheminée *f*. ❖ vt (UK *pt & pp* **-led**, *cont* **-ling**, US *pt & pp* **-ed**, *cont* **-ing**) [crowd] canaliser ; [money, food] diriger. ❖ vi (UK *pt & pp* **-led**, *cont* **-ling**, US *pt & pp* **-ed**, *cont* **-ing**) se diriger.

funnily [ˈfʌnɪlɪ] adv [strangely] bizarrement ▸ **funnily enough** chose curieuse.

funny [ˈfʌnɪ] (*compar* **-ier**, *superl* **-iest**) adj **1.** [amusing] drôle / *she didn't see the funny side of it* elle n'a pas vu le côté comique de la situation **2.** [odd] bizarre, drôle / *the wine tastes funny* le vin a un drôle de goût / *I think it's funny that he should turn up now* je trouve (ça) bizarre qu'il arrive maintenant / *I feel a bit funny* **a)** [ill] je ne suis pas dans mon assiette, je suis un peu patraque.

funny bone noun petit juif *m*.

fun-packed adj divertissant(e).

fur [fɜːʳ] noun fourrure *f*.

fur coat noun (manteau *m* de) fourrure *f*.

furious [ˈfjʊərɪəs] adj **1.** [very angry] furieux(euse) **2.** [wild - effort, battle] acharné(e) ; [- temper] déchaîné(e).

furiously [ˈfjʊərɪəslɪ] adv **1.** [angrily] furieusement **2.** [wildly - fight, try] avec acharnement ; [- run] à une allure folle.

furlong [ˈfɜːlɒŋ] noun = *201,17 mètres*.

furnace [ˈfɜːnɪs] noun [fire] fournaise *f*.

furnish [ˈfɜːnɪʃ] vt **1.** [fit out] meubler **2.** *fml* [provide] fournir ▸ **to furnish sb with sthg** fournir qqch à qqn.

furnished [ˈfɜːnɪʃt] adj meublé(e).

furnishings [ˈfɜːnɪʃɪŋz] pl n mobilier *m*.

furniture [ˈfɜːnɪtʃəʳ] noun *(U)* meubles *mpl* ▸ **a piece of furniture** un meuble.

furniture polish noun encaustique *m*, produit *m* d'entretien des meubles.

furore UK [ˈfjʊərɔːrɪ], **furor** US [ˈfjʊrɔːr] noun scandale *m*.

furrow [ˈfʌrəʊ] noun **1.** [in field] sillon *m* **2.** [on forehead] ride *f*.

furrowed [ˈfʌrəʊd] adj **1.** [field, land] labouré(e) **2.** [brow] ridé(e).

furry [ˈfɜːrɪ] (*compar* **-ier**, *superl* **-iest**) adj **1.** [animal] à fourrure **2.** [material] recouvert(e) de fourrure.

further [ˈfɜːðəʳ] ❖ compar ⟶ **far.** ❖ adv **1.** [gen] plus loin / *how much further is it?* combien de kilomètres y a-t-il ? ▸ **further on** plus loin / *she's further on than the rest of the students* *fig* elle est en avance sur les autres étudiants / *further forward* plus en avant / *further (to the) south* plus au sud ▸ **this mustn't go any further** ceci doit rester entre nous **2.** [more - complicate, develop] davantage ; [- enquire] plus avant **3.** [in addition] de plus / *I have nothing further to say* je n'ai rien d'autre OR rien de plus à dire. ❖ adj nouveau(elle), supplémentaire / *for further information, phone this number* pour tout renseignement complémentaire, appelez ce numéro / *do you have any further questions?* avez-vous d'autres questions à poser ? ❖ vt [career, aims] faire avancer ; [cause] encourager. ◆ **further to** prep *fml* suite à.

further education noun UK AUSTR éducation *f* post-scolaire.

furthermore [ˌfɜːðəˈmɔːʳ] adv de plus.

furthermost [ˈfɜːðəməʊst] adj le plus éloigné (la plus éloignée).

furthest [ˈfɜːðɪst] ❖ superl ⟶ **far.** ❖ adj le plus éloigné (la plus éloignée). ❖ adv le plus loin.

furtive [ˈfɜːtɪv] adj [person] sournois(e) ; [glance] furtif(ive).

fury [ˈfjʊərɪ] noun fureur *f* ▸ **in a fury** en fureur.

fuse [fju:z] ◆ noun **1.** ELEC fusible *m*, plomb *m* **2.** [of bomb] détonateur *m* ; [of firework] amorce *f*. ◆ vt **1.** [join by heat] réunir par la fusion **2.** [combine] fusionner. ◆ vi **1.** ELEC : *the lights have fused* les plombs ont sauté **2.** [join by heat] fondre **3.** [combine] fusionner.

fuse-box noun boîte *f* à fusibles.

fused [fju:zd] adj [plug] avec fusible incorporé.

fuselage ['fju:zəlɑ:ʒ] noun fuselage *m*.

fuse wire noun fusible *m*.

fusillade [ˌfju:zə'leɪd] noun fusillade *f*.

fusion ['fju:ʒn] noun fusion *f*.

fuss [fʌs] ◆ noun **1.** [excitement, anxiety] agitation *f* ▸ **to make a fuss** faire des histoires **2.** *(U)* [complaints] protestations *fpl* / *what a lot of fuss about nothing!* que d'histoires pour rien ! / *you should have made a fuss about it* tu n'aurais pas dû laisser passer ça **3.** PHR **to make a fuss of sb** UK être aux petits soins pour qqn. ◆ vi faire des histoires. ◆ **fuss over** vt insep être aux petits soins pour.

fussily ['fʌsɪlɪ] adv **1.** [fastidiously] de façon méticuleuse OR tatillonne ; [nervously] avec anxiété **2.** [over-ornate] de façon tarabiscotée.

fussiness ['fʌsɪnɪs] noun **1.** [fastidiousness] côté *m* tatillon **2.** [ornateness - of decoration] tarabiscotage *m*.

fusspot UK ['fʌspɒt], **fussbudget** US ['fʌsˌbʌdʒət] noun *inf* tatillon *m*, -onne *f*.

fussy ['fʌsɪ] (*compar* **-ier**, *superl* **-iest**) adj **1.** [fastidious - person] tatillon(onne) ; [- eater] difficile **2.** [over-decorated] tarabiscoté(e).

fusty ['fʌstɪ] (*compar* **-ier**, *superl* **-iest**) adj **1.** UK [room] qui sent le moisi **2.** [scent] qui sent le renfermé **3.** [idea] vieillot(otte).

futile ['fju:taɪl] adj vain(e).

futility [fju:'tɪlətɪ] noun futilité *f*.

futon ['fu:tɒn] noun futon *m*.

future ['fju:tʃəʳ] ◆ noun **1.** [gen] avenir *m* ▸ **in future** à l'avenir ▸ **in the future** dans le futur, à l'avenir **2.** GRAM futur *m*. ◆ adj futur(e). ◆ **futures** pl n FIN transactions *fpl* à terme.

future-proof ◆ adj COMPUT évolutif(ive). ◆ vt COMPUT rendre évolutif.

future tense noun future *m*.

futuristic [ˌfju:tʃə'rɪstɪk] adj futuriste.

fuze US = **fuse**.

fuzz [fʌz] noun **1.** [hair] cheveux *mpl* crépus **2.** *inf* & *dated* [police] ▸ **the fuzz** les flics *mpl*.

fuzzy ['fʌzɪ] (*compar* **-ier**, *superl* **-iest**) adj **1.** [hair] crépu(e) **2.** [photo, image] flou(e) **3.** [thoughts, mind] confus(e).

fwd. *abbr of* **forward**.

f-word noun *euph* : *the f-word* le mot « fuck ».

FYI *abbr of* **for your information**.

G

g¹ (*pl* **g's** *or* **gs**), **G** (*pl* **G's** *or* **Gs**) [dʒiː] noun [letter] g *m inv*, G *m inv*. ◆ **G** ❖ noun MUS sol *m*. ❖ **1.** (*abbr of* **good**) B **2.** US (*abbr of* **general audiences**) *tous publics*.

g² **1.** (*abbr of* **gram**) g **2.** (*abbr of* **gravity**) g.

G7 noun ECON & POL le G7, le groupe des 7.

G8 noun ECON & POL le G8, le groupe des 8.

gab [gæb] ⟶ **gift**.

gabardine [ˌgæbəˈdiːn] noun gabardine *f*.

gabble [ˈgæbl] ❖ vt & vi baragouiner. ❖ noun charabia *m*.

gable [ˈgeɪbl] noun pignon *m*.

Gabon [gæˈbɒn] noun Gabon *m* ▸ **in Gabon** au Gabon.

Gabonese [ˌgæbɒˈniːz] ❖ adj gabonais(e). ❖ pl n ▸ **the Gabonese** les Gabonais.

gad [gæd] (*pt & pp* **-ded**, *cont* **-ding**) ◆ **gad about** vi *inf* & *dated* partir en vadrouille.

gadget [ˈgædʒɪt] noun gadget *m*.

Gaelic [ˈgeɪlɪk] ❖ adj gaélique. ❖ noun gaélique *m*.

gaffe [gæf] noun gaffe *f*.

gaffer [ˈgæfəʳ] noun UK *inf* [boss] patron *m*.

gag [gæg] ❖ noun **1.** [for mouth] bâillon *m* **2.** *inf* [joke] blague *f*, gag *m*. ❖ vt (*pt & pp* **-ged**, *cont* **-ging**) [put gag on] bâillonner. ❖ vi (*pt & pp* **-ged**, *cont* **-ging**) [choke] s'étrangler.

gaga [ˈgɑːgɑː] adj *inf* [senile, crazy] gaga / *he's absolutely gaga about her* il est complètement fou d'elle.

gage US = **gauge**.

gaggle [ˈgægl] ❖ noun *lit* & *fig* troupeau *m*. ❖ vi cacarder.

gaiety [ˈgeɪətɪ] noun gaieté *f*.

gaily [ˈgeɪlɪ] adv **1.** [cheerfully] gaiement **2.** [thoughtlessly] allègrement.

gain [geɪn] ❖ noun **1.** [gen] profit *m* **2.** [improvement] augmentation *f*. ❖ vt **1.** [acquire] gagner / *to gain experience* acquérir de l'expérience **2.** [increase in - speed, weight] prendre ; [- confidence] gagner en ; [- quantity, time] gagner **3.** [subj: watch, clock] : *to gain 10 minutes* avancer de 10 minutes. ❖ vi **1.** [advance] ▸ **to gain in sthg** gagner en qqch **2.** [benefit] ▸ **to gain from** OR **by sthg** tirer un avantage de qqch / *who stands to gain by this deal?* qui y gagne dans cette affaire ? **3.** [watch, clock] avancer. ◆ **gain on** vt insep rattraper.

gainful [ˈgeɪnfʊl] adj *fml* lucratif(ive).

gainfully [ˈgeɪnfʊlɪ] adv *fml* lucrativement.

gainsay [ˌgeɪnˈseɪ] (*pt & pp* **-said**) vt *fml* contredire.

gait [geɪt] noun démarche *f*.

GAL MESSAGING *written abbr of* **get a life**.

gala [ˈgɑːlə] ❖ noun [celebration] gala *m*. ❖ comp de gala.

galactic [gəˈlæktɪk] adj galactique.

galaxy [ˈgæləksɪ] (*pl* **-ies**) noun galaxie *f*.

gale [geɪl] noun [wind] grand vent *m*.

gall [gɔːl] ❖ noun [nerve] ▸ **to have the gall to do sthg** avoir le toupet de faire qqch. ❖ vt contrarier.

gall. *abbr of* **gallon**.

gallant [ˈgælənt *or* gəˈlænt] adj **1.** [ˈgælənt] [courageous] courageux(euse) **2.** [gəˈlænt *or* ˈgælənt] [polite to women] galant.

gallantly [ˈgæləntlɪ] adv **1.** [bravely] courageusement, vaillamment **2.** [chivalrously] galamment.

gallantry [ˈgæləntrɪ] noun **1.** [courage] bravoure *f* **2.** [politeness to women] galanterie *f*.

gall bladder noun vésicule *f* biliaire.

galleon [ˈgælɪən] noun galion *m*.

gallery [ˈgælərɪ] (*pl* **-ies**) noun **1.** [gen] galerie *f* **2.** [for displaying art] musée *m* **3.** [in theatre] paradis *m*.

galley [ˈgælɪ] (*pl* **-s**) noun **1.** [ship] galère *f* **2.** [kitchen] coquerie *f*.

Gallic [ˈgælɪk] adj français(e).

galling [ˈgɔːlɪŋ] adj humiliant(e).

gallivant [ˌgælɪˈvænt] vi *inf* mener une vie de patachon.

gallon [ˈgælən] noun = *4,546 litres*, gallon *m*.

gallop [ˈgæləp] ❖ noun galop *m*. ❖ vi galoper.

galloping [ˈgæləpɪŋ] adj [inflation] galopant(e).

gallows [ˈgæləʊz] (*pl inv*) noun gibet *m*.

gallstone [ˈgɔːlstəʊn] noun calcul *m* biliaire.

galore [gəˈlɔːʳ] adj en abondance.

galvanize, **galvanise** UK [ˈgælvənaɪz] vt **1.** TECH galvaniser **2.** [impel] ▸ **to galvanize sb into action** pousser qqn à agir.

Gambia [ˈgæmbɪə] noun ▸ **(the) Gambia** la Gambie ▸ **in (the) Gambia** en Gambie.

Gambian [ˈgæmbɪən] ❖ adj gambien(enne). ❖ noun Gambien *m*, -enne *f*.

gambit [ˈgæmbɪt] noun entrée *f* en matière.

gamble [ˈgæmbl] ❖ noun [calculated risk] risque *m* ▸ **to take a gamble** prendre un risque. ❖ vi [take risk] ▸ **to gamble on** *lit* & *fig* miser sur.

gambler ['gæmblər] noun joueur *m*, -euse *f*.

gambling ['gæmblɪŋ] noun *(U)* jeu *m*.

gambol ['gæmbl] (UK *pt & pp* **-led**, *cont* **-ling**, US *pt & pp* **-ed**, *cont* **-ing**) vi gambader.

game [geɪm] ❖ noun **1.** [gen] jeu *m* / *do you fancy a game of chess?* ça te dit de faire une partie d'échecs ? / *game, set and match* jeu, set et match **2.** [match] match *m* **3.** *(U)* [hunted animals] gibier *m* **4.** PHR **to beat sb at their own game** battre qqn sur son propre terrain ▸ **the game's up** tout est perdu ▸ **to give the game away** vendre la mèche / *what's your game?* *inf* à quoi joues-tu ? ❖ adj **1.** [brave] courageux(euse) **2.** [willing] ▸ **game (for sthg / to do sthg)** partant(e) (pour qqch / pour faire qqch). ◆ **games** ❖ noun *(U)* UK SCH éducation *f* physique. ❖ pl n [sporting contest] jeux *mpl*.

gamekeeper ['geɪm,ki:pər] noun garde-chasse *m*.

gamely ['geɪmlɪ] adv **1.** [bravely] courageusement **2.** [willingly] volontairement.

gamer ['geɪmər] noun **1.** [who plays computer games] *amateur de jeux vidéo* **2.** US [athlete, sportsperson] *sportif très compétitif.*

game reserve noun réserve *f* (de chasse).

games console [geɪmz-] noun COMPUT console *f* de jeux.

game show noun jeu *m* télévisé.

gamesmanship ['geɪmzmənʃɪp] noun *art de gagner habilement.*

gameware ['geɪmweər] noun COMPUT ludiciel *m*.

gaming ['geɪmɪŋ] noun [video games] jeux *mpl* vidéo.

gamma ['gæmə] noun gamma *m*.

gamma rays pl n rayons *mpl* gamma.

gammon ['gæmən] noun UK jambon *m* fumé.

gammy ['gæmɪ] (*compar* **-ier**, *superl* **-iest**) adj UK *inf* boiteux(euse).

gamut ['gæmət] noun gamme *f* ▸ **to run the gamut of** passer par toute la gamme de.

gamy ['geɪmɪ] (*compar* **-ier**, *superl* **-iest**) adj [meat] faisandé(e).

gander ['gændər] noun [male goose] jars *m*.

gang [gæŋ] noun **1.** [of criminals] gang *m* **2.** [of young people] bande *f*. ◆ **gang up** vi *inf* ▸ **to gang up (on)** se liguer (contre).

gang-bang noun *vulg* viol *m* collectif.

Ganges ['gændʒi:z] noun ▸ **the (River) Ganges** le Gange.

gangland ['gæŋlænd] noun *(U)* milieu *m*.

gangling ['gæŋglɪŋ], **gangly** ['gæŋglɪ] (*compar* **-ier**, *superl* **-iest**) adj dégingandé(e).

ganglion ['gæŋglɪən] (*pl* **ganglia** ['gæŋglɪə]) noun **1.** ANAT ganglion *m* **2.** [centre, focus] centre *m*, foyer *m*.

gangplank ['gæŋplæŋk] noun passerelle *f*.

gangrene ['gæŋgri:n] noun gangrène *f*.

gangrenous ['gæŋgrɪnəs] adj gangreneux(euse).

gangsta ['gæŋstə] noun **1.** [music] : *gangsta (rap)* gangsta rap *m* **2.** [rapper] rappeur *m*, -euse *f* gangsta **3.** US [gang member] membre d'un gang.

gangster ['gæŋstər] noun gangster *m*.

gangway ['gæŋweɪ] noun **1.** UK [aisle] allée *f* **2.** [gangplank] passerelle *f*.

gannet ['gænɪt] (*pl inv or* **-s**) noun [bird] fou *m* (de Bassan).

gantry ['gæntrɪ] (*pl* **-ies**) noun portique *m*.

gaol [dʒeɪl] UK *dated* = **jail**.

gap [gæp] noun **1.** [empty space] trou *m* ; [in text] blanc *m* ; *fig* [in knowledge, report] lacune *f* / *he has a gap between his front teeth* il a les dents de devant écartées / *I could see through a gap in the curtains* je voyais par la fente entre les rideaux / *a gap in the market* un créneau sur le marché **2.** [interval of time] période *f* / *she returned to work after a gap of six years* elle s'est remise à travailler après une interruption de six ans **3.** *fig* [great difference] fossé *m*.

gape [geɪp] vi **1.** [person] rester bouche bée **2.** [hole, shirt] bâiller.

gaping ['geɪpɪŋ] adj **1.** [open-mouthed] bouche bée *(inv)* **2.** [wide-open] béant(e) ; [shirt] grand ouvert (grande ouverte).

gappy ['gæpɪ] (*compar* **-ier**, *superl* **-iest**) adj **1.** [account, knowledge] plein(e) de lacunes **2.** : *gappy teeth* des dents écartées.

gap year noun SCH & UNIV *année d'interruption volontaire des études, avant l'entrée à l'université* / *I spent my gap year in Australia* j'ai passé un an en Australie avant d'aller à l'université.

garage [UK 'gærɑ:ʒ *or* 'gærɪdʒ, US gə'rɑ:ʒ] noun **1.** [gen] garage *m* **2.** UK [for fuel] station-service *f*.

garage sale [gə'rɑ:ʒ] noun US *vente d'occasion chez un particulier* ; ≃ vide-grenier *m*.

garb [gɑ:b] noun *(U)* *fml* tenue *f*.

garbage ['gɑ:bɪdʒ] noun *(U)* **1.** US [refuse] détritus *mpl* **2.** *inf* [nonsense] idioties *fpl*.

garbage bag noun US sac-poubelle *m*.

garbage can noun US poubelle *f*.

garbage collector noun US éboueur *m*, -euse *f*.

garbage man US = **garbage collector**.

garbage truck noun US camion-poubelle *m*.

garble ['gɑ:bl] vt [involuntarily - story, message] embrouiller ; [- quotation] déformer ; [deliberately - facts] dénaturer, déformer.

garbled ['gɑ:bld] adj [story, message, explanation - involuntarily] embrouillé(e), confus(e) ; [- deliberately] déformé(e), dénaturé(e).

garden ['gɑ:dn] ❖ noun jardin *m*. ❖ comp de jardin. ❖ vi jardiner. ◆ **gardens** pl n jardins *mpl* (publics).

garden centre UK, **garden center** US noun jardinerie *f*.

gardener ['gɑːdnəʳ] noun [professional] jardinier *m*, -ère *f* ; [amateur] personne *f* qui aime jardiner, amateur *m*, -rice *f* de jardinage.

garden flat noun UK rez-de-jardin *m inv*.

gardening ['gɑːdnɪŋ] ❖ noun jardinage *m*. ❖ comp [gloves, equipment, book] de jardinage ; [expert] en jardinage.

garden party noun garden-party *f*.

garden shed noun abri *m* de jardin.

gargantuan [gɑː'gæntjʊən] adj gargantuesque.

gargle ['gɑːgl] vi se gargariser.

gargoyle ['gɑːgɔɪl] noun gargouille *f*.

garish ['geərɪʃ] adj [colour] criard(e) ; [clothes] tapageur(euse).

garland ['gɑːlənd] noun guirlande *f* de fleurs.

garlic ['gɑːlɪk] noun ail *m*.

garlic bread noun pain *m* à l'ail.

garlicky ['gɑːlɪkɪ] adj *inf* qui sent l'ail.

garment ['gɑːmənt] noun *fml* vêtement *m*.

garnet ['gɑːnɪt] noun [red stone] grenat *m*.

garnish ['gɑːnɪʃ] ❖ noun garniture *f*. ❖ vt garnir.

garret ['gærət] noun mansarde *f*.

garrison ['gærɪsn] ❖ noun [soldiers] garnison *f*. ❖ vt tenir en garnison.

garrulous ['gærələs] adj volubile.

garter ['gɑːtəʳ] noun **1.** [for socks] support-chaussette *m* ; [for stockings] jarretière *f* **2.** US [suspender] jarretelle *f*.

gas [gæs] ❖ noun (*pl* **gases** *or* **gasses** [gæsiːz]) **1.** [gen] gaz *m inv* **2.** US [for vehicle] essence *f*. ❖ vt (*pt & pp* **-sed**, *cont* **-sing**) gazer.

gasbag ['gæsbæg] noun UK *inf & pej* moulin *m* à paroles, pie *f*.

gas chamber noun chambre *f* à gaz.

gas cooker noun UK cuisinière *f* à gaz.

gas cylinder noun bouteille *f* de gaz.

gaseous ['gæsɪəs] adj gazeux(euse).

gas fire noun UK appareil *m* de chauffage à gaz.

gas-fired adj UK ▸ **gas-fired central heating** chauffage *m* central au gaz.

gash [gæʃ] ❖ noun entaille *f*. ❖ vt entailler.

gas heater noun [radiator] radiateur *m* à gaz ; [for water] chauffe-eau *m inv* à gaz.

gasket ['gæskɪt] noun joint *m* d'étanchéité.

gas lighter noun [for cooker] allume-gaz *m* ; [for cigarettes] briquet *m* à gaz.

gas main noun conduite *f* de gaz.

gasman ['gæsmæn] (*pl* **-men**) noun [who reads meter] employé *m* du gaz ; [for repairs] installateur *m* de gaz.

gas mask noun masque *m* à gaz.

gas meter noun compteur *m* à gaz.

gasoline ['gæsəliːn] noun US essence *f*.

gasometer [gæ'sɒmɪtəʳ] noun réservoir *m* collecteur de gaz.

gas oven noun **1.** [for cooking] four *m* à gaz **2.** [gas chamber] chambre *f* à gaz.

gasp [gɑːsp] ❖ noun halètement *m*. ❖ vi **1.** [breathe quickly] haleter **2.** [in shock, surprise] avoir le souffle coupé.

gas pedal noun US accélérateur *m*.

gas-permeable adj : *gas-permeable (contact) lenses* lentilles *fpl* perméables au gaz.

gasping ['gɑːspɪŋ] adj UK *inf* mort(e) de soif.

gas station noun US station-service *f*.

gassy ['gæsɪ] (*compar* **-ier**, *superl* **-iest**) adj **1.** [gen] gazeux(euse) **2.** [bloated] ballonné(e) / *to feel gassy* se sentir ballonné **3.** [causing wind] : *gassy foods* des aliments qui ont tendance à provoquer des ballonnements.

gas tank noun US réservoir *m*.

gastric ['gæstrɪk] adj gastrique.

gastritis [gæs'traɪtɪs] noun gastrite *f*.

gastroenteritis ['gæstrəʊ,entə'raɪtɪs] noun gastro-entérite *f*.

gastronomic [,gæstrə'nɒmɪk] adj gastronomique.

gastronomy [gæs'trɒnəmɪ] noun gastronomie *f*.

gastropub ['gæstrəʊpʌb] noun UK pub *m* gastronomique.

gasworks ['gæswɜːks] (*pl inv*) noun usine *f* à gaz.

gate [geɪt] noun [of garden, farm] barrière *f* ; [of town, at airport] porte *f* ; [of park] grille *f*.

gateau ['gætəʊ] (*pl* **-teaux**) noun UK gros gâteau *m* (*décoré et fourré à la crème*).

gatecrash ['geɪtkræʃ] *inf* ❖ vi [at party] s'inviter, jouer les pique-assiette ; [at paying event] resquiller. ❖ vt : *to gatecrash a party* aller à une fête sans invitation.

gatecrasher ['geɪtkræʃəʳ] noun *inf* [at party] pique-assiette *mf* ; [at paying event] resquilleur *m*, -euse *f*.

gatehouse ['geɪthaʊs] noun (*pl* [-haʊzɪz]) loge *f* du gardien.

gatekeeper ['geɪt,kiːpəʳ] noun **1.** [gen] gardien *m*, -enne *f* **2.** [in purchasing department] contrôleur *m*, relais *m*, filtre *m*.

gatepost ['geɪtpəʊst] noun montant *m* de barrière.

gateway ['geɪtweɪ] noun **1.** [entrance] entrée *f* **2.** [means of access] ▸ **gateway to** a) [generally] porte *f* de b) *fig* clé *f* de **3.** INTERNET portail *m*.

gather ['gæðəʳ] ❖ vt **1.** [collect] ramasser ; [flowers] cueillir ; [information] recueillir ; [courage, strength] rassembler / *to gather one's thoughts* se concentrer ▸ **to gather together** rassembler **2.** [increase - speed, force] prendre **3.** [understand] ▸ **to gather (that)...** croire comprendre que... / *I gather he isn't coming then* j'en déduis qu'il ne vient pas, donc il ne vient pas **4.** [cloth - into folds] plisser / *the dress is gathered at the waist* la robe est froncée à la taille. ❖ vi [come together] se rassembler ; [clouds] s'amonceler. ◆ **gather up** vt sep rassembler.

gathering ['gæðərɪŋ] noun [meeting] rassemblement *m*.

GATT [gæt] (*abbr of* **General Agreement on Tariffs and Trade**) noun GATT *m*.

gauche [gəʊʃ] adj gauche.

gaudy ['gɔ:dɪ] (*compar* **-ier**, *superl* **-iest**) adj voyant(e).

gauge, gage US [geɪdʒ] ❖ noun **1.** [for rain] pluviomètre *m* ; [for fuel] jauge *f* (d'essence) ; [for tyre pressure] manomètre *m* **2.** [of gun, wire] calibre *m* **3.** RAIL écartement *m*. ❖ vt **1.** [measure] mesurer **2.** [evaluate] jauger.

Gaul [gɔ:l] noun **1.** [country] Gaule *f* **2.** [person] Gaulois *m*, -e *f*.

gaunt [gɔ:nt] adj **1.** [thin] hâve **2.** [bare, grim] désolé(e).

gauntlet ['gɔ:ntlɪt] noun gant *m* (de protection) ▸ **to run the gauntlet of sthg** endurer qqch ▸ **to throw down the gauntlet (to sb)** jeter le gant (à qqn).

gauze [gɔ:z] noun gaze *f*.

gave [geɪv] pt ⟶ **give**.

gawk [gɔ:k], **gawp** UK [gɔ:p] vi *inf* ▸ **to gawk (at)** rester bouche bée (devant).

gawky ['gɔ:kɪ] (*compar* **-ier**, *superl* **-iest**) adj *inf* [person] dégingandé(e) ; [movement] désordonné(e).

gawp UK = **gawk**.

gay [geɪ] ❖ adj **1.** [gen] gai(e) **2.** [homosexual] homo (*inv*), gay (*inv*) **3.** *inf* [rubbish] ⁝ *that's so gay* c'est nul. ❖ noun homo *mf*, gay *mf*.

gaze [geɪz] ❖ noun regard *m* (fixe). ❖ vi ▸ **to gaze at sb / sthg** regarder qqn / qqch (fixement).

gazebo [gə'zi:bəʊ] (*pl* **-s**) noun belvédère *m*.

gazelle [gə'zel] (*pl inv or* **-s**) noun gazelle *f*.

gazette [gə'zet] noun [newspaper] gazette *f*.

gazetteer [,gæzɪ'tɪər] noun index *m* géographique.

gazump [gə'zʌmp] vt UK *inf* ▸ **to be gazumped** être victime d'une suroffre.

GB[1] (*abbr of* **Great Britain**) noun G-B *f*.

GB[2], Gb (*abbr of* **gigabyte**) noun gigabyte *m*.

GBH (*abbr of* **grievous bodily harm**) noun UK LAW coups *mpl* et blessures *fpl*.

GCHQ (*abbr of* **Government Communications Headquarters**) noun *en Grande-Bretagne, centre d'interception des télécommunications étrangères.*

GCSE (*abbr of* **General Certificate of Secondary Education**) noun *examen de fin de la première partie des études secondaires en Grande-Bretagne.*

GDP (*abbr of* **gross domestic product**) noun PIB *m*.

GDR (*abbr of* **German Democratic Republic**) noun RDA *f*.

gear [gɪər] ❖ noun **1.** TECH [mechanism] embrayage *m* **2.** [speed - of car, bicycle] vitesse *f* / *to change gear* changer de vitesse ▸ **to be in / out of gear** être en prise / au point mort / *to be in first / second gear* être en première / seconde **3.** (*U*) [equipment, clothes] équipement *m* **4.** (*U*) UK *inf* [fashionable clothes] fringues *fpl* / *she's got all the latest gear* elle s'habille très tendance. ❖ vt ▸ **to gear sthg to sb / sthg** destiner qqch à qqn / qqch / *the government's policies were not geared to cope with an economic recession* la politique mise en place par le gouvernement n'était pas prévue pour faire face à une récession économique. ◆ **gear up** vi ▸ **to gear up for sthg / to do sthg** se préparer pour qqch / à faire qqch.

gearbox ['gɪəbɒks] noun UK boîte *f* de vitesses.

gear lever UK, **gear stick** UK, **gear shift** US noun levier *m* de vitesse.

gee [dʒi:] excl US *inf* [expressing surprise, excitement] ▸ **gee (whiz)!** ça alors !

geek ['gi:k] noun *inf* débile *mf* ▸ **a movie / computer geek** un dingue de cinéma / d'informatique.

geeky adj *inf caractéristique de jeunes hommes obsédés par l'informatique ou les sciences et socialement inaptes* / *some geeky guy* un type ringard.

geese [gi:s] pl n ⟶ **goose**.

geezer ['gi:zər] noun UK *inf* bonhomme *m*, coco *m*.

Geiger counter ['gaɪgər-] noun compteur *m* Geiger.

gel [dʒel] ❖ noun [for hair] gel *m*. ❖ vi (*pt & pp* **-led**, *cont* **-ling**) **1.** [thicken] prendre **2.** *fig* [take shape] prendre tournure.

gelatin ['dʒelətɪn], **gelatine** [,dʒelə'ti:n] noun gélatine *f*.

gelatinous [dʒə'lætɪnəs] adj gélatineux(euse).

gelding ['geldɪŋ] noun hongre *m*.

gelignite ['dʒelɪgnaɪt] noun gélignite *f*.

gem [dʒem] noun **1.** [jewel] pierre *f* précieuse, gemme *f* **2.** *fig* [person, thing] perle *f*.

Gemini ['dʒemɪnaɪ] noun Gémeaux *mpl* ▸ **to be (a) Gemini** être Gémeaux.

gemstone ['dʒemstəʊn] noun pierre *f* précieuse.

gen [dʒen] noun (*U*) UK *inf* & *dated* info *f*. ◆ **gen up** (*pt & pp* **-ned up**, *cont* **-ning up**) vi UK *inf* & *dated* ▸ **to gen up (on sthg)** se rancarder (sur qqch).

GCSE

Examen sanctionnant la fin de la première partie de l'enseignement secondaire. Chaque élève présente les matières de son choix (généralement entre 5 et 10) selon un système d'unités de valeur. Le nombre d'unités et les notes obtenues déterminent le passage dans la classe supérieure. Après cet examen, les élèves peuvent choisir d'arrêter leurs études ou de préparer les A-levels.

gen. (*abbr of* **general, generally**) gén.

Gen. (*abbr of* **General**) Gal.

gender ['dʒendəʳ] noun **1.** [sex] sexe *m* **2.** GRAM genre *m*.

gender-specific adj propre à l'un des deux sexes.

gene [dʒi:n] noun gène *m*.

genealogy [,dʒi:nɪ'ælədʒɪ] (*pl* **-ies**) noun généalogie *f*.

genera ['dʒenərə] pl n ⟶ **genus**.

general ['dʒenərəl] ❖ adj général(e) / *I get the general idea* je vois en gros / *this book is for the general reader* ce livre est destiné au lecteur moyen / *to be in general use* être d'usage courant OR répandu / *to go in the general direction of sthg* se diriger plus ou moins vers qqch / *in the general interest* dans l'intérêt de tous. ❖ noun général *m*. ◆ **in general** adv en général.

general anaesthetic, **general anesthetic** US noun anesthésie *f* générale.

General Assembly noun [of UN] Assemblée *f* générale.

general election noun élections *fpl* législatives.

general hospital noun centre *m* hospitalier.

generality [,dʒenə'rælətɪ] (*pl* **-ies**) noun généralité *f*.

generalization, **generalisation** UK [,dʒenərəlaɪ'zeɪʃn] noun généralisation *f*.

generalize, **generalise** UK ['dʒenərəlaɪz] vi ▸ **to generalize (about)** généraliser (au sujet de OR sur).

general knowledge noun culture *f* générale.

generally ['dʒenərəlɪ] adv **1.** [usually, in most cases] généralement **2.** [unspecifically] en général ; [describe] en gros.

general manager noun directeur général *m*, directrice générale *f*.

general practice noun **1.** [branch of medicine] médecine *f* générale **2.** [place] cabinet *m* de généraliste.

general practitioner noun (médecin *m*) généraliste *m*.

general public noun ▸ **the general public** le grand public.

general-purpose adj polyvalent(e).

generate ['dʒenəreɪt] vt [energy, jobs] générer ; [electricity, heat] produire ; [interest, excitement] susciter.

generation [,dʒenə'reɪʃn] noun **1.** [gen] génération *f* ▸ **first / second generation** première/deuxième génération **2.** [creation - of jobs] création *f* ; [- of electricity] production *f* ; [- of interest, excitement] induction *f*.

generation gap noun fossé *m* des générations.

generator ['dʒenəreɪtəʳ] noun ELEC génératrice *f*, générateur *m*.

generic [dʒɪ'nerɪk] adj générique / *generic brand / product* marque *f*/produit *m* générique.

generosity [,dʒenə'rɒsətɪ] noun générosité *f*.

generous ['dʒenərəs] adj généreux(euse).

generously ['dʒenərəslɪ] adv généreusement.

genesis ['dʒenəsɪs] (*pl* **-ses**) noun [origin] genèse *f*.

genetic [dʒɪ'netɪk] adj génétique. ◆ **genetics** noun (*U*) génétique *f*.

genetically [dʒɪ'netɪklɪ] adv génétiquement / *genetically modified* génétiquement modifié(e) / *genetically modified organism* organisme *m* génétiquement modifié.

genetic engineering noun (*U*) manipulation *f* génétique.

Geneva [dʒɪ'ni:və] noun Genève.

genial ['dʒi:njəl] adj **1.** [person] aimable, affable ; [expression] cordial(e), chaleureux(euse) **2.** *liter* [weather] clément(e).

geniality [,dʒi:nɪ'ælətɪ] noun **1.** [of person, expression] cordialité *f*, amabilité *f* **2.** *liter* [of weather] clémence *f*.

genially ['dʒi:njəlɪ] adv cordialement, chaleureusement.

genie ['dʒi:nɪ] (*pl* **genies** *or* **genii** ['dʒi:nɪaɪ]) noun génie *m*.

genital ['dʒenɪtl] adj génital(e).

genitals ['dʒenɪtlz] pl n organes *mpl* génitaux.

genitive ['dʒenɪtɪv] ❖ noun génitif *m* / *in the genitive* au génitif. ❖ adj du génitif / *the genitive case* le génitif.

genius ['dʒi:njəs] (*pl* **-es**) noun génie *m* ▸ **genius for sthg / for doing sthg** génie de qqch/pour faire qqch.

Genoa ['dʒenəʊə] noun Gênes.

genocide ['dʒenəsaɪd] noun génocide *m*.

genre ['ʒɑ̃rə] noun genre *m*.

gent [dʒent] noun UK *inf* & *dated* gentleman *m*. ◆ **gents** noun UK [toilets] toilettes *fpl* pour hommes ; [sign on door] messieurs.

genteel [dʒen'ti:l] adj **1.** [refined] distingué(e) **2.** [affected - speech] maniéré(e), affecté(e) ; [- manner] affecté(e) ; [- language] précieux(euse).

gentile ['dʒentaɪl] ❖ adj gentil(ille). ❖ noun gentil *m*, -ille *f*.

gentle ['dʒentl] adj doux (douce) ; [tap, telling-off] léger(ère) / *we gave him a gentle hint* nous l'avons discrètement mis sur la voie.

gentleman ['dʒentlmən] (*pl* **-men**) noun **1.** [well-behaved man] gentleman *m* **2.** [man] monsieur *m*.

gentlemanly ['dʒentlmənlɪ] adj courtois(e).

gentleman's agreement noun gentleman's agreement *m*, accord *m* qui repose sur l'honneur.

gentlemen [-mən] pl n ⟶ **gentleman**.

gentleness ['dʒentlnɪs] noun douceur *f*.

gently ['dʒentlɪ] adv [gen] doucement ; [speak, smile] avec douceur.

gentrification [,dʒentrɪfɪ'keɪʃn] noun embourgeoisement *m*.

gentrified ['dʒentrɪfaɪd] adj UK [area, street] qui s'est embourgeoisé(e).

gentry ['dʒentrɪ] noun petite noblesse *f*.

genuflect ['dʒenju:flekt] vi *fml* faire une génuflexion.

genuine ['dʒenjʊɪn] adj [generally] authentique ; [interest, customer] sérieux(euse) ; [person, concern] sincère.

genuinely ['dʒenjʊɪnlɪ] adv réellement.

genus ['dʒi:nəs] (*pl* **genera** ['dʒenərə]) noun genre *m*.

geographer [dʒɪ'ɒgrəfəʳ] noun géographe *mf*.

geographical [dʒɪə'græfɪkl] adj géographique.

geography [dʒɪ'ɒgrəfɪ] noun géographie *f*.

geological [ˌdʒɪə'lɒdʒɪkl] adj géologique.

geologist [dʒɪ'ɒlədʒɪst] noun géologue *mf*.

geology [dʒɪ'ɒlədʒɪ] noun géologie *f*.

geometric(al) [ˌdʒɪə'metrɪk(l)] adj géométrique.

geometry [dʒɪ'ɒmətrɪ] noun géométrie *f*.

geophysics [ˌdʒi:əʊ'fɪzɪks] noun *(U)* géophysique *f*.

Geordie ['dʒɔ:dɪ] noun *personne originaire de Tyneside*.

Georgia ['dʒɔ:dʒjə] noun [in US, in Europe] Géorgie *f* ▸ **in Georgia** en Géorgie.

Georgian ['dʒɔ:dʒjən] ❖ adj **1.** UK [house, furniture] ≃ style XVIIIᵉ (siècle) **2.** GEOG géorgien(enne). ❖ noun Géorgien *m*, -enne *f*.

geothermics [ˌdʒi:əʊ'θɜ:mɪks] noun *(U)* géothermie *f*.

geranium [dʒɪ'reɪnjəm] (*pl* **-s**) noun géranium *m*.

gerbil ['dʒɜ:bɪl] noun gerbille *f*.

geriatric [ˌdʒerɪ'ætrɪk] adj **1.** MED gériatrique **2.** *pej* [person] décrépit(e) ; [object] vétuste.

geriatrics [ˌdʒerɪ'ætrɪks] noun *(U)* gériatrie *f*.

germ [dʒɜ:m] noun **1.** [bacterium] germe *m*, microbe *m* **2.** *fig* [of idea, plan] embryon *m*.

German ['dʒɜ:mən] ❖ adj allemand(e). ❖ noun **1.** [person] Allemand *m*, -e *f* **2.** [language] allemand *m*.

Germanic [dʒɜ:'mænɪk] adj germanique.

German measles noun *(U)* rubéole *f*.

German shepherd (dog) noun berger *m* allemand.

Germany ['dʒɜ:mənɪ] (*pl* **-ies**) noun Allemagne *f* ▸ **in Germany** en Allemagne.

germ-free adj stérilisé(e), aseptisé(e).

germinate ['dʒɜ:mɪneɪt] ❖ vt **1.** [seed] faire germer **2.** *fig* [idea, feeling] faire naître. ❖ vi *lit* & *fig* germer.

germination [ˌdʒɜ:mɪ'neɪʃn] noun **1.** [of seed] germination *f* **2.** *fig* [of idea, feeling] développement *m*.

germproof ['dʒɜ:mpru:f] adj résistant(e) aux microbes.

germ warfare noun *(U)* guerre *f* bactériologique.

gerrymandering ['dʒerɪmændərɪŋ] noun *(U)* charcutage *m* électoral.

gerund ['dʒerənd] noun gérondif *m*.

gestation [dʒe'steɪʃn] noun gestation *f*.

gesticulate [dʒes'tɪkjʊleɪt] vi *fml* gesticuler.

gesture ['dʒestʃəʳ] ❖ noun geste *m*. ❖ vi ▸ **to gesture to** OR **towards sb** faire signe à qqn.

get [get]

(UK *pt & pp* **got**, *cont* **-ting** US *pt* **got**, *pp* **gotten**, *cont* **-ting**)

❖ vt

1. [cause to do] ▸ **to get sb to do sthg** faire faire qqch à qqn / *we couldn't get her to leave* on n'a pas pu la faire partir / *I'll get my sister to help* je vais demander à ma sœur de nous aider / *I got it to work* OR *working* j'ai réussi à le faire marcher

2. [cause to be done] ▸ **to get sthg done** faire faire qqch / *I got the car fixed* j'ai fait réparer la voiture / *to get one's hair cut* se faire couper les cheveux

3. [cause to become] : *to get sb pregnant* mettre qqn enceinte / *I can't get the car started* je n'arrive pas à mettre la voiture en marche ▸ **to get things going** faire avancer les choses

4. [cause to move] ▸ **to get sb / sthg through sthg** faire passer qqn/qqch par qqch ▸ **to get sb / sthg out of sthg** faire sortir qqn/qqch de qqch / *how are you going to get this package to them?* comment allez-vous leur faire parvenir ce paquet ?

5. [bring, fetch] aller chercher / *can I get you something to eat / drink?* est-ce que je peux vous offrir quelque chose à manger/boire ? / *I'll get my coat* je vais chercher mon manteau

6. [answer - door, telephone] répondre / *the doorbell's ringing — I'll get it!* quelqu'un sonne à la porte — j'y vais !

7. [obtain - gen] obtenir ; [- job, house] trouver / *I'm going out to get a breath of fresh air* je sors prendre l'air / *get plenty of exercise* faites plein d'exercice / *she gets her shyness from her father* elle tient sa timidité de son père

8. [receive] recevoir, avoir / *what did you get for your birthday?* qu'est-ce que tu as eu pour ton anniversaire ? / *she gets a good salary* elle touche un bon traitement / *when did you get the news?* quand as-tu reçu la nouvelle ? / *he got 5 years for smuggling* il a écopé de OR il a pris 5 ans (de prison) pour contrebande

9. [offer as gift] offrir, donner / *I don't know what to get Jill for her birthday* je ne sais pas quoi acheter à Jill pour son anniversaire

10. [experience a sensation] avoir / *do you get the feeling he doesn't like us?* tu n'as pas l'impression qu'il ne nous aime pas ? / *I get a real thrill out of driving fast* cela me donne des sensations fortes de conduire vite

11. [bcome infected with, start to suffer from] avoir, attraper / *to get a cold* attraper un rhume / *I get a headache when I drink red wine* le vin rouge me donne mal à la tête

12. [understand] comprendre, saisir ▸ **I don't get it** *inf* je ne comprends pas, je ne saisis pas / *he didn't seem to get the point* il ne semblait pas comprendre OR piger

13. [hear correctly] entendre, saisir / *I didn't get his name* je n'ai pas saisi son nom

14. [catch - bus, train, plane] prendre

15. [capture] prendre, attraper

16. *inf* [annoy] : *what really gets me is his smugness* c'est sa suffisance qui m'agace OR qui m'énerve

17. [find] : *you get a lot of artists here* on trouve OR il y a beaucoup d'artistes ici

❖ vi

1. [become] devenir / *to get suspicious* devenir méfiant(e) / *I'm getting cold / bored* je commence à avoir froid / à m'ennuyer / *it's getting late* il se fait tard

2. [go] aller, se rendre ; [arrive] arriver / *he never got there* il n'est jamais arrivé / *I only got back yesterday* je suis rentré hier seulement / *how do you get to the museum?* comment est-ce qu'on fait pour aller au musée ?

3. [eventually succeed in] : *did you get to see him?* est-ce que tu as réussi à le voir ? / *she got to enjoy the classes* elle a fini par aimer les cours / *I never got to visit Beijing* je n'ai jamais pu aller à Beijing

4. [progress] : *how far have you got?* où en es-tu ? / *we got as far as buying the paint* on est allé jusqu'à acheter la peinture / *I got to the point where I didn't care any more* j'en suis arrivé à m'en ficher complètement ▸ **now we're getting somewhere** enfin on avance

❖ aux vb

to get excited s'exciter / *to get hurt* se faire mal / *to get married* se marier / *to get divorced* divorcer / *to get beaten up, to get beat up* US se faire tabasser / *to get used to (doing) sthg* s'habituer à (faire) qqch ▸ **let's get going** OR **moving** allons-y ; *See also* **have**.

◆ **get about** UK, **get around** vi [move from place to place] se déplacer / *she gets about on crutches / in a wheelchair* elle se déplace avec des béquilles / en chaise roulante / *he certainly gets about fig* il connaît beaucoup de monde ; *See also* **get around, get round**.

◆ **get across** vt sep [idea, policy] communiquer / *to get one's message across* se faire comprendre.

◆ **get ahead** vi avancer / *to get ahead in life* OR *in the world* réussir dans la vie.

◆ **get along** vi **1.** [manage] se débrouiller / *how are you getting along?* comment vas-tu ?, comment ça va ? **2.** [progress] avancer, faire des progrès **3.** [have a good relationship] s'entendre / *she's easy to get along with* elle est facile à vivre.

◆ **get around, get round** UK ❖ vt insep [overcome] venir à bout de, surmonter. ❖ vi **1.** [circulate - news, rumour] circuler, se répandre **2.** [eventually do] ▸ **to get around to (doing) sthg** trouver le temps de faire qqch / *she won't get around to reading it before tomorrow* elle n'arrivera pas à (trouver le temps de) le lire avant demain ; *See also* **get about, get round**.

◆ **get at** vt insep **1.** [reach] parvenir à **2.** [imply] vouloir dire / *what are you getting at?* où veux-tu en venir ? **3.** UK *inf* [criticize] critiquer, dénigrer.

◆ **get away** vi **1.** [leave] partir, s'en aller **2.** [go on holiday] partir en vacances ▸ **to get away from it all** partir se détendre loin de tout **3.** [escape] s'échapper, s'évader / *the thief got away with all the jewels* le voleur est parti OR s'est sauvé avec tous les bijoux.

◆ **get away with** vt insep : *he got away with cheating on his taxes* personne ne s'est aperçu qu'il avait fraudé le fisc ▸ **to let sb get away with sthg** passer qqch à qqn / *she just lets him get away with it* elle le laisse tout faire, elle lui passe tout.

◆ **get back** ❖ vt sep [recover, regain] retrouver, récupérer / *he got his job back* il a été repris / *you'll have to get your money back from the shop* il faut que vous vous fassiez rembourser par le magasin / *to get one's own back (on sb) inf* se venger (de qqn). ❖ vi **1.** [return] rentrer / *I got back in the car / on the bus* je suis remonté dans la voiture / dans le bus **2.** [move away] s'écarter.

◆ **get back to** vt insep **1.** [return to previous state, activity] revenir à ▸ **to get back to sleep** se rendormir ▸ **things are getting back to normal** la situation redevient normale ▸ **to get back to work** [after pause] se remettre au travail ; [after illness] reprendre son travail **2.** *inf* [phone back] rappeler / *I'll get back to you on that* je te reparlerai de ça plus tard.

◆ **get by** vi se débrouiller, s'en sortir.

◆ **get down** vt sep **1.** [depress] déprimer / *don't let it get you down* ne te laisse pas abattre **2.** [fetch from higher level] descendre.

◆ **get down to** vt insep s'attaquer à ▸ **to get down to doing sthg** se mettre à faire qqch ▸ **to get down to work** se mettre au travail.

◆ **get in** ❖ vi **1.** [enter - gen] entrer ; [- to vehicle] monter / *a car pulled up and she got in* une voiture s'est arrêtée et elle est montée dedans **2.** [arrive] arriver ; [arrive home] rentrer / *what time does your plane get in?* à quelle heure ton avion arrive-t-il ? **3.** [be elected] être élu(e) **4.** [be admitted - to school, university] entrer, être admis OR reçu / *he applied to Oxford but he didn't get in* il voulait entrer à Oxford mais il n'a pas pu. ❖ vt sep **1.** [bring in] rentrer / *to get in supplies* s'approvisionner **2.** [call in - doctor, plumber] faire venir **3.** [hand in, submit] rendre, remettre **4.** [interject] ▸ **to get a word in** placer un mot.

◆ **get in on** vt insep se mêler de, participer à / *to get in on a deal* prendre part à un marché.

◆ **get into** vt insep **1.** [car] monter dans **2.** [become involved in] se lancer dans / *he wants to get into politics* il veut se lancer dans la politique / *to get into an argument with sb* se disputer avec qqn **3.** [enter into a particular situation, state] : *to get into a panic* s'affoler ▸ **to get into the habit of doing sthg** prendre l'habitude de faire qqch **4.** [be accepted as a student at] être admis(e) OR accepté(e) à **5.** *inf* [affect] : *what's got into you?* qu'est-ce qui te prend ?

◆ **get off** ❖ vt sep **1.** [remove] enlever / *get your hands off me!* ne me touche pas ! **2.** [free from punishment] tirer d'affaire ; [in court] faire acquitter / *he'll need a good lawyer to get him off* il lui faudra un bon avocat pour se tirer d'affaire. ❖ vt insep **1.** [go away from] partir de / *get off my property* fichez le camp de chez moi **2.** [train, bus, etc.] descendre de. ❖ vi **1.** [leave bus, train] descendre **2.** [escape punishment] s'en tirer ▸ **he got off lightly** il s'en est tiré à bon compte / *the* *students got off with a fine / warning* les étudiants en ont été quittes pour une amende / un avertissement **3.** [depart] partir / *the project got off to a bad / good start* fig le projet a pris un mauvais / bon départ.

◆ **get off with** vt insep UK *inf* avoir une touche avec / *did you get off with anyone last night?* est-ce que tu as fait des rencontres hier soir ?

◆ **get on** ◇ vt sep [put on] mettre. ◇ vt insep **1.** [bus, train, plane] monter dans **2.** [horse] monter sur / *get on your feet* levez-vous, mettez-vous debout / *it took the patient a while to get (back) on his feet* fig le patient a mis longtemps à se remettre sur pied. ◇ vi **1.** [enter bus, train] monter **2.** [have good relationship] s'entendre, s'accorder / *my mother and I get on well* je m'entends bien avec ma mère / *to be difficult / easy to get on with* être difficile / facile à vivre **3.** [progress] avancer, progresser ▸ **how are you getting on?** comment ça va ? / *John is getting on very well in maths* John se débrouille très bien en maths **4.** [proceed] ▸ **to get on (with sthg)** continuer (qqch), poursuivre (qqch) / *they got on with the job* ils se sont remis au travail / *get on with it!* a) [continue speaking] continuez ! b) [continue working] allez ! au travail ! **5.** [be successful professionally] réussir **6.** [grow old] ▸ **to be getting on** se faire vieux (vieille) **7.** [grow late - time] / *time's getting on* il se fait tard.

◆ **get on for** vt insep UK *inf* [be approximately] ▸ **to be getting on for** approcher de / *the president is getting on for sixty* le président approche la soixantaine OR a presque soixante ans / *there were getting on for 5,000 people at the concert* il y avait près de 5 000 personnes au concert.

◆ **get on to** vt insep **1.** [talk about] se mettre à parler de / *to get onto a subject* OR *onto a topic* aborder un sujet **2.** UK [contact] contacter.

◆ **get out** ◇ vt sep **1.** [take out] sortir **2.** [remove] enlever. ◇ vi **1.** [leave - of building, room] sortir ; [- of car, train] descendre / *he was lucky to get out alive* il a eu de la chance de s'en sortir vivant **2.** [news] s'ébruiter.

◆ **get out of** ◇ vt insep **1.** [car] descendre de / *to get out of bed* se lever, sortir de son lit **2.** [escape from] s'évader de, s'échapper de **3.** [avoid] éviter, se dérober à ▸ **to get out of doing sthg** se dispenser de faire qqch / *we have to go: there's no getting out of it* il faut qu'on y aille, il n'y a pas moyen d'y échapper. ◇ vt sep **1.** [cause to escape from or avoid] ▸ **to get sb out of jail** faire sortir qqn de prison / *my confession got him out of trouble* ma confession l'a tiré d'affaire **2.** [gain from] gagner, retirer / *to get a lot out of sthg* tirer (un) grand profit de qqch.

◆ **get over** ◇ vt insep **1.** [recover from] se remettre de / *I can't get over it!* je n'en reviens pas ! / *I'll never get over her* je ne l'oublierai jamais **2.** [overcome] surmonter, venir à bout de / *they soon got over their shyness* ils ont vite oublié OR surmonté leur timidité. ◇ vt sep UK [communicate] communiquer.

◆ **get over with** vt sep ▸ **to get sthg over with** en finir avec qqch / *let's get it over (with)* finissons-en.

◆ **get round** vt insep & vi UK = **get around**.

◆ **get through** ◇ vt insep **1.** [job, task] arriver au bout de / *I got through an enormous amount of work* j'ai abattu beaucoup de travail **2.** [exam] réussir à **3.** [food, drink] consommer **4.** [unpleasant situation] endurer, supporter / *he got through it alive* il s'en est sorti (vivant). ◇ vi **1.** [make o.s. understood] ▸ **to get through (to sb)** se faire comprendre (de qqn) **2.** TELEC obtenir la communication / *I can't get through to his office* je n'arrive pas à avoir son bureau.

◆ **get to** vt insep *inf* [annoy] taper sur les nerfs à / *don't let it get to you!* ne t'énerve pas pour ça !

◆ **get together** ◇ vt sep [organize - team, belongings] rassembler ; [- project, report] préparer. ◇ vi se réunir / *can we get together after the meeting?* on peut se retrouver après la réunion ?

◆ **get up** ◇ vi se lever / *get up off the floor!* relève-toi ! ◇ vt insep [petition, demonstration] organiser.

◆ **get up to** vt insep *inf* faire / *I wonder what they are getting up to* UK je me demande ce qu'ils fabriquent OR ce qu'ils sont encore en train de faire.

getaway ['getəweɪ] noun fuite *f*.

getaway car noun *voiture qui sert à la fuite des gangsters.*

get-rich-quick adj *inf* : *a get-rich-quick scheme* un projet pour faire fortune rapidement.

get-together noun *inf* réunion *f*.

getup ['getʌp] noun *inf* **1.** *inf* [outfit] accoutrement *m* ; [disguise] déguisement *m* **2.** [of book, product] présentation *f*.

get-up-and-go noun *(U) inf* tonus *m*.

get-well card noun carte *f* de vœux de prompt rétablissement.

geyser ['gi:zər] noun **1.** [hot spring] geyser *m* **2.** UK [water heater] chauffe-eau *m inv*.

G-force noun pesanteur *f*.

Ghana ['gɑ:nə] noun Ghana *m* ▸ **in Ghana** au Ghana.

Ghan(a)ian [gɑ:'neɪən] ◇ adj ghanéen(enne). ◇ noun Ghanéen *m*, -enne *f*.

ghastly ['gɑ:stlɪ] (*compar* **-ier**, *superl* **-iest**) adj **1.** *inf* [very bad, unpleasant] épouvantable ▸ **to feel / look ghastly** être dans un état / avoir une mine épouvantable **2.** [horrifying, macabre] effroyable.

gherkin ['gɜ:kɪn] noun cornichon *m*.

ghetto ['getəʊ] (*pl* **-s** *or* **-es**) noun ghetto *m*.

ghetto blaster [-ˌblɑ:stər] noun *inf* grand radiocassette *m* portatif.

ghost [gəʊst] ◇ noun [spirit] spectre *m* ▸ **he doesn't have a ghost of a chance** il n'a pas l'ombre d'une chance. ◇ vt = **ghostwrite**.

ghosting ['gəʊstɪŋ] noun TV image *f* fantôme, fantôme *m*.

ghostlike ['gəʊstˌlaɪk] ◇ adj spectral(e), de spectre. ◇ adv comme un spectre.

ghostly ['gəʊstlɪ] (*compar* -ier, *superl* -iest) adj spectral(e).

ghost town noun ville *f* fantôme.

ghostwrite ['gəʊstraɪt] (*pt* -wrote, *pp* -written) vt écrire à la place de l'auteur.

ghostwriter ['gəʊst,raɪtər] noun nègre *m*.

ghoul [gu:l] noun **1.** [spirit] goule *f* **2.** *pej* [ghoulish person] personne *f* macabre.

ghoulish ['gu:lɪʃ] adj macabre.

GHQ (*abbr of* **general headquarters**) noun GQG *m*.

GHz (*abbr of* **gigahertz**) noun GHz *m*.

GI (*abbr of* **government issue**) noun GI *m*.

giant ['dʒaɪənt] ❖ adj géant *m*, -e *f*. ❖ noun géant *m*, -e *f*.

giant panda noun panda *m* géant.

giant-size(d) adj géant(e).

gibber ['dʒɪbər] vi bredouiller.

gibbering ['dʒɪbərɪŋ] adj : *I was a gibbering wreck!* j'étais dans un de ces états ! / *he's a gibbering idiot* *inf* c'est un sacré imbécile.

gibberish ['dʒɪbərɪʃ] noun *(U)* charabia *m*, inepties *fpl*.

gibbon ['gɪbən] noun gibbon *m*.

gibe [dʒaɪb] ❖ noun insulte *f*. ❖ vi ▸ **to gibe at sb / sthg** insulter qqn / qqch.

giblets ['dʒɪblɪts] pl n abats *mpl*.

Gibraltar [dʒɪ'brɔ:ltər] noun Gibraltar *m* ▸ **in Gibraltar** à Gibraltar ▸ **the Rock of Gibraltar** le rocher de Gibraltar.

giddiness ['gɪdɪnɪs] noun *(U)* **1.** [dizziness] vertiges *mpl*, étourdissements *mpl* **2.** [frivolousness] légèreté *f*, étourderie *f*.

giddy ['gɪdɪ] (*compar* -ier, *superl* -iest) adj **1.** [dizzy] ▸ **to feel giddy** avoir la tête qui tourne **2.** [frivolous - person, behaviour] frivole, écervelé(e).

gift [gɪft] noun **1.** [present] cadeau *m* / *to make sb a gift of sthg* offrir qqch à qqn, faire cadeau de qqch à qqn ; : *he thinks he's God's gift to mankind / to women* il se prend pour le Messie / pour Don Juan **2.** [talent] don *m* ▸ **to have a gift for sthg / for doing sthg** avoir un don pour qqch / pour faire qqch ▸ **the gift of the gab** le bagou **3.** *inf* [bargain] affaire *f* / *at £5, it's a gift* 5 livres, c'est donné.

GIFT [gɪft] (*abbr of* **gamete intrafallopian transfer**) noun fivete *f*.

gift certificate US = **gift token**.

gifted ['gɪftɪd] adj doué(e).

gift horse noun PHR **don't** OR **never look a gift horse in the mouth** *prov* à cheval donné on ne regarde pas la bouche.

gift token, gift voucher noun UK chèque-cadeau *m*.

gift-wrap vt faire un paquet cadeau de.

gift-wrapped [-ræpt] adj sous emballage-cadeau.

gig [gɪg] noun *inf* [concert] concert *m*.

gigabyte ['gaɪgəbaɪt] noun COMPUT giga-octet *m*.

gigahertz ['gɪgəhɜ:ts] noun gigahertz *m*.

gigantic [dʒaɪ'gæntɪk] adj énorme, gigantesque.

giggle ['gɪgl] ❖ noun **1.** [laugh] fou rire *m* **2.** UK *inf* [fun] ▸ **to be a giggle** être marrant(e) OR tordant(e) ▸ **to have a giggle** bien s'amuser. ❖ vi [laugh] rire bêtement.

giggly ['gɪglɪ] (*compar* -ier, *superl* -iest) adj qui rit bêtement.

GIGO ['gaɪgəʊ] (*abbr of* **garbage in, garbage out**) COMPUT *qualité à l'entrée = qualité à la sortie*.

gigolo ['ʒɪgələʊ] (*pl* -s) noun *pej* gigolo *m*.

gild [gɪld] ❖ noun = **guild**. ❖ vt (*pt* -ed, *pp* -ed *or* **gilt** [gɪlt]) dorer ▸ **it would be gilding the lily** ce serait du peaufinage.

gilded ['gɪldɪd] adj = **gilt**.

gill [dʒɪl] noun [unit of measurement] quart *m* de pinte *(= 0,142 litre)*.

gills [gɪlz] pl n [of fish] branchies *fpl*.

gilt [gɪlt] ❖ adj [covered in gold] doré(e). ❖ noun *(U)* [gold layer] dorure *f*. ◆ **gilts** pl n UK FIN valeurs *fpl* de père de famille.

gilt-edged [-edʒd] adj FIN de père de famille.

gimme ['gɪmɪ] *inf* ⟶ **give me**.

gimmick ['gɪmɪk] noun astuce *f*.

gimmicky ['gɪmɪkɪ] adj *inf* qui relève du procédé.

gimp [gɪmp] noun US *inf* **1.** *pej* [person] gogol *v inf mf* **2.** [object] scoubidou *m*.

gin [dʒɪn] noun gin *m* ▸ **gin and tonic** gin-tonic *m*.

ginger ['dʒɪndʒər] ❖ noun **1.** [root] gingembre *m* **2.** [powder] gingembre *m* en poudre. ❖ adj UK [colour] roux (rousse).

ginger ale noun *boisson gazeuse au gingembre*.

ginger beer noun *boisson britannique non-alcoolisée au gingembre*.

gingerbread ['dʒɪndʒəbred] noun pain *m* d'épice.

ginger-haired [-'heəd] adj UK roux (rousse).

gingerly ['dʒɪndʒəlɪ] adv avec précaution.

ginger nut noun biscuit *m* au gingembre.

ginger snap = **ginger nut**.

gingham ['gɪŋəm] noun [cloth] vichy *m*.

gingivitis [,dʒɪndʒɪ'vaɪtɪs] noun gingivite *f*.

ginormous [,dʒaɪ'nɔ:məs] adj *inf* gigantesque.

ginseng ['dʒɪnseŋ] noun ginseng *m*.

gipsy UK, **gypsy** ['dʒɪpsɪ] ❖ adj gitan(e). ❖ noun (*pl* -ies) [generally] gitan *m*, -e *f* ; *pej* bohémien *m*, -enne *f*.

giraffe [dʒɪ'rɑ:f] (*pl inv or* -s) noun girafe *f*.

gird [gɜ:d] (*pt & pp* -ed *or* **girt**) vt ⟶ **loin**.

girder ['gɜ:dər] noun poutrelle *f*.

girdle ['gɜ:dl] noun [corset] gaine *f*.

girl [gɜ:l] noun **1.** [gen] fille *f* **2.** [girlfriend] petite amie *f*.

girl Friday noun *dated* aide *f*.

girlfriend ['gɜːlfrend] noun **1.** [female lover] petite amie *f* **2.** [female friend] amie *f*.

girl guide UK, **girl scout** US noun *dated* éclaireuse *f*, guide *f*. ◆ **Girl Guides** noun ▸ **the Girl Guides** UK les Guides *fpl*.

girlhood ['gɜːlhʊd] noun [as child] enfance *f* ; [as adolescent] adolescence *f*.

girlish ['gɜːlɪʃ] adj de petite fille.

girl scout US = **girl guide**.

giro ['dʒaɪrəʊ] (*pl* -s) noun UK **1.** (*U*) [system] virement *m* postal **2.** ▸ **giro (cheque)** chèque *m* d'indemnisation *f* (chômage OR maladie).

girt [gɜːt] pt & pp ⟶ **gird**.

girth [gɜːθ] noun **1.** [circumference - of tree] circonférence *f* ; [- of person] tour *m* de taille **2.** [of horse] sangle *f*.

gist [dʒɪst] noun substance *f* ▸ **to get the gist of sthg** comprendre OR saisir l'essentiel de qqch.

git [gɪt] noun UK *v inf* connard *m*, connasse *f*.

give [gɪv] ❖ vt (*pt* **gave**, *pp* **given**) **1.** [gen] donner ; [message] transmettre ; [attention, time] consacrer ▸ **to give sb / sthg sthg** donner qqch à qqn / qqch ▸ **to give sb pleasure / a fright / a smile** faire plaisir / peur / un sourire à qqn ▸ **to give a shrug** hausser les épaules ▸ **to give a sigh** pousser un soupir ▸ **to give a speech** faire un discours / *to give sb a message* communiquer un message à qqn / *just give me time!* sois patient ! / *I hope I don't give you my cold* j'espère que je ne vais pas te passer mon rhume / *the children can wash up; it will give them something to do* les enfants peuvent faire la vaisselle, ça les occupera **2.** [as present] ▸ **to give sb sthg, to give sthg to sb** donner qqch à qqn, offrir qqch à qqn **3.** UK [pay] : *how much did you give for it?* combien l'avez-vous payé ? **4.** PHR **I was given to believe** OR **understand that…** *fml* on m'a fait comprendre que… ▸ **I'd give anything** OR **my right arm to do that** je donnerais n'importe quoi OR très cher pour faire ça. ❖ vi (*pt* **gave**, *pp* **given**) [collapse, break] céder, s'affaisser. ❖ noun [elasticity] élasticité *f*, souplesse *f*. ◆ **give or take** prep : *give or take a day / £10* à un jour / 10 livres près. ◆ **give away** vt sep **1.** [get rid of] donner **2.** [reveal] révéler / *he didn't give anything away* il n'a rien dit. ◆ **give back** vt sep [return] rendre / *the store gave him his money back* le magasin l'a remboursé. ◆ **give in** vi **1.** [admit defeat] abandonner, se rendre **2.** [agree unwillingly] ▸ **to give in to sthg** céder à qqch. ◆ **give off** vt insep [smell] exhaler ; [smoke] faire ; [heat] produire. ◆ **give out** ❖ vt sep [distribute] distribuer. ❖ vi [supplies] s'épuiser ; [car] lâcher / *her strength was giving out* elle était à bout de forces, elle n'en pouvait plus. ◆ **give over** ❖ vt sep [dedicate] ▸ **to be given over to** a) [subj: time] être consacré(e) à b) [subj: building] être réservé(e) à. ❖ vi UK *inf* [stop] ▸ **give over!** arrête ! ◆ **give up** ❖ vt sep **1.** [stop] renoncer à ▸ **to give up drinking / smoking** arrêter de boire / de fumer **2.** [surrender] ▸ **to give o.s. up (to sb)** se rendre (à qqn) **3.** US *inf* [applaud] : *let's give it up for Harry Jones!* on applaudit Harry Jones ! ❖ vi abandonner, se rendre / *I give up* a) [in game, project] je renonce. ◆ **give up on** vt insep [abandon] laisser tomber.

give-and-take noun (*U*) [compromise] concessions *fpl* de part et d'autre.

giveaway ['gɪvəˌweɪ] ❖ adj **1.** [tell-tale] révélateur(trice) **2.** [very cheap] dérisoire. ❖ noun [tell-tale sign] signe *m* révélateur.

given ['gɪvn] ❖ pp ⟶ **give**. ❖ adj **1.** [set, fixed] convenu(e), fixé(e) ▸ **at any given time** à un moment donné **2.** [prone] ▸ **to be given to sthg / to doing sthg** être enclin(e) à qqch / à faire qqch. ❖ prep étant donné ▸ **given that** étant donné que.

given name noun US prénom *m*.

giver ['gɪvəʳ] noun donneur *m*, -euse *f*.

gizmo ['gɪzməʊ] (*pl* -s) noun *inf* gadget *m*, truc *m*.

gizzard ['gɪzəd] noun gésier *m* / *it sticks in my gizzard fig* ça me reste en travers de la gorge.

glacé ['glæseɪ] adj **1.** [cherry] glacé(e), confit(e) ▸ **glacé icing** glaçage *m (d'un gâteau)* **2.** [leather, silk] glacé(e).

glacial ['gleɪsjəl] adj **1.** [of glacier] glaciaire ▸ **glacial melt** a) [process] fonte *f* des glaces OR glaciaire b) [water] eaux *fpl* de fonte des glaces OR glaciaire **2.** [unfriendly] glacial(e).

glacier ['glæsjəʳ] noun glacier *m*.

glad [glæd] (*compar* **-der**, *superl* **-dest**) adj **1.** [happy, pleased] content(e) ▸ **to be glad about sthg** être content de qqch ▸ **to be glad that** être content que **2.** [willing] ▸ **to be glad to do sthg** faire qqch volontiers OR avec plaisir **3.** [grateful] ▸ **to be glad of sthg** être content(e) de qqch.

gladden ['glædn] vt *liter* réjouir.

glade [gleɪd] noun *liter* clairière *f*.

gladiator ['glædɪeɪtəʳ] noun gladiateur *m*.

gladly ['glædlɪ] adv **1.** [happily, eagerly] avec joie **2.** [willingly] avec plaisir.

glad rags pl n *inf* vêtements *mpl* chic / *to put on one's glad rags* se mettre sur son trente et un, se saper.

glam [glæm] UK *inf* ❖ adj = **glamorous**. ❖ noun = **glamour**. ◆ **glam up** vt sep (*pt & pp* **-ed**, *cont* **-ming**) *inf* **1.** [person] : *to get glammed up* a) [with clothes] mettre ses belles fringues, se saper b) [with make-up] se faire une beauté, se faire toute belle **2.** [building] retaper ; [town] embellir.

glamor US = **glamour**.

glamorize, **glamorise** UK ['glæməraɪz] vt faire apparaître sous un jour séduisant.

glamorous ['glæmərəs] adj [person] séduisant(e) ; [appearance] élégant(e) ; [job, place] prestigieux(euse).

glamour UK, **glamor** US ['glæməʳ] noun [of person] charme *m* ; [of appearance] élégance *f*, chic *m* ; [of job, place] prestige *m*.

glance [glɑːns] ❖ noun [quick look] regard *m*, coup d'œil *m* ▸ **to cast** OR **take a glance at sthg** jeter un coup d'œil à qqch ▸ **at a glance** d'un coup d'œil ▸ **at first glance** au premier coup d'œil. ❖ vi [look quickly] ▸ **to glance at sb / sthg** jeter un coup d'œil à qqn / qqch

▸ **to glance at** OR **through sthg** jeter un coup d'œil à OR sur qqch. ◆ **glance off** vt insep [subj: ball, bullet] ricocher sur.

glancing ['glɑ:nsɪŋ] adj de côté, oblique.

gland [glænd] noun glande *f.*

glandular ['glændjʊləʳ] adj glandulaire, glanduleux(euse).

glandular fever [ˌglændjʊləʳ-] noun UK mononucléose *f* infectieuse.

glare [gleəʳ] ❖ noun **1.** [scowl] regard *m* mauvais **2.** *(U)* [of headlights, publicity] lumière *f* aveuglante. ❖ vi **1.** [scowl] jeter un regard mauvais ▸ **to glare at sb / sthg** regarder qqn / qqch d'un œil mauvais **2.** [sun, lamp] briller d'une lumière éblouissante.

glaring ['gleərɪŋ] adj **1.** [very obvious] flagrant(e) **2.** [blazing, dazzling] aveuglant(e).

glaringly ['gleərɪŋlɪ] adv : *it's glaringly obvious* ça crève les yeux.

glass [glɑ:s] ❖ noun **1.** [gen] verre *m* **2.** *(U)* [glassware] verrerie *f.* ❖ comp [bottle, jar] en OR de verre ; [door, partition] vitré(e). ◆ **glasses** pl n [spectacles] lunettes *fpl.*

glass ceiling noun *terme désignant le "plafond" qui empêche la progression dans la hiérarchie.*

glasshouse ['glɑ:shaʊs] (*pl* [-haʊzɪz]) noun UK serre *f.*

glassware ['glɑ:sweəʳ] noun *(U)* verrerie *f.*

glassy ['glɑ:sɪ] (*compar* **-ier**, *superl* **-iest**) adj **1.** [smooth, shiny] lisse comme un miroir **2.** [blank, lifeless] vitreux(euse).

glassy-eyed adj à l'œil terne OR vitreux / *to be glassy-eyed* avoir le regard vitreux OR terne.

Glaswegian [glæz'wi:dʒjən] ❖ adj de Glasgow. ❖ noun **1.** habitant *m*, -e *f* de Glasgow **2.** [dialect] dialecte *m* de Glasgow.

glaucoma [glɔ:'kəʊmə] noun glaucome *m.*

glaze [gleɪz] ❖ noun [on pottery] vernis *m* ; [on pastry, flan] glaçage *m.* ❖ vt [pottery, tiles, bricks] vernisser ; [pastry, flan] glacer. ◆ **glaze over** vi devenir terne OR vitreux(euse).

glazed [gleɪzd] adj **1.** [dull, bored] terne, vitreux(euse) **2.** [covered with shiny layer - pottery] vernissé(e) ; [- pastry, flan] glacé(e) **3.** [with glass] vitré(e).

glazier ['gleɪzjəʳ] noun vitrier *m*, -ière *f.*

glazing ['gleɪzɪŋ] noun **1.** [of pottery] vernissage *m* ; [of floor, tiles] vitrification *f* ; [of leather, silk] glaçage *m* **2.** CULIN [process] glaçage *m* ; [substance] glace *f.*

gleam [gli:m] ❖ noun [of gold] reflet *m* ; [of fire, sunset, disapproval] lueur *f.* ❖ vi **1.** [surface, object] luire **2.** [light, eyes] briller.

gleaming ['gli:mɪŋ] adj brillant(e).

glean [gli:n] vt [gather] glaner.

glee [gli:] noun *(U)* [joy] joie *f*, jubilation *f.*

gleeful ['gli:fʊl] adj joyeux(euse).

glen [glen] noun Scot vallée *f.*

glib [glɪb] (*compar* **-ber**, *superl* **-best**) adj *pej* [salesman, politician] qui a du bagout ; [promise, excuse] facile.

glibly ['glɪblɪ] adv *pej* trop facilement.

glide [glaɪd] vi **1.** [move smoothly - dancer, boat] glisser sans effort ; [- person] se mouvoir sans effort **2.** [to fly] planer.

glider ['glaɪdəʳ] noun [plane] planeur *m.*

gliding ['glaɪdɪŋ] noun [sport] vol *m* à voile.

glimmer ['glɪməʳ] ❖ noun [faint light] faible lueur *f* ; *fig* signe *m*, lueur ▸ **a glimmer of hope** une lueur d'espoir. ❖ vi luire OR briller faiblement.

glimpse [glɪmps] ❖ noun **1.** [look, sight] aperçu *m* ▸ **to catch a glimpse of sb / sthg** apercevoir qqn / qqch, entrevoir qqn / qqch **2.** [idea, perception] idée *f.* ❖ vt **1.** [catch sight of] apercevoir, entrevoir **2.** [perceive] pressentir.

glint [glɪnt] ❖ noun **1.** [flash] reflet *m* **2.** [in eyes] éclair *m.* ❖ vi étinceler.

glisten ['glɪsn] vi luire.

glistening ['glɪsnɪŋ] adj luisant(e).

glitch [glɪtʃ] noun *inf* [in plan] pépin *m* ; ELEC saute *f* de tension.

glitter ['glɪtəʳ] ❖ noun *(U)* scintillement *m.* ❖ vi **1.** [object, light] scintiller **2.** [eyes] briller.

glitterati [ˌglɪtə'rɑ:ti:] pl n *inf* : *the glitterati* *hum* le beau monde *m inv.*

glitterball ['glɪtəbɔ:l] noun boule *f* à facettes.

glittering ['glɪtərɪŋ] adj scintillant(e), brillant(e).

glitz [glɪts] noun *inf* tape-à-l'œil *m*, clinquant *m* / *Hollywood glitz* le clinquant de Hollywood.

glitzy ['glɪtsɪ] (*compar* **-ier**, *superl* **-iest**) adj *inf* [glamorous] tape-à-l'œil *(inv).*

gloat [gləʊt] vi ▸ **to gloat (over sthg)** se réjouir (de qqch).

global ['gləʊbl] adj [worldwide] mondial(e).

globalization, globalisation UK [ˌgləʊbəlaɪ'zeɪʃn] noun mondialisation *f.*

globalize, globalise UK ['gləʊbəlaɪz] vt **1.** [make worldwide] rendre mondial(e) / *a globalized conflict* un conflit mondial **2.** [generalize] globaliser.

globally ['gləʊbəlɪ] adv à l'échelle mondiale, mondialement.

global market noun marché *m* mondial OR international.

global village noun village *m* planétaire.

global warming [-'wɔ:mɪŋ] noun réchauffement *m* de la planète.

globe [gləʊb] noun **1.** [Earth] ▸ **the globe** la terre **2.** [spherical map] globe *m* terrestre **3.** [spherical object] globe *m.*

globetrotter ['gləʊbˌtrɒtəʳ] noun *inf* globe-trotter *m.*

globetrotting ['gləʊbˌtrɒtɪŋ] noun *(U)* voyages *mpl* aux quatre coins du monde.

globule ['glɒbju:l] noun gouttelette *f*.

gloom [glu:m] noun *(U)* **1.** [darkness] obscurité *f* **2.** [unhappiness] tristesse *f*.

gloomily ['glu:mɪlɪ] adv sombrement, mélancoliquement, tristement.

gloomy ['glu:mɪ] *(compar* **-ier**, *superl* **-iest)** adj **1.** [room, sky, prospects] sombre **2.** [person, atmosphere, mood] triste, lugubre.

glorification [ˌglɔ:rɪfɪ'keɪʃn] noun glorification *f*.

glorified ['glɔ:rɪfaɪd] adj *pej* : ***it's just a glorified swimming pool*** il ne s'agit que d'une vulgaire piscine.

glorify ['glɔ:rɪfaɪ] *(pt & pp* **-ied)** vt exalter.

glorious ['glɔ:rɪəs] adj **1.** [beautiful, splendid] splendide **2.** [very enjoyable] formidable **3.** [successful, impressive] magnifique.

gloriously ['glɔ:rɪəslɪ] adv glorieusement.

glory ['glɔ:rɪ] *(pl* **-ies)** noun **1.** *(U)* [fame, admiration] gloire *f* / ***to have one's moment of glory*** avoir son heure de gloire **2.** *(U)* [beauty] splendeur *f* / ***in all her glory*** dans toute sa splendeur OR gloire **3.** [best feature] merveille *f* / ***the palace is one of the greatest glories of the age*** le palais est un des joyaux OR des chefs-d'œuvre de cette époque. ◆ **glories** pl n [triumphs] triomphes *mpl*. ◆ **glory in** vt insep [relish] savourer.

gloss [glɒs] noun **1.** *(U)* [shine] brillant *m*, lustre *m* **2.** [paint] peinture *f* brillante. ◆ **gloss over** vt insep passer sur.

glossary ['glɒsərɪ] *(pl* **-ies)** noun glossaire *m*.

gloss paint noun peinture *f* brillante.

glossy ['glɒsɪ] *(compar* **-ier**, *superl* **-iest)** adj **1.** [hair, surface] brillant(e) **2.** [book, photo] sur papier glacé.

glossy (magazine) noun UK magazine *m* de luxe.

glove [glʌv] noun gant *m*.

glove box, glove compartment noun boîte *f* à gants.

glove puppet noun UK marionnette *f* (à gaine).

glow [gləʊ] ❖ noun *(U)* **1.** [of fire, light, sunset] lueur *f* **2.** [of skin - because of heat, exercise] rougeur *f* ; [- because of health] teint *m* rose et frais **3.** [feeling - of pride] sensation *f* ; [- of anger] élan *m* ; [- of shame, pleasure] sentiment *m*. ❖ vi **1.** [shine out - fire] rougeoyer ; [light, stars, eyes] flamboyer **2.** [shine in light] briller **3.** [with colour] flamboyer **4.** [flush] ▸ **to glow (with)** a) [heat] être rouge (de) b) [pleasure, health] rayonner (de).

glower ['glaʊə^r] vi ▸ **to glower (at)** lancer des regards noirs (à).

glowing ['gləʊɪŋ] adj [very favourable] dithyrambique.

glow-worm noun ver *m* luisant.

glucose ['glu:kəʊs] noun glucose *m*.

glue [glu:] ❖ noun *(U)* colle *f*. ❖ vt *(cont* **glueing** *or* **gluing)** [stick with glue] coller ▸ **to glue sthg to sthg** coller qqch à OR avec qqch ▸ **to be glued to the TV** *fig* être rivé(e) à la télé.

glue-sniffing [-ˌsnɪfɪŋ] noun inhalation *f* de colle.

glug [glʌg] *(pt & pp* **-ged**, *cont* **-ging)** *inf* ❖ noun ▸ **glug (glug)** glouglou *m* / ***he took a long glug of lemonade*** il prit une longue goulée de limonade. ❖ vi faire glouglou.

glum [glʌm] *(compar* **-mer**, *superl* **-mest)** adj [unhappy] triste, morose.

glumly ['glʌmlɪ] adv tristement, avec morosité.

glut [glʌt] noun surplus *m*.

gluten ['glu:tən] noun gluten *m*.

gluten-free adj sans gluten.

glutes [glu:ts] pl n *inf* muscles *mpl* fessiers / ***how to get great glutes*** comment muscler vos fessiers.

glutinous ['glu:tɪnəs] adj glutineux(euse).

glutton ['glʌtn] noun [greedy person] glouton *m*, -onne *f* ▸ **to be a glutton for punishment** être maso, être masochiste.

gluttony ['glʌtənɪ] noun gloutonnerie *f*.

glycerin ['glɪsərɪn] US, **glycerine** ['glɪsəri:n] noun glycérine *f*.

gm *(abbr of* **gram)** g.

GM *(abbr of* **genetically modified)** adj génétiquement modifié(e).

GMO *(abbr of* **genetically modified organism)** noun OGM *m*.

GMT *(abbr of* **Greenwich Mean Time)** noun GMT *m*.

gnarled [nɑ:ld] adj [tree, hands] noueux(euse).

gnash [næʃ] vt ▸ **to gnash one's teeth** grincer des dents.

gnat [næt] noun moucheron *m*.

gnaw [nɔ:] ❖ vt [chew] ronger. ❖ vi [worry] ▸ **to gnaw (away) at sb** ronger qqn.

gnawing ['nɔ:ɪŋ] adj **1.** [pain] lancinant(e), tenaillant(e) ; [hunger] tenaillant(e) **2.** [anxiety, doubt] tenaillant(e), torturant(e).

gnome [nəʊm] noun gnome *m*, lutin *m*.

GNP *(abbr of* **gross national product)** noun PNB *m*.

gnu [nu:] *(pl inv or* **-s)** noun gnou *m*.

GNVQ *(abbr of* **general national vocational qualification)** noun UK *diplôme sanctionnant deux années d'études professionnelles à la fin du secondaire* ; ≃ baccalauréat *m* professionnel.

go [gəʊ]

❖ vi *(pt* **went**, *pp* **gone)**

1. [move, travel] aller / ***where are you going?*** où vas-tu ? / ***he's gone to Portugal*** il est allé au Portugal / ***to go to the doctor*** aller voir OR aller chez le médecin / ***we went by bus / train*** nous sommes allés en bus/par le train / ***where does this path go?*** où mène ce chemin ? ▸ **to go and do sthg** aller faire qqch ▸ **to go swimming / shopping / jogging** aller nager/faire les courses/faire du jogging ▸ **to go to church / school / university** aller à l'église/l'école/l'université ▸ **to go to work** aller travailler OR à son travail ▸ **where do we go from here?** *fig* qu'est-ce qu'on fait maintenant ?

2. [depart] partir, s'en aller / *I must go* UK, *I have to go* il faut que je m'en aille / *what time does the bus go?* UK à quelle heure part le bus ? ▸ **shall we go?** on y va ? / *go!* partez !

3. [be or remain in a particular state] ▸ **we went in fear of our lives** nous craignions pour notre vie ▸ **her absence went unnoticed** son absence passa inaperçue

4. [become] devenir ▸ **to go grey** UK OR **gray** US grisonner, devenir gris(e) ▸ **to go mad** OR **crazy** devenir fou (folle)

5. [pass - time] passer / *the time went slowly / quickly* le temps a passé lentement / a vite passé

6. [progress] marcher, se dérouler / *the conference went very smoothly* la conférence s'est déroulée sans problème OR s'est très bien passée ▸ **to go well / badly** aller bien / mal ▸ **how's it going?** *inf* comment ça va ?

7. [function, work] marcher / *the clock's stopped going* la pendule s'est arrêtée / *her daughter kept the business going* sa fille a continué à faire marcher l'affaire / *the car won't go* UK la voiture ne veut pas démarrer

8. [indicating intention, expectation] ▸ **to be going to do sthg** aller faire qqch / *what are you going to do now?* qu'est-ce que tu vas faire maintenant ? / *he said he was going to be late* il a prévenu qu'il serait en retard / *we're going (to go) to America in June* on va (aller) en Amérique en juin / *it's going to rain / snow* il va pleuvoir / neiger / *she's going to have a baby* elle attend un bébé / *it's not going to be easy* cela ne va pas être facile

9. [bell, alarm] sonner

10. [be spent] passer, partir / *all my money goes on* OR *toward* US *food and rent* tout mon argent passe OR part en nourriture et en loyer

11. [be given] ▸ **to go to** aller à, être donné(e) à

12. [be disposed of] : *he'll have to go* il va falloir le congédier OR le mettre à la porte / *'everything must go'* 'tout doit disparaître' / *the necklace went for £350* le collier s'est vendu 350 livres / *going, going, gone!* une fois, deux fois, adjugé !

13. [stop working, break - light bulb, fuse] sauter ; [- rope] céder / *the battery's going* la pile commence à être usée

14. [deteriorate - hearing, sight] baisser / *her mind has started to go* elle n'a plus toute sa tête OR toutes ses facultés

15. [match, be compatible] ▸ **to go (with)** aller (avec) / *this blouse goes well with the skirt* ce chemisier va bien avec la jupe / *those colours don't really go (well together)* ces couleurs ne vont pas bien ensemble / *red wine goes well with meat* le vin rouge se marie bien avec la viande

16. [fit] aller / *that goes at the bottom* ça va au fond / *the piano barely goes through the door* le piano entre OR passe de justesse par la porte

17. [belong] aller, se mettre / *the plates go in the cupboard* les assiettes vont OR se mettent dans le placard

18. [in division] : *three into two won't go, three won't go into two* deux divisé par trois n'y va pas

19. [when referring to saying, story or song] : *how does that tune / song go?* c'est quoi déjà l'air / la chanson ? ▸ **as the saying goes** comme on dit, comme dit le proverbe

20. *inf* [with negative - in giving advice] : *now, don't go catching cold* ne va pas attraper froid surtout

21. *inf* [expressing irritation, surprise] : *now what's he gone and done?* qu'est-ce qu'il a fait encore ? / *she's gone and bought a new car!* elle a été s'acheter une nouvelle voiture ! ▸ **you've gone and done it now!** eh bien cette fois-ci, on peut dire que tu en as fait une belle !

22. PHR **it just goes to show** c'est bien vrai, vous voyez bien / *it just goes to show that none of us is perfect* cela prouve bien que personne n'est parfait

❖ vt (*pt* **went**, *pp* **gone**)

[make noise of] faire / *the dog went "woof"* le chien a fait « oua-oua »

❖ noun (*pl* **goes**)

1. UK [turn] tour *m* / *it's my go* c'est à moi (de jouer)

2. *inf* [attempt] ▸ **to have a go (at sthg)** essayer (de faire qqch) / *have a go!* tente le coup !, vas-y !

3. *inf* [success] ▸ **to make a go of sthg** réussir qqch

4. PHR **to have a go at sb** UK *inf* s'en prendre à qqn, engueuler qqn ▸ **to be on the go** *inf* être sur la brèche / *it's all go* ça n'arrête pas !

◆ **to go** adv **1.** [remaining] : *there are only three days to go* il ne reste que trois jours **2.** US [to take away] à emporter.

◆ **go about** ❖ vt insep **1.** [perform] ▸ **to go about one's business** vaquer à ses occupations **2.** [tackle] : *how do you intend going about it?* comment comptes-tu faire OR t'y prendre ? ❖ vi = **go around**

◆ **go after** vt insep [person] courir après ; [prize] viser ; [job] essayer d'obtenir.

◆ **go against** vt insep **1.** [conflict with] heurter, aller à l'encontre de **2.** [act contrary to] contrarier, s'opposer à / *she went against my advice* elle n'a pas suivi mon conseil **3.** [decision, public opinion] être défavorable à.

◆ **go ahead** vi **1.** [proceed] ▸ **to go ahead with sthg** mettre qqch à exécution ▸ **go ahead!** allez-y ! **2.** [take place] avoir lieu.

◆ **go along** vi [proceed] avancer ▸ **as you go along** au fur et à mesure / *he makes it up as he goes along* il invente au fur et à mesure.

◆ **go along with** vt insep [suggestion, idea] appuyer, soutenir ; [person] suivre / *he went along with his father's wishes* il s'est conformé aux OR a respecté les désirs de son père.

◆ **go around** vi **1.** [behave in a certain way] : *she goes around putting everyone's back up* UK elle n'arrête pas de prendre les gens à rebrousse-poil / *there's no need to go around telling everyone* tu n'as pas besoin d'aller le crier sur les toits **2.** [frequent] ▸ **to go around with sb** fréquenter qqn **3.** [spread] circuler, courir / *there's a rumour going around about her* il court un bruit sur elle **4.** PHR **what goes around comes around** on finit toujours par payer.

◆ **go away** vi partir, s'en aller / *go away!* va-t-en ! / *I'm going away for a few days* je pars quelques jours.

◆ **go back on** vt insep [one's word, promise] revenir sur.

◆ **go back to** vt insep **1.** [return to activity] reprendre, se remettre à ▸ **go back to sleep** rendors-toi **2.** [return to previous topic] revenir à **3.** [date from] remonter à, dater de.

◆ **go before** vi : *her new paintings were unlike anything that had gone before* ses nouveaux tableaux étaient complètement différents de ses précédents / *we wanted to forget what had gone before* nous voulions oublier ce qui s'était passé avant.

◆ **go by** ❖ vi [time] s'écouler, passer / *in days* OR *in times* OR *in years gone by* autrefois, jadis. ❖ vt insep **1.** [be guided by] suivre **2.** [judge from] juger d'après / *going by her accent, I'd say she's from New York* si j'en juge d'après son accent, je dirais qu'elle vient de New York.

◆ **go down** ❖ vi **1.** [get lower - prices] baisser **2.** [be accepted] être accepté(e) ▸ **to go down well / badly** être bien / mal accueilli(e) / *a cup of coffee would go down nicely* une tasse de café serait la bienvenue **3.** [sun] se coucher **4.** [sink] couler **5.** [tyre, balloon] se dégonfler **6.** COMPUT tomber en panne. ❖ vt insep descendre.

◆ **go down with** vt insep [illness] attraper.

◆ **go for** vt insep **1.** [choose] choisir **2.** [be attracted to] être attiré(e) par **3.** [attack] tomber sur, attaquer **4.** [try to obtain - job, record] essayer d'obtenir / *go for it!* *inf* vas-y ! **5.** [be valid] s'appliquer à / *does that go for me too?* est-ce que cela vaut pour OR s'applique à moi aussi ?

◆ **go in** vi entrer.

◆ **go in for** vt insep **1.** [competition] prendre part à ; [exam] se présenter à **2.** [take up as a profession] entrer dans / *he thought about going in for teaching* il a pensé devenir enseignant **3.** [activity - enjoy] aimer ; [- participate in] faire, s'adonner à.

◆ **go into** vt insep **1.** [discuss, describe in detail] : *I'd rather not go into that now* je préférerais ne pas en parler pour le moment ▸ **to go into detail** OR **details** entrer dans le détail OR les détails **2.** [investigate] étudier, examiner **3.** [take up as a profession] entrer dans / *to go into the army* **4.** [be put into] : *a lot of hard work went into that book* ce livre a demandé OR nécessité beaucoup de travail **5.** [begin] ▸ **to go into a rage** se mettre en rage ▸ **to go into a spin** [plane] tomber en vrille.

◆ **go off** ❖ vi **1.** [explode] exploser **2.** [alarm] sonner **3.** UK [go bad - food] se gâter **4.** [lights, heating] s'éteindre / *the electricity went off* l'électricité a été coupée **5.** UK [happen] se passer, se dérouler **6.** US *inf* [person] s'emporter ▸ **to go off on one** péter un plomb. ❖ vt insep [lose interest in] ne plus aimer.

◆ **go off with** vt insep prendre.

◆ **go on** ❖ vi **1.** [take place, happen] se passer **2.** [heating] se mettre en marche **3.** [continue] ▸ **to go on (doing)** continuer (à faire) / *I can't go on!* je n'en peux plus ! ▸ **go on** [continue talking] allez-y / *their affair has been going on for years* leur liaison dure depuis des années **4.** [proceed to further activity] ▸ **to go on to sthg** passer à qqch ▸ **to go on to do sthg** faire qqch après / *he went on to explain why* il a ensuite expliqué pourquoi **5.** [proceed to another place] : *are you going on to Richard's?* UK vous allez chez Richard après ? **6.** [go in advance] partir devant **7.** [talk for too long] parler à n'en plus finir / *she does go on!* elle n'arrête pas de parler ! ▸ **to go on about sthg** ne pas arrêter de parler de qqch **8.** [pass - time] passer **9.** US *inf* : *she's got it going on* elle a tout pour elle. ❖ vt insep [be guided by] se fonder sur. ❖ excl allez / *go on, treat yourself* allez, fais-toi plaisir.

◆ **go on at** vt insep UK *inf* [nag] harceler.

◆ **go out** vi **1.** [leave] sortir / *she goes out to work* elle travaille en dehors de la maison **2.** [for amusement] ▸ **to go out (with sb)** sortir (avec qqn) **3.** [light, fire, cigarette] s'éteindre **4.** [stop being fashionable] passer de mode.

◆ **go over** vt insep **1.** [examine] examiner, vérifier **2.** [repeat, review] repasser / *let's go over it again* reprenons, récapitulons.

◆ **go over to** vt insep **1.** [change to] adopter, passer à / *I've gone over to another brand of washing powder* je viens de changer de marque de lessive **2.** [change sides to] passer à ▸ **to go over to the other side** changer de parti **3.** RADIO & TV passer l'antenne à.

◆ **go round** vi UK **1.** [be enough for everyone] suffire / *there's just enough to go round* il y en a juste assez pour tout le monde **2.** [revolve] tourner ; ⟶ **go around**.

◆ **go through** ❖ vt insep **1.** [experience] subir, souffrir / *we've gone through a lot together* nous avons vécu beaucoup de choses ensemble **2.** [spend] dépenser **3.** [study, search through] examiner / *she went through his pockets* elle lui a fait les poches, elle a fouillé dans ses poches **4.** [list - reading] lire ; [- speaking] lire à haute voix. ❖ vi [be approved] passer, être accepté(e).

◆ **go through with** vt insep [action, threat] aller jusqu'au bout de.

◆ **go toward(s)** vt insep contribuer à.

◆ **go under** vi *lit* & *fig* couler.

◆ **go up** ❖ vi **1.** [gen] monter **2.** [prices] augmenter / *rents are going up* les loyers sont en hausse **3.** [be built] se construire **4.** [explode] exploser, sauter **5.** [burst into flames] ▸ **to go up (in flames)** prendre feu, s'enflammer **6.** [be uttered] : *a cheer went up* on a applaudi. ❖ vt insep monter.

◆ **go with** vt insep aller avec.

◆ **go without** ❖ vt insep se passer de. ❖ vi s'en passer.

goad [gəʊd] vt [provoke] talonner ▸ **to goad sb into doing sthg** talonner qqn jusqu'à ce qu'il fasse qqch.

go-ahead ❖ adj [dynamic] dynamique. ❖ noun *(U)* [permission] feu *m* vert ▸ **to give sb the go-ahead (for sthg)** donner à qqn le feu vert (pour qqch).

goal [gəʊl] noun but *m* ▸ **to score a goal** SPORT marquer un but.

goal difference noun différence *f* de buts.

goal-driven adj volontariste.

goalie ['gəʊlɪ] noun *inf* gardien *m* (de but).

goalkeeper ['gəʊl,ki:pər] noun gardien *m* de but.

goal kick noun coup *m* de pied de but, dégagement *m* aux six mètres.

goalless ['gəʊllɪs] adj ▸ **goalless draw** match *m* sans but marqué.

goalmouth ['gəʊlmaʊθ] (*pl* [-maʊðz]) noun but *m*.

goalpost ['gəʊlpəʊst] noun poteau *m* de but.

goat [gəʊt] noun chèvre *f* ▸ **to act the goat** UK *inf* faire l'imbécile.

goatee [gəʊ'ti:] noun barbiche *f*, bouc *m*.

gob [gɒb] *inf* ❖ noun UK [mouth] gueule *f*. ❖ vi (*pt & pp* **-bed**, *cont* **-bing**) [spit] mollarder.

gobble ['gɒbl] vt engloutir. ◆ **gobble down, gobble up** vt sep engloutir.

gobbledegook, gobbledygook ['gɒbldɪgu:k] noun **1.** [pompous official language] jargon *m* **2.** *inf* [nonsense] charabia *m*.

gobby ['gɒbɪ] adj UK *inf* : *to be gobby* être une grande gueule.

go-between noun intermédiaire *mf*.

goblet ['gɒblɪt] noun verre *m* à pied.

goblin ['gɒblɪn] noun lutin *m*, farfadet *m*.

gobsmacked ['gɒbsmækt] adj UK *inf* bouche bée (*inv*).

go-cart = go-kart.

god [gɒd] noun dieu *m*, divinité *f*. ◆ **God** ❖ noun Dieu *m* ▸ **God knows** Dieu seul le sait ▸ **for God's sake** pour l'amour de Dieu ▸ **thank God** Dieu merci. ❖ excl ▸ **(my) God!** mon Dieu ! ◆ **gods** pl n UK *inf* [in theatre] ▸ **the gods** le poulailler.

god-awful adj *inf* atroce, affreux(euse).

godchild ['gɒdtʃaɪld] (*pl* **-children**) noun filleul *m*, -e *f*.

goddammit [,gɒd'dæmɪt] excl *v inf* bordel !

goddam(n) ['gɒdæm] US *v inf* ❖ adj foutu(e). ❖ excl bordel !

goddaughter ['gɒd,dɔ:tər] noun filleule *f*.

goddess ['gɒdɪs] noun déesse *f*.

godfather ['gɒd,fɑ:ðər] noun parrain *m*.

god-fearing adj croyant(e), pieux(euse).

godforsaken ['gɒdfə,seɪkn] adj morne, désolé(e).

godless ['gɒdlɪs] adj irréligieux(euse), impie.

godmother ['gɒd,mʌðər] noun marraine *f*.

godparents ['gɒd,peərənts] pl n parrain et marraine *mpl*.

godsend ['gɒdsend] noun aubaine *f*.

godson ['gɒdsʌn] noun filleul *m*.

goes [gəʊz] ⟶ go.

gofer ['gəʊfər] noun *inf* larbin *m*.

go-getter [-'getər] noun *inf* battant *m*, -e *f*.

go-getting [-'getɪŋ] adj *inf* [person] plein(e) d'allant, entreprenant(e) ; [approach] dynamique.

goggle ['gɒgl] vi ▸ **to goggle (at sb / sthg)** regarder (qqn / qqch) avec des yeux ronds.

goggles ['gɒglz] pl n lunettes *fpl*.

go-go dancer noun danseur *m*, -euse *f* de cabaret.

going ['gəʊɪŋ] ❖ noun (*U*) **1.** [rate of advance] allure *f* ▸ **that was good going** ça a été vite **2.** [travel conditions] conditions *fpl*. ❖ adj **1.** UK [available] disponible ▸ **you've got a lot going for you** vous avez beaucoup d'atouts **2.** [rate, salary] en vigueur.

going-away adj [party, present] d'adieu ▸ **going-away dress** robe *f* de voyage de noce.

going concern noun affaire *f* qui marche.

going-over (*pl* **goings-over**) noun *inf* **1.** [checkup] révision *f*, vérification *f* ; [cleanup] nettoyage *m* / *the house needs a good going-over* il faudrait nettoyer la maison à fond **2.** PHR **to give sb a (good) going-over** **a)** [scolding] passer un savon à qqn **b)** [beating] passer qqn à tabac.

goings-on pl n événements *mpl*, histoires *fpl*.

go-kart [-kɑ:t] noun kart *m*.

gold [gəʊld] ❖ noun **1.** (*U*) [metal, jewellery] or *m* ▸ **to be as good as gold** **a)** [person] être sage comme une image, être mignon(onne) tout plein **b)** [worth] de très bonne qualité **2.** [medal] médaille *f* d'or. ❖ comp [made of gold] en or. ❖ adj [gold-coloured] doré(e).

gold card noun carte *f* Gold.

gold-digger noun [prospector] chercheur *m* d'or ; *fig* aventurier *m*, -ère *f*.

gold dust noun poudre *f* d'or / *jobs are like gold dust around here* *fig* le travail est rare OR ne court pas les rues par ici.

golden ['gəʊldən] adj **1.** [made of gold] en or **2.** [gold-coloured] doré(e).

golden handcuffs pl n *inf* primes *fpl* (*versées à un cadre à intervalles réguliers pour le dissuader de partir*).

golden handshake noun prime *f* de départ.

golden jubilee noun (fête *f* du) cinquantième anniversaire *m*.

golden opportunity noun occasion *f* en or.

golden rule noun règle *f* d'or.

golden wedding noun noces *fpl* d'or.

goldfinch ['gəʊldfɪntʃ] noun chardonneret *m*.

goldfish ['gəʊldfɪʃ] (*pl inv*) noun poisson *m* rouge.

goldfish bowl noun bocal *m* (à poissons).

gold leaf noun (*U*) feuille *f* d'or.

gold medal noun médaille *f* d'or.

goldmine ['gəʊldmaɪn] noun *lit* & *fig* mine *f* d'or.

gold-plated [-'pleɪtɪd] adj plaqué(e) or.

gold-rimmed adj : *gold-rimmed spectacles* lunettes *fpl* à montures en or.

goldsmith ['gəʊldsmɪθ] noun orfèvre *mf*.

golf [gɒlf] noun golf *m*.

golf ball noun [for golf] balle *f* de golf.

golf club noun [stick, place] club *m* de golf.

golf course noun terrain *m* de golf.

golfer ['gɒlfəʳ] noun golfeur *m*, -euse *f*.

golly ['gɒlɪ] excl *inf* & *dated* mince !

gondola ['gɒndələ] noun [boat] gondole *f*.

gondolier [,gɒndə'lɪəʳ] noun gondolier *m*.

gone [gɒn] ❖ pp ⟶ **go.** ❖ adj [no longer here] parti(e). ❖ prep UK : *it's gone ten (o'clock)* il est dix heures passées.

goner ['gɒnəʳ] noun *inf* : *to be a goner* être fichu(e) OR cuit(e).

gong [gɒŋ] noun gong *m*.

gonna ['gɒnə] *inf* ⟶ **going to**.

gonorrhoea UK, **gonorrhea** US [,gɒnə'rɪə] noun blennorragie *f*.

goo [gu:] noun *(U)* *inf* truc *m* poisseux.

good [gʊd] ❖ adj (*compar* **better**, *superl* **best**) **1.** [gen] bon (bonne) / *it's good to see you again* ça fait plaisir de te revoir / *it feels good to be outside* ça fait du bien d'être dehors ▸ **to be good at sthg** être bon en qqch ▸ **to be good with a)** [animals, children] savoir y faire avec **b)** [one's hands] être habile de ▸ **it's good for you** c'est bon pour toi OR pour la santé ▸ **to feel good** [person] se sentir bien ▸ **it's good that...** c'est bien que... ▸ **good!** très bien ! / *have a good day!* bonne journée ! / *he speaks good English* il parle bien anglais / *we're good friends* nous sommes très amis **2.** [kind - person] gentil(ille) ▸ **to be good to sb** être très attentionné(e) envers qqn **3.** [well-behaved - child] sage ; [- behaviour] correct(e) ▸ **be good!** sois sage !, tiens-toi tranquille ! **4.** [attractive - legs, figure] joli(e) / *that colour looks good on him* cette couleur lui va bien **5.** [ample, considerable] bon (bonne), considérable / *a good deal of money* beaucoup d'argent / *a good thirty years ago* il y a bien trente ans / *the trip will take you a good two hours* il vous faudra deux bonnes heures pour faire le voyage **6.** PHR **it's a good job** UK OR **thing (that)...** c'est très bien que..., c'est une bonne chose que... ▸ **good for you!** très bien ! ▸ **to give as good as one gets** rendre la pareille ▸ **to make good** réussir ▸ **to make sthg good** réparer qqch. ❖ noun **1.** *(U)* [benefit] bien *m* ▸ **for the good of** pour le bien de ▸ **for your own good** pour ton bien ▸ **it will do him good** ça lui fera du bien **2.** [use] utilité *f* ▸ **what's the good of** OR **in** US **doing that?** à quoi bon faire ça ? ▸ **it's no good** ça ne sert à rien ▸ **it's no good crying / worrying** ça ne sert à rien de pleurer / de s'en faire ▸ **will this be** OR **do any good?** cela peut-il faire l'affaire ? **3.** *(U)* [morally correct behaviour] bien *m* ▸ **to be up to no good** préparer un sale coup. ◆ **goods** pl n [merchandise] marchandises *fpl*, articles *mpl* ▸ **to come up with** OR **deliver the goods** UK *inf* tenir ses promesses. ◆ **as good as** adv pratiquement, pour ainsi dire / *it's as good as new* c'est comme neuf. ◆ **for good** adv [forever] pour de bon, définitivement.

goodbye [,gʊd'baɪ] ❖ excl au revoir ! ❖ noun au revoir *m*.

good-for-nothing ❖ adj bon (bonne) à rien. ❖ noun bon *m* à rien, bonne *f* à rien.

Good Friday noun Vendredi *m* saint.

good-hearted adj [person] bon (bonne), généreux(euse) ; [action] fait(e) avec les meilleures intentions.

good-humoured UK, **good-humored** US [-'hju:məd] adj [person] de bonne humeur ; [smile, remark, rivalry] bon enfant *(inv)*.

goodie ['gʊdɪ] *inf* = **goody**.

good-looking [-'lʊkɪŋ] adj [person] beau (belle).

good looks pl n [attractive appearance] beauté *f*.

good-natured [-'neɪtʃəd] adj [person] d'un naturel aimable ; [rivalry, argument] bon enfant *(inv)*.

goodness ['gʊdnɪs] ❖ noun *(U)* **1.** [kindness] bonté *f* **2.** [nutritive quality] valeur *f* nutritive. ❖ excl ▸ **(my) goodness!** mon Dieu !, Seigneur ! ▸ **for goodness' sake!** par pitié !, pour l'amour de Dieu ! ▸ **thank goodness!** grâce à Dieu !

good-tempered [-'tempəd] adj [meeting, discussion] agréable ; [person] qui a bon caractère.

goodwill [,gʊd'wɪl] noun bienveillance *f*.

goody ['gʊdɪ] *inf* ❖ noun (*pl* **-ies**) UK [person] bon *m*. ❖ excl chouette ! ◆ **goodies** pl n *inf* **1.** [delicious food] friandises *fpl* **2.** [desirable objects] merveilles *fpl*, trésors *mpl*.

gooey ['gu:ɪ] (*compar* **gooier**, *superl* **gooiest**) adj *inf* [sticky] qui colle ; *pej* poisseux(euse).

goof [gu:f] US *inf* ❖ noun [mistake] gaffe *f*. ❖ vi faire une gaffe. ◆ **goof around** vi US *inf* déconner. ◆ **goof off** vi US *inf* tirer au flanc.

goofy ['gu:fɪ] (*compar* **-ier**, *superl* **-iest**) adj US *inf* [silly] dingue.

Google® ['gu:gl] vt [look up using Google] rechercher avec Google® / *I'll Google that* je vais chercher sur Google.

goolies ['gu:lɪ] pl n UK *v inf* roupettes *fpl*.

goon [gu:n] noun *inf* **1.** [fool] abruti *m*, -e *f* **2.** US [hired thug] casseur *m* *(au service de quelqu'un)* ▸ **goon squad** [strike-breakers] milice *f* patronale.

goose [gu:s] (*pl* **geese** [gi:z]) noun [bird] oie *f*.

gooseberry ['gʊzbərɪ] (*pl* **-ies**) noun **1.** [fruit] groseille *f* à maquereau **2.** UK *inf* [third person] ▸ **to play gooseberry** tenir la chandelle.

goose bumps pl n US *inf* = **gooseflesh**.

gooseflesh ['gu:sfleʃ] noun chair *f* de poule.

goose pimples pl n = **gooseflesh**.

goose-step ['gu:s,step] ❖ noun pas *m* de l'oie. ❖ vi (*pt* & *pp* **-ped**, *cont* **-ping**) faire le pas de l'oie.

gopher ['gəʊfəʳ] noun geomys *m*.

gore [gɔ:ʳ] ❖ noun *(U)* *liter* [blood] sang *m*. ❖ vt encorner.

gorge [gɔ:dʒ] ❖ noun gorge *f*, défilé *m*. ❖ vt ▸ **to gorge o.s. on** OR **with sthg** se bourrer OR se goinfrer de qqch. ❖ vi se goinfrer.

gorgeous ['gɔ:dʒəs] adj [generally] divin(e) ; *inf* [good-looking] magnifique, splendide.

gorilla [gə'rɪlə] noun gorille *m*.

gormless ['gɔ:mlɪs] adj UK *inf* bêta (bêtasse).

gorse [gɔ:s] noun *(U)* ajonc *m*.

gory ['gɔ:rɪ] (*compar* **-ier**, *superl* **-iest**) adj sanglant(e).

gosh [gɒʃ] excl *inf* ça alors !

gosling ['gɒzlɪŋ] noun oison *m*.

go-slow noun UK grève *f* du zèle.

gospel ['gɒspl] ❖ noun [doctrine] évangile *m* ▸ **gospel (truth)** parole *f* d'évangile. ❖ comp [singer] de gospel ▸ **gospel songs** OR **music** gospel *m*. ◆ **Gospel** noun Évangile *m*.

gossamer ['gɒsəmə^r] noun *(U)* **1.** [spider's thread] fils *mpl* de la Vierge **2.** [material] étoffe *f* légère.

gossip ['gɒsɪp] ❖ noun **1.** [conversation] bavardage *m* ; *pej* commérage *m* **2.** [person] commère *f*. ❖ vi [talk] bavarder, papoter ; *pej* cancaner.

gossip column noun échos *mpl*.

gossipy ['gɒsɪpɪ] adj *inf* [person] bavard(e) ; [letter] plein(e) de bavardages ; *pej* cancanier(ère) ; [style] anecdotique.

got [gɒt] pt & pp ⟶ **get**

Goth [gɒθ] noun : *the Goths* les Goths *mpl*.

Gothic ['gɒθɪk] adj gothique.

gotta ['gɒtə] *inf* ⟶ **got to**

gotten ['gɒtn] pp US ⟶ **get**

gouge [gaʊdʒ] ◆ **gouge out** vt sep [hole] creuser ; [eyes] arracher.

goulash ['gu:læʃ] noun goulache *m*.

gourd [gʊəd] noun gourde *f*.

gourmet ['gʊəmeɪ] ❖ noun gourmet *m*. ❖ comp [food, restaurant] gastronomique ; [cook] gastronome.

gout [gaʊt] noun *(U)* MED goutte *f*.

govern ['gʌvən] ❖ vt **1.** [gen] gouverner **2.** [control] régir. ❖ vi POL gouverner.

governess ['gʌvənɪs] noun gouvernante *f*.

governing ['gʌvənɪŋ] adj gouvernant(e).

governing body noun conseil *m* d'administration.

government ['gʌvnmənt] ❖ noun gouvernement *m* / *the art of government* l'art de gouverner / *democratic government* la démocratie. ❖ comp [minister, policy] du gouvernement ; [borrowing, expenditure] de l'État, public / *a government-funded project* un projet subventionné par l'État.

government aid noun aide *f* gouvernementale OR de l'État.

governmental [,gʌvn'mentl] adj gouvernemental(e).

government-funded adj subventionné(e) par l'État.

government grant noun subvention *f* de l'État.

governor ['gʌvənə^r] noun **1.** POL gouverneur *m* **2.** UK [of school] ≃ membre *m* du conseil d'établissement ; [of bank] gouverneur *m* **3.** UK [of prison] directeur *m*.

governorship ['gʌvənəʃɪp] noun fonctions *fpl* de gouverneur.

govt (*abbr of* **government**) gvt.

gown [gaʊn] noun **1.** [for woman] robe *f* **2.** [for surgeon] blouse *f* ; [for judge, academic, graduate] robe *f*, toge *f*.

GP noun UK *abbr of* **general practitioner**.

GPO pr n **1.** [in UK] (*abbr of* **General Post Office**) ▸ **the GPO** *titre officiel de la Poste britannique avant 1969* **2.** [in US] (*abbr of* **Government Printing Office**) ▸ **the GPO** ≃ l'imprimerie *f* nationale.

GPS [,dʒi:pi:'es] (*abbr of* **Global Positioning System**) noun GPS *m*.

gr. *abbr of* **gross**

GR8 MESSAGING *written abbr of* **great**

grab [græb] ❖ vt (*pt & pp* **-bed**, *cont* **-bing**) **1.** [seize] saisir **2.** *inf* [sandwich] avaler en vitesse ▸ **to grab a few hours' sleep** dormir quelques heures **3.** *inf* [appeal to] emballer. ❖ vi (*pt & pp* **-bed**, *cont* **-bing**) ▸ **to grab at sthg** faire un geste pour attraper qqch. ❖ noun ▸ **to make a grab at** OR **for sthg** faire un geste pour attraper qqch.

grace [greɪs] ❖ noun **1.** [elegance] grâce *f* **2.** [graciousness] ▸ **to do sthg with good grace** faire qqch de bonne grâce ▸ **to have the grace to do sthg** avoir la bonne grâce de faire qqch **3.** *(U)* [extra time] répit *m* **4.** [prayer] grâces *fpl*. ❖ vt *fml* **1.** [honour] honorer de sa présence **2.** [decorate] orner, décorer.

graceful ['greɪsfʊl] adj gracieux(euse), élégant(e).

gracefully ['greɪsfʊlɪ] adv [dance, move] avec grâce, gracieusement ; [apologize] avec élégance.

graceless ['greɪslɪs] adj **1.** [ugly] sans attrait **2.** [ill-mannered] grossier(ère), peu élégant(e).

gracious ['greɪʃəs] ❖ adj **1.** [polite] courtois(e) **2.** [elegant] élégant(e). ❖ excl ▸ **(good) gracious!** *dated* juste ciel !

graciously ['greɪʃəslɪ] adv [politely] poliment.

gradation [grə'deɪʃn] noun gradation *f*.

grade [greɪd] ❖ noun **1.** [quality - of worker] catégorie *f* ; [- of wool, paper] qualité *f* ; [- of petrol] type *m* ; [- of eggs] calibre *m* ▸ **to make the grade** y arriver, être à la hauteur **2.** US [class] classe *f* **3.** US [mark] note *f*. ❖ vt **1.** [classify] classer **2.** [mark, assess] noter.

grade crossing noun US passage *m* à niveau.

grade school noun US école *f* primaire.

gradient ['greɪdjənt] noun pente *f*, inclinaison *f*.

gradual ['grædʒʊəl] adj graduel(elle), progressif(ive).

gradually ['grædʒʊəlɪ] adv graduellement, petit à petit.

graduate ❖ noun ['grædʒʊət] **1.** [from university] diplômé *m*, -e *f* **2.** US [of high school] ≃ titulaire *mf* du baccalauréat. ❖ comp US [postgraduate] de troisième cycle. ❖ vi ['grædʒʊeɪt] **1.** [from university] ▸ **to graduate (from)** ≃ obtenir son diplôme (à) **2.** US [from high school] ▸ **to graduate (from)** ≃ obtenir son baccalauréat (à) **3.** [progress] ▸ **to graduate from sthg (to sthg)** passer de qqch (à qqch).

graduated ['grædjʊeɪtɪd] adj [ruler] gradué(e) ; [tax] progressif(ive) ▸ **graduated pension scheme** UK régime *m* de retraite proportionnelle.

graduate school noun US troisième cycle *m* d'université.

graduation [,grædʒʊ'eɪʃn] noun *(U)* **1.** [ceremony] remise *f* des diplômes **2.** [completion of course] obtention *f* de son diplôme.

graffiti [grə'fi:tɪ] noun *(U)* graffiti *mpl*.

graft [grɑ:ft] ❖ noun **1.** [from plant] greffe *f*, greffon *m* **2.** MED greffe *f* **3.** UK [hard work] boulot *m* **4.** US *inf* [corruption] graissage *m* de patte. ❖ vt **1.** [plant, skin] greffer ▸ **to graft sthg onto sthg** greffer qqch sur qqch **2.** *fig* [idea, system] incorporer, intégrer ▸ **to graft sthg onto sthg** incorporer qqch à qqch, intégrer qqch dans qqch.

graham cracker ['greɪəm-] noun US *biscuit légèrement sucré*.

grain [greɪn] noun **1.** [gen] grain *m* **2.** *(U)* [crops] céréales *fpl* **3.** *(U)* [pattern - in wood] fil *m* ; [- in material] grain *m* ; [- in stone, marble] veines *fpl* ▸ **it goes against the grain (for me)** cela va à l'encontre de mes principes.

grainy ['greɪnɪ] *(compar* **-ier**, *superl* **-iest)** adj [surface, texture - of wood] veineux(euse) ; [- of stone] grenu(e), granuleux(euse) ; [- of leather, paper] grenu(e), grené(e) ; PHOT qui a du grain.

gram [græm] noun gramme *m*.

grammar ['græmər] noun grammaire *f*.

grammar school noun [in UK] ≃ lycée *m* ; [in US] école *f* primaire.

grammatical [grə'mætɪkl] adj grammatical(e).

grammatically [grə'mætɪklɪ] adv grammaticalement, du point de vue grammatical.

gramme [græm] UK = **gram**.

gramophone ['græməfəʊn] noun *dated* gramophone *m*, phonographe *m*.

gran [græn] noun UK *inf* mamie *f*, mémé *f*.

granary ['grænərɪ] *(pl* **-ies)** noun grenier *m (à grain)*.

grand [grænd] ❖ adj **1.** [impressive] grandiose, imposant(e) **2.** [ambitious] grand(e) **3.** [important] important(e) ; [socially] distingué(e) **4.** *inf* & *dated* [excellent] sensationnel(elle), formidable. ❖ noun *(pl inv) inf* [thousand pounds] mille livres *fpl* ; [thousand dollars] mille dollars *mpl*.

grandad ['grændæd] noun *inf* pépé *m*, papy *m*.

Grand Canyon noun ▸ **the Grand Canyon** le Grand Canyon.

grandchild ['grænt∫aɪld] *(pl* **-children)** noun [boy] petit-fils *m* ; [girl] petite-fille *f*. ◆ **grandchildren** pl n petits-enfants *mpl*.

grand(d)ad ['grændæd] noun *inf* papi *m*, pépé *m*.

granddaughter ['græn,dɔ:tər] noun petite-fille *f*.

grandeur ['grændʒər] noun **1.** [splendour] splendeur *f*, magnificence *f* **2.** [status] éminence *f*.

grandfather ['grænd,fɑ:ðər] noun grand-père *m*.

grandfather clock noun horloge *f*, pendule *f* de parquet.

grand finale noun apothéose *f*.

grandiloquent [græn'dɪləkwənt] adj *fml* grandiloquent(e).

grandiose ['grændɪəʊz] adj *pej* [building] prétentieux(euse) ; [plan] extravagant(e).

grand jury noun US tribunal *m* d'accusation.

grandly ['grændlɪ] adv [behave, say] avec grandeur ; [live] avec faste ; [dress] avec panache.

grandma ['grænmɑ:] noun *inf* mamie *f*, mémé *f*.

grand master noun grand maître *m*.

grandmother ['græn,mʌðər] noun grand-mère *f*.

grandness ['grændnɪs] noun [of behaviour] grandeur *f*, noblesse *f* ; [of lifestyle] faste *m* ; [of appearance] panache *m*.

grandpa ['grænpɑ:] noun *inf* papi *m*, pépé *m*.

grandparents ['græn,peərənts] pl n grands-parents *mpl*.

grand piano noun piano *m* à queue.

grand prix [,grɒn'pri:] *(pl* **grands prix** [,grɒn'pri:]) noun grand prix *m*.

grand slam noun SPORT grand chelem *m*.

grandson ['grænsʌn] noun petit-fils *m*.

grandstand ['grændstænd] noun tribune *f*.

grand total noun somme *f* globale, total *m* général.

granite ['grænɪt] noun granit *m*.

granny ['grænɪ] *(pl* **-ies)** noun *inf* mamie *f*, mémé *f*.

granny flat noun UK *appartement indépendant dans une maison, pour y loger un parent âgé*.

granola [grə'nəʊlə] noun US muesli *m*.

grant [grɑ:nt] ❖ noun subvention *f* ; [for study] bourse *f*. ❖ vt **1.** [wish, appeal] accorder ; [request] accéder à **2.** [admit] admettre, reconnaître ▸ **I grant (that)...** je reconnais OR j'admets que... **3.** [give] accorder ▸ **to take sb for granted** a) [not appreciate sb's help] penser que tout ce que qqn fait va de soi b) [not value sb's presence] penser que qqn fait partie des meubles ▸ **to take sthg for granted** [result, sb's agreement] considérer qqch comme acquis ▸ **it is taken for granted that...** cela semble aller de soi que..., cela paraît normal OR tout naturel que....

grant-maintained [-meɪn'teɪnd] adj UK SCH subventionné(e) *(par l'État)*.

granular ['grænjʊlər] adj [surface] granuleux(euse), granulaire ; [structure] grenu(e).

granulated sugar ['grænjʊleɪtɪd-] noun sucre *m* cristallisé.

granule ['grænju:l] noun [generally] granule *m* ; [of sugar] grain *m*.

grape [greɪp] noun (grain *m* de) raisin *m* ▸ **some grapes** du raisin ▸ **a bunch of grapes** une grappe de raisin.

grapefruit ['greɪpfru:t] (*pl inv or* **-s**) noun pamplemousse *m*.

grapevine ['greɪpvaɪn] noun vigne *f* ▸ **on the grapevine** *fig* par le téléphone arabe.

graph [grɑ:f] noun graphique *m*.

graphic ['græfɪk] adj **1.** [vivid] vivant(e) **2.** ART graphique. ◆ **graphics** pl n graphique *f* ▸ **graphics card** COMPUT carte *f* graphique.

graphically ['græfɪklɪ] adv **1.** MATH graphiquement **2.** [vividly] de façon très imagée.

graphical user interface noun interface *f* graphique.

graphic arts pl n arts *mpl* graphiques.

graphic design noun design *m* graphique.

graphic designer noun graphiste *mf*.

graphite ['græfaɪt] noun *(U)* graphite *m*, mine *f* de plomb.

graphology [græ'fɒlədʒɪ] noun graphologie *f*.

graph paper noun *(U)* papier *m* millimétré.

grapple ['græpl] ◆ **grapple with** vt insep **1.** [person, animal] lutter avec **2.** [problem] se débattre avec, se colleter avec.

grasp [grɑ:sp] ❖ noun **1.** [grip] prise *f* ▸ **in** OR **within one's grasp** *fig* à portée de la main **2.** [understanding] compréhension *f* ▸ **to have a good grasp of sthg** avoir une bonne connaissance de qqch. ❖ vt **1.** [grip, seize] saisir, empoigner **2.** [understand] saisir, comprendre **3.** [opportunity] saisir.

grasping ['grɑ:spɪŋ] adj *pej* avide, cupide.

grass [grɑ:s] ❖ noun **1.** *drugs sl* BOT herbe *f* **2.** UK *crime sl* mouchard *m*, indic *m*. ❖ vi UK *crime sl* moucharder ▸ **to grass on sb** dénoncer qqn.

grasshopper ['grɑ:s,hɒpəʳ] noun sauterelle *f*.

grassland ['grɑ:slænd] noun prairie *f*.

grass roots ❖ pl n *fig* base *f*. ❖ comp du peuple.

grass snake noun couleuvre *f*.

grassy ['grɑ:sɪ] (*compar* **-ier**, *superl* **-iest**) adj herbeux(euse), herbu(e).

grate [greɪt] ❖ noun grille *f* de foyer. ❖ vt râper. ❖ vi grincer, crisser ▸ **to grate on sb's nerves** taper sur les nerfs de qqn.

grateful ['greɪtfʊl] adj ▸ **to be grateful to sb (for sthg)** être reconnaissant(e) à qqn (de qqch).

gratefully ['greɪtfʊlɪ] adv avec reconnaissance.

grater ['greɪtəʳ] noun râpe *f*.

gratification [,grætɪfɪ'keɪʃn] noun **1.** [pleasure] plaisir *m*, satisfaction *f* **2.** [satisfaction - of wish] assouvissement *m*, satisfaction *f*.

gratify ['grætɪfaɪ] (*pt & pp* **-ied**) vt **1.** [please - person] ▸ **to be gratified** être content(e), être satisfait(e) **2.** [satisfy - wish] satisfaire, assouvir.

gratifying ['grætɪfaɪɪŋ] adj gratifiant(e).

grating ['greɪtɪŋ] ❖ adj grinçant(e) ; [voix] de crécelle. ❖ noun [grille] grille *f*.

gratis ['grætɪs] ❖ adj gratuit(e). ❖ adv gratuitement.

gratitude ['grætɪtju:d] noun *(U)* ▸ **gratitude (to sb for sthg)** gratitude *f* OR reconnaissance *f* (envers qqn de qqch).

gratuitous [grə'tju:ɪtəs] adj *fml* gratuit(e).

gratuitously [grə'tju:ɪtəslɪ] adv *fml* gratuitement, sans motif.

gratuity [grə'tju:ɪtɪ] (*pl* **-ies**) noun *fml* [tip] pourboire *m*, gratification *f*.

grave[1] [greɪv] ❖ adj [generally] grave ; [concern] sérieux(euse). ❖ noun tombe *f* ▸ **to turn (over) in one's grave** se retourner dans sa tombe.

grave[2] [grɑ:v] adj LING ▸ **e grave** e *m* accent grave.

grave accent [grɑ:v-] noun accent *m* grave.

gravedigger ['greɪv,dɪgəʳ] noun fossoyeur *m*, -euse *f*.

gravel ['grævl] ❖ noun *(U)* gravier *m*. ❖ comp de gravier.

gravelly ['grævəlɪ] adj **1.** [like or containing gravel] graveleux(euse) ; [road] de gravier ; [riverbed] caillouteux(euse) **2.** [voice] rauque, râpeux(euse).

gravestone ['greɪvstəʊn] noun pierre *f* tombale.

graveyard ['greɪvjɑ:d] noun cimetière *m*.

gravitas ['grævɪtæs] noun sérieux *m*.

gravitate ['grævɪteɪt] vi ▸ **to gravitate towards** être attiré(e) par.

gravitational [,grævɪ'teɪʃənl] adj gravitationnel(elle), de gravitation.

gravity ['grævətɪ] noun **1.** [force] gravité *f*, pesanteur *f* **2.** [seriousness] gravité *f*.

gravy ['greɪvɪ] noun **1.** *(U)* [meat juice] jus *m* de viande **2.** US *v inf* [easy money] bénef *m*.

gravy boat noun saucière *f*.

gray US = **grey**.

graze [greɪz] ❖ vt **1.** [subj: cows, sheep] brouter, paître **2.** [subj: farmer] faire paître **3.** [skin] écorcher, égratigner **4.** [touch lightly] frôler, effleurer. ❖ vi [cows, sheep] brouter, paître ; [humans] grignoter. ❖ noun écorchure *f*, égratignure *f*.

grease [gri:s] ❖ noun graisse *f* / *grease stains* des traces de gras. ❖ vt graisser.

greasepaint ['gri:speɪnt] noun fard *m* gras.

greaseproof paper [,gri:spru:f-] noun *(U)* UK papier *m* sulfurisé.

greasy ['gri:sɪ] (*compar* **-ier**, *superl* **-iest**) adj **1.** [covered in grease] graisseux(euse) ; [clothes] taché(e) de graisse **2.** [food, skin, hair] gras (grasse).

greasy spoon noun *inf* gargote *f*.

great [greɪt] ❖ adj **1.** [gen] grand(e) ▸ **great big** énorme / *a great big coward / layabout* un gros lâche / fainéant / *a great friend* un grand ami / *with great pleasure* avec grand plaisir / *a great number of* un grand nombre de **2.** *inf* [splendid] génial(e), formidable ▸ **to feel great** se sentir en pleine forme ▸ **great!** super !, génial ! / *she has a great voice* elle a une voix magnifique / *you look great tonight!* tu es magnifique ce soir ! ❖ noun grand *m*, -e *f*.

great-aunt noun grand-tante *f*.

Great Barrier Reef noun ▸ **the Great Barrier Reef** la Grande Barrière.

Great Britain noun Grande-Bretagne *f* ▸ **in Great Britain** en Grande-Bretagne.

> **Great Britain**
>
> Le terme Great Britain — ou simplement Britain — au sens strictement géographique, désigne l'île composée de l'Angleterre, de l'Écosse et du pays de Galles. The United Kingdom (Royaume-Uni) désigne l'État créé en 1801 et comprend l'Angleterre, l'Écosse, le pays de Galles et l'Irlande du Nord. Les British Isles, elles, incluent la Grande-Bretagne, l'Irlande du Nord et la République d'Irlande, ainsi que l'île de Man, les Orcades, les Shetland, les îles Anglo-Normandes et les îles Sorlingues.

greatcoat ['greɪtkəʊt] noun pardessus *m*.

Greater London pr n le Grand Londres.

great-grandchild noun [boy] arrière-petit-fils *m* ; [girl] arrière-petite-fille *f*. ◆ **great-grandchildren** pl n arrière-petits-enfants *mpl*.

great-granddaughter noun arrière-petite-fille *f*.

great-grandfather noun arrière-grand-père *m*.

great-grandmother noun arrière-grand-mère *f*.

great-grandparents pl n arrière-grands-parents *mpl*.

great-grandson noun arrière-petit-fils *m*.

greatly ['greɪtlɪ] adv [generally] beaucoup ; [different] très.

great-nephew noun petit-neveu *m*.

greatness ['greɪtnɪs] noun grandeur *f*.

great-niece noun petite-nièce *f*.

great-uncle noun grand-oncle *m*.

Grecian ['gri:ʃn] adj grec (grecque).

Greece [gri:s] noun Grèce *f* ▸ **in Greece** en Grèce.

greed [gri:d] noun *(U)* **1.** [for food] gloutonnerie *f* **2.** [for money, power] ▸ **greed (for)** avidité *f* (de).

greedily ['gri:dɪlɪ] adv [generally] gloutonnement ; [look at food] avec gourmandise.

greediness ['gri:dɪnɪs] = **greed**.

greedy ['gri:dɪ] (*compar* **-ier**, *superl* **-iest**) adj **1.** [for food] glouton(onne) **2.** [for money, power] ▸ **greedy for sthg** avide de qqch.

Greek [gri:k] ❖ adj grec (grecque) / *the Greek Islands* les îles *fpl* grecques. ❖ noun **1.** [person] Grec *m*, Grecque *f* **2.** [language] grec *m*.

green [gri:n] ❖ adj **1.** [in colour, unripe] vert(e) **2.** [ecological - issue, politics] écologique ; [- person] vert(e) **3.** *inf* [inexperienced] inexpérimenté(e), jeune **4.** *inf* [jealous] ▸ **green (with envy)** malade de jalousie. ❖ noun **1.** [colour] vert *m* ▸ **in green** en vert **2.** GOLF green *m* **3.** ▸ **village green** pelouse *f* communale. ◆ **Green** noun POL vert *m*, -e *f*, écologiste *mf* ▸ **the Greens** les Verts, les Écologistes. ◆ **greens** pl n [vegetables] légumes *mpl* verts.

greenback ['gri:nbæk] noun US *inf* billet *m* vert.

green bean noun haricot *m* vert.

green belt noun UK ceinture *f* verte.

green card noun **1.** UK [for vehicle] carte *f* verte **2.** US [residence permit] carte *f* verte ; ≃ carte *f* de séjour.

> **Green Card**
>
> La « carte verte » est un document que doit posséder tout citoyen étranger désireux de vivre et de travailler aux États-Unis (il n'est plus de couleur verte aujourd'hui). La procédure d'obtention, longue et compliquée, concerne les proches directs des citoyens américains, notamment les épouses (chaque année, des milliers d'Américains se marient avec des étrangères), les personnes pouvant prouver qu'elles ont un emploi permanent (leurs employeurs peuvent les parrainer), les réfugiés politiques souhaitant changer de statut (ils doivent résider depuis plus d'un an aux États-Unis) et ceux qui investissent dans le pays. Les personnes venant de pays dont le taux d'immigration aux États-Unis est faible peuvent s'inscrire à la « Loterie de la carte verte » : 50 000 cartes sont ainsi délivrées chaque année par tirage au sort.

Green Cross Code noun UK *code de sécurité routière destiné aux enfants.*

greenery ['gri:nərɪ] noun verdure *f*.

greenfield ['gri:nfi:ld] comp : *greenfield site* terrain *non construit à l'extérieur d'une ville.*

green fingers pl n UK ▸ **to have green fingers** avoir la main verte.

greenfly ['gri:nflaɪ] (*pl inv or* **-ies**) noun puceron *m*.

greengage ['gri:ngeɪdʒ] noun reine-claude *f*.

greengrocer ['gri:n,grəʊsəʳ] noun UK marchand *m*, -e *f* de légumes ▸ **greengrocer's (shop)** magasin *m* de fruits et légumes.

greenhorn ['gri:nhɔ:n] noun US **1.** [newcomer] immigrant *m*, -e *f* **2.** [novice] novice *mf*.

greenhouse ['gri:nhaʊs] (*pl* [-haʊzɪz]) noun serre *f*.

greenhouse effect noun ▸ **the greenhouse effect** l'effet *m* de serre.

greening ['gri:nɪŋ] noun **1.** [attitude] prise *f* de conscience écologique **2.** [politics] politique *f* d'amélioration des espaces verts.

Greenland ['gri:nlənd] noun Groenland *m* ▸ **in Greenland** au Groenland.

Greenlander ['gri:nləndəʳ] noun Groenlandais *m*, -e *f*.

green light noun *fig* ▸ **to give sb / sthg the green light** donner le feu vert à qqn / qqch.

green onion noun US ciboule *f*, cive *f*.

Green Party noun ▸ **the Green Party** le Parti écologiste.

green salad noun salade *f* verte.

green shoots pl n ECON [signs of recovery] premiers signes *mpl* de reprise.

green tax noun taxe *f* verte.

green tea noun thé *m* vert.

green thumb noun US ▸ **to have a green thumb** avoir la main verte.

Greenwich Mean Time ['grenɪdʒ-] noun heure *f* (du méridien) de Greenwich.

greet [gri:t] vt **1.** [say hello to] saluer **2.** [receive] accueillir **3.** [subj: sight, smell] s'offrir à.

greeting ['gri:tɪŋ] noun salutation *f*, salut *m*. ◆ **greetings** pl n ▸ **Christmas / birthday greetings** vœux *mpl* de Noël / d'anniversaire.

greetings card UK, **greeting card** US noun carte *f* de vœux.

gregarious [grɪ'geərɪəs] adj sociable.

gremlin ['gremlɪn] noun *inf* lutin *m*.

Grenada [grə'neɪdə] noun Grenade *f* ▸ **in Grenada** à la Grenade.

grenade [grə'neɪd] noun ▸ **(hand)grenade** grenade *f* (à main).

grenadier [,grenə'dɪəʳ] noun grenadier *m*.

grenadine ['grenədi:n] noun grenadine *f*.

grew [gru:] pt ⟶ **grow**.

grey UK, **gray** US [greɪ] ❖ adj **1.** [in colour] gris(e) **2.** [grey-haired] ▸ **to go grey** grisonner **3.** [unhealthily pale] blême **4.** [dull, gloomy] morne, triste. ❖ noun gris *m* ▸ **in grey** en gris.

grey area UK, **gray area** US noun *fig* zone *f* d'ombre.

grey-haired UK, **gray-haired** US [-'heəd] adj aux cheveux gris.

Greyhound® noun : *Greyhound buses* réseau d'autocars couvrant tous les États-Unis.

greyhound ['greɪhaʊnd] noun lévrier *m*.

grey matter UK, **gray matter** US noun matière *f* grise.

grid [grɪd] noun **1.** [grating] grille *f* **2.** [system of squares] quadrillage *m*.

griddle ['grɪdl] noun plaque *f* à cuire.

gridiron ['grɪd,aɪən] noun **1.** [in cooking] gril *m* **2.** US [game] football *m* américain ; [field] terrain *m* de football américan.

gridlock ['grɪdlɒk] noun embouteillage *m*.

gridlocked ['grɪdlɒkt] adj bloqué(e) / *the two parties are gridlocked* chaque partie campe sur ses positions.

grief [gri:f] noun (*U*) **1.** [sorrow] chagrin *m*, peine *f* **2.** *inf* [trouble] ennuis *mpl* **3.** PHR **to come to grief** **a)** [person] avoir de gros problèmes **b)** [project] échouer, tomber à l'eau ▸ **good grief!** Dieu du ciel !, mon Dieu !

grief-stricken adj accablé(e) de douleur.

grievance ['gri:vns] noun grief *m*, doléance *f*.

grieve [gri:v] ❖ vt *fml* ▸ **it grieves me to…** cela me peine OR me consterne de…. ❖ vi [at death] être en deuil ▸ **to grieve for sb / sthg** pleurer qqn / qqch.

grieving ['gri:vɪŋ] noun deuil *m*.

grievous ['gri:vəs] adj *fml* [generally] grave ; [shock] cruel(elle).

grievous bodily harm noun (*U*) coups *mpl* et blessures *fpl*.

grievously ['gri:vəslɪ] adv *fml* [generally] gravement ; [wounded] grièvement.

griffin ['grɪfɪn] noun MYTH griffon *m*.

grill [grɪl] ❖ noun **1.** [on cooker, fire] gril *m* **2.** [food] grillade *f*. ❖ vt **1.** [cook on grill] griller, faire griller **2.** *inf* [interrogate] cuisiner.

grille [grɪl] noun grille *f*.

grilling ['grɪlɪŋ] noun **1.** UK [of food] cuisson *f* sur le OR au gril **2.** *inf* [interrogation] : *to give sb a grilling* cuisiner qqn.

grim [grɪm] (*compar* **-mer**, *superl* **-mest**) adj **1.** [stern - face, expression] sévère ; [- determination] inflexible **2.** [cheerless - truth, news] sinistre ; [- room, walls] lugubre ; [- day] morne, triste.

grimace [grɪ'meɪs] ❖ noun grimace *f*. ❖ vi grimacer, faire la grimace.

grime [graɪm] noun (*U*) crasse *f*, saleté *f*.

grimly ['grɪmlɪ] adv sévèrement.

grimy ['graɪmɪ] (*compar* **-ier**, *superl* **-iest**) adj sale, encrassé(e).

grin [grɪn] ❖ noun (large) sourire *m*. ❖ vi (*pt & pp* **-ned**, *cont* **-ning**) sourire ▸ **to grin at sb / sthg** adresser un large sourire à qqn / qqch ▸ **to grin and bear it** en prendre son parti.

grind [graɪnd] ❖ vt (*pt & pp* **ground**) **1.** [crush] moudre **2.** [press] ▸ **to grind sthg into sthg** **a)** [generally] enfoncer qqch dans qqch b) [cigarette] écraser qqch dans qqch. ◆ vi (*pt & pp* **ground**) [scrape] grincer. ◆ noun **1.** [hard, boring work] corvée *f* ▸ **the daily grind** le train-train quotidien **2.** US *inf* [hard worker] bûcheur *m*, -euse *f*, bosseur *m*, -euse *f*. ◆ **grind down** vt sep [oppress] opprimer. ◆ **grind up** vt sep pulvériser.

grinder ['graɪndəʳ] noun moulin *m*.

grinding ['graɪndɪŋ] adj écrasant(e) / *grinding poverty* misère *f* noire ▸ **to come to a grinding halt** a) [machine] s'arrêter en grinçant b) [production, negotiations] s'enrayer brusquement.

grindstone ['graɪndstəʊn] noun meule *f*.

grinning ['grɪnɪŋ] adj souriant(e).

grip [grɪp] ◆ noun **1.** [grasp, hold] prise *f* ▸ **to release one's grip on sb / sthg** lâcher qqn / qqch ▸ **to have a good grip on sb / sthg** bien tenir qqn / qqch **2.** [control] contrôle *m* ▸ **he's got a good grip on the situation** il a la situation bien en main ▸ **in the grip of sthg** en proie à qqch ▸ **to get to grips with sthg** s'attaquer à qqch ▸ **to get a grip on o.s.** se ressaisir ▸ **to lose one's grip** perdre les pédales **3.** [adhesion] adhérence *f* **4.** [handle] poignée *f* **5.** [bag] sac *m* (de voyage). ◆ vt (*pt & pp* **-ped**, *cont* **-ping**) **1.** [grasp] saisir ; [subj: tyres] adhérer à **2.** *fig* [imagination, country] captiver.

gripe [graɪp] *inf* ◆ noun [complaint] plainte *f*. ◆ vi ▸ **to gripe (about sthg)** râler OR rouspéter (contre qqch).

griping ['graɪpɪŋ] noun *(U) inf* ronchonnements *mpl*, rouspétance *f*.

gripping ['grɪpɪŋ] adj passionnant(e).

grisly ['grɪzlɪ] (*compar* **-ier**, *superl* **-iest**) adj [horrible, macabre] macabre.

grist [grɪst] noun ▸ **it's all grist to the mill** OR CAN **for his mill** cela apporte de l'eau à son moulin.

gristle ['grɪsl] noun *(U)* nerfs *mpl*.

gristly ['grɪslɪ] (*compar* **-ier**, *superl* **-iest**) adj nerveux(euse).

grit [grɪt] ◆ noun **1.** [stones] gravillon *m* ; [in eye] poussière *f* **2.** *inf* [courage] cran *m*. ◆ vt (*pt & pp* **-ted**, *cont* **-ting**) sabler. ◆ **grits** pl n US gruau *m* de maïs.

gritter ['grɪtəʳ] noun UK camion *m* de sablage.

gritty ['grɪtɪ] (*compar* **-ier**, *superl* **-iest**) adj **1.** [stony] couvert(e) de gravillon **2.** *inf* [brave - person] qui a du cran ; [- performance, determination] courageux(euse).

grizzle ['grɪzl] vi UK *inf* [cry fretfully] pleurnicher, geindre.

grizzled ['grɪzld] adj grisonnant(e).

grizzly ['grɪzlɪ] (*pl* **-ies**) noun ▸ **grizzly (bear)** ours *m* gris, grizzli *m*.

groan [grəʊn] ◆ noun gémissement *m*. ◆ vi **1.** [moan] gémir **2.** [creak] grincer, gémir.

grocer ['grəʊsəʳ] noun épicier *m*, -ère *f* ▸ **grocer's (shop)** UK épicerie *f*.

groceries ['grəʊsərɪz] pl n [foods] provisions *fpl*.

grocery ['grəʊsərɪ] (*pl* **-ies**) noun [shop] épicerie *f*.

groggy ['grɒgɪ] (*compar* **-ier**, *superl* **-iest**) adj **1.** [weak] faible, affaibli(e) **2.** [from exhaustion, from blows] groggy *(inv)*.

groin [grɔɪn] noun aine *f*.

groom [gru:m] ◆ noun **1.** [of horses] palefrenier *m*, -ière *f*, garçon *m* d'écurie **2.** [bridegroom] marié *m*. ◆ vt **1.** [brush] panser **2.** *fig* [prepare] ▸ **to groom sb (for sthg)** préparer OR former qqn (pour qqch).

grooming ['gru:mɪŋ] noun **1.** [of person] toilette *f* ; [neat appearance] présentation *f* **2.** [of horse] pansage *m* ; [of dog] toilettage *m*.

groove [gru:v] noun [in metal, wood] rainure *f* ; [in record] sillon *m*.

groovy ['gru:vɪ] adj *inf* & *dated* **1.** [excellent] super, génial(e) **2.** [fashionable] branché(e).

grope [grəʊp] ◆ vt **1.** [woman] peloter **2.** [try to find] ▸ **to grope one's way** avancer à tâtons. ◆ vi ▸ **to grope (about** UK OR **around) for sthg** chercher qqch à tâtons.

gross [grəʊs] ◆ adj **1.** [total] brut(e) **2.** *fml* [serious - negligence] coupable ; [- misconduct] choquant(e) ; [- inequality] flagrant(e) **3.** [coarse, vulgar] grossier(ère) **4.** *inf* [obese] obèse, énorme. ◆ noun (*pl inv or* **-es**) grosse *f*, douze douzaines *fpl*. ◆ vt gagner brut, faire une recette brute de.

gross domestic product noun produit *m* intérieur brut.

gross income noun [in accounts] produit *m* brut.

grossly ['grəʊslɪ] adv [seriously] extrêmement, énormément / *grossly overweight* obèse / *grossly unjust* d'une injustice criante.

gross margin noun marge *f* brute.

gross national product noun produit *m* national brut.

gross profit noun bénéfice *m* brut.

grotesque [grəʊ'tesk] adj grotesque.

grotto ['grɒtəʊ] (*pl* **-es** *or* **-s**) noun grotte *f*.

grotty ['grɒtɪ] (*compar* **-ier**, *superl* **-iest**) adj UK *inf* minable.

grouch [graʊtʃ] *inf* ◆ vi rouspéter, ronchonner, grogner / *to grouch about sthg* rouspéter OR ronchonner après qqch, grogner contre qqch. ◆ noun rouspéteur *m*, -euse *f*.

grouchy ['graʊtʃɪ] (*compar* **-ier**, *superl* **-iest**) adj *inf* grognon(onne), maussade.

ground [graʊnd] ◆ pt & pp ⟶ **grind**. ◆ noun **1.** *(U)* [surface of earth] sol *m*, terre *f* ▸ **above ground** en surface ▸ **below ground** sous terre ▸ **on the ground** par terre, au sol ▸ **to be thin on the ground** UK être rare ▸ **to get sthg off the ground** *fig* faire démarrer qqch ▸ **to break fresh** OR **new ground** *fig* innover, faire œuvre de pionnier ▸ **it suits him down to the ground** ça lui va à merveille, ça lui convient parfaitement ▸ **to cut the ground from under sb's feet** couper l'herbe sous les pieds de qqn ▸ **to go to ground** se terrer ▸ **to run sb / sthg to ground** traquer qqn / qqch ▸ **to stand one's ground** tenir bon, rester sur ses positions ▸ **to drive / to**

work o.s. into the ground se tuer au travail / *you're on dangerous ground* vous êtes sur un terrain glissant **2.** *(U)* [area of land] terrain *m* **3.** [for sport, etc.] terrain *m* **4.** [advantage] ▸ **to gain / lose ground** gagner/perdre du terrain. ❖ vt **1.** [base] ▸ **to be grounded on** OR **in sthg** être fondé(e) sur qqch **2.** [train] former / *the students are well grounded in computer sciences* les étudiants ont une bonne formation OR de bonnes bases en informatique **3.** [aircraft, pilot] interdire de vol **4.** *inf* [child] priver de sortie **5.** US ELEC ▸ **to be grounded** être à la masse. ◆ **grounds** pl n **1.** [reason] motif *m*, raison *f* ▸ **on the grounds of** pour raison de ▸ **on the grounds that** en raison du fait que ▸ **grounds for sthg** motifs de qqch ▸ **grounds for doing sthg** raisons de faire qqch / *on medical / moral grounds* pour (des) raisons médicales / morales ; LAW : *grounds for appeal* voies *fpl* de recours / *grounds for divorce* motif *m* de divorce **2.** [land round house] parc *m* ; [around block of flats, hospital] terrain *m* **3.** [of coffee] marc *m* **4.** [area] ▸ **hunting grounds** terrain *m* de chasse ▸ **fishing grounds** lieux *mpl* de pêche.

ground beef noun US steak *m* haché.

ground-breaking adj révolutionnaire / *this is ground-breaking technology* c'est une véritable percée technologique.

ground control noun contrôle *m* au sol.

ground cover noun *(U)* sous-bois *mpl*.

ground crew noun personnel *m* au sol.

grounded ['graʊndɪd] adj ▸ **to be grounded** [emotionally stable] avoir les pieds sur terre.

ground floor noun rez-de-chaussée *m inv*.

grounding ['graʊndɪŋ] noun ▸ **grounding (in)** connaissances *fpl* de base (en).

groundless ['graʊndlɪs] adj sans fondement.

ground level noun ▸ **at ground level** au rez-de-chaussée.

groundnut ['graʊndnʌt] noun UK arachide *f*.

ground rent noun UK redevance *f* foncière.

ground rules pl n règles *fpl* de base.

groundsheet ['graʊndʃiːt] noun tapis *m* de sol.

groundskeeper US [graʊndz'kiːpə], **groundsman** UK ['graʊndzmən] (*pl* **-men**) noun *personne chargée de l'entretien d'un terrain de sport*.

ground speed ['graʊndspiːd] noun AERON vitesse *f* au sol.

ground staff noun **1.** [at sports ground] personnel *m* d'entretien *(d'un terrain de sport)* **2.** UK = **ground crew**.

groundswell ['graʊndswel] noun vague *f* de fond.

ground-to-air adj MIL [missile] sol-air *(inv)*.

groundwork ['graʊndwɜːk] noun *(U)* travail *m* préparatoire.

ground zero noun hypocentre *m*, point *m* zéro.

Ground zero

Depuis les attentats du 11 septembre 2001, cette expression est venue s'appliquer au site de l'ancien **World Trade Center** sur l'île de Manhattan à New York. Elle tire son origine du jargon militaire, dans lequel elle désigne le point d'impact sur terre d'une éventuelle frappe nucléaire.

group [gruːp] ❖ noun groupe *m*. ❖ vt grouper, réunir. ❖ vi ▸ **to group (together)** se grouper.

groupie ['gruːpɪ] noun *inf* groupie *f*.

grouping ['gruːpɪŋ] noun groupement *m*.

group leader noun [on package tour] accompagnateur *m*, -trice *f* ; [for group of children] moniteur *m*, -trice *f*.

grouse [graʊs] ❖ noun (*pl inv or* **-s**) **1.** [bird] grouse *f*, coq *m* de bruyère **2.** *inf* [complaint] plainte *f*. ❖ vi *inf* râler, rouspéter.

grout [graʊt] ❖ noun coulis *m* au ciment. ❖ vt jointoyer.

grove [grəʊv] noun [group of trees] bosquet *m* ▸ **orange grove** orangerie *f*.

grovel ['grɒvl] (UK *pt & pp* **-led**, *cont* **-ling**, US *pt & pp* **-ed**, *cont* **-ing**) vi ▸ **to grovel (to sb)** ramper (devant qqn).

grow [grəʊ] (*pt* **grew**, *pp* **grown**) ❖ vi **1.** [gen] pousser ; [person, animal] grandir ; [company, city] s'agrandir ; [fears, influence, traffic] augmenter, s'accroître ; [problem, idea, plan] prendre de l'ampleur ; [economy] se développer / *our love / friendship grew over the years* notre amour / amitié a grandi au fil des ans / *the town grew in importance* la ville a gagné en importance **2.** [become] devenir / *to grow bigger* grandir, s'agrandir ▸ **to grow old** vieillir ▸ **to grow tired of sthg** se fatiguer de qqch **3.** [do eventually] ▸ **to grow to like sb / sthg** finir par aimer qqn / qqch ▸ **to grow to hate sb / sthg** finir par détester qqn / qqch / *I've grown to respect him* j'ai appris à le respecter. ❖ vt **1.** [plants] faire pousser **2.** [hair, beard] laisser pousser / *he's trying to grow a beard* il essaie de se laisser pousser la barbe. ◆ **grow apart** vi [friends] s'éloigner ; [family] se défaire. ◆ **grow into** vt insep [clothes, shoes] devenir assez grand(e) pour mettre / *he'll soon grow into those shoes* il pourra bientôt mettre ces chaussures, bientôt ces chaussures lui iront. ◆ **grow on** vt insep *inf* plaire de plus en plus à / *it'll grow on you* cela finira par te plaire. ◆ **grow out** vi [perm, dye] disparaître. ◆ **grow out of** vt insep **1.** [clothes, shoes] devenir trop grand(e) pour / *he's grown out of most of his clothes* la plupart de ses vêtements ne lui vont plus, il ne rentre plus dans la plupart de ses vêtements **2.** [habit] perdre. ◆ **grow up** vi **1.** [become adult] grandir, devenir adulte ▸ **grow up!** ne fais pas l'enfant ! / *what do you want to be when you grow up?* que veux-tu faire quand tu seras grand ? **2.** [develop] se développer.

grower ['grəʊəʳ] noun cultivateur *m*, -trice *f*.

growing ['grəʊɪŋ] ❖ adj **1.** [plant] croissant(e) ; [child] grandissant(e) **2.** [increasing - debt, number, amount] qui augmente ; [- friendship, impatience] grandissant(e) / *there are growing fears of a nuclear war* on craint de plus en plus une guerre nucléaire. ❖ comp : *wine growing region* région vinicole.

growl [graʊl] ❖ noun [of animal, engine] grondement *m* ; [of person] grognement *m*. ❖ vi [animal] grogner, gronder ; [engine] vrombir, gronder ; [person] grogner.

grown [grəʊn] ❖ pp ⟶ grow. ❖ adj adulte.

grown-up ❖ adj **1.** [fully grown] adulte, grand(e) **2.** [mature] mûr(e). ❖ noun adulte *mf*, grande personne *f*.

growth [grəʊθ] noun **1.** [increase - gen] croissance *f* ; [- of opposition, company] développement *m* ; [- of population] augmentation *f*, accroissement *m* / *intellectual / spiritual growth* développement intellectuel / spirituel ▸ **economic growth** développement *m* OR croissance *f* économique **2.** MED [lump] tumeur *f*, excroissance *f*.

growth area noun secteur *m* en expansion OR en croissance.

growth industry noun industrie *f* en plein essor OR de pointe.

growth rate noun taux *m* de croissance.

grub [grʌb] noun **1.** [insect] larve *f* **2.** *inf* [food] bouffe *f*.

grubby ['grʌbɪ] (*compar* -ier, *superl* -iest) adj sale, malpropre.

grudge [grʌdʒ] ❖ noun rancune *f* ▸ **to bear sb a grudge, to bear a grudge against sb** garder rancune à qqn. ❖ vt ▸ **to grudge sb sthg** a) [generally] donner qqch à qqn à contrecœur b) [success] en vouloir à qqn à cause de qqch ▸ **to grudge doing sthg** faire qqch à contrecœur.

grudging ['grʌdʒɪŋ] adj peu enthousiaste.

grudgingly ['grʌdʒɪŋlɪ] adv à contrecœur, de mauvaise grâce.

gruel [grʊəl] noun bouillie *f* d'avoine.

gruelling UK, **grueling** US ['grʊəlɪŋ] adj épuisant(e), exténuant(e).

gruesome ['gru:səm] adj horrible, effroyable.

gruff [grʌf] adj **1.** [hoarse] gros (grosse) **2.** [rough, unfriendly] brusque, bourru(e).

gruffly ['grʌflɪ] adv **1.** [of manner] avec brusquerie **2.** [of speech, voice] : *to speak gruffly* parler d'un ton bourru.

grumble ['grʌmbl] ❖ noun **1.** [complaint] ronchonnement *m*, grognement *m* **2.** [rumble - of thunder, train] grondement *m* ; [- of stomach] gargouillement *m*. ❖ vi **1.** [complain] ▸ **to grumble about sthg** rouspéter OR grommeler contre qqch **2.** [rumble - thunder, train] gronder ; [- stomach] gargouiller.

grumbling ['grʌmblɪŋ] noun **1.** [complaining] rouspétance *f* **2.** [rumbling] grondement *m*.

grump [grʌmp] noun *inf* bougon *m*, -onne *f*, ronchon *m*, -onne *f* / *to have the grumps* être de mauvais poil.

grumpily ['grʌmpɪlɪ] adv *inf* en ronchonnant, d'un ton OR air ronchon.

grumpiness ['grʌmpɪnɪs] noun *inf* mauvaise humeur *f*, maussaderie *f*, caractère *m* désagréable.

grumpy ['grʌmpɪ] (*compar* -ier, *superl* -iest) adj *inf* renfrogné(e).

grunge [grʌndʒ] noun **1.** *inf* [dirt] crasse *f* **2.** [music, fashion] grunge *m*.

grungy ['grʌndʒɪ] adj *inf* **1.** [dirty] crasseux(euse) **2.** [style, fashion] grunge *(inv)*.

grunt [grʌnt] ❖ noun grognement *m*. ❖ vi grogner.

GSM (*abbr of* **global system for mobile communications**) noun TELEC GSM *m*.

G-string noun cache-sexe *m inv*.

Guadeloupe [,gwɑ:də'lu:p] noun la Guadeloupe ▸ **in Guadeloupe** à la Guadeloupe.

guarantee [,gærən'ti:] ❖ noun garantie *f* / *there's no guarantee that he'll arrive on time* ce n'est pas sûr OR certain qu'il arrivera à l'heure / *this cooker has a five-year guarantee* cette cuisinière est garantie cinq ans ▸ **under guarantee** sous garantie. ❖ comp ▸ **guarantee agreement** garantie *f*. ❖ vt garantir.

guarantor [,gærən'tɔ:r] noun *fml* garant *m*, -e *f*, caution *f*.

guard [gɑ:d] ❖ noun **1.** [person] garde *m* ; [in prison] gardien *m* **2.** [group of guards] garde *f* **3.** [defensive operation] garde *f* ▸ **to stand guard** monter la garde ▸ **to be on guard** être de garde OR de faction ▸ **to be on (one's) guard (against)** se tenir OR être sur ses gardes (contre) ▸ **to catch sb off guard** prendre qqn au dépourvu / *to drop* OR *to lower one's guard* relâcher sa surveillance / *to keep a prisoner under guard* garder un prisonnier sous surveillance / *the military kept guard over the town* les militaires gardaient la ville / *the prisoners were taken under guard to the courthouse* les prisonniers furent emmenés sous escorte au palais de justice **4.** UK RAIL chef *m* de train **5.** [protective device - for body] protection *f* ; [- for fire] garde-feu *m inv*. ❖ vt **1.** [protect - building] protéger, garder ; [- person] protéger / *the house was heavily guarded* la maison était étroitement surveillée / *to guard sb against danger* protéger qqn d'un danger / *guard the letter with your life* veille bien sur cette lettre **2.** [prisoner] garder, surveiller **3.** [hide - secret] garder. ◆ **guard against** vt insep se protéger contre / *to guard against doing sthg* se garder de faire qqch / *how can we guard against such accidents (happening)?* comment éviter OR empêcher (que) de tels accidents (arrivent) ?

guard dog noun chien *m* de garde.

guarded ['gɑ:dɪd] adj prudent(e) / *he's always very guarded* il surveille toujours ses paroles.

guardedly ['gɑ:dɪdlɪ] adv avec réserve, prudemment.

guardian ['gɑ:djən] noun **1.** [of child] tuteur *m*, -trice *f* **2.** [protector] gardien *m*, -enne *f*, protecteur *m*, -trice *f*.

guardian angel noun ange *m* gardien.

guardianship ['gɑ:djənʃɪp] noun tutelle *f*.

guardrail ['gɑ:dreɪl] noun [on road] barrière *f* de sécurité.

guardroom ['gɑ:drʊm] noun **1.** MIL [for guards] corps *m* de garde **2.** [for prisoners] salle *f* de garde.

guardsman ['gɑ:dzmən] (*pl* **-men**) noun UK soldat *m* de la garde royale ; US soldat *m* de la garde nationale.

Guatemala [ˌgwɑ:tə'mɑ:lə] noun Guatemala *m* ▸ **in Guatemala** au Guatemala.

Guatemalan [ˌgwɑ:tə'mɑ:lən] ❖ adj guatémaltèque. ❖ noun Guatémaltèque *mf*.

guava ['gwɑ:və] [fruit] goyave *f* ; [tree] goyavier *m*.

guerrilla [gə'rɪlə] noun guérillero *m* ▸ **urban guerrilla** guérillero *m* des villes.

guerrilla warfare noun *(U)* guérilla *f*.

guess [ges] ❖ noun conjecture *f* ▸ **to take a guess** essayer de deviner / *at a (rough) guess, I'd say 200* à vue de nez, je dirais 200 ▸ **it's anybody's guess** Dieu seul le sait, qui sait ? / *I'll give you three guesses* devine un peu. ❖ vt deviner ▸ **guess what?** tu sais quoi ? / *guess who I saw in town* devine (un peu) qui j'ai vu en ville. ❖ vi **1.** [conjecture] deviner / *the police guessed right* la police a deviné OR vu juste ▸ **to guess at sthg** deviner qqch ▸ **to keep sb guessing** laisser qqn dans le doute **2.** [suppose] ▸ **I guess (so)** je suppose (que oui).

guesstimate ['gestɪmət] noun *inf* calcul *m* au pif.

guesswork ['geswɜ:k] noun *(U)* conjectures *fpl*, hypothèses *fpl*.

guest [gest] ❖ noun **1.** [gen] invité *m*, -e *f* **2.** [at hotel] client *m*, -e *f* **3.** PHR **be my guest!** je t'en prie ! ❖ vi US [appear as guest] être reçu comme invité / *he guested on her show* elle l'a reçu comme invité dans son émission.

guesthouse ['gesthaʊs] (*pl* [-haʊzɪz]) noun pension *f* de famille.

guest of honour UK, **guest of honor** US noun invité *m*, -e *f* d'honneur.

guestroom ['gestrʊm] noun chambre *f* d'amis.

guest star noun invité-vedette *m*, invitée-vedette *f*.

guest worker noun travailleur immigré *m*, travailleuse immigrée *f*.

guff [gʌf] noun *(U)* *inf* bêtises *fpl*, idioties *fpl*.

guffaw [gʌ'fɔ:] ❖ noun gros rire *m*. ❖ vi rire bruyamment.

GUI (*abbr of* **graphical user interface**) noun COMPUT interface *f* utilisateur graphique.

Guiana [gaɪ'ænə] noun Guyane *f* / *in Guiana* en Guyane.

guidance ['gaɪdəns] noun *(U)* **1.** [help] conseils *mpl* **2.** [leadership] direction *f* ▸ **under the guidance of** sous la houlette de.

guide [gaɪd] ❖ noun **1.** [person, book] guide *m* **2.** [indication] indication *f* / *as a rough guide* en gros, approximativement / *conversions are given as a guide* les conversions sont données à titre indicatif. ❖ vt **1.** [show by leading] guider **2.** [control] diriger / *he guided the country through some difficult times* il a su conduire le pays durant des périodes difficiles **3.** [influence] ▸ **to be guided by sb / sthg** se laisser guider par qqn / qqch. ◆ **Guide** noun éclaireuse *f*, guide *f*.

guide book, **guidebook** ['gaɪdbʊk] noun guide *m*.

guide dog noun chien *m* d'aveugle.

guided tour ['gaɪdɪd-] noun visite *f* guidée.

guidelines ['gaɪdlaɪnz] pl n directives *fpl*, lignes *fpl* directrices.

guiding ['gaɪdɪŋ] adj qui sert de guide ; [principle] directeur(trice).

guild [gɪld] noun **1.** HIST corporation *f*, guilde *f* **2.** [association] association *f*.

guile [gaɪl] noun *(U)* *liter* ruse *f*, astuce *f*.

guileless ['gaɪllɪs] adj *liter* franc (franche).

guillemot ['gɪlɪmɒt] noun guillemot *m*.

guillotine ['gɪləˌti:n] ❖ noun **1.** [for executions] guillotine *f* **2.** [for paper] massicot *m* **3.** UK POL *limite de temps fixée pour le vote d'une loi au Parlement.* ❖ vt [execute] guillotiner.

guilt [gɪlt] noun culpabilité *f*.

guiltily ['gɪltɪlɪ] adv d'un air coupable ; [behave] d'une façon coupable.

guilty ['gɪltɪ] (*compar* **-ier**, *superl* **-iest**) adj coupable ▸ **to be guilty of sthg** être coupable de qqch ▸ **to be found guilty / not guilty** LAW être reconnu coupable / non coupable.

guinea ['gɪnɪ] noun guinée *f*.

Guinea ['gɪnɪ] noun Guinée *f* ▸ **in Guinea** en Guinée.

Guinea-Bissau [-bɪ'səʊ] noun Guinée-Bissau *f*.

guinea pig noun cobaye *m*.

guise [gaɪz] noun *fml* apparence *f*.

guitar [gɪ'tɑ:ʳ] noun guitare *f*.

guitarist [gɪ'tɑ:rɪst] noun guitariste *mf*.

gulch [gʌltʃ] noun US ravin *m*.

gulf [gʌlf] noun **1.** [sea] golfe *m* **2.** [breach, chasm] ▸ **gulf (between)** abîme *m* (entre). ◆ **Gulf** noun ▸ **the Gulf** le Golfe.

Gulf States pl n ▸ **the Gulf States** **a)** [in US] les États du golfe du Mexique **b)** [around Persian Gulf] les États du Golfe.

Gulf Stream noun ▸ **the Gulf Stream** le Gulf Stream.

gull [gʌl] noun mouette *f*.

gullet ['gʌlɪt] noun [of person] œsophage *m* ; [of bird] gosier *m*.

gullibility [ˌgʌlə'bɪlətɪ] noun crédulité *f*.

gullible ['gʌləbl] adj crédule.

gully ['gʌlɪ] (*pl* **-ies**) noun **1.** [valley] ravine *f* **2.** [ditch] rigole *f*.

gulp [gʌlp] ❖ noun [of drink] grande gorgée *f* ; [of food] grosse bouchée *f*. ❖ vt avaler. ❖ vi avoir la gorge nouée. ◆ **gulp down** vt sep avaler.

gum [gʌm] ❖ noun **1.** [chewing gum] chewing-gum *m* **2.** [adhesive] colle *f*, gomme *f* **3.** ANAT gencive *f*. ❖ vt (*pt & pp* **-med**, *cont* **-ming**) coller.

gumption ['gʌmpʃn] noun *inf* **1.** [common sense] jugeote *f* **2.** [determination] cran *m*.

gumshield ['gʌmʃi:ld] noun protège-dents *m inv*.

gun [gʌn] (*pt & pp* **-ned**, *cont* **-ning**) noun **1.** [weapon - small] revolver *m* ; [- rifle] fusil *m* ; [- large] canon *m* ▸ **to stick to one's guns** tenir bon, ne pas en démordre **2.** [starting pistol] pistolet *m* ▸ **to jump the gun** agir prématurément **3.** [tool] pistolet *m* ; [for staples] agrafeuse *f*. ◆ **gun down** vt sep abattre.

gunboat ['gʌnbəʊt] noun canonnière *f*.

gunfight ['gʌnfaɪt] noun fusillade *f*.

gunfire ['gʌnfaɪəʳ] noun *(U)* coups *mpl* de feu.

gunge [gʌndʒ] noun *(U)* UK *inf* matière *f* poisseuse.

gung-ho [ˌgʌŋ'həʊ] adj *inf* trop enthousiaste.

gunk [gʌŋk] noun *inf* matière *f* poisseuse.

gunman ['gʌnmən] (*pl* **-men**) noun personne *f* armée.

gunner ['gʌnəʳ] noun artilleur *m*.

gunpoint ['gʌnpɔɪnt] noun ▸ **at gunpoint** sous la menace d'un fusil OR pistolet.

gunpowder ['gʌnˌpaʊdəʳ] noun poudre *f* à canon.

gunrunning ['gʌnˌrʌnɪŋ] noun trafic *m* d'armes.

gunshot ['gʌnʃɒt] noun [firing of gun] coup *m* de feu.

gunsmith ['gʌnsmɪθ] noun armurier *m*, -ière *f*.

gurgle ['gɜ:gl] ❖ vi **1.** [water] glouglouter **2.** [baby] gazouiller. ❖ noun **1.** [of water] glouglou *m* **2.** [of baby] gazouillis *m*.

guru ['gʊru:] noun gourou *mf*, guru *mf*.

gush [gʌʃ] ❖ noun jaillissement *m*. ❖ vt [blood] répandre ; [oil] cracher. ❖ vi **1.** [flow out] jaillir **2.** *pej* [enthuse] s'exprimer de façon exubérante.

gushing ['gʌʃɪŋ] adj *pej* trop exubérant(e).

gusset ['gʌsɪt] noun gousset *m*.

gust [gʌst] ❖ noun rafale *f*, coup *m* de vent. ❖ vi souffler par rafales.

gusto ['gʌstəʊ] noun ▸ **with gusto** avec enthousiasme.

gusty ['gʌstɪ] (*compar* **-ier**, *superl* **-iest**) adj venteux(euse), de grand vent ; [wind] qui souffle par rafales.

gut [gʌt] ❖ noun MED intestin *m*. ❖ vt (*pt & pp* **-ted**, *cont* **-ting**) **1.** [remove organs from] vider **2.** [destroy] éventrer. ◆ **guts** pl n *inf* **1.** [intestines] intestins *mpl* ▸ **to hate sb's guts** ne pas pouvoir piffer qqn, ne pas pouvoir voir qqn en peinture **2.** [courage] cran *m* ▸ **to have guts** avoir du cran.

gut reaction noun réaction *f* viscérale.

gutsy ['gʌtsɪ] (*compar* **-ier**, *superl* **-iest**) adj *inf* **1.** [courageous] qui a du cran **2.** [powerful - film, language, novel] qui a du punch, musclé(e) / ***a gutsy singer*** un chanteur qui a des tripes.

gutted ['gʌtɪd] adj UK *v inf* : ***to be*** OR ***to feel gutted*** en être malade.

gutter ['gʌtəʳ] noun **1.** [ditch] rigole *f* **2.** [on roof] gouttière *f*.

guttering ['gʌtərɪŋ] noun *(U)* UK gouttières *fpl*.

gutter press noun UK *pej* presse *f* à sensation.

guttural ['gʌtərəl] adj guttural(e).

guy [gaɪ] noun **1.** *inf* [man] type *m* **2.** [person] copain *m*, copine *f* **3.** UK [dummy] *effigie de Guy Fawkes*.

Guyana [gaɪ'ænə] noun Guyana *m* ▸ **in Guyana** au Guyana.

Guy Fawkes' Night [-'fɔ:ks-] noun *fête célébrée le 5 novembre en Grande-Bretagne*.

> **Guy Fawkes' Night**
>
> Cette fête populaire a lieu chaque année le 5 novembre autour d'un feu de joie où brûle l'effigie (the Guy) de Guy Fawkes, instigateur de la Conspiration des poudres. Des feux d'artifice sont tirés.

guyline US ['gaɪlaɪn], **guy rope** noun corde *f* de tente.

guzzle ['gʌzl] ❖ vt [food] bâfrer ; [drink] lamper. ❖ vi s'empiffrer.

gym [dʒɪm] noun *inf* **1.** [gymnasium] gymnase *m* **2.** [exercises] gym *f*.

gymkhana [dʒɪm'kɑ:nə] noun UK gymkhana *m*.

gymnasium [dʒɪm'neɪzjəm] (*pl* **-iums** *or* **-ia**) noun gymnase *m*.

gymnast ['dʒɪmnæst] noun gymnaste *mf*.

gymnastic [dʒɪm'næstɪk] adj [exercises] de gymnastique ; [ability] de gymnaste.

gymnastics [dʒɪm'næstɪks] noun *(U)* gymnastique *f*.

gym shoes pl n (chaussures *fpl* de) tennis *mpl*.

gymslip ['dʒɪmˌslɪp] noun UK tunique *f*.

gynaecological UK, **gynecological** US [ˌgaɪnəkə'lɒdʒɪkl] adj gynécologique.

gynaecologist UK, **gynecologist** US [ˌgaɪnə'kɒlədʒɪst] noun gynécologue *mf*.

gynaecology UK, **gynecology** US [ˌgaɪnə'kɒlədʒɪ] noun gynécologie *f*.

gyp [dʒɪp] US ❖ vt escroquer. ❖ noun escroc.

gypsy ['dʒɪpsɪ] (*pl* **-ies**) = **gipsy**.

gyrate [dʒaɪ'reɪt] vi tournoyer.

gyration [dʒaɪ'reɪʃn] noun mouvement *m* giratoire.

gyroscope ['dʒaɪrəskəʊp] noun gyroscope *m*.

H

h (*pl* **h's** *or* **hs**), **H** (*pl* **H's** *or* **Hs**) [eɪtʃ] noun [letter] h *m inv*, H *m inv*.

H8 MESSAGING *written abbr of* **hate**.

haberdashery ['hæbədæʃərɪ] (*pl* **-ies**) noun UK mercerie *f*.

habit ['hæbɪt] noun **1.** [customary practice] habitude *f* ▸ **out of habit** par habitude ▸ **to be in / get into the habit of doing sthg** avoir/prendre l'habitude de faire qqch ▸ **to make a habit of doing sthg** avoir l'habitude de faire qqch **2.** [garment] habit *m*.

habitable ['hæbɪtəbl] adj habitable.

habitat ['hæbɪtæt] noun habitat *m*.

habitation [hæbɪ'teɪʃn] noun habitation *f*.

habitual [hə'bɪtʃʊəl] adj **1.** [usual, characteristic] habituel(elle) **2.** [regular] invétéré(e).

habitually [hə'bɪtʃʊəlɪ] adv habituellement.

habituate [hə'bɪtʃʊeɪt] vt *fml* : *to habituate o.s. / sb to sthg* s'habituer/habituer qqn à qqch.

hack [hæk] ❖ noun **1.** [writer] écrivailleur *m*, -euse *f* **2.** US *inf* [taxi] taxi *m*. ❖ vt **1.** [cut] tailler **2.** COMPUT pirater. ❖ vi [cut] taillader. ◆ **hack into** vt insep COMPUT pirater. ◆ **hack through** vt insep ▸ **to hack through sthg** se frayer un chemin dans qqch à coups de hache.

hacker ['hækər] noun ▸ **(computer) hacker** pirate *m* informatique.

hacking ['hækɪŋ] noun COMPUT piratage *f* informatique.

hacking jacket noun veste *f* de cheval.

hackles ['hæklz] pl n [on animal] plumes *fpl* du cou ▸ **to make sb's hackles rise, to get sb's hackles up** hérisser qqn.

hackneyed ['hæknɪd] adj rebattu(e).

hacksaw ['hæksɔ:] noun scie *f* à métaux.

had (*weak form* [həd], *strong form* [hæd]) pt & pp ⟶ **have**.

haddock ['hædək] (*pl inv*) noun églefin *m*, aiglefin *m*.

hadn't ['hædnt] ⟶ **had not**.

haemoglobin UK, **hemoglobin** US [,hi:mə'gləʊbɪn] noun hémoglobine *f*.

haemophilia UK, **hemophilia** US [,hi:mə'fɪlɪə] noun hémophilie *f*.

haemophiliac UK, **hemophiliac** US [,hi:mə'fɪlɪæk] noun hémophile *mf*.

haemorrhage UK, **hemorrhage** US ['hemərɪdʒ] ❖ noun hémorragie *f*. ❖ vi faire une hémorragie.

haemorrhoids UK, **hemorrhoids** US ['hemərɔɪdz] pl n hémorroïdes *fpl*.

hag [hæg] noun *pej* vieille sorcière *f*.

haggard ['hægəd] adj [face] défait(e) ; [person] abattu(e).

haggis ['hægɪs] noun *plat typique écossais fait d'une panse de brebis farcie, le plus souvent servie avec des navets et des pommes de terre*.

haggle ['hægl] vi marchander ▸ **to haggle over** OR **about sthg** marchander qqch ▸ **to haggle with sb** marchander avec qqn.

haggling ['hæglɪŋ] noun marchandage *m*.

Hague [heɪg] noun ▸ **The Hague** La Haye.

hail [heɪl] ❖ noun METEOR grêle *f* ; *fig* pluie *f*. ❖ vt **1.** [call] héler **2.** [acclaim] ▸ **to hail sb / sthg as sthg** acclamer qqn/qqch comme qqch. ❖ impers vb grêler.

hailstone ['heɪlstəʊn] noun grêlon *m*.

hailstorm ['heɪlstɔ:m] noun averse *f* de grêle.

hair [heər] noun **1.** (*U*) [on human head] cheveux *mpl* / ***I like the way you've done your hair*** j'aime bien la façon dont tu t'es coiffé ▸ **to let one's hair down** se défouler ▸ **to make sb's hair stand on end** faire dresser les cheveux sur la tête à qqn / ***to wash one's hair*** se laver les cheveux OR la tête / ***she put her hair up*** elle a relevé ses cheveux ▸ **keep him out of my hair** *inf* fais en sorte que je ne l'aie pas dans les jambes ▸ **she didn't turn a hair** elle n'a pas cillé **2.** (*U*) [on animal, human skin] poils *mpl* **3.** [individual hair - on head] cheveu *m* ; [- on skin] poil *m* ▸ **to split hairs** couper les cheveux en quatre **4.** PHR **to have a bad hair day** *inf* : ***I'm having a bad hair day*** j'ai une journée de merde.

hairband ['heəbænd] noun bandeau *m*.

hairbrush ['heəbrʌʃ] noun brosse *f* à cheveux.

hairclip ['heəklɪp] noun barrette *f*.

hair conditioner noun après-shampooing *m*.

haircut ['heəkʌt] noun coupe *f* de cheveux.

hairdo ['heədu:] (*pl* **-s**) noun *inf* & *dated* coiffure *f*.

hairdresser ['heə,dresər] noun coiffeur *m*, -euse *f* ▸ **hairdresser's (salon)** salon *m* de coiffure.

hairdressing ['heə,dresɪŋ] ❖ noun coiffure *f*. ❖ comp de coiffure.

hairdryer ['heə,draɪər] noun [handheld] sèche-cheveux *m inv* ; [over the head] casque *m*.

-haired [heəd] suffix : ***long / short-haired*** **a)** [person] aux cheveux longs/courts **b)** [animal] à poil(s) long(s)/court(s) / ***wire-haired*** [dog] à poil(s) dur(s).

hair gel noun gel *m* coiffant.

hairgrip ['heəgrɪp] noun UK pince *f* à cheveux.

hairless ['heəlɪs] adj [head] chauve, sans cheveux ; [face] glabre ; [body] peu poilu(e) ; [animal] sans poils ; [leaf] glabre.

hairline ['heəlaɪn] noun naissance *f* des cheveux.

hairline fracture noun fêlure *f*.

hairnet ['heənet] noun filet *m* à cheveux.

hairpiece ['heəpi:s] noun postiche *m*.

hairpin ['heəpɪn] noun épingle *f* à cheveux.

hairpin bend UK, **hairpin turn** US noun virage *m* en épingle à cheveux.

hair-raising [-ˌreɪzɪŋ] adj à faire dresser les cheveux sur la tête ; [journey] effrayant(e).

hair remover [-rɪˌmu:vəʳ] noun (crème *f*) dépilatoire *m*.

hair slide noun UK barrette *f*.

hair splitting noun ergotage *m*.

hairspray ['heəspreɪ] noun laque *f*.

hairstyle ['heəstaɪl] noun coiffure *f*.

hairstylist ['heəˌstaɪlɪst] noun coiffeur *m*, -euse *f*.

hairy ['heərɪ] (*compar* -**ier**, *superl* -**iest**) adj **1.** [covered in hair] velu(e), poilu(e) **2.** *inf* [frightening] à faire dresser les cheveux sur la tête.

Haiti ['heɪtɪ] noun Haïti *m* ▸ **in Haiti** à Haïti.

Haitian ['heɪʃn] ❖ adj haïtien(enne). ❖ noun Haïtien *m*, -enne *f*.

hake [heɪk] (*pl inv or* -**s**) noun colin *m*, merluche *f*.

hale [heɪl] adj ▸ **hale and hearty** en pleine forme.

half [UK hɑ:f, US hæf] ❖ adj demi(e) / *half a dozen* une demi-douzaine / *half a pound* une demi-livre / *half my life* la moitié de ma vie / *to travel half fare* voyager à demi-tarif / *to have half a mind to do sthg inf* avoir bien envie de faire qqch. ❖ adv **1.** [gen] à moitié / *to be half full of sthg* être à moitié rempli(e) de qqch / *half English* à moitié anglais(e) ▸ **half-and-half** moitié-moitié ▸ **not half!** UK *inf* tu parles ! / *it's not half cold today!* il fait rudement OR sacrément froid aujourd'hui ! **2.** [by half] de moitié / *to be half as big / fast as sb / sthg* être moitié moins grand(e)/rapide que qqn/qqch / *to be half as big again (as sb / sthg)* être moitié plus grand(e) (que qqn/qqch) **3.** [in telling the time] : *half past ten* UK, *half after ten* US dix heures et demie ▸ **it's half past** il est la demie. ❖ noun **1.** (*pl* **halves** [UK hɑ:vz] [US hævz]) [gen] moitié *f* / *three and a half years* trois ans et demi / *it cuts the journey time in half* cela réduit de moitié la durée du voyage ▸ **by half** de moitié ▸ **in half** en deux ▸ **to be too clever by half** UK être un peu trop malin(igne) ▸ **he doesn't do things by halves** UK il ne fait pas les choses à moitié ▸ **to go halves (with sb)** partager (avec qqn) ▸ **that was a walk and a half!** *inf* c'était une sacrée promenade ! **2.** (*pl* **halves** [UK hɑ:vz] [US hævz]) SPORT [of match] mi-temps *f* **3.** (*pl* **halfs**) SPORT [halfback] demi *m* **4.** (*pl* **halfs**) UK [of beer] demi *m* **5.** (*pl* **halfs**) UK [child's ticket] demi-tarif *m*, tarif *m* enfant / *two and two halves, please* [on bus, train] deux billets tarif normal et deux billets demi-tarif, s'il vous plaît. ❖ pron la moitié ▸ **half of them** la moitié d'entre eux / *I wrote half of it* j'en ai écrit la moitié.

half-baked [-'beɪkt] adj *inf fig* [idea] à la noix ; [project] mal conçu(e) / *they made a half-baked attempt to improve security* ils ont vaguement essayé d'améliorer la sécurité.

half-bottle noun demi-bouteille *f*.

half-breed ❖ adj métis(isse). ❖ noun métis *m*, -isse *f* (*attention: le terme « half-breed » est considéré comme raciste*).

half-brother noun demi-frère *m*.

half-caste [-kɑ:st] ❖ adj métis(isse). ❖ noun métis *m*, -isse *f* (*attention: le terme « half-caste » est considéré raciste*).

half-day noun demi-journée *f* ▸ **half-day closing** demi-journée *f* de fermeture.

half-dozen noun demi-douzaine *f* / *a half-dozen eggs* une demi-douzaine d'œufs.

half-eaten adj à moitié mangé(e).

half-full adj à moitié OR à demi plein(e).

half-hearted [-'hɑ:tɪd] adj sans enthousiasme.

half-heartedly [-'hɑ:tɪdlɪ] adv sans enthousiasme.

half hour noun demi-heure *f*. ◆ **half-hour** adj = **half-hourly**.

half-hourly adj de toutes les demi-heures. ◆ **half-hourly** adv toutes les demi-heures.

half-joking adj mi-figue, mi-raisin.

half-mast noun ▸ **at half-mast** [flag] en berne.

half measure noun demi-mesure *f*.

half moon noun demi-lune *f*.

half-naked adj à moitié nu(e).

half-open ❖ adj [eyes, door, window] entrouvert(e). ❖ vt [eyes, door, window] entrouvrir.

half-price adj à moitié prix. ◆ **half price** adv moitié prix.

half-shut adj [eyes, door, window] mi-clos(e), à moitié fermé(e).

half-sister noun demi-sœur *f*.

half term noun UK congé *m* de mi-trimestre.

half-time noun (*U*) mi-temps *f*.

halftone noun US MUS demi-ton *m*.

half-truth noun demi-vérité *f*.

halfway [hɑ:f'weɪ] ❖ adj à mi-chemin. ❖ adv **1.** [in space] à mi-chemin **2.** [in time] à la moitié **3.** PHR **to meet sb halfway** arriver à un compromis avec qqn.

half-wit noun *pej* faible *mf* d'esprit.

half-yearly adj UK semestriel(elle). ◆ **half yearly** adv UK tous les six mois.

halibut ['hælɪbət] (*pl inv or* -**s**) noun flétan *m*.

halitosis [ˌhælɪ'təʊsɪs] noun mauvaise haleine *f*.

hall [hɔ:l] noun **1.** [in house] vestibule *m*, entrée *f* **2.** [meeting room, building] salle *f* **3.** UK UNIV [hall of residence] résidence *f* universitaire ▸ **to live in hall** loger en cité universitaire **4.** [country house] manoir *m*.

halleluja [ˌhælɪ'lu:jə] excl alléluia !

hallmark ['hɔ:lmɑ:k] noun **1.** [typical feature] marque *f* **2.** [on metal] poinçon *m*.

hallo [hə'ləʊ] UK = **hello**.

hallowed ['hæləʊd] adj [respected] consacré(e).

Hallowe'en, Halloween [,hæləʊ'i:n] noun Halloween *f (fête des sorcières et des fantômes)*.

hallucinate [hə'lu:sɪneɪt] vi avoir des hallucinations.

hallucination [,həlu:sɪ'neɪʃn] noun hallucination *f*.

hallucinatory [hə'lu:sɪnətrɪ] adj hallucinatoire.

hallucinogenic [hə,lu:sɪnə'dʒenɪk] adj hallucinogène.

hallway ['hɔ:lweɪ] noun vestibule *m*.

halo ['heɪləʊ] (*pl* **-es** *or* **-s**) noun [of saint] nimbe *m* ; ASTRON halo *m*.

halogen ['hælədʒen] ❖ noun halogène *m*. ❖ comp halogène.

halt [hɔ:lt] ❖ noun [stop] ▸ **to come to a halt** a) [vehicle] s'arrêter, s'immobiliser b) [activity] s'interrompre ▸ **to grind to a halt** a) [stop moving] s'arrêter b) [stop working] péricliter ▸ **to call a halt to sthg** mettre fin à qqch. ❖ vt arrêter. ❖ vi s'arrêter.

halter ['hɔ:ltəʳ] noun [for horse] licou *m*.

halterneck ['hɔ:ltənek], **halter top** adj dos nu *(inv)*.

halting ['hɔ:ltɪŋ] adj hésitant(e).

halve [UK hɑ:v, US hæv] vt **1.** [reduce by half] réduire de moitié **2.** [divide] couper en deux.

halves [UK hɑ:vz, US hævz] pl n ⟶ **half**.

ham [hæm] ❖ noun **1.** [meat] jambon *m* **2.** *pej* [actor] cabotin *m*, -e *f* **3.** [radio fanatic] ▸ **(radio) ham** radioamateur *m*. ❖ comp au jambon. ❖ vt (*pt & pp* **-med**, *cont* **-ming**) ▸ **to ham it up** cabotiner.

Hamburg ['hæmbɜ:g] noun Hambourg.

hamburger ['hæmbɜ:gəʳ] noun **1.** [burger] hamburger *m* **2.** *(U)* US [mince] viande *f* hachée.

ham-fisted [-'fɪstɪd] adj maladroit(e).

hamlet ['hæmlɪt] noun hameau *m*.

hammer ['hæməʳ] ❖ noun marteau *m*. ❖ vt **1.** [with tool] marteler ; [nail] enfoncer à coups de marteau **2.** *fig* [with fist] marteler du poing **3.** *inf* [defeat] battre à plates coutures. ❖ vi **1.** [with tool] frapper au marteau **2.** [with fist] ▸ **to hammer (on)** cogner du poing (à) **3.** *fig* ▸ **to hammer away at** [task] s'acharner à. ◆ **hammer into** vt sep *fig* ▸ **to hammer sthg into sb** faire entrer qqch dans la tête de qqn. ◆ **hammer out** ❖ vt insep [agreement, solution] parvenir finalement à. ❖ vt sep [dent] enlever à coups de marteau.

hammock ['hæmək] noun hamac *m*.

hamper ['hæmpəʳ] ❖ noun **1.** UK [for food] panier *m* d'osier **2.** US [for laundry] panier *m* à linge sale. ❖ vt gêner.

hamster ['hæmstəʳ] noun hamster *m*.

hamstring ['hæmstrɪŋ] ❖ noun tendon *m* du jarret. ❖ vt paralyser.

hand [hænd] ❖ noun **1.** [part of body] main *f* ▸ **to hold hands** se tenir la main / *she's asked me to go along and hold her hand* *fig* elle m'a demandé de l'accompagner pour lui donner du courage ▸ **hand in hand** [people] main dans la main / *hands off!* bas les pattes !, pas touche ! ▸ **hands up!** haut les mains ! ▸ **by hand** à la main / *to ask for sb's hand in marriage* demander la main de qqn, demander qqn en mariage ▸ **at the hands of** aux mains de ▸ **with one's bare hands** à mains nues / *to be on one's hands and knees* être à quatre pattes ▸ **to force sb's hand** forcer la main à qqn ▸ **to get** OR **lay one's hands on** mettre la main sur ▸ **to get out of hand** échapper à tout contrôle ▸ **to give sb a free hand** donner carte blanche à qqn ▸ **to go hand in hand** [things] aller de pair / *to be good with one's hands* être adroit de ses mains / *to be in good* OR *safe hands* être en de bonnes mains / *can I leave this in your hands?* puis-je te demander de t'en occuper ? ▸ **to have a hand in sthg** être impliqué dans qqch ▸ **to have a hand in doing sthg** contribuer à faire qqch / *my hands are tied* *fig* j'ai les mains liées ▸ **to have a situation in hand** avoir une situation en main ▸ **to have one's hands full** avoir du pain sur la planche ▸ **to have time in hand** avoir du temps libre ▸ **to live from hand to mouth** arriver tout juste à joindre les deux bouts ▸ **to make money hand over fist** gagner de l'argent par millions / *to need a firm hand* avoir besoin d'être sérieusement pris(e) en main ▸ **to take sb in hand** prendre qqn en main ▸ **to try one's hand at sthg** s'essayer à qqch ▸ **to wait on sb hand and foot** être aux petits soins pour qqn ▸ **to wash one's hands of sthg** se laver les mains de qqch **2.** [help] coup *m* de main / *do you need a hand (with that)?* as-tu besoin d'un coup de main ? ▸ **to give** OR **lend sb a hand (with sthg)** donner un coup de main à qqn (pour faire qqch) **3.** [worker] ouvrier *m*, -ère *f* / *old hand* expert *m*, vieux *m* de la vieille / *to be an old hand at sthg* avoir une vaste expérience de qqch **4.** [of clock, watch] aiguille *f* **5.** [handwriting] écriture *f* **6.** [of cards] jeu *m*, main *f* ▸ **to overplay one's hand** *fig* trop présumer de ses capacités / *to show* OR *to reveal one's hand* *fig* dévoiler son jeu. ❖ vt ▸ **to hand sthg to sb, to hand sb sthg** passer qqch à qqn. ◆ **(close) at hand** adv proche. ◆ **on hand** adv disponible. ◆ **on the other hand** conj d'autre part. ◆ **out of hand** adv [completely] d'emblée. ◆ **to hand** adv à portée de la main, sous la main. ◆ **hand down** vt sep transmettre / *the necklace has been handed down from mother to daughter for six generations* le collier s'est transmis de mère en fille depuis six générations. ◆ **hand in** vt sep remettre / *to hand in one's resignation* remettre sa démission. ◆ **hand on** vt sep transmettre. ◆ **hand out** vt sep distribuer. ◆ **hand over** ❖ vt sep **1.** [baton, money] remettre / *he was handed over to the French police* il a été livré à la OR aux mains de la police française **2.** [responsibility, power] transmettre. ❖ vi ▸ **to hand over (to)** passer le relais (à).

HAND MESSAGING *written abbr of* **have a nice day**.

handbag ['hændbæg] noun sac *m* à main.

handball ['hændbɔ:l] noun [game] handball *m*.

handbook ['hændbʊk] noun [for car, machine] manuel *m* ; UK [for tourist] guide *m*.

handbrake ['hændbreɪk] noun frein *m* à main.

handclap ['hændklæp] noun UK ▸ **to give the slow handclap** *taper des mains lentement pour manifester sa désapprobation.*

handcuff ['hændkʌf] vt mettre OR passer les menottes à.

handcuffs ['hændkʌfs] pl n menottes *fpl.*

hand-drier noun sèche-mains *m inv.*

handful ['hændfʊl] noun **1.** [of sand, grass, people] poignée *f* **2.** *inf* [person] ▸ **to be a handful** être difficile.

handgun ['hændgʌn] noun revolver *m*, pistolet *m*.

hand-held adj [appliance] à main ; [camera] portatif(ive).

handicap ['hændɪkæp] ❖ noun handicap *m*. ❖ vt (*pt & pp* **-ped**, *cont* **-ping**) handicaper ; [progress, work] entraver.

handicapped ['hændɪkæpt] ❖ adj handicapé(e). ❖ pl n ▸ **the handicapped** les handicapés *mpl.*

handicraft ['hændɪkrɑːft] noun activité *f* artisanale.

handiwork ['hændɪwɜːk] noun *(U)* ouvrage *m*.

handkerchief ['hæŋkətʃɪf] (*pl* **-chiefs** *or* **-chieves**) noun mouchoir *m*.

handle ['hændl] ❖ noun **1.** [generally] poignée *f* ; [of jug, cup] anse *f* ; [of knife, pan] manche *m* ▸ **to fly off the handle** sortir de ses gonds **2.** [name of Internet user] pseudo *m*. ❖ vt **1.** [with hands] manipuler ; [without permission] toucher à / *'handle with care!'* 'fragile' / *to handle the ball* [in football] faire une main / *to handle stolen goods* receler des objets volés **2.** [deal with, be responsible for] s'occuper de ; [difficult situation] faire face à / *you handled that very well* tu as très bien réglé les choses / *do you think you can handle the job?* penses-tu être capable de faire le travail ? / *how is she handling it?* comment s'en sort-elle ? **3.** [treat] traiter, s'y prendre avec / *he's good at handling people* il sait s'y prendre avec les gens. ❖ vi [car] ▸ **to handle well / badly** être maniable / peu maniable.

handlebars ['hændlbɑːz] pl n guidon *m*.

handler ['hændlər] noun **1.** [of dog] maître-chien *m* **2.** [at airport] ▸ **(baggage) handler** bagagiste *m*.

handling ['hændlɪŋ] ❖ noun **1.** [of pesticides, chemicals] manipulation *f* / *a penalty was awarded for handling* FOOT un penalty a été accordé pour main / *handling of stolen goods* recel *m* d'objets volés **2.** [of tool, weapon] maniement *m* / *the size of the car makes for easy handling* la taille de la voiture permet une grande maniabilité **3.** [of situation, operation] : *my handling of the problem* la façon dont j'ai traité le problème / *her handling of the interview was very professional* elle a conduit OR mené l'entretien en professionnelle **4.** [of order, contract] traitement *m*, exécution *f* ; [of goods, baggage] manutention *f*. ❖ comp ▸ **handling charges a)** frais *mpl* de traitement **b)** [for physically shifting goods] frais *mpl* de manutention **c)** [at bank] frais *mpl* de gestion.

hand lotion noun lotion *f* pour les mains.

hand luggage noun *(U)* UK bagages *mpl* à main.

handmade [ˌhænd'meɪd] adj fait(e) (à la) main.

hand-me-down noun *inf* vêtement *m* usagé.

handout ['hændaʊt] noun **1.** [gift] don *m* **2.** [leaflet] prospectus *m*.

handover ['hændəʊvər] noun [of hostage, prisoner] remise *f* ; [of power] passation *f* ; [in relay race] passage *m*.

handpick [hænd'pɪk] vt **1.** [fruit, vegetables] cueillir à la main **2.** *fig* [people] sélectionner avec soin, trier sur le volet.

hand puppet noun US marionnette *f* (à gaine).

handrail ['hændreɪl] noun rampe *f*.

handset ['hændset] noun combiné *m*.

hands-free [hænds-] adj TELEC mains libres.

hands-free kit ['hændz-] noun kit *m* mains libres.

handshake ['hændʃeɪk] noun serrement *m* OR poignée *f* de main.

hands-off ['hændz-] adj non-interventionniste.

handsome ['hænsəm] adj **1.** [good-looking] beau (belle) **2.** [reward, profit] beau (belle) ; [gift] généreux(euse).

handsomely ['hænsəmlɪ] adv généreusement.

hands-on ['hændz-] adj [training] pratique ; [manager] qui s'implique.

handstand ['hændstænd] noun équilibre *m (sur les mains)*.

hand-to-hand adj & adv au corps à corps.

hand-to-mouth adj précaire. ◆ **hand to mouth** adv au jour le jour.

handwash ['hændwɒʃ] ❖ vt laver à la main. ❖ noun : *to do a handwash* faire une lessive à la main.

handwriting ['hændˌraɪtɪŋ] noun écriture *f*.

handwritten ['hændˌrɪtn] adj écrit(e) à la main, manuscrit(e).

handy ['hændɪ] (*compar* **-ier**, *superl* **-iest**) adj *inf* **1.** [useful] pratique ▸ **to come in handy** être utile **2.** [skilful] adroit(e) **3.** [near] tout près, à deux pas ▸ **to keep sthg handy** garder qqch à portée de la main.

handyman ['hændɪmæn] (*pl* **-men**) noun bricoleur *m*.

hang [hæŋ] ❖ vt **1.** (*pp* **hung**) [suspend - curtains, coat, decoration, picture] accrocher, suspendre ; [- door] fixer, monter ; [- wallpaper] coller, poser / *to hang sthg from* OR *on sthg* accrocher qqch à qqch / *to hang one's head (in shame)* baisser la tête (de honte) ▸ **hang it (all)!** UK *inf & dated* ras le bol ! **2.** (*pp* **hung** *or* **hanged**) [execute] pendre / *to hang o.s.* se pendre. ❖ vi **1.** (*pp* **hung**) [be suspended] pendre, être accroché(e) / *to hang from sthg* être accroché(e) OR suspendu(e) à qqch / *her pictures are now hanging in several art galleries* ses tableaux sont maintenant exposés dans plusieurs galeries d'art / *his suit hangs well* son costume tombe bien / *time hangs heavy on my hands* le temps me semble long **2.** (*pp* **hung** *or* **hanged**) [be executed] être pendu(e) **3.** (*pp* **hung**) COMPUT planter. ❖ noun ▸ **to get the hang of sthg** *inf* saisir le truc OR attraper le coup pour faire qqch / *you'll soon get the hang of it* tu vas bientôt t'y faire. ◆ **hang about** UK, **hang around** vi [be idle, waste time] traîner / *she doesn't hang about* OR *around* [soon gets what she wants] elle ne perd pas de temps ; [wait] attendre / *he kept me hanging about* OR *around for half an hour* il m'a fait poireauter pendant une demi-heure. ◆ **hang on** ❖ vt insep [depend on] dépendre de. ❖ vi **1.** [keep hold] ▸ **to hang on (to)** s'accrocher OR se cramponner (à) **2.** *inf* [continue waiting] attendre / *hang on!* **a)** [wait] attends ! **b)** [indicating astonishment, disagreement] une minute ! / *hang on and I'll get him for you* [on phone] ne quitte pas, je te le passe **3.** [persevere] tenir bon / *hang on in there!* *inf* [don't give up] tiens bon !, tiens le coup ! ◆ **hang onto** vt insep **1.** [keep hold of] se cramponner à, s'accrocher à **2.** [keep] garder. ◆ **hang out** ❖ vt sep [washing] étendre. ❖ vi *inf* [spend time] traîner / *to let it all hang out* **a)** *dated* [person] se relâcher complètement, se laisser aller. ◆ **hang round** vt insep UK = **hang about.** ◆ **hang together** vi [alibi, argument] se tenir. ◆ **hang up** ❖ vt sep pendre. ❖ vi **1.** [on telephone] raccrocher **2.** [hanging] être accroché(e), pendre. ◆ **hang up on** vt insep TELEC raccrocher au nez de.

hangar ['hæŋəʳ] noun hangar *m*.

hangdog ['hæŋdɒg] adj de chien battu.

hanger ['hæŋəʳ] noun cintre *m*.

hanger-on (*pl* **hangers-on**) noun *pej* parasite *m*.

hang glider noun [apparatus] deltaplane *m*.

hang gliding noun *(U)* deltaplane *m*, vol *m* libre.

hanging ['hæŋɪŋ] noun **1.** [execution] pendaison *f* **2.** [drapery] tenture *f*.

hangman ['hæŋmən] (*pl* **-men**) noun bourreau *m*.

hangover ['hæŋˌəʊvəʳ] noun **1.** [from drinking] gueule *f* de bois **2.** [from past] ▸ **hangover (from)** reliquat *m* (de).

hang-up noun *inf* complexe *m*.

hanker ['hæŋkəʳ] ◆ **hanker after, hanker for** vt insep convoiter.

hankering ['hæŋkərɪŋ] noun ▸ **hankering after** OR **for** envie *f* de.

hankie, hanky ['hæŋkɪ] (*pl* **-ies**) (*abbr of* **handkerchief**) noun *inf* mouchoir *m*.

hanky-panky [-'pæŋkɪ] noun *(U)* *inf* **1.** [sexual activity] galipettes *fpl* **2.** [mischief] entourloupettes *fpl*, blagues *fpl*.

haphazard [ˌhæp'hæzəd] adj fait(e) au hasard.

haphazardly [ˌhæp'hæzədlɪ] adv au hasard.

hapless ['hæplɪs] adj *liter* infortuné(e).

happen ['hæpən] vi **1.** [occur] arriver, se passer / *where did the accident happen?* où l'accident s'est-il produit OR est-il arrivé OR a-t-il eu lieu ? / *these things happen* ce sont des choses qui arrivent / *don't let it happen again* faites en sorte que cela ne se reproduise pas ▸ **to happen to sb** arriver à qqn / *if anything happens* OR *should happen to me* s'il m'arrivait quelque chose / *what's happening?* US [as greeting] ça va ? / *this isn't happening!* OR *this can't be happening!* *inf* c'est pas possible ! **2.** [chance] : *do you happen to have his address?* auriez-vous son adresse, par hasard ? / *I just happened to meet him* je l'ai rencontré par hasard / *it happens to be right* il se trouve que c'est juste ▸ **as it happens** en fait / *if you happen to see him* si jamais tu le vois.

happening ['hæpənɪŋ] noun événement *m*.

happily ['hæpɪlɪ] adv **1.** [with pleasure] de bon cœur **2.** [contentedly] ▸ **to be happily doing sthg** être bien tranquillement en train de faire qqch **3.** [fortunately] heureusement.

happiness ['hæpɪnɪs] noun bonheur *m*.

happy ['hæpɪ] (*compar* **-ier**, *superl* **-iest**) adj **1.** [gen] heureux(euse) ▸ **to be happy to do sthg** être heureux de faire qqch / *I would be happy to do it* je le ferais volontiers ▸ **happy birthday!** bon anniversaire ! ▸ **happy Christmas** UK joyeux Noël / *happy ending* [in book, film] fin *f* heureuse, dénouement *m* heureux / *to have a happy ending* [book, film] bien finir / *those were happy days* c'était le bon temps **2.** [satisfied] heureux(euse), content(e) ▸ **to be happy with** OR **about sthg** être heureux de qqch / *I'm not at all happy about your decision* je ne suis pas du tout content de votre décision / *that should keep the kids happy* cela devrait occuper les enfants.

happy-clappy [-'klæpɪ] adj UK *inf* & *pej* [service, meeting, Christian] exubérant(e).

happy-go-lucky adj décontracté(e).

happy hour noun *inf* *moment dans la journée où les boissons sont vendues moins cher dans les bars.*

happy medium noun juste milieu *m*.

harangue [hə'ræŋ] ❖ noun harangue *f*. ❖ vt haranguer.

harass ['hærəs] vt harceler.

harassed ['hærəst] adj harcelé(e), tourmenté(e).

harassment ['hærəsmənt] noun harcèlement *m*.

harbour UK, **harbor** US ['hɑːbəʳ] ❖ noun port *m*. ❖ vt **1.** [feeling] entretenir ; [doubt, grudge] garder **2.** [person] héberger.

hard [hɑːd] ❖ adj **1.** [gen] dur(e) / *life is hard* c'est dur, la vie / *it's hard work* c'est dur / *it's hard to say* c'est difficile à dire ▸ **to be hard on sb / sthg** être dur avec qqn / pour qqch / *to give sb a hard time* en faire voir de dures à qqn / *he's hard to get on with* il n'est pas facile à vivre / *I find it hard to understand / believe that…* je n'arrive pas à comprendre / croire que… ▸ **hard luck!** pas de chance !, pas de veine !, pas de bol ! **2.** [winter, frost] rude **3.** [water] calcaire **4.** [fact] concret(ète) ; [news] sûr(e), vérifié(e) **5.** UK POL ▸ **hard left / right** extrême gauche / droite. ❖ adv **1.** [strenuously - work] dur ; [- listen, concentrate] avec effort ▸ **to try hard (to do sthg)** faire de son mieux (pour faire qqch) / *you'll have to try harder* il faudra que tu fasses plus d'efforts / *to work hard at improving one's service / French* beaucoup travailler pour améliorer son service / français / *as hard as possible, as hard as one can* **a)** [work, try] le plus qu'on peut **b)** [push, hit, squeeze] de toutes ses forces **2.** [forcefully] fort / *to be hard hit by sthg* être durement touché(e) par qqch **3.** [heavily - rain] à verse ; [- snow] dru **4.** [solid] : *the ground was frozen hard* le gel avait complètement durci la terre / *to set hard* [concrete] prendre **5.** PHR ▸ **to be hard pushed** OR **put** OR **pressed to do sthg** avoir bien de la peine à faire qqch ▸ **to feel hard done by** avoir l'impression d'avoir été traité(e) injustement / *to play hard to get* se faire désirer.

hard-and-fast adj [rule] absolu(e).

hardback ['hɑ:dbæk] ❖ adj relié(e). ❖ noun livre *m* relié.

hardball ['hɑ:dbɔ:l] noun ▸ **to play hardball** *inf & fig* employer les grands moyens.

hard-bitten adj dur(e) à cuire.

hardboard ['hɑ:dbɔ:d] noun panneau *m* de fibres.

hard-boiled adj **1.** CULIN ▸ **hard-boiled egg** œuf *m* dur **2.** [person] dur(e) à cuire.

hard cash noun *(U)* espèces *fpl*.

hard copy noun COMPUT sortie *f* papier.

hard-core adj **1.** [criminal] endurci(e) **2.** [gamer] passionné(e) **3.** [pornography] hard *(inv)*. ◆ **hard core** noun [of group] noyau *m* (dur).

hard currency noun devise *f* forte.

hard disk noun COMPUT disque *m* dur.

hard drugs pl n drogues *fpl* dures.

hard-earned [-'ɜ:nt] adj [money] durement gagné(e) ; [victory] durement OR difficilement remporté(e) ; [reputation] durement acquis(e) ; [holiday, reward] bien mérité(e).

harden ['hɑ:dn] ❖ vt [arteries] durcir ; [steel] tremper. ❖ vi **1.** [glue, concrete] durcir **2.** [person] s'endurcir **3.** [attitude, opposition] se durcir.

hardened ['hɑ:dnd] adj [criminal] endurci(e).

hard-fought [-'fɔ:t] adj [game, battle] rudement disputé(e).

hard hat noun **1.** [of construction worker] casque *m* **2.** US *inf* [construction worker] ouvrier *m* du bâtiment.

hard-headed [-'hedɪd] adj [decision] pragmatique ▸ **to be hard-headed** [person] avoir la tête froide.

hard-hearted [-'hɑ:tɪd] adj insensible, impitoyable.

hard-hit adj gravement atteint(e) OR touché(e) / *one particularly hard-hit village* un village touché de façon particulièrement dure.

hard-hitting [-'hɪtɪŋ] adj [report] sans indulgence.

hard labour UK, **hard labor** US noun *(U)* travaux *mpl* forcés.

hard line noun ▸ **to take a hard line on sthg** adopter une position ferme vis-à-vis de qqch. ◆ **hard-line** adj convaincu(e). ◆ **hard lines** pl n UK *inf* ▸ **hard lines!** pas de chance !

hard-liner noun partisan *m* de la manière forte.

hardly ['hɑ:dlɪ] adv **1.** [scarcely] à peine, ne… guère / *this is hardly the time for complaints* ce n'est guère le moment de se plaindre ▸ **hardly ever / anything** presque jamais/rien ▸ **I can hardly move / wait** je peux à peine bouger/attendre **2.** [only just] à peine.

hardness ['hɑ:dnɪs] noun **1.** [firmness] dureté *f* **2.** [difficulty] difficulté *f*.

hard-nosed [-nəʊzd] adj [businessman] à la tête froide ; [approach] pragmatique.

hard-pressed [-'prest], **hard-pushed** [-'pʊʃt] adj : *to be hard-pressed for money / ideas / suggestions* être à court d'argent/d'idées/de suggestions / *to be hard-pressed for time* manquer de temps / *to be hard-pressed to do sthg* avoir du mal à faire qqch.

hard sell noun vente *f* agressive ▸ **to give sb the hard sell** y aller à la vente agressive avec qqn.

hardship ['hɑ:dʃɪp] noun **1.** *(U)* [difficult conditions] épreuves *fpl* **2.** [difficult circumstance] épreuve *f*.

hard shoulder noun UK AUTO bande *f* d'arrêt d'urgence.

hard up adj *inf* fauché(e) ▸ **hard up for sthg** à court de qqch.

hardware ['hɑ:dweəʳ] noun *(U)* **1.** [tools, equipment] quincaillerie *f* **2.** COMPUT hardware *m*, matériel *m*.

hardware shop UK, **hardware store** US noun quincaillerie *f*.

hardwearing [ˌhɑ:d'weərɪŋ] adj UK résistant(e).

hard-won [-'wʌn] adj [victory, trophy, independence] durement gagné(e) ; [reputation] durement acquis(e).

hardworking [ˌhɑ:d'wɜ:kɪŋ] adj travailleur(euse).

hardy ['hɑ:dɪ] *(compar* **-ier**, *superl* **-iest)** adj **1.** [person, animal] vigoureux(euse), robuste **2.** [plant] résistant(e), vivace.

hare [heəʳ] ❖ noun lièvre *m*. ❖ vi UK *inf* ▸ **to hare off** partir à fond de train.

harebrained ['heəˌbreɪnd] adj *inf* [person] écervelé(e) ; [scheme, idea] insensé(e).

harelip [ˌheə'lɪp] noun bec-de-lièvre *m*.

harem [UK hɑ:'ri:m, US 'hærəm] noun harem *m*.

hark [hɑ:k] ◆ **hark back** vi ▸ **to hark back to** revenir à.

harlot ['hɑ:lət] noun *dated* prostituée *f*.

harm [hɑ:m] ❖ noun **1.** [injury] mal *m* **2.** [damage - to clothes, plant] dommage *m* ; [- to reputation] tort *m* ▸ **to do harm to sb, to do sb harm** faire du tort à qqn ▸ **to do harm to sthg, to do sthg harm** endommager qqch ▸ **to mean no harm by sthg** ne pas faire qqch méchamment ▸ **there's no harm in it** il n'y a pas de mal à cela ▸ **to be out of harm's way** a) [person] être en sûreté OR lieu sûr b) [thing] être en lieu sûr ▸ **she / it came to no harm** il ne lui est rien arrivé. ❖ vt **1.** [injure] faire du mal à **2.** [damage - clothes, plant] endommager ; [- reputation] faire du tort à.

harmful ['hɑ:mfʊl] adj nuisible, nocif(ive).

harmless ['hɑ:mlɪs] adj **1.** [not dangerous] inoffensif(ive) **2.** [inoffensive] innocent(e).

harmonica [hɑ:'mɒnɪkə] noun harmonica *m*.

harmonious [hɑ:'məʊnjəs] adj harmonieux(euse).

harmonize, **harmonise** UK ['hɑ:mənaɪz] ❖ vt harmoniser. ❖ vi s'harmoniser.

harmony ['hɑ:mənɪ] *(pl* **-ies)** noun harmonie *f* ▸ **in harmony with** [in agreement] en harmonie OR en accord avec.

harness ['hɑːnɪs] ❖ noun [for horse, child] harnais *m*. ❖ vt **1.** [horse] harnacher **2.** [energy, resources] exploiter.

harp [hɑːp] noun harpe *f*. ◆ **harp on** vi ▸ **to harp on (about sthg)** rabâcher (qqch).

harpist ['hɑːpɪst] noun harpiste *mf*.

harpoon [hɑː'puːn] ❖ noun harpon *m*. ❖ vt harponner.

harpsichord ['hɑːpsɪkɔːd] noun clavecin *m*.

harpy ['hɑːpɪ] (*pl* **-ies**) noun *fig* & *pej* harpie *f*, mégère *f*.

harridan ['hærɪdn] noun *pej* harpie *f*, vieille sorcière *f*.

harrowing ['hærəʊɪŋ] adj [experience] éprouvant(e) ; [report, film] déchirant(e).

harry ['hærɪ] (*pt & pp* **-ied**) vt *fml* ▸ **to harry sb (for sthg)** harceler qqn (pour obtenir qqch).

harsh [hɑːʃ] adj **1.** [life, conditions] rude ; [criticism, treatment] sévère **2.** [to senses - sound] discordant(e) ; [- light, voice] criard(e) ; [- surface] rugueux(euse), rêche ; [- taste] âpre.

harshly ['hɑːʃlɪ] adv **1.** [punish, treat, criticize] sévèrement ; [speak] durement **2.** [to senses - shine] de façon criarde.

harshness ['hɑːʃnɪs] noun **1.** [of life, conditions] rigueur *f* ; [of criticism, treatment] sévérité *f*, dureté *f* **2.** [to senses - of sound] discordance *f* ; [- of texture] rugosité *f*, dureté *f* ; [- of light, colour] aspect *m* criard.

harvest ['hɑːvɪst] ❖ noun [of cereal crops] moisson *f* ; [of fruit] récolte *f* ; [of grapes] vendange *f*, vendanges *fpl*. ❖ vt [cereals] moissonner ; [fruit] récolter ; [grapes] vendanger.

harvest festival noun fête *f* de la moisson.

has (*weak form* [həz], *strong form* [hæz]) ⟶ **have**.

has-been noun *inf* & *pej* ringard *m*, -e *f*.

hash [hæʃ] noun **1.** [food] hachis *m* **2.** UK *inf* [mess] ▸ **to make a hash of sthg** faire un beau gâchis de qqch **3.** *drugs sl* hasch *m*. ◆ **hash up** vt sep UK *inf* faire un beau gâchis de.

hash browns pl n pommes de terre *fpl* sautées.

hashish ['hæʃiːʃ] noun haschich *m*.

hash key noun touche *f* dièse.

hasn't ['hæznt] ⟶ **has not**.

hassle ['hæsl] *inf* ❖ noun [annoyance] tracas *m*, embêtement *m* / *it can be a real hassle* ça peut être vraiment l'horreur. ❖ vt tracasser.

haste [heɪst] noun hâte *f* ▸ **to do sthg in haste** faire qqch à la hâte ▸ **to make haste** *dated* se hâter.

hasten ['heɪsn] *fml* ❖ vt hâter, accélérer. ❖ vi se hâter, se dépêcher ▸ **to hasten to do sthg** s'empresser de faire qqch.

hastily ['heɪstɪlɪ] adv **1.** [quickly] à la hâte **2.** [rashly] sans réfléchir.

hasty ['heɪstɪ] (*compar* **-ier**, *superl* **-iest**) adj **1.** [quick] hâtif(ive) **2.** [rash] irréfléchi(e).

hat [hæt] noun chapeau *m* ▸ **keep it under your hat** gardez-le pour vous ▸ **to be talking through one's hat** dire n'importe quoi ▸ **old hat** vieux jeu (*inv*), dépassé(e).

hatch [hætʃ] ❖ vt **1.** [chick] faire éclore ; [egg] couver **2.** *fig* [scheme, plot] tramer. ❖ vi [chick, egg] éclore. ❖ noun ▸ **(serving) hatch** passe-plats *m inv*.

hatchback ['hætʃ,bæk] noun voiture *f* avec hayon.

hatchet ['hætʃɪt] noun hachette *f* ▸ **to bury the hatchet** enterrer la hache de guerre.

hatchet-faced adj au visage en lame de couteau.

hatchet job noun *inf* ▸ **to do a hatchet job on sb** démolir qqn.

hate [heɪt] ❖ noun (*U*) haine *f*. ❖ vt **1.** [detest] haïr **2.** [dislike] détester / *I hate to bother you, but…* je suis désolé de vous déranger, mais… ▸ **to hate doing sthg** avoir horreur de faire qqch ▸ **to hate it when sb does sthg** détester que qqn fasse qqch.

hate crime noun délit *m* de haine.

hateful ['heɪtful] adj odieux(euse).

hate mail noun lettres *fpl* d'injures.

hatred ['heɪtrɪd] noun (*U*) haine *f*.

hat trick noun SPORT ▸ **to score a hat trick** marquer trois buts.

haughty ['hɔːtɪ] (*compar* **-ier**, *superl* **-iest**) adj hautain(e).

haul [hɔːl] ❖ noun **1.** [of drugs, stolen goods] prise *f*, butin *m* **2.** [distance] ▸ **long haul** long voyage *m* OR trajet *m* ; [period of time] ▸ **on the long haul** à long terme / *John and I are in for the long haul* [long-term relationship] John et moi, c'est du sérieux. ❖ vt **1.** [pull] traîner, tirer **2.** UK [transport by lorry] camionner.

haulage ['hɔːlɪdʒ] noun transport *m* routier OR ferroviaire, camionnage *m*.

haulier UK ['hɔːlɪər], **hauler** US ['hɔːlər] noun entrepreneur *m* de transports routiers.

haunch [hɔːntʃ] noun [of person] hanche *f* ; [of animal] derrière *m*, arrière-train *m* ▸ **a haunch of venison** un cuissot de chevreuil.

haunt [hɔːnt] ❖ noun repaire *m*. ❖ vt hanter.

haunted ['hɔːntɪd] adj **1.** [house, castle] hanté(e) **2.** [look] égaré(e).

haunting ['hɔːntɪŋ] adj obsédant(e).

Havana [hə'vænə] noun La Havane.

have [hæv] (*pt & pp* **had**)

❖ aux vb

[to form perfect tenses - gen] avoir ; [- with many intransitive verbs] être / *to have eaten* avoir mangé / *to have left* être parti(e) / *to have sat down* s'être assis(e) / *she hasn't gone yet, has she?* elle n'est pas encore partie, si ? / *no, she hasn't* non / *yes, she has* oui / *I was out of breath, having run all the way* j'étais essoufflé d'avoir couru tout le long du chemin / *after* OR *when you have finished, you may leave* quand vous aurez fini, vous pourrez partir / *I have been thinking* j'ai réfléchi / *I have known her for three years / since childhood* je la connais depuis trois ans/depuis mon enfance / *we had gone to bed early* nous nous étions couchés de bonne heure

◆ vt

1. [possess, receive] ▸ **to have (got)** avoir / *she has (got) red hair* elle a les cheveux roux, elle est rousse / *he's got loads of imagination* il a plein d'imagination / *I don't have any money, I have no money, I haven't got any money* je n'ai pas d'argent / *do you have any experience of teaching?* avez-vous déjà enseigné ? / *I don't have time* OR *I haven't got time to stop for lunch* je n'ai pas le temps de m'arrêter pour déjeuner / *I've got things to do* j'ai (des choses) à faire / *she has a baker's shop / bookshop* elle tient une boulangerie/librairie ▸ **I've got it!** ça y est, j'ai trouvé OR j'y suis !

2. [experience illness] avoir / *to have flu* UK OR *the flu* avoir la grippe

3. *(referring to an action, instead of another verb)* *to have a look* UK regarder, jeter un œil / *to have a bath / shower* UK prendre un bain/une douche / *to have a cigarette* fumer une cigarette / *to have a meeting* tenir une réunion / *to have a bad day* passer une mauvaise journée / *have a good time!* amuse-toi bien ! / *have a nice day!* bonne journée !

4. [give birth to] avoir ▸ **to have a baby** avoir un bébé

5. [cause to be done] ▸ **to have sb do sthg** faire faire qqch à qqn / *he soon had them all laughing* il eut tôt fait de les faire tous rire ▸ **to have sthg done** faire faire qqch / *I'm having the house decorated* je fais décorer la maison ▸ **to have one's hair cut** se faire couper les cheveux / *I love having my back rubbed* j'adore qu'on me frotte le dos

6. [be treated in a certain way] *I had my car stolen* je me suis fait voler ma voiture, on m'a volé ma voiture

7. *inf* [cheat] ▸ **to be had** se faire avoir / *you've been had!* tu t'es fait avoir !

8. PHR **to have it in for sb** en avoir après qqn, en vouloir à qqn ▸ **to have had it** [car, machine, clothes] avoir fait son temps ▸ **I've had it!** je n'en peux plus ! / *who won? — you've got me there* [bewilder, perplex] qui a gagné ? — là, tu me poses une colle

◆ modal vb

1. [be obliged] ▸ **to have (got) to do sthg** devoir faire qqch, être obligé(e) de faire qqch / *do you have to go?, have you got to go?* UK est-ce que tu dois partir ?, est-ce que tu es obligé de partir ? / *I've got to go to work* il faut que j'aille travailler / *I hate having to get up early* j'ai horreur de devoir me lever tôt / *you've got to be joking!* vous plaisantez !, c'est une plaisanterie !

2. [need] devoir / *you have (got) to get some rest* il faut que vous vous reposiez, vous devez vous reposer

◆ **haves** pl n ▸ **the haves and the have-nots** les riches et les pauvres.

◆ **have on** vt sep **1.** [be wearing] porter ▸ **to have nothing on** être tout nu (toute nue) **2.** UK [tease] faire marcher **3.** UK [have to do] ▸ **to have (got) a lot on** être très pris(e).

◆ **have out** vt sep **1.** [have removed] ▸ **to have one's appendix / tonsils out** se faire opérer de l'appendicite/des amygdales ▸ **to have a tooth out** se faire arracher une dent **2.** [discuss frankly] ▸ **to have it out with sb** s'expliquer avec qqn.

◆ **have up** vt sep UK *inf* ▸ **to have sb up for sthg** traduire qqn en justice pour qqch / *they were had up by the police for vandalism* ils ont été arrêtés pour vandalisme.

haven ['heɪvn] noun havre *m*.

have-nots pl n : *the have-nots* les démunis *mpl*, les défavorisés *mpl*.

haven't ['hævnt] → **have not**.

haversack ['hævəsæk] noun UK *dated* sac *m* à dos.

havoc ['hævək] noun *(U)* dégâts *mpl* ▸ **to play havoc with** a) [gen] abîmer b) [with health] détraquer c) [with plans] ruiner.

Hawaii [hə'waɪi:] noun Hawaii *m* ▸ **in Hawaii** à Hawaii.

Hawaiian [hə'waɪjən] ◆ adj hawaiien(enne). ◆ noun Hawaiien *m*, -enne *f*.

hawk [hɔ:k] ◆ noun faucon *m* ▸ **to watch sb like a hawk** ne pas lâcher qqn des yeux. ◆ vt colporter.

hawker ['hɔ:kər] noun colporteur *m*, -euse *f*.

hawk-eyed adj **1.** [keen-sighted] au regard d'aigle **2.** *fig* [vigilant] qui a l'œil partout.

hawthorn ['hɔ:θɔ:n] noun aubépine *f*.

hay [heɪ] noun foin *m*.

hay fever noun *(U)* rhume *m* des foins.

haystack ['heɪˌstæk] noun meule *f* de foin.

haywire ['heɪˌwaɪər] adj *inf* ▸ **to go haywire** a) [person] perdre la tête b) [machine] se détraquer.

hazard ['hæzəd] ◆ noun hasard *m*. ◆ vt hasarder.

⚠ Hasard means *chance*, not *danger*.

hazardous ['hæzədəs] adj hasardeux(euse).

haze [heɪz] noun brume *f*.

hazel ['heɪzl] ◆ adj noisette *(inv)*. ◆ noun [tree] noisetier *m*.

hazelnut ['heɪzlˌnʌt] noun noisette *f*.

haziness ['heɪzɪnɪs] noun **1.** [of sky, weather] état *m* brumeux **2.** [of memory, thinking] flou *m*, imprécision *f* **3.** PHOT flou *m*.

hazy ['heɪzɪ] *(compar* -ier, *superl* -iest*)* adj **1.** [misty] brumeux(euse) **2.** [memory, ideas] flou(e), vague.

H-bomb noun bombe *f* H.

HD adj **1.** COMPUT *(abbr of* **high density***)* HD **2.** *(abbr of* **high definition***)* HD.

HDMI *(abbr of* **high definition multimedia interface***)* noun HDMI *m*.

HD-ready adj prêt(e) pour la TVHD.

HDTV *(abbr of* **high-definition television***)* noun TVHD *f*.

he [hiː] ❖ pers pron *(unstressed)* il / *he's tall* il est grand ▸ **he who** *fml* (celui) qui ▸ **here he comes** le voilà. ❖ noun *inf* [referring to animal, baby] : *it's a he* **a)** [animal] c'est un mâle **b)** [baby] c'est un garçon. ❖ comp mâle / *he-goat* bouc *m*.

HE 1. *abbr of* **high explosive 2.** (*abbr of* **His (or Her) Excellency**) S.Exc., S.E.

head [hed]

❖ noun

1. [of person, animal] tête *f* ▸ **a** OR **per head** par tête, par personne ▸ **off the top of my head, I'd say...** comme ça je dirais... ▸ **I couldn't make head nor** OR **or tail of it** je n'y comprenais rien ▸ **on your own head be it** à vos risques et périls ▸ **I'm banging my head against a brick wall** *inf* je me tape la tête contre les murs ▸ **to bite** OR **snap sb's head off** rembarrer qqn ▸ **to laugh one's head off** rire à gorge déployée ▸ **to sing / shout one's head off** chanter / crier à tue-tête ▸ **to be off one's head** UK, **to be out of one's head** US être dingue ▸ **to be soft in the head** UK *inf* être débile ▸ **to go to one's head** [alcohol, praise] monter à la tête ▸ **to keep one's head** garder son sang-froid ▸ **we put our heads together** nous avons conjugué nos efforts / *to take it into one's head to do sthg* se mettre en tête de faire qqch / *the idea never entered my head* ça ne m'est jamais venu à l'esprit / *she has no head for business* elle n'a pas le sens des affaires / *he went over my head to the president* il est allé voir le président sans me consulter

2. [of table, bed, hammer] tête *f* ; [of stairs, page] haut *m* / *at the head of the procession / queue* en tête de (la) procession / de (la) queue

3. [of flower] tête *f* ; [of cabbage] pomme *f*

4. [leader] chef *m* ▸ **head of state** chef *m* d'État

5. UK [head teacher] directeur *m*, -trice *f*

6. PHR **to come to a head** UK atteindre un point critique

❖ vt

1. [procession, list] être en tête de

2. [be in charge of] être à la tête de

3. FOOT ▸ **to head the ball** faire une tête / *he headed the ball into the goal* il a marqué de la tête

❖ vi

where are you heading? où allez-vous ? / *we headed back to the office* nous sommes retournés au bureau

◆ **heads** pl n [on coin] face *f* ▸ **heads or tails?** pile ou face ?

◆ **head for** vt insep **1.** [place] se diriger vers / *she headed for home* elle rentra (à la maison) **2.** *fig* [trouble, disaster] aller au devant de / *to be heading for a fall* courir à l'échec.

◆ **head off** vt sep **1.** [intercept] intercepter **2.** *fig* [threat, disaster] parer à.

headache ['hedeɪk] noun mal *m* de tête ▸ **to have a headache** avoir mal à la tête.

headband ['hedbænd] noun bandeau *m*.

headbang ['hedbæŋ] vi *inf* secouer violemment la tête en rythme (sur du heavy metal).

headboard ['hed,bɔːd] noun dosseret *m*.

head boy noun UK *élève chargé de la discipline et qui siège aux conseils de son école.*

headbutt ['hedbʌt] ❖ noun coup *m* de tête, coup *m* de boule. ❖ vt donner un coup de tête OR de boule à.

head case noun *inf* dingue *mf*.

head count noun compte *m*.

headdress ['hed,dres] noun coiffe *f*.

-headed ['hedɪd] in compounds à tête... ▸ **a three-headed dragon** un dragon à trois têtes.

headed notepaper ['hedɪd-] noun UK papier *m* à en-tête.

header ['hedər] noun FOOT tête *f*.

headfirst [,hed'fɜːst] adv (la) tête la première.

headgear ['hed,gɪər] noun *(U)* couvre-chef *m*.

head girl noun UK *élève chargée de la discipline et qui siège aux conseils de son école.*

headhunt ['hedhʌnt] vt recruter (chez la concurrence).

headhunter ['hed,hʌntər] noun chasseur *m* de têtes.

heading ['hedɪŋ] noun titre *m*, intitulé *m*.

headlamp ['hedlæmp] noun UK phare *m*.

headland ['hedlənd] noun cap *m*.

headlight ['hedlaɪt] noun phare *m*.

headline ['hedlaɪn] noun [in newspaper] gros titre *m* ; TV & RADIO grand titre *m*.

headlong ['hedlɒŋ] ❖ adv **1.** [quickly] à toute allure **2.** [unthinkingly] tête baissée **3.** [headfirst] (la) tête la première. ❖ adj [unthinking] irréfléchi(e).

headmaster [,hed'mɑːstər] noun UK directeur *m* (d'une école).

headmistress [,hed'mɪstrɪs] noun UK directrice *f* (d'une école).

head office noun siège *m* social.

head-on ❖ adj [collision] de plein fouet ; [confrontation] de front. ❖ adv de plein fouet.

headphones ['hedfəʊnz] pl n casque *m*.

headquarter [hed'kwɔːtər] vt : *to be headquartered in* avoir son siège à.

headquarters [,hed'kwɔːtəz] pl n [of business, organization] siège *m* ; [of armed forces] quartier *m* général.

headrest ['hedrest] noun appui-tête *m*.

headroom ['hedrʊm] noun *(U)* hauteur *f*.

headscarf ['hedskɑːf] (*pl* **-scarves** *or* **-scarfs**) noun foulard *m*.

headset ['hedset] noun casque *m*.

headstand ['hedstænd] noun poirier *m*.

head start noun avantage *m* au départ ▸ **head start on** OR **over** avantage sur.

headstone ['hedstəʊn] noun pierre *f* tombale.

headstrong ['hedstrɒŋ] adj volontaire, têtu(e).

head teacher noun UK directeur *m*, -trice *f* (d'une école).

head-up adj [in aeroplane, car] ▸ **head-up display** affichage *m* tête haute.

head waiter noun maître *m* d'hôtel.

headway ['hedweɪ] noun ▸ **to make headway** faire des progrès.

headwind ['hedwɪnd] noun vent *m* contraire.

heady ['hedɪ] (*compar* **-ier**, *superl* **-iest**) adj **1.** [exciting] grisant(e) **2.** [causing giddiness] capiteux(euse).

heal [hi:l] ❖ vt **1.** [cure] guérir **2.** *fig* [troubles, discord] apaiser. ❖ vi se guérir. ◆ **heal up** vi se cicatriser, se refermer.

healer ['hi:lər] noun guérisseur *m*, -euse *f*.

healing ['hi:lɪŋ] ❖ adj curatif(ive). ❖ noun *(U)* guérison *f*.

health [helθ] noun santé *f* ▸ **to be in good / poor health** être en bonne / mauvaise santé ▸ **to drink (to) sb's health** boire à la santé de qqn.

health care noun *(U)* services *mpl* médicaux.

health centre noun UK ≃ centre *m* médico-social.

health food noun *(U)* produits *mpl* diététiques OR naturels OR biologiques.

health hazard noun danger *m* OR risque *m* pour la santé.

healthily ['helθɪlɪ] adv [eat, live] sainement.

health service noun UK ≃ sécurité *f* sociale.

health visitor noun UK infirmière *f* visiteuse.

healthy ['helθɪ] (*compar* **-ier**, *superl* **-iest**) adj **1.** [gen] sain(e) **2.** [well] en bonne santé, bien portant(e) **3.** *fig* [economy, company] qui se porte bien **4.** [profit] bon (bonne).

heap [hi:p] ❖ noun tas *m* ▸ **in a heap** en tas. ❖ vt **1.** [pile up] entasser **2.** *fig* [give] ▸ **to heap gifts on sb** couvrir qqn de cadeaux ▸ **to heap praise on sb** combler qqn d'éloges ▸ **to heap scorn on sb** accabler qqn de mépris. ◆ **heaps** pl n *inf* ▸ **heaps of** a) [people, objects] des tas de b) [time, money] énormément de.

heaped UK [hi:pt], **heaping** US ['hi:pɪŋ] adj gros (grosse) / *a heaped teaspoonful* une cuiller à café bombée OR pleine.

hear [hɪər] (*pt & pp* **heard** [hɜ:d]) ❖ vt **1.** [gen & LAW] entendre / *can you hear me?* m'entendez-vous (bien) ? / *he could hear someone crying* il entendait (quelqu'un) pleurer / *I've heard it said that...* j'ai entendu dire que... / *you're hearing things* tu t'imagines des choses / *the case will be heard in March* l'affaire se plaidera au mois de mars **2.** [learn of] apprendre ▸ **to hear (that)...** apprendre que... / *I hear you're leaving* j'ai appris que tu partais. ❖ vi **1.** [perceive sound] entendre **2.** [know] ▸ **to hear about** entendre parler de / *did you hear about her husband?* tu es au courant, pour son mari ? / *I've heard so much about you* j'ai tellement entendu parler de vous **3.** [receive news] ▸ **to hear about** avoir des nouvelles de / *I hear about her through her sister* j'ai de ses nouvelles par sa sœur / *have you heard about your blood test yet?* as-tu déjà reçu des nouvelles à propos de ta prise de sang ? ▸ **to hear from sb** recevoir des nouvelles de qqn / *looking forward to hearing from you* [in letters] dans l'attente de vous lire **4.** PHR ▸ **to have heard of** avoir entendu parler de / *I've never heard of her* je ne la connais pas ▸ **I won't hear of it!** je ne veux pas en entendre parler ! ◆ **hear out** vt sep écouter jusqu'au bout.

hearing ['hɪərɪŋ] ❖ noun **1.** [sense] ouïe *f* / *Joe was in* OR *within Jim's hearing* Jim était à portée de voix de Joe ▸ **hard of hearing** dur(e) d'oreille **2.** [trial] audience *f* ▸ **to get a fair hearing** [generally] pouvoir défendre sa cause ; LAW être jugé(e) équitablement. ❖ adj entendant(e).

hearing aid noun audiophone *m*.

hearing impaired pl n : *the hearing impaired* les malentendants *mpl*.

hearsay ['hɪəseɪ] noun ouï-dire *m*.

hearse [hɜ:s] noun corbillard *m*.

heart [hɑ:t] noun *lit & fig* cœur *m* ▸ **from the heart** du fond du cœur ▸ **to lose heart** perdre courage / *to have a change of heart* changer d'avis / *she opened* OR *poured out her heart to me* elle m'a dévoilé son cœur / *he didn't have the heart to refuse* il n'a pas eu le courage OR le cœur de refuser / *her heart's in the right place* elle a bon cœur / *there's a woman / a man after my own heart* voilà une femme / un homme selon mon cœur / *the heart of the matter* le fond du problème ▸ **my heart leapt** j'ai bondi de joie ▸ **my heart sank** je me suis senti abattu ▸ **it's a subject close to my heart** c'est un sujet qui me tient à cœur ▸ **from the bottom of my heart** du fond du cœur ▸ **his heart isn't in it** il n'a pas le cœur à cela ▸ **in one's heart of hearts** au plus profond de son cœur ▸ **to do sthg to one's heart's content** faire qqch à souhait ▸ **to set one's heart on sthg / on doing sthg** désirer absolument qqch / faire qqch, vouloir à tout prix qqch / faire qqch ▸ **to take sthg to heart** prendre qqch à cœur ▸ **to have a heart of gold** avoir un cœur d'or ▸ **to wear one's heart on one's sleeve** montrer OR laisser paraître ses sentiments. ◆ **hearts** pl n [cards] cœur *m* / *the six of hearts* le six de cœur. ◆ **at heart** adv au fond (de soi). ◆ **by heart** adv par cœur / *to learn / to know sthg by heart* apprendre / savoir qqch par cœur.

heartache ['hɑ:teɪk] noun *fig* peine *f* de cœur.

heart attack noun crise *f* cardiaque.

heartbeat ['hɑ:tbi:t] noun [gen] battement *m* de cœur ; MED pulsation *f* cardiaque ▸ **in a heartbeat** US sans hésiter.

heartbreak ['hɑ:tbreɪk] noun [grief - gen] (immense) chagrin *m*, déchirement *m* ; [- in love] chagrin *m* d'amour.

heartbreaking ['hɑ:tˌbreɪkɪŋ] adj à fendre le cœur.

heartbroken ['hɑ:tˌbrəʊkn] adj qui a le cœur brisé.

heartburn ['hɑ:tbɜ:n] noun *(U)* brûlures *fpl* d'estomac.

heart condition noun : *to have a heart condition* souffrir du cœur, être cardiaque.

heart disease noun maladie *f* de cœur.

hearten ['hɑ:tn] vt encourager, donner du courage à / *we were heartened to learn of the drop in interest rates* nous avons été contents d'apprendre que les taux d'intérêt avaient baissé.

heartening ['hɑ:tnɪŋ] adj encourageant(e).

heart failure noun [end of heart beat] arrêt *m* cardiaque ; [condition] défaillance *f* cardiaque.

heartfelt ['hɑːtfelt] adj sincère.

hearth [hɑːθ] noun foyer *m*.

heartily ['hɑːtɪlɪ] adv **1.** [enthusiastically - joke, laugh] de tout son cœur ; [- say, thank, welcome] chaleureusement, de tout cœur ; [- eat] de bon appétit **2.** [thoroughly] : *I heartily recommend it* je vous le conseille vivement / *to be heartily disgusted with sthg* être on ne peut plus dégoûté de qqch.

heartless ['hɑːtlɪs] adj sans cœur.

heartrending ['hɑːtˌrendɪŋ] adj déchirant(e), qui fend le cœur.

heart-searching noun ▸ **after a lot of heart-searching** après s'être beaucoup interrogé(e).

heart-stopping adj terrifiant(e).

heartstrings ['hɑːtstrɪŋz] pl n : *to play on* OR *to pull on* OR *to tug at sb's heartstrings* faire vibrer OR toucher la corde sensible de qqn / *that song always tugs at my heartstrings* cette chanson me serre toujours le cœur.

heartthrob ['hɑːtθrɒb] noun *inf* idole *f*, coqueluche *f*.

heart-to-heart ❖ adj à cœur ouvert. ❖ noun conversation *f* à cœur ouvert.

heart transplant noun greffe *f* du cœur.

heartwarming ['hɑːtˌwɔːmɪŋ] adj réconfortant(e).

hearty ['hɑːtɪ] (*compar* **-ier**, *superl* **-iest**) adj **1.** [greeting, person] cordial(e) **2.** [substantial - meal] copieux(euse) ; [- appetite] gros (grosse).

heat [hiːt] ❖ noun **1.** *(U)* [warmth] chaleur *f* / *body heat* chaleur *f* animale / *the radiator gives off a lot of heat* le radiateur chauffe bien / *cook at a high / low heat* faire cuire à feu vif / doux / *in the heat of the moment* dans l'agitation OR l'excitation du moment **2.** *(U) fig* [pressure] pression *f* / *the mafia turned the heat on the mayor* la mafia a fait pression sur le maire **3.** [eliminating round] éliminatoire *f* **4.** ZOOL ▸ **on** UK OR **in** US **heat** en chaleur. ❖ vt chauffer. ◆ **heat up** ❖ vt sep réchauffer. ❖ vi chauffer.

heated ['hiːtɪd] adj [argument, discussion, person] animé(e) ; [issue] chaud(e).

heatedly ['hiːtɪdlɪ] adv [debate, talk] avec passion ; [argue, deny, refuse] avec passion OR emportement, farouchement.

heater ['hiːtəʳ] noun appareil *m* de chauffage.

heath [hiːθ] noun lande *f*.

heathen ['hiːðn] ❖ adj païen(enne). ❖ noun païen *m*, -enne *f*.

heather ['heðəʳ] noun bruyère *f*.

heating ['hiːtɪŋ] noun chauffage *m*.

heatproof ['hiːtpruːf] adj [gen] résistant(e) à la chaleur ; [dish] qui va au four.

heat rash noun boutons *mpl* de chaleur.

heatstroke ['hiːtstrəʊk] noun *(U)* coup *m* de chaleur.

heat wave noun canicule *f*, vague *f* de chaleur.

heave [hiːv] ❖ vt **1.** [pull] tirer (avec effort) ; [push] pousser (avec effort) **2.** *inf* [throw] lancer. ❖ vi **1.** [pull] tirer **2.** [rise and fall] se soulever **3.** [retch] avoir des haut-le-cœur. ❖ noun ▸ **to give sthg a heave a)** [pull] tirer qqch (avec effort) **b)** [push] pousser qqch (avec effort).

heaven ['hevn] noun paradis *m* / *it was heaven fig* c'était divin OR merveilleux ▸ **heaven (alone) knows!** Dieu seul le sait ! ◆ **heavens** ❖ pl n ▸ **the heavens** *liter* les cieux *mpl*. ❖ excl ▸ **(good) heavens!** juste ciel !

heavenly ['hevnlɪ] adj **1.** *inf* [delightful] délicieux(euse), merveilleux(euse) **2.** *liter* [of the skies] céleste.

heaven-sent adj providentiel(elle) / *a heaven-sent opportunity* une occasion providentielle OR qui tombe à pic.

heavily ['hevɪlɪ] adv **1.** [booked, in debt] lourdement ; [rain, smoke, drink] énormément **2.** [solidly - built] solidement **3.** [breathe, sigh] péniblement, bruyamment **4.** [fall, sit down] lourdement.

heavy ['hevɪ] (*compar* **-ier**, *superl* **-iest**) adj **1.** [gen] lourd(e) / *how heavy is it?* ça pèse combien ? / *the branches were heavy with fruit* les branches étaient chargées OR lourdes de fruits ▸ **with a heavy heart** [sad] le cœur gros **2.** [traffic] dense ; [rain] battant(e) ; [fighting] acharné(e) ; [casualties, corrections] nombreux(euses) ; [smoker, drinker] gros (grosse) / *she has a heavy cold* elle a un gros rhume, elle est fortement enrhumée / *heavy fighting is reported in the Gulf* on signale des combats acharnés dans le Golfe ▸ **to be heavy on petrol** UK consommer beaucoup (d'essence) **3.** [noisy - breathing] bruyant(e) **4.** [schedule] chargé(e) **5.** [physically exacting - work, job] pénible / *I found his last novel very heavy going* j'ai trouvé son dernier roman très indigeste ▸ **to make heavy weather of sthg** faire une montagne de qqch.

heavy cream noun US crème *f* fraîche épaisse.

heavy-duty adj solide, robuste.

heavy goods vehicle noun UK poids lourd *m*.

heavy-handed [-'hændɪd] adj maladroit(e).

heavy metal noun MUS heavy metal *m*.

heavyweight ['hevɪweɪt] ❖ adj SPORT poids lourd. ❖ noun SPORT poids lourd *m*.

Hebrew ['hiːbruː] ❖ adj hébreu, hébraïque. ❖ noun **1.** [person] Hébreu *m*, Israélite *mf* **2.** [language] hébreu *m*.

Hebrides ['hebrɪdiːz] pl n ▸ **the Hebrides** les (îles *fpl*) Hébrides *fpl* ▸ **in the Hebrides** aux Hébrides.

heck [hek] excl *inf* ▸ **what / where / why the heck...?** que / où / pourquoi diable... ? ▸ **a heck of a nice guy** un type vachement sympa ▸ **a heck of a lot of people** un tas de gens.

heckle ['hekl] ❖ vt interpeller, interrompre. ❖ vi interrompre bruyamment.

heckler ['hekləʳ] noun perturbateur *m*, -trice *f*.

heckling ['heklɪŋ] ❖ noun *(U)* harcèlement *m*, interpellations *fpl*. ❖ adj qui fait du harcèlement, qui interpelle.

hectare ['hekteəʳ] noun hectare *m*.

hectic ['hektɪk] adj [meeting, day] agité(e), mouvementé(e).

hector ['hektəʳ] *pej* ❖ vt rudoyer. ❖ vi agir de façon autoritaire.

hectoring ['hektərɪŋ] ❖ noun *(U)* harcèlement *m*, torture *f*. ❖ adj [behaviour] tyrannique ; [tone, voice] impérieux(euse), autoritaire.

he'd [hi:d] ⟶ **he had, he would**.

hedge [hedʒ] ❖ noun haie *f*. ❖ vi [prevaricate] répondre de façon détournée.

hedgehog ['hedʒhɒg] noun hérisson *m*.

hedgerow ['hedʒrəʊ] noun bordure *f* d'arbres.

hedonism ['hi:dənɪzm] noun hédonisme *m*.

hedonist ['hi:dənɪst] noun hédoniste *mf*.

hedonistic [ˌhi:də'nɪstɪk] adj hédoniste.

heed [hi:d] ❖ noun ▸ **to pay heed to sb** prêter attention à qqn ▸ **to take heed of sthg** tenir compte de qqch. ❖ vt *fml* tenir compte de.

heedless ['hi:dlɪs] adj ▸ **to be heedless of sthg** ne pas tenir compte de qqch.

heel [hi:l] noun talon *m* ▸ **to dig one's heels in** *fig* se buter ▸ **to follow hard on the heels of sb** être sur les talons de qqn ▸ **to follow hard on the heels of sthg** arriver immédiatement après qqch ▸ **to take to one's heels** prendre ses jambes à son cou ▸ **to turn on one's heel** tourner les talons.

heels [hi:lz] = **high heels**.

hefty ['heftɪ] *(compar* **-ier**, *superl* **-iest**) adj **1.** [well-built] costaud(e) **2.** [large] gros (grosse) / *they've made some hefty job cuts* ils ont supprimé un grand nombre d'emplois, ils ont fait des coupes sombres.

heifer ['hefəʳ] noun génisse *f*.

height [haɪt] noun **1.** [of building, mountain] hauteur *f* ; [of person] taille *f* ▸ **5 metres in height** 5 mètres de haut ▸ **what height is it?** ça fait quelle hauteur ? ▸ **what height are you?** combien mesurez-vous ? **2.** [above ground - of aircraft] altitude *f* ▸ **to gain / lose height** gagner / perdre de l'altitude ▸ **at shoulder height** à hauteur de l'épaule **3.** [zenith] ▸ **at the height of the summer / season** au cœur de l'été / de la saison ▸ **at the height of his fame** au sommet de sa gloire. ◆ **heights** pl n [high places] hauteurs *fpl* ▸ **to be afraid of heights** avoir le vertige.

heighten ['haɪtn] vt & vi augmenter.

heightened ['haɪtnd] adj **1.** [building, ceiling, shelf] relevé(e), rehaussé(e) **2.** [fear, pleasure] intensifié(e) ; [colour] plus vif (vive).

heinous ['heɪnəs] adj *fml* odieux(euse).

heir [eəʳ] noun héritier *m*.

heir apparent (*pl* **heirs apparent**) noun héritier *m* présomptif.

heiress ['eərɪs] noun héritière *f*.

heirloom ['eəlu:m] noun [piece of furniture] meuble *m* de famille ; [piece of jewellery] bijou *m* de famille.

heist [haɪst] noun *inf* casse *m*.

held [held] pt & pp ⟶ **hold**.

helicopter ['helɪkɒptəʳ] noun hélicoptère *m*.

helipad ['helɪpæd] noun héliport *m*.

heliport ['helɪpɔ:t] noun héliport *m*.

helium ['hi:lɪəm] noun hélium *m*.

hell [hel] ❖ noun **1.** *lit* & *fig* enfer *m* / *he made her life hell* il lui a fait mener une vie infernale / *working there was hell on earth* c'était l'enfer de travailler là-bas **2.** *inf* [for emphasis] : *he's a hell of a nice guy* c'est un type vachement sympa ▸ **what / where / why the hell...?** que / où / pourquoi..., bon sang ? / *what the hell are you doing?* qu'est-ce que tu fous ? ▸ **a hell of a mess** un sacré bazar / *a hell of a lot of books* tout un tas OR un paquet de livres / *they had a hell of a time getting the car started* ils en ont bavé pour faire démarrer la voiture / *from hell inf* cauchemardesque / *it was a journey from hell! inf* ce voyage, c'était l'horreur ! ▸ **to hurt like hell** faire vachement mal ▸ **like hell you will!** il n'y a pas de danger ! ▸ **to get the hell out (of)** foutre le camp (de) **3.** PHR **all hell broke loose** *inf* il y a eu de l'orage ▸ **to do sthg for the hell of it** *inf* faire qqch pour le plaisir, faire qqch juste comme ça ▸ **I went along just for the hell of it** *inf* j'y suis allé histoire de rire OR de rigoler ▸ **to give sb hell** *inf* [verbally] engueuler qqn ▸ **go to hell!** *v inf* va te faire foutre ! ▸ **he ran off hell for leather** *inf* il est parti ventre à terre ▸ **there'll be hell to pay when he finds out** *inf* ça va barder OR chauffer quand il l'apprendra ▸ **to play hell with sthg** *inf* foutre qqch en l'air ▸ **to hell with him!** *inf* il peut aller se faire voir ! ▸ **to hell with the expense!** *inf* au diable l'avarice ! ▸ **hell's bells!, hell's teeth!** *inf* mince alors ! ❖ excl *inf* merde !, zut !

he'll [hi:l] ⟶ **he will**.

hell-bent adj ▸ **to be hell-bent on sthg / on doing sthg** vouloir à tout prix qqch / faire qqch.

hellhole ['helhəʊl] noun *inf* bouge *m*.

hellish ['helɪʃ] adj infernal(e).

hello [hə'ləʊ] excl **1.** [as greeting] bonjour ! ; [on phone] allô ! **2.** [to attract attention] hé !

hell-raiser noun *inf* fouteur *m*, -euse *f* de merde.

helm [helm] noun *lit* & *fig* barre *f* ▸ **at the helm** à la barre.

helmet ['helmɪt] noun casque *m*.

helmsman ['helmzmən] (*pl* **-men**) noun NAUT timonier *m*, -ière *f*.

help [help] ❖ noun **1.** *(U)* [assistance] aide *f* / *he gave me a lot of help* il m'a beaucoup aidé / *she needs help going upstairs* il faut qu'elle se fasse aider pour OR elle a besoin qu'on l'aide à monter l'escalier ▸ **with the help of sthg** à l'aide de qqch ▸ **with sb's help** avec l'aide de qqn ▸ **to be of help** rendre service / *'help wanted'* US 'cherchons employés' **2.** *(U)* [emergency aid] secours *m* / *he went to get help* il est allé chercher du secours **3.** [useful person or object] ▸ **to be a help** aider, rendre service / *you've been a great help* vous m'avez été d'un grand secours, vous m'avez beaucoup aidé. ❖ vi aider / *is there anything I can do to help?* puis-je être utile ? / *losing your temper isn't going to help* ça ne sert à rien de perdre ton calme. ❖ vt **1.** [assist] aider ▸ **to help sb (to) do sthg** aider qqn à faire qqch / *he helped me on / off with my coat* il m'a aidé à mettre / enlever mon manteau ▸ **to help sb with sthg** aider qqn à faire qqch ▸ **may I help you?** [in shop] que désirez-vous ? / *crying won't help anyone* cela ne sert à rien OR n'arrange rien de pleurer **2.** [avoid] ▸ **I can't help it** je n'y peux rien / *I can't help thinking that we could have done more* je ne peux pas m'empêcher de penser qu'on aurait pu faire plus ▸ **I couldn't help laughing** je ne pouvais pas m'empêcher de rire / *it can't be helped* tant pis ! on n'y peut rien OR on ne peut pas faire autrement / *are they coming? — not if I can help it!* est-ce qu'ils viennent ? — pas si j'ai mon mot à dire ! **3.** PHR **to help o.s. (to sthg)** se servir (de qqch) / *I helped myself to the cheese* je me suis servi en fromage. ❖ excl au secours !, à l'aide ! ◆ **help out** vt sep & vi aider.

help button noun COMPUT case *f* d'aide.

help desk noun service *m* d'assistance technique.

helper ['helpəʳ] noun **1.** [gen] aide *mf* **2.** US [to do housework] femme *f* de ménage.

helpful ['helpfʊl] adj **1.** [person] serviable / *you've been very helpful* vous (nous) avez bien rendu service **2.** [advice, suggestion] utile.

helpfully ['helpfʊlɪ] adv avec obligeance, obligeamment.

helping ['helpɪŋ] noun portion *f* ; [of cake, tart] part *f*.

helping hand noun coup *m* de main.

helpless ['helplɪs] adj impuissant(e) ; [look, gesture] d'impuissance.

helplessly ['helplɪslɪ] adv **1.** [stand by, watch] sans rien pouvoir faire **2.** [uncontrollably] ▸ **to laugh helplessly** avoir le fou rire.

helplessness ['helplɪsnɪs] noun **1.** [defencelessness] incapacité *f* de se défendre, vulnérabilité *f* **2.** [physical] incapacité *f*, impotence *f* ; [mental] incapacité *f* **3.** [powerlessness - of person] impuissance *f*, manque *m* de moyens ; [- of anger, feeling] impuissance *f* / *a feeling of helplessness* un sentiment d'impuissance.

helpline ['helplaɪn] noun ligne *f* d'assistance téléphonique.

help menu noun COMPUT menu *m* d'aide.

Helsinki [hel'sɪŋkɪ] noun Helsinki.

helter-skelter ['heltə'skeltəʳ] ❖ noun UK toboggan *m*. ❖ adv pêle-mêle.

hem [hem] ❖ noun ourlet *m*. ❖ vt (*pt & pp* **-med**, *cont* **-ming**) **1.** ourler **2.** PHR **to hem and haw** US bredouiller, bafouiller. ◆ **hem in** vt sep encercler.

he-man noun *inf & hum* vrai mâle *m*.

hemisphere ['hemɪˌsfɪəʳ] noun hémisphère *m*.

hemline ['hemlaɪn] noun ourlet *m*.

hemlock ['hemlɒk] noun [poison & BOT] ciguë *f*.

hemoglobin [ˌhi:mə'gləʊbɪn] US = **haemoglobin**.

hemophilia [ˌhi:mə'fɪlɪə] US = **haemophilia**.

hemophiliac [ˌhi:mə'fɪlɪæk] US = **haemophiliac**.

hemorrhage ['hemərɪdʒ] US = **haemorrhage**.

hemorrhoids ['hemərɔɪdz] US = **haemorrhoids**.

hemp [hemp] noun [plant, fibre] chanvre *m*.

hen [hen] noun **1.** [female chicken] poule *f* **2.** [female bird] femelle *f*.

hence [hens] adv *fml* **1.** [therefore] d'où **2.** [from now] d'ici.

henceforward [ˌhens'fɔ:wəd], **henceforth** [ˌhens'fɔ:θ] adv dorénavant, désormais.

henchman ['hentʃmən] (*pl* **-men**) noun *pej* acolyte *m*.

henna ['henə] ❖ noun henné *m*. ❖ vt [hair] appliquer du henné sur.

hen night, hen party noun *inf* [gen] soirée entre copines ; UK [before wedding] : *she's having her hen night* elle enterre sa vie de célibataire.

henpecked ['henpekt] adj *pej* dominé(e) par sa femme.

hepatitis [ˌhepə'taɪtɪs] noun hépatite *f*.

her [hɜ:ʳ] ❖ pers pron **1.** [direct - unstressed] la, l' (*+ vowel or silent ' h'*) ; [- stressed] elle / *I know / like her* je la connais / l'aime (bien) / *it's her* c'est elle / *if I were* OR *was her* si j'étais elle, à sa place / *you can't expect* HER *to do it* tu ne peux pas exiger que ce soit elle qui le fasse **2.** [referring to animal, car, ship, etc.] *follow the gender of your translation* **3.** (*indirect*) lui / *we spoke to her* nous lui avons parlé / *he sent her a letter* il lui a envoyé une lettre **4.** (*after prep, in comparisons, etc.*) elle / *I'm shorter than her* je suis plus petit qu'elle. ❖ poss adj son (sa), ses (*pl*) / *her coat* son manteau / *her bedroom* sa chambre / *her children* ses enfants / *her name is Sarah* elle s'appelle Sarah / *it was* HER *fault* c'était de sa faute à elle.

herald ['herəld] ❖ vt *fml* annoncer. ❖ noun **1.** [messenger] héraut *m* **2.** [sign] signe *m*.

heraldry ['herəldrɪ] noun héraldique *f*.

herb [UK hɜ:b, US ɜ:rb] noun herbe *f*.

herbal [UK 'hɜ:bl, US 'ɜ:rbl] adj à base de plantes.

herbalist [UK 'hɜ:bəlɪst, US 'ɜ:rbəlɪst] noun herboriste *mf*.

herb(al) tea noun tisane *f*.

herbicide [UK 'hɜ:bɪsaɪd, US 'ɜ:rbɪsaɪd] noun herbicide *m*.

herbivore [UK 'hɜ:bɪvɔ:ʳ, US 'ɜ:rbɪvɔ:ʳ] noun herbivore *m*.

herbivorous [hɜ:'bɪvərəs, US ɜ:r'bɪvərəs] adj herbivore.

herd [hɜ:d] ❖ noun troupeau *m*. ❖ vt **1.** [cattle, sheep] mener **2.** *fig* [people] conduire, mener ; [into confined space] parquer.

herdsman ['hɜ:dzmən] (*pl* **-men**) noun gardien *m* de troupeau.

here [hɪəʳ] adv **1.** [in this place] ici / *winter is here* c'est l'hiver, l'hiver est arrivé ▸ **here he is / they are** le / les voici ▸ **here it is** le / la voici ▸ **here is / are** voici / *here's a man who knows what he wants* voilà un homme qui sait ce qu'il veut ▸ **here and there** çà et là **2.** [present] là / *he's not here today* il n'est pas là aujourd'hui / *it's this one here that I want* c'est celui-ci que je veux **3.** [in toasts] ▸ **here's to Paul** à la santé de Paul ▸ **here's to you, Paul** à ta santé, Paul.

hereabouts UK [ˌhɪərəˈbaʊts], **hereabout** US [ˌhɪərəˈbaʊt] adv par ici.

hereafter [ˌhɪərˈɑːftəʳ] ❖ adv *fml* ci-après. ❖ noun ▸ **the hereafter** l'au-delà *m*.

hereby [ˌhɪəˈbaɪ] adv *fml* par la présente.

hereditary [hɪˈredɪtrɪ] adj héréditaire.

heredity [hɪˈredətɪ] noun hérédité *f*.

herein [ˌhɪərˈɪn] adv *fml* **1.** [in this respect] en ceci, en cela **2.** LAW [in this document] ci-inclus.

heresy [ˈherəsɪ] (*pl* **-ies**) noun hérésie *f*.

heretic [ˈherətɪk] noun hérétique *mf*.

herewith [ˌhɪəˈwɪð] adv *fml* [with letter] ci-joint, ci-inclus.

heritage [ˈherɪtɪdʒ] noun héritage *m*, patrimoine *m*.

hermaphrodite [hɜːˈmæfrədaɪt] ❖ adj hermaphrodite. ❖ noun hermaphrodite *m*.

hermetic [hɜːˈmetɪk] adj hermétique.

hermetically [hɜːˈmetɪklɪ] adv ▸ **hermetically sealed** fermé(e) hermétiquement.

hermit [ˈhɜːmɪt] noun ermite *m*.

hernia [ˈhɜːnjə] noun hernie *f*.

hero [ˈhɪərəʊ] (*pl* **-es**) noun héros *m*.

heroic [hɪˈrəʊɪk] adj héroïque.

heroically [hɪˈrəʊɪklɪ] adv héroïquement.

heroics [hɪˈrəʊɪks] pl n [language] emphase *f*, déclamation *f* ; [behaviour] affectation *f*, emphase *f*.

heroin [ˈherəʊɪn] noun héroïne *f*.

heroine [ˈherəʊɪn] noun héroïne *f*.

heroism [ˈherəʊɪzm] noun héroïsme *m*.

heron [ˈherən] (*pl inv or* **-s**) noun héron *m*.

hero worship noun culte *m* du héros.

herpes [ˈhɜːpiːz] noun herpès *m*.

herring [ˈherɪŋ] (*pl inv or* **-s**) noun hareng *m*.

hers [hɜːz] poss pron le sien (la sienne), les siens (les siennes) *(pl)* / *that money is hers* cet argent est à elle OR est le sien / *it wasn't his fault, it was HERS* ce n'était pas de sa faute à lui, c'était de sa faute à elle / *a friend of hers* un ami à elle, un de ses amis.

herself [hɜːˈself] pron **1.** *(reflexive)* se ; *(after prep)* elle **2.** *(for emphasis)* elle-même / *she did it herself* elle l'a fait toute seule.

he's [hiːz] ⟶ **he is, he has**.

hesitant [ˈhezɪtənt] adj hésitant(e) ▸ **to be hesitant about doing sthg** hésiter à faire qqch.

hesitate [ˈhezɪteɪt] vi hésiter ▸ **to hesitate to do sthg** hésiter à faire qqch.

hesitation [ˌhezɪˈteɪʃn] noun hésitation *f* ▸ **to have no hesitation in doing sthg** ne pas hésiter à faire qqch.

hessian [ˈhesɪən] noun UK jute *m*.

heterogeneous [ˌhetərəˈdʒiːnjəs] adj *fml* hétérogène.

heterosexual [ˌhetərəʊˈsekʃʊəl] adj & noun hétérosexuel(elle).

heterosexuality [ˈhetərəˌsekʃʊˈælətɪ] noun hétérosexualité *f*.

het up [het-] adj *inf* & *dated* excité(e), énervé(e).

hew [hjuː] (*pt* **-ed**, *pp* **-ed** *or* **hewn** [hjuːn]) vt *liter* [stone] tailler ; [wood] couper.

hexagon [ˈheksəgən] noun hexagone *m*.

hexagonal [hekˈsægənl] adj hexagonal(e).

hey [heɪ] excl hé !

heyday [ˈheɪdeɪ] noun âge *m* d'or.

hey presto [-ˈprestəʊ] excl UK passez muscade !

HGV (*abbr of* **heavy goods vehicle**) noun PL *m* ▸ **an HGV licence** un permis PL.

hi [haɪ] excl *inf* salut !

HI *abbr of* **Hawaii**.

hiatus [haɪˈeɪtəs] (*pl* **-es**) noun *fml* pause *f*.

hibernate [ˈhaɪbəneɪt] vi hiberner.

hibernation [ˌhaɪbəˈneɪʃn] noun hibernation *f*.

hiccup [ˈhɪkʌp], **hiccough** ❖ noun hoquet *m* ; *fig* [difficulty] accroc *m* ▸ **to have (the) hiccups** avoir le hoquet. ❖ vi (*pt & pp* **-ped**, *cont* **-ping**) hoqueter.

hick [hɪk] noun US *inf* & *pej* péquenaud *m*, -e *f*.

hickey [hɪkɪ] noun US suçon *m*.

hickory [ˈhɪkərɪ] ❖ noun (*pl* **-ies**) [tree] hickory *m*, noyer *m* blanc d'Amérique ; [wood] (bois *m* de) hickory *m*. ❖ comp en (bois de) hickory / *hickory nut* fruit *m* du hickory, noix *f* d'Amérique.

hid [hɪd] pt ⟶ **hide**.

hidden [ˈhɪdn] ❖ pp ⟶ **hide.** ❖ adj caché(e).

hidden camera noun caméra *f* cachée OR invisible.

hidden economy noun économie *f* noire.

hide [haɪd] ❖ vt (*pt* **hid**, *pp* **hidden**) ▸ **to hide sthg (from sb)** a) cacher qqch (à qqn) b) [information] taire qqch (à qqn) / *to hide the truth (from sb)* taire OR dissimuler la vérité (à qqn). ❖ vi (*pt* **hid**, *pp* **hidden**) se cacher / *the ambassador hid behind his diplomatic immunity* *fig* l'ambassadeur s'est réfugié derrière son immunité diplomatique. ❖ noun **1.** [animal skin] peau *f* **2.** UK [for watching birds, animals] cachette *f*.

hide-and-seek noun cache-cache *m*.

hideaway [ˈhaɪdəweɪ] noun cachette *f*.

hidebound [ˈhaɪdbaʊnd] adj *pej* [person] borné(e) ; [institution] rigide.

hideous [ˈhɪdɪəs] adj [ugly] hideux(euse) ; [error, conditions] abominable.

hideously [ˈhɪdɪəslɪ] adv **1.** [deformed, wounded] hideusement, atrocement, affreusement **2.** *fig* [as intensifier] terriblement, horriblement.

hideout [ˈhaɪdaʊt] noun cachette *f*.

hiding [ˈhaɪdɪŋ] noun **1.** [concealment] ▸ **to be in hiding** se tenir caché(e) **2.** *inf* [beating] ▸ **to give sb a (good) hiding** donner une (bonne) raclée OR correction à qqn.

hiding place noun cachette *f*.

hierarchical [ˌhaɪəˈrɑːkɪkl] adj hiérarchique.

hierarchy ['haɪərɑːkɪ] (*pl* **-ies**) noun hiérarchie *f*.

hieroglyphics [ˌhaɪərəˈglɪfɪks] pl n hiéroglyphes *mpl*.

hi-fi ['haɪfaɪ] noun hi-fi *f inv*.

higgledy-piggledy [ˌhɪgldɪ'pɪgldɪ] *inf* ◆ adj pêle-mêle *(inv)*. ◆ adv pêle-mêle.

high [haɪ] ◆ adj **1.** [gen] haut(e) ▸ **it's 3 feet / 6 metres high** cela fait 3 pieds/6 mètres de haut ▸ **how high is it?** cela fait combien de haut ? / *the building is eight storeys high* c'est un immeuble de OR à huit étages / *the sun was high in the sky* le soleil était haut ▸ **to have a high opinion of sb / sthg** avoir une haute opinion de qqn/qqch **2.** [speed, figure, altitude, office] élevé(e) / *built to withstand high temperatures* conçu(e) pour résister à des températures élevées / *high winds* des vents violents, de grands vents / *she suffers from high blood pressure* elle a de la tension / *areas of high unemployment* des régions à fort taux de chômage **3.** [high-pitched] aigu(uë) **4.** *drugs sl* qui plane, défoncé(e) **5.** *inf* [drunk] bourré(e). ◆ adv haut / *up high* en haut / *we looked high and low for him* nous l'avons cherché partout. ◆ noun [highest point] maximum *m* / *prices are at an all-time high* les prix ont atteint leur maximum ▸ **to reach a new high** atteindre un nouveau record OR maximum.

-high suffix à la hauteur de… / *shoulder-high* à la hauteur de l'épaule.

high-and-mighty adj arrogant(e), impérieux(euse) / *to be high-and-mighty* se donner de grands airs / *don't act so high-and-mighty* ne prends pas tes airs de grand seigneur/grande dame.

highbrow ['haɪbraʊ] adj *pej* intellectuel(elle).

high chair noun chaise *f* haute *(d'enfant)*.

high-class adj de premier ordre ; [hotel, restaurant] de grande classe.

high command noun haut commandement *m*.

high court noun US LAW Cour *f* suprême.

High Court noun UK LAW Cour *f* d'appel.

high-definition adj (à) haute définition.

high-density adj COMPUT haute densité *(inv)*.

high-end adj [computer, market] haut(e) de gamme.

higher ['haɪəʳ] adj [exam, qualification] supérieur(e). ◆ **Higher** noun ▸ **Higher (Grade)** SCH *examen de fin d'études secondaires en Écosse*.

higher education noun *(U)* études *fpl* supérieures.

high-fibre adj [food, diet] riche en fibres.

high-fidelity adj haute-fidélité *(inv)*.

high-five noun *inf geste que font deux personnes pour se féliciter ou se dire bonjour et qui consiste à se taper dans la main*.

high-flier, high-flyer noun ambitieux *m*, -euse *f*.

high-flying adj [ambitious] ambitieux(euse).

high-handed [-'hændɪd] adj [overbearing] autoritaire, despotique ; [inconsiderate] cavalier(ère).

high-heeled [-hiːld] adj à talons hauts.

high heels pl n talons *mpl* aiguilles.

high horse noun *inf* ▸ **to get on one's high horse** monter sur ses grands chevaux.

high jinks pl n *inf* chahut *m*.

high jump noun saut *m* en hauteur ▸ **to be for the high jump** UK *inf* être bon (bonne) pour une engueulade.

highlander ['haɪləndəʳ] noun [mountain dweller] montagnard *m*, -e *f*. ◆ **Highlander** noun habitant *m*, -e *f* des Highlands, Highlander *m*.

Highlands ['haɪləndz] pl n ▸ **the Highlands** les Highlands *fpl (région montagneuse du nord de l'Écosse)*.

high-level adj [talks, discussions] à haut niveau ; [diplomats, officials] de haut niveau.

high life noun ▸ **the high life** la grande vie.

highlight ['haɪlaɪt] ◆ noun [of event, occasion] moment *m* OR point *m* fort. ◆ vt souligner ; [with highlighter & COMPUT] surligner. ◆ **highlights** pl n [in hair] reflets *mpl*, mèches *fpl*.

highlighter (pen) ['haɪlaɪtəʳ-] noun surligneur *m*.

highly ['haɪlɪ] adv **1.** [very] extrêmement, très **2.** [very well] très bien / *very highly paid* très bien payé(e) **3.** [in important position] ▸ **highly placed** haut placé(e) **4.** [favourably] ▸ **to think highly of sb / sthg** penser du bien de qqn/qqch ▸ **to speak highly of sb / sthg** dire du bien de qqn/qqch / *I highly recommend it* je vous le conseille vivement OR chaudement.

highly-strung adj UK nerveux(euse).

high-minded [-'maɪndɪd] adj au caractère noble.

Highness ['haɪnɪs] noun ▸ **His / Her / Your (Royal) Highness** Son/Votre Altesse (Royale) ▸ **their (Royal) Highnesses** leurs Altesses (Royales).

high-performance adj performant(e).

high-pitched [-'pɪtʃt] adj aigu(uë).

high point noun [of occasion] point *m* fort.

high-powered [-'paʊəd] adj **1.** [powerful] de forte puissance **2.** [prestigious - activity, place] de haut niveau ; [- job, person] très important(e).

high-pressure adj **1.** [air, gas] à haute pression ▸ **high-pressure area** METEOR zone *f* de hautes pressions **2.** [selling] agressif(ive).

high profile noun : *to have a high profile* être très en vue. ◆ **high-profile** adj [job, position] qui est très en vue ; [campaign] qui fait beaucoup de bruit.

high resolution ◆ noun COMPUT haute résolution *f*. ◆ adj à haute résolution.

high rise noun tour *f (immeuble)*. ◆ **high-rise** adj ▸ **high-rise block of flats** UK tour *f*.

high-risk adj à haut risque.

high school noun UK *établissement d'enseignement secondaire* ; US ≃ lycée *m*.

high season noun haute saison *f*.

high-speed adj **1.** [train] à grande vitesse **2.** PHOT à obturation rapide.

high-spirited adj [person] plein(e) d'entrain.

high street noun UK rue *f* principale.

high-tech [-'tek] adj [method, industry] de pointe.

high technology noun technologie *f* de pointe.

high tide noun marée *f* haute.

high treason noun haute trahison *f*.

highway ['haɪweɪ] noun **1.** US [motorway] autoroute *f* **2.** [main road] grande route *f*.

Highway Code noun UK ▸ **the Highway Code** le code de la route.

high wire noun corde *f* raide.

hijack ['haɪdʒæk] ❖ noun détournement *m*. ❖ vt détourner.

hijacker ['haɪdʒækəʳ] noun [of aircraft] pirate *m* de l'air ; [of vehicle] pirate *m* de la route.

hijacking ['haɪdʒækɪŋ] noun **1.** [of car, plane, train] détournement *m* **2.** [robbery] vol *m*.

hike [haɪk] ❖ noun [long walk] randonnée *f* ▸ **take a hike!** *inf* dégage ! ❖ vi faire une randonnée.

hiker ['haɪkəʳ] noun randonneur *m*, -euse *f*.

hiking ['haɪkɪŋ] noun marche *f*.

hilarious [hɪ'leərɪəs] adj hilarant(e).

hilariously [hɪ'leərɪəslɪ] adv joyeusement, gaiement / *the film's hilariously funny* le film est à se tordre de rire.

hilarity [hɪ'lærətɪ] noun hilarité *f*.

hill [hɪl] noun **1.** [mound] colline *f* **2.** [slope] côte *f*.

hillbilly ['hɪl,bɪlɪ] (*pl* **-ies**) noun US *inf* & *pej* péquenaud *m*, -e *f*.

hillock ['hɪlək] noun petite colline *f* ; [smaller] petite élévation *f*.

hillside ['hɪlsaɪd] noun coteau *m*.

hill start noun UK AUSTR démarrage *m* en côte.

hilltop ['hɪltɒp] ❖ adj au sommet de la colline. ❖ noun sommet *m*.

hillwalker ['hɪl,wɔːkəʳ] noun UK randonneur *m*, -euse *f* *(en terrain vallonné)*.

hillwalking ['hɪl,wɔːkɪŋ] noun *(U)* UK randonnée *f* *(en terrain vallonné)*.

hilly ['hɪlɪ] (*compar* **-ier**, *superl* **-iest**) adj vallonné(e).

hilt [hɪlt] noun garde *f* ▸ **to the hilt** jusqu'au cou / *to support / defend sb to the hilt* soutenir / défendre qqn à fond.

him [hɪm] pers pron **1.** [direct - unstressed] le, l' *(+ vowel or silent 'h')* ; [- stressed] lui / *I know / like him* je le connais / l'aime (bien) / *it's him* c'est lui / *if I were* OR *was him* si j'étais lui, à sa place / *you can't expect* HIM *to do it* tu ne peux pas exiger que ce soit lui qui le fasse **2.** *(indirect)* lui / *we spoke to him* nous lui avons parlé / *she sent him a letter* elle lui a envoyé une lettre **3.** *(after prep, in comparisons, etc.)* lui / *I'm shorter than him* je suis plus petit que lui.

Himalayan [,hɪmə'leɪən] adj himalayen(enne).

Himalayas [,hɪmə'leɪəz] pl n ▸ **the Himalayas** l'Himalaya *m* ▸ **in the Himalayas** dans l'Himalaya.

himself [hɪm'self] pron **1.** *(reflexive)* se ; *(after prep)* lui **2.** *(for emphasis)* lui-même / *he did it himself* il l'a fait tout seul.

hind [haɪnd] ❖ adj de derrière. ❖ noun (*pl inv or* **-s**) UK biche *f*.

hinder ['hɪndəʳ] vt gêner, entraver.

Hindi ['hɪndɪ] noun hindi *m*.

hindquarters ['haɪndkwɔːtəz] pl n arrière-train *m*.

hindrance ['hɪndrəns] noun obstacle *m*.

hindsight ['haɪndsaɪt] noun ▸ **with the benefit of hindsight** avec du recul.

Hindu ['hɪnduː] ❖ adj hindou(e). ❖ noun (*pl* **-s**) Hindou *m*, -e *f*.

Hinduism ['hɪnduːɪzm] noun hindouisme *m*.

hinge [hɪndʒ] noun [whole fitting] charnière *f* ; [pin] gond *m*. ◆ **hinge (up)on** (*cont* **hingeing**) vt insep [depend on] dépendre de.

hinged [hɪndʒd] adj à charnière OR charnières ▸ **hinged flap** [of counter] abattant *m*.

hint [hɪnt] ❖ noun **1.** [indication] allusion *f* ▸ **to drop a hint** faire une allusion / *you could try dropping a hint that if his work doesn't improve...* tu pourrais essayer de lui faire comprendre que si son travail ne s'améliore pas... ▸ **to take the hint** saisir l'allusion **2.** [piece of advice] conseil *m*, indication *f* **3.** [small amount] soupçon *m*. ❖ vi ▸ **to hint at sthg** faire allusion à qqch / *what are you hinting at?* **a)** qu'est-ce que tu insinues ? **b)** [in neutral sense] à quoi fais-tu allusion ? ❖ vt ▸ **to hint that...** insinuer que...

hinterland ['hɪntəlænd] noun arrière-pays *m*.

hip [hɪp] ❖ noun hanche *f* ▸ **to shoot from the hip** *fig* ne pas faire dans la dentelle. ❖ adj *inf* [fashionable] branché(e).

hipbone, hip bone ['hɪpbəʊn] noun os *m* de la hanche, os *m* iliaque.

hip flask noun flasque *f*.

hip-hop noun [music] hip-hop *m*.

hippie ['hɪpɪ] = **hippy**.

hippo ['hɪpəʊ] (*pl* **-s**) noun hippopotame *m*.

hippopotamus [,hɪpə'pɒtəməs] (*pl* **-muses** *or* **-mi**) noun hippopotame *m*.

hippy ['hɪpɪ] (*pl* **-ies**) noun hippie *mf*.

hipsters ['hɪpstəz] pl n UK pantalon *m* à taille basse.

hire ['haɪəʳ] ❖ noun **1.** *(U)* UK [of car, equipment] location *f* ▸ **for hire a)** [bicycles] à louer **b)** [taxi] libre ▸ **on hire** en location **2.** US [employee] employé *m*, -e *f*. ❖ vt **1.** UK [rent] louer **2.** [employ] employer les services de / *a hired killer* un tueur à gages. ◆ **hire out** vt sep UK louer.

hire car noun UK voiture *f* de location.

hired help ['haɪəd-] noun [for housework] aide *f* ménagère.

hire purchase noun *(U)* UK achat *m* à crédit OR à tempérament ▸ **to buy sthg on hire purchase** acheter qqch à crédit OR à tempérament.

hi-res ['haɪrez] (*abbr of* **high-resolution**) adj *inf* COMPUT (à) haute résolution.

hiring ['haɪərɪŋ] noun **1.** UK [of car] location *f* **2.** [of employee] embauche *f*.

his [hɪz] ❖ poss adj son (sa), ses *(pl)* / *his house* sa maison / *his money* son argent / *his children* ses enfants / *his name is Joe* il s'appelle Joe / *it wasn't his fault* ce n'était pas de sa faute à lui. ❖ poss pron le sien (la sienne), les siens (les siennes) *(pl)* / *that money is his* cet argent est à lui OR est le sien / *it wasn't her fault, it was his* ce n'était pas de sa faute à elle, c'était de sa faute à lui / *a friend of his* un ami à lui, un de ses amis.

his and hers adj : *his and hers towels* des serviettes brodées « lui » et « elle ».

Hispanic [hɪ'spænɪk] ❖ adj hispanique. ❖ noun US Hispano-américain *m*, -e *f*.

hiss [hɪs] ❖ noun [of animal, gas] sifflement *m* ; [of crowd] sifflet *m*. ❖ vt [speaker, speech] siffler. ❖ vi [animal, gas] siffler.

hissy fit ['hɪsɪ-] noun *inf* ▸ **to have a hissy fit** piquer une crise.

histogram ['hɪstəgræm] noun histogramme *m*.

historian [hɪ'stɔːrɪən] noun historien *m*, -enne *f*.

historic [hɪ'stɒrɪk] adj historique.

historical [hɪ'stɒrɪkəl] adj historique.

historically [hɪ'stɒrɪklɪ] adv historiquement ; [traditionally] traditionnellement.

history ['hɪstərɪ] *(pl* **-ies***)* noun **1.** [gen] histoire *f* ▸ **to go down in history** entrer dans l'histoire ▸ **to make history** faire l'histoire **2.** [past record] antécédents *mpl* ▸ **medical history** passé *m* médical **3.** COMPUT historique *m*.

histrionics [hɪstrɪ'ɒnɪks] pl n *pej* drame *m*.

hit [hɪt] ❖ noun **1.** [blow] coup *m* **2.** [successful strike] coup *m* OR tir *m* réussi ; [in fencing] touche *f* ▸ **to score a hit on sthg** toucher qqch **3.** [success] succès *m* ▸ **to be a hit with** plaire à **4.** COMPUT visite *f* (d'un site Internet). ❖ comp à succès ▸ **hit single** OR **song** succès *m*, hit *m*, tube *m*. ❖ vt *(pt & pp* **hit**, *cont* **-ting***)* **1.** [strike] frapper ; [nail] taper sur / *to hit sb in the face / on the head* frapper qqn au visage / sur la tête / *to hit one's head / knee (against sthg)* se cogner la tête / le genou (contre qqch) / *to hit a ball over the net* envoyer un ballon par-dessus le filet **2.** [crash into] heurter, percuter / *the car hit a tree* la voiture a heurté OR est rentrée dans un arbre **3.** [reach] atteindre / *the bullet hit him in the shoulder* la balle l'a atteint OR touché à l'épaule / *it suddenly hit me that…* *fig* il m'est soudain venu à l'esprit que… / *to hit a problem* se heurter à un problème OR une difficulté **4.** [affect badly] toucher, affecter / *the region worst hit by the earthquake* la région la plus sévèrement touchée par le tremblement de terre / *the child's death has hit them all very hard* la mort de l'enfant les a tous durement touchés OR frappés **5.** PHR **to hit it off (with sb)** bien s'entendre (avec qqn). ◆ **hit back** vi UK : *our army hit back with a missile attack* notre armée a riposté en envoyant des missiles ▸ **to hit back (at)** répondre (à). ◆ **hit on** vt insep **1.** = **hit upon 2.** US *inf* [chat up] draguer. ◆ **hit out** vi UK ▸ **to hit out at a)** [physically] envoyer un coup à **b)** [criticize] attaquer. ◆ **hit upon** vt insep [think of] trouver.

hit-and-miss = **hit-or-miss**.

hit-and-run adj [accident] avec délit de fuite ▸ **hit-and-run driver** chauffard *m (qui a commis un délit de fuite)*.

hitch [hɪtʃ] ❖ noun [problem, snag] ennui *m* / *without a hitch* OR *any hitches* sans anicroche. ❖ vt **1.** [catch] ▸ **to hitch a lift** OR **a ride** faire du stop **2.** [fasten] ▸ **to hitch sthg on** OR **onto** accrocher OR attacher qqch à / *to get hitched* **a)** [one person] se caser **b)** [couple] passer devant Monsieur le Maire. ❖ vi [hitchhike] faire du stop. ◆ **hitch up** vt sep [pull up] remonter.

hitchhike ['hɪtʃhaɪk] vi faire de l'auto-stop.

hitchhiker ['hɪtʃhaɪkər] noun auto-stoppeur *m*, -euse *f*.

hitchhiking ['hɪtʃhaɪkɪŋ], **hitching** ['hɪtʃɪŋ] noun auto-stop *m*, stop *m*.

hi-tech [ˌhaɪ'tek] = **high-tech**.

hither ['hɪðər] adv *liter* ici ▸ **hither and thither** çà et là.

hitherto [ˌhɪðə'tuː] adv *fml* jusqu'ici.

hit list noun liste *f* noire.

hit man noun tueur *m (à gages)*.

hit-or-miss adj aléatoire.

hit squad noun *inf* commando *m* de tueurs.

HIV (*abbr of* **human immunodeficiency virus**) noun VIH *m*, HIV *m* ▸ **to be HIV-positive** être séropositif(ive).

hive [haɪv] noun ruche *f* ▸ **a hive of activity** une véritable ruche. ◆ **hive off** vt sep UK [assets] séparer.

hiya ['haɪjə] excl salut *inf*.

HM (*abbr of* **His (or Her) Majesty**) SM.

HMG (*abbr of* **His (or Her) Majesty's Government**) *expression utilisée sur des documents officiels en Grande-Bretagne*.

HMI (*abbr of* **His (or Her) Majesty's Inspector**) noun *inspecteur de l'éducation nationale en Grande-Bretagne*.

HMS (*abbr of* **His (or Her) Majesty's Ship**) *expression précédant le nom d'un bâtiment de la marine britannique*.

HMSO (*abbr of* **His (or Her) Majesty's Stationery Office**) noun *service officiel des publications en Grande-Bretagne* ; ≃ Imprimerie *f* nationale.

HNC (*abbr of* **Higher National Certificate**) noun *brevet de technicien en Grande-Bretagne*.

HND (*abbr of* **Higher National Diploma**) noun *brevet de technicien supérieur en Grande-Bretagne*.

hoard [hɔːd] ❖ noun [store] réserves *fpl* ; [of useless items] tas *m*. ❖ vt amasser ; [food, petrol] faire des provisions de.

hoarder ['hɔːdə] noun [gen] *personne ou animal qui fait des réserves* ; [of money] thésauriseur *m*, -euse *f* / *you're such a hoarder!* quel conservateur tu fais !

hoarding ['hɔːdɪŋ] noun UK [for advertisements] panneau *m* d'affichage publicitaire.

hoarfrost ['hɔːfrɒst] noun gelée *f* blanche.

hoarse [hɔːs] adj [person, voice] enroué(e) ; [shout, whisper] rauque.

hoax [həʊks] ❖ noun canular *m*. ❖ comp : *hoax (telephone) call* canular *m* téléphonique.

hoaxer ['həʊksəʳ] noun mauvais plaisant *m*.

hob [hɒb] noun UK [on cooker] rond *m*, plaque *f*.

hobble ['hɒbl] vi [limp] boitiller.

hobby ['hɒbɪ] (*pl* **-ies**) noun passe-temps *m inv*, hobby *m*, violon *m* d'Ingres.

hobbyhorse ['hɒbɪhɔːs] noun **1.** [toy] cheval *m* à bascule **2.** *fig* [favourite topic] dada *m*.

hobnob ['hɒbnɒb] (*pt & pp* **-bed**, *cont* **-bing**) vi *pej* ▸ **to hobnob with sb** frayer avec qqn.

hobo ['həʊbəʊ] (*pl* **-es** *or* **-s**) noun US *dated* clochard *m*, -e *f*.

hock [hɒk] noun UK [wine] vin *m* du Rhin.

hockey ['hɒkɪ] noun **1.** UK [on grass] hockey *m* **2.** US [ice hockey] hockey *m* sur glace.

hocus-pocus ['həʊkəs'pəʊkəs] noun [trickery] supercherie *f*, tromperie *f*.

hoe [həʊ] ❖ noun houe *f*. ❖ vt biner.

hog [hɒg] ❖ noun **1.** US [pig] cochon *m* **2.** *inf* [greedy person] goinfre *m* **3.** PHR **to go the whole hog** *inf* aller jusqu'au bout. ❖ vt (*pt & pp* **-ged**, *cont* **-ging**) *inf* [monopolize] accaparer, monopoliser.

Hogmanay ['hɒgməneɪ] noun *la Saint-Sylvestre en Écosse*.

hoi polloi [ˌhɔɪpə'lɔɪ] pl n *pej* : *the hoi polloi* la populace.

hoist [hɔɪst] ❖ noun [device] treuil *m*. ❖ vt hisser.

hoity-toity [ˌhɔɪtɪ'tɔɪtɪ] adj *inf & pej* prétentieux(euse), péteux(euse) / *she's very hoity-toity* c'est une vraie bêcheuse.

hold [həʊld]

❖ vt (*pt & pp* **held**)

1. [gen] tenir / *to hold sthg in one's hand* a) [book, clothing, guitar] avoir qqch à la main b) [key, money] tenir qqch dans la main / *to hold sb close* OR *tight* serrer qqn contre soi

2. [keep in position] maintenir

3. [carry on, engage in - conversation, meeting] tenir ; [- party] donner ; [organize] organiser / *to hold an election / elections* procéder à une élection / à des élections

4. [as prisoner] détenir ▸ **to hold sb prisoner / hostage** détenir qqn prisonnier / comme otage / *the police are holding him for questioning* la police l'a gardé à vue pour l'interroger

5. [have, possess - degree, permit, ticket] avoir, posséder ; [- job, position] avoir, occuper

6. *fml* [consider] considérer, estimer ▸ **to hold (that)…** considérer que…, estimer que… ▸ **to hold sb responsible for sthg** rendre qqn responsable de qqch, tenir qqn pour responsable de qqch ▸ **to hold sthg dear** tenir à qqch

7. [on telephone] ▸ **please hold (the line)** ne quittez pas, je vous prie

8. [keep, maintain] retenir / *we have held costs to a minimum* nous avons limité nos frais au minimum / *will the restaurant hold the table for us?* est-ce que le restaurant va nous garder la table ?

9. [sustain, support] supporter

10. [contain] contenir / *the main hall holds 500* on peut tenir à 500 dans la grande salle / *what does the future hold for him?* que lui réserve l'avenir ?

11. PHR **hold it!, hold everything!** attendez !, arrêtez ! ▸ **to hold one's own** se défendre

❖ vi (*pt & pp* **held**)

1. [cling] se tenir, s'accrocher / *hold tight!* accrochez-vous !, tenez bon !

2. [remain unchanged - gen] tenir ; [- luck] persister ; [- weather] se maintenir ▸ **to hold still** OR **steady** ne pas bouger, rester tranquille

3. [on phone] patienter

❖ noun

1. [grasp, grip] prise *f*, étreinte *f* ▸ **to take** OR **lay hold of sthg** saisir qqch ▸ **to get hold of sthg** [obtain] se procurer qqch ▸ **to get hold of sb** [find] joindre / *I've been trying to get hold of you all week!* je t'ai cherché toute la semaine !

2. [control, influence] prise *f* / *to have a hold over sb* avoir de l'influence sur qqn ▸ **to take hold** [fire] prendre

3. [of ship, aircraft] cale *f*

4. [delay, pause] pause *f*, arrêt *m* / *on hold* [gen & TELEC] en attente / *we've put the project on hold* nous avons mis le projet en attente

◆ **hold against** vt sep ▸ **to hold sthg against sb** *fig* en vouloir à qqn de qqch.

◆ **hold back** ❖ vi [hesitate] se retenir ▸ **to hold back from doing sthg** se retenir de faire qqch. ❖ vt sep **1.** [restrain, prevent] retenir ; [anger] réprimer ▸ **to hold sb back from doing sthg** retenir qqn de faire qqch **2.** [keep secret] cacher.

◆ **hold down** vt sep [job] garder ; [keyboard key] maintenir appuyé.

◆ **hold off** ❖ vt sep [fend off] tenir à distance ; [delay] reporter. ❖ vi ▸ **the rain held off** il n'a pas plu.

◆ **hold on** vi **1.** [wait] attendre ; [on phone] ne pas quitter **2.** [grip] ▸ **to hold on (to sthg)** se tenir (à qqch).

◆ **hold onto** vt insep [power, job] garder.

◆ **hold out** ❖ vt sep [hand, arms] tendre. ❖ vi **1.** [last] durer **2.** [resist] ▸ **to hold out (against sb / sthg)** résister (à qqn / qqch).

◆ **hold out for** vt insep continuer à réclamer.

◆ **hold up** vt sep **1.** [raise] lever **2.** [delay] retarder / *the accident held up traffic for an hour* l'accident a bloqué la circulation pendant une heure **3.** *inf* [rob] faire un hold-up dans.

◆ **hold with** vt insep *fml* [approve of] approuver.

holdall ['həʊldɔːl] noun UK fourre-tout *m inv*.

holder ['həʊldəʳ] noun **1.** [for cigarette] porte-cigarettes *m inv* **2.** [owner] détenteur *m*, -trice *f* ; [of position, title] titulaire *mf*.

holding ['həʊldɪŋ] ❖ noun **1.** [investment] effets *mpl* en portefeuille **2.** [farm] ferme *f*. ❖ adj [action, operation] *mené en vue de maintenir le statu quo*.

hold-up ['həʊldʌp] noun **1.** [robbery] hold-up *m* **2.** [delay] retard *m*.

hole [həʊl] noun **1.** [gen] trou *m* ▸ **hole in one** GOLF trou réussi en un coup ▸ **to pick holes in sthg** [criticize] trouver à redire à qqch **2.** UK *inf* [predicament] pétrin *m*. ◆ **hole up** vi [hide, take shelter] se terrer.

holiday ['hɒlɪdeɪ] ❖ noun **1.** UK [vacation] vacances *fpl* ▸ **to be / go on holiday** être / partir en vacances / *everyone is getting ready for the Christmas holidays* tout le monde prépare les fêtes **2.** [public holiday] jour *m* férié / *tomorrow is a holiday* demain c'est férié. ❖ comp [mood, feeling, destination] de vacances / *the holiday traffic* la circulation des départs en vacances. ❖ vi UK passer les vacances.

Holidays

Au Royaume-Uni, les jours saints ne sont pas des fêtes nationales, à l'exception du Vendredi saint et du jour de Noël. D'autres jours fériés jalonnent le calendrier britannique : le premier de l'an, la Saint-Patrick en Irlande du Nord, le lundi de Pâques, le premier mai, les congés de printemps et d'été, et le 26 décembre, le **Boxing Day**. Aux États-Unis, et particulièrement sur la côte est, la majorité des congés sont dédiés à des personnages célèbres (Martin Luther King, Christophe Colomb, les présidents Lincoln et Washington), aux victimes de guerre (**Memorial Day**) et aux vétérans en général (**Veterans' Day**), sans oublier la fête nationale (**Independence Day**), la fête du Travail (**Labor Day**) et **Thanksgiving**.

holiday camp noun UK camp *m* de vacances.

holiday home noun UK maison *f* de vacances, résidence *f* secondaire.

holidaymaker ['hɒlɪdɪˌmeɪkəʳ] noun UK vacancier *m*, -ère *f*.

holiday pay noun UK *salaire payé pendant les vacances*.

holiday resort noun UK lieu *m* de vacances.

holiday season noun UK saison *f* des vacances.

holiness ['həʊlɪnɪs] noun [holy quality] sainteté *f*. ◆ **Holiness** noun [in titles] ▸ **His / Your Holiness** Sa / Votre Sainteté.

holistic [həʊ'lɪstɪk] adj holistique.

Holland ['hɒlənd] noun Hollande *f* ▸ **in Holland** en Hollande.

holler ['hɒləʳ] vi & vt *inf* gueuler, brailler.

hollow ['hɒləʊ] ❖ adj [tree, container] creux (creuse) ; [eyes] cave ; [promise, victory] faux (fausse) ; [laugh] qui sonne faux. ❖ noun creux *m*. ◆ **hollow out** vt sep creuser, évider.

holly ['hɒlɪ] noun houx *m*.

Hollywood ['hɒlɪwʊd] ❖ noun [film industry] Hollywood. ❖ comp hollywoodien(enne).

holocaust ['hɒləkɔːst] noun [destruction] destruction *f*, holocauste *m*. ◆ **Holocaust** noun ▸ **the Holocaust** l'holocauste *m*.

hologram ['hɒləgræm] noun hologramme *m*.

holster ['həʊlstəʳ] noun étui *m*.

holy ['həʊlɪ] (*compar* **-ier**, *superl* **-iest**) adj saint(e) ; [ground] sacré(e).

Holy Bible noun : *the Holy Bible* la Sainte Bible.

Holy Communion noun Sainte Communion *f*.

Holy Ghost noun ▸ **the Holy Ghost** le Saint-Esprit.

Holy Land noun ▸ **the Holy Land** la Terre sainte.

Holy Spirit noun ▸ **the Holy Spirit** le Saint-Esprit.

homage ['hɒmɪdʒ] noun *(U) fml* hommage *m* ▸ **to pay homage to sb / sthg** rendre hommage à qqn / qqch.

home [həʊm] ❖ noun **1.** [house, institution] maison *f* / *to give sb a home* recueillir qqn chez soi / *to have a home of one's own* avoir un foyer OR un chez-soi ▸ **to make one's home** s'établir, s'installer / *New York will always be home for me!* c'est toujours à New York que je me sentirai chez moi ! ▸ **it's a home from home** UK OR **home away from home** US on est ici comme chez soi **2.** [country] patrie *f* ; [city] ville *f* natale **3.** [family] foyer *m* ▸ **to leave home** quitter la maison **4.** [for old people] maison *f* de retraite ; [for children] foyer *m* pour enfants **5.** *fig* [place of origin] berceau *m* / *the home of jazz* le berceau du jazz. ❖ adj **1.** [not foreign - gen] intérieur(e) ; [- product] national(e) **2.** [in one's own home - life] de famille ; [- improvements] domestique / *home comforts* confort *m* du foyer **3.** [to house] : *home visit / delivery* visite *f* / livraison *f* à domicile **4.** [SPORT - game] sur son propre terrain ; [- team] qui reçoit. ❖ adv **1.** [to or at one's house] chez soi, à la maison / *to go* OR *to get home* rentrer (chez soi OR à la maison) / *to see sb home* raccompagner qqn jusque chez lui / elle **2.** PHR **to bring sthg home (to sb)** faire prendre conscience de qqch (à qqn) ▸ **to drive** OR **hammer sthg home to sb** enfoncer OR faire rentrer qqch dans la tête de qqn. ◆ **at home** adv **1.** [in one's house, flat] chez soi, à la maison **2.** [comfortable] à l'aise ▸ **at home with sthg** à l'aise dans qqch ▸ **to make o.s. at home** faire comme chez soi **3.** [in one's own country] chez nous **4.** SPORT ▸ **to play at home** jouer sur son propre terrain. ◆ **home in on** vt insep viser, se diriger vers ; *fig* [problem, solution] mettre l'accent sur ; [difficulty, question] viser, cerner.

home banking noun *opérations bancaires effectuées à domicile par ordinateur*.

homecoming ['həʊmˌkʌmɪŋ] noun **1.** [return] retour *m* au foyer OR à la maison **2.** US SCH & UNIV *fête* *donnée en l'honneur de l'équipe de football et à laquelle sont invités les anciens élèves.*

home cooking noun cuisine *f* familiale.

home ground noun **1.** [familiar territory] ▸ **to be on home ground** *lit* & *fig* être sur son terrain **2.** SPORT terrain *m* du club.

homegrown [ˌhəʊm'grəʊn] adj du jardin.

home help noun UK aide *f* ménagère.

homeland ['həʊmlænd] noun **1.** [country of birth] patrie *f* **2.** [formerly in South Africa] homeland *m*, bantoustan *m*.

homeless ['həʊmlɪs] ❖ adj sans abri. ❖ pl n ▸ **the homeless** les sans-abri *mpl*.

homelessness ['həʊmlɪsnəs] noun *fait d'être sans abri*.

home-loving adj casanier(ère).

homely ['həʊmlɪ] adj **1.** UK [simple] simple **2.** US [unattractive] ordinaire.

homemade [ˌhəʊm'meɪd] adj fait(e) (à la) maison.

homemaker ['həʊmˌmeɪkə] noun femme *f* au foyer.

home market noun marché *m* intérieur.

home movie noun film *m* amateur.

Home Office noun UK ▸ **the Home Office** ≃ le ministère de l'Intérieur.

homeopath [ˌhəʊmɪ'ɒpəθ] noun UK homéopathe *mf*.

homeopathic [ˌhəʊmɪəʊ'pæθɪk] adj homéopathique.

homeopathy [ˌhəʊmɪ'ɒpəθɪ] noun homéopathie *f*.

home owner, homeowner ['həʊmˌəʊnəʳ] noun propriétaire *mf* (d'une maison/d'un appartement).

home page noun COMPUT page *f* d'accueil.

home run noun US coup *m* de circuit.

homeschooling ['həʊmˌsku:lɪŋ] noun US SCH instruction *f* à la maison.

Home Secretary noun UK ≃ ministre *m* de l'Intérieur.

homesick ['həʊmsɪk] adj qui a le mal du pays.

homesickness ['həʊmˌsɪknɪs] noun mal *m* du pays.

homespun ['həʊmspʌn] adj *fig* simple.

homestead ['həʊmsted] noun US ferme *f* (avec dépendances).

home straight UK, **home stretch** US noun ▸ **the home straight a)** [of race] la dernière ligne droite **b)** [of task] le dernier stade.

home town noun **1.** [of birth] ville *f* natale **2.** [of upbringing] : *his home town* la ville où il a grandi.

home truth noun UK ▸ **to tell sb a few home truths** dire ses quatre vérités à qqn.

homeward ['həʊmwəd] ❖ adj de retour. ❖ adv vers la maison.

homewards ['həʊmwədz] adv UK = **homeward**.

homework ['həʊmwɜ:k] noun *(U)* **1.** SCH devoirs *mpl* **2.** *inf* [preparation] boulot *m*.

homeworker ['həʊmˌwɜ:kəʳ] noun travailleur *m*, -euse *f* à domicile.

homeworking ['həʊmˌwɜ:kɪŋ] noun travail *m* à domicile.

homicidal ['hɒmɪsaɪdl] adj homicide.

homicide ['hɒmɪsaɪd] noun homicide *m*.

homily ['hɒmɪlɪ] (*pl* **-ies**) noun [lecture] homélie *f*.

homing ['həʊmɪŋ] adj de retour au gîte ; MIL ▸ **homing device** tête *f* chercheuse.

homing pigeon noun pigeon *m* voyageur.

homoeopath [ˌhəʊmɪ'ɒpəθ] UK = **homeopath**.

homoeopathic [ˌhəʊmɪəʊ'pæθɪk] UK = **homeopathic**.

homoeopathy [ˌhəʊmɪ'ɒpəθɪ] UK = **homeopathy**.

homogeneous [ˌhɒmə'dʒi:njəs] adj homogène.

homogenize, homogenise UK [hə'mɒdʒənaɪz] vt homogénéiser.

homonym ['hɒmənɪm] noun homonyme *m*.

homophobia [ˌhəʊməʊ'fəʊbjə] noun homophobie *f*.

homophobic [ˌhəʊməʊ'fəʊbɪk] adj homophobe.

homosexual [ˌhɒmə'sekʃʊəl] adj & noun homosexuel(elle).

homosexuality [ˌhɒməˌseksjʊ'ælətɪ] noun homosexualité *f*.

hon. *abbr of* **honourable** UK, **honorable** US, **honorary**.

Hon. *abbr of* **Honourable** UK, **Honorable** US.

honcho ['hɒntʃəʊ] noun US *inf* [boss] chef *m*.

Honduras [hɒn'djʊərəs] noun Honduras *m* ▸ **in Honduras** au Honduras.

hone [həʊn] vt aiguiser.

honest ['ɒnɪst] ❖ adj **1.** [trustworthy] honnête, probe **2.** [frank] franc (franche), sincère ▸ **to be honest…** à dire vrai… / ***the honest truth*** la pure vérité / ***give me your honest opinion*** dites-moi sincèrement ce que vous en pensez **3.** [legal] légitime / ***to earn an honest living*** gagner honnêtement sa vie. ❖ adv *inf* = **honestly**.

honestly ['ɒnɪstlɪ] ❖ adv **1.** [truthfully] honnêtement **2.** [expressing sincerity] je vous assure. ❖ excl [expressing impatience, disapproval] franchement !

honesty ['ɒnɪstɪ] noun honnêteté *f*, probité *f*.

honey ['hʌnɪ] noun **1.** [food] miel *m* **2.** [dear] chéri *m*, -e *f*.

honeybee ['hʌnɪbi:] noun abeille *f*.

honeycomb ['hʌnɪkəʊm] noun gâteau *m* de miel.

honeymoon ['hʌnɪmu:n] ❖ noun *lit* & *fig* lune *f* de miel. ❖ vi aller en voyage de noces, passer sa lune de miel.

honeymoon period noun [of prime minister, president] lune *f* de miel, état *m* de grâce.

honeysuckle ['hʌnɪˌsʌkl] noun chèvrefeuille *m*.

Hong Kong [ˌhɒŋ'kɒŋ] noun Hongkong, Hong Kong ▸ **in Hong Kong** à Hongkong.

honk [hɒŋk] ❖ vi **1.** [motorist] klaxonner **2.** [goose] cacarder. ❖ vt ▸ **to honk the horn** klaxonner. ❖ noun **1.** [of horn] coup *m* de Klaxon® **2.** [of goose] cri *m*.

honor US = **honour**.

honorable US = **honourable**.

honorary [UK 'ɒnərərɪ, US ɒnə'reərɪ] adj honoraire.

honors pl n US = **honours**.

honour UK, **honor** US ['ɒnəʳ] ❖ noun honneur *m* / *on my honour!* parole d'honneur ! / *he's on his honour to behave himself* il s'est engagé sur l'honneur OR sur son honneur à bien se tenir ▸ **in honour of sb / sthg** en l'honneur de qqn / qqch. ❖ vt honorer. ◆ **Honour** noun ▸ **His / Your Honour** Son / Votre Honneur. ◆ **honours** pl n **1.** [tokens of respect] honneurs *mpl* **2.** UK [of university degree] ≃ licence *f* **3.** PHR **to do the honours a)** [serve food] servir **b)** [introduce people] faire les présentations.

honourable UK, **honorable** US ['ɒnrəbl] adj honorable. ◆ **Honourable** adj [in titles] ▸ **the Honourable...** l'honorable....

honours list noun UK *liste des personnes qui doivent recevoir des titres honorifiques (conférés par la reine).*

Hons (*abbr of* **honours degree**) *licence.*

hood [hʊd] noun **1.** [on cloak, jacket] capuchon *m* **2.** [of cooker] hotte *f* **3.** [of pram, convertible car] capote *f* **4.** US [car bonnet] capot *m* **5.** US *inf* [gangster] gangster *m*.

hooded ['hʊdɪd] adj **1.** [wearing a hood] encapuchonné(e) **2.** [eyes] aux paupières tombantes.

hoodie ['hʊdɪ] noun *inf* **1.** [top] sweat-shirt *m* à capuche **2.** UK [person] *jeune qui porte un sweat-shirt à capuche.*

hoodlum ['hu:dləm] noun *inf* & *dated* gangster *m*, truand *m*.

hoodwink ['hʊdwɪŋk] vt tromper, berner.

hoof [hu:f *or* hʊf] (*pl* **-s** *or* **hooves** [hu:vz]) noun sabot *m* ▸ **to eat on the hoof** *inf* manger sur le pouce.

hoo-ha ['hu:ˌhɑ:] noun *inf* **1.** [noise] boucan *m*, potin *m* ; [chaos] pagaille *f*, tohu-bohu *m* ; [fuss] bruit *m*, histoires *fpl* **2.** US [party] fête *f* charivarique.

hook [hʊk] ❖ noun **1.** [for hanging things on] crochet *m* **2.** [for catching fish] hameçon *m* ▸ **he swallowed the story, hook, line and sinker** *inf* il a gobé tout le paquet **3.** [fastener] agrafe *f* **4.** [of telephone] ▸ **off the hook** décroché **5.** PHR **to get sb off the hook** tirer qqn d'affaire ▸ **to get one's hooks into sb** mettre le grappin sur qqn. ❖ vt **1.** [attach with hook] accrocher **2.** [catch with hook] prendre **3.** [arm, leg] ▸ **to hook one's arm around sthg** passer son bras autour de qqch. ◆ **hook up** ❖ vt sep ▸ **to hook sthg up to sthg** connecter qqch à qqch. ❖ vi *inf* [meet] se rencontrer ; [work together] faire équipe.

hooked [hʊkt] adj **1.** [shaped like a hook] crochu(e) **2.** *inf* [addicted] ▸ **to be hooked (on) a)** [drugs] être accro (à) **b)** [music, art] être mordu(e) (de).

hooker ['hʊkəʳ] noun US *inf* putain *f*.

hook(e)y ['hʊkɪ] noun US *inf* ▸ **to play hookey** faire l'école buissonnière.

hook-nosed adj au nez recourbé OR crochu.

hooligan ['hu:lɪgən] noun hooligan *m*, vandale *m*.

hooliganism ['hu:lɪgənɪzm] noun hooliganisme *m*, vandalisme *m*.

hoop [hu:p] noun **1.** [circular band] cercle *m* **2.** [toy] cerceau *m*.

hooray [hʊ'reɪ] = **hurray**.

hoot [hu:t] ❖ noun **1.** [of owl] hululement *m* **2.** UK [of horn] coup *m* de Klaxon® **3.** [of person] ▸ **a hoot of laughter** un hurlement de rire **4.** UK *inf* [something amusing] ▸ **to be a hoot** être tordant(e). ❖ vi **1.** [owl] hululer **2.** UK [horn] klaxonner **3.** *inf* [person] ▸ **to hoot with laughter** hurler de rire, rire aux éclats. ❖ vt UK ▸ **to hoot the horn** klaxonner.

hooter ['hu:təʳ] noun UK **1.** [horn] Klaxon® *m* **2.** *inf* [nose] pif *m*.

Hoover® ['hu:vəʳ] noun UK aspirateur *m*. ◆ **hoover** ❖ vt [room] passer l'aspirateur dans ; [carpet] passer à l'aspirateur. ❖ vi passer l'aspirateur.

hooves [hu:vz] pl n ⟶ **hoof**.

hop [hɒp] ❖ noun saut *m* ; [on one leg] saut à cloche-pied. ❖ vi (*pt & pp* **-ped**, *cont* **-ping**) sauter ; [on one leg] sauter à cloche-pied ; [bird] sautiller. ❖ vt (*pt & pp* **-ped**, *cont* **-ping**) US *inf* [bus, train] sauter dans. ◆ **hops** pl n houblon *m*.

hope [həʊp] ❖ vi espérer ▸ **to hope for sthg** espérer qqch ▸ **I hope so** j'espère bien ▸ **I hope not** j'espère bien que non ▸ **to hope for the best** espérer que tout aille pour le mieux. ❖ vt ▸ **to hope (that)** espérer que ▸ **to hope to do sthg** espérer faire qqch. ❖ noun espoir *m* ▸ **in the hope of** dans l'espoir de ▸ **I don't hold out much hope** je n'ai pas beaucoup d'espoir, je n'y compte pas trop.

hopeful ['həʊpfʊl] ❖ adj **1.** [optimistic] plein(e) d'espoir ▸ **to be hopeful of doing sthg** avoir l'espoir de faire qqch ▸ **to be hopeful of sthg** espérer qqch **2.** [promising] encourageant(e), qui promet. ❖ noun aspirant *m*.

hopefully ['həʊpfəlɪ] adv **1.** [in a hopeful way] avec bon espoir, avec optimisme **2.** [with luck] : *hopefully,...* espérons que....

hopeless ['həʊplɪs] adj **1.** [gen] désespéré(e) ; [tears] de désespoir **2.** *inf* [useless] nul (nulle).

hopelessly ['həʊplɪslɪ] adv **1.** [despairingly] avec désespoir **2.** [completely] complètement.

hopping ['hɒpɪŋ] adv *inf* & *dated* ▸ **to be hopping mad** être fou (folle) de colère.

hopscotch ['hɒpskɒtʃ] noun marelle *f*.

horde [hɔ:d] noun horde *f*, foule *f*. ◆ **hordes** pl n ▸ **hordes of** une foule de.

horizon [hə'raɪzn] noun horizon *m* ▸ **on the horizon** *lit* & *fig* à l'horizon. ◆ **horizons** pl n horizons *mpl*.

horizontal [ˌhɒrɪ'zɒntl] ❖ adj horizontal(e). ❖ noun ▸ **the horizontal** l'horizontale *f*.

horizontally [ˌhɒrɪ'zɒntəlɪ] adv horizontalement / *extend your arms horizontally* tendez vos bras à l'horizontale / *to move sb horizontally (to)* ADMIN & COMM muter qqn (à).

hormonal [hɔ:'məʊnl] adj hormonal(e).

hormone ['hɔ:məʊn] noun hormone *f.*

hormone replacement therapy noun traitement *m* hormonal substitutif.

horn [hɔ:n] noun **1.** [of animal] corne *f* **2.** MUS [instrument] cor *m* **3.** [on car] Klaxon® *m* ; [on ship] sirène *f* **4.** PHR **to blow one's own horn** se vanter.

hornet ['hɔ:nɪt] noun frelon *m.*

hornpipe ['hɔ:npaɪp] noun matelote *f (danse).*

horn-rimmed [-'rɪmd] adj à monture d'écaille.

horny ['hɔ:nɪ] (*compar* **-ier**, *superl* **-iest**) adj **1.** [hard] corné(e) ; [hand] calleux(euse) **2.** *v inf* [sexually excited] excité(e) (sexuellement).

horoscope ['hɒrəskəʊp] noun horoscope *m.*

horrendous [hɒ'rendəs] adj horrible.

horrendously [hɒ'rendəslɪ] adv horriblement.

horrible ['hɒrəbl] adj horrible.

horribly ['hɒrəblɪ] adv horriblement.

horrid ['hɒrɪd] adj [unpleasant] horrible.

horridly ['hɒrɪdlɪ] adv [as intensifier] atrocement, affreusement.

horrific [hɒ'rɪfɪk] adj horrible.

horrifically [hɒ'rɪfɪklɪ] adv **1.** [gruesomely] atrocement **2.** [as intensifier] : ***horrifically expensive*** affreusement cher.

horrified ['hɒrɪfaɪd] adj horrifié(e) / ***a horrified expression*** une expression d'horreur.

horrify ['hɒrɪfaɪ] (*pt & pp* **-ied**) vt horrifier.

horrifying ['hɒrɪfaɪɪŋ] adj horrifiant(e).

horror ['hɒrər] noun horreur *f* ▸ **to have a horror of sthg** avoir horreur de qqch ▸ **to my / his horror** à ma / sa grande horreur.

horror film UK, **horror movie** US noun film *m* d'épouvante.

horror-stricken, horror-struck adj glacé(e) OR frappé(e) d'horreur.

hors d'oeuvre [ɔ:'dɜ:vr] (*pl* **hors d'oeuvres** [ɔ:'dɜ:vr]) noun hors-d'œuvre *m inv.*

horse [hɔ:s] noun [animal] cheval *m.*

horseback ['hɔ:sbæk] ❖ adj à cheval ▸ **horseback riding** US équitation *f.* ❖ noun ▸ **on horseback** à cheval.

horsebox UK ['hɔ:sbɒks], **horsecar** US ['hɔ:skɑ:r] noun van *m.*

horse chestnut noun [nut] marron *m* d'Inde ▸ **horse chestnut (tree)** marronnier *m* d'Inde.

horse-drawn adj tiré(e) par des chevaux.

horsefly ['hɔ:sflaɪ] (*pl* **-ies**) noun taon *m.*

horsehair ['hɔ:sheər] noun crin *m.*

horseman ['hɔ:smən] (*pl* **-men**) noun cavalier *m.*

horsemanship ['hɔ:smənʃɪp] noun **1.** [activity] équitation *f* **2.** [skill] talent *m* de cavalier.

horseplay ['hɔ:spleɪ] noun chahut *m.*

horsepower ['hɔ:s,paʊər] noun puissance *f* en chevaux.

horse racing noun *(U)* courses *fpl* de chevaux.

horseradish ['hɔ:s,rædɪʃ] noun [plant] raifort *m.*

horse riding noun UK équitation *f.*

horseshoe ['hɔ:sʃu:] noun fer *m* à cheval.

horsewhip ['hɔ:swɪp] (*pt & pp* **-ped**, *cont* **-ping**) vt cravacher.

horsewoman ['hɔ:s,wʊmən] (*pl* **-women**) noun cavalière *f.*

horticultural [,hɔ:tɪ'kʌltʃərəl] adj d'horticulture.

horticulture ['hɔ:tɪkʌltʃər] noun horticulture *f.*

hose [həʊz] ❖ noun [hosepipe] tuyau *m.* ❖ vt arroser au jet. ◆ **hose down** vt sep laver au jet.

hosepipe ['həʊzpaɪp] noun = **hose**.

hosiery ['həʊzɪərɪ] noun bonneterie *f.*

hospice ['hɒspɪs] noun hospice *m.*

hospitable [hɒ'spɪtəbl] adj hospitalier(ère), accueillant(e).

hospital ['hɒspɪtl] noun hôpital *m.*

hospitality [,hɒspɪ'tælətɪ] noun hospitalité *f.*

hospitalize, hospitalise UK ['hɒspɪtəlaɪz] vt hospitaliser.

host [həʊst] ❖ noun **1.** [gen] hôte *m* **2.** [compere] animateur *m*, -trice *f* **3.** [large number] ▸ **a host of** une foule de. ❖ comp **1.** [cell] hôte **2.** [team] qui reçoit ▸ **host city / country** ville *f* / pays *m* d'accueil. ❖ vt **1.** *fig* [meeting] présenter, animer **2.** [website] héberger.

hostage ['hɒstɪdʒ] noun otage *m* ▸ **to be taken hostage** être pris(e) en otage ▸ **to be held hostage** être détenu(e) comme otage.

hostage-taking noun prise *f* d'otages.

hostel ['hɒstl] noun **1.** [basic accommodation] foyer *m* **2.** [youth hostel] auberge *f* de jeunesse.

hostess ['həʊstes] noun hôtesse *f.*

hostile [UK 'hɒstaɪl, US 'hɒstl] adj ▸ **hostile (to)** hostile (à).

hostile takeover bid noun OPA *f* hostile.

hostility [hɒ'stɪlətɪ] noun [antagonism, unfriendliness] hostilité *f.* ◆ **hostilities** pl n hostilités *fpl.*

hosting noun COMPUT [of web site] hébergement *m* ▸ **hosting charge** frais *mpl* d'hébergement.

host name noun COMPUT nom *m* d'hôte.

hot [hɒt] (*compar* **-ter**, *superl* **-test**) adj **1.** [gen] chaud(e) / ***I'm hot*** j'ai chaud / ***keep the meat hot*** tenez la viande au chaud / ***it's hot*** il fait chaud / ***in (the) hot weather*** pendant les chaleurs / ***the books were selling like hot cakes*** les livres se vendaient comme des petits pains **2.** [spicy] épicé(e) **3.** *inf* [expert] fort(e), calé(e) ▸ **to be hot on** OR **at sthg** être fort OR calé en qqch **4.** [recent] de dernière heure OR minute / ***the news is hot off the presses*** ce sont des informations de toute dernière minute **5.** [close, following closely] : ***the police were hot on their heels*** OR ***on their trail*** la police les talonnait OR était à leurs trousses / ***he fled with the police in hot pursuit*** il s'est enfui avec la police à ses trousses **6.** [temper] colérique / *she has a hot temper* elle s'emporte facilement ▸ **to be** OR **to get hot under the collar (about sthg)** *inf* être en colère OR en rogne au sujet de qqch. ◆ **hot up** (*pt & pp* **-ted**, *cont* **-ting**) vi UK *inf* chauffer.

hot air noun *inf* : *he's full of hot air* c'est une grande gueule / *all her promises are just a lot of hot air* toutes ses promesses ne sont que des paroles en l'air.

hot-air balloon noun montgolfière *f*.

hotbed ['hɒtbed] noun foyer *m*.

hot-blooded adj **1.** [person - passionate] fougueux(euse), au sang chaud **2.** [horse - thoroughbred] de sang pur.

hot cross bun noun *petit pain sucré que l'on mange le vendredi saint.*

hot-desking noun bureau *m* tournant.

hot dog noun hot dog *m*.

hotel [həʊ'tel] ❖ noun hôtel *m*. ❖ comp d'hôtel.

hotelier [həʊ'telɪəʳ] noun hôtelier *m*, -ère *f*.

hot flush UK, **hot flash** US noun bouffée *f* de chaleur.

hotfoot ['hɒt,fʊt] adv à toute vitesse.

hothead ['hɒthed] noun tête *f* brûlée, exalté *m*, -e *f*.

hotheaded [,hɒt'hedɪd] adj impulsif(ive).

hothouse ['hɒthaʊs] ❖ noun (*pl* [-haʊzɪz]) [greenhouse] serre *f*. ❖ comp de serre.

hot key noun COMPUT raccourci *m* clavier.

hot line noun **1.** [between government heads] téléphone *m* rouge **2.** [special line] hot line *f*, assistance *f* téléphonique.

hotlist ['hɒtlɪst] noun COMPUT hotlist *f*.

hotly ['hɒtlɪ] adv **1.** [passionately] avec véhémence **2.** [closely] de près / *to be hotly contested* être très contesté / *he's hotly tipped to win* c'est le grand favori.

hot pants pl n mini-short *m* (*très court et moulant*).

hotplate ['hɒtpleɪt] noun plaque *f* chauffante.

hotpot ['hɒtpɒt] noun UK *type de ragoût.*

hot potato noun *inf* & *fig* affaire *f* brûlante.

hot seat noun *inf* ▸ **to be in the hot seat** être sur la sellette.

hotshot ['hɒtʃɒt] *inf* ❖ noun [expert] as *m*, crack *m* ; [VIP] gros bonnet *m*. ❖ adj super / *they've hired some hotshot lawyer* ils ont pris un as du barreau.

hot spot noun **1.** [exciting place] endroit *m* à la mode **2.** [politically unsettled area] point *m* chaud.

hot-tempered [-'tempəd] adj colérique.

hot ticket noun *inf* ▸ **to be a hot ticket** être très populaire.

hot water noun *fig* ▸ **to get into hot water** s'attirer des ennuis ▸ **to be in hot water** être dans le pétrin.

hot-water bottle noun bouillotte *f*.

hot-wire vt *inf faire démarrer en court-circuitant l'allumage.*

houmous, houmus ['hʊmʊs] = **hummus**.

hound [haʊnd] ❖ noun [dog] chien *m*. ❖ vt **1.** [persecute] poursuivre, pourchasser **2.** [drive] ▸ **to hound sb out (of)** chasser qqn (de).

hour ['aʊəʳ] noun heure *f* ▸ **half an hour** une demi-heure ▸ **70 miles per** OR **an hour** 110 km à l'heure ▸ **on the hour** à l'heure juste ▸ **in the small hours** au petit matin. ◆ **hours** pl n **1.** [of business] heures *fpl* d'ouverture **2.** [routine] ▸ **to keep late hours** se coucher très tard ▸ **to keep regular hours** avoir une vie réglée.

hourglass ['aʊəglɑːs] ❖ noun sablier *m*. ❖ adj en forme d'amphore / *an hourglass figure* une taille de guêpe.

hourly ['aʊəlɪ] ❖ adj **1.** [happening every hour] toutes les heures **2.** [per hour] à l'heure. ❖ adv **1.** [every hour] toutes les heures **2.** [per hour] à l'heure **3.** *fig* [constantly] sans cesse, constamment.

house ❖ noun [haʊs] (*pl* ['haʊzɪz]) **1.** [gen] maison *f* / *at* OR *to his house* chez lui / *to clean the house* faire le ménage / *to set up house* monter son ménage, s'installer ▸ **on the house** aux frais de la maison ▸ **to put** OR **set one's house in order** balayer devant sa porte **2.** POL chambre *f* **3.** [in debates] assistance *f* / *this house believes…* la motion à débattre est la suivante… **4.** THEAT [audience] auditoire *m*, salle *f* / *to have a full house* jouer à guichets fermés OR à bureaux fermés ▸ **to bring the house down, to bring down the house** *inf* faire crouler la salle sous les applaudissements **5.** MUS = **house music 6.** UK SCH *au sein d'une école, répartition des élèves en groupes concurrents.* ❖ vt [haʊz] [accommodate] loger, héberger ; [department, store] abriter / *this wing houses a laboratory / five families* cette aile abrite un laboratoire / cinq familles. ❖ adj [haʊs] [within business] d'entreprise ; [style] de la maison.

house arrest noun ▸ **under house arrest** en résidence surveillée.

houseboat ['haʊsbəʊt] noun péniche *f* aménagée.

housebound ['haʊsbaʊnd] adj confiné(e) chez soi.

housebreaking ['haʊs,breɪkɪŋ] noun (*U*) cambriolage *m*.

housebroken ['haʊs,brəʊkn] adj US [pet] propre.

housecoat ['haʊskəʊt] noun peignoir *m*.

houseful ['haʊsfʊl] noun : *a houseful of guests* une pleine maisonnée d'invités / *we've got a real houseful this weekend* la maison est vraiment pleine (de monde) ce week-end.

houseguest ['haʊsgest] noun invité *m*, -e *f*.

household ['haʊshəʊld] ❖ adj **1.** [domestic] ménager(ère) **2.** [word, name] connu(e) de tous. ❖ noun maison *f*, ménage *m*.

householder ['haʊs,həʊldəʳ] noun propriétaire *mf* (*d'une maison*).

household name noun : *we want to make our brand a household name* nous voulons que notre marque soit connue de tous / *she's a household name* tout le monde la connaît OR sait qui elle est.

house-hunt vi chercher un OR être à la recherche d'un logement.

house husband noun homme *m* au foyer.

housekeeper ['haʊsˌki:pəʳ] noun gouvernante *f.*

housekeeping ['haʊsˌki:pɪŋ] noun *(U)* **1.** [work] ménage *m* **2.** ▸ **housekeeping (money)** argent *m* du ménage.

houseman ['haʊsmən] (*pl* **-men**) noun UK [medicine] ≃ interne *m.*

housemaster ['haʊsˌmɑ:stəʳ] noun UK SCH *professeur responsable d'une* ***house***.

housemistress ['haʊsˌmɪstrɪs] noun UK SCH *professeur responsable d'une* ***house***.

house music noun house music *f.*

House of Commons noun UK ▸ **the (House of) Commons** la Chambre des communes.

The House of Commons

La Chambre des communes, chambre basse du Parlement britannique, est composée de 646 députés (MPs) élus au suffrage universel pour cinq ans, qui siègent environ 175 jours par an.

House of Lords noun UK ▸ **the (House of) Lords** la Chambre des lords.

The House of Lords

La Chambre des lords, chambre haute du Parlement britannique, est composée de lords spirituels (hommes d'Église) et de lords temporels (nobles), dont la plupart sont nommés par le gouvernement. C'est la plus haute cour au Royaume-Uni (Écosse non comprise). Elle peut amender des projets de loi votés par la Chambre des communes, qui, à son tour, peut rejeter des décisions prises par la Chambre des lords. Les gouvernements travaillistes ont essayé d'apporter des réformes majeures à cette « Deuxième Chambre », et ont effectué, en 1999, une importante réduction du nombre de pairs héréditaires qui ont le droit d'y siéger.

House of Representatives noun US ▸ **the House of Representatives** la Chambre des représentants.

The House of Representatives

La Chambre des représentants constitue, avec le Sénat, l'organe législatif américain ; ses membres sont élus par le peuple, proportionnellement à la population de chaque État.

house-owner noun propriétaire *mf* d'une maison.

houseplant ['haʊsplɑ:nt] noun plante *f* d'appartement.

house-proud adj qui a la manie d'astiquer.

houseroom ['haʊsrʊm] noun UK place *f (pour loger qqn ou qqch)* / *I wouldn't give that table houseroom!* je ne voudrais pas de cette table chez moi !

house-sit vi : *to house-sit for sb s'occuper de la maison de qqn pendant son absence.*

house-sitter noun *personne qui garde une maison en l'absence de ses occupants.*

Houses of Parliament pl n ▸ **the Houses of Parliament** le Parlement britannique *(où se réunissent la Chambre des communes et la Chambre des lords).*

house-to-house adj de porte en porte, maison par maison.

housewarming (party) ['haʊsˌwɔ:mɪŋ-] noun pendaison *f* de crémaillère.

housewife ['haʊswaɪf] (*pl* **-wives**) noun femme *f* au foyer.

house wine noun vin *m* de la maison.

housework ['haʊswɜ:k] noun *(U)* ménage *m.*

housing ['haʊzɪŋ] ❖ noun **1.** *(U)* [accommodation] logement *m* **2.** [TECH - gen] boîtier *m* ; [- of engine] coquille *f.* ❖ comp [policy] du logement ; [conditions] de logement ; [shortage] de logements.

housing benefit noun *(U)* UK allocation *f* logement.

housing estate UK, **housing project** US noun cité *f.*

hovel ['hɒvl] noun masure *f*, taudis *m.*

hover ['hɒvəʳ] vi **1.** [fly] planer **2.** [person] ▸ **to hover around sb** tourner OR rôder autour de qqn **3.** [hesitate] hésiter.

hovercraft ['hɒvəkrɑ:ft] (*pl inv or* **-s**) noun aéroglisseur *m*, hovercraft *m.*

how [haʊ] adv **1.** [gen] comment / *how do you do it?* comment fait-on ? / *how did you like* OR *how was the film?* comment as-tu trouvé le film ? ▸ **how are you?** comment allez-vous ? ▸ **how do you do?** enchanté(e) (de faire votre connaissance) ▸ **how come?** comment ça se fait ? **2.** [referring to degree, amount] : *how long have you been waiting?* cela fait combien de temps que vous attendez ? / *how many people came?* combien de personnes sont venues ? ▸ **how old are you?** quel âge as-tu ? / *how far is it from here to the sea?* combien y a-t-il d'ici à la mer ? **3.** [in exclamations] : *how nice!* que c'est bien ! / *how awful!* quelle horreur ! / *how pretty you look!* que tu es jolie ! **4.** [expressing surprise] ▸ **how can you be so rude?** comment peux-tu être aussi grossier ? ◆ **how about** adv : *how about a drink?* si on prenait un verre ? / *how about you?* et toi ? ◆ **how much** ❖ pron combien / *how much does it cost?* combien ça coûte ? ❖ adj combien de / *how much bread?* combien de pain ?

howdy ['haʊdɪ] excl US *inf* salut !

however [haʊ'evəʳ] ❖ adv **1.** [nevertheless] cependant, toutefois **2.** [no matter how] quelque… que *(+ subjunctive)*, si… que *(+ subjunctive)* ▸ **however many / much** peu importe la quantité de **3.** [how] comment. ❖ conj [in whatever way] de quelque manière que *(+ subjunctive).*

howl [haʊl] ◆ noun hurlement *m* ; [of laughter] éclat *m*. ◆ vi hurler ; [with laughter] rire aux éclats.

howler ['haʊləʳ] noun *inf* bourde *f*, gaffe *f*.

howling ['haʊlɪŋ] adj *inf* [success] fou (folle).

hp (*abbr of* **horsepower**) noun CV *m*.

HP noun **1.** UK (*abbr of* **hire purchase**) ▸ **to buy sthg on HP** acheter qqch à crédit **2.** = **hp**.

HQ (*abbr of* **headquarters**) noun QG *m*.

hr (*abbr of* **hour**) h.

HR noun *abbr of* **human resources**.

HRH (*abbr of* **His (or Her) Royal Highness**) SAR.

HRT noun *abbr of* **hormone replacement therapy**.

HTML (*abbr of* **hypertext markup language**) noun COMPUT HTML.

hub [hʌb] noun **1.** [of wheel] moyeu *m* **2.** [of activity] centre *m*.

hubbub ['hʌbʌb] noun vacarme *m*, brouhaha *m*.

hubcap ['hʌbkæp] noun enjoliveur *m*.

huddle ['hʌdl] ◆ vi se blottir. ◆ noun petit groupe *m*.

hue [hju:] noun [colour] teinte *f*, nuance *f*.

huff [hʌf] ◆ noun ▸ **in a huff** froissé(e). ◆ vi ▸ **to huff and puff** souffler et haleter.

huffy ['hʌfɪ] (*compar* **-ier**, *superl* **-iest**) adj *inf* **1.** [offended] froissé(e) **2.** [touchy] susceptible / *don't go all huffy!* ne te vexe pas !

hug [hʌg] ◆ noun étreinte *f* ▸ **to give sb a hug** serrer qqn dans ses bras. ◆ vt (*pt & pp* **-ged**, *cont* **-ging**) **1.** [embrace] étreindre, serrer dans ses bras **2.** [hold] tenir ▸ **to hug sthg to o.s.** serrer qqch contre soi **3.** [stay close to] serrer.

huge [hju:dʒ] adj énorme ; [subject] vaste ; [success] fou (folle).

hugely ['hju:dʒlɪ] adv [increase] énormément ; [as intensifier] énormément, extrêmement / *the project has been hugely successful / expensive* le projet a été un succès complet / a coûté extrêmement cher.

huh [hʌ] excl **1.** [gen] hein ? **2.** [expressing scorn] berk !

hulk [hʌlk] noun **1.** [of ship] carcasse *f* **2.** [person] malabar *m*, mastodonte *m*.

hulking ['hʌlkɪŋ] adj énorme.

hull [hʌl] noun coque *f*.

hullabaloo [,hʌləbə'lu:] noun *inf* tintamarre *m*, raffut *m*.

hullo [hə'ləʊ] excl UK = **hello**.

hum [hʌm] ◆ vi (*pt & pp* **-med**, *cont* **-ming**) **1.** [audience, bees, wires] bourdonner ; [machine] vrombir, ronfler **2.** [sing] fredonner, chantonner **3.** [be busy] être en pleine activité **4.** PHR **to hum and haw** UK bredouiller, bafouiller. ◆ vt (*pt & pp* **-med**, *cont* **-ming**) fredonner, chantonner. ◆ noun (*U*) [of bees, voices] bourdonnement *m* ; [of machine] vrombissement *m*, ronflement *m* ; [of conversation] brouhaha *m*.

human ['hju:mən] ◆ adj humain(e). ◆ noun ▸ **human (being)** être *m* humain.

humane [hju:'meɪn] adj humain(e).

humanely [hju:'meɪnlɪ] adv humainement.

human error noun erreur *f* humaine.

human interest noun PRESS dimension *f* humaine ▸ **a human interest story** un reportage à caractère social.

humanism ['hju:mənɪzm] noun humanisme *m*.

humanitarian [hju:,mænɪ'teərɪən] ◆ adj humanitaire. ◆ noun humanitaire *mf*.

humanity [hju:'mænətɪ] noun humanité *f*. ◆ **humanities** pl n ▸ **the humanities** les humanités *fpl*, les sciences *fpl* humaines.

humanize, humanise ['hju:mənaɪz] vt humaniser.

humankind [,hju:mən'kaɪnd] noun l'humanité *f*, le genre humain.

humanly ['hju:mənlɪ] adv ▸ **humanly possible** humainement possible.

human nature noun nature *f* humaine.

human race noun ▸ **the human race** la race humaine.

human resources pl n ressources *fpl* humaines ▸ **department of human resources, human resources department** direction des ressources humaines.

human rights pl n droits *mpl* de l'homme.

human shield noun bouclier *m* humain.

human trafficking noun trafic *m* OR traite *f* d'êtres humains.

humble ['hʌmbl] ◆ adj humble ; [origins, employee] modeste. ◆ vt humilier ▸ **to humble o.s.** s'abaisser, s'humilier.

humbling ['hʌmblɪŋ] adj [experience] qui rend humble.

humbly ['hʌmblɪ] adv **1.** [not proudly] humblement **2.** [live, begin] modestement.

humbug ['hʌmbʌg] noun **1.** *dated* [hypocrisy] hypocrisie *f* **2.** UK [sweet] *type de bonbon dur*.

humdinger [,hʌm'dɪŋəʳ] noun *inf* **1.** [person] : *she's a real humdinger!* elle est vraiment extra OR sensass OR terrible ! **2.** [thing] : *that was a humdinger of a game!* quel match extraordinaire ! / *they had a real humdinger of a row!* ils se sont engueulés, quelque chose de bien !

humdrum ['hʌmdrʌm] adj monotone.

humid ['hju:mɪd] adj humide.

humidifier [hju:'mɪdɪfaɪəʳ] noun humidificateur *m*.

humidity [hju:'mɪdətɪ] noun humidité *f*.

humiliate [hju:'mɪlɪeɪt] vt humilier.

humiliating [hju:'mɪlɪeɪtɪŋ] adj humiliant(e).

humiliation [hju:,mɪlɪ'eɪʃn] noun humiliation *f*.

humility [hju:'mɪlətɪ] noun humilité *f*.

hummingbird ['hʌmɪŋbɜ:d] noun colibri *m*, oiseau-mouche *m*.

hummus ['hʊmʊs] noun houmous *m*.

humor US = **humour**.

humorous ['hju:mərəs] adj humoristique ; [person] plein(e) d'humour.

humour UK, **humor** US ['hju:mər] ❖ noun **1.** [sense of fun] humour *m* **2.** [of situation, remark] côté *m* comique **3.** *dated* [mood] humeur *f.* ❖ vt se montrer conciliant(e) envers.

humourless UK, **humorless** US ['hju:məlɪs] adj [person] qui manque d'humour ; [book, situation, speech] sans humour.

hump [hʌmp] ❖ noun bosse *f.* ❖ vt UK *inf* [carry] porter, coltiner.

humus ['hju:məs] noun humus *m.*

hunch [hʌntʃ] ❖ noun *inf* pressentiment *m*, intuition *f.* ❖ vt voûter. ❖ vi se pencher.

hunchback ['hʌntʃbæk] noun *offens* bossu *m*, -e *f.*

hunchbacked ['hʌntʃbækt] adj *offens* bossu(e).

hunched [hʌntʃt] adj voûté(e).

hundred ['hʌndrəd] num cent ▸ **a** OR **one hundred** cent / *about a hundred pupils* une centaine d'élèves. *See also* **six.** ◆ **hundreds** pl n des centaines.

hundredth ['hʌndrətθ] num centième. *See also* **sixth.**

hundredweight ['hʌndrədweɪt] noun [in UK] poids *m* de 112 livres *(= 50,8 kg)* ; [in US] poids *m* de 100 livres *(= 45,3 kg).*

hung [hʌŋ] ❖ pt & pp → **hang.** ❖ adj [parliament, jury] sans majorité.

Hungarian [hʌŋ'geərɪən] ❖ adj hongrois(e). ❖ noun **1.** [person] Hongrois *m*, -e *f* **2.** [language] hongrois *m.*

Hungary ['hʌŋgərɪ] noun Hongrie *f* ▸ **in Hungary** en Hongrie.

hunger ['hʌŋgər] noun **1.** [gen] faim *f* **2.** [strong desire] soif *f.* ◆ **hunger after, hunger for** vt insep *fig* avoir faim de, avoir soif de.

hunger strike noun grève *f* de la faim.

hung over adj *inf* ▸ **to be hung over** avoir la gueule de bois.

hungrily ['hʌŋgrəlɪ] adv [eat] voracement, avidement ; *fig* [read, listen] avidement.

hungry ['hʌŋgrɪ] (*compar* **-ier**, *superl* **-iest**) adj **1.** [for food] ▸ **to be hungry a)** avoir faim **b)** [starving] être affamé(e) ▸ **to go hungry** souffrir de la faim **2.** [eager] ▸ **to be hungry for** être avide de.

hung up adj *inf* ▸ **to be hung up (on** OR **about)** être obsédé(e) (par).

hunk [hʌŋk] noun **1.** [large piece] gros morceau *m* **2.** *inf* [man] beau mec *m.*

hunky-dory [ˌhʌŋkɪ'dɔ:rɪ] adj *inf* au poil.

hunt [hʌnt] ❖ noun chasse *f* ; [for missing person] recherches *fpl.* ❖ vi **1.** [chase animals, birds] chasser / *they hunt by night / in packs* ils chassent la nuit / en bande **2.** UK [chase foxes] chasser le renard / *to go hunting* aller à la chasse **3.** [search] ▸ **to hunt (for sthg)** chercher partout (qqch) / *I've hunted all over town for a linen jacket* j'ai parcouru OR fait toute la ville pour trouver une veste en lin. ❖ vt **1.** [animals, birds] chasser **2.** [person] poursuivre, pourchasser. ◆ **hunt down** vt sep traquer.

hunter ['hʌntər] noun **1.** [of animals, birds] chasseur *m*, -euse *f* **2.** [of things] ▸ **bargain hunter** dénicheur *m*, -euse *f* d'occasions ▸ **autograph hunter** collectionneur *m*, -euse *f* d'autographes.

hunting ['hʌntɪŋ] ❖ noun **1.** [of animals] chasse *f* **2.** UK [of foxes] chasse *f* au renard. ❖ comp de chasse.

huntsman ['hʌntsmən] (*pl* **-men**) noun chasseur *m.*

hurdle ['hɜ:dl] ❖ noun **1.** [in race] haie *f* **2.** [obstacle] obstacle *m.* ❖ vt [jump over] sauter.

hurdler ['hɜ:dlər] noun coureur *m*, -euse *f (qui fait des courses de haies).*

hurl [hɜ:l] ❖ vt **1.** [throw] lancer avec violence **2.** [shout] lancer. ❖ vi US *inf* [vomit] dégueuler, gerber.

hurling ['hɜ:lɪŋ] noun SPORT *jeu irlandais voisin du hockey sur gazon.*

hurly-burly ['hɜ:lɪˌbɜ:lɪ] UK ❖ noun tohu-bohu *m* / *the hurly-burly of city life* le tourbillon de la vie urbaine. ❖ adj turbulent(e).

hurrah [hʊ'rɑ:] excl *dated* hourra !

hurray [hʊ'reɪ] excl hourra !

hurricane ['hʌrɪkən] noun ouragan *m.*

hurried ['hʌrɪd] adj [hasty] précipité(e).

hurriedly ['hʌrɪdlɪ] adv précipitamment ; [eat, write] vite, en toute hâte.

hurry ['hʌrɪ] ❖ vt (*pt & pp* **-ied**) [person] faire se dépêcher ; [process] hâter ▸ **to hurry to do sthg** se dépêcher OR se presser de faire qqch. ❖ vi (*pt & pp* **-ied**) se dépêcher, se presser. ❖ noun hâte *f*, précipitation *f* ▸ **to be in a hurry** être pressé(e) ▸ **to do sthg in a hurry** faire qqch à la hâte ▸ **to be in no hurry to do sthg** [unwilling] ne pas être pressé(e) de faire qqch. ◆ **hurry up** ❖ vi se dépêcher. ❖ vt sep faire se dépêcher.

hurt [hɜ:t] ❖ vt (*pt & pp* **hurt**) **1.** [physically, emotionally] blesser ; [one's leg, arm] se faire mal à / *is your back hurting you today?* est-ce que tu as mal au dos aujourd'hui ? ▸ **to hurt o.s.** se faire mal / *to hurt sb's feelings* vexer OR froisser qqn **2.** *fig* [harm] faire du mal à. ❖ vi (*pt & pp* **hurt**) **1.** [gen] faire mal / *my leg hurts* ma jambe me fait mal **2.** *fig* [do harm] faire du mal. ❖ adj [physically] blessé(e) ; [voice] offensé(e) / *he's more frightened than hurt* il a eu plus de peur que de mal / *a hurt expression* un regard meurtri OR blessé / *don't feel hurt* ne le prends pas mal. ❖ noun *(U)* [emotional pain] peine *f.*

hurtful ['hɜ:tfʊl] adj blessant(e).

hurtle ['hɜ:tl] vi aller à toute allure.

husband ['hʌzbənd] noun mari *m.*

husbandry ['hʌzbəndrɪ] noun *fml* agriculture *f.*

hush [hʌʃ] ❖ noun silence *m.* ❖ excl silence !, chut !

hushed [hʌʃt] adj [whisper, voice] étouffé(e) ; [silence] profond(e), grand(e) / *to speak in hushed tones* parler à voix basse.

hush-hush adj *inf* secret(ète), archi-secret(ète).

husk [hʌsk] noun [of seed, grain] enveloppe *f.*

husky ['hʌskɪ] ❖ adj (*compar* **-ier**, *superl* **-iest**) [hoarse] rauque. ❖ noun husky *m.*

hussy ['hʌsɪ] (*pl* **-ies**) noun *dated* & *hum* [shameless woman] garce *f*, gourgandine *f dated* / ***you brazen hussy!*** espèce de garce !

hustings ['hʌstɪŋz] pl n UK plate-forme *f* électorale.

hustle ['hʌsl] ❖ vt **1.** [hurry] pousser, bousculer **2.** US [persuade] ▸ **to hustle sb into doing sthg** forcer la main à qqn pour qu'il fasse qqch. ❖ noun agitation *f*.

hustler ['hʌslə^r] noun **1.** *inf* [dynamic person] chahuteur *m*, -euse *f* **2.** *inf* [swindler] arnaqueur *m*, -euse *f*.

hut [hʌt] noun **1.** [rough house] hutte *f* **2.** [shed] cabane *f*.

hutch [hʌtʃ] noun clapier *m*.

hyacinth ['haɪəsɪnθ] noun jacinthe *f*.

hybrid ['haɪbrɪd] ❖ adj hybride. ❖ noun **1.** [plant, animal] hybride *m* **2.** [mixture] entité *f* hybride.

hydrangea [haɪ'dreɪndʒə] noun hortensia *m*.

hydrant ['haɪdrənt] noun bouche *f* d'incendie.

hydraulic [haɪ'drɔ:lɪk] adj hydraulique. ◆ **hydraulics** pl n hydraulique *f*.

hydrocarbon [,haɪdrə'kɑ:bən] noun hydrocarbure *m*.

hydrochloric acid [,haɪdrə'klɔ:rɪk-] noun acide *m* chlorhydrique.

hydroelectric [,haɪdrəʊɪ'lektrɪk] adj hydro-électrique.

hydroelectricity [,haɪdrəʊɪlek'trɪsətɪ] noun hydroélectricité *f*.

hydrofoil ['haɪdrəfɔɪl] noun hydroptère *m*.

hydrogen ['haɪdrədʒən] noun hydrogène *m*.

hydrogenated [haɪ'drɒdʒɪneɪtɪd] adj hydrogéné(e).

hydrogen peroxide noun eau *f* oxygénée.

hydrophobia [,haɪdrə'fəʊbjə] noun hydrophobie *f*.

hydroplane ['haɪdrəpleɪn] noun **1.** [speedboat] hydroglisseur *m* **2.** [hydrofoil] hydroptère *m*.

hyena [haɪ'i:nə] noun hyène *f*.

hygiene ['haɪdʒi:n] noun hygiène *f*.

hygienic [haɪ'dʒi:nɪk] adj hygiénique.

hygienist [haɪ'dʒi:nɪst] noun *personne qui se charge du détartrage des dents*.

hymn [hɪm] noun **1.** hymne *m*, cantique *m* **2.** PHR **to be singing from the same hymn sheet** parler d'une même voix.

hymn book, hymnbook ['hɪmbʊk] noun livre *m* de cantiques.

hype [haɪp] *inf* ❖ noun *(U)* battage *m* publicitaire. ❖ vt faire un battage publicitaire autour de.

hyped up [haɪpt-] adj *inf* [person] excité(e).

hyper ['haɪpə^r] adj *inf* qui a la bougeotte.

hyperactive [,haɪpər'æktɪv] adj hyperactif(ive).

hyperactivity [,haɪpəræk'tɪvətɪ] noun hyperactivité *f*.

hyperbola [haɪ'pɜ:bələ] noun MATH hyperbole *f*.

hyperbole [haɪ'pɜ:bəlɪ] noun hyperbole *f*.

hypercritical [,haɪpə'krɪtɪkl] adj hypercritique.

hyperinflation [,haɪpərɪn'fleɪʃn] noun hyperinflation *f*.

hyperlink ['haɪpəlɪŋk] noun lien *m* hypertexte, hyperlien *m*.

hypermarket ['haɪpə,mɑ:kɪt] noun UK hypermarché *m*.

hypermedia ['haɪpəmi:dɪə] pl n hypermédia *mpl*.

hypersensitive [,haɪpə'sensɪtɪv] adj hypersensible.

hypertension [,haɪpə'tenʃn] noun hypertension *f*.

hypertext ['haɪpətekst] ❖ noun COMPUT hypertexte *m*. ❖ comp COMPUT ▸ **hypertext link** lien *m* hypertexte.

hyperventilate [,haɪpə'ventɪleɪt] vi faire de l'hyperventilation.

hyphen ['haɪfn] noun trait *m* d'union.

hyphenate ['haɪfəneɪt] vt mettre un trait d'union à.

hypnosis [hɪp'nəʊsɪs] noun hypnose *f* ▸ **under hypnosis** sous hypnose, en état d'hypnose.

hypnotherapist [,hɪpnəʊ'θerəpɪst] noun PSYCHOL hypnothérapeute *mf*, médecin *m* hypnotiseur.

hypnotherapy [,hɪpnəʊ'θerəpɪ] noun hypnothérapie *f*.

hypnotic [hɪp'nɒtɪk] adj hypnotique.

hypnotism ['hɪpnətɪzm] noun hypnotisme *m*.

hypnotist ['hɪpnətɪst] noun hypnotiseur *m*.

hypnotize, hypnotise UK ['hɪpnətaɪz] vt hypnotiser.

hypoallergenic ['haɪpəʊ,ælə'dʒenɪk] adj hypoallergénique.

hypochondria [,haɪpə'kɒndrɪə] noun hypocondrie *f*.

hypochondriac [,haɪpə'kɒndrɪæk] noun hypocondriaque *mf*.

hypocrisy [hɪ'pɒkrəsɪ] noun hypocrisie *f*.

hypocrite ['hɪpəkrɪt] noun hypocrite *mf*.

hypocritical [,hɪpə'krɪtɪkl] adj hypocrite.

hypodermic [,haɪpə'dɜ:mɪk] ❖ adj hypodermique / ***hypodermic needle*** aiguille *f* hypodermique / ***hypodermic syringe*** seringue *f* hypodermique. ❖ noun **1.** [syringe] seringue *f* hypodermique **2.** [injection] injection *f* hypodermique.

hypothermia [,haɪpəʊ'θɜ:mɪə] noun hypothermie *f*.

hypothesis [haɪ'pɒθɪsɪs] (*pl* **-theses**) noun hypothèse *f*.

hypothetical [,haɪpə'θetɪkl] adj hypothétique.

hypothetically [,haɪpə'θetɪklɪ] adv hypothétiquement.

hysterectomy [,hɪstə'rektəmɪ] (*pl* **-ies**) noun hystérectomie *f*.

hysteria [hɪs'tɪərɪə] noun hystérie *f*.

hysterical [hɪs'terɪkl] adj **1.** [gen] hystérique **2.** *inf* [very funny] désopilant(e).

hysterically [hɪs'terɪklɪ] adv hystériquement / ***it was hysterically funny!*** c'était super drôle !

hysterics [hɪs'terɪks] pl n **1.** [panic, excitement] crise *f* de nerfs **2.** *inf* [laughter] fou rire *m*.

I

i (*pl* **i's**), **I** (*pl* **I's** *or* **Is**) [aɪ] noun [letter] i *m inv*, I *m inv*.

I[1] [aɪ] pers pron **1.** *(unstressed)* je, j' *(before vowel or silent 'h')* / ***I like skiing*** j'aime skier / ***he and I are leaving for Paris*** lui et moi (nous) partons pour Paris / ***it is I*** *fml* c'est moi **2.** *(stressed)* moi / ***I can't do it*** je n'y arrive pas, je ne peux pas.

I[2] *abbr of* **Island, Isle**.

IAEA (*abbr of* **International Atomic Energy Agency**) noun AIEA *f*.

IAP (*abbr of* **Internet Access Provider**) noun fournisseur *m* d'accès à l'Internet.

Iberian [aɪ'bɪərɪən] ❖ adj ibérique. ❖ noun Ibère *mf*.

ibex ['aɪbeks] (*pl inv or* **-es**) noun bouquetin *m*.

ibid., **ib.** (*abbr of* **ibidem**) ibid.

IBS noun *abbr of* **irritable bowel syndrome**.

ice [aɪs] ❖ noun **1.** [frozen water, ice cream] glace *f* ▸ **to break the ice** *fig* rompre OR briser la glace / ***her feet were like ice*** elle avait les pieds gelés ▸ **to put sthg on ice** : ***the reforms have been put on ice*** les réformes ont été gelées ▸ **to walk** OR **to be on thin ice** avancer en terrain miné **2.** *(U)* [on road] verglas *m* **3.** *(U)* [ice cubes] glaçons *mpl*. ❖ vt CULIN glacer. ◆ **ice over**, **ice up** vi [lake, pond] geler ; [window, windscreen] givrer ; [road] se couvrir de verglas.

ICE [aɪsi:i:] (*abbr of* **In Case of Emergency**) noun *dans le répertoire d'un téléphone portable, nom et coordonnées des personnes à prévenir en cas d'accident.*

ice age noun période *f* glaciaire.

iceberg ['aɪsbɜ:g] noun iceberg *m*.

iceberg lettuce noun laitue *f* iceberg.

icebox ['aɪsbɒks] noun **1.** UK [in refrigerator] freezer *m* **2.** US *dated* [refrigerator] réfrigérateur *m*.

icebreaker ['aɪs,breɪkər] noun [ship] brise-glace *m inv*.

ice cap noun calotte *f* glaciaire.

ice-cold adj glacé(e).

ice cream noun glace *f*.

ice-cream cone, **ice-cream cornet** UK *dated* noun cornet *m* de glace.

ice cream truck US, **ice cream van** UK noun camionnette *f* de vendeur de glaces.

ice cube noun glaçon *m*.

iced [aɪst] adj glacé(e).

ice dancing noun *(U)* danse *f* sur glace.

ice hockey noun UK hockey *m* sur glace.

Iceland ['aɪslənd] noun Islande *f* ▸ **in Iceland** en Islande.

Icelander ['aɪsləndər] noun Islandais *m*, -e *f*.

Icelandic [aɪs'lændɪk] ❖ adj islandais(e). ❖ noun [language] islandais *m*.

ice lolly noun UK sucette *f* glacée.

ice pack noun **1.** [pack ice] banquise *f* **2.** [ice bag] sac *m* à glaçons ; MED poche *f* à glace.

ice rink noun patinoire *f*.

ice skate noun patin *m* à glace. ◆ **ice-skate** vi faire du patin (à glace).

ice-skater noun patineur *m*, -euse *f*.

ice-skating noun patinage *m* (sur glace).

icicle ['aɪsɪkl] noun glaçon *m* (naturel).

icing ['aɪsɪŋ] noun *(U)* glaçage *m*, glace *f* ▸ **the icing on the cake** *fig* un plus, la cerise sur le gâteau.

icing sugar noun UK sucre *m* glace.

icon ['aɪkɒn] noun [gen & COMPUT] icône *f*.

iconoclastic [aɪ,kɒnə'klæstɪk] adj iconoclaste.

ICU (*abbr of* **intensive care unit**) noun *unité de soins intensifs*.

icy ['aɪsɪ] (*compar* **-ier**, *superl* **-iest**) adj **1.** [weather, manner] glacial(e) **2.** [covered in ice] verglacé(e).

id [ɪd] noun ça *m*.

ID[1] noun *(U)* (*abbr of* **identification**) papiers *mpl*.

ID[2] *abbr of* **Idaho**.

I'd [aɪd] → **I would, I had**.

ID card = **identity card**.

idea [aɪ'dɪə] noun idée *f* ; [intention] intention *f* / ***I've had an idea*** j'ai une idée / ***what a good idea!*** quelle bonne idée ! / ***it was a nice idea to phone*** c'est gentil d'avoir pensé à téléphoner / ***it wasn't my idea!*** l'idée n'était pas de moi ! ▸ **to have an idea of** avoir une idée de ▸ **to have an idea (that)...** avoir idée que... ▸ **to have no idea** n'avoir aucune idée / ***you've no idea of the conditions in which they lived*** tu ne peux pas t'imaginer les conditions dans lesquelles ils vivaient / ***no idea!*** aucune idée ! ▸ **to get the idea** *inf* piger ▸ **don't get the idea (that)...** ne va pas croire OR t'imaginer que... ▸ **the idea is to...** l'idée est de..., l'intention est de... / ***this is not my idea of fun*** je ne trouve pas ça drôle OR ça ne m'amuse pas / ***don't put ideas into his head*** ne va pas lui fourrer OR lui mettre des idées dans la tête.

ideal [aɪ'dɪəl] ❖ adj idéal(e) ▸ **to be ideal for** être idéal OR parfait pour. ❖ noun idéal *m*.

idealism [aɪ'dɪəlɪzm] noun idéalisme *m*.

idealist [aɪ'dɪəlɪst] noun idéaliste *mf*.

idealistic [aɪ,dɪə'lɪstɪk] adj idéaliste.

idealize, idealise UK [aɪ'dɪəlaɪz] vt idéaliser.

ideally [aɪ'dɪəlɪ] adv idéalement ; [suited] parfaitement.

identical [aɪ'dentɪkl] adj identique.

identically [aɪ'dentɪklɪ] adv identiquement / *to be identically dressed* être habillé exactement de la même façon.

identical twins pl n vrais jumeaux *mpl*, vraies jumelles *f*.

identifiable [aɪ'dentɪfaɪəbl] adj identifiable, reconnaissable.

identification [aɪˌdentɪfɪ'keɪʃn] noun *(U)* **1.** [gen] ▸ **identification (with)** identification *f* (à) **2.** [documentation] pièce *f* d'identité.

identification parade noun UK *séance d'identification d'un suspect dans un échantillon de plusieurs personnes.*

identify [aɪ'dentɪfaɪ] *(pt & pp* **-ied***)* ❖ vt **1.** [recognize] identifier **2.** [subj: document, card] permettre de reconnaître **3.** [associate] ▸ **to identify sb with sthg** associer qqn à qqch. ❖ vi [empathize] ▸ **to identify with** s'identifier à.

identity [aɪ'dentətɪ] *(pl* **-ies***)* noun identité *f*.

identity card noun carte *f* d'identité.

identity theft noun vol *m* d'identité.

ideological [ˌaɪdɪə'lɒdʒɪkl] adj idéologique.

ideologically [ˌaɪdɪə'lɒdʒɪklɪ] adv du point de vue idéologique, idéologiquement / ***ideologically sound*** **a)** [idea] défendable sur le plan idéologique **b)** [person] dont les idées sont défendables sur le plan idéologique.

ideology [ˌaɪdɪ'ɒlədʒɪ] *(pl* **-ies***)* noun idéologie *f*.

idiocy ['ɪdɪəsɪ] noun [stupidity] stupidité *f*, idiotie *f*.

idiom ['ɪdɪəm] noun **1.** [phrase] expression *f* idiomatique **2.** *fml* [style] langue *f*.

idiomatic [ˌɪdɪə'mætɪk] adj idiomatique.

idiomatically [ˌɪdɪə'mætɪklɪ] adv de manière idiomatique.

idiosyncrasy [ˌɪdɪə'sɪŋkrəsɪ] *(pl* **-ies***)* noun particularité *f*, caractéristique *f*.

idiosyncratic [ˌɪdɪəsɪŋ'krætɪk] adj [style, behaviour] caractéristique.

idiot ['ɪdɪət] noun idiot *m*, -e *f*, imbécile *mf*.

idiotic [ˌɪdɪ'ɒtɪk] adj idiot(e).

idiot-proof *inf* ❖ adj COMPUT à l'épreuve de toute fausse manœuvre. ❖ vt rendre infaillible.

IDK MESSAGING ***written abbr of*** **I don't know**.

idle ['aɪdl] ❖ adj **1.** [lazy] oisif(ive), désœuvré(e) **2.** [not working - machine, factory] arrêté(e) ; [- worker] qui chôme, en chômage **3.** [threat] vain(e) **4.** [curiosity] simple, pur(e). ❖ vi tourner au ralenti. ◆ **idle away** vt sep [time] perdre à ne rien faire.

idleness ['aɪdlnɪs] noun oisiveté *f*, désœuvrement *m*.

idler ['aɪdlə^r] noun paresseux *m*, -euse *f*.

idly ['aɪdlɪ] adv **1.** [lazily] paresseusement **2.** [without purpose] négligemment.

idol ['aɪdl] noun idole *f*.

idolatry [aɪ'dɒlətrɪ] noun idolâtrie *f*.

idolize, idolise UK ['aɪdəlaɪz] vt idolâtrer, adorer.

idyll ['ɪdɪl] noun idylle *f*.

idyllic [ɪ'dɪlɪk] adj idyllique.

i.e. *(abbr of* **id est***)* c-à-d.

if [ɪf] ❖ conj **1.** [gen] si / ***if he comes, we'll ask him*** s'il vient, on lui demandera / ***if I was older, I'd leave home*** si j'étais plus âgé, je quitterais la maison / ***if you ever come*** OR ***if ever you come to London, do visit us*** si jamais tu passes à Londres, viens nous voir / ***would you mind if I invited Angie too?*** ça te dérangerait si j'invitais aussi Angie ? / ***if possible*** si (c'est) possible ▸ **if I were you** à ta place, si j'étais toi / ***to ask / to know / to wonder if*** demander / savoir / se demander si / ***it doesn't matter if he comes or not*** peu importe qu'il vienne ou (qu'il ne vienne) pas **2.** [though] bien que / ***he was intelligent if a little arrogant*** il était intelligent, mais quelque peu arrogant **3.** [introducing comments, requests] : ***if I could just come in here…*** si je puis me permettre d'intervenir… / ***it's rather good, if I say so myself*** c'est assez bon, sans fausse modestie / ***if you could all just wait in the hall, I'll be back in a second*** si vous pouviez tous attendre dans l'entrée, je reviens tout de suite. ❖ noun ▸ **no ifs and buts** UK OR **no ifs, ands or buts** US pas de si ni de mais *mpl*. ◆ **if anything** adv plutôt / ***he doesn't look any slimmer, if anything, he's put on weight*** il n'a pas l'air plus mince, il a même plutôt grossi. ◆ **if not** conj sinon / ***did you finish on time? and if not, why not?*** avez-vous terminé à temps ? sinon, pourquoi ? / ***hundreds, if not thousands*** des centaines, voire des milliers. ◆ **if only** ❖ conj **1.** [naming a reason] ne serait-ce que **2.** [expressing regret] si seulement. ❖ excl si seulement !

IFA *(abbr of* **independent financial adviser***)* noun conseiller *m* financier indépendant, conseillère *f* financière indépendante.

iffy ['ɪfɪ] *(compar* **-ier**, *superl* **-iest***)* adj *inf* incertain(e).

igloo ['ɪglu:] *(pl* **-s***)* noun igloo *m*, iglou *m*.

ignite [ɪg'naɪt] ❖ vt mettre le feu à, enflammer ; [firework] tirer ; [interest] susciter. ❖ vi prendre feu, s'enflammer.

ignition [ɪg'nɪʃn] noun **1.** [act of igniting] ignition *f* **2.** AUTO allumage *m* ▸ **to switch on the ignition** mettre le contact.

ignoble [ɪg'nəʊbl] adj *fml* infâme.

ignominious [ˌɪgnə'mɪnɪəs] adj *fml* ignominieux(euse).

ignoramus [ˌɪgnə'reɪməs] *(pl* **-es***)* noun ignare *mf*.

ignorance ['ɪgnərəns] noun ignorance *f*.

ignorant ['ɪgnərənt] adj **1.** [uneducated, unaware] ignorant(e) ▸ **to be ignorant of sthg** être ignorant de qqch **2.** [rude] mal élevé(e).

ignore [ɪg'nɔ:^r] vt [advice, facts] ne pas tenir compte de ; [person] faire semblant de ne pas voir / ***ignore him***

and he'll go away fais comme s'il n'était pas là et il te laissera tranquille / *they can no longer ignore what is going on here* il ne leur est plus possible d'ignorer OR de fermer les yeux sur ce qui se passe ici / *the report ignores certain crucial facts* le rapport passe sous silence des faits cruciaux.

iguana [ɪ'gwɑ:nə] (*pl inv or* **-s**) noun iguane *m*.

ilk [ɪlk] noun ▸ **of that ilk** [of that sort] de cet acabit, de ce genre.

ill [ɪl] ❖ adj **1.** [unwell] malade ▸ **to feel ill** se sentir malade OR souffrant ▸ **to be taken ill** UK, **to fall ill** tomber malade **2.** [bad] mauvais(e) ▸ **ill luck** malchance *f*. ❖ adv mal ▸ **to speak / think ill of sb** dire / penser du mal de qqn. ◆ **ills** pl n maux *mpl*, malheurs *mpl*.

I'll [aɪl] ⟶ **I will, I shall**.

ill-advised [-əd'vaɪzd] adj *fml* [remark, action] peu judicieux(euse) ; [person] malavisé(e) ▸ **to be ill-advised to do sthg** être malavisé de faire qqch.

ill-bred adj mal élevé(e).

ill-considered adj irréfléchi(e).

ill-disposed adj ▸ **to be ill-disposed towards sb** être mal disposé(e) OR malintentionné(e) envers qqn.

illegal [ɪ'li:gl] adj illégal(e).

illegal immigrant noun immigré clandestin *m*, immigrée clandestine *f*.

illegality [,ɪli:'gælətɪ] (*pl* **-ies**) noun illégalité *f*.

illegally [ɪ'li:gəlɪ] adv illégalement, d'une manière illégale.

illegible [ɪ'ledʒəbl] adj illisible.

illegitimate [,ɪlɪ'dʒɪtɪmət] adj illégitime.

ill-equipped [-ɪ'kwɪpt] adj ▸ **to be ill-equipped to do sthg** être mal placé(e) pour faire qqch.

ill-fated [-'feɪtɪd] adj fatal(e), funeste.

ill feeling noun animosité *f*.

ill-fitting adj [garment, lid, window] mal ajusté(e).

ill-founded [-'faʊndɪd] adj [confidence, trust] mal fondé(e) ; [doubts] sans fondement.

ill-gotten gains [-'gɒtən-] pl n *hum* biens *mpl* mal acquis.

ill health noun mauvaise santé *f*.

ill-humoured, ill-humored US adj caractériel(elle).

illicit [ɪ'lɪsɪt] adj illicite.

ill-informed adj mal renseigné(e).

ill-intentioned [-ɪn'tenʃənd] adj malintentionné(e).

illiteracy [ɪ'lɪtərəsɪ] noun analphabétisme *m*, illettrisme *m*.

illiterate [ɪ'lɪtərət] ❖ adj analphabète, illettré(e). ❖ noun analphabète *mf*, illettré *m*, -e *f*.

ill-kempt [-kempt] adj **1.** [person, appearance, etc.] négligé(e) ; [hair] hirsute, mal peigné(e) **2.** [garden] mal tenu(e), négligé(e).

ill-mannered adj [person] mal élevé(e) ; [behaviour] grossier(ère).

ill-matched adj mal assorti(e).

illness ['ɪlnɪs] noun maladie *f*.

illogical [ɪ'lɒdʒɪkl] adj illogique.

ill-suited adj mal assorti(e) ▸ **to be ill-suited for sthg** être inapte à qqch.

ill-tempered adj *fml* qui a mauvais caractère.

ill-timed [-'taɪmd] adj déplacé(e), mal à propos.

ill-treat vt maltraiter.

ill-treatment noun mauvais traitement *m*.

illuminate [ɪ'lu:mɪneɪt] vt éclairer.

illuminated [ɪ'lu:mɪneɪtɪd] adj **1.** [lit up] lumineux(euse) **2.** [book, manuscript] enluminé(e).

illuminating [ɪ'lu:mɪneɪtɪŋ] adj éclairant(e).

illumination [ɪ,lu:mɪ'neɪʃn] noun *fml* [lighting] éclairage *m*. ◆ **illuminations** pl n UK illuminations *fpl*.

illusion [ɪ'lu:ʒn] noun illusion *f* ▸ **to have no illusions about** ne se faire OR n'avoir aucune illusion sur ▸ **to be under the illusion that** croire OR s'imaginer que, avoir l'illusion que.

illusory [ɪ'lu:sərɪ] adj illusoire.

illustrate ['ɪləstreɪt] vt illustrer.

illustration [,ɪlə'streɪʃn] noun illustration *f*.

illustrator ['ɪləstreɪtəʳ] noun illustrateur *m*, -trice *f*.

illustrious [ɪ'lʌstrɪəs] adj illustre, célèbre.

ill will noun animosité *f*.

ILO (*abbr of* **International Labour Organization**) noun OIT *f*.

ILU MESSAGING (*written abbr of* **I love you**) je t'm.

ILU2 MESSAGING *written abbr of* **I love you too**.

I'm [aɪm] ⟶ **I am**.

image ['ɪmɪdʒ] noun **1.** [gen] image *f* / *I still have an image of her as a child* je la vois encore enfant ▸ **to be the image of sb** *fig* être tout le portrait de qqn, être qqn tout craché **2.** [of company, politician] image *f* de marque / *the party tried to change its image* le parti a essayé de changer son image de marque.

image-conscious adj soucieux(euse) de son image.

imagery ['ɪmɪdʒrɪ] noun *(U)* images *fpl*.

imaginable [ɪ'mædʒɪnəbl] adj imaginable.

imaginary [ɪ'mædʒɪnrɪ] adj imaginaire.

imagination [ɪ,mædʒɪ'neɪʃn] noun **1.** [ability] imagination *f* **2.** [fantasy] invention *f*.

imaginative [ɪ'mædʒɪnətɪv] adj [person] imaginatif(ive) ; [solution] plein(e) d'imagination.

imaginatively [ɪ'mædʒɪnətɪvlɪ] adv avec imagination.

imagine [ɪ'mædʒɪn] vt imaginer / *imagine (that) you've won* imagine que tu as gagné, suppose que tu aies gagné ▸ **to imagine doing sthg** s'imaginer OR se voir faisant qqch / *I'd imagined him to be a much smaller man* je l'imaginais plus petit / *you can't imagine how* *awful it was* vous ne pouvez pas (vous) imaginer OR vous figurer combien c'était horrible / *you're imagining things* tu te fais des idées ▸ **imagine (that)!** tu t'imagines !

imbalance [ˌɪm'bæləns] noun déséquilibre *m*.

imbecile ['ɪmbɪsiːl] noun imbécile *mf*, idiot *m*, -e *f*.

imbue [ɪm'bjuː] vt ▸ **to be imbued with** *fml* être imbu(e) de.

IMF (*abbr of* **International Monetary Fund**) noun FMI *m*.

imitate ['ɪmɪteɪt] vt imiter.

imitation [ˌɪmɪ'teɪʃn] ❖ noun imitation *f*. ❖ adj [jewellery] en toc / *imitation leather* imitation *f* cuir.

imitator ['ɪmɪteɪtəʳ] noun imitateur *m*, -trice *f*.

immaculate [ɪ'mækjʊlət] adj impeccable.

immaculately [ɪ'mækjʊlətlɪ] adv impeccablement.

immaterial [ˌɪmə'tɪərɪəl] adj [unimportant] sans importance.

immature [ˌɪmə'tjʊəʳ] adj **1.** [lacking judgment] qui manque de maturité **2.** [not fully grown] jeune, immature.

immaturity [ˌɪmə'tjʊərətɪ] noun immaturité *f*.

immeasurable [ɪ'meʒrəbl] adj incommensurable.

immediacy [ɪ'miːdjəsɪ] noun caractère *m* immédiat.

immediate [ɪ'miːdjət] adj **1.** [urgent] immédiat(e) ; [problem, meeting] urgent(e) **2.** [very near] immédiat(e) ; [family] le plus proche (la plus proche).

immediately [ɪ'miːdjətlɪ] ❖ adv **1.** [at once] immédiatement **2.** [directly] directement. ❖ conj dès que.

immemorial [ˌɪmɪ'mɔːrɪəl] adj immémorial(e) ▸ **from time immemorial** de temps immémorial.

immense [ɪ'mens] adj immense ; [improvement, change] énorme.

immensely [ɪ'menslɪ] adv extrêmement, immensément.

immensity [ɪ'mensətɪ] noun immensité *f*.

immerse [ɪ'mɜːs] vt ▸ **to immerse sthg in sthg** immerger OR plonger qqch dans qqch ▸ **to immerse o.s. in sthg** *fig* se plonger dans qqch.

immersion [ɪ'mɜːʃn] noun **1.** [in liquid] immersion *f* **2.** *fig* [in reading, work] absorption *f* / *immersion course* stage *m* intensif **3.** ASTRON & RELIG immersion *f*.

immigrant ['ɪmɪgrənt] ❖ noun immigré *m*, -e *f*. ❖ comp d'immigrés.

immigrate ['ɪmɪgreɪt] vi immigrer.

immigration [ˌɪmɪ'greɪʃn] ❖ noun immigration *f*. ❖ comp de l'immigration.

imminence ['ɪmɪnəns] noun imminence *f*.

imminent ['ɪmɪnənt] adj imminent(e).

immobile [ɪ'məʊbaɪl] adj immobile.

immobility [ˌɪmə'bɪlətɪ] noun immobilité *f*.

immobilize, immobilise UK [ɪ'məʊbɪlaɪz] vt immobiliser.

immoderate [ɪ'mɒdərət] adj immodéré(e), excessif(ive).

immodest [ɪ'mɒdɪst] adj **1.** [vain] vaniteux(euse), présomptueux(euse) **2.** [indecent] impudique.

immoral [ɪ'mɒrəl] adj immoral(e).

immorality [ˌɪmə'rælətɪ] noun immoralité *f*.

immortal [ɪ'mɔːtl] ❖ adj immortel(elle). ❖ noun immortel *m*, -elle *f*.

immortality [ˌɪmɔː'tælətɪ] noun immortalité *f*.

immortalize, immortalise UK [ɪ'mɔːtəlaɪz] vt immortaliser.

immune [ɪ'mjuːn] adj **1.** MED ▸ **immune (to)** immunisé(e) (contre) **2.** *fig* [protected] ▸ **to be immune to** OR **from** être à l'abri de.

immune system noun système *m* immunitaire.

immunity [ɪ'mjuːnətɪ] noun **1.** MED ▸ **immunity (to)** immunité *f* (contre) **2.** *fig* [protection] ▸ **immunity to** OR **from** immunité *f* contre.

immunization, immunisation UK [ˌɪmjuːnaɪ'zeɪʃn] noun immunisation *f*.

immunize, immunise UK ['ɪmjuːnaɪz] vt ▸ **to immunize sb (against)** immuniser qqn (contre).

immutable [ɪ'mjuːtəbl] adj *fml* immuable.

imp [ɪmp] noun **1.** [creature] lutin *m* **2.** [naughty child] petit diable *m*, coquin *m*, -e *f*.

impact ❖ noun ['ɪmpækt] impact *m* ▸ **to make an impact on** OR **upon sb** faire une forte impression sur qqn ▸ **to make an impact on** OR **upon sthg** avoir un impact sur qqch ▸ **on impact** au moment de l'impact. ❖ vt [ɪm'pækt] **1.** [collide with] entrer en collision avec **2.** [influence] avoir un impact sur.

impair [ɪm'peəʳ] vt affaiblir, abîmer ; [efficiency] réduire.

impaired [ɪm'peəd] adj affaibli(e) ; [efficiency] réduit(e).

impairment [ɪm'peəmənt] noun **1.** [weakening] affaiblissement *m*, diminution *f* **2.** [damage] détérioration *f*.

impale [ɪm'peɪl] vt ▸ **to impale sb / sthg (on)** empaler qqn / qqch (sur).

impart [ɪm'pɑːt] vt *fml* **1.** [information] ▸ **to impart sthg (to sb)** communiquer OR transmettre qqch (à qqn) **2.** [feeling, quality] ▸ **to impart sthg (to)** donner qqch (à).

impartial [ɪm'pɑːʃl] adj impartial(e).

impartiality [ɪmˌpɑːʃɪ'ælətɪ] noun impartialité *f*.

impartially [ɪm'pɑːʃəlɪ] adv impartialement.

impassable [ɪm'pɑːsəbl] adj impraticable.

impasse [æm'pɑːs] noun impasse *f* ▸ **to reach an impasse** aboutir à une impasse.

impassioned [ɪm'pæʃnd] adj passionné(e).

impassive [ɪm'pæsɪv] adj impassible.

impassively [ɪm'pæsɪvlɪ] adv impassiblement / *to look at sb / sthg impassively* regarder qqn / qqch d'un air impassible.

impatience [ɪm'peɪʃns] noun **1.** [gen] impatience *f* **2.** [irritability] irritation *f*.

impatient [ɪm'peɪʃnt] adj **1.** [gen] impatient(e) ▸ **to be impatient to do sthg** être impatient de faire qqch ▸ **to**

be impatient for sthg attendre qqch avec impatience **2.** [irritable] ▸ **to become** OR **get impatient** s'impatienter / *she's impatient with her children* elle n'a aucune patience avec ses enfants.

impatiently [ɪm'peɪʃntlɪ] adv avec impatience.

impeach [ɪm'pi:tʃ] vt US [official] mettre en accusation ; [president] entamer la procédure d'impeachment contre.

impeachment [ɪm'pi:tʃmənt] noun [of president] procédure *f* d'impeachment.

impeccable [ɪm'pekəbl] adj impeccable.

impeccably [ɪm'pekəblɪ] adv impeccablement.

impede [ɪm'pi:d] vt entraver, empêcher ; [person] gêner.

impediment [ɪm'pedɪmənt] noun **1.** [obstacle] obstacle *m* **2.** [disability] défaut *m*.

impel [ɪm'pel] (*pt & pp* **-led**, *cont* **-ling**) vt ▸ **to impel sb to do sthg** inciter qqn à faire qqch.

impending [ɪm'pendɪŋ] adj imminent(e).

impenetrable [ɪm'penɪtrəbl] adj impénétrable.

imperative [ɪm'perətɪv] ❖ adj [essential] impératif(ive), essentiel(elle). ❖ noun impératif *m*.

imperceptible [ˌɪmpə'septəbl] adj imperceptible.

imperfect [ɪm'pɜ:fɪkt] ❖ adj imparfait(e). ❖ noun GRAM ▸ **imperfect (tense)** imparfait *m*.

imperfection [ˌɪmpə'fekʃn] noun **1.** [gen] imperfection *f* **2.** [failing] défaut *m*.

imperial [ɪm'pɪərɪəl] adj **1.** [of empire] impérial(e) **2.** [system of measurement] *qui a cours légal dans le Royaume-Uni*.

imperialism [ɪm'pɪərɪəlɪzm] noun impérialisme *m*.

imperialist [ɪm'pɪərɪəlɪst] ❖ adj impérialiste. ❖ noun impérialiste *mf*.

imperil [ɪm'perɪl] (UK *pt & pp* **-led**, *cont* **-ling**, US *pt & pp* **-ed**, *cont* **-ing**) vt mettre en péril OR en danger ; [project] compromettre.

imperious [ɪm'pɪərɪəs] adj impérieux(euse).

impermeable [ɪm'pɜ:mɪəbl] adj [soil, cell, wall] imperméable ; [container] étanche.

impersonal [ɪm'pɜ:snl] adj impersonnel(elle).

impersonate [ɪm'pɜ:səneɪt] vt se faire passer pour.

impersonation [ɪmˌpɜ:sə'neɪʃn] noun usurpation *f* d'identité ; [by mimic] imitation *f*.

impersonator [ɪm'pɜ:səneɪtə^r] noun imitateur *m*, -trice *f*.

impertinence [ɪm'pɜ:tɪnəns] noun impertinence *f*.

impertinent [ɪm'pɜ:tɪnənt] adj impertinent(e).

impertinently [ɪm'pɜ:tɪnəntlɪ] adv avec impertinence.

imperturbable [ˌɪmpə'tɜ:bəbl] adj imperturbable.

impervious [ɪm'pɜ:vjəs] adj [not influenced] ▸ **impervious to** indifférent(e) à.

impetuous [ɪm'petʃʊəs] adj impétueux(euse).

impetus ['ɪmpɪtəs] noun *(U)* **1.** [momentum] élan *m* **2.** [stimulus] impulsion *f*.

impinge [ɪm'pɪndʒ] vi ▸ **to impinge on sb / sthg** affecter qqn / qqch.

impish ['ɪmpɪʃ] adj espiègle.

implacable [ɪm'plækəbl] adj implacable.

implant ❖ noun ['ɪmplɑ:nt] implant *m*. ❖ vt [ɪm'plɑ:nt] ▸ **to implant sthg in** OR **into sb** implanter qqch dans qqn.

implausible [ɪm'plɔ:zəbl] adj peu plausible.

implausibly [ɪm'plɔ:zəblɪ] adv invraisemblablement / *to end implausibly* [book, film, etc.] se terminer de façon peu vraisemblable.

implement ❖ noun ['ɪmplɪmənt] outil *m*, instrument *m*. ❖ vt ['ɪmplɪment] exécuter, appliquer.

implementation [ˌɪmplɪmen'teɪʃn] noun application *f*, exécution *f*.

implicate ['ɪmplɪkeɪt] vt ▸ **to implicate sb in sthg** impliquer qqn dans qqch.

implication [ˌɪmplɪ'keɪʃn] noun implication *f* / *I don't think you understand the implications of what you are saying* je ne suis pas sûr que vous mesuriez la portée de vos propos / *the implication was that we would be punished* tout portait à croire que nous serions punis ▸ **by implication** par voie de conséquence.

implicit [ɪm'plɪsɪt] adj **1.** [inferred] implicite **2.** [belief, faith] absolu(e).

implicitly [ɪm'plɪsɪtlɪ] adv **1.** [by inference] implicitement **2.** [believe] absolument.

implied [ɪm'plaɪd] adj implicite.

implode [ɪm'pləʊd] vi imploser.

implore [ɪm'plɔ:^r] vt ▸ **to implore sb (to do sthg)** implorer qqn (de faire qqch).

imploring [ɪm'plɔ:rɪŋ] adj suppliant(e).

imply [ɪm'plaɪ] (*pt & pp* **-ied**) vt **1.** [suggest] sous-entendre, laisser supposer OR entendre **2.** [involve] impliquer.

impolite [ˌɪmpə'laɪt] adj impoli(e).

impolitely [ˌɪmpə'laɪtlɪ] adv impoliment.

imponderable [ɪm'pɒndrəbl] adj impondérable. ◆ **imponderables** pl n impondérables *mpl*.

import ❖ noun ['ɪmpɔ:t] **1.** [product, action] importation *f* **2.** *fml* [meaning] teneur *f* **3.** *fml* [importance] importance *f*. ❖ vt [ɪm'pɔ:t] [gen & COMPUT] importer.

importance [ɪm'pɔ:tns] noun importance *f*.

important [ɪm'pɔ:tnt] adj important(e) ▸ **to be important to sb** importer à qqn.

importantly [ɪm'pɔ:tntlɪ] adv ▸ **more importantly** ce qui est plus important.

importation [ˌɪmpɔ:'teɪʃn] noun importation *f*.

imported [ɪm'pɔ:tɪd] adj importé(e).

importer [ɪm'pɔ:tə^r] noun importateur *m*, -trice *f*.

import-export noun import-export *m*.

impose [ɪm'pəʊz] ❖ vt [force] ▸ **to impose sthg (on)** imposer qqch (à). ❖ vi [cause trouble] ▸ **to impose (on sb)** abuser (de la gentillesse de qqn).

imposing [ɪm'pəʊzɪŋ] adj imposant(e).

imposition [ˌɪmpə'zɪʃn] noun **1.** [of tax, limitations] imposition *f* **2.** [cause of trouble] : *it's an imposition* c'est abuser de ma gentillesse.

impossibility [ɪmˌpɒsə'bɪlətɪ] (*pl* **-ies**) noun impossibilité *f*.

impossible [ɪm'pɒsəbl] ❖ adj impossible. ❖ noun ▸ **to do the impossible** faire l'impossible.

impossibly [ɪm'pɒsəblɪ] adv **1.** [extremely] extrêmement / *the film is impossibly long* le film n'en finit pas **2.** [unbearably] insupportablement / *they behave impossibly* ils sont totalement insupportables.

impostor, imposter [ɪm'pɒstəʳ] noun imposteur *m*.

impotence ['ɪmpətəns] noun impuissance *f*.

impotent ['ɪmpətənt] adj impuissant(e).

impound [ɪm'paʊnd] vt confisquer.

impoverish [ɪm'pɒvərɪʃ] vt appauvrir.

impoverished [ɪm'pɒvərɪʃt] adj appauvri(e).

impoverishment [ɪm'pɒvərɪʃmənt] noun appauvrissement *m*.

impracticable [ɪm'præktɪkəbl] adj irréalisable.

impractical [ɪm'præktɪkl] adj pas pratique.

imprecise [ɪmprɪ'saɪs] adj imprécis(e).

imprecision [ˌɪmprɪ'sɪʒn] noun imprécision *f*.

impregnable [ɪm'pregnəbl] adj **1.** [fortress, defences] imprenable **2.** *fig* [person] inattaquable.

impregnate ['ɪmpregneɪt] vt **1.** [introduce substance into] ▸ **to impregnate sthg with** imprégner qqch de **2.** *fml* [fertilize] féconder.

impresario [ˌɪmprɪ'sɑːrɪəʊ] (*pl* **-s**) noun impresario *mf*.

impress [ɪm'pres] vt **1.** [person] impressionner **2.** [stress] ▸ **to impress sthg on sb** faire bien comprendre qqch à qqn.

impression [ɪm'preʃn] noun **1.** [gen] impression *f* / *I was under the impression that you were unable to come* j'étais persuadé que vous ne pouviez pas venir ▸ **to make an impression** faire impression / *he always tries to make an impression* il essaie toujours d'impressionner les gens / *my words made no impression on him whatsoever* mes paroles n'ont eu absolument aucun effet sur lui **2.** [impersonation] imitation *f* / *she does a very good impression of the Queen* elle imite très bien la reine **3.** [of stamp, book] impression *f*, empreinte *f*.

impressionable [ɪm'preʃnəbl] adj impressionnable.

Impressionism [ɪm'preʃənɪzm] noun impressionnisme *m*.

impressionist [ɪm'preʃənɪst] noun imitateur *m*, -trice *f*. ◆ **Impressionist** ❖ adj impressionniste. ❖ noun impressionniste *mf*.

impressionistic [ɪmˌpreʃə'nɪstɪk] adj [vague] vague, imprécis(e).

impressive [ɪm'presɪv] adj impressionnant(e).

impressively [ɪm'presɪvlɪ] adv remarquablement.

imprint ['ɪmprɪnt] noun **1.** [mark] empreinte *f* **2.** [publisher's name] nom *m* de l'éditeur.

imprinted [ɪm'prɪntɪd] adj imprimé(e).

imprison [ɪm'prɪzn] vt emprisonner.

imprisonment [ɪm'prɪznmənt] noun emprisonnement *m*.

improbability [ɪmˌprɒbə'bɪlətɪ] (*pl* **-ies**) noun **1.** [of event] improbabilité *f* **2.** [of story] invraisemblance *f*.

improbable [ɪm'prɒbəbl] adj **1.** [story, excuse] improbable **2.** [hat, contraption] bizarre.

improbably [ɪm'prɒbəblɪ] adv invraisemblablement.

impromptu [ɪm'prɒmptjuː] adj impromptu(e).

improper [ɪm'prɒpəʳ] adj **1.** [unsuitable] impropre **2.** [incorrect, illegal] incorrect(e) **3.** [rude] indécent(e).

improperly [ɪm'prɒpəlɪ] adv **1.** [indecently] de manière déplacée **2.** [unsuitably] : *he was improperly dressed* il n'était pas habillé comme il faut **3.** [dishonestly] malhonnêtement **4.** [incorrectly] incorrectement, de manière incorrecte.

impropriety [ɪmprə'praɪətɪ] noun inconvenance *f*.

improve [ɪm'pruːv] ❖ vi s'améliorer ; [patient] aller mieux / *your maths has improved* vous avez fait des progrès en maths ▸ **to improve on** OR **upon sthg** améliorer qqch. ❖ vt améliorer / *to improve one's chances* augmenter ses chances / *to improve one's mind* se cultiver l'esprit.

improved [ɪm'pruːvd] adj amélioré(e).

improvement [ɪm'pruːvmənt] noun ▸ **improvement (in / on)** amélioration *f* (de / par rapport à) / *this is a great improvement on her previous work* c'est bien mieux que ce qu'elle faisait jusqu'à présent / *there's room for improvement* ça pourrait être mieux ▸ **(home) improvements** travaux *mpl* de rénovation.

improvisation [ˌɪmprəvaɪ'zeɪʃn] noun improvisation *f*.

improvise ['ɪmprəvaɪz] vt & vi improviser.

imprudent [ɪm'pruːdənt] adj imprudent(e).

impudence ['ɪmpjʊdəns] noun effronterie *f*, impudence *f*.

impudent ['ɪmpjʊdənt] adj impudent(e).

impugn [ɪm'pjuːn] vt *fml* contester.

impulse ['ɪmpʌls] noun impulsion *f* ▸ **on impulse** par impulsion.

impulse buy noun achat *m* spontané OR d'impulsion OR impulsif.

impulsive [ɪm'pʌlsɪv] adj impulsif(ive).

impunity [ɪm'pjuːnətɪ] noun ▸ **with impunity** avec impunité.

impure [ɪm'pjʊəʳ] adj impur(e).

impurity [ɪm'pjʊərətɪ] (*pl* **-ies**) noun impureté *f*.

in [ɪn]

❖ prep

1. [indicating place, position] dans / *in a box/bag/drawer* dans une boîte/un sac/un tiroir / *in the room/garden/lake* dans la pièce/le jardin/le lac / *in Paris* à Paris / *in Belgium* en Belgique / *in Canada* au Canada / *in the country* à la campagne / *he's still in bed/in the bath* il est encore au lit/dans son bain ▸ **to be in hospital** UK, **to be in the hospital** US être à l'hôpital / *throw the letter in the bin* jette la lettre à la poubelle ▸ **in here** ici ▸ **in there** là-dedans

2. [wearing] en / *she was still in her nightclothes* elle était encore en chemise de nuit / *dressed in a suit* vêtu(e) d'un costume / *who's that woman in the hat?* qui est la femme avec le OR au chapeau ?

3. [appearing in, included in] dans / *there's a mistake in this paragraph* il y a une erreur dans ce paragraphe / *in chapter six* au sixième chapitre / *who's that man in the photo?* qui est cet homme sur la photo ?

4. [at a particular time, season] : *in 2004* en 2004 / *in April* en avril / *in (the) spring* au printemps / *at two o'clock in the afternoon* à deux heures de l'après-midi / *he doesn't work in the afternoon/morning* il ne travaille pas l'après-midi/le matin

5. [period of time - within] en ; [-after] dans / *he learned to type in two weeks* il a appris à taper à la machine en deux semaines / *I'll be ready in five minutes* je serai prêt dans 5 minutes

6. [during] : *it's my first decent meal in weeks* c'est mon premier repas correct depuis des semaines / *I hadn't seen her in years* ça faisait des années que je ne l'avais pas vue / *in my absence* en OR pendant mon absence

7. [indicating situation, circumstances] : *in the sun* au soleil / *in the rain* sous la pluie / *in these circumstances* dans ces circonstances, en de telles circonstances / *to live/die in poverty* vivre/mourir dans la misère / *in danger/difficulty* en danger/difficulté / *in love* amoureux

8. [indicating manner, condition] : *in cash* en liquide / *in a loud/soft voice* d'une voix forte/douce / *to write in pencil/ink* écrire au crayon/à l'encre / *to speak in English/French* parler (en) anglais/français

9. [indicating cause] : *in anger* sous le coup de la colère / *he charged the door in an effort to get free* dans un effort pour se libérer, il donna un grand coup dans la porte / *he looked at me in amazement/horror* il me regarda stupéfait/horrifié / *in reply* OR *response to your letter...* en réponse à votre lettre...

10. [specifying area of activity] dans / *he's in computers* il est dans l'informatique / *to be in the army/navy* être dans l'armée/la marine / *advances in science* des progrès en science / *our days were spent in swimming and sailing* nous passions nos journées à nager et à faire de la voile

11. [among] chez / *a disease common in five-year-olds* une maladie très répandue chez les enfants de cinq ans

12. [referring to quantity, numbers, age] : *in large/small quantities* en grande/petite quantité ▸ **in (their) thousands** par milliers / *she's in her sixties* elle a la soixantaine

13. [describing arrangement] : *in twos* par deux / *in a line/row/circle* en ligne/rang/cercle

14. [as regards] : *to be three metres in length/width* faire trois mètres de long/large / *a change in direction* un changement de direction / *a rise in prices* une augmentation des prix / *she has no confidence in him* elle n'a aucune confiance en lui / *in my opinion* OR *view* à mon avis

15. [in ratios] : *5 pence in the pound* UK 5 pence par livre sterling / *one in ten* un sur dix

16. *(after superl)* de / *the longest river in the world* le fleuve le plus long du monde

17. *(+ present participle)* ▸ **in doing sthg** en faisant qqch

❖ adv

1. [inside] dedans, à l'intérieur / *put the clothes in* mets les vêtements dedans / *he jumped in* il sauta dedans / *to go in* entrer

2. [at home, work] là / *I'm staying in tonight* je reste à la maison OR chez moi ce soir / *is Judith in?* est-ce que Judith est là ?

3. [arrived] : *what time does your train get in?* quand est-ce que votre train arrive ? / *entries must be in by May 1st* les bulletins doivent nous parvenir avant le 1e mai

4. [of tide] : *the tide's in* c'est la marée haute

5. POL [elected] : *he failed to get in at the last election* il n'a pas été élu aux dernières élections

6. PHR **we're in for some bad weather** nous allons avoir du mauvais temps ▸ **you're in for a shock** tu vas avoir un choc ▸ **to be in on sthg** être au courant de qqch

❖ adj

1. SPORT [within area of court] : *the umpire said that the ball was in* l'arbitre a dit que la balle était bonne

2. *inf* à la mode / *short skirts are in this year* les jupes courtes sont à la mode cette année

◆ **ins** pl n ▸ **the ins and outs** les tenants et les aboutissants *mpl.*

◆ **in all** adv en tout / *there are 30 in all* il y en a 30 en tout.

◆ **in between** ❖ adv **1.** [in intermediate position] : *a row of bushes with little clumps of flowers in between* une rangée d'arbustes séparés par des petites touffes de fleurs / *she plays either very well or very badly, never in between* elle joue très bien ou très mal, jamais entre les deux **2.** [in time] entre-temps, dans l'intervalle. ❖ prep entre.

◆ **in that** conj étant donné que / *we are lucky in that there are only a few of us* nous avons de la chance d'être si peu nombreux.

in. *abbr of* **inch**.

IN *abbr of* **Indiana**.

inability [ˌɪnəˈbɪlətɪ] noun ▸ **inability (to do sthg)** incapacité *f* (à faire qqch).

inaccessibility [ˈɪnəkˌsesɪˈbɪlətɪ] noun inaccessibilité *f*.

inaccessible [ˌɪnəkˈsesəbl] adj inaccessible.

inaccuracy [ɪnˈækjʊrəsɪ] (*pl* **-ies**) noun inexactitude *f*.

inaccurate [ɪnˈækjʊrət] adj inexact(e).

inaction [ɪnˈækʃn] noun inaction *f*.

inactive [ɪnˈæktɪv] adj inactif(ive).

inactivity [ˌɪnækˈtɪvətɪ] noun inactivité *f*.

inadequacy [ɪnˈædɪkwəsɪ] (*pl* **-ies**) noun insuffisance *f*.

inadequate [ɪnˈædɪkwət] adj insuffisant(e) / *their response to the problem was inadequate* ils n'ont pas su trouver de réponse satisfaisante au problème / *our machinery is inadequate for this type of work* notre outillage n'est pas adapté à ce genre de travail / *being unemployed often makes people feel inadequate* les gens au chômage se sentent souvent inutiles / *he's socially inadequate* c'est un inadapté.

inadequately [ɪnˈædɪkwətlɪ] adv de manière inadéquate ; [fund, invest] insuffisamment.

inadmissible [ˌɪnədˈmɪsəbl] adj inadmissible ; [evidence] irrecevable.

inadvertent [ˌɪnədˈvɜːtnt] adj commis(e) par inadvertance.

inadvertently [ˌɪnədˈvɜːtəntlɪ] adv par inadvertance.

inadvisable [ˌɪnədˈvaɪzəbl] adj déconseillé(e).

inalienable [ɪnˈeɪljənəbl] adj inaliénable.

inane [ɪˈneɪn] adj [behaviour, remark] inepte ; [person] stupide.

inanely [ɪˈneɪnlɪ] adv stupidement.

inanimate [ɪnˈænɪmət] adj inanimé(e).

inanity [ɪˈnænətɪ] noun [stupid remark] ineptie *f* ; [of person] stupidité *f*.

inapplicable [ɪnˈæplɪkəbl] adj inapplicable.

inappropriate [ɪnəˈprəʊprɪət] adj [action, remark] inopportun(e) ; [expression, word] impropre ; [clothing] peu approprié(e).

inappropriately [ˌɪnəˈprəʊprɪətlɪ] adv de manière peu convenable OR appropriée / *she was inappropriately dressed* elle n'était pas vêtue pour la circonstance.

inarticulate [ˌɪnɑːˈtɪkjʊlət] adj inarticulé(e), indistinct(e) ; [person] qui s'exprime avec difficulté ; [explanation] mal exprimé(e).

inasmuch [ˌɪnəzˈmʌtʃ] ◆ **inasmuch as** conj *fml* attendu que.

inattention [ˌɪnəˈtenʃn] noun ▸ **inattention (to)** inattention *f* (à).

inattentive [ˌɪnəˈtentɪv] adj ▸ **inattentive (to)** inattentif(ive) (à).

inaudible [ɪˈnɔːdɪbl] adj inaudible.

inaudibly [ɪˈnɔːdɪblɪ] adv indistinctement.

inaugural [ɪˈnɔːgjʊrəl] adj inaugural(e).

inaugurate [ɪˈnɔːgjʊreɪt] vt [leader, president] investir ; [building, system] inaugurer.

inauguration [ɪˌnɔːgjʊˈreɪʃn] noun [of leader, president] investiture *f* ; [of building, system] inauguration *f*.

inauspicious [ˌɪnɔːˈspɪʃəs] adj *fml* peu propice.

in-between adj intermédiaire.

inborn [ˌɪnˈbɔːn] adj inné(e).

inbound [ˈɪnbaʊnd] adj qui arrive.

inbox [ˈɪnbɒks] noun COMPUT boîte *f* de réception.

in-box US = **in-tray**.

inbred [ˌɪnˈbred] adj **1.** [closely related] consanguin(e) ; [animal] croisé(e) **2.** [inborn] inné(e).

inbreeding [ˈɪnˌbriːdɪŋ] noun consanguinité *f* ; [of animals] croisement *m*.

inbuilt [ˌɪnˈbɪlt] adj [inborn] inné(e).

inc. (*abbr of* **inclusive**) : *12-15 April inc.* du 12 au 15 avril inclus.

Inc. [ɪŋk] (*abbr of* **incorporated**) US ≃ SARL.

Inca [ˈɪŋkə] noun Inca *mf*.

incalculable [ɪnˈkælkjʊləbl] adj incalculable.

incandescent [ˌɪnkænˈdesnt] adj incandescent(e).

incantation [ˌɪnkænˈteɪʃn] noun incantation *f*.

incapable [ɪnˈkeɪpəbl] adj incapable ▸ **to be incapable of sthg / of doing sthg** être incapable de qqch / de faire qqch.

incapacitate [ˌɪnkəˈpæsɪteɪt] vt rendre inapte physiquement.

incapacitated [ˌɪnkəˈpæsɪteɪtɪd] adj inapte physiquement ▸ **incapacitated for work** mis(e) dans l'incapacité de travailler.

incapacity [ˌɪnkəˈpæsətɪ] noun ▸ **incapacity (for)** incapacité *f* (de).

in-car adj AUTO ▸ **in-car stereo** autoradio *f* (à cassette).

incarcerate [ɪnˈkɑːsəreɪt] vt *fml* incarcérer.

incarceration [ɪnˌkɑːsəˈreɪʃn] noun *fml* incarcération *f*.

incarnate [ɪnˈkɑːneɪt] adj *fml* incarné(e).

incarnation [ˌɪnkɑːˈneɪʃn] noun *fml* incarnation *f*.

incendiary device [ɪnˈsendjərɪ-] noun dispositif *m* incendiaire.

incense ❖ noun [ˈɪnsens] encens *m*. ❖ vt [ɪnˈsens] [anger] mettre en colère.

incentive [ɪnˈsentɪv] noun **1.** [encouragement] motivation *f* **2.** COMM récompense *f*, prime *f*.

inception [ɪnˈsepʃn] noun *fml* commencement *m*.

incessant [ɪnˈsesnt] adj incessant(e).

incessantly [ɪnˈsesntlɪ] adv sans cesse.

incest [ˈɪnsest] noun inceste *m*.

incestuous [ɪnˈsestjʊəs] adj **1.** [sexual] incestueux(euse) **2.** *fig* [too close] très fermé(e) ; [relationship] en vase clos.

inch [ɪntʃ] ❖ noun = *2,5 cm* ; ≃ pouce *m.* ❖ vi ▸ **to inch forward** avancer petit à petit.

incidence ['ɪnsɪdəns] noun *fml* [of disease, theft] fréquence *f.*

incident ['ɪnsɪdənt] noun incident *m.*

incidental [,ɪnsɪ'dentl] adj accessoire.

incidentally [,ɪnsɪ'dentəlɪ] adv à propos.

incinerate [ɪn'sɪnəreɪt] vt incinérer.

incinerator [ɪn'sɪnəreɪtər] noun incinérateur *m.*

incipient [ɪn'sɪpɪənt] adj *fml* naissant(e).

incision [ɪn'sɪʒn] noun incision *f.*

incisive [ɪn'saɪsɪv] adj incisif(ive).

incisively [ɪn'saɪsɪvlɪ] adv [think] de façon incisive ; [ask, remark] de manière perspicace OR pénétrante.

incisor [ɪn'saɪzər] noun incisive *f.*

incite [ɪn'saɪt] vt inciter ▸ **to incite sb to do sthg** inciter qqn à faire qqch.

incitement [ɪn'saɪtmənt] noun *(U)* ▸ **incitement (to sthg / to do sthg)** incitation *f* (à qqch / à faire qqch).

incl. 1. *written abbr of* **including 2.** *written abbr of* **inclusive**.

inclement [ɪn'klemənt] adj *fml* inclément(e).

inclination [,ɪnklɪ'neɪʃn] noun **1.** *(U)* [liking, preference] inclination *f*, goût *m* **2.** [tendency] ▸ **inclination to do sthg** inclination *f* à faire qqch.

incline ❖ noun ['ɪnklaɪn] inclinaison *f.* ❖ vt [ɪn'klaɪn] [head] incliner.

inclined [ɪn'klaɪnd] adj **1.** [tending] ▸ **to be inclined to sthg / to do sthg** avoir tendance à qqch / à faire qqch **2.** [wanting] ▸ **to be inclined to do sthg** être enclin(e) à faire qqch **3.** [sloping] incliné(e).

include [ɪn'klu:d] vt inclure.

included [ɪn'klu:dɪd] adj inclus(e).

including [ɪn'klu:dɪŋ] prep y compris.

inclusion [ɪn'klu:ʒn] noun inclusion *f.*

inclusive [ɪn'klu:sɪv] adj inclus(e) ; [including all costs] tout compris (toute comprise) ▸ **inclusive of VAT** TVA incluse OR comprise.

inclusively [ɪn'klu:sɪvlɪ] adv inclusivement.

incognito [,ɪnkɒg'ni:təʊ] adv incognito.

incoherence [,ɪnkəʊ'hɪərəns] noun incohérence *f.*

incoherent [,ɪnkəʊ'hɪərənt] adj incohérent(e).

incoherently [,ɪnkəʊ'hɪərəntlɪ] adv de manière incohérente / *to mutter incoherently* marmonner des paroles incohérentes.

income ['ɪŋkʌm] noun revenu *m.*

income bracket noun tranche *f* de salaire OR de revenu.

income support noun *(U)* UK *allocations supplémentaires accordées aux personnes ayant un faible revenu.*

income tax noun impôt *m* sur le revenu.

incoming ['ɪn,kʌmɪŋ] adj **1.** [tide, wave] montant(e) **2.** [plane, passengers, mail] qui arrive ; [phone call] de l'extérieur **3.** [government, official] nouveau (nouvelle).

incomings ['ɪn,kʌmɪŋz] pl n recettes *fpl*, revenus *mpl* / *incomings and outgoings* dépenses *fpl* et recettes *fpl.*

incommunicado [,ɪnkəmju:nɪ'kɑ:dəʊ] adv ▸ **to be held incommunicado** être tenu(e) au secret.

incomparable [ɪn'kɒmpərəbl] adj incomparable.

incompatibility ['ɪnkəm,pætə'bɪlətɪ] noun incompatibilité *f* ; [grounds for divorce] incompatibilité *f* d'humeur.

incompatible [,ɪnkəm'pætɪbl] adj ▸ **incompatible (with)** incompatible (avec).

incompetence [ɪn'kɒmpɪtəns] noun incompétence *f.*

incompetent [ɪn'kɒmpɪtənt] adj incompétent(e).

incomplete [,ɪnkəm'pli:t] adj incomplet(ète).

incompletely [,ɪnkəm'pli:tlɪ] adv incomplètement.

incomprehensible [ɪn,kɒmprɪ'hensəbl] adj incompréhensible.

inconceivable [,ɪnkən'si:vəbl] adj inconcevable.

inconclusive [,ɪnkən'klu:sɪv] adj peu concluant(e).

incongruity [,ɪnkɒŋ'gru:ətɪ] (*pl* **-ies**) noun **1.** [strangeness, discordancy] incongruité *f* **2.** [disparity] disparité *f* / *their statements were full of incongruities* leurs témoignages contenaient un grand nombre d'incohérences.

incongruous [ɪn'kɒŋgrʊəs] adj incongru(e).

incongruously [ɪn'kɒŋgrʊəslɪ] adv : *the incongruously named Palace Hotel* le Palace Hôtel, le mal nommé.

inconsequential [,ɪnkɒnsɪ'kwenʃl] adj sans importance.

inconsiderate [,ɪnkən'sɪdərət] adj inconsidéré(e) ; [person] qui manque de considération.

inconsiderately [,ɪnkən'sɪdərətlɪ] adv sans aucune considération.

inconsistency [,ɪnkən'sɪstənsɪ] (*pl* **-ies**) noun inconsistance *f.*

inconsistent [,ɪnkən'sɪstənt] adj **1.** [not agreeing, contradictory] contradictoire ; [person] inconséquent(e) ▸ **inconsistent with sthg** en contradiction avec qqch **2.** [erratic] inconsistant(e).

inconsolable [,ɪnkən'səʊləbl] adj inconsolable.

inconsolably [,ɪnkən'səʊləblɪ] adv de façon inconsolable.

inconspicuous [,ɪnkən'spɪkjʊəs] adj qui passe inaperçu(e).

incontinence [ɪn'kɒntɪnəns] noun incontinence *f.*

incontinent [ɪn'kɒntɪnənt] adj incontinent(e).

incontrovertible [,ɪnkɒntrə'vɜ:təbl] adj *fml* indéniable, irréfutable.

inconvenience [,ɪnkən'vi:njəns] ❖ noun désagrément *m.* ❖ vt déranger.

inconvenient [,ɪnkən'vi:njənt] adj inopportun(e).

inconveniently [,ɪnkən'vi:njəntlɪ] adv **1.** [happen, arrive] au mauvais moment, inopportunément **2.** [be situated] de façon malcommode, mal.

incorporate [ɪn'kɔ:pəreɪt] ❖ vt **1.** [integrate] ▸ **to incorporate sb / sthg (into)** incorporer qqn / qqch (dans) **2.** [comprise] contenir, comprendre. ❖ vi COMM [to form a corporation] se constituer en société commerciale.

incorporated [ɪn'kɔ:pəreɪtɪd] adj COMM constitué(e) en société commerciale.

incorporation [ɪn,kɔ:pə'reɪʃn] noun **1.** [integration] incorporation *f* **2.** COMM [of company] constitution *f* en société commerciale.

incorrect [,ɪnkə'rekt] adj incorrect(e).

incorrectly [,ɪnkə'rektlɪ] adv **1.** [wrongly] : *I was incorrectly quoted* j'ai été cité de façon incorrecte / *the illness was incorrectly diagnosed* il y a eu erreur de diagnostic **2.** [improperly] incorrectement.

incorrigible [ɪn'kɒrɪdʒəbl] adj incorrigible.

incorruptible [,ɪnkə'rʌptəbl] adj incorruptible.

increase ❖ noun ['ɪnkri:s] ▸ **increase (in)** augmentation *f* (de) ▸ **to be on the increase** aller en augmentant. ❖ vt & vi [ɪn'kri:s] augmenter.

increased [ɪn'kri:st] adj accru(e).

increasing [ɪn'kri:sɪŋ] adj croissant(e).

increasingly [ɪn'kri:sɪŋlɪ] adv de plus en plus.

incredible [ɪn'kredəbl] adj incroyable.

incredibly [ɪn'kredəblɪ] adv **1.** [amazingly] : *incredibly, we were on time* aussi incroyable que cela puisse paraître, nous étions à l'heure **2.** [extremely] incroyablement.

incredulity [,ɪnkrɪ'dju:lətɪ] noun incrédulité *f*.

incredulous [ɪn'kredjʊləs] adj incrédule.

increment ['ɪnkrɪmənt] noun augmentation *f*.

incremental [,ɪnkrɪ'mentl] adj **1.** [increasing] croissant(e) / *incremental increases* augmentations *fpl* régulières **2.** COMPUT incrémentiel(elle), incrémental(elle).

incriminate [ɪn'krɪmɪneɪt] vt incriminer ▸ **to incriminate o.s.** se compromettre.

incriminating [ɪn'krɪmɪneɪtɪŋ] adj compromettant(e).

in-crowd noun *inf* coterie *f* ▸ **to be in with the in-crowd** être branché(e).

incubate ['ɪnkjʊbeɪt] ❖ vt incuber. ❖ vi être en incubation.

incubation [,ɪnkjʊ'beɪʃn] noun incubation *f*.

incubator ['ɪnkjʊbeɪtə^r] noun [for baby] incubateur *m*, couveuse *f*.

inculcate ['ɪnkʌlkeɪt] vt *fml* ▸ **to inculcate sthg in** OR **into sb** inculquer qqch à qqn.

incumbent [ɪn'kʌmbənt] *fml* ❖ adj ▸ **to be incumbent on** OR **upon sb to do sthg** incomber à qqn de faire qqch. ❖ noun [of post] titulaire *m*.

incur [ɪn'kɜ:^r] (*pt & pp* **-red**, *cont* **-ring**) vt encourir.

incurable [ɪn'kjʊərəbl] adj [disease] incurable.

incursion [UK ɪn'kɜ:ʃn, US ɪn'kɜ:ʒn] noun incursion *f*.

indebted [ɪn'detɪd] adj [grateful] ▸ **indebted to sb** redevable à qqn.

indecency [ɪn'di:snsɪ] noun indécence *f*.

indecent [ɪn'di:snt] adj **1.** [improper] indécent(e) **2.** [unreasonable] malséant(e).

indecent assault noun attentat *m* à la pudeur.

indecent exposure noun outrage *m* public à la pudeur.

indecently [ɪn'di:sntlɪ] adv indécemment.

indecipherable [,ɪndɪ'saɪfərəbl] adj indéchiffrable.

indecision [,ɪndɪ'sɪʒn] noun indécision *f*.

indecisive [,ɪndɪ'saɪsɪv] adj indécis(e).

indecisively [,ɪndɪ'saɪsɪvlɪ] adv **1.** [hesitatingly] de manière indécise, avec hésitation **2.** [inconclusively] de manière peu convaincante OR concluante.

indeed [ɪn'di:d] adv **1.** [certainly, to express surprise] vraiment / *indeed I am, yes indeed* certainement **2.** [in fact] en effet **3.** [for emphasis] : *very big / bad indeed* extrêmement OR vraiment grand(e) / mauvais(e).

indefatigable [,ɪndɪ'fætɪgəbl] adj *fml* infatigable.

indefensible [,ɪndɪ'fensəbl] adj indéfendable.

indefinable [,ɪndɪ'faɪnəbl] adj indéfinissable.

indefinite [ɪn'defɪnɪt] adj **1.** [not fixed] indéfini(e) **2.** [imprecise] vague.

indefinite article noun article *m* indéfini.

indefinitely [ɪn'defɪnətlɪ] adv **1.** [for unfixed period] indéfiniment **2.** [imprecisely] vaguement.

indelible [ɪn'deləbl] adj indélébile.

indelicate [ɪn'delɪkət] adj indélicat(e).

indemnify [ɪn'demnɪfaɪ] (*pt & pp* **-ied**) vt ▸ **to indemnify sb for** OR **against sthg** indemniser qqn de qqch.

indemnity [ɪn'demnətɪ] noun indemnité *f*.

indent [ɪn'dent] vt **1.** [dent] entailler **2.** [text] mettre en retrait.

indentation [,ɪnden'teɪʃn] noun **1.** [dent] découpure *f*, entaille *f* **2.** [in text] alinéa *m*.

independence [,ɪndɪ'pendəns] noun indépendance *f*.

Independence Day noun *fête de l'indépendance américaine, le 4 juillet*.

independent [,ɪndɪ'pendənt] adj ▸ **independent (of)** indépendant(e) (de) / *to become independent* [country] accéder à l'indépendance ▸ **a man of independent means** un rentier / *he is incapable of independent thought* il est incapable de penser par lui-même.

independently [,ɪndɪ'pendəntlɪ] adv de façon indépendante ▸ **independently of sb / sthg** indépendamment de qqn / qqch.

independent school noun UK école *f* privée.

in-depth adj approfondi(e).

indescribable [,ɪndɪ'skraɪbəbl] adj indescriptible.

indestructible [,ɪndɪ'strʌktəbl] adj indestructible.

indeterminate [ˌɪndɪ'tɜ:mɪnət] adj indéterminé(e).

index ['ɪndeks] ❖ noun **1.** (*pl* **-dexes**) [of book] index *m* **2.** (*pl* **-dexes**) [in library] répertoire *m*, fichier *m* **3.** (*pl* **-dexes** *or* **-dices**) ECON indice *m*. ❖ vt [book] faire l'index de.

index card noun fiche *f*.

index finger noun index *m*.

index-linked UK [-ˌlɪŋkt], **indexed** US ['ɪndekst] adj ECON indexé(e).

India ['ɪndjə] noun Inde *f* ▸ **in India** en Inde.

Indian ['ɪndjən] ❖ adj indien(enne). ❖ noun Indien *m*, -enne *f*.

Indian ink UK, **India ink** US noun encre *f* de Chine.

Indian Ocean noun ▸ **the Indian Ocean** l'océan *m* Indien.

Indian summer noun été *m* indien.

indicate ['ɪndɪkeɪt] ❖ vt indiquer / *he indicated his willingness to help* il nous a fait savoir qu'il était prêt à nous aider / *as I have already indicated* comme je l'ai déjà signalé OR fait remarquer / *to indicate (that one is turning) left / right* UK AUTO mettre son clignotant à gauche / à droite (pour tourner). ❖ vi UK AUTO mettre son clignotant.

indication [ˌɪndɪ'keɪʃn] noun **1.** [suggestion] indication *f* **2.** [sign] signe *m*.

indicative [ɪn'dɪkətɪv] ❖ adj ▸ **indicative of** indicatif(ive) de. ❖ noun GRAM indicatif *m*.

indicator ['ɪndɪkeɪtəʳ] noun **1.** [sign] indicateur *m* **2.** UK AUTO clignotant *m*.

indices ['ɪndɪsi:z] pl n ⟶ **index**.

indict [ɪn'daɪt] vt ▸ **to indict sb (for)** accuser qqn (de), mettre qqn en examen (pour).

indictable [ɪn'daɪtəbl] adj [person] qui peut être traduit(e) en justice ; [offence] punissable.

indictment [ɪn'daɪtmənt] noun [LAW - bill] acte *m* d'accusation ; [- process] mise *f* en examen.

indie ['ɪndɪ] adj *inf* indépendant(e).

indifference [ɪn'dɪfrəns] noun indifférence *f*.

indifferent [ɪn'dɪfrənt] adj **1.** [uninterested] ▸ **indifferent (to)** indifférent(e) (à) **2.** [mediocre] médiocre.

indigenous [ɪn'dɪdʒɪnəs] adj indigène.

indigestible [ˌɪndɪ'dʒestəbl] adj indigeste.

indigestion [ˌɪndɪ'dʒestʃn] noun *(U)* indigestion *f*.

indignant [ɪn'dɪgnənt] adj ▸ **indignant (at)** indigné(e) (de).

indignantly [ɪn'dɪgnəntlɪ] adv avec indignation.

indignation [ˌɪndɪg'neɪʃn] noun indignation *f*.

indignity [ɪn'dɪgnətɪ] (*pl* **-ies**) noun indignité *f*.

indigo ['ɪndɪgəʊ] ❖ adj indigo *(inv)*. ❖ noun indigo *m*.

indirect [ˌɪndɪ'rekt] adj indirect(e).

indirect discourse US, **indirect speech** UK noun discours *m* indirect.

indirectly [ˌɪndɪ'rektlɪ] adv indirectement.

indirect object noun objet *m* indirect.

indiscernible [ˌɪndɪ'sɜ:nəbl] adj indiscernable, imperceptible.

indiscreet [ˌɪndɪ'skri:t] adj indiscret(ète).

indiscreetly [ˌɪndɪ'skri:tlɪ] adv indiscrètement.

indiscretion [ˌɪndɪ'skreʃn] noun indiscrétion *f*.

indiscriminate [ˌɪndɪ'skrɪmɪnət] adj [person] qui manque de discernement ; [treatment] sans distinction ; [killing] commis au hasard.

indiscriminately [ˌɪndɪ'skrɪmɪnətlɪ] adv [admire] aveuglément ; [treat] sans faire de distinction ; [kill] au hasard.

indispensable [ˌɪndɪ'spensəbl] adj indispensable.

indisposed [ˌɪndɪ'spəʊzd] adj *fml* & *euph* [unwell] indisposé(e).

indisputable [ˌɪndɪ'spju:təbl] adj indiscutable.

indistinct [ˌɪndɪ'stɪŋkt] adj indistinct(e) ; [memory] vague.

indistinctly [ˌɪndɪ'stɪŋktlɪ] adv indistinctement.

indistinguishable [ˌɪndɪ'stɪŋgwɪʃəbl] adj ▸ **indistinguishable (from)** que l'on ne peut distinguer (de).

individual [ˌɪndɪ'vɪdʒʊəl] ❖ adj **1.** [separate, for one person] individuel(elle) **2.** [distinctive] personnel(elle). ❖ noun individu *m*.

individualism [ˌɪndɪ'vɪdʒʊəlɪzm] noun individualisme *m*.

individualist [ˌɪndɪ'vɪdʒʊəlɪst] noun individualiste *mf*.

individuality ['ɪndɪˌvɪdʒʊ'ælətɪ] noun individualité *f*.

individually [ˌɪndɪ'vɪdʒʊəlɪ] adv individuellement.

indivisible [ˌɪndɪ'vɪzəbl] adj indivisible.

Indochina [ˌɪndəʊ'tʃaɪnəə] noun Indochine *f* ▸ **in Indochina** en Indochine.

How to express indignation

- **(Mais) c'est une honte** OR **un scandale !** *That's outrageous!*
- **On aura tout vu !** *I don't believe it!*
- **Je n'ai jamais vu une chose pareille !** *I've never seen anything like it!*
- **Regardez-moi ça !** *Just look at that!*
- **Non mais je rêve !** *inf I don't believe it!*
- **Non mais, tu te rends compte !** *Honestly!*
- **Non mais, vous vous prenez pour qui ?** *Just who do you think you are?*
- **Quel culot !** *What a cheek!*
- **Ça va pas, non ?** *inf Are you out of your mind?*
- **Tu plaisantes !** *You can't be serious!*

indoctrinate [ɪn'dɒktrɪneɪt] vt endoctriner.

indoctrination [ɪn,dɒktrɪ'neɪʃn] noun endoctrinement *m*.

indolent ['ɪndələnt] adj *fml* indolent(e).

indomitable [ɪn'dɒmɪtəbl] adj indomptable.

Indonesia [,ɪndə'ni:zjə] noun Indonésie *f* ▸ **in Indonesia** en Indonésie.

Indonesian [,ɪndə'ni:zjən] ❖ adj indonésien(enne). ❖ noun **1.** [person] Indonésien *m*, -enne *f* **2.** [language] indonésien *m*.

indoor ['ɪndɔ:ʳ] adj [clothing] d'intérieur ; [swimming pool] couvert(e) ; [sports] en salle.

indoors [,ɪn'dɔ:z] adv à l'intérieur.

induce [ɪn'dju:s] vt **1.** [persuade] ▸ **to induce sb to do sthg** inciter OR pousser qqn à faire qqch **2.** MED [labour] provoquer ; [woman] provoquer l'accouchement de **3.** [bring about] provoquer.

-induced [ɪn'dju:st] suffix : *work-induced injury* accident *m* du travail / *drug-induced sleep* sommeil *m* provoqué par des médicaments.

inducement [ɪn'dju:smənt] noun [incentive] incitation *f*, encouragement *m*.

induction [ɪn'dʌkʃn] noun **1.** [into official position] ▸ **induction (into)** installation *f* (à) **2.** [introduction] introduction *f* **3.** ELEC induction *f*.

indulge [ɪn'dʌldʒ] ❖ vt **1.** [whim, passion] céder à **2.** [child, person] gâter ▸ **to indulge o.s.** se faire plaisir. ❖ vi ▸ **to indulge in sthg** se permettre qqch.

indulgence [ɪn'dʌldʒəns] noun **1.** [act of indulging] indulgence *f* **2.** [special treat] gâterie *f*.

indulgent [ɪn'dʌldʒənt] adj indulgent(e).

indulgently [ɪn'dʌldʒəntlɪ] adv avec indulgence.

industrial [ɪn'dʌstrɪəl] adj [gen] industriel(elle) ; [unrest] social.

industrial action UK, **job action** US noun ▸ **to take industrial action** UK se mettre en grève.

industrial dispute noun conflit *m* social, conflit *m* du travail.

industrial estate UK, **industrial park** US noun zone *f* industrielle.

industrialist [ɪn'dʌstrɪəlɪst] noun industriel *m*, -elle *f*.

industrialization, industrialisation UK [ɪn,dʌstrɪəlaɪ'zeɪʃn] noun industrialisation *f*.

industrialize, industrialise UK [ɪn'dʌstrɪəlaɪz] ❖ vt industrialiser. ❖ vi s'industrialiser.

industrialized, industrialised UK [ɪn'dʌstrɪəlaɪzd] adj industrialisé(e) ▸ **industrialized countries** pays *mpl* industrialisés.

industrial park US = **industrial estate**.

industrial relations pl n relations *fpl* patronat-syndicats.

industrial revolution noun révolution *f* industrielle.

industrial tribunal noun UK ≃ conseil *m* de prud'hommes.

industrious [ɪn'dʌstrɪəs] adj industrieux(euse).

industry ['ɪndəstrɪ] (*pl* **-ies**) noun **1.** [gen] industrie *f* **2.** *(U)* [hard work] assiduité *f*, application *f*.

inebriated [ɪ'ni:brɪeɪtɪd] adj *fml* ivre.

inedible [ɪn'edɪbl] adj **1.** [meal, food] immangeable **2.** [plant, mushroom] non comestible.

ineffective [,ɪnɪ'fektɪv] adj inefficace.

ineffectual [,ɪnɪ'fektʃʊəl] adj *fml* inefficace ; [person] incapable, incompétent(e).

inefficiency [,ɪnɪ'fɪʃnsɪ] noun inefficacité *f* ; [of person] incapacité *f*, incompétence *f*.

inefficient [,ɪnɪ'fɪʃnt] adj inefficace ; [person] incapable, incompétent(e).

inefficiently [,ɪnɪ'fɪʃntlɪ] adv inefficacement.

inelegant [ɪn'elɪgənt] adj inélégant(e), sans élégance.

inelegantly [ɪn'elɪgəntlɪ] adv de façon peu élégante.

ineligible [ɪn'elɪdʒəbl] adj inéligible ▸ **to be ineligible for sthg** ne pas avoir droit à qqch.

inept [ɪ'nept] adj inepte ; [person] stupide.

ineptitude [ɪ'neptɪtju:d] noun ineptie *f* ; [of person] stupidité *f*.

inequality [,ɪnɪ'kwɒlətɪ] (*pl* **-ies**) noun inégalité *f*.

inequitable [ɪn'ekwɪtəbl] adj *fml* inéquitable.

inert [ɪ'nɜ:t] adj inerte.

inertia [ɪ'nɜ:ʃə] noun inertie *f*.

inescapable [,ɪnɪ'skeɪpəbl] adj inéluctable.

inessential [,ɪnɪ'senʃl] adj superflu(e).

inestimable [ɪn'estɪməbl] adj inestimable.

inevitability [ɪn,evɪtə'bɪlətɪ] noun inévitabilité *f*.

inevitable [ɪn'evɪtəbl] ❖ adj inévitable / *it's inevitable that someone will feel left out* il est inévitable OR on ne pourra empêcher que quelqu'un se sente exclu / *the inevitable cigarette in his mouth* l'éternelle OR l'inévitable cigarette au coin des lèvres. ❖ noun ▸ **the inevitable** l'inévitable *m*.

inevitably [ɪn'evɪtəblɪ] adv inévitablement.

inexact [,ɪnɪg'zækt] adj inexact(e).

inexcusable [,ɪnɪk'skju:zəbl] adj inexcusable, impardonnable.

inexhaustible [,ɪnɪg'zɔ:stəbl] adj inépuisable.

inexorable [ɪn'eksərəbl] adj inexorable.

inexpensive [,ɪnɪk'spensɪv] adj bon marché *(inv)*, pas cher (chère).

inexperience [,ɪnɪk'spɪərɪəns] noun inexpérience *f*.

inexperienced [,ɪnɪk'spɪərɪənst] adj inexpérimenté(e), qui manque d'expérience.

inexplicable [,ɪnɪk'splɪkəbl] adj inexplicable.

inexplicably [,ɪnɪk'splɪkəblɪ] adv inexplicablement.

inexpressible [,ɪnɪk'spresəbl] adj inexprimable, indicible.

inextricably [ɪn'ekstrɪkəblɪ] adv inextricablement.

infallibility [ɪn,fælə'bɪlətɪ] noun infaillibilité *f*.

infallible [ɪn'fæləbl] adj infaillible.

infamous ['ɪnfəməs] adj infâme.

infamy ['ɪnfəmɪ] noun infamie *f*.

infancy ['ɪnfənsɪ] noun petite enfance *f* ▸ **in its infancy** *fig* à ses débuts.

infant ['ɪnfənt] noun **1.** [baby] nouveau-né *m*, nouveau-née *f*, nourrisson *m* **2.** [young child] enfant *mf* en bas âge.

infanticide [ɪn'fæntɪsaɪd] noun **1.** [act] infanticide *m* **2.** [person] infanticide *mf*.

infantile ['ɪnfəntaɪl] adj *lit* & *pej* infantile.

infant industry noun ECON industrie *f* naissante.

infant mortality noun mortalité *f* infantile.

infantry ['ɪnfəntrɪ] noun infanterie *f*.

infantryman ['ɪnfəntrɪmən] (*pl* **-men**) noun fantassin *m*.

infant school noun UK école *f* maternelle *(de 5 à 7 ans)*.

infatuated [ɪn'fætjʊeɪtɪd] adj ▸ **infatuated (with)** entiché(e) (de).

infatuation [ɪn,fætjʊ'eɪʃn] noun ▸ **infatuation (with)** béguin *m* (pour).

infect [ɪn'fekt] vt **1.** MED infecter **2.** *fig* [subj: enthusiasm] se propager à.

infected [ɪn'fektɪd] adj ▸ **infected (with)** infecté(e) (par).

infection [ɪn'fekʃn] noun infection *f*.

infectious [ɪn'fekʃəs] adj **1.** [disease] infectieux(euse) **2.** *fig* [feeling, laugh] contagieux(euse).

infer [ɪn'fɜːʳ] (*pt & pp* **-red**, *cont* **-ring**) vt [deduce] ▸ **to infer sthg (from)** déduire qqch (de).

inference ['ɪnfrəns] noun **1.** [conclusion] conclusion *f* **2.** [process of deduction] ▸ **by inference** par déduction.

inferior [ɪn'fɪərɪəʳ] ❖ adj **1.** [in status] inférieur(e) **2.** [product] de qualité inférieure ; [work] médiocre. ❖ noun [in status] subalterne *mf*.

inferiority [ɪn,fɪərɪ'ɒrətɪ] noun infériorité *f*.

inferiority complex noun complexe *m* d'infériorité.

infernal [ɪn'fɜːnl] adj *inf* & *dated* infernal(e).

inferno [ɪn'fɜːnəʊ] (*pl* **-s**) noun brasier *m*.

infertile [ɪn'fɜːtaɪl] adj **1.** [woman] stérile **2.** [soil] infertile.

infertility [,ɪnfə'tɪlətɪ] noun **1.** [of woman] stérilité *f* **2.** [of soil] infertilité *f*.

infested [ɪn'festɪd] adj ▸ **infested with** infesté(e) de.

infidelity [,ɪnfɪ'delətɪ] noun infidélité *f*.

infighting ['ɪn,faɪtɪŋ] noun *(U)* querelles *fpl* intestines.

infiltrate ['ɪnfɪltreɪt] ❖ vt infiltrer. ❖ vi ▸ **to infiltrate into** s'infiltrer dans.

infiltration [,ɪnfɪl'treɪʃn] noun **1.** [of group] infiltration *f*, noyautage *m* **2.** [by liquid] infiltration *f*.

infiltrator ['ɪnfɪltreɪtəʳ] noun agent *m* infiltré.

infinite ['ɪnfɪnət] adj infini(e).

infinitely ['ɪnfɪnətlɪ] adv infiniment.

infinitesimal [,ɪnfɪnɪ'tesɪml] adj infinitésimal(e).

infinitive [ɪn'fɪnɪtɪv] noun infinitif *m*.

infinity [ɪn'fɪnətɪ] noun infini *m*.

infirm [ɪn'fɜːm] *fml* ❖ adj infirme. ❖ pl n ▸ **the infirm** les infirmes *mpl*.

infirmary [ɪn'fɜːmərɪ] (*pl* **-ies**) noun UK [in names] hôpital *m* ; US SCH & UNIV infirmerie *f*.

infirmity [ɪn'fɜːmətɪ] (*pl* **-ies**) noun *fml* infirmité *f*.

inflamed [ɪn'fleɪmd] adj MED enflammé(e).

inflammable [ɪn'flæməbl] adj inflammable.

inflammation [,ɪnflə'meɪʃn] noun MED inflammation *f*.

inflammatory [ɪn'flæmətrɪ] adj inflammatoire.

inflatable [ɪn'fleɪtəbl] adj gonflable.

inflate [ɪn'fleɪt] vt **1.** [tyre, life jacket] gonfler **2.** ECON [prices, salaries] hausser, gonfler.

inflated [ɪn'fleɪtɪd] adj **1.** [tyre, life jacket] gonflé(e) **2.** *pej* [exaggerated] : *he has an inflated opinion of himself* il a une haute opinion de lui-même **3.** ECON [salary, prices] exagéré(e), gonflé(e).

inflation [ɪn'fleɪʃn] noun ECON inflation *f*.

inflationary [ɪn'fleɪʃnrɪ] adj ECON inflationniste.

inflation-proof adj protégé(e) contre les effets de l'inflation.

inflect [ɪn'flekt] ❖ vt **1.** LING [verb] conjuguer ; [noun, pronoun, adjective] décliner ▸ **inflected form** forme *f* fléchie **2.** [tone, voice] moduler **3.** [curve] infléchir. ❖ vi LING : *adjectives do not inflect in English* les adjectifs ne prennent pas de désinence en anglais.

inflection [ɪn'flekʃn] noun **1.** [of tone, voice] inflexion *f*, modulation *f* **2.** LING désinence *f*, flexion *f* **3.** [curve] flexion *f*, inflexion *f*, courbure *f* **4.** MATH inflexion *f* ▸ **point of inflection** point *m* d'inflexion.

inflexibility [ɪn,fleksə'bɪlətɪ] noun inflexibilité *f*, rigidité *f*.

inflexible [ɪn'fleksəbl] adj **1.** [material] rigide **2.** [person, arrangement] inflexible.

inflict [ɪn'flɪkt] vt ▸ **to inflict sthg on sb** infliger qqch à qqn.

in-flight adj en vol *(inv)*.

influence ['ɪnflʊəns] ❖ noun influence *f* / *to bring one's influence to bear on sthg* exercer son influence sur qqch / *he is a bad influence on them* il a une mauvaise influence sur eux ▸ **under the influence of a)** [person, group] sous l'influence de **b)** [alcohol, drugs] sous l'effet OR l'empire de. ❖ vt influencer / *he is easily influenced* il se laisse facilement influencer, il est très influençable.

influential [,ɪnflʊ'enʃl] adj influent(e).

influenza [,ɪnflʊ'enzə] noun *(U)* grippe *f*.

influx ['ɪnflʌks] noun afflux *m*.

info ['ɪnfəʊ] noun *(U)* *inf* info *f*.

infomercial [ˌɪnfəʊ'mɜːʃl] noun US *publicité télévisée sous forme de débat sur l'annonceur et son produit.*

inform [ɪn'fɔːm] vt ▸ **to inform sb (of)** informer qqn (de) ▸ **to inform sb about** renseigner qqn sur. ◆ **inform on** vt insep dénoncer.

informal [ɪn'fɔːml] adj **1.** [party, person] simple ; [clothes] de tous les jours **2.** [negotiations, visit] officieux(euse) ; [meeting] informel(elle).

informality [ˌɪnfɔː'mælətɪ] (*pl* **-ies**) noun **1.** [of gathering, meal] simplicité *f* ; [of discussion, interview] absence *f* de formalité ; [of manners] naturel *m* **2.** [of expression, language] familiarité *f*, liberté *f*.

informally [ɪn'fɔːməlɪ] adv **1.** [talk, dress] simplement **2.** [meet, agree] officieusement.

informant [ɪn'fɔːmənt] noun informateur *m*, -trice *f*.

information [ˌɪnfə'meɪʃn] noun **1.** *(U)* ▸ **information (on OR about)** renseignements *mpl* OR informations *fpl* (sur) ▸ **for your information** *fml* à titre d'information / ***for your information, it happened in 1938*** je vous signale que cela s'est passé en 1938 ▸ **too much information!** *inf* tu n'avais pas besoin d'entrer dans le détail ! **2.** COMPUT information *f*.

information desk noun bureau *m* de(s) renseignements.

information highway, information superhighway noun autoroute *f* de l'information.

information superhighway = **information highway**.

information system noun système *m* d'information.

information technology noun informatique *f*.

informative [ɪn'fɔːmətɪv] adj informatif(ive).

informed [ɪn'fɔːmd] adj ▸ **well / badly informed** bien / mal renseigné(e) / ***he made an informed guess*** il a essayé de deviner en s'aidant de ce qu'il savait.

informer [ɪn'fɔːməʳ] noun indicateur *m*, -trice *f*.

infotainment ['ɪnfəʊteɪnmənt] noun info-spectacle *m*, info-divertissement *m*.

infra dig [ˌɪnfrə-] adj UK *dated* dégradant(e).

infrared [ˌɪnfrə'red] adj infrarouge.

infrared mouse noun COMPUT souris *f* infrarouge.

infrastructure ['ɪnfrəˌstrʌktʃəʳ] noun infrastructure *f*.

infrequent [ɪn'friːkwənt] adj peu fréquent(e).

infrequently [ɪn'friːkwəntlɪ] adv rarement, peu souvent.

infringe [ɪn'frɪndʒ] (*cont* **infringeing**) ◆ vt **1.** [right] empiéter sur **2.** [law, agreement] enfreindre. ◆ vi **1.** [on right] ▸ **to infringe on** empiéter sur **2.** [on law, agreement] ▸ **to infringe on** enfreindre.

infringement [ɪn'frɪndʒmənt] noun **1.** [of right] ▸ **infringement (of)** atteinte *f* (à) **2.** [of law, agreement] transgression *f*.

infuriate [ɪn'fjʊərɪeɪt] vt rendre furieux(euse).

infuriating [ɪn'fjʊərɪeɪtɪŋ] adj exaspérant(e).

infuriatingly [ɪn'fjʊərɪeɪtɪŋlɪ] adv : ***infuriatingly stubborn*** d'un entêtement exaspérant.

infuse [ɪn'fjuːz] ◆ vt ▸ **to infuse sb / sthg with sthg** *fig* insuffler qqch à qqn / qqch. ◆ vi [tea] infuser.

infusion [ɪn'fjuːʒn] noun **1.** [of enthusiasm, ideas] fait *m* d'insuffler ; [of money] injection *f* **2.** [of tea, herbs] infusion *f*.

ingenious [ɪn'dʒiːnjəs] adj ingénieux(euse).

ingeniously [ɪn'dʒiːnjəslɪ] adv ingénieusement.

ingenuity [ˌɪndʒɪ'njuːətɪ] noun ingéniosité *f*.

ingenuous [ɪn'dʒenjʊəs] adj ingénu(e), naïf (naïve).

ingot ['ɪŋgət] noun lingot *m*.

ingrained [ˌɪn'greɪnd] adj **1.** [dirt] incrusté(e) **2.** *fig* [belief, hatred] enraciné(e).

ingratiate [ɪn'greɪʃɪeɪt] vt *pej* ▸ **to ingratiate o.s. with sb** se faire bien voir de qqn.

ingratiating [ɪn'greɪʃɪeɪtɪŋ] adj *pej* doucereux(euse), mielleux(euse).

ingratitude [ɪn'grætɪtjuːd] noun ingratitude *f*.

ingredient [ɪn'griːdjənt] noun ingrédient *m* ; *fig* élément *m*.

ingrowing ['ɪnˌgrəʊɪŋ], **ingrown** US ['ɪnˌgrəʊn] adj ▸ **ingrowing toenail** ongle *m* incarné.

inhabit [ɪn'hæbɪt] vt habiter.

inhabitant [ɪn'hæbɪtənt] noun habitant *m*, -e *f*.

inhalation [ˌɪnhə'leɪʃn] noun inhalation *f*.

inhale [ɪn'heɪl] ◆ vt inhaler, respirer. ◆ vi [breathe in] respirer.

inhaler [ɪn'heɪləʳ] noun MED inhalateur *m*.

inherent [ɪn'hɪərənt *or* ɪn'herənt] adj ▸ **inherent (in)** inhérent(e) (à).

inherently [ɪn'hɪərəntlɪ *or* ɪn'herəntlɪ] adv fondamentalement, en soi.

inherit [ɪn'herɪt] ◆ vt [property, right] hériter (de) ; [title, peerage] accéder à ▸ **to inherit sthg (from sb)** hériter qqch (de qqn) / ***the problems inherited from the previous government*** les problèmes hérités du gouvernement précédent / ***she inherited her father's intelligence*** elle a hérité (de) l'intelligence de son père. ◆ vi hériter.

inheritance [ɪn'herɪtəns] noun héritage *m*.

inhibit [ɪn'hɪbɪt] vt **1.** [prevent] empêcher **2.** PSYCHOL inhiber.

inhibited [ɪn'hɪbɪtɪd] adj [person] inhibé(e).

inhibition [ˌɪnhɪ'bɪʃn] noun inhibition *f*.

inhospitable [ˌɪnhɒ'spɪtəbl] adj inhospitalier(ère).

in-house ◆ adj interne ; [staff] de la maison. ◆ adv [produce, work] sur place.

inhuman [ɪn'hjuːmən] adj inhumain(e).

inhumane [ˌɪnhjuː'meɪn] adj inhumain(e).

inhumanity [ˌɪnhjuː'mænətɪ] (*pl* **-ies**) noun **1.** [quality] inhumanité *f*, barbarie *f*, cruauté *f* / ***man's inhumanity to man*** la cruauté de l'homme pour l'homme **2.** [act] atrocité *f*, brutalité *f*.

inimitable [ɪ'nɪmɪtəbl] adj inimitable.

iniquitous [ɪ'nɪkwɪtəs] adj *fml* inique.

iniquity [ɪ'nɪkwətɪ] (*pl* **-ies**) noun *fml* iniquité *f*.

initial [ɪ'nɪʃl] ❖ adj initial(e), premier(ère) ▸ **initial letter** initiale *f*. ❖ vt (UK *pt & pp* **-led**, *cont* **-ling**, US *pt & pp* **-ed**, *cont* **-ing**) parapher. ◆ **initials** pl n initiales *fpl*.

initialize, initialise UK [ɪ'nɪʃəlaɪz] vt COMPUT initialiser.

initially [ɪ'nɪʃəlɪ] adv initialement, au début.

initiate [ɪ'nɪʃɪeɪt] ❖ vt **1.** [talks] engager ; [scheme] ébaucher, inaugurer **2.** [teach] ▸ **to initiate sb into sthg** initier qqn à qqch. ❖ noun initié *m*, -e *f*.

initiation [ɪ,nɪʃɪ'eɪʃn] noun **1.** [of talks] commencement *m*, début *m* ; [of scheme] ébauche *f*, inauguration *f* **2.** [teaching] initiation *f*.

initiative [ɪ'nɪʃətɪv] noun **1.** [gen] initiative *f* ▸ **on one's own initiative** de sa propre initiative ▸ **to take the initiative** prendre l'initiative ▸ **to use one's initiative** faire preuve d'initiative **2.** [advantage] ▸ **to have the initiative** avoir l'avantage *m*.

inject [ɪn'dʒekt] vt **1.** MED ▸ **to inject sb with sthg, to inject sthg into sb** injecter qqch à qqn / *to inject sb with penicillin* faire une piqûre de pénicilline à qqn **2.** *fig* [excitement] insuffler ; [money] injecter / *they've injected billions of dollars into the economy* ils ont injecté des milliards de dollars dans l'économie / *he tried to inject some humour into the situation fig* il a tenté d'introduire un peu d'humour dans la situation.

injection [ɪn'dʒekʃn] noun *lit* & *fig* injection *f*.

injudicious [,ɪndʒu:'dɪʃəs] adj *fml* peu judicieux(euse).

injunction [ɪn'dʒʌŋkʃn] noun LAW injonction *f*.

injure ['ɪndʒəʳ] vt **1.** [limb, person] blesser ▸ **to injure o.s.** se blesser ▸ **to injure one's arm** se blesser au bras **2.** *fig* [reputation, chances] compromettre.

injured [ɪn'dʒəd] ❖ adj **1.** [limb, person] blessé(e) **2.** *fig* [reputation] compromis(e) ; [pride] froissé(e). ❖ pl n ▸ **the injured** les blessés *mpl*.

injurious [ɪn'dʒʊərɪəs] adj *fml* ▸ **injurious (to)** nuisible (à), néfaste (à).

injury ['ɪndʒərɪ] (*pl* **-ies**) noun **1.** [to limb, person] blessure *f* ▸ **to do o.s. an injury** se blesser **2.** *fig* [to reputation] coup *m*, atteinte *f*.

injury time noun (*U*) UK arrêts *mpl* de jeu.

injustice [ɪn'dʒʌstɪs] noun injustice *f* ▸ **to do sb an injustice** se montrer injuste envers qqn.

ink [ɪŋk] ❖ noun encre *f*. ❖ comp [pen] à encre ; [stain, blot] d'encre. ◆ **ink in** vt sep repasser à l'encre.

ink-jet printer noun COMPUT imprimante *f* à jet d'encre.

inkling ['ɪŋklɪŋ] noun ▸ **to have an inkling of** avoir une petite idée de.

inkwell ['ɪŋkwel] noun encrier *m*.

inky ['ɪŋkɪ] (*compar* **-ier**, *superl* **-iest**) adj **1.** [inkstained] taché(e) d'encre **2.** [dark] noir(e) comme l'encre.

inlaid [,ɪn'leɪd] adj ▸ **inlaid (with)** incrusté(e) (de).

inland ❖ adj ['ɪnlənd] intérieur(e). ❖ adv [ɪn'lænd] à l'intérieur.

Inland Revenue noun UK ▸ **the Inland Revenue** ≃ le fisc.

in-laws pl n *inf* [parents-in-law] beaux-parents *mpl* ; [others] belle-famille *f*.

inlet ['ɪnlet] noun **1.** [of lake, sea] avancée *f* **2.** TECH arrivée *f*.

inmate ['ɪnmeɪt] noun [of prison] détenu *m*, -e *f* ; [of mental hospital] interné *m*, -e *f*.

inn [ɪn] noun auberge *f*.

innards ['ɪnədz] pl n entrailles *fpl*.

innate [ɪ'neɪt] adj inné(e).

innately [ɪ'neɪtlɪ] adv naturellement.

inner ['ɪnəʳ] adj **1.** [on inside] interne, intérieur(e) **2.** [feelings] intime.

inner circle noun : *in the inner circles of power* dans les milieux proches du pouvoir / *her inner circle of advisers* le cercle de ses conseillers les plus proches.

inner city ❖ noun ▸ **the inner city** les quartiers *mpl* pauvres. ❖ comp des quartiers pauvres.

innermost ['ɪnəməʊst] adj [secrets, thoughts] le plus profond (la plus profonde), le plus secret (la plus secrète).

innings ['ɪnɪŋz] (*pl inv*) noun UK CRICKET tour *m* de batte ▸ **to have had a good innings** *fig* avoir bien profité de l'existence.

innkeeper ['ɪn,ki:pəʳ] noun aubergiste *mf*.

innocence ['ɪnəsəns] noun innocence *f*.

innocent ['ɪnəsənt] ❖ adj innocent(e) ▸ **innocent of** [crime] non coupable de. ❖ noun innocent *m*, -e *f*.

innocently ['ɪnəsəntlɪ] adv innocemment.

innocuous [ɪ'nɒkjʊəs] adj inoffensif(ive).

innovate ['ɪnəveɪt] vi & vt innover.

innovation [,ɪnə'veɪʃn] noun innovation *f*.

innovative ['ɪnəvətɪv] adj **1.** [idea, design] innovateur(trice) **2.** [person, company] novateur(trice).

innovator ['ɪnəveɪtəʳ] noun innovateur *m*, -trice *f*.

innuendo [,ɪnju:'endəʊ] (*pl* **-es** *or* **-s**) noun insinuation *f*.

innumerable [ɪ'nju:mərəbl] adj innombrable.

inoculate [ɪ'nɒkjʊleɪt] vt ▸ **to inoculate sb (with sthg)** inoculer (qqch à) qqn ▸ **to inoculate sb (against)** vacciner qqn (contre).

inoculation [ɪ,nɒkjʊ'leɪʃn] noun inoculation *f*.

inoffensive [,ɪnə'fensɪv] adj inoffensif(ive).

inoperable [ɪn'ɒprəbl] adj **1.** MED inopérable **2.** [method] impossible à mettre en œuvre.

inoperative [ɪn'ɒprətɪv] adj **1.** [rule, tax] inopérant(e) **2.** [machine] qui ne marche pas.

inopportune [ɪn'ɒpətju:n] adj inopportun(e).

inordinate [ɪ'nɔ:dɪnət] adj *fml* excessif(ive), démesuré(e).

inordinately [ɪ'nɔ:dɪnətlɪ] adv *fml* excessivement.

inorganic [ˌɪnɔ:'gænɪk] adj inorganique.

in-patient noun malade hospitalisé *m*, malade hospitalisée *f*.

input ['ɪnpʊt] ◆ noun **1.** [contribution] contribution *f*, concours *m* **2.** COMPUT & ELEC entrée *f*. ◆ vt (*pt & pp* **input** *or* **-ted**, *cont* **-ting**) COMPUT entrer.

input/output noun COMPUT entrée-sortie *f*.

inquest ['ɪnkwest] noun enquête *f*.

inquire [ɪn'kwaɪər] ◆ vt ▸ **to inquire when/whether/how…** demander quand/si/comment…. ◆ vi ▸ **to inquire (about)** se renseigner (sur). ◆ **inquire after** vt insep s'enquérir de. ◆ **inquire into** vt insep enquêter sur.

inquiring [ɪn'kwaɪərɪŋ] adj **1.** [person, mind] curieux(euse) **2.** [look, tone] interrogateur(trice).

inquiry [ɪn'kwaɪərɪ] (*pl* **-ies**) noun **1.** [question] demande *f* de renseignements ▸ **'Inquiries'** UK 'renseignements' **2.** [investigation] enquête *f* / *to hold* OR *to conduct an inquiry into sthg* faire une enquête sur qqch / *he is helping police with their inquiries* la police est en train de l'interroger / *upon further inquiry* après vérification.

inquiry desk noun UK bureau *m* de renseignements.

inquisition [ˌɪnkwɪ'zɪʃn] noun *fml* & *pej* inquisition *f*. ◆ **Inquisition** noun HIST ▸ **the Inquisition** l'Inquisition *f*.

inquisitive [ɪn'kwɪzətɪv] adj [curious] curieux(euse) ; *pej* [nosy] indiscret(ète).

inquisitively [ɪn'kwɪzətɪvlɪ] adv [curiously] avec curiosité ; *pej* [nosily] de manière indiscrète.

inquisitiveness [ɪn'kwɪzətɪvnɪs] noun [curiosity] curiosité *f* ; *pej* [nosiness] indiscrétion *f*.

inroads ['ɪnrəʊdz] pl n ▸ **to make inroads into** [savings] entamer.

insane [ɪn'seɪn] ◆ adj fou (folle). ◆ pl n ▸ **the insane** les malades *mpl* mentaux.

insanely [ɪn'seɪnlɪ] adv **1.** [crazily - laugh, behave, talk] comme un fou **2.** [as intensifier - funny, rich] follement / *he was insanely jealous* il était fou de jalousie.

insanitary [ɪn'sænɪtrɪ] adj insalubre.

insanity [ɪn'sænətɪ] noun folie *f*.

insatiable [ɪn'seɪʃəbl] adj insatiable.

inscribe [ɪn'skraɪb] vt **1.** [engrave] graver **2.** [write] inscrire.

inscription [ɪn'skrɪpʃn] noun **1.** [engraved] inscription *f* **2.** [written] dédicace *f*.

inscrutable [ɪn'skru:təbl] adj impénétrable.

insect ['ɪnsekt] noun insecte *m*.

insect bite noun piqûre *f* d'insecte.

insecticide [ɪn'sektɪsaɪd] noun insecticide *m*.

insecure [ˌɪnsɪ'kjʊər] adj **1.** [person] anxieux(euse) **2.** [job, investment] incertain(e).

insecurely [ˌɪnsɪ'kjʊəlɪ] adv : *insecurely balanced* en équilibre instable / *insecurely closed/bolted/attached* mal fermé(e)/verrouillé(e)/attaché(e).

insecurity [ˌɪnsɪ'kjʊərətɪ] noun insécurité *f*.

insemination [ɪnˌsemɪ'neɪʃn] noun insémination *f*.

insensible [ɪn'sensəbl] adj **1.** [unconscious] inconscient(e) **2.** [unaware, not feeling] ▸ **insensible of/to** insensible à.

insensitive [ɪn'sensətɪv] adj ▸ **insensitive (to)** insensible (à).

insensitivity [ɪnˌsensə'tɪvətɪ] noun insensibilité *f*.

inseparable [ɪn'seprəbl] adj inséparable.

insert ◆ vt [ɪn'sɜ:t] ▸ **to insert sthg (in** OR **into)** insérer qqch (dans). ◆ noun ['ɪnsɜ:t] [in newspaper] encart *m*.

insertion [ɪn'sɜ:ʃn] noun insertion *f*.

inset ['ɪnset] noun encadré *m*.

inshore ◆ adj ['ɪnʃɔ:r] côtier(ère). ◆ adv [ɪn'ʃɔ:r] [be situated] près de la côte ; [move] vers la côte.

inside [ɪn'saɪd] ◆ prep **1.** [building, object] à l'intérieur de, dans ; [group, organization] au sein de / *inside the house* à l'intérieur de la maison / *what goes on inside his head?* qu'est-ce qui se passe dans sa tête ? / *it's just inside the limit* c'est juste (dans) la limite **2.** [time] : *inside (of) three weeks* en moins de trois semaines. ◆ adv **1.** [gen] dedans, à l'intérieur ▸ **to go inside** entrer ▸ **come inside!** entrez ! / *bring the chairs inside* rentre les chaises / *it's hollow inside* c'est creux à l'intérieur, l'intérieur est creux **2.** *prison sl* en taule ▸ **he's been inside** il a fait de la taule. ◆ adj **1.** intérieur(e) / *the inside pages* [of newspaper] les pages intérieures ▸ **the inside lane a)** [in athletics] la corde **b)** [driving on left] la voie de gauche **c)** [driving on right] la voie de droite / *inside leg measurement* hauteur *f* de l'entrejambe **2.** FOOT ▸ **inside left/right** inter *m* gauche/droit. ◆ noun **1.** [interior] ▸ **the inside** l'intérieur *m* / *she has a scar on the inside of her wrist* elle a une cicatrice à l'intérieur du poignet ▸ **inside out** [clothes] à l'envers / *he turned his pockets inside out* il a retourné ses poches ▸ **to know sthg inside out** connaître qqch à fond **2.** AUTO ▸ **the inside a)** [in UK] la gauche **b)** [in Europe, US] la droite / *walk on the inside* marchez loin du bord **3.** *fig* : *only someone on the inside would know that* seul quelqu'un de la maison saurait ça. ◆ **insides** pl n *inf* tripes *fpl*. ◆ **inside of** prep US [building, object] à l'intérieur de, dans.

inside information noun *(U)* renseignements *mpl* obtenus à la source.

inside job noun *inf* coup *m* monté de l'intérieur.

insider [ˌɪn'saɪdər] noun initié *m*, -e *f*.

insider dealing, insider trading noun *(U)* délits *mpl* d'initiés.

inside story noun : *I got the inside story from his wife* j'ai appris la vérité sur cette affaire par sa femme.

insidious [ɪn'sɪdɪəs] adj insidieux(euse).

insight ['ɪnsaɪt] noun **1.** [wisdom] sagacité *f*, perspicacité *f* **2.** [glimpse] ▸ **insight (into)** aperçu *m* (de).

insignia [ɪn'sɪgnɪə] (*pl inv*) noun insigne *m*.

insignificance [ˌɪnsɪg'nɪfɪkəns] noun insignifiance *f*.

insignificant [ˌɪnsɪg'nɪfɪkənt] adj insignifiant(e).

insincere [ˌɪnsɪn'sɪəʳ] adj pas sincère.

insincerely [ˌɪnsɪn'sɪəlɪ] adv sans sincérité, de manière hypocrite.

insincerity [ˌɪnsɪn'serətɪ] noun manque *m* de sincérité.

insinuate [ɪn'sɪnjʊeɪt] vt insinuer, laisser entendre.

insinuation [ɪnˌsɪnjʊ'eɪʃn] noun insinuation *f*.

insipid [ɪn'sɪpɪd] adj insipide.

insist [ɪn'sɪst] ❖ vt **1.** [claim] ▸ **to insist (that)...** insister sur le fait que... / *she insists that she locked the door* elle maintient qu'elle a fermé la porte à clef **2.** [demand] ▸ **to insist (that)...** insister pour que (+ *subjunctive*)... / *you should insist that you be paid* vous devriez exiger qu'on vous paye. ❖ vi ▸ **to insist (on sthg)** exiger (qqch) ▸ **to insist on doing sthg** tenir à faire qqch, vouloir absolument faire qqch / *she insists on doing it her way* elle tient à le faire à sa façon / *he insisted on my taking the money* il a tenu à ce que je prenne l'argent.

insistence [ɪn'sɪstəns] noun ▸ **insistence (on)** insistance *f* (à).

insistent [ɪn'sɪstənt] adj **1.** [determined] insistant(e) ▸ **to be insistent on** insister sur **2.** [continual] incessant(e).

insistently [ɪn'sɪstəntlɪ] adv [stare, knock] avec insistance ; [ask, urge] avec insistance, instamment.

in situ [ˌɪn'sɪtju:] adv in situ.

insofar [ˌɪnsəʊ'fɑ:ʳ] ◆ **insofar as** conj *fml* dans la mesure où.

insole ['ɪnsəʊl] noun semelle *f* intérieure.

insolence ['ɪnsələns] noun insolence *f*.

insolent ['ɪnsələnt] adj insolent(e).

insolently ['ɪnsələntlɪ] adv insolemment, avec insolence.

insolvency [ɪn'sɒlvənsɪ] noun insolvabilité *f*.

insolvent [ɪn'sɒlvənt] adj insolvable.

insomnia [ɪn'sɒmnɪə] noun insomnie *f*.

insomniac [ɪn'sɒmnɪæk] noun insomniaque *mf*.

insomuch [ˌɪnsəʊ'mʌtʃ] ◆ **insomuch as** conj *fml* d'autant que.

inspect [ɪn'spekt] vt **1.** [letter, person] examiner **2.** [factory, troops] inspecter.

inspection [ɪn'spekʃn] noun **1.** [investigation] examen *m* **2.** [official check] inspection *f*.

inspector [ɪn'spektəʳ] noun inspecteur *m*, -trice *f*.

inspiration [ˌɪnspə'reɪʃn] noun inspiration *f*.

inspirational [ˌɪnspə'reɪʃənl] adj **1.** [inspiring] inspirant(e) **2.** [inspired] inspiré(e).

inspire [ɪn'spaɪəʳ] vt ▸ **to inspire sb to do sthg** pousser OR encourager qqn à faire qqch ▸ **to inspire sb with sthg, to inspire sthg in sb** inspirer qqch à qqn.

inspired [ɪn'spaɪəd] adj **1.** [artist, performance] inspiré(e) **2.** [guess, idea] brillant(e).

inspiring [ɪn'spaɪərɪŋ] adj qui inspire.

instability [ˌɪnstə'bɪlətɪ] noun instabilité *f*.

install [ɪn'stɔ:l] vt **1.** [fit & COMPUT] installer **2.** [appoint] ▸ **to install sb (as sthg)** nommer qqn (qqch) **3.** [settle] ▸ **to install o.s.** s'installer.

installation [ˌɪnstə'leɪʃn] noun installation *f*.

installment US = **instalment**.

installment plan noun US achat *m* à crédit.

instalment UK, **installment** US [ɪn'stɔ:lmənt] noun **1.** [payment] acompte *m* ▸ **in instalments** par acomptes **2.** [episode] épisode *m*.

instance ['ɪnstəns] noun exemple *m* / *he agrees with me in most instances* la plupart du temps OR dans la plupart des cas il est d'accord avec moi / *our policy, in that instance, was to raise interest rates* notre politique en la circonstance OR l'occurrence a consisté à augmenter les taux d'intérêt ▸ **for instance** par exemple ▸ **in the first instance** UK en premier lieu.

instant ['ɪnstənt] ❖ adj **1.** [immediate] instantané(e), immédiat(e) **2.** [coffee] soluble ; [food] à préparation rapide. ❖ noun instant *m* ▸ **the instant (that)...** dès OR aussitôt que... ▸ **this instant** tout de suite, immédiatement.

instant access adj [bank account] à accès immédiat.

instantaneous [ˌɪnstən'teɪnjəs] adj instantané(e).

instantaneously [ˌɪnstən'teɪnjəslɪ] adv instantanément.

instantly ['ɪnstəntlɪ] adv immédiatement.

instant messaging noun messagerie *f* instantanée.

instant replay noun US = **action replay**.

instead [ɪn'sted] adv au lieu de cela. ◆ **instead of** prep au lieu de / *instead of him* à sa place.

instep ['ɪnstep] noun cou-de-pied *m*.

instigate ['ɪnstɪgeɪt] vt être à l'origine de, entreprendre.

instigation [ˌɪnstɪ'geɪʃn] noun ▸ **at the instigation of** à l'instigation *f* de.

instigator ['ɪnstɪgeɪtəʳ] noun instigateur *m*, -trice *f*.

instil UK (*pt & pp* **-led**, *cont* **-ling**), **instill** US (*pt & pp* **-ed**, *cont* **-ing**) [ɪn'stɪl] vt ▸ **to instil sthg in** OR **into sb** instiller qqch à qqn.

instinct ['ɪnstɪŋkt] noun **1.** [intuition] instinct *m* **2.** [impulse] réaction *f*, mouvement *m*.

instinctive [ɪn'stɪŋktɪv] adj instinctif(ive).

instinctively [ɪn'stɪŋktɪvlɪ] adv instinctivement.

institute ['ɪnstɪtju:t] ❖ noun institut *m*. ❖ vt instituer.

institution [ˌɪnstɪ'tju:ʃn] noun institution *f*.

institutional [ˌɪnstɪ'tjuːʃənl] adj institutionnel(elle) ; *pej* [food] d'internat.

institutionalize, institutionalise UK [ˌɪnstɪ'tjuːʃənˌlaɪz] vt **1.** [establish] institutionnaliser / *to become institutionalized* s'institutionnaliser **2.** [place in a hospital, home] placer dans un établissement *(médical ou médico-social)* / *to be institutionalized* être interné(e) / *to become institutionalized* ne plus être capable de se prendre en charge *(après des années passées dans des établissements spécialisés)*.

instruct [ɪn'strʌkt] vt **1.** [tell, order] ▸ **to instruct sb to do sthg** charger qqn de faire qqch **2.** [teach] instruire ▸ **to instruct sb in sthg** enseigner qqch à qqn.

instruction [ɪn'strʌkʃn] noun instruction *f*. ◆ **instructions** pl n mode *m* d'emploi, instructions *fpl*.

instruction manual noun manuel *m*.

instructive [ɪn'strʌktɪv] adj instructif(ive).

instructor [ɪn'strʌktəʳ] noun **1.** [gen] instructeur *m*, -trice *f*, moniteur *m*, -trice *f* **2.** US SCH enseignant *m*, -e *f*.

instrument ['ɪnstrʊmənt] noun *lit* & *fig* instrument *m*.

instrumental [ˌɪnstrʊ'mentl] ❖ adj **1.** [important, helpful] ▸ **to be instrumental in** contribuer à **2.** [music] instrumental(e). ❖ noun morceau *m* instrumental.

instrumentalist [ˌɪnstrʊ'mentəlɪst] noun instrumentiste *mf*.

insubordinate [ˌɪnsə'bɔːdɪnət] adj insubordonné(e).

insubordination ['ɪnsəˌbɔːdɪ'neɪʃn] noun insubordination *f*.

insubstantial [ˌɪnsəb'stænʃl] adj [structure] peu solide ; [meal] peu substantiel(elle).

insufferable [ɪn'sʌfərəbl] adj *fml* insupportable.

insufficient [ˌɪnsə'fɪʃnt] adj *fml* insuffisant(e).

insular ['ɪnsjʊləʳ] adj *pej* [outlook] borné(e) ; [person] à l'esprit étroit.

insulate ['ɪnsjʊleɪt] vt **1.** [loft, cable] isoler ; [hot water tank] calorifuger **2.** [protect] ▸ **to insulate sb against** OR **from sthg** protéger qqn de qqch.

insulating tape ['ɪnsjʊleɪtɪŋ-] noun UK chatterton *m*.

insulation [ˌɪnsjʊ'leɪʃn] noun isolation *f*.

insulin ['ɪnsjʊlɪn] noun insuline *f*.

insult ❖ vt [ɪn'sʌlt] insulter, injurier. ❖ noun ['ɪnsʌlt] insulte *f*, injure *f* ▸ **to add insult to injury** aggraver les choses.

insulting [ɪn'sʌltɪŋ] adj insultant(e), injurieux(euse).

insuperable [ɪn'suːprəbl] adj *fml* insurmontable.

insurance [ɪn'ʃʊərəns] ❖ noun **1.** [against fire, accident, theft] assurance *f* ▸ **to take out insurance (against sthg)** prendre OR contracter une assurance (contre qqch), s'assurer (contre qqch) / *she got £2,000 in insurance* elle a reçu 2 000 livres de l'assurance **2.** *fig* [safeguard, protection] protection *f*, garantie *f* / *take Sam with you, just as an insurance* emmenez Sam avec vous, on ne sait jamais OR au cas où. ❖ comp [company, agent] d'assurances ; [certificate] d'assurance.

insurance policy noun police *f* d'assurance.

insure [ɪn'ʃʊəʳ] ❖ vt **1.** [against fire, accident, theft] ▸ **to insure sb / sthg against sthg** assurer qqn / qqch contre qqch **2.** US [make certain] s'assurer. ❖ vi [prevent] ▸ **to insure against** se protéger de.

insured [ɪn'ʃʊəd] ❖ adj [against fire, accident, theft] ▸ **insured (against** OR **for sthg)** assuré(e) (contre qqch). ❖ noun ▸ **the insured** l'assuré.

insurer [ɪn'ʃʊərəʳ] noun assureur *m*.

insurgent [ɪn'sɜːdʒənt] noun insurgé *m*, -e *f*.

insurmountable [ˌɪnsə'maʊntəbl] adj *fml* insurmontable.

insurrection [ˌɪnsə'rekʃn] noun insurrection *f*.

intact [ɪn'tækt] adj intact(e).

intake ['ɪnteɪk] noun **1.** [amount consumed] consommation *f* **2.** UK [people recruited] admission *f* **3.** [inlet] prise *f*, arrivée *f*.

intangible [ɪn'tændʒəbl] adj intangible, impalpable ; [proof] non tangible.

integer ['ɪntɪdʒəʳ] noun MATH (nombre *m*) entier *m* ; [whole unit] entier.

integral ['ɪntɪgrəl] adj intégral(e) ▸ **to be integral to sthg** faire partie intégrante de qqch.

integrate ['ɪntɪgreɪt] ❖ vi s'intégrer ▸ **to integrate with** OR **into sthg** s'intégrer dans qqch. ❖ vt intégrer ▸ **to integrate sb / sthg with sthg, to integrate sb / sthg into sthg** intégrer qqn / qqch dans qqch.

integrated ['ɪntɪgreɪtɪd] adj intégré(e).

integration [ˌɪntɪ'greɪʃn] noun ▸ **integration (with / into)** intégration *f* (à / dans).

integrity [ɪn'tegrətɪ] noun **1.** [honour] intégrité *f*, honnêteté *f* **2.** *fml* [wholeness] intégrité *f*, totalité *f*.

intel ['ɪntel] noun US [military intelligence] service *m* de renseignements de l'armée.

intellect ['ɪntəlekt] noun **1.** [ability to think] intellect *m* **2.** [cleverness] intelligence *f*.

intellectual [ˌɪntə'lektjʊəl] ❖ adj intellectuel(elle). ❖ noun intellectuel *m*, -elle *f*.

intellectualize, intellectualise UK [ˌɪntə'lektjʊəlaɪz] vt intellectualiser.

intellectually [ˌɪntə'lektjʊəlɪ] adv intellectuellement.

intelligence [ɪn'telɪdʒəns] noun *(U)* **1.** [ability to think] intelligence *f* **2.** [information service] service *m* de renseignements **3.** [information] informations *fpl*, renseignements *mpl*.

intelligent [ɪn'telɪdʒənt] adj intelligent(e).

intelligent card noun carte *f* à puce OR à mémoire.

intelligently [ɪn'telɪdʒəntlɪ] adv intelligemment, avec intelligence.

intelligentsia [ɪnˌtelɪ'dʒentsɪə] noun ▸ **the intelligentsia** l'intelligentsia *f*.

intelligible [ɪn'telɪdʒəbl] adj intelligible.

intemperate [ɪn'tempərət] adj *fml* immodéré(e).

intend [ɪn'tend] vt [mean] avoir l'intention de / *it was intended as advice* je voulais juste donner des conseils / *it wasn't intended as criticism* il n'a pas dit pour critiquer ▸ **to be intended for** être destiné(e) à ▸ **to be intended to do sthg** être destiné(e) à faire qqch, viser à faire qqch ▸ **to intend doing** OR **to do sthg** avoir l'intention de faire qqch.

intended [ɪn'tendɪd] adj [result] voulu(e) ; [victim] visé(e).

intense [ɪn'tens] adj **1.** [gen] intense **2.** [serious - person] sérieux(euse).

intensely [ɪn'tenslɪ] adv **1.** [irritating, boring] extrêmement ; [suffer] énormément **2.** [look] intensément.

intensify [ɪn'tensɪfaɪ] (*pt & pp* **-ied**) ❖ vt intensifier, augmenter. ❖ vi s'intensifier.

intensity [ɪn'tensətɪ] noun intensité *f*.

intensive [ɪn'tensɪv] adj intensif(ive).

-intensive suffix qui utilise beaucoup de... / *labour-intensive* qui nécessitent une main-d'œuvre importante / *energy-intensive* [appliance, industry] grand consommateur (grande consommatrice) d'énergie.

intensive care noun : *to be in intensive care* être en réanimation.

intensive care unit noun service *m* de réanimation, unité *f* de soins intensifs.

intensively [ɪn'tensɪvlɪ] adv intensivement.

intent [ɪn'tent] ❖ adj **1.** [absorbed] absorbé(e) **2.** [determined] ▸ **to be intent on** OR **upon doing sthg** être résolu(e) OR décidé(e) à faire qqch. ❖ noun *fml* intention *f*, dessein *m* ▸ **to** OR **for all intents and purposes** pratiquement, virtuellement.

intention [ɪn'tenʃn] noun intention *f*.

intentional [ɪn'tenʃənl] adj intentionnel(elle), voulu(e).

intentionally [ɪn'tenʃənəlɪ] adv intentionnellement / *I didn't do it intentionally* je ne l'ai pas fait exprès.

intently [ɪn'tentlɪ] adv avec attention, attentivement.

inter [ɪn'tɜːʳ] (*pt & pp* **-red**, *cont* **-ring**) vt *fml* enterrer.

interact [ˌɪntər'ækt] vi **1.** [communicate, work together] ▸ **to interact (with sb)** communiquer (avec qqn) **2.** [react] ▸ **to interact (with sthg)** interagir (avec qqch).

interaction [ˌɪntər'ækʃn] noun interaction *f*.

interactive [ˌɪntər'æktɪv] adj COMPUT interactif(ive).

interactive whiteboard noun tableau *m* blanc interactif.

intercede [ˌɪntə'siːd] vi *fml* ▸ **to intercede (with sb)** intercéder (auprès de qqn).

intercept [ˌɪntə'sept] vt intercepter.

interception [ˌɪntə'sepʃn] noun interception *f*.

interchange ❖ noun ['ɪntətʃeɪndʒ] **1.** [exchange] échange *m* **2.** [road junction] échangeur *m*. ❖ vt [ˌɪntə'tʃeɪndʒ] échanger.

interchangeable [ˌɪntə'tʃeɪndʒəbl] adj ▸ **interchangeable (with)** interchangeable (avec).

intercity [ˌɪntə'sɪtɪ] ❖ adj UK interurbain(e). ❖ noun *système de trains rapides reliant les grandes villes en Grande-Bretagne* ▸ **Intercity 125®** *train rapide pouvant rouler à 125 miles (200 km) à l'heure.*

intercom ['ɪntəkɒm] noun Interphone® *m* ▸ **on** OR **over the intercom** à l'Interphone®.

interconnect [ˌɪntəkə'nekt] vi ▸ **to interconnect (with)** être relié(e) (à), être connecté(e) (à).

intercontinental ['ɪntəˌkɒntɪ'nentl] adj intercontinental(e).

intercourse ['ɪntəkɔːs] noun (*U*) UK [sexual] rapports *mpl* (sexuels).

interdependent [ˌɪntədɪ'pendənt] adj interdépendant(e).

interest ['ɪntrəst] ❖ noun **1.** [gen] intérêt *m* ▸ **to have an interest in** s'intéresser à / *she takes a great / an active interest in politics* elle s'intéresse beaucoup / activement à la politique / *he has* OR *takes no interest whatsoever in music* il ne s'intéresse absolument pas à la musique / *to show (an) interest in sthg* manifester de l'intérêt pour qqch / *to hold sb's interest* retenir l'attention de qqn / *politics has* OR *holds no interest for me* la politique ne présente aucun intérêt pour moi ▸ **to lose interest** se désintéresser / *to be of interest to sb* intéresser qqn **2.** [hobby] centre *m* d'intérêt / *we share the same interests* nous avons les mêmes centres d'intérêt / *his only interests are television and comic books* la télévision et les bandes dessinées sont les seules choses qui l'intéressent **3.** [advantage, benefit] intérêt *m* / *it's in your own interest* OR *interests* c'est dans votre propre intérêt / *it's in all our interests to cut costs* nous avons tout intérêt à OR il est dans notre intérêt de réduire les coûts / *I have your interests at heart* tes intérêts me tiennent à cœur ▸ **in the interest(s) of** dans l'intérêt de / *big business interests* de gros intérêts commerciaux **4.** (*U*) FIN intérêt *m*, intérêts *mpl* / *to pay interest on a loan* payer des intérêts sur un prêt / *the investment will bear 6 % interest* le placement rapportera 6 %. ❖ vt intéresser ▸ **to interest sb in sthg** [arouse interest] intéresser qqn à qqch / *can I interest you in a drink?* je peux vous offrir un verre ?

interested ['ɪntrəstɪd] adj intéressé(e) ▸ **to be interested in** s'intéresser à / *I'm not interested in that* cela ne m'intéresse pas ▸ **to be interested in doing sthg** avoir envie de faire qqch.

interest-free adj FIN sans intérêt. ◆ **interest-free credit** noun crédit *m* gratuit. ◆ **interest-free loan** noun prêt *m* sans intérêt.

interesting ['ɪntrəstɪŋ] adj intéressant(e).

interestingly ['ɪntrəstɪŋlɪ] adv de façon intéressante / *interestingly enough, they were out* chose intéressante, ils étaient sortis.

interest rate noun taux *m* d'intérêt.

interface ❖ noun ['ɪntəfeɪs] **1.** COMPUT interface *f* **2.** *fig* [junction] rapports *mpl*, relations *fpl*. ❖ vt [ˌɪntə'feɪs] COMPUT interfacer.

interfere [ˌɪntəˈfɪəʳ] vi **1.** [meddle] ▸ **to interfere in sthg** s'immiscer dans qqch, se mêler de qqch / *don't interfere!* ne t'en mêle pas ! / *to interfere in sb's life* s'immiscer OR s'ingérer dans la vie de qqn **2.** [damage] ▸ **to interfere with sthg** a) gêner OR contrarier qqch b) [routine] déranger qqch / *to interfere with the course of justice* entraver le cours de la justice / *it interferes with my work* cela me gêne dans mon travail **3.** RADIO : *local radio sometimes interferes with police transmissions* la radio locale brouille OR perturbe parfois les transmissions de la police.

interference [ˌɪntəˈfɪərəns] noun *(U)* **1.** [meddling] ▸ **interference (with OR in)** ingérence *f* (dans), intrusion *f* (dans) **2.** TELEC parasites *mpl*.

interfering [ˌɪntəˈfɪərɪŋ] adj *pej* qui se mêle de tout.

interim [ˈɪntərɪm] ❖ adj provisoire. ❖ noun ▸ **in the interim** dans l'intérim, entre-temps.

interior [ɪnˈtɪərɪəʳ] ❖ adj **1.** [inner] intérieur(e) **2.** POL de l'Intérieur. ❖ noun intérieur *m*.

interior design noun architecture *f* d'intérieurs.

interior designer noun architecte *mf* d'intérieur.

interject [ˌɪntəˈdʒekt] ❖ vt **1.** *fml* [add] lancer **2.** [interrupt] interrompre. ❖ vi interrompre, lancer une remarque.

interjection [ˌɪntəˈdʒekʃn] noun *fml* **1.** [remark] interruption *f* **2.** GRAM interjection *f*.

interlocutor [ˌɪntəˈlɒkjʊtəʳ] noun interlocuteur *m*, -trice *f*.

interloper [ˈɪntələʊpəʳ] noun *pej* intrus *m*, -e *f*.

interlude [ˈɪntəluːd] noun **1.** [pause] intervalle *m* **2.** [interval] interlude *m*.

intermarriage [ˌɪntəˈmærɪdʒ] noun **1.** [within family, clan] endogamie *f* **2.** [between different groups] mariage *m* mixte.

intermarry [ˌɪntəˈmærɪ] *(pt & pp* **-ied***)* vi ▸ **to intermarry (with)** se marier (avec).

intermediary [ˌɪntəˈmiːdjərɪ] *(pl* **-ies***)* noun intermédiaire *mf*.

intermediate [ˌɪntəˈmiːdjət] adj **1.** [transitional] intermédiaire **2.** [post-beginner - level] moyen(enne) ; [- student, group] de niveau moyen.

interminable [ɪnˈtɜːmɪnəbl] adj interminable, sans fin.

interminably [ɪnˈtɜːmɪnəblɪ] adv interminablement / *the play seemed interminably long* la pièce semblait interminable / *the discussions dragged on interminably* les discussions s'éternisaient.

intermingle [ˌɪntəˈmɪŋgl] vi ▸ **to intermingle with sb** se mêler à qqn ▸ **to intermingle with sthg** se mélanger avec qqch.

intermission [ˌɪntəˈmɪʃn] noun entracte *m*.

intermittent [ˌɪntəˈmɪtənt] adj intermittent(e).

intern ❖ vt [ɪnˈtɜːn] interner. ❖ noun [ˈɪntɜːn] US [gen] stagiaire *mf* ; MED interne *mf*.

internal [ɪnˈtɜːnl] adj **1.** [gen] interne ▸ **internal hard drive** disque *m* dur interne **2.** [within country] intérieur(e).

internal affairs noun POL affaires *fpl* intérieures.

internal-combustion engine noun moteur *m* à combustion interne.

internalize, internalise UK [ɪnˈtɜːnəlaɪz] vt **1.** [values, behaviour] intérioriser **2.** INDUST & FIN internaliser.

internally [ɪnˈtɜːnəlɪ] adv **1.** [within the body] ▸ **to bleed internally** faire une hémorragie interne **2.** [within country] à l'intérieur **3.** [within organization] intérieurement.

Internal Revenue Service noun US ▸ **the Internal Revenue Service** ≃ le fisc.

international [ˌɪntəˈnæʃənl] ❖ adj international(e). ❖ noun UK **1.** SPORT [match] match *m* international **2.** SPORT [player] international *m*, -e *f*.

internationally [ˌɪntəˈnæʃnəlɪ] adv dans le monde entier.

International Monetary Fund noun ▸ **the International Monetary Fund** le Fonds monétaire international.

international relations pl n relations *fpl* internationales.

International Standards Organization noun Organisation *f* internationale de normalisation.

internee [ˌɪntɜːˈniː] noun interné *m*, -e *f* politique.

Internet [ˈɪntənet] noun ▸ **the internet** l'Internet *m*.

Internet access noun *(U)* accès à l'internet *m*.

Internet address noun adresse *f* Internet.

Internet banking noun *(U)* opérations *fpl* bancaires par l'Internet.

Internet café noun cybercafé *m*.

Internet connection noun connexion *f* internet OR à l'Internet.

Internet Presence Provider noun *fournisseur d'accès à Internet proposant l'hébergement de sites Web*.

Internet Service Provider noun fournisseur *m* d'accès.

Internet start-up, Internet start-up company noun start-up *f*, jeune *f* pousse d'entreprise *offic*.

Internet user noun internaute *mf*.

internment [ɪnˈtɜːnmənt] noun internement *m* politique.

internship [ˈɪntɜːnʃɪp] noun [with firm] stage *m* en entreprise ; US MED internat *m*.

interpersonal [ˌɪntəˈpɜːsənl] adj de personne à personne, entre personnes ; [skills] de communication.

interplay [ˈɪntəpleɪ] noun ▸ **interplay (of / between)** interaction *f* (de / entre).

Interpol [ˈɪntəpɒl] noun Interpol *m*.

interpolate [ɪn'tɜ:pəleɪt] vt *fml* **1.** [add] ▸ **to interpolate sthg (into)** ajouter qqch (à) **2.** [interrupt] interrompre.

interpose [ˌɪntə'pəʊz] vt *fml* **1.** [add] ajouter **2.** [interrupt] interrompre.

interpret [ɪn'tɜ:prɪt] ❖ vt ▸ **to interpret sthg (as)** interpréter qqch (comme). ❖ vi [translate] faire l'interprète.

interpretation [ɪnˌtɜ:prɪ'teɪʃn] noun interprétation *f*.

interpreter [ɪn'tɜ:prɪtəʳ] noun interprète *mf*.

interpreting [ɪn'tɜ:prɪtɪŋ] noun [occupation] interprétariat *m*.

interracial [ˌɪntə'reɪʃl] adj entre des races différentes, racial(e).

interrogate [ɪn'terəgeɪt] vt interroger.

interrogation [ɪnˌterə'geɪʃn] noun [generally, LING & COMPUT] interrogation *f* ; [by police] interrogatoire *m*.

interrogation OR interrogatoire?

The French word **interrogation** has a much broader meaning than in English, meaning simply the act of asking questions or wondering about something (**mon interrogation porte sur les couleurs à utiliser** *I'm wondering which colours we should use*). When you want to talk about an interrogation, a series of probing questions asked in a formal context, for example by the police, the French equivalent is **un interrogatoire**.

interrogative [ˌɪntə'rɒgətɪv] ❖ adj GRAM interrogatif(ive). ❖ noun GRAM interrogatif *m*.

interrogator [ɪn'terəgeɪtəʳ] noun interrogateur *m*, -trice *f*.

interrupt [ˌɪntə'rʌpt] ❖ vt interrompre ; [calm] rompre. ❖ vi interrompre.

interruption [ˌɪntə'rʌpʃn] noun interruption *f*.

intersect [ˌɪntə'sekt] ❖ vi s'entrecroiser, s'entrecouper. ❖ vt croiser, couper.

intersection [ˌɪntə'sekʃn] noun [in road] croisement *m*, carrefour *m*.

intersperse [ˌɪntə'spɜ:s] vt ▸ **to be interspersed with** être émaillé(e) de, être entremêlé(e) de.

interstate ['ɪntəsteɪt] ❖ adj [commerce, highway] entre États. ❖ noun US autoroute *f*.

intertwine [ˌɪntə'twaɪn] ❖ vt entrelacer / *their lives are inextricably intertwined* leurs vies sont inextricablement liées. ❖ vi s'entrelacer.

interval ['ɪntəvl] noun **1.** [gen] intervalle *m* ▸ **at intervals** par intervalles ▸ **at monthly / yearly intervals** tous les mois / ans **2.** UK [at play, concert] entracte *m*.

intervene [ˌɪntə'vi:n] vi **1.** [person, police] ▸ **to intervene (in)** intervenir (dans), s'interposer (dans) **2.** [event, war, strike] survenir **3.** [time] s'écouler.

intervening [ˌɪntə'vi:nɪŋ] adj [period] qui s'est écoulé(e).

intervention [ˌɪntə'venʃn] noun intervention *f*.

interview ['ɪntəvju:] ❖ noun **1.** [for job] entrevue *f*, entretien *m* / *to invite* OR *to call sb for interview* convoquer qqn pour une entrevue **2.** PRESS interview *f* / *she gave him an exclusive interview* elle lui a accordé une interview en exclusivité. ❖ vt **1.** [for job] faire passer une entrevue OR un entretien à ; [for opinion poll] interroger, sonder / *shortlisted applicants will be interviewed in March* les candidats sélectionnés seront convoqués pour un entretien en mars **2.** PRESS interviewer.

interviewee [ˌɪntəvju:'i:] noun **1.** [for job] candidat *m*, -e *f* **2.** PRESS interviewé *m*, -e *f*.

interviewer ['ɪntəvju:əʳ] noun **1.** [for job] personne *f* qui fait passer une entrevue **2.** PRESS interviewer *m*.

intestate [ɪn'testeɪt] adj ▸ **to die intestate** mourir intestat *(inv)*.

intestinal [ɪn'testɪnl] adj intestinal(e).

intestine [ɪn'testɪn] noun intestin *m*. ◆ **intestines** pl n intestins *mpl*.

intimacy ['ɪntɪməsɪ] (*pl* **-ies**) noun **1.** [closeness] ▸ **intimacy (between / with)** intimité *f* (entre / avec) **2.** [intimate remark] familiarité *f*.

intimate ❖ adj ['ɪntɪmət] **1.** [gen] intime **2.** *fml* [sexually] ▸ **to be intimate with sb** avoir des rapports intimes avec qqn **3.** [detailed - knowledge] approfondi(e). ❖ noun ['ɪntɪmət] *fml* intime *mf*. ❖ vt ['ɪntɪmeɪt] *fml* faire savoir, faire connaître.

How to express oneself in a job interview

- **Comme vous pouvez voir sur mon CV...** *As you can see from my CV...*
- **Cela fait presque dix ans que je travaille dans l'édition.** *I have been in publishing for almost ten years.*
- **Je crois être doué pour les relations humaines.** *I think I'm good at dealing with people.*
- **J'aime beaucoup travailler en équipe.** *I love working as part of a team.*
- **En quoi consiste le travail ?** *What does the job involve?*
- **Qui serait mon supérieur direct ?** *Who would I be reporting to?*
- **S'agit-il d'un contrat à durée indéterminée ?** *Is it a permanent contract?*
- **Quels sont les horaires de travail habituels ?** *What are the normal working hours?*

intimately ['ɪntɪmətlɪ] adv **1.** [very closely] étroitement **2.** [as close friends] intimement **3.** [in detail] à fond.

intimidate [ɪn'tɪmɪdeɪt] vt intimider.

intimidating [ɪn'tɪmɪdeɪtɪŋ] adj intimidant(e).

intimidation [ɪn,tɪmɪ'deɪʃn] noun intimidation *f.*

into ['ɪntʊ] prep **1.** [inside] dans **2.** [against] : *to bump into sthg* se cogner contre qqch **3.** [referring to change in state] en / *to translate sthg into Spanish* traduire qqch en espagnol **4.** [concerning] : *research / investigation into* recherche / enquête sur **5.** MATH : *3 into 2* 2 divisé par 3 **6.** *inf* [interested in] ▸ **to be into sthg** être passionné(e) par qqch.

intolerable [ɪn'tɒlrəbl] adj intolérable, insupportable.

intolerance [ɪn'tɒlərəns] noun intolérance *f.*

intolerant [ɪn'tɒlərənt] adj intolérant(e) ▸ **to be intolerant of** faire preuve d'intolérance à l'égard de.

intonation [,ɪntə'neɪʃn] noun intonation *f.*

intone [ɪn'təʊn] vt *fml* psalmodier.

intoxicated [ɪn'tɒksɪkeɪtɪd] adj **1.** [drunk] ivre **2.** *fig* [excited] ▸ **to be intoxicated by** OR **with sthg** être grisé(e) OR enivré(e) par qqch.

intoxicating [ɪn'tɒksɪkeɪtɪŋ] adj **1.** [alcoholic] alcoolisé(e) **2.** *fig* [exciting] grisant(e), enivrant(e).

intoxication [ɪn,tɒksɪ'keɪʃn] noun **1.** [drunkenness] ivresse *f* **2.** [excitement] griserie *f*, ivresse *f.*

intractable [ɪn'træktəbl] adj **1.** [stubborn] intraitable **2.** [insoluble] insoluble.

intranet, Intranet ['ɪntrənɛt] noun intranet *m.*

intransigence [ɪn'trænzɪdʒəns] noun intransigeance *f.*

intransigent [ɪn'trænzɪdʒənt] adj intransigeant(e).

intransitive [ɪn'trænzətɪv] adj intransitif(ive).

intrauterine device [,ɪntrə'ju:təraɪn] noun stérilet *m*, dispositif *m* anticonceptionnel intra-utérin.

intravenous [,ɪntrə'vi:nəs] adj intraveineux(euse).

intravenously [,ɪntrə'vi:nəslɪ] adv par voie intraveineuse / *he's being fed intravenously* on l'alimente par perfusion.

in-tray UK, **in-basket** US, **in-box** US noun casier *m* des affaires à traiter.

intrepid [ɪn'trepɪd] adj intrépide.

intricacy ['ɪntrɪkəsɪ] (*pl* **-ies**) noun complexité *f.*

intricate ['ɪntrɪkət] adj compliqué(e).

intricately ['ɪntrɪkətlɪ] adv de façon complexe OR compliquée.

intrigue [in'tri:g] ❖ noun intrigue *f.* ❖ vt intriguer, exciter la curiosité de. ❖ vi ▸ **to intrigue against** intriguer OR comploter contre.

intriguing [ɪn'tri:gɪŋ] adj fascinant(e).

intriguingly [ɪn'tri:gɪŋlɪ] adv bizarrement, curieusement.

intrinsic [ɪn'trɪnsɪk] adj intrinsèque.

intrinsically [ɪn'trɪnsɪklɪ] adv intrinsèquement.

intro ['ɪntrəʊ] (*pl* **-s**) noun *inf* introduction *f.*

introduce [,ɪntrə'dju:s] vt **1.** [present] présenter ▸ **to introduce sb to sb** présenter qqn à qqn / *let me introduce myself, I'm John* je me présente ? John / *has everyone been introduced?* les présentations ont été faites ? **2.** [bring in] ▸ **to introduce sthg (to** OR **into)** introduire qqch (dans) **3.** [allow to experience] ▸ **to introduce sb to sthg** initier qqn à qqch, faire découvrir qqch à qqn **4.** [signal beginning of] annoncer.

introduction [,ɪntrə'dʌkʃn] noun **1.** [in book, of new method] introduction *f* **2.** [first experience] ▸ **introduction to sthg** premier contact *m* avec qqch **3.** [of people] ▸ **introduction (to sb)** présentation *f* (à qqn).

introductory [,ɪntrə'dʌktrɪ] adj d'introduction, préliminaire.

introductory offer noun offre *f* de lancement.

introductory price noun prix *m* de lancement.

introspection [,ɪntrə'spekʃn] noun introspection *f.*

introspective [,ɪntrə'spektɪv] adj introspectif(ive).

introvert ['ɪntrəvɜ:t] noun introverti *m*, -e *f.*

introverted ['ɪntrəvɜ:tɪd] adj introverti(e).

intrude [ɪn'tru:d] vi faire intrusion ▸ **to intrude on sb** déranger qqn.

intruder [ɪn'tru:dəʳ] noun intrus *m*, -e *f.*

intrusion [ɪn'tru:ʒn] noun intrusion *f.*

intrusive [ɪn'tru:sɪv] adj gênant(e), importun(e).

intuition [,ɪntju:'ɪʃn] noun intuition *f.*

intuitive [ɪn'tju:ɪtɪv] adj intuitif(ive).

Inuit ['ɪnʊɪt] ❖ adj inuit *(inv).* ❖ noun Inuit *mf inv.*

inundate ['ɪnʌndeɪt] vt **1.** *fml* [flood] inonder **2.** [overwhelm] ▸ **to be inundated with** être submergé(e) de.

invade [ɪn'veɪd] vt **1.** *lit* & *fig* envahir **2.** [disturb - privacy] violer.

invader [ɪn'veɪdəʳ] noun envahisseur *m*, -euse *f.*

invalid ❖ adj [ɪn'vælɪd] **1.** [illegal, unacceptable] non valide, non valable **2.** [not reasonable] non valable. ❖ noun ['ɪnvəlɪd] invalide *mf.* ◆ **invalid out** vt sep ['ɪnvəlɪd] UK ▸ **to be invalided out of the army** être réformé(e) pour raisons de santé.

invalidate [ɪn'vælɪdeɪt] vt invalider, annuler.

invalidity [,ɪnvə'lɪdətɪ] noun **1.** MED invalidité *f* **2.** [of contract, agreement] manque *m* de validité, nullité *f* **3.** [of argument] manque *m* de fondement.

invaluable [ɪn'væljʊəbl] adj ▸ **invaluable (to)** a) [help, advice, person] précieux(euse) (pour) b) [experience, information] inestimable (pour).

invariable [ɪn'veərɪəbl] adj invariable.

invariably [ɪn'veərɪəblɪ] adv invariablement, toujours.

invasion [ɪn'veɪʒn] noun *lit* & *fig* invasion *f.*

invasive [ɪn'veɪsɪv] adj MED [surgery] invasif(ive) ; *fig* envahissant(e).

invective [ɪn'vektɪv] noun *(U) fml* invectives *fpl.*

inveigle [ɪn'veɪgl] vt *fml* ▸ **to inveigle sb into sthg** attirer qqn dans qqch par la ruse ▸ **to inveigle sb into**

doing sthg amener qqn à faire qqch (par la ruse), persuader qqn de faire qqch (par la ruse).

invent [ɪn'vent] vt inventer.

invention [ɪn'venʃn] noun invention *f*.

inventive [ɪn'ventɪv] adj inventif(ive).

inventor [ɪn'ventəʳ] noun inventeur *m*, -trice *f*.

inventory ['ɪnvəntrɪ] (*pl* **-ies**) noun **1.** [list] inventaire *m* **2.** US [goods] stock *m*.

inverse [ɪn'vɜ:s] ❖ adj inverse. ❖ noun inverse *m*, contraire *m*.

invert [ɪn'vɜ:t] vt retourner.

invertebrate [ɪn'vɜ:tɪbreɪt] noun invertébré *m*.

inverted commas [ɪn,vɜ:tɪd-] pl n UK guillemets *mpl*.

invest [ɪn'vest] ❖ vt **1.** [money] ▸ **to invest sthg (in)** investir qqch (dans) **2.** [time, energy] ▸ **to invest sthg in sthg / in doing sthg** consacrer qqch à qqch / à faire qqch, employer qqch à qqch / à faire qqch **3.** *fml* [endow] ▸ **to invest sb with sthg** investir qqn de qqch. ❖ vi **1.** FIN ▸ **to invest (in sthg)** investir (dans qqch) **2.** *fig* [buy] ▸ **to invest in sthg** se payer qqch, s'acheter qqch.

investigate [ɪn'vestɪgeɪt] ❖ vt enquêter sur, faire une enquête sur ; [subj: scientist] faire des recherches sur. ❖ vi faire une enquête.

investigation [ɪn,vestɪ'geɪʃn] noun **1.** [enquiry] ▸ **investigation (into) a)** enquête *f* (sur) **b)** [scientific] recherches *fpl* (sur) **2.** *(U)* [investigating] investigation *f*.

investigative [ɪn'vestɪgətɪv] adj d'investigation.

investigator [ɪn'vestɪgeɪtəʳ] noun investigateur *m*, -trice *f*.

investment [ɪn'vestmənt] noun **1.** FIN investissement *m*, placement *m* **2.** [of energy] dépense *f*.

investor [ɪn'vestəʳ] noun investisseur *m*.

inveterate [ɪn'vetərət] adj invétéré(e).

invidious [ɪn'vɪdɪəs] adj [task] ingrat(e) ; [comparison] injuste.

invigilate [ɪn'vɪdʒɪleɪt] UK ❖ vi surveiller les candidats (à un examen). ❖ vt surveiller.

invigilator [ɪn'vɪdʒɪleɪtəʳ] noun UK surveillant *m*, -e *f*.

invigorate [ɪn'vɪgəreɪt] vt revigorer, vivifier / *she felt invigorated by the cold wind* le vent frais la revigorait.

invigorating [ɪn'vɪgəreɪtɪŋ] adj tonifiant(e), vivifiant(e).

invincible [ɪn'vɪnsɪbl] adj [army, champion] invincible ; [record] imbattable.

inviolate [ɪn'vaɪələt] adj *liter* inviolé(e).

invisibility [ɪn,vɪzɪ'bɪlətɪ] noun invisibilité *f*.

invisible [ɪn'vɪzɪbl] adj invisible.

invisible ink noun encre *f* sympathique.

invitation [,ɪnvɪ'teɪʃn] noun **1.** [request] invitation *f* **2.** [encouragement] ▸ **an invitation to sthg / to do sthg** une incitation à qqch / à faire qqch, une invite à qqch / à faire qqch.

invite [ɪn'vaɪt] vt **1.** [ask to come] ▸ **to invite sb (to)** inviter qqn (à) **2.** [ask politely] ▸ **to invite sb to do sthg** inviter qqn à faire qqch **3.** [ask for] : *the chairman invited questions* le président a invité l'assistance à poser des questions **4.** [encourage] ▸ **to invite trouble** aller au devant des ennuis ▸ **to invite gossip** faire causer.

inviting [ɪn'vaɪtɪŋ] adj attrayant(e), agréable ; [food] appétissant(e).

in vitro fertilization [,ɪn'vi:trəʊ-] noun fécondation *f* in vitro.

invoice ['ɪnvɔɪs] ❖ noun facture *f*. ❖ vt **1.** [client] envoyer la facture à **2.** [goods] facturer.

invoicing ['ɪnvɔɪsɪŋ] noun COMM [of goods, etc.] facturation *f* ▸ **invoicing address** adresse *f* de facturation

How to invite somebody to do something

invite somebody

- **J'organise une fête pour mon anniversaire samedi 22. Vous viendrez, j'espère ?** *I'm having a birthday party on Saturday 22. I hope you'll be able to come.*
- **Tu viens boire un verre après le travail ?** *Why don't you come for a drink after work?*
- **Tu es libre à déjeuner un jour de la semaine prochaine ?** *Are you free for lunch one day next week?*
- **Je me demandais si tu aimerais venir dîner un soir avec Catherine ?** *I was wondering if you and Catherine would like to come to dinner one evening?*
- **Pourquoi ne viendrais-tu pas avec nous à Paris ?** *Why don't you come to Paris with us?*
- **Une partie de tennis, ça te tente ?** *Do you feel like a game of tennis?*
- **Sarah et Tim sont heureux de vous inviter à pendre la crémaillère.** *Sarah and Tim are pleased to invite you to their housewarming party.*

reply to an invitation

- **Avec plaisir, merci.** *Thanks, I'd love to.*
- **Ça me plairait beaucoup.** *That'd be lovely.*
- **C'est très gentil à vous.** *That's very kind of you.*
- **Ce sera un plaisir.** *I look forward to it.*
- **D'accord. Quand ça ?** *Sure. When did you have in mind?*
- **Oui, pourquoi pas ?** *Why not?*
- **Non, je regrette. La semaine d'après, ça irait ?** *I'm afraid not. How about the week after?*
- **Malheureusement, je suis absent cette semaine-là.** *I'm afraid I'll be away that week.*
- **On remet ça à une autre fois ?** *Can we do it another time?*

▸ **invoicing instructions** instructions *fpl* de facturation ▸ **invoicing software** logiciel *m* de facturation.

invoke [ɪn'vəʊk] vt **1.** *fml* [law, act] invoquer **2.** [feelings] susciter, faire naître ; [help] demander, implorer.

involuntary [ɪn'vɒləntrɪ] adj involontaire.

involve [ɪn'vɒlv] vt **1.** [entail] nécessiter / *what's involved?* de quoi s'agit-il ? ▸ **to involve doing sthg** nécessiter de faire qqch / *a job which involves meeting people* un travail où l'on est amené à rencontrer beaucoup de gens **2.** [concern, affect] toucher ▸ **to be involved in an accident** avoir un accident / *several vehicles were involved in the accident* plusieurs véhicules étaient impliqués dans cet accident **3.** [person] ▸ **to involve sb in sthg** impliquer qqn dans qqch / *we try to involve the parents in the running of the school* nous essayons de faire participer les parents à la vie de l'école ▸ **to involve o.s. in sthg** s'impliquer dans qqch, prendre part à qqch.

involved [ɪn'vɒlvd] adj **1.** [complex] complexe, compliqué(e) **2.** [participating, implicated] : *the amount of work involved is enormous* la quantité de travail à fournir est énorme / *he had no idea of the problems involved* il n'avait aucune idée des problèmes en jeu OR en cause ▸ **to be involved in sthg** participer OR prendre part à qqch / *over 100 companies are involved in the scheme* plus de 100 sociétés sont associées à OR parties prenantes dans ce projet **3.** [in relationship] ▸ **to be involved with sb** avoir des relations intimes avec qqn / *he doesn't want to get involved* il ne veut pas s'attacher.

involvement [ɪn'vɒlvmənt] noun **1.** [participation] ▸ **involvement (in)** participation *f* (à) **2.** [concern, enthusiasm] ▸ **involvement (in)** engagement *m* (dans).

invulnerable [ɪn'vʌlnərəbl] adj ▸ **invulnerable (to)** invulnérable (à).

inward ['ɪnwəd] ❖ adj **1.** [inner] intérieur(e) **2.** [towards the inside] vers l'intérieur. ❖ adv US = **inwards**.

inward-looking adj [person] introverti(e), replié(e) sur soi ; [group] replié(e) sur soi, fermé(e) ; [philosophy] introspectif(ive) ; *pej* nombriliste / *he's become very inward-looking lately* il s'est beaucoup refermé OR replié sur lui-même ces derniers temps.

inwardly ['ɪnwədlɪ] adv intérieurement.

inwards ['ɪnwədz] adv vers l'intérieur.

in-your-face adj *inf* provocant(e).

iodine [UK 'aɪədi:n, US 'aɪədaɪn] noun iode *m*.

ion ['aɪən] noun ion *m*.

iota [aɪ'əʊtə] noun brin *m*, grain *m*.

IOU (*abbr of* **I owe you**) noun reconnaissance *f* de dette.

I/O (*abbr of* **input/output**) E/S.

IP (*abbr of* **Internet Protocol**) noun ▸ **IP address** adresse *f* IP ▸ **IP number** numéro *m* IP.

IPA (*abbr of* **International Phonetic Alphabet**) noun API *m*.

iPod® ['aɪpɒd] noun iPod® *m*.

IQ (*abbr of* **intelligence quotient**) noun QI *m*.

IRA noun **1.** (*abbr of* **Irish Republican Army**) IRA *f* **2.** (*abbr of* **individual retirement account**) *aux États-Unis, compte d'épargne retraite (à avantages fiscaux)*.

Iran [ɪ'rɑ:n] noun Iran *m* ▸ **in Iran** en Iran.

Iranian [ɪ'reɪnjən] ❖ adj iranien(enne). ❖ noun Iranien *m*, -enne *f*.

Iraq [ɪ'rɑ:k] noun Iraq *m*, Irak *m* ▸ **in Iraq** en Iraq.

Iraqi [ɪ'rɑ:kɪ] ❖ adj iraquien(enne), irakien(enne). ❖ noun Iraquien *m*, -enne *f*, Irakien *m*, -enne *f*.

irascible [ɪ'ræsəbl] adj *fml* irascible, coléreux(euse).

irate [aɪ'reɪt] adj furieux(euse).

IRC (*abbr of* **Internet Relay Chat**) noun IRC *m (dialogue en temps réel)*.

Ireland ['aɪələnd] noun Irlande *f* ▸ **in Ireland** en Irlande ▸ **the Republic of Ireland** la République d'Irlande.

iris ['aɪərɪs] (*pl* **-es**) noun iris *m*.

Irish ['aɪrɪʃ] ❖ adj irlandais(e). ❖ noun [language] irlandais *m*. ❖ pl n ▸ **the Irish** les Irlandais.

Irishman ['aɪrɪʃmən] (*pl* **-men**) noun Irlandais *m*.

Irishwoman ['aɪrɪʃ,wʊmən] (*pl* **-women**) noun Irlandaise *f*.

irk [ɜ:k] vt ennuyer, contrarier.

irksome ['ɜ:ksəm] adj ennuyeux(euse), assommant(e).

iron ['aɪən] ❖ adj **1.** [made of iron] de OR en fer **2.** *fig* [very strict] de fer. ❖ noun **1.** [metal, golf club] fer *m* **2.** [for clothes] fer *m* à repasser. ❖ vt repasser. ◆ **iron out** vt sep *fig* [difficulties] aplanir ; [problems] résoudre.

Iron Age ❖ noun ▸ **the Iron Age** l'âge de fer. ❖ comp de l'âge de fer.

Iron Curtain noun ▸ **the Iron Curtain** le rideau de fer.

ironically [aɪ'rɒnɪklɪ] adv ironiquement.

ironing ['aɪənɪŋ] noun repassage *m* ▸ **to do the ironing** faire le repassage.

ironing board noun planche *f* OR table *f* à repasser.

ironmonger ['aɪən,mʌŋgəʳ] noun UK *dated* quincaillier *m* ▸ **ironmonger's (shop)** quincaillerie *f*.

iron-willed adj à la volonté de fer.

irony ['aɪrənɪ] (*pl* **-ies**) noun ironie *f*.

irrational [ɪ'ræʃənl] adj irrationnel(elle), déraisonnable ; [person] non rationnel(elle).

irrationally [ɪ'ræʃnəlɪ] adv irrationnellement.

irreconcilable [ɪ,rekən'saɪləbl] adj inconciliable.

irreconcilably [ɪ,rekən'saɪləblɪ] adv : *they are irreconcilably different* ils sont radicalement différents / *they are irreconcilably divided* il y a entre eux des divisions irréconciliables.

irrecoverable [,ɪrɪ'kʌvərəbl] adj **1.** [thing lost] irrécupérable ; [debt] irrécouvrable **2.** [loss, damage, wrong] irréparable.

irredeemable [,ɪrɪ'di:məbl] adj *fml* **1.** [irreplaceable] irréparable **2.** [hopeless] irrémédiable.

irrefutable [ɪ'refjʊtəbl] adj irréfutable.

irrefutably [ˌɪrɪ'fju:təblɪ] adv irréfutablement / *to prove irrefutably that one is right* prouver irréfutablement OR sans conteste qu'on a raison.

irregular [ɪ'regjʊləʳ] adj irrégulier(ère).

irregularity [ɪˌregjʊ'lærətɪ] (*pl* -ies) noun irrégularité *f*.

irregularly [ɪ'regjʊləlɪ] adv irrégulièrement.

irrelevance [ɪ'reləvəns], **irrelevancy** [ɪ'reləvənsɪ] (*pl* -ies) noun manque *m* de pertinence.

irrelevant [ɪ'reləvənt] adj sans rapport.

irreligious [ˌɪrɪ'lɪdʒəs] adj irréligieux(euse).

irremediable [ˌɪrɪ'mi:djəbl] adj *fml* irrémédiable.

irreparable [ɪ'repərəbl] adj irréparable.

irreplaceable [ˌɪrɪ'pleɪsəbl] adj irremplaçable.

irrepressible [ˌɪrɪ'presəbl] adj [enthusiasm] que rien ne peut entamer / *he's irrepressible* il est d'une bonne humeur à toute épreuve.

irreproachable [ˌɪrɪ'prəʊtʃəbl] adj irréprochable.

irresistible [ˌɪrɪ'zɪstəbl] adj irrésistible.

irresistibly [ˌɪrɪ'zɪstəblɪ] adv irrésistiblement.

irresolute [ɪ'rezəlu:t] adj *fml* irrésolu(e), indécis(e).

irrespective [ˌɪrɪ'spektɪv] ◆ **irrespective of** prep sans tenir compte de.

irresponsible [ˌɪrɪ'spɒnsəbl] adj irresponsable.

irretrievable [ˌɪrɪ'tri:vəbl] adj irréparable, irrémédiable.

irretrievably [ˌɪrɪ'tri:vəblɪ] adv irréparablement, irrémédiablement / *irretrievably lost* perdu(e) pour toujours OR à tout jamais.

irreverence [ɪ'revərəns] noun irrévérence *f*.

irreverent [ɪ'revərənt] adj irrévérencieux(euse).

irreversible [ˌɪrɪ'vɜ:səbl] adj [judgement, decision] irrévocable ; [change, damage] irréversible.

irrevocable [ɪ'revəkəbl] adj irrévocable.

irrigate ['ɪrɪgeɪt] vt irriguer.

irrigation [ˌɪrɪ'geɪʃn] ❖ noun irrigation *f*. ❖ comp d'irrigation.

irritable ['ɪrɪtəbl] adj irritable.

irritant ['ɪrɪtənt] ❖ adj irritant(e). ❖ noun **1.** [irritating situation] source *f* d'irritation **2.** [substance] irritant *m*.

irritate ['ɪrɪteɪt] vt irriter.

irritated ['ɪrɪteɪtɪd] adj **1.** [annoyed] irrité(e), agacé(e) / *don't get irritated!* ne t'énerve pas ! **2.** MED [eyes, skin] irrité(e).

irritating ['ɪrɪteɪtɪŋ] adj irritant(e).

irritation [ɪrɪ'teɪʃn] noun **1.** [anger, soreness] irritation *f* **2.** [cause of anger] source *f* d'irritation.

IRS (*abbr of* **Internal Revenue Service**) noun US ▸ **the IRS** ≃ le fisc.

is [ɪz] ⟶ **be**.

IS noun *abbr of* **information system**.

ISA (*abbr of* **individual savings account**) noun UK plan *m* d'épargne défiscalisé.

ISBN (*abbr of* **International Standard Book Number**) noun ISBN *m*.

ISDN (*abbr of* **integrated services digital network**) ❖ noun COMPUT RNIS *m (réseau numérique à intégration de services)*. ❖ vt : *to ISDN sthg* inf envoyer qqch par RNIS.

Islam ['ɪzlɑ:m] noun islam *m*.

Islamic [ɪz'læmɪk] adj islamique.

Islamophobia [ɪzˌlæmə'fəʊbɪə] noun islamophobie *f*.

Islamophobic [ɪzˌlæmə'fəʊbɪk] adj islamophobe.

island ['aɪlənd] noun **1.** [isle] île *f* **2.** AUTO refuge *m* pour piétons.

islander ['aɪləndəʳ] noun habitant *m*, -e *f* d'une île.

isle [aɪl] noun île *f*.

isn't ['ɪznt] ⟶ **is not**.

ISO (*abbr of* **International Organization for Standardization**) noun ISO *f*.

isobar ['aɪsəbɑ:ʳ] noun isobare *f*.

isolate ['aɪsəleɪt] vt ▸ **to isolate sb / sthg (from)** isoler qqn / qqch (de).

isolated ['aɪsəleɪtɪd] adj isolé(e).

isolation [aɪsə'leɪʃn] noun isolement *m* ▸ **in isolation** a) [alone] dans l'isolement b) [separately] isolément.

isotope ['aɪsətəʊp] noun isotope *m*.

ISP noun *abbr of* **Internet Service Provider**.

Israel ['ɪzreɪəl] noun Israël *m* ▸ **in Israel** en Israël.

Israeli [ɪz'reɪlɪ] ❖ adj israélien(enne). ❖ noun Israélien *m*, -enne *f*.

Israelite ['ɪzˌrɪəlaɪt] ❖ adj israélite. ❖ noun Israélite *mf*.

issue ['ɪʃu:]

❖ noun

1. [important subject] question *f*, problème *m* ; *pej* ▸ **to make an issue of sthg** faire toute une affaire de qqch / *where do you stand on the abortion issue?* quel est votre point de vue sur (la question de) l'avortement ? / *that's not the issue* il ne s'agit pas de ça / *the important issues of the day* les grands problèmes du moment / *to cloud* OR *confuse the issue* brouiller les cartes / *the subject has now become a real issue between us* ce sujet est maintenant source de désaccord entre nous / *to take issue with sb / sthg* être en désaccord avec qqn / qqch ▸ **at issue** en question, en cause

2. [edition] numéro *m* / *the latest issue of the magazine* le dernier numéro du magazine

3. [bringing out - of banknotes, shares] émission *f* / *date of issue* date *f* de délivrance ▸ **army issue** modèle *m* de l'armée ▸ **standard issue** modèle *m* standard

❖ vt

1. [make public - decree, statement] faire ; [- warning] lancer

2. [bring out - banknotes, shares] émettre ; [- book] publier

3. [passport] délivrer ▸ **to issue sthg to sb, to issue sb with sthg** fournir qqch à qqn / *we were all issued with rations* on nous a distribué à tous des rations

❖ vi

1. [smoke, steam] ▸ **to issue from** sortir de, s'échapper de

2. [problems] ▸ **to issue from** découler de.

issuing ['ɪʃʊɪŋ] adj FIN [company] émetteur ▸ **issuing bank** UK banque *f* d'émission OR émettrice.

Istanbul [,ɪstæn'bʊl] noun Istanbul.

isthmus ['ɪsməs] noun isthme *m*.

it [ɪt]

❖ pron

1. [referring to specific person or thing - subj] il (elle) ; [- direct object] le (la), l' *(+ vowel or silent 'h')* ; [- indirect object] lui / *did you find it?* tu l'as trouvé(e) ? / *give it to me at once* donne-moi ça tout de suite / *give it a shake* secoue-le / *is it a boy or a girl?* c'est un garçon ou une fille ?

2. [with prepositions] *he told me all about it* il m'a tout raconté / *there was nothing inside it* il n'y avait rien dedans OR à l'intérieur / *put the vegetables in it* mettez-y les légumes ▸ **on it** dessus ▸ **under it** dessous ▸ **beside it** à côté ▸ **from / of it** en / *he's very proud of it* il en est très fier

3. [impersonal use] il, ce / *it is cold today* il fait froid aujourd'hui / *it's raining / snowing* il pleut / neige / *it's 500 miles from here to Vancouver* Vancouver est à 800 kilomètres d'ici / *it's two o'clock* il est deux heures / *who is it? it's Mary / me* qui est-ce ? c'est Mary / moi / *I like it here* je me plais beaucoup ici / *I couldn't bear it if she left* je ne supporterais pas qu'elle parte / *it's the children who worry me most* ce sont les enfants qui m'inquiètent le plus / *it's a goal!* but !

❖ noun *inf*

1. [in games] *you're it!* c'est toi le chat !, c'est toi qui y es !

2. [most important person] : *he thinks he's it* il s'y croit.

IT (*abbr of* **information technology**) noun informatique *f* ▸ **IT manager** responsable *mf* du service informatique ▸ **IT support** support *m* informatique.

Italian [ɪ'tæljən] ❖ adj italien(enne). ❖ noun **1.** [person] Italien *m*, -enne *f* **2.** [language] italien *m*.

italic [ɪ'tælɪk] adj italique. ◆ **italics** pl n italiques *fpl*.

Italy ['ɪtəlɪ] noun Italie *f* ▸ **in Italy** en Italie.

itch [ɪtʃ] ❖ noun démangeaison *f*. ❖ vi **1.** [be itchy] : *my arm itches* mon bras me démange **2.** *fig* [be impatient] ▸ **to be itching to do sthg** mourir d'envie de faire qqch.

itching ['ɪtʃɪŋ] noun démangeaison *f*.

itchy ['ɪtʃɪ] (*compar* **-ier**, *superl* **-iest**) adj qui démange.

it'd ['ɪtəd] ⟶ **it would, it had**.

item ['aɪtəm] noun **1.** [gen] chose *f*, article *m* ; [on agenda] question *f*, point *m* **2.** PRESS article *m* **3.** [couple] : *are they an item?* est-ce qu'ils sortent ensemble ?

itemize, itemise UK ['aɪtəmaɪz] vt détailler.

itemized bill, itemised bill UK ['aɪtəmaɪzd-] noun facture *f* détaillée.

it-girl noun *inf jeune femme fortement médiatisée* / *she's the it-girl* c'est la fille dont on parle.

itinerant [ɪ'tɪnərənt] adj [salesperson] ambulant(e) ; [preacher] itinérant(e).

itinerary [aɪ'tɪnərərɪ] (*pl* **-ies**) noun itinéraire *m*.

it'll [ɪtl] ⟶ **it will**.

ITN (*abbr of* **Independent Television News**) noun *service britannique d'actualités télévisées pour les chaînes relevant de l'IBA*.

its [ɪts] poss adj son (sa), ses *(pl)*.

it's [ɪts] ⟶ **it is, it has**.

itself [ɪt'self] pron **1.** *(reflexive)* se ; *(after prep)* soi **2.** *(for emphasis)* lui-même (elle-même) ▸ **in itself** en soi.

ITV (*abbr of* **Independent Television**) noun *sigle désignant les programmes diffusés par les chaînes relevant de l'IBA*.

IUD (*abbr of* **intrauterine device**) noun stérilet *m*.

I've [aɪv] ⟶ **I have**.

IVF (*abbr of* **in vitro fertilization**) noun FIV *f*.

ivory ['aɪvərɪ] ❖ adj [ivory-coloured] ivoire *(inv)*. ❖ noun ivoire *m*. ❖ comp [made of ivory] en ivoire, d'ivoire.

ivory tower noun *fig* tour *f* d'ivoire.

ivy ['aɪvɪ] noun lierre *m*.

Ivy League noun US *les huit grandes universités de l'est des États-Unis*.

Ivy League

Le terme **Ivy League** désigne les plus prestigieuses universités américaines : Harvard, Yale, Princeton, Columbia, Dartmouth, Cornell, Brown et Pennsylvanie. Très sélectives, elles attirent les étudiants les plus brillants en raison de leur excellence académique et se classent parmi les plus grandes universités mondiales en termes de dotations financières (ces institutions privées reçoivent également d'importants fonds de recherche de la part du gouvernement fédéral). La majorité des Américains rêvent de pouvoir y inscrire leurs enfants car, à l'image des présidents George W. Bush et Kennedy, le fait d'avoir été admis dans l'un de ces établissements prouve que l'on fait partie de l'élite.

J

j (*pl* **j's** *or* **js**), **J** (*pl* **J's** *or* **Js**) [dʒeɪ] noun [letter] j *m inv*, J *m inv*.

jab [dʒæb] ❖ noun **1.** UK *inf* [injection] piqûre *f* **2.** [in boxing] direct *m*. ❖ vt (*pt & pp* **-bed**, *cont* **-bing**) ▸ **to jab sthg into** planter OR enfoncer qqch dans. ❖ vi (*pt & pp* **-bed**, *cont* **-bing**) ▸ **to jab at** [in boxing] envoyer un direct à.

jabber ['dʒæbəʳ] vt & vi baragouiner.

jack [dʒæk] noun **1.** [device] cric *m* **2.** [playing card] valet *m*. ◆ **jack in** vt sep UK *inf* laisser tomber, plaquer / *he's jacked in his job* il a plaqué son boulot. ◆ **jack up** vt sep **1.** [car] soulever avec un cric **2.** *fig* [prices] faire grimper.

jackal ['dʒækəl] noun chacal *m*.

jackass ['dʒækæs] noun **1.** [donkey] âne *m*, baudet *m* **2.** *inf* [imbecile] imbécile *mf*.

jackdaw ['dʒækdɔː] noun choucas *m*.

jacket ['dʒækɪt] noun **1.** [garment] veste *f* **2.** [of potato] peau *f*, pelure *f* **3.** [of book] jaquette *f* **4.** US [of record] pochette *f*.

jacket potato noun UK pomme de terre *f* en robe de chambre.

jackhammer ['dʒækˌhæməʳ] noun US marteau piqueur *m*.

jack-in-the-box noun diable *m* qui sort de sa boîte.

jackknife ['dʒæknaɪf] ❖ noun (*pl* **jackknives** [-naɪvz]) couteau *m* de poche. ❖ vi : *the truck jackknifed* le camion s'est mis en travers de la route.

jack-of-all-trades (*pl* **jacks-of-all-trades**) noun touche-à-tout *m*.

jackpot ['dʒækpɒt] noun gros lot *m*.

Jacobean [ˌdʒækə'bɪən] adj de l'époque de Jacques Iᵉʳ.

Jacobite ['dʒækəbaɪt] ❖ adj jacobite. ❖ noun jacobite *mf*.

Jacuzzi® [dʒə'kuːzɪ] noun Jacuzzi® *m*, bain *m* à remous.

jade [dʒeɪd] ❖ adj [jade-coloured] vert (de) jade *(inv)*. ❖ noun **1.** [stone] jade *m* **2.** [colour] vert *m* jade. ❖ comp [made of jade] de jade *(inv)*.

jaded ['dʒeɪdɪd] adj blasé(e).

jagged ['dʒægɪd] adj déchiqueté(e), dentelé(e).

jaguar ['dʒægjʊəʳ] noun jaguar *m*.

jail [dʒeɪl] ❖ noun prison *f*. ❖ vt emprisonner, mettre en prison.

jailbait ['dʒeɪlbeɪt] noun *(U)* US *inf* mineur *m*, -e *f* / *she's jailbait* c'est un coup à se retrouver en taule *(pour détournement de mineur)*.

jailbird ['dʒeɪlbɜːd] noun *inf* taulard *m*, -e *f*.

jailbreak ['dʒeɪlbreɪk] noun évasion *f* de prison.

jailer ['dʒeɪləʳ] noun geôlier *m*, -ère *f*.

jailhouse ['dʒeɪlhaʊs] (*pl* [-haʊzɪz]) noun US prison *f*.

Jakarta [dʒə'kɑːtə] noun Djakarta, Jakarta.

jam [dʒæm] ❖ noun **1.** [preserve] confiture *f* **2.** [of traffic] embouteillage *m*, bouchon *m* **3.** *inf* [difficult situation] ▸ **to get into / be in a jam** se mettre / être dans le pétrin. ❖ vt (*pt & pp* **-med**, *cont* **-ming**) **1.** [mechanism, door] bloquer, coincer **2.** [push tightly] ▸ **to jam sthg into** entasser OR tasser qqch dans ▸ **to jam sthg onto** enfoncer qqch sur **3.** [block - streets] embouteiller ; [- switchboard] surcharger **4.** RADIO brouiller. ❖ vi (*pt & pp* **-med**, *cont* **-ming**) [lever, door] se coincer ; [brakes] se bloquer.

Jamaica [dʒə'meɪkə] noun Jamaïque *f* ▸ **in Jamaica** à la Jamaïque.

Jamaican [dʒə'meɪkn] ❖ adj jamaïcain(e), jamaïquain(e). ❖ noun Jamaïcain *m*, -e *f*, Jamaïquain *m*, -e *f*.

jamb [dʒæm] noun chambranle *m*, montant *m*.

jamboree [ˌdʒæmbə'riː] noun **1.** [celebration] fête *f*, festivités *fpl* **2.** [gathering of scouts] jamboree *m*.

jamjar ['dʒæmdʒɑːʳ] noun pot *m* à confiture.

jamming ['dʒæmɪŋ] noun RADIO brouillage *m*.

jammy ['dʒæmɪ] (*compar* **-ier**, *superl* **-iest**) adj *inf* **1.** [sticky with jam] poisseux(euse) / *jammy fingers* des doigts poisseux de confiture **2.** UK [lucky] chanceux(euse) / *you jammy beggar!* espèce de veinard !

jam-packed [-'pækt] adj *inf* plein(e) à craquer.

Jan. ['dʒæn] (*abbr of* **January**) janv.

jangle ['dʒæŋgl] ❖ noun [of keys] cliquetis *m* ; [of bells] tintamarre *m*. ❖ vt [keys] faire cliqueter ; [bells] faire retentir. ❖ vi [keys] cliqueter ; [bells] retentir.

janitor ['dʒænɪtəʳ] noun US Scot concierge *mf*.

January ['dʒænjʊərɪ] noun janvier *m*. *See also* **September**.

Japan [dʒə'pæn] noun Japon *m* ▸ **in Japan** au Japon.

Japanese [ˌdʒæpə'niːz] ❖ adj japonais(e). ❖ noun (*pl inv*) [language] japonais *m*. ❖ pl n [people] ▸ **the Japanese** les Japonais *mpl*.

jape [dʒeɪp] noun *dated* tour *m*, farce *f*.

jar [dʒɑːʳ] ❖ noun pot *m*. ❖ vt (*pt & pp* **-red**, *cont* **-ring**) [shake] secouer. ❖ vi (*pt & pp* **-red**, *cont* **-ring**) **1.** [noise, voice] ▸ **to jar (on sb)** irriter (qqn), agacer (qqn) **2.** [colours] jurer.

jargon ['dʒɑːgən] noun jargon *m*.

jarring ['dʒɑ:rɪŋ] adj [noise, colours] discordant(e).

jasmine ['dʒæzmɪn] noun jasmin *m*.

jaundice ['dʒɔ:ndɪs] noun jaunisse *f*.

jaundiced ['dʒɔ:ndɪst] adj *fig* [attitude, view] aigri(e).

jaunt [dʒɔ:nt] noun balade *f*.

jaunty ['dʒɔ:ntɪ] (*compar* **-ier**, *superl* **-iest**) adj désinvolte, insouciant(e).

Java ['dʒɑ:və] noun Java ▸ **in Java** à Java.

javelin ['dʒævlɪn] noun javelot *m*.

jaw [dʒɔ:] ❖ noun mâchoire *f*. ❖ vi *inf* tailler une bavette.

jawbone ['dʒɔ:bəʊn] noun (os *m*) maxillaire *m*.

jay [dʒeɪ] noun geai *m*.

jaywalk ['dʒeɪwɔ:k] vi traverser en dehors des clous.

jaywalker ['dʒeɪwɔ:kəʳ] noun piéton *m* qui traverse en dehors des clous.

jazz [dʒæz] noun **1.** MUS jazz *m* **2.** US *inf* [insincere talk] baratin *m*. ◆ **jazz up** vt sep *inf* égayer.

jazz band noun orchestre *m* de jazz.

jazzy ['dʒæzɪ] (*compar* **-ier**, *superl* **-iest**) adj *inf* [bright] voyant(e).

jealous ['dʒeləs] adj jaloux(ouse).

jealously ['dʒeləslɪ] adv jalousement.

jealousy ['dʒeləsɪ] noun jalousie *f*.

jeans [dʒi:nz] pl n jean *m*, blue-jean *m*.

Jeep® [dʒi:p] noun Jeep® *f*.

jeer [dʒɪəʳ] ❖ vt huer, conspuer. ❖ vi ▸ **to jeer (at sb)** huer (qqn), conspuer (qqn). ◆ **jeers** pl n huées *fpl*.

jeering ['dʒɪərɪŋ] adj moqueur(euse), railleur(euse).

jeez [dʒi:z] excl US *inf* purée !

Jehovah's Witness [dʒɪˌhəʊvəz-] noun témoin *m* de Jéhovah.

Jell-O® ['dʒeləʊ] noun US gelée *f*.

jelly ['dʒelɪ] noun (*pl* **-ies**) **1.** UK gelée *f* **2.** US [jam] confiture *f*.

jelly bean noun *bonbon à la gélatine couvert de sucre*.

jellyfish ['dʒelɪfɪʃ] (*pl inv or* **-es**) noun méduse *f*.

jeopardize, jeopardise UK ['dʒepədaɪz] vt compromettre, mettre en danger.

jeopardy ['dʒepədɪ] noun ▸ **in jeopardy** en péril OR danger, menacé(e).

jerk [dʒɜ:k] ❖ noun **1.** [movement] secousse *f*, saccade *f* **2.** *inf* [fool] abruti *m*, -e *f*. ❖ vt : *he jerked his head around* il tourna la tête brusquement / *he jerked the door open* il ouvrit la porte d'un coup sec. ❖ vi [person] sursauter ; [vehicle] cahoter.

jerkily ['dʒɜ:kɪlɪ] adv par à-coups, par saccades.

jerky ['dʒɜ:kɪ] (*compar* **-ier**, *superl* **-iest**) adj saccadé(e).

jerry-built ['dʒerɪ-] adj *inf* & *pej* construit(e) à la va-vite.

jersey ['dʒɜ:zɪ] (*pl* **-s**) noun **1.** [sweater] pull *m* **2.** [cloth] jersey *m*.

Jersey ['dʒɜ:zɪ] noun **1.** UK Jersey *f* ▸ **in Jersey** à Jersey **2.** US New-Jersey *m*.

Jerusalem [dʒə'ru:sələm] noun Jérusalem.

jest [dʒest] noun *fml* plaisanterie *f* ▸ **in jest** pour rire.

jester ['dʒesteʳ] noun bouffon *m*.

Jesuit ['dʒezjʊɪt] ❖ adj jésuite. ❖ noun jésuite *m*.

Jesus (Christ) ['dʒi:zəs-] noun Jésus *m*, Jésus-Christ *m*.

jet [dʒet] ❖ noun **1.** [plane] jet *m*, avion *m* à réaction **2.** [of fluid] jet *m* **3.** [nozzle, outlet] ajutage *m*. ❖ vi (*pt & pp* **-ted**, *cont* **-ting**) [travel by jet] voyager en jet OR en avion.

jet lag noun fatigue *f* due au décalage horaire.

jet-lagged [-lægd] adj fatigué(e) par le décalage horaire / *I'm still a bit jet-lagged* je ne suis pas complètement remis du décalage horaire.

jet set noun ▸ **the jet set** le jet-set.

jet-setter noun *inf* membre *m* du jet-set.

jetski ['dʒetski] noun scooter *m* de mer, jetski *m*.

jettison ['dʒetɪsən] vt **1.** [cargo] jeter, larguer **2.** *fig* [ideas] abandonner, renoncer à.

jetty ['dʒetɪ] (*pl* **-ies**) noun jetée *f*.

Jew [dʒu:] noun Juif *m*, -ive *f*.

jewel ['dʒu:əl] ❖ noun bijou *m* ; [in watch] rubis *m*. ❖ comp [box, chest] à bijoux.

jewel case noun boîte *f* de CD.

jeweller UK, **jeweler** US ['dʒu:ələʳ] noun bijoutier *m*, -ière *f* ▸ **jeweller's (shop)** UK bijouterie *f*.

jewellery UK, **jewelry** US ['dʒu:əlrɪ] noun *(U)* bijoux *mpl*.

Jewess ['dʒu:ɪs] noun juive *f*.

Jewish ['dʒu:ɪʃ] adj juif(ive).

jib [dʒɪb] noun **1.** [of crane] flèche *f* **2.** [sail] foc *m*. ◆ **jib at** vi (*pt & pp* **-bed at**, *cont* **-bing at**) [person] ▸ **to jib at sthg a)** [person] rechigner à faire qqch **b)** [horse] regimber devant qqch.

jibe [dʒaɪb] noun sarcasme *m*, moquerie *f*.

jiffy ['dʒɪfɪ] noun *inf* ▸ **in a jiffy** en un clin d'œil.

Jiffy bag® noun UK enveloppe *f* matelassée.

jig [dʒɪg] ❖ noun gigue *f*. ❖ vi (*pt & pp* **-ged**, *cont* **-ging**) danser la gigue ▸ **to jig around** se trémousser.

jiggle ['dʒɪgl] vt secouer.

jigsaw (puzzle) ['dʒɪgsɔ:-] noun puzzle *m*.

jihad [dʒɪ'hɑ:d] noun djihad *m*.

jilt [dʒɪlt] vt laisser tomber.

jingle ['dʒɪŋgl] ❖ noun **1.** [sound] cliquetis *m* **2.** [song] jingle *m*, indicatif *m*. ❖ vi [bell] tinter ; [coins, bracelets] cliqueter.

jingoism ['dʒɪŋgəʊɪzm] noun *pej* chauvinisme *m*.

jingoistic [ˌdʒɪŋgəʊ'ɪstɪk] adj *pej* chauvin(e), cocardier(ère).

jinx [dʒɪŋks] noun poisse *f*.

jinxed [dʒɪŋkst] adj qui a la poisse.

JIT (*abbr of* **just in time**) adj juste à temps, JAT ▸ **JIT distribution** distribution *f* JAT ▸ **JIT production** production *f* JAT ▸ **JIT purchasing** achat *m* JAT.

jitters ['dʒɪtəz] pl n *inf* ▸ **the jitters** le trac.

jittery ['dʒɪtərɪ] adj *inf* nerveux(euse).

jive [dʒaɪv] ❖ noun **1.** [dance] rock *m* **2.** US *inf* & *dated* [glib talk] baratin *m*. ❖ vi danser le rock.

job [dʒɒb] noun **1.** [employment] emploi *m* / *to find a job* trouver du travail OR un emploi / *to look for a job* chercher un emploi OR du travail / *to be out of a job* être sans emploi OR au chômage / *a Saturday / summer job* un boulot OR un job pour le samedi / l'été / *she's got a very good job* elle a une très bonne situation OR place / *he took a job as a rep* il a pris un emploi de représentant / *hundreds of jobs have been lost* des centaines d'emplois ont été supprimés, des centaines de personnes ont été licenciées **2.** [task] travail *m*, tâche *f* ▸ **to do a good job** faire du bon travail ▸ **to make a good job of sthg** faire bien OR réussir qqch / *try to do a better job next time* essayez de faire mieux la prochaine fois / *it's not my job to...* ce n'est pas à moi de... / *she had the job of breaking the bad news* c'est elle qui était chargée d'annoncer les mauvaises nouvelles / *it's not perfect but it does the job* ce n'est pas parfait mais ça fera l'affaire **3.** [difficult task] ▸ **to have a job doing sthg** avoir du mal à faire qqch **4.** [state of affairs] : *it's a good job they were home* heureusement qu'ils étaient à la maison / *thanks for the map, it's just the job* merci pour la carte, c'est exactement ce qu'il me fallait / *to give sb / sthg up as a bad job* laisser tomber qqn / qqch qui n'en vaut pas la peine / *we decided to make the best of a bad job* nous avons décidé de faire avec ce que nous avions **5.** *inf* [crime] coup *m* ▸ **to pull a job** faire un casse **6.** COMPUT tâche *f* **7.** *inf* [plastic surgery] ▸ **to have a nose job** se faire refaire le nez.

jobbing ['dʒɒbɪŋ] adj UK qui travaille à la tâche.

job centre noun UK agence *f* pour l'emploi.

job creation noun création *f* d'emplois.

job description noun profil *m* du poste.

jobholder ['dʒɒb,həʊldəʳ] noun salarié *m*, -e *f*.

job hunting noun recherche *f* d'un emploi / *to go / to be job hunting* aller / être à la recherche d'un emploi.

jobless ['dʒɒblɪs] ❖ adj au chômage. ❖ pl n ▸ **the jobless** les chômeurs *mpl*.

job lot noun lot *m* de marchandises.

job satisfaction noun satisfaction *f* dans le travail.

job security noun sécurité *f* de l'emploi.

job seeker noun UK *fml* demandeur *m* d'emploi.

job-share ❖ noun partage *m* du travail / *we could do it as a job-share* nous pourrions nous partager le travail / *they applied for the post as a job-share* ils se sont présentés pour le poste en proposant de se partager le travail. ❖ vi partager le travail / *we could apply to job-share* nous pourrions nous présenter en proposant de nous partager le travail.

jobsharing ['dʒɒbʃeərɪŋ] noun partage *m* de l'emploi.

jock [dʒɒk] noun *inf* **1.** US [sporty type] sportif *m* **2.** [jockey] jockey *m* **3.** [disc jockey] disc-jockey *m*.

jockey ['dʒɒkɪ] (*pl* **-s**) ❖ noun jockey *mf*. ❖ vi ▸ **to jockey for position** manœuvrer pour devancer ses concurrents.

jockstrap ['dʒɒkstræp] noun suspensoir *m*.

jocular ['dʒɒkjʊləʳ] adj *fml* **1.** [cheerful] enjoué(e), jovial(e) **2.** [funny] amusant(e).

jodhpurs ['dʒɒdpəz] pl n jodhpurs *mpl*, culotte *f* de cheval.

Joe Bloggs [-blɒgz] UK, **Joe Blow** US AUSTR noun *inf* Monsieur Tout le Monde.

Joe Public [dʒəʊ-] noun UK l'homme *m* de la rue.

jog [dʒɒg] ❖ noun ▸ **to go for a jog** faire du jogging. ❖ vt (*pt & pp* **-ged**, *cont* **-ging**) pousser ▸ **to jog sb's memory** rafraîchir la mémoire de qqn. ❖ vi (*pt & pp* **-ged**, *cont* **-ging**) faire du jogging, jogger.

jogger ['dʒɒgəʳ] noun joggeur *m*, -euse *f*.

jogging ['dʒɒgɪŋ] noun jogging *m*.

joggle ['dʒɒgl] vt secouer.

Johannesburg [dʒə'hænɪsbɜ:g] noun Johannesburg.

john [dʒɒn] noun US *inf* petit coin *m*, cabinets *mpl*.

join [dʒɔɪn] ❖ noun raccord *m*, joint *m*. ❖ vt **1.** [connect - gen] unir, joindre ; [- towns] relier / *the workmen joined the pipes (together)* les ouvriers ont raccordé les tuyaux / *we camped where the stream joins the river* nous avons campé là où le ruisseau rejoint la rivière / *to join hands* **a)** [in prayer] joindre les mains **b)** [link hands] se donner la main / *to be joined in marriage* OR *matrimony* être uni(e) par les liens du mariage / *we must join forces (against the enemy)* nous devons unir nos forces (contre l'ennemi) **2.** [get together with] rejoindre, retrouver / *they joined us for lunch* ils nous ont retrouvés pour déjeuner / *will you join me for* OR *in a drink?* vous prendrez bien un verre avec moi ? **3.** [political party] devenir membre de ; [club] s'inscrire à ; [army] s'engager dans ▸ **to join a queue** UK, **to join a line** US prendre la queue / *so you've been burgled too? join the club!* alors, toi aussi tu as été cambriolé ? bienvenue au club ! ❖ vi **1.** [connect] se joindre **2.** [become a member - gen] devenir membre ; [- of club] s'inscrire. ◆ **join in** ❖ vt insep prendre part à, participer à / *he joined in the protest* il s'associa aux protestations / *all join in the chorus!* reprenez tous le refrain en chœur ! ❖ vi participer / *she started singing and the others joined in* elle a commencé à chanter et les autres se sont mis à chanter avec elle. ◆ **join up** vi **1.** MIL s'engager dans l'armée **2.** [meet] : *to join up with sb* rejoindre qqn.

joiner ['dʒɔɪnəʳ] noun UK menuisier *m*, -ière *f*.

joint [dʒɔɪnt] ❖ adj [effort] conjugué(e) ; [responsibility] collectif(ive) / *to take joint action* mener une action commune ▸ **joint custody** LAW garde *f* conjointe. ❖ noun **1.** [gen & TECH] joint *m* **2.** ANAT articulation *f* / *to put one's shoulder out of joint* se démettre OR se déboîter l'épaule **3.** [of meat] rôti *m* **4.** *inf* [place] bouge *m* **5.** *drugs sl* joint *m*.

joint account noun compte *m* joint.

jointly ['dʒɔɪntlɪ] adv conjointement.

joint ownership noun copropriété *f*.

joint venture noun joint-venture *m*.

joist [dʒɔɪst] noun poutre *f*, solive *f*.

joke [dʒəʊk] ❖ noun blague *f*, plaisanterie *f* / *we did it for a joke* nous l'avons fait pour rire OR pour rigoler / *he's just a joke* il est un objet de risée ▸ **to play a joke on sb** faire une blague à qqn, jouer un tour à qqn ▸ **it's gone beyond a joke** ça commence à bien faire ▸ **it's no joke** *inf* [not easy] ce n'est pas de la tarte / *he can't take a joke* il n'a pas le sens de l'humour. ❖ vi plaisanter, blaguer / *Tom's passed his driving test — you're joking!* Tom a eu son permis de conduire — sans blague ! OR tu veux rire ? ▸ **to joke about sthg** plaisanter sur qqch, se moquer de qqch.

joker ['dʒəʊkəʳ] noun **1.** [person] blagueur *m*, -euse *f* **2.** [playing card] joker *m*.

jokey ['dʒəʊkɪ] (*compar* **-ier**, *superl* **-iest**) adj *inf* comique.

jokingly ['dʒəʊkɪŋlɪ] adv en plaisantant, pour plaisanter.

jolly ['dʒɒlɪ] ❖ adj (*compar* **-ier**, *superl* **-iest**) [person] jovial(e), enjoué(e) ; *dated* [time, party] agréable. ❖ adv UK *inf* & *dated* drôlement, rudement.

jolt [dʒəʊlt] ❖ noun **1.** [jerk] secousse *f*, soubresaut *m* **2.** [shock] choc *m*. ❖ vt secouer ▸ **to jolt sb into doing sthg** inciter fortement qqn à faire qqch. ❖ vi cahoter.

Joneses ['dʒəʊnzɪz] pl n ▸ **to keep up with the Joneses** essayer d'avoir le même standing que ses voisins.

Jordan ['dʒɔ:dn] noun Jordanie *f* ▸ **in Jordan** en Jordanie ▸ **the Jordan (River)** le Jourdain.

Jordanian [dʒɔ:'deɪnjən] ❖ adj jordanien(enne). ❖ noun Jordanien *m*, -enne *f*.

joss stick [dʒɒs-] noun bâton *m* d'encens.

jostle ['dʒɒsl] ❖ vt bousculer. ❖ vi se bousculer.

jot [dʒɒt] noun [of truth] grain *m*, brin *m*. ◆ **jot down** (*pt & pp* **-ted**, *cont* **-ting**) vt sep noter, prendre note de.

jotter ['dʒɒtəʳ] noun UK [exercise book] cahier *m*, carnet *m* ; [pad] bloc-notes *m*.

jottings ['dʒɒtɪŋz] pl n notes *fpl*.

joule [dʒu:l] noun joule *m*.

journal ['dʒɜ:nl] noun **1.** [magazine] revue *f* **2.** [diary] journal *m*.

journalese [,dʒɜ:nə'li:z] noun *pej* jargon *m* journalistique.

journalism ['dʒɜ:nəlɪzm] noun journalisme *m*.

journalist ['dʒɜ:nəlɪst] noun journaliste *mf*.

journey ['dʒɜ:nɪ] (*pl* **-s**) noun voyage *m*.

joust [dʒaʊst] vi jouter.

jovial ['dʒəʊvjəl] adj jovial(e).

joy [dʒɔɪ] noun joie *f*.

joyful ['dʒɔɪfʊl] adj joyeux(euse).

joyfully ['dʒɔɪfʊlɪ] adv joyeusement, avec joie.

joyless ['dʒɔɪlɪs] adj [unhappy] triste, sans joie ; [dull] morne, maussade.

joyous ['dʒɔɪəs] adj *liter* joyeux(euse).

joyride ['dʒɔɪraɪd] noun virée *f (dans une voiture volée)*.

joyrider ['dʒɔɪraɪdəʳ] noun *personne qui vole une voiture pour aller faire une virée.*

joystick ['dʒɔɪstɪk] noun AERON manche *m* (à balai) ; COMPUT manette *f*.

JP noun ***abbr of*** **Justice of the Peace**.

JPEG (***abbr of*** **joint picture expert group**) noun COMPUT (format *m*) JPEG *m*.

Jr. (***abbr of*** **Junior**) Jr.

jubilant ['dʒu:bɪlənt] adj [person] débordant(e) de joie, qui jubile ; [shout] de joie.

jubilation [,dʒu:bɪ'leɪʃn] noun joie *f*, jubilation *f*.

jubilee ['dʒu:bɪli:] noun jubilé *m*.

Judaism [dʒu:'deɪɪzm] noun judaïsme *m*.

judder ['dʒʌdəʳ] vi trembler violemment.

judge [dʒʌdʒ] ❖ noun juge *mf*. ❖ vt **1.** [gen] juger **2.** [estimate] évaluer, juger. ❖ vi juger ▸ **to judge from** OR **by, judging from** OR **by** à en juger par.

judg(e)ment ['dʒʌdʒmənt] noun jugement *m* ▸ **to pass judgement (on)** a) LAW prononcer OR rendre un jugement (sur) b) *fig* [on person, situation] porter un jugement (sur) ▸ **to reserve judgement** s'abstenir de donner son avis OR de porter un jugement ▸ **against my better judgement** sachant pertinemment que j'avais tort.

judg(e)mental [dʒʌdʒ'mentl] adj *pej* qui critique, qui porte des jugements.

judicial [dʒu:'dɪʃl] adj judiciaire.

judiciary [dʒu:'dɪʃərɪ] noun ▸ **the judiciary** la magistrature.

judicious [dʒu:'dɪʃəs] adj judicieux(euse).

judo ['dʒu:dəʊ] noun judo *m*.

jug [dʒʌg] noun UK pot *m*, pichet *m*.

juggernaut ['dʒʌgənɔ:t] noun UK poids *m* lourd.

juggle ['dʒʌgl] ❖ vt *lit* & *fig* jongler avec. ❖ vi jongler.

juggler ['dʒʌgləʳ] noun jongleur *m*, -euse *f*.

jugular (vein) ['dʒʌgjʊləʳ-] noun (veine *f*) jugulaire *f*.

juice [dʒu:s] noun jus *m*. ◆ **juices** pl n [in stomach] sucs *mpl*.

juicer ['dʒu:səʳ] noun presse-fruits *m inv*.

juicy ['dʒu:sɪ] (*compar* **-ier**, *superl* **-iest**) adj **1.** [fruit] juteux(euse) **2.** *inf* [story] croustillant(e) **3.** [role] séduisant(e), tentant(e).

jukebox ['dʒu:kbɒks] noun juke-box *m*.

Jul. (***abbr of*** **July**) juill.

July [dʒu:'laɪ] noun juillet *m*. ***See also*** **September**.

jumble ['dʒʌmbl] ❖ noun [mixture] mélange *m*, fatras *m*. ❖ vt ▸ **to jumble (up)** mélanger, embrouiller.

jumble sale noun UK vente *f* de charité *(où sont vendus des articles d'occasion)*.

jumbo ['dʒʌmbəʊ] (*pl* **-s**) ❖ noun **1.** *inf* [elephant] éléphant *m*, pachyderme *m* **2.** = **jumbo jet.** ❖ adj énorme, géant(e).

jumbo jet ['dʒʌmbəʊ-] noun jumbo-jet *m*.

jumbo-sized [-saɪzd] adj énorme, géant(e).

jump [dʒʌmp] ❖ noun **1.** [leap] saut *m*, bond *m* **2.** [fence] obstacle *m* **3.** [rapid increase] flambée *f*, hausse *f* brutale **4.** PHR **to keep one jump ahead of sb** avoir une longueur d'avance sur qqn. ❖ vt **1.** [fence, stream] sauter, franchir d'un bond **2.** *inf* [attack] sauter sur, tomber sur **3.** *inf* [leave] : *to jump ship lit* & *fig* quitter le navire **4.** [not wait one's turn at] : *to jump the queue* UK ne pas attendre son tour, resquiller / *she jumped the lights* elle a grillé OR brûlé le feu (rouge) **5.** US [train, bus] prendre sans payer. ❖ vi **1.** [gen] sauter, bondir ; [in surprise] sursauter ▸ **to jump across sthg** traverser qqch d'un bond / *to jump to conclusions* tirer des conclusions hâtives ▸ **to jump down sb's throat** *inf* houspiller OR enguirlander qqn **2.** [increase rapidly] grimper en flèche, faire un bond. ◆ **jump at** vt insep *fig* sauter sur.

jumped-up ['dʒʌmpt-] adj UK *inf* & *pej* prétentieux(euse).

jumper ['dʒʌmpər] noun **1.** UK [pullover] pull *m*, sweat *m inf* **2.** US [dress] robe *f* chasuble.

jumper cables pl n US = **jump leads**.

jumping-off point, jumping-off place noun point *m* de départ, tremplin *m*.

jump leads pl n UK câbles *mpl* de démarrage.

jump rope noun US corde *f* à sauter.

jump-start vt ▸ **to jump-start a car** faire démarrer une voiture en la poussant.

jumpsuit ['dʒʌmpsu:t] noun combinaison-pantalon *f*.

jumpy ['dʒʌmpɪ] (*compar* **-ier**, *superl* **-iest**) adj *inf* nerveux(euse).

Jun. *abbr of* **June**.

junction ['dʒʌŋkʃn] noun UK [of roads] carrefour *m* ; RAIL embranchement *m*.

juncture ['dʒʌŋktʃər] noun *fml* ▸ **at this juncture** à ce moment même.

June [dʒu:n] noun juin *m*. *See also* **September**.

June beetle, June bug noun hanneton *m*.

jungle ['dʒʌŋgl] noun *lit* & *fig* jungle *f*.

junior ['dʒu:njər] ❖ adj **1.** [gen] jeune **2.** [after name] junior. ❖ noun **1.** [in rank] subalterne *mf* **2.** [in age] cadet *m*, -ette *f* **3.** US SCH ≃ élève *mf* de première **4.** US UNIV ≃ étudiant *m*, -e *f* de troisième année ; ≃ étudiant *m*, -e *f* en licence.

junior doctor noun interne *mf*.

junior high school noun US ≃ collège *m* d'enseignement secondaire.

junior minister noun UK secrétaire *mf* d'État.

junior school noun UK école *f* primaire.

juniper ['dʒu:nɪpər] noun genièvre *m*.

junk [dʒʌŋk] ❖ noun [unwanted objects] bric-à-brac *m*. ❖ vt balancer, se débarrasser de.

junk e-mail noun messages *mpl* publicitaires, spams *mpl*, pourriels *mpl*.

junket ['dʒʌŋkɪt] noun **1.** [pudding] lait *m* caillé **2.** *inf* & *pej* [trip] voyage *m* aux frais de la princesse.

junk food noun *(U) pej* : *to eat junk food* manger des cochonneries.

junkie ['dʒʌŋkɪ] noun *drugs sl* drogué *m*, -e *f*.

junk mail noun **1.** [postal] publicité *f* (reçue par courrier) **2.** = **junk e-mail**.

junkyard ['dʒʌŋkjɑ:d] noun **1.** [for scrap metal] entrepôt *m* de ferraille / *at the junkyard* chez le ferrailleur **2.** [for discarded objects] dépotoir *m*.

junta [UK 'dʒʌntə, US 'hʊntə] noun junte *f*.

Jupiter ['dʒu:pɪtər] noun [planet] Jupiter *f*.

jurisdiction [,dʒʊərɪs'dɪkʃn] noun juridiction *f*.

jurisprudence [,dʒʊərɪs'pru:dəns] noun jurisprudence *f*.

juror ['dʒʊərər] noun juré *m*, -e *f*.

jury ['dʒʊərɪ] (*pl* **-ies**) noun jury *m*.

jury duty US, **jury service** UK noun participation *f* à un jury.

just [dʒʌst] ❖ adv **1.** [recently] : *he's just left* il vient de partir / *just last week* pas plus tard que la semaine dernière / *she's just this moment* OR *minute left the office* elle vient de sortir du bureau à l'instant / *he's just been to Mexico* il revient OR rentre du Mexique **2.** [at that moment] : *I was just going to phone you* j'allais juste OR justement te téléphoner, j'étais sur le point de te téléphoner / *I was just about to go* j'allais juste partir, j'étais sur le point de partir / *I'm just going to do it now* je vais le faire tout de suite OR à l'instant / *she arrived just as I was leaving* elle est arrivée au moment même où je partais OR juste comme je partais / *I'm just off inf* je m'en vais / *just coming! inf* j'arrive tout de suite ! **3.** [only, simply] : *just a little* juste un peu / *it was just a dream* ce n'était qu'un rêve / *we're just friends* nous sommes amis, c'est tout / *he was just trying to help* il voulait juste OR simplement rendre service / *if he could just work a little harder!* si seulement il pouvait travailler un peu plus ! / *just add water* vous n'avez plus qu'à ajouter de l'eau / *don't argue, just do it!* ne discute pas, fais-le, c'est tout ! ▸ **just a minute** OR **moment** OR **second!** un (petit) instant ! / *this is not just any horse race, this is the Derby!* ça n'est pas n'importe quelle course de chevaux, c'est le Derby ! **4.** [almost not] tout juste, à peine / *I could just make out what they were saying* je parvenais tout juste à entendre ce qu'ils disaient / *I only just missed the train* j'ai manqué le train de peu / *we have just enough time* on a juste assez de temps / *I may* OR *might just be able to do it* il n'est pas impossible que je puisse le faire / *it's just after / before two o'clock* il est un peu plus / moins de deux heures

5. [for emphasis] : *the coast is just marvellous* la côte est vraiment magnifique / *everything is just fine* tout est parfait / *just think what might have happened!* imagine un peu ce qui aurait pu arriver ! / *just look at this mess!* non, mais regarde un peu ce désordre ! / *it just isn't good enough* c'est loin d'être satisfaisant, c'est tout **6.** [exactly, precisely] tout à fait, exactement / *just at that moment* juste à ce moment-là / *it's just what I need* c'est tout à fait ce qu'il me faut / *just what are you getting at?* où veux-tu en venir exactement ? / *he's just like his father* c'est son père tout craché / *you speak French just as well as I do* ton français est tout aussi bon que le mien / *don't come in just yet* n'entre pas tout de suite **7.** [in requests] : *could you just move over please?* pourriez-vous vous pousser un peu s'il vous plaît ? ❖ adj juste, équitable. ◆ **just about** adv à peu près, plus ou moins / *can you reach the shelf? — just about!* est-ce que tu peux atteindre l'étagère ? — (tout) juste ! / *their plane should be taking off just about now* leur avion devrait être sur le point de décoller / *I've just about had enough of your sarcasm!* j'en ai franchement assez de tes sarcasmes ! ◆ **just as** adv **1.** [in comparison] tout aussi / *you're just as clever as he is* tu es tout aussi intelligent que lui **2.** [exactly as] : *just as I thought / predicted* comme je le pensais / prévoyais **3.** [at the same time as] juste au moment où. ◆ **just in case** ❖ conj juste au cas où / *just in case we don't see each other* juste au cas où nous ne nous verrions pas. ❖ adv au cas où / *take a coat, just in case* prends un manteau, on ne sait jamais OR au cas où. ◆ **just now** adv **1.** [a short time ago] il y a un moment, tout à l'heure / *I heard a noise just now* je viens juste d'entendre un bruit / *when did this happen? — just now* quand cela s'est-il passé ? — à l'instant **2.** [at this moment] en ce moment / *I'm busy just now* je suis occupé pour le moment. ◆ **just then** adv à ce moment-là. ◆ **just the same** adv [nonetheless] quand même.

justice ['dʒʌstɪs] noun **1.** [gen] justice *f* **2.** [of claim, cause] bien-fondé *m* **3.** PHR **to do justice to sthg** [job] faire bien qqch, faire qqch comme il faut ▸ **to do justice to a meal** faire honneur à un repas.

Justice of the Peace (*pl* **Justices of the Peace**) noun juge *m* de paix.

justifiable ['dʒʌstɪfaɪəbl] adj justifiable, défendable.

justifiably ['dʒʌstɪfaɪəblɪ] adv à juste titre.

justification [,dʒʌstɪfɪ'keɪʃn] noun justification *f*.

justify ['dʒʌstɪfaɪ] (*pt & pp* **-ied**) vt [give reasons for] justifier.

just-in-time adj ECON juste à temps.

justly ['dʒʌstlɪ] adv [act] avec justice ; [deserved] à juste titre.

justness ['dʒʌstnɪs] noun bien-fondé *m*.

jut [dʒʌt] (*pt & pp* **-ted**, *cont* **-ting**) vi ▸ **to jut (out)** faire saillie, avancer.

jute [dʒu:t] noun jute *m*.

juvenile ['dʒu:vənaɪl] ❖ adj **1.** LAW mineur(e), juvénile **2.** [childish] puéril(e). ❖ noun LAW mineur *m*, -e *f*.

juvenile delinquent noun jeune délinquant *m*, -e *f*.

juxtapose [,dʒʌkstə'pəʊz] vt juxtaposer.

juxtaposition [,dʒʌkstəpə'zɪʃn] noun juxtaposition *f*.

K

k¹ (*pl* **k's** *or* **ks**), **K** (*pl* **K's** *or* **Ks**) [keɪ] noun [letter] k *m inv*, K *m inv*.

K² **1.** (*abbr of* **kilobyte**) Ko **2.** *abbr of* **Knight** **3.** (*abbr of* **thousand**) K.

Kabul ['kɑ:bl] noun Kaboul.

kaftan ['kæftæn] noun caftan *m*, cafetan *m*.

kalashnikov [kə'læʃnɪkov] noun kalachnikov *f*.

kale [keɪl] noun chou *m* frisé.

kaleidoscope [kə'laɪdəskəʊp] noun kaléidoscope *m*.

kamikaze [ˌkæmɪ'kɑ:zɪ] noun kamikaze *m*.

Kampuchea [ˌkæmpu:'ʧɪə] noun Kampuchéa *m* ▸ **in Kampuchea** au Kampuchéa.

kangaroo [ˌkæŋgə'ru:] noun kangourou *m*.

kaput [kə'pʊt] adj *inf* fichu(e), foutu(e).

karaoke [ˌkærə'əʊkɪ] noun karaoké *m*.

karat ['kærət] noun US [for gold] carat *m*.

karate [kə'rɑ:tɪ] noun karaté *m*.

karma ['kɑ:mə] noun karma *m*, karman *m*.

Kashmir [kæʃ'mɪəʳ] noun Cachemire *m* ▸ **in Kashmir** au Cachemire.

kayak ['kaɪæk] noun kayak *m*.

kB, KB (*abbr of* **kilobyte(s)**) noun COMPUT Ko *m*.

kcal (*abbr of* **kilocalorie**) Kcal.

kebab [kɪ'bæb] noun UK brochette *f*.

kedgeree [ˌkedʒə'ri:] noun UK *plat de riz, poisson et œufs durs mélangés*.

keel [ki:l] noun quille *f* ▸ **on an even keel** stable. ◆ **keel over** vi [ship] chavirer ; [person] tomber dans les pommes.

keen [ki:n] adj **1.** UK [enthusiastic] enthousiaste, passionné(e) / *she's a keen gardener* c'est une passionnée de jardinage / *he was keen to talk to her* il tenait à OR voulait absolument lui parler ▸ **to be keen on sthg** avoir la passion de qqch / *I'm not so keen on the idea* l'idée ne m'enchante OR ne m'emballe pas vraiment / *he's keen on her* elle lui plaît ▸ **to be keen to do** OR **on doing sthg** tenir à faire qqch **2.** [interest, desire, mind] vif (vive) ; [competition] âpre, acharné(e) **3.** [sense of smell] fin(e) ; [eyesight] perçant(e).

keenly ['ki:nlɪ] adv **1.** [contested, interested] vivement **2.** [listen, watch] attentivement.

keenness ['ki:nnɪs] noun **1.** UK [enthusiasm] enthousiasme *m* **2.** [of competition] intensité *f* **3.** [of eyesight] acuité *f* ; [of hearing] finesse *f*.

keep [ki:p] ◆ vt (*pt & pp* **kept**)

1. [retain, store] garder ▸ **keep the change!** gardez la monnaie ! / *please keep your seats* veuillez rester assis / *we've kept some cake for you* on t'a gardé du gâteau / *she keeps her money in the bank* elle met son argent à la banque / *how long can you keep fish in the freezer?* combien de temps peut-on garder OR conserver du poisson au congélateur ? / *where do you keep the playing cards?* où est-ce que vous rangez les cartes à jouer ? / *if that's your idea of a holiday, you can keep it! inf* si c'est ça ton idée des vacances, tu peux te la garder !

2. [maintain in specified state] *to keep sb quiet* faire tenir qqn tranquille / *to keep sthg warm* garder qqch au chaud / *the doors are kept locked* les portes sont toujours fermées à clef / *to keep sthg up to date* tenir qqch à jour / *the weather kept us indoors* le temps nous a empêchés de sortir / *he kept his hands in his pockets* il a gardé les mains dans les poches / *keep the noise to a minimum* essayez de ne pas faire trop de bruit / *keep the engine running* n'arrêtez pas le moteur / *to keep sthg going* **a)** [organization, business] faire marcher qqch **b)** [music, conversation] ne pas laisser qqch s'arrêter

3. [prevent] ▸ **to keep sb / sthg from doing sthg** empêcher qqn/qqch de faire qqch / *I couldn't keep myself from laughing* je n'ai pas pu m'empêcher de rire

4. [detain] retenir ; [prisoner] détenir / *I don't want to keep you* je ne voudrais pas vous retenir / *I don't want to keep you from your work* je ne veux pas vous empêcher de travailler / *what kept you?* qu'est-ce qui t'a retardé ? ▸ **to keep sb waiting** faire attendre qqn / *to keep sb in hospital / prison* garder qqn à l'hôpital / en prison

5. [promise] tenir ; [appointment] aller à ; [vow] être fidèle à / *to keep order / the peace* maintenir l'ordre / la paix

6. [not disclose] ▸ **to keep sthg from sb** cacher qqch à qqn ▸ **to keep sthg to o.s.** garder qqch pour soi

7. [diary, record, notes] tenir / *my secretary keeps my accounts* ma secrétaire tient OR s'occupe de ma comptabilité

8. [support] *he hardly earns enough to keep himself* il gagne à peine de quoi vivre / *she has a husband and six children to keep* elle a un mari et six enfants à nourrir

9. [own - sheep, pigs] élever ; [- shop] tenir ; [- car] avoir, posséder

10. [guard] garder / *to keep goal* être gardien de but

11. PHR **they keep themselves to themselves** ils restent entre eux, ils se tiennent à l'écart

◆ vi (*pt & pp* **kept**)

1. [remain] ▸ **to keep warm** se tenir au chaud ▸ **to keep quiet** garder le silence / *keep calm!* restez calmes !, du calme !

2. [continue] *he keeps interrupting me* il n'arrête pas de m'interrompre / *letters keep pouring in* les lettres continuent d'affluer ▸ **keep talking / walking** continuez à parler / à marcher / *don't keep apologizing* arrête de t'excuser / *she had several failures but kept trying* elle a essuyé plusieurs échecs mais elle a persévéré / *with so few customers, it's a wonder the shop keeps going* avec si peu de clients, c'est un miracle que le magasin ne ferme pas
3. [continue moving] ▸ **to keep left / right** garder sa gauche / sa droite ▸ **to keep north / south** continuer vers le nord / le sud / *keep to the path* ne vous écartez pas du chemin
4. [food] se conserver / *it will keep for a week in the refrigerator* vous pouvez le garder OR conserver au réfrigérateur pendant une semaine
5. UK *dated* [in health] *how are you keeping?* comment allez-vous ? / *she's keeping well* elle va bien
❖ noun
1. [to earn a living] ▸ **to earn one's keep** gagner sa vie / *he gives his mother £50 a week for his keep* il donne 50 livres par semaine à sa mère pour sa pension
2. [in castle] donjon *m*
◆ **keeps** noun ▸ **for keeps** pour toujours.
◆ **keep at** vt insep ▸ **to keep at it** [work hard] travailler d'arrache-pied.
◆ **keep away** ❖ vt sep tenir éloigné(e), empêcher d'approcher / *spectators were kept away by the fear of violence* la peur de la violence tenait les spectateurs à distance. ❖ vi ne pas s'approcher / *keep away from those people* évitez ces gens-là.
◆ **keep back** vt sep **1.** [keep at a distance - crowd, spectators] tenir éloigné, empêcher de s'approcher **2.** [information] cacher, ne pas divulguer / *I'm sure he's keeping something back (from us)* je suis sûr qu'il (nous) cache quelque chose **3.** [retain, detain] retenir / *to be kept back after school* être en retenue.
◆ **keep down** vt sep **1.** [not raise] ne pas lever / *keep your head down!* ne lève pas la tête !, garde la tête baissée ! / *keep your voices down!* parlez doucement ! **2.** [prices] empêcher de monter ; [numbers, costs] restreindre, limiter **3.** [food] garder / *she can't keep solid foods down* son estomac ne garde aucun aliment solide.
◆ **keep from** vt insep s'empêcher de, se retenir de / *I couldn't keep from laughing* je n'ai pas pu m'empêcher de rire.
◆ **keep in with** vt insep : *to keep in with sb* rester en bons termes avec qqn.
◆ **keep off** ❖ vt sep [dogs, birds, trespassers] éloigner ; [rain, sun] protéger de / *this cream will keep the mosquitoes off* cette crème vous protégera contre les moustiques / *keep your hands off!* pas touche !, bas les pattes ! ❖ vt insep ▸ **'keep off the grass'** '(il est) interdit de marcher sur la pelouse'.
◆ **keep on** vi **1.** [continue] ▸ **to keep on (doing sthg)** a) [without stopping] continuer (de OR à faire qqch) b) [repeatedly] ne pas arrêter (de faire qqch) / *they kept on talking* ils ont continué à parler / *I keep on making the same mistakes* je fais toujours les mêmes erreurs **2.** [talk incessantly] ▸ **to keep on (about sthg)** ne pas arrêter de parler (de qqch) / *don't keep on about it!* ça suffit, j'ai compris !
◆ **keep on at** vt insep UK harceler.
◆ **keep out** ❖ vt sep empêcher d'entrer / *a guard dog to keep intruders out* un chien de garde pour décourager les intrus / *a scarf to keep the cold out* une écharpe pour vous protéger du froid. ❖ vi ▸ **'keep out'** 'défense d'entrer', 'entrée interdite' / *to keep out of an argument* ne pas intervenir dans une discussion.
◆ **keep to** ❖ vt insep [rules, deadline] respecter, observer / *keep to the point* OR *the subject!* ne vous écartez pas du sujet ! ❖ vt sep [limit] : *we must keep spending to a minimum* il faut limiter les dépenses au minimum.
◆ **keep up** ❖ vt sep **1.** [shelf, roof maintenir / *I need a belt to keep my trousers up* j'ai besoin d'une ceinture pour empêcher mon pantalon de tomber / *it will keep prices up* ça empêchera les prix de baisser **2.** [continue to do] continuer ; [maintain] maintenir / *you have to keep up the payments* on ne peut pas interrompre les versements ▸ **keep up the good work!** c'est du bon travail, continuez ! ▸ **you're doing well, keep it up!** c'est bien, continuez ! ❖ vi **1.** [continue] continuer / *if this noise keeps up, I'll scream* si ce bruit continue, je crois que je vais hurler **2.** [maintain pace, level] ▸ **to keep up (with sb)** aller aussi vite (que qqn) / *he's finding it hard to keep up in his new class* il a du mal à suivre dans sa nouvelle classe / *to keep up with the news* suivre l'actualité **3.** [remain in contact] ▸ **to keep up with sb** rester en contact avec qqn.

keeper ['ki:pər] noun gardien *m*, -enne *f*.

keep-fit UK ❖ noun *(U)* gymnastique *f*. ❖ comp de gymnastique.

keeping ['ki:pɪŋ] noun **1.** [care] garde *f* **2.** [conformity, harmony] ▸ **to be in / out of keeping with** a) [rules] être / ne pas être conforme à b) [subj: furniture] aller / ne pas aller avec.

keepsake ['ki:pseɪk] noun souvenir *m*.

keg [keg] noun tonnelet *m*, baril *m*.

ken [ken] noun ▸ **it's beyond my ken** ça dépasse mes compétences.

kennel ['kenl] noun UK [place for dog to sleep] niche *f* ; US [for breeding, looking after dogs] chenil *m*.
◆ **kennels** pl n UK chenil *m*.

Kenya ['kenjə] noun Kenya *m* ▸ **in Kenya** au Kenya.

Kenyan ['kenjən] ❖ adj kenyan(e). ❖ noun Kenyan *m*, -e *f*.

kept [kept] pt & pp ⟶ **keep**.

kerb [kɜ:b] noun UK bordure *f* du trottoir.

kerb crawler [-ˌkrɔ:lər] noun UK *homme en voiture qui accoste les prostituées*.

kerb crawling noun *fait de longer le trottoir en voiture à la recherche d'une prostituée*.

kerbstone ['kɜ:bstəʊn] noun UK (pierre *f* de) bordure *f* de trottoir.

kerfuffle [kə'fʌfl] noun UK *inf* : *what a kerfuffle!* quelle histoire !

kernel ['kɜ:nl] noun amande *f*.

kerosene ['kerəsi:n] noun US [paraffin] paraffine *f*.

kestrel ['kestrəl] noun crécerelle *f*.

ketchup ['ketʃəp] noun ketchup *m*.

kettle ['ketl] noun bouilloire *f*.

kettledrum ['ketldrʌm] noun timbale *f*.

key [ki:] ❖ noun **1.** [gen & MUS] clef *f*, clé *f* ▸ **the key (to sthg)** *fig* la clé (de qqch) **2.** [of typewriter, computer, piano] touche *f* **3.** MUS ton *m* / *in the key of B minor* en si mineur **4.** [of map] légende *f*. ❖ adj clé / *key industries* industries clés, industries-clés / *a key factor* un élément décisif. ◆ **key in** vt sep [text, data] saisir ; [code] composer.

keyboard ['ki:bɔ:d] ❖ noun [gen & COMPUT] clavier *m*. ❖ vt COMPUT [text, data] saisir.

keyboarder ['ki:bɔ:dəʳ] noun COMPUT claviste *mf*.

key card noun badge *m*.

keyhole ['ki:həʊl] noun trou *m* de serrure.

keyhole surgery noun cœliochirurgie *f*.

keynote ['ki:nəʊt] ❖ noun note *f* dominante. ❖ comp ▸ **keynote speech** discours-programme *m*.

keypad ['ki:pæd] noun COMPUT pavé *m* numérique.

key ring noun porte-clés *m inv*.

Key Stage ['ki:steɪdʒ] noun UK SCH *une des cinq étapes-clés du parcours scolaire en Grande-Bretagne*.

keystone ['ki:stəʊn] noun *lit* & *fig* clef *f* de voûte.

keystroke ['ki:strəʊk] noun COMPUT frappe *f* d'une touche.

kg (*abbr of* **kilogram**) kg.

KGB noun KGB *m*.

khaki ['kɑ:kɪ] ❖ adj kaki *(inv)*. ❖ noun **1.** [colour] kaki *m* **2.** [cloth] toile *f* kaki.

kHz (*abbr of* **kilohertz**) noun kHz *m*.

kibbutz [kɪ'bʊts] (*pl* **kibbutzim** [kɪbʊ'tsi:m] *or* **-es**) noun kibboutz *m*.

kibosh ['kaɪbɒʃ] noun *inf* ▸ **to put the kibosh on sthg** ficher qqch en l'air.

kick [kɪk] ❖ noun **1.** [with foot] coup *m* de pied / *to aim a kick at sb / sthg* lancer OR donner un coup de pied en direction de qqn / qqch ▸ **it was a real kick in the teeth for him** *inf* ça lui a fait un sacré coup ; *inf* ▸ **she needs a kick up the backside** OR **in the pants** elle a besoin d'un coup de pied aux fesses **2.** *inf* [excitement] ▸ **to get a kick from** OR **out of sthg** trouver qqch excitant ▸ **to do sthg for kicks** faire qqch pour le plaisir. ❖ vt **1.** [with foot] donner un coup de pied à / *she kicked the ball over the wall* elle a envoyé la balle par-dessus le mur (d'un coup de pied) / *I kicked the door open* j'ai ouvert la porte d'un coup de pied / *the dancers kicked their legs in the air* les danseurs lançaient les jambes en l'air / *to kick a penalty* **a)** [in rugby] marquer OR réussir une pénalité **b)** [in football] tirer un penalty ▸ **to kick o.s.** *fig* se donner des gifles OR des claques ▸ **to kick the bucket** *inf* passer l'arme à gauche, casser sa pipe **2.** *inf* [give up] ▸ **to kick the habit** arrêter. ❖ vi **1.** [person - repeatedly] donner des coups de pied ; [- once] donner un coup de pied **2.** [baby] gigoter **3.** [animal] ruer. ◆ **kick around, kick about** UK ❖ vt sep **1.** : *to kick a ball around* jouer au ballon **2.** *inf* [idea] débattre / *we kicked a few ideas around* on a discuté à bâtons rompus. ❖ vi *inf* traîner. ◆ **kick in** ❖ vt sep défoncer à coups de pied / *I'll kick his teeth in!* *inf* je vais lui casser la figure ! ❖ vi *inf* entrer en action. ◆ **kick off** vi **1.** FOOT donner le coup d'envoi **2.** *inf* & *fig* [start] démarrer. ◆ **kick out** vt sep *inf* vider, jeter dehors. ◆ **kick up** vt insep *inf* ▸ **to kick up a fuss** OR **a row** faire toute une histoire.

kickback ['kɪkbæk] noun **1.** *inf* [bribe] dessous-de-table *m inv*, pot-de-vin *m* **2.** TECH recul *m* **3.** [backlash] contrecoup *m*.

kickoff ['kɪkɒf] noun engagement *m*.

kick-start vt faire démarrer à l'aide du pied ; *fig* [economy] faire démarrer.

kid [kɪd] ❖ noun **1.** *inf* [child] gosse *mf*, gamin *m*, -e *f* **2.** *inf* [young person] petit jeune *m*, petite jeune *f* **3.** [goat, leather] chevreau *m*. ❖ comp US *inf* [brother, sister] petit(e). ❖ vt (*pt & pp* **-ded**, *cont* **-ding**) *inf* **1.** [tease] faire marcher **2.** [delude] ▸ **to kid o.s.** se faire des illusions. ❖ vi (*pt & pp* **-ded**, *cont* **-ding**) *inf* ▸ **to be kidding** plaisanter / *don't get upset, I was just kidding* ne te fâche pas, je plaisantais OR c'était une blague ▸ **no kidding!** sans blague !

kid gloves pl n ▸ **to treat** OR **handle sb with kid gloves** prendre des gants avec qqn.

kidnap ['kɪdnæp] (*pt & pp* **-ped**, *cont* **-ping**) vt kidnapper, enlever.

kidnapper UK ['kɪdnæpəʳ] noun kidnappeur *m*, -euse *f*, ravisseur *m*, -euse *f*.

kidnapping ['kɪdnæpɪŋ] noun enlèvement *m*.

kidney ['kɪdnɪ] (*pl* -s) noun **1.** ANAT rein *m* ▸ **kidney stone** calcul *m* rénal **2.** CULIN rognon *m*.

kidney bean noun haricot *m* rouge.

kill [kɪl] ❖ vt **1.** [cause death of] tuer / *my feet are killing me* *fig* j'ai horriblement mal aux pieds / *these shoes are killing me* ces chaussures me font souffrir le martyre / *they were killing themselves laughing* OR *with laughter* ils étaient morts de rire ▸ **to kill time** tuer le temps **2.** *fig* [hope, chances] mettre fin à ; [pain] supprimer. ❖ vi tuer. ❖ noun mise *f* à mort ▸ **to be in at the kill** assister au coup de grâce. ◆ **kill off** vt sep **1.** [species, animal] exterminer **2.** *fig* [hope, chances] mettre fin à.

killer ['kɪləʳ] noun [person] meurtrier *m*, -ère *f* ; [animal] tueur *m*, -euse *f*.

killer whale noun épaulard *m*, orque *f*.

killing ['kɪlɪŋ] ❖ adj *inf* & *dated* [very funny] tordant(e). ❖ noun meurtre *m* ▸ **to make a killing** *inf* faire une bonne affaire, réussir un beau coup.

killjoy ['kɪldʒɔɪ] noun *pej* rabat-joie *m inv*.

kiln [kıln] noun four *m*.

kilo ['ki:ləʊ] (*pl* **-s**) (*abbr of* **kilogram**) noun kilo *m*.

kilo- ['kılə] pref kilo-.

kilobyte ['kıləbaıt] noun COMPUT kilo-octet *m*.

kilocalorie ['kılə,kælərı] noun kilocalorie *f*.

kilogram, kilogramme UK ['kıləgræm] noun kilogramme *m*.

kilohertz ['kıləhɜ:tz] (*pl inv*) noun kilohertz *m*.

kilometre UK ['kılə,mi:tər], **kilometer** US [kı'lɒmıtər] noun kilomètre *m*.

kilowatt ['kıləwɒt] noun kilowatt *m*.

kilt [kılt] noun kilt *m*.

kilter ['kıltər] ◆ **out of kilter** adj en dérangement, en panne.

kimono [kı'məʊnəʊ] (*pl* **-s**) noun kimono *m*.

kin [kın] noun ⟶ **kith**.

kind [kaınd] ❖ adj gentil(ille), aimable / *to be kind to sb* être gentil avec qqn / *it's very kind of you to take an interest* c'est très gentil à vous de vous y intéresser / *she was kind enough to say nothing* elle a eu la gentillesse de ne rien dire ▸ **would you be so kind as to...?** *fml* voulez-vous avoir la gentillesse OR l'amabilité de... ? ❖ noun **1.** [sort, type] genre *m*, sorte *f* / *hundreds of different kinds of books* des centaines de livres de toutes sortes / *all kinds of people* toutes sortes de gens / *it's a different kind of problem* c'est un tout autre problème, c'est un problème d'un autre ordre / *I think he's some kind of specialist* OR *a specialist of some kind* je crois que c'est un genre de spécialiste / *what kind of computer have you got?* qu'est-ce que vous avez comme (marque d')ordinateur ? / *an agreement of a kind* une sorte d'accord / *they're two of a kind* ils se ressemblent / *I said nothing of the kind!* je n'ai rien dit de pareil OR de tel ! **2.** / *a kind of* une sorte de, une espèce de / *kind of inf* plutôt / *it's kind of big and round* c'est plutôt OR dans le genre grand et rond / *I'm kind of sad about it* ça me rend un peu triste / *did you hit him? — well, kind of* tu l'as frappé ? — oui, si on veut. ◆ **in kind** adv [with goods, services] en nature / *to pay sb in kind* payer qqn en nature.

kinda ['kaındə] US *inf* ⟶ **kind of**.

kindergarten ['kındə,gɑ:tn] noun UK jardin *m* d'enfants ; US ≃ première classe de la maternelle.

kind-hearted [-'hɑ:tıd] adj qui a bon cœur, bon (bonne).

kindle ['kındl] vt **1.** [fire] allumer **2.** *fig* [feeling] susciter.

kindling ['kındlıŋ] noun *(U)* petit bois *m*.

kindly ['kaındlı] ❖ adj (*compar* **-ier**, *superl* **-iest**) **1.** [person] plein(e) de bonté, bienveillant(e) **2.** [gesture] plein(e) de gentillesse. ❖ adv **1.** [speak, smile] avec gentillesse / *he has always treated me kindly* il a toujours été gentil avec moi ▸ **to look kindly on** *fig* être favorable à **2.** *fml* [please] : *kindly leave the room!* veuillez sortir, s'il vous plaît ! ▸ **will you kindly...?** veuillez..., je vous prie de... **3.** PHR **not to take kindly to sthg** mal prendre qqch / *they don't take kindly to people arriving late* ils n'apprécient pas beaucoup OR tellement qu'on arrive en retard.

kindness ['kaındnıs] noun gentillesse *f*.

kindred ['kındrıd] adj [similar] semblable, similaire ▸ **kindred spirit** âme *f* sœur.

kinetic [kı'netık] adj cinétique.

king [kıŋ] noun roi *m*.

kingdom ['kıŋdəm] noun **1.** [country] royaume *m* **2.** [of animals, plants] règne *m*.

kingfisher ['kıŋ,fıʃər] noun martin-pêcheur *m*.

kingpin ['kıŋpın] noun **1.** AUTO pivot *m* de l'essieu avant **2.** *fig* [person] pilier *m*, cheville *f* ouvrière.

king prawn noun (grosse) crevette *f*.

king-size(d) [-saız(d)] adj [cigarette] long (longue) ; [pack] géant(e) ▸ **a king-sized bed** un grand lit *(de 195 cm)*.

kink [kıŋk] noun [in rope] entortillement *m*.

kinky ['kıŋkı] (*compar* **-ier**, *superl* **-iest**) adj *inf* vicieux(euse).

kinsfolk ['kınzfəʊk] pl n US famille *f*.

kinship ['kınʃıp] noun *(U)* **1.** [family relationship] parenté *f* **2.** [closeness] affinités *fpl*.

kinsman ['kınzmən] (*pl* **-men**) noun parent *m*.

kinswoman ['kınz,wʊmən] (*pl* **-women**) noun parente *f*.

kiosk ['ki:ɒsk] noun **1.** [small shop] kiosque *m* **2.** UK [telephone box] cabine *f* (téléphonique).

kip [kıp] UK *inf* ❖ noun somme *m*, roupillon *m*. ❖ vi (*pt & pp* **-ped**, *cont* **-ping**) faire OR piquer un petit somme.

kipper ['kıpər] noun hareng *m* fumé OR saur.

kirby grip ['kɜ:bı-] noun UK pince *f* à cheveux.

Kirk [kɜ:k] noun Scot ▸ **the Kirk** l'Église *f* (presbytérienne) d'Écosse.

kiss [kıs] ❖ noun baiser *m* ▸ **to give sb a kiss** embrasser qqn, donner un baiser à qqn. ❖ vt embrasser ▸ **to kiss sb's cheek** embrasser qqn sur la joue ▸ **to kiss sb goodbye** dire au revoir à qqn en l'embrassant. ❖ vi s'embrasser.

kissagram ['kısəgræm] noun *service de "télégramme parlé" comprenant un baiser, à l'occasion d'un anniversaire, par exemple.*

kiss-and-tell adj PRESS : *another kiss-and-tell story by an ex-girlfriend* encore des révélations intimes faites OR des secrets d'alcôve dévoilés par une ancienne petite amie.

kisser ['kısər] noun **1.** [person] : *is he a good kisser?* est-ce qu'il embrasse bien ? **2.** *inf & dated* [face, mouth] tronche *f*.

kiss of life noun UK ▸ **the kiss of life** le bouche-à-bouche.

kit [kıt] noun **1.** [set] trousse *f* **2.** *(U)* SPORT affaires *fpl*, équipement *m* **3.** [to be assembled] kit *m*. ◆ **kit out** (*pt & pp* **-ted**, *cont* **-ting**) vt sep UK équiper.

KIT MESSAGING *written abbr of* **keep in touch**.

kitchen ['kɪtʃɪn] noun cuisine *f*.

kitchenette [,kɪtʃɪ'net] noun kitchenette *f*.

kitchen garden noun (jardin *m*) potager *m*.

kitchen sink noun évier *m*.

kitchenware ['kɪtʃɪnweəʳ] noun *(U)* ustensiles *mpl* de cuisine.

kite [kaɪt] noun **1.** [toy] cerf-volant *m* **2.** [bird] milan *m*.

Kite mark noun UK ≃ NF *(conforme aux normes françaises de sécurité)*.

kith [kɪθ] noun *dated* ▸ **kith and kin** parents et amis *mpl*.

kitsch [kɪtʃ] noun & adj kitsch *m inv*.

kitten ['kɪtn] noun chaton *m*.

kitten heel noun petit talon *m*.

kitty ['kɪtɪ] (*pl* **-ies**) noun **1.** [shared fund] cagnotte *f* **2.** *inf* [animal] chat(te).

kiwi ['ki:wi:] noun **1.** [bird] kiwi *m*, aptéryx *m* **2.** *inf* [New Zealander] Néo-Zélandais *m*, -e *f*.

Kleenex® ['kli:neks] noun Kleenex® *m*.

kleptomania [,kleptə'meɪnɪə] noun kleptomanie *f*, cleptomanie *f*.

kleptomaniac [,kleptə'meɪnɪæk] noun kleptomane *mf*.

km (*abbr of* **kilometre**) km.

km / h (*abbr of* **kilometres per hour**) km/h.

knack [næk] noun ▸ **to have a** OR **the knack (for doing sthg)** avoir le coup (pour faire qqch).

knacker ['nækəʳ] UK ❖ noun [horse slaughterer] équarrisseur *m*. ❖ vt *v inf* épuiser.

knackered ['nækəd] adj UK *v inf* crevé(e), claqué(e).

knapsack ['næpsæk] noun sac *m* à dos.

knave [neɪv] noun [in cards] valet *m*.

knead [ni:d] vt pétrir.

knee [ni:] noun genou *m* ▸ **to be on one's knees** a) être à genoux b) *fig* être sur les genoux ▸ **to bring someone to his / her knees** *fig* faire capituler qqn.

kneecap ['ni:kæp] noun rotule *f*.

knee-deep adj : *we were knee-deep in snow / water* la neige/l'eau nous arrivait jusqu'aux genoux.

knee-high adj à hauteur de genou.

knee jerk noun réflexe *m* rotulien. ◆ **knee-jerk** adj automatique / *knee jerk reaction fig* & *pej* réflexe *m*, automatisme *m*.

kneel [ni:l] (UK *pt & pp* **knelt**, US *pt & pp* **knelt** *or* **-ed**) vi se mettre à genoux, s'agenouiller. ◆ **kneel down** vi se mettre à genoux, s'agenouiller.

knee-length adj [skirt] qui arrive aux genoux ; [boots] qui montent jusqu'aux genoux.

knees-up noun UK *inf* & *dated* fête *f*.

knell [nel] noun glas *m*.

knelt [nelt] pt & pp ⟶ **kneel**.

knew [nju:] pt ⟶ **know**.

knickers ['nɪkəz] pl n **1.** UK [underwear] culotte *f* **2.** US [trousers] pantalon *m* de golf.

knick-knack ['nɪknæk] noun babiole *f*, bibelot *m*.

knife [naɪf] ❖ noun (*pl* **knives** [naɪvz]) couteau *m* ▸ **to be** OR **to go under the knife** *inf* passer sur le billard ▸ **the knives are out** ils sont à couteaux tirés OR en guerre ouverte. ❖ vt donner un coup de couteau à, poignarder / *he was knifed in the back* a) *fig* on lui a tiré dans le dos OR dans les pattes.

knife crime noun attaques *fpl* à l'arme blanche / *is knife crime on the increase?* y a-t-il une recrudescence des attaques à l'arme blanche ?

knife-edge noun [blade] fil *m* d'un couteau / *we were on a knife-edge fig* on était sur des charbons ardents / *his decision was (balanced) on a knife-edge* sa décision ne tenait qu'à un fil.

knife-point noun : *at knife-point* sous la menace du couteau.

knifing ['naɪfɪŋ] noun bagarre *f* au couteau.

knight [naɪt] ❖ noun **1.** [in history, member of nobility] chevalier *m* **2.** [in chess] cavalier *m*. ❖ vt faire chevalier.

knighthood ['naɪthʊd] noun titre *m* de chevalier.

knit [nɪt] ❖ adj ▸ **closely** OR **tightly knit** *fig* très uni(e). ❖ vt (*pt & pp* **knit** *or* **-ted**, *cont* **-ting**) tricoter. ❖ vi (*pt & pp* **knit** *or* **-ted**, *cont* **-ting**) **1.** [with wool] tricoter **2.** [broken bones] se souder.

knitted ['nɪtɪd] adj tricoté(e).

knitting ['nɪtɪŋ] noun *(U)* tricot *m*.

knitting needle noun aiguille *f* à tricoter.

knitwear ['nɪtweəʳ] noun *(U)* tricots *mpl*.

knives [naɪvz] pl n ⟶ **knife**.

knob [nɒb] noun **1.** [on door] poignée *f*, bouton *m* ; [on drawer] poignée ; [on bedstead] pomme *f* **2.** [on TV, radio] bouton *m*.

knobbly UK ['nɒblɪ] (*compar* **-ier**, *superl* **-iest**), **knobby** US ['nɒbɪ] (*compar* **-ier**, *superl* **-iest**) adj noueux(euse).

knock [nɒk] ❖ noun **1.** [hit] coup *m* / *there was a knock at the door / window* on a frappé à la porte/fenêtre / *give it a knock with a hammer* donne un coup de marteau dessus **2.** *inf* [setback] coup *m* dur ▸ **his reputation has taken a hard knock** sa réputation en a pris un sérieux coup. ❖ vt **1.** [hit] frapper, cogner ▸ **to knock a hole in a wall** faire un trou dans un mur ▸ **to knock a nail into a wall** enfoncer un clou dans un mur ▸ **to knock sb / sthg over** renverser qqn / qqch / *the force of the explosion knocked us to the floor* la force de l'explosion nous a projetés à terre / *I knocked my head on* OR *against the low ceiling* je me suis cogné la tête contre le OR au plafond ▸ **maybe it will knock some sense into him** cela lui mettra peut-être du plomb dans la cervelle, cela le ramènera peut-être à la raison **2.** *inf* [criticize] critiquer, dire du mal de. ❖ vi **1.** [on door] : *to knock on* OR *at the door* frapper (à la porte) / *they knock on the wall when we're too noisy* ils tapent OR cognent contre le mur quand on fait trop de bruit / *to knock against* OR *into* heurter, cogner / *she knocked into the desk* elle s'est heurtée OR cognée contre le bureau / *his knees were knocking* *hum* ses genoux jouaient des castagnettes **2.** [car engine] cogner, avoir des ratés. ◆ **knock around, knock about** UK ❖ vt sep *inf* [beat] battre ; [ill-treat] malmener / *the old car's been knocked around a bit* la vieille voiture a pris quelques coups ici et là. ❖ vi *inf* **1.** [travel] bourlinguer **2.** [spend time] ▸ **to knock around with sb** fréquenter qqn. ◆ **knock back** vt sep *inf* [drink] s'enfiler. ◆ **knock down** vt sep **1.** UK [subj: car, driver] renverser / *she was knocked down by a bus* elle a été renversée par un bus **2.** [building] démolir **3.** [price] (faire) baisser / *I managed to knock him down to $500* j'ai réussi à le faire baisser jusqu'à 500 dollars. ◆ **knock off** ❖ vt sep **1.** [from shelf, wall] faire tomber / *he was knocked off his bicycle* le choc l'a fait tomber de sa bicyclette **2.** [money] : *to knock £5 off* faire un rabais de 5 livres **3.** UK *inf* [steal] chiper, piquer ; [rob] dévaliser **4.** *inf* [write rapidly] torcher / *she can knock off an article in half an hour* elle peut pondre un article en une demi-heure **5.** PHR **knock it off!** *inf* [stop] arrête ton char ! ❖ vi *inf* [stop working] finir son travail OR sa journée. ◆ **knock out** vt sep **1.** [make unconscious] assommer **2.** [from competition] éliminer. ◆ **knock over** vt sep renverser, faire tomber. ◆ **knock up** UK ❖ vt sep **1.** [meal, report] préparer OR faire en vitesse ; [structure] construire à la va-vite **2.** *v inf* [make pregnant] mettre en cloque. ❖ vi TENNIS faire des balles.

knockabout ['nɒkəbaʊt] adj turbulent(e), violent(e) / *a knockabout comedy* OR *farce* une grosse farce / *a knockabout comedian* un clown.

knockdown ['nɒk,daʊn] ❖ adj **1.** [forceful] : *a knockdown blow* un coup à assommer un bœuf / *a knockdown argument* un argument massue **2.** *inf* [reduced] : *for sale at knockdown prices* en vente à des prix imbattables OR défiant toute concurrence / *I got it for a knockdown price* je l'ai eu pour trois fois rien **3.** [easy to dismantle] démontable. ❖ noun [in boxing] knock-down *m.*

knocker ['nɒkəʳ] noun [on door] heurtoir *m.*

knocking ['nɒkɪŋ] noun *(U)* **1.** [on door] coups *mpl* **2.** *inf* [criticism] critique *f*, critiques *fpl.*

knock-kneed [-'ni:d] adj cagneux(euse), qui a les genoux cagneux.

knock-on effect noun UK réaction *f* en chaîne.

knockout ['nɒkaʊt] ❖ noun knock-out *m*, K.-O. *m.* ❖ adj *inf* [hot] sexy, séduisant(e).

knockout competition noun UK compétition *f* avec éliminatoires.

knock-up noun UK TENNIS ▸ **to have a knock-up** faire des balles.

knot [nɒt] ❖ noun **1.** [gen] nœud *m* ▸ **to tie / untie a knot** faire/défaire un nœud / *to tie sthg in a knot, to tie a knot in sthg* nouer qqch, faire un nœud à qqch / *my stomach was in knots* j'avais l'estomac noué **2.** [of people] petit attroupement *m* **3.** NAUT nœud *m* / *we are doing 15 knots* nous filons 15 nœuds ▸ **at a rate of knots** à toute allure, à un train d'enfer. ❖ vt (*pt & pp* **-ted**, *cont* **-ting**) nouer, faire un nœud à / *he knotted the rope around his waist* il s'est attaché OR noué la corde autour de la taille.

knotted ['nɒtɪd] adj noué(e).

knotty ['nɒtɪ] (*compar* **-ier**, *superl* **-iest**) adj *fig* épineux(euse).

know [nəʊ] ❖ vt (*pt* **knew**, *pp* **known**) **1.** [gen] savoir ; [language] savoir parler / *do you know her phone number?* vous connaissez son numéro de téléphone ? / *she knows a lot about politics* elle s'y connaît en politique ▸ **to know (that)…** savoir que… / *I know for a fact that he's lying* je sais pertinemment qu'il ment ▸ **to know how to do sthg** savoir faire qqch / *I know what I'm talking about* je sais de quoi je parle / *she really knows her job / subject* elle connaît son boulot/sujet ▸ **to let sb know (about sthg)** faire savoir (qqch) à qqn, informer qqn (de qqch) / *any problems, let me know* au moindre problème, n'hésitez pas ▸ **to get to know sthg** apprendre qqch ▸ **you know what I mean** tu vois ce que je veux dire **2.** [person, place] connaître ▸ **to get to know sb** apprendre à mieux connaître qqn / *to know sb by sight / by reputation* connaître qqn de vue/de réputation **3.** [recognize] reconnaître / *she knows a bargain when she sees one* elle sait reconnaître une bonne affaire / *she doesn't know right from wrong* elle ne sait pas discerner le bien du mal OR faire la différence entre le bien et le mal **4.** [nickname, call] : *Ian White, known as "Chalky"* Ian White, connu sous le nom de « Chalky » / *they're known as "June bugs" in America* on les appelle des « June bugs » en Amérique. ❖ vi (*pt* **knew**, *pp* **known**) savoir ▸ **to know of sthg** connaître qqch / *not that I know (of)* pas que je sache ▸ **to know about a)** [be aware of] être au courant de **b)** [be expert in] s'y connaître en ▸ **God** OR **Heaven knows!** Dieu seul le sait ! ▸ **he ought to have known better** il aurait dû réfléchir. ❖ noun ▸ **to be in the know** être au courant. ◆ **you know** adv **1.** [for emphasis] : *I was right, you know* j'avais raison, tu sais **2.** [giving an opinion] : *he was just, you know, a bit boring* il était juste un peu ennuyeux, si tu vois ce que je veux dire / *you know, sometimes I wonder why I do this* tu sais, parfois je me demande pourquoi je fais ça **3.** [adding information] : *it was that blonde woman, you know, the one with the dog* c'était la femme blonde, tu sais, celle qui avait un chien.

know-all UK, **know-it-all** US noun (monsieur) je-sais-tout *m*, (madame) je-sais-tout *f.*

know-how noun savoir-faire *m*, technique *f.*

knowing ['nəʊɪŋ] adj [smile, look] entendu(e).

knowingly ['nəʊɪŋlɪ] adv **1.** [smile, look] d'un air entendu **2.** [intentionally] sciemment.

know-it-all US = **know-all**.

knowledge ['nɒlɪdʒ] noun *(U)* **1.** [gen] connaissance *f* ▸ **it's common knowledge that…** tout le monde sait que… ▸ **without my knowledge** à mon insu ▸ **to my knowledge** à ma connaissance ▸ **to the best of my knowl-**

edge à ma connaissance, autant que je sache **2.** [learning, understanding] savoir *m*, connaissances *fpl*.

knowledgeable ['nɒlɪdʒəbl] adj bien informé(e).

known [nəʊn] ❖ pp ⟶ know. ❖ adj connu(e).

knuckle ['nʌkl] noun **1.** ANAT articulation *f* OR jointure *f* du doigt **2.** [of meat] jarret *m*. ◆ **knuckle down** vi s'y mettre, se mettre au travail ▸ **to knuckle down to sthg / to doing sthg** se mettre sérieusement à qqch / à faire qqch. ◆ **knuckle under** vi céder, capituler.

knuckle-duster noun coup-de-poing *m* américain.

KO (*abbr of* knockout) noun K.-O. *m*.

koala (bear) [kəʊ'ɑ:lə-] noun koala *m*.

Koran [kɒ'rɑ:n] noun ▸ **the Koran** le Coran.

Korea [kə'rɪə] noun Corée *f* ▸ **in Korea** en Corée.

Korean [kə'rɪən] ❖ adj coréen(enne). ❖ noun **1.** [person] Coréen *m*, -enne *f* **2.** [language] coréen *m*.

kosher ['kəʊʃəʳ] adj **1.** [meat] kasher *(inv)* **2.** *inf* [reputable] O.K. *(inv)*, réglo *(inv)*.

Kosovo [kʌsəvɔ] noun Kosovo *m*.

kowtow [ˌkaʊ'taʊ] vi ▸ **to kowtow (to sb)** faire des courbettes (à OR devant qqn).

kph (*written abbr of* kilometres per hour) km/h.

Kremlin ['kremlɪn] noun ▸ **the Kremlin** le Kremlin.

kudos ['kju:dɒs] noun prestige *m*, gloire *f*.

kung fu [ˌkʌŋ'fu:] noun kung-fu *m*.

Kurd [kɜ:d] noun Kurde *mf*.

Kurdish ['kɜ:dɪʃ] adj kurde.

Kurdistan [ˌkɜ:dɪ'stɑ:n] noun Kurdistan *m* ▸ **in Kurdistan** au Kurdistan.

Kuwaiti [kʊ'weɪtɪ] ❖ adj koweïtien(enne). ❖ noun Koweïtien *m*, -enne *f*.

kW (*abbr of* kilowatt) kW.

L

l[1] (*pl* **l's** *or* **ls**), **L** (*pl* **L's** *or* **Ls**) [el] noun [letter] l *m inv*, L *m inv*.

> **L**
>
> En Grande-Bretagne, la lettre « L » apposée sur l'arrière d'un véhicule indique que le conducteur n'a pas encore son permis mais qu'il est en conduite accompagnée.

l[2] (*abbr of* litre) l.

L 1. *abbr of* lake **2.** *abbr of* large **3.** (*abbr of* left) g **4.** *abbr of* learner.

L8 MESSAGING *written abbr of* late.

la [lɑː] noun MUS la *m*.

LA *abbr of* Los Angeles, Louisiana.

lab [læb] noun *inf* labo *m*.

label ['leɪbl] ◆ noun **1.** [identification] étiquette *f* **2.** MUS label *m*, maison *f* de disques. ◆ vt (UK *pt & pp* **-led**, *cont* **-ling**, US *pt & pp* **-ed**, *cont* **-ing**) **1.** [fix label to] étiqueter **2.** [describe] ▸ **to label sb (as)** cataloguer OR étiqueter qqn (comme).

labor US = **labour**.

laboratory [UK lə'bɒrətrɪ, US 'læbrəˌtɔːrɪ] ◆ noun (*pl* **-ies**) laboratoire *m*. ◆ comp de laboratoire.

laboratory-tested adj testé(e) en laboratoire.

Labor Day noun *fête du travail américaine (premier lundi de septembre, jour férié) marquant symboliquement la fin de l'été ; fournit l'occasion de diverses activités de loisir : pique-niques et barbecues en famille, feux d'artifice, etc. Certaines villes organisent un défilé,* ***Labor Day Parade****.*

laborious [lə'bɔːrɪəs] adj laborieux(euse).

laboriously [lə'bɔːrɪəslɪ] adv laborieusement.

labor union noun US syndicat *m*.

labour UK, **labor** US ['leɪbəʳ] ◆ noun **1.** [gen & MED] travail *m* ▸ **she went into labour** MED le travail a commencé **2.** [workers, work carried out] main d'œuvre *f*. ◆ vt : *there's no need to labour the point* pas besoin de s'appesantir là-dessus. ◆ vi travailler dur ▸ **to labour at** OR **over** peiner sur ▸ **to labour under a delusion** se faire des illusions OR des idées ▸ **to labour under a misapprehension** être dans l'erreur. ◆ **Labour** UK ◆ adj POL travailliste. ◆ noun *(U)* POL les travaillistes *mpl*.

labour camp UK, **labor camp** US noun camp *m* de travaux forcés.

laboured UK, **labored** US ['leɪbəd] adj [breathing] pénible ; [style] lourd(e), laborieux(euse).

labourer UK, **laborer** US ['leɪbərəʳ] noun travailleur manuel *m*, travailleuse manuelle *f* ; [agricultural] ouvrier agricole *m*, ouvrière agricole *f*.

labour force UK, **labor force** US noun main-d'œuvre *f*.

labour market UK, **labor market** US noun marché *m* du travail.

labour of love UK, **labor of love** US noun tâche *f* effectuée par plaisir.

labour pains UK, **labor pains** US pl n douleurs *fpl* de l'accouchement.

Labour Party noun UK ▸ **the Labour Party** le parti travailliste.

labour relations UK, **labor relations** US pl n relations *fpl* entre employeurs et employés.

laboursaving UK, **laborsaving** US ['leɪbəˌseɪvɪŋ] adj ▸ **laboursaving device** appareil *m* ménager.

labour shortage UK, **labor shortage** US noun pénurie *f* de main-d'œuvre.

Labrador ['læbrədɔːʳ] noun **1.** [dog] labrador *m* **2.** GEOG Labrador *m*.

labyrinth ['læbərɪnθ] noun labyrinthe *m*.

lace [leɪs] ◆ noun **1.** [fabric] dentelle *f* **2.** [of shoe] lacet *m*. ◆ comp en OR de dentelle. ◆ vt **1.** [shoe] lacer **2.** [drink, food] verser de l'alcool OR une drogue dans **3.** *fig* [add sthg to] : *laced with irony / humour* teinté(e) d'ironie / d'humour. ◆ **lace up** vt sep lacer.

lacerate ◆ vt ['læsəreɪt] lacérer / *his hands were lacerated by the broken glass* il avait les mains lacérées par le verre brisé. ◆ adj ['læsərət] BOT ▸ **lacerate leaves** feuilles *fpl* dentées OR dentelées.

laceration [ˌlæsə'reɪʃn] noun lacération *f*.

lace-up ◆ adj [shoes] à lacets. ◆ noun UK chaussure *f* à lacets.

lack [læk] ◆ noun manque *m* ▸ **for** OR **through lack of** par manque de ▸ **no lack of** bien assez de. ◆ vt manquer de. ◆ vi ▸ **to be lacking in sthg** manquer de qqch ▸ **to be lacking** manquer, faire défaut.

lackadaisical [ˌlækə'deɪzɪkl] adj *pej* nonchalant(e).

lackey ['lækɪ] (*pl* **-s**) noun *pej* larbin *m*.

lacklustre UK, **lackluster** US ['lækˌlʌstəʳ] adj terne.

laconic [lə'kɒnɪk] adj *fml* laconique.

lacquer ['lækəʳ] ◆ noun [for wood] vernis *m*, laque *f* ; UK [for hair] laque *f*. ◆ vt laquer.

lacrosse [lə'krɒs] noun crosse *f*.

lactose ['læktəʊs] noun lactose *m*.

lacy ['leɪsɪ] (*compar* **-ier**, *superl* **-iest**) adj de OR en dentelle.

lad [læd] noun UK **1.** *inf* [boy] garçon *m*, gars *m* ▸ **lad culture** culture *f* macho **2.** [stable boy] lad *m*.

ladder ['lædəʳ] ❖ noun **1.** [for climbing] échelle *f* **2.** UK [in tights] maille *f* filée, estafilade *f*. ❖ vt & vi UK [tights] filer.

laddish ['lædɪʃ] adj UK macho.

laden ['leɪdn] adj ▸ **laden (with)** chargé(e) (de).

ladies UK ['leɪdɪz], **ladies' room** US noun toilettes *fpl* (pour dames).

ladle ['leɪdl] ❖ noun louche *f*. ❖ vt servir (à la louche).

lady ['leɪdɪ] ❖ noun (*pl* **-ies**) **1.** [gen] dame *f* ▸ **ladies who lunch** UK *inf* dames *fpl* de la bonne société **2.** US *inf* [to address woman] ma petite dame. ❖ comp *dated* ▸ **a lady doctor** une femme docteur. ◆ **Lady** noun Lady *f* ▸ **Our Lady** Notre-Dame *f*.

ladybird UK ['leɪdɪbɜ:d], **ladybug** US ['leɪdɪbʌg] noun coccinelle *f*.

lady-in-waiting [-'weɪtɪŋ] (*pl* **ladies-in-waiting**) noun dame *f* d'honneur.

ladykiller ['leɪdɪˌkɪləʳ] noun *inf* bourreau *m* des cœurs.

ladylike ['leɪdɪlaɪk] adj distingué(e).

ladyship ['leɪdɪʃɪp] noun ▸ **Your** OR **Her Ladyship** a) *lit* Madame (la baronne/la vicomtesse/la comtesse) b) *fig* & *hum* la maîtresse de ces lieux.

lag [læg] ❖ vi (*pt* & *pp* **-ged**, *cont* **-ging**) ▸ **to lag (behind)** a) [person, runner] traîner b) [economy, development] être en retard, avoir du retard. ❖ vt (*pt* & *pp* **-ged**, *cont* **-ging**) [roof, pipe] calorifuger. ❖ noun [timelag] décalage *m*.

lager ['lɑ:gəʳ] noun (bière *f*) blonde *f*.

lager lout noun UK *jeune qui, sous l'influence de l'alcool, cherche la bagarre ou commet des actes de vandalisme.*

lagoon [lə'gu:n] noun lagune *f*.

laid [leɪd] pt & pp ⟶ **lay**.

laid-back adj *inf* relaxe, décontracté(e).

lain [leɪn] pp ⟶ **lie**.

lair [leəʳ] noun repaire *m*, antre *m*.

laity ['leɪətɪ] noun RELIG ▸ **the laity** les laïcs *mpl*.

lake [leɪk] noun lac *m*.

Lake District noun ▸ **the Lake District** la région des lacs *(au nord-ouest de l'Angleterre)*.

lamb [læm] noun agneau *m*.

lamb chop noun côtelette *f* d'agneau.

lambing ['læmɪŋ] noun agnelage *m*.

lambskin ['læmskɪn] noun agneau *m*, peau *f* d'agneau.

lambswool ['læmzwʊl] ❖ noun lambswool *m*. ❖ comp en lambswool, en laine d'agneau.

lame [leɪm] adj *lit* & *fig* boiteux(euse).

lame duck noun **1.** [person, business] canard *m* boiteux **2.** US [President] *président non réélu, pendant la période séparant l'élection de l'investiture de son successeur.*

lamely ['leɪmlɪ] adv [argue, lie] maladroitement.

lament [lə'ment] ❖ noun lamentation *f*. ❖ vt se lamenter sur.

lamentable ['læməntəbl] adj lamentable.

laminate ['læmɪneɪt] ❖ vt TECH [bond in layers] laminer ; [veneer] plaquer. ❖ noun stratifié *m*.

laminated ['læmɪneɪtɪd] adj [wood] stratifié(e) ; [glass] feuilleté(e) ; [steel] laminé(e).

lamp [læmp] noun lampe *f*.

lamplight ['læmplaɪt] noun lumière *f* de la lampe.

lampoon [læm'pu:n] ❖ noun satire *f*. ❖ vt faire la satire de.

lamppost ['læmppəʊst] noun réverbère *m*.

lampshade ['læmpʃeɪd] noun abat-jour *m*.

LAN (*abbr of* **local area network**) noun COMPUT réseau *m* local.

lance [lɑ:ns] ❖ noun lance *f*. ❖ vt [boil] percer.

lance corporal noun caporal *m*.

lancet ['lɑ:nsɪt] noun bistouri *m*, lancette *f*.

land [lænd] ❖ noun **1.** [solid ground] terre *f* (ferme) ; [farming ground] terre, terrain *m* / *this is good farming land* c'est de la bonne terre / *building land* terrain constructible / *a piece of land* a) [for farming] un lopin de terre b) [for building] un terrain (à bâtir) / *to live off the land* vivre des ressources naturelles de la terre / *we travelled by land to Cairo* nous sommes allés au Caire par la route **2.** [property] terres *fpl*, propriété *f* / *get off my land!* sortez de mes terres ! **3.** [nation] pays *m*. ❖ vt **1.** [from ship, plane] débarquer / *they have succeeded in landing men on the moon* ils ont réussi à envoyer des hommes sur la Lune **2.** [catch - fish] prendre **3.** [plane] atterrir **4.** *inf* [obtain] décrocher **5.** *inf* [place] : *I landed him a blow* OR *landed him one on the nose* je lui ai flanqué OR collé mon poing dans la figure ▸ **to land sb in trouble** attirer des ennuis à qqn ▸ **to be landed with sthg** se coltiner qqch. ❖ vi **1.** [plane] atterrir / *to land on the moon* atterrir sur la Lune, alunir / *to land in the sea* amerrir **2.** [fall] tomber / *an apple landed on her head* elle a reçu une pomme sur la tête **3.** [from ship] débarquer. ◆ **land up** vi *inf* atterrir / *the car landed up in the ditch* la voiture a terminé sa course dans le fossé / *you'll land up in jail!* tu finiras en prison !

terre OR **terrain?**

When translating land, note that terre and terrain are not interchangeable. Terre is used to refer to land in general whereas terrain is used when talking about the quality of the soil or to refer to a plot of land.

landfall ['lændfɔ:l] noun NAUT : *to make landfall* apercevoir la terre, arriver en vue d'une côte.

landfill ['lændfɪl] noun ensevelissement *m* de déchets.

landing ['lændɪŋ] noun **1.** [of stairs] palier *m* **2.** AERON atterrissage *m* **3.** [of goods from ship] débarquement *m*.

landing card noun carte *f* de débarquement.

landing gear noun *(U)* train *m* d'atterrissage.

landlady ['lænd,leɪdɪ] (*pl* **-ies**) noun [living in] logeuse *f* ; [owner] propriétaire *f*.

landlocked ['lændlɒkt] adj sans accès à la mer.

landlord ['lændlɔ:d] noun **1.** [of rented property] propriétaire *m* **2.** UK [of pub] patron *m*.

landmark ['lændmɑ:k] noun point *m* de repère ; *fig* événement *m* marquant.

landmine ['lændmaɪn] noun mine *f* (terrestre).

landowner ['lænd,əʊnəʳ] noun propriétaire foncier *m*, propriétaire foncière *f*.

land registry noun UK cadastre *m*.

landscape ['lændskeɪp] ❖ noun paysage *m*. ❖ vt concevoir les plans de, aménager.

landscape gardener noun paysagiste *mf*, jardinier *m*, -ère *f* paysagiste.

landslide ['lændslaɪd] noun **1.** [of earth] glissement *m* de terrain ; [of rocks] éboulement *m* **2.** *fig* [election victory] victoire *f* écrasante.

landslip ['lændslɪp] noun glissement *m* de terrain.

lane [leɪn] noun **1.** [in country] petite route *f*, chemin *m* **2.** [in town] ruelle *f* **3.** [for traffic] voie *f* ▸ **'keep in lane'** 'ne changez pas de file' **4.** AERON & SPORT couloir *m* **5.** [for shipping] route *f* de navigation.

langoustine ['læŋgəsti:n] noun langoustine *f*.

language ['læŋgwɪdʒ] noun **1.** [of people, country] langue *f* ▸ **to speak the same language** parler le même langage **2.** [terminology, ability to speak] langage *m* / *medical / legal language* langage médical / juridique / *a computer language* un langage machine.

> **langue** OR **langage?**
>
> In everyday French, **une langue** is a natural language, while machine languages and animal languages are usually called **langages**. The language used by specific professional groups can be **langage** or **langue** (**la langue / le langage juridique**). In linguistics, Ferdinand de Saussure distinguished between **le langage** (the ability to communicate using language) and **la langue** (a particular language that exists thanks to that ability).

language lab(oratory) noun labo(ratoire) *m* de langues.

languid ['læŋgwɪd] adj *liter* langoureux(euse).

languidly ['læŋgwɪdlɪ] adv *liter* langoureusement.

languish ['læŋgwɪʃ] vi languir.

languorous ['læŋgərəs] adj *liter* langoureux(euse).

lank [læŋk] adj terne.

lanky ['læŋkɪ] (*compar* **-ier**, *superl* **-iest**) adj dégingandé(e).

lanolin(e) ['lænəlɪn] noun lanoline *f*.

lantern ['læntən] noun lanterne *f*.

Laos [laʊs] noun Laos *m* ▸ **in Laos** au Laos.

Laotian ['laʊʃn] ❖ adj laotien(enne). ❖ noun **1.** [person] Laotien *m*, -enne *f* **2.** [language] laotien *m*.

lap [læp] ❖ noun **1.** [of person] ▸ **on sb's lap** sur les genoux de qqn **2.** [of race] tour *m* de piste. ❖ vt (*pt & pp* **-ped**, *cont* **-ping**) **1.** [subj: animal] laper **2.** [in race] prendre un tour d'avance sur. ❖ vi (*pt & pp* **-ped**, *cont* **-ping**) [water, waves] clapoter. ◆ **lap up** vt sep **1.** [drink] laper **2.** *fig* [compliments] se gargariser de ; [lies] gober, avaler.

lap dance ❖ vi danser *(pour les clients d'un bar)*. ❖ noun danse *f (pour les clients d'un bar)*.

lap dancer noun danseur *m*, -euse *f* de bar.

lap dancing noun *danse érotique exécutée sur les genoux des clients*.

lapdog ['læpdɒg] noun [animal] petit chien *m* d'appartement ; *fig* & *pej* [person] toutou *m*, caniche *m*.

lapel [lə'pel] noun revers *m*.

Lapland ['læplænd] noun Laponie *f* ▸ **in Lapland** en Laponie.

Lapp [læp] ❖ adj lapon(e). ❖ noun **1.** [person] Lapon *m*, -e *f* **2.** [language] lapon *m*.

lapse [læps] ❖ noun **1.** [failing] défaillance *f* / *lapse in* OR *of concentration* moment *m* d'inattention **2.** [in behaviour] écart *m* de conduite **3.** [of time] intervalle *m*, laps *m* de temps / *after a lapse of six months* au bout de six mois. ❖ vi **1.** [passport] être périmé(e) ; [membership] prendre fin ; [tradition] se perdre **2.** [person] ▸ **to lapse into bad habits** prendre de mauvaises habitudes ▸ **to lapse into silence** se taire / *she kept lapsing into Russian* elle se remettait sans cesse à parler russe.

lapsed [læpst] adj [Catholic] qui ne pratique plus.

laptop (computer) noun (ordinateur *m*) portable *m*.

larceny ['lɑ:sənɪ] noun *(U)* vol *m* (simple).

larch [lɑ:ʧ] noun mélèze *m*.

lard [lɑ:d] noun saindoux *m*.

larder ['lɑ:dəʳ] noun *dated* garde-manger *m inv*.

large [lɑ:dʒ] adj grand(e) ; [person, animal, book] gros (grosse) / *on a large scale* à grande échelle / *she wrote him a large cheque* elle lui a fait un chèque pour une somme importante OR une grosse somme ▸ **he was standing there as large as life** il était là, en chair et en os. ◆ **at large** adv **1.** [as a whole] dans son ensemble **2.** [prisoner, animal] en liberté. ◆ **by and large** adv dans l'ensemble.

largely ['lɑ:dʒlɪ] adv en grande partie.

larger-than-life ['lɑ:dʒəʳ-] adj [character] exubérant(e).

large-scale adj à grande échelle.

lark [lɑ:k] noun **1.** [bird] alouette *f* **2.** *inf* [joke] blague *f* ▸ **for a lark** pour rigoler. ◆ **lark about** vi UK s'amuser.

larva ['lɑ:və] (*pl* **-vae**) noun larve *f*.

laryngitis [,lærɪn'dʒaɪtɪs] noun *(U)* laryngite *f*.

larynx ['lærɪŋks] (*pl* **larynges** ['lærɪŋʒi:z] *or* **larynxes** ['lærɪŋksi:z]) noun larynx *m*.

lasagne, lasagna [lə'zænjə] noun lasagnes *fpl*.

lascivious [lə'sɪvɪəs] adj *fml* & *pej* lascif(ive).

laser ['leɪzəʳ] noun laser *m*.

laser disc noun disque *m* laser.

laser printer noun imprimante *f* (à) laser.

lash [læʃ] ❖ noun **1.** [eyelash] cil *m* **2.** [with whip] coup *m* de fouet. ❖ vt **1.** [gen] fouetter **2.** [tie] attacher. ◆ **lash out** vi **1.** [physically] ▸ **to lash out (at** OR **against)** envoyer un coup (à) **2.** UK *inf* [spend money] ▸ **to lash out (on sthg)** faire une folie (en s'achetant qqch).

lass [læs] noun Scot jeune fille *f*.

lassitude ['læsɪtju:d] noun *fml* lassitude *f*.

lasso [læ'su:] ❖ noun (*pl* **-s**) lasso *m*. ❖ vt (*pt & pp* **-ed**, *cont* **-ing**) attraper au lasso.

last [lɑ:st] ❖ adj dernier(ère) / *last Monday* lundi dernier / *last week/year* la semaine/l'année dernière, la semaine/l'année passée / *I've been here for the last five years* je suis ici depuis cinq ans, cela fait cinq ans que je suis ici ▸ **last night** hier soir / *last July* en juillet dernier, l'année dernière au mois de juillet / *that was the last time I saw him* c'était la dernière fois que je le voyais / *you said that last time* c'est ce que tu as dis la dernière fois / *at the last minute* OR *moment* à la dernière minute / *I didn't like her last film* je n'ai pas aimé son dernier film / *I'm down to my last cigarette* il ne me reste plus qu'une seule cigarette ▸ **down to the last detail/penny** jusqu'au moindre détail/dernier sou ▸ **last but one** avant-dernier (avant-dernière) / *he's the last person I expected to see* c'est bien la dernière personne que je m'attendais à voir / *that's the last thing I wanted* je n'avais vraiment pas besoin de ça / *I'll get my money back if it's the last thing I do* je récupérerai mon argent coûte que coûte / *I always clean my teeth last thing at night* je me brosse toujours les dents juste avant de me coucher. ❖ adv **1.** [most recently] la dernière fois / *when did you last see him?* quand l'avez-vous vu pour la dernière fois ? / *they last came to see us in 1998* leur dernière visite remonte à 1998 **2.** [finally] en dernier, le dernier (la dernière) / *she arrived last* elle est arrivée la dernière OR en dernier / *..., and last but not least...* ... et en dernier, mais non par ordre d'importance,.... ❖ pron : *she was the last to arrive* elle est arrivée la dernière ▸ **the Sunday before last** pas dimanche dernier, le dimanche d'avant ▸ **the year before last** il y a deux ans ▸ **the last but one** l'avant-dernier *m*, l'avant-dernière *f* ▸ **to leave sthg till last** faire qqch en dernier ▸ **last in first out** ECON dernier entré premier sorti. ❖ noun : *we drank the last of the wine* on a bu ce qui restait de vin ▸ **the last I saw of him** la dernière fois que je l'ai vu / *I hope that's the last we see of them* j'espère qu'on ne les reverra plus / *you haven't heard the last of this!* vous aurez de mes nouvelles ! ❖ vi durer ; [food] se garder, se conserver ; [feeling] persister / *it lasted (for) ten days* cela a duré dix jours / *we've got enough food to last another week* nous avons assez à manger pour une semaine encore / *how long can we last without water?* combien de temps tiendrons-nous sans eau ? / *he won't last long* **a)** [in job] il ne tiendra pas longtemps **b)** [will soon die] il n'en a plus pour longtemps / *built/made to last* construit(e)/fait(e) pour durer. ❖ vt : *have we got enough to last us until tomorrow?* en avons-nous assez pour tenir OR aller jusqu'à demain ? / *that fountain pen will last you a lifetime* vous pourrez garder ce stylo plume toute votre vie. ◆ **at last** adv enfin / *free at last* enfin libre / *at long last* enfin !

last-ditch adj ultime, désespéré(e).

lasting ['lɑ:stɪŋ] adj durable.

lastly ['lɑ:stlɪ] adv pour terminer, finalement.

last-minute adj de dernière minute.

last name noun nom *m* de famille.

last rites pl n derniers sacrements *mpl*.

last straw noun ▸ **it was the last straw** cela a été la goutte (d'eau) qui fait déborder le vase.

latch [lætʃ] ❖ noun loquet *m* ▸ **on the latch** UK qui n'est pas fermé à clef. ❖ vt fermer au loquet. ◆ **latch onto** vt insep *inf* s'accrocher à.

latchkey ['lætʃki:] (*pl* **-s**) noun clef *f* de la porte d'entrée.

latchkey kid noun *enfant qui rentre seul après l'école et qui a la clé du domicile familial.*

late [leɪt] ❖ adj **1.** [not on time] ▸ **to be late (for sthg)** être en retard (pour qqch) / *to be 10 minutes late* avoir 10 minutes de retard / *to make sb late* retarder qqn, mettre qqn en retard / *we apologize for the late arrival of flight 906* nous vous prions d'excuser le retard du vol 906 **2.** [near end of] : *in late December, late in December* vers la fin décembre / *in the late afternoon* tard dans l'après-midi, en fin d'après-midi / *she's in her late fifties* elle approche la soixantaine / *in the late seventies* à la fin des années soixante-dix / *in late 1970* fin 1970 / *at this late stage* à ce stade avancé **3.** [later than normal] tardif(ive) / *to have a late lunch* déjeuner tard / *late booking* réservation *f* de dernière minute **4.** [former] ancien(enne) **5.** [dead] : *the late Mr Fox* le défunt M. Fox, feu M. Fox *fml* / *her late husband* son défunt mari, feu son mari *fml*. ❖ adv **1.** [not on time] en retard / *to arrive/to go to bed late* arriver/se coucher tard ▸ **to arrive 20 minutes late** arriver avec 20 minutes de retard **2.** [later than normal] tard ▸ **to work/go to bed late** travailler/se coucher tard / *late in the afternoon* tard dans l'après-midi / *late in the day lit* vers la fin de la journée ▸ **it's rather late in the day to be thinking about that** *fig* c'est un peu tard pour penser à ça. ◆ **of late** adv récemment, dernièrement.

latecomer ['leɪt,kʌməʳ] noun retardataire *mf*.

lately ['leɪtlɪ] adv ces derniers temps, dernièrement.

lateness ['leɪtnɪs] noun *(U)* **1.** [of person, train] retard *m* **2.** [of meeting, event] heure *f* tardive.

late-night adj [TV programme] programmé(e) à une heure tardive ; [shop] ouvert(e) en nocturne.

latent ['leɪtənt] adj latent(e).

late payment noun retard *m* de paiement.

later ['leɪtəʳ] ❖ adj [date] ultérieur(e) ; [edition] postérieur(e) ▸ **in later life** plus tard (dans la vie). ❖ adv ▸ **later (on)** plus tard.

l8r, L8R MESSAGING *written abbr of* **later**.

lateral ['lætərəl] adj latéral(e).

lateral thinking noun approche *f* originale.

latest ['leɪtɪst] ❖ adj dernier(ère) / *the latest date / time* la date / l'heure limite. ❖ noun : *have you heard the latest?* vous connaissez la dernière ? / *what's the latest on the trial?* qu'y a-t-il de nouveau sur le procès ? ▸ **at the latest** au plus tard.

latex ['leɪteks] ❖ noun latex *m*. ❖ comp en latex.

lathe [leɪð] noun tour *m*.

lather ['lɑ:ðəʳ] ❖ noun mousse *f* (de savon). ❖ vt savonner. ❖ vi mousser.

Latin ['lætɪn] ❖ adj latin(e). ❖ noun [language] latin *m*.

Latin America noun Amérique *f* latine ▸ **in Latin America** en Amérique latine.

Latin-American adj latino-américain(e).

latitude ['lætɪtju:d] noun latitude *f*.

latrine [lə'tri:n] noun latrines *fpl*.

latte ['læteɪ] noun café *m* au lait.

latter ['lætəʳ] ❖ adj **1.** [later] dernier(ère) **2.** [second] deuxième. ❖ noun ▸ **the latter** celui-ci (celle-ci), ce dernier (cette dernière).

latter-day adj moderne.

latterly ['lætəlɪ] adv *fml* récemment.

lattice ['lætɪs] noun treillis *m*, treillage *m*.

Latvia ['lætvɪə] noun Lettonie *f* ▸ **in Latvia** en Lettonie.

Latvian ['lætvɪən] ❖ adj letton(onne). ❖ noun **1.** [person] Letton *m*, -onne *f* **2.** [language] letton *m*.

laudable ['lɔ:dəbl] adj louable.

laugh [lɑ:f] ❖ noun rire *m* / *to give a laugh* rire / *she left the room with a laugh* elle sortit en riant OR dans un éclat de rire / *we had a good laugh inf* on a bien rigolé, on s'est bien amusé / *to have (a bit of) a laugh* rigoler OR se marrer un peu ▸ **to do sthg for laughs** OR **a laugh** *inf* faire qqch pour rire OR rigoler / *he's always good for a laugh* avec lui, on se marre bien / *what a laugh!* qu'est-ce qu'on s'est marré ! ▸ **they had the last laugh** finalement, ce sont eux qui ont bien ri. ❖ vi rire / *to laugh aloud* OR *out loud* rire aux éclats / *she was laughing about his gaffe all day* sa gaffe l'a fait rire toute la journée / *we laughed about it afterwards* après coup, cela nous a fait bien rire, on en a ri après coup / *they laughed in my face* ils m'ont ri au nez / *once we get the contract, we're laughing* une fois qu'on aura empoché le contrat, on sera tranquilles. ❖ vt **1.** [in amusement] : *to laugh o.s. silly* se tordre de rire, être plié(e) en deux de rire **2.** [in ridicule] : *he was laughed off the stage / out of the room* il a quitté la scène / la pièce sous les rires moqueurs ▸ **to laugh sthg out of court** tourner qqch en dérision. ◆ **laugh at** vt insep **1.** [in amusement] : *we all laughed at the joke / the film* la blague / le film nous a tous fait rire **2.** [mock] se moquer de, rire de. ◆ **laugh off** vt sep tourner en plaisanterie / *he tried to laugh off the defeat* il s'efforça de ne pas prendre sa défaite trop au sérieux.

laughable ['lɑ:fəbl] adj ridicule, risible.

laughing gas ['lɑ:fɪŋ-] noun gaz *m* hilarant.

laughingstock ['lɑ:fɪŋstɒk] noun risée *f*.

laughter ['lɑ:ftəʳ] noun *(U)* rire *m*, rires *mpl*.

launch [lɔ:ntʃ] ❖ noun **1.** [gen] lancement *m* **2.** [boat] chaloupe *f* ▸ **(pleasure) launch** bateau *m* de plaisance. ❖ vt lancer / *that was the audition that launched me on my career* cette audition a donné le coup d'envoi de ma carrière / *to launch a military offensive* déclencher OR lancer une attaque. ◆ **launch into** vt insep se lancer dans.

launcher ['lɔ:ntʃəʳ] noun lanceur *m*.

launching ['lɔ:ntʃɪŋ] noun lancement *m*.

launch(ing) pad ['lɔ:ntʃ(ɪŋ)-], **launchpad** noun pas *m* de tir.

launder ['lɔ:ndəʳ] vt *lit* & *fig* blanchir.

laundrette, Launderette® [lɔ:n'dret], **Laundromat®** US ['lɔ:ndrəmæt] noun laverie *f* automatique.

laundry ['lɔ:ndrɪ] (*pl* **-ies**) noun **1.** *(U)* [clothes] lessive *f* **2.** [business] blanchisserie *f* **3.** [room] buanderie *f* **4.** PHR **you shouldn't wash** UK OR **air** US **your dirty laundry in public** il ne faut pas laver son linge sale en public.

laundry basket noun UK panier *m* à linge.

laureate ['lɔ:rɪət] ⟶ **poet laureate**.

laurel ['lɒrəl] noun laurier *m*.

laurels ['lɒrəlz] pl n ▸ **to rest on one's laurels** se reposer sur ses lauriers.

lava ['lɑ:və] noun lave *f*.

lavatory ['lævətrɪ] (*pl* **-ies**) noun UK toilettes *fpl*.

lavatory paper noun UK papier *m* hygiénique.

lavender ['lævəndəʳ] ❖ adj [colour] (bleu) lavande *(inv)*. ❖ noun [plant] lavande *f*.

lavish ['lævɪʃ] ❖ adj **1.** [generous] généreux(euse) ▸ **to be lavish with** être prodigue de **2.** [sumptuous] somptueux(euse). ❖ vt ▸ **to lavish sthg on sb** prodiguer qqch à qqn.

lavishly ['lævɪʃlɪ] adv **1.** [generously] généreusement **2.** [sumptuously] somptueusement.

law [lɔ:] ❖ noun **1.** [gen] loi *f* / *a law against gambling* une loi qui interdit les jeux d'argent ▸ **against the law** contraire à la loi, illégal(e) ▸ **to break the law**

enfreindre OR transgresser la loi ▸ **by law** conformément à loi, selon OR d'après la loi / *by law, seatbelts must be worn* le port de la ceinture est obligatoire / *in* OR *under British law* selon la loi britannique / *the bill became law* le projet de loi a été voté OR adopté ▸ **law and order** ordre *m* public ▸ **to lay down the law** *inf* faire la loi ▸ **the law of the jungle** la loi de la jungle **2.** LAW droit *m* **3.** *inf* [police] ▸ **the law** les flics *mpl* **4.** [scientific principle] loi *f* / *the law of supply and demand* ECON la loi de l'offre et de la demande. ❖ comp [student, degree] en droit ; [faculty, school] de droit.

law-abiding [-ə,baɪdɪŋ] adj respectueux(euse) des lois.

law-breaker noun personne *f* qui enfreint OR transgresse les lois.

law centre noun bureau *m* d'aide judiciaire.

law court noun tribunal *m*, cour *f* de justice.

law-enforcement adj US chargé(e) de faire respecter la loi / *law-enforcement officer représentant d'un service chargé de faire respecter la loi.*

lawful ['lɔ:fʊl] adj légal(e), licite.

lawfully ['lɔ:fʊlɪ] adv légalement.

lawless ['lɔ:lɪs] adj **1.** [illegal] contraire à la loi, illégal(e) **2.** [without laws] sans loi.

lawlessness ['lɔ:lɪsnɪs] noun non-respect *m* de la loi ; [anarchy] anarchie *f* ; [illegality] illégalité *f*.

Law Lords pl n UK LAW ▸ **the Law Lords** les juges *mpl* de la Chambre des Lords.

lawmaker ['lɔ:,meɪkəʳ] noun législateur *m*, -trice *f*.

lawn [lɔ:n] noun pelouse *f*, gazon *m*.

lawnmower ['lɔ:n,məʊəʳ] noun tondeuse *f* à gazon.

lawn party noun US garden-party *f*.

law school noun faculté *f* de droit.

lawsuit ['lɔ:su:t] noun procès *m*.

lawyer ['lɔ:jəʳ] noun [in court] avocat *m* ; [of company] conseiller *m*, -ère *f* juridique ; [for wills, sales] notaire *m*.

Lawyer

Aux États-Unis comme en Angleterre, le terme **lawyer** désigne un avocat (les Américains utilisent plus formellement le synonyme **attorney**). Au Royaume-Uni, il existe deux types d'avocats : le **solicitor** (ou « intermédiaire ») exerce dans un cabinet et représente ses clients devant certaines cours en cas de divorce ou de transfert de biens ; le **barrister** (ou « avocat ») défend son client à la cour devant un juge. Aux États-Unis, un avocat membre du barreau d'un État n'est pas toujours autorisé à exercer en dehors de sa juridiction ; toutefois, tout citoyen peut être représenté par un avocat dans l'État où il réside.

lax [læks] adj relâché(e).

laxative ['læksətɪv] noun laxatif *m*.

laxity ['læksətɪ], **laxness** ['læksnɪs] noun relâchement *m*.

lay [leɪ] ❖ pt ⟶ **lie.** ❖ vt (*pt & pp* **laid**) **1.** [gen] poser, mettre ; *fig* ▸ **to lay the blame for sthg on sb** rejeter la responsabilité de qqch sur qqn / *he laid the baby on the bed* il a couché l'enfant sur le lit / *to lay sb to rest euph* enterrer qqn **2.** [trap, snare] tendre, dresser ; [plans] faire ▸ **to lay the table** UK mettre la table OR le couvert **3.** [egg] pondre. ❖ adj **1.** RELIG laïque **2.** [untrained] profane. ◆ **lay aside** vt sep mettre de côté / *you should lay aside any personal opinions you might have fig* vous devez faire abstraction de toute opinion personnelle. ◆ **lay before** vt sep ▸ **to lay sthg before sb** [proposal] présenter OR soumettre qqch à qqn. ◆ **lay down** vt sep **1.** [guidelines, rules] imposer, stipuler **2.** [put down] déposer. ◆ **lay into** vt insep *inf* attaquer. ◆ **lay off** ❖ vt sep [make redundant] licencier. ❖ vt insep *inf* **1.** [leave alone] ficher la paix à **2.** [give up] arrêter. ◆ **lay on** vt sep UK [provide, supply] organiser / *they had transport laid on for us* ils s'étaient occupés de nous procurer un moyen de transport ▸ **to lay it on thick** *inf* & *fig* en rajouter. ◆ **lay out** vt sep **1.** [arrange] arranger, disposer **2.** [design] concevoir **3.** [corpse] faire la toilette de. ◆ **lay over** vi US faire escale.

layabout ['leɪəbaʊt] noun UK *inf* fainéant *m*, -e *f*.

lay-by (*pl* **lay-bys**) noun UK aire *f* de stationnement.

layer ['leɪəʳ] noun couche *f* ; *fig* [level] niveau *m*.

layered ['leɪəd] adj : *layered hair* cheveux coupés en dégradé / *a layered skirt* une jupe à volants.

layman ['leɪmən] (*pl* **-men**) noun **1.** [untrained person] profane *m* / *in layman's terms* dans des termes simples **2.** RELIG laïc *m*, laïque *f*.

lay-off noun licenciement *m*.

layout ['leɪaʊt] noun [of office, building] agencement *m* ; [of garden] plan *m* ; [of page] mise *f* en page.

laze [leɪz] vi ▸ **to laze (around** OR **about)** UK paresser.

lazily ['leɪzɪlɪ] adv paresseusement, avec nonchalance.

laziness ['leɪzɪnɪs] noun paresse *f*.

lazy ['leɪzɪ] (*compar* **-ier**, *superl* **-iest**) adj [person] paresseux(euse), fainéant(e) ; [action] nonchalant(e).

lazybones ['leɪzɪbəʊnz] (*pl inv*) noun *inf* paresseux *m*, -euse *f*, fainéant *m*, -e *f*.

lb (*abbr of* **pound**) *livre (unité de poids).*

LB *abbr of* **Labrador**.

LCD (*abbr of* **liquid crystal display**) noun *affichage à cristaux liquides.*

LDC (*abbr of* **less developed country**) noun PMA *m (pays moins développé).*

L-driver noun UK *abbr of* **learner-driver**.

LEA (*abbr of* **local education authority**) noun direction *f* régionale de l'enseignement *(en Angleterre et aux pays de Galles).*

lead¹ [li:d]

◆ noun

1. [winning position] ▸ **to be in** OR **have the lead** mener, être en tête / *to go into* OR *to take the lead* **a)** [in race] prendre la tête **b)** [in match] mener / *to have a 10-point/10-length lead* avoir 10 points/10 longueurs d'avance

2. [initiative, example] initiative *f*, exemple *m* ▸ **to take the lead** montrer l'exemple / *take your lead from me* prenez exemple sur moi / *to follow sb's lead* suivre l'exemple de qqn

3. THEAT ▸ **the lead** le rôle principal

4. [clue] indice *m* / *the police have several leads* la police tient plusieurs pistes

5. UK [for dog] laisse *f*

6. [wire, cable] câble *m*, fil *m*

◆ adj

[role] principal(e) ▸ **lead singer** chanteur *m*, -euse *f*

◆ vt (*pt & pp* **led**)

1. [be at front of] mener, être à la tête de / *to lead an army into battle* mener une armée au combat

2. [guide] guider, conduire / *to lead sb somewhere* mener OR conduire qqn quelque part / *she led him down the stairs* elle lui fit descendre l'escalier / *to lead the way* montrer le chemin / *police motorcyclists led the way* des motards de la police ouvraient la route

3. [be in charge of] être à la tête de, diriger / *to lead the prayers/singing* diriger la prière/les chants

4. [life] mener

5. [cause, bring] ▸ **to lead sb to do sthg** inciter OR pousser qqn à faire qqch / *he led me to believe (that) he was innocent* il m'a amené à croire qu'il était innocent / *he is easily led* il se laisse facilement influencer

◆ vi (*pt & pp* **led**)

1. [go] mener, conduire ▸ **to lead to/into** donner sur, donner accès à / *where does this door lead to?* sur quoi ouvre cette porte ? / *the stairs lead to the cellar* l'escalier mène OR conduit à la cave / *take the street that leads away from the station* prenez la rue qui part de la gare / *that road leads nowhere* cette route ne mène nulle part

2. [be ahead] mener / *to lead by 2 metres* avoir 2 mètres d'avance / *to lead by 3 points to 1* mener par 3 points à 1 / *if you lead, I'll follow* allez-y, je vous suis

3. [result in] ▸ **to lead to sthg** aboutir à qqch, causer qqch / *the decision led to panic on Wall Street* la décision a semé la panique à Wall Street / *one thing led to another* une chose en amenait une autre / *several factors led to his decision to leave* plusieurs facteurs le poussèrent OR l'amenèrent à décider de partir

4. UK PRESS *to lead with sthg* mettre qqch à la une

◆ **lead off** ◆ vt insep [subj: door, room] donner sur / *several avenues lead off the square* plusieurs avenues partent de la place. ◆ vi **1.** [road, corridor] ▸ **to lead off (from)** partir (de) **2.** [begin] commencer.

◆ **lead on** ◆ vi : *lead on!* allez-y ! ◆ vt sep **1.** [trick] : *to lead sb on* faire marcher qqn **2.** [in progression] amener / *this leads me (on) to my second point* ceci m'amène à mon deuxième point.

◆ **lead up to** vt insep **1.** [precede] conduire à, aboutir à / *the events leading up to the war* les événements qui devaient déclencher la guerre / *in the months leading up to her death* pendant les mois qui précédèrent sa mort **2.** [build up to] amener / *what are you leading up to?* où voulez-vous en venir ?

lead² [led] ◆ noun plomb *m* ; [in pencil] mine *f*. ◆ comp en OR de plomb.

leaded ['ledɪd] adj [petrol] au plomb ; [window] à petits carreaux.

leaden ['ledn] adj **1.** *liter* [sky] de plomb **2.** [very dull] mortellement ennuyeux(euse).

leader ['li:dəʳ] noun **1.** [head, chief] chef *mf* ; POL leader *mf* **2.** [in race, competition] premier *m*, -ère *f* / *she was up with the leaders* elle était parmi les premiers OR dans le peloton de tête / *the institute is a world leader in cancer research* l'institut occupe une des premières places mondiales en matière de recherche contre le cancer **3.** UK PRESS éditorial *m*.

leadership ['li:dəʃɪp] noun **1.** [people in charge] ▸ **the leadership** les dirigeants *mpl* **2.** [position of leader] direction *f* **3.** *(U)* [qualities of leader] qualités *fpl* de chef.

leadership election noun POL élections *fpl* pour la position de leader.

lead-free [led-] adj sans plomb.

lead guitar [li:d-] noun première *f* guitare.

lead-in [li:d-] noun UK **1.** [introductory remarks] introduction *f*, remarques *fpl* préliminaires **2.** [wire] descente *f* d'antenne.

leading ['li:dɪŋ] adj **1.** [most important] principal(e) **2.** [main] ▸ **leading part** OR **role** **a)** THEAT rôle *m* principal **b)** *fig* rôle prépondérant **3.** [at front] de tête.

leading lady noun premier rôle *m* féminin.

leading light noun personnage *m* très important OR influent.

leading man noun premier rôle *m* masculin.

leading question noun question *f* insidieuse.

lead poisoning [led-] noun saturnisme *m*.

lead time [li:d-] noun COMM délai *m* de livraison.

leaf [li:f] (*pl* **leaves** [li:vz]) noun **1.** [of tree, plant] feuille *f* **2.** [of table - hinged] abattant *m* ; [- pull-out] rallonge *f* **3.** [of book] feuille *f*, page *f*. ◆ **leaf through** vt insep [magazine] parcourir, feuilleter.

leaflet ['li:flɪt] ◆ noun prospectus *m*. ◆ vt [area] distribuer des prospectus dans.

leafy ['li:fɪ] (*compar* **-ier**, *superl* **-iest**) adj [tree] feuillu(e) ; [avenue] bordé(e) d'arbres ; [suburb] verdoyant(e).

league [li:g] noun ligue *f* ; SPORT championnat *m* ▸ **to be in league with** être de connivence avec / *United are league leaders at the moment* United est en tête du championnat en ce moment / *he's not in the same league as his father* il n'a pas la classe de son père.

league table noun UK classement *m* du championnat.

leak [li:k] ◆ noun *lit* & *fig* fuite *f*. ◆ vt [secret, information] divulguer. ◆ vi [liquid] fuir. ◆ **leak out** vi **1.** [liquid] fuir **2.** *fig* [secret, information] transpirer, être divulgué(e).

leakage ['li:kɪdʒ] noun fuite *f*.

leakproof ['li:kpru:f] adj étanche.

leaky ['li:kɪ] (*compar* **-ier**, *superl* **-iest**) adj qui fuit.

lean [li:n] ◆ adj **1.** [slim] mince / *the company is lean and mean* l'entreprise reste très compétitive grâce à ses effectifs restreints **2.** [meat] maigre **3.** *fig* [month, time] mauvais(e). ◆ vt (*pt & pp* **leant** *or* **-ed**) [rest] ▸ **to lean sthg against** appuyer qqch contre, adosser qqch à. ◆ vi (*pt & pp* **leant** *or* **-ed**) **1.** [bend, slope] se pencher **2.** [rest] ▸ **to lean on / against** s'appuyer sur / contre.

leaning ['li:nɪŋ] noun ▸ **leaning (towards)** penchant *m* (pour).

leant [lent] pt & pp ⟶ **lean**.

lean-to (*pl* **lean-tos**) noun appentis *m*.

leap [li:p] ◆ noun *lit* & *fig* bond *m* / *it's a great leap forward in medical research* c'est un grand bond en avant pour la recherche médicale / *in leaps and bounds* à pas de géant. ◆ vi (*pt & pp* **leapt** *or* **-ed**) **1.** [gen] bondir / *to leap to one's feet* se lever d'un bond / *she leapt to the wrong conclusion* elle a conclu trop hâtivement **2.** *fig* [increase] faire un bond. ◆ **leap at** vt insep *fig* [opportunity] sauter sur.

leapfrog ['li:pfrɒg] ◆ noun saute-mouton *m inv.* ◆ vt (*pt & pp* **-ged**, *cont* **-ging**) dépasser (d'un bond). ◆ vi (*pt & pp* **-ged**, *cont* **-ging**) ▸ **to leapfrog over** sauter par-dessus.

leapt [lept] pt & pp ⟶ **leap**.

leap year noun année *f* bissextile.

learn [lɜ:n] (*pt & pp* **-ed** *or* **learnt**) ◆ vt ▸ **to learn (that)…** apprendre que… ▸ **to learn (how) to do sthg** apprendre à faire qqch / *he's learnt his lesson now fig* cela lui a servi de leçon. ◆ vi ▸ **to learn (of** OR **about sthg)** apprendre (qqch) / *to learn from one's mistakes* tirer la leçon de ses erreurs / *they learnt the hard way* ils ont été à dure école.

learned ['lɜ:nɪd] adj savant(e).

learner ['lɜ:nəʳ] noun débutant *m*, -e *f*.

learner-driver noun UK conducteur débutant *m*, conductrice débutante *f* (*qui n'a pas encore son permis*).

learning ['lɜ:nɪŋ] noun savoir *m*, érudition *f* ▸ **learning resources centre** centre *m* de documentation pédagogique.

learning curve noun courbe *f* d'apprentissage / *it's been a steep learning curve* il a fallu apprendre très vite.

learning difficulties, learning disabilities pl n difficultés *fpl* d'apprentissage.

learnt [lɜ:nt] pt & pp ⟶ **learn**.

lease [li:s] ◆ noun bail *m* ▸ **a new lease of life** UK, **a new lease on life** US une seconde jeunesse. ◆ vt louer ▸ **to lease sthg from sb** louer qqch à qqn ▸ **to lease sthg to sb** louer qqch à qqn.

leasehold ['li:shəʊld] ◆ adj loué(e) à bail, tenu(e) à bail. ◆ adv à bail.

leaseholder ['li:s,həʊldəʳ] noun locataire *mf*.

leash [li:ʃ] noun **1.** US laisse *f* **2.** PHR ▸ **to give sb a longer leash** lâcher la bride à qqn ▸ **to keep sb on a tight leash** tenir la bride à qqn.

leasing ['li:sɪŋ] noun crédit-bail *m*, leasing *m*.

least [li:st] (*superl of* **little**) ◆ adj ▸ **the least** le plus petit (la plus petite) / *he earns the least money of any of us* de nous tous, c'est lui qui gagne le moins. ◆ pron [smallest amount] ▸ **the least** le moins ▸ **it's the least (that) he can do** c'est la moindre des choses qu'il puisse faire ▸ **not in the least** pas du tout, pas le moins du monde ▸ **to say the least** c'est le moins qu'on puisse dire. ◆ adv ▸ **(the) least** le moins (la moins). ◆ **at least** adv au moins ; [to correct] du moins. ◆ **least of all** adv surtout pas, encore moins. ◆ **not least** adv *fml* notamment.

least-developed country noun pays *m* parmi les moins avancés.

leather ['leðəʳ] ◆ noun cuir *m*. ◆ comp en cuir.

leathery ['leðərɪ] adj [meat] coriace ; [skin] parcheminé(e), tanné(e).

leave [li:v] ◆ vt (*pt & pp* **left**) **1.** [gen] laisser / *he's out: do you want to leave a message?* il n'est pas là, voulez-vous laisser un message ? / *I must have left my gloves at the café* j'ai dû oublier mes gants au café / *can I leave my suitcase with you for a few minutes?* puis-je vous confier ma valise quelques instants ? / *if you don't like your dinner, then leave it* si tu n'aimes pas ton dîner, laisse-le / *I left him to his reading* je l'ai laissé à sa lecture / *can I leave you to deal with it, then?* vous vous en chargez, alors ? / *she leaves me to get on with things* elle me laisse faire / *right then, I'll leave you to it* bon, eh bien, je te laisse / *leave it with me* laissez-moi faire, je m'en charge / *leave it to me!* je m'en occupe !, je m'en charge ! / *leave yourself an hour to get to the airport* prévoyez une heure pour aller à l'aéroport / *don't leave things to the last minute* n'attendez pas la dernière minute (pour faire ce que vous avez à faire) / *he left his work unfinished* il n'a pas terminé son travail / *their behaviour leaves a lot to be desired* leur conduite laisse beaucoup à désirer ▸ **to leave sb alone** laisser qqn tranquille ▸ **it leaves me cold** ça me laisse froid **2.** [go away from] quitter / *he left the room* il est sorti de OR il a quitté la pièce ▸ **she left London yesterday** elle est partie de OR elle a quitté Londres hier / *I left home at 18* je suis parti de chez moi OR de chez mes parents à 18 ans / *she left him for another man* elle l'a quitté pour un autre / *to leave school* quitter l'école / *to leave the table* se lever de table **3.** [bequeath] ▸ **to leave sb sthg, to leave sthg to sb** léguer OR laisser qqch à qqn / *she left all her money to charity* elle légua toute sa fortune à des œuvres de charité. ◆ vi (*pt & pp* **left**) partir / *when did you leave?* quand est-ce que vous êtes partis ? / *we're leaving for Mexico tomorrow* nous partons pour le Mexique demain / *if you'd rather I left...* si vous voulez que je vous laisse.... ❖ noun **1.** congé *m* ▸ **to be on leave a)** [from work] être en congé **b)** [from army] être en permission **2.** *fml* [permission] permission *f*, autorisation *f* / *by* OR *with your leave* avec votre permission **3.** [farewell] congé *m* / *to take one's leave (of sb)* prendre congé (de qqn). *See also* left. ◆ **leave aside** vt sep laisser de côté / *leaving aside the question of cost* si on laisse de côté la question du coût. ◆ **leave behind** vt sep **1.** [go away from] abandonner, laisser / *it's hard to leave all your friends and relations behind* c'est dur de laisser tous ses amis et sa famille derrière soi / *she soon left the other runners behind* elle a vite distancé tous les autres coureurs / *if you don't work harder, you'll get left behind* si tu ne travailles pas plus, tu vas te retrouver loin derrière les autres **2.** [forget] oublier, laisser. ◆ **leave off** ❖ vt sep **1.** [omit] ▸ **to leave sthg off (sthg)** omettre qqch (de qqch) **2.** [stop] ▸ **to leave off doing sthg** s'arrêter de faire qqch. ❖ vi s'arrêter / *we'll carry on from where we left off* nous allons reprendre là où nous nous étions arrêtés. ◆ **leave out** vt sep **1.** omettre, exclure / *leave out any reference to her husband in your article* dans votre article, évitez toute allusion à son mari ▸ **to feel left out** se sentir de trop, se sentir exclu(e) **2.** / *leave it out!* UK *v inf* lâche-moi ! ◆ **leave over** vt sep [allow or cause to remain] laisser / *to be left over* rester / *there are still one or two left over* il en reste encore un ou deux.

leaves [li:vz] pl n ⟶ leaf.

Lebanese [ˌlebəˈni:z] ❖ adj libanais(e). ❖ noun (*pl inv*) [person] Libanais *m*, -e *f*.

Lebanon [ˈlebənən] noun Liban *m* ▸ **in (the) Lebanon** au Liban.

lecher [ˈletʃəʳ] noun obsédé *m* (sexuel).

lecherous [ˈletʃərəs] adj *pej* lubrique, libidineux(euse).

lecherously [ˈletʃərəslɪ] adv lubriquement, avec lubricité / *to look at sb lecherously* regarder qqn d'un œil lubrique.

lechery [ˈletʃərɪ] noun lubricité *f*.

lectern [ˈlektən] noun lutrin *m*.

lecture [ˈlektʃəʳ] ❖ noun **1.** [talk] conférence *f* **2.** UNIV cours *m* magistral ▸ **to give a lecture (on sthg) a)** faire une conférence (sur qqch) **b)** UNIV faire un cours (sur qqch) **3.** [scolding] ▸ **to give sb a lecture** réprimander qqn, sermonner qqn. ❖ vt [scold] réprimander, sermonner. ❖ vi ▸ **to lecture on sthg** faire un cours sur qqch ▸ **to lecture in sthg** être professeur de qqch.

lecturer [ˈlektʃərəʳ] noun [speaker] conférencier *m*, -ère *f* ; UK UNIV maître assistant *m*.

lecture theatre noun UK amphithéâtre *m*.

led [led] pt & pp ⟶ lead¹

LED (*abbr of* light-emitting diode) noun LED *f*.

ledge [ledʒ] noun **1.** [of window] rebord *m* **2.** [of mountain] corniche *f*.

ledger [ˈledʒəʳ] noun grand livre *m*.

leech [li:tʃ] noun *lit* & *fig* sangsue *f*.

leek [li:k] noun poireau *m* (*c'est un emblème du pays de Galles*).

leer [lɪəʳ] ❖ noun regard *m* libidineux. ❖ vi ▸ **to leer at** reluquer.

leeway [ˈli:weɪ] noun **1.** [room to manoeuvre] marge *f* de manœuvre **2.** [time lost] ▸ **to make up leeway** rattraper son retard.

left [left] ❖ pt & pp ⟶ leave. ❖ adj **1.** [remaining] ▸ **to be left** rester / *have you* OR *do you have any money left?* il te reste de l'argent ? **2.** [not right] gauche. ❖ adv à gauche. ❖ noun ▸ **on** OR **to the left** à gauche / *keep to the left* gardez votre gauche. ◆ **Left** noun POL ▸ **the Left** la Gauche.

left-click ❖ vt COMPUT cliquer avec le bouton gauche de la souris sur. ❖ vi COMPUT cliquer avec le bouton gauche de la souris.

left-footed [-ˈfʊtɪd] adj gaucher(ère) (du pied).

left-hand adj de gauche / *left-hand side* gauche *f*, côté *m* gauche.

left-handed [-ˈhændɪd] ❖ adj **1.** [person] gaucher(ère) **2.** [implement] pour gaucher **3.** US [compliment] faux (fausse). ❖ adv de la main gauche.

left-hander [-ˈhændəʳ] noun gaucher *m*, -ère *f*.

Leftist [ˈleftɪst] ❖ adj POL de gauche, gauchiste. ❖ noun POL gauchiste *mf*.

left luggage noun (*U*) UK [cases] bagages *mpl* en consigne ; [office] consigne *f* ▸ **the left luggage lockers** la consigne automatique.

left-of-centre adj POL de centre-gauche / *his views are slightly left-of-centre* ses opinions sont plutôt de centre-gauche.

leftover [ˈleftəʊvəʳ] adj qui reste, en surplus. ◆ **leftovers** pl n restes *mpl*.

left wing noun POL gauche *f*. ◆ **left-wing** adj POL de gauche.

left-winger noun POL homme *m* de gauche, femme de gauche *f*.

lefty [ˈleftɪ] (*pl* **-ies**) noun **1.** UK *inf* POL gauchiste *mf*, gaucho *m* **2.** US [left-handed person] gaucher *m*, -ère *f*.

leg [leg] noun **1.** [of person, trousers] jambe *f* ; [of animal] patte *f* ▸ **to be on one's last legs** être à bout de souffle ▸ **you don't have a leg to stand on!** ça ne tient pas debout ! ▸ **to pull sb's leg** faire marcher qqn **2.** CULIN [of lamb] gigot *m* ; [of pork, chicken] cuisse *f* **3.** [of furniture] pied *m* **4.** [of journey, match] étape *f* ▸ **away leg** UK FOOT match *m* à l'extérieur OR sur terrain adverse.

legacy [ˈlegəsɪ] (*pl* **-ies**) noun *lit* & *fig* legs *m*, héritage *m*.

legal [ˈli:gl] adj **1.** [concerning the law] juridique / *to take legal advice* consulter un juriste OR un avocat **2.** [lawful] légal(e) / *they're below the legal age* ils n'ont pas atteint l'âge légal / *to make sthg legal* légaliser qqch.

legal action noun ▸ **to take legal action against sb** intenter un procès à qqn, engager des poursuites contre qqn.

legal aid noun assistance *f* judiciaire.

legal costs pl n frais *mpl* de procédure.

legal fees pl n frais *mpl* de procédure.

legality [li:'gælətɪ] noun légalité *f*.

legalization, legalisation UK [,li:gəlaɪ'zeɪʃn] noun légalisation *f*.

legalize, legalise UK ['li:gəlaɪz] vt légaliser, rendre légal.

legally ['li:gəlɪ] adv légalement ▸ **legally binding** qui oblige en droit.

legal tender noun monnaie *f* légale.

legation [lɪ'geɪʃn] noun légation *f*.

legend ['ledʒənd] noun *lit* & *fig* légende *f*.

legendary ['ledʒəndrɪ] adj *lit* & *fig* légendaire.

leggings ['legɪŋz] pl n jambières *fpl*, leggings *mpl* ou *fpl*.

leggy ['legɪ] (*compar* **-ier**, *superl* **-iest**) adj [woman] qui a des jambes interminables.

legibility [,ledʒɪ'bɪlətɪ] noun lisibilité *f*.

legible ['ledʒəbl] adj lisible.

legibly ['ledʒəblɪ] adv lisiblement.

legion ['li:dʒən] ◆ noun *lit* & *fig* légion *f*. ◆ adj *fml* ▸ **to be legion** être légion *(inv)*.

legislate ['ledʒɪsleɪt] vi ▸ **to legislate (for / against)** faire des lois (pour / contre).

legislation [,ledʒɪs'leɪʃn] noun législation *f*.

legislative ['ledʒɪslətɪv] adj législatif(ive).

legislator ['ledʒɪsleɪtəʳ] noun législateur *m*, -trice *f*.

legislature ['ledʒɪsleɪtʃəʳ] noun corps *m* législatif.

legitimacy [lɪ'dʒɪtɪməsɪ] noun légitimité *f*.

legitimate [lɪ'dʒɪtɪmət] adj légitime.

legitimately [lɪ'dʒɪtɪmətlɪ] adv légitimement.

legitimize, legitimise UK [lɪ'dʒɪtəmaɪz] vt légitimer.

legless ['leglɪs] adj UK *inf* [drunk] bourré(e), rond(e) ▸ **to get legless** se bourrer la gueule *v inf*.

legroom ['legrʊm] noun *(U)* place *f* pour les jambes.

leg-up noun ▸ **to give sb a leg-up** a) *lit* faire la courte échelle à qqn b) *fig* donner un coup de main OR de pouce à qqn.

legwarmers [-,wɔ:məz] pl n jambières *fpl*.

legwork ['legwɜ:k] noun : *I had to do the legwork inf* j'ai dû beaucoup me déplacer.

leisure [UK 'leʒəʳ, US 'li:ʒər] noun loisir *m*, temps *m* libre ▸ **at (one's) leisure** à loisir, tout à loisir.

leisure centre noun UK centre *m* de loisirs.

leisurely [UK 'leʒəlɪ, US 'li:ʒərlɪ] ◆ adj [pace] lent(e), tranquille. ◆ adv [walk] sans se presser.

leisure time noun *(U)* temps *m* libre, loisirs *mpl*.

leisurewear ['leʒəweəʳ] noun *(U)* vêtements *mpl* de sport.

lemming ['lemɪŋ] noun lemming *m* ▸ **like lemmings** *fig* comme les moutons de Panurge.

lemon ['lemən] noun [fruit] citron *m*.

lemonade [,lemə'neɪd] noun **1.** UK [fizzy] limonade *f* **2.** US [flat] citronnade *f* **3.** US [juice] citron *m* pressé.

lemon juice noun jus *m* de citron.

lemon sole noun limande-sole *f*.

lemon squeezer [-'skwi:zəʳ] noun presse-citron *m inv*.

lend [lend] (*pt & pp* **lent**) vt **1.** [loan] prêter ▸ **to lend sb sthg, to lend sthg to sb** prêter qqch à qqn **2.** [offer] ▸ **to lend support (to sb)** offrir son soutien (à qqn) ▸ **to lend assistance (to sb)** prêter assistance (à qqn) **3.** [add] ▸ **to lend sthg to sthg** [quality] ajouter qqch à qqch.

lender ['lendəʳ] noun prêteur *m*, -euse *f*.

length [leŋθ] noun **1.** [gen] longueur *f* / *what length is it?* ça fait quelle longueur ? ▸ **it's five metres in length** cela fait cinq mètres de long ▸ **the length and breadth of** partout dans, dans tout / *articles must be less than 5,000 words in length* les articles doivent faire moins de 5 000 mots / *to win by a length* [in swimming, rowing] gagner d'une longueur **2.** [piece - of string, wood] morceau *m*, bout *m* ; [- of cloth] coupon *m* **3.** [duration] durée *f* / *bonuses are given for length of service* les primes sont accordées selon l'ancienneté **4.** PHR **to go to great lengths to do sthg** tout faire pour faire qqch / *he would go to any length to meet her* il ferait n'importe quoi pour la rencontrer. ◆ **at length** adv **1.** [eventually] enfin **2.** [in detail] à fond.

-length suffix à hauteur de ▸ **knee-length socks** chaussettes *fpl* (montantes), mi-bas *mpl*.

lengthen ['leŋθən] ◆ vt [dress] rallonger ; [life] prolonger. ◆ vi allonger.

lengthily ['leŋθɪlɪ] adv longuement.

lengthways ['leŋθweɪz], **lengthwise** ['leŋθwaɪz] adv dans le sens de la longueur.

lengthy ['leŋθɪ] (*compar* **-ier**, *superl* **-iest**) adj très long (longue).

leniency ['li:njənsɪ] noun clémence *f*, indulgence *f*.

lenient ['li:njənt] adj [person] indulgent(e) ; [laws] clément(e).

lens [lenz] noun **1.** [of camera] objectif *m* ; [of glasses] verre *m* **2.** [contact lens] verre *m* de contact, lentille *f* (cornéenne).

lent [lent] pt & pp ⟶ **lend**.

Lent [lent] noun Carême *m*.

lentil ['lentɪl] noun lentille *f*.

Leo ['li:əʊ] noun Lion ▸ **to be (a) Leo** être Lion.

leopard ['lepəd] noun léopard *m*.

leopard skin ◆ noun peau *f* de léopard. ◆ adj [coat, rug] en (peau de) léopard.

leotard ['li:ətɑ:d] noun collant *m*.

leper ['lepəʳ] noun lépreux *m*, -euse *f*.

leprechaun ['leprəkɔ:n] noun IR lutin *m*.

leprosy ['leprəsɪ] noun lèpre *f*.

lesbian ['lezbɪən] ❖ adj lesbien(enne). ❖ noun lesbienne *f.*

lesbianism ['lezbɪənɪzm] noun lesbianisme *m.*

lesion ['li:ʒn] noun lésion *f.*

Lesotho [lə'su:tu:] noun Lesotho *m.*

less [les] *(compar of* **little***)* ❖ adj moins de / *less money / time than me* moins d'argent / de temps que moi / *of less importance / value* de moindre importance / valeur / *I seem to have less and less energy* on dirait que j'ai de moins en moins d'énergie. ❖ pron moins / *there was less than I expected* il y en avait moins que je m'y attendais / *it costs less than you think* ça coûte moins cher que tu ne le crois / *no less than £50* pas moins de 50 livres / *we found we had less and less to say to each other* nous nous sommes rendu compte que nous avions de moins en moins de choses à nous dire / *let's hope we see less of them in future* espérons que nous les verrons moins souvent à l'avenir ▸ **the less… the less…** moins… moins…. ❖ adv moins / *the blue dress costs less* la robe bleue coûte moins cher / *less than five* moins de cinq ▸ **less and less** de moins en moins / *I don't think any (the) less of her* OR *I think no less of her because of what happened* ce qui s'est passé ne l'a pas fait baisser dans mon estime. ❖ prep [minus] moins / *that's £300 less ten per cent for store card holders* ça fait 300 livres moins dix pour cent avec la carte du magasin. ◆ **no less** adv rien de moins / *he won the Booker prize, no less!* il a obtenu le Booker prize, rien de moins que ça ! / *taxes rose by no less than 15 %* les impôts ont augmenté de 15 %, ni plus ni moins.

less-developed country noun pays *m* moins développé.

lessen ['lesn] ❖ vt [risk, chance] diminuer, réduire ; [pain] atténuer. ❖ vi [gen] diminuer ; [pain] s'atténuer.

lesser ['lesər] adj moindre ▸ **to a lesser extent** OR **degree** à un degré moindre.

lesson ['lesn] noun leçon *f*, cours *m* ▸ **to give / take lessons (in)** donner / prendre des leçons (de) ▸ **to teach sb a lesson** *fig* donner une (bonne) leçon à qqn ▸ **it was a lesson learned** cela m'a / nous a etc. servi de leçon.

less-than sign noun signe *m* inférieur à.

lest [lest] conj *fml* de crainte que / *'lest we forget'* 'in memoriam'.

let [let] *(pt & pp* **let***, cont* **-ting***)* vt **1.** [allow] ▸ **to let sb do sthg** laisser qqn faire qqch / *I couldn't come because my parents wouldn't let me* je ne suis pas venu parce que mes parents ne me l'ont pas permis / *she let her hair grow* elle s'est laissé pousser les cheveux / *we can't let this happen* on ne peut pas laisser faire ça / *let me buy you a drink* laissez-moi vous offrir un verre / *don't let me stop you going* je ne veux pas t'empêcher d'y aller ▸ **to let sb know sthg** dire qqch à qqn / *to let sb have sthg* donner qqch à qqn ▸ **to let go of sb / sthg** lâcher qqn / qqch ▸ **to let sb go a)** [gen] laisser (partir) qqn **b)** [prisoner] libérer qqn / *let me go!, let go of me!* lâchez-moi ! **2.** [in verb forms] ▸ **let's go!** allons-y ! / *shall we have a picnic? — yes, let's!* si on faisait un pique-nique ? — d'accord ! / *let me start by saying how pleased I am to be here* laissez-moi d'abord vous dire combien je suis ravi d'être ici / *let me think* attends, voyons voir ▸ **let's see** voyons / *don't let me catch you at it again!* et que je ne t'y reprenne plus ! / *let them wait* qu'ils attendent / *let the festivities begin!* que la fête commence ! **3.** UK [rent out] louer ▸ **'to let'** 'à louer'. ◆ **let alone** conj encore moins, sans parler de. ◆ **let down** vt sep **1.** UK [deflate] dégonfler **2.** [disappoint] décevoir / *I felt really let down* j'étais vraiment déçu / *our old car has never let us down* notre vieille voiture ne nous a jamais laissés tomber. ◆ **let in** vt sep [admit] laisser OR faire entrer / *here's the key to let yourself in* voici la clé pour entrer / *the roof lets the rain in* le toit laisse entrer OR passer la pluie. ◆ **let in for** vt sep : *you don't know what you're letting yourself in for* tu ne sais pas à quoi tu t'engages. ◆ **let in on** vt sep ▸ **to let sb in on sthg** mettre qqn au courant de qqch. ◆ **let off** vt sep **1.** UK [excuse] ▸ **to let sb off sthg** dispenser qqn de qqch **2.** [not punish] ne pas punir **3.** [bomb] faire éclater ; [gun, firework] faire partir. ◆ **let on** vi : *don't let on!* UK ne dis rien (à personne) ! ◆ **let out** ❖ vt sep **1.** [allow to go out] laisser sortir ▸ **to let air out of sthg** dégonfler qqch **2.** [laugh, scream] laisser échapper. ❖ vi US SCH finir. ◆ **let up** vi **1.** [rain] diminuer **2.** [person] s'arrêter.

letdown ['letdaʊn] noun *inf* déception *f.*

lethal ['li:θl] adj mortel(elle), fatal(e).

lethally ['li:θəlɪ] adv mortellement.

lethargic [lə'θɑ:dʒɪk] adj léthargique.

lethargy ['leθədʒɪ] noun léthargie *f.*

let-out noun UK [excuse] prétexte *m* ; [way out] échappatoire *f.*

let's [lets] ⟶ **let us**.

letter ['letər] noun lettre *f* / *the letter of the law* *fig* la lettre de la loi / *she obeyed the instructions to the letter* elle a suivi les instructions à la lettre OR au pied de la lettre / *the letters of D. H. Lawrence* la correspondance de D. H. Lawrence ▸ **letter of intent** lettre *f* d'intention.

letter bomb noun lettre *f* piégée.

letterbox ['letəbɒks] noun UK boîte *f* aux OR à lettres.

letterhead ['letəhed] noun en-tête *m.*

lettering ['letərɪŋ] noun *(U)* caractères *mpl.*

letter opener noun coupe-papier *m inv.*

lettuce ['letɪs] noun laitue *f*, salade *f.*

letup ['letʌp] noun [in fighting] répit *m* ; [in work] relâchement *m.*

leukaemia, leukemia US [lu:'ki:mɪə] noun leucémie *f.*

level ['levl] ❖ adj **1.** [equal in height] à la même hauteur ; [horizontal] horizontal(e) ▸ **to be level with** être au niveau de / *hold the tray level* tenez le plateau à l'horizontale OR bien à plat **2.** [equal in standard] à égalité / *the leading cars are almost level* les voitures de tête sont presque à la même hauteur **3.** [flat] plat(e), plan(e) / *to make sthg level* aplanir qqch / *a level spoonful* une cuillerée rase. ❖ adv ▸ **to draw level with sb** arriver à la même hauteur que qqn, rejoindre qqn. ❖ noun **1.** [gen]

niveau *m* / *at cabinet/national level* à l'échelon ministériel/national / *noise levels are far too high* le niveau sonore est bien trop élevé / *check the oil level* [in car] vérifiez le niveau d'huile / *inflation has reached new levels* l'inflation a atteint de nouveaux sommets / *her level of English is poor* elle n'a pas un très bon niveau en anglais ▸ **to be on a level (with)** être du même niveau (que) / *she's on a different level from the others* elle n'est pas au même niveau que les autres / *on a practical level* du point de vue pratique / *to come down to sb's level* se mettre au niveau de qqn ▸ **to be on the level** *inf* être réglo **2.** US [spirit level] niveau *m* à bulle. ❖ vt (UK *pt & pp* **-led**, *cont* **-ling**, US *pt & pp* **-ed**, *cont* **-ing**) **1.** [make flat] niveler, aplanir **2.** [demolish] raser **3.** [aim] ▸ **to level a gun at** pointer OR braquer un fusil sur ▸ **to level an accusation at** OR **against sb** lancer une accusation contre qqn. ◆ **level off, level out** vi **1.** [inflation] se stabiliser **2.** [aeroplane] se mettre en palier. ◆ **level with** vt insep *inf* être franc (franche) OR honnête avec.

level crossing noun UK passage *m* à niveau.

level-headed [-'hedɪd] adj raisonnable.

level pegging [-'pegɪŋ] adj UK ▸ **to be level pegging** être à égalité.

lever [UK 'liːvəʳ, US 'levər] noun levier *m*.

leverage [UK 'liːvərɪdʒ, US 'levərɪdʒ] ❖ noun *(U)* **1.** [force] ▸ **to get leverage on sthg** avoir une prise sur qqch **2.** *fig* [influence] influence *f*. ❖ vt **1.** [exploit, use profitably] tirer profit de / *we need to leverage our assets* il faut que nous tirions profit de nos actifs **2.** [finance with debt] ▸ **to leverage a company** augmenter le ratio d'endettement d'une entreprise.

leveraged buyout [ˌlevərɪdʒd'baɪaʊt] noun leveraged buy out *(rachat des actions d'une entreprise financé par une très large part d'endettement)*.

lever arch file noun classeur *m* à levier.

levitate ['levɪteɪt] ❖ vi léviter. ❖ vt faire léviter, soulever par lévitation.

levitation [ˌlevɪ'teɪʃn] noun lévitation *f*.

levity ['levətɪ] noun légèreté *f*.

levy ['levɪ] ❖ noun prélèvement *m*, impôt *m*. ❖ vt (*pt & pp* **-ied**) prélever, percevoir.

lewd [ljuːd] adj obscène.

lexical ['leksɪkl] adj lexical(e).

lexicographer [ˌleksɪ'kɒgrəfəʳ] noun lexicographe *mf*.

lexicography [ˌleksɪ'kɒgrəfɪ] noun lexicographie *f*.

lexicon ['leksɪkən] noun lexique *m*.

liability [ˌlaɪə'bɪlətɪ] (*pl* **-ies**) noun **1.** responsabilité *f* / *liability for tax* assujettissement à l'impôt **2.** *fig* [person, thing] danger *m* public / *the house he had inherited was a real liability* la maison dont il avait hérité lui coûtait une petite fortune OR lui revenait cher. ◆ **liabilities** pl n FIN dettes *fpl*, passif *m* / *to meet one's liabilities* faire face à ses engagements.

liable ['laɪəbl] adj **1.** [likely] ▸ **to be liable to do sthg** risquer de faire qqch, être susceptible de faire qqch / *if you don't remind him, he's liable to forget* si on ne lui rappelle pas, il risque d'oublier **2.** [prone] ▸ **to be liable to sthg** être sujet(ette) à qqch **3.** LAW ▸ **to be liable (for)** être responsable (de) / *to be liable for sb's debts* répondre des dettes de qqn / *to be liable for tax* **a)** [person] être assujetti(e) à OR redevable de l'impôt **b)** [goods] être assujetti(e) à une taxe ▸ **to be liable to** être passible de.

liaise [lɪ'eɪz] vi UK ▸ **to liaise with** assurer la liaison avec.

liaison [lɪ'eɪzɒn] noun liaison *f*.

liar ['laɪəʳ] noun menteur *m*, -euse *f*.

Lib [lɪb] *abbr of* Liberal.

Lib Dem [-dem] noun *abbr of* Liberal Democrat.

libel ['laɪbl] ❖ noun LAW diffamation *f* ▸ **the libel laws** la législation en matière de diffamation ▸ **libel suit** procès *m* en diffamation. ❖ vt (UK *pt & pp* **-led**, *cont* **-ling**, US *pt & pp* **-ed**, *cont* **-ing**) diffamer.

libellous UK, **libelous** US ['laɪbələs] adj diffamatoire.

liberal ['lɪbərəl] ❖ adj **1.** [tolerant] libéral(e) **2.** [generous] généreux(euse). ❖ noun libéral *m*, -e *f*. ◆ **Liberal** ❖ adj POL libéral(e). ❖ noun POL libéral *m*, -e *f*.

Liberal Democrat noun *adhérent du principal parti centriste britannique*.

liberalism ['lɪbərəlɪzm] noun libéralisme *m*.

liberalize, liberalise UK ['lɪbərəlaɪz] vt libéraliser.

liberally ['lɪbərəlɪ] adv libéralement / *a liberally spiced dish* un plat généreusement épicé.

liberal-minded [-'maɪndɪd] adj large d'esprit.

liberate ['lɪbəreɪt] vt libérer.

liberated ['lɪbəreɪtɪd] adj libéré(e).

liberating ['lɪbəreɪtɪŋ] adj libérateur(trice).

liberation [ˌlɪbə'reɪʃn] noun libération *f*.

liberator ['lɪbəreɪtəʳ] noun libérateur *m*, -trice *f*.

Liberia [laɪ'bɪərɪə] noun Liberia *m* ▸ **in Liberia** au Liberia.

Liberian [laɪ'bɪərɪən] ❖ adj libérien(enne). ❖ noun Libérien *m*, -enne *f*.

liberty ['lɪbətɪ] (*pl* **-ies**) noun liberté *f* ▸ **at liberty** en liberté ▸ **to be at liberty to do sthg** être libre de faire qqch ▸ **to take liberties (with sb)** prendre des libertés (avec qqn).

libido [lɪ'biːdəʊ] (*pl* **-s**) noun libido *f*.

Libra ['liːbrə] noun Balance *f* ▸ **to be (a) Libra** être Balance.

librarian [laɪ'breərɪən] noun bibliothécaire *mf*.

library ['laɪbrərɪ] (*pl* **-ies**) noun bibliothèque *f*.

library book noun livre *m* de bibliothèque.

libretto [lɪ'bretəʊ] (*pl* **-s**) noun livret *m*.

Libya ['lɪbɪə] noun Libye *f* ▸ **in Libya** en Libye.

Libyan ['lɪbɪən] ❖ adj libyen(enne). ❖ noun Libyen *m*, -enne *f*.

lice [laɪs] pl n ⟶ **louse**.

licence UK, **license** US ['laɪsəns] noun **1.** UK [gen] permis *m*, autorisation *f* ▸ **driving licence** UK,

driver's licence US permis *m* de conduire ▸ **TV licence** redevance *f* télé **2.** UK COMM licence *f* ▸ **under licence** sous licence.

licence number noun UK [on vehicle] numéro *m* d'immatriculation ; [on driving licence] numéro *m* de permis de conduire.

license ['laɪsəns] ❖ vt autoriser. ❖ noun US = **licence**.

licensed ['laɪsənst] adj **1.** [person] ▸ **to be licensed to do sthg** avoir un permis pour OR l'autorisation de faire qqch **2.** UK [premises] qui détient une licence de débit de boissons.

license plate noun US plaque *f* d'immatriculation.

licensing hours ['laɪsənsɪŋ-] pl n UK *heures d'ouverture des débits de boissons.*

Licensing hours

Au Royaume-Uni, les heures d'ouverture des pubs ont longtemps été conformes à une réglementation très stricte, mais celle-ci a été assouplie en 1988 et les pubs pouvaient dès lors rester ouverts de 11 h à 23 h. Depuis 2005, les pubs peuvent s'en référer aux autorités locales afin d'établir leurs horaires d'ouverture, et aujourd'hui certains établissements sont ouverts 24 heures sur 24.

licentious [laɪ'senʃəs] adj *fml* licencieux(euse).

lichen ['laɪkən] noun lichen *m*.

lick [lɪk] ❖ noun **1.** [act of licking] ▸ **to give sthg a lick** lécher qqch **2.** *inf* [small amount] ▸ **a lick of paint** un petit coup de peinture. ❖ vt **1.** [gen] lécher ▸ **to lick one's lips a)** se lécher les lèvres **b)** *fig* se frotter les mains **2.** *inf* [defeat] écraser, battre à plates coutures.

licorice ['lɪkərɪs] US = **liquorice**.

lid [lɪd] noun **1.** [cover] couvercle *m* **2.** [eyelid] paupière *f*.

lie [laɪ] ❖ noun mensonge *m* ▸ **to tell lies** mentir, dire des mensonges. ❖ vi (*pt* **lay**, *pp* **lain**, *cont* **lying**) **1.** (*pt & pp* **lied**) [tell lie] ▸ **to lie (to sb)** mentir (à qqn) / *he lied about his age* il a menti sur son âge **2.** [be horizontal] être allongé(e), être couché(e) / *she lay on the beach all day* elle est restée allongée sur la plage toute la journée / *she was lying on the couch* elle était couchée OR allongée sur le divan / *she lay awake for hours* elle resta plusieurs heures sans pouvoir s'endormir / *'here lies John Smith'* 'ci-gît John Smith' **3.** [lie down] s'allonger, se coucher / *lie on your back* couchez-vous sur le dos **4.** [be situated] se trouver, être / *a folder lay open on the desk before her* un dossier était ouvert devant elle sur le bureau / *snow lay (thick) on the ground* il y avait une (épaisse) couche de neige / *a vast desert lay before us* un immense désert s'étendait devant nous **5.** [exist] : *the problem lies in getting them motivated* le problème, c'est de réussir à les motiver / *where do our real interests lie?* qu'est-ce qui compte vraiment pour nous ? / *they didn't know what lay ahead of them* ils ne savaient pas ce qui les attendait. ◆ **lie about, lie around** vi UK traîner / *don't leave your things lying about* ne laisse pas traîner tes affaires. ◆ **lie down** vi s'allonger, se coucher ▸ **he won't take it lying down** il ne va pas accepter ça sans rien dire. ◆ **lie in** vi UK rester au lit, faire la grasse matinée.

Liechtenstein ['lɪktənstaɪn] noun Liechtenstein *m* ▸ **in Liechtenstein** au Liechtenstein.

lie detector noun détecteur *m* de mensonges.

lie-down noun UK ▸ **to have a lie-down** faire une sieste OR un (petit) somme.

lie-in noun UK ▸ **to have a lie-in** faire la grasse matinée.

lieu [lju: *or* lu:] ◆ **in lieu** adv UK *fml* à la place ▸ **in lieu of** au lieu de, à la place de.

Lieut. (*abbr of* **lieutenant**) lieut.

lieutenant [UK lef'tenənt, US lu:'tenənt] noun lieutenant *m*, -e *f*.

lieutenant colonel noun lieutenant-colonel *m*.

life [laɪf] ❖ noun (*pl* **lives** [laɪvz]) **1.** [gen] vie *f* / *I've worked hard all my life* j'ai travaillé dur toute ma vie / *I've never eaten snails in my life* je n'ai jamais mangé d'escargots de ma vie / *she's the only woman in his life* c'est la seule femme dans sa vie / *they lead a strange life* ils mènent une drôle de vie / *I want to live my own life* je veux vivre ma vie / *we don't want to spend the rest of our lives here* on ne veut pas finir nos jours ici / *hundreds lost their lives* des centaines de personnes ont trouvé la mort / *it's a matter of life and death* c'est une question de vie ou de mort / *is there life on Mars?* y a-t-il de la vie sur Mars ? / *just relax and enjoy life!* profite donc un peu de la vie ! ▸ **for life** à vie ▸ **how's life?** *inf* comment ça va ? ▸ **that's life!** c'est la vie ! ▸ **I can't for the life of me remember…** rien à faire, je n'arrive pas à me rappeler… ▸ **to lay down one's life** donner sa vie ▸ **to risk life and limb** risquer sa peau ▸ **to scare the life out of sb** faire une peur bleue à qqn ▸ **to take sb's life** tuer qqn ▸ **to take one's own life** se donner la mort **2.** [liveliness] vie *f* / *there's more life in Sydney than in Wellington* Sydney est plus animé que Wellington ▸ **to come to life** s'animer ▸ **to breathe life into** donner vie à ▸ **she was the life and soul of the party** c'est elle qui a mis de l'ambiance dans la soirée **3.** ART nature *f* / *to draw from life* dessiner d'après nature **4.** LITER réalité *f* / *his novels are very true to life* ses romans sont très réalistes **5.** (*U*) *inf* [life imprisonment] emprisonnement *m* à perpétuité / *the kidnappers got life* les ravisseurs ont été condamnés à perpétuité OR à la prison à vie / *he's doing life* il purge une peine à perpétuité. ❖ comp [member] à vie.

life-and-death adj extrêmement grave OR critique.

life assurance UK = **life insurance**.

lifebelt noun bouée *f* de sauvetage.

lifeblood ['laɪfblʌd] noun *fig* élément *m* vital, âme *f*.

lifeboat ['laɪfbəʊt] noun canot *m* de sauvetage.

life buoy noun bouée *f* de sauvetage.

life cycle noun cycle *m* de vie.

life expectancy noun espérance *f* de vie.

life-giving adj qui insuffle la vie, vivifiant.

lifeguard ['laɪfgɑ:d] noun [at swimming pool] maître-nageur sauveteur *m* ; [at beach] gardien *m* de plage.

life imprisonment [-ɪm'prɪznmənt] noun emprisonnement *m* à perpétuité.

life insurance noun assurance-vie *f*.

life jacket noun gilet *m* de sauvetage.

lifeless ['laɪflɪs] adj **1.** [dead] sans vie, inanimé(e) **2.** [listless - performance] qui manque de vie ; [- voice] monotone.

lifelike ['laɪflaɪk] adj **1.** [statue, doll] qui semble vivant(e) **2.** [portrait] ressemblant(e).

lifeline ['laɪflaɪn] noun corde *f* (de sauvetage) ; *fig* lien *m* vital (avec l'extérieur).

lifelong ['laɪflɒŋ] adj de toujours.

life-or-death = **life-and-death**.

life preserver [-prɪˌzɜ:vər] noun US [life belt] bouée *f* de sauvetage ; [life jacket] gilet *m* de sauvetage.

lifer ['laɪfər] noun *inf* condamné *m*, -e *f* à perpète.

lifesaver ['laɪfˌseɪvər] noun [person] maître-nageur sauveteur *m*.

life-saving adj ▸ **life-saving apparatus** appareils *mpl* de sauvetage ▸ **life-saving vaccine** vaccin *m* qui sauve la vie.

life sentence noun condamnation *f* à perpétuité.

life-size(d) [-saɪz(d)] adj grandeur nature *(inv)*.

lifespan ['laɪfspæn] noun **1.** [of person, animal] espérance *f* de vie **2.** [of product, machine] durée *f* de vie.

life story noun biographie *f*.

lifestyle ['laɪfstaɪl] noun mode *m* OR style *m* de vie.

life-support system noun respirateur *m* artificiel.

life-threatening adj [illness] qui peut être mortel(elle).

lifetime ['laɪftaɪm] noun vie *f* ▸ **in my lifetime** de mon vivant.

lift [lɪft] ✧ noun **1.** [in car] ▸ **to give sb a lift** emmener OR prendre qqn en voiture **2.** [in morale, energy] : *to give sb a lift* remonter le moral à qqn **3.** UK [elevator] ascenseur *m*. ✧ vt **1.** [gen] lever ; [weight] soulever / *she lifted her eyes from her magazine* elle leva les yeux de sa revue / *I feel as if a burden has been lifted from my shoulders* j'ai l'impression qu'on m'a enlevé un poids des épaules **2.** [spirits, heart] remonter **3.** [plagiarize] plagier **4.** *inf* [steal] voler. ✧ vi **1.** [lid] s'ouvrir **2.** [fog] se lever. ◆ **lift off** vi [plane, rocket] décoller.

lifting ['lɪftɪŋ] noun **1.** [of weight] levage *m* / *I can't do any heavy lifting* je ne peux pas porter de charges lourdes / *does the job involve any lifting?* est-ce qu'il faut porter des charges dans ce travail ? **2.** [of blockade, embargo, etc.] levée *f* ; [of control, restriction] suppression *f*.

liftoff noun décollage *m*.

ligament ['lɪgəmənt] noun ligament *m*.

light [laɪt] ✧ adj **1.** [not dark] clair(e) / *light blue / green* bleu/vert clair *(inv)* / *it isn't light enough to read* il n'y a pas assez de lumière pour lire / *it's getting light already* il commence déjà à faire jour **2.** [not heavy] léger(ère) / *light clothes* vêtements *mpl* légers / *a light rain was falling* il tombait une pluie fine / *I had a light lunch* j'ai mangé légèrement à midi, j'ai déjeuné léger ▸ **to be a light sleeper** avoir le sommeil léger **3.** [traffic] fluide ; [corrections] peu nombreux(euses) **4.** [not difficult] facile / *take some light reading* prends quelque chose de facile à lire ; [comedy, music] léger, facile / *light entertainment* variétés *fpl*. ✧ noun **1.** *(U)* [brightness] lumière *f* / *it looks brown in this light* on dirait que c'est marron avec cette lumière / *by the light of our flashlamps* à la lumière de nos lampes de poche ▸ **to see the light of day** voir le jour **2.** [device] lampe *f* / *turn the light on / off* allume/éteins (la lumière) ▸ **to go out like a light** *inf* **a)** [fall asleep] s'endormir tout de suite **b)** [faint] tomber dans les pommes **3.** [AUTO - gen] feu *m* ; [- headlamp] phare *m* / *the lights* le feu (de signalisation) / *turn left at the lights* tournez à gauche au feu rouge / *the lights were (on) amber* le feu était à l'orange ▸ **parking / reversing lights** feux de stationnement/de recul **4.** [for cigarette] feu *m* / *have you got a light?* vous avez du feu ? ▸ **to set light to sthg** mettre le feu à qqch **5.** [perspective] ▸ **in light of, in the light of** UK à la lumière de / *in a good / bad light* sous un jour favorable/défavorable ▸ **to see sb / sthg in a different light** voir qqn/qqch sous un jour nouveau **6.** PHR **to bring to light** mettre en lumière ▸ **to come to light** être découvert(e) OR dévoilé(e) ▸ **to see the light a)** [understand] comprendre **b)** [be converted] avoir une révélation ▸ **to throw** OR **cast** OR **shed light on sthg** clarifier qqch. ✧ vt *(pt & pp* **lit** *or* **-ed)** **1.** [lamp, cigarette] allumer / *to light a fire* allumer un feu, faire du feu **2.** [room, stage] éclairer. ✧ adv ▸ **to travel light** voyager léger. ◆ **light out** vi US *inf* se tirer. ◆ **light up** ✧ vt sep **1.** [illuminate] éclairer **2.** [cigarette] allumer. ✧ vi **1.** [face] s'éclairer **2.** *inf* [start smoking] allumer une cigarette.

light ale noun UK *bière blonde légère*.

lightbulb noun ampoule *f*.

light cream noun US crème *f* liquide.

lighted ['laɪtɪd] adj [room] éclairé(e).

lighten ['laɪtn] ✧ vt **1.** [give light to] éclairer ; [make less dark] éclaircir **2.** [make less heavy] alléger. ✧ vi [brighten] s'éclaircir. ◆ **lighten up** vi *inf* se dérider.

lighter ['laɪtər] noun [cigarette lighter] briquet *m*.

light-fingered [-'fɪŋgəd] adj *inf* chapardeur(euse).

light fitting noun applique *f* (électrique).

light-headed [-'hedɪd] adj ▸ **to feel light-headed** avoir la tête qui tourne.

light-headedness [-'hedɪdnɪs] noun [dizziness] vertige *m* ; [tipsiness] ivresse *f*.

light-hearted [-'hɑ:tɪd] adj **1.** [cheerful] joyeux(euse), gai(e) **2.** [amusing] amusant(e).

lighthouse ['laɪthaʊs] *(pl* [-haʊzɪz]) noun phare *m*.

lighting ['laɪtɪŋ] noun éclairage *m*.

lighting-up time noun UK *heure où les véhicules doivent allumer leurs phares.*

lightly ['laɪtlɪ] adv **1.** [gen] légèrement **2.** [frivolously] à la légère.

lightness ['laɪtnɪs] noun **1.** [brightness, light] clarté *f* **2.** [of object, tone, step] légèreté *f*.

lightning ['laɪtnɪŋ] noun *(U)* éclair *m*, foudre *f*.

lightning strike noun UK grève *f* surprise.

lightweight ['laɪtweɪt] ❖ adj **1.** [object] léger(ère) **2.** *fig* & *pej* [person] insignifiant(e). ❖ noun **1.** [boxer] poids *m* léger **2.** *fig* & *pej* [person] personne *f* insignifiante.

light year noun année-lumière *f*.

likable ['laɪkəbl] adj sympathique.

like [laɪk] ❖ prep **1.** [gen] comme / *there's a car like ours* voilà une voiture comme la nôtre ▸ **to look like sb / sthg** ressembler à qqn / qqch / *she's nothing like her sister* elle ne ressemble pas du tout à sa sœur ▸ **to taste like sthg** avoir un goût de qqch / *it seemed like hours* c'était comme si des heures entières s'étaient écoulées / *there's no place like home* rien ne vaut son chez-soi ▸ **like this / that** comme ci / ça / *sorry to interrupt you like this, but…* désolé de vous interrompre ainsi, mais… / *don't talk to me like that!* ne me parle pas sur ce ton ! **2.** [asking for opinion or description] : *what's your new boss like?* comment est ton nouveau patron ? / *what's the weather like?* quel temps fait-il ? / *what does it taste like?* quel goût ça a ? **3.** [typical of] : *that's just like him!* c'est bien de lui !, ça lui ressemble ! / *kids are like that: what do you expect?* les gosses sont comme ça, qu'est-ce que tu veux ! / *it's not like him to be rude* ça ne lui ressemble pas OR ce n'est pas son genre d'être impoli **4.** [such as] tel que, comme / *I'm useless at things like sewing* je ne suis bon à rien quand il s'agit de couture et de choses comme ça **5.** [in approximations] : *it cost something like £200* ça a coûté dans les 200 livres / *it was more like midnight when we got home* il était plus près de minuit quand nous sommes arrivés à la maison ▸ **that's more like it!** voilà qui est mieux ! ❖ vt **1.** [gen] aimer / *I like her* elle me plaît / *I like her, but I don't love her* je l'aime bien, mais je ne suis pas amoureux d'elle / *I don't like him* je ne l'aime pas beaucoup, il ne me plaît pas ▸ **to like doing** OR **to do sthg** aimer faire qqch / *I don't like being talked at* je n'aime pas qu'on me fasse des discours / *I like people to be frank with me* j'aime qu'on soit franc avec moi / *I don't like you swearing, I don't like it when you swear* je n'aime pas que tu dises des gros mots / *do what you like* fais ce que tu veux OR ce qui te plaît / *whether you like it or not!* que ça te plaise ou non ! / *how do you like my jacket?* comment trouves-tu ma veste ? / *how do you like your coffee, black or white?* vous prenez votre café noir ou avec du lait ? / *what's not to like?* *inf* il faudrait être difficile pour ne pas aimer ça **2.** [in offers, requests] : *would you like some more cake?* vous prendrez encore du gâteau ? / *would you like to go out tonight?* ça te dirait de OR tu as envie de sortir ce soir ? / *would you like me to do it for you?* veux-tu que je le fasse à ta place ? / *I'd like to go* je voudrais bien OR j'aimerais y aller / *I'd like you to come* je voudrais bien OR j'aimerais que vous veniez / *I'd like your opinion on this wine* j'aimerais savoir ce que tu penses de ce vin ▸ **if you like** si vous voulez. ❖ adj : *people of like mind* des gens qui pensent comme lui / moi etc.. ❖ noun ▸ **the like** une chose pareille ▸ **and the like** et d'autres choses du même genre / *you can only compare like with like* on ne peut comparer que ce qui est comparable. ❖ conj *inf* **1.** [as] comme / *like I was saying* *inf* comme je disais / *they don't make them like they used to!* ils / elles ne sont plus ce qu'ils / elles étaient ! / *tell it like it is* dis les choses comme elles sont **2.** [as if] comme si / *he acted like he was in charge* il se comportait comme si c'était lui le chef / *she felt like she wanted to cry* elle avait l'impression qu'elle allait pleurer. ◆ **likes** pl n **1.** ▸ **likes and dislikes** goûts *mpl* **2.** / *the likes of us / them etc.* *inf* les gens comme nous / eux etc.

-like suffix : *dream-like* onirique, de rêve / *ghost-like* fantomatique.

likeable ['laɪkəbl] = **likable**.

likelihood ['laɪklɪhʊd] noun *(U)* chances *fpl*, probabilité *f* ▸ **in all likelihood** selon toute probabilité.

likely ['laɪklɪ] adj **1.** [probable] probable / *he's likely to get angry* il risque de se fâcher / *they're likely to win* ils vont sûrement gagner ▸ **a likely story!** *iro* à d'autres ! **2.** [candidate] prometteur(euse).

like-minded [-'maɪndɪd] adj de même opinion.

liken ['laɪkn] vt ▸ **to liken sb / sthg to** assimiler qqn / qqch à.

likeness ['laɪknɪs] noun **1.** [resemblance] ▸ **likeness (to)** ressemblance *f* (avec) **2.** [portrait] portrait *m*.

likewise ['laɪkwaɪz] adv [similarly] de même ▸ **to do likewise** faire pareil OR de même.

How to express likes

- **J'aime assez / J'aime vraiment beaucoup ce tableau.** *I quite like / I really love that painting.*
- **J'aime bien mon nouveau travail.** *I like my new job.*
- **J'adore me promener sur la plage.** *I love walking on the beach.*
- **C'est un vrai mordu de jazz.** *He's really into jazz.*
- **L'actualité me passionne.** *I have a passion for current affairs.*
- **Il me plaît énormément.** *I like him a lot.*
- **Je m'intéresse beaucoup à l'actualité.** *I'm very interested in current affairs.*
- **Je l'apprécie beaucoup.** *I like him / her a lot.*
- **Je la trouve très sympathique.** *I think she's very nice.*
- **J'ai un faible pour elle.** *I've a soft spot for her.*

liking ['laɪkɪŋ] noun [for person] affection *f*, sympathie *f* ; [for food, music] goût *m*, penchant *m* ▸ **to have a liking for sthg** avoir le goût de qqch ▸ **to be to sb's liking** être du goût de qqn, plaire à qqn.

lilac ['laɪlək] ❖ adj [colour] lilas *(inv)*. ❖ noun lilas *m*.

Lilo® ['laɪləʊ] *(pl* -s) noun UK matelas *m* pneumatique.

lilt [lɪlt] noun rythme *m*, cadence *f*.

lilting ['lɪltɪŋ] adj [voice] mélodieux(euse), chantant(e).

lily ['lɪlɪ] *(pl* **-ies**) noun lis *m*.

lily-livered [-'lɪvəd] adj *hum* froussard(e).

limb [lɪm] noun **1.** [of body] membre *m* **2.** [of tree] branche *f* **3.** PHR **to be out on a limb** être en mauvaise posture.

limber ['lɪmbər] ◆ **limber up** vi s'échauffer.

limbo ['lɪmbəʊ] *(pl* -s) noun **1.** *(U)* [uncertain state] ▸ **to be in limbo** être dans les limbes **2.** [dance] ▸ **the limbo** le limbo.

lime [laɪm] noun **1.** [fruit] citron *m* vert **2.** [drink] ▸ **lime (juice)** jus *m* de citron vert **3.** [linden tree] tilleul *m* **4.** [substance] chaux *f*.

lime-green adj vert jaune *(inv)*.

limelight ['laɪmlaɪt] noun ▸ **to be in the limelight** être au premier plan.

limerick ['lɪmərɪk] noun *poème humoristique de cinq vers dont les rimes suivent la séquence* ***aabba****. Aujourd'hui les limericks ont souvent un caractère grivois.*

limestone ['laɪmstəʊn] noun *(U)* pierre *f* à chaux, calcaire *m*.

limey ['laɪmɪ] *(pl* -s) noun US *inf terme péjoratif désignant un Anglais.*

limit ['lɪmɪt] ❖ noun limite *f* ▸ **he's / she's the limit!** *inf* il / elle dépasse les bornes ! ▸ **off limits** interdit ▸ **within limits** [to an extent] dans une certaine mesure. ❖ vt limiter, restreindre ▸ **to limit o.s. to sthg** se limiter à qqch.

limitation [,lɪmɪ'teɪʃn] noun limitation *f*, restriction *f* ▸ **to know one's limitations** connaître ses limites.

limited ['lɪmɪtɪd] adj limité(e), restreint(e).

limited edition noun [of book] édition *f* à tirage limité.

limitless ['lɪmɪtlɪs] adj illimité(e).

limo ['lɪməʊ] noun *inf abbr of* **limousine**.

limousine ['lɪməzi:n] noun limousine *f*.

limp [lɪmp] ❖ adj mou (molle). ❖ noun ▸ **to have a limp** boiter. ❖ vi boiter ▸ **to go limp** s'affaisser.

limpet ['lɪmpɪt] noun patelle *f*, bernique *f*.

limpid ['lɪmpɪd] adj *liter* limpide.

limply ['lɪmplɪ] adv mollement.

linchpin, lynchpin ['lɪntʃpɪn] noun *fig* cheville *f* ouvrière.

linctus ['lɪŋktəs] noun UK sirop *m* pour la toux.

line [laɪn] ❖ noun **1.** [gen] ligne *f* / *to draw a line* tracer OR tirer une ligne / *to walk in a straight line* marcher en ligne droite / *there's been a mistake somewhere along the line* il s'est produit une erreur quelque part ▸ **line of sight** OR **of vision** ligne de visée **2.** [row] rangée *f* / *stand in line, children* mettez-vous en rang, les enfants / *to step into line* se mettre en rang **3.** [queue] file *f*, queue *f* / *to stand* OR *wait in line* faire la queue / *he's in line for promotion* il devrait être promu bientôt / *he's first in line for the throne* c'est l'héritier du trône **4.** [RAIL - track] voie *f* ; [- route] ligne *f* / *there's a new coach line to London* il y a un nouveau service d'autocars pour Londres **5.** NAUT ▸ **shipping line** compagnie *f* de navigation **6.** [of writing, text] ligne *f* / *to drop sb a line* envoyer un mot à qqn ; [of poem, song] vers *m* / *he forgot his lines* il a oublié son texte **7.** TELEC ligne *f* / *the line went dead* la communication a été coupée / *hold the line!* ne quittez pas ! / *a voice came on the other end of the line* une voix a répondu à l'autre bout du fil ▸ **on line** COMPUT en ligne **8.** [conformity] : *it's in / out of line with company policy* c'est conforme / ce n'est pas conforme à la politique de la société / *it's more or less in line with what we'd expected* cela correspond plus ou moins à nos prévisions / *to bring wages into line with inflation* actualiser les salaires en fonction de l'inflation ▸ **to step out of line** faire cavalier seul **9.** [approach] : *what line did you take?* quelle stratégie as-tu adoptée ? / *they took a hard* OR *tough line on terrorism* ils ont adopté une politique de fermeté envers le terrorisme / *I don't follow your line of thinking* je ne suis pas ton raisonnement / *to think along the same lines* partager la même opinion / *another idea along the same lines* une autre idée dans le même genre / *to be on the right lines* UK être sur la bonne voie **10.** *inf* [work] ▸ **line of business** branche *f* / *what line (of business) are you in?, what's your line (of business)?* qu'est-ce que vous faites dans la vie ? / *she's in the same line (of work) as you* elle travaille dans la même branche que toi **11.** [wrinkle] ride *f* **12.** [string, wire] corde *f* ▸ **a fishing line** une ligne **13.** [borderline, limit] frontière *f* / *the line between frankness and rudeness* la limite entre la franchise et l'impolitesse / *the population is split along religious lines* la population est divisée selon des critères religieux / *they crossed the state line into Nevada* ils ont franchi la frontière du Nevada ▸ **to draw the line at sthg** refuser de faire qqch, se refuser à **14.** [lineage] lignée *f* / *he comes from a long line of doctors* il est issu d'une longue lignée de médecins **15.** COMM gamme *f* / *product line* gamme *f* OR ligne de produits. ❖ vt **1.** [form rows along] : *trees lined the streets* les rues étaient bordées d'arbres / *crowds lined the streets* la foule était OR s'était massée sur les trottoirs **2.** [drawer, box] tapisser ; [clothes] doubler / *lined with silk* doublé(e) de soie ▸ **to line one's pockets** *inf* s'en mettre plein les poches. ◆ **lines** pl n SCH ▸ **to be given 100 lines** avoir 100 lignes à faire. ◆ **on the line** adv ▸ **to put sthg / to be on the line** mettre qqch / être en jeu. ◆ **out of line** adj [remark, behaviour] déplacé(e). ◆ **line up** ❖ vt sep **1.** [in rows] aligner **2.** [organize] prévoir / *I've got a treat lined up for the kids* j'ai préparé une surprise pour les gosses. ❖ vi [in row] s'aligner ; [in queue] faire la queue.

lineage ['lɪnɪɪdʒ] noun lignée *f*.

linear ['lɪnɪəʳ] adj linéaire.

lined [laɪnd] adj **1.** [paper] réglé(e) **2.** [wrinkled] ridé(e).

line drawing noun dessin *m* au trait.

linen ['lɪnɪn] ❖ noun *(U)* **1.** [cloth] lin *m* **2.** [tablecloths, sheets] linge *m* (de maison). ❖ comp **1.** [suit] de OR en lin **2.** [cupboard] à linge.

linen basket noun UK panier *m* à linge.

liner ['laɪnəʳ] noun [ship] paquebot *m*.

linesman ['laɪnzmən] (*pl* **-men**) noun TENNIS juge *m* de ligne ; FOOT juge de touche.

lineup ['laɪnʌp] noun **1.** SPORT équipe *f* **2.** US [identity parade] rangée *f* de suspects *(pour identification par un témoin)*.

linger ['lɪŋgəʳ] vi **1.** [person] s'attarder **2.** [doubt, pain] persister.

lingerie ['lænʒərɪ] noun *(U)* lingerie *f*.

lingering ['lɪŋgrɪŋ] adj [doubt] persistant(e) ; [hope] faible ; [illness] long (longue).

lingo ['lɪŋgəʊ] (*pl* **-es**) noun *inf* jargon *m*.

linguist ['lɪŋgwɪst] noun linguiste *mf*.

linguistic [lɪŋ'gwɪstɪk] adj linguistique.

linguistics [lɪŋ'gwɪstɪks] noun *(U)* linguistique *f*.

lining ['laɪnɪŋ] noun **1.** [of coat, curtains, box] doublure *f* **2.** [of stomach] muqueuse *f* **3.** AUTO [of brakes] garniture *f*.

link [lɪŋk] ❖ noun **1.** [of chain] maillon *m* **2.** [connection] ▸ **link (between / with)** lien *m* (entre / avec) ▸ **a rail / telephone link** une liaison ferroviaire / téléphonique **3.** COMPUT lien *m* / *links to sthg* liens vers qqch. ❖ vt [cities, parts] relier ; [events] lier ▸ **to link arms** se donner le bras. ❖ vi COMPUT avoir un lien vers / *to link to sthg* mettre un lien avec qqch. ◆ **link up** vt sep relier ▸ **to link sthg up with sthg** relier qqch avec OR à qqch.

linked [lɪŋkt] adj lié(e).

link road noun route *f* de jonction.

linkup ['lɪŋkʌp] noun liaison *f*.

lino UK ['laɪnəʊ], **linoleum** [lɪ'nəʊlɪəm] noun lino *m*, linoléum *m*.

linseed ['lɪnsi:d] noun graine *f* de lin ▸ **linseed oil** huile *f* de lin.

lintel ['lɪntl] noun linteau *m*.

lion ['laɪən] noun lion *m*.

lion cub noun lionceau *m*.

lioness ['laɪənes] noun lionne *f*.

lip [lɪp] noun **1.** [of mouth] lèvre *f* ▸ **a smile on his lips** le sourire aux lèvres **2.** [of container] bord *m*.

lip balm = **lip salve**.

lip gloss noun brillant *m* à lèvres.

liposuction ['lɪpəʊˌsʌkʃn] noun liposuccion *f*.

-lipped [lɪpt] suffix : *thin-lipped* aux lèvres minces.

lippy ['lɪpɪ] (*compar* **-ier**, *superl* **-iest**) adj *inf* insolent(e), culotté(e).

lip-read vi lire sur les lèvres.

lip-reading noun lecture *f* sur les lèvres.

lip salve UK, **lip balm** noun pommade *f* pour les lèvres.

lip service noun ▸ **to pay lip service to sthg** approuver qqch pour la forme.

lipstick ['lɪpstɪk] noun rouge *m* à lèvres ▸ **lipstick lesbian** *inf* lesbienne *f* très féminine.

lip-synch [-sɪŋk] ❖ vi chanter en play-back. ❖ vt : *to lip-synch a song* chanter une chanson en play-back.

liquefy ['lɪkwɪfaɪ] (*pt & pp* **-ied**) ❖ vt liquéfier. ❖ vi se liquéfier.

liqueur [lɪ'kjʊəʳ] noun liqueur *f*.

liquid ['lɪkwɪd] ❖ adj liquide. ❖ noun liquide *m*.

liquid assets pl n liquidités *fpl*.

liquidate ['lɪkwɪdeɪt] vt liquider.

liquidation [ˌlɪkwɪ'deɪʃn] noun liquidation *f*.

liquid crystal display noun affichage *m* à cristaux liquides.

liquidity [lɪ'kwɪdətɪ] noun liquidité *f*.

liquidize, liquidise UK ['lɪkwɪdaɪz] vt CULIN passer au mixer.

liquidizer, liquidiser ['lɪkwɪdaɪzəʳ] noun UK mixer *m*.

liquor ['lɪkəʳ] noun *(U)* alcool *m*, spiritueux *mpl*.

liquorice UK, **licorice** US ['lɪkərɪs] noun réglisse *f*.

liquor store noun US magasin *m* de vins et d'alcools.

lira ['lɪərə] noun lire *f*.

Lisbon ['lɪzbən] noun Lisbonne.

lisp [lɪsp] ❖ noun zézaiement *m*. ❖ vi zézayer.

list [lɪst] ❖ noun liste *f*. ❖ vt [in writing] faire la liste de ; [in speech] énumérer. ❖ vi NAUT donner de la bande, gîter.

listed building [ˌlɪstɪd-] noun UK monument *m* classé.

listed company ['lɪstɪd-] noun UK société *f* cotée en Bourse.

listen ['lɪsn] vi ▸ **to listen to (sb / sthg)** écouter (qqn / qqch) ▸ **to listen for sthg** guetter qqch. ◆ **listen in** vi **1.** RADIO être à l'écoute, écouter **2.** [eavesdrop] ▸ **to listen in (on sthg)** écouter (qqch). ◆ **listen up** vi US *inf* écouter.

listener ['lɪsnəʳ] noun auditeur *m*, -trice *f*.

listing ['lɪstɪŋ] noun [COMPUT - action] listage *m* ; [- result] listing *m*. ◆ **listings** pl n ▸ **the listings** le calendrier des spectacles.

listless ['lɪstlɪs] adj apathique, mou (molle).

list price noun prix *m* de catalogue.

lit [lɪt] pt & pp ⟶ **light**.

litany ['lɪtənɪ] (*pl* **-ies**) noun litanie *f*.

liter US = **litre**.

literacy ['lɪtərəsɪ] noun fait *m* de savoir lire et écrire.

literal ['lɪtərəl] adj littéral(e).

literally ['lɪtərəlɪ] adv littéralement ▸ **to take sthg literally** prendre qqch au pied de la lettre.

literary ['lɪtərərɪ] adj littéraire.

literary agent noun agent *m* littéraire.

literate ['lɪtərət] adj **1.** [able to read and write] qui sait lire et écrire **2.** [well-read] cultivé(e).

-literate suffix : *to be computer-literate* avoir des connaissances en informatique.

literati [,lɪtə'rɑ:tɪ] pl n *fml* gens *mpl* de lettres, lettrés *mpl*.

literature ['lɪtrətʃər] noun littérature *f* ; [printed information] documentation *f*.

lithe [laɪð] adj souple, agile.

lithium ['lɪθɪəm] noun lithium *m*.

lithograph ['lɪθəgrɑ:f] noun lithographie *f*.

Lithuania [,lɪθjʊ'eɪnɪjə] noun Lituanie *f* ▸ **in Lithuania** en Lituanie.

Lithuanian [,lɪθjʊ'eɪnjən] ❖ adj lituanien(enne). ❖ noun **1.** [person] Lituanien *m*, -enne *f* **2.** [language] lituanien *m*.

litigant ['lɪtɪgənt] noun plaideur *m*, -euse *f*.

litigate ['lɪtɪgeɪt] vi plaider.

litigation [,lɪtɪ'geɪʃn] noun litige *m* ▸ **to go to litigation** aller en justice.

litigious [lɪ'tɪdʒəs] adj *fml* & *pej* [fond of lawsuits] procédurier(ère).

litmus ['lɪtməs] noun tournesol *m* ▸ **litmus paper** papier *m* de tournesol ▸ **litmus test** a) CHEM réaction *f* au tournesol b) *fig* épreuve *f* de vérité.

litre UK, **liter** US ['li:tər] noun litre *m*.

litter ['lɪtər] ❖ noun **1.** *(U)* [rubbish] ordures *fpl*, détritus *mpl* **2.** [of animals] portée *f*. ❖ vt ▸ **to be littered with** être couvert(e) de.

litterlout UK ['lɪtəlaʊt], **litterbug** ['lɪtəbʌg] noun *personne qui jette des ordures n'importe où*.

little ['lɪtl] ❖ adj **1.** [not big] petit(e) / *when I was little* quand j'étais petit / *my little sister* ma petite sœur / *the shop is a little way along the street* le magasin se trouve un peu plus loin dans la rue / *a little chat* un brin de causette ▸ **a little while** un petit moment / *they had a little argument* ils se sont un peu disputés **2.** (*compar* **less**, *superl* **least**) [not much] peu de / *little money* peu d'argent / *very little time* très peu de temps / *I'm afraid there's little hope left* je crains qu'il n'y ait plus beaucoup d'espoir. ❖ pron **1.** [small amount] pas grand-chose / *very little is known about his childhood* on ne sait pas grand-chose OR on ne sait que très peu de choses sur son enfance / *little of the money was left* il ne restait pas beaucoup d'argent, il restait peu d'argent / *I see very little of him now* je ne le vois plus beaucoup, je ne le vois guère / *there's little one can say* il n'y a pas grand-chose à dire / *I gave her as little as possible* je lui ai donné le minimum **2.** [certain amount] : *a little of everything* un peu de tout / *the little I saw looked excellent* le peu que j'en ai vu paraissait excellent. ❖ adv peu, pas beaucoup / *we go there as little as possible* nous y allons le moins possible / *it's little short of madness* ça frise la folie ▸ **little by little** peu à peu, petit à petit. ◆ **a little** ❖ noun un peu de / *I speak a little French* je parle quelques mots de français / *a little money* un peu d'argent. ❖ pron un peu. ❖ adv un peu / *I'm a little tired* je suis un peu fatigué / *I walked on a little* j'ai marché encore un peu.

little finger noun petit doigt *m*, auriculaire *m*.

little-known adj peu connu(e).

little toe noun petit orteil *m*.

liturgy ['lɪtədʒɪ] (*pl* -ies) noun liturgie *f*.

live[1] [lɪv] ❖ vi **1.** [gen] vivre / *as long as I live* tant que je vivrai, de mon vivant / *was she still living when her grandson was born?* est-ce qu'elle était encore en vie quand son petit-fils est né ? / *I won't live to see them grow up* je ne vivrai pas assez vieux pour les voir grandir / *to live to a ripe old age* vivre vieux (vieille) OR jusqu'à un âge avancé / *to live dangerously* vivre dangereusement / *to live in poverty / luxury* vivre dans la pauvreté / le luxe / *she lives for her children / for skiing* elle ne vit que pour ses enfants / que pour le ski / *let's live for the moment* OR *for today!* vivons l'instant présent ! / *she really knows how to live* elle sait vraiment profiter de la vie ▸ **long live the Queen!** vive la reine ! ▸ **live and let live!** *prov* laisse faire ! ▸ **well, you live and learn!** on en apprend tous les jours ! **2.** [have one's home] habiter, vivre ▸ **to live in Paris** habiter (à) Paris / *to live in a flat / a castle* habiter (dans) un appartement / un château / *I live in* OR *on Bank Street* j'habite Bank Street / *do you live with your parents?* habitez-vous chez vos parents ? / *they have nowhere to live* ils sont à la rue **3.** [support o.s.] vivre / *they don't earn enough to live* ils ne gagnent pas de quoi vivre / *he lives by teaching* il gagne sa vie en enseignant / *how does she live on that salary?* comment s'en sort-elle avec ce salaire ? ❖ vt ▸ **to live a quiet life** mener une vie tranquille / *to live a life of poverty* vivre dans la pauvreté / *she lived the life of a film star* elle a vécu comme une star de cinéma ▸ **to live it up** *inf* faire la noce. ◆ **live down** vt sep faire oublier / *you'll never live this down!* [ridicule] tu n'as pas fini d'en entendre parler ! ◆ **live in** vi [student] être interne. ◆ **live off** vt insep [savings, the land] vivre de ; [family] vivre aux dépens de. ◆ **live on** ❖ vt insep vivre de / *his pension is all they have to live on* ils n'ont que sa retraite pour vivre. ❖ vi [memory, feeling] rester, survivre / *his memory lives on* son souvenir est encore vivant. ◆ **live out** ❖ vt insep : *she lived out the rest of her life in Spain* elle a passé le reste de sa vie en Espagne / *to live out one's fantasies* réaliser ses rêves. ❖ vi [student] être externe. ◆ **live through** vt insep connaître / *they've lived through war and famine* ils ont connu la guerre et la famine. ◆ **live together** vi vivre ensemble. ◆ **live up to** vt insep ▸ **to live up to sb's expectations** répondre à l'attente de qqn ▸ **to live up to one's reputation** faire honneur à sa réputation. ◆ **live with** vt insep **1.** [cohabit with] vivre avec **2.** *inf* [accept] se faire à, accepter / *she's not easy to live with* elle n'est pas facile à vivre / *I don't like the situation, but I have to live with it* cette situation ne me plaît pas, mais je n'ai pas le choix.

live² [laɪv] ❖ adj **1.** [living] vivant(e) / *a real live cowboy* *inf* un cowboy, un vrai de vrai ▸ **live births** naissances *fpl* viables ▸ **live yoghurt** yaourt *m* actif **2.** [coal] ardent(e) **3.** [bullet, bomb] non explosé(e) ▸ **live ammunition** munitions *fpl* de combat **4.** ELEC sous tension / *live circuit* circuit *m* alimenté OR sous tension **5.** RADIO & TV en direct ; [performance] en public / *Sinatra live at the Palladium* Sinatra en concert au Palladium / *recorded before a live audience* enregistré en public. ❖ adv RADIO & TV en direct ; [perform] en public / *the match can be seen / is going out live at 3.30 p.m.* on peut suivre le match / le match est diffusé en direct à 15 h 30.

lived-in ['lɪvdɪn] adj [comfortable] confortable ; [occupied] habité(e) / *the room had a nice lived-in feel* on sentait que la pièce était habitée.

live-in [lɪv-] adj [housekeeper] logé(e) et nourri(e) ▸ **a live-in boyfriend / girlfriend** un petit ami / une petite amie avec qui on vit.

livelihood ['laɪvlɪhʊd] noun gagne-pain *m inv*.

liveliness ['laɪvlɪnɪs] noun vivacité *f*.

lively ['laɪvlɪ] (*compar* **-ier**, *superl* **-iest**) adj **1.** [person] plein(e) d'entrain **2.** [debate, meeting] animé(e) **3.** [mind] vif (vive).

liven ['laɪvn] ◆ **liven up** ❖ vt sep [person] égayer ; [place] animer. ❖ vi s'animer.

liver ['lɪvər] noun foie *m*.

Liverpudlian ❖ adj de Liverpool. ❖ noun habitant *m*, -e *f* de Liverpool.

livery ['lɪvərɪ] (*pl* **-ies**) noun livrée *f*.

lives [laɪvz] pl n ⟶ **life**.

livestock ['laɪvstɒk] noun *(U)* bétail *m*.

live wire [laɪv-] noun fil *m* sous tension ; *inf* & *fig* boute-en-train *m inv*.

livid ['lɪvɪd] adj **1.** *inf* [angry] furieux(euse) **2.** [bruise] violacé(e).

living ['lɪvɪŋ] ❖ adj vivant(e), en vie. ❖ noun ▸ **to earn** OR **make a living** gagner sa vie / *what do you do for a living?* qu'est-ce que vous faites dans la vie ?

living conditions pl n conditions *fpl* de vie.

living expenses pl n frais *mpl* de subsistance.

living room noun salle *f* de séjour, living *m*.

living standards pl n niveau *m* de vie.

living wage noun minimum *m* vital.

lizard ['lɪzəd] noun lézard *m*.

llama ['lɑːmə] (*pl inv or* **-s**) noun lama *m*.

LLB (*abbr of* **Bachelor of Laws**) noun *titulaire d'une licence de droit*.

lo [ləʊ] excl ▸ **lo and behold** et comme par miracle.

load [ləʊd] ❖ noun **1.** [burden, thing carried] chargement *m*, charge *f* / *the reforms should lighten the load of classroom teachers* les réformes devraient faciliter la tâche des enseignants / *hire somebody to share the load* embauchez quelqu'un pour vous faciliter la tâche ▸ **that's a load off my mind!** me voilà soulagé d'un poids ! ▸ **get a load of this** a) *inf* [look] vise un peu ça b) [listen] écoute-moi ça **2.** [large amount] ▸ **loads of, a load of** *inf* des tas de, plein de / *a load of rubbish* UK OR *of bull* US *inf* de la foutaise / *it'll be loads of fun* ça va être super marrant / *she's got loads of money* elle est bourrée de fric, elle a un fric monstre **3.** [batch of laundry] machine *f*. ❖ vt [gen & COMPUT] charger ; [DVD] mettre un DVD dans ▸ **to load sb / sthg with** charger qqn / qqch de / *load the bags into the car* chargez OR mettez les sacs dans la voiture ▸ **to load a gun / camera (with)** charger un fusil / un appareil (avec) / *to load a film / tape* mettre une pellicule / une cassette / *to load a program* COMPUT charger un programme ▸ **to load the dice** piper les dés. ❖ vi **1.** [receive freight] charger / *the ship is loading* le navire est en cours de chargement **2.** [computer program] se charger. ◆ **load down** vt sep charger (lourdement) / *he was loaded down with packages* il avait des paquets plein les bras / *I'm loaded down with work* je suis surchargé de travail. ◆ **load up** vt sep & vi charger.

loaded ['ləʊdɪd] adj **1.** [question] insidieux(euse) **2.** *inf* [rich] plein(e) aux as **3.** US [drunk] ivre.

loads [ləʊdz] adv *inf* vachement / *it'll cost loads* ça va coûter un max OR vachement cher.

loaf [ləʊf] (*pl* **loaves** [ləʊvz]) noun ▸ **a loaf (of bread)** un pain.

loafer ['ləʊfər] noun [shoe] mocassin *m*.

loam [ləʊm] noun terreau *m*.

loan [ləʊn] ❖ noun prêt *m* / *he asked me for a loan* il m'a demandé de lui prêter de l'argent ▸ **on loan** prêté(e) / *the picture is on loan to an American museum* le tableau a été prêté à un musée américain / *I have three books on loan from the library* j'ai emprunté trois livres à la bibliothèque. ❖ vt prêter ▸ **to loan sthg to sb, to loan sb sthg** prêter qqch à qqn.

loan shark noun *inf* & *pej* usurier *m*.

loath [ləʊθ] adj *fml* ▸ **to be loath to do sthg** ne pas vouloir faire qqch, hésiter à faire qqch.

loathe [ləʊð] vt détester ▸ **to loathe doing sthg** avoir horreur de OR détester faire qqch.

loathing ['ləʊðɪŋ] noun *fml* dégoût *m*, répugnance *f*.

loathsome ['ləʊðsəm] adj dégoûtant(e), répugnant(e).

loaves [ləʊvz] pl n ⟶ **loaf**.

lob [lɒb] ❖ noun TENNIS lob *m*. ❖ vt (*pt & pp* **-bed**, *cont* **-bing**) **1.** [throw] lancer **2.** TENNIS ▸ **to lob a ball** lober, faire un lob.

lobby ['lɒbɪ] ❖ noun (*pl* **-ies**) **1.** [of hotel] hall *m* **2.** [pressure group] lobby *m*, groupe *m* de pression. ❖ vt (*pt & pp* **-ied**) faire pression sur.

lobbying ['lɒbɪɪŋ] noun *(U)* POL pressions *fpl* / *there has been intense lobbying against the bill* il y a eu de fortes pressions pour que le projet de loi soit retiré.

lobbyist ['lɒbɪɪst] noun membre *m* d'un groupe de pression.

lobe [ləʊb] noun lobe *m*.

lobotomy [lə'bɒtəmɪ] (*pl* **-ies**) noun lobotomie *f*.

lobster ['lɒbstəʳ] noun homard *m*.

local ['ləʊkl] ❖ adj local(e). ❖ noun *inf* **1.** [person] ▸ **the locals** les gens *mpl* du coin OR du pays **2.** UK [pub] café *m* OR bistro *m* du coin **3.** US [bus, train] omnibus *m*.

local anaesthetic, local anesthetic US noun anesthésie *f* locale.

local area network noun COMPUT réseau *m* local.

local authority noun UK autorités *fpl* locales.

local call noun communication *f* urbaine.

locale [ləʊ'kɑːl] noun *fml* lieu *m*, endroit *m*.

local education authority noun direction *f* régionale de l'enseignement *(en Angleterre et au pays de Galles)*.

local government noun administration *f* municipale.

locality [ləʊ'kælətɪ] (*pl* **-ies**) noun endroit *m*.

localization, localisation UK [,ləʊkəlaɪ'zeɪʃn] noun COMPUT localisation *f*.

localized, localised UK ['ləʊkəlaɪzd] adj localisé(e).

locally ['ləʊkəlɪ] adv **1.** [on local basis] localement **2.** [nearby] dans les environs, à proximité.

locate [UK ləʊ'keɪt, US 'ləʊkeɪt] ❖ vt **1.** [find - position] trouver, repérer ; [- source, problem] localiser **2.** [situate - business, factory] implanter, établir ▸ **to be located** être situé(e). ❖ vi [settle] : *to locate in* s'installer dans.

location [ləʊ'keɪʃn] noun **1.** [place] emplacement *m* **2.** CIN ▸ **on location** en extérieur.

loch [lɒk *or* lɒx] noun Scot loch *m*, lac *m*.

lock [lɒk] ❖ noun **1.** [of door] serrure *f* ▸ **under lock and key** a) [object] sous clef b) [person] sous les verrous **2.** [on canal] écluse *f* **3.** AUTO [steering lock] angle *m* de braquage / *on full lock* braqué(e) à fond **4.** [of hair] mèche *f* **5.** TECH [device - gen] verrou *m* ; [- on gun] percuteur *m* ; [- on keyboard] ▸ **shift** OR **caps lock** touche *f* de verrouillage majuscule **6.** PHR ▸ **lock, stock and barrel** en bloc. ❖ vt **1.** [door, car, drawer] fermer à clef ; [bicycle] cadenasser **2.** [immobilize] bloquer **3.** [hold firmly] ▸ **to be locked in an embrace** être étroitement enlacé(e) / *to lock arms* [police cordon] former un barrage / *to be locked in combat* a) être engagé(e) dans un combat b) *fig* être aux prises. ❖ vi **1.** [door, suitcase] fermer à clef **2.** [become immobilized] se bloquer / *push the lever back until it locks into place* pousse le levier jusqu'à ce qu'il s'enclenche. ◆ **locks** pl n *liter* chevelure *f*, cheveux *mpl*. ◆ **lock away** vt sep [valuables] mettre sous clef ; [criminal] incarcérer, mettre sous les verrous / *we keep the alcohol locked away* nous gardons l'alcool sous clef. ◆ **lock in** vt sep enfermer (à clef) / *he locked himself in* il s'est enfermé (à l'intérieur). ◆ **lock out** vt sep **1.** [accidentally] enfermer dehors, laisser dehors ▸ **to lock o.s. out** s'enfermer dehors **2.** [deliberately] empêcher d'entrer, mettre à la porte. ◆ **lock up** ❖ vt sep **1.** [person - in prison] mettre en prison OR sous les verrous ; [- in asylum] enfermer **2.** [house] fermer à clef **3.** [valuables] enfermer, mettre sous clef. ❖ vi fermer (à clef) / *the last to leave locks up* le dernier à partir ferme la porte à clef.

lockable ['lɒkəbl] adj qu'on peut fermer à clef.

lockdown ['lɒkdaʊn] noun [in prison, hospital] confinement *m* ▸ **to be in lockdown** faire l'objet de mesures de confinement ▸ **to go into lockdown** [school, airport terminal] empêcher d'en sortir ou d'y entrer / *the bank has gone into lockdown* la banque a suspendu ses transactions.

locker ['lɒkəʳ] noun casier *m*.

locker room noun vestiaire *m*.

locket ['lɒkɪt] noun médaillon *m*.

lockjaw ['lɒkdʒɔː] noun *dated* tétanos *m*.

locksmith ['lɒksmɪθ] noun serrurier *m*, -ière *f*.

lockup ['lɒkʌp] noun **1.** [prison] prison *f* **2.** UK [garage] garage *m*, box *m*.

locomotive ['ləʊkə,məʊtɪv] noun locomotive *f*.

locum ['ləʊkəm] (*pl* -s) noun UK remplaçant *m*, -e *f*.

locust ['ləʊkəst] noun sauterelle *f*, locuste *f*.

lodge [lɒdʒ] ❖ noun **1.** [of caretaker, freemasons] loge *f* **2.** [of manor house] pavillon *m* (de gardien) **3.** [for hunting] pavillon *m* de chasse. ❖ vi **1.** *fml* [stay] ▸ **to lodge with sb** loger chez qqn **2.** [become stuck] se loger, se coincer **3.** *fig* [in mind] s'enraciner, s'ancrer. ❖ vt [complaint] déposer ▸ **to lodge an appeal** interjeter OR faire appel.

lodger ['lɒdʒəʳ] noun locataire *mf*.

lodging ['lɒdʒɪŋ] noun ⟶ **board.** ◆ **lodgings** pl n chambre *f* meublée.

loft [lɒft] noun grenier *m*.

lofty ['lɒftɪ] (*compar* **-ier**, *superl* **-iest**) adj **1.** [noble] noble **2.** *pej* [haughty] hautain(e), arrogant(e) **3.** *liter* [high] haut(e), élevé(e).

log [lɒg] ❖ noun **1.** [of wood] bûche *f* **2.** [of ship] journal *m* de bord ; [of plane] carnet *m* de vol. ❖ vt (*pt & pp* **-ged**, *cont* **-ging**) consigner, enregistrer. ◆ **log in, log on** vi COMPUT ouvrir une session. ◆ **log off, log out** vi COMPUT fermer une session.

logarithm ['lɒgərɪðm] noun logarithme *m*.

logbook ['lɒgbʊk] noun **1.** [of ship] journal *m* de bord ; [of plane] carnet *m* de vol **2.** UK [of car] ≃ carte *f* grise.

log cabin noun cabane *f* en rondins.

log fire noun feu *m* de bois.

loggerheads ['lɒgəhedz] noun ▸ **at loggerheads** en désaccord.

logic ['lɒdʒɪk] noun logique *f*.

logical ['lɒdʒɪkl] adj logique.

logically ['lɒdʒɪklɪ] adv logiquement.

login (name) ['lɒgɪn] noun COMPUT nom *m* d'utilisateur OR de login.

logistical [lə'dʒɪstɪkl] adj logistique.

logistically [lə'dʒɪstɪklɪ] adv sur le plan logistique.

logistics [lə'dʒɪstɪks] ❖ noun *(U)* MIL logistique *f.* ❖ pl n *fig* organisation *f.*

logjam ['lɒgdʒæm] noun US CAN impasse *f.*

logo ['ləʊgəʊ] *(pl* **-s**) noun logo *m.*

loin [lɔɪn] noun filet *m.* ◆ **loins** pl n reins *mpl* ▸ **to gird one's loins** prendre son courage à deux mains.

loincloth ['lɔɪnklɒθ] noun pagne *m.*

loiter ['lɔɪtəʳ] vi traîner.

LOL 1. MESSAGING (*written abbr of* **laughing out loud**) LOL, MDR **2.** MESSAGING (*written abbr of* **lots of love**) grosses bises.

loll [lɒl] vi **1.** [sit, lie around] se prélasser **2.** [hang down - head, tongue] pendre.

lollipop ['lɒlɪpɒp] noun sucette *f.*

lollipop lady noun UK *dame qui fait traverser la rue aux enfants à la sortie des écoles.*

lollipop man noun UK *monsieur qui fait traverser la rue aux enfants à la sortie des écoles.*

lollop ['lɒləp] vi [person] marcher lourdement ; [animal] galoper.

lolly ['lɒlɪ] *(pl* **-ies**) noun UK *inf* **1.** [lollipop] sucette *f* **2.** [ice lolly] sucette *f* glacée **3.** [money] fric *m*, blé *m.*

London ['lʌndən] noun Londres.

Londoner ['lʌndənəʳ] noun Londonien *m*, -enne *f.*

lone [ləʊn] adj solitaire.

loneliness ['ləʊnlɪnɪs] noun [of person] solitude *f* ; [of place] isolement *m.*

lonely ['ləʊnlɪ] *(compar* **-ier**, *superl* **-iest**) adj **1.** [person] solitaire, seul(e) ▸ **to feel lonely** se sentir seul **2.** [childhood] solitaire **3.** [place] isolé(e).

lonely hearts adj : *lonely hearts club* club *m* de rencontres / *lonely hearts column* rubrique *f* rencontres *(des petites annonces).*

lone parent noun UK père *m* / mère *f* célibataire.

loner ['ləʊnəʳ] noun solitaire *mf.*

lonesome ['ləʊnsəm] adj US *inf* **1.** [person] solitaire, seul(e) **2.** [place] isolé(e).

long [lɒŋ] ❖ adj **1.** [in space] long (longue) / *the pool's 33 metres long* la piscine fait 33 mètres de long / *how long is the pool?* quelle est la longueur de la piscine ?, la piscine fait combien de long ? / *the article is 80 pages long* l'article fait 80 pages / *is it a long way (away)?* est-ce loin (d'ici) ? / *it's a long way to the beach* la plage est loin / *long trousers* OR US *pants* pantalon *m* long **2.** [in time] long (longue) / *how long will the flight be / was the meeting?* combien de temps durera le vol / a duré la réunion ? / *her five-year-long battle with the authorities* sa lutte de cinq années contre les autorités / *to have a long memory* avoir une bonne mémoire OR une mémoire d'éléphant / *I've had a long day* j'ai eu une journée bien remplie / *I've known her (for) a long time* OR *while* je la connais depuis longtemps, cela fait longtemps que je la connais / *at long last!* enfin ! ❖ adv longtemps / *they live longer than humans* ils vivent plus longtemps que les êtres humains / *I haven't been here long* je viens d'arriver, j'arrive juste / *how long will it take?* combien de temps cela va-t-il prendre ? / *how long will you be?* tu en as pour combien de temps ? / *please wait: she won't be long* attendez, s'il vous plaît, elle ne va pas tarder / *don't be* OR *take too long* fais vite / *how long does it take to get there?* combien de temps faut-il pour y aller ? / *this won't take long* ça va être vite fait / *how long is it since we last visited them?* quand sommes-nous allés les voir pour la dernière fois ? / *long before you were born* bien avant que tu sois né / *the decision had been taken long before* la décision avait été prise depuis longtemps / *the longest-running TV series* le plus long feuilleton télévisé / *all day / week long* toute la journée / la semaine ▸ **so long!** *inf* au revoir !, salut ! ❖ noun ▸ **the long and the short of it is that…** le fin mot de l'histoire, c'est que…, enfin bref…. ❖ vi : *to long* OR *to be longing to do sthg* être impatient(e) OR avoir hâte de faire qqch / *I was longing to tell her the truth* je mourais d'envie de lui dire la vérité. ◆ **as long as, so long as** conj **1.** [during the time that] tant que / *as long as he's in power, there will be no hope* tant qu'il sera au pouvoir, il n'y aura aucun espoir **2.** [providing] à condition que, pourvu que / *you can have it as long as you give me it back* vous pouvez le prendre à condition que OR pourvu que vous me le rendiez. ◆ **before long** adv [soon] dans peu de temps, sous peu ; [soon afterwards] peu (de temps) après. ◆ **for long** adv longtemps / *he's still in charge here, but not for long* c'est encore lui qui s'en occupe, mais plus pour longtemps. ◆ **no longer** adv ne… plus / *not any longer* plus maintenant / *I no longer like him* je ne l'aime plus / *I can't wait any longer* je ne peux pas attendre plus longtemps, je ne peux plus attendre. ◆ **long for** vt insep [want very much] désirer ardemment ; [look forward to] attendre avec impatience / *she was longing for a letter from you* elle attendait impatiemment que vous lui écriviez.

long-awaited [-ə'weɪtɪd] adj tant attendu(e).

longboat ['lɒŋbəʊt] noun chaloupe *f.*

long-distance adj [runner, race] de fond ▸ **long-distance lorry** UK OR **truck** US **driver** routier *m.*

long-distance call noun communication *f* interurbaine.

long division noun division *f* par écrit.

long-drawn-out adj interminable, qui n'en finit pas.

longed-for ['lɒŋd-] adj très attendu(e).

longevity [lɒn'dʒevətɪ] noun longévité *f.*

long-forgotten adj oublié(e) depuis longtemps / *a long-forgotten tradition* une tradition tombée en désuétude.

long-grain rice noun riz *m* long.

long-haired adj [person] aux cheveux longs ; [animal] à longs poils.

longhand ['lɒŋhænd] noun écriture *f* normale.

long-haul adj long-courrier.

longing ['lɒŋɪŋ] ❖ adj plein(e) de convoitise. ❖ noun **1.** [desire] envie *f*, convoitise *f* ▸ **a longing**

for un grand désir OR une grande envie de **2.** [nostalgia] nostalgie *f*, regret *m*.

longingly ['lɒŋɪŋlɪ] adv [with desire] avec envie ; [nostalgically] avec nostalgie.

longitude ['lɒndʒɪtjuːd] noun longitude *f*.

long johns pl n caleçon *m* long.

long jump noun saut *m* en longueur.

long-lasting adj qui dure longtemps, durable.

long-life adj [milk] longue conservation *(inv)* ; [battery] longue durée *(inv)*.

long-lived [-lɪvd] adj [family, species] d'une grande longévité ; [friendship] durable ; [prejudice] tenace, qui a la vie dure.

long-lost adj [artefact] perdu(e) depuis longtemps ; [relative] perdu(e) de vue depuis longtemps.

long-range adj **1.** [missile, bomber] à longue portée **2.** [plan, forecast] à long terme.

long-running adj [TV programme] diffusé(e) depuis de nombreuses années ; [play] qui tient depuis longtemps l'affiche ; [dispute] qui dure depuis longtemps.

longshoreman ['lɒŋʃɔːmən] (*pl* **-men**) noun US docker *m*.

long shot noun [guess] coup *m* à tenter *(sans grand espoir de succès)*.

longsighted [,lɒŋ'saɪtɪd] adj UK presbyte.

long-standing adj de longue date.

long-suffering adj [person] à la patience infinie.

long term noun ▸ **in the long term** à long terme.
◆ **long-term** adj à long terme.

long-term unemployment noun chômage *m* structurel.

long vacation noun UK grandes vacances *fpl*.

long view noun prévisions *fpl* à long terme ▸ **to take the long view** voir le long terme.

long wave noun *(U)* grandes ondes *fpl*.

long weekend noun long week-end *m*.

longwinded [,lɒŋ'wɪndɪd] adj [person] prolixe, verbeux(euse) ; [speech] interminable, qui n'en finit pas.

loo [luː] (*pl* -s) noun UK *inf* cabinets *mpl*, petit coin *m*.

loofa(h) ['luːfə] noun luffa *m*, éponge *f*.

look [lʊk]

❖ noun

1. [with eyes] regard *m* ▸ **to take** OR **have a look (at sthg)** regarder (qqch), jeter un coup d'œil (à qqch) ▸ **to give sb a look** jeter un regard à qqn / *she gave me a dirty look* elle m'a jeté un regard mauvais / *it's worth a quick look* ça vaut le coup d'œil / *do you mind if I take a look around?* ça vous gêne si je jette un coup d'œil ?

2. [search] ▸ **to have a look (for sthg)** chercher (qqch) / *have another look* cherche encore

3. [appearance] aspect *m*, air *m* / *he had a strange look in his eyes* il avait un drôle de regard ▸ **by the look** OR **looks of it, by the look** OR **looks of things** vraisemblablement, selon toute probabilité / *I quite like the look of the next candidate* j'aime assez le profil du prochain candidat / *I don't like the look of it* ça ne me dit rien de bon OR rien qui vaille

❖ vi

1. [with eyes] regarder / *look, there's Brian!* regarde, voilà Brian ! / *what's happening outside? let me look* qu'est-ce qui se passe dehors ? laissez-moi voir / *they crept up on me while I wasn't looking* ils se sont approchés de moi pendant que j'avais le dos tourné / *I'm just looking* [in shop] je jette un coup d'œil / *she looked along the row / down the list* elle a parcouru la rangée / la liste du regard / *he was looking out of the window / over the wall / up the chimney* il regardait par la fenêtre / par-dessus le mur / dans la cheminée

2. [search] chercher / *you can't have looked hard enough* tu n'as pas dû beaucoup chercher

3. [seem] avoir l'air, sembler / *you look* OR *are looking better today* tu as l'air (d'aller) mieux aujourd'hui / *how do I look?* comment tu me trouves ? / *it looks all right to me* moi, je trouve ça bien / *he looks good in jeans* les jeans lui vont bien / *it'll look good on your CV* ça fera bien sur ton curriculum / *it'll look bad if I don't contribute* ça fera mauvaise impression si je ne contribue pas / *he looks as if he hasn't slept* il a l'air d'avoir mal dormi / *it looks like rain* OR *as if it will rain* on dirait qu'il va pleuvoir / *she looks like her mother* elle ressemble à sa mère / *is this our room? — it looks like it* c'est notre chambre ? — ça m'en a tout l'air / *it doesn't look as if they're coming* on dirait qu'ils ne vont pas venir

4. [building, window] ▸ **to look (out) onto** donner sur / *to look north / west* être exposé(e) au nord / à l'ouest

❖ vt

1. [look at] *look what you've done!* regarde ce que tu as fait ! / *look who's coming!* regarde qui arrive ! / *look who's talking!* tu peux parler, toi ! ▸ **to look sb up and down** regarder qqn de haut en bas, toiser qqn du regard

2. [appear] ▸ **to look one's age** faire OR porter son âge / *he's 70, but he doesn't look it* il a 70 ans mais il n'en a pas l'air OR mais il ne les fait pas ▸ **to look one's best** être OR paraître à son avantage / *I must have looked a fool* j'ai dû passer pour un imbécile / *to make sb look a fool* OR *an idiot* tourner qqn en ridicule

❖ excl

▸ **look!, look here!** dites donc ! / *look, I can't pay you back just yet* écoute, je ne peux pas te rembourser tout de suite

◆ **looks** pl n [attractiveness] beauté *f* / *she's got everything, looks, intelligence, youth...* elle a tout pour elle, elle est belle, intelligente, jeune....

◆ **look after** vt insep s'occuper de / *she has a sick mother to look after* elle a une mère malade à charge / *Grandma can look after the children while we're away* Grand-mère peut garder les enfants pendant notre absence / *you should look after your clothes more carefully* tu devrais prendre plus grand soin de tes vêtements / *look after yourself!* fais bien attention à toi !

◆ **look around, look round** UK ❖ vt insep [house, shop, town] faire le tour de. ❖ vi **1.** [turn] se retourner **2.** [browse] regarder.

◆ **look at** vt insep **1.** [see, glance at] regarder / *they looked at each other* ils ont échangé un regard **2.** [examine] examiner / *to have one's teeth looked at* se faire examiner les dents **3.** [judge] considérer / *that's not the way I look at it* ce n'est pas comme ça que je vois les choses.

◆ **look back** vi [reminisce] penser au passé, évoquer le passé / *it seems funny now we look back on it* ça semble drôle quand on y pense aujourd'hui ▸ **she's never looked back** depuis, elle a accumulé les succès.

◆ **look down on** vt insep [condescend to] mépriser.

◆ **look for** vt insep chercher / *are you looking for a fight?* tu cherches la bagarre ? / *it's not the result we were looking for* ce n'est pas le résultat que nous attendions.

◆ **look forward to** vt insep attendre avec impatience ▸ **to look forward to doing sthg** être impatient(e) de faire qqch / *I look forward to hearing from you soon* [in letter] dans l'attente de votre réponse.

◆ **look into** vt insep examiner, étudier / *it's a problem that needs looking into* c'est un problème qu'il faut examiner OR sur lequel il faut se pencher.

◆ **look on** ❖ vt insep = **look upon.** ❖ vi regarder.

◆ **look out** vi prendre garde, faire attention ▸ **look out!** attention !

◆ **look out for** vt insep [person] guetter ; [new book] être à l'affût de, essayer de repérer / *you have to look out for snakes* il faut faire attention OR se méfier, il y a des serpents ▸ **to look out for o.s.** penser à soi.

◆ **look round** vt insep UK = **look around**.

◆ **look through** vt insep [gen] examiner ; [newspaper] parcourir.

◆ **look to** vt insep **1.** [depend on] compter sur **2.** [future] songer à.

◆ **look up** ❖ vt sep **1.** [in book] chercher **2.** [visit - person] aller OR passer voir. ❖ vi [improve - business] reprendre / *things are looking up* ça va mieux, la situation s'améliore.

◆ **look upon** vt insep ▸ **to look upon sb / sthg as** considérer qqn / qqch comme.

◆ **look up to** vt insep admirer.

look-alike noun sosie *m*.

looker ['lʊkər] noun *inf* canon *m* / *she's / he's quite a looker* elle / il n'est pas mal (du tout).

look-in noun UK *inf* ▸ **I didn't get a look-in a)** je n'avais aucune chance **b)** [in conversation] je n'ai pas pu en placer une.

lookout ['lʊkaʊt] noun **1.** [place] poste *m* de guet **2.** [person] guetteur *m* **3.** [search] ▸ **to be on the lookout for** être à la recherche de.

lookup ['lʊkʌp] noun COMPUT recherche *f*, consultation *f* ▸ **lookup query** requête *f*.

loom [lu:m] ❖ noun métier *m* à tisser. ❖ vi [building, person] se dresser ; *fig* [date, threat] être imminent(e) ▸ **to loom large** être un sujet d'inquiétude OR de préoccupation.

◆ **loom up** vi surgir.

LOOM (*abbr of* **Loyal Order of Moose**) noun *association caritative américaine*.

looming ['lu:mɪŋ] adj imminent(e).

loony ['lu:nɪ] *inf* ❖ adj (*compar* **-ier**, *superl* **-iest**) cinglé(e), timbré(e). ❖ noun (*pl* **-ies**) cinglé *m*, -e *f*, fou *m*, folle *f*.

loop [lu:p] ❖ noun **1.** [gen & COMPUT] boucle *f* **2.** [contraceptive] stérilet *m*. ❖ vt faire une boucle à. ❖ vi faire une boucle.

loophole ['lu:phəʊl] noun faille *f*, échappatoire *f*.

loopy ['lu:pɪ] (*compar* **-ier**, *superl* **-iest**) adj *inf* [crazy] dingue, cinglé(e).

loo roll noun UK *inf* rouleau *m* de papier hygiénique.

loose [lu:s] ❖ adj **1.** [not firm - joint] desserré(e) ; [- handle, post] branlant(e) ; [- tooth] qui bouge OR branle ; [- knot] défait(e) / *he prised a brick loose* il a réussi à faire bouger une brique / *remove all the loose plaster* enlève tout le plâtre qui se détache / *to work loose* **a)** [nail] sortir **b)** [screw, bolt] se desserrer **c)** [knot] se défaire **d)** [tooth, slate] bouger **e)** [button] se détacher ▸ **loose connection** ELEC mauvais contact *m* **2.** [unpackaged - sweets, nails] en vrac, au poids / *loose coal* charbon *m* en vrac / *I always buy vegetables loose* je n'achète jamais de légumes préemballés **3.** [clothes] ample, large **4.** [not restrained, fixed - hair] dénoué(e) ; [- animal] en liberté, détaché(e) / *a loose sheet of paper* une feuille volante / *several pages have come loose* plusieurs pages se sont détachées / *his arms hung loose at his sides* il avait les bras ballants **5.** [vague, imprecise - translation] approximatif(ive) ; [- connection, link] vague / *they have loose ties with other political groups* ils sont vaguement liés à d'autres groupes politiques **6.** *pej* & *dated* [woman] facile ; [living] dissolu(e) **7.** US *inf* [relaxed] ▸ **to stay loose** rester cool. ❖ noun ▸ **on the loose** en liberté.

loose change noun petite OR menue monnaie *f*.

loose end noun détail *m* inexpliqué ▸ **to be at a loose end** UK**, to be at loose ends** US être désœuvré(e), n'avoir rien à faire.

loosely ['lu:slɪ] adv **1.** [not firmly] sans serrer **2.** [inexactly] approximativement.

loosen ['lu:sn] ❖ vt desserrer, défaire / *loosen the cake from the sides of the tin* détachez le gâteau des bords du moule / *the wine soon loosened his tongue* le vin eut vite fait de lui délier la langue / *they have loosened their ties with Moscow* *fig* leurs liens avec Moscou se sont relâchés. ❖ vi se desserrer. ◆ **loosen up** vi **1.** [before game, race] s'échauffer **2.** *inf* [relax] se détendre **3.** [get less severe] se montrer moins sévère / *to loosen up on discipline* relâcher la discipline.

loot [lu:t] ❖ noun butin *m*. ❖ vt piller.

looter ['lu:tər] noun pillard *m*, -e *f*.

looting ['lu:tɪŋ] noun pillage *m*.

lop [lɒp] (*pt & pp* **-ped**, *cont* **-ping**) vt élaguer, émonder. ◆ **lop off** vt sep couper.

lopsided [-'saɪdɪd] adj **1.** [table] bancal(e), boiteux(euse) ; [picture] de travers **2.** *fig* [biased] tendancieux(euse).

lord [lɔ:d] noun UK seigneur *m.* ◆ **Lord** noun **1.** RELIG ▸ **the Lord** [God] le Seigneur ▸ **good Lord!** Seigneur !, mon Dieu ! **2.** UK [in titles] Lord *m* ; [as form of address] ▸ **my Lord** Monsieur le duc/comte etc.. ◆ **Lords** pl n UK POL ▸ **the (House of) Lords** la Chambre des lords.

Lord Chancellor noun UK Lord Chancelier *m.*

lordly ['lɔ:dlɪ] (*compar* **-ier**, *superl* **-iest**) adj **1.** [noble] noble **2.** *pej* [arrogant] arrogant(e), hautain(e).

Lord Mayor noun UK Lord-Maire *m.*

Lordship ['lɔ:dʃɪp] noun ▸ **your / his Lordship** Monsieur le duc/comte etc.

Lord's Prayer noun ▸ **the Lord's Prayer** le Notre Père.

lore [lɔ:ʳ] noun *(U)* traditions *fpl.*

lorry ['lɒrɪ] (*pl* **-ies**) noun UK camion *m.*

lorry driver noun UK camionneur *m*, conducteur *m* de poids lourd.

lorry-load noun UK chargement *m.*

Los Angeles [lɒs'ændʒɪli:z] pr n Los Angeles.

lose [lu:z] (*pt & pp* **lost**) ❖ vt **1.** [gen] perdre / *you've got nothing to lose* tu n'as rien à perdre / *we haven't got a moment to lose* il n'y a pas une seconde à perdre / *30 lives were lost in the fire* 30 personnes ont péri dans l'incendie, l'incendie a fait 30 morts / *he lost four games to Karpov* il a perdu quatre parties contre Karpov ▸ **to lose one's appetite** perdre l'appétit ▸ **to lose one's balance** perdre l'équilibre ▸ **to lose consciousness** perdre connaissance ▸ **to lose one's head** perdre la tête ▸ **to lose sight of** *lit & fig* perdre de vue ▸ **to lose one's voice** avoir une extinction de voix ▸ **to lose one's way a)** se perdre, perdre son chemin **b)** *fig* être un peu perdu(e) **2.** [subj: clock, watch] retarder de **3.** [pursuers] semer. ❖ vi perdre / *they lost by one goal* ils ont perdu d'un but / *either way, I can't lose* je suis gagnant à tous les coups. ◆ **lose out** vi être perdant(e) ▸ **to lose out on a deal** être perdant dans une affaire.

loser ['lu:zəʳ] noun **1.** [gen] perdant *m*, -e *f* ▸ **a good / bad loser** un bon/mauvais joueur *m*, une bonne/mauvaise joueuse *f* **2.** *inf & pej* [unsuccessful person] raté *m*, -e *f.*

losing ['lu:zɪŋ] adj perdant(e).

loss [lɒs] noun **1.** [gen] perte *f* / *the closure will cause the loss of hundreds of jobs* la fermeture provoquera la disparition de centaines d'emplois **2.** COMM ▸ **to make a loss** perdre de l'argent / *the company announced losses of* OR *a loss of a million pounds* la société a annoncé un déficit d'un million de livres **3.** PHR ▸ **to be at a loss** être perplexe, être embarrassé(e) / *I'm at a loss to explain what happened* je n'arrive pas à expliquer comment cela a pu se produire / *I was at a loss for words* je ne savais pas quoi dire, les mots me manquaient ▸ **to cut one's losses** faire la part du feu.

loss-making adj UK COMM qui tourne à perte, déficitaire.

lost [lɒst] ❖ pt & pp → **lose.** ❖ adj **1.** [gen] perdu(e) / *can you help me, I'm lost* pouvez-vous m'aider, je me suis perdu OR égaré / *they have discovered a lost masterpiece* ils ont découvert un chef-d'œuvre disparu ▸ **to get lost** se perdre ▸ **get lost!** *inf* fous/foutez le camp ! / *I'm lost for words* je ne sais pas quoi dire **2.** [ineffective] ▸ **to be lost on sb** [advice, warning] être sans effet sur qqn, n'avoir aucun effet sur qqn / *the allusion was lost on me* je n'ai pas compris OR saisi l'allusion **3.** [opportunity] perdu(e), manqué(e).

lost-and-found office noun US bureau *m* des objets trouvés.

lost cause noun cause *f* perdue.

lost property noun *(U)* UK objets *mpl* trouvés.

lost property office noun UK bureau *m* des objets trouvés.

lot [lɒt] noun **1.** [large amount] ▸ **a lot (of), lots (of)** beaucoup (de) / *there's a lot still to be done* il y a encore beaucoup à faire / *there's not a lot you can do about it* tu n'y peux pas grand-chose / *what a lot of people!* quelle foule !, que de monde ! / *she takes a lot of care over her appearance* elle fait très attention à son apparence / *do you need any paper / envelopes? I've got lots* est-ce que tu as besoin de papier/d'enveloppes ? j'en ai plein / *there are lots to choose from* il y a du choix **2.** UK *inf* [entire amount] ▸ **the lot** le tout / *take all this lot and dump it in my office* prends tout ça et mets-le dans mon bureau **3.** UK *inf* [group of people] : *they're a strange lot* ce sont des gens bizarres / *this lot are leaving today and another lot are arriving tomorrow* ce groupe part aujourd'hui et un autre (groupe) arrive demain / *come here, you lot!* venez ici, vous autres ! **4.** [at auction] lot *m* **5.** [destiny] sort *m* / *to be content with one's lot* être content de son sort **6.** US [of land] terrain *m* ; [car park] parking *m.* ◆ **a lot** adv beaucoup / *a lot better / more* beaucoup mieux/plus / *thanks a lot!* merci beaucoup !

lotion ['ləʊʃn] noun lotion *f.*

lottery ['lɒtərɪ] (*pl* **-ies**) noun *lit & fig* loterie *f.*

lotto ['lɒtəʊ] noun loto *m (jeu de société).*

lotus ['ləʊtəs] noun lotus *m.*

loud [laʊd] ❖ adj **1.** [not quiet, noisy - gen] fort(e) ; [- person] bruyant(e) / *he's a bit loud, isn't he?* ce n'est pas le genre discret ! **2.** [colour, clothes] voyant(e). ❖ adv fort / *the music was turned up loud* on avait mis la musique à fond ▸ **loud and clear** clairement / *to read out loud* lire à haute voix / *I was thinking out loud* je pensais tout haut.

loudhailer [,laʊd'heɪləʳ] noun UK mégaphone *m*, porte-voix *m inv.*

loudly ['laʊdlɪ] adv **1.** [noisily] fort **2.** [gaudily] de façon voyante.

loudmouth ['laʊdmaʊθ] (*pl* [-maʊðz]) noun *inf* grande gueule *f.*

loudmouthed ['laʊdmaʊðd] adj *inf* **1.** [noisy] fort(e) en gueule **2.** [boastful] crâneur(euse) ; [gossipy] bavard(e), frimeur(euse).

loudness ['laʊdnɪs] noun force *f*, intensité *f* ; [of TV, radio] bruit *m.*

loudspeaker [ˌlaʊd'spi:kəʳ] noun haut-parleur *m*.

Louisiana [lu:ˌi:zɪ'ænə] noun Louisiane *f* ▸ **in Louisiana** en Louisiane.

lounge [laʊndʒ] ❖ noun **1.** UK [in house] salon *m* **2.** [in airport] hall *m*, salle *f* **3.** UK = **lounge bar.** ❖ vi (*cont* **loungeing**) se prélasser. ◆ **lounge around, lounge about** UK vi flemmarder, traîner.

lounge bar noun UK *l'une des deux salles d'un bar, la plus confortable.*

lounge suit noun UK complet *m*, complet-veston *m*.

louse [laʊs] noun **1.** (*pl* **lice** [laɪs]) [insect] pou *m* **2.** (*pl* **-s**) *inf* & *pej* [person] salaud *m*. ◆ **louse up** vt sep US *v inf* foutre en l'air.

lousy ['laʊzɪ] (*compar* **-ier**, *superl* **-iest**) adj *inf* minable, nul(le) ; [weather] pourri(e) ▸ **to feel lousy** être mal fichu(e).

lout [laʊt] noun rustre *m*.

loutish ['laʊtɪʃ] adj [behaviour] grossier(ère) ; [manners] de rustre, mal dégrossi(e).

louvre UK, **louver** US ['lu:vəʳ] noun persienne *f*.

louvred UK, **louvered** US ['lu:vəd] adj à claire-voie.

lovable ['lʌvəbl] adj adorable.

love [lʌv]

❖ noun

1. [gen] amour *m* ▸ **a love of** OR **for football** une passion pour le football / *he did it out of love for her* il l'a fait par amour pour elle ▸ **to be in love** être amoureux(euse) ▸ **to fall in love** tomber amoureux(euse) / *it was love at first sight* ce fut le coup de foudre / *she's the love of his life* c'est la femme de sa vie ▸ **to make love** faire l'amour ▸ **give her my love** embrasse-la pour moi ▸ **love from** [at end of letter] affectueusement, grosses bises ▸ **I wouldn't do it for love nor money** *inf* je ne le ferais pas pour tout l'or du monde, je ne le ferais pour rien au monde ▸ **there's no love lost between them** ils se détestent cordialement

2. UK *inf* [form of address] mon chéri (ma chérie) / *thank you, (my) love* *inf* merci, mon chou

3. TENNIS zéro *m*

❖ vt

aimer / *I like you but I don't love you* je t'aime bien mais je ne suis pas amoureux de toi ▸ **to love to do sthg** OR **doing sthg** aimer OR adorer faire qqch / *I'd love to come* j'aimerais beaucoup venir / *I'd love you to come* j'aimerais beaucoup que OR cela me ferait très plaisir que tu viennes / *would you like to come too? — I'd love to* voudriez-vous venir aussi ? — avec grand plaisir

love affair noun liaison *f*.

lovebird ['lʌvbɜ:d] noun **1.** [bird] perruche *f* / *lovebirds* inséparables *mpl* **2.** *hum* [lover] amoureux *m*, -euse *f*.

lovebite ['lʌvbaɪt] noun suçon *m*.

love handles pl n *inf* poignées *fpl* d'amour.

love-hate adj : *a love-hate relationship* une relation d'amour-haine.

loveless ['lʌvlɪs] adj sans amour.

love letter noun lettre *f* d'amour.

love life noun vie *f* amoureuse.

lovely ['lʌvlɪ] (*compar* **-ier**, *superl* **-iest**) adj **1.** [beautiful] très joli(e) **2.** [pleasant] très agréable, excellent(e).

lovemaking ['lʌvˌmeɪkɪŋ] noun (*U*) amour *m*, rapports *mpl*.

lover ['lʌvəʳ] noun **1.** [sexual partner] amant *m*, -e *f* **2.** [enthusiast] passionné *m*, -e *f*, amoureux *m*, -euse *f*.

lovesick ['lʌvsɪk] adj qui languit d'amour.

love song noun chanson *f* d'amour.

love story noun histoire *f* d'amour.

lovey-dovey ['lʌvɪ *or* dʌvɪ] adj *inf* & *pej* doucereux(euse).

loving ['lʌvɪŋ] adj [person, relationship] affectueux(euse) ; [care] tendre.

lovingly ['lʌvɪŋlɪ] adv avec amour.

low [ləʊ] ❖ adj **1.** [not high - gen] bas (basse) ; [- wall, building] peu élevé(e) ; [- standard, quality] mauvais(e) ; [- intelligence] faible ; [- neckline] décolleté(e) / *this room has a low ceiling* cette pièce est basse de plafond / *'low bridge'* AUTO 'hauteur limitée' / *the temperature is in the low twenties* il fait un peu plus de vingt degrés ▸ **to have a low opinion of sb** avoir mauvaise opinion de qqn / *old people are given very low priority* les personnes âgées ne sont absolument pas considérées comme prioritaires ▸ **to cook sthg over a low heat** faire cuire qqch à petit feu / *a low pressure area* METEOR une zone de basse pression / *attendance was low* il y avait peu de monde / *low in calories* pauvre en calories **2.** [little remaining] presque épuisé(e) ▸ **to be low on sthg** manquer de qqch **3.** [not loud - voice] bas (basse) ; [- whisper, moan] faible / *turn the radio down low* mettez la radio moins fort / *turn the lights down low* baissez les lumières **4.** [depressed] déprimé(e) / *I'm in rather low spirits, I feel rather low* je n'ai pas le moral, je suis assez déprimé **5.** [not respectable] bas (basse). ❖ adv **1.** [not high] bas / *lower down* plus bas / *he bowed low* il s'inclina profondément ▸ **to fly low** [plane] voler à basse altitude ▸ **to lie low** *inf* **a)** [hide] se cacher **b)** [keep low profile] se faire tout petit **2.** [not loudly - speak] à voix basse ; [- whisper] faiblement **3.** [in intensity] bas / *stocks are running low* les réserves baissent / *the batteries are running low* les piles sont usées. ❖ noun **1.** [low point] niveau *m* OR point *m* bas / *the heating is on low* le chauffage est au minimum / *the dollar has reached a record low* le dollar a atteint son niveau le plus bas / *relations between them are at an all-time low* leurs relations n'ont jamais été si mauvaises **2.** METEOR dépression *f*.

low-alcohol adj à faible teneur en alcool.

lowbrow ['ləʊbraʊ] adj peu intellectuel(elle).

low-budget adj économique.

low-calorie adj à basses calories.

low-cost adj (à) bon marché ; [airline] low cost.

Low Countries pl n ▸ **the Low Countries** les Pays-Bas *mpl*.

low-cut adj décolleté(e).

low-density housing noun zones *fpl* d'habitation peu peuplées.

lowdown noun *inf* ▸ **to give sb the lowdown (on sthg)** mettre qqn au parfum (de qqch). ◆ **low-down** adj *inf* méprisable.

low-end adj [goods] bas (basse) de gamme.

lower[1] ['ləʊəʳ] ❖ adj inférieur(e) / *the lower back* le bas du dos. ❖ vt **1.** [gen] baisser ; [flag] abaisser / *supplies were lowered down to us on a rope* on nous a descendu des provisions au bout d'une corde ▸ **to lower one's guard** a) *fig* prêter le flanc **2.** [reduce - price, level] baisser ; [- age of consent] abaisser ; [- resistance] diminuer / *lower your voice* parlez moins fort, baissez la voix **3.** [morally] : *she wouldn't lower herself to talk to them* elle ne s'abaisserait pas au point de leur adresser la parole.

lower[2] ['laʊəʳ] vi **1.** [sky] se faire menaçant(e) **2.** [person] ▸ **to lower at sb** regarder qqn d'un air menaçant.

lower-case ['ləʊəʳ-] ❖ adj TYPO en bas de casse. ❖ noun bas *m* de casse.

lower class ['ləʊəʳ-] noun ▸ **the lower class** OR **lower classes** les classes populaires *fpl*. ◆ **lower-class** ['ləʊəʳ-] adj populaire.

low-fat adj [yogurt, crisps] allégé(e) ; [milk] demi-écrémé(e).

low-flying adj volant(e) à basse altitude.

low frequency noun basse fréquence *f*.

low gear noun première (vitesse) *f*.

low-heeled adj à talons plats.

low-income adj à faibles revenus ▸ **low-income group** population *f* à faibles revenus.

low-interest adj FIN [credit, loan] à taux réduit.

low-key adj discret(ète).

Lowlands ['ləʊləndz] pl n ▸ **the Lowlands** [of Scotland] les Basses Terres *fpl* (d'Écosse).

low-level adj [talks] à bas niveau ; [operation] de faible envergure ▸ **low-level flying** AERON vol *m* à basse altitude ▸ **low-level radiation** irradiation *f* de faible intensité.

low life noun *inf* pègre *f*.

lowly ['ləʊlɪ] (*compar* **-ier**, *superl* **-iest**) adj modeste, humble.

low-lying adj bas (basse).

low-maintenance adj **1.** [pet] qui ne demande pas beaucoup de soins **2.** [garden, hairstyle] qui ne demande pas beaucoup d'entretien **3.** *hum* [friend] peu exigeant(e).

low-necked [-'nekt] adj décolleté(e).

low-octane fuel noun carburant *m* à faible indice d'octane.

low-paid adj mal payé(e).

low profile noun ▸ **to keep a low profile** se faire discret, ne pas se faire remarquer. ◆ **low-profile** adj **1.** discret(ète) **2.** AUTO ▸ **low-profile tyre** pneu *m* à profil bas.

low-resolution adj à basse résolution.

low-rise adj bas (basse).

low season noun UK basse saison *f*.

low-tech [-'tek] adj rudimentaire.

low tide noun marée *f* basse.

low-voltage adj à faible voltage, à faible tension.

low water noun *(U)* basses eaux *fpl*.

loyal ['lɔɪəl] adj loyal(e).

loyalist ['lɔɪəlɪst] noun loyaliste *mf*.

loyally ['lɔɪəlɪ] adv loyalement, fidèlement.

loyalty ['lɔɪəltɪ] (*pl* **-ies**) noun loyauté *f* / *her loyalty to the cause is not in doubt* son dévouement à la cause n'est pas mis en doute / *my loyalties are divided* je suis déchiré (entre les deux), entre les deux mon cœur balance.

loyalty card noun carte *f* de fidélité.

lozenge ['lɒzɪndʒ] noun **1.** [tablet] pastille *f* **2.** [shape] losange *m*.

LP (*abbr of* **long-playing record**) noun 33 tours *m*.

LPG [,elpiː'dʒiː] (*abbr of* **liquified petroleum gas**) noun GPL *m*.

L-plate noun UK *plaque signalant que le conducteur du véhicule est en conduite accompagnée.*

LSD (*abbr of* **lysergic acid diethylamide**) noun LSD *m*.

LSE (*abbr of* **London School of Economics**) noun *grande école de sciences économiques et politiques à Londres.*

LT noun **1.** (*abbr of* **low tension**) BT **2.** (*abbr of* **Local Time**) *heure locale aux États-unis.*

Lt. (*abbr of* **lieutenant**) Lieut.

Ltd, **ltd** (*abbr of* **limited**) UK ≃ SARL / *Smith and Sons, Ltd* ≃ Smith & Fils, SARL.

lubricant ['luːbrɪkənt] noun lubrifiant *m*.

lubricate ['luːbrɪkeɪt] vt lubrifier.

lubrication [,luːbrɪ'keɪʃn] noun lubrification *f*.

lucid ['luːsɪd] adj lucide.

lucidity [luː'sɪdətɪ] noun **1.** [of mind] lucidité *f* **2.** [of style, account] clarté *f*, limpidité *f*.

lucidly ['luːsɪdlɪ] adv lucidement.

luck [lʌk] noun chance *f* ▸ **good luck!** bonne chance ! ▸ **bad luck** malchance *f* / *it's bad luck to spill salt* renverser du sel porte malheur ▸ **bad** OR **hard luck!** pas de chance ! / *as luck would have it I'd forgotten my keys* et comme par hasard, j'avais oublié mes clés ▸ **to be in luck** avoir de la chance ▸ **to be down on one's luck** avoir la poisse OR la guigne ▸ **to push one's luck** jouer avec le feu ▸ **to try one's luck at sthg** tenter sa chance à qqch ▸ **with (any) luck** avec un peu de chance. ◆ **luck out** vi US *inf* avoir un coup de pot.

luckily ['lʌkɪlɪ] adv heureusement.

lucky ['lʌkɪ] (*compar* **-ier**, *superl* **-iest**) adj **1.** [fortunate - person] qui a de la chance ; [- event] heureux(euse) **2.** [bringing good luck] porte-bonheur *(inv)*.

lucky dip noun UK *sac rempli de cadeaux, dans lequel on pioche sans regarder.*

lucrative ['luːkrətɪv] adj lucratif(ive).

ludicrous ['luːdɪkrəs] adj ridicule.

ludo ['luːdəʊ] noun UK jeu *m* des petits chevaux.

lug [lʌg] (*pt & pp* **-ged**, *cont* **-ging**) vt *inf* traîner.

luggage ['lʌgɪdʒ] noun *(U)* bagages *mpl*.

luggage rack noun porte-bagages *m inv*.

luggage van noun UK fourgon *m*.

lugubrious [lu:'gu:brɪəs] adj *liter* lugubre.

lukewarm ['lu:kwɔ:m] adj *lit* & *fig* tiède.

lull [lʌl] ❖ noun ▸ **lull (in)** a) [storm] accalmie *f* (de) b) [fighting, conversation] arrêt *m* (de) ▸ **the lull before the storm** *fig* le calme avant la tempête. ❖ vt ▸ **to lull sb to sleep** endormir qqn en le berçant ▸ **to lull sb into a false sense of security** endormir les soupçons de qqn.

lullaby ['lʌləbaɪ] (*pl* **-ies**) noun berceuse *f*.

lumbago [lʌm'beɪgəʊ] noun *(U)* lumbago *m*.

lumber ['lʌmbəʳ] ❖ noun *(U)* **1.** US [timber] bois *m* de charpente **2.** UK [bric-a-brac] bric-à-brac *m inv*. ❖ vi se traîner d'un pas lourd. ◆ **lumber with** vt sep UK *inf* ▸ **to lumber sb with sthg** coller qqch à qqn.

lumbering ['lʌmbərɪŋ] adj lourd(e), pesant(e).

lumberjack ['lʌmbədʒæk] noun bûcheron *m*, -onne *f*.

luminescent [ˌlu:mɪ'nesənt] adj luminescent(e).

luminosity [ˌlu:mɪ'nɒsətɪ] noun luminosité *f*.

luminous ['lu:mɪnəs] adj [dial] lumineux(euse) ; [paint, armband] phosphorescent(e).

lump [lʌmp] ❖ noun **1.** [gen] morceau *m* ; [of earth, clay] motte *f* ; [in sauce] grumeau *m* **2.** [on body] grosseur *f*. ❖ vt ▸ **to lump sthg together** réunir qqch ▸ **to lump it** *inf* faire avec, s'en accommoder.

lump sum noun somme *f* globale.

lumpy ['lʌmpɪ] (*compar* **-ier**, *superl* **-iest**) adj [sauce] plein(e) de grumeaux ; [mattress] défoncé(e).

lunacy ['lu:nəsɪ] noun folie *f*.

lunar ['lu:nəʳ] adj lunaire.

lunatic ['lu:nətɪk] ❖ adj *pej* dément(e), démentiel(elle). ❖ noun **1.** *pej* [fool] fou *m*, folle *f* **2.** *dated* [insane person] fou *m*, folle *f*, aliéné *m*, -e *f*.

lunch [lʌntʃ] ❖ noun déjeuner *m*. ❖ vi déjeuner.

lunchbox ['lʌntʃbɒks] noun **1.** [for sandwiches] *boîte dans laquelle on transporte son déjeuner* **2.** UK *inf* & *hum* bijoux *mpl* de famille.

luncheon ['lʌntʃən] noun *fml* déjeuner *m*.

luncheon meat, lunchmeat US [ˌlʌntʃ'mi:t] noun *sorte de saucisson*.

lunch hour noun pause *f* de midi.

lunchpail ['lʌntʃpeɪl] noun US [for sandwiches] *boîte dans laquelle on transporte son déjeuner*.

lunchtime ['lʌntʃtaɪm] noun heure *f* du déjeuner.

lung [lʌŋ] noun poumon *m*.

lung cancer noun cancer *m* du poumon.

lunge [lʌndʒ] (*cont* **lungeing**) vi faire un brusque mouvement (du bras) en avant ▸ **to lunge at sb** s'élancer sur qqn.

lurch [lɜ:tʃ] ❖ noun [of person] écart *m* brusque ; [of car] embardée *f* ▸ **to leave sb in the lurch** laisser qqn dans le pétrin. ❖ vi [person] tituber ; [car] faire une embardée.

lure [ljʊəʳ] ❖ noun charme *m* trompeur. ❖ vt attirer OR persuader par la ruse.

lurid ['ljʊərɪd] adj **1.** [outfit] aux couleurs criardes **2.** [story, details] affreux(euse).

lurk [lɜ:k] vi **1.** [person] se cacher, se dissimuler / *to lurk in chatrooms* suivre des forums sans y participer **2.** [memory, danger, fear] subsister.

lurker noun [on Internet] *personne qui suit les chats dans un forum sans y participer*.

lurking ['lɜ:kɪŋ] adj [doubts, fear] vague.

luscious ['lʌʃəs] adj **1.** [delicious] succulent(e) **2.** *inf* & *fig* [woman] appétissant(e).

lush [lʌʃ] ❖ adj **1.** [luxuriant] luxuriant(e) **2.** [rich] luxueux(euse). ❖ noun US CAN *inf* [drunkard] alcolo *mf*.

lust [lʌst] noun **1.** [sexual desire] désir *m* **2.** *fig* ▸ **lust for sthg** soif *f* de qqch ▸ **lust for life** fureur *f* de vivre. ◆ **lust after, lust for** vt insep **1.** [wealth, power] être assoiffé(e) de **2.** [person] désirer.

luster US = **lustre**.

lustful ['lʌstfʊl] adj lubrique.

lustily ['lʌstɪlɪ] adv [sing, shout] à pleine gorge, à pleins poumons.

lustre UK, **luster** US ['lʌstəʳ] noun lustre *m*.

lusty ['lʌstɪ] (*compar* **-ier**, *superl* **-iest**) adj vigoureux(euse).

lute [lu:t] noun luth *m*.

luv [lʌv] noun UK *inf* chéri *m*, -e *f*.

luvvie ['lʌvɪ] noun UK *inf* théâtreux prétentieux *m*, théâtreuse prétentieuse *f*.

Luxembourg ['lʌksəmbɜ:g] noun **1.** [country] Luxembourg *m* ▸ **in Luxembourg** au Luxembourg **2.** [city] Luxembourg.

luxuriant [lʌg'ʒʊərɪənt] adj luxuriant(e).

luxuriate [lʌg'ʒʊərɪeɪt] vi *fml* ▸ **to luxuriate in** s'abandonner aux plaisirs de.

luxurious [lʌg'ʒʊərɪəs] adj **1.** [expensive] luxueux(euse) **2.** [pleasurable] voluptueux(euse).

luxury ['lʌkʃərɪ] ❖ noun (*pl* **-ies**) luxe *m*. ❖ comp de luxe.

luxury goods pl n produits *mpl* de luxe.

LW (*abbr of* **long wave**) GO.

lychee [ˌlaɪ'tʃi:] noun litchi *m*.

Lycra® ['laɪkrə] ❖ noun Lycra® *m*. ❖ comp en Lycra®.

lying ['laɪɪŋ] ❖ adj [person] menteur(euse). ❖ noun *(U)* mensonges *mpl*.

lying-in noun MED couches *fpl*.

lynch [lɪntʃ] vt lyncher.

lynching ['lɪntʃɪŋ] noun lynchage *m*.

lynchpin ['lɪntʃpɪn] = **linchpin**.

lynx [lɪnks] (*pl inv or* **-es**) noun lynx *m inv*.

Lyon(s) ['laɪən(z)] noun Lyon.

lyre ['laɪəʳ] noun lyre *f*.

lyric ['lɪrɪk] adj lyrique.

lyrical ['lɪrɪkl] adj lyrique.

lyricist ['lɪrɪsɪst] noun [of poems] poète *m* lyrique ; [of song, opera] parolier *m*, -ère *f*.

lyrics ['lɪrɪks] pl n paroles *fpl*.

M

m¹ (*pl* **m's** *or* **ms**), **M** (*pl* **M's** *or* **Ms**) [em] noun [letter] m *m inv*, M *m inv*.

m² **1.** (*abbr of* **metre**) m **2.** (*abbr of* **million**) M **3.** *abbr of* **mile**.

M³ **1.** UK *abbr of* **motorway** **2.** (*abbr of* **medium**) M.

m8 MESSAGING *written abbr of* **mate**.

ma [mɑ:] noun *inf* maman *f*.

MA ❖ noun *abbr of* **Master of Arts.** ❖ *abbr of* **Massachusetts**.

ma'am [mæm] noun madame *f*.

mac [mæk] noun **1.** UK *inf* [coat] (*abbr of* **mackintosh**) imper *m* **2.** (*abbr of* **Macintosh**) *ordinateur personnel développé par Apple*.

macabre [mə'kɑ:brə] adj macabre.

macaque [mə'kɑ:k] noun macaque *m*.

macaroni [,mækə'rəʊnɪ] noun *(U)* macaronis *mpl*.

macaroon [,mækə'ru:n] noun macaron *m*.

macaw [mə'kɔ:] noun ara *m*.

Mace® [meɪs] ❖ noun [spray] gaz *m* lacrymogène. ❖ vt US *inf* bombarder au gaz lacrymogène.

mace [meɪs] noun **1.** [ornamental rod] masse *f* **2.** [spice] macis *m*.

Macedonia [,mæsɪ'dəʊnjə] noun Macédoine *f* ▸ **in Macedonia** en Macédoine.

Macedonian [,mæsɪ'dəʊnjən] ❖ adj macédonien(enne). ❖ noun Macédonien *m*, -enne *f*.

machete [mə'ʃetɪ] noun machette *f*.

Machiavellian [,mækɪə'velɪən] adj machiavélique.

machinations [,mækɪ'neɪʃnz] pl n machinations *fpl*.

machine [mə'ʃi:n] ❖ noun *lit* & *fig* machine *f* ▸ **machine translation** traduction automatique. ❖ vt **1.** SEW coudre à la machine **2.** TECH usiner.

machinegun [mə'ʃi:ngʌn] noun mitrailleuse *f*.

machine-readable adj COMPUT en langage machine.

machinery [mə'ʃi:nərɪ] noun *(U)* machines *fpl* ; *fig* mécanisme *m*.

machine-washable adj lavable à la OR en machine.

machinist [mə'ʃi:nɪst] noun **1.** SEW mécanicienne *f* **2.** TECH machiniste *mf*, opérateur *m*, -trice *f*.

machismo [mə'tʃɪzməʊ] noun machisme *m*.

macho ['mætʃəʊ] adj *inf* macho *(inv)*.

mackerel ['mækrəl] (*pl inv or* **-s**) noun maquereau *m*.

mackintosh ['mækɪntɒʃ] noun UK *dated* imperméable *m*.

macro ['mækrəʊ] (*abbr of* **macroinstruction**) noun COMPUT macro-instruction *f*.

macrobiotic [,mækrəʊbaɪ'ɒtɪk] adj macrobiotique.

macroclimate ['mækrəʊ,klaɪmət] noun macroclimat *m*.

macrocosm ['mækrəʊkɒzm] noun macrocosme *m*.

macroeconomics ['mækrəʊ,i:kə'nɒmɪks] noun *(U)* macroéconomie *f*.

macroinstruction [,mækrɪn'strʌkʃn] noun COMPUT macro-instruction *f*.

mad [mæd] (*compar* **-der**, *superl* **-dest**) adj **1.** [insane] fou (folle) ▸ **to go mad** devenir fou / *to be mad with joy / grief* être fou de joie / douleur / *to drive sb mad* rendre qqn fou ▸ **to be as mad as a hatter** OR **a March hare** être fou à lier **2.** UK *inf* [foolish] insensé(e) **3.** [furious] furieux(euse) / *he went mad when he saw them* il s'est mis dans une colère noire en les voyant / *to be mad at* OR *with sb* être en colère OR fâché(e) contre qqn / *don't get mad* ne vous fâchez pas **4.** [hectic - rush, pace] fou (folle) / *there was a mad rush for the door* tous les gens se sont rués vers la porte comme des fous / *I'm in a mad rush inf* je suis très pressé, je suis à la bourre ▸ **like mad** *inf* comme un fou **5.** [very enthusiastic] ▸ **to be mad about sb / sthg** *inf* être fou (folle) de qqn / qqch.

Madagascan [,mædə'gæskn] ❖ adj malgache. ❖ noun **1.** [person] Malgache *mf* **2.** [language] malgache *m*.

Madagascar [,mædə'gæskəʳ] noun Madagascar *m* ▸ **in Madagascar** à Madagascar.

madam ['mædəm] noun madame *f*.

madcap ['mædkæp] adj risqué(e), insensé(e).

mad cow disease noun *inf* maladie *f* de la vache folle.

madden ['mædn] vt exaspérer.

maddening ['mædnɪŋ] adj exaspérant(e).

made [meɪd] pt & pp ⟶ **make**.

-made [meɪd] suffix fait(e) / *factory-made* fait(e) OR fabriqué(e) en usine / *French-made* de fabrication française.

Madeira [mə'dɪərə] noun **1.** [wine] madère *m* **2.** GEOG Madère *f* ▸ **in Madeira** à Madère.

made-to-measure adj fait(e) sur mesure.

made-to-order adj (fait) sur commande.

made-up adj **1.** [with make-up] maquillé(e) **2.** [prepared] préparé(e) **3.** [invented] fabriqué(e) **4.** UK *inf* [happy] super content(e).

madhouse ['mædhaʊs] (*pl* [-haʊzɪz]) noun *fig* maison *f* de fous.

madly ['mædlɪ] adv [frantically] comme un fou ▸ **madly in love** follement amoureux(euse).

madman ['mædmən] (*pl* **-men**) noun fou *m*.

madness ['mædnɪs] noun *lit* & *fig* folie *f*, démence *f*.

Madonna [mə'dɒnə] noun Madone *f*.

Madrid [mə'drɪd] noun Madrid.

madwoman ['mæd,wʊmən] (*pl* **-women**) noun folle *f*.

maestro ['maɪstrəʊ] (*pl* **-tros** *or* **-tri**) noun maestro *m*.

Mafia ['mæfɪə] noun ▸ **the Mafia** la Mafia.

mag [mæg] (*abbr of* **magazine**) noun *inf* revue *f*, magazine *m*.

magazine [,mægə'zi:n] noun **1.** PRESS revue *f*, magazine *m* ; RADIO & TV magazine **2.** [of gun] magasin *m*.

magazine rack noun porte-revues *m*.

magenta [mə'dʒentə] ◆ adj magenta *(inv)*. ◆ noun magenta *m*.

maggot ['mægət] noun ver *m*, asticot *m*.

Maghreb ['mɑ:grəb] noun ▸ **the Maghreb** le Maghreb.

magic ['mædʒɪk] ◆ adj magique / ***a magic spell*** un sortilège. ◆ noun magie *f* / ***the medicine worked like magic*** le remède a fait merveille / ***discover the magic of Greece*** découvrez les merveilles de la Grèce. ◆ vt faire apparaître comme par magie. ◆ **magic up** vt sep faire apparaître comme par magie.

magical ['mædʒɪkl] adj magique.

magician [mə'dʒɪʃn] noun magicien *m*, -ienne *f*.

magic wand noun baguette *f* magique.

magisterial [,mædʒɪ'stɪərɪəl] adj **1.** [behaviour, manner] magistral(e) **2.** LAW de magistrat.

magistrate ['mædʒɪstreɪt] noun magistrat *m*, -e *f*, juge *m*.

magistrates' court ['mædʒɪstreɪts-] noun UK ≃ tribunal *m* d'instance.

magnanimity [,mægnə'nɪmətɪ] noun *fml* magnanimité *f*.

magnanimous [mæg'nænɪməs] adj *fml* magnanime.

magnate ['mægneɪt] noun magnat *m*.

magnesium [mæg'ni:zɪəm] noun magnésium *m*.

magnet ['mægnɪt] noun **1.** aimant *m* **2.** *fig* : ***this place is a magnet for tourists*** cet endroit attire beaucoup de touristes / ***he's a girl magnet*** *inf* il attire les filles ▸ **magnet school** US SCH *école publique offrant un enseignement particulier non disponible dans les écoles alentour et qui recrute des élèves hors de la zone scolaire.*

magnetic [mæg'netɪk] adj *lit* & *fig* magnétique.

magnetic disk noun disque *m* magnétique.

magnetism ['mægnɪtɪzm] noun *lit* & *fig* magnétisme *m*.

magnification [,mægnɪfɪ'keɪʃn] noun grossissement *m*.

magnificence [mæg'nɪfɪsəns] noun splendeur *f*.

magnificent [mæg'nɪfɪsənt] adj magnifique, superbe.

magnify ['mægnɪfaɪ] (*pt & pp* **-ied**) vt [in vision] grossir ; [sound] amplifier ; *fig* exagérer.

magnifying glass ['mægnɪfaɪɪŋ-] noun loupe *f*.

magnitude ['mægnɪtju:d] noun envergure *f*, ampleur *f*.

magnolia [mæg'nəʊljə] noun **1.** [tree] magnolia *m* **2.** [flower] fleur *f* de magnolia.

magnum ['mægnəm] (*pl* **-s**) noun magnum *m*.

magpie ['mægpaɪ] noun pie *f*.

mahogany [mə'hɒgənɪ] noun acajou *m*.

maid [meɪd] noun [servant] domestique *f*.

maiden ['meɪdn] ◆ adj [flight] premier(ère). ◆ noun *liter* jeune fille *f*.

maiden name noun nom *m* de jeune fille.

maiden voyage noun voyage *m* inaugural.

mail [meɪl] ◆ noun **1.** [letters, parcels] courrier *m* / ***the mail is only collected twice a week*** il n'y a que deux levées par semaine **2.** [system] poste *f* / ***your cheque is in the mail*** votre chèque a été posté **3.** [e-mail] courrier *m* électronique. ◆ vt **1.** poster **2.** [send by e-mail] envoyer (par courrier électronique).

mailbag ['meɪlbæg] noun sac *m* postal.

mail bomb noun US [letter] lettre *f* piégée ; [parcel] colis *m* piégé.

mailbox ['meɪlbɒks] noun US boîte *f* à OR aux lettres.

mailing ['meɪlɪŋ] noun **1.** [posting] expédition *f*, envoi *m* par la poste ▸ **mailing address** adresse *f* postale **2.** COMM & COMPUT mailing *m*, publipostage *m*.

mailing list noun liste *f* d'adresses.

mailman ['meɪlmæn] (*pl* **-men**) noun US facteur *m*, -rice *f*.

mail merge noun COMPUT publipostage *m*, mailing *m*.

mail order noun vente *f* par correspondance.

mailroom ['meɪlru:m] noun US service *m* du courrier.

mailshot ['meɪlʃɒt] noun UK publipostage *m*.

mail train noun train *m* postal.

mail truck noun US fourgonnette *f* des postes.

mail van noun UK **1.** AUTO fourgonnette *f* des postes **2.** RAIL wagon-poste *m*.

maim [meɪm] vt estropier.

main [meɪn] ◆ adj principal(e) / ***the main thing we have to consider is his age*** la première chose à prendre en compte, c'est son âge / ***you're safe: that's the main thing*** tu es sain et sauf, c'est le principal. ◆ noun [pipe] conduite *f*. ◆ **mains** pl n UK ▸ **the mains** le secteur. ◆ **in the main** adv dans l'ensemble.

main course noun plat *m* principal.

mainland ['meɪnlənd] ◆ adj continental(e). ◆ noun ▸ **the mainland** le continent.

main line noun RAIL grande ligne *f*.

mainline ['meɪnlaɪn] ◆ adj RAIL de grande ligne. ◆ vt *drugs sl* shooter. ◆ vi *drugs sl* se shooter.

mainly ['meɪnlɪ] adv principalement.

main office noun US siège *m* social.

main road noun route *f* à grande circulation.

mains-operated adj UK fonctionnant sur secteur.

mainstay ['meɪnsteɪ] noun pilier *m*, élément *m* principal.

mainstream ['meɪnstri:m] ◆ adj dominant(e). ◆ noun ▸ **the mainstream** la tendance générale.

main street noun **1.** *lit* rue *f* principale **2.** US *fig* ▸ **Main Street** *les petits commerçants.*

maintain [meɪn'teɪn] vt **1.** [preserve, keep constant] maintenir / *to maintain law and order* maintenir l'ordre / *to maintain a position* *lit* & *fig* tenir une position **2.** [provide for, look after] entretenir / *they have two children at university to maintain* ils ont deux enfants à charge à l'université **3.** [assert] ▸ **to maintain (that)...** maintenir que..., soutenir que...

maintainable [meɪn'teɪnəbl] adj [attitude, opinion, position] soutenable, défendable.

maintenance ['meɪntənəns] noun **1.** [of public order] maintien *m* **2.** [care] entretien *m*, maintenance *f* **3.** UK LAW pension *f* alimentaire.

maisonette [ˌmeɪzə'net] noun UK duplex *m*.

maître d' [ˌmetrə'diː] noun maître *m* d'hôtel.

maize [meɪz] noun UK maïs *m*.

majestic [mə'dʒestɪk] adj majestueux(euse).

majestically [mə'dʒestɪklɪ] adv majestueusement.

majesty ['mædʒəstɪ] (*pl* -ies) noun [grandeur] majesté *f*.
◆ **Majesty** noun ▸ **His / Her Majesty** Sa Majesté le roi / la reine.

major ['meɪdʒəʳ] ❖ adj **1.** [important] majeur(e) / *don't worry: it's not a major problem* ne t'inquiète pas, ce n'est pas très grave / *of major importance* d'une grande importance, d'une importance capitale / *a major role* **a)** [in play, film] un grand rôle **b)** [in negotiations, reform] un rôle capital OR essentiel / *she underwent major surgery* elle a subi une grosse opération **2.** [main] principal(e) / *the major part of our research* l'essentiel de nos recherches **3.** MUS majeur(e) / *a sonata in E major* une sonate en mi majeur ▸ **in a major key** en (mode) majeur. ❖ noun **1.** [in army] ≃ chef *m* de bataillon ; [in air force] commandant *m* **2.** US UNIV [subject] matière *f* / *Tina is a physics major* Tina fait des études de physique. ❖ vi ▸ **to major in** US se spécialiser en / *to major in linguistics* faire des études de linguistique.

Majorca [mə'dʒɔːkə *or* mə'jɔːkə] noun Majorque *f* ▸ **in Majorca** à Majorque.

Majorcan [mə'dʒɔːkn *or* mə'jɔːkn] ❖ adj majorquin(e). ❖ noun Majorquin *m*, -e *f*.

majority [mə'dʒɒrətɪ] (*pl* -ies) noun majorité *f* / *the majority of people* la plupart des gens / *the vast majority of the tourists were Japanese* les touristes, dans leur très grande majorité, étaient des Japonais ▸ **in a** OR **the majority** dans la majorité / *she was elected by a majority of 6* elle a été élue avec une majorité de 6 voix OR par 6 voix de majorité.

majority rule noun POL gouvernement *m* à la majorité absolue, système *m* majoritaire.

major league US ❖ noun **1.** [gen] première division *f* ▸ **major league team** grande équipe *(sportive)* **2.** [in base-ball] *une des deux principales divisions de base-ball professionnel aux États-Unis.* ❖ adj [significant] de premier rang ; [as intensifier] : *he's a major-league jerk* c'est un imbécile de première.

make [meɪk]

❖ vt (*pt & pp* **made**)

1. [gen - produce] faire ; [- manufacture] faire, fabriquer / *to make a meal* préparer un repas / *'made in Japan'* 'fabriqué au Japon' / *to make a film* UK OR *movie* US tourner OR réaliser un film / *I don't make the rules* ce n'est pas moi qui fais les règlements

2. [perform an action] faire / *to make an offer* faire une offre / *to make a request* faire une demande ▸ **to make a mistake** faire une erreur, se tromper / *to make a note of sthg* prendre note de qqch

3. [cause to be] rendre / *to make sb happy / sad* rendre qqn heureux/triste / *it makes her tired* ça la fatigue / *this will make things easier* cela facilitera les choses / *I'd like to make it clear that it wasn't my fault* je voudrais qu'on comprenne bien que je n'y suis pour rien ▸ **to make o.s. heard** se faire entendre / *the film made her (into) a star* le film a fait d'elle une vedette / *he made her a manager* il l'a nommée directrice / *he makes a joke of everything* il tourne tout en plaisanterie / *the building has been made into offices* l'immeuble a été réaménagé OR converti en bureaux

4. [force, cause to do] ▸ **to make sb do sthg** faire faire qqch à qqn, obliger qqn à faire qqch / *what makes you think they're wrong?* qu'est-ce qui te fait penser qu'ils ont tort ? / *you made me jump* tu m'as fait sursauter / *you make it look easy* à vous voir, on croirait que c'est facile / *we were made to wait in the hall* on nous a fait attendre dans le vestibule / *to make sb laugh* faire rire qqn / *she made herself keep running* elle s'est forcée à continuer à courir

5. [be constructed] ▸ **to be made of** être en / *it's made of wood / metal / wool* c'est en bois/métal/laine ▸ **what's it made of?** c'est en quoi ?

6. [add up to] faire / *2 and 2 make 4* 2 et 2 font 4 / *how old does that make him?* quel âge ça lui fait ?

7. UK [calculate] ▸ **I make it 50** UK d'après moi il y en a 50, j'en ai compté 50 ▸ **what time do you make it?** UK quelle heure as-tu ? / *I make it 6 o'clock* UK il est 6 heures (à ma montre)

8. [earn] gagner, se faire / *she makes £30,000 a year* elle se fait OR elle gagne 30 000 livres par an / *how much do you make a month?* combien gagnes-tu par mois ?

9. [have the right qualities for] : *she'd make a good dancer* elle ferait une bonne danseuse / *he'll make somebody a good husband* ce sera un excellent mari / *books make excellent presents* les livres constituent de très beaux cadeaux

10. [reach] arriver à / *we should make Houston / port by evening* nous devrions arriver à Houston/atteindre le port d'ici ce soir / *did you make your train?* as-tu réussi à avoir ton train ? / *I won't be able to make lunch* je ne pourrai pas déjeuner avec toi / *their first album made the top ten* leur premier album est rentré au top ten / *the story made the front page* l'histoire a fait la une des journaux

11. [cause to be a success] assurer OR faire le succès de / *she really makes the play / film* c'est elle qui fait le succès de la pièce/du film / *if this deal comes off we're made!* si ça marche, on touche le gros lot !

12. US [in directions] : *make a right/left* tournez à droite/à gauche

13. PHR **to make it** a) [reach in time] arriver à temps b) [be a success] réussir, arriver c) [be able to attend] se libérer, pouvoir venir ▸ **to have it made** avoir trouvé le filon ▸ **to make do with** se contenter de / *it's broken but we'll just have to make do* c'est cassé mais il faudra faire avec OR nous débrouiller avec

❖ noun

1. [brand] marque f / *what make is your car?* de quelle marque est votre voiture ?

2. *inf* & *pej* ▸ **to be on the make** [act dishonestly, selfishly] être intéressé(e)

◆ **make for** vt insep **1.** [move towards] se diriger vers / *he made for his gun* il fit un geste pour saisir son pistolet **2.** [contribute to, be conducive to] rendre probable, favoriser / *this typeface makes for easier reading* cette police permet une lecture plus facile.

◆ **make of** ❖ vt sep **1.** [understand] comprendre / *can you make anything of these instructions?* est-ce que tu comprends quelque chose à ce mode d'emploi ? **2.** [give importance to] : *I think you're making too much of a very minor problem* je pense que tu exagères l'importance de ce petit problème. ❖ vt insep [think of] penser de / *what do you make of the Smiths?* qu'est-ce que tu penses des Smith ?

◆ **make off** vi *inf* filer.

◆ **make off with** vt insep *inf* filer avec.

◆ **make out** ❖ vt sep **1.** [see, hear] discerner ; [understand] comprendre / *I can't make her out at all* je ne la comprends pas du tout **2.** [fill out - cheque] libeller ; [- bill, receipt] faire ; [- form] remplir. ❖ vt insep [pretend, claim] ▸ **to make out (that)...** prétendre que... / *she made out that she was busy* elle a fait semblant d'être occupée / *don't make yourself out to be something you're not* ne prétends pas être ce que tu n'es pas. ❖ vi **1.** *inf* [manage] se débrouiller / *how did you make out at work today?* comment ça s'est passé au boulot aujourd'hui ? **2.** US *v inf* [neck, pet] se peloter / *to make out with sb* [have sex] s'envoyer qqn.

◆ **make over** vt sep **1.** [transfer] transférer, céder **2.** [change appearance] transformer / *the garage had been made over into a workshop* le garage a été transformé en atelier.

◆ **make up** ❖ vt sep **1.** [compose, constitute] composer, constituer **2.** [story, excuse] inventer **3.** [apply cosmetics to] maquiller ▸ **to make o.s. up** se maquiller / *he was heavily made up* il était très maquillé OR fardé **4.** [prepare - gen] faire ; [- prescription] préparer, exécuter **5.** [make complete] compléter **6.** [resolve - quarrel] ▸ **to make it up (with sb)** se réconcilier (avec qqn). ❖ vi [become friends again] se réconcilier.

◆ **make up for** vt insep compenser ▸ **to make up for lost time** rattraper le temps perdu.

◆ **make up to** vt sep ▸ **to make it up to sb (for sthg)** se racheter auprès de qqn (pour qqch).

make-believe noun : *it's all make-believe* c'est (de la) pure fantaisie.

makeover ['meɪkəʊvəʳ] noun transformation f.

maker ['meɪkəʳ] noun [of product] fabricant m, -e f ; [of film] réalisateur m, -trice f.

-maker suffix **1.** [manufacturer] fabricant m **2.** [machine] ▸ **electric coffee-maker** cafetière f électrique ▸ **ice cream-maker** sorbetière f.

makeshift ['meɪkʃɪft] adj de fortune.

make-up noun **1.** [cosmetics] maquillage m ▸ **make-up bag** trousse f de maquillage ▸ **make-up remover** démaquillant m **2.** [person's character] caractère m **3.** [of team, group, object] constitution f ▸ **genetic make-up** caractéristiques fpl génétiques.

making ['meɪkɪŋ] noun fabrication f ▸ **to be the making of sb / sthg** être l'origine de la réussite de qqn/qqch ▸ **his problems are of his own making** ses problèmes sont de sa faute ▸ **in the making** en formation / *history in the making* l'histoire en train de se faire ▸ **to have the makings of** avoir l'étoffe de.

maladjusted [ˌmælə'dʒʌstɪd] adj inadapté(e).

maladroit [ˌmælə'drɔɪt] adj *fml* maladroit(e), gauche, malhabile.

malady ['mælədɪ] (*pl* **-ies**) noun *liter* maladie f, affection f, mal m.

malaise [mə'leɪz] noun *fml* malaise m.

malaria [mə'leərɪə] noun malaria f.

Malawi [mə'lɑːwɪ] noun Malawi m ▸ **in Malawi** au Malawi.

Malawian [mə'lɑːwɪən] ❖ adj malawite. ❖ noun Malawite mf.

Malay [mə'leɪ] ❖ adj malais(e). ❖ noun **1.** [person] Malais m, -e f **2.** [language] malais m.

Malaysia [mə'leɪzɪə] noun Malaysia f ▸ **in Malaysia** en Malaysia.

Malaysian [mə'leɪzɪən] ❖ adj malaysien(enne). ❖ noun Malaysien m, -enne f.

Maldives ['mɔːldaɪvz] pl n ▸ **the Maldives** les (îles fpl) Maldives fpl ▸ **in the Maldives** aux Maldives.

male [meɪl] ❖ adj [gen] mâle ; [sex] masculin(e). ❖ noun mâle m.

male chauvinist noun phallocrate m ▸ **male chauvinist pig!** sale phallocrate !

male nurse noun *dated* infirmier m.

malevolence [mə'levələns] noun *fml* malveillance f.

malevolent [mə'levələnt] adj *fml* malveillant(e).

malformed [mæl'fɔːmd] adj difforme.

malfunction [mæl'fʌŋkʃn] ❖ noun mauvais fonctionnement m. ❖ vi mal fonctionner.

Mali ['mɑːlɪ] noun Mali m ▸ **in Mali** au Mali.

malice ['mælɪs] noun méchanceté f.

malicious [mə'lɪʃəs] adj malveillant(e).

maliciously [mə'lɪʃəslɪ] adv **1.** [gen] méchamment, avec malveillance **2.** LAW avec préméditation, avec intention de nuire.

malign [mə'laɪn] ◆ adj *fml* pernicieux(euse). ◆ vt calomnier.

malignant [mə'lɪgnənt] adj MED malin(igne).

malinger [mə'lɪŋgəʳ] vi *pej* simuler une maladie.

malingerer [mə'lɪŋgərəʳ] noun *pej* simulateur *m*, -trice *f*.

malingering [mə'lɪŋgərɪŋ] noun simulation *f* (de maladie).

mall [mɔ:l] noun US ▸ **(shopping) mall** centre *m* commercial.

malleable ['mælɪəbl] adj *lit* & *fig* malléable.

mallet ['mælɪt] noun maillet *m*.

malnourished [,mæl'nʌrɪʃt] adj sous-alimenté(e).

malnutrition [,mælnju:'trɪʃn] noun malnutrition *f*.

malpractice [,mæl'præktɪs] noun *(U)* LAW faute *f* professionnelle.

malt [mɔ:lt] noun malt *m*.

Malta ['mɔ:ltə] noun Malte *f* ▸ **in Malta** à Malte.

Maltese [,mɔ:l'ti:z] ◆ adj maltais(e). ◆ noun *(pl inv)* **1.** [person] Maltais *m*, -e *f* **2.** [language] maltais *m*.

maltreat [,mæl'tri:t] vt maltraiter.

maltreatment [,mæl'tri:tmənt] noun mauvais traitement *m*.

malware ['mælweəʳ] noun logiciels *mpl* malveillants / *a piece of malware* un logiciel malveillant.

mammal ['mæml] noun mammifère *m*.

mammoth ['mæməθ] ◆ adj gigantesque. ◆ noun mammouth *m*.

mammy ['mæmɪ] *(pl* **-ies***)* noun *inf* **1.** [mother] maman *f* **2.** US *pej* & *dated* [black nanny] *nourrice noire*.

man [mæn] ◆ noun *(pl* **men** [men]*)* **1.** homme *m* / *a young man* un jeune homme / *an old man* un vieux monsieur / *he seems a nice man* il a l'air gentil / *he's not a betting / drinking man* ce n'est pas un homme qui parie / boit / *he's not a man to make a mistake* il n'est pas homme à se tromper / *a TV repair man* un réparateur télé / *officers and men* **a)** [in army] officiers et hommes de troupe **b)** [in navy] officiers et matelots / *man and wife* mari et femme / *what more can a man do?* qu'est-ce qu'on peut faire de plus ? / *one of the most deadly poisons known to man* un des plus dangereux poisons connus de l'homme / *my old man* **a)** *inf* [husband] mon homme **b)** [father] mon vieux ▸ **the man in the street** l'homme de la rue ▸ **to be man enough to do sthg** avoir le courage de faire qqch ▸ **it's every man for himself** c'est chacun pour soi **2.** US *inf* [as form of address] mon vieux. ◆ vt *(pt & pp* **-ned**, *cont* **-ning***)* [ship, spaceship] fournir du personnel pour ; [telephone] répondre au ; [switchboard] assurer le service de / *man the lifeboats!* mettez les canots à la mer ! ◆ excl *inf* : *man, was it big!* bon sang, qu'est-ce que c'était grand !

man-about-town *(pl* **men-about-town***)* noun UK homme *m* du monde, mondain *m*.

manacles ['mænəklz] pl n [round wrists] menottes *fpl* ; [round legs] chaînes *fpl*.

manage ['mænɪdʒ] ◆ vi **1.** [cope] se débrouiller, y arriver / *can you manage?* ça ira ? / *give me a fork: I can't manage with chopsticks* donne-moi une fourchette, je ne m'en sors pas avec des baguettes / *we had to manage without heating* nous avons dû nous passer de chauffage **2.** [get by financially] s'en sortir. ◆ vt **1.** [succeed, cope with] ▸ **to manage to do sthg** arriver à faire qqch / *you'll manage it* ça ira / *she managed a smile* elle trouva la force de sourire / *I can't manage all this extra work* je ne peux pas faire face à ce surcroît de travail / *can you manage that rucksack?* pouvez-vous porter ce sac à dos ? / *he can't manage the stairs any more* il n'arrive plus à monter l'escalier **2.** [be responsible for, control] gérer / *I'm very bad at managing money* je suis incapable de gérer un budget / *she's a difficult child to manage* c'est une enfant difficile, c'est une enfant dont on ne fait pas ce qu'on veut **3.** [be available for] : *can you manage 9 o'clock / next Saturday?* pouvez-vous venir à 9 h / samedi prochain ? / *can you manage lunch tomorrow?* pouvez-vous déjeuner avec moi demain ?

manageable ['mænɪdʒəbl] adj maniable.

management ['mænɪdʒmənt] noun **1.** [control, running] gestion *f* / *she was praised for her management of the situation* on a applaudi la façon dont elle s'est comportée dans cette situation **2.** [people in control] direction *f* / *'under new management'* 'changement de direction OR de propriétaire'.

management buyout noun rachat *m* d'une entreprise par les salariés.

management consultancy noun [activity] conseil *m* en gestion (d'entreprise) ; [firm] cabinet *m* (de) conseil.

management consultant noun conseiller *m*, -ère *f* en gestion.

manager ['mænɪdʒəʳ] noun [of organization] directeur *m*, -trice *f* ; [of shop, restaurant, hotel] gérant *m*, -e *f* ; [of football team, pop star] manager *m*.

manageress [,mænɪdʒə'res] noun UK *dated* [of organization] directrice *f* ; [of shop, restaurant, hotel] gérante *f*.

managerial [,mænɪ'dʒɪərɪəl] adj directorial(e).

managing director ['mænɪdʒɪŋ-] noun directeur général *m*, directrice générale *f*.

managing editor noun rédacteur *m*, -trice *f* en chef.

Mancunian [mæŋ'kju:njən] ◆ adj de Manchester. ◆ noun [person] habitant *m*, -e *f* de Manchester.

mandarin ['mændərɪn] noun **1.** [fruit] mandarine *f* **2.** [civil servant] mandarin *m*.

mandate ['mændeɪt] noun mandat *m*.

mandatory ['mændətrɪ] adj obligatoire.

mandolin [mændə'lɪn] noun mandoline *f*.

mane [meɪn] noun crinière *f*.

man-eater noun [animal] anthropophage *m* ; [cannibal] cannibale *m*, anthropophage *m* ; *hum* [woman] dévoreuse *f* d'hommes, mante *f* religieuse.

man-eating [-,i:tɪŋ] adj mangeur(euse) d'hommes.

maneuver US = **manoeuvre**.

maneuverable US = **manoeuvrable**.

manful ['mænfʊl] adj [courageous] vaillant, ardent.

manfully ['mænfʊlɪ] adv courageusement, vaillamment.

manganese ['mæŋgəni:z] noun manganèse *m*.

mange [meɪndʒ] noun gale *f*.

manger ['meɪndʒə^r] noun mangeoire *f*.

mangetout (pea) [ˌmɑ̃ʒ'tu:-] noun UK mangetout *m inv*.

mangle ['mæŋgl] vt mutiler, déchirer.

mango ['mæŋgəʊ] (*pl* **-es** *or* **-s**) noun mangue *f*.

mangrove ['mæŋgrəʊv] noun palétuvier *m*.

mangy ['meɪndʒɪ] (*compar* **-ier**, *superl* **-iest**) adj galeux(euse).

manhandle ['mænˌhændl] vt malmener.

manhole ['mænhəʊl] noun regard *m*, trou *m* d'homme.

manhood ['mænhʊd] noun ▸ **to reach manhood** devenir un homme.

man-hour noun FIN heure-homme *f*.

manhunt ['mænhʌnt] noun chasse *f* à l'homme.

mania ['meɪnjə] noun ▸ **mania (for)** manie *f* (de).

maniac ['meɪnɪæk] noun fou *m*, folle *f* ▸ **a sex maniac** un obsédé sexuel (une obsédée sexuelle).

manic ['mænɪk] adj *fig* [person] surexcité(e) ; [behaviour] de fou.

manic depression noun psychose *f* maniaco-dépressive.

manic-depressive ❖ adj maniaco-dépressif (maniaco-dépressive). ❖ noun maniaco-dépressif *m*, maniaco-dépressive *f*.

manicure ['mænɪˌkjʊə^r] ❖ noun manucure *f*. ❖ vt [person] faire une manucure à ▸ **to manicure one's nails** se faire les ongles.

manifest ['mænɪfest] *fml* ❖ adj manifeste, évident(e). ❖ vt manifester.

manifestation [ˌmænɪfes'teɪʃn] noun *fml* manifestation *f*.

manifestly ['mænɪfestlɪ] adv *fml* manifestement.

manifesto [ˌmænɪ'festəʊ] (*pl* **-s** *or* **-es**) noun manifeste *m*.

manifold ['mænɪfəʊld] ❖ adj *liter* nombreux(euse), multiple. ❖ noun AUTO tubulure *f*, collecteur *m*.

Manila [mə'nɪlə] noun Manille.

manipulate [mə'nɪpjʊleɪt] vt *lit* & *fig* manipuler.

manipulation [məˌnɪpjʊ'leɪʃn] noun *lit* & *fig* manipulation *f*.

manipulative [mə'nɪpjʊlətɪv] adj [person] rusé(e) ; [behaviour] habile, subtil(e).

mankind [mæn'kaɪnd] noun humanité *f*, genre *m* humain.

manky ['mæŋkɪ] (*compar* **-ier**, *superl* **-iest**) adj UK *v inf* [worthless] nul (nulle) ; [dirty] miteux(euse), pourri(e).

manlike ['mænlaɪk] adj **1.** [virile] viril(e), masculin(e) **2.** [woman] masculin(e).

manliness ['mænlɪnɪs] noun virilité *f*.

manly ['mænlɪ] (*compar* **-ier**, *superl* **-iest**) adj viril(e).

man-made adj [fabric, fibre] synthétique ; [environment] artificiel(elle) ; [problem] causé(e) par l'homme.

manned [mænd] adj [vehicle] doté(e) d'un équipage ; [flight] habité(e).

mannequin ['mænɪkɪn] noun mannequin *mf*.

manner ['mænə^r] noun **1.** [method] manière *f*, façon *f* ▸ **in a manner of speaking** pour ainsi dire / ***not by any manner of means*** en aucune manière, aucunement **2.** [attitude] attitude *f*, comportement *m* / ***I don't like his manner*** je n'aime pas ses façons / ***he has a good telephone manner*** il fait bonne impression au téléphone **3.** [type, sort] ▸ **all manner of** toutes sortes de. ◆ **manners** pl n manières *fpl* / ***it's bad manners to talk with your mouth full*** c'est mal élevé OR ce n'est pas poli de parler la bouche pleine.

mannered ['mænəd] adj *fml* maniéré(e), affecté(e).

mannerism ['mænərɪzm] noun tic *m*, manie *f*.

mannish ['mænɪʃ] adj masculin(e).

manoeuvrable UK, **maneuverable** US [mə'nu:vrəbl] adj facile à manœuvrer, maniable.

manoeuvre UK, **maneuver** US [mə'nu:və^r] ❖ noun manœuvre *f*. ❖ vt & vi manœuvrer. ◆ **manoeuvres** pl n MIL manœuvres *fpl*.

manor ['mænə^r] noun manoir *m*.

manpower ['mænˌpaʊə^r] noun main-d'œuvre *f*.

mansion ['mænʃn] noun château *m*.

man-size(d) adj grand(e), de grande personne.

manslaughter ['mænˌslɔ:tə^r] noun homicide *m* involontaire.

mantelpiece ['mæntlpi:s] noun (dessus *m* de) cheminée *f*.

mantle ['mæntl] noun **1.** *liter* [of snow] manteau *m* **2.** *fml* [of leadership, high office] responsabilité *f*.

man-to-man ❖ adj d'homme à homme. ❖ adv [talk] d'homme à homme.

mantra ['mæntrə] noun mantra *m inv*.

manual ['mænjʊəl] ❖ adj manuel(elle). ❖ noun manuel *m*.

manually ['mænjʊəlɪ] adv à la main, manuellement.

manual worker noun travailleur manuel *m*, travailleuse manuelle *f*.

manufacture [ˌmænjʊ'fæktʃə^r] ❖ noun fabrication *f* ; [of cars] construction *f*. ❖ vt fabriquer ; [cars] construire.

manufacturer [ˌmænjʊ'fæktʃərə^r] noun fabricant *m* ; [of cars] constructeur *m*.

manufacturing [ˌmænjʊ'fæktʃərɪŋ] noun fabrication *f*.

manufacturing costs noun frais *mpl* de fabrication.

manure [mə'njʊə^r] noun fumier *m*.

manuscript ['mænjʊskrɪpt] noun manuscrit *m*.

many ['menɪ] ❖ adj (*compar* **more**, *superl* **most**) beaucoup de ▸ **how many…?** combien de… ? ▸ **too many** trop de ▸ **as many… as** autant de… que ▸ **so many** autant de

▸ **a good** OR **great many** un grand nombre de. ❖ pron [a lot, plenty] beaucoup.

Maori ['maʊrɪ] ❖ adj maori(e). ❖ noun Maori *m*, -e *f*.

map [mæp] noun carte *f*. ◆ **map out** (*pt & pp* **-ped**, *cont* **-ping**) vt sep [plan] élaborer ; [timetable] établir ; [task] définir.

maple ['meɪpl] noun érable *m*.

maple syrup noun sirop *m* d'érable.

mar [mɑːʳ] (*pt & pp* **-red**, *cont* **-ring**) vt gâter, gâcher.

Mar. *abbr of* **March**.

marathon ['mærəθn] ❖ adj marathon *(inv)*. ❖ noun marathon *m*.

marauder [mə'rɔːdəʳ] noun maraudeur *m*, -euse *f*.

marauding [mə'rɔːdɪŋ] adj maraudeur(euse).

marble ['mɑːbl] noun **1.** [stone] marbre *m* **2.** [for game] bille *f*. ◆ **marbles** noun *(U)* [game] billes *fpl*.

march [mɑːtʃ] ❖ noun marche *f*. ❖ vi **1.** [soldiers] marcher au pas **2.** [demonstrators] manifester, faire une marche de protestation **3.** [quickly] ▸ **to march up to sb** s'approcher de qqn d'un pas décidé. ❖ vt : *to march sb out the door* faire sortir qqn.

March [mɑːtʃ] noun mars *m*. *See also* **September**.

marcher ['mɑːtʃəʳ] noun [protester] marcheur *m*, -euse *f*.

marching orders ['mɑːtʃɪŋ-] pl n ▸ **to get one's marching orders** se faire mettre à la porte.

Mardi Gras [ˌmɑːdɪ'grɑː] noun mardi *m* gras, carnaval *m*.

mare [meəʳ] noun jument *f*.

margarine [ˌmɑːdʒə'riːn or ˌmɑːgə'riːn] noun margarine *f*.

margin ['mɑːdʒɪn] noun **1.** [gen] marge *f* ▸ **to win by a narrow margin** gagner de peu OR de justesse **2.** [edge - of an area] bord *m*.

marginal ['mɑːdʒɪnl] adj marginal(e), secondaire.

marginalize, **marginalise** ['mɑːdʒɪnəlaɪz] vt marginaliser.

marginally ['mɑːdʒɪnəlɪ] adv très peu.

marigold ['mærɪgəʊld] noun souci *m*.

marihuana, **marijuana** [ˌmærɪ'wɑːnə] noun marihuana *f*.

marina [mə'riːnə] noun marina *f*.

marinade [ˌmærɪ'neɪd] ❖ noun marinade *f*. ❖ vt & vi mariner.

marinate ['mærɪneɪt] vt & vi mariner.

marine [mə'riːn] adj marin(e).

Marine noun marine *m*.

marionette [ˌmærɪə'net] noun marionnette *f*.

marital ['mærɪtl] adj [sex, happiness] conjugal(e) ; [problems] matrimonial(e).

marital status noun situation *f* de famille.

maritime ['mærɪtaɪm] adj maritime.

marjoram ['mɑːdʒərəm] noun marjolaine *f*.

mark [mɑːk] ❖ noun **1.** [sign, symbol] marque *f* / *to make a mark on sthg* faire une marque sur qqch, marquer qqch / *a mark of affection* une marque d'affection / *as a mark of respect* en signe de respect **2.** [trace, stain] tache *f*, marque *f* / *there wasn't a mark on the body* le corps ne portait aucune trace de coups / *the years she spent in prison have left their mark* ses années en prison l'ont marquée **3.** UK [in exam] note *f*, point *m* / *the mark is out of 100* la note est sur 100 / *to get full marks* obtenir la meilleure note (possible) / *she deserves full marks for imagination* il faut saluer son imagination **4.** [stage, level] barre *f* / *to reach the half-way mark* arriver à mi-course / *sales topped the 5 million mark* les ventes ont dépassé la barre des 5 millions **5.** [currency] mark *m* **6.** PHR **to make one's mark** se faire un nom, réussir ▸ **to be quick off the mark in doing sthg** faire qqch sans perdre de temps ▸ **to be up to the mark** **a)** [be capable] être à la hauteur **b)** [meet expectations] être satisfaisant ▸ **wide of the mark** à côté de la question. ❖ vt **1.** [gen] marquer / *the towels were marked with his name* les serviettes étaient à son nom, son nom était marqué sur les serviettes / *mark the text with your initials* inscrivez vos initiales sur ce texte **2.** [stain] marquer, tacher / *the scandal marked him for life* [mentally] le scandale l'a marqué pour la vie **3.** [distinguish] marquer / *X marks the spot* l'endroit est marqué d'un X / *let's have some champagne to mark the occasion* ouvrons une bouteille de champagne pour fêter l'événement / *he has all the qualities that mark a good golfer* il possède toutes les qualités d'un bon golfeur **4.** UK [exam, essay] noter, corriger / *the exam was marked out of 100* l'examen a été noté sur 100 / *to mark sthg wrong/right* marquer qqch comme étant faux/juste. ◆ **mark down** vt sep **1.** [COMM - prices] baisser ; [- goods] baisser le prix de, démarquer / *marked down shirts* chemises démarquées OR soldées **2.** [downgrade] baisser la note de. ◆ **mark off** vt sep **1.** [divide, isolate] délimiter / *one corner of the field had been marked off by a fence* un coin du champ avait été isolé par une barrière **2.** [cross off] cocher. ◆ **mark up** vt sep **1.** [on notice] marquer / *the menu is marked up on the blackboard* le menu est sur le tableau **2.** [COMM - prices] augmenter ; [- goods] augmenter le prix de **3.** [annotate] annoter.

marked [mɑːkt] adj [change, difference] marqué(e) ; [improvement, deterioration] sensible.

markedly ['mɑːkɪdlɪ] adv [different] d'une façon marquée ; [worse, better] sensiblement, manifestement.

marker ['mɑːkəʳ] noun **1.** [sign] repère *m* **2.** [pen] marqueur *m*.

marker pen noun marqueur *m*.

market ['mɑːkɪt] ❖ noun **1.** [generally] marché *m* ▸ **to be on the market** être sur le marché OR en vente / *he's unable to find a market for his products* il ne trouve pas de débouchés pour ses produits **2.** [clientele] marché *m*, clientèle *f* / *this ad should appeal to the teenage market* cette pub devrait séduire les jeunes **3.** FIN marché *m* ; [index] indice *m* / *the market has risen 10 points* l'indice est en hausse de 10 points. ❖ vt commercialiser. ❖ vi US [shop] ▸ **to go marketing** aller faire ses courses.

marketable ['mɑːkɪtəbl] adj commercialisable.

market analysis noun analyse *f* de marché.

market conditions noun conditions *fpl* du marché.

market-driven adj répondant aux besoins du marché, orienté(e) marché.

market economy noun économie *f* de marché OR libérale.

market forces pl n forces *fpl* OR tendances *fpl* du marché.

market garden noun UK jardin *m* maraîcher.

marketing ['mɑːkɪtɪŋ] noun marketing *m*.

marketing campaign noun campagne *f* marketing.

marketing department noun département *m* marketing.

market intelligence noun [knowledge] connaissance *f* du marché ; [data] données *fpl* marché.

market leader noun [product] premier produit *m* sur le marché ; [firm] leader *m* du marché.

marketplace ['mɑːkɪtpleɪs] noun **1.** [in a town] place *f* du marché **2.** COMM marché *m*.

market price noun prix *m* du marché.

market research noun étude *f* de marché.

market share noun part *f* de marché.

market survey noun étude *f* de marché.

market trader noun marchand *m*, -e *f*.

market value noun valeur *f* marchande.

marking ['mɑːkɪŋ] noun SCH correction *f*. ◆ **markings** pl n [on animal, flower] taches *fpl*, marques *fpl* ; [on road] signalisation *f* horizontale.

marksman ['mɑːksmən] (*pl* **-men**) noun tireur *m* d'élite.

marksmanship ['mɑːksmənʃɪp] noun adresse *f* au tir.

markup ['mɑːkʌp] noun majoration *f*.

marmalade ['mɑːməleɪd] noun confiture *f* d'oranges amères.

maroon [mə'ruːn] adj bordeaux *(inv)*.

marooned [mə'ruːnd] adj abandonné(e).

marquee [mɑː'kiː] noun UK grande tente *f*.

marquess ['mɑːkwɪs] = **marquis**.

marquis ['mɑːkwɪs] noun marquis *m*.

marriage ['mærɪdʒ] noun mariage *m*.

marriage certificate noun acte *m* de mariage.

marriage guidance UK AUSTR, **marriage counseling** US noun conseil *m* conjugal.

marriage of convenience noun mariage *m* de raison.

married ['mærɪd] adj **1.** [person] marié(e) ▸ **as a married woman** en tant que femme mariée **2.** [life] conjugal(e).

marrow ['mærəʊ] noun **1.** UK [vegetable] courge *f* **2.** [in bones] moelle *f*.

marry ['mærɪ] (*pt & pp* **-ied**) ❖ vt **1.** [become spouse of] épouser, se marier avec **2.** [subj: priest, registrar] marier. ❖ vi se marier.

Mars [mɑːz] noun [planet] Mars *f*.

Marseille(s) [mɑː'seɪl(z)] noun Marseille.

marsh [mɑːʃ] noun marais *m*, marécage *m*.

marshal ['mɑːʃl] ❖ noun **1.** MIL maréchal *m* **2.** [steward] membre *m* du service d'ordre **3.** US [law officer] officier *m* de police fédérale. ❖ vt (UK *pt & pp* **-led**, *cont* **-ling**, US *pt & pp* **-ed**, *cont* **-ing**) *lit* & *fig* rassembler.

marshland ['mɑːʃlænd] noun terrain *m* marécageux.

marshmallow [UK ˌmɑːʃ'mæləʊ, US 'mɑːrʃˌmeləʊ] noun guimauve *f*.

marshy ['mɑːʃɪ] (*compar* **-ier**, *superl* **-iest**) adj marécageux(euse).

marsupial [mɑː'suːpjəl] noun marsupial *m*.

martial ['mɑːʃl] adj martial(e).

martial arts pl n arts *mpl* martiaux.

martial law noun loi *f* martiale.

Martian ['mɑːʃn] ❖ adj martien(enne). ❖ noun Martien *m*, -enne *f*.

martyr ['mɑːtə^r] noun martyr *m*, -e *f*.

martyrdom ['mɑːtədəm] noun martyre *m*.

marvel ['mɑːvl] ❖ noun merveille *f* / ***it's a marvel that…*** c'est un miracle que… *(+ subjunctive)*. ❖ vt (UK *pt & pp* **-led**, *cont* **-ling**, US *pt & pp* **-ed**, *cont* **-ing**) ▸ **to marvel that** s'étonner de ce que. ❖ vi (UK *pt & pp* **-led**, *cont* **-ling**, US *pt & pp* **-ed**, *cont* **-ing**) ▸ **to marvel (at)** s'émerveiller (de), s'étonner (de).

marvellous UK, **marvelous** US ['mɑːvələs] adj merveilleux(euse).

Marxism ['mɑːksɪzm] noun marxisme *m*.

Marxist ['mɑːksɪst] ❖ adj marxiste. ❖ noun marxiste *mf*.

marzipan ['mɑːzɪpæn] noun *(U)* pâte *f* d'amandes.

mascara [mæs'kɑːrə] noun mascara *m*.

mascot ['mæskət] noun mascotte *f*.

masculine ['mæskjʊlɪn] adj masculin(e).

masculinity [ˌmæskjʊ'lɪnətɪ] noun masculinité *f*.

mash [mæʃ] vt UK *inf* faire une purée de.

mashed potato [mæʃt-] noun UK purée *f* de pommes de terre.

mask [mɑːsk] *lit* & *fig* ❖ noun masque *m*. ❖ vt masquer.

masked [mɑːskt] adj masqué(e).

masking tape ['mɑːskɪŋ-] noun papier *m* cache.

masochism ['mæsəkɪzm] noun masochisme *m*.

masochist ['mæsəkɪst] noun masochiste *mf*.

masochistic [ˌmæsə'kɪstɪk] adj masochiste.

mason ['meɪsn] noun **1.** [stonemason] maçon *m* **2.** [freemason] franc-maçon *m*.

masonry ['meɪsnrɪ] noun [stones] maçonnerie *f*.

masquerade [ˌmæskə'reɪd] vi ▸ **to masquerade as** se faire passer pour ▸ **to masquerade under an assumed name** se cacher sous un faux nom.

mass [mæs] ❖ noun [gen & PHYS] masse *f* / ***the streets were a solid mass of people / traffic*** les rues regorgeaient de monde / de voitures. ❖ adj [protest, meeting] en masse, en nombre ; [unemployment, support] massif(ive) / *mass grave* charnier *m* ▸ **mass hypnosis / hysteria** hypnose *f* / hystérie *f* collective ▸ **mass murderer** tueur *m* fou. ❖ vt masser. ❖ vi se masser. ◆ **Mass** noun RELIG messe *f*. ◆ **masses** pl n **1.** UK *inf* [lots] ▸ **masses (of)** a) des masses (de) b) [food] des tonnes (de) **2.** [workers] ▸ **the masses** les masses *fpl*.

massacre ['mæsəkər] ❖ noun massacre *m*. ❖ vt massacrer.

massage UK 'mæsɑ:ʒ, US mə'sɑ:ʒ] ❖ noun massage *m*. ❖ vt masser.

massed [mæst] adj **1.** [crowds, soldiers] massé(e), regroupé(e) / *massed bands* UK ensemble *m* de fanfares **2.** [collective] de masse / *the massed weight of public opinion* le poids de l'opinion publique.

masseur [mæ'sɜ:r] noun masseur *m*.

masseuse [mæ'sɜ:z] noun masseuse *f*.

massive ['mæsɪv] adj massif(ive), énorme.

massively ['mæsɪvlɪ] adv massivement.

mass mailing noun envoi *m* en nombre, publipostage *m*.

mass-market adj grand public *(inv)*.

mass media noun & pl n ▸ **the mass media** les (mass) media *mpl*.

mass-produce vt fabriquer en série.

mass-produced adj fabriqué(e) en série.

mass production noun fabrication *f* OR production *f* en série.

mast [mɑ:st] noun **1.** [on boat] mât *m* **2.** RADIO & TV pylône *m*.

mastectomy [mæs'tektəmɪ] (*pl* **-ies**) noun mastectomie *f*.

master ['mɑ:stər] ❖ noun **1.** [gen] maître *m* **2.** UK [SCH - in primary school] instituteur *m*, maître *m* ; [- in secondary school] professeur *m* **3.** [original copy] original *m*. ❖ adj maître / *master chef / craftsman* maître chef *m* / artisan *m*. ❖ vt maîtriser ; [difficulty] surmonter, vaincre ; [situation] se rendre maître de.

master class noun cours *m* de maître ; MUS master class *m*.

master file noun COMPUT fichier *m* principal OR maître.

masterful ['mɑ:stəfʊl] adj autoritaire.

master key noun passe *m*, passe-partout *m inv*.

masterly ['mɑ:stəlɪ] adj magistral(e).

mastermind ['mɑ:stəmaɪnd] ❖ noun cerveau *m*. ❖ vt organiser, diriger.

Master of Arts (*pl* **Masters of Arts**) noun **1.** [degree] maîtrise *f* ès lettres **2.** [person] titulaire *mf* d'une maîtrise ès lettres.

master of ceremonies (*pl* **masters of ceremonies**) noun maître *m* de cérémonie.

Master of Science (*pl* **Masters of Science**) noun **1.** [degree] maîtrise *f* ès sciences **2.** [person] titulaire *mf* d'une maîtrise ès sciences.

masterpiece ['mɑ:stəpi:s] noun chef-d'œuvre *m*.

master plan noun stratégie *f* globale.

master's degree noun ≃ maîtrise *f*.

masterstroke ['mɑ:stəstrəʊk] noun coup *m* magistral OR de maître.

master switch noun interrupteur *m* général OR principal.

mastery ['mɑ:stərɪ] noun maîtrise *f*.

masticate ['mæstɪkeɪt] vt & vi *fml* mastiquer, mâcher.

mastiff ['mæstɪf] noun mastiff *m*.

masturbate ['mæstəbeɪt] vi se masturber.

masturbation [ˌmæstə'beɪʃn] noun masturbation *f*.

mat [mæt] noun **1.** [on floor] petit tapis *m* ; [at door] paillasson *m* **2.** [on table] set *m* (de table) ; [coaster] dessous *m* de verre.

match [mætʃ] ❖ noun **1.** [game] match *m* / *a rugby / boxing match* un match de rugby / de boxe / *to play a match* jouer un match **2.** [for lighting] allumette *f* / *to light* OR *to strike a match* frotter OR craquer une allumette / *a box / book of matches* une boîte / une pochette d'allumettes **3.** [equal] ▸ **to be no match for sb** ne pas être de taille à lutter contre qqn / *he's found* OR *met his match (in Pauline)* il a trouvé à qui parler (avec Pauline) **4.** [combination] : *they are* OR *make a good match* ils vont bien ensemble / *the new paint's not quite a perfect match* la nouvelle peinture n'est pas exactement de la même couleur que la précédente. ❖ vt **1.** [be the same as, go with] correspondre à, s'accorder avec / *the gloves match the scarf* les gants sont assortis à l'écharpe **2.** [pair off] faire correspondre / *can you match the names with the photographs?* pouvez-vous attribuer à chaque photo le nom qui lui correspond ? **3.** [be equal with] égaler, rivaliser avec / *his arrogance is matched only by that of his father* son arrogance n'a d'égale que celle de son père **4.** [oppose] : *to match sb against sb* opposer qqn à qqn. ❖ vi **1.** [be the same] correspondre / *I can't find two socks that match* je ne parviens pas à trouver deux chaussettes identiques **2.** [go together well] être assorti(e) / *a red scarf with a bonnet to match* un foulard rouge avec un bonnet assorti.

matchbox ['mætʃbɒks] noun boîte *f* à allumettes.

matched [mætʃt] adj ▸ **to be well matched** a) [well suited] être bien assortis(es) b) [equal in strength] être de force égale.

match-fixing noun UK : *they were accused of match-fixing* on les a accusés d'avoir truqué le match.

matching ['mætʃɪŋ] adj assorti(e).

matchless ['mætʃlɪs] adj *liter* sans pareil, incomparable.

matchmaker ['mætʃˌmeɪkər] noun marieur *m*, -euse *f*.

match play noun GOLF match-play *m*.

match point noun TENNIS balle *f* de match.

matchstick ['mætʃstɪk] noun allumette *f*.

mate [meɪt] ❖ noun **1.** UK *inf* [friend] copain *m*, copine *f*, pote *m* **2.** UK *inf* [term of address] mon vieux **3.** [of female animal] mâle *m* ; [of male animal] femelle *f* **4.** NAUT ▸ **(first) mate** second *m*. ❖ vi s'accoupler.

material [mə'tɪərɪəl] ❖ adj **1.** [goods, benefits, world] matériel(elle) **2.** [important] important(e), essentiel(elle). ❖ noun **1.** [substance] matière *f*, substance *f* ; [type of substance] matériau *m*, matière **2.** [fabric] tissu *m*, étoffe *f* ; [type of fabric] tissu **3.** *(U)* [information - for book, article] matériaux *mpl* / *background material* documentation de base **4.** [finished work] : *a comic who writes his own material* un comique qui écrit ses propres textes OR sketches **5.** [suitable person or persons] : *is he officer / university material?* a-t-il l'étoffe d'un officier / universitaire ? ◆ **materials** pl n matériaux *mpl* / *teaching materials* SCH supports *mpl* pédagogiques.

matériel, matériau OR matière?

The word **matière** is a generic word for materials in the sense of substances (**matières premières** *raw materials*; **une matière résistante** *a resilient material*). The word **matériau** refers more specifically to a material used to make something (**matériaux de construction** *building materials*; **des matériaux de revêtement intérieur** *indoor wall and floor covering materials*). The word **matériel** generally refers to material in the sense of equipment (**matériel pédagogique** *teaching material*).

materialism [məˈtɪərɪəlɪzm] noun matérialisme *m*.

materialist [məˈtɪərɪəlɪst] noun matérialiste *mf*.

materialistic [məˌtɪərɪəˈlɪstɪk] adj matérialiste.

materialize, materialise UK [məˈtɪərɪəlaɪz] vi **1.** [offer, threat] se concrétiser, se réaliser **2.** [person, object] apparaître.

materially [məˈtɪərɪəlɪ] adv **1.** [benefit, suffer] matériellement **2.** [different] essentiellement.

maternal [məˈtɜːnl] adj maternel(elle).

maternity [məˈtɜːnətɪ] noun maternité *f*.

maternity benefit noun *(U)* UK allocations *fpl* (de) maternité.

maternity leave noun congé *m* (de) maternité.

maternity pay noun *allocation de maternité versée par l'employeur*.

math US = **maths**.

mathematical [ˌmæθəˈmætɪkl] adj mathématique.

mathematically [ˌmæθəˈmætɪklɪ] adv mathématiquement.

mathematician [ˌmæθəməˈtɪʃn] noun mathématicien *m*, -enne *f*.

mathematics [ˌmæθəˈmætɪks] noun *(U)* mathématiques *fpl*.

maths UK [mæθs], **math** US [mæθ] (*abbr of* **mathematics**) ❖ noun *(U) inf* maths *fpl*. ❖ comp de maths.

matinée, matinee [ˈmætɪneɪ] noun matinée *f*.

mating [ˈmeɪtɪŋ] noun accouplement *m*.

mating season noun saison *f* des amours.

matriarch [ˈmeɪtrɪɑːk] noun **1.** [of society] *femme ayant une autorité matriarcale* **2.** *liter* [of family] aïeule *f*, doyenne *f*.

matriarchal [ˌmeɪtrɪˈɑːkl] adj matriarcal.

matriarchy [ˈmeɪtrɪɑːkɪ] (*pl* **-ies**) noun matriarcat *m*.

matrices [ˈmeɪtrɪsiːz] pl n ⟶ **matrix**.

matriculate [məˈtrɪkjʊleɪt] vi s'inscrire.

matriculation [məˌtrɪkjʊˈleɪʃn] noun inscription *f*.

matrimonial [ˌmætrɪˈməʊnjəl] adj *fml* matrimonial(e), conjugal(e).

matrimony [ˈmætrɪmənɪ] noun *(U) fml* mariage *m*.

matrix [ˈmeɪtrɪks] (*pl* **matrices** [ˈmeɪtrɪsiːz] *or* **-es**) noun **1.** [context, framework] contexte *m*, structure *f* **2.** MATH & TECH matrice *f*.

matron [ˈmeɪtrən] noun **1.** UK [in hospital] infirmière *f* en chef **2.** UK [in school] infirmière *f* **3.** US [in prison] gardienne *f*.

matronly [ˈmeɪtrənlɪ] adj *euph* [woman] qui a l'allure d'une matrone ; [figure] de matrone.

matt UK, **matte** US [mæt] adj mat(e).

matted [ˈmætɪd] adj emmêlé(e).

matter [ˈmætəʳ] ❖ noun **1.** [question, situation] question *f*, affaire *f* / *business matters* affaires *fpl* / *money matters* questions *fpl* d'argent ▸ **a matter of life and death** une question de vie ou de mort ▸ **the fact** OR **truth of the matter is…** la vérité c'est que…, le fait est que… ▸ **that's another** OR **a different matter** c'est tout autre chose, c'est une autre histoire / *I reported the matter to the police* j'ai rapporté les faits à la police / *there's the small matter of the £100 you owe me* il y a ce petit problème des 100 livres que tu me dois ▸ **as a matter of course** automatiquement ▸ **to make matters worse** aggraver la situation ▸ **and to make matters worse…** pour tout arranger… ▸ **as a matter of principle** par principe ▸ **within a matter of hours** en l'affaire de quelques heures ▸ **that's a matter of opinion** c'est (une) affaire OR question d'opinion ▸ **a matter of time** une question de temps **2.** [trouble, cause of pain] : *there's something the matter with my radio* il y a quelque chose qui cloche OR ne va pas dans ma radio / *is there something* OR *is anything the matter?* il y a quelque chose qui ne va pas ?, il y a un problème ? ▸ **what's the matter?** qu'est-ce qu'il y a ? ▸ **what's the matter with him?** qu'est-ce qu'il a ? / *what's the matter with your eyes?* qu'est-ce que vous avez aux yeux ? / *what's the matter with the way I dress?* qu'est-ce que vous reprochez à ma façon de m'habiller ? / *nothing's the* OR *there's nothing the matter* il n'y a rien, tout va bien / *nothing's the matter with me* je vais parfaitement bien **3.** PHYS matière *f* **4.** *(U)* [material] matière *f* ▸ **reading matter** choses *fpl* à lire. ❖ vi [be important] importer, avoir de l'importance ▸ **it doesn't matter** cela n'a pas d'importance / *what does it matter?* quelle importance est-ce que ça a ?, qu'importe ? / *it matters a lot* cela a beaucoup d'importance, c'est très important / *it doesn't matter to me what you do with your money* ce que tu fais de ton argent m'est égal / *money is all that matters to him* il n'y a que l'argent qui l'intéresse. ◆ **as a matter of fact** adv en fait, à vrai dire. ◆ **for that matter** adv d'ailleurs. ◆ **no matter** adv ▸ **no matter what** coûte que coûte, à tout prix / *no matter what I do* quoi que je fasse / *no* *matter how hard I try to explain...* j'ai beau essayer de lui expliquer... / *no matter where I am* où que je sois.

Matterhorn ['mætə,hɔ:n] noun ▸ **the Matterhorn** le mont Cervin.

matter-of-fact adj **1.** [down-to-earth] terre-à-terre **2.** [unemotional] neutre.

matting ['mætɪŋ] noun *(U)* natte *f*.

mattress ['mætrɪs] noun matelas *m*.

mature [mə'tjʊər] ❖ adj **1.** [person, attitude] mûr(e) **2.** [cheese] fait(e) ; [wine] arrivé(e) à maturité. ❖ vi **1.** [person] mûrir **2.** [cheese, wine] se faire.

mature student noun UK UNIV *étudiant qui a commencé ses études sur le tard*.

maturity [mə'tjʊərətɪ] noun maturité *f*.

maudlin ['mɔ:dlɪn] adj larmoyant(e).

maul [mɔ:l] vt mutiler.

Maundy Thursday ['mɔ:ndɪ-] noun RELIG jeudi *m* saint.

Mauritania [,mɒrɪ'teɪnjə] noun Mauritanie *f* ▸ **in Mauritania** en Mauritanie.

Mauritanian [,mɒrɪ'teɪnjən] ❖ adj mauritanien(enne). ❖ noun Mauritanien *m*, -enne *f*.

Mauritian [mə'rɪʃn] ❖ adj mauricien(enne). ❖ noun Mauricien *m*, -enne *f*.

Mauritius [mə'rɪʃəs] noun l'île *f* Maurice ▸ **in Mauritius** à l'île Maurice.

mausoleum [,mɔ:sə'lɪəm] *(pl* **-s***)* noun mausolée *m*.

mauve [məʊv] ❖ adj mauve. ❖ noun mauve *m*.

maverick ['mævərɪk] noun non-conformiste *mf*.

mawkish ['mɔ:kɪʃ] adj d'une sentimentalité excessive.

max adv *inf* maximum / *three days max* trois jours grand maximum. ◆ **max out** US vt sep : *I maxed out my credit card* j'ai atteint la limite sur ma carte de crédit / *with two kids and a dog, I'm maxed out* avec deux gosses et un chien, les fins de mois sont difficiles.

max. [mæks] (*abbr of* **maximum**) max.

maxim ['mæksɪm] *(pl* **-s***)* noun maxime *f*.

maxima ['mæksɪmə] pl n ⟶ **maximum**.

maximize, maximise UK ['mæksɪmaɪz] vt maximiser, porter au maximum.

maximum ['mæksɪməm] ❖ adj maximum *(inv)*. ❖ noun *(pl* **maxima** ['mæksɪmə] *or* **-s***)* maximum *m*.

may [meɪ] modal vb **1.** [expressing possibility] : *it may rain* il se peut qu'il pleuve, il va peut-être pleuvoir / *this may take some time* ça prendra peut-être OR il se peut que ça prenne du temps / *you may well be right* il est fort possible OR il se peut bien que vous ayez raison / *he may have been right* il avait peut-être raison / *she may not have arrived yet* il se peut OR il se pourrait qu'elle ne soit pas encore arrivée ▸ **be that as it may** quoi qu'il en soit **2.** [expressing permission] : *may I come in?* puis-je entrer ? / *may I make a suggestion?* puis-je me permettre de faire une suggestion ? / *you may sit down* vous pouvez vous asseoir / *I will go home now, if I may* je vais rentrer chez moi, si vous me le permettez / *if I may say so* si je peux OR puis me permettre cette remarque / *may I say how pleased we are that you could come* permettez-moi de vous dire à quel point nous sommes ravis que vous ayez pu venir **3.** [as contrast] : *it may be expensive but...* c'est peut-être cher, mais... / *you may think I'm imagining things, but I think I'm being followed* tu vas croire que je divague mais je crois que je suis suivi **4.** *fml* [can] pouvoir / *on a clear day the coast may be seen* on peut voir la côte par temps clair **5.** *fml* [expressing wish, hope] : *may she rest in peace* qu'elle repose en paix / *may the best man win!* que le meilleur gagne ! / *may they be happy!* qu'ils soient heureux ! **6.** / *may as well* : *can I go home now? — you may as well* est-ce que je peux rentrer chez moi maintenant ? — tu ferais aussi bien / *we may as well have another drink* tant qu'à faire, autant prendre un autre verre. *See also* **might**.

May [meɪ] noun mai *m*. *See also* **September**.

Mayan ['maɪən] adj maya.

maybe ['meɪbi:] adv peut-être / *maybe I'll come* je viendrai peut-être.

May Day noun le Premier mai.

Mayday ['meɪdeɪ] noun [SOS] SOS *m* / *to send out a Mayday signal* envoyer un signal de détresse OR un SOS.

mayfly ['meɪflaɪ] *(pl* **-ies***)* noun éphémère *m*.

mayhem ['meɪhem] noun pagaille *f*.

mayn't [meɪnt] UK ⟶ **may not**.

mayonnaise [,meɪə'neɪz] noun mayonnaise *f*.

mayor [meər] noun maire *m*.

mayoress ['meərɪs] noun UK **1.** [female mayor] femme *f* maire **2.** [mayor's wife] femme *f* du maire.

maypole ['meɪpəʊl] noun ≃ mai *m*.

may've ['meɪəv] ⟶ **may have**.

maze [meɪz] noun *lit* & *fig* labyrinthe *m*, dédale *m*.

MB (*abbr of* **megabyte**) Mo.

MBA (*abbr of* **Master of Business Administration**) noun *(titulaire d'une) formation supérieure au management*.

MBE (*abbr of* **Member of the Order of the British Empire**) noun *distinction honorifique britannique*.

MC *abbr of* **master of ceremonies**.

McCoy [mə'kɔɪ] noun *inf* ▸ **the real McCoy** de l'authentique, du vrai de vrai.

MD[1] noun **1.** *abbr of* **Doctor of Medicine 2.** UK *abbr of* **managing director**.

MD[2] *abbr of* **Maryland**.

MDF (*abbr of* **medium-density fibreboard**) noun médium *m*, aggloméré *m*.

me [mi:] pers pron **1.** [direct, indirect] me, m' *(+ vowel or silent 'h')* / *can you see / hear me?* tu me vois / m'entends ? / *it's me* c'est moi / *they spoke to me* ils m'ont parlé / *she gave it to me* elle me l'a donné **2.** [stressed, after prep, in comparisons, etc.] moi / *you can't expect me to do it* tu ne peux pas exiger que ce soit moi qui le fasse / *she's shorter than me* elle est plus petite que moi.

ME ❖ noun (*abbr of* **myalgic encephalomyelitis**) myélo-encéphalite *f*. ❖ *abbr of* **Maine**.

meadow ['medəʊ] noun prairie *f*, pré *m*.

meagre UK, **meager** US ['mi:gəʳ] adj maigre.

meal [mi:l] noun repas *m* ▸ **to make a meal of sthg** UK *fig* & *pej* faire toute une histoire OR tout un plat de qqch.

meal ticket noun **1.** US ticket *m* restaurant **2.** *inf* [source of income] gagne-pain *m inv*.

mealtime ['mi:ltaɪm] noun heure *f* du repas ▸ **at mealtimes** aux heures des repas.

mealy-mouthed ['mi:lɪ'maʊðd] adj *pej* mielleux(euse), patelin(e).

mean [mi:n] ❖ vt (*pt* & *pp* **meant**) **1.** [signify] signifier, vouloir dire / *what do you mean?* qu'est-ce que tu veux dire ? / *what do you mean by "wrong"?* qu'entendez-vous par "faux" ? / *do you mean* OR *you mean it's over already?* tu veux dire que c'est déjà fini ? / *does the name Heathcliff mean anything to you?* est-ce que le nom de Heathcliff vous dit quelque chose ? / *do you mean us?* tu veux dire nous ? **2.** [matter, be of value] compter / *money means nothing to him* l'argent ne compte pas pour lui / *this watch means a lot to me* je suis très attaché à cette montre / *your friendship means a lot to her* votre amitié compte beaucoup pour elle / *you mean everything to me* tu es tout pour moi **3.** [intend] ▸ **to mean to do sthg** vouloir faire qqch, avoir l'intention de faire qqch / *I didn't mean to drop it* je n'ai pas fait exprès de le laisser tomber / *I only meant to help* je voulais seulement me rendre utile / *without meaning to* involontairement ▸ **to be meant for sb / sthg** être destiné(e) à qqn / qqch ▸ **to be meant to do sthg** être censé(e) faire qqch / *they're meant for each other* ils sont faits l'un pour l'autre / *it was meant to be* c'était écrit ▸ **to mean well** agir dans une bonne intention **4.** [be serious about] : *I mean it* je suis sérieux(euse) / *I didn't mean it!* **a)** [action] je ne l'ai pas fait exprès ! **b)** [words] je n'étais pas sérieux ! **5.** [entail] occasionner, entraîner / *going to see a film means driving into town* pour voir un film, nous sommes obligés de prendre la voiture et d'aller en ville **6.** PHR **I mean** **a)** [as explanation] c'est vrai **b)** [as correction] je veux dire / *why diet? I mean, you're not exactly fat* pourquoi te mettre au régime ? on ne peut pas dire que tu sois grosse. ❖ adj **1.** UK [miserly] radin(e), chiche ▸ **to be mean with sthg** être avare de qqch **2.** [unkind] mesquin(e), méchant(e) ▸ **to be mean to sb** être mesquin envers qqn / *I feel mean about not inviting her* j'ai un peu honte de ne pas l'avoir invitée **3.** [average] moyen(enne) **4.** *iro* ▸ **she's no mean singer** elle a de la voix ▸ **that's no mean feat** c'est un véritable exploit. ❖ noun [average] moyenne *f*. *See also* **means**.

meander [mɪ'ændəʳ] vi [river, road] serpenter ; [person] errer.

meaning ['mi:nɪŋ] noun sens *m*, signification *f*.

meaningful ['mi:nɪŋfʊl] adj [look] significatif(ive) ; [relationship, discussion] important(e).

meaningless ['mi:nɪŋlɪs] adj [gesture, word] dénué(e) OR vide de sens ; [proposal, discussion] sans importance.

meanness ['mi:nnɪs] noun **1.** [stinginess] avarice *f* **2.** [unkindness] mesquinerie *f*, méchanceté *f*.

means [mi:nz] ❖ noun [method, way] moyen *m* ▸ **a means to an end** un moyen d'arriver à ses fins ▸ **by means of** au moyen de. ❖ pl n [money] moyens *mpl*, ressources *fpl*. ◆ **by all means** adv mais certainement, bien sûr. ◆ **by no means** adv nullement, en aucune façon.

mean-spirited adj mesquin(e).

means test noun UK *enquête sur les ressources d'une personne (qui demande une aide financière à l'État).*

meant [ment] pt & pp ⟶ **mean**.

meantime ['mi:n,taɪm] noun ▸ **in the meantime** en attendant.

meanwhile ['mi:n,waɪl] adv **1.** [at the same time] pendant ce temps **2.** [between two events] en attendant.

measles ['mi:zlz] noun ▸ **(the) measles** la rougeole.

measly ['mi:zlɪ] (*compar* **-ier**, *superl* **-iest**) adj *inf* misérable, minable.

measurable ['meʒərəbl] adj [improvement, deterioration] sensible.

measure ['meʒəʳ] ❖ noun **1.** [gen] mesure *f* / *we have taken measures to correct the fault* nous avons pris des mesures pour rectifier l'erreur / *to take* OR *to get the measure of sb fig* jauger qqn, se faire une opinion de qqn **2.** [amount] : *to achieve a measure of independence* parvenir à une certaine indépendance ▸ **for good measure** pour faire bonne mesure **3.** [indication] : *it is a measure of her success that…* la preuve de son succès, c'est que… **4.** [ruler] mètre *m*, règle *f*. ❖ vt & vi mesurer / *to measure o.s. against sb* se mesurer à qqn. ◆ **measure up** vi ▸ **to measure up (to)** être à la hauteur (de) / *to measure up to sb's expectations* répondre aux espérances de qqn.

measured ['meʒəd] adj [steps, tone] mesuré(e).

measurement ['meʒəmənt] noun mesure *f*.

measuring ['meʒərɪŋ] noun mesurage *m*.

measuring jug noun verre *m* gradué, doseur *m*.

measuring tape noun mètre *m* (à ruban) ; [in dressmaking] centimètre *m*.

meat [mi:t] noun viande *f*.

meatball ['mi:tbɔ:l] noun boulette *f* de viande.

meat-eater noun carnivore *mf* / *we aren't big meat-eaters* nous ne mangeons pas beaucoup de viande, nous ne sommes pas de gros mangeurs de viande.

meat loaf (*pl* **meat loaves**) noun pain *m* de viande.

meaty ['mi:tɪ] (*compar* **-ier**, *superl* **-iest**) adj *fig* important(e).

Mecca ['mekə] noun La Mecque ▸ **a Mecca for** *fig* la Mecque de.

mechanic [mɪ'kænɪk] noun mécanicien *m*, -enne *f*. ◆ **mechanics** ❖ noun (*U*) [study] mécanique *f*. ❖ pl n *fig* mécanisme *m*.

mechanical [mɪ'kænɪkl] adj **1.** [device] mécanique **2.** [person, mind] fort(e) en mécanique **3.** [routine, automatic] machinal(e).

mechanical engineering noun génie *m* mécanique.

mechanically [mɪ'kænɪklɪ] adv mécaniquement ; *fig* machinalement, mécaniquement / ***mechanically recovered meat*** viande *f* séparée mécaniquement.

mechanism ['mekənɪzm] noun *lit* & *fig* mécanisme *m*.

MEd [ˌem'ed] (*abbr of* **Master of Education**) noun *(titulaire d'une) maîtrise en sciences de l'éducation.*

medal ['medl] noun médaille *f*.

medallion [mɪ'dæljən] noun médaillon *m*.

medallist UK, **medalist** US ['medəlɪst] noun médaillé *m*, -e *f*.

meddle ['medl] vi ▸ **to meddle in** se mêler de.

meddler ['medlər] noun **1.** [busybody] : *she's such a meddler* il faut toujours qu'elle fourre son nez partout **2.** [tamperer] touche-à-tout *mf inv*.

meddlesome ['medlsəm] adj [person] qui met son nez partout.

media ['mi:djə] pl n ▸ **the media** les médias *mpl* / ***to be a media darling*** être le chouchou des médias.

media centre UK, **media center** US noun centre *m* multimédia.

media circus noun cirque *m* médiatique.

media coverage noun couverture *f* médiatique, médiatisation *f*.

mediaeval [ˌmedɪ'i:vl] = **medieval**.

median ['mi:djən] ❖ adj MATH médian(e). ❖ noun US [of road] bande *f* médiane *(qui sépare les deux côtés d'une grande route).*

media player noun lecteur *m* multimédia.

media studies pl n études *fpl* de communication.

mediate ['mi:dɪeɪt] ❖ vt négocier. ❖ vi ▸ **to mediate (for / between)** servir de médiateur (pour / entre).

mediation [ˌmi:dɪ'eɪʃn] noun médiation *f*.

mediator ['mi:dɪeɪtər] noun médiateur *m*, -trice *f*.

medic ['medɪk] noun **1.** UK *inf* [medical student] carabin *m* **2.** UK *inf* [doctor] toubib *m* **3.** US MIL médecin *m* militaire.

Medicaid ['medɪkeɪd] noun US *assistance médicale aux personnes sans ressources.*

medical ['medɪkl] ❖ adj médical(e). ❖ noun UK examen *m* médical.

medical certificate noun certificat *m* médical.

medically ['medɪklɪ] adv médicalement / ***medically approved*** approuvé(e) par les autorités médicales.

medical student noun étudiant *m*, -e *f* en médecine.

Medicare ['medɪkeər] noun US *programme fédéral d'assistance médicale pour personnes âgées.*

medicated ['medɪkeɪtɪd] adj traitant(e).

medication [ˌmedɪ'keɪʃn] noun **1.** [use of medicines] médication *f* **2.** [medicine] médicament *m*.

medicinal [me'dɪsɪnl] adj médicinal(e).

medicine ['medsɪn] noun **1.** [subject, treatment] médecine *f* ▸ **Doctor of Medicine** UNIV docteur *m* en médecine **2.** [substance] médicament *m*.

medicine cabinet, medicine chest noun (armoire *f* à) pharmacie *f*.

medieval [ˌmedɪ'i:vl] adj médiéval(e).

mediocre [ˌmi:dɪ'əʊkər] adj médiocre.

mediocrity [ˌmi:dɪ'ɒkrətɪ] noun médiocrité *f*.

meditate ['medɪteɪt] vi ▸ **to meditate (on** OR **upon)** méditer (sur).

meditation [ˌmedɪ'teɪʃn] noun méditation *f*.

Mediterranean [ˌmedɪtə'reɪnjən] ❖ noun **1.** [sea] ▸ **the Mediterranean (Sea)** la (mer) Méditerranée **2.** [person] Méditerranéen *m*, -enne *f*. ❖ adj méditerranéen(enne).

medium ['mi:djəm] ❖ adj moyen(enne). ❖ noun **1.** (*pl* **media** ['mi:djə]) [way of communicating] moyen *m* / ***television is a powerful medium in education*** la télévision est un très bon instrument éducatif / ***documents can be presented in different media*** les documents peuvent être présentés sur des supports différents **2.** (*pl* **mediums**) [spiritualist] médium *m* **3.** (*pl* **mediums**) [middle course] milieu *m* / ***the happy medium*** le juste milieu.

medium-dry adj demi-sec.

medium-range adj : ***medium-range missile*** missile *m* à moyenne portée.

medium-rare adj CULIN [meat] entre saignant et à point.

medium-size(d) [-saɪz(d)] adj de taille moyenne.

medium-term adj à moyen terme.

medium wave noun onde *f* moyenne.

medley ['medlɪ] (*pl* **-s**) noun **1.** [mixture] mélange *m* **2.** MUS pot-pourri *m*.

meek [mi:k] adj docile.

meekly ['mi:klɪ] adv docilement.

meet [mi:t] ❖ vt (*pt & pp* **met**) **1.** [gen] rencontrer ; [by arrangement] retrouver / ***to meet sb on the stairs*** croiser qqn dans l'escalier / ***I'll meet you on the platform in 20 minutes*** je te retrouve sur le quai dans 20 minutes / ***I'm meeting Gregory this afternoon*** j'ai rendez-vous avec Gregory cet après-midi / ***my eyes met his*** nos regards se croisèrent OR se rencontrèrent **2.** [go to meet - person] aller / venir attendre, aller / venir chercher ; [- train, plane] aller attendre / ***nobody was at the station to meet me*** personne ne m'attendait à la gare / ***he'll meet us at the station*** il viendra nous chercher à la gare / ***I'll be there to meet the bus*** je serai là à l'arrivée du car **3.** [make acquaintance of] rencontrer, faire la connaissance de / ***I met him last year*** je l'ai rencontré OR j'ai fait sa connaissance l'année dernière / ***I'd like you to meet Mr Jones*** j'aimerais vous présenter M. Jones / ***(I'm very) glad*** OR ***pleased to meet you*** enchanté (de faire votre connaissance) / ***it's the first case of this sort I've met*** c'est la première fois que je vois un cas semblable **4.** [need, requirement] satisfaire, répondre à / *supply isn't meeting demand* l'offre est inférieure à la demande **5.** [problem] résoudre ; [challenge] répondre à **6.** [costs] payer / *I couldn't meet the payments* je n'ai pas pu régler OR payer les échéances **7.** [treat] accueillir / *his suggestion was met with howls of laughter* sa proposition a été accueillie par des éclats de rire. ◆ vi (*pt & pp* **met**) **1.** [gen] se rencontrer ; [by arrangement] se retrouver ; [for a purpose] se réunir / *we met on the stairs* nous nous sommes croisés dans l'escalier / *shall we meet at the station?* on se retrouve OR on se donne rendez-vous à la gare ? / *we first met in 1989* nous nous sommes rencontrés pour la première fois en 1989 / *have you two met?* est-ce que vous vous connaissez déjà ?, vous vous êtes déjà rencontrés ? / *until we meet again!* à la prochaine ! / *the committee meets once a month* le comité se réunit une fois par mois **2.** [join] se joindre / *the cross stands where four roads meet* la croix se trouve à la jonction de quatre routes / *their eyes met* leurs regards se rencontrèrent OR se croisèrent. ◆ noun US [meeting] meeting *m*. ◆ **meet up** vi se retrouver ▸ **to meet up with sb** rencontrer qqn, retrouver qqn. ◆ **meet with** vt insep **1.** [encounter - disapproval] être accueilli(e) par ; [- success] remporter ; [- failure] essuyer / *the agreement met with general approval* l'accord a reçu l'approbation générale **2.** US [by arrangement] retrouver.

meeting ['mi:tɪŋ] noun **1.** [for discussions, business] réunion *f* **2.** [by chance] rencontre *f* ; [by arrangement] entrevue *f* **3.** [people at meeting] ▸ **the meeting** l'assemblée *f*.

meeting place noun lieu *m* de réunion.

mega- ['megə] pref méga-.

megabit ['megəbɪt] noun COMPUT méga-bit *m*.

megabucks ['megəbʌks] noun *inf* un fric fou, une fortune / *her job pays megabucks* elle gagne une fortune dans son travail.

megabyte ['megəbaɪt] noun COMPUT méga-octet *m*.

megahertz ['megəhɜ:ts] noun mégahertz *m*.

megalomania [ˌmegələ'meɪnjə] noun mégalomanie *f*.

megalomaniac [ˌmegələ'meɪnɪæk] noun mégalomane *mf*.

megaphone ['megəfəʊn] noun mégaphone *m*, porte-voix *m inv*.

megapixel ['megəpɪksl] noun mégapixel *m*.

megastar ['megəstɑ:ʳ] noun *inf* superstar *f*.

megastore ['megəstɔ:ʳ] noun très grand magasin *m*.

megaton ['megətʌn] noun mégatonne *f*.

megawatt ['megəwɒt] noun mégawatt *m*.

melancholic [ˌmelən'kɒlɪk] ◆ adj mélancolique. ◆ noun mélancolique *mf*.

melancholy ['melənkəlɪ] ◆ adj [person] mélancolique ; [news, facts] triste. ◆ noun mélancolie *f*.

melanin ['melənɪn] noun mélanine *f*.

melanoma [ˌmelə'nəʊmə] noun mélanome *m*.

mellow ['meləʊ] ◆ adj [light, voice] doux (douce) ; [taste, wine] moelleux(euse). ◆ vt ▸ **to be mellowed by age** s'assagir avec l'âge. ◆ vi s'adoucir.

melodic [mɪ'lɒdɪk] adj mélodique.

melodious [mɪ'ləʊdjəs] adj mélodieux(euse).

melodrama ['melədrɑ:mə] noun mélodrame *m*.

melodramatic [ˌmelədrə'mætɪk] adj mélodramatique.

melody ['melədɪ] (*pl* **-ies**) noun mélodie *f*.

melon ['melən] noun melon *m*.

melt [melt] ◆ vt faire fondre. ◆ vi **1.** [become liquid] fondre **2.** *fig* : *his heart melted at the sight* il fut tout attendri devant ce spectacle **3.** [disappear] ▸ **to melt (away)** fondre ▸ **to melt into the background** s'effacer. ◆ noun [sandwich] toast *m* au fromage fondu / *a tuna melt* un sandwich grillé au thon et au fromage fondu. ◆ **melt down** vt sep fondre.

meltdown ['meltdaʊn] noun **1.** PHYS fusion *f* du cœur (du réacteur) **2.** *fig* effondrement *m* / *to go into meltdown* s'effondrer / *to have a meltdown* [emotionally] craquer, s'effondrer.

melting ['meltɪŋ] ◆ adj **1.** *lit* fondant(e) / *melting ice / snow* de la glace / neige qui fond **2.** *fig* attendrissant(e). ◆ noun [of ice, snow] fonte *f* ; [of metal] fusion *f*, fonte *f*.

melting point ['meltɪŋ-] noun point *m* de fusion.

melting pot ['meltɪŋ-] noun *fig* creuset *m*.

member ['membəʳ] ◆ noun membre *m* ; [of club] adhérent *m*, -e *f* / *he became a member of the party in 1985* il a adhéré au parti en 1985 / *you're practically a member of the family now* tu fais presque partie

How to arrange to meet somebody

- **On pourrait se voir quelque part la semaine prochaine ?** *How about meeting up somewhere next week?*
- **Tu es libre demain midi pour déjeuner ?** *Are you free for lunch tomorrow?*
- **Nous avons rendez-vous avec l'agent immobilier devant l'immeuble.** *We're meeting the estate agent in front of the building.*
- **On se retrouve à l'entrée du parc, d'accord ?** *Let's meet at the entrance to the park. OK?*
- **Mardi 10 h 30, ça vous va ?** *Is Tuesday at 10.30 OK for you?*
- **Quand est-ce que ça t'arrange ?** *When's a good time for you?*
- **Disons demain, 20 h 30, devant le cinéma.** *Let's say tomorrow, 8.30, in front of the cinema.*
- **Je passerai te prendre chez toi à 8 heures.** *I'll pick you up at your place at 8 o'clock.*
- **Bon, alors c'est réglé.** *Right, that's settled then.*

de la famille maintenant. ◆ comp membre ▸ **member country / state** pays *m* / état *m* membre.

Member of Congress (*pl* **Members of Congress**) noun US membre *m* du Congrès.

Member of Parliament (*pl* **Members of Parliament**) noun UK ≃ député *m*.

membership ['membəʃɪp] noun **1.** [of organization] adhésion *f* / *they have applied for membership to the EC* ils ont demandé à entrer dans OR à faire partie de la CEE ▸ **membership fee** cotisation *f* **2.** [number of members] nombre *m* d'adhérents **3.** [members] ▸ **the membership** les membres *mpl*.

membership card noun carte *f* d'adhésion.

membrane ['membreɪn] noun membrane *f*.

memento [mɪ'mentəʊ] (*pl* **-s**) noun souvenir *m*.

memo ['meməʊ] (*pl* **-s**) noun note *f* de service.

memoir ['memwɑːʳ] noun **1.** [biography] biographie *f* **2.** [essay, monograph] mémoire *m*.

memoirs ['memwɑːz] pl n mémoires *mpl*.

memorabilia [ˌmemərə'bɪlɪə] pl n souvenirs *mpl*.

memorable ['memərəbl] adj mémorable.

memorably ['memərəblɪ] adv : *a memorably hot summer* un été torride dont on se souvient encore.

memorandum [ˌmemə'rændəm] (*pl* **-da** *or* **-dums**) noun *fml* note *f* de service.

memorial [mɪ'mɔːrɪəl] ◆ adj commémoratif(ive). ◆ noun monument *m*.

Memorial Day noun US *dernier lundi du mois de mai (férié aux États-Unis en l'honneur des soldats américains morts pour la patrie).*

memorize, **memorise** UK ['meməraɪz] vt [phone number, list] retenir ; [poem] apprendre par cœur.

memory ['memərɪ] (*pl* **-ies**) noun **1.** [gen & COMPUT] mémoire *f* ▸ **from memory** de mémoire ▸ **to lose one's memory** perdre la mémoire / *I've got a very good / bad memory for names* j'ai / je n'ai pas une très bonne mémoire des noms ▸ **within living memory** de mémoire d'homme **2.** [event, experience] souvenir *m* / *to have good / bad memories of sthg* garder un bon / mauvais souvenir de qqch / *I have no memory of it* je n'en ai aucun souvenir ▸ **in memory of** en souvenir de.

memory bank noun bloc *m* de mémoire.

memory card noun COMPUT carte *f* d'extension mémoire ▸ **memory card slot** fente *f* d'extension.

men [men] pl n ⟶ **man**.

menace ['menəs] ◆ noun **1.** [gen] menace *f* **2.** *inf* [nuisance] plaie *f*. ◆ vt menacer.

menacing ['menəsɪŋ] adj menaçant(e).

menagerie [mɪ'nædʒərɪ] noun ménagerie *f*.

mend [mend] ◆ noun *inf* ▸ **to be on the mend** aller mieux. ◆ vt réparer ; [clothes] raccommoder ; [sock, pullover] repriser ▸ **to mend one's ways** s'amender.

menfolk ['menfəʊk] pl n *dated* hommes *mpl*.

menial ['miːnjəl] adj avilissant(e).

meningitis [ˌmenɪn'dʒaɪtɪs] noun *(U)* méningite *f*.

menopause ['menəpɔːz] noun ▸ **the menopause** UK, **menopause** US la ménopause.

men's room noun US ▸ **the men's room** les toilettes *fpl* pour hommes.

menstrual ['menstrʊəl] adj menstruel(elle).

menstruate ['menstrʊeɪt] vi avoir ses règles.

menstruation [ˌmenstrʊ'eɪʃn] noun MED menstruation *f*.

menswear ['menzweəʳ] noun *(U)* vêtements *mpl* pour hommes.

mental ['mentl] adj mental(e) ; [image, picture] dans la tête.

mental age noun âge *m* mental.

mental arithmetic noun calcul *m* mental.

mental block noun blocage *m* (psychologique).

mental health noun santé *f* mentale.

mentality [men'tælətɪ] noun mentalité *f*.

mentally ['mentəlɪ] adv mentalement ▸ **to be mentally ill** être malade mental (malade mentale) ▸ **to be mentally retarded** être arriéré mental (arriérée mentale).

mentally handicapped ◆ pl n ▸ **the mentally handicapped** les handicapés *mpl* mentaux. ◆ adj ▸ **to be mentally-handicapped** être handicapé mental (handicapée mentale).

mental note noun ▸ **to make a mental note to do sthg** prendre note mentalement de faire qqch.

menthol ['menθɒl] noun menthol *m*.

mention ['menʃn] ◆ vt mentionner, signaler / *I should mention that it was dark at the time* il faut signaler OR je tiens à faire remarquer qu'il faisait nuit / *someone, without mentioning any names, has broken my hairdryer* je ne citerai personne, mais quelqu'un a cassé mon séchoir à cheveux / *to mention sb in one's will* coucher qqn sur son testament ▸ **not to mention** sans parler de ▸ **don't mention it!** je vous en prie ! ◆ noun mention *f*.

mentor ['mentɔːʳ] noun mentor *m*.

menu ['menjuː] noun [gen & COMPUT] menu *m*.

menu bar noun COMPUT barre *f* de menu.

meow US = **miaow**.

MEP (*abbr of* **Member of the European Parliament**) noun parlementaire *m* européen.

mercantile ['mɜːkəntaɪl] adj *fml* commercial(e).

mercenary ['mɜːsɪnrɪ] ◆ adj *pej* mercenaire. ◆ noun (*pl* **-ies**) mercenaire *m*.

merchandise ['mɜːtʃəndaɪz] noun *(U)* marchandises *fpl*.

merchandising ['mɜːtʃəndaɪzɪŋ] noun merchandising *m*, marchandisage *m*.

merchant ['mɜːtʃənt] ◆ adj marchand(e). ◆ noun marchand *m*, -e *f*, commerçant *m*, -e *f*.

merchant bank noun banque *f* d'affaires.

merchant navy UK, **merchant marine** US noun marine *f* marchande.

merciful ['mɜ:sɪfʊl] adj **1.** [person] clément(e) **2.** [death, release] qui est une délivrance.

mercifully ['mɜ:sɪfʊlɪ] adv [fortunately] par bonheur, heureusement.

merciless ['mɜ:sɪlɪs] adj impitoyable.

mercilessly ['mɜ:sɪlɪslɪ] adv impitoyablement.

mercurial [mɜ:'kjʊərɪəl] adj *liter* [temperament] changeant(e), inégal(e) ; [person] d'humeur changeante.

mercury ['mɜ:kjʊrɪ] noun mercure *m*.

Mercury ['mɜ:kjʊrɪ] noun [planet] Mercure *f*.

mercy ['mɜ:sɪ] (*pl* **-ies**) noun **1.** [kindness, pity] pitié *f* ▸ **at the mercy of** *fig* à la merci de **2.** [blessing] : *what a mercy that…* quelle chance que…

mercy killing noun euthanasie *f*.

mere [mɪəʳ] adj seul(e) / *she's a mere child* ce n'est qu'une enfant / *it cost a mere £10* cela n'a coûté que 10 livres.

merely ['mɪəlɪ] adv seulement, simplement.

merge [mɜ:dʒ] ❖ vt COMM & COMPUT fusionner. ❖ vi **1.** COMM ▸ **to merge (with)** fusionner (avec) **2.** [roads, lines] ▸ **to merge (with)** se joindre (à) **3.** [colours] se fondre. ❖ noun COMPUT fusion *f*.

merger ['mɜ:dʒəʳ] noun fusion *f*.

meridian [mə'rɪdɪən] noun méridien *m*.

meringue [mə'ræŋ] noun meringue *f*.

merit ['merɪt] ❖ noun [value] mérite *m*, valeur *f*. ❖ vt *fml* mériter. ◆ **merits** pl n [advantages] qualités *fpl* ▸ **to judge sthg on its merits** juger qqch selon ses qualités.

meritocracy [ˌmerɪ'tɒkrəsɪ] (*pl* **-ies**) noun méritocratie *f*.

mermaid ['mɜ:meɪd] noun sirène *f*.

merrily ['merɪlɪ] adv joyeusement ; *iro* allègrement.

merriment ['merɪmənt] noun hilarité *f*.

merry ['merɪ] (*compar* **-ier**, *superl* **-iest**) UK adj **1.** [happy] joyeux(euse) ▸ **Merry Christmas!** joyeux Noël ! **2.** *inf* [tipsy] gai(e), éméché(e).

merry-go-round noun manège *m*.

mesh [meʃ] ❖ noun maille *f* (du filet) ▸ **wire mesh** grillage *m*. ❖ vi [gears] s'engrener.

mesmerize, mesmerise UK ['mezməraɪz] vt ▸ **to be mesmerized by** être fasciné(e) par.

mess [mes] noun **1.** [untidy state] désordre *m* ; *fig* gâchis *m* ▸ **to be (in) a mess a)** [room] être en désordre **b)** [hair] être ébouriffé **c)** *fig* [life] être sens dessus dessous **2.** MIL mess *m*. ◆ **mess around, mess about** UK ❖ vt sep *inf* ▸ **to mess sb around** traiter qqn par-dessus OR par-dessous la jambe. ❖ vi *inf* **1.** [fool around] perdre OR gaspiller son temps **2.** [interfere] ▸ **to mess around with sthg** s'immiscer dans qqch. ◆ **mess up** vt sep *inf* **1.** [room] mettre en désordre ; [clothes] salir **2.** *fig* [spoil] gâcher. ◆ **mess with** vt insep *inf* : *don't mess with them* tiens-toi à l'écart.

message ['mesɪdʒ] noun message *m* / *to get one's message across* se faire comprendre ▸ **to get the message** *inf* piger.

messaging ['mesɪdʒɪŋ] noun COMPUT messagerie *f*.

messenger ['mesɪndʒəʳ] noun messager *m*, -ère *f* ▸ **by messenger** par porteur.

messiah [mɪ'saɪə] noun messie *m*. ◆ **Messiah** noun ▸ **the Messiah** le Messie.

messianic [ˌmesɪ'ænɪk] adj messianique.

messily ['mesɪlɪ] adv **1.** [untidily] mal, de façon peu soignée ; [in a disorganized way] n'importe comment / *the affair ended messily* *fig* l'affaire s'est mal terminée **2.** [dirtily] comme un cochon.

Messrs, Messrs. ['mesəz] (*abbr of* **messieurs**) MM.

messy ['mesɪ] (*compar* **-ier**, *superl* **-iest**) adj **1.** [dirty] sale ; [untidy] désordonné(e) ▸ **a messy job** un travail salissant **2.** *inf* [divorce] difficile ; [situation] embrouillé(e).

met [met] pt & pp ⟶ **meet**.

Met [met] noun **1.** (*abbr of* **Metropolitan Opera**) ▸ **the Met** l'opéra *m* de New-York **2.** (*abbr of* **Metropolitan Museum of Art (in New York)**) ▸ **the Met** le musée d'Art Moderne de New-York **3.** (*abbr of* **Metropolitan Police**) ▸ **the Met** la police de Londres.

metabolic [ˌmetə'bɒlɪk] adj métabolique.

metabolism [mɪ'tæbəlɪzm] noun métabolisme *m*.

metal ['metl] ❖ noun métal *m*. ❖ comp en OR de métal.

metallic [mɪ'tælɪk] adj **1.** [sound, ore] métallique **2.** [paint, finish] métallisé(e).

metallurgy [me'tælədʒɪ] noun métallurgie *f*.

metalwork ['metəlwɜ:k] noun [craft] ferronnerie *f*.

metamorphosis [ˌmetə'mɔ:fəsɪs *or* ˌmetəmɔ:'fəʊsɪs] (*pl* **-phoses**) noun métamorphose *f*.

metaphor ['metəfəʳ] noun métaphore *f*.

metaphorical [ˌmetə'fɒrɪkl] adj métaphorique.

metaphorically [ˌmetə'fɒrɪklɪ] adv métaphoriquement / *metaphorically speaking* métaphoriquement.

metaphysical [ˌmetə'fɪzɪkl] adj métaphysique.

metaphysics [ˌmetə'fɪzɪks] noun *(U)* métaphysique *f*.

mete [mi:t] ◆ **mete out** vt sep *fml* [punishment] infliger.

meteor ['mi:tɪəʳ] noun météore *m*.

meteoric [mi:tɪ'ɒrɪk] adj météorique.

meteorite ['mi:tjəraɪt] noun météorite *m ou f*.

meteorological [ˌmi:tjərə'lɒdʒɪkl] adj météorologique.

meteorologist [mi:tjə'rɒlədʒɪst] noun météorologue *mf*, météorologiste *mf*.

meteorology [mi:tjə'rɒlədʒɪ] noun météorologie *f*.

meter ['mi:təʳ] ❖ noun **1.** [measuring device] compteur *m* **2.** US = **metre**. ❖ vt [gas, electricity] établir la consommation de.

metered ['mi:təd] adj décompté(e) à la minute.

methane ['mi:θeɪn] noun méthane *m*.

method ['meθəd] noun méthode *f*.

methodical [mɪ'θɒdɪkl] adj méthodique.

methodically [mɪ'θɒdɪklɪ] adv méthodiquement.

Methodist ['meθədɪst] ❖ adj méthodiste. ❖ noun méthodiste *mf*.

methodology [,meθə'dɒlədʒɪ] (*pl* **-ies**) noun *fml* méthodologie *f*.

meths [meθs] noun *(U)* UK *inf* alcool *m* à brûler.

methylated spirits ['meθɪleɪtɪd-] noun *(U)* alcool *m* à brûler.

meticulous [mɪ'tɪkjʊləs] adj méticuleux(euse).

meticulously [mɪ'tɪkjʊləslɪ] adv méticuleusement.

Met Office noun *la météo britannique*.

metre UK, **meter** US ['mi:tər] noun mètre *m*.

metric ['metrɪk] adj métrique.

metric system noun ▸ **the metric system** le système métrique.

metro ['metrəʊ] (*pl* **-s**) noun métro *m*.

metronome ['metrənəʊm] noun métronome *m*.

metropolis [mɪ'trɒpəlɪs] (*pl* **-es**) noun métropole *f*.

metropolitan [,metrə'pɒlɪtn] adj métropolitain(e).

metrosexual [,metrə'sekʃʊəl] ❖ noun métrosexuel *m*. ❖ adj métrosexuel(elle).

mettle ['metl] noun ▸ **to be on one's mettle** être d'attaque ▸ **to show** OR **prove one's mettle** montrer ce dont on est capable.

mew [mju:] = **miaow**.

mews [mju:z] (*pl inv*) noun UK ruelle *f*.

Mexican ['meksɪkn] ❖ adj mexicain(e). ❖ noun Mexicain *m*, -e *f*.

Mexican wave noun ola *f*.

Mexico ['meksɪkəʊ] noun Mexique *m* ▸ **in Mexico** au Mexique.

mezzanine ['metsəni:n] noun **1.** [floor] mezzanine *f* **2.** US [in theatre] corbeille *f*.

mg (*abbr of* **milligram**) mg.

Mgr 1. (*abbr of* **Monseigneur, Monsignor**) Mgr **2.** *abbr of* **manager**.

MHz (*abbr of* **megahertz**) MHz.

MI5 (*abbr of* **Military Intelligence 5**) noun *service de contre-espionnage britannique*.

MI6 (*abbr of* **Military Intelligence 6**) noun *service de renseignements britannique*.

miaow UK [mi:'aʊ], **meow** US [mɪ'aʊ] ❖ noun miaulement *m*, miaou *m*. ❖ vi miauler.

mice [maɪs] pl n ⟶ **mouse**.

mickey ['mɪkɪ] noun ▸ **to take the mickey out of sb** UK *inf* se payer la tête de qqn, faire marcher qqn.

micro ['maɪkrəʊ] (*pl* **-s**) noun micro *m*.

micro- ['maɪkrəʊ] pref micro-.

microbe ['maɪkrəʊb] noun microbe *m*.

microbiologist [,maɪkrəʊbaɪ'ɒlədʒɪst] noun microbiologiste *mf*.

microbiology [,maɪkrəʊbaɪ'ɒlədʒɪ] noun microbiologie *f*.

microchip ['maɪkrəʊtʃɪp] noun COMPUT puce *f*.

microcomputer [,maɪkrəʊkəm'pju:tər] noun micro-ordinateur *m*.

microcomputing [,maɪkrəʊkəm'pju:tɪŋ] noun micro-informatique *f*.

microcosm ['maɪkrəkɒzm] noun microcosme *m*.

microfiche ['maɪkrəʊfi:ʃ] (*pl inv or* **-s**) noun microfiche *f*.

microfilm ['maɪkrəʊfɪlm] noun microfilm *m*.

microorganism [,maɪkrəʊ'ɔ:gənɪzm] noun micro-organisme *m*.

microphone ['maɪkrəfəʊn] noun microphone *m*, micro *m*.

microprocessor ['maɪkrəʊ,prəʊsesər] noun COMPUT microprocesseur *m*.

micro scooter noun trottinette *f* pliante.

microscope ['maɪkrəskəʊp] noun microscope *m*.

microscopic [,maɪkrə'skɒpɪk] adj microscopique.

microsurgery [,maɪkrə'sɜ:dʒərɪ] noun microchirurgie *f*.

microwave ['maɪkrəweɪv] ❖ noun **1.** PHYS micro-onde *f* **2.** = **microwave oven.** ❖ vt faire cuire au micro-ondes.

microwaveable ['maɪkrəʊ,weɪvəbl] adj micro-ondable.

microwave (oven) ['maɪkrəweɪv-] noun (four *m* à) micro-ondes *m*.

mid [mɪd] adj **1.** [middle] : *in mid October* à la mi-octobre, au milieu du mois d'octobre / *he's in his mid fifties* il a environ 55 ans / *she stopped in mid sentence* elle s'est arrêtée au milieu de sa phrase, sa phrase est restée en suspens **2.** [half] : *mid green* vert ni clair ni foncé **3.** [central] central(e), du milieu / *mid Wales* le centre OR la région centrale du pays de Galles.

mid- [mɪd] pref : *mid-height* mi-hauteur / *mid-morning* milieu de la matinée / *mid-winter* plein hiver.

midair [mɪd'eər] ❖ adj en plein ciel. ❖ noun ▸ **in midair** en plein ciel.

mid-Atlantic ❖ adj [accent] américanisé(e). ❖ noun : *in (the) mid-Atlantic* au milieu de l'Atlantique.

midday [mɪd'deɪ] noun midi *m*.

middle ['mɪdl] ❖ adj **1.** [centre] du milieu, du centre **2.** [in time] : *she was in her middle twenties* elle avait dans les 25 ans. ❖ noun **1.** [centre] milieu *m*, centre *m* ▸ **in the middle (of)** au milieu (de) ▸ **in the middle of nowhere** en pleine cambrousse **2.** [in time] milieu *m* ▸ **to be in the middle of doing sthg** être en train de faire qqch / *to be in the middle of a meeting* être en pleine réunion ▸ **in the middle of the night** au milieu de la nuit, en pleine nuit **3.** [waist] taille *f*.

middle age noun âge *m* mûr.

middle-aged adj d'une cinquantaine d'années.

Middle Ages pl n ▸ **the Middle Ages** le Moyen Âge.

Middle America noun **1.** GEOG Amérique *f* centrale **2.** [sector of society] l'Amérique *f* moyenne ; *pej* l'Amérique *f* bien pensante.

middlebrow ['mɪdlbraʊ] ❖ noun *pej* [reader] lecteur *m* moyen, lectrice *f* moyenne ; [audience] spectateur *m* moyen, spectatrice *f* moyenne. ❖ adj [reader, audience] moyen(enne) / *their music's very middlebrow* leur musique s'adresse à un public moyen / *middlebrow programmes* programmes s'adressant à un public moyen.

middle-class adj bourgeois(e).

middle classes pl n ▸ **the middle classes** la bourgeoisie.

Middle East noun ▸ **the Middle East** le Moyen-Orient.

Middle England noun l'Angleterre *f* moyenne.

middle finger noun majeur *m*.

middle ground noun **1.** [in picture] second plan *m* **2.** *fig* terrain *m* neutre.

middleman ['mɪdlmæn] (*pl* **-men**) noun intermédiaire *mf*.

middle management noun *(U)* cadres *mpl* moyens.

middle name noun second prénom *m*.

middle-of-the-road adj modéré(e).

middle school noun **1.** UK ≃ premier cycle *m* du secondaire **2.** US collège *m* d'enseignement secondaire.

middleweight ['mɪdlweɪt] noun poids *m* moyen.

middling ['mɪdlɪŋ] adj moyen(enne).

midfield [ˌmɪd'fi:ld] noun FOOT milieu *m* de terrain.

midge [mɪdʒ] noun moucheron *m*.

midget ['mɪdʒɪt] noun *offens* nain *m*, -e *f*.

midi system, MIDI system ['mɪdɪ-] noun UK chaîne *f* midi.

Midlands ['mɪdləndz] pl n ▸ **the Midlands** *les comtés du centre de l'Angleterre*.

midlife crisis noun : *he's having* OR *going through a midlife crisis* il a du mal à passer le cap de la cinquantaine.

midnight ['mɪdnaɪt] ❖ noun minuit *m*. ❖ comp de minuit.

midpoint ['mɪdpɔɪnt] noun [in space, time] milieu *m*.

mid-range adj COMM [computer, car] de milieu de gamme.

midriff ['mɪdrɪf] noun diaphragme *m*.

midst [mɪdst] noun *fml* **1.** [in space] ▸ **in the midst of** au milieu de ▸ **in our midst** parmi nous **2.** [in time] ▸ **to be in the midst of doing sthg** être en train de faire qqch.

midstream [mɪd'stri:m] noun ▸ **in midstream a)** [in river] au milieu du courant **b)** *fig* [when talking] en plein milieu.

midsummer ['mɪdˌsʌmər] noun cœur *m* de l'été.

Midsummer Day noun 24 juin.

midterm [mɪd'tɜ:m] noun **1.** SCH & UNIV milieu *m* du trimestre **2.** MED [of pregnancy] milieu *m*.

mid-term elections noun US élections *fpl* de mi-mandat.

> **Mid-term elections**
>
> Les élections de mi-mandat aux États-Unis ont lieu exactement deux ans après la présidentielle, le mardi suivant le premier lundi de novembre. Sont en jeu tous les sièges de la Chambre des représentants, un tiers de ceux du Sénat, et la plupart des postes de gouverneur dans les États. Les électeurs en profitent souvent pour faire un pied de nez au président en exercice ; si son parti perd la majorité au Congrès, le président peut devenir un **lame duck** (canard boiteux) qui n'arrive pas à faire adopter ses projets de loi.

midway [ˌmɪd'weɪ] adv **1.** [in space] ▸ **midway (between)** à mi-chemin (entre) **2.** [in time] : *midway through the meeting* en pleine réunion.

midweek ❖ adj ['mɪdwi:k] du milieu de la semaine. ❖ adv [mɪd'wi:k] en milieu de semaine.

Midwest [ˌmɪd'west] noun ▸ **the Midwest** le Midwest.

midwife ['mɪdwaɪf] (*pl* **-wives**) noun sage-femme *f*.

midwifery ['mɪdˌwɪfərɪ] noun obstétrique *f*.

midwinter [ˌmɪd'wɪntər] noun [solstice] solstice *m* d'hiver / *in midwinter* au milieu de l'hiver.

miffed [mɪft] adj *inf* vexé(e).

might [maɪt] ❖ modal vb **1.** [expressing possibility] : *I might be home late tonight* je rentrerai peut-être tard ce soir / *the criminal might be armed* il est possible que le criminel soit armé / *why not come with us? — I might* pourquoi ne viens-tu pas avec nous ? — peut-être / *she might have decided not to go* il se peut qu'elle ait décidé de ne pas y aller / *you might well be right* il se pourrait bien que vous ayez raison **2.** [expressing suggestion] : *it might be better to wait* il vaut peut-être mieux attendre / *you might try using a different approach altogether* vous pourriez adopter une approche entièrement différente **3.** *fml* [asking permission] : *might I interrupt?* puis-je me permettre de vous interrompre ? / *might I* OR *if I might make a suggestion?* puis-je me permettre de suggérer quelque chose ? / *he asked if he might leave the room* il demanda s'il pouvait sortir de la pièce **4.** [expressing concession] : *you might well be right* vous avez peut-être raison **5.** [commenting on statement] : *that, I might add, was not my idea* cela n'était pas mon idée, soit dit en passant **6.** [ought to] : *you might at least tidy up your room!* tu pourrais au moins ranger ta chambre ! / *you might have warned me!* tu aurais pu me prévenir ! ▸ **I might have known** OR **guessed** j'aurais dû m'en douter **7.** / *we might as well go home (as stay here)* nous ferions aussi bien de rentrer chez nous (plutôt que de rester ici). ❖ noun *(U)* force *f* / *with all one's might* de toutes ses forces.

mightily ['maɪtɪlɪ] adv **1.** [with vigour] avec vigueur, vigoureusement **2.** [extremely] extrêmement.

mightn't ['maɪtənt] ⟶ **might not**.

might've ['maɪtəv] ⟶ **might have**.

mighty ['maɪtɪ] UK ❖ adj (*compar* **-ier**, *superl* **-iest**) **1.** [powerful] puissant(e) **2.** [very large] imposant(e). ❖ adv *inf* drôlement, vachement.

migraine ['mi:greɪn *or* 'maɪgreɪn] noun migraine *f*.

migrant ['maɪgrənt] ❖ adj [bird, animal] migrateur(trice). ❖ noun **1.** [bird, animal] migrateur *m* **2.** [person] émigré *m*, -e *f*.

migrant worker noun [seasonal] travailleur *m* saissonnier, travailleuse saissonnière *f* ; [foreign] travailleur *m* immigré, travailleuse immigrée *f*.

migrate UK maɪ'greɪt, US 'maɪgreɪt] vi **1.** [bird, animal] migrer **2.** [person] émigrer.

migration [maɪ'greɪʃn] noun migration *f*.

migratory ['maɪgrətrɪ] adj [bird] migrateur(trice) ; [journey] migratoire.

mike [maɪk] (*abbr of* **microphone**) noun *inf* micro *m*.

mild [maɪld] ❖ adj **1.** [disinfectant, reproach] léger(ère) **2.** [tone, weather] doux (douce) **3.** [illness] bénin(igne). ❖ noun *bière anglaise légère*.

mildew ['mɪldju:] noun *(U)* moisissure *f*.

mildly ['maɪldlɪ] adv **1.** [gently] doucement ▸ **that's putting it mildly** c'est le moins qu'on puisse dire **2.** [not strongly] légèrement **3.** [slightly] un peu.

mild-mannered adj mesuré(e), calme.

mildness ['maɪldnɪs] noun *(U)* douceur *f*.

mile [maɪl] noun mile *m* ; NAUT mille *m* ▸ **you can see for miles** on peut voir sur des kilomètres ▸ **to walk for miles** marcher pendant des kilomètres / *you can see it a mile off* ça se voit de loin / *it's miles from anywhere* c'est un endroit complètement isolé / *not a million miles from here* tout près d'ici, parmi nous ▸ **this is miles better** c'est cent fois mieux ▸ **to be miles away** *fig* être très loin.

mileage ['maɪlɪdʒ] noun distance *f* en miles ; ≃ kilométrage *m*.

mil(e)ometer [maɪ'lɒmɪtə^r] noun UK compteur *m* de miles ; ≃ compteur kilométrique.

milestone ['maɪlstəʊn] noun [marker stone] borne *f* ; *fig* événement *m* marquant OR important.

MILF noun *v inf* (*abbr of* **mother I'd like to fuck**) MILF *f*, cougar *f*.

milieu UK 'mi:ljɜ:, US mi:l'ju:] (*pl* **-s** *or* **-x**) noun milieu *m*.

militant ['mɪlɪtənt] ❖ adj militant(e). ❖ noun militant *m*, -e *f*.

militarism ['mɪlɪtərɪzm] noun militarisme *m*.

militarized zone, militarised zone UK ['mɪlɪtəraɪzd-] noun zone *f* militarisée.

military ['mɪlɪtrɪ] ❖ adj militaire. ❖ noun ▸ **the military** les militaires *mpl*, l'armée *f*.

military police noun police *f* militaire.

militate ['mɪlɪteɪt] vi *fml* ▸ **to militate against** militer contre.

militia [mɪ'lɪʃə] noun milice *f*.

milk [mɪlk] ❖ noun lait *m*. ❖ vt **1.** [cow] traire **2.** *fig* [use to own ends] exploiter ▸ **to milk the applause** faire durer les applaudissements.

milk chocolate ❖ noun chocolat *m* au lait. ❖ comp au chocolat au lait.

milking ['mɪlkɪŋ] noun traite *f*.

milkman ['mɪlkmən] (*pl* **-men**) noun laitier *m*, -ière *f*.

milk shake noun milk-shake *m*.

milk tooth noun UK dent *m* de lait.

milky ['mɪlkɪ] (*compar* **-ier**, *superl* **-iest**) adj **1.** [coffee] avec beaucoup de lait **2.** [pale white] laiteux(euse).

Milky Way noun ▸ **the Milky Way** la Voie lactée.

mill [mɪl] ❖ noun **1.** [flour-mill, grinder] moulin *m* **2.** [factory] usine *f*. ❖ vt moudre. ◆ **mill about, mill around** vi grouiller.

millennium [mɪ'lenɪəm] (*pl* **millennia** [mɪ'lenɪə]) noun millénaire *m*.

millepede ['mɪlɪpi:d] = **millipede**.

miller ['mɪlə^r] noun meunier *m*, -ière *f*.

millet ['mɪlɪt] noun millet *m*.

milli- ['mɪlɪ] pref milli-.

milligram, milligramme UK ['mɪlɪgræm] noun milligramme *m*.

millilitre UK, **milliliter** US ['mɪlɪ,li:tə^r] noun millilitre *m*.

millimetre UK, **millimeter** US ['mɪlɪ,mi:tə^r] noun millimètre *m*.

million ['mɪljən] noun million *m* / *his secretary is one in a million* sa secrétaire est une perle rare / *that man is worth several million* cet homme est plusieurs fois milliardaire ▸ **a million, millions of** *fig* des milliers de, un million de / *there were simply millions of people at the concert!* il y avait un monde fou au concert !

millionaire [,mɪljə'neə^r] noun millionnaire *mf*.

millionairess [,mɪljə'neərɪs] noun *dated* millionnaire *f*.

millionth ['mɪljənθ] ❖ num millionième. ❖ noun **1.** [ordinal] millionième *mf* **2.** [fraction] millionième *m*.

millipede ['mɪlɪpi:d] noun mille-pattes *m inv*.

millstone ['mɪlstəʊn] noun meule *f* ▸ **he's like a millstone around my neck** c'est un boulet que je traîne.

milometer [maɪ'lɒmɪtə^r] UK = **mileometer**.

mime [maɪm] ❖ noun mime *m*. ❖ vt & vi mimer.

mimic ['mɪmɪk] ❖ noun imitateur *m*, -trice *f*. ❖ vt (*pt & pp* **-ked**, *cont* **-king**) imiter.

mimicry ['mɪmɪkrɪ] noun imitation *f*.

min. [mɪn] **1.** (*abbr of* **minute**) mn, min **2.** (*abbr of* **minimum**) min.

minaret [mɪnə'ret] noun minaret *m*.

mince [mɪns] ❖ noun UK viande *f* hachée. ❖ vt UK [garlic] hacher. ❖ vi marcher à petits pas maniérés.

mincemeat ['mɪnsmiːt] noun **1.** [fruit] *mélange de pommes, raisins secs et épices utilisé en pâtisserie* **2.** UK [meat] viande *f* hachée.

mince pie noun tartelette *f* de Noël.

mincer ['mɪnsəʳ] noun UK hachoir *m*.

mind [maɪnd] ◆ noun

1. [gen] esprit *m* ▸ **to call sthg to mind** rappeler qqch ▸ **to cast one's mind back to sthg** repenser à qqch ▸ **to come into / cross sb's mind** venir à/traverser l'esprit de qqn ▸ **to have sthg on one's mind** avoir l'esprit préoccupé, être préoccupé(e) par qqch ▸ **to keep an open mind** réserver son jugement / *my mind has gone blank* j'ai un trou de mémoire ▸ **the trip took her mind off her worries** ce petit voyage lui a changé les idées ▸ **that's a load** OR **weight off my mind!** je me sens soulagé, quel soulagement ! / *it went clean* OR *right out of my mind* cela m'est complètement sorti de l'esprit OR de la tête / *at the back of one's mind* au fond de soi-même / *to put sthg to the back of one's mind* chasser qqch de son esprit / *you must put the idea out of your mind* tu dois te sortir cette idée de la tête ▸ **to have sthg in mind** avoir qqch dans l'idée / *no-one in their right mind would do such a thing* aucune personne sensée n'agirait ainsi / *to have one's mind set on sthg* vouloir qqch à tout prix ▸ **to have a mind to do sthg** avoir bien envie de faire qqch ▸ **to broaden one's mind** enrichir l'esprit ▸ **to make one's mind up** se décider ▸ **to put** OR **set sb's mind at rest** rassurer qqn

2. [attention] ▸ **to put one's mind to sthg** s'appliquer à qqch ▸ **to keep one's mind on sthg** se concentrer sur qqch / *I can't seem to apply my mind to the problem* je n'arrive pas à me concentrer sur le problème ▸ **to slip one's mind** sortir de l'esprit

3. [opinion] ▸ **to change one's mind** changer d'avis ▸ **to my mind** à mon avis / *to be of the same* OR *of like* OR *of one mind* être du même avis ▸ **to be in** UK OR **of** US **two minds (about sthg)** se tâter OR être indécis(e) (à propos de qqch)

4. [person] cerveau *m* ▸ **great minds think alike** les grands esprits se rencontrent

◆ vi

1. [be bothered] *I don't mind* ça m'est égal / *I hope you don't mind* j'espère que vous n'y voyez pas d'inconvénient / *do you mind if I open the window?* cela vous dérange si j'ouvre la fenêtre ? / *would you mind if I opened the window?* est-ce que cela vous ennuierait si j'ouvrais la fenêtre ? / *I don't mind if people laugh at me — but you should mind!* je ne me soucie guère que les gens se moquent de moi — mais vous devriez ! ▸ **do you mind!** **a)** *iro* [politely] vous permettez ? **b)** [indignantly] non mais ! ▸ **never mind** **a)** [don't worry] ne t'en fais pas **b)** [it's not important] ça ne fait rien

2. [be careful] ▸ **mind out!** UK attention !

◆ vt

1. [be bothered about, dislike] *I don't mind waiting* ça ne me gêne OR dérange pas d'attendre / *I really don't mind what he says / thinks* je me fiche de ce qu'il peut dire/penser / *I don't mind him* il ne me dérange pas / *do you mind me smoking?* cela ne vous ennuie OR dérange pas que je fume ? / *did you mind me inviting her?* tu aurais peut-être préféré que je ne l'invite pas ?, ça t'ennuie que je l'aie invitée ? / *would you mind turning out the light, please?* **a)** [politely] pourriez-vous éteindre la lumière, s'il vous plaît ? **b)** [aggressively] est-ce que cela vous dérangerait beaucoup d'éteindre la lumière ? / *I wouldn't mind a beer* je prendrais bien une bière

2. UK [pay attention to] faire attention à, prendre garde à / *mind your own business!* occupe-toi de ce qui te regarde !, mêle-toi de tes oignons ! / *mind your language!* surveille ton langage ! / *'mind the step'* 'attention à la marche' / *mind you don't break it* fais bien attention de ne pas le casser / *mind what you're doing!* regarde ce que tu fais ! / *never mind that now* **a)** [leave it] ne vous occupez pas de cela tout de suite **b)** [forget it] ce n'est plus la peine de s'en occuper

3. UK [take care of - luggage] garder, surveiller ; [- shop] tenir

◆ **mind you** adv remarquez / *mind you, I'm not surprised* remarque OR tu sais, cela ne m'étonne pas.

mind-blowing adj *inf* [amazing] époustouflant(e).

mind-boggling adj extraordinaire, stupéfiant(e).

-minded [ˌmaɪndɪd] suffix **1.** *(with adj)* : *simple-minded* simple d'esprit / *they're so narrow-minded* ils sont tellement étroits d'esprit **2.** *(with adv)* : *to be politically-minded* s'intéresser beaucoup à la politique / *to be scientifically-minded* avoir l'esprit scientifique **3.** *(with noun)* : *to be very money-minded* avoir un faible pour l'argent OR être très porté(e) sur l'argent.

minder ['maɪndəʳ] noun UK *inf* [bodyguard] ange *m* gardien.

mindful ['maɪndfʊl] adj ▸ **mindful of** **a)** [risks] attentif(ive) à **b)** [responsibility] soucieux(euse) de.

mindless ['maɪndlɪs] adj stupide, idiot(e).

mind-numbing [-nʌmɪŋ] adj abrutissant(e).

mind reader noun : *I'm not a mind reader hum* je ne suis pas devin.

mindset ['maɪndset] noun mentalité *f* / *this is a dangerous mindset to be in* c'est une attitude dangereuse.

mine¹ [maɪn] poss pron le mien (la mienne), les miens (les miennes) *(pl)* / *that money is mine* cet argent est à moi / *it wasn't your fault, it was mine* ce n'était pas de votre faute, c'était de la mienne OR de ma faute à moi / *a friend of mine* un ami à moi, un de mes amis.

mine² [maɪn] ◆ noun mine *f* ▸ **a mine of information** *fig* une mine de renseignements. ◆ vt **1.** [coal, gold] extraire **2.** [road, beach, sea] miner.

minefield ['maɪnfiːld] noun champ *m* de mines ; *fig* situation *f* explosive.

miner ['maɪnəʳ] noun mineur *m*, -euse *f*.

mineral ['mɪnərəl] ◆ adj minéral(e). ◆ noun minéral *m*.

mineral water noun eau *f* minérale.

minestrone [ˌmɪnɪ'strəʊnɪ] noun minestrone *m*.

minesweeper ['maɪn,swi:pər] noun dragueur *m* de mines.

minging ['mɪŋɪŋ] adj UK *v inf* horrible.

mingle ['mɪŋgl] ❖ vt ▸ **to mingle sthg with sthg** mélanger qqch à qqch. ❖ vi ▸ **to mingle (with)** a) [sounds, fragrances] se mélanger (à) b) [people] se mêler (à).

mini ['mɪnɪ] noun [skirt] minijupe *f*.

mini- ['mɪnɪ] pref mini-.

miniature ['mɪnətʃər] ❖ adj miniature. ❖ noun 1. [painting] miniature *f* 2. [of alcohol] bouteille *f* miniature 3. [small scale] ▸ **in miniature** en miniature.

miniaturized, miniaturised UK ['mɪnətʃəraɪzd] adj miniaturisé(e).

minibar ['mɪnɪbɑ:r] noun minibar *m*.

mini-break noun mini-séjour *m*, mini-vacances *fpl*.

minibus ['mɪnɪbʌs] (*pl* **-es**) noun minibus *m*.

minicab ['mɪnɪkæb] noun UK radiotaxi *m*.

minicam ['mɪnɪkæm] noun caméra *f* de télévision miniature.

MiniDisc® ['mɪnɪdɪsk] noun Minidisc® *m*.

minidish ['mɪnɪdɪʃ] noun mini-parabole *f*.

minidisk ['mɪnɪdɪsk] noun mini-disquette *f*.

minigolf ['mɪnɪgɒlf] noun minigolf *m*.

minim ['mɪnɪm] noun UK MUS blanche *f*.

minimal ['mɪnɪml] adj [cost] insignifiant(e) ; [damage] minime.

minimalism ['mɪnɪməlɪzm] noun minimalisme *m*.

minimalist ['mɪnɪməlɪst] noun minimaliste *mf*.

minimize, minimise UK ['mɪnɪ,maɪz] vt minimiser.

minimum ['mɪnɪməm] ❖ adj minimum *(inv)*. ❖ noun (*pl* **minima** ['mɪnɪmə] *or* **-s**) minimum *m* / *keep expenses to a minimum* limitez au minimum les dépenses, dépensez le moins possible / *there was only the minimum of damage* il n'y a eu que des dégâts minimes / *at the (very) minimum it will cost £2,000* (en mettant les choses) au mieux, cela coûtera 2 000 livres.

minimum charge noun tarif *m* minimum.

minimum payment noun paiement *m* minimum.

minimum wage noun salaire *m* minimum.

mining ['maɪnɪŋ] ❖ noun exploitation *f* minière. ❖ adj minier(ère).

minion ['mɪnjən] noun larbin *m*, laquais *m*.

mini-roundabout [mɪnɪ'raʊndəbaʊt] noun UK petit rond-point *m*.

miniskirt ['mɪnɪskɜ:t] noun minijupe *f*.

minister ['mɪnɪstər] noun 1. POL ministre *m* ▸ **minister without portfolio** ministre *m* sans portefeuille 2. RELIG pasteur *m*. ◆ **minister to** vt insep [person] donner OR prodiguer ses soins à ; [needs] pourvoir à.

ministerial [,mɪnɪ'stɪərɪəl] adj ministériel(elle).

ministry ['mɪnɪstrɪ] (*pl* **-ies**) noun 1. POL ministère *m* ▸ **Ministry of Defence** UK ministère *m* de la Défense 2. RELIG ▸ **the ministry** le saint ministère.

mink [mɪŋk] (*pl inv*) noun vison *m*.

minnow ['mɪnəʊ] noun vairon *m*.

minor ['maɪnər] ❖ adj [gen & MUS] mineur(e) ; [detail] petit(e) ; [role] secondaire ▸ **minor offence** LAW délit *m* mineur ▸ **to have a minor operation** MED subir une petite intervention chirurgicale OR une intervention chirurgicale bénigne / *in A minor* MUS en la mineur. ❖ noun mineur *m*, -e *f*.

minority [maɪ'nɒrətɪ] (*pl* **-ies**) noun minorité *f* ▸ **to be in a** OR **the minority** être en minorité.

minority government noun gouvernement *m* minoritaire.

minstrel ['mɪnstrəl] noun ménestrel *m*.

mint [mɪnt] ❖ noun 1. [herb] menthe *f* 2. [sweet] bonbon *m* à la menthe 3. [for coins] ▸ **the Mint** l'hôtel de la Monnaie ▸ **in mint condition** en parfait état. ❖ vt [coins] battre.

minuet [,mɪnjʊ'et] noun menuet *m*.

minus ['maɪnəs] ❖ prep moins. ❖ adj [answer, quantity] négatif(ive). ❖ noun (*pl* **-es**) 1. MATH signe *m* moins 2. [disadvantage] handicap *m*.

minuscule ['mɪnəskju:l] adj minuscule.

minus sign noun signe *m* moins.

minute[1] ['mɪnɪt] noun minute *f* ▸ **at any minute** à tout moment, d'une minute à l'autre ▸ **at the last minute** au dernier moment, à la dernière minute ▸ **stop that this minute!** arrête tout de suite OR immédiatement ! ▸ **up to the minute** [design] dernier cri *(inv)* ▸ **wait a minute!** attendez une minute OR un instant ! ◆ **minutes** pl n procès-verbal *m*, compte rendu *m*.

minute[2] [maɪ'nju:t] adj minuscule ▸ **in minute detail** par le menu.

minute hand ['mɪnɪt-] noun aiguille *f* des minutes.

minutely [maɪ'nju:tlɪ] adv 1. [carefully] minutieusement, avec un soin minutieux ; [in detail] en détail, par le menu 2. [fold] tout petit ; [move] imperceptiblement, très légèrement.

minutiae [maɪ'nju:ʃɪaɪ] pl n menus détails *mpl*.

miracle ['mɪrəkl] noun miracle *m*.

miraculous [mɪ'rækjʊləs] adj miraculeux(euse).

miraculously [mɪ'rækjʊləslɪ] adv miraculeusement, par miracle.

mirage [mɪ'rɑ:ʒ] noun *lit* & *fig* mirage *m*.

mire [maɪər] noun fange *f*, boue *f*.

mirror ['mɪrər] ❖ noun 1. miroir *m*, glace *f* 2. COMPUT site *m* miroir. ❖ vt 1. [subj: mirror, water] refléter 2. COMPUT donner un site miroir à.

mirror image noun image *f* inversée.

mirror site noun COMPUT site *m* miroir.

mirth [mɜ:θ] noun *liter* hilarité *f*, gaieté *f*.

misadventure [,mɪsəd'ventʃər] noun UK LAW ▸ **death by misadventure** mort *f* accidentelle.

misanthropic [,mɪsən'θrɒpɪk] adj [person] misanthrope ; [thoughts] misanthropique.

misanthropist [mɪ'sænθrəpɪst] noun misanthrope *mf*.

misapprehension [ˈmɪsˌæprɪˈhenʃn] noun idée *f* fausse.

misappropriation [ˈmɪsəˌprəʊprɪˈeɪʃn] noun détournement *m*.

misbehave [ˌmɪsbɪˈheɪv] ❖ vi se conduire mal / ***stop misbehaving!*** sois sage ! / ***he's misbehaving again!*** il fait encore des siennes ! ❖ vt : ***to misbehave oneself*** se conduire mal.

misbehaviour UK, **misbehaviour** US [ˌmɪsbɪˈheɪvjəʳ] noun mauvaise conduite *f*.

misc, misc. [mɪsk] *written abbr of* **miscellaneous**.

miscalculate [ˌmɪsˈkælkjʊleɪt] ❖ vt mal calculer. ❖ vi se tromper.

miscalculation [ˌmɪskælkjʊˈleɪʃn] noun mauvais calcul *m*, erreur *f* de calcul.

miscarriage [ˌmɪsˈkærɪdʒ] noun MED fausse couche *f* ▸ **to have a miscarriage** faire une fausse couche.

miscarriage of justice noun erreur *f* judiciaire.

miscarry [ˌmɪsˈkærɪ] (*pt & pp* **-ied**) vi **1.** [woman] faire une fausse couche **2.** [plan] échouer.

miscast [ˌmɪsˈkɑːst] (*pt & pp* **miscast**) vt CIN & THEAT [play] se tromper dans la distribution de ; [actor] mal choisir le rôle de / ***Jim was hopelessly miscast as Romeo*** Jim n'était vraiment pas fait pour jouer le rôle de Roméo.

miscellaneous [ˌmɪsəˈleɪnjəs] adj varié(e), divers(e).

miscellany [UK mɪˈselənɪ, US ˈmɪsəleɪnɪ] (*pl* **-ies**) noun recueil *m*.

mischief [ˈmɪstʃɪf] noun *(U)* **1.** [playfulness] malice *f*, espièglerie *f* **2.** [naughty behaviour] sottises *fpl*, bêtises *fpl* **3.** [harm] dégât *m*.

mischievous [ˈmɪstʃɪvəs] adj **1.** [playful] malicieux(euse) **2.** [naughty] espiègle, coquin(e).

mischievously [ˈmɪstʃɪvəslɪ] adv [naughtily, playfully] malicieusement ; [nastily] méchamment, avec malveillance.

misconceived [ˌmɪskənˈsiːvd] adj [idea] mal conçu(e).

misconception [ˌmɪskənˈsepʃn] noun idée *f* fausse.

misconduct [ˌmɪsˈkɒndʌkt] noun inconduite *f*.

misconstrue [ˌmɪskənˈstruː] vt *fml* mal interpréter.

miscount [ˌmɪsˈkaʊnt] vt & vi mal compter.

misdemeanour UK, **misdemeanor** US [ˌmɪsdɪˈmiːnəʳ] noun LAW délit *m*.

misdirected [ˌmɪsdɪˈrektɪd] adj [letter] mal adressé(e) ; [efforts, energy] mal dirigé(e).

miser [ˈmaɪzəʳ] noun avare *mf*.

miserable [ˈmɪzrəbl] adj **1.** [person] malheureux(euse), triste **2.** [conditions, life] misérable ; [pay] dérisoire ; [weather] maussade **3.** [failure] pitoyable, lamentable.

miserably [ˈmɪzrəblɪ] adv **1.** [reply, cry] pitoyablement **2.** [live] misérablement **3.** [fail] pitoyablement, lamentablement.

miserly [ˈmaɪzəlɪ] adj avare.

misery [ˈmɪzərɪ] (*pl* **-ies**) noun **1.** [of person] tristesse *f* **2.** [of conditions, life] misère *f*.

misery guts noun *inf* rabat-joie *m*.

misfire [ˌmɪsˈfaɪəʳ] vi **1.** [gun, plan] rater **2.** [car engine] avoir des ratés.

misfit [ˈmɪsfɪt] noun inadapté *m*, -e *f*.

misfortune [mɪsˈfɔːtʃuːn] noun **1.** [bad luck] malchance *f* **2.** [piece of bad luck] malheur *m*.

misgiving [mɪsˈgɪvɪŋ] noun doute *m*, appréhension *f* / ***the whole idea fills me with misgiving*** l'idée même me remplit d'appréhension.

misgivings [mɪsˈgɪvɪŋz] pl n craintes *fpl*, doutes *mpl* / ***to have misgivings about*** avoir des doutes quant à, douter de.

misguided [ˌmɪsˈgaɪdɪd] adj [person] malavisé(e) ; [attempt] malencontreux(euse) ; [opinion] peu judicieux(euse).

mishandle [ˌmɪsˈhændl] vt **1.** [person, animal] manier sans précaution **2.** [negotiations] mal mener ; [business] mal gérer.

mishap [ˈmɪshæp] noun mésaventure *f* ▸ **without mishap** sans encombre OR incident.

mishear [ˌmɪsˈhɪəʳ] (*pt & pp* **-heard**) vt & vi mal entendre.

mishit ❖ vt [ˌmɪsˈhɪt] (*pt & pp* **mishit**) SPORT [ball] mal frapper. ❖ vi [ˌmɪsˈhɪt] (*pt & pp* **mishit**) mal frapper la balle. ❖ noun [ˈmɪshɪt] mauvais coup *m*, coup *m* manqué.

mishmash [ˈmɪʃmæʃ] noun *inf* méli-mélo *m*.

misinform [ˌmɪsɪnˈfɔːm] vt mal renseigner, mal informer.

misinformation [ˌmɪsɪnfəˈmeɪʃn] noun désinformation *f*.

misinterpret [ˌmɪsɪnˈtɜːprɪt] vt mal interpréter.

misinterpretation [ˈmɪsɪnˌtɜːprɪˈteɪʃn] noun erreur *f* d'interprétation / ***the rules are open to misinterpretation*** l'interprétation du règlement prête à confusion.

misjudge [ˌmɪsˈdʒʌdʒ] vt **1.** [distance, time] mal évaluer **2.** [person, mood] méjuger, se méprendre sur.

misjudg(e)ment [ˌmɪsˈdʒʌdʒmənt] noun ▸ **to make a misjudgement** faire une erreur de jugement.

mislay [ˌmɪsˈleɪ] (*pt & pp* **-laid**) vt égarer.

mislead [ˌmɪsˈliːd] (*pt & pp* **-led**) vt induire en erreur.

misleading [ˌmɪsˈliːdɪŋ] adj trompeur(euse).

misled [ˌmɪsˈled] pt & pp ⟶ **mislead**.

mismanage [ˌmɪsˈmænɪdʒ] vt mal gérer, mal administrer.

mismanagement [ˌmɪsˈmænɪdʒmənt] noun mauvaise gestion *f* OR administration *f*.

mismatch [ˌmɪsˈmætʃ] vt ▸ **to be mismatched** être mal assorti(e).

misnomer [ˌmɪsˈnəʊməʳ] noun nom *m* mal approprié.

misogynist [mɪˈsɒdʒɪnɪst] noun misogyne *mf*.

misogynistic [mɪˈsɒdʒɪnɪstɪk], **misogynous** [mɪˈsɒdʒɪnəs] adj misogyne.

misplace [ˌmɪsˈpleɪs] vt égarer.

misplaced [ˌmɪs'pleɪst] adj mal placé(e), déplacé(e).

misprint ['mɪsprɪnt] noun faute f d'impression.

mispronounce [ˌmɪsprə'naʊns] vt mal prononcer.

mispronunciation ['mɪsprəˌnʌnsɪ'eɪʃn] noun faute f de prononciation.

misquote [ˌmɪs'kwəʊt] vt citer de façon inexacte.

misread [ˌmɪs'ri:d] (*pt & pp* **-read**) vt **1.** [read wrongly] mal lire **2.** [misinterpret] mal interpréter.

misrepresent ['mɪsˌreprɪ'zent] vt dénaturer.

misrepresentation ['mɪsˌreprɪzen'teɪʃn] noun **1.** *(U)* [wrong interpretation] mauvaise interprétation f **2.** [false account] déformation f.

misrule [ˌmɪs'ru:l] noun mauvais gouvernement m, mauvaise administration f.

miss [mɪs] ❖ vt **1.** [gen] rater, manquer / *you didn't miss much* vous n'avez pas manqué grand-chose / *it's too good an opportunity to miss* c'est une occasion trop belle pour qu'on la manque / *to miss school* manquer l'école / *I'm sorry, I missed you in the crowd* désolé, je ne vous ai pas vu OR remarqué OR aperçu dans la foule / *I missed the beginning of your question* je n'ai pas entendu le début de votre question / *they've missed my name off the list* ils ont oublié mon nom sur la liste / *you've missed* OR *you're missing the point!* vous n'avez rien compris ! **2.** [home, person] : *I miss my family / her* ma famille / elle me manque / *you'll be missed when you retire* on vous regrettera OR vous nous manquerez quand vous serez à la retraite **3.** [avoid, escape] échapper à / *I just missed being run over* j'ai failli me faire écraser **4.** [be short of, lack] manquer de / *I'm missing two books from my collection* il me manque deux livres dans ma collection, deux livres de ma collection ont disparu. ❖ vi rater / *missed!* raté ! ❖ noun ▸ **to give sthg a miss** UK *inf* ne pas aller à qqch. ◆ **miss out** ❖ vt sep UK [omit - by accident] oublier ; [- deliberately] omettre. ❖ vi ▸ **to miss out on sthg** ne pas pouvoir profiter de qqch.

Miss [mɪs] noun Mademoiselle f.

misshapen [ˌmɪs'ʃeɪpn] adj difforme.

missile [UK 'mɪsaɪl, US 'mɪsəl] noun **1.** [weapon] missile m **2.** [thrown object] projectile m.

missing ['mɪsɪŋ] adj **1.** [lost] perdu(e), égaré(e) **2.** [not present] manquant(e), qui manque.

missing link noun maillon m qui manque à la chaîne.

missing person noun personne f disparue.

mission ['mɪʃn] noun mission f.

missionary ['mɪʃənrɪ] (*pl* **-ies**) noun missionnaire mf.

missive ['mɪsɪv] noun missive f.

misspell [ˌmɪs'spel] (UK *pt & pp* **-spelt** *or* **-spelled**) vt mal orthographier.

misspelling [ˌmɪs'spelɪŋ] noun faute f d'orthographe.

misspelt [ˌmɪs'spelt] pt & pp UK ⟶ **misspell**.

missus ['mɪsɪz] noun UK *inf* **1.** [wife] bourgeoise f / *I'll have to ask the missus* je dois demander à la patronne **2.** [woman] : *eh, missus!* dites, m'dame OR ma p'tite dame !

mist [mɪst] noun brume f. ◆ **mist over, mist up** vi s'embuer.

mistake [mɪ'steɪk] ❖ noun erreur f ▸ **by mistake** par erreur ▸ **to make a mistake** faire une erreur, se tromper / *I made the mistake of losing my temper* j'ai commis l'erreur de OR j'ai eu le tort de me fâcher. ❖ vt (*pt* **-took**, *pp* **-taken**) **1.** [misunderstand - meaning] mal comprendre ; [- intention] se méprendre sur **2.** [fail to recognize] : *you can't mistake our house: it has green shutters* vous ne pouvez pas vous tromper, notre maison a des volets verts ▸ **to mistake sb / sthg for** prendre qqn / qqch pour, confondre qqn / qqch avec / *I'm often mistaken for my sister* on me prend souvent pour ma sœur ▸ **there's no mistaking...** il est impossible de ne pas reconnaître....

mistaken [mɪ'steɪkn] ❖ pp ⟶ **mistake.** ❖ adj **1.** [person] ▸ **to be mistaken (about)** se tromper (en ce qui concerne OR sur) **2.** [belief, idea] erroné(e), faux (fausse).

mistaken identity noun ▸ **a case of mistaken identity** une erreur sur la personne.

mistakenly [mɪs'teɪknlɪ] adv par erreur.

mister ['mɪstəʳ] noun *inf* monsieur m. ◆ **Mister** noun Monsieur m.

mistime [ˌmɪs'taɪm] vt [tackle, shot] mal calculer ; [announcement] faire au mauvais moment.

mistletoe ['mɪsltəʊ] noun gui m.

mistook [mɪ'stʊk] pt ⟶ **mistake**.

mistranslation [ˌmɪstræns'leɪʃn] noun erreur f de traduction.

mistreat [ˌmɪs'tri:t] vt maltraiter.

mistress ['mɪstrɪs] noun maîtresse f.

mistrial ['mɪstraɪəl] noun **1.** erreur f judiciaire **2.** US *procès annulé par manque d'unanimité parmi les jurés.*

mistrust [ˌmɪs'trʌst] ❖ noun méfiance f. ❖ vt se méfier de.

mistrustful [ˌmɪs'trʌstfʊl] adj ▸ **mistrustful (of)** méfiant(e) (à l'égard de).

misty ['mɪstɪ] (*compar* **-ier**, *superl* **-iest**) adj brumeux(euse).

misunderstand [ˌmɪsʌndə'stænd] (*pt & pp* **-stood**) vt & vi mal comprendre.

misunderstanding [ˌmɪsʌndə'stændɪŋ] noun malentendu m.

misunderstood [ˌmɪsʌndə'stʊd] pt & pp ⟶ **misunderstand**.

misuse ❖ noun [ˌmɪs'ju:s] **1.** [of one's time, resources] mauvais emploi m **2.** [of power] abus m ; [of funds] détournement m. ❖ vt [ˌmɪs'ju:z] **1.** [one's time, resources] mal employer **2.** [power] abuser de ; [funds] détourner.

MIT (*abbr of* **Massachusetts Institute of Technology**) noun *l'institut de technologie du Massachusetts.*

mite [maɪt] noun **1.** [insect] mite f **2.** *inf & dated* [small amount] ▸ **a mite** un brin, un tantinet **3.** [small child] petit m, -e f.

miter US = **mitre**.

mitigate ['mɪtɪgeɪt] vt atténuer, mitiger.

mitigating ['mɪtɪgeɪtɪŋ] adj ▸ **mitigating circumstances** circonstances *fpl* atténuantes.

mitigation [ˌmɪtɪ'geɪʃn] noun atténuation *f*.

mitre UK, **miter** US ['maɪtəʳ] noun **1.** [hat] mitre *f* **2.** [joint] onglet *m*.

mitt [mɪt] noun **1.** *inf* = **mitten** **2.** [in baseball] gant *m*.

mitten ['mɪtn] noun moufle *f*.

mix [mɪks] ❖ vt **1.** [gen] mélanger **2.** [activities] ▸ **to mix sthg with sthg** combiner OR associer qqch et qqch **3.** [drink] préparer ; [cement] malaxer. ❖ vi **1.** [gen] se mélanger **2.** [socially] ▸ **to mix with** fréquenter. ❖ noun **1.** [gen] mélange *m* **2.** MUS mixage *m*. ◆ **mix up** vt sep **1.** [confuse] confondre **2.** [disorganize] mélanger.

mix-and-match adj [clothes] que l'on peut coordonner à volonté.

mixed [mɪkst] adj **1.** [assorted] assortis(ies) ▸ **to have mixed feelings** être partagé(e) **2.** [sexually, racially] mixte ▸ **mixed school** école *f* mixte / *man of mixed race* métis *m* / *woman of mixed race* métisse *f* **3.** PHR **mixed leaves** mesclun *m*.

mixed-ability adj UK [class] tous niveaux confondus.

mixed blessing noun *quelque chose qui a du bon et du mauvais*.

mixed doubles noun SPORT double *m* mixte.

mixed grill noun UK assortiment *m* de grillades.

mixed marriage noun mariage *m* mixte.

mixed up adj **1.** [confused - person] qui ne sait plus où il en est, paumé(e) ; [- mind] embrouillé(e) **2.** [involved] ▸ **to be mixed up in sthg** être mêlé(e) à qqch.

mixer ['mɪksəʳ] noun [for food] mixer *m*.

mixing bowl ['mɪksɪŋ-] noun grand bol *m* de cuisine.

mixture ['mɪkstʃəʳ] noun **1.** [gen] mélange *m* **2.** MED préparation *f*.

mix-up noun *inf* confusion *f*.

ml (*written abbr of* **millilitre**) ml.

MLR UK *abbr of* **minimum lending rate**.

mm (*abbr of* **millimetre**) mm.

mnemonic [nɪ'mɒnɪk] noun mnémotechnique *f*.

moan [məʊn] ❖ noun **1.** [of pain, sadness] gémissement *m* **2.** *inf* [complaint] plainte *f*. ❖ vi **1.** [in pain, sadness] gémir **2.** *inf* [complain] ▸ **to moan (about)** rouspéter OR râler (à propos de).

moaner ['məʊnəʳ] noun *inf* grognon *m*, -onne *f*, râleur *m*, -euse *f*.

moaning ['məʊnɪŋ] noun *(U)* [complaining] plaintes *fpl*, jérémiades *fpl*.

moat [məʊt] noun douves *fpl*.

mob [mɒb] ❖ noun foule *f*. ❖ vt (*pt & pp* **-bed**, *cont* **-bing**) assaillir.

mobile ['məʊbaɪl] ❖ adj **1.** [gen] mobile **2.** [able to travel] motorisé(e). ❖ noun **1.** UK [telephone] téléphone *m* portable **2.** ART mobile *m*.

mobile home noun auto-caravane *f*.

mobile phone noun UK téléphone *m* portable.

mobility [mə'bɪlətɪ] noun mobilité *f*.

mobilization, **mobilisation** UK [ˌməʊbɪlaɪ'zeɪʃn] noun mobilisation *f*.

mobilize, **mobilise** UK ['məʊbɪlaɪz] vt & vi mobiliser.

moccasin ['mɒkəsɪn] noun mocassin *m*.

mocha ['mɒkə] noun moka *m*.

mock [mɒk] ❖ adj faux (fausse) ▸ **mock exam** UK examen blanc. ❖ vt se moquer de. ❖ vi se moquer.

mockery ['mɒkərɪ] noun moquerie *f* ▸ **to make a mockery of sthg** tourner qqch en dérision.

mocking ['mɒkɪŋ] adj moqueur(euse).

mockingbird ['mɒkɪŋbɜːd] noun moqueur *m*.

mock-up noun maquette *f*.

mod [mɒd] noun *en Angleterre, membre d'un groupe de jeunes des années 60 qui s'opposaient aux rockers*.

MoD noun UK *abbr of* **Ministry of Defence**.

mod cons [ˌmɒd-] (*abbr of* **modern conveniences**) pl n UK *inf* ▸ **all mod cons** tout confort, tt. conf.

mode [məʊd] noun mode *m*.

model ['mɒdl] ❖ noun **1.** [gen] modèle *m* **2.** [fashion model] mannequin *m*. ❖ adj **1.** [perfect] modèle **2.** [reduced-scale] (en) modèle réduit. ❖ vt (UK *pt & pp* **-led**, *cont* **-ling**, US *pt & pp* **-ed**, *cont* **-ing**) **1.** [clay] modeler **2.** [clothes] ▸ **to model a dress** présenter un modèle de robe **3.** [emulate] ▸ **to model o.s. on sb** prendre modèle OR exemple sur qqn, se modeler sur qqn. ❖ vi (UK *pt & pp* **-led**, *cont* **-ling**, US *pt & pp* **-ed**, *cont* **-ing**) être mannequin.

modelling UK, **modeling** US ['mɒdəlɪŋ] noun **1.** [building models] modelage *m* ; [as a hobby] construction *f* de maquettes **2.** [in fashion shows] : *modelling is extremely well-paid* le travail de mannequin est très bien payé, les mannequins sont très bien payés / *to make a career in modelling* faire une carrière de mannequin **3.** MATH modélisation *f*.

modem ['məʊdem] noun COMPUT modem *m*.

moderate ❖ adj ['mɒdərət] modéré(e). ❖ noun ['mɒdərət] POL modéré *m*, -e *f*. ❖ vt ['mɒdəreɪt] modérer. ❖ vi ['mɒdəreɪt] se modérer.

moderately ['mɒdərətlɪ] adv [not very] pas très, plus ou moins.

moderation [ˌmɒdə'reɪʃn] noun modération *f* ▸ **in moderation** avec modération.

modern ['mɒdən] adj moderne.

modern art noun art *m* moderne.

modern-day adj moderne, d'aujourd'hui.

modernism ['mɒdənɪzm] noun modernisme *m*.

modernization, **modernisation** UK [ˌmɒdənaɪ'zeɪʃn] noun modernisation *f*.

modernize, modernise UK ['mɒdənaɪz] ◆ vt moderniser. ◆ vi se moderniser.

modern languages pl n langues *fpl* vivantes.

modest ['mɒdɪst] adj modeste.

modestly ['mɒdɪstlɪ] adv modestement.

modesty ['mɒdɪstɪ] noun modestie *f*.

modicum ['mɒdɪkəm] noun minimum *m*.

modification [,mɒdɪfɪ'keɪʃn] noun modification *f*.

modify ['mɒdɪfaɪ] (*pt & pp* **-ied**) vt modifier.

modular ['mɒdjʊlər] adj modulaire.

modulate ['mɒdjʊleɪt] vt **1.** ELECTRON & MUS moduler ; [voice] moduler **2.** [moderate, tone down] adapter, ajuster.

modulation [,mɒdjʊ'leɪʃn] noun modulation *f*.

module ['mɒdju:l] noun module *m*.

moggy ['mɒgɪ] (*pl* **-ies**) noun UK *inf* minou *m*.

mogul ['məʊgl] noun *fig* magnat *m*.

mohair ['məʊheər] ◆ noun mohair *m*. ◆ comp en mohair.

moist [mɔɪst] adj [soil, climate] humide ; [cake] moelleux(euse).

moisten ['mɔɪsn] vt humecter.

moisture ['mɔɪstʃər] noun humidité *f*.

moisturize, moisturise UK ['mɔɪstʃəraɪz] vt hydrater.

moisturizer, moisturiser UK ['mɔɪstʃəraɪzər] noun crème *f* hydratante, lait *m* hydratant.

mojo ['məʊdʒəʊ] noun US *inf* [energy] peps *m*.

molar ['məʊlər] noun molaire *f*.

molasses [mə'læsɪz] noun *(U)* mélasse *f*.

mold US = **mould**.

Moldavia [mɒl'deɪvjə] noun Moldavie *f* ▸ **in Moldavia** en Moldavie.

moldy US = **mouldy**.

mole [məʊl] noun **1.** [animal, spy] taupe *f* **2.** [on skin] grain *m* de beauté.

molecular [mə'lekjʊlər] adj moléculaire.

molecule ['mɒlɪkju:l] noun molécule *f*.

molehill ['məʊlhɪl] noun taupinière *f*.

moleskin ['məʊlskɪn] noun **1.** [fur] (peau *f* de) taupe *f* **2.** [cotton] coton *m* sergé.

molest [mə'lest] vt **1.** [attack sexually] attenter à la pudeur de **2.** [attack] molester.

mollify ['mɒlɪfaɪ] (*pt & pp* **-ied**) vt apaiser, calmer.

mollusc UK, **mollusk** US ['mɒləsk] noun mollusque *m*.

mollycoddle ['mɒlɪ,kɒdl] vt *inf* chouchouter.

molt US = **moult**.

molten ['məʊltn] adj en fusion.

mom [mɒm] noun US *inf* maman *f*.

moment ['məʊmənt] noun moment *m*, instant *m* ▸ **to choose the right moment** choisir son moment ▸ **moment of truth** minute *f* de vérité ▸ **at any moment** d'un moment à l'autre ▸ **at the moment** en ce moment ▸ **at the last moment** au dernier moment ▸ **for the moment** pour le moment ▸ **for one moment** pendant un instant.

momentarily ['məʊməntərɪlɪ] adv **1.** [for a short time] momentanément **2.** US [soon] très bientôt.

momentary ['məʊməntrɪ] adj momentané(e), passager(ère).

momentous [mə'mentəs] adj capital(e), très important(e).

momentum [mə'mentəm] noun *(U)* **1.** PHYS moment *m* **2.** *fig* [speed, force] vitesse *f* ▸ **to gather momentum** prendre de la vitesse.

momma ['mɒmə], **mommy** ['mɒmɪ] noun US *inf* maman *f*.

Mon. (*abbr of* **Monday**) lun.

Monaco ['mɒnəkəʊ] noun Monaco.

monarch ['mɒnək] noun monarque *m*.

monarchist ['mɒnəkɪst] noun monarchiste *mf*.

monarchy ['mɒnəkɪ] (*pl* **-ies**) noun monarchie *f*.

monastery ['mɒnəstrɪ] (*pl* **-ies**) noun monastère *m*.

monastic [mə'næstɪk] adj monastique.

Monday ['mʌndɪ] noun lundi *m*. *See also* **Saturday**.

monetarism ['mʌnɪtərɪzm] noun monétarisme *m*.

monetarist ['mʌnɪtərɪst] noun monétariste *mf*.

monetary ['mʌnɪtrɪ] adj monétaire.

money ['mʌnɪ] noun argent *m* / ***throwing money at the problem is no solution*** ce n'est pas avec de l'argent que le problème sera résolu / ***there's no money in translating*** la traduction ne rapporte pas OR ne paie pas ▸ **to make money** gagner de l'argent ▸ **to get one's money's worth** en avoir pour son argent ▸ **to put money into sthg** investir dans qqch ▸ **to throw money at sthg** investir massivement dans qqch ▸ **money is no object** peu importe le prix. ◆ **moneys, monies** pl n LAW [sums] sommes *fpl* (d'argent) ▸ **public moneys** deniers *mpl* publics.

money-back guarantee noun garantie *f* de remboursement.

money back offer noun offre *f* de remboursement.

money belt noun ceinture *f* portefeuille.

moneybox ['mʌnɪbɒks] noun UK tirelire *f*.

moneyed ['mʌnɪd] adj *fml* riche, cossu(e).

moneylender ['mʌnɪ,lendər] noun prêteur *m*, -euse *f* sur gages.

moneymaker ['mʌnɪ,meɪkər] noun affaire *f* lucrative.

moneymaking ['mʌnɪ,meɪkɪŋ] adj lucratif(ive).

money order noun mandat *m* postal.

money-spinner [-,spɪnər] noun UK *inf* mine *f* d'or.

mongol ['mɒŋgəl] *dated & offens* ◆ adj mongolien(enne). ◆ noun mongolien *m*, -ienne *f*. ◆ **Mongol** noun = **Mongolian**.

Mongolia [mɒŋ'gəʊlɪə] noun Mongolie *f* ▸ **in Mongolia** en Mongolie.

Mongolian [mɒŋ'gəʊlɪən] ◆ adj mongol(e). ◆ noun **1.** [person] Mongol *m*, -e *f* **2.** [language] mongol *m*.

mongoose ['mɒŋgu:s] (*pl* **-s**) noun mangouste *f*.

mongrel ['mʌŋgrəl] noun [dog] bâtard *m*.

monitor ['mɒnɪtəʳ] ◆ noun COMPUT, MED & TV moniteur *m*. ◆ vt **1.** [check] contrôler, suivre de près **2.** [broadcasts, messages] être à l'écoute de.

monk [mʌŋk] noun moine *m*.

monkey ['mʌŋkɪ] (*pl* **-s**) noun singe *m*.

monkey bars noun US cage *f* d'écureuil.

monkey nut noun UK cacahuète *f*.

monkey wrench noun clef *f* à molette.

monkfish ['mʌŋkfɪʃ] (*pl inv or* **-es**) noun [angler fish] baudroie *f*, lotte *f* ; [angel shark] ange *m* de mer.

mono ['mɒnəʊ] ◆ adj mono *(inv)*. ◆ noun **1.** [sound] monophonie *f* **2.** US *inf* [glandular fever] mononucléose *f* (infectieuse).

monochrome ['mɒnəkrəʊm] adj monochrome.

monocle ['mɒnəkl] noun monocle *m*.

monogamous [mɒ'nɒgəməs] adj monogame.

monogamy [mɒ'nɒgəmɪ] noun monogamie *f*.

monogram ['mɒnəgræm] ◆ noun monogramme *m*. ◆ vt (*pt & pp* **-med**, *cont* **-ming**) marquer d'un monogramme.

monograph ['mɒnəgrɑ:f] noun monographie *f*.

monolingual [,mɒnə'lɪŋgwəl] adj monolingue.

monolithic [,mɒnə'lɪθɪk] adj monolithique.

monologue, monolog US ['mɒnəlɒg] noun monologue *m*.

monopolize, monopolise UK [mə'nɒpəlaɪz] vt monopoliser.

monopoly [mə'nɒpəlɪ] (*pl* **-ies**) noun ▸ **monopoly (on** OR **of)** monopole *m* (de) ▸ **the Monopolies and Mergers Commission** UK *organisme chargé de contrôler le fusionnement des entreprises.*

monorail ['mɒnəreɪl] noun monorail *m*.

monosyllabic [,mɒnəsɪ'læbɪk] adj monosyllabique.

monosyllable ['mɒnə,sɪləbl] noun monosyllabe *m*.

monotone ['mɒnətəʊn] noun ton *m* monocorde.

monotonous [mə'nɒtənəs] adj monotone.

monotonously [mə'nɒtənəslɪ] adv de façon monotone.

monotony [mə'nɒtənɪ] noun monotonie *f*.

Monsignor [,mɒn'si:njəʳ] noun monsignor *m*.

monsoon [mɒn'su:n] noun mousson *f*.

monster ['mɒnstəʳ] ◆ noun **1.** [creature, cruel person] monstre *m* **2.** [huge thing, person] colosse *m*. ◆ adj géant(e), monstre.

monstrosity [mɒn'strɒsətɪ] (*pl* **-ies**) noun monstruosité *f*.

monstrous ['mɒnstrəs] adj monstrueux(euse).

monstrously ['mɒnstrəslɪ] adv affreusement.

montage ['mɒntɑ:ʒ] noun montage *m*.

month [mʌnθ] noun mois *m*.

monthly ['mʌnθlɪ] ◆ adj mensuel(elle). ◆ adv mensuellement. ◆ noun (*pl* **-ies**) [publication] mensuel *m*.

monthly instalment noun mensualité *f*.

monument ['mɒnjʊmənt] noun monument *m*.

monumental [,mɒnjʊ'mentl] adj monumental(e).

monumentally [,mɒnjʊ'mentəlɪ] adv **1.** [build] de façon monumentale **2.** [extremely] extrêmement.

moo [mu:] ◆ noun (*pl* **-s**) meuglement *m*, beuglement *m*. ◆ vi meugler, beugler.

mooch [mu:tʃ] ◆ **mooch about** UK, **mooch around** vi *inf* traîner.

mood [mu:d] noun **1.** [generally] humeur *f* ▸ **in a (bad) mood** de mauvaise humeur ▸ **in a good mood** de bonne humeur / ***are you in the mood for a hamburger?*** un hamburger, ça te dit ? **2.** [bad temper, sulk] mauvaise humeur *f*, bouderie *f* **3.** [atmosphere] ambiance *f*, atmosphère *f* / ***the mood is one of cautious optimism*** l'ambiance est à l'optimisme prudent.

moodily ['mu:dɪlɪ] adv [behave] maussadement, d'un air morose ; [talk, reply] d'un ton maussade.

moodiness ['mu:dɪnɪs] noun **1.** [sullenness] humeur *f* maussade, maussaderie *f* **2.** [volatility] humeur *f* changeante / ***it's his moodiness I can't stand*** ce sont ses sautes d'humeur que je ne supporte pas.

mood swing noun saute *f* d'humeur.

moody ['mu:dɪ] (*compar* **-ier**, *superl* **-iest**) adj *pej* **1.** [changeable] lunatique **2.** [bad-tempered] de mauvaise humeur, mal luné(e).

moon [mu:n] noun lune *f* ▸ **to be over the moon** UK *inf* être aux anges.

moonbeam ['mu:nbi:m] noun rayon *m* de lune.

moonlight ['mu:nlaɪt] ◆ noun clair *m* de lune. ◆ vi (*pt & pp* **-ed**) travailler au noir.

moonlighting ['mu:nlaɪtɪŋ] noun *(U)* travail *m* au noir.

moonlit ['mu:nlɪt] adj [countryside] éclairé(e) par la lune ; [night] de lune.

moonshine ['mu:nʃaɪn] noun *(U)* **1.** clair *m* de lune **2.** *inf* [foolishness] sornettes *fpl*, sottises *fpl*, bêtises *fpl* **3.** US [illegally made spirits] alcool *m* de contrebande.

moonstruck ['mu:nstrʌk] adj *inf* fêlé(e).

moony ['mu:nɪ] (*compar* **-ier**, *superl* **-iest**) adj *inf* rêveur(euse).

moor [mɔ:ʳ] ◆ noun lande *f*. ◆ vt amarrer. ◆ vi mouiller.

Moor [mɔ:ʳ] noun Maure *m*, Mauresque *f*.

mooring ['mɔ:rɪŋ] noun **1.** [act] amarrage *m*, mouillage *m* **2.** [place] mouillage *m*.

Moorish ['mɔ:rɪʃ] adj mauresque.

moorland ['mɔ:lənd] noun UK lande *f*.

moose [mu:s] (*pl inv*) noun [North American] orignal *m*.

moot [mu:t] vt *fml* [question] soulever.

moot point noun point *m* discutable.

mop [mɒp] ❖ noun **1.** [for cleaning] balai *m* à laver **2.** *inf* [hair] tignasse *f.* ❖ vt (*pt & pp* **-ped**, *cont* **-ping**) **1.** [floor] laver **2.** [sweat] essuyer ▸ **to mop one's brow** s'essuyer le front. ◆ **mop up** vt sep [clean up] éponger.

mope [məʊp] vi broyer du noir. ◆ **mope about** UK, **mope around** vi traîner.

moped ['məʊped] noun vélomoteur *m.*

moral ['mɒrəl] ❖ adj moral(e) ▸ **moral support** soutien *m* moral. ❖ noun [lesson] morale *f.* ◆ **morals** pl n moralité *f.*

morale [mə'rɑ:l] noun *(U)* moral *m.*

moralistic [,mɒrə'lɪstɪk] adj *pej* moralisateur(trice).

morality [mə'rælətɪ] (*pl* **-ies**) noun moralité *f.*

moralize, moralise UK ['mɒrəlaɪz] vi *pej* ▸ **to moralize (about** OR **on)** moraliser (sur).

morally ['mɒrəlɪ] adv moralement.

morass [mə'ræs] noun *fig* [of detail, paperwork] fatras *m.*

moratorium [,mɒrə'tɔ:rɪəm] (*pl* **-ria**) noun moratoire *m.*

morbid ['mɔ:bɪd] adj morbide.

morbidly ['mɔ:bɪdlɪ] adv maladivement.

more [mɔ:r] ❖ adv **1.** *(with adj and adverbs)* plus / *more important (than)* plus important (que) / *more often / quickly (than)* plus souvent/rapidement (que) **2.** [to a greater degree] plus, davantage / *you should read more* tu devrais lire plus OR davantage / *I like wine more than beer* je préfère le vin à la bière, j'aime mieux le vin que la bière / *she's more like a mother to me than a sister* elle est davantage une mère qu'une sœur pour moi / *we were more hurt than angry* nous étions plus offensés que fâchés, nous étions offensés plutôt que fâchés **3.** [another time] ▸ **once / twice more** une fois/deux fois de plus, encore une fois/deux fois. ❖ adj **1.** [larger number, amount of] plus de, davantage de / *there were more boys than girls* il y avait plus de garçons que de filles / *there are more trains in the morning* il y a plus de trains le matin / *more than 70 people died* plus de 70 personnes ont péri **2.** [additional, further] encore (de) / *you should eat more fish* tu devrais manger davantage de OR plus de poisson / *three more people arrived* trois autres personnes sont arrivées / *I finished two more chapters today* j'ai fini deux autres OR encore deux chapitres aujourd'hui / *have some more tea* prends encore du thé / *do you have any more stamps?* est-ce qu'il vous reste des timbres ? / *we need more money / time* il nous faut plus d'argent/de temps, il nous faut davantage d'argent/de temps / *there'll be no more skiing this winter* le ski est fini pour cet hiver. ❖ pron **1.** [greater amount, number] plus, davantage / *more than five* plus de cinq / *he's got more than I have* il en a plus que moi / *there are more of them than there are of us* ils sont plus nombreux que nous / *I wish I could do more for her* j'aimerais pouvoir l'aider plus OR davantage / *it's more of a problem now than it used to be* ça pose plus de problèmes maintenant qu'avant / *she's more of a singer than a dancer* c'est une chanteuse plus qu'une danseuse ▸ **no more no less** ni plus ni moins **2.** [additional amount] plus, encore / *there's more if you want it* il y en a encore si tu veux / *he asked for more* il en redemanda / *I couldn't eat any more, thanks* je ne pourrais plus rien avaler, merci / *she just can't take any more* elle n'en peut vraiment plus / *something / nothing more* quelque chose/rien de plus ▸ **more of the same** la même chose ▸ **there's plenty more where that came from** si vous en revoulez, il n'y a qu'à demander ▸ **(and) what's more** de plus, qui plus est. ◆ **more and more** ❖ adv & pron de plus en plus / *more and more depressed* de plus en plus déprimé(e). ❖ adj de plus en plus de / *there are more and more cars on the roads* il y a de plus en plus de voitures sur les routes. ◆ **more or less** adv **1.** [almost] plus ou moins **2.** [approximately] environ, à peu près. ◆ **not... any more** adv ne... plus / *we don't go there any more* nous n'y allons plus / *he still works here, doesn't he? — not any more (he doesn't)* il travaille encore ici, n'est-ce pas ? — non, plus maintenant.

moreish ['mɔ:rɪʃ] adj UK *inf* appétissant(e) / *these peanuts are very moreish* on en mangerait de ces cacahuètes, ces cacahuètes ont un petit goût de revenez-y.

moreover [mɔ:'rəʊvər] adv de plus.

mores ['mɔ:reɪz] pl n *fml* mœurs *fpl.*

morgue [mɔ:g] noun morgue *f.*

moribund ['mɒrɪbʌnd] adj moribond(e).

Mormon ['mɔ:mən] noun mormon *m*, -e *f.*

morning ['mɔ:nɪŋ] noun matin *m* ; [duration] matinée *f* / *I work in the morning* je travaille le matin / *I'll do it tomorrow morning* OR *in the morning* je le ferai demain / *I worked all morning* j'ai travaillé toute la matinée / *when I awoke it was morning* quand je me suis réveillé il faisait jour ▸ **good morning!** bonjour ! ◆ **mornings** adv le matin.

morning-after pill noun pilule *f* du lendemain.

morning dress noun UK habit *m*, frac *m.*

morning sickness noun *(U)* nausées *fpl* (matinales).

morning star noun étoile *f* du matin.

Moroccan [mə'rɒkən] ❖ adj marocain(e). ❖ noun Marocain *m*, -e *f.*

Morocco [mə'rɒkəʊ] noun Maroc *m* ▸ **in Morocco** au Maroc.

moron ['mɔ:rɒn] noun *inf* idiot *m*, -e *f*, crétin *m*, -e *f.*

moronic [mə'rɒnɪk] adj idiot(e), crétin(e).

morose [mə'rəʊs] adj morose.

morph [mɔ:f] vi se transformer / *the car morphs into a robot* la voiture se transforme en robot.

morphine ['mɔ:fi:n] noun morphine *f.*

morphing ['mɔ:fɪŋ] noun COMPUT morphing *m.*

Morse (code) [mɔ:s-] noun morse *m.*

morsel ['mɔ:sl] noun bout *m*, morceau *m.*

mortal ['mɔ:tl] ❖ adj mortel(elle). ❖ noun mortel *m*, -elle *f.*

mortality [mɔ:'tælətɪ] noun mortalité *f.*

mortality rate noun taux *m* de mortalité.

mortally ['mɔ:təlɪ] adv mortellement.

mortar ['mɔːtəʳ] noun mortier *m*.

mortarboard ['mɔːtəbɔːd] noun mortier *m (chapeau)*.

mortgage ['mɔːgɪdʒ] ❖ noun crédit *m* (immobilier) ▸ **to pay off** OR **clear a mortgage** rembourser un crédit immobilier ▸ **to take out** OR **raise a mortgage** souscrire un crédit immobilier. ❖ vt hypothéquer.

mortgage lender noun prêteur *m* hypothécaire.

mortgage rate noun taux *m* de crédit immobilier.

mortician [mɔː'tɪʃn] noun US entrepreneur *m* de pompes funèbres.

mortification [ˌmɔːtɪfɪ'keɪʃn] noun mortification *f*.

mortified ['mɔːtɪfaɪd] adj mortifié(e).

mortify ['mɔːtɪfaɪ] (*pt & pp* **-ied**) ❖ vt mortifier. ❖ vi MED [become gangrenous] se gangrener ; [undergo tissue death] se nécroser, se mortifier.

mortuary ['mɔːtʃʊərɪ] (*pl* **-ies**) noun morgue *f*.

mosaic [mə'zeɪɪk] noun mosaïque *f*.

Moscow ['mɒskəʊ] noun Moscou.

mosey ['məʊzɪ] vi US *inf* [amble] marcher d'un pas tranquille ▸ **to mosey along** aller OR se promener sans se presser / *let's mosey over to the pond* allons faire un petit tour jusqu'à l'étang.

Moslem ['mɒzləm] *dated* = **Muslim**.

mosque [mɒsk] noun mosquée *f*.

mosquito [mə'skiːtəʊ] (*pl* **-es** *or* **-s**) noun moustique *m*.

mosquito net noun moustiquaire *f*.

moss [mɒs] noun mousse *f*.

most [məʊst] (*superl of* **many**) ❖ adj **1.** [the majority of] la plupart de / *most tourists here are German* la plupart des touristes ici sont allemands / *I like most kinds of fruit* j'aime presque tous les fruits **2.** [largest amount of] ▸ **(the) most** le plus de / *she's got (the) most money / sweets* c'est elle qui a le plus d'argent / de bonbons / *which of your inventions gave you most satisfaction?* laquelle de vos inventions vous a procuré la plus grande satisfaction ? ❖ pron **1.** [the majority] la plupart / *most of the tourists here are German* la plupart des touristes ici sont allemands / *most of the snow has melted* presque toute la neige a fondu / *most of them* la plupart d'entre eux **2.** [largest amount] ▸ **(the) most** le plus / *which of the three applicants has (the) most to offer?* lequel des trois candidats a le plus à offrir ? ▸ **at most** au maximum, tout au plus **3.** PHR **to make the most of sthg** profiter de qqch au maximum. ❖ adv **1.** [to greatest extent] ▸ **(the) most** le plus / *what worries you most?, what most worries you?* qu'est-ce qui vous inquiète le plus ? / *it's the most beautiful house I've ever seen* c'est la plus belle maison que j'aie jamais vue **2.** *fml* [very] très, fort / *a most interesting theory* une théorie fort intéressante **3.** US *inf* [almost] presque.

mostly ['məʊstlɪ] adv principalement, surtout.

MOT UK ❖ noun (*abbr of* **Ministry of Transport (test)**) *contrôle technique annuel obligatoire pour les véhicules de plus de trois ans.* ❖ vt ▸ **to have one's car MOT'd** soumettre sa voiture au contrôle technique.

motel [məʊ'tel] noun motel *m*.

moth [mɒθ] noun papillon *m* de nuit ; [in clothes] mite *f*.

mothball ['mɒθbɔːl] noun boule *f* de naphtaline.

moth-eaten adj mité(e).

mother ['mʌðəʳ] ❖ noun mère *f*. ❖ vt [child] materner, dorloter.

motherboard ['mʌðəbɔːd] noun COMPUT carte *f* mère.

mother figure noun figure *f* maternelle.

motherhood ['mʌðəhʊd] noun maternité *f*.

Mothering Sunday ['mʌðərɪŋ-] noun UK fête *f* des Mères.

mother-in-law (*pl* **mothers-in-law**) noun belle-mère *f*.

motherland ['mʌðəlænd] noun (mère) patrie *f*.

motherly ['mʌðəlɪ] adj maternel(elle).

Mother Nature noun la nature.

mother-of-pearl ❖ noun nacre *f*. ❖ comp de nacre.

Mother's Day noun fête *f* des Mères.

mother-to-be (*pl* **mothers-to-be**) noun future maman *f*.

mother tongue noun langue *f* maternelle.

motif [məʊ'tiːf] noun motif *m*.

motion ['məʊʃn] ❖ noun **1.** [gen] mouvement *m* ▸ **to set sthg in motion** mettre qqch en branle ▸ **to go through the motions** [act insincerely] faire semblant de faire quelque chose **2.** [in debate] motion *f*. ❖ vt ▸ **to motion sb to do sthg** faire signe à qqn de faire qqch. ❖ vi ▸ **to motion to sb** faire signe à qqn.

motionless ['məʊʃənlɪs] adj immobile.

motion picture noun US film *m*.

motion sickness noun US mal *m* des transports.

motivate ['məʊtɪveɪt] vt **1.** [act, decision] motiver **2.** [student, workforce] ▸ **to motivate sb (to do sthg)** pousser qqn (à faire qqch).

motivated ['məʊtɪveɪtɪd] adj motivé(e).

motivating ['məʊtɪviɪtɪŋ] adj motivant(e).

motivation [ˌməʊtɪ'veɪʃn] noun motivation *f*.

motive ['məʊtɪv] noun [reason] motif *m* ; LAW mobile *m*.

motiveless ['məʊtɪvlɪs] adj immotivé(e), injustifié(e) / *an apparently motiveless murder* un meurtre sans mobile apparent.

motley ['mɒtlɪ] adj *pej* hétéroclite.

motor ['məʊtəʳ] ❖ adj automobile. ❖ noun [engine] moteur *m*. ❖ vi UK *dated* aller en automobile.

motorbike ['məʊtəbaɪk] noun UK *inf* moto *f*.

motorboat ['məʊtəbəʊt] noun canot *m* automobile.

motorcade ['məʊtəkeɪd] noun cortège *m* de voitures.

motorcycle ['məʊtəˌsaɪkl] noun moto *f*.

motorcyclist ['məʊtəˌsaɪklɪst] noun motocycliste *mf*.

motor home noun camping-car *m*.

motoring ['məʊtərɪŋ] ❖ adj *dated* [magazine, correspondent] automobile ▸ **a motoring offence** une infraction au code de la route. ❖ noun tourisme *m* automobile.

motorist ['məʊtərɪst] noun automobiliste *mf*.

motormouth ['məʊtə,maʊθ] noun *v inf* : *he's a bit of a motormouth* c'est un véritable moulin à paroles.

motor racing noun *(U)* UK course *f* automobile.

motorway ['məʊtəweɪ] UK ❖ noun autoroute *f*. ❖ comp d'autoroute.

mottled ['mɒtld] adj [leaf] tacheté(e) ; [skin] marbré(e).

motto ['mɒtəʊ] *(pl* **-s** *or* **-es***)* noun devise *f*.

mould UK, **mold** US [məʊld] ❖ noun **1.** [growth] moisissure *f* **2.** [shape] moule *m*. ❖ vt **1.** [shape] mouler, modeler **2.** *fig* [influence] former, façonner.

moulding UK, **molding** US ['məʊldɪŋ] noun **1.** [decoration] moulure *f* **2.** [moulded object] moulage *m*.

mouldy UK *(compar* **-ier**, *superl* **-iest**), **moldy** US *(compar* **-ier**, *superl* **-iest**) ['məʊldɪ] adj moisi(e).

moult UK, **molt** US [məʊlt] ❖ vt perdre. ❖ vi muer.

mound [maʊnd] noun **1.** [small hill] tertre *m*, butte *f* **2.** [pile] tas *m*, monceau *m*.

mount [maʊnt] ❖ noun **1.** [support - for jewel] monture *f* ; [- for photograph] carton *m* de montage ; [- for machine] support *m* **2.** [horse] monture *f* **3.** [mountain] mont *m*. ❖ vt monter ▸ **to mount a horse** monter sur un cheval ▸ **to mount a bike** monter sur OR enfourcher un vélo ▸ **to mount guard over** monter la garde auprès de. ❖ vi **1.** [increase] monter, augmenter **2.** [climb on horse] se mettre en selle.

mountain ['maʊntɪn] noun *lit* & *fig* montagne *f* ▸ **don't make a mountain out of a molehill** n'en fais pas une montagne.

mountain bike noun VTT *m*.

mountaineer [,maʊntɪ'nɪər] noun alpiniste *mf*.

mountaineering [,maʊntɪ'nɪərɪŋ] noun alpinisme *m*.

mountainous ['maʊntɪnəs] adj [region] montagneux(euse).

mountain range noun chaîne *f* de montagnes.

mountain rescue noun secours *m* en montagne.

mounted ['maʊntɪd] adj monté(e), à cheval.

mounted police noun ▸ **the mounted police** la police montée.

mounting ['maʊntɪŋ] ❖ noun = **mount.** ❖ adj [pressure, anxiety] croissant(e).

mourn [mɔːn] ❖ vt pleurer. ❖ vi ▸ **to mourn (for sb)** pleurer (qqn).

mourner ['mɔːnər] noun [related] parent *m* du défunt ; [unrelated] ami *m*, -e *f* du défunt.

mournful ['mɔːnfʊl] adj [face] triste ; [sound] lugubre.

mourning ['mɔːnɪŋ] noun deuil *m* ▸ **in mourning** en deuil.

mouse [maʊs] *(pl* **mice** [maɪs]) noun ZOOL & COMPUT souris *f*.

mouse mat UK, **mouse pad** US noun COMPUT tapis *m* de souris.

mousetrap ['maʊstræp] noun souricière *f*.

mousse [muːs] noun mousse *f*.

moustache [mə'stɑːʃ], **mustache** US ['mʌstæʃ] noun moustache *f*.

mousy ['maʊsɪ] *(compar* **-ier**, *superl* **-iest**) adj *pej* **1.** [shy] timide, effacé(e) **2.** [in colour - hair] châtain clair.

mouth ❖ noun [maʊθ] *(pl* [maʊðz]) **1.** [of person, animal] bouche *f* ; [of dog, cat, lion] gueule *f* ▸ **to keep one's mouth shut** *inf* se taire **2.** [of cave] entrée *f* ; [of river] embouchure *f*. ❖ vt [maʊð] [words] former silencieusement (avec la bouche).

-mouthed [maʊðd] suffix : *open-mouthed* bouche bée / *wide-mouthed* [bottle] à large goulot.

mouthful ['maʊθfʊl] noun **1.** [of food] bouchée *f* ; [of drink] gorgée *f* **2.** *inf* [difficult name] nom *m* à coucher dehors.

mouth organ ['maʊθ,ɔːgən] noun harmonica *m*.

mouthpiece ['maʊθpiːs] noun **1.** [of telephone] microphone *m* ; [of musical instrument] bec *m* **2.** [spokesperson] porte-parole *m inv*.

mouth-to-mouth adj ▸ **mouth-to-mouth resuscitation** bouche-à-bouche *m inv*.

mouthwash ['maʊθwɒʃ] noun eau *f* dentifrice.

mouth-watering [-,wɔːtərɪŋ] adj alléchant(e).

movable ['muːvəbl] adj mobile.

move [muːv] ❖ noun **1.** [movement] mouvement *m* / *one move and you're dead!* un seul geste et tu es mort ! / *it's late, I ought to be making a move* il se fait tard, il faut que j'y aille ▸ **to be on the move** a) [person] être en déplacement b) [troops] être en marche ▸ **to get a move on** *inf* se remuer, se grouiller **2.** [change - of house] déménagement *m* ; [- of job] changement *m* d'emploi **3.** [step, measure] pas *m*, démarche *f* / *she made the first move* elle a fait le premier pas / *what do you think their next move will be?* selon vous, que vont-ils faire maintenant ? **4.** [in game - action] coup *m* ; [- turn to play] tour *m*. ❖ vt **1.** [shift] déplacer, bouger / *we moved all the chairs indoors / outdoors* nous avons rentré / sorti toutes les chaises / *move all those papers off the table!* enlève tous ces papiers de la table ! / *don't move anything on my desk* ne touche à rien sur mon bureau / *move your head to the left* inclinez la tête vers la gauche **2.** [change - job, office] changer de ▸ **to move house** UK déménager / *she's been moved to the New York office / to accounts* elle a été mutée au bureau de New York / affectée à la comptabilité / *the meeting has been moved to Friday* a) [postponed] la réunion a été remise à vendredi b) [brought forward] la réunion a été avancée à vendredi **3.** [emotionally] émouvoir / *I was deeply moved* j'ai été profondément ému OR touché **4.** [cause] ▸ **to move sb to do sthg** inciter qqn à faire qqch **5.** [propose] ▸ **to move sthg / that...** proposer qqch / que.... ❖ vi **1.** [shift] bouger / *the handle won't move* la poignée ne bouge pas / *I was so scared I couldn't move* j'étais pétrifié (de terreur) / *she wouldn't move out of my way* elle ne voulait pas s'écarter de mon chemin / *I jumped off while the train was still moving* j'ai sauté avant l'arrêt du train / *the* *truck started moving backwards* le camion a commencé à reculer / *the guests moved into / out of the dining room* les invités passèrent dans / sortirent de la salle à manger / *the earth moves around the sun* la Terre tourne autour du Soleil **2.** [to new house] déménager ; [to new job] changer d'emploi / *when are you moving to your new apartment?* quand est-ce que vous emménagez dans votre nouvel appartement ? / *the company has moved to more modern premises* la société s'est installée dans des locaux plus modernes / *he's moved to a job in publishing* il travaille maintenant dans l'édition **3.** [act] agir / *the town council moved to have the school closed down* la municipalité a pris des mesures pour faire fermer l'école / *to get things moving* faire avancer les choses. ◆ **move about** vi UK = **move around.** ◆ **move along** ❖ vt sep faire avancer. ❖ vi se déplacer / *the police asked him to move along* la police lui a demandé de circuler. ◆ **move around** vi **1.** [fidget] remuer **2.** [travel] voyager. ◆ **move away** vi [leave] partir. ◆ **move in** ❖ vt sep [troops] faire intervenir. ❖ vi [to house] emménager / *his mother-in-law has moved in with them* sa belle-mère s'est installée OR est venue habiter chez eux. ◆ **move off** vi [train, car] partir, s'ébranler. ◆ **move on** ❖ vt sep faire circuler. ❖ vi **1.** [after stopping] se remettre en route **2.** [progress] : *she's moved on to better things* elle a trouvé une meilleure situation / *can we move on to the second point?* pouvons-nous passer au deuxième point ? **3.** [in discussion] changer de sujet. ❖ vi US [in life] se tourner vers l'avenir. ◆ **move out** ❖ vt sep [troops] retirer. ❖ vi [from house] déménager / *his girlfriend has moved out* son amie l'a quitté. ◆ **move over** vi s'écarter, se pousser. ◆ **move up** vi **1.** [on bench] se déplacer **2.** *fig* ▸ **you've moved up in the world!** tu en as fait du chemin !

moveable ['mu:vəbl] = **movable.**

movement ['mu:vmənt] noun mouvement *m* ▸ **liberation movement** mouvement de libération / *his movements are being watched* ses déplacements sont surveillés / *his speeches over the last year show a movement towards the right* les discours qu'il a prononcés depuis un an font apparaître un glissement vers la droite.

mover ['mu:vər] noun **1.** [physical] : *she's a lovely mover* *inf* elle bouge bien ▸ **he's a fast mover** *inf* c'est un tombeur / *the movers and the shakers* [key people] les hommes *mpl* et les femmes *fpl* d'action **2.** [of a proposal, motion] motionnaire *mf* **3.** US [removal company] déménageur *m*.

movie ['mu:vɪ] noun US film *m*.

movie buff noun US *inf* cinéphile *mf*.

moviegoer ['mu:vɪˌgəʊər] noun US cinéphile *mf*.

movie industry noun US industrie *f* cinématographique OR du cinéma.

movie star noun US star *f*, vedette *f* de cinéma.

movie theater noun US cinéma *m*.

moving ['mu:vɪŋ] adj **1.** [emotionally] émouvant(e), touchant(e) **2.** [not fixed] mobile.

mow [məʊ] (*pt* **-ed**, *pp* **-ed** *or* **mown**) vt faucher ; [lawn] tondre. ◆ **mow down** vt sep faucher.

mown [məʊn] pp ⟶ **mow.**

Mozambican [ˌməʊzæm'bi:kn] ❖ adj mozambicain(e). ❖ noun Mozambicain *m*, -e *f*.

Mozambique [ˌməʊzæm'bi:k] noun Mozambique *m* ▸ **in Mozambique** au Mozambique.

MP noun **1.** (*abbr of* **Military Police**) PM **2.** UK (*abbr of* **Member of Parliament**) ≃ député *m* **3.** CAN *abbr of* **Mounted Police.**

MP3 [ˌempi:'θri:] (*abbr of* **moving picture experts group audio layer 3**) noun COMPUT MP3 *m* ▸ **MP3 player** lecteur *m* (de) MP3 ▸ **MP4 player** lecteur *m* (de) MP4.

MP4 (*abbr of* **moving picture experts group audio layer 4**) noun MP4.

MPEG ['empeg] (*abbr of* **motion picture experts group**) noun COMPUT MPEG *m*.

mpg (*abbr of* **miles per gallon**) noun *miles au gallon.*

mph (*abbr of* **miles per hour**) noun *miles à l'heure.*

MPhil [ˌem'fɪl] (*abbr of* **Master of Philosophy**) noun *(titulaire d'une) maîtrise de lettres.*

Mr ['mɪstər] noun Monsieur *m* ; [on letter] M.

MRI (*abbr of* **magnetic resonance imaging**) noun IRM *f*.

Mr Right noun *inf* l'homme *m* idéal, le prince charmant / *she's waiting for Mr Right* elle attend le prince charmant OR l'homme de ses rêves.

Mrs ['mɪsɪz] noun Madame *f* ; [on letter] Mme.

MRSA [ˌemɑ:res'eɪ] (*abbr of* **methicillin resistant Staphylococcus aureus**) noun SARM *m*.

MS ❖ noun **1.** (*abbr of* **manuscript**) ms **2.** (*abbr of* **Master of Science**) *(titulaire d'une) maîtrise de sciences américaine* **3.** (*abbr of* **multiple sclerosis**) SEP *f*. ❖ *abbr of* **Mississippi.**

Ms [mɪz] noun *titre que les femmes peuvent utiliser au lieu de madame ou mademoiselle pour éviter la distinction entre les femmes mariées et les célibataires.*

MSc (*abbr of* **Master of Science**) noun *(titulaire d'une) maîtrise de sciences.*

msg noun message *m*.

MSG *abbr of* **monosodium glutamate.**

MSP noun *written abbr of* **Member of the Scottish Parliament.**

MST (*abbr of* **Mountain Standard Time**) noun *heure d'hiver des montagnes Rocheuses.*

MT ❖ noun (*abbr of* **machine translation**) TA *f*. ❖ *abbr of* **Montana.**

Mt (*written abbr of* **mount**) Mt.

much [mʌtʃ] ❖ adj (*compar* **more**, *superl* **most**) beaucoup de / *there isn't much rice left* il ne reste pas beaucoup de riz / *the tablets didn't do much good* les comprimés n'ont pas servi à grand-chose OR n'ont pas fait beaucoup d'effet ▸ **as much money as…** autant d'argent que… ▸ **too much** trop de ▸ **how much…?** combien de… ? / *how much money do you earn?* tu gagnes combien ? / *however much money you give him, it won't be enough* vous pouvez lui donner autant d'argent que vous voulez, ça ne suffira pas. ❖ pron beaucoup / *is there any left? — not much* est-ce qu'il en reste ? — pas beaucoup / *I don't think much of his new house* sa nouvelle maison ne me plaît pas trop / *there's not much anyone can do about it* personne n'y peut grand-chose / *it costs as much as the Japanese model* ça coûte le même prix que le modèle japonais ▸ **too much** trop / *how much do you want?* a) [gen] combien en voulez-vous ? b) [money] combien voulez-vous ? / *I agreed with much of what she said* j'étais d'accord avec presque tout ce qu'elle a dit ▸ **I'm not much of a cook** je suis un piètre cuisinier ▸ **so much for all my hard work** tout ce travail pour rien ▸ **I thought as much** c'est bien ce que je pensais ▸ **it's not up to much** UK *inf* ça ne vaut pas grand-chose ▸ **there's much to be said for the old-fashioned method** la vieille méthode a beaucoup d'avantages ▸ **there's not much to choose between them** ils se valent. ❖ adv beaucoup / *much quicker* bien plus rapide / *I don't go out much* je ne sors pas beaucoup OR souvent ▸ **thank you very much** merci beaucoup ▸ **without so much as...** sans même.... ◆ **much as** conj bien que *(+ subjunctive)*. ◆ **so much** ❖ pron [such a lot] tant / *I've learnt so much on this course* j'ai vraiment appris beaucoup (de choses) en suivant ces cours / *there's still so much to do* il y a encore tant à faire. ❖ adv tellement / *thank you ever so much* merci infiniment OR mille fois.

much-loved adj bien-aimé(e).

muchness ['mʌtʃnɪs] noun UK ▸ **to be much of a muchness** être blanc bonnet et bonnet blanc.

muck [mʌk] noun *(U) inf* **1.** [dirt] saletés *fpl* **2.** [manure] fumier *m*. ◆ **muck about, muck around** UK *inf* ❖ vt sep ▸ **to muck sb about** traiter qqn par-dessus OR par-dessous la jambe. ❖ vi traîner. ◆ **muck in** vi UK *inf* donner un coup de main. ◆ **muck out** vt sep [stable] nettoyer. ◆ **muck up** vt sep *inf* gâcher.

muckraking ['mʌkreɪkɪŋ] noun *fig* mise *f* au jour de scandales.

mucky ['mʌkɪ] *(compar* **-ier**, *superl* **-iest**) adj **1.** [gen] sale **2.** UK *inf* pornographique.

mucous ['mju:kəs] adj muqueux(euse) ▸ **mucous membrane** muqueuse *f*.

mucus ['mju:kəs] noun mucus *m*.

mud [mʌd] noun boue *f*.

muddle ['mʌdl] ❖ noun désordre *m*, fouillis *m* ▸ **to be in a muddle** a) [room, finances] être en désordre b) [person] ne plus s'y retrouver / *my finances are in an awful muddle* ma situation financière n'est pas claire du tout OR est complètement embrouillée / *let's try to sort out this muddle* *fig* essayons de démêler cet écheveau. ❖ vt **1.** [papers] mélanger **2.** [person] embrouiller / *now you've got me muddled* maintenant, je ne sais plus où j'en suis. ◆ **muddle along** vi se débrouiller tant bien que mal. ◆ **muddle through** vi se tirer d'affaire, s'en sortir tant bien que mal. ◆ **muddle up** vt sep mélanger.

muddy ['mʌdɪ] ❖ adj *(compar* **-ier**, *superl* **-iest**) boueux(euse). ❖ vt *(pt & pp* **-ied**) *fig* embrouiller.

mudflap ['mʌdflæp] noun UK pare-boue *m inv*.

mudflat ['mʌdflæt] noun laisse *f*.

mudguard ['mʌdgɑ:d] noun garde-boue *m inv*.

mud hut noun case *f* en pisé OR en terre.

mudpack ['mʌdpæk] noun masque *m* de beauté.

mudslinging ['mʌd,slɪŋɪŋ] noun *(U) fig* attaques *fpl*.

muesli ['mju:zlɪ] noun muesli *m*.

muff [mʌf] ❖ noun manchon *m*. ❖ vt *inf* louper.

muffin ['mʌfɪn] noun muffin *m*.

muffle ['mʌfl] vt étouffer.

muffled ['mʌfld] adj **1.** [sound] sourd(e), étouffé(e) **2.** [person] ▸ **muffled (up)** emmitouflé(e).

muffler ['mʌflər] noun US [for car] silencieux *m*.

mug [mʌg] ❖ noun **1.** [cup] (grande) tasse *f* **2.** UK *inf* [fool] andouille *f*. ❖ vt *(pt & pp* **-ged**, *cont* **-ging**) [attack] agresser.

mugger ['mʌgər] noun agresseur *m*.

mugging ['mʌgɪŋ] noun agression *f*.

muggy ['mʌgɪ] *(compar* **-ier**, *superl* **-iest**) adj lourd(e), moite.

mugshot ['mʌgʃɒt] noun *inf* photo *f* (de criminel).

mulatto [mju:'lætəʊ] *(pl* **-s** *or* **-es**) noun mûlatre *m*, mûlatresse *f*.

mulberry ['mʌlbərɪ] *(pl* **-ies**) noun **1.** [tree] mûrier *m* **2.** [fruit] mûre *f*.

mule [mju:l] noun mule *f*.

mull [mʌl] ◆ **mull over** vt sep ruminer, réfléchir à.

mulled [mʌld] adj ▸ **mulled wine** vin *m* chaud.

mullet ['mʌlɪt] *(pl inv or* **-s**) noun mulet *m*.

multi- ['mʌltɪ] pref multi-.

multiaccess [,mʌltɪ'ækses] adj COMPUT multiaccès *(inv)*.

multicast ['mʌltɪkɑ:st], **multicasting** ['mʌltɪkɑ:stɪŋ] noun multicasting *m*.

multichannel [,mʌltɪ'tʃænl] adj multicanal.

multicoloured UK, **multicolored** US ['mʌltɪ,kʌləd] adj multicolore.

multicultural [,mʌltɪ'kʌltʃərəl] adj multiculturel(elle).

multidisciplinary ['mʌltɪ,dɪsɪ'plɪnərɪ] adj UK pluridisciplinaire, multidisciplinaire.

multifaceted [,mʌltɪ'fæsɪtɪd] adj présentant de multiples facettes.

multifaith ['mʌltɪfeɪθ] adj multiconfessionnel(le) / *multifaith organization* organisation multiconfessionnelle.

multifarious [,mʌltɪ'feərɪəs] adj *fml* divers, très varié(e).

multifunction [,mʌltɪ'fʌŋkʃən] adj multifonction(s).

multilateral [,mʌltɪ'lætərəl] adj multilatéral(e).

multilingual [,mʌltɪ'lɪŋgwəl] adj multilingue.

multimedia [,mʌltɪ'mi:djə] adj multimédia *(inv)*.

multi-million adj : *a multi-million pound / dollar project* un projet de plusieurs millions de livres / dollars.

multimillionaire ['mʌltɪˌmɪljə'neəʳ] noun multimillionnaire *mf*.

multinational [ˌmʌltɪ'næʃənl] ❖ adj multinational(e). ❖ noun multinationale *f*.

multiparty ['mʌltɪˌpɑːtɪ] adj multipartite ▸ **the multiparty system** le pluripartisme.

multiplatform [ˌmʌltɪ'plætfɔːm] adj multiplateforme.

multiple ['mʌltɪpl] ❖ adj multiple. ❖ noun multiple *m*.

multiple-choice adj à choix multiple.

multiple-choice examination ['mʌltɪpl tʃɔɪs ɪgˌzæmɪ'neɪʃn] noun SCH & UNIV QCM *m*, questionnaire *m* à choix multiple.

multiple sclerosis [-sklɪ'rəʊsɪs] noun sclérose *f* en plaques.

multiplex ['mʌltɪpleks] ❖ noun **1.** TELEC multiplex *m* **2.** CIN complexe *m* multisalles. ❖ comp TELEC multiplex. ❖ vt TELEC multiplexer.

multiplication [ˌmʌltɪplɪ'keɪʃn] noun multiplication *f*.

multiplication sign noun signe *m* de multiplication.

multiplication table noun table *f* de multiplication.

multiplicity [ˌmʌltɪ'plɪsətɪ] noun multiplicité *f*.

multiply ['mʌltɪplaɪ] (*pt & pp* **-ied**) ❖ vt multiplier. ❖ vi se multiplier.

multiprocessor [ˌmʌltɪ'prəʊsesəʳ] noun COMPUT multiprocesseur *m*.

multipurpose [ˌmʌltɪ'pɜːpəs] adj polyvalent(e), à usages multiples.

multiracial [ˌmʌltɪ'reɪʃl] adj multiracial(e).

multi-speed adj à plusieurs vitesses ▸ **multi-speed Europe** une Europe à plusieurs vitesses.

multistorey UK, **multistory** US [ˌmʌltɪ'stɔːrɪ] ❖ adj à étages. ❖ noun [car park] parking *m* à étages.

multi-talented adj aux talents multiples.

multitasking [ˌmʌltɪ'tɑːskɪŋ] ❖ noun multitâche *f*. ❖ comp multitâche.

multitude ['mʌltɪtjuːd] noun multitude *f*.

multi-user adj COMPUT [system] multi-utilisateurs *(inv)*.

multivitamin [UK 'mʌltɪvɪtəmɪn, US 'mʌltɪvaɪtəmɪn] noun multivitamine *f*.

mum [mʌm] *inf* ❖ noun UK maman *f*. ❖ adj ▸ **to keep mum** ne pas piper mot.

mumble ['mʌmbl] vt & vi marmotter.

mumbo jumbo ['mʌmbəʊ'dʒʌmbəʊ] noun charabia *m*.

mummify ['mʌmɪfaɪ] (*pt & pp* **-ied**) vt momifier.

mummy ['mʌmɪ] (*pl* **-ies**) noun **1.** UK *inf* [mother] maman *f* **2.** [preserved body] momie *f*.

mumps [mʌmps] noun *(U)* oreillons *mpl*.

munch [mʌntʃ] vt & vi croquer.

mundane [mʌn'deɪn] adj banal(e), ordinaire.

municipal [mjuː'nɪsɪpl] adj municipal(e).

municipality [mjuːˌnɪsɪ'pælətɪ] (*pl* **-ies**) noun municipalité *f*.

munitions [mjuː'nɪʃnz] pl n munitions *fpl*.

mural ['mjuːərəl] noun peinture *f* murale.

murder ['mɜːdəʳ] ❖ noun meurtre *m* ▸ **to get away with murder** *fig* pouvoir faire n'importe quoi impunément. ❖ vt assassiner.

murderer ['mɜːdərəʳ] noun meurtrier *m*, assassin *m*.

murderous ['mɜːdərəs] adj meurtrier(ère).

murky ['mɜːkɪ] (*compar* **-ier**, *superl* **-iest**) adj **1.** [place] sombre **2.** [water, past] trouble.

murmur ['mɜːməʳ] ❖ noun murmure *m* ; MED souffle *m* au cœur. ❖ vt & vi murmurer.

murmuring ['mɜːmərɪŋ] ❖ noun murmure *m*. ❖ adj murmurant. ◆ **murmurings** pl n murmures *mpl*.

muscle ['mʌsl] noun muscle *m* ; *fig* [power] poids *m*, impact *m*. ◆ **muscle in** vi intervenir, s'immiscer.

muscleman ['mʌslmən] (*pl* **-men**) noun hercule *m*.

muscle strain noun MED élongation *f*.

Muscovite ['mʌskəvaɪt] ❖ adj moscovite. ❖ noun Moscovite *mf*.

muscular ['mʌskjʊləʳ] adj **1.** [spasm, pain] musculaire **2.** [person] musclé(e).

muse [mjuːz] ❖ noun muse *f*. ❖ vi méditer, réfléchir.

museum [mjuː'ziːəm] noun musée *m*.

mush [mʌʃ] noun **1.** [food] bouillie *f* **2.** *inf* [sentimentality] sentimentalité *f*.

mushroom ['mʌʃrʊm] ❖ noun champignon *m*. ❖ vi [organization, party] se développer, grandir ; [houses] proliférer.

mushy ['mʌʃɪ] (*compar* **-ier**, *superl* **-iest**) adj **1.** [food] en bouillie **2.** *inf* [over-sentimental] à l'eau de rose, à la guimauve.

music ['mjuːzɪk] noun musique *f*.

musical ['mjuːzɪkl] ❖ adj **1.** [event, voice] musical(e) **2.** [child] doué(e) pour la musique, musicien(enne). ❖ noun comédie *f* musicale.

musical instrument noun instrument *m* de musique.

musically ['mjuːzɪklɪ] adv [in a musical way] musicalement ; [from a musical viewpoint] musicalement, d'un point de vue musical.

musician [mjuː'zɪʃn] noun musicien *m*, -enne *f*.

music stand noun pupitre *m* à musique.

music video noun clip *m* (vidéo).

musing ['mjuːzɪŋ] ❖ noun *(U)* songes *mpl*, rêverie *f*. ❖ adj songeur(euse), rêveur(euse).

musk [mʌsk] noun musc *m*.

musket ['mʌskɪt] noun mousquet *m*.

muskrat ['mʌskræt] noun rat *m* musqué, ondatra *m*.

musky ['mʌskɪ] (*compar* **-ier**, *superl* **-iest**) adj musqué(e).

Muslim ['mʊzlɪm] ❖ adj musulman(e). ❖ noun Musulman *m*, -e *f*.

muslin ['mʌzlɪn] noun mousseline *f*.

mussel ['mʌsl] noun moule *f*.

must [mʌst] ❖ modal vb **1.** [expressing obligation] devoir / *I must go* il faut que je m'en aille, je dois partir / *if you must know, he's asked me out to dinner* si tu veux tout savoir, il m'a invitée à dîner / *must you be so rude?* es-tu obligé d'être aussi grossier ? / *you must come and visit* il faut absolument que tu viennes nous voir **2.** [expressing likelihood] : *you must be Alison* vous devez être Alison / *they must have known* ils devaient le savoir. ❖ noun *inf* ▸ **a must** un must, un impératif / *the film is a must* c'est un film à voir absolument.

mustache US = **moustache**.

mustard ['mʌstəd] noun moutarde *f* ▸ **mustard and cress** UK moutarde blanche et cresson alénois.

muster ['mʌstər] ❖ vt rassembler. ❖ vi se réunir, se rassembler. ◆ **muster up** vt insep rassembler.

must-have ❖ noun must *m*, indispensable *m*. ❖ adj : *the latest must-have accessory* le must en matière d'accessoires.

mustn't [mʌsnt] ⟶ **must not**.

must-see ❖ noun : *that film is a must-see* il ne faut surtout pas manquer ce film. ❖ adj : *the latest must-see film* le dernier film à ne pas manquer.

must've ['mʌstəv] ⟶ **must have**.

musty ['mʌstɪ] (*compar* **-ier**, *superl* **-iest**) adj [smell] de moisi ; [room] qui sent le renfermé OR le moisi.

mutant ['mju:tənt] ❖ adj mutant(e). ❖ noun mutant *m*.

mutate [mju:'teɪt] vi subir une mutation, muter ▸ **to mutate into sthg** se changer en qqch, se transformer en qqch.

mutation [mju:'teɪʃn] noun mutation *f*.

mute [mju:t] ❖ adj muet(ette). ❖ noun muet *m*, -ette *f*. ❖ vt étouffer, assourdir.

muted ['mju:tɪd] adj **1.** [colour] sourd(e) **2.** [reaction] peu marqué(e) ; [protest] voilé(e).

mutilate ['mju:tɪleɪt] vt mutiler.

mutilation [,mju:tɪ'leɪʃn] noun mutilation *f*.

mutineer [,mju:tɪ'nɪər] noun mutiné *m*, mutin *m*.

mutinous ['mju:tɪnəs] adj [crew, soldiers] mutiné(e) ; [person, attitude] rebelle.

mutiny ['mju:tɪnɪ] ❖ noun (*pl* **-ies**) mutinerie *f*. ❖ vi (*pt & pp* **-ied**) se mutiner.

mutt [mʌt] noun *inf* **1.** UK [fool] andouille *f*, crétin *m*, -e *f* **2.** [dog] clébard *m*.

mutter ['mʌtər] ❖ vt [threat, curse] marmonner. ❖ vi marmotter, marmonner ▸ **to mutter to o.s.** marmotter, parler dans sa barbe.

muttering ['mʌtərɪŋ] noun **1.** [remark] marmonnement *m*, marmottement *m* **2.** [sound] murmure *m*.

mutton ['mʌtn] noun mouton *m* ▸ **she's mutton dressed as lamb** UK c'est une vieille coquette.

mutual ['mju:tʃʊəl] adj **1.** [feeling, help] réciproque, mutuel(elle) **2.** [friend, interest] commun(e).

mutually ['mju:tʃʊəlɪ] adv mutuellement, réciproquement ▸ **mutually exclusive** qui s'excluent l'un l'autre.

Muzak® ['mju:zæk] noun musique *f* d'ambiance.

muzzle ['mʌzl] ❖ noun **1.** [of dog - mouth] museau *m* ; [- guard] muselière *f* **2.** [of gun] gueule *f*. ❖ vt *lit* & *fig* museler.

MW (*abbr of* **medium wave**) PO.

my [maɪ] poss adj **1.** [referring to oneself] mon (ma), mes (*pl*) / *my dog* mon chien / *my house* ma maison / *my children* mes enfants / *my name is Joe / Sarah* je m'appelle Joe / Sarah **2.** [in titles] : *yes, my Lord* oui, monsieur le comte / duc etc.

Myanmar [,maɪæn'mɑ:r] noun Myanmar *m* / *in Myanmar* au Myanmar.

MYOB MESSAGING *written abbr of* **mind your own business**.

myopic [maɪ'ɒpɪk] adj myope.

myriad ['mɪrɪəd] *liter* ❖ adj innombrable. ❖ noun myriade *f*.

myrrh [mɜ:r] noun myrrhe *f*.

myrtle ['mɜ:tl] noun myrte *m*.

myself [maɪ'self] pron **1.** (*reflexive*) me ; (*after prep*) moi **2.** (*for emphasis*) moi-même / *I did it myself* je l'ai fait tout seul.

mysterious [mɪ'stɪərɪəs] adj mystérieux(euse) ▸ **to be mysterious about sthg** faire (un) mystère de qqch.

mysteriously [mɪ'stɪərɪəslɪ] adv mystérieusement.

mystery ['mɪstərɪ] ❖ noun (*pl* **-ies**) mystère *m* / *it's a mystery to me why she came* la raison de sa venue est un mystère pour moi, je n'ai aucune idée de la raison pour laquelle elle est venue / *his past is a mystery* son passé est bien mystérieux / *she has a certain mystery about her* il se dégage de sa personne une impression de mystère. ❖ comp mystérieux(euse).

mystery (story) noun histoire *f* à suspense.

mystery tour noun UK voyage *m* surprise (*dont la destination est inconnue*).

mystic ['mɪstɪk] ❖ adj [power] occulte ; [rite] mystique, ésotérique. ❖ noun mystique *mf*.

mystical ['mɪstɪkl] adj mystique.

mysticism ['mɪstɪsɪzm] noun mysticisme *m*.

mystified ['mɪstɪfaɪd] adj perplexe.

mystify ['mɪstɪfaɪ] (*pt & pp* **-ied**) vt [puzzle] déconcerter, laisser OR rendre perplexe ; [deceive] mystifier.

mystifying ['mɪstɪfaɪɪŋ] adj inexplicable, déconcertant(e).

mystique [mɪ'sti:k] noun mystique *f*.

myth [mɪθ] noun mythe *m*.

mythical ['mɪθɪkl] adj mythique.

mythological [,mɪθə'lɒdʒɪkl] adj mythologique.

mythology [mɪ'θɒlədʒɪ] (*pl* **-ies**) noun mythologie *f*.

myxomatosis [,mɪksəmə'təʊsɪs] noun myxomatose *f*.

N

n (*pl* **n's** *or* **ns**), **N** (*pl* **N's** *or* **Ns**) [en] noun [letter] n *m inv*, N *m inv*. ◆ **N** (***written abbr of*** **north**) N.

n/a, **N/A** (***abbr of*** **not applicable**) s.o.

NAACP (***abbr of*** **National Association for the Advancement of Colored People**) noun *association nationale américaine pour la promotion de gens de couleur*.

nab [næb] (*pt & pp* **-bed**, *cont* **-bing**) vt *inf* **1.** [arrest] pincer **2.** [get quickly] attraper, accaparer.

nadir ['neɪˌdɪər] noun *fml* ASTRON nadir *m* ▸ **to be at / reach a nadir** *fig* être / tomber au plus bas.

naff [næf] adj UK *inf* nul (nulle).

NAFTA (***abbr of*** **North American Free Trade Agreement**) noun ALENA *m (Accord de libre-échange nord-américain)*.

nag [næg] ❖ vt (*pt & pp* **-ged**, *cont* **-ging**) harceler. ❖ vi (*pt & pp* **-ged**, *cont* **-ging**) ▸ **to nag at sb** harceler qqn / ***stop nagging!*** arrête de me casser les pieds ! ❖ noun *inf* **1.** [person] enquiquineur *m*, -euse *f* **2.** [horse] canasson *m*.

nagging ['nægɪŋ] adj **1.** [doubt] persistant(e), tenace **2.** [husband, wife] enquiquineur(euse).

nail [neɪl] ❖ noun **1.** [for fastening] clou *m* ▸ **to hit the nail on the head** mettre le doigt dessus **2.** [of finger, toe] ongle *m*. ❖ vt clouer. ◆ **nail down** vt sep **1.** [lid] clouer **2.** *fig* [person] ▸ **to nail sb down to sthg** faire préciser qqch à qqn. ◆ **nail up** vt sep [notice] fixer avec des clous, clouer.

nail-biter noun **1.** [person] personne *f* qui se ronge les ongles **2.** *fig* [situation] situation *f* au suspense insoutenable.

nail-biting adj plein(e) de suspense.

nailbrush ['neɪlbrʌʃ] noun brosse *f* à ongles.

nail clippers pl n = **nail scissors**.

nail enamel noun US = **nail polish**.

nail file noun lime *f* à ongles.

nail polish noun vernis *m* à ongles ▸ **nail polish remover** dissolvant *m*.

nail scissors pl n ciseaux *mpl* à ongles.

nail varnish noun UK vernis *m* à ongles.

nail varnish remover [-rɪ'mu:vər] noun UK dissolvant *m*.

naive, **naïve** [naɪ'i:v] adj naïf(ïve).

naively, **naïvely** [naɪ'i:vlɪ] adv naïvement, avec naïveté.

naked ['neɪkɪd] adj **1.** [body, flame] nu(e) ▸ **with the naked eye** à l'œil nu **2.** [emotions] manifeste, évident(e) ; [aggression] non déguisé(e) ▸ **the naked truth** la vérité toute nue.

namby-pamby [ˌnæmbɪ'pæmbɪ] ❖ adj *inf* [person] gnangnan *(inv)*, cucul *(inv)* ; [style] à l'eau de rose, fadasse. ❖ noun lavette *f*, gnangnan *mf*.

name [neɪm] ❖ noun **1.** [identification] nom *m* / ***what's her name?*** comment s'appelle-t-elle ? / ***my name's Richard*** je m'appelle Richard / ***have you put your name down for evening classes?*** est-ce que vous vous êtes inscrit aux cours du soir ? ▸ **to know sb by name** connaître qqn de nom / ***someone by*** OR ***of the name of Penn*** quelqu'un du nom de OR qui s'appelle Penn / ***I know it by*** OR ***under a different name*** je le connais sous un autre nom ▸ **in my / his name** à mon / son nom ▸ **in the name of peace** au nom de la paix / ***in God's name!, in the name of God!*** pour l'amour de Dieu ! ▸ **in name only** de nom seulement ▸ **to call sb names** traiter qqn de tous les noms, injurier qqn **2.** [reputation] réputation *f* / ***to make a name for o.s.*** se faire un nom / ***we have the company's (good) name to think of*** il faut penser au renom de la société / ***to have a bad name*** avoir (une) mauvaise réputation **3.** [famous person] grand nom *m*, célébrité *f*. ❖ vt **1.** [give name to] nommer / ***they named the baby Felix*** ils ont appelé OR prénommé le bébé Felix ▸ **to name sb / sthg after, to name sb / sthg for** US donner à qqn / à qqch le nom de / ***the fellow named Chip*** le dénommé Chip **2.** [identify] désigner, nommer / ***the journalist refused to name his source*** le journaliste a refusé de révéler OR de donner le nom de son informateur / ***whatever you need, just name it*** vos moindres désirs seront exaucés / ***name the books of the Old Testament*** citez les livres de l'Ancien Testament / ***to name names*** donner des noms / ***to name and shame*** nommer publiquement **3.** [appoint] nommer, désigner / ***she has been named as president*** elle a été nommée présidente **4.** [date, price] fixer / ***June 22nd has been named as the date of the elections*** la date du 22 juin a été retenue OR choisie pour les élections / ***they've finally named the day*** ils ont enfin fixé la date de leur mariage.

name-calling noun *(U)* insultes *fpl*, injures *fpl*.

name-dropper noun : ***she's an awful name-dropper*** à la croire, elle connaît tout le monde.

name-dropping noun *allusion fréquente à des personnes connues dans le but d'impressionner* / ***I hate name-dropping*** je déteste les gens qui veulent donner l'impression de connaître tous les grands de ce monde.

nameless ['neɪmlɪs] adj inconnu(e), sans nom ; [author] anonyme.

namely ['neɪmlɪ] adv à savoir, c'est-à-dire.

nameplate ['neɪmpleɪt] noun plaque *f*.

namesake ['neɪmseɪk] noun homonyme *m*.

Namibia [nɑ:'mɪbɪə] noun Namibie *f* ▸ **in Namibia** en Namibie.

Namibian [nɑ:'mɪbɪən] ❖ adj namibien(enne). ❖ noun Namibien *m*, -enne *f*.

nan(a) [næn(ə)] noun UK *inf* mamie *f*, mémé *f*.

nanny ['nænɪ] (*pl* **-ies**) noun UK nurse *f*, bonne *f* d'enfants.

nanny state noun État *m* paternaliste.

nanosecond ['nænəʊˌsekənd] noun nanoseconde *f*.

nanotechnology ['nænəʊˌteknɒlədʒɪ] noun nanotechnologie *f*.

nap [næp] ❖ noun ▸ **to have** OR **take a nap** faire un petit somme. ❖ vi (*pt & pp* **-ped**, *cont* **-ping**) faire un petit somme ▸ **to be caught napping** *inf* & *fig* être pris(e) au dépourvu.

napalm ['neɪpɑ:m] noun napalm *m*.

nape [neɪp] noun nuque *f*.

napkin ['næpkɪn] noun serviette *f*.

nappy ['næpɪ] (*pl* **-ies**) noun UK couche *f*.

nappy liner noun UK change *m* (jetable).

nappy rash noun UK érythème *m* fessier / *babies often get nappy rash* les bébés ont souvent les fesses rouges et irritées.

narcissism ['nɑ:sɪsɪzm] noun narcissisme *m*.

narcissistic [ˌnɑ:sɪ'sɪstɪk] adj narcissique.

narcissus [nɑ:'sɪsəs] (*pl* **-cissuses** *or* **-cissi**) noun narcisse *m*.

narcodollars ['nɑ:kəʊˌdɒləz] pl n narcodollars *mpl*.

narcosis [nɑ:'kəʊsɪs] noun narcose *f*.

narcotic [nɑ:'kɒtɪk] noun stupéfiant *m*, narcotique *m*.

nark [nɑ:k] UK *inf* & *dated* ❖ noun [police] mouchard *m*, indic *m*. ❖ vt mettre en rogne.

narky ['nɑ:kɪ] (*compar* **-ier**, *superl* **-iest**) adj UK *inf* & *dated* de mauvais poil.

narrate [UK nə'reɪt, US 'næreɪt] vt raconter, narrer.

narration [UK nə'reɪʃn, US næ'reɪʃn] noun narration *f*.

narrative ['nærətɪv] ❖ adj narratif(ive). ❖ noun **1.** [story] récit *m*, narration *f* **2.** [skill] art *m* de la narration.

narrator [UK nə'reɪtəʳ, US 'næreɪtər] noun narrateur *m*, -trice *f*.

narrow ['nærəʊ] ❖ adj **1.** [gen] étroit(e) ▸ **to have a narrow escape** l'échapper belle **2.** [victory, majority] de justesse / *it was another narrow victory / defeat for the French side* l'équipe française l'a encore emporté de justesse / a encore perdu de peu. ❖ vt **1.** [reduce] réduire, limiter / *the police have narrowed their search to a few streets in central Glasgow* la police concentre ses recherches sur quelques rues du centre de Glasgow **2.** [eyes] fermer à demi, plisser. ❖ vi *lit* & *fig* se rétrécir.
◆ **narrow down** vt sep réduire, limiter.

narrowly ['nærəʊlɪ] adv **1.** [win, lose] de justesse **2.** [miss] de peu.

narrow-minded [-'maɪndɪd] adj [person] à l'esprit étroit, borné(e) ; [attitude] étroit(e), borné(e).

narrow-mindedness [-'maɪndɪdnɪs] noun étroitesse *f* d'esprit.

NASA ['næsə] (*abbr of* **National Aeronautics and Space Administration**) noun NASA *f*.

nasal ['neɪzl] adj nasal(e).

nastily ['nɑ:stɪlɪ] adv **1.** [unkindly] méchamment **2.** [painfully] ▸ **to fall nastily** faire une mauvaise chute.

nastiness ['nɑ:stɪnɪs] noun [unkindness] méchanceté *f*.

nasturtium [nəs'tɜ:ʃəm] (*pl* **-s**) noun capucine *f*.

nasty ['nɑ:stɪ] (*compar* **-ier**, *superl* **-iest**) adj **1.** [unpleasant - smell, feeling] mauvais(e) ; [- weather] vilain(e), mauvais(e) / *things started to turn nasty* la situation a pris une vilaine tournure ▸ **everything they sell is cheap and nasty** ils ne vendent que de la pacotille **2.** [unkind] méchant(e) / *to be nasty to sb* être méchant(e) avec qqn **3.** [problem] difficile, délicat(e) **4.** [injury] vilain(e) ; [accident] grave ; [fall] mauvais(e).

nation ['neɪʃn] noun nation *f*.

national ['næʃənl] ❖ adj national(e) ; [campaign, strike] à l'échelon national ; [custom] du pays, de la nation. ❖ noun ressortissant *m*, -e *f*.

national anthem noun hymne *m* national.

National Curriculum noun : *the National Curriculum* *programme introduit en 1988 définissant au niveau national (Angleterre et pays de Galles) le contenu de l'enseignement primaire et secondaire.*

national debt noun dette *f* publique.

national grid noun UK réseau *m* électrique national.

National Guard noun : *the National Guard* la Garde Nationale *(armée nationale américaine composée de volontaires).*

National Health Service noun ▸ **the National Health Service** *le service national de santé britannique.*

National Insurance noun (*U*) UK **1.** [system] *système de sécurité sociale (maladie, retraite) et d'assurance chômage* **2.** [payment] ≃ contributions *fpl* à la Sécurité sociale.

nationalism ['næʃnəlɪzm] noun nationalisme *m*.

nationalist ['næʃnəlɪst] ❖ adj nationaliste. ❖ noun nationaliste *mf*.

nationalistic [ˌnæʃnə'lɪstɪk] adj nationaliste.

nationality [ˌnæʃə'nælətɪ] (*pl* **-ies**) noun nationalité *f*.

nationalize, **nationalise** UK ['næʃnəlaɪz] vt nationaliser.

National Lottery noun Loto *m* britannique.

nationally ['næʃnəlɪ] adv nationalement.

national park noun parc *m* national.

national press noun presse *f* nationale.

national service noun MIL service *m* national OR militaire.

National Trust noun UK ▸ **the National Trust** *organisme non gouvernemental assurant la conservation de certains sites et monuments historiques.*

nationwide ['neɪʃənwaɪd] ❖ adj dans tout le pays ; [campaign, strike] à l'échelon national. ❖ adv à travers tout le pays.

native ['neɪtɪv] ❖ adj **1.** [country, area] natal(e) **2.** [language] maternel(elle) / *a native English speaker* une personne de langue maternelle anglaise **3.** [plant, animal] indigène ▸ **native to** originaire de. ❖ noun autochtone *mf* ; [of colony] indigène *mf*.

Native American noun Indien *m*, -enne *f* d'Amérique, Amérindien *m*, -enne *f*.

native speaker noun LING locuteur *m* natif, locutrice *f* native / *a native speaker of French / German, a French / German native speaker* un(e) francophone / germanophone, une personne de langue maternelle française / allemande.

nativity [nə'tɪvətɪ] (*pl* **-ies**) noun **1.** RELIG : *the Nativity* la Nativité **2.** [birth] horoscope *m*.

Nativity play noun *pièce jouée par des enfants et représentant l'histoire de la Nativité.*

NATO ['neɪtəʊ] (*abbr of* **North Atlantic Treaty Organization**) noun OTAN *f*.

natter ['nætəʳ] UK *inf* ❖ noun ▸ **to have a natter** tailler une bavette, bavarder. ❖ vi bavarder.

natty ['nætɪ] (*compar* **-ier**, *superl* **-iest**) adj *inf* & *dated* [smart] chic *(inv)*.

natural ['nætʃrəl] ❖ adj **1.** [gen] naturel(elle) / *it's only natural for her to be worried* OR *that she should be worried* il est tout à fait normal OR il est tout naturel qu'elle se fasse du souci / *natural yoghurt* yaourt *m* nature ▸ **to die of natural causes** mourir de mort naturelle **2.** [instinct, talent] inné(e) **3.** [footballer, musician] né(e) / *she's a natural organizer* c'est une organisatrice née, elle a un sens inné de l'organisation **4.** [parent] vrai(e). ❖ noun **1.** : *she's a natural at dancing* c'est une danseuse née **2.** MUS bécarre *m*.

natural childbirth noun accouchement *m* naturel.

natural disaster noun catastrophe *f* naturelle.

natural gas noun gaz *m* naturel.

natural history noun histoire *f* naturelle.

naturalism ['nætʃrəlɪzm] noun naturalisme *m*.

naturalist ['nætʃrəlɪst] noun naturaliste *mf*.

naturalistic [ˌnætʃrə'lɪstɪk] adj naturaliste.

naturalize, naturalise UK ['nætʃrəlaɪz] vt naturaliser ▸ **to be naturalized** se faire naturaliser.

naturalized, naturalised UK ['nætʃrəlaɪzd] adj [person] naturalisé(e).

naturally ['nætʃrəlɪ] adv **1.** [gen] naturellement ▸ **to come naturally to sb** être naturel(elle) chez qqn **2.** [unaffectedly] sans affectation, avec naturel.

natural resources pl n ressources *fpl* naturelles.

natural science noun sciences *fpl* naturelles.

natural selection noun sélection *f* naturelle.

nature ['neɪtʃəʳ] noun nature *f* / *it's not in her nature to struggle* ce n'est pas dans sa nature de lutter / *the nature-nurture debate* le débat sur l'inné et l'acquis OR sur la nature et la culture ▸ **by nature** a) [basically] par essence b) [by disposition] de nature, de tempérament / *do you sell chocolates or anything of that nature?* est-ce que vous vendez des chocolats ou ce genre de choses ?

-natured ['neɪtʃəd] suffix d'une nature…, d'un caractère… / *she's good / ill-natured* elle a bon / mauvais caractère.

nature reserve noun réserve *f* naturelle.

naturist ['neɪtʃərɪst] noun naturiste *mf*.

naughtily ['nɔːtɪlɪ] adv **1.** [mischievously] avec malice, malicieusement / *you have behaved very naughtily* tu as été très vilain **2.** [suggestively] avec grivoiserie.

naughty ['nɔːtɪ] (*compar* **-ier**, *superl* **-iest**) adj **1.** [badly behaved] vilain(e), méchant(e) **2.** [indecent] grivois(e).

nausea ['nɔːzjə] noun nausée *f*.

nauseam ['nɔːzɪæm] ⟶ **ad nauseam**.

nauseate ['nɔːsɪeɪt] vt *lit* & *fig* écœurer.

nauseating ['nɔːsɪeɪtɪŋ] adj *lit* & *fig* écœurant(e).

nauseous ['nɔːsjəs] adj **1.** MED ▸ **to feel nauseous** avoir mal au cœur, avoir des nausées **2.** *fig* [revolting] écœurant(e), dégoûtant(e).

nautical ['nɔːtɪkl] adj nautique.

naval ['neɪvl] adj naval(e).

naval officer noun officier *m* de marine.

nave [neɪv] noun nef *f*.

navel ['neɪvl] noun nombril *m*.

navigable ['nævɪgəbl] adj navigable.

navigate ['nævɪgeɪt] ❖ vt **1.** [plane] piloter ; [ship] gouverner **2.** [seas, river] naviguer sur. ❖ vi AERON & NAUT naviguer ; AUTO lire la carte.

navigation [ˌnævɪ'geɪʃn] noun navigation *f*.

navigational [ˌnævɪ'geɪʃnl] adj de (la) navigation.

navigator ['nævɪgeɪtəʳ] noun navigateur *m*.

navvy ['nævɪ] (*pl* **-ies**) noun UK *inf* & *dated* terrassier *m*.

navy ['neɪvɪ] ❖ noun (*pl* **-ies**) marine *f*. ❖ adj [in colour] bleu marine *(inv)*.

navy blue ❖ adj bleu marine *(inv)*. ❖ noun bleu *m* marine.

Nazi ['nɑːtsɪ] ❖ adj nazi(e). ❖ noun (*pl* **-s**) Nazi *m*, -e *f*.

NB, N.B. 1. (*abbr of* **nota bene**) NB **2.** *abbr of* **New Brunswick**.

NBA noun **1.** (*abbr of* **National Basketball Association**) *fédération américaine de basket-ball* **2.** (*abbr of* **National Boxing Association**) *fédération américaine de boxe.*

NBC (*abbr of* **National Broadcasting Company**) noun *chaîne de télévision américaine.*

NCO noun *abbr of* **non-commissioned officer**.

NE **1.** *abbr of* **Nebraska** **2.** *abbr of* **New England** **3.** (*abbr of* **northeast**) N.E **4.** MESSAGING *abbr of* **any**.

ne1 MESSAGING *written abbr of* **anyone**.

Neanderthal [nɪ'ændətɑ:l] ❖ adj ▸ **Neanderthal man** homme *m* de Néandertal. ❖ noun homme *m* de Néandertal.

near [nɪəʳ] ❖ adj proche / *the near edge* le bord le plus proche / *a near disaster* une catastrophe évitée de justesse OR de peu / *when the time is near* quand le moment approchera ▸ **in the near future** dans un proche avenir, dans un avenir prochain / *to the nearest £10* à 10 livres près ▸ **it was a near thing** UK il était moins cinq ▸ **your nearest and dearest** *hum* vos proches. ❖ adv **1.** [close] près / *to draw near* s'approcher / *Christmas is drawing near* Noël approche **2.** [almost] : *near impossible* presque impossible ▸ **nowhere near ready / enough** loin d'être prêt(e)/assez / *as near as makes no difference* à peu de chose près, à quelque chose près. ❖ prep ▸ **near (to)** a) [in space] près de b) [in time] près de, vers / *don't go near the fire* ne t'approche pas du feu / *is there a chemist's near here?* est-ce qu'il y a une pharmacie près d'ici OR dans le coin ? / *near the end of the book* vers la fin du livre / *it's getting near Christmas* c'est bientôt Noël / *near (to) tears* au bord des larmes / *near (to) death* sur le point de mourir / *that would be nearer the truth* ce serait plus près de la vérité / *profits were near the 30 % mark* les bénéfices approchaient la barre des 30 %. ❖ vt approcher de ▸ **to near completion** être près d'être fini / *he was nearing 70 when he got married* il allait sur ses 70 ans quand il s'est marié. ❖ vi approcher.

near- suffix ▸ **near-complete** pratiquement OR quasi complet(ète) ▸ **near-death experience** expérience *f* aux frontières de la mort ▸ **near-perfect** pratiquement OR quasi parfait(e).

nearby [nɪə'baɪ] ❖ adj proche. ❖ adv tout près, à proximité.

nearly ['nɪəlɪ] adv presque / *I nearly fell* j'ai failli tomber / *I nearly cried* j'étais sur le point de pleurer ▸ **not nearly enough / as good** loin d'être suffisant(e)/aussi bon (bonne).

near miss noun **1.** SPORT coup *m* qui a raté de peu **2.** [between planes, vehicles] quasi-collision *f*, collision *f* évitée de justesse.

nearside ['nɪəsaɪd] UK ❖ adj [right-hand drive] de gauche ; [left-hand drive] de droite. ❖ noun [right-hand drive] côté *m* gauche ; [left-hand drive] côté droit.

nearsighted [ˌnɪə'saɪtɪd] adj US myope.

neat [ni:t] adj **1.** [room, house] bien tenu(e), en ordre ; [work] soigné(e) ; [handwriting] net (nette) ; [appearance] soigné(e), net (nette) **2.** [solution, manoeuvre] habile, ingénieux(euse) **3.** [alcohol] pur(e), sans eau **4.** US *inf* [very good] chouette, super *(inv).*

neatly ['ni:tlɪ] adv **1.** [arrange] avec ordre ; [write] soigneusement ; [dress] avec soin **2.** [skilfully] habilement, adroitement.

neatness ['ni:tnɪs] noun [of room] bon ordre *m* ; [of handwriting] netteté *f* ; [of appearance] mise *f* soignée.

nebula ['nebjʊlə] (*pl* -s *or* -lae) noun **1.** ASTRON nébuleuse *f* **2.** MED [of cornea] nébulosité *f* ; [of urine] aspect *m* trouble.

nebulous ['nebjʊləs] adj nébuleux(euse).

necessarily [UK 'nesəsrəlɪ, ˌnesə'serɪlɪ] adv forcément, nécessairement.

necessary ['nesəsrɪ] adj **1.** [required] nécessaire, indispensable ▸ **to make the necessary arrangements** faire le nécessaire **2.** [inevitable] inévitable, inéluctable.

necessitate [nɪ'sesɪteɪt] vt nécessiter, rendre nécessaire.

necessity [nɪ'sesətɪ] (*pl* -ies) noun nécessité *f* / *there's no real necessity for us to go* il n'est pas indispensable que nous y allions ▸ **of necessity** inévitablement, fatalement / *in case of absolute necessity* en cas de force majeure / *the basic* OR *bare necessities of life* les choses qui sont absolument essentielles OR indispensables à la vie.

neck [nek] ❖ noun **1.** ANAT cou *m* ▸ **to be up to one's neck (in sthg)** *fig* être (dans qqch) jusqu'au cou ▸ **to breathe down sb's neck** *fig* talonner qqn, être sur le dos de qqn ▸ **to stick one's neck out** *fig* prendre des risques, se mouiller **2.** [of shirt, dress] encolure *f* **3.** [of bottle] col *m*, goulot *m*. ❖ vi *inf* & *dated* se bécoter.

neckerchief ['nekətʃɪf] (*pl* -chiefs *or* -chieves) noun *dated* foulard *m*.

necklace ['neklɪs] noun collier *m*.

neckline ['neklaɪn] noun encolure *f*.

necktie ['nektaɪ] noun US *fml* cravate *f*.

nectar ['nektəʳ] noun nectar *m*.

nectarine ['nektərɪn] noun brugnon *m*, nectarine *f*.

née [neɪ] adj née.

need [ni:d] ❖ noun besoin *m* ▸ **need for sthg / to do sthg** besoin de qqch/de faire qqch / *there's no need for such language* tu n'as pas besoin d'être grossier / *there's no need to get up* ce n'est pas la peine de te lever / *there's no need to panic* OR *for any panic* inutile de paniquer ▸ **to be in** OR **have need of sthg** *fml* avoir besoin de qqch / *I have no need of your sympathy* je n'ai que faire de votre sympathie ▸ **if need be** si besoin est, si nécessaire / *should the need arise* si cela s'avérait nécessaire, si le besoin s'en faisait sentir / *your need is greater than mine* vous en avez plus besoin que moi / *he saw to her every need* il subvenait à ses moindres besoins ▸ **in need** dans le besoin. ❖ vt **1.** [require] ▸ **to need sthg / to do sthg** avoir besoin de qqch/de faire qqch / *I need a drink / a shower* j'ai besoin de boire quelque chose/de prendre une douche / *I need to go to the doctor* il faut que j'aille chez le médecin / *have you got everything you need?* est-ce que tu as tout ce qu'il te faut ? / *that's all we need!* *iro* il ne nous manquait plus que ça ! / *you only need to ask* vous n'avez qu'à demander / *you don't need me to tell you that* vous devez le savoir mieux que moi / *he likes to feel needed* il aime se sentir indispensable / *the carpet needs cleaning* il est temps de nettoyer la moquette / *there are still a few points that need to be made* il reste encore quelques questions à soulever **2.** [be obliged] ▸ **to need to do sthg** être obligé(e) de faire qqch / *I need to be home by ten* il faut que je sois rentré OR je dois être rentré pour 10 h / *you need to try harder* tu vas devoir faire OR il va falloir que tu fasses un effort supplémentaire. ❖ modal vb : *need we go?* faut-il qu'on y aille ? / *you needn't come if you don't want to* vous n'avez pas besoin de OR vous n'êtes pas obligé de venir si vous n'en avez pas envie / *I needn't tell you how important it is* je n'ai pas besoin de vous dire OR vous savez à quel point c'est important / *it need not happen* cela ne doit pas forcément se produire / *the accident need never have happened* cet accident aurait pu être évité / *I needn't have bothered* je me suis donné bien du mal pour rien, ce n'était pas la peine que je me donne autant de mal / *no-one else need ever know* ça reste entre nous / *need I say more?* tu vois ce que je veux dire. ◆ **needs** adv ▸ **if needs must** s'il le faut.

needful ['ni:dfʊl] ❖ adj *fml* nécessaire, requis(e). ❖ noun UK *inf* : *to do the needful* faire le nécessaire ; [money] : *to find the needful* trouver le fric.

needle ['ni:dl] ❖ noun **1.** [gen] aiguille *f* ▸ **it's like looking for a needle in a haystack** c'est comme chercher une aiguille dans une botte de foin **2.** [stylus] saphir *m.* ❖ vt *inf* [annoy] asticoter, lancer des piques à.

needless ['ni:dlɪs] adj [risk, waste] inutile ; [remark] déplacé(e) ▸ **needless to say...** bien entendu....

needlessly ['ni:dlɪslɪ] adv inutilement, sans raison.

needlework ['ni:dlwɜ:k] noun **1.** [embroidery] travail *m* d'aiguille **2.** *(U)* [activity] couture *f.*

needn't ['ni:dnt] ⟶ **need not**.

needy ['ni:dɪ] ❖ adj (*compar* **-ier**, *superl* **-iest**) nécessiteux(euse), indigent(e). ❖ pl n ▸ **the needy** les nécessiteux *mpl.*

nefarious [nɪ'feərɪəs] adj *fml* odieux(euse), abominable.

negate [nɪ'geɪt] vt *fml* [efforts, achievements] annuler, détruire.

negation [nɪ'geɪʃn] noun *fml* [of efforts, achievements] destruction *f.*

negative ['negətɪv] ❖ adj négatif(ive). ❖ noun **1.** PHOT négatif *m* **2.** LING négation *f* ▸ **to answer in the negative** répondre négativement OR par la négative.

negative equity noun *(U) situation où l'acquéreur d'un bien immobilier reste redevable de l'emprunt contracté alors que son logement enregistre une moins-value.*

negatively ['negətɪvlɪ] adv négativement.

negative sign noun signe *m* moins OR négatif.

neglect [nɪ'glekt] ❖ noun [of garden] mauvais entretien *m* ; [of children] manque *m* de soins ; [of duty] manquement *m* / *through neglect* par négligence *f* / *to suffer from neglect* **a)** [person] souffrir d'un manque de soins **b)** [building, garden] être laissé(e) à l'abandon. ❖ vt négliger ; [garden] laisser à l'abandon / *you shouldn't neglect your health* vous devriez vous soucier un peu plus de votre santé / *governments have neglected the needs of the disabled for long enough* il est temps que les gouvernements cessent d'ignorer les besoins des invalides ▸ **to neglect to do sthg** négliger OR omettre de faire qqch.

neglected [nɪ'glektɪd] adj [child] délaissé(e), abandonné(e) ; [garden] laissé(e) à l'abandon.

neglectful [nɪ'glektfʊl] adj négligent(e) ▸ **to be neglectful of sb / sthg** négliger qqn / qqch.

negligee ['neglɪʒeɪ] noun déshabillé *m*, négligé *m.*

negligence ['neglɪdʒəns] noun négligence *f.*

negligent ['neglɪdʒənt] adj négligent(e).

negligently ['neglɪdʒəntlɪ] adv avec négligence.

negligible ['neglɪdʒəbl] adj négligeable.

negotiable [nɪ'gəʊʃjəbl] adj négociable ; [price, conditions] à débattre.

negotiate [nɪ'gəʊʃɪeɪt] ❖ vt **1.** COMM & POL négocier **2.** [obstacle] franchir ; [bend] prendre, négocier. ❖ vi négocier ▸ **to negotiate with sb (for sthg)** engager des négociations avec qqn (pour obtenir qqch).

negotiating table [nɪ'gəʊʃɪeɪtɪŋ-] noun table *f* des négociations.

negotiation [nɪ,gəʊʃɪ'eɪʃn] noun négociation *f.*

negotiator [nɪ'gəʊʃɪeɪtəʳ] noun négociateur *m*, -trice *f.*

Negress ['ni:grɪs] noun négresse *f (attention: le terme « Negress » est considéré raciste).*

Negro ['ni:grəʊ] ❖ adj noir(e). ❖ noun (*pl* **-es**) Noir *m (attention: le terme « Negro » est considéré raciste).*

neigh [neɪ] vi [horse] hennir.

neighbour UK, **neighbor** US ['neɪbəʳ] noun voisin *m*, -e *f.*

neighbourhood UK, **neighborhood** US ['neɪbəhʊd] noun **1.** [of town] voisinage *m*, quartier *m* ▸ **in the neighbourhood** à proximité **2.** [approximate figure] ▸ **in the neighbourhood of £300** environ 300 livres, dans les 300 livres.

neighbourhood watch noun UK *système de surveillance d'un quartier par tous ses habitants (pour prévenir les cambriolages et autres crimes).*

neighbouring UK, **neighboring** US ['neɪbərɪŋ] adj avoisinant(e).

neighbourly UK, **neighborly** US ['neɪbəlɪ] adj bon voisin (bonne voisine).

neither ['naɪðəʳ *or* 'ni:ðəʳ] ❖ adv ▸ **neither good nor bad** ni bon (bonne) ni mauvais(e) ▸ **that's neither here nor there** cela n'a rien à voir. ❖ pron & adj ni l'un ni l'autre (ni l'une ni l'autre). ❖ conj : *neither do I* moi non plus.

nemesis ['neməsɪs] noun *liter* **1.** [retribution] : *it's nemesis* c'est un juste retour des choses **2.** [agency of retribution] : *she saw the British press as her nemesis* elle vit dans la presse britannique l'instrument de sa vengeance.

neo- ['ni:əʊ] pref néo-.

neoclassic(al) [ˌniːəʊ'klæsɪk(l)] adj néo-classique.

neofascist [ˌniːəʊ'fæʃɪst] ◆ adj néofasciste. ◆ noun néofasciste *mf*.

neolithic [ˌniːə'lɪθɪk] adj néolithique.

neologism [niː'ɒlədʒɪzm] noun néologisme *m*.

neon ['niːɒn] noun néon *m*.

neonatal [ˌniːəʊ'neɪtl] adj néonatal(e).

neo-Nazi [ˌniːəʊ'nɑːtsɪ] ◆ noun néonazi *m*, -e *f*. ◆ adj néonazi(e).

neon light noun néon *m*, lumière *f* au néon.

neon sign noun enseigne *f* lumineuse au néon.

Nepal [nɪ'pɔːl] noun Népal *m* ▸ **in Nepal** au Népal.

Nepalese [ˌnepə'liːz] ◆ adj népalais(e). ◆ noun (*pl inv*) Népalais *m*, -e *f*.

nephew ['nefjuː] noun neveu *m*.

nepotism ['nepətɪzm] noun népotisme *m*.

Neptune ['neptjuːn] noun [planet] Neptune *f*.

nerd [nɜːd] noun *inf* & *pej* débile *mf* / *computer nerd* accro *m* d'informatique.

nerdy ['nɜːdɪ] adj *inf* & *pej* ringard(e).

nerve [nɜːv] noun **1.** ANAT nerf *m* / *to touch a raw nerve fig* toucher une corde sensible **2.** [courage] courage *m*, sang-froid *m inv* ▸ **to lose one's nerve** se dégonfler, flancher / *his nerve failed him, he lost his nerve* **a)** [backed down] le courage lui a manqué **b)** [panicked] il a perdu son sang-froid **3.** [cheek] culot *m*, toupet *m* ▸ **to have the nerve to do sthg** avoir le culot OR le toupet de faire qqch / *what a nerve! inf* quel culot OR toupet ! ◆ **nerves** pl n nerfs *mpl* / *I need a drink to steady my nerves* il faut que je boive un verre pour me calmer ▸ **to get on sb's nerves** taper sur les nerfs OR le système de qqn.

nerve centre UK, **nerve center** US noun *lit* & *fig* centre *m* nerveux.

nerve ending noun terminaison *f* nerveuse.

nerve gas noun gaz *m* neurotoxique.

nerve-racking, **nerve-wracking** [-ˌrækɪŋ] adj angoissant(e), éprouvant(e).

nervous ['nɜːvəs] adj **1.** [gen] nerveux(euse) **2.** [apprehensive - smile, person] inquiet(ète) ; [- performer] qui a le trac ▸ **to be nervous about sthg** appréhender qqch.

nervously ['nɜːvəslɪ] adv **1.** [gen] nerveusement **2.** [apprehensively] avec inquiétude.

nervousness ['nɜːvəsnɪs] noun (*U*) **1.** [apprehension - of voice] inquiétude *f* ; [- of performer] trac *m* **2.** [tenseness] nervosité *f*, tension *f*.

nervous system noun système *m* nerveux.

nervous wreck noun ▸ **to be a nervous wreck** être à bout de nerfs.

nervy ['nɜːvɪ] (*compar* **-ier**, *superl* **-iest**) adj **1.** UK *inf* [nervous] énervé(e) **2.** US [cheeky] culotté(e).

nest [nest] ◆ noun nid *m* ▸ **nest of tables** table *f* gigogne. ◆ vi [bird] faire son nid, nicher.

nested ['nestɪd] adj COMPUT & TYPO imbriqué(e).

nest egg noun pécule *m*, bas *m* de laine.

nesting ['nestɪŋ] ◆ noun nidification *f*. ◆ comp [bird] nicheur ; [time, instinct] de (la) nidification.

nestle ['nesl] vi se blottir.

nestling ['neslɪŋ] noun oisillon *m*.

.net ['dɒtnet] COMPUT *abréviation désignant les organismes officiels de l'Internet dans les adresses électroniques*.

net[1] [net] ◆ adj net (nette) ▸ **net result** résultat final. ◆ noun **1.** [gen] filet *m* **2.** [fabric] voile *m*, tulle *m*. ◆ vt (*pt & pp* **-ted**, *cont* **-ting**) **1.** [fish] prendre au filet **2.** [money - subj: person] toucher net, gagner net ; [- subj: deal] rapporter net.

net[2], **Net** [net] noun ▸ **the net** le Net ▸ **to surf the net** surfer sur le Net OR sur Internet.

netball ['netbɔːl] noun netball *m*.

net curtains pl n UK voilage *m*.

nethead ['nethed] noun *inf* accro *mf* d'Internet.

Netherlands ['neðələndz] pl n ▸ **the Netherlands** les Pays-Bas *mpl* ▸ **in the Netherlands** aux Pays-Bas.

netiquette, **Netiquette** ['netiket] noun nétiquette *f*.

net profit noun bénéfice *m* net.

net surfer, **Net surfer** noun internaute *mf*.

netting ['netɪŋ] noun **1.** [metal, plastic] grillage *m* **2.** [fabric] voile *m*, tulle *m*.

nettle ['netl] ◆ noun ortie *f*. ◆ vt piquer OR toucher au vif.

network ['netwɜːk] ◆ noun réseau *m*. ◆ vt **1.** RADIO & TV diffuser **2.** COMPUT mettre en réseau. ◆ vi [make contacts] établir un réseau de contacts professionnels, réseauter / *I've been networking like mad* je n'ai pas arrêté de faire du réseautage.

network computer noun ordinateur *m* réseau.

networking ['netwɜːkɪŋ] noun **1.** COMPUT mise *f* en réseau **2.** [gen & COMM] établissement *m* d'un réseau de liens OR de contacts / *these events are ideal for networking* ces événements se prêtent bien à la prise de contacts **3.** [via social networking site] networking *m*, réseautage *m*.

neural ['njʊərəl] adj neural(e).

neuralgia [njʊə'rældʒə] noun névralgie *f*.

neurological [ˌnjʊərə'lɒdʒɪkl] adj neurologique.

neurologist [ˌnjʊə'rɒlədʒɪst] noun neurologue *mf*.

neurology [ˌnjʊə'rɒlədʒɪ] noun neurologie *f*.

neuron ['njʊərɒn], **neurone** ['njʊərəʊn] noun neurone *m*.

neurosis [ˌnjʊə'rəʊsɪs] (*pl* **-ses**) noun névrose *f*.

neurosurgeon ['njʊərəʊˌsɜːdʒən] noun neurochirurgien *m*, -enne *f*.

neurosurgery [ˌnjʊərəʊ'sɜːdʒərɪ] noun neurochirurgie *f*.

neurotic [ˌnjʊə'rɒtɪk] ◆ adj névrosé(e). ◆ noun névrosé *m*, -e *f*.

neurotoxin ['njʊərəʊ,tɒksɪn] noun neurotoxine *f*.

neuter ['nju:tər] ◆ adj neutre. ◆ vt [cat, dog] châtrer.

neutral ['nju:trəl] ◆ adj **1.** [gen] neutre **2.** [face, eyes] inexpressif(ive), sans expression. ◆ noun **1.** AUTO point *m* mort **2.** [country] état *m* OR pays *m* neutre ; [person] personne *f* neutre.

neutrality [nju:'trælətɪ] noun neutralité *f*.

neutralize, neutralise UK ['nju:trəlaɪz] vt neutraliser.

neutron ['nju:trɒn] noun neutron *m*.

never ['nevər] adv jamais… ne, ne… jamais ▸ **never ever** jamais, au grand jamais ▸ **well I never!** ça par exemple !

never-ending adj interminable.

never-never *inf* ◆ noun UK ▸ **on the never-never** à crédit, à tempérament. ◆ adj imaginaire, chimérique ▸ **never-never land** pays *m* de cocagne.

nevertheless [,nevəðə'les] adv néanmoins, pourtant.

new adj [nju:] **1.** [gen] nouveau(elle) ▸ **to be new to** a) [place] être nouveau dans b) [job] être neuf (neuve) dans / *you're new here, aren't you?* vous êtes nouveau ici, n'est-ce pas ? / *there are new people in the flat next door* il y a de nouveaux occupants dans l'appartement d'à côté / *the newest fashions* la dernière mode / *is there anything new on the catastrophe?* est-ce qu'il y a du nouveau sur la catastrophe ? ▸ **there's nothing new under the sun** *prov* (il n'y a) rien de nouveau sous le soleil ▸ **that's a new one on me!** a) *inf* [joke] celle-là, on ne me l'avait jamais faite ! b) [news] première nouvelle ! c) [experience] on en apprend tous les jours ! ▸ **what's new?** quoi de neuf ? **2.** [not used, fresh] neuf (neuve) / *a new tablecloth* a) [brand new] une nouvelle nappe, une nappe neuve b) [fresh] une nouvelle nappe, une nappe propre / *she needs a new sheet of paper* il lui faut une autre feuille de papier ▸ **as good as new** comme neuf ▸ **to feel like a new woman / man** se sentir revivre. ◆ **news** noun [nju:z] *(U)* **1.** [information] nouvelle *f* ▸ **a piece of news** une nouvelle / *is there any more news about* OR *on the explosion?* est-ce qu'on a plus d'informations sur l'explosion ? / *that's good / bad news* c'est une bonne / mauvaise nouvelle / *have you had any news of her?* avez-vous eu de ses nouvelles ? / *to be in the news, to make the news* défrayer la chronique, faire parler de soi ▸ **he's bad news** *inf* on a toujours des ennuis avec lui ▸ **to break the news to sb** annoncer OR apprendre la nouvelle à qqn ▸ **no news is good news** *prov* pas de nouvelles, bonnes nouvelles *prov* ▸ **that's news to me** première nouvelle **2.** TV journal *m* télévisé, actualités *fpl* / *the sports / financial news* la page sportive / financière **3.** RADIO informations *fpl*.

New Age noun New Age *m* ▸ **New Age traveller** UK voyageur *m* New Age.

newbie ['nju:bɪ] noun *inf* **1.** néophyte *mf* **2.** COMPUT internaute *mf* novice, cybernovice *mf*.

new blood noun *fig* sang *m* neuf OR frais.

newborn ['nju:bɔ:n] adj nouveau-né(e).

new-build adj neuf (neuve) ▸ **new-build flats** des programmes de logements neufs.

newcomer ['nju:,kʌmər] noun ▸ **newcomer (to sthg)** nouveau-venu *m*, nouvelle-venue *f* (dans qqch).

New England noun Nouvelle-Angleterre *f* ▸ **in New England** en Nouvelle-Angleterre.

newfangled [,nju:'fæŋgld] adj *inf* & *pej* ultramoderne, trop moderne.

newfound adj récent(e), de fraîche date.

Newfoundland ['nju:fəndlənd] noun Terre-Neuve *f* ▸ **in Newfoundland** à Terre-Neuve.

New Jersey noun New Jersey *m* ▸ **in New Jersey** dans le New Jersey.

New Labour noun [in UK] New Labour *m*.

new-look adj new-look *(inv)*.

newly ['nju:lɪ] adv récemment, fraîchement / *newly qualified* fraîchement diplômé.

newlyweds ['nju:lɪwedz] pl n nouveaux OR jeunes mariés *mpl*.

new media pl n ▸ **the new media** les nouveaux médias.

new moon noun nouvelle lune *f*.

newness ['nju:nɪs] noun **1.** [of building] nouveauté *f* ; [of shoes, carpet] état *m* neuf **2.** [of ideas, experience, fashion] nouveauté *f*, originalité *f*.

New Orleans [-'ɔ:lɪənz] noun La Nouvelle-Orléans.

news agency noun agence *f* de presse.

newsagent UK ['nju:zeɪdʒənt], **newsdealer** US ['nju:zdi:lər] noun marchand *m* de journaux.

news bulletin noun bulletin *m* d'informations.

newscast ['nju:zkɑ:st] noun US **1.** RADIO informations *fpl* **2.** TV actualités *fpl*.

newscaster ['nju:zkɑ:stər] noun présentateur *m*, -trice *f*.

news conference noun conférence *f* de presse.

newsdealer US = **newsagent**.

newsflash ['nju:zflæʃ] noun flash *m* d'information.

newsgroup ['nju:zgru:p] noun [on Internet] newsgroup *m*, groupe *m* de discussion.

newsletter ['nju:z,letər] noun bulletin *m*.

newspaper ['nju:z,peɪpər] noun journal *m*.

newspaperman ['nju:z,peɪpəmæn] (*pl* **-men**) noun journaliste *m*.

newsprint ['nju:zprɪnt] noun papier *m* journal.

newsreader ['nju:z,ri:dər] noun UK présentateur *m*, -trice *f*.

newsreel ['nju:zri:l] noun actualités *fpl* filmées.

news report noun bulletin *m* d'informations.

newsroom ['nju:zru:m] noun **1.** PRESS salle *f* de rédaction **2.** RADIO & TV studio *m*.

newsstand ['nju:zstænd] noun kiosque *m* à journaux.

newsworthy ['nju:z,wɜ:ðɪ] adj qui vaut la peine d'être publié(e) OR qu'on en parle.

newt [nju:t] noun triton *m*.

new technology noun nouvelle technologie *f*, technologie de pointe.

New Testament noun ▸ **the New Testament** le Nouveau Testament.

new wave noun nouvelle vague *f*.

New World noun ▸ **the New World** le Nouveau Monde.

New Year noun nouvel an *m*, nouvelle année *f* ▸ **Happy New Year!** bonne année !

New Year's Day noun jour *m* de l'an, premier *m* de l'an.

New Year's Eve noun la Saint-Sylvestre.

New York [-'jɔ:k] noun **1.** [city] ▸ **New York (City)** New York **2.** [state] ▸ **New York (State)** l'État *m* de New York ▸ **in (the State of) New York, in New York (State)** dans l'État de New York.

New Yorker [-'jɔ:kəʳ] noun New-Yorkais *m*, -e *f*.

New Zealand [-'zi:lənd] noun Nouvelle-Zélande *f* ▸ **in New Zealand** en Nouvelle-Zélande.

New Zealander [-'zi:ləndəʳ] noun Néo-Zélandais *m*, -e *f*.

next [nekst] ❖ adj prochain(e) ; [room] d'à côté ; [page] suivant(e) / *next Tuesday* mardi prochain ▸ **next time** la prochaine fois / *(the) next time I see him* la prochaine fois que je le vois OR verrai / *(the) next time I saw him* quand je l'ai revu ▸ **next week** la semaine prochaine ▸ **the next week** la semaine suivante OR d'après ▸ **next year** l'année prochaine / *keep quiet about it for the next few days* n'en parlez pas pendant les quelques jours qui viennent / *(the) next minute she was dashing off out again* / une minute après, elle repartait / *and (the) next thing I knew, I woke up in hospital* et l'instant d'après je me suis réveillé à l'hôpital ▸ **next, please!** au suivant ! / *who's next?* à qui le tour ? / *I'm next* c'est (à) mon tour, c'est à moi / *translate the next sentence* traduisez la phrase suivante / *their next child was a girl* ensuite, ils eurent une fille / *ask the next person you meet* demandez à la première personne que vous rencontrez / *take the next street on the left* prenez la prochaine à gauche ▸ **the day after next** le surlendemain ▸ **the week after next** dans deux semaines. ❖ adv **1.** [afterwards] ensuite, après / *what did you do with it next?* et ensuite, qu'en avez-vous fait ? / *next on the agenda is the question of finance* la question suivante à l'ordre du jour est celle des finances **2.** [again] la prochaine fois / *when we next met* quand nous nous sommes revus **3.** *(with superlatives)* : *the next youngest / oldest child* l'enfant le plus jeune / le plus âgé ensuite ▸ **he's the next biggest after Dan** c'est le plus grand après OR à part Dan. ❖ prep US à côté de. ◆ **next to** prep à côté de / *come and sit next to me* venez vous asseoir à côté de OR près de moi / *next to last* avant-dernier(ère) / *next to impossible* presque OR quasiment impossible ▸ **it cost next to nothing** cela a coûté une bagatelle OR trois fois rien ▸ **I know next to nothing** je ne sais presque OR pratiquement rien.

next door adv à côté. ◆ **next-door** adj ▸ **next-door neighbour** voisin *m*, -e *f* d'à côté.

next of kin noun plus proche parent *m*.

NFL (*abbr of* **National Football League**) noun *fédération nationale de football américain*.

NGO (*abbr of* **non-governmental organization**) noun ONG *f*.

NHS (*abbr of* **National Health Service**) noun *service national de santé en Grande-Bretagne* ; ≃ sécurité sociale *f*.

NI ❖ noun *abbr of* **National Insurance.** ❖ *abbr of* **Northern Ireland**.

nib [nɪb] noun plume *f*.

nibble ['nɪbl] ❖ vt grignoter, mordiller. ❖ vi ▸ **to nibble at sthg** grignoter qqch.

Nicaragua [ˌnɪkə'rægjʊə] noun Nicaragua *m* ▸ **in Nicaragua** au Nicaragua.

Nicaraguan [ˌnɪkə'rægjʊən] ❖ adj nicaraguayen(enne). ❖ noun Nicaraguayen *m*, -enne *f*.

nice [naɪs] ❖ adj **1.** [holiday, food] bon (bonne) ; [day, picture] beau (belle) ; [dress] joli(e) / *to taste nice* avoir bon goût / *to smell nice* sentir bon / *she always looks nice* elle est toujours bien habillée OR mise / *we had a nice meal* on a bien mangé / *she's very nice* elle est très sympa / *have a nice time* amusez-vous bien / *it's nice to be back again* cela fait plaisir d'être de retour / *(it was) nice meeting you* (j'ai été) ravi de faire votre connaissance ▸ **nice one!** bravo !, chapeau ! **2.** [person] gentil(ille), sympathique ▸ **to be nice to sb** être gentil OR aimable avec qqn / *that's nice of her* c'est gentil OR aimable de sa part / *it's nice of you to say so* vous êtes bien aimable de le dire. ❖ adv [as intensifier] : *nice long holidays* des vacances longues et agréables / *a nice cold drink* une boisson bien fraîche ; *(with* **and***)* : *take it nice and easy* allez-y doucement / *it's nice and warm in here* il fait bon ici.

nice-looking [-'lʊkɪŋ] adj joli(e), beau (belle).

nicely ['naɪslɪ] adv **1.** [make, manage] bien ; [dressed] joliment ▸ **that will do nicely** cela fera très bien l'affaire **2.** [politely - ask] poliment, gentiment ; [- behave] bien.

niche [ni:ʃ] noun [in wall] niche *f* ; *fig* bonne situation *f*, voie *f*.

niche market noun niche *f*.

niche product noun produit *m* ciblé.

niche publishing noun *publication d'ouvrages destinés à un public restreint*.

nick [nɪk] ❖ noun **1.** [cut] entaille *f*, coupure *f* **2.** UK *prison sl* [jail] ▸ **the nick** la taule OR tôle **3.** UK *inf* [condition] ▸ **in good / bad nick** en bon / mauvais état **4.** PHR **in the nick of time** juste à temps. ❖ vt **1.** [cut] couper, entailler **2.** UK *inf* [steal] piquer, faucher **3.** UK *inf* [arrest] pincer, choper.

nickel ['nɪkl] noun **1.** [metal] nickel *m* **2.** US [coin] pièce *f* de cinq cents.

nickname ['nɪkneɪm] ❖ noun sobriquet *m*, surnom *m*. ❖ vt surnommer.

nicotine ['nɪkəti:n] noun nicotine *f*.

nicotine patch noun patch *m* OR timbre *m* antitabac.

niece [ni:s] noun nièce *f*.

nifty ['nɪftɪ] (*compar* **-ier**, *superl* **-iest**) adj *inf* génial(e), super *(inv)*.

Niger ['naɪdʒəʳ] noun **1.** [country] Niger *m* ▸ **in Niger** au Niger **2.** [river] ▸ **the (River) Niger** le Niger.

Nigeria [naɪ'dʒɪərɪə] noun Nigeria *m* ▸ **in Nigeria** au Nigeria.

Nigerian [naɪ'dʒɪərɪən] ◆ adj nigérian(e). ◆ noun Nigérian *m*, -e *f*.

niggardly ['nɪgədlɪ] adj [person] pingre, avare ; [gift, amount] mesquin(e), chiche.

niggle ['nɪgl] ◆ noun UK [worry] souci *m*, tracas *m*. ◆ vt **1.** UK [worry] tracasser **2.** [criticize] faire des réflexions à, critiquer. ◆ vi **1.** [worry] ▸ **to niggle at sb** tracasser qqn **2.** [criticize] faire des réflexions, critiquer.

niggling ['nɪglɪŋ] ◆ adj **1.** [petty - person] tatillon(onne) ; [- details] insignifiant(e) **2.** [fastidious - job] fastidieux(euse) **3.** [nagging - pain, doubt] tenace. ◆ noun chicanerie *f*, pinaillerie *f*.

nigh [naɪ] adv *liter* près, proche ▸ **well nigh** presque.

night [naɪt] noun **1.** [not day] nuit *f* ▸ **at night** la nuit ▸ **night and day, day and night** nuit et jour ▸ **good night!** a) bonsoir ! b) [at bedtime] bonne nuit ! **2.** [evening] soir *m* ▸ **at night** le soir **3.** PHR **to have an early night** se coucher de bonne heure ▸ **to have a late night** veiller, se coucher tard. ◆ **nights** adv **1.** US [at night] la nuit **2.** UK [nightshift] ▸ **to work nights** travailler OR être de nuit.

nightcap ['naɪtkæp] noun **1.** [drink] *boisson alcoolisée prise avant de se coucher* **2.** [hat] bonnet *m* de nuit.

nightclub ['naɪtklʌb] noun boîte *f* de nuit.

nightclubbing ['naɪtklʌbɪŋ] noun : ***to go nightclubbing*** sortir en boîte.

nightdress ['naɪtdres] noun chemise *f* de nuit.

nightfall ['naɪtfɔ:l] noun tombée *f* de la nuit OR du jour.

nightgown ['naɪtgaʊn] noun chemise *f* de nuit.

nightie ['naɪtɪ] noun *inf* chemise *f* de nuit.

nightingale ['naɪtɪŋgeɪl] noun rossignol *m*.

nightlife ['naɪtlaɪf] noun vie *f* nocturne, activités *fpl* nocturnes.

nightly ['naɪtlɪ] ◆ adj (de) toutes les nuits OR tous les soirs. ◆ adv toutes les nuits, tous les soirs.

nightmare ['naɪtmeəʳ] noun *lit* & *fig* cauchemar *m*.

nightmarish ['naɪtmeərɪʃ] adj cauchemardesque, de cauchemar.

night owl noun *fig* couche-tard *m inv*, noctambule *mf*.

night school noun *(U)* cours *mpl* du soir.

night shift noun [period] poste *m* de nuit.

nightshirt ['naɪtʃɜ:t] noun chemise *f* de nuit d'homme.

nightspot ['naɪt,spɒt] noun boîte *f* de nuit.

nighttime ['naɪttaɪm] noun nuit *f*.

night watchman noun gardien *m* de nuit.

nihilist ['naɪɪlɪst] ◆ adj nihiliste. ◆ noun nihiliste *mf*.

nihilistic [,naɪɪ'lɪstɪk] adj nihiliste.

nil [nɪl] noun néant *m* ; UK SPORT zéro *m*.

Nile [naɪl] noun ▸ **the Nile** le Nil.

nimble ['nɪmbl] adj agile, leste ; *fig* [mind] vif (vive).

nimbly ['nɪmblɪ] adv agilement, lestement.

nincompoop ['nɪŋkəmpu:p] noun *inf* & *dated* cruche *f*.

nine [naɪn] num neuf. ***See also* six**.

911 **1.** *numéro de téléphone des urgences dans certains États des États-Unis* **2.** MESSAGING *signifie qu'il y a urgence ou que l'on souhaite être contacté rapidement*.

nineteen [,naɪn'ti:n] num dix-neuf. ***See also* six**.

nineteenth [naɪn'ti:nθ] num dix-neuvième. ***See also* sixth**.

ninetieth ['naɪntɪəθ] num quatre-vingt-dixième. ***See also* sixth**.

nine-to-five ◆ adv de neuf heures du matin à cinq heures du soir / ***to work nine-to-five*** avoir des horaires de bureau. ◆ adj **1.** [job] routinier(ère) **2.** [mentality, attitude] de gratte-papier.

ninety ['naɪntɪ] num quatre-vingt-dix. ***See also* sixty**.

ninth [naɪnθ] num neuvième. ***See also* sixth**.

ninth grade noun US SCH *classe de l'enseignement secondaire correspondant à la troisième (13-14 ans)*.

nip [nɪp] ◆ noun **1.** [pinch] pinçon *m* ; [bite] morsure *f* **2.** [of drink] goutte *f*, doigt *m*. ◆ vt (*pt & pp* **-ped**, *cont* **-ping**) [pinch] pincer ; [bite] mordre. ◆ vi (*pt & pp* **-ped**, *cont* **-ping**) UK *inf* : ***to nip down to the pub*** faire un saut au pub.

nipper ['nɪpəʳ] noun *inf* & *dated* gamin *m*, -e *f*, gosse *mf*.

nipple ['nɪpl] noun **1.** ANAT bout *m* de sein, mamelon *m* **2.** US [of bottle] tétine *f*.

nippy ['nɪpɪ] (*compar* **-ier**, *superl* **-iest**) adj *inf* **1.** [cold] froid(e), frisquet(ette) **2.** UK [quick - person] vif (vive) ; [- car] nerveux(euse).

nit [nɪt] noun **1.** [in hair] lente *f* **2.** UK *inf* [idiot] idiot *m*, -e *f*, crétin *m*, -e *f*.

nitpick ['nɪtpɪk] vi *inf* couper les cheveux en quatre, chercher la petite bête, pinailler.

nitrate ['naɪtreɪt] noun nitrate *m*.

nitrogen ['naɪtrədʒən] noun azote *m*.

nitroglycerin(e) [,naɪtrəʊ'glɪsəri:n] noun nitroglycérine *f*.

nitty-gritty [,nɪtɪ'grɪtɪ] noun *inf* ▸ **to get down to the nitty-gritty** en venir à l'essentiel OR aux choses sérieuses.

nitwit ['nɪtwɪt] noun *inf* imbécile *mf*, idiot *m*, -e *f*.

no [nəʊ] ◆ adv **1.** [gen] non ; [expressing disagreement] mais non / ***do you like spinach? — no, I don't*** aimez-vous les épinards ? — non **2.** [not any] : ***no bigger / smaller*** pas plus grand / petit / ***no better*** pas mieux / ***I can go no further*** je ne peux pas aller plus loin. ◆ adj aucun(e), pas de / ***I have no family*** je n'ai pas de famille

/ *she has no intention of leaving* elle n'a aucune intention de partir / *no sensible person would dispute this* quelqu'un de raisonnable ne discuterait pas / *no other washing powder gets clothes so clean* aucune autre lessive ne laisse votre linge aussi propre / *there's no telling what will happen* impossible de dire ce qui va se passer / *I'm no expert, I'm afraid* malheureusement, je ne suis pas un expert / *he's no friend of mine* je ne le compte pas parmi mes amis / *'no swimming'* 'baignade interdite'. ❖ noun (*pl* **noes** [nəʊz]) non *m* ▸ **she won't take no for an answer** elle n'accepte pas de refus OR qu'on lui dise non.

No., no. (*abbr of* **number**) No, no.

no1 *written abbr of* **no one**.

nobble ['nɒbl] vt UK *inf* **1.** [racehorse] droguer **2.** [bribe] soudoyer, acheter **3.** [detain - person] accrocher.

Nobel prize [nəʊ'bel-] noun prix *m* Nobel.

nobility [nə'bɪlətɪ] noun noblesse *f*.

noble ['nəʊbl] ❖ adj noble. ❖ noun noble *m*.

nobleman ['nəʊblmən] (*pl* **-men**) noun noble *m*, aristocrate *m*.

noblewoman ['nəʊbl,wʊmən] (*pl* **-women**) noun (femme) noble *f*, aristocrate *f*.

nobly ['nəʊblɪ] adv noblement.

nobody ['nəʊbədɪ] ❖ pron personne, aucun(e). ❖ noun (*pl* **-ies**) *pej* rien-du-tout *mf*, moins que rien *mf*.

no-brainer [nəʊ'breɪnə^r] noun US *inf décision facile* / *it's a no-brainer!* la solution est claire !

no-claims bonus noun UK bonus *m*.

nocturnal [nɒk'tɜːnl] adj nocturne.

nod [nɒd] ❖ noun signe *m* OR inclination *f* de la tête. ❖ vt (*pt & pp* **-ded**, *cont* **-ding**) ▸ **to nod one's head** incliner la tête, faire un signe de tête. ❖ vi (*pt & pp* **-ded**, *cont* **-ding**) **1.** [in agreement] faire un signe de tête affirmatif, faire signe que oui **2.** [to indicate sthg] faire un signe de tête **3.** [as greeting] ▸ **to nod to sb** saluer qqn d'un signe de tête. ◆ **nod off** vi *inf* somnoler, s'assoupir.

node [nəʊd] noun nœud *m*.

nodule ['nɒdjuːl] noun nodule *m*.

no-fault adj US LAW ▸ **no-fault divorce** divorce *m* par consentement mutuel ▸ **no-fault insurance** assurance *f* à remboursement automatique.

no-fly zone noun zone *f* d'exclusion aérienne.

no-frills [-'frɪlz] adj [service] minimum (*inv*) ; [airline] à bas prix.

no-go area noun UK zone *f* interdite.

no-good *inf* ❖ adj propre à rien. ❖ noun bon *m* à rien, bonne *f* à rien.

no-holds-barred adj [report, documentary] sans fard.

no-hoper [-'həʊpə^r] noun *inf* raté *m*, -e *f*, minable *mf*.

noise [nɔɪz] noun bruit *m* / *to make a noise* faire du bruit ▸ **noise pollution** nuisances *fpl* sonores, pollution *f* sonore. ◆ **noises** pl n *inf* [indications of intentions] : *she made vague noises about emigrating* elle a vaguement parlé d'émigrer.

noiselessly ['nɔɪzlɪslɪ] adv sans bruit, silencieusement.

noisily ['nɔɪzɪlɪ] adv bruyamment.

noisy ['nɔɪzɪ] (*compar* **-ier**, *superl* **-iest**) adj bruyant(e).

nomad ['nəʊmæd] noun nomade *mf*.

nomadic [nə'mædɪk] adj nomade.

no-man's-land noun no man's land *m*.

nomenclature [UK nəʊ'menklətʃə^r, US 'nəʊmənkleɪtʃər] noun nomenclature *f*.

nominal ['nɒmɪnl] adj **1.** [in name only] de nom seulement, nominal(e) **2.** [very small] nominal(e), insignifiant(e).

nominally ['nɒmɪnəlɪ] adv nominalement, de nom.

nominate ['nɒmɪneɪt] vt **1.** [propose] ▸ **to nominate sb (for / as sthg)** proposer qqn (pour/comme qqch) **2.** [appoint] ▸ **to nominate sb (as sthg)** nommer qqn (qqch) ▸ **to nominate sb (to sthg)** nominer qqn (à qqch).

nomination [,nɒmɪ'neɪʃn] noun nomination *f*.

nominee [,nɒmɪ'niː] noun personne *f* nommée OR désignée.

non- [nɒn] pref non-.

nonaddictive [,nɒnə'dɪktɪv] adj qui ne provoque pas d'accoutumance OR de dépendance.

nonaggression [,nɒnə'greʃn] noun non-agression *f*.

nonalcoholic [,nɒnælkə'hɒlɪk] adj non-alcoolisé(e).

nonaligned [,nɒnə'laɪnd] adj non-aligné(e).

nonattendance [,nɒnə'tendəns] noun absence *f*.

nonbeliever [,nɒnbɪ'liːvə^r] noun incroyant *m*, -e *f*, athée *mf*.

nonbinding [,nɒn'baɪndɪŋ] adj sans obligation, non contraignant(e).

nonbiodegradable ['nɒn,baɪəʊdɪ'greɪdəbl] adj non biodégradable.

nonchalance [UK 'nɒnʃələns, US ,nɒnʃə'lɑːns] noun nonchalance *f*.

nonchalant [UK 'nɒnʃələnt, US ,nɒnʃə'lɑːnt] adj nonchalant(e).

nonchalantly [UK 'nɒnʃələntlɪ, US ,nɒnʃə'lɑːntlɪ] adv nonchalamment.

noncombatant [UK ,nɒn'kɒmbətənt, US ,nɒnkəm'bætənt] noun non-combattant *m*, -e *f*.

noncommissioned officer [,nɒnkə'mɪʃənd-] noun sous-officier *m*.

noncommittal [,nɒnkə'mɪtl] adj évasif(ive).

noncompetitive [,nɒnkəm'petɪtɪv] adj qui n'est pas basé(e) sur la compétition.

nonconformist [,nɒnkən'fɔːmɪst] ❖ adj nonconformiste. ❖ noun non-conformiste *mf*.

nondescript [UK 'nɒndɪskrɪpt, US ,nɒndɪ'skrɪpt] adj quelconque, terne.

nondrinker [,nɒn'drɪŋkə^r] noun personne *f* qui ne boit pas d'alcool.

nondrip [,nɒn'drɪp] adj qui ne coule pas.

nondriver [ˌnɒnˈdraɪvəʳ] noun personne *f* qui n'a pas le permis de conduire.

none [nʌn] ❖ pron **1.** [gen] aucun(e) / *there was none left* il n'y en avait plus, il n'en restait plus ▸ **I'll have none of your nonsense** je ne tolérerai pas de bêtises de ta part **2.** [nobody] personne, nul (nulle). ❖ adv ▸ **none the worse / wiser** pas plus mal / avancé(e) ▸ **none the better** pas mieux. ◆ **none too** adv pas tellement OR trop.

nonentity [nɒˈnentətɪ] (*pl* **-ies**) noun nullité *f*, zéro *m*.

nonessential [ˌnɒnɪˈsenʃl] adj non-essentiel(elle), peu important(e).

nonetheless [ˌnʌnðəˈles] adv néanmoins, pourtant.

non-event noun événement *m* raté OR décevant.

nonexecutive director [ˌnɒnɪgsekjətɪv-] noun administrateur *m*, -trice *f*.

nonexistent [ˌnɒnɪgˈzɪstənt] adj inexistant(e).

nonflammable [ˌnɒnˈflæməbl] adj ininflammable.

non-habit-forming [-ˌfɔːmɪŋ] adj qui ne crée pas de phénomène d'accoutumance.

non-iron adj qui ne se repasse pas.

non-member noun [of club] personne *f* qui n'est pas membre.

non-negotiable adj qu'on ne peut pas négocier OR débattre.

no-no noun *inf* : *it's a no-no* c'est interdit OR défendu.

no-nonsense adj direct(e), sérieux(euse).

nonplussed, nonplused US [ˌnɒnˈplʌst] adj déconcerté(e), perplexe.

non-polluting [nɒnpəˈluːtɪŋ] adj non polluant(e), propre.

non-profit, non-profit-making UK adj à but non lucratif.

nonrefundable [nɒnrɪˈfʌndəbl] adj non remboursable.

nonresident [ˌnɒnˈrezɪdənt] noun **1.** [of country] non-résident *m*, -e *f* **2.** [of hotel] client *m*, -e *f* de passage.

nonreturnable [ˌnɒnrɪˈtɜːnəbl] adj [bottle] non consigné(e).

nonsense [ˈnɒnsəns] ❖ noun *(U)* **1.** [meaningless words] charabia *m* **2.** [foolish idea] : *his accusations are utter nonsense* ses accusations n'ont aucun sens / *it was nonsense to suggest…* il était absurde de suggérer… **3.** [foolish behaviour] bêtises *fpl*, idioties *fpl* ▸ **to make (a) nonsense of sthg** gâcher OR saboter qqch / *she took no nonsense from her subordinates* elle ne tolérait aucun manquement de la part de ses subordonnés. ❖ excl quelles bêtises OR foutaises !

nonsensical [nɒnˈsensɪkl] adj absurde, qui n'a pas de sens.

non sequitur [-ˈsekwɪtəʳ] noun remarque *f* qui manque de suite.

nonslip [ˌnɒnˈslɪp] adj antidérapant(e).

nonsmoker [ˌnɒnˈsməʊkəʳ] noun non-fumeur *m*, -euse *f*, personne *f* qui ne fume pas.

nonsmoking [ˌnɒnˈsməʊkɪŋ] adj [area] (pour les) non-fumeurs.

nonstandard [ˌnɒnˈstændəd] adj **1.** LING [use of word] critiqué(e) / *in nonstandard English* **a)** [colloquial] en anglais familier OR populaire **b)** [dialectal] en anglais dialectal **2.** [product, size, shape] non-standard *(inv)*.

nonstarter [ˌnɒnˈstɑːtəʳ] noun **1.** UK *inf* [plan] : *this is a nonstarter* ceci n'a aucune chance de réussir **2.** [in race] non-partant *m*.

nonstick [ˌnɒnˈstɪk] adj qui n'attache pas, téflonisé(e).

nonstop [ˌnɒnˈstɒp] ❖ adj [flight] direct(e), sans escale ; [activity] continu(e) ; [rain] continuel(elle). ❖ adv [talk, work] sans arrêt ; [rain] sans discontinuer.

nontoxic [ˌnɒnˈtɒksɪk] adj non toxique.

nontransferable [ˌnɒntrænzˈfɜːrəbl] adj non transmissible.

nonverbal [nɒnvɜːbl] adj non verbal(e) ▸ **nonverbal communication** communication *f* par les gestes.

nonviolence [ˌnɒnˈvaɪələns] noun non-violence *f*.

nonviolent [ˌnɒnˈvaɪələnt] adj non-violent.

nonvoter [ˌnɒnˈvəʊtəʳ] noun abstentionniste *mf*, personne *f* qui ne vote pas.

noodle [ˈnuːdl] noun **1.** CULIN : *chicken noodle soup* soupe *f* de poulet aux vermicelles **2.** US *inf* [head] tronche *f*.

noodles [ˈnuːdlz] pl n nouilles *fpl*.

nook [nʊk] noun [of room] coin *m*, recoin *m* ▸ **every nook and cranny** tous les coins, les coins et les recoins.

nookie, nooky [ˈnʊkɪ] noun *inf* & *hum* : *a bit of nookie* une partie de jambes en l'air.

noon [nuːn] ❖ noun midi *m*. ❖ comp de midi.

noonday [ˈnuːndeɪ] *liter* = **noon**.

no one pron = **nobody**.

noose [nuːs] noun nœud *m* coulant.

nope [nəʊp] adv *inf* non.

nor [nɔːʳ] conj : *nor do I* moi non plus ⟶ **neither**.

Nordic [ˈnɔːdɪk] adj nordique.

norm [nɔːm] noun norme *f*.

normal [ˈnɔːml] adj normal(e).

normality [nɔːˈmælɪtɪ], **normalcy** US [ˈnɔːmlsɪ] noun normalité *f*.

normalize, normalise UK [ˈnɔːməlaɪz] ❖ vt normaliser. ❖ vi se normaliser, redevenir normal(e).

normally [ˈnɔːməlɪ] adv normalement.

Norman [ˈnɔːmən] ❖ adj normand(e). ❖ noun Normand *m*, -e *f*.

Normandy [ˈnɔːməndɪ] noun Normandie *f* ▸ **in Normandy** en Normandie.

Norse [nɔːs] adj nordique, scandinave.

north [nɔːθ] ❖ noun **1.** [direction] nord *m* **2.** [region] ▸ **the north** le nord. ❖ adj nord *(inv)* ; [wind] du nord. ❖ adv au nord, vers le nord ▸ **north of** au nord de.

North Africa noun Afrique *f* du Nord ▸ **in North Africa** en Afrique du Nord.

North African ❖ noun Nord-Africain *m*, -e *f*. ❖ adj nord-africain(e), d'Afrique du Nord.

North America noun Amérique *f* du Nord.

North American ❖ adj nord-américain(e). ❖ noun Nord-Américain *m*, -e *f*.

northbound ['nɔ:θbaʊnd] adj en direction du nord ▸ **northbound carriageway** UK chaussée (du) nord.

northeast [ˌnɔ:θ'i:st] ❖ noun **1.** [direction] nord-est *m* **2.** [region] ▸ **the northeast** le nord-est. ❖ adj nord-est *(inv)* ; [wind] du nord-est. ❖ adv au nord-est, vers le nord-est ▸ **northeast of** au nord-est de.

northeasterly [ˌnɔ:θ'i:stəlɪ] adj au nord-est, du nord-est ▸ **in a northeasterly direction** vers le nord-est.

northeastern [ˌnɔ:θ'i:stən] adj nord-est *(inv)*, du nord-est.

northerly ['nɔ:ðəlɪ] adj du nord ▸ **in a northerly direction** vers le nord, en direction du nord.

northern ['nɔ:ðən] adj du nord, nord *(inv)*.

Northerner ['nɔ:ðənər] noun habitant *m*, -e *f* du Nord.

northern hemisphere noun hémisphère *m* nord OR boréal.

Northern Ireland noun Irlande *f* du Nord ▸ **in Northern Ireland** en Irlande du Nord.

Northern Lights pl n ▸ **the Northern Lights** l'aurore *f* boréale.

North Korea noun Corée *f* du Nord.

North Korean ❖ adj nord-coréen(enne). ❖ noun Nord-Coréen *m*, -enne *f*.

North Pole noun ▸ **the North Pole** le pôle Nord.

North Sea ❖ noun ▸ **the North Sea** la mer du Nord. ❖ comp de la mer du Nord.

North Star noun ▸ **the North Star** l'étoile *f* polaire.

northward ['nɔ:θwəd] ❖ adj au nord ▸ **in a northward direction** vers le nord. ❖ adv = **northwards**.

northwards ['nɔ:θwədz] adv au nord, vers le nord.

northwest [ˌnɔ:θ'west] ❖ noun **1.** [direction] nord-ouest *m* **2.** [region] ▸ **the northwest** le nord-ouest. ❖ adj nord-ouest *(inv)* ; [wind] du nord-ouest. ❖ adv au nord-ouest, vers le nord-ouest ▸ **northwest of** au nord-ouest de.

northwesterly [ˌnɔ:θ'westəlɪ] adj au nord-ouest, du nord-ouest ▸ **in a northwesterly direction** vers le nord-ouest.

northwestern [ˌnɔ:θ'westən] adj nord-ouest *(inv)*, du nord-ouest.

Norway ['nɔ:weɪ] noun Norvège *f* ▸ **in Norway** en Norvège.

Norwegian [nɔ:'wi:dʒən] ❖ adj norvégien(enne). ❖ noun **1.** [person] Norvégien *m*, -enne *f* **2.** [language] norvégien *m*.

Nos., nos. (*abbr of* **numbers**) no.

nose [nəʊz] noun nez *m* ▸ **under one's nose** sous le nez ▸ **you're just cutting off your nose to spite your face** c'est toi qui en pâtis ▸ **to have a nose for sthg** flairer qqch, savoir reconnaître qqch ▸ **he gets up my nose** UK *inf* il me tape sur les nerfs ▸ **keep your nose out of my business** occupe-toi OR mêle-toi de tes affaires, occupe-toi OR mêle-toi de tes oignons ▸ **to look down one's nose at sb** *fig* traiter qqn de haut ▸ **to look down one's nose at sthg** *fig* considérer qqch avec mépris ▸ **on the nose** US *inf* dans le mille ▸ **to pay through the nose** payer les yeux de la tête ▸ **to poke** OR **stick one's nose into sthg** mettre OR fourrer son nez dans qqch ▸ **to turn up one's nose at sthg** dédaigner qqch. ◆ **nose about** UK, **nose around** vi fouiner, fureter.

nosebleed ['nəʊzbli:d] noun ▸ **to have a nosebleed** saigner du nez.

-nosed [nəʊzd] suffix au nez… / *red-nosed* au nez rouge.

nosedive ['nəʊzdaɪv] ❖ noun [of plane] piqué *m*. ❖ vi **1.** [plane] descendre en piqué, piquer du nez **2.** *fig* [prices] dégringoler ; [hopes] s'écrouler.

nose job noun *inf* intervention *f* de chirurgie esthétique sur le nez / *she's had a nose job* elle s'est fait refaire le nez.

nose stud noun piercing *m* OR boucle *f* de nez.

nosey ['nəʊzɪ] = **nosy**.

nosh [nɒʃ] noun UK *inf* [food] bouffe *f*.

no-show noun [for flight, journey] *passager qui ne se présente pas à l'embarquement* ; [for show] *spectateur qui a réservé sa place et qui n'assiste pas au spectacle* / *there were so many no-shows that they cancelled the flight* il y a eu tellement de défections que le vol a été annulé.

nostalgia [nɒ'stældʒə] noun ▸ **nostalgia (for sthg)** nostalgie *f* (de qqch).

nostalgic [nɒ'stældʒɪk] adj nostalgique.

nostril ['nɒstrəl] noun narine *f*.

no-strings adj **1.** *inf* [contract, agreement] sans pièges **2.** [relationship] sans lendemain / *looking for no-strings hookups* cherche rencontres sans lendemain.

nosy ['nəʊzɪ] (*compar* **-ier**, *superl* **-iest**) adj curieux(euse), fouinard(e).

> **not** [nɒt]
>
> ❖ adv
>
> ne pas, pas / *we are not* OR *aren't sure* nous ne sommes pas sûrs / *do not* OR *don't believe her* ne la croyez pas / *we hope not* nous espérons que non / *I think not* je ne crois pas ▸ **I'm afraid not** je crains que non ▸ **not always** pas toujours / *whether they like it or not* que ça leur plaise ou non OR ou pas / *it's Thomas, not Jake* c'est Thomas, pas Jake / *not all her books are good* ses livres ne sont pas tous bons, tous ses livres ne sont pas bons ▸ **not that…** ce n'est pas que…, non pas que… / *it's not unusual for him to be late* il n'est pas rare qu'il soit en retard / *she really has a nice dress — not!* *inf* quelle belle robe elle a — façon de parler ! OR faut pas être difficile !

notable ['nəʊtəbl] ❖ adj notable, remarquable ▸ **to be notable for sthg** être célèbre pour qqch. ❖ noun notable *m*.

notably ['nəʊtəblɪ] adv **1.** [in particular] notamment, particulièrement **2.** [noticeably] sensiblement, nettement.

notary ['nəʊtərɪ] (*pl* -ies) noun ▸ **notary (public)** notaire *m*.

notation [nəʊ'teɪʃn] noun notation *f*.

notch [nɒtʃ] noun **1.** [cut] entaille *f*, encoche *f* **2.** *fig* [on scale] cran *m*. ◆ **notch up** vt insep marquer.

note [nəʊt] ❖ noun **1.** [gen] note *f* ; [short letter] mot *m* / *to take* OR *to make notes* prendre des notes / *she spoke from / without notes* elle a parlé en s'aidant / sans s'aider de notes / *make a note of everything you spend* notez toutes vos dépenses ▸ **to take note of sthg** prendre note de qqch ▸ **to compare notes** échanger ses impressions OR ses vues ▸ **a doctor's** OR **sick** UK **note** a) un certificat OR une attestation du médecin (traitant) b) SCH un certificat (médical) **2.** UK [money] billet *m* (de banque) / *ten-pound note* billet de dix livres **3.** [sound, tone] ton *m*, note *f* ; [feeling, quality] note *f* / *the piercing note of the siren* le son strident de la sirène / *the meeting began on a promising note* la réunion débuta sur une note optimiste / *on a more serious / a happier note* pour parler de choses plus sérieuses / plus gaies ▸ **to strike the right / a false note** a) [speech] sonner juste / faux b) [behaviour] être / ne pas être dans le ton **4.** [importance] ▸ **of note** de marque, éminent(e) **5.** MUS note *f* / *to hit a high note* sortir un aigu. ❖ vt **1.** [notice] remarquer, constater / *please note that payment is now due* veuillez effectuer le règlement dans les plus brefs délais **2.** [mention] mentionner, signaler. ◆ **notes** pl n [in book] notes *fpl*. ◆ **note down** vt sep noter, inscrire.

notebook ['nəʊtbʊk] noun **1.** [for notes] carnet *m*, calepin *m* **2.** COMPUT ordinateur *m* portable compact.

noted ['nəʊtɪd] adj célèbre, éminent(e).

notepad ['nəʊtpæd] noun **1.** [for notes] bloc-notes *m* **2.** COMPUT ardoise *f* électronique.

notepaper ['nəʊtpeɪpəʳ] noun papier *m* à lettres.

noteworthy ['nəʊt,wɜːðɪ] (*compar* -ier, *superl* -iest) adj remarquable, notable.

not-for-profit adj US à but non lucratif ▸ **not-for-profit organization** société *f* à but non lucratif.

nothing ['nʌθɪŋ] ❖ pron rien / *I've got nothing to do* je n'ai rien à faire ▸ **there's nothing in it** ce n'est pas vrai du tout, il n'y a pas un brin de vérité là-dedans ▸ **there's nothing to it** c'est facile comme tout OR simple comme bonjour ▸ **for nothing** pour rien ▸ **nothing if not** avant tout, surtout ▸ **nothing but** ne… que, rien que ▸ **there's nothing for it (but to do sthg)** UK il n'y a rien d'autre à faire (que de faire qqch). ❖ adv : *you're nothing like your brother* tu ne ressembles pas du tout OR en rien à ton frère / *I'm nothing like finished* je suis loin d'avoir fini.

notice ['nəʊtɪs] ❖ noun **1.** [written announcement] affiche *f*, placard *m* / *a notice was pinned to the door* il y avait une notice sur la porte **2.** [attention] ▸ **it has come to my notice that…** mon attention a été attirée par le fait que… ▸ **it escaped my notice** je ne l'ai pas remarqué, je ne m'en suis pas aperçu / *to bring sthg to sb's notice* faire remarquer qqch à qqn, attirer l'attention de qqn sur qqch ▸ **to take notice (of sb / sthg)** faire OR prêter attention (à qqn / qqch) ▸ **to take no notice (of sb / sthg)** ne pas faire attention (à qqn / qqch) **3.** [warning] avis *m*, avertissement *m* / *legally, they must give you a month's notice* d'après la loi, ils doivent vous donner un préavis d'un mois OR un mois de préavis / *give me a few days' notice* prévenez-moi quelques jours à l'avance ▸ **at short notice** dans un bref délai / *at a moment's notice* sur-le-champ, immédiatement ▸ **until further notice** jusqu'à nouvel ordre **4.** [at work] ▸ **to be given one's notice** recevoir son congé, être renvoyé(e) ▸ **to hand in one's notice** donner sa démission, demander son congé. ❖ vt remarquer, s'apercevoir de.

noticeable ['nəʊtɪsəbl] adj sensible, perceptible.

noticeably ['nəʊtɪsəblɪ] adv sensiblement, nettement.

notice board noun UK panneau *m* d'affichage.

notification [,nəʊtɪfɪ'keɪʃn] noun notification *f*, avis *m*.

notify ['nəʊtɪfaɪ] (*pt & pp* -ied) vt ▸ **to notify sb (of sthg)** avertir OR aviser qqn (de qqch).

notion ['nəʊʃn] noun idée *f*, notion *f*. ◆ **notions** pl n US mercerie *f*.

notional ['nəʊʃənl] adj imaginaire, fictif(ive).

notoriety [,nəʊtə'raɪətɪ] noun mauvaise OR triste réputation *f*.

notorious [nəʊ'tɔːrɪəs] adj [criminal] notoire ; [place] mal famé(e) ▸ **to be notorious for sthg** être réputé(e) pour qqch.

notoriously [nəʊ'tɔːrɪəslɪ] adv notoirement.

notwithstanding [,nɒtwɪð'stændɪŋ] *fml* ❖ prep malgré, en dépit de. ❖ adv néanmoins, malgré tout.

nougat ['nuːgɑː] noun nougat *m*.

nought [nɔːt] num zéro *m* ▸ **noughts and crosses** UK morpion *m*.

noun [naʊn] noun nom *m*.

nourish ['nʌrɪʃ] vt nourrir.

nourishing ['nʌrɪʃɪŋ] adj nourrissant(e).

nourishment ['nʌrɪʃmənt] noun (*U*) nourriture *f*, aliments *mpl*.

Nov. (*abbr of* **November**) nov.

Nova Scotia [,nəʊvə'skəʊʃə] noun Nouvelle-Écosse *f* ▸ **in Nova Scotia** en Nouvelle-Écosse.

novel ['nɒvl] ❖ adj nouveau (nouvelle), original(e). ❖ noun roman *m*.

novelist ['nɒvəlɪst] noun romancier *m*, -ère *f*.

novelty ['nɒvltɪ] (*pl* -ies) noun **1.** [gen] nouveauté *f* **2.** [cheap object] gadget *m*.

November [nə'vembəʳ] noun novembre *m*. ***See also* September**.

novice ['nɒvɪs] noun novice *mf*.

now [naʊ] ❖ adv **1.** [at this time, at once] maintenant ▸ **any day / time now** d'un jour / moment à l'autre / *it's now or never* c'est le moment ou jamais ▸ **now and then**

OR **again** de temps en temps, de temps à autre **2.** [in past] à ce moment-là, alors **3.** [to introduce statement] : *now a Jaguar is a very fast car* or, la Jaguar est une voiture très rapide / *now, what was I saying?* voyons, où en étais-je ? / *now let me see* voyons voir / *now let's just calm down* bon, on se calme maintenant / *there now* OR *now, now, you mustn't cry* allons, allons, il ne faut pas pleurer. ❖ conj ▸ **now (that)** maintenant que / *now you come to mention it* maintenant que tu le dis. ❖ noun ▸ **for now** pour le présent / *that's all for now* c'est tout pour le moment / *in a few years from now* d'ici quelques années ▸ **up until now** jusqu'à présent ▸ **by now** déjà / *by now we were all exhausted* nous étions alors tous épuisés / *between now and next August / next year* d'ici le mois d'août prochain / l'année prochaine / *I'd never met them before now* je ne les avais jamais rencontrés auparavant.

NOW [naʊ] (*abbr of* **National Organization for Women**) noun *organisation féministe américaine.*

nowadays ['naʊədeɪz] adv actuellement, aujourd'hui.

nowhere ['nəʊweəʳ], **noplace** US ['nəʊpleɪs] adv nulle part ▸ **to appear out of** OR **from nowhere** apparaître tout d'un coup ▸ **nowhere near** loin de ▸ **we're getting nowhere** on n'avance pas ▸ **this is getting us nowhere** cela ne nous avance à rien.

no-win situation noun impasse *f*.

noxious ['nɒkʃəs] adj toxique.

nozzle ['nɒzl] noun ajutage *m*, buse *f*.

NQT noun UK *abbr of* **newly qualified teacher**.

nr *written abbr of* **near**.

NSPCC (*abbr of* **National Society for the Prevention of Cruelty to Children**) noun *association britannique de protection de l'enfance.*

nth [enθ] adj *inf* énième.

nuance ['nju:ɒns] noun nuance *f*.

nub [nʌb] noun nœud *m*, fond *m*.

nubile [UK 'nju:baɪl, US 'nu:bəl] adj nubile.

nuclear ['nju:klɪəʳ] adj nucléaire.

nuclear bomb noun bombe *f* nucléaire.

nuclear capability noun puissance *f* OR potentiel *m* nucléaire.

nuclear disarmament noun désarmement *m* nucléaire.

nuclear energy noun énergie *f* nucléaire.

nuclear family noun famille *f* nucléaire.

nuclear-free zone noun zone *f* antinucléaire.

nuclear physics noun physique *f* nucléaire.

nuclear power noun énergie *f* nucléaire.

nuclear reactor noun réacteur *m* nucléaire.

nucleus ['nju:klɪəs] (*pl* **-lei**) noun *lit* & *fig* noyau *m*.

nude [nju:d] ❖ adj nu(e). ❖ noun nu *m* ▸ **in the nude** nu(e).

nudge [nʌdʒ] ❖ noun coup *m* de coude ; *fig* encouragement *m*, incitation *f*. ❖ vt pousser du coude ; *fig* encourager, pousser.

nudist ['nju:dɪst] ❖ adj nudiste. ❖ noun nudiste *mf*.

nudity ['nju:dətɪ] noun nudité *f*.

nugget ['nʌgɪt] noun pépite *f* ▸ **nugget of information** *fig* information *f* précieuse.

nuisance ['nju:sns] noun ennui *m*, embêtement *m* / *he's such a nuisance* il est vraiment casse-pieds / *it's a nuisance having to attend all these meetings* c'est pénible de devoir assister à toutes ces réunions ▸ **to make a nuisance of o.s.** embêter le monde ▸ **what a nuisance!** quelle plaie ! / *stop being a nuisance* arrête de nous embêter / *nuisance call* appel *m* anonyme.

nuke [nju:k] *inf* ❖ noun bombe *f* nucléaire. ❖ vt **1.** [bomb] lâcher une bombe atomique sur **2.** [microwave] cuire au micro-ondes.

null [nʌl] adj ▸ **null and void** nul (nulle) et non avenu(e).

nullify ['nʌlɪfaɪ] (*pt & pp* **-ied**) vt annuler.

NUM (*abbr of* **National Union of Mineworkers**) noun *syndicat britannique des mineurs.*

numb [nʌm] ❖ adj engourdi(e) ▸ **to be numb with a)** [fear] être paralysé(e) par **b)** [cold] être transi(e) de. ❖ vt engourdir.

number ['nʌmbəʳ] ❖ noun **1.** [numeral] chiffre *m* / *a six-figure number* un nombre de six chiffres / *in round numbers* en chiffres ronds / *the winning number* le numéro gagnant **2.** [of telephone, house, car] numéro *m* / *have you got my work number?* avez-vous mon numéro (de téléphone) au travail ? / *we live at number 80* nous habitons au (numéro) 80 / *did you get the car's (registration) number?* tu as relevé le numéro d'immatriculation de la voiture ? **3.** [quantity] nombre *m* ▸ **a number of** un certain nombre de, plusieurs / *a large number of people* un grand nombre de gens, de nombreuses personnes ▸ **any number of** un grand nombre de, bon nombre de / *any number can participate* le nombre de participants est illimité / *they were eight in number* ils étaient (au nombre de) huit / *in equal numbers* en nombre égal **4.** [song] chanson *f* / *a dance number* un numéro de danse **5.** *inf* [thing, person] : *this number is a hot seller* ce modèle se vend comme des petits pains / *she was wearing a little black number* elle portait une petite robe noire. ❖ vt **1.** [amount to, include] compter / *I'm glad to number her among my closest friends* je suis heureux de la compter parmi mes meilleurs amis / *the crowd numbered 5,000* il y avait une foule de 5 000 personnes **2.** [give number to] numéroter. ❖ vi : *she numbers among the great writers of the century* elle compte parmi les grands écrivains de ce siècle.

number-crunching [-ˌkrʌntʃɪŋ] noun *inf* calcul *m* numérique.

numbering ['nʌmbərɪŋ] noun numérotation *f*, numérotage *m*.

number one ◆ adj premier(ère), principal(e). ◆ noun **1.** [priority] priorité *f* **2.** *inf* [oneself] soi, sa pomme.

numberplate ['nʌmbəpleɪt] noun UK plaque *f* d'immatriculation.

number portability noun TELEC portage *m* OR conservation *f* du numéro.

number shop noun US ≃ kiosque *m* de loterie.

Number Ten noun *la résidence officielle du premier ministre britannique.*

numbness ['nʌmnɪs] noun engourdissement *m*.

numbskull ['nʌmskʌl] = **numskull**.

numeracy ['nju:mərəsɪ] noun compétence *f* en calcul.

numeral ['nju:mərəl] noun chiffre *m*.

numerate ['nju:mərət] adj [person] qui sait compter.

numerical [nju:'merɪkl] adj numérique.

numerically [nju:'merɪklɪ] adv numériquement.

numeric keypad noun COMPUT pavé *m* numérique.

numerous ['nju:mərəs] adj nombreux(euse).

numskull ['nʌmskʌl] noun *inf* crétin(e), imbécile *mf*.

nun [nʌn] noun religieuse *f*, sœur *f*.

nunnery ['nʌnərɪ] (*pl* **-ies**) noun couvent *m* OR monastère *m* (de femmes).

nuptial ['nʌpʃl] adj *fml* nuptial(e).

nurse [nɜ:s] ◆ noun infirmière *f* ▸ **(male) nurse** infirmier *m*. ◆ vt **1.** [patient, cold] soigner **2.** *fig* [desires, hopes] nourrir **3.** [subj: mother] allaiter.

nursery ['nɜ:sərɪ] ◆ adj de maternelle. ◆ noun (*pl* **-ies**) **1.** [for children] garderie *f* **2.** [for plants] pépinière *f*.

nursery nurse noun UK puéricultrice *f*.

nursery rhyme noun comptine *f*.

nursery school noun (école *f*) maternelle *f*.

nursery slopes pl n UK pistes *fpl* pour débutants.

nursing ['nɜ:sɪŋ] noun métier *m* d'infirmière.

nursing home noun [for old people] maison *f* de retraite privée ; UK [for childbirth] maternité *f* privée.

nurture ['nɜ:tʃər] vt **1.** [children] élever ; [plants] soigner **2.** *fig* [hopes] nourrir.

NUS (*abbr of* **National Union of Students**) noun *union nationale des étudiants de Grande-Bretagne.*

nut [nʌt] noun **1.** BOT & CULIN fruit *m* à coque **2.** [of metal] écrou *m* ▸ **nuts and bolts** *fig* rudiments *mpl* **3.** *inf* [mad person] cinglé *m*, -e *f* **4.** *inf* [enthusiast] fana *mf*, mordu *m*, -e *f* **5.** *inf* [head] caboche *f*. ◆ **nuts** ◆ adj *inf* ▸ **to be nuts** être dingue. ◆ excl US *inf* zut !

NUT (*abbr of* **National Union of Teachers**) noun *syndicat britannique d'enseignants.*

nutcase ['nʌtkeɪs] noun *inf* cinglé *m*, -e *f*.

nutcrackers ['nʌt,krækəz] pl n casse-noix *m inv*, casse-noisettes *m inv*.

nutmeg ['nʌtmeg] noun (noix *f* de) muscade *f*.

nutrient ['nju:trɪənt] noun élément *m* nutritif.

nutrition [nju:'trɪʃn] noun nutrition *f*.

nutritional [nju:'trɪʃənl] adj nutritif(ive).

nutritionist [nju:'trɪʃənɪst] noun nutritionniste *mf*.

nutritious [nju:'trɪʃəs] adj nourrissant(e).

nutshell ['nʌtʃel] noun ▸ **in a nutshell** en un mot.

nutter ['nʌtər] noun UK *inf* cinglé *m*, -e *f*.

nutty ['nʌtɪ] (*compar* **-ier**, *superl* **-iest**) adj **1.** [tasting of or containing nuts] aux noix *(aux amandes, aux noisettes, etc.)* / ***a nutty flavour*** un goût de noix *(de noisette, etc.)* **2.** *inf* [crazy] dingue, timbré(e) **3.** PHR **as nutty as a fruitcake** complètement dingue.

nuzzle ['nʌzl] ◆ vt frotter son nez contre. ◆ vi ▸ **to nuzzle (up) against** se frotter contre, frotter son nez contre.

NVQ (*abbr of* **National Vocational Qualification**) noun UK *examen sanctionnant une formation professionnelle.*

NW (*abbr of* **northwest**) N.O.

NY *abbr of* **New York**.

NYC *abbr of* **New York City**.

nylon ['naɪlɒn] ◆ noun Nylon® *m*. ◆ comp en Nylon®. ◆ **nylons** pl n *dated* [stockings] bas *mpl* Nylon®.

nymph [nɪmf] noun nymphe *f*.

nymphomaniac [,nɪmfə'meɪnɪæk] noun nymphomane *f*.

NYPD [,enwaɪpi:'di:] (*abbr of* **New York Police Department**) noun police *f* new-yorkaise.

NZ *abbr of* **New Zealand**.

O

o (*pl* **o's** *or* **os**), **O** (*pl* **O's** *or* **Os**) [əʊ] noun **1.** [letter] o *m inv*, O *m inv* **2.** [zero] zéro *m*.

oaf [əʊf] noun butor *m*.

oak [əʊk] ❖ noun chêne *m*. ❖ comp de OR en chêne.

OAP (*abbr of* **old age pensioner**) noun UK retraité *m*, -e *f*.

oar [ɔːʳ] noun rame *f*, aviron *m* ▸ **to put** OR **stick one's oar in** mettre son grain de sel.

oarsman [ˈɔːzmən] (*pl* **-men**) noun rameur *m*.

oarswoman [ˈɔːzˌwʊmən] (*pl* **-women**) noun rameuse *f*.

OAS (*abbr of* **Organization of American States**) noun OEA *f*.

oasis [əʊˈeɪsɪs] (*pl* **oases** [əʊˈeɪsiːz]) noun oasis *f*.

oat [əʊt] noun [plant] avoine *f*.

oatcake [ˈəʊtkeɪk] noun galette *f* d'avoine.

oath [əʊθ] noun **1.** [promise] serment *m* ▸ **on** OR **under oath** sous serment **2.** [swearword] juron *m*.

oatmeal [ˈəʊtmiːl] ❖ noun *(U)* flocons *mpl* d'avoine. ❖ comp d'avoine.

oats [əʊts] pl n [grain] avoine *f* ▸ **is he getting his oats?** *inf* est-ce qu'il a ce qu'il lui faut au lit ?

obdurate [ˈɒbdjʊrət] adj *fml* opiniâtre.

OBE (*abbr of* **Order of the British Empire**) noun *distinction honorifique britannique*.

obedience [əˈbiːdjəns] noun obéissance *f*.

obedient [əˈbiːdjənt] adj obéissant(e), docile.

obelisk [ˈɒbəlɪsk] noun obélisque *m*.

obese [əʊˈbiːs] adj *fml* obèse.

obesity [əʊˈbiːsətɪ] noun *fml* obésité *f*.

obey [əˈbeɪ] ❖ vt obéir à. ❖ vi obéir.

obituary [əˈbɪʧʊərɪ] (*pl* **-ies**) noun nécrologie *f*.

object ❖ noun [ˈɒbdʒɪkt] **1.** [gen] objet *m* / *an object of ridicule / interest* un objet de ridicule / d'intérêt **2.** [aim] objectif *m*, but *m* / ***with this object in mind*** dans ce but, à cette fin **3.** GRAM complément *m* d'objet. ❖ vt [ɒbˈdʒekt] objecter. ❖ vi [ɒbˈdʒekt] protester / *if you don't object* si vous n'y voyez pas d'inconvénient ▸ **to object to sthg** faire objection à qqch, s'opposer à qqch / *he objects to her smoking* il désapprouve qu'elle fume ▸ **to object to doing sthg** se refuser à faire qqch.

objectify [əbˈdʒektɪfaɪ] vt objectiver.

objection [əbˈdʒekʃn] noun objection *f* ▸ **to have no objection to sthg / to doing sthg** ne voir aucune objection à qqch / à faire qqch.

objectionable [əbˈdʒekʃənəbl] adj [person, behaviour] désagréable ; [language] choquant(e).

objective [əbˈdʒektɪv] ❖ adj objectif(ive). ❖ noun objectif *m*.

objectively [əbˈdʒektɪvlɪ] adv d'une manière objective.

objectivity [ˌɒbdʒekˈtɪvətɪ] noun objectivité *f*.

objector [əbˈdʒektəʳ] noun opposant *m*, -e *f*.

obligation [ˌɒblɪˈgeɪʃn] noun obligation *f*.

obligatory [əˈblɪgətrɪ] adj obligatoire.

oblige [əˈblaɪdʒ] ❖ vt **1.** [force] ▸ **to oblige sb to do sthg** forcer OR obliger qqn à faire qqch **2.** *fml* [do a favour to] obliger / *I would be obliged if you would refrain from smoking* vous m'obligeriez beaucoup en ne fumant pas / ***much obliged!*** merci beaucoup ! / *to be obliged to sb for sthg* savoir gré à qqn de qqch. ❖ vi rendre service.

obliging [əˈblaɪdʒɪŋ] adj obligeant(e).

oblique [əˈbliːk] ❖ adj oblique ; [reference, hint] indirect(e). ❖ noun TYPO barre *f* oblique.

obliterate [əˈblɪtəreɪt] vt [destroy] détruire, raser.

oblivion [əˈblɪvɪən] noun oubli *m*.

How to express obligation

- **Est-ce qu'il faut prendre rendez-vous ?** *Do you have to make an appointment?*
- **Faut-il faire une réservation ?** *Do you have to make a reservation?*
- **Est-ce que je dois vraiment y aller ?** *Do I really have to go?*
- **Il faut que tu y sois à 8 heures.** *You have to be there at 8 o'clock.*
- **Il lui faudra d'abord repasser chez lui.** *He'll have to go home first.*
- **Vous devez absolument avoir fini sous huit jours.** *You absolutely must finish within eight days.*
- **L'assurance est obligatoire pour les locations non meublées.** *Insurance is compulsory for unfurnished accommodation.*
- **Il est obligé d'y aller.** *He's obliged to go.*
- **Ce n'est pas la peine de demander.** *There's no need to ask.*

oblivious [ə'blɪvɪəs] adj ▸ **to be oblivious to** OR **of** être inconscient(e) de.

oblong ['ɒblɒŋ] ❖ adj rectangulaire. ❖ noun rectangle *m*.

obnoxious [əb'nɒkʃəs] adj [person] odieux(euse) ; [smell] infect(e), fétide ; [comment] désobligeant(e).

oboe ['əʊbəʊ] noun hautbois *m*.

oboist ['əʊbəʊɪst] noun hautboïste *mf*.

obscene [əb'si:n] adj obscène.

obscenely [əb'si:nlɪ] adv d'une manière obscène / *he's obscenely rich* *fig* il est tellement riche que c'en est dégoûtant.

obscenity [əb'senətɪ] (*pl* -ies) noun obscénité *f*.

obscure [əb'skjʊər] ❖ adj obscur(e). ❖ vt **1.** [gen] obscurcir **2.** [view] masquer.

obscurely [əb'skjʊəlɪ] adv obscurément.

obscurity [əb'skjʊərətɪ] noun obscurité *f*.

obsequious [əb'si:kwɪəs] adj *fml* & *pej* obséquieux(euse).

observable [əb'zɜ:vəbl] adj [appreciable] notable, sensible ; [visible] qu'on peut observer.

observance [əb'zɜ:vəns] noun observation *f*.

observant [əb'zɜ:vnt] adj observateur(trice).

observation [ˌɒbzə'veɪʃn] noun observation *f*.

observational [ˌɒbzə'veɪʃənl] adj [faculties, powers] d'observation ; [technique, research] observationnel(elle).

observation post noun poste *m* d'observation.

observatory [əb'zɜ:vətrɪ] (*pl* -ies) noun observatoire *m*.

observe [əb'zɜ:v] vt **1.** [gen] observer **2.** [remark] remarquer, faire observer.

observer [əb'zɜ:vər] noun observateur *m*, -trice *f*.

obsess [əb'ses] ❖ vt obséder ▸ **to be obsessed by** OR **with sb / sthg** être obsédé(e) par qqn / qqch. ❖ vi ▸ **to obsess about** OR **over sthg** être obsédé par qqch.

obsession [əb'seʃn] noun obsession *f*.

obsessive [əb'sesɪv] adj [person] obsessionnel(elle) ; [need] qui est une obsession.

obsessive-compulsive adj obsessionnel-compulsif, obsessionnelle-compulsive *f* ▸ **obsessive-compulsive disorder** troubles *mpl* obsessionnels compulsifs.

obsessively [əb'sesɪvlɪ] adv d'une manière obsessionnelle / *he's obsessively cautious* il est d'une prudence obsessionnelle / *he is obsessively attached to the toy* il a un attachement maladif pour ce jouet / *she is obsessively attached to her mother* elle fait une fixation sur sa mère.

obsolescence [ˌɒbsə'lesns] noun obsolescence *f*.

obsolete ['ɒbsəli:t] adj obsolète.

obstacle ['ɒbstəkl] noun obstacle *m*.

obstacle course, obstacle race noun course *f* d'obstacles.

obstetrician [ˌɒbstə'trɪʃn] noun obstétricien *m*, -enne *f*.

obstetrics [ɒb'stetrɪks] noun (*U*) obstétrique *f*.

obstinacy ['ɒbstɪnəsɪ] noun obstination *f*.

obstinate ['ɒbstənət] adj **1.** [stubborn] obstiné(e) **2.** [cough] persistant(e) ; [stain, resistance] tenace.

obstreperous [əb'strepərəs] adj turbulent(e).

obstruct [əb'strʌkt] vt **1.** [block] obstruer / *her hat obstructed my view* son chapeau m'empêchait de voir **2.** [hinder] entraver, gêner / *to obstruct progress / justice* entraver la marche du progrès / le cours de la justice.

obstruction [əb'strʌkʃn] noun **1.** [in road] encombrement *m* ; [in pipe] engorgement *m* **2.** SPORT obstruction *f*.

obstructive [əb'strʌktɪv] adj [tactics] d'obstruction ; [person] contrariant(e).

obtain [əb'teɪn] vt obtenir.

obtainable [əb'teɪnəbl] adj que l'on peut obtenir.

obtrusive [əb'tru:sɪv] adj [behaviour] qui attire l'attention ; [smell] fort(e).

obtuse [əb'tju:s] adj obtus(e).

obverse ['ɒbvɜ:s] noun **1.** [of coin] ▸ **the obverse** la face **2.** [opposite] inverse *m*.

obviate ['ɒbvɪeɪt] vt *fml* parer à.

obvious ['ɒbvɪəs] ❖ adj évident(e). ❖ noun ▸ **to state the obvious** enfoncer des portes ouvertes.

obviously ['ɒbvɪəslɪ] adv **1.** [of course] bien sûr **2.** [clearly] manifestement.

occasion [ə'keɪʒn] ❖ noun **1.** [gen] occasion *f* / *on the occasion of her wedding* à l'occasion de son mariage / *if the occasion arises, should the occasion arise* si l'occasion se présente, le cas échéant ▸ **on occasion** *fml* de temps en temps, quelquefois **2.** [important event] événement *m* / *to have a sense of occasion* savoir marquer le coup ▸ **to rise to the occasion** se montrer à la hauteur de la situation. ❖ vt [cause] provoquer, occasionner.

occasional [ə'keɪʒənl] adj [showers] passager(ère) ; [visit] occasionnel(elle) ▸ **I have the occasional drink / cigarette** je bois un verre / je fume une cigarette de temps à autre.

occasionally [ə'keɪʒnəlɪ] adv de temps en temps, quelquefois.

occidental [ˌɒksɪ'dentl] adj *liter* occidental(e).

◆ **Occidental** ❖ adj occidental(e). ❖ noun Occidental *m*, -e *f*.

occult [ɒ'kʌlt] ❖ adj occulte. ❖ noun ▸ **the occult** le surnaturel.

occupancy ['ɒkjʊpənsɪ] noun occupation *f*.

occupant ['ɒkjʊpənt] noun occupant *m*, -e *f* ; [of vehicle] passager *m*.

occupation [ˌɒkjʊ'peɪʃn] noun **1.** [job] profession *f* / *raising a family is a full-time occupation* élever des enfants, c'est un travail à plein temps **2.** [pastime, by army] occupation *f* / *the offices are ready for occupation* les bureaux sont prêts à être occupés / *army of occupation* armée *f* d'occupation.

occupational [ˌɒkjʊ'peɪʃənl] adj [accident, injury] du travail ; [pension] professionnel(elle).

occupational hazard noun risque *m* du métier.

occupational therapist noun ergothérapeute *mf.*

occupational therapy noun thérapeutique *f* occupationnelle, ergothérapie *f.*

occupied ['ɒkjʊpaɪd] adj occupé(e).

occupier ['ɒkjʊpaɪəʳ] noun occupant *m*, -e *f.*

occupy ['ɒkjʊpaɪ] (*pt & pp* **-ied**) vt occuper / *is this seat occupied?* est-ce que cette place est prise ? / *try to keep them occupied for a few minutes* essaie de les occuper quelques minutes ▸ **to occupy o.s.** s'occuper / *occupying army* armée *f* d'occupation.

occur [ə'kɜːʳ] (*pt & pp* **-red**, *cont* **-ring**) vi **1.** [happen -gen] avoir lieu, se produire ; [-difficulty] se présenter **2.** [be present] se trouver, être présent(e) / *such phenomena often occur in nature* on rencontre souvent de tels phénomènes dans la nature **3.** [thought, idea] ▸ **to occur to sb** venir à l'esprit de qqn / *it occurred to me later that he was lying* j'ai réalisé plus tard qu'il mentait / *it would never occur to me to use violence* il ne me viendrait jamais à l'idée d'avoir recours à la violence.

occurrence [ə'kʌrəns] noun [event] événement *m*, circonstance *f.*

OCD (*abbr of* **obsessive-compulsive disorder**) noun PSYCHOL TOC *m.*

ocean ['əʊʃn] noun océan *m* ▸ **oceans of** *inf* & *fig* des tonnes de.

Oceania [,əʊʃɪ'eɪnɪə] noun Océanie *f* ▸ **in Oceania** en Océanie.

o'clock [ə'klɒk] adv : *two o'clock* deux heures / *it's four o'clock* il est quatre heures.

OCR noun *abbr of* **optical character reader, optical character recognition**.

Oct. (*abbr of* **October**) oct.

octagon ['ɒktəgən] noun octogone *m.*

octagonal [ɒk'tægənl] adj octogonal(e).

octane ['ɒkteɪn] noun octane *m.*

octave ['ɒktɪv] noun octave *f.*

October [ɒk'təʊbəʳ] noun octobre *m.* ***See also* September**.

octogenarian [,ɒktəʊdʒɪ'neərɪən] noun octogénaire *mf.*

octopus ['ɒktəpəs] (*pl* **-puses** *or* **-pi**) noun pieuvre *f.*

OD *abbr of* **overdose, overdrawn**.

odd [ɒd] adj **1.** [strange] bizarre, étrange / *he's an odd character* c'est un drôle d'individu / *it felt odd seeing her again* ça m'a fait (tout) drôle de la revoir **2.** [occasional] : *at odd moments* de temps en temps / *I play the odd game of tennis* je joue au tennis de temps en temps / *we took the odd photo* nous avons pris deux ou trois photos **3.** [not part of pair] dépareillé(e) **4.** [number] impair(e) **5.** / *twenty odd years* une vingtaine d'années / *he must be forty-odd* il doit avoir la quarantaine OR dans les quarante ans PHR **the odd one** OR **man** OR **woman out** l'exception *f* / *which of these drawings is the odd one out?* parmi ces dessins, lequel est l'intrus ? ◆ **odds** pl n **1.** [probability] ▸ **the odds** les chances *fpl* ▸ **the odds are that...** il y a des chances pour que... (*+ subjunctive*), il est probable que... / *the odds are ten to one against* la cote est de dix contre un ▸ **against the odds** envers et contre tout / *they won against overwhelming odds* ils ont gagné alors que tout était contre eux **2.** PHR **odds and sods** UK *inf*, **odds and ends** a) [miscellaneous objects] objets *mpl* divers, bric-à-brac *m inv* b) [leftovers] restes *mpl* ▸ **to be at odds with sb** être en désaccord avec qqn ▸ **to be at odds with sthg** ne pas concorder avec qqch.

oddball ['ɒdbɔːl] noun *inf* excentrique *mf.*

oddity ['ɒdɪtɪ] (*pl* **-ies**) noun **1.** [person] personne *f* bizarre ; [thing] chose *f* bizarre **2.** [strangeness] étrangeté *f.*

odd-job man UK, **odd jobber** US noun homme *m* à tout faire.

odd jobs pl n petits travaux *mpl.*

oddly ['ɒdlɪ] adv curieusement ▸ **oddly enough** chose curieuse.

odds-on ['ɒdz-] adj *inf* ▸ **odds-on favourite** grand favori.

ode [əʊd] noun ode *f.*

odious ['əʊdjəs] adj odieux(euse).

odor US = **odour**.

odorless US = **odourless**.

odour UK, **odor** US ['əʊdəʳ] noun odeur *f.*

odourless UK, **odorless** US ['əʊdəlɪs] adj inodore.

odyssey ['ɒdɪsɪ] noun odyssée *f.*

OECD (*abbr of* **Organisation for Economic Co-operation and Development**) noun OCDE *f.*

Oedipal ['iːdɪpl] adj œdipien(enne).

oesophagus UK, **esophagus** US [ɪ'sɒfəgəs] noun œsophage *m.*

oestrogen UK, **estrogen** US ['iːstrədʒən] noun œstrogène *m.*

of

(*stressed* [ɒv], *unstressed* [əv])

◆ prep

1. [gen] de / *the cover of a book* la couverture d'un livre / *a map of Spain* une carte d'Espagne / *the King of England* le roi d'Angleterre / *she's head of department* elle est chef de service / *I'm proud of it* j'en suis fier / *I'm afraid of the dark* j'ai peur du noir / *to die of cancer* mourir d'un cancer / *he's a friend of mine* c'est un ami à moi / *a friend of mine saw me* un de mes amis m'a vu / *it was kind / mean of him* c'était gentil / méchant de sa part

2. [expressing quantity, amount, age] de / *thousands of people* des milliers de gens / *a piece of cake* un morceau de gâteau / *a cup of tea* une tasse de thé / *a pound of tomatoes* une livre de tomates / *a gang of criminals* une bande de malfaiteurs / *at the age of nineteen* à dix-neuf ans, à l'âge de dix-neuf ans / *a child of five* un enfant de cinq ans / *there are six of us* nous sommes six / *some / many / few of us were present* quelques-uns / beaucoup / peu d'entre nous étaient présents

3. [made from] en ▸ **to be made of sthg** être en qqch / *a ring of solid gold* une bague en or massif / *a heart of stone* un cœur de pierre
4. [with dates, periods of time] : *the 12th of February* le 12 février / *in the middle of August* à la mi-août / *the night of the disaster* la nuit de la catastrophe.

Ofcom ['ɒftel] (*abbr of* **Office of Communications**) noun *organisme britannique chargé de contrôler les activités des compagnies de télécommunications.*

off [ɒf] ❖ adv
1. [indicating movement or distance away in space or time] *to run off* partir en courant / *to get off* descendre / *to jump off* sauter / *the ball hit the wall and bounced off* la balle a heurté le mur et a rebondi / *I knocked the glass off* j'ai fait tomber le verre / *off we go!* c'est parti ! / *they're off!* SPORT ils sont partis ! / *I'm off!* *inf* j'y vais ! / *10 miles off* à 16 kilomètres ▸ **far off** au loin ▸ **to keep off** se tenir éloigné(e) / *two days off* dans deux jours / *a long time off* encore loin
2. [so as to remove] *to take sthg off* enlever OR ôter qqch / *to come off* **a)** [sticker, handle] se détacher **b)** [lipstick, paint] partir ▸ **to cut sthg off** couper qqch / *could you help me off with my coat?* pouvez-vous m'aider à enlever mon manteau ?
3. [so as to complete] ▸ **to finish off** terminer ▸ **to kill off** achever
4. [not at work, school] *to take a week off* prendre une semaine de congé / *Monday's my day off* le lundi est mon jour de congé
5. [so as to disconnect or separate] *to put* OR *switch* OR *turn the light off* éteindre la lumière / *to turn the tap off* fermer le robinet ▸ **to fence / curtain sthg off** séparer qqch par une clôture / un rideau
6. [discounted] *£10 off* 10 livres de remise OR réduction / *the salesman gave me $20 / 20 % off* le vendeur m'a fait une remise de 20 dollars / 20 %
7. [financially] ▸ **to be well off** être aisé(e) OR riche ▸ **to be badly off** être pauvre
❖ prep
1. [at a distance from, away from] de ▸ **to get off a bus** descendre d'un bus ▸ **to jump off a wall** sauter d'un mur ▸ **to take a book off a shelf** prendre un livre sur une étagère / *she knocked the vase off the table* elle a fait tomber le vase de la table ▸ **off the coast** près de la côte / *an alley off Oxford Street* une ruelle qui part d'Oxford Street
2. [so as to remove from] ▸ **to cut a branch off a tree** couper une branche d'un arbre / *take the top off the bottle* enlève le bouchon de la bouteille
3. [not attending] ▸ **to be off work** ne pas travailler ▸ **off school** absent de l'école
4. [by means of] *it runs off gas / electricity / solar power* ça marche au gaz / à l'électricité / à l'énergie solaire / *to live off vegetables* vivre de légumes
5. [no longer liking] *she's off her food* elle n'a pas d'appétit / *I'm off him at the moment* j'en ai marre de lui en ce moment
6. [deducted from] sur / *they'll knock* *inf* OR *take something off it if you pay cash* ils vous feront une remise si vous payez en liquide
7. *inf* [from] ▸ **to buy sthg off sb** acheter qqch à qqn / *can I borrow £5 off you?* je peux t'emprunter 5 livres ?
❖ adj
1. UK [food] avarié(e), gâté(e) ; [milk] tourné(e) / *it smells / tastes off* on dirait que ce n'est plus bon
2. [TV, light] éteint(e) ; [engine] coupé(e) / *'off'* 'arrêt' / *the off button* le bouton d'arrêt
3. [cancelled] annulé(e) / *if that's your attitude, the deal's off!* si c'est comme ça que vous le prenez, ma proposition ne tient plus !
4. [not at work, school] absent(e) / *I'll be off next week* je serai absent la semaine prochaine
5. UK *inf* [offhand] *he was a bit off with me* il n'a pas été sympa avec moi

off-air ❖ adj hors-antenne. ❖ adv hors antenne.

offal ['ɒfl] noun *(U)* abats *mpl.*

off-balance adv ▸ **to throw / push sb off-balance** faire perdre l'équilibre à qqn.

offbeat ['ɒfbi:t] adj *inf* original(e), excentrique.

off-centre UK, **off-center** US ❖ adj décentré(e), décalé(e). ❖ adv de côté.

off-chance noun ▸ **on the off-chance that…** au cas où….

offcut ['ɒfkʌt] noun chute *f.*

off-day noun UK *inf* : *I'm having an off-day today* je ne suis pas dans mon assiette aujourd'hui.

off-duty adj qui n'est pas de service ; [doctor, nurse] qui n'est pas de garde.

offence UK, **offense** US [ə'fens] noun **1.** [crime] délit *m* **2.** [upset] ▸ **to cause sb offence** vexer qqn ▸ **to take offence** se vexer.

offend [ə'fend] ❖ vt offenser. ❖ vi commettre un délit ▸ **to offend against** enfreindre.

offended [ə'fendɪd] adj offensé(e), froissé(e).

offender [ə'fendər] noun **1.** [criminal] criminel *m*, -elle *f* **2.** [culprit] coupable *mf.*

offending [ə'fendɪŋ] adj qui est la cause OR à l'origine du problème.

offense US ['ɒfens] noun **1.** = **offence 2.** SPORT attaque *f.*

offensive [ə'fensɪv] ❖ adj **1.** [behaviour, comment] blessant(e) / *to find sthg offensive* être choqué(e) par qqch / *to be offensive to sb* [person] injurier OR insulter qqn / *this advertisement is offensive to Muslims / women* cette publicité porte atteinte à la religion musulmane / à la dignité de la femme **2.** [weapon, action] offensif(ive). ❖ noun offensive *f* ▸ **to go on** OR **take the offensive** passer à OR prendre l'offensive.

offensively [ə'fensɪvlɪ] adv **1.** [behave, speak] d'une manière offensante OR blessante **2.** MIL & SPORT offensivement.

offer ['ɒfər] ❖ noun **1.** [gen] offre *f*, proposition *f* **2.** [price, bid] offre *f* **3.** [in shop] promotion *f* ▸ **on offer** **a)** [available] en vente **b)** [at a special price] en réclame, en promotion. ◆ vt **1.** [gen] offrir ▸ **to offer sthg to sb, to offer sb sthg** offrir qqch à qqn ▸ **to offer to do sthg** proposer OR offrir de faire qqch **2.** [provide - services] proposer ; [- hope] donner. ◆ vi s'offrir.

offering ['ɒfərɪŋ] noun RELIG offrande *f*.

off-guard adv au dépourvu.

offhand [ˌɒf'hænd] ◆ adj [nonchalant] désinvolte, cavalier(ère) ; [abrupt] brusque. ◆ adv tout de suite.

offhanded [ˌɒf'hændɪd] adj = **offhand**.

office ['ɒfɪs] noun **1.** [place, staff] bureau *m* **2.** [department] département *m*, service *m* **3.** [position] fonction *f*, poste *m* ▸ **in office** en fonction ▸ **to take office** entrer en fonction / *to resign / to leave office* se démettre de / quitter ses fonctions / *to run for* OR *to seek office* se présenter aux élections.

office boy noun garçon *m* de bureau.

officeholder ['ɒfɪsˌhəʊldər] noun POL titulaire *mf* d'une fonction.

office hours pl n heures *fpl* de bureau.

officer ['ɒfɪsər] noun **1.** [in armed forces] officier *m* **2.** [in organization] agent *mf*, fonctionnaire *mf* **3.** [in police force] officier *m* (de police).

office worker noun employé *m*, -e *f* de bureau.

official [ə'fɪʃl] ◆ adj officiel(elle) / *to go through the official channels* suivre la filière (habituelle). ◆ noun fonctionnaire *mf* / *a bank / club / union official* un représentant de la banque / du club / du syndicat.

officialdom [ə'fɪʃəldəm] noun bureaucratie *f*.

officially [ə'fɪʃəlɪ] adv **1.** [formally] officiellement **2.** [supposedly] en principe.

officiate [ə'fɪʃɪeɪt] vi officier ▸ **to officiate at a wedding** célébrer un mariage.

officious [ə'fɪʃəs] adj *pej* trop zélé(e).

offing ['ɒfɪŋ] noun ▸ **in the offing** en vue, en perspective.

off-key ◆ adj faux (fausse). ◆ adv faux.

off-licence noun UK *magasin autorisé à vendre des boissons alcoolisées à emporter*.

offline adj & adv COMPUT hors ligne ▸ **to go offline** se mettre hors ligne.

offload [ɒf'ləʊd] vt *inf* ▸ **to offload sthg (onto sb)** se décharger de qqch (sur qqn).

off-peak ◆ adj [electricity] utilisé(e) aux heures creuses ; [fare] réduit(e) aux heures creuses. ◆ adv [travel] aux heures creuses.

off-putting [-ˌpʊtɪŋ] adj désagréable, rébarbatif(ive).

off-road ◆ adj [driving] hors route *(inv)*. ◆ adv [drive, cycle] hors route ▸ **off-road vehicle** véhicule *m* tout-terrain.

offscreen ◆ adj ['ɒfskriːn] CIN & TV [out of sight] hors champ, off. ◆ adv [ɒf'skriːn] **1.** CIN & TV hors champ, off **2.** [in private life] dans le privé / *he's less handsome offscreen* il est moins séduisant dans la réalité.

off season noun ▸ **the off season** la morte-saison. ◆ **off-season** adj hors saison.

offset [ˌɒf'set] (*pt & pp* **offset**, *cont* **-ting**) vt [losses] compenser.

offshoot ['ɒfʃuːt] noun ▸ **to be an offshoot of sthg** être né(e) OR provenir de qqch.

offshore ['ɒfʃɔːr] ◆ adj [oil rig] en mer, offshore *(inv)* ; [island] proche de la côte ; [fishing] côtier(ère). ◆ adv au large.

offside UK ◆ adj [ˌɒf'saɪd] **1.** [right-hand drive] de droite ; [left-hand drive] de gauche **2.** SPORT hors-jeu *(inv)*. ◆ adv [ˌɒf'saɪd] SPORT hors-jeu. ◆ noun ['ɒfsaɪd] [right-hand drive] côté *m* droit ; [left-hand drive] côté gauche.

offspring ['ɒfsprɪŋ] (*pl inv*) noun rejeton *m*.

offstage [ˌɒf'steɪdʒ] adj & adv dans les coulisses.

off-the-cuff ◆ adj impromptu(e), improvisé(e). ◆ adv au pied levé, à l'improviste.

off-the-peg UK, **off-the-rack** US adj de prêt-à-porter.

off-the-record ◆ adj officieux(euse). ◆ adv confidentiellement.

off-the-shelf adj [goods] disponible dans le commerce.

off-the-wall adj *inf* loufoque.

off-white adj blanc cassé *(inv)*.

OFGEM ['ɒfər] (*abbr of* **Office of Gas and Electricity Markets**) noun *organisme britannique chargé de contrôler les activités des compagnies régionales de la distribution d'électricité*.

OFSTED ['ɒfsted] (*abbr of* **Office for Standards in Education**) noun *organisme britannique chargé de contrôler les établissements scolaires*.

OFT UK *abbr of* **Office of Fair Trading**.

often ['ɒfn *or* 'ɒftn] adv souvent, fréquemment / *how often do you visit her?* vous la voyez tous les combien ? ▸ **as often as not** assez souvent ▸ **more often than not** le plus souvent, la plupart du temps.

OFWAT ['ɒfwɒt] (*abbr of* **Office of Water Services**) noun *organisme britannique chargé de contrôler les activités des compagnies régionales de la distribution de l'eau*.

ogle ['əʊgl] vt reluquer.

ogre ['əʊgər] noun ogre *m*.

oh [əʊ] excl oh ! ; [expressing hesitation] euh !

OH *abbr of* Ohio.

ohm [əʊm] noun ohm *m*.

OHMS (*abbr of* **On His (or Her) Majesty's Service**) *expression indiquant le caractère officiel d'un document en Grande-Bretagne*.

OHP noun *abbr of* **overhead projector**.

oil [ɔɪl] ◆ noun **1.** [gen] huile *f* **2.** [for heating] mazout *m* **3.** [petroleum] pétrole *m*. ◆ vt graisser, lubrifier. ◆ **oils** pl n ART huiles *fpl*.

oilcan ['ɔɪlkæn] noun burette *f* d'huile.

oiled [ɔɪld] adj **1.** [machine] lubrifié(e), graissé(e) ; [hinge, silk] huilé(e) **2.** UK *inf* [drunk] : *to be well oiled* être complètement bourré(e).

oilfield ['ɔɪlfiːld] noun gisement *m* pétrolifère.

oil-fired [-ˌfaɪəd] adj au mazout.

oil gauge noun [for measuring level] jauge *f* OR indicateur *m* de niveau d'huile ; [for measuring pressure] indicateur *m* de pression d'huile.

oil industry noun ▸ **the oil industry** l'industrie *f* pétrolière.

oil paint noun peinture *f* à l'huile *(produit)*.

oil painting noun peinture *f* à l'huile.

oil refinery noun raffinerie *f* de pétrole.

oilrig ['ɔɪlrɪg] noun [at sea] plate-forme *f* de forage OR pétrolière ; [on land] derrick *m*.

oil slick noun marée *f* noire.

oil tanker noun **1.** [ship] pétrolier *m*, tanker *m* **2.** [lorry] camion-citerne *m*.

oil well noun puits *m* de pétrole.

oily ['ɔɪlɪ] (*compar* **-ier**, *superl* **-iest**) adj **1.** [rag] graisseux(euse) ; [food] gras (grasse) **2.** *pej* [smarmy] onctueux(euse), mielleux(euse).

ointment ['ɔɪntmənt] noun pommade *f*.

OK[1], **okay** [,əʊ'keɪ] *inf* ❖ adj : *is it OK with* OR *by you?* ça vous va ?, vous êtes d'accord ? / *it's OK but it could be better* ce n'est pas mal, mais ça pourrait être mieux / *are you OK?* ça va ? / *he's OK, he's an OK guy* c'est un type sympa. ❖ adv *inf* bien / *is the engine working OK?* le moteur, ça va ? / *everything is going OK* tout marche bien OR va bien. ❖ noun (*pl* **OKs**) ▸ **to give (sb) the OK** donner le feu vert (à qqn). ❖ excl **1.** [expressing agreement] d'accord, O.K. / *in five minutes, OK?* dans cinq minutes, ça va ? **2.** [to introduce new topic] : *OK, can we start now?* bon, on commence ? ❖ vt (*pt & pp* **-ed**, *cont* **-ing**) approuver, donner le feu vert à.

OK[2] *abbr of* Oklahoma.

okra ['əʊkrə] noun gombo *m*.

old [əʊld] ❖ adj **1.** [gen] vieux (vieille), âgé(e) ▸ **how old are you?** quel âge as-tu ? / *they have a 14-year-old boy* ils ont un garçon de 14 ans / *to be old enough to do sthg* être en âge de faire qqch / *he's old enough to look after himself* il est (bien) assez grand pour se débrouiller tout seul / *she's two years older than him* elle a deux ans de plus que lui / *my older sister* ma sœur aînée / *an old woman* une vieille femme / *to get* OR *grow old* vieillir / *they're old friends* ce sont de vieux amis OR des amis de longue date **2.** [former] ancien(enne) ▸ **in the old days** dans le temps, autrefois / *the good old days* le bon vieux temps **3.** *inf* [as intensifier] ▸ **any old** n'importe quel (n'importe quelle) / *any old how* n'importe comment. ❖ pl n ▸ **the old** les personnes *fpl* âgées.

old age noun vieillesse *f* / *I've got a little money put aside for my old age* j'ai quelques économies de côté pour mes vieux jours.

old age pension noun UK pension *f* de vieillesse.

old age pensioner noun UK retraité *m*, -e *f*.

olden ['əʊldn] adj *liter* ▸ **in the olden days** au temps jadis.

old-fashioned [-'fæʃnd] adj **1.** [outmoded] démodé(e), passé(e) de mode **2.** [traditional] vieux jeu *(inv)*.

old flame noun *fig* ancien flirt *m*.

Old Glory noun US *surnom du drapeau américain.*

old hand noun vieux routier *m*, vétéran *m* / *he's an old hand at flying these planes* cela fait des années qu'il pilote ces avions.

old maid noun *pej* vieille fille *f*.

old master noun **1.** [painter] maître *m* **2.** [painting] tableau *m* de maître.

old people's home noun hospice *m* de vieillards.

old school noun : *of the old school* de la vieille école.

Old Testament noun ▸ **the Old Testament** l'Ancien Testament *m*.

old-timer noun **1.** [veteran] vieux routier *m*, vétéran *m* **2.** US [old man] vieillard *m*.

old wives' tale noun conte *m* de bonne femme.

oligarchy ['ɒlɪgɑːkɪ] (*pl* **-ies**) noun oligarchie *f*.

olive ['ɒlɪv] ❖ adj olive *(inv)*. ❖ noun olive *f* ▸ **olive (tree)** olivier *m*.

olive green adj vert olive *(inv)*.

olive oil noun huile *f* d'olive.

Olympic [ə'lɪmpɪk] adj olympique. ◆ **Olympics** pl n ▸ **the Olympics** les Jeux *mpl* Olympiques.

Olympic Games pl n ▸ **the Olympic Games** les Jeux *mpl* Olympiques.

Oman [əʊ'mɑːn] noun Oman *m* ▸ **in Oman** à Oman.

ombudsman ['ɒmbʊdzmən] (*pl* **-men**) noun ombudsman *m*.

omelette, **omelet** US ['ɒmlɪt] noun omelette *f* / *mushroom omelette* omelette aux champignons.

omen ['əʊmen] noun augure *m*, présage *m*.

OMG (*written abbr of* oh my God) oh mon Dieu.

ominous ['ɒmɪnəs] adj [event, situation] de mauvais augure ; [sign] inquiétant(e) ; [look, silence] menaçant(e).

ominously ['ɒmɪnəslɪ] adv [speak] d'un ton menaçant ; [happen, change] de façon inquiétante.

omission [ə'mɪʃn] noun omission *f*.

omit [ə'mɪt] (*pt & pp* **-ted**, *cont* **-ting**) vt omettre ▸ **to omit to do sthg** oublier de faire qqch.

omnibus ['ɒmnɪbəs] noun **1.** [book] recueil *m* **2.** UK RADIO & TV *diffusion groupée des épisodes de la semaine.*

omnipotence [ɒm'nɪpətəns] noun omnipotence *f*.

omnipotent [ɒm'nɪpətənt] adj tout-puissant (toute-puissante), omnipotent(e).

omnipresent [,ɒmnɪ'prezənt] adj omniprésent(e).

omniscient [ɒm'nɪsɪənt] adj omniscient(e).

omnivorous [ɒm'nɪvərəs] adj omnivore.

on [ɒn]

❖ prep

1. [indicating position, location] sur / *on a chair / the wall* sur une chaise/le mur / *to stand on one leg* se tenir sur une jambe / *on the floor* par terre / *on the ceiling* au plafond / *the information is on disk* l'information est sur disquette / *he works on a building site* il travaille sur un chantier / *they live on a farm* ils habitent une ferme ▸ **on the left / right** à gauche/droite / *she had a* *strange look on her face* elle avait une drôle d'expression / *I only had £10 on me* je n'avais que 10 livres sur moi

2. [indicating means] *the car runs on petrol* la voiture marche à l'essence / *to be shown on TV* passer à la télé / *what's on the other channel* OR *station?* qu'est-ce qu'il y a sur l'autre chaîne ? / *on the telephone* au téléphone / *to live on fruit* vivre OR se nourrir de fruits / *to hurt o.s. on sthg* se faire mal avec qqch / *everyone will be judged on their merits* chacun sera jugé selon ses mérites

3. [indicating mode of transport] *to travel on a bus/train/ship* voyager en bus/par le train/en bateau / *I was on the bus* j'étais dans le bus ▸ **on foot** à pied

4. [concerning] sur / *a book on astronomy* un livre sur l'astronomie / *we all agree on that point* nous sommes tous d'accord sur ce point / *he's good on modern history* il excelle en histoire moderne

5. [indicating time] *on Thursday* jeudi / *on the 10th of February* le 10 février / *on my birthday* le jour de mon anniversaire / *on Christmas Day* le jour de Noël / *I don't work on Mondays* je ne travaille pas le lundi ▸ **on my return** à mon retour / *on hearing the news* en apprenant la nouvelle

6. [indicating activity] *to be on strike* être en grève ▸ **on holiday** UK OR **vacation** US en vacances / *he's off on a trip to Brazil* il part pour un voyage au Brésil / *she was sent on a course* on l'a envoyée suivre des cours OR faire une formation / *to be on night shift* être de nuit

7. [indicating what or who is affected] sur / *she spent £1,000 on her new stereo* elle a dépensé 1 000 livres pour acheter sa nouvelle chaîne hi-fi / *what are you working on at the moment?* sur quoi travaillez-vous en ce moment ? / *the impact on the environment* l'impact sur l'environnement / *it's unfair on women* c'est injuste envers les femmes

8. [indicating membership] : *to be on a committee* faire partie OR être membre d'un comité

9. [using, supported by] : *to be on social security* recevoir l'aide sociale / *he's on tranquillizers* il prend des tranquillisants / *I'm still on antibiotics* je suis toujours sous antibiotiques ▸ **to be on drugs** se droguer

10. [earning] : *to be on £25,000 a year* gagner 25 000 livres par an / *to be on a low income* avoir un faible revenu

11. [obtained from] : *interest on investments* intérêts de placements / *a tax on alcohol* une taxe sur l'alcool

12. [in ratios] : *25 cents on the dollar* 25 cents par dollar

13. [referring to musical instrument] à ▸ **to play sthg on the violin / flute / guitar** jouer qqch au violon/à la flûte/à la guitare / *who's on guitar/on drums?* qui est à la guitare/à la batterie ?

14. *inf* [paid by] : *the drinks are on me* c'est moi qui régale, c'est ma tournée

❖ adv

1. [indicating covering, clothing] : *put the lid on* mettez le couvercle / *to put a sweater on* mettre un pull / *what did she have on?* qu'est-ce qu'elle portait ? / *why have you got your gloves on?* pourquoi as-tu mis tes gants ? / *he had nothing on* il était tout nu

2. [taking place] : *when the war was on* quand c'était la guerre, pendant la guerre / *I've got a lot on this week* je suis très occupé cette semaine

3. [working] : *turn on the power* mets le courant / *put* OR *turn* OR *switch the television on* allume la télévision / *turn the tap on* ouvre le robinet / *the car had its headlights on* les phares de la voiture étaient allumés

4. [indicating continuing action] : *to work on* continuer à travailler / *the car drove on* la voiture ne s'est pas arrêtée / *we talked on into the night* nous avons parlé jusque tard dans la nuit / *he kept on walking* il continua à marcher

5. [forward] : *send my mail on (to me)* faites suivre mon courrier

6. [of transport] : *the train stopped and we all got on* le train s'est arrêté et nous sommes tous montés

7. *inf* : *to be* OR *go on about sthg* parler de qqch sans arrêt ▸ **to be** OR **go on at sb (to do sthg)** UK harceler qqn (pour qu'il fasse qqch)

❖ adj

1. [working - electricity, light, radio, TV] allumé(e) ; [- gas, tap] ouvert(e) ; [- engine, machine] en marche ; [- handbrake] serré(e) / *the radio was on very loud* la radio hurlait / *the "on" button* le bouton de mise en marche

2. [happening] : *there's a conference on next week* il y a une conférence la semaine prochaine / *it's on at the local cinema* ça passe au cinéma du quartier / *your favourite TV programme is on tonight* il y a ton émission préférée à la télé ce soir / *is our deal still on?* est-ce que notre affaire tient toujours ?

3. *inf* [feasible, possible] : *we'll never be ready by tomorrow: it just isn't on* nous ne serons jamais prêts pour demain, c'est tout bonnement impossible

4. *inf* [in agreement] : *are you still on for dinner tonight?* ça marche toujours pour le dîner de ce soir ? / *shall we say £10? — you're on!* disons 10 livres ? — d'accord OR tope là !

◆ **from... on** adv ▸ **from now on** dorénavant, à partir de maintenant / *from then on* à partir de ce moment-là.

◆ **on and on** adv ▸ **to go on and on (about)** parler sans arrêt (de) / *the list goes on and on* la liste n'en finit plus.

◆ **on and off** adv de temps en temps / *it happened on and off throughout the day* cela s'est produit par intervalles OR intermittence toute la journée.

◆ **on to, onto** prep *(written as onto for senses 4 and 5 only)* **1.** [to a position on top of] sur / *she jumped on to the chair* elle a sauté sur la chaise **2.** [to a position on a vehicle] dans / *she got on to the bus* elle est montée dans le bus / *he jumped on to his bicycle* il a sauté sur sa bicyclette **3.** [to a position attached to] : *stick the photo on to the page with glue* colle la photo sur la page **4.** [aware of wrongdoing] ▸ **to be onto sb** être sur la piste de qqn **5.** UK [into contact with] : *get onto the factory* contactez l'usine.

ON *abbr of* **Ontario**.

on-air adj & adv TV & RADIO à l'antenne.

on-board adj COMPUT [built-in] intégré(e).

on-camera adj & adv TV & CIN à l'image.

once [wʌns] ❖ adv **1.** [on one occasion] une fois ▸ **once a day** une fois par jour ▸ **once again** OR **more** encore une fois ▸ **once and for all** une fois pour toutes ▸ **once in a while** de temps en temps ▸ **once or twice** une ou deux fois ▸ **for once** pour une fois **2.** [previously] autrefois, jadis ▸ **once upon a time** il était une fois. ❖ conj dès que. ◆ **at once** adv **1.** [immediately] immédiatement **2.** [at the same time] en même temps ▸ **all at once** tout d'un coup.

once-over noun *inf* ▸ **to give sb the once-over** jauger qqn d'un coup d'œil ▸ **to give sthg the once-over** jeter un coup d'œil à qqch.

oncoming ['ɒn,kʌmɪŋ] adj [traffic] venant en sens inverse ; [danger] imminent(e).

one [wʌn]

❖ num

[the number 1] un (une) / *one hundred* cent / *one thousand* mille / *one and a half kilos* un kilo et demi / *at one o'clock* à une heure / *he'll be one (year old) in June* il aura un an en juin / *page one* page un / *one of my friends* l'un de mes amis, un ami à moi / *only one answer is correct* il n'y a qu'une seule bonne réponse / *one fifth* un cinquième ▸ **in ones and twos** par petits groupes

❖ adj

1. [only, single] seul(e), unique / *it's her one ambition / love* c'est son unique ambition / son seul amour / *no one man should have that responsibility* c'est trop de responsabilité pour un seul homme

2. [indefinite] : *one day we went to Athens* un jour nous sommes allés à Athènes / *one of these days* un de ces jours / *one car looks much like another to me* pour moi, toutes les voitures se ressemblent

3. [a] : *if there's one thing I hate it's rudeness* s'il y a une chose que je n'aime pas, c'est bien la grossièreté / *I've got one awful hangover! inf* j'ai une de ces gueules de bois ! / *one hell of a bang inf* une détonation de tous les diables

❖ pron

1. [referring to a particular thing or person] : *which one do you want?* lequel voulez-vous ? / *which ones?* lesquels ? *mpl*, lesquelles ? *fpl* ▸ **this one** celui-ci *m*, celle-ci *f* ▸ **that one** celui-là *m*, celle-là *f* / *the other one* l'autre *mf* / *the right one* le bon (la bonne) / *the wrong one* le mauvais (la mauvaise) / *she's the one I told you about* c'est celle dont je vous ai parlé / *he's the one who did it* c'est lui qui l'a fait / *that's a good one!* elle est bien bonne celle-là ! / *that's an easy one* c'est facile / *I'm not* OR *I've never been one to gossip but…* je ne suis pas du genre à cancaner, mais…

2. *inf* [blow] coup *m* / *she really thumped him one* elle lui a flanqué un de ces coups

3. UK *fml* [you, anyone] on / *one can only do one's best* on fait ce qu'on peut / *to do one's duty* faire son devoir / *it certainly makes one think* ça fait réfléchir, c'est sûr / *to wash one's hands* se laver les mains

◆ **at one** adv ▸ **to be at one with sb / sthg** être d'accord avec qqn / en accord avec qqch.

◆ **for one** adv pour ma / sa etc. part / *I for one remain unconvinced* pour ma part je ne suis pas convaincu.

◆ **in one** adv **1.** [combined] : *all in one* à la fois **2.** [at one attempt] du premier coup / *he did it in one* il l'a fait en un seul coup / *got it in one! inf* du premier coup !

◆ **one another** pron l'un l'autre *m*, l'une l'autre *f*, les uns les autres *mpl*, les unes les autres *f* / *they didn't dare talk to one another* ils n'ont pas osé se parler / *we love one another* nous nous aimons.

◆ **one up on** adv ▸ **to be** OR **have one up on sb** avoir l'avantage sur qqn.

one-armed bandit noun *inf* machine *f* à sous.

one-dimensional adj unidimensionnel(elle).

one-hit wonder noun *groupe ou chanteur qui n'a eu qu'un seul tube.*

one-liner noun bon mot *m*.

one-man adj [business] dirigé(e) par un seul homme ▸ **one-man show** one-man show *m inv*, spectacle solo *m*.

one-man band noun **1.** [musician] homme-orchestre *m* **2.** *fig* [business] entreprise *f* dirigée par un seul homme.

one-night stand noun **1.** THEAT représentation *f* unique **2.** *inf* [sexual relationship] aventure *f* d'un soir.

one-off UK *inf* ❖ adj [offer, event, product] unique. ❖ noun ▸ **a one-off a)** [product] un exemplaire unique **b)** [event] un événement unique.

one-on-one US = **one-to-one**.

one-parent family noun famille *f* monoparentale.

one-party adj POL à parti unique.

one-piece adj [swimsuit] une pièce *(inv)*.

onerous ['əʊnərəs] adj *fml* [task] pénible ; [responsibility] lourd(e), pesant(e).

oneself [wʌn'self] pron UK *fml* **1.** *(reflexive)* se ; *(after prep)* soi **2.** *(emphatic)* soi-même.

one-sided [-'saɪdɪd] adj **1.** [unequal] inégal(e) **2.** [biased] partial(e).

one-stop shop noun magasin *m* où l'on trouve de tout.

one-time adj ancien(enne).

one-to-one UK, **one-on-one** US ❖ adj [discussion] en tête-à-tête ▸ **one-to-one tuition** cours *mpl* particuliers. ❖ noun [meeting] entretien *m* (individuel).

one-touch dialling UK, **one-touch dialing** US noun numérotation *f* rapide.

one-up adj : *we're one-up on our competitors* nous avons pris l'avantage sur nos concurrents.

one-upmanship [,wʌn'ʌpmənʃɪp] noun *comportement d'une personne qui ne supporte pas de voir d'autres faire mieux qu'elle.*

one-way adj **1.** [street] à sens unique **2.** [ticket] simple.

ongoing ['ɒn,gəʊɪŋ] adj en cours, continu(e).

onion ['ʌnjən] noun oignon *m.*

online ['ɒnlaɪn] adj & adv COMPUT en ligne.

online banking noun *(U)* banque *f* en ligne.

online community noun communauté *f* en ligne.

online retailer noun détaillant *m* en ligne.

online shopping noun *(U)* achats *mpl* par Internet.

onlooker ['ɒn,lʊkəʳ] noun spectateur *m,* -trice *f.*

only ['əʊnlɪ] ❖ adj seul(e), unique ▸ **an only child** un enfant unique. ❖ adv **1.** [gen] ne… que, seulement / *he only reads science fiction* il ne lit que de la science fiction / *there are only two people I trust* il n'y a que deux personnes en qui j'aie confiance / *he's only a child!* ce n'est qu'un enfant ! / *it's only a scratch* c'est juste une égratignure / *it only cost me £5* ça ne m'a coûté que 5 livres / *he left only a few minutes ago* il est parti il n'y a pas deux minutes **2.** [for emphasis] : *I only wish I could* je voudrais bien / *it's only natural (that)…* c'est tout à fait normal que… / *I was only too willing to help* je ne demandais qu'à aider ▸ **not only… but also** non seulement… mais encore ▸ **I only just caught the train** j'ai eu le train de justesse / *it seems like only yesterday* c'est comme si c'était hier. ❖ conj seulement, mais / *he looks like his brother, only smaller* il ressemble à son frère, mais en plus petit.

o.n.o., ono UK (*abbr of* **or near(est) offer**) à déb.

onomatopoeia ['ɒnə,mætə'piːə] noun onomatopée *f.*

onrush ['ɒnrʌʃ] noun [of emotion] vague *f*, montée *f.*

on-screen adj & adv COMPUT à l'écran.

onset ['ɒnset] noun début *m*, commencement *m.*

onshore ['ɒnʃɔːʳ] adj & adv [from sea] du large ; [on land] à terre.

onside [ɒn'saɪd] adj & adv SPORT en jeu.

on-site adj sur place.

onslaught ['ɒnslɔːt] noun attaque *f.*

on-the-job adj [training] sur le tas.

on-the-spot adj [interview] sur place.

onto *(stressed* ['ɒntuː], *unstressed before consonant* ['ɒntə], *unstressed before vowel* ['ɒntʊ]) = **on to**.

on-trend adj dans le vent, branché(e).

onus ['əʊnəs] noun responsabilité *f*, charge *f.*

onward ['ɒnwəd] adj & adv en avant.

onwards ['ɒnwədz] adv en avant ▸ **from now onwards** dorénavant, désormais ▸ **from then onwards** à partir de ce moment-là.

onyx ['ɒnɪks] noun onyx *m.*

oodles ['uːdlz] pl n *inf* ▸ **oodles of** plein de, un tas de.

ooh [uː] excl *inf* oh !

oomph [ʊmf] noun *inf* **1.** [energy] punch *m inv* / *he's certainly got plenty of oomph!* en tout cas, il a un sacré punch ! **2.** [sex appeal] sex-appeal *m.*

oops [ʊps *or* uːps] excl *inf* houp !, hop là !

ooze [uːz] ❖ vt *fig* [charm, confidence] respirer. ❖ vi ▸ **to ooze from** OR **out of sthg** suinter de qqch. ❖ noun vase *f.*

op [ɒp] (*abbr of* **operation**) noun *inf* MED & MIL opération *f* / *I've got to have an op* je vais passer sur le billard.

opal ['əʊpl] noun [gem] opale *f.*

opaque [əʊ'peɪk] adj opaque ; *fig* obscur(e).

OPEC ['əʊpek] (*abbr of* **Organization of the Petroleum Exporting Countries**) noun OPEP *f.*

open ['əʊpn] ❖ adj

1. [gen] ouvert(e) / *her eyes were slightly open / wide open* ses yeux étaient entrouverts/grands ouverts / *his shirt was open to the waist* sa chemise était ouverte OR déboutonnée jusqu'à la ceinture / *he kicked the door open* il a ouvert la porte d'un coup de pied / *there's a bottle already open in the fridge* il y a une bouteille entamée dans le frigo / *the book lay open at page six* le livre était ouvert à la page six

2. [for business] ouvert(e) / *are you open on Saturdays?* ouvrez-vous le samedi ? / *we're open for business as usual* nous sommes ouverts comme à l'habitude

3. [view, road, space] dégagé(e) / *only one lane on the bridge is open* il n'y a qu'une voie ouverte à la circulation sur le pont / *the shelter was open on three sides* l'abri était ouvert sur trois côtés / *the wide open spaces of Texas* les grands espaces du Texas ▸ **in the open air** en plein air ▸ **the open sea** la haute mer, le large

4. [uncovered - car, wagon] découvert(e) ▸ **an open fire** un feu de cheminée

5. [unoccupied, available - job] vacant(e) ; [- period of time] libre / *we have two positions open* nous avons deux postes à pourvoir / *it's the only course of action open to us* c'est la seule chose que nous puissions faire / *he wants to keep his options open* il ne veut pas s'engager

6. [meeting] public(ique) ; [competition] ouvert(e) à tous / *club membership is open to anyone* aucune condition particulière n'est requise pour devenir membre du club

7. [receptive] ▸ **to be open (to)** être réceptif(ive) (à) / *I try to keep an open mind about such things* j'essaie de ne pas avoir de préjugés sur ces questions ▸ **to lay o.s. open to criticism** s'exposer aux critiques / *the prices are not open to negotiation* les prix ne sont pas négociables

8. [disbelief, honesty] manifeste, évident(e) / *they acted in open violation of the treaty* ce qu'ils ont fait constitue une violation flagrante du traité / *it's an open admission of guilt* cela équivaut à un aveu

9. [unresolved] non résolu(e) / *the election is still wide open* l'élection n'est pas encore jouée / *he wanted to leave the date open* il n'a pas voulu fixer de date

❖ noun

1. ▸ **in the open** **a)** [sleep] à la belle étoile **b)** [eat] au grand air ▸ **to bring sthg out into the open** divulguer qqch, exposer qqch au grand jour

2. SPORT *the British Open* l'open *m* OR le tournoi open de Grande-Bretagne

❖ vt

1. [gen] ouvrir / *she opened her eyes very wide* elle ouvrit grand les yeux, elle écarquilla les yeux / *the agreement opens the way for peace* l'accord va mener à la paix

2. [inaugurate] inaugurer / *to open fire (on)* OR *at sb* ouvrir le feu (sur qqn) / *to open the betting* [in poker] lancer les enchères

3. COMPUT [program] ouvrir ; [ordinateur] démarrer
❖ vi
1. [door, flower] s'ouvrir / *the window opens outwards* la fenêtre (s')ouvre vers l'extérieur / *open wide!* ouvrez grand !
2. [shop, library] ouvrir / *what time do you open on Sundays?* à quelle heure ouvrez-vous le dimanche ?
3. [meeting, play] commencer / *the hunting season opens in September* la chasse ouvre en septembre / *she opened with a statement of the association's goals* elle commença par une présentation des buts de l'association / *the film opens next week* le film sort la semaine prochaine / *the Dow Jones opened at 2461* le Dow Jones a ouvert à 2461
◆ **open on to** vt insep [subj: room, door] donner sur.
◆ **open out** vi [road, river] s'élargir / *the sofa opens out into a bed* le canapé est convertible en lit.
◆ **open up** ❖ vt sep **1.** [for business] ouvrir / *he wants to open up a travel agency* il veut ouvrir une agence de voyages **2.** [develop] exploiter, développer / *a discovery which opens up new fields of research* une découverte qui crée de nouveaux domaines de recherche. ❖ vi **1.** [possibilities] s'offrir, se présenter **2.** [door, building] ouvrir / *open up or I'll call the police!* ouvrez, sinon j'appelle la police ! / *a new hotel opens up every week* un nouvel hôtel ouvre ses portes chaque semaine **3.** [become less reserved - person] s'ouvrir ; [- discussion] s'animer.

open-air adj en plein air.

open-and-shut adj clair(e), évident(e).

opencast ['əʊpnkɑːst] adj [mining] à ciel ouvert.

open day noun journée *f* portes ouvertes.

open-ended [-'endɪd] adj [meeting] sans limite de durée.

opener ['əʊpnəʳ] noun [for cans] ouvre-boîtes *m inv* ; [for bottles] ouvre-bouteilles *m inv*, décapsuleur *m*.

open-handed [-'hændɪd] adj généreux(euse).

openhearted [,əʊpn'hɑːtɪd] adj franc (franche).

open-heart surgery noun chirurgie *f* à cœur ouvert.

open house noun **1.** US = **open day** **2.** US [party] grande fête *f* **3.** / *to keep open house* UK tenir table ouverte.

opening ['əʊpnɪŋ] ❖ adj [first] premier(ère) ; [remarks] préliminaire / *the play's opening scene* le début de la pièce. ❖ noun **1.** [act of opening] ouverture *f* / *at the play's New York opening* lors de la première de la pièce à New York **2.** [beginning] commencement *m*, début *m* **3.** [in fence] trou *m*, percée *f* ; [in clouds] trouée *f*, déchirure *f* **4.** [opportunity - gen] occasion *f* ; [- COMM] débouché *m* / *her remarks about the company gave me the opening I needed* ses observations au sujet de l'entreprise m'ont fourni le prétexte dont j'avais besoin **5.** [job vacancy] poste *m*.

opening hours pl n heures *fpl* d'ouverture.

opening night noun première *f*.

opening time noun UK [of pub] heure *f* d'ouverture.

openly ['əʊpənlɪ] adv ouvertement, franchement.

open marriage noun mariage *m* moderne *(où chacun est libre d'avoir des aventures)*.

open-minded [-'maɪndɪd] adj [person] qui a l'esprit large ; [attitude] large.

open-mindedness [-'maɪndɪdnɪs] noun ouverture *f* d'esprit.

openness ['əʊpənnɪs] noun [frankness] franchise *f*.

open-plan adj non cloisonné(e).

open prison noun prison *f* ouverte.

open sandwich noun canapé *m*.

open secret noun secret *m* de Polichinelle.

open-toe, **open-toed** [-təʊd] adj [shoe] ouvert(e).

open-top adj décapotable.

open verdict noun UK LAW *jugement qui enregistre un décès sans en spécifier la cause.*

opera ['ɒpərə] noun opéra *m*.

operable ['ɒprəbl] adj MED opérable.

opera house noun opéra *m*.

opera singer noun chanteur *m*, -euse *f* d'opéra.

operate ['ɒpəreɪt] ❖ vt **1.** [machine] faire marcher, faire fonctionner / *a circuit-breaker operates the safety mechanism* un disjoncteur actionne OR déclenche le système de sécurité **2.** COMM diriger. ❖ vi **1.** [rule, law, system] jouer, être appliqué(e) ; [machine] fonctionner, marcher / *the factory is operating at full capacity* l'usine tourne à plein rendement / *the drug operates on the nervous system* le médicament agit sur le système nerveux **2.** COMM opérer, travailler / *the company operates out of Chicago* le siège de la société est à Chicago **3.** MED opérer ▸ **to operate on sb / sthg** opérer qqn / de qqch.

operatic [,ɒpə'rætɪk] adj d'opéra.

operating room ['ɒpəreɪtɪŋ-] noun US = **operating theatre**.

operating system ['ɒpəreɪtɪŋ-] noun COMPUT système *m* d'exploitation.

operating theatre UK, **operating room** US ['ɒpəreɪtɪŋ-] noun salle *f* d'opération.

operation [,ɒpə'reɪʃn] noun **1.** [gen & MED] opération *f* / *a police / rescue operation* une opération de police / de sauvetage ▸ **to have an operation (for)** se faire opérer (de) / *to perform an operation* réaliser une intervention **2.** [of machine] marche *f*, fonctionnement *m* ▸ **to be in operation a)** [machine] être en marche OR en service **b)** [law, system] être en vigueur / *to come into operation* **a)** [machine, train service] entrer en service **b)** [law] entrer en vigueur **3.** [COMM - company] exploitation *f* ; [- management] administration *f*, gestion *f*.

operational [,ɒpə'reɪʃənl] adj **1.** [machine] en état de marche **2.** [difficulty, costs] d'exploitation.

operative ['ɒprətɪv] ❖ adj en vigueur. ❖ noun ouvrier *m*, -ère *f*.

operator ['ɒpəreɪtəʳ] noun **1.** TELEC standardiste *mf* **2.** [of machine] opérateur *m*, -trice *f* **3.** COMM directeur *m*, -trice *f*.

operetta [ˌɒpəˈretə] noun opérette *f*.

ophthalmology [ˌɒfθælˈmɒlədʒɪ] noun ophtalmologie *f*.

opinion [əˈpɪnjən] noun opinion *f*, avis *m* ▸ **to be of the opinion that** être d'avis que, estimer que ▸ **in my opinion** à mon avis / *my personal opinion is that...* je suis d'avis que..., pour ma part, je pense que... / *I have a rather low opinion of him* je n'ai pas beaucoup d'estime pour lui.

opinionated [əˈpɪnjəneɪtɪd] adj *pej* dogmatique.

opinion poll noun sondage *m* d'opinion.

opium [ˈəʊpjəm] noun opium *m*.

opponent [əˈpəʊnənt] noun adversaire *mf*.

opportune [ˈɒpətjuːn] adj opportun(e).

opportunism [ˌɒpəˈtjuːnɪzm] noun opportunisme *m*.

opportunist [ˌɒpəˈtjuːnɪst] noun opportuniste *mf*.

opportunistic [ˌɒpətjuːˈnɪstɪk] adj opportuniste.

opportunity [ˌɒpəˈtjuːnətɪ] (*pl* **-ies**) noun occasion *f* ▸ **to take the opportunity to do** OR **of doing sthg** profiter de l'occasion pour faire qqch / *I took every opportunity of travelling* je n'ai manqué aucune occasion de OR j'ai saisi toutes les occasions de voyager ▸ **to get the opportunity** avoir l'occasion / *you missed a golden opportunity* vous avez manqué OR laissé passer une occasion en or / *at every opportunity* à la moindre occasion.

oppose [əˈpəʊz] vt s'opposer à.

opposed [əˈpəʊzd] adj opposé(e) ▸ **to be opposed to** être contre, être opposé à ▸ **as opposed to** par opposition à.

opposing [əˈpəʊzɪŋ] adj opposé(e).

opposite [ˈɒpəzɪt] ❖ adj opposé(e) ; [house] d'en face / *'see illustration on opposite page'* 'voir illustration ci-contre' / *his words had just the opposite effect* ses paroles eurent exactement l'effet contraire. ❖ adv en face / *the lady opposite* la dame qui habite en face. ❖ prep en face de / *they sat opposite each other* ils étaient assis l'un en face de l'autre. ❖ noun contraire *m* / *Mary is the complete opposite of her sister* Mary est tout à fait l'opposé de sa sœur.

opposite number noun homologue *mf*.

opposite sex noun ▸ **the opposite sex** le sexe opposé.

opposition [ˌɒpəˈzɪʃn] noun **1.** [gen] opposition *f* **2.** [opposing team] adversaire *mf*. ◆ **Opposition** noun UK POL ▸ **the Opposition** l'opposition.

oppress [əˈpres] vt **1.** [persecute] opprimer **2.** [depress] oppresser.

oppressed [əˈprest] ❖ adj opprimé(e). ❖ pl n ▸ **the oppressed** les opprimés *mpl*.

oppression [əˈpreʃn] noun oppression *f*.

oppressive [əˈpresɪv] adj **1.** [unjust] oppressif(ive) **2.** [weather, heat] étouffant(e), lourd(e) **3.** [silence] oppressant(e).

opt [ɒpt] ❖ vt ▸ **to opt to do sthg** choisir de faire qqch. ❖ vi ▸ **to opt for** opter pour. ◆ **opt in** vi **1.** ▸ **to opt in (to)** choisir de participer (à) **2.** [accept emails] accepter les mails. ◆ **opt out** vi **1.** ▸ **to opt out (of)** a) [gen] choisir de ne pas participer (à) b) [of responsibility] se dérober (à) c) UK [of NHS] ne plus faire partie (de) **2.** [refuse emails] refuser les mails.

optic [ˈɒptɪk] adj optique.

optical [ˈɒptɪkl] adj optique.

optical fibre UK, **optical fiber** US noun TELEC fibre *f* optique.

optical illusion noun illusion *f* d'optique.

optical media pl n supports *mpl* optiques.

optical zoom noun zoom *m* optique.

optician [ɒpˈtɪʃn] noun **1.** [who sells glasses] opticien *m*, -enne *f* **2.** [ophthalmologist] ophtalmologiste *mf*.

optics [ˈɒptɪks] noun (*U*) optique *f*.

optimal [ˈɒptɪml] adj optimal(e).

optimism [ˈɒptɪmɪzm] noun optimisme *m*.

optimist [ˈɒptɪmɪst] noun optimiste *mf*.

How to express opinions

Giving one's opinion

- **À mon avis, il ment.** *In my opinion, he's lying.*
- **Personnellement, je pense que ce n'est pas une bonne solution.** *Personally, I don't think that's a good solution.*
- **Moi, je dirais que c'est plutôt mal écrit.** *If you ask me, it's not very well written.*
- **J'estime qu'elle est trop jeune.** *I think that she's too young.*
- **Il me semble que nous devons intervenir maintenant.** *I think we should intervene now.*
- **J'ai l'impression qu'il n'est pas très content.** *I get the impression he's not very happy.*

Asking for an opinion

- **Que pensez-vous de leur proposition ?** *What do you think of their proposal?*
- **Quel est votre avis sur l'industrie de la mode ?** *What's your opinion on the fashion industry?*
- **J'aimerais connaître votre point de vue.** *I'd like to hear your views.*
- **Qu'est-ce que tu en penses, Anne ?** *Anne, what do you think?*
- **Qu'est-ce que t'en dis ?** *What's your take on the situation?*

Avoiding giving an opinion

- **Je préférerais ne rien dire.** *I'd rather not say anything.*
- **C'est difficile à dire.** *It's hard to say.*
- **Je ne sais pas trop.** *I'm not sure.*
- **Aucune idée !** *No idea!*
- **Ça dépend.** *It depends.*

optimistic [ˌɒptɪ'mɪstɪk] adj optimiste ▸ **to be optimistic about** être optimiste pour.

optimistically [ˌɒptɪ'mɪstɪklɪ] adv avec optimisme, d'une manière optimiste.

optimum ['ɒptɪməm] adj optimum *(inv)*.

option ['ɒpʃn] noun option *f*, choix *m* / *she had no option but to pay up* elle n'a pas pu faire autrement que de payer ▸ **to have the option to do** OR **of doing sthg** pouvoir faire qqch, avoir la possibilité de faire qqch.

optional ['ɒpʃənl] adj facultatif(ive) ▸ **an optional extra** un accessoire.

optionally ['ɒpʃənəlɪ] adv facultativement.

optometry [ɒp'tɒmətrɪ] noun optométrie *f*.

opt-out noun POL [of school, hospital] *décision de choisir l'autonomie vis-à-vis des pouvoirs publics* / *Britain's opt-out from the Social Chapter* la décision de la Grande-Bretagne de ne pas souscrire au chapitre social européen.

opt-out clause noun POL clause *f* d'exemption.

opulence ['ɒpjʊləns] noun **1.** [wealth] opulence *f* **2.** [sumptuousness] magnificence *f*.

opulent ['ɒpjʊlənt] adj **1.** [wealthy] opulent(e) **2.** [sumptuous] magnifique.

opus ['əʊpəs] (*pl* **-es** *or* **opera** ['ɒpərə]) noun MUS opus *m*.

or [ɔːʳ] conj **1.** [gen] ou **2.** [after negative] : *he can't read or write* il ne sait ni lire ni écrire **3.** [otherwise] sinon **4.** [as correction] ou plutôt.

OR *abbr of* **Oregon**.

oracle ['ɒrəkl] noun [prophet] oracle *m*.

oral ['ɔːrəl] ❖ adj **1.** [spoken] oral(e) **2.** [medicine] par voie orale, par la bouche ; [hygiene] buccal(e). ❖ noun oral *m*, épreuve *f* orale.

orally ['ɔːrəlɪ] adv **1.** [in spoken form] oralement **2.** MED par voie orale.

orange ['ɒrɪndʒ] ❖ adj orange *(inv)*. ❖ noun **1.** [fruit] orange *f* **2.** [colour] orange *m*.

oration [ɔː'reɪʃn] noun *fml* discours *m*.

orator ['ɒrətəʳ] noun orateur *m*, -trice *f*.

oratory ['ɒrətrɪ] noun art *m* oratoire, éloquence *f*.

orb [ɔːb] noun globe *m*.

orbit ['ɔːbɪt] ❖ noun orbite *f* ▸ **to be in / go into orbit (around)** être / entrer sur OR en orbite (autour de). ❖ vt décrire une orbite autour de.

orchard ['ɔːtʃəd] noun verger *m* ▸ **apple orchard** champ *m* de pommiers, pommeraie *f*.

orchestra ['ɔːkɪstrə] noun orchestre *m*.

orchestral [ɔː'kestrəl] adj orchestral(e).

orchestra pit noun fosse *f* d'orchestre.

orchestrate ['ɔːkɪstreɪt] vt *lit* & *fig* orchestrer.

orchid ['ɔːkɪd] noun orchidée *f*.

ordain [ɔː'deɪn] vt **1.** [decree] ordonner, décréter **2.** RELIG ▸ **to be ordained** être ordonné prêtre.

ordeal [ɔː'diːl] noun épreuve *f*.

order ['ɔːdəʳ] ❖ noun **1.** [gen] ordre *m* / *to give sb orders to do sthg* ordonner à qqn de faire qqch / *we have orders to wait here* on a reçu l'ordre d'attendre ici ▸ **to be under orders to do sthg** avoir (reçu) l'ordre de faire qqch / *I'm just following orders* je ne fais qu'exécuter les ordres / *on doctor's orders* sur ordre du médecin **2.** COMM commande *f* ▸ **to place an order with sb for sthg** passer une commande de qqch à qqn ▸ **on order** commandé ▸ **to order** sur commande / *your order has now arrived* votre commande est arrivée / *can I take your order?* [in restaurant] avez-vous choisi ? **3.** [sequence] ordre *m* / *in alphabetical / chronological order* par ordre alphabétique / chronologique / *in order of importance* par ordre d'importance **4.** [fitness for use] ▸ **in working order** en état de marche ▸ **out of order a)** [machine] en panne **b)** [behaviour] déplacé(e) ▸ **in order** [correct] en ordre **5.** *(U)* [discipline - gen] ordre *m* ; [- in classroom] discipline *f* ▸ **to keep order** maintenir l'ordre / *to restore order* rétablir l'ordre / *children need to be kept in order* les enfants ont besoin de discipline / *to put one's affairs / books in order* mettre de l'ordre dans ses affaires / livres, ranger ses affaires / livres **6.** FIN ▸ **(money) order** mandat *m* / *pay to the order of A. Jones* payez à l'ordre de A. Jones **7.** US [portion] part *f*. ❖ vt **1.** [command] ordonner ▸ **to order sb to do sthg** ordonner à qqn de faire qqch / *the doctor ordered him to rest for three weeks* le médecin lui a prescrit trois semaines de repos / *he was ordered to pay costs* LAW il a été condamné aux dépens ▸ **to order that** ordonner que / *the government ordered an inquiry into the disaster* le gouvernement a ordonné l'ouverture d'une enquête sur la catastrophe **2.** COMM commander **3.** [organize - society] organiser ; [- ideas, thoughts] mettre de l'ordre dans ; [- affairs] régler, mettre en ordre. ❖ vi commander / *would you like to order now?* [in restaurant] voulez-vous commander maintenant ? ◆ **orders** pl n RELIG ▸ **to take holy orders** entrer dans les ordres. ◆ **in the order of** UK, **on the order of** US adv environ, de l'ordre de. ◆ **in order that** conj pour que, afin que *(+ subjunctive)*. ◆ **in order to** conj pour, afin de / *in order not to upset you* pour éviter de vous faire de la peine. ◆ **order about** UK, **order around** vt sep commander.

order book noun carnet *m* de commandes.

order form noun bulletin *m* de commande.

orderly ['ɔːdəlɪ] (*pl* **-ies**) ❖ adj [person] ordonné(e) ; [crowd] discipliné(e) ; [office, room] en ordre. ❖ noun [in hospital] garçon *m* de salle.

order number noun numéro *m* de commande.

ordinal ['ɔːdɪnl] ❖ adj ordinal(e). ❖ noun nombre *m* ordinal.

ordinarily ['ɔːdənrəlɪ] adv d'habitude, d'ordinaire.

ordinary ['ɔːdənrɪ] ❖ adj **1.** [normal] ordinaire **2.** *pej* [unexceptional] ordinaire, quelconque. ❖ noun ▸ **out of the ordinary** qui sort de l'ordinaire, exceptionnel(elle).

ordination [ˌɔːdɪ'neɪʃn] noun ordination *f*.

ordnance ['ɔːdnəns] noun *(U)* **1.** [supplies] matériel *m* militaire **2.** [artillery] artillerie *f*.

ore [ɔːʳ] noun minerai *m*.

oregano [ˌɒrɪ'gɑːnəʊ] noun origan *m*.

.org ['dɒtɔ:g] COMPUT *abréviation désignant les organisations à but non lucratif dans les adresses électroniques.*

organ ['ɔ:gən] noun **1.** [gen] organe *m* **2.** MUS orgue *m*.

organ grinder noun joueur *m*, -euse *f* d'orgue de Barbarie ▸ **I want to speak to the organ grinder, not his monkey** je veux parler au chef, pas à un de ses sous-fifres.

organic [ɔ:'gænɪk] adj **1.** [of animals, plants] organique **2.** [farming, food] biologique, bio *(inv)* **3.** *fig* [development] naturel(elle).

organically [ɔ:'gænɪklɪ] adv [farm, grow] sans engrais chimiques.

organic farming noun culture *f* biologique.

organism ['ɔ:gənɪzm] noun organisme *m*.

organist ['ɔ:gənɪst] noun organiste *mf*.

organization, **organisation** UK [,ɔ:gənaɪ'zeɪʃn] noun organisation *f* ▸ **organization chart** organigramme *m*.

organizational, **organisational** UK [,ɔ:gənaɪ'zeɪʃnl] adj **1.** [structure, links] organisationnel(elle) **2.** [skill] d'organisation.

organize, **organise** UK ['ɔ:gənaɪz] ❖ vt organiser. ❖ vi [workers] se syndiquer.

organized, **organised** UK ['ɔ:gənaɪzd] adj organisé(e).

organized crime noun crime *m* organisé.

organizer, **organiser** UK ['ɔ:gənaɪzər] noun **1.** [person] organisateur *m*, -trice *f* **2.** [diary] organiseur *m* **3.** COMPUT organiseur *m*, agenda *m* électronique.

orgasm ['ɔ:gæzm] noun orgasme *m*.

orgy ['ɔ:dʒɪ] *(pl* **-ies***)* noun *lit* & *fig* orgie *f*.

orient ['ɔ:rɪənt], **orientate** UK ['ɔ:rɪenteɪt] vt ▸ **to be oriented towards** viser, s'adresser à ▸ **to orient o.s.** s'orienter.

Orient ['ɔ:rɪənt] noun ▸ **the Orient** l'Orient *m* ; [the Far East] l'Extrême-Orient.

oriental [,ɔ:rɪ'entl] ❖ adj oriental(e). ❖ noun Oriental *m*, -e *f (attention: le terme « oriental » est considéré raciste).*

orientate ['ɔ:rɪenteɪt] = **orientate.**

-orientated ['ɔ:rɪenteɪtɪd] UK = **-oriented.**

orientation [,ɔ:rɪen'teɪʃn] noun orientation *f*.

-oriented ['ɔ:rɪəntɪd], **-orientated** UK ['ɔ:rɪenteɪtɪd] suffix orienté(e) vers..., axé(e) sur... / ***ours is a money-oriented society*** c'est l'argent qui mène notre société / ***pupil-oriented teaching*** enseignement adapté aux besoins des élèves.

orienteering [,ɔ:rɪən'tɪərɪŋ] noun *(U)* course *f* d'orientation.

orifice ['ɒrɪfɪs] noun *fml* orifice *m*.

origin ['ɒrɪdʒɪn] noun **1.** [of river] source *f* ; [of word, conflict] origine *f* **2.** [birth] ▸ **country of origin** pays *m* d'origine. ◆ **origins** pl n origines *fpl*.

original [ɒ'rɪdʒənl] ❖ adj original(e) ; [meaning] originel(elle) ; [owner] premier(ère). ❖ noun original *m*.

> **original** OR **originel?**
>
> The French adjective **original** is close in meaning to its English counterpart, although when applied to a person it also means eccentric. **Originel** is a much rarer word meaning early, primeval or primitive.

originality [ə,rɪdʒə'nælətɪ] noun originalité *f*.

originally [ə'rɪdʒənəlɪ] adv à l'origine, au départ.

originate [ə'rɪdʒəneɪt] ❖ vt être l'auteur de, être à l'origine de. ❖ vi [belief, custom] ▸ **to originate (in)** prendre naissance (dans) ▸ **to originate from** provenir de.

ornament ['ɔ:nəmənt] noun **1.** [object] bibelot *m* **2.** *(U)* [decoration] ornement *m*.

ornamental [,ɔ:nə'mentl] adj [garden, pond] d'agrément ; [design] décoratif(ive).

ornate [ɔ:'neɪt] adj orné(e).

ornately [ɔ:'neɪtlɪ] adv avec beaucoup d'ornements.

ornithology [,ɔ:nɪ'θɒlədʒɪ] noun ornithologie *f*.

orphan ['ɔ:fn] ❖ noun orphelin *m*, -e *f*. ❖ vt ▸ **to be orphaned** devenir orphelin(e).

orphanage ['ɔ:fənɪdʒ] noun orphelinat *m*.

orthodontist [,ɔ:θə'dɒntɪst] noun orthodontiste *mf*.

orthodox ['ɔ:θədɒks] adj **1.** [conventional] orthodoxe **2.** RELIG [traditional] traditionaliste.

orthodoxy ['ɔ:θədɒksɪ] noun orthodoxie *f*.

orthopaedic UK, **orthopedic** US [,ɔ:θə'pi:dɪk] adj orthopédique.

Oscar ['ɒskər] noun CIN Oscar *m*.

Oscar-winning adj : ***an Oscar-winning picture*** un film primé aux oscars / ***in her Oscar-winning role*** dans le rôle qui lui a valu l'oscar / ***she really put on an Oscar-winning performance!*** *inf* & *fig* elle a vraiment fait un numéro d'anthologie !

oscillate ['ɒsɪleɪt] vi *lit* & *fig* osciller.

osmosis [ɒz'məʊsɪs] noun osmose *f*.

osprey ['ɒsprɪ] *(pl* **-s***)* noun balbuzard *m*.

ossify ['ɒsɪfaɪ] *(pt & pp* **-ied***)* ❖ vt ossifier. ❖ vi s'ossifier.

ostensible [ɒ'stensəbl] adj prétendu(e).

ostensibly [ɒ'stensəblɪ] adv en apparence, soi-disant.

ostentation [,ɒstən'teɪʃn] noun ostentation *f*.

ostentatious [,ɒstən'teɪʃəs] adj ostentatoire.

osteoarthritis [,ɒstɪəʊɑ:'θraɪtɪs] noun *(U)* ostéoarthrose *f*.

osteopath ['ɒstɪəpæθ] noun ostéopathe *mf*.

osteopathy [,ɒstɪ'ɒpəθɪ] noun ostéopathie *f*.

osteoporosis [,ɒstɪəpɔ:'rəʊsɪs] noun ostéoporose *f*.

ostracism ['ɒstrəsɪzm] noun ostracisme *m*.

ostracize, **ostracise** UK ['ɒstrəsaɪz] vt frapper d'ostracisme, mettre au ban.

ostrich ['ɒstrɪtʃ] noun autruche *f.*

OTC (*abbr of* **Officer Training Corps**) noun *section de formation des officiers en Grande-Bretagne.*

other ['ʌðər] ❖ adj autre ▸ **the other day / week** l'autre jour / semaine. ❖ adv : *there was nothing to do other than confess* il ne pouvait faire autrement que d'avouer / *other than John* John à part. ❖ pron ▸ **the other** l'autre ▸ **others** d'autres ▸ **the others** les autres ▸ **one or other of you** l'un (l'une) de vous deux ▸ **none other than** nul (nulle) autre que. ◆ **something or other** pron quelque chose, je ne sais quoi. ◆ **somehow or other** adv d'une manière ou d'une autre.

otherwise ['ʌðəwaɪz] ❖ adv autrement ▸ **or otherwise** [or not] ou non. ❖ conj sinon.

otherworldly [ˌʌðə'wɜːldlɪ] adj détaché(e) des biens de ce monde.

OTT (*abbr of* **over the top**) adj UK *inf* : *it's a bit OTT* c'est un peu trop.

Ottawa ['ɒtəwə] noun Ottawa.

otter ['ɒtər] noun loutre *f.*

OU UK *abbr of* **Open University**.

ouch [aʊtʃ] excl aïe !, ouïe !

ought [ɔːt] aux vb **1.** [sensibly] : *I really ought to go* il faut absolument que je m'en aille / *you ought to see a doctor* tu devrais aller chez le docteur **2.** [morally] : *you ought not to have done that* tu n'aurais pas dû faire cela / *you ought to look after your children better* tu devrais t'occuper un peu mieux de tes enfants **3.** [expressing probability] : *she ought to pass her exam* elle devrait réussir à son examen.

oughtn't ['ɔːtnt] *abbr of* **ought not**.

ounce [aʊns] noun once *f (= 28,35 g).*

our ['aʊər] poss adj notre, nos *(pl)* / *our money / house* notre argent / maison / *our children* nos enfants / *it wasn't our fault* ce n'était pas de notre faute à nous.

ours ['aʊəz] poss pron le nôtre (la nôtre), les nôtres *(pl)* / *that money is ours* cet argent est à nous OR est le nôtre / *it wasn't their fault, it was ours* ce n'était pas de leur faute, c'était de notre faute à nous OR de la nôtre / *a friend of ours* un ami à nous, un de nos amis.

ourselves [aʊə'selvz] pron pl **1.** *(reflexive)* nous **2.** *(for emphasis)* nous-mêmes / *we did it by ourselves* nous l'avons fait tout seuls.

oust [aʊst] vt ▸ **to oust sb (from)** évincer qqn (de).

out [aʊt]

❖ adv

1. [not inside, out of doors] dehors / *we all got out* [of car] nous sommes tous sortis / *I'm going out for a walk* je sors me promener ▸ **to run out** sortir en courant / *I met her on my way out* je l'ai rencontrée en sortant ▸ **out here** ici ▸ **out there** là-bas ▸ **out you go!** sors !, file ! ▸ **out!** dehors !

2. [not at home, office] sorti(e) / *John's out at the moment* John est sorti, John n'est pas là en ce moment / *don't stay out too late* ne rentre pas trop tard / *to eat out* aller au restaurant ▸ **an afternoon out** une sortie l'après-midi / *let's have an evening out* et si on sortait ce soir ? / *a search party is out looking for them* une équipe de secours est partie à leur recherche

3. [indicating position or movement away] *on the trip out* à l'aller / *they live a long way out* ils habitent loin du centre / *hold your arms / your hand out* tendez les bras / la main

4. [extinguished] éteint(e) / *put* OR *turn the lights out* éteignez les lumières / *the lights went out* les lumières se sont éteintes

5. [public] *the secret is out* le secret a été éventé / *we must stop the news getting out* nous devons empêcher la nouvelle de s'ébruiter / *it's the best computer out (there)* c'est le meilleur ordinateur qui existe

6. [available] *the new model will be* OR *come out next month* le nouveau modèle sort le mois prochain

7. [of tides] *the tide is out* la marée est basse

8. [out of fashion] démodé(e), passé(e) de mode

9. [in flower] en fleur / *the crocuses are out* les crocus sont sortis

10. [visible *the sun is out* il fait du soleil / *the stars are out* les étoiles brillent / *the moon is out* la lune s'est levée

11. [finished] *before the year is out* avant la fin de l'année

12. [wrong] *your calculations are (way) out, you're (way) out in your calculations* vous vous êtes (complètement) trompé dans vos calculs / *it's only a few inches out* c'est bon à quelques centimètres près

13. *inf* [on strike] en grève

14. [not possible] *sorry, that's out* désolé, cela ne va pas OR n'est pas possible

15. [determined] ▸ **to be out to do sthg** être résolu(e) OR décidé(e) à faire qqch / *to be out for sthg* vouloir qqch

16. PHR **to be out to lunch** *inf* [out of touch with reality] être à côté de la plaque

◆ **out of** prep **1.** [outside] en dehors de / *to go out of the room* sortir de la pièce / *he ran / limped / strolled out of the office* il est sorti du bureau en courant / en boitant / sans se presser / *I stared out of the window* je regardais par la fenêtre / *what time do you get out of school?* à quelle heure sors-tu de l'école ? ▸ **to be out of the country** être à l'étranger / *he's out of town* il n'est pas en ville / *stay out of the sun* ne restez pas au soleil / *you keep out of this!* mêlez-vous de ce qui vous regarde ! **2.** [indicating cause] par / *out of spite / love / boredom* par dépit / amour / ennui **3.** [indicating origin, source] de, dans / *a page out of a book* une page d'un livre / *to drink out of a glass* boire dans un verre / *to get information out of sb* arracher OR soutirer des renseignements à qqn / *it's made out of plastic* c'est en plastique / *we can pay for it out of petty cash* on peut le payer avec l'argent des dépenses courantes **4.** [without] sans / *out of petrol / money* à court d'essence / d'argent / *we're out of sugar* nous n'avons plus de sucre / *out of work* au chômage **5.** [sheltered from] à l'abri de / *we're out of the wind here* nous sommes à l'abri du vent ici **6.** [to indicate proportion] sur / *one out of ten people* une personne sur dix / *ten out of ten* dix sur dix.

out-and-out adj [liar] fieffé(e) ; [disgrace] complet(ète).

outback ['aʊtbæk] noun ▸ **the outback** l'intérieur *m* du pays *(en Australie)*.

outbid [aʊt'bɪd] (*pt & pp* **outbid**, *cont* **-ding**) vt ▸ **to outbid sb (for)** enchérir sur qqn (pour).

outbound ['aʊtbaʊnd] adj [train, flight] en partance.

outbox noun [for e-mail] boîte *f* de départ, éléments *mpl* envoyés.

outbreak ['aʊtbreɪk] noun [of war, crime] début *m*, déclenchement *m* ; [of spots] éruption *f*.

outbuildings ['aʊtbɪldɪŋz] pl n dépendances *fpl*.

outburst ['aʊtbɜːst] noun explosion *f*.

outcast ['aʊtkɑːst] noun paria *m*.

outclass [ˌaʊt'klɑːs] vt surclasser.

outcome ['aʊtkʌm] noun issue *f*, résultat *m*.

outcrop ['aʊtkrɒp] noun affleurement *m*.

outcry ['aʊtkraɪ] (*pl* **-ies**) noun tollé *m*.

outdated [ˌaʊt'deɪtɪd] adj démodé(e), vieilli(e).

outdid [ˌaʊt'dɪd] pt ⟶ **outdo**.

outdistance [ˌaʊt'dɪstəns] vt *lit* & *fig* distancer.

outdo [ˌaʊt'duː] (*pt* **-did**, *pp* **-done**) vt surpasser.

outdoor ['aʊtdɔːʳ] adj [life, swimming pool] en plein air ; [activities] de plein air.

outdoors [aʊt'dɔːz] adv dehors.

outer ['aʊtəʳ] adj extérieur(e) ▸ **Outer London** la grande banlieue de Londres.

outermost ['aʊtəməʊst] adj [area] le plus éloigné (la plus éloignée) ; [layer] le plus (la plus) à l'extérieur.

outer space noun cosmos *m*.

outfit ['aʊtfɪt] noun **1.** [clothes] tenue *f* **2.** *inf* [organization] équipe *f*.

outflank [ˌaʊt'flæŋk] vt MIL déborder, prendre à revers ; *fig* déjouer les manœuvres de.

outflow ['aʊtfləʊ] noun **1.** [of fluid] écoulement *m* ; [place of outflow] décharge *f* **2.** [of capital] sorties *fpl*, fuite *f* ; [of population] exode *m*, sorties *fpl*, fuite *f*.

outgoing ['aʊtˌgəʊɪŋ] adj **1.** [chairman] sortant(e) ; [mail] à expédier ; [train] en partance **2.** [friendly, sociable] ouvert(e). ◆ **outgoings** pl n UK dépenses *fpl*.

outgrow [ˌaʊt'grəʊ] (*pt* **-grew**, *pp* **-grown**) vt **1.** [clothes] devenir trop grand(e) pour **2.** [habit] se défaire de.

outhouse ['aʊthaʊs] (*pl* [-haʊzɪz]) noun **1.** UK [outbuilding] remise *f* **2.** US [toilet] toilettes *fpl* extérieures.

outing ['aʊtɪŋ] noun **1.** [trip] sortie *f* **2.** [of gay person] *campagne, menée par des militants homosexuels, destinée à dévoiler l'homosexualité d'une personne publique*.

outlandish [aʊt'lændɪʃ] adj bizarre.

outlast [ˌaʊt'lɑːst] vt survivre à.

outlaw ['aʊtlɔː] ❖ noun hors-la-loi *m inv.* ❖ vt **1.** [practice] proscrire **2.** [person] mettre hors la loi.

outlay ['aʊtleɪ] noun dépenses *fpl*.

outlet ['aʊtlet] noun **1.** [for emotion] exutoire *m* **2.** [hole, pipe] sortie *f* **3.** US ELEC prise *f* (de courant).

outline ['aʊtlaɪn] ❖ noun **1.** [brief description] grandes lignes *fpl* ▸ **in outline** en gros **2.** [silhouette] silhouette *f* / ***to draw sthg in outline*** faire un croquis de qqch. ❖ vt **1.** [describe briefly] exposer les grandes lignes de / ***he outlined the situation briefly*** il dressa un bref bilan de la situation **2.** [silhouette] ▸ **to be outlined against** se dessiner OR se découper sur **3.** ART esquisser (les traits de), tracer / ***to outline sthg in pencil*** faire le croquis de qqch.

outlive [ˌaʊt'lɪv] vt **1.** [subj: person] survivre à **2.** [subj: idea, object] : ***it's outlived its usefulness*** cela a fait son temps.

outlook ['aʊtlʊk] noun **1.** [disposition] attitude *f*, conception *f* / ***she has a pessimistic outlook*** elle voit les choses en noir OR de manière pessimiste **2.** [prospect] perspective *f* / ***the outlook for the New Year is promising*** cette nouvelle année s'annonce prometteuse / ***the outlook for March is cold and windy*** pour mars, on prévoit un temps froid avec beaucoup de vent.

outlying ['aʊtˌlaɪɪŋ] adj [village] reculé(e) ; [suburbs] écarté(e).

outmoded [ˌaʊt'məʊdɪd] adj démodé(e).

outnumber [ˌaʊt'nʌmbəʳ] vt surpasser en nombre.

out-of-bounds adj **1.** [barred] interdit(e) / ***out-of-bounds to civilians*** interdit aux civils **2.** US SPORT hors (du) terrain.

out-of-court adj : ***out-of-court settlement*** OR ***deal*** LAW règlement amiable.

out-of-date adj [passport] périmé(e) ; [clothes] démodé(e) ; [belief] dépassé(e).

out-of-doors UK ❖ adv = **outdoors**. ❖ adj = **outdoor**.

out-of-hand adj US *inf* [extraordinary] génial(e), géant(e).

out-of-pocket adj **1.** : ***I'm £5 out of pocket*** j'en suis pour 5 livres de ma poche **2.** PHR **out-of-pocket expenses** frais *mpl*.

out-of-sync adj désynchronisé(e), hors synchronisation.

out-of-the-ordinary adj insolite.

out-of-the-way adj [village] perdu(e) ; [pub] peu fréquenté(e).

out-of-town adj [shopping centre, retail park] situé(e) à la périphérie d'une ville.

out-of-work adj au chômage.

outpatient ['aʊtˌpeɪʃnt] noun malade *mf* en consultation externe.

outperform [ˌaʊtpə'fɔːm] vt avoir de meilleures performances que, être plus performant que.

outplacement ['aʊtpleɪsmənt] noun reconversion *f* externe.

outplay [ˌaʊt'pleɪ] vt SPORT dominer.

outpost ['aʊtpəʊst] noun avant-poste *m*.

outpouring [ˌaʊt'pɔːrɪŋ] noun [of emotion] effusion *f*.

output ['aʊtpʊt] ❖ noun **1.** [production] production *f* **2.** COMPUT sortie *f.* ❖ vt COMPUT sortir.

outrage ['aʊtreɪdʒ] ❖ noun **1.** [emotion] indignation *f* **2.** [act] atrocité *f.* ❖ vt outrager.

outraged ['aʊtreɪdʒd] adj outré(e).

outrageous [aʊt'reɪdʒəs] adj **1.** [offensive, shocking] scandaleux(euse), monstrueux(euse) **2.** [very unusual] choquant(e) **3.** US *inf* [extravagant] extravagant(e).

outrageously [aʊt'reɪdʒəslɪ] adv **1.** [scandalously] de façon scandaleuse, scandaleusement ; [atrociously] atrocement, monstrueusement / *we have been treated outrageously* on nous a traités d'une façon scandaleuse **2.** [extravagantly] de façon extravagante / *the shop is outrageously expensive* les prix pratiqués dans ce magasin sont exorbitants.

outran [,aʊt'ræn] pt ⟶ **outrun**.

outreach vt [,aʊt'riːʧ] [exceed] dépasser.

outrider ['aʊt,raɪdəʳ] noun [on motorcycle] motocycliste *m* d'escorte.

outright ❖ adj ['aʊtraɪt] absolu(e), total(e). ❖ adv [,aʊt'raɪt] **1.** [deny] carrément, franchement **2.** [win, fail] complètement, totalement ▸ **to be killed outright** être tué(e) sur le coup.

outrun [,aʊt'rʌn] (*pt* **-ran**, *pp* **-run**, *cont* **-ning**) vt distancer.

outsell [,aʊt'sel] (*pt & pp* **-sold**) vt dépasser les ventes de.

outset ['aʊtset] noun ▸ **at the outset** au commencement, au début ▸ **from the outset** depuis le commencement OR début.

outshine [,aʊt'ʃaɪn] (*pt & pp* **-shone**) vt *fig* éclipser, surpasser.

outside ❖ adj ['aʊtsaɪd] **1.** [gen] extérieur(e) / *the outside world* le monde extérieur / *she has few outside interests* elle s'intéresse à peu de choses à part son travail / *an outside toilet* des toilettes (situées) à l'extérieur / *the outside edge* le bord extérieur ▸ **an outside opinion** une opinion indépendante **2.** [unlikely - chance, possibility] faible / *she has only an outside chance of winning* elle n'a que très peu de chances de gagner. ❖ adv [,aʊt'saɪd] dehors, à l'extérieur / *it's cold outside* il fait froid dehors ▸ **to go / run / look outside** aller / courir / regarder dehors / *seen from outside* vu(e) de l'extérieur. ❖ prep ['aʊtsaɪd] **1.** [not inside] à l'extérieur de, en dehors de / *nobody is allowed outside the house* personne n'a le droit de quitter la maison / *nobody outside the office must know* personne ne doit être mis au courant en dehors du bureau / *we live some way outside the town* nous habitons assez loin de la ville / *I don't think anybody outside France has heard of him* je ne pense pas qu'il soit connu ailleurs qu'en France **2.** [beyond] : *it's outside his field* ce n'est pas son domaine / *outside office hours* en dehors des heures de bureau. ❖ noun ['aʊtsaɪd] extérieur *m* ▸ **at the outside** *fig* au plus, au maximum / *looking at the problem from (the) outside* *fig* quand on considère le problème de l'extérieur. ◆ **outside of** prep [apart from] à part.

outside lane noun AUTO [in UK] voie *f* de droite ; [in Europe, US] voie *f* de gauche.

outside line noun TELEC ligne *f* extérieure.

outsider [,aʊt'saɪdəʳ] noun **1.** [in race] outsider *m* **2.** [from society] étranger *m*, -ère *f.*

outsize(d) ['aʊtsaɪz(d)] adj **1.** [bigger than usual] énorme, colossal(e) **2.** [clothes] grande taille *(inv).*

outskirts ['aʊtskɜːts] pl n ▸ **the outskirts** la banlieue.

outsmart [,aʊt'smɑːt] vt être plus malin(igne) que.

outsold [,aʊt'səʊld] pt & pp ⟶ **outsell**.

outsource ['aʊtsɔːs] vt COMM sous-traiter, externaliser.

outsourcing ['aʊtsɔːsɪŋ] noun externalisation *f*, sous-traitance *f.*

outspoken [,aʊt'spəʊkn] adj franc (franche).

outstanding [,aʊt'stændɪŋ] adj **1.** [excellent] exceptionnel(elle), remarquable **2.** [example] marquant(e) **3.** [not paid] impayé(e) **4.** [unfinished - work, problem] en suspens / *there is still one outstanding matter* il reste encore un problème à régler / *there are about 20 pages outstanding* il reste environ 20 pages à faire.

outstandingly [,aʊt'stændɪŋlɪ] adv exceptionnellement, remarquablement.

outstay [,aʊt'steɪ] vt ▸ **I don't want to outstay my welcome** je ne veux pas abuser de votre hospitalité.

outstretched [,aʊt'streʧt] adj [arm, hand] tendu(e) ; [wings] déployé(e).

outstrip [,aʊt'strɪp] (*pt & pp* **-ped**, *cont* **-ping**) vt devancer.

outtake ['aʊtteɪk] noun CIN & TV coupure *f*, prise *f* ratée.

out tray noun UK corbeille *f* sortie.

outward ['aʊtwəd] ❖ adj **1.** [going away] ▸ **outward journey** aller *m* **2.** [apparent, visible] extérieur(e). ❖ adv = **outwards**.

outwardly ['aʊtwədlɪ] adv [apparently] en apparence.

outwards ['aʊtwədz] adv vers l'extérieur.

outweigh [,aʊt'weɪ] vt *fig* primer sur.

outwit [,aʊt'wɪt] (*pt & pp* **-ted**, *cont* **-ting**) vt se montrer plus malin(igne) que.

outworker ['aʊt,wɜːkəʳ] noun travailleur *m*, -euse *f* à domicile.

oval ['əʊvl] ❖ adj ovale. ❖ noun ovale *m.*

Oval Office noun ▸ **the Oval Office** *bureau du président des États-Unis à la Maison-Blanche.*

ovarian [əʊ'veərɪən] adj ovarien(enne).

ovary ['əʊvərɪ] (*pl* **-ies**) noun ovaire *m.*

ovation [əʊ'veɪʃn] noun ovation *f* ▸ **the audience gave her a standing ovation** le public l'a ovationnée.

oven ['ʌvn] noun [for cooking] four *m.*

oven chips UK, **oven fries** US pl n frites *fpl* au four.

ovenproof ['ʌvnpruːf] adj qui va au four.

oven-ready adj prêt(e) à cuire.

ovenware ['ʌvnweəʳ] noun *(U)* plats *mpl* qui vont au four.

over ['əʊvər]

prep

1. [above] au-dessus de / *an eagle flew over us* un aigle passa au-dessus de nous / *he was watching me over his newspaper* il m'observait par-dessus son journal / *I couldn't hear what she was saying over the music* la musique m'empêchait d'entendre ce qu'elle disait

2. [on top of] sur / *she wore a cardigan over her dress* elle portait un gilet par-dessus sa robe / *I put my hand over my mouth* j'ai mis ma main devant ma bouche / *he had his jacket over his arm* il avait sa veste sur le bras

3. [across the surface of] *to cross over the road* traverser la rue / *he ran his eye over the article* il a parcouru l'article des yeux / *we travelled for days over land and sea* nous avons voyagé pendant des jours par terre et par mer / *a strange look came over her face* son visage prit une expression étrange

4. [to or on the far side of] par-dessus / *they live over the road* ils habitent en face ▸ **to go over the border** franchir la frontière / *the village over the hill* le village de l'autre côté de la colline

5. [more than] plus de / *it took me well/just over an hour* j'ai mis bien plus/un peu plus d'une heure / *children over (the age of) 7* les enfants (âgés) de plus de 7 ans ▸ **over and above** en plus de

6. [concerning] à propos de, au sujet de / *a disagreement over working conditions* un conflit portant sur les conditions de travail / *they're always quarrelling over money* ils se disputent sans cesse pour des questions d'argent

7. [during] pendant / *I've got a job over the long vacation* je vais travailler pendant les grandes vacances / *what are you doing over Easter?* qu'est-ce que tu fais pour Pâques ? / *over the next few decades* au cours des prochaines décennies

8. [recovered from] *are you over your bout of flu?* est-ce que tu es guéri OR est-ce que tu t'es remis de ta grippe ? / *he's over the shock now* il s'en est remis maintenant / *we'll soon be over the worst* le plus dur sera bientôt passé

9. [senior to] *he's over me at work* il occupe un poste plus élevé que le mien

adv

1. [movement or location across] *they flew over to America* ils se sont envolés pour les États-Unis / *she walked over to him and said hello* elle s'approcha de lui pour dire bonjour / *we invited them over* nous les avons invités chez nous / *he must have seen us: he's coming over* il a dû nous voir, il vient vers nous OR de notre côté / *she glanced over at me* elle jeta un coup d'œil dans ma direction ▸ **over here** ici ▸ **over there** là-bas

2. [to the ground] *I fell over* je suis tombé (par terre) ▸ **to lean over** se pencher ▸ **she pushed the pile of books over** elle a renversé la pile de livres

3. [more] plus / *men of 30 and over* les hommes âgés de 30 ans et plus

4. [remaining] *there's nothing (left) over* il ne reste rien / *I had a few pounds (left) over* il me restait quelques livres

5. [to another person] *they handed him over to the authorities* ils l'ont remis aux autorités ; RADIO & TV *and now over to David Smith in Paris* nous passons maintenant l'antenne à David Smith à Paris ; TELEC *over (to you)!* à vous ! / *over and out!* terminé !

6. [involving repetitions] ▸ **(all) over again** (tout) au début ▸ **over and over again** à maintes reprises, maintes fois ▸ **to do sthg over** US recommencer qqch

adj

[finished] fini(e), terminé(e)

noun

over *m*

◆ **all over** prep **1.** [covering] : *the child had chocolate all over her face* l'enfant avait du chocolat sur toute la figure **2.** [throughout] partout, dans tout ▸ **all over the world** dans le monde entier. adv [everywhere] partout. adj [finished] fini(e).

over- ['əʊvər] pref sur-.

overachiever [,əʊvərə'tʃi:vər] noun surdoué *m*, -e *f*.

overact [,əʊvər'ækt] vi *pej* THEAT en faire trop.

overactive [,əʊvər'æktɪv] adj trop actif(ive).

overall adj ['əʊvərɔ:l] [general] d'ensemble. adv [,əʊvər'ɔ:l] en général. noun ['əʊvərɔ:l] **1.** UK [gen] tablier *m* **2.** US [for work] bleu *m* de travail.
◆ **overalls** pl n **1.** UK [for work] bleu *m* de travail **2.** US [dungarees] salopette *f*.

overambitious [,əʊvəræm'bɪʃəs] adj trop ambitieux(euse).

overanxious [,əʊvər'æŋkʃəs] adj trop inquiet(ète), trop anxieux(euse).

overarm ['əʊvərɑ:m] adj & adv par en-dessus.

overate [,əʊvər'et] pt ⟶ **overeat**.

overawe [,əʊvər'ɔ:] vt impressionner.

overbalance [,əʊvə'bæləns] vi basculer.

overbearing [,əʊvə'beərɪŋ] adj autoritaire.

overblown [,əʊvə'bləʊn] adj *pej* exagéré(e).

overboard ['əʊvəbɔ:d] adv ▸ **to fall overboard** tomber par-dessus bord ▸ **to go overboard** *inf* & *fig* en faire trop ▸ **to go overboard about** *inf* & *fig* s'enthousiasmer pour.

overbook [,əʊvə'bʊk] vi surréserver.

overbooking [,əʊvə'bʊkɪŋ] noun surréservation *f*, surbooking *m*.

overcame [,əʊvə'keɪm] pt ⟶ **overcome**.

overcast [,əʊvə'kɑ:st] adj couvert(e).

overcautious [,əʊvə'kɔ:ʃəs] adj trop prudent(e), prudent(e) à l'excès.

overcharge [,əʊvə'tʃɑ:dʒ] vt ▸ **to overcharge sb (for sthg)** faire payer (qqch) trop cher à qqn. vi ▸ **to overcharge (for sthg)** demander un prix excessif (pour qqch).

overcoat ['əʊvəkəʊt] noun pardessus *m*.

overcome [,əʊvə'kʌm] (*pt* **-came**, *pp* **-come**) vt **1.** [fears, difficulties] surmonter **2.** [overwhelm] ▸ **to be overcome (by** OR **with)** a) [emotion] être submergé(e) (de) b) [grief] être accablé(e) (de).

overcompensate [ˌəʊvəˈkɒmpənseɪt] vi ▸ **to overcompensate (for sthg)** surcompenser (qqch).
overcomplicated [ˌəʊvəˈkɒmplɪkeɪtɪd] adj trop OR excessivement compliqué(e).
overconfident [ˌəʊvəˈkɒnfɪdənt] adj [too certain] trop sûr(e) de soi ; [arrogant] suffisant(e).
overcook [ˌəʊvəˈkʊk] vt faire trop cuire.
overcritical [ˌəʊvəˈkrɪtɪkəl] adj trop critique.
overcrowded [ˌəʊvəˈkraʊdɪd] adj bondé(e).
overcrowding [ˌəʊvəˈkraʊdɪŋ] noun surpeuplement *m*.
overdeveloped [ˌəʊvədɪˈveləpt] adj [gen & PHOT] trop développé(e).
overdo [ˌəʊvəˈduː] (*pt* **-did**, *pp* **-done**) vt **1.** [exaggerate] exagérer **2.** [do too much] trop faire ▸ **to overdo it** se surmener **3.** [overcook] trop cuire.
overdone [ˌəʊvəˈdʌn] ❖ pp ⟶ **overdo.** ❖ adj [food] trop cuit(e).
overdose ❖ noun [ˈəʊvədəʊs] overdose *f*. ❖ vi [ˌəʊvəˈdəʊs] ▸ **to overdose on** prendre une dose excessive de.
overdraft [ˈəʊvədrɑːft] noun découvert *m*.
overdraft facility noun autorisation *f* de découvert, facilités *fpl* de caisse.
overdraft limit noun plafond *m* de découvert.
overdrawn [ˌəʊvəˈdrɔːn] adj à découvert.
overdressed [ˌəʊvəˈdrest] adj habillé(e) avec trop de recherche / *I felt overdressed in my dinner suit* j'avais la sensation d'être emprunté dans mon smoking.
overdrive [ˈəʊvədraɪv] noun *fig* ▸ **to go into overdrive** mettre les bouchées doubles.
overdue [ˌəʊvəˈdjuː] adj **1.** [late] ▸ **overdue (for)** en retard (pour) **2.** [change, reform] ▸ **(long) overdue** attendu(e) (depuis longtemps) / *this reform is long overdue* cette réforme aurait dû être appliquée il y a longtemps **3.** [unpaid] arriéré(e), impayé(e) / *our repayments are two months overdue* nous avons un retard de deux mois dans nos remboursements.
overeat [ˌəʊvərˈiːt] (*pt* **-ate**, *pp* **-eaten**) vi trop manger.
overemphasize, overemphasise UK [ˌəʊvərˈemfəsaɪz] vt donner trop d'importance à.
overenthusiastic [ˈəʊvərɪnˌθjuːzɪˈæstɪk] adj trop enthousiaste.
overestimate [ˌəʊvərˈestɪmeɪt] vt surestimer.
overexcited [ˌəʊvərɪkˈsaɪtɪd] adj surexcité(e).
overexpose [ˌəʊvərɪkˈspəʊz] vt *lit* & *fig* surexposer.
overfamiliar [ˌəʊvəfəˈmɪljəʳ] adj **1.** [too intimate, disrespectful] trop familier(ère) **2.** [conversant] : *I'm not overfamiliar with the system* je ne connais pas très bien le système.
overfeed [ˌəʊvəˈfiːd] (*pt* & *pp* **-fed**) vt suralimenter.
overfill [ˌəʊvəˈfɪl] vt trop remplir.
overfish [ˌəʊvəˈfɪʃ] vt [fishing ground] surexploiter.
overfishing [ˌəʊvəʳˈfɪʃɪŋ] noun surpêche *f*.
overflow ❖ vi [ˌəʊvəˈfləʊ] **1.** [gen] déborder / *the glass is full to overflowing* le verre est plein à ras bord / *the river frequently overflows onto the surrounding plain* la rivière inonde souvent la plaine environnante **2.** [streets, box] ▸ **to be overflowing (with)** regorger (de) ▸ **full to overflowing** plein à craquer. ❖ vt [ˌəʊvəˈfləʊ] déborder de / *the river overflowed its banks* la rivière a débordé. ❖ noun [ˈəʊvəfləʊ] [pipe, hole] trop-plein *m*.
overground [ˈəʊvəgraʊnd] ❖ adj à la surface du sol, en surface / *an overground rail link* une voie ferrée à l'air libre OR aérienne. ❖ adv à la surface du sol / *the line goes overground when it reaches the suburbs* la ligne fait surface quand elle arrive en banlieue.
overgrown [ˌəʊvəˈgrəʊn] adj [garden] envahi(e) par les mauvaises herbes.
overhang ❖ noun [ˈəʊvəhæŋ] surplomb *m*. ❖ vt (*pt* & *pp* **-hung**) surplomber. ❖ vi (*pt* & *pp* **-hung**) être en surplomb.
overhaul ❖ noun [ˈəʊvəhɔːl] **1.** [of car, machine] révision *f* **2.** *fig* [of system] refonte *f*, remaniement *m*. ❖ vt [ˌəʊvəˈhɔːl] **1.** [car, machine] réviser **2.** *fig* [system] refondre, remanier.
overhead ❖ adj [ˈəʊvəhed] aérien(enne). ❖ adv [ˌəʊvəˈhed] au-dessus. ❖ noun [ˈəʊvəhed] *(U)* US frais *mpl* généraux. ◆ **overheads** pl n UK frais *mpl* généraux.
overhead projector noun rétroprojecteur *m*.
overhear [ˌəʊvəˈhɪəʳ] (*pt* & *pp* **-heard**) vt entendre par hasard.
overheat [ˌəʊvəˈhiːt] ❖ vt surchauffer. ❖ vi [engine] chauffer.
overheated [ˌəʊvəˈhiːtɪd] adj **1.** [too hot - room] surchauffé(e), trop chauffé(e) ; [- engine] qui chauffe **2.** *fig* [angry] passionné(e), violent(e), exalté(e).
overhung [ˌəʊvəˈhʌŋ] pt & pp ⟶ **overhang**.
overindulge [ˌəʊvərɪnˈdʌldʒ] ❖ vt trop gâter. ❖ vi ▸ **to overindulge (in)** abuser (de).
overjoyed [ˌəʊvəˈdʒɔɪd] adj ▸ **overjoyed (at)** transporté(e) de joie (à).
overkill [ˈəʊvəkɪl] noun [excess] : *that would be overkill* ce serait de trop.
overland [ˈəʊvəlænd] adj & adv par voie de terre.
overlap ❖ noun [ˈəʊvəlæp] *lit* & *fig* chevauchement *m*. ❖ vt (*pt* & *pp* **-ped**, *cont* **-ping**) [edge] dépasser de. ❖ vi (*pt* & *pp* **-ped**, *cont* **-ping**) *lit* & *fig* se chevaucher.
overlapping [ˌəʊvəˈlæpɪŋ] adj [tiles, planks, etc.] qui se chevauchent ; [responsibilities] qui se recoupent ; [holidays] qui coïncident.
overleaf [ˌəʊvəˈliːf] adv au verso, au dos.
overload [ˌəʊvəˈləʊd] (*pp* **-loaded** *or* **-laden**) vt surcharger.
overlong [ˌəʊvəˈlɒŋ] ❖ adj trop long (trop longue). ❖ adv trop longtemps.
overlook [ˌəʊvəˈlʊk] vt **1.** [subj: building, room] donner sur / *'villa overlooking the sea'* 'villa avec vue sur la mer' **2.** [disregard, miss] oublier, négliger / *he seems to have overlooked the fact that I might have difficulties* l'idée que je puisse avoir des difficultés semble lui avoir échappé / *his work has been overlooked for centuries* cela fait

des siècles que ses travaux sont ignorés **3.** [excuse] passer sur, fermer les yeux sur.

overly ['əʊvəlɪ] adv trop.

overmanning [ˌəʊvə'mænɪŋ] noun *(U)* sureffectifs *mpl.*

overnight ❖ adj ['əʊvənaɪt] **1.** [journey, parking] de nuit ; [stay] d'une nuit **2.** *fig* [sudden] ▸ **overnight success** succès *m* immédiat. ❖ adv [ˌəʊvə'naɪt] **1.** [stay, leave] la nuit **2.** [suddenly] du jour au lendemain.

overoptimistic [ˌəʊvəˌrɒptɪ'mɪstɪk] adj excessivement OR par trop optimiste / *I am not overoptimistic about their chances* je ne crois pas qu'ils aient de grandes chances.

overpaid [ˌəʊvə'peɪd] ❖ pt & pp ⟶ **overpay.** ❖ adj trop payé(e), surpayé(e).

overpass ['əʊvəpɑːs] noun US ≃ saut-de-mouton *m.*

overpay [ˌəʊvə'peɪ] (*pt & pp* **-paid**) vt trop payer.

overpayment [ˌəʊvə'peɪmənt] noun trop-perçu *m.*

overpopulated [ˌəʊvə'pɒpjʊleɪtɪd] adj surpeuplé(e).

overpopulation ['əʊvəˌpɒpjʊ'leɪʃn] noun surpeuplement *m*, surpopulation *f.*

overpower [ˌəʊvə'paʊəʳ] vt **1.** [in fight] vaincre **2.** *fig* [overwhelm] accabler, terrasser.

overpowering [ˌəʊvə'paʊərɪŋ] adj [desire] irrésistible ; [smell] entêtant(e).

overpriced [ˌəʊvə'praɪst] adj *pej* excessivement cher (chère).

overproduction [ˌəʊvəprə'dʌkʃn] noun surproduction *f.*

overprotective [ˌəʊvəprə'tektɪv] adj protecteur(trice) à l'excès.

overqualified [ˌəʊvə'kwɒlɪfaɪd] adj surqualifié(e).

overran [ˌəʊvə'ræn] pt ⟶ **overrun.**

overrate [ˌəʊvə'reɪt] vt [person] surestimer ; [book, film] surfaire.

overrated [ˌəʊvə'reɪtɪd] adj surfait(e).

overreach [ˌəʊvə'riːtʃ] vt ▸ **to overreach o.s.** trop entreprendre.

overreact [ˌəʊvərɪ'ækt] vi ▸ **to overreact (to sthg)** réagir (à qqch) de façon excessive.

overreaction [ˌəʊvərɪ'ækʃn] noun réaction *f* disproportionnée OR excessive ; [panic] affolement *m.*

override [ˌəʊvə'raɪd] (*pt* **-rode**, *pp* **-ridden**) vt **1.** [be more important than] l'emporter sur, prévaloir sur **2.** [overrule - decision] annuler.

overriding [ˌəʊvə'raɪdɪŋ] adj [need, importance] primordial(e).

overripe [ˌəʊvə'raɪp] adj trop mûr(e).

overrode [ˌəʊvə'rəʊd] pt ⟶ **override.**

overrule [ˌəʊvə'ruːl] vt [person] prévaloir contre ; [decision] annuler ; [objection] rejeter.

overrun [ˌəʊvə'rʌn] (*pt* **-ran**, *pp* **-run**, *cont* **-running**) ❖ vt **1.** MIL [occupy] occuper **2.** *fig* [cover, fill] ▸ **to be overrun with a)** [weeds] être envahi(e) de **b)** [rats] être infesté(e) de. ❖ vi [programme, speech] dépasser (le temps alloué) ; [meeting] dépasser l'heure prévue / *the speech overran by ten minutes* le discours a duré dix minutes de plus que prévu. ❖ noun ['əʊvərʌn] [in time, space] dépassement *m* ▸ **cost overruns** surcoûts *mpl.*

oversaw [ˌəʊvə'sɔː] pt ⟶ **oversee.**

overseas ❖ adj ['əʊvəsiːz] [sales, company] à l'étranger ; [market] extérieur(e) ; [visitor, student] étranger(ère) ▸ **overseas aid** aide *f* aux pays étrangers. ❖ adv [ˌəʊvə'siːz] à l'étranger.

oversee [ˌəʊvə'siː] (*pt* **-saw**, *pp* **-seen**) vt surveiller.

overseer ['əʊvəˌsiːəʳ] noun contremaître *m.*

oversensitive [ˌəʊvə'sensɪtɪv] adj trop sensible OR susceptible, hypersensible.

overshadow [ˌəʊvə'ʃædəʊ] vt [subj: building, tree] dominer ; *fig* éclipser.

overshoot [ˌəʊvə'ʃuːt] (*pt & pp* **-shot**) vt dépasser, rater.

oversight ['əʊvəsaɪt] noun oubli *m* ▸ **through oversight** par mégarde.

oversimplification ['əʊvəˌsɪmplɪfɪ'keɪʃn] noun simplification *f* excessive.

oversimplify [ˌəʊvə'sɪmplɪfaɪ] (*pt & pp* **-ied**) vt & vi trop simplifier.

oversize(d) [ˌəʊvə'saɪz(d)] adj **1.** [very big] énorme, démesuré(e) **2.** [too big] trop grand(e).

oversleep [ˌəʊvə'sliːp] (*pt & pp* **-slept**) vi ne pas se réveiller à temps.

overspend [ˌəʊvə'spend] (*pt & pp* **-spent**) vi trop dépenser.

overspill ['əʊvəspɪl] noun [of population] excédent *m.*

overstaffed [ˌəʊvə'stɑːft] adj ▸ **to be overstaffed** avoir un excédent de personnel.

overstate [ˌəʊvə'steɪt] vt exagérer.

overstatement [ˌəʊvə'steɪtmənt] noun exagération *f* / *to say that he's a singer would be an overstatement* il ne mérite pas vraiment le titre de chanteur.

overstay [ˌəʊvə'steɪ] vt ▸ **I don't want to overstay my welcome** je ne veux pas abuser de votre hospitalité.

overstep [ˌəʊvə'step] (*pt & pp* **-ped**, *cont* **-ping**) vt dépasser ▸ **to overstep the mark** dépasser la mesure.

oversubscribed [ˌəʊvəsʌb'skraɪbd] adj : *to be oversubscribed* [concert, play] être en surlocation / *the share issue was oversubscribed* la demande d'achats a dépassé le nombre de titres émis / *the school trip is oversubscribed* il y a trop d'élèves inscrits à l'excursion organisée par l'école.

overt ['əʊvɜːt] adj déclaré(e), non déguisé(e).

overtake [ˌəʊvə'teɪk] (*pt* **-took**, *pp* **-taken**) ❖ vt **1.** UK AUTO doubler, dépasser **2.** [subj: misfortune, emotion] frapper. ❖ vi UK AUTO doubler.

overtaking [ˌəʊvə'teɪkɪŋ] noun UK dépassement *m* ▸ **'no overtaking'** 'défense de doubler'.

over-the-counter adj **1.** [medicines] vendu(e) sans ordonnance, en vente libre **2.** FIN : *over-the-counter market* marché *m* hors-cote.

overthrow ❖ noun ['əʊvəθrəʊ] [of government] coup *m* d'État. ❖ vt [ˌəʊvə'θrəʊ] (*pt* **-threw**, *pp* **-thrown**) **1.** [government] renverser **2.** [idea] rejeter, écarter.

overtime ['əʊvətaɪm] ❖ noun *(U)* **1.** [extra work] heures *fpl* supplémentaires **2.** US SPORT prolongations *fpl*. ❖ adv ▸ **to work overtime** faire des heures supplémentaires.

overtime pay noun rémunération *f* des heures supplémentaires.

overtly [əʊ'vɜ:tlɪ] adv ouvertement.

overtones ['əʊvətəʊnz] pl n notes *fpl*, accents *mpl*.

overtook [,əʊvə'tʊk] pt ⟶ **overtake**.

overture ['əʊvə,tjʊəʳ] noun MUS ouverture *f*. ◆ **overtures** pl n ▸ **to make overtures to sb** faire des ouvertures à qqn.

overturn [,əʊvə'tɜ:n] ❖ vt **1.** [gen] renverser **2.** [decision] annuler. ❖ vi [vehicle] se renverser ; [boat] chavirer.

overuse [,əʊvə'ju:z] vt abuser de.

overview ['əʊvəvju:] noun vue *f* d'ensemble.

overweight [,əʊvə'weɪt] adj trop gros (grosse).

overwhelm [,əʊvə'welm] vt **1.** [subj: grief, despair] accabler ▸ **to be overwhelmed with joy** être au comble de la joie **2.** MIL [gain control of] écraser.

overwhelming [,əʊvə'welmɪŋ] adj **1.** [overpowering] irrésistible, irrépressible **2.** [defeat, majority] écrasant(e).

overwhelmingly [,əʊvə'welmɪŋlɪ] adv **1.** [generous, happy] immensément **2.** [in large numbers] en masse.

overwork [,əʊvə'wɜ:k] ❖ noun surmenage *m*. ❖ vt **1.** [person, staff] surmener **2.** *fig* [idea] exploiter. ❖ vi se surmener.

overwrite [,əʊvə'raɪt] (*pt* **-wrote**, *pp* **-written**) ❖ vt **1.** [write on top of] écrire sur, repasser sur **2.** COMPUT [file] écraser. ❖ vi écrire dans un style ampoulé.

overwrought [,əʊvə'rɔ:t] adj excédé(e), à bout.

overzealous [,əʊvə'zeləs] adj trop zélé(e).

ovulate ['ɒvjʊleɪt] vi ovuler.

ovulation [,ɒvjʊ'leɪʃn] noun ovulation *f*.

ovum ['əʊvəm] (*pl* **ova** ['əʊvə]) noun BIOL ovule *m*.

ow [aʊ] excl aïe !

owe [əʊ] vt ▸ **to owe sthg to sb, to owe sb sthg** devoir qqch à qqn / *how much* OR *what do I owe you?* combien est-ce que OR qu'est-ce que je vous dois ? / *we owe them an apology* nous leur devons des excuses / *I owe it all to my parents* je suis redevable de tout cela à mes parents.

owing ['əʊɪŋ] adj dû (due). ◆ **owing to** prep à cause de, en raison de.

owl [aʊl] noun hibou *m*.

own [əʊn] ❖ adj propre / *my own car* ma propre voiture / *I have my very own bedroom* j'ai une chambre pour moi tout seul / *it's all my own work* c'est moi qui ai tout fait / *she has her own style* elle a son style à elle / *it's your own fault!* tu n'as à t'en prendre qu'à toi-même ! / *you'll have to make up your own mind* c'est à toi et à toi seul de décider, personne ne pourra prendre cette décision à ta place. ❖ pron : *I've got my own* j'ai le mien / *he has a house of his own* il a une maison à lui, il a sa propre maison / *her opinions are identical to my own* nous partageons exactement les mêmes opinions / *the town has a character of its own* OR *all (of) its own* la ville possède un charme qui lui est propre OR un charme bien à elle ▸ **on one's own** tout seul (toute seule) / *you're on your own now!* à toi de jouer maintenant ! / *I'm trying to get him on his own* j'essaie de le voir seul à seul ▸ **to come into one's own a)** [show one's capabilities] montrer de quoi on est capable ▸ **to get one's own back** *inf* prendre sa revanche ▸ **to make sthg one's own** s'approprier qqch. ❖ vt posséder / *they own 51 % of the shares* ils détiennent 51 % des actions / *does she own the house?* est-elle propriétaire de la maison ? / *who owns this car?* à qui appartient cette voiture ? ▸ **they walked in as if they owned the place** *inf* ils sont entrés comme (s'ils étaient) chez eux. ◆ **own up** vi ▸ **to own up (to sthg)** avouer OR confesser (qqch) / *he owned up to his mistake* il a reconnu son erreur.

own brand noun UK COMM *produit qui porte la marque de la maison*.

owner ['əʊnəʳ] noun propriétaire *mf*.

owner-occupier noun UK occupant *m* propriétaire.

ownership ['əʊnəʃɪp] noun propriété *f*.

own goal noun UK **1.** FOOT ▸ **to score an own goal** marquer contre son camp **2.** *fig* [foolish mistake] gaffe *f*.

own label noun UK = **own brand**.

ox [ɒks] (*pl* **oxen** ['ɒksn]) noun bœuf *m*.

Oxbridge ['ɒksbrɪdʒ] noun *désignation collective des universités d'Oxford et de Cambridge*.

Oxbridge

Ce terme désigne les universités anglaises d'Oxford et de Cambridge, qui, depuis leur création au XIIIe siècle, sont les plus prestigieuses du Royaume-Uni : elles évoquent l'excellence de l'enseignement et l'élitisme britannique. Les conditions d'admission sont très difficiles et, bien que le gouvernement encourage les étudiants des écoles publiques à tenter leur chance, ce sont surtout les élèves des écoles privées qui sont reçus. Depuis la création de Cambridge par des étudiants dissidents d'Oxford, il y a une grande rivalité entre les deux universités : les deux établissements s'affrontent lors de plusieurs compétitions annuelles, dont la plus célèbre est une course d'aviron qui existe depuis 1829.

oxen ['ɒksn] pl n ⟶ **ox**.

oxide ['ɒksaɪd] noun oxyde *m*.

oxygen ['ɒksɪdʒən] noun oxygène *m*.

oxygen mask noun masque *m* à oxygène.

oxymoron [,ɒksɪ'mɔ:rɒn] (*pl* **-ra**) noun oxymoron *m*.

oyster ['ɔɪstəʳ] noun huître *f*.

oz. *abbr of* **ounce**.

ozone ['əʊzəʊn] noun ozone *m*.

ozone-friendly adj qui préserve la couche d'ozone.

ozone layer noun couche *f* d'ozone.

P

p[1] (*pl* **p's** *or* **ps**), **P** (*pl* **P's** *or* **Ps**) [piː] noun [letter] p *m inv*, P *m inv*.

P[2] **1.** *abbr of* **president** **2.** (*abbr of* **prince**) Pce.

p[3] **1.** (*abbr of* **page**) p **2.** *abbr of* **penny, pence**.

p & p UK *abbr of* **postage and packing**.

pa [pɑː] noun US *inf* papa *m*.

p.a. (*abbr of* **per annum**) p.a.

PA ❖ noun **1.** UK *abbr of* **personal assistant** **2.** (*abbr of* **public address system**) sono *f* **3.** (*abbr of* **Press Association**) *agence de presse britannique.* ❖ *abbr of* **Pennsylvania**.

pace [peɪs] ❖ noun **1.** [speed, rate] vitesse *f*, allure *f* ▸ **at one's own pace** à son propre rythme / *she quickened her pace* elle pressa le pas ▸ **to keep pace (with sb)** marcher à la même allure (que qqn) ▸ **to keep pace (with sthg)** se maintenir au même niveau (que qqch) / *he couldn't stand* OR *take the pace* il n'arrivait pas à suivre le rythme ▸ **to make** OR **to set the pace** a) SPORT donner l'allure, mener le train b) *fig* donner le ton **2.** [step] pas *m*. ❖ vt [room] arpenter. ❖ vi ▸ **to pace (up and down)** faire les cent pas.

pacemaker ['peɪsˌmeɪkəʳ] noun **1.** MED stimulateur *m* cardiaque **2.** SPORT meneur *m*, -euse *f*.

Pacific [pə'sɪfɪk] ❖ adj du Pacifique. ❖ noun ▸ **the Pacific (Ocean)** l'océan *m* Pacifique, le Pacifique.

pacifier ['pæsɪfaɪəʳ] noun US [for child] tétine *f*, sucette *f*.

pacifism ['pæsɪfɪzm] noun pacifisme *m*.

pacifist ['pæsɪfɪst] noun pacifiste *mf*.

pacify ['pæsɪfaɪ] (*pt & pp* **-ied**) vt **1.** [person, baby] apaiser **2.** [country] pacifier.

pack [pæk] ❖ noun **1.** [bag] sac *m* **2.** US [packet] paquet *m* **3.** [of cards] jeu *m* **4.** [of dogs] meute *f*; [of wolves, thieves] bande *f* ▸ **that's a pack of lies!** UK c'est un tissu de mensonges ! **5.** RUGBY pack *m*. ❖ vt **1.** [clothes, belongings] emballer / *I've already packed the towels* j'ai déjà mis les serviettes dans la valise ▸ **to pack one's bags** *fig* plier bagage **2.** [fill] remplir / *he packed his pockets with sweets, he packed sweets into his pockets* il a bourré ses poches de bonbons ▸ **to be packed into** être entassé(e) dans / *we managed to pack a lot into a week's holiday fig* on a réussi à faire énormément de choses en une semaine de vacances. ❖ vi [for journey] faire ses bagages OR sa valise. ◆ **pack away** vt sep **1.** [tidy up] ranger **2.** *inf* [eat] bouffer / *he really packs it away!* qu'est-ce qu'il bouffe ! ◆ **pack in** UK *inf* ❖ vt sep [stop] plaquer ▸ **pack it in!** a) [stop annoying me] arrête !, ça suffit maintenant ! b) [shut up] la ferme ! ❖ vi tomber en panne. ◆ **pack off** vt sep *inf* [send away] expédier / *I packed the kids off to bed / school* j'ai envoyé les gosses au lit / à l'école. ◆ **pack up** ❖ vt [clothes, belongings] mettre dans une valise. ❖ vi **1.** [for journey] faire sa valise **2.** *inf* [finish work] se casser / *I'm packing up for today* j'arrête pour aujourd'hui **3.** UK *inf* [car, washing machine] tomber en panne.

package ['pækɪdʒ] ❖ noun **1.** [of books, goods] paquet *m* **2.** *fig* [of proposals] ensemble *m*, série *f* **3.** COMPUT progiciel *m*. ❖ vt [wrap up] conditionner.

package holiday noun UK vacances *fpl* organisées.

packaging ['pækɪdʒɪŋ] noun conditionnement *m*.

packed [pækt] adj ▸ **packed (with)** bourré(e) (de).

packed lunch noun UK panier-repas *m*.

packed-out adj UK *inf* bourré(e).

packer ['pækəʳ] noun [worker] emballeur *m*, -euse *f*, conditionneur *m*, -euse *f* ; [machine] emballeuse *f*, conditionneuse *f*.

packet ['pækɪt] noun **1.** [gen] paquet *m* **2.** UK *inf* [lot of money] : *their new car cost a packet* leur nouvelle voiture leur a coûté un paquet OR très cher.

packhorse ['pækhɔːs] noun cheval *m* de charge.

packing ['pækɪŋ] noun [material] emballage *m*.

pact [pækt] noun pacte *m*.

pad [pæd] ❖ noun **1.** [of cotton wool] morceau *m* ▸ **shin pad** FOOT protège-tibia *m* ▸ **shoulder pads** épaulettes *fpl* **2.** [of paper] bloc *m* **3.** [for space shuttle] ▸ **(launch) pad** pas *m* de tir **4.** [of cat, dog] coussinet *m* **5.** *inf* [home] pénates *mpl*. ❖ vt (*pt & pp* **-ded**, *cont* **-ding**) [furniture, jacket] rembourrer ; [wound] tamponner. ❖ vi (*pt & pp* **-ded**, *cont* **-ding**) [walk softly] marcher à pas feutrés. ◆ **pad out** vt sep *fig* [speech, letter] délayer.

padded ['pædɪd] adj rembourré(e).

padded cell noun cellule *f* matelassée.

padding ['pædɪŋ] noun **1.** [material] rembourrage *m* **2.** *fig* [in speech, letter] délayage *m*.

paddle ['pædl] ❖ noun **1.** [for canoe] pagaie *f* **2.** UK [in sea] ▸ **to have a paddle** faire trempette **3.** US [table-tennis bat] raquette *f* (de ping-pong). ❖ vi **1.** [in canoe] avancer en pagayant **2.** [duck] barboter **3.** UK [in sea] faire trempette.

paddling pool ['pædlɪŋ-] noun UK **1.** [in park] pataugeoire *f* **2.** [inflatable] piscine *f* gonflable.

paddock ['pædək] noun **1.** [small field] enclos *m* **2.** [at racecourse] paddock *m*.

paddy field ['pædɪ-] noun rizière *f*.

padlock ['pædlɒk] ❖ noun cadenas *m*. ❖ vt cadenasser.

paediatric UK, **pediatric** US [ˌpiːdɪ'ætrɪk] adj de pédiatrie.

paediatrician UK, **pediatrician** US [ˌpiːdɪə'trɪʃn] noun pédiatre *mf*.

paedophile UK ['piːdəfaɪl], **pedophile** US ['pedəfaɪl] noun pédophile *m*.

pagan ['peɪgən] ❖ adj païen(enne). ❖ noun païen *m*, -enne *f*.

paganism ['peɪgənɪzm] noun paganisme *m*.

page [peɪdʒ] ❖ noun **1.** [of book] page *f* **2.** [sheet of paper] feuille *f* **3.** PHR **to be on the same page** OR **to be reading from the same page** US être sur la même longueur d'ondes. ❖ vt **1.** [using a pager] biper **2.** [in airport] appeler au micro.

pageant ['pædʒənt] noun [show] spectacle *m* historique ; [beauty contest] concours *m* de beauté.

pageantry ['pædʒəntrɪ] noun apparat *m*.

page boy noun **1.** UK [at wedding] garçon *m* d'honneur **2.** [hairstyle] coiffure *f* à la page.

pager ['peɪdʒə^r] noun récepteur *m* de poche.

page-turner noun *inf* livre *m* captivant.

paginate ['pædʒɪneɪt] vt paginer.

pagination [ˌpædʒɪ'neɪʃn] noun pagination *f*.

pagoda [pə'gəʊdə] noun pagode *f*.

paid [peɪd] ❖ pt & pp ⟶ **pay.** ❖ adj [work, holiday, staff] rémunéré(e), payé(e) ▸ **badly / well paid** mal / bien payé.

paid-up adj UK qui a payé sa cotisation.

pail [peɪl] noun *dated* seau *m*.

pain [peɪn] ❖ noun **1.** [hurt] douleur *f* ▸ **to be in pain** souffrir **2.** *inf* [nuisance] : *it's / he is such a pain* c'est / il est vraiment assommant ▸ **a pain in the neck** *inf* un enquiquineur (une enquiquineuse), un casse-pieds *m inv* ▸ **no pain no gain** on n'a rien sans rien. ❖ vt ▸ **it pains me (to do sthg)** je suis peiné (de faire qqch). ◆ **pains** pl n [effort, care] ▸ **to be at pains to do sthg** vouloir absolument faire qqch ▸ **to take pains to do sthg** se donner beaucoup de mal OR peine pour faire qqch ▸ **for one's pains** pour sa peine.

pained [peɪnd] adj peiné(e).

painful ['peɪnfʊl] adj **1.** [physically] douloureux(euse) **2.** [emotionally] pénible.

painfully ['peɪnfʊlɪ] adv **1.** [fall, hit] douloureusement **2.** [remember, feel] péniblement.

painkiller ['peɪnˌkɪlə^r] noun calmant *m*, analgésique *m*.

painless ['peɪnlɪs] adj **1.** [without hurt] indolore, sans douleur **2.** *fig* [changeover] sans heurt.

pain relief noun soulagement *m* / *for fast pain relief* pour soulager rapidement la douleur.

painstaking ['peɪnzˌteɪkɪŋ] adj [worker] assidu(e) ; [detail, work] soigné(e).

painstakingly ['peɪnzˌteɪkɪŋlɪ] adv assidûment, avec soin.

paint [peɪnt] ❖ noun peinture *f* ▸ **it's like watching paint dry** c'est à mourir d'ennui. ❖ vt **1.** [gen] peindre **2.** [with make-up] ▸ **to paint one's nails** se vernir les ongles.

paintball ['peɪntbɔːl] noun paintball *m*.

paintbox ['peɪntbɒks] noun ART boîte *f* de couleurs.

paintbrush ['peɪntbrʌʃ] noun pinceau *m*.

painted ['peɪntɪd] adj peint(e).

painter ['peɪntə^r] noun peintre *mf*.

painting ['peɪntɪŋ] noun **1.** *(U)* [activity] peinture *f* **2.** [picture] peinture *f*, tableau *m*.

paintwork ['peɪntwɜːk] noun *(U)* surfaces *fpl* peintes.

pair [peə^r] noun **1.** [of shoes, wings] paire *f* ▸ **a pair of trousers** un pantalon **2.** [couple] couple *m*. ◆ **pair off** ❖ vt sep mettre par paires OR deux. ❖ vi se mettre par paires OR deux par deux.

pajamas [pə'dʒɑːməz] US = **pyjamas**.

Pakistan [UK ˌpɑːkɪ'stɑːn, US ˌpækɪ'stæn] noun Pakistan *m* ▸ **in Pakistan** au Pakistan.

Pakistani [UK ˌpɑːkɪ'stɑːnɪ, US 'pækɪstænɪ] ❖ adj pakistanais(e). ❖ noun Pakistanais *m*, -e *f*.

pal [pæl] noun *inf* **1.** [friend] copain *m*, copine *f* **2.** [as term of address] mon vieux *m*.

PAL (*abbr of* **phase alternation line**) noun PAL *m*.

palace ['pælɪs] noun palais *m*.

palatable ['pælətəbl] adj **1.** [food] agréable au goût **2.** *fig* [idea] acceptable, agréable.

palate ['pælət] noun palais *m*.

palatial [pə'leɪʃl] adj pareil(eille) à un palais.

palaver [pə'lɑːvə^r] noun *(U)* *inf* **1.** [talk] palabres *fpl* **2.** [fuss] histoire *f*, affaire *f*.

pale [peɪl] ❖ adj pâle. ❖ vi ▸ **to pale into insignificance (beside)** n'être rien (à côté de).

paleness ['peɪlnɪs] noun pâleur *f*.

Palestine ['pæləˌstaɪn] noun Palestine *f*.

Palestinian [ˌpælə'stɪnɪən] ❖ adj palestinien(enne). ❖ noun Palestinien *m*, -enne *f*.

palette ['pælət] noun palette *f*.

palings ['peɪlɪŋz] pl n palissade *f*.

pall [pɔːl] ❖ noun **1.** [of smoke] voile *m* **2.** [coffin] cercueil *m*. ❖ vi perdre de son charme.

pallbearer ['pɔːlˌbeərə^r] noun porteur *m* de cercueil.

pallet ['pælɪt] noun palette *f*.

palliative ['pælɪətɪv] noun palliatif *m*.

pallid ['pælɪd] adj pâle, blafard(e).

palm [pɑːm] noun **1.** [tree] palmier *m* **2.** [of hand] paume *f*. ◆ **palm off** vt sep *inf* ▸ **to palm sthg off on sb** refiler qqch à qqn ▸ **to palm sb off with sthg** se débarrasser de qqn avec qqch ▸ **to palm sthg off as** faire passer qqch pour.

palmistry ['pɑːmɪstrɪ] noun chiromancie *f*.

Palm Sunday noun dimanche *m* des Rameaux.

palmtop noun COMPUT ordinateur *m* de poche.

palm tree noun palmier *m*.

palomino [,pælə'mi:nəʊ] (*pl* -s) noun *cheval doré à crinière et queue blanches.*

palpable ['pælpəbl] adj évident(e), manifeste.

palpitate ['pælpɪteɪt] vi palpiter.

palpitations [,pælpɪ'teɪʃənz] pl n palpitations *fpl.*

paltry ['pɔ:ltrɪ] (*compar* **-ier**, *superl* **-iest**) adj dérisoire.

pamper ['pæmpəʳ] vt choyer, dorloter.

pamphlet ['pæmflɪt] ❖ noun brochure *f.* ❖ vi distribuer des brochures.

pan [pæn] ❖ noun **1.** [gen] casserole *f* **2.** US [for bread, cakes] moule *m* **3.** PHR **to go down the pan** *inf* : *it went down the pan* ça a complètement foiré. ❖ vt (*pt & pp* **-ned**, *cont* **-ning**) *inf* [criticize] démolir. ❖ vi (*pt & pp* **-ned**, *cont* **-ning**) **1.** [prospect] : *to pan for gold* laver l'or **2.** CIN faire un panoramique.

panacea [,pænə'sɪə] noun panacée *f.*

panache [pə'næʃ] noun panache *m.*

panama [,pænə'mɑ:] noun ▸ **panama (hat)** panama *m.*

Panama ['pænəmɑ:] noun Panama *m* ▸ **in Panama** au Panama.

Panamanian [,pænə'meɪnjən] ❖ adj panaméen(enne). ❖ noun Panaméen *m*, -enne *f.*

pan-American adj panaméricain(e).

pancake ['pænkeɪk] noun crêpe *f.*

Pancake Day noun mardi gras *m.*

Pancake Tuesday noun mardi gras *m.*

pancreas ['pæŋkrɪəs] noun pancréas *m.*

panda ['pændə] (*pl inv or* **-s**) noun panda *m.*

panda car noun UK *inf & dated* voiture *f* de patrouille.

pandemic [pæn'demɪk] ❖ adj **1.** MED pandémique **2.** [universal] universel(elle), général(e). ❖ noun MED pandémie *f.*

pandemonium [,pændɪ'məʊnjəm] noun tohu-bohu *m inv.*

pander ['pændəʳ] vi ▸ **to pander to sb** se prêter aux exigences de qqn ▸ **to pander to sthg** se plier à qqch.

pane [peɪn] noun vitre *f*, carreau *m.*

panel ['pænl] noun **1.** TV & RADIO invités *mpl* ; [of experts] comité *m* **2.** [of wood] panneau *m* **3.** [of machine] tableau *m* de bord.

pan-fry vt (faire) sauter / *pan-fried potatoes* pommes *fpl* (de terre) sautées.

pang [pæŋ] noun tiraillement *m.*

panic ['pænɪk] ❖ noun **1.** [alarm, fear] panique *f* **2.** *inf* [rush] hâte *f* / *there's no panic* il n'y a pas le feu. ❖ vi (*pt & pp* **-ked**, *cont* **-king**) paniquer.

panic button noun signal *m* d'alarme ▸ **to hit the panic button** *inf* perdre les pédales.

panic buying noun *(U)* achats *mpl* en catastrophe OR de dernière minute.

panicky ['pænɪkɪ] adj [person] paniqué(e) ; [feeling] de panique.

panic selling noun ventes *fpl* de panique.

panic stations noun UK *inf* : *it was panic stations* c'était la panique générale.

panic-stricken adj affolé(e), pris(e) de panique.

pannier ['pænɪəʳ] noun [on horse] bât *m* ; [on bicycle] sacoche *f.*

panoply ['pænəplɪ] noun panoplie *f.*

panorama [,pænə'rɑ:mə] noun panorama *m.*

panoramic [,pænə'ræmɪk] adj panoramique.

pansy ['pænzɪ] (*pl* **-ies**) noun **1.** [flower] pensée *f* **2.** *offens* [man] tante *f*, tapette *f.*

pant [pænt] vi haleter.

panther ['pænθəʳ] (*pl inv or* **-s**) noun panthère *f.*

panties ['pæntɪz] pl n *inf* culotte *f.*

pantihose ['pæntɪhəʊz] US = **pantyhose.**

panto ['pæntəʊ] (*pl* **-s**) noun UK *inf spectacle de Noël pour enfants, généralement inspiré de contes de fées.*

pantomime ['pæntəmaɪm] noun UK *spectacle de Noël pour enfants, généralement inspiré de contes de fées* ▸ **pantomime dame** *rôle travesti outré et ridicule dans la* ***pantomime***.

> **Pantomime**
>
> La pantomime est un spectacle britannique traditionnel, avec des personnages-types et des interventions du public très codifiées. Le héros (principal boy) doit, selon la tradition, être joué par une jeune actrice, alors que le rôle comique, celui de la vieille dame (pantomime dame), est tenu par un acteur. Tout au long de la pièce, les spectateurs interviennent au moyen de répliques connues de tous : He's behind you! — Oh, yes he is! — Oh, no he isn't!

pantry ['pæntrɪ] (*pl* **-ies**) noun garde-manger *m inv.*

pants [pænts] pl n **1.** UK [underpants - for men] slip *m* ; [- for women] culotte *f*, slip **2.** US [trousers] pantalon *m.*

pantyhose ['pæntɪhəʊz] pl n US collant *m.*

papa [UK pə'pɑ:, US 'pæpə] noun papa *m.*

papacy ['peɪpəsɪ] (*pl* **-ies**) noun ▸ **the papacy** la papauté.

papal ['peɪpl] adj papal(e).

paparazzi [,pæpə'rætsɪ] pl n *pej* paparazzi *mpl.*

paper ['peɪpəʳ] ❖ noun **1.** *(U)* [for writing on] papier *m* ▸ **a piece of paper** a) [sheet] une feuille de papier b) [scrap] un bout de papier / *don't put anything down on paper!* ne mettez rien par écrit ! / *on paper, they're by far the better side* sur le papier, c'est de loin la meilleure équipe **2.** [newspaper] journal *m* **3.** [in exam - test] épreuve *f* ; [- answers] copie *f* **4.** [essay] ▸ **paper (on)** SCH & UNIV dissertation *f* (sur). ❖ adj [hat, bag] en papier ; *fig* [profits] théorique. ❖ vt tapisser. ◆ **papers** pl n [official documents] papiers *mpl.* ◆ **paper over**

vt insep *fig* dissimuler / *they tried to paper over the cracks* ils ont essayé de masquer les désaccords.

paperback ['peɪpəbæk] noun ▸ **paperback (book)** livre *m* de poche ▸ **in paperback** en poche.

paperboy ['peɪpəbɔɪ] noun livreur *m* de journaux.

paper clip noun trombone *m*.

paperless ['peɪpəlɪs] adj [electronic - communication, record-keeping] informatique / *the paperless office* le bureau entièrement informatisé.

paper round UK, **paper route** US noun : *to do a paper round* livrer les journaux à domicile.

paper-thin adj extrêmement mince OR fin(e).

paper towel noun serviette *f* en papier.

paperweight ['peɪpəweɪt] noun presse-papiers *m inv*.

paperwork ['peɪpəwɜ:k] noun paperasserie *f*.

paprika ['pæprɪkə] noun paprika *m*.

Papuan ['pæpjʊən] ❖ adj papou(e). ❖ noun Papou *m*, -e *f*.

Papua New Guinea noun Papouasie-Nouvelle-Guinée *f* ▸ **in Papua New Guinea** en Papouasie-Nouvelle-Guinée.

papyrus [pə'paɪərəs] (*pl* **papyruses** *or* **papyri** [-raɪ]) noun papyrus *m*.

par [pɑ:ʳ] noun **1.** [parity] ▸ **on a par with** à égalité avec **2.** GOLF par *m*, normale *f* QUÉBEC ▸ **under / over par** en-dessous / en-dessus du par **3.** [good health] ▸ **below** OR **under par** pas en forme.

parable ['pærəbl] noun parabole *f*.

parabolic [,pærə'bɒlɪk] adj parabolique.

paracetamol [,pærə'si:təmɒl] noun UK paracétamol *m*.

parachute ['pærəʃu:t] ❖ noun parachute *m*. ❖ vi sauter en parachute.

parachutist ['pærəʃu:tɪst] noun parachutiste *mf*.

parade [pə'reɪd] ❖ noun **1.** [celebratory] parade *f*, revue *f* **2.** MIL défilé *m* ▸ **to be on parade** défiler **3.** UK [street of shops] ▸ **shopping parade** rue *f* commerçante. ❖ vt **1.** [people] faire défiler **2.** [object] montrer **3.** *fig* [flaunt] afficher. ❖ vi défiler.

paradigm ['pærədaɪm] noun paradigme *m*.

paradise ['pærədaɪs] noun paradis *m*. ◆ **Paradise** noun Paradis *m*.

paradox ['pærədɒks] noun paradoxe *m*.

paradoxical [,pærə'dɒksɪkl] adj paradoxal(e).

paradoxically [,pærə'dɒksɪklɪ] adv paradoxalement.

paraffin ['pærəfɪn] noun UK paraffine *f*.

paraglider ['pærəglaɪdəʳ] noun **1.** [person] parapentiste *mf* **2.** [parachute] parapente *m*.

paragliding ['pærə,glaɪdɪŋ] noun parapente *m*.

paragon ['pærəgən] noun modèle *m*, parangon *m*.

paragraph ['pærəgrɑ:f] noun paragraphe *m*.

Paraguay ['pærəgwaɪ] noun Paraguay *m* ▸ **in Paraguay** au Paraguay.

Paraguayan [,pærə'gwaɪən] ❖ adj paraguayen(enne). ❖ noun Paraguayen *m*, -enne *f*.

parakeet ['pærəki:t] noun perruche *f*.

parallel ['pærəlel] ❖ adj *lit* & *fig* ▸ **parallel (to** OR **with)** parallèle (à) / *to run parallel to sthg* longer qqch. ❖ noun **1.** GEOM parallèle *f* **2.** [similarity & GEOG] parallèle *m* / *the two industries have developed in parallel* ces deux industries se sont développées en parallèle / *to draw a parallel between* faire OR établir un parallèle entre **3.** *fig* [similar person, object] équivalent *m* ▸ **to have no parallel** ne pas avoir d'équivalent. ❖ vt *fig* être semblable à.

parallelogram [,pærə'leləgræm] noun parallélogramme *m*.

Paralympics [,pærə'lɪmpɪks] pl n : *the Paralympics* les jeux *mpl* Paralympiques.

paralyse UK, **paralyze** US ['pærəlaɪz] vt *lit* & *fig* paralyser.

paralysed UK, **paralyzed** US ['pærəlaɪzd] adj *lit* & *fig* paralysé(e).

paralysis [pə'rælɪsɪs] (*pl* **-lyses**) noun *lit* & *fig* paralysie *f*.

paralytic [,pærə'lɪtɪk] ❖ adj **1.** MED paralytique **2.** UK *inf* [drunk] ivre mort(e). ❖ noun paralytique *mf*.

paramedic [,pærə'medɪk] noun auxiliaire médical *m*, auxiliaire médicale *f*.

parameter [pə'ræmɪtəʳ] noun paramètre *m*.

paramilitary [,pærə'mɪlɪtrɪ] adj paramilitaire.

paramount ['pærəmaʊnt] adj primordial(e) ▸ **of paramount importance** d'une importance suprême.

paranoia [,pærə'nɔɪə] noun paranoïa *f*.

paranoid ['pærənɔɪd] adj paranoïaque.

paranormal [,pærə'nɔ:ml] adj paranormal(e).

parapet ['pærəpɪt] noun parapet *m*.

paraphernalia [,pærəfə'neɪljə] noun *(U)* attirail *m*, bazar *m*.

paraphrase ['pærəfreɪz] ❖ noun paraphrase *f*. ❖ vt paraphraser. ❖ vi faire une paraphrase.

paraplegic [,pærə'pli:dʒɪk] ❖ adj paraplégique. ❖ noun paraplégique *mf*.

parascending ['pærə,sendɪŋ] noun parachute *m* ascensionnel *(tracté par véhicule)*.

parasite ['pærəsaɪt] noun *lit* & *fig* parasite *m*.

parasitic [,pærə'sɪtɪk] adj *lit* & *fig* parasite.

parasol ['pærəsɒl] noun [above table] parasol *m* ; [hand-held] ombrelle *f*.

paratrooper ['pærətru:pəʳ] noun parachutiste *mf*.

parboil ['pɑ:bɔɪl] vt faire bouillir OR cuire à demi.

parcel ['pɑ:sl] noun UK paquet *m*. ◆ **parcel up** vt sep (*pt & pp* **-led up**, *cont* **-ling up**) empaqueter.

parcel bomb noun UK colis *m* piégé.

parched [pɑ:tʃt] adj **1.** [gen] desséché(e) **2.** *inf* [very thirsty] assoiffé(e), mort(e) de soif.

parchment ['pɑ:tʃmənt] noun parchemin *m*.

pardon ['pɑ:dn] ✧ noun **1.** LAW grâce *f* **2.** *(U)* [forgiveness] pardon *m* ▸ **I beg your pardon?** [showing surprise, asking for repetition] comment ?, pardon ? ▸ **I beg your pardon!** [to apologize] je vous demande pardon ! ✧ vt **1.** [forgive] pardonner ▸ **to pardon sb for sthg** pardonner qqch à qqn ▸ **pardon me!** pardon !, excusez-moi ! **2.** LAW gracier. ✧ excl comment ?

pardonable ['pɑ:dnəbl] adj pardonnable.

pare [peəʳ] vt [apple] peler, éplucher ; [fingernails] couper. ◆ **pare down** vt sep **1.** [stick, fingernails] couper **2.** *fig* [reduce] réduire.

pared-down ['peəd-] adj [style, design] dépouillé(e), épuré(e).

parent ['peərənt] noun père *m*, mère *f*. ◆ **parents** pl n parents *mpl*.

parentage ['peərəntɪdʒ] noun *(U)* naissance *f*.

parental [pə'rentl] adj parental(e) ▸ **parental advisory** US TV avertissement *m* parental ▸ **parental consent** accord *m* des parents OR parental ▸ **parental control** autorité *f* parentale ▸ **parental responsibility** responsabilité *f* des parents OR parentale ▸ **parental rights** droits *mpl* parentaux.

parenthesis [pə'renθɪsɪs] *(pl* **-theses***)* noun parenthèse *f*.

parenthood ['peərənthʊd] noun condition *f* de parent.

parenting ['peərəntɪŋ] noun art *m* d'être parent.

parent-teacher association noun association *f* des parents d'élèves et des professeurs.

pariah [pə'raɪə] noun paria *m*.

Paris ['pærɪs] noun Paris.

parish ['pærɪʃ] noun **1.** RELIG paroisse *f* **2.** UK [area of local government] commune *f*.

parish council noun UK conseil *m* municipal.

parishioner [pə'rɪʃənəʳ] noun paroissien *m*, -enne *f*.

Parisian [pə'rɪzjən] ✧ adj parisien(enne). ✧ noun Parisien *m*, -enne *f*.

parity ['pærətɪ] noun égalité *f*.

park [pɑ:k] ✧ noun parc *m*, jardin *m* public. ✧ vt garer. ✧ vi se garer, stationner.

parka ['pɑ:kə] noun parka *f*.

parking ['pɑ:kɪŋ] noun stationnement *m* ▸ **'no parking'** 'défense de stationner', 'stationnement interdit'.

parking attendant noun [in car park] gardien *m*, -enne *f* ; [at hotel] voiturier *m*.

parking brake noun US frein *m* à main.

parking lot noun US parking *m*.

parking meter noun parcmètre *m*.

parking place noun place *f* de stationnement.

parking ticket noun contravention *f*, PV *m*.

Parkinson's disease ['pɑ:kɪnsnz-] noun maladie *f* de Parkinson.

park keeper noun UK gardien *m*, -enne *f* de parc.

parkland ['pɑ:klænd] noun *(U)* parc *m*.

parkway ['pɑ:kweɪ] noun US *large route divisée ou bordée d'arbres.*

parlance ['pɑ:ləns] noun ▸ **in common / legal parlance** en langage courant / juridique.

parliament ['pɑ:ləmənt] noun parlement *m*.

parliamentarian [,pɑ:ləmen'teərɪən] noun parlementaire *mf*.

parliamentary [,pɑ:lə'mentərɪ] adj parlementaire.

parlour UK, **parlor** US ['pɑ:ləʳ] noun *dated* salon *m*.

parochial [pə'rəʊkjəl] adj *pej* de clocher.

parody ['pærədɪ] ✧ noun *(pl* **-ies***)* parodie *f*. ✧ vt *(pt & pp* **-ied***)* parodier.

parole [pə'rəʊl] ✧ noun *(U)* parole *f* ▸ **on parole** en liberté conditionnelle. ✧ vt mettre en liberté conditionnelle.

paroxysm ['pærəksɪzm] noun [of rage] accès *m* ▸ **a paroxysm of laughter** un fou rire.

parquet ['pɑ:keɪ] noun parquet *m*.

parrot ['pærət] noun perroquet *m*.

parrot fashion adv comme un perroquet.

parry ['pærɪ] *(pt & pp* **-ied***)* vt **1.** [blow] parer **2.** [question] éluder.

parsimonious [,pɑ:sɪ'məʊnjəs] adj *fml* & *pej* parcimonieux(euse).

parsley ['pɑ:slɪ] noun persil *m*.

parsnip ['pɑ:snɪp] noun panais *m*.

parson ['pɑ:sn] noun pasteur *m*.

part [pɑ:t] ✧ noun **1.** [gen] partie *f* ▸ **the best** OR **better part of** la plus grande partie de ▸ **for the most part** dans l'ensemble ▸ **in part** en partie ▸ **to be (a) part of sthg** faire partie de qqch / *it's very much part of the game / of the process* ça fait partie du jeu / du processus ▸ **part and parcel of** partie intégrante de **2.** [of TV serial] épisode *m* **3.** [component] pièce *f* **4.** [in proportions] mesure *f* **5.** THEAT rôle *m* **6.** [involvement] ▸ **part in** participation *f* à ▸ **to play an important part in** jouer un rôle important dans ▸ **to take part in** participer à / *he has no part in the running of the company* il ne participe pas à OR il n'intervient pas dans la gestion de la société ▸ **to want no part in** ne pas vouloir se mêler de ▸ **for my part** en ce qui me concerne ▸ **on my / his etc. part** de ma / sa etc. part **7.** [area - of country, town] / *which part of England are you from?* vous êtes d'où en Angleterre ?, de quelle région de l'Angleterre venez-vous ? / *it's a dangerous part of town* c'est un quartier dangereux **8.** US [hair parting] raie *f*. ✧ adv en partie. ✧ vt ▸ **to part one's hair** se faire une raie / *her hair's parted in the middle* elle a la raie au milieu. ✧ vi **1.** [couple] se séparer **2.** [curtains] s'écarter, s'ouvrir. ◆ **parts** pl n ▸ **in these parts** dans cette région. ◆ **part with** vt insep [money] débourser ; [possession] se défaire de.

partake [pɑ:'teɪk] *(pt* **-took**, *pp* **-taken***)* vi *fml* ▸ **to partake of** prendre.

part exchange noun UK reprise *f* ▸ **to take sthg in part exchange** reprendre qqch.

partial ['pɑːʃl] adj **1.** [incomplete] partiel(elle) **2.** [biased] partial(e) **3.** [fond] ▸ **to be partial to** avoir un penchant pour.

> **partial OR partiel?**
> French **partial** means partial in the sense of biased, while **partiel** means partial in the sense of only in part.

partiality [ˌpɑːʃɪ'ælətɪ] noun **1.** [bias] partialité *f* **2.** [fondness] ▸ **partiality for** prédilection *f* OR penchant *m* pour.

partially ['pɑːʃəlɪ] adv partiellement.

partially sighted ❖ adj malvoyant(e). ❖ pl n : *the partially sighted* les malvoyants *mpl*.

participant [pɑː'tɪsɪpənt] noun participant *m*, -e *f*.

participate [pɑː'tɪsɪpeɪt] vi ▸ **to participate (in)** participer (à).

participation [pɑːˌtɪsɪ'peɪʃn] noun participation *f*.

participle ['pɑːtɪsɪpl] noun participe *m*.

particle ['pɑːtɪkl] noun particule *f*.

particular [pə'tɪkjʊlər] adj **1.** [gen] particulier(ère) / *for no particular reason* sans raison particulière / *it's an issue of particular importance to us* c'est une question qui revêt une importance toute particulière à nos yeux **2.** [fussy] pointilleux(euse) ▸ **particular about** exigeant(e) à propos de. ◆ **particulars** pl n renseignements *mpl*. ◆ **in particular** adv en particulier / *what are you thinking about? — nothing in particular* à quoi penses-tu ? — à rien en particulier.

particularly [pə'tɪkjʊləlɪ] adv particulièrement.

parting ['pɑːtɪŋ] noun **1.** [separation] séparation *f* **2.** UK [in hair] raie *f*.

parting shot noun flèche *f* du Parthe.

partisan [ˌpɑːtɪ'zæn] ❖ adj partisan(e). ❖ noun partisan *m*, -e *f*.

partition [pɑː'tɪʃn] ❖ noun **1.** [wall, screen] cloison *f* **2.** [of country] partition *f*. ❖ vt **1.** [room] cloisonner **2.** [country] partager.

partly ['pɑːtlɪ] adv partiellement, en partie.

partner ['pɑːtnər] ❖ noun **1.** [in game, dance] partenaire *mf* ; [spouse] conjoint *m*, -e *f* ; [not married] compagnon *m*, compagne *f* **2.** [in business, crime] associé *m*, -e *f*. ❖ vt être le (la) partenaire de.

partnership ['pɑːtnəʃɪp] noun association *f* ; [between companies] partenariat *m* ▸ **to enter** OR **go into partnership (with)** s'associer (avec) ▸ **to work in partnership with** travailler en association OR en partenariat avec.

part of speech noun partie *f* du discours.

partook [pɑː'teɪkn] pt ⟶ **partake**.

part payment noun paiement *m* partiel.

partridge ['pɑːtrɪdʒ] noun perdrix *f*.

part-time adj & adv à temps partiel.

part-timer noun travailleur *m*, -euse *f* à temps partiel.

party ['pɑːtɪ] ❖ noun (*pl* **-ies**) **1.** POL parti *m* **2.** [social gathering] fête *f*, réception *f* ▸ **to have** OR **throw a party** donner une fête **3.** [group] groupe *m* **4.** LAW partie *f* ▸ **to be a party to** être complice de. ❖ vi *inf* faire la fête.

party animal noun *inf* fêtard *m* / *she's a real party animal* elle adore faire la fête.

partygoer ['pɑːtɪgəʊə] noun fêtard *m*, -e *f*.

partying ['pɑːtɪɪŋ] noun : *she's a great one for partying inf* elle adore faire la fête.

party line noun **1.** POL ligne *f* du parti **2.** TELEC ligne *f* commune à deux abonnés.

party piece noun *inf* numéro *m* habituel.

party political broadcast noun UK *moment d'antenne réservé à un parti politique.*

party pooper noun *inf* rabat-joie *m inv*.

party wall noun mur *m* mitoyen.

pass [pɑːs] ❖ noun **1.** SPORT passe *f* **2.** [document - for security] laissez-passer *m inv* ; [- for travel] carte *f* d'abonnement **3.** UK [in exam] mention *f* passable / *to get a pass* avoir la moyenne **4.** [between mountains] col *m* **5.** PHR ▸ **to make a pass at sb** faire du plat à qqn. ❖ vt **1.** [object, time] passer ▸ **to pass sthg to sb, to pass sb sthg** passer qqch à qqn **2.** [person in street] croiser / *the ships passed each other in the fog* les navires se sont croisés dans le brouillard **3.** [place] passer devant **4.** AUTO dépasser, doubler **5.** [exceed] dépasser / *we've passed the exit* nous avons dépassé la sortie **6.** [exam] réussir (à) ; [driving test] passer / *he didn't pass his history exam* il a échoué OR il a été recalé à son examen d'histoire **7.** [candidate] recevoir, admettre **8.** [law, motion] voter **9.** [opinion] émettre ; [judgment] rendre, prononcer. ❖ vi **1.** [gen] passer / *his life passed before his eyes* il a vu sa vie défiler devant ses yeux / *the weekend passed without surprises* le week-end s'est passé sans surprises **2.** AUTO doubler, dépasser / *the road was too narrow for two cars to pass* la route était trop étroite pour que deux voitures se croisent **3.** SPORT faire une passe **4.** [in exam] réussir, être reçu(e) **5.** [occur] se dérouler, avoir lieu. ◆ **pass around, pass round** UK vt sep faire passer. ◆ **pass as** vt insep passer pour / *don't try to pass as an expert* n'essaie pas de te faire passer pour un expert. ◆ **pass away** vi *euph* s'éteindre. ◆ **pass by** ❖ vt sep : *the news passed him by* la nouvelle ne l'a pas affecté / *she felt life had passed her by* elle avait le sentiment d'avoir raté sa vie. ❖ vi passer à côté. ◆ **pass for** vt insep = **pass as**. ◆ **pass off** vt sep ▸ **to pass sb / sthg off as** faire passer qqn / qqch pour / *he passes himself off as an actor* il se fait passer pour un acteur. ◆ **pass on** ❖ vt sep ▸ **to pass sthg on (to)** a) [object] faire passer qqch (à) b) [tradition, information] transmettre qqch (à) / *they pass the costs on to their customers* ils répercutent les coûts sur leurs clients. ❖ vi **1.** [move on] continuer son chemin **2.** *euph* = **pass away**. ◆ **pass out** vi **1.** [faint] s'évanouir **2.** UK MIL finir OR terminer les classes. ◆ **pass over** ❖ vt sep [overlook - person] / *he was passed over for promotion* on ne lui a pas accordé la promotion qu'il attendait. ❖ vt insep [problem, topic] passer sous silence. ◆ **pass round** vt insep UK = **pass around.** ◆ **pass to** vt insep passer à, revenir à. ◆ **pass up** vt sep [opportunity] laisser passer / *I'll have to pass up their invitation* je vais devoir décliner leur invitation.

⚠ Passer un examen means *to take an exam*, not *to pass an exam*.

passable ['pɑ:səbl] adj **1.** [satisfactory] passable **2.** [road] praticable ; [river] franchissable.

passage ['pæsɪdʒ] noun **1.** [gen] passage *m* **2.** [between rooms] couloir *m* **3.** [sea journey] traversée *f*.

passageway ['pæsɪdʒweɪ] noun [between houses] passage *m* ; [between rooms] couloir *m*.

passé [pæ'seɪ] adj *pej* démodé(e).

passenger ['pæsɪndʒəʳ] noun passager *m*, -ère *f*.

passenger seat noun AUTO [in front] siège *m* du passager ; [in back] siège *m* arrière.

passerby [ˌpɑ:sə'baɪ] (*pl* **passersby** [ˌpɑ:səz'baɪ]) noun passant *m*, -e *f*.

passing ['pɑ:sɪŋ] ❖ adj [going by] qui passe ; [remark] en passant ; [trend] passager(ère) / *with each passing day he grew more worried* son inquiétude croissait de jour en jour. ❖ noun ▸ **with the passing of time** avec le temps. ◆ **in passing** adv en passant.

passion ['pæʃn] noun passion *f* ▸ **to have a passion for** avoir la passion de. ◆ **Passion** noun ▸ **the Passion** la Passion.

passionate ['pæʃənət] adj passionné(e).

passionately ['pæʃənətlɪ] adv avec passion.

passion fruit noun fruit *m* de la passion.

passive ['pæsɪv] ❖ adj passif(ive). ❖ noun GRAM ▸ **the passive** le passif.

passive-aggressive adj PSYCHOL passif-agressif (passive-aggressive).

passively ['pæsɪvlɪ] adv passivement.

passive smoking noun tabagisme *m* passif.

passkey ['pɑ:ski:] noun passe *m*.

pass mark noun UK SCH moyenne *f*.

Passover ['pɑ:sˌəʊvəʳ] noun ▸ **(the) Passover** la Pâque juive.

passport ['pɑ:spɔ:t] noun **1.** [document] passeport *m* **2.** *fig* [means] ▸ **passport to** clef *f* de.

passport control noun contrôle *m* des passeports.

password ['pɑ:swɜ:d] noun mot *m* de passe.

password-protected adj COMPUT protégé(e) par mot de passe.

past [pɑ:st] ❖ adj **1.** [former] passé(e) / *for the past five years* ces cinq dernières années / *the past week* la semaine passée OR dernière / *in past times* OR *times past* autrefois, (au temps) jadis **2.** [finished] fini(e). ❖ adv **1.** [in times] : *it's ten past* il est dix **2.** [in front] : *to go past* passer ▸ **to drive past** passer (devant) en voiture ▸ **to run past** passer (devant) en courant. ❖ noun passé *m* / *the great empires of the past* les grands empires de l'histoire / *to live in the past* vivre dans le passé. ❖ prep **1.** [in times] : *it's half past eight* il est huit heures et demie / *it's five past nine* il est neuf heures cinq / *it's already past midnight* il est déjà plus de minuit OR minuit passé **2.** [in front of] devant ▸ **we drove past them** nous les avons dépassés en voiture **3.** [beyond] après, au-delà de / *it's a few miles past the lake* c'est quelques kilomètres après le lac / *I'm past caring* ça ne me fait plus ni chaud ni froid ▸ **to be past it** *inf* être trop vieux (vieille) pour ça ▸ **I wouldn't put it past him** *inf* & *pej* cela ne m'étonnerait pas de lui.

pasta ['pæstə] noun *(U)* pâtes *fpl*.

paste [peɪst] ❖ noun **1.** [gen] pâte *f* **2.** CULIN pâté *m* **3.** *(U)* [glue] colle *f* **4.** *(U)* [jewellery] strass *m*. ❖ vt coller.

pastel ['pæstl] ❖ adj pastel *(inv)*. ❖ noun pastel *m*.

pasteurize, pasteurise UK ['pɑ:stʃəraɪz] vt pasteuriser.

pastiche [pæ'sti:ʃ] noun pastiche *m*.

pastille ['pæstɪl] noun pastille *f*.

pastime ['pɑ:staɪm] noun passe-temps *m inv*.

pasting ['peɪstɪŋ] noun *inf* [beating] rossée *f*.

pastor ['pɑ:stəʳ] noun pasteur *m*.

pastoral ['pɑ:stərəl] adj pastoral(e).

past participle noun participe *m* passé.

pastry ['peɪstrɪ] (*pl* **-ies**) noun **1.** [mixture] pâte *f* **2.** [cake] pâtisserie *f*.

past tense noun passé *m*.

pasture ['pɑ:stʃəʳ] noun pâturage *m*, pré *m*.

pasty¹ ['peɪstɪ] (*compar* **-ier**, *superl* **-iest**) adj blafard(e), terreux(euse).

pasty² ['pæstɪ] (*pl* **-ies**) noun UK petit pâté *m*, friand *m*.

pat [pæt] ❖ adj (*compar* **-ter**, *superl* **-test**) tout prêt (toute prête), tout fait (toute faite). ❖ noun **1.** [light stroke] petite tape *f* ; [to animal] caresse *f* **2.** [of butter] noix *f*, noisette *f*. ❖ vt (*pt & pp* **-ted**, *cont* **-ting**) [person] tapoter, donner une tape à ; [animal] caresser.

Patagonia [ˌpætə'gəʊnjə] noun Patagonie *f* ▸ **in Patagonia** en Patagonie.

patch [pætʃ] ❖ noun **1.** [piece of material] pièce *f* ; [to cover eye] bandeau *m* **2.** [small area - of snow, ice] plaque *f* **3.** [of land] parcelle *f*, lopin *m* ▸ **vegetable patch** carré *m* de légumes **4.** MED patch *m* **5.** [period of time] ▸ **a difficult patch** une mauvaise passe **6.** PHR **not to be a patch on sb** UK *inf* ne pas arriver OR venir à la cheville de qqn ▸ **not to be a patch on sthg** UK *inf* ne pas valoir qqch. ❖ vt rapiécer. ◆ **patch together** vt sep faire à la va-vite. ◆ **patch up** vt sep **1.** [mend] rafistoler, bricoler **2.** *fig* [quarrel] régler, arranger ▸ **to patch up a relationship** se raccommoder.

patchwork ['pætʃwɜ:k] ❖ adj en patchwork. ❖ noun patchwork *m*.

patchy ['pætʃɪ] (*compar* **-ier**, *superl* **-iest**) adj [gen] inégal(e) ; [knowledge] insuffisant(e), imparfait(e).

pâté ['pæteɪ] noun pâté *m*.

patent UK 'peɪtənt, US 'pætənt] ❖ adj [obvious] évident(e), manifeste. ❖ noun brevet *m* (d'invention). ❖ vt faire breveter.

patented [UK 'peɪtəntɪd, US 'pætəntɪd] adj breveté(e).

patent leather noun cuir *m* verni.

patently [UK 'peɪtəntlɪ, US 'pætəntlɪ] adv manifestement.

paternal [pə'tɜ:nl] adj paternel(elle).

paternally [pə'tɜ:nəlɪ] adv paternellement.

paternity [pə'tɜ:nətɪ] noun paternité *f*.

paternity leave noun congé *m* parental *(pour pères)*.

paternity test noun test *m* de recherche de paternité.

path [pɑ:θ] (*pl* [pɑ:ðz]) noun **1.** [track] chemin *m*, sentier *m* **2.** [way ahead, course of action] voie *f*, chemin *m* **3.** [trajectory] trajectoire *f* **4.** COMPUT chemin *m* (d'accès) **5.** PHR **our paths had crossed before** nos chemins s'étaient déjà croisés.

pathetic [pə'θetɪk] adj **1.** [causing pity] pitoyable, attendrissant(e) **2.** [useless - efforts, person] pitoyable, minable.

pathetically [pə'θetɪklɪ] adv **1.** [cry, whimper] pitoyablement **2.** [inadequate, feeble] lamentablement.

pathname ['pɑ:θneɪm] noun chemin *m* (d'accès).

pathological [,pæθə'lɒdʒɪkl] adj pathologique.

pathologist [pə'θɒlədʒɪst] noun pathologiste *mf*.

pathology [pə'θɒlədʒɪ] noun pathologie *f*.

pathos ['peɪθɒs] noun pathétique *m*.

pathway ['pɑ:θweɪ] noun chemin *m*, sentier *m*.

patience ['peɪʃns] noun **1.** [of person] patience *f* ▸ **to try sb's patience** mettre la patience de qqn à l'épreuve, éprouver la patience de qqn **2.** UK [card game] réussite *f*.

patient ['peɪʃnt] ❖ adj patient(e). ❖ noun [in hospital] patient *m*, -e *f*, malade *mf* ; [of doctor] patient.

patiently ['peɪʃntlɪ] adv patiemment.

patio ['pætɪəʊ] (*pl* **-s**) noun patio *m*.

patio doors pl n *portes vitrées coulissantes*.

patriarch ['peɪtrɪɑ:k] noun patriarche *m*.

patriarchal [,peɪtrɪ'ɑ:kl] adj patriarcal(e).

patriarchy ['peɪtrɪɑ:kɪ] (*pl* **-ies**) noun patriarcat *m*.

patrimony [UK 'pætrɪmənɪ, US 'pætrɪməʊnɪ] noun *fml* patrimoine *m*, héritage *m*.

patriot [UK 'pætrɪət, US 'peɪtrɪət] noun patriote *mf*.

patriotic [UK ,pætrɪ'ɒtɪk, US ,peɪtrɪ'ɒtɪk] adj [gen] patriotique ; [person] patriote.

patriotism [UK 'pætrɪətɪzm, US 'peɪtrɪətɪzm] noun patriotisme *m*.

patrol [pə'trəʊl] ❖ noun patrouille *f* ▸ **to be on patrol** être de patrouille ▸ **to go on patrol** aller en patrouille. ❖ vt (*pt & pp* **-led**, *cont* **-ling**) patrouiller dans, faire une patrouille dans.

patrolman [pə'trəʊlmən] (*pl* **-men**) noun US agent *m* de police.

patron ['peɪtrən] noun **1.** [of arts] mécène *m*, protecteur *m*, -trice *f* **2.** UK [of charity] patron *m*, -onne *f* **3.** *fml* [customer] client *m*, -e *f*.

patronage ['peɪtrənɪdʒ] noun patronage *m*.

patronize, patronise UK ['pætrənaɪz] vt **1.** [talk down to] traiter avec condescendance **2.** *fml* [back financially] patronner, protéger.

patronizing, patronising UK ['pætrənaɪzɪŋ] adj condescendant(e).

patron saint noun saint patron *m*, sainte patronne *f*.

patter ['pætər] ❖ noun **1.** [sound - of rain] crépitement *m* **2.** [talk] baratin *m*, bavardage *m*. ❖ vi [feet, paws] trottiner ; [rain] frapper, fouetter.

pattern ['pætən] noun **1.** [design] motif *m*, dessin *m* **2.** [of distribution, population] schéma *m* ; [of life, behaviour] mode *m* / *there is a definite pattern to the burglaries* on observe une constante bien précise dans les cambriolages **3.** [diagram] ▸ **(sewing) pattern** patron *m* **4.** [model] modèle *m* / *to set a pattern (for)* **a)** [subj: company, method, work] servir de modèle (à) **b)** [subj: person] instaurer un modèle (pour).

patterned ['pætənd] adj à motifs.

paunch [pɔ:ntʃ] noun bedaine *f*.

pauper ['pɔ:pər] noun *dated* indigent *m*, -e *f*, nécessiteux *m*, -euse *f*.

pause [pɔ:z] ❖ noun **1.** [short silence] pause *f*, silence *m* / *there was a long pause before she answered* elle garda longtemps le silence avant de répondre **2.** [break] pause *f*, arrêt *m* / *without a pause* sans s'arrêter, sans interruption. ❖ vi **1.** [stop speaking] marquer un temps **2.** [stop moving, doing] faire une pause, s'arrêter / *without pausing for breath* sans même reprendre son souffle.

pave [peɪv] vt paver ▸ **to pave the way for sb / sthg** ouvrir la voie à qqn / qqch.

paved [peɪvd] adj pavé(e).

pavement ['peɪvmənt] noun **1.** UK [at side of road] trottoir *m* **2.** US [roadway] chaussée *f*.

pavilion [pə'vɪljən] noun pavillon *m*.

paving ['peɪvɪŋ] noun *(U)* pavé *m*.

paving stone noun pavé *m*.

paw [pɔ:] ❖ noun patte *f*. ❖ vt **1.** [subj: animal] donner des coups de patte à **2.** *pej* [subj: person] tripoter, peloter.

pawn [pɔ:n] ❖ noun *lit* & *fig* pion *m*. ❖ vt mettre en gage.

pawnbroker ['pɔ:n,brəʊkər] noun prêteur *m*, -euse *f* sur gages.

pawnshop ['pɔ:nʃɒp] noun boutique *f* de prêteur sur gages.

pay [peɪ] ❖ vt (*pt & pp* **paid**) **1.** [gen] payer ▸ **to pay sb for sthg** payer qqn pour qqch, payer qqch à qqn / *I paid £20 for that shirt* j'ai payé cette chemise 20 livres ▸ **to pay money into an account** verser de l'argent sur un compte ▸ **to pay a cheque into an account** déposer un chèque sur un compte ▸ **to pay one's way** payer sa

part **2.** [be profitable to] rapporter à / *it will pay you not to say anything fig* tu as intérêt OR tu gagneras à ne rien dire **3.** [give, make] ▸ **to pay attention (to sb / sthg)** prêter attention (à qqn / qqch) ▸ **to pay sb a compliment** faire un compliment à qqn ▸ **to pay sb a visit** rendre visite à qqn. ❖ vi (*pt & pp* **paid**) payer ▸ **to pay dearly for sthg** *fig* payer qqch cher. ❖ noun salaire *m*, traitement *m*.
◆ **pay back** vt sep **1.** [return loan of money] rembourser **2.** [revenge oneself on] revaloir / *I'll pay you back for that* tu me le paieras, je te le revaudrai. ◆ **pay off** ❖ vt sep **1.** [repay - debt] s'acquitter de, régler ; [- loan] rembourser **2.** [dismiss] licencier, congédier **3.** [bribe] soudoyer, acheter. ❖ vi [course of action] être payant(e).
◆ **pay out** ❖ vt sep **1.** [money] dépenser, débourser **2.** [rope] laisser filer, lâcher. ❖ vi dépenser, débourser.
◆ **pay up** vi payer.

payable ['peɪəbl] adj **1.** [gen] payable **2.** [on cheque] ▸ **payable to** à l'ordre de.

pay-and-display adj : *pay-and-display car park* parking *m* à horodateur / *pay-and-display machine* horodateur *m*.

pay-as-you-earn noun UK prélèvement *m* de l'impôt à la source.

pay-as-you-go [,pi:di:'ef] noun système *m* sans forfait.

payback ['peɪbæk] noun **1.** FIN rapport *m* *(d'un investissement)* **2.** [revenge] revanche *f* ▸ **it's payback time!** l'heure de la revanche a sonné !

pay channel noun chaîne *f* payante.

paycheck ['peɪtʃek] noun US paie *f*.

payday ['peɪdeɪ] noun jour *m* de paie.

PAYE (*abbr of* **pay-as-you-earn**) noun UK prélèvement *m* de l'impôt à la source.

payee [peɪ'i:] noun bénéficiaire *mf*.

payer ['peɪəʳ] noun payeur *m*, -euse *f*.

paying ['peɪɪŋ] ❖ noun paiement *m*. ❖ adj **1.** [who pays] payant(e) **2.** [profitable] payant(e), rentable.

paying-in slip noun UK bordereau *m* de versement.

payload ['peɪləʊd] noun charge *f* utile.

paymaster ['peɪ,mɑ:stəʳ] noun intendant *m*.

payment ['peɪmənt] noun paiement *m* ▸ **payment facilities** facilités *fpl* de paiement ▸ **payment schedule** échéancier *m* (de paiement).

payoff ['peɪɒf] noun **1.** [result] résultat *m* **2.** [redundancy payment] indemnité *f* de licenciement.

pay packet noun UK **1.** [envelope] enveloppe *f* de paie **2.** [wages] paie *f*.

pay-per-view ❖ noun TV système *m* de télévison à la carte OR à la séance. ❖ adj à la carte, à la séance.

pay-per-view channel noun chaîne *f* à la carte OR à la séance.

pay-per-view television noun télévision *f* à la carte OR à la séance.

pay phone, pay station US noun téléphone *m* public, cabine *f* téléphonique.

pay rise UK, **pay raise** US noun augmentation *f* de salaire.

payroll ['peɪrəʊl] noun registre *m* du personnel / *they have 100 people on the payroll* ils ont 100 employés OR salariés.

payslip ['peɪslɪp] noun UK feuille *f* OR bulletin *m* de paie.

pay television, pay TV noun chaîne *f* à péage.

pc ❖ noun *abbr of* **postcard.** ❖ (*abbr of* **per cent**) p. cent.

PC ❖ noun **1.** (*abbr of* **personal computer**) PC *m*, micro *m* **2.** UK *abbr of* **police constable 3.** UK (*abbr of* **privy councillor**) *membre du conseil privé.* ❖ adj *abbr of* **politically correct**.

PC-compatible adj COMPUT compatible PC.

PDF (*abbr of* **portable document format**) noun COMPUT PDF *m*.

pdq (*abbr of* **pretty damn quick**) adv *inf* illico presto.

PE (*abbr of* **physical education**) noun EPS *f*.

pea [pi:] noun pois *m*.

peace [pi:s] noun *(U)* paix *f* ; [quiet, calm] calme *m*, tranquillité *f* ▸ **to be at peace with sthg / sb / o.s.** être en paix OR en accord avec qqch / qqn / soi-même ▸ **to make (one's) peace with sb** faire la paix avec qqn / *we haven't had a moment's peace all morning* nous n'avons pas eu un moment de tranquillité de toute la matinée / *all I want is a bit of peace and quiet* tout ce que je veux, c'est un peu de tranquillité / *to have peace of mind* avoir l'esprit tranquille.

peaceable ['pi:səbl] adj paisible, pacifique.

peace agreement noun accord *m* de paix.

peaceful ['pi:sfʊl] adj **1.** [quiet, calm] paisible, calme **2.** [not aggressive - person] pacifique ; [- demonstration] non-violent(e).

peacefully ['pi:sfʊlɪ] adv paisiblement.

peacefulness ['pi:sfʊlnɪs] noun paix *f*, calme *m*.

peacekeeper ['pi:s,ki:pəʳ] noun [soldier] soldat *m* de la paix ; [of United Nations] casque *m* bleu.

peacekeeping ['pi:s,ki:pɪŋ] ❖ noun maintien *m* de la paix. ❖ adj de maintien de la paix ▸ **a United Nations peacekeeping force** des forces des Nations unies pour le maintien de la paix.

peacemaker ['pi:s,meɪkəʳ] noun pacificateur *m*, -trice *f*.

peace offering noun *inf* gage *m* de paix, cadeau *m* (pour faire la paix).

peacetime ['pi:staɪm] noun temps *m* de paix.

peach [pi:tʃ] ❖ adj couleur pêche *(inv)*. ❖ noun pêche *f*.

peacock ['pi:kɒk] noun paon *m*.

peak [pi:k] ❖ noun **1.** [mountain top] sommet *m*, cime *f* **2.** *fig* [of career, success] apogée *m*, sommet *m* **3.** [of cap] visière *f*. ❖ adj [condition] optimum *(inv)*. ❖ vi atteindre un niveau maximum.

peak hours pl n heures *fpl* d'affluence OR de pointe.

peak rate noun tarif *m* normal.

peak viewing time noun heures *fpl* de grande écoute.

peaky ['pi:kɪ] (*compar* **-ier**, *superl* **-iest**) adj UK *inf* souffrant(e), fatigué(e).

peal [pi:l] ❖ noun [of bells] carillonnement *m* ; [of laughter] éclat *m* ; [of thunder] coup *m*. ❖ vi [bells] carillonner.

peanut ['pi:nʌt] noun cacahuète *f*.

peanut butter noun beurre *m* de cacahuètes.

pear [peəʳ] noun poire *f*.

pearl [pɜ:l] noun perle *f*.

pearly ['pɜ:lɪ] (*compar* **-ier**, *superl* **-iest**) adj nacré(e).

pear-shaped adj en forme de poire, piriforme / *she's pear-shaped* elle a de fortes hanches ▸ **to go pear-shaped** *inf* tourner mal / *everything went pear-shaped* tout est parti en vrille.

peasant ['peznt] noun **1.** [in countryside] paysan *m*, -anne *f* **2.** *pej* [ignorant person] péquenaud *m*, -e *f*.

peashooter ['pi:ˌʃu:təʳ] noun sarbacane *f*.

peat [pi:t] noun tourbe *f*.

pebble ['pebl] noun galet *m*, caillou *m*.

pebbledash [ˌpebl'dæʃ] noun UK crépi *m*.

pecan [UK 'pi:kən, US pɪ'kæn] ❖ noun [nut] (noix *f* de) pecan *m*, (noix *f* de) pacane *f* ; [tree] pacanier *m*. ❖ adj [pie, ice cream] à la noix de pecan.

peck [pek] ❖ noun **1.** [with beak] coup *m* de bec **2.** [kiss] bise *f*. ❖ vt **1.** [with beak] picoter, becqueter **2.** [kiss] ▸ **to peck sb on the cheek** faire une bise à qqn.

pecking order ['pekɪŋ-] noun hiérarchie *f*.

peckish ['pekɪʃ] adj UK *inf* ▸ **to feel peckish** avoir un petit creux.

pecs [peks] pl n *inf* [pectorals] pectoraux *mpl*.

pectin ['pektɪn] noun pectine *f*.

pectoral ['pektərəl] adj pectoral(e).

peculiar [pɪ'kju:ljəʳ] adj **1.** [odd] bizarre, curieux(euse) **2.** [slightly ill] ▸ **to feel peculiar** se sentir tout drôle (toute drôle) OR tout chose (toute chose) **3.** [characteristic] ▸ **peculiar to** propre à, particulier(ère) à.

peculiarity [pɪˌkju:lɪ'ærətɪ] (*pl* **-ies**) noun **1.** [oddness] bizarrerie *f*, singularité *f* **2.** [characteristic] particularité *f*, caractéristique *f*.

peculiarly [pɪ'kju:ljəlɪ] adv **1.** [especially] particulièrement **2.** [oddly] curieusement, bizarrement **3.** [characteristically] typiquement.

pecuniary [pɪ'kju:njərɪ] adj pécuniaire.

pedagogical [ˌpedə'gɒdʒɪkl] adj pédagogique.

pedagogy ['pedəgɒdʒɪ] noun pédagogie *f*.

pedal ['pedl] ❖ noun pédale *f*. ❖ vi (UK *pt & pp* **-led**, *cont* **-ling**, US *pt & pp* **-ed**, *cont* **-ing**) pédaler.

pedal bin noun UK poubelle *f* à pédale.

pedalo ['pedələʊ] noun UK pédalo *m*.

pedant ['pedənt] noun *pej* pédant *m*, -e *f*.

pedantic [pɪ'dæntɪk] adj *pej* pédant(e) / *don't be so pedantic!* arrête de pinailler !

pedantry ['pedəntrɪ] noun *pej* pédantisme *m*, pédanterie *f*.

peddle ['pedl] vt **1.** [drugs] faire le trafic de **2.** [gossip, rumour] colporter, répandre.

peddler ['pedləʳ] noun **1.** [drug dealer] trafiquant *m* de drogue **2.** US = **pedlar**.

pedestal ['pedɪstl] noun piédestal *m* ▸ **to put sb on a pedestal** mettre qqn sur un piédestal.

pedestrian [pɪ'destrɪən] ❖ adj *pej* médiocre, dépourvu(e) d'intérêt. ❖ noun piéton *m*.

pedestrian crossing noun UK passage *m* pour piétons, passage clouté.

pedestrianize, **pedestrianise** UK [pɪ'destrɪənaɪz] vt transformer en zone piétonne.

pedestrian precinct UK, **pedestrian zone** US noun zone *f* piétonne.

pediatric [ˌpi:dɪ'ætrɪk] US = **paediatric**.

pediatrician [ˌpi:dɪə'trɪʃn] US = **paediatrician**.

pedicure ['pedɪˌkjʊəʳ] noun pédicurie *f*.

pedigree ['pedɪgri:] ❖ adj [animal] de race. ❖ noun **1.** [of animal] pedigree *m* **2.** [of person] ascendance *f*, généalogie *f*.

pedlar UK, **peddler** US ['pedləʳ] noun colporteur *m*.

pedophile ['pedəfaɪl] US = **paedophile**.

pee [pi:] *inf* ❖ noun pipi *m*, pisse *f* ▸ **to go for a pee** aller pisser un coup. ❖ vi faire pipi, pisser.

peek [pi:k] *inf* ❖ noun coup *m* d'œil furtif. ❖ vi jeter un coup d'œil furtif.

peel [pi:l] ❖ noun [of apple, potato] peau *f* ; [of orange, lemon] écorce *f*. ❖ vt éplucher, peler. ❖ vi **1.** [paint] s'écailler **2.** [wallpaper] se décoller **3.** [skin] peler. ◆ **peel off** vt sep [gen] enlever ; [label] décoller, détacher.

peelings ['pi:lɪŋz] pl n épluchures *fpl*.

peep [pi:p] ❖ noun **1.** [look] coup *m* d'œil OR regard *m* furtif **2.** *inf* [sound] bruit *m*. ❖ vi jeter un coup d'œil furtif. ◆ **peep out** vi apparaître, se montrer.

peephole ['pi:phəʊl] noun judas *m*.

peeping Tom [ˌpi:pɪŋ'tɒm] noun voyeur *m*.

peer [pɪəʳ] ❖ noun pair *m* ▸ **(school) peer** camarade *mf* d'école. ❖ vi scruter, regarder attentivement.

peerage ['pɪərɪdʒ] noun [rank] pairie *f* ▸ **the peerage** les pairs *mpl*.

peeress ['pɪərɪs] noun pairesse *f*.

peer group noun pairs *mpl*.

peerless ['pɪəlɪs] adj *fml* sans pareil.

peer pressure noun influence *f* de ses pairs.

peer-to-peer adj peer-to-peer.

peeve [pi:v] vt *inf* mettre en rogne.

peeved [pi:vd] adj *inf* fâché(e), irrité(e).

peevish ['pi:vɪʃ] adj grincheux(euse).

peg [peg] ❖ noun **1.** [hook] cheville *f* **2.** UK [for clothes] pince *f* à linge **3.** [for tent] piquet *m*. ❖ vt (*pt & pp* **-ged**, *cont* **-ging**) *fig* [prices] bloquer. ◆ **peg out** vi UK *inf* casser sa pipe.

pejorative [pɪ'dʒɒrətɪv] adj péjoratif(ive).

pekinese [ˌpi:kə'ni:z], **pekingese** [ˌpi:kɪŋ'i:z] noun (*pl inv*) [dog] pékinois *m*. ◆ **Pekinese, Pekingese** ❖ adj pékinois(e). ❖ noun [person] Pékinois *m*, -e *f*.

Peking [pi:'kɪŋ] noun Pékin.

pelican ['pelɪkən] (*pl inv or* **-s**) noun pélican *m*.

pelican crossing noun UK *passage pour piétons avec feux de circulation.*

pellet ['pelɪt] noun **1.** [small ball] boulette *f* **2.** [for gun] plomb *m*.

pell-mell [ˌpel'mel] adv à la débandade.

pelmet ['pelmɪt] noun UK lambrequin *m*.

pelt [pelt] ❖ noun **1.** [animal skin] peau *f*, fourrure *f* **2.** [speed] ▸ **at full pelt** à fond de train, à toute vitesse. ❖ vt ▸ **to pelt sb (with sthg)** bombarder qqn (de qqch). ❖ vi [run fast] ▸ **to pelt along** courir ventre à terre ▸ **to pelt down the stairs** dévaler l'escalier. ◆ **pelt down** impers vb [rain] ▸ **it's pelting down** il pleut à verse.

pelvic ['pelvɪk] adj pelvien(enne).

pelvis ['pelvɪs] (*pl* **-vises** *or* **-ves**) noun pelvis *m*, bassin *m*.

pen [pen] ❖ noun **1.** [for writing] stylo *m* ▸ **pen drive** COMPUT clé *f* USB **2.** [enclosure] parc *m*, enclos *m* **3.** US *inf* (*written abbr of* **penitentiary**) taule *f*. ❖ vt (*pt & pp* **-ned**, *cont* **-ning**) **1.** *liter* [write] écrire **2.** [enclose] parquer.

penal ['pi:nl] adj pénal(e).

penalize, penalise UK ['pi:nəlaɪz] vt **1.** [gen] pénaliser **2.** [put at a disadvantage] désavantager.

penalty ['penltɪ] (*pl* **-ies**) noun **1.** [punishment] pénalité *f* ▸ **to pay the penalty (for sthg)** *fig* supporter OR subir les conséquences (de qqch) **2.** [fine] amende *f* **3.** [in hockey] pénalité *f* ▸ **penalty (kick)** a) FOOT penalty *m* b) RUGBY (coup *m* de pied de) pénalité *f*.

penalty area noun UK FOOT surface *f* de réparation.

penalty box noun **1.** UK FOOT = **penalty area** **2.** [in hockey] banc *m* des pénalités.

penalty clause noun clause *f* pénale.

penance ['penəns] noun **1.** RELIG pénitence *f* **2.** *fig* [punishment] corvée *f*, pensum *m*.

pence [pens] pl n UK ⟶ **penny**.

penchant [UK pɑ̃ʃɑ̃, US 'pentʃənt] noun ▸ **to have a penchant for sthg** avoir un faible pour qqch ▸ **to have a penchant for doing sthg** avoir tendance à OR bien aimer faire qqch.

pencil ['pensl] ❖ noun crayon *m* ▸ **in pencil** au crayon. ❖ vt (UK *pt & pp* **-led**, *cont* **-ling**, US *pt & pp* **-ed**, *cont* **-ing**) griffonner au crayon, crayonner.

pencil case noun trousse *f (d'écolier)*.

pencil sharpener noun taille-crayon *m*.

pendant ['pendənt] noun [jewel on chain] pendentif *m*.

pending ['pendɪŋ] *fml* ❖ adj **1.** [imminent] imminent(e) **2.** [court case] en instance. ❖ prep en attendant.

pending tray noun UK (corbeille *f* des) affaires *fpl* en attente OR à traiter.

pendulum ['pendjʊləm] (*pl* **-s**) noun balancier *m*.

penetrate ['penɪtreɪt] ❖ vt **1.** [gen] pénétrer dans ; [subj: light] percer ; [subj: rain] s'infiltrer dans **2.** [subj: spy] infiltrer. ❖ vi *inf* [be understood] : *it didn't penetrate* c'est resté sans effet sur lui.

penetrating ['penɪtreɪtɪŋ] adj pénétrant(e) ; [scream, voice] perçant(e).

penetration [ˌpenɪ'treɪʃn] noun pénétration *f*.

pen friend noun UK correspondant *m*, -e *f*.

penguin ['peŋgwɪn] noun manchot *m*.

penicillin [ˌpenɪ'sɪlɪn] noun pénicilline *f*.

peninsula [pə'nɪnsjʊlə] (*pl* **-s**) noun péninsule *f*.

penis ['pi:nɪs] (*pl* **penises** ['pi:nɪsɪz]) noun pénis *m*.

penitence ['penɪtəns] noun pénitence *f*.

penitent ['penɪtənt] adj repentant(e), contrit(e).

penitentiary [ˌpenɪ'tenʃərɪ] (*pl* **-ies**) noun US prison *f*.

penknife ['pennaɪf] (*pl* **-knives**) noun canif *m*.

pen name noun pseudonyme *m*.

pennant ['penənt] noun fanion *m*, flamme *f*.

penniless ['penɪlɪs] adj sans le sou.

Pennsylvania [ˌpensɪl'veɪnjə] noun Pennsylvanie *f* ▸ **in Pennsylvania** en Pennsylvanie.

penny ['penɪ] noun **1.** (*pl* **-ies**) UK [coin] penny *m* ; US cent *m* **2.** (*pl* **pence** [pens]) UK [value] pence *m* / *it was expensive, but it was worth every penny* c'était cher, mais j'en ai vraiment eu pour mon argent / *it won't cost you a penny* ça ne vous coûtera pas un centime OR un sou **3.** PHR **they haven't got a penny to their name** OR **two pennies to rub together** ils n'ont pas un sou vaillant ▸ **a penny for your thoughts** à quoi penses-tu ? ▸ **the penny dropped** UK *inf* j'ai compris OR pigé, ça a fait tilt ▸ **to spend a penny** UK aller au petit coin ▸ **they are two** OR **ten a penny** UK *inf* il y en a à la pelle.

penny-pinching [-ˌpɪntʃɪŋ] ❖ adj [person] radin(e), pingre ; [attitude] mesquin(e). ❖ noun *(U)* économies *fpl* de bouts de chandelle.

pension ['penʃn] noun **1.** [on retirement] retraite *f* **2.** [from disability] pension *f* **3.** [small hotel] pension *f* de famille. ◆ **pension off** vt sep mettre à la retraite.

pensionable ['penʃənəbl] adj ▸ **to be of pensionable age** avoir l'âge de la retraite.

pensioner ['penʃənəʳ] noun UK ▸ **(old-age) pensioner** retraité *m*, -e *f*.

pension plan, pension scheme UK noun plan *m* OR régime *m* de retraite.

pensive ['pensɪv] adj songeur(euse).

pentagon ['pentəgən] noun pentagone *m*. ◆ **Pentagon** noun US ▸ **the Pentagon** le Pentagone *(siège du ministère américain de la Défense, à Washington ; le terme désigne plus généralement les autorités militaires américaines)*.

pentathlon [pen'tæθlən] (*pl* **-s**) noun pentathlon *m*.

Pentecost ['pentɪkɒst] noun Pentecôte *f*.

penthouse ['penthaʊs] (*pl* [-haʊzɪz]) noun appartement *m* de luxe (au dernier étage).

pent-up ['pent-] adj [emotions] refoulé(e) ; [energy] contenu(e).

penultimate [pe'nʌltɪmət] adj avant-dernier(ère).

penury ['penjʊrɪ] noun *fml* indigence *f*, misère *f*.

peony ['pɪənɪ] (*pl* **-ies**) noun pivoine *f*.

people ['piːpl] ❖ noun [nation, race] nation *f*, peuple *m*. ❖ pl n **1.** [persons] personnes *fpl* ▸ **few / a lot of people** peu / beaucoup de monde, peu / beaucoup de gens / *there were a lot of people present* il y avait beaucoup de monde **2.** [in general] gens *mpl* / *people won't like it* les gens ne vont pas aimer ça / *rich / poor / blind people* les riches / pauvres / aveugles / *young people* les jeunes / *old people* les personnes âgées ▸ **people say that…** on dit que… / *people say it's impossible* on dit que c'est impossible **3.** [inhabitants] habitants *mpl* / *Danish people* les Danois / *the people of Brazil* les Brésiliens / *the people of Glasgow* les habitants de Glasgow **4.** POL ▸ **the people** le peuple. ❖ vt ▸ **to be peopled by** OR **with** être peuplé(e) de.

people carrier noun UK monospace *m*.

pep [pep] noun *(U) inf* entrain *m*, pep *m*. ◆ **pep up** (*pt & pp* **-ped**, *cont* **-ping**) vt sep *inf* **1.** [person] remonter, requinquer **2.** [party, event] animer.

pepper ['pepəʳ] noun **1.** [spice] poivre *m* ▸ **black / white pepper** poivre noir / blanc **2.** [vegetable] poivron *m* ▸ **red / green pepper** poivron *m* rouge / vert.

peppercorn ['pepəkɔːn] noun grain *m* de poivre.

pepper mill noun moulin *m* à poivre.

peppermint ['pepəmɪnt] noun **1.** [sweet] bonbon *m* à la menthe **2.** [herb] menthe *f* poivrée.

pepper pot UK, **pepper shaker** US, **pepperbox** US ['pepəbɒks] noun poivrier *m*.

peppery ['pepərɪ] adj poivré(e).

pep talk noun *inf* paroles *fpl* OR discours *m* d'encouragement.

peptic ulcer ['peptɪk-] noun ulcère *m* gastro-duodénal.

per [pɜːʳ] prep : *per person* par personne / *to be paid £10 per hour* être payé 10 livres de l'heure / *per kilo* le kilo ▸ **as per instructions** conformément aux instructions.

per annum adv par an.

per capita [pə'kæpɪtə] adj & adv par personne.

perceive [pə'siːv] vt **1.** [notice] percevoir **2.** [understand, realize] remarquer, s'apercevoir de **3.** [consider] ▸ **to perceive sb / sthg as** considérer qqn / qqch comme.

percent [pə'sent] adv pour cent.

percentage [pə'sentɪdʒ] noun pourcentage *m*.

perceptible [pə'septəbl] adj sensible.

perceptibly [pə'septəblɪ] adv [diminish, change] sensiblement ; [move] de manière perceptible / *she was perceptibly thinner* elle avait sensiblement maigri.

perception [pə'sepʃn] noun **1.** [aural, visual] perception *f* **2.** [insight] perspicacité *f*, intuition *f* **3.** [opinion] opinion *f*.

perceptive [pə'septɪv] adj perspicace.

perch [pɜːtʃ] ❖ noun **1.** *liter* & *fig* [position] perchoir *m* **2.** (*pl inv or* **-es**) [fish] perche *f*. ❖ vi se percher.

percolate ['pɜːkəleɪt] vi **1.** [coffee] passer **2.** *fig* [news] s'infiltrer, filtrer.

percolator ['pɜːkəleɪtəʳ] noun cafetière *f* à pression.

percussion [pə'kʌʃn] noun MUS percussion *f* ▸ **the percussion (section)** la batterie, la percussion.

percussion instrument noun MUS instrument *m* à percussion.

percussionist [pə'kʌʃənɪst] noun percussionniste *mf*.

peremptory [pə'remptərɪ] adj péremptoire.

perennial [pə'renjəl] ❖ adj permanent(e), perpétuel(elle) ; BOT vivace. ❖ noun BOT plante *f* vivace.

perfect ❖ adj ['pɜːfɪkt] parfait(e) / *Monday is perfect for me* lundi me convient parfaitement / *you have a perfect right to be here* vous avez parfaitement OR tout à fait le droit d'être ici / *nobody's perfect* personne n'est parfait / *he's a perfect nuisance* il est absolument insupportable. ❖ noun ['pɜːfɪkt] GRAM ▸ **perfect (tense)** parfait *m*. ❖ vt [pə'fekt] parfaire, mettre au point.

perfection [pə'fekʃn] noun perfection *f* ▸ **to perfection** parfaitement (bien).

perfectionism [pə'fekʃənɪzm] noun perfectionnisme *m*.

perfectionist [pə'fekʃənɪst] noun perfectionniste *mf*.

perfectly ['pɜːfɪktlɪ] adv parfaitement / *you know perfectly well* tu sais très bien.

perfect pitch noun MUS ▸ **to have perfect pitch** avoir l'oreille absolue.

perfidious [pə'fɪdɪəs] adj *liter* perfide.

perforate ['pɜːfəreɪt] vt perforer.

perforated ['pɜːfəreɪtɪd] adj perforé(e), percé(e) / *to have a perforated eardrum* avoir un tympan perforé OR crevé / *tear along the perforated line* détacher suivant les pointillés.

perforation [ˌpɜːfə'reɪʃn] noun perforation *f*.

perform [pə'fɔːm] ❖ vt **1.** [carry out - gen] exécuter ; [- function] remplir ▸ **to perform an operation** MED opérer **2.** [play, concert] jouer. ❖ vi **1.** [machine] marcher, fonctionner ; [team, person] ▸ **to perform well / badly** avoir de bons / mauvais résultats / *the car performs well / badly in wet conditions* cette voiture a une bonne / mauvaise tenue de route par temps de pluie / *the Miami branch is not performing well* les résultats de la succursale de Miami ne sont pas très satisfaisants / *how does she perform under pressure?* comment réagit-elle lorsqu'elle est sous pression ? **2.** [actor] jouer ; [singer] chanter.

performance [pə'fɔːməns] noun **1.** [carrying out] exécution *f* **2.** [show] représentation *f* **3.** [by actor, singer] interprétation *f* **4.** [by sportsman, politician] performance *f*, prestation *f* / *the country's poor economic performance* les mauvais résultats économiques du pays / *sterling's performance on the Stock Exchange* le comportement en bourse de la livre sterling **5.** [of car, engine] performance *f*.

performance appraisal noun [system] système *m* d'évaluation ; [individual] évaluation *f*.
performance art noun art *m* de représentation.
performance-enhancing drug noun produit *m* dopant.
performance-related adj en fonction du mérite OR résultat / *performance-related pay* salaire *m* au mérite.
performer [pə'fɔ:mər] noun artiste *mf*, interprète *mf*.
performing [pə'fɔ:mɪŋ] adj [bear, dog] savant(e).
performing arts [pə'fɔ:mɪŋ-] pl n ▸ **the performing arts** les arts *mpl* du spectacle.
perfume ['pɜ:fju:m] noun parfum *m*.
perfumed [UK 'pɜ:fju:md, US pər'fju:md] adj parfumé(e).
perfunctory [pə'fʌŋktərɪ] adj rapide, superficiel(elle).
perhaps [pə'hæps] adv peut-être ▸ **perhaps so / not** peut-être que oui / non.
peril ['perɪl] noun danger *m*, péril *m* ▸ **at one's peril** à ses risques et périls.
perilous ['perələs] adj dangereux(euse), périlleux(euse).
perilously ['perələslɪ] adv dangereusement.
perimeter [pə'rɪmɪtər] noun périmètre *m* ▸ **perimeter fence** clôture *f* ▸ **perimeter wall** mur *m* d'enceinte.
period ['pɪərɪəd] ◆ noun **1.** [gen] période *f* / *within a period of a few months* en l'espace de quelques mois / *we have a two-month period in which to do it* nous avons un délai de deux mois pour le faire / *at that period in her life* à cette époque de sa vie **2.** SCH ≃ heure *f* **3.** [menstruation] règles *fpl* **4.** US [full stop] point *m*. ◆ comp [dress, house] d'époque.
periodic [,pɪərɪ'ɒdɪk] adj périodique.
periodical [,pɪərɪ'ɒdɪkl] ◆ adj = **periodic**. ◆ noun [magazine] périodique *m*.
periodically [,pɪərɪ'ɒdɪklɪ] adv périodiquement, de temps en temps.
period pains pl n règles *fpl* douloureuses.
peripheral [pə'rɪfərəl] ◆ adj **1.** [unimportant] secondaire **2.** [at edge] périphérique. ◆ noun COMPUT périphérique *m*.
periphery [pə'rɪfərɪ] (*pl* **-ies**) noun [edge] périphérie *f*.
periscope ['perɪskəʊp] noun périscope *m*.
perish ['perɪʃ] vi **1.** [die] périr, mourir **2.** [food] pourrir, se gâter ; [rubber] se détériorer.
perishable ['perɪʃəbl] adj périssable. ◆ **perishables** pl n denrées *fpl* périssables.
perishing ['perɪʃɪŋ] adj UK *inf* **1.** [cold] très froid(e) **2.** [damn] sacré(e).
peritonitis [,perɪtə'naɪtɪs] noun *(U)* péritonite *f*.
perjure ['pɜ:dʒər] vt LAW ▸ **to perjure o.s.** se parjurer.
perjurer ['pɜ:dʒərər] noun faux témoin *m*.
perjury ['pɜ:dʒərɪ] noun *(U)* LAW parjure *m*, faux témoignage *m*.
perk [pɜ:k] noun *inf* à-côté *m*, avantage *m*. ◆ **perk up** vi se ragaillardir.
perky ['pɜ:kɪ] (*compar* **-ier**, *superl* **-iest**) adj *inf* [cheerful] guilleret(ette) ; [lively] plein(e) d'entrain.
perm [pɜ:m] ◆ noun permanente *f*. ◆ vt ▸ **to have one's hair permed** se faire faire une permanente.
permalink ['pɜ:məlɪŋk] noun COMPUT lien *m* permanent, permalien *m*.
permanence ['pɜ:mənəns] noun permanence *f*.
permanent ['pɜ:mənənt] ◆ adj permanent(e) / *are you here on a permanent basis?* êtes-vous ici à titre définitif ? / *permanent staff* a) [gen] personnel *m* permanent b) [in public service] personnel *m* titulaire / *a permanent post* a) [gen] un emploi permanent b) [in public service] un poste de titulaire. ◆ noun US [perm] permanente *f*.
permanently ['pɜ:mənəntlɪ] adv **1.** [blind, damaged] définitivement, de manière permanente **2.** [closed, available] en permanence.
permeate ['pɜ:mɪeɪt] vt **1.** [subj: liquid, smell] s'infiltrer dans, pénétrer **2.** [subj: feeling, idea] se répandre dans.
permissible [pə'mɪsəbl] adj *fml* acceptable, admissible.
permission [pə'mɪʃn] noun permission *f*, autorisation *f* ▸ **to give sb permission to do sthg** donner à qqn la permission de faire qqch / *who gave them permission?* qui le leur a permis ? / *to ask for permission to do sthg* demander la permission OR l'autorisation de faire qqch / *to have permission to do sthg* avoir la permission OR l'autorisation de faire qqch.
permissive [pə'mɪsɪv] adj permissif(ive).
permit ◆ vt (*pt & pp* **-ted**, *cont* **-ting**) permettre ▸ **to permit sb to do sthg** permettre à qqn de faire qqch, autoriser qqn à faire qqch / *you are not permitted to enter the building* vous n'avez pas le droit de pénétrer dans l'immeuble ▸ **to permit sb sthg** permettre qqch à qqn / *smoking is not permitted upstairs* il est interdit de fumer à l'étage ▸ **weather permitting** si le temps le permet. ◆ noun ['pɜ:mɪt] permis *m*.
permutation [,pɜ:mju:'teɪʃn] noun permutation *f*.
pernicious [pə'nɪʃəs] adj *fml* [harmful] pernicieux(euse).
pernickety [pə'nɪkətɪ] adj UK *inf* [fussy] tatillon(onne), pointilleux(euse).

How to ask for permission

- **Est-ce que je peux me servir de l'ordinateur ?** *Can I use the computer?*
- **Est-ce que je peux m'asseoir ?** *May I sit here?*
- **J'emprunte ta voiture, d'accord ?** *Is it OK if I borrow your car?*
- **Ça te dérange si je fume ?** *Do you mind if I smoke?*
- **Je peux vous prendre cette chaise ?** *Could I take this chair, please?*

peroxide [pəˈrɒksaɪd] noun peroxyde *m*.

peroxide blonde noun blonde *f* décolorée.

perpendicular [ˌpɜːpənˈdɪkjʊləʳ] ❖ adj perpendiculaire. ❖ noun perpendiculaire *f*.

perpetrate [ˈpɜːpɪtreɪt] vt perpétrer, commettre.

perpetration [ˌpɜːpɪˈtreɪʃn] noun perpétration *f*.

perpetrator [ˈpɜːpɪtreɪtəʳ] noun auteur *m*.

perpetual [pəˈpetʃʊəl] adj **1.** *pej* [continuous] continuel(elle), incessant(e) **2.** [long-lasting] perpétuel(elle).

perpetually [pəˈpetʃʊəlɪ] adv **1.** *pej* [continuously] sans cesse, continuellement **2.** [for ever] toujours, constamment.

perpetuate [pəˈpetʃʊeɪt] vt perpétuer.

perpetuation [pəˌpetʃʊˈeɪʃn] noun perpétuation *f*.

perpetuity [ˌpɜːpɪˈtjuːətɪ] noun ▸ **in perpetuity** *fml* à perpétuité.

perplex [pəˈpleks] vt rendre perplexe.

perplexed [pəˈplekst] adj perplexe.

perplexing [pəˈpleksɪŋ] adj déroutant(e), déconcertant(e).

perplexity [pəˈpleksətɪ] noun perplexité *f*.

persecute [ˈpɜːsɪkjuːt] vt persécuter, tourmenter.

persecution [ˌpɜːsɪˈkjuːʃn] noun persécution *f*.

persecutor [ˈpɜːsɪkjuːtəʳ] noun persécuteur *m*, -trice *f*.

perseverance [ˌpɜːsɪˈvɪərəns] noun persévérance *f*, ténacité *f*.

persevere [ˌpɜːsɪˈvɪəʳ] vi **1.** [with difficulty] persévérer, persister ▸ **to persevere with** persévérer OR persister dans **2.** [with determination] ▸ **to persevere in doing sthg** persister à faire qqch.

Persia [ˈpɜːʃə] noun Perse *f* ▸ **in Persia** en Perse.

Persian [ˈpɜːʃn] ❖ adj persan(e) ; HIST perse. ❖ noun **1.** [person] Persan *m*, -e *f* ; HIST Perse *mf* **2.** [language] persan *m*.

persist [pəˈsɪst] vi ▸ **to persist (in doing sthg)** persister OR s'obstiner (à faire qqch).

persistence [pəˈsɪstəns] noun persistance *f*.

persistent [pəˈsɪstənt] adj **1.** [noise, rain] continuel(elle) ; [problem] constant(e) **2.** [determined] tenace, obstiné(e).

persistently [pəˈsɪstəntlɪ] adv **1.** [constantly] continuellement, constamment **2.** [determinedly] obstinément, avec persévérance.

person [ˈpɜːsn] (*pl* **people** [ˈpiːpl] *or* **persons**) noun *fml* **1.** [man or woman] personne *f* ▸ **in person** en personne ▸ **in the person of** en la personne de **2.** *fml* [body] ▸ **about one's person** sur soi.

personable [ˈpɜːsnəbl] adj sympathique, agréable.

personage [ˈpɜːsənɪdʒ] noun personnage *m*.

personal [ˈpɜːsənl] ❖ adj **1.** [gen] personnel(elle) / *personal belongings* OR *possessions* objets *mpl* personnels / *just a few personal friends* rien que quelques amis intimes / *my personal opinion is that he drowned* personnellement, je crois qu'il s'est noyé / *the boss made a personal visit to the scene* le patron est venu lui-même OR en personne sur les lieux **2.** *pej* [rude] désobligeant(e) / *there's no need to be so personal!* ce n'est pas la peine de t'en prendre à moi ! / *nothing personal!* ne le prenez pas pour vous !, n'y voyez rien de personnel ! ❖ noun US petite annonce *f* (pour rencontres).

personal assistant noun secrétaire *mf* de direction.

personal computer noun ordinateur *m* personnel OR individuel.

personal hygiene noun hygiène *f* corporelle.

personality [ˌpɜːsəˈnælətɪ] (*pl* **-ies**) noun personnalité *f*.

personalize, personalise UK [ˈpɜːsənəlaɪz] vt **1.** [mark with name] personnaliser **2.** [make too personal] rendre trop personnel(elle).

personally [ˈpɜːsnəlɪ] adv personnellement / *personally (speaking), I think it's a silly idea* pour ma part OR en ce qui me concerne, je trouve que c'est une idée stupide / *I was not personally involved in the project* je n'ai pas participé directement au projet / *deliver the letter to the director personally* remettez la lettre en mains propres au directeur ▸ **to take sthg personally** se sentir visé(e) par qqch.

personal organizer, personal organiser UK noun organiseur *m*.

personal pronoun noun pronom *m* personnel.

personal stereo noun baladeur *m*, Walkman® *m*.

personal trainer noun coach *m* personnel.

persona non grata [-ˈgrɑːtə] (*pl* **personae non gratae** [-ˈgrɑːtiː]) noun persona non grata.

person-hour noun = **man-hour**.

personification [pəˌsɒnɪfɪˈkeɪʃn] noun personnification *f* / *he is the personification of evil* c'est le mal personnifié OR en personne.

personify [pəˈsɒnɪfaɪ] (*pt & pp* **-ied**) vt personnifier.

personnel [ˌpɜːsəˈnel] ❖ noun *(U)* [department] service *m* du personnel. ❖ pl n [staff] personnel *m*.

personnel department noun service *m* du personnel.

perspective [pəˈspektɪv] noun **1.** ART perspective *f* / *to draw sthg in perspective* dessiner qqch en perspective / *the houses are out of perspective* la perspective des maisons est fausse ▸ **to get sthg in perspective** *fig* mettre qqch dans son contexte / *to get things out of perspective* perdre le sens des proportions **2.** [view, judgment] point *m* de vue, optique *f* / *it gives you a different perspective on the problem* cela vous permet de voir le problème sous un angle OR un jour différent.

perspicacious [ˌpɜːspɪˈkeɪʃəs] adj *fml* perspicace.

perspiration [ˌpɜːspəˈreɪʃn] noun **1.** [sweat] sueur *f* **2.** [act of perspiring] transpiration *f*.

perspire [pəˈspaɪəʳ] vi transpirer, suer.

persuade [pəˈsweɪd] vt ▸ **to persuade sb to do sthg** persuader OR convaincre qqn de faire qqch ▸ **to persuade**

sb that convaincre qqn que ▸ **to persuade sb of** convaincre qqn de.

persuasion [pə'sweɪʒn] noun **1.** [act of persuading] persuasion *f* **2.** [belief - religious] confession *f* ; [- political] opinion *f*, conviction *f*.

persuasive [pə'sweɪsɪv] adj [person] persuasif(ive) ; [argument] convaincant(e).

persuasively [pə'sweɪsɪvlɪ] adv d'un ton persuasif, d'une manière convaincante.

pert [pɜ:t] adj mutin(e), coquin(e).

pertain [pə'teɪn] vi *fml* ▸ **pertaining to** concernant, relatif(ive) à.

pertinent ['pɜ:tɪnənt] adj pertinent(e), approprié(e).

perturb [pə'tɜ:b] vt inquiéter, troubler.

perturbed [pə'tɜ:bd] adj *fml* inquiet(ète), troublé(e).

Peru [pə'ru:] noun Pérou *m* ▸ **in Peru** au Pérou.

perusal [pə'ru:zl] noun *fml* lecture *f* attentive.

peruse [pə'ru:z] vt *fml* lire attentivement.

Peruvian [pə'ru:vjən] ❖ adj péruvien(enne). ❖ noun [person] Péruvien *m*, -enne *f*.

perv [pɜ:v] noun UK *inf* détraqué *m* (sexuel), détraquée *f* (sexuelle).

pervade [pə'veɪd] vt *fml* [subj: smell] se répandre dans ; [subj: feeling, influence] envahir.

pervasive [pə'veɪsɪv] adj *fml* pénétrant(e), envahissant(e).

perverse [pə'vɜ:s] adj [contrary - person] contrariant(e) ; [- enjoyment] malin(igne).

perversely [pə'vɜ:slɪ] adv [contrarily] par esprit de contradiction.

perversion [UK pə'vɜ:ʃn, US pə'vɜ:rʒn] noun **1.** [sexual] perversion *f* **2.** [of truth] travestissement *m*.

pervert ❖ noun ['pɜ:vɜ:t] pervers *m*, -e *f*. ❖ vt [pə'vɜ:t] **1.** [truth, meaning] travestir, déformer ; [course of justice] entraver **2.** [sexually] pervertir.

perverted [pə'vɜ:tɪd] adj **1.** [sexually] pervers(e) **2.** [reasoning] tordu(e).

peseta [pə'seɪtə] noun peseta *f*.

pesky ['peskɪ] (*compar* **-ier**, *superl* **-iest**) adj US *inf* fichu(e).

peso ['peɪsəʊ] (*pl* **-s**) noun peso *m*.

pessary ['pesərɪ] (*pl* **-ies**) noun [medicine] ovule *m*.

pessimism ['pesɪmɪzm] noun pessimisme *m*.

pessimist ['pesɪmɪst] noun pessimiste *mf*.

pessimistic [,pesɪ'mɪstɪk] adj pessimiste.

pest [pest] noun **1.** [insect] insecte *m* nuisible ; [animal] animal *m* nuisible **2.** *inf* [nuisance] casse-pieds *mf inv*.

pester ['pestəʳ] vt harceler, importuner.

pesticide ['pestɪsaɪd] noun pesticide *m*.

pestilence ['pestɪləns] noun *liter* peste *f*, pestilence *f*.

pestle ['pesl] noun pilon *m*.

pesto ['pestəʊ], **pesto sauce** noun pesto *m*.

pet [pet] ❖ adj [favourite] ▸ **pet subject** dada *m* ▸ **pet hate** bête *f* noire. ❖ noun **1.** [animal] animal *m* (familier) **2.** [favourite person] chouchou *m*, -oute *f*. ❖ vt (*pt & pp* **-ted**, *cont* **-ting**) caresser, câliner. ❖ vi (*pt & pp* **-ted**, *cont* **-ting**) se peloter, se caresser.

petal ['petl] noun pétale *m*.

peter ['pi:təʳ] ◆ **peter out** vi [path] s'arrêter, se perdre ; [interest] diminuer, décliner.

pet food ['petfu:d] noun aliments *mpl* pour animaux de compagnie.

petit bourgeois [pə,ti:'bʊəʒwɑ:] ❖ adj petit-bourgeois (petite-bourgeoise). ❖ noun (*pl* **petits bourgeois** [pə,ti:'bʊəʒwɑ:]) petit-bourgeois *m*, petite-bourgeoise *f*.

petite [pə'ti:t] adj menu(e).

petit four [,peti'fɔ:] (*pl* **petits fours** [peti'fɔ:z]) noun petit-four *m*.

petition [pɪ'tɪʃn] ❖ noun pétition *f*. ❖ vt adresser une pétition à. ❖ vi **1.** [campaign] ▸ **to petition for / against** faire une pétition en faveur de / contre **2.** LAW ▸ **to petition for divorce** faire une demande en divorce.

petitioner [pɪ'tɪʃənəʳ] noun pétitionnaire *mf*.

pet name noun petit nom *m*.

petrified ['petrɪfaɪd] adj [terrified] paralysé(e) OR pétrifié(e) de peur.

petrify ['petrɪfaɪ] (*pt & pp* **-ied**) vt [terrify] paralyser OR pétrifier de peur.

petrochemical [,petrəʊ'kemɪkl] adj pétrochimique.

petrol ['petrəl] noun UK essence *f*.

> ⚠ Pétrole means *oil* or *petroleum*, not *petrol*.

petrol bomb noun UK cocktail *m* Molotov.

petroleum [pɪ'trəʊljəm] noun pétrole *m*.

petrol pump noun UK pompe *f* à essence.

petrol station noun UK station-service *f*.

petrol tank noun UK réservoir *m* d'essence.

petrol tanker noun UK **1.** [lorry] camion-citerne *m* **2.** [ship] pétrolier *m*, tanker *m*.

pet shop noun animalerie *f*.

petticoat ['petɪkəʊt] noun jupon *m*.

pettiness ['petɪnɪs] noun [small-mindedness] mesquinerie *f*, étroitesse *f* d'esprit.

petty ['petɪ] (*compar* **-ier**, *superl* **-iest**) adj **1.** [small-minded] mesquin(e) **2.** [trivial] insignifiant(e), sans importance.

petty cash noun (*U*) caisse *f* des dépenses courantes.

petty-minded adj borné(e), mesquin(e).

petulance ['petjʊləns] noun irritabilité *f*.

petulant ['petjʊlənt] adj irritable.

pew [pju:] noun banc *m* d'église.

pewter ['pju:təʳ] noun étain *m*.

PG (*abbr of* **parental guidance**) *en Grande-Bretagne, désigne un film pour lequel l'avis des parents est recommandé.*

pH noun pH *m.*

PH (*abbr of* **Purple Heart**) noun *distinction militaire américaine.*

phalanx ['fælæŋks] (*pl* **-es** *or* **phalanges** [-lændʒi:z]) noun **1.** [in ancient armies] phalange *f* **2.** ANAT phalange *f* **3.** POL phalange *f.*

phallic ['fælɪk] adj phallique ▸ **phallic symbol** symbole *m* phallique.

phallus ['fæləs] (*pl* **-es** *or* **phalli** ['fælaɪ]) noun phallus *m.*

phantom ['fæntəm] ❖ adj fantomatique, spectral(e). ❖ noun [ghost] fantôme *m.*

pharaoh ['feərəʊ] noun pharaon *m.*

pharmaceutical [ˌfɑ:mə'sju:tɪkl] adj pharmaceutique. ◆ **pharmaceuticals** pl n produits *mpl* pharmaceutiques.

pharmacist ['fɑ:məsɪst] noun pharmacien *m,* -enne *f.*

pharmacology [ˌfɑ:mə'kɒlədʒɪ] noun pharmacologie *f.*

pharmacy ['fɑ:məsɪ] (*pl* **-ies**) noun pharmacie *f.*

pharynx ['færɪnks] (*pl* **-es** *or* **pharynges** [fæ'rɪndʒi:z]) noun pharynx *m.*

phase [feɪz] ❖ noun phase *f* / *don't worry: it's just a phase she's going through* ne vous inquiétez pas, ça lui passera. ❖ vt faire progressivement. ◆ **phase in** vt sep introduire progressivement / *the increases will be phased in over five years* les augmentations seront échelonnées sur cinq ans. ◆ **phase out** vt sep supprimer progressivement.

phased [feɪzd] adj [withdrawal, development] progressif(ive), par étapes.

PhD (*abbr of* **Doctor of Philosophy**) noun *(titulaire d'un) doctorat de 3e cycle.*

pheasant ['feznt] (*pl inv or* **-s**) noun faisan *m.*

phenomena [fɪ'nɒmɪnə] pl n ⟶ **phenomenon**.

phenomenal [fɪ'nɒmɪnl] adj phénoménal(e), extraordinaire.

phenomenally [fɪ'nɒmɪnəlɪ] adv phénoménalement.

phenomenon [fɪ'nɒmɪnən] (*pl* **-mena**) noun phénomène *m.*

phew [fju:] excl ouf !

phial ['faɪəl] noun fiole *f.*

Philadelphia [ˌfɪlə'delfjə] noun Philadelphie ▸ **in Philadelphia** à Philadelphie.

philanderer [fɪ'lændərər] noun coureur *m,* don Juan *m.*

philanthropic [ˌfɪlən'θrɒpɪk] adj philanthropique.

philanthropist [fɪ'lænθrəpɪst] noun philanthrope *mf.*

philanthropy [fɪ'lænθrəpɪ] noun philanthropie *f.*

philatelist [fɪ'lætəlɪst] noun philatéliste *mf.*

philately [fɪ'lætəlɪ] noun philatélie *f.*

philharmonic [ˌfɪlɑ:'mɒnɪk] adj philharmonique.

Philippine ['fɪlɪpi:n] adj philippin(e) ▸ **the Philippine Islands** les Philippines *fpl.* ◆ **Philippines** pl n ▸ **the Philippines** les Philippines *fpl.*

philistine [UK 'fɪlɪstaɪn, US 'fɪlɪsti:n] noun philistin *m,* béotien *m,* -enne *f.*

philology [fɪ'lɒlədʒɪ] noun philologie *f.*

philosopher [fɪ'lɒsəfər] noun philosophe *mf.*

philosophic(al) [ˌfɪlə'sɒfɪk(l)] adj **1.** [gen] philosophique **2.** [stoical] philosophe.

philosophically [ˌfɪlə'sɒfɪklɪ] adv **1.** [in philosophy] philosophiquement **2.** [calmly] philosophiquement, avec philosophie.

philosophize, philosophise UK [fɪ'lɒsəfaɪz] vi philosopher.

philosophy [fɪ'lɒsəfɪ] (*pl* **-ies**) noun philosophie *f.*

phishing ['fɪʃɪŋ] noun COMPUT phishing *m.*

phlegm [flem] noun flegme *m.*

phlegmatic [fleg'mætɪk] adj flegmatique.

phobia ['fəʊbjə] noun phobie *f* ▸ **to have a phobia about** avoir la phobie de.

phoenix ['fi:nɪks] noun phénix *m.*

phone [fəʊn] ❖ noun téléphone *m* ▸ **to be on the phone** a) [speaking] être au téléphone b) UK [connected to network] avoir le téléphone. ❖ comp téléphonique. ❖ vt téléphoner à, appeler. ❖ vi téléphoner. ◆ **phone in** ❖ vi téléphoner, appeler. ❖ vt : *phone in your answers* donnez vos réponses par téléphone. ◆ **phone up** vt sep & vi téléphoner.

phone book noun annuaire *m* (du téléphone).

phone booth, phone box UK noun cabine *f* téléphonique.

phone call noun coup *m* de téléphone OR fil ▸ **to make a phone call** passer OR donner un coup de fil.

phonecard ['fəʊnkɑ:d] noun ≃ Télécarte® *f.*

phone-in noun UK RADIO & TV programme *m* à ligne ouverte.

phone line noun **1.** [wire] câble *m* téléphonique **2.** [connection] ligne *f* téléphonique.

phone number noun numéro *m* de téléphone.

phonetic [fə'netɪk] adj phonétique.

phonetically [fə'netɪklɪ] adv phonétiquement.

phonetics [fə'netɪks] noun *(U)* phonétique *f.*

phoney, phony *inf* ['fəʊnɪ] ❖ adj (*compar* **-ier**, *superl* **-iest**) **1.** [passport, address] bidon *(inv)* **2.** [person] hypocrite, pas franc (pas franche). ❖ noun (*pl* **-ies**) poseur *m,* -euse *f.*

phosphate ['fɒsfeɪt] noun phosphate *m.*

phosphorescent [ˌfɒsfə'resnt] adj phosphorescent(e).

phosphorus ['fɒsfərəs] noun phosphore *m.*

photo ['fəʊtəʊ] noun photo *f* ▸ **to take a photo of sb / sthg** photographier qqn / qqch, prendre qqn / qqch en photo.

photo album noun album *m* de photos.

photobooth ['fəʊtəʊbuːð] noun Photomaton®.

photocall ['fəʊtəʊkɔːl] noun UK séance *f* de photos.

photocopier ['fəʊtəʊˌkɒpɪəʳ] noun photocopieur *m*, copieur *m*.

photocopy ['fəʊtəʊˌkɒpɪ] ❖ noun (*pl* **-ies**) photocopie *f*. ❖ vt (*pt & pp* **-ied**) photocopier.

photocopying ['fəʊtəʊˌkɒpɪɪŋ] noun (*U*) reprographie *f*, photocopie *f* / ***there's some photocopying to do*** il y a des photocopies à faire.

photo frame noun cadre *m* photo.

photogenic [ˌfəʊtəʊ'dʒenɪk] adj photogénique.

photograph ['fəʊtəgrɑːf] ❖ noun photographie *f* ▸ **to take a photograph (of sb / sthg)** prendre (qqn / qqch) en photo, photographier (qqn / qqch). ❖ vt photographier, prendre en photo.

photograph album noun album *m* de photos.

photographer [fə'tɒgrəfəʳ] noun photographe *mf*.

photographic [ˌfəʊtə'græfɪk] adj photographique.

photographic memory noun mémoire *f* photographique.

photography [fə'tɒgrəfɪ] noun photographie *f*.

photojournalism [ˌfəʊtəʊ'dʒɜːnəlɪzm] noun photojournalisme *m*.

photo opportunity noun séance *f* photoprotocolaire.

photosensitive [ˌfəʊtəʊ'sensɪtɪv] adj photosensible.

photoshoot ['fəʊtəʊʃuːt] noun prise *f* de vue.

Photostat® ['fəʊtəstæt] (*pt & pp* **-ted**, *cont* **-ting**) noun photostat *m*, photocopie *f*. ◆ **photostat** vt photocopier, faire un photostat de.

photosynthesis [ˌfəʊtəʊ'sɪnθəsɪs] noun photosynthèse *f*.

phrasal verb ['freɪzl-] noun verbe *m* à postposition.

phrase [freɪz] ❖ noun expression *f*. ❖ vt exprimer, tourner.

phrasebook ['freɪzbʊk] noun guide *m* de conversation *(pour touristes)*.

phraseology [ˌfreɪzɪ'ɒlədʒɪ] noun phraséologie *f*.

physical ['fɪzɪkl] ❖ adj **1.** [gen] physique **2.** [world, objects] matériel(elle). ❖ noun [examination] visite *f* médicale.

physical education noun éducation *f* physique.

physically ['fɪzɪklɪ] adv physiquement.

physically handicapped ❖ adj ▸ **to be physically handicapped** être handicapé(e) physique. ❖ pl n ▸ **the physically handicapped** les handicapés *mpl* physiques.

physical therapist noun US kinésithérapeute *mf*.

physical therapy noun US kinésithérapie *f* ; [after accident or illness] rééducation *f*.

physician [fɪ'zɪʃn] noun *fml* médecin *m*.

physicist ['fɪzɪsɪst] noun physicien *m*, -enne *f*.

physics ['fɪzɪks] noun (*U*) physique *f*.

physio ['fɪzɪəʊ] (*pl* **-s**) noun UK *inf* **1.** (***abbr of* physiotherapist**) kiné *mf* **2.** (***abbr of* physiotherapy**) kiné *f*.

physiognomy [ˌfɪzɪ'ɒnəmɪ] (*pl* **-ies**) noun *fml* physionomie *f*.

physiological [ˌfɪzɪə'lɒdʒɪkl] adj physiologique.

physiology [ˌfɪzɪ'ɒlədʒɪ] noun physiologie *f*.

physiotherapist [ˌfɪzɪəʊ'θerəpɪst] noun UK kinésithérapeute *mf*.

physiotherapy [ˌfɪzɪəʊ'θerəpɪ] noun UK kinésithérapie *f*.

physique [fɪ'ziːk] noun physique *m*.

pianist ['pɪənɪst] noun pianiste *mf*.

piano [pɪ'ænəʊ] (*pl* **-s**) noun piano *m*.

piccolo ['pɪkələʊ] (*pl* **-s**) noun piccolo *m*.

pick [pɪk] ❖ noun **1.** [tool] pioche *f*, pic *m* **2.** [selection] ▸ **to take one's pick** choisir, faire son choix **3.** [best] ▸ **the pick of** le meilleur (la meilleure) de. ❖ vt **1.** [select, choose] choisir, sélectionner ▸ **to pick one's way across** OR **through sthg** traverser avec précaution **2.** [gather] cueillir **3.** [remove] enlever **4.** [nose] ▸ **to pick one's nose** se décrotter le nez ▸ **to pick one's teeth** se curer les dents **5.** [fight, quarrel] chercher **6.** [lock] crocheter. ❖ vi ▸ **to pick and choose** faire le / la difficile. ◆ **pick at** vt insep [food] picorer. ◆ **pick on** vt insep s'en prendre à, être sur le dos de. ◆ **pick out** vt sep **1.** [recognize] repérer, reconnaître **2.** [select, choose] choisir, désigner. ◆ **pick up** ❖ vt sep **1.** [lift up] ramasser ▸ **to pick up the pieces** *fig* recoller les morceaux, recommencer comme avant **2.** [collect] aller chercher, passer prendre **3.** [collect in car] prendre, chercher **4.** [skill, language] apprendre ; [habit] prendre ; [bargain] découvrir ▸ **to pick up speed** prendre de la vitesse **5.** [subj: police] ▸ **to pick sb up for sthg** arrêter OR cueillir qqn pour qqch **6.** *inf* [sexually - woman, man] draguer **7.** RADIO & TELEC [detect, receive] capter, recevoir **8.** [conversation, work] reprendre, continuer. ❖ vi [improve, start again] reprendre.

picket ['pɪkɪt] ❖ noun piquet *m* de grève. ❖ vt mettre un piquet de grève devant.

picketing ['pɪkətɪŋ] noun (*U*) piquets *mpl* de grève.

picket line noun piquet *m* de grève.

picking ['pɪkɪŋ] noun **1.** [selection - of object] choix *m* ; [- of team] sélection *f* **2.** [of fruit, vegetables] cueillette *f*, ramassage *m* / ***cherry- / strawberry-picking*** cueillette des cerises / des fraises / ***mushroom- / potato-picking*** ramassage des champignons / des pommes de terre **3.** [of lock] crochetage *m*.

pickings ['pɪkɪŋz] pl n ▸ **there are rich** OR **easy pickings to be had** on pourrait se faire pas mal d'argent, ça pourrait rapporter gros.

pickle ['pɪkl] ❖ noun **1.** UK pickles *mpl* ; US cornichon *m* **2.** PHR **to be in a pickle** *inf* & *dated* être dans le pétrin. ❖ vt conserver dans du vinaigre, de la saumure, etc.

pickled ['pɪkld] adj **1.** [food] au vinaigre **2.** *inf* & *dated* [drunk] rond(e), pompette.

pick-me-up noun *inf* remontant *m*.

pickpocket ['pɪk,pɒkɪt] noun pickpocket *m*, voleur *m* à la tire.

pick-up noun **1.** [of record player] pick-up *m* **2.** [truck] camionnette *f*.

picky ['pɪkɪ] (*compar* **-ier**, *superl* **-iest**) adj *inf* difficile.

picnic ['pɪknɪk] ❖ noun pique-nique *m*. ❖ vi (*pt & pp* **-ked**, *cont* **-king**) pique-niquer.

picnicker ['pɪknɪkəʳ] noun pique-niqueur *m*, -euse *f*.

Pict [pɪkt] noun ▸ **the Picts** les Pictes *mpl*.

pictorial [pɪk'tɔ:rɪəl] adj illustré(e).

picture ['pɪktʃəʳ] ❖ noun **1.** [painting] tableau *m*, peinture *f* ; [drawing] dessin *m* **2.** [photograph] photo *f*, photographie *f* / *to take a picture of sb, to take sb's picture* prendre une photo de qqn, prendre qqn en photo **3.** TV image *f* **4.** CIN film *m* **5.** [in mind] tableau *m*, image *f* **6.** *fig* [situation] tableau *m* / *the economic picture is bleak* la situation économique est inquiétante **7.** [epitome] ▸ **she's the picture of health** elle respire la santé **8.** PHR ▸ **to get the picture** *inf* piger ▸ **to be in / out of the picture** être / ne pas être au courant ▸ **to put sb in the picture** mettre qqn au courant ▸ **the big picture** [overview] une vue d'ensemble. ❖ vt **1.** [in mind] imaginer, s'imaginer, se représenter **2.** [in photo] photographier **3.** [in painting] représenter, peindre. ◆ **pictures** pl n UK *dated* ▸ **the pictures** le cinéma.

picture frame noun cadre *m* (pour tableaux).

picturesque [,pɪktʃə'resk] adj pittoresque.

pidgin ['pɪdʒɪn] ❖ noun pidgin *m*. ❖ comp ▸ **pidgin English** pidgin english *m* ▸ **pidgin French** petit nègre *m*.

pie [paɪ] noun [savoury] tourte *f* ; [sweet] tarte *f* ▸ **it's just pie in the sky** ce ne sont que des projets en l'air.

piece [pi:s] noun **1.** [gen] morceau *m* ; [of string] bout *m* ▸ **a piece of clothing** un vêtement ▸ **a piece of advice** un conseil ▸ **a piece of information** un renseignement ▸ **a piece of work** un travail / *she's a real piece of work* elle est vraiment méchante / *that was a real piece of luck* cela a vraiment été un coup de chance ▸ **to fall to pieces** tomber en morceaux ▸ **to be smashed to pieces** être cassé(e) en mille morceaux ▸ **to take sthg to pieces** démonter qqch ▸ **in pieces** en morceaux ▸ **in one piece** **a)** [intact] intact(e) **b)** [unharmed] sain et sauf (saine et sauve) ▸ **to go to pieces** *fig* s'effondrer, craquer / *to pull sthg to pieces* **a)** *lit* [doll, garment, book] mettre qqch en morceaux **b)** [flower] effeuiller qqch **c)** *fig* [argument, suggestion, idea] démolir qqch / *to pull sb to pieces* *fig* descendre qqn en flammes **2.** [coin, item, in chess] pièce *f* ; [in draughts] pion *m* **3.** PRESS article *m*. ◆ **piece together** vt sep [facts] coordonner.

pièce de résistance [,pjesdərezɪs'tɑ̃s] (*pl* **pièces de résistance** [,pjesdərezɪs'tɑ̃s]) noun pièce *f* de résistance.

piecemeal ['pi:smi:l] ❖ adj fait(e) petit à petit. ❖ adv petit à petit, peu à peu.

piecework ['pi:swɜ:k] noun (*U*) travail *m* à la pièce OR aux pièces.

pieceworker ['pi:swɜ:kəʳ] noun travailleur *m*, -euse *f* à la pièce.

pie chart noun camembert *m*, graphique *m* rond.

pier [pɪəʳ] noun [at seaside] jetée *f*.

pierce [pɪəs] vt percer, transpercer ▸ **to have one's ears pierced** se faire percer les oreilles.

pierced [pɪəst] adj percé(e).

piercing ['pɪəsɪŋ] ❖ adj **1.** [sound, look] perçant(e) **2.** [wind] pénétrant(e). ❖ noun ▸ **(body) piercing** piercing *m*.

piety ['paɪətɪ] noun piété *f*.

pig [pɪg] (*pt & pp* **-ged**, *cont* **-ging**) noun **1.** [animal] porc *m*, cochon *m* **2.** *inf & pej* [greedy eater] goinfre *m*, glouton *m* ▸ **to make a pig of o.s.** se goinfrer **3.** *inf & pej* [unkind person] sale type *m* **4.** PHR ▸ **in a pig's eye!** US *inf* jamais de la vie ! ▸ **to be like a pig in mud** US être comme un poisson dans l'eau. ◆ **pig out** vi *inf* s'empiffrer.

pigeon ['pɪdʒɪn] (*pl inv or* **-s**) noun pigeon *m*.

pigeon-chested [-,tʃestɪd] adj à la poitrine bombée.

pigeonhole ['pɪdʒɪnhəʊl] ❖ noun [compartment] casier *m*. ❖ vt [classify] étiqueter, cataloguer.

pigeon-toed [-,təʊd] adj qui a les pieds en dedans.

piggy ['pɪgɪ] ❖ adj (*compar* **-ier**, *superl* **-iest**) de cochon. ❖ noun (*pl* **-ies**) *inf* cochon *m*.

piggyback ['pɪgɪbæk] noun ▸ **to give sb a piggyback** porter qqn sur son dos.

piggy bank ['pɪgɪbæŋk] noun tirelire *f*.

pigheaded [,pɪg'hedɪd] adj têtu(e).

piglet ['pɪglɪt] noun porcelet *m*.

pigment ['pɪgmənt] noun pigment *m*.

pigmentation [,pɪgmən'teɪʃn] noun pigmentation *f*.

pigmy ['pɪgmɪ] (*pl* **-ies**) = **pygmy**.

pigsty ['pɪgstaɪ] (*pl* **-ies**), **pigpen** US ['pɪgpen] noun *lit & fig* porcherie *f*.

pigtail ['pɪgteɪl] noun natte *f*.

pike [paɪk] (*pl* **-s**) noun **1.** (*pl inv*) [fish] brochet *m* **2.** [spear] pique *f*.

pilchard ['pɪltʃəd] noun pilchard *m*.

pile [paɪl] ❖ noun **1.** [heap] tas *m* ▸ **a pile of, piles of** un tas OR des tas de / *to have piles of money* avoir plein d'argent, être plein aux as / *I've got piles of work to do* j'ai un tas de boulot OR un boulot dingue **2.** [neat stack] pile *f* **3.** [of carpet] poil *m*. ❖ vt empiler / *the table was piled high with papers* il y avait une grosse pile de papiers sur la table. ◆ **piles** pl n MED hémorroïdes *fpl*. ◆ **pile in** vi *inf* s'empiler. ◆ **pile into** vt insep *inf* s'entasser dans, s'empiler dans. ◆ **pile on** *inf* ❖ vi [onto bus, train] s'entasser, monter en s'entassant. ❖ vt sep **1.** [increase - suspense] faire durer ; [- pressure] augmenter ▸ **to pile on the agony** forcer la dose, dramatiser (à l'excès) **2.** PHR ▸ **to pile it on** [exaggerate] exagérer, en rajouter / *stop piling it on!* n'en rajoutez pas ! ▸ **to pile on the pounds** OR **pile it on** *inf* : *she's been piling on the pounds* OR *she's been piling it on* elle a vachement grossi. ◆ **pile out** vi *inf* sortir en se bousculant. ◆ **pile up** ❖ vt sep empiler, entasser. ❖ vi **1.** [form a heap] s'entasser **2.** *fig* [work, debts] s'accumuler.

pileup ['paɪlʌp] noun AUTO carambolage *m*.

pilfer ['pɪlfəʳ] ❖ vt chaparder. ❖ vi ▸ **to pilfer (from)** faire du chapardage (dans).

pilgrim ['pɪlgrɪm] noun pèlerin *m*.

pilgrimage ['pɪlgrɪmɪdʒ] noun pèlerinage *m*.

pill [pɪl] noun **1.** [gen] pilule *f* **2.** [contraceptive] ▸ **the pill** la pilule ▸ **to be on the pill** prendre la pilule.

pillage ['pɪlɪdʒ] ❖ noun pillage *m*. ❖ vt piller.

pillar ['pɪləʳ] noun *lit* & *fig* pilier *m*.

pillar box noun UK boîte *f* aux lettres.

pillbox ['pɪlbɒks] noun **1.** [box for pills] boîte *f* à pilules **2.** MIL casemate *f*.

pillion ['pɪljən] noun siège *m* arrière ▸ **to ride pillion** monter derrière.

pillock ['pɪlək] noun UK *inf* imbécile *mf*.

pillory ['pɪlərɪ] ❖ noun (*pl* **-ies**) pilori *m*. ❖ vt (*pt* & *pp* **-ied**) ▸ **to be pilloried** être mis(e) au pilori.

pillow ['pɪləʊ] noun **1.** [for bed] oreiller *m* **2.** US [on sofa, chair] coussin *m*.

pillowcase ['pɪləʊkeɪs], **pillowslip** ['pɪləʊslɪp] noun taie *f* d'oreiller.

pilot ['paɪlət] ❖ noun **1.** AERON & NAUT pilote *mf* **2.** TV émission *f* pilote. ❖ comp pilote. ❖ vt piloter.

pimp [pɪmp] noun *inf* maquereau *m*, souteneur *m*.

pimple ['pɪmpl] noun bouton *m*.

pimply ['pɪmplɪ] (*compar* **-ier**, *superl* **-iest**) adj boutonneux(euse).

pin [pɪn] ❖ noun **1.** [for sewing] épingle *f* **2.** US [brooch] broche *f* **3.** UK [drawing pin] punaise *f* **4.** [safety pin] épingle *f* de nourrice OR de sûreté **5.** [of plug] fiche *f* **6.** TECH goupille *f*, cheville *f* **7.** [in grenade] goupille *f* **8.** GOLF ▸ **the pin** le drapeau de trou. ❖ vt (*pt* & *pp* **-ned**, *cont* **-ning**) ▸ **to pin sthg to / on sthg** épingler qqch à/sur qqch ▸ **to pin sb against** OR **to** clouer qqn contre ▸ **to pin sthg on sb** [blame] mettre OR coller qqch sur le dos de qqn ▸ **to pin one's hopes on sb / sthg** mettre tous ses espoirs en qqn/dans qqch. ◆ **pin down** vt sep **1.** [identify] définir, identifier **2.** [force to make a decision] ▸ **to pin sb down** obliger qqn à prendre une décision. ◆ **pin up** vt sep épingler.

PIN [pɪn] (*abbr of* **personal identification number**) noun code *m* confidentiel.

pinafore ['pɪnəfɔːʳ] noun **1.** [apron] tablier *m* **2.** UK [dress] chasuble *f*.

pinball ['pɪnbɔːl] noun flipper *m*.

pinball machine noun flipper *m*.

pincers ['pɪnsəz] pl n **1.** [tool] tenailles *fpl* **2.** [of crab] pinces *fpl*.

pinch [pɪntʃ] ❖ noun **1.** [nip] pincement *m* ▸ **to feel the pinch** tirer le diable par la queue **2.** [of salt] pincée *f*. ❖ vt **1.** [nip] pincer **2.** [subj: shoes] serrer **3.** UK *inf* [steal] piquer, faucher. ◆ **at a pinch** UK, **in a pinch** US adv à la rigueur.

pincushion ['pɪn,kʊʃn] noun pelote *f* à épingles.

pine [paɪn] ❖ noun pin *m*. ❖ comp en pin. ❖ vi ▸ **to pine for** désirer ardemment. ◆ **pine away** vi languir.

pineapple ['paɪnæpl] noun ananas *m*.

pinetree ['paɪntriː] noun pin *m*.

pinewood ['paɪnwʊd] noun **1.** [forest] pinède *f* **2.** *(U)* [material] bois *m* de pin.

ping [pɪŋ] ❖ noun [of bell] tintement *m* ; [of metal] bruit *m* métallique. ❖ vi [bell] tinter ; [metal] faire un bruit métallique.

Ping-Pong® [-pɒŋ] noun ping-pong *m*.

pinion ['pɪnjən] ❖ noun pignon *m*. ❖ vt [person] clouer.

pink [pɪŋk] ❖ adj rose ▸ **to go** OR **turn pink** rosir, rougir. ❖ noun **1.** [colour] rose *m* ▸ **in pink** en rose **2.** [flower] mignardise *f*.

pinkeye US = **conjunctivitis**.

pinkie ['pɪŋkɪ] noun US Scot petit doigt *m*.

pinnacle ['pɪnəkl] noun **1.** [mountain peak, spire] pic *m*, cime *f* **2.** *fig* [high point] apogée *m*.

pin number noun code *m* confidentiel.

pinpoint ['pɪnpɔɪnt] vt **1.** [cause, problem] définir, mettre le doigt sur **2.** [position] localiser.

pinprick ['pɪnprɪk] noun piqûre *f* d'épingle ; *fig* petit désagrément *m*.

pins and needles noun **1.** *(U) inf* fourmillements *mpl* / *I've got pins and needles in my arm* j'ai des fourmis dans le bras, je ne sens plus mon bras **2.** PHR **to be on pins and needles** US trépigner d'impatience, ronger son frein.

pin-striped [-,straɪpt] adj à très fines rayures.

pint [paɪnt] noun **1.** UK [unit of measurement] = *0,568 litre* ; ≃ demi-litre *m* **2.** US [unit of measurement] = *0,473 litre* ; ≃ demi-litre *m* **3.** UK [beer] ≃ demi *m*.

pint-size(d) adj *inf* minuscule.

pinup ['pɪnʌp] noun pin-up *f inv*.

pioneer [,paɪə'nɪəʳ] ❖ noun *lit* & *fig* pionnier *m*. ❖ vt ▸ **to pioneer sthg** être un des premiers (une des premières) à faire qqch.

pioneering [,paɪə'nɪərɪŋ] adj [work, research] de pionnier.

pious ['paɪəs] adj **1.** RELIG pieux (pieuse) **2.** *pej* [sanctimonious] moralisateur(trice).

piously ['paɪəslɪ] adv pieusement.

pip [pɪp] noun **1.** [seed] pépin *m* **2.** UK RADIO top *m*.

pipe [paɪp] ❖ noun **1.** [for gas, water] tuyau *m* **2.** [for smoking] pipe *f*. ❖ vt acheminer par tuyau. ◆ **pipes** pl n MUS cornemuse *f*. ◆ **pipe down** vi *inf* se taire, la fermer. ◆ **pipe up** vi *inf* se faire entendre.

piped music noun UK musique *f* de fond.

pipe dream noun projet *m* chimérique.

pipeline ['paɪplaɪn] noun [for gas] gazoduc *m* ; [for oil] oléoduc *m*, pipeline *m* ▸ **to be in the pipeline** *fig* être imminent(e) OR proche.

piper ['paɪpəʳ] noun joueur *m*, -euse *f* de cornemuse.

piping hot ['paɪpɪŋ-] adj bouillant(e).

pipsqueak ['pɪpskwi:k] noun *pej* & *dated* moins *m* que rien.

piquant ['pi:kənt] adj piquant(e).

pique [pi:k] noun dépit *m* ▸ **a fit of pique** un accès de dépit.

piracy ['paɪrəsɪ] noun **1.** [at sea] piraterie *f* **2.** [of video, program] piratage *m*.

piranha [pɪ'rɑ:nə] noun piranha *m*.

pirate ['paɪrət] ❖ adj [video, program] pirate. ❖ noun pirate *m*. ❖ vt [video, program] pirater.

pirouette [,pɪrʊ'et] ❖ noun pirouette *f*. ❖ vi pirouetter.

Pisces ['paɪsi:z] noun Poissons *mpl* ▸ **to be (a) Pisces** être Poissons.

piss [pɪs] *vulg* ❖ noun **1.** [urine] pisse *f* ▸ **to have a piss** pisser **2.** PHR **to take the piss out of** UK se foutre de. ❖ vi pisser. ◆ **piss down** impers vb UK *vulg* pleuvoir comme vache qui pisse. ◆ **piss off** *vulg* ❖ vt sep emmerder. ❖ vi UK foutre le camp ▸ **piss off!** fous le camp !

pissed [pɪst] adj *vulg* **1.** UK [drunk] bourré(e) **2.** US [annoyed] en rogne.

pissed off adj *vulg* en rogne.

piss-take noun UK *vulg* [mockery] mise *f* en boîte ; [of book, film] parodie *f*.

piss-up noun **1.** UK *v inf* [mockery] : *to go on* OR *to have a piss-up* se biturer, se soûler la gueule **2.** PHR **he couldn't organise a piss-up in a brewery** il n'est pas foutu d'organiser quoi que ce soit.

pistachio [pɪ'stɑ:ʃɪəʊ] (*pl* **-s**) noun pistache *f*.

pistol ['pɪstl] noun pistolet *m*.

piston ['pɪstən] noun piston *m*.

pit [pɪt] ❖ noun **1.** [hole] trou *m* ; [in road] petit trou ; [on face] marque *f* **2.** [for orchestra] fosse *f* **3.** [mine] mine *f* **4.** [quarry] carrière *f* **5.** US [of fruit] noyau *m* **6.** PHR **the pit of one's stomach** le creux de l'estomac. ❖ vt (*pt & pp* **-ted**, *cont* **-ting**) ▸ **to pit sb against sb** opposer qqn à qqn ▸ **to pit one's wits against sb** se mesurer avec qqn. ◆ **pits** pl n **1.** [in motor racing] ▸ **the pits** les stands *mpl* **2.** *inf* [awful] ▸ **the pits** l'horreur *f* totale.

pita bread ['pɪtə-] US = **pitta bread**.

pitch [pɪtʃ] ❖ noun **1.** UK SPORT terrain *m* **2.** MUS ton *m* **3.** [level, degree] degré *m* **4.** UK [selling place] place *f* **5.** *inf* [sales talk] baratin *m* **6.** AERON & NAUT tangage *m* **7.** [throw] lancement *m*. ❖ vt **1.** [throw] lancer ▸ **to be pitched into sthg** être catapulté(e) dans qqch **2.** [set - price] fixer ; [- speech] adapter **3.** [tent] dresser ; [camp] établir. ❖ vi **1.** [ball] rebondir **2.** [fall] ▸ **to pitch forward** être projeté(e) en avant **3.** AERON & NAUT tanguer. ◆ **pitch in** vi s'y mettre / *everybody is expected to pitch in* on attend de chacun qu'il mette la main à la pâte.

pitch-black adj : *it's pitch-black in here* il fait noir comme dans un four.

pitched [pɪtʃt] adj [sloping] penché(e).

pitcher ['pɪtʃəʳ] noun **1.** US [jug] cruche *f* **2.** [in baseball] lanceur *m*.

pitchfork ['pɪtʃfɔ:k] noun fourche *f*.

piteous ['pɪtɪəs] adj pitoyable.

pitfall ['pɪtfɔ:l] noun piège *m*.

pith [pɪθ] noun **1.** [in plant] moelle *f* **2.** [of fruit] peau *f* blanche **3.** *fig* [crux] essence *f*.

pithy ['pɪθɪ] (*compar* **-ier**, *superl* **-iest**) adj [brief] concis(e) ; [terse] piquant(e).

pitiable ['pɪtɪəbl] adj pitoyable.

pitiful ['pɪtɪfʊl] adj [condition] pitoyable ; [excuse, effort] lamentable.

pitifully ['pɪtɪfʊlɪ] adv [look, cry] pitoyablement ; [poor] lamentablement.

pitiless ['pɪtɪlɪs] adj sans pitié, impitoyable.

pit stop noun **1.** [in motor racing] arrêt *m* aux stands **2.** US *hum* arrêt *m* pipi.

pitta bread ['pɪtə-] noun UK pain *m* grec, pita *m*.

pittance ['pɪtəns] noun [wage] salaire *m* de misère.

pitted ['pɪtɪd] adj ▸ **pitted (with)** a) [face] grêlé(e) (par) b) [metal] piqué(e) (de).

pity ['pɪtɪ] ❖ noun pitié *f* ▸ **what a pity!** quel dommage ! ▸ **it's a pity** c'est dommage ▸ **to have pity on sb** avoir pitié de qqn. ❖ vt (*pt & pp* **-ied**) plaindre.

pitying ['pɪtɪɪŋ] adj compatissant(e).

pivot ['pɪvət] ❖ noun *lit* & *fig* pivot *m*. ❖ vi ▸ **to pivot (on)** pivoter (sur).

pivotal ['pɪvətl] adj [crucial] crucial(e), central(e).

pixel ['pɪksl] noun COMPUT pixel *m*.

pixelate ['pɪksəleɪt], **pixelize** ['pɪksəlaɪz] US vt pixéliser.

pixellated, pixelated ['pɪksəleɪtɪd] US adj COMPUT [image] pixélisé(e), bitmap, en mode point.

pizza ['pi:tsə] noun pizza *f*.

pl *written abbr of* **plural**.

placard ['plækɑ:d] noun placard *m*, affiche *f*.

placate [plə'keɪt] vt calmer, apaiser.

place [pleɪs] ❖ noun **1.** [location] endroit *m*, lieu *m* ▸ **place of birth** lieu de naissance / *'store in a cool place'* 'à conserver au frais' **2.** [proper position, seat, vacancy, rank] place *f* / *save me a place* garde-moi une place / *the team is in fifth place* l'équipe est en cinquième position / *what would you do (if you were) in my place?* que feriez-vous (si vous étiez) à ma place ? ▸ **everything fell into place** *fig* tout s'éclaircit / *to know one's place* savoir se tenir à sa place ▸ **to put sb in their place** remettre qqn à sa place **3.** [home] : *nice place you've got here* c'est joli chez vous ▸ **at / to my place** chez moi **4.** [in book] ▸ **to lose one's place** perdre sa page **5.** MATH ▸ **decimal place** décimale *f* / *to 3 decimal places, to 3 places of decimals* jusqu'à la troisième décimale **6.** [instance] ▸ **in the first place** tout de suite ▸ **in the first place... and in the second place...** premièrement... et deuxièmement... **7.** PHR **to take place** avoir lieu ▸ **to take the place of** prendre la place de, remplacer. ❖ vt **1.** [position, put] placer, mettre / *he placed an ad in the local paper* il a fait passer OR mis une annonce dans le journal local **2.** [apportion] ▸ **to place the responsibility for sthg on sb** tenir qqn pour responsable de qqch **3.** [identify] remettre / *I can't place him* je n'arrive pas à (me) le remettre **4.** [an order] passer ▸ **to place a bet** parier / *place your bets!* [in casino] faites vos jeux ! **5.** [in race] ▸ **to be placed** être placé(e). ◆ **all over the place** adv [everywhere] partout. ◆ **in place** adv **1.** [in proper position] à sa place **2.** [established] mis(e) en place. ◆ **in place of** prep à la place de. ◆ **out of place** adv pas à sa place ; *fig* déplacé(e).

placebo [plə'siːbəʊ] (*pl* **-s** *or* **-es**) noun placebo *m*.

place card noun carte *f* marque-place.

place mat noun set *m* (de table).

placement ['pleɪsmənt] noun placement *m*.

place name noun nom *m* de lieu / *the study of place names* la toponymie.

placenta [plə'sentə] (*pl* **-s** *or* **-tae**) noun placenta *m*.

placid ['plæsɪd] adj **1.** [person] placide **2.** [sea, place] calme.

plagiarism ['pleɪdʒjərɪzm] noun plagiat *m*.

plagiarize, plagiarise UK ['pleɪdʒəraɪz] vt plagier.

plague [pleɪg] ❖ noun **1.** MED peste *f* ▸ **to avoid sb / sthg like the plague** fuir qqn / qqch comme la peste **2.** *fig* [nuisance] fléau *m*. ❖ vt ▸ **to be plagued by a)** [bad luck] être poursuivi(e) par **b)** [doubt] être rongé(e) par ▸ **to plague sb with questions** harceler qqn de questions.

plaice [pleɪs] (*pl inv*) noun carrelet *m*.

plaid [plæd] noun plaid *m*.

plain [pleɪn] ❖ adj **1.** [not patterned] uni(e) **2.** [simple] simple **3.** [clear] clair(e), évident(e) ▸ **to make sthg plain to sb** (bien) faire comprendre qqch à qqn / *I thought I'd made myself plain* je croyais avoir été assez clair **4.** [blunt] carré(e), franc (franche) / *the time has come for plain speaking* le moment est venu de parler franchement **5.** [absolute] pur(e) (et simple) **6.** [not pretty] quelconque, ordinaire. ❖ adv *inf* complètement. ❖ noun GEOG plaine *f*.

plain chocolate noun UK chocolat *m* à croquer.

plain-clothes adj en civil.

plainly ['pleɪnlɪ] adv **1.** [obviously] manifestement **2.** [distinctly] clairement **3.** [frankly] carrément, sans détours **4.** [simply] simplement.

plainness ['pleɪnnɪs] noun **1.** [of clothes, cooking] simplicité *f* **2.** [clarity, obviousness] clarté *f* **3.** [unattractiveness] physique *m* quelconque OR ingrat.

plain sailing noun : *it should be plain sailing from now on* ça devrait aller comme sur des roulettes maintenant.

plainspoken [ˌpleɪn'spəʊkən] adj au franc-parler.

plain text noun COMPUT texte *m* seul.

plaintiff ['pleɪntɪf] noun LAW demandeur *m*, -eresse *f*.

plaintive ['pleɪntɪv] adj plaintif(ive).

plait [plæt] ❖ noun natte *f*. ❖ vt natter, tresser.

plan [plæn] ❖ noun plan *m*, projet *m* / *the plan is to meet up at John's* l'idée, c'est de se retrouver chez John / *to draw up* OR *to make a plan* dresser OR établir un plan ▸ **to go according to plan** se passer comme prévu / *to put a plan into operation* mettre un plan en œuvre. ❖ vt (*pt & pp* **-ned**, *cont* **-ning**) **1.** [organize] préparer / *they're planning a new venture* ils ont en projet une nouvelle entreprise / *everything went as planned* tout s'est déroulé comme prévu **2.** [intend] ▸ **to plan to do sthg** projeter de faire qqch, avoir l'intention de faire qqch / *plan to finish it in about four hours* comptez environ quatre heures pour le terminer **3.** [design] concevoir. ❖ vi (*pt & pp* **-ned**, *cont* **-ning**) : *it is important to plan ahead* il est important de faire des projets pour l'avenir ▸ **to plan (for sthg)** faire des projets (pour qqch). ◆ **plans** pl n plans *mpl*, projets *mpl* / *have you any plans for tonight?* avez-vous prévu quelque chose pour ce soir ? ◆ **plan on** vt insep ▸ **to plan on doing sthg** prévoir de faire qqch. ◆ **plan out** vt sep préparer dans le détail.

plane [pleɪn] ❖ adj plan(e). ❖ noun **1.** [aircraft] avion *m* **2.** GEOM plan *m* **3.** *fig* [level] niveau *m* **4.** [tool] rabot *m* **5.** [tree] platane *m*. ❖ vt raboter.

planet ['plænɪt] noun planète *f*.

planetarium [ˌplænɪ'teərɪəm] (*pl* **-riums** *or* **-ria**) noun planétarium *m*.

planetary ['plænɪtrɪ] adj planétaire.

plank [plæŋk] noun **1.** [of wood] planche *f* **2.** POL [policy] point *m*.

plankton ['plæŋktən] noun plancton *m*.

planned [plænd] adj [crime] prémédité(e) ; [economy] planifié(e), dirigé(e) ; [baby] désiré(e), voulu(e).

planner ['plænər] noun **1.** [designer] ▸ **town** UK OR **city** US **planner** urbaniste *mf* **2.** [strategist] planificateur *m*, -trice *f*.

planning ['plænɪŋ] noun **1.** [designing] planification *f* **2.** [preparation] préparation *f*, organisation *f*.

planning permission noun UK permis *m* de construire.

plan of action noun plan *m* d'action.

plant [plɑːnt] ❖ noun **1.** BOT plante *f* **2.** [factory] usine *f* **3.** *(U)* [heavy machinery] matériel *m*. ❖ vt **1.** [gen] planter / *fields planted with wheat* des champs (plantés) de blé / *she planted herself in the doorway* elle se planta OR se campa dans l'entrée **2.** [bomb] poser ▸ **to plant sthg on sb** cacher qqch sur qqn. ◆ **plant out** vt sep repiquer.

plantain ['plæntɪn] noun plantain *m*.

plantation [plæn'teɪʃn] noun plantation *f*.

planter ['plɑ:ntəʳ] noun [farmer] planteur *m*, -euse *f*.

plant pot noun pot *m* de fleurs.

plaque [plɑ:k] noun **1.** [commemorative sign] plaque *f* **2.** *(U)* [on teeth] plaque *f* dentaire.

plasma ['plæzmə] noun plasma *m*.

plasma screen noun TV écran *m* (à) plasma.

plasma TV noun télévision *f* à plasma.

plaster ['plɑ:stəʳ] ❖ noun **1.** [material] plâtre *m* ▸ **in plaster** dans le plâtre **2.** UK [bandage] pansement *m* adhésif. ❖ vt **1.** [wall, ceiling] plâtrer **2.** [cover] ▸ **to plaster sthg (with)** couvrir qqch (de).

plasterboard ['plɑ:stəbɔ:d] noun placoplâtre® *m*.

plaster cast noun **1.** [for broken bones] plâtre *m* **2.** [model, statue] moule *m*.

plastered ['plɑ:stəd] adj *inf* [drunk] bourré(e).

plasterer ['plɑ:stərəʳ] noun plâtrier *m*.

plaster of Paris noun plâtre *m* de moulage.

plastic ['plæstɪk] ❖ adj plastique. ❖ noun **1.** [material] plastique *m* **2.** *inf* [credit cards] cartes *fpl* de crédit / *to put sthg on plastic* payer qqch avec une carte de crédit / *do they take plastic?* est-ce qu'ils acceptent les cartes de crédit ?

plastic bullet noun balle *f* de plastique.

plastic money noun *(U)* cartes *fpl* de crédit.

plastic surgeon noun spécialiste *mf* en chirurgie esthétique.

plastic surgery noun chirurgie *f* esthétique OR plastique.

plate [pleɪt] ❖ noun **1.** [dish] assiette *f* ▸ **to have a lot on one's plate** *fig* avoir du pain sur la planche ▸ **you can't expect everything to be handed to you on a plate** *fig* on ne peut pas tout t'apporter sur un plateau **2.** [sheet of metal, plaque] tôle *f* **3.** *(U)* [metal covering] ▸ **gold / silver plate** plaqué *m* or / argent **4.** [in book] planche *f* **5.** [in dentistry] dentier *m*. ❖ vt ▸ **to be plated (with)** être plaqué(e) (de).

Plate noun ▸ **the River Plate** le Rio de la Plata.

plateau ['plætəʊ] (*pl* **-s** *or* **-x**) noun plateau *m* ; *fig* phase *f* OR période *f* de stabilité.

plateful ['pleɪtfʊl] noun assiettée *f*.

platform ['plætfɔ:m] noun **1.** [stage] estrade *f* ; [for speaker] tribune *f* **2.** [raised structure, of bus, of political party] plate-forme *f* **3.** RAIL quai *m*.

platform shoes pl n chaussures *fpl* à semelle compensée.

platinum ['plætɪnəm] ❖ adj [hair] platiné(e). ❖ noun platine *m*. ❖ comp en platine.

platitude ['plætɪtju:d] noun platitude *f*.

platonic [plə'tɒnɪk] adj platonique.

platoon [plə'tu:n] noun section *f*.

platter ['plætəʳ] noun [dish] plat *m*.

platypus ['plætɪpəs] (*pl* **-es**) noun ornithorynque *m*.

plausibility [,plɔ:zə'bɪlətɪ] noun plausibilité *f*.

plausible ['plɔ:zəbl] adj plausible.

play [pleɪ] ❖ noun **1.** *(U)* [amusement] jeu *m*, amusement *m* **2.** THEAT pièce *f* (de théâtre) / *to be in a play* jouer dans une pièce ▸ **a radio play** une pièce radiophonique **3.** SPORT : *play was interrupted by a shower* le match a été interrompu par une averse ▸ **in / out of play** en / hors jeu **4.** [consideration] ▸ **to come into play** *fig* entrer en jeu / *to bring* OR *call sthg into play* mettre qqch en jeu **5.** [game] ▸ **play on words** jeu *m* de mots ▸ **he is making a play for the presidency** il se lance dans la course à la présidence **6.** TECH jeu *m*. ❖ vt **1.** [gen] jouer ▸ **to play a part** OR **role in** *fig* jouer un rôle dans / *to play a trick / joke on sb* jouer un tour / faire une farce à qqn / *to play the fool* faire l'idiot OR l'imbécile **2.** [game, sport] jouer à / *to play tennis / poker / dominoes* jouer au tennis / au poker / aux dominos / *to play spades / trumps* jouer pique / atout / *to play a match against sb* disputer un match avec OR contre qqn **3.** [team, opponent] jouer contre / *I played him at chess* j'ai joué aux échecs avec lui **4.** MUS [instrument] jouer de **5.** PHR ▸ **to play it cool** *inf* ne pas s'énerver, garder son calme, faire mine de ne pas s'intéresser ▸ **to play it safe** ne pas prendre de risques. ❖ vi jouer / *to play in a tournament* participer à un tournoi. ◆ **play about** vi UK [have fun - children] jouer, s'amuser ; [frolic] s'ébattre, folâtrer. ◆ **play about with** vt insep **1.** [fiddle with, tamper with] ▸ **to play about with sthg** jouer avec OR tripoter qqch **2.** [juggle - statistics, figures] jouer avec ; [consider - possibilities, alternatives] envisager, considérer **3.** *inf* [trifle with] ▸ **to play about with sb** faire marcher qqn. ◆ **play along** vi ▸ **to play along (with sb)** entrer dans le jeu (de qqn). ◆ **play at** vt insep jouer à ▸ **what's he playing at?** *inf* à quoi joue-t-il ? ◆ **play back** vt sep [tape] réécouter ; [film] repasser. ◆ **play down** vt sep minimiser. ◆ **play off** ❖ vt sep ▸ **to play sb / sthg off against** monter qqn / qqch contre. ❖ vi SPORT jouer la belle. ◆ **play out** vt sep [enact - scene] jouer ; [- fantasy] satisfaire / *the drama was played out between rioters and police* les incidents ont eu lieu entre les émeutiers et les forces de police. ◆ **play (up)on** vt insep jouer sur. ◆ **play up** ❖ vt sep [emphasize] insister sur. ❖ vi **1.** [machine] faire des siennes **2.** UK [child] ne pas être sage.

play-acting noun **1.** [pretence] (pure) comédie *f*, cinéma *m* **2.** [acting in play] théâtre *m*.

playback ['pleɪbæk] noun **1.** [replay] enregistrement *m* **2.** [function] lecture *f* / *put it on playback* mettez-le en position lecture **3.** PHR ▸ **playback head** tête *f* de lecture.

playboy ['pleɪbɔɪ] noun playboy *m*.

player ['pleɪəʳ] noun **1.** [gen] joueur *m*, -euse *f* **2.** THEAT acteur *m*, -trice *f*.

playful ['pleɪfʊl] adj **1.** [person, mood] taquin(e) **2.** [kitten, puppy] joueur(euse).

playground ['pleɪgraʊnd] noun **1.** UK cour *f* de récréation **2.** [in park] aire *f* de jeu.

playgroup ['pleɪgru:p] noun UK jardin *m* d'enfants.

playhouse ['pleɪhaʊs] (*pl* [-haʊzɪz]) noun US maison *f* en modèle réduit *(pour jouer)*.

playing ['pleɪɪŋ] noun MUS : *the pianist's playing was excellent* le pianiste jouait merveilleusement bien / *guitar playing is becoming more popular* de plus en plus de gens jouent de la guitare.

playing card ['pleɪɪŋ-] noun carte *f* à jouer.

playing field ['pleɪɪŋ-] noun terrain *m* de sport.

playlist ['pleɪlɪst] noun UK liste *f* de disques à passer *(à la radio)*.

playmate ['pleɪmeɪt] noun camarade *mf*.

playoff noun **1.** SPORT belle *f* **2.** US finale *f* de championnat.

playpen ['pleɪpen] noun parc *m*.

playroom ['pleɪrʊm] noun salle *f* de jeu.

playschool ['pleɪsku:l] noun UK jardin *m* d'enfants.

plaything ['pleɪθɪŋ] noun *lit* & *fig* jouet *m*.

playtime ['pleɪtaɪm] noun récréation *f*.

playwright ['pleɪraɪt] noun dramaturge *m*.

plaza ['plɑ:zə] noun [square] place *f*.

plc UK *abbr of* **public limited company**.

plea [pli:] noun **1.** [for forgiveness, mercy] supplication *f* ; [for help, quiet] appel *m* **2.** LAW ▸ **to enter a plea of not guilty** plaider non coupable.

plead [pli:d] (*pt & pp* **-ed** *or* **pled**) ❖ vt **1.** LAW plaider **2.** [give as excuse] invoquer. ❖ vi **1.** [beg] ▸ **to plead with sb (to do sthg)** supplier qqn (de faire qqch) ▸ **to plead for sthg** implorer qqch **2.** LAW plaider.

pleading ['pli:dɪŋ] ❖ adj suppliant(e). ❖ noun *(U)* supplications *fpl*.

pleasant ['pleznt] adj agréable.

pleasantly ['plezntlɪ] adv [smile, speak] aimablement ; [surprised] agréablement.

pleasantry ['plezntrɪ] (*pl* **-ies**) noun ▸ **to exchange pleasantries** échanger des propos aimables.

please [pli:z] ❖ vt plaire à, faire plaisir à / *you can't please everybody* on ne peut pas faire plaisir à tout le monde ▸ **to please o.s.** faire comme on veut ▸ **please yourself!** comme vous voulez ! ❖ vi plaire, faire plaisir / *to be eager to please* chercher à faire plaisir ▸ **to do as one pleases** faire comme on veut ▸ **if you please** s'il vous plaît. ❖ adv s'il vous plaît / *please, make yourselves at home* faites comme chez vous, je vous en prie.

pleased [pli:zd] adj **1.** [satisfied] ▸ **to be pleased (with)** être content(e) (de) **2.** [happy] ▸ **to be pleased (about)** être heureux(euse) (de) ▸ **pleased to meet you!** enchanté (enchanté) !

pleasing ['pli:zɪŋ] adj plaisant(e).

pleasurable ['pleʒərəbl] adj agréable.

pleasure ['pleʒər] noun plaisir *m* ▸ **with pleasure** avec plaisir, volontiers ▸ **it's a pleasure, my pleasure** je vous en prie / *it's a great pleasure (to meet you)* ravi de faire votre connaissance / *to take* OR *to find pleasure in doing sthg* prendre plaisir OR éprouver du plaisir à faire qqch.

pleat [pli:t] ❖ noun pli *m*. ❖ vt plisser.

pleated ['pli:tɪd] adj plissé(e).

plebiscite ['plebɪsaɪt] noun plébiscite *m*.

plectrum ['plektrəm] (*pl* **-s**) noun plectre *m*.

pledge [pledʒ] ❖ noun **1.** [promise] promesse *f* ▸ **pledge of allegiance** serment *m* de fidélité **2.** [token] gage *m*. ❖ vt **1.** [promise] promettre **2.** [make promise] ▸ **to pledge o.s. to** s'engager à ▸ **to pledge sb to secrecy** faire promettre le secret à qqn **3.** [pawn] mettre en gage.

> **Pledge of Allegiance**
>
> Le « Serment de fidélité » (**Pledge of Allegiance**) est un bref discours que tout citoyen américain a appris par cœur et dans lequel il fait une promesse solennelle de loyauté envers son pays. De nos jours, il est encore récité quotidiennement par des millions d'écoliers. Lors de la cérémonie de naturalisation, les personnes qui obtiennent la citoyenneté américaine doivent réciter un « serment d'allégeance » (**Oath of Allegiance**). En juin 2004, la Cour suprême invalide une décision émanant de la Cour de justice, qui déclarait les termes « devant Dieu » (contenus dans le serment) anticonstitutionnels dans le cadre des écoles publiques ; elle avait déjà statué sur le fait qu'aucun élève n'avait « l'obligation » de réciter le serment à l'école.

plenary ['pli:nərɪ] ❖ adj [meeting] plénier(ère). ❖ noun [plenary meeting] réunion *f* plénière ; [plenary session] séance *f* plénière.

plentiful ['plentɪfʊl] adj abondant(e).

plenty ['plentɪ] ❖ noun *(U)* abondance *f*. ❖ pron ▸ **plenty of** beaucoup de / *we've got plenty of time* nous avons largement le temps. ❖ adv **1.** [a lot] beaucoup / *there's plenty more food in the fridge* il y a encore plein de choses à manger dans le frigo **2.** US [very] très.

plethora ['pleθərə] noun pléthore *f*.

pleurisy ['plʊərəsɪ] noun pleurésie *f*.

pliable ['plaɪəbl], **pliant** ['plaɪənt] adj **1.** [material] pliable, souple **2.** *fig* [person] docile.

pliers ['plaɪəz] pl n tenailles *fpl*, pinces *fpl*.

plight [plaɪt] noun condition *f* critique.

plimsoll ['plɪmsəl] noun UK tennis *m*.

plinth [plɪnθ] noun socle *m*.

PLO (*abbr of* **Palestine Liberation Organization**) noun OLP *f*.

plod [plɒd] (*pt & pp* **-ded**, *cont* **-ding**) vi **1.** [walk slowly] marcher lentement OR péniblement **2.** [work slowly] peiner.

plodder ['plɒdər] noun *inf* & *pej* bûcheur *m*, -euse *f*.

plonk [plɒŋk] noun *(U)* UK *inf* [wine] pinard *m*, vin *m* ordinaire. ◆ **plonk down** vt sep poser brutalement.

plonker ['plonkəʳ] noun UK **1.** *vulg* [penis] quéquette *f* **2.** *v inf* [fool] andouille *f*.

plop [plɒp] ❖ noun ploc *m*. ❖ vi (*pt & pp* **-ped**, *cont* **-ping**) faire ploc.

plot [plɒt] ❖ noun **1.** [plan] complot *m*, conspiration *f* **2.** [story] intrigue *f* **3.** [of land] (parcelle *f* de) terrain *m*, lopin *m* **4.** US [house plan] plan *m* **5.** PHR **to lose the plot** : *he's completely lost the plot* il est complètement à l'ouest. ❖ vt (*pt & pp* **-ted**, *cont* **-ting**) **1.** [plan] comploter ▸ **to plot to do sthg** comploter de faire qqch **2.** [chart] déterminer, marquer **3.** MATH tracer, marquer. ❖ vi (*pt & pp* **-ted**, *cont* **-ting**) comploter.

plotter ['plɒtəʳ] noun [schemer] conspirateur *m*, -trice *f*.

plotting ['plɒtɪŋ] noun *(U)* **1.** [conspiring] complots *mpl*, conspirations *fpl* **2.** COMPUT & MATH traçage *m*.

plough UK, **plow** US [plaʊ] ❖ noun charrue *f*. ❖ vt [field] labourer. ◆ **plough into** ❖ vt sep [money] investir. ❖ vt insep [subj: car] rentrer dans. ◆ **plough on** vi continuer péniblement OR laborieusement. ◆ **plough up** vt sep [field] labourer.

ploughman's ['plaʊmənz] (*pl inv*) noun UK ▸ **ploughman's (lunch)** *repas de pain, fromage et pickles.*

plow US = **plough**.

ploy [plɔɪ] noun stratagème *m*, ruse *f*.

pls (*abbr of* **please**) adv [in an email] svp.

pluck [plʌk] ❖ vt **1.** [flower, fruit] cueillir **2.** [pull sharply] arracher **3.** [chicken, turkey] plumer **4.** [eyebrows] épiler **5.** MUS pincer. ❖ noun *(U)* courage *m*, cran *m*. ◆ **pluck up** vt insep ▸ **to pluck up the courage to do sthg** rassembler son courage pour faire qqch.

plucky ['plʌkɪ] (*compar* **-ier**, *superl* **-iest**) adj qui a du cran, courageux(euse).

plug [plʌg] ❖ noun **1.** ELEC prise *f* de courant **2.** US TELEC jack *m* **3.** [for bath, sink] bonde *f* **4.** *inf* [for new book, film] pub *f*, publicité *f* **5.** PHR **to pull the plug on sb** *inf* couper l'herbe sous le pied de qqn. ❖ vt (*pt & pp* **-ged**, *cont* **-ging**) **1.** [hole] boucher, obturer **2.** *inf* [new book, film] faire de la publicité pour. ◆ **plug away** vi travailler dur. ◆ **plug in** vt sep brancher.

plug-and-play ❖ noun COMPUT plug-and-play *m*. ❖ adj COMPUT plug-and-play.

plughole ['plʌghəʊl] noun UK bonde *f*, trou *m* d'écoulement.

plug-in ❖ adj [radio] qui se branche sur le secteur ; [accessory for computer, stereo] qui se branche sur l'appareil. ❖ noun COMPUT périphérique *m* prêt à brancher.

plum [plʌm] ❖ adj **1.** [colour] prune *(inv)* **2.** [very good] ▸ **a plum job** un poste en or. ❖ noun [fruit] prune *f*.

plumage ['plu:mɪdʒ] noun plumage *m*.

plumb [plʌm] ❖ adv **1.** UK [exactly] exactement, en plein **2.** US [completely] complètement. ❖ vt ▸ **to plumb the depths of** toucher le fond de. ◆ **plumb in** vt sep UK raccorder.

plumber ['plʌməʳ] noun plombier *m*.

plumbing ['plʌmɪŋ] noun *(U)* **1.** [fittings] plomberie *f*, tuyauterie *f* **2.** [work] plomberie *f*.

plume [plu:m] noun **1.** [feather] plume *f* **2.** [on hat] panache *m* **3.** [column] ▸ **a plume of smoke** un panache de fumée.

plummet ['plʌmɪt] vi **1.** [bird, plane] plonger **2.** *fig* [decrease] dégringoler.

plummy ['plʌmɪ] (*compar* **-ier**, *superl* **-iest**) adj UK *pej* [voice] de la haute, snob.

plump [plʌmp] adj bien en chair, grassouillet(ette). ◆ **plump for** vt insep opter pour, choisir. ◆ **plump up** vt sep [cushion] secouer.

plum pudding noun UK *dated* pudding *m* de Noël.

plum tomato noun olivette *f*.

plunder ['plʌndəʳ] ❖ noun *(U)* **1.** [stealing, raiding] pillage *m* **2.** [stolen goods] butin *m*. ❖ vt piller.

plunge [plʌndʒ] ❖ noun **1.** [dive] plongeon *m* ▸ **to take the plunge** se jeter à l'eau **2.** *fig* [decrease] dégringolade *f*, chute *f* / *prices have taken a plunge* les prix ont chuté OR se sont effondrés. ❖ vt ▸ **to plunge sthg into** plonger qqch dans / *the office was plunged into darkness* le bureau fut plongé dans l'obscurité. ❖ vi **1.** [dive] plonger, tomber **2.** *fig* [decrease] dégringoler / *sales have plunged by 30 %* les ventes ont chuté de 30 %.

plunger ['plʌndʒəʳ] noun débouchoir *m* à ventouse.

plunging ['plʌndʒɪŋ] adj [neckline] plongeant(e).

pluperfect [,plu:'pɜ:fɪkt] noun ▸ **pluperfect (tense)** plus-que-parfait *m*.

plural ['plʊərəl] ❖ adj **1.** GRAM pluriel(elle) **2.** [not individual] collectif(ive) **3.** [multicultural] multiculturel(elle). ❖ noun pluriel *m*.

pluralism ['plʊərəlɪzm] noun *fml* **1.** [gen] pluralisme *m* **2.** [holding of several offices] cumul *m*.

plurality [plʊ'rælətɪ] noun **1.** *fml* [large number] ▸ **a plurality of** une multiplicité de **2.** US [majority] majorité *f*.

plus [plʌs] ❖ adj : *30 plus* 30 ou plus. ❖ noun (*pl* **pluses** *or* **plusses** [plʌsi:z]) **1.** MATH signe *m* plus **2.** *inf* [bonus] plus *m*, atout *m*. ❖ prep et. ❖ conj [moreover] de plus.

plush [plʌʃ] adj luxueux(euse), somptueux(euse).

plus sign noun signe *m* plus.

pluto [plu:təʊ] vb US dévaluer *(qqn ou qqch)* ▸ **to be plutoed** se faire dévaluer.

Pluto ['plu:təʊ] noun [planet] Pluton *f*.

plutonium [plu:'təʊnɪəm] noun plutonium *m*.

ply [plaɪ] ❖ adj : *four ply* **a)** [wool] à quatre fils **b)** [wood] à quatre plis. ❖ noun [of wool] fil *m* ; [of wood] pli *m*. ❖ vt (*pt & pp* **plied**) **1.** [trade] exercer

2. [supply] ▸ **to ply sb with drink** ne pas arrêter de remplir le verre de qqn. ❖ vi (*pt & pp* **plied**) [ship] faire la navette.

plywood ['plaɪwʊd] noun contreplaqué *m*.

p.m., pm (*abbr of* **post meridiem**) : *at 3 p.m.* à 15 h.

PM *abbr of* **prime minister**.

PMS *abbr of* **premenstrual syndrome**.

PMT UK *abbr of* **premenstrual tension**.

pneumatic [nju:'mætɪk] adj pneumatique.

pneumatic drill noun UK marteau piqueur *m*.

pneumonia [nju:'məʊnjə] noun *(U)* pneumonie *f*.

po *abbr of* **postal order**.

Po [pəʊ] noun ▸ **the (River) Po** le Pô.

PO¹ *abbr of* **Post Office**.

PO², po *abbr of* **postal order**.

poach [pəʊtʃ] ❖ vt **1.** [fish] pêcher sans permis ; [deer] chasser sans permis **2.** *fig* [idea] voler **3.** CULIN pocher. ❖ vi braconner.

poacher ['pəʊtʃəʳ] noun braconnier *m*.

PO Box (*abbr of* **Post Office Box**) noun BP *f*.

pocket ['pɒkɪt] ❖ noun *lit* & *fig* poche *f* / *we have prices to suit all pockets* nous avons des prix pour toutes les bourses ▸ **to have deep pockets** avoir de gros moyens ▸ **to be out of pocket** UK en être de sa poche ▸ **to live in each other's pockets** être trop ensemble ▸ **to have sb in one's pockets** avoir qqn dans sa poche / *we had the deal in our pocket* le marché était dans la poche ▸ **to pick sb's pocket** faire les poches à qqn. ❖ adj de poche. ❖ vt empocher.

pocketbook ['pɒkɪtbʊk] noun **1.** [notebook] carnet *m* **2.** US [handbag] sac *m* à main.

pocket calculator noun calculatrice *f* de poche, calculette *f*.

pocketknife ['pɒkɪtnaɪf] (*pl* **-knives**) noun canif *m*.

pocket money noun UK argent *m* de poche.

pocket-size(d) adj de poche.

pockmarked ['pɒkmɑ:kt] adj [face] grêlé(e) ; [surface] criblé(e) de petits trous / *pockmarked with rust* piqué(e) par la rouille.

pod [pɒd] noun **1.** [of plants] cosse *f* **2.** [of spacecraft] nacelle *f*.

podcast ['pɒdkæst] noun COMPUT podcast *m*.

podgy ['pɒdʒɪ] (*compar* **-ier**, *superl* **-iest**) adj UK *inf* boulot(otte), rondelet(ette).

podiatrist [pə'daɪətrɪst] noun US pédicure *mf*.

podium ['pəʊdɪəm] (*pl* **-s** *or* **-dia**) noun podium *m*.

poem ['pəʊɪm] noun poème *m*.

poet ['pəʊɪt] noun poète *m*.

poetic [pəʊ'etɪk] adj poétique.

poetically [pəʊ'etɪklɪ] adv poétiquement.

poetic justice noun justice *f* immanente.

poetic licence UK, **poetic license** US noun licence *f* poétique.

poet laureate noun poète *m* lauréat.

poetry ['pəʊɪtrɪ] noun poésie *f*.

po-faced ['pəʊfeɪst] adj UK *inf* à l'air pincé.

poignancy ['pɔɪnjənsɪ] noun caractère *m* poignant.

poignant ['pɔɪnjənt] adj poignant(e).

point [pɔɪnt] ❖ noun **1.** [tip] pointe *f* **2.** [place] endroit *m*, point *m* **3.** [time] stade *m*, moment *m* / *the country is at a critical point in its development* le pays traverse une période OR phase critique de son développement / *at one point, I thought the roof was going to cave in* à un moment (donné), j'ai cru que le toit allait s'effondrer / *to be at the point of death* être sur le point de mourir ▸ **point of no return** point *m* de non-retour **4.** [detail, argument] question *f*, détail *m* ▸ **you have a point** il y a du vrai dans ce que vous dites ▸ **to make a point** faire une remarque ▸ **to make one's point** dire ce qu'on a à dire, dire son mot / *to prove his point he showed us a photo* pour prouver ses affirmations, il nous a montré une photo / *point taken!* c'est juste ! ▸ **it's a sore point with her** *fig* elle est très sensible sur ce point **5.** [main idea] point *m* essentiel ▸ **to get** OR **come to the point** en venir au fait / *I'll come straight to the point* je serai bref ▸ **to miss the point** ne pas comprendre ▸ **beside the point** à côté de la question ▸ **to the point** pertinent(e), approprié(e) **6.** [feature] ▸ **good point** qualité *f* ▸ **bad point** défaut *m* / *it's my weak / strong point* c'est mon point faible / fort **7.** [purpose] : *what's the point in buying a new car?* à quoi bon acheter une nouvelle voiture ? / *there's no point in having a meeting* cela ne sert à rien d'avoir une réunion **8.** [on scale, in scores] point *m* **9.** [in decimals] : *two point six* deux virgule six **10.** [of compass] aire *f* du vent **11.** UK ELEC prise *f* (de courant) **12.** [punctuation mark] point *m* **13.** PHR **to make a point of doing sthg** ne pas manquer de faire qqch. ❖ vt ▸ **to point sthg (at) a)** [gun, camera] braquer qqch (sur) **b)** [finger, hose] pointer qqch (sur). ❖ vi **1.** [indicate with finger] ▸ **to point (at sb / sthg), to point (to sb / sthg)** montrer (qqn / qqch) du doigt, indiquer (qqn / qqch) du doigt / *she pointed left* elle fit un signe vers la gauche **2.** [face] : *to point north / south* indiquer le nord / le sud / *insert the disk with the arrow pointing right* insérez la disquette, la flèche pointée vers la droite **3.** *fig* [suggest] ▸ **to point to sthg** suggérer qqch, laisser supposer qqch. ◆ **points** pl n UK RAIL aiguillage *m*. ◆ **up to a point** adv jusqu'à un certain point, dans une certaine mesure. ◆ **on the point of** prep sur le point de / *I was on the point of admitting everything* j'étais sur le point de tout avouer. ◆ **point out** vt sep [person, place] montrer, indiquer ; [fact, mistake] signaler / *I'd like to point out that it was my idea in the first place* je vous ferai remarquer que l'idée est de moi.

point-and-click noun pointer-cliquer *m*.

point-blank ❖ adj [refusal] catégorique ; [question] de but en blanc ▸ **at point-blank range** à bout portant. ❖ adv **1.** [refuse] catégoriquement ; [ask] de but en blanc **2.** [shoot] à bout portant.

pointed ['pɔɪntɪd] adj **1.** [sharp] pointu(e) **2.** *fig* [remark] mordant(e), incisif(ive).

pointedly ['pɔɪntɪdlɪ] adv d'un ton mordant.

pointer ['pɔɪntəʳ] noun **1.** *inf* [piece of advice] tuyau *m*, conseil *m* **2.** [needle] aiguille *f* **3.** [stick] baguette *f* **4.** COMPUT pointeur *m*.

pointless ['pɔɪntlɪs] adj [generally] inutile, vain(e) ; [crime, violence, vandalism] gratuit(e).

point of view (*pl* **points of view**) noun point *m* de vue.

poise [pɔɪz] noun calme *m*, sang-froid *m inv*.

poised [pɔɪzd] adj **1.** [ready] ▸ **poised (for)** prêt(e) (pour) ▸ **to be poised to do sthg** se tenir prêt à faire qqch **2.** *fig* [calm] calme, posé(e).

poison ['pɔɪzn] ❖ noun poison *m*. ❖ vt **1.** [gen] empoisonner **2.** [pollute] polluer.

poisoning ['pɔɪznɪŋ] noun empoisonnement *m*, intoxication *f*.

poisonous ['pɔɪznəs] adj **1.** [fumes] toxique **2.** [plant] vénéneux(euse) **3.** [snake] venimeux(euse) **4.** *fig* [rumours, influence] pernicieux(euse).

> **vénéneux** OR **venimeux?**
>
> Be careful not to confuse these two very similar adjectives: **vénéneux** means poisonous, and refers to toxic plants or substances. **Venimeux** means venomous, and refers to animals that produce venom.

poke [pəʊk] ❖ noun **1.** [prod, jab] coup *m* **2.** [on networking site] poke *m*. ❖ vt **1.** [prod] pousser, donner un coup de coude à **2.** [put] fourrer **3.** [fire] attiser, tisonner **4.** [stretch] : *he poked his head round the door* il a passé la tête dans l'embrasure de la porte **5.** [person on networking site] envoyer un poke à. ❖ vi [protrude] sortir, dépasser. ◆ **poke about** UK, **poke around** vi *inf* fouiller, fourrager. ◆ **poke at** vt insep [with finger] pousser (du doigt) ; [with stick] pousser (avec un bâton).

poker ['pəʊkəʳ] noun **1.** [game] poker *m* **2.** [for fire] tisonnier *m*.

poker-faced [-ˌfeɪst] adj au visage impassible.

poky ['pəʊkɪ] (*compar* **-ier**, *superl* **-iest**) adj *pej* [room] exigu(ë), minuscule.

Poland ['pəʊlənd] noun Pologne *f* ▸ **in Poland** en Pologne.

polar ['pəʊləʳ] adj polaire.

polar bear noun ours *m* polaire OR blanc.

polarity [pəʊ'lærətɪ] noun polarité *f*.

Polaroid® ['pəʊlərɔɪd] noun **1.** [camera] Polaroïd® *m* **2.** [photograph] photo *f* polaroïd.

pole [pəʊl] noun **1.** [rod, post] perche *f*, mât *m* **2.** ELEC & GEOG pôle *m* ▸ **poles apart** aux antipodes (l'un de l'autre).

Pole [pəʊl] noun Polonais *m*, -e *f*.

polecat ['pəʊlkæt] noun putois *m*.

pole dancing noun danse *f* de poteau.

polemic(al) [pə'lemɪk(l)] adj polémique.

Pole Star noun ▸ **the Pole Star** l'Étoile *f* Polaire.

pole vault noun ▸ **the pole vault** le saut à la perche. ◆ **pole-vault** vi sauter à la perche.

police [pə'liːs] ❖ pl n **1.** [police force] ▸ **the police** la police **2.** [police officers] agents *mpl* de police / *the police are on their way* la police arrive, les gendarmes arrivent / *a man is helping police with their enquiries* un homme est entendu par les policiers dans le cadre de leur enquête. ❖ vt maintenir l'ordre dans / *the match was heavily policed* d'importantes forces de police étaient présentes lors du match.

police car noun voiture *f* de police.

police chief noun ≃ préfet *m* de police.

police commissioner noun commissaire *m* de police.

police constable noun UK agent *m* de police.

police department noun US service *m* de police.

police dog noun chien *m* policier.

police force noun police *f*.

police inspector noun UK inspecteur *m*, -trice *f* de police.

policeman [pə'liːsmən] (*pl* **-men**) noun agent *m* de police.

police officer noun policier *m*.

police record noun casier *m* judiciaire.

police state noun état *m* policier.

police station noun commissariat *m* (de police).

policewoman [pə'liːsˌwʊmən] (*pl* **-women**) noun femme *f* agent de police.

policy ['pɒləsɪ] (*pl* **-ies**) noun **1.** [plan] politique *f* **2.** [document] police *f*.

policy-holder noun assuré *m*, -e *f*.

polio ['pəʊlɪəʊ] noun polio *f*.

polish ['pɒlɪʃ] ❖ noun **1.** [for shoes] cirage *m* ; [for floor] cire *f*, encaustique *f* **2.** [shine] brillant *m*, lustre *m* **3.** *fig* [refinement] raffinement *m*. ❖ vt [shoes, floor] cirer ; [car] astiquer ; [cutlery, glasses] faire briller. ◆ **polish off** vt sep *inf* expédier. ◆ **polish up** vt sep [maths, language] perfectionner ; [travail] peaufiner.

Polish ['pəʊlɪʃ] ❖ adj polonais(e). ❖ noun [language] polonais *m*. ❖ pl n ▸ **the Polish** les Polonais *mpl*.

polished ['pɒlɪʃt] adj **1.** [refined] raffiné(e) **2.** [accomplished] accompli(e), parfait(e).

polite [pə'laɪt] adj **1.** [courteous] poli(e) **2.** [refined] bien élevé(e), qui a du savoir-vivre.

politely [pə'laɪtlɪ] adv poliment.

politeness [pə'laɪtnɪs] noun (*U*) politesse *f*.

politic ['pɒlətɪk] adj *fml* politique.

political [pə'lɪtɪkl] adj politique.

political asylum noun droit *m* d'asile (politique).

political correctness noun le politiquement correct.

politically [pə'lɪtɪklɪ] adv politiquement.

politically correct [pə,lɪtɪklɪ-] adj *conforme au mouvement qui préconise de remplacer les termes jugés discriminants par d'autres* ***politiquement corrects****.*

political prisoner noun prisonnier *m* politique.

politician [,pɒlɪ'tɪʃn] noun homme *m* politique, femme *f* politique.

politics ['pɒlətɪks] ◆ noun *(U)* politique *f.* ◆ pl n **1.** [personal beliefs] : *what are his politics?* de quel bord est-il ? **2.** [of group, area] politique *f.*

polka ['pɒlkə] noun polka *f.*

polka dot noun pois *m.*

poll [pəʊl] ◆ noun **1.** [vote] vote *m*, scrutin *m* **2.** [survey - of opinion, intentions] sondage *m* / *to conduct a poll on* OR *about sthg* faire un sondage d'opinion sur qqch, effectuer un sondage auprès de la population concernant qqch. ◆ vt **1.** [people] interroger, sonder **2.** [votes] obtenir. ◆ **polls** pl n ▸ **to go to the polls** aller aux urnes / *the party is likely to be defeated at the polls* le parti sera probablement battu aux élections.

pollen ['pɒlən] noun pollen *m.*

pollen count noun taux *m* de pollen.

pollinate ['pɒləneɪt] vt féconder avec du pollen.

polling ['pəʊlɪŋ] noun *(U)* élections *fpl.*

polling booth noun UK isoloir *m.*

polling station noun bureau *m* de vote.

pollutant [pə'lu:tnt] noun polluant *m.*

pollute [pə'lu:t] vt polluer.

polluter [pə'lu:tər] noun pollueur *m*, -euse *f.*

pollution [pə'lu:ʃn] noun pollution *f.*

polo ['pəʊləʊ] noun polo *m.*

polo neck noun UK **1.** [neck] col *m* roulé **2.** [jumper] pull *m* à col roulé. ◆ **polo-neck** adj UK à col roulé.

poltergeist ['pɒltəgaɪst] noun esprit *m* frappeur.

poly ['pɒlɪ] (*pl* **-s**) noun UK *inf* ***abbr of*** **polytechnic**.

poly bag noun UK *inf* sac *m* en plastique.

polyester [,pɒlɪ'estər] noun polyester *m.*

polygamy [pə'lɪgəmɪ] noun polygamie *f.*

polygon ['pɒlɪgɒn] noun polygone *m.*

polymer ['pɒlɪmər] noun polymère *m.*

Polynesia [,pɒlɪ'ni:zjə] noun Polynésie *f* ▸ **in Polynesia** en Polynésie ▸ **French Polynesia** Polynésie française.

Polynesian [,pɒlɪ'ni:zjən] ◆ adj polynésien(enne). ◆ noun **1.** [person] Polynésien *m*, -enne *f* **2.** [language] polynésien *m.*

polyp ['pɒlɪp] noun polype *m.*

polysemous [pə'lɪsɪməs] adj polysémique.

polystyrene [,pɒlɪ'staɪri:n] noun polystyrène *m.*

polytechnic [,pɒlɪ'teknɪk] noun UK *établissement d'enseignement supérieur ; en 1993, les « polytechnics » ont été transformés en universités.*

polythene UK ['pɒlɪθi:n], **polyethylene** US [,pɒlɪ'eθɪli:n] noun polyéthylène *m.*

polyunsaturated [,pɒlɪʌn'sætʃəreɪtɪd] adj polyinsaturé(e).

polyurethane [,pɒlɪ'jʊərəθeɪn] noun polyuréthane *m.*

pom [pɒm] noun AUSTR *inf terme péjoratif désignant un Anglais.*

pomegranate ['pɒmɪ,grænɪt] noun grenade *f.*

pomp [pɒmp] noun pompe *f*, faste *m.*

pompom ['pɒmpɒm] noun pompon *m.*

pomposity [pɒm'pɒsətɪ] (*pl* **-ies**) noun **1.** *(U)* [of manner] comportement *m* pompeux, manières *fpl* pompeuses **2.** [of ceremony] apparat *m*, pompe *f* ; [of style] caractère *m* pompeux.

pompous ['pɒmpəs] adj **1.** [person] fat(e), suffisant(e) **2.** [style, speech] pompeux(euse).

ponce [pɒns] noun UK *v inf* & *offens* **1.** [effeminate man] homme *m* efféminé **2.** [pimp] maquereau *m.*

poncho ['pɒntʃəʊ] (*pl* **-s**) noun poncho *m.*

pond [pɒnd] noun étang *m*, mare *f.*

ponder ['pɒndər] ◆ vt considérer, peser. ◆ vi ▸ **to ponder (on** OR **over)** réfléchir (sur).

ponderous ['pɒndərəs] adj **1.** [dull] lourd(e) **2.** [large, heavy] pesant(e).

pong [pɒŋ] UK *inf* ◆ noun puanteur *f.* ◆ vi puer, schlinguer.

pontiff ['pɒntɪf] noun souverain *m* pontife.

pontificate [pɒn'tɪfɪkeɪt] vi *pej* ▸ **to pontificate (on)** pontifier (sur).

pontoon [pɒn'tu:n] noun **1.** [bridge] ponton *m* **2.** UK [game] vingt-et-un *m.*

pony ['pəʊnɪ] (*pl* **-ies**) noun poney *m.*

ponytail ['pəʊnɪteɪl] noun queue-de-cheval *f.*

pony-trekking [-,trekɪŋ] noun UK randonnée *f* à cheval OR en poney.

poo [pu:] noun & vi *inf* = **pooh**.

poodle ['pu:dl] noun caniche *m.*

poof [pʊf] noun UK *offens* tapette *f*, pédé *m.*

pooh [pu:] UK *inf* ◆ interj [with disgust] pouah, berk ; [with disdain] peuh. ◆ noun *baby talk* caca *m.* ◆ vi *baby talk* faire caca.

pooh-pooh vt *inf* dédaigner.

pool [pu:l] ◆ noun **1.** [pond, of blood] mare *f* ; [of rain, light] flaque *f* **2.** [swimming pool] piscine *f* **3.** SPORT billard *m* américain. ◆ vt [resources] mettre en commun. ◆ **pools** pl n UK ▸ **the pools** ≃ le loto sportif.

pool table noun (table *f* de) billard *m.*

pooped [pu:pt] adj *inf* crevé(e).

poor [pɔ:r] ◆ adj **1.** [gen] pauvre / *they're too poor to own a car* ils n'ont pas les moyens d'avoir une voiture

2. [not very good] médiocre, mauvais(e) / *my spelling/French is poor* je ne suis pas fort en orthographe/en français / *she has very poor taste in clothes* elle s'habille avec un goût douteux / *to be in poor health* être en mauvaise santé. ◆ pl n ▸ **the poor** les pauvres *mpl*.

poorly ['pɔ:lɪ] ◆ adj UK *inf* souffrant(e). ◆ adv mal, médiocrement.

poor relation noun *fig* parent *m* pauvre.

pop [pɒp] ◆ noun 1. *(U)* [music] pop *m* 2. *(U) inf* [fizzy drink] boisson *f* gazeuse 3. US *inf* [father] papa *m* 4. [sound] pan *m*. ◆ vt *(pt & pp* **-ped**, *cont* **-ping**) 1. [burst] faire éclater, crever 2. [put quickly] mettre, fourrer. ◆ vi *(pt & pp* **-ped**, *cont* **-ping**) 1. [balloon] éclater, crever ; [cork, button] sauter 2. [eyes] : *his eyes popped* il a écarquillé les yeux 3. [go quickly] : *I'm just popping to the newsagent's* je fais un saut chez le marchand de journaux. ◆ **pop in** vi faire une petite visite. ◆ **pop up** vi surgir.

POP (*abbr of* **point of purchase**) noun lieu *m* d'achat OR de vente.

pop concert noun concert *m* pop.

popcorn ['pɒpkɔ:n] noun pop-corn *m*.

pope [pəʊp] noun pape *m*.

pop group noun groupe *m* pop.

poplar ['pɒplər] noun peuplier *m*.

poplin ['pɒplɪn] noun popeline *f*.

popper ['pɒpər] noun UK pression *f*.

poppy ['pɒpɪ] (*pl* **-ies**) noun coquelicot *m*, pavot *m*.

poppycock ['pɒpɪkɒk] noun *(U) inf, pej* & *dated* idioties *fpl*, bêtises *fpl*.

Poppy Day noun UK anniversaire *m* de l'armistice *(journée de commémoration pendant laquelle on porte un coquelicot en papier en souvenir des soldats britanniques morts lors des guerres mondiales)*.

Popsicle® ['pɒpsɪkl] noun US sucette *f* glacée.

pop singer noun chanteur *m*, -euse *f* pop.

populace ['pɒpjʊləs] noun *fml* ▸ **the populace** le peuple.

popular ['pɒpjʊlər] adj 1. [gen] populaire / *it's very popular with the customers* les clients l'apprécient beaucoup / *a popular line* un article qui se vend bien / *on* OR *by popular demand* à la demande générale 2. [name, holiday resort] à la mode.

popularity [,pɒpjʊ'lærətɪ] noun popularité *f*.

popularly ['pɒpjʊləlɪ] adv communément.

populate ['pɒpjʊleɪt] vt peupler.

populated ['pɒpjʊleɪtɪd] adj peuplé(e).

population [,pɒpjʊ'leɪʃn] noun population *f*.

populous ['pɒpjʊləs] adj populeux(euse).

pop-up ◆ adj 1. [toaster] automatique 2. [book] dont les images se déplient. ◆ noun COMPUT pop-up *m*.

pop-up menu noun COMPUT menu *m* local.

porcelain ['pɔ:səlɪn] noun porcelaine *f*.

porch [pɔ:tʃ] noun 1. UK [entrance] porche *m* 2. US [verandah] véranda *f*.

porcupine ['pɔ:kjʊpaɪn] noun porc-épic *m*.

pore [pɔ:r] noun pore *m*. ◆ **pore over** vt insep examiner de près.

pork [pɔ:k] noun porc *m*.

pork chop noun côtelette *f* de porc.

pork pie noun UK pâté *m* de porc en croûte.

porky ['pɔ:kɪ] (*compar* **-ier**, *superl* **-iest**) ◆ adj *inf* & *pej* [fat] gros (grosse), gras (grasse), adipeux(euse) *pej*. ◆ noun UK *inf* [lie] bobard *m*.

porn [pɔ:n] (*abbr of* **pornography**) noun *(U) inf* porno *m* ▸ **hard porn** porno *m* hard, hard *m* ▸ **soft porn** porno *m* soft, soft *m*.

pornographic [,pɔ:nə'græfɪk] adj pornographique.

pornography [pɔ:'nɒgrəfɪ] noun pornographie *f*.

porous ['pɔ:rəs] adj poreux(euse).

porpoise ['pɔ:pəs] noun marsouin *m*.

porridge ['pɒrɪdʒ] noun porridge *m*.

port [pɔ:t] ◆ noun 1. [town, harbour] port *m* 2. NAUT [left-hand side] bâbord *m* ▸ **to port** à bâbord 3. [drink] porto *m* 4. COMPUT port *m*. ◆ comp 1. [of a port] portuaire, du port 2. NAUT [left-hand] de bâbord.

portable ['pɔ:təbl] adj portatif(ive).

portal ['pɔ:tl] noun 1. COMPUT portal *m* 2. [entrance] portail *m*.

Port-au-Prince [,pɔ:təʊ'prɪns] noun Port-au-Prince.

portcullis [,pɔ:t'kʌlɪs] noun herse *f*.

portend [pɔ:'tend] vt présager, augurer.

portent ['pɔ:tənt] noun présage *m*.

portentous [pɔ:'tentəs] adj *liter* 1. [ominous - sign] de mauvais présage OR augure 2. [momentous - event] capital(e), extraordinaire / *I've nothing very portentous to announce* je n'ai rien d'extraordinaire OR de très important à annoncer 3. [serious] grave, solennel(elle) / *her face took on a portentous air* elle prit un air solennel 4. [pompous] pompeux(euse).

porter ['pɔ:tər] noun 1. UK [doorman] concierge *m*, portier *m* 2. [for luggage] porteur *m* 3. US *dated* [on train] employé *m*, -e *f* des wagons-lits.

portfolio [,pɔ:t'fəʊljəʊ] (*pl* **-s**) noun 1. [case] serviette *f* 2. [sample of work] portfolio *m* 3. FIN portefeuille *m*.

porthole ['pɔ:thəʊl] noun hublot *m*.

portion ['pɔ:ʃn] noun 1. [section] portion *f*, part *f* 2. [of food] portion *f*.

portly ['pɔ:tlɪ] (*compar* **-ier**, *superl* **-iest**) adj corpulent(e).

port of call noun 1. NAUT port *m* d'escale 2. *fig* [on journey] endroit *m*.

portrait ['pɔ:treɪt] noun portrait *m*.

portray [pɔ:'treɪ] vt 1. CIN & THEAT jouer, interpréter 2. [describe] dépeindre 3. [paint] faire le portrait de.

portrayal [pɔː'treɪəl] noun **1.** CIN & THEAT interprétation *f* **2.** [painting, photograph] portrait *m* **3.** [description] description *f*.

Portugal ['pɔːtʃʊgl] noun Portugal *m* ▸ **in Portugal** au Portugal.

Portuguese [,pɔːtʃʊ'giːz] ❖ adj portugais(e). ❖ noun [language] portugais *m*. ❖ pl n ▸ **the Portuguese** les Portugais *mpl*.

POS (*abbr of* **point of sale**) noun PDV *m*.

pose [pəʊz] ❖ noun **1.** [stance] pose *f* **2.** *pej* [affectation] pose *f*, affectation *f*. ❖ vt **1.** [danger] présenter **2.** [problem, question] poser. ❖ vi **1.** *pej* ART poser **2.** [pretend to be] ▸ **to pose as** se faire passer pour.

poser ['pəʊzər] noun *inf* **1.** *pej* [person] poseur *m*, -euse *f* **2.** [hard question] question *f* difficile, colle *f*.

poseur [pəʊ'zɜːr] noun *inf* & *pej* poseur *m*, -euse *f*.

posh [pɒʃ] adj *inf* **1.** [hotel, clothes] chic *(inv)* **2.** UK [accent, person] de la haute.

position [pə'zɪʃn] ❖ noun **1.** [gen] position *f* / *they're in tenth position in the championship* ils sont à la dixième place OR ils occupent la dixième place du championnat / *to change* OR *to shift position* changer de place ▸ **in position** en place, en position / *take up your positions!, get into position!* **a)** [actors, dancers] à vos places ! **b)** [soldiers, guards] à vos postes ! **2.** [job] poste *m*, emploi *m* **3.** [state] situation *f* / *put yourself in my position* mettez-vous à ma place ▸ **to be in a / no position to do sthg** être / ne pas être à même de faire qqch. ❖ vt placer, mettre en position ▸ **to position o.s.** se placer, se mettre / *he positioned himself on the roof* il a pris position sur le toit.

positioning noun [of product] positionnement *m* ▸ **positioning map** carte *f* de positionnement ▸ **positioning strategy** stratégie *f* de positionnement ▸ **positioning study** étude *f* de positionnement.

positive ['pɒzətɪv] adj **1.** [gen] positif(ive) **2.** [sure] sûr(e), certain(e) ▸ **to be positive about sthg** être sûr de qqch **3.** [optimistic] positif(ive), optimiste ▸ **to be positive about sthg** avoir une attitude positive au sujet de qqch **4.** [definite] formel(elle), précis(e) / *his intervention was a positive factor in the release of the hostages* son intervention a efficacement contribué à la libération des otages **5.** [evidence] irréfutable, indéniable / *we have positive evidence of his involvement* nous avons des preuves irréfutables de son implication **6.** [downright] véritable / *a positive pleasure* un véritable plaisir.

positively ['pɒzətɪvlɪ] adv **1.** [optimistically] avec optimisme, de façon positive **2.** [definitely] formellement **3.** [favourably] favorablement **4.** [irrefutably] d'une manière irréfutable **5.** [completely] absolument, complètement.

positive thinking noun idées *fpl* constructives.

posse ['pɒsɪ] noun US détachement *m*, troupe *f*.

possess [pə'zes] vt posséder.

possessed [pə'zest] adj [mad] possédé(e).

possession [pə'zeʃn] noun possession *f*. ❖ **possessions** pl n possessions *fpl*, biens *mpl*.

possessive [pə'zesɪv] ❖ adj possessif(ive). ❖ noun GRAM possessif *m*.

possessiveness [pə'zesɪvnɪs] noun caractère *m* possessif, possessivité *f*.

possessor [pə'zesər] noun possesseur *m*, propriétaire *mf*.

possibility [,pɒsə'bɪlətɪ] (*pl* **-ies**) noun **1.** [chance, likelihood] possibilité *f*, chances *fpl* / *there's no possibility of that happening* il n'y a aucune chance OR aucun risque que cela se produise / *there's little possibility of any changes being made to the budget* il est peu probable que le budget soit modifié ▸ **there is a possibility that…** il se peut que… *(+ subjunctive)* / *they hadn't even considered the possibility that he might leave* ils n'avaient même pas envisagé qu'il puisse partir **2.** [option] possibilité *f*, option *f*.

possible ['pɒsəbl] ❖ adj possible / *possible risks* des risques éventuels / *it's possible (that) he won't come* il se peut qu'il ne vienne pas / *the grant made it possible for me to continue my research* la bourse m'a permis de poursuivre mes recherches / *as far as possible* **a)** dans la mesure du possible ▸ **as much as possible** autant que possible ▸ **as soon as possible** dès que possible ▸ **the best / worst possible** le (la) meilleur / pire possible. ❖ noun possible *m*.

possibly ['pɒsəblɪ] adv **1.** [perhaps] peut-être **2.** [within one's power] : *I'll do all I possibly can* je ferai tout mon possible **3.** [expressing surprise] : *how could he possibly have known?* mais comment a-t-il pu le savoir ? **4.** [for emphasis] : *I can't possibly accept your money* je ne peux vraiment pas accepter cet argent.

post [pəʊst] ❖ noun **1.** UK [service] ▸ **the post** la poste / *the letter is in the post* la lettre a été postée ▸ **by post** par la poste **2.** UK [letters, delivery] courrier *m* **3.** UK [collection] levée *f* **4.** [pole] poteau *m* **5.** [position, job] poste *m*, emploi *m* **6.** MIL poste *m* **7.** PHR ▸ **to pip sb at the post** UK coiffer qqn au poteau. ❖ vt **1.** UK [by mail] poster, mettre à la poste **2.** [employee] muter **3.** COMPUT poster ▸ **to post sthg on a blog** poster OR publier qqch sur un blog **4.** PHR ▸ **to keep sb posted** tenir qqn au courant.

post- [pəʊst] pref post-.

postage ['pəʊstɪdʒ] noun affranchissement *m* ▸ **postage and packing** UK frais *mpl* de port et d'emballage.

postage stamp noun *fml* timbre-poste *m*.

postal ['pəʊstl] adj postal(e).

postal order noun UK mandat *m* postal.

postbag ['pəʊstbæg] noun UK **1.** [bag] sac *m* postal **2.** *inf* [letters received] courrier *m*, lettres *fpl*.

postbox ['pəʊstbɒks] noun UK boîte *f* aux lettres.

postcard ['pəʊstkɑːd] noun carte *f* postale.

postcode ['pəʊstkəʊd] noun UK code *m* postal.

postdate [,pəʊst'deɪt] vt postdater.

poster ['pəʊstər] noun [for advertising] affiche *f* ; [for decoration] poster *m*.

posterior [pɒ'stɪərɪə^r] ❖ adj postérieur(e). ❖ noun *hum* postérieur *m*, derrière *m*.

posterity [pɒ'sterətɪ] noun postérité *f*.

post-free adj UK franco (de port) *(inv)*.

postgraduate [ˌpəʊst'grædʒʊət] ❖ adj de troisième cycle. ❖ noun étudiant *m*, -e *f* de troisième cycle.

posthaste [ˌpəʊst'heɪst] adv *liter* très vite, en toute hâte.

posthumous ['pɒstjʊməs] adj posthume.

posthumously ['pɒstjʊməslɪ] adv à titre posthume.

posting ['pəʊstɪŋ] noun [assignment] affectation *f*.

Post-it (note)® noun Post-it® *m*, becquet *m*.

postman ['pəʊstmən] (*pl* **-men**) noun UK facteur *m*, -rice *f*.

postmark ['pəʊstmɑːk] ❖ noun cachet *m* de la poste. ❖ vt timbrer, tamponner.

postmaster ['pəʊstˌmɑːstə^r] noun receveur *m* des postes.

postmistress ['pəʊstˌmɪstrɪs] noun *dated* receveuse *f* des postes.

post-modern adj postmoderne.

postmortem [ˌpəʊst'mɔːtəm] ❖ adj ▸ **postmortem examination** autopsie *f*. ❖ noun *lit* & *fig* autopsie *f*.

postnatal [ˌpəʊst'neɪtl] adj post-natal(e).

post office noun **1.** [organization] ▸ **the Post Office** les Postes et Télécommunications *fpl* **2.** [building] (bureau *m* de) poste *f*.

postoperative [ˌpəʊst'ɒpərətɪv] adj postopératoire.

postpone [ˌpəʊst'pəʊn] vt reporter, remettre.

postponement [ˌpəʊst'pəʊnmənt] noun renvoi *m*, report *m*.

postscript ['pəʊstskrɪpt] noun post-scriptum *m inv* ; *fig* supplément *m*, addenda *m inv*.

post-traumatic stress disorder noun *(U)* névrose *f* post-traumatique.

postulate *fml* ❖ noun ['pɒstjʊlət] postulat *m*. ❖ vt ['pɒstjʊleɪt] [theory] avancer.

posture ['pɒstʃə^r] ❖ noun **1.** *(U)* [pose] position *f*, posture *f* **2.** *fig* [attitude] attitude *f*. ❖ vi poser, prendre des attitudes.

postwar [ˌpəʊst'wɔː^r] adj d'après-guerre.

posy ['pəʊzɪ] (*pl* **-ies**) noun petit bouquet *m* de fleurs.

pot [pɒt] ❖ noun **1.** [for cooking] marmite *f*, casserole *f* **2.** [for tea] théière *f* ; [for coffee] cafetière *f* **3.** [for paint, jam, plant] pot *m* **4.** *(U) inf* [cannabis] herbe *f*. ❖ vt (*pt* & *pp* **-ted**, *cont* **-ting**) [plant] mettre en pot.

potash ['pɒtæʃ] noun potasse *f*.

potassium [pə'tæsɪəm] noun potassium *m*.

potato [pə'teɪtəʊ] (*pl* **-es**) noun pomme *f* de terre.

potato crisps UK, **potato chips** US pl n (pommes *fpl*) chips *fpl*.

potato peeler [-ˌpiːlə^r] noun (couteau *m*) éplucheur *m*.

potbelly ['pɒtˌbelɪ] (*pl* **-ies**) noun **1.** [stomach] ventre *m*, bedon *m* / ***to have a potbelly*** avoir du ventre **2.** US [stove] poêle *m*.

potency ['pəʊtənsɪ] noun *(U)* **1.** [power, influence] puissance *f* **2.** [of drink] teneur *f* en alcool **3.** [of man] virilité *f*.

potent ['pəʊtənt] adj **1.** [powerful, influential] puissant(e) **2.** [drink] fort(e) **3.** [man] viril(e).

potentate ['pəʊtənteɪt] noun potentat *m*.

potential [pə'tenʃl] ❖ adj [energy, success] potentiel(elle) ; [uses, danger] possible ; [enemy] en puissance / ***we mustn't discourage potential investors*** il ne faut pas décourager les investisseurs éventuels OR potentiels. ❖ noun *(U)* [of person] capacités *fpl* latentes ▸ **to have potential** [person] promettre ; [company] avoir de l'avenir ; [scheme] offrir des possibilités / ***to fulfil one's potential*** donner toute sa mesure / ***he never achieved his full potential*** il n'a jamais exploité pleinement ses capacités.

potentially [pə'tenʃəlɪ] adv potentiellement.

pothole ['pɒthəʊl] noun **1.** [in road] nid-de-poule *m* **2.** [underground] caverne *f*, grotte *f*.

potholer ['pɒtˌhəʊlə^r] noun UK spéléologue *mf*.

potholing ['pɒtˌhəʊlɪŋ] noun UK spéléologie *f* ▸ **to go potholing** faire de la spéléologie.

potion ['pəʊʃn] noun [magic] breuvage *m* ▸ **love potion** philtre *m*.

potluck [ˌpɒt'lʌk] noun ▸ **to take potluck** a) [gen] choisir au hasard b) [at meal] manger à la fortune du pot.

pot plant noun UK plante *f* d'appartement.

potpourri [ˌpəʊ'pʊərɪ] noun **1.** *(U)* [dried flowers] fleurs *fpl* séchées **2.** [medley] pot-pourri *m*.

pot roast noun rôti *m* braisé.

potshot ['pɒtˌʃɒt] noun ▸ **to take a potshot (at sthg)** tirer (sur qqch) sans viser.

potted ['pɒtɪd] adj UK **1.** [food] conservé(e) en pot **2.** *fig* [condensed] condensé(e), abrégé(e).

potter ['pɒtə^r] noun potier *m*, -ière *f*. ◆ **potter about, potter around** vi UK bricoler.

pottery ['pɒtərɪ] (*pl* **-ies**) noun poterie *f* ▸ **a piece of pottery** une poterie.

potty ['pɒtɪ] *inf* ❖ adj (*compar* **-ier**, *superl* **-iest**) ▸ **potty (about)** toqué(e) (de). ❖ noun (*pl* **-ies**) UK pot *m* (de chambre).

potty-trained adj propre.

pouch [paʊtʃ] noun **1.** [small bag] petit sac *m* ▸ **tobacco pouch** blague *f* à tabac **2.** [of kangaroo] poche *f* ventrale.

poultice ['pəʊltɪs] noun cataplasme *m*.

poultry ['pəʊltrɪ] ❖ noun *(U)* [meat] volaille *f*. ❖ pl n [birds] volailles *fpl*.

pounce [paʊns] vi ▸ **to pounce on** a) [bird] fondre sur b) [person] sauter sur ▸ **to pounce on** *fig* sauter sur.

pound [paʊnd] ❖ noun **1.** UK [money] livre *f* **2.** [weight] = *453,6 grammes* ; ≃ livre *f* **3.** [for cars, dogs] fourrière *f.* ❖ vt **1.** [strike loudly] marteler / *they pounded the enemy positions with mortar fire* ils ont bombardé les positions ennemies au mortier **2.** [crush] piler, broyer. ❖ vi **1.** [strike loudly] : *the waves pounded against the rocks* les vagues venaient s'écraser sur OR fouettaient les rochers ▸ **to pound on** donner de grands coups à / *the rain was pounding on the roof* la pluie tambourinait sur le toit **2.** [heart] battre fort / *my head is pounding* j'ai des élancements dans la tête.

-pounder ['paʊndəʳ] suffix : *a fifteen-pounder* [fish] un poisson de 15 livres / *a six-pounder* [gun] un canon OR une pièce de six.

pounding ['paʊndɪŋ] noun *(U)* **1.** [of fists] martèlement *m* **2.** [of heart] battement *m* violent ▸ **to get** OR **take a pounding a)** [city] être pilonné(e) **b)** [team] être battu(e) à plate couture OR à plates coutures.

pound sign noun symbole *m* de la livre sterling.

pour [pɔːʳ] ❖ vt verser ▸ **shall I pour you a drink?** je te sers quelque chose à boire ? ▸ **to pour money into sthg** *fig* investir beaucoup d'argent dans qqch. ❖ vi **1.** [liquid] couler à flots / *water poured from the gutters* l'eau débordait des gouttières / *tears poured down her face* elle pleurait à chaudes larmes / *smoke poured out of the blazing building* des nuages de fumée s'échappaient de l'immeuble en flammes **2.** *fig* [rush] ▸ **to pour in / out** entrer/sortir en foule. ❖ impers vb [rain hard] pleuvoir à verse. ◆ **pour in** vi [letters, news] affluer. ◆ **pour out** vt sep **1.** [empty] vider **2.** [serve - drink] verser, servir **3.** *fig* [emotions] épancher ▸ **to pour out one's heart to sb** parler à qqn à cœur ouvert.

pouring ['pɔːrɪŋ] adj [rain] torrentiel(elle).

pout [paʊt] ❖ noun moue *f.* ❖ vi faire la moue.

POV *written abbr of* **point of view**.

poverty ['pɒvətɪ] noun pauvreté *f*; *fig* [of ideas] indigence *f*, manque *m*.

poverty line noun seuil *m* de pauvreté.

poverty-stricken adj [person] dans la misère ; [area] misérable, très pauvre.

poverty trap noun UK *situation dans laquelle, du fait d'une augmentation d'un revenu faible, on ne peut plus toucher les prestations sociales.*

pow [paʊ] excl *inf* pan !, paf !

POW *abbr of* **prisoner of war**.

powder ['paʊdəʳ] ❖ noun poudre *f.* ❖ vt [face, body] poudrer.

powdered ['paʊdəd] adj **1.** [milk, eggs] en poudre **2.** [face] poudré(e).

powdered sugar noun US sucre *m* en poudre.

powder room noun *dated* toilettes *fpl* pour dames.

powdery ['paʊdərɪ] adj [snow] poudreux(euse).

power ['paʊəʳ] ❖ noun **1.** *(U)* [authority, ability] pouvoir *m* / *it's beyond* OR *outside my power* cela dépasse ma compétence ▸ **to have power over sb** avoir de l'autorité sur qqn ▸ **to take power** prendre le pouvoir ▸ **to be in power** être au pouvoir ▸ **to be in** OR **within one's power to do sthg** être en son pouvoir de faire qqch / *to have great powers of persuasion* avoir un grand pouvoir OR une grande force de persuasion ▸ **power of speech** parole *f* ▸ **the powers that be** les autorités *fpl* **2.** [strength, powerful person] puissance *f*, force *f* / *economic and industrial power* la puissance économique et industrielle **3.** *(U)* [energy] énergie *f* ▸ **nuclear / solar power** énergie nucléaire / solaire **4.** [electricity] courant *m*, électricité *f.* ❖ vt faire marcher, actionner / *powered by solar energy* fonctionnant à l'énergie solaire.

power cut noun UK coupure *f* de courant.

-powered ['paʊəd] suffix : *high / low-powered* de haute/faible puissance / *a high-powered executive* un cadre très haut placé / *steam / wind-powered* mû (mue) par la vapeur/le vent.

power failure noun panne *f* de courant.

powerful ['paʊəfʊl] adj **1.** [gen] puissant(e) **2.** [smell, voice] fort(e) **3.** [speech, novel] émouvant(e).

powerhouse ['paʊəhaʊs] (*pl* [-haʊzɪz]) noun *fig* personne *f* dynamique OR énergique.

powerless ['paʊəlɪs] adj impuissant(e) ▸ **to be powerless to do sthg** être dans l'impossibilité de faire qqch, ne pas pouvoir faire qqch.

power line noun ligne *f* à haute tension.

power of attorney noun procuration *f.*

power-sharing [-ˌʃeərɪŋ] noun partage *m* du pouvoir.

power station noun UK centrale *f* électrique.

power steering noun direction *f* assistée.

power tool noun outil *m* électrique.

PR ❖ noun **1.** *abbr of* **proportional representation** **2.** *abbr of* **public relations** **3.** PHR **PR agency** agence *f* de communication ▸ **PR department** service *m* communication. ❖ noun *abbr of* **Puerto Rico**.

practicable ['præktɪkəbl] adj *fml* réalisable, faisable.

practical ['præktɪkl] ❖ adj **1.** [gen] pratique / *now, be practica:, we can't afford a new car* allons, un peu de bon sens, nous n'avons pas les moyens de nous offrir une nouvelle voiture / *for all practical purposes* en fait, en réalité **2.** [plan, solution] réalisable. ❖ noun épreuve *f* pratique.

practicality [ˌpræktɪ'kælətɪ] noun *(U)* aspect *m* pratique. ◆ **practicalities** pl n détails *mpl* pratiques.

practical joke noun farce *f.*

practical joker noun farceur *m*, -euse *f.*

practically ['præktɪklɪ] adv **1.** [in a practical way] d'une manière pratique **2.** [almost] presque, pratiquement.

practice ['præktɪs] ❖ noun **1.** *(U)* [at sport] entraînement *m* ; [at music] répétition *f* / *it's good practice for your interview* c'est un bon entraînement pour votre entrevue ▸ **to be out of practice** être rouillé(e) **2.** [training session - at sport] séance *f* d'entraînement ; [- at music] répétition *f* **3.** [act of doing] ▸ **to put sthg into practice** mettre qqch en pratique ▸ **in practice** [in fact] en réalité, en fait **4.** [habit] pratique *f*, coutume *f* / *it's* *normal practice among most shopkeepers* c'est une pratique courante chez les commerçants **5.** *(U)* [of profession] exercice *m* / *to be in practice as a doctor* exercer en tant que médecin **6.** [of doctor] cabinet *m* ; [of lawyer] étude *f*. ◆ vt & vi US = **practise**.

practiced US = **practised**.

practicing US = **practising**.

practise UK, **practice** US ['præktɪs] ◆ vt **1.** [sport] s'entraîner à ; [piano] s'exercer à **2.** [custom] suivre, pratiquer ; [religion] pratiquer ▸ **to practise what one preaches** prêcher par l'exemple **3.** [profession] exercer. ◆ vi **1.** SPORT s'entraîner ; MUS s'exercer **2.** [doctor, lawyer] exercer.

practised UK, **practiced** US ['præktɪst] adj [teacher, nurse] expérimenté(e) ; [liar] fieffé(e) ▸ **to be practised at doing sthg** être expert(e) à faire qqch ▸ **a practised eye** un œil exercé.

practising UK, **practicing** US ['præktɪsɪŋ] adj [doctor, lawyer] en exercice ; [Christian] pratiquant(e) ; [homosexual] déclaré(e).

practitioner [præk'tɪʃnər] noun praticien *m*, -enne *f* ▸ **medical practitioner** médecin *m*.

pragmatic [præg'mætɪk] adj pragmatique.

pragmatics [præg'mætɪks] noun *(U)* LING pragmatique *f*.

pragmatism ['prægmətɪzm] noun pragmatisme *m*.

pragmatist ['prægmətɪst] noun pragmatiste *mf*.

Prague [prɑ:g] noun Prague.

prairie ['preərɪ] noun prairie *f*.

praise [preɪz] ◆ noun louange *f*, louanges *fpl*, éloge *m*, éloges *mpl* ▸ **to sing sb's praises** chanter les louanges de qqn. ◆ vt louer, faire l'éloge de.

praiseworthy ['preɪz,wɜ:ðɪ] adj louable, méritoire.

praline ['prɑ:li:n] noun praline *f*.

pram [præm] noun UK landau *m*.

PRAM [præm] (*abbr of* **programmable random access memory**) noun RAM *f* programmable.

prance [prɑ:ns] vi **1.** [person] se pavaner **2.** [horse] caracoler.

prang [præŋ] UK *inf* & *dated* ◆ noun [of car] accrochage *m* ; [of plane] collision *f*. ◆ vt emboutir, bousiller.

prank [præŋk] noun tour *m*, niche *f*.

prat [præt] noun UK *v inf* & *pej* crétin *m*, -e *f*.

prattle ['prætl] *pej* ◆ noun *(U)* bavardage *m*, babillage *m*. ◆ vi babiller ▸ **to prattle on about sthg** parler sans fin de qqch.

prawn [prɔ:n] noun crevette *f* rose.

prawn cocktail noun UK crevettes *fpl* mayonnaise.

pray [preɪ] vi ▸ **to pray (to sb)** prier (qqn) ▸ **to pray for rain** prier pour qu'il pleuve.

prayer [preər] noun *lit* & *fig* prière *f* ▸ **to say one's prayers** faire sa prière. ◆ **prayers** pl n [service] office *m*.

pre- [pri:] pref pré-.

preach [pri:tʃ] ◆ vt [gen] prêcher ; [sermon] prononcer. ◆ vi **1.** RELIG ▸ **to preach (to sb)** prêcher (qqn) **2.** *pej* [pontificate] ▸ **to preach (at sb)** sermonner (qqn).

preacher ['pri:tʃər] noun prédicateur *m*, -trice *f*, pasteur *m*, -e *f*.

preamble [pri:'æmbl] noun préambule *m*, avant-propos *m inv*.

precarious [prɪ'keərɪəs] adj précaire.

precariously [prɪ'keərɪəslɪ] adv d'une manière précaire.

precaution [prɪ'kɔ:ʃn] noun précaution *f* ▸ **as a precaution (against)** par précaution (contre).

precautionary [prɪ'kɔ:ʃənərɪ] adj de précaution, préventif(ive).

precede [prɪ'si:d] vt précéder.

precedence ['presɪdəns] noun ▸ **to take precedence over sthg** avoir la priorité sur qqch ▸ **to have** OR **take precedence over sb** avoir la préséance sur qqn.

precedent ['presɪdənt] noun précédent *m*.

preceding [prɪ'si:dɪŋ] adj précédent(e).

precept ['pri:sept] noun précepte *m*.

precinct ['pri:sɪŋkt] noun **1.** UK [area] centre *m* commercial **2.** US [district] circonscription *f* (administrative). ◆ **precincts** pl n [of institution] enceinte *f*.

precious ['preʃəs] adj **1.** [gen] précieux(euse) **2.** *inf* & *iro* [damned] sacré(e) ▸ **precious little** très peu, bien peu **3.** [affected] affecté(e).

precious metal noun métal *m* précieux.

precious stone noun pierre *f* précieuse.

precipice ['presɪpɪs] noun précipice *m*, paroi *f* à pic.

precipitate *fml* ◆ adj [prɪ'sɪpɪtət] hâtif(ive). ◆ vt [prɪ'sɪpɪteɪt] [hasten] hâter, précipiter.

precipitation [prɪ,sɪpɪ'teɪʃn] noun précipitation *f*.

precipitous [prɪ'sɪpɪtəs] adj **1.** [very steep] escarpé(e), à pic **2.** [hasty] hâtif(ive).

précis [UK 'preɪsi:, US 'presi:] noun résumé *m*.

precise [prɪ'saɪs] adj précis(e) ; [measurement, date] exact(e) ▸ **49.5 to be precise** 49,5 pour être exact.

precisely [prɪ'saɪslɪ] adv précisément, exactement.

precision [prɪ'sɪʒn] ◆ noun précision *f*, exactitude *f*. ◆ comp de précision.

preclude [prɪ'klu:d] vt *fml* empêcher ; [possibility] écarter ▸ **to preclude sb from doing sthg** empêcher qqn de faire qqch.

precocious [prɪ'kəʊʃəs] adj précoce.

preconceived [,pri:kən'si:vd] adj préconçu(e).

preconception [,pri:kən'sepʃn] noun préjugé *m*, idée *f* préconçue.

precondition [,pri:kən'dɪʃn] noun *fml* condition *f* sine qua non.

precooked [pri:'kʊkt] adj précuit(e).

precursor [,pri:'kɜ:sər] noun *fml* précurseur *m*.

predate [pri:'deɪt] vt précéder.

predator ['predətəʳ] noun **1.** [animal, bird] prédateur *m*, rapace *m* **2.** *fig* [person] corbeau *m*.

predatory ['predətrɪ] adj **1.** [animal, bird] prédateur(trice) **2.** *fig* [person] rapace.

predecessor ['pri:dɪsesəʳ] noun **1.** [person] prédécesseur *m* **2.** [thing] précédent *m*, -e *f*.

predestination [pri:ˌdestɪ'neɪʃn] noun prédestination *f*.

predestine [ˌpri:'destɪn] vt ▸ **to be predestined to sthg / to do sthg** être prédestiné(e) à qqch / à faire qqch.

predetermine [ˌpri:dɪ'tɜ:mɪn] vt **1.** [predestine] déterminer d'avance **2.** [prearrange] organiser OR fixer à l'avance.

predetermined [ˌpri:dɪ'tɜ:mɪnd] adj **1.** [predestined] déterminé(e) d'avance **2.** [prearranged] organisé(e) OR fixé(e) à l'avance.

predicament [prɪ'dɪkəmənt] noun situation *f* difficile ▸ **to be in a predicament** être dans de beaux draps.

predict [prɪ'dɪkt] vt prédire.

predictability [prɪˌdɪktə'bɪlətɪ] noun prévisibilité *f*.

predictable [prɪ'dɪktəbl] adj prévisible.

predictably [prɪ'dɪktəblɪ] adv [react, behave] d'une manière prévisible / *predictably, he was late* comme c'était à prévoir, il est arrivé en retard.

prediction [prɪ'dɪkʃn] noun prédiction *f*.

predictive text(ing) [prɪ'dɪktɪv-] noun TELEC écriture *f* prédictive, T9 *m*.

predispose [ˌpri:dɪs'pəʊz] vt ▸ **to be predisposed to sthg / to do sthg** être prédisposé(e) à qqch / à faire qqch.

predisposition ['pri:ˌdɪspə'zɪʃn] noun ▸ **predisposition to sthg / to do sthg, predisposition towards sthg / towards doing sthg** prédisposition *f* à qqch / à faire qqch.

predominance [prɪ'dɒmɪnəns] noun prédominance *f*.

predominant [prɪ'dɒmɪnənt] adj prédominant(e).

predominantly [prɪ'dɒmɪnəntlɪ] adv principalement, surtout.

predominate [prɪ'dɒmɪneɪt] vi prédominer.

preempt [ˌpri:'empt] vt **1.** [action, decision] devancer, prévenir **2.** [land] acquérir par droit de préemption.

preemptive strike noun attaque *f* préventive.

preen [pri:n] vt **1.** [subj: bird] lisser, nettoyer **2.** *fig* [subj: person] ▸ **to preen o.s.** se faire beau (belle).

prefab ['pri:fæb] noun UK *inf* maison *f* préfabriquée.

prefabricated [ˌpri:'fæbrɪkeɪtɪd] adj : *prefabricated houses* maisons *fpl* en préfabriqué.

preface ['prefɪs] ❖ noun ▸ **preface (to)** préface *f* (de), préambule *m* (de). ❖ vt ▸ **to preface sthg with sthg** faire précéder qqch de qqch.

prefect ['pri:fekt] noun UK [pupil] *élève de terminale qui aide les professeurs à maintenir la discipline.*

prefer [prɪ'fɜ:ʳ] (*pt & pp* **-red**, *cont* **-ring**) vt préférer ▸ **to prefer someone / sthg to someone / sthg** préférer qqn / qqch à qqn / qqch, aimer mieux qqn / qqch que qqn / qqch ▸ **to prefer to do sthg** préférer faire qqch, aimer mieux faire qqch.

preferable ['prefrəbl] adj ▸ **preferable (to)** préférable (à).

preferably ['prefrəblɪ] adv de préférence.

preference ['prefərəns] noun préférence *f*.

preferential [ˌprefə'renʃl] adj préférentiel(elle).

preferred [prɪ'fɜ:d] adj préféré(e).

prefigure [pri:'fɪgəʳ] vt annoncer, préfigurer.

prefix ['pri:fɪks] noun préfixe *m*.

pregnancy ['pregnənsɪ] (*pl* **-ies**) noun grossesse *f*.

pregnancy test noun test *m* de grossesse.

pregnant ['pregnənt] adj **1.** [woman] enceinte ; [animal] pleine, gravide **2.** *fig* [pause] lourd(e) de sens.

preheat [ˌpri:'hi:t] vt préchauffer.

preheated [ˌpri:'hi:tɪd] adj préchauffé(e).

prehistoric [ˌpri:hɪ'stɒrɪk] adj préhistorique.

prehistory [ˌpri:'hɪstərɪ] noun préhistoire *f*.

pre-installed [ˌpri:ɪn'stɔ:ld] adj [software] préinstallé(e).

prejudge [ˌpri:'dʒʌdʒ] vt [situation, issue] préjuger de ; [person] juger d'avance.

prejudice ['predʒʊdɪs] ❖ noun **1.** [biased view] ▸ **prejudice (in favour of / against)** préjugé *m* (en faveur de / contre), préjugés *mpl* (en faveur de / contre) **2.** *(U)* [harm] préjudice *m*, tort *m*. ❖ vt **1.** [bias] ▸ **to prejudice sb (in favour of / against)** prévenir qqn (en faveur de / contre), influencer qqn (en faveur de / contre) **2.** [harm] porter préjudice à.

prejudiced ['predʒʊdɪst] adj [person] qui a des préjugés ; [opinion] préconçu(e) ▸ **to be prejudiced in favour of / against** avoir des préjugés en faveur de / contre.

prejudicial [ˌpredʒʊ'dɪʃl] adj ▸ **prejudicial (to)** préjudiciable (à), nuisible (à).

preliminary [prɪ'lɪmɪnərɪ] (*pl* **-ies**) adj préliminaire.
◆ **preliminaries** pl n préliminaires *mpl*.

prelude ['prelju:d] noun [event] ▸ **prelude to sthg** prélude *m* de qqch.

How to express preferences

- **Je préfère de loin le cinéma à la télévision.** / *much prefer the cinema to television.*
- **Je préférerais que tu y ailles à ma place.** *I'd rather you went instead of me.*
- **J'aime mieux le vin rouge que le vin blanc.** / *prefer red wine to white wine.*
- **Plutôt que d'y aller en train, j'aimerais mieux y aller en avion.** *I'd rather fly than go by train.*
- **Samedi me conviendrait davantage.** *Saturday would suit me better.*

premarital [ˌpri:ˈmærɪtl] adj avant le mariage.

premature [ˈpreməˌtjʊəʳ] adj prématuré(e).

prematurely [ˈpreməˌtjʊəlɪ] adv prématurément.

premeditate [ˌpri:ˈmedɪteɪt] vt préméditer.

premeditated [ˌpri:ˈmedɪteɪtɪd] adj prémédité(e).

premenstrual [pri:ˈmenstrʊəl] adj prémenstruel(elle).

premier [ˈpremjəʳ] ◆ adj primordial(e), premier(ère). ◆ noun premier ministre *m*.

premiere [ˈpremɪeəʳ] noun première *f*.

Premier League noun *en Angleterre, ligue indépendante regroupant les meilleurs clubs de football*.

premiership [ˈpremɪəʃɪp] noun fonction *f* de premier ministre.

premise [ˈpremɪs] noun prémisse *f* ▸ **on the premise that** en partant du principe que. ◆ **premises** pl n local *m*, locaux *mpl* ▸ **on the premises** sur place, sur les lieux.

premium [ˈpri:mjəm] noun prime *f* ▸ **at a premium** a) [above usual value] à prix d'or b) [in great demand] très recherché(e) OR demandé(e) ▸ **to put** OR **place a high premium on sthg** accorder OR attacher beaucoup d'importance à qqch.

premium bond noun UK ≃ billet *m* de loterie.

premonition [ˌpreməˈnɪʃn] noun prémonition *f*, pressentiment *m*.

prenatal [ˌpri:ˈneɪtl] adj prénatal(e).

pre-nup noun *inf* contrat *m* de mariage.

preoccupation [pri:ˌɒkjʊˈpeɪʃn] noun préoccupation *f* ▸ **preoccupation with sthg** souci *m* de qqch.

preoccupied [pri:ˈɒkjʊpaɪd] adj ▸ **preoccupied (with)** préoccupé(e) (de).

preoccupy [pri:ˈɒkjʊpaɪ] (*pt & pp* **-ied**) vt préoccuper.

pre-owned adj d'occasion.

prep [prep] noun *(U)* UK *inf* devoirs *mpl*.

pre-packaged adj préconditionné(e), préemballé(e).

prepaid [ˈpri:peɪd] adj payé(e) d'avance ; [envelope] affranchi(e).

preparation [ˌprepəˈreɪʃn] noun préparation *f* ▸ **in preparation for** en vue de. ◆ **preparations** pl n préparatifs *mpl* ▸ **to make preparations for** faire des préparatifs pour, prendre ses dispositions pour.

preparatory [prɪˈpærətrɪ] adj [work, classes] préparatoire ; [actions, measures] préliminaire.

preparatory school noun [in UK] école *f* primaire privée ; [in US] *école privée qui prépare à l'enseignement supérieur*.

prepare [prɪˈpeəʳ] ◆ vt préparer. ◆ vi ▸ **to prepare for sthg / to do sthg** se préparer à qqch / à faire qqch.

prepared [prɪˈpeəd] adj **1.** [done beforehand] préparé(e) d'avance **2.** [willing] ▸ **to be prepared to do sthg** être prêt(e) OR disposé(e) à faire qqch **3.** [ready] ▸ **to be prepared for sthg** être prêt(e) pour qqch.

preponderance [prɪˈpɒndərəns] noun *fml* majorité *f*.

preposition [ˌprepəˈzɪʃn] noun préposition *f*.

prepossessing [ˌpri:pəˈzesɪŋ] adj *fml* agréable, attrayant(e).

preposterous [prɪˈpɒstərəs] adj ridicule, absurde.

preppie, preppy [ˈprepɪ] (*pl* **-ies**) US *inf* ◆ noun : *he's a preppie* il est BCBG. ◆ adj BCBG.

preprogrammed [ˌpri:ˈprəʊgræmd] adj préprogrammé(e).

prep school *abbr of* **preparatory school**.

prequel [ˈpri:kwəl] noun *film ou roman racontant une histoire antérieure à une histoire principale, traitée dans un autre film ou roman*.

prerecord [ˌpri:rɪˈkɔ:d] vt préenregistrer.

prerecorded [ˌpri:rɪˈkɔ:dɪd] adj enregistré(e) à l'avance, préenregistré(e).

prerequisite [ˌpri:ˈrekwɪzɪt] noun condition *f* préalable.

prerogative [prɪˈrɒgətɪv] noun prérogative *f*, privilège *m*.

presage [ˈpresɪdʒ] vt *fml* présager.

Presbyterian [ˌprezbɪˈtɪərɪən] ◆ adj presbytérien(enne). ◆ noun presbytérien *m*, -enne *f*.

preschool [ˌpri:ˈsku:l] ◆ adj préscolaire. ◆ noun US école *f* maternelle.

prescribe [prɪˈskraɪb] vt **1.** MED prescrire **2.** [order] ordonner, imposer.

prescription [prɪˈskrɪpʃn] noun [MED - written form] ordonnance *f* ; [- medicine] médicament *m* ▸ **on prescription** sur ordonnance.

preselect [ˌpri:səˈlekt] vt [tracks, channels] prérégler.

presence [ˈprezns] noun présence *f* ▸ **to be in sb's presence** OR **in the presence of sb** être en présence de qqn / *your presence is requested at Saturday's meeting* vous êtes prié d'assister à la réunion de samedi / *there was a large student / police presence at the demonstration* il y avait un nombre important d'étudiants / un important service d'ordre à la manifestation ▸ **to have presence** avoir de la présence.

present ◆ adj [ˈpreznt] **1.** [current] actuel(elle) / *at the present time* actuellement, à l'époque actuelle **2.** [in attendance] présent(e) ▸ **to be present at** assister à. ◆ noun [ˈpreznt] **1.** [current time] ▸ **the present** le présent ▸ **at present** actuellement, en ce moment ▸ **for the present** pour le moment / *up to the present* jusqu'à présent, jusqu'à maintenant **2.** [gift] cadeau *m* / *it's for a present* [in shop] c'est pour offrir **3.** GRAM ▸ **present (tense)** présent *m*. ◆ vt [prɪˈzent] **1.** [gen] présenter ; [opportunity] donner / *to present a bill in Parliament* présenter OR introduire un projet de loi au parlement **2.** [give] donner, remettre ▸ **to present sb with sthg, to present sthg to sb** donner OR remettre qqch à qqn **3.** [portray] représenter, décrire **4.** [arrive] ▸ **to present o.s.** se présenter / *if the opportunity presents itself* si l'occasion se présente.

presentable [prɪˈzentəbl] adj présentable.

presentation [ˌpreznˈteɪʃn] noun **1.** [gen] présentation *f* / *on presentation of this voucher* sur présentation de ce bon **2.** [ceremony] remise *f* (de récompense/prix) **3.** [talk] exposé *m* / *he made a very clear presentation of the case* il a très clairement présenté l'affaire **4.** [of play] représentation *f*.

present day noun ▸ **the present day** aujourd'hui. ◆ **present-day** adj d'aujourd'hui, contemporain(e).

presenter [prɪ'zentər] noun UK présentateur *m*, -trice *f*.

presentiment [prɪ'zentɪmənt] noun *fml* pressentiment *m*.

presently ['prezəntlɪ] adv **1.** [soon] bientôt, tout à l'heure **2.** [at present] actuellement, en ce moment.

present tense noun présent *m* / *in the present tense* au présent.

preservation [ˌprezə'veɪʃn] noun *(U)* **1.** [maintenance] maintien *m* **2.** [protection] protection *f*, conservation *f*.

preservative [prɪ'zɜ:vətɪv] noun conservateur *m*.

> ⚠ Un **préservatif** is a *condom*, not a *preservative*.

preserve [prɪ'zɜ:v] ❖ vt **1.** [maintain] maintenir **2.** [protect] conserver **3.** [food] conserver, mettre en conserve. ❖ noun [jam] confiture *f*. ◆ **preserves** pl n [jam] confiture *f* ; [vegetables] pickles *mpl*, condiments *mpl*.

preserved [prɪ'zɜ:vd] adj conservé(e).

preset [ˌpri:'set] (*pt & pp* **preset**, *cont* **-ting**) vt prérégler.

preshrunk [ˌpri:'ʃrʌŋk] adj irrétrécissable.

preside [prɪ'zaɪd] vi ▸ **to preside (over** OR **at sthg)** présider (qqch).

presidency ['prezɪdənsɪ] (*pl* **-ies**) noun présidence *f*.

president ['prezɪdənt] noun **1.** [gen] président *m* **2.** US [company chairman] P-DG *m*.

presidential [ˌprezɪ'denʃl] adj présidentiel(elle).

President's Day noun *jour férié aux États-Unis, le troisième lundi de février, en l'honneur des anniversaires des présidents Washington et Lincoln.*

press [pres] ❖ noun **1.** [push] pression *f* **2.** [journalism] ▸ **the press** a) [newspapers] la presse, les journaux *mpl* b) [reporters] les journalistes *mpl* / *they advertised in the press* ils ont fait passer une annonce dans les journaux ▸ **to get a good/bad press** avoir bonne/mauvaise presse **3.** [printing machine] presse *f* ; [for wine] pressoir *m*. ❖ vt **1.** [push] appuyer sur ▸ **to press sthg against sthg** appuyer qqch sur qqch / *I pressed myself against the wall* je me suis collé contre le mur / *he pressed the lid shut* il a fermé le couvercle (en appuyant dessus) / *to press sthg flat* aplatir qqch **2.** [squeeze] serrer **3.** [iron] repasser, donner un coup de fer à **4.** [urge] ▸ **to press sb (to do sthg** OR **into doing sthg)** presser qqn (de faire qqch) ▸ **to press sb for sthg** demander qqch à qqn avec insistance / *to press sb for an answer* presser qqn de répondre **5.** [force] ▸ **to press sthg on** OR **upon sb** offrir qqch à qqn avec insistance **6.** [pursue - claim] insister sur / *to press (home) an advantage* profiter d'un avantage **7.** LAW ▸ **to press charges (against sb)** porter plainte (contre qqn). ❖ vi **1.** [push] ▸ **to press (on sthg)** appuyer (sur qqch) **2.** [squeeze] ▸ **to press (on sthg)** serrer (qqch) **3.** [crowd] se presser / *they pressed forward to get a better view* ils poussaient pour essayer de mieux voir. ◆ **press for** vt insep demander avec insistance. ◆ **press on** vi [continue] ▸ **to press on (with sthg)** continuer (qqch), ne pas abandonner (qqch) / *we pressed on regardless* nous avons continué malgré tout.

press campaign noun campagne *f* de presse.

press conference noun conférence *f* de presse.

press coverage noun couverture *f* presse.

press cutting UK, **press clipping** US noun coupure *f* de journal.

pressed [prest] adj ▸ **to be pressed for time/money** être à court de temps/d'argent.

pressgang ['presgæŋ] ❖ noun enrôleurs *mpl*, racoleurs *mpl*. ❖ vt UK ▸ **to pressgang sb into doing sthg** forcer la main à qqn pour qu'il fasse qqch.

pressing ['presɪŋ] adj urgent(e).

pressman ['presmæn] (*pl* **-men**) noun UK *dated* journaliste *m*.

press officer noun attaché *m* de presse.

press release noun communiqué *m* de presse.

press-up noun UK pompe *f*, traction *f*.

pressure ['preʃər] ❖ noun *(U)* **1.** [gen] pression *f* ▸ **to put pressure on sb (to do sthg)** faire pression sur qqn (pour qu'il fasse qqch) / *we're under pressure to finish on time* on nous presse de respecter les délais / *the pressure of work is too much for me* la charge de travail est trop lourde pour moi / *she's under a lot of pressure just now* elle est vraiment sous pression en ce moment **2.** [stress] tension *f*. ❖ vt ▸ **to pressure sb to do** OR **into doing sthg** forcer qqn à faire qqch.

pressure cooker noun Cocotte-Minute® *f*, autocuiseur *m*.

pressure gauge noun manomètre *m*.

pressure group noun groupe *m* de pression.

pressurize, **pressurise** UK ['preʃəraɪz] vt **1.** TECH pressuriser **2.** UK [force] ▸ **to pressurize sb to do** OR **into doing sthg** forcer qqn à faire qqch.

prestige [pre'sti:ʒ] ❖ noun prestige *m*. ❖ comp de prestige.

prestigious [pre'stɪdʒəs] adj prestigieux(euse).

presto [prestəʊ] excl : *(hey) presto!* passez muscade !

presumably [prɪ'zju:məblɪ] adv vraisemblablement.

presume [prɪ'zju:m] vt présumer ▸ **to presume (that)...** supposer que... / *presuming they agree* à supposer qu'ils soient d'accord / *missing, presumed dead* MIL manque à l'appel OR porté disparu, présumé mort.

presumption [prɪ'zʌmpʃn] noun **1.** [assumption] supposition *f*, présomption *f* **2.** *(U)* [audacity] présomption *f*.

presumptuous [prɪ'zʌmptʃʊəs] adj présomptueux(euse).

presuppose [ˌpri:sə'pəʊz] vt présupposer.

pretence UK, **pretense** US [prɪ'tens] noun prétention *f* ▸ **to make a pretence of doing sthg** faire semblant de faire qqch ▸ **under false pretences** sous des prétextes fallacieux.

pretend [prɪ'tend] ◆ vt ▸ **to pretend to do sthg** faire semblant de faire qqch / *he pretended to be* OR *that he was their uncle* il s'est fait passer pour leur oncle / *she pretends that everything is all right* elle fait comme si tout allait bien. ◆ vi faire semblant / *there's no point in pretending (to me)* inutile de faire semblant (avec moi) / *I'm only pretending!* c'est juste pour rire !

⚠ Prétendre can only be used to translate *to pretend* when it means *to claim*.

pretense US = **pretence**.

pretension [prɪ'tenʃn] noun prétention *f* ▸ **to have pretensions to sthg** avoir des prétentions à qqch.

pretentious [prɪ'tenʃəs] adj prétentieux(euse).

pretentiousness [prɪ'tenʃəsnɪs] noun *(U)* prétention *f*.

preterite ['pretərət] noun prétérit *m*.

pretext ['pri:tekst] noun prétexte *m* ▸ **on** OR **under the pretext that...** sous prétexte que... ▸ **on** OR **under the pretext of doing sthg** sous prétexte de faire qqch.

Pretoria [prɪ'tɔ:rɪə] noun Pretoria.

pretty ['prɪtɪ] ◆ adj *(compar* **-ier**, *superl* **-iest***)* **1.** [clothes, girl, place] joli(e) **2.** *pej* [style] précieux(euse). ◆ adv [quite] plutôt ▸ **pretty much** OR **well** pratiquement, presque.

pretzel ['pretsl] noun bretzel *m*.

prevail [prɪ'veɪl] vi **1.** [be widespread] avoir cours, régner **2.** [triumph] ▸ **to prevail (over)** prévaloir (sur), l'emporter (sur) **3.** [persuade] ▸ **to prevail on** OR **upon sb to do sthg** persuader qqn de faire qqch.

prevailing [prɪ'veɪlɪŋ] adj **1.** [current] actuel(elle) **2.** [wind] dominant(e).

prevalent ['prevələnt] adj courant(e), répandu(e).

prevaricate [prɪ'værɪkeɪt] vi *fml* tergiverser.

prevarication [prɪˌværɪ'keɪʃn] noun *fml* tergiversation *f*, faux-fuyant *m*, faux-fuyants *mpl*.

prevent [prɪ'vent] vt ▸ **to prevent sb / sthg (from doing sthg)** empêcher qqn/qqch (de faire qqch).

preventable [prɪ'ventəbl] adj qui peut être évité(e).

preventative [prɪ'ventətɪv] = **preventive**.

prevention [prɪ'venʃn] noun *(U)* prévention *f*.

preventive [prɪ'ventɪv] adj préventif(ive).

preview ['pri:vju:] noun avant-première *f*.

previous ['pri:vjəs] adj **1.** [earlier] antérieur(e) / *on a previous occasion* auparavant / *I have a previous engagement* j'ai déjà un rendez-vous, je suis déjà pris / *do you have any previous experience of this kind of work?* avez-vous déjà une expérience de ce genre de travail ? **2.** [preceding] précédent(e).

previously ['pri:vjəslɪ] adv avant, auparavant.

prewar [ˌpri:'wɔ:ʳ] adj d'avant-guerre.

prey [preɪ] noun proie *f* ▸ **to fall prey to** devenir la proie de. ◆ **prey on** vt insep **1.** [live off] faire sa proie de **2.** [trouble] ▸ **to prey on sb's mind** ronger qqn, tracasser qqn.

price [praɪs] ◆ noun **1.** [cost] prix *m* / *prices are rising / falling* les prix sont en hausse / baisse ▸ **at any price** à tout prix / *she achieved fame, but at a price* elle est devenue célèbre, mais ça lui a coûté cher / *he puts a high price on loyalty* il attache beaucoup d'importance OR il accorde beaucoup de valeur à la loyauté **2.** [penalty] : *that's the price of fame* c'est la rançon de la gloire ▸ **to pay the price for sthg** payer le prix pour qqch / *it's a small price to pay for peace of mind* c'est bien peu de chose pour avoir l'esprit tranquille. ◆ vt fixer le prix de / *his paintings are rather highly priced* le prix de ses tableaux est un peu élevé / *the book is priced at £17* le livre coûte 17 livres. ◆ **price down** vt sep baisser le prix de, démarquer. ◆ **price up** vt sep augmenter le prix de.

price cut noun rabais *m*, réduction *f* (de prix).

price-cutting noun *(U)* réductions *fpl* de prix.

-priced [praɪst] suffix : *high-priced* à prix élevé, (plutôt) cher (chère) / *low-priced* à bas prix, peu cher (chère) / *over-priced* trop cher (chère).

price-fixing [-fɪksɪŋ] noun *(U)* contrôle *m* des prix.

price increase noun hausse *f* OR augmentation *f* des prix.

priceless ['praɪslɪs] adj sans prix, inestimable.

price tag noun [label] étiquette *f*.

price war noun guerre *f* des prix.

pricey ['praɪsɪ] *(compar* **-ier**, *superl* **-iest***)* adj *inf* chérot *(inv)*.

pricing ['praɪsɪŋ] noun détermination *f* du prix, fixation *f* du prix ▸ **pricing policy** politique *f* de(s) prix.

prick [prɪk] ◆ noun **1.** [scratch, wound] piqûre *f* **2.** *vulg* [penis] bite *f* **3.** *vulg* [stupid person] con *m*, conne *f*. ◆ vt piquer. ◆ **prick up** vt insep ▸ **to prick up one's ears** **a)** [animal] dresser les oreilles **b)** [person] dresser OR tendre l'oreille.

prickle ['prɪkl] ◆ noun **1.** [thorn] épine *f* **2.** [sensation on skin] picotement *m*. ◆ vi picoter.

prickly ['prɪklɪ] *(compar* **-ier**, *superl* **-iest***)* adj **1.** [plant, bush] épineux(euse) **2.** *fig* [person] irritable.

pride [praɪd] ◆ noun *(U)* **1.** [satisfaction] fierté *f* ▸ **to take pride in sthg / in doing sthg** être fier de qqch / de faire qqch ▸ **it was his pride and joy** c'était sa fierté ▸ **to have pride of place** avoir la place d'honneur **2.** [self-esteem] orgueil *m*, amour-propre *m* ▸ **to swallow one's pride** ravaler son orgueil **3.** *pej* [arrogance] orgueil *m*. ◆ vt ▸ **to pride o.s. on sthg** être fier (fière) de qqch.

priest [pri:st] noun prêtre *m*.

priestess ['pri:stɪs] noun prêtresse *f*.

priesthood ['pri:sthʊd] noun **1.** [position, office] ▸ **the priesthood** le sacerdoce **2.** [priests] ▸ **the priesthood** le clergé.

prig [prɪg] noun *pej* petit saint *m*, petite sainte *f*.

prim [prɪm] (*compar* **-mer**, *superl* **-mest**) adj *pej* guindé(e).

primacy ['praɪməsɪ] noun *fml* primauté *f*.

primaeval [praɪ'mi:vəl] UK = **primeval**.

prima facie [,praɪmə'feɪʃi:] adj *fml* ▸ **prima facie evidence** commencement *m* de preuve ▸ **prima facie case** affaire *f* qui, de prime abord, paraît fondée.

primarily ['praɪmərɪlɪ] adv principalement.

primary ['praɪmərɪ] ❖ adj **1.** [main] premier(ère), principal(e) **2.** SCH primaire. ❖ noun (*pl* **-ies**) US POL primaire *f*.

Primaries

Les primaires américaines sont des élections, directes ou indirectes selon les États, pour sélectionner les candidats représentant les deux grands partis nationaux (démocrate et républicain) à l'élection présidentielle.

primary carer, primary caregiver noun *personne qui s'occupe d'un proche dépendant*.

primary colour UK, **primary color** US noun couleur *f* primaire.

primary election noun US primaire *f*.

primary school noun école *f* primaire.

primate ['praɪmeɪt] noun **1.** ZOOL primate *m* **2.** RELIG primat *m*.

prime [praɪm] ❖ adj **1.** [main] principal(e), primordial(e) / *of prime importance* de la plus haute importance, d'une importance primordiale **2.** [excellent] excellent(e) / *it's a prime example of what I mean* c'est un excellent exemple de ce que je veux dire / *prime quality* première qualité / *prime cut of meat* morceau de premier choix. ❖ noun ▸ **to be in one's prime** être dans la fleur de l'âge ▸ **to be past one's prime** être sur le retour. ❖ vt **1.** [gun, pump] amorcer **2.** [paint] apprêter **3.** [inform] ▸ **to prime sb about sthg** mettre qqn au courant de qqch / *to prime sb for a meeting* préparer qqn à une réunion.

prime minister noun premier ministre *m*.

prime number noun nombre *m* premier.

primer ['praɪmər] noun **1.** [paint] apprêt *m* **2.** [textbook] introduction *f*.

prime time noun *(U)* RADIO & TV heures *fpl* de grande écoute. ◆ **prime-time** adj aux heures de grande écoute.

primeval [praɪ'mi:vl] adj [ancient] primitif(ive).

primitive ['prɪmɪtɪv] adj primitif(ive).

primly ['prɪmlɪ] adv *pej* d'une manière guindée OR collet monté / *to be primly dressed* être habillé très comme il faut / *she sat primly in the corner* elle se tenait assise très sagement dans le coin.

primordial [praɪ'mɔ:djəl] adj primordial(e).

primrose ['prɪmrəʊz] noun primevère *f*.

prince [prɪns] noun prince *m*. ◆ **Prince** noun ▸ **Prince of Wales** Prince de Galles.

Prince Charming noun prince *m* charmant.

princely ['prɪnslɪ] (*compar* **-ier**, *superl* **-iest**) adj princier(ère).

princess [prɪn'ses] noun princesse *f*. ◆ **Princess** noun ▸ **the Princess Royal** la princesse royale.

principal ['prɪnsəpl] ❖ adj principal(e). ❖ noun **1.** UK SCH directeur *m*, -trice *f* **2.** UNIV doyen *m*, -enne *f*.

principality [,prɪnsɪ'pælətɪ] (*pl* **-ies**) noun *jeune héros d'une pantomime dont le rôle est traditionnellement joué par une femme*.

principle ['prɪnsəpl] noun principe *m* ▸ **on principle, as a matter of principle** par principe / *she has high principles* elle a des principes / *she was a woman of principle* c'était une femme de principes OR qui avait des principes / *it's against my principles to eat meat* j'ai pour principe de ne pas manger de viande. ◆ **in principle** adv en principe.

principled ['prɪnsəpld] adj [behaviour] dicté(e) par des principes ; [person] qui a des principes.

print [prɪnt] ❖ noun **1.** *(U)* [type] caractères *mpl* / *in large print* en gros caractères / *to appear in print* être publié(e) OR imprimé(e) ▸ **to be in print** être disponible ▸ **to be out of print** être épuisé(e) ▸ **the small** OR **fine print on a contract** les lignes en petits caractères en bas d'un contrat **2.** ART gravure *f* **3.** [photograph] épreuve *f* **4.** [fabric] imprimé *m* **5.** [mark] empreinte *f*. ❖ vt **1.** [produce by printing] imprimer **2.** [publish] publier **3.** [write in block letters] écrire en caractères d'imprimerie. ❖ vi [printer] imprimer. ◆ **print out** vt sep COMPUT imprimer.

printed ['prɪntɪd] adj **1.** [gen] imprimé(e) / *the printed word* l'écrit *m* **2.** [notepaper] à en-tête.

printed matter ['prɪntɪd-] noun *(U)* imprimés *mpl*.

printer ['prɪntər] noun **1.** [person, firm] imprimeur *mf* **2.** COMPUT imprimante *f*.

printing ['prɪntɪŋ] noun *(U)* **1.** [act of printing] impression *f* **2.** [trade] imprimerie *f*.

printout ['prɪntaʊt] noun COMPUT sortie *f* d'imprimante, listing *m*.

print preview noun COMPUT aperçu *m* avant impression.

prior ['praɪər] ❖ adj antérieur(e), précédent(e). ❖ noun [monk] prieur *m*. ◆ **prior to** prep avant ▸ **prior to doing sthg** avant de faire qqch.

prioritize, prioritise UK [praɪ'ɒrɪtaɪz] vt donner la priorité à.

priority [praɪ'ɒrətɪ] ❖ adj prioritaire. ❖ noun (*pl* **-ies**) priorité *f* ▸ **to have** OR **take priority (over)** avoir la priorité (sur) / *to give priority to* donner OR accorder la priorité à / *to do sthg as a (matter of) priority* faire qqch en priorité / *the matter has top priority* l'affaire a la priorité absolue OR est absolument prioritaire. ◆ **priorities** pl n priorités *fpl*.

priory ['praɪərɪ] (*pl* **-ies**) noun prieuré *m*.

prise [praɪz] vt ▸ **to prise sthg away from sb** arracher qqch à qqn ▸ **to prise sthg open** forcer qqch.

prism ['prɪzm] noun prisme *m*.

prison ['prɪzn] noun prison *f*.

prison camp noun camp *m* de prisonniers.

prisoner ['prɪznəʳ] noun prisonnier *m*, -ère *f* ▸ **to be taken prisoner** être fait prisonnier.

prisoner of war (*pl* **prisoners of war**) noun prisonnier *m*, -ère *f* de guerre.

prissy ['prɪsɪ] (*compar* **-ier**, *superl* **-iest**) adj *pej* prude, guindé(e).

pristine ['prɪsti:n] adj [condition] parfait(e) ; [clean] immaculé(e).

privacy [UK 'prɪvəsɪ, US 'praɪvəsɪ] noun **1.** intimité *f* **2.** [confidentiality] confidentialité *f* ▸ **online privacy** confidentialité *f* en ligne.

private ['praɪvɪt] ◆ adj **1.** [not public] privé(e) ▸ **private road** voie *f* privée / ***'private'*** 'privé', 'interdit au public' / ***they want a private wedding*** ils veulent se marier dans l'intimité **2.** [confidential] confidentiel(elle) / ***a private conversation*** une conversation privée OR à caractère privé **3.** [personal] personnel(elle) / ***my private address*** mon adresse personnelle, mon domicile **4.** [unsociable - person] secret(ète) / ***he's a very private person*** c'est quelqu'un de très réservé. ◆ noun **1.** [soldier] (simple) soldat *m* **2.** [secrecy] ▸ **in private** en privé. ◆ **privates** pl n *inf* parties *fpl*.

private detective noun détective *m* privé.

private income noun revenu *m* personnel.

private investigator noun détective *m* privé.

private life noun vie *f* privée / ***in (his) private life*** dans sa vie privée, en privé.

privately ['praɪvɪtlɪ] adv **1.** [not by the state] : ***privately owned*** du secteur privé / ***to be privately educated*** **a)** [at school] faire ses études dans une école privée **b)** [with tutor] avoir un précepteur **2.** [confidentially] en privé / ***we met privately*** nous avons eu une entrevue privée / ***can I see you privately?*** puis-je vous voir en privé OR en tête-à-tête ? **3.** [personally] intérieurement, dans son for intérieur.

private parts pl n *inf* parties *fpl*.

private school noun école *f* privée.

private sector noun ▸ **the private sector** le secteur privé.

privation [praɪ'veɪʃn] noun *fml* privation *f*.

privatization, privatisation UK [,praɪvɪtaɪ'zeɪʃn] noun privatisation *f*.

privatize, privatise UK ['praɪvɪtaɪz] vt privatiser.

privet ['prɪvɪt] noun troène *m*.

privilege ['prɪvɪlɪdʒ] noun privilège *m*.

privileged ['prɪvɪlɪdʒd] adj privilégié(e).

privy ['prɪvɪ] adj ▸ **to be privy to sthg** être dans le secret de qqch.

Privy Council noun UK ▸ **the Privy Council** le Conseil privé.

> **The Privy Council**
>
> Présidé par le souverain, le **Privy Council** compte environ 400 membres. En font partie tous les ministres du gouvernement ainsi que d'autres hautes personnalités de la politique. Théoriquement, il peut assumer les pouvoirs du gouvernement en cas de crise nationale, mais en pratique ses fonctions sont purement honorifiques. Les membres du Privy Council ont droit à l'appellation **Right Honourable** (**Rt Hon**) devant leur nom.

prize [praɪz] ◆ adj [possession] très précieux(euse) ; [animal] primé(e) ; [idiot, example] parfait(e). ◆ noun prix *m*. ◆ vt priser.

prizefight ['praɪzfaɪt] noun combat *m* professionnel.

prizefighter ['praɪzfaɪtəʳ] noun boxeur *m* professionnel.

prize money noun prix *m* en argent.

prizewinner ['praɪz,wɪnəʳ] noun gagnant *m*, -e *f*.

pro [prəʊ] (*pl* **-s**) noun **1.** *inf* [professional] pro *mf* **2.** [advantage] ▸ **the pros and cons** le pour et le contre.

pro- [prəʊ] pref pro-.

PRO (*abbr of* **public relations officer**) noun *responsable des relations publiques*.

proactive [prəʊ'æktɪv] adj [firm, industry, person] dynamique ; PSYCHOL proactif(ive).

pro-am ['prəʊ'æm] ◆ adj pro-am. ◆ noun tournoi *m* pro-am.

probability [,prɒbə'bɪlətɪ] (*pl* **-ies**) noun probabilité *f* ▸ **in all probability** selon toute probabilité.

probable ['prɒbəbl] adj probable.

probably ['prɒbəblɪ] adv probablement / ***probably not*** probablement pas / ***will he write to you? — very probably*** il t'écrira ? — c'est très probable / ***she's probably left already*** elle est probablement déjà partie, il est probable qu'elle soit déjà partie.

probation [prə'beɪʃn] noun *(U)* **1.** LAW mise *f* à l'épreuve ▸ **to put sb on probation** mettre qqn en sursis avec mise à l'épreuve **2.** [trial period] essai *m* ▸ **to be on probation** être à l'essai.

probationary [prə'beɪʃnrɪ] adj [teacher, nurse] à l'essai ; [period, year] d'essai.

probationer [prə'beɪʃnəʳ] noun **1.** [employee] stagiaire *mf* **2.** LAW sursitaire *mf* avec mise à l'épreuve.

probe [prəʊb] ◆ noun **1.** [investigation] ▸ **probe (into)** enquête *f* (sur) **2.** MED & TECH sonde *f*. ◆ vt sonder. ◆ vi ▸ **to probe for** OR **into sthg** chercher à découvrir qqch.

probing ['prəʊbɪŋ] adj [question] pénétrant(e) ; [look] inquisiteur(trice).

probity ['prəʊbətɪ] noun *fml* probité *f*.

problem ['prɒbləm] ❖ noun problème *m* / *to cause problems for sb* causer des ennuis OR poser des problèmes à qqn / *that's going to be a bit of a problem* ça va poser un petit problème / *I don't see what the problem is* je ne vois pas où est le problème ▸ **no problem!** *inf* pas de problème ! ❖ comp difficile.

problem page noun UK courrier *m* du cœur.

problem-solving [-,sɒlvɪŋ] noun résolution *f* de problèmes.

procedure [prə'si:dʒəʳ] noun procédure *f*.

proceed ❖ vt [prə'si:d] [do subsequently] ▸ **to proceed to do sthg** se mettre à faire qqch. ❖ vi [prə'si:d] **1.** [continue] : *before I proceed* avant d'aller plus loin / *proceed with caution* agissez avec prudence / *let's proceed to item 32* passons à la question 32 ▸ **to proceed (with sthg)** continuer (qqch), poursuivre (qqch) / *to proceed with charges against sb* LAW poursuivre qqn en justice, intenter un procès contre qqn **2.** *fml* [advance] avancer / *they are proceeding towards Calais* ils se dirigent vers Calais. ◆ **proceeds** pl n ['prəʊsi:dz] recette *f* / *all proceeds will go to charity* tout l'argent recueilli sera versé aux œuvres de charité.

proceedings [prə'si:dɪŋz] pl n **1.** [of meeting] débats *mpl* **2.** LAW poursuites *fpl*.

process ['prəʊses] ❖ noun **1.** [series of actions] processus *m* ▸ **in the process** ce faisant ▸ **to be in the process of doing sthg** être en train de faire qqch **2.** [method] procédé *m*. ❖ vt [raw materials, food, data] traiter, transformer ; [application] s'occuper de.

processed ['prəʊsest] adj [food] traité(e), industriel(elle) *pej* ▸ **processed cheese a)** [for spreading] fromage *m* à tartiner **b)** [in slices] fromage *m* en tranches.

processing ['prəʊsesɪŋ] noun traitement *m*, transformation *f*.

procession [prə'seʃn] noun cortège *m*, procession *f*.

processor ['prəʊsesəʳ] noun **1.** COMPUT processeur *m* **2.** CULIN robot *m* ménager OR de cuisine.

pro-choice adj pour le droit d'avortement.

proclaim [prə'kleɪm] vt proclamer.

proclamation [,prɒklə'meɪʃn] noun proclamation *f*.

proclivity [prə'klɪvətɪ] (*pl* **-ies**) noun *fml* ▸ **proclivity to** OR **towards sthg** propension *f* à qqch.

procrastinate [prə'kræstɪneɪt] vi *fml* faire traîner les choses.

procrastination [prə,kræstɪ'neɪʃn] noun *fml* procrastination *f*.

procreate ['prəʊkrɪeɪt] vi *fml* procréer.

procreation [,prəʊkrɪ'eɪʃn] noun *fml* procréation *f*.

procure [prə'kjʊəʳ] vt *fml* [for oneself] se procurer ; [for someone else] procurer ; [release] obtenir.

procurement [prə'kjʊəmənt] noun *fml* obtention *f*.

prod [prɒd] ❖ noun petit coup *m* ▸ **to give sb a prod** *fig* faire rappeler à qqn. ❖ vt (*pt & pp* **-ded**, *cont* **-ding**) **1.** [push, poke] pousser doucement **2.** [remind, prompt] ▸ **to prod sb (into doing sthg)** pousser OR inciter qqn (à faire qqch).

prodigal ['prɒdɪgl] adj *fml* prodigue.

prodigious [prə'dɪdʒəs] adj prodigieux(euse).

prodigy ['prɒdɪdʒɪ] (*pl* **-ies**) noun prodige *m*.

produce ❖ noun ['prɒdju:s] *(U)* produits *mpl* / *agricultural / dairy produce* produits agricoles / laitiers / *produce of Spain* produit en Espagne. ❖ vt [prə'dju:s] **1.** [gen] produire / *halogen lamps produce a lot of light* les lampes halogènes donnent beaucoup de lumière **2.** [cause] provoquer, causer **3.** [show] présenter / *he produced a £5 note from his pocket* il a sorti un billet de 5 livres de sa poche / *the defendant was unable to produce any proof* l'accusé n'a pu fournir OR apporter aucune preuve **4.** UK THEAT mettre en scène.

producer [prə'dju:səʳ] noun **1.** [of film, manufacturer] producteur *m*, -trice *f* **2.** UK THEAT metteur *m* en scène.

-producing [prə,dju:sɪŋ] suffix producteur(trice) de / *oil-producing* producteur de pétrole.

product ['prɒdʌkt] noun produit *m* ▸ **to be a product of sthg** être le produit OR le résultat de qqch.

production [prə'dʌkʃn] noun **1.** *(U)* [manufacture, of film] production *f* ▸ **to go into production** entrer en production ▸ **to put sthg into production** entreprendre la fabrication de qqch **2.** *(U)* [output] rendement *m* **3.** *(U)* UK THEAT [of play] mise *f* en scène **4.** [show - gen] production *f* ; [- THEAT] pièce *f*.

production line noun chaîne *f* de fabrication.

productive [prə'dʌktɪv] adj **1.** [land, business, workers] productif(ive) **2.** [meeting, experience] fructueux(euse).

productively [prə'dʌktɪvlɪ] adv **1.** [operate, use] de façon productive **2.** [spend time] de façon fructueuse.

productivity [,prɒdʌk'tɪvətɪ] noun productivité *f*.

product placement noun CIN & TV placement *m* de produits.

product range noun gamme *f* de produits.

product testing noun essais *mpl* de produits.

Prof. (*abbr of* **Professor**) Pr.

profane [prə'feɪn] adj *fml* impie.

profanity [prə'fænətɪ] (*pl* **-ies**) noun *fml* impiété *f*.

profess [prə'fes] vt *fml* professer ▸ **to profess to do / be** prétendre faire / être.

professed [prə'fest] adj *fml* déclaré(e).

profession [prə'feʃn] noun profession *f* ▸ **by profession** de son métier / *she's a lawyer by profession* elle exerce la profession d'avocat, elle est avocate (de profession) / *the teaching profession* le corps enseignant, les enseignants *mpl*.

professional [prə'feʃənl] ❖ adj **1.** [gen] professionnel(elle) / *to take* OR *to get professional advice* **a)** [gen] consulter un professionnel **b)** [from doctor / lawyer] consulter un médecin / un avocat / *a professional* *soldier / diplomat* un militaire / diplomate de carrière / *she is very professional in her approach to the problem* elle aborde le problème de façon très professionnelle **2.** [of high standard] de (haute) qualité. ❖ noun professionnel *m*, -elle *f*.

professionalism [prəˈfeʃnəlɪzm] noun professionnalisme *m*.

professionally [prəˈfeʃnəlɪ] adv **1.** [as professional] en professionnel / *professionally qualified* diplômé(e) **2.** [skilfully] de façon professionnelle.

professor [prəˈfesəʳ] noun **1.** UK UNIV professeur *m*, -e *f* (de faculté) **2.** US CAN [teacher] professeur *m*.

proffer [ˈprɒfəʳ] vt *fml* ▸ **to proffer sthg (to sb)** offrir qqch (à qqn) ▸ **to proffer one's hand (to sb)** tendre la main (à qqn).

proficiency [prəˈfɪʃənsɪ] noun ▸ **proficiency (in)** compétence *f* (en).

proficient [prəˈfɪʃənt] adj ▸ **proficient (in** OR **at sthg)** compétent(e) (en qqch).

profile [ˈprəʊfaɪl] noun profil *m* ▸ **in profile** de profil.

profit [ˈprɒfɪt] ❖ noun **1.** [financial] bénéfice *m*, profit *m* ▸ **to make a profit** faire des bénéfices ▸ **to sell sthg at a profit** vendre qqch à profit **2.** [advantage] profit *m*. ❖ vi [financially] être le bénéficiaire ; [gain advantage] tirer avantage OR profit.

profitability [ˌprɒfɪtəˈbɪlətɪ] noun rentabilité *f*.

profitable [ˈprɒfɪtəbl] adj **1.** [financially] rentable, lucratif(ive) **2.** [beneficial] fructueux(euse), profitable.

profitably [ˈprɒfɪtəblɪ] adv **1.** [at a profit] de façon rentable **2.** [spend time] utilement.

profit-making ❖ adj à but lucratif. ❖ noun réalisation *f* de bénéfices.

profit margin noun marge *f* bénéficiaire.

profit-sharing noun participation *f* OR intéressement *m* aux bénéfices / *we have a profit-sharing agreement / scheme* nous avons un accord / un système de participation (aux bénéfices).

profligate [ˈprɒflɪgɪt] adj *fml* **1.** [extravagant] prodigue **2.** [immoral] débauché(e).

profound [prəˈfaʊnd] adj profond(e).

profoundly [prəˈfaʊndlɪ] adv profondément.

profundity [prəˈfʌndətɪ] (*pl* **-ies**) noun *fml* profondeur *f*.

profuse [prəˈfjuːs] adj [apologies, praise] profus(e) ; [bleeding] abondant(e).

profusely [prəˈfjuːslɪ] adv [sweat, bleed] abondamment ▸ **to apologize profusely** se confondre en excuses.

profusion [prəˈfjuːʒn] noun *fml* profusion *f*.

progeny [ˈprɒdʒənɪ] (*pl* **-ies**) noun *fml* progéniture *f*.

prognosis [prɒgˈnəʊsɪs] (*pl* **-ses**) noun pronostic *m*.

program [ˈprəʊgræm] ❖ noun **1.** COMPUT programme *m* **2.** US = **programme.** ❖ vt (*pt & pp* **-med** *or* **-ed**, *cont* **-ming** *or* **-ing**) **1.** COMPUT programmer **2.** US = **programme**.

programmable [prəʊˈgræməbl] adj programmable.

programme UK, **program** US [ˈprəʊgræm] ❖ noun **1.** [schedule, booklet] programme *m* **2.** RADIO & TV émission *f*. ❖ vt programmer ▸ **to programme sthg to do sthg** programmer qqch pour faire qqch.

programmer [ˈprəʊgræməʳ] noun COMPUT programmeur *m*, -euse *f*.

programming [ˈprəʊgræmɪŋ] noun programmation *f*.

progress ❖ noun [ˈprəʊgres] progrès *m* ▸ **to make progress** [improve] faire des progrès ▸ **to make progress in sthg** avancer dans qqch ▸ **in progress** en cours. ❖ vi [prəˈgres] **1.** [improve - gen] progresser, avancer ; [- person] faire des progrès **2.** [continue] avancer **3.** [move on] ▸ **to progress to sthg** passer à qqch.

progression [prəˈgreʃn] noun progression *f*.

progressive [prəˈgresɪv] adj **1.** [enlightened] progressiste **2.** [gradual] progressif(ive).

progressively [prəˈgresɪvlɪ] adv progressivement.

progress report noun [on patient] bulletin *m* de santé ; [on student] bulletin scolaire ; [on work] compte-rendu *m*.

prohibit [prəˈhɪbɪt] vt prohiber ▸ **to prohibit sb from doing sthg** interdire OR défendre à qqn de faire qqch.

prohibition [ˌprəʊɪˈbɪʃn] noun **1.** [law, rule] prohibition *f* **2.** *(U)* [act of prohibiting] interdiction *f*, défense *f*.

prohibitive [prəˈhɪbətɪv] adj prohibitif(ive).

prohibitively [prəˈhɪbətɪvlɪ] adv : *prohibitively expensive* d'un coût prohibitif.

project ❖ noun [ˈprɒdʒekt] **1.** [plan, idea] projet *m*, plan *m* ; [enterprise, undertaking] opération *f*, entreprise *f* / *they're working on a new building project* ils travaillent sur un nouveau projet de construction / *the start of the project has been delayed* le début de

How to express prohibition

- **Il est interdit de fumer dans les salles de cours.** *Smoking is not permitted in the classrooms.*
- **Tu n'as pas le droit de conduire, tu es trop jeune.** *You're not allowed to drive: you're too young.*
- **Je te défends d'en parler à qui que ce soit.** *I forbid you to tell anyone about this.*
- **Et ne t'avise pas de recommencer !** *There'll be trouble if you do that again!*
- **Pas question que tu ailles à ce concert !** *There's no way you're going to that concert!*
- **Nous ne sommes pas censés quitter les bureaux avant 18 heures.** *We're not supposed to leave the office before 6pm.*

l'opération a été retardé **2.** SCH [study] ▸ **project (on)** dossier *m* (sur), projet *m* (sur). ❖ vt [prəˈdʒekt] **1.** [gen] projeter / *two new airports are projected for the next decade* il est prévu de construire deux nouveaux aéroports durant la prochaine décennie / *the missile was projected into space* le missile a été envoyé dans l'espace **2.** [estimate] prévoir. ❖ vi [prəˈdʒekt] [jut out] faire saillie.

projected [prəˈdʒektɪd] adj **1.** [planned - undertaking, visit] prévu(e) / *they are opposed to the projected building scheme* ils sont contre le projet de construction **2.** [forecast - figures, production] prévu(e).

projectile [prəˈdʒektaɪl] noun projectile *m*.

projection [prəˈdʒekʃn] noun **1.** [estimate] prévision *f* **2.** [protrusion] saillie *f* **3.** *(U)* [display, showing] projection *f*.

projectionist [prəˈdʒekʃənɪst] noun projectionniste *mf*.

project manager noun [gen] chef *m* de projet ; CONSTR maître *m* d'œuvre.

projector [prəˈdʒektəʳ] noun projecteur *m*.

proletarian [ˌprəʊlɪˈteərɪən] adj prolétarien(enne).

proletariat [ˌprəʊlɪˈteərɪət] noun prolétariat *m*.

pro-life adj pour le respect de la vie.

proliferate [prəˈlɪfəreɪt] vi *fml* proliférer.

proliferation [prəˌlɪfəˈreɪʃn] noun *fml* **1.** [rapid increase] prolifération *f* **2.** [large amount or number] grande quantité *f*.

prolific [prəˈlɪfɪk] adj prolifique.

prologue, prolog US [ˈprəʊlɒg] noun *lit* & *fig* prologue *m*.

prolong [prəˈlɒŋ] vt prolonger.

prolonged [prəˈlɒŋd] adj long (longue).

prom [prɒm] noun **1.** UK *inf* (*abbr of* **promenade**) promenade *f*, front *m* de mer **2.** US [ball] bal *m* d'étudiants **3.** UK *inf* (*abbr of* **promenade concert**) concert *m* promenade.

promenade [ˌprɒməˈnɑːd] noun UK [road by sea] promenade *f*, front *m* de mer.

prominence [ˈprɒmɪnəns] noun **1.** [importance] importance *f* **2.** [conspicuousness] proéminence *f*.

prominent [ˈprɒmɪnənt] adj **1.** [important] important(e) / *to play a prominent part* OR *role in sthg* jouer un rôle important OR de tout premier plan dans qqch **2.** [noticeable] proéminent(e).

prominently [ˈprɒmɪnəntlɪ] adv au premier plan, bien en vue.

promiscuity [ˌprɒmɪsˈkjuːətɪ] noun promiscuité *f*.

promiscuous [prɒˈmɪskjʊəs] adj [person] aux mœurs légères ; [behaviour] immoral(e).

promise [ˈprɒmɪs] ❖ noun promesse *f* ▸ **to make (sb) a promise** faire une promesse (à qqn) / *she always keeps her promises* elle tient toujours ses promesses, elle tient toujours (sa) parole / *to break one's promise* manquer à sa parole, ne pas tenir ses promesses ▸ **to show promise** avoir de l'avenir, promettre. ❖ vt ▸ **to promise (sb) to do sthg** promettre (à qqn) de faire qqch ▸ **to promise sb sthg** promettre qqch à qqn / *I can't promise (you) anything* je ne peux rien vous promettre. ❖ vi promettre.

promising [ˈprɒmɪsɪŋ] adj prometteur(euse).

promontory [ˈprɒməntrɪ] (*pl* **-ies**) noun promontoire *m*.

promote [prəˈməʊt] vt **1.** [foster] promouvoir **2.** [push, advertise] promouvoir, lancer **3.** [in job] promouvoir.

promoter [prəˈməʊtəʳ] noun **1.** [organizer] organisateur *m*, -trice *f* **2.** [supporter] promoteur *m*, -trice *f*.

promotion [prəˈməʊʃn] noun promotion *f*, avancement *m* ▸ **to get** OR **be given promotion** être promu(e), obtenir de l'avancement.

promotional [prəˈməʊʃənl] adj promotionnel(elle), publicitaire.

promotional material noun matériel *m* de promotion.

promotional offer noun offre *f* promotionnelle.

promotional price noun prix *m* promotionnel.

prompt [prɒmpt] ❖ adj rapide, prompt(e). ❖ adv : *at nine o'clock prompt* à neuf heures précises OR tapantes. ❖ vt **1.** [motivate, encourage] ▸ **to prompt sb (to do sthg)** pousser OR inciter qqn (à faire qqch) **2.** THEAT souffler sa réplique à. ❖ noun THEAT réplique *f*.

prompter [ˈprɒmptəʳ] noun THEAT souffleur *m*, -euse *f*.

prompting [ˈprɒmptɪŋ] noun **1.** [persuasion] incitation *f* / *no amount of prompting will induce me to go there* rien ne pourra me décider à y aller / *she needed no prompting* elle ne s'est pas fait prier, elle l'a fait d'elle-même / *at his mother's prompting, he wrote a letter of thanks* à l'instigation OR sur l'insistance de sa mère, il a écrit une lettre de remerciement **2.** THEAT : *some actors need frequent prompting* certains acteurs ont souvent recours au souffleur.

promptly [ˈprɒmptlɪ] adv **1.** [immediately] rapidement, promptement **2.** [punctually] ponctuellement.

promptness [ˈprɒmptnɪs] noun **1.** [speediness] promptitude *f* **2.** [punctuality] ponctualité *f*.

prone [prəʊn] adj **1.** [susceptible] ▸ **to be prone to sthg** être sujet(ette) à qqch ▸ **to be prone to do sthg** avoir tendance à faire qqch **2.** [lying flat] étendu(e) face contre terre.

prong [prɒŋ] noun [of fork] dent *f*.

pronoun [ˈprəʊnaʊn] noun pronom *m*.

pronounce [prəˈnaʊns] ❖ vt prononcer. ❖ vi ▸ **to pronounce on** se prononcer sur.

pronounced [prəˈnaʊnst] adj prononcé(e).

pronouncement [prəˈnaʊnsmənt] noun déclaration *f*.

pronto [ˈprɒntəʊ] adv *inf* illico.

pronunciation [prəˌnʌnsɪˈeɪʃn] noun prononciation *f*.

proof [pruːf] noun **1.** [evidence] preuve *f* / *do you have any proof?* vous en avez la preuve OR des preuves ? / *you need proof of identity* vous devez fournir une pièce d'identité / *proof of purchase* reçu *m* **2.** [of book] épreuve *f* **3.** [of alcohol] teneur *f* en alcool.

-proof [pru:f] suffix à l'épreuve de / *acid-proof* à l'épreuve des acides / *an idiot-proof mechanism* un mécanisme (totalement) indéréglable.

proofread ['pru:fri:d] (*pt & pp* **-read**) vt corriger les épreuves de.

proofreader ['pru:f,ri:dər] noun correcteur *m*, -trice *f* d'épreuves.

proofreading ['pru:f,ri:dɪŋ] noun correction *f* (d'épreuves).

prop [prɒp] ◆ noun **1.** [physical support] support *m*, étai *m* **2.** *fig* [supporting thing, person] soutien *m* **3.** RUGBY pilier *m*. ◆ vt (*pt & pp* **-ped**, *cont* **-ping**) ▸ **to prop sthg against** appuyer qqch contre OR à. ◆ **props** pl n accessoires *mpl*. ◆ **prop up** vt sep **1.** [physically support] soutenir, étayer **2.** *fig* [sustain] soutenir.

propaganda [,prɒpə'gændə] noun propagande *f*.

propagate ['prɒpəgeɪt] ◆ vt propager. ◆ vi se propager.

propagation [,prɒpə'geɪʃn] noun propagation *f*.

propane ['prəupeɪn] noun propane *m*.

propel [prə'pel] (*pt & pp* **-led**, *cont* **-ling**) vt propulser ; *fig* pousser.

propeller [prə'pelər] noun hélice *f*.

propelling pencil [prə'pelɪŋ-] noun UK portemine *m*.

propensity [prə'pensətɪ] (*pl* **-ies**) noun ▸ **propensity (for** OR **to)** propension *f* (à).

proper ['prɒpər] adj **1.** [real] vrai(e) / *he's not a proper doctor* ce n'est pas un vrai docteur **2.** [correct] correct(e), bon (bonne) / *John wasn't waiting at the proper place* John n'attendait pas au bon endroit OR là où il fallait / *you must go through the proper channels* il faut suivre la filière officielle / *I don't have the proper tools for this engine* je n'ai pas les outils appropriés pour OR qui conviennent pour ce moteur **3.** [decent - behaviour] convenable **4.** UK *inf* [for emphasis] : *he's a proper idiot!* c'est un imbécile fini !

properly ['prɒpəlɪ] adv **1.** [satisfactorily, correctly] correctement, comme il faut / *the engine isn't working properly* le moteur ne marche pas bien **2.** [decently] convenablement, comme il faut / *I haven't thanked you properly* je ne vous ai pas remercié comme il faut OR comme il convient.

proper name, **proper noun** noun nom *m* propre.

property ['prɒpətɪ] (*pl* **-ies**) noun **1.** (*U*) [possessions] biens *mpl*, propriété *f* **2.** [building] bien *m* immobilier ; [land] terres *fpl* **3.** [quality] propriété *f*.

property developer noun promoteur *m* immobilier.

property ladder noun ▸ **to get a foot on the property ladder** devenir propriétaire.

prophecy ['prɒfɪsɪ] (*pl* **-ies**) noun prophétie *f*.

prophesy ['prɒfɪsaɪ] (*pt & pp* **-ied**) vt prédire.

prophet ['prɒfɪt] noun prophète *m*.

prophetic [prə'fetɪk] adj prophétique.

propitious [prə'pɪʃəs] adj *fml* propice, favorable.

proportion [prə'pɔ:ʃn] noun **1.** [part] part *f*, partie *f* **2.** [ratio] rapport *m*, proportion *f* ▸ **in proportion to** ellement à ▸ **out of all proportion to** sans commune mesure avec **3.** ART ▸ **in proportion** proportionné(e) ▸ **out of proportion** mal proportionné ▸ **to get sthg out of proportion** *fig* exagérer qqch ▸ **a sense of proportion** *fig* le sens de la mesure.

proportional [prə'pɔ:ʃənl] adj proportionnel(elle).

proportionate [prə'pɔ:ʃnət] adj proportionnel(elle).

proportionately [prə'pɔ:ʃnətlɪ] adv proportionnellement, en proportion.

proposal [prə'pəuzl] noun **1.** [suggestion] proposition *f*, offre *f* **2.** [offer of marriage] demande *f* en mariage.

propose [prə'pəuz] ◆ vt **1.** [suggest] proposer **2.** [intend] ▸ **to propose to do** OR **doing sthg** avoir l'intention de faire qqch, se proposer de faire qqch **3.** [toast] porter. ◆ vi faire une demande en mariage ▸ **to propose to sb** demander qqn en mariage.

proposed [prə'pəuzd] adj proposé(e).

proposition [,prɒpə'zɪʃn] ◆ noun proposition *f* ▸ **to make sb a proposition** faire une proposition à qqn. ◆ vt faire des propositions à.

propound [prə'paund] vt *fml* soumettre, proposer.

proprietary [prə'praɪətrɪ] adj de marque déposée ▸ **proprietary brand** marque *f* déposée.

proprietor [prə'praɪətər] noun propriétaire *mf*.

propriety [prə'praɪətɪ] noun (*U*) *fml* bienséance *f*.

propulsion [prə'pʌlʃn] noun propulsion *f*.

pro rata [-'rɑ:tə] ◆ adj proportionnel(elle). ◆ adv au prorata.

prosaic [prəu'zeɪɪk] adj prosaïque, banal(e).

proscribe [prəu'skraɪb] vt *fml* proscrire.

prose [prəuz] ◆ noun (*U*) prose *f*. ◆ comp en prose.

prosecute ['prɒsɪkju:t] ◆ vt poursuivre (en justice). ◆ vi [police] engager des poursuites judiciaires ; [lawyer] représenter la partie plaignante.

prosecution [,prɒsɪ'kju:ʃn] noun poursuites *fpl* judiciaires, accusation *f* ▸ **the prosecution** a) la partie plaignante b) [in Crown case] ≃ le ministère public.

prosecutor ['prɒsɪkju:tər] noun US plaignant *m*, -e *f*.

prospect ◆ noun ['prɒspekt] **1.** [hope] possibilité *f*, chances *fpl* / *there's little prospect of their winning the match* ils ont peu de chances de remporter le match **2.** [probability] perspective *f* / *I don't relish the prospect of working for him* la perspective de travailler pour lui ne m'enchante guère / *what are the weather prospects for tomorrow?* quelles sont les prévisions météorologiques pour demain ? ◆ vi [prə'spekt] ▸ **to prospect (for sthg)** prospecter (pour chercher qqch) / *to prospect for oil* chercher du pétrole / *to prospect for new customers* rechercher OR démarcher de nouveaux clients. ◆ **prospects** pl n ▸ **prospects (for)** chances *fpl* (de), perspectives *fpl* (de) / *good promotion prospects* de réelles possibilités d'avancement / *the prospects for the automobile industry* les perspectives d'avenir de l'industrie automobile.

prospective [prə'spektɪv] adj éventuel(elle).

prospector [prə'spektəʳ] noun prospecteur *m*, -trice *f*.

prospectus [prə'spektəs] (*pl* **-es**) noun prospectus *m*.

prosper ['prɒspəʳ] vi prospérer.

prosperity [prɒ'sperətɪ] noun prospérité *f*.

prosperous ['prɒspərəs] adj prospère.

prosthesis [prɒs'θi:sɪs] (*pl* **-ses**) noun prothèse *f*.

prostitute ['prɒstɪtju:t] noun prostituée *f* ▸ **male prostitute** prostitué *m*.

prostitution [,prɒstɪ'tju:ʃn] noun prostitution *f*.

prostrate ❖ adj ['prɒstreɪt] **1.** [lying down] à plat ventre **2.** [with grief] prostré(e). ❖ vt [prɒ'streɪt] ▸ **to prostrate o.s. (before sb)** se prosterner (devant qqn).

protagonist [prə'tægənɪst] noun protagoniste *mf*.

protect [prə'tekt] vt ▸ **to protect sb / sthg (against** OR **from),** protéger qqn / qqch (contre OR de).

protected [prə'tektɪd] adj protégé(e) / *protected species* espèce *f* protégée.

protection [prə'tekʃn] noun ▸ **protection (from** OR **against)** protection *f* (contre), défense *f* (contre).

protectionism [prə'tekʃənɪzm] noun protectionnisme *m*.

protective [prə'tektɪv] adj **1.** [layer, clothing] de protection **2.** [person, feelings] protecteur(trice) ▸ **to feel protective towards sb** se montrer protecteur envers qqn.

protectively [prə'tektɪvlɪ] adv [behave, act] de façon protectrice ; [speak] d'un ton protecteur, d'une voix protectrice ; [look] d'un œil protecteur.

protector [prə'tektəʳ] noun **1.** [person] protecteur *m*, -trice *f* **2.** [object] dispositif *m* de protection.

protégé ['prɒteʒeɪ] noun protégé *m*.

protégée ['prɒteʒeɪ] noun protégée *f*.

protein ['prəʊti:n] noun protéine *f*.

protest ❖ noun ['prəʊtest] protestation *f*. ❖ vt [prə'test] **1.** [innocence, love] protester de **2.** US [protest against] protester contre. ❖ vi [prə'test] ▸ **to protest (about / against)** protester (à propos de / contre).

Protestant ['prɒtɪstənt] ❖ adj protestant(e). ❖ noun protestant *m*, -e *f*.

Protestantism ['prɒtɪstəntɪzm] noun protestantisme *m*.

protestation [,prɒte'steɪʃn] noun *fml* protestation *f*.

protester [prə'testəʳ] noun [on march, at demonstration] manifestant *m*, -e *f*.

protest march noun manifestation *f*, marche *f* de protestation.

protocol ['prəʊtəkɒl] noun protocole *m*.

proton ['prəʊtɒn] noun proton *m*.

prototype ['prəʊtətaɪp] noun prototype *m*.

protracted [prə'træktɪd] adj prolongé(e).

protractor [prə'træktəʳ] noun rapporteur *m*.

protrude [prə'tru:d] vi avancer, dépasser.

protruding [prə'tru:dɪŋ] adj [ledge] en saillie ; [chin, ribs] saillant(e) ; [eyes] globuleux(euse) ; [teeth] proéminent(e), protubérant(e) ; [belly] protubérant(e).

protuberance [prə'tju:bərəns] noun *fml* protubérance *f*.

proud [praʊd] adj **1.** [satisfied, dignified] fier (fière) ▸ **to be proud to do sthg** être fier de faire qqch **2.** *pej* [arrogant] orgueilleux(euse), fier (fière).

proudly ['praʊdlɪ] adv **1.** [with satisfaction, dignity] fièrement, avec fierté **2.** *pej* [arrogantly] orgueilleusement.

prove [pru:v] (*pp* **-d** *or* **proven**) ❖ vt [show] prouver / *I think I've proved my point* je crois avoir apporté la preuve de ce que j'avançais / *to prove sb right / wrong* donner raison / tort à qqn / *the accused is innocent until proved* OR *proven guilty* l'accusé est innocent jusqu'à preuve du contraire OR tant que sa culpabilité n'est pas prouvée ▸ **to prove o.s. to be sthg** se révéler être qqch. ❖ vi [turn out] : *to prove (to be) false / useful* s'avérer faux (fausse) / utile.

proven ['pru:vn *or* 'prəʊvn] ❖ pp ⟶ **prove.** ❖ adj [fact] avéré(e), établi(e) ; [liar] fieffé(e).

proverb ['prɒvɜ:b] noun proverbe *m*.

proverbial [prə'vɜ:bjəl] adj proverbial(e).

provide [prə'vaɪd] vt fournir ▸ **to provide sb with sthg** fournir qqch à qqn ▸ **to provide sthg for sb** fournir qqch à qqn / *write the answers in the spaces provided* écrivez les réponses dans les blancs prévus à cet effet / *the new plant will provide 2,000 jobs* la nouvelle usine créera 2 000 emplois. ◆ **provide for** vt insep **1.** [support] subvenir aux besoins de / *I have a family to provide for* j'ai une famille à nourrir **2.** *fml* [make arrangements for] prévoir.

provided [prə'vaɪdɪd] ◆ **provided (that)** conj à condition que (+ *subjunctive*), pourvu que (+ *subjunctive*).

providence ['prɒvɪdəns] noun providence *f*.

providential [,prɒvɪ'denʃl] adj *fml* providentiel(elle).

provider [prə'vaɪdəʳ] noun [gen] fournisseur *m*, -euse *f* ; COMPUT fournisseur *m* (d'accès), provider *m* / *she's the family's sole provider* elle subvient seule aux besoins de la famille.

providing [prə'vaɪdɪŋ] ◆ **providing (that)** conj à condition que (+ *subjunctive*), pourvu que (+ *subjunctive*).

province ['prɒvɪns] noun **1.** [part of country] province *f* **2.** [speciality] domaine *m*, compétence *f*. ◆ **provinces** pl n ▸ **the provinces** la province.

provincial [prə'vɪnʃl] adj **1.** [town, newspaper] de province **2.** *pej* [narrow-minded] provincial(e).

provision [prə'vɪʒn] noun **1.** (*U*) [act of supplying] ▸ **provision (of)** approvisionnement *m* (en), fourniture *f* (de) / *the provision of new jobs* la création d'emplois **2.** [supply] provision *f*, réserve *f* **3.** (*U*) [arrangements] ▸ **to make provision for a)** [the future] prendre des mesures pour **b)** [one's family] pourvoir aux besoins de

4. [in agreement, law] clause *f*, disposition *f* / ***under the provisions of the UN charter / his will*** selon les dispositions de la charte de l'ONU / de son testament.
◆ **provisions** pl n [supplies] provisions *fpl* / ***the US sent medical provisions*** les États-Unis envoyèrent des stocks de médicaments.

provisional [prəˈvɪʒənl] adj provisoire.

provisional licence noun UK permis *m* de conduire provisoire *(jusqu'à l'obtention du permis de conduire)*.

provisionally [prəˈvɪʒnəlɪ] adv provisoirement, à titre provisoire.

proviso [prəˈvaɪzəʊ] (*pl* -s) noun condition *f*, stipulation *f* ▸ **with the proviso that** à (la) condition que *(+ subjunctive)*.

provocation [ˌprɒvəˈkeɪʃn] noun provocation *f*.

provocative [prəˈvɒkətɪv] adj provocant(e).

provocatively [prəˈvɒkətɪvlɪ] adv d'une manière provocante.

provoke [prəˈvəʊk] vt **1.** [annoy] agacer, contrarier **2.** [cause - fight, argument] provoquer ; [- reaction] susciter.

provoking [prəˈvəʊkɪŋ] adj agaçant(e), énervant(e).

provost [ˈprɒvəst] noun **1.** UK UNIV doyen *m* **2.** SCOT [head of town council] maire *m*.

prow [praʊ] noun proue *f*.

prowess [ˈpraʊɪs] noun prouesse *f*.

prowl [praʊl] ◆ noun ▸ **to be on the prowl** rôder. ◆ vt [streets] rôder dans. ◆ vi rôder.

prowler [ˈpraʊləʳ] noun rôdeur *m*, -euse *f*.

proximity [prɒkˈsɪmətɪ] noun ▸ **proximity (to)** proximité *f* (de) ▸ **in the proximity of** à proximité de.

proxy [ˈprɒksɪ] (*pl* -ies) noun **1.** ▸ **by proxy** par procuration **2.** COMPUT proxy *m*, dispositif *m* de passerelle sécurisée.

Prozac® [ˈprəʊzæk] noun Prozac® *m*.

prude [pruːd] noun *pej* prude *f*.

prudence [ˈpruːdns] noun prudence *f*.

prudent [ˈpruːdnt] adj prudent(e).

prudently [ˈpruːdntlɪ] adv prudemment, avec prudence.

prudish [ˈpruːdɪʃ] adj *pej* prude, pudibond(e).

prudishness [ˈpruːdɪʃnɪs] noun *pej* pruderie *f*, pudibonderie *f*.

prune [pruːn] ◆ noun [fruit] pruneau *m*. ◆ vt [tree, bush] tailler.

pruning [ˈpruːnɪŋ] noun [of hedge, tree] taille *f* ; [of branches] élagage *m* ; *fig* [of budget, staff] élagage *m*.

prurient [ˈprʊərɪənt] adj *fml* lascif(ive).

Prussian [ˈprʌʃn] ◆ adj prussien(enne). ◆ noun Prussien *m*, -enne *f*.

pry [praɪ] (*pt & pp* **pried**) vi se mêler de ce qui ne vous regarde pas ▸ **to pry into sthg** chercher à découvrir qqch.

prying [ˈpraɪɪŋ] adj indiscret(ète) / ***away from prying eyes*** à l'abri des regards indiscrets.

PS (*abbr of* **postscript**) noun PS *m*.

psalm [sɑːm] noun psaume *m*.

pseud [sjuːd] noun UK *inf* frimeur *m*, -euse *f*.

pseudo- [ˌsjuːdəʊ] pref pseudo-.

pseudonym [ˈsjuːdənɪm] noun pseudonyme *m*.

PSNI (*abbr of* **Police Service of Northern Ireland**) noun *corps de police d'Irlande du Nord*.

PST (*abbr of* **Pacific Standard Time**) noun *heure du Pacifique*.

psych [saɪk] ◆ **psych up** vt sep *inf* préparer psychologiquement ▸ **to psych o.s. up** se préparer psychologiquement.

psyche [ˈsaɪkɪ] noun psyché *f*.

psychedelic [ˌsaɪkɪˈdelɪk] adj psychédélique.

psychiatric [ˌsaɪkɪˈætrɪk] adj psychiatrique.

psychiatric nurse noun infirmier *m*, -ère *f* en psychiatrie.

psychiatrist [saɪˈkaɪətrɪst] noun psychiatre *mf*.

psychiatry [saɪˈkaɪətrɪ] noun psychiatrie *f*.

psychic [ˈsaɪkɪk] ◆ adj **1.** [clairvoyant - person] doué(e) de seconde vue ; [- powers] parapsychique **2.** MED psychique. ◆ noun médium *m*.

psycho [ˈsaɪkəʊ] *inf* ◆ noun (*pl* -s) psychopathe *mf*. ◆ adj psychopathe.

psychoanalysis [ˌsaɪkəʊəˈnæləsɪs] noun psychanalyse *f*.

psychoanalyst [ˌsaɪkəʊˈænəlɪst] noun psychanalyste *mf*.

psychological [ˌsaɪkəˈlɒdʒɪkl] adj psychologique.

psychologically [ˌsaɪkəˈlɒdʒɪklɪ] adv psychologiquement.

psychologist [saɪˈkɒlədʒɪst] noun psychologue *mf*.

psychology [saɪˈkɒlədʒɪ] noun psychologie *f*.

psychopath [ˈsaɪkəpæθ] noun psychopathe *mf*.

psychosis [saɪˈkəʊsɪs] (*pl* -ses) noun psychose *f*.

psychosomatic [ˌsaɪkəʊsəˈmætɪk] adj psychosomatique.

psychotherapist [ˌsaɪkəʊˈθerəpɪst] noun psychothérapeute *mf*.

psychotherapy [ˌsaɪkəʊˈθerəpɪ] noun psychothérapie *f*.

psychotic [saɪˈkɒtɪk] ◆ adj psychotique. ◆ noun psychotique *mf*.

pt *abbr of* **pint, point**.

PT (*abbr of* **physical training**) noun UK EPS *f*.

PTA (*abbr of* **parent-teacher association**) noun *association de parents d'élèves et de professeurs*.

PTO[1] noun (*abbr of* **parent-teacher organization**) *aux États-Unis, association de parents d'élèves et de professeurs*.

PTO[2] (*abbr of* **please turn over**) TSVP.

pub [pʌb] noun pub *m*.

Pub

Dans l'ensemble des îles Britanniques, le pub est un des grands foyers de la vie sociale, surtout le vendredi soir et le samedi soir. Ces établissements — généralement interdits aux personnes de moins de 18 ans non accompagnées — étaient soumis à des horaires stricts, mais ceux-ci se sont beaucoup assouplis récemment (voir licensing hours). De simple débit de boissons, qu'il était souvent, le pub évolue de plus en plus vers une sorte de brasserie servant des repas légers. Certains sont devenus de véritables restaurants. Voir aussi beer.

pub-crawl noun UK *inf* ▸ **to go on a pub-crawl** faire la tournée des pubs.

puberty ['pju:bətɪ] noun puberté *f*.

pubes ['pju:bi:z] (*pl inv*) noun [region] pubis *m*, région *f* pubienne ; [hair] poils *mpl* pubiens ; [bones] (os *m* du) pubis *m*.

pubescent [pju:'besnt] adj pubescent(e).

pubic ['pju:bɪk] adj du pubis.

public ['pʌblɪk] ❖ adj public(ique) ; [library] municipal(e) / ***built at public expense*** construit(e) avec des fonds publics / ***in the public interest*** dans l'intérêt général / ***let's talk somewhere less public*** allons discuter dans un endroit plus tranquille / ***to restore public confidence*** regagner la confiance de la population ▸ **public library** bibliothèque *f* municipale / ***she's active in public life*** elle prend une part active aux affaires publiques ▸ **it's public knowledge that...** tout le monde sait que..., il est de notoriété publique que... ▸ **to make sthg public** rendre qqch public ▸ **to go public** COMM émettre des actions dans le public. ❖ noun ▸ **the public** le public ▸ **in public** en public.

publican ['pʌblɪkən] noun UK AUSTR gérant *m*, -e *f* d'un pub.

publication [,pʌblɪ'keɪʃn] noun publication *f*.

public company noun société *f* anonyme (*cotée en Bourse*).

public convenience noun UK toilettes *fpl* publiques.

public domain noun ▸ **in the public domain** dans le domaine public ▸ **public domain software** logiciel *m* (du domaine) public.

public health noun santé *f* publique ▸ **public health hazard** risque *m* pour la santé publique ▸ **the public health authorities** *administration régionale des services publics de santé* / ***public health inspector*** *dated* inspecteur *m* sanitaire.

public holiday noun UK jour *m* férié.

public house noun UK pub *m*.

publicist ['pʌblɪsɪst] noun agent *m* de publicité.

publicity [pʌb'lɪsɪtɪ] ❖ noun (*U*) publicité *f*. ❖ comp de publicité.

publicity campaign noun campagne *f* publicitaire OR de publicité.

publicity stunt noun coup *m* publicitaire.

publicize, publicise UK ['pʌblɪsaɪz] vt faire connaître au public.

public limited company noun UK société *f* anonyme (*cotée en Bourse*).

publicly ['pʌblɪklɪ] adv publiquement, en public.

public office noun fonctions *fpl* officielles.

public opinion noun (*U*) opinion *f* publique.

public prosecutor noun UK ≃ procureur *m* de la République.

public relations ❖ noun (*U*) relations *fpl* publiques. ❖ pl n relations *fpl* publiques.

public school noun **1.** UK [private school] école *f* privée **2.** US SCOT [state school] école *f* publique.

Public school

En Angleterre et au pays de Galles, le terme public school désigne une école privée de type traditionnel ; certaines de ces écoles (comme Eton et Harrow, par exemple) sont très réputées. Les public schools ont pour vocation de former l'élite de la nation. Aux États-Unis, le terme désigne une école publique.

public sector noun secteur *m* public.

public servant noun fonctionnaire *mf*.

public speaking noun art *m* oratoire / ***unaccustomed as I am to public speaking*** *hum* bien que je n'aie pas l'habitude de prendre la parole en public.

public spending noun (*U*) dépenses *fpl* publiques OR de l'État.

public-spirited adj qui fait preuve de civisme.

public transport UK, **public transportation** US noun (*U*) transports *mpl* en commun.

public utility noun service *m* public.

publish ['pʌblɪʃ] vt publier.

publisher ['pʌblɪʃər] noun éditeur *m*, -trice *f*.

publishing ['pʌblɪʃɪŋ] noun (*U*) [industry] édition *f*.

publishing company, publishing house noun société *f* OR maison *f* d'édition.

pub lunch noun UK *repas de midi servi dans un pub*.

pucker ['pʌkər] ❖ vt plisser. ❖ vi se plisser.

pudding ['pʊdɪŋ] noun **1.** [food - sweet] entremets *m* ; [- savoury] pudding *m* **2.** (*U*) UK [course] dessert *m*.

puddle ['pʌdl] noun flaque *f*.

pudgy ['pʌdʒɪ] = **podgy**.

puerile ['pjʊəraɪl] adj puéril(e).

Puerto Rican [,pwɜ:təʊ'ri:kən] ◆ adj portoricain(e). ◆ noun Portoricain *m*, -e *f*.

Puerto Rico [,pwɜ:təʊ'ri:kəʊ] noun Porto Rico, Puerto Rico.

puff [pʌf] ◆ noun **1.** [of cigarette, smoke] bouffée *f* **2.** [gasp] souffle *m*. ◆ vt [cigarette] tirer sur. ◆ vi **1.** [smoke] ▸ **to puff at** OR **on sthg** fumer qqch **2.** [pant] haleter. ◆ **puff out** vt sep [cheeks, chest] gonfler. ◆ **puff up** vi se gonfler.

Puffa jacket® ['pʌfə-] noun blouson *m* de rappeur.

puffed [pʌft] adj **1.** [swollen] ▸ **puffed (up)** gonflé(e) **2.** UK *inf* [out of breath] ▸ **puffed (out)** essoufflé(e).

puffin ['pʌfɪn] noun macareux *m*.

puff pastry noun *(U)* pâte *f* feuilletée.

puffy ['pʌfɪ] (*compar* **-ier**, *superl* **-iest**) adj gonflé(e), bouffi(e).

pug [pʌg] noun carlin *m*.

pugnacious [pʌg'neɪʃəs] adj *fml* querelleur(euse), batailleur(euse).

puke [pju:k] vi *inf* dégobiller.

pull [pʊl] ◆ vt **1.** [gen] tirer / *pull the rope taut* tendez la corde / *he pulled himself onto the riverbank* il se hissa sur la berge / *pull the trigger* [of gun] appuyez OR pressez sur la détente / *to pull sthg to bits* OR *pieces* **a)** *lit* démonter qqch **b)** *fig* démolir qqch **2.** [strain - muscle, hamstring] se froisser / *she pulled a muscle* elle s'est déchiré un muscle, elle s'est fait un claquage **3.** [tooth] arracher / *to have a tooth pulled* US se faire arracher une dent **4.** [attract] attirer / *the festival pulled a big crowd* le festival a attiré beaucoup de monde **5.** [gun] sortir / *he pulled a gun on me* il a braqué un revolver sur moi. ◆ vi tirer / *the steering pulls to the right* la direction tire à droite. ◆ noun **1.** [tug with hand] ▸ **to give sthg a pull** tirer sur qqch **2.** *(U)* [influence] influence *f*. ◆ **pull ahead** vi ▸ **to pull ahead (of)** prendre la tête (devant). ◆ **pull apart** vt sep [separate] séparer. ◆ **pull at** vt insep tirer sur / *I pulled at his sleeve* je l'ai tiré par la manche. ◆ **pull away** vi **1.** AUTO démarrer **2.** [in race] prendre de l'avance. ◆ **pull back** vi reculer. ◆ **pull down** vt sep [building] démolir. ◆ **pull in** vi AUTO se ranger / *I pulled in for petrol* je me suis arrêté pour prendre de l'essence. ◆ **pull off** vt sep **1.** [take off] enlever, ôter **2.** [succeed in] réussir / *will she (manage to) pull it off?* est-ce qu'elle va y arriver ? ◆ **pull on** vt sep [clothes] mettre, enfiler. ◆ **pull out** ◆ vt sep **1.** [remove - tooth, hair, weeds] arracher ; [- cork, nail] enlever ; [produce - wallet, weapon] sortir, tirer / *she pulled a map out of her bag* elle sortit une carte de son sac **2.** [troops] retirer. ◆ vi **1.** RAIL partir, démarrer **2.** AUTO déboîter / *he pulled out to overtake* il a déboîté pour doubler / *to pull out into traffic* s'engager dans la circulation **3.** [withdraw] se retirer / *they've pulled out of the deal* ils se sont retirés de l'affaire. ◆ **pull over** vi AUTO se ranger. ◆ **pull through** ◆ vi s'en sortir, s'en tirer. ◆ vt sep tirer d'affaire. ◆ **pull together** ◆ vt sep ▸ **to pull o.s. together** se ressaisir, se reprendre / *pull yourself together!* ressaisissez-vous ! ◆ vi *fig* faire un effort. ◆ **pull up** ◆ vt sep **1.** [raise] remonter **2.** [chair] avancer **3.** [stop] ▸ **to pull sb up short** arrêter qqn court. ◆ vi s'arrêter.

pull-down menu noun COMPUT menu *m* déroulant.

pulley ['pʊlɪ] (*pl* **-s**) noun poulie *f*.

pullout ['pʊlaʊt] noun supplément *m* détachable.

pullover ['pʊl,əʊvər] noun pull *m*.

pulp [pʌlp] ◆ adj [fiction, novel] de quatre sous. ◆ noun **1.** [for paper] pâte *f* à papier **2.** [of fruit] pulpe *f*. ◆ vt [food] réduire en pulpe.

pulpit ['pʊlpɪt] noun chaire *f*.

pulsate [pʌl'seɪt] vi [heart] battre fort ; [air, music] vibrer.

pulse [pʌls] ◆ noun **1.** MED pouls *m* ▸ **to take sb's pulse** prendre le pouls de qqn **2.** TECH impulsion *f*. ◆ vi battre, palpiter. ◆ **pulses** pl n [food] légumes *mpl* secs.

pulverize, **pulverise** UK ['pʌlvəraɪz] vt **1.** [crush] pulvériser **2.** *fig* [destroy - town] détruire ; [- person] démolir.

puma ['pju:mə] (*pl inv or* **-s**) noun puma *m*.

pummel ['pʌml] (UK *pt & pp* **-led**, *cont* **-ling**, US *pt & pp* **-ed**, *cont* **-ing**) vt bourrer de coups.

pump [pʌmp] ◆ noun pompe *f*. ◆ vt **1.** [water, gas] pomper **2.** *inf* [invest] ▸ **to pump money into sthg** injecter des capitaux dans qqch **3.** *inf* [interrogate] essayer de tirer les vers du nez à. ◆ vi [heart] battre fort. ◆ **pumps** pl n [shoes] escarpins *mpl*.

pumped [pʌmpt] adj US *inf* excité(e).

pumpkin ['pʌmpkɪn] noun potiron *m*.

pun [pʌn] noun jeu *m* de mots, calembour *m*.

punch [pʌntʃ] ◆ noun **1.** [blow] coup *m* de poing **2.** [tool] poinçonneuse *f* **3.** [drink] punch *m*. ◆ vt **1.** [hit - once] donner un coup de poing à ; [- repeatedly] donner des coups de poing à ▸ **to punch a hole in sthg** faire un trou dans qqch **2.** [ticket] poinçonner ; [paper] perforer. ◆ **punch in** vi US pointer (en arrivant). ◆ **punch out** vi US pointer (en partant).

punch bag UK, **punchball** UK, **punching bag** US ['pʌntʃɪŋ-] noun punching-ball *m*.

punch-drunk adj sonné(e), groggy *(inv)*.

punch line noun chute *f*.

punch-up noun UK *inf* bagarre *f*.

punchy ['pʌntʃɪ] (*compar* **-ier**, *superl* **-iest**) adj *inf* [style] incisif(ive).

punctilious [pʌŋk'tɪlɪəs] adj *fml* pointilleux(euse).

punctual ['pʌŋktʃʊəl] adj ponctuel(elle).

punctuality [,pʌŋktʃʊ'ælətɪ] noun ponctualité *f*, exactitude *f*.

punctually ['pʌŋktʃʊəlɪ] adv à l'heure.

punctuate ['pʌŋktʃʊeɪt] vt ponctuer.

punctuation [,pʌŋktʃʊ'eɪʃn] noun ponctuation *f*.

punctuation mark noun signe *m* de ponctuation.

puncture ['pʌŋktʃəʳ] ❖ noun crevaison *f.* ❖ vt [tyre, ball] crever ; [skin] piquer.

pundit ['pʌndɪt] noun pontife *m.*

pungent ['pʌndʒənt] adj **1.** [smell] âcre ; [taste] piquant(e) **2.** *fig* [criticism] caustique, acerbe.

punish ['pʌnɪʃ] vt punir ▸ **to punish sb for sthg / for doing sthg** punir qqn pour qqch / pour avoir fait qqch.

punishable ['pʌnɪʃəbl] adj punissable.

punishing ['pʌnɪʃɪŋ] adj [schedule, work] épuisant(e), éreintant(e) ; [defeat] cuisant(e).

punishment ['pʌnɪʃmənt] noun punition *f*, châtiment *m* ▸ **to take a lot of punishment** [car, furniture] être malmené(e).

punitive ['pju:nətɪv] adj [action] punitif(ive) ; [tax] très lourd(e).

punk [pʌŋk] ❖ adj punk *(inv).* ❖ noun **1.** *(U)* [music] ▸ **punk (rock)** punk *m* **2.** ▸ **punk (rocker)** punk *mf* **3.** *inf* [lout] loubard *m.*

punnet ['pʌnɪt] noun UK barquette *f.*

punt [pʌnt] ❖ noun [boat] bateau *m* à fond plat. ❖ vi [in boat] se promener en bateau à fond plat.

punter ['pʌntəʳ] noun UK **1.** [gambler] parieur *m*, -euse *f* **2.** *inf* [customer] client *m*, -e *f.*

puny ['pju:nɪ] (*compar* **-ier**, *superl* **-iest**) adj chétif(ive).

pup [pʌp] noun **1.** [young dog] chiot *m* **2.** [young seal] bébé phoque *m.*

pupil ['pju:pl] noun **1.** [student] élève *mf* **2.** [of eye] pupille *f.*

puppet ['pʌpɪt] noun **1.** [toy] marionnette *f* **2.** *pej* [person, country] fantoche *m*, pantin *m.*

puppet show noun spectacle *m* de marionnettes.

puppy ['pʌpɪ] (*pl* **-ies**) noun chiot *m.*

purchase ['pɜ:tʃəs] ❖ noun achat *m.* ❖ vt acheter.

purchaser ['pɜ:tʃəsəʳ] noun acheteur *m*, -euse *f.*

pure [pjʊəʳ] adj pur(e).

purebred ['pjʊəbred] adj de race.

puree ['pjʊəreɪ] ❖ noun purée *f.* ❖ vt écraser en purée.

purely ['pjʊəlɪ] adv purement.

purgatory ['pɜ:gətrɪ] noun *(U)* [suffering] purgatoire *m.* ◆ **Purgatory** noun [place] purgatoire *m.*

purge [pɜ:dʒ] ❖ noun POL purge *f.* ❖ vt **1.** POL purger **2.** [rid] débarrasser, purger.

purification [,pjʊərɪfɪ'keɪʃn] noun purification *f*, épuration *f.*

purify ['pjʊərɪfaɪ] (*pt & pp* **-ied**) vt purifier, épurer.

purist ['pjʊərɪst] noun puriste *mf.*

puritan ['pjʊərɪtən] ❖ adj puritain(e). ❖ noun puritain *m*, -e *f.*

puritanical [,pjʊərɪ'tænɪkl] adj *pej* puritain(e).

purity ['pjʊərətɪ] noun pureté *f.*

purl [pɜ:l] ❖ noun maille *f* à l'envers. ❖ vt tricoter à l'envers.

purloin [pɜ:'lɔɪn] vt *fml* voler, dérober.

purple ['pɜ:pl] ❖ adj violet(ette) ▸ **purple state** US POL *État où aucun des deux partis ne domine le vote populaire.* ❖ noun violet *m.*

purport [pə'pɔ:t] vi *fml* ▸ **to purport to do / be sthg** prétendre faire / être qqch.

purpose ['pɜ:pəs] noun **1.** [reason] raison *f*, motif *m* **2.** [aim] but *m*, objet *m* / *for this purpose* dans ce but, à cet effet / *for our purposes* pour ce que nous voulons faire ▸ **to no purpose** en vain, pour rien **3.** [determination] détermination *f* / *to have a sense of purpose* avoir un but dans la vie. ◆ **on purpose** adv exprès.

purpose-built adj UK construit(e) spécialement.

purposeful ['pɜ:pəsfʊl] adj résolu(e), déterminé(e).

purposefully ['pɜ:pəsfʊlɪ] adv [for a reason] dans un but précis, délibérément ; [determinedly] d'un air résolu.

purposely ['pɜ:pəslɪ] adv exprès.

purr [pɜ:ʳ] ❖ noun ronronnement *m.* ❖ vi ronronner.

purse [pɜ:s] ❖ noun **1.** [for money] porte-monnaie *m inv*, bourse *f* **2.** US [handbag] sac *m* à main. ❖ vt [lips] pincer.

purse snatcher [-,snætʃər] noun US voleur *m*, -euse *f* à la tire.

purse strings pl n ▸ **to hold the purse strings** tenir les cordons de la bourse.

pursuant [pə'sjʊənt] ◆ **pursuant to** phr *fml* [following] à la suite de, suivant ; [in accordance with] conformément à.

pursue [pə'sju:] vt **1.** [follow] poursuivre, pourchasser **2.** [policy, aim] poursuivre ; [question] continuer à débattre ; [matter] approfondir ; [project] donner suite à ▸ **to pursue an interest in sthg** se livrer à qqch.

pursuer [pə'sju:əʳ] noun poursuivant *m*, -e *f.*

pursuit [pə'sju:t] noun **1.** *(U)* [attempt to obtain] recherche *f*, poursuite *f* **2.** [chase, in sport] poursuite *f* ▸ **in pursuit of** à la poursuite de ▸ **in hot pursuit** aux trousses **3.** [occupation] occupation *f*, activité *f.*

purveyor [pə'veɪəʳ] noun *fml* fournisseur *m.*

pus [pʌs] noun pus *m.*

push [pʊʃ] ❖ vt **1.** [press, move - gen] pousser ; [- button] appuyer sur / *she pushed the cork into the bottle* elle enfonça le bouchon dans la bouteille / *it will push inflation upwards* cela va relancer l'inflation **2.** [encourage] : *their coach doesn't push them hard enough* leur entraîneur ne les pousse pas assez ▸ **to push sb (to do sthg)** inciter OR pousser qqn (à faire qqch) **3.** [force] : *you're still weak, so don't push yourself* tu es encore faible, vas-y doucement ▸ **to push sb (into doing sthg)** forcer OR obliger qqn (à faire qqch) **4.** *inf* [promote] faire de la réclame pour **5.** *drugs sl* vendre, fournir **6.** PHR **he pushed all my buttons** *inf* **a)** [turned me on] il a fait tout ce qu'il fallait pour m'exciter **b)** [annoyed me] il a fait tout ce qu'il fallait pour m'énerver ▸ **it pushes all my buttons** [I like it] c'est tout ce que j'aime.

◆◆ vi **1.** [gen] pousser ; [on button] appuyer / *people were pushing to get in* les gens se bousculaient pour entrer **2.** [campaign] ▸ **to push for sthg** faire pression pour obtenir qqch. ◆◆ noun **1.** [with hand] poussée *f* / *to give sb / sthg a push* pousser qqn / qqch **2.** [forceful effort] effort *m* **3.** PHR **to give sb the push a)** UK *inf* [end relationship] plaquer qqn **b)** [dismiss] ficher qqn à la porte ▸ **I can do it at a push** *inf* je peux le faire si c'est vraiment nécessaire. ◆ **push ahead** vi continuer, persévérer ▸ **to push ahead with sthg** persévérer dans qqch, continuer (à faire) qqch. ◆ **push around** vt sep *inf* & *fig* marcher sur les pieds de. ◆ **push in** vi [in queue] resquiller. ◆ **push off** vi *inf* filer, se sauver. ◆ **push on** vi continuer. ◆ **push over** vt sep faire tomber. ◆ **push through** vt sep [law, reform] faire accepter.

push button noun bouton *m*. ◆ **push-button** adj [telephone] à touches ; [car window] à commande automatique ▸ **push-button controls** commandes *fpl* automatiques.

pushchair ['pʊʃtʃeəʳ] noun UK poussette *f*.

pushed [pʊʃt] adj *inf* ▸ **to be pushed for sthg** être à court de qqch ▸ **to be hard pushed to do sthg** avoir du mal OR de la peine à faire qqch.

pusher ['pʊʃəʳ] noun *drugs sl* dealer *m*.

pushover ['pʊʃ,əʊvəʳ] noun *inf* : *it's a pushover* c'est un jeu d'enfant.

push-start vt faire démarrer en poussant.

push technology noun COMPUT technologie *f* du push de données.

push-up noun US pompe *f*, traction *f*.

pushy ['pʊʃɪ] (*compar* **-ier**, *superl* **-iest**) adj *pej* qui se met toujours en avant.

puss [pʊs], **pussy(cat)** ['pʊsɪ-] noun *inf* minet *m*, minou *m*.

pussyfoot ['pʊsɪfʊt] vi *inf* atermoyer, tergiverser.

put [pʊt] (*pt & pp* **put**, *cont* **-ting**)

◆◆ vt

1. [gen] mettre / *music always puts him in a good mood* la musique le met toujours de bonne humeur / *we put a lot of emphasis on creativity* nous mettons beaucoup l'accent sur la créativité ▸ **to put responsibility on sb** donner des responsabilités à qqn

2. [place] mettre, poser, placer / *put the chairs nearer the table* approche les chaises de la table / *he put his arm around my shoulders* il passa son bras autour de mes épaules ▸ **to put the children to bed** coucher les enfants

3. [express] dire, exprimer / *to put one's thoughts into words* exprimer sa pensée, s'exprimer / *to put it briefly* OR *simply, they refused* bref OR en un mot, ils ont refusé / *he put his case very well* il a très bien présenté son cas

4. [question] poser ▸ **to put it to sb that…** suggérer à qqn que…

5. [estimate] estimer, évaluer

6. [invest] ▸ **to put money into** investir de l'argent dans / *I've put a lot of time into this work* j'ai passé beaucoup de temps à faire ce travail

◆ **put across** vt sep [ideas] faire comprendre / *she's good at putting herself across* elle sait se mettre en valeur.

◆ **put aside** vt sep **1.** [place on one side] mettre de côté, poser **2.** *fig* [money] mettre de côté ; [differences] ne pas tenir compte de / *we have a little money put aside* nous avons un peu d'argent de côté.

◆ **put away** vt sep **1.** [tidy away] ranger **2.** *inf* [lock up] enfermer.

◆ **put back** vt sep **1.** [replace] remettre (à sa place OR en place) **2.** [postpone] remettre **3.** [clock, watch] retarder.

◆ **put by** vt sep [money] mettre de côté.

◆ **put down** vt sep **1.** [lay down] poser, déposer / *to put the phone down* raccrocher **2.** [quell - rebellion] réprimer **3.** *inf* [criticize] humilier **4.** [write down] inscrire, noter / *I can put it down as expenses* je peux le faire passer dans mes notes de frais **5.** UK [kill] ▸ **to have a dog / cat put down** faire piquer un chien / chat.

◆ **put down to** vt sep attribuer à.

◆ **put forward** vt sep **1.** [propose] proposer, avancer / *she put her name forward for the post of treasurer* elle a posé sa candidature au poste de trésorière **2.** [meeting, clock, watch] avancer.

◆ **put in** vt sep **1.** [time, effort] passer / *I've put in a lot of work on that car* j'ai beaucoup travaillé sur cette voiture **2.** [submit] présenter / *to put in an application for a job* déposer sa candidature pour OR se présenter pour un emploi.

◆ **put off** vt sep **1.** [postpone] remettre (à plus tard) / *the meeting has been put off until tomorrow* la réunion a été renvoyée OR remise à demain / *I kept putting off telling him the truth* je continuais à repousser le moment de lui dire la vérité **2.** [cause to wait] décommander **3.** [discourage] dissuader **4.** [disturb] déconcerter, troubler **5.** [cause to dislike] dégoûter / *it put me off skiing for good* ça m'a définitivement dégoûté du ski / *don't be put off by his weird sense of humour* ne te laisse pas rebuter par son humour un peu particulier / *it put me off my dinner* ça m'a coupé l'appétit **6.** [switch off - radio, TV] éteindre.

◆ **put on** vt sep **1.** [clothes] mettre, enfiler **2.** [arrange - exhibition] organiser ; [- play] monter / *they have put on 20 extra trains* ils ont ajouté 20 trains **3.** [gain] ▸ **to put on weight** prendre du poids, grossir **4.** [switch on - radio, TV] allumer, mettre ▸ **to put the light on** allumer (la lumière) ▸ **to put the brake on** freiner **5.** [CD, tape] passer, mettre **6.** [start cooking] mettre à cuire / *I've put the kettle on for tea* j'ai mis de l'eau à chauffer pour le thé **7.** [pretend - gen] feindre ; [- accent] prendre **8.** [bet] parier, miser **9.** [add] ajouter **10.** *inf* [tease] faire marcher.

◆ **put onto** vt sep ▸ **to put sb onto sb / sthg** indiquer qqn / qqch à qqn / *I'll put you onto a good solicitor* je vous donnerai le nom d'un OR je vous indiquerai un bon avocat.

◆ **put out** vt sep **1.** [place outside] mettre dehors / *I'll put the washing out (to dry)* je vais mettre le linge (dehors) à sécher **2.** [book, statement] publier ; [CD] sortir **3.** [fire, cigarette] éteindre ▸ **to put the light out** éteindre (la lumière) **4.** [extend - hand] tendre **5.** *inf* [injure] ▸ **to put one's back / hip out** se démettre le dos / la hanche **6.** [annoy, upset] ▸ **to be put out** être contrarié(e) **7.** [inconvenience] déranger ▸ **to put o.s. out** se donner du mal.

◆ **put over** vt sep [ideas] faire comprendre.

◆ **put through** vt sep TELEC passer / *put the call through to my office* passez-moi la communication dans mon bureau / *I'll put you through to Mrs Powell* je vous passe Mme Powell.

◆ **put together** vt sep **1.** [assemble - machine, furniture] monter, assembler ; [- team] réunir ; [- report] composer / *to put sthg (back) together again* remonter qqch **2.** [combine] mettre ensemble / *more than all the others put together* plus que tous les autres réunis **3.** [organize] monter, organiser.

◆ **put up** vt sep **1.** [build - gen] ériger ; [- tent] dresser **2.** [umbrella] ouvrir ; [flag] hisser **3.** [fix to wall] accrocher **4.** [provide - money] fournir / *who's putting the money up for the new business?* qui finance la nouvelle entreprise ? **5.** [propose - candidate] proposer **6.** UK [increase] augmenter **7.** [provide accommodation for] loger, héberger / *to put sb up for the night* coucher qqn.

◆ **put upon** vt insep ▸ **to be put upon** se laisser faire.

◆ **put up to** vt sep ▸ **to put sb up to sthg** pousser OR inciter qqn à faire qqch.

◆ **put up with** vt insep supporter.

putative ['pju:tətɪv] adj *fml* putatif(ive).

put-down noun *inf* rebuffade *f*.

put-on ❖ adj affecté(e), simulé(e). ❖ noun *inf* **1.** [pretence] simulacre *m* **2.** [hoax] canular *m* **3.** US [charlatan] charlatan *m*.

putrefy ['pju:trɪfaɪ] (*pt & pp* **-ied**) vi se putréfier.

putrid ['pju:trɪd] adj putride.

putsch [pʊtʃ] noun putsch *m*.

putt [pʌt] ❖ noun putt *m*. ❖ vt & vi putter.

putter ['pʌtəʳ] noun [club] putter *m*. ◆ **putter about, putter around** vi US bricoler.

putting ['pʌtɪŋ] noun SPORT putting *m*.

putty ['pʌtɪ] noun mastic *m*.

put-up job noun *inf* coup *m* monté.

put-upon adj *inf* qui se laisse marcher sur les pieds.

puzzle ['pʌzl] ❖ noun **1.** [toy] puzzle *m* ; [mental] devinette *f* **2.** [mystery] mystère *m*, énigme *f*. ❖ vt rendre perplexe. ❖ vi ▸ **to puzzle over sthg** essayer de comprendre qqch. ◆ **puzzle out** vt sep comprendre.

puzzled ['pʌzld] adj perplexe.

puzzling ['pʌzlɪŋ] adj curieux(euse).

PVC (*abbr of* **polyvinyl chloride**) noun PVC *m*.

pw (*abbr of* **per week**) p.sem.

pygmy ['pɪgmɪ] (*pl* **-ies**) noun pygmée *m*.

pyjamas [pə'dʒɑ:məz] pl n UK pyjama *m* ▸ **a pair of pyjamas** un pyjama.

pylon ['paɪlən] noun pylône *m*.

pyramid ['pɪrəmɪd] noun pyramide *f*.

pyre ['paɪəʳ] noun bûcher *m* funéraire.

Pyrenean [ˌpɪrə'ni:ən] adj pyrénéen(enne).

Pyrenees [ˌpɪrə'ni:z] pl n ▸ **the Pyrenees** les Pyrénées *fpl*.

Pyrex® ['paɪreks] ❖ noun Pyrex® *m*. ❖ comp en Pyrex®.

pyromaniac [ˌpaɪrə'meɪnɪæk] noun pyromane *mf*.

pyrotechnics [ˌpaɪrəʊ'teknɪks] *fml* ❖ noun *(U)* pyrotechnie *f*. ❖ pl n *fig* [skill] feu *m* d'artifice.

python ['paɪθn] (*pl inv or* **-s**) noun python *m*.

Q

q (*pl* **q's** *or* **qs**), **Q** (*pl* **Q's** *or* **Qs**) [kjuː] noun [letter] q *m inv*, Q *m inv*.

Qatar [kæ'tɑːʳ] Qatar *m*, Katar *m* ▸ **in Qatar** au Qatar.

QC (*abbr of* **Queen's Counsel**) noun UK ≃ bâtonnier *m* de l'ordre.

QED (*abbr of* **quod erat demonstrandum**) CQFD.

Q-tip® noun US Coton-Tige® *m*.

qty (*abbr of* **quantity**) qté.

quack [kwæk] ❖ noun **1.** [noise] coin-coin *m inv* **2.** *inf* & *pej* [doctor] charlatan *m*. ❖ vi faire coin-coin.

quad [kwɒd] noun **1.** *abbr of* **quadruple** **2.** *abbr of* **quadruplet** **3.** *abbr of* **quadrangle** **4.** TYPO cadrat *m*.

quad bike noun (moto *f*) quad *m*.

quadrangle ['kwɒdræŋgl] noun **1.** [figure] quadrilatère *m* **2.** [courtyard] cour *f*.

quadrant ['kwɒdrənt] noun quadrant *m*.

quadraphonic [,kwɒdrə'fɒnɪk] adj quadriphonique.

quadrilateral [,kwɒdrɪ'lætərəl] ❖ adj quadrilatéral(e). ❖ noun quadrilatère *m*.

quadriplegic [,kwɒdrɪ'pliːdʒɪk] ❖ adj tétraplégique. ❖ noun tétraplégique *mf*.

quadruped ['kwɒdrʊped] noun *fml* quadrupède *m*.

quadruple [kwɒ'druːpl] ❖ adj quadruple. ❖ vt & vi quadrupler.

quadruplet ['kwɒdrʊplɪt] noun quadruplé *m*, -e *f*.

quaff [kwɒf] vt *liter* boire (à longs traits).

quagmire ['kwægmaɪəʳ] noun bourbier *m*.

quail [kweɪl] ❖ noun (*pl inv or* **-s**) caille *f*. ❖ vi *liter* reculer.

quaint [kweɪnt] adj **1.** [picturesque] pittoresque ; [old-fashioned] au charme désuet **2.** [odd] bizarre, étrange.

quake [kweɪk] ❖ noun *inf* (*abbr of* **earthquake**) tremblement *m* de terre. ❖ vi trembler.

Quaker ['kweɪkəʳ] noun quaker *m*, -eresse *f*.

qualification [,kwɒlɪfɪ'keɪʃn] noun **1.** [certificate] diplôme *m* **2.** [quality, skill] compétence *f* **3.** [qualifying statement] réserve *f*.

qualified ['kwɒlɪfaɪd] adj **1.** [trained] diplômé(e) **2.** [able] ▸ **to be qualified to do sthg** avoir la compétence nécessaire pour faire qqch **3.** [limited] restreint(e), modéré(e).

qualifier ['kwɒlɪfaɪəʳ] noun **1.** SPORT [person] qualifié *m*, -e *f* ; [contest] (épreuve *f*) éliminatoire *f* **2.** GRAM qualificatif *m*.

qualify ['kwɒlɪfaɪ] (*pt & pp* **-ied**) ❖ vt **1.** [modify] apporter des réserves à **2.** [entitle] ▸ **to qualify sb to do sthg** qualifier qqn pour faire qqch / ***her experience qualifies her for the post*** son expérience lui permet de prétendre à ce poste. ❖ vi **1.** [pass exams] obtenir un diplôme / ***to qualify as an accountant / a vet*** obtenir son diplôme de comptable / vétérinaire **2.** [be entitled] ▸ **to qualify (for sthg)** avoir droit (à qqch), remplir les conditions requises (pour qqch) / ***none of the candidates really qualifies for the post*** aucun candidat ne répond véritablement aux conditions requises pour ce poste **3.** SPORT se qualifier.

qualifying ['kwɒlɪfaɪɪŋ] adj **1.** [modifying] nuancé(e) **2.** [entitling] ▸ **qualifying exam** examen *m* d'entrée **3.** SPORT [time] qui permet de se qualifier ▸ **qualifying round** série *f* éliminatoire.

qualitative ['kwɒlɪtətɪv] adj qualitatif(ive).

quality ['kwɒlətɪ] ❖ noun (*pl* **-ies**) qualité *f* / ***we have a reputation for quality*** nous sommes réputés pour la qualité de nos produits / ***I don't doubt her intellectual qualities*** je ne doute pas de ses capacités intellectuelles. ❖ comp de qualité.

quality control noun contrôle *m* de qualité.

quality time noun : ***I only spend an hour in the evening with my kids, but it's quality time*** je ne passe qu'une heure avec mes gosses le soir, mais je profite bien d'eux.

qualm [kwɑːm] noun **1.** [scruple] scrupule *m* ; [misgiving] appréhension *f*, inquiétude *f* / ***I occasionally have qualms about the job I do*** il m'arrive d'avoir des scrupules à faire le travail que je fais / ***she has no qualms about going out alone*** elle ne craint pas de sortir seule **2.** [pang of nausea] haut-le-cœur *m inv*, nausée *f*.

quandary ['kwɒndərɪ] (*pl* **-ies**) noun embarras *m* ▸ **to be in a quandary about** OR **over sthg** être bien embarrassé(e) à propos de qqch.

quango ['kwæŋgəʊ] (*pl* **-s**) noun UK *pej* (*abbr of* **quasi-autonomous non-governmental organisation**) *commission indépendante financée par l'État*.

quantifiable [kwɒntɪ'faɪəbl] adj quantifiable.

quantify ['kwɒntɪfaɪ] (*pt & pp* **-ied**) vt quantifier.

quantitative ['kwɒntɪtətɪv] adj quantitatif(ive).

quantity ['kwɒntətɪ] (*pl* **-ies**) noun quantité *f* ▸ **in quantity** en quantité ▸ **an unknown quantity** une inconnue.

quantum leap ['kwɒntəm-] noun *fig* bond *m* en avant.

quarantine ['kwɒrəntiːn] ❖ noun quarantaine *f* ▸ **to be in quarantine** être en quarantaine. ❖ vt mettre en quarantaine.

quark [kwɑ:k] noun quark *m*.

quarrel ['kwɒrəl] ❖ noun querelle *f*, dispute *f* ▸ **I have no quarrel with her** je n'ai rien contre elle. ❖ vi (UK *pt & pp* **-led**, *cont* **-ling**, US *pt & pp* **-ed**, *cont* **-ing**) ▸ **to quarrel (with)** se quereller (avec), se disputer (avec).

quarrelling UK, **quarreling** US ['kwɒrəlɪŋ] noun *(U)* disputes *fpl*, querelles *fpl*.

quarrelsome ['kwɒrəlsəm] adj querelleur(euse).

quarry ['kwɒrɪ] ❖ noun (*pl* **-ies**) **1.** [place] carrière *f* **2.** [prey] proie *f*. ❖ vt (*pt & pp* **-ied**) extraire.

quart [kwɔ:t] noun UK *= 1,136 litre* ; US *= 0,946 litre* ; ≃ litre *m*.

quarter ['kwɔ:tər] noun **1.** [fraction, weight] quart *m* / *it's a quarter / three quarters empty* c'est au quart / aux trois quarts vide ▸ **a quarter past two, a quarter after two** US deux heures et quart ▸ **a quarter to two, a quarter of two** US deux heures moins le quart **2.** [of year] trimestre *m* **3.** US [coin] pièce *f* de 25 cents **4.** [area in town] quartier *m* **5.** [direction] ▸ **from all quarters** de tous côtés. ◆ **quarters** pl n [rooms] quartiers *mpl* / *the servants' quarters* les appartements des domestiques. ◆ **at close quarters** adv de près.

quarterback ['kwɔ:təbæk] noun SPORT quarterback *m*, quart-arrière *mf* QUÉBEC.

quarterdeck ['kwɔ:tədek] noun gaillard *m* d'arrière.

quarterfinal [,kwɔ:tə'faɪnl] noun quart *m* de finale.

quarterfinalist ['kwɔ:təfaɪnəlɪst] noun quart-de-finaliste *mf*.

quarterly ['kwɔ:təlɪ] ❖ adj trimestriel(elle). ❖ adv trimestriellement. ❖ noun (*pl* **-ies**) publication *f* trimestrielle.

quartermaster ['kwɔ:tə,mɑ:stər] noun MIL intendant *m*.

quartet [kwɔ:'tet] noun quatuor *m*.

quarto ['kwɔ:təʊ] (*pl* **-s**) noun in-quarto *m inv*.

quartz [kwɔ:ts] noun quartz *m*.

quasar ['kweɪzɑ:r] noun quasar *m*.

quash [kwɒʃ] vt **1.** [sentence] annuler, casser **2.** [rebellion] réprimer.

quasi- ['kweɪzaɪ] pref quasi-.

quaver ['kweɪvər] ❖ noun **1.** UK MUS croche *f* **2.** [in voice] tremblement *m*, chevrotement *m*. ❖ vi trembler, chevroter.

quay [ki:] noun quai *m*.

quayside ['ki:saɪd] noun bord *m* du quai.

queasiness ['kwi:zɪnɪs] noun *(U)* **1.** [nausea] nausée *f* **2.** [uneasiness] scrupules *mpl*.

queasy ['kwi:zɪ] (*compar* **-ier**, *superl* **-iest**) adj ▸ **to feel queasy** avoir mal au cœur.

Quebec [kwɪ'bek] noun **1.** [province] Québec *m* ▸ **in Quebec** au Québec **2.** [city] Québec.

queen [kwi:n] noun **1.** [gen] reine *f* **2.** [playing card] dame *f*.

queen bee noun reine *f* des abeilles ▸ **she's the queen bee around here** *inf & fig* c'est elle la patronne ici.

Queen's English noun UK ▸ **the Queen's English** l'anglais *m* correct.

queer [kwɪər] ❖ adj [odd] étrange, bizarre / *I'm feeling a bit queer* je ne me sens pas très bien. ❖ noun *offens* pédé *m*, homosexuel *m*.

quell [kwel] vt réprimer, étouffer.

quench [kwentʃ] vt ▸ **to quench one's thirst** se désaltérer.

querulous ['kwerʊləs] adj *fml* [child] ronchonneur(euse) ; [voice] plaintif(ive).

query ['kwɪərɪ] ❖ noun (*pl* **-ies**) question *f*. ❖ vt (*pt & pp* **-ied**) mettre en doute, douter de.

quest [kwest] noun *liter* ▸ **quest (for)** quête *f* (de).

question ['kwestʃn] ❖ noun **1.** [gen] question *f* ▸ **to ask (sb) a question** poser une question (à qqn) / *it raises the question of how much teachers should be paid* cela soulève OR pose le problème du salaire des enseignants / *it's only a question of money / time* ce n'est qu'une question d'argent / de temps **2.** [doubt] doute *m* ▸ **to call** OR **bring sthg into question** mettre qqch en doute ▸ **it's open to question whether…** on peut se demander si… ▸ **without question** incontestablement, sans aucun doute ▸ **beyond question** [know] sans aucun doute **3.** PHR **there's no question of…** il n'est pas question de… ❖ vt **1.** [interrogate] questionner **2.** [express doubt about] mettre en question OR doute. ◆ **in question** adv ▸ **the… in question** le / la / les… en question. ◆ **out of the question** adv hors de question.

questionable ['kwestʃənəbl] adj **1.** [uncertain] discutable **2.** [not right, not honest] douteux(euse).

questioning ['kwestʃənɪŋ] ❖ adj interrogateur(trice). ❖ noun *(U)* interrogation *f*.

question mark noun point *m* d'interrogation.

question master UK, **quizmaster** ['kwɪz,mɑ:stər] US noun meneur *m* de jeu.

questionnaire [,kwestʃə'neər] noun questionnaire *m*.

queue [kju:] UK ❖ noun queue *f*, file *f* ▸ **to jump the queue** resquiller, passer avant son tour. ❖ vi faire la queue.

queue-jump vi UK resquiller.

quibble ['kwɪbl] *pej* ❖ noun chicane *f*. ❖ vi ▸ **to quibble (over** OR **about)** chicaner (à propos de).

quiche [ki:ʃ] noun quiche *f*.

quick [kwɪk] ❖ adj **1.** [gen] rapide / *to have a quick look* jeter un rapide coup d'œil **2.** [response, decision] prompt(e), rapide / *he has a quick temper* il s'emporte facilement ▸ **she's quick on the uptake** elle comprend vite ▸ **they were very quick off the mark** UK *inf* ils n'ont pas perdu de temps. ❖ adv *inf* vite, rapidement.

quicken ['kwɪkn] ❖ vt accélérer, presser. ❖ vi s'accélérer.

quickfire ['kwɪkfaɪəʳ] adj : *he directed quickfire questions at me* il m'a mitraillé de questions / *a series of quickfire questions* un feu roulant de questions.

quickie ['kwɪkɪ] noun *inf* **1.** [gen] truc *m* vite fait ; [question] question *f* rapide **2.** [sex] coup *m* en vitesse OR entre deux portes **3.** [drink] pot *m* rapide / *we stopped at a pub for a quickie* on s'est arrêtés dans un bar pour prendre un pot en vitesse.

quickie divorce noun divorce *m* rapide.

quickly ['kwɪklɪ] adv **1.** [rapidly] vite, rapidement **2.** [without delay] promptement, immédiatement.

quickness ['kwɪknɪs] noun [speed] rapidité *f*.

quicksand ['kwɪksænd] noun sables *mpl* mouvants.

quicksilver ['kwɪk,sɪlvəʳ] noun vif-argent *m*, mercure *m*.

quick-tempered adj emporté(e).

quick-witted [-'wɪtɪd] adj [person] à l'esprit vif.

quid [kwɪd] (*pl inv*) noun UK *inf* livre *f*.

quiescent [kwaɪ'esnt] adj *fml* immobile.

quiet ['kwaɪət] ❖ adj **1.** [not noisy] tranquille ; [voice] bas (basse) ; [engine] silencieux(euse) ▸ **be quiet!** silence ! / *quiet please!* silence, s'il vous plaît ! / *to have a quiet drink* boire un verre tranquillement **2.** [not busy] calme / *anything for a quiet life* tout pour avoir la paix **3.** [silent] silencieux(euse) ▸ **to keep quiet about sthg** ne rien dire à propos de qqch, garder qqch secret ▸ **it was as quiet as the grave** il régnait un silence de mort **4.** [intimate] intime ▸ **to have a quiet word with sb** dire deux mots en particulier à qqn **5.** [colour] discret(ète), sobre. ❖ noun tranquillité *f* ▸ **on the quiet** *inf* en douce. ❖ vt US calmer, apaiser. ◆ **quiet down** ❖ vt sep calmer, apaiser. ❖ vi se calmer.

quieten ['kwaɪətn] UK vt calmer, apaiser. ◆ **quieten down** ❖ vt sep calmer, apaiser. ❖ vi se calmer.

quietly ['kwaɪətlɪ] adv **1.** [without noise] sans faire de bruit, silencieusement ; [say] doucement **2.** [without excitement] tranquillement, calmement **3.** [without fuss - leave] discrètement.

quietness ['kwaɪətnɪs] noun (*U*) **1.** [silence] silence *m* **2.** [peacefulness] calme *m*, tranquillité *f*.

quiff [kwɪf] noun UK mèche *f*.

quilt [kwɪlt] noun [padded] édredon *m* ▸ **(continental) UK quilt** couette *f*.

quince [kwɪns] noun coing *m*.

quinine [kwɪ'ni:n] noun quinine *f*.

quintessential [kwɪntə'senʃl] adj typique.

quintet [kwɪn'tet] noun quintette *m*.

quintuplets [kwɪn'tju:plɪts] pl n quintuplés *mpl*.

quip [kwɪp] ❖ noun raillerie *f*. ❖ vi (*pt & pp* **-ped**, *cont* **-ping**) railler.

quirk [kw3:k] noun bizarrerie *f* ▸ **a quirk of fate** un caprice du sort.

quirky ['kw3:kɪ] (*compar* **-ier**, *superl* **-iest**) adj étrange, bizarre.

quit [kwɪt] (UK *pt & pp* **quit** *or* **-ted**, *cont* **-ting**, US *pt & pp* **quit**, *cont* **-ting**) ❖ vt **1.** [resign from] quitter **2.** [stop] ▸ **to quit smoking** arrêter de fumer **3.** COMPUT quitter / *to quit an application* quitter une application. ❖ vi **1.** [resign] démissionner **2.** [give up] abandonner **3.** COMPUT quitter.

quite [kwaɪt] adv **1.** [completely] tout à fait, complètement / *I quite agree* je suis tout à fait d'accord, c'est bien mon avis ▸ **not quite** pas tout à fait / *I don't quite understand* je ne comprends pas bien / *you've had quite enough* vous en avez eu largement assez **2.** [fairly, a little] assez, plutôt / *quite a lot of people seem to believe it* un bon nombre de gens semblent le croire / *I'd quite like to go* ça me plairait assez d'y aller / *he was in France for quite some time* il a passé pas mal de temps en France **3.** [for emphasis] : *she's quite a singer* c'est une chanteuse formidable / *it was quite a surprise* c'était une drôle de surprise **4.** UK [to express agreement] ▸ **quite (so)!** exactement !

quits [kwɪts] adj *inf* ▸ **to be quits (with sb)** être quitte (envers qqn) ▸ **to call it quits** en rester là.

quitter ['kwɪtəʳ] noun *inf* & *pej* dégonflé *m*, -e *f*.

quiver ['kwɪvəʳ] ❖ noun **1.** [shiver] frisson *m* **2.** [for arrows] carquois *m*. ❖ vi frissonner.

quivering ['kwɪvərɪŋ] adj frissonnant(e).

quixotic [kwɪk'sɒtɪk] adj *liter* chevaleresque.

quiz [kwɪz] ❖ noun (*pl* **quizzes**) **1.** [gen] quiz *m*, jeu-concours *m* **2.** US SCH interrogation *f*. ❖ vt (*pt & pp* **-zed**, *cont* **-zing**) ▸ **to quiz sb (about sthg)** interroger qqn (au sujet de qqch).

quizmaster US = **question master**.

quizzical ['kwɪzɪkl] adj [questioning] interrogateur(trice) ; [ironical] ironique, narquois(e).

quorate ['kwɔ:reɪt] adj UK dont le quorum est atteint.

Quorn® [kwɔ:n] noun UK *aliment aux protéines végétales servant de substitut à la viande.*

quorum ['kwɔ:rəm] noun quorum *m*.

quota ['kwəʊtə] noun quota *m*.

quotation [kwəʊ'teɪʃn] noun **1.** [citation] citation *f* **2.** COMM devis *m*.

quotation marks pl n guillemets *mpl* ▸ **in quotation marks** entre guillemets.

quote [kwəʊt] ❖ noun **1.** [citation] citation *f* **2.** COMM devis *m*. ❖ vt **1.** [cite] citer **2.** COMM indiquer, spécifier. ❖ vi **1.** [cite] ▸ **to quote (from sthg)** citer (qqch) **2.** COMM ▸ **to quote for sthg** établir un devis pour qqch. ◆ **quotes** pl n *inf* guillemets *mpl*.

quotient ['kwəʊʃnt] noun quotient *m*.

QWERTY keyboard ['kw3:tɪ-] noun clavier *m* QWERTY.

R

r[1] (*pl* **r's** *or* **rs**), **R** (*pl* **R's** *or* **Rs**) [ɑːʳ] noun [letter] r *m inv*, R *m inv*.

R[2] **1.** (*abbr of* **right**) dr. **2.** *abbr of* **River** **3.** (*written abbr of* **Réaumur**) R **4.** (*abbr of* **restricted**) *aux États-Unis, indique qu'un film est interdit aux moins de 17 ans* **5.** US *abbr of* **Republican** **6.** UK (*abbr of* **Rex**) *suit le nom d'un roi* **7.** UK (*abbr of* **Regina**) *suit le nom d'une reine* **8.** MESSAGING *written abbr of* **are**.

R & B (*abbr of* **rhythm and blues**) noun R & B *m*.

RA (*abbr of* **Royal Academy**) noun *académie britannique des beaux-arts (organisant notamment un salon annuel)*.

rabbi ['ræbaɪ] noun rabbin *m*.

rabbit ['ræbɪt] noun lapin *m*.

rabble ['ræbl] noun cohue *f*.

rabid ['ræbɪd *or* 'reɪbɪd] adj *lit* & *fig* enragé(e).

rabies ['reɪbiːz] noun rage *f*.

RAC (*abbr of* **Royal Automobile Club**) noun *club automobile britannique* ; ≃ TCF *m* ; ≃ ACF *m*.

rac(c)oon [rə'kuːn] noun raton *m* laveur, chat *m* sauvage QUÉBEC.

race [reɪs] ◆ noun **1.** [competition] course *f* / *the race for the Presidency* la course à la présidence **2.** [people, ethnic background] race *f*. ◆ vt **1.** [compete against] faire la course avec **2.** [horse] faire courir. ◆ vi **1.** [compete] courir ▸ **to race against sb** faire la course avec qqn **2.** [rush] ▸ **to race in / out** entrer/sortir à toute allure / *a thousand ideas raced through her mind* mille idées lui sont passées par la tête **3.** [pulse] être très rapide **4.** [engine] s'emballer.

racecourse ['reɪskɔːs] noun champ *m* de courses.

racehorse ['reɪshɔːs] noun cheval *m* de course.

racer ['reɪsəʳ] noun [runner] coureur *m*, -euse *f* ; [horse] cheval *m* de course ; [car] voiture *f* de course ; [cycle] vélo *m* de course.

race relations pl n relations *fpl* interraciales.

racetrack ['reɪstræk] noun piste *f* ; US [racecourse] champ *m* de course.

racial ['reɪʃl] adj **1.** [concerning a race] racial(e), ethnique **2.** [between races] racial(e).

racial discrimination ['reɪʃl-] noun discrimination *f* raciale.

racially ['reɪʃəlɪ] adv du point de vue racial / *a racially motivated attack* une agression raciste / *racially prejudiced* raciste.

racing ['reɪsɪŋ] noun *(U)* ▸ **(horse) racing** les courses *fpl*.

racing car UK, **race car** US noun voiture *f* de course.

racing driver UK, **race driver** US noun coureur *m* automobile, pilote *m* de course.

racism ['reɪsɪzm] noun racisme *m*.

racist ['reɪsɪst] ◆ adj raciste. ◆ noun raciste *mf*.

rack [ræk] ◆ noun **1.** [shelf - for bottles] casier *m* ; [- for luggage] porte-bagages *m inv* ; [- for plates] égouttoir *m* **2.** CULIN ▸ **rack of lamb** carré *m* d'agneau. ◆ vt *liter* ▸ **to be racked by** OR **with sthg** être tenaillé(e) par qqch.

racket ['rækɪt] noun **1.** *inf* [noise] boucan *m* **2.** [illegal activity] racket *m* **3.** SPORT raquette *f*.

racketeering [,rækə'tɪərɪŋ] noun *(U)* racket *m*.

racquet ['rækɪt] noun UK raquette *f*.

racy ['reɪsɪ] (*compar* **-ier**, *superl* **-iest**) adj [novel, style] osé(e).

RADA ['rɑːdə] (*abbr of* **Royal Academy of Dramatic Art**) noun *conservatoire britannique d'art dramatique*.

radar ['reɪdɑːʳ] noun radar *m* ▸ **to slip under the radar** passer inaperçu.

radial ['reɪdjəl] ◆ adj radial / *radial roads* routes *fpl* en étoile. ◆ noun **1.** [tyre] pneu *m* radial OR à carcasse radiale **2.** [line] rayon *m*.

radiance ['reɪdjəns] noun *(U)* rayonnement *m*, éclat *m*.

radiant ['reɪdjənt] adj **1.** [happy] radieux(euse) **2.** *liter* [brilliant] rayonnant(e) **3.** TECH radiant(e).

radiate ['reɪdɪeɪt] ◆ vt **1.** [heat, light] émettre, dégager **2.** [confidence, health] respirer. ◆ vi **1.** [heat, light] irradier **2.** [roads, lines] rayonner.

radiation [,reɪdɪ'eɪʃn] noun [radioactive] radiation *f*.

radiator ['reɪdɪeɪtəʳ] noun radiateur *m*.

radical ['rædɪkl] ◆ adj radical(e). ◆ noun POL radical *m*, -e *f*.

radicalism ['rædɪkəlɪzm] noun radicalisme *m*.

radically ['rædɪklɪ] adv radicalement.

radii ['reɪdɪaɪ] pl n ⟶ **radius**.

radio ['reɪdɪəʊ] ◆ noun (*pl* **-s**) radio *f* ▸ **on the radio** à la radio. ◆ comp de radio. ◆ vt [person] appeler par radio ; [information] envoyer par radio.

radioactive [,reɪdɪəʊ'æktɪv] adj radioactif(ive).

radioactivity [,reɪdɪəʊæk'tɪvətɪ] noun radioactivité *f*.

radio alarm noun radio-réveil *m*.

radio-controlled [-kən'trəʊld] adj téléguidé(e).

radiographer [,reɪdɪ'ɒgrəfəʳ] noun radiologue *mf*.

radiography [,reɪdɪ'ɒgrəfɪ] noun radiographie *f*.

radiologist [ˌreɪdɪˈɒlədʒɪst] noun radiologue *mf*, radiologiste *mf*.

radiology [ˌreɪdɪˈɒlədʒɪ] noun radiologie *f*.

radio station noun station *f* de radio.

radiotherapy [ˌreɪdɪəʊˈθerəpɪ] noun radiothérapie *f*.

radish [ˈrædɪʃ] noun radis *m*.

radium [ˈreɪdɪəm] noun radium *m*.

radius [ˈreɪdɪəs] (*pl* **radii** [ˈreɪdɪaɪ]) noun **1.** MATH rayon *m* **2.** ANAT radius *m*.

radon [ˈreɪdɒn] noun radon *m*.

RAF noun UK *abbr of* **Royal Air Force**.

raffia [ˈræfɪə] noun raphia *m*.

raffish [ˈræfɪʃ] adj *liter* dissolu(e).

raffle [ˈræfl] ❖ noun tombola *f*. ❖ vt mettre en tombola.

raft [rɑːft] noun **1.** [of wood] radeau *m* **2.** [large number] tas *m* ▸ **a raft of policies** POL un train de mesures.

rafter [ˈrɑːftəʳ] noun chevron *m*.

rag [ræg] noun **1.** [piece of cloth] chiffon *m* ▸ **it's like a red rag to a bull** c'est comme la couleur rouge pour le taureau **2.** *pej* [newspaper] torchon *m*. ◆ **rags** pl n [clothes] guenilles *fpl* ▸ **from rags to riches** de la misère à la richesse.

ragamuffin [ˈrægəˌmʌfɪn] noun *liter* galopin *m*.

rag-and-bone man noun UK chiffonnier *m*.

ragbag [ˈrægbæg] noun *fig* ramassis *m*.

rage [reɪdʒ] ❖ noun **1.** [fury] rage *f*, fureur *f* **2.** *inf* [fashion] ▸ **to be (all) the rage** faire fureur. ❖ vi **1.** [person] être furieux(euse) **2.** [storm, argument] faire rage.

ragged [ˈrægɪd] adj **1.** [person] en haillons ; [clothes] en lambeaux **2.** [line, edge, performance] inégal(e).

raging [ˈreɪdʒɪŋ] adj [thirst, headache] atroce ; [storm] déchaîné(e).

ragtop [ˈrægtɒp] noun US *inf* AUTO décapotable *f*.

raid [reɪd] ❖ noun **1.** MIL raid *m* **2.** [by criminals] hold-up *m inv* ; [by police] descente *f*. ❖ vt **1.** MIL faire un raid sur **2.** [subj: criminals] faire un hold-up dans ; [subj: police] faire une descente dans.

raider [ˈreɪdəʳ] noun **1.** [attacker] agresseur *m* **2.** [thief] braqueur *m*.

rail [reɪl] ❖ noun **1.** [on ship] bastingage *m* ; [on staircase] rampe *f* ; [on walkway] garde-fou *m* **2.** [bar] barre *f* **3.** RAIL rail *m* ▸ **by rail** en train. ❖ comp [transport, travel] par le train ; [strike] des cheminots.

railcard [ˈreɪlkɑːd] noun UK *carte donnant droit à des tarifs préférentiels sur les chemins de fer*.

railing [ˈreɪlɪŋ] noun [fence] grille *f* ; [on ship] bastingage *m* ; [on staircase] rampe *f* ; [on walkway] garde-fou *m*.

railway UK [ˈreɪlweɪ], **railroad** US [ˈreɪlrəʊd] noun [system, company] chemin *m* de fer ; [track] voie *f* ferrée.

railway carriage noun UK wagon *m*, voiture *f*.

railway crossing noun UK passage *m* à niveau.

railway engine UK, **railroad engine** US noun locomotive *f*.

railway line UK, **railroad line** US noun [route] ligne *f* de chemin de fer ; [track] voie *f* ferrée.

railwayman [ˈreɪlweɪmən] (*pl* **-men**) noun UK cheminot *m*.

railway station UK, **railroad station** US noun gare *f*.

railway track UK, **railroad track** US noun voie *f* ferrée.

rain [reɪn] ❖ noun pluie *f*. ❖ impers vb METEOR pleuvoir / *it's raining* il pleut. ❖ vi [fall like rain] pleuvoir. ◆ **rain down** vi pleuvoir. ◆ **rain off** UK, **rain out** US vt sep annuler à cause de la pluie.

rainbow [ˈreɪnbəʊ] noun arc-en-ciel *m*.

rain check noun US ▸ **I'll take a rain check (on that)** une autre fois peut-être.

raincoat [ˈreɪnkəʊt] noun imperméable *m*.

raindrop [ˈreɪndrɒp] noun goutte *f* de pluie.

rainfall [ˈreɪnfɔːl] noun [shower] chute *f* de pluie ; [amount] précipitations *fpl*.

rain forest noun forêt *f* tropicale humide.

rainproof [ˈreɪnpruːf] adj imperméable.

rainstorm [ˈreɪnstɔːm] noun trombe *f* d'eau, pluie *f* torrentielle.

rainwater [ˈreɪnˌwɔːtəʳ] noun eau *f* de pluie.

rainy [ˈreɪnɪ] (*compar* **-ier**, *superl* **-iest**) adj pluvieux(euse).

raise [reɪz] ❖ vt **1.** [lift up] lever ▸ **to raise o.s.** se lever **2.** [increase - gen] augmenter ; [- standards] élever / *the age limit has been raised to 18* la limite d'âge a été repoussée à 18 ans ▸ **to raise one's voice** élever la voix **3.** [obtain - money] obtenir ; [- support] réunir ; [- taxes] lever ▸ **to raise money a)** [from donations] collecter des fonds **b)** [by selling, borrowing] se procurer de l'argent **4.** [subject, doubt] soulever ; [memories] évoquer **5.** [children, cattle] élever **6.** [crops] cultiver **7.** [build] ériger, élever. ❖ noun US augmentation *f* (de salaire).

raised [reɪzd] adj **1.** [ground, platform, jetty] surélevé(e) ; [pattern] en relief **2.** CULIN levé(e), à la levure **3.** LING [vowel] haut(e) **4.** [fabric] lainé(e), gratté(e).

raisin [ˈreɪzn] noun raisin *m* sec.

rake [reɪk] ❖ noun **1.** [implement] râteau *m* **2.** *dated* & *liter* [immoral man] débauché *m*. ❖ vt [path, lawn] ratisser ; [leaves] râteler. ◆ **rake in** vt sep *inf* amasser. ◆ **rake up** vt sep [past] fouiller dans.

rakish [ˈreɪkɪʃ] adj **1.** [dissolute] dissolu(e) **2.** [jaunty] désinvolte.

rally [ˈrælɪ] ❖ noun (*pl* **-ies**) **1.** [meeting] rassemblement *m* **2.** [car race] rallye *m* **3.** SPORT [exchange of shots] échange *m*. ❖ vt (*pt & pp* **-ied**) rallier. ❖ vi (*pt & pp* **-ied**) **1.** [supporters] se rallier **2.** [patient] aller mieux ; [prices] remonter. ◆ **rally around, rally round** UK ❖ vt insep apporter son soutien à. ❖ vi *inf* venir en aide.

ram [ræm] ◆ noun bélier *m*. ◆ vt (*pt & pp* **-med**, *cont* **-ming**) **1.** [crash into] percuter contre, emboutir **2.** [force] tasser **3.** PHR **to ram sthg home** beaucoup insister sur qqch.

RAM [ræm] (*abbr of* **random access memory**) noun RAM *f*.

Ramadan [ˌræmə'dæn] noun ramadan *m*.

ramble ['ræmbl] ◆ noun randonnée *f*, promenade *f* à pied. ◆ vi **1.** [walk] faire une promenade à pied **2.** *pej* [talk] radoter. ◆ **ramble on** vi *pej* radoter.

rambler ['ræmblər] noun [walker] randonneur *m*, -euse *f*.

rambling ['ræmblɪŋ] adj **1.** [house] plein(e) de coins et recoins **2.** [speech] décousu(e).

ramification [ˌræmɪfɪ'keɪʃn] noun ramification *f*.

ramp [ræmp] noun **1.** [slope] rampe *f* **2.** UK AUTO [to slow traffic down] ralentisseur *m* ▸ **'ramp'** 'dénivellation' **3.** US AUTO [to or from highway] bretelle *f*.

rampage [ræm'peɪdʒ] ◆ noun ▸ **to go on the rampage** tout saccager. ◆ vi se déchaîner.

rampant ['ræmpənt] adj qui sévit.

ramshackle ['ræmˌʃækl] adj branlant(e).

ran [ræn] pt ⟶ **run**.

RAN (*abbr of* **Royal Australian Navy**) noun *marine de guerre australienne*.

ranch [rɑːntʃ] noun ranch *m*.

rancher ['rɑːntʃər] noun propriétaire *mf* de ranch.

rancid ['rænsɪd] adj rance.

random ['rændəm] ◆ adj **1.** fait(e) au hasard ; [number] aléatoire **2.** *inf* [odd] bizarre / *she did something totally random* elle a fait un truc de ouf. ◆ noun ▸ **at random** au hasard.

random access memory noun COMPUT mémoire *f* vive.

randomly ['rændəmlɪ] adv au hasard.

randy ['rændɪ] (*compar* **-ier**, *superl* **-iest**) adj UK *inf* excité(e).

rang [ræŋ] pt ⟶ **ring**.

range [reɪndʒ] ◆ noun **1.** [of plane, telescope] portée *f* ▸ **at close range** à bout portant ▸ **to be out of range** être hors de portée ▸ **to be within range of** être à portée de **2.** [of subjects, goods] gamme *f* / *this car is the top / bottom of the range* cette voiture est le modèle haut / bas de gamme / *the new autumn range* [of clothes] la nouvelle collection d'automne / *that is beyond the range of the present inquiry* cela ne relève pas de cette enquête ▸ **price range** éventail *m* des prix / *it's within my price range* c'est dans mes prix ▸ **children in the same age range** les enfants dans la même tranche d'âge **3.** [of mountains] chaîne *f* **4.** [shooting area] champ *m* de tir **5.** MUS [of voice] tessiture *f*. ◆ vt (*cont* **rangeing**) [place in row] mettre en rang. ◆ vi (*cont* **rangeing**) **1.** [vary] ▸ **to range between… and…** varier entre… et… ▸ **to range from… to…** varier de… à… / *their ages range from 5 to 12* ils ont de 5 à 12 ans **2.** [include] ▸ **to range over sthg** couvrir qqch / *our conversation ranged over a large number of topics* nous avons discuté d'un grand nombre de sujets.

ranger ['reɪndʒər] noun garde *m* forestier.

rangy ['reɪndʒɪ] (*compar* **-ier**, *superl* **-iest**) adj élancé(e).

rank [ræŋk] ◆ adj **1.** [absolute - disgrace, stupidity] complet(ète) ; [- injustice] flagrant(e) ▸ **he's a rank outsider** il n'a aucune chance **2.** [smell] fétide. ◆ noun **1.** [in hierarchy] grade *m* / *the rank of manager* le titre de directeur / *promoted to the rank of colonel* promu (au rang de OR au grade de) colonel ▸ **to pull rank** user de sa supériorité hiérarchique (pour faire faire qqch à qqn) **2.** [social class] rang *m* / *the lower ranks of society* les couches inférieures de la société **3.** [row] rangée *f* ▸ **taxi rank** UK station *f* de taxis ▸ **to close ranks** serrer les rangs ▸ **to break ranks** a) MIL rompre les rangs b) *fig* se désolidariser **4.** PHR **the rank and file** a) la masse b) [of union] la base. ◆ vt **1.** [classify] classer / *I rank this as one of our finest performances* je considère que c'est une de nos meilleures représentations / *he is ranked number 3* il est classé numéro 3 **2.** US [outrank] avoir un grade supérieur à. ◆ vi ▸ **to rank among** compter parmi ▸ **to rank as** être aux rangs de. ◆ **ranks** pl n **1.** MIL ▸ **the ranks** le rang / *to come up through* OR *to rise from the ranks* sortir du rang **2.** *fig* [members] rangs *mpl* / *to join the ranks of the opposition / unemployed* rejoindre les rangs de l'opposition / des chômeurs.

ranking ['ræŋkɪŋ] ◆ noun [rating] classement *m*. ◆ adj US [high-ranking] du plus haut rang.

-ranking suffix ▸ **high-ranking** de haut rang OR grade ▸ **low-ranking** à petit grade.

rankle ['ræŋkl] vi : *it rankled with him* ça lui est resté sur l'estomac OR le cœur.

ransack ['rænsæk] vt [search through] mettre tout sens dessus dessous dans ; [damage] saccager.

ransom ['rænsəm] noun rançon *f* ▸ **to hold sb to ransom** a) [keep prisoner] mettre qqn à rançon b) *fig* exercer un chantage sur qqn.

rant [rænt] vi déblatérer.

ranting ['ræntɪŋ] noun (*U*) invectives *fpl*.

rap [ræp] ◆ noun **1.** [knock] coup *m* sec **2.** MUS rap *m* **3.** PHR **to take the rap** *inf* trinquer, payer les pots cassés. ◆ vt (*pt & pp* **-ped**, *cont* **-ping**) [table] frapper sur ; [knuckles] taper sur. ◆ vi (*pt & pp* **-ped**, *cont* **-ping**) **1.** [knock] ▸ **to rap on** a) [door] frapper à b) [table] frapper sur **2.** MUS rapper.

rapacious [rə'peɪʃəs] adj *fml* rapace.

rape [reɪp] ◆ noun **1.** [crime, attack] viol *m* **2.** *fig* [of countryside] destruction *f* **3.** [plant] colza *m*. ◆ vt violer.

rapid ['ræpɪd] adj rapide. ◆ **rapids** pl n rapides *mpl*.

rapidity [rə'pɪdətɪ] noun rapidité *f*.

rapidly ['ræpɪdlɪ] adv rapidement.

rapist ['reɪpɪst] noun violeur *m*.

rapper ['ræpər] noun rappeur *m*, -euse *f*.

rapport [ræ'pɔːr] noun rapport *m*.

rapt [ræpt] adj *liter* [interest, attention] profond(e) ▸ **to be rapt in thought** être plongé dans ses pensées.

rapture ['ræptʃər] noun *liter* ravissement *m* ▸ **to go into raptures over** OR **about** s'extasier sur.

rapturous ['ræptʃərəs] adj [applause, welcome] enthousiaste.

rare [reər] adj **1.** [gen] rare **2.** [meat] saignant(e).

rarefied ['reərɪfaɪd] adj **1.** [air] raréfié(e) **2.** *fig* [place, atmosphere] raffiné(e).

rarely ['reəlɪ] adv rarement.

raring ['reərɪŋ] adj ▸ **to be raring to go** être impatient(e) de commencer.

rarity ['reərətɪ] (*pl* **-ies**) noun rareté *f*.

rascal ['rɑːskl] noun polisson *m*, -onne *f*.

rash [ræʃ] ❖ adj irréfléchi(e), imprudent(e). ❖ noun **1.** MED éruption *f* **2.** [spate] succession *f*, série *f*.

rasher ['ræʃər] noun tranche *f*.

rashly ['ræʃlɪ] adv sans réfléchir.

rasp [rɑːsp] ❖ noun [harsh sound] grincement *m*. ❖ vi dire d'une voix âpre.

raspberry ['rɑːzbərɪ] (*pl* **-ies**) noun **1.** [fruit] framboise *f* **2.** *inf* [rude sound] ▸ **to blow a raspberry** faire pfft.

rasping ['rɑːspɪŋ] adj [voice] âpre ; [sound] grinçant(e).

Rastafarian [,ræstə'feərɪən] ❖ noun rastafari *mf*. ❖ adj rastafari *(inv)*.

rat [ræt] noun **1.** [animal] rat *m* ▸ **to smell a rat** soupçonner anguille sous roche **2.** *inf* & *pej* [person] ordure *f*, salaud *m*.

ratchet ['rætʃɪt] noun rochet *m*.

rate [reɪt] ❖ noun **1.** [speed] vitesse *f* ; [of pulse] fréquence *f* ▸ **at this rate** à ce train-là / *at the rate we're going* OR *at this rate we'll never get there* au rythme où nous allons, nous n'y arriverons jamais ▸ **any rate** *inf* enfin bref ▸ **rate of flow** débit *m* **2.** [ratio, proportion] taux *m* **3.** [price] tarif *m* / *his rates have gone up* ses prix ont augmenté. ❖ vt **1.** [consider] : *I rate her very highly* je la tiens en haute estime ▸ **to rate sb / sthg as** considérer qqn / qqch comme ▸ **to rate sb / sthg among** classer qqn / qqch parmi **2.** [deserve] mériter **3.** *inf* [have high opinion of] : *I don't rate him as an actor* à mon avis, ce n'est pas un bon acteur. ◆ **rates** pl n UK *dated* impôts *mpl* locaux. ◆ **at any rate** adv en tout cas.

rateable value ['reɪtəbl-] noun UK *dated* valeur *f* locative imposable.

rate of exchange noun taux *m* OR cours *m* du change.

ratepayer ['reɪt,peɪər] noun UK *dated* contribuable *mf*.

rather ['rɑːðər] adv **1.** [somewhat, more exactly] plutôt **2.** [to small extent] un peu **3.** [preferably] : *I'd rather wait* je préférerais attendre / *she'd rather not go* elle préférerait ne pas y aller **4.** [on the contrary] ▸ **(but) rather...** au contraire.... ◆ **rather than** conj plutôt que.

ratification [,rætɪfɪ'keɪʃn] noun ratification *f*.

ratify ['rætɪfaɪ] (*pt & pp* **-ied**) vt ratifier, approuver.

rating ['reɪtɪŋ] noun **1.** [of popularity] cote *f* **2.** UK [sailor] matelot *m*. ◆ **ratings** pl n RADIO & TV indice *m* d'écoute.

ratings war noun TV course *f* à l'Audimat®.

ratio ['reɪʃɪəʊ] (*pl* **-s**) noun rapport *m*.

ration ['ræʃn] ❖ noun ration *f*. ❖ vt rationner. ◆ **rations** pl n vivres *mpl*.

rational ['ræʃənl] adj rationnel(elle).

rationale [,ræʃə'nɑːl] noun logique *f*.

rationalist ['ræʃənəlɪst] ❖ adj rationaliste. ❖ noun rationaliste *mf*.

rationalize, rationalise UK ['ræʃənəlaɪz] vt rationaliser.

rationally ['ræʃənəlɪ] adv rationnellement.

rationing ['ræʃənɪŋ] noun rationnement *m*.

rat race noun jungle *f*.

rattle ['rætl] ❖ noun **1.** [of bottles, keys] cliquetis *m* ; [of engine] bruit *m* de ferraille **2.** [toy] hochet *m*. ❖ vt **1.** [bottles] faire s'entrechoquer ; [keys] faire cliqueter **2.** [unsettle] secouer. ❖ vi [bottles] s'entrechoquer ; [keys, machine] cliqueter ; [engine] faire un bruit de ferraille. ◆ **rattle off** vt sep réciter à toute vitesse. ◆ **rattle on** vi ▸ **to rattle on (about sthg)** parler sans arrêt (de qqch). ◆ **rattle through** vt insep [work] expédier ; [speech, list] lire à toute allure.

rattlesnake ['rætlsneɪk], **rattler** ['rætlər] noun *inf* serpent *m* à sonnettes.

rattling ['rætlɪŋ] ❖ noun = **rattle**. ❖ adj **1.** [sound] : *there was a rattling noise* on entendait un cliquetis **2.** [fast] rapide / *at a rattling pace* à vive allure. ❖ adv *inf* & *dated* : *this book is a rattling good read* ce livre est vraiment formidable.

ratty ['rætɪ] (*compar* **-ier**, *superl* **-iest**) adj *inf* **1.** UK [in bad mood] de mauvais poil **2.** US [in bad condition] pourri(e).

raucous ['rɔːkəs] adj [voice, laughter] rauque ; [behaviour] bruyant(e).

raunchy ['rɔːntʃɪ] (*compar* **-ier**, *superl* **-iest**) adj d'un sensualité brute.

ravage ['rævɪdʒ] vt ravager. ◆ **ravages** pl n ravages *mpl*.

ravaged ['rævɪdʒd] adj ravagé(e).

rave [reɪv] ❖ adj [review] élogieux(euse). ❖ noun UK *inf* [party] rave *f*. ❖ vi **1.** [talk angrily] ▸ **to rave at** OR **against** tempêter OR fulminer contre **2.** [talk enthusiastically] ▸ **to rave about** parler avec enthousiasme de.

raven ['reɪvn] ❖ adj [hair] de jais. ❖ noun corbeau *m*.

ravenous ['rævənəs] adj [person] affamé(e) ; [animal, appetite] vorace.

raver ['reɪvər] noun *inf* **1.** *dated* [enjoying social llife] fêtard *m*, -e *f* **2.** [going to raves] raver *m*.

rave-up noun UK *inf* & *dated* fête *f*.

ravine [rə'viːn] noun ravin *m*.

raving ['reɪvɪŋ] adj *inf* ▸ **raving lunatic** fou furieux (folle furieuse). ◆ **ravings** pl n délire *m*.

ravish ['rævɪʃ] vt *liter* [delight] ravir, enchanter.

ravishing ['rævɪʃɪŋ] adj *liter* ravissant(e), enchanteur(eresse).

raw [rɔː] adj **1.** [uncooked] cru(e) **2.** [untreated] brut(e) **3.** [painful] à vif **4.** [inexperienced] novice ▸ **raw recruit** bleu *m* **5.** [weather] froid(e) ; [wind] âpre.

raw deal noun ▸ **to get a raw deal** être défavorisé(e).

raw material noun matière *f* première.

ray [reɪ] noun **1.** [beam] rayon *m* / *let's catch some rays* US *inf* allons prendre le soleil **2.** *fig* [of hope] lueur *f*.

rayon ['reɪɒn] noun rayonne *f*.

raze [reɪz] vt raser.

razor ['reɪzəʳ] noun rasoir *m*.

razor blade noun lame *f* de rasoir.

razor-sharp adj coupant(e) comme un rasoir ; *fig* [person, mind] vif (vive).

razzle ['ræzl] noun UK *inf* ▸ **to go on the razzle** faire les quatre cents coups.

razzmatazz ['ræzmətæz] noun *inf* tape-à-l'œil *m inv*.

RC *abbr of* Roman Catholic.

Rd *abbr of* Road.

RDA noun *abbr of* recommended daily allowance.

re [riː] prep COMM concernant.

RE noun **1.** (*abbr of* religious education) instruction *f* religieuse **2.** (*abbr of* Royal Engineers) *le génie militaire britannique*.

reach [riːʧ] ❖ vt **1.** [general] atteindre / *can you reach the top shelf?* est-ce que tu peux atteindre la dernière étagère ? / *the water reached (up to) my knees* l'eau m'arrivait aux genoux / *her skirt reached down to her ankles* sa jupe lui descendait jusqu'aux chevilles / *to reach the age of 80* atteindre l'âge de 80 ans **2.** [destination] arriver à / *they reached port* ils arrivèrent au OR gagnèrent le port / *the letter hasn't reached him yet* la lettre ne lui est pas encore parvenue / *the sound of laughter reached their ears* des rires parvenaient à leurs oreilles **3.** [agreement, decision] parvenir à **4.** [contact] joindre, contacter. ❖ vi **1.** [with hand] tendre la main ▸ **to reach out** tendre le bras / *to reach out to the poor* tendre la main aux pauvres ▸ **to reach down to pick sthg up** se pencher pour ramasser qqch **2.** [land] s'étendre **3.** [be long enough] : *it won't reach* ce n'est pas assez long. ❖ noun **1.** [range] portée *f*, atteinte *f* ▸ **within reach** a) [object] à portée b) [place] à proximité / *the house is within easy reach of the shops* la maison est à proximité des magasins / *within everyone's reach* [affordable by all] à la portée de toutes les bourses ▸ **out of** OR **beyond sb's reach** a) [object] hors de portée b) [place] d'accès difficile, difficilement accessible **2.** [of arm, boxer] allonge *f*. ◆ **reaches** pl n étendue *f* / *the upper / the lower reaches of a river* l'amont / l'aval d'une rivière.

reachable ['riːʧəbl] adj **1.** [place] accessible ; [object] à portée **2.** [contactable] joignable.

react [rɪ'ækt] vi **1.** [gen] réagir **2.** MED ▸ **to react to sthg** avoir une réaction à qqch.

reaction [rɪ'ækʃn] noun réaction *f*.

reactionary [rɪ'ækʃənrɪ] ❖ adj réactionnaire. ❖ noun réactionnaire *mf*.

reactivate [rɪ'æktɪveɪt] vt réactiver.

reactive [rɪ'æktɪv] adj [gen, CHEM & PHYS] réactif(ive) ; PSYCHOL réactionnel(elle).

reactor [rɪ'æktəʳ] noun réacteur *m*.

read [riːd] ❖ vt (*pt & pp* **read** [red]) **1.** [gen] lire / *can you read music / braille / Italian?* savez-vous lire la musique / le braille / l'italien ? / *I can read him like a book!* je sais comment il fonctionne ! / *he reads the game very well* SPORT il a un bon sens du jeu ▸ **to read sb's lips** *lit* lire sur les lèvres de qqn ▸ **to take sthg as read** considérer qqch comme allant de soi **2.** [subj: sign, letter] dire **3.** [interpret, judge] interpréter **4.** [subj: meter, thermometer] indiquer **5.** UK UNIV étudier. ❖ vi (*pt & pp* **read** [red]) lire / *to read to sb* faire la lecture à qqn / *the book reads well* le livre se lit bien / *the book reads like a translation* à la lecture, on sent que ce roman est une traduction ▸ **to read between the lines** lire entre les lignes. ❖ noun : *to have a read* lire ▸ **to be a good read** être un bon livre, être d'une lecture agréable. ◆ **read into** vt sep ▸ **to read a lot into sthg** attacher beaucoup d'importance à qqch / *you shouldn't read too much into their silence* vous ne devriez pas accorder trop d'importance à leur silence. ◆ **read out** vt sep lire à haute voix. ◆ **read up on** vt insep étudier.

readable ['riːdəbl] adj agréable à lire.

reader ['riːdəʳ] noun [of book, newspaper] lecteur *m*, -trice *f*.

readership ['riːdəʃɪp] noun [of newspaper] nombre *m* de lecteurs.

readies ['redɪz] pl n UK *inf* [cash] fric *m*, liquide *m* / *£500 in readies* 500 livres en liquide / *I want the readies first* je veux le fric d'abord.

readily ['redɪlɪ] adv **1.** [willingly] volontiers **2.** [easily] facilement.

readiness ['redɪnɪs] noun **1.** [preparedness] ▸ **to be in readiness for sthg** être préparé(e) à qqch **2.** [willingness] empressement *m* / *their readiness to assist us* leur empressement à nous aider.

reading ['riːdɪŋ] noun **1.** *(U)* [gen] lecture *f* **2.** [interpretation] interprétation *f* **3.** [on thermometer, meter] indications *fpl*.

reading list noun [syllabus] liste *f* des ouvrages au programme ; [for further reading] liste *f* des ouvrages recommandés.

readjust [ˌriːə'dʒʌst] ❖ vt [instrument] régler (de nouveau) ; [mirror] rajuster ; [policy] rectifier. ❖ vi [person] ▸ **to readjust (to)** se réadapter (à).

readjustment [ˌriːəˈdʒʌstmənt] noun **1.** [readaptation] réadaptation *f* **2.** [alteration] rajustement *m*, réajustement *m*.

readmit [ˌriːədˈmɪt] vt réadmettre.

read-only [riːd-] adj [disk, file] en lecture seule.

read-through [riːd-] noun ▸ **to have a read-through of sthg** parcourir qqch.

readvertise [ˌriːˈædvətaɪz] ❖ vt repasser une annonce de. ❖ vi repasser une annonce.

ready [ˈredɪ] ❖ adj **1.** [prepared] prêt(e) / *to be ready for anything* être prêt à tout ▸ **to be ready to do sthg** être prêt à faire qqch / *are you ready to order?* vous avez choisi ? ▸ **to get ready** se préparer ▸ **to get sthg ready** préparer qqch ▸ **ready, steady, go!** à vos marques, prêts, partez ! **2.** [willing] ▸ **to be ready to do sthg** être prêt(e) OR disposé(e) à faire qqch / *you know me: I'm ready for anything* tu me connais, je suis toujours partant. ❖ vt (*pt & pp* **-ied**) préparer.

ready cash noun liquide *m*.

ready-made adj *lit* & *fig* tout fait (toute faite).

ready meal noun UK plat *m* préparé.

ready-to-wear adj prêt-à-porter.

reaffirm [ˌriːəˈfɜːm] vt réaffirmer.

reafforestation [ˈriːəˌfɒrɪˈsteɪʃn] noun UK reboisement *m*.

real [ˈrɪəl] ❖ adj **1.** [gen] vrai(e), véritable / *they're real silver* ils sont en argent véritable / *it was a real surprise* ce fut une vraie surprise ▸ **real life** réalité *f* ▸ **for real** pour de vrai ▸ **this is the real thing** a) [object] c'est de l'authentique b) [situation] c'est pour de vrai OR de bon **2.** [actual] réel(elle) / *the real world* le monde réel ▸ **in real terms** dans la pratique. ❖ adv US très.

real estate noun (*U*) biens *mpl* immobiliers.

realign [ˌriːəˈlaɪn] vt POL regrouper.

realism [ˈrɪəlɪzm] noun réalisme *m*.

realist [ˈrɪəlɪst] noun réaliste *mf*.

realistic [ˌrɪəˈlɪstɪk] adj réaliste.

realistically [ˌrɪəˈlɪstɪklɪ] adv d'une manière réaliste, avec réalisme.

reality [rɪˈælətɪ] (*pl* **-ies**) noun réalité *f* ▸ **in reality** en réalité.

reality TV noun (*U*) télévision / TV *f* réalité.

realization, realisation UK [ˌrɪəlaɪˈzeɪʃn] noun réalisation *f*.

realize, realise UK [ˈrɪəlaɪz] vt **1.** [understand] se rendre compte de, réaliser **2.** [sum of money, idea, ambition] réaliser.

real-life adj vrai(e) / *the real-life drama of her battle against illness* le drame affreux de sa lutte contre la maladie.

reallocate [ˌriːˈæləkeɪt] vt réattribuer.

really [ˈrɪəlɪ] ❖ adv **1.** [gen] vraiment / *it really doesn't matter* ce n'est vraiment pas important **2.** [in fact] en réalité / *he's quite nice, really* il est plutôt sympa, en fait. ❖ excl **1.** [expressing doubt] vraiment ? **2.** [expressing surprise] pas possible ! **3.** [expressing disapproval] franchement !, ça alors ! / *(well) really!* enfin !

realm [relm] noun **1.** *fig* [subject area] domaine *m* **2.** [kingdom] royaume *m*.

real-time adj COMPUT en temps réel.

realtor [ˈrɪəltər] noun US agent *m* immobilier.

ream [riːm] noun UK [of papers] rame *f*. ◆ **reams** pl n *inf* des pages et des pages.

reap [riːp] vt **1.** [harvest] moissonner **2.** *fig* [obtain] récolter.

reappear [ˌriːəˈpɪər] vi réapparaître, reparaître.

reappearance [ˌriːəˈpɪərəns] noun réapparition *f*.

reapply [ˌriːəˈplaɪ] (*pt & pp* **-ied**) vi ▸ **to reapply (for a job)** postuler de nouveau (à un emploi).

reappraise [ˌriːəˈpreɪz] vt réévaluer.

rear [rɪər] ❖ adj arrière (*inv*), de derrière. ❖ noun **1.** [back] arrière *m* ▸ **to bring up the rear** fermer la marche **2.** *inf* [bottom] derrière *m*. ❖ vt [children, animals] élever. ❖ vi [horse] ▸ **to rear (up)** se cabrer.

rearm [riːˈɑːm] vt & vi réarmer.

rearmament [rɪˈɑːməmənt] noun réarmement *m*.

rearrange [ˌriːəˈreɪndʒ] vt **1.** [furniture, room] réarranger ; [plans] changer **2.** [meeting - to new time] changer l'heure de ; [- to new date] changer la date de.

rearview mirror [ˈrɪəvjuː-] noun rétroviseur *m*.

reason [ˈriːzn] ❖ noun **1.** [cause] ▸ **reason (for)** raison *f* (de) ▸ **by reason of** *fml* en raison de ▸ **for some reason** pour une raison ou pour une autre / *why do you ask? — oh, no particular reason* pourquoi est-ce que tu me demandes ça ? — oh, comme ça **2.** (*U*) [justification] ▸ **to have reason to do sthg** avoir de bonnes raisons de faire qqch / *I have reason to believe (that)…* j'ai lieu de croire que… / *they were upset, and with (good) reason* ils étaient bouleversés, et à juste titre **3.** [common sense] bon sens *m* ▸ **he won't listen to reason** on ne peut pas lui faire entendre raison ▸ **it stands to reason** c'est logique ▸ **within reason** dans la limite du raisonnable. ❖ vt déduire. ❖ vi raisonner. ◆ **reason with** vt insep raisonner (avec).

reasonable [ˈriːznəbl] adj raisonnable.

reasonably [ˈriːznəblɪ] adv **1.** [quite] assez **2.** [sensibly] raisonnablement.

reasoned [ˈriːznd] adj raisonné(e).

reasoning [ˈriːznɪŋ] noun raisonnement *m*.

reassemble [ˌriːəˈsembl] ❖ vt **1.** [reconstruct] remonter **2.** [regroup] rassembler. ❖ vi se rassembler.

reassert [ˌriːəˈsɜːt] vt [authority] réaffirmer / *you'll have to reassert yourself* vous devrez imposer à nouveau OR réaffirmer votre autorité.

reassess [ˌriːəˈses] vt réexaminer.

reassessment [ˌriːəˈsesmənt] noun réexamen *m*.

reassign [ˌriːəˈsaɪn] vt réaffecter.

reassurance [ˌriːəˈʃʊərəns] noun **1.** [comfort] réconfort *m* **2.** [promise] assurance *f.*

reassure [ˌriːəˈʃʊəʳ] vt rassurer.

reassuring [ˌriːəˈʃʊərɪŋ] adj rassurant(e).

reawaken [ˌriːəˈweɪkn] vt [interest] faire renaître.

reawakening [ˌriːəˈweɪknɪŋ] noun [of sleeper] réveil *m* ; [of interest, concern] réveil *m.*

rebate [ˈriːbeɪt] noun [on product] remise *f* ▸ **tax rebate** ≃ dégrèvement *m* fiscal.

rebel ❖ noun [ˈrebl] rebelle *mf.* ❖ adj [ˈrebl] [soldier] rebelle ; [camp, territory] des rebelles ; [attack] de rebelles / *rebel MP* UK parlementaire *mf* rebelle. ❖ vi [rɪˈbel] (*pt & pp* **-led**, *cont* **-ling**) ▸ **to rebel (against)** se rebeller (contre).

rebellion [rɪˈbeljən] noun rébellion *f.*

rebellious [rɪˈbeljəs] adj rebelle.

rebirth [ˌriːˈbɜːθ] noun renaissance *f.*

reboot [ˌriːˈbuːt] vi COMPUT redémarrer, réamorcer *offic.*

reborn [ˌriːˈbɔːn] adj réincarné(e) / *to be reborn* renaître / *I feel reborn* je me sens renaître.

rebound ❖ noun [ˈriːbaʊnd] [of ball] rebond *m* ▸ **to be on the rebound** [person] être sous le coup d'une déception sentimentale. ❖ vi [rɪˈbaʊnd] **1.** [ball] rebondir **2.** *fig* [action, joke] ▸ **to rebound on** OR **upon sb** se retourner contre qqn.

rebrand [ˌriːˈbrænd] vt effectuer le rebranding de.

rebuff [rɪˈbʌf] ❖ noun rebuffade *f.* ❖ vt repousser.

rebuild [ˌriːˈbɪld] (*pt & pp* **rebuilt** [ˌriːˈbɪlt]) vt reconstruire.

rebuke [rɪˈbjuːk] *fml* ❖ noun réprimande *f.* ❖ vt réprimander.

rebut [riːˈbʌt] (*pt & pp* **-ted**, *cont* **-ting**) vt *fml* réfuter.

rebuttal [riːˈbʌtl] noun *fml* réfutation *f.*

recalcitrant [rɪˈkælsɪtrənt] adj *fml* récalcitrant(e).

recall [rɪˈkɔːl] ❖ noun **1.** [memory] rappel *m* **2.** [change] ▸ **beyond recall** irrévocable. ❖ vt **1.** [remember] se rappeler, se souvenir de **2.** [summon back] rappeler ▸ **to recall Parliament** convoquer le Parlement.

recant [rɪˈkænt] ❖ vt **1.** *fml* [statement] rétracter **2.** RELIG abjurer. ❖ vi **1.** *fml* se rétracter **2.** RELIG abjurer.

recap [ˈriːkæp] ❖ noun récapitulation *f.* ❖ vt (*pt & pp* **-ped**, *cont* **-ping**) **1.** [summarize] récapituler **2.** US [tyre] rechaper. ❖ vi (*pt & pp* **-ped**, *cont* **-ping**) récapituler.

recapitulate [ˌriːkəˈpɪtjʊleɪt] vt & vi *fml* récapituler.

recapture [ˌriːˈkæptʃəʳ] ❖ noun reprise *f.* ❖ vt **1.** [feeling] retrouver **2.** [territory, prisoner] reprendre.

recd, rec'd *abbr of* received.

recede [riːˈsiːd] vi **1.** [person, car] s'éloigner ; [hopes] s'envoler **2.** [hair] ▸ **his hair is receding** son front se dégarnit.

receding [rɪˈsiːdɪŋ] adj [hairline] dégarni(e) ; [chin, forehead] fuyant(e).

receipt [rɪˈsiːt] noun **1.** [piece of paper] reçu *m* **2.** *(U)* [act of receiving] réception *f.* ◆ **receipts** pl n recettes *fpl.*

receive [rɪˈsiːv] ❖ vt **1.** [gen] recevoir ; [news] apprendre / *to receive treatment (for sthg)* se faire soigner (pour qqch) / *I'm receiving you loud and clear* RADIO je vous reçois cinq sur cinq **2.** [welcome] accueillir, recevoir ▸ **to be well / badly received** [film, speech] être bien / mal accueilli(e) / *their offer was not well received* leur proposition n'a pas reçu un accueil favorable / *to be received into the Church* être reçu(e) OR admis(e) dans le sein de l'Église. ❖ vi [in tennis] recevoir le service.

receiver [rɪˈsiːvəʳ] noun **1.** [of telephone] récepteur *m*, combiné *m* **2.** [radio, TV set] récepteur *m* **3.** [criminal] receleur *m*, -euse *f* **4.** FIN [official] administrateur *m*, -trice *f* judiciaire.

receivership [rɪˈsiːvəʃɪp] noun ▸ **to go into receivership** être mis(e) en liquidation.

receiving end [rɪˈsiːvɪŋ-] noun ▸ **to be on the receiving end (of sthg)** faire les frais (de qqch).

recent [ˈriːsnt] adj récent(e).

recently [ˈriːsntlɪ] adv récemment ▸ **until recently** jusqu'à ces derniers temps.

receptacle [rɪˈseptəkl] noun *fml* récipient *m.*

reception [rɪˈsepʃn] noun **1.** [gen] réception *f* **2.** [welcome] accueil *m*, réception *f.*

reception class noun UK cours *m* préparatoire.

reception desk noun réception *f.*

receptionist [rɪˈsepʃənɪst] noun réceptionniste *mf.*

reception room noun UK salon *m.*

receptive [rɪˈseptɪv] adj réceptif(ive).

receptiveness [rɪˈseptɪvnɪs] noun réceptivité *f.*

recess [ˈriːses *or* rɪˈses] noun **1.** [alcove] niche *f* **2.** [secret place] recoin *m* **3.** POL ▸ **to be in recess** être en vacances **4.** US SCH récréation *f.*

recession [rɪˈseʃn] noun récession *f.*

recharge [ˌriːˈtʃɑːdʒ] vt recharger.

rechargeable [ˌriːˈtʃɑːdʒəbl] adj rechargeable.

recipe [ˈresɪpɪ] noun *lit & fig* recette *f.*

recipient [rɪˈsɪpɪənt] noun [of letter] destinataire *mf* ; [of cheque] bénéficiaire *mf* ; [of award] récipiendaire *mf.*

reciprocal [rɪˈsɪprəkl] adj réciproque.

reciprocate [rɪˈsɪprəkeɪt] *fml* ❖ vt rendre, retourner. ❖ vi en faire autant.

recital [rɪˈsaɪtl] noun récital *m.*

recitation [ˌresɪˈteɪʃn] noun récitation *f.*

recite [rɪˈsaɪt] vt **1.** [say aloud] réciter **2.** [list] énumérer.

reckless [ˈreklɪs] adj **1.** [rash] imprudent(e) / *reckless driving* conduite *f* imprudente **2.** [thoughtless] irréfléchi ; [fearless] téméraire.

recklessly [ˈreklɪslɪ] adv [rashly] imprudemment ; [thoughtlessly] sans réfléchir ; [fearlessly] avec témérité / *to spend recklessly* dépenser sans compter / *he drives very recklessly* il conduit dangereusement.

recklessness ['reklɪsnɪs] noun [rashness] imprudence *f*; [thoughtlessness] insouciance *f*, étourderie *f*; [fearlessness] témérité *f*.

reckon ['rekn] vt **1.** *inf* [think] penser **2.** [consider, judge] considérer **3.** [expect] ▸ **to reckon to do sthg** compter faire qqch **4.** [calculate] calculer. ◆ **reckon on** vt insep compter sur. ◆ **reckon with** vt insep [expect] s'attendre à ▸ **he's a person to be reckoned with** il faut compter avec lui. ◆ **reckon without** vt insep compter sans.

reckoning ['rekənɪŋ] noun *(U)* [calculation] calculs *mpl* ▸ **day of reckoning** jour *m* de vérité.

reclaim [rɪ'kleɪm] vt **1.** [claim back] réclamer **2.** [land] assécher.

reclamation [ˌreklə'meɪʃn] noun [of land] assèchement *m*.

reclassify [ˌri:'klæsɪfaɪ] *(pt & pp* **-ied**) vt reclasser.

recline [rɪ'klaɪn] vi [person] être allongé(e).

recliner [rɪ'klaɪnəʳ] noun [for sunbathing] chaise *f* longue ; [armchair] fauteuil *m* à dossier inclinable, fauteuil *m* relax.

reclining [rɪ'klaɪnɪŋ] adj [chair] à dossier réglable.

recluse [rɪ'klu:s] noun reclus *m*, -e *f*.

reclusive [rɪ'klu:sɪv] adj reclus(e).

recognition [ˌrekəg'nɪʃn] noun reconnaissance *f* ▸ **in recognition of** en reconnaissance de ▸ **the town has changed beyond** OR **out of all recognition** la ville est méconnaissable.

recognizable, recognisable UK ['rekəgnaɪzəbl] adj reconnaissable.

recognize, recognise UK ['rekəgnaɪz] vt reconnaître.

recognized, recognised UK ['rekəgnaɪzd] adj **1.** [acknowledged] reconnu(e), admis(e) / *she's a recognized authority on medieval history* c'est une autorité en histoire médiévale **2.** [identified] reconnu(e) **3.** [official] officiel(elle), attitré(e).

recoil ❖ vi [rɪ'kɔɪl] ▸ **to recoil (from)** reculer (devant). ❖ noun ['ri:kɔɪl] [of gun] recul *m*.

recollect [ˌrekə'lekt] vt se rappeler.

recollection [ˌrekə'lekʃn] noun souvenir *m*.

recommend [ˌrekə'mend] vt **1.** [commend] ▸ **to recommend sb / sthg (to sb)** recommander qqn / qqch (à qqn) / *I'll recommend you to the Minister* j'appuyerai votre candidature auprès du ministre / *the town has little to recommend it* la ville est sans grand intérêt **2.** [advise] conseiller, recommander / *not (to be) recommended* à déconseiller / *to recommend that…* recommander que… *(+ subjunctive)*.

recommendation [ˌrekəmen'deɪʃn] noun recommandation *f*.

recommended daily allowance noun [food] apport *m* quotidien recommandé.

recommended retail price [ˌrekə'mendɪd-] noun prix *m* de vente conseillé.

recompense ['rekəmpens] *fml* ❖ noun dédommagement *m*. ❖ vt dédommager.

reconcilable ['rekənsaɪləbl] adj [opinions] conciliable, compatible ; [people] compatible.

reconcile ['rekənsaɪl] vt **1.** [beliefs, ideas] concilier **2.** [people] réconcilier ▸ **to be reconciled with sb** se réconcilier avec qqn **3.** [accept] ▸ **to reconcile o.s. to sthg** se faire à l'idée de qqch.

reconciliation [ˌrekənsɪlɪ'eɪʃn] noun **1.** [of beliefs, ideas] conciliation *f* **2.** [of people] réconciliation *f*.

reconditioned [ˌri:kən'dɪʃnd] adj remis(e) en état.

reconfigure [ˌri:kən'fɪgəʳ] vt COMPUT reconfigurer.

reconnaissance [rɪ'kɒnɪsəns] noun reconnaissance *f*.

reconnect [ˌri:kə'nekt] vt rebrancher.

reconquest [ˌri:'kɒŋkwest] noun reconquête *f*.

reconsider [ˌri:kən'sɪdəʳ] ❖ vt reconsidérer. ❖ vi reconsidérer la question.

reconstitute [ˌri:'kɒnstɪtju:t] vt reconstituer.

reconstruct [ˌri:kən'strʌkt] vt **1.** [gen] reconstruire **2.** [crime, event] reconstituer.

reconstruction [ˌri:kən'strʌkʃn] noun **1.** [gen] reconstruction *f* **2.** [of crime, event] reconstitution *f*.

reconvene [ˌri:kən'vi:n] vt convoquer de nouveau.

record ❖ noun ['rekɔ:d] **1.** [written account] rapport *m* ; [file] dossier *m* / *there is no record of their visit* il n'existe aucune trace de leur visite / *the plane has a good safety record* l'avion est réputé pour sa sécurité / *they keep a record of all deposits* ils enregistrent tous les versements ▸ **to keep sthg on record** archiver qqch ▸ **to go on record as saying (that)…** déclarer publiquement que… ▸ **(police) record** casier *m* judiciaire ▸ **service** OR **army record** MIL états *mpl* de service ▸ **off the record** non officiel ▸ **to set** OR **put the record straight** mettre les choses au clair **2.** [vinyl disc] disque *m* **3.** [best achievement] record *m* / *to set / to break a record* établir/battre un record. ❖ adj ['rekɔ:d] record *(inv)* / *to reach record levels* atteindre un niveau record. ❖ vt [rɪ'kɔ:d] **1.** [write down] noter / *temperatures of 50° were recorded* on a relevé des températures de 50° / *a photograph was taken to record the event* une photographie a été prise pour rappeler cet événement **2.** [music, TV programme] enregistrer. ◆ **records** pl n [of government, police, hospital] archives *fpl* ▸ **public records office** archives *fpl* nationales ; [of history] annales *fpl* ; [register] registre *m*.

record-breaker noun personne *f* qui bat le record.

record-breaking adj qui bat tous les records.

recorded [rɪ'kɔ:dɪd] adj **1.** [music, message] enregistré(e) ; [programme] préenregistré(e) ; [broadcast] transmis(e) en différé **2.** [fact] attesté(e), noté(e) ; [history] écrit(e) ; [votes] exprimé(e) / *throughout recorded history* pendant toute la période couverte par les écrits historiques.

recorded delivery [rɪ'kɔ:dɪd-] noun ▸ **to send sthg by recorded delivery** envoyer qqch en recommandé.

recorder [rɪ'kɔ:dər] noun [musical instrument] flûte *f* à bec.

record holder noun détenteur *m*, -trice *f* du record.

recording [rɪ'kɔ:dɪŋ] noun enregistrement *m*.

recording studio noun studio *m* d'enregistrement.

record player noun tourne-disque *m*.

recount ❖ noun ['ri:kaʊnt] [of vote] second dépouillement *m* du scrutin. ❖ vt **1.** [rɪ'kaʊnt] [narrate] raconter **2.** [,ri:'kaʊnt] [count again] recompter.

recoup [rɪ'ku:p] vt récupérer.

recourse [rɪ'kɔ:s] noun ▸ **to have recourse to** avoir recours à.

recover [rɪ'kʌvər] ❖ vt **1.** [retrieve] récupérer ▸ **to recover sthg from sb** reprendre qqch à qqn / *to recover damages* LAW obtenir des dommages-intérêts **2.** [one's balance] retrouver ; [consciousness] reprendre ▸ **to recover o.s.** se ressaisir / *to recover one's strength* reprendre des forces. ❖ vi **1.** [from illness] se rétablir ; [from shock, divorce] se remettre / *to be fully recovered* être complètement guéri(e) OR rétabli(e) / *I still haven't recovered from the shock* je ne me suis pas encore remis du choc **2.** *fig* [economy] se redresser ; [trade] reprendre.

recoverable [ri:'kʌvrəbl] adj FIN récupérable.

recovery [rɪ'kʌvərɪ] (*pl* **-ies**) noun **1.** [from illness] guérison *f*, rétablissement *m* **2.** *fig* [of economy] redressement *m*, reprise *f* **3.** [retrieval] récupération *f*.

recovery position noun MED position *f* latérale de sécurité.

recovery vehicle noun UK dépanneuse *f*.

recreate [,ri:krɪ'eɪt] vt recréer.

recreation [,rekrɪ'eɪʃn] noun *(U)* [leisure] récréation *f*, loisirs *mpl*.

recreational [,rekrɪ'eɪʃənl] adj de récréation.

recreational vehicle US = RV.

recreation ground noun UK terrain *m* de jeux.

recrimination [rɪ,krɪmɪ'neɪʃn] noun récrimination *f*.

recruit [rɪ'kru:t] ❖ noun recrue *f*. ❖ vt recruter ▸ **to recruit sb to do sthg** *fig* embaucher qqn pour faire qqch. ❖ vi recruter.

recruiting [rɪ'kru:tɪŋ] noun recrutement *m*.

recruitment [rɪ'kru:tmənt] noun recrutement *m* ▸ **recruitment agency** cabinet *m* de recrutement.

rectangle ['rek,tæŋgl] noun rectangle *m*.

rectangular [rek'tæŋgjʊlər] adj rectangulaire.

rectify ['rektɪfaɪ] (*pt & pp* **-ied**) vt *fml* [mistake] rectifier.

rectitude ['rektɪtju:d] noun *fml* rectitude *f*.

rector ['rektər] noun **1.** [priest] pasteur *m* **2.** SCOT [head - of school] directeur *m* ; [- of college, university] *président élu par les étudiants*.

rectory ['rektərɪ] (*pl* **-ies**) noun presbytère *m*.

rectum ['rektəm] noun ANAT rectum *m*.

recuperate [rɪ'ku:pəreɪt] vi se rétablir.

recuperation [rɪ,ku:pə'reɪʃn] noun rétablissement *m*.

recur [rɪ'kɜ:r] (*pt & pp* **-red**, *cont* **-ring**) vi [error, problem] se reproduire ; [dream] revenir ; [pain] réapparaître.

recurrence [rɪ'kʌrəns] noun répétition *f*.

recurrent [rɪ'kʌrənt] adj [error, problem] qui se reproduit souvent ; [dream] qui revient souvent.

recurring [rɪ'kɜ:rɪŋ] adj **1.** [error, problem] qui se reproduit souvent ; [dream] qui revient souvent **2.** MATH périodique.

recyclable [,ri:'saɪkləbl] adj recyclable.

recycle [,ri:'saɪkl] vt recycler.

recycle bin noun COMPUT poubelle *f*, corbeille *f*.

recycled [,ri:'saɪkld] adj [materials] recyclé(e).

recycling [,ri:'saɪklɪŋ] noun recyclage *m*.

red [red] ❖ adj (*compar* **-der**, *superl* **-dest**) rouge ; [hair] roux (rousse). ❖ noun rouge *m* ▸ **to be in the red** *inf* être à découvert ▸ **to see red** voir rouge. ◆ **Red** *pej* ❖ adj rouge. ❖ noun rouge *mf*.

red alert noun alerte *f* maximale ▸ **to be on red alert** être en état d'alerte maximale.

red-blooded [-'blʌdɪd] adj *hum* viril(e).

red card noun FOOT ▸ **to be shown the red card, to get a red card** recevoir un carton rouge.

red carpet noun ▸ **to roll out the red carpet for sb** dérouler le tapis rouge pour qqn. ◆ **red-carpet** adj ▸ **to give sb the red-carpet treatment** recevoir qqn en grande pompe.

Red Cross noun ▸ **the Red Cross** la Croix-Rouge.

redcurrant ['red,kʌrənt] noun [fruit] groseille *f* ; [bush] groseillier *m*.

redden ['redn] vt & vi rougir.

redecorate [,ri:'dekəreɪt] ❖ vt [repaint] refaire les peintures de ; [re-wallpaper] retapisser. ❖ vi [repaint] refaire les peintures ; [re-wallpaper] refaire les papiers peints.

redeem [rɪ'di:m] vt **1.** [save, rescue] racheter ▸ **to redeem o.s.** se racheter **2.** [from pawnbroker] dégager.

redeemable [rɪ'di:məbl] adj **1.** [voucher] remboursable ; [debt] remboursable, amortissable / *the stamps are not redeemable for cash* les timbres ne peuvent être échangés contre des espèces **2.** [error] réparable ; [sin, crime] expiable, rachetable ; [sinner] rachetable.

redeeming [rɪ'di:mɪŋ] adj qui rachète (les défauts).

redefine [,ri:dɪ'faɪn] vt redéfinir.

redemption [rɪ'dempʃn] noun rédemption *f* ▸ **beyond** OR **past redemption** *fig* irrémédiable.

redeploy [,ri:dɪ'plɔɪ] vt MIL redéployer ; [staff] réorganiser, réaffecter.

redeployment [,ri:dɪ'plɔɪmənt] noun MIL redéploiement *m* ; [of staff] réorganisation *f*, réaffectation *f*.

redesign [,ri:dɪ'zaɪn] vt [room] redessiner ; [system] réorganiser.

redevelop [,ri:dɪ'veləp] vt réaménager.

redevelopment [,ri:dɪ'veləpmənt] noun réaménagement *m*.

redeye ['redaɪ] noun *inf* [night flight] vol *m* de nuit.

red-eyed adj aux yeux rouges.

red-faced [-'feɪst] adj rougeaud(e), rubicond(e) ; [with embarrassment] rouge de confusion.

red-haired [-'heəd] adj roux (rousse).

red-handed [-'hændɪd] adj ▸ **to catch sb red-handed** prendre qqn en flagrant délit OR la main dans le sac.

redhead ['redhed] noun roux *m*, rousse *f*.

red-headed = **red-haired**.

red herring noun *fig* fausse piste *f*.

red-hot adj **1.** [extremely hot] brûlant(e) ; [metal] chauffé(e) au rouge **2.** [very enthusiastic] ardent(e).

redial [ˌriː'daɪəl] ❖ vt : *to redial a number* refaire un numéro. ❖ noun : *automatic redial* système *m* de rappel du dernier numéro.

redid [ˌriː'dɪd] pt ⟶ **redo**.

Red Indian ❖ adj de Peau-Rouge. ❖ noun Peau-Rouge *mf (attention: le terme « Red Indian » est considéré comme raciste)*.

redirect [ˌriːdɪ'rekt] vt **1.** [energy, money] réorienter **2.** [traffic] détourner **3.** UK [letters] faire suivre.

rediscover [ˌriːdɪ'skʌvəʳ] vt redécouvrir.

rediscovery [ˌriːdɪ'skʌvrɪ] (*pl* **-ies**) noun redécouverte *f*.

redistribute [ˌriːdɪ'strɪbjuːt] vt redistribuer.

redistribution ['riːˌdɪstrɪ'bjuːʃn] noun redistribution *f*.

red-letter day noun jour *m* mémorable, jour à marquer d'une pierre blanche.

red light noun [traffic signal] feu *m* rouge.

red-light district noun quartier *m* chaud.

red meat noun viande *f* rouge.

redneck ['rednek] noun US *inf* & *pej Américain d'origine modeste qui a des idées réactionnaires et des préjugés racistes.*

redness ['rednɪs] noun rougeur *f*.

redo [ˌriː'duː] (*pt* **-did**, *pp* **-done**) vt refaire.

redolent ['redələnt] adj *liter* **1.** [reminiscent] ▸ **redolent of** qui rappelle **2.** [smelling] ▸ **redolent of** aux odeurs de.

redone [ˌriː'dʌn] pp ⟶ **redo**.

redraft [ˌriː'drɑːft] vt rédiger à nouveau.

redress [rɪ'dres] ❖ noun *(U) fml* réparation *f*. ❖ vt ▸ **to redress the balance** rétablir l'équilibre.

Red Sea noun ▸ **the Red Sea** la mer Rouge.

red tape noun *fig* paperasserie *f* administrative.

reduce [rɪ'djuːs] ❖ vt réduire ▸ **to be reduced to doing sthg** en être réduit(e) à faire qqch ▸ **to reduce sb to tears** faire pleurer qqn. ❖ vi US [diet] suivre un régime amaigrissant.

reduced [rɪ'djuːst] adj réduit(e) ▸ **in reduced circumstances** dans la gêne.

reduction [rɪ'dʌkʃn] noun **1.** [decrease] ▸ **reduction (in)** réduction *f* (de), baisse *f* (de) **2.** [discount] rabais *m*, réduction *f*.

redundancy [rɪ'dʌndənsɪ] (*pl* **-ies**) noun UK [dismissal] licenciement *m* ; [unemployment] chômage *m*.

redundancy payment noun UK indemnité *f* de licenciement.

redundant [rɪ'dʌndənt] adj **1.** UK [jobless] ▸ **to be made redundant** être licencié(e) **2.** [not required] superflu(e).

reed [riːd] ❖ noun **1.** [plant] roseau *m* **2.** MUS anche *f*. ❖ comp [basket] en roseau.

reef [riːf] noun récif *m*, écueil *m*.

reek [riːk] ❖ noun relent *m*. ❖ vi ▸ **to reek (of sthg)** puer (qqch), empester (qqch).

reel [riːl] ❖ noun **1.** [roll] bobine *f* **2.** [on fishing rod] moulinet *m*. ❖ vi **1.** [stagger] chanceler **2.** [whirl] : *my mind was reeling* j'avais la tête qui tournait. ◆ **reel in** vt sep remonter. ◆ **reel off** vt sep [list] débiter.

reelection [ˌriːɪ'lekʃn] noun réélection *f*.

reemerge [ˌriːɪ'mɜːdʒ] vi [new facts] ressortir ; [idea, clue] réapparaître ; [problem, question] se reposer ; [from hiding, tunnel] ressortir, ressurgir.

reemphasize, reemphasise UK [ˌriː'emfəsaɪz] vt souligner de nouveau.

reenter [ˌriː'entəʳ] vt [room, earth's atmosphere] rentrer dans ; [country] retourner dans.

reentry [ˌriː'entrɪ] noun [into earth's atmosphere] rentrée *f* ; [into country] retour *m*.

reestablish [ˌriːɪ'stæblɪʃ] vt **1.** [order] rétablir ; [practice] restaurer ; [law] remettre en vigueur **2.** [person] réhabiliter, réintégrer / *the team have re-established themselves as the best in the country* l'équipe s'est imposée de nouveau comme la meilleure du pays.

reexamine [ˌriːɪg'zæmɪn] vt examiner de nouveau.

ref [ref] noun **1.** *inf* (*abbr of* **referee**) arbitre *m* **2.** ADMIN (*abbr of* **reference**) réf. *f*.

refectory [rɪ'fektərɪ] (*pl* **-ies**) noun réfectoire *m*.

refer [rɪ'fɜːʳ] (*pt & pp* **-red**, *cont* **-ring**) vt **1.** [person] ▸ **to refer sb to a)** [hospital] envoyer qqn à **b)** [specialist] adresser qqn à **c)** ADMIN renvoyer qqn à **2.** [report, decision] ▸ **to refer sthg to** soumettre qqch à / *to refer a case to a higher court* renvoyer OR déférer une affaire à une instance supérieure. ◆ **refer to** vt insep **1.** [speak about] parler de, faire allusion à OR mention de / *the revolutionaries are referred to as Mantras* ces révolutionnaires sont connus sous le nom de Mantras **2.** [apply to] s'appliquer à, concerner / *the numbers refer to footnotes* les chiffres renvoient à des notes en bas de page / *these measures only refer to taxpayers* ses mesures ne s'appliquent qu'aux contribuables **3.** [consult] se référer à, se reporter à / *I shall have to refer to my boss* je dois en référer à OR consulter mon patron.

referee [ˌrefə'riː] ❖ noun **1.** SPORT arbitre *mf* **2.** UK [for job application] répondant *m*, -e *f*. ❖ vt SPORT arbitrer. ❖ vi SPORT être arbitre.

reference ['refrəns] noun **1.** [mention] ▸ **reference (to)** allusion *f* (à), mention *f* (de) ▸ **with reference to** comme suite à **2.** *(U)* [for advice, information] ▸ **reference (to)** consultation *f* (de) ▸ **for future reference** à titre d'information **3.** COMM référence *f* **4.** [in book] renvoi *m* ▸ **map reference** coordonnées *fpl* **5.** [for job application - letter] référence *f* ; [- person] répondant *m*, -e *f*.

reference book noun ouvrage *m* de référence.

reference number noun numéro *m* de référence.

referendum [,refə'rendəm] (*pl* **-s** *or* **-da**) noun référendum *m*.

referral [rɪ'fɜ:rəl] noun *fml* **1.** *(U)* [act of referring] envoi *m* **2.** [patient referred] malade envoyé(e) **3.** US SCH rapport *m* d'incident *(à l'école)*.

refill ❖ noun ['ri:fɪl] **1.** [for pen] recharge *f* **2.** *inf* [drink] : *would you like a refill?* vous voulez encore un verre ? ❖ vt [,ri:'fɪl] remplir à nouveau.

refillable [,ri:'fɪləbl] adj [pen] rechargeable ; [bottle] qu'on peut faire remplir à nouveau.

refinance [,'ri:faɪ'næns] ❖ vt [loan] refinancer. ❖ vi [of company] se refinancer.

refine [rɪ'faɪn] vt raffiner ; *fig* peaufiner.

refined [rɪ'faɪnd] adj raffiné(e) ; [system, theory] perfectionné(e).

refinement [rɪ'faɪnmənt] noun **1.** [improvement] perfectionnement *m* **2.** *(U)* [gentility] raffinement *m*.

refinery [rɪ'faɪnərɪ] (*pl* **-ies**) noun raffinerie *f*.

refit ❖ noun ['ri:fɪt] [of ship] réparation *f*, remise *f* en état. ❖ vt [,ri:'fɪt] (*pt & pp* **-ted**, *cont* **-ting**) [ship] réparer, remettre en état.

reflate [,ri:'fleɪt] ❖ vt ECON relancer. ❖ vi ECON effectuer une relance (de l'économie).

reflation [,ri:'fleɪʃn] noun ECON relance *f*.

reflect [rɪ'flekt] ❖ vt **1.** [be a sign of] refléter **2.** [light, image] réfléchir, refléter ; [heat] réverbérer ▸ **to be reflected in** se refléter dans **3.** [think] ▸ **to reflect that...** se dire que.... ❖ vi [think] ▸ **to reflect (on** OR **upon)** réfléchir (sur), penser (à).

reflection [rɪ'flekʃn] noun **1.** [sign] indication *f*, signe *m* **2.** [criticism] ▸ **reflection on** critique *f* de **3.** [image] reflet *m* **4.** *(U)* [of light, heat] réflexion *f* **5.** [thought] réflexion *f* ▸ **on reflection** réflexion faite.

reflective [rɪ'flektɪv] adj **1.** [surface, material] réfléchissant(e) **2.** [thoughtful] pensif(ive).

reflector [rɪ'flektəʳ] noun réflecteur *m*.

reflex ['ri:fleks] noun ▸ **reflex (action)** réflexe *m*.
◆ **reflexes** pl n réflexes *mpl*.

reflexive [rɪ'fleksɪv] adj GRAM [pronoun] réfléchi(e).

reflexive verb noun verbe *m* réfléchi.

reflexologist [,ri:flek'sɒlədʒɪst] noun réflexologiste *mf*.

reflexology [,ri:flek'sɒlədʒɪ] noun réflexothérapie *f*.

reforestation [ri:,fɒrɪ'steɪʃn] US = **reafforestation**.

reform [rɪ'fɔ:m] ❖ noun réforme *f*. ❖ vt [gen] réformer ; [person] corriger. ❖ vi [behave better] se corriger, s'amender.

re-form [ri:'fɔ:m] ❖ vt **1.** MIL [ranks] remettre en rang, reformer ; [men] rallier **2.** [return to original form] rendre sa forme primitive OR originale à ; [in new form] donner une nouvelle forme à ; [form again] reformer. ❖ vi **1.** MIL [men] se remettre en rangs ; [ranks] se reformer **2.** [group, band] se reformer.

reformat [,ri:'fɔ:mæt] (*pt & pp* **-ted**, *cont* **-ting**) vt COMPUT reformater.

Reformation [,refə'meɪʃn] noun ▸ **the Reformation** la Réforme.

reformatory [rɪ'fɔ:mətrɪ] noun US centre *m* d'éducation surveillée (pour jeunes délinquants).

reformed [rɪ'fɔ:md] adj [better behaved] qui s'est corrigé(e) OR amendé(e).

reformer [rɪ'fɔ:məʳ] noun réformateur *m*, -trice *f*.

reformist [rɪ'fɔ:mɪst] ❖ adj réformiste. ❖ noun réformiste *mf*.

refract [rɪ'frækt] *fml* ❖ vt réfracter. ❖ vi se réfracter.

refrain [rɪ'freɪn] ❖ noun refrain *m*. ❖ vi ▸ **to refrain from doing sthg** s'abstenir de faire qqch.

refresh [rɪ'freʃ] vt rafraîchir / *to refresh sb's memory* rafraîchir la mémoire de qqn.

refreshed [rɪ'freʃt] adj reposé(e).

refresher course [rɪ'freʃəʳ-] noun cours *m* de recyclage OR remise à niveau.

refreshing [rɪ'freʃɪŋ] adj **1.** [pleasantly different] agréable, réconfortant(e) **2.** [drink, swim] rafraîchissant(e).

refreshingly [rɪ'freʃɪŋlɪ] adv : *it's refreshingly different* c'est un changement agréable.

refreshments [rɪ'freʃmənts] pl n rafraîchissements *mpl*.

refrigerate [rɪ'frɪdʒəreɪt] vt réfrigérer.

refrigeration [rɪ,frɪdʒə'reɪʃn] noun réfrigération *f*.

refrigerator [rɪ'frɪdʒəreɪtəʳ] noun réfrigérateur *m*, Frigidaire® *m*.

refuel [,ri:'fjʊəl] (UK *pt & pp* **-led**, *cont* **-ling**, US *pt & pp* **-ed**, *cont* **-ing**) ❖ vt ravitailler. ❖ vi se ravitailler en carburant.

refuelling UK, **refueling** US [,ri:'fjʊəlɪŋ] ❖ noun ravitaillement *m* (en carburant). ❖ comp [boom, tanker] de ravitaillement / *to make a refuelling stop* **a)** AUTO s'arrêter pour prendre de l'essence **b)** AERON faire une escale technique.

refuge ['refju:dʒ] noun *lit & fig* refuge *m*, abri *m* ▸ **to take refuge in** se réfugier dans.

refugee [,refjʊ'dʒi:] noun réfugié *m*, -e *f*.

refugee camp noun camp *m* de réfugiés.

refund ❖ noun ['ri:fʌnd] remboursement *m*. ❖ vt [rɪ'fʌnd] ▸ **to refund sthg to sb, to refund sb sthg** rembourser qqch à qqn.

refundable [riː'fʌndəbl] adj remboursable.

refurbish [ˌriː'fɜːbɪʃ] vt remettre à neuf, rénover.

refurbishment [ˌriː'fɜːbɪʃmənt] noun rénovation *f.*

refusal [rɪ'fjuːzl] noun ▸ **refusal (to do sthg)** refus *m* (de faire qqch).

refuse¹ [rɪ'fjuːz] ✧ vt refuser ▸ **to refuse to do sthg** refuser de faire qqch. ✧ vi refuser.

refuse² ['refjuːs] noun *(U)* *fml* [rubbish] ordures *fpl*, détritus *mpl*.

refuse collection ['refjuːs-] noun UK *fml* enlèvement *m* des ordures ménagères.

refuse collector ['refjuːs-] noun UK *fml* éboueur *m*.

refuse dump ['refjuːs-] noun UK *fml* décharge *f* (publique).

refute [rɪ'fjuːt] vt *fml* réfuter.

regain [rɪ'geɪn] vt [composure, health] retrouver ; [leadership] reprendre.

regal ['riːgl] adj majestueux(euse), royal(e).

regale [rɪ'geɪl] vt ▸ **to regale sb with sthg** divertir qqn en lui racontant qqch.

regalia [rɪ'geɪljə] noun *(U)* insignes *mpl*.

regard [rɪ'gɑːd] ✧ noun **1.** *(U)* [respect] estime *f*, respect *m* / *I hold them in high regard* je les tiens en grande estime / *out of regard for* par égard pour / *without due regard to* sans tenir compte de / *to have regard for sb* avoir de la considération pour qqn / *they have no regard for your feelings* ils ne se soucient pas de vos sentiments **2.** [aspect] ▸ **in this / that regard** à cet égard. ✧ vt considérer / *I regard their conclusions as correct* OR *to be correct* je tiens leurs conclusions pour correctes ▸ **to regard o.s. as** se considérer comme ▸ **to be highly regarded** être tenu(e) en haute estime. ◆ **regards** pl n ▸ **(with best) regards** bien amicalement ▸ **give her my regards** faites-lui mes amitiés / *he sends his regards* vous avez le bonjour de sa part. ◆ **as regards** prep en ce qui concerne. ◆ **in regard to, with regard to** prep en ce qui concerne, relativement à.

regarding [rɪ'gɑːdɪŋ] prep concernant, en ce qui concerne.

regardless [rɪ'gɑːdlɪs] adv quand même. ◆ **regardless of** prep sans tenir compte de, sans se soucier de.

regatta [rɪ'gætə] noun régate *f*.

Regency ['riːdʒənsɪ] adj Régence (anglaise).

regenerate [rɪ'dʒenəreɪt] vt [economy, project] relancer ; [district, urban area] réhabiliter.

regeneration [rɪˌdʒenə'reɪʃn] noun [of economy, project] relance *f*.

regent ['riːdʒənt] noun régent *m*, -e *f*.

reggae ['regeɪ] noun reggae *m*.

regime [reɪ'ʒiːm] noun régime *m*.

regiment ['redʒɪmənt] noun régiment *m*.

regimental [ˌredʒɪ'mentl] adj du régiment.

regimented ['redʒɪmentɪd] adj [organization] trop rigide ; [life] strict(e).

region ['riːdʒən] noun région *f* ▸ **in the region of** environ.

regional ['riːdʒənl] adj régional(e).

regionalism ['riːdʒənəlɪzm] noun régionalisme *m*.

regionally ['riːdʒnəlɪ] adv à l'échelle régionale.

register ['redʒɪstəʳ] ✧ noun [record] registre *m* ▸ **register of births, deaths and marriages** registre *m* de l'état civil / *to call* OR *to take the register* SCH faire l'appel. ✧ vt **1.** [record - name] (faire) enregistrer ; [- birth, death] déclarer ; [- vehicle] (faire) immatriculer ; [- trademark] déposer ; [- on list] inscrire / *to register a complaint* déposer une plainte / *to register one's vote* exprimer son vote, voter **2.** [show, measure] indiquer, montrer **3.** [express] exprimer / *her face registered disbelief* l'incrédulité se lisait sur son visage. ✧ vi **1.** [on official list] s'inscrire, se faire inscrire / *to register with a GP / on the electoral roll* se faire inscrire auprès d'un médecin traitant / sur les listes électorales **2.** [at hotel] signer le registre **3.** *inf* [advice, fact] : *it didn't register* je n'ai pas compris / *the truth slowly began to register (with me)* petit à petit, la vérité m'est apparue.

registered ['redʒɪstəd] adj **1.** [person] inscrit(e) ; [car] immatriculé(e) ; [charity] agréé(e) par le gouvernement **2.** [letter, parcel] recommandé(e).

registered post UK, **registered mail** US noun ▸ **to send sthg by registered post** envoyer qqch en recommandé.

Registered Trademark noun marque *f* déposée.

register office UK = **registry office**.

registrar [ˌredʒɪ'strɑːʳ] noun **1.** [keeper of records] officier *m* de l'état civil **2.** UNIV secrétaire *m* général **3.** UK [doctor] chef *m* de clinique.

registration [ˌredʒɪ'streɪʃn] noun **1.** [gen] enregistrement *m*, inscription *f* **2.** AUTO = **registration number**.

How to express refusal

- **Certainement pas !** *Certainly not!*
- **Il n'en est pas question !** *It's out of the question!*
- **Non, je regrette.** *No, sorry.*
- **Désolé, ça ne dépend pas de moi.** *I'm sorry, but it's not up to me.*
- **Je ne peux pas accepter vos conditions.** *I can't accept your conditions.*
- **Je n'irai pas, un point c'est tout** OR **point final !** *I'm not going and that's final!*
- **Alors là, tu peux toujours courir !** *inf Forget it!*
- **Je m'y oppose catégoriquement.** *I'm completely against it.*

registration number noun AUTO numéro *m* d'immatriculation.

registry office noun UK bureau *m* de l'état civil.

regress [rɪ'gres] vi ▸ **to regress (to)** régresser (au stade de).

regression [rɪ'greʃn] noun régression *f.*

regressive [rɪ'gresɪv] adj régressif(ive).

regret [rɪ'gret] ◈ noun regret *m* / ***much to our regret*** à notre grand regret / ***I have no regrets*** je n'ai pas de regrets, je ne regrette rien. ◈ vt (*pt & pp* **-ted**, *cont* **-ting**) [be sorry about] ▸ **to regret sthg / doing sthg** regretter qqch / d'avoir fait qqch / ***the airline regrets any inconvenience caused to passengers*** la compagnie s'excuse pour la gêne occasionnée / ***we regret to announce...*** nous sommes au regret d'annoncer....

regretful [rɪ'gretfʊl] adj [person] plein(e) de regrets ; [look] de regret.

regretfully [rɪ'gretfʊlɪ] adv à regret.

regrettable [rɪ'gretəbl] adj regrettable, fâcheux(euse).

regrettably [rɪ'gretəblɪ] adv malheureusement.

regroup [ˌri:'gru:p] vi se regrouper.

regular ['regjʊlər] ◈ adj **1.** [gen] régulier(ère) ; [customer] fidèle **2.** [usual] habituel(elle) **3.** [normal - size] standard (*inv*) **4.** US [pleasant] sympa (*inv*). ◈ noun [at pub] habitué *m*, -e *f* ; [at shop] client *m*, -e *f* fidèle.

regularity [ˌregjʊ'lærətɪ] noun régularité *f.*

regularly ['regjʊləlɪ] adv régulièrement.

regulate ['regjʊleɪt] vt régler.

regulation [ˌregjʊ'leɪʃn] ◈ adj [standard] réglementaire. ◈ noun **1.** [rule] règlement *m* **2.** *(U)* [control] réglementation *f.*

regulatory ['regjʊlətrɪ] adj réglementaire.

regurgitate [rɪ'gɜ:dʒɪteɪt] vt *fml* régurgiter ; *fig & pej* ressortir, répéter.

rehab ['ri:hæb] noun US *inf* : ***to be in rehab*** faire une cure de désintoxication / ***rehab center*** centre *m* de désintoxication.

rehabilitate [ˌri:ə'bɪlɪteɪt] vt [criminal] réinsérer, réhabiliter ; [patient] rééduquer.

rehabilitation ['ri:əˌbɪlɪ'teɪʃn] noun [of criminal] réinsertion *f*, réhabilitation *f* ; [of patient] rééducation *f.*

rehash [ˌri:'hæʃ] vt *inf & pej* remanier.

rehearsal [rɪ'hɜ:sl] noun répétition *f.*

rehearse [rɪ'hɜ:s] vt & vi répéter.

reheat [ˌri:'hi:t] vt réchauffer.

rehouse [ˌri:'haʊz] vt reloger.

reign [reɪn] ◈ noun règne *m.* ◈ vi ▸ **to reign (over)** *lit & fig* régner (sur).

reigning ['reɪnɪŋ] adj [champion] actuel(elle).

reimburse [ˌri:ɪm'bɜ:s] vt ▸ **to reimburse sb (for)** rembourser qqn (de).

reimbursement [ˌri:ɪm'bɜ:smənt] noun *fml* remboursement *m.*

rein [reɪn] noun *fig* ▸ **to give (a) free rein to sb, to give sb free rein** laisser la bride sur le cou à qqn ▸ **to keep a tight rein on sb** tenir la bride haute à qqn ▸ **to keep a tight rein on sthg** contrôler étroitement qqch. ◆ **reins** pl n **1.** [for horse] rênes *fpl* **2.** UK [for child] laisse *f.* ◆ **rein in** vt sep [horse] serrer la bride à ; *fig* modérer.

reincarnate ◈ vt [ri:'ɪnkɑ:neɪt] réincarner. ◈ adj [ˌri:ɪn'kɑ:nɪt] réincarné(e).

reincarnation [ˌri:ɪnkɑ:'neɪʃn] noun réincarnation *f.*

reindeer ['reɪnˌdɪər] (*pl inv*) noun renne *m.*

reinforce [ˌri:ɪn'fɔ:s] vt **1.** [strengthen] renforcer **2.** [back up, confirm] appuyer, étayer.

reinforcement [ˌri:ɪn'fɔ:smənt] noun **1.** *(U)* [strengthening] renforcement *m* **2.** [strengthener] renfort *m.* ◆ **reinforcements** pl n renforts *mpl.*

reinsert [ˌri:ɪn'sɜ:t] vt réinsérer.

reinstall vt COMPUT réinstaller.

reinstate [ˌri:ɪn'steɪt] vt [employee] rétablir dans ses fonctions, réintégrer ; [policy, method] rétablir.

reinstatement [ˌri:ɪn'steɪtmənt] noun [of employee] réintégration *f* ; [of policy, method] rétablissement *m.*

reintegrate [ˌri:'ɪntɪgreɪt] vt réintégrer.

reintegration ['ri:ˌɪntɪ'greɪʃn] noun réintégration *f.*

reinterpret [ˌri:ɪn'tɜ:prɪt] vt réinterpréter.

reintroduce ['ri:ˌɪntrə'dju:s] vt réintroduire.

reintroduction [ˌri:ɪntrə'dʌkʃn] noun réintroduction *f.*

reinvent [ˌri:ɪn'vent] vt réinventer ▸ **to reinvent the wheel** réinventer la roue.

reissue [ri:'ɪʃu:] ◈ noun [of book] réédition *f* ; [of film] rediffusion *f.* ◈ vt [book] rééditer ; [film, CD] ressortir.

reiterate [ri:'ɪtəreɪt] vt *fml* réitérer, répéter.

reiteration [ri:ˌɪtə'reɪʃn] noun *fml* réitération *f.*

How to express regret

- **Malheureusement, nous n'avons pas pu arriver à temps.** *Unfortunately, we couldn't get there in time.*
- **Je regrette vraiment que vous n'ayez pas pu venir.** *I'm really sorry you couldn't make it.*
- **Je regrette ce que j'ai dit.** *I regret what I said.*
- **J'aurais mieux fait de ne pas en parler !** *I'm sorry I ever mentioned it now!*
- **Si seulement je lui en avais parlé plus tôt !** *If only I'd told her sooner!*
- **(Quel) dommage que je ne l'aie pas rencontré avant !** *What a pity I didn't meet him sooner!*
- **Dire que je ne le reverrai probablement jamais !** *To think I'll probably never see him again!*

reject ❖ noun ['ri:dʒekt] [product] article *m* de rebut. ❖ vt [rɪ'dʒekt] **1.** [not accept] rejeter **2.** [candidate, coin] refuser.

rejection [rɪ'dʒekʃn] noun **1.** [non-acceptance] rejet *m* **2.** [of candidate] refus *m*.

rejig [ˌri:'dʒɪg] (*pt & pp* **-ged**, *cont* **-ging**) vt UK *inf* réorganiser.

rejoice [rɪ'dʒɔɪs] vi ▸ **to rejoice (at** OR **in)** se réjouir (de).

rejoicing [rɪ'dʒɔɪsɪŋ] noun *(U)* réjouissance *f*.

rejoin[1] [ˌri:'dʒɔɪn] vt rejoindre ; [club] adhérer de nouveau à.

rejoin[2] [rɪ'dʒɔɪn] vt [reply] répondre, répliquer.

rejoinder [rɪ'dʒɔɪndəʳ] noun réplique *f*, riposte *f*.

rejuvenate [rɪ'dʒu:vəneɪt] vt rajeunir.

rekindle [ˌri:'kɪndl] vt *fig* ranimer, raviver.

relapse [rɪ'læps] ❖ noun rechute *f* ▸ **to have a relapse** faire une rechute, rechuter. ❖ vi ▸ **to relapse into** retomber dans.

relate [rɪ'leɪt] ❖ vt **1.** [connect] ▸ **to relate sthg to sthg** établir un lien OR rapport entre qqch et qqch **2.** [tell] raconter. ❖ vi **1.** [be connected] ▸ **to relate to** avoir un rapport avec **2.** [concern] ▸ **to relate to** se rapporter à **3.** [empathize] ▸ **to relate (to sb)** s'entendre (avec qqn). ◆ **relating to** prep concernant.

related [rɪ'leɪtɪd] adj **1.** [people] apparenté(e) / *she is related to the president* elle est parente du président / *to be related by marriage to sb* être parent(e) de qqn par alliance **2.** [issues, problems] lié(e) / *problems related to health* problèmes qui se rattachent OR qui touchent à la santé / *the two events are not related* les deux événements n'ont aucun rapport.

-related suffix lié(e) à / *business-related activities* des activités liées OR ayant rapport aux affaires / *performance-related bonus* prime *f* d'encouragement.

relation [rɪ'leɪʃn] noun **1.** [connection] ▸ **relation (to / between)** rapport *m* (avec / entre) ▸ **in relation to** par rapport à **2.** [person] parent *m*, -e *f*. ◆ **relations** pl n [relationship] relations *fpl*, rapports *mpl*.

relationship [rɪ'leɪʃnʃɪp] noun **1.** [between people, countries] relations *fpl*, rapports *mpl* ; [romantic] liaison *f* **2.** [connection] rapport *m*, lien *m*.

relative ['relətɪv] ❖ adj relatif(ive) / *the relative qualities of the two candidates* les qualités respectives des deux candidats. ❖ noun parent *m*, -e *f* / *she has relatives in Canada* elle a de la famille au Canada. ◆ **relative to** prep [compared with] relativement à ; [connected with] se rapportant à, relatif(ive) à / *taxation is relative to income* l'imposition est proportionnelle au revenu.

relatively ['relətɪvlɪ] adv relativement.

relativity [ˌrelə'tɪvətɪ] noun relativité *f*.

relax [rɪ'læks] ❖ vt **1.** [person] détendre, relaxer **2.** [muscle, body] décontracter, relâcher ; [one's grip] desserrer **3.** [rule] relâcher **4.** [hair] défriser. ❖ vi **1.** [person] se détendre, se décontracter **2.** [muscle, body] se relâcher, se décontracter **3.** [one's grip] se desserrer.

relaxation [ˌri:læk'seɪʃn] noun **1.** [of person] relaxation *f*, détente *f* **2.** [of rule] relâchement *m*.

relaxed [rɪ'lækst] adj détendu(e), décontracté(e).

relaxing [rɪ'læksɪŋ] adj relaxant(e), qui détend.

relay ['ri:leɪ] ❖ noun **1.** SPORT ▸ **relay (race)** course *f* de relais ▸ **in relays** *fig* en se relayant **2.** RADIO & TV [broadcast] retransmission *f*. ❖ vt **1.** (*pt & pp* **-ed**) RADIO & TV [broadcast] relayer **2.** (*pt & pp* **-ed**) [message, information] transmettre, communiquer **3.** (*pt & pp* **relaid**) [carpet, tiles] poser à nouveau, reposer.

release [rɪ'li:s] ❖ noun **1.** [from prison, cage] libération *f* / *release on bail* mise en liberté provisoire (sous caution) **2.** [from pain, misery] délivrance *f* **3.** [statement] communiqué *m* **4.** [of gas, heat] échappement *m* **5.** *(U)* [of film, album] sortie *f* ▸ **to be on release** CIN passer dans les salles de cinéma **6.** [new film, album] nouveauté *f*. ❖ vt **1.** [set free] libérer / *to release sb from captivity* libérer qqn / *to be released on bail* LAW être libéré(e) sous caution **2.** [lift restriction on] ▸ **to release sb from** dégager qqn de **3.** [make available - supplies] libérer ; [- funds] débloquer **4.** [let go of] lâcher / *he released his grip on my hand* il m'a lâché la OR il a lâché ma main **5.** [TECH - brake, handle] desserrer ; [- mechanism] déclencher / *to release the clutch* AUTO débrayer **6.** [gas, heat] ▸ **to be released (from / into)** se dégager (de / dans), s'échapper (de / dans) **7.** [film, album] sortir ; [statement, report] publier.

relegate ['relɪgeɪt] vt reléguer ▸ **to be relegated** UK SPORT être relégué(e) à la division inférieure.

relegation [ˌrelɪ'geɪʃn] noun relégation *f*.

relent [rɪ'lent] vi [person] se laisser fléchir ; [wind, storm] se calmer.

relentless [rɪ'lentlɪs] adj implacable.

relentlessly [rɪ'lentlɪslɪ] adv implacablement.

relevance ['reləvəns] noun *(U)* **1.** [connection] ▸ **relevance (to)** rapport *m* (avec) **2.** [significance] ▸ **relevance (to)** importance *f* (pour).

relevant ['reləvənt] adj **1.** [connected] ▸ **relevant (to)** qui a un rapport (avec) **2.** [significant] ▸ **relevant (to)** important(e) (pour) **3.** [appropriate - information] utile ; [- document] justificatif(ive).

reliability [rɪˌlaɪə'bɪlətɪ] noun fiabilité *f*.

reliable [rɪ'laɪəbl] adj [person] sur qui on peut compter, fiable ; [device] fiable ; [company, information] sérieux(euse).

reliably [rɪ'laɪəblɪ] adv de façon fiable ▸ **to be reliably informed (that)…** savoir de source sûre que….

reliance [rɪ'laɪəns] noun ▸ **reliance (on)** dépendance *f* (de).

reliant [rɪ'laɪənt] adj ▸ **to be reliant on** être dépendant(e) de.

relic ['relɪk] noun relique *f* ; [of past] vestige *m*.

relief [rɪ'li:f] noun **1.** [comfort] soulagement *m* / *to our great relief, much to our relief* à notre grand soulagement / *to bring relief to sb* soulager qqn, apporter un soulagement à qqn / *she reads detective novels for light relief* elle lit des romans policiers pour se distraire

2. [for poor, refugees] aide *f*, assistance *f* ▸ **famine relief** aide *f* alimentaire 3. US [social security] aide *f* sociale / *to be on relief* recevoir des aides sociales OR des allocations.

relieve [rɪ'li:v] vt 1. [pain, anxiety] soulager ▸ **to relieve sb of sthg** [take away from] délivrer qqn de qqch 2. [take over from] relayer 3. [give help to] secourir, venir en aide à.

relieved [rɪ'li:vd] adj soulagé(e).

religion [rɪ'lɪdʒn] noun religion *f*.

religious [rɪ'lɪdʒəs] adj religieux(euse) ; [book] de piété.

religiously [rɪ'lɪdʒəslɪ] adv *lit* & *fig* religieusement.

relinquish [rɪ'lɪŋkwɪʃ] vt [power] abandonner ; [claim, plan] renoncer à ; [post] quitter.

relish ['relɪʃ] ❖ noun 1. [enjoyment] ▸ **with (great) relish** avec délectation 2. [pickle] condiment *m*. ❖ vt [enjoy] prendre plaisir à / *I don't relish the thought* OR *idea* OR *prospect of seeing him* la perspective de le voir ne m'enchante OR ne me sourit guère.

relive [,ri:'lɪv] vt revivre.

reload [,ri:'ləʊd] vt recharger.

relocate [,ri:ləʊ'keɪt] ❖ vt installer ailleurs, transférer. ❖ vi s'installer ailleurs, déménager.

relocation [,ri:ləʊ'keɪʃn] noun transfert *m*, déménagement *m*.

reluctance [rɪ'lʌktəns] noun répugnance *f*.

reluctant [rɪ'lʌktənt] adj peu enthousiaste ▸ **to be reluctant to do sthg** rechigner à faire qqch, être peu disposé(e) à faire qqch.

reluctantly [rɪ'lʌktəntlɪ] adv à contrecœur, avec répugnance.

rely [rɪ'laɪ] (*pt & pp* **-ied**) ◆ **rely on** vt insep 1. [count on] compter sur ▸ **to rely on sb to do sthg** compter sur qqn OR faire confiance à qqn pour faire qqch 2. [be dependent on] dépendre de.

REM (*abbr of* **rapid eye movement**) noun *activité oculaire intense durant le sommeil paradoxal*.

remain [rɪ'meɪn] ❖ vt rester ▸ **to remain to be done** rester à faire ▸ **it remains to be seen...** reste à savoir... / *the fact remains that we can't afford this house* il n'en reste pas moins que OR toujours est-il que nous ne pouvons pas nous offrir cette maison. ❖ vi rester / *to remain silent* garder le silence, rester silencieux / *the real reasons were to remain a secret* les véritables raisons devaient demeurer secrètes. ◆ **remains** pl n 1. [remnants] restes *mpl* 2. [antiquities] ruines *fpl*, vestiges *mpl*.

remainder [rɪ'meɪndəʳ] noun reste *m*.

remaining [rɪ'meɪnɪŋ] adj qui reste ▸ **last remaining** dernier(ère).

remake ❖ noun ['ri:meɪk] CIN remake *m*. ❖ vt [,ri:'meɪk] CIN refaire.

remand [rɪ'mɑ:nd] ❖ noun LAW ▸ **on remand** en détention préventive. ❖ vt LAW ▸ **to remand sb (in custody)** placer qqn en détention préventive.

remark [rɪ'mɑ:k] ❖ noun [comment] remarque *f*, observation *f*. ❖ vt [comment] ▸ **to remark that...** faire remarquer que.... ❖ vi ▸ **to remark on** faire des remarques sur.

remarkable [rɪ'mɑ:kəbl] adj remarquable.

remarkably [rɪ'mɑ:kəblɪ] adv remarquablement.

remarriage [,ri:'mærɪdʒ] noun remariage *m*.

remarry [,ri:'mærɪ] (*pt & pp* **-ied**) vi se remarier.

remedial [rɪ'mi:djəl] adj 1. [pupil, class] de rattrapage 2. [exercise] correctif(ive) ; [action] de rectification.

remedy ['remədɪ] ❖ noun (*pl* **-ies**) ▸ **remedy (for)** a) MED remède *m* (pour OR contre) b) *fig* remède (à OR contre). ❖ vt (*pt & pp* **-ied**) remédier à.

remember [rɪ'membəʳ] ❖ vt 1. [gen] se souvenir de, se rappeler / *don't you remember me?* a) [in memory] vous ne vous souvenez pas de moi ? b) [recognize] vous ne me reconnaissez pas ? / *I can't remember her name* son nom m'échappe, je ne me souviens pas de son nom / *remember my advice* n'oubliez pas mes conseils ▸ **to remember to do sthg** ne pas oublier de faire qqch, penser à faire qqch / *remember to close the door* n'oubliez pas de OR pensez à fermer la porte ▸ **to remember doing sthg** se souvenir d'avoir fait qqch, se rappeler avoir fait qqch / *I remember locking the door* je me rappelle avoir OR je me souviens d'avoir fermé la porte à clé / *we have nothing to remember him by* nous n'avons aucun souvenir de lui 2. [as greeting] ▸ **to remember sb to sb** rappeler qqn au bon souvenir de qqn / *remember me to your parents* rappelez-moi au bon souvenir de vos parents. ❖ vi se souvenir, se rappeler / *if I remember rightly* si je me OR si je m'en souviens bien, si j'ai bonne mémoire.

remembrance [rɪ'membrəns] noun ▸ **in remembrance of** en souvenir OR mémoire de.

Remembrance Day, Remembrance Sunday UK noun l'Armistice *m*.

Remembrance Sunday

Commémorant l'armistice de la Première Guerre mondiale, **Remembrance Sunday** est célébré chaque année au Royaume-Uni le dimanche qui précède ou suit le 11 novembre. Dans les premiers jours de novembre, on porte un coquelicot (**poppy**) en papier en souvenir des soldats britanniques morts lors de toutes les guerres mondiales.

remind [rɪ'maɪnd] vt 1. [tell] ▸ **to remind sb of** OR **about sthg** rappeler qqch à qqn ▸ **to remind sb to do sthg** rappeler à qqn de faire qqch, faire penser à qqn à faire qqch / *that reminds me!* à propos !, pendant que j'y pense ! 2. [be reminiscent of] : *she reminds me of my sister* elle me rappelle ma sœur.

reminder [rɪ'maɪndəʳ] noun 1. [to jog memory] ▸ **to give sb a reminder (to do sthg)** faire penser à qqn (à faire qqch) 2. [letter, note] rappel *m*.

reminisce [,remɪ'nɪs] vi évoquer des souvenirs ▸ **to reminisce about sthg** évoquer qqch.

reminiscent [ˌremɪ'nɪsnt] adj ▸ **reminiscent of** qui rappelle, qui fait penser à.

remiss [rɪ'mɪs] adj négligent(e).

remission [rɪ'mɪʃn] noun *(U)* **1.** LAW remise *f* **2.** MED rémission *f*.

remit[1] [rɪ'mɪt] *(pt & pp* **-ted**, *cont* **-ting***)* vt [money] envoyer, verser.

remit[2] ['ri:mɪt] noun UK [responsibility] attributions *fpl*.

remittance [rɪ'mɪtns] noun **1.** [amount of money] versement *m* **2.** COMM règlement *m*, paiement *m*.

remix ❖ vt [ˌri:'mɪks] [song, recording] remixer, refaire le mixage de. ❖ noun ['ri:mɪks] remix *m*.

remnant ['remnənt] noun **1.** [remaining part] reste *m*, restant *m* **2.** [of cloth] coupon *m*.

remodel [ˌri:'mɒdl] (UK *pt & pp* **-led**, *cont* **-ling**, US *pt & pp* **-ed**, *cont* **-ing**) vt remodeler.

remonstrate ['remənstreɪt] vi *fml* ▸ **to remonstrate (with sb about sthg)** faire des remontrances (à qqn au sujet de qqch).

remorse [rɪ'mɔ:s] noun *(U)* remords *m*.

remorseful [rɪ'mɔ:sfʊl] adj plein(e) de remords.

remorseless [rɪ'mɔ:slɪs] adj implacable.

remortgage [ˌri:'mɔ:gɪdʒ] vt [house, property] hypothéquer de nouveau, prendre une nouvelle hypothèque sur.

remote [rɪ'məʊt] adj **1.** [far-off - place] éloigné(e) ; [- time] lointain(e) **2.** [person] distant(e) **3.** [possibility, chance] vague **4.** PHR **remote access** accès *m* à distance ▸ **remote user** utilisateur *m* distant.

remote control noun télécommande *f*.

remote-controlled [-kən'trəʊld] adj télécommandé(e).

remotely [rɪ'məʊtlɪ] adv **1.** [in the slightest] ▸ **not remotely** pas le moins du monde, absolument pas **2.** [far off] au loin.

remoteness [rɪ'məʊtnɪs] noun **1.** [of place] éloignement *m*, isolement *m* **2.** [of person] attitude *f* distante.

remould ['ri:məʊld] noun UK pneu *m* rechapé.

removable [rɪ'mu:vəbl] adj [detachable] détachable, amovible.

removal [rɪ'mu:vl] noun **1.** *(U)* [act of removing] enlèvement *m* **2.** UK [change of house] déménagement *m*.

removal man noun UK déménageur *m*.

removal van noun UK camion *m* de déménagement.

remove [rɪ'mu:v] vt **1.** [take away - gen] enlever ; [- stain] faire partir, enlever ; [- problem] résoudre ; [- suspicion] dissiper / *his name has been removed from the list* son nom ne figure plus sur la liste / *the child must be removed from its mother* il faut retirer l'enfant à sa mère **2.** [clothes] ôter, enlever **3.** [employee] renvoyer / *his opponents had him removed from office* ses opposants l'ont fait révoquer.

removed [rɪ'mu:vd] adj ▸ **to be far removed from** être très éloigné(e) OR différent(e) de.

remover [rɪ'mu:vər] noun [for paint] décapant *m* ; [for stains] détachant *m* ; [for nail polish] dissolvant *m*.

remunerate [rɪ'mju:nəreɪt] vt *fml* rémunérer.

remuneration [rɪˌmju:nə'reɪʃn] noun *fml* rémunération *f*.

remunerative [rɪ'mju:nərətɪv] adj *fml* rémunérateur(trice).

renaissance [rə'neɪsns] noun renaissance *f*. ◆ **Renaissance** ❖ noun : *the Renaissance* ART & HIST la Renaissance. ❖ comp [art, painter] de la Renaissance ; [palace, architecture, style] Renaissance *(inv)*.

renal ['ri:nl] adj rénal(e).

rename [ˌri:'neɪm] vt **1.** [person] rebaptiser **2.** [file, directory] renommer.

rend [rend] *(pt & pp* **rent***)* vt *liter* déchirer.

render ['rendər] vt rendre ; [assistance] porter ; FIN [account] présenter.

rendezvous ['rɒndɪvu:] *(pl inv)* noun rendez-vous *m inv*.

rendition [ren'dɪʃn] noun interprétation *f*.

renegade ['renɪgeɪd] noun renégat *m*, -e *f*.

renege [rɪ'ni:g] vi *fml* ▸ **to renege on** manquer à, revenir sur.

renegotiate [ˌri:nɪ'gəʊʃɪeɪt] ❖ vt renégocier. ❖ vi négocier à nouveau.

renew [rɪ'nju:] vt **1.** [gen] renouveler ; [negotiations, strength] reprendre ; [interest] faire renaître ▸ **to renew acquaintance with sb** renouer connaissance avec qqn **2.** [replace] remplacer.

renewable [rɪ'nju:əbl] adj renouvelable ▸ **renewable energy** énergie *f* renouvelable ▸ **renewable resource** ressource *f* renouvelable.

renewal [rɪ'nju:əl] noun **1.** [of activity] reprise *f* **2.** [of contract, licence] renouvellement *m*.

rennet ['renɪt] noun présure *f*.

renounce [rɪ'naʊns] vt renoncer à.

renovate ['renəveɪt] vt rénover.

renovation [ˌrenə'veɪʃn] noun rénovation *f*.

renown [rɪ'naʊn] noun renommée *f*, renom *m*.

renowned [rɪ'naʊnd] adj ▸ **renowned (for)** renommé(e) (pour).

rent [rent] ❖ pt & pp ⟶ **rend.** ❖ noun [for house] loyer *m*. ❖ vt louer. ◆ **rent out** vt sep louer.

rental ['rentl] ❖ adj de location. ❖ noun [for car, television, video] prix *m* de location ; [for house] loyer *m*.

rental car noun US voiture *f* de location.

rented ['rentɪd] adj loué(e).

rent-free ❖ adj gratuit(e). ❖ adv sans payer de loyer.

renumber [ˌri:'nʌmbər] vt renuméroter.

reoccurrence [ˌri:ə'kʌrəns] noun : *if there's a reoccurrence...* si cela se reproduit....

reopen [ˌriːˈəʊpn] ◆ vt rouvrir ; [negotiations] reprendre. ◆ vi rouvrir ; [negotiations] reprendre ; [wound] se rouvrir.

reorder ◆ vt [ˌriːˈɔːdəʳ] **1.** COMM [goods, supplies] commander de nouveau, faire une nouvelle commande de **2.** [rearrange - numbers, statistics, objects] reclasser, réorganiser. ◆ noun [ˈriːɔːdəʳ] COMM nouvelle commande *f*.

reorganization, reorganisation UK [ˈriːˌɔːgənaɪˈzeɪʃn] noun réorganisation *f*.

reorganize, reorganise UK [ˌriːˈɔːgənaɪz] ◆ vt réorganiser. ◆ vi se réorganiser.

rep [rep] noun *inf* **1.** (*abbr of* **representative**) VRP *m* **2.** *abbr of* **repertory 3.** *abbr of* **repertory company**.

repackage [ˌriːˈpækɪdʒ] vt **1.** [goods] remballer **2.** [public image] redorer *fig*.

repaid [riːˈpeɪd] pt & pp ⟶ **repay**.

repaint [ˌriːˈpeɪnt] vt repeindre.

repair [rɪˈpeəʳ] ◆ noun réparation *f* ▸ **in good / bad repair** en bon / mauvais état. ◆ vt réparer.

repairman [rɪˈpeəmən] (*pl* **-men**) noun réparateur *m*.

repartee [ˌrepɑːˈtiː] noun repartie *f*.

repatriate [ˌriːˈpætrɪeɪt] vt rapatrier.

repatriation [ˌriːpætrɪˈeɪʃn] noun rapatriement *m*.

repay [riːˈpeɪ] (*pt & pp* **repaid**) vt **1.** [money] ▸ **to repay sb sthg, to repay sthg to sb** rembourser qqch à qqn **2.** [favour] payer de retour, récompenser ▸ **to repay sb for sthg** récompenser qqn de OR pour qqch / *how can I ever repay you (for your kindness)?* comment pourrai-je jamais vous remercier (pour votre gentillesse) ? / *to repay good for evil* rendre le bien pour le mal.

repayment [riːˈpeɪmənt] noun remboursement *m*.

repayment mortgage noun prêt logement *m*.

repeal [rɪˈpiːl] ◆ noun abrogation *f*. ◆ vt abroger.

repeat [rɪˈpiːt] ◆ vt **1.** [gen] répéter ▸ **to repeat o.s.** se répéter **2.** RADIO & TV rediffuser. ◆ noun RADIO & TV reprise *f*, rediffusion *f*.

repeated [rɪˈpiːtɪd] adj répété(e).

repeatedly [rɪˈpiːtɪdlɪ] adv à maintes reprises, très souvent.

repeat order noun commande *f* renouvelée.

repeat sale noun vente *f* répétée.

repel [rɪˈpel] (*pt & pp* **-led**, *cont* **-ling**) vt repousser.

repellent [rɪˈpelənt] ◆ adj répugnant(e), repoussant(e) ▸ **water-repellent** imperméabilisant(e). ◆ noun ▸ **insect repellent** insecticide *m*.

repent [rɪˈpent] ◆ vt se repentir de. ◆ vi ▸ **to repent (of)** se repentir (de).

repentance [rɪˈpentəns] noun (*U*) repentir *m*.

repentant [rɪˈpentənt] adj repentant(e).

repercussions [ˌriːpəˈkʌʃnz] pl n répercussions *fpl*.

repertoire [ˈrepətwɑːʳ] noun répertoire *m*.

repertory [ˈrepətrɪ] noun répertoire *m*.

repetition [ˌrepɪˈtɪʃn] noun répétition *f*.

repetitious [ˌrepɪˈtɪʃəs], **repetitive** [rɪˈpetɪtɪv] adj [action, job] répétitif(ive) ; [article, speech] qui a des redites.

repetitive strain injury, repetitive stress injury ⟶ RSI.

rephrase [ˌriːˈfreɪz] vt réécrire, tourner autrement.

replace [rɪˈpleɪs] vt **1.** [gen] remplacer **2.** [put back] replacer, remettre (à sa place).

> **replacer OR remplacer?**
>
> Replacer qqch means to put sthg back in its place, while remplacer qqch means to replace sthg (i.e., to change it for sthg else).

replacement [rɪˈpleɪsmənt] noun **1.** [substituting] remplacement *m* ; [putting back] replacement *m* **2.** [new person] ▸ **replacement (for sb)** remplaçant *m*, -e *f* (de qqn).

replay ◆ noun [ˈriːpleɪ] match *m* rejoué. ◆ vt [ˌriːˈpleɪ] **1.** [match, game] rejouer **2.** [film, tape] repasser.

replenish [rɪˈplenɪʃ] vt ▸ **to replenish one's supply of sthg** se réapprovisionner en qqch.

replete [rɪˈpliːt] adj *fml* rempli(e) ; [person] rassasié(e).

replica [ˈreplɪkə] noun copie *f* exacte, réplique *f*.

replicate [ˈreplɪkeɪt] vt *fml* reproduire.

reply [rɪˈplaɪ] ◆ noun (*pl* **-ies**) ▸ **reply (to)** réponse *f* (à) ▸ **in reply (to)** en réponse (à). ◆ vt & vi (*pt & pp* **-ied**) répondre.

repopulate [ˌriːˈpɒpjʊleɪt] vt repeupler.

report [rɪˈpɔːt] ◆ noun **1.** [account] rapport *m*, compte *m* rendu / *he gave an accurate report of the situation* il a fait un rapport précis sur la situation / *his report on the meeting* son compte rendu de la réunion ▸ **sales report** rapport *m* OR bilan *m* commercial **2.** PRESS reportage *m* / *according to newspaper / intelligence reports* selon les journaux / les services de renseignements / *we have had reports of several burglaries in city stores* on nous a signalé plusieurs cambriolages dans les magasins du centre-ville **3.** UK SCH bulletin *m* (scolaire). ◆ vt **1.** [news, crime] rapporter, signaler / *the newspapers report heavy casualties* les journaux font état de nombreuses victimes / *to report sb missing (to the police)* signaler la disparition de qqn (à la police) / *to be reported missing / dead* être porté(e) disparu(e) / au nombre des morts / *it is reported that a woman drowned* [unconfirmed news] une femme se serait noyée **2.** [make known] ▸ **to report that…** annoncer que… / *the doctors report his condition as comfortable* les médecins déclarent son état satisfaisant **3.** [complain about] ▸ **to report sb (to)** dénoncer qqn (à) / *they were reported to the police for vandalism* on les a dénoncés à la police pour vandalisme. ◆ vi **1.** [give account] ▸ **to report (on)** faire un rapport (sur) ; PRESS faire un reportage (sur) **2.** [present oneself] ▸ **to report (to sb / for sthg)** se présenter (à qqn / pour qqch) / *to report for duty* prendre son service, se présenter au travail **3.** [in hierarchy] ▸ **to report to sb** être sous les ordres de qqn / *I report directly to the sales manager* je dépends directement du chef des ventes. ◆ **report back** vi ▸ **to report back (to)** présenter son rapport (à) / *can you report back on what was discussed?* pouvez-vous rapporter ce qui a été dit ?

report card noun US bulletin *m* (scolaire).

reported [rɪ'pɔ:tɪd] adj : *there have been reported sightings of dolphins off the coast* on aurait vu des dauphins près des côtes / *what was their last reported position?* où ont-ils été signalés pour la dernière fois ?

reportedly [rɪ'pɔ:tɪdlɪ] adv à ce qu'il paraît.

reported speech [rɪ'pɔ:tɪd-] noun style *m* indirect.

reporter [rɪ'pɔ:təʳ] noun reporter *m*.

repose [rɪ'pəʊz] noun *liter* repos *m*.

reposition [ˌri:pə'zɪʃn] vt [brand, product] repositionner.

repositioning noun [of brand, product] repositionnement *m*.

repository [rɪ'pɒzɪtrɪ] (*pl* **-ies**) noun dépôt *m*.

repossess [ˌri:pə'zes] vt saisir.

repossession [ˌri:pə'zeʃn] noun saisie *f*.

reprehensible [ˌreprɪ'hensəbl] adj *fml* répréhensible.

represent [ˌreprɪ'zent] vt **1.** [gen] représenter ▸ **to be well** OR **strongly represented** être bien représenté(e) **2.** [describe] ▸ **to represent sb / sthg as** décrire qqn / qqch comme.

representation [ˌreprɪzen'teɪʃn] noun [gen] représentation *f*. ◆ **representations** pl n ▸ **to make representations to sb** faire une démarche auprès de qqn.

representative [ˌreprɪ'zentətɪv] ◆ adj représentatif(ive). ◆ noun représentant *m*, -e *f*.

representative sample noun échantillon *m* type.

repress [rɪ'pres] vt réprimer.

repressed [rɪ'prest] adj **1.** [person - sexually] refoulé(e) **2.** [feelings] réprimé(e), contenu(e).

repression [rɪ'preʃn] noun répression *f* ; [sexual] refoulement *m*.

repressive [rɪ'presɪv] adj répressif(ive).

reprieve [rɪ'pri:v] ◆ noun **1.** [delay] sursis *m*, répit *m* **2.** LAW sursis *m*. ◆ vt accorder un sursis à.

reprimand ['reprɪmɑ:nd] ◆ noun réprimande *f*. ◆ vt réprimander.

reprint ◆ noun ['ri:prɪnt] réimpression *f*. ◆ vt [ˌri:'prɪnt] réimprimer.

reprisal [rɪ'praɪzl] noun *(U)* représailles *fpl*.

reproach [rɪ'prəʊtʃ] ◆ noun reproche *m*. ◆ vt ▸ **to reproach sb for** OR **with sthg** reprocher qqch à qqn.

reproachful [rɪ'prəʊtʃfʊl] adj [voice, look, attitude] réprobateur(trice) ; [tone, words] de reproche, réprobateur(trice).

reproachfully [rɪ'prəʊtʃfʊlɪ] adv avec reproche / *to look at sb reproachfully* lancer des regards réprobateurs à qqn.

reprobate ['reprəbeɪt] noun *hum* dépravé *m*, -e *f*.

reprocess [ˌri:'prəʊses] vt retraiter.

reprocessing [ˌri:'prəʊsesɪŋ] noun retraitement *m* ▸ **nuclear reprocessing** retraitement des déchets nucléaires.

reproduce [ˌri:prə'dju:s] ◆ vt reproduire. ◆ vi se reproduire.

reproduction [ˌri:prə'dʌkʃn] noun reproduction *f*.

reproductive [ˌri:prə'dʌktɪv] adj reproducteur(trice).

reprogram [ˌri:'prəʊgræm] (*pt & pp* **-med**, *cont* **-ming**) vt reprogrammer.

reproof [rɪ'pru:f] noun *fml* reproche *m*, blâme *m*.

reprove [rɪ'pru:v] vt *fml* ▸ **to reprove sb (for)** blâmer qqn (pour OR de), réprimander qqn (pour).

reproving [rɪ'pru:vɪŋ] adj *fml* réprobateur(trice).

reptile ['reptaɪl] noun reptile *m*.

republic [rɪ'pʌblɪk] noun république *f*.

republican [rɪ'pʌblɪkən] ◆ adj républicain(e). ◆ noun républicain *m*, -e *f*. ◆ **Republican** ◆ adj républicain(e) ▸ **the Republican Party** US le parti républicain. ◆ noun républicain *m*, -e *f*.

repudiate [rɪ'pju:dɪeɪt] vt *fml* [offer, suggestion] rejeter ; [friend] renier.

repudiation [rɪˌpju:dɪ'eɪʃn] noun *fml* [of offer, suggestion] rejet *m* ; [of friend] reniement *m*.

repugnant [rɪ'pʌgnənt] adj *fml* répugnant(e).

repulse [rɪ'pʌls] vt repousser.

repulsion [rɪ'pʌlʃn] noun répulsion *f*.

repulsive [rɪ'pʌlsɪv] adj repoussant(e).

repulsively [rɪ'pʌlsɪvlɪ] adv de façon repoussante OR répugnante / *repulsively ugly* d'une laideur repoussante.

reputable ['repjʊtəbl] adj de bonne réputation.

reputation [ˌrepjʊ'teɪʃn] noun réputation *f* ▸ **to have a reputation for sthg** être réputé(e) pour qqch ▸ **to have a reputation for being…** avoir la réputation d'être….

repute [rɪ'pju:t] noun ▸ **of repute** de renom ▸ **of good repute** de bonne réputation.

reputed [rɪ'pju:tɪd] adj réputé(e) ▸ **to be reputed to be sthg** être réputé pour être qqch, avoir la réputation d'être qqch.

reputedly [rɪ'pju:tɪdlɪ] adv à OR d'après ce qu'on dit.

request [rɪ'kwest] ◆ noun ▸ **request (for)** demande *f* (de) ▸ **on request** sur demande ▸ **at sb's request** sur OR à la demande de qqn / *by popular request* à la demande générale / *any last requests?* quelles sont vos dernières volontés ? ◆ vt demander / *I enclose a postal order for £5, as requested* selon votre demande, je joins un mandat postal de 5 livres / *Mr and Mrs Booth request the pleasure of your company* M. et Mme Booth vous prient de leur faire l'honneur de votre présence ▸ **to request sb to do sthg** demander à qqn de faire qqch.

request stop noun UK arrêt *m* facultatif.

require [rɪ'kwaɪəʳ] vt [subj: person] avoir besoin de ; [subj: situation] nécessiter / *is that all you require?*

c'est tout ce qu'il vous faut ?, c'est tout ce dont vous avez besoin ? / *extreme caution is required* une extrême vigilance s'impose ▸ **to require sb to do sthg** exiger de qqn qu'il fasse qqch / *candidates are required to provide three photographs* les candidats doivent fournir trois photographies.

required [rɪ'kwaɪəd] adj exigé(e), requis(e).

requirement [rɪ'kwaɪəmənt] noun besoin *m* / *energy requirements* besoins énergétiques / *this doesn't meet our requirements* ceci ne répond pas à nos exigences / *she doesn't fulfil the requirements for the job* elle ne remplit pas les conditions requises pour le poste.

requisite ['rekwɪzɪt] adj *fml* requis(e).

requisition [ˌrekwɪ'zɪʃn] vt réquisitionner.

reread [ˌri:'ri:d] (*pt & pp* **reread** [ˌri:'red]) vt relire.

rerelease [ˌri:rɪ'li:s] ❖ vt [film, album] ressortir. ❖ noun [film, album] reprise *f*.

reroute [ˌri:'ru:t] vt dérouter.

rerun ❖ noun ['ri:rʌn] [of TV programme] rediffusion *f*, reprise *f* ; *fig* répétition *f*. ❖ vt [ˌri:'rʌn] (*pt* **-ran**, *pp* **-run**, *cont* **-ning**) **1.** [race] réorganiser **2.** [TV programme] rediffuser ; [tape] passer à nouveau, repasser.

resale ['ri:seɪl] noun revente *f*.

resat [ˌri:'sæt] pt & pp ⟶ **resit**.

reschedule [UK ˌri:'ʃedjʊl, US ˌri:'skedʒʊl] vt [to new date] changer la date de ; [to new time] changer l'heure de ; FIN rééchelonner.

rescind [rɪ'sɪnd] vt *fml* [contract] annuler ; [law] abroger.

rescue ['reskju:] ❖ noun **1.** *(U)* [help] secours *mpl* ▸ **to go / come to sb's rescue** aller / venir au secours de qqn **2.** [successful attempt] sauvetage *m*. ❖ vt sauver, secourir.

rescue operation noun opération *f* de sauvetage.

rescuer ['reskjʊəʳ] noun sauveteur *m*, -euse *f*.

reseal [ˌri:'si:l] vt [letter] recacheter.

research [ˌrɪ'sɜ:tʃ] ❖ noun *(U)* ▸ **research (on** OR **into)** recherche *f* (sur), recherches *fpl* (sur) ▸ **research and development** recherche et développement *m*. ❖ vt faire des recherches sur. ❖ vi ▸ **to research (into)** faire des recherches (sur).

researcher [rɪ'sɜ:tʃəʳ] noun chercheur *m*, -euse *f*.

resell [ˌri:'sel] (*pt & pp* **resold**) vt revendre.

resemblance [rɪ'zembləns] noun ▸ **resemblance (to)** ressemblance *f* (avec).

resemble [rɪ'zembl] vt ressembler à.

resent [rɪ'zent] vt être indigné(e) par / *I resent that!* je n'apprécie pas (ça) du tout !

resentful [rɪ'zentfʊl] adj plein(e) de ressentiment.

resentfully [rɪ'zentfʊlɪ] adv avec ressentiment.

resentment [rɪ'zentmənt] noun ressentiment *m*.

reservation [ˌrezə'veɪʃn] noun **1.** [booking] réservation *f* / *to make a reservation* **a)** [on train] réserver une OR sa place **b)** [in hotel] réserver OR retenir une chambre **c)** [in restaurant] réserver une table **2.** [uncertainty] ▸ **without reservation** sans réserve / *to have reservations about sthg* faire OR émettre des réserves sur qqch **3.** US [for Native Americans] réserve *f* indienne.

reserve [rɪ'zɜ:v] ❖ noun **1.** [gen] réserve *f* ▸ **cash reserves** réserves de caisse / *to draw on one's reserves* puiser dans ses réserves / *to break through sb's reserve* amener qqn à sortir de sa réserve / *to call up the reserve* OR *reserves* MIL faire appel à la réserve OR aux réservistes ▸ **in reserve** en réserve / *luckily, they have some money in reserve* heureusement, ils ont (mis) un peu d'argent de côté **2.** SPORT remplaçant *m*, -e *f*. ❖ vt **1.** [save] garder, réserver **2.** [book] réserver **3.** [retain] ▸ **to reserve the right to do sthg** se réserver le droit de faire qqch.

reserved [rɪ'zɜ:vd] adj réservé(e).

reservist [rɪ'zɜ:vɪst] noun réserviste *m*.

reservoir ['rezəvwɑ:ʳ] noun réservoir *m*.

reset [ˌri:'set] (*pt & pp* **reset**, *cont* **-ting**) ❖ vt **1.** [clock, watch] remettre à l'heure ; [meter, controls] remettre à zéro **2.** [bone] remettre **3.** COMPUT ré-initialiser. ❖ vi COMPUT ré-initialiser.

reset button noun COMPUT bouton *m* de réinitialisation.

resettle [ˌri:'setl] ❖ vt [land] repeupler ; [people] établir, implanter. ❖ vi [people] se fixer (ailleurs), s'établir (ailleurs).

resettlement [ˌri:'setlmənt] noun [of land] repeuplement *m* ; [of people] établissement *m*, implantation *f*.

How to make a request

- **Tu peux me donner un coup de main ?** *Could you give me a hand?*
- **Est-ce que vous pourriez m'aider à attraper ma valise, s'il vous plaît ?** *Can you help me get my case down, please?*
- **Vous voulez bien m'aider à descendre les colis ?** *Could you help me take these parcels down, please?*
- **Tu n'aurais pas le temps de relire cette lettre, par hasard ?** *You wouldn't have the time to read this letter through for me, would you?*
- **Je me demandais si tu ne pourrais pas me prêter dix euros ?** *I was wondering whether you could lend me ten euros?*
- **Écoute, j'ai vraiment besoin de ta voiture.** *Listen, I really need to borrow your car.*
- **Merci de me rappeler dès que possible.** *Please phone me back as soon as possible.*
- **Tu me passes le sel, s'il te plaît ?** *Can you pass me the salt, please?*

reshape [ˌriːˈʃeɪp] vt [policy, thinking] réorganiser.

reshuffle [ˌriːˈʃʌfl] ❖ noun remaniement *m* ▸ **cabinet reshuffle** remaniement ministériel. ❖ vt remanier.

reside [rɪˈzaɪd] vi *fml* résider.

residence [ˈrezɪdəns] noun résidence *f* ▸ **in residence** en résidence ▸ **to take up residence** s'installer.

residence permit noun permis *m* de séjour.

resident [ˈrezɪdənt] ❖ adj résidant(e) ; [chaplain, doctor] à demeure. ❖ noun résident *m*, -e *f*.

residential [ˌrezɪˈdenʃl] adj : *residential course* stage ou formation avec logement sur place ▸ **residential institution** internat *m*.

residential area noun quartier *m* résidentiel.

residual [rɪˈzɪdjʊəl] adj restant(e) ; CHEM résiduel(elle).

residue [ˈrezɪdjuː] noun reste *m* ; CHEM résidu *m*.

resign [rɪˈzaɪn] ❖ vt **1.** [job] démissionner de **2.** [accept calmly] ▸ **to resign o.s. to** se résigner à. ❖ vi ▸ **to resign (from)** démissionner (de).

resignation [ˌrezɪɡˈneɪʃn] noun **1.** [from job] démission *f* **2.** [calm acceptance] résignation *f*.

resigned [rɪˈzaɪnd] adj ▸ **resigned (to)** résigné(e) (à).

resilience [rɪˈzɪlɪəns] noun [of material] élasticité *f* ; [of person] ressort *m*.

resilient [rɪˈzɪlɪənt] adj [material] élastique ; [person] qui a du ressort.

resin [ˈrezɪn] noun résine *f*.

resist [rɪˈzɪst] vt résister à.

resistance [rɪˈzɪstəns] noun résistance *f*.

resistant [rɪˈzɪstənt] adj **1.** [opposed] ▸ **to be resistant to** a) [gen] résister à b) [change] s'opposer à **2.** [immune] ▸ **resistant (to)** rebelle (à).

-resistant suffix : *heat-resistant* qui résiste à la chaleur / *water-resistant* qui résiste à l'eau / *flame-resistant* ignifugé(e).

resistor [rɪˈzɪstəʳ] noun ELEC résistance *f*.

resit UK ❖ noun [ˈriːsɪt] deuxième session *f*. ❖ vt [ˌriːˈsɪt] (*pt & pp* **-sat**, *cont* **-ting**) repasser, se représenter à.

resize [ˌriːˈsaɪz] vt COMPUT [window] redimensionner ▸ **resize box** case *f* de redimensionnement.

resolute [ˈrezəluːt] adj résolu(e).

resolutely [ˈrezəluːtlɪ] adv résolument.

resolution [ˌrezəˈluːʃn] noun résolution *f*.

resolve [rɪˈzɒlv] ❖ noun *(U)* [determination] résolution *f*. ❖ vt **1.** [decide] ▸ **to resolve (that)...** décider que... ▸ **to resolve to do sthg** résoudre OR décider de faire qqch **2.** [solve] résoudre.

resonance [ˈrezənəns] noun résonance *f*.

resonant [ˈrezənənt] adj résonnant(e).

resonate [ˈrezəneɪt] vi résonner.

resort [rɪˈzɔːt] noun **1.** [for holidays] lieu *m* de vacances ▸ **ski resort** station de sports d'hiver **2.** [recourse] recours *m* / *without resort to threats* sans avoir recours aux menaces ▸ **as a last resort, in the last resort** en dernier ressort OR recours. ◆ **resort to** vt insep recourir à, avoir recours à / *you resorted to lying to your wife* vous en êtes venu à mentir à votre femme.

resound [rɪˈzaʊnd] vi **1.** [noise] résonner **2.** [place] ▸ **to resound with** retentir de.

resounding [rɪˈzaʊndɪŋ] adj **1.** [loud - noise, blow, wail] retentissant(e) ; [- voice] sonore, claironnant(e) ; [- explosion] violent(e) **2.** [unequivocal] retentissant(e), éclatant(e).

resoundingly [rɪˈzaʊndɪŋlɪ] adv **1.** [loudly] bruyamment **2.** [unequivocally - win] d'une manière retentissante OR décisive ; [- criticize, condemn] sévèrement / *the team was resoundingly beaten* l'équipe a été battue à plate couture.

resource [rɪˈsɔːs] noun ressource *f* / *there's a limit to the resources we can invest* il y a une limite à la somme que nous pouvons investir / *left to their own resources, they're likely to mess everything up* livrés à eux-mêmes, ils risquent de tout gâcher.

resourceful [rɪˈsɔːsfʊl] adj plein(e) de ressources, débrouillard(e).

resourcefulness [rɪˈsɔːsfʊlnɪs] noun *(U)* ressource *f*.

respect [rɪˈspekt] ❖ noun **1.** [gen] ▸ **respect (for)** respect *m* (pour) ▸ **to have respect for sb** avoir du respect à OR pour qqn / *he has no respect for authority / money* il méprise l'autorité / l'argent / *to do sthg out of respect for sb / sthg* faire qqch par respect pour qqn / qqch / *I stood up in respect* je me suis levé respectueusement ▸ **to show respect for sb** témoigner du respect à OR pour qqn / *you have to gain the children's respect* il faut savoir se faire respecter par les enfants ▸ **with respect** avec respect / *with respect,...* sauf votre respect,... **2.** [aspect] ▸ **in this** OR **that respect** à cet égard ▸ **in every respect** à tous égards ▸ **in some respects** à certains égards. ❖ vt respecter ▸ **to respect sb for sthg** respecter qqn pour qqch. ◆ **respects** pl n respects *mpl*, hommages *mpl* / *to pay one's respects to sb* présenter ses respects OR ses hommages à qqn ▸ **to pay one's last respects to sb** rendre un dernier hommage à qqn. ◆ **with respect to** prep en ce qui concerne, quant à.

respectability [rɪˌspektəˈbɪlətɪ] noun respectabilité *f*.

respectable [rɪˈspektəbl] adj **1.** [morally correct] respectable **2.** [adequate] raisonnable, honorable.

respectably [rɪˈspektəblɪ] adv [correctly] convenablement.

respected [rɪˈspektɪd] adj respecté(e).

respecter [rɪˈspektəʳ] noun : *she is no respecter of tradition* elle ne fait pas partie de ceux qui respectent la tradition / *disease is no respecter of class* nous sommes tous égaux devant la maladie.

respectful [rɪˈspektfʊl] adj respectueux(euse).

respectfully [rɪˈspektfʊlɪ] adv avec respect, respectueusement.

respective [rɪˈspektɪv] adj respectif(ive).

respectively [rɪˈspektɪvlɪ] adv respectivement.

respiration [ˌrespəˈreɪʃn] noun respiration *f*.

respirator ['respəreɪtəʳ] noun respirateur *m*.

respiratory [UK rɪ'spɪrətrɪ, US 'respərətɔ:rɪ] adj respiratoire.

respite ['respaɪt] noun répit *m*.

resplendent [rɪ'splendənt] adj *liter* resplendissant(e).

respond [rɪ'spɒnd] ❖ vt répondre. ❖ vi : *the patient is responding* le malade réagit positivement ▸ **to respond (to)** répondre (à) / *her condition isn't responding to treatment* le traitement ne semble pas agir sur sa maladie / *to respond to flattery* être sensible à la flatterie.

response [rɪ'spɒns] noun réponse *f* ▸ **in response** en réponse.

response time noun COMPUT temps *m* de réponse ; MED & PSYCHOL temps *m* de réaction.

responsibility [rɪ,spɒnsə'bɪlətɪ] (*pl* **-ies**) noun ▸ **responsibility (for)** responsabilité *f* (de) ▸ **to accept** OR **take responsibility for sthg** prendre OR accepter la responsabilité de qqch.

responsible [rɪ'spɒnsəbl] adj **1.** [gen] : *it wasn't very responsible of him* ce n'était pas très sérieux de sa part ▸ **responsible (for sthg)** responsable (de qqch) / *who's responsible for research?* qui est chargé de la recherche ? / *human error / a malfunction was responsible for the disaster* la catastrophe était due à une erreur humaine / à une défaillance technique ▸ **to be responsible to sb** être responsable devant qqn **2.** [job, position] qui comporte des responsabilités.

responsibly [rɪ'spɒnsəblɪ] adv de façon responsable.

responsive [rɪ'spɒnsɪv] adj **1.** [quick to react] qui réagit bien **2.** [aware] ▸ **responsive (to)** attentif(ive) (à).

rest [rest] ❖ noun **1.** [remainder] ▸ **the rest (of)** le reste (de) ▸ **the rest (of them)** les autres *mf pl* ; *inf* ▸ **and all the rest (of it), and the rest** et tout le reste OR tout le tralala **2.** [relaxation, break] repos *m* / *(a) rest will do him good* un peu de repos lui fera du bien ▸ **to have a rest** se reposer / *try to get some rest* essayez de vous reposer (un peu) / *he needs a rest from the pressure / the children* il a besoin de se détendre / d'un peu de temps sans les enfants / *you'd better give the skiing a rest* vous feriez mieux de ne pas faire de ski pendant un certain temps ▸ **to put** OR **to set sb's mind at rest** tranquilliser OR rassurer qqn **3.** [support] support *m*, appui *m* **4.** MUS silence *m* / *minim* UK OR *half* US *rest* demi-pause *f* **5.** PHR **to come to rest** s'arrêter. ❖ vt **1.** [relax] faire OR laisser reposer / *sit down and rest your legs* assieds-toi et repose-toi les jambes **2.** [support] ▸ **to rest sthg on / against** appuyer qqch sur / contre. ❖ vi **1.** [relax] se reposer / *'rest in peace'* *euph* 'repose en paix' **2.** [be supported] ▸ **to rest on / against** s'appuyer sur / contre / *his arm rested on the back of the sofa* son bras reposait sur le dossier du canapé **3.** *fig* [argument, result] ▸ **to rest on** reposer sur / *the responsibility rests with you* c'est vous qui êtes responsable / *the decision rests with you* il vous appartient de décider / *can't you let the matter rest?* ne pouvez-vous pas abandonner cette idée ? **4.** PHR **rest assured** soyez certain(e).

restart [,ri:'stɑ:t] ❖ vt [engine] remettre en marche ; [work] reprendre, recommencer ; [computer] reprendre, recommencer. ❖ vi **1.** [play, film] reprendre **2.** [engine] se remettre en marche.

restaurant ['restərɒnt] noun restaurant *m*.

restaurant car noun UK wagon-restaurant *m*.

rested ['restɪd] adj reposé(e).

restful ['restfʊl] adj reposant(e).

resting place ['restɪŋ-] noun lieu *m* de repos.

restive ['restɪv] adj agité(e).

restless ['restlɪs] adj agité(e).

restlessness ['restlɪsnɪs] noun [fidgeting, nervousness] nervosité *f*, agitation *f* ; [impatience] impatience *f*.

restock [,ri:'stɒk] ❖ vt réapprovisionner. ❖ vi se réapprovisionner.

restoration [,restə'reɪʃn] noun **1.** [of law and order, monarchy] rétablissement *m* **2.** [renovation] restauration *f*.

restore [rɪ'stɔ:ʳ] vt **1.** [law and order, monarchy] rétablir ; [confidence] redonner **2.** [renovate] restaurer **3.** [give back] rendre, restituer.

restorer [rɪ'stɔ:rəʳ] noun [person] restaurateur *m*, -trice *f*.

restrain [rɪ'streɪn] vt [person, crowd] contenir, retenir ; [emotions] maîtriser, contenir ▸ **to restrain o.s. from doing sthg** se retenir de faire qqch.

restrained [rɪ'streɪnd] adj [tone] mesuré(e) ; [person] qui se domine.

restraint [rɪ'streɪnt] noun **1.** [restriction] restriction *f*, entrave *f* **2.** *(U)* [self-control] mesure *f*, retenue *f*.

restrict [rɪ'strɪkt] vt restreindre, limiter ▸ **to restrict o.s. to** se limiter à.

restricted [rɪ'strɪktɪd] adj **1.** [limited, small] limité(e) **2.** [not public - document] confidentiel(elle) ; [- area] interdit(e).

restriction [rɪ'strɪkʃn] noun restriction *f*, limitation *f* ▸ **to place restrictions on sthg** apporter des restrictions à qqch.

restrictive [rɪ'strɪktɪv] adj restrictif(ive).

rest room noun US toilettes *fpl*.

restructure [,ri:'strʌktʃəʳ] vt restructurer.

result [rɪ'zʌlt] ❖ noun résultat *m* / *our policy is beginning to get* OR *show results* notre politique commence à porter ses fruits / *these problems are the result of a misunderstanding* ces problèmes sont dus à un malentendu ▸ **as a result** en conséquence ▸ **as a result of** a) [as a consequence of] à la suite de b) [because of] à cause de. ❖ vi **1.** [cause] ▸ **to result in** aboutir à / *the dispute resulted in her resigning* la dispute a entraîné sa démission **2.** [be caused] : *a price rise would inevitably result* il en résulterait OR il s'ensuivrait inévitablement une augmentation des prix ▸ **to result (from)** résulter (de).

resultant [rɪ'zʌltənt] adj *fml* qui (en) résulte.

resume [rɪ'zju:m] vt & vi reprendre. ➡ See note.

⚠ **Résumer** means *to sum up*, not *to resume*.

résumé ['rezju:meɪ] noun **1.** [summary] résumé *m* **2.** US [curriculum vitae] curriculum vitae *m inv*, CV *m*.

resumption [rɪ'zʌmpʃn] noun reprise *f*.

resurface [,ri:'sɜ:fɪs] ❖ vt [road] regoudronner. ❖ vi [rivalries, problems] réapparaître.

resurgence [rɪ'sɜ:dʒəns] noun réapparition *f*.

resurgent [rɪ'sɜ:dʒənt] adj renaissant(e).

resurrect [,rezə'rekt] vt *fig* ressusciter.

resurrection [,rezə'rekʃn] noun *fig* résurrection *f*. ◆ **Resurrection** noun ▸ **the Resurrection** la Résurrection.

resuscitate [rɪ'sʌsɪteɪt] vt réanimer.

resuscitation [rɪ,sʌsɪ'teɪʃn] noun réanimation *f*.

retail ['ri:teɪl] ❖ noun *(U)* détail *m*. ❖ adv au détail.

retailer ['ri:teɪlər] noun détaillant *m*, -e *f*.

retail outlet noun point *m* de vente.

retail park noun UK centre *m* commercial.

retail price noun prix *m* de détail.

retail therapy noun ▸ **to do some retail therapy** *inf* faire du shopping pour se remonter le moral.

retain [rɪ'teɪn] vt conserver.

retainer [rɪ'teɪnər] noun **1.** [fee] provision *f* **2.** [servant] serviteur *m*.

retake ❖ vt [,ri:'teɪk] (*pt* **-took**, *pp* **-taken**) **1.** [town, fortress] reprendre **2.** [exam] repasser **3.** CIN [shot] reprendre, refaire ; [scene] refaire une prise (de vues) de. ❖ noun ['ri:teɪk] **1.** [of exam] nouvelle session *f* **2.** CIN nouvelle prise *f* (de vues).

retaliate [rɪ'tælɪeɪt] vi rendre la pareille, se venger.

retaliation [rɪ,tælɪ'eɪʃn] noun *(U)* vengeance *f*, représailles *fpl*.

retarded [rɪ'tɑ:dɪd] adj *offens* retardé(e).

retch [retʃ] vi avoir des haut-le-cœur.

retention [rɪ'tenʃn] noun maintien *m*, conservation *f* ; MED rétention *f*.

retentive [rɪ'tentɪv] adj [memory] fidèle.

rethink ❖ noun ['ri:θɪŋk] ▸ **to have a rethink (on** OR **about sthg)** repenser (qqch). ❖ vt & vi [,ri:'θɪŋk] (*pt & pp* **-thought**) repenser.

reticent ['retɪsənt] adj peu communicatif(ive) ▸ **to be reticent about sthg** ne pas beaucoup parler de qqch.

retina ['retɪnə] (*pl* **-nas** *or* **-nae**) noun rétine *f*.

retinue ['retɪnju:] noun suite *f*.

retire [rɪ'taɪər] vi **1.** [from work] prendre sa retraite **2.** [withdraw] se retirer **3.** *fml* [to bed] (aller) se coucher.

retired [rɪ'taɪəd] adj à la retraite, retraité(e).

retirement [rɪ'taɪəmənt] noun retraite *f*.

retirement age noun âge *m* de la retraite.

retiring [rɪ'taɪərɪŋ] adj **1.** [shy] réservé(e) **2.** [from work] sur le point de prendre sa retraite.

retort [rɪ'tɔ:t] ❖ noun [sharp reply] riposte *f*. ❖ vt riposter.

retouch [,ri:'tʌtʃ] vt retoucher.

retrace [rɪ'treɪs] vt ▸ **to retrace one's steps** revenir sur ses pas.

retract [rɪ'trækt] ❖ vt **1.** [statement] rétracter **2.** [undercarriage] rentrer, escamoter ; [claws] rentrer. ❖ vi [undercarriage] rentrer, s'escamoter.

retractable [rɪ'træktəbl] adj escamotable.

retrain [,ri:'treɪn] ❖ vt recycler. ❖ vi se recycler.

retraining [,ri:'treɪnɪŋ] noun recyclage *m*.

retread ❖ noun ['ri:tred] pneu *m* rechapé. ❖ vt [,ri:'tred] rechaper.

retreat [rɪ'tri:t] ❖ noun retraite *f* ▸ **to beat a hasty retreat** partir en vitesse. ❖ vi [move away] se retirer ; MIL battre en retraite.

retrial [,ri:'traɪəl] noun nouveau procès *m*.

retribution [,retrɪ'bju:ʃn] noun châtiment *m*.

⚠ **Rétribution** means *payment*, not *retribution*.

retrieval [rɪ'tri:vl] noun *(U)* COMPUT recherche *f* et extraction *f*.

retrieve [rɪ'tri:v] vt **1.** [get back] récupérer **2.** COMPUT rechercher et extraire **3.** [situation] sauver.

retriever [rɪ'tri:vər] noun [dog] retriever *m*.

retro ['retrəʊ] adj rétro *(inv)* / *retro fashions* la mode rétro.

retroactive [,retrəʊ'æktɪv] adj *fml* rétroactif(ive).

retrograde ['retrəgreɪd] adj *fml* rétrograde.

retrospect ['retrəspekt] noun ▸ **in retrospect** après coup.

retrospective [,retrə'spektɪv] ❖ adj **1.** [mood, look] rétrospectif(ive) **2.** LAW [law, pay rise] rétroactif(ive). ❖ noun rétrospective *f*.

retrospectively [,retrə'spektɪvlɪ] adv **1.** [looking back] rétrospectivement **2.** LAW rétroactivement.

retry [,ri:'traɪ] (*pt & pp* **-ied**) vt LAW refaire le procès de, juger à nouveau.

return [rɪ'tɜ:n] ❖ noun **1.** *(U)* [arrival back, giving back] retour *m* / *on her return* à son retour / *by return (of post)* UK par retour du courrier / *a return to normal* un retour à la normale / *the strikers' return to work* la reprise du travail par les grévistes **2.** TENNIS renvoi *m* **3.** UK [ticket] aller et retour *m* **4.** [profit] rapport *m*, rendement *m* / *a 10 % return on investment* un rendement de 10 % sur la somme investie. ❖ comp [journey] de retour. ❖ vt **1.** [gen] rendre ; [loan] rembourser ; [library book] rapporter **2.** [send back] renvoyer / *'return to sender'* 'retour à l'expéditeur' / *the soldiers returned our fire* les soldats répondirent à notre tir **3.** [replace] remettre / *she returned the file to the drawer* elle remit le dossier dans le tiroir **4.** POL élire. ◆ vi [come back] revenir ; [go back] retourner / *let's return to your question* revenons à votre question / *to return to work* reprendre le travail / *the situation should return to normal next week* la situation devrait redevenir normale la semaine prochaine. ◆ **returns** pl n COMM recettes *fpl* ▸ **many happy returns (of the day)!** bon anniversaire ! ◆ **in return** adv en retour, en échange. ◆ **in return for** prep en échange de.

returnable [rɪ'tɜ:nəbl] adj [bottle] consigné(e).

return key noun COMPUT touche *f* entrée.

return match noun match *m* retour.

return ticket noun UK aller et retour *m*.

reunification [,ri:ju:nɪfɪ'keɪʃn] noun réunification *f*.

reunify [,ri:'ju:nɪfaɪ] (*pt & pp* **-ied**) vt réunifier.

reunion [,ri:'ju:njən] noun réunion *f*.

Reunion [,ri:'ju:njən] noun ▸ **Reunion (Island)** (l'île *f* de) la Réunion ▸ **in Reunion** à la Réunion.

reunite [,ri:ju:'naɪt] vt ▸ **to be reunited with sb** retrouver qqn.

reusable [ri:'ju:zəbl] adj réutilisable.

reuse ◆ noun [,ri:'ju:s] réutilisation *f*. ◆ vt [,ri:'ju:z] réutiliser.

rev [rev] *inf* ◆ noun (*abbr of* **revolution**) tour *m*. ◆ vt (*pt & pp* **-ved**, *cont* **-ving**) ▸ **to rev the engine (up)** emballer le moteur. ◆ vi (*pt & pp* **-ved**, *cont* **-ving**) ▸ **to rev (up)** s'emballer.

revalue [,ri:'vælju:] vt FIN réévaluer.

revamp [,ri:'væmp] vt *inf* [system, department] réorganiser ; [house] retaper.

reveal [rɪ'vi:l] vt révéler.

revealing [rɪ'vi:lɪŋ] adj **1.** [clothes - low-cut] décolleté(e) ; [- transparent] qui laisse deviner le corps **2.** [comment] révélateur(trice).

revealingly [rɪ'vi:lɪŋlɪ] adv **1.** [significantly] : *revealingly, not one of them speaks a foreign language* il est révélateur qu'aucun d'entre eux ne parle une langue étrangère **2.** [exposing the body] : *a revealingly short dress* une robe courte qui laisse tout voir.

revel ['revl] (UK *pt & pp* **-led**, *cont* **-ling**, US *pt & pp* **-ed**, *cont* **-ing**) vi ▸ **to revel in sthg** se délecter de qqch.

revelation [,revə'leɪʃn] noun révélation *f*.

reveller UK, **reveler** US ['revələr] noun fêtard *m*, -e *f*.

revenge [rɪ'vendʒ] ◆ noun vengeance *f* ▸ **to take revenge (on sb)** se venger (de qqn). ◆ comp [killing, attack] suscité(e) par la vengeance. ◆ vt venger ▸ **to revenge o.s. on sb** se venger de qqn.

revenue ['revənju:] noun revenu *m*.

reverberate [rɪ'vɜ:bəreɪt] vi retentir, se répercuter ; *fig* avoir des répercussions.

reverberations [rɪ,vɜ:bə'reɪʃnz] pl n réverbérations *fpl* ; *fig* répercussions *fpl*.

revere [rɪ'vɪər] vt révérer, vénérer.

reverence ['revərəns] noun révérence *f*, vénération *f*.

Reverend ['revərənd] noun révérend *m*.

reverential [,revə'renʃl] adj révérencieux(euse).

reverently ['revərəntlɪ] adv avec révérence, révérencieusement *liter*.

reverie ['revərɪ] noun *liter* rêverie *f*.

reversal [rɪ'vɜ:sl] noun **1.** [of policy, decision] revirement *m* **2.** [ill fortune] revers *m* de fortune.

reverse [rɪ'vɜ:s] ◆ adj [order, process] inverse / *in reverse order* en ordre inverse. ◆ noun **1.** AUTO ▸ **reverse (gear)** marche *f* arrière ▸ **to be in reverse** être en marche arrière ▸ **to go into reverse** faire marche arrière **2.** [opposite] ▸ **the reverse** le contraire / *did you enjoy it? — quite the reverse* cela vous a-t-il plu ? — pas du tout / *try to do the same thing in reverse* essayez de faire la même chose dans l'ordre inverse **3.** [back] ▸ **the reverse** a) [of paper] le verso, le dos b) [of coin] le revers. ◆ vt **1.** [order, positions] inverser ; [decision, trend] renverser / *this could reverse the effects of all our policies* ceci pourrait annuler les effets de toute notre politique **2.** [turn over] retourner **3.** UK TELEC ▸ **to reverse the charges** téléphoner en PCV. ◆ vi AUTO faire marche arrière ▸ **to reverse into a wall** rentrer dans un mur en faisant marche arrière / *the driver in front reversed into me* la voiture qui était devant moi m'est rentrée dedans en marche arrière.

reverse-charge call noun UK appel *m* en PCV.

reversible [rɪ'vɜ:səbl] adj réversible.

revert [rɪ'vɜ:t] vi ▸ **to revert to** retourner à.

review [rɪ'vju:] ◆ noun **1.** [of salary, spending] révision *f* ; [of situation] examen *m* / *salaries come up for review in December* les salaires doivent être révisés en décembre / *the situation is under review* on est en train d'examiner la situation **2.** [of book, play] critique *f*, compte rendu *m*. ◆ vt **1.** [salary] réviser ; [situation] examiner **2.** [book, play] faire la critique de **3.** [troops] passer en revue **4.** US [study again] réviser.

reviewer [rɪ'vju:ər] noun critique *mf*.

revile [rɪ'vaɪl] vt injurier.

revise [rɪ'vaɪz] ◆ vt **1.** [reconsider] modifier **2.** [rewrite] corriger **3.** UK [study again] réviser. ◆ vi UK ▸ **to revise (for)** réviser (pour).

revised [rɪ'vaɪzd] adj [estimate, figure] nouveau(elle) ; [version] revu(e) et corrigé(e).

revision [rɪ'vɪʒn] noun révision *f*.

revisionism [rɪ'vɪʒnɪzm] noun révisionnisme *m*.

revisit [,ri:'vɪzɪt] vt visiter de nouveau.

revitalize, revitalise UK [,ri:'vaɪtəlaɪz] vt revitaliser.

revival [rɪ'vaɪvl] noun [of economy, trade] reprise *f* ; [of interest] regain *m*.

revive [rɪ'vaɪv] ◆ vt **1.** [person] ranimer **2.** [economy] relancer ; [interest] faire renaître ; [tradition] rétablir ; [musical, play] reprendre ; [memories] ranimer, raviver.

❖ vi **1.** [person] reprendre connaissance **2.** [economy] repartir, reprendre ; [hopes] renaître.

revocation [ˌrevəˈkeɪʃn] noun [of decision] annulation *f* ; [of measure, law] abrogation *f*, annulation *f*, révocation *f* ; [of will] révocation *f*, annulation *f* ; [of title, diploma, permit] retrait *m*.

revoke [rɪˈvəʊk] vt [decision, order] annuler ; [measure, law] abroger, annuler, révoquer ; [will] révoquer, annuler ; [licence, permit, right] retirer.

revolt [rɪˈvəʊlt] ❖ noun révolte *f*. ❖ vt révolter, dégoûter. ❖ vi se révolter.

revolting [rɪˈvəʊltɪŋ] adj dégoûtant(e) ; [smell] infect(e).

revoltingly [rɪˈvəʊltɪŋlɪ] adv de façon dégoûtante / *he's revoltingly ugly / dirty* il est d'une laideur / d'une saleté repoussante ; [as intensifier] : *she's so revoltingly clever!* ça m'écœure qu'on puisse être aussi intelligent !

revolution [ˌrevəˈluːʃn] noun **1.** [gen] révolution *f* **2.** TECH tour *m*, révolution *f*.

revolutionary [ˌrevəˈluːʃnərɪ] ❖ adj révolutionnaire. ❖ noun (*pl* **-ies**) révolutionnaire *mf*.

revolutionize, revolutionise UK [ˌrevəˈluːʃənaɪz] vt révolutionner.

revolve [rɪˈvɒlv] vi ▸ **to revolve (around)** tourner (autour de).

revolver [rɪˈvɒlvəʳ] noun revolver *m*.

revolving [rɪˈvɒlvɪŋ] adj tournant(e) ; [chair] pivotant(e).

revolving door noun tambour *m*.

revue [rɪˈvjuː] noun revue *f*.

revulsion [rɪˈvʌlʃn] noun répugnance *f*.

reward [rɪˈwɔːd] ❖ noun récompense *f*. ❖ vt ▸ **to reward sb (for / with sthg)** récompenser qqn (de / par qqch).

rewarding [rɪˈwɔːdɪŋ] adj [job] qui donne de grandes satisfactions ; [book] qui vaut la peine d'être lu(e).

rewind [ˌriːˈwaɪnd] (*pt & pp* **rewound**) vt [tape] rembobiner.

rewire [ˌriːˈwaɪəʳ] vt [house] refaire l'installation électrique de.

reword [ˌriːˈwɜːd] vt reformuler.

rework [ˌriːˈwɜːk] vt retravailler.

rewound [ˌriːˈwaʊnd] pt & pp ⟶ **rewind**.

rewritable [ˌriːˈraɪtəbl] adj COMPUT réinscriptible.

rewrite [ˌriːˈraɪt] (*pt* **rewrote** [ˌriːˈrəʊt], *pp* **rewritten** [ˌriːˈrɪtn]) vt récrire.

Reykjavik [ˈrekjəvɪk] noun Reykjavik.

rhapsody [ˈræpsədɪ] (*pl* **-ies**) noun rhapsodie *f* ▸ **to go into rhapsodies about sthg** s'extasier sur qqch.

Rhesus [ˈriːsəs] noun ▸ **Rhesus positive / negative** rhésus *m* positif / négatif.

rhetoric [ˈretərɪk] noun rhétorique *f*.

rhetorical question [rɪˈtɒrɪkl-] noun question *f* pour la forme.

rheumatic [ruːˈmætɪk] adj [pain, joint] rhumatismal(e) ; [person] rhumatisant(e).

rheumatism [ˈruːmətɪzm] noun *(U)* rhumatisme *m*.

rheumatoid arthritis [ˈruːmətɔɪd-] noun polyarthrite *f* rhumatoïde.

Rhine [raɪn] noun ▸ **the (River) Rhine** le Rhin.

rhinestone [ˈraɪnstəʊn] noun faux diamant *m*.

rhino [ˈraɪnəʊ] (*pl inv or* **-s**), **rhinoceros** [raɪˈnɒsərəs] (*pl inv or* **-es**) noun rhinocéros *m*.

Rhodes [rəʊdz] noun Rhodes ▸ **in Rhodes** à Rhodes.

rhododendron [ˌrəʊdəˈdendrən] noun rhododendron *m*.

rhombus [ˈrɒmbəs] (*pl* **-es** *or* **-bi**) noun losange *m*.

rhubarb [ˈruːbɑːb] noun rhubarbe *f*.

rhyme [raɪm] ❖ noun **1.** [word, technique] rime *f* ▸ **in rhyme** en vers **2.** [poem] poème *m*. ❖ vi ▸ **to rhyme (with)** rimer (avec).

rhyming slang [ˈraɪmɪŋ-] noun UK *sorte d'argot traditionnellement employé par les Cockneys qui consiste à remplacer un mot par un groupe de mots choisis pour la rime.*

rhythm [ˈrɪðm] noun rythme *m*.

rhythm and blues noun rhythm and blues *m*.

rhythmic(al) [ˈrɪðmɪk(l)] adj rythmique.

rhythmically [ˈrɪðmɪklɪ] adv rythmiquement.

rib [rɪb] noun **1.** ANAT côte *f* **2.** [of umbrella] baleine *f* ; [of structure] membrure *f*.

ribald [ˈrɪbəld] adj paillard(e).

ribbed [rɪbd] adj [jumper, fabric] à côtes.

ribbon [ˈrɪbən] noun ruban *m*.

rib cage noun cage *f* thoracique.

Ribena® [raɪˈbiːnə] noun sirop *m* de cassis.

rice [raɪs] noun riz *m*.

rich [rɪtʃ] ❖ adj riche ; [clothes, fabrics] somptueux(euse) / *they want to get rich quick* ils veulent s'enrichir très vite ▸ **to be rich in** être riche en. ❖ pl n ▸ **the rich** les riches *mpl*. ◆ **riches** pl n richesses *fpl*, richesse *f*.

-rich suffix riche en… / *vitamin-rich foods* aliments *mpl* riches en vitamines.

richly [ˈrɪtʃlɪ] adv **1.** [rewarded] largement ; [provided] très bien ▸ **richly deserved** bien mérité **2.** [sumptuously] richement.

richness [ˈrɪtʃnɪs] noun *(U)* richesse *f*.

Richter scale [ˈrɪktəʳ-] noun ▸ **the Richter scale** l'échelle *f* de Richter.

rickets [ˈrɪkɪts] noun *(U)* rachitisme *m*.

rickety [ˈrɪkətɪ] adj branlant(e).

ricochet [ˈrɪkəʃeɪ] ❖ noun ricochet *m*. ❖ vi (*pt & pp* **-ed** *or* **-ted**, *cont* **-ing** *or* **-ting**) ▸ **to ricochet (off)** ricocher (sur).

rid [rɪd] ❖ adj ▸ **to be rid of** être débarrassé(e) de. ❖ vt (*pt* **rid** *or* **-ded**, *pp* **rid**, *cont* **-ding**) ▸ **to rid**

sb / sthg of débarrasser qqn / qqch de ▸ **to get rid of** se débarrasser de.

riddance ['rɪdəns] noun *inf* ▸ **good riddance!** bon débarras !

ridden ['rɪdn] pp ⟶ **ride**.

-ridden suffix : *flea-ridden* infesté(e) de puces / *disease-ridden* infesté(e) de maladies / *debt-ridden* criblé(e) de dettes.

riddle ['rɪdl] noun énigme *f*.

riddled ['rɪdld] adj ▸ **to be riddled with** être criblé(e) de.

ride [raɪd] ❖ noun **1.** [trip] promenade *f*, tour *m* / *she has a long car / bus ride to work* elle doit faire un long trajet en voiture / en bus pour aller travailler / *it's a 30-minute ride by bus / train / car* il faut 30 minutes en bus / train / voiture ▸ **to go for a ride** a) [on horse] faire une promenade à cheval b) [on bike] faire une promenade à vélo c) [in car] faire un tour en voiture ▸ **to take sb for a ride** *inf* & *fig* faire marcher qqn **2.** US [lift - in car] / *can you give me a ride to the station?* peux-tu me conduire à la gare ? / *don't accept rides from strangers* ne montez pas dans la voiture de quelqu'un que vous ne connaissez pas **3.** [in fairground - attraction] manège *m* ; [- turn] tour *m* / *it's 50p a ride* c'est 50 pence le tour. ❖ vt (*pt* **rode**, *pp* **ridden**) **1.** [travel on] ▸ **to ride a horse / a bicycle** monter à cheval / à bicyclette / *he rides his bike to work* il va travailler à vélo, il va au travail à vélo / *to ride the rapids* descendre les rapides / *she was riding on a wave of popularity* elle était portée par une vague de popularité **2.** US [travel in - bus, train, elevator] prendre **3.** [distance] parcourir, faire. ❖ vi (*pt* **rode**, *pp* **ridden**) [on horseback] monter à cheval, faire du cheval ; [on bicycle] faire de la bicyclette OR du vélo / *to ride in a car / bus* aller en voiture / bus ▸ **to be riding high** *fig* avoir le vent en poupe ▸ **to ride off** a) [leave] partir b) [move away] s'éloigner. ◆ **ride up** vi remonter.

rider ['raɪdəʳ] noun [of horse] cavalier *m*, -ère *f* ; [of bicycle] cycliste *mf* ; [of motorbike] motocycliste *mf*.

ridge [rɪdʒ] noun **1.** [of mountain, roof] crête *f*, arête *f* **2.** [on surface] strie *f*.

ridicule ['rɪdɪkju:l] ❖ noun ridicule *m*. ❖ vt ridiculiser.

ridiculous [rɪ'dɪkjʊləs] adj ridicule.

ridiculously [rɪ'dɪkjʊləslɪ] adv ridiculement.

riding ['raɪdɪŋ] ❖ noun équitation *f* ▸ **to go riding** faire de l'équitation OR du cheval. ❖ comp d'équitation.

rife [raɪf] adj répandu(e) / *the city was rife with rumours* des bruits couraient dans toute la ville.

riffraff ['rɪfræf] noun racaille *f*.

rifle ['raɪfl] ❖ noun fusil *m*. ❖ vt [drawer, bag] vider. ◆ **rifle through** vt insep fouiller dans.

rift [rɪft] noun **1.** GEOL fissure *f* **2.** [quarrel] désaccord *m*.

rig [rɪg] ❖ noun **1.** ▸ **(oil) rig** a) [on land] derrick *m* b) [at sea] plate-forme *f* de forage **2.** US [truck] semi-remorque *m*. ❖ vt (*pt* & *pp* **-ged**, *cont* **-ging**) [match, election] truquer. ◆ **rig up** vt sep installer avec les moyens du bord.

rigging ['rɪgɪŋ] noun [of ship] gréement *m*.

right [raɪt] ❖ adj **1.** [correct - answer, time] juste, exact(e) ; [- decision, direction, idea] bon (bonne) / *that's right* c'est juste, oui / *he didn't give me the right change* il ne m'a pas rendu la monnaie exacte / *the clock is right* l'horloge est juste OR à l'heure / *I owe you $5, right?* je te dois 5 dollars, c'est (bien) ça ? ▸ **to be right (about)** avoir raison (au sujet de) ▸ **to get a question right** donner la bonne réponse ▸ **to get one's facts right** être sûr(e) de ce qu'on avance **2.** [morally correct] bien (*inv*) / *I only want to do what is right* je ne cherche qu'à bien faire ▸ **to be right to do sthg** avoir raison de faire qqch **3.** [appropriate] qui convient / *she's the right woman for the job* c'est la femme qu'il faut pour ce travail / *when the time is right* au bon moment, au moment voulu / *the colour is just right* la couleur est parfaite **4.** [not left] droit(e) / *raise your right hand* levez la main droite / *take the next right (turn)* prenez la prochaine à droite **5.** UK *inf* [complete] véritable / *I felt like a right idiot* je me sentais vraiment bête. ❖ noun **1.** (*U*) [moral correctness] bien *m* ▸ **to be in the right** avoir raison **2.** [entitlement, claim] droit *m* / *you have every right to be angry* tu as toutes les raisons d'être en colère ▸ **by rights** en toute justice ▸ **in one's own right** soi-même **3.** [not left] droite *f*. ❖ adv **1.** [correctly] correctement / *he can't do anything right* il ne peut rien faire correctement OR comme il faut **2.** [not left] à droite / *the party is moving further right* le parti est en train de virer plus à droite **3.** [emphatic use] : *it's right in front of / behind you* c'est droit devant vous / juste derrière vous / *right down / up* tout en bas / en haut / *right here* ici (même) / *right in the middle* en plein milieu / *go right to the end of the street* allez tout au bout de la rue / *to turn right around* se retourner / *right after Christmas* tout de suite après Noël / *I'll be right over* je viens tout de suite ▸ **right now** tout de suite ▸ **right away** immédiatement. ❖ vt **1.** [injustice, wrong] réparer **2.** [ship] redresser. ❖ excl bon ! ◆ **rights** pl n droits *mpl* / *I know my rights* je connais mes droits. ◆ **Right** noun POL ▸ **the Right** la droite.

right angle noun angle *m* droit ▸ **to be at right angles (to)** faire un angle droit (avec).

right-click ❖ vt COMPUT cliquer avec le bouton droit de la souris sur. ❖ vi COMPUT cliquer avec le bouton droit de la souris.

righteous ['raɪtʃəs] adj *fml* [person] droit(e) ; [indignation] justifié(e).

righteousness ['raɪtʃəsnɪs] noun *fml* vertu *f*.

rightful ['raɪtfʊl] adj *fml* légitime.

rightfully ['raɪtfʊlɪ] adv *fml* légitimement.

right-hand adj de droite ▸ **right-hand side** droite *f*, côté *m* droit.

right-hand drive adj avec conduite à droite.

right-handed [-'hændɪd] adj [person] droitier(ère).

right-hand man noun bras *m* droit.

Right Honourable adj UK *titre utilisé pour s'adresser à certains hauts fonctionnaires ou à quelqu'un ayant un titre de noblesse.*

rightly ['raɪtlɪ] adv **1.** [answer, believe] correctement **2.** [behave] bien **3.** [angry, worried] à juste titre.

right-minded [-'maɪndɪd] adj sensé(e).

right-of-centre UK, **right-of-center** US adj centre droit.

right of way noun **1.** AUTO priorité *f* **2.** [access] droit *m* de passage.

right-on adj UK *inf* idéologiquement correct(e).

right wing noun ▸ **the right wing** la droite. ◆ **right-wing** adj de droite.

right-winger noun POL personne *f* qui est de droite.

rigid ['rɪdʒɪd] adj **1.** [gen] rigide **2.** [harsh] strict(e).

rigidity [rɪ'dʒɪdətɪ] noun rigidité *f*.

rigidly ['rɪdʒɪdlɪ] adv **1.** [gen] rigidement **2.** [harshly] strictement.

rigmarole ['rɪgmərəʊl] noun *pej* **1.** [process] comédie *f* **2.** [story] galimatias *m*.

rigor US = **rigour**.

rigor mortis [-'mɔ:tɪs] noun rigidité *f* cadavérique.

rigorous ['rɪgərəs] adj rigoureux(euse).

rigorously ['rɪgərəslɪ] adv rigoureusement.

rigour UK, **rigor** US ['rɪgə^r] noun rigueur *f*.

rile [raɪl] vt agacer.

rim [rɪm] noun [of container] bord *m* ; [of wheel] jante *f* ; [of spectacles] monture *f*.

rind [raɪnd] noun [of fruit] peau *f* ; [of cheese] croûte *f* ; [of bacon] couenne *f*.

ring [rɪŋ] ❖ noun **1.** UK [telephone call] ▸ **to give sb a ring** donner OR passer un coup de téléphone à qqn **2.** [sound of bell] sonnerie *f* / *there was a ring at the door* on a sonné (à la porte) / *the name has a familiar ring* ce nom me dit quelque chose **3.** [circular object] anneau *m* ; [on finger] bague *f* ; [for napkin] rond *m* **4.** [of people, trees] cercle *m* **5.** [for boxing] ring *m* **6.** [of criminals, spies] réseau *m*. ❖ vt (*pt* **rang**, *pp* **rung**) **1.** UK [make phone call to] téléphoner à, appeler **2.** [bell] (faire) sonner ▸ **to ring the doorbell** sonner à la porte ▸ **the name / title rings a bell** ce nom / titre me dit quelque chose **3.** (*pt & pp* **ringed**) [draw a circle round, surround] entourer. ❖ vi (*pt* **rang**, *pp* **rung**) **1.** UK [make phone call] téléphoner **2.** [bell, telephone, person] sonner / *the doorbell rang* on a sonné (à la porte) ▸ **to ring for sb** sonner qqn **3.** [resound] : *my ears are ringing* j'ai les oreilles qui bourdonnent ▸ **to ring with** résonner de / *the theatre rang with applause* la salle retentissait d'applaudissements **4.** PHR **to ring true** sonner juste. ◆ **ring back** vt sep & vi UK rappeler. ◆ **ring off** vi UK raccrocher. ◆ **ring out** vi **1.** [sound] retentir **2.** UK TELEC téléphoner à l'extérieur. ◆ **ring up** vt sep UK téléphoner à, appeler.

ring binder noun classeur *m* à anneaux.

ring finger noun annulaire *m*.

ringing ['rɪŋɪŋ] ❖ adj retentissant(e). ❖ noun [of bell] sonnerie *f* ; [in ears] tintement *m*.

ringleader ['rɪŋ,li:də^r] noun chef *m*.

ringlet ['rɪŋlɪt] noun anglaise *f*.

ringmaster ['rɪŋ,mɑ:stə^r] noun présentateur *m*.

ring-pull noun UK anneau *m*, bague *f* *(sur une boîte de boisson)*.

ring road noun UK (route *f*) périphérique *m*.

ringside ['rɪŋsaɪd] ❖ noun ▸ **the ringside** le premier rang. ❖ comp [seat] au premier rang.

ring tone noun sonnerie *f*.

ringworm ['rɪŋwɜ:m] noun teigne *f*.

rink [rɪŋk] noun [for ice skating] patinoire *f* ; [for roller-skating] skating *m*.

rinse [rɪns] ❖ noun ▸ **to give sthg a rinse** rincer qqch. ❖ vt rincer ▸ **to rinse one's mouth out** se rincer la bouche.

riot ['raɪət] ❖ noun émeute *f* ▸ **to run riot** se déchaîner. ❖ vi participer à une émeute.

rioter ['raɪətə^r] noun émeutier *m*, -ère *f*.

rioting ['raɪətɪŋ] noun *(U)* émeutes *fpl*.

riotous ['raɪətəs] adj [crowd] tapageur(euse) ; [behaviour] séditieux(euse) ; [party] bruyant(e).

riotously ['raɪətəslɪ] adv **1.** [seditiously] de façon séditieuse **2.** [noisily] bruyamment **3.** [as intensifier] : *it's riotously funny inf* c'est à mourir OR à hurler de rire.

riot police pl n ≃ CRS *mpl*.

riot squad noun brigade *f* antiémeutes.

rip [rɪp] ❖ noun déchirure *f*, accroc *m*. ❖ vt (*pt & pp* **-ped**, *cont* **-ping**) **1.** [tear] déchirer **2.** [remove violently] arracher. ❖ vi (*pt & pp* **-ped**, *cont* **-ping**) se déchirer. ◆ **rip off** vt sep *inf* **1.** [person] arnaquer **2.** [product, idea] copier. ◆ **rip up** vt sep déchirer ▸ **to rip up the rulebook** *fig* passer outre le règlement.

RIP (*abbr of* **rest in peace**) qu'il / elle repose en paix.

ripe [raɪp] adj mûr(e).

ripen ['raɪpn] vt & vi mûrir.

ripeness ['raɪpnɪs] noun maturité *f*.

rip-off noun *inf* : *that's a rip-off!* c'est de l'escroquerie OR de l'arnaque !

ripped [rɪpt] adj US *inf* ▸ **to be ripped, to have a ripped body** être super musclé(e).

ripple ['rɪpl] ❖ noun ondulation *f*, ride *f* / *a ripple of applause* des applaudissements discrets. ❖ vt rider.

rip-roaring adj *inf* [party] de tous les diables ; [success] monstre.

rise [raɪz] ❖ noun **1.** [increase] augmentation *f*, hausse *f* / *there has been a steep rise in house prices* les prix de l'immobilier ont beaucoup augmenté **2.** [in temperature] élévation *f*, hausse **3.** UK [increase in salary] augmentation *f* (de salaire) / *to be given a rise* être augmenté **4.** [to power, fame] ascension *f* / *the rise and fall of the fascist movement* la montée et la chute du mouvement fasciste **5.** [slope] côte *f*, pente *f*

6. PHR **to give rise to** donner lieu à. ❖ vi (*pt* **rose**, *pp* **risen** ['rɪzn]) **1.** [move upwards] s'élever, monter ▸ **to rise to power** arriver au pouvoir ▸ **to rise to fame** devenir célèbre ▸ **to rise to a challenge / to the occasion** se montrer à la hauteur d'un défi / de la situation **2.** [from chair, bed] se lever / *to rise to one's feet* se lever, se mettre debout **3.** [increase - gen] monter, augmenter ; [- voice, level] s'élever **4.** [rebel] se soulever / *to rise in revolt (against sb / sthg)* se révolter (contre qqn / qqch). ◆ **rise above** vt insep [problem] surmonter ; [argument] ne pas faire cas de.

riser ['raɪzəʳ] noun ▸ **early riser** lève-tôt *mf inv* ▸ **late riser** lève-tard *mf inv*.

risible ['rɪzəbl] adj *fml* risible.

rising ['raɪzɪŋ] ❖ adj **1.** [ground, tide] montant(e) **2.** [prices, inflation, temperature] en hausse **3.** [star, politician] à l'avenir prometteur. ❖ noun [revolt] soulèvement *m*.

risk [rɪsk] ❖ noun risque *m*, danger *m* / *it's not worth the risk* c'est trop risqué ▸ **at one's own risk** à ses risques et périls ▸ **to run the risk of doing sthg** courir le risque de faire qqch ▸ **to take a risk** prendre un risque ▸ **at risk** en danger / *all our jobs are at risk* tous nos emplois sont menacés ▸ **at the risk of** au risque de / *at the risk of one's life* au péril de sa vie. ❖ vt [health, life] risquer ▸ **to risk doing sthg** courir le risque de faire qqch ▸ **to risk it** tenter OR risquer le coup.

risk-taking noun *(U) le fait de prendre des risques.*

risky ['rɪskɪ] (*compar* **-ier**, *superl* **-iest**) adj risqué(e).

risotto [rɪ'zɒtəʊ] (*pl* **-s**) noun risotto *m*.

risqué ['ri:skeɪ] adj risqué(e), osé(e).

rissole ['rɪsəʊl] noun rissole *f*.

rite [raɪt] noun rite *m*.

ritual ['rɪtʃʊəl] ❖ adj rituel(elle). ❖ noun rituel *m*.

rival ['raɪvl] ❖ adj rival(e), concurrent(e). ❖ noun rival *m*, -e *f*. ❖ vt (UK *pt & pp* **-led**, *cont* **-ling**, US *pt & pp* **-ed**, *cont* **-ing**) rivaliser avec.

rivalry ['raɪvlrɪ] noun rivalité *f*.

river ['rɪvəʳ] noun rivière *f*, fleuve *m*.

river bank noun berge *f*, rive *f*.

riverbed ['rɪvəbed] noun lit *m* (de rivière OR de fleuve).

riverside ['rɪvəsaɪd] noun ▸ **the riverside** le bord de la rivière OR du fleuve.

rivet ['rɪvɪt] ❖ noun rivet *m*. ❖ vt **1.** [fasten with rivets] river, riveter **2.** *fig* [fascinate] ▸ **to be riveted by** être fasciné(e) par.

riveting ['rɪvɪtɪŋ] adj *fig* fascinant(e).

Riviera [,rɪvɪ'eərə] noun ▸ **the (French) Riviera** la Côte d'Azur ▸ **the Italian Riviera** la Riviera italienne.

RN noun **1.** *abbr of* **Royal Navy** **2.** *abbr of* **registered nurse**.

RNA (*abbr of* **ribonucleic acid**) noun ARN *m*.

RNLI (*abbr of* **Royal National Lifeboat Institution**) noun *société britannique de sauvetage en mer.*

roach [rəʊtʃ] noun US [cockroach] cafard *m*.

road [rəʊd] noun route *f* ; [small] chemin *m* ; [in town] rue *f* / *are we on the right road?* sommes-nous sur la bonne route ? ▸ **by road** par la route ▸ **on the road** sur la route / *we've been on the road for two days* on voyage depuis deux jours / *to be on the road* [pop star, troupe] être en tournée / *his car shouldn't be on the road* sa voiture devrait être retirée de la circulation ▸ **on the road to** *fig* sur le chemin de.

road atlas noun atlas *m* routier.

roadblock ['rəʊdblɒk] noun barrage *m* routier.

road hog noun *inf* & *pej* chauffard *m*.

road manager noun responsable *m* de tournée *(d'un chanteur ou d'un groupe pop).*

road map noun carte *f* routière.

road rage noun *accès de colère de la part d'un automobiliste, se traduisant parfois par un acte de violence.*

road safety noun sécurité *f* routière.

road sense noun [of driver] notion *f* de la conduite ; [of pedestrian] : *children have to be taught road sense* on doit apprendre aux enfants à faire attention à la circulation.

roadside ['rəʊdsaɪd] ❖ noun ▸ **the roadside** le bord de la route. ❖ comp au bord de la route.

road sign noun panneau *m* routier OR de signalisation.

roadsweeper ['rəʊd,swi:pəʳ] noun **1.** [person] balayeur *m*, -euse *f* **2.** [vehicle] balayeuse *f*.

road tax noun UK ≃ vignette *f*.

road test noun essai *m* sur route. ◆ **road-test** vt essayer sur route.

road transport UK, **road transportation** US noun transport *m* routier.

road trip ['rəʊdtrɪp] noun US [short] promenade *f* en voiture ; [longer] voyage *m* en voiture.

roadway ['rəʊdweɪ] noun chaussée *f*.

roadwork ['rəʊdwɜ:k] noun US travaux *mpl* (de réfection des routes).

roadworks ['rəʊdwɜ:ks] pl n UK travaux *mpl* (de réfection des routes).

roadworthy ['rəʊd,wɜ:ðɪ] adj en bon état de marche.

roam [rəʊm] ❖ vt errer dans. ❖ vi errer.

roaming ['rəʊmɪŋ] ❖ adj **1.** [vagrant] vagabond(e) **2.** [dog, wild animal] errant(e) **3.** [reporter, photographer] itinérant(e). ❖ noun **1.** [vagrancy] vagabondage *m* **2.** TELEC itinérance *f*.

roar [rɔ:ʳ] ❖ vi [person, lion] rugir ; [wind] mugir ; [car] gronder ; [plane] vrombir ▸ **to roar with laughter** se tordre de rire. ❖ vt hurler. ❖ noun [of person, lion] rugissement *m* ; [of wind] mugissement *m* ; [of traffic] grondement *m* ; [of plane, engine] vrombissement *m*.

roaring ['rɔ:rɪŋ] adj ▸ **a roaring fire** une belle flambée ▸ **roaring drunk** complètement saoul(e) ▸ **a roaring success** UK un succès monstre OR fou ▸ **to do a roaring trade** faire des affaires en or.

roast [rəʊst] ❖ adj rôti(e). ❖ noun rôti *m*. ❖ vt **1.** [meat, potatoes] rôtir **2.** [coffee, nuts] griller.

roast beef noun rôti *m* de bœuf, rosbif *m*.

roasting ['rəʊstɪŋ] *inf* ❖ adj torride. ❖ adv ▸ **a roasting hot day** une journée torride.

rob [rɒb] (*pt & pp* **-bed**, *cont* **-bing**) vt [person] voler ; [bank] dévaliser ▸ **to rob sb of sthg a)** [money, goods] voler OR dérober qqch à qqn **b)** [opportunity, glory] enlever qqch à qqn.

robber ['rɒbər] noun voleur *m*, -euse *f*.

robbery ['rɒbərɪ] (*pl* **-ies**) noun vol *m*.

robe [rəʊb] noun **1.** [gen] robe *f* **2.** US [dressing gown] peignoir *m*.

robin ['rɒbɪn] noun rouge-gorge *m*.

robot ['rəʊbɒt] noun robot *m*.

robotic [rəʊ'bɒtɪk] adj robotique.

robotics [rəʊ'bɒtɪks] noun *(U)* robotique *f*.

robust [rəʊ'bʌst] adj robuste.

robustly [rəʊ'bʌstlɪ] adv robustement.

rock [rɒk] ❖ noun **1.** *(U)* [substance] roche *f* **2.** [boulder] rocher *m* / *the boat struck the rocks* le bateau a été jeté sur les rochers **3.** US [pebble] caillou *m* **4.** [music] rock *m* **5.** UK [sweet] sucre *m* d'orge. ❖ comp [music, band] de rock. ❖ vt **1.** [baby] bercer / *to rock a baby to sleep* bercer un bébé pour l'endormir **2.** [cradle, boat] balancer / *the boat was rocked by the waves* **a)** [gently] le bateau était bercé par les flots **b)** [violently] le bateau était ballotté par les vagues ▸ **to rock the boat** semer le trouble **3.** [shock] secouer. ❖ vi **1.** [sway] (se) balancer **2.** *inf* [be very good] : *this really rocks!* ça décoiffe !
◆ **on the rocks** adv **1.** [drink] avec de la glace OR des glaçons **2.** [marriage, relationship] près de la rupture.

> **roche OR rocher?**
>
> **Un rocher** is the everyday term for a rock. **Une roche** can have the same meaning, but used uncountably (**de la roche**) it means rock in the geological sense.

rock and roll noun rock *m*, rock and roll *m*.

rock bottom noun ▸ **at rock bottom** au plus bas ▸ **to hit rock bottom** toucher le fond. ◆ **rock-bottom** adj [price] sacrifié(e).

rock climbing noun varappe *f* ▸ **to go rock climbing** faire de la varappe.

rocker ['rɒkər] noun **1.** [chair] fauteuil *m* à bascule, rocking-chair *m* **2.** PHR **to be off one's rocker** *inf* être fêlé(e).

rockery ['rɒkərɪ] (*pl* **-ies**) noun UK rocaille *f*.

rocket ['rɒkɪt] ❖ noun **1.** [gen] fusée *f* **2.** MIL fusée *f*, roquette *f*. ❖ vi monter en flèche.

rockfall ['rɒkfɔ:l] noun chute *f* de pierres.

rock-hard adj dur(e) comme de la pierre.

Rockies ['rɒkɪz] pl n ▸ **the Rockies** les Rocheuses *fpl*.

rocking ['rɒkɪŋ] noun **1.** [of chair, boat] balancement *m* ; [of baby] bercement *m* ; [of head - to rhythm] balancement *m* **2.** TECH oscillation *f*.

rocking chair noun fauteuil *m* à bascule, rocking-chair *m*.

rocking horse noun cheval *m* à bascule.

rock music noun rock *m*.

rock'n'roll [ˌrɒkən'rəʊl] = **rock and roll**.

rock pool noun mare *f* dans les rochers.

rock salt noun sel *m* gemme.

rock-solid adj inébranlable.

rock star noun rock star *f*.

rocky ['rɒkɪ] (*compar* **-ier**, *superl* **-iest**) adj **1.** [ground, road] rocailleux(euse), caillouteux(euse) **2.** [economy, marriage] précaire.

rod [rɒd] noun [metal] tige *f* ; [wooden] baguette *f* ▸ **(fishing) rod** canne *f* à pêche.

rode [rəʊd] pt ⟶ **ride**.

rodent ['rəʊdənt] noun rongeur *m*.

rodeo ['rəʊdɪəʊ] (*pl* **-s**) noun rodéo *m*.

roe [rəʊ] noun *(U)* œufs *mpl* de poisson.

ROFLOL MESSAGING (***written abbr of* rolling on the floor laughing out loud**) MDR.

rogue [rəʊg] ❖ adj **1.** [animal] solitaire **2.** [person] dissident(e). ❖ noun **1.** [likeable rascal] coquin *m*, -e *f* **2.** *dated* [dishonest person] filou *m*, crapule *f*.

roguish ['rəʊgɪʃ] adj espiègle.

role [rəʊl] noun rôle *m*.

roll [rəʊl] ❖ noun **1.** [of material, paper] rouleau *m* **2.** [of bread] petit pain *m* **3.** [list] liste *f* **4.** [of drums, thunder] roulement *m* ; [of dice] lancement *m* / *to be on a roll inf* avoir le vent en poupe. ❖ vt rouler ; [log, ball] faire rouler / *to roll sthg in* OR *between one's fingers* rouler qqch entre ses doigts / *to roll one's r's* rouler les r ▸ **to roll one's eyes** [in fear, despair] rouler les yeux ▸ **rolled into one** tout à la fois / *to roll one's own* UK [cigarettes] rouler ses cigarettes. ❖ vi **1.** rouler / *tears rolled down her face* des larmes roulaient sur ses joues ▸ **to be rolling in money** OR **rolling in it** *inf* rouler sur l'or, être plein aux as ▸ **to get** OR **to start things rolling** mettre les choses en marche **2.** US *inf* PHR **that's how I roll** je suis comme ça. ◆ **roll around, roll about** UK vi [person] se rouler / *to roll around on the floor / grass* se rouler par terre / dans l'herbe ; [object] rouler çà et là. ◆ **roll back** vt sep [prices] baisser. ◆ **roll in** vi *inf* [money] couler à flots. ◆ **roll out** ❖ vi sortir / *to roll out of bed* [person] sortir du lit. ❖ vt sep **1.** [ball] rouler (dehors) ; [pastry] étendre (au rouleau) **2.** [produce - goods, speech] débiter **3.** [product, offer] introduire. ◆ **roll over** vi se retourner / *to roll over and over* **a)** [car] faire une série de tonneaux. ◆ **roll up** ❖ vt sep **1.** [carpet, paper] rouler **2.** [sleeves] retrousser / *he rolled his sleeves up above his elbows* il a roulé OR retroussé ses manches au-dessus du coude. ❖ vi *inf* [arrive] s'amener, se pointer ▸ **roll up! roll up!** approchez !

roll call noun appel *m*.

rolled [rəʊld] adj **1.** [paper] en rouleau ; [carpet] roulé(e) **2.** [iron, steel] laminé(e) **3.** [tobacco] en carotte ▸ **rolled oats** flocons *mpl* d'avoine.

rolled-up adj roulé(e), enroulé(e).

roller ['rəʊlər] noun rouleau *m*.

rollerblade ['rəʊləbleɪd] vi SPORT faire du roller / *to go rollerblading* faire du roller.

Rollerblades® ['rəʊləbleɪd] noun rollers *mpl*, patins *mpl* en ligne.

rollerblading ['rəʊləbleɪdɪŋ] noun roller *m*.

roller blind noun UK store *m*.

roller coaster noun montagnes *fpl* russes.

roller skate noun patin *m* à roulettes. ◆ **roller-skate** vi faire du patin à roulettes.

roller-skating noun patinage *m* à roulettes.

rolling ['rəʊlɪŋ] adj [hills] onduleux(euse).

rolling pin noun rouleau *m* à pâtisserie.

rollneck ['rəʊlnek] adj UK à col roulé.

roll-on adj [deodorant] à bille.

roly-poly [ˌrəʊlɪ'pəʊlɪ] (*pl* **-ies**) noun UK ▸ **roly-poly (pudding)** roulé *m* à la confiture.

ROM [rɒm] (*abbr of* **read only memory**) noun ROM *f*.

Roman ['rəʊmən] ◆ adj romain(e). ◆ noun Romain *m*, -e *f*.

Roman Catholic ◆ adj catholique. ◆ noun catholique *mf*.

romance [rəʊ'mæns] noun **1.** *(U)* [romantic quality] charme *m* **2.** [love affair] idylle *f* **3.** [book] roman *m* (d'amour).

Romania [ru:'meɪnjə] noun Roumanie *f* ▸ **in Romania** en Roumanie.

Romanian [ru:'meɪnjən] ◆ adj roumain(e). ◆ noun **1.** [person] Roumain *m*, -e *f* **2.** [language] roumain *m*.

Roman numeral noun chiffre *m* romain.

romantic [rəʊ'mæntɪk] adj romantique.

romantically [rəʊ'mæntɪklɪ] adv de manière romantique, romantiquement *liter* / *we're romantically involved* nous avons une liaison amoureuse.

romanticism [rəʊ'mæntɪsɪzm] noun romantisme *m*.

romanticize, romanticise UK [rəʊ'mæntɪsaɪz] vt & vi romancer.

Romany ['rəʊmənɪ] ◆ adj de bohémien. ◆ noun (*pl* **-ies**) **1.** [person] bohémien *m*, -enne *f* **2.** [language] romani *m*.

Rome [rəʊm] noun Rome.

romp [rɒmp] ◆ noun ébats *mpl*. ◆ vi s'ébattre.

roof [ru:f] noun toit *m* ; [of cave, tunnel] plafond *m* ▸ **the roof of the mouth** la voûte du palais ▸ **to have a roof over one's head** avoir OR posséder un toit ▸ **to go through** OR **hit the roof** *fig* exploser.

roof garden noun jardin *m* sur le toit.

roofing ['ru:fɪŋ] noun toiture *f*.

roof rack noun UK galerie *f*.

rooftop ['ru:ftɒp] noun toit *m*.

rook [rʊk] noun **1.** [bird] freux *m* **2.** [chess piece] tour *f*.

rookie ['rʊkɪ] noun US *inf* bleu *m*.

room [ru:m *or* rʊm] noun **1.** [in building] pièce *f* **2.** [bedroom] chambre *f* **3.** *(U)* [space] place *f* / *there is room for improvement* on peut faire mieux ▸ **room to** OR **for manoeuvre** marge *f* de manœuvre.

-roomed [ru:md] suffix : *a five-roomed flat* un appartement de cinq pièces, un cinq-pièces.

roomie ['ru:mɪ] noun US *inf* colocataire *mf*.

roommate ['ru:mmeɪt] noun **1.** [sharing room] camarade *mf* de chambre **2.** US [sharing house, flat] *personne avec qui l'on partage un logement*.

room service noun service *m* dans les chambres.

room temperature noun température *f* ambiante.

roomy ['ru:mɪ] (*compar* **-ier**, *superl* **-iest**) adj spacieux(euse).

roost [ru:st] ◆ noun perchoir *m*, juchoir *m* ▸ **to rule the roost** faire la loi. ◆ vi se percher, se jucher.

rooster ['ru:stər] noun US coq *m*.

root [ru:t] ◆ adj [fundamental] principal(e), fondamental(e). ◆ noun racine *f* ; *fig* [of problem] origine *f* ▸ **to take root** *lit* & *fig* prendre racine / *to get at* OR *to the root of the problem* aller au fond du problème. ◆ vi ▸ **to root through** fouiller dans. ◆ **roots** pl n racines *fpl* / *their actual roots are in Virginia* en fait, ils sont originaires de Virginie ▸ **to put down roots** [person] s'enraciner. ◆ **root about** UK, **root around** vi fouiller / *to root about for sthg* fouiller pour trouver qqch. ◆ **root for** vt insep *inf* encourager. ◆ **root out** vt sep [eradicate] extirper.

rooted ['ru:tɪd] adj ▸ **to be rooted to the spot** être cloué(e) sur place.

rootless ['ru:tlɪs] adj sans racines.

root vegetable noun racine *f*.

rope [rəʊp] ◆ noun corde *f* ▸ **to know the ropes** *inf* connaître son affaire, être au courant. ◆ vt corder ; [climbers] encorder. ◆ **rope in** vt sep *inf* enrôler. ◆ **rope off** vt sep délimiter par une corde.

rop(e)y ['rəʊpɪ] (*compar* **-ier**, *superl* **-iest**) adj UK *inf* **1.** [poor-quality] pas fameux(euse), pas brillant(e) **2.** [unwell] : *I feel a bit ropey today* je me sens un peu patraque aujourd'hui.

rosary ['rəʊzərɪ] (*pl* **-ies**) noun rosaire *m*.

rose [rəʊz] ◆ pt ⟶ **rise.** ◆ adj [pink] rose. ◆ noun [flower] rose *f*.

rosé ['rəʊzeɪ] noun rosé *m*.

rosebud ['rəʊzbʌd] noun bouton *m* de rose.

rose bush noun rosier *m*.

rosemary ['rəʊzmərɪ] noun romarin *m*.

rose-tinted adj teinté(e) en rose.

rosette [rəʊ'zet] noun rosette *f*.

rosewater ['rəʊz,wɔːtəʳ] noun eau *f* de rose.

rosewood ['rəʊzwʊd] noun bois *m* de rose.

roster ['rɒstəʳ] noun liste *f*, tableau *m*.

rostrum ['rɒstrəm] (*pl* **-trums** *or* **-tra**) noun tribune *f*.

rosy ['rəʊzɪ] (*compar* **-ier**, *superl* **-iest**) adj rose.

rot [rɒt] ❖ noun *(U)* **1.** [decay] pourriture *f* **2.** UK *inf* & *dated* [nonsense] bêtises *fpl*, balivernes *fpl*. ❖ vt & vi (*pt & pp* **-ted**, *cont* **-ting**) pourrir.

rota ['rəʊtə] noun UK liste *f*, tableau *m*.

rotary ['rəʊtərɪ] ❖ adj rotatif(ive). ❖ noun US [roundabout] rond-point *m*.

rotate [rəʊ'teɪt] ❖ vt **1.** [turn] faire tourner **2.** [alternate - jobs] faire à tour de rôle ; [- crops] alterner. ❖ vi [turn] tourner.

rotation [rəʊ'teɪʃn] noun **1.** [turning movement] rotation *f* **2.** [alternation] alternance *f* ▸ **in rotation** à tour de rôle.

rote [rəʊt] noun ▸ **by rote** de façon machinale, par cœur.

rotor ['rəʊtəʳ] noun rotor *m*.

rotten ['rɒtn] adj **1.** [decayed] pourri(e) **2.** *inf* [bad] moche / *he's a rotten goalkeeper* il est nul OR il ne vaut rien comme gardien de but / *what a rotten trick!* quel sale tour ! **3.** *inf* [unwell] ▸ **to feel rotten** se sentir mal fichu(e) **4.** [unhappy, unfriendly] : *I feel rotten about it* ça me contrarie / *to be rotten to sb* être dur(e) avec qqn.

rotting ['rɒtɪŋ] adj qui pourrit, pourri(e).

rotund [rəʊ'tʌnd] adj *fml* rondelet(ette).

rouble ['ruːbl] noun rouble *m*.

rouge [ruːʒ] noun rouge *m* à joues.

rough [rʌf] ❖ adj **1.** [not smooth - surface] rugueux(euse), rêche ; [- road] accidenté(e) ; [- sea] agité(e), houleux(euse) ; [- crossing] mauvais(e) **2.** [person, treatment] brutal(e) ; [manners, conditions] rude ; [area] mal fréquenté(e) / *they came in for some rough treatment* ils ont été malmenés ▸ **to give sb the rough edge of one's tongue** réprimander qqn, ne pas ménager ses reproches à qqn **3.** [guess] approximatif(ive) ▸ **rough copy, rough draft** brouillon *m* ▸ **rough sketch** ébauche *f* / *I only need a rough estimate* je n'ai pas besoin d'une réponse précise / *at a rough guess* grosso modo, approximativement / *rough paper* papier *m* brouillon **4.** [harsh - voice, wine] âpre ; [- life] dur(e) ▸ **to have a rough time** en baver / *she's had a rough time of it* elle en a vu des dures OR de toutes les couleurs / *to make things rough for sb* mener la vie dure à qqn **5.** UK *inf* [tired, ill] mal fichu(e) / *I'm feeling a bit rough* je ne suis pas dans mon assiette **6.** PHR **to be a bit rough around the edges** être un peu brut de décoffrage. ❖ adv ▸ **to sleep rough** UK coucher à la dure. ❖ noun **1.** GOLF rough *m* ▸ **to take the rough with the smooth** prendre les choses comme elles viennent **2.** [undetailed form] ▸ **in rough** au brouillon. ❖ vt PHR **to rough it** vivre à la dure. ◆ **rough out** vt sep ébaucher. ◆ **rough up** vt sep *inf* [person] tabasser, passer à tabac.

roughage ['rʌfɪdʒ] noun *(U)* fibres *fpl* alimentaires.

rough and ready adj rudimentaire.

rough-and-tumble noun *(U)* bagarre *f*.

rough diamond noun UK *fig* : *he's a rough diamond* sous ses dehors frustes, il a beaucoup de qualités.

roughly ['rʌflɪ] adv **1.** [approximately] approximativement **2.** [handle, treat] brutalement **3.** [built, made] grossièrement.

roughneck ['rʌfnek] noun *inf* **1.** US *inf* [ruffian] dur *m* **2.** [oil-rig worker] *personne travaillant sur une plate-forme pétrolière.*

roughness ['rʌfnɪs] noun **1.** [of skin, surface] rugosité *f* **2.** [of treatment, person] brutalité *f*.

roughshod ['rʌfʃɒd] adv ▸ **to ride roughshod over sthg** passer outre à qqch ▸ **to ride roughshod over sb** traiter qqn cavalièrement.

roulette [ruː'let] noun roulette *f*.

round [raʊnd] ❖ adj rond(e) / *500, in round numbers* 500 tout rond. ❖ prep UK autour de / *to sit round the fire / table* s'asseoir autour du feu / de la table / *he put his arm round her shoulders / waist* il a passé son bras autour de ses épaules / de sa taille ▸ **round here** par ici ▸ **all round the country** dans tout le pays ▸ **just round the corner** a) au coin de la rue b) *fig* tout près ▸ **to go round sthg** [obstacle] contourner qqch / *there must be a way round the problem* *fig* il doit y avoir un moyen de contourner ce problème ▸ **to go round a museum** visiter un musée. ❖ adv UK **1.** [surrounding] ▸ **all round** tout autour **2.** [near] ▸ **round about** dans le coin **3.** [in measurements] : *10 metres round* 10 mètres de diamètre **4.** [to other side] ▸ **to go round** faire le tour / *we drove round to the back* nous avons fait le tour (par derrière) ▸ **to turn round** se retourner ▸ **to look round** se retourner (pour regarder) / *turn the wheel right round* OR *all the way round* faites faire un tour complet à la roue / *we'll have to turn the car round* on va devoir faire demi-tour / *to go round and round* tourner / *we drove round and round for hours* on a tourné en rond pendant des heures **5.** [at or to nearby place] : *come round and see us* venez OR passez nous voir / *he's round at her house* il est chez elle / *I'm just going round to the shop* je vais juste faire une course / *can I have a look round?* je peux jeter un coup d'œil ? / *we had to take the long way round* on a dû faire le grand tour OR un grand détour **6.** [from one person to another] : *hand the sweets round, hand round the sweets* faites passer les bonbons / *there wasn't enough to go round* il n'y en avait pas assez pour tout le monde **7.** [approximately] : *round about midnight* vers minuit. ❖ noun **1.** [of talks] série *f* ▸ **a round of applause** une salve d'applaudissements **2.** [of competition] manche *f* / *she's through to the final round* elle participera à la finale **3.** [of doctor] visites *fpl* ; [of postman, milkman] tournée *f* **4.** [of ammunition] cartouche *f* **5.** [of drinks] tournée *f* / *it's my round* c'est ma tournée **6.** [in boxing] reprise *f*, round *m* **7.** [in golf] partie *f*. ❖ vt [corner] tourner ; [bend] prendre. ◆ **rounds** pl n [of doctor] visites *fpl* / *to go on one's rounds* faire ses visites ▸ **to do** OR **go the rounds** a) [story, joke] circuler b) [illness] faire des ravages. ◆ **round down** vt sep arrondir au chiffre inférieur. ◆ **round off** vt sep terminer, conclure

/ *he rounded off his meal with a glass of brandy* il a terminé son repas par un verre de cognac. ◆ **round up** vt sep **1.** [gather together] rassembler **2.** MATH arrondir au chiffre supérieur.

roundabout ['raʊndəbaʊt] ❖ adj détourné(e). ❖ noun UK **1.** [on road] rond-point *m* **2.** [at fairground] manège *m* **3.** [at playground] tourniquet *m*.

rounded ['raʊndɪd] adj arrondi(e).

rounders ['raʊndəz] noun UK *sorte de baseball*.

round-eyed adj *lit* aux yeux ronds ; *fig* [surprised] avec des yeux ronds.

roundly ['raʊndlɪ] adv [beat] complètement ; [condemn] franchement, carrément.

round-table adj ▸ **round-table talks** table *f* ronde.

round the clock adv vingt-quatre heures sur vingt-quatre. ◆ **round-the-clock** adj vingt-quatre heures sur vingt-quatre.

round trip ❖ adj aller-retour. ❖ noun aller et retour *m*.

roundup ['raʊndʌp] noun [summary] résumé *m*.

rouse [raʊz] vt **1.** [wake up] réveiller **2.** [impel] ▸ **to rouse o.s. to do sthg** se forcer à faire qqch ▸ **to rouse sb to action** pousser OR inciter qqn à agir **3.** [emotions] susciter, provoquer.

rousing ['raʊzɪŋ] adj [speech] vibrant(e), passionné(e) ; [welcome] enthousiaste.

rout [raʊt] ❖ noun déroute *f*. ❖ vt mettre en déroute.

route [UK ru:t, US raʊt] ❖ noun **1.** [gen] itinéraire *m* / *a large crowd lined the route* il y avait une foule nombreuse sur tout le parcours ▸ **we need a map of the bus routes** il nous faut un plan des lignes d'autobus **2.** *fig* [way] chemin *m*, voie *f* / *the route to success fig* le chemin de la réussite. ❖ vt [goods] acheminer.

route map noun [for journey] croquis *m* d'itinéraire ; [for buses, trains] carte *f* du réseau.

router ['ru:tə, US 'raʊtər] noun COMPUT routeur *m*.

routine [ru:'ti:n] ❖ adj **1.** [normal] habituel(elle), de routine **2.** *pej* [uninteresting] de routine. ❖ noun routine *f*.

routinely [ru:'ti:nlɪ] adv de façon systématique.

rove [rəʊv] *liter* ❖ vt errer dans. ❖ vi ▸ **to rove around** errer.

roving ['rəʊvɪŋ] adj itinérant(e).

row¹ [rəʊ] ❖ noun **1.** [line] rangée *f* ; [of seats] rang *m* **2.** *fig* [of defeats, victories] série *f* ▸ **in a row** d'affilée, de suite. ❖ vt [boat] faire aller à la rame ; [person] transporter en canot OR bateau. ❖ vi ramer.

row² [raʊ] UK ❖ noun **1.** [quarrel] dispute *f*, querelle *f* **2.** *inf* [noise] vacarme *m*, raffut *m*. ❖ vi [quarrel] se disputer, se quereller.

rowboat ['rəʊbəʊt] noun US canot *m*.

rowdy ['raʊdɪ] (*compar* **-ier**, *superl* **-iest**) adj chahuteur(euse), tapageur(euse).

rower ['rəʊər] noun rameur *m*, -euse *f*.

rowing ['rəʊɪŋ] noun SPORT aviron *m*.

rowing boat noun UK canot *m*.

rowing machine noun machine *f* à ramer.

royal ['rɔɪəl] ❖ adj royal(e). ❖ noun *inf* membre *m* de la famille royale.

Royal Air Force noun ▸ **the Royal Air Force** l'armée *f* de l'air britannique.

royal blue adj bleu roi *(inv)*.

royal family noun famille *f* royale.

Royal Highness noun : *His Royal Highness, the Prince of Wales* Son Altesse Royale, le prince de Galles.

royalist ['rɔɪəlɪst] noun royaliste *mf*.

royally ['rɔɪəlɪ] adv *lit* & *fig* royalement ; [like a king] en roi ; [like a queen] en reine.

Royal Mail noun ▸ **the Royal Mail** *la Poste britannique*.

Royal Marines noun UK ▸ **the Royal Marines** les Marines *mpl* (britanniques).

Royal Navy noun ▸ **the Royal Navy** la marine de guerre (britannique).

royalty ['rɔɪəltɪ] noun royauté *f*. ◆ **royalties** pl n droits *mpl* d'auteur.

RP (*abbr of* **received pronunciation**) noun UK *prononciation standard de l'anglais britannique*.

RPI (*abbr of* **retail price index**) noun UK IPC *m*.

rpm pl n (*abbr of* **revolutions per minute**) tours *mpl* par minute, tr/min.

RRP noun *abbr of* **recommended retail price**.

RSA (*abbr of* **Royal Society for the Encouragement of Arts, Manufactures and Commerce**) noun *société britannique pour la promotion des arts, de l'industrie et du commerce*.

RSI (*abbr of* **repetitive strain** OR **stress injury**) noun *douleur de poignet provoquée par les mouvements effectués au clavier d'un ordinateur*.

RSPB (*abbr of* **Royal Society for the Protection of Birds**) noun *ligue britannique pour la protection des oiseaux*.

RSPCA (*abbr of* **Royal Society for the Prevention of Cruelty to Animals**) noun *société britannique protectrice des animaux* ; ≃ SPA *f*.

RSVP (*abbr of* **répondez s'il vous plaît**) RSVP.

Rt Hon (*abbr of* **Right Honourable**) *expression utilisée pour des titres nobiliaires*.

RU MESSAGING *written abbr of* **are you?**

rub [rʌb] (*pt* & *pp* **-bed**, *cont* **-bing**) ❖ vt frotter ▸ **to rub one's eyes / hands** se frotter les yeux / les mains ▸ **to rub sthg in** [cream] faire pénétrer qqch (en frottant) ▸ **to rub it in** *inf* & *fig* remuer le couteau dans la plaie ▸ **to rub sb up the wrong way** UK, **to rub sb the wrong way** US prendre qqn à rebrousse-poil. ❖ vi frotter / *my shoe is rubbing* ma chaussure me fait mal. ◆ **rub off on** vt insep [subj: quality] déteindre sur / *with a bit of luck, her common sense will rub off on him* avec un peu de chance, son bon sens déteindra sur lui. ◆ **rub out** vt sep [erase] effacer.

rubber ['rʌbəʳ] ❖ adj en caoutchouc. ❖ noun **1.** [substance] caoutchouc *m* **2.** UK [eraser] gomme *f* **3.** *inf* [condom] préservatif *m* **4.** [in bridge] robre *m*, rob *m* **5.** US [overshoe] caoutchouc *m*.

rubber band noun élastique *m*.

rubber boot noun US botte *f* de caoutchouc.

rubber cheque UK, **rubber check** US noun *inf* chèque *m* en bois.

rubber ring noun anneau *m* en caoutchouc ; [for swimmer] bouée *f*.

rubber stamp noun tampon *m*. ◆ **rubber-stamp** vt *fig* approuver sans discussion.

rubbery ['rʌbərɪ] adj caoutchouteux(euse).

rubbish ['rʌbɪʃ] UK ❖ noun *(U)* **1.** [refuse] détritus *mpl*, ordures *fpl* **2.** *inf* & *fig* [worthless objects] camelote *f* / *the play was rubbish* la pièce était nulle **3.** *inf* [nonsense] bêtises *fpl*, inepties *fpl*. ❖ vt *inf* débiner.

rubbish bin noun UK poubelle *f*.

rubbish dump noun UK dépotoir *m*.

rubbish tip = **rubbish dump**.

rubble ['rʌbl] noun *(U)* décombres *mpl*.

rubella [ru:'belə] noun MED rubéole *f*.

rubric ['ru:brɪk] noun rubrique *f*.

ruby ['ru:bɪ] (*pl* **-ies**) noun rubis *m*.

ruck [rʌk] noun **1.** UK *inf* [fight] bagarre *f* **2.** RUGBY mêlée *f* ouverte.

rucksack ['rʌksæk] noun sac *m* à dos.

ructions ['rʌkʃnz] pl n *inf* grabuge *m*.

rudder ['rʌdəʳ] noun gouvernail *m*.

ruddy ['rʌdɪ] (*compar* **-ier**, *superl* **-iest**) adj **1.** [complexion, face] coloré(e) **2.** UK *inf* & *dated* [damned] sacré(e).

rude [ru:d] adj **1.** [impolite - gen] impoli(e) ; [- word] grossier(ère) ; [- noise] incongru(e) **2.** [sudden] ▸ **it was a rude awakening** le réveil fut pénible **3.** *liter* [primitive] grossier(ère), rudimentaire.

> ⚠ The French word **rude** means *rough, harsh* or *tough*, not *rude*.

rudely ['ru:dlɪ] adv **1.** [impolitely] impoliment **2.** [suddenly] brusquement.

rudeness ['ru:dnɪs] noun [impoliteness] impolitesse *f* ; [of joke] grossièreté *f*.

rudimentary [ˌru:dɪ'mentərɪ] adj rudimentaire.

rudiments ['ru:dɪmənts] pl n rudiments *mpl*.

rue [ru:] vt regretter (amèrement).

rueful ['ru:fʊl] adj triste.

ruff [rʌf] noun fraise *f*.

ruffian ['rʌfjən] noun *dated* voyou *m*.

ruffle ['rʌfl] vt **1.** [hair] ébouriffer ; [water] troubler **2.** [person] froisser ; [composure] faire perdre.

ruffled ['rʌfld] adj **1.** [flustered] décontenancé(e) **2.** [rumpled - sheets] froissé(e) ; [- hair] ébouriffé(e) **3.** [decorated with frill] ruché(e), plissé(e).

rug [rʌg] noun **1.** [carpet] tapis *m* **2.** [blanket] couverture *f*.

rugby ['rʌgbɪ] noun rugby *m*.

rugged ['rʌgɪd] adj **1.** [landscape] accidenté(e) ; [features] rude **2.** [vehicle] robuste.

rugger ['rʌgəʳ] noun UK *inf* rugby *m*.

rugrat ['rʌgræt] noun US *inf* [child] mioche *mf*.

ruin ['ru:ɪn] ❖ noun ruine *f*. ❖ vt ruiner ; [clothes, shoes] abîmer. ◆ **in ruin(s)** adv *lit* & *fig* en ruine.

ruined ['ru:ɪnd] adj **1.** [house, reputation, health] en ruine, ruiné(e) ; [clothes] abîmé(e) **2.** [person - financially] ruiné(e).

ruinous ['ru:ɪnəs] adj [expensive] ruineux(euse).

rule [ru:l] ❖ noun **1.** [gen] règle *f* / *the rules of chess / grammar* les règles du jeu d'échecs / de la grammaire / *to bend the rules* faire une entorse au règlement / *to break the rules* ne pas respecter les règles / *smoking is against the rules, it's against the rules to smoke* le règlement interdit de fumer ▸ **as a rule** en règle générale **2.** [regulation] règlement *m* / *the rules and regulations* le règlement **3.** *(U)* [control] autorité *f* / *the territories under French rule* les territoires sous autorité française ▸ **the rule of law** (l'autorité de) la loi. ❖ vt **1.** [control] dominer / *their lives are ruled by fear* leur vie est dominée par la peur **2.** [govern] gouverner / *if I ruled the world* si j'étais maître du monde **3.** [decide] ▸ **to rule (that)...** décider que.... ❖ vi **1.** [give decision] décider **2.** LAW statuer / *to rule against / in favour of sb* décider OR prononcer contre / en faveur de qqn **3.** *fml* [be paramount] prévaloir **4.** [king, queen] régner ; POL gouverner. ◆ **rule out** vt sep exclure, écarter.

rulebook ['ru:lbʊk] noun ▸ **the rulebook** le règlement.

ruled [ru:ld] adj [paper] réglé(e).

ruler ['ru:ləʳ] noun **1.** [for measurement] règle *f* **2.** [leader] chef *m* d'État.

ruling ['ru:lɪŋ] ❖ adj au pouvoir. ❖ noun décision *f*.

rum [rʌm] ❖ noun rhum *m*. ❖ adj (*compar* **-mer**, *superl* **-mest**) UK *inf* & *dated* bizarre.

Rumania [ru:'meɪnjə] = **Romania**.

Rumanian [ru:'meɪnjən] = **Romanian**.

rumble ['rʌmbl] ❖ noun **1.** [of thunder, traffic] grondement *m* ; [in stomach] gargouillement *m* **2.** US *inf* [fight] bagarre *f*. ❖ vt UK *inf* & *dated* ▸ **to rumble sb** voir clair dans le jeu de qqn. ❖ vi [thunder, traffic] gronder ; [stomach] gargouiller.

rumbling ['rʌmblɪŋ] noun [of thunder, traffic, cannons] grondement *m* ; [of stomach] borborygmes *mpl*, gargouillis *mpl*, gargouillements *mpl*. ◆ **rumblings** pl n [of discontent] grondement *m*, grondements *mpl* ; [omens] présages *mpl*.

rumbustious [rʌm'bʌstɪəs] adj UK bruyant(e).

ruminate ['ru:mɪneɪt] vi *fml* ▸ **to ruminate (about** OR **on sthg)** ruminer (qqch).

rummage ['rʌmɪdʒ] vi fouiller.

rummage sale noun US vente *f* de charité.

rumour UK, **rumor** US ['ru:məʳ] noun rumeur *f*.

rumoured UK, **rumored** US ['ru:məd] adj : *he is rumoured to be very wealthy* le bruit court OR on dit qu'il est très riche.

rump [rʌmp] noun **1.** [of animal] croupe *f* **2.** *inf* [of person] derrière *m* **3.** POL restant *m*.

rumple ['rʌmpl] vt froisser, chiffonner.

rump steak noun romsteck *m*.

rumpus ['rʌmpəs] noun *inf* chahut *m*.

run [rʌn]

noun

1. [on foot] course *f* ▸ **to go for a run** faire un petit peu de course à pied ▸ **to break into a run** se mettre à courir ▸ **on the run** en fuite, en cavale / *we've got them on the run!* MIL & SPORT nous les avons mis en déroute ! ▸ **to make a run for it** se sauver / *we have the run of the house while the owners are away* nous disposons de toute la maison pendant l'absence des propriétaires

2. [in car - for pleasure] tour *m* ; [- journey] trajet *m* / *she took me for a run in her new car* elle m'a emmené faire un tour dans sa nouvelle voiture

3. [series] suite *f*, série *f* ▸ **a run of bad luck** une période de déveine ▸ **in the short / long run** à court/long terme

4. THEAT ▸ **to have a long run** tenir longtemps l'affiche

5. [great demand] ▸ **run on** ruée *f* sur / *a run on the banks* une panique bancaire

6. [in tights] échelle *f*

7. [in cricket, baseball] point *m*

8. [track - for skiing, bobsleigh] piste *f*

vt (*pt* **ran**, *pp* **run**, *cont* **-ning**)

1. [race, distance] courir ▸ **to run errands (for sb)** faire des courses OR commissions (pour qqn) / *to be run off one's feet* être débordé(e)

2. [manage - business] diriger ; [- shop, hotel] tenir ; [- course] organiser / *a badly run organization* une organisation mal gérée

3. [operate] faire marcher ; COMPUT [program] exécuter

4. [car] avoir, entretenir

5. [water, bath] faire couler

6. [publish] publier / *to run an ad (in the newspaper)* passer OR faire passer une annonce (dans le journal)

7. *inf* [drive] *can you run me to the station?* tu peux m'amener OR me conduire à la gare ?

8. [move] ▸ **to run sthg along / over sthg** passer qqch le long de/sur qqch ; [lay] *it would be better to run the wires under the floorboards* ce serait mieux de faire passer les fils sous le plancher

vi (*pt* **ran**, *pp* **run**, *cont* **-ning**)

1. [on foot] courir / *to run in a race* [horse, person] participer à une course ▸ **to run for it** se sauver / *run for your lives!* sauve qui peut !

2. [pass - road, river, pipe] passer ▸ **to run through sthg** traverser qqch ; [hand, fingers] / *her eyes ran down the list* elle parcourut la liste des yeux / *a shiver ran down my spine* un frisson me parcourut le dos

3. [in election] ▸ **to run (for)** être candidat (à)

4. [operate - machine, factory] marcher ; [- engine] tourner / *everything is running smoothly* tout va comme sur des roulettes, tout va bien ▸ **to run on sthg** marcher à qqch ▸ **to run off sthg** marcher sur qqch

5. [bus, train] faire le service / *trains run every hour* il y a un train toutes les heures ▸ **to be running late** a) [person] être en retard b) [bus, train] avoir du retard

6. [flow] couler ▸ **my nose is running** j'ai le nez qui coule / *the water's run cold* l'eau est froide au robinet / *the Jari runs into the Amazon* le Jari se jette dans l'Amazone ▸ **to run dry** se tarir

7. [colour] déteindre ; [ink] baver

8. [continue - contract, insurance policy] être valide / *output is running at 100 units a day* la production est de 100 unités par jour

9. THEAT se jouer

◆ **run across** vt insep [meet] tomber sur.

◆ **run along** vi *dated* ▸ **run along now!** filez maintenant !

◆ **run away** vi **1.** [flee] ▸ **to run away (from)** s'enfuir (de) ▸ **to run away from home** faire une fugue **2.** *fig* [avoid] ▸ **to run away from sthg** éviter qqch.

◆ **run away with** vt insep : *don't let your enthusiasm run away with you!* ne t'emballe pas trop !

◆ **run down** vt sep **1.** [in vehicle] renverser **2.** [criticize] dénigrer / *stop running yourself down all the time* cesse de te rabaisser constamment **3.** [production] restreindre ; [industry] réduire l'activité de / *the government was accused of running down the steel industry* le gouvernement a été accusé de laisser dépérir la sidérurgie. vi [clock] s'arrêter ; [battery] se décharger.

◆ **run into** vt insep **1.** [encounter - problem] se heurter à ; [- person] tomber sur ▸ **to run into debt** s'endetter, faire des dettes **2.** [in vehicle] rentrer dans **3.** [amount to] se monter à, s'élever à.

◆ **run off** vt sep [a copy] tirer / *run me off five copies of this report* faites-moi cinq copies de ce rapport. vi ▸ **to run off (with)** s'enfuir (avec).

◆ **run on** vi [meeting] durer / *time is running on* le temps passe.

◆ **run out** vi **1.** [food, supplies] s'épuiser / *time is running out* il ne reste plus beaucoup de temps **2.** [licence, contract] expirer.

◆ **run out of** vt insep manquer de / *he's run out of money* il n'a plus d'argent ▸ **to run out of petrol** tomber en panne d'essence, tomber en panne sèche.

◆ **run over** vt sep renverser.

◆ **run through** vt insep **1.** [practise] répéter **2.** [read through] parcourir.

◆ **run to** vt insep **1.** [amount to] monter à, s'élever à **2.** UK [afford] : *I think I could run to a new suit* je crois bien que je pourrais me payer OR m'offrir un nouveau costume.

◆ **run up** vt insep [bill, debt] laisser accumuler / *I've run up a huge overdraft* j'ai un découvert énorme.

◆ **run up against** vt insep se heurter à.

run-around noun *inf* ▸ **to give sb the run-around** faire des réponses de Normand à qqn.

runaway ['rʌnəweɪ] ❖ adj [train, lorry] fou (folle) ; [horse] emballé(e) ; [victory] haut(e) la main ; [inflation] galopant(e). ❖ noun fuyard *m*, fugitif *m*, -ive *f*.

rundown ['rʌndaʊn] noun **1.** [report] bref résumé *m* **2.** [of industry] réduction *f* délibérée. ◆ **run-down** adj **1.** [building] délabré(e) **2.** [person] épuisé(e).

rung [rʌŋ] ❖ pp ⟶ **ring.** ❖ noun échelon *m*, barreau *m*.

run-in noun *inf* prise *f* de bec.

runner ['rʌnər] noun **1.** [athlete] coureur *m*, -euse *f* **2.** [of guns, drugs] contrebandier *m*, -ière *f* **3.** [of sledge] patin *m* ; [for car seat] glissière *f* ; [for drawer] coulisseau *m*.

runner bean noun UK haricot *m* à rames.

runner-up (*pl* **runners-up**) noun second *m*, -e *f*.

running ['rʌnɪŋ] ❖ adj **1.** [argument, battle] continu(e) **2.** [consecutive] : *three weeks running* trois semaines de suite **3.** [water] courant(e) **4.** [working, operating] : *in running order* en état de marche **5.** / *to be up and running* être opérationnel(elle). ❖ noun **1.** (*U*) SPORT course *f* ▸ **to go running** faire de la course **2.** [management] direction *f*, administration *f* **3.** [of machine] marche *f*, fonctionnement *m* **4.** PHR **to be in the running (for)** avoir des chances de réussir (dans) ▸ **to be out of the running (for)** n'avoir aucune chance de réussir (dans) ▸ **to make the running a)** [in race] mener la course **b)** [in relationship] prendre l'initiative. ❖ comp de course.

running commentary noun commentaire *m* suivi.

running order noun ordre *m* de passage.

runny ['rʌnɪ] (*compar* **-ier**, *superl* **-iest**) adj **1.** [food] liquide **2.** [nose] qui coule.

run-off noun **1.** SPORT [final] finale *f* ; [after tie] belle *f* **2.** [water] trop-plein *m*.

run-of-the-mill adj banal(e), ordinaire.

runt [rʌnt] noun avorton *m*.

run-through noun répétition *f*.

run-up noun **1.** [preceding time] ▸ **in the run-up to sthg** dans la période qui précède qqch **2.** SPORT course *f* d'élan.

runway ['rʌnweɪ] noun piste *f*.

RUOK? (*written abbr of* **are you ok?**) ça va ?

rupture ['rʌptʃər] noun rupture *f*.

rural ['rʊərəl] adj rural(e).

ruse [ru:z] noun ruse *f*.

rush [rʌʃ] ❖ noun **1.** [hurry] hâte *f* / *to do sthg in a rush* faire qqch à la hâte ▸ **there's no rush** ça ne presse pas, ce n'est pas pressé **2.** [surge] ruée *f*, bousculade *f* ▸ **to make a rush for sthg** se ruer OR se précipiter vers qqch ▸ **a rush of air** une bouffée d'air ▸ **a rush of blood to the head** un coup de sang **3.** [demand] ▸ **rush (on** OR **for)** ruée *f* (sur). ❖ vt **1.** [hurry - work] faire à la hâte ; [- person] bousculer ; [- meal] expédier / *don't rush your food* ne mange pas trop vite ▸ **to rush sb into doing sthg** forcer qqn à faire qqch à la hâte **2.** [send quickly] transporter OR envoyer d'urgence **3.** [attack suddenly] prendre d'assaut. ❖ vi **1.** [hurry] se dépêcher / *there's no need to rush* pas besoin de se presser ▸ **to rush into sthg** faire qqch sans réfléchir **2.** [move quickly, suddenly] se précipiter, se ruer / *he rushed in / out / past* il est entré précipitamment/sorti précipitamment/passé à toute allure / *passers-by rushed to help the injured man* des passants se sont précipités au secours du blessé / *the blood rushed to her head* le sang lui monta à la tête. ◆ **rushes** pl n **1.** BOT joncs *mpl* **2.** CIN épreuves *fpl* de tournage, rushes *mpl*.

rushed [rʌʃt] adj [person] pressé(e) ; [work] fait(e) à la hâte.

rush hour noun heures *fpl* de pointe OR d'affluence.

rush job noun travail *m* d'urgence.

rusk [rʌsk] noun UK biscotte *f*.

russet ['rʌsɪt] adj feuille-morte *(inv)*.

Russia ['rʌʃə] noun Russie *f* ▸ **in Russia** en Russie.

Russian ['rʌʃn] ❖ adj russe. ❖ noun **1.** [person] Russe *mf* **2.** [language] russe *m*.

Russian roulette noun roulette *f* russe.

rust [rʌst] ❖ noun rouille *f*. ❖ vi se rouiller.

rusted ['rʌstɪd] adj rouillé(e).

rustic ['rʌstɪk] adj rustique.

rustle ['rʌsl] ❖ noun [of leaves] bruissement *m* ; [of papers] froissement *m*. ❖ vt **1.** [paper] froisser **2.** US [cattle] voler. ❖ vi [leaves] bruire ; [papers] produire un froissement.

rustproof ['rʌstpru:f] adj inoxydable.

rusty ['rʌstɪ] (*compar* **-ier**, *superl* **-iest**) adj *lit* & *fig* rouillé(e).

rut [rʌt] noun ornière *f* ▸ **to get into a rut** s'encroûter ▸ **to be in a rut** être prisonnier(ère) de la routine.

rutabaga [ˌru:tə'beɪgə] noun US rutabaga *m*.

ruthless ['ru:θlɪs] adj impitoyable.

ruthlessly ['ru:θlɪslɪ] adv de façon impitoyable.

ruthlessness ['ru:θlɪsnɪs] noun caractère *m* impitoyable.

RV noun **1.** (*abbr of* **Revised Version**) *traduction de la Bible de 1611 révisée entre 1881 et 1895* **2.** US (*abbr of* **recreational vehicle**) camping-car *m*.

Rwanda [rʊ'ændə] noun Ruanda *m*, Rwanda *m* ▸ **in Rwanda** au Ruanda.

Rwandan [rʊ'ændən] ❖ adj ruandais(e). ❖ noun Ruandais *m*, -e *f*.

rye [raɪ] noun **1.** [grain] seigle *m* **2.** [bread] pain *m* de seigle.

rye bread noun pain *m* de seigle.

S

s¹ (*pl* **ss** *or* **s's**), **S** (*pl* **Ss** *or* **S's**) [es] noun [letter] s *m inv*, S *m inv*.

S² (*abbr of* **south**) S.

S & M noun *abbr of* **sadomasochism**.

Sabbath ['sæbəθ] noun ▸ **the Sabbath** le sabbat.

sabbatical [sə'bætɪkl] noun année *f* sabbatique ▸ **to be on sabbatical** faire une année sabbatique.

sabotage ['sæbətɑ:ʒ] ❖ noun sabotage *m*. ❖ vt saboter.

saboteur [,sæbə'tɜ:ʳ] noun saboteur *m*, -euse *f*.

saccharin(e) ['sækərɪn] noun saccharine *f*.

sachet ['sæʃeɪ] noun sachet *m*.

sack [sæk] ❖ noun **1.** [bag] sac *m* **2.** UK *inf* [dismissal] ▸ **to get** OR **be given the sack** être renvoyé(e), se faire virer. ❖ vt UK *inf* [dismiss] renvoyer, virer.

sacking ['sækɪŋ] noun **1.** [fabric] toile *f* à sac **2.** UK *inf* [dismissal] licenciement *m*.

sacrament ['sækrəmənt] noun sacrement *m*.

sacred ['seɪkrɪd] adj sacré(e).

sacrifice ['sækrɪfaɪs] *lit* & *fig* ❖ noun sacrifice *m*. ❖ vt sacrifier.

sacrificial [,sækrɪ'fɪʃl] adj [rite, dagger] sacrificiel(elle) ; [victim] du sacrifice.

sacrilege ['sækrɪlɪdʒ] noun *lit* & *fig* sacrilège *m*.

sacrilegious [,sækrɪ'lɪdʒəs] adj *lit* & *fig* sacrilège.

sacrosanct ['sækrəʊsæŋkt] adj *lit* & *fig* sacro-saint(e).

sad [sæd] (*compar* **-der**, *superl* **-dest**) adj triste.

SAD noun *abbr of* **seasonal affective disorder**.

sadden ['sædn] vt attrister, affliger.

saddle ['sædl] ❖ noun selle *f*. ❖ vt **1.** [horse] seller **2.** *fig* [burden] ▸ **to saddle sb with sthg** coller qqch à qqn.
◆ **saddle up** ❖ vt insep seller. ❖ vi seller son cheval.

saddlebag ['sædlbæg] noun sacoche *f (de selle ou de bicyclette)*.

sadism ['seɪdɪzm] noun sadisme *m*.

sadist ['seɪdɪst] noun sadique *mf*.

sadistic [sə'dɪstɪk] adj sadique.

sadly ['sædlɪ] adv **1.** [unhappily] tristement **2.** [unfortunately] malheureusement.

sadness ['sædnɪs] noun tristesse *f*.

sadomasochism [,seɪdəʊ'mæsəkɪzm] noun sadomasochisme *m*.

sadomasochist [,seɪdəʊ'mæsəkɪst] noun sadomasochiste *mf*.

sadomasochistic ['seɪdəʊ,mæsə'kɪstɪk] adj sadomasochiste.

SAE, sae UK *abbr of* **stamped addressed envelope**.

safari [sə'fɑ:rɪ] noun safari *m* ▸ **to go on safari** aller en safari.

safari park noun réserve *f*.

safe [seɪf] ❖ adj **1.** [not dangerous - gen] sans danger ; [- driver, play, guess] prudent(e) / ***it's not safe*** c'est dangereux / ***it's safe to say (that)…*** on peut dire à coup sûr que… ▸ **in safe hands** en bonnes mains / ***I played it safe and arrived an hour early*** pour ne pas prendre de risques, je suis arrivé une heure en avance **2.** [not in danger] hors de danger, en sécurité / ***the money's safe in the bank*** l'argent est en sécurité à la banque / ***your secret is safe with me*** je saurai garder votre secret / ***(have a) safe journey!*** bon voyage ! ▸ **safe and sound** sain et sauf (saine et sauve) **3.** [not risky - bet, method] sans risque ; [- investment] sûr(e) ▸ **to be on the safe side** par précaution, pour plus de sûreté ▸ **it's as safe as houses** cela ne présente pas le moindre risque. ❖ noun coffre-fort *m*.

safe-conduct noun sauf-conduit *m*.

safeguard ['seɪfgɑ:d] ❖ noun ▸ **safeguard (against)** sauvegarde *f* (contre). ❖ vt ▸ **to safeguard sb / sthg (against)** sauvegarder qqn / qqch (contre), protéger qqn / qqch (contre).

safe haven noun zone *f* protégée.

safe house noun lieu *m* sûr.

safekeeping [,seɪf'ki:pɪŋ] noun bonne garde *f*.

safely ['seɪflɪ] adv **1.** [not dangerously] sans danger **2.** [not in danger] en toute sécurité, à l'abri du danger **3.** [arrive - person] à bon port, sain et sauf (saine et sauve) ; [- parcel] à bon port **4.** [for certain] ▸ **I can safely say (that)…** je peux dire à coup sûr que….

safe sex noun sexe *m* sans risques, S.S.R. *m*.

safety ['seɪftɪ] ❖ noun sécurité *f*. ❖ comp de sécurité.

safety belt noun ceinture *f* de sécurité.

safety-deposit box noun UK coffre-fort *m*.

safety glass noun verre *m* de sécurité.

safety helmet noun casque *m* (de protection).

safety net noun filet *m* (de protection).

safety pin noun épingle *f* de sûreté OR de nourrice.

saffron ['sæfrən] noun safran *m*.

sag [sæg] (*pt & pp* **-ged**, *cont* **-ging**) vi **1.** [sink downwards] s'affaisser, fléchir **2.** *fig* [decrease] baisser.

saga ['sɑ:gə] noun saga *f* ; *fig* & *pej* histoire *f*.

sage [seɪdʒ] ❖ adj sage. ❖ noun **1.** *(U)* [herb] sauge *f* **2.** [wise man] sage *m*.

sagging ['sægɪŋ] adj **1.** [rope] détendu(e) ; [bed, roof, bridge] affaissé(e) ; [shelf, beam] qui ploie ; [hemline] qui pend ; [jowls, cheeks] pendant(e) ; [breasts] tombant(e) **2.** [prices, demand] en baisse ; [spirits] abattu(e), découragé(e).

saggy ['sægɪ] (*compar* **-ier**, *superl* **-iest**) adj [bed] affaissé(e) ; [breasts] tombant(e).

Sagittarius [,sædʒɪ'teərɪəs] noun Sagittaire *m* / *to be (a) Sagittarius* être Sagittaire.

Sahara [sə'hɑ:rə] noun ▸ **the Sahara (Desert)** le (désert du) Sahara.

said [sed] pt & pp ⟶ **say**.

sail [seɪl] ❖ noun **1.** [of boat] voile *f* / *in full sail* toutes voiles dehors ▸ **to set sail** faire voile, prendre la mer **2.** [journey] tour *m* en bateau / *to go for a sail* faire un tour en bateau / *it's a few hours' sail from here* c'est à quelques heures d'ici en bateau **3.** [of windmill] aile *f*. ❖ vt **1.** [boat] piloter, manœuvrer / *she sailed the boat into port* elle a manœuvré OR piloté le bateau jusque dans le port **2.** [sea] parcourir. ❖ vi **1.** [person] aller en bateau ; SPORT faire de la voile **2.** [boat - move] naviguer ; [- leave] partir, prendre la mer / *the boat sailed up / down the river* le bateau remonta/descendit le fleuve / *the ship sailed into harbour* le bateau est entré au port **3.** *fig* [through air] voler ; [move quickly] : *a sports car sailed past me* une voiture de sport m'a doublé à toute vitesse / *the ball sailed over the wall* la balle est passée par-dessus le mur. ◆ **sail through** vt insep *fig* réussir les doigts dans le nez.

sailboard ['seɪlbɔ:d] noun planche *f* à voile.

sailboarding ['seɪl,bɔ:dɪŋ] noun planche *f* à voile *(activité)*.

sailing ['seɪlɪŋ] noun **1.** *(U)* SPORT voile *f* ▸ **to go sailing** faire de la voile **2.** [departure] départ *m*.

sailing boat UK, **sailboat** US ['seɪlbəʊt] noun bateau *m* à voiles, voilier *m*.

sailing ship noun voilier *m*.

sailor ['seɪlər] noun marin *m*, matelot *m* ▸ **to be a good sailor** avoir le pied marin.

saint [seɪnt] noun saint *m*, -e *f*.

saintly ['seɪntlɪ] (*compar* **-ier**, *superl* **-iest**) adj [person] saint(e) ; [life] de saint.

Saint Patrick's Day [-'pætrɪks-] noun la Saint-Patrick.

saint's day noun fête *f (d'un saint)*.

sake [seɪk] noun ▸ **for the sake of sb** par égard pour qqn, pour (l'amour de) qqn / *for the children's sake* pour les enfants / *for the sake of my health* pour ma santé ▸ **to do sthg for its own sake** faire qqch pour le plaisir ▸ **for God's** OR **heaven's sake** pour l'amour de Dieu OR du ciel.

salacious [sə'leɪʃəs] adj *fml* [joke, book, look] salace, grivois(e), obscène.

salad ['sæləd] noun salade *f*.

salad bar noun [restaurant] *restaurant où l'on mange des salades* ; [area] salad bar *m*.

salad bowl noun saladier *m*.

salad cream noun UK *sorte de mayonnaise douce*.

salad dressing noun vinaigrette *f*.

salamander ['sælə,mændər] noun salamandre *f*.

salami [sə'lɑ:mɪ] noun salami *m*.

salaried ['sælərɪd] adj salarié(e).

salary ['sælərɪ] (*pl* **-ies**) noun salaire *m*, traitement *m*.

sale [seɪl] noun **1.** [gen] vente *f* ▸ **on sale** UK, **for sale** US en vente ▸ **(up) for sale** à vendre **2.** [at reduced prices] soldes *mpl* / *the shop is having a sale* le magasin fait des soldes ▸ **in a sale** UK, **on sale** US en solde. ◆ **sales** ❖ pl n **1.** [quantity sold] ventes *fpl* **2.** [at reduced prices] ▸ **the sales** les soldes *mpl*. ❖ comp [figures, department] des ventes.

saleroom UK ['seɪlrʊm], **salesroom** US ['seɪlzrʊm] noun salle *f* des ventes.

sales assistant UK ['seɪlz-], **salesclerk** US ['seɪlzklɜ:rk] noun vendeur *m*, -euse *f*.

sales conference noun conférence *f* du personnel des ventes.

sales figures noun chiffre *m* de ventes.

sales force noun force *f* de vente.

sales forecast noun prévision *f* des ventes.

salesman ['seɪlzmən] (*pl* **-men**) noun [in shop] vendeur *m* ; [travelling] représentant *m* de commerce.

sales manager noun directeur *m* commercial, directrice *f* commerciale.

salesmanship ['seɪlzmənʃɪp] noun art *m* de la vente, technique *f* de vente.

salesperson ['seɪlz,pɜ:sn] (*pl* **-people**) noun [in shop] vendeur *m*, -euse *f* ; [rep] représentant *m*, -e *f* (de commerce).

sales pitch noun boniment *m*.

sales rep noun *inf* représentant *m* de commerce.

sales representative noun représentant *m* de commerce.

sales slip noun US [receipt] ticket *m* de caisse.

sales tax noun taxe *f* à l'achat.

sales team noun équipe *f* de vente.

saleswoman ['seɪlz,wʊmən] (*pl* **-women**) noun [in shop] vendeuse *f* ; [travelling] représentante *f* de commerce.

salient ['seɪljənt] adj *fml* qui ressort.

saline ['seɪlaɪn] adj salin(e) ▸ **saline drip** perfusion *f* de sérum artificiel.

saliva [sə'laɪvə] noun salive *f*.

salivate ['sælɪveɪt] vi saliver.

sallow ['sæləʊ] adj cireux(euse).

salmon ['sæmən] (*pl inv or* **-s**) noun saumon *m*.

salmonella [ˌsælmə'nelə] noun salmonelle *f*.

salon ['sælɒn] noun salon *m*.

saloon [sə'lu:n] noun **1.** UK [car] berline *f* **2.** US [bar] saloon *m* **3.** UK [in pub] ▸ **saloon (bar)** bar *m* **4.** [in ship] salon *m*.

salt [sɔ:lt *or* sɒlt] ❖ noun sel *m* ▸ **the salt of the earth** le sel de la terre ▸ **to rub salt into sb's wounds** remuer OR retourner le couteau dans la plaie ▸ **take what he says with a pinch of salt** ne prenez pas ce qu'il dit au pied de la lettre. ❖ comp [food] salé(e). ❖ vt [food] saler ; [roads] mettre du sel sur. ◆ **salt away** vt sep mettre de côté.

saltcellar UK, **saltshaker** US [-ˌʃeɪkə^r] noun salière *f*.

salted ['sɔ:ltɪd] adj salé(e).

saltshaker US = **saltcellar**.

saltwater ['sɔ:ltˌwɔ:tə^r] ❖ noun eau *f* de mer. ❖ adj de mer.

salty ['sɔ:ltɪ] (*compar* **-ier**, *superl* **-iest**) adj [food] salé(e) ; [water] saumâtre.

salubrious [sə'lu:brɪəs] adj *fml* salubre.

salutary ['sæljʊtrɪ] adj *fml* salutaire.

salute [sə'lu:t] ❖ noun salut *m*. ❖ vt saluer. ❖ vi faire un salut.

salvage ['sælvɪdʒ] ❖ noun *(U)* **1.** [rescue of ship] sauvetage *m* **2.** [property rescued] biens *mpl* sauvés. ❖ vt sauver.

salvation [sæl'veɪʃn] noun salut *m*.

Salvation Army noun ▸ **the Salvation Army** l'Armée *f* du Salut.

salve [sælv] vt ▸ **to do sthg to salve one's conscience** faire qqch pour avoir la conscience en paix.

salver ['sælvə^r] noun plateau *m*.

salvo ['sælvəʊ] (*pl* **-s** *or* **-es**) noun salve *f*.

Samaritan [sə'mærɪtn] noun ▸ **good Samaritan** bon Samaritain *m*.

same [seɪm] ❖ adj **1.** même / *she was wearing the same jumper as I was* elle portait le même pull que moi ▸ **at the same time** en même temps ▸ **one and the same** un seul et même (une seule et même) **2.** PHR **it's the same old story!, it's the same old, same old!** US *inf* c'est toujours la même histoire ! ❖ pron ▸ **the same** le même (la même), les mêmes *pl* / *I'll have the same as you* je prendrai la même chose que toi / *she earns the same as I do* elle gagne autant que moi ▸ **to do the same** faire de même, en faire autant ▸ **all** OR **just the same** [anyway] quand même, tout de même ▸ **it's all the same to me** ça m'est égal ▸ **it's not the same** ce n'est pas pareil. ❖ adv ▸ **the same** [treat, spell] de la même manière.

same-day adj COMM [processing, delivery] dans la journée.

sameness ['seɪmnɪs] noun *pej* monotonie *f*.

same-sex adj entre personnes du même sexe.

Samoa [sə'məʊə] noun Samoa *m* ▸ **in Samoa** à Samoa ▸ **American Samoa** les Samoa américaines *fpl*.

Samoan [sə'məʊən] ❖ adj samoan(e). ❖ noun Samoan *m*, -e *f*.

samosa [sə'məʊsə] noun *petit pâté indien à la viande ou aux légumes*.

sample ['sɑ:mpl] ❖ noun échantillon *m*. ❖ vt **1.** [taste] goûter **2.** MUS faire le sampling de.

sanatorium, sanitorium US (*pl* **-iums** *or* **-ia**) [ˌsænə'tɔ:rɪəm] noun sanatorium *m*.

sanctify ['sæŋktɪfaɪ] (*pt & pp* **-ied**) vt sanctifier.

sanctimonious [ˌsæŋktɪ'məʊnjəs] adj moralisateur(trice).

sanction ['sæŋkʃn] ❖ noun sanction *f*. ❖ vt sanctionner. ◆ **sanctions** pl n sanctions *fpl*.

sanctity ['sæŋktətɪ] noun sainteté *f*.

sanctuary ['sæŋktʃʊərɪ] (*pl* **-ies**) noun **1.** [for birds, wildlife] réserve *f* **2.** [refuge] asile *m* **3.** [holy place] sanctuaire *m*.

sand [sænd] ❖ noun sable *m*. ❖ vt [wood] poncer. ◆ **sands** pl n plage *f* de sable.

sandal ['sændl] noun sandale *f*.

sandalwood ['sændlwʊd] noun (bois *m* de) santal *m*.

sandbag ['sændbæg] noun sac *m* de sable.

sandbank ['sændbæŋk] noun banc *m* de sable.

sandblast ['sændblɑ:st] vt décaper à la sableuse, sabler.

sandcastle ['sændˌkɑ:sl] noun château *m* de sable.

sand dune noun dune *f*.

sandpaper ['sændˌpeɪpə^r] ❖ noun *(U)* papier *m* de verre. ❖ vt poncer (au papier de verre).

sandpit UK ['sændpɪt], **sandbox** US ['sændbɒks] noun bac *m* à sable.

sandstone ['sændstəʊn] noun grès *m*.

sandstorm ['sændstɔ:m] noun tempête *f* de sable.

sandwich ['sænwɪdʒ] ❖ noun sandwich *m* ▸ **the sandwich generation** la génération-sandwich *(personnes s'occupant de leurs parents âgés tout en ayant des enfants à charge)* ▸ **to be two sandwiches short of a picnic** UK *inf* : *he's two sandwiches short of a picnic* il lui manque une case. ❖ vt *fig* ▸ **to be sandwiched between** être (pris) en sandwich entre.

sandwich board noun panneau *m* publicitaire *(d'homme sandwich ou posé comme un tréteau)*.

sandy ['sændɪ] (*compar* **-ier**, *superl* **-iest**) adj **1.** [beach] de sable ; [earth] sableux(euse) **2.** [sand-coloured] sable *(inv)*.

sane [seɪn] adj **1.** [not mad] sain(e) d'esprit **2.** [sensible] raisonnable, sensé(e).

sang [sæŋ] pt ⟶ **sing**.

sanguine ['sæŋgwɪn] adj *fml* optimiste.

sanitary ['sænɪtrɪ] adj **1.** [method, system] sanitaire **2.** [clean] hygiénique, salubre.

sanitary towel UK, **sanitary napkin** US noun serviette *f* hygiénique.

sanitation [ˌsænɪ'teɪʃn] noun *(U)* [in house] installations *fpl* sanitaires.

sanitize, **sanitise** UK ['sænɪtaɪz] vt *fig* expurger.

sanity ['sænətɪ] noun *(U)* **1.** [saneness] santé *f* mentale, raison *f* **2.** [good sense] bon sens *m*.

sank [sæŋk] pt ⟶ **sink**.

San Marino [ˌsænmə'riːnəʊ] noun Saint-Marin *m* ▸ **in San Marino** à Saint-Marin.

Sanskrit ['sænskrɪt] noun sanskrit *m*, sanscrit *m*.

Santa (Claus) ['sæntə(ˌklɔːz)] noun le père Noël.

sap [sæp] ❖ noun **1.** [of plant] sève *f* **2.** *inf* & *dated* [gullible person] nigaud *m*, -e *f*. ❖ vt (*pt & pp* **-ped**, *cont* **-ping**) [weaken] saper.

sapling ['sæplɪŋ] noun jeune arbre *m*.

sapphire ['sæfaɪəʳ] noun saphir *m*.

Sarajevo [ˌsærə'jeɪvəʊ] noun Sarajevo.

sarcasm ['sɑːkæzm] noun sarcasme *m*.

sarcastic [sɑː'kæstɪk] adj sarcastique.

sarcastically [sɑː'kæstɪklɪ] adv d'un ton sarcastique.

sarcophagus [sɑː'kɒfəgəs] (*pl* **-gi** *or* **-guses**) noun sarcophage *m*.

sardine [sɑː'diːn] noun sardine *f*.

Sardinia [sɑː'dɪnjə] noun Sardaigne *f* ▸ **in Sardinia** en Sardaigne.

sardonic [sɑː'dɒnɪk] adj sardonique.

sari ['sɑːrɪ] noun sari *m*.

sarong [sə'rɒŋ] noun sarong *m*.

SARS ['særz] (*abbr of* **severe acute respiratory syndrome**) noun SRAS *m*.

sartorial [sɑː'tɔːrɪəl] adj *fml* vestimentaire.

SAS (*abbr of* **Special Air Service**) noun *commando d'intervention spéciale de l'armée britannique*.

SASE US *abbr of* **self-addressed stamped envelope**.

sash [sæʃ] noun [of cloth] écharpe *f*.

sash window noun fenêtre *f* à guillotine.

sassy ['sæsɪ] adj US *inf* culotté(e).

sat [sæt] pt & pp ⟶ **sit**.

SAT [sæt] noun **1.** (*abbr of* **Standard Assessment Test**) *examen national en Grande-Bretagne pour les élèves de 7 ans, 11 ans et 14 ans* **2.** (*abbr of* **SAT Reasoning Test**) *examen d'entrée à l'université aux États-Unis*.

Sat. (*abbr of* **Saturday**) sam.

Satan ['seɪtn] noun Satan *m*.

satanic [sə'tænɪk] adj satanique.

satanist ['seɪtənɪst] ❖ adj sataniste. ❖ noun sataniste *mf*.

satchel ['sætʃəl] noun cartable *m*.

satellite ['sætəlaɪt] ❖ noun satellite *m*. ❖ comp [country, company] satellite.

satellite dish noun antenne *f* parabolique.

satellite link noun liaison *f* par satellite.

satellite TV noun télévision *f* par satellite.

satiate ['seɪʃɪeɪt] vt *liter* rassasier.

satin ['sætɪn] ❖ noun satin *m*. ❖ comp [sheets, pyjamas] de OR en satin ; [wallpaper, finish] satiné(e).

satire ['sætaɪəʳ] noun satire *f*.

satirical [sə'tɪrɪkl] adj satirique.

satirist ['sætərɪst] noun satiriste *mf*.

satirize, **satirise** UK ['sætəraɪz] vt faire la satire de.

satisfaction [ˌsætɪs'fækʃn] noun satisfaction *f* / *is everything to your satisfaction?* est-ce que tout est à votre convenance ? / *the plan was agreed to everyone's satisfaction* le projet fut accepté à la satisfaction générale.

satisfactorily [ˌsætɪs'fæktərəlɪ] adv de façon satisfaisante.

satisfactory [ˌsætɪs'fæktərɪ] adj satisfaisant(e).

satisfied ['sætɪsfaɪd] adj **1.** [happy] ▸ **satisfied (with)** satisfait(e) (de) / *a satisfied customer* un client satisfait / *are you satisfied now you've made her cry?* tu es content de l'avoir fait pleurer ? **2.** [convinced] ▸ **to be satisfied that** être sûr(e) que.

satisfy ['sætɪsfaɪ] (*pt & pp* **-ied**) vt **1.** [gen] satisfaire **2.** [convince] convaincre, persuader ▸ **to satisfy sb that** convaincre qqn que ▸ **to satisfy o.s. that** s'assurer que.

satisfying ['sætɪsfaɪɪŋ] adj satisfaisant(e).

satnav ['sætnæv] noun GPS *m*.

SAT

Aux États-Unis, les étudiants souhaitant entrer à l'université doivent réussir un « test d'aptitude scolaire » (**SAT Reasoning Test**), comportant une épreuve de mathématiques et une épreuve d'anglais, à l'écrit et à l'oral (compréhension de la lecture, test d'analogie et analyse de phrases). Les candidats peuvent repasser le test plusieurs fois pour améliorer leurs chances d'admission. D'autres passent l'**ACT** (**American College Test**), un examen très prisé par certaines universités du Middle West, qui permet de tester le niveau en mathématiques, la lecture en anglais et le raisonnement scientifique. L'inscription dans les facultés dépend de cette évaluation finale, des notes obtenues durant la scolarité, des activités extrascolaires et des recommandations des professeurs. Au Royaume-Uni, le « Test de curriculum national » (**Standard Assessment Test**), qui porte sur l'écriture, l'orthographe, les mathématiques et les sciences, évalue le niveau scolaire des écoliers à 7, 11 et 14 ans.

satsuma [ˌsæt'su:mə] noun satsuma *f*.

saturate ['sætʃəreɪt] vt ▸ **to saturate sthg (with)** saturer qqch (de).

saturation [ˌsætʃə'reɪʃn] noun saturation *f*.

saturation point noun ▸ **to reach saturation point** arriver à saturation *f*.

Saturday ['sætədɪ] ❖ noun samedi *m* / *it's Saturday* on est samedi / *are you going Saturday?* *inf* tu y vas samedi ? / *see you Saturday!* *inf* à samedi ! ▸ **on Saturday** samedi ▸ **on Saturdays** le samedi ▸ **last Saturday** samedi dernier ▸ **this Saturday** ce samedi ▸ **next Saturday** samedi prochain ▸ **every Saturday** tous les samedis ▸ **every other Saturday** un samedi sur deux ▸ **the Saturday before** l'autre samedi ▸ **the Saturday before last** pas samedi dernier, mais le samedi d'avant ▸ **the Saturday after next, Saturday week** UK**, a week on Saturday** UK samedi en huit ▸ **to work Saturdays** travailler le samedi. ❖ comp [paper] du OR de samedi / *I have a Saturday appointment* j'ai un rendez-vous samedi ▸ **Saturday morning / afternoon / evening** samedi matin / après-midi / soir ▸ **a Saturday job** un petit boulot *(le samedi pour gagner de l'argent de poche)*.

Saturday girl noun vendeuse *f (travaillant le samedi)*.

Saturn ['sætən] noun [planet] Saturne *f*.

sauce [sɔ:s] noun **1.** CULIN sauce *f* **2.** UK *inf* & *dated* [cheek] toupet *m*.

saucepan ['sɔ:spən] noun casserole *f*.

saucer ['sɔ:səʳ] noun sous-tasse *f*, soucoupe *f*.

saucy ['sɔ:sɪ] *(compar* **-ier**, *superl* **-iest***)* adj *inf* coquin(e).

Saudi Arabia ['saʊdɪ-] noun Arabie *f* Saoudite ▸ **in Saudi Arabia** en Arabie Saoudite.

Saudi (Arabian) ['saʊdɪ-] ❖ adj saoudien(enne). ❖ noun [person] Saoudien *m*, -enne *f*.

sauna ['sɔ:nə] noun sauna *m*.

saunter ['sɔ:ntəʳ] vi flâner.

sausage ['sɒsɪdʒ] noun saucisse *f*.

sausage roll noun UK feuilleté *m* à la saucisse.

sauté [UK 'səʊteɪ, US səʊ'teɪ] ❖ adj sauté(e). ❖ vt *(pt & pp* **sautéed** *or* **sautéd***)* [potatoes] faire sauter ; [onions] faire revenir.

savage ['sævɪdʒ] ❖ adj [fierce] féroce. ❖ noun sauvage *mf*. ❖ vt attaquer avec férocité.

savagely ['sævɪdʒlɪ] adv sauvagement, brutalement.

save [seɪv] ❖ vt **1.** [rescue] sauver ▸ **to save sb's life** sauver la vie à OR de qqn **2.** [money - set aside] mettre de côté ; [- spend less] économiser / *we saved £10 by buying in bulk* on a économisé 10 livres en achetant en grosses quantités **3.** [time] gagner ; [strength] économiser ; [food] garder **4.** [avoid] éviter, épargner ▸ **to save sb sthg** épargner qqch à qqn ▸ **to save sb from doing sthg** éviter à qqn de faire qqch **5.** SPORT arrêter **6.** COMPUT sauvegarder, enregistrer / *'save as'* 'enregistrer sous'. ❖ vi [save money] mettre de l'argent de côté. ❖ noun SPORT arrêt *m*. ❖ prep *fml* ▸ **save (for)** sauf, à l'exception de.
◆ **save up** vi mettre de l'argent de côté.

saver ['seɪvəʳ] noun **1.** [person] épargnant *m*, -e *f* **2.** [product] bonne affaire *f* ▸ **super saver (ticket)** billet *m* à tarif réduit.

-saver suffix : *it's a real money-saver* ça permet d'économiser de l'argent OR de faire des économies.

saving ['seɪvɪŋ] ❖ noun **1.** [thrift] épargne *f* **2.** [money saved] économie *f* / *to make a saving* faire une économie. ❖ prep *fml* sauf, hormis.

saving grace ['seɪvɪŋ-] noun : *its saving grace was…* ce qui le rachetait, c'était….

savings ['seɪvɪŋz] pl n économies *fpl*.

savings account noun US compte *m* d'épargne.

saviour UK**, savior** US ['seɪvjəʳ] noun sauveur *m*.
◆ **Saviour** noun ▸ **the Saviour** le Sauveur.

savour UK**, savor** US ['seɪvəʳ] vt *lit* & *fig* savourer.

savoury UK**, savory** US ❖ adj **1.** UK [food] salé(e) **2.** [respectable] recommandable. ❖ noun *(pl* **-ies***)* UK petit plat *m* salé.

savvy ['sævɪ] adj US *inf* [well-informed] bien informé(e), calé(e) ; [shrewd] perspicace, astucieux(euse).

saw [sɔ:] ❖ pt ⟶ **see.** ❖ noun scie *f*. ❖ vt (UK *pt* **-ed**, *pp* **sawn**, US *pt & pp* **-ed**) scier.

sawdust ['sɔ:dʌst] noun sciure *f* (de bois).

sawmill ['sɔ:mɪl] noun scierie *f*, moulin *m* à scie QUÉBEC

sawn [sɔ:n] pp UK ⟶ **saw**.

sax [sæks] noun *inf* saxo *m*.

Saxon ['sæksn] ❖ adj saxon(onne). ❖ noun Saxon *m*, -onne *f*.

saxophone ['sæksəfəʊn] noun saxophone *m*.

saxophonist [UK sæk'sɒfənɪst, US 'sæksəfəʊnɪst] noun saxophoniste *mf*.

say [seɪ] ❖ vt *(pt & pp* **said***)* **1.** [gen] dire / *could you say that again?* vous pouvez répéter ce que vous venez de dire ? / *(let's) say you won the lottery…* supposons que tu gagnes le gros lot… / *it says a lot about him* cela en dit long sur lui / *she's said to be…* on dit qu'elle est… / *I have nothing more to say on the matter* je n'ai rien à ajouter là-dessus / *let's say no more about it* n'en parlons plus / *say no more* n'en dis pas plus / *enough said* [I understand] je vois / *who can say?* qui sait ? / *to say one's piece* dire ce qu'on a à dire / *to say one's prayers* faire sa prière ▸ **to say to o.s.** se dire ▸ **to say nothing of** sans parler de ▸ **that goes without saying** cela va sans dire ▸ **I'll say this for him…** je dois lui rendre cette justice que… ▸ **it has a lot to be said for it** cela a beaucoup d'avantages ▸ **she didn't have much to say for herself** *inf* elle n'avait pas grand-chose à dire ▸ **say when** dis-moi stop **2.** [subj: clock, label] indiquer / *it says "shake well"* c'est marqué « bien agiter ». ❖ noun ▸ **to have a / no say** avoir / ne pas avoir voix au chapitre ▸ **to have a say in sthg** avoir son mot à dire sur qqch ▸ **to have one's say** dire ce que l'on a à dire, dire son mot.
◆ **that is to say** adv c'est-à-dire.

saying ['seɪɪŋ] noun dicton *m*.

say-so noun *inf* [permission] autorisation *f*.

scab [skæb] noun **1.** [of wound] croûte *f* **2.** *inf* & *pej* [non-striker] jaune *m*.

scabies ['skeɪbi:z] noun *(U)* gale *f*.

scaffold ['skæfəʊld] noun échafaud *m*.

scaffolding ['skæfəldɪŋ] noun échafaudage *m*.

scalawag US = **scallywag**.

scald [skɔ:ld] ❖ noun brûlure *f*. ❖ vt ébouillanter ▸ **to scald one's arm** s'ébouillanter le bras.

scalding ['skɔ:ldɪŋ] adj bouillant(e).

scale [skeɪl] ❖ noun **1.** [gen] échelle *f* / *the scale of the map is 1 to 50,000* la carte est au 50 millième / *the scale of the devastation* l'étendue des dégâts / *the sheer scale of the problem* l'ampleur même du problème / *to do sthg on a large scale* faire qqch sur une grande échelle ▸ **to scale** [map, drawing] à l'échelle **2.** [of ruler, thermometer] graduation *f* **3.** MUS gamme *f* **4.** [of fish, snake] écaille *f* / *the scales fell from her eyes fig* les écailles lui sont tombées des yeux **5.** US = **scales**. ❖ vt **1.** [cliff, mountain, fence] escalader **2.** [fish] écailler. ◆ **scales** pl n balance *f* ▸ **(a pair of) bathroom scales** un pèse-personne. ◆ **scale down** vt insep réduire.

scallion ['skæljən] noun US [spring onion] ciboule *f*.

scallop ['skɒləp] ❖ noun [shellfish] coquille *f* Saint-Jacques. ❖ vt [edge, garment] festonner.

scallywag UK ['skælɪwæg], **scalawag** US ['skæləwæg] noun *inf* polisson *m*, -onne *f*.

scalp [skælp] ❖ noun **1.** ANAT cuir *m* chevelu **2.** [trophy] scalp *m*. ❖ vt scalper.

scalpel ['skælpəl] noun scalpel *m*.

scalper ['skælpər] noun US revendeur *m* de billets.

scam [skæm] noun *inf* arnaque *f*.

scamp [skæmp] noun *inf* coquin *m*, -e *f*.

scamper ['skæmpər] vi trottiner.

scampi ['skæmpɪ] noun *(U)* UK scampi *mpl*.

scan [skæn] ❖ noun MED scanographie *f* ; [during pregnancy] échographie *f*. ❖ vt (*pt & pp* **-ned**, *cont* **-ning**) **1.** [examine carefully] scruter **2.** [glance at] parcourir **3.** TECH balayer **4.** COMPUT faire un scannage de. ❖ vi (*pt & pp* **-ned**, *cont* **-ning**) **1.** LITER se scander **2.** COMPUT scanner.

scandal ['skændl] noun **1.** [gen] scandale *m* **2.** [gossip] médisance *f*.

scandalous ['skændələs] adj scandaleux(euse).

Scandinavia [ˌskændɪ'neɪvjə] noun Scandinavie *f* ▸ **in Scandinavia** en Scandinavie.

Scandinavian [ˌskændɪ'neɪvjən] ❖ adj scandinave. ❖ noun [person] Scandinave *mf*.

scanner ['skænər] noun [gen & COMPUT] scanner *m*.

scant [skænt] adj insuffisant(e).

scantily ['skæntɪlɪ] adv [furnished] pauvrement, chichement ; [dressed] légèrement.

scanty ['skæntɪ] (*compar* **-ier**, *superl* **-iest**) adj [amount, resources] insuffisant(e) ; [income] maigre ; [dress] minuscule.

scapegoat ['skeɪpgəʊt] noun bouc *m* émissaire.

scar [skɑ:r] ❖ noun cicatrice *f*. ❖ vt (*pt & pp* **-red**, *cont* **-ring**) **1.** [skin, face] marquer d'une cicatrice ; [landscape] défigurer **2.** *fig* [mentally] marquer.

scarce ['skeəs] adj rare, peu abondant(e) ▸ **to make o.s. scarce** s'esquiver.

scarcely ['skeəslɪ] adv à peine / *scarcely anyone* presque personne / *I scarcely ever go there now* je n'y vais presque OR pratiquement plus jamais / *he scarcely spoke to me* c'est tout juste s'il m'a adressé la parole / *I could scarcely tell his mother, now could I!* je ne pouvais quand même pas le dire à sa mère, non ?

scarcity ['skeəsətɪ] noun manque *m*.

scare [skeər] ❖ noun **1.** [sudden fear] ▸ **to give sb a scare** faire peur à qqn **2.** [public fear] panique *f* ▸ **bomb scare** alerte *f* à la bombe ▸ **beef / poultry scare** alerte *f* alimentaire à propos du bœuf / du poulet. ❖ vt faire peur à, effrayer. ◆ **scare away, scare off** vt sep faire fuir.

scarecrow ['skeəkrəʊ] noun épouvantail *m*.

scared ['skeəd] adj apeuré(e) ▸ **to be scared** avoir peur ▸ **to be scared stiff** OR **to death** être mort(e) de peur.

scaremongering ['skeəˌmʌŋgrɪŋ] noun alarmisme *m*.

scare story noun histoire *f* pour faire peur.

scarf [skɑ:f] (*pl* **-s** *or* **scarves** [skɑ:vz]) noun [wool] écharpe *f* ; [silk] foulard *m*.

scarlet ['skɑ:lət] ❖ adj écarlate. ❖ noun écarlate *f*.

scarlet fever noun scarlatine *f*.

scarves [skɑ:vz] pl n ⟶ **scarf**.

scary [skeərɪ] (*compar* **-ier**, *superl* **-iest**) adj *inf* qui fait peur.

scathing ['skeɪðɪŋ] adj [criticism] acerbe ; [reply] cinglant(e) ▸ **to be scathing about sb / sthg** critiquer qqn / qqch de manière acerbe.

scathingly ['skeɪðɪŋlɪ] adv [retort, criticize] de manière cinglante.

scatter ['skætər] ❖ vt [clothes, paper] éparpiller ; [seeds] semer à la volée. ❖ vi se disperser.

scatterbrain ['skætəbreɪn] noun tête *f* de linotte, étourdi *m*, -e *f*.

scatterbrained ['skætəbreɪnd] adj *inf* écervelé(e).

scattered ['skætəd] adj [wreckage, population] dispersé(e) ; [paper] éparpillé(e) ; [showers] intermittent(e).

scatter-gun noun fusil *m* de chasse.

scattering ['skætərɪŋ] noun [small number] petit nombre *m* ; [small amount] petite quantité *f*.

scatty ['skætɪ] (*compar* **-ier**, *superl* **-iest**) adj UK *inf* écervelé(e).

scavenge ['skævɪndʒ] ❖ vt [object] récupérer. ❖ vi [person] ▸ **to scavenge for sthg** faire les poubelles pour trouver qqch.

scavenger ['skævɪndʒər] noun **1.** [animal] animal *m* nécrophage **2.** [person] personne *f* qui fait les poubelles.

scenario [sɪ'nɑ:rɪəʊ] (*pl* **-s**) noun **1.** [possible situation] hypothèse *f*, scénario *m* **2.** [of film, play] scénario *m*.

scene [si:n] noun **1.** [in play, film, book] scène *f* / *the scene is set* OR *takes place in Bombay* la scène se passe OR l'action se déroule à Bombay ▸ **to make a scene** *fig* faire une scène ▸ **behind the scenes** dans les coulisses **2.** [sight] spectacle *m*, vue *f*; [picture] tableau *m* / *scenes of horror / violence* scènes d'horreur / de violence / *just picture the scene* essayez de vous représenter la scène **3.** [location] lieu *m*, endroit *m* / *the scene of the crime* le lieu du crime ▸ **on the scene** sur les lieux / *the police were soon on the scene* la police est rapidement arrivée sur les lieux OR sur place ▸ **a change of scene** un changement de décor **4.** [area of activity] : *the political scene* la scène politique / *the music scene* le monde de la musique / *it's not my scene* *inf* ce n'est pas mon truc / *he disappeared from the scene for a few years* il a disparu de la circulation OR de la scène pendant quelques années **5.** PHR **to set the scene for sb** mettre qqn au courant de la situation ▸ **to set the scene for sthg** préparer la voie à qqch.

scenery ['si:nərɪ] noun *(U)* **1.** [of countryside] paysage *m* **2.** THEAT décor *m*, décors *mpl*.

scenic ['si:nɪk] adj [tour] touristique ▸ **a scenic view** un beau panorama.

scenic route noun route *f* touristique.

scent [sent] ❖ noun **1.** [smell - of flowers] senteur *f*, parfum *m* ; [- of animal] odeur *f*, fumet *m* **2.** *fig* [track] piste *f* **3.** *(U)* [perfume] parfum *m*. ❖ vt *lit* & *fig* sentir.

scented ['sentɪd] adj parfumé(e).

sceptic UK, **skeptic** US ['skeptɪk] noun sceptique *mf*.

sceptical UK, **skeptical** US ['skeptɪkl] adj ▸ **sceptical (about)** sceptique (sur).

scepticism UK, **skepticism** US ['skeptɪsɪzm] noun scepticisme *m*.

schedule [UK 'ʃedju:l, US 'skedʒʊl] ❖ noun **1.** [plan] programme *m*, plan *m* ▸ **(according) to schedule** selon le programme, comme prévu(e) / *the work was carried out according to schedule* le travail a été effectué selon les prévisions ▸ **on schedule** a) [at expected time] à l'heure (prévue) b) [on expected day] à la date prévue ▸ **ahead of / behind schedule** en avance / en retard (sur le programme) / *to fall behind schedule* prendre du retard sur les prévisions de travail **2.** [list - of times] horaire *m* ; [- of prices] tarif *m* **3.** US [calendar] calendrier *m* ; [timetable] emploi *m* du temps. ❖ vt ▸ **to schedule sthg (for)** prévoir qqch (pour) / *the meeting was scheduled for 3 o'clock / Wednesday* la réunion était prévue pour 15 heures / mercredi / *it's scheduled as a topic for the next meeting* c'est inscrit à l'ordre du jour de la prochaine réunion.

scheduled [UK 'ʃedju:ld, US 'skedʒʊld] adj **1.** [planned] prévu(e) / *at the scheduled time* à l'heure prévue / *we announce a change to our scheduled programmes* TV nous annonçons une modification de nos programmes **2.** [regular - stop, change] habituel(elle) **3.** [official - prices] tarifé(e) **4.** UK ADMIN ▸ **scheduled building** bâtiment *m* classé (monument historique) ▸ **the scheduled territories** la zone sterling.

scheduled flight noun vol *m* régulier.

scheduling [UK 'ʃedju:lɪŋ, US 'skedʒu:lɪŋ] noun TV & RADIO programmation *f* ▸ **scheduling director** TV & RADIO directeur *m*, -trice *f* des programmes.

schematic [skɪ'mætɪk] adj schématique.

scheme [ski:m] ❖ noun **1.** [plan] plan *m*, projet *m* **2.** *pej* [dishonest plan] combine *f* **3.** [arrangement] arrangement *m* ▸ **the scheme of things** l'ordre des choses. ❖ vt *pej* ▸ **to scheme to do sthg** conspirer pour faire qqch. ❖ vi *pej* conspirer.

scheming ['ski:mɪŋ] adj intrigant(e).

schism ['sɪzm *or* 'skɪzm] noun schisme *m*.

schizophrenia [,skɪtsə'fri:njə] noun schizophrénie *f*.

schizophrenic [,skɪtsə'frenɪk] ❖ adj schizophrène. ❖ noun schizophrène *mf*.

schlepp [ʃlep] *inf* ❖ vt trimbaler. ❖ vi ▸ **to schlepp (around)** se trimbaler.

scholar ['skɒlər] noun **1.** [expert] érudit *m*, -e *f*, savant *m*, -e *f* **2.** *dated* [student] écolier *m*, -ère *f*, élève *mf* **3.** [holder of scholarship] boursier *m*, -ère *f*.

scholarly ['skɒləlɪ] adj **1.** [person] érudit(e), cultivé(e) **2.** [article, work] savant(e) **3.** [approach] rigoureux(euse), scientifique **4.** [circle] universitaire.

scholarship ['skɒləʃɪp] noun **1.** [grant] bourse *f* (d'études) **2.** [learning] érudition *f*.

scholastic [skə'læstɪk] adj *fml* scolaire.

school [sku:l] noun **1.** [gen] école *f* ; [secondary school] lycée *m*, collège *m* / *to be at* OR *in school* être à l'école OR en classe / *I was at school with him* j'étais en classe avec lui, c'était un de mes camarades de classe / *the whole school is* OR *are invited* toute l'école est invitée / *to go back to school* a) [after illness] reprendre l'école b) [after holidays] rentrer / *school starts back next week* c'est la rentrée (scolaire OR des classes) la semaine prochaine ▸ **school governor** UK membre *m* du conseil de gestion de l'école **2.** [university department] faculté *f* **3.** US [university] université *f* **4.** [of fish] banc *m*.

school age noun âge *m* scolaire.

schoolbag ['sku:lbæg] noun cartable *m*.

schoolbook ['sku:lbʊk] noun livre *m* scolaire OR de classe.

schoolboy ['sku:lbɔɪ] noun écolier *m*, élève *m*.

school bus noun car *m* de ramassage scolaire.

schoolchild ['sku:ltʃaɪld] (*pl* **-children**) noun écolier *m*, -ère *f*, élève *mf*.

schooldays ['sku:ldeɪz] pl n années *fpl* d'école.

school district noun US *aux États-Unis, autorité locale décisionnaire dans le domaine de l'enseignement primaire et secondaire.*

school friend noun camarade *mf* d'école.

schoolgirl ['sku:lgɜ:l] noun écolière *f*, élève *f*.

school holiday noun UK jour *m* de congé scolaire / *during the school holidays* pendant les vacances OR congés scolaires.

school hours pl n heures *fpl* de classe OR d'école / *in school hours* pendant les heures de classe / *out of school hours* en dehors des heures de classe.

schooling ['sku:lɪŋ] noun instruction *f*.

schoolkid ['sku:lkɪd] noun *inf* écolier *m*, -ère *f*, élève *mf*.

school-leaver [-,li:vəʳ] noun UK *élève qui a fini ses études secondaires*.

school-leaving age [-'li:vɪŋ-] noun UK âge *m* de fin de scolarité.

schoolmarm ['sku:lmɑ:m] noun US institutrice *f*.

schoolmaster ['sku:l,mɑ:stəʳ] noun *dated* [primary] instituteur *m*, maître *m* d'école ; [secondary] professeur *m*.

schoolmate ['sku:lmeɪt] noun camarade *mf* d'école.

schoolmistress ['sku:l,mɪstrɪs] noun *dated* [primary] institutrice *f*, maîtresse *f* d'école ; [secondary] professeur *m*.

school of thought noun école *f* (de pensée).

school report noun UK bulletin *m*.

schoolroom ['sku:lrʊm] noun salle *f* de classe.

school run noun UK ▸ **to do the school run** emmener les enfants à l'école.

schoolteacher ['sku:l,ti:tʃəʳ] noun [primary] instituteur *m*, -trice *f* ; [secondary] professeur *m*.

school uniform noun uniforme *m* scolaire.

schoolwork ['sku:lwɜ:k] noun *(U)* travail *m* scolaire OR de classe.

schoolyard noun US cour *f* de récréation.

school year noun année *f* scolaire.

schooner ['sku:nəʳ] noun **1.** [ship] schooner *m*, goélette *f* **2.** UK [sherry glass] grand verre *m* à xérès.

schtum [ʃtʊm] adj UK *inf* : *to keep schtum* ne pas piper mot.

sciatica [saɪ'ætɪkə] noun sciatique *f*.

science ['saɪəns] ❖ noun science *f*. ❖ comp [student] en sciences ; [degree] de OR ès sciences ; [course] de sciences.

science fiction noun science-fiction *f*.

scientific [,saɪən'tɪfɪk] adj scientifique.

scientifically [,saɪən'tɪfɪklɪ] adv scientifiquement, de manière scientifique / *scientifically speaking* d'un OR du point de vue scientifique.

scientist ['saɪəntɪst] noun scientifique *mf*.

sci-fi [,saɪ'faɪ] (*abbr of* **science fiction**) noun *inf* science-fiction *f*, S.F. *f*.

scintillating ['sɪntɪleɪtɪŋ] adj brillant(e).

scissors ['sɪzəz] pl n ciseaux *mpl* ▸ **a pair of scissors** une paire de ciseaux.

sclerosis [sklɪ'rəʊsɪs] ⟶ **multiple sclerosis**.

scoff [skɒf] ❖ vt UK *inf* bouffer, boulotter. ❖ vi ▸ **to scoff (at)** se moquer (de).

scold [skəʊld] vt gronder, réprimander.

scone [skɒn] noun scone *m*.

scoop [sku:p] ❖ noun **1.** [for sugar] pelle *f* à main ; [for ice cream] cuiller *f* à glace **2.** [of ice cream] boule *f* **3.** [news report] exclusivité *f*, scoop *m*. ❖ vt [with hands] prendre avec les mains ; [with scoop] prendre avec une pelle à main. ◆ **scoop out** vt sep évider.

scoot [sku:t] vi *inf* filer.

scooter ['sku:təʳ] noun **1.** [toy] trottinette *f* **2.** [motorcycle] scooter *m*.

scope [skəʊp] noun *(U)* **1.** [opportunity] occasion *f*, possibilité *f* **2.** [of report, inquiry] étendue *f*, portée *f*. ◆ **scope out** vt sep US [look at] observer / *I'm going to scope out the neighborhood* je vais repérer un peu le quartier.

scorch [skɔ:tʃ] ❖ vt [clothes] brûler légèrement, roussir ; [skin] brûler ; [land, grass] dessécher. ❖ vi roussir.

scorcher ['skɔ:tʃəʳ] noun *inf* [day] journée *f* torride.

scorching ['skɔ:tʃɪŋ] adj *inf* [day] torride ; [sun] brûlant(e).

score [skɔ:ʳ] ❖ noun **1.** SPORT score *m* / *there was still no score at half-time* à la mi-temps, aucun but n'avait encore été marqué ▸ **what's the score? a)** FOOT quel est le score ? **b)** [in tennis] où en est le jeu ? **c)** *fig* on en est où ? ▸ **to know the score** *inf* connaître le topo **2.** [in test] note *f* **3.** *dated* [twenty] vingt **4.** MUS partition *f* / *Cleo wrote the (film) score* Cleo est l'auteur de la musique (du film) **5.** [subject] ▸ **on that score** à ce sujet, sur ce point. ❖ vt **1.** [goal, point] marquer / *to score 100 %* avoir 100 sur 100 / *the bomber scored a direct hit* le bombardier a visé en plein sur la cible **2.** [success, victory] remporter **3.** [cut] entailler. ❖ vi **1.** SPORT marquer (un but/point) / *the team didn't score* l'équipe n'a pas marqué **2.** [succeed] ▸ **to score over sb** marquer un point contre qqn / *that's where we score* c'est là que nous l'emportons, c'est là que nous avons l'avantage. ◆ **scores** pl n ▸ **scores of** des tas de, plein de / *scores of people* beaucoup de gens. ◆ **score out** vt sep UK barrer, rayer.

scoreboard ['skɔ:bɔ:d] noun tableau *m*.

scorecard ['skɔ:kɑ:d] noun carte *f* de score.

scorer ['skɔ:rəʳ] noun marqueur *m*.

scoring ['skɔ:rɪŋ] noun *(U)* **1.** [of goals] marquage *m* d'un but ; [number scored] buts *mpl* (marqués) **2.** [score-keeping] marquage *m* des points, marque *f* ; [points scored] points *mpl* marqués / *I'm not sure about the scoring* je ne suis pas sûr de la manière dont on marque les points **3.** [scratching] rayures *fpl*, éraflures *fpl* ; [notching] entaille *f*, entailles *fpl* ; GEOL striage *m* **4.** MUS [orchestration] orchestration *f* ; [arrangement] arrangement *m* ; [composition] écriture *f*.

scorn [skɔ:n] ❖ noun *(U)* mépris *m*, dédain *m* ▸ **to pour scorn on sb** accabler qqn de mépris. ❖ vt **1.** [person, attitude] mépriser **2.** [help, offer] rejeter, dédaigner.

scornful ['skɔ:nfʊl] adj méprisant(e) ▸ **to be scornful of sthg** mépriser qqch, dédaigner qqch.

Scorpio ['skɔːpɪəʊ] (*pl* -s) noun Scorpion *m* / *to be (a) Scorpio* être Scorpion.

scorpion ['skɔːpjən] noun scorpion *m*.

Scot [skɒt] noun Écossais *m*, -e *f*.

scotch [skɒtʃ] vt [rumour] étouffer ; [plan] faire échouer.

Scotch [skɒtʃ] ❖ adj écossais(e). ❖ noun scotch *m*, whisky *m*.

Scotch (tape)® noun US Scotch® *m*.

scot-free adj *inf* ▸ **to get off scot-free** s'en tirer sans être puni(e).

Scotland ['skɒtlənd] noun Écosse *f* ▸ **in Scotland** en Écosse.

Scotland Yard noun *ancien nom du siège de la police à Londres (aujourd'hui New Scotland Yard).*

Scots [skɒts] ❖ adj écossais(e). ❖ noun [dialect] écossais *m*.

Scotsman ['skɒtsmən] (*pl* **-men**) noun Écossais *m*.

Scotswoman ['skɒtswʊmən] (*pl* **-women**) noun Écossaise *f*.

Scottish ['skɒtɪʃ] adj écossais(e).

Scottish Parliament noun Parlement *m* écossais.

The Scottish Parliament

Le Parlement écossais fut inauguré officiellement le 1er juillet 1999. Siégeant à Édimbourg, il est constitué de 129 membres (**Members of the Scottish Parliament** ou **MSPs**) dirigés par le président du Parlement (**First Minister**). Il est chargé de voter la plupart des lois en matière de politique intérieure, notamment celles concernant les impôts. En revanche, les lois concernant la politique étrangère, l'économie, la défense et les affaires européennes demeurent sous le contrôle du gouvernement britannique à Londres.

scoundrel ['skaʊndrəl] noun *dated* gredin *m*.

scour [skaʊəʳ] vt **1.** [clean] récurer **2.** [search - town] parcourir ; [- countryside] battre.

scourer ['skaʊrəʳ] noun UK [pad] tampon *m* à récurer ; [powder] poudre *f* à récurer.

scourge [skɜːdʒ] noun *fml* fléau *m*.

scouring pad ['skaʊərɪŋ-] noun tampon *m* à récurer.

Scouse [skaʊs] noun UK *inf* **1.** [person] habitant *m*, -e *f* de Liverpool **2.** [accent] accent *m* de Liverpool.

scout [skaʊt] noun MIL éclaireur *m*. ◆ **Scout** noun [boy scout] Scout *m*. ◆ **scout around** vi ▸ **to scout around (for)** aller à la recherche (de).

scoutmaster ['skaʊt,mɑːstəʳ] noun chef *m* scout.

scowl [skaʊl] ❖ noun regard *m* noir, air *m* renfrogné. ❖ vi se renfrogner, froncer les sourcils ▸ **to scowl at sb** jeter des regards noirs à qqn.

scowling ['skaʊlɪŋ] adj [face] renfrogné(e), hargneux(euse).

Scrabble® ['skræbl] noun Scrabble® *m*.

scrabble ['skræbl] vi **1.** [scrape] ▸ **to scrabble at sthg** gratter qqch **2.** [feel around] ▸ **to scrabble around for sthg** tâtonner pour trouver qqch.

scraggy ['skrægɪ] (*compar* **-ier**, *superl* **-iest**) adj décharné(e), maigre.

scram [skræm] (*pt & pp* **-med**, *cont* **-ming**) vi *inf* filer, ficher le camp.

scramble ['skræmbl] ❖ noun [rush] bousculade *f*, ruée *f* / *there was a scramble for the door* tout le monde s'est rué vers la porte / *a scramble for profits / for jobs* une course effrénée au profit / à l'emploi. ❖ vi **1.** [climb] ▸ **to scramble up a hill** grimper une colline en s'aidant des mains OR à quatre pattes / *to scramble over rocks* escalader des rochers en s'aidant des mains **2.** [compete] : *everyone was scrambling to get to the telephones* tout le monde se ruait vers les téléphones ▸ **to scramble for sthg** se disputer qqch / *young people are having to scramble for jobs* les jeunes doivent se battre OR se démener pour trouver un boulot. ❖ vt RADIO, TELEC & CULIN brouiller.

scrambled eggs ['skræmbld-] pl n œufs *mpl* brouillés.

scrambling ['skræmblɪŋ] noun **1.** UK SPORT trial *m* **2.** [in rock climbing] grimpée *f* à quatre pattes.

scrap [skræp] ❖ noun **1.** [of paper, material] bout *m* ; [of information] fragment *m* ; [of conversation] bribe *f* ▸ **it won't make a scrap of difference** cela ne changera absolument rien / *there isn't a scrap of truth in the story* il n'y a pas une parcelle de vérité OR il n'y a absolument rien de vrai dans cette histoire **2.** [metal] ferraille *f* / *we sold the car for scrap* on a vendu la voiture à la ferraille OR à la casse **3.** *inf* [fight, quarrel] bagarre *f*. ❖ vt (*pt & pp* **-ped**, *cont* **-ping**) [car] mettre à la ferraille ; [plan, system] abandonner, laisser tomber. ◆ **scraps** pl n [food] restes *mpl*.

scrapbook ['skræpbʊk] noun album *m* *(de coupures de journaux)*.

scrape [skreɪp] ❖ noun **1.** [scraping noise] raclement *m*, grattement *m* **2.** *inf & dated* [difficult situation] ▸ **to get into a scrape** se fourrer dans le pétrin. ❖ vt **1.** [clean, rub] gratter, racler ▸ **to scrape sthg off sthg** enlever qqch de qqch en grattant OR raclant **2.** [surface, car, skin] érafler. ❖ vi gratter. ◆ **scrape through** vt insep réussir de justesse. ◆ **scrape together**, **scrape up** vt sep ▸ **to scrape some money together** réunir de l'argent en raclant les fonds de tiroirs.

scraper ['skreɪpəʳ] noun grattoir *m*, racloir *m*.

scrap heap noun tas *m* de ferraille ▸ **on the scrap heap** *fig* au rebut, au placard.

scrapings ['skreɪpɪŋz] pl n raclures *fpl*.

scrap metal noun ferraille *f*.

scrap paper, **scratch paper** US noun (papier *m*) brouillon *m*.

scrappy ['skræpɪ] (*compar* **-ier**, *superl* **-iest**) adj **1.** [work, speech] décousu(e) **2.** US *inf* [feisty] bagarreur(euse).

scrapyard ['skræpjɑ:d] noun parc *m* à ferraille.

scratch [skrætʃ] ◆ noun **1.** [for itch] grattement *m* / *the dog was having a good scratch* le chien se grattait un bon coup **2.** [wound] égratignure *f*, éraflure *f* / *I've got a scratch on my hand* je me suis égratigné la main **3.** [on glass, paint] éraflure *f* **4.** PHR **to be up to scratch** être à la hauteur / *her work still isn't up to scratch* son travail n'est toujours pas satisfaisant ▸ **to do sthg from scratch** faire qqch à partir de rien / *I learnt Italian from scratch in six months* j'ai appris l'italien en six mois en ayant commencé à zéro. ◆ vt **1.** [wound] écorcher, égratigner / *she scratched her hand on the brambles* elle s'est écorché OR égratigné la main dans les ronces / *the cat scratched my hand* le chat m'a griffé la main **2.** [mark - paint, glass] rayer, érafler / *the car's hardly scratched* la voiture n'a presque rien OR n'a pratiquement aucune éraflure **3.** [rub] gratter ▸ **to scratch o.s.** se gratter / *to scratch one's head* se gratter la tête / *you've barely scratched the surface fig* vous avez seulement effleuré la question **4.** SPORT [cancel] annuler. ◆ vi gratter ; [person] se gratter.

scratch card noun carte *f* à gratter.

scratch paper US = **scrap paper**.

scratchy ['skrætʃɪ] (*compar* **-ier**, *superl* **-iest**) adj **1.** [material] qui gratte **2.** [record] rayé.

scrawl [skrɔ:l] ◆ noun griffonnage *m*, gribouillage *m*. ◆ vt griffonner, gribouiller.

scrawny ['skrɔ:nɪ] (*compar* **-ier**, *superl* **-iest**) adj [person] efflanqué(e) ; [body, animal] décharné(e).

scream [skri:m] ◆ noun **1.** [cry] cri *m* perçant, hurlement *m* ; [of laughter] éclat *m* **2.** *inf* [funny person] : *he's a scream* il est tordant. ◆ vt hurler. ◆ vi [cry out] crier, hurler.

screaming ['skri:mɪŋ] adj [fans] qui crie, qui hurle ; [tyres] qui crisse ; [sirens, jets] qui hurle ; [need] criant(e) / *screaming headlines* grandes manchettes *fpl*.

scree [skri:] noun éboulis *m*.

screech [skri:tʃ] ◆ noun **1.** [cry] cri *m* perçant **2.** [of tyres] crissement *m*. ◆ vt hurler. ◆ vi **1.** [cry out] pousser des cris perçants **2.** [tyres] crisser.

screen [skri:n] ◆ noun **1.** [gen] écran *m* **2.** [panel] paravent *m*. ◆ vt **1.** CIN projeter, passer ; TV téléviser, passer **2.** [hide] cacher, masquer **3.** [shield] protéger **4.** [candidate, employee] passer au crible, filtrer **5.** MED ▸ **to screen sb for sthg** faire subir à qqn un test de dépistage pour qqch. ◆ **screen off** vt sep séparer par un paravent.

screening ['skri:nɪŋ] noun **1.** CIN projection *f* ; TV passage *m* à la télévision **2.** [for security] sélection *f*, tri *m* **3.** MED dépistage *m*.

screenplay ['skri:npleɪ] noun scénario *m*.

screen printing noun sérigraphie *f*.

screen saver noun COMPUT économiseur *m* (d'écran).

screen test noun bout *m* d'essai.

screenwriter ['skri:n,raɪtəʳ] noun scénariste *mf*.

screw [skru:] ◆ noun [for fastening] vis *f*. ◆ vt **1.** [fix with screws] ▸ **to screw sthg to sthg** visser qqch à OR sur qqch **2.** [twist] visser **3.** *vulg* [have sex with] baiser / *screw you!* va te faire foutre ! ◆ vi [bolt, lid] se visser. ◆ **screw up** vt sep **1.** [crumple up] froisser, chiffonner **2.** [eyes] plisser ; [face] tordre **3.** *v inf* [ruin] gâcher, bousiller.

screwdriver ['skru:,draɪvəʳ] noun [tool] tournevis *m*.

screwed-up adj **1.** [crumpled] froissé(e), chiffonné(e) **2.** *inf* [confused] paumé(e) ; [neurotic] perturbé(e), angoissé(e).

scribble ['skrɪbl] ◆ noun gribouillage *m*, griffonnage *m*. ◆ vt & vi gribouiller, griffonner.

scribe [skraɪb] noun scribe *m*.

scrimp [skrɪmp] vi ▸ **to scrimp and save** économiser OR lésiner sur tout.

script [skrɪpt] noun **1.** [of play, film] scénario *m*, script *m* **2.** [writing system] écriture *f* **3.** [handwriting] (écriture *f*) script *m*.

scripted ['skrɪptɪd] adj préparé(e) à l'avance.

Scriptures ['skrɪptʃəz] pl n ▸ **the Scriptures** les (saintes) Écritures *fpl*.

scriptwriter ['skrɪpt,raɪtəʳ] noun scénariste *mf*.

scroll [skrəʊl] ◆ noun rouleau *m*. ◆ vt COMPUT faire défiler. ◆ **scroll down** vi COMPUT faire défiler l'écran vers le bas. ◆ **scroll through** vt insep COMPUT [text] parcourir. ◆ **scroll up** vi COMPUT faire défiler l'écran vers le haut.

scroll bar noun COMPUT barre *f* de défilement.

scrooge [skru:dʒ] noun *inf* & *pej* grippe-sou *m*.

scrotum ['skrəʊtəm] (*pl* **-ta** *or* **-tums**) noun scrotum *m*.

scrounge [skraʊndʒ] *inf* ◆ vt ▸ **to scrounge money off sb** taper qqn / *can I scrounge a cigarette off you?* je peux te piquer une cigarette ? ◆ vi faire le parasite ▸ **to scrounge off sb** UK vivre aux crochets de qqn.

scrounger ['skraʊndʒəʳ] noun *inf* parasite *m*.

scrub [skrʌb] ◆ noun **1.** [rub] ▸ **to give sthg a scrub** nettoyer qqch à la brosse **2.** *(U)* [undergrowth] broussailles *fpl*. ◆ vt (*pt & pp* **-bed**, *cont* **-bing**) [floor, clothes] laver OR nettoyer à la brosse ; [hands, back] frotter ; [saucepan] récurer.

scrubland ['skrʌblænd] noun maquis *m*, garrigue *f*.

scruff [skrʌf] noun ▸ **by the scruff of the neck** par la peau du cou.

scruffily ['skrʌfɪlɪ] adv : *scruffily dressed* dépenaillé(e), mal habillé(e).

scruffy ['skrʌfɪ] (*compar* **-ier**, *superl* **-iest**) adj mal soigné(e), débraillé(e).

scrum [skrʌm] (*pt & pp* **-med**, *cont* **-ming**) ◆ noun **1.** RUGBY mêlée *f* **2.** [brawl] mêlée *f*, bousculade *f* / *there was a scrum for tickets* les gens se sont bousculés pour obtenir des billets. ◆ vi former une mêlée. ◆ **scrum down** vi former une mêlée ▸ **scrum down!** [as instruction] mêlée !

scrumptious ['skrʌmpʃəs] adj *inf* délicieux(euse), fameux(euse).

scrunch [skrʌntʃ] ❖ vt écraser, faire craquer. ❖ vi craquer, crisser.

scrunchie, scrunchy ['skrʌntʃɪ] noun chouchou *m*.

scruples ['skru:plz] pl n scrupules *mpl*.

scrupulous ['skru:pjʊləs] adj scrupuleux(euse).

scrupulously ['skru:pjʊləslɪ] adv scrupuleusement / *scrupulously clean* d'une propreté méticuleuse / *scrupulously honest* d'une honnêteté scrupuleuse.

scrutinize, scrutinise UK ['skru:tɪnaɪz] vt scruter, examiner attentivement.

scrutiny ['skru:tɪnɪ] noun *(U)* examen *m* attentif.

scuba ['sku:bə] noun scaphandre *m* autonome.

scuba diver noun plongeur *m* sous-marin, plongeuse *f* sous-marine.

scuba diving ['sku:bə-] noun plongée *f* sous-marine *(avec bouteilles)*.

scuff [skʌf] vt **1.** [damage] érafler **2.** [drag] ▸ **to scuff one's feet** traîner les pieds.

scuffle ['skʌfl] ❖ noun bagarre *f*, échauffourée *f*. ❖ vi se bagarrer, se battre.

scull [skʌl] ❖ noun aviron *m*. ❖ vi ramer.

scullery ['skʌlərɪ] (*pl* **-ies**) noun arrière-cuisine *f*.

sculpt [skʌlpt] vt sculpter.

sculptor ['skʌlptəʳ] noun sculpteur *m*, -eure *f*, -trice *f*.

sculptural ['skʌlptʃərəl] adj sculptural(e).

sculpture ['skʌlptʃəʳ] ❖ noun sculpture *f*. ❖ vt sculpter.

scum [skʌm] noun *(U)* **1.** [froth] écume *f*, mousse *f* **2.** *v inf* & *pej* [person] salaud *m* **3.** *v inf* & *pej* [people] déchets *mpl*.

scumbag ['skʌmbæg] noun *v inf* salaud *m*, ordure *f*.

scummy ['skʌmɪ] (*compar* **-ier**, *superl* **-iest**) adj **1.** [liquid] écumeux(euse) **2.** *v inf* [person] salaud ; [object] crade.

scupper ['skʌpəʳ] vt **1.** NAUT couler **2.** UK *fig* [plan] saboter, faire tomber à l'eau.

scurrilous ['skʌrələs] adj *fml* calomnieux(euse).

scurry ['skʌrɪ] (*pt* & *pp* **-ied**) vi se précipiter ▸ **to scurry away** OR **off** se sauver, détaler.

scurvy ['skɜ:vɪ] noun scorbut *m*.

scuttle ['skʌtl] ❖ noun seau *m* à charbon. ❖ vi courir précipitamment OR à pas précipités.

scythe [saɪð] ❖ noun faux *f*. ❖ vt faucher.

SE (*abbr of* **south-east**) S-E.

sea [si:] ❖ noun **1.** [gen] mer *f* ▸ **at sea** en mer ▸ **by sea** par mer ▸ **out to sea** au large ▸ **to be all at sea** nager complètement **2.** *fig* [large number] multitude *f*. ❖ comp [voyage] en mer ; [animal] marin(e), de mer. ◆ **seas** pl n ▸ **the seas** les mers *fpl*.

seabed ['si:bed] noun ▸ **the seabed** le fond de la mer.

seaboard ['si:bɔ:d] noun littoral *m*, côte *f*.

sea breeze noun brise *f* de mer.

seafaring ['si:ˌfeərɪŋ] adj [nation] maritime ▸ **a seafaring man** un marin.

seafood ['si:fu:d] noun *(U)* fruits *mpl* de mer.

seafront ['si:frʌnt] noun front *m* de mer.

seagoing ['si:ˌgəʊɪŋ] adj [boat] de mer.

seagull ['si:gʌl] noun mouette *f*.

seahorse ['si:hɔ:s] noun hippocampe *m*.

seal [si:l] ❖ noun (*pl inv or* **-s**) **1.** [animal] phoque *m* **2.** [official mark] cachet *m*, sceau *m* ▸ **seal of approval** approbation *f* / *seal of quality* label *m* de qualité ▸ **to put** OR **set the seal on sthg** sceller qqch **3.** [official fastening] cachet *m* **4.** [TECH -device] joint *m* d'étanchéité ; [-join] joint *m* étanche. ❖ vt **1.** [envelope] coller, fermer **2.** [document, letter] sceller, cacheter / *sealed with a kiss* scellé(e) d'un baiser / *her fate is sealed* *fig* son sort est réglé **3.** [block off] obturer, boucher / *my lips are sealed* *fig* je ne dirai rien. ◆ **seal off** vt sep [area, entrance] interdire l'accès de / *the street had been sealed off* la rue avait été fermée (à la circulation).

sealed [si:ld] adj [document] scellé(e) ; [envelope] cacheté(e) ; [orders] scellé(e) sous pli ; [jar] fermé(e) hermétiquement ; [joint] étanche ; [mineshaft] obturé(e), bouché(e).

sea level noun niveau *m* de la mer.

sealing ['si:lɪŋ] noun **1.** [hunting] chasse *f* aux phoques **2.** [of document] cachetage *m* ; [of crate] plombage *m* ; [of door] scellage *m* ; [of shaft, mine] fermeture *f*, obturation *f*.

sealing wax noun cire *f* à cacheter.

sea lion (*pl inv or* **-s**) noun otarie *f*.

sealskin ['si:lskɪn] noun peau *f* de phoque.

seam [si:m] noun **1.** SEW couture *f* ▸ **to be bursting at the seams** *fig* être plein(e) à craquer **2.** [of coal] couche *f*, veine *f*.

seaman ['si:mən] (*pl* **-men**) noun marin *m*.

seamanship ['si:mənʃɪp] noun habileté *f* de marin.

seamless ['si:mlɪs] adj sans couture ; *fig* homogène, cohérent(e).

seamstress ['semstrɪs] noun couturière *f*.

seamy ['si:mɪ] (*compar* **-ier**, *superl* **-iest**) adj sordide.

séance ['seɪɒns] noun séance *f* de spiritisme.

seaplane ['si:pleɪn] noun hydravion *m*.

seaport ['si:pɔ:t] noun port *m* de mer.

search [sɜ:tʃ] ❖ noun [of person, luggage, house] fouille *f* ; [for lost person, thing] recherche *f*, recherches *fpl* ▸ **search for** recherche de ▸ **in search of** à la recherche de. ❖ vt **1.** [house, area, person] fouiller ; [memory, mind, drawer] fouiller dans ▸ **to search one's bag / pocket for sthg** fouiller dans son sac / sa poche pour essayer de retrouver qqch ▸ **to search a house / an area for sthg** fouiller une maison / un quartier pour essayer de retrouver qqch **2.** PHR **search me!** *inf* je n'en ai pas la moindre idée ! ❖ vi ▸ **to search (for sb / sthg)** chercher (qqn / qqch) ; COMPUT : *to search for a file* rechercher un fichier / *'searching'* 'recherche'. ◆ **search out** vt sep découvrir.

searchable ['sɜːtʃəbal] adj interrogeable / *searchable database* base *f* de données interrogeable.

search engine noun COMPUT moteur *m* de recherche.

searching ['sɜːtʃɪŋ] adj [question] poussé(e), approfondi(e) ; [look] pénétrant(e) ; [review, examination] minutieux(euse).

searchlight ['sɜːtʃlaɪt] noun projecteur *m*.

search party noun équipe *f* de secours.

search warrant noun mandat *m* de perquisition.

searing ['sɪərɪŋ] adj **1.** [pain] fulgurant(e) ; [heat] torride **2.** *fig* [attack] virulent(e).

seashell ['siːʃel] noun coquillage *m*.

seashore ['siːʃɔːʳ] noun ▸ **the seashore** le rivage, la plage.

seasick ['siːsɪk] adj ▸ **to be** OR **feel seasick** avoir le mal de mer.

seasickness ['siːsɪknɪs] noun mal *m* de mer.

seaside ['siːsaɪd] noun ▸ **the seaside** le bord de la mer.

seaside resort noun station *f* balnéaire.

season ['siːzn] ❖ noun **1.** [gen] saison *f* / *the start of the tourist / of the holiday season* le début de la saison touristique / des vacances / *the low / high season* la basse / haute saison ▸ **in season a)** [food] de saison **b)** [animal] en chaleur ▸ **out of season a)** [holiday] hors saison **b)** [food] hors de saison / *the hunting / fishing season* la saison de la chasse / de la pêche **2.** [of films, programmes] cycle *m* / *a new season of French drama* RADIO & TV un nouveau cycle de pièces de théâtre français. ❖ vt assaisonner, relever.

seasonable ['siːznəbl] adj **1.** [weather] de saison **2.** [opportune] à propos, opportun(e).

seasonal ['siːzənl] adj saisonnier(ère).

seasonally ['siːznəlɪ] adv de façon saisonnière / *seasonally adjusted statistics* statistiques corrigées des variations saisonnières, statistiques désaisonnalisées.

seasoned ['siːznd] adj [traveller, campaigner] chevronné(e), expérimenté(e) ; [soldier] aguerri(e).

seasoning ['siːznɪŋ] noun assaisonnement *m*.

season ticket noun carte *f* d'abonnement.

seat [siːt] ❖ noun **1.** [gen] siège *m* ; [in theatre] fauteuil *m* ▸ **take a seat!** asseyez-vous ! / *he kept / lost his seat* POL il a été / il n'a pas été réélu / *she has a seat in Parliament* elle est député / *the seat of government / of learning* le siège du gouvernement / du savoir **2.** [place to sit - in bus, train] place *f* / *keep a seat for me* gardez-moi une place **3.** [of trousers] fond *m* ▸ **by the seat of one's pants** *inf* de justesse. ❖ vt **1.** [sit down] faire asseoir, placer / *please be seated* veuillez vous asseoir ▸ **to seat o.s.** s'asseoir **2.** [have room for] : *the car seats five* on tient à cinq dans cette voiture / *the hall seats 200* il y a 200 places assises dans cette salle.

seat belt noun ceinture *f* de sécurité.

-seater ['siːtəʳ] suffix : *a two-seater (car)* une voiture à deux places.

seating ['siːtɪŋ] ❖ noun *(U)* [capacity] sièges *mpl*, places *fpl* (assises) / *there's seating for eight round this table* on peut asseoir huit personnes autour de cette table. ❖ comp [plan] de table ▸ **seating capacity** nombre *m* de places assises ▸ **the seating arrangements** le placement *m* OR la disposition *f* des gens.

seat-of-the-pants adj *inf* : *the project has been a bit of a seat-of-the-pants operation* le projet a été mené au pif.

seaweed ['siːwiːd] noun *(U)* algue *f*.

seaworthy ['siːˌwɜːðɪ] adj en bon état de navigabilité.

sebaceous [sɪ'beɪʃəs] adj sébacé(e).

sec. *abbr of* **second**.

SEC (*abbr of* **Securities and Exchange Commission**) noun *commission américaine des opérations de Bourse* ; ≃ COB *f*.

secateurs [ˌsekə'tɜːz] pl n UK sécateur *m*.

secede [sɪ'siːd] vi *fml* ▸ **to secede (from)** se séparer (de), faire sécession (de).

secession [sɪ'seʃn] noun *fml* sécession *f*.

secluded [sɪ'kluːdɪd] adj retiré(e), écarté(e).

seclusion [sɪ'kluːʒn] noun solitude *f*, retraite *f*.

second[1] ['sekənd] ❖ noun **1.** [gen] seconde *f* / *wait a second!* une seconde !, (attendez) un instant ! ▸ **second (gear)** seconde / *I was the second to arrive* je suis arrivé deuxième OR le deuxième **2.** UK UNIV ≃ licence *f* avec mention assez bien. ❖ num deuxième, second(e) / *every second person* une personne sur deux / *and in the second place...* [in demonstration, argument] et en deuxième lieu... / *as a goalkeeper, he's second to none* comme gardien de but, il n'a pas son pareil / *he was given a second chance (in life)* on lui a accordé une seconde chance (dans la vie) / *to take a second helping* se resservir / *they have a second home in France* ils ont une résidence secondaire en France ▸ **his score was second only to hers** il n'y a qu'elle qui ait fait mieux que lui OR qui l'ait surpassé. ❖ vt [proposal, motion] appuyer. *See also* **sixth**. ◆ **seconds** pl n **1.** COMM articles *mpl* de second choix **2.** [of food] rabiot *m*.

second[2] [sɪ'kɒnd] vt UK [employee] affecter temporairement.

secondary ['sekəndrɪ] adj secondaire ▸ **to be secondary to** être moins important(e) que.

secondary school noun UK école *f* secondaire, lycée *m*.

second best ['sekənd-] adj deuxième ▸ **to come off second best** se faire battre, perdre ▸ **don't settle for second best** ne choisis que ce qu'il y a de mieux.

second-class ['sekənd-] adj **1.** *pej* [citizen] de deuxième zone ; [product] de second choix **2.** [ticket] de seconde OR deuxième classe **3.** [stamp] à tarif réduit **4.** UK UNIV [degree] ≃ avec mention assez bien.

second cousin ['sekənd-] noun petit cousin *m*, petite cousine *f*.

seconder ['sekəndəʳ] noun *personne qui appuie une proposition*.

second floor ['sekənd-] noun UK deuxième étage *m* ; US premier étage.

second-generation ['sekənd-] adj [immigrant, computer] de la seconde génération.

second grade noun US SCH *classe de l'enseignement primaire correspondant au CE1 (6-7 ans).*

second-guess ['sekənd-] vt *inf* **1.** [predict] anticiper, prévoir **2.** US [with hindsight] juger avec le recul.

second hand ['sekənd-] noun [of clock] trotteuse *f*.

second-hand ['sekənd-] ❖ adj **1.** [goods, shop] d'occasion **2.** *fig* [information] de seconde main. ❖ adv **1.** [not new] d'occasion **2.** *fig* [indirectly] ▸ **to hear sthg second-hand** apprendre qqch de seconde main OR indirectement.

second-in-command ['sekənd-] noun commandant *m* en second.

secondly ['sekəndlɪ] adv deuxièmement, en second lieu.

secondment [sɪ'kɒndmənt] noun UK affectation *f* temporaire.

second name ['sekənd-] noun nom *m* de famille.

second nature ['sekənd-] noun seconde nature *f*.

second-rate ['sekənd-] adj *pej* de deuxième ordre, médiocre, de deuxième zone.

second thought ['sekənd-] noun ▸ **to have second thoughts about sthg** avoir des doutes sur qqch ▸ **on second thoughts** UK, **on second thought** US réflexion faite, tout bien réfléchi.

secrecy ['si:krəsɪ] noun *(U)* secret *m*.

secret ['si:krɪt] ❖ adj **1.** secret(ète) / *to keep sthg secret* tenir qqch secret **2.** PHR **secret ballot** vote *m* à bulletin secret. ❖ noun secret *m* / *I'll tell you* OR *I'll let you into a secret* je vais vous dire OR révéler un secret ▸ **in secret** en secret.

secret agent noun agent *m* secret.

secretarial [ˌsekrə'teərɪəl] adj [course, training] de secrétariat, de secrétaire ▸ **secretarial staff** secrétaires *mpl*.

secretariat [ˌsekrə'teərɪət] noun secrétariat *m*.

secretary [UK 'sekrətrɪ, US 'sekrəˌterɪ] (*pl* **-ies**) noun **1.** [gen] secrétaire *mf* **2.** POL [minister] ministre *mf*.

secretary-general (*pl* **secretaries-general**) noun secrétaire *m* général.

Secretary of State noun **1.** UK ▸ **Secretary of State (for)** ministre *m* (de) **2.** US ≃ ministre *m* des Affaires étrangères.

secrete [sɪ'kri:t] vt **1.** [produce] sécréter **2.** *fml* [hide] cacher.

secretion [sɪ'kri:ʃn] noun sécrétion *f*.

secretive ['si:krətɪv] adj secret(ète), dissimulé(e).

secretively ['si:krətɪvlɪ] adv en cachette, secrètement.

secretly ['si:krɪtlɪ] adv secrètement.

secret police noun police *f* secrète.

secret service noun [in UK] ≃ Deuxième Bureau *m* ; [in US] *service de protection du président, du vice-président et de leur famille.*

sect [sekt] noun secte *f*.

sectarian [sek'teərɪən] adj [killing, violence] d'ordre religieux.

sectarianism [sek'teərɪənɪzm] noun sectarisme *m*.

section ['sekʃn] ❖ noun **1.** [portion - gen] section *f*, partie *f* ; [- of road, pipe] tronçon *m* ; [- of document, law] article *m* / *the sports section* PRESS la rubrique des sports **2.** GEOM coupe *f*, section *f*. ❖ vt sectionner.

sector ['sektəʳ] noun secteur *m*.

secular ['sekjʊləʳ] adj [life] séculier(ère) ; [education] laïque ; [music] profane.

secure [sɪ'kjʊəʳ] ❖ adj **1.** [fixed - gen] fixe ; [- windows, building] bien fermé(e) **2.** [safe - job, future] sûr(e) ; [- valuable object] en sécurité, en lieu sûr **3.** [free of anxiety - childhood] sécurisant(e) ; [- marriage] solide ▸ **to feel secure** se sentir en sécurité **4.** COMPUT ▸ **secure electronic transaction** paiement *m* sécurisé ▸ **secure server** serveur *m* sécurisé. ❖ vt **1.** [obtain] obtenir / *to secure a majority* **a)** [gen] obtenir une majorité **b)** POL emporter la majorité / *to secure the release of sb* obtenir la libération de qqn **2.** [fasten - gen] attacher ; [- door, window] bien fermer **3.** [make safe] assurer la sécurité de.

secured [sɪ'kjʊəd] adj FIN [debt, loan] garanti(e).

securely [sɪ'kjʊəlɪ] adv [fixed, locked] solidement, bien.

security [sɪ'kjʊərətɪ] ❖ noun (*pl* **-ies**) **1.** sécurité *f* / *please call security* appelez la sécurité s'il vous plaît / *there was maximum security for the President's visit* des mesures de sécurité exceptionnelles ont été prises pour la visite du président / *maximum security wing* [in prison] quartier *m* de haute surveillance **2.** [guarantee] garantie *f*, caution *f* / *have you anything to put up as security?* qu'est-ce que vous pouvez fournir comme garantie ? ❖ comp de sécurité. ◆ **securities** pl n FIN titres *mpl*, valeurs *fpl* / *government securities* titres *mpl* d'État.

security guard noun garde *m* de sécurité.

security risk noun *personne qui présente un risque pour la sécurité nationale ou d'une organisation.*

sedan [sɪ'dæn] noun US berline *f*.

sedate [sɪ'deɪt] ❖ adj posé(e), calme. ❖ vt donner un sédatif à.

sedation [sɪ'deɪʃn] noun *(U)* sédation *f* ▸ **under sedation** sous calmants.

sedative ['sedətɪv] ❖ adj sédatif(ive). ❖ noun sédatif *m*, calmant *m*.

sedentary ['sedntrɪ] adj sédentaire.

sediment ['sedɪmənt] noun sédiment *m*, dépôt *m*.

sedition [sɪ'dɪʃn] noun sédition *f*.

seditious [sɪ'dɪʃəs] adj séditieux(euse).

seduce [sɪ'dju:s] vt séduire ▸ **to seduce sb into doing sthg** amener OR entraîner qqn à faire qqch.

seduction [sɪ'dʌkʃn] noun séduction *f*.

seductive [sɪ'dʌktɪv] adj séduisant(e).

seductively [sɪ'dʌktɪvlɪ] adv [dress] d'une manière séduisante ; [smile] d'une manière enjôleuse.

see [siː] (*pt* **saw**, *pp* **seen**) ❖ vt **1.** [gen] voir / *can you see me?* est-ce que tu me vois ? ▸ **see you!** au revoir ! ▸ **see you soon / later / tomorrow etc.!** à bientôt / tout à l'heure / demain etc. ! ▸ **I'll see what I can do** je vais voir ce que je peux faire / *see page 317* voir page 317 / *there's nothing there: you're seeing things!* il n'y a rien, tu as des hallucinations ! / *I'll see if I can fix it* je vais voir si je peux le réparer / *our car has seen better days* notre voiture a connu des jours meilleurs **2.** [meet] voir / *you should see a doctor* tu devrais voir OR consulter un médecin / *is he seeing anyone at the moment?* [going out with] est-ce qu'il a quelqu'un en ce moment ? **3.** [understand, consider] voir, comprendre / *I see what you mean* je vois OR comprends ce que vous voulez dire / *how do you see the current situation?* que pensez-vous de la situation actuelle ? **4.** [accompany] : *I saw her to the door* je l'ai accompagnée OR reconduite jusqu'à la porte / *I saw her onto the train* je l'ai accompagnée au train **5.** [like] : *what do you see in him?* qu'est-ce que tu lui trouves ? **6.** [make sure] ▸ **to see (that)…** s'assurer que… ❖ vi voir ▸ **you see,…** voyez-vous,… ▸ **I see** je vois, je comprends ▸ **let's see, let me see** voyons, voyons voir / *for all to see* au vu et au su de tous. ◆ **seeing as, seeing that** conj *inf* vu que, étant donné que. ◆ **see about** vt insep [arrange] s'occuper de. ◆ **see off** vt sep **1.** [say goodbye to] accompagner (pour dire au revoir) **2.** UK [chase away] faire partir OR fuir. ◆ **see out** vt sep [accompany to the door] reconduire OR raccompagner à la porte / *can you see yourself out?* pouvez-vous trouver la sortie tout seul ? ◆ **see through** ❖ vt insep [scheme] voir clair dans ▸ **to see through sb** voir dans le jeu de qqn. ❖ vt sep [deal, project] mener à terme, mener à bien / *we can count on her to see the job through* on peut compter sur elle pour mener l'affaire à bien. ◆ **see to** vt insep s'occuper de, se charger de / *see to it that everything's ready by 5 p.m.* veillez à ce que tout soit prêt pour 17 h.

seed [siːd] noun **1.** [of plant] graine *f* **2.** SPORT : *fifth seed* joueur classé cinquième *m*, joueuse classée cinquième *f*. ◆ **seeds** pl n *fig* germes *mpl*, semences *fpl*.

seedless [ˈsiːdlɪs] adj sans pépins.

seedling [ˈsiːdlɪŋ] noun jeune plant *m*, semis *m*.

seedy [ˈsiːdɪ] (*compar* **-ier**, *superl* **-iest**) adj miteux(euse).

seeing [ˈsiːɪŋ] noun [vision] vue *f*, vision *f* ▸ **seeing is believing** *prov* il faut le voir pour le croire.

seek [siːk] (*pt & pp* **sought**) vt **1.** [gen] chercher / *to seek one's fortune* chercher fortune / *to seek re-election* chercher à se faire réélire ; [peace, happiness] rechercher ▸ **to seek to do sthg** chercher à faire qqch ▸ **to seek revenge** chercher à se venger **2.** [advice, help] demander. ◆ **seek out** vt sep chercher.

seem [siːm] ❖ vi sembler, paraître / *to seem bored* avoir l'air de s'ennuyer / *things aren't always what they seem* les apparences sont parfois trompeuses / *to seem sad / tired* avoir l'air triste / fatigué / *just do whatever seems right* fais ce que tu jugeras bon de faire / *I seem to sleep better with the window open* je crois que je dors mieux avec la fenêtre ouverte / *I seem to remember…* je crois me rappeler…. ❖ impers vb ▸ **it seems (that)…** il semble OR paraît que… / *it seemed as though we'd known each other for years* nous avions l'impression de nous connaître depuis des années / *there seems to be some mistake* on dirait qu'il y a une erreur.

seeming [ˈsiːmɪŋ] adj *fml* apparent(e).

seemingly [ˈsiːmɪŋlɪ] adv apparemment.

seemly [ˈsiːmlɪ] (*compar* **-ier**, *superl* **-iest**) adj *dated* convenable.

seen [siːn] pp ⟶ **see**.

seep [siːp] vi suinter.

seer [ˈsɪəʳ] noun *liter* prophète *m*, prophétesse *f*.

seesaw [ˈsiːsɔː] noun bascule *f*.

seethe [siːð] vi **1.** [person] bouillir, être furieux(euse) **2.** [place] ▸ **to be seething with** grouiller de.

seething [ˈsiːðɪŋ] adj [furious] furieux(euse).

see-through adj transparent(e).

segment [ˈsegmənt] noun **1.** [section] partie *f*, section *f* **2.** [of fruit] quartier *m*.

segmentation [segmənˈteɪʃən] noun [of market, customer base] segmentation *f*.

segregate [ˈsegrɪgeɪt] vt séparer.

segregated [ˈsegrɪgeɪtɪd] adj POL *où la ségrégation raciale est pratiquée*.

segregation [ˌsegrɪˈgeɪʃn] noun ségrégation *f*.

Seine [seɪn] noun ▸ **the (River) Seine** la Seine.

seismic [ˈsaɪzmɪk] adj sismique.

seismograph [ˈsaɪzməgrɑːf] noun sismographe *m*, séismographe *m*.

seize [siːz] vt **1.** [grab] saisir, attraper / *to seize hold of sthg* saisir OR attraper qqch **2.** [capture] s'emparer de, prendre / *to seize power* s'emparer du pouvoir / *the rebels have seized control of the radio station* les rebelles se sont emparés de la station de radio **3.** [arrest] arrêter **4.** *fig* [opportunity, chance] saisir, sauter sur. ◆ **seize (up)on** vt insep saisir, sauter sur. ◆ **seize up** vi **1.** [body] s'ankyloser **2.** [engine, part] se gripper.

seizure [ˈsiːʒəʳ] noun **1.** MED crise *f*, attaque *f* **2.** *(U)* [of town] capture *f* ; [of power] prise *f*.

seldom [ˈseldəm] adv peu souvent, rarement.

select [sɪˈlekt] ❖ adj **1.** [carefully chosen] choisi(e) **2.** [exclusive] de premier ordre, d'élite. ❖ vt sélectionner, choisir.

selected [sɪˈlektɪd] adj choisi(e).

selection [sɪˈlekʃn] noun sélection *f*, choix *m*.

selective [sɪˈlektɪv] adj sélectif(ive) ; [person] difficile.

selector [sɪˈlektəʳ] noun [person] sélectionneur *m*, -euse *f*.

self [self] (*pl* **selves** [selvz]) noun moi *m* / *she's her old self again* elle est redevenue elle-même ▸ **the self** PSYCHOL le moi.

self- [self] pref auto-.

self-absorbed [-əbˈsɔːbd] adj égocentrique.

self-addressed envelope [-ə'drest-] noun enveloppe *f* portant ses propres nom et adresse.

self-addressed stamped envelope [-ə'drest-] noun US enveloppe *f* affranchie pour la réponse.

self-adhesive adj autocollant(e).

self-appointed [-ə'pɔɪntɪd] adj *pej* : *she's the self-appointed leader* elle se pose en chef.

self-appraisal noun auto-évaluation *f* ▸ **self-appraisal scheme** système *m* d'auto-évaluation.

self-assembly adj UK qu'on monte OR assemble soi-même.

self-assertiveness noun affirmation *f* de soi.

self-assessment noun **1.** [gen] auto-évaluation *f* **2.** UK [for taxes] *système de déclaration des revenus pour le paiement des impôts, par opposition au prélèvement à la source.*

self-assurance noun confiance *f* en soi, assurance *f*.

self-assured adj sûr(e) de soi, plein(e) d'assurance.

self-awareness noun conscience *f* de soi.

self-belief noun confiance *f* en soi ▸ **to have self-belief** croire en soi-même.

self-catering adj UK [holiday - in house] en maison louée ; [- in flat] en appartement loué.

self-centred UK, **self-centered** US [-'sentəd] adj égocentrique.

self-cleaning adj autonettoyant(e).

self-confessed [-kən'fest] adj de son propre aveu.

self-confidence noun confiance *f* en soi, assurance *f* / *she is full of / she lacks self-confidence* elle a une grande / elle manque de confiance en elle.

self-confident adj sûr(e) de soi, plein(e) d'assurance.

self-confidently adv avec assurance OR aplomb.

self-conscious adj timide, embarrassé(e).

self-consciously adv timidement.

self-consciousness noun timidité *f*, gêne *f*.

self-contained [-kən'teɪnd] adj [flat] indépendant(e), avec entrée particulière ; [person] qui se suffit à soi-même.

self-control noun maîtrise *f* de soi.

self-controlled adj maître (maîtresse) de soi.

self-defeating [-dɪ'fi:tɪŋ] adj contraire au but recherché.

self-defence UK, **self-defense** US noun autodéfense *f* ▸ **in self-defence a)** LAW en légitime défense **b)** [reply] pour sa défense.

self-delusion noun illusion *f* / *it is nothing but self-delusion on her part* elle se fait des illusions.

self-denial noun abnégation *f*.

self-deprecating [-'deprɪkeɪtɪŋ] adj ▸ **to be self-deprecating** se déprécier.

self-destruct [-dɪs'trʌkt] ❖ adj autodestructeur(trice). ❖ vi s'autodétruire.

self-destructive adj autodestructeur(trice).

self-determination noun autodétermination *f*.

self-discipline noun [self-control] maîtrise *f* de soi ; [good behaviour] autodiscipline *f*.

self-disciplined adj [self-controlled] maître de soi ; [well-behaved] qui fait preuve d'autodiscipline.

self-doubt noun manque *m* de confiance en soi.

self-educated adj autodidacte.

self-effacing [-ɪ'feɪsɪŋ] adj qui cherche à s'effacer.

self-employed [-ɪm'plɔɪd] adj qui travaille à son propre compte.

self-employment noun travail *m* en indépendant, travail *m* à son propre compte.

self-esteem noun respect *m* de soi, estime *f* de soi.

self-evident adj qui va de soi, évident(e).

self-explanatory adj évident(e), qui ne nécessite pas d'explication.

self-expression noun libre expression *f*.

self-governing adj POL autonome.

self-government noun autonomie *f*.

self-harm ❖ noun automutilation *f*. ❖ vi s'automutiler.

self-help noun *(U)* initiative *f* personnelle.

self-image noun image *f* de soi-même.

self-importance noun suffisance *f*.

self-important adj suffisant(e).

self-imposed [-ɪm'pəʊzd] adj que l'on s'impose à soi-même.

self-improvement noun perfectionnement *m* des connaissances personnelles.

self-indulgence noun complaisance *f* envers soi-même, habitude *f* de ne rien se refuser.

self-indulgent adj *pej* [person] qui ne se refuse rien ; [film, book, writer] nombriliste.

self-inflicted [-ɪn'flɪktɪd] adj que l'on s'inflige à soi-même, volontaire.

self-interest noun *(U) pej* intérêt *m* personnel.

self-interested adj intéressé(e), qui agit par intérêt personnel.

selfish ['selfɪʃ] adj égoïste.

selfishness ['selfɪʃnɪs] noun égoïsme *m*.

self-justification noun autojustification *f*.

self-knowledge noun connaissance *f* de soi.

selfless ['selflɪs] adj désintéressé(e).

selflessly ['selflɪslɪ] adv de façon désintéressée, avec désintéressement.

self-loathing noun dégoût *m* de soi-même.

self-made adj ▸ **self-made man** self-made-man *m*.

self-motivated adj capable de prendre des initiatives.

self-motivation noun motivation *f*.

self-obsessed adj obsédé(e) par soi-même.

self-opinionated adj opiniâtre.

self-perpetuating [-pə'petʃʊeɪtɪŋ] adj qui se perpétue indéfiniment.

self-pity noun apitoiement *m* sur son sort.

self-pitying adj qui s'apitoie sur son (propre) sort.

self-portrait noun autoportrait *m*.

self-possessed adj maître (maîtresse) de soi.

self-preservation noun instinct *m* de conservation.

self-proclaimed [-prə'kleɪmd] adj *pej* soi-disant *(inv)*, prétendu(e).

self-protection noun autoprotection *f*.

self-publicist noun : *he is an accomplished self-publicist* il sait soigner sa publicité.

self-raising flour UK [-,reɪzɪŋ-], **self-rising flour** US noun farine *f* avec levure incorporée.

self-reliance noun indépendance *f*.

self-reliant adj indépendant(e), qui ne compte que sur soi.

self-respect noun respect *m* de soi.

self-respecting [-rɪs'pektɪŋ] adj qui se respecte.

self-restraint noun *(U)* retenue *f*, mesure *f*.

self-righteous adj suffisant(e).

self-righteousness noun suffisance *f*, pharisaïsme *m fml*.

self-rising flour US = **self-raising flour**.

self-sacrifice noun abnégation *f*.

selfsame ['selfseɪm] adj exactement le même (exactement la même).

self-satisfaction noun contentement *m* de soi.

self-satisfied adj suffisant(e), content(e) de soi.

self-serve adj US = **self-service**.

self-service ❖ noun libre-service *m*, self-service *m*. ❖ comp libre-service, self-service.

self-starter noun AUTO démarreur *m* automatique.

self-styled [-'staɪld] adj *pej* soi-disant *(inv)*, prétendu(e).

self-sufficiency noun **1.** [of person - independence] indépendance *f* ; [- self-assurance] suffisance *f* **2.** ECON [of nation, resources] autosuffisance *f* ; POL ▸ **(economic) self-sufficiency** autarcie *f*.

self-sufficient adj autosuffisant(e) ▸ **to be self-sufficient in** satisfaire à ses besoins en.

self-taught adj autodidacte.

sell [sel] *(pt & pp* **sold***)* ❖ vt **1.** [gen] vendre ▸ **to sell sthg for £100** vendre qqch 100 livres ▸ **to sell sthg to sb, to sell sb sthg** vendre qqch à qqn / *the book sold 50,000 copies, 50,000 copies of the book were sold* le livre s'est vendu à 50 000 exemplaires / *what really sells newspapers is scandal* ce sont les scandales qui font vraiment vendre les journaux / *I'm completely sold on the idea* je suis emballé par l'idée **2.** *fig* [make acceptable] ▸ **to sell sthg to sb, to sell sb sthg** faire accepter qqch à qqn ▸ **to sell o.s.** se faire valoir. ❖ vi **1.** [person] vendre **2.** [product] se vendre ▸ **it sells for** OR **at £10** il se vend 10 livres. ◆ **sell off** vt sep vendre, liquider. ◆ **sell out** ❖ vt sep : *the performance is sold out* il ne reste plus de places, tous les billets ont été vendus. ❖ vi **1.** [shop] : *we've sold out* on n'en a plus **2.** [betray one's principles] être infidèle à ses principes / *critics accuse her of selling out as a writer* les critiques l'accusent d'être un écrivain vendu OR sans principes. ◆ **sell up** vi UK vendre son affaire.

sell-by date noun UK date *f* limite de vente.

seller ['selər] noun vendeur *m*, -euse *f*.

seller's market noun marché *m* à la hausse.

selling ['selɪŋ] noun *(U)* vente *f*.

selling point noun avantage *m*, atout *m*, point *m* fort.

selling price noun prix *m* de vente.

Sellotape® ['seləteɪp] noun UK ≃ Scotch® *m* ruban *m* adhésif. ◆ **sellotape** vt scotcher.

sell-out noun : *the match was a sell-out* on a joué à guichets fermés.

selves [selvz] pl n ⟶ **self**.

semantic [sɪ'mæntɪk] adj sémantique.

semantics [sɪ'mæntɪks] noun *(U)* sémantique *f*.

semaphore ['seməfɔːr] noun *(U)* signaux *mpl* à bras.

semblance ['sembləns] noun semblant *m*.

semen ['siːmen] noun *(U)* sperme *m*, semence *f*.

semester [sɪ'mestər] noun semestre *m*.

semi ['semɪ] noun **1.** UK *inf* (*abbr of* **semi-detached house**) maison *f* jumelée **2.** *inf* (*abbr of* **semi-final**) demi-finale *f* **3.** US *abbr of* **semi-trailer**.

semi- [,semɪ] pref semi-, demi-.

semiautomatic [,semɪ,ɔːtə'mætɪk] adj semi-automatique.

semicircle ['semɪ,sɜːkl] noun demi-cercle *m*.

semicircular [,semɪ'sɜːkjʊlər] adj semi-circulaire, demi-circulaire.

semicolon [,semɪ'kəʊlən] noun point-virgule *m*.

semiconductor [,semɪkən'dʌktər] noun semi-conducteur *m*.

semiconscious [,semɪ'kɒnʃəs] adj à demi conscient(e).

semidetached [,semɪdɪ'tætʃt] UK ❖ adj jumelé(e). ❖ noun maison *f* jumelée.

semifinal [,semɪ'faɪnl] noun demi-finale *f*.

semifinalist [,semɪ'faɪnəlɪst] noun demi-finaliste *mf*.

seminal ['semɪnl] adj **1.** [of semen] séminal(e) **2.** [influential] qui fait école.

seminar ['semɪnɑːr] noun séminaire *m*.

seminary ['semɪnərɪ] (*pl* **-ies**) noun RELIG séminaire *m*.

semiprecious ['semɪ,preʃəs] adj semi-précieux(euse).

semiskilled [,semɪ'skɪld] adj spécialisé(e).

semi-skimmed [-skɪmd] adj [milk] demi-écrémé.

semitrailer [,semɪ'treɪlər] noun US semi-remorque *f*.

semolina [,semə'liːnə] noun semoule *f*.

Senate ['senɪt] noun POL ▸ **the Senate** le sénat / *the United States Senate* le Sénat américain.

Senate

Le Sénat constitue, avec la Chambre des représentants, l'organe législatif américain ; il est composé de 100 membres (deux par État). Le mandat d'un sénateur est de six ans.

senator ['senətəʳ] noun sénateur *m*, -trice *f*.

send [send] (*pt & pp* **sent**) vt **1.** [gen] envoyer ; [letter] expédier, envoyer ▸ **to send sb sthg, to send sthg to sb** envoyer qqch à qqn / *send her my love* embrasse-la pour moi / *he sent (us) word that he would be delayed* il (nous) a fait savoir qu'il aurait du retard / *I sent my luggage by train* j'ai fait expédier OR envoyer mes bagages par le train ▸ **to send sb for sthg** envoyer qqn chercher qqch ▸ **to send sb home** renvoyer qqn (chez lui) ▸ **to send sb to the doctor's / to prison** envoyer qqn chez le médecin / en prison **2.** [cause to move] : *I sent the cup flying* j'ai envoyé voler la tasse / *the explosion sent glass everywhere* l'explosion a projeté des débris de verre partout / *the sound sent shivers down my spine* le bruit m'a fait froid dans le dos. ◆ **send down** vt sep UK [send to prison] coffrer. ◆ **send for** vt insep **1.** [person] appeler, faire venir **2.** [by post] commander par correspondance. ◆ **send in** vt sep [report, application] envoyer, soumettre. ◆ **send off** vt sep **1.** [by post] expédier **2.** UK SPORT expulser. ◆ **send off for** vt insep commander par correspondance. ◆ **send up** vt sep **1.** UK *inf* [imitate] parodier, ridiculiser **2.** US [send to prison] coffrer.

sender ['sendəʳ] noun expéditeur *m*, -trice *f*.

send-off noun fête *f* d'adieu.

send-up noun UK *inf* parodie *f*.

Senegal [ˌsenɪ'gɔ:l] noun Sénégal *m* ▸ **in Senegal** au Sénégal.

Senegalese [ˌsenɪgə'li:z] ❖ adj sénégalais(e). ❖ pl n ▸ **the Senegalese** les Sénégalais *mpl*.

senile ['si:naɪl] adj sénile.

senile dementia noun démence *f* sénile.

senility [sɪ'nɪlətɪ] noun sénilité *f*.

senior ['si:njəʳ] ❖ adj **1.** [highest-ranking] plus haut placé(e) **2.** [higher-ranking] ▸ **senior to sb** d'un rang plus élevé que qqn **3.** SCH [pupils, classes] grand(e) ▸ **senior year** US dernière année. ❖ noun **1.** [older person] aîné *m*, -e *f* **2.** SCH grand *m*, -e *f* **3.** US SCH & UNIV élève *mf (en dernière année)*.

senior citizen noun personne *f* âgée OR du troisième âge.

senior high school noun US ≃ lycée *m*.

seniority [ˌsi:nɪ'ɒrətɪ] noun [in rank] supériorité *f*, ancienneté *f*.

sensation [sen'seɪʃn] noun sensation *f*.

sensational [sen'seɪʃənl] adj **1.** [gen] sensationnel(elle) **2.** [pej & PRESS] à sensation.

sensationalism [sen'seɪʃnəlɪzm] noun **1.** [pej & PRESS] sensationnalisme *m* **2.** [in philosophy] sensationnisme *m* **3.** PSYCHOL sensualisme *m*.

sensationalist [sen'seɪʃnəlɪst] adj [pej & PRESS] à sensation.

sense [sens] ❖ noun **1.** [ability, meaning] sens *m* ▸ **to make sense** [have meaning] avoir un sens ▸ **to make sense of sthg** comprendre qqch ▸ **sense of humour** sens de l'humour ▸ **sense of smell** odorat *m* / *I lost all sense of time* j'ai perdu toute notion de l'heure / *to have a (good) sense of direction* avoir le sens de l'orientation **2.** [feeling] sentiment *m* / *children need a sense of security* les enfants ont besoin de se sentir en sécurité **3.** [wisdom] bon sens *m*, intelligence *f* / *they didn't even have enough sense to telephone* ils n'ont même pas eu l'idée de téléphoner / *there's no sense in all of us going* cela ne sert à rien OR c'est inutile d'y aller tous ▸ **to make sense** [be sensible] être logique / *it doesn't make sense* c'est absurde / *to see sense* entendre raison ▸ **to talk sense** parler raison ▸ **there's no sense in arguing / fighting** cela ne sert à rien de discuter / se battre **4.** PHR **to come to one's senses a)** [be sensible again] revenir à la raison **b)** [regain consciousness] reprendre connaissance / *to take leave of one's senses* perdre la raison OR la tête. ❖ vt [feel] sentir / *I sensed as much* c'est bien l'impression OR le sentiment que j'avais. ◆ **in a sense** adv dans un sens.

senseless ['senslɪs] adj **1.** [stupid] stupide **2.** [unconscious] sans connaissance.

sensibility [ˌsensɪ'bɪlətɪ] (*pl* **-ies**) noun [physical or emotional] sensibilité *f*. ◆ **sensibilities** pl n susceptibilité *f*, susceptibilités *fpl* / *we must avoid offending our viewers' sensibilities* nous devons éviter de heurter la sensibilité de nos spectateurs.

sensible ['sensəbl] adj [reasonable] raisonnable, judicieux(euse) ; [practical - clothes, shoes] pratique / *it's a very sensible idea* c'est une très bonne idée / *the most sensible thing to do is to phone* la meilleure chose à faire, c'est de téléphoner.

⚠ When sensible means *wise*, it is not translated by **sensible** in French, which usually means *sensitive*.

sensibly ['sensəblɪ] adv raisonnablement, judicieusement.

sensitive ['sensɪtɪv] adj **1.** [gen] ▸ **sensitive (to)** sensible (à) / *my eyes are very sensitive to bright light* j'ai les yeux très sensibles à la lumière vive / *the seminar made us more sensitive to the problem* le séminaire nous a sensibilisés au problème **2.** [subject] délicat(e) **3.** [easily offended] ▸ **sensitive (about)** susceptible (en ce qui concerne) / *she's very sensitive about her height* elle n'aime pas beaucoup qu'on lui parle de sa taille.

-sensitive suffix sensible / *heat-sensitive* sensible à la chaleur, thermosensible / *price-sensitive* sensible aux fluctuations des prix / *voice-sensitive* sensible à la voix.

sensitively ['sensɪtɪvlɪ] adv avec sensibilité.

sensitivity [ˌsensɪ'tɪvətɪ] noun sensibilité *f*.

sensor ['sensəʳ] noun détecteur *m*.

sensory ['sensərɪ] adj [nerve, system] sensoriel(elle) / *sensory deprivation* isolation *f* sensorielle.

sensual ['sensjʊəl] adj sensuel(elle).

sensuality [ˌsensjʊ'ælətɪ] noun sensualité *f*.

sensuous ['sensjʊəs] adj qui affecte les sens.

sent [sent] pt & pp ⟶ **send**.

sentence ['sentəns] ❖ noun **1.** GRAM phrase *f* **2.** LAW condamnation *f*, sentence *f*. ❖ vt ▸ **to sentence sb (to)** condamner qqn (à).

sententious [sen'tenʃəs] adj *fml* sentencieux(euse).

sentiment ['sentɪmənt] noun **1.** [feeling] sentiment *m* **2.** [opinion] opinion *f*, avis *m* **3.** *pej* [sentimentality] sentimentalité *f*, sensiblerie *f*.

sentimental [ˌsentɪ'mentl] adj sentimental(e).

sentimentality [ˌsentɪmen'tælətɪ] noun sentimentalité *f*, sensiblerie *f*.

sentimentalize, sentimentalise [ˌsentɪ'mentəlaɪz] ❖ vt [to others] présenter de façon sentimentale ; [to o.s.] percevoir de façon sentimentale. ❖ vi faire du sentiment.

sentry ['sentrɪ] (*pl* **-ies**) noun sentinelle *f*.

Seoul [səʊl] noun Séoul.

SEP MESSAGING *written abbr of* **somebody else's problem**.

separable ['seprəbl] adj ▸ **separable (from)** séparable (de).

separate ❖ adj ['seprət] **1.** [not joined] ▸ **separate (from)** séparé(e) (de) **2.** [individual, distinct] distinct(e) / *that's quite a separate matter* ça, c'est une toute autre affaire / *administration and finance are in separate departments* l'administration et les finances relèvent de services différents / *she likes to keep her home life separate from the office* elle tient à ce que son travail n'empiète pas sur sa vie privée. ❖ vt ['sepəreɪt] **1.** [gen] ▸ **to separate sb / sthg (from)** séparer qqn / qqch (de) ▸ **to separate sthg into** diviser OR séparer qqch en **2.** [distinguish] ▸ **to separate sb / sthg (from)** distinguer qqn / qqch (de). ❖ vi ['sepəreɪt] se séparer ▸ **to separate into** se diviser OR se séparer en. ◆ **separates** ['seprəts] pl n coordonnés *mpl*.

separated ['sepəreɪtɪd] adj [not living together] séparé(e).

separately ['seprətlɪ] adv séparément.

separation [ˌsepə'reɪʃn] noun séparation *f*.

separatist ['seprətɪst] noun séparatiste *mf*.

sepia ['siːpjə] adj sépia *(inv)*.

Sept. (*abbr of* **September**) sept.

September [sep'tembəʳ] ❖ noun septembre *m* / *when are you going? — September* quand partez-vous ? — en septembre / *one of the hottest Septembers on record* un des mois de septembre les plus chauds qu'on ait connus ▸ **in September** en septembre ▸ **last September** en septembre dernier ▸ **this September** en septembre de cette année ▸ **next September** en septembre prochain ▸ **by September** en septembre, d'ici septembre ▸ **every September** tous les ans en septembre ▸ **during September** pendant le mois de septembre ▸ **at the beginning of September** au début du mois de septembre, début septembre ▸ **at the end of September** à la fin du mois de septembre, fin septembre ▸ **in the middle of September** au milieu du mois de septembre, à la mi-septembre. ❖ comp (du mois) de septembre ; [election] au mois de septembre, en septembre.

septet [sep'tet] noun septuor *m*.

septic ['septɪk] adj infecté(e).

septic tank noun fosse *f* septique.

sequel ['siːkwəl] noun **1.** [book, film] ▸ **sequel (to)** suite *f* (de) **2.** [consequence] ▸ **sequel (to)** conséquence *f* (de).

sequence ['siːkwəns] noun **1.** [series] suite *f*, succession *f* **2.** [order] ordre *m* ▸ **in sequence** par ordre **3.** [of film] séquence *f*.

sequential [sɪ'kwenʃl] adj **1.** COMPUT séquentiel(elle) **2.** *fml* [following] subséquent(e).

sequin ['siːkwɪn] noun paillette *f*.

Serb = **Serbian**.

Serbia ['sɜːbjə] noun Serbie *f* ▸ **in Serbia** en Serbie.

Serbian ['sɜːbjən], **Serb** [sɜːb] ❖ adj serbe. ❖ noun **1.** [person] Serbe *mf* **2.** [dialect] serbe *m*.

Serbo-Croat [ˌsɜːbəʊ'krəʊæt], **Serbo-Croatian** [ˌsɜːbəʊkrəʊ'eɪʃn] ❖ adj serbo-croate. ❖ noun [language] serbo-croate *m*.

serenade [ˌserə'neɪd] ❖ noun sérénade *f*. ❖ vt donner la sérénade à.

serene [sɪ'riːn] adj [calm] serein(e), tranquille.

serenity [sɪ'renətɪ] noun sérénité *f*, tranquillité *f*.

serf [sɜːf] noun serf *m*, serve *f*.

serge [sɜːdʒ] noun serge *f*.

sergeant ['sɑːdʒənt] noun **1.** MIL sergent *m*, -e *f* **2.** [in police] brigadier *m*, -ière *f*.

sergeant major noun sergent-major *m*.

serial ['sɪərɪəl] noun feuilleton *m*.

serialize, serialise UK ['sɪərɪəlaɪz] vt [on TV] diffuser en feuilleton ; [in newspaper] publier en feuilleton.

serial killer noun tueur *m* en série.

serial number noun numéro *m* de série.

series ['sɪəriːz] (*pl inv*) noun série *f*.

serious ['sɪərɪəs] adj **1.** [causing concern - situation, problem, threat] sérieux(euse) ; [- illness, accident, trouble] grave / *it poses a serious threat to airport security* cela constitue une menace sérieuse pour la sécurité des aéroports / *his condition is described as serious* MED son état est jugé préoccupant **2.** [not joking] sérieux(euse) / *I'm quite serious* je suis tout à fait sérieux, je ne plaisante absolument pas ▸ **to be serious about doing sthg** songer sérieusement à faire qqch **3.** [careful, thoughtful] sérieux(euse), sincère / *don't look so serious* ne prends pas cet air sérieux / *to give serious thought* OR *consideration to sthg* songer sérieusement à qqch **4.** [not frivolous] : *she's a serious actress* **a)** [cinema] elle fait des films sérieux **b)** [theatre] elle joue dans des pièces sérieuses / *the serious cinemagoer* le cinéphile averti.

seriously ['sɪərɪəslɪ] adv sérieusement ; [ill] gravement ; [wounded] grièvement, gravement ▸ **to take sb / sthg seriously** prendre qqn / qqch au sérieux / *seriously though, what are you going to do?* sérieusement, qu'est-ce que vous allez faire ? / *think about it seriously before you do anything* réfléchissez-y bien avant de faire quoi que ce soit / *you can't seriously expect me to believe that!* vous plaisantez, j'espère ?

seriousness ['sɪərɪəsnɪs] noun **1.** [of mistake, illness] gravité *f* ▸ **in all seriousness** en toute sincérité **2.** [of person, speech] sérieux *m*.

sermon ['sɜ:mən] noun sermon *m*.

serpent ['sɜ:pənt] noun *liter* serpent *m*.

serrated [sɪ'reɪtɪd] adj en dents de scie.

serum ['sɪərəm] (*pl* -s) noun sérum *m*.

servant ['sɜ:vənt] noun domestique *mf*.

serve [sɜ:v] ❖ vt **1.** [work for] servir **2.** [have effect] ▸ **to serve to do sthg** servir à faire qqch ▸ **to serve a purpose** [subj: device] servir à un usage ▸ **it serves my purpose** cela fait l'affaire **3.** [provide for] desservir / *this recipe serves four* cette recette est prévue pour quatre personnes **4.** [meal, drink, customer] servir / *are you being served?* est-ce qu'on s'occupe de vous ? / *dinner is served* le dîner est servi ▸ **to serve sthg to sb, to serve sb sthg** servir qqch à qqn **5.** LAW ▸ **to serve sb with a summons / writ, to serve a summons / writ on sb** signifier une assignation / une citation à qqn, notifier une assignation / une citation à qqn **6.** [prison sentence] purger, faire ; [apprenticeship, term] faire / *he has served two terms (of office) as president* il a rempli deux mandats présidentiels **7.** SPORT servir **8.** PHR **it serves him / you right** c'est bien fait pour lui / toi. ❖ vi servir / *Smith to serve* SPORT au service, Smith ▸ **to serve as** servir de / *he served as treasurer for several years* il a exercé les fonctions de trésorier pendant plusieurs années ▸ **to serve on a committee** être membre d'un comité. ❖ noun SPORT service *m*. ◆ **serve out, serve up** vt sep [food] servir.

server ['sɜ:vər] noun COMPUT serveur *m*.

service ['sɜ:vɪs] ❖ noun **1.** [gen] service *m* / *many people gave their services free* beaucoup de gens donnaient des prestations bénévoles / *at your service* à votre service, à votre disposition / *you get fast service in a supermarket* on est servi rapidement dans un supermarché / *a new 24-hour banking service* un nouveau service bancaire fonctionnant 24 heures sur 24 ▸ **in / out of service** en / hors service ▸ **to be of service (to sb)** être utile (à qqn), rendre service (à qqn) **2.** [of car] révision *f* ; [of machine] entretien *m* **3.** MIL service *m* / *he saw active service in Korea* il a servi en Corée. ❖ vt **1.** [car] réviser ; [machine] assurer l'entretien de **2.** FIN [debt] rembourser. ◆ **services** pl n **1.** UK [on motorway] aire *f* de services **2.** [armed forces] ▸ **the services** les forces *fpl* armées **3.** [help] service *m*.

serviceable ['sɜ:vɪsəbl] adj pratique.

service charge noun service *m*.

serviceman ['sɜ:vɪsmən] (*pl* **-men**) noun soldat *m*, militaire *m*.

service provider noun COMPUT fournisseur *m* d'accès.

service station noun station-service *f*.

servicewoman ['sɜ:vɪs,wʊmən] (*pl* **-women**) noun femme *f* soldat.

serviette [,sɜ:vɪ'et] noun UK serviette *f* (de table).

servile ['sɜ:vaɪl] adj servile, obséquieux(euse).

serving ['sɜ:vɪŋ] ❖ adj [spoon, dish] de service. ❖ noun [of food] portion *f*.

sesame ['sesəmɪ] noun sésame *m*.

sesame seed noun graine *f* de sésame.

session ['seʃn] noun **1.** [gen] séance *f* ▸ **in session** en séance **2.** US [school term] trimestre *m*.

set [set]

❖ adj

1. [fixed] fixe / *there are no set rules for raising children* il n'y a pas de règles toutes faites pour l'éducation des enfants ▸ **set expression** OR **phrase** GRAM expression *f* figée

2. UK SCH [book] au programme

3. [ready] ▸ **set (for sthg / to do sthg)** prêt(e) (à qqch / à faire qqch) / *house prices are set to rise steeply* les prix de l'immobilier vont vraisemblablement monter en flèche

4. [determined] ▸ **to be set on sthg** vouloir absolument qqch ▸ **to be set on doing sthg** être résolu(e) à faire qqch

5. PHR **to be set in one's ways** tenir à ses habitudes

❖ noun

1. [group - of facts, conditions, characteristics] ensemble *m* ; [- of keys, tools, golf clubs] jeu *m* ; [- of stamps, books] collection *f* ; [- of saucepans] série *f* / *they make a set* ils vont ensemble / *a set of matching luggage* un ensemble de valises assorties / *a full set of the encyclopedia* une encyclopédie complète ▸ **a chess set** un jeu d'échecs ▸ **a set of teeth a)** [natural] une dentition, une denture **b)** [false] un dentier

2. [television, radio] poste *m*

3. CIN plateau *m* ; THEAT scène *f* ▸ **set designer** CIN & TV chef décorateur *m*

4. TENNIS manche *f*, set *m*

5. [for hair] mise *f* en plis

❖ vt (*pt & pp* **set**, *cont* **-ting**)

1. [place] placer, poser, mettre ; [jewel] sertir, monter / *the house is set in large grounds* la maison est située dans un grand parc / *the brooch was set with pearls* la broche était sertie de perles

2. [cause to be or do] ▸ **to set sb free** libérer qqn, mettre qqn en liberté ▸ **to set sb's mind at rest** tranquilliser qqn ▸ **to set sthg on fire** mettre le feu à qqch / *he*

set to work il s'est mis au travail / *his failure set him thinking* son échec lui a donné à réfléchir
3. [prepare - trap] tendre ; [- table] mettre
4. [adjust] régler / *I've set the alarm for six* j'ai mis le réveil à (sonner pour) six heures / *how do I set the margins?* comment est-ce que je fais pour placer les marges ?
5. [fix - date, deadline, target] fixer / *you've set yourself a tough deadline* vous vous êtes fixé un délai très court / *how are exchange rates set?* comment les taux de change sont-ils déterminés ?
6. [establish - example] donner ; [- trend] lancer ; [- record] établir / *to set the tone for* OR *of sthg* donner le ton de qqch
7. [homework, task] donner ; [problem] poser / *I set them to work tidying the garden* je les ai mis au désherbage du jardin
8. MED [bone, leg] remettre
9. [arrange] ▸ **to set sthg to music** mettre qqch en musique / *to set sb's hair* faire une mise en plis à qqn
10. [story] ▸ **to be set in** se passer à, se dérouler à
❖ vi (*pt & pp* **set**, *cont* **-ting**)
1. [sun] se coucher
2. [jelly] prendre ; [glue, cement] durcir

◆ **set about** vt insep [start] entreprendre, se mettre à / *I didn't know how to set about it* je ne savais pas comment m'y prendre ▸ **to set about doing sthg** se mettre à faire qqch.

◆ **set against** vt sep **1.** [compare] mettre en balance ▸ **to set expenses against tax** déduire les dépenses des impôts **2.** [cause to oppose] ▸ **to set sb against sb** monter qqn contre qqn.

◆ **set ahead** vt sep US [clock] avancer.

◆ **set apart** vt sep [distinguish] distinguer / *her talent sets her apart from the other students* son talent la distingue des autres étudiants.

◆ **set aside** vt sep **1.** [save] mettre de côté / *the room is set aside for meetings* la pièce est réservée aux réunions **2.** [not consider] rejeter, écarter.

◆ **set back** vt sep **1.** [towards the rear] ▸ **to be set back from sthg** être en retrait de qqch **2.** [delay] retarder **3.** *inf* [cost] : *it set me back £300* cela m'a coûté 300 livres.

◆ **set down** vt sep **1.** [write down] ▸ **to set sthg down (in writing)** coucher qqch par écrit **2.** [put down] déposer.

◆ **set in** vi [weather, feeling] commencer, s'installer ; [infection] se déclarer / *panic set in* **a)** [began] la panique éclata **b)** [lasted] la panique s'installa.

◆ **set off** ❖ vt sep **1.** [cause] déclencher, provoquer / *to set sb off laughing* faire rire qqn **2.** [bomb] faire exploser ; [firework] faire partir. ❖ vi se mettre en route, partir.

◆ **set on** vt sep ▸ **to set a dog on sb** lâcher un chien contre OR sur qqn.

◆ **set out** ❖ vt sep **1.** [arrange] disposer **2.** [explain] présenter, exposer. ❖ vt insep [intend] ▸ **to set out to do sthg** entreprendre OR tenter de faire qqch / *she didn't deliberately set out to annoy you* il n'était pas dans ses intentions de vous froisser. ❖ vi [on journey] se mettre en route, partir.

◆ **set up** ❖ vt sep **1.** [organization] créer, fonder ; [committee, procedure] constituer, mettre en place ; [meeting] arranger, organiser ▸ **to set o.s. up** s'établir à son compte ▸ **to set up house** OR **home** s'installer / *they set up house together* ils se sont mis en ménage **2.** [statue, monument] dresser, ériger ; [roadblock] placer, installer / *to set up camp* installer OR dresser le camp **3.** [equipment] préparer, installer / *he set the chessboard up* il a disposé les pièces sur l'échiquier **4.** *inf* [make appear guilty] monter un coup contre / *she claims she was set up* elle prétend qu'elle est victime d'un coup monté. ❖ vi [in business] s'établir / *to set up on one's own* **a)** [business] s'installer à son compte **b)** [home] prendre son propre appartement.

◆ **set upon** vt insep [physically or verbally] attaquer, s'en prendre à.

setback ['setbæk] noun contretemps *m*, revers *m*.

set menu noun menu *m* fixe.

settee [se'ti:] noun canapé *m*.

setter ['setər] noun [dog] setter *m*.

setting ['setɪŋ] noun **1.** [surroundings] décor *m*, cadre *m* **2.** [of dial, machine] réglage *m*.

settle ['setl] ❖ vt **1.** [argument] régler / *that's settled then* (c'est) entendu / *nothing is settled yet* rien n'est encore décidé OR arrêté / *that settles it, the party's tomorrow!* c'est décidé, la fête aura lieu demain ! / *the case was settled out of court* l'affaire a été réglée à l'amiable / *to settle old scores* régler des comptes **2.** [bill, account] régler, payer / *to settle a claim* [insurance] régler un litige **3.** [calm - nerves] calmer / *to settle one's stomach* calmer les douleurs d'estomac **4.** [make comfortable] installer ▸ **to settle o.s.** s'installer. ❖ vi **1.** [make one's home] s'installer, se fixer **2.** [make oneself comfortable] s'installer **3.** [dust] retomber ; [sediment] se déposer / *an eerie calm settled over the village* un calme inquiétant retomba sur le village / *the cold settled on his chest* le rhume lui est tombé sur la poitrine **4.** [bird, insect] se poser.

◆ **settle down** vi **1.** [give one's attention] ▸ **to settle down to sthg / to doing sthg** se mettre à qqch / à faire qqch **2.** [make oneself comfortable] s'installer **3.** [become respectable] se ranger / *it's about time Tom got married and settled down* il est temps que Tom se marie et s'installe dans la vie **4.** [become calm] se calmer. ◆ **settle for** vt insep accepter, se contenter de. ◆ **settle in** vi s'adapter / *once we're settled in, we'll invite you round* [at new house] une fois que nous serons installés, nous t'inviterons. ◆ **settle on** vt insep [choose] fixer son choix sur, se décider pour / *they settled on a compromise* ils ont finalement choisi le compromis. ◆ **settle up** vi : *can we settle up?* est-ce qu'on peut faire les comptes ? ▸ **to settle up (with sb)** régler (qqn).

settled ['setld] adj [weather] au beau fixe.

settlement ['setlmənt] noun **1.** [agreement] accord *m* / *to reach a settlement* parvenir à OR conclure un accord **2.** [colony] colonie *f* **3.** [payment] règlement *m*.

settler ['setləʳ] noun colon *m*.

set-to noun *inf* bagarre *f*.

set-top box noun boîtier *m* électronique.

set-up noun *inf* **1.** [system] : *what's the set-up?* comment est-ce que c'est organisé ? **2.** [trick to incriminate] coup *m* monté.

set-up costs noun frais *mpl* de lancement.

seven ['sevn] num sept. ***See also*** **six**.

seventeen [ˌsevn'ti:n] num dix-sept. ***See also*** **six**.

seventeenth [ˌsevn'ti:nθ] num dix-septième. ***See also*** **sixth**.

seventh ['sevnθ] num septième. ***See also*** **sixth**.

seventh grade noun US SCH *classe de l'enseignement secondaire correspondant à la cinquième (11-12 ans).*

seventh heaven noun ▸ **to be in seventh heaven** être au septième ciel.

seventieth ['sevntjəθ] num soixante-dixième. ***See also*** **sixth**.

seventy ['sevntɪ] num soixante-dix. ***See also*** **sixty**.

sever ['sevəʳ] vt **1.** [cut through] couper **2.** *fig* [relationship, ties] rompre.

several ['sevrəl] ❖ adj plusieurs. ❖ pron plusieurs *mf pl*.

severance ['sevrəns] noun *fml* [of relations] rupture *f*.

severe [sɪ'vɪəʳ] adj **1.** [weather] rude, rigoureux(euse) ; [shock] gros (grosse), dur(e) ; [pain] violent(e) ; [illness, injury] grave **2.** [person, criticism] sévère.

severely [sɪ'vɪəlɪ] adv **1.** [injured] grièvement ; [damaged] sérieusement **2.** [sternly] sévèrement.

severity [sɪ'verətɪ] noun **1.** [of storm] violence *f* ; [of problem, illness] gravité *f* **2.** [sternness] sévérité *f*.

sew [səʊ] (UK *pp* **sewn**, *pt & pp* **-ied**, US *pp* **sewed** *or* **sewn**) vt & vi coudre. ◆ **sew up** vt sep **1.** [join] recoudre **2.** *inf* [deal] : *it's (all) sewn up!* c'est dans la poche !

sewage ['su:ɪdʒ] noun *(U)* eaux *fpl* d'égout, eaux usées.

sewer ['sʊəʳ] noun égout *m*.

sewing ['səʊɪŋ] noun *(U)* **1.** [activity] couture *f* **2.** [work] ouvrage *m*.

sewing machine noun machine *f* à coudre.

sewn [səʊn] pp ⟶ **sew**.

sex [seks] noun **1.** [gender] sexe *m* **2.** *(U)* [sexual intercourse] rapports *mpl* (sexuels) ▸ **to have sex with** avoir des rapports (sexuels) avec.

sex appeal noun sex-appeal *m*.

sex change noun changement *m* de sexe ▸ **to have a sex change** changer de sexe.

sex education noun éducation *f* sexuelle.

sexism ['seksɪzm] noun sexisme *m*.

sexist ['seksɪst] ❖ adj sexiste. ❖ noun sexiste *mf*.

sex life noun vie *f* sexuelle.

sex offender noun auteur *m* d'un délit sexuel.

sex symbol noun sex-symbol *m*.

sextet [seks'tet] noun sextuor *m*.

sexting ['sekstɪŋ] noun US *envoi de SMS à caractère sexuel.*

sextuplet [seks'tju:plɪt] noun sextuplé *m*, -e *f*.

sexual ['sekʃʊəl] adj sexuel(elle).

sexual abuse noun *(U)* sévices *mpl* sexuels.

sexual assault noun agression *f* sexuelle.

sexual harassment noun harcèlement *m* sexuel.

sexual intercourse noun *(U)* rapports *mpl* (sexuels).

sexuality [ˌsekʃʊ'ælətɪ] noun sexualité *f*.

sexually ['sekʃʊəlɪ] adv sexuellement / *to be sexually assaulted* être victime d'une agression sexuelle ▸ **sexually transmitted disease** maladie *f* sexuellement transmissible.

sexy ['seksɪ] (*compar* **-ier**, *superl* **-iest**) adj *inf* **1.** sexy *(inv)* **2.** [product] branché(e).

Seychelles [seɪ'ʃelz] pl n ▸ **the Seychelles** les Seychelles *fpl* ▸ **in the Seychelles** aux Seychelles.

Sgt (*abbr of* **sergeant**) Sgt.

sh [ʃ] excl chut !

shabby ['ʃæbɪ] (*compar* **-ier**, *superl* **-iest**) adj **1.** [clothes] élimé(e), râpé(e) ; [furniture] minable ; [person, street] miteux(euse) **2.** [behaviour] moche, méprisable.

shack [ʃæk] noun cabane *f*, hutte *f*.

shackle ['ʃækl] vt enchaîner ; *fig* entraver. ◆ **shackles** pl n fers *mpl* ; *fig* entraves *fpl*.

shade [ʃeɪd] ❖ noun **1.** *(U)* [shadow] ombre *f* **2.** [lampshade] abat-jour *m inv* **3.** [colour] nuance *f*, ton *m* **4.** [of meaning, opinion] nuance *f*. ❖ vt [from light] abriter ▸ **to shade one's eyes** s'abriter les yeux. ❖ vi ▸ **to shade into** se fondre en. ◆ **shades** pl n *inf* [sunglasses] lunettes *fpl* de soleil.

shading ['ʃeɪdɪŋ] noun *(U)* ombres *fpl*.

shadow ['ʃædəʊ] ❖ adj UK POL fantôme, de l'opposition. ❖ noun ombre *f* ▸ **to be a shadow of one's former self** n'être plus que l'ombre de soi-même ▸ **there's not a** OR **the shadow of a doubt** il n'y a pas l'ombre d'un doute.

shadow cabinet noun UK cabinet *m* fantôme *(composé des parlementaires du principal parti de l'opposition).*

shadowy ['ʃædəʊɪ] adj **1.** [dark] ombreux(euse) **2.** [hard to see] indistinct(e) **3.** [sinister] mystérieux(euse).

shady ['ʃeɪdɪ] (*compar* **-ier**, *superl* **-iest**) adj **1.** [garden, street] ombragé(e) ; [tree] qui donne de l'ombre **2.** *inf* [dishonest] louche.

shaft [ʃɑ:ft] ❖ noun **1.** [vertical passage] puits *m* ; [of lift] cage *f* **2.** TECH arbre *m* **3.** [of light] rayon *m* **4.** [of tool, golf club] manche *m*. ❖ vt *v inf* **1.** [dupe] avoir, baiser **2.** [treat unfairly] s'en prendre à.

shag [ʃæg] ❖ noun **1.** [of hair, wool] toison *f* / *shag (pile) carpet* moquette *f* à poils longs **2.** : *shag (tobacco)* tabac *m* (très fort) **3.** [bird] cormoran *m* huppé **4.** *vulg* [sex] : *to have a shag* baiser **5.** US [ballboy] ramasseur *m* de balles. ❖ vt (*pt & pp* **-ed**) **1.** *v inf* [tire] crever / *to be shagged (out)* être complètement crevé(e) OR HS **2.** *vulg* [have sex with] baiser **3.** US [fetch] aller chercher. ❖ vi (*pt & pp* **shagged**) *vulg* [have sex] baiser.

shaggy ['ʃægɪ] (*compar* **-ier**, *superl* **-iest**) adj hirsute.

shake [ʃeɪk] ❖ vt (*pt* **shook**, *pp* **shaken**) **1.** [move vigorously - gen] secouer ; [- bottle] agiter ▸ **to shake sb's hand** serrer la main de OR à qqn ▸ **to shake hands** se serrer la main ▸ **to shake one's head** a) secouer la tête b) [to say no] faire non de la tête / *he shook his fist at him* il l'a menacé du poing **2.** [shock] ébranler, secouer / *they were rather shaken by the news* ils ont été plutôt secoués par la nouvelle / *she shook everyone with her revelations* tout le monde a été bouleversé par ses révélations. ❖ vi (*pt* **shook**, *pp* **shaken**) trembler ▸ **to shake in one's shoes** avoir une peur bleue, être mort de peur. ❖ noun [tremble] tremblement *m* ▸ **to give sthg a shake** secouer qqch / *with a shake of his head* [in refusal, resignation, sympathy] avec un hochement de tête. ◆ **shake down** vt sep US *inf* **1.** [rob] racketter **2.** [search] fouiller. ◆ **shake off** vt sep [police, pursuers] semer ; [illness] se débarrasser de.

shaken ['ʃeɪkn] pp ⟶ **shake**.

Shakespearean [ʃeɪk'spɪərɪən] adj shakespearien(enne).

shake-up noun *inf* remaniement *m*.

shakily ['ʃeɪkɪlɪ] adv **1.** [unsteadily - walk] d'un pas chancelant OR mal assuré ; [- write] d'une main tremblante ; [- speak] d'une voix tremblante OR chevrotante **2.** [uncertainly] d'une manière hésitante OR peu assurée / *she started shakily, but then went on to win the game* au début, elle n'était pas très sûre d'elle, mais elle a fini par gagner la partie.

shaky ['ʃeɪkɪ] (*compar* **-ier**, *superl* **-iest**) adj [building, table] branlant(e) ; [hand] tremblant(e) ; [person] faible ; [argument, start] incertain(e) / *things got off to a shaky start* les choses ont plutôt mal commencé.

shale [ʃeɪl] noun schiste *m*.

shall (*weak form* [ʃəl], *strong form* [ʃæl]) aux vb **1.** (*1st person sg & 1st person pl, to express future tense*) : *I shall be…* je serai… **2.** (*esp 1st person sg & 1st person pl*) (*in questions*) : *shall we have lunch now?* tu veux qu'on déjeune maintenant ? / *where shall I put this?* où est-ce qu'il faut mettre ça ? **3.** [will definitely] : *we shall succeed* nous réussirons **4.** (*in orders*) : *you shall tell me!* tu vas OR dois me le dire !

shallot [ʃə'lɒt] noun échalote *f*.

shallow ['ʃæləʊ] adj **1.** [water, dish, hole] peu profond(e) **2.** *pej* [superficial] superficiel(elle). ◆ **shallows** pl n bas-fond *m*.

sham [ʃæm] ❖ adj feint(e), simulé(e). ❖ noun comédie *f*. ❖ vi (*pt & pp* **-med**, *cont* **-ming**) faire semblant, jouer la comédie.

shambles ['ʃæmblz] noun désordre *m*, pagaille *f*.

shambolic [ʃæm'bɒlɪk] adj UK désordonné(e).

shame [ʃeɪm] ❖ noun **1.** (*U*) [remorse, humiliation] honte *f* / *he has no sense of shame* il n'a aucune honte / *have you no shame?* vous n'avez pas honte ? ▸ **to bring shame on** OR **upon sb** faire la honte de qqn / *to put sb to shame* faire honte à qqn **2.** [pity] ▸ **it's a shame (that…)** c'est dommage (que… (*+ subjunctive*)) ▸ **what a shame!** quel dommage ! ❖ vt faire honte à, mortifier ▸ **to shame sb into doing sthg** obliger qqn à faire qqch en lui faisant honte.

shamefaced [ˌʃeɪm'feɪst] adj honteux(euse), penaud(e).

shameful ['ʃeɪmfʊl] adj honteux(euse), scandaleux(euse).

shamefully ['ʃeɪmfʊlɪ] adv honteusement, indignement / *she has been treated shamefully* elle a été traitée de façon honteuse / *he was shamefully ignorant about the issue* son ignorance sur la question était honteuse.

shameless ['ʃeɪmlɪs] adj effronté(e), éhonté(e).

shamelessly ['ʃeɪmlɪslɪ] adv sans honte, sans vergogne, sans pudeur / *to lie shamelessly* mentir effrontément / *they were walking about quite shamelessly with nothing on* ils se promenaient tout nus sans la moindre gêne OR sans que ça ait l'air de les gêner.

shammy ['ʃæmɪ] (*pl* **-ies**) noun ▸ **shammy (leather)** peau *f* de chamois.

shampoo [ʃæm'puː] ❖ noun (*pl* **-s**) shampooing *m*. ❖ vt (*pt & pp* **-ed**, *cont* **-ing**) ▸ **to shampoo sb** OR **sb's hair** faire un shampooing à qqn.

shamrock ['ʃæmrɒk] noun trèfle *m* (*c'est l'emblème de l'Irlande*).

shandy ['ʃændɪ] (*pl* **-ies**) noun panaché *m*.

shan't [ʃɑːnt] ⟶ **shall not**.

shanty ['ʃæntɪ] (*pl* **-ies**) noun **1.** [shack] baraque *f*, cabane *f* **2.** [song] chanson *f* de marins.

shantytown ['ʃæntɪtaʊn] noun bidonville *m*.

shape [ʃeɪp] ❖ noun **1.** [gen] forme *f* / *the room was triangular in shape* la pièce était de forme triangulaire OR avait la forme d'un triangle / *in the shape of a T* en forme de T / *she moulded the clay into shape* elle façonna l'argile / *she plans to change the whole shape of the company* elle a l'intention de modifier complètement la structure de l'entreprise ▸ **to take shape** prendre forme OR tournure **2.** [guise] ▸ **in the shape of** sous forme de ▸ **in any shape or form** de n'importe quelle sorte **3.** [health] ▸ **to be in good / bad shape** être en bonne / mauvaise forme / *the economy is in poor shape at the moment* l'économie est mal en point OR dans une mauvaise passe actuellement / *to keep o.s.* OR *to stay in shape* garder la OR rester en forme / *what sort of shape was he in?* dans quel état était-il ? ▸ **to lick** OR **knock sb into shape** dresser qqn. ❖ vt **1.** [pastry, clay] ▸ **to shape sthg (into)** façonner OR modeler qqch (en) **2.** [ideas, project, character] former. ◆ **shape up** vi [person, plans] se développer, progresser ; [job, events] prendre tournure OR forme / *the new team is shaping up well* la nouvelle équipe commence à bien fonctionner.

SHAPE [ʃeɪp] (*abbr of* **Supreme Headquarters Allied Powers Europe**) noun *quartier général des forces alliées en Europe.*
shaped [ʃeɪpt] adj **1.** [garment] ajusté(e) ; [wooden or metal object] travaillé(e) **2.** [in descriptions] : *shaped like a triangle* en forme de triangle / *a rock shaped like a man's head* un rocher qui a la forme d'une tête d'homme.
-shaped ['ʃeɪpt] suffix : *egg-shaped* en forme d'œuf / *L-shaped* en forme de L.
shapeless ['ʃeɪplɪs] adj informe.
shapely ['ʃeɪplɪ] (*compar* **-ier**, *superl* **-iest**) adj bien fait(e).
shard [ʃɑ:d] noun tesson *m*.
share [ʃeəʳ] ❖ noun [portion, contribution] part *f* / *to have a share in the profits* participer aux bénéfices / *to have a share in a business* être l'un des associés dans une affaire / *to do one's share (of the work)* faire sa part du travail. ❖ vt partager / *he shared the chocolate with his sister* il a partagé le chocolat avec sa sœur / *to share the news with sb* faire part d'une nouvelle à qqn. ❖ vi ▸ **to share (in sthg)** partager (qqch). ◆ **shares** pl n actions *fpl*. ◆ **share out** vt sep partager, répartir.
shareholder ['ʃeə,həʊldəʳ] noun actionnaire *mf*.
shareholding ['ʃeə,həʊldɪŋ] noun actionnariat *m*.
shareware ['ʃeəweəʳ] noun COMPUT shareware *m*.
sharing ['ʃeərɪŋ] ❖ adj [person] partageur(euse). ❖ noun [of money, power] partage *m*.
shark [ʃɑ:k] (*pl inv or* **-s**) noun **1.** [fish] requin *m* **2.** *fig* [dishonest person] escroc *m*, pirate *m*.
sharp [ʃɑ:p] ❖ adj **1.** [knife, razor] tranchant(e), affilé(e) ; [needle, pencil, teeth] pointu(e) / *these scissors are sharp* ces ciseaux coupent bien / *she has sharp features* elle a des traits anguleux **2.** [image, outline, contrast] net (nette) **3.** [person, mind] vif (vive) ; [eyesight] perçant(e) **4.** [sudden - change, rise] brusque, soudain(e) ; [- hit, tap] sec (sèche) / *the car made a sharp turn* la voiture a tourné brusquement **5.** [words, order, voice] cinglant(e) / *she has a sharp tongue* elle a la langue bien affilée **6.** [cry, sound] perçant(e) ; [pain, cold] vif (vive) ; [taste] piquant(e) **7.** MUS : *C/D sharp* do/ré dièse. ❖ adv **1.** [punctually] : *at 8 o'clock sharp* à 8 heures pile OR tapantes **2.** [immediately] ▸ **sharp left / right** tout à fait à gauche/droite ▸ **look sharp (about it)!** *dated* dépêche-toi !, grouille-toi ! ❖ noun MUS dièse *m*.
sharpen ['ʃɑ:pn] ❖ vt **1.** [knife, tool] aiguiser ; [pencil] tailler **2.** [senses] aiguiser ; [mind] affiner ; [disagreement, conflict] aviver, envenimer. ❖ vi [senses] s'aiguiser.
sharp end noun UK *fig* ▸ **to be at the sharp end** être en première ligne.
sharpener ['ʃɑ:pnəʳ] noun [for pencil] taille-crayon *m* ; [for knife] aiguisoir *m* (pour couteaux).
sharp-eyed [-'aɪd] adj : *she's very sharp-eyed* elle remarque tout, rien ne lui échappe.
sharply ['ʃɑ:plɪ] adv **1.** [distinctly] nettement / *this contrasts sharply with her usual behaviour* voilà qui change beaucoup de son comportement habituel **2.** [suddenly] brusquement / *inflation has risen sharply since May* l'inflation est montée en flèche depuis mai **3.** [harshly] sévèrement, durement / *I had to speak to her sharply about her persistent lateness* j'ai dû lui faire des observations sévères au sujet de ses retards répétés.
sharpness ['ʃɑ:pnɪs] noun **1.** [of image, outline] netteté *f* **2.** [of mind] vivacité *f* **3.** [of remarks, criticism] dureté *f*, sévérité *f*.
sharpshooter ['ʃɑ:p,ʃu:təʳ] noun tireur *m* d'élite.
sharp-tongued [-'tʌŋd] adj qui a la langue acérée.
sharp-witted [-'wɪtɪd] adj à l'esprit vif.
shat [ʃæt] pt & pp ⟶ **shit**.
shatter ['ʃætəʳ] ❖ vt **1.** [window, glass] briser, fracasser **2.** [hopes, dreams] détruire. ❖ vi se fracasser, voler en éclats.
shattered ['ʃætəd] adj **1.** [upset] bouleversé(e) **2.** UK *inf* [very tired] flapi(e).
shattering ['ʃætərɪŋ] adj **1.** [upsetting] bouleversant(e) **2.** UK *inf* [tiring] crevant(e), épuisant(e).
shatterproof ['ʃætəpru:f] adj anti-éclats.
shave [ʃeɪv] ❖ noun ▸ **to have a shave** se raser ▸ **that was a close shave** *fig* on l'a échappé belle, il était moins cinq. ❖ vt **1.** [remove hair from] raser ▸ **to shave one's legs** se raser les jambes **2.** [wood] planer, raboter. ❖ vi se raser. ◆ **shave off** vt sep [beard, hair] se raser.
shaven ['ʃeɪvn] adj rasé(e).
shaver ['ʃeɪvəʳ] noun rasoir *m* électrique.
shaving ['ʃeɪvɪŋ] noun [act] rasage *m*. ◆ **shavings** pl n [of wood] copeaux *mpl* ; [of metal] copeaux *mpl*, rognures *fpl* ; [of paper] rognures *fpl*.
shaving cream noun crème *f* à raser.
shawl [ʃɔ:l] noun châle *m*.
she [ʃi:] ❖ pers pron **1.** [referring to woman, girl, animal] elle / *she's tall* elle est grande / *SHE can't* elle, elle ne peut pas, ça lui est impossible ▸ **there she is** la voilà / *if I were* OR *was she* *fml* si j'étais elle, à sa place **2.** [referring to boat, car, country] : *she's a fine ship* c'est un bateau magnifique / *she can do over 120 mph* elle fait plus de 150 km à l'heure. ❖ noun : *it's a she* **a)** [animal] c'est une femelle **b)** [baby] c'est une fille. ❖ comp : *she-elephant* éléphant *m* femelle / *she-wolf* louve *f*.
sheaf [ʃi:f] (*pl* **sheaves** [ʃi:vz]) noun **1.** [of papers, letters] liasse *f* **2.** [of corn, grain] gerbe *f*.
shear [ʃɪəʳ] (*pt* **-ed**, *pp* **-ed** *or* **shorn**) vt [sheep] tondre. ◆ **shears** pl n **1.** [for garden] sécateur *m*, cisaille *f* **2.** [for dressmaking] ciseaux *mpl*. ◆ **shear off** ❖ vt sep [branch] couper ; [piece of metal] cisailler. ❖ vi se détacher.
sheath [ʃi:θ] (*pl* **sheaths** [ʃi:ðz]) noun **1.** [for knife, cable] gaine *f* **2.** UK *dated* [condom] préservatif *m*.
sheaves [ʃi:vz] pl n ⟶ **sheaf**.
shed [ʃed] ❖ noun [small] remise *f*, cabane *f* ; [larger] hangar *m*. ❖ vt (*pt & pp* **shed**, *cont* **-ding**) **1.** [hair, skin, leaves] perdre **2.** [tears] verser, répandre ▸ **to shed blood**

verser le sang **3.** [employees] se défaire de, congédier **4.** [load - subj: lorry] déverser, perdre.

she'd *(weak form* [ʃɪd], *strong form* [ʃi:d]*)* ⟶ **she had, she would**.

sheen [ʃi:n] noun lustre *m*, éclat *m*.

sheep [ʃi:p] *(pl inv)* noun mouton *m*.

sheepdog ['ʃi:pdɒg] noun chien *m* de berger.

sheepfold ['ʃi:pfəʊld] noun parc *m* à moutons.

sheepish ['ʃi:pɪʃ] adj penaud(e).

sheepishly ['ʃi:pɪʃlɪ] adv d'un air penaud.

sheepskin ['ʃi:pskɪn] noun peau *f* de mouton.

sheer [ʃɪəʳ] adj **1.** [absolute] pur(e) **2.** [very steep] à pic, abrupt(e) **3.** [material] fin(e).

sheet [ʃi:t] noun **1.** [for bed] drap *m* ▸ **as white as a sheet** blanc (blanche) comme un linge **2.** [of paper, glass, wood] feuille *f* ; [of metal] plaque *f*.

sheet music noun *(U)* partition *f*.

sheik(h) [ʃeɪk] noun cheik *m*.

shelf [ʃelf] *(pl* **shelves** [ʃelvz]*)* noun [for storage] rayon *m*, étagère *f*.

shelf life noun durée *f* de conservation.

shell [ʃel] ❖ noun **1.** [of egg, nut, snail] coquille *f* **2.** [of tortoise, crab] carapace *f* **3.** [on beach] coquillage *m* **4.** [of building, car] carcasse *f* **5.** MIL obus *m*. ❖ vt **1.** [peas] écosser ; [nuts, prawns] décortiquer ; [eggs] enlever la coquille de, écaler **2.** MIL bombarder. ◆ **shell out** *inf* ❖ vt sep débourser. ❖ vi ▸ **to shell out (for)** casquer (pour).

> **coquille** or **coquillage?**
>
> **Une coquille** is an empty shell, while **un coquillage** is a shellfish or a shell on the seashore. An exception is **coquille Saint-Jacques**, which means a scallop or a scallop shell.

she'll [ʃi:l] ⟶ **she will, she shall**.

shellfire ['ʃelfaɪəʳ] noun *(U)* tirs *mpl* d'obus.

shellfish ['ʃelfɪʃ] *(pl inv)* noun **1.** [creature] crustacé *m*, coquillage *m* **2.** *(U)* [food] fruits *mpl* de mer.

shelling ['ʃelɪŋ] noun MIL bombardement *m*.

shell-shocked [-ˌʃɒkt] adj commotionné(e) *(après une explosion)* / *I'm still feeling pretty shell-shocked by it all* *fig* je suis encore sous le choc après toute cette histoire.

shell suit noun UK *survêtement en Nylon® imperméabilisé.*

shelter ['ʃeltəʳ] ❖ noun abri *m*. ❖ vt **1.** [protect] abriter, protéger **2.** [refugee, homeless person] offrir un asile à ; [criminal, fugitive] cacher. ❖ vi s'abriter, se mettre à l'abri.

sheltered ['ʃeltəd] adj **1.** [from weather] abrité(e) **2.** [life, childhood] protégé(e), sans soucis ▸ **sheltered housing** UK foyers-logements *mpl (pour personnes âgées ou handicapées)*.

shelve [ʃelv] ❖ vt *fig* mettre au Frigidaire®, mettre en sommeil. ❖ vi descendre en pente.

shelves [ʃelvz] pl n ⟶ **shelf**.

shelving ['ʃelvɪŋ] noun *(U)* étagères *fpl*, rayonnages *mpl*.

shenanigans [ʃɪ'nænɪgənz] pl n *inf* [trickery] micmacs *mpl*, manigances *fpl*.

shepherd ['ʃepəd] ❖ noun berger *m*. ❖ vt *fig* conduire.

shepherd's pie ['ʃepədz-] noun ≃ hachis *m* Parmentier.

sherbet ['ʃɜ:bət] noun **1.** UK [sweet powder] poudre *f* aromatisée **2.** US [sorbet] sorbet *m*.

sheriff ['ʃerɪf] noun US shérif *m*.

sherry ['ʃerɪ] *(pl* **-ies***)* noun xérès *m*, sherry *m*.

she's [ʃi:z] ⟶ **she is, she has**.

Shetland ['ʃetlənd] noun ▸ **(the) Shetland (Islands)** les (îles *fpl*) Shetland *fpl* ▸ **in (the) Shetland (Islands)** dans les Shetland.

shh [ʃ] excl chut !

shield [ʃi:ld] ❖ noun **1.** [armour] bouclier *m* **2.** UK [sports trophy] plaque *f*. ❖ vt ▸ **to shield sb (from)** protéger qqn (de OR contre).

shift [ʃɪft] ❖ noun **1.** [change] changement *m*, modification *f* ▸ **(gear) shift** US AUTO changement *m* de vitesse **2.** [period of work] poste *m* ; [workers] équipe *f* / *she works long shifts* elle fait de longues journées / *to work shifts, to be on shifts* travailler en équipe, faire les trois-huit **3.** COMPUT [in arithmetical operation] décalage *m* ; [in word processing] touche *f* de majuscule. ❖ vt **1.** [move] déplacer, changer de place ▸ **to shift the blame onto sb** rejeter la responsabilité sur qqn **2.** [change] changer, modifier / *to shift gears* US changer de vitesse. ❖ vi **1.** [move - gen] changer de place ; [- wind] tourner, changer / *could you shift up a bit, please?* pourrais-tu te pousser un peu, s'il te plaît ? **2.** [change] changer, se modifier **3.** US AUTO changer de vitesse / *to shift into fourth (gear)* US AUTO passer en quatrième (vitesse).

shift key noun touche *f* de majuscules.

shiftless ['ʃɪftlɪs] adj fainéant(e), paresseux(euse).

shift stick noun US levier *m* de vitesse.

shift work noun travail *m* en équipe / *she does shift work* elle fait les trois-huit.

shifty ['ʃɪftɪ] *(compar* **-ier**, *superl* **-iest***)* adj *inf* sournois(e), louche.

shilling ['ʃɪlɪŋ] noun shilling *m*.

shimmer ['ʃɪməʳ] ❖ noun [of sequins, jewellery, silk] chatoiement *m*, scintillement *m* ; [of water] miroitement *m*. ❖ vi [sequins, jewellery, silk] chatoyer, scintiller ; [water] miroiter.

shimmering ['ʃɪmərɪŋ] adj [light] scintillant(e) ; [jewellery, silk] chatoyant(e) ; [water] miroitant(e).

shin [ʃɪn] (*pt & pp* **-ned**, *cont* **-ning**) noun tibia *m.* ◆ **shin up** UK, **shinny up** US vt insep grimper à.

shinbone ['ʃɪnbəʊn] noun tibia *m.*

shindig ['ʃɪndɪg] noun *inf* **1.** [party] (grande) fête *f* / *we had a real shindig last night* on a fait une sacrée java hier soir **2.** [fuss] tapage *m* / *he kicked up a real shindig* il a fait un sacré tapage.

shine [ʃaɪn] ❖ noun brillant *m.* ❖ vt **1.** (*pt & pp* **shone**) [direct] ▸ **to shine a torch on sthg** éclairer qqch **2.** (*pt & pp* **shined**) [polish] faire briller, astiquer. ❖ vi (*pt & pp* **shone**) briller ▸ **to shine at sthg** *fig* briller dans qqch.

shingle ['ʃɪŋgl] noun *(U)* [on beach] galets *mpl.* ◆ **shingles** noun *(U)* zona *m.*

shining ['ʃaɪnɪŋ] adj **1.** [gleaming] brillant(e), luisant(e) **2.** [achievement] extraordinaire ▸ **to be a shining example of sthg** être un modèle de qqch.

shiny ['ʃaɪnɪ] (*compar* **-ier**, *superl* **-iest**) adj brillant(e).

ship [ʃɪp] ❖ noun bateau *m* ; [larger] navire *m.* ❖ vt (*pt & pp* **-ped**, *cont* **-ping**) [goods] expédier ; [troops, passengers] transporter.

shipbuilder ['ʃɪp,bɪldəʳ] noun constructeur *m* de navires.

shipbuilding ['ʃɪp,bɪldɪŋ] noun construction *f* navale.

shipment ['ʃɪpmənt] noun [cargo] cargaison *f*, chargement *m.*

shipping ['ʃɪpɪŋ] noun *(U)* **1.** [transport - general] transport *m* ; [- by sea] transport *m* maritime **2.** [ships] navires *mpl.*

shipping forecast UK, **shipping news** US noun météo *f* marine.

shipshape ['ʃɪpʃeɪp] adj bien rangé(e), en ordre.

shipwreck ['ʃɪprek] ❖ noun **1.** [destruction of ship] naufrage *m* **2.** [wrecked ship] épave *f.* ❖ vt ▸ **to be shipwrecked** faire naufrage.

shipwrecked ['ʃɪprekt] adj naufragé(e).

shipyard ['ʃɪpjɑːd] noun chantier *m* naval.

shire [ʃaɪəʳ] noun [county] comté *m.* ◆ **Shire** noun ▸ **the Shires** *les Comtés du centre de l'Angleterre.*

shirk [ʃɜːk] vt se dérober à.

shirker ['ʃɜːkəʳ] noun tire-au-flanc *m inv.*

shirt [ʃɜːt] noun chemise *f.*

shirtsleeves ['ʃɜːtsliːvz] pl n ▸ **to be in (one's) shirtsleeves** être en manches OR en bras de chemise.

shirty ['ʃɜːtɪ] (*compar* **-ier**, *superl* **-iest**) adj UK *inf* de mauvais poil, de mauvaise humeur.

shit [ʃɪt] *vulg* ❖ noun **1.** [excrement] merde *f* **2.** *(U)* [nonsense] conneries *fpl* **3.** [person] salaud *m.* ❖ vi (*pt & pp* **-ted** *or* **shat**, *cont* **-ting**) chier. ❖ excl merde !

shitless ['ʃɪtlɪs] adj *vulg* : *to be scared shitless* avoir une trouille bleue / *to be bored shitless* se faire chier à mort.

shitload ['ʃɪtləʊd] noun *vulg* : *shitloads of sthg* des tonnes de qqch.

shit-scared adj *vulg* : *to be shit-scared* avoir une trouille bleu.

shitty ['ʃɪtɪ] (*compar* **-ier**, *superl* **-iest**) adj *vulg* **1.** [worthless] merdique / *we stayed in a really shitty hotel* nous sommes descendus dans un hôtel vraiment merdique **2.** [mean] dégueulasse / *what a shitty thing to do!* c'est dégueulasse de faire ça !

shiver ['ʃɪvəʳ] ❖ noun frisson *m* ▸ **to give sb the shivers** *fig* donner le frisson OR la chair de poule à qqn. ❖ vi ▸ **to shiver (with)** trembler (de), frissonner (de).

shivery ['ʃɪvərɪ] adj [cold] frissonnant(e) ; [frightened] frissonnant(e), tremblant(e) ; [feverish] fiévreux(euse), grelottant(e) de fièvre.

shoal [ʃəʊl] noun [of fish] banc *m.*

shock [ʃɒk] ❖ noun **1.** [surprise] choc *m*, coup *m* / *she got a shock when she saw me again* ça lui a fait un choc de me revoir / *what a shock you gave me!* qu'est-ce que tu m'as fait peur ! / *the news of his death came as a terrible shock to me* la nouvelle de sa mort a été un grand choc pour moi **2.** *(U)* MED ▸ **to be suffering from shock, to be in (a state of) shock** être en état de choc **3.** [impact] choc *m*, heurt *m* **4.** ELEC décharge *f* électrique. ❖ vt **1.** [upset] bouleverser **2.** [offend] choquer, scandaliser.

shock absorber [-əb,zɔːbəʳ] noun amortisseur *m.*

shocked [ʃɒkt] adj **1.** [upset] bouleversé(e) **2.** [offended] choqué(e), scandalisé(e).

shocker ['ʃɒkəʳ] noun *inf* **1.** [book] livre *m* à sensation ; [film] film *m* à sensation ; [news] nouvelle *f* sensationnelle ; [play] pièce *f* à sensation ; [story] histoire *f* sensationnelle / *that's a real shocker of a story* cette histoire est vraiment choquante **2.** *hum* [atrocious person] : *you little shocker!* petit monstre !

shock-horror adj *inf* [story, headline] à sensation.

shocking ['ʃɒkɪŋ] adj **1.** UK [very bad] épouvantable, terrible **2.** [outrageous] scandaleux(euse).

shockingly ['ʃɒkɪŋlɪ] adv **1.** [as intensifier] affreusement, atrocement / *the weather has been shockingly bad lately* la météo est vraiment affreuse depuis quelque temps **2.** UK *inf* [extremely badly] très mal, lamentablement.

shockproof ['ʃɒkpruːf] adj antichoc *(inv).*

shock tactics pl n tactique *f* de choc.

shock wave noun onde *f* de choc.

shod [ʃɒd] ❖ pt & pp ⟶ **shoe.** ❖ adj chaussé(e).

shoddy ['ʃɒdɪ] (*compar* **-ier**, *superl* **-iest**) adj [goods, work] de mauvaise qualité ; [treatment] indigne, méprisable.

shoe [ʃuː] ❖ noun chaussure *f*, soulier *m.* ❖ vt (*pt & pp* **-ed** *or* **shod**, *cont* **shoeing**) [horse] ferrer.

shoebrush ['ʃuːbrʌʃ] noun brosse *f* à chaussures.

shoehorn ['ʃuːhɔːn] noun chausse-pied *m.*

shoelace ['ʃuːleɪs] noun lacet *m* de soulier.

shoemaker ['ʃuː,meɪkəʳ] noun [repairer] cordonnier *m*, -ère *f* ; [manufacturer] fabricant *m*, -e *f* de chaussures.

shoe polish noun cirage *m.*

shoe repairer [-rɪˌpeərəʳ] noun cordonnier *m*.

shoe shop noun magasin *m* de chaussures.

shoestring ['ʃuːstrɪŋ] ❖ adj [budget] étroit(e). ❖ noun *fig* ▸ **on a shoestring** à peu de frais.

shone [ʃɒn] pt & pp ⟶ **shine**.

shoo [ʃuː] ❖ vt chasser. ❖ excl ouste !

shook [ʃʊk] pt ⟶ **shake**.

shoot [ʃuːt] ❖ vt (*pt & pp* **shot**) **1.** [kill with gun] tuer d'un coup de feu ; [wound with gun] blesser d'un coup de feu / *she was shot in the arm / leg* elle a reçu une balle dans le bras / la jambe ▸ **to shoot o.s.** [kill o.s.] se tuer avec une arme à feu ▸ **to shoot o.s. in the foot** *inf* ramasser une pelle **2.** UK [hunt] chasser **3.** [fire - gun] tirer un coup de ; [- bullet] tirer ; [- arrow] tirer, décocher / *they were shooting their rifles in the air* ils tiraient des coups de feu en l'air **4.** [direct - glance, look] lancer, décocher / *she shot a shy smile at him* elle lui jeta un petit sourire timide ▸ **to shoot questions at sb** bombarder qqn de questions **5.** CIN tourner **6.** US [play - pool] jouer à **7.** [send] envoyer / *the explosion shot debris high into the air* l'explosion a projeté des débris dans les airs. ❖ vi (*pt & pp* **shot**) **1.** [fire gun] : *to shoot on sight* tirer à vue ▸ **to shoot (at)** tirer (sur) **2.** UK [hunt] chasser **3.** [move quickly] ▸ **to shoot in / out / past** entrer / sortir / passer en trombe, entrer / sortir / passer comme un bolide / *the car shot out in front of us* **a)** [changed lanes] la voiture a déboîté tout d'un coup devant nous **b)** [from another street] la voiture a débouché devant nous / *the water shot out of the hose* l'eau a jailli du tuyau d'arrosage / *debris shot into the air* des débris ont été projetés en l'air **4.** CIN tourner / *shoot!* moteur !, on tourne ! **5.** SPORT tirer, shooter. ❖ noun **1.** UK [hunting expedition] partie *f* de chasse **2.** [of plant] pousse *f* **3.** CIN tournage *m*. ❖ excl *inf* **1.** [go ahead] vas-y ! **2.** [damn] zut ! ◆ **shoot down** vt sep **1.** [aircraft] descendre, abattre **2.** [person] abattre **3.** *fig* [proposal] démolir ; [person] descendre en flammes. ◆ **shoot up** vi **1.** [child, plant] pousser vite **2.** [price, inflation] monter en flèche **3.** *drugs sl* se shooter.

shoot-em-up noun jeu *m* vidéo violent.

shooting ['ʃuːtɪŋ] noun **1.** [killing] meurtre *m* **2.** *(U)* UK [hunting] chasse *f*.

shooting range noun champ *m* de tir.

shooting star noun étoile *f* filante.

shoot-out noun fusillade *f*.

shop [ʃɒp] ❖ noun **1.** [store] magasin *m*, boutique *f* ▸ **to talk shop** parler métier OR boutique **2.** [workshop] atelier *m*. ❖ vi (*pt & pp* **-ped**, *cont* **-ping**) faire ses courses ▸ **to go shopping** aller faire les courses OR commissions. ◆ **shop around** vi comparer les prix.

shopaholic [ˌʃɒpə'hɒlɪk] noun *inf* : *he's a real shopaholic* il adore faire les boutiques.

shop assistant noun UK vendeur *m*, -euse *f*.

shop floor noun ▸ **the shop floor** *fig* les ouvriers *mpl*.

shopfront ['ʃɒpfrʌnt] noun UK devanture *f* (de magasin).

shopkeeper ['ʃɒpˌkiːpəʳ] noun UK commerçant *m*, -e *f*.

shoplift ['ʃɒplɪft] vt voler à l'étalage.

shoplifter ['ʃɒpˌlɪftəʳ] noun voleur *m*, -euse *f* à l'étalage.

shoplifting ['ʃɒpˌlɪftɪŋ] noun *(U)* vol *m* à l'étalage.

shopper ['ʃɒpəʳ] noun personne *f* qui fait ses courses.

shopping ['ʃɒpɪŋ] noun *(U)* UK [purchases] achats *mpl*.

shopping bag noun sac *m* à provisions.

shopping basket noun **1.** panier *m* (à provisions) **2.** [on commercial website] panier *m*.

shopping cart US = **shopping trolley**.

shopping centre UK, **shopping mall** US, **shopping plaza** US [-ˌplɑːzə] noun centre *m* commercial.

shopping channel noun TV chaîne *f* de télé-achat.

shopping list noun liste *f* des commissions.

shopping mall, **shopping plaza** US = **shopping centre**.

shopping trolley, **shopping cart** US noun chariot *m*, Caddie® *m*.

shopsoiled UK ['ʃɒpsɔɪld], **shopworn** US ['ʃɒpwɔːn] adj qui a fait l'étalage, abîmé(e) (en magasin).

shop steward noun délégué syndical *m*, déléguée syndicale *f*.

shopwindow [ˌʃɒp'wɪndəʊ] noun vitrine *f*.

shopworn US = **shopsoiled**.

shore [ʃɔːʳ] noun rivage *m*, bord *m* ▸ **on shore** à terre. ◆ **shore up** vt sep étayer, étançonner ; *fig* consolider.

shoreline ['ʃɔːlaɪn] noun côte *f*.

shorn [ʃɔːn] ❖ pp ⟶ **shear**. ❖ adj tondu(e).

short [ʃɔːt] ❖ adj **1.** [not long - in time] court(e), bref (brève) ; [- in space] court / *she was in London for a short time* elle a passé quelque temps à Londres / *the days are getting shorter* les jours raccourcissent / *to have short hair* avoir les cheveux courts / *to go for a short walk* faire une petite promenade / *it's only a short distance from here* ce n'est pas très loin (d'ici) ▸ **short and sweet** *inf* court mais bien **2.** [not tall] petit(e) **3.** [curt] brusque, sec (sèche) **4.** [lacking] : *time / money is short* nous manquons de temps / d'argent / *we're £10 short* il nous manque 10 livres ▸ **to be short of** manquer de / *I'm a bit short (of money) at the moment* je suis un peu à court (d'argent) en ce moment ▸ **to be short of breath** être essoufflé(e) **5.** [abbreviated] ▸ **to be short for** être le diminutif de / *Bill is short for William* Bill est un diminutif de William. ❖ adv ▸ **to be running short of** [running out of] commencer à manquer de, commencer à être à court de ▸ **to cut sthg short** **a)** [visit, speech] écourter qqch **b)** [discussion] couper court à qqch / *to fall short of* **a)** [objective, target] ne pas atteindre **b)** [expectations] ne pas répondre à ▸ **to stop short** s'arrêter net ▸ **to bring** OR **pull sb up short** arrêter qqn net. ❖ noun **1.** UK [alcoholic drink] alcool *m* fort **2.** [film] court métrage *m*. ◆ **shorts** pl n **1.** [gen] short *m* **2.** US [underwear] caleçon *m*. ◆ **for short** adv : *he's called Bob for short* Bob est son diminutif. ◆ **in short** adv (enfin) bref. ◆ **nothing short of** prep rien moins que, pratiquement. ◆ **short of** prep [unless, without] ▸ **short of doing sthg** à moins de faire qqch, à part faire qqch / *he would do anything short of stealing* il ferait tout sauf voler.

shortage ['ʃɔ:tɪdʒ] noun manque *m*, insuffisance *f*.

short back and sides noun UK coupe *f* bien dégagée.

shortbread ['ʃɔ:tbred] noun sablé *m*.

short-change vt **1.** [subj: shopkeeper] ▸ **to short-change sb** ne pas rendre assez à qqn **2.** *fig* [cheat] tromper, rouler.

short circuit noun court-circuit *m*. ◆ **short-circuit** ❖ vt court-circuiter. ❖ vi se mettre en court-circuit.

shortcomings ['ʃɔ:t,kʌmɪŋz] pl n défauts *mpl*.

shortcut noun **1.** [quick route] raccourci *m* ▸ **keyboard shortcut** COMPUT raccourci *m* clavier **2.** [quick method] solution *f* miracle.

shorten ['ʃɔ:tn] ❖ vt **1.** [holiday, time] écourter **2.** [skirt, rope] raccourcir. ❖ vi [days] raccourcir.

shortfall ['ʃɔ:tfɔ:l] noun déficit *m*.

shorthand ['ʃɔ:thænd] noun *(U)* **1.** [writing system] sténographie *f* **2.** [abbreviation] forme *f* abrégée.

short-haul adj court-courrier *(inv)*.

short list noun liste *f* des candidats sélectionnés. ◆ **short-list** vt ▸ **to be short-listed (for)** être au nombre des candidats sélectionnés (pour).

short-lived [-'lɪvd] adj de courte durée.

shortly ['ʃɔ:tlɪ] adv **1.** [soon] bientôt **2.** [curtly] d'une manière brusque, sèchement.

shortness ['ʃɔ:tnɪs] noun **1.** [of visit] brièveté *f* **2.** [of person] petite taille *f*; [of skirt, hair] peu *m* de longueur.

short-range adj à courte portée.

short shrift [-'ʃrɪft] noun ▸ **to give sb short shrift** envoyer promener qqn.

shortsighted [,ʃɔ:t'saɪtɪd] adj **1.** UK MED myope **2.** *fig* imprévoyant(e).

shortsightedness [,ʃɔ:t'saɪtɪdnɪs] noun **1.** UK MED myopie *f* **2.** *fig* myopie *f*, manque *m* de perspicacité OR de prévoyance.

short-sleeved adj à manches courtes.

short-staffed [-'stɑ:ft] adj ▸ **to be short-staffed** manquer de personnel.

short story noun nouvelle *f*.

short-tempered [-'tempəd] adj emporté(e), irascible.

short-term adj [effects, solution] à court terme ; [problem] de courte durée.

short wave noun *(U)* ondes *fpl* courtes.

shot [ʃɒt] ❖ pt & pp ⟶ **shoot.** ❖ noun **1.** [gunshot] coup *m* de feu / *to have* OR *to fire* OR *to take a shot at sthg* tirer sur qqch ▸ **like a shot** sans tarder, sans hésiter **2.** [marksman] tireur *m* / *she's a good shot* c'est une excellente tireuse, elle tire bien **3.** SPORT [hit, kick, throw] coup *m* / *good shot!* bien joué ! ▸ **to call the shots** mener le jeu **4.** SPORT [heavy metal ball] : *to put the shot* lancer le poids **5.** [photograph] photo *f* ; CIN plan *m* **6.** *inf* [attempt] ▸ **to have a shot at sthg** essayer de faire qqch / *give it your best shot* fais pour le mieux **7.** [injection] piqûre *f* / *a shot in the arm fig* un coup de fouet *fig* **8.** [of alcohol] coup *m*. ❖ adj UK [rid] ▸ **to get shot of sthg / sb** *inf* se débarrasser de qqch / qqn.

shotgun ['ʃɒtgʌn] noun fusil *m* de chasse.

should [ʃʊd] aux vb **1.** [indicating duty] : *we should leave now* il faudrait partir maintenant / *you should go if you're invited* tu devrais y aller si tu es invité / *you shouldn't have done that!* tu n'aurais pas dû faire ça ! **2.** [seeking advice, permission] : *should I go too?* est-ce que je devrais y aller aussi ? **3.** [as suggestion] : *I should deny everything* moi, je nierais tout **4.** [indicating probability] : *she should be home soon* elle devrait être de retour bientôt, elle va bientôt rentrer **5.** [was or were expected] : *they should have won the match* ils auraient dû gagner le match **6.** [indicating intention, wish] : *I should like to come with you* j'aimerais bien venir avec vous / *I should think so / not!* j'espère bien / bien que non ! **7.** *(as conditional)* : *should you be interested, I know a good hotel there* si cela vous intéresse, je connais un bon hôtel là-bas / *I'll be upstairs should you need me* je serai en haut si (jamais) vous avez besoin de moi **8.** *(in subordinate clauses)* : *we decided that you should meet him* nous avons décidé que ce serait toi qui irais le chercher **9.** [expressing uncertain opinion] : *I should think he's about 50 (years old)* je pense qu'il doit avoir dans les 50 ans.

shoulder ['ʃəʊldəʳ] ❖ noun **1.** [body] épaule *f* ▸ **to look over one's shoulder** se retourner ▸ **he needed a shoulder to cry on** il avait besoin de réconfort ▸ **to rub shoulders with sb** *fig* côtoyer qqn **2.** [road] accotement *m*, bas côté *m* ; US bande *f* d'arrêt d'urgence. ❖ vt **1.** [carry] porter **2.** [responsibility] endosser.

shoulder bag noun sac *m* en bandoulière.

shoulder blade noun omoplate *f*.

shoulder-length adj ▸ **shoulder-length hair** cheveux mi-longs.

shoulder strap noun **1.** [on dress] bretelle *f* **2.** [on bag] bandoulière *f*.

shouldn't ['ʃʊdnt] ⟶ **should not**.

should've ['ʃʊdəv] ⟶ **should have**.

shout [ʃaʊt] ❖ noun [cry] cri *m*. ❖ vt & vi crier. ◆ **shout down** vt sep huer, conspuer. ◆ **shout out** vt sep crier.

shouting ['ʃaʊtɪŋ] noun *(U)* cris *mpl*.

shove [ʃʌv] ❖ noun ▸ **to give sb / sthg a shove** pousser qqn / qqch. ❖ vt pousser ▸ **to shove sb about** bousculer qqn ▸ **to shove clothes into a bag** fourrer des vêtements dans un sac. ◆ **shove off** vi **1.** [in boat] pousser au large **2.** *inf* [go away] ficher le camp, filer.

shovel ['ʃʌvl] ❖ noun [tool] pelle *f.* ❖ vt (UK *pt & pp* **-led**, *cont* **-ling**, US *pt & pp* **-ed**, *cont* **-ing**) enlever à la pelle, pelleter.

show [ʃəʊ] ❖ noun **1.** [display] démonstration *f*, manifestation *f* ▸ **for show** pour (faire de) l'effet **2.** [at theatre] spectacle *m* ; [on radio, TV] émission *f* ▸ **the show must go on** *fig* THEAT le spectacle continue **3.** CIN séance *f* **4.** [exhibition] exposition *f* / *the agricultural / motor show* le salon de l'agriculture / de l'auto ▸ **on show** exposé(e) ▸ **flower show** floralies *fpl* **5.** PHR **it's all over the show** US *inf* ça part dans tous les sens. ❖ vt (*pt* **-ed**, *pp* **shown** *or* **-ed**) **1.** [gen] montrer ; [profit, loss] indiquer ; [respect] témoigner ; [courage, mercy] faire preuve de / *you have to show your pass / your ticket on the way in* il faut présenter son laissez-passer / son billet à l'entrée / *he has nothing to show for all his hard work* tout son travail n'a rien donné ▸ **to show sb sthg, to show sthg to sb** montrer qqch à qqn ▸ **to show sb how to do sthg** montrer OR faire voir à qqn comment faire qqch / *to show a preference for sthg* manifester une préférence pour qqch ▸ **it just goes to show that…** cela prouve que… **2.** [escort] ▸ **to show sb to his seat / table** conduire qqn à sa place / sa table / *let me show you to your room* je vais vous montrer votre chambre **3.** [film] projeter, passer ; [TV programme] donner, passer. ❖ vi (*pt* **-ed**, *pp* **shown** *or* **-ed**) **1.** [indicate] indiquer, montrer **2.** [be visible] se voir, être visible / *their tiredness is beginning to show* ils commencent à donner des signes de fatigue **3.** CIN : *what's showing tonight?* qu'est-ce qu'on joue comme film ce soir ? ◆ **show around, show round** UK vt sep ▸ **to show sb around a town / a house** faire visiter une ville / une maison à qqn. ◆ **show off** ❖ vt sep exhiber. ❖ vi faire l'intéressant(e) / *stop showing off!* arrête de te faire remarquer ! ◆ **show round** vt sep UK = **show round.** ◆ **show up** ❖ vt sep **1.** [embarrass] embarrasser, faire honte à **2.** [unmask] démasquer / *the investigation showed him up for the coward he is* l'enquête a révélé sa lâcheté. ❖ vi **1.** [stand out] se voir, ressortir **2.** *inf* [arrive] s'amener, rappliquer.

showbiz ['ʃəʊbɪz] noun *inf* show-biz *m*.

show business noun *(U)* monde *m* du spectacle, show-business *m*.

showcase ['ʃəʊkeɪs] noun *lit* & *fig* vitrine *f*.

showdown ['ʃəʊdaʊn] noun ▸ **to have a showdown with sb** s'expliquer avec qqn, mettre les choses au point avec qqn.

shower ['ʃaʊəʳ] ❖ noun **1.** [device, act] douche *f* ▸ **to have** UK OR **take a shower** prendre une douche, se doucher **2.** [of rain] averse *f* **3.** *fig* [of questions, confetti] avalanche *f*, déluge *m* **4.** US [party] *fête organisée en l'honneur d'une femme qui va se marier, par exemple, et à laquelle chacun des invités offre un petit cadeau.* ❖ vt ▸ **to shower sb with** couvrir qqn de. ❖ vi [wash] prendre une douche, se doucher.

shower curtain noun rideau *m* de douche.

shower gel noun gel *m* douche.

showery ['ʃaʊərɪ] adj pluvieux(euse).

showing ['ʃəʊɪŋ] noun CIN projection *f*.

show jumping [-,dʒʌmpɪŋ] noun jumping *m*.

showman ['ʃəʊmən] (*pl* **-men**) noun **1.** [at fair, circus] forain *m* **2.** *fig* [publicity-seeker] : *he's a real showman* il a le sens du spectacle.

showmanship ['ʃəʊmənʃɪp] noun sens *m* du spectacle.

shown [ʃəʊn] pp ⟶ **show**.

show-off noun *inf* m'as-tu-vu *m*, -e *f*.

show of hands noun ▸ **to have a show of hands** voter à main levée.

showpiece ['ʃəʊpi:s] noun [main attraction] joyau *m*, trésor *m*.

showroom ['ʃəʊrʊm] noun salle *f* OR magasin *m* d'exposition ; [for cars] salle de démonstration.

show-stopping adj sensationnel(elle).

showy ['ʃəʊɪ] (*compar* **-ier**, *superl* **-iest**) adj voyant(e) ; [person] prétentieux(euse).

shrank [ʃræŋk] pt ⟶ **shrink**.

shrapnel ['ʃræpnl] noun *(U)* éclats *mpl* d'obus.

shred [ʃred] ❖ noun **1.** [of material, paper] lambeau *m*, brin *m* **2.** *fig* [of evidence] parcelle *f* ; [of truth] once *f*, grain *m*. ❖ vt (*pt & pp* **-ded**, *cont* **-ding**) [food] râper ; [paper] déchirer en lambeaux.

shredder ['ʃredəʳ] noun [machine] destructeur *m* de documents.

shrew [ʃru:] noun [animal] musaraigne *f*.

shrewd [ʃru:d] adj fin(e), astucieux(euse).

shrewdly ['ʃru:dlɪ] adv [act] avec perspicacité OR sagacité ; [answer, guess] astucieusement.

shrewdness ['ʃru:dnɪs] noun finesse *f*, perspicacité *f*.

shriek [ʃri:k] ❖ noun cri *m* perçant, hurlement *m* ; [of laughter] éclat *m*. ❖ vt hurler, crier. ❖ vi pousser un cri perçant ▸ **to shriek with laughter** éclater de rire.

shrill [ʃrɪl] adj [sound, voice] aigu(ë) ; [whistle] strident(e).

shrimp [ʃrɪmp] noun crevette *f*.

shrine [ʃraɪn] noun [place of worship] lieu *m* saint.

shrink [ʃrɪŋk] ❖ noun *inf* & *hum* psy *mf*. ❖ vt (*pt* **shrank**, *pp* **shrunk**) rétrécir. ❖ vi (*pt* **shrank**, *pp* **shrunk**) **1.** [cloth, garment] rétrécir ; [person] rapetisser ; *fig* [income, popularity] baisser, diminuer **2.** [recoil] ▸ **to shrink away from sthg** reculer devant qqch ▸ **to shrink from doing sthg** rechigner OR répugner à faire qqch.

shrinkage ['ʃrɪŋkɪdʒ] noun rétrécissement *m* ; *fig* diminution *f*, baisse *f*.

shrink-wrap vt emballer sous film plastique.

shrink-wrapped adj emballé(e) sous film plastique.

shrivel ['ʃrɪvl] (UK *pt & pp* **-led**, *cont* **-ling**, US *pt & pp* **-ed**, *cont* **-ing**) vi ▸ **to shrivel (up)** se rider, se flétrir.

shrivelled ['ʃrɪvəld] adj ratatiné(e) / *a shrivelled old woman* une vieille femme toute ratatinée.

shroud [ʃraʊd] ❖ noun [cloth] linceul *m*. ❖ vt ▸ **to be shrouded in a)** [darkness, fog] être enseveli(e) sous **b)** [mystery] être enveloppé(e) de.

Shrove Tuesday ['ʃrəʊv-] noun Mardi *m* gras.

shrub [ʃrʌb] noun arbuste *m*.

shrubbery ['ʃrʌbərɪ] noun massif *m* d'arbustes.

shrug [ʃrʌg] ❖ noun haussement *m* d'épaules. ❖ vt (*pt & pp* **-ged**, *cont* **-ging**) ▸ **to shrug one's shoulders** hausser les épaules. ❖ vi (*pt & pp* **-ged**, *cont* **-ging**) hausser les épaules. ◆ **shrug off** vt sep ignorer / *to shrug off an illness* se débarrasser d'une maladie.

shrunk [ʃrʌŋk] pp → **shrink**.

shrunken ['ʃrʌŋkn] adj [person] ratatiné(e).

shtum = **schtum**.

shudder ['ʃʌdər] US ❖ noun frisson *m*, frémissement *m*. ❖ vi **1.** [tremble] ▸ **to shudder (with)** frémir (de), frissonner (de) ▸ **I shudder to think** je n'ose pas y penser **2.** [shake] vibrer, trembler.

shuffle ['ʃʌfl] ❖ noun **1.** [of feet] marche *f* traînante **2.** [of cards] ▸ **to give the cards a shuffle** battre les cartes. ❖ vt **1.** [drag] ▸ **to shuffle one's feet** traîner les pieds **2.** [cards] mélanger, battre. ❖ vi **1.** [walk] ▸ **to shuffle in / out** entrer/sortir en traînant les pieds **2.** [fidget] remuer.

shun [ʃʌn] (*pt & pp* **-ned**, *cont* **-ning**) vt fuir, éviter.

shunt [ʃʌnt] vt **1.** RAIL aiguiller **2.** *fig* [move] transférer, déplacer.

shush [ʃʊʃ] excl chut !

shut [ʃʌt] ❖ adj [closed] fermé(e). ❖ vt (*pt & pp* **shut**, *cont* **-ting**) fermer ▸ **shut your mouth** OR **face!** *v inf* ta gueule !, la ferme ! ❖ vi (*pt & pp* **shut**, *cont* **-ting**) **1.** [door, window] se fermer **2.** [shop] fermer. ◆ **shut away** vt sep [valuables, papers] mettre sous clef ▸ **to shut o.s. away** s'enfermer. ◆ **shut down** ❖ vt sep & vi **1.** [close] fermer **2.** COMPUT éteindre. ❖ vi [close] fermer. ◆ **shut in** vt sep enfermer ▸ **to shut o.s. in** s'enfermer. ◆ **shut out** vt sep **1.** [noise] supprimer ; [light] ne pas laisser entrer ▸ **to shut sb out** laisser qqn à la porte **2.** [feelings, thoughts] chasser **3.** [turn off - light] éteindre. ◆ **shut up** *inf* ❖ vt sep [silence] faire taire. ❖ vi se taire.

shutdown ['ʃʌtdaʊn] noun fermeture *f*.

shutoff ['ʃʌtɒf] noun **1.** [device] : *the automatic shutoff didn't work* le dispositif d'arrêt automatique n'a pas fonctionné **2.** [action] arrêt *m*.

shutter ['ʃʌtər] noun **1.** [on window] volet *m* **2.** [in camera] obturateur *m*.

shutter speed noun vitesse *f* d'obturation.

shuttle ['ʃʌtl] ❖ adj ▸ **shuttle service** (service *m* de) navette *f*. ❖ noun [train, bus, plane] navette *f*. ❖ vi faire la navette.

shuttlecock ['ʃʌtlkɒk] noun volant *m*.

shy [ʃaɪ] ❖ adj **1.** [timid] timide **2.** [wary] ▸ **to be shy of doing sthg** avoir peur de faire qqch, hésiter à faire qqch. ❖ vi (*pt & pp* **shied**) [horse] s'effaroucher. ◆ **shy away from** vt insep ▸ **to shy away from sthg** reculer devant qqch ▸ **to shy away from doing sthg** répugner à faire qqch.

shyly ['ʃaɪlɪ] adv timidement.

shyness ['ʃaɪnɪs] noun timidité *f*.

Siamese [ˌsaɪə'mi:z] ❖ adj siamois(e). ❖ noun (*pl inv*) **1.** [person] Siamois *m*, -e *f* **2.** ▸ **Siamese (cat)** chat *m* siamois.

Siamese twins pl n [brothers] frères *mpl* siamois ; [sisters] sœurs *fpl* siamoises.

Siberia [saɪ'bɪərɪə] noun Sibérie *f* ▸ **in Siberia** en Sibérie.

Siberian [saɪ'bɪərɪən] ❖ adj sibérien(enne). ❖ noun Sibérien *m*, -enne *f*.

sibling ['sɪblɪŋ] noun [brother] frère *m* ; [sister] sœur *f*.

sic [sɪk] adv sic.

Sicilian [sɪ'sɪljən] ❖ adj sicilien(enne). ❖ noun [person] Sicilien *m*, -enne *f*.

Sicily ['sɪsɪlɪ] noun Sicile *f* ▸ **in Sicily** en Sicile.

sick [sɪk] adj **1.** [ill] malade / *my secretary is off sick* ma secrétaire est en congé de maladie / *they care for sick people* ils soignent les malades / *to be sick with fear / worry* être malade de peur/d'inquiétude **2.** [nauseous] ▸ **to feel sick** avoir envie de vomir, avoir mal au cœur ▸ **to be sick** UK [vomit] vomir ▸ **to make sb sick** *fig* écœurer qqn, dégoûter qqn **3.** [fed up] ▸ **to be sick of** en avoir assez OR marre de **4.** [joke, humour] macabre.

sickbay ['sɪkbeɪ] noun infirmerie *f*.

sickbed ['sɪkbed] noun lit *m* de malade.

sicken ['sɪkn] ❖ vt écœurer, dégoûter. ❖ vi UK ▸ **to be sickening for sthg** couver qqch.

sickening ['sɪknɪŋ] adj [disgusting] écœurant(e), dégoûtant(e).

sickie ['sɪkɪ] noun UK AUSTR *inf* ▸ **to pull a sickie** se faire porter pâle *(lorsqu'on est bien portant)*.

sickle ['sɪkl] noun faucille *f*.

sick leave noun *(U)* congé *m* de maladie.

sickly ['sɪklɪ] (*compar* **-ier**, *superl* **-iest**) adj **1.** [unhealthy] maladif(ive), souffreteux(euse) **2.** [smell, taste] écœurant(e).

sickness ['sɪknɪs] noun UK **1.** [illness] maladie *f* **2.** *(U)* [nausea] nausée *f*, nausées *fpl* ; [vomiting] vomissement *m*, vomissements *mpl*.

sickness benefit noun *(U)* UK prestations *fpl* en cas de maladie.

sick pay noun *(U)* indemnité *f* OR allocation *f* de maladie.

sickroom ['sɪkrʊm] noun chambre *f* de malade.

side [saɪd] ❖ noun **1.** [gen] côté *m* / *I've got a pain in my right side* j'ai mal au côté droit / *her hair is cut short at the sides* ses cheveux sont coupés court sur les côtés / *write on both sides of the paper* écrivez recto verso / *the right / wrong side of the cloth* l'endroit *m*/l'envers *m* du tissu / *it's way on the other side of town* c'est à l'autre bout de la ville ▸ **at** OR **by my / her etc. side** à mes/ses etc. côtés ▸ **to stand to one side** se tenir sur le côté ▸ **on every side, on all sides** de tous côtés ▸ **from side to side** d'un côté à l'autre ▸ **side by side** côte à côte / *the road and the river run side by side* la route longe la rivière ▸ **to put sthg to** OR **on**

one side mettre qqch de côté / *to take sb to one side* prendre qqn à part **2.** [of table, river] bord *m* / *she held on to the side of the pool* elle s'accrochait au rebord de la piscine **3.** [of hill, valley] versant *m*, flanc *m* **4.** [in war, debate] camp *m*, côté *m* ; SPORT équipe *f*, camp ; [of argument] point *m* de vue / *he's told me his side of the story* il m'a donné sa version de l'affaire ▸ **to be on sb's side** être avec qqn, soutenir qqn / *luck is on our side* la chance est avec nous / *don't let the side down!* nous comptons sur vous ! ▸ **to take sb's side** prendre le parti de qqn **5.** [aspect - gen] aspect *m* ; [- of character] facette *f* / *she has her good side* elle a ses bons côtés / *she's very good at the practical side of things* elle est excellente sur le plan pratique **6.** PHR **on the large / small side** plutôt grand(e) / petit(e), un peu trop grand(e) / petit(e) ▸ **to do sthg on the side** faire qqch en plus / *he's on the right / wrong side of forty* il n'a pas encore / il a dépassé la quarantaine ▸ **to keep** OR **stay on the right side of sb** se faire bien voir de qqn. ❖ adj [situated on side] latéral(e). ◆ **side with** vt insep prendre le parti de, se ranger du côté de.

sideboard ['saɪdbɔːd] noun [cupboard] buffet *m*.

sideboards UK ['saɪdbɔːdz], **sideburns** US ['saɪdbɜːnz] pl n favoris *mpl*, rouflaquettes *fpl*.

sidecar ['saɪdkɑːʳ] noun side-car *m*.

-sided ['saɪdɪd] suffix : *three / five-sided* à trois / cinq côtés / *a many-sided figure* une figure polygonale / *a glass-sided box* une boîte à parois de verre / *elastic-sided boots* bottes avec de l'élastique sur les côtés / *a steep-sided valley* une vallée encaissée.

side dish noun accompagnement *m*, garniture *f*.

side effect noun **1.** MED effet *m* secondaire OR indésirable **2.** [unplanned result] effet *m* secondaire, répercussion *f*.

sidekick ['saɪdkɪk] noun *inf* [friend] copain *m*, copine *f* ; *pej* acolyte *mf*.

sidelight ['saɪdlaɪt] noun UK AUTO feu *m* de position.

sideline ['saɪdlaɪn] noun **1.** [extra business] activité *f* secondaire **2.** SPORT ligne *f* de touche ▸ **on the sideline** *fig* dans la coulisse.

sidelong ['saɪdlɒŋ] adj & adv de côté.

side order noun portion *f* / *I'd like a side order of fries* je voudrais aussi des frites.

side road noun [not main road] route *f* secondaire ; [off main road] route transversale.

sidesaddle ['saɪd,sædl] adv ▸ **to ride sidesaddle** monter en amazone.

side salad noun salade *f (pour accompagner un plat)*.

sideshow ['saɪdʃəʊ] noun spectacle *m* forain.

sidestep ['saɪdstep] (*pt & pp* **-ped**, *cont* **-ping**) vt faire un pas de côté pour éviter OR esquiver ; *fig* éviter.

side street noun [not main street] petite rue *f* ; [off main street] rue transversale.

sidetrack ['saɪdtræk] vt ▸ **to be sidetracked** se laisser distraire.

sidewalk ['saɪdwɔːk] noun US trottoir *m*.

sideways ['saɪdweɪz] adj & adv de côté.

siding ['saɪdɪŋ] noun voie *f* de garage.

sidle ['saɪdl] ◆ **sidle up** vi ▸ **to sidle up to sb** se glisser vers qqn.

siege [siːdʒ] noun siège *m*.

Sierra Leone [sɪ'erəlɪ'əʊn] noun Sierra Leone *f* ▸ **in Sierra Leone** en Sierra Leone.

sieve [sɪv] ❖ noun [for flour, sand] tamis *m* ; [for liquids] passoire *f* ▸ **I've got a memory like a sieve** ma mémoire est une passoire. ❖ vt [flour] tamiser ; [liquid] passer.

sift [sɪft] ❖ vt **1.** [flour, sand] tamiser **2.** *fig* [evidence] passer au crible. ❖ vi ▸ **to sift through** examiner, éplucher.

sigh [saɪ] ❖ noun soupir *m* ▸ **to heave a sigh of relief** pousser un soupir de soulagement. ❖ vi [person] soupirer, pousser un soupir.

sight [saɪt] ❖ noun **1.** [seeing] vue *f* / *to lose / to recover one's sight* perdre / recouvrer la vue ▸ **in sight** en vue ▸ **in / out of sight** en / hors de vue / *she never lets him out of her sight* elle ne le perd jamais de vue ▸ **to catch sight of** apercevoir ▸ **to know sb by sight** connaître qqn de vue ▸ **at first sight** à première vue, au premier abord ▸ **to buy sthg sight unseen** acheter qqch sans l'avoir vu **2.** [spectacle] spectacle *m* / *it was not a pretty sight* ça n'était pas beau à voir **3.** [on gun] mire *f* ▸ **to set one's sights on sthg** décider d'obtenir qqch, viser qqch ▸ **to set one's sights on doing sthg** décider de faire qqch **4.** *inf* [mess] pagaille *f* / *the kitchen was a sight!* quelle pagaille dans la cuisine ! **5.** *inf* [a lot] ▸ **a sight better / worse** bien mieux / pire. ❖ vt apercevoir. ◆ **sights** pl n [of city] attractions *fpl* touristiques / *I'll show you* OR *take you around the sights tomorrow* je vous ferai visiter OR voir la ville demain.

sighted ['saɪtɪd] adj [not blind] voyant(e).

sighting ['saɪtɪŋ] noun : *there has been a sighting of the escaped criminal* on a vu le fugitif.

sight-read [-riːd] (*pt & pp* **sight-read** [-red]) vi & vt MUS déchiffrer.

sightseeing ['saɪt,siːɪŋ] noun tourisme *m* ▸ **to go sightseeing** faire du tourisme.

sightseer ['saɪt,siːəʳ] noun touriste *mf*.

sign [saɪn] ❖ noun **1.** [gen] signe *m* / *to make the sign of the cross* faire le signe de croix ▸ **no sign of** aucune trace de / *there's no sign of him yet* il n'est pas encore arrivé / *there's no sign of her changing her mind* rien n'indique qu'elle va changer d'avis / *what sign are you?* [in astrology] de quel signe êtes-vous ? **2.** [notice] enseigne *f* ; AUTO panneau *m*. ❖ vt signer ▸ **to sign one's name** signer. ❖ vi **1.** [write name] signer / *he signed with an X* il a signé d'une croix **2.** [use sign language] communiquer par signes. ◆ **sign away** vt sep signer la renonciation à / *I felt I was signing away my freedom* j'avais l'impression qu'en signant je renonçais à ma liberté. ◆ **sign for** vt insep **1.** [letter, parcel] signer à la réception de **2.** SPORT [team] signer un contrat avec. ◆ **sign in** vi signer à l'arrivée OR en arrivant. ◆ **sign off**

vi 1. RADIO & TV terminer l'émission 2. [in letter] : *I'll sign off now* je vais conclure ici. ◆ **sign on** vi 1. MIL s'engager 2. [for course] s'inscrire 3. UK [register as unemployed] s'inscrire au chômage. ◆ **sign out** vi signer à la sortie OR en sortant. ◆ **sign up** ❖ vt sep [worker] embaucher ; [soldier] engager. ❖ vi 1. MIL s'engager / *to sign up for the Marines* s'engager dans les marines 2. [for course] s'inscrire / *she signed up for an evening class* elle s'est inscrite à des cours du soir.

signal ['sɪgnl] ❖ noun signal *m* / *he'll give the signal to attack* il donnera le signal de l'attaque / *they are sending the government a clear signal that...* ils indiquent clairement au gouvernement que.... ❖ adj *fml* remarquable. ❖ vt (UK *pt & pp* **-led**, *cont* **-ling**, US *pt & pp* **-ed**, *cont* **-ing**) 1. [indicate] indiquer 2. [gesture to] ▸ **to signal sb (to do sthg)** faire signe à qqn (de faire qqch). ❖ vi (UK *pt & pp* **-led**, *cont* **-ling**, US *pt & pp* **-ed**, *cont* **-ing**) 1. AUTO clignoter, mettre son clignotant 2. [gesture] ▸ **to signal to sb (to do sthg)** faire signe à qqn (de faire qqch) / *she was signalling for us to stop* elle nous faisait signe de nous arrêter.

signal box UK, **signal tower** US noun poste *m* d'aiguillage.

signalling UK, **signaling** US ['sɪgnəlɪŋ] ❖ noun 1. AERON, AUTO, NAUT & RAIL signalisation *f* 2. [warning] avertissement *m* 3. [of electronic message] transmission *f*. ❖ comp [error, equipment] de signalisation ▸ **signalling flag** a) NAUT pavillon *m* de signalisation b) MIL drapeau *m* de signalisation.

signalman ['sɪgnlmən] (*pl* **-men**) noun RAIL aiguilleur *m*.

signatory ['sɪgnətrɪ] (*pl* **-ies**) noun signataire *mf*.

signature ['sɪgnətʃər] noun [name] signature *f*.

signature tune noun UK indicatif *m*.

signet ring ['sɪgnɪt-] noun chevalière *f*.

significance [sɪg'nɪfɪkəns] noun 1. [importance] importance *f*, portée *f* 2. [meaning] signification *f*.

significant [sɪg'nɪfɪkənt] adj 1. [considerable] considérable 2. [important] important(e) 3. [meaningful] significatif(ive).

significantly [sɪg'nɪfɪkəntlɪ] adv 1. [considerably] considérablement, énormément 2. [meaningfully] d'une manière significative.

signify ['sɪgnɪfaɪ] (*pt & pp* **-ied**) vt signifier, indiquer.

signing ['saɪnɪŋ] noun UK SPORT *footballeur, etc. qui a signé un contrat avec un club*.

sign language noun langage *m* des signes.

signpost ['saɪnpəʊst] noun poteau *m* indicateur.

Sikh [si:k] ❖ adj sikh *(inv)*. ❖ noun [person] Sikh *mf*.

silage ['saɪlɪdʒ] noun fourrage *m* ensilé.

silence ['saɪləns] ❖ noun silence *m*. ❖ vt réduire au silence, faire taire.

silencer ['saɪlənsər] noun silencieux *m*.

silent ['saɪlənt] adj 1. [person, place] silencieux(euse) ▸ **to be silent about sthg** garder le silence sur qqch 2. CIN & LING muet(ette).

silently ['saɪləntlɪ] adv silencieusement.

silent majority noun majorité *f* silencieuse.

silent partner noun US (associé *m*) commanditaire *m*, bailleur *m* de fonds.

silhouette [ˌsɪlu:'et] ❖ noun silhouette *f*. ❖ vt ▸ **to be silhouetted against** se profiler sur, se silhouetter sur.

silicon ['sɪlɪkən] noun silicium *m*.

silicon chip [ˌsɪlɪkən-] noun puce *f*, pastille *f* de silicium.

silicone ['sɪlɪkəʊn] noun silicone *f*.

Silicon Valley noun Silicon Valley *f (centre de l'industrie électronique américaine)*.

silk [sɪlk] ❖ noun soie *f*. ❖ comp en OR de soie.

silkworm ['sɪlkwɜ:m] noun ver *m* à soie.

silky ['sɪlkɪ] (*compar* **-ier**, *superl* **-iest**) adj soyeux(euse).

sill [sɪl] noun [of window] rebord *m*.

silliness ['sɪlɪnɪs] noun *(U)* stupidité *f*, bêtise *f*.

silly ['sɪlɪ] (*compar* **-ier**, *superl* **-iest**) adj stupide, bête.

silo ['saɪləʊ] (*pl* **-s**) noun silo *m*.

silt [sɪlt] noun vase *f*, limon *m*. ◆ **silt up** vi s'envaser.

silver ['sɪlvər] ❖ adj [colour] argenté(e). ❖ noun *(U)* 1. [metal] argent *m* 2. [coins] pièces *fpl* d'argent 3. [silverware] argenterie *f*. ❖ comp en argent, d'argent.

silver foil, silver paper noun *(U)* papier *m* d'argent OR d'étain.

silver medal noun SPORT médaille *f* d'argent.

silver-plated [-'pleɪtɪd] adj plaqué(e) argent.

silver screen noun *inf* ▸ **the silver screen** le grand écran.

silversmith ['sɪlvəsmɪθ] noun orfèvre *mf*.

silver surfer noun *inf* internaute *mf* senior.

silverware ['sɪlvəweər] noun *(U)* 1. [dishes, spoons] argenterie *f* 2. US [cutlery] couverts *mpl*.

silver wedding noun noces *fpl* d'argent.

SIM (*abbr of* **subscriber identity module**) noun TELEC ▸ **SIM card** carte *f* SIM.

similar ['sɪmɪlər] adj ▸ **similar (to)** semblable (à), similaire (à) / *they're very similar* ils se ressemblent beaucoup / *other customers have had similar problems* d'autres clients ont eu des problèmes similaires OR analogues OR du même ordre.

similarity [ˌsɪmɪ'lærətɪ] (*pl* **-ies**) noun ▸ **similarity (between / to)** similitude *f* (entre / avec), ressemblance *f* (entre / avec).

similarly ['sɪmɪləlɪ] adv de la même manière, pareillement.

simile ['sɪmɪlɪ] noun comparaison *f*.

simmer ['sɪmər] ❖ vt faire cuire à feu doux, mijoter. ❖ vi cuire à feu doux, mijoter. ◆ **simmer down** vi *inf* se calmer.

simper ['sɪmpər] ❖ noun sourire *m* affecté. ❖ vi minauder.

simpering ['sɪmpərɪŋ] adj affecté(e).

simple ['sɪmpl] adj **1.** [gen] simple / *she wore a simple black dress* elle portait une robe noire toute simple / *I want a simple "yes" or "no"* répondez-moi simplement par « oui » ou par « non » / *it's a simple meal to prepare* c'est un repas facile à préparer **2.** *dated* [with learning difficulties] simplet(ette), simple d'esprit.

simpleton ['sɪmpltən] noun *dated* niais *m*, -e *f*.

simplicity [sɪm'plɪsətɪ] noun simplicité *f*.

simplification [ˌsɪmplɪfɪ'keɪʃn] noun simplification *f*.

simplify ['sɪmplɪfaɪ] (*pt & pp* **-ied**) vt simplifier.

simplistic [sɪm'plɪstɪk] adj simpliste.

simply ['sɪmplɪ] adv **1.** [gen] simplement **2.** [for emphasis] absolument ▸ **quite simply** tout simplement.

simulate ['sɪmjʊleɪt] vt simuler.

simulated ['sɪmjʊleɪtɪd] adj simulé(e).

simulation [ˌsɪmjʊ'leɪʃn] noun simulation *f*.

simulator ['sɪmjʊleɪtəʳ] noun simulateur *m*.

simulcast [UK 'sɪməlkɑːst, US 'saɪməlkæst] ❖ vt diffuser simultanément à la télévision et à la radio. ❖ adj radiotélévisé(e). ❖ noun émission *f* radiotélévisée.

simultaneous [UK ˌsɪmʊl'teɪnjəs, US ˌsaɪməl'teɪnjəs] adj simultané(e).

simultaneously [UK ˌsɪmʊl'teɪnjəslɪ, US ˌsaɪməl'teɪnjəslɪ] adv simultanément, en même temps.

sin [sɪn] ❖ noun péché *m* / *to commit a sin* pécher, commettre un péché / *it would be a sin to sell it* ce serait un crime de le vendre ▸ **to live in sin** vivre en concubinage. ❖ vi (*pt & pp* **-ned**, *cont* **-ning**) ▸ **to sin (against)** pécher (contre).

since [sɪns] ❖ adv depuis ▸ **long since** il y a longtemps / *she used to be his assistant, but she's since been promoted* elle était son assistante, mais depuis elle a été promue. ❖ prep depuis / *he has been talking about it since yesterday / since before Christmas* il en parle depuis hier / depuis avant Noël. ❖ conj **1.** [in time] depuis que / *I've worn glasses since I was six* je porte des lunettes depuis que j'ai six ans OR depuis l'âge de six ans **2.** [because] comme, puisque.

sincere [sɪn'sɪəʳ] adj sincère.

sincerely [sɪn'sɪəlɪ] adv sincèrement ▸ **Yours sincerely** [at end of letter] veuillez agréer, Monsieur / Madame, l'expression de mes sentiments les meilleurs.

sincerity [sɪn'serətɪ] noun sincérité *f*.

sinecure ['saɪnɪˌkjʊəʳ] noun sinécure *f*.

sinew ['sɪnjuː] noun tendon *m*.

sinewy ['sɪnjuːɪ] adj musclé(e).

sinful ['sɪnfʊl] adj [thought] mauvais(e) ; [desire, act] coupable ▸ **sinful person** pécheur *m*, -eresse *f*.

sing [sɪŋ] (*pt* **sang**, *pp* **sung**) vt & vi chanter.

Singapore [ˌsɪŋə'pɔːʳ] noun Singapour *m*.

Singaporean [ˌsɪŋə'pɔːrɪən] ❖ adj singapourien(enne). ❖ noun [person] Singapourien *m*, -enne *f*.

singe [sɪndʒ] ❖ noun légère brûlure *f*. ❖ vt (*cont* **singeing**) brûler légèrement ; [cloth] roussir.

singer ['sɪŋəʳ] noun chanteur *m*, -euse *f*.

singing ['sɪŋɪŋ] ❖ adj [lesson, teacher] de chant. ❖ noun (*U*) chant *m*.

single ['sɪŋgl] ❖ adj **1.** [only one] seul(e), unique / *the room was lit by a single lamp* la pièce était éclairée par une seule lampe / *not a single one of her friends came* pas un seul de ses amis OR aucun de ses amis n'est venu / *he gave her a single red rose* il lui a donné une rose rouge ▸ **every single** chaque / *every single apple* OR *every single one of the apples was rotten* toutes les pommes sans exception étaient pourries **2.** [unmarried] célibataire **3.** UK [ticket] simple ▸ **a single ticket to Oxford** un aller (simple) pour Oxford. ❖ noun **1.** UK [one-way ticket] billet *m* simple, aller *m* (simple) **2.** MUS (disque *m*) 45 tours *m*. ◆ **singles** (*pl inv*) noun TENNIS simple *m* / *the men's single champion* le champion du simple messieurs. ◆ **single out** vt sep ▸ **to single sb out (for)** choisir qqn (pour) / *a few candidates were singled out for special praise* quelques candidats ont eu droit à des félicitations supplémentaires.

single bed noun lit *m* à une place.

single-breasted [-'brestɪd] adj [jacket] droit(e).

single-click ❖ noun clic *m*. ❖ vi : *to single-click on smthg* cliquer une fois sur qqc. ❖ vi cliquer une fois.

single cream noun UK crème *f* liquide.

single currency noun monnaie *f* unique.

Single European Market noun ▸ **the Single European Market** le Marché unique.

single file noun ▸ **in single file** en file indienne, à la file.

single-handed [-'hændɪd] adv tout seul (toute seule).

single-handedly [-'hændɪdlɪ] adv **1.** [on one's own] tout seul (toute seule) **2.** [with one hand] d'une seule main.

single-minded [-'maɪndɪd] adj résolu(e) ▸ **to be single-minded about sthg** concentrer toute son attention sur qqch.

single-mindedly [-'maɪndɪdlɪ] adv avec acharnement.

single parent noun père *m* / mère *f* célibataire.

single-parent family noun famille *f* monoparentale.

single room noun chambre *f* pour une personne OR à un lit.

single-sex adj SCH non mixte.

singlet ['sɪŋglɪt] noun UK tricot *m* de peau ; SPORT maillot *m*.

single ticket noun UK billet *m* simple, aller *m* (simple).

singsong ['sɪŋsɒŋ] ❖ adj [voice] chantant(e). ❖ noun UK *inf* ▸ **to have a singsong** chanter en chœur.

singular ['sɪŋgjʊləʳ] ❖ adj singulier(ère). ❖ noun singulier *m*.

singularly ['sɪŋgjʊləlɪ] adv singulièrement.

sinister ['sɪnɪstəʳ] adj sinistre.

sink [sɪŋk] ❖ noun [in kitchen] évier *m* ; [in bathroom] lavabo *m* ▸ **double sink** évier à deux bacs. ❖ vt (*pt* **sank**, *pp* **sunk**) **1.** [ship] couler / *to be sunk in thought* *fig* être plongé(e) dans ses pensées / *if they don't come we're sunk!* *inf* s'ils ne viennent pas, nous sommes fichus ! **2.** [teeth, claws] ▸ **to sink sthg into** enfoncer qqch dans **3.** [dig, bore - well, mine shaft] creuser, forer. ✧ vi (*pt* **sank**, *pp* **sunk**) **1.** [in water - ship] couler, sombrer ; [- person, object] couler / *to sink like a stone* couler à pic / *to sink without (a) trace* **a)** [whereabouts unknown] disparaître sans laisser de trace **b)** [no longer famous] tomber dans l'oubli **2.** [ground] s'affaisser ; [sun] baisser / *Venice is sinking* Venise est en train de s'affaisser / *the wheels sank into the mud* les roues s'enfonçaient dans la boue ▸ **his spirits sank** il a été pris de découragement ▸ **to sink into a chair** se laisser tomber dans un fauteuil ▸ **to sink to one's knees** tomber à genoux ▸ **to sink into poverty / despair** sombrer dans la misère / le désespoir / *how could you sink to this?* comment as-tu pu tomber si bas ? **3.** [value, amount] baisser, diminuer ; [voice] faiblir / *the dollar has sunk to half its former value* le dollar a perdu la moitié de sa valeur / *her voice had sunk to a whisper* sa voix n'était plus qu'un murmure. ◆ **sink in** vi : *it hasn't sunk in yet* je n'ai pas encore réalisé.

sinking ['sɪŋkɪŋ] noun naufrage *m*.

sink school noun dépotoir *m*.

sinner ['sɪnər] noun pécheur *m*, -eresse *f*.

sinuous ['sɪnjʊəs] adj sinueux(euse).

sinus ['saɪnəs] (*pl* **-es**) noun sinus *m inv*.

sinusitis [ˌsaɪnə'saɪtɪs] noun *(U)* sinusite *f*.

sip [sɪp] ✧ noun petite gorgée *f*. ✧ vt (*pt & pp* **-ped**, *cont* **-ping**) siroter, boire à petits coups.

siphon ['saɪfn] ✧ noun siphon *m*. ✧ vt **1.** [liquid] siphonner **2.** *fig* [money] canaliser. ◆ **siphon off** vt sep **1.** [liquid] siphonner **2.** *fig* [money] canaliser.

sir [sɜːr] noun **1.** [form of address] monsieur *m* **2.** [in titles] : *Sir Phillip Holden* sir Phillip Holden.

siren ['saɪərən] noun sirène *f*.

sirloin (steak) ['sɜːlɔɪn-] noun bifteck *m* dans l'aloyau OR d'aloyau.

sissy ['sɪsɪ] (*pl* **-ies**) noun *inf & offens* poule *f* mouillée, dégonflé *m*, -e *f*.

sister ['sɪstər] ✧ adj [organization] sœur ▸ **sister ship** navire *m* jumeau. ✧ noun **1.** [sibling] sœur *f* **2.** [nun] sœur *f*, religieuse *f* **3.** UK [senior nurse] infirmière *f* chef.

sister company noun société *f* sœur.

sisterhood ['sɪstəhʊd] noun RELIG communauté *f* religieuse.

sister-in-law (*pl* **sisters-in-law**) noun belle-sœur *f*.

sisterly ['sɪstəlɪ] adj de sœur, fraternel(elle).

sit [sɪt] (*pt & pp* **sat**, *cont* **-ting**) ✧ vt UK [exam] passer. ✧ vi **1.** [person] s'asseoir / *sit still!* tiens-toi OR reste tranquille ! ▸ **to be sitting** être assis(e) ▸ **to sit on a committee** faire partie OR être membre d'un comité **2.** [court, parliament] siéger, être en séance / *the council was still sitting at midnight* à minuit, le conseil siégeait toujours OR était toujours en séance **3.** [be situated] se trouver, être / *the plane sat waiting on the runway* l'avion attendait sur la piste **4.** PHR **to sit tight** ne pas bouger. ◆ **sit about** UK, **sit around** vi rester assis(e) à ne rien faire / *I'm not going to sit around waiting for you* je ne vais pas passer mon temps à t'attendre. ◆ **sit back** vi [relax] se détendre / *just sit back and close your eyes* installe-toi bien et ferme les yeux ▸ **to sit back in a chair** se caler dans un fauteuil / *we can't just sit back and do nothing!* il faut que nous fassions quelque chose ! ◆ **sit down** ✧ vt sep asseoir / *sit yourself down and have a drink* asseyez-vous et prenez un verre. ✧ vi s'asseoir / *please sit down* asseyez-vous, je vous en prie. ◆ **sit in on** vt insep assister à. ◆ **sit out** vt sep **1.** [meeting, play] rester jusqu'à la fin de **2.** [dance] ▸ **to sit out a dance** ne pas danser. ◆ **sit through** vt insep rester jusqu'à la fin de. ◆ **sit up** vi **1.** [sit upright] se redresser, s'asseoir / *the baby can sit up now* le bébé peut se tenir assis maintenant / *sit up straight!* redresse-toi !, assieds-toi bien ! **2.** [stay up] veiller / *I'll sit up with her until the fever passes* je vais rester avec elle jusqu'à ce que sa fièvre tombe.

sitcom ['sɪtkɒm] noun *inf* sitcom *f*.

sit-down ✧ adj [meal] servi(e) à la table ; [protest] sur le tas. ✧ noun UK *inf* ▸ **to have a sit-down** (s'asseoir pour) se reposer.

site [saɪt] ✧ noun **1.** INTERNET site *m* **2.** [of town, building] emplacement *m* ; CONSTR chantier *m*. ✧ vt situer, placer.

sit-in noun sit-in *m*, occupation *f* des locaux.

sitter ['sɪtər] noun **1.** ART modèle *m* **2.** *inf* [babysitter] baby-sitter *mf*.

sitting ['sɪtɪŋ] noun **1.** [of meal] service *m* **2.** [of court, parliament] séance *f*.

sitting duck noun *inf* cible *f* OR proie *f* facile.

sitting room noun salon *m*.

situate ['sɪtjʊeɪt] vt situer.

situated ['sɪtjʊeɪtɪd] adj ▸ **to be situated** être situé(e), se trouver.

situation [ˌsɪtjʊ'eɪʃn] noun **1.** [gen] situation *f* / *what would you do in my situation?* qu'est-ce que tu ferais à ma place OR dans ma situation ? / *the firm's financial situation isn't good* la situation financière de la société n'est pas bonne **2.** [job] situation *f*, emploi *m* ▸ **'situations vacant'** UK 'offres d'emploi'.

sit-up noun redressement *m* assis.

six [sɪks] ✧ num adj six *(inv)* / *she's six (years old)* elle a six ans. ✧ num pron six *mf pl* / *I want six* j'en veux six / *six of us went* six d'entre nous sont allés / *there were six of us* nous étions six. ✧ num n **1.** [gen] six *m inv* / *two hundred and six* deux cent six / *we sell them in sixes* on les vend par paquets de six **2.** [six o'clock] : *it's six* il est six heures / *we arrived at six* nous sommes arrivés à six heures **3.** [six degrees] : *it's six below* il fait moins six.

six-pack noun pack *m* de six.

six-shooter [-'ʃuːtər] noun US *dated* revolver *m* à six coups.

sixteen [sɪks'tiːn] num seize. *See also* **six**.

sixteenth [sɪks'tiːnθ] num seizième. *See also* **sixth**.

sixth [sɪksθ] ❖ num adj sixième. ❖ num adv **1.** [in race, competition] sixième, en sixième place **2.** [in list] sixièmement. ❖ num pron sixième *mf.* ❖ noun **1.** [fraction] sixième *m* **2.** [in dates] ▸ **the sixth (of September)** le six (septembre).

sixth form noun UK SCH ≃ (classe *f*) terminale *f.*

sixth form college noun UK *établissement préparant aux A-levels.*

sixth grade noun US SCH *classe du primaire pour les 10-11 ans.*

sixth sense noun sixième sens *m.*

sixtieth ['sɪkstɪəθ] num soixantième. *See also* **sixth**.

sixty ['sɪkstɪ] (*pl* **-ies**) num soixante. *See also* **six**. ◆ **sixties** pl n **1.** [decade] ▸ **the sixties** les années *fpl* soixante **2.** [in ages] ▸ **to be in one's sixties** être sexagénaire **3.** [in temperatures] ▸ **in the sixties** ≃ entre 15 et 20 degrés.

size [saɪz] noun [of person, clothes, company] taille *f* ; [of building] grandeur *f*, dimensions *fpl* ; [of problem] ampleur *f*, taille ; [of shoes] pointure *f* / *the two rooms are the same size* les deux pièces sont de la même taille OR ont les mêmes dimensions / *what size are you?* OR *what size do you take?* quelle taille faites-vous ? / *I take (a) size 40* je fais du 40 ▸ **to cut sb down to size** rabattre le caquet à qqn. ◆ **size up** vt sep [person] jauger ; [situation] apprécier, peser.

sizeable ['saɪzəbl] adj assez important(e).

-sized [-saɪzd] suffix ▸ **medium-sized** de taille moyenne.

sizzle ['sɪzl] vi grésiller.

sizzling ['sɪzlɪŋ] ❖ adj **1.** [sputtering] grésillant(e) **2.** *inf* [hot] brûlant(e). ❖ adv *inf* : *sizzling hot* brûlant(e).

skanky ['skæŋkɪ] adj US *inf* moche.

skate [skeɪt] ❖ noun **1.** [ice skate, roller skate] patin *m* **2.** (*pl inv or* **-s**) [fish] raie *f.* ❖ vi [on ice skates] faire du patin à glace, patiner ; [on roller skates] faire du patin à roulettes. ◆ **skate over, skate around** UK vt insep [problem] éluder, éviter.

skateboard ['skeɪtbɔːd] noun planche *f* à roulettes, skateboard *m*, skate *m.*

skateboarder ['skeɪtbɔːdəʳ] noun personne *f* qui fait du skateboard OR du skate OR de la planche à roulettes.

skater ['skeɪtəʳ] noun [on ice] patineur *m*, -euse *f* ; [on roller skates] patineur à roulettes.

skating ['skeɪtɪŋ] noun [on ice] patinage *m* ; [on roller skates] patinage à roulettes.

skating rink noun patinoire *f.*

skeletal ['skelɪtl] adj [emaciated] squelettique.

skeleton ['skelɪtn] ❖ adj [crew, service] squelettique, réduit(e). ❖ noun squelette *m* ▸ **to have a skeleton in the closet** OR **cupboard** UK *fig* avoir un secret honteux.

skeptic US = **sceptic**.

skeptical US = **sceptical**.

skepticism US = **scepticism**.

sketch [sketʃ] ❖ noun **1.** [drawing] croquis *m*, esquisse *f* **2.** [description] aperçu *m*, résumé *m* **3.** [by comedian] sketch *m.* ❖ vt **1.** [draw] dessiner, faire un croquis de **2.** [describe] donner un aperçu de, décrire à grands traits. ❖ vi dessiner. ◆ **sketch in** vt sep [details] ajouter, donner. ◆ **sketch out** vt sep esquisser, décrire à grands traits.

sketchbook ['sketʃbʊk] noun carnet *m* à dessins.

sketchpad ['sketʃpæd] noun bloc *m* à dessins.

sketchy ['sketʃɪ] (*compar* **-ier**, *superl* **-iest**) adj incomplet(ète).

skew [skjuː] ❖ noun UK ▸ **on the skew** de travers, en biais. ❖ vt [distort] fausser.

skewed ['skelɪtl] adj [view, notion] partial(e).

skewer ['skjʊəʳ] ❖ noun brochette *f*, broche *f.* ❖ vt embrocher.

skew-whiff [ˌskjuː'wɪf] adj UK *inf* de guingois, de traviole.

ski [skiː] ❖ noun ski *m.* ❖ comp de ski. ❖ vi (*pt & pp* **skied**, *cont* **-ing**) skier, faire du ski.

ski boots pl n chaussures *fpl* de ski.

skid [skɪd] ❖ noun dérapage *m* ▸ **to go into a skid** déraper. ❖ vi (*pt & pp* **-ded**, *cont* **-ding**) déraper.

skid mark noun trace *f* de frein OR dérapage.

skier ['skiːəʳ] noun skieur *m*, -euse *f.*

skies [skaɪz] pl n ⟶ **sky**.

skiing ['skiːɪŋ] ❖ noun (*U*) ski *m* ▸ **to go skiing** faire du ski. ❖ comp de ski.

ski instructor noun moniteur *m*, -trice *f* de ski.

ski jump noun [slope] tremplin *m* ; [event] saut *m* à OR en skis.

skilful UK, **skillful** US ['skɪlfʊl] adj habile, adroit(e).

skilfully UK, **skillfully** US ['skɪlfʊlɪ] adv habilement, adroitement.

ski lift noun remonte-pente *m.*

skill [skɪl] noun **1.** (*U*) [ability] habileté *f*, adresse *f* **2.** [technique] technique *f*, art *m.*

skilled [skɪld] adj **1.** [skilful] ▸ **skilled (in** OR **at doing sthg)** habile OR adroit(e) (pour faire qqch) **2.** [trained] qualifié(e).

skillet ['skɪlɪt] noun US poêle *f* à frire.

skillful US = **skilful**.

skillfully US = **skilfully**.

skim [skɪm] (*pt & pp* **-med**, *cont* **-ming**) ❖ vt **1.** [cream] écrémer ; [soup] écumer **2.** [move above] effleurer, raser **3.** [newspaper, book] parcourir. ❖ vi ▸ **to skim through sthg** [newspaper, book] parcourir qqch.

skim(med) milk [skɪm(d)-] noun lait *m* écrémé.

skimp [skɪmp] ❖ vt lésiner sur. ❖ vi ▸ **to skimp on** lésiner sur.

skimpily ['skɪmpɪlɪ] adv [scantily] : *skimpily dressed* légèrement vêtu(e).

skimpy ['skɪmpɪ] (*compar* **-ier**, *superl* **-iest**) adj [meal] maigre ; [clothes] étriqué(e) ; [facts] insuffisant(e).

skin [skɪn] ❖ noun peau *f* ▸ **by the skin of one's teeth** de justesse ▸ **to jump out of one's skin** UK sursauter, sauter au plafond ▸ **to make sb's skin crawl** donner la chair de poule à qqn ▸ **to save** OR **protect one's own skin** sauver sa peau. ❖ vt (*pt & pp* **-ned**, *cont* **-ning**) **1.** [dead animal] écorcher, dépouiller ; [fruit] éplucher, peler **2.** [graze] ▸ **to skin one's knee** s'érafler OR s'écorcher le genou.

skincare ['skɪnkeəʳ] noun *(U)* soins *mpl* pour la peau.

skin-deep adj superficiel(elle).

skinflint ['skɪnflɪnt] noun *inf* grippe-sou *m*, avare *mf*.

skin graft noun greffe *f* de la peau.

skinhead ['skɪnhed] noun skinhead *m*, skin *m*.

-skinned [skɪnd] suffix à la peau… / *she's dark-skinned* elle a la peau foncée.

skinny ['skɪnɪ] (*compar* **-ier**, *superl* **-iest**) adj [person] maigre ; [belt, tie] très fin(e) ; [jeans] très serré(e).

skint [skɪnt] adj UK *inf* fauché(e), à sec.

skin test noun cuti *f*, cutiréaction *f*.

skin-tight adj moulant(e), collant(e).

skip [skɪp] ❖ noun **1.** [jump] petit saut *m* **2.** UK [container] benne *f*. ❖ vt (*pt & pp* **-ped**, *cont* **-ping**) [page, class, meal] sauter ▸ **to skip bail** US ne pas comparaître au tribunal. ❖ vi (*pt & pp* **-ped**, *cont* **-ping**) **1.** [gen] sauter, sautiller **2.** UK [over rope] sauter à la corde.

ski pants pl n fuseau *m*.

ski pole noun bâton *m* de ski.

skipper ['skɪpəʳ] noun *inf* **1.** NAUT capitaine *m* **2.** UK SPORT capitaine *m*.

skipping ['skɪpɪŋ] noun *(U)* UK saut *m* à la corde.

skipping rope noun UK corde *f* à sauter.

skirmish ['skɜːmɪʃ] ❖ noun escarmouche *f*. ❖ vi s'engager dans une escarmouche ; *fig* avoir une escarmouche.

skirt [skɜːt] ❖ noun [garment] jupe *f*. ❖ vt **1.** [town, obstacle] contourner **2.** [problem] éviter. ◆ **skirt around** vt insep **1.** [town, obstacle] contourner **2.** [problem] éviter.

skirting board ['skɜːtɪŋ-] noun UK plinthe *f*.

ski run noun piste *f* de ski.

ski stick noun bâton *m* de ski.

skit [skɪt] noun sketch *m*.

skittish ['skɪtɪʃ] adj [person] frivole ; [animal] ombrageux(euse).

skittle ['skɪtl] noun UK quille *f*. ◆ **skittles** noun *(U)* [game] quilles *fpl*.

skive [skaɪv] vi UK *inf* ▸ **to skive (off)** s'esquiver, tirer au flanc.

skivvy ['skɪvɪ] UK *inf* ❖ noun (*pl* **-ies**) boniche *f*, bonne *f* à tout faire. ❖ vi (*pt & pp* **-ied**) faire la boniche.

skulduggery [skʌl'dʌgərɪ] noun *(U)* magouilles *fpl*.

skulk [skʌlk] vi [hide] se cacher ; [prowl] rôder.

skull [skʌl] noun crâne *m*.

skull and crossbones noun [motif] tête *f* de mort ; [flag] pavillon *m* à tête de mort.

skullcap ['skʌlkæp] noun calotte *f*.

skunk [skʌŋk] noun [animal] mouffette *f*.

sky [skaɪ] (*pl* **skies**) noun ciel *m*.

skydiver ['skaɪˌdaɪvəʳ] noun parachutiste *mf* qui fait de la chute libre.

skydiving ['skaɪˌdaɪvɪŋ] noun parachutisme *m* en chute libre.

sky-high *inf* ❖ adj [prices] astronomique, exorbitant(e). ❖ adv ▸ **to blow sthg sky-high** **a)** [building] faire sauter qqch **b)** [argument, theory] démolir qqch ▸ **to go sky-high** [prices] monter en flèche.

skylark ['skaɪlɑːk] noun alouette *f*.

skylight ['skaɪlaɪt] noun lucarne *f*.

skyline ['skaɪlaɪn] noun ligne *f* d'horizon.

sky marshal noun garde *m* de sécurité *(à bord d'un avion)*.

skyscraper ['skaɪˌskreɪpəʳ] noun gratte-ciel *m inv*.

slab [slæb] noun [of concrete] dalle *f* ; [of stone] bloc *m* ; [of cake] pavé *m*.

slack [slæk] ❖ adj **1.** [not tight] lâche **2.** [not busy] calme **3.** [person] négligent(e), pas sérieux(euse). ❖ noun [in rope] mou *m*. ◆ **slacks** pl n *dated* pantalon *m*.

slacken ['slækn] ❖ vt [speed, pace] ralentir ; [rope] relâcher. ❖ vi [speed, pace] ralentir.

slacker ['slækəʳ] noun *inf* fainéant *m*, -e *f* / *she's no slacker* elle n'est pas fainéante.

slag [slæg] noun *(U)* [waste material] scories *fpl*.

slain [sleɪn] pp ⟶ **slay**.

slalom ['slɑːləm] noun slalom *m*.

slam [slæm] (*pt & pp* **-med**, *cont* **-ming**) ❖ vt **1.** [shut] claquer **2.** [criticize] éreinter **3.** [place with force] ▸ **to slam sthg on** OR **onto** jeter qqch brutalement sur, flanquer qqch sur. ❖ vi claquer.

slam dunk US ❖ noun SPORT smash *m* au panier, slam-dunk *m*. ❖ vt & vi SPORT smasher.

slander ['slɑːndəʳ] ❖ noun calomnie *f* ; LAW diffamation *f*. ❖ vt calomnier ; LAW diffamer.

slanderous ['slɑːndrəs] adj calomnieux(euse) ; LAW diffamatoire.

slang [slæŋ] ❖ adj argotique. ❖ noun *(U)* argot *m*.

slant [slɑːnt] ❖ noun **1.** [angle] inclinaison *f* ▸ **on** OR **at a slant** de biais **2.** [perspective] point *m* de vue, perspective *f*. ❖ vt [bias] présenter d'une manière tendancieuse. ❖ vi [slope] être incliné(e), pencher.

slanting ['slɑːntɪŋ] adj [roof] en pente.

slap [slæp] ❖ noun claque *f*, tape *f* ; [on face] gifle *f* ▸ **a slap in the face** *fig* une gifle. ❖ vt (*pt & pp* **-ped**, cont -ping) 1. [person, face] gifler ; [back] donner une claque OR une tape à 2. [place with force] ▸ to slap sthg on OR onto jeter qqch brutalement sur, flanquer qqch sur. ❖ adv *inf* [directly] en plein.

slapdash ['slæpdæʃ] adj *inf* [work] bâclé(e) ; [person, attitude] négligent(e).

slaphead ['slæphed] noun *v inf* chauve *m*, crâne *m* d'œuf.

slapper ['slæpər] noun UK *v inf* salope *f*.

slapstick ['slæpstɪk] noun *(U)* grosse farce *f*.

slap-up adj UK *inf* [meal] fameux(euse).

slash [slæʃ] ❖ noun 1. [long cut] entaille *f* 2. [oblique stroke] barre *f* oblique. ❖ vt 1. [cut] entailler 2. *inf* [prices] casser ; [budget, unemployment] réduire considérablement.

slasher movie noun *inf* film *m* d'horreur *inf*.

slat [slæt] noun lame *f* ; [wooden] latte *f*.

slate [sleɪt] ❖ noun ardoise *f*. ❖ vt *inf* [criticize] descendre en flammes.

slatted ['slætɪd] adj à lames ; [wooden] en lattes de bois.

slatternly ['slætənlɪ] adj [woman] mal soigné(e) ; [habit, dress] négligé(e).

slaughter ['slɔ:tər] ❖ noun 1. [of animals] abattage *m* 2. [of people] massacre *m*, carnage *m*. ❖ vt 1. [animals] abattre 2. [people] massacrer.

slaughterhouse ['slɔ:təhaʊs] *(pl* [-haʊzɪz]) noun abattoir *m*.

Slav [slɑ:v] ❖ adj slave. ❖ noun Slave *mf*.

slave [sleɪv] ❖ noun esclave *mf* ▸ to be a slave to sthg *fig* être esclave de qqch. ❖ vi travailler comme un esclave OR un forçat ▸ to slave over sthg peiner sur qqch.

slaver ['sleɪvər] vi [salivate] baver.

slavery ['sleɪvərɪ] noun esclavage *m*.

slave trade noun ▸ the slave trade la traite des noirs.

Slavic ['slɑ:vɪk] ❖ adj slave. ❖ noun [language] slave *m* ; HIST slavon *m*.

slavish ['sleɪvɪʃ] adj servile.

Slavonic [slə'vɒnɪk] = Slavic.

slay [sleɪ] *(pt* slew, *pp* slain) vt *liter* tuer.

sleaze [sli:z] noun [squalidness] aspect *m* miteux, caractère *m* sordide ; [pornography] porno *m* ; POL [corruption] corruption *f*.

sleazebag ['sli:zbæg], **sleazeball** ['sli:zbɔ:l] noun *inf* [despicable person] raclure *f*.

sleazy ['sli:zɪ] *(compar* -ier, *superl* -iest) adj [disreputable] mal famé(e).

sledge UK [sledʒ], **sled** US [sled] noun luge *f* ; [larger] traîneau *m*.

sledgehammer ['sledʒ,hæmər] noun masse *f*.

sleek [sli:k] adj 1. [hair, fur] lisse, luisant(e) 2. [shape] aux lignes pures.

sleep [sli:p] ❖ noun sommeil *m* / *I only had two hours' sleep* je n'ai dormi que deux heures / *you need (to get) a good night's sleep* il te faut une bonne nuit de sommeil ▸ to go to sleep s'endormir ▸ my foot has gone to sleep j'ai le pied engourdi ▸ to put an animal to sleep *euph* piquer un animal. ❖ vi *(pt & pp* slept) 1. [be asleep] dormir / *to sleep soundly* dormir profondément OR à poings fermés 2. [spend night] coucher / *can I sleep at your place?* est-ce que je peux coucher OR dormir chez vous ? ◆ **sleep around** vi *inf* & *pej* coucher à droite et à gauche. ◆ **sleep in** vi UK faire la grasse matinée. ◆ **sleep off** vt sep dormir pour faire passer / *he's sleeping it off inf* il cuve son vin. ◆ **sleep through** vt insep : *I slept through the alarm* je n'ai pas entendu le réveil. ◆ **sleep together** vi coucher ensemble. ◆ **sleep with** vt insep coucher avec.

sleeper ['sli:pər] noun 1. [person] ▸ to be a heavy / light sleeper avoir le sommeil lourd / léger 2. [RAIL - berth] couchette *f* ; [- carriage] wagon-lit *m* ; [- train] train-couchettes *m* 3. UK [on railway track] traverse *f*.

sleepily ['sli:pɪlɪ] adv d'un air endormi.

sleepiness ['sli:pɪnɪs] noun [of person] envie *f* de dormir ; [of town] torpeur *f*.

sleeping ['sli:pɪŋ] adj qui dort, endormi(e).

sleeping bag noun sac *m* de couchage.

sleeping car noun wagon-lit *m*.

sleeping partner noun UK (associé *m*) commanditaire *m*, bailleur *m* de fonds.

sleeping pill noun somnifère *m*.

sleeping policeman noun UK *inf* ralentisseur *m*.

sleepless ['sli:plɪs] adj ▸ to have a sleepless night passer une nuit blanche.

sleep mode noun COMPUT mode *m* veille.

sleepwalk ['sli:pwɔ:k] vi être somnambule.

sleepwalker ['sli:p,wɔ:kər] noun somnambule *mf*.

sleepwalking ['sli:p,wɔ:kɪŋ] noun somnambulisme *m*.

sleepy ['sli:pɪ] *(compar* -ier, *superl* -iest) adj 1. [person] qui a envie de dormir 2. [place] endormi(e).

sleet [sli:t] ❖ noun neige *f* fondue. ❖ impers vb ▸ it's sleeting il tombe de la neige fondue.

sleeve [sli:v] noun 1. [of garment] manche *f* ▸ to have sthg up one's sleeve *fig* avoir qqch en réserve 2. [for record] pochette *f*.

sleeveless ['sli:vlɪs] adj sans manches.

sleigh [sleɪ] noun traîneau *m*.

slender ['slendər] adj 1. [thin] mince 2. *fig* [resources, income] modeste, maigre ; [hope, chance] faible.

slept [slept] pt & pp ⟶ sleep.

sleuth [slu:θ] noun *inf* & *hum* limier *m*.

slew [slu:] ❖ pt ⟶ slay. ❖ vi [car] déraper.

slice [slaɪs] ❖ noun 1. [thin piece] tranche *f* 2. *fig* [of profits, glory] part *f* 3. SPORT slice *m*. ❖ vt 1. [cut into slices] couper en tranches 2. [cut cleanly] trancher 3. SPORT slicer. ❖ vi ▸ to slice through sthg trancher qqch.

sliced bread [slaɪst-] noun *(U)* pain *m* en tranches.

slick [slɪk] ❖ adj **1.** [skilful] bien mené(e), habile **2.** *pej* [superficial - talk] facile ; [- person] rusé(e). ❖ noun nappe *f* de pétrole, marée *f* noire.

slide [slaɪd] ❖ noun **1.** [in playground] toboggan *m* **2.** PHOT diapositive *f*, diapo *f* **3.** [for microscope] porte-objet *m* **4.** UK [for hair] barrette *f* **5.** [decline] déclin *m* ; [in prices] baisse *f*. ❖ vt (*pt & pp* **slid** [slɪd]) faire glisser. ❖ vi (*pt & pp* **slid** [slɪd]) glisser ▸ **to let things slide** *fig* laisser les choses aller à vau-l'eau.

slide projector noun projecteur *m* de diapositives.

slide show noun diaporama *m*.

sliding door [ˌslaɪdɪŋ-] noun porte *f* coulissante.

sliding scale [ˌslaɪdɪŋ-] noun échelle *f* mobile.

slight [slaɪt] ❖ adj **1.** [minor] léger(ère) ▸ **the slightest** le moindre (la moindre) ▸ **not in the slightest** pas du tout **2.** [thin] mince. ❖ noun affront *m*. ❖ vt offenser, faire un affront à.

slightly ['slaɪtlɪ] adv **1.** [to small extent] légèrement **2.** [slenderly] ▸ **slightly built** mince.

slim [slɪm] ❖ adj (*compar* **-mer**, *superl* **-mest**) **1.** [person, object] mince **2.** [chance, possibility] faible. ❖ vi (*pt & pp* **-med**, *cont* **-ming**) maigrir ; UK [diet] suivre un régime amaigrissant.

slime [slaɪm] noun *(U)* substance *f* visqueuse ; [of snail] bave *f*.

slimeball ['slaɪmbɔːl] noun US *v inf* = **sleazebag**.

slimline ['slɪmlaɪn] adj **1.** [butter] allégé(e) ; [milk, cheese] sans matière grasse, minceur *(inv)* ; [soft drink] light *(inv)* **2.** *fig* : *clothes for the new slimline you* des vêtements pour votre nouvelle silhouette allégée / *the slimline version of the 1990 model* la version épurée du modèle 90.

slimmer ['slɪmər] noun UK personne *f* suivant un régime amaigrissant.

slimming ['slɪmɪŋ] ❖ noun UK amaigrissement *m*. ❖ adj [product] amaigrissant(e), pour maigrir.

slimy ['slaɪmɪ] (*compar* **-ier**, *superl* **-iest**) adj *lit* & *fig* visqueux(euse).

sling [slɪŋ] ❖ noun **1.** [for arm] écharpe *f* **2.** NAUT [for loads] élingue *f*. ❖ vt (*pt & pp* **slung**) **1.** [hammock] suspendre ▸ **to sling a bag over one's shoulder** mettre son sac en bandoulière **2.** *inf* [throw] lancer.

slingback ['slɪŋbæk] noun chaussure *f* à talon ouvert.

slingshot ['slɪŋʃɒt] noun US lance-pierres *m inv*.

slink [slɪŋk] (*pt & pp* **slunk**) vi ▸ **to slink away** OR **off** s'en aller furtivement.

slip [slɪp] ❖ noun **1.** [mistake] erreur *f* ▸ **a slip of the pen** OR **tongue** un lapsus **2.** [of paper - gen] morceau *m* ; [- strip] bande *f* **3.** [underwear] combinaison *f* **4.** PHR **to give sb the slip** *inf* fausser compagnie à qqn. ❖ vt (*pt & pp* **-ped**, *cont* **-ping**) glisser / *slip the key under the door* glissez la clé sous la porte / *it slipped my mind* ça m'est sorti de la tête ▸ **to slip sthg on** enfiler qqch. ❖ vi (*pt & pp* **-ped**, *cont* **-ping**) **1.** [slide] glisser / *he slipped and fell* il glissa et tomba / *the knife slipped and cut my finger* le couteau a glissé et je me suis coupé le doigt ▸ **to slip into sthg** se glisser dans qqch / *the patient slipped into a coma* le patient a glissé OR s'est enfoncé peu à peu dans le coma / *she slipped quietly into the room* elle s'est glissée discrètement dans la pièce **2.** [decline] décliner / *prices have slipped (by) 10 %* les prix ont baissé de 10 % ▸ **to let things slip** laisser les choses aller à vau-l'eau **3.** / *you're slipping!* tu n'es plus ce que tu étais ! PHR **to let sthg slip** laisser échapper qqch / *she let (it) slip that she was selling her house* elle a laissé échapper qu'elle vendait sa maison. ◆ **slip up** vi *fig* faire une erreur.

slip-on adj ▸ **slip-on shoes** mocassins *mpl*. ◆ **slip-ons** pl n mocassins *mpl*.

slippage ['slɪpɪdʒ] noun baisse *f*.

slipped disc UK, **slipped disk** US [ˌslɪpt-] noun hernie *f* discale.

slipper ['slɪpər] noun pantoufle *f*, chausson *m*.

slippery ['slɪpərɪ] adj glissant(e).

slippy ['slɪpɪ] (*compar* **-ier**, *superl* **-iest**) adj **1.** [slippery] glissant(e) **2.** UK *inf* [fast] ▸ **look slippy!** grouille-toi !

slip road noun UK bretelle *f*.

slipshod ['slɪpʃɒd] adj peu soigné(e).

slipstream ['slɪpstriːm] noun sillage *m*.

slip-up noun *inf* gaffe *f*.

slipway ['slɪpweɪ] noun cale *f* de lancement.

slit [slɪt] ❖ noun [opening] fente *f* ; [cut] incision *f*. ❖ vt (*pt & pp* **slit**, *cont* **-ting**) [make opening in] faire une fente dans, fendre ; [cut] inciser.

slither ['slɪðər] vi [person] glisser ; [snake] onduler.

sliver ['slɪvər] noun [of glass, wood] éclat *m* ; [of meat, cheese] lamelle *f*.

slob [slɒb] noun *inf* [in habits] saligaud *m* ; [in appearance] gros lard *m*.

slobber ['slɒbər] vi baver.

slog [slɒg] *inf* ❖ noun **1.** [tiring work] corvée *f* **2.** [tiring journey] voyage *m* pénible. ❖ vi (*pt & pp* **-ged**, *cont* **-ging**) **1.** [work] travailler comme un bœuf **2.** [move] avancer péniblement.

slogan ['sləʊgən] noun slogan *m*.

slo-mo ['sləʊməʊ] noun *inf* ralenti *m* ▸ **in slo-mo** au ralenti.

sloop [sluːp] noun sloop *m*.

slop [slɒp] (*pt & pp* **-ped**, *cont* **-ping**) ❖ vt renverser. ❖ vi déborder.

slope [sləʊp] ❖ noun pente *f* ▸ **to be on a slippery slope** *fig* être sur une pente savonneuse. ❖ vi [land] être en pente ; [handwriting, table] pencher.

sloping ['sləʊpɪŋ] adj [land, shelf] en pente ; [handwriting] penché(e).

sloppily ['slɒpɪlɪ] adv **1.** [work] sans soin ; [dress] de façon négligée **2.** UK *inf* [sentimentally] avec sensiblerie.

sloppy ['slɒpɪ] (*compar* **-ier**, *superl* **-iest**) adj **1.** [careless] peu soigné(e) **2.** *inf* [sentimental] sentimental(e), à l'eau de rose.

slosh [slɒʃ] ◆ vt renverser. ◆ vi ▸ **to slosh around a)** [liquid] clapoter **b)** [person] patauger.

sloshed [slɒʃt] adj *inf* bourré(e).

slot [slɒt] noun **1.** [opening] fente *f* **2.** [groove] rainure *f* **3.** [in schedule] créneau *m*. ◆ **slot in** (*pt & pp* **-ted in**, *cont* **-ting in**) ◆ vt sep [part] insérer. ◆ vi [part] s'emboîter.

sloth [sləʊθ] noun **1.** [animal] paresseux *m* **2.** *liter* [laziness] paresse *f*.

slot machine noun **1.** UK [vending machine] distributeur *m* automatique **2.** [for gambling] machine *f* à sous.

slouch [slaʊʧ] ◆ noun [posture] allure *f* avachie. ◆ vi être avachi(e).

slough [slaʊ] ◆ **slough off** vt sep **1.** [skin] ▸ **to slough off one's skin** muer **2.** *liter* [get rid of] se débarrasser de.

Slovak ['sləʊvæk] ◆ adj slovaque. ◆ noun **1.** [person] Slovaque *mf* **2.** [language] slovaque *m*.

Slovakia [slə'vækɪə] noun Slovaquie *f* ▸ **in Slovakia** en Slovaquie.

Slovakian [slə'vækɪən] ◆ adj slovaque. ◆ noun Slovaque *mf*.

Slovenia [slə'vi:njə] noun Slovénie *f* ▸ **in Slovenia** en Slovénie.

Slovenian [slə'vi:njən] ◆ adj slovène. ◆ noun Slovène *mf*.

slovenly ['slʌvnlɪ] adj négligé(e).

slow [sləʊ] ◆ adj **1.** [gen] lent(e) / *to make slow progress* [in work, on foot] avancer lentement / *the company was slow to get off the ground* la société a été lente à démarrer **2.** [clock, watch] ▸ **to be slow** retarder **3.** [not busy] calme / *business is slow* les affaires ne marchent pas fort. ◆ adv lentement ▸ **to go slow a)** [driver] aller lentement **b)** [workers] faire la grève perlée. ◆ vt & vi ralentir. ◆ **slow down, slow up** vt sep & vi ralentir.

slow-burning adj [fuse, fuel] à combustion lente ▸ **slow-burning anger** *fig* colère *f* froide / *he's got a slow-burning temper* il refoule sa colère jusqu'au moment où il explose.

slowcoach UK ['sləʊkəʊʧ], **slowpoke** US noun *inf* lambin *m*, -e *f*.

slow-cook vt mitonner, mijoter.

slowdown ['sləʊdaʊn] noun ralentissement *m*.

slowly ['sləʊlɪ] adv lentement ▸ **slowly but surely** lentement mais sûrement.

slow motion noun ▸ **in slow motion** au ralenti *m*. ◆ **slow-motion** adj au ralenti.

slow-moving adj [person, car] lent(e) ; [film, plot] dont l'action est lente ; [market] stagnant(e) / *slow-moving target* cible *f* qui bouge lentement.

slowpoke US ['sləʊpəʊk] = **slowcoach**.

SLR (*abbr of* **single-lens reflex**) noun reflex *m*.

sludge [slʌdʒ] noun boue *f*.

slug [slʌg] ◆ noun **1.** [animal] limace *f* **2.** *inf* [of alcohol] rasade *f* **3.** *inf* [bullet] balle *f*. ◆ vt (*pt & pp* **-ged**, *cont* **-ging**) *inf* donner un coup de poing violent à.

sluggish ['slʌgɪʃ] adj [person] apathique ; [movement, growth] lent(e) ; [business] calme, stagnant(e).

sluggishly ['slʌgɪʃlɪ] adv [slowly] lentement ; [lethargically] mollement / *the market reacted sluggishly* la bourse a réagi faiblement / *the car started sluggishly* la voiture a démarré avec difficulté.

sluice [slu:s] ◆ noun écluse *f*. ◆ vt ▸ **to sluice sthg down** OR **out** laver qqch à grande eau.

slum [slʌm] ◆ noun [area] quartier *m* pauvre. ◆ vt (*pt & pp* **-med**, *cont* **-ming**) ▸ **to slum it** *inf* & *hum* s'encanailler.

slumber ['slʌmbəʳ] *liter* ◆ noun sommeil *m*. ◆ vi dormir paisiblement.

slumber party noun US soirée *f* entre copines *(au cours de laquelle on regarde des films, on discute et on dort toutes ensemble)*.

slump [slʌmp] ◆ noun **1.** [decline] ▸ **slump (in)** baisse *f* (de) **2.** [period of poverty] crise *f* (économique). ◆ vi *lit* & *fig* s'effondrer.

slung [slʌŋ] pt & pp → **sling**.

slunk [slʌŋk] pt & pp → **slink**.

slur [slɜ:ʳ] ◆ noun **1.** [of voice] ▸ **to speak with a slur** mal articuler **2.** [slight] ▸ **slur (on)** atteinte *f* (à) **3.** [insult] affront *m*, insulte *f*. ◆ vt (*pt & pp* **-red**, *cont* **-ring**) mal articuler.

slurp [slɜ:p] vt boire avec bruit.

slurred [slɜ:d] adj mal articulé(e).

slush [slʌʃ] noun [snow] neige *f* fondue, sloche *f* QUÉBEC.

slushy ['slʌʃɪ] (*compar* **-ier**, *superl* **-iest**) adj **1.** [snow] fondu(e) ; [ground] détrempé(e) ; [path] couvert(e) de neige fondue **2.** [film, book] à l'eau de rose.

slut [slʌt] noun **1.** *inf* [dirty, untidy] souillon *f* **2.** *v inf* [sexually immoral] salope *f*.

sly [slaɪ] ◆ adj (*compar* **slyer** *or* **slier**, *superl* **slyest** *or* **sliest**) **1.** [look, smile] entendu(e) **2.** [person] rusé(e), sournois(e). ◆ noun ▸ **on the sly** en cachette.

slyly ['slaɪlɪ] adv **1.** [cunningly] de façon rusée, avec ruse **2.** [deceitfully] sournoisement **3.** [mischievously] avec espièglerie, de façon espiègle **4.** [secretly] discrètement.

slyness ['slaɪnɪs] noun *(U)* ruse *f*.

smack [smæk] ◆ noun **1.** [slap] claque *f* ; [on face] gifle *f* **2.** [impact] claquement *m* **3.** *drugs sl* [heroin] poudre *f*, blanche *f* ▸ **smack addict** junkie *mf*. ◆ vt **1.** [slap] donner une claque à ; [face] gifler **2.** [place violently] poser violemment **3.** PHR **to smack one's lips** se lécher les babines. ◆ adv *inf* [directly] en plein ▸ **smack in the middle** en plein milieu.

smacking ['smækɪŋ] ◆ noun fessée *f* / *I gave the child a good smacking* j'ai donné une bonne fessée à l'enfant. ◆ adj UK *inf* : *at a smacking pace* à vive allure, à toute vitesse.

small [smɔ:l] ❖ adj **1.** [gen] petit(e) / *small children* les jeunes enfants **2.** [trivial] petit, insignifiant(e) **3.** COMM : *small businessmen* les petits entrepreneurs *mpl* OR patrons *mpl* / *small businesses* **a)** [firms] les petites et moyennes entreprises *fpl*, les PME *fpl* **b)** [shops] les petits commerçants *mpl*. ❖ noun ▸ **the small of the back** le creux OR le bas des reins. ◆ **smalls** pl n UK *inf* & *dated* dessous *mpl*.

small ads [-ædz] pl n UK petites annonces *fpl*.

small change noun petite monnaie *f*.

small fry noun menu fretin *m*.

smallholder ['smɔ:l,həʊldəʳ] noun UK petit cultivateur *m*, petit exploitant *m* agricole.

smallholding ['smɔ:l,həʊldɪŋ] noun UK petite exploitation *f* agricole.

small-minded adj [attitude, person] mesquin(e).

smallness ['smɔ:lnɪs] noun [of building, person] petite taille *f* ; [of amount, income] modicité *f*, petitesse *f*.

smallpox ['smɔ:lpɒks] noun variole *f*, petite vérole *f*.

small print noun ▸ **the small print** les clauses *fpl* écrites en petits caractères.

small-scale adj [activity, organization] peu important(e).

small screen noun : *the small screen* le petit écran.

small talk noun *(U)* papotage *m*, bavardage *m*.

small-time adj de second ordre.

small-town adj provincial(e) / *small-town America* l'Amérique profonde.

smarmy ['smɑ:mɪ] *(compar* **-ier**, *superl* **-iest)** adj *inf* mielleux(euse).

smart [smɑ:t] ❖ adj **1.** [stylish - person, clothes, car] élégant(e) / *she's a smart dresser* elle s'habille avec beaucoup de chic **2.** [clever] intelligent(e) / *he's a smart lad* il n'est pas bête / *it was smart of her to think of it* c'était futé de sa part d'y penser **3.** [fashionable - club, society, hotel] à la mode, in *(inv)* **4.** [quick - answer, tap] vif (vive), rapide. ❖ vi **1.** [eyes, skin] brûler, piquer / *my face was still smarting from the blow* le visage me cuisait encore du coup que j'avais reçu **2.** [person] être blessé(e).

smart card noun carte *f* à mémoire.

smarten ['smɑ:tn] ◆ **smarten up** vt sep [room] arranger ▸ **to smarten o.s. up** se faire beau (belle).

smartly ['smɑ:tlɪ] adv **1.** [elegantly] avec beaucoup d'allure OR de chic, élégamment **2.** [cleverly] habilement, adroitement **3.** [briskly - move] vivement ; [- act, work] rapidement, promptement **4.** [sharply - reprimand] vertement ; [- reply] du tac au tac, sèchement.

smart money noun *inf* : *all the smart money is on him to win the presidency* il est donné pour favori aux élections présidentielles.

smarty-pants *(pl inv)* noun *inf* : *you're a real smarty-pants, aren't you?* tu crois vraiment tout savoir !

smash [smæʃ] ❖ noun **1.** [sound] fracas *m* **2.** *inf* [car crash] collision *f*, accident *m* **3.** *inf* [success] succès *m* fou **4.** SPORT smash *m*. ❖ vt **1.** [glass, plate] casser, briser **2.** *fig* [defeat] détruire. ❖ vi **1.** [glass, plate] se briser **2.** [crash] ▸ **to smash through sthg** défoncer qqch ▸ **to smash into sthg** s'écraser contre qqch. ◆ **smash up** vt sep casser, briser ; [car] bousiller.

smash-and-grab (raid) noun *vol effectué après avoir brisé une vitrine.*

smashed [smæʃt] adj UK *inf* & *dated* bourré(e).

smash hit noun succès *m* fou.

smashing ['smæʃɪŋ] adj *inf* super *(inv)*.

smash-up noun collision *f*, accident *m*.

smattering ['smætərɪŋ] noun ▸ **to have a smattering of German** savoir quelques mots d'allemand.

smear [smɪəʳ] ❖ noun **1.** [dirty mark] tache *f* **2.** MED frottis *m* **3.** [slander] diffamation *f*. ❖ vt **1.** [smudge] barbouiller, maculer **2.** [spread] ▸ **to smear sthg onto sthg** étaler qqch sur qqch ▸ **to smear sthg with sthg** enduire qqch de qqch **3.** [slander] calomnier.

smear campaign noun campagne *f* de diffamation.

smear test noun UK frottis *m*.

smell [smel] ❖ noun **1.** [odour] odeur *f* **2.** [sense of smell] odorat *m*. ❖ vt *(pt & pp* **-ed** *or* **smelt)** sentir / *I can smell (something) burning* (je trouve que) ça sent le brûlé / *she smelt* OR *she could smell alcohol on his breath* elle s'aperçut que son haleine sentait l'alcool. ❖ vi *(pt & pp* **-ed** *or* **smelt)** **1.** [flower, food] sentir / *I can't smell* je ne sens rien du tout ▸ **to smell of sthg** sentir qqch ▸ **to smell good / bad** sentir bon / mauvais **2.** [smell unpleasantly] sentir (mauvais), puer / *his breath smells* il a mauvaise haleine.

smelly ['smelɪ] *(compar* **-ier**, *superl* **-iest)** adj qui sent mauvais, qui pue.

smelt [smelt] ❖ pt & pp ⟶ **smell.** ❖ vt [metal] extraire par fusion ; [ore] fondre.

smile [smaɪl] ❖ noun sourire *m*. ❖ vi sourire. ❖ vt ▸ **to smile one's agreement** acquiescer d'un sourire.

smiley ['smaɪlɪ] noun smiley.

smiling ['smaɪlɪŋ] adj souriant(e).

smirk [smɜ:k] ❖ noun sourire *m* narquois. ❖ vi sourire d'un air narquois.

smith [smɪθ] noun forgeron *m*.

smithereens [,smɪðə'ri:nz] pl n *inf* ▸ **to be smashed to smithereens** être brisé(e) en mille morceaux.

smithy ['smɪðɪ] *(pl* **-ies)** noun forge *f*.

smitten ['smɪtn] adj *hum* ▸ **to be smitten (with)** être fou (folle) (de).

smock [smɒk] noun blouse *f*.

smog [smɒg] noun smog *m*.

smoke [sməʊk] ❖ noun **1.** *(U)* [from fire] fumée *f* **2.** [act of smoking] ▸ **to have a smoke** **a)** [cigarette] fumer une cigarette **b)** [cigar] fumer un cigare **3.** PHR ▸ **to end in smoke** se solder par un échec, tomber à l'eau. ❖ vt & vi fumer.

smoked [sməʊkt] adj [food] fumé(e).

smoker ['sməʊkəʳ] noun **1.** [person] fumeur *m*, -euse *f* **2.** RAIL compartiment *m* fumeurs.

smokescreen ['sməʊkskriːn] noun *fig* couverture *f*.

smoking ['sməʊkɪŋ] noun ▸ **'no smoking'** 'défense de fumer'.

smoking compartment UK, **smoking car** US noun compartiment *m* fumeurs.

smoky ['sməʊkɪ] (*compar* **-ier**, *superl* **-iest**) adj **1.** [room, air] enfumé(e) **2.** [taste] fumé(e).

smolder US = **smoulder**.

smoldering US = **smouldering**.

smooch [smuːʧ] vi *inf* se bécoter.

smooth [smuːð] ❖ adj **1.** [surface] lisse **2.** [sauce] homogène, onctueux(euse) **3.** [movement] régulier(ère) **4.** [taste] moelleux(euse) **5.** [flight, ride] confortable ; [landing, take-off] en douceur **6.** *pej* [person, manner] doucereux(euse), mielleux(euse) **7.** [operation, progress] sans problèmes. ❖ vt [hair] lisser ; [clothes, tablecloth] défroisser ▸ **to smooth the way** aplanir les difficultés OR les obstacles. ◆ **smooth out** vt sep défroisser. ◆ **smooth over** vt insep [difficulties] aplanir ; [disagreements] arranger.

smoothie ['smuːðɪ] noun *inf* & *pej* : ***he's a real smoothie*** **a)** [in manner] il roule les mécaniques **b)** [in speech] c'est vraiment un beau parleur.

smoothly ['smuːðlɪ] adv **1.** [move] sans heurt **2.** *pej* [suavely] d'un ton doucereux **3.** [without problems] sans problèmes.

smoothness ['smuːðnɪs] noun *(U)* **1.** [of surface] aspect *m* lisse **2.** [of mixture] onctuosité *f* **3.** [of movement] régularité *f* **4.** [of flight, ride] confort *m* **5.** *pej* [of person] caractère *m* doucereux.

smooth-talking [-ˌtɔːkɪŋ] adj doucereux(euse), mielleux(euse).

smother ['smʌðəʳ] vt **1.** [cover thickly] ▸ **to smother sb / sthg with** couvrir qqn / qqch de **2.** [person, fire] étouffer **3.** *fig* [emotions] cacher, étouffer.

smoulder, smolder US ['sməʊldəʳ] vi *lit* & *fig* couver.

smouldering UK, **smoldering** US ['sməʊldərɪŋ] adj [fire, anger, passion] qui couve ; [embers, ruins] fumant(e) ; [eyes] de braise.

SMS [ˌesem'es] (*abbr of* **short message service**) noun sms *m*, texto *m*, mini-message *m*.

smudge [smʌʤ] ❖ noun tache *f* ; [of ink] bavure *f*. ❖ vt [drawing, painting] maculer ; [paper] faire une marque OR trace sur ; [face] salir.

smug [smʌg] (*compar* **-ger**, *superl* **-gest**) adj suffisant(e).

smuggle ['smʌgl] vt **1.** [across frontiers] faire passer en contrebande **2.** [against rules] ▸ **to smuggle sthg in / out** faire entrer / sortir qqch clandestinement.

smuggler ['smʌgləʳ] noun contrebandier *m*, -ère *f*.

smuggling ['smʌglɪŋ] noun *(U)* contrebande *f*.

smugly ['smʌglɪ] adv [say] d'un ton suffisant, avec suffisance ; [look, smile] d'un air suffisant, avec suffisance.

smugness ['smʌgnɪs] noun suffisance *f*.

smut [smʌt] noun **1.** [dirty mark] tache *f* de suie **2.** *(U) pej* [books, talk] obscénités *fpl*.

smutty ['smʌtɪ] (*compar* **-ier**, *superl* **-iest**) adj *pej* [book, language] cochon(onne).

snack [snæk] ❖ noun casse-croûte *m inv*. ❖ vi manger un morceau.

snack bar noun snack *m*, snack-bar *m*.

snag [snæg] ❖ noun [problem] inconvénient *m*, écueil *m*. ❖ vt (*pt & pp* **-ged**, *cont* **-ging**) accrocher. ❖ vi (*pt & pp* **-ged**, *cont* **-ging**) ▸ **to snag (on)** s'accrocher (à).

snail [sneɪl] noun escargot *m*.

snail mail noun *inf* COMPUT poste *f*.

snake [sneɪk] ❖ noun serpent *m*. ❖ vi serpenter.

snakebite ['sneɪkbaɪt] noun **1.** *lit* morsure *f* de serpent **2.** [drink] *mélange de cidre et de bière blonde*.

snakeskin ['sneɪkskɪn] ❖ noun peau *f* de serpent. ❖ comp [shoes, handbag] en (peau de) serpent.

snap [snæp] ❖ adj [decision, election] subit(e) ; [judgment] irréfléchi(e) / ***she made a snap decision to go to Paris*** elle décida tout à coup d'aller à Paris. ❖ noun **1.** [of branch] craquement *m* ; [of fingers] claquement *m* / ***with a snap of his fingers*** en claquant des doigts / ***to open / to close sthg with a snap*** ouvrir / refermer qqch d'un coup sec **2.** [photograph] photo *f* **3.** UK [card game] ≃ bataille *f* **4.** METEOR : ***a cold snap, a snap of cold weather*** une vague de froid **5.** US *inf* [easy task] : ***it's a snap!*** c'est simple comme bonjour ! ❖ vt (*pt & pp* **-ped**, *cont* **-ping**) **1.** [break] casser net **2.** [move] ▸ **to snap sthg open / shut** ouvrir / fermer qqch avec un bruit sec ▸ **to snap one's fingers** claquer des doigts **3.** [speak sharply] dire d'un ton sec. ❖ vi (*pt & pp* **-ped**, *cont* **-ping**) **1.** [break] se casser net **2.** [move] ▸ **to snap into place** s'emboîter avec un bruit sec **3.** [dog] ▸ **to snap at** essayer de mordre **4.** [speak sharply] ▸ **to snap (at sb)** parler (à qqn) d'un ton sec / ***there's no need to snap!*** tu n'as pas besoin de parler sur ce ton-là ! **5.** PHR ▸ **to snap out of it** *inf* réagir, se secouer. ◆ **snap up** vt sep [bargain] sauter sur / ***the records were snapped up in no time*** les disques sont partis OR se sont vendus en un rien de temps.

snappy ['snæpɪ] (*compar* **-ier**, *superl* **-iest**) adj *inf* **1.** [stylish] chic **2.** [quick] prompt(e) ▸ **make it snappy!** dépêche-toi !, et que ça saute !

snapshot ['snæpʃɒt] noun photo *f*.

snare [sneəʳ] ❖ noun piège *m*, collet *m*. ❖ vt prendre au piège, attraper.

snarl [snɑːl] ❖ noun grondement *m*. ❖ vi gronder.

snarl-up noun enchevêtrement *m* ; [of traffic] embouteillage *m*.

snatch [snæʧ] ❖ noun [of conversation] bribe *f* ; [of song] extrait *m*. ❖ vt **1.** [grab] saisir **2.** *fig* [time] réussir à avoir ; [opportunity] saisir ▸ **to snatch a look at sthg** regarder qqch à la dérobée. ❖ vi ▸ **to snatch at sthg** essayer de saisir qqch.

snazzy ['snæzɪ] (*compar* **-ier**, *superl* **-iest**) adj *inf* [clothes, car] beau (belle), super *(inv)* ; [dresser] qui s'habille chic.

sneak [sni:k] ❖ noun *inf* rapporteur *m*, -euse *f*. ❖ vt (US *pt & pp* **snuck**) ▸ **to sneak a look at sb / sthg** regarder qqn / qqch à la dérobée. ❖ vi (US *pt & pp* **snuck**) [move quietly] se glisser ▸ **to sneak up on sb** s'approcher de qqn sans faire de bruit.

sneakers ['sni:kəz] pl n US tennis *mpl*, baskets *fpl*.

sneakily ['sni:kɪlɪ] adv [slyly] sournoisement ; [furtively] en cachette.

sneaking ['sni:kɪŋ] adj secret(ète).

sneak preview noun avant-première *f*.

sneaky ['sni:kɪ] (*compar* **-ier**, *superl* **-iest**) adj *inf* sournois(e).

sneer [snɪəʳ] ❖ noun [smile] sourire *m* dédaigneux ; [laugh] ricanement *m*. ❖ vi **1.** [smile] sourire dédaigneusement **2.** [ridicule] ▸ **to sneer at sthg** tourner qqch en ridicule.

sneering ['snɪərɪŋ] ❖ adj ricaneur(euse), méprisant(e). ❖ noun *(U)* ricanement *m*, ricanements *mpl*.

sneeze [sni:z] ❖ noun éternuement *m*. ❖ vi éternuer ▸ **it's not to be sneezed at!** *inf* il ne faut pas cracher dessus !

sneezing ['sni:zɪŋ] noun éternuement *m* / *his sneezing irritates me* ses éternuements m'agacent ▸ **sneezing fit** crise *f* d'éternuements ▸ **sneezing powder** poudre *f* à éternuer.

snicker ['snɪkəʳ] vi US ricaner.

snide [snaɪd] adj sournois(e).

sniff [snɪf] ❖ noun reniflement *m*. ❖ vt **1.** [smell] renifler **2.** [inhale - drug] sniffer. ❖ vi **1.** [to clear nose] renifler **2.** [to show disapproval] faire la grimace. ◆ **sniff out** vt sep **1.** [detect by sniffing] flairer **2.** *inf* [seek out] rechercher.

sniffer dog ['snɪfəʳ-] noun UK chien *m* renifleur.

sniffle ['snɪfl] vi renifler.

snigger ['snɪgəʳ] UK ❖ noun rire *m* en dessous. ❖ vi ricaner.

sniggering ['snɪgərɪŋ] UK ❖ noun *(U)* rires *mpl* en dessous ; [sarcastic] ricanements *mpl*. ❖ adj ricaneur(euse).

snip [snɪp] ❖ noun UK *inf* [bargain] bonne affaire *f*. ❖ vt (*pt & pp* **-ped**, *cont* **-ping**) couper.

snipe [snaɪp] vi **1.** [shoot] ▸ **to snipe at sb / sthg** canarder qqn / qqch **2.** [criticize] ▸ **to snipe at sb** critiquer qqn sournoisement.

sniper ['snaɪpəʳ] noun tireur *m* isolé.

snippet ['snɪpɪt] noun fragment *m*.

snivel ['snɪvl] (UK *pt & pp* **-led**, *cont* **-ling**, US *pt & pp* **-ed**, *cont* **-ing**) vi geindre.

snivelling UK, **sniveling** US ['snɪvlɪŋ] ❖ adj pleurnicheur(euse), larmoyant(e). ❖ noun *(U)* [crying] pleurnichements *mpl* / *stop your snivelling!* arrête de pleurnicher comme ça !

snob [snɒb] noun snob *mf*.

snobbery ['snɒbərɪ] noun snobisme *m*.

snobbish ['snɒbɪʃ], **snobby** ['snɒbɪ] (*compar* **-ier**, *superl* **-iest**) adj snob *(inv)*.

snog [snɒg] (*pt & pp* **-ged**, *cont* **-ging**) UK *inf* ❖ vi se rouler une pelle. ❖ vt rouler une pelle à. ❖ noun : *to have a snog* se rouler une pelle.

snogging ['snɒgɪŋ] noun UK *inf* : *there was a lot of snogging going on* ça s'embrassait dans tous les coins.

snooker ['snu:kəʳ] ❖ noun [game] ≃ jeu *m* de billard. ❖ vt UK *inf & fig* ▸ **to be snookered** être coincé(e).

snoop [snu:p] vi *inf* fureter.

snooper ['snu:pəʳ] noun *inf* fouineur *m*, -euse *f*.

snooty ['snu:tɪ] (*compar* **-ier**, *superl* **-iest**) adj *inf* prétentieux(euse).

snooze [snu:z] ❖ noun petit somme *m*. ❖ vi faire un petit somme.

snooze button noun bouton *m* de veille.

snore [snɔ:ʳ] ❖ noun ronflement *m*. ❖ vi ronfler.

snoring ['snɔ:rɪŋ] noun *(U)* ronflement *m*, ronflements *mpl*.

snorkel ['snɔ:kl] noun tuba *m*.

snorkelling UK, **snorkeling** US ['snɔ:klɪŋ] noun ▸ **to go snorkelling** faire de la plongée avec un tuba.

snort [snɔ:t] ❖ noun [of person] grognement *m* ; [of horse, bull] ébrouement *m*. ❖ vi [person] grogner ; [horse] s'ébrouer. ❖ vt *drugs sl* sniffer.

snot [snɒt] noun *inf* **1.** [in nose] morve *f* **2.** [person] morveux *m*, -euse *f*.

snotty ['snɒtɪ] (*compar* **-ier**, *superl* **-iest**) adj *inf* **1.** [snooty] prétentieux(euse) **2.** [face, child] morveux(euse).

snout [snaʊt] noun groin *m*.

snow [snəʊ] ❖ noun neige *f*. ❖ impers vb neiger. ◆ **snow in** vt sep ▸ **to be snowed in** être bloqué(e) par la neige. ◆ **snow under** vt sep *fig* ▸ **to be snowed under (with)** être submergé(e) (de).

snowball ['snəʊbɔ:l] ❖ noun boule *f* de neige. ❖ vi *fig* faire boule de neige.

snowbike ['snəʊbaɪk] noun motoneige *f*.

snowboard ['snəʊˌbɔ:d] noun surf *m* des neiges.

snowboarder ['snəʊˌbɔ:dəʳ] noun surfeur *m*, -euse *f* (des neiges).

snowboarding ['snəʊˌbɔ:dɪŋ] noun surf *m* (des neiges).

snow-boot noun après-ski *m*.

snowbound ['snəʊbaʊnd] adj bloqué(e) par la neige.

snowdrift ['snəʊdrɪft] noun congère *f*.

snowdrop ['snəʊdrɒp] noun perce-neige *m inv*.

snowfall ['snəʊfɔ:l] noun chute *f* de neige.

snowflake ['snəʊfleɪk] noun flocon *m* de neige.

snowman ['snəʊmæn] (*pl* **-men**) noun bonhomme *m* de neige.

snowmobile ['snəʊməbi:l] noun scooter *m* des neiges, motoneige *f* QUÉBEC.

snow pea noun US mange-tout *m inv*.

snowplough UK, **snowplow** US ['snəʊplaʊ] noun chasse-neige *m inv*.

snowshoe ['snəʊʃu:] noun raquette *f*.

snowstorm ['snəʊstɔ:m] noun tempête *f* de neige.

snowy ['snəʊɪ] (*compar* **-ier**, *superl* **-iest**) adj neigeux(euse).

SNP (*abbr of* **Scottish National Party**) noun *parti nationaliste écossais*.

Snr, **snr** *abbr of* **senior**.

snub [snʌb] ❖ noun rebuffade *f*. ❖ vt (*pt & pp* **-bed**, *cont* **-bing**) snober, ignorer.

snub-nosed adj au nez retroussé.

snuck [snʌk] pt & pp US ⟶ **sneak**.

snuff [snʌf] noun tabac *m* à priser.

snuffle ['snʌfl] vi renifler.

snug [snʌg] (*compar* **-ger**, *superl* **-gest**) adj **1.** [person] à l'aise, confortable ; [in bed] bien au chaud **2.** [place] douillet(ette) **3.** [close-fitting] bien ajusté(e).

snuggle ['snʌgl] vi se blottir.

snugly ['snʌglɪ] adv **1.** [cosily] douillettement, confortablement / *soon they were settled snugly by the fire* ils se retrouvèrent bientôt réunis autour d'un bon feu **2.** [in fit] : *the skirt fits snugly* la jupe est très ajustée / *the two parts fit together snugly* les deux pièces s'emboîtent parfaitement.

so [səʊ]

❖ adv

1. [to such a degree] si, tellement / *so difficult (that)...* si OR tellement difficile que... / *don't be so stupid!* ne sois pas si bête ! / *he was not so ill (that) he couldn't go out* il n'était pas malade au point de ne pas pouvoir sortir / *we're so glad you could come* nous sommes si contents que vous ayez pu venir / *he's so sweet / kind* il est tellement mignon/gentil / *we had so much work!* nous avions tant de travail ! / *I've never seen so much money / many cars* je n'ai jamais vu autant d'argent/de voitures

2. [in referring back to previous statement, event, etc.] : *so what's the point then?* alors à quoi bon ? / *so you knew already?* alors tu le savais déjà ? ▸ **I don't think so** je ne crois pas ▸ **I'm afraid so** je crains bien que oui / *who says so?* qui dit ça ? / *I told you so!* je vous l'avais (bien) dit ! ▸ **if so** si oui ▸ **is that so?** vraiment ? / *isn't that Jane over there? — why, so it is!* ce ne serait pas Jane là-bas ? — mais si (c'est elle) ! / *so what have you been up to?* alors, qu'est-ce que vous devenez ? ▸ **so what?** *inf* et alors ?, et après ? ▸ **so there!** *inf* là !, et voilà !

3. [also] aussi ▸ **so can / do / would etc. I** moi aussi / *she speaks French and so does her husband* elle parle français et son mari aussi ▸ **as with..., so with** il en va pour... comme pour ▸ **just as some people like family holidays, so others prefer to holiday alone** de même que certains aiment les vacances en famille, de même d'autres préfèrent passer leurs vacances tout seuls

4. [in this way] ▸ **(like) so** comme cela OR ça, de cette façon / *hold your arm out, so* étendez votre bras, comme cela OR ça ▸ **it (just) so happens that...** il se trouve (justement) que... ▸ **she likes everything (to be) just so** elle aime que tout soit parfait

5. [in expressing agreement] ▸ **so there is** en effet, c'est vrai ▸ **so I see** c'est ce que je vois

6. [unspecified amount, limit] : *they pay us so much a week* ils nous payent tant par semaine ▸ **not so much... as** pas tant... que / *it's not so much the money as the time involved* ce n'est pas tant l'argent que le temps que ça demande ▸ **or so** environ, à peu près / *a year / week or so ago* il y a environ un an/une semaine

❖ conj

alors / *he said yes and so we got married* il a dit oui, alors on s'est mariés / *I'm away next week so I won't be there* je suis en voyage la semaine prochaine donc OR par conséquent je ne serai pas là

◆ **so as** conj afin de, pour / *we didn't knock so as not to disturb them* nous n'avons pas frappé pour ne pas les déranger.

◆ **so that** conj [for the purpose that] pour que (+ *subjunctive*) / *he lied so that she would go free* il a menti pour qu'elle soit relâchée / *I took a taxi so that I wouldn't be late* j'ai pris un taxi pour ne pas être en retard.

SO *abbr of* **standing order**.

soak [səʊk] ❖ vt laisser OR faire tremper. ❖ vi **1.** [become thoroughly wet] ▸ **to leave sthg to soak, to let sthg soak** laisser OR faire tremper qqch **2.** [spread] ▸ **to soak into sthg** tremper dans qqch ▸ **to soak through (sthg)** traverser (qqch). ◆ **soak up** vt sep absorber.

soaked [səʊkt] adj trempé(e) ▸ **to be soaked through** être trempé (jusqu'aux os).

soaking ['səʊkɪŋ] adj trempé(e).

so-and-so noun *inf* **1.** [to replace a name] : *Mr so-and-so* Monsieur Untel **2.** [annoying person] enquiquineur *m*, -euse *f*.

soap [səʊp] ❖ noun **1.** *(U)* [for washing] savon *m* **2.** TV soap opera *m*. ❖ vt savonner.

soapbox ['səʊpbɒks] ❖ noun **1.** *lit* caisse *f* à savon ; *fig* [for speaker] tribune *f* improvisée OR de fortune / *get off your soapbox!* ne monte pas sur tes grands chevaux ! **2.** [go-kart] chariot *m* ; ≃ kart *m (sans moteur)*. ❖ comp [orator] de carrefour ; [oratory] de démagogue.

soap opera noun soap opera *m*.

soap powder noun lessive *f*.

soapsuds ['səʊpsʌdz] pl n mousse *f* de savon.

soapy ['səʊpɪ] (*compar* **-ier**, *superl* **-iest**) adj [water] savonneux(euse) ; [taste] de savon.

soar [sɔːʳ] vi **1.** [bird] planer **2.** [balloon, kite] monter **3.** [prices, temperature] monter en flèche **4.** [building, tree, mountain] s'élever, s'élancer **5.** [music, voice] monter.

soaring ['sɔːrɪŋ] adj **1.** [prices, temperature] qui monte en flèche **2.** [building, tree, mountain] qui s'élève **3.** [music, voice] qui monte.

sob [sɒb] ❖ noun sanglot *m.* ❖ vt (*pt & pp* **-bed**, *cont* **-bing**) dire en sanglotant. ❖ vi (*pt & pp* **-bed**, *cont* **-bing**) sangloter.

sobbing ['sɒbɪŋ] noun (*U*) sanglots *mpl.*

sober ['səʊbəʳ] adj **1.** [not drunk] qui n'est pas ivre **2.** [serious] sérieux(euse) **3.** [plain - clothes, colours] sobre. ◆ **sober up** vi dessoûler.

sobering ['səʊbərɪŋ] adj qui donne à réfléchir.

soberly ['səʊbəlɪ] adv [act, speak] avec sobriété OR modération OR mesure ; [dress] sobrement, discrètement / *he said soberly* **a)** [calmly] dit-il d'un ton posé OR mesuré **b)** [solemnly] dit-il d'un ton grave.

sobriety [səʊ'braɪətɪ] noun *fml* [seriousness] sérieux *m.*

sob story noun *inf & pej* histoire *f* larmoyante, histoire *f* à vous fendre le cœur / *he told us some sob story about his deprived childhood* il nous a parlé de son enfance malheureuse OR à faire pleurer dans les chaumières.

Soc. *abbr of* Society.

so-called [-kɔːld] adj **1.** [misleadingly named] soi-disant (*inv*) **2.** [widely known as] ainsi appelé(e).

soccer ['sɒkəʳ] noun football *m.*

sociable ['səʊʃəbl] adj sociable.

social ['səʊʃl] adj social(e) / *they move in high* OR *the best social circles* ils évoluent dans les hautes sphères de la société.

social climber noun *pej* arriviste *mf.*

social club noun club *m.*

social democracy noun social-démocratie *f.*

social event noun événement *m* social.

socialism ['səʊʃəlɪzm] noun socialisme *m.*

socialist ['səʊʃəlɪst] ❖ adj socialiste. ❖ noun socialiste *mf.*

socialite ['səʊʃəlaɪt] noun mondain *m*, -e *f.*

socialize, socialise UK ['səʊʃəlaɪz] vi fréquenter des gens ▸ **to socialize with sb** fréquenter qqn, frayer avec qqn.

socializing, socialising UK ['səʊʃəlaɪzɪŋ] noun fait *m* de fréquenter des gens / *socializing between teachers and pupils is discouraged* les relations entre élèves et professeurs ne sont pas encouragées.

social life noun vie *f* sociale.

socially ['səʊʃəlɪ] adv **1.** [in society] socialement, en société **2.** [outside business] en dehors du travail.

social networking noun réseautage *m* social ▸ **social networking site** site *m* de réseautage social.

social order noun ordre *m* social.

social outcast noun paria *m.*

social science noun sciences *fpl* humaines.

social security noun aide *f* sociale.

social services pl n services *mpl* sociaux.

social studies noun (*U*) sciences *fpl* sociales.

social welfare noun protection *f* sociale.

social work noun (*U*) assistance *f* sociale.

social worker noun assistant social *m*, assistante sociale *f.*

society [sə'saɪətɪ] (*pl* **-ies**) noun **1.** [gen] société *f* **2.** [club] association *f*, club *m.*

socioeconomic ['səʊsɪəʊˌiːkə'nɒmɪk] adj socio-économique.

sociological [ˌsəʊsjə'lɒdʒɪkl] adj sociologique.

sociologist [ˌsəʊsɪ'ɒlədʒɪst] noun sociologue *mf.*

sociology [ˌsəʊsɪ'ɒlədʒɪ] noun sociologie *f.*

sock [sɒk] noun chaussette *f* ▸ **to pull one's socks up** UK *inf & fig* se secouer.

socket ['sɒkɪt] noun **1.** [for light bulb] douille *f* ; [for plug] prise *f* de courant **2.** [of eye] orbite *f* ; [for bone] cavité *f* articulaire.

sod [sɒd] noun **1.** [of turf] motte *f* de gazon **2.** UK *v inf* [person] con *m.*

soda ['səʊdə] noun **1.** CHEM soude *f* **2.** [soda water] eau *f* de Seltz **3.** US [fizzy drink] soda *m.*

soda water noun eau *f* de Seltz.

sodden ['sɒdn] adj trempé(e), détrempé(e).

sodium ['səʊdɪəm] noun sodium *m.*

sodomy ['sɒdəmɪ] noun sodomie *f.*

sofa ['səʊfə] noun canapé *m.*

sofa bed noun canapé-lit *m.*

Sofia ['səʊfjə] noun Sofia.

soft [sɒft] adj **1.** [not hard] doux (douce), mou (molle) / *mix to a soft paste* mélanger jusqu'à obtention d'une pâte molle / *soft contact lenses* lentilles *fpl* souples **2.** [smooth, not loud, not bright] doux (douce) / *the cream will make your hands / the leather soft* la crème t'adoucira les mains / assouplira le cuir **3.** [without force] léger(ère) / *city life has made you soft* la vie citadine t'a ramolli **4.** [caring] tendre / *to be soft on sb* *inf* avoir le béguin pour qqn / *to have a soft spot for sb* avoir un faible pour qqn **5.** [lenient] faible, indulgent(e) / *to be soft on sb* faire preuve d'indulgence envers qqn / *to be soft on terrorism* faire preuve de laxisme envers le terrorisme ▸ **it's the soft option** c'est la solution de facilité.

soft-boiled adj à la coque.

soft-centre noun [chocolate] chocolat *m* fourré.

soft drink noun boisson *f* non alcoolisée.

soften ['sɒfn] ❖ vt **1.** [fabric] assouplir ; [substance] ramollir ; [skin] adoucir **2.** [shock, blow] atténuer, adoucir **3.** [attitude] modérer, adoucir / *he has softened his stance on vegetarianism* son attitude envers le végétarisme est plus modérée qu'avant. ❖ vi **1.** [substance] se ramollir **2.** [attitude, person] s'adoucir, se radoucir / *to soften towards sb* se montrer plus indulgent envers qqn. ◆ **soften up** vt sep *inf* [persuade] amadouer.

softener ['sɒfnəʳ] noun [for washing] adoucissant *m*.

softening ['sɒfnɪŋ] noun **1.** [of substance, ground] ramollissement *m* ; [of fabric, material] assouplissement *m*, adoucissement *m* ; [of attitude, expression, voice] adoucissement *m* ; [of colours, contrasts] atténuation *f* / *there has been no softening of attitude on the part of the management* la direction n'a pas modéré son attitude **2.** PHR **softening of the brain** MED ramollissement *m* cérébral.

soft focus noun flou *m* ▸ **in soft focus** en flou.

soft furnishings pl n UK tissus *mpl* d'ameublement.

softhearted [ˌsɒft'hɑːtɪd] adj au cœur tendre.

softie ['sɒftɪ] noun *inf* **1.** [weak] mauviette *f*, mollasson *m*, -onne *f* ; [coward] poule *f* mouillée, dégonflé *m*, -e *f* **2.** [softhearted] sentimental *m*, -e *f* / *he's just a big softie really* au fond, c'est un grand sentimental.

softly ['sɒftlɪ] adv **1.** [gently, quietly] doucement **2.** [not brightly] faiblement **3.** [leniently] avec indulgence.

softness ['sɒftnɪs] noun **1.** [of bed, ground, substance] mollesse *f*, moelleux *m* **2.** [of skin, sound, light] douceur *f* **3.** [lenience] indulgence *f*.

soft-pedal vi *inf* y aller doucement.

soft sell noun *inf* méthode *f* de vente discrète OR non agressive.

soft-spoken adj à la voix douce.

soft top noun *inf* AUTO (voiture *f*) décapotable *f*.

soft toy noun jouet *m* en peluche.

software ['sɒftweəʳ] noun *(U)* COMPUT logiciels *m*, software *m* ▸ **a piece of software** un logiciel.

softy ['sɒftɪ] (*pl* **-ies**) noun *inf* **1.** *pej* [weak person] mauviette *f*, poule *f* mouillée **2.** [sensitive person] : *he's a big softy* c'est un tendre.

soggy ['sɒgɪ] (*compar* **-ier**, *superl* **-iest**) adj trempé(e), détrempé(e).

soil [sɔɪl] ❖ noun *(U)* **1.** [earth] sol *m*, terre *f* **2.** *fig* [territory] sol *m*, territoire *m*. ❖ vt souiller, salir.

soiled [sɔɪld] adj sale.

solace ['sɒləs] noun *liter* consolation *f*, réconfort *m*.

solar ['səʊləʳ] adj solaire.

solar panel noun panneau *m* solaire.

solar power noun énergie *f* solaire.

solar system noun système *m* solaire.

sold [səʊld] pt & pp ⟶ **sell**.

solder ['səʊldəʳ] ❖ noun *(U)* soudure *f*. ❖ vt souder.

soldering iron ['səʊldərɪŋ-] noun fer *m* à souder.

soldier ['səʊldʒəʳ] noun soldat *m*. ◆ **soldier on** vi persévérer.

sold-out adj [tickets] qui ont tous été vendus ; [play, concert] qui joue à guichets fermés.

sole [səʊl] ❖ adj **1.** [only] seul(e), unique **2.** [exclusive] exclusif(ive). ❖ noun **1.** [of foot] semelle *f* **2.** (*pl inv or* **-s**) [fish] sole *f*.

solely ['səʊllɪ] adv seulement, uniquement ▸ **solely responsible** seul OR entièrement responsable.

solemn ['sɒləm] adj solennel(elle) ; [person] sérieux(euse).

solemnity [sə'lemnətɪ] (*pl* **-ies**) noun **1.** [serious nature] sérieux *m*, gravité *f* **2.** [formality] solennité *f* / *she was received with great solemnity* elle fut accueillie très solennellement **3.** *(usu pl) fml* [solemn event] solennité *f*.

solemnly ['sɒləmlɪ] adv **1.** [speak, behave] avec solennité, sérieusement **2.** [promise, swear] solennellement.

sole trader noun UK COMM entreprise *f* unipersonnelle OR individuelle.

solicit [sə'lɪsɪt] ❖ vt *fml* [request] solliciter. ❖ vi [prostitute] racoler.

solicitor [sə'lɪsɪtəʳ] noun UK LAW notaire *m*.

solicitous [sə'lɪsɪtəs] adj *fml* **1.** [caring] plein(e) de sollicitude **2.** [anxious] ▸ **solicitous about** OR **for** préoccupé(e) de, soucieux(euse) de.

solid ['sɒlɪd] ❖ adj **1.** [not fluid, sturdy, reliable] solide / *frozen solid* complètement gelé / *he's a good solid worker* c'est un bon travailleur / *we have the solid support of the electorate* nous avons le soutien massif des électeurs ▸ **to be on solid ground** a) *lit* être sur la terre ferme b) *fig* être en terrain sûr **2.** [not hollow - tyres] plein(e) ; [- wood, rock, gold] massif(ive) / *they dug until they reached solid rock* ils ont creusé jusqu'à ce qu'ils atteignent la roche compacte **3.** [without interruption] : *a solid yellow line* une ligne jaune continue / *two hours solid* deux heures d'affilée. ❖ noun solide *m*.

solidarity [ˌsɒlɪ'dærətɪ] noun solidarité *f*.

solidify [sə'lɪdɪfaɪ] (*pt & pp* **-ied**) vi se solidifier.

solidly ['sɒlɪdlɪ] adv **1.** [sturdily] solidement **2.** [completely] tout à fait, absolument **3.** [without interruption] sans s'arrêter, sans interruption.

soliloquy [sə'lɪləkwɪ] (*pl* **-ies**) noun soliloque *m*.

solitaire [ˌsɒlɪ'teəʳ] noun **1.** [jewel, board game] solitaire *m* **2.** US [card game] réussite *f*, patience *f*.

solitary ['sɒlɪtrɪ] adj **1.** [lonely, alone] solitaire **2.** [just one] seul(e).

solitary confinement noun isolement *m* cellulaire.

solitude ['sɒlɪtjuːd] noun solitude *f*.

solo ['səʊləʊ] ❖ adj solo *(inv)*. ❖ noun (*pl* **-s**) solo *m*. ❖ adv en solo.

soloist ['səʊləʊɪst] noun soliste *mf*.

Solomon Islands ['sɒləmən-] pl n ▸ **the Solomon Islands** les îles *fpl* Salomon ▸ **in the Solomon Islands** dans les îles Salomon.

solstice ['sɒlstɪs] noun solstice *m*.

soluble ['sɒljʊbl] adj soluble.

solution [sə'luːʃn] noun **1.** [to problem] ▸ **solution (to)** solution *f* (de) **2.** [liquid] solution *f*.

solve [sɒlv] vt résoudre.

solvency ['sɒlvənsɪ] noun solvabilité *f*.

solvent ['sɒlvənt] ❖ adj FIN solvable. ❖ noun dissolvant *m*, solvant *m*.

solvent abuse noun usage *m* de solvants.

Somali [sə'mɑ:lɪ] ❖ adj somali(e), somalien(enne). ❖ noun **1.** [person] Somali *m*, -e *f*, Somalien *m*, -enne *f* **2.** [language] somali *m*.

Somalia [sə'mɑ:lɪə] noun Somalie *f* ▸ **in Somalia** en Somalie.

some [sʌm] ❖ adj **1.** [a certain amount, number of] : *some meat* de la viande / *some money* de l'argent / *some coffee* du café / *some sweets* des bonbons / *I met some old friends last night* j'ai rencontré de vieux amis hier soir / *you must have some idea of how much it will cost* vous devez avoir une petite idée de combien ça va coûter **2.** [fairly large number or quantity of] quelque / *I had some difficulty getting here* j'ai eu quelque mal à venir ici / *I've known him for some years* je le connais depuis plusieurs années OR pas mal d'années ▸ **we haven't seen them for some time** ça fait quelque temps qu'on ne les a pas vus **3.** *(contrastive use)* [certain] : *some jobs are better paid than others* certains boulots sont mieux rémunérés que d'autres / *some people like his music* il y en a qui aiment sa musique **4.** [in imprecise statements] quelque, quelconque / *she married some writer or other* elle a épousé un écrivain quelconque OR quelque écrivain ▸ **there must be some mistake** il doit y avoir erreur **5.** *inf* [very good] : *that was some party!* c'était une soirée formidable !, quelle soirée ! **6.** *inf* & *iro* [not very good] : *some party that was!* tu parles d'une soirée ! / *some help you are!* tu parles d'une aide !, beaucoup tu m'aides ! ❖ pron **1.** [a certain amount] : *can I have some?* [money, milk, coffee] est-ce que je peux en prendre ? / *I've got too much cake: do you want some?* j'ai trop de gâteau, en voulez-vous un peu ? / *some of the snow had melted* une partie de la neige avait fondu / *some of it is mine* une partie est à moi **2.** [a certain number] quelques-uns (quelques-unes), certains (certaines) / *can I have some?* [books, pens, potatoes] est-ce que je peux en prendre (quelques-uns) ? / *if you need pencils, take some of these / mine* si vous avez besoin de crayons à papier, prenez quelques-uns de ceux-ci / des miens / *some (of them) left early* quelques-uns d'entre eux sont partis tôt / *some say he lied* certains disent OR il y en a qui disent qu'il a menti. ❖ adv quelque, environ / *there were some 7,000 people there* il y avait quelque OR environ 7 000 personnes.

somebody ['sʌmbədɪ] ❖ pron quelqu'un. ❖ noun : *he really thinks he's somebody* il se prend pour OR se croit quelqu'un.

someday ['sʌmdeɪ] adv un jour, un de ces jours.

somehow ['sʌmhaʊ], **someway** US ['sʌmweɪ] adv **1.** [by some action] d'une manière ou d'une autre **2.** [for some reason] pour une raison ou pour une autre.

someone ['sʌmwʌn] pron quelqu'un.

someplace US = **somewhere**.

somersault ['sʌməsɔ:lt] ❖ noun cabriole *f*, culbute *f*. ❖ vi faire une cabriole OR culbute.

something ['sʌmθɪŋ] ❖ pron **1.** [unknown thing] quelque chose / *something odd / interesting* quelque chose de bizarre / d'intéressant / *he gave them something to eat / drink* il leur a donné à manger / boire / *you can't get something for nothing* on n'a rien pour rien / *there's something about him that reminds me of Gary* il y a quelque chose chez lui qui me rappelle Gary / *she's something in the City / in insurance* elle travaille dans la finance / dans les assurances ▸ **or something** *inf* ou quelque chose comme ça / *are you deaf or something?* tu es sourd ou quoi ? **2.** [useful thing] : *(at least) that's something* c'est toujours ça, c'est déjà quelque chose / *there's something in what you say* il y a du vrai dans ce que vous dites **3.** / *to be* OR *have something to do with* avoir un rapport avec PHR **that's really something!** ce n'est pas rien ! / *he's forty something* il a dans les quarante ans ▸ **she's something of a cook** elle est assez bonne cuisinière ▸ **I'm sure she's got something going with him** *inf* je suis sûr qu'il y a quelque chose entre elle et lui. ❖ adv ▸ **something like, something in the region of** environ, à peu près.

sometime ['sʌmtaɪm] ❖ adj ancien(enne). ❖ adv un de ces jours / *sometime last week* la semaine dernière.

sometimes ['sʌmtaɪmz] adv quelquefois, parfois.

someway US = **somehow**.

somewhat ['sʌmwɒt] adv quelque peu.

somewhere ['sʌmweəʳ], **someplace** US ['sʌmpleɪs] adv **1.** [unknown place] quelque part ▸ **somewhere near here** près d'ici / *she's somewhere around* elle est quelque part par là, elle n'est pas loin / *I'm looking for somewhere to stay* je cherche un endroit où loger **2.** [used in approximations] environ, à peu près / *she earns somewhere around $2,000 a month* elle gagne quelque chose comme 2 000 dollars par mois **3.** PHR **to be getting somewhere** avancer, faire des progrès.

son [sʌn] noun fils *m*.

sonar ['səʊnɑ:ʳ] noun sonar *m*.

sonata [sə'nɑ:tə] noun sonate *f*.

song [sɒŋ] noun chanson *f* ; [of bird] chant *m*, ramage *m* ▸ **for a song** *inf* [cheaply] pour une bouchée de pain ▸ **to make a song and dance about sthg** UK *inf* faire toute une histoire OR tout un plat à propos de qqch.

songbird ['sɒŋbɜ:d] noun oiseau *m* chanteur.

songwriter ['sɒŋˌraɪtəʳ] noun [of lyrics] parolier *m*, -ère *f* ; [of music] compositeur *m*, -trice *f* ; [of lyrics and music] auteur-compositeur *m*.

sonic ['sɒnɪk] adj sonique.

son-in-law (*pl* **sons-in-law**) noun gendre *m*, beau-fils *m*.

sonnet ['sɒnɪt] noun sonnet *m*.

sonny ['sʌnɪ] noun *inf* fiston *m*.

son-of-a-bitch (*pl* **sons-of-bitches**) noun UK *v inf* salaud *m*, fils *m* de pute.

sonorous ['sɒnərəs] adj *liter* **1.** [resonant] sonore **2.** [grandiloquent] grandiloquent(e).

soon [su:n] adv **1.** [before long] bientôt ▸ **soon after** peu après **2.** [early] tôt / *write back soon* réponds-moi vite / *how soon will it be ready?* ce sera prêt quand ?, dans combien de temps est-ce que ce sera prêt ? ▸ **as soon as** dès que, aussitôt que **3.** PHR **I'd just as soon…** je préférerais…, j'aimerais autant….

sooner ['su:nər] adv **1.** [in time] plus tôt ▸ **no sooner… than…** à peine… que… ▸ **sooner or later** tôt ou tard / *no sooner said than done!* aussitôt dit, aussitôt fait ! **2.** [expressing preference] ▸ **I would sooner…** je préférerais…, j'aimerais mieux… / *I'd sooner die than go through that again!* plutôt mourir que de revivre ça !

soot [sʊt] noun suie *f*.

soothe [su:ð] vt calmer, apaiser.

soothing ['su:ðɪŋ] adj **1.** [pain-relieving] lénifiant(e), lénitif(ive) **2.** [music, words] apaisant(e).

sooty ['sʊtɪ] (*compar* **-ier**, *superl* **-iest**) adj couvert(e) de suie.

sop [sɒp] noun ▸ **sop (to)** concession *f* (à).

SOP (*abbr of* **standard operating procedure**) noun *marche à suivre normale*.

sophisticated [sə'fɪstɪkeɪtɪd] adj **1.** [stylish] raffiné(e), sophistiqué(e) **2.** [intelligent] averti(e) **3.** [complicated] sophistiqué(e), très perfectionné(e).

sophistication [səˌfɪstɪ'keɪʃn] noun **1.** [stylishness] raffinement *m*, sophistication *f* **2.** [intelligence] intelligence *f* **3.** [complexity] sophistication *f*, perfectionnement *m*.

sophomore ['sɒfəmɔ:r] noun US [in high school] étudiant *m*, -e *f* de seconde année.

soporific [ˌsɒpə'rɪfɪk] adj soporifique.

sopping ['sɒpɪŋ] adj *inf* ▸ **sopping (wet)** tout trempé (toute trempée).

soppy ['sɒpɪ] (*compar* **-ier**, *superl* **-iest**) adj *inf* **1.** [sentimental - book, film] à l'eau de rose ; [- person] sentimental(e) **2.** [silly] bêta(asse), bête.

soprano [sə'prɑ:nəʊ] (*pl* **-s**) noun [person] soprano *mf* ; [voice] soprano *m*.

sorbet ['sɔ:beɪ] noun sorbet *m*.

sorcerer ['sɔ:sərər] noun sorcier *m*.

sorcery ['sɔ:sərɪ] noun sorcellerie *f*.

sordid ['sɔ:dɪd] adj sordide.

sore [sɔ:r] ❖ adj **1.** [painful] douloureux(euse) ▸ **to have a sore throat** avoir mal à la gorge **2.** US [upset] fâché(e), contrarié(e) **3.** *liter* [great] ▸ **to be in sore need of sthg** avoir grandement besoin de qqch. ❖ noun plaie *f*.

sorely ['sɔ:lɪ] adv *liter* [needed] grandement.

sorority [sə'rɒrətɪ] noun US association *f* d'étudiantes très sélective *(au nom composé de lettres grecques et aux nombreux rites d'initiation)*.

sorrow ['sɒrəʊ] noun peine *f*, chagrin *m*.

sorrowful ['sɒrəʊfʊl] adj *liter* triste, affligé(e).

sorry ['sɒrɪ] ❖ adj (*compar* **-ier**, *superl* **-iest**) **1.** [expressing apology, disappointment] désolé(e) / *I'm sorry we won't be able to fetch you* je regrette que OR je suis désolé que nous ne puissions venir vous chercher ▸ **to be sorry about sthg** s'excuser pour qqch ▸ **to be sorry to do sthg** être désolé OR regretter de faire qqch / *(I'm) sorry to have bothered you* (je suis) désolé de vous avoir dérangé / *he said he was sorry* il a présenté ses excuses / *I'm so* OR *very* OR *terribly sorry* je suis vraiment navré ▸ **to say sorry** s'excuser ▸ **what can sorry do?** les excuses, ça sert à quoi ? **2.** [regretful] ▸ **to be sorry for sthg** regretter qqch / *you'll be sorry for this* tu le regretteras / *I'm sorry I ever came here!* je regrette d'être venu ici ! **3.** [pity] ▸ **to be** OR **to feel sorry for sb** plaindre qqn / *she felt sorry for him and gave him a pound* elle eut pitié de lui et lui donna une livre ▸ **to be** OR **to feel sorry for o.s.** s'apitoyer sur soi-même OR sur son propre sort / *he's just feeling a bit sorry for himself* il est juste un peu déprimé **4.** [poor] ▸ **in a sorry state** en piteux état, dans un triste état / *they were a sorry sight after the match* ils étaient dans un triste état après le match / *it's a sorry state of affairs* c'est bien triste. ❖ excl **1.** [expressing apology] pardon !, excusez-moi ! / *sorry, we're sold out* désolé, on n'en a plus **2.** [asking for repetition] pardon ?, comment ? **3.** [to correct oneself] non, pardon OR je veux dire.

sort [sɔ:t] ❖ noun genre *m*, sorte *f*, espèce *f* / *what sort of car have you got?* qu'est-ce que tu as comme voiture ? / *it's a strange sort of film* c'est un drôle de film / *I think that he's some sort of specialist* OR *that he's a specialist of some sort* je crois que c'est un genre de spécialiste / *I know your sort!* les gens de ton espèce, je les connais ! ▸ **sort of** [rather] plutôt, quelque peu / *I'm sort of glad that I missed them* je suis plutôt content de les avoir ratés / *did you hit him? — well, sort of* tu l'as frappé ? — en quelque sorte, oui ▸ **a sort of** une espèce OR sorte de / *they served us champagne of a sort* ils nous ont servi une espèce de champagne ▸ **I said nothing of the sort!** je n'ai rien dit de pareil OR de tel ! ❖ vt trier, classer / *sort the cards into two piles* répartissez les cartes en deux piles / *to sort mail* trier le courrier. ◆ **sorts** pl n ▸ **of sorts** si on veut, si on peut dire ▸ **to be out of sorts** ne pas être dans son assiette, être patraque. ◆ **sort out** vt sep **1.** [tidy up] ranger, classer / *she needs to get her personal life sorted out* il faut qu'elle règle ses problèmes personnels **2.** [solve] résoudre / *I'm trying to sort out what's been going on* j'essaie de savoir OR de comprendre ce qui s'est passé / *things will sort themselves out in the end* les choses finiront par s'arranger / *she needs time to sort herself out* il lui faut du temps pour régler ses problèmes.

sort code noun FIN code *m* guichet.

sorted ['sɔ:tɪd] UK *inf* ❖ adj ▸ **to be sorted** a) [psychologically] être équilibré(e), être bien dans ses baskets b) [have everything one needs] être paré(e) ▸ **to be sorted for sthg** disposer de qqch. ❖ excl super !, génial !

sortie ['sɔ:ti:] noun sortie *f*.

sorting ['sɔ:tɪŋ] noun tri *m*.

sort-out noun UK *inf* ▸ **to have a sort-out** faire du rangement.

SOS (*abbr of* **save our souls**) noun SOS *m*.

so-so *inf* ❖ adj quelconque. ❖ adv comme ci comme ça.

soufflé ['su:fleɪ] noun soufflé *m*.

sought [sɔ:t] pt & pp ⟶ **seek**.

sought-after adj recherché(e), demandé(e).

soul [səʊl] noun **1.** [gen] âme *f* / *I didn't see a soul* je n'ai pas vu âme qui vive **2.** [music] soul *m*.

soul-destroying [-dɪˌstrɔɪɪŋ] adj abrutissant(e).

soulful ['səʊlfʊl] adj [look] expressif(ive) ; [song] sentimental(e).

soulless ['səʊllɪs] adj [job] abrutissant(e) ; [place] sans âme.

soul mate noun âme *f* sœur.

soul-searching noun *(U)* examen *m* de conscience.

sound [saʊnd] ❖ adj **1.** [healthy - body] en bonne santé ▸ **safe and sound** sain et sauf (saine et sauve) ; [mind] sain(e) / *to be of sound mind* être sain(e) d'esprit **2.** [sturdy] solide **3.** [reliable - advice] judicieux(euse), sage ; [- investment] sûr(e) / *we need somebody with a sound grasp of the subject* il nous faut quelqu'un ayant de solides connaissances en la matière / *to show sound judgment* faire preuve de jugement / *he's a sound person* il est super UK *inf*. ❖ adv ▸ **to be sound asleep** dormir à poings fermés, dormir d'un sommeil profond. ❖ noun son *m* ; [particular sound] bruit *m*, son *m* / *don't make a sound!* surtout ne faites pas de bruit ! / *the speed of sound* la vitesse du son / *to turn the sound up / down* monter / baisser le son OR volume / *I don't like the sound of that* *fig* cela ne me dit rien qui vaille ▸ **by the sound of it...** d'après ce que j'ai compris.... ❖ vt [alarm, bell] sonner ▸ **to sound one's horn** klaxonner. ❖ vi **1.** [make a noise] sonner, retentir / *it sounds hollow if you tap it* ça sonne creux / *you sound just like your brother on the phone* tu as la même voix que ton frère OR on dirait vraiment ton frère au téléphone **2.** [seem] sembler, avoir l'air / *the name sounded French* le nom avait l'air d'être OR sonnait français ▸ **to sound like sthg** avoir l'air de qqch / *(that) sounds like a good idea* ça semble être une bonne idée / *it sounds to me as though they don't want to do it* j'ai l'impression qu'ils ne veulent pas le faire. ◆ **sound out** vt sep ▸ **to sound sb out (on** OR **about)** sonder qqn (sur).

sound barrier noun mur *m* du son.

sound bite noun petite phrase *f* *(prononcée par un homme politique, etc. à la radio ou à la télévision pour frapper les esprits)*.

soundcard ['saʊndkɑ:d] noun COMPUT carte *f* son.

sound effects pl n bruitage *m*, effets *mpl* sonores.

-sounding suffix : *a foreign-sounding name* un nom à consonance étrangère.

sounding board noun **1.** THEAT abat-voix *m inv* **2.** *fig* [person] *personne sur laquelle on peut essayer une nouvelle idée*.

soundly ['saʊndlɪ] adv **1.** [beaten] à plates coutures **2.** [sleep] profondément.

soundproof ['saʊndpru:f] adj insonorisé(e).

sound system noun [hi-fi] chaîne *f* hifi ; [PA system] sonorisation *f*.

soundtrack ['saʊndtræk] noun bande-son *f*.

soup [su:p] noun soupe *f*, potage *m*. ◆ **soup up** vt sep *inf* [car] gonfler le moteur de.

souped-up [su:pt-] adj *inf* [engine] gonflé(e), poussé(e) ; [car] au moteur gonflé OR poussé ; [machine, computer program] perfectionné(e).

soup kitchen noun soupe *f* populaire.

soup spoon noun cuiller *f* à soupe.

sour ['saʊəʳ] ❖ adj **1.** [taste, fruit] acide, aigre **2.** [milk] aigre ▸ **to go** OR **turn sour** **a)** tourner à l'aigre **b)** *fig* [relationship] mal tourner, tourner au vinaigre **3.** [ill-tempered] aigre, acerbe. ❖ vt *fig* faire tourner au vinaigre, faire mal tourner. ❖ vi tourner au vinaigre, mal tourner.

source [sɔ:s] noun **1.** [gen] source *f* **2.** [cause] origine *f*, cause *f*.

sour cream noun crème *f* aigre.

sour grapes noun *(U)* *inf* : *what he said was just sour grapes* il a dit ça par dépit.

sourly ['saʊəlɪ] adj aigrement, avec aigreur.

sourness ['saʊənɪs] noun **1.** [of taste, fruit] aigreur *f*, acidité *f* **2.** [of milk, person] aigreur *f*.

south [saʊθ] ❖ noun **1.** [direction] sud *m* **2.** [region] ▸ **the south** le sud ▸ **the South of France** le Sud de la France, le Midi (de la France). ❖ adj sud *(inv)* ; [wind] du sud. ❖ adv au sud, vers le sud ▸ **south of** au sud de.

South Africa noun Afrique *f* du Sud ▸ **in South Africa** en Afrique du Sud ▸ **the Republic of South Africa** la République d'Afrique du Sud.

South African ❖ adj sud-africain(e). ❖ noun [person] Sud-Africain *m*, -e *f*.

South America noun Amérique *f* du Sud ▸ **in South America** en Amérique du Sud.

South American ❖ adj sud-américain(e). ❖ noun [person] Sud-Américain *m*, -e *f*.

southbound ['saʊθbaʊnd] adj qui se dirige vers le sud ; [carriageway] sud *(inv)*.

southeast [ˌsaʊθ'i:st] ❖ noun **1.** [direction] sud-est *m* **2.** [region] ▸ **the southeast** le sud-est. ❖ adj au sud-est, du sud-est ; [wind] du sud-est. ❖ adv au sud-est, vers le sud-est ▸ **southeast of** au sud-est de.

Southeast Asia noun Asie *f* du Sud-Est ▸ **in Southeast Asia** en Asie du Sud-Est.

southeasterly [ˌsaʊθ'i:stəlɪ] adj au sud-est, du sud-est ; [wind] du sud-est ▸ **in a southeasterly direction** vers le sud-est.

southeastern [ˌsaʊθ'i:stən] adj du sud-est, au sud-est.

southerly ['sʌðəlɪ] adj au sud, du sud ; [wind] du sud ▸ **in a southerly direction** vers le sud.

southern ['sʌðən] adj du sud ; [France] du Midi.

southerner ['sʌðənəʳ] noun [gen] homme *m*, femme *f* du sud ; [in continental Europe] méridional *m*, -e *f*.

southernmost ['sʌðənməʊst] adj le plus au sud / *the southernmost town in Chile* la ville la plus au sud du Chili.

south-facing adj [house, wall] (exposé) au sud OR au midi.

South Korea noun Corée *f* du Sud ▸ **in South Korea** en Corée du Sud.

South Korean ❖ adj sud-coréen(enne). ❖ noun Sud-Coréen *m*, -enne *f*.

South Pole noun ▸ **the South Pole** le pôle Sud.

southward ['saʊθwəd] ❖ adj au sud, du sud. ❖ adv = **southwards**.

southwards ['saʊθwədz] adv vers le sud.

southwest [ˌsaʊθ'west] ❖ noun **1.** [direction] sud-ouest *m* **2.** [region] ▸ **the southwest** le sud-ouest. ❖ adj au sud-ouest, du sud-ouest ; [wind] du sud-ouest. ❖ adv au sud-ouest, vers le sud-ouest ▸ **southwest of** au sud-ouest de.

southwesterly [ˌsaʊθ'westəlɪ] adj au sud-ouest, du sud-ouest ; [wind] du sud-ouest ▸ **in a southwesterly direction** vers le sud-ouest.

southwestern [ˌsaʊθ'westən] adj au sud-ouest, du sud-ouest.

souvenir [ˌsu:və'nɪəʳ] noun souvenir *m*.

sovereign ['sɒvrɪn] ❖ adj souverain(e). ❖ noun **1.** [ruler] souverain *m*, -e *f* **2.** [coin] souverain *m*.

sovereignty ['sɒvrɪntɪ] noun souveraineté *f*.

soviet ['səʊvɪət] noun soviet *m*. ◆ **Soviet** ❖ adj soviétique. ❖ noun [person] Soviétique *mf*.

Soviet Union noun ▸ **the (former) Soviet Union** l'(ex-)Union *f* soviétique.

sow[1] [səʊ] (*pt* **-ed**, *pp* **sown** *or* **-ed**) vt *lit* & *fig* semer.

sow[2] [saʊ] noun truie *f*.

sown [səʊn] pp ⟶ **sow**[1]

soya ['sɔɪə] noun soja *m*.

soy sauce [sɔɪ-] noun sauce *f* au soja.

sozzled ['sɒzld] adj UK *inf* rond(e), pompette.

spa [spɑ:] noun station *f* thermale.

space [speɪs] ❖ noun **1.** [gap, roominess, outer space] espace *m* ; [on form] blanc *m*, espace *m* / *your books take up an awful lot of space* tes livres prennent énormément de place / *he cleared a* OR *some space on his desk for the tray* il a fait un peu de place sur son bureau pour le plateau / *please add any further details in the space provided* veuillez ajouter tout détail supplémentaire dans la case prévue à cet effet ▸ **to stare into space** regarder dans le vide **2.** [room] place *f* **3.** [of time] : *within* OR *in the space of ten minutes* en l'espace de dix minutes ▸ **space of time** laps *m* de temps. ❖ comp spatial(e). ❖ vt espacer. ◆ **space out** vt sep espacer.

space age noun ▸ **the space age** l'ère *f* spatiale. ◆ **space-age** adj de l'ère spatiale.

space bar noun barre *f* d'espacement.

spacecraft ['speɪskrɑ:ft] (*pl inv*) noun vaisseau *m* spatial.

spaced-out adj *v inf* shooté(e) / *they were spaced-out on acid* ils étaient shootés à l'acide.

spaceman ['speɪsmæn] (*pl* **-men**) noun astronaute *m*, cosmonaute *m*.

space-saving adj qui fait gagner de la place.

spaceship ['speɪsʃɪp] noun vaisseau *m* spatial.

space shuttle noun navette *f* spatiale.

space station noun station *f* orbitale OR spatiale.

spacesuit ['speɪssu:t] noun combinaison *f* spatiale.

space travel noun astronautique *f* ; [science] voyages *mpl* dans l'espace.

spacing ['speɪsɪŋ] noun TYPO espacement *m*.

spacious ['speɪʃəs] adj spacieux(euse).

spade [speɪd] noun **1.** [tool] pelle *f* **2.** [playing card] pique *m*. ◆ **spades** pl n pique *m* / *the six of spades* le six de pique.

spaghetti [spə'getɪ] noun *(U)* spaghettis *mpl*.

Spain [speɪn] noun Espagne *f* ▸ **in Spain** en Espagne.

Spam® [spæm] noun *pâté de jambon en conserve*.

spam [spæm] noun *inf* pourriel *m*.

spammer ['spæməʳ] noun spammeur *m*.

spamming ['spæmɪŋ] noun *(U)* spam *m*, arrosage *m* *offic*.

span [spæn] ❖ pt ⟶ **spin.** ❖ noun **1.** [in time] espace *m* de temps, durée *f* **2.** [range] éventail *m*, gamme *f* **3.** [of bird, plane] envergure *f* **4.** [of bridge] travée *f* ; [of arch] ouverture *f*. ❖ vt (*pt & pp* **-ned**, *cont* **-ning**) **1.** [in time] embrasser, couvrir **2.** [subj: bridge] franchir.

Spaniard ['spænjəd] noun Espagnol *m*, -e *f*.

spaniel ['spænjəl] noun épagneul *m*.

Spanish ['spænɪʃ] ❖ adj espagnol(e). ❖ noun [language] espagnol *m*. ❖ pl n ▸ **the Spanish** les Espagnols.

spank [spæŋk] ❖ noun fessée *f*. ❖ vt donner une fessée à, fesser.

spanner ['spænəʳ] noun UK clé *f* à écrous.

spar [spɑ:ʳ] ❖ noun espar *m*. ❖ vi (*pt & pp* **-red**, *cont* **-ring**) **1.** [in boxing] s'entraîner à la boxe **2.** [verbally] ▸ **to spar (with)** se disputer (avec).

spare [speəʳ] ❖ adj **1.** [surplus] de trop ; [component, clothing] de réserve, de rechange / *take a spare pullover* prenez un pull de rechange ▸ **spare bed** lit *m* d'appoint **2.** [available - seat, time, tickets] disponible / *call in next time you have a spare moment* passez la prochaine fois que vous aurez un moment de libre / *I'll have some more cake if there's any going spare* *inf* je vais reprendre du gâteau s'il en reste **3.** [lean] maigre, sec (sèche). ❖ noun **1.** [tyre] pneu *m* de rechange OR de secours **2.** [part] pièce *f* détachée OR de rechange. ❖ vt **1.** [make available - staff, money] se passer de ; [- time] disposer de / *spare a thought for their poor parents!* pensez un peu à leurs pauvres parents ! / *come and see us if you can spare the* *time* venez nous voir si vous avez le temps ▸ **to have an hour to spare** avoir une heure de battement OR de libre / *with a minute to spare* avec une minute d'avance / *do you have a few minutes to spare?* avez-vous quelques minutes de libres OR devant vous ? / *with £2 to spare* et il nous/lui etc. reste encore deux livres / *young people with money to spare* des jeunes qui ont de l'argent à dépenser **2.** [not harm] épargner / *to spare sb's feelings* ménager les sentiments de qqn / *to spare sb's life* épargner la vie de qqn **3.** [not use] épargner, ménager ▸ **to spare no expense** ne pas regarder à la dépense / *they spared no expense on the celebrations* ils n'ont reculé devant aucune dépense pour les fêtes / *we shall spare no effort to push the plan through* nous ne reculerons devant aucun effort pour faire accepter le projet **4.** [save from] ▸ **to spare sb sthg** épargner qqch à qqn, éviter qqch à qqn / *I could have spared myself the bother* j'aurais pu m'épargner le dérangement.

spare part noun pièce *f* détachée OR de rechange.

sparerib ['speərɪb] noun travers *m* de porc / *barbecue spareribs* travers de porc grillés sauce barbecue.

spare room noun chambre *f* d'amis.

spare time noun *(U)* temps *m* libre, loisirs *mpl*.

spare tyre UK, **spare tire** US noun **1.** AUTO pneu *m* de rechange OR de secours **2.** *hum* [fat waist] bourrelet *m* (de graisse).

spare wheel noun roue *f* de secours.

sparing ['speərɪŋ] adj ▸ **to be sparing with** OR **of sthg** être économe de qqch, ménager qqch.

sparingly ['speərɪŋlɪ] adv [use] avec modération ; [spend] avec parcimonie.

spark [spɑ:k] ❖ noun *lit* & *fig* étincelle *f*. ❖ vt [interest] susciter, éveiller ; [scandal] provoquer ; [debate] déclencher.

sparkle ['spɑ:kl] ❖ noun *(U)* [of eyes, jewel] éclat *m* ; [of stars] scintillement *m*. ❖ vi étinceler, scintiller.

sparkler ['spɑ:klər] noun [firework] cierge *m* merveilleux.

sparkling ['spɑ:klɪŋ] ❖ adj **1.** [jewel, frost, glass, star] étincelant(e), scintillant(e) ; [sea, lake] étincelant(e), miroitant(e) ; [eyes] étincelant(e), pétillant(e) **2.** [person, conversation, wit, performance] brillant(e) **3.** [soft drink, mineral water] gazeux(euse), pétillant(e). ❖ adv : *sparkling clean / white* d'une propreté/blancheur éclatante.

sparkling wine ['spɑ:klɪŋ-] noun vin *m* mousseux.

spark plug noun bougie *f*.

sparring partner noun **1.** [in boxing] sparring-partner *m* **2.** *fig* adversaire *m*.

sparrow ['spærəʊ] noun moineau *m*.

sparse ['spɑ:s] adj clairsemé(e), épars(e).

sparsely ['spɑ:slɪ] adv [wooded, populated] peu / *the room was sparsely furnished* la pièce contenait peu de meubles.

spartan ['spɑ:tn] adj austère, de spartiate.

spasm ['spæzm] noun **1.** MED spasme *m* ; [of coughing] quinte *f* **2.** [of emotion] accès *m*.

spasmodic [spæz'mɒdɪk] adj spasmodique.

spasmodically [spæz'mɒdɪklɪ] adv de façon intermittente, par à-coups.

spastic ['spæstɪk] ❖ adj MED handicapé(e) moteur. ❖ noun MED handicapé *m*, -e *f* moteur.

spat [spæt] pt & pp ⟶ **spit**.

spate [speɪt] noun [of attacks] série *f*.

spatial ['speɪʃl] adj spatial(e).

spatter ['spætər] ❖ vt éclabousser. ❖ vi gicler.

spatula ['spætjʊlə] noun spatule *f*.

spawn [spɔ:n] ❖ noun *(U)* frai *m*, œufs *mpl*. ❖ vt *fig* donner naissance à, engendrer. ❖ vi [fish, frog] frayer.

speak [spi:k] (*pt* **spoke**, *pp* **spoken**) ❖ vt **1.** [say] dire / *to speak one's mind* dire sa façon de penser ▸ **to speak ill of sb** dire du mal de qqn **2.** [language] parler / *'English spoken'* 'ici on parle anglais'. ❖ vi **1.** [general] parler ▸ **to speak to** OR **with sb** parler à qqn ▸ **to speak to sb about sthg** parler de qqch à qqn ▸ **to speak about sb / sthg** parler de qqn/qqch ▸ **to speak well / highly of sb** dire du bien/beaucoup de bien de qqn / *speak to me!* dites(-moi) quelque chose ! ▸ **nobody to speak of** pas grand-monde ▸ **nothing to speak of** pas grand-chose ; [on telephone] parler / *who's speaking?* **a)** [gen] qui est à l'appareil ? **b)** [switchboard] c'est de la part de qui ? / *Kate Smith speaking* Kate Smith à l'appareil, c'est Kate Smith / *may I speak to Kate? — speaking* puis-je parler à Kate ? — c'est moi **2.** PHR **speak now or forever hold your peace** parlez maintenant ou gardez le silence pour toujours. ◆ **so to speak** adv pour ainsi dire. ◆ **speak for** vt insep [represent] parler pour, parler au nom de ▸ **speak for yourself!** parle pour toi ! / *let her speak for herself!* laisse-la s'exprimer ! ▸ **it speaks for itself** cela tombe sous le sens, c'est évident / *these goods are already spoken for* ces articles sont déjà réservés OR retenus / *she's already spoken for* elle est déjà prise. ◆ **speak out** vi oser prendre la parole / *to speak out for* parler en faveur de ▸ **to speak out against** s'élever contre, se dresser contre / *she spoke out strongly against the scheme* elle a condamné le projet avec véhémence. ◆ **speak up** vi **1.** [support] ▸ **to speak up for sb / sthg** parler en faveur de qqn/qqch, soutenir qqn/qqch / *why didn't you speak up?* pourquoi n'avez-vous rien dit ? **2.** [speak louder] parler plus fort.

speaker ['spi:kər] noun **1.** [person talking] personne *f* qui parle **2.** [person making speech] orateur *m* **3.** [of language] : *a German speaker* une personne qui parle allemand **4.** [loudspeaker] haut-parleur *m*.

speaker phone noun téléphone *m* avec haut-parleur.

speaking ['spi:kɪŋ] ❖ adv : *generally speaking* en général / *politically speaking* politiquement parlant ▸ **speaking as** [in the position of] en tant que / *speaking as a politician* en tant qu'homme politique ▸ **speaking of** [on the subject of] à propos de / *speaking of which* justement, à ce propos. ❖ noun *(U)* discours *m*, parole *f*.

-speaking suffix **1.** [person] : *they're both German / Spanish-speaking* ils sont tous deux germanophones/ hispanophones / *a child of Polish-speaking parents* un enfant dont les parents sont de langue OR d'origine polonaise **2.** [country] : *French / English-speaking countries* les pays francophones/anglophones / *the Arab-speaking world* le monde arabophone.

spear [spɪəʳ] ❖ noun lance *f*. ❖ vt transpercer d'un coup de lance.

spearhead ['spɪəhed] ❖ noun fer *m* de lance. ❖ vt [campaign] mener ; [attack] être le fer de lance de.

spearmint ['spɪəmɪnt] ❖ noun **1.** [plant] menthe *f* verte ; [flavour] menthe *f* **2.** [sweet] bonbon *m* à la menthe. ❖ adj [flavour] de menthe ; [toothpaste, chewing gum] à la menthe.

spec [spek] noun UK *inf* ▸ **on spec** à tout hasard.

special ['speʃl] ❖ adj **1.** [gen] spécial(e) **2.** [needs, effort, attention] particulier(ère) / *it's a special case* c'est un cas particulier OR à part **3.** [valued] cher / *you're very special to me* je tiens beaucoup à toi. ❖ noun **1.** [on menu] plat *m* du jour **2.** TV émission *f* spéciale.

special agent noun [spy] agent *m* secret.

Special Branch noun *renseignements généraux britanniques*.

special constable noun UK auxiliaire *m* de police.

special delivery noun *(U)* [service] exprès *m*, envoi *m* par exprès ▸ **by special delivery** en exprès.

special effects pl n effets *mpl* spéciaux.

specialism ['speʃəlɪzm] noun spécialisation *f* / *my specialism is maths* je me spécialise dans les maths.

specialist ['speʃəlɪst] ❖ adj spécialisé(e). ❖ noun spécialiste *mf*.

speciality UK [,speʃɪ'ælətɪ] *(pl* **-ies**), **specialty** US ['speʃltɪ] *(pl* **-ies**) noun spécialité *f*.

specialization, specialisation UK [,speʃəlaɪ'zeɪʃn] noun spécialisation *f* / *his specialization is computers* il est spécialisé en informatique.

specialize, specialise UK ['speʃəlaɪz] vi ▸ **to specialize (in)** se spécialiser (dans).

specialized, specialised UK ['speʃəlaɪzd] adj spécialisé(e) / *highly specialized equipment* un matériel hautement spécialisé / *we need somebody with specialized knowledge* il nous faut un spécialiste.

specially ['speʃəlɪ] adv **1.** [specifically] spécialement ; [on purpose] exprès **2.** [particularly] particulièrement.

special needs [-ni:dz] noun UK ▸ **special needs children** enfants ayant des difficultés scolaires ▸ **special needs teacher** *enseignant spécialisé s'occupant d'enfants ayant des difficultés scolaires*.

specialty noun US = **speciality**.

species ['spi:ʃi:z] *(pl inv)* noun espèce *f*.

specific [spə'sɪfɪk] adj **1.** [particular] particulier(ère), précis(e) **2.** [precise] précis(e) **3.** [unique] ▸ **specific to** propre à. ◆ **specifics** pl n détails *mpl*.

specifically [spə'sɪfɪklɪ] adv **1.** [particularly] particulièrement, spécialement **2.** [precisely] précisément.

specification [,spesɪfɪ'keɪʃn] noun stipulation *f*. ◆ **specifications** pl n TECH caractéristiques *fpl* techniques, spécification *f*.

specify ['spesɪfaɪ] *(pt & pp* **-ied**) vt préciser, spécifier.

specimen ['spesɪmən] noun **1.** [example] exemple *m*, spécimen *m* **2.** [of blood] prélèvement *m* ; [of urine] échantillon *m*.

specimen signature noun spécimen *m* de signature.

speck [spek] noun **1.** [small stain] toute petite tache *f* **2.** [of dust] grain *m*.

speckled ['spekld] adj ▸ **speckled (with)** tacheté(e) de.

specs [speks] pl n *inf* [glasses] lunettes *fpl*.

spectacle ['spektəkl] noun spectacle *m*. ◆ **spectacles** pl n [glasses] lunettes *fpl*.

spectacular [spek'tækjʊləʳ] ❖ adj spectaculaire. ❖ noun pièce *f* OR revue *f* à grand spectacle.

spectacularly [spek'tækjʊləlɪ] adv [big, beautiful] spectaculairement / *it went spectacularly wrong* ça s'est vraiment très mal passé.

spectate [spek'teɪt] vi regarder, être là en tant que spectateur.

spectator [spek'teɪtəʳ] noun spectateur *m*, -trice *f*.

spectator sport noun sport *m* que l'on regarde en tant que spectateur.

spectre UK, **specter** US ['spektəʳ] noun spectre *m*.

spectrum ['spektrəm] *(pl* **-tra**) noun **1.** PHYS spectre *m* **2.** *fig* [variety] gamme *f*.

speculate ['spekjʊleɪt] ❖ vt ▸ **to speculate that…** émettre l'hypothèse que…. ❖ vi **1.** [wonder] faire des conjectures **2.** FIN spéculer.

speculation [,spekjʊ'leɪʃn] noun **1.** [gen] spéculation *f* **2.** [conjecture] conjectures *fpl*.

speculative ['spekjʊlətɪv] adj spéculatif(ive).

speculator ['spekjʊleɪtəʳ] noun FIN spéculateur *m*, -trice *f*.

sped [sped] pt & pp ⟶ **speed**.

speech [spi:tʃ] noun **1.** *(U)* [ability] parole *f* **2.** [formal talk] discours *m* ▸ **to give** OR **make a speech** faire un discours **3.** THEAT texte *m* **4.** [manner of speaking] façon *f* de parler **5.** [dialect] parler *m*.

speech day noun UK distribution *f* des prix.

speech-impaired adj muet(ette).

speech impediment noun défaut *m* d'élocution.

speechless ['spi:tʃlɪs] adj ▸ **speechless (with)** muet(ette) (de).

speech recognition noun COMPUT reconnaissance *f* de la parole.

speech therapist noun orthophoniste *mf*.

speech therapy noun orthophonie *f*.

speed [spi:d] ❖ noun **1.** vitesse *f* ; [of reply, action] vitesse, rapidité *f* **2.** PHR **to be up to speed** être opérationnel(elle). ❖ vi (*pt & pp* **-ed** *or* **sped**) **1.** [move fast] ▸ **to speed along** aller à toute allure OR vitesse ▸ **to speed away** démarrer à toute allure **2.** AUTO [go too fast] rouler trop vite, faire un excès de vitesse. ◆ **speed up** ❖ vt sep [person] faire aller plus vite ; [work, production] accélérer. ❖ vi aller plus vite ; [car] accélérer.

speedboat ['spi:dbəʊt] noun hors-bord *m inv*.

speed bump noun dos-d'âne *m inv*.

speed camera noun cinémomètre *m*.

speed dating noun *rencontre organisée entre plusieurs partenaires potentiels ayant quelques minutes pour décider s'ils veulent se revoir*.

speed-dialling UK, **speed-dialing** US noun (*U*) TELEC numérotation *f* rapide.

speedily ['spi:dɪlɪ] adv [quickly] vite, rapidement ; [promptly] promptement, sans tarder ; [soon] bientôt.

speeding ['spi:dɪŋ] noun (*U*) excès *m* de vitesse.

speed limit noun limitation *f* de vitesse.

speedometer [spɪ'dɒmɪtəʳ] noun compteur *m* (de vitesse).

speedway ['spi:dweɪ] noun **1.** (*U*) SPORT course *f* de motos **2.** US [road] voie *f* express.

speedy ['spi:dɪ] (*compar* **-ier**, *superl* **-iest**) adj rapide.

spell [spel] ❖ noun **1.** [period of time] période *f* **2.** [enchantment] charme *m* ; [words] formule *f* magique ▸ **to cast** OR **put a spell on sb** jeter un sort à qqn, envoûter qqn ▸ **to be under sb's spell** *lit* & *fig* être sous le charme de qqn. ❖ vt (UK *pt & pp* **spelt** *or* **-ed**, US *pt & pp* **-ed**) **1.** [word, name] écrire / *they've spelt my name wrong* ils ont mal écrit mon nom **2.** *fig* [signify] signifier. ❖ vi (UK *pt & pp* **spelt** *or* **-ed**, US *pt & pp* **-ed**) épeler. ◆ **spell out** vt sep **1.** [read aloud] épeler **2.** [explain] ▸ **to spell sthg out (for** OR **to sb)** expliquer qqch clairement (à qqn) / *do I have to spell it out for you?* est-ce qu'il faut que je mette les points sur les i ?

spellbound ['spelbaʊnd] adj subjugué(e).

spell-check ❖ vt [text, file, document] vérifier l'orthographe de. ❖ noun vérification *f* orthographique.

spell-checker [-tʃekəʳ] noun correcteur *m* OR vérificateur *m* orthographique.

spelling ['spelɪŋ] noun orthographe *f*.

spelling bee noun US concours *m* d'orthographe.

spelt [spelt] pt & pp UK ⟶ **spell**.

spelunking [spe'lʌnkɪŋ] noun US spéléologie *f*.

spend [spend] (*pt & pp* **spent**) ❖ noun dépenses *fpl* / *we must increase our marketing spend* nous devons augmenter le budget marketing. ❖ vt **1.** [pay out] ▸ **to spend money (on)** dépenser de l'argent (pour) / *I consider it money well spent* je considère que c'est un bon investissement **2.** [time, life] passer ; [effort] consacrer / *to spend time on sthg / on doing sthg* passer du temps sur qqch / à faire qqch / *I spent a lot of time and effort on this* j'y ai consacré beaucoup de temps et d'efforts.

spender ['spendəʳ] noun ▸ **to be a big spender** être très dépensier(ère), dépenser beaucoup.

spending ['spendɪŋ] noun (*U*) dépenses *fpl*.

spending money noun argent *m* de poche.

spendthrift ['spendθrɪft] noun dépensier *m*, -ère *f*.

spent [spent] ❖ pt & pp ⟶ **spend.** ❖ adj [fuel, match, ammunition] utilisé(e) ; [patience, energy] épuisé(e).

sperm [spɜ:m] (*pl inv or* **-s**) noun sperme *m*.

spermicide ['spɜ:mɪsaɪd] noun spermicide *m*.

spew [spju:] vt & vi vomir.

SPF (*abbr of* **sun protection factor**) indice *m* de protection solaire.

sphere [sfɪəʳ] noun sphère *f*.

spherical ['sferɪkl] adj sphérique.

sphincter ['sfɪŋktəʳ] noun sphincter *m*.

sphinx [sfɪŋks] (*pl* **-es**) noun sphinx *m*.

spice [spaɪs] ❖ noun **1.** CULIN épice *f* **2.** (*U*) *fig* [excitement] piment *m*. ❖ vt **1.** CULIN épicer **2.** *fig* [add excitement to] pimenter, relever.

spick-and-span [ˌspɪkən'spæn] adj impeccable, nickel (*inv*).

spicy ['spaɪsɪ] (*compar* **-ier**, *superl* **-iest**) adj **1.** CULIN épicé(e) **2.** *fig* [story] pimenté(e), piquant(e).

spider ['spaɪdəʳ] noun araignée *f*.

spider's web, **spiderweb** US ['spaɪdəweb] noun toile *f* d'araignée.

spidery ['spaɪdərɪ] adj en pattes d'araignée.

spiel [ʃpi:l] noun *inf* baratin *m*.

spike [spaɪk] noun [metal] pointe *f*, lance *f* ; [of plant] piquant *m* ; [of hair] épi *m*. ◆ **spikes** pl n chaussures *fpl* à pointes.

spiked [spaɪkt] adj [railings] à pointes de fer ; [shoes] à pointes ; [tyre] clouté(e), à clous.

spiky ['spaɪkɪ] (*compar* **-ier**, *superl* **-iest**) adj [branch, plant] hérissé(e) de piquants ; [hair] en épi.

spill [spɪl] (UK *pt & pp* **spilt** *or* **-ed**, US *pt & pp* **-ed**) ❖ vt renverser. ❖ vi **1.** [liquid] se répandre **2.** [people] ▸ **to spill out of a building** sortir d'un bâtiment en masse. ❖ noun ▸ **toxic spill** déversement *m* de produits toxiques.

spillage ['spɪlɪdʒ] noun [of oil] déversement *m*.

spillover ['spɪlˌəʊvəʳ] noun **1.** [act of spilling] renversement *m* ; [quantity spilt] quantité *f* renversée **2.** [excess] excédent *m* **3.** ECON retombées *fpl* (économiques).

spilt [spɪlt] pt & pp UK ⟶ **spill**.

spin [spɪn] ❖ noun **1.** [turn] ▸ **to give sthg a spin** faire tourner qqch **2.** AERON vrille *f* **3.** *inf* [in car] tour *m* / *the car went into a spin* la voiture a fait un tête-à-queue / *to be in a flat spin* être dans tous ses états **4.** SPORT effet *m* / *to put spin on a ball* donner de l'effet à une balle **5.** POL : *to put the right spin on sthg* présenter qqch sous an angle favorable **6.** [in spin-dryer] essorage *m* / *to give sthg a spin* essorer qqch **7.** *inf* [ride - in car] tour *m*, balade *f* / *to go for a spin* faire une (petite) balade en voiture **8.** *inf* [try] : *to give sthg a spin* essayer OR tenter qqch **9.** [manipulation of facts] :

it was just spin c'était de l'intox *inf.* ❖ vt (*pt* **span** *or* **spun**, *pp* **spun**, *cont* **-ning**) **1.** [wheel] faire tourner ▸ **to spin a coin** jouer à pile ou face **2.** [washing] essorer **3.** [thread, wool, cloth] filer **4.** [subj: spider, silkworm] tisser **5.** SPORT [ball] donner de l'effet à **6.** [invent - tale] inventer, débiter / *he spins a good yarn* il raconte bien les histoires. ❖ vi (*pt* **span** *or* **spun**, *pp* **spun**, *cont* **-ning**) tourner, tournoyer / *the skater / ballerina spun on one foot* le patineur / la ballerine virevolta sur un pied / *the wheels were spinning in the mud* les roues patinaient dans la boue / *he suddenly spun round* il pivota sur ses talons OR se retourna brusquement / *to spin out of control* **a)** [plane] tomber en vrille **b)** [car] faire un tête-à-queue / *my head is spinning* j'ai la tête qui tourne. ◆ **spin out** vt sep [money, story] faire durer / *things are spinning out of control* les choses dérapent complètement OR partent en vrille.

spinach ['spɪnɪdʒ] noun *(U)* épinards *mpl.*

spinal ['spaɪnl] adj [nerve, muscle] spinal(e) ; [ligament, disc] vertébral(e) / *a spinal injury* une blessure à la colonne vertébrale.

spinal cord ['spaɪnl-] noun moelle *f* épinière.

spindly ['spɪndlɪ] (*compar* **-ier**, *superl* **-iest**) adj grêle, chétif(ive).

spin doctor noun *pej expression désignant la personne qui au sein d'un parti politique est chargée de promouvoir l'image de celui-ci.*

spin-dry vt UK essorer.

spin-dryer noun UK essoreuse *f.*

spine [spaɪn] noun **1.** ANAT colonne *f* vertébrale **2.** [of book] dos *m* **3.** [of plant, hedgehog] piquant *m.*

spine-chilling adj qui glace le sang.

spineless ['spaɪnlɪs] adj [feeble] faible, qui manque de cran.

spinning ['spɪnɪŋ] noun [of thread] filage *m.*

spinning top noun toupie *f.*

spin-off noun [by-product] dérivé *m.*

spinster ['spɪnstəʳ] noun célibataire *f* ; *pej* vieille fille *f.*

spiral ['spaɪrəl] ❖ adj spiral(e). ❖ noun spirale *f.* ❖ vi (UK *pt & pp* **-led**, *cont* **-ling**, US *pt & pp* **-ed**, *cont* **-ing**) **1.** [staircase, smoke] monter en spirale **2.** [amount, prices] monter en flèche ▸ **to spiral downwards** descendre en flèche.

spiral staircase noun escalier *m* en colimaçon.

spire ['spaɪəʳ] noun flèche *f.*

spirit ['spɪrɪt] ❖ noun **1.** [gen] esprit *m* ▸ **that's the spirit!** voilà comment il faut réagir !, à la bonne heure ! / *he is with us in spirit* il est avec nous en esprit OR par l'esprit / *she took my remarks in the wrong spirit* elle a mal pris mes remarques / *the spirit of the law* l'esprit de la loi / *to call up the spirits of the dead* évoquer les âmes des morts ▸ **to enter into the spirit of things** **a)** [at party] se mettre au diapason **b)** [in work] participer de bon cœur **2.** *(U)* [determination] caractère *m*, courage *m* / *his spirit was broken* il avait perdu courage. ❖ vt ▸ **to spirit sb out of a building** faire sortir qqn d'un bâtiment de façon secrète. ◆ **spirits** pl n **1.** [mood] humeur *f* ▸ **to be in high spirits** être gai(e) ▸ **to be in low spirits** être déprimé(e) / *you must keep your spirits up* il faut garder le moral, il ne faut pas vous laisser abattre **2.** [alcohol] spiritueux *mpl.* ◆ **spirit away** vt sep [carry off secretly] faire disparaître (comme par enchantement) ; [steal] escamoter, subtiliser.

spirited ['spɪrɪtɪd] adj fougueux(euse) ; [performance] interprété(e) avec brio.

spirit level noun niveau *m* à bulle d'air.

spiritual ['spɪrɪtʃʊəl] adj spirituel(elle).

spiritualism ['spɪrɪtʃʊəlɪzm] noun spiritisme *m.*

spirituality [,spɪrɪtʃʊ'ælətɪ] noun spiritualité *f.*

spiritually ['spɪrɪtʃʊəlɪ] adv spirituellement, en esprit.

spit [spɪt] ❖ noun **1.** *(U)* [spittle] crachat *m* ; [saliva] salive *f* **2.** [skewer] broche *f.* ❖ vi (UK *pt & pp* **spat**, *cont* **-ting**, US *pt & pp* **spit**, *cont* **-ting**) cracher. ❖ impers vb (*pt & pp* **spat**, *cont* **-ting**) UK ▸ **it's spitting** il tombe quelques gouttes. ◆ **spit out** vt sep cracher ▸ **spit it out!** *inf* accouche !

spite [spaɪt] ❖ noun rancune *f* ▸ **to do sthg out of** OR **from spite** faire qqch par malice. ❖ vt contrarier. ◆ **in spite of** prep en dépit de, malgré ▸ **to do sthg in spite of o.s.** faire qqch malgré soi.

spiteful ['spaɪtfʊl] adj malveillant(e).

spitefully ['spaɪtfʊlɪ] adv par dépit, par méchanceté, méchamment.

spit roast noun rôti *m* à la broche. ◆ **spit-roast** vt faire rôtir à la broche.

spitting ['spɪtɪŋ] noun : *'no spitting'* 'défense de cracher' / *he was within spitting distance of me inf* il était à deux pas de moi.

spitting image ['spɪtɪŋ-] noun ▸ **to be the spitting image of sb** être le portrait (tout) craché de qqn.

spittle ['spɪtl] noun *(U)* crachat *m.*

splash [splæʃ] ❖ noun **1.** [sound] plouf *m* **2.** [small quantity] goutte *f* **3.** [of colour, light] tache *f.* ❖ vt **1.** [with water, mud] éclabousser / *I splashed my face with cold water* OR *cold water onto my face* je me suis aspergé le visage d'eau froide OR avec de l'eau froide **2.** PRESS étaler / *the story was splashed across the front page* l'affaire était étalée à la une des journaux. ❖ vi **1.** [person] ▸ **to splash about** OR **around** barboter **2.** [liquid] jaillir. ◆ **splash out** *inf* ❖ vt sep [money] claquer. ❖ vi ▸ **to splash out (on)** dépenser une fortune (pour).

splashdown ['splæʃdaʊn] noun amerrissage *m.*

splashy ['splæʃɪ] adj US *inf* tape-à-l'œil.

splatter ['splætəʳ] ❖ vt éclabousser / *splattered with mud / blood* éclaboussé de boue / sang. ❖ vi [rain] crépiter ; [mud] éclabousser. ❖ noun **1.** [mark - of mud, ink] éclaboussure *f* **2.** [sound - of rain] crépitement *m.*

splay [spleɪ] ❖ vt écarter. ❖ vi ▸ **to splay (out)** s'écarter.

spleen [spliːn] noun **1.** ANAT rate *f* **2.** *(U) fig* [anger] mauvaise humeur *f*.

splendid ['splendɪd] adj splendide ; [work, holiday, idea] excellent(e).

splendidly ['splendɪdlɪ] adv **1.** [marvellously] de façon splendide, splendidement **2.** [magnificently] magnifiquement.

splendour UK, **splendor** US ['splendəʳ] noun splendeur *f*.

splice [splaɪs] vt [join - gen] coller ; [- rope] épisser.

spliff [splɪf] noun *drugs sl* joint *m*.

splint [splɪnt] noun attelle *f*.

splinter ['splɪntəʳ] ❖ noun éclat *m*. ❖ vt [wood] fendre en éclats ; [glass] briser en éclats. ❖ vi [wood] se fendre en éclats ; [glass] se briser en éclats.

splinter group noun groupe *m* dissident.

split [splɪt] ❖ noun **1.** [in wood] fente *f* **2.** [in garment - tear] déchirure *f* ; [- by design] échancrure *f* **3.** POL ▸**split (in)** division *f* OR scission *f* (au sein de) / *there was a three-way split in the voting* les votes étaient répartis en trois groupes **4.** [difference] ▸**split between** écart *m* entre. ❖ vt (*pt & pp* **split**, *cont* **-ting**) **1.** [wood] fendre / *to split sthg in two* OR *in half* casser OR fendre qqch en deux / *he split his head open on the concrete* il s'est fendu le crâne sur le béton / *to split the atom* PHYS fissionner l'atome ▸**to split one's sides (laughing)** se tordre de rire **2.** [clothes] déchirer / *the plastic sheet had been split right down the middle* la bâche en plastique avait été fendue en plein milieu **3.** [family & POL] diviser / *the committee is split on this issue* le comité est divisé sur cette question / *the vote was split down the middle* les deux camps avaient obtenu exactement le même nombre de voix **4.** [share] partager / *they decided to split the work between them* ils ont décidé de se partager le travail / *shall we split a taxi / a dessert?* on partage un taxi un dessert ? ▸**to split the difference** *fig* couper la poire en deux. ❖ vi (*pt & pp* **split**, *cont* **-ting**) **1.** [wood] se fendre ; [clothes] se déchirer / *the ship split in two* le navire s'est brisé (en deux) / *the bag split open* le sac s'est déchiré **2.** POL se diviser ; [road, path] se séparer **3.** US *inf* [leave] se casser. ◆ **splits** pl n ▸**to do the splits** faire le grand écart. ◆ **split off** ❖ vt sep ▸**to split sthg off (from)** enlever OR détacher qqch (de). ❖ vi ▸**to split off (from)** se détacher (de). ◆ **split up** ❖ vt sep ▸**to split sthg up (into)** diviser OR séparer qqch (en) / *the police split up the meeting / crowd* la police a mis fin à la réunion / dispersé la foule. ❖ vi [group, couple] se séparer / *to split up with sb* rompre avec qqn.

split end noun [in hair] fourche *f*.

split-level adj [house] à deux niveaux.

split personality noun ▸**to have a split personality** souffrir d'un dédoublement de la personnalité.

split screen noun écran *m* divisé.

split second noun fraction *f* de seconde.

splitting ['splɪtɪŋ] adj ▸**I've got a splitting headache** j'ai un mal de tête épouvantable OR atroce.

splodge ['splɒdʒ] UK *inf* ❖ noun **1.** [splash - of paint, ink] éclaboussure *f*, tache *f* ; [- of colour] tache *f* **2.** [dollop - of cream, of jam] bonne cuillerée *f*. ❖ vt éclabousser, barbouiller. ❖ vi s'étaler, faire des pâtés.

splurge [splɜːdʒ] *inf* ❖ noun **1.** [spending spree] folie *f*, folles dépenses *fpl* / *I went on* OR *I had a splurge and bought a fur coat* j'ai fait une folie, je me suis acheté un manteau de fourrure **2.** [display] fla-fla *m*, tralala *m* / *the book came out in a splurge of publicity* le livre est sorti avec un grand battage publicitaire / *a great splurge of colour* une débauche de couleur. ❖ vt [spend] dépenser ; [waste] dissiper / *she splurged her savings on a set of encyclopedias* toutes ses économies ont été englouties par l'achat d'une encyclopédie. ◆ **splurge out** vi faire une folie OR des folies / *to splurge out on sthg* se payer qqch.

splutter ['splʌtəʳ] ❖ noun [of person] bafouillage *m*. ❖ vi [person] bredouiller, bafouiller ; [engine] tousser ; [fire] crépiter.

spoil [spɔɪl] (*pt & pp* **-ed** UK *pt & pp* **spoilt**) vt **1.** [ruin - holiday] gâcher, gâter ; [- view] gâter ; [- food] gâter, abîmer **2.** [over-indulge, treat well] gâter ▸**to spoil o.s.** s'offrir une gâterie, se faire plaisir. ◆ **spoils** pl n butin *m*.

spoiled [spɔɪld] adj = **spoilt**.

spoiler ['spɔɪləʳ] noun PRESS *tactique utilisée pour s'approprier le scoop d'un journal rival.*

spoilsport ['spɔɪlspɔːt] noun trouble-fête *mf inv*.

spoilt [spɔɪlt] ❖ pt & pp UK ⟶ **spoil**. ❖ adj [child] gâté(e).

spoke [spəʊk] ❖ pt ⟶ **speak**. ❖ noun rayon *m*.

spoken ['spəʊkn] pp ⟶ **speak**.

spokesman ['spəʊksmən] (*pl* **-men**) noun porte-parole *m inv*.

spokesperson ['spəʊks,pɜːsn] noun porte-parole *mf inv*.

spokeswoman ['spəʊks,wʊmən] (*pl* **-women**) noun porte-parole *f inv*.

sponge [spʌndʒ] ❖ noun **1.** [for cleaning, washing] éponge *f* **2.** [cake] gâteau *m* OR biscuit *m* de Savoie. ❖ vt (UK *cont* **spongeing** US *cont* **sponging**) éponger. ❖ vi (UK *cont* **spongeing** US *cont* **sponging**) *inf* ▸**to sponge off sb** taper qqn.

sponge bag noun UK trousse *f* de toilette.

sponge cake noun gâteau *m* OR biscuit *m* de Savoie.

sponge pudding noun UK pudding *m*.

sponger ['spʌndʒəʳ] noun *inf & pej* parasite *m*.

spongy ['spʌndʒɪ] (*compar* **-ier**, *superl* **-iest**) adj spongieux(euse).

sponsor ['spɒnsəʳ] ❖ noun sponsor *m*. ❖ vt **1.** [finance, for charity] sponsoriser, parrainer **2.** [support] soutenir.

sponsored walk [,spɒnsəd-] noun UK *marche organisée pour recueillir des fonds.*

Sponsored walk

Les **sponsored walks** sont destinés à rassembler des fonds, chaque marcheur établissant une liste des personnes ayant accepté de donner une certaine somme d'argent par kilomètre parcouru. On utilise ce principe pour d'autres activités sportives : **sponsored swim**, **sponsored parachute jump**, etc.

sponsorship ['spɒnsəʃɪp] noun sponsoring *m*, parrainage *m*.

spontaneity [ˌspɒntə'neɪətɪ] noun spontanéité *f*.

spontaneous [spɒn'teɪnjəs] adj spontané(e).

spontaneously [spɒn'teɪnjəslɪ] adv spontanément.

spoof [spu:f] noun ▸ **spoof (of OR on)** parodie *f* (de).

spook [spu:k] vt US faire peur à.

spooky ['spu:kɪ] (*compar* **-ier**, *superl* **-iest**) adj *inf* qui donne la chair de poule.

spool [spu:l] ❖ noun [gen & COMPUT] bobine *f*. ❖ vi faire un spooling.

spoon [spu:n] ❖ noun cuillère *f*, cuiller *f*. ❖ vt ▸ **to spoon sthg onto a plate** verser qqch dans une assiette avec une cuillère.

spoon-feed vt nourrir à la cuillère ▸ **to spoon-feed sb** *fig* mâcher le travail à qqn.

spoonful ['spu:nfʊl] (*pl* **-s** *or* **spoonsful** ['spu:nsfʊl]) noun cuillerée *f*.

sporadic [spə'rædɪk] adj sporadique.

sport [spɔ:t] ❖ noun **1.** [game] sport *m* **2.** *dated* [cheerful person] chic type *m*, chic fille *f*. ❖ vt arborer, exhiber. ◆ **sports** comp de sport.

sporting ['spɔ:tɪŋ] adj **1.** [relating to sport] sportif(ive) **2.** [generous, fair] chic *(inv)* ▸ **to have a sporting chance of doing sthg** avoir des chances de faire qqch.

sports car ['spɔ:ts-] noun voiture *f* de sport.

sports day noun UK réunion *f* sportive scolaire.

sports jacket ['spɔ:ts-] noun veste *f* sport.

sportsman ['spɔ:tsmən] (*pl* **-men**) noun sportif *m*.

sportsmanlike ['spɔ:tsmənlaɪk] adj sportif(ive).

sportsmanship ['spɔ:tsmənʃɪp] noun sportivité *f*, esprit *m* sportif.

sportsperson ['spɔ:tsˌpɜ:sn] (*pl* **-people**) noun sportif *m*, sportive *f*.

sportswear ['spɔ:tsweəʳ] noun *(U)* vêtements *mpl* de sport.

sportswoman ['spɔ:tsˌwʊmən] (*pl* **-women**) noun sportive *f*.

sporty ['spɔ:tɪ] (*compar* **-ier**, *superl* **-iest**) adj *inf* **1.** [person] sportif(ive) **2.** [car, clothes] chic *(inv)*.

spot [spɒt] ❖ noun **1.** [mark, dot] tache *f* / *there isn't a spot on his reputation* sa réputation est sans tache **2.** UK [pimple] bouton *m* / *to come out in spots* avoir une éruption de boutons **3.** [drop] goutte *f* **4.** UK *inf* [small amount] ▸ **to have a spot of lunch** manger un morceau ▸ **to have a spot of bother** avoir quelques ennuis **5.** [place] endroit *m* ▸ **on the spot** sur place ▸ **to do sthg on the spot** faire qqch immédiatement OR sur-le-champ **6.** RADIO & TV numéro *m* **7.** PHR ▸ **to put sb on the spot** embarrasser qqn par des questions. ❖ vt (*pt & pp* **-ted**, *cont* **-ting**) [notice] apercevoir / *well spotted!* bien vu !

spot check noun contrôle *m* au hasard OR intermittent.

spotless ['spɒtlɪs] adj [clean] impeccable.

spotlessly ['spɒtlɪslɪ] adv : *spotlessly clean* reluisant de propreté, d'une propreté impeccable.

spotlight ['spɒtlaɪt] noun [in theatre] projecteur *m*, spot *m* ; [in home] spot *m* ▸ **to be in the spotlight** *fig* être en vedette.

spotlit [-lɪt] adj éclairé par des projecteurs.

spot-on adj UK *inf* absolument exact(e) OR juste, dans le mille.

spotted ['spɒtɪd] adj [pattern, material] à pois.

spotty ['spɒtɪ] (*compar* **-ier**, *superl* **-iest**) adj **1.** UK [skin] boutonneux(euse) **2.** US [patchy] irrégulier(ère).

spouse [spaʊs] noun époux *m*, épouse *f*.

spout [spaʊt] ❖ noun bec *m*. ❖ vt *pej* débiter. ❖ vi ▸ **to spout from** OR **out of** jaillir de.

sprain [spreɪn] ❖ noun entorse *f*. ❖ vt ▸ **to sprain one's ankle / wrist** se faire une entorse à la cheville / au poignet, se fouler la cheville / le poignet.

sprang [spræŋ] pt ⟶ **spring**.

sprat [spræt] noun sprat *m*.

sprawl [sprɔ:l] ❖ noun *(U)* étendue *f*. ❖ vi **1.** [person] être affalé(e) **2.** [city] s'étaler.

sprawling ['sprɔ:lɪŋ] adj [city] tentaculaire.

spray [spreɪ] ❖ noun **1.** *(U)* [of water] gouttelettes *fpl* ; [from sea] embruns *mpl* **2.** [container] bombe *f*, pulvérisateur *m* **3.** [of flowers] gerbe *f*. ❖ vt [product] pulvériser ; [plants, crops] pulvériser de l'insecticide sur. ❖ vi ▸ **to spray over sb / sthg** asperger qqn / qqch.

spray can noun bombe *f*.

spray-on adj en bombe, en aérosol ▸ **spray-on deodorant** déodorant *m* en bombe OR en spray.

spread [spred] ❖ noun **1.** *(U)* [food] pâte *f* à tartiner ▸ **salmon spread** beurre *m* de saumon ▸ **chocolate spread** chocolat *m* à tartiner **2.** [of fire, disease] propagation *f* / *they are trying to prevent the spread of unrest to other cities* ils essaient d'empêcher les troubles d'atteindre OR de gagner d'autres villes **3.** [of opinions] gamme *f* / *the commission represented a broad spread of opinion* la commission représentait un large éventail d'opinions **4.** PRESS double page *f*. ❖ vt (*pt & pp* **spread**) **1.** [map, rug] étaler, étendre ; [fingers, arms, legs] écarter ▸ **it's time you spread your wings** il est temps que vous voliez de vos propres ailes **2.** [butter, jam] ▸ **to spread sthg (on)** étaler qqch (sur) / *he spread butter on a slice of toast* OR *a slice of toast with butter* il a tartiné de beurre une tranche de pain grillé **3.** [disease, rumour, germs] répandre, propager / *the attack is at noon, spread the word!* l'attaque est pour midi, faites passer OR passez le mot ! **4.** [over an area] répandre / *the explosion had spread debris over a large area* l'explosion avait dispersé des débris sur une grande superficie / *to spread o.s. too thinly* disperser ses efforts **5.** [in time] ▸ **to be spread over** s'étaler sur / *to spread (out) the losses over five years* répartir les pertes sur cinq ans **6.** [wealth, work] distribuer, répartir. ❖ vi (*pt & pp* **spread**) **1.** [disease, rumour] se propager, se répandre / *panic spread through the crowd* la panique a envahi OR gagné la foule / *the cancer had spread through her whole body* le cancer s'était généralisé **2.** [water, cloud] s'étaler. ◆ **spread out** ❖ vt sep **1.** [distribute] ▸ **to be spread out** a) [people, houses] être dispersé(e) b) [city, forest] être étendu(e) **2.** [map, rug] étaler, étendre **3.** [fingers, arms, legs] écarter. ❖ vi se disperser / *the search party had spread out through the woods* l'équipe de secours s'était déployée à travers les bois.

spreadsheet ['spredʃi:t] noun COMPUT tableur *m*.

spree [spri:] noun ▸ **to go on a spending** OR **shopping spree** faire des folies.

sprig [sprɪg] noun brin *m*.

sprightly ['spraɪtlɪ] (*compar* **-ier**, *superl* **-iest**) adj alerte, fringant(e).

spring [sprɪŋ] ❖ noun **1.** [season] printemps *m* ▸ **in spring** au printemps **2.** [coil] ressort *m* **3.** [jump] saut *m*, bond *m* **4.** [water source] source *f* **5.** [resilience] élasticité *f* / *the mattress has no spring left* le matelas n'a plus de ressort / *he set out with a spring in his step* il est parti d'un pas alerte. ❖ comp de printemps. ❖ vt (*pt* **sprang**, *pp* **sprung**) **1.** [make known suddenly] ▸ **to spring sthg on sb** annoncer qqch à qqn de but en blanc ▸ **to spring a surprise on sb** surprendre qqn **2.** [develop] ▸ **to spring a leak** faire eau / *the radiator has sprung a leak* il y a une fuite dans le radiateur **3.** *inf* [prisoner] faire sortir / *the gang sprung him from prison with a helicopter* le gang l'a fait évader de prison en hélicoptère. ❖ vi (*pt* **sprang**, *pp* **sprung**) **1.** [jump] sauter, bondir **2.** [move suddenly] ▸ **to spring to one's feet** se lever d'un bond ▸ **to spring into action** passer à l'action ▸ **to spring to life** se mettre en marche / *to spring shut / open* se fermer / s'ouvrir brusquement / *the branch sprang back* la branche s'est redressée d'un coup / *just say the first thing which springs to mind* dites simplement la première chose qui vous vient à l'esprit / *where did you spring from? inf* d'où est-ce que tu sors ? **3.** [originate] ▸ **to spring from** provenir de / *the problem springs from a misunderstanding* le problème provient OR vient d'un malentendu. ◆ **spring up** vi [problem] surgir, se présenter ; [friendship] naître ; [wind] se lever / *new companies are springing up every day* de nouvelles entreprises apparaissent chaque jour.

springboard ['sprɪŋbɔ:d] noun *lit* & *fig* tremplin *m*.

spring-clean ❖ vt nettoyer de fond en comble. ❖ vi faire le nettoyage de printemps.

spring-cleaning noun nettoyage *m* de printemps.

spring onion noun UK ciboule *f*.

spring roll noun rouleau *m* de printemps.

springtime ['sprɪŋtaɪm] noun ▸ **in (the) springtime** au printemps.

springy ['sprɪŋɪ] (*compar* **-ier**, *superl* **-iest**) adj [carpet] moelleux(euse) ; [mattress, rubber] élastique.

sprinkle ['sprɪŋkl] vt ▸ **to sprinkle water over** OR **on sthg, to sprinkle sthg with water** asperger qqch d'eau ▸ **to sprinkle salt over** OR **on sthg, to sprinkle sthg with salt** saupoudrer qqch de sel.

sprinkler ['sprɪŋklə^r] noun [for water] arroseur *m*.

sprinkling ['sprɪŋklɪŋ] noun [of water] quelques gouttes *fpl* ; [of sand] couche *f* légère ▸ **a sprinkling of people** quelques personnes.

sprint [sprɪnt] ❖ noun sprint *m*. ❖ vi sprinter.

sprinter ['sprɪntə^r] noun sprinter *m*.

sprocket ['sprɒkɪt] noun pignon *m*.

sprout [spraʊt] ❖ noun **1.** [vegetable] ▸ **(Brussels) sprouts** choux *mpl* de Bruxelles **2.** [shoot] pousse *f*. ❖ vt [leaves] produire ▸ **to sprout shoots** germer. ❖ vi **1.** [grow] pousser **2.** *fig* [buildings] ▸ **to sprout (up)** surgir.

spruce [spru:s] ❖ adj net (nette), pimpant(e). ❖ noun épicéa *m*. ◆ **spruce up** vt sep astiquer, briquer ▸ **to spruce o.s. up** se faire tout beau.

sprung [sprʌŋ] pp ⟶ **spring**.

spry [spraɪ] (*compar* **-ier**, *superl* **-iest**) adj vif (vive).

spud [spʌd] noun *inf* patate *f*.

spun [spʌn] pt & pp ⟶ **spin**.

spunk [spʌŋk] noun *(U) inf* [courage] cran *m*.

spur [spɜ:^r] ❖ noun **1.** [incentive] incitation *f* **2.** [on rider's boot] éperon *m*. ❖ vt (*pt & pp* **-red**, *cont* **-ring**) **1.** [encourage] ▸ **to spur sb to do sthg** encourager OR inciter qqn à faire qqch **2.** [bring about] provoquer. ◆ **on the spur of the moment** adv sur un coup de tête, sous l'impulsion du moment. ◆ **spur on** vt sep encourager.

spurious ['spʊərɪəs] adj **1.** [affection, interest] feint(e) **2.** [argument, logic] faux (fausse).

spurn [spɜ:n] vt repousser.

spurt [spɜ:t] ❖ noun **1.** [gush] jaillissement *m* **2.** [of activity, energy] sursaut *m* **3.** [burst of speed] accélération *f* ▸ **to put on a spurt** sprinter. ❖ vi **1.** [gush] ▸ **to spurt (out of** OR **from)** jaillir (de) **2.** [run] foncer, sprinter.

sputter ['spʌtə^r] vi [engine] tousser, bafouiller ; [fire] crépiter.

spy [spaɪ] ❖ noun (*pl* **spies**) espion *m*. ❖ vt (*pt & pp* **spied**) *inf* apercevoir. ❖ vi (*pt & pp* **spied**) espionner, faire de l'espionnage ▸ **to spy on sb** espionner qqn.

spying ['spaɪɪŋ] noun *(U)* espionnage *m*.

spyware [spaɪweə^r] noun logiciels *mpl* espions / *a piece of spyware* un logiciel espion.

Sq., sq. *abbr of* **square**.

squabble ['skwɒbl] ❖ noun querelle *f*. ❖ vi ▸ **to squabble (about** OR **over)** se quereller (à propos de).

squad [skwɒd] noun **1.** [of police] brigade *f* **2.** MIL peloton *m* **3.** SPORT [group of players] équipe *f (parmi laquelle la sélection sera faite).*

squadron ['skwɒdrən] noun escadron *m.*

squadron leader noun UK commandant *m.*

squalid ['skwɒlɪd] adj sordide, ignoble.

squall [skwɔ:l] noun [storm] bourrasque *f.*

squalor ['skwɒlər] noun *(U)* conditions *fpl* sordides.

squander ['skwɒndər] vt gaspiller.

square [skweər] ❖ adj **1.** [in shape] carré(e) / *one square metre* UK un mètre carré / *three metres square* trois mètres sur trois **2.** [at right angles] à angle droit / *the shelves aren't square* les étagères ne sont pas droites **3.** [even, equal] : *we're all square* [in money] nous sommes quittes / *they were (all) square at two games each* SPORT ils étaient à égalité deux parties chacun **4.** *inf* [unfashionable] vieux jeu *(inv).* ❖ noun **1.** [shape & MATH] carré *m* / *a square of chocolate* un carré OR morceau de chocolat **2.** [in town] place *f* **3.** *inf* [unfashionable person] : *he's a square* il est vieux jeu **4.** PHR **to be back to square one** se retrouver au point de départ. ❖ adv **1.** [at right angles] : *she set the box square with* OR *to the edge of the paper* elle a aligné la boîte sur les bords de la feuille de papier **2.** [directly] : *he hit the ball square in the middle of the racket* il frappa la balle avec le milieu de sa raquette. ❖ vt **1.** MATH élever au carré / *three squared is nine* trois au carré égale neuf **2.** [reconcile] accorder / *I couldn't square the story with the image I had of him* je n'arrivais pas à faire coïncider cette histoire avec l'image que j'avais de lui **3.** SPORT : *his goal squared the match* son but a mis les équipes à égalité **4.** *inf* [arrange] arranger / *can you square it with the committee?* pourriez-vous arranger cela avec le comité ? ◆ **square up** vi **1.** [settle up] ▸ **to square up with sb** régler ses comptes avec qqn **2.** [for fight] ▸ **to square up to sb** se mettre en posture de combat face à qqn ▸ **to square up to a problem** faire face à un problème.

square bracket noun TYPO crochet *m* / *in square brackets* entre crochets.

squared ['skweəd] adj quadrillé(e).

squarely ['skweəlɪ] adv **1.** [directly] carrément **2.** [honestly] honnêtement.

Square Mile noun *inf la City de Londres, dont la superficie fait environ un mile carré.*

square root noun racine *f* carrée.

squash [skwɒʃ] ❖ noun **1.** SPORT squash *m* **2.** UK [drink] ▸ **orange squash** orangeade *f* **3.** [vegetable] courge *f.* ❖ vt écraser.

squat [skwɒt] ❖ adj *(compar* **-ter**, *superl* **-test)** courtaud(e), ramassé(e). ❖ noun [building] squat *m.* ❖ vi *(pt & pp* **-ted**, *cont* **-ting)** **1.** [crouch] ▸ **to squat (down)** s'accroupir **2.** [in building] squatter.

squatter ['skwɒtər] noun squatter *m.*

squawk [skwɔ:k] ❖ noun cri *m* strident OR perçant. ❖ vi pousser un cri strident OR perçant.

squeak [skwi:k] ❖ noun **1.** [of animal] petit cri *m* aigu **2.** [of door, hinge] grincement *m.* ❖ vi **1.** [mouse] pousser un petit cri aigu **2.** [door, hinge] grincer.

squeaky ['skwi:kɪ] *(compar* **-ier**, *superl* **-iest)** adj [voice, door] grinçant(e) ; [shoes] qui craquent.

squeaky clean adj *inf* **1.** [hands, hair] extrêmement propre **2.** [reputation] sans tache.

squeal [skwi:l] ❖ noun **1.** [of person, animal] cri *m* aigu **2.** [of brakes] grincement *m* ; [of tyres] crissement *m.* ❖ vi **1.** [person, animal] pousser des cris aigus **2.** [brakes] grincer ; [tyres] crisser.

squeamish ['skwi:mɪʃ] adj facilement dégoûté(e).

squeeze [skwi:z] ❖ noun **1.** [pressure] pression *f* / *he gave my hand a reassuring squeeze* il a serré ma main pour me rassurer ▸ **to put the squeeze on sb** *inf* faire pression sur qqn **2.** [amount - of liquid, paste] quelques gouttes *fpl* / *a squeeze of toothpaste* un peu de dentifrice **3.** *inf* [squash] : *it was a squeeze* on était serrés comme des sardines. ❖ vt **1.** [press firmly] presser / *I squeezed as hard as I could* j'ai serré aussi fort que j'ai pu **2.** [liquid, toothpaste] exprimer / *a glass of freshly squeezed orange juice* une orange pressée / *to squeeze the air out of* OR *from sthg* faire sortir l'air de qqch en appuyant dessus ▸ **to squeeze information out of sb** soutirer OR arracher des informations à qqn / *you won't squeeze another penny out of me!* tu n'auras pas un sou de plus ! **3.** [cram] : *she squeezed the ring onto her finger* elle enfila la bague avec difficulté ▸ **to squeeze sthg into sthg** entasser qqch dans qqch **4.** [constrain - profits, budget] réduire ; [- taxpayer, workers] pressurer / *universities are being squeezed by the cuts* les réductions (de budget) mettent les universités en difficulté. ❖ vi ▸ **to squeeze into / under** se glisser dans / sous / *the lorry managed to squeeze between the posts* le camion a réussi à passer de justesse entre les poteaux.

squelch [skweltʃ] vi : *to squelch through mud* patauger dans la boue.

squib [skwɪb] noun [firework] pétard *m* ▸ **it was a damp squib** UK ça a été une déception.

squid [skwɪd] *(pl inv or* **-s)** noun calmar *m.*

squidgy ['skwɪdʒɪ] *(compar* **-ier**, *superl* **-iest)** adj UK *inf* mou *(before vowel or silent 'h'* **mol***)* (molle), spongieux(euse).

squiggle ['skwɪgl] noun gribouillis *m.*

squint [skwɪnt] ❖ noun ▸ **to have a squint** loucher, être atteint(e) de strabisme. ❖ vi ▸ **to squint at sthg** regarder qqch en plissant les yeux.

squire ['skwaɪər] noun [landowner] propriétaire *m.*

squirm [skwɜ:m] vi **1.** [wriggle] se tortiller **2.** *fig* [wince] avoir des haut-le-cœur ▸ **to squirm with embarrassment** ne plus savoir où se mettre.

squirrel [UK 'skwɪrəl, US 'skwɜ:rəl] noun écureuil *m.*

squirt [skwɜ:t] ❖ vt [water, oil] faire jaillir, faire gicler ▸ **to squirt sb / sthg with sthg** asperger qqn / qqch de qqch. ❖ vi ▸ **to squirt (out of)** jaillir (de), gicler (de).

squishy ['skwɪʃɪ] (*compar* **-ier**, *superl* **-iest**) adj *inf* [fruit, wax] mou *(before vowel or silent 'h' **mol**)* (molle) ; [chocolate] ramolli(e) ; [ground] boueux(euse) / *a squishy blob of dough* un petit tas de pâte molle.

Sr *abbr of* **senior, sister**.

Sri Lanka [ˌsriː'læŋkə] noun Sri Lanka *m* ▸ **in Sri Lanka** au Sri Lanka.

Sri Lankan [ˌsriː'læŋkn] ❖ adj sri lankais(e). ❖ noun [person] Sri Lankais *m*, -e *f*.

ssh [ʃ] excl chut !

SSN noun *abbr of* **social security number**.

St 1. (*abbr of* **saint**) St, Ste **2.** *abbr of* **Street**.

ST (*abbr of* **Standard Time**) noun *heure légale*.

stab [stæb] ❖ noun **1.** [with knife] coup *m* de couteau **2.** *inf* [attempt] ▸ **to have a stab (at sthg)** essayer (qqch), tenter (qqch) **3.** [twinge] ▸ **stab of pain** élancement *m* ▸ **stab of guilt** remords *m*. ❖ vt (*pt & pp* **-bed**, *cont* **-bing**) **1.** [person] poignarder ▸ **to stab sb to death** tuer qqn d'un coup/à coups de poignard **2.** [food] piquer. ❖ vi (*pt & pp* **-bed**, *cont* **-bing**) ▸ **to stab at sthg** frapper qqch.

stabbing ['stæbɪŋ] ❖ adj [pain] lancinant(e). ❖ noun agression *f* à coups de couteau.

stability [stə'bɪlətɪ] noun stabilité *f*.

stable ['steɪbl] ❖ adj stable. ❖ noun écurie *f*.

stack [stæk] ❖ noun **1.** [pile] pile *f* **2.** *inf* [large amount] ▸ **stacks OR a stack of** des tas de, un tas de. ❖ vt **1.** [pile up] empiler **2.** [fill] ▸ **to be stacked with** être encombré de. ◆ **stack up** vi US *inf* être à la hauteur.

stackable ['stækəbl] adj empilable.

stadium ['steɪdjəm] (*pl* **-iums** *or* **-ia**) noun stade *m*.

staff [stɑːf] ❖ noun [employees] personnel *m* ; [of school] personnel enseignant, professeurs *mpl*. ❖ vt pourvoir en personnel.

staffing ['stɑːfɪŋ] noun dotation *f* en personnel ▸ **staffing levels** les besoins *mpl* en personnel.

staff room noun UK salle *f* des professeurs.

stag [stæg] (*pl inv or* **-s**) noun cerf *m*.

stage [steɪdʒ] ❖ noun **1.** [phase] étape *f*, phase *f*, stade *m* / *by* OR *in stages* par paliers / *the changes were instituted in stages* les changements ont été introduits progressivement / *to do sthg stage by stage* faire qqch par étapes OR progressivement **2.** [platform] scène *f* / *stage right / left* côté jardin / cour ▸ **on stage** sur scène / *to go on stage* monter sur (la) scène ▸ **to set the stage for sthg** préparer la voie à qqch **3.** [acting profession] ▸ **the stage** le théâtre. ❖ vt **1.** THEAT monter, mettre en scène / *it's the first time the play has been staged* c'est la première fois qu'on monte cette pièce **2.** [organize] organiser / *to stage a hijacking* détourner un avion / *the handshake was staged for the TV cameras* la poignée de main était une mise en scène destinée aux caméras de télévision **3.** [fake - accident] monter, manigancer / *the murder was staged to look like a suicide* le meurtre a été maquillé en suicide.

⚠ The French word stage means a *training course*, not a *stage*.

stage door noun entrée *f* des artistes.

stage fright noun trac *m*.

stagehand ['steɪdʒhænd] noun machiniste *m*.

stage-manage vt *lit & fig* mettre en scène.

stage manager noun THEAT régisseur *m*.

stage name noun nom *m* de scène.

stagflation [stæg'fleɪʃn] noun stagflation *f*.

stagger ['stægəʳ] ❖ vt **1.** [astound] stupéfier **2.** [working hours] échelonner ; [holidays] étaler. ❖ vi tituber.

staggering ['stægərɪŋ] adj stupéfiant(e).

staging ['steɪdʒɪŋ] noun mise *f* en scène.

stagnant ['stægnənt] adj stagnant(e).

stagnate [stæg'neɪt] vi stagner.

stagnation [stæg'neɪʃn] noun stagnation *f*.

stag night, stag party noun [gen] soirée *f* entre hommes ; [before wedding day] : *we're having* OR *holding a stag night for Bob* nous enterrons la vie de garçon de Bob.

staid [steɪd] adj guindé(e), collet monté.

stain [steɪn] ❖ noun [mark] tache *f*. ❖ vt [discolour] tacher.

stained [steɪnd] adj **1.** [marked] taché(e) **2.** [coloured] coloré(e).

stained glass [ˌsteɪnd-] noun *(U)* [windows] vitraux *mpl*.

stainless steel ['steɪnlɪs-] noun acier *m* inoxydable, Inox® *m*.

stair [steəʳ] noun marche *f*. ◆ **stairs** pl n escalier *m*.

staircase ['steəkeɪs] noun escalier *m*.

stairway ['steəweɪ] noun escalier *m*.

stairwell ['steəwel] noun cage *f* d'escalier.

stake [steɪk] ❖ noun **1.** [share] ▸ **to have a stake in sthg** avoir des intérêts dans qqch / *we all have a stake in the education of the young* l'éducation des jeunes nous concerne tous **2.** [wooden post] poteau *m* / *to die* OR *to be burned at the stake* mourir sur le bûcher **3.** [in gambling] enjeu *m* / *to play for high stakes* jouer gros jeu / *to lose one's stake* perdre sa mise. ❖ vt ▸ **to stake money (on OR upon)** jouer OR miser de l'argent (sur) / *he had staked everything on getting the job* il avait tout misé sur l'acceptation de sa candidature ▸ **to stake one's reputation (on)** jouer OR risquer sa réputation (sur) ▸ **to stake a claim to sthg** revendiquer qqch. ◆ **stakes** pl n enjeux *mpl* / *the promotion stakes fig* la course à l'avancement. ◆ **at stake** adv en jeu / *she has a lot at stake* elle joue gros jeu, elle risque gros.

stakeholder ['steɪkˌhəʊldəʳ] noun partie *f* prenante.

stakeholder pension noun *épargne-retraite par capitalisation*.

stakeout ['steɪkaʊt] noun US surveillance *f*.

stalactite ['stæləktaɪt] noun stalactite *f*.

stalagmite ['stæləgmaɪt] noun stalagmite *f*.

stale [steɪl] adj **1.** [food, water] pas frais (fraîche) ; [bread] rassis(e) ; [air] qui sent le renfermé **2.** [person] qui manque d'entrain.

stalemate ['steɪlmeɪt] noun **1.** [deadlock] impasse *f* **2.** CHESS pat *m*.

stalk [stɔ:k] ❖ noun **1.** [of flower, plant] tige *f* **2.** [of leaf, fruit] queue *f*. ❖ vt [hunt] traquer. ❖ vi ▸ **to stalk in / out** entrer / sortir d'un air hautain.

stalker ['stɔ:kər] noun harceleur *m*, -euse *f (qui suit sa victime obsessionnellement)*.

stall [stɔ:l] ❖ noun **1.** [in street, market] éventaire *m*, étal *m* ; [at exhibition] stand *m* **2.** [in stable] stalle *f*. ❖ vt **1.** AUTO caler **2.** [delay - person] faire patienter. ❖ vi **1.** AUTO caler **2.** [delay] essayer de gagner du temps. ◆ **stalls** pl n UK [in cinema, theatre] orchestre *m*.

stalling ['stɔ:lɪŋ] ❖ noun *(U)* atermoiements *mpl*, manœuvres *fpl* dilatoires. ❖ adj : *stalling tactic* manœuvre *f* dilatoire.

stallion ['stæljən] noun étalon *m*.

stalwart ['stɔ:lwət] ❖ adj [loyal] fidèle. ❖ noun pilier *m*.

stamen ['steɪmən] noun étamine *f*.

stamina ['stæmɪnə] noun *(U)* résistance *f*.

stammer ['stæmər] ❖ noun bégaiement *m*. ❖ vi bégayer.

stammering ['stæmərɪŋ] noun [through fear, excitement] bégaiement *m*, balbutiement *m* ; [speech defect] bégaiement *m*.

stamp [stæmp] ❖ noun **1.** [for letter] timbre *m* **2.** [tool] tampon *m* / *he has an Israeli stamp in his passport* il a un tampon de la douane israélienne sur son passeport / *stamp of approval* *fig* approbation *f*, aval *m* **3.** *fig* [of authority] marque *f* / *his story had the stamp of authenticity* son histoire semblait authentique **4.** [noise - of boots] bruit *m* (de bottes) ; [- of audience] trépignement *m*. ❖ vt **1.** [mark by stamping] tamponner / *incoming mail is stamped with the date received* le courrier qui arrive est tamponné à la date de réception / *the machine stamps the time on your ticket* la machine marque OR poinçonne l'heure sur votre ticket **2.** [stomp] ▸ **to stamp one's foot** taper du pied / *he stamped the snow off his boots* il a tapé du pied pour enlever la neige de ses bottes **3.** [envelope, postcard] timbrer, affranchir. ❖ vi **1.** [stomp] taper du pied **2.** [tread heavily] : *he stamped up the stairs* il monta l'escalier d'un pas lourd ▸ **to stamp on sthg** marcher sur qqch. ◆ **stamp out** vt sep [fire] éteindre en piétinant ; [opposition] éliminer ; [corruption, crime] supprimer ; [disease] éradiquer.

stamp album noun album *m* de timbres.

stamp-collecting [-kə,lektɪŋ] noun philatélie *f*.

stamp collector noun collectionneur *m*, -euse *f* de timbres, philatéliste *mf*.

stamp duty noun UK droit *m* de timbre.

stamped addressed envelope ['stæmptə,drest-] noun enveloppe *f* affranchie pour la réponse.

stampede [stæm'pi:d] ❖ noun débandade *f*. ❖ vi s'enfuir à la débandade.

stamping ground ['stæmpɪŋ-] noun *inf* lieu *m* favori.

stance [stæns] noun *lit* & *fig* position *f*.

stand [stænd] ❖ noun **1.** [stall] stand *m* ; [selling newspapers] kiosque *m* **2.** [frame, support - gen] support *m* ▸ **hat stand** porte-chapeaux *m inv* ▸ **umbrella stand** porte-parapluies *m inv* ; [on bicycle, motorbike] béquille *f* ; [COMM - for magazines, sunglasses] présentoir *m* **3.** SPORT tribune *f* **4.** MIL résistance *f* ▸ **to make a stand** résister **5.** [public position] position *f* ▸ **to take a stand on sthg** prendre position sur qqch **6.** US LAW barre *f* ▸ **to take the stand** comparaître à la barre **7.** [for taxis] ▸ **(taxi) stand** station *f* de taxis. ❖ vt *(pt & pp* **stood***)* **1.** [place] mettre (debout), poser (debout) / *to stand sthg on (its) end* faire tenir qqch debout **2.** [withstand, tolerate] supporter / *I can't stand it any longer!* je n'en peux plus ! / *I can't stand (the sight of) him!* je ne peux pas le supporter ! / *she's not strong enough to stand another operation* elle n'est pas assez forte pour supporter une nouvelle opération / *it will stand high temperatures without cracking* cela peut résister à OR supporter des températures élevées sans se fissurer **3.** [treat] ▸ **to stand sb a meal / a drink** payer à déjeuner / à boire à qqn **4.** LAW ▸ **to stand trial** comparaître en jugement **5.** [be likely] ▸ **to stand to do sthg** risquer de faire qqch / *they stand to make a huge profit on the deal* ils ont des chances de faire un bénéfice énorme dans cette affaire / *you don't stand a chance!* vous n'avez pas la moindre chance ! ❖ vi *(pt & pp* **stood***)* **1.** [be upright - person] être OR se tenir debout ; [- object] se trouver ; [- building] se dresser / *I had to stand all the way* j'ai dû voyager debout pendant tout le trajet / *don't just stand there, do something!* ne restez pas là à ne rien faire ! / *excuse me, you're standing on my foot* excusez-moi, vous me marchez sur le pied ▸ **stand still!** ne bouge pas !, reste tranquille ! / *to stand in line* US faire la queue / *the building stands ten storeys high* l'immeuble compte dix étages **2.** [stand up] se lever **3.** [be left undisturbed - dough] reposer ; [- tea] infuser / *the machines stood idle* les machines étaient arrêtées / *time stood still* le temps semblait s'être arrêté **4.** [offer] tenir toujours ; [decision] demeurer valable / *the verdict stands unless there's an appeal* le jugement reste valable à moins que l'on ne fasse appel **5.** [be in particular state] : *I'd like to know where I stand with you* j'aimerais savoir où en sont les choses entre nous ▸ **as things stand…** vu l'état actuel des choses… / *unemployment / production stands at…* le nombre de chômeurs / la production est de… / *he stands accused of rape* il est accusé de viol **6.** [have opinion] ▸ **where do you stand on…?** quelle est votre position sur… ? **7.** UK POL se présenter / *will he stand for re-election?* va-t-il se représenter aux élections ? **8.** US [park car] se garer *(pour un court instant)* ▸ **'no standing'** 'stationnement interdit'. ◆ **stand aside** vi s'écarter / *to stand aside in favour of sb* **a)** [gen] laisser la voie libre à qqn **b)** POL se désister en faveur de qqn. ◆ **stand back** vi reculer / *the painting is better if you stand back from it* le tableau est mieux si vous prenez du recul. ◆ **stand by** ❖ vt insep **1.** [person] soutenir **2.** [statement, decision] s'en tenir à. ❖ vi **1.** [be ready - person] être OR se tenir prêt ; [- army] être en état d'alerte ▸ **to stand by (for sthg / to do sthg)** être prêt(e) (pour qqch / pour faire qqch) / *the police were standing by to disperse the crowd* la police se tenait prête à disperser la foule **2.** [remain inactive] rester là. ◆ **stand down** vi UK [resign] démissionner. ◆ **stand for** vt insep **1.** [signify] représenter / *I detest everything that they stand for!* je déteste tout ce qu'ils représentent ! / *the R stands for Ryan* le R signifie Ryan **2.** [tolerate] supporter, tolérer / *I'm not going to stand for it!* je ne le tolérerai OR permettrai pas ! ◆ **stand in** vi ▸ **to stand in for sb** remplacer qqn. ◆ **stand out** vi ressortir / *the pink stands out against the green background* le rose ressort OR se détache sur le fond vert / *this one book stands out from all his others* ce livre-ci surclasse tous les autres livres qu'il a écrits. ◆ **stand up** ❖ vt sep *inf* [boyfriend, girlfriend] poser un lapin à. ❖ vi **1.** [rise from seat] se lever ▸ **stand up!** debout ! **2.** [claim, evidence] être accepté(e) / *his evidence won't stand up in court* son témoignage ne sera pas valable en justice. ◆ **stand up for** vt insep défendre. ◆ **stand up to** vt insep **1.** [weather, heat] résister à **2.** [person, boss] tenir tête à.

standalone ['stændələʊn] ❖ adj COMPUT [system] autonome. ❖ noun application *f* autonome.

standard ['stændəd] ❖ adj **1.** [normal - gen] normal(e) ; [- size] standard *(inv)* / *catalytic converters are now standard features* les pots catalytiques sont désormais la norme / *it was just a standard hotel room* c'était une chambre d'hôtel ordinaire **2.** [accepted] correct(e) / *there's a standard procedure for reporting accidents* il y a une procédure bien établie pour signaler les accidents **3.** [basic] de base / *the standard works in English poetry* les ouvrages classiques de la poésie anglaise. ❖ noun **1.** [level] niveau *m* / *their salaries are low by European standards* leurs salaires sont bas par rapport aux salaires européens / *most of the goods are* OR *come up to standard* la plupart des marchandises sont de qualité satisfaisante / *he sets high standards for himself* il est très exigeant avec lui-même **2.** [point of reference] critère *m* ; TECH norme *f* / *high safety standards* des règles de sécurité très strictes / *to have high moral standards* avoir de grands principes moraux **3.** [established item] standard *m* ; [tune] standard *m* / *a jazz standard* un classique du jazz **4.** [flag] étendard *m*. ◆ **standards** pl n [principles] valeurs *fpl*.

standardization, standardisation UK [ˌstændədaɪ'zeɪʃn] noun **1.** [gen] standardisation *f* ; [of dimensions, terms] normalisation *f* **2.** TECH [verification] étalonnage *m*.

standardize, standardise UK ['stændədaɪz] vt standardiser.

standard lamp noun UK lampadaire *m*.

standard of living (*pl* **standards of living**) noun niveau *m* de vie.

standby ['stændbaɪ] ❖ noun (*pl* **-s**) [person] remplaçant *m*, -e *f* ▸ **on standby** prêt à intervenir. ❖ comp [ticket, flight] stand-by *(inv)*.

stand-in noun remplaçant *m*, -e *f*.

standing ['stændɪŋ] ❖ adj [invitation, army] permanent(e) ; [joke] continuel(elle) / *it's a standing joke with us* c'est une vieille plaisanterie entre nous. ❖ noun **1.** [reputation] importance *f*, réputation *f* / *people of lower / higher social standing* des gens d'une position sociale moins / plus élevée / *they are a family of some standing in the community* c'est une famille qui jouit d'une certaine position dans la communauté ; [ranking & SPORT] classement *m* / *what's their standing in the league table?* quel est leur classement dans le championnat ? **2.** [duration] ▸ **of long standing** de longue date / *we're friends of 20 years' standing* nous sommes amis depuis 20 ans.

standing charges noun [on bill] frais *mpl* d'abonnement.

standing order noun UK prélèvement *m* automatique.

standing ovation noun ▸ **to give sb a standing ovation** se lever pour applaudir qqn.

standing room noun *(U)* places *fpl* debout.

standoff ['stændɒf] noun **1.** POL [inconclusive clash] affrontement *m* indécis ; [deadlock] impasse *f* / *their debate ended in a standoff* leur débat n'a rien donné **2.** US SPORT [tie] match *m* nul.

standoffish [ˌstænd'ɒfɪʃ] adj distant(e).

standpoint ['stændpɔɪnt] noun point *m* de vue.

standstill ['stændstɪl] noun ▸ **at a standstill** a) [traffic, train] à l'arrêt b) [negotiations, work] paralysé(e) ▸ **to come to a standstill** a) [traffic, train] s'immobiliser b) [negotiations, work] cesser.

stand-up adj **1.** [collar] droit(e) ; [meal] (pris) debout / *a stand-up fight* a) [physical] une bagarre en règle b) [verbal] une discussion violente **2.** PHR **stand-up comic** OR **comedian** comique *mf (qui se produit seul en scène)* ▸ **stand-up counter** OR **diner** US buvette *f*.

stank [stæŋk] pt ⟶ **stink**.

stanza ['stænzə] noun strophe *f*.

staple ['steɪpl] ❖ adj [principal] principal(e), de base. ❖ noun **1.** [for paper] agrafe *f* **2.** [principal commodity] produit *m* de base. ❖ vt agrafer.

staple diet noun nourriture *f* de base.

stapler ['steɪpləʳ] noun agrafeuse *f*.

star [stɑːʳ] ❖ noun **1.** [gen] étoile *f* / *to sleep (out) under the stars* dormir OR coucher à la belle étoile / *to have stars in one's eyes* être sur un petit nuage / *his star is rising* son étoile brille chaque jour davantage ▸ **to see stars** voir trente-six chandelles **2.** [celebrity] vedette *f*, star *f* **3.** [asterisk] astérisque *m*. ❖ comp [quality] de star ▸ **star performer** vedette *f* / *to give sb star billing* mettre qqn en tête d'affiche / *the hotel gives all its clients star treatment* cet hôtel offre à sa clientèle un service de première classe. ❖ vt (*pt & pp* **-red**, cont -ring) CIN & THEAT avoir pour vedette / *the play starred David Caffrey* la pièce avait pour vedette David Caffrey. ❖ vi (pt & pp -red, cont -ring) ▸ **to star (in)** être la vedette (de) / *who starred with Redford in "The Sting"?* qui jouait avec Redford dans « l'Arnaque » ? ◆ **stars** pl n horoscope *m*.

star attraction noun attraction *f* principale, clou *m*.

starboard ['stɑ:bəd] ❖ adj de tribord. ❖ noun ▸ **to starboard** à tribord.

starch [stɑ:ʧ] noun amidon *m*.

starchy ['stɑ:ʧɪ] (compar -ier, superl -iest) adj [food] féculent(e).

stardom ['stɑ:dəm] noun (U) célébrité *f*.

stare [steəʳ] ❖ noun regard *m* fixe. ❖ vi ▸ **to stare at sb / sthg** fixer qqn / qqch du regard.

starfish ['stɑ:fɪʃ] (pl inv or -es) noun étoile *f* de mer.

staring ['steərɪŋ] ❖ adj [bystanders] curieux(euse) / *with staring eyes* **a)** [fixedly] aux yeux fixes **b)** [wide-open] aux yeux écarquillés **c)** [blank] aux yeux vides.

stark [stɑ:k] ❖ adj **1.** [room, decoration] austère ; [landscape] désolé(e) **2.** [reality, fact] à l'état brut ; [contrast] dur(e). ❖ adv ▸ **stark naked** tout nu (toute nue), à poil.

starlight ['stɑ:laɪt] noun lumière *f* des étoiles.

starling ['stɑ:lɪŋ] noun étourneau *m*.

starlit ['stɑ:lɪt] adj [night] étoilé(e) ; [countryside] illuminé(e) par les étoiles.

starry ['stɑ:rɪ] (compar -ier, superl -iest) adj étoilé(e).

starry-eyed [-'aɪd] adj innocent(e).

Stars and Stripes noun ▸ **the Stars and Stripes** le drapeau des États-Unis, la bannière étoilée.

> **The Stars and Stripes**
>
> **The Stars and Stripes** (« la bannière étoilée ») n'est que l'une des nombreuses appellations populaires du drapeau américain, au même titre que **Old Glory** ou **The Star Spangled Banner**. Les 50 étoiles représentent les 50 États actuels, alors que les rayures rouges et blanches symbolisent les 13 États fondateurs de l'Union. Les Américains sont très fiers de leur drapeau et il n'est pas rare de le voir flotter devant les maisons particulières. Le fait de détruire ou déshonorer cet emblème est considéré comme un crime fédéral.

star sign noun signe *m* du zodiaque.

star-studded adj avec de nombreuses vedettes.

start [stɑ:t] ❖ noun **1.** [beginning] début *m* ▸ **to make a good / bad start** bien / mal commencer / *my new boss and I didn't get off to a very good start* au début, mes rapports avec mon nouveau patron n'ont pas été des meilleurs / *a second honeymoon will give us a fresh start* une deuxième lune de miel nous fera repartir d'un bon pied / *I laughed from start to finish* j'ai ri du début à la fin ▸ **for a start** pour commencer, d'abord **2.** [jump] sursaut *m* / *she woke up with a start* elle s'est réveillée en sursaut **3.** [starting place] départ *m* / *to make* OR *to get an early start* **a)** [on journey] partir de bonne heure / *to get a good start in life* prendre un bon départ dans la vie OR l'existence **4.** [time advantage] avance *f* / *he gave him 20 metres' start* OR *a 20-metre start* il lui a accordé une avance de 20 mètres. ❖ vt **1.** [begin] commencer ▸ **to start doing** OR **to do sthg** commencer à faire qqch / *he started work at sixteen* il a commencé à travailler à seize ans / *to get started* : *I got started on the dishes* je me suis mis à la vaisselle **2.** [initiate, instigate - reaction, revolution, process] déclencher ; [- fashion] lancer ; [- rumour] faire naître / *which side started the war?* quel camp a déclenché la guerre ? / *the fire was started by arsonists* l'incendie a été allumé par des pyromanes **3.** [turn on - machine] mettre en marche ; [- engine, vehicle] démarrer, mettre en marche / *I couldn't get the car started* je n'ai pas réussi à faire démarrer la voiture **4.** [set up - business, band] créer. ❖ vi **1.** [begin] commencer, débuter / *I didn't know where to start* je ne savais pas par quel bout commencer / *she started in personnel / as an assistant* elle a débuté au service du personnel / comme assistante / *to start again* OR *afresh* recommencer / *starting (from) next week* à partir de la semaine prochaine ▸ **to start with** pour commencer, d'abord / *I'll have the soup to start (with)* pour commencer, je prendrai du potage / *houses here start at $100,000* ici, le prix des maisons démarre à 100 000 dollars **2.** [function - machine] se mettre en marche ; [- car] démarrer **3.** [begin journey] partir / *the tour starts at* OR *from the town hall* la visite part de la mairie **4.** [jump] sursauter **5.** inf [be annoying] : *don't (you) start!* ne commence pas, toi ! ◆ **start off** ❖ vt sep [meeting] ouvrir, commencer ; [rumour] faire naître ; [discussion] entamer, commencer / *if you mention it it'll only start her off again* n'en parle pas, sinon elle va recommencer. ❖ vi **1.** [begin] commencer ; [begin job] débuter / *it starts off with a description of the town* ça commence par une description de la ville **2.** [leave on journey] partir. ◆ **start on** vt insep entamer. ◆ **start out** vi **1.** [in job] débuter / *he started out in business with his wife's money* il s'est lancé dans les affaires avec l'argent de sa femme **2.** [leave on journey] partir. ◆ **start up** ❖ vt sep **1.** [business] créer ; [shop] ouvrir **2.** [car, engine] mettre en marche. ❖ vi **1.** [begin] commencer **2.** [machine] se mettre en route ; [car, engine] démarrer.

starter ['stɑ:təʳ] noun **1.** UK [of meal] hors-d'œuvre *m inv* **2.** AUTO démarreur *m* **3.** starter *m*.

starting ['stɑ:tɪŋ] ❖ noun commencement *m* / *who wants to be responsible for the starting of a nuclear war?* qui veut assumer la responsabilité du déclenchement d'une guerre nucléaire ? ❖ adj initial ▸ **the starting line-up** la composition initiale de l'équipe ▸ **starting salary** salaire *m* d'embauche.

starting point ['stɑ:tɪŋ-] noun point *m* de départ.

startle ['stɑ:tl] vt faire sursauter.

startled ['stɑ:tld] adj [person] étonné(e) ; [expression, shout, glance] de surprise ; [animal] effarouché(e).

startling ['stɑ:tlɪŋ] adj surprenant(e).

start-up noun *(U)* **1.** [launch] création *f* (d'entreprise) ▸ **start-up costs** frais *mpl* de création d'une entreprise **2.** [new company] start-up *f*, jeune pousse *f*.

starvation [stɑ:'veɪʃn] noun faim *f*.

starve [stɑ:v] ❖ vt **1.** [deprive of food] affamer **2.** *fig* [deprive] ▸ **to starve sb of sthg** priver qqn de qqch. ❖ vi **1.** [have no food] être affamé(e) ▸ **to starve to death** mourir de faim **2.** *inf* [be hungry] avoir très faim, crever OR mourir de faim.

starving ['stɑ:vɪŋ] adj affamé(e) / *think of all the starving people in the world* pense à tous ces gens qui meurent de faim dans le monde.

stash [stæʃ] *inf* ❖ vt **1.** [hide] planquer, cacher / *he's got a lot of money stashed (away) somewhere* il a plein de fric planqué quelque part **2.** [put away] ranger. ❖ noun **1.** [reserve] réserve *f* / *a stash of money* un magot / *the police found a big stash of guns / of cocaine* la police a découvert une importante cache d'armes / un important stock de cocaïne **2.** [hiding place] planque *f*, cachette *f* **3.** *v inf* & *drugs sl* cache *f*. ◆ **stash away** vt sep *inf* = **stash**.

state [steɪt] ❖ noun état *m* / *the country is in a state of war / shock* le pays est en état de guerre / choc / *chlorine in its gaseous / liquid state* le chlore à l'état gazeux / liquide / *he's not in a fit state to drive* il n'est pas en état de conduire ▸ **to be in a state** être dans tous ses états / *to lie in state* être exposé solennellement. ❖ comp d'État / *the carriages are used only on state occasions* les carrosses sont réservés aux cérémonies d'apparat / *a state funeral* des funérailles nationales. ❖ vt **1.** [express - reason] donner ; [- name and address] décliner ▸ **to state that...** déclarer que... **2.** [specify] préciser / *the regulations clearly state that daily checks must be made* le règlement dit OR indique clairement que des vérifications quotidiennes doivent être effectuées / *to state one's case* présenter ses arguments / *to state the case for the defence / the prosecution* LAW présenter le dossier de la défense / de l'accusation. ◆ **State** noun ▸ **the State** l'État *m*. ◆ **States** pl n ▸ **the States** *inf* les États-Unis *mpl*.

stated ['steɪtɪd] adj [amount, date] fixé(e) ; [limit] prescrit(e) ; [aim] déclaré(e) / *it will be finished within the stated time* cela va être terminé dans les délais prescrits OR prévus / *at the stated price* au prix fixé OR convenu.

State Department noun US ≃ ministère *m* des Affaires étrangères.

state education noun UK enseignement *m* public.

stateless ['steɪtlɪs] adj apatride.

stately ['steɪtlɪ] (*compar* **-ier**, *superl* **-iest**) adj majestueux(euse).

stately home noun UK château *m*.

statement ['steɪtmənt] noun **1.** [declaration] déclaration *f* / *to put out* OR *to issue* OR *to make a statement about sthg* émettre un communiqué concernant qqch **2.** LAW déposition *f* / *a sworn statement* une déposition faite sous serment **3.** [from bank] relevé *m* de compte.

state of affairs noun état *m* des choses.

state of emergency noun état *m* d'urgence.

state of mind (*pl* **states of mind**) noun état *m* d'esprit, humeur *f*.

state-of-the-art adj tout dernier (toute dernière) ; [technology] de pointe.

state-owned [-'əʊnd] adj national(e), d'État.

state pension noun pension *f* de l'État.

state school noun UK école *f* publique.

state secret noun secret *m* d'État.

stateside ['steɪtsaɪd] US ❖ adj des États-Unis. ❖ adv aux États-Unis.

statesman ['steɪtsmən] (*pl* **-men**) noun homme *m* d'État.

statesmanlike ['steɪtsmənlaɪk] adj [protest, reply] diplomatique ; [solution] de grande envergure ; [caution] pondéré(e).

state visit noun POL visite *f* officielle / *he's on a state visit to Japan* il est en voyage officiel au Japon.

static ['stætɪk] ❖ adj statique. ❖ noun *(U)* parasites *mpl*.

station ['steɪʃn] ❖ noun **1.** RAIL gare *f* ; [for buses, coaches] gare routière **2.** RADIO station *f* **3.** [building] poste *m* **4.** *fml* [rank] rang *m*. ❖ vt **1.** [position] placer, poster **2.** MIL poster.

stationary ['steɪʃnərɪ] adj immobile.

stationer ['steɪʃnər] noun papetier *m*, -ère *f* ▸ **stationer's (shop)** papeterie *f*.

stationery ['steɪʃnərɪ] noun *(U)* [equipment] fournitures *fpl* de bureau ; [paper] papier *m* à lettres.

station house noun US poste *m* de police, caserne *m* de pompiers.

stationmaster ['steɪʃn,mɑ:stər] noun chef *m* de gare.

State-funded education

Ce terme désigne les deux systèmes d'écoles secondaires financées par l'État au Royaume-Uni. Les **comprehensive schools**, créées en 1965 par le gouvernement travailliste, sont les plus nombreuses : elles dispensent une éducation équitable sans tenir compte des aptitudes scolaires générales. Pour les familles britanniques qui font le choix d'une éducation centrée sur des matières plus traditionnelles, les **grammar schools**, qui existent toujours dans certaines agglomérations, sont une autre possibilité. L'enfant peut y être admis à 11 ans après avoir passé un examen. Seulement 5 % des élèves intègrent ces établissements.

station wagon noun US break *m*.

statistic [stə'tɪstɪk] noun statistique *f*. ◆ **statistics** noun *(U)* [science] statistique *f*.

statistical [stə'tɪstɪkl] adj statistique ; [expert] en statistiques ; [report] de statistiques.

statistically [stə'tɪstɪklɪ] adv statistiquement.

statistician [,stætɪ'stɪʃn] noun statisticien *m*, -enne *f*.

statue ['stætʃu:] noun statue *f*.

statuesque [,stætjʊ'esk] adj sculptural(e).

statuette [,stætjʊ'et] noun statuette *f*.

stature ['stætʃər] noun **1.** [height, size] stature *f*, taille *f* **2.** [importance] envergure *f*.

status ['steɪtəs] noun *(U)* **1.** [legal or social position] statut *m* **2.** [prestige] prestige *m*.

status bar noun COMPUT barre *f* d'état.

status quo [-'kwəʊ] noun ▸ **the status quo** le statu quo.

status symbol noun signe *m* extérieur de richesse.

statute ['stætju:t] noun loi *f*.

statutory ['stætjʊtrɪ] adj statutaire.

staunch [stɔ:ntʃ] ❖ adj loyal(e). ❖ vt [flow] arrêter ; [blood] étancher.

staunchly ['stɔ:ntʃlɪ] adv [loyally] loyalement, avec dévouement ; [unswervingly] avec constance, fermement / *their house is in a staunchly Republican area* ils habitent un quartier résolument républicain.

stave [steɪv] noun MUS portée *f*. ◆ **stave off** (*pt & pp* **-d** *or* **stove**) vt sep [disaster, defeat] éviter ; [hunger] tromper.

stay [steɪ] ❖ vi **1.** [not move away] rester ▸ **to stay put** ne pas bouger **2.** [as visitor - with friends] passer quelques jours ; [- in town, country] séjourner ▸ **to stay in a hotel** descendre à l'hôtel / *she's staying with friends* elle séjourne chez des amis / *to look for a place to stay* chercher un endroit où loger **3.** [continue, remain] rester, demeurer / *would you like to stay for* OR *to dinner?* voulez-vous rester dîner ? / *to stay awake all night* rester éveillé toute la nuit, ne pas dormir de la nuit / *let's try and stay calm* essayons de rester calmes / *personal computers are here to stay* l'ordinateur personnel est devenu indispensable ▸ **to stay away from sb** ne pas s'approcher de qqn ▸ **to stay away from a place** ne pas aller à un endroit ▸ **to stay out of sthg** ne pas se mêler de qqch **4.** Scot [reside] habiter. ❖ noun [visit] séjour *m* / *enjoy your stay!* bon séjour ! / *an overnight stay in hospital* une nuit d'hospitalisation. ◆ **stay in** vi rester chez soi, ne pas sortir. ◆ **stay on** vi rester (plus longtemps) / *more pupils are staying on at school after the age of 16* de plus en plus d'élèves poursuivent leur scolarité au-delà de l'âge de 16 ans. ◆ **stay out** vi **1.** [from home] ne pas rentrer **2.** [strikers] rester en grève. ◆ **stay up** vi ne pas se coucher, veiller ▸ **to stay up late** se coucher tard.

staying power ['steɪɪŋ-] noun endurance *f*.

STD noun **1.** UK (*abbr of* **subscriber trunk dialling**) *téléphone interurbain* **2.** (*abbr of* **sexually transmitted disease**) MST *f*.

stead [sted] noun ▸ **to stand sb in good stead** être utile à qqn.

steadfast ['stedfɑ:st] adj ferme, résolu(e) ; [supporter] loyal(e).

steadily ['stedɪlɪ] adv **1.** [gradually] progressivement **2.** [regularly - breathe] régulièrement ; [- move] sans arrêt **3.** [calmly] de manière imperturbable.

steady ['stedɪ] ❖ adj (*compar* **-ier**, *superl* **-iest**) **1.** [gradual] progressif(ive) **2.** [regular] régulier(ère) **3.** [not shaking] ferme ▸ **to hold sthg steady** tenir qqch bien OR sans bouger **4.** [calm - voice] calme ; [- stare] imperturbable **5.** [stable - job, relationship] stable **6.** [sensible] sérieux(euse) / *inflation remains at a steady 5 %* l'inflation s'est stabilisée à 5 % / *steady boyfriend* petit ami *m* régulier OR attitré. ❖ vt (*pt & pp* **-ied**) **1.** [stop from shaking] empêcher de bouger ▸ **to steady o.s.** se remettre d'aplomb **2.** [control - nerves] calmer ▸ **to steady o.s.** retrouver son calme. ❖ vi (*pt & pp* **-ied**) [boat, prices, stock market] se stabiliser.

steak [steɪk] noun steak *m*, bifteck *m* ; [of fish] darne *f*.

steal [sti:l] (*pt* **stole**, *pp* **stolen**) ❖ vt voler, dérober / *to steal sthg from sb* voler qqch à qqn / *to steal all the credit for sthg* s'attribuer tout le mérite de qqch ▸ **to steal a look at** jeter un regard furtif à. ❖ vi **1.** [take illegally] voler **2.** [move secretly] se glisser / *to steal in / out* entrer / sortir à pas furtifs OR feutrés.

stealing ['sti:lɪŋ] noun *(U)* vol *m*.

stealth [stelθ] noun ▸ **by stealth** en secret, discrètement.

stealthily ['stelθɪlɪ] adv furtivement, subrepticement.

stealth tax noun *mesure visant à augmenter les recettes du gouvernement par un moyen détourné, afin d'éviter une hausse directe et visible des impôts qui mécontenterait les citoyens.*

stealthy ['stelθɪ] (*compar* **-ier**, *superl* **-iest**) adj furtif(ive).

steam [sti:m] ❖ noun *(U)* vapeur *f* ▸ **to let off steam** *fig* se défouler ▸ **to run out of steam** *fig* s'essouffler. ❖ comp à vapeur. ❖ vt CULIN cuire à la vapeur. ❖ vi **1.** [give off steam] fumer **2.** [ship] avancer. ◆ **steam up** ❖ vt sep **1.** [mist up] embuer **2.** *fig* [get angry] ▸ **to get steamed up (about)** s'énerver (pour). ❖ vi se couvrir de buée.

steamed-up [sti:md-] adj *inf* [angry] énervé(e), dans tous ses états.

steam engine noun locomotive *f* à vapeur.

steamer ['sti:mər] noun **1.** [ship] (bateau *m* à) vapeur *m* **2.** CULIN cuiseur-vapeur *m*.

steam iron noun fer *m* à vapeur.

steamroller ['sti:m,rəʊlər] noun rouleau *m* compresseur.

steamy ['sti:mɪ] (*compar* **-ier**, *superl* **-iest**) adj **1.** [full of steam] embué(e) **2.** *inf* [erotic] érotique.

steel [sti:l] ❖ noun *(U)* acier *m.* ❖ comp en acier, d'acier. ❖ vt ▸ **to steel o.s. (for)** s'armer de courage (pour).

steel wool noun paille *f* de fer.

steelworker ['sti:l,wɜ:kəʳ] noun sidérurgiste *mf.*

steelworks ['sti:lwɜ:ks] *(pl inv)* noun aciérie *f.*

steely ['sti:lɪ] *(compar* **-ier**, *superl* **-iest**) adj **1.** [steel-coloured] acier *(inv)* **2.** [strong - person] dur(e) ; [- determination, will] de fer.

steep [sti:p] adj **1.** [hill, road] raide, abrupt(e) **2.** [increase, decline] énorme **3.** *inf* [expensive] excessif(ive).

steeped [sti:pt] adj *fig* ▸ **steeped in** imprégné(e) de.

steeple ['sti:pl] noun clocher *m*, flèche *f.*

steeplechase ['sti:pltʃeɪs] noun **1.** [horse race] steeple-chase *m* **2.** [athletics race] steeple *m.*

steeplejack ['sti:pldʒæk] noun réparateur *m* de cheminées industrielles et de clochers.

steeply ['sti:plɪ] adv **1.** [at steep angle] en pente raide **2.** [considerably] en flèche.

steer ['stɪəʳ] ❖ noun bœuf *m.* ❖ vt **1.** [ship] gouverner ; [car, aeroplane] conduire, diriger / *to steer a course for* mettre le cap sur **2.** [person] diriger, guider **3.** [conversation, project] diriger / *she successfully steered the company through the crisis* elle a réussi à sortir la société de la crise. ❖ vi ▸ **to steer well a)** [ship] gouverner bien **b)** [car] être facile à manœuvrer ▸ **to steer clear of sb / sthg** éviter qqn / qqch.

steering ['stɪərɪŋ] noun *(U)* direction *f.*

steering wheel noun volant *m.*

stem [stem] ❖ noun **1.** [of plant] tige *f* **2.** [of glass] pied *m* **3.** [of pipe] tuyau *m* **4.** GRAM radical *m.* ❖ vt *(pt & pp* **-med**, *cont* **-ming**) [stop] arrêter. ◆ **stem from** vt insep provenir de.

stem cell noun MED cellule *f* souche.

stench [stentʃ] noun puanteur *f.*

stencil ['stensl] ❖ noun pochoir *m.* ❖ vt (UK *pt & pp* **-led**, *cont* **-ling**, US *pt & pp* **-ed**, *cont* **-ing**) faire au pochoir.

stenographer [stə'nɒgrəfəʳ] noun US sténographe *mf.*

step [step] ❖ noun **1.** [pace] pas *m* / *take two steps forwards / backwards* faites deux pas en avant / en arrière / *I heard her step* OR *steps on the stairs* j'ai entendu (le bruit de) ses pas dans l'escalier / *to fall into step with sb* **a)** *lit* s'aligner sur le pas de qqn **b)** *fig* se ranger à l'avis de qqn ▸ **in / out of step with** *fig* en accord / désaccord avec ▸ **to watch one's step a)** faire attention où l'on marche **b)** *fig* faire attention à ce que l'on fait **2.** [action] mesure *f* / *to take steps to do sthg* prendre des mesures pour faire qqch / *it's a step in the right direction* c'est un pas dans la bonne direction **3.** [stage] étape *f* / *one step at a time* petit à petit / *this promotion is a big step up for me* cette promotion est un grand pas en avant pour moi / *we are still one step ahead of our competitors* nous conservons une petite avance sur nos concurrents **4.** [stair] marche *f* **5.** [of ladder] barreau *m*, échelon *m* **6.** US MUS ton *m.* ❖ vi *(pt & pp* **-ped**, *cont* **-ping**) **1.** [move foot] ▸ **to step forward** avancer ▸ **to step off** OR **down from sthg** descendre de qqch / *step inside!* entrez ! **2.** [tread] ▸ **to step on / in sthg** marcher sur / dans qqch / *step on it! inf* appuie sur le champignon ! ◆ **steps** pl n **1.** [stairs] marches *fpl* **2.** UK [stepladder] escabeau *m.* ◆ **step aside** vi **1.** [move away] s'écarter **2.** [leave job] démissionner. ◆ **step back** vi **1.** *lit* reculer **2.** [pause to reflect] prendre du recul. ◆ **step down** vi [leave job] démissionner / *he stepped down in favour of a younger person* il a cédé la place à quelqu'un de plus jeune. ◆ **step in** vi intervenir. ◆ **step up** vt sep intensifier.

stepbrother ['step,brʌðəʳ] noun demi-frère *m.*

step-by-step ❖ adv [gradually] pas à pas, petit à petit. ❖ adj [point by point] : *a step-by-step guide to buying your own house* un guide détaillé pour l'achat de votre maison.

stepchild ['steptʃaɪld] *(pl* **-children**) noun beau-fils *m*, belle-fille *f.*

stepdaughter ['step,dɔ:təʳ] noun belle-fille *f.*

stepfather ['step,fɑ:ðəʳ] noun beau-père *m.*

stepladder ['step,lædəʳ] noun escabeau *m.*

stepmother ['step,mʌðəʳ] noun belle-mère *f.*

stepping-stone ['stepɪŋ-] noun pierre *f* de gué ; *fig* tremplin *m.*

stepsister ['step,sɪstəʳ] noun demi-sœur *f.*

stepson ['stepsʌn] noun beau-fils *m.*

stereo ['sterɪəʊ] ❖ adj stéréo *(inv).* ❖ noun *(pl* **-s**) **1.** [appliance] chaîne *f* stéréo **2.** [sound] ▸ **in stereo** en stéréo.

stereophonic [,sterɪə'fɒnɪk] adj stéréophonique.

stereo system noun chaîne *f* stéréo.

stereotype ['sterɪətaɪp] ❖ noun stéréotype *m.* ❖ vt stéréotyper.

stereotyped ['sterɪəʊtaɪpt] adj stéréotypé(e).

stereotyping ['sterɪəʊ,taɪpɪŋ] noun : *we want to avoid sexual stereotyping* nous voulons éviter les stéréotypes sexuels.

sterile ['steraɪl] adj stérile.

sterility [ste'rɪlətɪ] noun stérilité *f.*

sterilization, sterilisation UK [,sterəlaɪ'zeɪʃn] noun stérilisation *f.*

sterilize, sterilise UK ['sterəlaɪz] vt stériliser.

sterilized, sterilised UK ['sterəlaɪzd] adj [milk] stérilisé(e).

sterling ['stɜ:lɪŋ] ❖ adj **1.** [of British money] sterling *(inv)* **2.** [excellent] exceptionnel(elle). ❖ noun *(U)* livre *f* sterling. ❖ comp [traveller's cheques] en livres sterling.

sterling silver noun argent *m* fin.

stern [stɜ:n] ❖ adj sévère. ❖ noun NAUT arrière *m.*

sternly ['stɜ:nlɪ] adv sévèrement.

steroid ['stɪərɔɪd] noun stéroïde *m.*

stethoscope ['steθəskəʊp] noun stéthoscope *m.*

stevedore ['sti:vədɔ:ʳ] noun US docker *m*.

stew [stju:] ❖ noun ragoût *m*. ❖ vt [meat] cuire en ragoût ; [fruit] faire cuire. ❖ vi ▸ **to let sb stew** *fig* laisser mariner qqn.

steward ['stjʊəd] noun **1.** [on plane, ship, train] steward *m* **2.** UK [at demonstration, meeting] membre *m* du service d'ordre.

stewardess ['stjʊədɪs] noun *dated* hôtesse *f*.

stewed [stju:d] adj **1.** CULIN : *stewed meat* ragoût *m* / *we had stewed lamb for supper* au dîner, nous avons mangé un ragoût d'agneau / *stewed fruit* compote *f* de fruits **2.** [tea] trop infusé(e) **3.** *inf* [drunk] bourré(e), cuité(e).

STI (*abbr of* **sexually transmitted infection**) noun MED IST *f*.

stick [stɪk] ❖ noun **1.** [of wood, dynamite, candy] bâton *m* **2.** [walking stick] canne *f* **3.** SPORT crosse *f* **4.** PHR **to get the wrong end of the stick** UK mal comprendre ▸ **to get** OR **to come in for a lot of stick** UK *inf* : *the police got a lot of stick from the press* la police s'est fait éreinter OR démolir par la presse ▸ **give it some stick!** UK *inf* vas-y à fond ! ▸ **he really gave it some stick** UK *inf* il s'y est donné à fond. ❖ vt (*pt & pp* **stuck**) **1.** [push] ▸ **to stick sthg in** OR **into** planter qqch dans / *she stuck the revolver in his back* elle lui a enfoncé le revolver dans le dos ▸ **to stick sthg through sthg** transpercer qqch avec qqch **2.** [with glue, adhesive tape] ▸ **to stick sthg (on** OR **to)** coller qqch (sur) / *he had posters stuck to the walls with Sellotape* il avait scotché des posters aux murs **3.** *inf* [put] mettre / *she stuck her head into the office / out of the window* elle a passé la tête dans le bureau / par la fenêtre / *mix it all together and stick it in the oven* mélangez bien (le tout) et mettez au four **4.** UK *inf* [tolerate] supporter / *I can't stick him* je ne peux pas le sentir ▸ **to stick it** tenir le coup. ❖ vi (*pt & pp* **stuck**) **1.** [adhere] ▸ **to stick (to)** coller (à) / *the dough stuck to my fingers* la pâte collait à mes doigts / *these badges stick to any surface* ces autocollants adhèrent sur toutes les surfaces **2.** [jam] se coincer / *having to ask him for a loan really sticks in my throat* ça me coûte vraiment d'avoir à lui demander un prêt **3.** [remain] ▸ **to stick in sb's mind** marquer qqn **4.** [extend, project] : *the antenna was sticking straight up* l'antenne se dressait toute droite / *only her head was sticking out of the water* seule sa tête sortait OR émergeait de l'eau. ◆ **stick around** vi *inf* rester dans les parages. ◆ **stick at** vt insep [activity] persévérer dans ▸ **to stick at a job** rester dans un emploi. ◆ **stick by** vt insep [statement] s'en tenir à ; [person] ne pas abandonner / *don't worry, I'll always stick by you* sois tranquille, je serai toujours là pour te soutenir. ◆ **stick out** ❖ vt sep **1.** [head] sortir ; [hand] lever ; [tongue] tirer **2.** *inf* [endure] ▸ **to stick it out** tenir le coup. ❖ vi **1.** [protrude] dépasser / *her ears stick out* elle a les oreilles décollées / *my feet stuck out over the end of the bed* mes pieds dépassaient du lit **2.** *inf* [be noticeable] se remarquer. ◆ **stick out for** vt insep UK exiger. ◆ **stick to** vt insep **1.** [follow closely] suivre **2.** [principles] rester fidèle à ; [decision] s'en tenir à ; [promise] tenir / *once I make a decision I stick to it* une fois que j'ai pris une décision, je m'y tiens OR je n'en démords pas / *to stick to one's word* tenir (sa) parole / *she's still sticking to her story* elle maintient ce qu'elle a dit / *the author would be better off sticking to journalism* l'auteur ferait mieux de se cantonner au journalisme. ◆ **stick together** vi rester ensemble ; *fig* se serrer les coudes. ◆ **stick up** ❖ vt sep **1.** [poster, notice] afficher **2.** [with gun] attaquer à main armée. ❖ vi dépasser. ◆ **stick up for** vt insep défendre / *to stick up for sb* prendre la défense OR le parti de qqn / *stick up for yourself!* ne te laisse pas faire ! ◆ **stick with** vt insep **1.** [decision, choice] s'en tenir à **2.** [follow closely] rester avec.

sticker ['stɪkəʳ] noun [label] autocollant *m*.

sticking point noun *fig* point *m* de friction.

stick insect noun phasme *m*.

stick-in-the-mud noun *inf* réac *mf*.

stickleback ['stɪklbæk] noun épinoche *f*.

stickler ['stɪkləʳ] noun ▸ **to be a stickler for** être à cheval sur.

stick-on adj autocollant(e), adhésif(ive).

stick shift noun US levier *m* de vitesses.

stick-up noun *inf* vol *m* à main armée.

sticky ['stɪkɪ] (*compar* **-ier**, *superl* **-iest**) adj **1.** [hands, sweets] poisseux(euse) ; [label, tape] adhésif(ive) **2.** *inf* [awkward] délicat(e) **3.** [humid] humide.

sticky tape noun UK ruban *m* adhésif.

stiff [stɪf] ❖ adj **1.** [rod, paper, material] rigide ; [shoes, brush] dur(e) ; [fabric] raide **2.** [thick, difficult to stir] ferme, consistant(e) / *beat the mixture until it is stiff* battez jusqu'à obtention d'une pâte consistante / *beat the eggwhites until stiff* battre les blancs en neige jusqu'à ce qu'ils soient (bien) fermes **3.** [door, drawer, window] dur(e) (à ouvrir / fermer) **4.** [joint] ankylosé(e) / *I'm still stiff after playing squash the other day* j'ai encore des courbatures d'avoir joué au squash l'autre jour ▸ **to have a stiff back** avoir des courbatures dans le dos ▸ **to have a stiff neck** avoir le torticolis **5.** [formal] guindé(e) **6.** [severe - penalty] sévère ; [- resistance] tenace ; [- competition] serré(e) / *to face stiff competition* avoir affaire à forte concurrence **7.** [difficult - task] difficile **8.** [drink] bien tassé(e) ; [wind] fort(e). ❖ adv *inf* ▸ **to be bored stiff** s'ennuyer à mourir ▸ **to be frozen / scared stiff** mourir de froid / peur.

stiffen ['stɪfn] ❖ vt **1.** [material] raidir ; [with starch] empeser **2.** [resolve] renforcer. ❖ vi **1.** [body] se raidir ; [joints] s'ankyloser **2.** [competition, resistance] s'intensifier **3.** [wind] devenir plus fort, fraîchir.

stiffly ['stɪflɪ] adv **1.** [rigidly] : *stiffly starched* très empesé OR amidonné / *he stood stiffly to attention* il se tenait raide au garde-à-vous **2.** [painfully - walk, bend] avec raideur **3.** [coldly - smile, greet] froidement, d'un air distant.

stiffness ['stɪfnɪs] noun (*U*) **1.** [inflexibility] raideur *f*, rigidité *f* **2.** [of body, joint] ankylose *f* **3.** [formality] froideur *f*.

stifle ['staɪfl] vt & vi étouffer.

stifling ['staɪflɪŋ] adj étouffant(e).

stigma ['stɪgmə] noun **1.** [disgrace] honte *f*, stigmate *m* **2.** BOT stigmate *m*.

stigmata [stɪg'mɑːtə] pl n RELIG stigmates *mpl*.

stigmatize, stigmatise UK ['stɪgmətaɪz] vt stigmatiser.

stile [staɪl] noun échalier *m*.

stiletto [stɪ'letəʊ] noun **1.** [heel] talon *m* aiguille **2.** [knife] stylet *m*. ◆ **stilettos** pl n (chaussures *fpl* à) talons *mpl* aiguilles.

still [stɪl] ❖ adv **1.** [up to now, up to then] encore, toujours / *I've still got £5 left* il me reste encore 5 livres **2.** [even now] encore **3.** [nevertheless] tout de même **4.** *(with compar)* : *still bigger / more important* encore plus grand/plus important. ❖ adj **1.** [not moving] immobile **2.** [calm] calme, tranquille **3.** [not windy] sans vent **4.** [not fizzy - gen] non gazeux(euse) ; [- mineral water] plat(e). ❖ noun **1.** PHOT photo *f* **2.** [for making alcohol] alambic *m*.

stillbirth ['stɪlbɜːθ] noun [birth] mort *f* à la naissance ; [fœtus] enfant *m* mort-né, enfant *f* mort-née.

stillborn ['stɪlbɔːn] adj mort-né(e).

still life (*pl* -s) noun nature *f* morte.

stillness ['stɪlnɪs] noun [calmness] tranquillité *f*.

stilt [stɪlt] noun **1.** [for walking] échasse *f* **2.** ARCHIT pilotis *m*.

stilted ['stɪltɪd] adj emprunté(e), qui manque de naturel.

stilts ['stɪlts] pl n **1.** [for person] échasses *fpl* **2.** [for building] pilotis *mpl*.

stimulant ['stɪmjʊlənt] noun stimulant *m*.

stimulate ['stɪmjʊleɪt] vt stimuler.

stimulating ['stɪmjʊleɪtɪŋ] adj stimulant(e).

stimulation [ˌstɪmjʊ'leɪʃn] noun stimulation *f*.

stimulus ['stɪmjʊləs] (*pl* -li) noun **1.** [encouragement] stimulant *m* **2.** BIOL & PSYCHOL stimulus *m*.

sting [stɪŋ] ❖ noun **1.** [by bee] piqûre *f* ; [of bee] dard *m* **2.** [sharp pain] brûlure *f* ▸ **to take the sting out of sthg** adoucir OR atténuer qqch. ❖ vt (*pt & pp* **stung**) **1.** [gen] piquer **2.** [subj: criticism] blesser. ❖ vi (*pt & pp* **stung**) piquer.

stinging ['stɪŋɪŋ] adj **1.** [wound, pain] cuisant(e) ; [bite, eyes] qui pique ; [lash, rain] cinglant(e) **2.** [remark, joke, criticism] cinglant(e), mordant(e).

stinging nettle ['stɪŋɪŋ-] noun UK ortie *f*.

stingray ['stɪŋreɪ] noun pastenague *f*.

stingy ['stɪndʒɪ] (*compar* **-ier**, *superl* **-iest**) adj *inf* radin(e).

stink [stɪŋk] ❖ noun puanteur *f*. ❖ vi (*pt* **stank** *or* **stunk**, *pp* **stunk**) **1.** [smell] puer, empester **2.** *inf* & *fig* [be worthless] ne rien valoir.

stink-bomb noun boule *f* puante.

stinking ['stɪŋkɪŋ] *inf* ❖ adj [cold] gros (grosse) ; [weather] pourri(e) ; [place] infect(e). ❖ adv ▸ **to be stinking rich** être plein(e) aux as.

stint [stɪnt] ❖ noun [period of work] part *f* de travail. ❖ vi ▸ **to stint on** lésiner sur.

stipend ['staɪpend] noun traitement *m*, salaire *m*.

stipulate ['stɪpjʊleɪt] vt stipuler.

stipulation [ˌstɪpjʊ'leɪʃn] noun **1.** [statement] stipulation *f* **2.** [condition] condition *f*.

stir [stɜːʳ] ❖ noun **1.** [act of stirring] ▸ **to give sthg a stir** remuer qqch **2.** [public excitement] sensation *f*. ❖ vt (*pt & pp* **-red**, *cont* **-ring**) **1.** [mix] remuer **2.** [move gently] agiter **3.** [move emotionally] émouvoir **4.** [move] ▸ **to stir o.s.** se remuer. ❖ vi (*pt & pp* **-red**, *cont* **-ring**) bouger, remuer. ◆ **stir up** vt sep **1.** [dust] soulever **2.** [trouble] provoquer ; [resentment, dissatisfaction] susciter ; [rumour] faire naître.

stir-fry vt faire sauter à feu très vif.

stirring ['stɜːrɪŋ] ❖ adj excitant(e), émouvant(e). ❖ noun [of interest, emotion] éveil *m*.

stirrup ['stɪrəp] noun étrier *m*.

stitch [stɪtʃ] ❖ noun **1.** SEW point *m* ; [in knitting] maille *f* **2.** MED point *m* de suture **3.** [stomach pain] ▸ **to have a stitch** avoir un point de côté **4.** PHR ▸ **to be in stitches** être plié(e) en deux (de rire), se tenir les côtes. ❖ vt **1.** SEW coudre **2.** MED suturer.

stitching ['stɪtʃɪŋ] noun *(U)* points *mpl*, piqûres *fpl*.

stoat [stəʊt] noun hermine *f*.

stock [stɒk] ❖ noun **1.** [supply] réserve *f* / *we got in a stock of food* nous avons fait tout un stock de nourriture **2.** *(U)* COMM stock *m*, réserve *f* ▸ **in stock** en stock ▸ **out of stock** épuisé(e) / *I'm afraid we're out of stock* je regrette, nous n'en avons plus en stock **3.** FIN valeurs *fpl*, actions *fpl* ▸ **stocks and shares** titres *mpl* **4.** [ancestry] souche *f* **5.** CULIN bouillon *m* **6.** [livestock] cheptel *m* **7.** PHR ▸ **to take stock (of)** faire le point (de). ❖ adj classique. ❖ vt **1.** COMM vendre, avoir en stock **2.** [fill - shelves] garnir ; [- lake] empoissonner. ◆ **stock up** vi ▸ **to stock up (with)** faire des provisions (de).

stockade [stɒ'keɪd] noun palissade *f*.

stockbroker ['stɒkˌbrəʊkəʳ] noun agent *m* de change.

stock cube noun UK bouillon-cube *m*.

stock exchange noun Bourse *f*.

stockholder ['stɒkˌhəʊldəʳ] noun US actionnaire *mf*.

Stockholm ['stɒkhəʊm] noun Stockholm.

stocking ['stɒkɪŋ] noun [for woman] bas *m*.

stockist ['stɒkɪst] noun UK dépositaire *m*, stockiste *m*.

stock market noun Bourse *f*.

stockpile ['stɒkpaɪl] ❖ noun stock *m*. ❖ vt [weapons] amasser ; [food] stocker.

stockroom ['stɒkrum] noun réserve *f*.

stock-still adv sans bouger.

stocktaking ['stɒkˌteɪkɪŋ] noun *(U)* UK inventaire *m*.

stocky ['stɒkɪ] (*compar* **-ier**, *superl* **-iest**) adj trapu(e).

stodge [stɒdʒ] noun *(U)* UK *inf* **1.** [food] aliments *mpl* bourratifs, étouffe-chrétien *m inv* / *the canteen food is pure stodge* ce qu'on mange à la cantine est vraiment bourratif **2.** [writing] littérature *f* indigeste.

stodgy ['stɒdʒɪ] (*compar* **-ier**, *superl* **-iest**) adj **1.** [food] lourd(e) (à digérer) **2.** *pej* [book] indigeste.

stoic ['stəʊɪk] ❖ adj stoïque. ❖ noun stoïque *mf*.

stoical ['stəʊɪkl] adj stoïque.

stoicism ['stəʊɪsɪzm] noun stoïcisme *m*.

stoke [stəʊk] vt [fire] entretenir.

stoked [stəkd] adj US *inf* ▸ **to be stoked about sthg** [excited] être tout excité(e) à cause de qqch.

stole [stəʊl] ❖ pt ⟶ **steal.** ❖ noun étole *f*.

stolen ['stəʊln] pp ⟶ **steal**.

stolid ['stɒlɪd] adj impassible.

stomach ['stʌmək] ❖ noun [organ] estomac *m* ; [abdomen] ventre *m* / *I can't work on an empty stomach* je ne peux pas travailler l'estomac vide / *the sight was enough to turn your stomach* le spectacle avait de quoi vous soulever le cœur. ❖ vt [tolerate] encaisser, supporter / *I just can't stomach the thought of him being my boss* je ne supporte simplement pas l'idée qu'il soit mon patron.

stomachache ['stʌməkeɪk] noun : *to have a stomachache* UK OR *stomachache* US avoir mal au ventre.

stomach ulcer noun ulcère *m* de l'estomac.

stomach upset noun embarras *m* gastrique.

stomp [stɒmp] vi ▸ **to stomp in / out** entrer / sortir d'un pas bruyant, entrer / sortir d'un pas lourd.

stomping ground ['stɒmpɪŋ-] = **stamping ground**.

stone [stəʊn] ❖ noun **1.** [rock] pierre *f* ; [smaller] caillou *m* / *the houses are built of stone* les maisons sont en pierre ▸ **to leave no stone unturned** remuer ciel et terre ▸ **a stone's throw from** à deux pas de **2.** UK [seed] noyau *m* **3.** (*pl inv or* **-s**) UK [unit of measurement] = *6,348 kg.* ❖ comp de OR en pierre. ❖ vt [person, car] jeter des pierres sur.

Stone Age noun ▸ **the Stone Age** l'âge *m* de pierre.

stone-cold adj complètement froid(e) OR glacé(e).

stoned [stəʊnd] adj *inf* **1.** *drugs sl* défoncé(e) **2.** [drunk] soûl(e), bourré(e).

stonemason ['stəʊn,meɪsn] noun tailleur *m* de pierre OR pierres.

stonewall [,stəʊn'wɔːl] vi être évasif(ive).

stoneware ['stəʊnweəʳ] noun poterie *f* en grès.

stonewashed ['stəʊnwɒʃt] adj délavé(e).

stonework ['stəʊnwɜːk] noun maçonnerie *f*.

stony ['stəʊnɪ] (*compar* **-ier**, *superl* **-iest**) adj **1.** [ground] pierreux(euse) **2.** [unfriendly] froid(e).

stony-broke adj UK *inf* fauché(e) (comme les blés), à sec.

stony-faced adj au visage impassible.

stood [stʊd] pt & pp ⟶ **stand**.

stooge [stuːdʒ] noun [in comedy act] comparse *m* ; *fig* pantin *m*, fantoche *m*.

stool [stuːl] noun [seat] tabouret *m*.

stoop [stuːp] ❖ noun **1.** [bent back] ▸ **to walk with a stoop** marcher le dos voûté **2.** US [of house] porche *m*. ❖ vi **1.** [bend down] se pencher **2.** [hunch shoulders] être voûté(e) **3.** *fig* [debase oneself] ▸ **to stoop to doing sthg** s'abaisser jusqu'à faire qqch.

stop [stɒp] ❖ noun **1.** [gen] arrêt *m* / *our first stop was Brussels* nous avons fait une première halte à Bruxelles ▸ **to come to a stop a)** [car, train] s'arrêter **b)** [production, growth] cesser ▸ **to put a stop to sthg** mettre un terme à qqch **2.** [full stop] point *m*. ❖ vt (*pt & pp* **-ped**, *cont* **-ping**) **1.** [gen] arrêter ; [end] mettre fin à / *a woman stopped me to ask the way to the station* une femme m'a arrêté pour me demander le chemin de la gare / *stop it, that hurts!* arrête, ça fait mal ! ▸ **to stop doing sthg** arrêter de faire qqch / *it hasn't stopped raining all day* il n'a pas arrêté de pleuvoir toute la journée ▸ **to stop work** arrêter de travailler, cesser le travail **2.** [prevent] ▸ **to stop sb / sthg (from doing sthg)** empêcher qqn / qqch (de faire qqch) **3.** UK [wages] retenir ; [cheque] faire opposition à / *the money will be stopped out of your wages* la somme sera retenue sur votre salaire **4.** [block] boucher. ❖ vi (*pt & pp* **-ped**, *cont* **-ping**) s'arrêter, cesser / *my watch has stopped* ma montre s'est OR est arrêtée / *does the bus stop near the church?* le bus s'arrête-t-il près de l'église ? / *the rain has stopped* la pluie s'est arrêtée ▸ **to stop at nothing (to do sthg)** ne reculer devant rien (pour faire qqch). ◆ **stop off** vi s'arrêter, faire halte. ◆ **stop over** vi s'arrêter un jour / quelques jours. ◆ **stop up** ❖ vt sep [block] boucher. ❖ vi UK veiller.

stop-and-search noun fouilles *fpl* dans la rue.

stopcock ['stɒpkɒk] noun robinet *m* d'arrêt.

stopgap ['stɒpgæp] noun bouche-trou *m*.

stoplight ['stɒplaɪt] noun **1.** [traffic light] feu *m* rouge **2.** UK [brake-light] stop *m*.

stopover ['stɒp,əʊvəʳ] noun halte *f*.

stoppage ['stɒpɪdʒ] noun **1.** [strike] grève *f* **2.** UK [deduction] retenue *f*.

stopper ['stɒpəʳ] noun bouchon *m*.

stop sign noun (signal *m* de) stop *m*.

stopwatch ['stɒpwɒtʃ] noun chronomètre *m*.

storage ['stɔːrɪdʒ] noun **1.** [of goods] entreposage *m*, emmagasinage *m* ; [of household objects] rangement *m* **2.** COMPUT stockage *m*, mémorisation *f*.

storage heater noun UK radiateur *m* à accumulation.

storage room noun [small] cagibi *m* ; [larger] débarras *m*.

store [stɔːʳ] ❖ noun **1.** US [shop] magasin *m* **2.** [supply] provision *f* **3.** [place of storage] réserve *f* **4.** PHR ▸ **to set great store by** OR **on** accorder OR attacher beaucoup d'importance à, faire grand cas de. ❖ vt **1.** [save] mettre en réserve ; [goods] entreposer, emmagasiner **2.** COMPUT stocker, mémoriser. ◆ **in store** adv : *who knows what the future holds in store?* qui sait ce que nous réserve l'avenir ? / *there's a shock in store for him* un choc l'attend. ◆ **store up** vt sep [provisions] mettre en réserve ; [goods] emmagasiner ; [information] mettre en mémoire, noter.

store card noun carte *f* de crédit *(d'un grand magasin)*.

store detective noun UK surveillant *m*, -e *f* de magasin.

storehouse ['stɔ:haʊs] (*pl* [-haʊzɪz]) noun entrepôt *m* ; *fig* mine *f*.

storekeeper ['stɔ:ˌki:pəʳ] noun US commerçant *m*, -e *f*.

storeroom ['stɔ:rʊm] noun magasin *m*.

storey UK (*pl* -s), **story** US (*pl* -ies) ['stɔ:rɪ] noun étage *m*.

stork [stɔ:k] noun cigogne *f*.

storm [stɔ:m] ❖ noun **1.** [bad weather] orage *m* ▸ **a storm in a teacup** une tempête dans un verre d'eau **2.** *fig* [of abuse] torrent *m* ; [of applause] tempête *f*. ❖ vt MIL prendre d'assaut. ❖ vi **1.** [go angrily] ▸ **to storm in / out** entrer/sortir comme un ouragan **2.** [speak angrily] fulminer.

stormy ['stɔ:mɪ] (*compar* **-ier**, *superl* **-iest**) adj *lit* & *fig* orageux(euse).

story ['stɔ:rɪ] (*pl* **-ies**) noun **1.** [gen] histoire *f* / *a collection of her poems and stories* un recueil de ses poèmes et nouvelles / *the witness changed his story* le témoin est revenu sur sa version des faits / *well, that's my story and I'm sticking to it* *hum* c'est la version officielle / *or so the story goes* c'est du moins ce que l'on raconte ▸ **it's the (same) old story** c'est toujours la même histoire, c'est toujours pareil ▸ **to cut a long story short** (enfin) bref **2.** PRESS article *m* ; RADIO & TV nouvelle *f* / *all the papers ran* OR *carried the story* tous les journaux en ont parlé **3.** US = **storey**.

storybook ['stɔ:rɪbʊk] adj [romance] de conte de fées.

story line noun intrigue *f*, scénario *m*.

storyteller ['stɔ:rɪˌteləʳ] noun **1.** [narrator] conteur *m*, -euse *f* **2.** *euph* [liar] menteur *m*, -euse *f*.

storytelling ['stɔ:rɪˌtelɪŋ] noun **1.** [art] art *m* de conter / *to be good at storytelling* avoir l'art de raconter des histoires **2.** *euph* [telling lies] mensonges *mpl*.

stout [staʊt] ❖ adj **1.** [rather fat] corpulent(e) **2.** [strong] solide **3.** [resolute] ferme, résolu(e). ❖ noun *(U)* stout *m*, bière *f* brune.

stove [stəʊv] ❖ pt & pp ⟶ **stave**. ❖ noun [for cooking] cuisinière *f* ; [for heating] poêle *m*, calorifère *m* QUÉBEC.

stow [stəʊ] vt ▸ **to stow sthg (away)** ranger qqch. ◆ **stow away** vi embarquer clandestinement.

stowaway ['stəʊəweɪ] noun passager *m* clandestin.

straddle ['strædl] vt enjamber ; [chair] s'asseoir à califourchon sur.

strafe [strɑ:f] vt MIL mitrailler.

straggle ['strægl] vi **1.** [buildings] s'étendre, s'étaler ; [hair] être en désordre **2.** [person] traîner, lambiner.

straggler ['stræglәʳ] noun traînard *m*, -e *f*.

straggly ['stræglɪ] (*compar* **-ier**, *superl* **-iest**) adj [hair] en désordre.

straight [streɪt] ❖ adj **1.** [not bent] droit(e) ; [hair] raide / *keep your back straight* tiens-toi droit, redresse-toi / *the picture isn't straight* le tableau n'est pas droit OR est de travers **2.** [frank] franc (franche), honnête / *are you being straight with me?* est-ce que tu joues franc jeu avec moi ? / *to give sb a straight answer* répondre franchement à qqn / *to do some straight talking* parler franchement **3.** [tidy] en ordre **4.** [choice, exchange] simple **5.** [alcoholic drink] sec, sans eau **6.** *inf* [conventional] normal(e) **7.** *inf* hétéro *(inv)* **8.** PHR **let's get this straight** entendons-nous bien / *to put* OR *to set the record straight* mettre les choses au clair. ❖ adv **1.** [in a straight line] droit / *I can't think straight* je n'ai pas les idées claires **2.** [directly, immediately] droit, tout de suite / *straight ahead* tout droit / *go straight to bed!* va tout de suite te coucher ! / *to come straight to the point* aller droit au fait **3.** [frankly] carrément, franchement ▸ **straight up** UK *inf* [honestly] sans blague **4.** [undiluted] sec, sans eau **5.** PHR **to go straight** [criminal] rester dans le droit chemin. ❖ noun SPORT ▸ **the straight** la ligne droite / *the final* OR *home straight* la dernière ligne droite ▸ **to keep to the straight and narrow** rester dans le droit chemin. ◆ **straight off** adv tout de suite, sur-le-champ. ◆ **straight out** adv sans mâcher ses mots.

straightaway [ˌstreɪtə'weɪ] adv tout de suite, immédiatement.

straighten ['streɪtn] ❖ vt **1.** [tidy - hair, dress] arranger ; [- room] mettre de l'ordre dans **2.** [make straight - horizontally] rendre droit(e) ; [- vertically] redresser. ❖ vi [person] ▸ **to straighten (up)** se redresser. ◆ **straighten out** vt sep [problem] résoudre ▸ **to straighten things out** arranger les choses.

straight face noun ▸ **to keep a straight face** garder son sérieux.

straight-faced adj qui garde son sérieux, impassible.

straightforward [ˌstreɪt'fɔ:wәd] adj **1.** [easy] simple **2.** [frank] honnête, franc (franche).

straight-to-video adj [movie] sorti(e) directement sur cassette vidéo.

strain [streɪn] ❖ noun **1.** [mental] tension *f*, stress *m* / *he can't take the strain any more* il ne peut plus supporter cette situation stressante / *the situation has put our family under a great deal of strain* la situation a mis notre famille à rude épreuve **2.** MED foulure *f* ▸ **back strain** tour *m* de reins **3.** TECH contrainte *f*, effort *m* / *the rope snapped under the strain* la corde a rompu sous la tension / *the war is putting a great strain on the country's resources* la guerre pèse lourd sur OR grève sérieusement les ressources du pays **4.** [type - of plant] variété *f* ; [- of virus] souche *f* **5.** [streak, touch] fond *m*, tendance *f* / *there is a strain of madness in the family* il y a une prédisposition à la folie dans la famille. ❖ vt **1.** [work hard - eyes] plisser fort ▸ **to strain one's**

ears tendre l'oreille / *to strain every nerve* OR *sinew to do sthg* s'efforcer de faire qqch **2.** [MED - muscle] se froisser ; [- eyes] se fatiguer / *you'll strain your eyes* tu vas te fatiguer les yeux / *I've strained my arm* je me suis froissé un muscle du bras ▸ **to strain one's back** se faire un tour de reins **3.** [patience] mettre à rude épreuve ; [budget] grever **4.** [drain] passer **5.** TECH exercer une contrainte sur / *to be strained to breaking point* être tendu au point de se rompre. ❖ vi [try very hard] : *the dog strained at the leash* le chien tirait sur sa laisse ▸ **to strain to do sthg** faire un gros effort pour faire qqch, se donner du mal pour faire qqch. ◆ **strains** pl n [of music] accords *mpl*, airs *mpl*.

strained [streɪnd] adj **1.** [worried] contracté(e), tendu(e) **2.** [relations, relationship] tendu(e) **3.** [unnatural] forcé(e).

strainer ['streɪnəʳ] noun passoire *f*.

strait [streɪt] noun détroit *m*. ◆ **straits** pl n ▸ **in dire** OR **desperate straits** dans une situation désespérée.

straitjacket ['streɪt,dʒækɪt] noun camisole *f* de force.

straitlaced [,streɪt'leɪst] adj collet monté *(inv)*.

strand [strænd] noun **1.** [of cotton, wool] brin *m*, fil *m* ; [of hair] mèche *f* **2.** [theme] fil *m*.

stranded ['strændɪd] adj [boat] échoué(e) ; [people] abandonné(e), en rade.

strange [streɪndʒ] adj **1.** [odd] étrange, bizarre / *she has some strange ideas* elle a des idées bizarres OR de drôles d'idées / *it's strange that he should be so late* c'est bizarre OR étrange qu'il ait tant de retard / *strange as it may seem* aussi étrange que cela paraisse OR puisse paraître **2.** [unfamiliar] inconnu(e).

strangely ['streɪndʒlɪ] adv étrangement, bizarrement.

strangeness ['streɪndʒnɪs] noun **1.** [of person, situation] étrangeté *f*, bizarrerie *f*, singularité *f* **2.** PHYS étrangeté *f*.

stranger ['streɪndʒəʳ] noun **1.** [unfamiliar person] inconnu *m*, -e *f* ▸ **to be a stranger to sthg** ne pas connaître qqch ▸ **to be no stranger to sthg** bien connaître qqch **2.** [from another place] étranger *m*, -ère *f*.

strangle ['stræŋgl] vt étrangler ; *fig* étouffer.

stranglehold ['stræŋglhəʊld] noun **1.** [round neck] étranglement *m* **2.** *fig* [control] ▸ **stranglehold (on)** domination *f* (de).

strangling ['stræŋglɪŋ] noun **1.** [killing] étranglement *m*, strangulation *f* ; *fig* [of opposition, protest, originality] étranglement *m*, étouffement *m* **2.** [case] : *that brings to five the number of stranglings* cela porte à cinq le nombre de personnes étranglées.

strangulation [,stræŋgjʊ'leɪʃn] noun strangulation *f*.

strap [stræp] ❖ noun [for fastening] sangle *f*, courroie *f* ; [of bag] bandoulière *f* ; [of rifle, dress, bra] bretelle *f* ; [of watch] bracelet *m*. ❖ vt *(pt & pp* **-ped**, *cont* **-ping)** [fasten] attacher.

strapless ['stræplɪs] adj sans bretelles.

strapline ['stræplaɪn] noun signature *f*, base line *f*.

strapping ['stræpɪŋ] adj bien bâti(e), robuste.

Strasbourg ['stræzbɜ:g] noun Strasbourg.

strata ['strɑ:tə] pl n ⟶ **stratum**.

strategic [strə'ti:dʒɪk] adj stratégique.

strategically [strə'ti:dʒɪklɪ] adv stratégiquement, du point de vue de la stratégie.

strategist ['strætɪdʒɪst] noun stratège *m*.

strategy ['strætɪdʒɪ] *(pl* **-ies)** noun stratégie *f*.

stratosphere ['strætə,sfɪəʳ] noun ▸ **the stratosphere** la stratosphère.

stratum ['strɑ:təm] *(pl* **-ta)** noun **1.** GEOL strate *f*, couche *f* **2.** *fig* [of society] couche *f*.

straw [strɔ:] ❖ noun paille *f* ▸ **to clutch at straws** se raccrocher à n'importe quoi ▸ **the last straw** la goutte qui fait déborder le vase ▸ **that's the last straw!** ça c'est le comble ! ❖ comp de OR en paille.

strawberry ['strɔ:bərɪ] ❖ noun *(pl* **-ies)** [fruit] fraise *f*. ❖ comp [tart, yoghurt] aux fraises ; [jam] de fraises.

straw hat noun chapeau *m* de paille.

straw poll noun sondage *m* d'opinion.

stray [streɪ] ❖ adj **1.** [animal] errant(e), perdu(e) **2.** [bullet] perdu(e) ; [example] isolé(e). ❖ noun [animal] animal *m* errant. ❖ vi **1.** [person, animal] errer, s'égarer **2.** [thoughts] vagabonder, errer.

streak [stri:k] ❖ noun **1.** [line] bande *f*, marque *f* / *the tears had left grubby streaks down her face* les larmes avaient laissé des traînées sales sur ses joues / *to have blond streaks put in one's hair* se faire faire des mèches blondes ▸ **streak of lightning** éclair *m* **2.** [in character] côté *m* ▸ **a streak of cruelty** une propension à la cruauté **3.** [period] ▸ **a winning / losing streak** une période OR série de succès / d'échecs **4.** *inf* [naked dash] : *to do a streak* traverser un lieu public nu en courant. ❖ vi [move quickly] se déplacer comme un éclair. ❖ vt : *the wall was streaked with paint* il y avait des traînées de peinture sur le mur / *she's had her hair streaked* elle s'est fait faire des mèches.

streaked [stri:kt] adj [marked] ▸ **to be streaked with** être maculé(e) de, porter des traces de.

streaker ['stri:kəʳ] noun streaker *mf (personne nue qui traverse un lieu public en courant)*.

streaky ['stri:kɪ] *(compar* **-ier**, *superl* **-iest)** adj [paint] qui n'est pas uniforme ; [surface] couvert(e) de traces.

streaky bacon noun UK bacon *m* assez gras.

stream [stri:m] ❖ noun **1.** [small river] ruisseau *m* **2.** [of liquid, light] flot *m*, jet *m* / *a red hot stream of lava flowed down the mountain* une coulée de lave incandescente descendait le flanc de la montagne **3.** [of people, cars] flot *m* ; [of complaints, abuse] torrent *m* / *we've received a steady stream of applications* nous avons reçu un flot incessant de candidatures / *she unleashed a stream of insults* elle lâcha un torrent d'injures ▸ **stream of consciousness** monologue *m* intérieur **4.** UK SCH classe *f* de niveau / *we're in the top stream* nous sommes dans la section forte. ❖ vi **1.** [liquid] couler à flots, ruisseler ; [light] entrer à flots / *tears streamed down* *her face* des larmes ruisselaient sur son visage / *sunlight streamed into the room* le soleil entra à flots dans la pièce **2.** [people, cars] affluer / *to stream in / out* entrer / sortir à flots ▸ **to stream past** passer à flots / *I watched as the demonstrators streamed past* je regardai passer les flots de manifestants. ❖ vt **1.** COMPUT [music, news] télécharger en streaming **2.** UK SCH répartir par niveau.

streamer ['stri:məʳ] noun [for party] serpentin *m*.

streaming ['stri:mɪŋ] ❖ noun **1.** UK SCH répartition *f* en classes de niveau **2.** COMPUT streaming *m*. ❖ adj [surface, window] ruisselant(e) / *I've got a streaming cold* UK j'ai attrapé un gros rhume.

streamline ['stri:mlaɪn] vt **1.** [make aerodynamic] caréner, donner un profil aérodynamique à **2.** [make efficient] rationaliser.

streamlined ['stri:mlaɪnd] adj **1.** [aerodynamic] au profil aérodynamique **2.** [efficient] rationalisé(e).

streamlining ['stri:mlaɪnɪŋ] noun **1.** AUTO & AERON carénage *m* **2.** ECON & INDUST [of business, organization] rationalisation *f* ; [of industry] dégraissage *m*, restructuration *f*.

street [stri:t] ❖ noun rue *f* ▸ **it's right up his street** *inf* c'est son rayon ▸ **to be streets ahead of sb** UK devancer OR dépasser qqn de loin. ❖ adj US *inf* [street smart] dégourdi(e).

streetcar ['stri:tkɑ:ʳ] noun US tramway *m*.

street-credibility noun *(U) inf* image *f* (de marque).

street lamp, street light noun réverbère *m*.

street lighting noun éclairage *m* des rues.

street map noun plan *m*.

street plan noun plan *m*.

street value noun [of drugs] valeur *f* à la revente.

streetwise ['stri:twaɪz] adj *inf* averti(e), futé(e).

strength [streŋθ] noun **1.** [gen] force *f* / *with all my strength* de toutes mes forces / *his strength failed him* ses forces l'ont trahi OR abandonné / *to lose strength* perdre des forces, s'affaiblir / *to get one's strength back* reprendre des OR recouvrer ses forces / *strength of character* force de caractère / *strength of purpose* résolution *f* / *strength of will* volonté *f* ▸ **on the strength of** a) [evidence] sur la foi de b) [advice] en s'appuyant sur, en vertu de / *he was accepted on the strength of his excellent record* il a été accepté grâce à ses excellents antécédents **2.** [power, influence] puissance *f* ▸ **to go from strength to strength** connaître un succès de plus en plus éclatant, prospérer **3.** [solidity, of currency] solidité *f* / *the dollar has gained / fallen in strength* le dollar s'est consolidé / a chuté **4.** [number] effectif *m* ▸ **in strength** en force, en grand nombre ▸ **at full strength** au (grand) complet ▸ **to be below strength** avoir un effectif insuffisant.

strengthen ['streŋθn] ❖ vt **1.** [structure, team, argument] renforcer **2.** [economy, currency, friendship] consolider **3.** [resolve, dislike] fortifier, affermir **4.** [person] enhardir. ❖ vi **1.** [sales, economy] s'améliorer **2.** [opposition] s'affermir, se renforcer **3.** [friendship] se cimenter, se consolider **4.** [currency] se raffermir.

strengthening ['streŋθənɪŋ] ❖ noun **1.** [physical - of body, muscle] raffermissement *m* ; [- of voice] renforcement *m* ; [- of hold, grip] resserrement *m* **2.** [increase - of emotion, effect, desire] renforcement *m*, augmentation *f*, intensification *f* ; [reinforcement - of character, friendship, position] renforcement *m* ; [- of wind, current] renforcement *m* **3.** [of structure, building] renforcement *m*, consolidation *f* **4.** FIN consolidation *f*. ❖ adj fortifiant(e), remontant(e) ; MED tonifiant(e).

strenuous ['strenjʊəs] adj [exercise, activity] fatigant(e), dur(e) ; [effort] vigoureux(euse), acharné(e).

stress [stres] ❖ noun **1.** [emphasis] ▸ **stress (on)** accent *m* (sur) / *to lay stress on sthg* a) [fact, point, qualities] insister sur **2.** [mental] stress *m*, tension *f* / *to suffer from stress* être stressé / *the stresses and strains of being a parent* les angoisses qu'on éprouve lorsqu'on a des enfants ▸ **to be under stress** être stressé(e) / *I always work better under stress* je travaille toujours mieux quand je suis sous pression **3.** TECH ▸ **stress (on)** contrainte *f* (sur), effort *m* (sur) / *there is too much stress on the foundations* la contrainte que subissent les fondations est trop forte **4.** LING accent *m*. ❖ vt **1.** [emphasize] souligner, insister sur **2.** LING accentuer. ❖ vi *inf* stresser.
◆ **stress out** vt *inf* stresser.

stress-buster noun *inf* éliminateur *m* de stress.

stressed-out adj *inf* stressé(e).

stressful ['stresfʊl] adj stressant(e).

stress out, stress vt *inf* stresser.

stress-related adj dû (due) au stress ▸ **stress-related illnesses** maladies *fpl* dues au stress.

stretch [stretʃ] ❖ noun **1.** [of land, water] étendue *f* ; [of road, river] partie *f*, section *f* / *a new stretch of road / motorway* un nouveau tronçon de route / d'autoroute / *it's a lovely stretch of river / scenery* cette partie de la rivière / du paysage est magnifique **2.** [of time] période *f* / *for long stretches at a time there was nothing to do* il n'y avait rien à faire pendant de longues périodes / *he did a stretch in Dartmoor inf* il a fait de la taule à Dartmoor **3.** SPORT [exercise] étirement *m* / *do a couple of stretches before breakfast* faites quelques exercices d'assouplissement avant le petit déjeuner **4.** [effort] : *to be at full stretch* a) [factory, machine] fonctionner à plein régime b) [person] se donner à fond ▸ **by no stretch of the imagination** même avec beaucoup d'imagination. ❖ vt **1.** [arms] allonger ; [legs] se dégourdir ; [muscles] distendre **2.** [pull taut] tendre, étirer / *to stretch sthg out of shape* [garment, shoes] déformer qqch **3.** [overwork - person] surmener ; [- resources, budget] grever / *our resources are stretched to the limit* nos ressources sont exploitées OR utilisées au maximum / *that's stretching it a bit (far)!* là vous exagérez !, là vous allez un peu loin ! / *I suppose we could stretch a point and let him stay* je suppose qu'on pourrait faire une entorse au règlement et lui permettre de rester **4.** [challenge] ▸ **to stretch sb** pousser qqn à la limite de ses capacités. ❖ vi **1.** [area] ▸ **to stretch over** s'étendre sur ▸ **to stretch from... to**

s'étendre de... à / *the forest stretches as far as the eye can see* la forêt s'étend à perte de vue **2.** [person, animal] s'étirer / *he had to stretch to reach it* **a)** [reach out] il a dû tendre le bras pour l'atteindre **b)** [stand on tiptoe] il a dû se mettre sur la pointe des pieds pour l'atteindre **3.** [material, elastic] se tendre, s'étirer / *my salary won't stretch to a new car* mon salaire ne me permet pas d'acheter une nouvelle voiture. ❖ adj extensible. ◆ **at a stretch** adv d'affilée, sans interruption. ◆ **stretch out** ❖ vt sep [arm, leg, hand] tendre / *she lay stretched out in front of the television* elle était allongée par terre devant la télévision. ❖ vi [lie down] s'étendre, s'allonger.

stretcher ['stretʃər] noun brancard *m*, civière *f*.

stretchy ['stretʃɪ] (*compar* **-ier**, *superl* **-iest**) adj extensible, élastique.

strew [stru:] (*pt* **-ed**, *pp* **strewn** [stru:n] *or* **-ed**) vt ▸ **to be strewn on** OR **over** être éparpillé(e) sur ▸ **to be strewn with** être jonché(e) de.

stricken ['strɪkn] adj ▸ **to be stricken by** OR **with panic** être pris(e) de panique ▸ **to be stricken by an illness** souffrir OR être atteint(e) d'une maladie.

strict [strɪkt] adj **1.** [gen] strict(e) / *in the strict sense of the word* au sens strict du terme / *he told me in the strictest confidence* il me l'a dit à titre strictement confidentiel / *in strict secrecy* dans le plus grand secret **2.** [faithful] : *she's a strict Catholic* elle observe rigoureusement la foi catholique.

strictly ['strɪktlɪ] adv **1.** [gen] strictement ▸ **strictly speaking** à proprement parler **2.** [severely] d'une manière stricte, sévèrement.

strictness ['strɪktnɪs] noun sévérité *f*.

stride [straɪd] ❖ noun **1.** [long step] grand pas *m*, enjambée *f* **2.** PHR **to take sthg in one's stride** ne pas se laisser démonter par qqch. ❖ vi (*pt* **strode**, *pp* **stridden** ['strɪdn]) marcher à grandes enjambées OR à grands pas. ◆ **strides** pl n [progress] ▸ **to make (great) strides** faire des progrès rapides.

strident ['straɪdnt] adj **1.** [voice, sound] strident(e) **2.** [demand, attack] véhément(e), bruyant(e).

strife [straɪf] noun *(U)* conflit *m*, lutte *f*.

strike [straɪk] ❖ noun **1.** [by workers] grève *f* ▸ **to be (out) on strike** être en grève ▸ **to go on strike** faire grève, se mettre en grève **2.** MIL raid *m* / *to carry out air strikes against* OR *on enemy bases* lancer des raids aériens contre des bases ennemies **3.** [of oil, gold] découverte *f* ▸ **it was a lucky strike** c'était un coup de chance. ❖ comp de grève / *to threaten strike action* menacer de faire OR de se mettre en grève. ❖ vt (*pt & pp* **struck**) **1.** [hit - deliberately] frapper ; [- accidentally] heurter / *she struck him across the face* elle lui a donné une gifle / *a wave struck the side of the boat* une vague a heurté le côté du bateau / *to be struck by lightning* être frappé par la foudre, être foudroyé / *an earthquake struck the city* un tremblement de terre a frappé la ville **2.** [subj: thought] venir à l'esprit de / *she strikes me as (being) very capable* elle me fait l'impression d'être très capable, elle me paraît très capable / *it suddenly struck him how little had changed* il a soudain pris conscience du fait que peu de choses avaient changé / *a terrible thought struck her* une idée affreuse lui vint à l'esprit **3.** [impress] ▸ **to be struck by** OR **with** être frappé(e) par / *I was very struck with* UK OR *by* US *the flat* l'appartement m'a plu énormément **4.** [conclude - deal, bargain] conclure / *I'll strike a bargain with you* je te propose un marché **5.** [light - match] frotter **6.** [find] découvrir, trouver ▸ **to strike a balance (between)** trouver le juste milieu (entre) ▸ **to strike a serious / happy note** adopter un ton sérieux/gai **7.** PHR **to strike a chord** : *does it strike a chord?* est-ce que cela te rappelle OR dit quelque chose ? ▸ **to strike a chord (with)** trouver un écho (auprès de) ▸ **to be struck blind** être frappé(e) de cécité, devenir aveugle ▸ **to be struck dumb** rester muet(e) ▸ **to strike fear** OR **terror into sb** frapper qqn de terreur ▸ **to strike (it) lucky** avoir de la veine ▸ **to strike it rich** trouver le filon. ❖ vi (*pt & pp* **struck**) **1.** [workers] faire grève **2.** [hit] frapper / *to strike home* **a)** [blow] porter **b)** [missile, remark] faire mouche **3.** [attack] attaquer / *the murderer has struck again* l'assassin a encore frappé / *we were travelling quietly along when disaster struck* nous roulions tranquillement lorsque la catastrophe s'est produite **4.** [chime] sonner. ◆ **strike back** vi se venger, exercer des représailles. ◆ **strike down** vt sep terrasser. ◆ **strike off** vt sep ▸ **to be struck off** être radié(e) OR rayé(e). ◆ **strike out** ❖ vt sep rayer, barrer. ❖ vi [head out] se mettre en route, partir ▸ **to strike out on one's own** [in business] se mettre à son compte. ◆ **strike up** ❖ vt insep **1.** [conversation] commencer, engager ▸ **to strike up a friendship (with)** se lier d'amitié (avec) **2.** [music] commencer à jouer. ❖ vi commencer à jouer.

strikebreaker ['straɪk,breɪkər] noun briseur *m*, -euse *f* de grève.

striker ['straɪkər] noun **1.** [person on strike] gréviste *mf* **2.** FOOT buteur *m*.

striking ['straɪkɪŋ] adj **1.** [noticeable] frappant(e), saisissant(e) **2.** [attractive] d'une beauté frappante.

striking distance noun ▸ **to be within striking distance (of)** être à deux pas (de) ▸ **to be within striking distance of doing sthg** *fig* être à deux doigts de faire qqch.

strikingly ['straɪkɪŋlɪ] adv remarquablement / *a strikingly beautiful woman* une femme d'une beauté saisissante.

string [strɪŋ] ❖ noun **1.** *(U)* [thin rope] ficelle *f* **2.** [piece of thin rope] bout *m* de ficelle ▸ **(with) no strings attached** sans conditions ▸ **to have sb on a string** *inf* mener qqn par le bout du nez ▸ **to pull strings** faire jouer le piston **3.** [of beads, pearls] rang *m* / *a string of islands* un chapelet d'îles / *a string of fairy lights* une guirlande (électrique) / *she owns a string of shops* elle est propriétaire d'une chaîne de magasins **4.** [series] série *f*, suite *f* **5.** [of musical instrument] corde *f*. ❖ comp ▸ **string vest** tricot *m* de peau à grosses mailles ▸ **string bag** filet *m* à provisions. ❖ vt (*pt & pp* **strung** [strʌŋ]) **1.** [guitar, violin] monter, mettre des cordes à ; [racket] corder **2.** [beads, pearls] enfiler **3.** [hang] suspendre / *Christmas lights had been strung across the street* des décorations de Noël avaient été suspendues en travers de la rue. ◆ **strings** pl n MUS ▸ **the strings** les cordes *fpl.* ◆ **string along** (*pt & pp* **strung along**) vt sep *inf* [deceive] faire marcher, tromper. ◆ **string out** (*pt & pp* **strung out**) vt insep échelonner. ◆ **string together** (*pt & pp* **strung together**) vt sep *fig* aligner / *she can barely string two words together in French* c'est à peine si elle peut faire une phrase en français. ◆ **string up** vt sep *inf* [kill by hanging] pendre.

string bean noun haricot *m* vert.

stringed instrument [ˌstrɪŋd-] noun instrument *m* à cordes.

stringent [ˈstrɪndʒənt] adj strict(e), rigoureux(euse).

string quartet noun quatuor *m* à cordes.

strip [strɪp] ❖ noun **1.** [narrow piece] bande *f* / *she cut the dough / material into strips* elle coupa la pâte en lamelles / le tissu en bandes ▸ **to tear a strip off sb, to tear sb off a strip** UK passer un bon savon à qqn, sonner les cloches à qqn **2.** UK SPORT tenue *f.* ❖ vt (*pt & pp* **-ped**, *cont* **-ping**) **1.** [undress] déshabiller, dévêtir / *they were stripped to the waist* ils étaient torse nu, ils étaient nus jusqu'à la ceinture **2.** [remove covering] enlever / *the walls need to be stripped first* **a)** [of wallpaper] il faut d'abord enlever OR arracher le papier peint **b)** [of paint] il faut d'abord décaper les murs / *to strip a bed* défaire un lit **3.** [take away from] ▸ **to strip sb of sthg** dépouiller qqn de qqch / *he was stripped of his rank* il a été dégradé **4.** [dismantle - engine, gun] démonter. ❖ vi (*pt & pp* **-ped**, *cont* **-ping**) **1.** [undress] se déshabiller, se dévêtir **2.** [do a striptease] faire un strip-tease. ◆ **strip off** ❖ vt sep enlever, ôter. ❖ vi se déshabiller, se dévêtir.

strip cartoon noun UK bande *f* dessinée.

stripe [straɪp] noun **1.** [band of colour] rayure *f* **2.** [sign of rank] galon *m.*

striped [straɪpt] adj à rayures, rayé(e).

stripper [ˈstrɪpəʳ] noun **1.** [performer of striptease] strip-teaseuse *f*, effeuilleuse *f* **2.** [for paint] décapant *m.*

strip-search ❖ noun fouille *f* d'une personne dévêtue. ❖ vt ▸ **to strip-search sb** obliger qqn à se déshabiller pour le fouiller.

striptease [ˈstripti:z] noun strip-tease *m.*

stripy [ˈstraɪpɪ] (*compar* **-ier**, *superl* **-iest**) adj à rayures, rayé(e).

strive [straɪv] (*pt* **strove**, *pp* **striven** [ˈstrɪvn]) vi ▸ **to strive for sthg** essayer d'obtenir qqch ▸ **to strive to do sthg** s'efforcer de faire qqch.

strobe (light) [ˈstrəʊb-] noun lumière *f* stroboscopique.

strode [strəʊd] pt ⟶ **stride**.

stroke [strəʊk] ❖ noun **1.** MED attaque *f* cérébrale / *to have a stroke* avoir une attaque **2.** [of pen, brush] trait *m* **3.** [in swimming - movement] mouvement *m* des bras ; [- style] nage *f* **4.** [in rowing] coup *m* d'aviron ▸ **to be off one's stroke** ne pas être au mieux de sa forme **5.** [in golf, tennis] coup *m* **6.** [of clock] : *on the third stroke* ≃ au quatrième top / *at the stroke of 12* sur le coup de minuit **7.** UK TYPO [oblique] barre *f* / *225 stroke 62* UK 225 barre oblique 62 **8.** [caress] caresse *f* / *she gave the cat a stroke* elle a caressé le chat **9.** [piece] ▸ **a stroke of genius** un trait de génie ▸ **a stroke of luck** un coup de chance OR de veine ▸ **not to do a stroke of work** ne pas en ficher une datte OR rame, ne rien faire ▸ **at a stroke** d'un seul coup. ❖ vt caresser.

stroll [strəʊl] ❖ noun petite promenade *f*, petit tour *m.* ❖ vi se promener, flâner.

stroller [ˈstrəʊləʳ] noun US [for baby] poussette *f.*

strong [strɒŋ] adj **1.** [gen] fort(e) / *there is a strong chance* OR *probability that he will win* il y a de fortes chances pour qu'il gagne / *he had a strong sense of guilt* il éprouvait un fort sentiment de culpabilité / *she is particularly strong in science subjects* elle est particulièrement forte dans les matières scientifiques / *to bear a strong resemblance to sb* ressembler beaucoup OR fortement à qqn / *his speech made a strong impression on them* son discours les a fortement impressionnés OR a eu un profond effet sur eux ▸ **strong point** point *m* fort **2.** [structure, argument, friendship] solide / *they have a strong case* ils ont de bons arguments / *we're in a strong bargaining position* nous sommes bien placés OR en position de force pour négocier **3.** [healthy] robuste, vigoureux(euse) ▸ **to be still going strong** **a)** [person, group] être toujours d'attaque, être solide au poste **b)** [machine] marcher toujours bien **4.** [policy, measures] énergique / *he is a strong believer in discipline* il est de ceux qui croient fermement à la discipline / *she is a strong supporter of the government* elle soutient le gouvernement avec ferveur **5.** [intense, vivid - desire, imagination, interest] vif (vive) ; [- colour] vif, fort(e) / *to exert a strong influence on sb* exercer beaucoup d'influence OR une forte influence sur qqn **6.** [in numbers] : *the crowd was 2,000 strong* il y avait une foule de 2 000 personnes **7.** [team, candidate] sérieux(euse), qui a des chances de gagner / *he is a strong contender for the presidency* il a de fortes chances de remporter l'élection présidentielle.

strongbox [ˈstrɒŋbɒks] noun coffre-fort *m.*

stronghold [ˈstrɒŋhəʊld] noun *fig* bastion *m.*

strong language noun *(U) euph* grossièretés *fpl* / *to use strong language* dire des grossièretés, tenir des propos grossiers.

strongly [ˈstrɒŋlɪ] adv **1.** [gen] fortement / *I strongly disagree with you* je ne suis pas du tout d'accord avec vous / *the report was strongly critical of the hospital* le rapport était extrêmement critique à l'égard de l'hôpital / *I feel very strongly about the matter* c'est un sujet OR une affaire qui me tient beaucoup à cœur **2.** [solidly] solidement.

strong man noun [in circus] homme *m* fort, hercule *m.*

strong-minded [-ˈmaɪndɪd] adj résolu(e).

strong room noun chambre *f* forte.

strong-willed [-ˈwɪld] adj têtu(e), volontaire.

strop [strɒp] ❖ noun cuir *m* (à rasoir). ❖ vt (*pt & pp* **-ped**, *cont* **-ping**) [razor] repasser sur le cuir.

stroppy ['strɒpɪ] (*compar* **-ier**, *superl* **-iest**) adj UK *inf* difficile.

strove [strəʊv] pt ⟶ **strive**.

struck [strʌk] pt & pp ⟶ **strike**.

structural ['strʌktʃərəl] adj de construction.

structurally ['strʌktʃərəlɪ] adv du point de vue de la construction.

structure ['strʌktʃəʳ] ❖ noun **1.** [organization] structure *f* **2.** [building] construction *f*. ❖ vt structurer.

structured ['strʌktʃəd] adj structuré(e).

struggle ['strʌgl] ❖ noun **1.** [great effort] ▸ **struggle (for sthg / to do sthg)** lutte *f* (pour qqch / pour faire qqch) / *I finally succeeded but not without a struggle* j'y suis finalement parvenu, non sans peine / *it was a struggle to convince him* on a eu du mal à le convaincre **2.** [fight] bagarre *f*. ❖ vi **1.** [make great effort] ▸ **to struggle (for)** lutter (pour) ▸ **to struggle to do sthg** s'efforcer de faire qqch **2.** [to free oneself] se débattre ; [fight] se battre / *she struggled with her attacker* elle a lutté contre OR s'est battue avec son agresseur **3.** [move with difficulty] ▸ **to struggle to one's feet** se lever avec difficulté. ◆ **struggle on** vi ▸ **to struggle on (with)** persévérer (dans).

struggling ['strʌglɪŋ] adj qui a du mal OR des difficultés.

strum [strʌm] (*pt & pp* **-med**, *cont* **-ming**) vt [guitar] gratter de ; [tune] jouer.

strung [strʌŋ] pt & pp ⟶ **string**.

strut [strʌt] ❖ noun **1.** CONSTR étai *m*, support *m* **2.** AERON pilier *m*. ❖ vi (*pt & pp* **-ted**, *cont* **-ting**) se pavaner.

strychnine ['strɪkni:n] noun strychnine *f*.

stub [stʌb] ❖ noun **1.** [of cigarette] mégot *m* ; [of pencil] morceau *m* **2.** [of ticket, cheque] talon *m*. ❖ vt (*pt & pp* **-bed**, *cont* **-bing**) ▸ **to stub one's toe** se cogner le doigt de pied. ◆ **stub out** vt sep écraser.

stubble ['stʌbl] noun *(U)* **1.** [in field] chaume *m* **2.** [on chin] barbe *f* de plusieurs jours.

stubbly ['stʌblɪ] adj (*compar* **-ier**, *superl* **-iest**) **1.** [chin, face] mal rasé(e) ; [beard] de plusieurs jours ; [hair] en brosse **2.** [field] couvert(e) de chaume.

stubborn ['stʌbən] adj **1.** [person] têtu(e), obstiné(e) **2.** [stain] qui ne veut pas partir, rebelle.

stubbornly ['stʌbənlɪ] adv obstinément.

stubby ['stʌbɪ] (*compar* **-ier**, *superl* **-iest**) adj boudiné(e).

stucco ['stʌkəʊ] noun stuc *m*.

stuck [stʌk] ❖ pt & pp ⟶ **stick**. ❖ adj **1.** [jammed, trapped] coincé(e) / *to be* OR *to get stuck in traffic* être coincé OR bloqué dans les embouteillages / *to get stuck in the mud* s'embourber **2.** [stumped] ▸ **to be stuck** sécher / *if you get stuck go on to the next question* si tu sèches, passe à la question suivante **3.** [stranded] bloqué(e), en rade / *they were* OR *they got stuck at the airport overnight* ils sont restés bloqués OR ils ont dû passer toute la nuit à l'aéroport **4.** *inf* [lumbered] : *as usual I got stuck with (doing) the washing-up* comme d'habitude, c'est moi qui me suis tapé la vaisselle / *he was stuck with the nickname "Teddy"* le surnom de « Teddy » lui est resté.

stuck-up adj *inf* & *pej* bêcheur(euse).

stud [stʌd] noun **1.** [metal decoration] clou *m* décoratif **2.** [earring] clou *m* d'oreille **3.** UK [on boot, shoe] clou *m* ; [on sports boots] crampon *m* **4.** [of horses] haras *m* ▸ **to be put out to stud** être utilisé comme étalon.

student ['stju:dnt] ❖ noun étudiant *m*, -e *f*. ❖ comp [life] estudiantin(e) ; [politics] des étudiants ; [disco] pour étudiants ▸ **student nurse** élève-infirmière *f*.

student loan noun *prêt bancaire pour étudiants*.

student teacher noun [in primary school] instituteur *m*, -trice *f* stagiaire ; [in secondary school] professeur *m* stagiaire.

student union noun **1.** [organization] union *f* des étudiants **2.** [building] club *m* (des étudiants).

Student union

Dans les universités britanniques et américaines, on appelle **student union** à la fois le syndicat des étudiants et le local lui-même. Les syndicats défendent les intérêts des étudiants et leur offrent différents services.

studied ['stʌdɪd] adj étudié(e), calculé(e).

studio ['stju:dɪəʊ] (*pl* **-s**) noun studio *m* ; [of artist] atelier *m*.

studio flat UK, **studio apartment** US noun studio *m*.

studious ['stju:djəs] adj studieux(euse).

study ['stʌdɪ] ❖ noun (*pl* **-ies**) **1.** [gen] étude *f* **2.** [room] bureau *m*. ❖ vt (*pt & pp* **-ied**) **1.** [learn] étudier, faire des études de **2.** [examine] examiner, étudier. ❖ vi (*pt & pp* **-ied**) étudier, faire ses études.

stuff [stʌf] ❖ noun *(U)* **1.** *inf* [things] choses *fpl* / *he writes some good stuff* il écrit de bons trucs / *they go climbing and sailing and stuff like that* ils font de l'escalade, de la voile et des trucs du même genre ▸ **and all that stuff** et tout ça ▸ **to know one's stuff** s'y connaître ▸ **that's the stuff!** c'est ça !, allez-y ! **2.** [substance] substance *f* / *what's that sticky stuff in the sink?* qu'est-ce que c'est que ce truc gluant dans l'évier ? **3.** *inf* [belongings] affaires *fpl* / *where's my shaving / fishing stuff?* où est mon matériel de rasage / de pêche ? / *clear all that stuff off the table!* enlève tout ce bazar de sur la table ! ❖ vt **1.** [push] fourrer ; [expressing anger, rejection] : *he told me I could stuff my report* *v inf* il m'a dit qu'il se foutait pas mal de mon rapport **2.** [fill] ▸ **to stuff sthg (with)** remplir OR bourrer qqch (de) / *stuffed with foam* rembourré de mousse / *her head is stuffed with useless information* elle a la tête farcie de renseignements inutiles **3.** *inf* [with food] ▸ **to stuff o.s. (with** OR **on)** se gaver (de), s'empiffrer (de) **4.** CULIN farcir **5.** [in taxidermy - animal, bird] empailler. ◆ **stuff up** vt sep [block] boucher.

stuffed [stʌft] adj **1.** [filled] ▸ **stuffed with** bourré(e) de **2.** *inf* [with food] gavé(e) **3.** CULIN farci(e) **4.** [toy] en peluche / *he loves stuffed animals* il adore les peluches **5.** [preserved - animal] empaillé(e) **6.** PHR **get stuffed!** UK *v inf* va te faire foutre !

stuffed shirt noun prétentieux *m*, -euse *f* / *he's a real stuffed shirt* il est vraiment suffisant.

stuffing ['stʌfɪŋ] noun *(U)* **1.** [filling] bourre *f*, rembourrage *m* **2.** CULIN farce *f*.

stuffy ['stʌfɪ] (*compar* **-ier**, *superl* **-iest**) adj **1.** [room] mal aéré(e), qui manque d'air **2.** [person, club] vieux jeu *(inv)*.

stumble ['stʌmbl] vi trébucher. ◆ **stumble across, stumble on** vt insep tomber sur.

stumbling block ['stʌmblɪŋ-] noun pierre *f* d'achoppement.

stump [stʌmp] ❖ noun [of tree] souche *f* ; [of arm, leg] moignon *m*. ❖ vt [subj: question, problem] dérouter, rendre perplexe. ❖ vi ▸ **to stump in / out** entrer / sortir à pas lourds. ◆ **stumps** pl n CRICKET piquets *mpl*. ◆ **stump up** vt insep UK *inf* cracher, payer.

stumpy ['stʌmpɪ] (*compar* **-ier**, *superl* **-iest**) adj [person] boulot(otte), courtaud(e) ; [arms, legs] court(e) et épais(se) ; [tail] tronqué(e).

stun [stʌn] (*pt & pp* **-ned**, *cont* **-ning**) vt **1.** [knock unconscious] étourdir, assommer **2.** [surprise] stupéfier, renverser / *she was stunned by the news* la nouvelle l'a abasourdi.

stung [stʌŋ] pt & pp ⟶ **sting**.

stunk [stʌŋk] pt & pp ⟶ **stink**.

stunned [stʌnd] adj **1.** [knocked out] assommé(e) **2.** *fig* abasourdi(e), stupéfait(e).

stunner ['stʌnəʳ] noun *inf* [woman] fille *f* superbe ; [car] voiture *f* fantastique.

stunning ['stʌnɪŋ] adj **1.** [very beautiful] ravissant(e) ; [scenery] merveilleux(euse) **2.** [surprising] stupéfiant(e), renversant(e).

stunningly ['stʌnɪŋlɪ] adv remarquablement, incroyablement / *stunningly beautiful* d'une beauté éblouissante.

stunt [stʌnt] ❖ noun **1.** [for publicity] coup *m* **2.** CIN cascade *f*. ❖ vt retarder, arrêter.

stunted ['stʌntɪd] adj rabougri(e).

stunt man noun cascadeur *m*.

stunt woman noun cascadeuse *f*.

stupefy ['stju:pɪfaɪ] (*pt & pp* **-ied**) vt **1.** [tire] abrutir **2.** [surprise] stupéfier, abasourdir.

stupefying ['stju:pɪfaɪɪŋ] adj stupéfiant(e).

stupendous [stju:'pendəs] adj extraordinaire, prodigieux(euse).

stupid ['stju:pɪd] adj **1.** [foolish] stupide, bête **2.** *inf* [annoying] fichu(e).

stupidity [stju:'pɪdətɪ] noun *(U)* bêtise *f*, stupidité *f*.

stupidly ['stju:pɪdlɪ] adv stupidement.

stupor ['stju:pəʳ] noun stupeur *f*, hébétude *f*.

sturdy ['stɜ:dɪ] (*compar* **-ier**, *superl* **-iest**) adj [person] robuste ; [furniture, structure] solide.

sturgeon ['stɜ:dʒən] (*pl inv*) noun esturgeon *m*.

stutter ['stʌtəʳ] ❖ noun bégaiement *m*. ❖ vi bégayer.

sty [staɪ] (*pl* **sties**) noun [pigsty] porcherie *f*.

style [staɪl] ❖ noun **1.** [characteristic manner] style *m* / *I don't like his style of dressing* je n'aime pas sa façon de s'habiller / *they've adopted a new management style* [approach] ils ont adopté un nouveau style de gestion ▸ **house style** TYPO [in editing] style de la maison **2.** *(U)* [elegance] chic *m*, élégance *f* / *she's got real style* elle a vraiment de l'allure OR du chic / *to live in style* mener grand train, vivre dans le luxe / *he likes to do things in style* il aime faire bien les choses **3.** [design] genre *m*, modèle *m* / *to be dressed in the latest style* être habillé à la dernière mode / *all the latest styles* tous les derniers modèles. ❖ vt [design - dress, house] créer, dessiner ▸ **to style sb's hair** coiffer qqn / *styled for comfort and elegance* conçu pour le confort et l'élégance.

-style suffix dans le style de / *baroque-style architecture* architecture *f* de style baroque, baroque *m*.

styling ['staɪlɪŋ] noun [of dress] forme *f*, ligne *f* ; [of hair] coupe *f* ; [of car] ligne *f* ▸ **styling gel** gel *m* coiffant.

stylish ['staɪlɪʃ] adj chic *(inv)*, élégant(e).

stylishly ['staɪlɪʃlɪ] adv [dress] avec chic, avec allure, élégamment ; [live] élégamment ; [write] avec style OR élégance.

stylist ['staɪlɪst] noun [hairdresser] coiffeur *m*, -euse *f*.

stylistic [staɪ'lɪstɪk] adj ART, LITER & LING stylistique.

stylized, stylised UK ['staɪlaɪzd] adj stylisé(e).

stylus ['staɪləs] (*pl* **-es**) noun [on record player] pointe *f* de lecture, saphir *m*.

stymie ['staɪmɪ] vt *inf* [plan] contrarier, contrecarrer ▸ **to be stymied** [person] être coincé(e).

suave [swɑ:v] adj doucereux(euse).

sub [sʌb] noun *inf* **1.** SPORT (*abbr of* **substitute**) remplaçant *m*, -e *f* **2.** (*abbr of* **submarine**) sous-marin *m* **3.** UK (*abbr of* **subscription**) cotisation *f* **4.** US [sandwich] sandwich *m* (de baguette).

sub- pref sous-, sub-.

subcommittee ['sʌbkə,mɪtɪ] noun sous-comité *m*.

subconscious [,sʌb'kɒnʃəs] ❖ adj inconscient(e). ❖ noun ▸ **the subconscious** l'inconscient *m*.

subconsciously [,sʌb'kɒnʃəslɪ] adv inconsciemment.

subcontinent [,sʌb'kɒntɪnənt] noun sous-continent *m*.

subcontract [,sʌbkən'trækt] vt sous-traiter.

subcontractor [,sʌbkən'træktəʳ] noun sous-traitant *m*.

subculture ['sʌb,kʌltʃəʳ] noun sous-culture *f*.

subdivide [ˌsʌbdɪ'vaɪd] vt subdiviser.

subdivision [ˌsʌbdɪ'vɪʒn] noun subdivision *f*.

subdue [səb'djuː] vt **1.** [control - rioters, enemy] soumettre, subjuguer ; [- temper, anger] maîtriser, réprimer **2.** [light, colour] adoucir, atténuer.

subdued [səb'djuːd] adj **1.** [person] abattu(e) **2.** [anger, emotion] contenu(e) **3.** [colour] doux (douce) ; [light] tamisé(e).

subedit [ˌsʌb'edɪt] UK ❖ vt corriger, préparer pour l'impression. ❖ vi travailler comme secrétaire de rédaction.

subeditor [ˌsʌb'edɪtəʳ] noun UK secrétaire *mf* de rédaction.

subfolder ['sʌbˌfəʊldəʳ] noun COMPUT sous-dossier *m*.

subheading ['sʌbˌhedɪŋ] noun sous-titre *m*.

subhuman [ˌsʌb'hjuːmən] adj *pej* [crime] brutal(e), bestial(e).

subject ❖ adj ['sʌbdʒekt] soumis(e) ▸ **to be subject to a)** [tax, law] être soumis à **b)** [disease, headaches] être sujet (sujette) à / ***we are all subject to the rule of law*** nous sommes tous soumis à la loi / ***the terms are subject to alteration without notice*** les termes peuvent être modifiés sans préavis / ***subject to tax*** imposable. ❖ noun ['sʌbdʒekt] **1.** [gen] sujet *m* / ***on the subject of*** au sujet de, à propos de / ***don't try and change the subject*** n'essaie pas de changer de conversation OR de sujet / ***while we're on the subject*** à (ce) propos / ***subject: recruitment of new staff*** [in letters and memos] objet : recrutement de personnel **2.** SCH & UNIV matière *f* / ***it's not really my subject*** ce n'est pas vraiment mon domaine. ❖ vt [səb'dʒekt] **1.** [control] soumettre, assujettir **2.** [force to experience] ▸ **to subject sb to sthg** exposer OR soumettre qqn à qqch. ◆ **subject to** prep ['sʌbdʒekt] sous réserve de / ***subject to passing the exam*** à condition de réussir l'examen.

subjective [səb'dʒektɪv] adj subjectif(ive).

subjectively [səb'dʒektɪvlɪ] adv subjectivement.

subjectivity [ˌsʌbdʒek'tɪvətɪ] noun subjectivité *f*.

subject matter noun *(U)* sujet *m*.

sub judice [-'dʒuːdɪsɪ] adj LAW en train de passer devant le tribunal.

subjugate ['sʌbdʒʊgeɪt] vt [people, country] conquérir, subjuguer.

subjunctive [səb'dʒʌŋktɪv] noun GRAM ▸ **subjunctive (mood)** (mode *m*) subjonctif *m*.

sublet [ˌsʌb'let] (*pt & pp* **sublet**, *cont* **-ting**) vt souslouer.

sublime [sə'blaɪm] adj sublime ▸ **from the sublime to the ridiculous** du sublime au ridicule OR grotesque.

subliminal [ˌsʌb'lɪmɪnl] adj subliminal(e).

submachine gun [ˌsʌbmə'ʃiːn-] noun mitraillette *f*.

submarine [ˌsʌbmə'riːn] noun sous-marin *m*.

submerge [səb'mɜːdʒ] ❖ vt immerger, plonger ▸ **to submerge o.s. in sthg** *fig* se plonger dans qqch. ❖ vi s'immerger, plonger.

submerged [səb'mɜːdʒd] adj submergé(e) / ***a submerged volcano*** un volcan sous-marin.

submersion [səb'mɜːʃn] noun **1.** [in liquid] immersion *f* ; [of submarine] plongée *f* **2.** [flooding] inondation *f*.

submission [səb'mɪʃn] noun **1.** [obedience] soumission *f* **2.** [presentation] présentation *f*, soumission *f*.

submissive [səb'mɪsɪv] adj soumis(e), docile.

submit [səb'mɪt] (*pt & pp* **-ted**, *cont* **-ting**) ❖ vt soumettre. ❖ vi ▸ **to submit (to)** se soumettre (à).

subnormal [ˌsʌb'nɔːml] adj arriéré(e), attardé(e).

subordinate ❖ adj [sə'bɔːdɪnət] *fml* [less important] ▸ **subordinate (to)** subordonné(e) (à), moins important(e) (que). ❖ noun [sə'bɔːdɪnət] subordonné *m*, -e *f*. ❖ vt [sə'bɔːdɪneɪt] subordonner, faire passer après.

subordinate clause noun proposition *f* subordonnée.

subordination [səˌbɔːdɪ'neɪʃn] noun subordination *f*.

subplot ['sʌbˌplɒt] noun intrigue *f* secondaire.

subpoena [sə'piːnə] ❖ noun LAW citation *f*, assignation *f*. ❖ vt (*pt & pp* **-ed**) LAW citer OR assigner à comparaître.

subprime ['sʌbpraɪm] noun US FIN ▸ **subprime (loan OR mortgage)** subprime *m* *(type de crédit immobilier à risque)*.

subscribe [səb'skraɪb] ❖ vi **1.** [to magazine, ISP] s'abonner, être abonné(e) **2.** [to view, belief] ▸ **to subs-**

How to change the subject

- **Au fait, tu as des nouvelles de Jean-Pierre ?** *By the way, have you heard from Jean-Pierre?*
- **Puisqu'on parle d'argent, tu n'oublies pas que tu me dois 10 euros ?** *Talking of money, you haven't forgotten that you owe me 10 euros, have you?*
- **À propos de livres, ce n'est pas à toi que j'aurais prêté « Germinal », par hasard ?** *While we're on the subject of books, it wasn't you that I lent "Germinal" to, was it?*
- **Avant que j'oublie, ta mère a appelé.** *Before I forget, your mother called.*
- **Tout ça c'est très bien, mais on n'a toujours pas parlé du cadeau d'Annick.** *That's all well and good, but we still haven't discussed Annick's present.*
- **Sur un tout autre sujet, de nouvelles réglementations entrent en vigueur le mois prochain.** *On a completely different point, new regulations will come into effect next month.*
- **Et si on parlait d'autre chose ?** *Let's talk about something else!*

cribe to être d'accord avec, approuver. ❖ vt [money] donner.

subscriber [səb'skraɪbəʳ] noun **1.** [to magazine, service] abonné *m*, -e *f* **2.** [to charity, campaign] souscripteur *m*, -trice *f*.

subscript ['sʌbskrɪpt] ❖ noun COMPUT, MATH & TYPO indice *m*. ❖ adj en indice.

subscription [səb'skrɪpʃn] noun **1.** [to magazine] abonnement *m* **2.** UK [to charity, campaign] souscription *f* **3.** UK [to club] cotisation *f*.

subsection ['sʌb,sekʃn] noun subdivision *f*, paragraphe *m*.

subsequent ['sʌbsɪkwənt] adj ultérieur(e), suivant(e).

subsequently ['sʌbsɪkwəntlɪ] adv par la suite, plus tard.

subservient [səb'sɜ:vjənt] adj [servile] ▸ **subservient (to)** servile (vis-à-vis de), obséquieux(euse) (envers).

subside [səb'saɪd] vi **1.** [pain, anger] se calmer, s'atténuer ; [noise] diminuer **2.** [CONSTR - building] s'affaisser ; [- ground] se tasser.

subsidence [səb'saɪdns *or* 'sʌbsɪdns] noun [CONSTR - of building] affaissement *m* ; [- of ground] tassement *m*.

subsidiarity [səbsɪdɪ'ærɪtɪ] noun subsidiarité *f*.

subsidiary [səb'sɪdjərɪ] ❖ adj subsidiaire. ❖ noun (*pl* -ies) ▸ **subsidiary (company)** filiale *f*.

subsidize, **subsidise** UK ['sʌbsɪdaɪz] vt subventionner.

subsidy ['sʌbsɪdɪ] (*pl* -ies) noun subvention *f*, subside *m*.

subsist [səb'sɪst] vi ▸ **to subsist (on)** vivre (de).

subsistence [səb'sɪstəns] noun subsistance *f*, existence *f*.

subsistence level noun minimum *m* vital.

substance ['sʌbstəns] noun **1.** [gen] substance *f* **2.** [importance] importance *f*.

substance abuse noun *fml* abus *m* de stupéfiants.

substandard [,sʌb'stændəd] adj de qualité inférieure.

substantial [səb'stænʃl] adj **1.** [considerable] considérable, important(e) ; [meal] substantiel(elle) **2.** [solid, well-built] solide.

substantially [səb'stænʃəlɪ] adv **1.** [considerably] considérablement / *substantially better* bien mieux / *substantially bigger* beaucoup plus grand **2.** [mainly] en grande partie.

substantiate [səb'stænʃɪeɪt] vt *fml* prouver, établir.

substantive [sʌb'stæntɪv] adj *fml* [meaningful] positif(ive), constructif(ive).

substitute ['sʌbstɪtju:t] ❖ noun **1.** [replacement] ▸ **substitute (for)** a) [person] remplaçant *m*, -e *f* (de) b) [thing] succédané *m* (de) ▸ **to be no substitute for sthg** ne pas pouvoir remplacer qqch **2.** SPORT remplaçant *m*, -e *f*. ❖ vt ▸ **to substitute A for B** substituer A à B, remplacer B par A. ❖ vi ▸ **to substitute for sb / sthg** remplacer qqn / qqch.

substitute teacher noun US suppléant *m*, -e *f*.

substitution [,sʌbstɪ'tju:ʃn] noun substitution *f*, remplacement *m*.

subterfuge ['sʌbtəfju:dʒ] noun subterfuge *m*.

subterranean [,sʌbtə'reɪnjən] adj souterrain(e).

subtext ['sʌb,tekst] noun message *m* sous-jacent *(de livre, de film)*.

subtitle ['sʌb,taɪtl] noun sous-titre *m*.

subtitled ['sʌb,taɪtld] adj sous-titré(e), avec sous-titrage.

subtitling ['sʌb,taɪtlɪŋ] noun sous-titrage *m*.

subtle ['sʌtl] adj subtil(e).

subtlety ['sʌtltɪ] noun subtilité *f*.

subtly ['sʌtlɪ] adv subtilement.

subtotal ['sʌb,təʊtl] noun total *m* partiel.

subtract [səb'trækt] vt ▸ **to subtract sthg (from)** soustraire qqch (de).

subtraction [səb'trækʃn] noun soustraction *f*.

subtropical [,sʌb'trɒpɪkl] adj subtropical(e).

suburb ['sʌbɜ:b] noun faubourg *m*. ◆ **suburbs** pl n ▸ **the suburbs** la banlieue.

suburban [sə'bɜ:bn] adj **1.** [of suburbs] de banlieue **2.** *pej* [life] étriqué(e) ; [person] à l'esprit étroit.

suburbia [sə'bɜ:bɪə] noun *(U)* la banlieue.

subversion [səb'vɜ:ʃn] noun subversion *f*.

subversive [səb'vɜ:sɪv] ❖ adj subversif(ive). ❖ noun personne *f* qui agit de façon subversive.

subvert [səb'vɜ:t] vt subvertir, renverser.

subway ['sʌbweɪ] noun **1.** UK [underground walkway] passage *m* souterrain **2.** US [underground railway] métro *m*.

sub-zero adj au-dessous de zéro.

succeed [sək'si:d] ❖ vt succéder à. ❖ vi réussir ▸ **to succeed in doing sthg** réussir à faire qqch.

succeeding [sək'si:dɪŋ] adj *fml* [in future] à venir ; [in past] suivant(e).

success [sək'ses] noun succès *m*, réussite *f*.

successful [sək'sesfʊl] adj **1.** [attempt] couronné(e) de succès / *she was not successful in her application for the post* sa candidature à ce poste n'a pas été retenue / *I was successful in convincing them* j'ai réussi OR je suis arrivé OR je suis parvenu à les convaincre **2.** [film, book] à succès ; [person] qui a du succès / *she's a successful businesswoman* elle a réussi dans les affaires.

successfully [sək'sesfʊlɪ] adv avec succès.

succession [sək'seʃn] noun succession *f* ▸ **in (quick OR close) succession** coup sur soup.

successive [sək'sesɪv] adj successif(ive).

successor [sək'sesəʳ] noun successeur *m*.

success story noun réussite *f*.

succinct [sək'sɪŋkt] adj succinct(e).

succinctly [sək'sɪŋktlɪ] adv succinctement, de façon succincte.

succulent ['sʌkjʊlənt] adj succulent(e).

succumb [sə'kʌm] vi ▸ **to succumb (to)** succomber (à).

such [sʌtʃ] ❖ adj tel (telle), pareil(eille) / *such nonsense* de telles inepties / *do you have such a thing as a tin-opener?* est-ce que tu aurais un ouvre-boîtes par hasard ? / *such money / books as I have* le peu d'argent / de livres que j'ai ▸ **such... that** tel... que. ❖ adv **1.** [for emphasis] si, tellement / *it's such a horrible day!* quelle journée épouvantable ! / *such a lot of books* tellement de livres / *such a long time* si OR tellement longtemps **2.** [in comparisons] aussi. ❖ pron ▸ **and such (like)** et autres choses de ce genre ▸ **this is my car, such as it is** voilà ma voiture, pour ce qu'elle vaut ▸ **have some wine, such as there is** prenez un peu de vin, il en reste un petit fond. ◆ **as such** adv en tant que tel (telle), en soi. ◆ **such and such** adj tel et tel (telle et telle). ◆ **such as** phr tel que, comme / *a country such as Germany* un pays tel que OR comme l'Allemagne / *films such as Fellini's* les films tels que ceux de Fellini / *I can think of lots of reasons — such as?* je vois beaucoup de raisons — comme quoi par exemple ?

suchlike ['sʌtʃlaɪk] adj de ce genre, de la sorte.

suck [sʌk] vt **1.** [with mouth] sucer **2.** [draw in] aspirer **3.** *fig* [involve] ▸ **to be sucked into sthg** être impliqué(e) dans qqch. ◆ **suck up** vi UK *inf* ▸ **to suck up (to sb)** faire de la lèche (à qqn).

sucker ['sʌkəʳ] noun **1.** [suction pad] ventouse *f* **2.** *inf* [gullible person] poire *f*.

suckle ['sʌkl] ❖ vt allaiter. ❖ vi téter.

sucrose ['su:krəʊz] noun saccharose *m*.

suction ['sʌkʃn] noun succion *f*.

Sudan [su:'dɑ:n] noun Soudan *m* ▸ **in (the) Sudan** au Soudan.

Sudanese [,su:də'ni:z] ❖ adj soudanais(e). ❖ pl n ▸ **the Sudanese** les Soudanais *mpl*.

sudden ['sʌdn] adj soudain(e), brusque ▸ **all of a sudden** tout d'un coup, soudain.

sudden death noun SPORT *jeu pour départager les ex aequo (le premier point perdu entraîne l'élimination immédiate)*.

suddenly ['sʌdnlɪ] adv soudainement, tout d'un coup.

suddenness ['sʌdnnɪs] noun soudaineté *f*.

sudoku ['su:dəʊku:] noun sudoku *m*.

suds [sʌdz] pl n mousse *f* de savon.

sue [su:] vt ▸ **to sue sb (for)** poursuivre qqn en justice (pour).

suede [sweɪd] ❖ noun daim *m*. ❖ comp en daim.

suet ['sʊɪt] noun graisse *f* de rognon.

Suez ['sʊɪz] noun Suez.

suffer ['sʌfəʳ] ❖ vt **1.** [pain, injury] souffrir de / *she suffered a lot of pain* elle a beaucoup souffert **2.** [consequences, setback, loss] subir / *you'll have to suffer the consequences* vous devrez en subir les conséquences. ❖ vi souffrir / *it's the children who suffer in a marriage break-up* ce sont les enfants qui souffrent lors d'une séparation / *her health is suffering under all this stress* sa santé se ressent de tout ce stress ▸ **to suffer from** MED souffrir de / *to suffer from diabetes* être diabétique / *they're still suffering from shock* ils sont encore sous le choc.

sufferance ['sʌfrəns] noun ▸ **on sufferance** par tolérance.

sufferer ['sʌfrəʳ] noun MED malade *mf*.

suffering ['sʌfrɪŋ] noun souffrance *f*.

suffice [sə'faɪs] vi *fml* suffire.

sufficient [sə'fɪʃnt] adj suffisant(e).

sufficiently [sə'fɪʃntlɪ] adv suffisamment.

suffix ['sʌfɪks] noun suffixe *m*.

suffocate ['sʌfəkeɪt] vt & vi suffoquer.

suffocating ['sʌfəkeɪtɪŋ] adj **1.** [heat, room] suffocant(e), étouffant(e) ; [smoke, fumes] asphyxiant(e), suffocant(e) **2.** *fig* étouffant(e).

suffocation [,sʌfə'keɪʃn] noun suffocation *f*.

suffrage ['sʌfrɪdʒ] noun suffrage *m*.

suffragette [sʌfrə'dʒet] noun POL suffragette *f*.

suffuse [sə'fju:z] vt baigner.

sugar ['ʃʊgəʳ] ❖ noun sucre *m*. ❖ vt sucrer.

sugarcane ['ʃʊgəkeɪn] noun *(U)* canne *f* à sucre.

sugar-coated [-'kəʊtɪd] adj dragéifié(e).

sugared ['ʃʊgəd] adj sucré(e).

sugar-free adj sans sucre.

sugar lump noun morceau *m* de sucre.

sugary ['ʃʊgərɪ] adj **1.** [food] sucré(e) **2.** *pej* [sentimental] doucereux(euse).

suggest [sə'dʒest] vt **1.** [propose] proposer, suggérer / *I suggest (that) we do nothing for the moment* je

How to make a suggestion

- **J'aimerais faire une proposition.** *I'd like to make a suggestion.*
- **Et si on allait au restaurant ?** *Why don't we go to a restaurant?*
- **On va voir une exposition ?** *Let's go to an exhibition.*
- **Qu'est-ce que vous diriez d'une partie de cartes ?** *How about a game of cards?*
- **Une petite balade, ça vous dirait ?** *How about going for a walk?*
- **Tu ne veux pas qu'on aille au cinéma ?** *Why don't we go to the cinema?*
- **On pourrait peut-être lui offrir un livre.** *Maybe we could buy him a book.*
- **Pourquoi ne lui en parlerais-tu pas ?** *Why don't you talk to him about it?*
- **Je propose que nous en reparlions demain.** *I suggest we talk about this again tomorrow.*

suggère OR je propose que nous ne fassions rien pour l'instant / *he suggested that the meeting be held next Tuesday* il a proposé de fixer la réunion à mardi prochain **2.** [imply] suggérer / *just what are you suggesting?* que voulez-vous dire par là ?, qu'allez-vous insinuer là ?

suggestion [sə'dʒestʃn] noun **1.** [proposal] proposition *f*, suggestion *f* **2.** *(U)* [implication] suggestion *f*.

suggestive [sə'dʒestɪv] adj suggestif(ive) ▸ **to be suggestive of sthg** suggérer qqch.

suggestively [sə'dʒestɪvlɪ] adv de façon suggestive.

suicidal [sʊɪ'saɪdl] adj suicidaire.

suicide ['sʊɪsaɪd] noun suicide *m*.

suicide attempt noun tentative *f* de suicide.

suit [su:t] ❖ noun **1.** [for man] costume *m*, complet *m* ; [for woman] tailleur *m* **2.** [outfit] ▸ **ski / diving suit** combinaison *f* de ski / de plongée ▸ **suit of armour** armure *f* complète **3.** [in cards] couleur *f* **4.** LAW procès *m*, action *f* **5.** PHR **to follow suit** *fig* faire de même. ❖ vt **1.** [subj: clothes, hairstyle] aller à **2.** [be convenient, appropriate to] convenir à / *Tuesday suits me best* c'est mardi qui me convient OR qui m'arrange le mieux ▸ **to suit o.s.** faire comme on veut. ❖ vi convenir, aller / *will that date suit?* cette date vous convient-elle OR est-elle à votre convenance ? ◆ **suit up** vi [dress - diver, pilot, astronaut, etc.] mettre sa combinaison.

suitability [,su:tə'bɪlətɪ] noun convenance *f* ; [of candidate] aptitude *f*.

suitable ['su:təbl] adj qui convient, qui va.

suitably ['su:təblɪ] adv convenablement ▸ **suitably impressed** favorablement impressionné.

suitcase ['su:tkeɪs] noun valise *f*.

suite [swi:t] noun **1.** [of rooms] suite *f* **2.** [of furniture] ensemble *m*.

suited ['su:tɪd] adj **1.** [suitable] ▸ **to be suited to / for** convenir à / pour, aller à / pour **2.** [couple] ▸ **well suited** très bien assortis ▸ **ideally suited** faits l'un pour l'autre.

suitor ['su:tər] noun *dated* soupirant *m*.

sulfate US = **sulphate**.

sulfur US = **sulphur**.

sulfuric acid US = **sulphuric acid**.

sulk [sʌlk] ❖ noun bouderie *f*. ❖ vi bouder.

sulkily ['sʌlkɪlɪ] adv [act] en boudant, d'un air maussade ; [answer] d'un ton maussade.

sulky ['sʌlkɪ] (*compar* **-ier**, *superl* **-iest**) adj boudeur(euse).

sullen ['sʌlən] adj maussade.

sullenly ['sʌlənlɪ] adv [behave] d'un air maussade OR renfrogné ; [answer, say, refuse] d'un ton maussade ; [agree, obey] de mauvaise grâce, à contre-cœur.

sully ['sʌlɪ] (*pt & pp* **-ied**) vt **1.** [dirty] souiller **2.** *fig* [reputation] ternir.

sulphate UK, **sulfate** US ['sʌlfeɪt] noun sulfate *m*.

sulphur UK, **sulfur** US ['sʌlfər] noun soufre *m*.

sulphuric acid UK, **sulfuric acid** US [sʌl'fjʊərɪk-] noun acide *m* sulfurique.

sultan ['sʌltən] noun sultan *m*.

sultana [səl'tɑ:nə] noun UK [dried grape] raisin *m* sec.

sultry ['sʌltrɪ] (*compar* **-ier**, *superl* **-iest**) adj **1.** [weather] lourd(e) **2.** [sexual] sensuel(elle).

sum [sʌm] noun **1.** [amount of money] somme *f* **2.** [calculation] calcul *m*. ◆ **sum up** (*pt & pp* **-med up**, *cont* **-ming up**) ❖ vt sep [summarize] résumer. ❖ vi récapituler.

sum1 MESSAGING (*written abbr of* **someone**) kelk1.

summarily ['sʌmərəlɪ] adv sommairement.

summarize, summarise UK ['sʌməraɪz] ❖ vt résumer. ❖ vi récapituler.

summary ['sʌmərɪ] ❖ adj sommaire. ❖ noun (*pl* **-ies**) résumé *m*.

summer ['sʌmər] ❖ noun été *m* ▸ **in summer** en été. ❖ comp d'été ▸ **the summer holidays** UK OR **vacation** US les grandes vacances *fpl*.

summer camp noun US colonie *f* de vacances.

summerhouse ['sʌməhaʊs] (*pl* [-haʊzɪz]) noun pavillon *m* (de verdure).

summer school noun université *f* d'été.

summertime ['sʌmətaɪm] ❖ adj d'été. ❖ noun été *m*.

summery ['sʌmərɪ] adj estival(e).

summing-up [,sʌmɪŋ-] (*pl* **summings-up** [,sʌmɪŋz-]) noun LAW résumé *m*.

summit ['sʌmɪt] noun sommet *m*.

summon ['sʌmən] vt **1.** [send for] appeler, convoquer **2.** LAW citer, assigner / *to summon sb to appear in court* citer qqn en justice / *the court summoned her as*

How to summarize

- **Finalement, on peut dire qu'on s'en est bien sortis.** *You could say that things worked out OK in the end.*
- **Après tout, ce n'est pas mon problème.** *After all, it isn't my problem.*
- **Tout compte fait, il est aimable.** *All things considered, he's quite nice.*
- **En fin de compte, je me suis bien amusé.** *I had a good time in the end.*
- **En gros, ça veut dire qu'ils refusent de nous aider.** *Basically, they are refusing to help us.*
- **En un mot, c'est non.** *In a word, no.*
- **Pour résumer, ils ont l'intention de porter plainte.** *To sum up, they intend to press charges.*

a witness la cour l'a citée comme témoin. ◆ **summon up** vt sep rassembler.

summons ['sʌmənz] ❖ noun (*pl* **-es**) LAW assignation *f*. ❖ vt LAW assigner.

sump [sʌmp] noun UK carter *m*.

sumptuous ['sʌmptʃʊəs] adj somptueux(euse).

sumptuously ['sʌmptʃʊəslɪ] adv somptueusement.

sum total noun somme *f* totale.

sun [sʌn] ❖ noun soleil *m* ▸ **in the sun** au soleil. ❖ vt (*pt & pp* **-ned**, *cont* **-ning**) ▸ **to sun o.s.** se chauffer au soleil.

Sun. (*written abbr of* **Sunday**) dim.

sunbathe ['sʌnbeɪð] vi prendre un bain de soleil.

sunbather ['sʌnbeɪðəʳ] noun personne *f* qui prend un bain de soleil.

sunbathing ['sʌnbeɪðɪŋ] noun *(U)* bains *mpl* de soleil.

sunbeam ['sʌnbi:m] noun rayon *m* de soleil.

sunbed ['sʌnbed] noun lit *m* à ultra-violets.

sun block noun écran *m* total.

sunburn ['sʌnbɜ:n] noun *(U)* coup *m* de soleil.

sunburned ['sʌnbɜ:nd], **sunburnt** ['sʌnbɜ:nt] adj brûlé(e) par le soleil, qui a attrapé un coup de soleil.

sun cream noun crème *f* solaire.

sundae ['sʌndeɪ] noun *coupe de glace aux fruits et à la Chantilly*.

Sunday ['sʌndɪ] noun dimanche *m* ▸ **Sunday lunch** déjeuner *m* du dimanche OR dominical ;. *See also* **Saturday**.

Sunday paper noun UK *journal hebdomadaire paraissant le dimanche*.

Sunday papers

Les principaux hebdomadaires britanniques paraissant le dimanche sont :

The Independent on Sunday ;

The Mail on Sunday (tendance conservatrice) ;

The News of the World (journal à sensation) ;

The Observer (tendance centre gauche) ;

The People (journal à sensation) ;

The Sunday Express (tendance conservatrice) ;

The Sunday Mirror (tendance centre gauche) ;

The Sunday Telegraph (tendance conservatrice) ;

The Sunday Times (tendance conservatrice).

Sunday school noun catéchisme *m*.

sundial ['sʌndaɪəl] noun cadran *m* solaire.

sundown ['sʌndaʊn] noun coucher *m* du soleil.

sun-dried adj séché(e) au soleil.

sundries ['sʌndrɪz] pl n *fml* articles *mpl* divers, objets *mpl* divers.

sundry ['sʌndrɪ] adj *fml* divers ▸ **all and sundry** tout le monde, n'importe qui.

sunflower ['sʌn,flaʊəʳ] noun tournesol *m*.

sung [sʌŋ] pp ⟶ **sing**.

sunglasses ['sʌn,glɑ:sɪz] pl n lunettes *fpl* de soleil.

sunhat ['sʌnhæt] noun chapeau *m* de soleil.

sunk [sʌŋk] pp ⟶ **sink**.

sunken ['sʌŋkən] adj **1.** [in water] coulé(e), submergé(e) **2.** [garden] en contrebas ; [cheeks, eyes] creux(euse).

sunlamp ['sʌnlæmp] noun lampe *f* à ultra-violets.

sunlight ['sʌnlaɪt] noun lumière *f* du soleil.

sunlit ['sʌnlɪt] adj ensoleillé(e).

sun lotion noun lait *m* solaire.

sunlounger ['sʌn,laʊndʒəʳ] noun UK chaise *f* longue *(où l'on s'allonge pour bronzer)*.

sunny ['sʌnɪ] (*compar* **-ier**, *superl* **-iest**) adj **1.** [day, place] ensoleillé(e) ▸ **it's sunny** il fait beau, il fait (du) soleil **2.** [cheerful] radieux(euse), heureux(euse) **3.** PHR **sunny side up** US [egg] sur le plat.

sunrise ['sʌnraɪz] noun lever *m* du soleil.

sunroof ['sʌnru:f] noun toit *m* ouvrant.

sunscreen ['sʌnskri:n] noun écran *m* OR filtre *m* solaire.

sunset ['sʌnset] noun coucher *m* du soleil.

sunshade ['sʌnʃeɪd] noun parasol *m*.

sunshine ['sʌnʃaɪn] noun lumière *f* du soleil.

sunspot ['sʌnspɒt] noun tache *f* solaire.

sunstroke ['sʌnstrəʊk] noun *(U)* insolation *f*.

suntan ['sʌntæn] ❖ noun bronzage *m*. ❖ comp [lotion, cream] solaire.

suntanned ['sʌntænd] adj bronzé(e).

suntrap ['sʌntræp] noun UK endroit très ensoleillé.

super ['su:pəʳ] adj *inf* génial(e), super *(inv)*.

superannuation ['su:pə,rænjʊ'eɪʃn] noun *(U)* pension *f* de retraite.

superb [su:'pɜ:b] adj superbe.

superbly [su:'pɜ:blɪ] adv superbement.

Super Bowl noun US ▸ **the Super Bowl** le Super Bowl *(finale du championnat des États-Unis de football américain)*.

superbug ['su:pəbʌg] noun *germe résistant aux traitements antibiotiques*.

supercilious [,su:pə'sɪlɪəs] adj hautain(e).

superficial [,su:pə'fɪʃl] adj superficiel(elle).

superficiality ['su:pə,fɪʃɪ'ælətɪ] noun caractère *m* superficiel, manque *m* de profondeur.

superficially [,su:pə'fɪʃəlɪ] adv superficiellement.

superfluous [su:'pɜ:flʊəs] adj superflu(e).

superglue ['su:pəglu:] noun colle *f* forte.

superhero ['su:pə,hɪərəʊ] noun superman *m*, surhomme *m*.

superhighway ['su:pə,haɪweɪ] noun **1.** US autoroute *f* **2.** = **information highway**.

superhuman [,su:pə'hju:mən] adj surhumain(e).

superimpose [,su:pərɪm'pəʊz] vt ▸ **to superimpose sthg (on)** superposer qqch (à).

superintend [,su:pərɪn'tend] vt diriger.

superintendent [,su:pərɪn'tendənt] noun **1.** UK [of police] ≃ commissaire *m* **2.** [of department] directeur *m*, -trice *f*.

superior [su:'pɪərɪər] ❖ adj **1.** [gen] ▸ **superior (to)** supérieur(e) (à) **2.** [goods, craftsmanship] de qualité supérieure. ❖ noun supérieur *m*, -e *f*.

superiority [su:,pɪərɪ'ɒrətɪ] noun supériorité *f*.

superlative [su:'pɜ:lətɪv] ❖ adj exceptionnel(elle), sans pareil(eille). ❖ noun GRAM superlatif *m*.

superman ['su:pəmæn] (*pl* **-men**) noun [gen] surhomme *m* ; *hum* superman *m*. ◆ **Superman** noun [comic book hero] Superman *m*.

supermarket ['su:pə,mɑ:kɪt] noun supermarché *m*.

supermodel ['su:pəmɒdl] noun top model *m*.

supernatural [,su:pə'nætʃrəl] ❖ adj surnaturel(elle). ❖ noun ▸ **the supernatural** le surnaturel *m*.

superpower ['su:pə,paʊər] noun superpuissance *f*.

superscript ['su:pəskrɪpt] adj écrit(e)/imprimé(e) au-dessus de la ligne.

supersede [,su:pə'si:d] vt remplacer.

supersonic [,su:pə'sɒnɪk] adj supersonique.

superstar ['su:pəstɑ:r] noun superstar *f*.

superstition [,su:pə'stɪʃn] noun superstition *f*.

superstitious [,su:pə'stɪʃəs] adj superstitieux(euse).

superstore ['su:pəstɔ:r] noun hypermarché *m*.

superstructure ['su:pə,strʌktʃər] noun superstructure *f*.

supertanker ['su:pə,tæŋkər] noun supertanker *m*, pétrolier *m* géant.

supervise ['su:pəvaɪz] vt surveiller ; [work] superviser.

supervision [,su:pə'vɪʒn] noun surveillance *f* ; [of work] supervision *f*.

supervisor ['su:pəvaɪzər] noun surveillant *m*, -e *f*.

supervisory ['su:pəvaɪzərɪ] adj de surveillance / *in a supervisory role* OR *capacity* à titre de surveillant.

superwoman ['su:pə,wʊmən] (*pl* **-women**) noun superwoman *f*.

supine ['su:paɪn] adj *liter* [on one's back] couché(e) OR étendu(e) sur le dos.

supper ['sʌpər] noun **1.** [evening meal] dîner *m* **2.** [before bedtime] collation *f*.

supplant [sə'plɑ:nt] vt supplanter.

supple ['sʌpl] adj souple.

supplement ❖ noun ['sʌplɪmənt] supplément *m*. ❖ vt ['sʌplɪment] compléter.

supplementary [,sʌplɪ'mentərɪ] adj supplémentaire.

supplier [sə'plaɪər] noun fournisseur *m*, -euse *f*.

supply [sə'plaɪ] ❖ noun (*pl* **-ies**) **1.** [store] réserve *f*, provision *f* / *the nation's supply of oil* les réserves nationales de pétrole / *we're getting in* OR *laying in a supply of coal* nous faisons des provisions de charbon, nous nous approvisionnons en charbon ▸ **to be in short supply** manquer / *water is in short supply in the southeast* on manque d'eau dans le sud-est **2.** [system] alimentation *f* **3.** *(U)* ECON offre *f*. ❖ vt (*pt & pp* **-ied**) **1.** [provide] ▸ **to supply sthg (to sb)** fournir qqch (à qqn) **2.** [provide to] ▸ **to supply sb (with)** fournir qqn (en), approvisionner qqn (en) / *I supplied him with the details / the information* je lui ai fourni les détails / les informations ▸ **to supply sthg with sthg** alimenter qqch en qqch / *to supply electricity / water to a town* alimenter une ville en électricité / eau. ◆ **supplies** pl n [food] vivres *mpl* ; MIL approvisionnements *mpl* ▸ **office supplies** fournitures *fpl* de bureau.

supply teacher noun UK suppléant *m*, -e *f*.

support [sə'pɔ:t] ❖ noun **1.** *(U)* [physical help] appui *m* / *I was holding his arm for support* je m'appuyais sur son bras **2.** *(U)* [emotional, financial help] soutien *m* / *he's trying to drum up* OR *to mobilize support for his scheme* il essaie d'obtenir du soutien pour son projet / *to give* OR *to lend one's support to sthg* accorder OR prêter son appui à qqch / *to speak in support of a motion* appuyer une motion / *they are striking in support of the miners* ils font grève par solidarité avec les mineurs / *a mutual support scheme* un système d'entraide / *what are your means of support?* quelles sont vos sources de revenus ? **3.** [object] support *m*, appui *m* **4.** *(U)* COMPUT assistance *f*. ❖ vt **1.** [physically] soutenir, supporter ; [weight] supporter / *her legs were too weak to support her* ses jambes étaient trop faibles pour la porter **2.** [emotionally] soutenir **3.** [financially] subvenir aux besoins de / *she has three children to support* elle a trois enfants à charge ▸ **to support o.s.** subvenir à ses propres besoins / *he supports himself by teaching* il gagne sa vie en enseignant **4.** [theory] être en faveur de, être partisan de ; [political party, candidate] appuyer ; SPORT être un supporter de / *I can't support their action* je ne peux pas approuver leur action **5.** [substantiate, give weight to] appuyer, confirmer / *there is no evidence to support his claim* il n'y a aucune preuve pour appuyer ses dires.

supporter [sə'pɔ:tər] noun **1.** [of person, plan] partisan *m*, -e *f* **2.** SPORT supporter *m*.

support group noun groupe *m* d'entraide.

supporting [sə'pɔ:tɪŋ] adj **1.** CONSTR & TECH [pillar, structure] d'appui, de soutènement ; [wall] porteur **2.** CIN & THEAT [role] secondaire, de second plan ; [actor] qui a un rôle secondaire OR de second plan **3.** [substantiating] qui confirme, qui soutient / *do you have any supporting evidence?* avez-vous des preuves à l'appui ?

supportive [sə'pɔ:tɪv] adj qui est d'un grand secours, qui soutient.

suppose [sə'pəʊz] ❖ vt supposer ▸ **I don't suppose you could...?** [in polite requests] vous ne pourriez pas...

par hasard ? ▸ **you don't suppose...?** [asking opinion] vous ne pensez pas que… ? ❖ vi supposer ▸ **I suppose (so)** je suppose que oui ▸ **I suppose not** je suppose que non. ❖ conj et si, à supposer que *(+ subjunctive)*.

supposed [sə'pəʊzd] adj **1.** [doubtful] supposé(e) **2.** [reputed, intended] ▸ **to be supposed to be** être censé(e) être.

supposedly [sə'pəʊzɪdlɪ] adv soi-disant.

supposition [ˌsʌpə'zɪʃn] noun supposition *f*.

suppository [sə'pɒzɪtrɪ] *(pl* **-ies**) noun suppositoire *m*.

suppress [sə'pres] vt **1.** [uprising] réprimer **2.** [information] supprimer / *to suppress evidence* faire disparaître des preuves / *to suppress the truth / a scandal* étouffer la vérité / un scandale / *the government has suppressed the report* le gouvernement a interdit la parution du rapport **3.** [emotions] réprimer, étouffer.

suppression [sə'preʃn] noun **1.** [of uprising, emotions] répression *f* **2.** [of information] suppression *f*.

supranational [ˌsu:prə'næʃənl] adj supranational(e).

supremacy [sʊ'preməsɪ] noun suprématie *f*.

supreme [sʊ'pri:m] adj suprême.

Supreme Court noun [in US] ▸ **the Supreme Court** la Cour suprême.

> **The Supreme Court**
>
> La Cour suprême est l'organe supérieur du pouvoir judiciaire américain. Composée de 9 membres nommés sans limitation de durée par le président des États-Unis, elle détient l'ultime pouvoir de décision et a le droit d'interpréter la Constitution.

supremely [sʊ'pri:mlɪ] adv suprêmement.

supremo [sʊ'pri:məʊ] *(pl* **-s**) noun UK *inf* grand chef *m*.

surcharge ['sɜ:tʃɑ:dʒ] ❖ noun [extra payment] surcharge *f* ; [extra tax] surtaxe *f*. ❖ vt surcharger.

sure [ʃʊəʳ] ❖ adj **1.** [gen] sûr(e) / *insomnia is a sure sign of depression* l'insomnie est un signe incontestable de dépression / *a sure grasp of the subject* *fig* des connaissances solides en la matière ▸ **to be sure of o.s.** être sûr de soi **2.** [certain] : *you seem convinced, but I'm not so sure* tu sembles convaincu, mais moi j'ai des doutes ▸ **to be sure (of sthg / of doing sthg)** être sûr(e) (de qqch / de faire qqch), être certain(e) (de qqch / de faire qqch) / *they're sure to get caught* ils vont sûrement se faire prendre ▸ **to make sure (that)…** s'assurer OR vérifier que… / *we made sure that no one was listening* nous nous sommes assurés OR nous avons vérifié que personne n'écoutait / *make sure you don't lose your ticket* prends garde à ne pas perdre ton billet **3.** PHR **to be sure to do sthg** [remember] s'assurer de faire qqch / *be sure to be on time tomorrow* il faut que vous soyez à l'heure demain ▸ **I am** OR **I'm sure (that)…** je suis bien certain(e) que…, je ne doute pas que… / *he'll win, I'm sure* il gagnera, j'en suis sûr / *I'm not sure you're right* je ne suis pas sûr OR certain que vous ayez raison. ❖ adv **1.** *inf* [yes] bien sûr **2.** US [really] vraiment. ◆ **for sure** adv sans aucun doute, sans faute / *I'll give it to you tomorrow for sure* je te le donnerai demain sans faute. ◆ **sure enough** adv en effet, effectivement / *she said she'd ring and sure enough she did* elle a dit qu'elle appellerait, et c'est ce qu'elle a fait.

surefooted ['ʃʊəˌfʊtɪd] adj d'un pied sûr.

surely ['ʃʊəlɪ] adv sûrement.

surety ['ʃʊərətɪ] noun *(U)* caution *f*.

surf [sɜ:f] ❖ noun ressac *m*. ❖ vt surfer. ❖ vi surfer.

surface ['sɜ:fɪs] ❖ noun surface *f* ▸ **on the surface** *fig* à première vue, vu de l'extérieur ▸ **below** OR **beneath the surface** *fig* au fond / *all the old tensions came* OR *rose to the surface when they met* *fig* toutes les vieilles discordes ont refait surface quand ils se sont revus ▸ **to scratch the surface** **a)** *fig* [of problem] effleurer le problème **b)** [of subject] effleurer le sujet. ❖ vi **1.** [diver] remonter à la surface ; [submarine] faire surface **2.** [problem, rumour] apparaître OR s'étaler au grand jour **3.** *inf* & *hum* [after absence] refaire surface.

surface area noun surface *f*, superficie *f*.

surface mail noun courrier *m* par voie de terre / de mer.

surface-to-air adj sol-air *(inv)*.

surfboard ['sɜ:fbɔ:d] noun planche *f* de surf.

surfboarding ['sɜ:fbɔ:dɪŋ] noun surf *m*.

surfeit ['sɜ:fɪt] noun *fml* excès *m*.

surfer ['sɜ:fəʳ] noun surfeur *m*, -euse *f*.

surfing ['sɜ:fɪŋ] noun surf *m*.

surge [sɜ:dʒ] ❖ noun **1.** [of people, vehicles] déferlement *m* ; ELEC surtension *f* **2.** [of emotion, interest] vague *f*, montée *f* ; [of anger] bouffée *f* ; [of sales, applications] afflux *m*. ❖ vi **1.** [people, vehicles] déferler **2.** [emotion] monter.

surgeon ['sɜ:dʒən] noun chirurgien *m*, -ienne *f*.

surgery ['sɜ:dʒərɪ] *(pl* **-ies**) noun **1.** *(U)* MED [performing operations] chirurgie *f* **2.** UK MED [place] cabinet *m* de consultation **3.** UK MED & POL [consulting period] consultation *f*.

surgical ['sɜ:dʒɪkl] adj chirurgical(e) ▸ **surgical stocking** bas *m* orthopédique.

surgically ['sɜ:dʒɪklɪ] adv par intervention chirurgicale.

surgical spirit noun UK alcool *m* à 90°.

Surinam [ˌsʊərɪ'næm] noun Surinam *m*, Suriname *m* ▸ **in Surinam** au Surinam.

surly ['sɜ:lɪ] *(compar* **-ier**, *superl* **-iest**) adj revêche, renfrogné(e).

surmise [sɜ:'maɪz] vt *fml* présumer.

surmount [sɜ:'maʊnt] vt surmonter.

surname ['sɜ:neɪm] noun nom *m* de famille.

surpass [sə'pɑ:s] vt *fml* dépasser.

surplus ['sɜ:pləs] ❖ adj en surplus. ❖ noun surplus *m*.

surprise [sə'praɪz] ❖ noun surprise *f* / *his resignation came as a surprise to everyone* sa démission a surpris tout le monde / *to give sb a surprise* faire une surprise à qqn ▸ **to take sb by surprise** prendre qqn au dépourvu. ❖ vt surprendre / *it surprised me that they didn't give her the job* j'ai été surpris OR étonné qu'ils ne l'aient pas embauchée.

surprised [sə'praɪzd] adj surpris(e) ▸ **I wouldn't be surprised (if...)** ça ne m'étonnerait pas (que...).

surprising [sə'praɪzɪŋ] adj surprenant(e).

surprisingly [sə'praɪzɪŋlɪ] adv étonnamment.

surreal [sə'rɪəl] adj surréaliste.

surrealism [sə'rɪəlɪzm] noun surréalisme *m*.

surrealist [sə'rɪəlɪst] ❖ adj surréaliste. ❖ noun surréaliste *mf*.

surrender [sə'rendəʳ] ❖ noun reddition *f*, capitulation *f*. ❖ vt *fml* [weapons, passport] rendre ; [claim, rights] renoncer à. ❖ vi **1.** [stop fighting] ▸ **to surrender (to)** se rendre (à) **2.** *fig* [give in] ▸ **to surrender (to)** céder (à).

surreptitious [ˌsʌrəp'tɪʃəs] adj subreptice.

surreptitiously [ˌsʌrəp'tɪʃəslɪ] adv subrepticement, furtivement, à la dérobée.

surrogate ['sʌrəgeɪt] ❖ adj de substitution. ❖ noun substitut *m*.

surrogate mother noun mère *f* porteuse.

surround [sə'raʊnd] ❖ noun bordure *f*. ❖ vt entourer ; [subj: police, army] cerner.

surrounding [sə'raʊndɪŋ] adj environnant(e).

surroundings [sə'raʊndɪŋz] pl n environnement *m*.

surtax ['sɜ:tæks] noun surtaxe *f*.

surveillance [sɜ:'veɪləns] noun surveillance *f*.

survey ❖ noun ['sɜ:veɪ] **1.** [investigation] étude *f* ; [of public opinion] sondage *m* **2.** [of land] levé *m* ; [of building] inspection *f*. ❖ vt [sə'veɪ] **1.** [contemplate] passer en revue **2.** [investigate] faire une étude de, enquêter sur **3.** [land] faire le levé de ; [building] inspecter.

surveying [sə'veɪɪŋ] noun [measuring - of land] arpentage *m*, levé *m* ; UK [examination - of buildings] examen *m*.

surveyor [sə'veɪəʳ] noun [of building] expert *m*, -e *f* ; [of land] géomètre *m*.

survival [sə'vaɪvl] noun **1.** [continuing to live] survie *f* **2.** [relic] vestige *m*.

survive [sə'vaɪv] ❖ vt survivre à. ❖ vi survivre. ◆ **survive on** vt insep vivre de.

surviving [sə'vaɪvɪŋ] adj survivant(elle) / *his only surviving son* son seul fils encore en vie.

survivor [sə'vaɪvəʳ] noun survivant *m*, -e *f* ; *fig* battant *m*, -e *f*.

susceptibility [səˌseptə'bɪlətɪ] (*pl* **-ies**) noun **1.** [predisposition - to an illness] prédisposition *f* **2.** [vulnerability] sensibilité *f* / *his susceptibility to flattery* sa sensibilité à la flatterie **3.** [sensitivity] sensibilité *f*, émotivité *f* **4.** PHYS susceptibilité *f*.

susceptible [sə'septəbl] adj ▸ **susceptible (to)** sensible (à).

sushi ['su:ʃɪ] noun sushi *m* / *sushi bar* sushi-bar *m*.

suspect ❖ adj ['sʌspekt] suspect(e). ❖ noun ['sʌspekt] suspect *m*, -e *f*. ❖ vt [sə'spekt] **1.** [distrust] douter de **2.** [think likely, consider guilty] soupçonner ▸ **to suspect sb of sthg** soupçonner qqn de qqch.

suspected [sə'spektɪd] adj présumé(e) / *he's undergoing tests for a suspected tumour* on est en train de lui faire des analyses pour s'assurer qu'il ne s'agit pas d'une tumeur.

suspend [sə'spend] vt **1.** [gen] suspendre **2.** [from school] renvoyer temporairement.

suspended sentence [sə'spendɪd-] noun condamnation *f* avec sursis.

suspender belt [sə'spendəʳ-] noun UK porte-jarretelles *m inv*.

suspenders [sə'spendəz] pl n **1.** UK [for stockings] jarretelles *fpl* **2.** US [for trousers] bretelles *fpl*.

suspense [sə'spens] noun suspense *m* ▸ **to keep sb in suspense** tenir qqn en suspens.

suspension [sə'spenʃn] noun **1.** [gen & AUTO] suspension *f* **2.** [from school] renvoi *m* temporaire.

suspension bridge noun pont *m* suspendu.

suspicion [sə'spɪʃn] noun soupçon *m* ▸ **to be under suspicion** être considéré comme suspect ▸ **to have**

How to express surprise

- **Eh bien, pour une surprise, c'est une surprise !** *This certainly is a surprise!*
- **Quelle bonne surprise !** *What a nice surprise!*
- **Ça alors !** *Well I never!*
- **Je n'en crois pas mes yeux !** *I can't believe my eyes!*
- **(C'est) incroyable !** *(That's) amazing!*
- **Alors ça, c'est la meilleure !** *inf I've never heard anything like it!*
- **Tu ne devineras jamais ce qu'elle m'a dit !** *You'll never guess what she said to me!*
- **Il faut le voir pour le croire.** *It has to be seen to be believed.*
- **Je n'en reviens toujours pas.** *I still can't get over it.*
- **Ça m'en bouche un coin !** *inf I'm impressed!*
- **Ça m'a fait un de ces chocs !** *inf I got one hell of a shock!*
- **Tu aurais vu sa tête !** *inf You should have seen his face!*
- **Vous n'auriez pas dû !** *You shouldn't have!*

one's suspicions (about) avoir des soupçons OR des doutes (sur).

suspicious [sə'spɪʃəs] adj **1.** [having suspicions] soupçonneux(euse) **2.** [causing suspicion] suspect(e), louche.

suspiciously [sə'spɪʃəslɪ] adv **1.** [with suspicious attitude] de façon soupçonneuse, avec méfiance **2.** [causing suspicion] de façon suspecte OR louche.

suss [sʌs] ◆ **suss out** vt sep UK *inf* piger, comprendre.

sustain [sə'steɪn] vt **1.** [maintain] soutenir **2.** [nourish] nourrir **3.** *fml* [suffer - damage] subir ; [- injury] recevoir **4.** *fml* [weight] supporter.

sustainability [sə,steɪnə'bɪlɪtɪ] noun durabilité *f.*

sustainable [səs'teɪnəbl] adj [development, agriculture, politics, housing] durable ▸ **sustainable resources** ressources *fpl* renouvelables.

sustenance ['sʌstɪnəns] noun *(U)* *fml* nourriture *f.*

suture ['su:ʧər] noun suture *f.*

SUV (*abbr of* **sport utility vehicle**) noun AUTO 4 x 4 *m.*

svelte [svelt] adj svelte.

SW 1. (*abbr of* **short wave**) OC **2.** (*abbr of* **southwest**) S-O.

swab [swɒb] noun MED tampon *m.*

swag [swæg] *inf* ❖ noun **1.** UK [booty] butin *m* **2.** AUSTR NZ [bundle] baluchon *m*, balluchon *m* ▸ **to go on the swag** vagabonder **3.** AUSTR NZ ▸ **swags of** [lots of] un tas de, une flopée de. ❖ vi AUSTR NZ [roam] vagabonder.

swagger ['swægər] ❖ noun air *m* de parade. ❖ vi parader.

swallow ['swɒləʊ] ❖ noun **1.** [bird] hirondelle *f* **2.** [of food] bouchée *f* ; [of drink] gorgée *f.* ❖ vt avaler ; *fig* [anger, tears] ravaler. ❖ vi avaler.

swam [swæm] pt ⟶ **swim**.

swamp [swɒmp] ❖ noun marais *m.* ❖ vt **1.** [flood] submerger **2.** [overwhelm] déborder, submerger.

swan [swɒn] noun cygne *m.*

swank [swæŋk] *inf* ❖ vi se vanter, frimer. ❖ noun UK **1.** [boasting] frime *f* / *ignore him, it's all swank* ne fais pas attention à lui, tout ça c'est de la frime **2.** [boastful person] frimeur *m*, -euse *f* **3.** US [luxury] luxe *m*, chic *m* / *it's got lots of swank* ça a une de ces classes ! ❖ adj = **swanky**.

swanky ['swæŋkɪ] (*compar* **-ier**, *superl* **-iest**) adj *inf* chic.

swap [swɒp] ❖ noun [exchange] échange *m.* ❖ vt (*pt & pp* **-ped**, *cont* **-ping**) ▸ **to swap sthg (with sb / for sthg)** échanger qqch (avec qqn / contre qqch). ❖ vi (*pt & pp* **-ped**, *cont* **-ping**) échanger.

swarm [swɔ:m] ❖ noun essaim *m.* ❖ vi **1.** [bees] essaimer **2.** *fig* [people] grouiller ▸ **to be swarming (with)** [place] grouiller (de).

swarthy ['swɔ:ðɪ] (*compar* **-ier**, *superl* **-iest**) adj basané(e).

swashbuckling ['swɒʃ,bʌklɪŋ] adj de cape et d'épée.

swastika ['swɒstɪkə] noun croix *f* gammée.

swat [swɒt] (*pt & pp* **-ted**, *cont* **-ting**) vt écraser.

swatch [swɒʧ] noun échantillon *m.*

swathe [sweɪð] ❖ noun [large area] étendue *f.* ❖ vt *liter* emmailloter, envelopper.

sway [sweɪ] ❖ vt **1.** [cause to swing] balancer **2.** [influence] influencer. ❖ vi se balancer. ❖ noun *fml* ▸ **to hold sway over sb** tenir qqn sous son empire ▸ **to come under the sway of** se laisser influencer par.

Swazi ['swɑ:zɪ] noun Swazi *mf.*

Swaziland ['swɑ:zɪlænd] noun Swaziland *m* ▸ **in Swaziland** au Swaziland.

swear [sweər] (*pt* **swore**, *pp* **sworn**) ❖ vt jurer ▸ **to swear to do sthg** jurer de faire qqch ▸ **to swear an oath** prêter serment. ❖ vi jurer. ◆ **swear by** vt insep [have confidence in] jurer par. ◆ **swear in** vt sep LAW assermenter.

swearing ['sweərɪŋ] noun [use of swear words] jurons *mpl*, gros mots *mpl* / *there's too much swearing on television* il y a trop de grossièretés à la télévision.

swearword ['sweəwɜ:d] noun juron *m*, gros mot *m.*

sweat [swet] ❖ noun **1.** [perspiration] transpiration *f*, sueur *f* / *sweat was dripping from his forehead* son front était ruisselant de sueur ▸ **to be in a cold sweat** avoir des sueurs froides **2.** *(U)* *inf* [hard work] corvée *f* ▸ **can you give me a hand? — no sweat!** peux-tu me donner un coup de main ? — pas de problème ! ❖ vi **1.** [perspire] transpirer, suer / *the effort made him sweat* l'effort l'a mis en sueur / *she was sweating profusely* elle suait à grosses gouttes **2.** *inf* [worry] se faire du mouron / *she's sweating over her homework* elle est en train de suer sur ses devoirs. ❖ vt (UK *pt & pp* **sweated**, US *pt & pp* **sweat** *or* **sweated**) [exude] : *to sweat blood* *fig* suer sang et eau / *he sweated blood over this article* il a sué sang et eau sur cet article.

sweatband ['swetbænd] noun SPORT bandeau *m* ; [of hat] cuir *m* intérieur.

sweater ['swetər] noun pullover *m.*

sweating ['swetɪŋ] noun transpiration *f*, sudation *f.*

sweat pants noun US pantalon *m* de jogging OR survêtement.

sweatshirt ['swetʃɜ:t] noun sweat-shirt *m.*

sweatshop ['swetʃɒp] noun ≃ atelier *m* clandestin.

sweaty ['swetɪ] (*compar* **-ier**, *superl* **-iest**) adj **1.** [skin, clothes] mouillé(e) de sueur **2.** [place] chaud(e) et humide ; [activity] qui fait transpirer.

swede [swi:d] noun UK rutabaga *m.*

Swede [swi:d] noun Suédois *m*, -e *f.*

Sweden ['swi:dn] noun Suède *f* ▸ **in Sweden** en Suède.

Swedish ['swi:dɪʃ] ❖ adj suédois(e). ❖ noun [language] suédois *m.* ❖ pl n ▸ **the Swedish** les Suédois *mpl.*

sweep [swi:p] ❖ noun **1.** [sweeping movement] grand geste *m* **2.** [with brush] ▸ **to give sthg a sweep** donner un coup de balai à qqch, balayer qqch **3.** [electronic] balayage *m* **4.** [chimney sweep] ramoneur *m.* ❖ vt (*pt & pp* **swept**) **1.** [gen] balayer ; [chimney] ramoner ; [scan with eyes] parcourir des yeux / *I swept the broken glass into the dustpan* j'ai poussé le verre cassé dans la pelle avec le balai ▸ **to sweep sthg under the carpet** OR **the rug** *fig* tirer le rideau sur qqch **2.** [move] ▸ **to sweep sthg off sthg** enlever qqch de qqch d'un grand geste / *she swept the coins off the table into her handbag* elle a fait glisser les pièces de la table dans son sac à main ▸ **to be swept out to sea** être emporté vers le large / *three fishermen were swept overboard* un paquet de mer emporta trois pêcheurs / *the incident swept all other thoughts from her mind* l'incident lui fit oublier tout le reste ▸ **to be swept off one's feet (by sb)** a) [fall in love] tomber fou amoureux (de qqn) **3.** [spread through - subj: fire, epidemic, rumour] gagner / *a new craze is sweeping America* une nouvelle mode fait fureur aux États-Unis. ❖ vi (*pt & pp* **swept**) **1.** [wind, fire] s'engouffrer / *I watched storm clouds sweeping across the sky* je regardais des nuages orageux filer dans le ciel / *the fire swept through the forest* l'incendie a ravagé la forêt **2.** [emotion] ▸ **to sweep through sb** s'emparer de qqn **3.** [move quickly] ▸ **to sweep along / in** avancer / entrer rapidement / *he swept into / out of the room* il entra / sortit majestueusement de la pièce. ◆ **sweep aside** vt sep écarter, rejeter. ◆ **sweep away** vt sep [destroy] emporter, entraîner. ◆ **sweep up** ❖ vt sep [with brush] balayer. ❖ vi balayer.

sweeper ['swi:pər] noun FOOT libero *m*.

sweeping ['swi:pɪŋ] adj **1.** [effect, change] radical(e) **2.** [statement] hâtif(ive) **3.** [curve] large.

sweepstake ['swi:psteɪk] noun sweepstake *m*.

sweet [swi:t] ❖ adj **1.** [gen] doux (douce) ; [cake, flavour, pudding] sucré(e) **2.** [kind] gentil(ille) **3.** [attractive] adorable, mignon(onne). ❖ noun UK **1.** [candy] bonbon *m* **2.** [dessert] dessert *m*. ❖ excl US *inf* génial.

sweet-and-sour adj aigre-doux (aigre-douce).

sweet corn noun maïs *m*.

sweeten ['swi:tn] vt sucrer.

sweetener ['swi:tnər] noun **1.** [substance] édulcorant *m* **2.** *inf* [bribe] pot-de-vin *m*.

sweetheart ['swi:thɑ:t] noun **1.** [term of endearment] chéri *m*, -e *f*, mon cœur *m* **2.** [boyfriend, girlfriend] petit ami *m*, petite amie *f*.

sweetie ['swi:tɪ] noun *inf* **1.** [darling] chéri *m*, -e *f*, chou *m* / *he's a real sweetie* il est vraiment adorable / *what's the matter, sweetie?* qu'est-ce qu'il y a, mon chou ? **2.** UK *baby talk* [sweet] bonbon *m*.

sweetly ['swi:tlɪ] adv **1.** [pleasantly, kindly] gentiment ; [cutely] d'un air mignon / *she smiled at him sweetly* elle lui sourit gentiment / *he was whispering sweetly in her ear* il lui chuchotait tendrement à l'oreille **2.** [smoothly] sans à-coups ; [accurately] avec précision **3.** [musically] harmonieusement, mélodieusement / *she sings very sweetly* elle a une voix très mélodieuse.

sweetness ['swi:tnɪs] noun **1.** [gen] douceur *f* ; [of taste] goût *m* sucré, douceur **2.** [attractiveness] charme *m*.

sweet potato noun patate *f* douce.

sweet shop noun UK confiserie *f*.

sweet talk noun (*U*) *inf* flatteries *fpl*, paroles *fpl* mielleuses. ◆ **sweet-talk** vt *inf* embobiner / *don't try to sweet-talk me!* n'essaie pas de m'embobiner ! / *she sweet-talked him into doing it* elle l'a si bien embobiné qu'il a fini par le faire.

sweet-tempered adj doux (douce), agréable.

sweet tooth noun ▸ **to have a sweet tooth** aimer les sucreries.

swell [swel] ❖ vi (*pt* **-ed**, *pp* **swollen** *or* **-ed**) **1.** [leg, face] enfler ; [lungs, balloon] se gonfler ▸ **to swell with pride** se gonfler d'orgueil **2.** [crowd, population] grossir, augmenter ; [sound] grossir, s'enfler. ❖ vt (*pt* **-ed**, *pp* **swollen** *or* **-ed**) grossir, augmenter. ❖ noun [of sea] houle *f*. ❖ adj US *inf* & *dated* chouette, épatant(e).

swelling ['swelɪŋ] noun enflure *f*.

sweltering ['sweltərɪŋ] adj étouffant(e), suffocant(e).

swept [swept] pt & pp ⟶ **sweep**.

swerve [swɜ:v] vi faire une embardée.

swift [swɪft] ❖ adj **1.** [fast] rapide **2.** [prompt] prompt(e). ❖ noun [bird] martinet *m*.

swiftly ['swɪftlɪ] adv **1.** [quickly] rapidement, vite **2.** [promptly] promptement.

swiftness ['swɪftnɪs] noun **1.** [quickness] rapidité *f* **2.** [promptness] promptitude *f*.

swig [swɪg] *inf* ❖ vt (*pt & pp* **-ged**, *cont* **-ging**) lamper. ❖ noun lampée *f*.

swill [swɪl] ❖ noun (*U*) [pig food] pâtée *f*. ❖ vt UK [wash] laver à grande eau.

swim [swɪm] ❖ noun ▸ **to have a swim** nager ▸ **to go for a swim** aller se baigner, aller nager. ❖ vi (*pt* **swam**, *pp* **swum**, *cont* **-ming**) **1.** [person, fish, animal] nager **2.** [room] tourner / *my head was swimming* j'avais la tête qui tournait, la tête me tournait.

SWIM MESSAGING *written abbr of* **see what I mean**.

swimmer ['swɪmər] noun nageur *m*, -euse *f*.

swimming ['swɪmɪŋ] ❖ noun natation *f* ▸ **to go swimming** aller nager. ❖ comp [club, competition] de natation.

swimming baths pl n UK piscine *f*.

swimming cap noun bonnet *m* de bain.

swimming costume noun UK maillot *m* de bain.

swimmingly ['swɪmɪŋlɪ] adv UK *inf* à merveille / *your mother and I are getting on swimmingly* nous nous entendons à merveille, ta mère et moi / *everything's going swimmingly* tout marche comme sur des roulettes.

swimming pool noun piscine *f*.

swimming trunks pl n maillot *m* OR slip *m* de bain.

swimsuit ['swɪmsu:t] noun maillot *m* de bain.

swimwear ['swɪmweər] noun (*U*) maillots *mpl* de bain.

swindle ['swɪndl] ❖ noun escroquerie *f*. ❖ vt escroquer, rouler ▸ **to swindle sb out of sthg** escroquer qqch à qqn.

swine [swaɪn] noun *inf* [person] salaud *m*.

swing [swɪŋ] ✧ noun **1.** [child's toy] balançoire *f* ▸ **it's swings and roundabouts really** en fait, on perd d'un côté ce qu'on gagne de l'autre **2.** [change - of opinion] revirement *m* ; [- of mood] changement *m*, saute *f* / *the upward / downward swing of the market* FIN la fluctuation du marché vers le haut/le bas / *America experienced a major swing towards conservatism* les États-Unis ont connu un important revirement vers le conservatisme **3.** [sway] balancement *m* **4.** *inf* [blow] ▸ **to take a swing at sb** lancer OR envoyer un coup de poing à qqn / *he took a swing at the ball* il donna un coup pour frapper la balle **5.** PHR ▸ **to be in full swing** battre son plein ▸ **to get into the swing of things** se mettre dans le bain ▸ **to go with a swing a)** [party] swinguer **b)** [business] marcher très bien. ✧ vt (*pt & pp* **swung**) **1.** [move back and forth] balancer / *to swing one's hips* balancer les OR rouler des hanches **2.** [move in a curve] faire virer / *he swung a rope over a branch* il lança une corde par-dessus une branche / *she swung the bat at the ball* elle essaya de frapper la balle avec sa batte **3.** *inf* [manage, pull off] : *to swing sthg* réussir OR arriver à faire qqch / *I think I should be able to swing it* je crois pouvoir me débrouiller. ✧ vi (*pt & pp* **swung**) **1.** [move back and forth] se balancer / *swinging from a cord* suspendu à une corde **2.** [turn - vehicle] virer, tourner / *the lorry swung through the gate* le camion vira pour franchir le portail ▸ **to swing round** UK OR **around** US [person] se retourner / *to swing into action fig* passer à l'action **3.** [hit out] ▸ **to swing at sb** lancer OR envoyer un coup de poing à qqn / *he swung at them with the hammer* il a essayé de les frapper avec le marteau **4.** [change] changer / *her mood swings between depression and elation* elle passe de la dépression à l'exultation.

swing door UK, **swinging door** US noun porte *f* battante.

swingeing ['swɪndʒɪŋ] adj UK très sévère.

swipe [swaɪp] ✧ noun ▸ **to take a swipe at** envoyer OR donner un coup à. ✧ vt *inf* [steal] faucher, piquer. ✧ vi ▸ **to swipe at** envoyer OR donner un coup à.

swirl [swɜːl] ✧ noun tourbillon *m*. ✧ vt agiter, remuer. ✧ vi tourbillonner, tournoyer.

swish [swɪʃ] ✧ noun [of tail] battement *m* ; [of dress] froufrou *m*. ✧ vt [tail] battre l'air de. ✧ vi bruire, froufrouter.

Swiss [swɪs] ✧ adj suisse. ✧ noun [person] Suisse *mf*. ✧ pl n ▸ **the Swiss** les Suisses *mpl*.

Switch® noun *système de paiement non différé par carte bancaire*.

switch [swɪtʃ] ✧ noun **1.** [control device] interrupteur *m*, commutateur *m* ; [on radio, stereo] bouton *m* **2.** [change] changement *m* **3.** US RAIL aiguillage *m*. ✧ vt **1.** [swap] échanger ; [jobs] changer de / *to switch places with sb* échanger sa place avec qqn **2.** RADIO & TV : *to switch channels / frequencies* changer de chaîne / de fréquence. ✧ vi ▸ **to switch to / from** passer à / de / *can I switch to another channel?* est-ce que je peux changer de chaîne ? ◆ **switch off** ✧ vt sep éteindre. ✧ vi *inf* & *fig* décrocher. ◆ **switch on** vt sep allumer.

switchboard ['swɪtʃbɔːd] noun standard *m*.

switched-on [ˌswɪtʃt-] adj *inf* branché(e).

Switzerland ['swɪtsələnd] noun Suisse *f* ▸ **in Switzerland** en Suisse.

swivel ['swɪvl] (UK *pt & pp* **-led**, *cont* **-ling**, US *pt & pp* **-ed**, *cont* **-ing**) ✧ vt [chair] faire pivoter ; [head, eyes] faire tourner. ✧ vi [chair] pivoter ; [head, eyes] tourner.

swivel chair noun fauteuil *m* pivotant OR tournant.

swollen ['swəʊln] ✧ pp ⟶ **swell.** ✧ adj [ankle, face] enflé(e) ; [river] en crue.

swoon [swuːn] vi *liter* s'évanouir ; *hum* se pâmer.

swoop [swuːp] ✧ noun **1.** [downward flight] descente *f* en piqué ▸ **in one fell swoop** d'un seul coup **2.** [raid] descente *f*. ✧ vi **1.** [bird, plane] piquer **2.** [police, army] faire une descente.

swop [swɒp] = **swap**.

sword [sɔːd] noun épée *f* ▸ **to cross swords (with sb)** croiser le fer (avec qqn).

swordfish ['sɔːdfɪʃ] (*pl inv or* **-es**) noun espadon *m*.

swore [swɔːʳ] pt ⟶ **swear**.

sworn [swɔːn] ✧ pp ⟶ **swear.** ✧ adj **1.** [committed] ▸ **to be sworn enemies** être ennemis jurés **2.** LAW sous serment.

swot [swɒt] UK *inf* ✧ noun *pej* bûcheur *m*, -euse *f*. ✧ vi (*pt & pp* **-ted**, *cont* **-ting**) ▸ **to swot (for)** bûcher (pour). ◆ **swot up** vt sep & vi UK *inf* potasser, bûcher.

SWOT [swɒt] (*abbr of* **strengths, weaknesses, opportunities and threats**) noun ▸ **SWOT analysis** analyse *f* SWOT.

swum [swʌm] pp ⟶ **swim**.

swung [swʌŋ] pt & pp ⟶ **swing**.

sycamore ['sɪkəmɔːʳ] noun sycomore *m*.

sycophant ['sɪkəfænt] noun flagorneur *m*, -euse *f*, lèche-bottes *mf inv*.

sycophantic [ˌsɪkə'fæntɪk] adj [person] flatteur(euse), flagorneur(euse) ; [behaviour] de flagorneur ; [approval, praise] obséquieux(euse).

Sydney ['sɪdnɪ] noun Sydney.

syllable ['sɪləbl] noun syllabe *f*.

syllabus ['sɪləbəs] (*pl* **-buses** *or* **-bi**) noun programme *m*.

symbiotic [ˌsɪmbaɪ'ɒtɪk] adj *lit* & *fig* symbiotique.

symbol ['sɪmbl] noun symbole *m*.

symbolic [sɪm'bɒlɪk] adj symbolique ▸ **to be symbolic of** être le symbole de.

symbolism ['sɪmbəlɪzm] noun symbolisme *m*.

symbolize, **symbolise** UK ['sɪmbəlaɪz] vt symboliser.

symmetrical [sɪ'metrɪkl] adj symétrique.

symmetrically [sɪ'metrɪklɪ] adv symétriquement.

symmetry ['sɪmətrɪ] noun symétrie *f*.

sympathetic [ˌsɪmpə'θetɪk] adj **1.** [understanding] compatissant(e), compréhensif(ive) **2.** [willing to support] ▸ **sympathetic (to)** bien disposé(e) (à l'égard de) **3.** [likable] sympathique.

sympathetically [ˌsɪmpəˈθetɪklɪ] adv **1.** [compassionately] avec compassion **2.** [with approval] avec bienveillance **3.** ANAT par sympathie.

sympathize, **sympathise** UK [ˈsɪmpəθaɪz] vi **1.** [feel sorry] compatir ▸ **to sympathize with sb** a) plaindre qqn b) [in grief] compatir à la douleur de qqn **2.** [understand] ▸ **to sympathize with sthg** comprendre qqch **3.** [support] ▸ **to sympathize with sthg** approuver qqch, soutenir qqch.

sympathy [ˈsɪmpəθɪ] noun *(U)* **1.** [understanding] ▸ **sympathy (for)** compassion *f* (pour), sympathie *f* (pour) **2.** [agreement] approbation *f*, sympathie *f* ▸ **to be in sympathy (with sthg)** être d'accord (avec qqch) **3.** [support] ▸ **in sympathy (with sb)** en solidarité (avec qqn). ◆ **sympathies** pl n **1.** [support] soutien *m*, loyauté *f* **2.** [to bereaved person] condoléances *fpl*.

symphony [ˈsimfənɪ] (*pl* **-ies**) noun symphonie *f*.

symphony orchestra noun orchestre *m* symphonique.

symposium [sɪmˈpəʊzjəm] (*pl* **-siums** *or* **-sia**) noun symposium *m*.

symptom [ˈsɪmptəm] noun symptôme *m*.

symptomatic [ˌsɪmptəˈmætɪk] adj symptomatique.

synagogue [ˈsɪnəgɒg] noun synagogue *f*.

sync [sɪŋk] noun *inf* ▸ **out of sync** mal synchronisé(e) ▸ **in sync** bien synchronisé.

synchronization, **synchronisation** UK [ˌsɪŋkrənaɪˈzeɪʃn] noun synchronisation *f*.

synchronize, **synchronise** UK [ˈsɪŋkrənaɪz] ❖ vt synchroniser. ❖ vi être synchronisés(es).

syncopation [ˌsɪŋkəˈpeɪʃn] noun syncope *f*.

syndicate ❖ noun [ˈsɪndɪkət] syndicat *m*, consortium *m*. ❖ vt [ˈsɪndɪkeɪt] PRESS publier dans plusieurs journaux.

syndrome [ˈsɪndrəʊm] noun syndrome *m*.

synergy [ˈsɪnədʒɪ] (*pl* **-ies**) noun synergie *f*.

synod [ˈsɪnəd] noun synode *m*.

synonym [ˈsɪnənɪm] noun ▸ **synonym (for** OR **of)** synonyme *m* (de).

synonymous [sɪˈnɒnɪməs] adj ▸ **synonymous (with)** synonyme (de).

synopsis [sɪˈnɒpsɪs] (*pl* **-ses**) noun résumé *m* ; [film] synopsis *m*.

syntax [ˈsɪntæks] noun syntaxe *f*.

synthesis [ˈsɪnθəsɪs] (*pl* **-ses**) noun synthèse *f*.

synthesizer [ˈsɪnθəsaɪzəʳ] noun MUS synthétiseur *m*.

synthetic [sɪnˈθetɪk] adj **1.** [man-made] synthétique **2.** *pej* [insincere] artificiel(elle), forcé(e).

synthetically [sɪnˈθetɪklɪ] adv synthétiquement.

syphilis [ˈsɪfɪlɪs] noun syphilis *f*.

syphon [ˈsaɪfn] = **siphon**.

Syria [ˈsɪrɪə] noun Syrie *f* ▸ **in Syria** en Syrie.

Syrian [ˈsɪrɪən] ❖ adj syrien(enne). ❖ noun [person] Syrien *m*, -enne *f*.

syringe [sɪˈrɪndʒ] ❖ noun seringue *f*. ❖ vt (*cont* **syringeing**) [wound] seringuer ; [ear] nettoyer à l'aide d'une seringue.

syrup [ˈsɪrəp] noun *(U)* **1.** [sugar and water] sirop *m* **2.** UK [golden syrup] mélasse *f* raffinée.

system [ˈsɪstəm] noun **1.** [gen] système *m* ▸ **road / railway system** réseau *m* routier / de chemins de fer ▸ **transport system** réseau *m* des transports ▸ **digestive system** appareil *m* digestif **2.** [equipment - gen] installation *f* ; [- electric, electronic] appareil *m* **3.** *(U)* [methodical approach] système *m*, méthode *f* **4.** PHR ▸ **to get sthg out of one's system** *inf* laisser OR donner libre cours à qqch ▸ **to get it out of one's system** *inf* se défouler.

systematic [ˌsɪstəˈmætɪk] adj systématique.

systematically [ˌsɪstəˈmætɪklɪ] adv systématiquement.

systematize, **systematise** UK [ˈsɪstəmətaɪz] vt systématiser.

system error noun COMPUT erreur *f* système.

system failure noun COMPUT panne *f* du système.

systems analyst [ˈsɪstəmz-] noun COMPUT analyste fonctionnel *m*, analyste fonctionnelle *f*.

system software noun *(U)* COMPUT logiciel *m* d'exploitation.

How to express sympathy

- **Je suis vraiment désolé.** *I'm so sorry.*
- **C'est vraiment triste !** *That's so sad!*
- **Si je peux vous aider en quoi que ce soit, surtout n'hésitez pas.** *You know where I am if there's anything I can do to help.*
- **Tu n'as vraiment pas de chance** OR **de bol !** *inf Bad luck!*
- **Mon / Ma pauvre !** *You poor thing!*
- **Je suis de tout cœur avec vous.** *My thoughts are with you.*
- **Je compatis.** *I sympathise.*
- **Sincères condoléances.** *Please accept my condolences.*
- **Ça m'a fait beaucoup de peine d'apprendre la disparition de ton père.** *I was so sorry to hear about the death of your father.*
- **Je vous souhaite un prompt rétablissement !** *Hope you're feeling better soon!*

t (*pl* **t's** *or* **ts**), **T** (*pl* **T's** *or* **Ts**) [tiː] noun [letter] t *m inv*, T *m inv*.

ta [tɑː] excl UK *inf* merci !

TA (*abbr of* **Territorial Army**) noun *armée de réserve britannique*.

tab [tæb] noun **1.** [of cloth] étiquette *f* **2.** [of metal] languette *f* **3.** US [bill] addition *f* **4.** PHR **to keep tabs on sb** tenir OR avoir qqn à l'œil, surveiller qqn.

tabbouleh [tə'buːlɪ] noun *(U)* taboulé *m*.

tabby ['tæbɪ] (*pl* **-ies**) noun ▸ **tabby (cat)** chat tigré *m*, chatte tigrée *f*.

tabernacle ['tæbənækl] noun tabernacle *m*.

tab key noun touche *f* de tabulation.

table ['teɪbl] ❖ noun table *f* / *to get round the negotiating table* s'asseoir à la table des négociations ▸ **(multiplication) table** table *f* (de multiplication) / *the man offered me £100 under the table* *fig* l'homme m'a offert 100 livres en dessous-de-table ▸ **to turn the tables on sb** *fig* renverser les rôles, retourner la situation. ❖ vt **1.** UK [propose] présenter, proposer **2.** US [postpone] ajourner la discussion de **3.** [schedule] prévoir, fixer / *the discussion is tabled for 4 o'clock* la discussion est prévue OR a été fixée à 16 h.

tablecloth ['teɪblklɒθ] noun nappe *f*.

table lamp noun lampe *f*.

table manners pl n ▸ **to have good / bad table manners** savoir / ne pas savoir se tenir à table.

tablemat ['teɪblmæt] noun dessous-de-plat *m inv*.

tablespoon ['teɪblspuːn] noun **1.** [spoon] cuiller *f* de service **2.** [spoonful] cuillerée *f* à soupe.

tablespoonful ['teɪbl,spuːnfʊl] noun grande cuillerée *f*, cuillerée *f* à soupe.

tablet ['tæblɪt] noun **1.** [pill] comprimé *m*, cachet *m* **2.** [of stone] plaque *f* commémorative **3.** [of soap] savonnette *f*, pain *m* de savon.

table tennis noun ping-pong *m*, tennis *m* de table.

tableware ['teɪblweəʳ] noun vaisselle *f*.

tabloid ['tæblɔɪd] noun ▸ **tabloid (newspaper)** tabloïd *m*, tabloïde *m* ▸ **the tabloid press** la presse populaire.

taboo [tə'buː] ❖ adj tabou(e). ❖ noun (*pl* **-s**) tabou *m*.

tabulate ['tæbjʊleɪt] vt présenter sous forme de tableau.

tachometer [tæ'kɒmɪtəʳ] noun tachymètre *m*.

tacit ['tæsɪt] adj tacite.

tacitly ['tæsɪtlɪ] adv tacitement.

taciturn ['tæsɪtɜːn] adj taciturne.

tack [tæk] ❖ noun **1.** [nail] clou *m* **2.** US [thumbtack] punaise *f* **3.** NAUT bord *m*, bordée *f* **4.** *fig* [course of action] tactique *f*, méthode *f* ▸ **to change tack** changer de tactique. ❖ vt **1.** [fasten with nail - gen] clouer ; [- notice] punaiser **2.** SEW faufiler. ❖ vi NAUT tirer une bordée. ◆ **tack on** vt sep *inf* ajouter, rajouter.

tackle ['tækl] ❖ noun **1.** FOOT tacle *m* ; RUGBY plaquage *m* **2.** [equipment] équipement *m*, matériel *m* **3.** [for lifting] palan *m*, appareil *m* de levage. ❖ vt **1.** [deal with] s'attaquer à **2.** FOOT tacler ; RUGBY plaquer **3.** [attack] empoigner **4.** [talk to] ▸ **to tackle sb about** OR **on sthg** parler franchement à qqn de qqch, entreprendre qqn sur qqch.

tacky ['tækɪ] (*compar* **-ier**, *superl* **-iest**) adj **1.** *inf* [film, remark] d'un goût douteux ; [jewellery] de pacotille **2.** [sticky] collant(e), pas encore sec (sèche).

tact [tækt] noun *(U)* tact *m*, délicatesse *f*.

tactful ['tæktfʊl] adj [remark] plein(e) de tact ; [person] qui a du tact OR de la délicatesse.

tactfully ['tæktfʊlɪ] adv avec tact, avec délicatesse.

tactic ['tæktɪk] noun tactique *f*. ◆ **tactics** noun *(U)* MIL tactique *f*.

tactical ['tæktɪkl] adj tactique.

tactically ['tæktɪklɪ] adv du point de vue tactique / *to vote tactically* voter utile.

tactical voting noun *(U)* UK vote *m* tactique.

tactician [tæk'tɪʃn] noun tacticien *m*, -enne *f*.

tactile ['tæktaɪl] adj tactile.

tactless ['tæktlɪs] adj qui manque de tact OR délicatesse.

tactlessly ['tæktlɪslɪ] adv sans tact, sans délicatesse.

tad [tæd] noun *inf* [small bit] : *a tad* un peu / *the coat is a tad expensive* le manteau est un chouia trop cher.

tadpole ['tædpəʊl] noun têtard *m*.

Tadzhikistan [tɑː,dʒɪkɪ'stɑːn] noun Tadjikistan *m* ▸ **in Tadzhikistan** au Tadjikistan.

taffeta ['tæfɪtə] noun *(U)* taffetas *m*.

tag [tæg] ❖ noun **1.** [of cloth] marque *f* **2.** [of paper] étiquette *f* **3.** *(U)* [game] jeu *m* du chat **4.** COMPUT balise *f*. ❖ vt (*pt & pp* **-ged**, *cont* **-ging**) marquer, étiqueter. ◆ **tag along** vi *inf* suivre.

Tagus ['teɪgəs] noun ▸ **the Tagus** le Tage.

Tahiti [tɑː'hiːtɪ] noun Tahiti *m* ▸ **in Tahiti** à Tahiti.

Tahitian [tɑ:'hi:ʃn] ❖ adj tahitien(enne). ❖ noun Tahitien *m*, -enne *f*.

tail [teɪl] ❖ noun **1.** [gen] queue *f* ▸ **with one's tail between one's legs** *fig* la queue entre les jambes **2.** [of coat] basque *f*, pan *m* ; [of shirt] pan. ❖ comp arrière. ❖ vt *inf* [follow] filer. ◆ **tails** ❖ noun [side of coin] pile *f*. ❖ pl n [formal dress] queue-de-pie *f*, habit *m*. ◆ **tail off** vi **1.** [voice] s'affaiblir ; [noise] diminuer **2.** [figures, sales] diminuer, baisser.

tailback ['teɪlbæk] noun UK bouchon *m*.

tail end noun fin *f*.

taillight ['teɪllaɪt] noun feu *m* arrière.

tailor ['teɪlər] ❖ noun tailleur *m*. ❖ vt *fig* adapter.

tailored ['teɪləd] adj ajusté(e), cintré(e).

tailor-made adj *fig* sur mesure.

tail pipe noun US tuyau *m* d'échappement.

tailplane ['teɪlpleɪn] noun plan *m* fixe horizontal.

tailspin ['teɪlspɪn] noun vrille *f* / *to be in a tailspin* **a)** AERON vriller **b)** *fig* être en dégringolade.

tailwind ['teɪlwɪnd] noun vent *m* arrière.

taint [teɪnt] ❖ noun souillure *f*. ❖ vt [reputation] souiller, entacher.

tainted ['teɪntɪd] adj **1.** [reputation] souillé(e), entaché(e) **2.** US [food] avarié(e).

Taiwan [,taɪ'wɑ:n] noun Taiwan ▸ **in Taiwan** à Taiwan.

Taiwanese [,taɪwə'ni:z] ❖ adj taiwanais(e). ❖ noun Taiwanais *m*, -e *f*.

take [teɪk] (*pt* **took**, *pp* **taken**)

❖ vt

1. [gen] prendre ▸ **to take a seat** prendre un siège, s'asseoir ▸ **to take control / command** prendre le contrôle / le commandement ▸ **to take an exam** passer un examen ▸ **to take a walk** se promener, faire une promenade ▸ **to take a bath / photo** prendre un bain / une photo ▸ **to take a lot of criticism** être très critiqué(e) ▸ **to take pity on sb** avoir pitié de qqn ▸ **to take offence** se vexer ▸ **to take an interest in** s'intéresser à / *he took my side in the argument* il a pris parti pour moi dans la dispute / *he took the opportunity to thank them* OR *of thanking them* il a profité de l'occasion pour les remercier / *to take sthg badly* prendre mal qqch / *to take sb prisoner* faire qqn prisonnier / *take Einstein (for example)* prenons (l'exemple d')Einstein / *he took me for somebody else* il m'a pris pour quelqu'un d'autre

2. [lead, drive] emmener / *her father takes her to school* son père l'emmène à l'école / *could you take me home?* pourriez-vous me ramener OR me raccompagner ?

3. [transport] conduire, transporter / *the ambulance took him to hospital* l'ambulance l'a transporté à l'hôpital / *this bus will take you to the theatre* ce bus vous conduira au théâtre

4. [carry] porter, apporter, emporter / *she took her mother a cup of tea* elle a apporté une tasse de thé à sa mère / *he took the map with him* il a emporté la carte

5. [derive] prendre, tirer / *his article is taken directly from my book* le texte de son article est tiré directement de mon livre / *a passage taken from a book* un passage extrait d'un livre

6. [accept] accepter / *the owner won't take less than $100 for it* le propriétaire en veut au moins 100 dollars / *I won't take "no" for an answer* pas question de refuser / *take it from me, he's a crook* croyez-moi, c'est un escroc

7. [contain] contenir, avoir une capacité de

8. [tolerate] supporter / *I find his constant sarcasm rather hard to take* je trouve ses sarcasmes perpétuels difficiles à supporter / *we couldn't take any more* on n'en pouvait plus / *she can take it* elle tiendra le coup

9. [require] demander / *the flight takes three hours* le vol dure trois heures / *it takes time to learn a language* il faut du temps pour apprendre une langue / *it took four people to stop the brawl* ils ont dû se mettre à quatre pour arrêter la bagarre ▸ **to have what it takes to do / to be sthg** avoir les qualités nécessaires pour faire / être qqch

10. [wear] : *what size do you take?* **a)** [clothes] quelle taille faites-vous ? **b)** [shoes] vous chaussez du combien ?

11. [assume] ▸ **I take it (that)…** je suppose que…, je pense que…

12. [rent] prendre, louer

13. SCH & UNIV [exam] passer, se présenter à ; [course] prendre, suivre / *I took Latin and Greek at A level* ≃ j'ai pris latin et grec au bac

❖ vi

[dye, vaccine, fire] prendre

❖ noun

CIN prise *f* de vues

◆ **take after** vt insep tenir de, ressembler à.

◆ **take apart** vt sep [dismantle] démonter.

◆ **take away** vt sep **1.** [remove] enlever / *they took away his pension* ils lui ont retiré sa pension **2.** [deduct] retrancher, soustraire / *nine take away six is three* neuf moins six font trois.

◆ **take back** vt sep **1.** [return] rendre, rapporter **2.** [accept] reprendre / *she took her husband back* elle a accepté que son mari revienne vivre avec elle **3.** [statement, accusation] retirer / *I take back everything I said* je retire tout ce que j'ai dit **4.** [remind of the past] : *that takes me back to my childhood* ça me rappelle mon enfance.

◆ **take down** vt sep **1.** [dismantle] démonter **2.** [write down] prendre **3.** [lower] baisser.

◆ **take in** vt sep **1.** [deceive] rouler, tromper / *don't be taken in by him* ne vous laissez pas rouler par lui **2.** [understand] comprendre / *I can't take in the fact that I've won* je n'arrive pas à croire que j'ai gagné **3.** [include] englober, couvrir **4.** [provide accommodation for] recueillir **5.** [make smaller] reprendre.

◆ **take off** ❖ vt sep **1.** [remove] enlever, ôter / *I tried to take her mind off her troubles* j'ai essayé de la distraire de ses ennuis / *his retirement has taken ten years off him* *inf* sa retraite l'a rajeuni de dix ans **2.** [have as holiday] ▸ **to take a week / day off** prendre une semaine / un jour de congé ▸ **to take time off** prendre un congé **3.** UK [imitate] imiter **4.** [go away suddenly] ▸ **to take o.s. off** s'en aller, partir. ❖ vi **1.** [plane] décoller **2.** [go away suddenly] partir **3.** [be successful] démarrer.

◆ **take on** ❖ vt sep **1.** [accept] accepter, prendre / *to take on the responsibility for sthg* se charger de qqch / *don't take on more than you can handle* ne vous surchargez pas **2.** [employ] embaucher, prendre **3.** [confront] s'attaquer à ; [competitor] faire concurrence à ; SPORT jouer contre / *the unions took on the government* les syndicats se sont attaqués OR s'en sont pris au gouvernement. ❖ vt insep [assume] prendre.

◆ **take out** vt sep **1.** [remove - object] prendre, sortir ; [- stain] ôter, enlever ; [extract - tooth] arracher / *to take out sb's appendix / tonsils* MED enlever l'appendice / les amygdales à qqn ▸ **to take it** OR **a lot out of sb** *inf* épuiser qqn, vider qqn **2.** [delete] enlever, supprimer **3.** [go out with] emmener, sortir avec **4.** [subscription, insurance] prendre / *to take out a mortgage* faire un emprunt-logement.

◆ **take out on** vt sep ▸ **to take sthg out on sb** passer qqch sur qqn / *don't take it out on me!* ne t'en prends pas à moi !

◆ **take over** ❖ vt sep **1.** [take control of] reprendre, prendre la direction de **2.** [job] ▸ **to take over sb's job** remplacer qqn, prendre la suite de qqn. ❖ vi **1.** [take control] prendre le pouvoir **2.** [replace] prendre la relève / *compact discs have taken over from records* le (disque) compact a remplacé le (disque) vinyle.

◆ **take to** vt insep **1.** [person] éprouver de la sympathie pour, sympathiser avec ; [activity] prendre goût à / *we took to one another at once* nous avons tout de suite sympathisé **2.** [begin] : *to take to drink* OR *to the bottle* se mettre à boire ▸ **to take to doing sthg** se mettre à faire qqch.

◆ **take up** vt sep **1.** [begin - job] prendre ▸ **to take up singing** se mettre au chant **2.** [shorten] raccourcir **3.** [continue - story] reprendre, continuer **4.** [discuss] ▸ **to take an issue up with sb** aborder une question avec qqn / *take it up with the boss* parlez-en au patron **5.** [use up] prendre, occuper / *this table takes up too much room* cette table prend trop de place OR est trop encombrante.

◆ **take up on** vt sep **1.** [accept] ▸ **to take sb up on an offer** accepter l'offre de qqn **2.** [ask to explain] ▸ **to take sb up on sthg** demander à qqn d'expliquer qqch.

◆ **take upon** vt sep ▸ **to take it upon o.s. to do sthg** prendre sur soi de faire qqch / *he took it upon himself to organize the meeting* il s'est chargé d'organiser la réunion.

takeaway UK ['teɪkə,weɪ], **takeout** US ['teɪkaʊt] noun **1.** [shop] restaurant *m* qui fait des plats à emporter **2.** [food] plat *m* à emporter.

take-home pay noun salaire *m* net (après déductions).

taken ['teɪkn] ❖ pp ⟶ **take.** ❖ adj : *she was very taken with him / the idea* il / l'idée lui plaisait beaucoup.

takeoff ['teɪkɒf] noun [of plane] décollage *m*.

takeout US = **takeaway**.

takeover ['teɪk,əʊvər] noun **1.** [of company] prise *f* de contrôle, rachat *m* **2.** [of government] prise *f* de pouvoir.

takeover bid noun offre *f* publique d'achat, OPA *f*.

taker ['teɪkər] noun preneur *m*, -euse *f*.

taking ['teɪkɪŋ] ❖ adj engageant(e), séduisant(e). ❖ noun [of city, power] prise *f* ; [of criminal] arrestation *f* ; [of blood, sample] prélèvement *m* / *the apples are there for the taking* prenez (donc) une pomme, elles sont là pour ça.

takings ['teɪkɪŋz] pl n recette *f*.

talc [tælk], **talcum (powder)** ['tælkəm-] noun talc *m*.

tale [teɪl] noun **1.** [fictional story] histoire *f*, conte *m* **2.** [anecdote] récit *m*, histoire *f*.

talent ['tælənt] noun ▸ **talent (for)** talent *m* (pour).

talented ['tæləntɪd] adj qui a du talent, talentueux(euse).

talent scout noun dénicheur *m*, -euse *f* de talents.

talisman ['tælɪzmən] (*pl* -s) noun talisman *m*.

talk [tɔːk] ❖ noun **1.** [conversation] discussion *f*, conversation *f* / *most of the talk was about the new road* il a surtout été question de OR on a surtout parlé de la nouvelle route / *he's all talk* tout ce qu'il dit, c'est du vent **2.** *(U)* [gossip] bavardages *mpl*, racontars *mpl* **3.** [lecture] conférence *f*, causerie *f* / *to give a talk on* OR *about sthg* faire un exposé sur qqch. ❖ vi **1.** [speak] ▸ **to talk (to sb)** parler (à qqn) ▸ **to talk about** parler de / *that's no way to talk!* en voilà des façons de parler ! / *you can talk!* OR *look who's talking!* OR *you're a fine one to talk!* tu peux parler, toi ! / *to talk to o.s.* parler tout seul ▸ **talking of Lucy,...** à propos de Lucy,... ▸ **to talk big** se vanter **2.** [gossip] bavarder, jaser **3.** [make a speech] faire un discours, parler ▸ **to talk on** OR **about** parler de. ❖ vt parler / *to talk business / politics* parler affaires / politique / *now you're talking sense* vous dites enfin des choses sensées / *stop talking rubbish!* OR *nonsense!* *inf* arrête de dire des bêtises ! ◆ **talk down to** vt insep parler avec condescendance à. ◆ **talk into** vt sep ▸ **to talk sb into doing sthg** persuader qqn de faire qqch / *she allowed herself to be talked into going* elle s'est laissé convaincre d'y aller. ◆ **talk out of** vt sep ▸ **to talk sb out of doing sthg** dissuader qqn de faire qqch. ◆ **talk over** vt sep discuter de / *let's talk it over* discutons-en, parlons-en. ◆ **talk up** vt sep vanter les mérites de, faire de la publicité pour. ◆ **talks** pl n entretiens *mpl*, pourparlers *mpl* / *official peace talks* des pourparlers officiels sur la paix.

talkative ['tɔːkətɪv] adj bavard(e), loquace.

talker ['tɔːkər] noun causeur *m*, -euse *f*, bavard *m*, -e *f*.

talking ['tɔ:kɪŋ] ❖ noun *(U)* conversation *f*, propos *mpl* / *he did all the talking* il était le seul à parler. ❖ adj [film] parlant ; [bird] qui parle.

talking point ['tɔ:kɪŋ-] noun sujet *m* de conversation OR discussion.

talking-to ['tɔ:kɪŋ-] noun *inf* savon *m*, réprimande *f* ▸ **to give sb a good talking-to** passer un bon savon à qqn.

talk show noun TV talk-show *m*, causerie *f* télévisée ▸ **talk show host** présentateur *m*, -trice *f* de talk-show.

tall [tɔ:l] adj grand(e) / *how tall are you?* combien mesurez-vous ? / *she's 5 feet tall* elle mesure 1,50 m.

tallboy ['tɔ:lbɔɪ] noun commode *f*.

tall order noun ▸ **that's a tall order** c'est demander beaucoup, cela va être difficile.

tall story noun histoire *f* à dormir debout.

tally ['tælɪ] ❖ noun (*pl* **-ies**) compte *m*. ❖ vi (*pt & pp* **-ied**) correspondre, concorder.

talon ['tælən] noun serre *f*, griffe *f*.

tambourine [ˌtæmbə'ri:n] noun tambourin *m*.

tame [teɪm] ❖ adj **1.** [animal, bird] apprivoisé(e) **2.** *pej* [person] docile ; [party, story, life] terne, morne. ❖ vt **1.** [animal, bird] apprivoiser **2.** [people] mater, dresser.

tamely ['teɪmlɪ] adv [accept, agree] docilement.

Tamil ['tæmɪl] ❖ adj tamoul(e), tamil(e). ❖ noun **1.** [person] Tamoul *m*, -e *f*, Tamil *m*, -e *f* **2.** [language] tamoul *m*, tamil *m*.

taming ['teɪmɪŋ] noun [of animal] apprivoisement *m* ; [of lions, tigers] domptage *m*, dressage *m*.

tamper ['tæmpəʳ] ◆ **tamper with** vt insep [machine] toucher à ; [records, file] altérer, falsifier ; [lock] essayer de crocheter.

tampon ['tæmpɒn] noun tampon *m*.

tan [tæn] ❖ adj brun clair *(inv)*. ❖ noun bronzage *m*, hâle *m*. ❖ vi (*pt & pp* **-ned**, *cont* **-ning**) bronzer.

tandem ['tændəm] noun [bicycle] tandem *m* ▸ **in tandem** en tandem.

tang [tæŋ] noun [taste] saveur *f* forte OR piquante ; [smell] odeur *f* forte OR piquante.

tangent ['tændʒənt] noun GEOM tangente *f* ▸ **to go off at a tangent** *fig* changer de sujet, faire une digression.

tangerine [ˌtændʒə'ri:n] noun mandarine *f*.

tangible ['tændʒəbl] adj tangible.

Tangier [tæn'dʒɪəʳ] noun Tanger.

tangle ['tæŋgl] ❖ noun **1.** [mass] enchevêtrement *m*, emmêlement *m* **2.** *fig* [confusion] embrouillamini *m* ▸ **to get into a tangle** s'empêtrer, s'embrouiller. ❖ vt ▸ **to get tangled (up)** s'emmêler. ❖ vi s'emmêler, s'enchevêtrer. ◆ **tangle with** vt insep *inf* se frotter à.

tangled ['tæŋgld] adj emmêlé(e) ; *fig* embrouillé(e).

tango ['tæŋgəʊ] ❖ noun (*pl* **-es**) tango *m*. ❖ vi danser le tango.

tangy ['tæŋɪ] (*compar* **-ier**, *superl* **-iest**) adj piquant(e), fort(e).

tank [tæŋk] noun **1.** [container] réservoir *m* **2.** MIL tank *m*, char *m* (d'assaut).

tankard ['tæŋkəd] noun chope *f*.

tanker ['tæŋkəʳ] noun **1.** [ship - for oil] pétrolier *m* **2.** [truck] camion-citerne *m* **3.** [train] wagon-citerne *m*.

tankini [tæŋ'ki:nɪ] noun tankini *m*.

tank top noun débardeur *m*.

tanned [tænd] adj bronzé(e), hâlé(e).

tannin ['tænɪn] noun tannin *m*, tanin *m*.

tanning ['tænɪŋ] noun **1.** [of skin] bronzage *m* **2.** [of hides] tannage *m* ; *fig* raclée *f* / *to give sb a tanning inf* rosser qqn.

Tannoy® ['tænɔɪ] noun système *m* de haut-parleurs.

tantalizing, tantalising UK ['tæntəlaɪzɪŋ] adj [smell] très appétissant(e) ; [possibility, thought] très tentant(e).

tantamount ['tæntəmaʊnt] adj ▸ **tantamount to** équivalent(e) à.

tantrum ['tæntrəm] (*pl* **-s**) noun crise *f* de colère ▸ **to have** OR **throw a tantrum** faire OR piquer une colère.

Tanzania [ˌtænzə'nɪə] noun Tanzanie *f* ▸ **in Tanzania** en Tanzanie.

Tanzanian [ˌtænzə'nɪən] ❖ adj tanzanien(enne). ❖ noun Tanzanien *m*, -enne *f*.

tap [tæp] ❖ noun **1.** UK [device] robinet *m* ▸ **on tap** a) [beer] en fût b) *inf* & *fig* [money, person, supply] disponible **2.** [light blow] petite tape *f*, petit coup *m* **3.** *(U)* [dancing] claquettes *fpl* ▸ **tap shoes** claquettes *fpl (chaussures)*. ❖ vt (*pt & pp* **-ped**, *cont* **-ping**) **1.** [hit] tapoter, taper / *someone tapped me on the shoulder* quelqu'un m'a tapé sur l'épaule / *she was tapping her fingers on the table* elle pianotait OR tapotait sur la table **2.** [resources, energy] exploiter, utiliser / *to tap sb for a loan inf* taper qqn **3.** [telephone, wire] mettre sur écoute. ❖ vi (*pt & pp* **-ped**, *cont* **-ping**) taper, frapper / *to tap at the door* frapper doucement à la porte.

tap dance noun *(U)* claquettes *fpl*.

tape [teɪp] ❖ noun **1.** [strip of cloth, adhesive material] ruban *m* **2.** [magnetic tape] bande *f* magnétique ; [cassette] cassette *f* **3.** SPORT bande *f* d'arrivée. ❖ vt **1.** [stick] scotcher **2.** [record] enregistrer **3.** US [bandage] bander.

tape measure noun centimètre *m*, mètre *m*.

taper ['teɪpəʳ] ❖ noun [candle] bougie *f* fine. ❖ vi s'effiler ; [trousers] se terminer en fuseau. ◆ **taper off** vi diminuer.

tape-record [-rɪˌkɔ:d] vt enregistrer (au magnétophone).

tape recorder noun magnétophone *m*.

tapered ['teɪpəd] adj [fingers] effilé(e), fuselé(e) ; [trousers] en fuseau.

tapestry ['tæpɪstrɪ] (*pl* **-ies**) noun tapisserie *f*.

tapeworm ['teɪpwɜ:m] noun ténia *m*.

tapioca [ˌtæpɪ'əʊkə] noun tapioca *m*.

tap water noun eau *f* du robinet.

tar [tɑ:ʳ] noun *(U)* goudron *m*.

tarantula [tə'ræntjʊlə] noun tarentule *f*.

tardy ['tɑ:dɪ] (*compar* **-ier**, *superl* **-iest**) ◆ adj **1.** US SCH en retard **2.** *fml* & *liter* [late] tardif(ive) **3.** *fml* & *liter* [slow] lent(e), nonchalant(e). ◆ noun US SCH élève *mf* retardataire.

target ['tɑ:gɪt] ◆ noun **1.** [of missile, bomb] objectif *m* ; [for archery, shooting] cible *f* **2.** *fig* [for criticism] cible *f* **3.** *fig* [goal] objectif *m* ▸ **on target** dans les temps. ◆ vt **1.** [city, building] viser **2.** *fig* [subj: policy] s'adresser à, viser ; [subj: advertising] cibler.

targeted ['tɑ:gɪtɪd] adj ciblé(e).

target market noun marché *m* cible.

tariff ['tærɪf] noun **1.** [tax] tarif *m* douanier **2.** [list] tableau *m* OR liste *f* des prix.

Tarmac® ['tɑ:mæk] noun [material] macadam *m*. ◆ **tarmac** noun AERON ▸ **the tarmac** la piste.

tarnish ['tɑ:nɪʃ] ◆ vt *lit* & *fig* ternir. ◆ vi se ternir.

tarnished ['tɑ:nɪʃt] adj *lit* & *fig* terni(e).

tarot ['tærəʊ] noun ▸ **the tarot** le tarot, les tarots *mpl*.

tarpaulin [tɑ:'pɔ:lɪn] noun [material] toile *f* goudronnée ; [sheet] bâche *f*.

tarragon ['tærəgən] noun estragon *m*.

tart [tɑ:t] ◆ adj **1.** [bitter] acide **2.** [sarcastic] acide, acerbe. ◆ noun **1.** CULIN tarte *f* **2.** *v inf* [prostitute] pute *f*, grue *f*. ◆ **tart up** vt sep UK *inf* & *pej* [room] retaper, rénover ▸ **to tart o.s. up** se faire beau (belle).

tartan ['tɑ:tn] ◆ noun tartan *m*. ◆ comp écossais(e).

tartar ['tɑ:tər] noun **1.** [on teeth] tartre *m* **2.** UK [fearsome person] tyran *m* / *she's a real tartar* c'est un vrai tyran.

tartar(e) sauce ['tɑ:tər-] noun sauce *f* tartare.

tarty ['tɑ:tɪ] (*compar* **-ier**, *superl* **-iest**) adj UK *v inf* vulgaire.

taser ['teɪzər] noun pistolet *m* à impulsion électronique, taser *m*.

task [tɑ:sk] noun tâche *f*, besogne *f*.

task force noun MIL corps *m* expéditionnaire.

taskmaster ['tɑ:sk,mɑ:stər] noun ▸ **hard taskmaster** tyran *m*.

Tasmania [tæz'meɪnjə] noun Tasmanie *f*.

Tasmanian [tæz'meɪnjən] ◆ adj tasmanien(enne). ◆ noun Tasmanien *m*, -enne *f*.

tassel ['tæsl] noun pompon *m*, gland *m*.

taste [teɪst] ◆ noun **1.** [gen] goût *m* / *to lose one's sense of taste* perdre le goût, être atteint d'agueusie ▸ **have a taste!** goûte ! / *add sugar to taste* CULIN ajouter du sucre à volonté ▸ **in good / bad taste** de bon / mauvais goût / *she has good taste in clothes* elle s'habille avec goût **2.** *fig* [liking] : *to have expensive / simple tastes* avoir des goûts de luxe / simples ▸ **taste (for)** penchant *m* (pour), goût *m* (pour) / *to develop a taste for sthg* prendre goût à qqch **3.** *fig* [experience] aperçu *m* / *the experience gave me a taste of life in the army* l'expérience m'a donné un aperçu de la vie militaire / *a taste of things to come* un avant-goût de l'avenir ▸ **to have had a taste of sthg** avoir tâté OR goûté de qqch. ◆ vt **1.** [sense - food] sentir / *can you taste the brandy in it?* est-ce que vous sentez le (goût du) cognac ? **2.** [test, try] déguster, goûter / *to taste (the) wine* **a)** [in restaurant] goûter le vin **b)** [in vineyard] déguster le vin **3.** *fig* [experience] tâter de, goûter de. ◆ vi ▸ **to taste good / odd etc.** avoir bon goût / un drôle de goût etc. / *to taste salty* avoir un goût salé ▸ **to taste of / like** avoir le goût de.

taste bud noun papille *f* gustative.

tasteful ['teɪstfʊl] adj de bon goût.

tastefully ['teɪstfʊlɪ] adv avec goût.

tasteless ['teɪstlɪs] adj **1.** [object, decor, remark] de mauvais goût **2.** [food] qui n'a aucun goût, fade.

taster ['teɪstər] noun dégustateur *m*, -trice *f*.

tasty ['teɪstɪ] (*compar* **-ier**, *superl* **-iest**) adj [delicious] délicieux(euse), succulent(e).

tat [tæt] noun *(U)* UK *inf* & *pej* camelote *f*.

ta-ta [tæ'tɑ:] interj UK *inf* au revoir, salut.

tattered ['tætəd] adj en lambeaux.

tatters ['tætəz] pl n ▸ **in tatters** **a)** [clothes] en lambeaux **b)** [confidence] brisé(e) **c)** [reputation] ruiné(e).

tattle-tale ['tætl-] US = **telltale**.

tattoo [tə'tu:] ◆ noun (*pl* **-s**) **1.** [design] tatouage *m* **2.** UK [military display] parade *f* OR défilé *m* militaire. ◆ vt tatouer.

tatty ['tætɪ] (*compar* **-ier**, *superl* **-iest**) adj UK *inf* & *pej* [clothes] défraîchi(e), usé(e) ; [flat, area] miteux(euse), minable.

taught [tɔ:t] pt & pp ⟶ **teach**.

taunt [tɔ:nt] ◆ vt railler, se moquer de. ◆ noun raillerie *f*, moquerie *f*.

taunting ['tɔ:ntɪŋ] ◆ noun *(U)* railleries *fpl*, sarcasmes *mpl*. ◆ adj railleur(euse), sarcastique.

Taurus ['tɔ:rəs] noun Taureau *m* ▸ **to be (a) Taurus** être Taureau.

taut [tɔ:t] adj tendu(e).

tauten ['tɔ:tn] ◆ vt tendre. ◆ vi se tendre.

tautological [,tɔ:tə'lɒdʒɪkl] adj tautologique, pléonastique.

tautology [tɔ:'tɒlədʒɪ] noun tautologie *f*.

tavern ['tævn] noun taverne *f*.

tawdry ['tɔ:drɪ] (*compar* **-ier**, *superl* **-iest**) adj *pej* [jewellery] clinquant(e) ; [clothes] voyant(e), criard(e).

tawny ['tɔ:nɪ] adj fauve.

tax [tæks] ◆ noun [on income] contributions *fpl* ; ADMIN taxe *f*, impôt *m*. ◆ vt **1.** [goods] taxer / *to tax one's car* UK acheter la vignette (automobile) **2.** [profits, business, person] imposer **3.** [strain] mettre à l'épreuve.

taxable ['tæksəbl] adj imposable.

taxation [tæk'seɪʃn] noun *(U)* **1.** [system] imposition *f* **2.** [amount] impôts *mpl*.

tax avoidance [-ə'vɔɪdəns] noun évasion *f* fiscale.

tax bracket noun tranche *f* d'imposition.

tax break noun réduction *f* d'impôt.

tax cut noun baisse *f* de l'impôt.

tax-deductible [-dɪ'dʌktəbl] adj déductible des impôts.

tax disc noun UK vignette *f*.

tax evasion noun fraude *f* fiscale.

tax-exempt US = **tax-free**.

tax exile noun UK *personne qui vit à l'étranger pour échapper au fisc*.

tax-free, **tax-exempt** US adj exonéré(e) (d'impôt).

tax haven noun paradis *m* fiscal.

taxi ['tæksɪ] ❖ noun taxi *m*. ❖ vi [plane] rouler au sol.

taxidermist ['tæksɪdɜ:mɪst] noun taxidermiste *mf*.

taxi driver noun chauffeur *m* de taxi.

taxing ['tæksɪŋ] adj éprouvant(e).

tax inspector noun inspecteur *m* des impôts.

taxman ['tæksmæn] (*pl* **-men**) noun percepteur *m*.

taxpayer ['tæks,peɪər] noun contribuable *mf*.

tax return noun déclaration *f* d'impôts.

TB noun **1.** *abbr of* **tuberculosis 2.** *written abbr of* **text back**.

TBA *abbr of* **to be announced**.

T-bone steak noun steak *m* dans l'aloyau.

tbs., **tbsp.** (*abbr of* **tablespoon(ful)**) cs.

tea [ti:] noun **1.** [drink, leaves] thé *m* **2.** UK [afternoon meal] goûter *m* ; [evening meal] dîner *m*.

teabag ['ti:bæg] noun sachet *m* de thé.

tea break noun UK *pause pour prendre le thé* ; ≃ pause-café *f*.

teach [ti:tʃ] (*pt & pp* **taught**) ❖ vt **1.** [instruct] apprendre ▸ **to teach sb sthg, to teach sthg to sb** apprendre qqch à qqn / *she taught herself knitting / French* elle a appris à tricoter / elle a appris le français toute seule ▸ **to teach sb to do sthg** apprendre à qqn à faire qqch ▸ **to teach (sb) that...** apprendre (à qqn) que... / *that taught them a lesson they won't forget* cela leur a donné une leçon dont ils se souviendront **2.** [subj: teacher] apprendre, enseigner / *to teach school* US être enseignant(e). ❖ vi enseigner.

teacher ['ti:tʃər] noun [in primary school] instituteur *m*, -trice *f*, maître *m*, maîtresse *f* ; [in secondary school] professeur *m*.

teacher's pet noun *pej* chouchou *m*, chouchoute *f*.

teaching ['ti:tʃɪŋ] noun enseignement *m*.

teaching aid noun support *m* pédagogique.

tea cloth noun UK **1.** [tablecloth] nappe *f* **2.** [tea towel] torchon *m*.

teacup ['ti:kʌp] noun tasse *f* à thé.

teak [ti:k] ❖ noun teck *m*. ❖ comp en teck.

tea leaves pl n feuilles *fpl* de thé.

team [ti:m] noun équipe *f*. ◆ **team up** vi ▸ **to team up (with sb)** faire équipe (avec qqn).

teammate ['ti:mmeɪt] noun co-équipier *m*, -ère *f*.

team player noun : *to be a (good) team player* avoir l'esprit d'équipe.

team spirit noun esprit *m* d'équipe.

teamster ['ti:mstər] noun US routier *m*, camionneur *m*.

teamwork ['ti:mwɜ:k] noun *(U)* travail *m* d'équipe, collaboration *f*.

tea party noun thé *m*.

teapot ['ti:pɒt] noun théière *f*.

tear¹ [tɪər] noun larme *f* ▸ **in tears** en larmes / *to be bored to tears fig* s'ennuyer à mourir.

tear² [teər] ❖ vt (*pt* **tore**, *pp* **torn**) **1.** [rip] déchirer ▸ **to tear sthg open** ouvrir qqch (en le déchirant) / '*tear along the dotted line*' 'détacher suivant le pointillé' ▸ **to tear sb / sthg to pieces** *fig* éreinter qqn / qqch **2.** [remove roughly] arracher / *he tore the cheque from* OR *out of my hand* il m'a arraché le chèque des mains / *sorry to tear you from your reading, but I need your help fig* je regrette de vous arracher à votre lecture, mais j'ai besoin de votre aide **3.** PHR **to be torn between** être tiraillé(e) entre / *I'm torn between going and staying* je suis tiraillé entre le désir de partir et celui de rester. ❖ vi (*pt* **tore**, *pp* **torn**) **1.** [rip] se déchirer **2.** [move quickly] foncer, aller à toute allure **3.** PHR **to tear loose** s'échapper. ❖ noun déchirure *f*, accroc *m*. ◆ **tear apart** vt sep **1.** [rip up] déchirer, mettre en morceaux **2.** *fig* [country, company] diviser ; [person] déchirer / *the party was being torn apart by internal strife* le parti était déchiré OR divisé par des luttes intestines. ◆ **tear at** vt insep déchirer. ◆ **tear away** vt sep ▸ **to tear o.s. away (from)** s'arracher (de OR à). ◆ **tear down** vt sep [building] démolir ; [poster] arracher. ◆ **tear off** vt sep [clothes] enlever à la hâte ▸ **to tear sb off a strip** *inf*, **to tear a strip off sb** UK *inf* passer un savon à qqn, enguirlander qqn. ◆ **tear out** vt sep [page] arracher ; [cheque] détacher ▸ **to tear one's hair (out)** *lit & fig* s'arracher les cheveux. ◆ **tear up** vt sep déchirer.

tearaway ['teərə,weɪ] noun UK *inf* casse-cou *mf inv*.

teardrop ['tɪədrɒp] noun larme *f*.

tearful ['tɪəfʊl] adj **1.** [person] en larmes **2.** [event] larmoyant(e).

tearfully ['tɪəfʊlɪ] adv en pleurant, les larmes aux yeux.

tear gas [tɪər-] noun *(U)* gaz *m* lacrymogène.

tearing ['teərɪŋ] adj *inf* terrible, fou (folle).

tearjerker ['tɪə,dʒɜ:kər] noun *hum* roman *m* OR film *m* qui fait pleurer dans les chaumières.

tearoom ['ti:rʊm] noun salon *m* de thé.

tease [ti:z] ❖ noun taquin *m*, -e *f*. ❖ vt [mock] ▸ **to tease sb (about sthg)** taquiner qqn (à propos de qqch).

teaser ['ti:zər] noun *inf* **1.** [person] taquin *m*, -e *f* **2.** [problem] problème *m* difficile, colle *f* **3.** [advertisement] teaser *m*.

tea service, **tea set** noun service *m* à thé.

tea shop noun UK salon *m* de thé.

teasing ['ti:zɪŋ] adj taquin(e).

teaspoon ['ti:spu:n] noun **1.** [utensil] petite cuillère *f*, cuillère à café **2.** [amount] cuillerée *f* à café.

teaspoonful ['ti:spu:n,fʊl] noun cuiller *f* OR cuillère *f* à café *(mesure)*.

tea strainer noun passoire *f*.

teat [ti:t] noun tétine *f*.

teatime ['ti:taɪm] noun UK l'heure *f* du thé.

tea towel noun UK torchon *m*.

techie ['tekɪ] noun *inf* technicien *m*, -enne *f*.

technical ['teknɪkl] adj technique.

technical drawing noun *(U)* dessin *m* industriel.

technicality [,teknɪ'kælətɪ] *(pl* **-ies***)* noun **1.** [intricacy] technicité *f* **2.** [detail] détail *m* technique.

technically ['teknɪklɪ] adv **1.** [gen] techniquement **2.** [theoretically] en théorie.

technician [tek'nɪʃn] noun technicien *m*, -enne *f*.

technique [tek'ni:k] noun technique *f*.

techno ['teknəʊ] noun MUS techno *f*.

technological [,teknə'lɒdʒɪkl] adj technologique.

technology [tek'nɒlədʒɪ] *(pl* **-ies***)* noun technologie *f*.

technophobe ['teknəfoʊb] noun technophobe *mf*.

teddy ['tedɪ] *(pl* **-ies***)* noun ▸ **teddy (bear)** ours *m* en peluche, nounours *m*.

tedious ['ti:djəs] adj ennuyeux(euse).

tedium ['ti:djəm] noun *fml* ennui *m*.

tee [ti:] noun GOLF tee *m*. ◆ **tee off** vi GOLF partir du tee.

teem [ti:m] vi **1.** [rain] pleuvoir à verse **2.** [place] ▸ **to be teeming with** grouiller de.

teen [ti:n] adj *inf* [fashion] pour ados ; [music, problems] d'ados.

teenage ['ti:neɪdʒ] adj adolescent(e).

teenager ['ti:n,eɪdʒəʳ] noun adolescent *m*, -e *f*.

teens [ti:nz] pl n adolescence *f*.

tee shirt noun tee-shirt *m*.

teeter ['ti:təʳ] vi vaciller ▸ **to teeter on the brink of** *fig* être au bord de.

teeth [ti:θ] pl n ⟶ **tooth**.

teethe [ti:ð] vi [baby] percer ses dents.

teething ['ti:ðɪŋ] noun poussée *f* dentaire, dentition *f*.

teething troubles ['ti:ðɪŋ-] pl n *fig* difficultés *fpl* initiales.

teetotal [ti:'təʊtl] adj qui ne boit jamais d'alcool.

teetotaller UK, **teetotaler** US [ti:'təʊtləʳ] noun personne *f* qui ne boit jamais d'alcool.

TEFL ['tefl] (***abbr of* teaching English as a foreign language**) noun *enseignement de l'anglais langue étrangère*.

tel. (***abbr of* telephone**) tél.

tele- ['telɪ] pref télé-.

telebanking ['telɪ,bæŋkɪŋ] noun *(U)* télébanque *f*.

telecom ['telɪkɒm] noun *(U)* UK *inf* télécommunications *fpl*.

telecommunications ['telɪkə,mju:nɪ'keɪʃnz] pl n télécommunications *fpl*.

telecommuting [,telɪkə'mju:tɪŋ] noun télétravail *m*.

teleconference ['telɪ,kɒnfərəns] noun téléconférence *f*.

teleconferencing [,telɪ'kɒnfərənsɪng] noun *(U)* téléconférence *f*.

telegram ['telɪgræm] noun télégramme *m*.

telegraph ['telɪgrɑ:f] ◆ noun télégraphe *m*. ◆ vt télégraphier.

telegraph pole UK, **telegraph post** UK, **telephone pole** US noun poteau *m* télégraphique.

telemarketing ['telɪ,mɑ:kɪtɪŋ] noun vente *f* par téléphone.

telepathic [,telɪ'pæθɪk] adj télépathique.

telepathy [tɪ'lepəθɪ] noun télépathie *f*.

telephone ['telɪfəʊn] ◆ noun téléphone *m* ▸ **to be on the telephone** a) UK [connected] avoir le téléphone b) [speaking] être au téléphone. ◆ vt téléphoner à. ◆ vi téléphoner.

telephone banking noun FIN banque *f* au téléphone.

telephone book noun annuaire *m*.

telephone box noun UK cabine *f* téléphonique.

telephone call noun appel *m* téléphonique, coup *m* de téléphone.

telephone directory noun annuaire *m*.

telephone number noun numéro *m* de téléphone.

telephone operator noun standardiste *mf*.

telephonist [tɪ'lefənɪst] noun UK téléphoniste *mf*.

telephoto lens [,telɪ'fəʊtəʊ-] noun téléobjectif *m*.

telesales ['telɪseɪlz] pl n vente *f* par téléphone.

telescope ['telɪskəʊp] noun télescope *m*.

telescopic [,telɪ'skɒpɪk] adj télescopique.

teleshopping [,telɪ'ʃɒpɪŋ] noun téléachat *m*.

teletext ['telɪtekst] noun télétexte *m*.

televangelist [,telɪ'vændʒəlɪst] noun *évangéliste qui prêche à la télévision*.

televise ['telɪvaɪz] vt téléviser.

television ['telɪ,vɪʒn] noun **1.** *(U)* [medium, industry] télévision *f* ▸ **on television** à la télévision **2.** [apparatus] (poste *m* de) télévision *f*, téléviseur *m*.

television licence noun UK redevance *f*.

television programme UK, **television program** US noun émission *f* de télévision.

television set noun poste *m* de télévision, téléviseur *m*.

teleworker ['telɪwɜ:kəʳ] noun télétravailleur *m*, -euse *f*.

teleworking ['telɪ,wɜ:kɪŋ] noun télétravail *m*.

telex ['teleks] ◆ noun télex *m*. ◆ vt [message] envoyer par télex, télexer ; [person] envoyer un télex à.

tell [tel] (*pt & pp* **told**) ❖ vt **1.** [gen] dire ; [story] raconter ▸ **to tell sb (that)...** dire à qqn que... / *I'm pleased to tell you you've won* j'ai le plaisir de vous informer que vous avez gagné ▸ **to tell sb sthg, to tell sthg to sb** dire qqch à qqn / *can you tell me the way to the station / to Oxford?* pouvez-vous m'indiquer le chemin de la gare/la route d'Oxford ? / *to tell sb about sthg* dire qqch à qqn, parler à qqn de qqch ▸ **to tell sb to do sthg** dire OR ordonner à qqn de faire qqch / *I thought I told you not to run?* je croyais t'avoir interdit OR défendu de courir ? **2.** [judge, recognize] savoir, voir / *he can't tell the time* il ne sait pas lire l'heure / *could you tell me the time?* tu peux me dire l'heure (qu'il est) ? ▸ **there's no telling...** on ne peut pas savoir... / *to tell right from wrong* distinguer le bien du mal. ❖ vi **1.** [speak] parler / *I won't tell* je ne dirai rien à personne **2.** [judge] savoir / *who can tell?* qui peut savoir ?, qui sait ? **3.** [have effect] se faire sentir / *the strain is beginning to tell* la tension commence à se faire sentir. ◆ **tell apart** vt sep distinguer / *I couldn't tell the twins apart* je ne pouvais pas distinguer les jumeaux l'un de l'autre. ◆ **tell off** vt sep gronder / *to tell sb off for doing sthg* gronder OR réprimander qqn pour avoir fait qqch.

teller ['teləʳ] noun **1.** [of votes] scrutateur *m*, -trice *f* **2.** US [in bank] caissier *m*, -ère *f*.

telling ['telɪŋ] adj [remark] révélateur(trice).

telling-off (*pl* **tellings-off**) noun réprimande *f*.

telltale ['telteɪl] ❖ adj révélateur(trice). ❖ noun rapporteur *m*, -euse *f*, mouchard *m*, -e *f*.

telly ['telɪ] (*pl* **-ies**) (*abbr of* **television**) noun UK *inf* télé *f* ▸ **on telly** à la télé.

temerity [tɪ'merətɪ] noun témérité *f*.

temp [temp] *inf* ❖ noun (*abbr of* **temporary (employee)**) intérimaire *mf*. ❖ vi UK travailler comme intérimaire.

temper ['tempəʳ] ❖ noun **1.** [angry state] ▸ **to be in a temper** être en colère ▸ **to lose one's temper** se mettre en colère ▸ **to have a short temper** être emporté **2.** [mood] humeur *f* **3.** [temperament] tempérament *m*. ❖ vt [moderate] tempérer.

temperament ['temprəmənt] noun tempérament *m*.

temperamental [,temprə'mentl] adj [volatile, unreliable] capricieux(euse).

temperance ['temprəns] noun *(U)* [moderation] modération *f* ; [from alcohol] tempérance *f*.

temperate ['temprət] adj tempéré(e).

temperature ['temprətʃəʳ] noun température *f* ▸ **to take sb's temperature** prendre la température de qqn ▸ **to have a temperature** avoir de la température OR de la fièvre.

tempered ['tempəd] adj **1.** [steel] trempé(e) **2.** [moderated] tempéré(e), modéré(e).

temper tantrum noun crise *f* de colère / *to have* OR *to throw a temper tantrum* piquer une colère.

tempest ['tempɪst] noun *liter* tempête *f*.

tempestuous [tem'pestjʊəs] adj *liter* & *fig* orageux(euse).

tempi ['tempi:] pl n ⟶ **tempo**.

temping ['tempɪŋ] noun intérim *m* / *to do some temping* faire de l'intérim ▸ **temping agency** société *f* d'intérim.

template ['templɪt] noun gabarit *m*.

temple ['templ] noun **1.** RELIG temple *m* **2.** ANAT tempe *f*.

tempo ['tempəʊ] (*pl* **-pos** *or* **-pi**) noun tempo *m*.

temporal ['tempərəl] adj **1.** [gen & GRAM] temporel(elle) **2.** [secular] temporel(elle), séculier(ière).

temporarily [,tempə'rerəlɪ] adv temporairement, provisoirement.

temporary ['tempərərɪ] adj temporaire, provisoire.

tempt [tempt] vt tenter ▸ **to tempt sb to do sthg** donner à qqn l'envie de faire qqch ▸ **to be** OR **feel tempted to do sthg** être tenté OR avoir envie de faire qqch.

temptation [temp'teɪʃn] noun tentation *f*.

tempting ['temptɪŋ] adj tentant(e).

ten [ten] num dix. ***See also* six**.

tenable ['tenəbl] adj **1.** [argument, position] défendable **2.** [job, post] ▸ **tenable for** auquel on est nommé(e) pour.

tenacious [tɪ'neɪʃəs] adj tenace.

tenacity [tɪ'næsətɪ] noun *(U)* ténacité *f*.

tenancy ['tenənsɪ] (*pl* **-ies**) noun location *f*.

tenant ['tenənt] noun locataire *mf*.

tend [tend] vt **1.** [have tendency] ▸ **to tend to do sthg** avoir tendance à faire qqch / *that does tend to be the case* c'est souvent le cas ▸ **I tend to think (that)...** j'ai tendance à penser que... / *his writings tend to* OR *towards exoticism* ses écrits tendent vers l'exotisme **2.** [look after] s'occuper de, garder / *to tend to one's business / one's guests* s'occuper de ses affaires/ses invités.

tendency ['tendənsɪ] (*pl* **-ies**) noun ▸ **tendency (to do sthg)** tendance *f* (à faire qqch) / *a tendency towards fascism* une tendance fasciste.

tender ['tendəʳ] ❖ adj tendre ; [bruise, part of body] sensible, douloureux(euse). ❖ noun COMM soumission *f*. ❖ vt *fml* [apology, money] offrir ; [resignation] donner.

tenderly ['tendəlɪ] adv [caringly] tendrement.

tenderness ['tendənɪs] noun *(U)* **1.** [compassion] tendresse *f* **2.** [soreness] sensibilité *f*.

tendon ['tendən] noun tendon *m*.

tendril ['tendrəl] noun vrille *f*.

tenement ['tenəmənt] noun immeuble *m*.

tenet ['tenɪt] noun *fml* principe *m*.

tenner ['tenəʳ] noun UK *inf* [amount] dix livres ; [note] billet *m* de dix livres.

tennis ['tenɪs] ❖ noun *(U)* tennis *m*. ❖ comp de tennis.

tennis ball noun balle *f* de tennis.

tennis court noun court *m* de tennis.

tennis racket noun raquette *f* de tennis.

tennis shoe noun (chaussure *f* de) tennis *f*.

tenor ['tenəʳ] ❖ adj [saxophone, recorder] ténor *(inv)* ; [voice] de ténor. ❖ noun **1.** [singer] ténor *m* **2.** *fml* [meaning] sens *m*, substance *f*.

tenpin bowling UK ['tenpɪn-], **tenpins** US ['tenpɪnz] noun *(U)* bowling *m* (à dix quilles).

tense [tens] ❖ adj tendu(e). ❖ noun temps *m*. ❖ vt tendre. ❖ vi se contracter.

tensely ['tenslɪ] adv [move, react] de façon tendue ; [speak] d'une voix tendue / *they waited tensely for the doctor to arrive* ils ont attendu le médecin dans un état de grande tension nerveuse.

tensile strength noun résistance *f* à la tension, limite *f* élastique à la tension.

tension ['tenʃn] noun tension *f*.

tent [tent] noun tente *f*.

tentacle ['tentəkl] noun tentacule *m*.

tentative ['tentətɪv] adj **1.** [hesitant] hésitant(e) **2.** [not final] provisoire.

tentatively ['tentətɪvlɪ] adv **1.** [hesitantly] de façon hésitante **2.** [not finally] provisoirement.

tenterhooks ['tentəhʊks] pl n ▸ **to be on tenterhooks** être sur des charbons ardents.

tenth [tenθ] num dixième. ***See also* sixth**.

tenth grade noun US SCH *classe de l'enseignement secondaire correspondant à la seconde (14-15 ans).*

tenuous ['tenjʊəs] adj ténu(e).

tenure ['tenjəʳ] noun *(U) fml* **1.** [of property] bail *m* **2.** [of job] ▸ **to have tenure** être titulaire.

tepid ['tepɪd] adj tiède.

tequila [tɪ'ki:lə] noun tequila *f*.

term [tɜ:m] ❖ noun **1.** [word, expression] terme *m* / *she told him what she thought in no uncertain terms* elle lui a dit carrément ce qu'elle pensait **2.** UK SCH & UNIV trimestre *m* **3.** [period of time] durée *f*, période *f* ▸ **during my term of office** a) [gen] pendant que j'étais en fonction b) POL pendant mon mandat ▸ **a prison term** une peine de prison ▸ **in the long / short term** à long / court terme. ❖ vt appeler. ◆ **terms** pl n **1.** [of contract, agreement] conditions *fpl* / *under the terms of the agreement* selon les termes de l'accord / *terms of payment* modalités *fpl* de paiement / *not on any terms* à aucun prix, à aucune condition ▸ **terms of use** conditions *fpl* d'utilisation **2.** [basis] ▸ **in international / real terms** en termes internationaux / réels ▸ **on equal** OR **the same terms** d'égal à égal ▸ **to be on good terms (with sb)** être en bons termes (avec qqn) ▸ **to be on speaking terms** s'adresser la parole, se parler ▸ **to be on speaking terms with sb** adresser la parole à qqn, parler à qqn ▸ **to come to terms with sthg** accepter qqch **3.** PHR **to think in terms of doing sthg** envisager de OR penser faire qqch / *I was thinking more in terms of a Jaguar* je pensais plutôt à une Jaguar. ◆ **in terms of** prep sur le plan de, en termes de / *in terms of profits, we're doing well* pour ce qui est des bénéfices, tout va bien.

terminal ['tɜ:mɪnl] ❖ adj MED en phase terminale. ❖ noun **1.** AERON, COMPUT & RAIL terminal *m* **2.** ELEC borne *f*.

terminally ['tɜ:mɪnəlɪ] adv ▸ **to be terminally ill** être en phase terminale.

terminate ['tɜ:mɪneɪt] ❖ vt **1.** *fml* [end - gen] terminer, mettre fin à ; [- contract] résilier **2.** [pregnancy] interrompre. ❖ vi **1.** [bus, train] s'arrêter **2.** [contract] se terminer.

termination [,tɜ:mɪ'neɪʃn] noun **1.** *(U) fml* [ending - gen] conclusion *f* ; [- of contract] résiliation *f* **2.** [of pregnancy] interruption *f* (volontaire) de grossesse.

termini ['tɜ:mɪnaɪ] pl n ⟶ **terminus**.

terminology [,tɜ:mɪ'nɒlədʒɪ] noun terminologie *f*.

terminus ['tɜ:mɪnəs] *(pl* **-ni** *or* **-nuses**) noun terminus *m*.

termite ['tɜ:maɪt] noun termite *m*.

terrace ['terəs] noun **1.** [patio, on hillside] terrasse *f* **2.** UK [of houses] rangée *f* de maisons *(mitoyennes à un ou deux étages)*. ◆ **terraces** pl n FOOT ▸ **the terraces** les gradins *mpl*.

terraced ['terəst] adj [hillside] en terrasses.

terraced house noun UK *maison attenante aux maisons voisines*.

terracotta [,terə'kɒtə] noun terre *f* cuite.

terrain [te'reɪn] noun terrain *m*.

terrapin ['terəpɪn] *(pl inv or* **-s**) noun tortue *f* d'eau douce.

terrestrial [tə'restrɪəl] adj *fml* terrestre.

terrestrial television noun diffusion *f* hertzienne OR terrestre.

terrible ['terəbl] adj terrible ; [holiday, headache, weather] affreux(euse), épouvantable / *it caused terrible damage* cela a provoqué d'importants dégâts / *to feel terrible* a) [ill] se sentir très mal b) [morally] s'en vouloir beaucoup, avoir des remords.

terribly ['terəblɪ] adv terriblement ; [sing, write, organized] affreusement mal ; [injured] affreusement.

terrier ['terɪəʳ] noun terrier *m*.

terrific [tə'rɪfɪk] adj **1.** *inf* [wonderful] fantastique, formidable **2.** [enormous] énorme, fantastique.

terrifically [tə'rɪfɪklɪ] adv *inf* **1.** [extremely, enormously] extrêmement, très **2.** [very well] merveilleusement (bien).

terrified ['terɪfaɪd] adj terrifié(e) ▸ **to be terrified of** avoir une terreur folle OR peur folle de.

terrify ['terɪfaɪ] *(pt & pp* **-ied**) vt terrifier.

terrifying ['terɪfaɪɪŋ] adj terrifiant(e).

terrifyingly ['terɪfaɪɪŋlɪ] adv de façon terrifiante OR effroyable.

territorial [,terɪ'tɔ:rɪəl] adj territorial(e).

Territorial Army noun UK ▸ **the Territorial Army** l'armée territoriale.

territory ['terətrɪ] (*pl* **-ies**) noun territoire *m*.

terror ['terəʳ] noun terreur *f*.

terrorism ['terərɪzm] noun terrorisme *m*.

terrorist ['terərɪst] noun terroriste *mf*.

terrorize, terrorise UK ['terəraɪz] vt terroriser.

terror-stricken adj épouvanté(e).

terse [tɜ:s] adj brusque.

tertiary ['tɜ:ʃərɪ] adj tertiaire.

TESL ['tesl] (*abbr of* **teaching English as a second language**) noun *enseignement de l'anglais seconde langue*.

test [test] ❖ noun **1.** [trial] essai *m* ; [of friendship, courage] épreuve *f* ▸ **to carry out tests on sthg** effectuer des tests sur qqch ▸ **to put sb / sthg to the test** mettre qqn / qqch à l'épreuve / *his courage was really put to the test* son courage fut sérieusement mis à l'épreuve OR éprouvé / *to stand the test of time* durer, résister à l'épreuve du temps **2.** [examination - of aptitude, psychological] test *m* ; [- of driving] (examen *m* du) permis *m* de conduire **3.** SCH & UNIV interrogation *f* écrite / orale **4.** [MED - of blood, urine] analyse *f* ; [- of eyes] examen *m* / *to have a blood test* faire faire une analyse de sang / *to have an eye test* se faire examiner la vue. ❖ vt **1.** [try] essayer ; [determination, friendship] mettre à l'épreuve / *none of our products are tested on animals* nos produits ne sont pas testés sur les animaux / *to test sb's patience to the limit* mettre la patience de qqn à rude épreuve **2.** SCH & UNIV faire faire une interrogation écrite / orale à / *we were tested in geography* nous avons eu un contrôle de géographie ▸ **to test sb on sthg** interroger qqn sur qqch / *she was tested on her knowledge of plants* on a testé OR vérifié ses connaissances botaniques **3.** [MED - blood, urine] analyser ; [- eyes, reflexes] faire un examen de / *to have one's eyes tested* se faire examiner la vue.

testament ['testəmənt] noun **1.** [will] testament *m* **2.** [proof] ▸ **testament to** témoignage *m* de.

test case noun LAW affaire-test *f*.

test drive noun essai *m* sur route. ◆ **test-drive** vt (*pt* **test-drove**, *pp* **test-driven**) essayer.

tester ['testəʳ] noun **1.** [person] contrôleur *m*, -euse *f* **2.** [sample] échantillon *m*.

testes ['testi:z] pl n ⟶ **testis**.

test flight noun vol *m* d'essai.

testicles ['testɪklz] pl n testicules *mpl*.

testify ['testɪfaɪ] (*pt & pp* **-ied**) ❖ vt ▸ **to testify that...** témoigner que.... ❖ vi **1.** LAW témoigner **2.** [be proof] ▸ **to testify to sthg** témoigner de qqch.

testimonial [ˌtestɪ'məʊnjəl] noun **1.** [character reference] recommandation *f* **2.** [tribute] témoignage *m* d'estime.

testimony UK 'testɪmənɪ, US 'testəməʊnɪ] noun témoignage *m*.

testing ['testɪŋ] adj éprouvant(e).

testing ground noun banc *m* d'essai.

testis ['testɪs] (*pl* **testes** ['testi:z]) noun testicule *m*.

test match noun UK match *m* international.

testosterone [te'stɒstərəʊn] noun testostérone *f*.

test run noun essai *m* / *to go for a test run* faire un essai.

test tube noun éprouvette *f*.

test-tube baby noun bébé-éprouvette *m*.

testy ['testɪ] (*compar* **-ier**, *superl* **-iest**) adj [person] irritable ; [remark] désobligeant(e).

tetanus ['tetənəs] noun tétanos *m*.

tetchy ['tetʃɪ] (*compar* **-ier**, *superl* **-iest**) adj ombrageux(euse), qui prend ombrage facilement.

tête-à-tête [ˌteɪtɑ:'teɪt] noun tête-à-tête *m inv*.

tether ['teðəʳ] ❖ vt attacher. ❖ noun ▸ **to be at the end of one's tether** être au bout du rouleau.

Texan ['teksn] noun Texan *m*, -e *f*.

Texas ['teksəs] noun Texas *m* ▸ **in Texas** au Texas.

Tex-Mex [ˌteks'meks] adj Tex-Mex *(inv)*.

text [tekst] ❖ noun **1.** [gen] texte *m* **2.** TELEC SMS *m*. ❖ vt TELEC ▸ **to text sb** envoyer un SMS à qqn / *can you text me your number?* tu peux m'envoyer ton numéro par SMS ?

textbook ['tekstbʊk] noun livre *m* OR manuel *m* scolaire.

textile ['tekstaɪl] ❖ noun textile *m*. ❖ comp textile. ◆ **textiles** pl n [industry] textile *m*.

texting ['tekstɪŋ] noun *(U)* TELEC service *m* de mini-messages.

text message noun TELEC mini-message *m*.

textual ['tekstjʊəl] adj textuel(elle), de texte ▸ **textual analysis** analyse *f* de texte ▸ **textual criticism** critique *f* littéraire d'un texte.

texture ['tekstʃəʳ] noun texture *f* ; [of paper, wood] grain *m*.

Thai [taɪ] ❖ adj thaïlandais(e). ❖ noun **1.** [person] Thaïlandais *m*, -e *f* **2.** [language] thaï *m*.

Thailand ['taɪlænd] noun Thaïlande *f* ▸ **in Thailand** en Thaïlande.

Thames [temz] noun ▸ **the Thames** la Tamise.

than (*weak form* [ðən], *strong form* [ðæn]) conj que / *Sarah is younger than her sister* Sarah est plus jeune que sa sœur / *more than three days / 50 people* plus de trois jours / 50 personnes / *there are more policemen than demonstrators* il y a plus de policiers que de manifestants.

thank [θæŋk] vt remercier ▸ **to thank sb (for)** remercier qqn (pour OR de) / *you have him to thank for that* tu peux lui dire merci / *you won't thank me for it* vous allez m'en vouloir ▸ **thank God** OR **goodness** OR **heavens!** Dieu merci ! ◆ **thanks** ❖ pl n remerciements *mpl* / *(many) thanks for all your help* merci (beaucoup) pour toute votre aide / *received with thanks* ADMIN pour acquit. ❖ excl merci ! / *thanks a lot, thanks very much* merci beaucoup, merci bien. ◆ **thanks to** prep grâce à. *See note on next page.*

thankful ['θæŋkfʊl] adj **1.** [grateful] ▸ **thankful (for)** reconnaissant(e) (de) **2.** [relieved] soulagé(e).

How to express thanks

Saying thank you

- **Merci beaucoup.** *Thank you very much.*
- **Je vous remercie.** *Thank you.*
- **Merci mille fois** OR **infiniment.** *Many thanks.*
- **Merci, c'est très gentil à vous.** *Thanks, that's very kind of you.*
- **Je ne sais comment vous remercier.** *I can't thank you enough.*
- **Je vous remercie pour votre aide.** *Thank you for your help.*
- **Je vous suis vraiment reconnaissant.** *I really appreciate this.*
- **Je voulais vous remercier de m'avoir encouragé.** *I wanted to thank you for encouraging me.*

Responding to thanks

- **De rien. / Ce n'est rien.** *Don't mention it.*
- **Je t'en prie / Je vous en prie.** *You're welcome.*
- **Il n'y a pas de quoi.** *Not at all.*
- **Tout le plaisir est pour moi.** *My pleasure.*
- **Oh de rien, n'hésitez pas...** *Anytime!*

thankfully ['θæŋkfʊlɪ] adv **1.** [with relief] avec soulagement **2.** [with gratitude] avec reconnaissance.

thankless ['θæŋklɪs] adj ingrat(e).

thanksgiving ['θæŋks,gɪvɪŋ] noun action *f* de grâce.
◆ **Thanksgiving (Day)** noun *fête nationale américaine commémorant l'installation des premiers colons en Amérique.*

Thanksgiving

L'origine de cette fête fédérale, célébrée aux États-Unis le 4e jeudi de novembre, remonte à 1621, quand les premiers colons (les **Pilgrim Fathers**) décidèrent un jour d'action de grâce pour remercier Dieu à l'occasion de leur première récolte. Le dîner familial qui a lieu en cette occasion est traditionnellement composé d'une dinde aux airelles accompagnée de patates douces et se termine par une tarte au potiron.

thank you excl ▸ **thank you (for)** merci (pour OR de).
◆ **thankyou** noun merci *m.*

thank-you letter ['θæŋkju:-] noun lettre *f* de remerciement.

that [ðæt]

❖ pron (*pl* **those** [ðəʊz])

1. *(demonstrative use: pl* ***those****)* ce, cela, ça ; *(as opposed to* ***this****)* celui-là (celle-là) / *who's that?* qui est-ce ? / *is that Maureen?* c'est Maureen ? / *is that you Susan?* c'est toi Susan ? / *what's that?* qu'est-ce que c'est que ça ? / *that's a shame* c'est dommage / *I had never seen that before* je n'avais jamais vu cela OR ça auparavant / *what did she mean by that?* qu'est-ce qu'elle voulait dire par là ? / *which shoes are you going to wear, these or those?* quelles chaussures vas-tu mettre, celles-ci ou celles-là ? ▸ **those who** ceux (celles) qui / *all those interested should contact the club secretary* tous ceux qui sont intéressés doivent contacter le secrétaire du club ▸ **it's not as hot as (all) that!** *inf* il ne fait pas si chaud que ça ! ▸ **that's brilliant!** excellent !

2. *(weak form* [ðət], *strong form* [ðæt]*)* [to introduce relative clauses - subject] qui ; [- object] que ; [- with prep] lequel (laquelle), lesquels (lesquelles) *(pl)* / *we came to a path that led into the woods* nous arrivâmes à un sentier qui menait dans les bois / *show me the book that you bought* montre-moi le livre que tu as acheté / *on the day that we left* le jour où nous sommes partis / *the box that I put it in / on* le carton dans lequel / sur lequel je l'ai mis / *the songs that I was thinking about* les chansons auxquelles je pensais / *the woman / the film that we're talking about* la femme / le film dont nous parlons

❖ adj

(demonstrative: pl ***those****)* ce (cette), cet *(before vowel or silent 'h')*, ces *(pl)* ; *(as opposed to* ***this****)* ce (cette) ...-là, ces...-là *(pl)* / *those chocolates are delicious* ces chocolats sont délicieux / *later that day* plus tard ce jour-là / *I prefer that book* je préfère ce livre-là / *that house over there is for sale* cette OR la maison là-bas est à vendre / *I'll have that one* je prendrai celui-là

❖ adv

aussi, si / *it wasn't that bad / good* ce n'était pas si mal / bien que ça / *there's a pile of papers on my desk that high!* il y a une pile de papiers haute comme ça sur mon bureau !

❖ conj [ðət]

que / *tell him that the children aren't coming* dites-lui que les enfants ne viennent pas / *he recommended that I phone you* il m'a conseillé de vous appeler

◆ **at that** adv en plus, par surcroît.

◆ **that is (to say)** adv c'est-à-dire / *I'd like to ask you something, that is, if you've got a minute* j'aimerais vous poser une question, enfin, si vous avez un instant.

◆ **that's it** adv [that's all] c'est tout / *that's it, I'm leaving* ça y est, je m'en vais.

◆ **that's that** adv ▸ **and that's that** un point c'est tout ▸ **well, that's that!** eh bien voilà !

thatched [θætʃt] adj de chaume.

thaw [θɔ:] ❖ vt [ice] faire fondre OR dégeler ; [frozen food] décongeler. ❖ vi **1.** [ice] dégeler, fondre ; [frozen food] décongeler **2.** *fig* [people, relations] se dégeler.
❖ noun dégel *m.*

the

(weak form [ðə], *before vowel* [ðɪ], *strong form* [ðiː]*)*

❖ def art

1. [gen] le (la), l' *(+ vowel or silent 'h')*, les *(pl)* / *the book* le livre / *the sea* la mer / *the man* l'homme / *the boys/girls* les garçons/filles / *the highest mountain in the world* la montagne la plus haute du monde / *has the postman been?* UK est-ce que le facteur est passé ? / *the monkey is a primate* le singe est un primate / *the Joneses are coming to supper* les Jones viennent dîner / *you're not* THE *John Smith, are you?* vous n'êtes pas le célèbre John Smith, si ? / *it's* THE *place to go to in Paris* c'est l'endroit à la mode OR l'endroit chic de Paris (où il faut aller) ▸ **to play the piano** jouer du piano

2. *(with an adj to form a noun)* *the British* les Britanniques / *the old/young* les vieux/jeunes / *the impossible* l'impossible

3. [in dates] *the twelfth of May* le douze mai / *the forties* les années quarante

4. [in comparisons] ▸ **the more... the less** plus... moins ▸ **the sooner the better** le plus tôt sera le mieux

5. [in titles] ▸ **Alexander the Great** Alexandre le Grand ▸ **George the First** Georges Premier

theatre UK, **theater** US ['θɪətəʳ] noun **1.** THEAT théâtre *m* **2.** UK MED salle *f* d'opération **3.** US [cinema] cinéma *m*.

theatregoer UK, **theatergoer** US ['θɪətəˌgəʊəʳ] noun habitué *m*, -e *f* du théâtre.

theatrical [θɪ'ætrɪkl] adj théâtral(e) ; [company] de théâtre.

thee [ðiː] pron *arch* te, t' *(before vowel or silent 'h')* ; [after prep] toi / *we beseech thee* nous te supplions.

theft [θeft] noun vol *m*.

their [ðeəʳ] poss adj leur, leurs *(pl)* / *their house* leur maison / *their children* leurs enfants.

theirs [ðeəz] poss pron le leur (la leur), les leurs *(pl)* / *that house is theirs* cette maison est la leur, cette maison est à eux/elles / *it wasn't our fault, it was* THEIRS ce n'était pas de notre faute, c'était de la leur / *a friend of theirs* un de leurs amis, un ami à eux/elles.

them *(weak form* [ðəm], *strong form* [ðem]*)* pers pron pl **1.** *(direct)* les / *I know them* je les connais / *if I were* OR *was them* si j'étais eux/elles, à leur place **2.** *(indirect)* leur / *we spoke to them* nous leur avons parlé / *she sent them a letter* elle leur a envoyé une lettre / *I gave it to them* je le leur ai donné **3.** *(stressed, after prep, in comparisons, etc.)* eux (elles) / *you can't expect* THEM *to do it* tu ne peux pas exiger que ce soit eux qui le fassent / *with them* avec eux/elles / *without them* sans eux/elles / *we're not as wealthy as them* nous ne sommes pas aussi riches qu'eux/qu'elles.

thematic [θɪ'mætɪk] adj thématique.

theme [θiːm] noun **1.** [topic, motif] thème *m*, sujet *m* **2.** MUS thème *m* ; [signature tune] indicatif *m*.

themed [θiːmd] adj [restaurant, pub] à thème.

theme park noun parc *m* à thème.

theme song noun chanson *f* principale, thème *m* principal.

theme tune noun chanson *f* principale, thème *m* principal.

themselves [ðem'selvz] pron **1.** *(reflexive)* se ; *(after prep)* eux (elles) **2.** *(for emphasis)* eux-mêmes *mpl*, elles-mêmes *f* / *they did it themselves* ils l'ont fait tout seuls.

then [ðen] adv **1.** [not now] alors, à cette époque / *Marilyn, or Norma Jean as she was then known* Marilyn, ou Norma Jean comme elle s'appelait alors / *by then* **a)** [in future] d'ici là **b)** [in past] entre-temps / *since then* depuis (lors) **2.** [next] puis, ensuite / *do your homework first, then you can watch TV* fais d'abord tes devoirs, et ensuite tu pourras regarder la télé **3.** [in that case] alors, dans ce cas / *you were right then!* mais alors, vous aviez raison ! / *if x equals 10 then y...* si x égale 10 alors y... / *but then again, no one can be sure* mais après tout, on ne sait jamais **4.** [therefore] donc **5.** [also] d'ailleurs, et puis / *then there's Peter to invite* et puis il faut inviter Peter.
◆ **there and then, then and there** adv immédiatement, sur-le-champ / *I liked the bike so much when I saw it in the shop, that I bought it there and then* OR *then and there* j'ai tellement aimé le vélo quand je l'ai vu dans le magasin, que je l'ai acheté immédiatement OR sur-le-champ.

thence [ðens] adv *fml* & *liter* de là.

theologian [θɪə'ləʊdʒən] noun théologien *m*, -ienne *f*.

theological [θɪə'lɒdʒɪkl] adj théologique ▸ **theological college** séminaire *m*.

theology [θɪ'ɒlədʒɪ] noun théologie *f*.

theorem ['θɪərəm] noun théorème *m*.

theoretical [θɪə'retɪkl] adj théorique.

theoretically [θɪə'retɪklɪ] adv théoriquement.

theorist ['θɪərɪst] noun théoricien *m*, -enne *f*.

theorize, theorise UK ['θɪəraɪz] vi ▸ **to theorize (about)** émettre une théorie (sur), théoriser (sur).

theory ['θɪərɪ] (*pl* **-ies**) noun théorie *f* ▸ **in theory** en théorie.

therapeutic [ˌθerə'pjuːtɪk] adj thérapeutique.

therapist ['θerəpɪst] noun thérapeute *mf*, psychothérapeute *mf*.

therapy ['θerəpɪ] noun *(U)* thérapie *f*.

there [ðeəʳ] ❖ pron **1.** [indicating existence of sthg] ▸ **there is / are** il y a / *there's someone at the door* il y a quelqu'un à la porte / *there were some pieces missing* il manquait des pièces / *there was no denying it* c'était indéniable / *there must be some mistake* il doit y avoir erreur **2.** *(with vb) fml* : *there followed an ominous silence* un silence lourd de menaces suivit.
❖ adv **1.** [in existence, available] y, là / *is anybody there?* il y a quelqu'un ? / *is John there, please?* [when telephoning] est-ce que John est là, s'il vous plaît ? **2.** [referring to place] y, là / *they aren't there* ils ne sont pas là, ils n'y sont pas / *who's there?* qui est là ? / *I'm going there next week* j'y vais la semaine prochaine / *there it is* c'est là / *see that woman there? that's Margot*

tu vois cette femme là-bas ? c'est Margot / *under there* là-dessous ▸ **it's six kilometres there and back** cela fait six kilomètres aller-retour **3.** [point in conversation, particular stage] là / *can I stop you there?* est-ce que je peux vous arrêter là ? / *we're getting there* on y arrive / *we disagree there, there we disagree* nous ne sommes pas d'accord là-dessus / *hello* OR *hi there!* salut ! / *there you go again!* ça y est, vous recommencez ! **4.** PHR **all / not all there** *inf* qui a / n'a plus toute sa tête. ❖ excl : *there, I knew he'd turn up* tiens OR voilà, je savais bien qu'il s'amènerait / *there now, don't cry!* allons ! OR là ! ne pleure pas ! ▸ **there, there** allons, allons. ◆ **there again** adv après tout / *but there again, no one really knows* mais après tout, personne ne sait vraiment. ◆ **there and then, then and there** adv immédiatement, sur-le-champ. ◆ **there you are, there you go** adv **1.** [handing over something] voilà **2.** [emphasizing that one is right] vous voyez bien / *there you are, what did I tell you!* tu vois, qu'est-ce que je t'avais dit ! **3.** [expressing reluctant acceptance] c'est comme ça, que voulez-vous ? / *it wasn't the ideal solution, but there you are* OR *go* ce n'était pas l'idéal, mais enfin OR mais qu'est-ce que vous voulez.

thereabouts [ðeərə'baʊts], **thereabout** US [ðeərə'baʊt] adv ▸ **or thereabouts** a) [nearby] par là b) [approximately] environ.

thereafter [,ðeər'ɑ:ftər] adv *fml* après cela, par la suite.

thereby [,ðeər'baɪ] adv *fml* ainsi, de cette façon.

therefore ['ðeəfɔ:r] adv donc, par conséquent.

thereof [,ðeər'ɒv] adv *arch* & *fml* de cela, en / *all citizens of the republic are subject to the laws thereof* tous les citoyens de la république doivent se soumettre aux lois de celle-ci.

thereupon [,ðeərə'pɒn] adv *fml* sur ce, sur quoi.

thermal ['θɜ:ml] adj thermique ; [clothes] en Thermolactyl®.

thermal underwear noun *(U)* sous-vêtements *mpl* en thermolactyl.

thermodynamics [,θɜ:məʊdaɪ'næmɪks] noun *(U)* thermodynamique *f*.

thermoelectric [,θɜ:məʊɪ'lektrɪk] adj thermoélectrique.

thermometer [θə'mɒmɪtər] noun thermomètre *m*.

Thermos (flask)® ['θɜ:məs-] noun (bouteille *f*) Thermos® *m ou f*.

thermostat ['θɜ:məstæt] noun thermostat *m*.

thesaurus [θɪ'sɔ:rəs] (*pl* **-es**) noun dictionnaire *m* de synonymes.

these [ði:z] pron pl ⟶ **this**.

thesis ['θi:sɪs] (*pl* **theses** ['θi:si:z]) noun thèse *f*.

they [ðeɪ] pers pron pl **1.** [people, things, animals - unstressed] ils (elles) ; [- stressed] eux (elles) / *they're pleased* ils sont contents (elles sont contentes) / *they're pretty earrings* ce sont de jolies boucles d'oreille ▸ **there they are** les voilà **2.** [unspecified people] on, ils / *they say it's going to snow* on dit qu'il va neiger / *they're going to put up petrol prices* ils vont augmenter le prix de l'essence.

they'd [ðeɪd] ⟶ **they had, they would**.

they'll [ðeɪl] ⟶ **they shall, they will**.

they're [ðeər] ⟶ **they are**.

they've [ðeɪv] ⟶ **they have**.

thick [θɪk] ❖ adj **1.** [gen] épais (épaisse) ; [forest, hedge, fog] dense ; [voice] indistinct(e) / *to be 6 inches thick* avoir 15 cm d'épaisseur / *the snow was thick on the ground* il y avait une épaisse couche de neige sur le sol ▸ **pubs are not very thick on the ground round here** les pubs sont plutôt rares par ici **2.** *inf* [stupid] bouché(e) ▸ **he's as thick as two short planks** il est bête comme ses pieds **3.** [full, covered] ▸ **to be thick with** a) [dust] être couvert(e) de b) [people] être plein(e) de / *the shelves were thick with dust* les étagères étaient recouvertes d'une épaisse couche de poussière ▸ **thick with smoke** a) [from cigarettes] enfumé(e) b) [from fire] plein d'une fumée épaisse ▸ **those two are as thick as thieves** ces deux-là s'entendent comme larrons en foire. ❖ noun ▸ **in the thick of** au plus fort de, en plein OR au beau milieu de / *he's really in the thick of it* [dispute, activity] il est vraiment dans le feu de l'action. ◆ **thick and fast** adv : *questions came thick and fast* les questions pleuvaient. ◆ **through thick and thin** adv envers et contre tout, quoi qu'il advienne.

thicken ['θɪkn] ❖ vt épaissir. ❖ vi s'épaissir.

thicket ['θɪkɪt] noun fourré *m*.

thickly ['θɪklɪ] adv **1.** [not thinly - spread] en couche épaisse ; [- cut] en tranches épaisses **2.** [densely - wooded, populated] très **3.** [speak, say] d'une voix indistincte.

thickness ['θɪknɪs] noun épaisseur *f*.

thickset [,θɪk'set] adj trapu(e).

thick-skinned [-'skɪnd] adj qui a la peau dure.

thief [θi:f] (*pl* **thieves**) noun voleur *m*, -euse *f*.

thieve [θi:v] vt & vi voler.

thieves [θi:vz] pl n ⟶ **thief**.

thieving ['θi:vɪŋ] ❖ adj voleur(euse). ❖ noun *(U)* vol *m*.

thigh [θaɪ] noun cuisse *f*.

thighbone ['θaɪbəʊn] noun fémur *m*.

thigh-length adj [dress, coat] qui descend jusqu'à mi-cuisse ▸ **thigh-length boots** cuissardes *fpl*.

thimble ['θɪmbl] noun dé *m* (à coudre).

thin [θɪn] ❖ adj (*compar* **-ner**, *superl* **-nest**) **1.** [slice, layer, paper] mince ; [cloth] léger(ère) ; [person] maigre **2.** [liquid, sauce] clair(e), peu épais (peu épaisse) **3.** [sparse - crowd] épars(e) ; [- vegetation, hair] clairsemé(e) ▸ **to be thin on top** [person] se dégarnir. ❖ adv ▸ **to be wearing thin** [joke] n'être plus amusant(e) / *my patience is wearing thin* je suis à bout de patience. ❖ vi (*pt & pp* **-ned**, *cont* **-ning**) [hair] ▸ **to be thinning** s'éclaircir, se dégarnir. ◆ **thin down** vt sep [liquid, paint] délayer, diluer ; [sauce] éclaircir.

thin air noun ▸ **to appear out of thin air** apparaître tout d'un coup ▸ **to disappear into thin air** disparaître complètement, se volatiliser.

thing [θɪŋ] noun **1.** [gen] chose *f* / *that was a silly thing to do!* ce n'était pas la chose à faire ! ▸ **the (best) thing to do would be...** le mieux serait de... ▸ **for one thing** en premier lieu, pour commencer ▸ **(what) with one thing and another** au bout du compte / *I must be seeing things* je dois avoir des visions ▸ **the thing is...** le problème, c'est que... ▸ **this is just the thing** US *inf* c'est exactement OR tout à fait ce qu'il faut ▸ **to have a thing about sb / sthg a)** *inf* [like] adorer qqn / qqch, être fou de qqn / qqch **b)** [dislike] avoir qqn / qqch en horreur / *to have a thing with sb* avoir une liaison avec qqn / *it's not really my thing* ce n'est pas vraiment mon truc ▸ **to make a thing (out) of** *inf* faire tout un plat OR toute une histoire de / *to be on to a good thing* être sur une bonne affaire / *I could show him a thing or two about hang gliding* je pourrais lui apprendre une ou deux petites choses en deltaplane **2.** [anything] : *I don't know a thing* je n'y connais absolument rien / *she hadn't got a thing on* elle était entièrement nue / *I haven't got a thing to wear* je n'ai rien à me mettre sur le dos **3.** [object] chose *f*, objet *m* / *what's that yellow thing on the floor?* qu'est-ce que c'est que ce truc jaune par terre ? / *she loves books and posters and things* elle aime les livres, les posters, ce genre de choses **4.** [person] : *what a sweet little thing!* quel amour ! ▸ **you poor thing!** mon pauvre !, ma pauvre ! **5.** *inf* [fashion] ▸ **the thing** la mode / *it's quite the thing* c'est très à la mode. ◆ **things** pl n **1.** [clothes, possessions] affaires *fpl* / *put your things away* ramassez vos affaires **2.** *inf* [life, situation] ▸ **how are things?** comment ça va ? / *I need time to think things over* j'ai besoin de temps pour réfléchir / *it's just one of those things* ce sont des choses qui arrivent.

thingamabob [ˈθɪŋəmə,bɒb], **thingamajig** [ˈθɪŋəmədʒɪg], **thingummy(jig)** UK [ˈθɪŋəmɪ-], **thingie** UK, **thingy** UK [ˈθɪŋɪ] noun *inf* truc *m*, machin *m*.

think [θɪŋk] ❖ vt (*pt & pp* **thought**) **1.** [believe] ▸ **to think (that)** croire que, penser que / *I thought I heard a noise* j'ai cru OR il m'a semblé entendre un bruit ▸ **I think so / not** je crois que oui / non, je pense que oui / non / *he's a crook — I thought so* OR *I thought as much* c'est un escroc — je m'en doutais / *it's expensive, don't you think?* c'est cher, tu ne trouves pas ? / *(just) who does he think he is?* (mais) pour qui se prend-il ? **2.** [have in mind] penser à / *I was just thinking how ironic it all is* je pensais simplement à l'ironie de la chose / *I kept thinking "why me?"* je n'arrêtais pas de me dire : « pourquoi moi ? » / *I think I'll go for a walk* je crois que je vais aller me promener **3.** [imagine] s'imaginer / *just think what we can do with all that money!* imaginez ce qu'on peut faire avec tout cet argent ! / *I can't think why you agreed to do it* je ne comprends pas OR je me demande bien pourquoi tu as accepté de le faire / *who'd have thought it!* qui l'eût cru ! **4.** [remember] : *did you think to bring any money?* avez-vous pensé à apporter de l'argent ? **5.** [in polite requests] : *do you think you could help me?* tu pourrais m'aider ? ❖ vi (*pt & pp* **thought**) **1.** [use mind] réfléchir, penser / *he thought for a moment* il a réfléchi un instant / *to think for oneself* se faire ses propres opinions / *to think aloud* penser tout haut / *that's what set me thinking* c'est ce qui m'a fait réfléchir **2.** [have stated opinion] : *what do you think of* OR *about his new film?* que pensez-vous de son dernier film ? ▸ **to think a lot of sb / sthg** penser beaucoup de bien de qqn / qqch **3.** / *to think on one's feet* réfléchir vite PHR **to think better of sthg / of doing sthg** décider après tout de ne pas faire qqch / *I thought better of it* je me suis ravisé ▸ **to think nothing of doing sthg** trouver tout à fait normal OR tout naturel de faire qqch / *thank you — think nothing of it!* merci — mais je vous en prie OR mais c'est tout naturel ! ▸ **to think twice** y réfléchir à deux fois. ❖ noun *inf* ▸ **to have a think (about sthg)** réfléchir (à qqch). ◆ **think about** vt insep ▸ **to think about sb / sthg** songer à OR penser à qqn / qqch ▸ **to think about doing sthg** songer à faire qqch / *I'll think about it* je vais y réfléchir. ◆ **think of** vt insep **1.** [consider] = **think about 2.** [remember] se rappeler / *he couldn't think of the name* il ne se rappelait pas le nom, le nom ne lui venait pas / *I've just thought of something, she'll be out* j'avais oublié OR je viens de me rappeler, elle ne sera pas là **3.** [conceive] penser à, avoir l'idée de ▸ **to think of doing sthg** avoir l'idée de faire qqch / *she's the one who thought of double-checking it* c'est elle qui a eu l'idée de le vérifier / *what do you think of the new teacher?* comment trouvez-vous le OR que pensez-vous du nouveau professeur ? **4.** [show consideration for] penser à / *I have my family to think of* il faut que je pense à ma famille. ◆ **think out, think through** vt sep bien étudier, bien considérer / *a well-thought-out plan* un projet bien conçu OR ficelé. ◆ **think over** vt sep réfléchir à / *I need some time to think things over* j'ai besoin de temps pour réfléchir. ◆ **think up** vt sep imaginer.

thinker [ˈθɪŋkəʳ] noun penseur *m*, -euse *f*.

thinking [ˈθɪŋkɪŋ] ❖ adj qui pense, qui réfléchit. ❖ noun *(U)* opinion *f*, pensée *f* ▸ **to do some thinking** réfléchir ▸ **to my way of thinking** à mon avis.

thinly [ˈθɪnlɪ] adv **1.** [not thickly - spread] en couche mince ; [- cut] en tranches minces **2.** [sparsely - wooded, populated] peu.

thinner [ˈθɪnəʳ] noun diluant *m*.

thinness [ˈθɪnnɪs] noun *(U)* [of slice, layer, paper] minceur *f* ; [of person] maigreur *f* ; [of cloth] légèreté *f*.

thin-skinned [-ˈskɪnd] adj susceptible, très sensible.

third [θɜːd] ❖ num troisième. ❖ noun UNIV ≃ licence *f* mention passable. *See also* **sixth**.

third-class adj UK UNIV ▸ **third-class degree** ≃ licence *f* mention passable.

third degree noun *inf* ▸ **to give sb the third degree a)** [torture] passer qqn à tabac **b)** [interrogate] cuisiner qqn.

third-degree burns pl n brûlures *fpl* du troisième degré.

third-generation adj COMPUT & TELEC de troisième génération, 3G.

third grade noun US SCH *classe de l'enseignement primaire correspondant au CE2 (7-8 ans).*

thirdly ['θɜ:dlɪ] adv troisièmement, tertio.

third party noun tiers *m*, tierce personne *f*.

third-party insurance noun assurance *f* de responsabilité civile.

third-rate adj *pej* de dernier OR troisième ordre.

Third World noun ▸ **the Third World** le tiers-monde.

thirst [θɜ:st] noun soif *f* ▸ **thirst for** *fig* soif de.

thirst-quenching [-kwentʃɪŋ] adj désaltérant(e).

thirsty ['θɜ:stɪ] (*compar* **-ier**, *superl* **-iest**) adj **1.** [person] ▸ **to be OR feel thirsty** avoir soif **2.** [work] qui donne soif.

thirteen [ˌθɜ:'ti:n] num treize. *See also* **six**.

thirteenth [ˌθɜ:'ti:nθ] num treizième. *See also* **sixth**.

thirtieth ['θɜ:tɪəθ] num trentième. *See also* **sixth**.

thirty ['θɜ:tɪ] (*pl* **-ies**) num trente. *See also* **sixty**.

this [ðɪs]

❖ pron (*pl* **these** [ði:z])
(*demonstrative use*) ce, ceci ; (*as opposed to* **that**) celui-ci (celle-ci) / *this is for you* c'est pour vous / *who's this?* qui est-ce ? / *what's this?* qu'est-ce que c'est ? / *this is what he told me* c'est ce qu'il m'a dit / *this is where I live* c'est ici que j'habite / *I didn't want it to end like this* je ne voulais pas que ça finisse OR se termine comme ça / *which sweets does she prefer, these or those?* quels bonbons préfère-t-elle, ceux-ci ou ceux-là ? / *this is a rose, that is a peony* ceci est une rose, ça c'est une pivoine / *this is Daphne Logan* [introducing another person] je vous présente Daphne Logan ; [introducing oneself on phone] ici Daphne Logan, Daphne Logan à l'appareil / *after / before this* après / avant ça ▸ **to talk about this and that** parler de choses et d'autres ▸ **to do this and that** faire toutes sortes de choses

❖ adj
1. (*demonstrative use*) ce (cette), cet (*before vowel or silent* **h**), ces (*pl*) ; (*as opposed to* **that**) ce (cette) ...-ci, ces...-ci (*pl*) / *these chocolates are delicious* ces chocolats sont délicieux / *I prefer this book* je préfère ce livre-ci / *I'll have this one* je prendrai celui-ci ▸ **this evening** ce soir ▸ **this morning** ce matin ▸ **this week** cette semaine / *this way please* par ici s'il vous plaît
2. *inf* [a certain] un certain (une certaine)

❖ adv
aussi / *it was this big* c'était aussi grand que ça / *you'll need about this much* il vous en faudra à peu près comme ceci

thistle ['θɪsl] noun chardon *m* (*c'est l'emblème de l'Écosse*).

thither ['ðɪðəʳ] ⟶ **hither**.

thnx MESSAGING *written abbr of* **thanks**.

tho' [ðəʊ] = **though**.

thong [θɒŋ] noun **1.** [of leather] lanière *f* **2.** US [flip-flop] tong *f*.

thorn [θɔ:n] noun épine *f* ▸ **to be a thorn in sb's flesh OR side** être une source continuelle d'exaspération pour qqn.

thorny ['θɔ:nɪ] (*compar* **-ier**, *superl* **-iest**) adj *lit* & *fig* épineux(euse).

thorough ['θʌrə] adj **1.** [exhaustive - search, inspection] minutieux(euse) ; [- investigation, knowledge] approfondi(e) **2.** [meticulous] méticuleux(euse) **3.** [complete, utter] complet(ète), absolu(e).

thoroughbred ['θʌrəbred] noun pur-sang *m inv*.

thoroughfare ['θʌrəfeəʳ] noun *fml* rue *f*, voie *f* publique.

thoroughly ['θʌrəlɪ] adv **1.** [fully, in detail] à fond **2.** [completely, utterly] absolument, complètement.

thoroughness ['θʌrənɪs] noun (*U*) **1.** [exhaustiveness] minutie *f* **2.** [meticulousness] soin *m* méticuleux.

those [ðəʊz] pron pl ⟶ **that**.

though [ðəʊ] ❖ conj bien que (*+ subjunctive*), quoique (*+ subjunctive*). ❖ adv pourtant, cependant.

thought [θɔ:t] ❖ pt & pp ⟶ **think**. ❖ noun **1.** [gen] pensée *f* ; [idea] idée *f*, pensée / *don't give it another thought* n'y pensez plus / *that's a thought!* ça, c'est une idée ! / *she was lost OR deep in thought* elle était absorbée par ses pensées OR plongée dans ses pensées ▸ **after much thought** après avoir mûrement réfléchi **2.** [intention] intention *f* / *it's the thought that counts* c'est l'intention qui compte. ◆ **thoughts** pl n **1.** [reflections] pensées *fpl*, réflexions *fpl* / *our thoughts are with you* nos pensées vous accompagnent ▸ **to collect one's thoughts** rassembler ses idées **2.** [views] opinions *fpl*, idées *fpl* / *we'd like your thoughts on the matter* nous aimerions savoir ce que vous en pensez.

thoughtful ['θɔ:tfʊl] adj **1.** [pensive] pensif(ive) **2.** [considerate - person] prévenant(e), attentionné(e) ; [- remark, act] plein(e) de gentillesse.

thoughtfully ['θɔ:tfʊlɪ] adv **1.** [considerately, kindly] avec prévenance OR délicatesse, gentiment **2.** [pensively] pensivement **3.** [with careful thought] d'une manière réfléchie.

thoughtfulness ['θɔ:tfʊlnɪs] noun (*U*) **1.** [pensiveness] air *m* pensif **2.** [considerateness - of person] prévenance *f* ; [- of remark, act] délicatesse *f*.

thoughtless ['θɔ:tlɪs] adj [person] qui manque d'égards (pour les autres) ; [remark, behaviour] irréfléchi(e).

thoughtlessly ['θɔ:tlɪslɪ] adv **1.** [inconsiderately] sans aucun égard, sans aucune considération **2.** [hastily] hâtivement, sans réfléchir.

thoughtlessness ['θɔ:tlɪsnɪs] noun (*U*) manque *m* d'égards OR de prévenance.

thought-provoking adj qui pousse à la réflexion, stimulant(e).

thousand ['θaʊznd] num mille ▸ **a OR one thousand** mille ▸ **thousands of** des milliers de. *See also* **six**.

thousandth ['θaʊzntθ] num millième. *See also* **sixth**.

thrash [θræʃ] vt **1.** [hit] battre, rosser **2.** *inf* [defeat] écraser, battre à plates coutures. ◆ **thrash about, thrash around** vi s'agiter. ◆ **thrash out** vt sep [problem] débrouiller, démêler ; [idea] débattre, discuter.

thrashing ['θræʃɪŋ] noun **1.** [hitting] rossée *f*, correction *f* **2.** *inf* [defeat] défaite *f*.

thread [θred] ❖ noun **1.** [gen] fil *m* **2.** [of screw] filet *m*, pas *m*. ❖ vt **1.** [needle] enfiler **2.** [move] ▸ **to thread one's way through the crowd** se faufiler parmi la foule.

threadbare ['θredbeəʳ] adj usé(e) jusqu'à la corde.

threat [θret] noun ▸ **threat (to)** menace *f* (pour).

threaten ['θretn] ❖ vt ▸ **to threaten sb (with)** menacer qqn (de) ▸ **to threaten to do sthg** menacer de faire qqch. ❖ vi menacer.

threatening ['θretnɪŋ] adj menaçant(e) ; [letter] de menace.

threateningly ['θretnɪŋlɪ] adv [behave, move] de manière menaçante, d'un air menaçant ; [say] d'un ton OR sur un ton menaçant.

three [θri:] num trois. *See also* **six**.

three-course adj [meal] complet (complète) *(entrée, plat, dessert)*.

three-D adj [film, picture] en relief.

three-dimensional [-dɪ'menʃənl] adj [film, picture] en relief ; [object] à trois dimensions.

threefold ['θri:fəʊld] ❖ adj triple. ❖ adv ▸ **to increase threefold** tripler.

three-piece adj ▸ **three-piece suit** (costume *m*) trois pièces *m* ▸ **three-piece suite** canapé *m* et deux fauteuils assortis.

three-point turn noun UK demi-tour *m* en trois manœuvres.

three-quarters pl n [fraction] trois quarts *mpl*.

threesome ['θri:səm] noun trio *m*, groupe *m* de trois personnes.

three-star adj trois étoiles.

three-wheeler [-'wi:ləʳ] noun voiture *f* à trois roues.

thresh [θreʃ] vt battre.

threshold ['θreʃhəʊld] noun seuil *m* ▸ **to be on the threshold of** *fig* être au bord OR seuil de.

threw [θru:] pt ⟶ **throw**.

thrice [θraɪs] adv *liter* & *arch* trois fois.

thrift [θrɪft] noun **1.** *(U)* [gen] économie *f*, épargne *f* **2.** US [savings bank] ▸ **thrift (institution)** caisse *f* d'épargne.

thrift shop, thrift store noun US *magasin vendant des articles d'occasion au profit d'œuvres charitables*.

thrifty ['θrɪftɪ] (*compar* **-ier**, *superl* **-iest**) adj économe.

thrill [θrɪl] ❖ noun **1.** [sudden feeling] frisson *m*, sensation *f* **2.** [enjoyable experience] plaisir *m*. ❖ vt transporter, exciter. ❖ vi ▸ **to thrill to a story / the music** être transporté(e) par une histoire / la musique.

thrilled [θrɪld] adj ▸ **thrilled (with sthg / to do sthg)** ravi(e) (de qqch / de faire qqch), enchanté(e) (de qqch / de faire qqch).

thriller ['θrɪləʳ] noun thriller *m*.

thrilling ['θrɪlɪŋ] adj saisissant(e), palpitant(e).

thrive [θraɪv] (*pt* **-d** *or* **throve**, *pp* **-d**) vi [person] bien se porter ; [plant] pousser bien ; [business] prospérer.

thriving ['θraɪvɪŋ] adj [person] bien portant(e) ; [plant] qui pousse bien ; [business] prospère.

throat [θrəʊt] noun gorge *f* ▸ **to ram** OR **force sthg down sb's throat** *fig* rebattre les oreilles de qqn avec qqch ▸ **it stuck in my throat** *fig* ça m'est resté en travers de la gorge ▸ **to be at each other's throats** se disputer, se battre.

throaty ['θrəʊtɪ] (*compar* **-ier**, *superl* **-iest**) adj guttural(e).

throb [θrɒb] ❖ noun [of drums] battement *m* ; [of pulse] pulsation *f* ; [of engine] vibration *f*. ❖ vi (*pt & pp* **-bed**, *cont* **-bing**) [heart] palpiter, battre fort ; [engine] vibrer ; [music] taper / *my head is throbbing* j'ai des élancements dans la tête.

throbbing ['θrɒbɪŋ] adj **1.** [rhythm] battant(e) ; [drum] qui bat rythmiquement ; [engine, machine] vibrant(e), vrombissant(e) **2.** [heart] battant(e), palpitant(e) **3.** [pain] lancinant(e).

throes [θrəʊz] pl n ▸ **to be in the throes of** [war, disease] être en proie à ▸ **to be in the throes of an argument** être en pleine dispute.

thrombosis [θrɒm'bəʊsɪs] (*pl* **-boses**) noun thrombose *f*.

throne [θrəʊn] noun trône *m*.

throng [θrɒŋ] ❖ noun foule *f*, multitude *f*. ❖ vt remplir, encombrer. ❖ vi affluer.

throttle ['θrɒtl] ❖ noun [valve] papillon *m* des gaz ; [lever] commande *f* des gaz. ❖ vt [strangle] étrangler.

through [θru:]

❖ adj

1. [direct] direct / *'no through road* UK*, not a through street* US*'* 'voie sans issue'

2. [finished] *are you through?* tu as fini ? ▸ **to be through with sthg** avoir fini qqch / *she's through with him* elle en a eu assez de lui

❖ adv

1. [relating to place, position] *please go through into the lounge* passez dans le salon, s'il vous plaît ▸ **to let sb through** laisser passer qqn

2. [from beginning to end] ▸ **to read sthg through** lire qqch jusqu'au bout ▸ **to sleep through till ten** dormir jusqu'à dix heures / *I left halfway through* je suis parti au milieu

3. UK TELEC *can you put me through to Elaine / to extension 363?* pouvez-vous me passer Elaine / le poste 363 ?

◆ prep
1. [relating to place, position] à travers ▸ **to travel through sthg** traverser qqch / *the river flows through a deep valley* le fleuve traverse une vallée profonde ▸ **to cut through sthg** couper qqch / *can you see through it?* est-ce que tu peux voir au travers ? / *to slip through the net* *lit* & *fig* passer à travers les mailles du filet
2. [during] pendant / *she has lived through some difficult times* elle a connu OR traversé des moments difficiles / *halfway through the performance* à la moitié OR au milieu de la représentation
3. [because of] à cause de / *through no fault of his own, he lost his job* il a perdu son emploi sans que ce soit de sa faute
4. [by means of] par l'intermédiaire de, par l'entremise de / *I sent it through the post* je l'ai envoyé par la poste / *I met a lot of people through him* il m'a fait rencontrer beaucoup de gens
5. US [up till and including] *Monday through Friday* du lundi au vendredi
◆ **through and through** adv [completely] jusqu'au bout des ongles ; [thoroughly] par cœur, à fond.

throughout [θru:'aʊt] ◆ prep **1.** [during] pendant, durant / *throughout the meeting* pendant toute la réunion **2.** [everywhere in] partout dans. ◆ adv **1.** [all the time] tout le temps **2.** [everywhere] partout.

throughput ['θru:pʊt] noun COMPUT débit *m*.

throve [θrəʊv] pt ⟶ **thrive**.

throw [θrəʊ] ◆ vt (*pt* **threw**, *pp* **thrown**) **1.** [gen] jeter ; [ball, javelin] lancer / *could you throw me my lighter?* peux-tu me lancer mon briquet ? / *I threw some cold water on my face* je me suis aspergé la figure avec de l'eau froide / *he threw two sixes* [in dice] il a jeté deux six / *she was thrown clear* [in car accident] elle a été éjectée / *to throw open* ouvrir en grand OR tout grand ▸ **to throw one's arms around sb** jeter ses bras autour de qqn / *the news threw them into confusion / a panic* les nouvelles les ont plongés dans l'embarras / les ont affolés ▸ **to throw o.s. into sthg** *fig* se jeter à corps perdu dans qqch / *to throw o.s. into one's work* se plonger dans son travail / *to throw a pot* tourner un vase **2.** [rider] désarçonner **3.** [have suddenly - tantrum, fit] piquer **4.** *fig* [confuse] déconcerter, décontenancer / *that question really threw me!* cette question m'a vraiment désarçonné !, je ne savais vraiment pas quoi répondre à cette question ! ◆ noun **1.** lancement *m*, jet *m* / *that was a good throw!* vous avez bien visé ! / *his whole fortune depended on a single throw of the dice* toute sa fortune dépendait d'un seul coup de dés **2.** [cover] couverture *f*. ◆ **throw away** vt sep **1.** [discard] jeter **2.** *fig* [money] gaspiller ; [opportunity] perdre / *you're throwing away your only chance of happiness* vous êtes en train de gâcher votre seule chance de bonheur. ◆ **throw in** vt sep [include] donner en plus OR en prime / *with a special trip to Stockholm thrown in* avec en prime une excursion à Stockholm. ◆ **throw out** vt sep **1.** [discard] jeter **2.** *fig* [reject] rejeter **3.** [from house] mettre à la porte ; [from army, school] expulser, renvoyer. ◆ **throw up** ◆ vt sep [dust, water] jeter, projeter. ◆ vi *inf* [vomit] dégobiller, vomir.

throwaway ['θrəʊə,weɪ] adj **1.** [disposable] jetable, à jeter **2.** [remark] désinvolte.

throwback ['θrəʊbæk] noun ▸ **throwback (to)** retour *m* (à).

throw-in noun UK FOOT rentrée *f* en touche, remise *f* en jeu.

thrown [θrəʊn] pp ⟶ **throw**.

thru [θru:] US *inf* = **through**.

thrush [θrʌʃ] noun **1.** [bird] grive *f* **2.** MED muguet *m*.

thrust [θrʌst] ◆ noun **1.** [forward movement] poussée *f* ; [of knife] coup *m* **2.** [main aspect] idée *f* principale, aspect *m* principal. ◆ vt **1.** [shove] enfoncer, fourrer **2.** [jostle] ▸ **to thrust one's way** se frayer un passage. ◆ **thrust upon** vt sep ▸ **to thrust sthg upon sb** imposer qqch à qqn.

thrusting ['θrʌstɪŋ] adj [person] qui se met en avant.

thruway ['θru:weɪ] noun US voie *f* express.

thud [θʌd] ◆ noun bruit *m* sourd. ◆ vi (*pt* & *pp* **-ded**, *cont* **-ding**) tomber en faisant un bruit sourd.

thug [θʌg] noun brute *f*, voyou *m*.

thumb [θʌm] ◆ noun pouce *m* ▸ **to twiddle one's thumbs** se tourner les pouces. ◆ vt *inf* [hitch] ▸ **to thumb a lift** faire du stop OR de l'auto-stop. ◆ **thumb through** vt insep feuilleter, parcourir.

thumb index noun répertoire *m* à onglets.

thumbnail ['θʌmneɪl] ◆ adj bref (brève), concis(e). ◆ noun ongle *m* du pouce.

thumbnail sketch noun croquis *m* rapide.

thumbs down [,θʌmz-] noun ▸ **to get OR be given the thumbs down** être rejeté(e).

thumbs up [,θʌmz-] noun [go-ahead] ▸ **to give sb the thumbs up** donner le feu vert à qqn.

thumbtack ['θʌmtæk] noun US punaise *f*.

thump [θʌmp] ◆ noun **1.** [blow] grand coup *m* **2.** [thud] bruit *m* sourd. ◆ vt **1.** [hit] cogner, taper sur **2.** [place heavily] poser violemment. ◆ vi **1.** [move heavily] ▸ **to thump in / out** entrer / sortir à pas pesants **2.** [heart] battre fort.

thumping ['θʌmpɪŋ] UK *inf* ◆ adj [success] énorme, immense, phénoménal(e) ; [difference] énorme. ◆ adv *dated* [as intensifier] : *a thumping great meal* un repas énorme.

thunder ['θʌndər] ◆ noun *(U)* **1.** METEOR tonnerre *m* **2.** *fig* [of traffic] vacarme *m* ; [of applause] tonnerre *m*. ◆ vt tonner, tonitruer. ◆ impers vb METEOR tonner. ◆ vi *fig* [traffic] tonner, gronder.

thunderbolt ['θʌndəbəʊlt] noun coup *m* de foudre.

thunderclap ['θʌndəklæp] noun coup *m* de tonnerre.

thundercloud ['θʌndəklaʊd] noun nuage *m* orageux.

thunderous ['θʌndərəs] adj [noise] assourdissant(e) ▸ **thunderous applause** un tonnerre d'applaudissements.

thunderstorm ['θʌndəstɔ:m] noun orage *m*.

thunderstruck ['θʌndəstrʌk] adj *fig* stupéfait(e), sidéré(e).

Thur., Thurs. (*abbr of* **Thursday**) jeu.

Thursday ['θɜ:zdɪ] noun jeudi *m*. *See also* **Saturday**.

thus [ðʌs] adv *fml* **1.** [therefore] par conséquent, donc, ainsi **2.** [in this way] ainsi, de cette façon, comme ceci.

thwart [θwɔ:t] vt contrecarrer, contrarier.

thx, thnx MESSAGING *written abbr of* **thanks**.

thyme [taɪm] noun thym *m*.

thyroid ['θaɪrɔɪd] noun thyroïde *f*.

tiara [tɪ'ɑ:rə] noun [worn by woman] diadème *m*.

Tibet [tɪ'bet] noun Tibet *m* ▸ **in Tibet** au Tibet.

Tibetan [tɪ'betn] ❖ adj tibétain(e). ❖ noun **1.** [person] Tibétain *m*, -e *f* **2.** [language] tibétain *m*.

tibia ['tɪbɪə] (*pl* **-biae** *or* **-s**) noun tibia *m*.

tic [tɪk] noun tic *m*.

TIC MESSAGING *written abbr of* **tongue in cheek**.

tick [tɪk] ❖ noun **1.** UK [written mark] coche *f* ▸ **to put a tick beside sthg** cocher qqch **2.** [sound] tic-tac *m* **3.** [insect] tique *f*. ❖ vt UK cocher. ❖ vi faire tic-tac / *what makes him tick? fig* je me demande comment il fonctionne. ◆ **tick away, tick by** vi passer. ◆ **tick off** vt sep **1.** UK [mark off] cocher **2.** UK *inf* [tell off] passer un savon à, enguirlander. ◆ **tick over** vi UK [engine, business] tourner au ralenti.

ticked [tɪkt] adj US en rogne.

ticket ['tɪkɪt] noun **1.** [for access, train, plane] billet *m* ; [for bus] ticket *m* ; [for library] carte *f* ; [label on product] étiquette *f* **2.** [for traffic offence] P.-V. *m*, papillon *m* **3.** POL liste *f* / *he fought the election on a Democratic ticket* il a basé son programme électoral sur les principes du Parti démocrate.

ticket collector noun UK contrôleur *m*, -euse *f*.

ticket holder noun personne *f* munie d'un billet.

ticket inspector noun UK contrôleur *m*, -euse *f*.

ticketless ['tɪkɪtlɪs] adj ▸ **ticketless travel** AERON *système permettant de voyager sans billet papier*.

ticket machine noun distributeur *m* de billets.

ticket office noun bureau *m* de vente des billets.

ticket tout noun UK revendeur *m*, -euse *f* de billets *(sur le marché noir)*.

ticking ['tɪkɪŋ] noun **1.** [of clock] tic-tac *m* **2.** [fabric] toile *f* (à matelas).

ticking off (*pl* **tickings off** ['tɪkɪŋz-]) noun UK *inf* ▸ **to give sb a ticking off** passer un savon à qqn, enguirlander qqn ▸ **to get a ticking off** recevoir un savon, se faire enguirlander.

tickle ['tɪkl] ❖ vt **1.** [touch lightly] chatouiller **2.** *fig* [amuse] amuser. ❖ vi chatouiller.

ticklish ['tɪklɪʃ] adj **1.** [person] qui craint les chatouilles, chatouilleux(euse) **2.** *fig* [delicate] délicat(e), difficile.

tickly ['tɪklɪ] adj *inf* [sensation] de chatouillis ; [blanket] qui chatouille ; [beard] qui pique.

tick-tack-toe noun US [game] ≃ morpion *m*.

tidal ['taɪdl] adj [force] de la marée ; [river] à marées ; [barrier] contre la marée.

tidal wave noun raz-de-marée *m inv*.

tidbit US = **titbit**.

tiddler ['tɪdlər] noun UK [fish] petit poisson *m*.

tiddly ['tɪdlɪ] (*compar* **-ier**, *superl* **-iest**) adj UK *inf* **1.** [tipsy] pompette, gai(e) **2.** [tiny] minuscule.

tiddlywinks ['tɪdlɪwɪŋks], **tiddledywinks** US ['tɪdldɪwɪŋks] noun jeu *m* de puce.

tide [taɪd] noun **1.** [of sea] marée *f* **2.** *fig* [of opinion, fashion] courant *m*, tendance *f* ; [of protest] vague *f*. ◆ **tide over** vt sep dépanner.

tidemark ['taɪdmɑ:k] noun **1.** [of sea] ligne *f* de marée haute **2.** UK [round bath, neck] ligne *f* de crasse.

tidily ['taɪdɪlɪ] adv soigneusement, avec ordre.

tidiness ['taɪdɪnɪs] noun *(U)* ordre *m*.

tidings ['taɪdɪŋz] pl n *liter* nouvelles *fpl*.

tidy ['taɪdɪ] ❖ adj (*compar* **-ier**, *superl* **-iest**) **1.** [room, desk] en ordre, bien rangé(e) ; [hair, dress] soigné(e) **2.** [person - in habits] ordonné(e) ; [- in appearance] soigné(e) **3.** *inf* [sizeable] coquet(ette), rondelet(ette). ❖ vt (*pt & pp* **-ied**) ranger, mettre de l'ordre dans. ◆ **tidy away** vt sep ranger. ◆ **tidy up** ❖ vt sep ranger, mettre de l'ordre dans. ❖ vi ranger.

tie [taɪ] ❖ noun **1.** [necktie] cravate *f* **2.** [string, cord] cordon *m* **3.** *fig* [link] lien *m* / *family ties* liens de parenté OR familiaux / *there are strong ties between the two countries* les deux pays entretiennent d'étroites relations **4.** [in game, competition] égalité *f* de points / *it was a tie for first / second place* il y avait deux premiers / seconds ex aequo / *the election resulted in a tie* les candidats ont obtenu le même nombre de voix OR étaient à égalité des voix **5.** US RAIL traverse *f*. ❖ vt (*pt & pp* **tied**, *cont* **tying**) **1.** [fasten] attacher / *they tied him to a tree* il l'ont attaché OR ligoté à un arbre / *his hands and feet were tied* ses mains et ses pieds étaient ligotés **2.** [shoelaces] nouer, attacher ▸ **to tie a knot** faire un nœud **3.** *fig* [link] ▸ **to be tied to** être lié(e) à / *the job keeps me very much tied to my desk* mon travail m'oblige à passer beaucoup de temps devant mon bureau **4.** *fig* [restricted] : *they're tied to* OR *by the conditions of the contract* ils sont liés par les conditions du contrat. ❖ vi (*pt & pp* **tied**, *cont* **tying**) [draw] être à égalité / *they tied for third place in the competition* ils étaient troisième ex aequo au concours. ◆ **tie down** vt sep *fig* [restrict] restreindre la liberté de / *she doesn't want to feel tied down* elle ne veut pas perdre sa liberté. ◆ **tie in with** vt insep concorder avec, coïncider avec / *the evidence doesn't tie in with the facts* les indices dont nous disposons ne correspondent pas aux faits OR ne cadrent pas avec les faits / *this ties in with what I said before* cela rejoint ce que j'ai dit avant. ◆ **tie up** vt sep **1.** [with string, rope] attacher / *the letters were tied up in bundles* les lettres étaient ficelées en liasses **2.** [shoelaces] nouer, attacher **3.** *fig* [money, resources] immobiliser / *their money is all tied up in shares* leur argent est entièrement investi dans des actions **4.** [complete] conclure / *there are still a few loose ends to tie up* il y a encore quelques points de détail à régler **5.** *fig* [link] ▸ **to be tied up with** être lié(e) à.

tiebreak(er) ['taɪbreɪk(ər)] noun **1.** TENNIS tie-break *m*, jeu *m* décisif **2.** [in game, competition] question *f* subsidiaire.

tied [taɪd] adj SPORT ▸ **a tied match** un match nul.

tied up adj [busy] occupé(e), pris(e).

tie-dye vt nouer et teindre.

tie-in noun **1.** [link] lien *m*, rapport *m* **2.** [product] : *the book is a tie-in with the TV series* le livre est tiré de la série télévisée.

tier [tɪər] noun [of seats] gradin *m* ; [of cake] étage *m*.

tiff [tɪf] noun bisbille *f*, petite querelle *f*.

tiger ['taɪgər] noun tigre *m*.

tight [taɪt] ❖ adj **1.** [clothes, group, competition, knot] serré(e) / *the dress was a tight fit* la robe était un peu juste / *tight jeans* **a)** [too small] un jean trop serré **b)** [close-fitting] un jean moulant ▸ **to be in a tight corner** OR **spot** être dans une situation difficile **2.** [taut] tendu(e) / *to keep (a) tight hold* OR *grasp on sthg* bien tenir qqch **3.** [painful - chest] oppressé(e) ; [- stomach] noué(e) **4.** [schedule] serré(e), minuté(e) / *it was tight but I made it in time* c'était juste, mais je suis arrivé à temps / *money is a bit tight* OR *things are a bit tight at the moment* l'argent manque un peu en ce moment **5.** [strict] strict(e), sévère ▸ **to run a tight ship** mener son monde à la baguette **6.** [corner, bend] raide **7.** *inf* [drunk] soûl(e), rond(e) **8.** *inf* [miserly] radin(e), avare. ❖ adv **1.** [firmly, securely] bien, fort ▸ **to shut** OR **close sthg tight** bien fermer qqch **2.** [tautly] à fond / *pull the thread tight* tirez OR tendez bien le fil. ◆ **tights** pl n UK collant *m*, collants *mpl*.

tighten ['taɪtn] ❖ vt **1.** [belt, knot, screw] resserrer ▸ **to tighten one's hold** OR **grip on** resserrer sa prise sur **2.** [pull tauter] tendre **3.** [make stricter] renforcer. ❖ vi **1.** [rope] se tendre **2.** [grip, hold] se resserrer. ◆ **tighten up** vt sep **1.** [belt, screw] resserrer **2.** [make stricter] renforcer.

tightfisted [,taɪt'fɪstɪd] adj *pej* radin(e), pingre.

tightknit [,taɪt'nɪt] adj [family, community] uni(e).

tight-lipped [-'lɪpt] adj **1.** [in anger] les lèvres serrées **2.** [silent] qui ne dit rien, qui garde le silence.

tightly ['taɪtlɪ] adv **1.** [closely] ▸ **to fit tightly** être juste ▸ **to pack tightly** entasser, tasser **2.** [firmly] bien, fort **3.** [tautly] à fond.

tightness ['taɪtnɪs] noun **1.** [of clothes] étroitesse *f* **2.** [in chest] oppression *f* **3.** [strictness] sévérité *f*, rigueur *f*.

tightrope ['taɪtrəʊp] noun corde *f* raide ▸ **to be on** OR **walking a tightrope** *fig* être sur la corde raide.

tightrope walker noun funambule *mf*.

tigress ['taɪgrɪs] noun tigresse *f*.

tile [taɪl] noun [on roof] tuile *f* ; [on floor, wall] carreau *m*.

tiled [taɪld] adj [floor, wall] carrelé(e) ; [roof] couvert(e) de tuiles.

tiler ['taɪlər] noun [of roof] couvreur *m (de toits en tuiles)* ; [of floor, wall] carreleur *m*.

tiling ['taɪlɪŋ] noun [of floor, wall] carrelage *m* ; [of roof - action] pose *f* de tuiles ; [- tiles] tuiles *fpl*.

till [tɪl] ❖ prep jusqu'à / *from six till ten o'clock* de six heures à dix heures. ❖ conj jusqu'à ce que *(+ subjunctive)* / *wait till I come back* attends que je revienne ; *(after negative)* avant que *(+ subjunctive)* / *it won't be ready till tomorrow* ça ne sera pas prêt avant demain. ❖ noun tiroir-caisse *m*.

tiller ['tɪlər] noun NAUT barre *f*.

tilt [tɪlt] ❖ noun inclinaison *f*. ❖ vt incliner, pencher. ❖ vi s'incliner, pencher.

timber ['tɪmbər] noun **1.** *(U)* [wood] bois *m* de charpente OR de construction **2.** [beam] poutre *f*, madrier *m*.

time [taɪm]

❖ noun

1. [gen] temps *m* ▸ **a long time** longtemps ▸ **in a short time** dans peu de temps, sous peu ▸ **to take time** prendre du temps / *these things take time* cela ne se fait pas du jour au lendemain ▸ **to be time for sthg** être l'heure de qqch ▸ **to get the time to do sthg** avoir le temps de faire qqch ▸ **it's a good time to do sthg** c'est le moment de faire qqch ▸ **we had a good time** on s'est bien amusés ▸ **to have a hard time doing sthg** avoir du mal à faire qqch ▸ **in good time** de bonne heure ▸ **on time** à l'heure / *to have time on one's hands* OR *time to spare* avoir du temps ▸ **it's high time (that)…** il est grand temps que… ▸ **time and a half** une fois et demie le tarif normal ▸ **to have no time for sb / sthg** ne pas supporter qqn / qqch ▸ **to make good time a)** [on journey] bien rouler OR marcher **b)** [in schedule] bien avancer / *she made the time to read the report* elle a pris le temps de lire le rapport ▸ **to pass the time** passer le temps ▸ **to play for time** essayer de gagner du temps ▸ **to take one's time (doing sthg)** prendre son temps (pour faire qqch) / *you took your time about it!* tu en as mis du temps ! / *I'll finish it in my own good time* je le finirai quand bon me semblera

2. [as measured by clock] heure *f* ▸ **what time is it?, what's the time?** quelle heure est-il ? / *what time are we leaving?* à quelle heure partons-nous ? / *do you know how to tell the time?* est-ce que tu sais lire l'heure ? ▸ **in a week's / year's time** dans une semaine / un an / *local time* heure *f* locale ▸ **to keep good time** être toujours à l'heure ▸ **to lose time** perdre du temps ▸ **to pass the time of day with sb** échanger quelques mots avec qqn

3. [point in time] époque *f* / *in Victorian times* à l'époque victorienne / *at that time I was in Madrid* à ce moment-là j'étais OR j'étais alors à Madrid / *an inconvenient time* un moment inopportun / *by the time you get this…* le temps que tu reçoives ceci…, quand tu auras reçu ceci… / *by this time next week* d'ici une semaine, dans une semaine / *we'll talk about that when the time comes* nous en parlerons en temps utile ▸ **to be ahead of one's time** être en avance sur son temps ▸ **before my time** avant que j'arrive ici

4. [occasion] fois *f* / *nine times out of ten the machine doesn't work* neuf fois sur dix la machine ne marche pas / *many a time I've wondered...* je me suis demandé plus d'une OR bien des fois... ▸ **from time to time** de temps en temps, de temps à autre ▸ **time after time, time and again** à maintes reprises, maintes et maintes fois ▸ **at the best of times** même quand tout va bien

5. *v inf* [in prison] *to do time* faire de la taule

6. MUS mesure *f* / *in triple* OR *three-part time* à trois temps

◆ vt

1. [schedule] fixer, prévoir / *they timed the attack for 6 o'clock* l'attaque était prévue pour 6 h

2. [race, runner] chronométrer

3. [arrival, remark] choisir le moment de

◆ **times** ◆ pl n fois *fpl* / *four times as much as me* quatre fois plus que moi. ◆ prep MATH fois.

◆ **at a time** adv d'affilée ▸ **one at a time** un par un, un seul à la fois / *months at a time* des mois et des mois.

◆ **at (any) one time** adv à la fois.

◆ **at times** adv quelquefois, parfois.

◆ **about time** adv ▸ **it's about time (that)...** il est grand temps que... ▸ **about time too!** ce n'est pas trop tôt !

◆ **for the time being** adv pour le moment.

◆ **in time** adv **1.** [not late] ▸ **in time (for)** à l'heure (pour) **2.** [eventually] à la fin, à la longue ; [after a while] avec le temps, à la longue.

time bomb noun *lit* & *fig* bombe *f* à retardement.

time check noun [on radio] rappel *m* de l'heure.

time-consuming [-kən,sju:mɪŋ] adj qui prend beaucoup de temps.

timed [taɪmd] adj [race, test] chronométré(e) ▸ **well timed** opportun(e) ▸ **badly timed** inopportun(e).

time difference noun décalage *m* horaire.

time-honoured UK, **time-honored** US [-,ɒnəd] adj consacré(e).

timekeeping ['taɪm,ki:pɪŋ] noun ponctualité *f*.

time lag noun décalage *m*.

time lapse noun décalage *m* horaire.

timeless ['taɪmlɪs] adj éternel(elle).

time limit noun délai *m*.

timeline ['taim,laɪn] noun frise *f* chronologique.

timely ['taɪmlɪ] (*compar* **-ier**, *superl* **-iest**) adj opportun(e).

time off noun temps *m* libre.

time out noun **1.** SPORT temps *m* mort **2.** [break] ▸ **to take time out to do sthg** trouver le temps de faire qqch.

timepiece ['taɪmpi:s] noun *dated* [watch] montre *f* ; [clock] horloge *f*.

timer ['taɪmər] noun minuteur *m*.

time-saver noun : *a dishwasher is a great time-saver* on gagne beaucoup de temps avec un lave-vaisselle.

time scale noun période *f* ; [of project] délai *m*.

time-share noun logement *m* en multipropriété.

timespan ['taɪmspæn] noun intervalle *m* de temps.

timetable ['taɪm,teɪbl] noun **1.** UK SCH emploi *m* du temps **2.** [of buses, trains] horaire *m* **3.** UK [schedule] calendrier *m*.

time waster ['taɪm,weɪstər] noun fainéant *m*, -e *f* / *no time wasters please* [in advertisement] pas sérieux s'abstenir.

time wasting ['taɪmweɪstɪŋ] noun perte *f* de temps / *the team was accused of time wasting* on a reproché à l'équipe d'avoir joué la montre.

time zone noun fuseau *m* horaire.

timid ['tɪmɪd] adj timide.

timidity [tɪ'mɪdətɪ] noun timidité *f*.

timidly ['tɪmɪdlɪ] adv timidement.

timing ['taɪmɪŋ] noun *(U)* **1.** [of remark] à-propos *m inv* **2.** [scheduling] : *the timing of the election* le moment choisi pour l'élection **3.** [measuring] chronométrage *m*.

tin [tɪn] ◆ noun **1.** *(U)* [metal] étain *m* ; [in sheets] fer-blanc *m* **2.** UK [can] boîte *f* de conserve **3.** UK [small container] boîte *f* ▸ **cake tin a)** [for baking] moule *m* à gâteau **b)** [for storing] boîte *f* à gâteaux. ◆ comp en étain, d'étain.

tin can noun boîte *f* de conserve.

tinder ['tɪndər] noun petit bois *m*.

tinfoil ['tɪnfɔɪl] noun *(U)* papier *m* (d')aluminium.

tinge [tɪndʒ] noun **1.** [of colour] teinte *f*, nuance *f* **2.** [of feeling] nuance *f*.

tingle ['tɪŋgl] vi picoter ▸ **to tingle with** brûler de.

tingling ['tɪŋglɪŋ] noun *(U)* picotement *m*.

tinker ['tɪŋkər] ◆ noun UK **1.** *pej* [gypsy] romanichel *m*, -elle *f* **2.** [rascal] polisson *m*, -onne *f*. ◆ vi ▸ **to tinker (with sthg)** bricoler (qqch).

tinkle ['tɪŋkl] ◆ noun **1.** [sound] tintement *m* **2.** UK *inf* [phone call] ▸ **to give sb a tinkle** passer un coup de fil à qqn. ◆ vi [ring] tinter.

tin mine noun mine *f* d'étain.

tinned [tɪnd] adj UK en boîte.

tinnitus [tɪ'naɪtəs] noun acouphène *m*.

tinny ['tɪnɪ] (*compar* **-ier**, *superl* **-iest**) ◆ adj **1.** [sound] métallique **2.** *inf* & *pej* [badly made] : *a tinny car* un tas de ferraille, une vraie casserole. ◆ noun AUSTR canette de bière *f inf*.

tin opener noun UK ouvre-boîtes *m inv*.

tin-pot adj UK *inf* & *pej* [country, dictator] de rien du tout.

tinsel ['tɪnsl] noun *(U)* guirlandes *fpl* de Noël.

tint [tɪnt] ❖ noun teinte *f*, nuance *f* ; [in hair] rinçage *m*. ❖ vt teinter.

tinted ['tɪntɪd] adj [glasses, windows] teinté(e).

tiny ['taɪnɪ] (*compar* **-ier**, *superl* **-iest**) adj minuscule.

tip [tɪp] ❖ noun **1.** [end] bout *m* ▸ **it's on the tip of my tongue** je l'ai sur le bout de la langue ▸ **it's just the tip of the iceberg** *fig* ce n'est que la partie émergée de l'iceberg **2.** UK [dump] décharge *f* ; *fig* : *your room is a real tip! inf* quel bazar, ta chambre ! **3.** [to waiter] pourboire *m* **4.** [piece of advice] tuyau *m*. ❖ vt (*pt & pp* **-ped**, *cont* **-ping**) **1.** [tilt] faire basculer / *to tip the scales in sb's favour fig* faire pencher la balance en faveur de qqn **2.** UK [spill] renverser **3.** [waiter] donner un pourboire à **4.** [winning horse] pronostiquer / *he's tipped to be the next president* OR *as the next president* on pronostique qu'il sera le prochain président. ❖ vi (*pt & pp* **-ped**, *cont* **-ping**) **1.** [tilt] basculer **2.** UK [spill] se renverser **3.** [give money to waiter] laisser un pourboire. ◆ **tip off** vt sep prévenir. ◆ **tip over** ❖ vt sep renverser. ❖ vi se renverser.

tip-off noun tuyau *m* ; [to police] dénonciation *f*.

tipped ['tɪpt] adj [cigarette] qui a un embout, à bout filtre.

Tipp-Ex® ['tɪpeks] UK ❖ noun Tipp-ex® *m*. ❖ vt effacer avec du Tipp-Ex®.

tipple ['tɪpl] noun *inf* : *what's your tipple?* qu'est-ce que tu aimes boire d'habitude ?

tipsy ['tɪpsɪ] (*compar* **-ier**, *superl* **-iest**) adj *inf* gai(e).

tiptoe ['tɪptəʊ] ❖ noun ▸ **on tiptoe** sur la pointe des pieds. ❖ vi marcher sur la pointe des pieds.

tirade [taɪ'reɪd] noun diatribe *f*.

tire ['taɪəʳ] ❖ noun US = **tyre**. ❖ vt fatiguer. ❖ vi **1.** [get tired] se fatiguer **2.** [get fed up] ▸ **to tire of** se lasser de. ◆ **tire out** vt sep épuiser.

tired ['taɪəd] adj **1.** [sleepy] fatigué(e), las (lasse) **2.** [fed up] ▸ **to be tired of sthg / of doing sthg** en avoir assez de qqch / de faire qqch.

tiredness ['taɪədnɪs] noun fatigue *f*.

tireless ['taɪəlɪs] adj infatigable.

tirelessly ['taɪəlɪslɪ] adv infatigablement, inlassablement, sans ménager ses efforts.

tiresome ['taɪəsəm] adj ennuyeux(euse).

tiring ['taɪərɪŋ] adj fatigant(e).

tissue ['tɪʃu:] noun **1.** [paper handkerchief] mouchoir *m* en papier **2.** (*U*) BIOL tissu *m* **3.** PHR **a tissue of lies** un tissu de mensonges.

tissue paper noun (*U*) papier *m* de soie.

tit [tɪt] noun **1.** [bird] mésange *f* **2.** *vulg* [breast] nichon *m*, néné *m*.

titbit UK ['tɪtbɪt], **tidbit** US ['tɪdbɪt] noun **1.** [of food] bon morceau *m* **2.** *fig* [of news] petite nouvelle *f* ▸ **a titbit of gossip** un petit potin.

tit for tat [-'tæt] noun un prêté pour un rendu.

titillate ['tɪtɪleɪt] ❖ vt titiller. ❖ vi titiller les sens.

titillating ['tɪtɪleɪtɪŋ] adj titillant(e).

titillation [ˌtɪtɪ'leɪʃn] noun titillation *f*.

title ['taɪtl] noun titre *m*.

titled ['taɪtld] adj titré(e).

titleholder ['taɪtlˌhəʊldəʳ] noun SPORT tenant *m*, -e *f* du titre.

title page noun page *f* de titre.

title role noun rôle *m* principal.

titter ['tɪtəʳ] vi rire bêtement.

tittle-tattle ['tɪtlˌtætl] noun (*U*) *inf* & *pej* ragots *mpl*, cancans *mpl*.

titular ['tɪtjʊləʳ] adj nominal(e).

T-junction noun intersection *f* en T.

TLC noun *abbr of* **tender loving care**.

TM *abbr of* **trademark**.

TNT (*abbr of* **trinitrotoluene**) noun TNT *m*.

to

(*stressed* [tu:], *unstressed before consonant* [tə], *unstressed before vowel* [tʊ])

❖ prep

1. [indicating place, direction] à / *to go to Liverpool / Spain / school* aller à Liverpool / en Espagne / à l'école / *let's go to town / to Susan's* allons en ville / chez Susan / *to go to the butcher's* aller chez le boucher ▸ **to the left / right** à gauche / droite / *our house is a mile to the south* notre maison est à un mille au sud

2. (*to express indirect object*) à ▸ **to give sthg to sb** donner qqch à qqn / *be kind to him / to animals* soyez gentil avec lui / bon envers les animaux / *we were listening to the radio* nous écoutions la radio / *he refused to give an answer to my question* il refusa de répondre à ma question

3. [indicating reaction, effect] à / *to my delight / surprise* à ma grande joie / surprise ▸ **it worked to our advantage** cela a tourné à notre avantage

4. [in stating opinion] ▸ **to me,...** à mon avis,... / *it seemed quite unnecessary to me / him etc.* cela me / lui etc. semblait tout à fait inutile

5. [indicating state, process] ▸ **to drive sb to drink** pousser qqn à boire ▸ **to shoot to fame** devenir célèbre du jour au lendemain ▸ **it could lead to trouble** cela pourrait causer des ennuis / *they starved to death* ils sont morts de faim

6. [as far as] à, jusqu'à / *to count to 10* compter jusqu'à 10 / *we work from 9 to 5* nous travaillons de 9 heures à 17 heures / *from March to June* de mars (jusqu')à juin

7. [in expressions of time] moins / *it's ten to three / quarter to one* il est trois heures moins dix / une heure moins le quart

8. [per] à / *40 miles to the gallon* ≃ 7 litres aux cent (km) / *there are 16 ounces to a pound* il y a 16 onces dans une livre

9. [accompanied by] *a poem set to music* un poème mis en musique / *we danced to the sound of guitars* on a dansé au son des guitares
10. [of, for] de / *the key to the car* la clé de la voiture / *a letter to my daughter* une lettre à ma fille
❖ adv
[shut] *push the door to* fermez la porte
❖ with infin
1. *(forming simple infinitive) to walk* marcher / *to laugh* rire
2. *(following another verb)* ▸ **to begin to do sthg** commencer à faire qqch ▸ **to try to do sthg** essayer de faire qqch / *to want to do sthg* vouloir faire qqch
3. *(following an adj) difficult to do* difficile à faire / *ready to go* prêt à partir / *I'm happy / sad to see her go* je suis content / triste de la voir partir
4. *(indicating purpose)* pour / *he worked hard to pass his exam* il a travaillé dur pour réussir son examen / *I did it to annoy her* je l'ai fait exprès pour l'énerver
5. *(substituting for a relative clause) I have a lot to do* j'ai beaucoup à faire / *he told me to leave* il m'a dit de partir
6. *(to avoid repetition of infinitive) I meant to call him but I forgot to* je voulais l'appeler, mais j'ai oublié
7. [in comments] ▸ **to be honest…** en toute franchise… / *to put it another way* en d'autres termes.

toad [təʊd] noun crapaud *m*.

toadstool ['təʊdstu:l] noun champignon *m* vénéneux.

toady ['təʊdɪ] *pej* ❖ noun (*pl* **-ies**) lèche-bottes *mf inv*. ❖ vi (*pt & pp* **-ied**) ▸ **to toady (to sb)** lécher les bottes (de qqn).

to and fro adv ▸ **to go to and fro** aller et venir ▸ **to walk to and fro** marcher de long en large. ◆ **to-and-fro** adj de va-et-vient.

toast [təʊst] ❖ noun **1.** *(U)* [bread] pain *m* grillé, toast *m* **2.** [drink] toast *m* ▸ **to drink a toast to sb / sthg** lever son verre en l'honneur de qqn / à qqch. ❖ vt **1.** [bread] (faire) griller **2.** [person] porter un toast à.

toasted ['təʊstɪd] adj ▸ **toasted sandwich** sandwich *m* grillé ▸ **toasted cheese** fromage *m* fondu.

toaster ['təʊstəʳ] noun grille-pain *m inv*.

toastie ['təʊstɪ] noun *inf* sandwich *m* grillé.

toasty ['təʊstɪ] *inf* ❖ adj US [warm] : *it's toasty in here* il fait bon ici. ❖ noun [sandwich] = **toastie**.

tobacco [tə'bækəʊ] noun *(U)* tabac *m*.

tobacconist [tə'bækənɪst] noun UK buraliste *mf* ▸ **tobacconist's (shop)** bureau *m* de tabac.

toboggan [tə'bɒgən] ❖ noun luge *f*, traîne *f* sauvage QUÉBEC. ❖ vi faire de la luge, faire de la traîne sauvage QUÉBEC.

today [tə'deɪ] ❖ noun aujourd'hui *m*. ❖ adv aujourd'hui.

toddle ['tɒdl] vi [child] marcher d'un pas hésitant.

toddler ['tɒdləʳ] noun tout-petit *m (qui commence à marcher)*.

to-die-for adj *inf* de rêve.

to-do (*pl* **-s**) noun *inf & dated* histoire *f*.

to-do list noun liste *f* de tâches.

toe [təʊ] ❖ noun [of foot] orteil *m*, doigt *m* de pied ; [of sock, shoe] bout *m*. ❖ vt ▸ **to toe the line** se plier.

TOEFL ['təʊfl] (*abbr of* **Test of English as a Foreign Language**) noun *test évaluant le niveau d'anglais universitaire reconnu internationalement*.

toehold ['təʊhəʊld] noun prise *f* ▸ **to have a toehold in a market** *fig* avoir un pied dans un marché.

toenail ['təʊneɪl] noun ongle *m* d'orteil.

toff [tɒf] noun UK *inf* aristo *m*.

toffee ['tɒfɪ] noun UK caramel *m*.

toffee apple noun UK pomme *f* caramélisée.

tofu ['təʊfu:] noun tofu *m*.

toga ['təʊgə] noun toge *f*.

together [tə'geðəʳ] ❖ adv **1.** [gen] ensemble / *they get on well together* ils s'entendent bien / *she's cleverer than both of them put together* elle est plus intelligente qu'eux deux réunis / *tie the two ribbons together* attachez les deux rubans l'un à l'autre **2.** [at the same time] en même temps. ❖ adj *inf* équilibré(e). ◆ **together with** prep ainsi que.

togetherness [tə'geðənɪs] noun *(U)* unité *f*.

toggle ['tɒgl] ❖ noun **1.** [peg] cheville *f* **2.** SEW bouton *m* de duffle-coat. ❖ vi COMPUT basculer ▸ **to toggle between** alterner entre.

toggle switch noun ELEC interrupteur *m* à bascule ; COMPUT bascule *f* OR interrupteur *m* de changement de mode.

Togo ['təʊgəʊ] noun Togo *m* ▸ **in Togo** au Togo.

Togolese [ˌtəʊgə'li:z] ❖ adj togolais(e). ❖ noun Togolais *m*, -e *f*.

togs [tɒgz] pl n *inf* fringues *fpl*.

toil [tɔɪl] *liter* ❖ noun labeur *m*. ❖ vi travailler dur. ◆ **toil away** vi ▸ **to toil away (at sthg)** travailler dur (à qqch).

toilet ['tɔɪlɪt] noun [lavatory] toilettes *fpl*, cabinets *mpl* ▸ **to go to the toilet** aller aux toilettes OR aux cabinets.

toilet bag noun trousse *f* de toilette.

toilet humour noun humour *m* scatologique.

toilet paper noun *(U)* papier *m* hygiénique.

toiletries ['tɔɪlɪtrɪz] pl n articles *mpl* de toilette.

toilet roll noun rouleau *m* de papier hygiénique.

toilet seat noun siège *m* des cabinets OR W-C OR toilettes.

toilet tissue noun *(U)* papier *m* hygiénique.

toilet-trained [-ˌtreɪnd] adj propre.

to-ing and fro-ing [ˌtu:ɪŋən'frəʊɪŋ] noun *(U)* allées *fpl* et venues.

token ['təʊkn] ❖ adj symbolique. ❖ noun **1.** [voucher] bon *m* **2.** [symbol] marque *f*. ◆ **by the same token** adv de même.

Tokyo ['təʊkjəʊ] noun Tokyo.

told [təʊld] pt & pp ⟶ **tell**.

tolerable ['tɒlərəbl] adj passable.

tolerance ['tɒlərəns] noun tolérance *f*.

tolerant ['tɒlərənt] adj tolérant(e).

tolerate ['tɒləreɪt] vt **1.** [put up with] supporter **2.** [permit] tolérer.

toleration [,tɒlə'reɪʃn] noun *(U)* tolérance *f*.

toll [təʊl] ❖ noun **1.** [number] nombre *m* **2.** [fee] péage *m* **3.** PHR **to take its toll** se faire sentir. ❖ vt & vi sonner.

tollbooth ['təʊlbu:θ] noun poste *m* de péage.

toll bridge noun pont *m* à péage.

tollfree US ❖ adj ▸ **tollfree number** numéro *m* vert. ❖ adv ▸ **to call tollfree** appeler un numéro vert.

tomato [UK tə'mɑ:təʊ, US tə'meɪtəʊ] (*pl* **-es**) noun tomate *f*.

tomb [tu:m] noun tombe *f*.

tombola [tɒm'bəʊlə] noun UK tombola *f*.

tomboy ['tɒmbɔɪ] noun garçon *m* manqué.

tombstone ['tu:mstəʊn] noun pierre *f* tombale.

tomcat ['tɒmkæt] noun matou *m*.

tomfoolery [tɒm'fu:lərɪ] noun *(U)* bêtises *fpl*.

tomorrow [tə'mɒrəʊ] ❖ noun demain *m*. ❖ adv demain.

ton [tʌn] (*pl inv or* **-s**) noun **1.** UK [imperial] = *1016 kg* ; US [imperial] ≃ tonne *f (= 907,2 kg)* **2.** [metric] tonne *f (= 1000 kg)* **3.** PHR **to weigh a ton** *inf* peser une tonne ▸ **to come down on sb like a ton of bricks** tomber sur qqn à bras raccourcis. ◆ **tons** pl n *inf* ▸ **tons (of)** des tas (de), plein (de).

tone [təʊn] noun **1.** [gen] ton *m* / *don't (you) speak to me in that tone (of voice)!* ne me parle pas sur ce ton ! **2.** [on phone] tonalité *f* ; [on answering machine] bip *m* sonore / *please speak after the tone* veuillez parler après le signal sonore **3.** PHR **to lower the tone (of)** rabaisser le ton (de). ◆ **tone down** vt sep modérer. ◆ **tone in** vi ▸ **to tone in (with)** s'harmoniser (avec). ◆ **tone up** vt sep tonifier.

tone-deaf adj qui n'a aucune oreille.

toner ['təʊnə^r] noun **1.** [for photocopier, printer] toner *m* **2.** [cosmetic] astringent *m*, lotion *f* tonique.

Tonga ['tɒŋgə] noun Tonga ▸ **in Tonga** à Tonga.

tongs [tɒŋz] pl n pinces *fpl* ; [for hair] fer *m* à friser.

tongue [tʌŋ] noun **1.** [gen] langue *f* ▸ **to have a sharp tongue** avoir la langue bien acérée OR affilée ▸ **to have one's tongue in one's cheek** *inf* ne pas être sérieux ▸ **to hold one's tongue** *fig* tenir sa langue ▸ **tongues will wag** on va jaser **2.** [of shoe] languette *f*.

tongue-in-cheek adj ironique / *it was all very tongue-in-cheek* c'était du deuxième degré.

tongue-tied [-,taɪd] adj muet(ette).

tongue twister [-,twɪstə^r] noun phrase *f* difficile à dire.

tonic ['tɒnɪk] noun **1.** [tonic water] Schweppes® *m* **2.** [medicine] tonique *m* / *the holiday was a real tonic fig* ces vacances m'ont fait beaucoup de bien.

tonight [tə'naɪt] ❖ noun ce soir *m* ; [late] cette nuit *f*. ❖ adv ce soir ; [late] cette nuit.

tonnage ['tʌnɪdʒ] noun tonnage *m*.

tonne [tʌn] (*pl inv or* **-s**) noun tonne *f*.

tonsil ['tɒnsl] noun amygdale *f*.

tonsil(l)itis [,tɒnsɪ'laɪtɪs] noun *(U)* amygdalite *f*.

too [tu:] adv **1.** [also] aussi / *I like jazz — I do too* OR *me too* j'aime le jazz — moi aussi / *he's a professor too* **a)** [as well as sthg else] il est également professeur **b)** [as well as sb else] lui aussi est professeur **2.** [excessively] trop / *she works too hard* elle travaille trop / *too many people* trop de gens / *it was over all too soon* ça s'était terminé bien trop tôt / *I'd be only too happy to help* je serais trop heureux de vous aider / *I wasn't too impressed* ça ne m'a pas impressionné outre mesure.

took [tʊk] pt ⟶ **take**.

tool [tu:l] noun *lit* & *fig* outil *m* ▸ **to down tools** UK cesser le travail ▸ **the tools of sb's trade** les outils du métier de qqn. ◆ **tool around** vi US *inf* traîner.

tool bar noun COMPUT barre *f* d'outils.

tool box noun boîte *f* à outils.

tool kit noun trousse *f* à outils.

toot [tu:t] ❖ noun coup *m* de Klaxon®. ❖ vt ▸ **to toot one's horn** klaxonner. ❖ vi klaxonner.

tooth [tu:θ] (*pl* **teeth** [ti:θ]) noun dent *f* ▸ **to be long in the tooth** UK n'être plus tout jeune ▸ **to be fed up to the back teeth with** UK *inf* en avoir ras le bol de ▸ **to grit one's teeth** serrer les dents ▸ **to lie through one's teeth** mentir comme un arracheur de dents. ◆ **teeth** pl n *fig* [power] ▸ **to have no teeth** être impuissant.

toothache ['tu:θeɪk] noun mal *m* OR rage *f* de dents ▸ **to have toothache** UK, **to have a toothache** US avoir mal aux dents.

toothbrush ['tu:θbrʌʃ] noun brosse *f* à dents.

toothless ['tu:θlɪs] adj édenté(e).

toothpaste ['tu:θpeɪst] noun (pâte *f*) dentifrice *m*.

toothpick ['tu:θpɪk] noun cure-dents *m inv*.

top [tɒp] ❖ adj **1.** [highest] du haut / *the top floor* OR *storey* le dernier étage / *the top button of her dress* le premier bouton de sa robe / *in the top right-hand corner* dans le coin en haut à droite **2.** [most important, successful - officials] important(e) ; [- executives] supérieur(e) ; [- pop singer] fameux(euse) ; [- sportsman, sportswoman] meilleur(e) ; [- in exam] premier(ère) / *the top banks in the country* les grandes banques du pays **3.** [maximum] maximum ▸ **at top speed** à toute vitesse / *to be on top form* être en pleine forme. ❖ noun **1.** [highest point - of hill] sommet *m* ; [- of page, pile] haut *m* ; [- of tree] cime *f* ; [- of list] début *m*, tête *f* / *at the top of the stairs / the street* en haut de l'escalier / la rue / *he searched the house from top to bottom* il a fouillé la maison de fond en comble / *she filled the jar right to the top* elle a rempli le bocal à ras bord ▸ **on top** dessus ▸ **to go over the top** UK en faire un peu trop, exagérer ▸ **at the top of one's voice** à tue-tête / *he is at the top of his form* il est au meilleur de sa forme ▸ **to blow one's top** *inf* piquer une crise, exploser **2.** [lid - of bottle, tube] bouchon *m* ; [- of pen] capuchon *m* ; [- of jar] couvercle *m* **3.** [of table, box] dessus *m* **4.** [clothing] haut *m* **5.** [toy] toupie *f* **6.** [highest rank - in league] tête *f*; [- in scale] haut *m* / *to be top of the bill* THEAT être en tête d'affiche **7.** SCH premier *m*, -ère *f* / *she's top of her class* elle est première de sa classe **8.** [beginning] : *let's take it from the top* commençons par le commencement. ❖ vt (*pt & pp* **-ped**, *cont* **-ping**) **1.** [be first in] être en tête de **2.** [better] surpasser ▸ **to top an offer** surenchérir **3.** [exceed] dépasser. ◆ **on top of** prep **1.** [in space] sur / *suddenly the lorry was on top of him* d'un seul coup, il a réalisé que le camion lui arrivait dessus **2.** [in addition to] en plus de / *on top of everything else* pour couronner le tout / *it's just one thing on top of another* ça n'arrête pas **3.** [in control of] ▸ **to be on top of one's work** avoir son travail bien en main **4.** PHR **my work is getting on top of me** je me suis laissé dépasser par mon travail ▸ **things are getting on top of me** je suis complètement dépassé. ◆ **top up** UK, **top off** US vt sep remplir / *can I top up your drink* OR *top you up?* encore une goutte ? ▸ **to top up a phone** acheter du crédit pour un téléphone.

topcoat ['tɒpkəʊt] noun **1.** [item of clothing] manteau *m* **2.** [paint] dernière couche *f*.

top copy noun original *m*.

top dog noun *inf* chef *m*.

top-down adj hiérarchisé(e).

top floor noun dernier étage *m*.

top hat noun haut-de-forme *m*.

top-heavy adj mal équilibré(e).

topic ['tɒpɪk] noun sujet *m*.

topical ['tɒpɪkl] adj d'actualité.

topless ['tɒplɪs] adj [woman] aux seins nus ▸ **topless swimsuit** monokini *m*.

top-level adj au plus haut niveau.

topmost ['tɒpməʊst] adj le plus haut (la plus haute).

top-notch adj *inf* de premier choix.

top-of-the-range adj haut de gamme *(inv)*.

topography [tə'pɒgrəfɪ] noun topographie *f*.

topping ['tɒpɪŋ] noun garniture *f*.

topple ['tɒpl] ❖ vt renverser. ❖ vi basculer. ◆ **topple over** vi tomber.

top-quality adj de qualité supérieure.

top-secret adj top secret (top secrète).

top-security adj de haute surveillance.

topsoil ['tɒpsɔɪl] noun terre *f*.

topspin ['tɒpspɪn] noun lift *m*.

topsy-turvy [ˌtɒpsɪ'tɜːvɪ] ❖ adj **1.** [messy] sens dessus dessous **2.** [confused] ▸ **to be topsy-turvy** ne pas tourner rond. ❖ adv [messily] sens dessus dessous.

top table noun [at wedding] table *f* d'honneur.

top ten noun *hit parade des dix meilleures ventes de disques pop et rock.*

top-up card noun TELEC recharge *f* de téléphone mobile.

torch [tɔːtʃ] noun **1.** UK [electric] lampe *f* électrique **2.** [burning] torche *f*.

tore [tɔːr] pt ⟶ **tear**[2]

torment ❖ noun ['tɔːment] tourment *m*. ❖ vt [tɔː'ment] tourmenter.

tormentor [tɔː'mentər] noun bourreau *m*.

torn [tɔːn] pp ⟶ **tear**[2]

tornado [tɔː'neɪdəʊ] (*pl* **-es** *or* **-s**) noun tornade *f*.

Toronto [tə'rɒntəʊ] noun Toronto.

torpedo [tɔː'piːdəʊ] ❖ noun (*pl* **-es**) torpille *f*. ❖ vt torpiller.

torpor ['tɔːpər] noun torpeur *f*.

torrent ['tɒrənt] noun torrent *m*.

torrential [tə'renʃl] adj torrentiel(elle).

torrid ['tɒrɪd] adj **1.** [hot] torride **2.** *fig* [passionate] ardent(e).

torso ['tɔːsəʊ] (*pl* **-s**) noun torse *m*.

tortoise ['tɔːtəs] noun tortue *f*.

tortoiseshell ['tɔːtəʃel] ❖ adj ▸ **tortoiseshell cat** chat *m* roux tigré. ❖ noun *(U)* [material] écaille *f*. ❖ comp en écaille.

tortuous ['tɔːtʃʊəs] adj **1.** [winding] tortueux(euse) **2.** [over-complicated] alambiqué(e).

torture ['tɔːtʃər] ❖ noun torture *f*. ❖ vt torturer.

Tory ['tɔːrɪ] UK ❖ adj tory, conservateur(trice). ❖ noun (*pl* **-ies**) tory *mf*, conservateur *m*, -trice *f*.

toss [tɒs] ❖ vt **1.** [throw] jeter ▸ **to toss a coin** jouer à pile ou face ▸ **to toss one's head** rejeter la tête en arrière **2.** [salad] fatiguer ; [pancake] faire sauter **3.** [throw about] ballotter. ❖ vi **1.** [with coin] jouer à pile ou face **2.** [move about] ▸ **to toss and turn** se tourner et se retourner. ❖ noun **1.** [of coin] coup *m* de pile ou face / *to win / to lose the toss* gagner/perdre à pile ou face ▸ **to argue the toss** UK ergoter, chicaner ▸ **I don't give a toss** UK *inf* je m'en fiche **2.** [of head] mouvement *m* brusque. ◆ **toss up** vi jouer à pile ou face.

toss-up noun *inf* : *it was a toss-up who'd win* il était impossible de savoir qui allait gagner.

tot [tɒt] (*pt & pp* **-ted**, *cont* **-ting**) noun **1.** *inf* [small child] tout-petit *m* **2.** [of drink] larme *f*, goutte *f*. ◆ **tot up** vt sep *inf* additionner.

total ['təʊtl] ❖ adj total(e) ; [disgrace, failure] complet(ète) / *a total fool* un abruti fini. ❖ noun total *m* ▸ **in total** au total. ❖ vt (UK *pt & pp* **-led**, *cont* **-ling**, US *pt & pp* **-ed**, *cont* **-ing**) **1.** [add up] additionner **2.** [amount to] s'élever à **3.** US *inf* [wreck] bousiller, détruire.

totalitarian [ˌtəʊtælɪ'teərɪən] adj totalitaire.

totality [təʊ'tælətɪ] noun totalité *f*.

totally ['təʊtəlɪ] adv totalement / *I totally agree* je suis entièrement d'accord.

totem pole ['təʊtəm-] noun mât *m* totémique.

totter ['tɒtər] vi *lit & fig* chanceler.

tottering ['tɒtərɪŋ], **tottery** ['tɒtərɪ] adj chancelant(e) ; [building] branlant(e) ; [government] chancelant(e), déstabilisé(e) / *with tottering steps* en titubant.

totty ['tɒtɪ] noun UK *inf* [attractive women] belles nanas *fpl*, belles gonzesses *fpl*.

toucan ['tuːkən] noun toucan *m*.

touch [tʌtʃ] ❖ noun **1.** *(U)* [sense] toucher *m* / *soft to the touch* doux au toucher **2.** [detail] touche *f* / *to give sthg a personal touch* ajouter une note personnelle à qqch / *the house needed a woman's touch* il manquait dans cette maison une présence féminine ▸ **to put the finishing touches to sthg** mettre la dernière main à qqch **3.** *(U)* [skill] marque *f*, note *f* **4.** [contact] : *I'll be in touch!* je te contacterai ! ▸ **to keep in touch (with sb)** rester en contact (avec qqn) / *she is* OR *keeps in touch with current events* elle se tient au courant de l'actualité ▸ **to get in touch with sb** entrer en contact avec qqn / *he put me in touch with the director* il m'a mis en relation avec le directeur ▸ **to lose touch** [friends] se perdre de vue ▸ **to lose touch with sb** perdre qqn de vue ▸ **to be out of touch with** ne plus être au courant de **5.** SPORT ▸ **in touch** en touche **6.** [small amount] : *he answered with a touch of bitterness* il a répondu avec une pointe d'amertume **7.** PHR ▸ **it was touch and go** c'était tangent ▸ **it was touch and go whether…** il n'était pas sûr que… ▸ **he's a soft touch** [for money] on peut le taper facilement. ❖ vt toucher / *his remark touched a (raw) nerve* sa réflexion a touché un point sensible. ❖ vi **1.** [with fingers] toucher / *'do not touch!'* 'défense de toucher' **2.** [be in contact] se toucher. ◆ **a touch** adv [loud, bright] un peu trop. ◆ **touch down** vi [plane] atterrir. ◆ **touch on** vt insep effleurer.

touch-and-go adj incertain(e).

touchdown ['tʌtʃdaʊn] noun **1.** [of plane] atterrissage *m* **2.** [in American football] but *m*.

touché ['tuːʃeɪ] excl **1.** [fencing] touché **2.** *fig* très juste.

touched [tʌtʃt] adj **1.** [grateful] touché(e) **2.** *inf* [slightly mad] fêlé(e).

touching ['tʌtʃɪŋ] adj touchant(e).

touchline ['tʌtʃlaɪn] noun ligne *f* de touche.

touch screen noun écran *m* tactile.

touchstone ['tʌtʃstəʊn] noun *fig* [mineral] pierre *f* de touche.

touch-tone adj : *touch-tone telephone* téléphone *m* à touches.

touch-type vi taper au toucher.

touchy ['tʌtʃɪ] (*compar* **-ier**, *superl* **-iest**) adj **1.** [person] susceptible ▸ **to be touchy about sthg** ne pas aimer parler de qqch **2.** [subject, question] délicat(e).

touchy-feely ['fiːlɪ] adj *pej* qui affectionne les contacts physiques.

tough [tʌf] adj **1.** [material, vehicle, person] solide ; [character, life] dur(e) / *it's tough on him* c'est un coup dur pour lui **2.** [meat] dur(e) **3.** [decision, problem, task] difficile **4.** [rough - area of town] dangereux(euse) **5.** [strict] sévère / *to get tough with sb* se montrer dur avec qqn / *the boss takes a tough line with people who are late* le patron ne plaisante pas avec les retardataires **6.** *inf* [unfortunate] ▸ **tough luck!** pas de veine ! / *that's tough!* c'est vache !, c'est dur ! / *that's a tough act to follow* c'est difficile de faire mieux.

toughen ['tʌfn] vt **1.** [character] endurcir **2.** [material] renforcer.

toughened ['tʌfnd] adj [glass] trempé(e).

toughness ['tʌfnɪs] noun *(U)* **1.** [resilience] dureté *f* **2.** [of material] solidité *f* **3.** [of decision, problem, task] difficulté *f* **4.** [strictness] sévérité *f*.

toupee ['tuːpeɪ] noun postiche *m*.

tour [tʊəʳ] ❖ noun **1.** [journey] voyage *m* ; [by pop group] tournée *f* **2.** [of town, museum] visite *f*, tour *m*. ❖ vt visiter. ❖ vi ▸ **to tour round a country** UK visiter un pays.

tourer UK ['tʊərəʳ], **touring car** US noun voiture *f* de tourisme.

touring ['tʊərɪŋ] ❖ adj [show, theatre group] en tournée ; [exhibition] ambulant(e). ❖ noun tourisme *m* ▸ **to go touring** faire du tourisme.

tourism ['tʊərɪzm] noun tourisme *m*.

tourist ['tʊərɪst] noun touriste *mf*.

tourist (information) office noun office *m* de tourisme.

touristy ['tʊərɪstɪ] adj *pej* touristique.

tournament ['tɔːnəmənt] noun tournoi *m*.

tourniquet ['tʊənɪkeɪ] noun tourniquet *m*.

tour operator noun voyagiste *m*.

tousle ['taʊzl] vt ébouriffer.

tout [taʊt] ❖ noun revendeur *m* de billets. ❖ vt [tickets] revendre ; [goods] vendre. ❖ vi ▸ **to tout for trade** racoler les clients.

tow [təʊ] ❖ noun ▸ **to give sb a tow** remorquer qqn ▸ **'on tow'** UK 'véhicule en remorque' ▸ **with sb in tow** à la suite de qqn. ❖ vt remorquer.

towards [tə'wɔːdz], **toward** US [tə'wɔːd] prep **1.** [gen] vers ; [movement] vers, en direction de / *we headed towards Chicago* nous avons pris la direction de Chicago / *the negotiations are a first step towards peace* *fig* les négociations sont un premier pas sur le chemin de la paix **2.** [in attitude] envers / *she's very hostile towards me* elle est très hostile à mon égard **3.** [for the purpose of] pour / *the money is going towards a new car* l'argent contribuera à l'achat d'une nouvelle voiture.

> **vers** OR **envers?**
>
> Both these words broadly mean towards, but **vers** refers to physical movement (**avancez vers la porte** *walk towards the door*) while **envers** is used in an abstract sense (**son attitude envers les musulmans** *his attitude towards Muslims* **la maltraitance envers les animaux** *mistreatment of animals*).

towbar ['təʊbɑː] noun barre *f* de remorquage.

towel ['taʊəl] noun serviette *f* ; [tea towel] torchon *m*.

towelling UK, **toweling** US ['taʊəlɪŋ] ❖ noun *(U)* tissu *m* éponge. ❖ comp en tissu éponge.

towel rail noun porte-serviettes *m inv*.

tower ['taʊəʳ] ❖ noun tour *f* ▸ **a tower of strength** un appui solide. ❖ vi s'élever ▸ **to tower over sb / sthg** dominer qqn / qqch.

tower block noun UK tour *f*.

towering ['taʊərɪŋ] adj imposant(e).

town [taʊn] noun ville *f* ▸ **to go out on the town** faire la tournée des grands ducs ▸ **to go to town on sthg** *fig* ne pas lésiner sur qqch.

town centre noun UK centre-ville *m*.

town council noun UK conseil *m* municipal.

town hall noun UK mairie *f*.

town plan noun UK plan *m* de ville.

town planning noun UK urbanisme *m*.

townsfolk ['taʊnzfəʊk], **townspeople** ['taʊnz,pi:pl] pl n citadins *mpl*.

township ['taʊnʃɪp] noun **1.** [in South Africa] township *f* **2.** [in US] ≃ canton *m*.

towpath ['təʊpɑ:θ] (*pl* [-pɑ:ðz]) noun chemin *m* de halage.

towrope ['təʊrəʊp] noun câble *m* de remorquage.

tow truck noun US dépanneuse *f*.

toxic ['tɒksɪk] adj toxique.

toxic waste noun déchets *mpl* toxiques.

toxin ['tɒksɪn] noun toxine *f*.

toy [tɔɪ] noun jouet *m*. ◆ **toy with** vt insep **1.** [idea] caresser **2.** [coin] jouer avec ▸ **to toy with one's food** manger du bout des dents.

toy boy noun *inf jeune amant d'une femme plus âgée*, étalon *m*.

toy shop noun magasin *m* de jouets.

trace [treɪs] ❖ noun trace *f* / *traces of cocaine were found in his blood* l'analyse de son sang a révélé des traces de cocaïne / *we've lost all trace of her* nous ignorons ce qu'elle est devenue ▸ **without trace** sans laisser de traces. ❖ vt **1.** [relatives, criminal] retrouver ; [development, progress] suivre ; [history, life] retracer / *she traced him as far as New York* elle a suivi sa piste jusqu'à New York / *the film traces the rise to power of a gangland boss* ce film relate l'ascension d'un chef de gang **2.** [on paper] tracer.

traceable ['treɪsəbl] adj [object] retrouvable, qui peut être retrouvé.

tracing paper ['treɪsɪŋ-] noun (*U*) papier-calque *m*.

track [træk] ❖ noun **1.** [path] chemin *m* ▸ **off the beaten track** hors des sentiers battus **2.** SPORT piste *f* ▸ **motor-racing track** UK autodrome *m* **3.** RAIL voie *f* ferrée **4.** [of animal, person] trace *f* ▸ **to hide** OR **cover one's tracks** brouiller les pistes / *the terrorists had covered their tracks well* les terroristes n'avaient pas laissé de traces ▸ **to stop dead in one's tracks** s'arrêter net **5.** [on CD, LP, tape] piste *f* **6.** PHR **to keep track of sb** se tenir au courant de ce que fait qqn ▸ **to keep track of** [events] suivre / *we like to keep track of current affairs* nous aimons nous tenir au courant de l'actualité ▸ **to lose track of sb** perdre contact avec qqn ▸ **to lose track of** [events] ne plus suivre / *he lost track of what he was saying* il a perdu le fil de ce qu'il disait ▸ **to lose track of time** perdre la notion du temps ▸ **to be on the right track** être sur la bonne voie ▸ **to be on the wrong track** être sur la mauvaise piste ▸ **to make tracks** *inf* mettre les voiles. ❖ vt **1.** [follow] suivre la trace de / *to track an order* suivre une commande **2.** US [tread] : *don't track mud into the house!* ne traîne pas de boue dans la maison ! ❖ vi [camera] faire un travelling. ◆ **track down** vt sep [criminal, animal] dépister ; [object, address] retrouver.

track and field noun athlétisme *m*.

tracker ['trækəʳ] noun **1.** [person - gen] poursuivant *m*, -e *f* ; [- in hunting] traqueur *m*, -euse *f* **2.** [device] appareil *m* de poursuite.

tracker dog ['trækəʳ-] noun chien *m* policier.

tracking ['trækɪŋ] ❖ noun poursuite *f* ; [of missile] repérage *m*. ❖ comp [radar, satellite] de poursuite.

track record noun palmarès *m*.

tracksuit ['træksu:t] noun survêtement *m*.

tract [trækt] noun **1.** [pamphlet] tract *m* **2.** [of land, forest] étendue *f* **3.** MED appareil *m*, système *m*.

traction ['trækʃn] noun (*U*) **1.** PHYS traction *f* **2.** MED extension *f* ▸ **in traction** en extension.

tractor ['træktəʳ] noun tracteur *m*.

trade [treɪd] ❖ noun **1.** (*U*) [commerce] commerce *m* / *trade is brisk* les affaires vont bien ▸ **domestic / foreign trade** commerce intérieur / extérieur ▸ **to do a good** OR **roaring trade** faire des affaires en or **2.** [illicit dealings] trafic *m* ▸ **the drug trade** le trafic de drogue **3.** [job] métier *m* / *to be in the trade* être du métier ▸ **by trade** de son état. ❖ vt [exchange] ▸ **to trade sthg (for)** échanger qqch (contre). ❖ vi **1.** COMM faire du commerce ▸ **to trade (with sb)** commercer (avec qqn) / *he trades in clothing* il est négociant en confection, il est dans la confection / *to trade at a loss* vendre à perte **2.** US [shop] ▸ **to trade at** OR **with** faire ses courses à OR chez. ◆ **trade in** vt sep [exchange] échanger, faire reprendre.

trade barrier noun barrière *f* douanière.

trade deficit noun déficit *m* commercial.

trade discount noun remise *f* confraternelle OR à la profession.

trade-in noun reprise *f*.

trademark ['treɪdmɑ:k] noun **1.** COMM marque *f* de fabrique **2.** *fig* [characteristic] marque *f*.

trade-off noun compromis *m*.

trade price noun prix *m* de gros.

trader ['treɪdəʳ] noun marchand *m*, -e *f*, commerçant *m*, -e *f*.

trade secret noun secret *m* de fabrication.

tradesman ['treɪdzmən] (*pl* **-men**) noun commerçant *m*.

tradespeople ['treɪdz,pi:pl] pl n commerçants *mpl*.

trade(s) union noun UK syndicat *m*.

trading ['treɪdɪŋ] noun (*U*) commerce *m*.

trading hours noun heures *fpl* d'ouverture.

tradition [trə'dɪʃn] noun tradition *f*.

traditional [trəˈdɪʃənl] adj traditionnel(elle).

traditionalist [trəˈdɪʃnəlɪst] ◇ noun traditionaliste *mf*. ◇ adj traditionaliste.

traditionally [trəˈdɪʃnəlɪ] adv traditionnellement.

traffic [ˈtræfɪk] ◇ noun *(U)* **1.** [vehicles] circulation *f* / *there is a great deal of traffic on the roads* les routes sont encombrées / *road closed to heavy traffic* route interdite aux poids lourds **2.** [illegal trade] ▸ **traffic (in)** trafic *m* (de). ◇ vi *(pt & pp* **-ked**, *cont* **-king**) ▸ **to traffic in** faire le trafic de.

traffic circle noun US rond-point *m*.

traffic island noun refuge *m*.

traffic jam noun embouteillage *m*.

trafficker [ˈtræfɪkər] noun ▸ **trafficker (in)** trafiquant *m*, -e *f* (de).

traffic lights pl n feux *mpl* de signalisation.

traffic offence UK, **traffic violation** US noun infraction *f* au code de la route.

traffic police noun [speeding, safety] police *f* de la route ; [point duty] police *f* de la circulation.

traffic sign noun panneau *m* de signalisation.

traffic warden noun UK contractuel *m*, -elle *f* *(en Grande-Bretagne, ils sont non seulement habilités à dresser les procès-verbaux mais aussi à régler la circulation)*.

tragedy [ˈtrædʒədɪ] (*pl* **-ies**) noun tragédie *f*.

tragic [ˈtrædʒɪk] adj tragique.

tragically [ˈtrædʒɪklɪ] adv tragiquement, de façon tragique.

trail [treɪl] ◇ noun **1.** [path] sentier *m* ▸ **to blaze a trail** *fig* faire œuvre de pionnier **2.** [trace] piste *f* ▸ **on the trail of** sur la piste de. ◇ vt **1.** [drag] traîner **2.** [follow] suivre. ◇ vi **1.** [drag, move slowly] traîner **2.** SPORT [lose] ▸ **to be trailing** être mené(e). ◆ **trail away, trail off** vi s'estomper.

trailblazer [ˈtreɪlˌbleɪzər] noun *fig* pionnier *m*, -ère *f*.

trailer [ˈtreɪlər] noun **1.** [vehicle - for luggage] remorque *f* ; [- for living in] caravane *f* **2.** CIN bande-annonce *f*.

trailer park noun US *terrain aménagé pour les camping-cars*.

train [treɪn] ◇ noun **1.** RAIL train *m* / *to transport goods by train* transporter des marchandises par voie ferrée OR rail **2.** [of dress] traîne *f*. ◇ vt **1.** [teach] ▸ **to train sb to do sthg** apprendre à qqn à faire qqch **2.** [for job] former ▸ **to train sb as / in** former qqn comme / dans / *to train sb up* former OR préparer qqn / *the dogs have been trained to detect explosives* les chiens ont été dressés pour détecter les explosifs **3.** SPORT ▸ **to train sb (for)** entraîner qqn (pour) **4.** [plant] faire grimper **5.** [gun, camera] braquer / *he trained his gun on us* il a braqué son arme sur nous. ◇ vi **1.** [for job] ▸ **to train (as)** recevoir OR faire une formation (de) / *she's training as a teacher* elle suit une formation pédagogique **2.** SPORT ▸ **to train (for)** s'entraîner (pour).

trained [treɪnd] adj formé(e).

trainee [treɪˈniː] ◇ adj stagiaire, apprenti(e). ◇ noun stagiaire *mf*.

traineeship [treɪˈniːʃɪp] noun stage *m*.

trainer [ˈtreɪnər] noun **1.** [of animals] dresseur *m*, -euse *f* **2.** SPORT entraîneur *m*. ◆ **trainers** pl n UK chaussures *fpl* de sport.

training [ˈtreɪnɪŋ] noun *(U)* **1.** [for job] ▸ **training (in)** formation *f* (de) **2.** SPORT entraînement *m*.

training camp noun camp *m* d'entraînement ; MIL base *f* école.

training college noun UK école *f* professionnelle.

training course noun cours *m* OR stage *m* de formation.

train of thought noun : *my / his train of thought* le fil de mes / ses pensées.

train set noun train *m* électrique.

train-spotter [-spɒtər] noun UK **1.** passionné *m*, -e *f* de trains **2.** *inf* [nerd] crétin *m*, -e *f*.

train station noun US gare *f*.

traipse [treɪps] vi traîner.

trait [treɪt] noun trait *m*.

traitor [ˈtreɪtər] noun traître *m*.

trajectory [trəˈdʒektərɪ] (*pl* **-ies**) noun trajectoire *f*.

tram [træm], **tramcar** [ˈtræmkɑːr] noun UK tram *m*, tramway *m*.

tramlines [ˈtræmlaɪnz] pl n UK **1.** [for trams] voies *fpl* de tram **2.** TENNIS lignes *fpl* de côté.

tramp [træmp] ◇ noun **1.** [homeless person] clochard *m*, -e *f* **2.** US *inf* [woman] traînée *f*. ◇ vt [countryside] parcourir, battre ▸ **to tramp the streets** battre le pavé. ◇ vi marcher d'un pas lourd.

trample [ˈtræmpl] ◇ vt piétiner. ◇ vi ▸ **to trample on sthg** piétiner qqch ▸ **to trample on sb** *fig* bafouer qqn.

trampoline [ˈtræmpəliːn] noun trampoline *m*.

trance [trɑːns] noun transe *f* ▸ **in a trance** en transe.

tranquil [ˈtræŋkwɪl] adj tranquille.

tranquillity UK, **tranquility** US [træŋˈkwɪlətɪ] noun tranquillité *f*.

tranquillize, tranquillise UK, **tranquilize** US [ˈtræŋkwɪlaɪz] vt mettre sous tranquillisants OR calmants.

tranquillizer UK, **tranquilizer** US [ˈtræŋkwɪlaɪzər] noun tranquillisant *m*, calmant *m*.

transaction [trænˈzækʃn] noun transaction *f*.

transatlantic [ˌtrænzətˈlæntɪk] adj [flight, crossing] transatlantique ; [politics] d'outre-Atlantique.

transcend [trænˈsend] vt transcender.

transcendental [ˌtrænsenˈdentl] adj transcendantal(e).

transcendental meditation [ˌtrænsenˈdentl-] noun méditation *f* transcendantale.

transcribe [trænˈskraɪb] vt transcrire.

transcript [ˈtrænskrɪpt] noun **1.** transcription *f* **2.** US SCH livret *m* scolaire.

transcription [træn'skrɪpʃn] noun transcription *f*.

transfer ❖ noun ['trænsfɜːʳ] **1.** [gen] transfert *m* ; [of power] passation *f* ; [of money] virement *m* / *transfer of ownership from sb to sb* transfert *m* OR translation *f* de propriété de qqn à qqn / *transfer of power* passation *f* de pouvoir **2.** UK [design] décalcomanie *f* **3.** US [ticket] *ticket permettant de changer de train ou de bus sans payer de supplément.* ❖ vt [træns'fɜːʳ] (*pt & pp* **-red**, *cont* **-ring**) **1.** [gen] transférer ; [power, control] faire passer ; [money] virer **2.** [employee] transférer, muter **3.** TELEC : *I'd like to transfer the charges* UK je voudrais téléphoner en PCV / *I'm transferring you now* [operator] je vous mets en communication. ❖ vi [træns'fɜːʳ] (*pt & pp* **-red**, *cont* **-ring**) être transféré.

transferable [træns'fɜːrəbl] adj transférable, transmissible ▸ **not transferable** [ticket] non cessible.

transfigure [træns'fɪgəʳ] vt transfigurer.

transfix [træns'fɪks] vt ▸ **to be transfixed with fear** être paralysé(e) par la peur.

transform [træns'fɔːm] vt ▸ **to transform sb / sthg (into)** transformer qqn / qqch (en).

transformation [ˌtrænsfə'meɪʃn] noun transformation *f*.

transformer [træns'fɔːməʳ] noun ELEC transformateur *m*.

transfusion [træns'fjuːʒn] noun transfusion *f*.

transgender [ˌtræns'dʒendəʳ] adj transgenre, transsexuel(elle).

transgenic [trænz'dʒenɪk] adj transgénique.

transgress [træns'gres] *fml* ❖ vt transgresser. ❖ vi pécher.

transgression [træns'greʃn] noun *fml* **1.** [fault] faute *f* **2.** *(U)* [doing wrong] transgression *f*.

transient ['trænzɪənt] ❖ adj passager(ère). ❖ noun US [person] voyageur *m*, -euse *f* en transit.

transistor [træn'zɪstəʳ] noun transistor *m*.

transit ['trænsɪt] noun ▸ **in transit** en transit.

transition [træn'zɪʃn] noun transition *f* ▸ **in transition** en transition.

transitional [træn'zɪʃənl] adj de transition.

transitive ['trænzɪtɪv] adj GRAM transitif(ive).

transit lounge noun salle *f* de transit.

transitory ['trænzɪtrɪ] adj transitoire.

translate [træns'leɪt] ❖ vt traduire. ❖ vi [person] traduire ; [expression, word] se traduire.

translation [træns'leɪʃn] noun traduction *f*.

translator [træns'leɪtəʳ] noun traducteur *m*, -trice *f*.

translucent [trænz'luːsnt] adj translucide.

transmission [trænz'mɪʃn] noun **1.** [gen] transmission *f* **2.** RADIO & TV [programme] émission *f* **3.** US AUTO boîte *f* de vitesses.

transmit [trænz'mɪt] (*pt & pp* **-ted**, *cont* **-ting**) vt transmettre.

transmitter [trænz'mɪtəʳ] noun émetteur *m*.

transparency [trans'pærənsɪ] (*pl* **-ies**) noun **1.** PHOT diapositive *f* ; [for overhead projector] transparent *m* **2.** *(U)* [quality] transparence *f*.

transparent [træns'pærənt] adj transparent(e).

transpire [træn'spaɪəʳ] *fml* ❖ vt ▸ **it transpires that...** on a appris que.... ❖ vi [happen] se passer, arriver.

transplant ❖ noun ['trænsplɑːnt] MED greffe *f*, transplantation *f*. ❖ vt [træns'plɑːnt] **1.** MED greffer, transplanter **2.** [seedlings] repiquer **3.** [move] transplanter.

transport ❖ noun ['trænspɔːt] transport *m*. ❖ vt [træn'spɔːt] transporter.

transportable [træn'spɔːtəbl] adj transportable.

transportation [ˌtrænspɔː'teɪʃn] noun US transport *m*.

transport cafe noun UK restaurant *m* de routiers, routier *m*.

transporter [træn'spɔːtəʳ] noun [for cars] transporteur *m* de voitures.

transpose [træns'pəʊz] vt transposer.

transsexual [træns'sekʃʊəl] noun transsexuel(elle).

transvestite [trænz'vestaɪt] noun travesti *m*, -e *f*.

trap [træp] ❖ noun piège *m*. ❖ vt (*pt & pp* **-ped**, *cont* **-ping**) prendre au piège ▸ **to be trapped** être coincé(e) ▸ **to be trapped in a relationship** être piégé(e) dans une relation.

trapdoor [ˌtræp'dɔːʳ] noun trappe *f*.

trapeze [trə'piːz] noun trapèze *m*.

trapper ['træpəʳ] noun trappeur *m*, -euse *f*.

trappings ['træpɪŋz] pl n signes *mpl* extérieurs.

trash [træʃ] noun *(U)* **1.** US [refuse] ordures *fpl* **2.** *inf* & *pej* [poor-quality thing] camelote *f* **3.** COMPUT [icon, file] corbeille *f*.

trashcan ['træʃkæn] noun US poubelle *f*.

trash collector noun US éboueur *m*, éboueuse *f*.

trashed [træʃt] adj US *inf* [drunk] bourré(e) ▸ **to get trashed** se bourrer la gueule.

trashy ['træʃɪ] (*compar* **-ier**, *superl* **-iest**) adj *inf* qui ne vaut rien, nul (nulle).

trauma ['trɔːmə] noun MED trauma *m* ; *fig* traumatisme *m*.

traumatic [trɔː'mætɪk] adj traumatisant(e).

traumatize, traumatise UK ['trɔːmətaɪz] vt traumatiser.

travel ['trævl] ❖ noun *(U)* voyage *m*, voyages *mpl*. ❖ vt (UK *pt & pp* **-led**, *cont* **-ling**, US *pt & pp* **-ed**, *cont* **-ing**) parcourir / *I travelled 50 miles to get here* j'ai fait 80 km pour venir ici. ❖ vi (UK *pt & pp* **-led**, *cont* **-ling**, US *pt & pp* **-ed**, *cont* **-ing**) **1.** [make journey] voyager / *she's travelling (about* OR *around) somewhere in Asia* elle est en voyage quelque part en Asie **2.** [move - current, signal] aller, passer ; [- news] se répandre, circuler / *news travels fast* les nouvelles vont vite. ◆ **travels** pl n voyages *mpl*.

travel agency noun agence *f* de voyages.

travel agent noun agent *m* de voyages ▸ **to / at the travel agent's** à l'agence *f* de voyages.

travel brochure noun dépliant *m* touristique.

Travelcard ['trævlkɑ:d] noun carte *f* d'abonnement *(pour les transports en commun à Londres)*.

traveler US = **traveller**.

travel insurance noun *(U)* : *to take out travel insurance* prendre une assurance-voyage.

traveller UK, **traveler** US ['trævlər] noun **1.** [person on journey] voyageur *m*, -euse *f* **2.** [sales representative] représentant *m*.

traveller's cheque UK, **traveler's check** US noun chèque *m* de voyage.

travelling UK, **traveling** US ['trævlɪŋ] adj **1.** [theatre, circus] ambulant(e) **2.** [clock, bag] de voyage ; [allowance] de déplacement ▸ **travelling time** durée *f* du voyage.

travelling expenses UK, **traveling expenses** US pl n frais *mpl* de déplacement.

travelling salesman UK, **traveling salesman** US noun représentant *m*.

travelsick ['trævəlsɪk] adj ▸ **to be travelsick** avoir le mal de la route / de l'air / de mer.

travel sickness noun mal *m* de la route / de l'air / de mer.

travel-size(d) adj [shampoo, etc.] de voyage.

traverse ['trævəs *or* ˌtrə'vɜ:s] vt *fml* traverser.

travesty ['trævəstɪ] *(pl* **-ies***)* noun parodie *f*.

trawl [trɔ:l] ◆ noun [fishing net] chalut *m*. ◆ vt [area of sea] pêcher au chalut dans ▸ **to trawl the Web** faire des recherches exhaustives sur le Net. ◆ vi ▸ **to trawl for cod / mackerel** pêcher la morue / le hareng au chalut.

trawler ['trɔ:lər] noun chalutier *m*.

tray [treɪ] noun plateau *m*.

treacherous ['tretʃərəs] adj traître (traîtresse).

treachery ['tretʃərɪ] noun traîtrise *f*.

treacle ['tri:kl] noun UK mélasse *f*.

tread [tred] ◆ noun **1.** [on tyre] bande *f* de roulement ; [of shoe] semelle *f* / *there's no tread left* **a)** [on tyre] le pneu est lisse **2.** [way of walking] pas *m* ; [sound] bruit *m* de pas. ◆ vt *(pt* **trod**, *pp* **trodden***)* [crush] : *to tread grapes* fouler du raisin / *to tread sthg underfoot* fouler qqch aux pieds, piétiner qqch ▸ **to tread sthg into** écraser qqch dans ▸ **to tread water** nager sur place. ◆ vi *(pt* **trod**, *pp* **trodden***)* ▸ **to tread (on)** marcher (sur) ▸ **to tread carefully** *fig* y aller doucement.

treadmill ['tredmɪl] noun **1.** [fitness] tapis *m* de course **2.** *fig* [dull routine] routine *f*, train-train *m*.

treason ['tri:zn] noun trahison *f*.

treasure ['treʒər] ◆ noun trésor *m*. ◆ vt [object] garder précieusement ; [memory] chérir.

treasure hunt noun chasse *f* au trésor.

treasurer ['treʒərər] noun trésorier *m*, -ère *f*.

treasure trove noun *fig* LAW trésor *m (objets de valeur trouvés et que personne n'a réclamés)*.

treasury ['treʒərɪ] *(pl* **-ies***)* noun [room] trésorerie *f*. ◆ **Treasury** noun ▸ **the Treasury** le ministère des Finances.

treat [tri:t] ◆ vt **1.** [gen] traiter ▸ **to treat sb like a child** traiter qqn en enfant ▸ **to treat sthg as a joke** prendre qqch à la rigolade **2.** [on special occasion] ▸ **to treat sb to sthg** offrir OR payer qqch à qqn ▸ **to treat o.s. to sthg** s'offrir qqch, se payer qqch. ◆ noun **1.** [gift] cadeau *m* ▸ **to give sb a treat** faire plaisir à qqn / *this is my treat* [pay for meal, drink] c'est moi qui régale **2.** [delight] plaisir *m*.

treatise ['tri:tɪz] noun ▸ **treatise (on)** traité *m* (de).

treatment ['tri:tmənt] noun traitement *m*.

treaty ['tri:tɪ] *(pl* **-ies***)* noun traité *m*.

treble ['trebl] ◆ adj **1.** [MUS - voice] de soprano ; [- recorder] aigu (aiguë) **2.** [triple] triple. ◆ noun [on stereo control] aigu *m* ; [boy singer] soprano *m*. ◆ vt & vi tripler.

treble clef noun clef *f* de sol.

tree [tri:] noun **1.** [gen] arbre *m* ▸ **to be barking up the wrong tree** *fig* se tromper d'adresse **2.** COMPUT arbre *m*, arborescence *f*.

treehouse ['tri:haʊs] *(pl* [-haʊzɪz]*)* noun *cabane construite dans un arbre*.

treetop ['tri:tɒp] noun cime *f*.

tree trunk noun tronc *m* d'arbre.

trek [trek] ◆ noun randonnée *f*. ◆ vi *(pt & pp* **-ked**, *cont* **-king***)* faire une randonnée ; *fig* se traîner.

trekking ['trekɪŋ] noun randonnée *f*, trekking *m* / *I went on a trekking holiday in Nepal* je suis allé faire de la randonnée au Népal.

trellis ['trelɪs] noun treillis *m*.

tremble ['trembl] vi trembler.

trembling ['tremblɪŋ] ◆ adj **1.** [body - with cold] frissonnant(e), grelottant(e) ; [- in fear, excitement] frémissant(e), tremblant(e) ; [hands] tremblant(e) **2.** [voice - with emotion] vibrant(e) ; [- with fear] tremblant(e) ; [- because of old age] chevrotant(e) / *with a trembling voice* **a)** [speaker] d'une OR la voix tremblante **b)** [singer] d'une OR la voix chevrotante. ◆ noun [from cold] tremblement *m*, frissonnement *m* ; [from fear] tremblement *m*, frémissement *m*.

tremendous [trɪ'mendəs] adj **1.** [size, success, difference] énorme ; [noise] terrible **2.** *inf* [really good] formidable.

tremendously [trɪ'mendəslɪ] adv [exciting, expensive, big] extrêmement ; [loud] terriblement.

tremor ['tremər] noun tremblement *m*.

tremulous ['tremjʊləs] adj *liter* [voice] tremblant(e) ; [smile] timide.

trench [trentʃ] noun tranchée *f*.

trenchant ['trentʃənt] adj mordant(e), incisif(ive).

trench coat noun trench-coat *m*.

trench warfare noun *(U)* guerre *f* de tranchées.

trend [trend] noun [tendency] tendance *f*.

trendsetter ['trend,setəʳ] noun personne *f* qui lance une mode.

trendy [trendɪ] *inf* ❖ adj (*compar* **-ier**, *superl* **-iest**) branché(e), à la mode. ❖ noun (*pl* **-ies**) personne *f* branchée.

trepidation [,trepɪ'deɪʃn] noun *fml* ▸ **in** OR **with trepidation** avec inquiétude.

trespass ['trespəs] vi [on land] entrer sans permission ▸ **'no trespassing'** 'défense d'entrer'.

trespasser ['trespəsəʳ] noun intrus *m*, -e *f* ▸ **'trespassers will be prosecuted'** 'défense d'entrer sous peine de poursuites'.

trestle ['tresl] noun tréteau *m*.

trestle table noun table *f* à tréteaux.

trial ['traɪəl] noun **1.** LAW procès *m* ▸ **to be on trial (for)** passer en justice (pour) / *to bring sb to trial* faire passer OR traduire qqn en justice / *his case comes up for trial in September* son affaire passe en jugement en septembre **2.** [test, experiment] essai *m* / *to give sthg a trial* mettre qqch à l'essai, essayer qqch ▸ **on trial** à l'essai ▸ **by trial and error** en tâtonnant **3.** [unpleasant experience] épreuve *f* ▸ **trials and tribulations** tribulations *fpl*.

trial basis noun ▸ **on a trial basis** à l'essai.

trial period noun période *f* d'essai.

trial run noun essai *m*.

triangle ['traɪæŋgl] noun **1.** [gen] triangle *m* **2.** US [set square] équerre *f*.

triangular [traɪ'æŋgjʊləʳ] adj triangulaire.

triathlon [traɪ'æθlɒn] (*pl* **-s**) noun triathlon *m*.

tribal ['traɪbl] adj tribal(e).

tribalism ['traɪbəlɪzm] noun tribalisme *m*.

tribe [traɪb] noun tribu *f*.

tribulation [,trɪbjʊ'leɪʃn] noun ⟶ **trial**.

tribunal [traɪ'bju:nl] noun tribunal *m*.

tribune ['trɪbju:n] noun HIST tribun *m*.

tributary ['trɪbjʊtrɪ] (*pl* **-ies**) noun affluent *m*.

tribute ['trɪbju:t] noun tribut *m*, hommage *m* ▸ **to pay tribute to** payer tribut à, rendre hommage à ▸ **to be a tribute to sthg** témoigner de qqch.

trice [traɪs] noun ▸ **in a trice** en un clin d'œil.

triceps ['traɪseps] (*pl inv or* **-es**) noun triceps *m*.

trick [trɪk] ❖ noun **1.** [to deceive] tour *m*, farce *f* ▸ **to play a trick on sb** jouer un tour à qqn / *a trick of the light* un effet d'optique **2.** [to entertain] tour *m* / *what a dirty* OR *mean* OR *nasty trick to play!* quel sale tour ! **3.** [knack] truc *m* ▸ **that will do the trick** *inf* ça fera l'affaire **4.** [in card games] pli *m*, levée *f*. ❖ comp [knife, moustache] truqué(e), faux (fausse) ▸ **trick photography** truquage *m* photographique. ❖ vt attraper, rouler / *you've been tricked!* vous vous êtes fait rouler ! ▸ **to trick sb into doing sthg** amener qqn à faire qqch (par la ruse) / *she was tricked out of her inheritance* on lui a escroqué son héritage.

trickery ['trɪkərɪ] noun (*U*) ruse *f*.

trickle ['trɪkl] ❖ noun [of liquid] filet *m* / *a trickle of people / letters* quelques personnes / lettres. ❖ vi [liquid] dégouliner ▸ **to trickle in / out** [people] entrer / sortir par petits groupes.

trickle-down adj : *trickle-down economics théorie selon laquelle le bien-être des riches finit par profiter aux classes sociales défavorisées.*

trick or treat noun une gâterie ou une farce *(phrase rituelle des enfants déguisés qui font la quête le soir de Halloween).*

trick question noun question-piège *f*.

tricky ['trɪkɪ] (*compar* **-ier**, *superl* **-iest**) adj [difficult] difficile.

tricycle ['traɪsɪkl] noun tricycle *m*.

trident ['traɪdnt] noun trident *m*.

tried [traɪd] ❖ pt & pp ⟶ **try**. ❖ adj ▸ **tried and tested** [method, system] qui a fait ses preuves.

trier ['traɪəʳ] noun ▸ **to be a trier** être persévérant(e).

trifle ['traɪfl] noun **1.** UK CULIN ≃ diplomate *m* **2.** [unimportant thing] bagatelle *f*. ◆ **a trifle** adv un peu, un tantinet. ◆ **trifle with** vt insep badiner avec ; [sb's affections] se jouer de.

trifling ['traɪflɪŋ] adj insignifiant(e).

trigger ['trɪgəʳ] ❖ noun [on gun] détente *f*, gâchette *f*. ❖ vt déclencher, provoquer. ◆ **trigger off** vt sep déclencher, provoquer.

trigger-happy adj *inf* [individual] qui a la gâchette facile ; [country] prêt à déclencher la guerre pour un rien, belliqueux(euse).

trigonometry [,trɪgə'nɒmətrɪ] noun trigonométrie *f*.

trilby ['trɪlbɪ] (*pl* **-ies**) noun UK feutre *m*.

trilingual [traɪ'lɪŋgwəl] adj trilingue.

trill [trɪl] ❖ noun trille *m*. ❖ vi triller.

trillions ['trɪljənz] pl n *inf* ▸ **trillions (of)** tout un tas (de), plein (de).

trilogy ['trɪlədʒɪ] (*pl* **-ies**) noun trilogie *f*.

trim [trɪm] ❖ adj (*compar* **-mer**, *superl* **-mest**) **1.** [neat and tidy] net (nette) **2.** [slim] svelte. ❖ noun **1.** [of hair] coupe *f* **2.** [on clothes] garniture *f* ; [inside car] garniture intérieure. ❖ vt (*pt & pp* **-med**, *cont* **-ming**) **1.** [cut - gen] couper ; [- hedge] tailler **2.** [decorate] ▸ **to trim sthg (with)** garnir OR orner qqch (de). ◆ **trim away, trim off** vt sep couper.

trimester [traɪ'mestəʳ] noun **1.** US trimestre *m* **2.** [gen] trois mois *mpl*.

trimmed [trimd] adj ▸ **trimmed with** [clothes] orné(e) de.

trimming ['trɪmɪŋ] noun **1.** [on clothing] parement *m* **2.** CULIN garniture *f*.

Trinidad and Tobago ['trɪnɪdæd-] noun Trinité-et-Tobago *f* ▸ **in Trinidad and Tobago** à Trinité-et-Tobago.

Trinity ['trɪnətɪ] noun RELIG ▸ **the Trinity** la Trinité.

trinket ['trɪŋkɪt] noun bibelot *m*.

trio ['tri:əʊ] (*pl* **-s**) noun trio *m*.

trip [trɪp] ❖ noun **1.** [journey] voyage *m* / *I had to make three trips into town* j'ai dû aller trois fois en ville OR faire trois voyages en ville **2.** *drugs sl* trip *m*.

❖ vt (*pt & pp* **-ped**, *cont* **-ping**) [make stumble] faire un croche-pied à. ❖ vi (*pt & pp* **-ped**, *cont* **-ping**) [stumble] ▸ **to trip (over)** trébucher (sur) / *she tripped over the wire* elle s'est pris le pied dans le fil. ◆ **trip up** ❖ vt sep **1.** [make stumble] faire un croche-pied à **2.** [catch out] prendre en défaut. ❖ vi **1.** [fall] trébucher **2.** [make a mistake] gaffer, faire une gaffe.

tripe [traɪp] noun *(U)* **1.** CULIN tripe *f* **2.** *inf* [nonsense] bêtises *fpl*, idioties *fpl*.

triple ['trɪpl] ❖ adj triple. ❖ vt & vi tripler.

triplets ['trɪplɪts] pl n triplés *mpl*, triplées *fpl*.

triplicate ['trɪplɪkət] ❖ adj en trois exemplaires. ❖ noun ▸ **in triplicate** en trois exemplaires.

tripod ['traɪpɒd] noun trépied *m*.

Tripoli ['trɪpəlɪ] noun Tripoli.

trip switch noun interrupteur *m*.

tripwire ['trɪpwaɪəʳ] noun fil *m* de détente.

trite [traɪt] adj *pej* banal(e).

triumph ['traɪəmf] ❖ noun triomphe *m*. ❖ vi ▸ **to triumph (over)** triompher (de).

triumphant [traɪ'ʌmfənt] adj [exultant] triomphant(e).

triumvirate [traɪ'ʌmvɪrət] noun HIST triumvirat *m*.

trivet ['trɪvɪt] noun **1.** [over fire] trépied *m* **2.** [to protect table] dessous-de-plat *m inv*.

trivia ['trɪvɪə] noun *(U)* [trifles] vétilles *fpl*, riens *mpl*.

trivial ['trɪvɪəl] adj insignifiant(e).

triviality [ˌtrɪvɪ'ælətɪ] (*pl* **-ies**) noun banalité *f*.

trivialize, trivialise UK ['trɪvɪəlaɪz] vt banaliser.

trod [trɒd] pt ⟶ **tread**.

trodden ['trɒdn] pp ⟶ **tread**.

Trojan ['trəʊdʒən] ❖ adj troyen(enne). ❖ noun Troyen *m*, -enne *f* ▸ **to work like a Trojan** travailler comme un nègre OR une bête de somme.

troll [trəʊl] noun troll *m*.

trolley ['trɒlɪ] (*pl* **-s**) noun **1.** UK [for shopping, luggage] chariot *m*, caddie® *m* **2.** UK [for food, drinks] chariot *m*, table *f* roulante **3.** US [tram] tramway *m*, tram *m*.

trolleybus ['trɒlɪbʌs] noun trolleybus *m*.

trolley case noun UK valise *f* à roulettes.

trollop ['trɒləp] noun *dated* & *pej* [prostitute] putain *f* ; [slut] souillon *f*.

trombone [trɒm'bəʊn] noun MUS trombone *m*.

troop [tru:p] ❖ noun bande *f*, troupe *f*. ❖ vi ▸ **to troop in / out / off** entrer / sortir / partir en groupe. ◆ **troops** pl n troupes *fpl*.

trooper ['tru:pəʳ] noun **1.** MIL soldat *m* **2.** US [policeman] policier *m (appartenant à la police d'un État)*.

trophy ['trəʊfɪ] (*pl* **-ies**) noun trophée *m*.

tropical ['trɒpɪkl] adj tropical(e).

tropics ['trɒpɪks] pl n ▸ **the tropics** les tropiques *mpl*.

trot [trɒt] ❖ noun [of horse] trot *m*. ❖ vi (*pt & pp* **-ted**, *cont* **-ting**) trotter. ◆ **on the trot** adv *inf* de suite, d'affilée. ◆ **trot out** vt sep *pej* débiter.

Trotskyism ['trɒtskɪɪzm] noun trotskisme *m*.

trotter ['trɒtəʳ] noun [pig's foot] pied *m* de porc.

trouble ['trʌbl] ❖ noun *(U)* **1.** [difficulty] problème *m*, difficulté *f* ▸ **to be in trouble** avoir des ennuis / *I've never been in trouble with the police* je n'ai jamais eu d'ennuis OR d'histoires avec la police ▸ **to get into trouble** s'attirer des ennuis / *he got his friends into trouble* il a causé des ennuis à ses amis / *the baby hardly gives me any trouble* le bébé ne me donne pratiquement aucun mal / *to have trouble doing sthg* avoir du mal OR des difficultés à faire qqch / *to be in / to get into trouble* [climber, swimmer, business] être / se trouver en difficulté ▸ **the trouble (with sb / sthg) is...** l'ennui (avec qqn / qqch), c'est que... **2.** [bother] peine *f*, mal *m* ▸ **to take the trouble to do sthg** se donner la peine de faire qqch / *you shouldn't have gone to all this trouble* il ne fallait pas vous donner tout ce mal OR tant de peine ▸ **it's no trouble!** ça ne me dérange pas ! / *it's not worth the trouble, it's more trouble than it's worth* cela n'en vaut pas la peine, le jeu n'en vaut pas la chandelle ▸ **to be asking for trouble** chercher les ennuis **3.** [pain, illness] mal *m*, ennui *m* / *I have kidney / back trouble* j'ai des ennuis rénaux / des problèmes de dos **4.** [fighting] bagarre *f* ; POL troubles *mpl*, conflits *mpl* / *the trouble began when the police arrived* l'agitation a commencé quand la police est arrivée. ❖ vt **1.** [worry, upset] peiner, troubler / *what troubles me is that we've had no news* ce qui m'inquiète, c'est que nous n'avons pas eu de nouvelles **2.** [bother] déranger / *I won't trouble you with the details just now* je vous ferai grâce des OR épargnerai les détails pour l'instant / *can I trouble you to open the window?* est-ce que je peux vous demander d'ouvrir la fenêtre ? **3.** [give pain to] faire mal à / *his back is troubling him* il a des problèmes de dos. ◆ **troubles** pl n **1.** [worries] ennuis *mpl* **2.** POL troubles *mpl*, conflits *mpl*.

troubled ['trʌbld] adj **1.** [worried] inquiet(ète) **2.** [disturbed - period] de troubles, agité(e) ; [- country] qui connaît une période de troubles.

trouble-free adj sans problèmes.

troublemaker ['trʌblˌmeɪkəʳ] noun fauteur *m*, -trice *f* de troubles.

troubleshoot ['trʌblˌʃu:t] vi **1.** [overseer, envoy] régler un problème **2.** [mechanic] localiser une panne.

troubleshooter ['trʌblˌʃu:təʳ] noun expert *m*, spécialiste *mf*.

troublesome ['trʌblsəm] adj [job] pénible ; [cold] gênant(e) ; [back, knee] qui fait souffrir.

trouble spot noun point *m* chaud.

troubling ['trʌblɪŋ] adj [news, etc.] inquiétant(e).

trough [trɒf] noun **1.** [for animals - with water] abreuvoir *m* ; [- with food] auge *f* **2.** [low point - of wave] creux *m* ; *fig* point *m* bas **3.** METEOR dépression *f*.

trounce [traʊns] vt *inf* écraser.

troupe [tru:p] noun troupe *f*.

trouser press ['traʊzəʳ-] noun presse *f* à pantalons.

trousers ['traʊzəz] pl n pantalon *m*.

trouser suit ['traʊzəʳ-] noun UK tailleur-pantalon *m*.

trousseau ['tru:səʊ] (*pl* **-x** *or* **-s**) noun trousseau *m*.

trout [traʊt] (*pl inv or* **-s**) noun truite *f*.

trowel ['traʊəl] noun [for gardening] déplantoir *m* ; [for cement, plaster] truelle *f*.

truancy ['tru:ənsɪ] noun absentéisme *m*.

truant ['tru:ənt] noun [child] élève *mf* absentéiste ▸ **to play truant** UK faire l'école buissonnière.

truce [tru:s] noun trêve *f*.

truck [trʌk] ❖ noun **1.** US [lorry] camion *m* **2.** RAIL wagon *m* à plate-forme. ❖ vt US transporter par camion.

truck driver noun US routier *m*.

trucker ['trʌkəʳ] noun US routier *m*, -ière *f*.

truckload ['trʌkləʊd] noun **1.** US [lorryload] cargaison *f (d'un camion)* / *a truckload of soldiers* un camion de soldats / *medical aid arrived by the truckload* l'aide médicale arriva par camions entiers **2.** US *inf* & *fig* : *a truckload of* un tas de.

truculent ['trʌkjʊlənt] adj agressif(ive).

trudge [trʌdʒ] ❖ noun marche *f* pénible. ❖ vi marcher péniblement.

true ['tru:] ❖ adj **1.** [factual] vrai(e) / *can it be true?* est-ce possible ? ▸ **to come true** se réaliser **2.** [genuine] vrai(e), authentique / *she was a true democrat* c'était une démocrate dans l'âme ▸ **true love** le grand amour **3.** [exact] exact(e) / *he's not a genius in the true sense of the word* ce n'est pas un génie au vrai sens du terme **4.** [faithful] fidèle, loyal(e) / *she was true to her word* elle a tenu parole / *the painting is very true to life* le tableau est très ressemblant / *true to form, he arrived half an hour late* fidèle à son habitude OR comme à son habitude, il est arrivé avec une demi-heure de retard **5.** TECH droit(e) ; [wheel] dans l'axe. ❖ adv [aim, shoot, sing] juste ▸ **it doesn't ring true** cela sonne faux.

true-life adj vrai(e), vécu(e).

truffle ['trʌfl] noun truffe *f*.

truism ['tru:ɪzm] noun truisme *m*.

truly ['tru:lɪ] adv **1.** [gen] vraiment **2.** [sincerely] vraiment, sincèrement **3.** PHR **yours truly a)** [at end of letter] je vous prie de croire à l'expression de mes sentiments distingués **b)** *inf* & *hum* [me] moi, bibi.

trump [trʌmp] ❖ noun atout *m*. ❖ vt couper.

trump card noun *fig* atout *m*.

trumpet ['trʌmpɪt] ❖ noun trompette *f*. ❖ vi [elephant] barrir.

trumpeter ['trʌmpɪtəʳ] noun trompettiste *mf*.

truncate [trʌŋ'keɪt] vt tronquer.

truncheon ['trʌntʃən] noun UK matraque *f*.

trundle ['trʌndl] ❖ vt [cart, wheelbarrow] pousser lentement. ❖ vi aller lentement.

trunk [trʌŋk] noun **1.** [of tree, person] tronc *m* **2.** [of elephant] trompe *f* **3.** [box] malle *f* **4.** US [of car] coffre *m*.
◆ **trunks** pl n maillot *m* de bain.

trunk call noun UK communication *f* interurbaine.

trunk road noun UK (route *f*) nationale *f*.

truss [trʌs] noun **1.** MED bandage *m* herniaire **2.** CONSTR ferme *f*.

trust [trʌst] ❖ vt **1.** [have confidence in] avoir confiance en, se fier à ▸ **to trust sb to do sthg** compter sur qqn pour faire qqch / *trust Mark to put his foot in it! hum* pour mettre les pieds dans le plat, on peut faire confiance à Mark ! / *trust you!* cela ne m'étonne pas de toi ! **2.** [entrust] ▸ **to trust sb with sthg** confier qqch à qqn **3.** *fml* [hope] : *I trust not* j'espère que non ▸ **to trust (that)...** espérer que.... ❖ vi **1.** [believe] : *to trust in God* croire en Dieu **2.** [have confidence] : *to trust to luck* s'en remettre à la chance. ❖ noun **1.** *(U)* [faith] ▸ **trust (in sb / sthg)** confiance *f* (en qqn / dans qqch) ▸ **to take sthg on trust** accepter qqch les yeux fermés / *you can't take everything he says on trust* on ne peut pas croire sur parole tout ce qu'il dit ▸ **to put** OR **place one's trust in sb** faire confiance à qqn **2.** *(U)* [responsibility] responsabilité *f* ▸ **a position of trust** un poste de confiance **3.** FIN : *to set up a trust for sb* instituer un fidéicommis pour qqn ▸ **in trust** en dépôt **4.** COMM trust *m*.

trusted ['trʌstɪd] adj [person] de confiance ; [method] qui a fait ses preuves.

trustee [trʌs'ti:] noun FIN & LAW fidéicommissaire *mf* ; [of institution] administrateur *m*, -trice *f*.

trust fund noun fonds *m* en fidéicommis.

trusting ['trʌstɪŋ] adj confiant(e).

trustworthiness ['trʌst,wɜ:ðɪnɪs] noun **1.** [reliability - of person] loyauté *f*, sérieux *m* ; [- of information, source] fiabilité *f* **2.** [accuracy - of report, figures] fiabilité *f*, justesse *f* **3.** [honesty] honnêteté *f*.

trustworthy ['trʌst,wɜ:ðɪ] adj digne de confiance.

trusty ['trʌstɪ] (*compar* **-ier**, *superl* **-iest**) adj *hum* fidèle.

truth [tru:θ] noun vérité *f* / *there's some truth in what he says* il y a du vrai dans ce qu'il dit / *to tell the truth* dire la vérité ▸ **in (all) truth** à dire vrai, en vérité.

truthful ['tru:θfʊl] adj [person, reply] honnête ; [story] véridique.

truthfully ['tru:θfʊlɪ] adv [answer, speak] honnêtement, sans mentir ; [sincerely] sincèrement, vraiment.

try [traɪ] ❖ vt (*pt & pp* **-ied**) **1.** [attempt, test] essayer ; [food, drink] goûter ▸ **to try to do sthg** essayer de faire qqch / *to try one's best* OR *hardest* faire de son mieux / *he tried his best to explain* il a essayé d'expliquer de son mieux / *try it, you'll like it* essayez OR goûtez-y donc, vous aimerez **2.** LAW juger / *he was tried for murder* il a été jugé pour meurtre **3.** [put to the test] éprouver, mettre à l'épreuve / *the method has been tried and tested* la méthode a fait ses preuves / *it's enough to try the patience of a saint* même un ange n'aurait pas la patience. ❖ vi (*pt & pp* **-ied**) essayer / *to try and do sthg* essayer de faire qqch ▸ **to try for sthg** essayer d'obtenir qqch. ❖ noun (*pl* **-ies**) **1.** [attempt] essai *m*, tentative *f* ▸ **to have a try at sthg** essayer de faire qqch ▸ **to give sthg a try** essayer qqch / *it's worth a try* cela vaut la peine d'essayer **2.** RUGBY essai *m*. ◆ **try on** vt sep **1.** [clothes] essayer / *try it on for size* essayez-le pour voir la taille **2.** / *to try it on with sb* UK *inf* essayer de voir jusqu'où on peut pousser qqn, draguer. ◆ **try out** vt sep essayer.

trying ['traɪɪŋ] adj pénible, éprouvant(e).

try-out noun *inf* essai *m*.

tsar [zɑːʳ] noun tsar *m*.

T-shirt noun tee-shirt *m*.

tsp. (*abbr of* **teaspoon**) cc.

tsunami [tsuːˈnɑːmɪ] noun tsunami *m*.

TTP (*abbr of* **trusted third party**) noun COMPUT [for Internet transactions] TPC *f*.

tub [tʌb] noun **1.** [of ice cream - large] boîte *f* ; [- small] petit pot *m* ; [of margarine] barquette *f* **2.** [bath] baignoire *f*.

tuba [ˈtjuːbə] noun tuba *m*.

tubby [ˈtʌbɪ] (*compar* **-ier**, *superl* **-iest**) adj *inf* rondouillard(e), boulot(otte).

tube [tjuːb] noun **1.** [cylinder, container] tube *m* **2.** ANAT ▸ **bronchial tubes** bronches *fpl* **3.** UK [underground train] métro *m* ▸ **the tube** [system] le métro ▸ **by tube** en métro.

tuber [ˈtjuːbəʳ] noun tubercule *m*.

tuberculosis [tjuːˌbɜːkjʊˈləʊsɪs] noun tuberculose *f*.

tube station noun UK station *f* de métro.

tubing [ˈtjuːbɪŋ] noun *(U)* tubes *mpl*, tuyaux *mpl*.

tubular [ˈtjuːbjʊləʳ] adj tubulaire.

TUC noun UK *abbr of* **Trades Union Congress**.

tuck [tʌk] ❖ noun SEW rempli *m*. ❖ vt [place neatly] ranger. ◆ **tuck away** vt sep [store] mettre de côté OR en lieu sûr ▸ **to be tucked away** [village, house] être caché(e) OR blotti(e). ◆ **tuck in** ❖ vt **1.** [child, patient] border **2.** [clothes] rentrer. ❖ vi *inf* boulotter ▸ **tuck in!** allez-y, mangez ! ◆ **tuck up** vt sep [child, patient] border.

tuck shop noun UK [at school] *petite boutique qui vend des bonbons et des gâteaux*.

Tudor [ˈtjuːdəʳ] adj **1.** HIST des Tudors **2.** ARCHIT Tudor *(inv)*.

Tue., Tues. (*abbr of* **Tuesday**) mar.

Tuesday [ˈtjuːzdeɪ] noun mardi *m*. ***See also* Saturday**.

tuft [tʌft] noun touffe *f*.

tug [tʌg] ❖ noun **1.** [pull] ▸ **to give sthg a tug** tirer sur qqch **2.** [boat] remorqueur *m*. ❖ vt (*pt & pp* **-ged**, *cont* **-ging**) tirer. ❖ vi (*pt & pp* **-ged**, *cont* **-ging**) ▸ **to tug (at)** tirer (sur).

tug-of-love noun UK *inf conflit entre des parents pour obtenir la garde des enfants*.

tug-of-war noun lutte *f* de traction à la corde ; *fig* lutte acharnée.

tuition [tjuːˈɪʃn] noun *(U)* cours *mpl*.

tulip [ˈtjuːlɪp] noun tulipe *f*.

tumble [ˈtʌmbl] ❖ vi **1.** [person] tomber, faire une chute ; [water] tomber en cascades **2.** *fig* [prices] tomber, chuter. ❖ noun chute *f*, culbute *f*. ◆ **tumble to** vt insep UK *inf* piger.

tumbledown [ˈtʌmbldaʊn] adj délabré(e), qui tombe en ruines.

tumble-drier noun sèche-linge *m inv*.

tumble-dry vt faire sécher en machine.

tumble-dryer [-ˌdraɪəʳ] noun sèche-linge *m inv*.

tumbler [ˈtʌmbləʳ] noun [glass] verre *m* (droit).

tummy [ˈtʌmɪ] (*pl* **-ies**) noun *inf* ventre *m* ▸ **to have a tummy bug** avoir une gastro ▸ **tummy button** nombril *m*.

tumour UK, **tumor** US [ˈtjuːməʳ] noun tumeur *f*.

tumult [ˈtjuːmʌlt] noun tumulte *m*.

tumultuous [ˈtjuːmʌltjʊəs] adj tumultueux(euse) ; [applause] frénétique.

tuna [UK ˈtjuːnə, US ˈtuːnə] (*pl inv or* **-s**) noun thon *m*.

tundra [ˈtʌndrə] noun toundra *f*.

tune [tjuːn] ❖ noun **1.** [song, melody] air *m* **2.** [harmony] ▸ **in tune a)** [instrument] accordé(e), juste **b)** [play, sing] juste ▸ **out of tune a)** [instrument] mal accordé(e) **b)** [play, sing] faux ▸ **to the tune of** *fig* d'un montant de ▸ **to be in / out of tune (with)** *fig* être en accord / désaccord (avec) ▸ **to change one's tune** *inf* changer de ton. ❖ vt **1.** MUS accorder **2.** RADIO & TV régler **3.** [engine] régler. ❖ vi RADIO & TV ▸ **to tune to a channel** se mettre sur une chaîne. ◆ **tune in** vi RADIO & TV être à l'écoute ▸ **to tune in to** se mettre sur. ◆ **tune up** vi MUS accorder son instrument.

tuned-in [tjuːnd-] adj *inf* branché(e).

tuneful [ˈtjuːnfʊl] adj mélodieux(euse).

tuneless [ˈtjuːnlɪs] adj discordant(e).

tuner [ˈtjuːnəʳ] noun **1.** RADIO & TV syntoniseur *m*, tuner *m* **2.** MUS [person] accordeur *m*.

tungsten [ˈtʌŋstən] ❖ noun tungstène *m*. ❖ comp au tungstène.

tunic [ˈtjuːnɪk] noun tunique *f*.

tuning [ˈtjuːnɪŋ] noun **1.** MUS accord *m* **2.** RADIO & TV réglage *m* **3.** AUTO réglage *m*, mise *f* au point.

tuning fork [ˈtjuːnɪŋ-] noun diapason *m*.

Tunis [ˈtjuːnɪs] noun Tunis.

Tunisia [tjuːˈnɪzɪə] noun Tunisie *f* ▸ **in Tunisia** en Tunisie.

Tunisian [tjuːˈnɪzɪən] ❖ adj tunisien(enne). ❖ noun [person] Tunisien *m*, -enne *f*.

tunnel [ˈtʌnl] ❖ noun tunnel *m*. ❖ vi (UK *pt & pp* **-led**, *cont* **-ling**, US *pt & pp* **-ed**, *cont* **-ing**) faire OR creuser un tunnel.

tunnel vision noun rétrécissement *m* du champ visuel ; *fig* & *pej* vues *fpl* étroites.

turban [ˈtɜːbən] noun turban *m*.

turbine [ˈtɜːbaɪn] noun turbine *f*.

turbojet [ˌtɜːbəʊˈdʒet] noun [engine] turboréacteur *m* ; [plane] avion *m* à turboréacteur.

turboprop [ˌtɜːbəʊˈprɒp] noun [engine] turbopropulseur *m* ; [plane] avion *m* à turbopropulseur.

turbot [ˈtɜːbət] (*pl inv or* **-s**) noun turbot *m*.

turbulence [ˈtɜːbjʊləns] noun *(U)* **1.** [in air, water] turbulence *f* **2.** *fig* [unrest] agitation *f*.

turbulent [ˈtɜːbjʊlənt] adj **1.** [air, water] agité(e) **2.** *fig* [disorderly] tumultueux(euse), agité(e).

turd [tɜːd] noun *v inf* **1.** [excrement] merde *f* **2.** *pej* [person] con *m*, salaud *m*.

tureen [təˈriːn] noun soupière *f*.

turf [tɜ:f] ❖ noun (*pl* -s, UK *pl* **turves** [tɜ:vz]) **1.** [grass surface] gazon *m* **2.** US *inf* [of gang] territoire *m* réservé **3.** [clod] motte *f* de gazon. ❖ vt gazonner.
◆ **turf out** vt sep UK *inf* [person] virer ; [old clothes] balancer, bazarder.

Turk [tɜ:k] noun Turc *m*, Turque *f*.

turkey ['tɜ:kɪ] (*pl* -s) noun dinde *f*.

Turkey ['tɜ:kɪ] noun Turquie *f* ▸ **in Turkey** en Turquie.

Turkish ['tɜ:kɪʃ] ❖ adj turc (turque). ❖ noun [language] turc *m*. ❖ pl n ▸ **the Turkish** les Turcs *mpl*.

Turkish delight noun loukoum *m*.

Turkmenistan [ˌtɜ:kmenɪ'stɑ:n] noun Turkménistan *m*.

turmeric ['tɜ:mərɪk] noun curcuma *m*.

turmoil ['tɜ:mɔɪl] noun agitation *f*, trouble *m*.

turn ['tɜ:n] ❖ noun

1. [in road] virage *m*, tournant *m* ; [in river] méandre *m* / *'no right turn'* 'défense de tourner à droite' / *at every turn fig* à tout instant, à tout bout de champ

2. [revolution, twist] tour *m*

3. [change] tournure *f*, tour *m* / *it was an unexpected turn of events* les événements ont pris une tournure imprévue / *things took a turn for the worse / better* les choses se sont aggravées / améliorées

4. [in game] tour *m* / *it's my turn* c'est (à) mon tour ▸ **in turn** tour à tour, chacun (à) son tour / *I told Sarah and she in turn told Paul* je l'ai dit à Sarah qui, à son tour, l'a dit à Paul ▸ **to take (it in) turns to do sthg** UK faire qqch à tour de rôle

5. [end - of year, century] fin *f*

6. UK [performance] numéro *m*

7. UK MED crise *f*, attaque *f*

8. [tendency, style] *to have an optimistic turn of mind* être optimiste de nature OR d'un naturel optimiste ▸ **turn of phrase** tournure *f* OR tour *m* de phrase

9. PHR **to do sb a good turn** rendre (un) service à qqn ▸ **done to a turn** UK *inf* CULIN : *the chicken was done to a turn* le poulet était cuit à point

❖ vt

1. [gen] tourner ; [omelette, steak] retourner / *turn the knob to the right* tournez le bouton vers la droite ▸ **to turn sthg inside out** retourner qqch ▸ **to turn one's thoughts / attention to sthg** tourner ses pensées / son attention vers qqch / *she turned the conversation to sport* elle a orienté la conversation vers le sport / *the very thought of food turns my stomach* l'idée même de manger me soulève le cœur / *to turn a cartwheel* faire la roue

2. [change] ▸ **to turn sthg into** changer qqch en / *they're turning the book into a film* ils adaptent le livre pour l'écran

3. [become] ▸ **to turn red** rougir / *his hair is turning grey* ses cheveux grisonnent / *the demonstration turned nasty* la manifestation a mal tourné / *to turn professional* passer OR devenir professionnel / *I had just turned twenty* je venais d'avoir vingt ans / *it has only just turned four o'clock* il est quatre heures passées de quelques secondes

4. [ankle] tordre

❖ vi

1. [gen] tourner ; [person] se tourner, se retourner / *they turned towards me* ils se sont tournés vers moi OR de mon côté / *the crane turned (through) 180°* la grue a pivoté de 180° / *the car turned into our street* la voiture a tourné dans notre rue ▸ **I don't know where** OR **which way to turn** *fig* je ne sais plus quoi faire

2. [in book] ▸ **to turn to a page** se reporter OR aller à une page

3. [for consolation] ▸ **to turn to sb / sthg** se tourner vers qqn / qqch / *I don't know who to turn to* je ne sais pas à qui m'adresser OR qui aller trouver

4. [change] *the weather has turned* le temps a changé ▸ **to turn into** se changer en, se transformer en / *their love turned to hate* leur amour se changea en haine OR fit place à la haine

◆ **turn against** vt insep se retourner contre.

◆ **turn around** vt sep = **turn round**.

◆ **turn away** ❖ vt sep [refuse entry to] refuser. ❖ vi se détourner.

◆ **turn back** ❖ vt sep [sheets] replier ; [person, vehicle] refouler. ❖ vi rebrousser chemin / *my mind is made up, there is no turning back* ma décision est prise, je n'y reviendrai pas.

◆ **turn down** vt sep **1.** [reject] rejeter, refuser **2.** [radio, volume, gas] baisser.

◆ **turn in** vi *inf* [go to bed] se pieuter.

◆ **turn off** ❖ vt insep [road, path] quitter. ❖ vt sep [radio, TV, engine, gas] éteindre ; [tap] fermer. ❖ vi [leave path, road] tourner / *we turned off at junction 5* nous avons pris la sortie d'autoroute 5.

◆ **turn on** ❖ vt sep **1.** [radio, TV, engine, gas] allumer ; [tap] ouvrir ▸ **to turn the light on** allumer la lumière **2.** *inf* [excite sexually] exciter. ❖ vt insep [attack] attaquer / *his colleagues turned on him* ses collègues s'en sont pris à lui.

◆ **turn out** ❖ vt sep **1.** [light, gas fire] éteindre **2.** [produce] produire / *he turns out a book a year* il écrit un livre par an **3.** [eject - person] mettre dehors / *he turned his daughter out of the house* il a mis sa fille à la porte OR a chassé sa fille de la maison **4.** [empty - pocket, bag] retourner, vider / *turn the cake out onto a plate* démoulez le gâteau sur une assiette. ❖ vt insep ▸ **to turn out to be** s'avérer / *it turned out to be a success* en fin de compte, cela a été une réussite ▸ **it turns out that...** il s'avère OR se trouve que.... ❖ vi **1.** [end up] finir / *the story turned out happily* l'histoire s'est bien terminée OR a bien fini **2.** [arrive - person] venir.

◆ **turn over** ❖ vt sep **1.** [playing card, stone] retourner ; [page] tourner ▸ **to turn over a new leaf** s'acheter une conduite **2.** [consider] retourner dans sa tête / *I was turning the idea over in my mind* je tournais et retournais OR ruminais l'idée dans ma tête **3.** [hand over] rendre, remettre / *to turn sb over to the* *authorities* livrer qqn aux autorités. ❖ vi **1.** [roll over] se retourner **2.** UK TV changer de chaîne.

◆ **turn round** UK, **turn around** US ❖ vt sep **1.** [reverse] retourner **2.** [wheel, words] tourner **3.** [change nature of] : *to turn a company round* COMM faire prospérer une entreprise qui périclitait, sauver une entreprise de la faillite. ❖ vi [person] se retourner.

◆ **turn up** ❖ vt sep **1.** [TV, radio] mettre plus fort ; [gas] monter **2.** [find, unearth] découvrir / *her research turned up some interesting new facts* sa recherche a révélé de nouveaux détails intéressants. ❖ vi **1.** [arrive - person] se pointer **2.** [be found - person, object] être retrouvé ; [- opportunity] se présenter / *her bag turned up eventually* elle a fini par retrouver son sac / *I'll take the first job that turns up* je prendrai le premier poste qui se présentera.

turnabout ['tɜ:nəbaʊt] noun [of situation] revirement *m* ; [of policy] changement *m*.

turnaround US = **turnround**.

turncoat ['tɜ:nkəʊt] noun *pej* renégat *m*.

turned [tɜ:nd] adj [milk] tourné.

turning ['tɜ:nɪŋ] noun UK [off road] route *f* latérale / *take the first turning on the left* prenez la première à gauche.

turning point noun tournant *m*, moment *m* décisif.

turnip ['tɜ:nɪp] noun navet *m*.

turn-off noun **1.** [road] sortie *f* (de route), route *f* transversale, embranchement *m* **2.** *inf* [loss of interest] : *it's a real turn-off* **a)** [gen] c'est vraiment à vous dégoûter **b)** [sexual] ça vous coupe vraiment l'envie.

turn-on noun *inf* : *he finds leather a turn-on* il trouve le cuir excitant, le cuir l'excite.

turnout ['tɜ:naʊt] noun [at election] taux *m* de participation ; [at meeting] assistance *f*.

turnover ['tɜ:n,əʊvər] noun *(U)* **1.** [of personnel] renouvellement *m* **2.** FIN chiffre *m* d'affaires.

turnpike ['tɜ:npaɪk] noun US autoroute *f* à péage.

turnround UK ['tɜ:nraʊnd], **turnaround** US ['tɜ:nəraʊnd] noun **1.** COMM ▸ **turnround (time)** délai *m* **2.** [change] retournement *m*.

turnstile ['tɜ:nstaɪl] noun tourniquet *m*.

turntable ['tɜ:n,teɪbl] noun platine *f*.

turn-up noun UK [on trousers] revers *m inv* ▸ **a turn-up for the books** *inf* une sacrée surprise.

turpentine ['tɜ:pəntaɪn] noun térébenthine *f*.

turquoise ['tɜ:kwɔɪz] ❖ adj turquoise *(inv)*. ❖ noun **1.** [mineral, gem] turquoise *f* **2.** [colour] turquoise *m*.

turret ['tʌrɪt] noun tourelle *f*.

turtle ['tɜ:tl] (*pl inv or* **-s**) noun tortue *f* de mer.

turtleneck ['tɜ:tlnek] noun [garment] pull *m* à col montant ; [neck] col *m* montant.

tusk [tʌsk] noun défense *f*.

tussle ['tʌsl] ❖ noun lutte *f*. ❖ vi se battre ▸ **to tussle over sthg** se disputer qqch.

tut [tʌt] excl mais non !, allons donc !

tutor ['tju:tər] ❖ noun **1.** [private] professeur *m* particulier **2.** UK UNIV directeur *m*, -trice *f* d'études. ❖ vt ▸ **to tutor sb (in sthg)** donner à qqn des cours particuliers (de qqch).

tutorial [tju:'tɔ:rɪəl] ❖ adj [group, class] de travaux dirigés. ❖ noun travaux *mpl* dirigés.

tutu ['tu:tu:] noun tutu *m*.

tux ['tʌks] noun UK *inf* smoking *m*.

tuxedo [tʌk'si:dəʊ] (*pl* **-s**) noun UK smoking *m*.

TV (*abbr of* **television**) ❖ noun **1.** *(U)* [medium, industry] télé *f* ▸ **on TV** à la télé **2.** [apparatus] (poste *m* de) télé *f*. ❖ comp de télé.

twaddle ['twɒdl] noun *(U)* *inf* bêtises *fpl*, fadaises *fpl*.

twang [twæŋ] ❖ noun **1.** [sound] bruit *m* de pincement **2.** [accent] nasillement *m*. ❖ vt [guitar] pincer. ❖ vi [wire, string] vibrer.

tweak [twi:k] vt *inf* [ear] tirer ; [nose] tordre.

twee [twi:] adj UK *pej* mièvre.

tweed [twi:d] ❖ noun tweed *m*. ❖ comp de OR en tweed.

tweenager ['twi:neɪdʒər] noun *inf* préadolescent *m*, -e *f*.

tweet [twi:t] vi gazouiller.

tweezers ['twi:zəz] pl n pince *f* à épiler.

twelfth [twelfθ] num douzième. *See also* **sixth**.

twelfth grade noun US SCH *classe de l'enseignement secondaire correspondant à la terminale (17-18 ans).*

Twelfth Night noun la fête des Rois.

twelve [twelv] num douze. *See also* **six**.

twentieth ['twentɪəθ] num vingtième. *See also* **sixth**.

twenty ['twentɪ] (*pl* **-ies**) num vingt. *See also* **six**.

twenty-four seven adv vingt-quatre heures sur vingt-quatre, sept jours sur sept.

twenty-twenty vision noun vision *f* de dix dixièmes à chaque œil.

twerp [twɜ:p] noun *inf* crétin *m*, -e *f*, andouille *f*.

twice [twaɪs] adv deux fois / *twice a day* deux fois par jour / *he earns twice as much as me* il gagne deux fois plus que moi / *twice as big* deux fois plus grand / *twice my size / age* le double de ma taille / mon âge.

twiddle ['twɪdl] ❖ vt jouer avec. ❖ vi ▸ **to twiddle with sthg** jouer avec qqch.

twig [twɪg] noun brindille *f*, petite branche *f*.

twilight ['twaɪlaɪt] noun crépuscule *m*.

twin [twɪn] ❖ adj jumeau (jumelle) ; UK [town] jumelé(e) ▸ **twin beds** lits *mpl* jumeaux. ❖ noun jumeau *m*, jumelle *f*.

twine [twaɪn] ❖ noun *(U)* ficelle *f*. ❖ vt ▸ **to twine sthg round** UK OR **around** US **sthg** enrouler qqch autour de qqch.

twin-engined [-'endʒɪnd] adj bimoteur.

twinge [twɪndʒ] noun [of pain] élancement *m* ▸ **a twinge of guilt** un remords.

twinkle ['twɪŋkl] ❖ noun [of stars, lights] scintillement *m* ; [in eyes] pétillement *m*. ❖ vi [star, lights] scintiller ; [eyes] briller, pétiller.

twinkling ['twɪŋklɪŋ] ❖ adj **1.** [star, gem, sea] scintillant(e), brillant(e) **2.** [eyes] pétillant(e), brillant(e) **3.** *fig* [feet] agile. ❖ noun *(U)* **1.** [of star, light, gem] scintillement *m* **2.** [in eyes] pétillement *m* ▸ **in the twinkling of an eye** en un clin d'œil.

twin room noun chambre *f* à deux lits.

twin town noun UK ville *f* jumelée.

twirl [twɜ:l] ❖ vt faire tourner. ❖ vi tournoyer.

twist [twɪst] ❖ noun **1.** [in road] zigzag *m*, tournant *m* ; [in river] méandre *m*, coude *m* ; [in rope] entortillement *m* ▸ **to get (o.s.) into a twist about sthg a)** [get angry] s'énerver au sujet de qqch **b)** [get upset] se mettre dans tous ses états **2.** [turn] : *to give the lid a twist* **a)** [to open] dévisser le couvercle **b)** [to close] visser le couvercle **3.** *fig* [in plot] rebondissement *m* / *the book gives a new twist to the old story* le livre donne une nouvelle tournure OR un tour nouveau à cette vieille histoire / *it's difficult to follow the twists and turns of his argument* il est difficile de suivre les méandres de son argumentation. ❖ vt **1.** [wind, curl] entortiller / *the seat-belt got twisted* la ceinture (de sécurité) s'est entortillée **2.** [contort] tordre / *the railings were twisted out of shape* les grilles étaient toutes tordues / *her face was twisted with pain* *fig* ses traits étaient tordus par la douleur, la douleur lui tordait le visage **3.** [turn] tourner ; [lid - to open] dévisser ; [- to close] visser ▸ **if you twist his arm, he'll agree to go** si tu insistes un peu, il voudra bien y aller **4.** [sprain] ▸ **to twist one's ankle** se tordre OR se fouler la cheville **5.** [words, meaning] déformer. ❖ vi **1.** [river, path] zigzaguer **2.** [be contorted] se tordre **3.** [turn] ▸ **to twist round** UK OR **around** US se retourner.

twisted ['twɪstɪd] adj *pej* tordu(e).

twister ['twɪstəʳ] noun US tornade *f*.

twit [twɪt] noun UK *inf* crétin *m*, -e *f*.

twitch [twɪʧ] ❖ noun tic *m*. ❖ vt [rope] tirer d'un coup sec ; [ears - subj: animal] remuer. ❖ vi [muscle, eye, face] se contracter.

twitchy ['twɪtʃɪ] adj [person] agité(e), nerveux(euse).

twitter ['twɪtəʳ] vi **1.** [bird] gazouiller **2.** *pej* [person] jacasser.

two [tu:] num deux ▸ **in two** en deux. *See also* **six**.

two-bit adj *pej* de pacotille.

2 1. ***written abbr of*** **to 2.** ***written abbr of*** **too**.

2DAY MESSAGING ***written abbr of*** **today**.

2d4 MESSAGING ***written abbr of*** **to die for**.

two-dimensional adj à deux dimensions ; *pej* superficiel(elle), simpliste.

twofaced [ˌtu:'feɪst] adj *pej* fourbe.

twofold ['tu:fəʊld] ❖ adj double. ❖ adv doublement ▸ **to increase twofold** doubler.

two-hander noun [film] film *m* à deux personnages ; [play] pièce *f* à deux personnages.

2moro MESSAGING (***written abbr of*** **tomorrow**) 2m1.

2nite MESSAGING ***written abbr of*** **tonight**.

two-piece adj ▸ **two-piece swimsuit** deux-pièces *m inv* ▸ **two-piece suit** [for man] costume *m* (deux-pièces).

two-seater noun [car] voiture *f* à deux places ; [plane] biplace *m*.

twosome ['tu:səm] noun *inf* couple *m*.

two-time vt *inf* tromper.

two-timing adj *inf* infidèle.

two-tone adj de deux tons.

two-way adj [traffic, trade] dans les deux sens ▸ **two-way radio** poste *m* émetteur-récepteur.

two-way street noun rue *f* à circulation dans les deux sens.

tycoon [taɪ'ku:n] noun magnat *m*.

type [taɪp] ❖ noun **1.** [sort, kind] genre *m*, sorte *f* ; [model] modèle *m* ; [in classification] type *m* **2.** [person] : *he's not the marrying type* il n'est pas du genre à se marier ▸ **he's / she's not my type** *inf* lui / elle, ce n'est pas mon genre OR type **3.** *(U)* TYPO caractères *mpl*. ❖ vt [letter, reply] taper (à la machine) ▸ **to type data into a computer** introduire des données dans un ordinateur. ❖ vi taper (à la machine). ◆ **type up** vt sep taper.

-type suffix du type, genre.

typecast ['taɪpkɑ:st] (*pt & pp* **typecast**) vt ▸ **to be typecast** être cantonné aux mêmes rôles ▸ **to be typecast as** être cantonné dans le rôle de.

typeface ['taɪpfeɪs] noun TYPO œil *m* de caractère.

typescript ['taɪpskrɪpt] noun texte *m* dactylographié.

typesetter ['taɪpˌsetəʳ] noun [worker] compositeur *m*, -trice *f* ; [machine] linotype *f*.

typesetting ['taɪpˌsetɪŋ] noun TYPO composition *f*.

typewriter ['taɪpˌraɪtəʳ] noun machine *f* à écrire.

typhoon [taɪ'fu:n] noun typhon *m*.

typhus ['taɪfəs] noun typhus *m*.

typical ['tɪpɪkl] adj ▸ **typical (of)** typique (de), caractéristique (de) / *that's typical (of him / her)!* c'est bien de lui / d'elle !

typically ['tɪpɪklɪ] adv typiquement.

typify ['tɪpɪfaɪ] (*pt & pp* **-ied**) vt **1.** [characterize] être caractéristique de **2.** [represent] représenter.

typing ['taɪpɪŋ] noun dactylo *f*, dactylographie *f*.

typing error noun faute *f* de frappe.

typist ['taɪpɪst] noun dactylo *mf*, dactylographe *mf*.

typo ['taɪpəʊ] noun *inf* coquille *f*.

typography [taɪ'pɒgrəfɪ] noun typographie *f*.

tyrannical [tɪ'rænɪkl] adj tyrannique.

tyrannize, tyrannise UK ['tɪrənaɪz] ❖ vt tyranniser. ❖ vi ▸ **to tyrannize over sb** tyranniser qqn.

tyranny ['tɪrənɪ] noun tyrannie *f*.

tyrant ['taɪrənt] noun tyran *m*.

tyre UK, **tire** US ['taɪəʳ] noun pneu *m*.

tyre pressure UK, **tire pressure** US noun pression *f* (de gonflage).

tzar [zɑ:ʳ] = **tsar**.

U

u (*pl* **u's** *or* **us**), **U** (*pl* **U's** *or* **Us**) [ju:] noun [letter] u *m inv*, U *m inv*.

U **1.** (*abbr of* **universal**) *en Grande-Bretagne, désigne un film tous publics* **2.** MESSAGING *written abbr of* **you**.

U-bend noun siphon *m*.

ubiquitous [ju:'bɪkwɪtəs] adj omniprésent(e).

UCAS ['ju:kas] (*abbr of* **Universities and Colleges Admissions Service**) noun *organisme gérant les inscriptions dans les universités au Royaume-Uni*.

udder ['ʌdəʳ] noun mamelle *f*.

UDI (*abbr of* **unilateral declaration of independence**) noun *déclaration unilatérale d'indépendance*.

UEFA [ju:'eɪfə] (*abbr of* **Union of European Football Associations**) noun UEFA *f*.

UFO (*abbr of* **unidentified flying object**) noun OVNI *m*, ovni *m*.

Uganda [ju:'gændə] noun Ouganda *m* ▸ **in Uganda** en Ouganda.

Ugandan [ju:'gændən] ❖ adj ougandais(e). ❖ noun [person] Ougandais *m*, -e *f*.

ugh [ʌg] excl pouah !, beurk !

ugly ['ʌglɪ] (*compar* **-ier**, *superl* **-iest**) adj **1.** [unattractive] laid(e) **2.** *fig* [unpleasant] pénible, désagréable.

UHF (*abbr of* **ultra high frequency**) noun UHF.

UHT (*abbr of* **ultra heat treated**) UHT.

UK (*abbr of* **United Kingdom**) noun Royaume-Uni *m*, R.U. *m*.

UKAEA (*abbr of* **United Kingdom Atomic Energy Authority**) noun *commission britannique à l'énergie nucléaire* ; ≃ CEA *f*.

Ukraine [ju:'kreɪn] noun : *the Ukraine* l'Ukraine *f* ▸ **in the Ukraine** en Ukraine.

Ukrainian [ju:'kreɪnjən] ❖ adj ukrainien(enne). ❖ noun **1.** [person] Ukrainien *m*, -enne *f* **2.** [language] ukrainien *m*.

ukulele [ˌju:kə'leɪlɪ] noun guitare *f* hawaïenne, ukulélé *m*.

ulcer ['ʌlsəʳ] noun ulcère *m*.

Ulster ['ʌlstəʳ] noun Ulster *m* ▸ **in Ulster** dans l'Ulster.

ulterior [ʌl'tɪərɪəʳ] adj ▸ **ulterior motive** arrière-pensée *f*.

ultimate ['ʌltɪmət] ❖ adj **1.** [final] final(e), ultime **2.** [most powerful] ultime, suprême. ❖ noun ▸ **the ultimate in** le fin du fin dans.

ultimately ['ʌltɪmətlɪ] adv [finally] finalement.

ultimatum [ˌʌltɪ'meɪtəm] (*pl* **-ums** *or* **-a**) noun ultimatum *m*.

ultra- ['ʌltrə] pref ultra-.

ultramarine [ˌʌltrəmə'ri:n] adj (bleu) outremer *(inv)*.

ultramodern [ˌʌltrə'mɒdən] adj ultramoderne.

ultrasound ['ʌltrəsaʊnd] noun *(U)* ultrasons *mpl*.

ultraviolet [ˌʌltrə'vaɪələt] adj ultra-violet(ette).

um [ʌm] excl heu !

umbilical cord [ʌm'bɪlɪkl-] noun cordon *m* ombilical.

umbrage ['ʌmbrɪdʒ] noun ▸ **to take umbrage (at)** prendre ombrage (de).

umbrella [ʌm'brelə] ❖ noun [portable] parapluie *m* ; [fixed] parasol *m*. ❖ adj [organization] qui en regroupe plusieurs autres.

umpire ['ʌmpaɪəʳ] ❖ noun arbitre *m*. ❖ vt arbitrer. ❖ vi être l'arbitre.

umpteen [ˌʌmp'ti:n] num adj *inf* je ne sais combien de.

umpteenth [ˌʌmp'ti:nθ] num adj *inf* énième.

UN (*abbr of* **United Nations**) noun ▸ **the UN** l'ONU *f*, l'Onu *f*.

unabashed [ˌʌnə'bæʃt] adj nullement décontenancé(e).

unable [ʌn'eɪbl] adj ▸ **to be unable to do sthg** ne pas pouvoir faire qqch, être incapable de faire qqch.

unabridged [ˌʌnə'brɪdʒd] adj intégral(e).

unacceptable [ˌʌnək'septəbl] adj inacceptable.

unacceptably [ˌʌnək'septəblɪ] adv [noisy, rude] à un point inacceptable OR inadmissible.

unaccompanied [ˌʌnə'kʌmpənɪd] adj **1.** [child] non accompagné(e) ; [luggage] sans surveillance **2.** [song] a cappella, sans accompagnement.

unaccomplished [ˌʌnə'kʌmplɪʃt] adj **1.** [incomplete - task] inachevé(e), inaccompli(e) **2.** [unfulfilled - wish, plan] non réalisé(e), non accompli(e) **3.** [untalented - actor, player] sans grand talent, médiocre ; [- performance] médiocre.

unaccountable [ˌʌnə'kaʊntəbl] adj **1.** [inexplicable] inexplicable **2.** [not responsible] ▸ **to be unaccountable for sthg** ne pas être responsable de qqch ▸ **to be unaccountable to sb** ne pas être responsable envers OR devant qqn.

unaccounted [ˌʌnə'kaʊntɪd] adj ▸ **to be unaccounted for** manquer.

unaccustomed [ˌʌnə'kʌstəmd] adj **1.** [unused] ▸ **to be unaccustomed to sthg / to doing sthg** ne pas être habitué(e) à qqch / à faire qqch **2.** [not usual] inaccoutumé(e), inhabituel(elle).

unacknowledged [ˌʌnək'nɒlɪdʒd] adj **1.** [unrecognized - truth, fact] non reconnu(e) ; [- qualities, discovery] non reconnu(e), méconnu(e) **2.** [ignored - letter] resté(e) sans réponse.

unacquainted [ˌʌnə'kweɪntɪd] adj ▸ **to be unacquainted with sb / sthg** ne pas connaître qqn / qqch.

unadulterated [ˌʌnə'dʌltəreɪtɪd] adj **1.** [unspoilt - wine] non frelaté(e) ; [- food] naturel(elle) **2.** [absolute - joy] sans mélange ; [- nonsense, truth] pur et simple (pure et simple).

unadventurous [ˌʌnəd'ventʃərəs] adj qui manque d'audace.

unadvisable [ˌʌnəd'vaɪzəbl] adj imprudent(e), à déconseiller / *it is unadvisable for her to travel* les voyages lui sont déconseillés, il vaut mieux qu'elle évite de voyager.

unaffected [ˌʌnə'fektɪd] adj **1.** [unchanged] ▸ **unaffected (by)** non affecté(e) (par) **2.** [natural] naturel(elle).

unafraid [ˌʌnə'freɪd] adj sans crainte, sans peur.

unaided [ˌʌn'eɪdɪd] adj sans aide.

unaltered [ˌʌn'ɔ:ltəd] adj inchangé(e), non modifié(e) / *the original building remains unaltered* le bâtiment d'origine reste tel quel OR n'a pas subi de modifications.

unambiguous [ˌʌnæm'bɪgjʊəs] adj non équivoque.

unambitious [ˌʌnæm'bɪʃəs] adj sans ambition, peu ambitieux(euse).

unanimity [ˌju:nə'nɪmətɪ] noun unanimité *f*.

unanimous [ju:'nænɪməs] adj unanime.

unanimously [ju:'nænɪməslɪ] adv à l'unanimité.

unannounced [ˌʌnə'naʊnst] adj sans tambour ni trompette.

unanswerable [ˌʌn'ɑ:nsərəbl] adj **1.** [impossible - question, problem] auquel il est impossible de répondre **2.** [irrefutable - argument, logic] irréfutable, incontestable.

unanswered [ˌʌn'ɑ:nsəd] adj qui reste sans réponse.

unappealing [ˌʌnə'pi:lɪŋ] adj peu attirant(e).

unappetizing, unappetising UK [ˌʌn'æpɪtaɪzɪŋ] adj peu appétissant(e).

unappreciated [ˌʌnə'pri:ʃɪeɪtɪd] adj peu apprécié(e).

unappreciative [ˌʌnə'pri:ʃɪətɪv] adj ▸ **unappreciative (of)** indifférent(e) (à).

unapproachable [ˌʌnə'prəʊtʃəbl] adj inabordable, d'un abord difficile.

unarmed [ˌʌn'ɑ:md] adj non armé(e).

unashamed [ˌʌnə'ʃeɪmd] adj [luxury] insolent(e) ; [liar, lie] effronté(e), éhonté(e).

unashamedly [ˌʌnə'ʃeɪmɪdlɪ] adv [brazenly] sans honte, sans scrupule ; [openly] sans honte, sans se cacher / *she lied quite unashamedly* elle mentait absolument sans vergogne, c'était une menteuse tout à fait éhontée / *he is unashamedly greedy* il est d'une gourmandise éhontée.

unassailable [ˌʌnə'seɪləbl] adj [fort, city] imprenable, inébranlable ; [certainty, belief] inébranlable ; [reputation] inattaquable ; [argument, reason] inattaquable, irréfutable.

unassuming [ˌʌnə'sju:mɪŋ] adj modeste, effacé(e).

unattached [ˌʌnə'tætʃt] adj **1.** [not fastened, linked] ▸ **unattached (to)** indépendant(e) (de) **2.** [without partner] libre, sans attaches.

unattainable [ˌʌnə'teɪnəbl] adj inaccessible.

unattended [ˌʌnə'tendɪd] adj [luggage, shop] sans surveillance ; [child] seul(e).

unattractive [ˌʌnə'træktɪv] adj **1.** [not beautiful] peu attrayant(e), peu séduisant(e) **2.** [not pleasant] déplaisant(e).

unauthorized, unauthorised UK [ˌʌn'ɔ:θəraɪzd] adj non autorisé(e).

unauthorized access noun COMPUT accès *m* non autorisé.

unavailable [ˌʌnə'veɪləbl] adj qui n'est pas disponible, indisponible.

unavoidable [ˌʌnə'vɔɪdəbl] adj inévitable.

unavoidably [ˌʌnə'vɔɪdəblɪ] adj inévitablement ▸ **to be unavoidably detained** être retardé pour des raisons indépendantes de sa volonté.

unaware [ˌʌnə'weəʳ] adj ignorant(e), inconscient(e) ▸ **to be unaware of sthg** ne pas avoir conscience de qqch, ignorer qqch.

unawares [ˌʌnə'weəz] adv ▸ **to catch** OR **take sb unawares** prendre qqn au dépourvu.

unbalanced [ˌʌn'bælənst] adj **1.** [biased] tendancieux(euse), partial(e) **2.** [deranged] déséquilibré(e).

unbearable [ʌn'beərəbl] adj insupportable.

unbearably [ʌn'beərəblɪ] adv insupportablement / *it's unbearably hot* il fait une chaleur insupportable.

unbeatable [ˌʌn'bi:təbl] adj imbattable.

unbeaten [ˌʌn'bi:tn] adj [fighter, team] invaincu(e) ; [record, price] non battu(e).

unbecoming [ˌʌnbɪ'kʌmɪŋ] adj [unattractive] peu seyant(e).

unbelievable [ˌʌnbɪ'li:vəbl] adj incroyable.

unbelievably [ˌʌnbɪ'li:vəblɪ] adv incroyablement ▸ **to be unbelievably stupid** être d'une bêtise incroyable.

unbending [ˌʌn'bendɪŋ] adj inflexible, intransigeant(e).

unbia(s)sed [ˌʌn'baɪəst] adj impartial(e).

unblemished [ˌʌn'blemɪʃt] adj *fig* sans tache.

unblock [ˌʌn'blɒk] vt déboucher.

unborn [ˌʌn'bɔ:n] adj [child] qui n'est pas encore né(e).

unbreakable [ˌʌn'breɪkəbl] adj incassable.

unbridled [ˌʌn'braɪdld] adj effréné(e), débridé(e).

unbroken [ˌʌn'brəʊkn] adj **1.** [line] continu(e) ; [surface, expanse] continu(e), ininterrompu(e) ; [sleep, tradition, peace] ininterrompu(e) **2.** [crockery, eggs] intact(e), non cassé(e) ; [fastening, seal] intact(e), non brisé(e) ; [record] non battu(e) **3.** *fig* [promise] tenu(e), non rompu(e) / *despite all her troubles, her spirit remains unbroken* malgré tous ses ennuis, elle garde le moral OR elle ne se laisse pas abattre **4.** [voice] qui n'a pas (encore) mué **5.** [horse] indompté(e).

unbuckle [ˌʌn'bʌkl] vt déboucler.

unbutton [ˌʌn'bʌtn] vt déboutonner.

uncalled-for [ˌʌn'kɔːld-] adj [remark] déplacé(e) ; [criticism] injustifié(e).

uncannily [ʌn'kænɪlɪ] adv [accurate, familiar] étrangement ; [quiet] mystérieusement, étrangement.

uncanny [ʌn'kænɪ] (*compar* **-ier**, *superl* **-iest**) adj étrange, mystérieux(euse) ; [resemblance] troublant(e).

uncaring [ˌʌn'keərɪŋ] adj qui ne se soucie pas des autres.

unceasing [ˌʌn'siːsɪŋ] adj *fml* incessant(e), continuel(elle).

uncensored [ˌʌn'sensəd] adj non censuré(e).

unceremoniously ['ʌnˌserɪ'məʊnjəslɪ] adj brusquement.

uncertain [ʌn'sɜːtn] adj incertain(e) ▸ **in no uncertain terms** sans mâcher ses mots.

uncertainty [ʌn'sɜːtntɪ] (*pl* **-ies**) noun incertitude *f*, doute *m* / *to be in a state of uncertainty* être dans le doute / *I am in some uncertainty as to whether I should tell him* je ne sais pas trop OR je ne suis pas trop sûre si je dois le lui dire ou non.

unchallenged [ˌʌn'tʃælɪndʒd] adj incontesté(e), indiscuté(e).

unchanged [ˌʌn'tʃeɪndʒd] adj inchangé(e).

unchanging [ˌʌn'tʃeɪndʒɪŋ] adj invariable, immuable.

uncharacteristic ['ʌnˌkærəktə'rɪstɪk] adj inhabituel(elle).

uncharacteristically ['ʌnˌkærəktə'rɪstɪklɪ] adv d'une façon peu caractéristique.

uncharitable [ˌʌn'tʃærɪtəbl] adj peu charitable.

uncharted [ˌʌn'tʃɑːtɪd] adj [land, sea] qui n'est pas sur la carte ▸ **uncharted territory** *fig* domaine inexploré.

unchecked [ˌʌn'tʃekt] adj non maîtrisé(e), sans frein.

uncivilized, uncivilised UK [ˌʌn'sɪvɪlaɪzd] adj non civilisé(e), barbare.

unclassified [ˌʌn'klæsɪfaɪd] adj [documents] non classé(e) ; [information] non secret(ète).

uncle ['ʌŋkl] noun oncle *m*.

unclean [ˌʌn'kliːn] adj **1.** [dirty] sale **2.** RELIG impur(e).

unclear [ˌʌn'klɪəʳ] adj **1.** [message, meaning, motive] qui n'est pas clair(e) **2.** [uncertain - person, future] incertain(e).

Uncle Sam l'Oncle Sam *(personnage représentant les États-Unis dans la propagande pour l'armée)*.

unclothed [ˌʌn'kləʊðd] adj nu(e), sans vêtements.

uncluttered [ˌʌn'klʌtəd] adj [room] dépouillé(e), simple ; [style of writing] sobre ; [design] dépouillé(e) ; [mind, thinking] clair(e), net (nette).

uncomfortable [ˌʌn'kʌmftəbl] adj **1.** [shoes, chair, clothes] inconfortable ; *fig* [fact, truth] désagréable **2.** [person - physically] qui n'est pas à l'aise ; [- ill at ease] mal à l'aise.

uncomfortably [ˌʌn'kʌmftəblɪ] adv **1.** [in physical discomfort] inconfortablement **2.** *fig* [uneasily] avec gêne.

uncommitted [ˌʌnkə'mɪtɪd] adj non engagé(e).

uncommon [ʌn'kɒmən] adj **1.** [rare] rare **2.** *fml* [extreme] extraordinaire.

uncommunicative [ˌʌnkə'mjuːnɪkətɪv] adj peu expansif(ive), peu communicatif(ive).

uncomplaining [ˌʌnkəm'pleɪnɪŋ] adj qui ne se plaint pas.

uncomplicated [ˌʌn'kɒmplɪkeɪtɪd] adj simple, peu compliqué(e).

uncomprehending ['ʌnˌkɒmprɪ'hendɪŋ] adj qui ne comprend pas.

uncompromising [ˌʌn'kɒmprəmaɪzɪŋ] adj intransigeant(e).

unconcerned [ˌʌnkən'sɜːnd] adj [not anxious] qui ne s'inquiète pas.

unconditional [ˌʌnkən'dɪʃənl] adj inconditionnel(elle).

unconfirmed [ˌʌnkən'fɜːmd] adj non confirmé(e).

unconnected [ˌʌnkə'nektɪd] adj [facts, events] sans rapport.

unconscious [ʌn'kɒnʃəs] ◆ adj **1.** [having lost consciousness] sans connaissance **2.** *fig* [unaware] ▸ **to be unconscious of** ne pas avoir conscience de, ne pas se rendre compte de **3.** [unnoticed - desires, feelings] inconscient(e). ◆ noun PSYCHOL inconscient *m*.

unconsciously [ʌn'kɒnʃəslɪ] adv inconsciemment.

unconstitutional ['ʌnˌkɒnstɪ'tjuːʃənl] adj inconstitutionnel(elle), anticonstitutionnel(elle).

uncontaminated [ʌnkən'tæmɪneɪtɪd] adj non contaminé(e).

uncontested [ˌʌnkən'testɪd] adj incontesté(e) ; [election] sans opposition.

uncontrollable [ˌʌnkən'trəʊləbl] adj **1.** [unrestrainable - emotion, urge] irrépressible, irrésistible ; [- increase, epidemic] qui ne peut être enrayé(e) **2.** [unmanageable - person] impossible, difficile.

uncontrollably [ˌʌnkən'trəʊləblɪ] adv **1.** [helplessly] irrésistiblement / *he was laughing uncontrollably* il avait le fou rire / *I shook uncontrollably* je tremblais sans pouvoir m'arrêter **2.** [out of control] : *the boat rocked uncontrollably* on n'arrivait pas à maîtriser le tangage du bateau **3.** [fall, increase] irrésistiblement.

uncontroversial ['ʌnˌkɒntrə'vɜːʃl] adj qui ne prête pas à controverse, incontestable.

unconventional [ˌʌnkən'venʃənl] adj peu conventionnel(elle), original(e).

unconvinced [ˌʌnkən'vɪnst] adj qui n'est pas convaincu(e), sceptique.

unconvincing [ˌʌnkən'vɪnsɪŋ] adj peu convaincant(e).

unconvincingly [ˌʌnkən'vɪnsɪŋlɪ] adv [argue, lie] d'un ton OR d'une manière peu convaincante, peu vraisemblablement.

uncooked [ˌʌn'kʊkt] adj non cuit(e), cru(e).

uncool [ˌʌn'kuːl] adj *inf* pas cool.

uncooperative [ˌʌnkəʊ'ɒpərətɪv] adj peu coopératif(ive).

uncork [ˌʌn'kɔːk] vt déboucher.

uncorroborated [ˌʌnkə'rɒbəreɪtɪd] adj non corroboré(e).

uncountable [ˌʌn'kaʊntəbl] adj **1.** [numberless] incalculable, innombrable **2.** GRAM non dénombrable.

uncouth [ʌn'kuːθ] adj grossier(ère).

uncover [ʌn'kʌvəʳ] vt découvrir.

uncritical [ˌʌn'krɪtɪkl] adj [naïve] dépourvu(e) d'esprit critique, non critique ; [unquestioning] inconditionnel(elle).

unctuous ['ʌŋktjʊəs] adj *fml* mielleux(euse), onctueux(euse).

uncultured [ˌʌn'kʌltʃəd] adj [manners, person] inculte ; [accent, speech] qui manque de raffinement.

uncut [ˌʌn'kʌt] adj **1.** [film] intégral(e), sans coupures **2.** [jewel] brut(e), non taillé(e).

undamaged [ˌʌn'dæmɪdʒd] adj non endommagé(e), intact(e).

undaunted [ˌʌn'dɔːntɪd] adj non découragé(e).

undecided [ˌʌndɪ'saɪdɪd] adj [person] indécis(e), irrésolu(e) ; [issue] indécis(e).

undefeated [ˌʌndɪ'fiːtɪd] adj invaincu(e).

undemanding [ˌʌndɪ'mɑːndɪŋ] adj [task] peu astreignant(e), peu exigeant(e) ; [person] peu exigeant(e).

undemocratic ['ʌnˌdeməʊ'krætɪk] adj antidémocratique, peu démocratique.

undemonstrative [ˌʌndɪ'mɒnstrətɪv] adj peu expansif(ive), peu démonstratif(ive).

undeniable [ˌʌndɪ'naɪəbl] adj indéniable, incontestable.

undeniably [ˌʌndɪ'naɪəblɪ] adv [true] incontestablement, indiscutablement.

under ['ʌndəʳ] ❖ prep **1.** [gen] sous / *I can't see anything under it* je ne vois rien (en-)dessous / *he wore a white shirt under his jacket* il portait une chemise blanche sous sa veste / *it can only be seen under a microscope* on ne peut le voir qu'au microscope **2.** [less than] moins de / *children under five* les enfants de moins de cinq ans / *everything is under £5* tout est à moins de 5 livres **3.** [subject to - effect, influence] sous / *under duress / threat* sous la contrainte / la menace / *under sedation / treatment* MED sous calmants / traitement ▸ **under the circumstances** dans ces circonstances, étant donné les circonstances ▸ **to be under an obligation to sb** être redevable à qqn, avoir une dette de reconnaissance envers qqn / *she has two assistants under her* elle a deux assistants sous ses ordres **4.** [undergoing] ▸ **under consideration** à l'étude ▸ **under discussion** en discussion ▸ **under review** qui doit être révisé **5.** [according to] selon, conformément à / *under the new law, all this will change* avec la nouvelle loi, tout ceci va changer / *under (the terms of) his will / the agreement* selon (les termes de) son testament / l'accord **6.** [in classification] : *she writes under the name of Heidi Croft* elle écrit sous le nom de Heidi Croft. ❖ adv **1.** [underneath] dessous ; [underwater] sous l'eau ▸ **to go under** [company] couler, faire faillite **2.** [less] au-dessous / *items at £20 and under* des articles à 20 livres et au-dessous / *you have to be 16 or under to enter* il faut avoir 16 ans ou moins pour se présenter.

under- pref sous-.

underachiever [ˌʌndərə'tʃiːvəʳ] noun *personne dont les résultats ne correspondent pas à ses possibilités*.

underage [ʌndər'eɪdʒ] adj mineur(e) ▸ **underage drinking** consommation *f* d'alcool par les mineurs ▸ **underage sex** rapports *mpl* sexuels entre des mineurs.

underarm ['ʌndərɑːm] ❖ adj [deodorant] pour les aisselles. ❖ adv [throw, bowl] par en-dessous.

undercarriage ['ʌndəˌkærɪdʒ] noun train *m* d'atterrissage.

undercharge [ˌʌndə'tʃɑːdʒ] vt faire payer insuffisamment à.

underclothes ['ʌndəkləʊðz] pl n sous-vêtements *mpl*.

undercoat ['ʌndəkəʊt] noun [of paint] couche *f* de fond.

undercook [ˌʌndə'kʊk] vt ne pas assez cuire.

undercover ['ʌndəˌkʌvəʳ] ❖ adj secret(ète). ❖ adv clandestinement.

undercurrent ['ʌndəˌkʌrənt] noun *fig* [tendency] courant *m* sous-jacent.

undercut [ˌʌndə'kʌt] (*pt & pp* **undercut**, *cont* **-ting**) vt [in price] vendre moins cher que.

underdeveloped [ˌʌndədɪ'veləpt] adj [country] sous-développé(e) ; [person] qui n'est pas complètement développé(e) OR formé(e).

underdog ['ʌndədɒg] noun ▸ **the underdog a)** l'opprimé *m* **b)** SPORT celui (celle) que l'on donne perdant(e).

underdone [ˌʌndə'dʌn] adj [food] pas assez cuit(e) ; [steak] saignant(e).

underestimate ❖ noun [ʌndər'estɪmət] sous-estimation *f*. ❖ vt [ˌʌndər'estɪmeɪt] sous-estimer.

underexposed [ˌʌndərɪk'spəʊzd] adj PHOT sous-exposé(e).

underfed [ˌʌndə'fed] adj [person] sous-alimenté(e).

underfinanced [ˌʌndə'faɪnænst] adj [business, scheme, school] qui manque de fonds.

underfoot [ˌʌndə'fʊt] adv sous les pieds ▸ **to trample sthg underfoot** fouler qqch aux pieds ▸ **the ground underfoot** le sol.

underfunded [ʌndə'fʌndɪd] = **underfinanced**.

underfunding [ʌndə'fʌndɪŋ] noun financement *m* insuffisant.

undergo [ˌʌndə'gəʊ] (*pt* **-went**, *pp* **-gone**) vt subir ; [pain, difficulties] éprouver.

undergraduate [ˌʌndə'grædjʊət] ❖ adj [course, studies] pour étudiants de licence. ❖ noun étudiant *m*, -e *f* qui prépare la licence.

underground ❖ adj ['ʌndəgraʊnd] **1.** [below the ground] souterrain(e) **2.** *fig* [secret] clandestin(e). ❖ adv [ˌʌndə'graʊnd] ▸ **to go / be forced underground** entrer dans la clandestinité. ❖ noun ['ʌndəgraʊnd] **1.** UK [subway] métro *m* **2.** [activist movement] résistance *f*.

undergrowth ['ʌndəgrəʊθ] noun *(U)* sous-bois *m inv.*

underhand [ˌʌndə'hænd] adj sournois(e), en dessous.

underlay ['ʌndəleɪ] noun [for carpet] thibaude *f.*

underlie [ˌʌndə'laɪ] *(pt* **underlay** [ˌʌndə'leɪ], *pp* **underlain** [ˌʌndə'leɪn]) vt sous-tendre, être à la base de.

underline [ˌʌndə'laɪn] vt souligner.

underlying [ˌʌndə'laɪɪŋ] adj sous-jacent(e).

undermentioned [ˌʌndə'menʃnd] adj *fml* (cité) ci-dessous.

undermine [ˌʌndə'maɪn] vt *fig* [weaken] saper, ébranler.

underneath [ˌʌndə'ni:θ] ❖ prep **1.** [beneath] sous, au-dessous de **2.** [in movements] sous. ❖ adv **1.** [beneath] en dessous, dessous **2.** *fig* [fundamentally] au fond. ❖ adj *inf* d'en dessous. ❖ noun [underside] ▸ **the underneath** le dessous.

undernourished [ˌʌndə'nʌrɪʃt] adj sous-alimenté(e).

underpaid ❖ pt & pp [ˌʌndə'peɪd] ⟶ **underpay.** ❖ adj ['ʌndəpeɪd] sous-payé(e).

underpants ['ʌndəpænts] pl n slip *m.*

underpass ['ʌndəpɑ:s] noun [for cars] passage *m* inférieur ; [for pedestrians] passage *m* souterrain.

underpay [ˌʌndə'peɪ] *(pt & pp* **-paid**) vt sous-payer.

underperform [ˌʌndəpə'fɔ:m] vi rester en deçà de ses possibilités.

underpin [ˌʌndə'pɪn] *(pt & pp* **-ned**, *cont* **-ning**) vt étayer.

underplay [ˌʌndə'pleɪ] vt réduire l'importance de, minimiser.

underprice [ˌʌndə'praɪs] vt mettre un prix trop bas à.

underprivileged [ˌʌndə'prɪvɪlɪdʒd] adj défavorisé(e), déshérité(e).

underrated [ˌʌndə'reɪtɪd] adj sous-estimé(e).

underscore [ˌʌndə'skɔ:ʳ] ❖ vt *lit* & *fig* souligner. ❖ noun TYPO tiret *m* bas.

underside ['ʌndəsaɪd] noun ▸ **the underside** le dessous.

undersigned ['ʌndəsaɪnd] noun *fml* : *I, the undersigned* je soussigné(e).

undersize(d) [ˌʌndə'saɪz(d)] adj trop petit(e).

underskirt ['ʌndəskɜ:t] noun jupon *m.*

understaffed [ˌʌndə'stɑ:ft] adj à court de personnel.

understand [ˌʌndə'stænd] *(pt & pp* **-stood**) ❖ vt **1.** [gen] comprendre / ***is that understood?*** est-ce compris ? / ***I understand your need to be independent*** je comprends bien que vous ayez besoin d'être indépendant ▸ **to make o.s. understood** se faire comprendre **2.** *fml* [be informed] ▸ **I understand (that)...** je crois comprendre que..., il paraît que... / ***I understand you need a loan*** j'ai cru comprendre que OR si j'ai bien compris, vous avez besoin d'un prêt / ***they are understood to have fled the country*** il paraît qu'ils ont fui le pays **3.** [interpret] entendre / ***what do you understand by "soon"?*** qu'est-ce que vous entendez par « bientôt » ? / ***the object of the sentence is understood*** GRAM l'objet de la phrase est sous-entendu. ❖ vi comprendre / ***if you do that once more you're out, understand?*** faites ça encore une fois et vous êtes viré, compris ?

understandable [ˌʌndə'stændəbl] adj compréhensible.

understandably [ˌʌndə'stændəblɪ] adv **1.** [speak] de façon compréhensible **2.** [naturally] naturellement.

understanding [ˌʌndə'stændɪŋ] ❖ noun **1.** [knowledge, sympathy] compréhension *f* / ***it was my understanding that...*** j'avais compris que... / ***they have little understanding of what the decision involves*** ils ne comprennent pas très bien ce que la décision entraînera / ***he showed great understanding*** il a fait preuve de beaucoup de compréhension **2.** [agreement] accord *m*, arrangement *m* ▸ **to come to an understanding (over)** s'entendre (sur) ▸ **on the understanding that...** à condition que... *(+ subjunctive).* ❖ adj [sympathetic] compréhensif(ive).

understated [ˌʌndə'steɪtɪd] adj discret(ète).

understatement [ˌʌndə'steɪtmənt] noun **1.** [inadequate statement] affirmation *f* en dessous de la vérité **2.** *(U)* [quality of understating] euphémisme *m.*

understood [ˌʌndə'stʊd] pt & pp ⟶ **understand.**

understudy ['ʌndəˌstʌdɪ] *(pl* **-ies**) noun doublure *f.*

How to say you have or haven't understood

Saying you have understood

- **Ah oui, je comprends maintenant.** *Oh yes, now I understand.*
- **Ça y est, j'ai compris maintenant.** *Now I get it.*
- **Oui, je vois où vous voulez en venir.** *Yes, I see what you're getting at.*
- **Oui oui, d'accord.** *Yes, OK.*
- **Ah d'accord... !** *Oh, I see... !*

Saying you haven't understood

- **Excusez-moi, mais je ne suis pas sûr d'avoir bien compris.** *Sorry, but I'm not sure that I've understood correctly.*
- **Attendez, là je ne vous suis plus !** *Hold on, you've lost me there!*
- **Je suis un peu perdu là...** *I'm a little confused...*
- **Désolé, mais je ne comprends toujours pas.** *Sorry, but I still don't understand.*
- **Je n'ai pas saisi le sens de votre question.** *I don't understand your question.*
- **Excusez-moi, pourriez-vous répéter, s'il vous plaît ?** *Sorry, would you mind repeating that?*

undertake [,ʌndə'teɪk] (*pt* **-took**, *pp* **-taken**) vt **1.** [take on - gen] entreprendre ; [- responsibility] assumer **2.** [promise] ▸ **to undertake to do sthg** promettre de faire qqch, s'engager à faire qqch.

undertaker ['ʌndə,teɪkəʳ] noun entrepreneur *m* des pompes funèbres.

undertaking [,ʌndə'teɪkɪŋ] noun **1.** [task] entreprise *f* **2.** [promise] promesse *f*.

undertone ['ʌndətəʊn] noun **1.** [quiet voice] voix *f* basse **2.** [vague feeling] courant *m*.

undertook [,ʌndə'tʊk] pt ⟶ **undertake**.

undertow ['ʌndətəʊ] noun courant *m* sous-marin.

undervalue [,ʌndə'vælju:] vt [house, antique] sous-évaluer ; [person] sous-estimer, mésestimer.

underwater [,ʌndə'wɔ:təʳ] ✧ adj sous-marin(e). ✧ adv sous l'eau.

underwear ['ʌndəweəʳ] noun *(U)* sous-vêtements *mpl*.

underweight [,ʌndə'weɪt] adj qui ne pèse pas assez, qui est trop maigre.

underwent [,ʌndə'went] pt ⟶ **undergo**.

underworld ['ʌndə,wɜ:ld] noun [criminal society] ▸ **the underworld** le milieu, la pègre.

underwrite ['ʌndəraɪt] (*pt* **-wrote**, *pp* **-written**) vt **1.** FIN garantir **2.** [in insurance] garantir, assurer contre.

underwriter ['ʌndə,raɪtəʳ] noun assureur *m*.

underwritten ['ʌndə,rɪtn] pp ⟶ **underwrite**.

underwrote ['ʌndərəʊt] pt ⟶ **underwrite**.

undeserved [,ʌndɪ'zɜ:vd] adj immérité(e).

undeservedly [,ʌndɪ'zɜ:vɪdlɪ] adv injustement, indûment.

undeserving [,ʌndɪ'zɜ:vɪŋ] adj [person] peu méritant(e) ; [cause] peu méritoire / *he is quite undeserving of such praise* il est parfaitement indigne de OR il ne mérite pas du tout de telles louanges.

undesirable [,ʌndɪ'zaɪərəbl] adj indésirable.

undetected [,ʌndɪ'tektɪd] adj [error] non détecté(e), non décelé(e) ; [disease] non détecté(e), non dépisté(e) ▸ **to go undetected** passer inaperçu(e).

undeterred [,ʌndɪ'tɜ:d] adj sans se laisser décourager / *she was undeterred by this setback* elle ne s'est pas laissé décourager par ce revers.

undeveloped [,ʌndɪ'veləpt] adj [land] non exploité(e), inexploité(e).

undid [,ʌn'dɪd] pt ⟶ **undo**.

undies ['ʌndɪz] pl n *inf* dessous *mpl*, lingerie *f*.

undignified [ʌn'dɪgnɪfaɪd] adj peu digne, qui manque de dignité.

undiluted [,ʌndaɪ'lju:tɪd] adj **1.** [quality, emotion] sans mélange **2.** [liquid] non dilué(e).

undiplomatic [,ʌndɪplə'mætɪk] adj peu diplomate.

undisciplined [ʌn'dɪsɪplɪnd] adj indiscipliné(e).

undisclosed [,ʌndɪs'kləʊzd] adj non divulgué(e).

undiscovered [,ʌndɪ'skʌvəd] adj non découvert(e).

undiscriminating [,ʌndɪs'krɪmɪneɪtɪŋ] adj qui manque de discernement.

undisputed [,ʌndɪ'spju:tɪd] adj incontesté(e).

undistinguished [,ʌndɪ'stɪŋgwɪʃt] adj médiocre, quelconque.

undisturbed [,ʌndɪ'stɜ:bd] adj **1.** [in peace] tranquille / *I want to be left undisturbed for a while* je veux qu'on me laisse tranquille un moment **2.** [unchanged, untroubled] inchangé(e), tranquille / *village life has gone on here undisturbed for centuries* la vie du village s'est poursuivie tranquillement depuis des siècles / *the population remained largely undisturbed by the war* en général, la population n'a pas été affectée par la guerre **3.** [untouched - body, ground, papers] non dérangé(e), non déplacé(e).

undivided [,ʌndɪ'vaɪdɪd] adj indivisé(e), entier(ère).

undo [,ʌn'du:] (*pt* **-did**, *pp* **-done**) vt **1.** [unfasten] défaire **2.** [nullify] annuler, détruire.

undoing [,ʌn'du:ɪŋ] noun *(U) fml* perte *f*, ruine *f*.

undone [,ʌn'dʌn] ✧ pp ⟶ **undo.** ✧ adj **1.** [unfastened] défait(e) **2.** [task] non accompli(e).

undoubted [ʌn'daʊtɪd] adj indubitable, certain(e).

undoubtedly [ʌn'daʊtɪdlɪ] adv sans aucun doute.

undreamed-of [ʌn'dri:mdɒv], **undreamt-of** [ʌn'dremtɒv] adj inimaginable.

undress [,ʌn'dres] ✧ vt déshabiller. ✧ vi se déshabiller.

undressed [,ʌn'drest] adj déshabillé(e) ▸ **to get undressed** se déshabiller.

undrinkable [,ʌn'drɪŋkəbl] adj [unfit to drink] non potable ; [disgusting] imbuvable.

undue [,ʌn'dju:] adj *fml* excessif(ive).

undulate ['ʌndjʊleɪt] vi onduler.

unduly [,ʌn'dju:lɪ] adv *fml* trop, excessivement.

unearth [,ʌn'ɜ:θ] vt **1.** [dig up] déterrer **2.** *fig* [discover] découvrir, dénicher.

unearthly [ʌn'ɜ:θlɪ] adj **1.** [ghostly] mystérieux(euse) **2.** *inf* [uncivilized - time of day] indu(e), impossible.

unease [ʌn'i:z] noun *(U)* malaise *m*.

uneasily [ʌn'i:zɪlɪ] adv **1.** [anxiously - wait, watch] anxieusement, avec inquiétude ; [- sleep] d'un sommeil agité **2.** [with embarrassment] avec gêne, mal à l'aise.

uneasy [ʌn'i:zɪ] (*compar* **-ier**, *superl* **-iest**) adj [person, feeling] mal à l'aise, gêné(e) ; [peace] troublé(e), incertain(e) ; [silence] gêné(e).

uneconomical ['ʌn,i:kə'nɒmɪkl] adj [wasteful] peu rentable.

uneducated [,ʌn'edjʊkeɪtɪd] adj [person] sans instruction.

unemotional [,ʌnɪ'məʊʃənl] adj qui ne montre OR trahit aucune émotion.

unemployable [,ʌnɪm'plɔɪəbl] adj inapte au travail.

unemployed [,ʌnɪm'plɔɪd] ✧ adj au chômage, sans travail. ✧ pl n ▸ **the unemployed** les chômeurs *mpl*.

unemployment [,ʌnɪm'plɔɪmənt] noun chômage *m*.

unemployment benefit UK, **unemployment compensation** US noun allocation *f* de chômage.

unending [ʌn'endɪŋ] adj sans fin, interminable.

unenthusiastic [ʌnɪn,θju:zɪ'æstɪk] adj peu enthousiaste.

unenthusiastically [,ʌnɪnθju:zɪ'æstɪklɪ] adv [say] sans enthousiasme ; [welcome] tièdement.

unenviable [,ʌn'envɪəbl] adj peu enviable.

unequal [,ʌn'i:kwəl] adj **1.** [different] inégal(e) **2.** [unfair] injuste.

unequalled UK, **unequaled** US [,ʌn'i:kwəld] adj inégalé(e).

unequivocal [,ʌnɪ'kwɪvəkl] adj sans équivoque.

unequivocally [,ʌnɪ'kwɪvəklɪ] adv sans équivoque, clairement.

unerring [,ʌn'ɜ:rɪŋ] adj sûr(e), infaillible.

UNESCO [ju:'neskəʊ] (*abbr of* **United Nations Educational, Scientific and Cultural Organization**) noun UNESCO *f*, Unesco *f*.

unethical [ʌn'eθɪkl] adj immoral(e).

uneven [,ʌn'i:vn] adj **1.** [not flat - surface] inégal(e) ; [- ground] accidenté(e) **2.** [inconsistent] inégal(e) **3.** [unfair] injuste.

unevenly [,ʌn'i:vnlɪ] adv **1.** [divide, spread] inégalement / ***the contestants are unevenly matched*** les adversaires ne sont pas de force égale **2.** [cut, draw] irrégulièrement.

uneventful [,ʌnɪ'ventfʊl] adj sans incidents.

unexceptional [,ʌnɪk'sepʃənl] adj qui n'a rien d'exceptionnel.

unexpected [,ʌnɪk'spektɪd] adj inattendu(e), imprévu(e).

unexpectedly [,ʌnɪk'spektɪdlɪ] adv subitement, d'une manière imprévue.

unexplained [,ʌnɪk'spleɪnd] adj inexpliqué(e).

unexplored [,ʌnɪk'splɔ:d] adj inexploré(e), inconnu(e) ; [solution, possibility] inexploré(e).

unfailing [ʌn'feɪlɪŋ] adj qui ne se dément pas, constant(e).

unfair [,ʌn'feəʳ] adj injuste.

unfair dismissal noun licenciement *m* injuste OR abusif.

unfairly [,ʌn'feəlɪ] adv [treat] inéquitablement, injustement ; [compete] déloyalement / ***to be unfairly dismissed*** INDUST être victime d'un licenciement abusif.

unfairness [,ʌn'feənɪs] noun injustice *f*.

unfaithful [,ʌn'feɪθfʊl] adj infidèle.

unfaithfully [,ʌn'feɪθfʊlɪ] adv infidèlement.

unfamiliar [,ʌnfə'mɪljəʳ] adj **1.** [not well-known] peu familier(ère), peu connu(e) **2.** [not acquainted] ▸ **to be unfamiliar with sb / sthg** mal connaître qqn / qqch, ne pas connaître qqn / qqch.

unfashionable [,ʌn'fæʃnəbl] adj démodé(e), passé(e) de mode ; [person] qui n'est plus à la mode.

unfasten [,ʌn'fɑ:sn] vt défaire.

unfavourable UK, **unfavorable** US [,ʌn'feɪvrəbl] adj défavorable.

unfavourably UK, **unfavorably** US [,ʌn'feɪvrəblɪ] adv défavorablement.

unfazed [ʌn'feɪzd] adj *inf* imperturbable, impassible.

unfeeling [ʌn'fi:lɪŋ] adj impitoyable, insensible.

unfinished [,ʌn'fɪnɪʃt] adj inachevé(e).

unfit [,ʌn'fɪt] adj **1.** [not in good health] qui n'est pas en forme **2.** [not suitable] ▸ **unfit (for) a)** impropre (à) **b)** [person] inapte (à).

unflagging [,ʌn'flægɪŋ] adj inlassable, infatigable.

unflappable [,ʌn'flæpəbl] adj UK imperturbable, flegmatique.

unflattering [,ʌn'flætərɪŋ] adj peu flatteur(euse).

unflinching [ʌn'flɪntʃɪŋ] adj inébranlable.

unfold [ʌn'fəʊld] ❖ vt **1.** [map, newspaper] déplier **2.** [explain - plan, proposal] exposer. ❖ vi [become clear] se dérouler.

unforeseeable [,ʌnfɔ:'si:əbl] adj imprévisible.

unforeseen [,ʌnfɔ:'si:n] adj imprévu(e).

unforgettable [,ʌnfə'getəbl] adj inoubliable.

unforgivable [,ʌnfə'gɪvəbl] adj impardonnable.

unforgivably [,ʌnfə'gɪvəblɪ] adv impardonnablement.

unforgiving [,ʌnfə'gɪvɪŋ] adj implacable, impitoyable, sans merci.

unformatted [,ʌn'fɔ:mætɪd] adj COMPUT non formaté(e).

unforthcoming [ʌn,fɔ:θ'kʌmɪŋ] adj : ***he was very unforthcoming about the date of the elections*** il s'est montré très discret sur la date des élections.

unfortunate [ʌn'fɔ:tʃnət] adj **1.** [unlucky] malheureux(euse), malchanceux(euse) **2.** [regrettable] regrettable, fâcheux(euse).

unfortunately [ʌn'fɔ:tʃnətlɪ] adv malheureusement.

unfounded [,ʌn'faʊndɪd] adj sans fondement, dénué(e) de tout fondement.

unfriendly [,ʌn'frendlɪ] (*compar* **-ier**, *superl* **-iest**) adj hostile, malveillant(e).

unfulfilled [,ʌnfʊl'fɪld] adj **1.** [ambition, potential, prophecy] non réalisé(e), inaccompli(e) ; [promise] non tenu(e) **2.** [person, life] insatisfait(e), frustré(e).

unfurl [,ʌn'fɜ:l] vt déployer.

unfurnished [,ʌn'fɜ:nɪʃt] adj non meublé(e).

ungainly [ʌn'geɪnlɪ] adj gauche.

ungenerous [,ʌn'dʒenərəs] adj **1.** [mean - person] peu généreux(euse) ; [- amount] mesquin(e) **2.** [unkind] peu charitable, mesquin(e).

ungodly [,ʌn'gɒdlɪ] adj **1.** [irreligious] impie, irréligieux(euse) **2.** *inf* [unreasonable] indu(e), impossible.

ungracious [,ʌn'greɪʃəs] adj désagréable.

ungrammatical [,ʌngrə'mætɪkl] adj agrammatical(e), non grammatical(e).

ungrateful [ʌn'greɪtfʊl] adj ingrat(e), peu reconnaissant(e).

ungratefully [ʌn'greɪtfʊlɪ] adv de manière ingrate, avec ingratitude.

ungratefulness [ʌn'greɪtfʊlnɪs] noun ingratitude *f*.

unguarded [,ʌn'gɑ:dɪd] adj **1.** [house, camp] sans surveillance **2.** [careless] ▸ **in an unguarded moment** dans un moment d'inattention.

unhappily [ʌn'hæpɪlɪ] adv **1.** [sadly] tristement **2.** [unfortunately] malheureusement.

unhappiness [ʌn'hæpɪnɪs] noun *(U)* tristesse *f*, chagrin *m*.

unhappy [ʌn'hæpɪ] (*compar* **-ier**, *superl* **-iest**) adj **1.** [sad] triste, malheureux(euse) **2.** [uneasy] ▸ **to be unhappy (with** OR **about)** être inquiet(ète) (au sujet de) **3.** [unfortunate] malheureux(euse), regrettable.

unharmed [,ʌn'hɑ:md] adj indemne, sain et sauf (saine et sauve).

UNHCR (*abbr of* **United Nations High Commissioner for Refugees**) noun HCR *m*.

unhealthily [ʌn'helθɪlɪ] adv d'une manière malsaine.

unhealthy [ʌn'helθɪ] (*compar* **-ier**, *superl* **-iest**) adj **1.** [person, skin] maladif(ive) ; [conditions, place] insalubre, malsain(e) ; [habit] malsain(e) **2.** *fig* [undesirable] malsain(e).

unheard [,ʌn'hɜ:d] adj : *her warning went unheard* on n'a pas tenu compte de son avertissement.

unheard-of [ʌn'hɜ:dɒv] adj **1.** [unknown] inconnu(e) **2.** [unprecedented] sans précédent, inouï(e).

unheeded [,ʌn'hi:dɪd] adj : *his advice went unheeded* on n'a pas suivi OR écouté ses conseils.

unhelpful [,ʌn'helpfʊl] adj **1.** [person, attitude] peu serviable, peu obligeant(e) **2.** [advice, book] qui n'aide en rien, peu utile.

unhesitating [ʌn'hezɪteɪtɪŋ] adj [reply] immédiat(e), spontané(e) ; [belief] résolu(e), ferme ; [person] résolu(e), qui n'hésite pas.

unhindered [ʌn'hɪndəd] adj sans obstacles, sans encombre.

unhinged [,ʌn'hɪndʒd] adj déséquilibré(e).

unholy [,ʌn'həʊlɪ] (*compar* **-ier**, *superl* **-iest**) adj **1.** RELIG profane, impie / *an unholy alliance fig* une alliance *f* contre nature **2.** *inf* [awful - noise, mess] impossible, invraisemblable ▸ **at an unholy hour** à une heure impossible OR indue.

unhook [,ʌn'hʊk] vt **1.** [dress, bra] dégrafer **2.** [coat, picture, trailer] décrocher.

unhurt [,ʌn'hɜ:t] adj indemne, sain et sauf (saine et sauve).

unhygienic [,ʌnhaɪ'dʒi:nɪk] adj non hygiénique.

UNICEF ['ju:nɪ,sef] (*abbr of* **United Nations Children's Fund**) noun UNICEF *m*, Unicef *m*.

unicorn ['ju:nɪkɔ:n] noun licorne *f*.

unicycle ['ju:nɪsaɪkl] noun monocyle *m*.

unidentified adj non identifié(e).

unidentified flying object [,ʌnaɪ'dentɪfaɪd-] noun objet *m* volant non identifié.

unification [,ju:nɪfɪ'keɪʃn] noun unification *f*.

uniform ['ju:nɪfɔ:m] ❖ adj [rate, colour] uniforme ; [size] même. ❖ noun uniforme *m*.

uniformity [,ju:nɪ'fɔ:mətɪ] noun uniformité *f*.

uniformly ['ju:nɪfɔ:mlɪ] adv uniformément.

unify ['ju:nɪfaɪ] (*pt & pp* **-ied**) vt unifier.

unifying ['ju:nɪfaɪɪŋ] adj qui unifie, unificateur(trice).

unilateral [,ju:nɪ'lætərəl] adj unilatéral(e).

unilaterally [,ju:nɪ'lætərəlɪ] adv **1.** [act, decide] unilatéralement **2.** MED : *to be paralysed unilaterally* être paralysé d'un seul côté, être hémiplégique.

unimaginable [,ʌnɪ'mædʒɪnəbl] adj inimaginable, inconcevable.

unimaginative [,ʌnɪ'mædʒɪnətɪv] adj qui manque d'imagination, peu imaginatif(ive).

unimpaired [,ʌnɪm'peəd] adj intact(e).

unimpeded [,ʌnɪm'pi:dɪd] adj sans entrave.

unimportant [,ʌnɪm'pɔ:tənt] adj sans importance, peu important(e).

unimpressed [,ʌnɪm'prest] adj qui n'est pas impressionné(e).

uninformed [,ʌnɪn'fɔ:md] adj [person] non informé(e) ; [opinion] mal informé(e) ; [reader] non averti(e) / *to make an uninformed guess* deviner au hasard.

uninhabitable [,ʌnɪn'hæbɪtəbl] adj inhabitable.

uninhabited [,ʌnɪn'hæbɪtɪd] adj inhabité(e).

uninhibited [,ʌnɪn'hɪbɪtɪd] adj sans inhibitions, qui n'a pas d'inhibitions.

uninitiated [,ʌnɪ'nɪʃɪeɪtɪd] pl n ▸ **the uninitiated** les non-initiés, les profanes.

uninjured [,ʌn'ɪndʒəd] adj qui n'est pas blessé(e), indemne.

uninspiring [,ʌnɪn'spaɪrɪŋ] adj qui n'a rien d'inspirant.

uninstall [,ʌnɪn'stɔ:l] vt désinstaller.

unintelligible [,ʌnɪn'telɪdʒəbl] adj inintelligible ; [writing] illisible.

unintended [,ʌnɪn'tendɪd] adj non intentionnel(elle), accidentel(elle), fortuit(e).

unintentional [,ʌnɪn'tenʃənl] adj involontaire, non intentionnel(elle).

uninterested [,ʌn'ɪntrəstɪd] adj indifférent(e).

uninterrupted ['ʌn,ɪntə'rʌptɪd] adj ininterrompu(e), continu(e).

uninvited [,ʌnɪn'vaɪtɪd] adj qui n'a pas été invité(e).

union ['ju:njən] ❖ noun **1.** [trade union] syndicat *m* **2.** [alliance] union *f*. ❖ comp syndical(e).

unionist ['ju:njənɪst] ❖ adj INDUST syndicaliste. ❖ noun **1.** INDUST syndicaliste *mf* **2.** POL unioniste *mf* ; [in American Civil War] nordiste *mf*.

unionize, unionise UK ['ju:njənaɪz] vt syndiquer.

Union Jack noun UK ▸ **the Union Jack** l'Union Jack *m*, le drapeau britannique.

The Union Jack

Le drapeau du Royaume-Uni est composé de trois éléments. Il rassemble en effet la croix de Saint-Georges anglaise (rouge sur fond blanc), la croix de Saint-André écossaise (blanche sur fond bleu) et la croix de Saint-Patrick irlandaise (rouge). Le drapeau gallois, dragon rouge sur fond vert, ne fait pas partie de l'Union Jack. À strictement parler, le terme Union Jack ne désigne ce drapeau que lorsqu'il est arboré par un navire de la Royal Navy ; autrement on devrait dire Union Flag. Mais le public ne fait généralement pas la distinction.

unique [ju:'ni:k] adj **1.** [exceptional] unique, exceptionnel(elle) **2.** [exclusive] ▸ **unique to** propre à **3.** [very special] unique.

uniquely [ju:'ni:klɪ] adv **1.** [exclusively] uniquement **2.** [exceptionally] exceptionnellement.

unisex ['ju:nɪseks] adj unisexe.

unison ['ju:nɪzn] noun unisson *m* ▸ **in unison** a) à l'unisson b) [say] en chœur, en même temps.

UNISON ['ju:nɪzn] noun ***super-syndicat*** *britannique des services publics*.

unit ['ju:nɪt] noun **1.** [gen] unité *f* **2.** [machine part] élément *m*, bloc *m* **3.** [of furniture] élément *m* ▸ **storage unit** meuble *m* de rangement **4.** [department] service *m* **5.** [chapter] chapitre *m*.

unite [ju:'naɪt] ❖ vt unifier. ❖ vi s'unir.

united [ju:'naɪtɪd] adj **1.** [in harmony] uni(e) ▸ **to be united in sthg** être uni dans qqch **2.** [unified] unifié(e).

united front noun ▸ **to present a united front** montrer un front uni.

United Kingdom noun ▸ **the United Kingdom** le Royaume-Uni.

The United Kingdom

Le Royaume-Uni est composé de l'Angleterre, du pays de Galles, de l'Écosse et de l'Irlande du Nord. Le terme « Grande-Bretagne » désigne l'Angleterre, le pays de Galles et l'Écosse. Les îles Britanniques englobent la Grande-Bretagne, l'Irlande du Nord et la République d'Irlande (Eire), ainsi que les îles environnantes (îles de Man, Hébrides, Orkney, Shetland, Scilly et Anglo-Normandes).

United Nations noun ▸ **the United Nations** les Nations *fpl* Unies.

United States noun ▸ **the United States (of America)** les États-Unis *mpl* (d'Amérique) ▸ **in the United States** aux États-Unis.

unity ['ju:nətɪ] noun *(U)* unité *f*.

Univ. *abbr of* **University**.

universal [,ju:nɪ'vɜ:sl] adj universel(elle).

universally [,ju:nɪ'vɜ:səlɪ] adv universellement / ***a universally held opinion*** une opinion qui prévaut partout / ***he is universally liked / admired*** tout le monde l'aime bien / l'admire.

universe ['ju:nɪvɜ:s] noun univers *m*.

university [,ju:nɪ'vɜ:sətɪ] ❖ noun (*pl* **-ies**) université *f*. ❖ comp universitaire ; [lecturer] d'université ▸ **university student** étudiant *m*, -e *f* à l'université.

unjust [,ʌn'dʒʌst] adj injuste.

unjustifiable [ʌn'dʒʌstɪfaɪəbl] adj injustifiable.

unjustifiably [ʌn'dʒʌstɪfaɪəblɪ] adv sans justification.

unjustified [ʌn'dʒʌstɪfaɪd] adj injustifié(e).

unjustly [,ʌn'dʒʌstlɪ] adv injustement, à tort.

unkempt [,ʌn'kempt] adj [clothes, person] négligé(e), débraillé(e) ; [hair] mal peigné(e).

unkind [ʌn'kaɪnd] adj **1.** [uncharitable] méchant(e), pas gentil(ille) **2.** *fig* [weather, climate] rude, rigoureux(euse).

unkindly [ʌn'kaɪndlɪ] adv méchamment.

unknowingly [,ʌn'nəʊɪŋlɪ] adv à mon / son etc. insu, sans m'en / s'en etc. apercevoir.

unknown [,ʌn'nəʊn] ❖ adj inconnu(e). ❖ noun [person] inconnu *m*, -e *f* ▸ **the unknown** l'inconnu *m*.

unlace [,ʌn'leɪs] vt défaire, délacer.

unlawful [,ʌn'lɔ:fʊl] adj illégal(e).

unlawfully [,ʌn'lɔ:fʊlɪ] adv illicitement, illégalement.

unleaded [,ʌn'ledɪd] ❖ adj sans plomb. ❖ noun *inf* [petrol] sans-plomb *m inv*.

unleash [,ʌn'li:ʃ] vt *liter* déchaîner.

unleavened [,ʌn'levnd] adj sans levain, azyme.

unless [ən'les] conj à moins que *(+ subjunctive)* / ***unless I'm mistaken*** à moins que je (ne) me trompe ▸ **unless otherwise informed** sauf avis contraire.

unlicensed [,ʌn'laɪsənst] adj [person] qui ne détient pas de licence ; [activity] non autorisé(e), illicite ; [vehicle] sans vignette ; [restaurant, premises] qui ne détient pas de licence de débit de boissons.

unlike [,ʌn'laɪk] prep **1.** [different from] différent(e) de **2.** [in contrast to] contrairement à, à la différence de **3.** [not typical of] : ***it's unlike you to complain*** cela ne te ressemble pas de te plaindre.

unlikely [ʌn'laɪklɪ] adj **1.** [event, result] peu probable, improbable ; [story] invraisemblable / ***in the unlikely event of my winning*** au cas improbable où je gagnerais **2.** [bizarre - clothes] invraisemblable / ***he seems an unlikely choice*** il semble un choix peu judicieux.

unlimited [ʌn'lɪmɪtɪd] adj illimité(e).

unlisted [ʌn'lɪstɪd] adj US [phone number] qui est sur la liste rouge.

unlit [ˌʌn'lɪt] adj **1.** [lamp, fire, cigarette] non allumé(e) **2.** [street, building] non éclairé(e).

unload [ˌʌn'ləʊd] vt décharger ▸ **to unload sthg on** OR **onto sb** *fig* se décharger de qqch sur qqn.

unlock [ˌʌn'lɒk] vt **1.** ouvrir **2.** [computer] déverrouiller ▸ **to unlock a phone** [using password] déverrouiller un téléphone ▸ **to buy an unlocked phone** acheter un téléphone désimlocké.

unloved [ˌʌn'lʌvd] adj qui n'est pas aimé(e) ▸ **to feel unloved** ne pas se sentir aimé.

unluckily [ʌn'lʌkɪlɪ] adv malheureusement.

unlucky [ʌn'lʌkɪ] (*compar* **-ier**, *superl* **-iest**) adj **1.** [unfortunate - person] malchanceux(euse), qui n'a pas de chance ; [- experience, choice] malheureux(euse) **2.** [object, number] qui porte malheur.

unmanageable [ʌn'mænɪdʒəbl] adj [vehicle, parcel] peu maniable ; [hair] difficiles à coiffer.

unmanly [ˌʌn'mænlɪ] (*compar* **-ier**, *superl* **-iest**) adj qui n'est pas viril.

unmanned [ˌʌn'mænd] adj sans équipage.

unmarked [ˌʌn'mɑːkt] adj **1.** [uninjured - body, face] sans marque **2.** [unidentified - box, suitcase] sans marque d'identification ; [- police car] banalisé(e).

unmarried [ˌʌn'mærɪd] adj célibataire, qui n'est pas marié(e).

unmask [ˌʌn'mɑːsk] vt démasquer ; [truth, hypocrisy] dévoiler.

unmatched [ˌʌn'mætʃt] adj sans pareil(eille).

unmentionable [ʌn'menʃnəbl] adj [subject] dont il ne faut pas parler ; [word] qu'il ne faut pas dire.

unmistakable [ˌʌnmɪ'steɪkəbl] adj facilement reconnaissable.

unmistakably [ˌʌnmɪ'steɪkəblɪ] adv **1.** [undeniably] indéniablement, sans erreur possible **2.** [visibly] visiblement, manifestement.

unmitigated [ʌn'mɪtɪgeɪtɪd] adj [disaster] total(e) ; [evil] non mitigé(e).

unmoved [ˌʌn'muːvd] adj ▸ **unmoved (by)** indifférent(e) (à).

unnamed [ˌʌn'neɪmd] adj [person] anonyme ; [object] sans dénomination.

unnatural [ʌn'nætʃrəl] adj **1.** [unusual] anormal(e), qui n'est pas naturel(elle) **2.** [affected] peu naturel(elle) ; [smile] forcé(e).

unnaturally [ʌn'nætʃrəlɪ] adv [behave, laugh, walk] bizarrement, de façon peu naturelle.

unnecessarily UK ʌn'nesəsərɪlɪ, US ˌʌnnesə'serəlɪ] adv sans nécessité OR raison.

unnecessary [ʌn'nesəsərɪ] adj [remark, expense, delay] inutile ▸ **it's unnecessary to do sthg** ce n'est pas la peine de faire qqch.

unnerve [ˌʌn'nɜːv] vt démonter, déconcerter.

unnerving [ˌʌn'nɜːvɪŋ] adj troublant(e).

unnoticed [ˌʌn'nəʊtɪst] adj inaperçu(e).

UNO (*abbr of* **United Nations Organization**) noun ONU *m*, Onu *m*.

unobserved [ˌʌnəb'zɜːvd] adj inaperçu(e).

unobtainable [ˌʌnəb'teɪnəbl] adj impossible à obtenir.

unobtrusive [ˌʌnəb'truːsɪv] adj [person] effacé(e) ; [object] discret(ète) ; [building] que l'on remarque à peine.

unoccupied [ˌʌn'ɒkjʊpaɪd] adj [house] inhabité(e) ; [seat] libre.

unofficial [ˌʌnə'fɪʃl] adj non officiel(elle).

unofficially [ˌʌnə'fɪʃəlɪ] adv [informally] officieusement ; [in private] en privé.

unopened [ˌʌn'əʊpənd] adj non ouvert(e), qui n'a pas été ouvert(e).

unorthodox [ˌʌn'ɔːθədɒks] adj peu orthodoxe.

unpack [ˌʌn'pæk] ◆ vt [suitcase] défaire ; [box] vider ; [clothes] déballer. ◆ vi défaire ses bagages.

unpaid [ˌʌn'peɪd] adj **1.** [person] bénévole ; [work] sans rémunération, bénévole **2.** [rent] non acquitté(e) ; [bill] impayé(e).

unpalatable [ʌn'pælətəbl] adj d'un goût désagréable ; *fig* dur(e) à avaler.

unparalleled [ʌn'pærəleld] adj [success, crisis] sans précédent ; [beauty] sans égal.

unpatriotic ['ʌnˌpætrɪ'ɒtɪk] adj [person] peu patriote ; [act] antipatriotique.

unperturbed [ˌʌnpə'tɜːbd] adj imperturbable, impassible.

unpick [ˌʌn'pɪk] vt découdre.

unplanned [ˌʌn'plænd] adj imprévu(e) ; [pregnancy] accidentel(elle).

unpleasant [ʌn'pleznt] adj désagréable.

unpleasantly [ʌn'plezntlɪ] adv désagréablement, de façon déplaisante.

unpleasantness [ʌn'plezntnɪs] noun caractère *m* désagréable.

unplug [ʌn'plʌg] (*pt & pp* **-ged**, *cont* **-ging**) vt débrancher.

unpolished [ˌʌn'pɒlɪʃt] adj **1.** [not shined - floor] non poli(e) ; [- furniture, shoes] non ciré(e) **2.** [not accomplished] peu raffiné(e).

unpolluted [ˌʌnpə'luːtɪd] adj non pollué(e).

unpopular [ˌʌn'pɒpjʊlə^r] adj impopulaire.

unpopularity ['ʌnˌpɒpjʊ'lærətɪ] noun impopularité *f*.

unprecedented [ʌn'presɪdəntɪd] adj sans précédent.

unpredictability [ʌnprɪdɪktə'bɪlətɪ] noun imprévisibilité *f*.

unpredictable [ˌʌnprɪ'dɪktəbl] adj imprévisible.

unpredictably [ˌʌnprɪ'dɪktəblɪ] adv de façon imprévisible.

unprejudiced [ˌʌn'predʒʊdɪst] adj sans préjugés.

unprepared [ˌʌnprɪ'peəd] adj non préparé(e) ▸ **to be unprepared for sthg** ne pas s'attendre à qqch.

unprepossessing ['ʌnˌpriːpə'zesɪŋ] adj peu avenant(e).

unpretentious [ˌʌnprɪ'tenʃəs] adj sans prétention.

unprincipled [ʌn'prɪnsəpld] adj sans scrupules.

unprintable [,ʌn'prɪntəbl] adj *fig* qu'on ne peut pas répéter, grossier(ère).

unproductive [,ʌnprə'dʌktɪv] adj improductif(ive).

unprofessional [,ʌnprə'feʃənl] adj [person, work] peu professionnel(elle) ; [attitude] contraire à l'éthique de la profession.

unprofitable [,ʌn'prɒfɪtəbl] adj peu rentable.

UNPROFOR ['ʌnprəfɔ:] (*abbr of* **United Nations Protection Force**) noun FORPRONU *f*.

unprompted [,ʌn'prɒmptɪd] adj spontané(e).

unpronounceable [,ʌnprə'naʊnsəbl] adj imprononçable.

unprotected [,ʌnprə'tektɪd] adj sans protection.

unprovoked [,ʌnprə'vəʊkt] adj sans provocation.

unpublished [,ʌn'pʌblɪʃt] adj inédit(e).

unpunished [,ʌn'pʌnɪʃt] adj ▸ **to go unpunished** rester impuni(e).

unqualified [,ʌn'kwɒlɪfaɪd] adj **1.** [person] non qualifié(e) ; [teacher, doctor] non diplômé(e) **2.** [success] formidable ; [support] inconditionnel(elle).

unquestionable [ʌn'kwestʃənəbl] adj [fact] incontestable ; [honesty] certain(e).

unquestionably [ʌn'kwestʃənəblɪ] adv indéniablement, incontestablement.

unquestioning [ʌn'kwestʃənɪŋ] adj aveugle, absolu(e).

unravel [ʌn'rævl] (UK *pt & pp* **-led**, *cont* **-ling**, US *pt & pp* **-ed**, *cont* **-ing**) vt **1.** [undo - knitting] défaire ; [- fabric] effiler ; [- threads] démêler **2.** *fig* [solve] éclaircir.

unreadable [,ʌn'ri:dəbl] adj illisible.

unreal [,ʌn'rɪəl] adj [strange] irréel(elle).

unrealistic [,ʌnrɪə'lɪstɪk] adj irréaliste.

unrealistically [,ʌnrɪə'lɪstɪklɪ] adv : *his hopes were unrealistically high* ses espoirs étaient trop grands pour être réalistes.

unreasonable [ʌn'ri:znəbl] adj qui n'est pas raisonnable, déraisonnable.

unreasonably [ʌn'ri:znəblɪ] adv déraisonnablement.

unrecognizable [,ʌn'rekəgnaɪzəbl] adj méconnaissable.

unrecognized [,ʌn'rekəgnaɪzd] adj **1.** [person] non reconnu(e) **2.** [achievement, talent] méconnu(e).

unrecorded [,ʌnrɪ'kɔ:dɪd] adj non enregistré(e).

unrefined [,ʌnrɪ'faɪnd] adj **1.** [not processed] non raffiné(e), brut(e) **2.** [vulgar] peu raffiné(e).

unrehearsed [,ʌnrɪ'hɜ:st] adj [performance] sans répétition ; [speech, response] improvisé(e).

unrelated [,ʌnrɪ'leɪtɪd] adj ▸ **to be unrelated (to)** n'avoir aucun rapport (avec).

unrelenting [,ʌnrɪ'lentɪŋ] adj implacable.

unreliability ['ʌnrɪ,laɪə'bɪlətɪ] noun **1.** [of person] manque *m* de sérieux **2.** [of method, machine] manque *m* de fiabilité.

unreliable [,ʌnrɪ'laɪəbl] adj [machine, method] peu fiable ; [person] sur qui on ne peut pas compter.

unrelieved [,ʌnrɪ'li:vd] adj [pain, gloom] constant(e).

unremarkable [,ʌnrɪ'mɑ:kəbl] adj quelconque.

unremitting [,ʌnrɪ'mɪtɪŋ] adj inlassable.

unrepeatable [,ʌnrɪ'pi:təbl] adj [comment] qu'on ne peut pas répéter.

unrepentant [,ʌnrɪ'pentənt] adj impénitent(e).

unreported [,ʌnrɪ'pɔ:tɪd] adj non signalé(e) OR mentionné(e) / *the accident went unreported* l'accident n'a pas été signalé.

unrepresentative [,ʌnreprɪ'zentətɪv] adj ▸ **unrepresentative (of)** peu représentatif(ive) (de).

unrequited [,ʌnrɪ'kwaɪtɪd] adj non partagé(e).

unreserved [,ʌnrɪ'zɜ:vd] adj **1.** [support, admiration] sans réserve **2.** [seat] non réservé(e).

unreservedly [,ʌnrɪ'zɜ:vɪdlɪ] adv **1.** [without qualification] sans réserve, entièrement **2.** [frankly] sans réserve, franchement.

unresolved [,ʌnrɪ'zɒlvd] adj non résolu(e).

unresponsive [,ʌnrɪ'spɒnsɪv] adj ▸ **to be unresponsive to** ne pas réagir à.

unrest [,ʌn'rest] noun *(U)* troubles *mpl*.

unrestricted [,ʌnrɪ'strɪktɪd] adj sans restriction, illimité(e).

unrewarding [,ʌnrɪ'wɔ:dɪŋ] adj ingrat(e).

unripe [,ʌn'raɪp] adj qui n'est pas mûr(e).

unrivalled UK, **unrivaled** US [ʌn'raɪvld] adj sans égal(e).

unruffled [,ʌn'rʌfld] adj [person] imperturbable.

unruly [ʌn'ru:lɪ] (*compar* **-ier**, *superl* **-iest**) adj [crowd, child] turbulent(e) / *unruly hair* les cheveux indisciplinés.

unsafe [,ʌn'seɪf] adj **1.** [dangerous] dangereux(euse) **2.** [in danger] ▸ **to feel unsafe** ne pas se sentir en sécurité.

unsaid [,ʌn'sed] adj ▸ **to leave sthg unsaid** passer qqch sous silence.

unsaleable, unsalable US [,ʌn'seɪləbl] adj invendable.

unsatisfactory ['ʌn,sætɪs'fæktərɪ] adj qui laisse à désirer, peu satisfaisant(e).

unsatisfied [,ʌn'sætɪsfaɪd] adj **1.** [person - unhappy] insatisfait(e), mécontent(e) ; [- unconvinced] non convaincu(e) **2.** [desire] insatisfait(e), inassouvi(e).

unsatisfying [,ʌn'sætɪsfaɪɪŋ] adj **1.** [activity, task] peu gratifiant(e), ingrat(e) **2.** [unconvincing] peu convaincant(e) **3.** [meal - insufficient] insuffisant(e), peu nourrissant(e) ; [- disappointing] décevant(e).

unsavoury UK, **unsavory** US [,ʌn'seɪvərɪ] adj [person] peu recommandable ; [district] mal famé(e).

unscathed [,ʌn'skeɪðd] adj indemne.

unscheduled [UK ,ʌn'ʃedju:ld, US ,ʌn'skedʒʊld] adj non prévu(e).

unscientific ['ʌn,saɪən'tɪfɪk] adj peu scientifique.

unscrew [,ʌn'skru:] vt dévisser.

unscripted [,ʌn'skrɪptɪd] adj improvisé(e).

unscrupulous [ʌn'skru:pjʊləs] adj sans scrupules.
unscrupulously [ʌn'skru:pjʊləslɪ] adv sans scrupules, peu scrupuleusement.
unseat [ˌʌn'si:t] vt **1.** [rider] désarçonner **2.** *fig* [MP] faire perdre son siège à ; [leader] faire perdre sa position à.
unseemly [ʌn'si:mlɪ] (*compar* **-ier**, *superl* **-iest**) adj inconvenant(e).
unseen [ˌʌn'si:n] adj [not observed] inaperçu(e).
unselfish [ˌʌn'selfɪʃ] adj désintéressé(e).
unsettle [ˌʌn'setl] vt perturber.
unsettled [ˌʌn'setld] adj **1.** [person] perturbé(e), troublé(e) **2.** [weather] variable, incertain(e) **3.** [argument] qui n'a pas été résolu(e) ; [situation] incertain(e).
unsettling [ˌʌn'setlɪŋ] adj inquiétant(e).
unshak(e)able [ʌn'ʃeɪkəbl] adj inébranlable.
unshaven [ˌʌn'ʃeɪvn] adj non rasé(e).
unsightly [ʌn'saɪtlɪ] adj laid(e).
unskilled [ˌʌn'skɪld] adj non qualifié(e).
unsociable [ʌn'səʊʃəbl] adj sauvage.
unsocial [ˌʌn'səʊʃl] adj ▸ **to work unsocial hours** UK travailler en dehors des heures normales.
unsold [ˌʌn'səʊld] adj invendu(e).
unsolicited [ˌʌnsə'lɪsɪtɪd] adj non sollicité(e).
unsolved [ˌʌn'sɒlvd] adj non résolu(e).
unsophisticated [ˌʌnsə'fɪstɪkeɪtɪd] adj simple.
unsound [ˌʌn'saʊnd] adj **1.** [theory] mal fondé(e) ; [decision] peu judicieux(euse) **2.** [building, structure] en mauvais état.
unspeakable [ʌn'spi:kəbl] adj indescriptible.
unspeakably [ʌn'spi:kəblɪ] adv indescriptiblement.
unspecified [ˌʌn'spesɪfaɪd] adj non spécifié(e).
unspent [ˌʌn'spent] ❖ adj non dépensé(e), restant(e). ❖ adv : *the money went unspent* l'argent n'a pas été dépensé.
unspoiled [ˌʌn'spɔɪld], **unspoilt** [ˌʌn'spɔɪlt] adj intact(e) ; [countryside] qui n'a pas été défiguré(e).
unspoken [ˌʌn'spəʊkən] adj [thought, wish] inexprimé(e) ; [agreement] tacite.
unsporting [ˌʌn'spɔ:tɪŋ] adj qui n'est pas fair-play.
unstable [ˌʌn'steɪbl] adj instable.
unsteadily [ˌʌn'stedɪlɪ] adv [walk] d'un pas chancelant OR incertain, en titubant ; [speak] d'une voix mal assurée ; [hold, write] d'une main tremblante.
unsteady [ˌʌn'stedɪ] (*compar* **-ier**, *superl* **-iest**) adj [hand] tremblant(e) ; [table, ladder] instable.
unstinting [ˌʌn'stɪntɪŋ] adj [praise, support] sans réserve ; [person] généreux(euse), prodigue.
unstoppable [ˌʌn'stɒpəbl] adj qu'on ne peut pas arrêter.
unstructured [ˌʌn'strʌktʃəd] adj non structuré(e).
unstuck [ˌʌn'stʌk] adj ▸ **to come unstuck** a) [notice, stamp, label] se décoller b) *fig* [plan, system] s'effondrer c) *fig* [person] essuyer un échec.
unsubscribe [ˌʌnsəb'skraɪb] vi : *to unsubscribe (from)* se désinscrire (de).
unsubstantiated [ˌʌnsəb'stænʃɪeɪtɪd] adj sans fondement.
unsuccessful [ˌʌnsək'sesfʊl] adj [attempt] vain(e) ; [meeting] infructueux(euse) ; [candidate] refusé(e).
unsuccessfully [ˌʌnsək'sesfʊlɪ] adv en vain, sans succès.
unsuitable [ˌʌn'su:təbl] adj qui ne convient pas ; [clothes] peu approprié(e) ▸ **to be unsuitable for** ne pas convenir à.
unsuitably [ˌʌn'su:təblɪ] adv [behave] de façon inconvenante ; [dress] d'une manière inadéquate.
unsuited [ˌʌn'su:tɪd] adj **1.** [not appropriate] ▸ **to be unsuited to / for** ne pas convenir à / pour **2.** [not compatible] ▸ **to be unsuited (to each other)** ne pas aller ensemble.
unsung [ˌʌn'sʌŋ] adj [hero] méconnu(e).
unsupervised [ʌn'su:pəvaɪzd] adj non surveillé(e) / *'unsupervised minors not admitted'* 'interdit aux enfants non accompagnés'.
unsure [ˌʌn'ʃɔ:ʳ] adj **1.** [not certain] ▸ **to be unsure (about / of)** ne pas être sûr(e) (de) **2.** [not confident] ▸ **to be unsure (of o.s.)** ne pas être sûr(e) de soi.
unsurpassable [ˌʌnsə'pɑ:səbl] adj insurpassable.
unsurpassed [ˌʌnsə'pɑ:st] adj non surpassé(e).
unsurprisingly [ˌʌnsə'praɪzɪŋlɪ] adv bien entendu, évidemment.
unsuspecting [ˌʌnsə'spektɪŋ] adj qui ne se doute de rien.
unsuspectingly [ˌʌnsə'spektɪŋlɪ] adv sans se douter de rien, sans se méfier.
unsustainable [ˌʌnsə'steɪnəbl] adj non viable.
unsweetened [ˌʌn'swi:tnd] adj non sucré(e).
unswerving [ʌn'swɜ:vɪŋ] adj [loyalty, determination] inébranlable.
unsympathetic ['ʌnˌsɪmpə'θetɪk] adj [unfeeling] indifférent(e).
unsympathetically ['ʌnˌsɪmpə'θetɪklɪ] adv [speak, behave] sans montrer la moindre sympathie.
untamed [ˌʌn'teɪmd] adj [animal] sauvage ; *fig* [person] farouche.
untangle [ˌʌn'tæŋgl] vt [string, hair] démêler.
untapped [ˌʌn'tæpt] adj inexploité(e).
untenable [ˌʌn'tenəbl] adj indéfendable.
unthinkable [ʌn'θɪŋkəbl] adj impensable.
unthinkingly [ʌn'θɪŋkɪŋlɪ] adv sans réfléchir.
untidy [ʌn'taɪdɪ] (*compar* **-ier**, *superl* **-iest**) adj [room, desk] en désordre ; [work, handwriting] brouillon *(inv)* ; [person, appearance] négligé(e).
untie [ˌʌn'taɪ] (*cont* **untying**) vt [knot, parcel, shoelaces] défaire ; [prisoner] détacher.
until [ən'tɪl] ❖ prep **1.** [gen] jusqu'à ▸ **until now** jusqu'ici / *until then* jusque-là **2.** *(after negative)* avant / *not until tomorrow* pas avant demain / *we weren't*

told the news until four o'clock on ne nous a appris la nouvelle qu'à quatre heures. ◆ conj **1.** [gen] jusqu'à ce que *(+ subjunctive)* / *I laughed until I cried* j'ai ri aux larmes **2.** *(after negative)* avant que *(+ subjunctive)* / *don't sign until you've checked everything* ne signe rien avant d'avoir tout vérifié.

untimely [ʌn'taɪmlɪ] adj [death] prématuré(e) ; [arrival] intempestif(ive) ; [remark] mal à propos ; [moment] mal choisi(e).

untiring [ʌn'taɪərɪŋ] adj infatigable.

untitled [ˌʌn'taɪtld] adj [painting] sans titre ; [person] non titré(e).

untold [ˌʌn'təʊld] adj [amount, wealth] incalculable ; [suffering, joy] indescriptible.

untouchable [ˌʌn'tʌtʃəbl] ◆ adj intouchable. ◆ noun [in India] intouchable *mf* ; *fig* paria *m.*

untouched [ˌʌn'tʌtʃt] adj **1.** [unharmed - person] indemne ; [- thing] intact(e) **2.** [uneaten - meal] auquel on n'a pas touché.

untoward [ˌʌntə'wɔ:d] adj malencontreux(euse).

untrained [ˌʌn'treɪnd] adj **1.** [person, worker] sans formation **2.** [voice] non travaillé(e) ; [mind] non formé(e).

untranslatable [ˌʌntræns'leɪtəbl] adj intraduisible.

untreated [ˌʌn'tri:tɪd] adj **1.** MED non soigné(e) **2.** [sewage, chemical] non traité(e).

untried [ˌʌn'traɪd] adj [method] qui n'a pas été mis(e) à l'épreuve ; [product] qui n'a pas été essayé(e).

untroubled [ˌʌn'trʌbld] adj [undisturbed] ▸ **to be untroubled by sthg** rester impassible devant qqch.

untrue [ˌʌn'tru:] adj **1.** [not accurate] faux (fausse), qui n'est pas vrai(e) **2.** [unfaithful] ▸ **to be untrue to sb** être infidèle à qqn.

untrustworthy [ˌʌn'trʌstˌwɜ:ðɪ] adj [person] qui n'est pas digne de confiance.

untruth [ˌʌn'tru:θ] noun mensonge *m.*

untruthful [ˌʌn'tru:θfʊl] adj [person] menteur(euse) ; [statement] mensonger(ère).

unusable [ˌʌn'ju:zəbl] adj inutilisable.

unused adj **1.** [ˌʌn'ju:zd] [clothes] neuf (neuve) ; [machine] qui n'a jamais servi ; [land] qui n'est pas exploité **2.** [ʌn'ju:st] [unaccustomed] ▸ **to be unused to sthg / to doing sthg** ne pas avoir l'habitude de qqch / de faire qqch.

unusual [ʌn'ju:ʒl] adj rare, inhabituel(elle).

unusually [ʌn'ju:ʒəlɪ] adv exceptionnellement.

unvarnished [ʌn'vɑ:nɪʃt] adj *fig* [truth] tout nu (toute nue) ; [account] sans embellissement.

unveil [ˌʌn'veɪl] vt *lit* & *fig* dévoiler.

unwaged [ˌʌn'weɪdʒd] adj UK non salarié(e).

unwanted [ˌʌn'wɒntɪd] adj [object] dont on ne se sert pas ; [child] non désiré(e) ▸ **to feel unwanted** se sentir mal-aimé(e).

unwarranted [ʌn'wɒrəntɪd] adj injustifié(e).

unwavering [ʌn'weɪvərɪŋ] adj [determination] inébranlable.

unwelcome [ʌn'welkəm] adj [news, situation] fâcheux(euse) ; [visitor] importun(e) ▸ **to make sb feel unwelcome** faire sentir à qqn qu'il dérange.

unwell [ˌʌn'wel] adj ▸ **to be / feel unwell** ne pas être / se sentir bien.

unwholesome [ˌʌn'həʊlsəm] adj malsain(e).

unwieldy [ʌn'wi:ldɪ] (*compar* **-ier**, *superl* **-iest**) adj **1.** [cumbersome] peu maniable **2.** *fig* [system] lourd(e) ; [method] trop complexe.

unwilling [ˌʌn'wɪlɪŋ] adj ▸ **to be unwilling to do sthg** ne pas vouloir faire qqch ▸ **to be an unwilling helper** aider à contrecœur.

unwillingly [ʌn'wɪlɪŋlɪ] adv à contrecœur, contre son gré.

unwind [ˌʌn'waɪnd] (*pt & pp* **-wound**) ◆ vt dérouler. ◆ vi *fig* [person] se détendre.

unwise [ˌʌn'waɪz] adj imprudent(e), peu sage.

unwisely [ˌʌn'waɪzlɪ] adv imprudemment.

unwitting [ʌn'wɪtɪŋ] adj *fml* involontaire.

unwittingly [ʌn'wɪtɪŋlɪ] adv *fml* involontairement.

unworkable [ˌʌn'wɜ:kəbl] adj impraticable.

unworldly [ˌʌn'wɜ:ldlɪ] adj détaché(e) de ce monde.

unworthy [ʌn'wɜ:ðɪ] (*compar* **-ier**, *superl* **-iest**) adj [undeserving] ▸ **unworthy (of)** indigne (de).

unwound [ˌʌn'waʊnd] pt & pp ⟶ **unwind**

unwrap [ˌʌn'ræp] (*pt & pp* **-ped**, *cont* **-ping**) vt défaire.

unwritten law [ˌʌnrɪtn-] noun droit *m* coutumier.

unyielding [ʌn'ji:ldɪŋ] adj inflexible.

unzip [ˌʌn'zɪp] (*pt & pp* **-ped**, *cont* **-ping**) vt **1.** ouvrir la fermeture éclair de **2.** COMPUT [file] dézipper, décompresser.

up [ʌp]

◆ adv

1. [towards or in a higher position] en haut / *he's on his way up* il monte / *they had coffee sent up* ils ont fait monter du café / *she's up in her bedroom* elle est en haut dans sa chambre / *we walked up to the top* on est montés jusqu'en haut / *a house up in the mountains* une maison à la montagne / *pick it up!* ramasse-le ! / *the sun came up* le soleil s'est levé ▸ **up there** là-haut / *she wears her hair up* elle porte ses cheveux relevés / *up in the air* en l'air

2. [into an upright position] *to stand up* se lever / *to sit up* s'asseoir (bien droit) / *up you get!* allez, lève-toi ! / *'fragile — this way up'* 'fragile — haut'

3. [northwards] *I'm coming up to York next week* je viens à York la semaine prochaine ▸ **up north** dans le nord

4. [along a road, river] *their house is a little further up* leur maison est un peu plus loin

5. [close up, towards] *to come up to sb* s'approcher de qqn / *up close* de près

6. [to a higher level or degree] *prices are going up* les prix augmentent / *the temperature soared up into*

the thirties la température est montée au-dessus de trente degrés

7. [indicating completion] *drink up!* finissez vos verres ! / *eat up your greens* mange tes légumes

❖ prep

1. [towards or in a higher position] en haut de / *up a hill / mountain* en haut d'une colline / d'une montagne / *up a ladder* sur une échelle / *I went up the stairs* j'ai monté l'escalier / *further up the wall* plus haut sur le mur

2. [at far end of] *they live up the road from us* ils habitent un peu plus haut OR loin que nous (dans la même rue) / *her flat is just up the corridor* son appartement est juste au bout du couloir

3. [against current of river] *up the river* en amont / *to sail up the Amazon* remonter l'Amazone en bateau

❖ adj

1. [in a raised position] levé(e) / *her hood was up so I couldn't see her face* sa capuche était relevée, si bien que je ne voyais pas sa figure

2. [out of bed] levé(e) / *I was up at six today* je me suis levé à six heures aujourd'hui / *she was up late last night* elle s'est couchée OR elle a veillé tard hier soir / *so you're up and about again?* [after illness] alors tu n'es plus alité ?

3. [at an end] *the five weeks are up next Monday* les cinq semaines finissent OR se terminent lundi prochain ▸ **time's up** c'est l'heure

4. UK [under repair] ▸ **'road up'** 'attention travaux'

5. *inf* [wrong] *is something up?* il y a quelque chose qui ne va pas ? ▸ **what's up?** qu'est-ce qui ne va pas ?, qu'est-ce qu'il y a ?

❖ noun

▸ **ups and downs** hauts et bas *mpl*

❖ vt (*pt & pp* **-ped**, *cont* **-ping**)

inf [price, cost] augmenter

◆ **up against** prep : *we came up against a lot of opposition* nous nous sommes heurtés à une forte opposition ▸ **to be up against it** avoir beaucoup de mal (à s'en sortir).

◆ **up and down** ❖ adv : *to jump up and down* sauter / *to walk up and down* faire les cent pas / *she looked us up and down* elle nous a regardé de haut en bas. ❖ prep : *she's up and down the stairs all day* elle n'arrête pas de monter et descendre l'escalier toute la journée / *she looked up and down the ranks of soldiers* elle passa les troupes en revue / *we walked up and down the avenue* nous avons arpenté l'avenue.

◆ **up to** prep **1.** [as far as] jusqu'à **2.** [indicating level] jusqu'à / *it could take up to six weeks* cela peut prendre jusqu'à six semaines / *it's not up to standard* ce n'est pas de la qualité voulue, ceci n'a pas le niveau requis **3.** [well or able enough for] ▸ **to be up to doing sthg** **a)** [able to] être capable de faire qqch **b)** [well enough for] être en état de faire qqch / *I'm not up to going back to work* je ne suis pas encore en état de reprendre le travail / *my French isn't up to much* mon français ne vaut pas grand-chose OR n'est pas fameux **4.** *inf* [secretly doing something] : *what are you up to?* qu'est-ce que tu fabriques ? / *they're up to something* ils mijotent quelque chose, ils préparent un coup **5.** [indicating responsibility] : *it's not up to me to decide* ce n'est pas moi qui décide, il ne m'appartient pas de décider / *it's up to you* c'est à vous de voir.

◆ **up until** prep jusqu'à.

up-and-coming adj à l'avenir prometteur.

up-and-up noun ▸ **to be on the up-and-up** **a)** UK [improving] aller de mieux en mieux **b)** US [honest] honnête.

upbeat ['ʌpbi:t] adj optimiste.

upbraid [ʌp'breɪd] vt ▸ **to upbraid sb (for sthg / for doing sthg)** réprimander qqn (pour qqch / pour avoir fait qqch).

upbringing ['ʌp,brɪŋɪŋ] noun éducation *f*.

upcoming ['ʌp,kʌmɪŋ] adj [event] à venir, prochain(e) ; [book] à paraître, qui va paraître ; [film] qui va sortir / *Ford's upcoming film* le prochain film de Ford / *the upcoming elections* les élections qui vont bientôt avoir lieu / *'upcoming attractions'* 'prochainement'.

update [,ʌp'deɪt] vt mettre à jour.

upend [ʌp'end] vt **1.** *lit* [object] mettre debout ; [person] mettre la tête en bas **2.** *fig* [upset] bouleverser.

upfront [,ʌp'frʌnt] ❖ adj ▸ **upfront (about)** franc (franche) (au sujet de). ❖ adv [in advance] d'avance.

upgradable [ʌp'greɪdəbl] adj COMPUT extensible.

upgrade [,ʌp'greɪd] ❖ noun **1.** [of system] extention *f* **2.** [of software] mise *f* à jour, actualisation *f*. ❖ vt [facilities, software] améliorer ; [hardware, system] optimiser ; [employee] promouvoir ; [pay] augmenter.

upgradeable = **upgradable**

upheaval [ʌp'hi:vl] noun bouleversement *m*.

upheld [ʌp'held] pt & pp ⟶ **uphold**

uphill [,ʌp'hɪl] ❖ adj **1.** [slope, path] qui monte **2.** *fig* [task] ardu(e). ❖ adv ▸ **to go uphill** monter.

uphold [ʌp'həʊld] (*pt & pp* **-held**) vt [law] maintenir ; [decision, system] soutenir.

upholster [ʌp'həʊlstəʳ] vt rembourrer.

upholstery [ʌp'həʊlstərɪ] noun rembourrage *m* ; [of car] garniture *f* intérieure.

upkeep ['ʌpki:p] noun entretien *m*.

uplift [ʌp'lɪft] vt élever ; [person] élever l'âme de.

uplifting [ʌp'lɪftɪŋ] adj édifiant(e).

upload ['ʌpləʊd] ❖ noun COMPUT téléchargement *m (vers le serveur)*. ❖ vt & vi COMPUT télécharger *(vers le serveur)*.

up-market adj haut de gamme *(inv)*.

upon [ə'pɒn] prep *fml* sur / *upon our arrival in Rome* à notre arrivée à Rome ▸ **upon hearing the news…** à ces nouvelles… / *we receive thousands upon thousands of offers each year* nous recevons plusieurs milliers de propositions chaque année ▸ **summer / the weekend is upon us** l'été / le week-end approche.

upper ['ʌpəʳ] ❖ adj supérieur(e). ❖ noun [of shoe] empeigne *f*.

upper case noun TYPO haut *m* de casse. ◆ **upper-case** adj : *an upper-case letter* une majuscule.

upper class noun ▸ **the upper class** la haute société. ◆ **upper-class** adj [accent, person] aristocratique.

upper hand noun ▸ **to have the upper hand** avoir le dessus ▸ **to gain** OR **get the upper hand** prendre le dessus.

uppermost ['ʌpəməʊst] adj le plus haut (la plus haute) ▸ **it was uppermost in his mind** c'était sa préoccupation majeure.

uppity ['ʌpətɪ] adj *inf* prétentieux(euse).

upright ❖ adj **1.** [ˌʌp'raɪt] [person] droit(e) ; [structure] vertical(e) ; [chair] à dossier droit ▸ **upright freezer** congélateur *m* armoire ▸ **upright vacuum cleaner** aspirateur *m* balai **2.** ['ʌpraɪt] *fig* [honest] droit(e). ❖ adv [ˌʌp'raɪt] [stand, sit] droit. ❖ noun ['ʌpraɪt] montant *m*.

uprising ['ʌpˌraɪzɪŋ] noun soulèvement *m*.

uproar ['ʌprɔːʳ] noun **1.** *(U)* [commotion] tumulte *m* **2.** [protest] protestations *fpl*.

uproarious [ʌp'rɔːrɪəs] adj **1.** [noisy] tumultueux(euse) **2.** [amusing] tordant(e).

uproot [ʌp'ruːt] vt *lit* & *fig* déraciner.

upset [ʌp'set] ❖ adj **1.** [distressed] peiné(e), triste ; [offended] vexé(e) **2.** MED ▸ **to have an upset stomach** avoir l'estomac dérangé. ❖ noun ▸ **to have a stomach upset** avoir l'estomac dérangé. ❖ vt *(pt & pp* **upset**, *cont* **-ting**) **1.** [distress] faire de la peine à **2.** [plan, operation] déranger **3.** [overturn] renverser.

upsetting [ʌp'setɪŋ] adj [distressing] bouleversant(e).

upshot ['ʌpʃɒt] noun résultat *m*.

upside ['ʌpsaɪd] noun [of situation] avantage *m*.

upside down [ˌʌpsaɪd-] ❖ adj à l'envers. ❖ adv à l'envers ▸ **to turn sthg upside down** *fig* mettre qqch sens dessus dessous.

upstage [ˌʌp'steɪdʒ] vt éclipser.

upstairs [ˌʌp'steəz] ❖ adj d'en haut, du dessus. ❖ adv en haut. ❖ noun étage *m*.

upstanding [ˌʌp'stændɪŋ] adj droit(e).

upstart ['ʌpstɑːt] noun parvenu *m*, -e *f*.

upstate [ˌʌp'steɪt] US ❖ adj : *upstate New York* la partie nord de l'État de New York. ❖ adv dans/vers le nord de l'État.

upstream [ˌʌp'striːm] ❖ adj d'amont ▸ **to be upstream (from)** être en amont (de). ❖ adv vers l'amont ; [swim] contre le courant.

upsurge ['ʌpsɜːdʒ] noun ▸ **upsurge (of / in)** recrudescence *f* (de).

upswing ['ʌpswɪŋ] noun ▸ **upswing (in)** [popularity] remontée *f* (de) / *an upswing in economic activity* une reprise de l'activité économique.

uptake ['ʌpteɪk] noun ▸ **to be quick on the uptake** saisir vite ▸ **to be slow on the uptake** être lent(e) à comprendre.

uptight [ʌp'taɪt] adj *inf* tendu(e).

up-to-date adj **1.** [modern] moderne **2.** [most recent - news] tout dernier (toute dernière) **3.** [informed] ▸ **to keep up-to-date with** se tenir au courant de.

up-to-the-minute adj de dernière minute.

uptown [ˌʌp'taʊn] US ❖ adj [area] résidentiel(elle). ❖ adv dans/vers les quartiers résidentiels.

upturn ['ʌptɜːn] noun ▸ **upturn (in)** reprise *f* (de).

upturned [ʌp'tɜːnd] adj [car, cup] renversé(e) ; [nose] retroussé(e).

upward ['ʌpwəd] ❖ adj [movement] ascendant(e) ; [look, rise] vers le haut. ❖ adv US = **upwards**.

upward-compatible adj COMPUT compatible vers le haut.

upwardly-mobile ['ʌpwədlɪ-] adj susceptible de promotion sociale.

upwards ['ʌpwədz] adv vers le haut. ◆ **upwards of** prep plus de.

upwind [ˌʌp'wɪnd] adj ▸ **to be upwind of sthg** être dans le vent OR au vent par rapport à qqch.

Urals ['jʊərəlz] pl n ▸ **the Urals** l'Oural *m* ▸ **in the Urals** dans l'Oural.

uranium [jʊ'reɪnjəm] noun uranium *m*.

Uranus ['jʊərənəs] noun [planet] Uranus *f*.

urban ['ɜːbən] adj urbain(e).

urbane [ɜː'beɪn] adj courtois(e).

urbanization, urbanisation UK [ˌɜːbənaɪ'zeɪʃn] noun urbanisation *f*.

urbanize, urbanise UK ['ɜːbənaɪz] vt urbaniser.

urban renewal noun réaménagement *m* des zones urbaines.

urchin ['ɜːtʃɪn] noun *dated* gamin *m*, -e *f*.

Urdu ['ʊəduː] noun ourdou *m*.

urethra [ˌjʊə'riːθrə] noun urètre *m*.

urge [ɜːdʒ] ❖ noun forte envie *f* ▸ **to have an urge to do sthg** avoir une forte envie de faire qqch. ❖ vt **1.** [try to persuade] ▸ **to urge sb to do sthg** pousser qqn à faire qqch, presser qqn de faire qqch **2.** [advocate] conseiller.

urgency ['ɜːdʒənsɪ] noun *(U)* urgence *f*.

urgent ['ɜːdʒənt] adj [letter, case, request] urgent(e) ; [plea, voice, need] pressant(e).

urgently ['ɜːdʒəntlɪ] adv d'urgence ; [appeal] d'une manière pressante.

urinal [ˌjʊə'raɪnl] noun urinoir *m*.

urinary ['jʊərɪnərɪ] adj urinaire.

urinate ['jʊərɪneɪt] vi uriner.

urine ['jʊərɪn] noun urine *f*.

URL (*abbr of* **uniform resource locator**) noun COMPUT URL *m (adresse électronique)*.

urn [ɜːn] noun **1.** [for ashes] urne *f* **2.** [for tea] ▸ **tea urn** fontaine *f* à thé.

Uruguay ['jʊərəgwaɪ] noun Uruguay *m* ▸ **in Uruguay** en Uruguay.

Uruguayan [ˌjʊərə'gwaɪən] ❖ adj uruguayen(enne). ❖ noun Uruguayen *m*, -enne *f*.

us [ʌs] pers pron nous / *can you see / hear us?* vous nous voyez/entendez ? / *it's us* c'est nous / *you can't expect us to do it* vous ne pouvez pas exiger que ce soit nous qui le fassions / *she gave it to us* elle nous l'a donné / *with / without us* avec/sans nous / *they are more* *wealthy than us* ils sont plus riches que nous / *some of us* quelques-uns d'entre nous.

US noun *abbr of* **United States**.

USA noun **1.** *abbr of* **United States of America** **2.** (*abbr of* **United States Army**) *armée de terre américaine.*

usable ['ju:zəbl] adj utilisable.

USAF (*abbr of* **United States Air Force**) noun *armée de l'air américaine.*

usage ['ju:zɪdʒ] noun **1.** LING usage *m* **2.** *(U)* [handling, treatment] traitement *m*.

USB (*abbr of* **universal serial bus**) noun COMPUT USB *m* ▸ **USB key** OR **pen** clé *f* USB.

use ◆ noun [ju:s] **1.** [act of using] utilisation *f*, emploi *m* ▸ **to be in use** être utilisé ▸ **to be out of use** être hors d'usage / *to wear out with use* s'user ▸ **to make use of sthg** utiliser qqch / *'directions for use'* 'mode d'emploi' / *'for your personal use'* pour votre usage personnel / *'for external / internal use only'* MED 'à usage externe / interne' / *'for use in case of emergency'* 'à utiliser en cas d'urgence' **2.** [ability to use] usage *m* ▸ **to let sb have the use of sthg** prêter qqch à qqn / *she lost the use of her legs* elle a perdu l'usage de ses jambes **3.** [usefulness] ▸ **to be of use** être utile / *he's not much use as a secretary* il n'est pas brillant comme secrétaire ▸ **it's no use** ça ne sert à rien ▸ **what's the use (of doing sthg)?** à quoi bon (faire qqch) ? **4.** [practical application] usage *m*, emploi *m* / *we found a use for the old fridge* nous avons trouvé un emploi pour le vieux frigo. ◆ aux vb [ju:s] : *I used to live in London* avant j'habitais à Londres / *he didn't use to be so fat* il n'était pas si gros avant / *there used to be a tree here* (autrefois) il y avait un arbre ici. ◆ vt [ju:z] **1.** [gen] utiliser, se servir de, employer / *these are the notebooks he used* ce sont les cahiers qu'il a utilisés / *we use this room as an office* nous nous servons de cette pièce comme bureau, cette pièce nous sert de bureau / *the car's using a lot of oil* la voiture consomme beaucoup d'huile **2.** *pej* [exploit] se servir de. ◆ **use up** vt sep [supply] épuiser ; [food] finir ; [money] dépenser / *she used up the leftovers to make soup* elle a utilisé les restes pour faire un potage.

use-by date noun date *f* limite de consommation.

used adj **1.** [ju:zd] [handkerchief, towel] sale **2.** [ju:zd] [car] d'occasion **3.** [ju:st] [accustomed] ▸ **to be used to sthg / to doing sthg** avoir l'habitude de qqch / de faire qqch ▸ **to get used to sthg** s'habituer à qqch.

useful ['ju:sfʊl] adj utile / *she's a useful person to know* c'est une femme qu'il est bon de connaître / *make yourself useful and help me tidy up* rends-toi utile et aide-moi à ranger ▸ **to come in useful** être utile.

usefully ['ju:sfʊlɪ] adv utilement / *you could usefully devote a further year's study to the subject* tu pourrais consacrer avec profit une année d'étude supplémentaire au sujet.

usefulness ['ju:sfʊlnɪs] noun *(U)* utilité *f*.

useless ['ju:slɪs] adj **1.** [gen] inutile **2.** *inf* [person] incompétent(e), nul (nulle).

uselessly ['ju:slɪslɪ] adv inutilement.

uselessness ['ju:slɪsnɪs] noun *(U)* inutilité *f*.

user ['ju:zəʳ] noun [of product, machine] utilisateur *m*, -trice *f* ; [of service] usager *m*.

user-friendly adj convivial(e), facile à utiliser.

user ID noun = **user name**.

user-interface noun COMPUT interface *f* utilisateur.

user name noun COMPUT nom *m* d'utilisateur.

user profile noun profil *m* utilisateur.

usher ['ʌʃəʳ] ◆ noun placeur *m*. ◆ vt ▸ **to usher sb in / out** faire entrer / sortir qqn.

usherette [ˌʌʃə'ret] noun ouvreuse *f*.

USN (*abbr of* **United States Navy**) noun *marine de guerre américaine.*

USP (*abbr of* **unique selling point** OR **proposition**) noun PUV *f*.

USPS (*abbr of* **United States Postal Service**) noun ≃ la Poste.

USS (*abbr of* **United States Ship**) *expression précédant le nom d'un bâtiment de la marine américaine.*

USSR (*abbr of* **Union of Soviet Socialist Republics**) noun ▸ **the (former) USSR** l'(ex-)URSS *f*.

usu. *abbr of* **usually**.

usual ['ju:ʒəl] adj habituel(elle) / *let's meet at the usual time* retrouvons-nous à l'heure habituelle OR à la même heure que d'habitude / *she's her usual self again* elle est redevenue elle-même ▸ **as usual** comme d'habitude / *life goes on as usual* la vie continue.

usually ['ju:ʒəlɪ] adv d'habitude, d'ordinaire.

usurp [ju:'zɜ:p] vt usurper.

usury ['ju:ʒʊrɪ] noun *(U)* usure *f*.

utensil [ju:'tensl] noun ustensile *m*.

uterus ['ju:tərəs] (*pl* **-i** *or* **-uses**) noun utérus *m*.

utilitarian [ˌju:tɪlɪ'teərɪən] adj utilitaire.

utility [ju:'tɪlətɪ] (*pl* **-ies**) noun **1.** *(U)* [usefulness] utilité *f* **2.** [public service] service *m* public **3.** COMPUT utilitaire *m*.

utility room noun buanderie *f*.

utilize, utilise UK ['ju:təlaɪz] vt utiliser ; [resources] exploiter, utiliser.

utmost ['ʌtməʊst] ◆ adj le plus grand (la plus grande) / *with the utmost respect,...* avec tout le respect que je vous dois,.... ◆ noun : *the utmost in comfort* ce qui se fait de mieux en matière de confort ▸ **to do one's utmost** faire tout son possible, faire l'impossible ▸ **to the utmost** au plus haut point.

utopia [ju:'təʊpjə] noun utopie *f*.

utopian, Utopian [ju:'təʊpjən] ◆ adj utopique. ◆ noun utopiste *mf*.

utter ['ʌtəʳ] ◆ adj total(e), complet(ète). ◆ vt prononcer ; [cry] pousser.

utterly ['ʌtəlɪ] adv complètement.

U-turn noun demi-tour *m* ; *fig* revirement *m*.

UV (*abbr of* **ultra violet**) UV.

Uzbekistan [ʊzˌbekɪ'stɑ:n] noun Ouzbékistan *m* ▸ **in Uzbekistan** en Ouzbékistan.

V

v[1] (*pl* **v's** *or* **vs**), **V** (*pl* **V's** *or* **Vs**) [viː] noun [letter] v *m inv*, V *m inv*.

v[2] **1.** (*abbr of* **verse**) v. **2.** [cross-reference] (*abbr of* **vide**) v. **3.** *abbr of* **versus** **4.** (*abbr of* **volt**) v **5.** MESSAGING *written abbr of* **very**.

VA *abbr of* **Virginia**.

vacancy ['veɪkənsɪ] (*pl* **-ies**) noun **1.** [job] poste *m* vacant **2.** [room available] chambre *f* à louer ▸ **'vacancies'** 'chambres à louer' ▸ **'no vacancies'** 'complet'.

vacant ['veɪkənt] adj **1.** [room] inoccupé(e) ; [chair, toilet] libre / *the room becomes vacant tomorrow* la chambre sera libérée OR disponible demain **2.** [job, post] vacant(e) **3.** [look, expression] distrait(e) / *I asked a question and she just looked vacant* j'ai posé une question et elle a eu l'air de ne pas comprendre.

vacantly ['veɪkəntlɪ] adv d'un air distrait.

vacate [və'keɪt] vt quitter.

vacation [və'keɪʃn] noun US vacances *fpl*.

vacationer [və'keɪʃənər] noun US vacancier *m*, -ère *f*.

vaccinate ['væksɪneɪt] vt vacciner.

vaccination [ˌvæksɪ'neɪʃn] noun vaccination *f*.

vaccine [UK 'væksiːn, US væk'siːn] noun vaccin *m*.

vacillate ['væsəleɪt] vi hésiter.

vacuous ['vækjʊəs] adj *fml* [eyes, look] vide, sans expression ; [remark] sot (sotte), niais(e) ; [film, novel] idiot(e), dénué(e) de tout intérêt ; [life] vide de sens.

vacuum ['vækjʊəm] ❖ noun **1.** TECH [void] vide *m* **2.** [cleaner] aspirateur *m*. ❖ vt [room] passer l'aspirateur dans ; [carpet] passer à l'aspirateur.

vacuum cleaner noun aspirateur *m*.

vacuum flask noun UK (bouteille *f*) Thermos® *f*.

vacuum-packed adj emballé(e) sous vide.

vagabond ['vægəbɒnd] noun *liter* vagabond *m*, -e *f*.

vagina [və'dʒaɪnə] noun vagin *m*.

vagrancy ['veɪgrənsɪ] noun vagabondage *m*.

vagrant ['veɪgrənt] noun vagabond *m*, -e *f*.

vague [veɪg] adj **1.** [gen] vague, imprécis(e) **2.** [absent-minded] distrait(e).

vaguely ['veɪglɪ] adv vaguement.

vagueness ['veɪgnɪs] noun **1.** [imprecision - of instructions, statement] imprécision *f*, manque *m* de clarté **2.** [of memory] imprécision *f*, manque *m* de précision ; [of feeling] vague *m*, caractère *m* vague OR indistinct **3.** [of shape] flou *m*, caractère *m* indistinct **4.** [absent-mindedness] distraction *f*.

vain [veɪn] adj **1.** [futile, worthless] vain(e) **2.** *pej* [conceited] vaniteux(euse). ◆ **in vain** adv en vain, vainement.

vale [veɪl] noun *liter* val *m*.

valentine card ['væləntaɪn-] noun carte *f* de la Saint-Valentin.

Valentine's Day ['væləntaɪnz-] noun ▸ **(St) Valentine's Day** la Saint-Valentin.

valet ['væleɪ *or* 'vælɪt] noun valet *m* de chambre ▸ **'valet parking'** 'voiturier'.

valet service noun **1.** [for clothes] service *m* pressing **2.** [for cars] nettoyage *m* complet.

valiant ['væljənt] adj vaillant(e).

valiantly ['væljəntlɪ] adv vaillamment, courageusement.

valid ['vælɪd] adj **1.** [reasonable] valable **2.** [legally usable] valide.

> **valide OR valable?**
>
> The adjective **valide** is used for valid documents or files, and also means able-bodied. In other contexts, such as valid reasons or valid information, it is safer to use **valable**.

validate ['vælɪdeɪt] vt valider.

validation [ˌvælɪ'deɪʃn] noun **1.** [of argument, claim] confirmation *f*, preuve *f* **2.** [of document] validation *f*.

validity [və'lɪdətɪ] noun validité *f*.

valley ['vælɪ] (*pl* **-s**) noun vallée *f*.

valuable ['væljʊəbl] adj **1.** [advice, time, information] précieux(euse) **2.** [object, jewel] de valeur. ◆ **valuables** pl n objets *mpl* de valeur.

valuation [ˌvæljʊ'eɪʃn] noun **1.** (*U*) [pricing] estimation *f*, expertise *f* **2.** [estimated price] valeur *f* estimée **3.** [opinion] opinion *f*.

value ['væljuː] ❖ noun valeur *f* / *this necklace is of great value* ce collier vaut cher / *he had nothing of value to add* il n'avait rien d'important OR de valable à ajouter ▸ **to be good value** être d'un bon rapport qualité-prix / *property is going up / down in value* l'immobilier prend / perd de la valeur ▸ **to get value for money** en avoir pour son argent ▸ **to place a high value on sthg** accorder beaucoup de valeur à qqch / *to put a value on sthg* évaluer OR estimer qqch ▸ **to take sb / sthg at face value** prendre qqn / qqch au pied de la lettre. ❖ vt **1.** [estimate price of] expertiser / *they valued the* *house at £50,000* ils ont estimé OR évalué la maison à 50 000 livres **2.** [cherish] apprécier / *we greatly value your help* nous apprécions beaucoup OR nous vous sommes très reconnaissants de votre aide / *does he value your opinion?* votre opinion lui importe-t-elle ? ◆ **values** pl n [morals] valeurs *fpl*.

value-added tax [-ædɪd-] noun taxe *f* sur la valeur ajoutée.

valued ['vælju:d] adj précieux(euse).

valve [vælv] noun [on tyre] valve *f* ; TECH soupape *f*.

vampire ['væmpaɪəʳ] noun vampire *m*.

van [væn] noun **1.** AUTO camionnette *f* **2.** UK RAIL fourgon *m*.

vandal ['vændl] noun vandale *mf*.

vandalism ['vændəlɪzm] noun vandalisme *m*.

vandalize, vandalise UK ['vændəlaɪz] vt saccager.

vanguard ['vængɑ:d] noun avant-garde *f* ▸ **in the vanguard of** à l'avant-garde de.

vanilla [və'nɪlə] ❖ noun vanille *f*. ❖ comp [ice cream, yoghurt] à la vanille.

vanish ['vænɪʃ] vi disparaître.

vanity ['vænətɪ] noun **1.** *(U) pej* vanité *f* **2.** US [furniture] coiffeuse *f*.

vanity publishing noun publication *f* à compte d'auteur.

vanquish ['væŋkwɪʃ] vt *liter* vaincre.

vantagepoint ['vɑ:ntɪdʒ,pɔɪnt] noun [for view] bon endroit *m* ; *fig* position *f* avantageuse.

vaporize, vaporise UK ['veɪpəraɪz] ❖ vt vaporiser. ❖ vi se vaporiser.

vaporizer ['veɪpəraɪzəʳ] noun **1.** [gen] vaporisateur *m* ; [for perfume, spray] atomiseur *m*, pulvérisateur *m* **2.** MED [inhaler] inhalateur *m* ; [for throat] pulvérisateur *m*.

vapour UK, **vapor** US ['veɪpəʳ] noun *(U)* vapeur *f* ; [condensation] buée *f*.

variable ['veərɪəbl] ❖ adj variable ; [mood] changeant(e). ❖ noun variable *f*.

variance ['veərɪəns] noun *fml* ▸ **at variance (with)** en désaccord (avec).

variant ['veərɪənt] ❖ adj différent(e). ❖ noun variante *f*.

variation [,veərɪ'eɪʃn] noun ▸ **variation (in)** variation *f* (de).

varicose veins ['værɪkəʊs-] pl n varices *fpl*.

varied ['veərɪd] adj varié(e).

variegated ['veərɪgeɪtɪd] adj **1.** [gen] bigarré(e) **2.** BOT panaché(e).

variety [və'raɪətɪ] (*pl* **-ies**) noun **1.** [gen] variété *f* / *there isn't much variety in the menu* le menu n'est pas très varié OR n'offre pas un grand choix / *there is a wide variety of colours / styles to choose from* il y a un grand choix de couleurs / styles / *in a variety of ways* de diverses manières **2.** [type] variété *f*, sorte *f* / *different varieties of cheese* différentes sortes de fromage, fromages variés.

various ['veərɪəs] adj **1.** [several] plusieurs **2.** [different] divers.

varnish ['vɑ:nɪʃ] ❖ noun vernis *m*. ❖ vt vernir.

varnished ['vɑ:nɪʃt] adj verni(e).

vary ['veərɪ] (*pt & pp* **-ied**) ❖ vt varier. ❖ vi ▸ **to vary (in / with)** varier (en / selon), changer (en / selon).

varying ['veərɪɪŋ] adj qui varie, variable.

vase [UK vɑ:z, US veɪz] noun vase *m*.

vasectomy [və'sektəmɪ] (*pl* **-ies**) noun vasectomie *f*.

Vaseline® ['væsəli:n] noun vaseline *f*.

vast [vɑ:st] adj vaste, immense.

vastly ['vɑ:stlɪ] adv extrêmement, infiniment.

vastness ['vɑ:stnɪs] noun immensité *f*.

vat [væt] noun cuve *f*.

VAT [væt *or* vi:eɪ'ti:] (*abbr of* **value-added tax**) noun TVA *f*.

Vatican ['vætɪkən] noun ▸ **the Vatican** le Vatican.

vault [vɔ:lt] ❖ noun **1.** [in bank] chambre *f* forte **2.** [roof] voûte *f* **3.** [jump] saut *m* **4.** [in church] caveau *m*. ❖ vt sauter. ❖ vi ▸ **to vault over sthg** sauter (par-dessus) qqch.

vaulted ['vɔ:ltɪd] adj voûté(e).

vaulting horse ['vɔ:ltɪŋ-] noun cheval-d'arçons *m inv*.

VC noun **1.** (*abbr of* **vice-chairman**) vice-président *m* **2.** (*abbr of* **Victoria Cross**) *la plus haute distinction militaire britannique*.

VCR (*abbr of* **video cassette recorder**) noun magnétoscope *m*.

VD (*abbr of* **venereal disease**) noun *(U)* MST *f*.

VDU (*abbr of* **visual display unit**) noun moniteur *m*.

veal [vi:l] noun *(U)* veau *m*.

veer [vɪəʳ] vi virer / *to veer off course* **a)** [car] quitter sa route **b)** [boat, plane, wind-surfer] quitter sa trajectoire / *her mood veers between euphoria and black depression fig* son humeur oscille entre l'euphorie et un profond abattement OR va de l'euphorie à un profond abattement.

veg [vedʒ] noun *inf* **1.** (*abbr of* **vegetable**) légume *m* **2.** *(U)* (*abbr of* **vegetables**) légumes *mpl*.

vegan ['vi:gən] ❖ adj végétalien(enne). ❖ noun végétalien *m*, -enne *f*.

vegeburger ['vedʒə,bɜ:gəʳ] noun hamburger *m* végétarien.

vegetable ['vedʒtəbl] ❖ noun légume *m*. ❖ adj [matter, protein] végétal(e) ; [soup, casserole] de OR aux légumes.

vegetarian [,vedʒɪ'teərɪən] ❖ adj végétarien(enne). ❖ noun végétarien *m*, -enne *f*.

vegetarianism [,vedʒɪ'teərɪənɪzm] noun végétarisme *m*.

vegetate ['vedʒɪteɪt] vi *pej* végéter.

vegetation [,vedʒɪ'teɪʃn] noun *(U)* végétation *f*.

veggie ['vedʒɪ] (*abbr of* **vegetarian**) UK *inf* ❖ adj végétarien(enne). ❖ noun végétarien *m*, -enne *f*.

vehement ['viːɪmənt] adj véhément(e).

vehemently ['viːɪməntlɪ] adv avec véhémence.

vehicle ['viːɪkl] noun *lit* & *fig* véhicule *m*.

vehicular [vɪ'hɪkjʊlər] adj *fml* [transport] de véhicules ▸ **vehicular traffic** circulation *f*.

veil [veɪl] noun *lit* & *fig* voile *m*.

veiled [veɪld] adj [threat, reference] voilé(e).

vein [veɪn] noun **1.** ANAT veine *f* **2.** [of leaf] nervure *f* **3.** [of mineral] filon *m* **4.** [mood] ▸ **in the same vein** dans le même style.

Velcro® ['velkrəʊ] noun Velcro® *m*.

vellum ['veləm] noun vélin *m*.

velocity [vɪ'lɒsətɪ] (*pl* **-ies**) noun vélocité *f*.

velvet ['velvɪt] ❖ noun velours *m*. ❖ comp de OR en velours.

velvety ['velvɪtɪ] adj [cloth, complexion, texture] velouteux(euse), velouté(e) ; *fig* [cream, voice] velouté(e).

vendetta [ven'detə] noun vendetta *f*.

vending machine ['vendɪŋ-] noun distributeur *m* automatique.

vendor ['vendər] noun **1.** *fml* [salesperson] marchand *m*, -e *f* **2.** LAW vendeur *m*, -eresse *f*.

veneer [və'nɪər] noun placage *m* ; *fig* apparence *f*.

venerable ['venərəbl] adj vénérable.

venerate ['venəreɪt] vt vénérer.

veneration [ˌvenə'reɪʃn] noun vénération *f*.

Venetian [vɪ'niːʃn] ❖ adj vénitien(enne). ❖ noun Vénitien *m*, -enne *f*.

Venezuela [ˌvenɪz'weɪlə] noun Venezuela *m* ▸ **in Venezuela** au Venezuela.

Venezuelan [ˌvenɪz'weɪlən] ❖ adj vénézuélien(enne). ❖ noun Vénézuélien *m*, -enne *f*.

vengeance ['vendʒəns] noun vengeance *f* / *it began raining with a vengeance* il a commencé à pleuvoir très fort / *she's back with a vengeance* elle fait un retour en force.

vengeful ['vendʒfʊl] adj vengeur(eresse).

Venice ['venɪs] noun Venise.

venison ['venɪzn] noun venaison *f*.

venom ['venəm] noun *lit* & *fig* venin *m*.

venomous ['venəməs] adj *lit* & *fig* venimeux(euse).

vent [vent] ❖ noun [pipe] tuyau *m* ; [opening] orifice *m* ▸ **to give vent to** donner libre cours à. ❖ vt [anger, feelings] donner libre cours à ▸ **to vent sthg on sb** décharger qqch sur qqn.

ventilate ['ventɪleɪt] vt ventiler.

ventilation [ˌventɪ'leɪʃn] noun ventilation *f*.

ventilator ['ventɪleɪtər] noun ventilateur *m*.

ventriloquist [ven'trɪləkwɪst] noun ventriloque *mf*.

venture ['ventʃər] ❖ noun entreprise *f* / *a business venture* une entreprise commerciale, un coup d'essai commercial. ❖ vt risquer / *she didn't dare venture an opinion on the subject* elle n'a pas osé exprimer sa pensée à ce sujet ▸ **to venture to do sthg** se permettre de faire qqch. ❖ vi s'aventurer / *to venture into politics* se lancer dans la politique / *I wouldn't venture out of doors in this weather* je ne me risquerais pas à sortir par ce temps.

venture capitalist noun spécialiste *mf* de la prise de risques.

venue ['venjuː] noun lieu *m*.

Venus ['viːnəs] noun [planet] Vénus *f*.

veracity [və'ræsətɪ] noun véracité *f*.

veranda(h) [və'rændə] noun véranda *f*.

verb [vɜːb] noun verbe *m*.

verbal ['vɜːbl] adj verbal(e).

verbalize, verbalise UK ['vɜːbəlaɪz] vt [feelings, ideas] verbaliser, exprimer par des mots.

verbally ['vɜːbəlɪ] adv verbalement.

verbatim [vɜː'beɪtɪm] adj & adv mot pour mot.

verbose [vɜː'bəʊs] adj verbeux(euse).

verdict ['vɜːdɪkt] noun **1.** LAW verdict *m* **2.** [opinion] ▸ **verdict (on)** avis *m* (sur).

verge [vɜːdʒ] noun **1.** [of lawn] bordure *f* ; UK [of road] bas-côté *m*, accotement *m* **2.** [brink] : *the country has been brought to the verge of civil war* le pays a été amené au seuil de la guerre civile ▸ **on the verge of sthg** au bord de qqch ▸ **on the verge of doing sthg** sur le point de faire qqch. ◆ **verge (up)on** vt insep friser, approcher de / *his feeling was one of panic verging on hysteria* il ressentait une sorte de panique proche de l'hystérie OR qui frôlait l'hystérie.

verger ['vɜːdʒər] noun bedeau *m*.

verifiable ['verɪfaɪəbl] adj vérifiable.

verification [ˌverɪfɪ'keɪʃn] noun vérification *f*.

verify ['verɪfaɪ] (*pt & pp* **-ied**) vt vérifier.

verisimilitude [ˌverɪsɪ'mɪlɪtjuːd] noun *fml* vraisemblance *f*.

veritable ['verɪtəbl] adj *hum* & *fml* véritable.

vermilion [və'mɪljən] ❖ adj vermillon (*inv*). ❖ noun vermillon *m*.

vermin ['vɜːmɪn] pl n vermine *f*.

vermouth ['vɜːməθ] noun vermouth *m*.

vernacular [və'nækjʊlər] ❖ adj vernaculaire. ❖ noun dialecte *m*.

verruca [və'ruːkə] (*pl* **-cas** *or* **-cae**) noun verrue *f* plantaire.

versatile ['vɜːsətaɪl] adj [person, player] aux talents multiples ; [machine, tool, food] souple d'emploi.

versatility [ˌvɜːsə'tɪlətɪ] noun [of person] variété *f* de talents ; [of machine, tool] souplesse *f* d'emploi.

verse [vɜːs] noun **1.** (*U*) [poetry] vers *mpl* **2.** [stanza] strophe *f* **3.** [in Bible] verset *m*.

versed [vɜ:st] adj ▸ **to be well versed in sthg** être versé(e) dans qqch.

version ['vɜ:ʃn] noun version *f*.

versus ['vɜ:səs] prep **1.** SPORT contre **2.** [as opposed to] par opposition à.

vertebra ['vɜ:tɪbrə] (*pl* **-brae**) noun vertèbre *f*.

vertebrate ['vɜ:tɪbreɪt] noun vertébré *m*.

vertical ['vɜ:tɪkl] adj vertical(e).

vertically ['vɜ:tɪklɪ] adv verticalement.

vertigo ['vɜ:tɪgəʊ] noun (*U*) vertige *m* ▸ **to suffer from vertigo** avoir le vertige.

verve [vɜ:v] noun verve *f*.

very ['verɪ] ❖ adv **1.** [as intensifier] très / *be very careful* faites très OR bien attention / *very few / little* très peu ▸ **very much** beaucoup / *I very much hope to be able to come* j'espère bien que je pourrai venir ▸ **at the very least** tout au moins / *I very nearly fell* j'ai bien failli tomber ▸ **very last / first** tout dernier/premier / *the very same day* le jour même ▸ **of one's very own** bien à soi **2.** [as euphemism] ▸ **not very** pas très. ❖ adj : *the very room / book* la pièce/le livre même / *the very man / thing I've been looking for* juste l'homme/la chose que je cherchais / *at the very end* **a)** [of street, row] tout au bout **b)** [of story, month] tout à la fin / *at that very moment* juste à ce moment-là / *the very idea!* quelle idée ! ◆ **very well** adv très bien ▸ **I can't very well tell him...** je ne peux tout de même pas lui dire que....

vessel ['vesl] noun *fml* **1.** [boat] vaisseau *m* **2.** [container] récipient *m*.

vest [vest] noun **1.** UK [undershirt] maillot *m* de corps **2.** US [waistcoat] gilet *m*.

vested interest ['vestɪd-] noun ▸ **vested interest (in)** intérêt *m* particulier (à).

vestibule ['vestɪbju:l] noun **1.** *fml* [entrance hall] vestibule *m* **2.** US [on train] sas *m*.

vestige ['vestɪdʒ] noun vestige *m*.

vestry ['vestrɪ] (*pl* **-ies**) noun sacristie *f*.

vet [vet] ❖ noun **1.** UK (*abbr of* **veterinary surgeon**) vétérinaire *mf* **2.** US (*abbr of* **veteran**) ancien combattant *m*, vétéran *mf*. ❖ vt (*pt & pp* **-ted**, *cont* **-ting**) UK [candidates] examiner avec soin.

veteran ['vetrən] ❖ adj [experienced] chevronné(e). ❖ noun **1.** MIL ancien combattant *m*, vétéran *mf* **2.** [experienced person] vétéran *m*.

veterinarian [ˌvetərɪ'neərɪən] noun US vétérinaire *mf*.

veterinary science ['vetərɪnrɪ-] noun science *f* vétérinaire.

veterinary surgeon ['vetərɪnrɪ-] noun UK *fml* vétérinaire *mf*.

veto ['vi:təʊ] ❖ noun (*pl* **-es**) veto *m*. ❖ vt (*pt & pp* **-ed**, *cont* **-ing**) opposer son veto à.

vetting ['vetɪŋ] noun (*U*) UK [of candidates] examen *m* minutieux.

vex [veks] vt contrarier.

VGA (*abbr of* **video graphics array / adapter**) noun COMPUT VGA *m*.

VHF (*abbr of* **very high frequency**) VHF.

VHS (*abbr of* **video home system**) noun VHS *m*.

via ['vaɪə] prep **1.** [travelling through] via, par **2.** [by means of] au moyen de.

viability [ˌvaɪə'bɪlətɪ] noun viabilité *f*.

viable ['vaɪəbl] adj viable.

viaduct ['vaɪədʌkt] noun viaduc *m*.

Viagra® [vaɪ'ægrə] noun Viagra® *m*.

vibes [vaɪbz] pl n *inf* (*abbr of* **vibrations**) atmosphère *f*, ambiance *f* / *they give off really good / bad vibes* avec eux le courant passe vraiment bien/ne passe vraiment pas / *I get really bad vibes from her* je la sens vraiment mal.

vibrant ['vaɪbrənt] adj vibrant(e).

vibrate [vaɪ'breɪt] vi vibrer.

vibration [vaɪ'breɪʃn] noun vibration *f*.

vibrator [vaɪ'breɪtər] noun **1.** ELEC vibrateur *m* **2.** [medical or sexual] vibromasseur *m*.

vicar ['vɪkər] noun [in Church of England] pasteur *m*.

vicarage ['vɪkərɪdʒ] noun presbytère *m*.

vicarious [vɪ'keərɪəs] adj ▸ **to take a vicarious pleasure in sthg** retirer du plaisir indirectement de qqch.

vice [vaɪs] noun **1.** [immorality, fault] vice *m* **2.** [tool] étau *m*.

vice- [vaɪs] pref vice-.

vice-chairman noun vice-président *m*, -e *f*.

vice-chancellor noun UK UNIV président *m*, -e *f*.

vice-president noun vice-président *m*, -e *f*.

vice-principal noun SCH directeur *m* adjoint, directrice *f* adjointe.

vice versa [ˌvaɪsɪ'vɜ:sə] adv vice versa.

vicinity [vɪ'sɪnətɪ] noun ▸ **in the vicinity (of)** aux alentours (de), dans les environs (de).

vicious ['vɪʃəs] adj violent(e), brutal(e).

vicious circle noun cercle *m* vicieux.

viciously ['vɪʃəslɪ] adv [attack, beat] brutalement, violemment ; [criticize] avec malveillance, méchamment.

viciousness ['vɪʃəsnɪs] noun violence *f*, brutalité *f*.

vicissitudes [vɪ'sɪsɪtju:dz] pl n *fml* vicissitudes *fpl*.

victim ['vɪktɪm] noun victime *f* / *a fund for victims of cancer* des fonds pour les cancéreux OR les malades du cancer / *to fall victim to sthg* devenir la victime de qqch.

victimization, victimisation UK [ˌvɪktɪmaɪ'zeɪʃn] noun [for beliefs, race, differences] fait *m* de prendre pour victime ; [reprisals] représailles *fpl* / *there must be no further victimization of workers* il ne doit pas y avoir d'autres représailles contre les ouvriers.

victimize, victimise UK ['vɪktɪmaɪz] vt faire une victime de.

victimless crime ['vɪktɪmlɪs-] noun délit *m* sans victime.

victor ['vɪktəʳ] noun vainqueur *m*.

Victorian [vɪk'tɔ:rɪən] adj victorien(enne).

victorious [vɪk'tɔ:rɪəs] adj victorieux(euse).

victory ['vɪktərɪ] (*pl* **-ies**) noun ▸ **victory (over)** victoire *f* (sur).

video ['vɪdɪəʊ] ❖ noun (*pl* **-s**) **1.** [medium, recording] vidéo *f* **2.** UK [machine] magnétoscope *m* **3.** [cassette] vidéocassette *f*. ❖ comp vidéo *(inv)*. ❖ vt (*pt & pp* **-ed**, *cont* **-ing**) **1.** [using video recorder] enregistrer sur magnétoscope **2.** [using camera] faire une vidéo de, filmer.

video cassette noun vidéocassette *f*.

video clip noun clip *m*, vidéoclip *m*, clip *m* vidéo.

videoconference ['vɪdɪəʊ'kɒnfərəns] noun vidéoconférence *f*.

video diary noun journal *m* vidéo.

videodisc UK, **videodisk** US ['vɪdɪəʊdɪsk] noun vidéodisque *m*.

video game noun jeu *m* vidéo.

videophone ['vɪdɪəʊfəʊn] noun vidéophone *m*, visiophone *m*.

video projector noun vidéoprojecteur *m*.

videorecorder ['vɪdɪəʊrɪˌkɔ:dər] noun magnétoscope *m*.

video recording noun enregistrement *m* vidéo.

video shop UK, **video store** US noun vidéoclub *m*.

videotape ['vɪdɪəʊteɪp] noun **1.** [cassette] vidéocassette *f* **2.** *(U)* [ribbon] bande *f* vidéo.

vie [vaɪ] (*pt & pp* **vied**, *cont* **vying**) vi ▸ **to vie for sthg** lutter pour qqch ▸ **to vie with sb (for sthg / to do sthg)** rivaliser avec qqn (pour qqch/pour faire qqch).

Vienna [vɪ'enə] noun Vienne.

Viennese [ˌvɪə'ni:z] ❖ adj viennois(e). ❖ noun Viennois *m*, -e *f*.

Vietnam UK ˌvjet'næm, US ˌvjet'nɑ:m] noun Viêt-nam *m* ▸ **in Vietnam** au Viêt-nam.

Vietnamese [ˌvjetnə'mi:z] ❖ adj vietnamien(enne). ❖ noun [language] vietnamien *m*. ❖ pl n ▸ **the Vietnamese** les Vietnamiens.

view [vju:] ❖ noun **1.** [opinion] opinion *f*, avis *m* / *that's the official view* c'est le point de vue officiel ▸ **view on sthg** opinion sur qqch ▸ **in my view** à mon avis ▸ **to take the view that...** être d'avis que... **2.** [scene, sight] vue *f* / *an aerial view of New York* une vue aérienne de New York / *a room with a view* une chambre avec vue / *you get a better view from here* on voit mieux d'ici ▸ **to come into view** apparaître / *to hide sthg from view* **a)** [accidentally] cacher qqch de la vue **b)** [deliberately] cacher qqch aux regards **3.** [perspective, outlook] : *in view* en vue / *with this end in view* avec OR dans cette intention / *he has* OR *takes a gloomy view of life* il a une vue pessimiste de la vie. ❖ vt **1.** [consider] considérer / *how do you view this matter?* quel est votre avis sur cette affaire ? **2.** [look at, examine - gen] examiner ; [- house] visiter / *viewed from above / from afar* vu d'en haut/de loin. ◆ **in view of** prep vu, étant donné / *in view of this* ceci étant. ◆ **with a view to** conj dans l'intention de, avec l'idée de / *they bought the house with a view to their retirement* ils ont acheté la maison en pensant à leur retraite.

viewer ['vju:əʳ] noun **1.** TV téléspectateur *m*, -trice *f* **2.** [for slides] visionneuse *f*.

viewfinder ['vju:ˌfaɪndəʳ] noun viseur *m*.

viewing ['vju:ɪŋ] ❖ noun *(U)* **1.** TV programme *m*, programmes *mpl*, émissions *fpl* / *late-night viewing on BBC 2* émissions de fin de soirée sur BBC 2 / *his latest film makes exciting viewing* son dernier film est un spectacle passionnant **2.** [of showhouse, exhibition] visite *f* **3.** ASTRON observation *f*. ❖ comp **1.** TV [time, patterns] d'écoute ▸ **a young viewing audience** de jeunes téléspectateurs ▸ **viewing figures** taux *m* OR indice *m* d'écoute ▸ **at peak viewing hours** aux heures de grande écoute **2.** ASTRON & METEOR [conditions] d'observation.

viewpoint ['vju:pɔɪnt] noun point *m* de vue.

vigil ['vɪdʒɪl] noun veille *f* ; RELIG vigile *f*.

vigilance ['vɪdʒɪləns] noun vigilance *f*.

vigilant ['vɪdʒɪlənt] adj vigilant(e).

vigilante [ˌvɪdʒɪ'læntɪ] noun membre *m* d'un groupe d'autodéfense.

vigor US = **vigour**.

vigorous ['vɪgərəs] adj vigoureux(euse).

vigorously ['vɪgərəslɪ] adv vigoureusement, énergiquement.

vigour UK, **vigor** US ['vɪgəʳ] noun vigueur *f*.

Viking ['vaɪkɪŋ] ❖ adj viking *(inv)*. ❖ noun Viking *mf*.

vile [vaɪl] adj [mood] massacrant(e), exécrable ; [person, act] vil(e), ignoble ; [food] infect(e), exécrable.

vilify ['vɪlɪfaɪ] (*pt & pp* **-ied**) vt calomnier.

villa ['vɪlə] noun villa *f* ; [bungalow] pavillon *m*.

village ['vɪlɪdʒ] noun village *m*.

villager ['vɪlɪdʒəʳ] noun villageois *m*, -e *f*.

villain ['vɪlən] noun **1.** [of film, book] méchant *m*, -e *f* ; [of play] traître *m* **2.** [criminal] bandit *m*.

villainous ['vɪlənəs] adj **1.** [evil - act, person] vil(e), ignoble, infâme / *a villainous deed* une infamie OR bassesse **2.** [foul - food, weather] abominable, exécrable.

Vilnius ['vɪlnɪəs] noun Vilnious.

vinaigrette [ˌvɪnɪ'gret] noun vinaigrette *f*.

vindicate ['vɪndɪkeɪt] vt justifier.

vindication [ˌvɪndɪ'keɪʃn] noun justification *f*.

vindictive [vɪn'dɪktɪv] adj vindicatif(ive).

vindictively [vɪn'dɪktɪvlɪ] adv vindicativement.

vine [vaɪn] noun vigne *f*.

vinegar ['vɪnɪgəʳ] noun vinaigre *m*.

vineyard ['vɪnjəd] noun vignoble *m*.

vintage ['vɪntɪdʒ] ❖ adj **1.** [wine] de grand cru **2.** [classic] typique. ❖ noun année *f*, millésime *m*.

vintage wine noun vin *m* de grand cru.

vinyl ['vaɪnɪl] ❖ noun vinyle *m*. ❖ comp de OR en vinyle.

viola [vɪ'əʊlə] noun alto *m*.

violate ['vaɪəleɪt] vt violer.

violation [ˌvaɪə'leɪʃn] noun violation *f*.

violence ['vaɪələns] noun violence *f*.

violent ['vaɪələnt] adj **1.** [gen] violent(e) **2.** [colour] criard(e).

violently ['vaɪələntlɪ] adv violemment ; [die] de mort violente.

violet ['vaɪələt] ❖ adj violet(ette). ❖ noun **1.** [flower] violette *f* **2.** [colour] violet *m*.

violin [ˌvaɪə'lɪn] noun violon *m*.

violinist [ˌvaɪə'lɪnɪst] noun violoniste *mf*.

VIP (*abbr of* **very important person**) noun VIP *mf*.

viper ['vaɪpər] noun vipère *f*.

viral ['vaɪrəl] adj viral(e).

virgin ['vɜːdʒɪn] ❖ adj *liter* [land, forest, soil] vierge. ❖ noun [woman] vierge *f* ; [man] garçon *m* /homme *m* vierge.

Virginia [və'dʒɪnjə] noun Virginie *f* ▸ **in Virginia** en Virginie.

virginity [və'dʒɪnətɪ] noun virginité *f*.

Virgo ['vɜːgəʊ] (*pl* **-s**) noun Vierge *f* / *to be (a) Virgo* être Vierge.

virile ['vɪraɪl] adj viril(e).

virility [vɪ'rɪlətɪ] noun virilité *f*.

virtual ['vɜːtʃʊəl] adj virtuel(elle) / *it's a virtual certainty* c'est quasiment OR pratiquement certain.

virtually ['vɜːtʃʊəlɪ] adv virtuellement, pratiquement.

virtual memory noun COMPUT mémoire *f* virtuelle.

virtual reality noun réalité *f* virtuelle.

virtue ['vɜːtjuː] noun **1.** [good quality] vertu *f* **2.** [benefit] ▸ **virtue (in doing sthg)** mérite *m* (à faire qqch). ◆ **by virtue of** prep *fml* en vertu de.

virtuoso [ˌvɜːtjʊ'əʊzəʊ] (*pl* **-sos** *or* **-si**) noun virtuose *mf*.

virtuous ['vɜːtʃʊəs] adj vertueux(euse).

virulent ['vɪrʊlənt] adj virulent(e).

virus ['vaɪrəs] noun COMPUT & MED virus *m*.

virus check noun COMPUT détection *f* de virus.

virus-free adj COMPUT dépourvu(e) de virus.

visa ['viːzə] noun visa *m*.

vis-à-vis [ˌviːzɑː'viː] prep *fml* par rapport à.

visceral ['vɪsərəl] adj viscéral(e).

viscose ['vɪskəʊs] noun viscose *f*.

viscount ['vaɪkaʊnt] noun vicomte *m*.

viscous ['vɪskəs] adj visqueux(euse).

visibility [ˌvɪzɪ'bɪlətɪ] noun visibilité *f*.

visible ['vɪzəbl] adj visible.

visibly ['vɪzəblɪ] adv visiblement.

vision ['vɪʒn] noun **1.** *(U)* [ability to see] vue *f* **2.** [foresight, dream] vision *f* **3.** *(U)* TV image *f*.

visionary ['vɪʒənrɪ] ❖ adj visionnaire. ❖ noun (*pl* **-ies**) visionnaire *mf*.

visit ['vɪzɪt] ❖ noun visite *f* ▸ **on a visit** en visite / *visit of a website* visite d'un site. ❖ vt [person] rendre visite à ; [place] visiter. ◆ **visit with** vt insep US **1.** [go and see] aller voir **2.** [chat to] parler avec.

visiting ['vɪzɪtɪŋ] adj [circus, performers] de passage ; [lecturer] invité(e) ; [birds] de passage, migrateur(euse) / *the visiting team* SPORT les visiteurs.

visiting hours ['vɪzɪtɪŋ-] pl n heures *fpl* de visite.

visiting time = **visiting hours**.

visitor ['vɪzɪtər] noun [to person] invité *m*, -e *f* ; [to place] visiteur *m*, -euse *f* ; [to hotel] client *m*, -e *f*.

visor ['vaɪzər] noun visière *f*.

vista ['vɪstə] noun [view] vue *f*.

VISTA ['vɪstə] (*abbr of* **Volunteers in Service to America**) noun *programme américain d'aide aux personnes les plus défavorisées*.

visual ['vɪʒʊəl] adj visuel(elle).

visual arts pl n arts *mpl* plastiques.

visual display unit noun écran *m* de visualisation.

visualize, visualise UK ['vɪʒʊəlaɪz] vt se représenter, s'imaginer.

visually ['vɪʒʊəlɪ] adv visuellement ▸ **visually handicapped** UK, **visually impaired** US malvoyant(e).

vital ['vaɪtl] adj **1.** [essential] essentiel(elle) **2.** [full of life] plein(e) d'entrain.

vitality [vaɪ'tælətɪ] noun vitalité *f*.

vitally ['vaɪtəlɪ] adv absolument.

vital statistics pl n *inf* [of woman] mensurations *fpl*.

vitamin [UK 'vɪtəmɪn, US 'vaɪtəmɪn] noun vitamine *f*.

vitriol ['vɪtrɪəl] noun *lit* & *fig* vitriol *m*.

vitriolic [ˌvɪtrɪ'ɒlɪk] adj au vitriol.

viva ['vaɪvə] UK = **viva voce**.

vivacious [vɪ'veɪʃəs] adj enjoué(e).

vivacity [vɪ'væsətɪ] noun vivacité *f*.

viva voce [ˌvaɪvə'vəʊsɪ] ❖ noun UK UNIV [gen] épreuve *f* orale, oral *m* ; [for thesis] soutenance *f* de thèse. ❖ adj oral. ❖ adv de vive voix, oralement.

vivid ['vɪvɪd] adj **1.** [bright] vif (vive) **2.** [clear - description] vivant(e) ; [- memory] net (nette), précis(e).

vividly ['vɪvɪdlɪ] adv [describe] d'une manière vivante ; [remember] clairement.

vivisection [ˌvɪvɪ'sekʃn] noun vivisection *f*.

vixen ['vɪksn] noun [fox] renarde *f*.

viz [vɪz] (*abbr of* **videlicet**) c.-à-d.

V-neck noun [neck] décolleté *m* en V ; [sweater] pull *m* à décolleté en V.

VOA (*abbr of* Voice of America) noun *station radiophonique américaine à destination de l'étranger*.

vocabulary [və'kæbjʊlərɪ] (*pl* -ies) noun vocabulaire *m*.

vocal ['vəʊkl] adj **1.** [outspoken] qui se fait entendre **2.** [of the voice] vocal(e). ◆ **vocals** pl n chant *m*.

vocal cords pl n cordes *fpl* vocales.

vocalist ['vəʊkəlɪst] noun chanteur *m*, -euse *f* (*dans un groupe*).

vocation [vəʊ'keɪʃn] noun vocation *f*.

vocational [vəʊ'keɪʃənl] adj professionnel(elle).

vociferous [və'sɪfərəs] adj bruyant(e).

vociferously [və'sɪfərəslɪ] adv bruyamment, en vociférant.

vodka ['vɒdkə] noun vodka *f*.

vogue [vəʊg] ❖ adj en vogue, à la mode. ❖ noun vogue *f*, mode *f* ▸ **in vogue** en vogue, à la mode.

voice [vɔɪs] ❖ noun **1.** [gen] voix *f* ▸ **to raise / lower one's voice** élever / baisser la voix ▸ **to keep one's voice down** parler bas **2.** [influence] ▸ **to have a voice in** avoir son mot à dire dans. ❖ vt [opinion, emotion] exprimer.

voice mail noun COMPUT messagerie *f* vocale ▸ **to send / receive voice mail** envoyer / recevoir un message sur une boîte vocale.

voice-over noun voix *f* off.

voice recognition noun COMPUT reconnaissance *f* de la parole.

void [vɔɪd] ❖ adj **1.** [invalid] nul (nulle) ; ⟶ **null 2.** *fml* [empty] ▸ **void of** dépourvu(e) de, dénué(e) de. ❖ noun vide *m*. ❖ vt annuler.

voile [vɔɪl] noun (*U*) voile *m*.

vol. (*abbr of* volume) vol.

volatile UK 'vɒlətaɪl, US 'vɒlətl] adj [situation] explosif(ive) ; [person] lunatique, versatile ; [market] instable.

vol-au-vent ['vɒləʊvɑ̃] noun vol-au-vent *m inv*.

volcanic [vɒl'kænɪk] adj volcanique.

volcano [vɒl'keɪnəʊ] (*pl* -es *or* -s) noun volcan *m*.

vole [vəʊl] noun campagnol *m*.

volition [və'lɪʃn] noun *fml* ▸ **of one's own volition** de son propre gré.

volley ['vɒlɪ] ❖ noun (*pl* -s) **1.** [of gunfire] salve *f* **2.** *fig* [of questions, curses] torrent *m* ; [of blows] volée *f*, pluie *f* **3.** SPORT volée *f*. ❖ vt frapper à la volée, reprendre de volée.

volleyball ['vɒlɪbɔ:l] noun volley-ball *m*.

volt [vəʊlt] noun volt *m*.

voltage ['vəʊltɪdʒ] noun voltage *m*, tension *f*.

voluble ['vɒljʊbl] adj volubile, loquace.

volume ['vɒlju:m] noun **1.** [gen] volume *m* **2.** [of work, letters] quantité *f* ; [of traffic] densité *f*.

volume control noun réglage *m* du volume.

volume mailing noun multipostage *m*, publipostage *m* groupé.

voluminous [və'lu:mɪnəs] adj *fml* **1.** [garment] immense **2.** [container] volumineux(euse).

voluntarily [UK 'vɒləntrɪlɪ, US ˌvɒlən'terəlɪ] adv volontairement.

voluntary ['vɒləntrɪ] adj **1.** [not obligatory] volontaire **2.** [unpaid] bénévole.

voluntary redundancy noun UK départ *m* volontaire.

voluntary work noun travail *m* bénévole, bénévolat *m*.

volunteer [ˌvɒlən'tɪə^r] ❖ noun **1.** [gen & MIL] volontaire *mf* **2.** [unpaid worker] bénévole *mf*. ❖ vt **1.** [offer] ▸ **to volunteer to do sthg** se proposer OR se porter volontaire pour faire qqch **2.** [information, advice] donner spontanément. ❖ vi **1.** [offer one's services] ▸ **to volunteer (for)** se porter volontaire (pour), proposer ses services (pour) **2.** MIL s'engager comme volontaire.

voluptuous [və'lʌptʃʊəs] adj voluptueux(euse).

vomit ['vɒmɪt] ❖ noun vomi *m*. ❖ vi vomir.

vomiting ['vɒmɪtɪŋ] noun (*U*) vomissements *mpl*.

voodoo ['vu:du:] ❖ noun vaudou *m*. ❖ adj vaudou (*inv*). ❖ vt envoûter, ensorceler.

voracious [və'reɪʃəs] adj vorace.

voraciously [və'reɪʃəslɪ] adv [consume, eat] voracement, avec voracité ; [read] avec voracité, avidement.

vortex ['vɔ:teks] (*pl* -texes *or* -tices) noun vortex *m* ; *fig* [of events] tourbillon *m*.

vote [vəʊt] ❖ noun **1.** [individual decision] ▸ **vote (for / against)** vote *m* (pour / contre), voix *f* (pour / contre) / *the candidate got 15,000 votes* le candidat a recueilli 15 000 voix / *to count the votes* **a)** [gen] compter les votes OR les voix **b)** POL dépouiller le scrutin **2.** [ballot] vote *m* / *to have a vote on sthg* voter sur qqch, mettre qqch au vote ▸ **to put sthg to the vote** procéder à un vote sur qqch **3.** [right to vote] droit *m* de vote. ❖ vt **1.** [declare] élire **2.** [choose] : *to vote Labour / Republican* voter travailliste / républicain ▸ **to vote to do sthg** voter OR se prononcer pour faire qqch / *they voted to return to work* ils ont voté le retour au travail. ❖ vi : *France is voting this weekend* la France va aux urnes ce week-end ▸ **to vote (for / against)** voter (pour / contre) / *let's vote on it!* mettons cela aux voix ! ◆ **vote in** vt sep [person, government] élire ; [new law] voter, adopter. ◆ **vote out** vt sep évincer par un vote.

vote of confidence (*pl* votes of confidence) noun vote *m* de confiance.

vote of no confidence (*pl* votes of no confidence) noun motion *f* de censure.

voter ['vəʊtə^r] noun électeur *m*, -trice *f*.

voting ['vəʊtɪŋ] noun scrutin *m*.

vouch [vaʊtʃ] ◆ **vouch for** vt insep répondre de, se porter garant de.

voucher ['vaʊtʃə^r] noun bon *m*, coupon *m*.

vow [vaʊ] ◆ noun vœu *m*, serment *m*. ◆ vt ▸ **to vow to do sthg** jurer de faire qqch ▸ **to vow (that)...** jurer que...

vowel ['vaʊəl] noun voyelle *f*.

voyage ['vɔɪɪdʒ] noun voyage *m* en mer ; [in space] vol *m*.

voyeur [vwɑː'jɜːʳ] noun voyeur *m*, -euse *f*.

voyeurism [vwɑː'jɜːrɪzm] noun voyeurisme *m*.

voyeuristic [,vɔɪə'rɪstɪk] adj de voyeur.

VS *abbr of* **versus**.

V-shaped adj en (forme de) V.

V-sign noun : *to give the V-sign* [for victory, approval] faire le V de la victoire / *to give sb the V-sign* UK [as insult] ≃ faire un bras d'honneur à qqn.

VSO (*abbr of* **Voluntary Service Overseas**) noun *organisation britannique envoyant des travailleurs bénévoles dans des pays en voie de développement pour contribuer à leur développement technique.*

VTR (*abbr of* **videotape recorder**) noun magnétoscope *m*.

vulgar ['vʌlgəʳ] adj **1.** [in bad taste] vulgaire **2.** [offensive] grossier(ère).

vulgarity [vʌl'gærətɪ] noun *(U)* **1.** [poor taste] vulgarité *f* **2.** [offensiveness] grossièreté *f*.

vulnerability [,vʌlnərə'bɪlətɪ] noun vulnérabilité *f*.

vulnerable ['vʌlnərəbl] adj vulnérable ▸ **vulnerable to a)** [attack] exposé(e) à **b)** [colds] sensible à.

vulture ['vʌltʃəʳ] noun *lit* & *fig* vautour *m*.

vulva ['vʌlvə] (*pl* **-s** *or* **vulvae** [-viː]) noun vulve *f*.

W

w[1] (*pl* **w's** *or* **ws**), **W** (*pl* **W's** *or* **Ws**) ['dʌblju:] noun [letter] W *m inv*, W *m inv*.

W[2] **1.** (*abbr of* **west**) O, W **2.** (*abbr of* **watt**) w **3.** MESSAGING *written abbr of* **with**.

w8 MESSAGING *written abbr of* **wait**.

wacko ['wækəʊ] (*pl* **-s**) noun & adj *inf* cinglé(e), dingue.

wacky ['wækɪ] (*compar* **-ier**, *superl* **-iest**) adj *inf* farfelu(e).

wad [wɒd] noun **1.** [of cotton wool, paper] tampon *m* **2.** [of banknotes, documents] liasse *f* **3.** [of tobacco] chique *f* ; [of chewing-gum] boulette *f*.

wadding ['wɒdɪŋ] noun rembourrage *m*, capitonnage *m*.

waddle ['wɒdl] vi se dandiner.

wade [weɪd] vi patauger. ◆ **wade through** vt insep *fig* se taper.

wadge [wɒdʒ] noun UK *inf* morceau *m* ; [of papers] tas *m*.

wafer ['weɪfəʳ] noun [thin biscuit] gaufrette *f*.

wafer-thin adj mince comme du papier à cigarette OR une pelure d'oignon.

waffle ['wɒfl] ❖ noun **1.** CULIN gaufre *f* **2.** UK *inf* [vague talk] verbiage *m*. ❖ vi parler pour ne rien dire.

waft [wɑ:ft *or* wɒft] vi flotter.

wag [wæg] (*pt & pp* **-ged**, *cont* **-ging**) ❖ vt remuer, agiter. ❖ vi [tail] remuer.

wage [weɪdʒ] ❖ noun salaire *m*, paie *f*, paye *f*. ❖ vt ▸ **to wage war against** faire la guerre à. ◆ **wages** pl n salaire *m*.

wage earner [-ˌɜ:nəʳ] noun salarié *m*, -e *f*.

wage freeze noun blocage *m* des salaires.

wage packet noun UK **1.** [envelope] enveloppe *f* de paye **2.** *fig* [pay] paie *f*, paye *f*.

wager ['weɪdʒəʳ] noun pari *m*.

wage rise noun UK augmentation *f* de salaire.

wage slave noun employé *m* très mal payé, employée *f* très mal payée.

waggle ['wægl] *inf* ❖ vt agiter, remuer ; [ears] remuer. ❖ vi remuer.

wagon ['wægən] noun **1.** [horse-drawn] chariot *m*, charrette *f* **2.** UK RAIL wagon *m*.

waif [weif] noun enfant abandonné *m*, enfant abandonnée *f*.

wail [weɪl] ❖ noun gémissement *m*. ❖ vi gémir.

wailing ['weɪlɪŋ] noun *(U)* gémissements *mpl*, plaintes *fpl*.

waist [weɪst] noun taille *f*.

waistband ['weɪstbænd] noun ceinture *f*.

waistcoat ['weɪskəʊt] noun UK gilet *m*.

waistline ['weɪstlaɪn] noun taille *f*.

wait [weɪt] ❖ noun attente *f* ▸ **to have a long wait** attendre longtemps / *to lie in wait for* être à l'affût de, guetter. ❖ vi attendre ▸ **I can't wait to see you** je brûle d'impatience de te voir ▸ **(just) you wait!** tu ne perds rien pour attendre ! ▸ **wait a minute** OR **second** OR **moment! a)** [interrupting person] minute (papillon) ! **b)** [interrupting oneself] attends voir ! / *I'm sorry I kept you waiting* désolé(e) de vous avoir fait attendre / *'keys cut while you wait'* 'clés minute'. ❖ vt **1.** US *inf* [delay] retarder / *don't wait dinner for me* ne m'attendez pas pour vous mettre à table **2.** US [serve at] : *to wait tables* servir à table, faire le service. ◆ **wait about** UK, **wait around** vi attendre ; [waste time] perdre son temps à attendre. ◆ **wait for** vt insep attendre ▸ **to wait for sb to do sthg** attendre que qqn fasse qqch / *wait for it!* UK *hum* tiens-toi bien ! ◆ **wait on** vt insep [serve food to] servir. ◆ **wait up** vi **1.** veiller, ne pas se coucher **2.** US *inf* [wait] : *hey, wait up!* attendez-moi !

waiter ['weɪtəʳ] noun garçon *m*, serveur *m*.

waiting game ['weɪtɪŋ-] noun politique *f* d'attente.

waiting list ['weɪtɪŋ-] noun liste *f* d'attente.

waiting room ['weɪtɪŋ-] noun salle *f* d'attente.

waitlist ['weɪtlɪst] vt US mettre sur la liste d'attente / *I'm waitlisted for the next flight* je suis sur la liste d'attente pour le prochain vol.

waitress ['weɪtrɪs] noun serveuse *f*.

waive [weɪv] vt [fee] renoncer à ; [rule] prévoir une dérogation à.

waiver ['weɪvəʳ] noun LAW dérogation *f*.

wake [weɪk] ❖ noun [of ship] sillage *m* ▸ **in one's wake** *fig* dans son sillage ▸ **in the wake of** *fig* à la suite de. ❖ vt (*pt* **woke** *or* **-d**, *pp* **woken** *or* **-d**) réveiller. ❖ vi (*pt* **woke** *or* **-d**, *pp* **woken** *or* **-d**) se réveiller. ◆ **wake up** ❖ vt sep réveiller. ❖ vi **1.** [wake] se réveiller **2.** *fig* [become aware] ▸ **to wake up (to sthg)** prendre conscience (de qqch), se sensibiliser (à qqch).

waken ['weɪkən] *fml* ❖ vt réveiller. ❖ vi se réveiller.

wake-up call noun réveil *m* téléphonique ; *fig* coup de semonce, avertissement.

wakey wakey [ˌweɪkɪ'weɪkɪ] interj UK *inf* ▸ **wakey wakey!** réveille-toi !, debout !

Wales [weɪlz] noun pays *m* de Galles ▸ **in Wales** au pays de Galles.

walk [wɔ:k] ❖ noun **1.** [way of walking] démarche *f*, façon *f* de marcher **2.** [journey - for pleasure] promenade *f* ; [- long distance] marche *f* / *it's a long walk* c'est loin à pied ▸ **to go for a walk** aller se promener, aller faire une promenade / *I took my mother for a walk* j'ai emmené ma mère en promenade OR faire un tour / *did you take the dog for a walk?* as-tu promené OR sorti le chien ? **3.** [route] promenade *f* / *a coastal walk* un chemin côtier **4.** PHR **it was a walk in the park** US c'était du gâteau, c'était une promenade de santé. ❖ vt **1.** [accompany - person] accompagner ; [- dog] promener / *may I walk you home?* puis-je vous raccompagner ? **2.** [distance] faire à pied / *you can walk it in 10 minutes* il faut 10 minutes (pour y aller) à pied ▸ **to walk the streets** a) [homeless] être sur le pavé b) [in search] arpenter la ville c) [prostitute] faire le trottoir. ❖ vi **1.** [gen] marcher / *did you walk all the way?* avez-vous fait tout le chemin à pied ? / *to walk on one's hands* marcher sur les mains, faire l'arbre fourchu **2.** [for pleasure] se promener ▸ **I'm walking on air!** je suis aux anges ! ◆ **walk away with** vt insep *inf* & *fig* gagner OR remporter haut la main / *she walked away with all the credit* c'est elle qui a reçu tous les honneurs. ◆ **walk in on** vt insep [interrupt] déranger ; [in embarrassing situation] prendre en flagrant délit / *we walked in on her as she was getting dressed* nous sommes entrés sans prévenir pendant qu'elle s'habillait. ◆ **walk off** vt sep [headache, cramp] faire une promenade pour se débarrasser de. ◆ **walk off with** vt insep *inf* **1.** [steal] faucher **2.** [win easily] gagner OR remporter haut la main. ◆ **walk out** vi **1.** [leave suddenly] partir **2.** [go on strike] se mettre en grève, faire grève. ◆ **walk out on** vt insep quitter.

walkabout ['wɔ:kə,baʊt] noun UK [by president] bain *m* de foule.

walker ['wɔ:kəʳ] noun [for pleasure] promeneur *m*, -euse *f* ; [long-distance] marcheur *m*, -euse *f*.

walkie-talkie [,wɔ:kɪ'tɔ:kɪ] noun talkie-walkie *m*.

walk-in adj **1.** [cupboard] assez grand(e) pour qu'on puisse y entrer **2.** US [easy] facile.

walking ['wɔ:kɪŋ] noun *(U)* marche *f* (à pied), promenade *f*.

walking stick noun canne *f*.

Walkman® ['wɔ:kmən] noun baladeur *m*, Walkman® *m*.

walk of life (*pl* **walks of life**) noun milieu *m*.

walk-on adj [part, role] de figurant(e).

walkout ['wɔ:kaʊt] noun [strike] grève *f*, débrayage *m*.

walkover ['wɔ:k,əʊvəʳ] noun victoire *f* facile.

walk-up US ❖ adj [apartment] situé dans un immeuble sans ascenseur ; [building] sans ascenseur. ❖ noun [apartment, office] *appartement ou bureau situé dans un immeuble sans ascenseur* ; [building] *immeuble sans ascenseur* / *they live in a fifth-floor walk-up* ils habitent au quatrième étage sans ascenseur.

walkway ['wɔ:kweɪ] noun passage *m* ; [between buildings] passerelle *f*.

wall [wɔ:l] noun **1.** [of room, building] mur *m* ; [of rock, cave] paroi *f* ▸ **to come up against a brick wall** se heurter à un mur ▸ **to drive sb up the wall** *inf* rendre qqn fou, taper sur le système de qqn **2.** ANAT paroi *f*.

wallaby ['wɒləbɪ] (*pl* **-ies**) noun wallaby *m*.

wallchart ['wɔ:ltʃɑ:t] noun planche *f* murale.

wallet ['wɒlɪt] noun portefeuille *m*.

wallflower ['wɔ:l,flaʊəʳ] noun **1.** [plant] giroflée *f* **2.** *inf* & *fig* [person] : *to be a wallflower* faire tapisserie.

Walloon [wɒ'lu:n] ❖ adj wallon(onne). ❖ noun **1.** [person] Wallon *m*, -onne *f* **2.** [language] wallon *m*.

wallop ['wɒləp] *inf* ❖ noun gros coup *m*. ❖ vt [person] flanquer un coup à ; [ball] taper fort dans.

wallow ['wɒləʊ] vi **1.** [in liquid] se vautrer **2.** [in emotion] ▸ **to wallow in** se complaire dans.

wall painting noun peinture *f* murale.

wallpaper ['wɔ:l,peɪpəʳ] ❖ noun **1.** [for wall] papier *m* peint **2.** COMPUT fond *m* d'écran. ❖ vt tapisser.

wall-to-wall adj ▸ **wall-to-wall carpet** moquette *f*.

wally ['wɒlɪ] (*pl* **-ies**) noun UK *inf* idiot *m*, -e *f*, andouille *f*.

walnut ['wɔ:lnʌt] noun **1.** [nut] noix *f* **2.** [tree, wood] noyer *m*.

walrus ['wɔ:lrəs] (*pl inv or* **-es**) noun morse *m*.

waltz [wɔ:ls] ❖ noun valse *f*. ❖ vi **1.** [dance] valser, danser la valse **2.** *inf* [walk confidently] marcher d'un air dégagé OR de façon désinvolte.

wan [wɒn] (*compar* **-ner**, *superl* **-nest**) adj pâle, blême.

WAN [wæn] noun *abbr of* **wide area network**.

wand [wɒnd] noun baguette *f*.

wander ['wɒndəʳ] vi **1.** [person] errer / *don't wander off the path* ne vous écartez pas du chemin **2.** [mind] divaguer ; [thoughts] vagabonder / *he wandered off the topic* il s'est écarté du sujet / *her attention began to wander* elle commença à être de moins en moins attentive.

wanderer ['wɒndərəʳ] noun vagabond *m*, -e *f*.

wandering ['wɒndərɪŋ] adj ambulant(e).

wanderlust ['wɒndəlʌst] noun bougeotte *f*, envie *f* de voyager.

wane [weɪn] ❖ noun ▸ **on the wane** a) en déclin b) [power, interest] faiblissant(e). ❖ vi **1.** [influence, interest] diminuer, faiblir **2.** [moon] décroître.

wangle ['wæŋgl] vt *inf* se débrouiller pour obtenir.

wank [wæŋk] UK *vulg* ❖ vi se branler. ❖ noun branlette *f* / *to have a wank* se faire une branlette.

wanker ['wæŋkəʳ] noun UK *vulg* branleur *m*.

wanna ['wɒnə] US → **want a, want to**.

wannabe ['wɒnə,bi:] noun *inf se dit de quelqu'un qui veut être ce qu'il ne peut pas être* / *a Britney Spears wannabe* un clone de Britney Spears.

want [wɒnt] ❖ noun **1.** [need] besoin *m* **2.** [lack] manque *m* ▸ **for want of** faute de, par manque de / *I'll* *take this novel for want of anything better* faute de mieux je vais prendre ce roman / *if we failed, it wasn't for want of trying* nous avons échoué mais ce n'est pas faute d'avoir essayé **3.** [deprivation] pauvreté *f*, besoin *m* / *to be in want* être dans le besoin OR dans la misère. ❖ vt **1.** [wish, desire] vouloir / *to want sthg badly* avoir très envie de qqch ▸ **to want to do sthg** vouloir faire qqch / *she doesn't want to* elle n'en a pas envie ▸ **to want sb to do sthg** vouloir que qqn fasse qqch / *I want you to wait here* je veux que tu attendes ici / *someone wants you* OR *you're wanted on the phone* quelqu'un vous demande au téléphone **2.** [desire sexually] désirer, avoir envie de **3.** *inf* [need] avoir besoin de / *do you have everything you want?* avez-vous tout ce qu'il vous faut ? / *you want to be more careful* tu devrais être plus prudent / *there are still a couple of things that want doing* il y a encore quelques petites choses à faire OR qu'il faut faire.

want ad noun US *inf* petite annonce *f*.

wanted ['wɒntɪd] adj **1.** [in advertisements] : *'carpenter / cook wanted'* 'on recherche (un) charpentier / (un) cuisinier' / *'accommodation wanted'* 'cherche appartement' **2.** [murderer, thief] recherché(e) / *'wanted for armed robbery'* recherché pour vol à main armée ▸ **wanted notice** avis *m* de recherche.

wanting ['wɒntɪŋ] adj ▸ **to be wanting in** manquer de ▸ **to be found wanting** ne pas être à la hauteur ▸ **not to be found wanting** être à la hauteur.

wanton ['wɒntən] adj [destruction, neglect] gratuit(e).

WAP [wæp] (*abbr of* **wireless application protocol**) noun TELEC WAP *m* / *WAP phone* téléphone *m* WAP.

war [wɔːʳ] ❖ noun guerre *f* ▸ **to go to war** entrer OR se mettre en guerre ▸ **to have been in the wars** UK être dans un sale état. ❖ vi (*pt & pp* **-red**, *cont* **-ring**) se battre.

warble ['wɔːbl] vi [bird] gazouiller.

war crime noun crime *m* de guerre.

war criminal noun criminel *m*, -elle *f* de guerre.

ward [wɔːd] noun **1.** [in hospital] salle *f* **2.** UK POL circonscription *f* électorale **3.** LAW pupille *mf*. ◆ **ward off** vt insep [danger] écarter ; [disease, blow] éviter ; [evil spirits] éloigner.

warden ['wɔːdn] noun **1.** [of park] gardien *m*, -enne *f* **2.** UK [of youth hostel, hall of residence] directeur *m*, -trice *f* **3.** US [of prison] directeur *m*, -trice *f*.

warder ['wɔːdəʳ] noun UK [in prison] gardien *m*, -enne *f*.

wardrobe ['wɔːdrəʊb] noun garde-robe *f*.

warehouse ['weəhaʊs] (*pl* [-haʊzɪz]) noun entrepôt *m*, magasin *m*.

wares [weəz] pl n marchandises *fpl*.

warfare ['wɔːfeəʳ] noun *(U)* guerre *f*.

war game noun **1.** [military exercise] manœuvres *fpl* militaires **2.** [game of strategy] jeu *m* de stratégie militaire.

warhead ['wɔːhed] noun ogive *f*, tête *f*.

warily ['weərəlɪ] adv avec précaution OR circonspection.

warlike ['wɔːlaɪk] adj belliqueux(euse).

warm [wɔːm] ❖ adj **1.** [gen] chaud(e) / *are you warm enough?* tu as assez chaud ? / *it's warm today* il fait chaud aujourd'hui **2.** [friendly] chaleureux(euse). ❖ vt chauffer. ◆ **warm over** vt sep US *lit* & *fig* resservir. ◆ **warm to** vt insep [person] se prendre de sympathie pour ; [idea, place] se mettre à aimer. ◆ **warm up** ❖ vt sep réchauffer. ❖ vi **1.** [person, room] se réchauffer **2.** [machine, engine] chauffer **3.** SPORT s'échauffer.

warm-blooded [-'blʌdɪd] adj à sang chaud.

war memorial noun monument *m* aux morts.

warm front noun METEOR front *m* chaud.

warm-hearted [-'hɑːtɪd] adj chaleureux(euse), affectueux(euse).

warmly ['wɔːmlɪ] adv **1.** [in warm clothes] ▸ **to dress warmly** s'habiller chaudement **2.** [in a friendly way] chaleureusement.

warmonger ['wɔː,mʌŋgəʳ] noun belliciste *mf*.

warmth [wɔːmθ] noun chaleur *f*.

warm-up noun SPORT échauffement *m*.

warn [wɔːn] ❖ vt avertir, prévenir ▸ **to warn sb of sthg** avertir qqn de qqch ▸ **to warn sb not to do sthg** conseiller à qqn de ne pas faire qqch, déconseiller à qqn de faire qqch. ❖ vi ▸ **to warn of sthg** annoncer un risque de qqch.

warning ['wɔːnɪŋ] ❖ adj d'avertissement. ❖ noun avertissement *m* / *thanks for the warning* merci de m'avoir prévenu OR m'avoir averti / *he left without any warning* il est parti sans prévenir / *they gave us advance warning of the meeting* ils nous ont prévenus de la réunion.

warning light noun voyant *m*, avertisseur *m* lumineux.

warp [wɔːp] ❖ vt **1.** [wood] gauchir, voiler **2.** [personality] fausser, pervertir. ❖ vi [wood] gauchir, se voiler. ❖ noun [of cloth] chaîne *f*.

warpath ['wɔːpɑːθ] noun ▸ **to be on the warpath** *fig* être sur le sentier de la guerre.

warped [wɔːpt] adj **1.** [wood] gauchi(e) **2.** [personality, idea] perverti(e).

warrant ['wɒrənt] ❖ noun LAW mandat *m*. ❖ vt **1.** [justify] justifier **2.** [guarantee] garantir.

warranty ['wɒrəntɪ] (*pl* **-ies**) noun garantie *f*.

warren ['wɒrən] noun terrier *m*.

warring ['wɔːrɪŋ] adj en guerre.

warrior ['wɒrɪəʳ] noun guerrier *m*, -ère *f*.

Warsaw ['wɔːsɔː] noun Varsovie ▸ **the Warsaw Pact** le pacte de Varsovie.

warship ['wɔːʃɪp] noun navire *m* de guerre.

wart [wɔːt] noun verrue *f*.

wart hog noun phacochère *m*.

wartime ['wɔːtaɪm] ❖ adj de guerre. ❖ noun ▸ **in wartime** en temps de guerre.

war-torn adj déchiré(e) par la guerre.

wary ['weərɪ] (*compar* **-ier**, *superl* **-iest**) adj prudent(e), circonspect(e) ▸ **to be wary of** se méfier de ▸ **to be wary of doing sthg** hésiter à faire qqch.

was (*weak form* [wəz], *strong form* [wɒz]) pt ⟶ **be**.

wash [wɒʃ] ❖ noun **1.** [act] lavage *m* ▸ **to have a wash** UK se laver ▸ **to give sthg a wash** laver qqch / *this floor needs a good wash* ce plancher a bien besoin d'être lavé OR nettoyé **2.** [clothes] lessive *f* / *your shirt is in the wash* **a)** [laundry basket] ta chemise est au (linge) sale **b)** [machine] ta chemise est à la lessive / *the stain came out in the wash* la tache est partie au lavage **3.** [from boat] remous *m.* ❖ vt **1.** [clean] laver / *she washed her hair* elle s'est lavé la tête OR les cheveux / *to wash the dishes* faire OR laver la vaisselle / *to wash clothes* faire la lessive **2.** [carry] : *the waves washed the oil / body onto the beach* les vagues ont rejeté le pétrole / corps sur la plage / *the crew was washed overboard* l'équipage a été emporté par une vague. ❖ vi se laver. ◆ **wash away** vt sep emporter. ◆ **wash down** vt sep **1.** [food] arroser **2.** [clean] laver à grande eau. ◆ **wash out** vt sep **1.** [stain, dye] faire partir, enlever **2.** [container] laver. ◆ **wash up** ❖ vt sep **1.** UK [dishes] ▸ **to wash the dishes up** faire OR laver la vaisselle **2.** [subj: sea, river] rejeter / *several dolphins were washed up on shore* plusieurs dauphins se sont échoués sur la côte. ❖ vi **1.** UK [wash dishes] faire OR laver la vaisselle **2.** US [wash oneself] se laver.

washable ['wɒʃəbl] adj lavable.

wash-and-wear adj qui ne nécessite aucun repassage.

washbag ['wɒʃˌbæg] noun trousse *f* de toilette.

washbasin UK ['wɒʃˌbeɪsn], **washbowl** US ['wɒʃbəʊl] noun lavabo *m*.

washboard ['wɒʃˌbɔːd] noun planche *f* à laver ▸ **to have washboard abs** OR **a washboard stomach** avoir des abdos en tablette de chocolat.

washcloth ['wɒʃˌklɒθ] noun US gant *m* de toilette.

washed-out [ˌwɒʃt-] adj **1.** [pale] délavé(e) **2.** [exhausted] lessivé(e).

washed-up [ˌwɒʃt-] adj *inf* [person] fini(e) ; [project] fichu(e).

washer ['wɒʃər] noun **1.** TECH rondelle *f* **2.** [washing machine] machine *f* à laver.

washer-dryer noun machine *f* à laver séchante.

washing ['wɒʃɪŋ] noun (*U*) **1.** [action] lessive *f* **2.** [clothes] linge *m*, lessive *f*.

washing line noun corde *f* à linge.

washing machine noun machine *f* à laver.

washing powder noun UK lessive *f*, détergent *m*.

Washington ['wɒʃɪŋtən] noun **1.** [state] ▸ **Washington State** l'État *m* de Washington **2.** [city] ▸ **Washington D.C.** Washington.

washing-up noun UK vaisselle *f*.

washing-up liquid noun UK liquide *m* pour la vaisselle.

washload ['wɒʃləʊd] noun **1.** [washing capacity] capacité *f* de lavage **2.** [items to be washed] lessive *f*.

washout ['wɒʃaʊt] noun *inf* fiasco *m*.

washroom ['wɒʃrʊm] noun US toilettes *fpl*.

wasn't [wɒznt] ⟶ **was not**.

wasp [wɒsp] noun guêpe *f*.

Wasp, **WASP** [wɒsp] (*abbr of* **White Anglo-Saxon Protestant**) noun *inf personne de race blanche, d'origine anglo-saxonne et protestante.*

Wasp

Le terme **White Anglo-Saxon Protestants** (« protestants anglo-saxons blancs ») désigne généralement les membres privilégiés de la classe dominante américaine : on utilise des mots tels que **Waspy, Waspish, Waspdom** ou **Waspishness** pour dénoncer un manque de diversité culturelle ou une trop grande prédominance de la race blanche. Après son élection et l'incroyable popularité dont il a bénéficié, le président J.F. Kennedy, de confession catholique, est la première figure politique à avoir ébranlé cette classe politique élitiste.

waspish ['wɒspɪʃ] adj revêche, grincheux(euse).

wastage ['weɪstɪdʒ] noun gaspillage *m*.

waste [weɪst] ❖ adj [material] de rebut ; [fuel] perdu(e) ; [area of land] en friche. ❖ noun **1.** [misuse] gaspillage *m* / *it's a waste of money* **a)** [extravagance] c'est du gaspillage **b)** [bad investment] c'est de l'argent perdu ▸ **to go to waste** **a)** [gen] être gaspillé **b)** [food] se perdre **c)** [work] ne servir à rien / *I'm not going to let the opportunity go to waste* je ne vais pas laisser passer l'occasion ▸ **a waste of time** une perte de temps / *to lay waste to sthg, to lay sthg waste* ravager OR dévaster qqch **2.** (*U*) [refuse] déchets *mpl*, ordures *fpl*. ❖ vt [money, food, energy] gaspiller ; [time, opportunity] perdre / *don't waste your breath trying to convince them* ne perds pas ton temps à essayer de les convaincre. ◆ **wastes** pl n *liter* étendues *fpl* désertes.

wastebasket US = **wastepaper basket**.

waste bin noun UK [in kitchen] poubelle *f*, boîte *f* à ordures ; [for paper] corbeille *f* (à papier).

wasted ['weɪstɪd] adj **1.** [material, money] gaspillé(e) ; [energy, opportunity, time] perdu(e) ; [attempt, effort] inutile, vain(e) ; [food] inutilisé(e) / *a wasted journey* un voyage raté **2.** [figure, person] décharné(e) ; [limb - emaciated] décharné(e) ; [- enfeebled] atrophié(e) **3.** *inf* [drunk] soûl(e).

waste disposal unit noun broyeur *m* d'ordures.

wasteful ['weɪstfʊl] adj [person] gaspilleur(euse) ; [activity] peu économique.

wasteland ['weɪstˌlænd] noun [in country] terre *f* à l'abandon ; UK [in city] terrain *m* vague.

waste matter noun déchets *mpl*.

waste paper noun papier *m* de rebut.

wastepaper basket, **wastepaper bin** UK [ˌweɪst'peɪpəʳ-], **wastebasket** US ['weɪstˌbɑːskɪt] noun corbeille *f* à papier.

watch [wɒtʃ] ❖ noun **1.** [timepiece] montre *f* **2.** [act of watching] ▸ **to keep watch** faire le guet, monter la garde / *to keep watch by sb's bed* veiller au chevet de qqn ▸ **to keep watch on sb / sthg** surveiller qqn / qqch / *the police kept a close watch on the suspect* la police a surveillé le suspect de près **3.** [guard] garde *f* ; NAUT [shift] quart *m* **4.** [period when in charge] : *tax hikes? Not on my watch!* des augmentations d'impôts ? pas tant que je suis là ! ❖ vt **1.** [look at] regarder / *they watch a lot of television* ils regardent beaucoup la télévision / *watch how I do it* regardez OR observez comment je fais **2.** [spy on, guard] surveiller **3.** [be careful about] faire attention à / *watch where you're going!* regardez devant vous ! / *watch your language!* surveille ton langage ! ▸ **watch it!** *inf* attention ! ▸ **watch your step** *lit* & *fig* faites attention OR regardez où vous mettez les pieds. ❖ vi regarder. ◆ **watch out** vi faire attention, prendre garde. ◆ **watch over** vt insep veiller sur / *God will watch over you* Dieu vous protégera.

watchable ['wɒtʃəbl] adj **1.** [able to be watched] que l'on peut regarder **2.** [enjoyable to watch] qui se laisse regarder.

watchdog ['wɒtʃdɒg] noun **1.** [dog] chien *m* de garde **2.** *fig* [organization] organisation *f* de contrôle.

watchful ['wɒtʃfʊl] adj vigilant(e).

watchmaker ['wɒtʃˌmeɪkəʳ] noun horloger *m*, -ère *f*.

watchman ['wɒtʃmən] (*pl* **-men**) noun gardien *m*.

watchword ['wɒtʃwɜːd] noun mot *m* d'ordre.

water ['wɔːtəʳ] ❖ noun **1.** [liquid] eau *f* ▸ **to pour** OR **throw cold water on sthg** *fig* se montrer négatif à l'égard de qqch ▸ **that's all water under the bridge** tout ça, c'est du passé ▸ **you're in hot water now** *inf* tu vas avoir de gros ennuis, tu es dans de beaux draps ▸ **I'm trying to keep my head above water** *inf* j'essaye de me maintenir à flot OR de faire face **2.** [urine] ▸ **to pass water** uriner. ❖ vt arroser. ❖ vi **1.** [eyes] pleurer, larmoyer **2.** [mouth] : *my mouth was watering* j'en avais l'eau à la bouche / *it made my mouth water* cela m'a fait venir l'eau à la bouche. ◆ **waters** pl n [sea] eaux *fpl* / *in Japanese waters* dans les eaux (territoriales) japonaises. ◆ **water down** vt sep **1.** [dilute] diluer ; [alcohol] couper d'eau **2.** *pej* [plan, demand] atténuer, modérer ; [play, novel] édulcorer.

water bed noun lit *m* d'eau.

waterborne ['wɔːtəbɔːn] adj [disease] d'origine hydrique.

water bottle noun gourde *f*, bidon *m* (à eau).

watercolour UK, **watercolor** US ['wɔːtəˌkʌləʳ] noun **1.** [picture] aquarelle *f* **2.** [paint] peinture *f* à l'eau, couleur *f* pour aquarelle.

watercourse ['wɔːtəkɔːs] noun cours *m* d'eau.

watercress ['wɔːtəkres] noun cresson *m*.

watered-down [ˌwɔːtəd-] adj *pej* modéré(e), atténué(e) ; [version] édulcoré(e).

waterfall ['wɔːtəfɔːl] noun chute *f* d'eau, cascade *f*.

waterfront ['wɔːtəfrʌnt] noun quais *mpl*.

watering ['wɔːtərɪŋ] noun [of garden, plants] arrosage *m* ; [of crops, fields] irrigation *f*.

watering can ['wɔːtərɪŋ-] noun arrosoir *m*.

watering hole noun [for animals] point *m* d'eau ; *inf* & *hum* [pub] ≃ bistrot *m* ; ≃ bar *m*.

waterlogged ['wɔːtəlɒgd] adj **1.** [land] détrempé(e) **2.** [vessel] plein(e) d'eau.

watermark ['wɔːtəmɑːk] noun **1.** [in paper] filigrane *m* **2.** [showing water level] laisse *f*.

watermelon ['wɔːtəˌmelən] noun pastèque *f*.

water pipe noun conduite *f* d'eau.

waterproof ['wɔːtəpruːf] ❖ adj imperméable. ❖ noun UK imperméable *m*. ❖ vt imperméabiliser.

watershed ['wɔːtəʃed] noun **1.** *fig* [turning point] tournant *m*, moment *m* critique **2.** UK TV *heure à partir de laquelle les chaînes peuvent diffuser des émissions pour adultes*.

waterside ['wɔːtəsaɪd] ❖ adj au bord de l'eau. ❖ noun ▸ **the waterside** le bord de l'eau.

water ski noun ski *m* nautique. ◆ **water-ski** vi faire du ski nautique.

water skiing noun ski *m* nautique.

water tank noun réservoir *m* d'eau, citerne *f*.

watertight ['wɔːtətaɪt] adj **1.** [waterproof] étanche **2.** *fig* [excuse, contract] parfait(e) ; [argument] irréfutable ; [plan] infaillible.

waterway ['wɔːtəweɪ] noun voie *f* navigable.

waterworks ['wɔːtəwɜːks] (*pl inv*) noun [building] installation *f* hydraulique, usine *f* de distribution d'eau.

watery ['wɔːtərɪ] adj **1.** [food, drink] trop dilué(e) ; [tea, coffee] pas assez fort(e) **2.** [pale] pâle.

watt [wɒt] noun watt *m*.

wattage ['wɒtɪdʒ] noun puissance *f* OR consommation *f* en watts.

wave [weɪv] ❖ noun **1.** [of hand] geste *m*, signe *m* **2.** [of water, emotion, nausea] vague *f* **3.** [of light, sound] onde *f* ; [of heat] bouffée *f* **4.** [in hair] cran *m*, ondulation *f*. ❖ vt **1.** [arm, handkerchief] agiter ; [flag, stick] brandir **2.** [signal to] : *he waved the car on* il a fait signe à la voiture d'avancer. ❖ vi **1.** [with hand] faire signe de la main ▸ **to wave at** OR **to sb** faire signe à qqn, saluer qqn de la main **2.** [flags, trees] flotter. ◆ **wave aside** vt sep *fig* [dismiss] écarter, rejeter. ◆ **wave down** vt sep ▸ **to wave down a vehicle** faire signe à un véhicule de s'arrêter.

wave band noun bande *f* de fréquences, gamme *f* d'ondes.

wavelength ['weɪvleŋθ] noun longueur *f* d'ondes ▸ **to be on the same wavelength** *fig* être sur la même longueur d'ondes.

waver ['weɪvəʳ] vi **1.** [falter] vaciller, chanceler **2.** [hesitate] hésiter, vaciller **3.** [fluctuate] fluctuer, varier.

wavy ['weɪvɪ] (*compar* **-ier**, *superl* **-iest**) adj [hair] ondulé(e) ; [line] onduleux(euse).

wax [wæks] ❖ noun *(U)* **1.** [in candles, polish] cire *f* ; [for skis] fart *m* **2.** [in ears] cérumen *m*. ❖ vt cirer ; [skis] farter. ❖ vi **1.** *dated* & *hum* [become] devenir ▸ **to wax and wane** connaître des hauts et des bas **2.** [moon] croître.

waxen ['wæksən] adj cireux(euse).

waxworks ['wæksw3:ks] (*pl inv*) noun [museum] musée *m* de cire.

way [weɪ]

❖ noun

1. [means, method] façon *f* / *there are several ways to go* OR *of going about it* il y a plusieurs façons OR moyens de s'y prendre / *she has her own way of cooking fish* elle a sa façon à elle de cuisiner le poisson ▸ **ways and means** moyens *mpl* ▸ **to get** OR **have one's way** obtenir ce qu'on veut ▸ **she expects to have everything her own way** elle s'attend à ce qu'on lui fasse ses quatre volontés / *it doesn't matter to them one way or another* ça leur est égal

2. [manner, style] façon *f*, manière *f* / *in their own (small) way they fight racism* à leur façon OR dans la limite de leurs moyens, ils luttent contre le racisme ▸ **in the same way** de la même manière OR façon ▸ **this / that way** comme ça, de cette façon ▸ **in a way** d'une certaine manière, en quelque sorte / *it's important in many ways* c'est important à bien des égards ▸ **in a big / small way** à un haut/moindre degré / *I am in no way responsible* je ne suis absolument pas OR aucunement responsable / *try to see it my way* mettez-vous à ma place / *to her way of thinking* à son avis ▸ **she got into / out of the way of getting up early** elle a pris/perdu l'habitude de se lever tôt ▸ **to be in a bad way** être en mauvais état

3. [skill] ▸ **to have a way with** savoir comment s'y prendre avec ▸ **to have a way of doing sthg** avoir le chic pour faire qqch

4. [route, path] chemin *m* / *what's the shortest* OR *quickest way to town?* quel est le chemin le plus court pour aller en ville ? ▸ **way in** entrée *f* ▸ **way out** sortie *f* / *their decision left her no way out* leur décision l'a mise dans une impasse ▸ **to be out of one's way** [place] ne pas être sur sa route ▸ **on the** OR **one's way** sur le OR son chemin ▸ **across** OR **over the way** juste en face ▸ **to be under way** a) [ship] faire route b) *fig* [meeting] être en cours ▸ **to get under way** a) [ship] se mettre en route b) *fig* [meeting] démarrer ▸ **'give way'** UK AUTO 'vous n'avez pas la priorité' ▸ **to be in the way** gêner / *I can't see, the cat is in the way* je ne vois pas, le chat me gêne ▸ **to be out of the way** a) [finished] être fini b) [not blocking] ne pas gêner / *her social life got in the way of her studies fig* ses sorties l'empêchaient d'étudier ▸ **to go out of one's way to do sthg** se donner du mal pour faire qqch ▸ **to keep out of sb's way** éviter qqn ▸ **keep out of the way!** restez à l'écart ! ▸ **to make one's way** aller ▸ **to make one's way towards** se diriger vers ▸ **to make way for** faire place à ▸ **to stand in sb's way** a) *fig* [subj: obstacle] gêner qqn b) [subj: person] s'opposer à la volonté de qqn ▸ **to work one's way** progresser / *I worked my way through college* j'ai travaillé pour payer mes études *(à la fac)*

5. [direction] *get in, I'm going your way* montez, je vais dans la même direction que vous / *to go / look / come this way* aller/regarder/venir par ici ▸ **the right / wrong way round** [in sequence] dans le bon/mauvais ordre / *she had her hat on the wrong way round* elle avait mis son chapeau à l'envers ▸ **the right / wrong way up** dans le bon/mauvais sens / *he didn't know which way to look* [embarrassed] il ne savait plus où se mettre ▸ **everything's going my way** *inf* tout marche comme je veux en ce moment

6. [distance] ▸ **all the way** a) tout le trajet b) *fig* [support] jusqu'au bout ▸ **most of the way** presque tout le trajet OR chemin ▸ **a long way** loin / *it's a long way to Berlin* Berlin est loin / *we've come a long way* a) [from far away] nous venons de loin b) [made progress] nous avons fait du chemin ▸ **to go a long way towards doing sthg** *fig* contribuer largement à faire qqch

7. PHR **to give way** [under weight, pressure] céder ▸ **no way!** pas question !

❖ adv

inf [a lot] largement ▸ **way better** bien mieux / *she's way ahead of her class* elle est très en avance sur sa classe

◆ **ways** pl n [customs, habits] coutumes *fpl*.

◆ **by the way** adv au fait.

◆ **by way of** prep **1.** [via] par **2.** [as a sort of] en guise de / *by way of illustration* à titre d'exemple.

◆ **in the way of** prep comme.

-way suffix ▸ **one-way street** rue *f* à sens unique / *a four-way discussion* une discussion à quatre participants / *there was a three-way split of the profits* les bénéfices ont été divisés en trois.

waylay [,weɪ'leɪ] (*pt & pp* **-laid**) vt arrêter (au passage).

way of life noun façon *f* de vivre.

way-out adj *inf* excentrique.

wayside ['weɪsaɪd] noun [roadside] bord *m* (de la route) ▸ **to fall by the wayside** *fig* tomber à l'eau.

wayward ['weɪwəd] adj qui n'en fait qu'à sa tête ; [behaviour] capricieux(euse).

WC (*abbr of* **water closet**) noun W.-C. *mpl*.

we [wi:] pers pron nous / *WE can't do it* nous, nous ne pouvons pas le faire / *as we say in France* comme on dit en France / *we British* nous autres Britanniques.

WE MESSAGING *written abbr of* **whatever**.

weak [wi:k] adj **1.** [gen] faible / *geography is my weak subject* je suis faible en géographie / *to become* OR *to get* OR *to grow weak* OR *weaker* s'affaiblir / *we were weak with* OR *from hunger* nous étions affaiblis par la faim / *I went weak at the knees* mes jambes se sont dérobées sous moi, j'avais les jambes en coton / *in a weak moment* dans un moment de faiblesse **2.** [delicate] fragile **3.** [unconvincing] peu convaincant(e) **4.** [drink] léger(ère).

weaken ['wi:kn] ❖ vt **1.** [undermine] affaiblir **2.** [reduce] diminuer **3.** [physically - person] affaiblir ; [- structure] fragiliser. ❖ vi faiblir.

weak-kneed [-ni:d] adj *inf* & *pej* lâche.

weakling ['wi:klıŋ] noun *pej* mauviette *f*.

weakly ['wi:klı] adv faiblement.

weakness ['wi:knıs] noun **1.** *(U)* [physical - of person] faiblesse *f* ; [- of structure] fragilité *f* **2.** [liking] ▸ **to have a weakness for sthg** avoir un faible pour qqch **3.** [imperfect point] point *m* faible, faiblesse *f*.

weal [wi:l] noun marque *f*.

wealth [welθ] noun **1.** *(U)* [riches] richesse *f* **2.** [abundance] ▸ **a wealth of** une profusion de.

wealthy ['welθı] (*compar* **-ier**, *superl* **-iest**) adj riche.

wean [wi:n] vt **1.** [baby, lamb] sevrer **2.** [discourage] ▸ **to wean sb from** OR **off sthg a)** [interest, habit] faire perdre qqch à qqn **b)** [drugs, alcohol] détourner qqn de qqch.

weapon ['wepən] noun arme *f* ▸ **weapons of mass destruction** armes *fpl* de destruction massive.

weaponry ['wepənrı] noun *(U)* armement *m*.

wear [weər] ❖ noun *(U)* **1.** [type of clothes] tenue *f* / *for everyday wear* pour porter tous les jours ▸ **women's wear** vêtements *mpl* pour femmes **2.** [damage] usure *f* ▸ **wear and tear** usure **3.** [use] : *these shoes have had a lot of wear* ces chaussures ont fait beaucoup d'usage / *to get a lot of wear from* OR *out of sthg* faire durer qqch ▸ **to be the worse for wear a)** être fatigué **b)** [drunk] être mûr. ❖ vt (*pt* **wore**, *pp* **worn**) **1.** [clothes, hair] porter / *what shall I wear?* qu'est-ce que je vais mettre ? / *do you always wear make-up?* tu te maquilles tous les jours ? ▸ **she wears her hair in a bun** elle porte un chignon **2.** [damage] user / *her shoes were worn thin* ses chaussures étaient complètement usées / *to wear holes in sthg* trouer OR percer peu à peu qqch. ❖ vi (*pt* **wore**, *pp* **worn**) **1.** [deteriorate] s'user / *the stone had worn smooth* la pierre était polie par le temps **2.** [last] ▸ **to wear well** durer longtemps, faire de l'usage / *this coat has worn well* ce manteau a bien servi ▸ **to wear badly** ne pas durer longtemps **3.** PHR **to wear thin** [excuse] ne plus marcher / *her patience was wearing thin* *fig* elle était presque à bout de patience. ◆ **wear away** ❖ vt sep [rock, wood] user ; [grass] abîmer. ❖ vi [rock, wood] s'user ; [grass] s'abîmer. ◆ **wear down** ❖ vt sep **1.** [material] user **2.** [person, resistance] épuiser. ❖ vi s'user / *the heels have worn down* les talons sont usés. ◆ **wear off** vi disparaître / *the novelty soon wore off* l'attrait de la nouveauté a vite passé. ◆ **wear on** vi [time] passer lentement ; [evening, afternoon] se traîner ; [discussion] traîner en longueur. ◆ **wear out** ❖ vt sep **1.** [shoes, clothes] user **2.** [person] épuiser. ❖ vi s'user / *this material will never wear out* ce tissu est inusable.

wearable ['weərəbl] adj mettable.

wearily ['wıərılı] adv péniblement ▸ **to sigh wearily** pousser un soupir de lassitude.

weariness ['wıərınıs] noun lassitude *f*.

wearing ['weərıŋ] adj [exhausting] épuisant(e).

weary ['wıərı] (*compar* **-ier**, *superl* **-iest**) adj **1.** [exhausted] las (lasse) ; [sigh] de lassitude **2.** [fed up] ▸ **to be weary of sthg / of doing sthg** être las de qqch / de faire qqch.

weasel ['wi:zl] noun belette *f*.

weather ['weðər] ❖ noun temps *m* / *what's the weather like?* quel temps fait-il ? ▸ **good weather** beau temps ▸ **to make heavy weather of it** se compliquer la tâche ▸ **to be under the weather** être patraque. ❖ vt [crisis, problem] surmonter / *will he weather the storm?* va-t-il se tirer d'affaire OR tenir le coup ? ❖ vi [rock] s'éroder ; [wood] s'user.

weather-beaten [-ˌbi:tn] adj **1.** [face, skin] tanné(e) **2.** [building, stone] abîmé(e) par les intempéries.

weathercock ['weðəkɒk] noun girouette *f*.

weathered ['weðəd] adj [stone] érodé(e) ; [building, wood] qui a souffert des intempéries.

weather forecast noun météo *f*, prévisions *fpl* météorologiques.

weather girl ['weðəgɜ:l] noun présentatrice *f* de la météo.

weather man ['weðəmæn] (*pl* **-men**) noun météorologue *m*.

weatherproof ['weðəpru:f] adj [clothing] imperméable ; [building] à l'épreuve des intempéries.

weather report noun bulletin *m* météorologique.

weather vane [-veın] noun girouette *f*.

weave [wi:v] ❖ noun tissage *m*. ❖ vt (*pt* **wove**, *pp* **woven**) **1.** [using loom] tisser **2.** [move] ▸ **to weave one's way** se faufiler. ❖ vi (*pt* **wove**, *pp* **woven**) [move] se faufiler.

weaver ['wi:vər] noun tisserand *m*, -e *f*.

web, Web [web] noun **1.** [cobweb] toile *f* (d'araignée) **2.** COMPUT ▸ **the web** le Web, la Toile **3.** *fig* [of lies] tissu *m*.

web access noun accès *m* à Internet.

web address noun adresse *f* Web.

webbed [webd] adj palmé(e).

webbing ['webıŋ] noun *(U)* sangles *fpl*.

web browser noun COMPUT navigateur *m*.

webcam ['webkæm] noun webcam *f*.

webcast ['webkɑ:st] ❖ noun COMPUT webcast *m*. ❖ vt COMPUT diffuser sur le Web.

webcasting ['webkɑ:stıŋ] noun COMPUT webcasting *m*.

web designer noun concepteur *m* de site web.

web feed ['webfi:d] noun webfeed *m*.

web-footed [-'fʊtıd] adj aux pieds palmés.

web hosting noun COMPUT hébergement *m* de sites Web.

weblog ['weblɒg] noun COMPUT weblog *m*.

webmaster ['webˌmɒstər] noun webmaster *m*, webmestre *m*.

web page, Web page noun page *f* Web.

website, Web site ['websaɪt] noun COMPUT site *m* Internet OR Web.

web space noun COMPUT espace *m* Web.

webzine ['webzi:n] noun COMPUT webzine *m*.

wed [wed] (*pt & pp* **wed** *or* **-ded**) *liter* ❖ vt épouser. ❖ vi se marier.

Wed., Weds. (*abbr of* **Wednesday**) mer.

we'd [wi:d] ⟶ **we had, we would**.

wedding ['wedɪŋ] noun mariage *m*.

wedding anniversary noun anniversaire *m* de mariage.

wedding band = **wedding ring**.

wedding cake noun pièce *f* montée.

wedding day noun jour *m* du mariage / *on their wedding day* le jour de leur mariage.

wedding dress noun robe *f* de mariée.

wedding reception noun réception *f* de mariage.

wedding ring noun alliance *f*.

wedge [wedʒ] ❖ noun **1.** [for steadying] cale *f* **2.** [for splitting] coin *m* ▸ **to drive a wedge between** *fig* semer la discorde entre ▸ **the thin end of the wedge** *fig* le commencement de la fin **3.** [of cake, cheese] morceau *m*. ❖ vt caler.

wedge-heeled shoe [-hi:ld] noun chaussure *f* à semelle compensée.

wedgie ['wedʒi:] ❖ noun *inf* = **wedge-heeled shoe.** ❖ noun US *inf* ▸ **to give sb a wedgie** remonter la culotte de qqn *(afin qu'elle lui rentre dans les fesses)*.

wedlock ['wedlɒk] noun *(U)* *liter* mariage *m*.

Wednesday ['wenzdɪ] noun mercredi *m*. *See also* **Saturday**.

wee [wi:] ❖ adj Scot petit(e). ❖ noun UK *inf* pipi *m*. ❖ vi UK *inf* faire pipi.

weed [wi:d] ❖ noun **1.** [plant] mauvaise herbe *f* **2.** UK *inf* [feeble person] mauviette *f*. ❖ vt désherber. ◆ **weed out** vt sep éliminer.

weeding ['wi:dɪŋ] noun désherbage *m*.

weedkiller ['wi:d,kɪlər] noun désherbant *m*.

weedy ['wi:dɪ] (*compar* **-ier**, *superl* **-iest**) adj UK *inf* [feeble] qui agit comme une mauviette.

week [wi:k] noun semaine *f* / *in one week, in one week's time* dans huit jours, d'ici une semaine / *Saturday week* UK, *a week on Saturday* UK, *a week from Saturday* US samedi en huit / *week in week out* semaine après semaine.

weekday ['wi:kdeɪ] noun jour *m* de semaine.

weekend [,wi:k'end] noun week-end *m*, fin *m* de semaine ▸ **on** OR **at the weekend** le week-end.

weekly ['wi:klɪ] ❖ adj hebdomadaire. ❖ adv chaque semaine. ❖ noun hebdomadaire *m*.

weeknight ['wi:k,naɪt] noun soir *m* de la semaine / *I can't go out on weeknights* je ne peux pas sortir le soir en semaine.

weep [wi:p] ❖ noun ▸ **to have a weep** pleurer. ❖ vt & vi (*pt & pp* **wept**) pleurer.

weeping ['wi:pɪŋ] ❖ adj [person] qui pleure ; [walls, wound] suintant(e). ❖ noun *(U)* larmes *fpl*, pleurs *mpl*.

weepy ['wi:pɪ] (*compar* **-ier**, *superl* **-iest**) adj [person] pleurnicheur(euse) ; [film] sentimental(e).

weft [weft] noun trame *f*.

weigh [weɪ] vt **1.** [gen] peser **2.** NAUT ▸ **to weigh anchor** lever l'ancre. ◆ **weigh down** vt sep **1.** [physically] ▸ **to be weighed down with sthg** plier sous le poids de qqch **2.** [mentally] ▸ **to be weighed down by** OR **with sthg** être accablé par qqch. ◆ **weigh (up)on** vt insep peser à. ◆ **weigh out** vt sep peser. ◆ **weigh up** vt sep **1.** UK [consider carefully] examiner ▸ **to weigh up the pros and cons** peser le pour et le contre **2.** [size up] juger, évaluer.

weighbridge ['weɪbrɪdʒ] noun UK pont-bascule *m*.

weight [weɪt] ❖ noun *lit* & *fig* poids *m* ▸ **to put on** OR **gain weight** prendre du poids, grossir ▸ **to lose weight** perdre du poids, maigrir / *a set of weights* une série de poids / *to lift weights* soulever des poids OR des haltères / *she's watching her weight* elle fait attention à sa ligne ▸ **to pull one's weight** faire sa part du travail, participer à la tâche ▸ **to take the weight off one's feet** se reposer, s'asseoir / *that's a weight off my mind* je suis vraiment soulagé ▸ **to throw one's weight about** faire l'important ▸ **to carry weight** avoir du poids ▸ **she's worth her weight in gold** elle vaut son pesant d'or. ❖ vt ▸ **to weight sthg (down)** a) [hold in place] maintenir qqch avec un poids b) [make heavier] alourdir qqch.

weighted ['weɪtɪd] adj ▸ **to be weighted in favour of/against** être favorable/défavorable à.

weighting ['weɪtɪŋ] noun indemnité *f*.

weightless ['weɪtlɪs] adj très léger(ère) ; ASTRONAUT en état d'apesanteur.

weightlessness ['weɪtlɪsnɪs] noun apesanteur *f*.

weightlifter ['weɪt,lɪftər] noun haltérophile *m*.

weightlifting ['weɪt,lɪftɪŋ] noun haltérophilie *f*.

weight training noun musculation *f*.

weightwatcher ['weɪt,wɒtʃər] noun [person - on diet] personne *f* qui suit un régime ; [- figure-conscious] personne *f* qui surveille son poids.

weighty ['weɪtɪ] (*compar* **-ier**, *superl* **-iest**) adj [serious] important(e), de poids.

weir [wɪər] noun UK barrage *m*.

weird [wɪəd] adj bizarre.

weirdo ['wɪədəʊ] (*pl* **-s**) noun *inf* drôle de type *m*.

welcome ['welkəm] ❖ adj **1.** [guest, help] bienvenu(e) ▸ **to make sb welcome** faire bon accueil à qqn / *this cheque is most welcome* ce chèque arrive opportunément OR tombe bien / *that's a welcome sight!* c'est un spectacle à réjouir le cœur ! **2.** [free] ▸ **you're**

welcome to... n'hésitez pas à... / *you're welcome to join us* n'hésitez pas à vous joindre à nous / *she's welcome to him!* je ne le lui envie pas ! **3.** [in reply to thanks] ▸ **you're welcome** il n'y a pas de quoi, de rien. ◆ noun accueil *m* / *they gave him a warm welcome* ils lui ont fait bon accueil / *she said a few words of welcome* elle a prononcé quelques mots de bienvenue / *to overstay* OR *to outstay one's welcome* abuser de l'hospitalité de ses hôtes. ◆ vt **1.** [receive] accueillir / *we welcomed him with open arms* nous l'avons accueilli à bras ouverts **2.** [approve of] se réjouir de / *he welcomed the news* il s'est réjoui de la nouvelle, il a accueilli la nouvelle avec joie / *I welcomed the opportunity to speak to her* j'étais content d'avoir l'occasion de lui parler. ◆ excl bienvenue ! / *welcome back* OR *home!* content de vous revoir !

welcome committee noun comité *m* d'accueil.

welcome mat noun paillasson *m* / *they put out the welcome mat for him* ils l'ont accueilli à bras ouverts.

welcoming ['welkəmɪŋ] adj accueillant(e).

weld [weld] ◆ noun soudure *f*. ◆ vt souder.

welder [weldə^r] noun soudeur *m*, -euse *f*.

welding ['weldɪŋ] noun soudage *m* ; [of groups] union *f*.

welfare ['welfeə^r] ◆ adj social(e). ◆ noun **1.** [well-being] bien-être *m* **2.** US [income support] assistance *f* publique.

welfare state noun État-providence *m*.

well [wel] ◆ adj (*compar* **better**, *superl* **best**) bien / *I'm very well, thanks* je vais très bien, merci ▸ **all is well** tout va bien ▸ **(all) well and good** très bien / *it's all very well pretending you don't care, but...* c'est bien beau de dire que ça t'est égal, mais... ▸ **just as well** aussi bien / *to get well* se remettre, aller mieux / *'get well soon'* [on card] 'bon rétablissement' / *you're looking* OR *you look well* vous avez l'air en forme. ◆ adv bien / *she speaks French very well* elle parle très bien (le) français / *the team was well beaten* l'équipe a été battue à plates coutures / *everyone speaks well of you* tout le monde dit du bien de vous ▸ **to go well** aller bien ▸ **to do well** s'en sortir ▸ **well done!** bravo ! ▸ **well and truly** bel et bien / *it's well worth the money* ça vaut largement la dépense / *I can well believe it* je le crois facilement OR sans peine ▸ **to be well in with sb** *inf* être bien avec qqn ▸ **you're well out of it** *inf* c'est mieux comme ça pour toi / *to be well up on sthg* s'y connaître en qqch / *she's well over forty* elle a bien plus de quarante ans / *let me know well in advance* prévenez-moi longtemps à l'avance. ◆ noun [for water, oil] puits *m*. ◆ excl **1.** [in hesitation] heu !, eh bien ! / *well, as I was saying...* donc, je disais que..., je disais donc que... / *well, obviously I'd like to come but...* disons que, bien sûr, j'aimerais venir mais... **2.** [to correct oneself] bon !, enfin ! / *I've known her for ages, well at least three years* ça fait des années que je la connais, enfin au moins trois ans **3.** [to express resignation] ▸ **oh well!** eh bien ! / *(oh) well, that's life* bon enfin, c'est la vie **4.** [in surprise] tiens ! / *well, look who's here!* ça alors, regardez qui est là ! ◆ **as well** adv **1.** [in addition] aussi, également **2.** [with same result] ▸ **I / you etc. may** OR **might as well (do sthg)** je / tu etc. ferais aussi bien (de faire qqch). ◆ **as well as** conj en plus de, aussi bien que. ◆ **well up** vi : *tears welled up in her eyes* les larmes lui montaient aux yeux.

we'll [wi:l] ⟶ **we shall**, **we will**.

well-adjusted adj bien dans sa peau.

well-advised [-əd'vaɪzd] adj sage ▸ **you would be well-advised to do sthg** tu ferais bien de faire qqch.

well-appointed [-ə'pɔɪntɪd] adj bien équipé(e).

well-attended [-ə'tendɪd] adj : *the meeting was well-attended* il y avait beaucoup de monde à la réunion.

well-balanced adj (bien) équilibré(e).

well-behaved [-bɪ'heɪvd] adj sage.

wellbeing [,wel'bi:ɪŋ] noun bien-être *m*.

well-born adj de bonne famille / *she was not sufficiently well-born to marry him* elle n'était pas assez bien née pour l'épouser.

well-bred [-'bred] adj bien élevé(e).

well-brought-up adj bien élevé(e).

well-built adj bien bâti(e).

well-chosen adj bien choisi(e).

well-deserved [-dɪ'zɜ:vd] adj bien mérité(e).

well-designed [-dɪ'zaɪnd] adj bien conçu(e).

well-disposed adj ▸ **to be well-disposed to** OR **towards sb** être bien disposé(e) envers qqn ▸ **to be well-disposed towards sthg** être favorable à qqch.

well-documented [-'dɒkjʊmentɪd] adj bien documenté(e).

well-done adj CULIN bien cuit(e).

well-dressed [-'drest] adj bien habillé(e).

well-earned [-ɜ:nd] adj bien mérité(e).

well-educated adj cultivé(e), instruit(e).

well-established adj bien établi(e).

well-fed adj bien nourri(e).

well-heeled [-'hi:ld] adj *inf* nanti(e).

wellies ['welɪz] pl n UK *inf* = **wellington boots**.

well-informed adj ▸ **to be well-informed (about / on)** être bien informé(e) (sur).

Wellington ['welɪŋtən] noun Wellington.

wellington boots ['welɪŋtən-], **wellingtons** ['welɪŋtənz] pl n UK bottes *fpl* de caoutchouc.

well-intentioned [-ɪn'tenʃnd] adj bien intentionné(e).

well-kept adj **1.** [building, garden] bien tenu(e) **2.** [secret] bien gardé(e).

well-known adj bien connu(e).

well-liked [-laɪkt] adj apprécié(e).

well-loved adj très aimé(e).

well-made adj bien fait(e).

well-mannered [-'mænəd] adj bien élevé(e).

well-meaning adj bien intentionné(e).

well-meant adj [action, remark] bien intentionné(e).

well-nigh [-naɪ] adv presque, pratiquement.

well-off adj **1.** [rich] riche **2.** [well-provided] ▸ **to be well-off for sthg** être bien pourvu(e) en qqch ▸ **he doesn't know when he is well-off** *inf* il ne connaît pas son bonheur.

well-paid adj bien payé(e).

well-placed [-pleɪst] adj bien placé(e) / *to be well-placed to do sthg* être bien placé pour faire qqch.

well-prepared adj bien préparé(e).

well-read [-'red] adj cultivé(e).

well-respected adj respecté(e).

well-rounded [-'raʊndɪd] adj [education, background] complet(ète).

well-spoken adj qui parle bien.

well-stocked [-stɒkt] adj [shop] bien approvisionné(e).

well-thought-of adj qui a une bonne réputation.

well-thought-out adj bien conçu(e).

well-timed [-'taɪmd] adj bien calculé(e), qui vient à point nommé.

well-to-do adj riche.

wellwisher ['wel,wɪʃəʳ] noun admirateur *m*, -trice *f*.

Welsh [welʃ] ◆ adj gallois(e). ◆ noun [language] gallois *m*. ◆ pl n ▸ **the Welsh** les Gallois *mpl*.

Welsh Assembly noun Assemblée *f* galloise OR du pays de Galles.

Welshman ['welʃmən] (*pl* **-men**) noun Gallois *m*.

Welshwoman ['welʃ,wʊmən] (*pl* **-women**) noun Galloise *f*.

welter ['weltəʳ] noun [of ideas, emotions] confusion *f*.

welterweight ['weltəweɪt] noun poids *m* welter.

wench [wentʃ] ◆ noun *arch* & *hum* jeune fille *f*, jeune femme *f*. ◆ vi *arch* ▸ **to go wenching** aller courir le jupon.

wend [wend] vt *liter* ▸ **to wend one's way homewards** **a)** [set off] se mettre en route pour rentrer à la maison **b)** [be on one's way] être sur le chemin de la maison.

went [went] pt ⟶ **go**.

wept [wept] pt & pp ⟶ **weep**.

were [wɜːʳ] ⟶ **be**.

we're [wɪəʳ] ⟶ **we are**.

weren't [wɜːnt] ⟶ **were not**.

werewolf ['wɪəwʊlf] (*pl* **-wolves**) noun loup-garou *m*.

west [west] ◆ noun **1.** [direction] ouest *m* **2.** [region] ▸ **the west** l'ouest *m*. ◆ adj ouest *(inv)*; [wind] d'ouest. ◆ adv de l'ouest, vers l'ouest ▸ **west of** à l'ouest de. ◆ **West** noun POL ▸ **the West** l'Ouest *m*.

West Bank noun ▸ **the West Bank** la Cisjordanie ▸ **on the West Bank** en Cisjordanie.

westbound ['westbaʊnd] adj en direction de l'ouest.

West End noun UK ▸ **the West End** le West-End *(quartier des grands magasins et des théâtres, à Londres)*.

westerly ['westəlɪ] adj à l'ouest ; [wind] de l'ouest ▸ **in a westerly direction** vers l'ouest.

western ['westən] ◆ adj **1.** [gen] de l'ouest **2.** POL occidental(e). ◆ noun [book, film] western *m*.

Westerner ['westənəʳ] noun **1.** POL Occidental *m*, -e *f* **2.** [inhabitant of west of country] personne *f* de l'ouest.

westernization, westernisation UK [,westənaɪ'zeɪʃn] noun occidentalisation *f*.

westernize, westernise UK ['westənaɪz] vt occidentaliser.

West Indian ◆ adj antillais(e). ◆ noun Antillais *m*, -e *f*.

West Indies [-'ɪndiːz] pl n : *the West Indies* les Antilles *fpl* ▸ **in the West Indies** aux Antilles.

Westminster ['westmɪnstəʳ] noun *quartier de Londres où se situe le Parlement britannique*.

> **Westminster**
>
> C'est dans ce quartier que se trouvent le Parlement et le palais de Buckingham. Le nom de **Westminster** est également employé pour désigner le Parlement lui-même.

westward ['westwəd] adj & adv vers l'ouest.

westwards ['westwədz] adv vers l'ouest.

wet [wet] (*cont* **-ting**) ◆ adj (*compar* **-ter**, *superl* **-test**) **1.** [damp, soaked] mouillé(e) / *to get wet* se faire mouiller / *to be wet through* **a)** [person] être trempé jusqu'aux os **2.** [rainy] pluvieux(euse) / *in wet weather* par temps de pluie, quand il pleut **3.** [not dry - paint, cement] frais (fraîche) **4.** UK *inf* & *pej* [weak, feeble] ramolli(e) / *don't be so wet!* tu es une vraie lavette ! ◆ noun UK *inf* POL modéré *m*, -e *f*. ◆ vt (*pt & pp* **wet** *or* **-ted**) mouiller / *to wet the bed* faire pipi au lit ▸ **to wet o.s.** **a)** [child] mouiller sa culotte **b)** *inf* [be terrified] pisser dans son froc.

wet blanket noun *inf* & *pej* rabat-joie *m inv*.

wet-look adj brillant(e).

wet suit noun combinaison *f* de plongée.

WEU (*abbr of* **Western European Union**) noun UEO *f*.

we've [wiːv] ⟶ **we have**.

whack [wæk] *inf* ◆ noun **1.** UK [share] part *f* **2.** [hit] grand coup *m*. ◆ vt **1.** donner un grand coup à, frapper fort **2.** *inf* [put, send] : *whack it in the oven* mets-le dans le four.

whacked [wækt] adj UK *inf* [exhausted] crevé(e).

whacky ['wækɪ] adj = **wacky**.

whale [weɪl] noun baleine *f* ▸ **to have a whale of a time** *inf* drôlement bien s'amuser.

whaling ['weɪlɪŋ] noun pêche *f* à la baleine.

wham [wæm] excl *inf* vlan !

wharf [wɔːf] (*pl* **-s** *or* **wharves** [wɔːvz]) noun quai *m*.

what [wɒt]

❖ adj

1. *(in direct, indirect questions)* quel (quelle), quels (quelles) *(pl)* / ***what day is it?*** quel jour sommes-nous ? / ***what colour is it?*** c'est de quelle couleur ? / ***he asked me what colour it was*** il m'a demandé de quelle couleur c'était

2. [as many as, as much as] ***I gave her what money I had*** je lui ai donné le peu d'argent que j'avais

3. *(in exclamations)* quel (quelle), quels (quelles) *(pl)* / ***what a surprise!*** quelle surprise ! / ***what lovely children you have!*** quels charmants enfants vous avez ! / ***what an idiot I am!*** ce que je peux être bête !

❖ pron

1. [interrogative - subject] qu'est-ce qui ; [- object] qu'est-ce que, que ; [- after prep] quoi / ***what's that?*** qu'est-ce que c'est que ça ? / ***what are they doing?*** qu'est-ce qu'ils font ?, que font-ils ? / ***what's the Spanish for "light"?*** comment dit-on « lumière » en espagnol ? / ***what is going on?*** qu'est-ce qui se passe ? / ***what's the matter?, what is it?*** qu'est-ce qu'il y a ? / ***what are they talking about?*** de quoi parlent-ils ? / ***what about another drink / going out for a meal?*** et si on prenait un autre verre / allait manger au restaurant ? / ***what about the rest of us?*** et nous alors ? ▸ **what if...?** et si... ? / ***Mum? — what? — can I go out?*** Maman ? — quoi ? — est-ce que je peux sortir ?

2. [relative - subject] ce qui ; [- object] ce que / ***I saw what happened / fell*** j'ai vu ce qui s'était passé / était tombé / ***you can't have what you want*** tu ne peux pas avoir ce que tu veux / ***what you need is a hot bath*** ce qu'il vous faut, c'est un bon bain chaud

3. PHR **... or what?** *inf* : ***is this delicious or what?*** mon dieu que c'est bon ! / ***boy, was he angry or what?*** mon dieu qu'il était en colère !

❖ excl

[expressing disbelief] comment !, quoi ! / ***what, another new dress?*** quoi, encore une nouvelle robe ?

what-d'ye-call-her ['wɒtjəkɔːləʳ] noun *inf* [person] Machine *f*.

what-d'ye-call-him ['wɒtjəkɔːlɪm] noun *inf* [person] Machin *m*.

what-d'ye-call-it ['wɒtjəkɔːlɪt] noun *inf* [thing] machin *m*, truc *m*.

whatever [wɒt'evəʳ] ❖ adj quel (quelle) que soit / ***I'll take whatever fruit you have*** je prendrai ce que vous avez comme fruits / ***for whatever reason, he changed his mind*** pour une raison quelconque, il a changé d'avis / ***any book whatever*** n'importe quel livre ▸ **no chance whatever** pas la moindre chance ▸ **nothing whatever** rien du tout. ❖ pron **1.** quoi que *(+ subjunctive)* / ***I'll do whatever I can*** je ferai tout ce que je peux / ***whatever it costs, I want that house*** je veux cette maison à tout prix / ***whatever can this be?*** qu'est-ce que cela peut-il bien être ? / ***whatever that may mean*** quoi que cela puisse bien vouloir dire ▸ **or whatever** ou n'importe quoi d'autre **2.** [indicating lack of interest] : ***shall I take the red or the green? — whatever*** *inf* je prends le rouge ou le vert ? — n'importe.

whatshername ['wɒtsənеɪm] noun *inf* Machine *f* ▸ **(Mrs) whatshername** Madame Machin.

whatsoever [,wɒtsəʊ'evəʳ] adj : ***I had no interest whatsoever*** je n'éprouvais pas le moindre intérêt ▸ **nothing whatsoever** rien du tout.

wheat [wiːt] noun blé *m*.

wheat germ noun germe *m* de blé.

wheatmeal ['wiːtmiːl] noun farine *f* de blé.

wheedle ['wiːdl] vt ▸ **to wheedle sb into doing sthg** enjôler qqn pour qu'il fasse qqch ▸ **to wheedle sthg out of sb** enjôler qqn pour obtenir qqch.

wheel [wiːl] ❖ noun **1.** [gen] roue *f* **2.** [steering wheel] volant *m*. ❖ vt pousser. ❖ vi ▸ **to wheel (round)** UK OR **around** US se retourner brusquement.

wheelbarrow ['wiːl,bærəʊ] noun brouette *f*.

wheelbase ['wiːlbeɪs] noun empattement *m*.

wheelchair ['wiːl,tʃeəʳ] noun fauteuil *m* roulant.

-wheeled suffix à roues / ***four-wheeled*** à quatre roues.

wheeler-dealer ['wiːləʳ-] noun *pej* combinard *m*.

wheelie bin ['wiːlɪ-] noun poubelle *f (avec des roues)*.

wheeling and dealing ['wiːlɪŋ-] noun *(U) pej* combines *fpl*.

wheeze [wiːz] ❖ noun [sound] respiration *f* sifflante. ❖ vi respirer avec un bruit sifflant.

wheezy ['wiːzɪ] *(compar* **-ier**, *superl* **-iest**) adj [person] poussif(ive) ; [cough] sifflant(e) ; [voice, chest] d'asthmatique.

whelk [welk] noun bulot *m*, buccin *m*.

when [wen] ❖ adv *(in direct, indirect questions)* quand / ***when does the plane arrive?*** quand OR à quelle heure arrive l'avion ? / ***he asked me when I would be in London*** il m'a demandé quand je serais à Londres / ***when is the best time to call?*** quel est le meilleur moment pour appeler ? ❖ conj **1.** [referring to time] quand, lorsque / ***he came to see me when I was abroad*** il est venu me voir quand j'étais à l'étranger / ***will you still love me when I'm old?*** m'aimeras-tu encore quand je serai vieux ? / ***I had just walked in the door when the phone rang*** je venais juste d'arriver quand le téléphone a sonné / ***one day when I was on my own*** un jour que OR où j'étais tout seul / ***do you remember when we met?*** te souviens-tu du jour où nous nous sommes connus ? / ***on the day when it happened*** le jour où cela s'est passé / ***when completed, the factory will employ 100 workers*** une fois terminée, l'usine emploiera 100 personnes **2.** [whereas, considering that] alors que.

whenever [wen'evəʳ] ❖ conj quand ; [each time that] chaque fois que / ***I go to visit her whenever I can*** je vais la voir dès que je peux. ❖ adv n'importe quand / ***let's assume he started work in April or whenever*** *inf* supposons qu'il ait commencé à travailler en avril ou quelque chose comme ça.

where [weər] ◆ adv *(in direct, indirect questions)* où / *where do you live?* où habitez-vous ? / *do you know where he lives?* est-ce que vous savez où il habite ? / *where are you from?* d'où êtes-vous ? / *where do you stand on this issue?* quelle est votre position sur cette question ? ◆ conj **1.** [referring to place, situation] où ▸ **this is where...** c'est là que... / *it rains a lot where we live* il pleut beaucoup là où nous habitons / *he showed me where the students live* il m'a montré l'endroit où habitent les étudiants / *that's where she's mistaken* c'est là qu'elle se trompe / *the judge is uncompromising where drugs are concerned* le juge est intraitable lorsqu'il OR quand il s'agit de drogue / *where possible* là où OR quand c'est possible **2.** [whereas] alors que / *where others see a horrid brat, I see a shy little boy* là où les autres voient un affreux moutard, je vois un petit garçon timide.

whereabouts ◆ adv [,weərə'baʊts] où. ◆ pl n ['weərəbaʊts] : *their whereabouts are still unknown* on ne sait toujours pas où ils se trouvent.

whereas [weər'æz] conj alors que.

whereby [weə'baɪ] conj *fml* par lequel (laquelle), au moyen duquel (de laquelle).

whereupon [,weərə'pɒn] conj *fml* après quoi, sur quoi.

wherever [weər'evər] ◆ conj où que *(+ subjunctive)*. ◆ adv **1.** [no matter where] n'importe où **2.** [where] où donc / *wherever did you hear that?* mais où donc as-tu entendu dire cela ?

wherewithal ['weəwɪðɔːl] noun *fml* ▸ **to have the wherewithal to do sthg** avoir les moyens de faire qqch.

whet [wet] *(pt & pp* **-ted**, *cont* **-ting**) vt ▸ **to whet sb's appetite for sthg** donner à qqn envie de qqch.

whether ['weðər] conj **1.** [indicating choice, doubt] si **2.** [no matter if] : *whether I want to or not* que je le veuille ou non.

whew [hwjuː] excl ouf !

whey [weɪ] noun petit-lait *m*.

which [wɪtʃ] ◆ adj **1.** *(in direct, indirect questions)* quel (quelle), quels (quelles) *(pl)* / *which house is yours?* quelle maison est la tienne ? ▸ **which one?** lequel (laquelle) ? / *which way should we go?* par où devrions-nous aller ? **2.** [to refer back to sthg] ▸ **in which case** auquel cas. ◆ pron **1.** *(in direct, indirect questions)* lequel (laquelle), lesquels (lesquelles) *(pl)* / *which do you prefer?* lequel préférez-vous ? / *show me which you prefer* montrez-moi celui que vous préférez / *I can't decide which to have* je ne sais vraiment pas lequel prendre / *which is the freshest?* quel est le plus frais ? / *which of you saw the accident?* qui de vous a vu l'accident ? / *which is which?* lequel est-ce ? **2.** [in relative clauses - subject] qui ; [- object] que ; [- after prep] lequel (laquelle), lesquels (lesquelles) *(pl)* / *take the slice which is nearer to you* prends la tranche qui est le plus près de toi / *the television which we bought* le téléviseur que nous avons acheté / *the settee on which I am sitting* le canapé sur lequel je suis assis / *the film of which you spoke* le film dont vous avez parlé **3.** [referring back - subject] ce qui ; [- object] ce que / *why did you say you were ill, which nobody believed?* pourquoi as-tu dit que tu étais malade, ce que personne n'a cru ? / *then they arrived, after which things got better* puis ils sont arrivés, après quoi tout est allé mieux.

whichever [wɪtʃ'evər] ◆ adj **1.** [indicating choice or preference] : *grants will be given to whichever students most need them* des bourses seront accordées à ceux des étudiants qui en ont le plus besoin / *choose whichever colour you prefer* choisissez la couleur que vous préférez, n'importe laquelle **2.** [no matter what] quel (quelle) que soit / *whichever job you take, it will mean a lot of travelling* quel que soit le poste que vous preniez, vous serez obligé de beaucoup voyager. ◆ pron **1.** [the one that] celui qui *m*, celle qui *f*, ceux qui *mpl*, celles qui / *will whichever of you arrives first turn on the heating?* celui d'entre vous qui arrivera le premier pourra-t-il allumer le chauffage ? **2.** [no matter which one] n'importe lequel (laquelle) / *whichever of the routes you choose, allow about two hours* quel que soit le chemin que vous choisissiez, comptez environ deux heures.

whiff [wɪf] noun **1.** [of perfume, smoke] bouffée *f* ; [of food] odeur *f* **2.** *fig* [sign] signe *m*.

while [waɪl] ◆ noun moment *m* / *let's stay here for a while* restons ici un moment / *we've been waiting for a while* nous attendons depuis un moment ▸ **for a long while** longtemps ▸ **after a while** après quelque temps ▸ **to be worth one's while** valoir la peine. ◆ conj **1.** [during the time that] pendant que **2.** [as long as] tant que **3.** [whereas] alors que. ◆ **while away** vt sep passer.

whilst [waɪlst] conj US = **while**.

whim [wɪm] noun lubie *f*.

whimper ['wɪmpər] ◆ noun gémissement *m*. ◆ vt & vi gémir.

whimsical ['wɪmzɪkl] adj saugrenu(e).

whine [waɪn] ◆ noun gémissement *m*, longue plainte *f*. ◆ vi **1.** [make sound] gémir **2.** [complain] ▸ **to whine (about)** se plaindre (de).

whin(e)y ['waɪnɪ] adj pleurnichard(e).

whinge [wɪndʒ] *(cont* **whingeing**) vi UK ▸ **to whinge (about)** se plaindre (de).

whingeing ['wɪndʒɪŋ] UK *inf* ◆ noun *(U)* gémissement *m* ; *pej* pleurnicherie *f*, plainte *f*. ◆ adj [person] pleurnicheur(euse) ; [voice] plaintif(ive).

whinger ['wɪndʒər] noun râleur *m*, -euse *f*.

whip [wɪp] ◆ noun **1.** [for hitting] fouet *m* **2.** POL chef *m* de file *(d'un groupe parlementaire)*. ◆ vt *(pt & pp* **-ped**, *cont* **-ping**) **1.** [gen] fouetter / *the cold wind whipped her face* le vent glacial lui fouettait le visage / *whip the egg whites* battez les blancs en neige / *his speech whipped them all into a frenzy fig* son discours les a tous rendus frénétiques / *I'll soon whip the team into shape fig* j'aurai bientôt fait de mettre l'équipe en forme **2.** [take quickly] ▸ **to whip sthg out** sortir qqch brusquement ▸ **to whip sthg off** ôter OR enlever qqch brusquement **3.** *inf* [defeat] vaincre, battre **4.** UK *inf* [steal] faucher, piquer. ◆ **whip up** vt sep [provoke] stimuler, attiser.

whiplash injury ['wɪplæʃ-] noun coup *m* du lapin.

whipped cream [wɪpt-] noun crème *f* fouettée.

whippet ['wɪpɪt] noun whippet *m*.

whipping ['wɪpɪŋ] noun [as punishment - child] correction *f* ; [- prisoner] coups *mpl* de fouet.

whip-round noun UK *inf* ▸ **to have a whip-round** faire une collecte.

whirl [wɜ:l] ❖ noun **1.** *lit* & *fig* tourbillon *m* ▸ **I / my mind was in a whirl** tout tourbillonnait en moi / dans ma tête **2.** PHR **let's give it a whirl** *inf* tentons le coup. ❖ vt ▸ **to whirl sb / sthg round** UK, OR **around** US [spin round] faire tourbillonner qqn / qqch. ❖ vi tourbillonner ; *fig* [head, mind] tourner.

whirlpool ['wɜ:lpu:l] noun tourbillon *m*.

whirlwind ['wɜ:lwɪnd] ❖ adj *fig* éclair *(inv)*. ❖ noun tornade *f*.

whirr [wɜ:ʳ] ❖ noun [of engine] ronronnement *m*. ❖ vi [engine] ronronner.

whisk [wɪsk] ❖ noun CULIN fouet *m*, batteur *m* (à œufs). ❖ vt **1.** [move quickly] emmener OR emporter rapidement **2.** CULIN battre.

whisker ['wɪskəʳ] noun moustache *f*. ◆ **whiskers** pl n favoris *mpl*.

whisky (*pl* **-ies**) UK, **whiskey** (*pl* **-s**) US IR ['wɪskɪ] noun whisky *m*.

whisper ['wɪspəʳ] ❖ noun murmure *m* / *to speak in a whisper* parler tout bas OR à voix basse / *not a whisper of this to anyone!* *fig* n'en soufflez mot à personne ! ❖ vt murmurer, chuchoter / *to whisper sthg to sb* chuchoter qqch à qqn / *I whispered the answer to her* je lui ai soufflé la réponse / *to whisper sweet nothings to sb* susurrer des mots doux à l'oreille de qqn. ❖ vi chuchoter / *to whisper to sb* parler OR chuchoter à l'oreille de qqn.

whispering ['wɪspərɪŋ] noun chuchotement *m*.

whist [wɪst] noun whist *m*.

whistle ['wɪsl] ❖ noun **1.** [sound] sifflement *m* **2.** [device] sifflet *m*. ❖ vt & vi siffler.

whistle-blower noun *inf personne qui vend la mèche.*

whistle-stop tour noun ▸ **to make a whistle-stop tour of** [subj: politician] faire une tournée éclair dans.

whit [wɪt] noun brin *m*.

Whit [wɪt] noun UK Pentecôte *f*.

white [waɪt] ❖ adj **1.** [in colour] blanc (blanche) ▸ **to go** OR **turn white a)** [hair] blanchir **b)** [face] pâlir **2.** US [coffee, tea] au lait. ❖ noun **1.** [colour, of egg, eye] blanc *m* **2.** [person] Blanc *m*, Blanche *f*. ◆ **whites** pl n **1.** SPORT tenue *f* blanche **2.** [washing] linge *m* blanc.

whiteboard ['waɪtbɔ:d] noun tableau *m* blanc.

white Christmas noun Noël *m* blanc.

white-collar adj de bureau.

white elephant noun *fig* objet *m* coûteux et inutile.

white goods pl n **1.** [linen] articles *mpl* de blanc **2.** [household machines] électroménager *m*.

white-haired [-'heəd] adj aux cheveux blancs.

Whitehall ['waɪthɔ:l] noun *rue de Londres, centre administratif du gouvernement britannique*.

white-hot adj chauffé(e) à blanc.

White House noun ▸ **the White House** la Maison-Blanche.

> **The White House**
>
> La « Maison-Blanche », à Washington, est la résidence privée du président américain et de ses proches. C'est le plus vieux bâtiment public de la capitale : la première pierre est posée en 1792, et John Adams est le premier président à s'installer dans les locaux, en 1800. L'appellation « Maison-Blanche » est officialisée par le président Theodore Roosevelt, qui la fait graver en en-tête sur son papier à lettres. Le bâtiment est incendié par les troupes britanniques en 1814, puis entièrement repeint en blanc. Ce terme désigne de manière plus générale la présidence et l'Administration américaines.

white lie noun pieux mensonge *m*.

white meat noun viande *f* blanche.

whiten ['waɪtn] vt & vi blanchir.

whiteness ['waɪtnɪs] noun blancheur *f*.

white noise noun son *m* blanc.

white paper noun POL livre *m* blanc.

white sauce noun sauce *f* blanche.

White Sea noun ▸ **the White Sea** la mer Blanche.

white spirit noun UK white-spirit *m*.

white-tie adj [dinner] en habit.

white trash noun *pej* pauvres blancs *mpl*.

whitewash ['waɪtwɒʃ] ❖ noun **1.** *(U)* [paint] chaux *f* **2.** *pej* [cover-up] ▸ **a government whitewash** une combine du gouvernement pour étouffer l'affaire. ❖ vt **1.** [paint] blanchir à la chaux **2.** *pej* [cover up] blanchir.

whitewater rafting ['waɪtˌwɔ:təʳ-] noun raft *m*, rafting *m*.

white wedding noun mariage *m* en blanc.

white wine noun vin *m* blanc.

whiting ['waɪtɪŋ] (*pl inv or* **-s**) noun merlan *m*.

Whit Monday [wɪt-] noun le lundi *m* de Pentecôte.

Whitsun ['wɪtsn] noun Pentecôte *f*.

whittle ['wɪtl] vt [reduce] ▸ **to whittle sthg away** OR **down** réduire qqch.

whiz, whizz [wɪz] ❖ noun *inf* ▸ **to be a whiz at sthg** être un as de qqch. ❖ vi (*pt & pp* **-zed**, *cont* **-zing**) [go fast] aller à toute allure.

whiz(z) kid noun *inf* petit prodige *m*.

who [huː] pron **1.** *(in direct, indirect questions)* qui ▸ **who are you?** qui êtes-vous ? / *I didn't know who she was* je ne savais pas qui c'était **2.** *(in relative clauses)* qui / *he's the doctor who treated me* c'est le médecin qui m'a soigné / *I don't know the person who came to see you* je ne connais pas la personne qui est venue vous voir.

WHO (*abbr of* **World Health Organization**) noun OMS *f*.

who'd [huːd] ⟶ **who had, who would**.

whodu(n)nit [ˌhuːˈdʌnɪt] noun *inf* polar *m*.

whoever [huːˈevəʳ] pron **1.** [any person who] quiconque / *whoever wants it can have it* celui qui le veut peut le prendre **2.** [the person who] celui qui *m*, celle qui *f*, ceux qui *mpl*, celles qui / *whoever answered the phone had a nice voice* la personne qui a répondu au téléphone avait une voix agréable **3.** [indicating surprise, astonishment] qui donc / *whoever can that be?* qui cela peut-il bien être ? **4.** [no matter who] qui que *(+ subjunctive)* / *come out, whoever you are!* montrez-vous, qui que vous soyez ! / *whoever wins* qui que ce soit qui gagne.

whole [həʊl] ❖ adj **1.** [entire, complete] entier(ère) / *it took me a whole day to paint the kitchen* j'ai mis une journée entière OR toute une journée pour peindre la cuisine / *there are two whole months still to go* il reste deux mois entiers ▸ **she won the whole lot** elle a gagné le tout **2.** [for emphasis] : *a whole lot of questions* toute une série de questions / *a whole lot bigger* bien plus gros / *a whole new idea* une idée tout à fait nouvelle **3.** CULIN [milk] entier(ère) ; [grain] complet(ète). ❖ adv ▸ **to swallow sthg whole** avaler qqch en entier. ❖ noun **1.** [all] : *the whole of the school* toute l'école / *the whole of the summer* tout l'été **2.** [unit, complete thing] tout *m*. ◆ **as a whole** adv dans son ensemble / *considered as a whole, the festival was a remarkable success* dans son ensemble, le festival a été un vrai succès / *is it true of America as a whole?* est-ce vrai pour toute l'Amérique OR l'Amérique en général ? ◆ **on the whole** adv dans l'ensemble.

wholefood [ˈhəʊlfuːd] noun UK aliments *mpl* complets.

whole grain [ˈhəʊlgreɪn] adj [bread, flour] complet(ète).

wholehearted [ˌhəʊlˈhɑːtɪd] adj [unreserved] sans réserve / *she gave them her wholehearted support* elle leur a donné un soutien sans réserve OR sans faille / *he is a wholehearted supporter of our cause* [devoted] il est dévoué corps et âme à notre cause.

wholeheartedly [ˌhəʊlˈhɑːtɪdlɪ] adv [unreservedly] de tout cœur / *I agree wholeheartedly* j'accepte de tout (mon) cœur / *he flung himself wholeheartedly into his new job* il s'est jeté corps et âme dans son nouveau travail.

wholemeal bread noun *(U)* UK pain *m* complet.

wholesale [ˈhəʊlseɪl] ❖ adj **1.** [buying, selling] en gros ; [price] de gros **2.** *pej* [excessive] en masse. ❖ adv **1.** [in bulk] en gros **2.** *pej* [excessively] en masse.

wholesaler [ˈhəʊlˌseɪləʳ] noun marchand *m* de gros, grossiste *mf*.

wholesome [ˈhəʊlsəm] adj sain(e).

who'll [huːl] ⟶ **who will**.

wholly [ˈhəʊlɪ] adv totalement.

whom [huːm] pron *fml* **1.** *(in direct, indirect questions)* qui / *whom did you phone?* qui avez-vous appelé au téléphone ? ▸ **for / of / to whom** pour / de / à qui **2.** *(in relative clauses)* que / *the girl whom he married* la jeune fille qu'il a épousée / *the man of whom you speak* l'homme dont vous parlez / *the man to whom you were speaking* l'homme à qui vous parliez.

whoop [wuːp] ❖ noun cri *m*. ❖ vi pousser des cris (de joie / de triomphe).

whoopee [wʊˈpiː] excl youpi !

whooping cough [ˈhuːpɪŋ-] noun coqueluche *f*.

whoops [wʊps] excl oups !

whopper [ˈwɒpəʳ] noun *inf* **1.** [something big] : *it's a real whopper* c'est absolument énorme **2.** [lie] mensonge *m* énorme.

whopping [ˈwɒpɪŋ] *inf* ❖ adj énorme. ❖ adv : *a whopping great lorry / lie* un camion / mensonge absolument énorme.

whore [hɔːʳ] noun *offens* putain *f*.

who're [ˈhuːəʳ] ⟶ **who are**.

whose [huːz] ❖ pron *(in direct, indirect questions)* à qui / *whose is this?* à qui est ceci ? ❖ adj **1.** à qui / *whose car is that?* à qui est cette voiture ? / *whose son is he?* de qui est-il le fils ? **2.** *(in relative clauses)* dont / *that's the boy whose father's an MP* c'est le garçon dont le père est député / *the girl whose mother you phoned yesterday* la fille à la mère de qui OR de laquelle tu as téléphoné hier.

who've [huːv] ⟶ **who have**.

why [waɪ] ❖ adv *(in direct questions)* pourquoi / *why did you lie to me?* pourquoi m'as-tu menti ? / *why don't you all come?* pourquoi ne pas tous venir ?, pourquoi est-ce que vous ne viendriez pas tous ? ▸ **why not?** pourquoi pas ? ❖ conj pourquoi / *I don't know why he said that* je ne sais pas pourquoi il a dit cela. ❖ pron : *there are several reasons why he left* il est parti pour plusieurs raisons, les raisons pour lesquelles il est parti sont nombreuses / *I don't know the reason why* je ne sais pas pourquoi. ❖ excl tiens ! ◆ **why ever** adv pourquoi donc.

wick [wɪk] noun **1.** [of candle, lighter] mèche *f* **2.** PHR **to get on sb's wick** UK *inf* taper sur les nerfs de qqn.

wicked [ˈwɪkɪd] adj **1.** [evil] mauvais(e) **2.** [mischievous, devilish] malicieux(euse) **3.** *inf* [very good] génial(e), super *(inv)*.

wickedly ['wɪkɪdlɪ] adv **1.** [with evil intent] méchamment, avec méchanceté **2.** [mischievously] malicieusement.

wickedness ['wɪkɪdnɪs] noun **1.** RELIG [sin, evil] iniquité *f*, vilenie *f* ; [cruelty - of action, crime] méchanceté *f* ; [- of thought] méchanceté *f*, vilenie *f* **2.** [mischievousness - of look, sense of humour, smile] caractère *m* malicieux OR espiègle, malice *f*.

wicker ['wɪkər] adj en osier.

wickerwork ['wɪkəwɜːk] ❖ noun vannerie *f*. ❖ comp en osier.

wicket ['wɪkɪt] noun **1.** CRICKET [stumps, dismissal] guichet *m* **2.** CRICKET [pitch] terrain *m* entre les guichets.

wide [waɪd] ❖ adj **1.** [gen] large / *how wide is the room?* quelle est la largeur de la pièce ? / *to be six metres wide* faire six mètres de large OR de largeur / *we need to see the problem in a wider context* il faut que nous envisagions le problème dans un contexte plus général / *there are wider issues at stake here* des problèmes plus vastes sont ici en jeu **2.** [gap, difference] grand(e) / *the gap between rich and poor remains wide* l'écart (existant) entre les riches et les pauvres demeure considérable **3.** [experience, knowledge, issue] vaste / *she has wide experience in this area* elle a une longue OR grande expérience dans ce domaine / *he has a wide knowledge of music* il a de vastes connaissances OR des connaissances approfondies en musique / *a wide range of products* COMM une gamme importante de produits / *a wide variety of colours* un grand choix de couleurs **4.** [eyes] écarquillé(e) / *his eyes were wide with terror* ses yeux étaient agrandis par l'épouvante **5.** [off-target] qui passe à côté ▸ **to be wide of the mark a)** UK *lit* rater OR être passé loin de la cible **b)** *fig* être loin de la vérité OR du compte. ❖ adv **1.** [broadly] : *open wide!* ouvrez grand ! / *place your feet wide apart* écartez bien les pieds **2.** [off-target] : *the shot went wide* le coup est passé loin du but OR à côté.

-wide suffix : *state-wide* à travers tout l'État, dans l'ensemble de l'État / *world-wide* à travers le monde (entier).

wide area network noun réseau *m* étendu.

wide-awake adj tout à fait réveillé(e).

wide boy noun UK *inf* & *pej* escroc *m*.

wide-eyed [-'aɪd] adj **1.** [surprised, frightened] aux yeux écarquillés **2.** [innocent] aux yeux grands ouverts.

widely ['waɪdlɪ] adv **1.** [smile, vary] largement **2.** [extensively] beaucoup ▸ **to be widely read** avoir beaucoup lu ▸ **it is widely believed that…** beaucoup pensent que…, nombreux sont ceux qui pensent que… ▸ **widely known** largement OR bien connu, largement OR bien connue.

widen ['waɪdn] ❖ vt **1.** [make broader] élargir **2.** [gap, difference] agrandir, élargir. ❖ vi **1.** [become broader] s'élargir **2.** [gap, difference] s'agrandir, s'élargir **3.** [eyes] s'agrandir.

wide open adj grand ouvert (grande ouverte) ▸ **the wide open spaces** les grands espaces.

wide-ranging [-'reɪndʒɪŋ] adj varié(e) ; [consequences] de grande envergure.

wide-screen adj [television, film, format] 16/9.

widespread ['waɪdspred] adj très répandu(e).

widow ['wɪdəʊ] noun veuve *f*.

widowed ['wɪdəʊd] adj veuf (veuve).

widower ['wɪdəʊər] noun veuf *m*.

width [wɪdθ] noun largeur *f* ▸ **in width** de large.

widthways ['wɪdθweɪz] adv en largeur.

wield [wiːld] vt **1.** [weapon] manier **2.** [power] exercer.

wife [waɪf] (*pl* **wives** [waɪvz]) noun femme *f*, épouse *f*.

WiFi ['waɪfaɪ] (*abbr of* **wireless fidelity**) noun COMPUT WiFi *m*.

wig [wɪg] noun perruque *f*.

wiggle ['wɪgl] *inf* ❖ noun **1.** [movement] tortillement *m* **2.** [wavy line] ondulation *f*. ❖ vt remuer. ❖ vi se tortiller.

wiggly ['wɪglɪ] (*compar* **-ier**, *superl* **-iest**) adj *inf* [line] ondulé(e).

wigwam ['wɪgwæm] noun wigwam *m*.

wild [waɪld] ❖ adj **1.** [animal, attack, scenery, flower] sauvage / *wild strawberries* fraises *fpl* des bois **2.** [weather, sea] déchaîné(e) / *it was a wild night* ce fut une nuit de tempête **3.** [laughter, hope, plan] fou (folle) / *the crowd went wild* la foule s'est déchaînée ▸ **to run wild** être déchaîné / *the book's success was beyond his wildest dreams* le succès de son livre dépassait ses rêves les plus fous **4.** [eyes] de fou (de folle) ; [hair] en bataille / *to be wild with grief / happiness / jealousy* être fou de douleur / joie / jalousie / *a wild-looking young man* un jeune homme à l'air farouche **5.** [random] fantaisiste / *I made a wild guess* j'ai dit ça au hasard / *to take a wild swing at sthg* lancer le poing au hasard pour atteindre qqch **6.** *inf* [very enthusiastic] : *the speaker received wild applause* l'orateur reçut des applaudissements frénétiques ▸ **to be wild about** être dingue de. ❖ noun ▸ **in the wild** dans la nature. ◆ **wilds** pl n ▸ **the wilds of** le fin fond de ▸ **to live in the wilds** habiter en pleine nature.

wild card noun COMPUT caractère *m* joker.

wildcat ['waɪldkæt] noun [animal] chat *m* sauvage.

wilderness ['wɪldənɪs] noun étendue *f* sauvage ▸ **to be in the wilderness** *fig* faire une traversée du désert.

wildfire ['waɪld,faɪər] noun ▸ **to spread like wildfire** se répandre comme une traînée de poudre.

wild flower noun fleur *f* sauvage.

wild-goose chase noun *inf* : *it turned out to be a wild-goose chase* ça s'est révélé être totalement inutile.

wildlife ['waɪldlaɪf] noun *(U)* faune *f* et flore *f*.

wildlife park noun réserve *f* naturelle.

wildly ['waɪldlɪ] adv **1.** [enthusiastically, fanatically] frénétiquement **2.** [guess, suggest] au hasard ; [shoot] dans tous les sens **3.** [very - different, impractical] tout à fait **4.** [menacingly] farouchement.

wiles [waɪlz] pl n artifices *mpl*.

wilful UK, **willful** US ['wɪlfʊl] adj **1.** [determined] obstiné(e) **2.** [deliberate] délibéré(e).

will¹ [wɪl] ❖ noun **1.** [mental] volonté *f* ▸ **against one's will** contre son gré ▸ **at will** à volonté / *a battle of wills* une lutte d'influences / *she no longer has the will to live* elle n'a plus envie de vivre **2.** [document] testament *m* / *last will and testament* dernières volontés *fpl.* ❖ vt ▸ **to will sthg to happen** prier de toutes ses forces pour que qqch se passe ▸ **to will sb to do sthg** concentrer toute sa volonté sur qqn pour qu'il fasse qqch / *she willed herself to keep walking* elle s'est forcée à poursuivre sa marche / *I could feel the crowd willing me on* je sentais que la foule me soutenait ▸ **if you will** : *imagine, if you will, a beautiful landscape* imaginez, si vous le voulez bien, un magnifique paysage / *it's a questionnaire, or "poll" if you will* c'est un questionnaire, ou si vous préférez, un « sondage ».

will² [wɪl]

❖ modal vb

1. *(to express future tense) I will see you next week* je te verrai la semaine prochaine / *when will you have finished it?* quand est-ce que vous l'aurez fini ? / *I'll be arriving at six* j'arriverai à six heures / *will you be here next week? — yes I will / no I won't* est-ce que tu seras là la semaine prochaine ? — oui / non / *do you think she'll marry him? — I'm sure she will / won't* est-ce que tu crois qu'elle va se marier avec lui ? — je suis sûr que oui / non / *when they come home the children will be sleeping* quand ils rentreront, les enfants dormiront OR seront endormis

2. [indicating willingness] *will you have some more tea?* voulez-vous encore du thé ? / *I'll carry your suitcase* je vais porter votre valise / *I won't do it* je refuse de le faire, je ne veux pas le faire / *I won't go — oh yes you will!* je n'irai pas — oh (que) si ! / *will you marry me? — yes, I will / no, I won't* veux-tu m'épouser ? — oui / non

3. [in commands, requests] *you will leave this house at once* tu vas quitter cette maison tout de suite / *close that window, will you?* ferme cette fenêtre, veux-tu ? / *will you be quiet!* veux-tu te taire !, tu vas te taire ! / *you won't forget, will you?* tu n'oublieras pas, n'est-ce pas ? / *won't you join us for lunch?* vous déjeunerez bien avec nous ?

4. [indicating possibility, what usually happens] *the hall will hold up to 1000 people* la salle peut abriter jusqu'à 1000 personnes / *this will stop any draughts* ceci supprimera tous les courants d'air / *pensions will be paid monthly* les pensions sont payées tous les mois / *the machine will wash up to 5 kilos of laundry* la machine peut laver jusqu'à 5 kilos de linge / *the car won't start* la voiture ne veut pas démarrer

5. [expressing an assumption] *that'll be your father* cela doit être ton père / *she'll be grown up by now* elle doit être grande maintenant

6. [indicating irritation] *well, if you will leave your toys everywhere…* que veux-tu, si tu t'obstines à laisser traîner tes jouets partout… / *she will keep phoning me* elle n'arrête pas de me téléphoner / *she WILL have the last word* il faut toujours qu'elle ait le dernier mot

willful US = wilful.

willing ['wɪlɪŋ] adj **1.** [prepared] : *if you're willing* si vous voulez bien ▸ **to be willing to do sthg** être disposé(e) OR prêt(e) à faire qqch **2.** [eager] enthousiaste / *they were less than willing to take part* ils ont rechigné à participer.

willingly ['wɪlɪŋlɪ] adv volontiers.

willingness ['wɪlɪŋnɪs] noun **1.** [preparedness] ▸ **willingness to do sthg** bonne volonté *f* à faire qqch **2.** [keenness] enthousiasme *m*.

willow (tree) ['wɪləʊ-] noun saule *m* ▸ **weeping willow** saule *m* pleureur.

willowy ['wɪləʊɪ] adj svelte.

willpower ['wɪl,paʊəʳ] noun volonté *f*.

willy ['wɪlɪ] (*pl* **-ies**) noun UK *inf* zizi *m*.

willy-nilly [,wɪlɪ'nɪlɪ] adv **1.** [at random] n'importe comment **2.** [wanting to or not] bon gré mal gré.

wilt [wɪlt] vi [plant] se faner ; *fig* [person] dépérir.

wily ['waɪlɪ] (*compar* **-ier**, *superl* **-iest**) adj rusé(e).

wimp [wɪmp] noun *inf* & *pej* mauviette *f*.

WIMP (*abbr of* **window, icon, menu, pointing device**) noun WIMP *m*.

win [wɪn] ❖ noun victoire *f*. ❖ vt (*pt & pp* **won**, *cont* **-ning**) **1.** [game, prize, competition] gagner / *she won a gold medal in the Olympics* elle a obtenu une médaille d'or aux jeux Olympiques / *we have won a great victory* nous avons remporté une grande victoire **2.** [support, approval] obtenir ; [love, friendship] gagner. ❖ vi gagner / *they're winning three nil* ils gagnent trois à zéro ▸ **you / I etc. can't win** il n'y a rien à faire. ◆ **win over, win round** UK vt sep convaincre, gagner à sa cause / *he has won several of his former opponents over to his ideas* il a rallié plusieurs de ses anciens adversaires à ses idées.

wince [wɪns] ❖ vi ▸ **to wince (at / with) a)** [with body] tressaillir (à / de) **b)** [with face] grimacer (à / de). ❖ noun tressaillement *m*.

winch [wɪntʃ] ❖ noun treuil *m*. ❖ vt hisser à l'aide d'un treuil.

wind¹ [wɪnd] ❖ noun **1.** METEOR vent *m* / *the wind is changing* le vent tourne ▸ **to run like the wind** courir comme le vent **2.** [breath] souffle *m* / *he had the wind knocked out of him* SPORT on lui a coupé le souffle, on l'a mis hors d'haleine / *to get one's second wind* reprendre haleine OR son souffle **3.** *(U)* [in stomach] gaz *mpl* ▸ **to break wind** *euph* lâcher un vent **4.** [in orchestra] ▸ **the wind** les instruments *mpl* à vent **5.** PHR **to get wind of sthg** *inf* avoir vent de qqch ▸ **to put the wind up sb** *inf* flanquer la frousse à qqn ▸ **there's something in the wind** il se prépare quelque chose ▸ **to take the wind out of sb's sails** couper l'herbe sous le pied à qqn. ❖ vt **1.** [knock breath out of] couper le souffle à / *don't worry, I'm only winded* ne t'inquiète pas, j'ai la respiration coupée, c'est tout **2.** UK [baby] faire faire son rot à.

wind² [waɪnd] (*pt & pp* **wound**) ❖ vt **1.** [string, thread] enrouler / *I wound a scarf round my neck* j'ai enroulé une écharpe autour de mon cou ▸ **to wind sb round** OR

around one's little finger mener qqn par le bout du nez **2.** [clock] remonter **3.** PHR ▸ **to wind its way** [river, road] serpenter. ❖ vi [river, road] serpenter / *the river winds through the valley* le fleuve décrit des méandres dans la vallée OR traverse la vallée en serpentant. ◆ **wind back** vt sep [tape] rembobiner. ◆ **wind down** ❖ vt sep **1.** UK [car window] baisser **2.** [business] cesser graduellement. ❖ vi **1.** [clock] ralentir **2.** [relax] se détendre. ◆ **wind forward** vt sep [tape] embobiner. ◆ **wind up** ❖ vt sep **1.** [finish - meeting] clôturer ; [- business] liquider **2.** UK [clock, car window] remonter ▸ **to be wound up (about sthg)** *inf* & *fig* être à cran (à cause de qqch) **3.** UK *inf* [deliberately annoy] faire marcher **4.** *inf* [end up] ▸ **to wind up doing sthg** finir par faire qqch. ❖ vi *inf* [end up] finir / *he wound up in jail* il a fini OR s'est retrouvé en prison.

windbreak ['wɪndbreɪk] noun pare-vent *m inv.*

windcheater UK ['wɪnd,ʧi:tər], **windbreaker** US ['wɪnd,breɪkər] noun coupe-vent *m inv.*

windchill factor ['wɪndʧɪl-] noun *facteur d'abaissement de la température provoqué par le vent.*

winded ['wɪndɪd] adj essoufflé(e).

windfall ['wɪndfɔ:l] noun **1.** [fruit] fruit *m* que le vent a fait tomber **2.** [unexpected gift] aubaine *f.*

windfall profits, windfall revenues pl n profits *mpl* inattendus OR exceptionnels.

windfarm ['wɪndfɑ:m] noun champ *m* d'éoliennes.

winding ['waɪndɪŋ] adj sinueux(euse).

wind instrument [wɪnd-] noun instrument *m* à vent.

windmill ['wɪndmɪl] noun moulin *m* à vent.

window ['wɪndəʊ] noun **1.** [gen & COMPUT] fenêtre *f* **2.** [pane of glass, in car] vitre *f* **3.** [of shop] vitrine *f.*

window box noun jardinière *f.*

window dressing noun *(U)* **1.** [in shop] étalage *m* **2.** *fig* [non-essentials] façade *f.*

window frame noun châssis *m* de fenêtre.

window ledge noun rebord *m* de fenêtre.

windowpane noun vitre *f.*

window seat noun [in room] banquette *f* sous la fenêtre ; [in train, plane] place *f* côté fenêtre.

window-shopping noun lèche-vitrines *m inv* ▸ **to go window-shopping** (aller) faire du lèche-vitrines.

windowsill ['wɪndəʊsɪl] noun [outside] rebord *m* de fenêtre ; [inside] appui *m* de fenêtre.

windpipe ['wɪndpaɪp] noun trachée *f.*

wind power [wɪnd-] noun énergie *f* du vent OR éolienne.

windscreen UK ['wɪndskri:n], **windshield** US ['wɪndʃi:ld] noun pare-brise *m inv.*

windscreen wiper [-,waɪpər] noun UK essuie-glace *m.*

windshield US = **windscreen**.

windsock ['wɪndsɒk] noun manche *f* à air.

windsurf ['wɪndsɜ:f] vi faire de la planche à voile.

windsurfer ['wɪnd,sɜ:fər] noun **1.** [person] véliplanchiste *mf* **2.** [board] planche *f* à voile.

windsurfing ['wɪnd,sɜ:fɪŋ] noun ▸ **to go windsurfing** faire de la planche à voile.

windswept ['wɪndswept] adj **1.** [scenery] balayé(e) par les vents **2.** [person] échevelé(e) ; [hair] ébouriffé(e).

wind turbine noun éolienne *f.*

wind-up [waɪnd-] ❖ adj [mechanism] : *a wind-up toy / watch* un jouet / une montre à remontoir. ❖ noun UK *inf* : *is this a wind-up?* est-ce qu'on veut me faire marcher ?

windy ['wɪndɪ] (*compar* **-ier**, *superl* **-iest**) adj venteux(euse) / *it's windy* il y a du vent.

wine [waɪn] noun vin *m.*

wine bar noun UK bar *m* à vin.

wine bottle noun bouteille *f* à vin.

wine cellar noun cave *f* (à vin).

wineglass ['waɪnglɑ:s] noun verre *m* à vin.

winegrower ['waɪn,grəʊər] noun viticulteur *m*, -trice *f*, vigneron *m*, -onne *f.*

wine list noun carte *f* des vins.

wine merchant noun UK marchand *m*, -e *f* de vins.

wine rack noun casier *m* à vin.

wine tasting [-,teɪstɪŋ] noun dégustation *f* (de vins).

wing [wɪŋ] noun aile *f.* ◆ **wings** pl n **1.** THEAT ▸ **the wings** les coulisses *fpl* **2.** [pilot's badge] galons *mpl.*

winger ['wɪŋər] noun SPORT ailier *m.*

wingman ['wɪŋmæn] noun US assistant *m*, -e *f.*

wing mirror noun rétroviseur *m* extérieur.

wingspan ['wɪŋspæn] noun envergure *f.*

wink [wɪŋk] ❖ noun clin *m* d'œil ▸ **to have forty winks** *inf* faire un petit roupillon ▸ **not to sleep a wink, not to get a wink of sleep** *inf* ne pas fermer l'œil. ❖ vi **1.** [with eyes] ▸ **to wink (at sb)** faire un clin d'œil (à qqn) **2.** *liter* [lights] clignoter.

winkle ['wɪŋkl] noun bigorneau *m.* ◆ **winkle out** vt sep extirper ▸ **to winkle sthg out of sb** arracher qqch à qqn.

winner ['wɪnər] noun [person] gagnant *m*, -e *f.*

winning ['wɪnɪŋ] adj **1.** [victorious, successful] gagnant(e) **2.** [pleasing] charmeur(euse). ◆ **winnings** pl n gains *mpl.*

winning post noun poteau *m* d'arrivée.

wino ['waɪnəʊ] (*pl* **-s**) noun *inf* ivrogne *mf.*

winsome ['wɪnsəm] adj *liter* séduisant(e).

winter ['wɪntər] ❖ noun hiver *m* ▸ **in winter** en hiver. ❖ comp d'hiver.

winter sports pl n sports *mpl* d'hiver.

wintertime ['wɪntətaɪm] noun *(U)* hiver *m* ▸ **in wintertime** en hiver.

wint(e)ry ['wɪntrɪ] adj d'hiver ; *fig* [look, smile] glacial(e).

wipe [waɪp] ❖ noun **1.** [action of wiping] ▸ **to give sthg a wipe** essuyer qqch, donner un coup de torchon à qqch **2.** [cloth] lingette *f.* ❖ vt essuyer. ◆ **wipe away** vt sep [tears] essuyer. ◆ **wipe out** vt sep **1.** [erase] effacer **2.** [eradicate] anéantir. ◆ **wipe up** vt sep & vi essuyer.

wiper ['waɪpəʳ] noun [windscreen wiper] essuie-glace *m.*

wire ['waɪəʳ] ❖ noun **1.** *(U)* [metal] fil *m* de fer **2.** [cable] fil *m* **3.** US [telegram] télégramme *m.* ❖ comp en fil de fer. ❖ vt **1.** [fasten, connect] ▸ **to wire sthg to sthg** relier qqch à qqch avec du fil de fer **2.** [ELEC - plug] installer ; [- house] faire l'installation électrique de **3.** US [send telegram to] télégraphier à.

wired ['waɪəd] adj **1.** ELEC [to an alarm] relié(e) à un système d'alarme **2.** [wiretapped] mis(e) sur écoute **3.** [bra] à tiges métalliques **4.** *inf* [psyched-up] surexcité(e).

wireless ['waɪəlɪs] noun *dated* T.S.F. *f.*

wiring ['waɪərɪŋ] noun *(U)* installation *f* électrique.

wiry ['waɪərɪ] (*compar* **-ier**, *superl* **-iest**) adj **1.** [hair] crépu(e) **2.** [body, man] noueux(euse).

wisdom ['wɪzdəm] noun sagesse *f.*

wisdom tooth noun dent *f* de sagesse.

wise [waɪz] adj sage ▸ **to get wise to sthg** *inf* piger qqch ▸ **to be no wiser, to be none the wiser** ne pas en savoir plus (pour autant), ne pas être plus avancé. ◆ **wise up** vi US piger.

-wise suffix **1.** [in the direction of] dans le sens de / *length-wise* dans le sens de la longueur **2.** [in the manner of] à la manière de, comme / *he edged crab-wise up to the bar* il s'approcha du bar en marchant de côté comme un crabe **3.** *inf* [as regards] côté / *money-wise the job leaves a lot to be desired* le poste laisse beaucoup à désirer côté argent.

wisecrack ['waɪzkræk] noun *pej* vanne *f.*

wisecracking ['waɪz,krækɪŋ] adj *inf* blagueur(euse).

wise guy noun *inf* malin *m.*

wisely ['waɪzlɪ] adv sagement, avec sagesse.

wish [wɪʃ] ❖ noun **1.** [desire] souhait *m*, désir *m* ▸ **wish for sthg / to do sthg** désir de qqch / de faire qqch / *she had no great wish to travel* elle n'avait pas très envie de voyager / *it was his last wish* c'était sa dernière volonté / *she went against my wishes* elle a agi contre ma volonté ▸ **wish list** desiderata *mpl* **2.** [magic request] vœu *m* / *he got his wish, his wish came true* son vœu s'est réalisé. ❖ vt **1.** [want] ▸ **to wish to do sthg** souhaiter faire qqch / *I wish (that) he'd come* j'aimerais bien qu'il vienne / *I wish I'd never come!* je n'aurais jamais dû venir / *I wish I could* si seulement je pouvais / *I wish you'd be more careful* j'aimerais que vous fassiez plus attention / *to wish sb dead* souhaiter la mort de qqn / *I don't wish to appear rude, but…* *fml* je ne voudrais pas paraître grossier mais… **2.** [expressing hope] ▸ **to wish sb sthg** souhaiter qqch à qqn / *I wish you (good) luck* je vous souhaite bonne chance. ❖ vi [by magic] ▸ **to wish for sthg** souhaiter qqch / *what more could a man / woman wish for?* que peut-on souhaiter de plus ? / *to wish upon a star* *liter* faire un vœu en regardant une étoile. ◆ **wishes** pl n ▸ **best wishes** meilleurs vœux ▸ **(with) best wishes** [at end of letter] bien amicalement / *best wishes on your graduation (day)* toutes mes / nos félicitations à l'occasion de l'obtention de votre diplôme. ◆ **wish on** vt sep ▸ **to wish sthg on sb** souhaiter qqch à qqn / *I wouldn't wish this headache on anyone* je ne souhaite à personne d'avoir un mal de tête pareil.

wishbone ['wɪʃbəʊn] noun bréchet *m.*

wishful thinking [,wɪʃful-] noun : *that's just wishful thinking* c'est prendre mes / ses etc. désirs pour des réalités.

wishing well ['wɪʃɪŋ-] noun *puits où l'on jette une pièce en faisant un vœu.*

wishy-washy ['wɪʃɪ,wɒʃɪ] adj *inf* & *pej* [person] sans personnalité ; [ideas] vague.

wisp [wɪsp] noun **1.** [tuft] mèche *f* **2.** [small cloud] mince filet *m* OR volute *f.*

wispy ['wɪspɪ] (*compar* **-ier**, *superl* **-iest**) adj [hair] fin(e).

wistful ['wɪstfʊl] adj nostalgique.

wistfully ['wɪstfʊlɪ] adv d'un air triste et rêveur.

wit [wɪt] noun **1.** [humour] esprit *m* **2.** [funny person] homme *m* d'esprit, femme *f* d'esprit **3.** [intelligence] ▸ **to have the wit to do sthg** avoir l'intelligence de faire qqch. ◆ **wits** pl n ▸ **to have OR keep one's wits about one** être attentif(ive) OR sur ses gardes ▸ **to be scared out of one's wits** *inf* avoir une peur bleue ▸ **to be at one's wits' end** ne plus savoir que faire.

witch [wɪtʃ] noun sorcière *f.*

witchcraft ['wɪtʃkrɑːft] noun sorcellerie *f.*

witchdoctor ['wɪtʃ,dɒktəʳ] noun sorcier *m.*

witch-hunt noun *pej* chasse *f* aux sorcières.

How to express wishes

- **J'espère qu'il n'y aura pas trop de monde.** *I hope it won't be too busy.*
- **J'aimerais tellement qu'ils viennent avec nous !** *I'd love them to come with us!*
- **Ça serait vraiment bien qu'il accepte de rester.** *It'd be great if he agreed to stay.*
- **Si seulement tu avais été plus discret !** *If only you'd been a bit more discreet!*
- **Je donnerais n'importe quoi pour être en vacances.** *I'd give anything to be on holiday.*
- **Pourvu qu'elle dise oui !** *I just hope she says yes!*

with [wɪð]

❖ prep

1. [in company of] avec / *I play tennis with his wife* je joue au tennis avec sa femme / *I have no one to go with* je n'ai personne avec qui aller / *we stayed with them for a week* nous avons passé une semaine chez eux ▸ **you can leave it with me** je m'en occupe, laissez-moi faire / *duck with orange sauce* canard *m* à l'orange ; [an employee of] *she's with the UN* elle travaille à l'ONU

2. [indicating opposition] avec ▸ **to argue with sb** discuter avec qqn / *the war with Germany* la guerre avec OR contre l'Allemagne

3. [indicating means, manner, feelings] avec / *I washed it with detergent* je l'ai lavé avec un détergent / *the room was hung with balloons* la pièce était ornée de ballons / *covered / furnished / lined with* couvert / meublé / doublé de / *"All right," she said with a smile* « Très bien », dit-elle en souriant OR avec un sourire / *his eyes filled with tears* ses yeux se remplirent de larmes / *she was trembling with fright* elle tremblait de peur ▸ **with care** avec soin / *he knocked the guard out with one blow* il assomma le gardien d'un (seul) coup

4. [having] avec / *a man with a beard* un homme avec une barbe, un barbu / *the man with the moustache* l'homme à la moustache / *which boy? — the one with the torn jacket* quel garçon ? — celui qui a la veste déchirée / *a city with many churches* une ville qui a de nombreuses églises / *the computer comes with a printer* l'ordinateur est vendu avec une imprimante

5. [regarding] *he's very mean with money* il est très près de ses sous, il est très avare / *what will you do with the house?* qu'est-ce que tu vas faire de la maison ? / *the trouble with her is that…* l'ennui avec elle OR ce qu'il y a avec elle c'est que… / *it's an obsession with her* c'est une manie chez elle

6. [indicating simultaneity] *I can't do it with you watching me* je ne peux pas le faire quand OR pendant que tu me regardes

7. [because of] *with the weather as it is, we've decided to stay at home* vu le temps qu'il fait OR étant donné le temps, nous avons décidé de rester à la maison / *with my luck, I'll probably lose* avec ma chance habituelle, je suis sûr de perdre / *sick* OR *ill with malaria* atteint du paludisme

8. PHR **I'm with you a)** [I understand] je vous suis **b)** [I'm on your side] je suis des vôtres **c)** [I agree] je suis d'accord avec vous

withdraw [wɪð'drɔː] (*pt* **-drew**, *pp* **-drawn**) ❖ vt **1.** *fml* [remove] ▸ **to withdraw sthg (from)** enlever qqch (de) / *the car has been withdrawn (from sale)* la voiture a été retirée de la vente **2.** [money, troops, remark] retirer. ❖ vi **1.** *fml* [leave] ▸ **to withdraw (from)** se retirer (de) **2.** MIL se replier ▸ **to withdraw from** évacuer ▸ **to withdraw to safety** se mettre à l'abri **3.** [quit, give up] ▸ **to withdraw (from)** se retirer (de) / *she has decided to withdraw from politics* elle a décidé de se retirer de la vie politique.

withdrawal [wɪð'drɔːəl] noun **1.** [gen] ▸ **withdrawal (from)** retrait *m* (de) **2.** MIL repli *m* **3.** MED manque *m*.

withdrawal symptoms pl n crise *f* de manque.

withdrawn [wɪð'drɔːn] ❖ pp ⟶ **withdraw.** ❖ adj [shy, quiet] renfermé(e).

withdrew [wɪð'druː] pt ⟶ **withdraw**.

wither ['wɪðəʳ] ❖ vt flétrir. ❖ vi **1.** [dry up] se flétrir **2.** [weaken] mourir.

withered ['wɪðəd] adj flétri(e).

withering ['wɪðərɪŋ] adj [look] foudroyant(e).

withhold [wɪð'həʊld] (*pt & pp* **-held**) vt [services] refuser ; [information] cacher ; [salary] retenir.

within [wɪ'ðɪn] ❖ prep **1.** [inside] à l'intérieur de, dans / *within her* en elle, à l'intérieur d'elle-même / *the man's role within the family is changing* le rôle de l'homme au sein de la famille est en train de changer **2.** [budget, comprehension] dans les limites de ; [limits] dans / *within the framework of the agreement* dans le cadre de l'accord **3.** [less than - distance] à moins de ; [- time] d'ici, en moins de ▸ **within the week** avant la fin de la semaine / *accurate to within 0.1 of a millimetre* précis au dixième de millimètre près. ❖ adv à l'intérieur / *from within* de l'intérieur.

with it adj *inf* **1.** [alert] réveillé(e) / *get with it!* réveille-toi !, secoue-toi ! **2.** *dated* [fashionable] dans le vent.

without [wɪð'aʊt] ❖ prep sans / *without a coat* sans manteau / *I left without seeing him* je suis parti sans l'avoir vu / *I left without him seeing me* je suis parti sans qu'il m'ait vu / *he took it without so much as a thank you* il l'a pris sans même dire merci ▸ **to go without sthg** se passer de qqch. ❖ adv ▸ **to go** OR **do without** s'en passer.

withstand [wɪð'stænd] (*pt & pp* **-stood**) vt résister à.

witless ['wɪtlɪs] adj sot (sotte), stupide.

witness ['wɪtnɪs] ❖ noun **1.** [gen] témoin *mf* / *to call sb as (a) witness* citer qqn comme témoin / *witness for the prosecution / defence* témoin à charge / décharge ▸ **to be witness to sthg** être témoin de qqch **2.** [testimony] ▸ **to bear witness to sthg** témoigner de qqch. ❖ vt **1.** [accident, crime] être témoin de **2.** *fig* [changes, rise in birth rate] assister à **3.** [countersign] contresigner.

witness box UK, **witness stand** US noun barre *f* des témoins.

witter ['wɪtəʳ] vi UK *inf* & *pej* radoter, parler pour ne rien dire.

witticism ['wɪtɪsɪzm] noun mot *m* d'esprit.

wittily ['wɪtɪlɪ] adv spirituellement, avec beaucoup d'esprit.

wittingly ['wɪtɪŋlɪ] adv *fml* en connaissance de cause, sciemment.

witty ['wɪtɪ] (*compar* **-ier**, *superl* **-iest**) adj plein(e) d'esprit, spirituel(elle).

wives [waɪvz] pl n ⟶ **wife**.

wizard ['wɪzəd] noun magicien *m* ; *fig* as *m*, champion *m*, -onne *f*.

wizened ['wɪznd] adj ratatiné(e).

wk (*abbr of* **week**) sem.

wknd MESSAGING (*written abbr of* **weekend**) we.

W84M MESSAGING *written abbr of* **wait for me**.

WMD (*abbr of* **weapons of mass destruction**) pl n ADM *fpl*.

wobble ['wɒbl] vi [hand, wings] trembler ; [chair, table] branler.

wobbly ['wɒblɪ] (*compar* **-ier**, *superl* **-iest**) adj *inf* [jelly] tremblant(e) ; [table] branlant(e).

woe [wəʊ] noun *liter* malheur *m*.

woeful ['wəʊfʊl] adj **1.** [sad - person, look, news, situation] malheureux(euse), très triste ; [- scene, tale] affligeant(e), très triste **2.** [very poor] lamentable, épouvantable, consternant(e).

woefully ['wəʊfʊlɪ] adv **1.** [sadly - look, smile] très tristement **2.** [badly - perform, behave] lamentablement / *our funds are woefully inadequate* nous manquons cruellement de fonds.

wok [wɒk] noun wok *m*.

woke [wəʊk] pt ⟶ **wake**.

woken ['wəʊkn] pp ⟶ **wake**.

wolf [wʊlf] (*pl* **wolves** ['wʊlvz]) noun [animal] loup *m*. ◆ **wolf down** vt sep *inf* engloutir.

wolf whistle noun sifflement *m* admiratif (*à l'adresse d'une femme*).

wolves ['wʊlvz] pl n ⟶ **wolf**.

woman ['wʊmən] (*pl* **women**) ❖ noun femme *f*. ❖ comp ▸ **woman doctor** femme *f* médecin ▸ **woman footballer** footballeuse *f* ▸ **woman taxi driver** femme *f* chauffeur de taxi ▸ **woman teacher** professeur *m* femme.

womanhood ['wʊmənhʊd] noun (*U*) **1.** [adult life] ▸ **to reach womanhood** devenir une femme **2.** [women] femmes *fpl*.

womanizer, womaniser UK ['wʊmənaɪzəʳ] noun coureur *m* de jupons.

womanly ['wʊmənlɪ] adj féminin(e).

womb [wu:m] noun utérus *m*.

women ['wɪmɪn] pl n ⟶ **woman**.

women's lib noun libération *f* de la femme.

won [wʌn] pt & pp ⟶ **win**.

wonder ['wʌndəʳ] ❖ noun **1.** (*U*) [amazement] étonnement *m* / *the children were filled with wonder* les enfants étaient émerveillés **2.** [cause for surprise] ▸ **it's a wonder (that)…** c'est un miracle que… ▸ **no wonder!** ce n'est pas étonnant !, cela vous étonne ? ▸ **it's no OR little OR small wonder (that)…** il n'est pas étonnant que… / *no wonder they refused* ce n'est pas étonnant qu'ils aient refusé **3.** [amazing thing, person] merveille *f* / *the seven wonders of the world* les sept merveilles du monde ▸ **to work OR do wonders** faire des merveilles. ❖ vt **1.** [speculate] ▸ **to wonder (if OR whether)** se demander (si) / *I wonder where she's gone* je me demande où elle est allée **2.** [in polite requests] : *I wonder whether you would mind shutting the window?* est-ce que cela ne vous ennuierait pas de fermer la fenêtre ? / *I wonder if you could help me* pourriez-vous m'aider s'il vous plaît ? ❖ vi **1.** [speculate] se demander / *it makes you wonder* cela donne à penser OR réfléchir ▸ **to wonder about sthg** s'interroger sur qqch **2.** *liter* [be amazed] ▸ **to wonder at sthg** s'étonner de qqch / *I don't wonder* cela ne m'étonne pas.

wonderful ['wʌndəfʊl] adj merveilleux(euse).

wonderfully ['wʌndəfʊlɪ] adv **1.** [very well] merveilleusement, à merveille **2.** [for emphasis] extrêmement.

wondering ['wʌndərɪŋ] adj [pensive] songeur(euse), pensif(ive) ; [surprised] étonné(e) / *she looked at him with wondering eyes* elle le regarda d'un air perplexe.

wondrous ['wʌndrəs] *liter* ❖ adj merveilleux(euse). ❖ adv = **wondrously**.

wondrously ['wʌndrəslɪ] adv *liter* merveilleusement.

wonky ['wɒŋkɪ] (*compar* **-ier**, *superl* **-iest**) adj UK *inf* bancal(e).

wont [wəʊnt] ❖ adj ▸ **to be wont to do sthg** avoir l'habitude de faire qqch. ❖ noun *dated* & *liter* ▸ **as is one's wont** comme à son habitude OR à l'accoutumée.

won't [wəʊnt] ⟶ **will not**.

woo [wu:] vt **1.** *liter* [court] courtiser **2.** [try to win over] chercher à rallier (à soi OR à sa cause).

wood [wʊd] ❖ noun bois *m* ▸ **touch** UK OR **knock on** US **wood!** touchons du bois ! ▸ **you can't see the wood for the trees** UK ce sont les arbres qui cachent la forêt. ❖ comp en bois. ◆ **woods** pl n bois *mpl*.

wooded ['wʊdɪd] adj boisé(e).

wooden ['wʊdn] adj **1.** [of wood] en bois **2.** *pej* [actor] gauche.

wooden spoon noun cuillère *f* de bois ▸ **to win OR get the wooden spoon** UK *fig* être classé dernier.

woodland ['wʊdlənd] noun région *f* boisée.

woodlouse ['wʊdlaʊs] (*pl* **-lice**) noun cloporte *m*.

woodpecker ['wʊdˌpekəʳ] noun pivert *m*.

woodshed ['wʊdʃed] noun bûcher *m*.

woodwind ['wʊdwɪnd] noun ▸ **the woodwind** les bois *mpl*.

woodwork ['wʊdwɜ:k] noun menuiserie *f*.

woodworm ['wʊdwɜ:m] noun ver *m* du bois ▸ **to have woodworm** être piqué par les vers.

woof [wʊf] ❖ noun aboiement *m*. ❖ excl ouah !

wool [wʊl] noun laine *f* ▸ **to pull the wool over sb's eyes** *inf* rouler qqn (dans la farine).

woollen UK, **woolen** US ['wʊlən] adj en laine, de laine. ◆ **woollens** pl n lainages *mpl*.

woolly, wooly UK ['wʊlɪ] ❖ adj (*compar* **-ier**, *superl* **-iest**) **1.** [woollen] en laine, de laine **2.** *inf* [idea, thinking] confus(e). ❖ noun *inf* lainage *m*.

woolly-headed [-'hedɪd] adj *inf* & *pej* confus(e).

woozy ['wu:zɪ] (*compar* **-ier**, *superl* **-iest**) adj *inf* sonné(e).

word [wɜ:d] ❖ noun **1.** LING mot *m* ▸ **in your own words** dans vos mots à vous ▸ **too stupid for words** vraiment trop bête / *he didn't say a word* il n'a rien dit, il n'a pas dit un mot / *with these words they left* sur ces mots OR là-dessus, ils sont partis ▸ **word for word** **a)** [repeat, copy] mot pour mot **b)** [translate] mot à mot ▸ **in other words** en d'autres mots OR termes ▸ **not in so many words** pas exactement ▸ **in a word** en un mot ▸ **by word of mouth** de bouche à oreille / *lazy isn't the word for it!* paresseux, c'est peu dire ! ▸ **from the word go** dès le départ ▸ **to put in a (good) word for sb** glisser un mot en faveur de qqn ▸ **just say the word** vous n'avez qu'un mot à dire ▸ **to have a word (with sb)** parler (à qqn) ▸ **to have words with sb** *inf* avoir des mots avec qqn ▸ **to have the last word** avoir le dernier mot ▸ **she doesn't mince her words** elle ne mâche pas ses mots ▸ **to weigh one's words** peser ses mots ▸ **I couldn't get a word in edgeways** je n'ai pas réussi à placer un seul mot ▸ **he took the words out of my mouth** il a dit exactement ce que j'allais dire **2.** [talk] mot *m*, mots *mpl*, parole *f*, paroles *fpl* / *to have a word with sb about sthg* toucher un mot OR deux mots à qqn au sujet de qqch / *can I have a word with you about the meeting?* est-ce que je peux vous dire deux mots à propos de la réunion ? **3.** *(U)* [news] nouvelles *fpl* / *he sent word to say he had arrived safely* il a envoyé un mot pour dire qu'il était bien arrivé **4.** [promise] parole *f* ▸ **to give sb one's word** donner sa parole à qqn / *to break one's word* manquer à sa parole ▸ **to be as good as one's word, to be true to one's word** tenir (sa) parole / *we'll have to take your word for it* nous sommes bien obligés de vous croire. ❖ vt [letter, reply] rédiger / *we sent a strongly worded protest* nous avons envoyé une lettre de protestation bien sentie.

> **mot OR parole?**
>
> **Un mot** is a word in the most general sense, while **une parole** refers specifically to the spoken word. The two are sometimes interchangeable, but note that written words are **mots** rather than **paroles**, and that the words to a song are **paroles**, not **mots**.

word-for-word adj [repetition, imitation] mot pour mot ; [translation] littéral(e).

wording ['wɜ:dɪŋ] noun *(U)* termes *mpl*.

word-of-mouth adj [account] oral(e), verbal(e).

word-perfect adj : *he had his lines word-perfect* il connaissait ses répliques au mot près.

wordplay ['wɜ:dpleɪ] noun *(U)* jeux *mpl* de mots.

word processing noun *(U)* COMPUT traitement *m* de texte.

word processor [-ˌprəʊsesəʳ] noun COMPUT machine *f* à traitement de texte.

wordy ['wɜ:dɪ] (*compar* **-ier**, *superl* **-iest**) adj *pej* verbeux(euse).

wore [wɔ:ʳ] pt ⟶ **wear**.

work [wɜ:k]

❖ noun

1. *(U)* [employment] travail *m*, emploi *m* ▸ **to be in work** avoir un emploi ▸ **to be out of work** être au chômage / *to take time off work* prendre des congés / *he's a friend from work* c'est un collègue

2. [activity, tasks] travail *m* / *she put a lot of work into that book* elle a beaucoup travaillé sur ce livre / *to start work, to set to work* se mettre au travail / *to take work home* prendre du travail à la maison ▸ **to have one's work cut out doing sthg** OR **to do sthg** avoir du mal OR de la peine à faire qqch / *to make short* OR *light work of sthg* expédier qqch

3. ART & LITER œuvre *f* / *works of fiction* des ouvrages de fiction

4. PHR **he's a nasty piece of work** UK *inf* c'est un salaud

❖ vt

1. [person, staff] faire travailler / *to work o.s. to death* se tuer à la tâche

2. [achieve, accomplish] : *the story worked its magic on the public* l'histoire a enchanté le public / *to work wonders* faire merveille

3. [machine] faire marcher / *this switch works the furnace* ce bouton actionne OR commande la chaudière

4. [wood, metal, land] travailler

5. [cause to become] ▸ **to work o.s. into a rage** se mettre en rage

6. [make] ▸ **to work one's way through a crowd** se frayer un chemin à travers une foule ▸ **to work one's way along** avancer petit à petit / *he worked his way to the top* il est parvenu au sommet à la force du poignet

❖ vi

1. [do a job] travailler / *he works as a teacher* il a un poste d'enseignant ▸ **to work on sthg** travailler à qqch

2. [function] fonctionner, marcher / *the lift never works* l'ascenseur est toujours en panne / *a pump worked by hand* une pompe actionnée à la main

3. [succeed] marcher / *your idea just won't work* ton idée ne peut pas marcher

4. [have effect] ▸ **to work against sb** jouer contre qqn ▸ **to work against sthg** aller à l'encontre de qqch

◆ **works** ❖ noun [factory] usine *f* / *a printing works* une imprimerie. ❖ pl n **1.** [mechanism] mécanisme *m* **2.** [digging, building] travaux *mpl* **3.** *inf* [everything] ▸ **the works** tout le tralala.

◆ **work off** vt sep [anger] passer.

◆ **work on** vt insep **1.** [pay attention to] travailler à **2.** [take as basis] se baser sur.

◆ **work out** ❖ vt sep **1.** [plan, schedule] mettre au point / *she had it all worked out* elle avait tout

planifié **2.** [total, answer] trouver **3.** [figure out] arriver à comprendre / *I can't work her out* je n'arrive pas à la comprendre. ❖ vi **1.** [figure, total] ▸ **to work out at** UK OR **to** US se monter à / *that works out at three hours a week* ça fait trois heures par semaine **2.** [turn out] se dérouler **3.** [be successful] (bien) marcher / *it didn't work out between them* les choses ont plutôt mal tourné entre eux **4.** [train, exercise] s'entraîner.
◆ **work up** vt sep **1.** [excite] : *he works himself up* OR *gets himself worked up over nothing* il s'énerve pour rien ▸ **to work o.s. up into a rage** se mettre en rage **2.** [generate] ▸ **to work up an appetite** s'ouvrir l'appétit ▸ **to work up enthusiasm** s'enthousiasmer ▸ **to work up courage** trouver du courage.

workable ['wɜ:kəbl] adj [plan] réalisable ; [system] fonctionnel(elle).

workaday ['wɜ:kədeɪ] adj *pej* ordinaire, commun(e).

workaholic [ˌwɜ:kə'hɒlɪk] noun bourreau *m* de travail.

workbench ['wɜ:kbentʃ] noun établi *m*.

workbook ['wɜ:kbʊk] noun cahier *m* d'exercices.

workday ['wɜ:kdeɪ] noun **1.** [day's work] journée *f* de travail **2.** [not weekend] jour *m* ouvrable.

worked up [ˌwɜ:kt-] adj dans tous ses états.

worker ['wɜ:kəʳ] noun travailleur *m*, -euse *f*, ouvrier *m*, -ère *f* ▸ **to be a hard / fast worker** travailler dur / vite ▸ **to be a good worker** bien travailler.

work ethic noun *exaltation des valeurs liées au travail.*

work experience noun : *the course includes two months' work experience* le programme comprend un stage en entreprise de deux mois.

workflow ['wɜ:kfləʊ] noun workflow *m (modélisation de la gestion des processus opérationnels).*

workforce ['wɜ:kfɔ:s] noun main *f* d'œuvre.

workhouse ['wɜ:khaʊs] noun **1.** UK [poorhouse] hospice *m* **2.** US [prison] maison *f* de correction.

work-in noun *occupation d'une entreprise par le personnel (avec poursuite du travail).*

working ['wɜ:kɪŋ] adj **1.** [in operation] qui marche **2.** [having employment] qui travaille **3.** [conditions, clothes, hours] de travail. ◆ **workings** pl n [of system, machine] mécanisme *m* / *I'll never understand the workings of his mind* *fig* je ne comprendrai jamais ce qui se passe dans sa tête.

working class noun ▸ **the working class** la classe ouvrière. ◆ **working-class** adj ouvrier(ère).

working day noun UK = **workday**.

working lunch noun déjeuner *m* de travail.

working model noun modèle *m* opérationnel.

working title noun titre *m* provisoire.

working week noun UK semaine *f* de travail.

work-in-progress noun travail *m* en cours.

workload ['wɜ:kləʊd] noun quantité *f* de travail.

workman ['wɜ:kmən] (*pl* **-men**) noun ouvrier *m*.

workmanlike ['wɜ:kmənlaɪk] adj **1.** [efficient - approach, person] professionnel(elle) **2.** [well made - artefact] bien fait(e), soigné(e) / *he wrote a workmanlike report* il a fait un compte rendu très sérieux **3.** [serious - attempt, effort] sérieux(euse).

workmanship ['wɜ:kmənʃɪp] noun *(U)* travail *m*.

workmate ['wɜ:kmeɪt] noun camarade *mf* OR collègue *mf* de travail.

work of art noun *lit* & *fig* œuvre *f* d'art.

workout ['wɜ:kaʊt] noun séance *f* d'entraînement.

work permit [-ˌpɜ:mɪt] noun permis *m* de travail.

workplace ['wɜ:kpleɪs] noun lieu *m* de travail.

workroom ['wɜ:krʊm] noun salle *f* de travail.

workshop ['wɜ:kʃɒp] noun atelier *m*.

workshy ['wɜ:kʃaɪ] adj UK fainéant(e).

workspace ['wɜ:kspeɪs] noun COMPUT bureau *m*.

workstation ['wɜ:kˌsteɪʃn] noun COMPUT poste *m* de travail.

worktop ['wɜ:ktɒp] noun UK plan *m* de travail.

work-to-rule noun UK grève *f* du zèle.

workweek noun US = **working week**.

world [wɜ:ld] ❖ noun **1.** [gen] monde *m* / *to see the world* voir du pays, courir le monde / *the developing world* les pays *mpl* en voie de développement / *to bring a child into the world* mettre un enfant au monde / *we live in different worlds* nous ne vivons pas sur la même planète / *he lives in a world of his own* il vit dans un monde à lui / *the animal / plant world* le règne animal / végétal ▸ **to be worlds apart** a) [in lifestyle] avoir des styles de vie complètement différents b) [in opinions] avoir des opinions complètement différentes ▸ **what / where in the world...?** que / où diable... ? ▸ **the world over** dans le monde entier **2.** PHR **to be dead to the world** dormir profondément ▸ **to get the best of both worlds** gagner sur tous les plans ▸ **to think the world of sb** admirer qqn énormément, ne jurer que par qqn ▸ **to do sb the** UK OR **a world of good** faire un bien fou à qqn, faire énormément de bien à qqn / *I wouldn't hurt her for the world* je ne lui ferais de mal pour rien au monde ▸ **a world of difference** une énorme différence ▸ **out of this world** *inf* extraordinaire, sensationnel. ❖ comp [power] mondial(e) ; [language] universel(elle) ; [tour] du monde.

World Bank noun ▸ **the World Bank** la Banque mondiale.

world-class adj de niveau international.

World Cup ❖ noun ▸ **the World Cup** la Coupe du monde. ❖ comp de Coupe du monde.

world economy noun conjoncture *f* économique mondiale.

world-famous adj de renommée mondiale ▸ **to become world-famous** acquérir une renommée mondiale.

worldly ['wɜ:ldlɪ] adj de ce monde, matériel(elle) ▸ **worldly goods** *liter* biens *mpl*.

worldly-wise adj qui a l'expérience du monde.

world power noun puissance *f* mondiale.

World Series noun US ▸ **the World Series** *le championnat américain de baseball.*

world view noun *vue métaphysique du monde.*

world war noun guerre *f* mondiale ▸ **World War I, the First World War** la Première Guerre mondiale / *World War II, the Second World War* la Seconde Guerre mondiale.

World War I noun la Première Guerre mondiale.

World War II noun la Deuxième Guerre mondiale.

world-weary adj [person] las (lasse) du monde ; [cynicism, sigh] blasé(e).

worldwide ['wɜ:ldwaɪd] ❖ adj mondial(e). ❖ adv dans le monde entier.

World Wide Web noun ▸ **the World Wide Web** le World Wide Web.

worm [wɜ:m] ❖ noun [animal & COMPUT] ver *m*. ❖ vt ▸ **to worm one's way** [move] avancer à plat ventre OR en rampant ▸ **to worm one's way into sb's affections** gagner insidieusement l'affection de qqn. ◆ **worms** pl n [parasites] vers *mpl*. ◆ **worm out** vt sep ▸ **to worm sthg out of sb** soutirer qqch à qqn.

WORM (*abbr of* **write once, read many (times)**) COMPUT WORM.

worn [wɔ:n] ❖ pp ⟶ **wear.** ❖ adj **1.** [threadbare] usé(e) **2.** [tired] las (lasse).

worn-out adj **1.** [old, threadbare] usé(e) **2.** [tired] épuisé(e).

worried ['wʌrɪd] adj soucieux(euse), inquiet(ète) / *you really had me worried* vous m'avez fait faire bien du souci ▸ **to be worried (about)** se faire du souci (à propos de) ▸ **to be worried sick** se faire un sang d'encre.

worrier ['wʌrɪə^r] noun anxieux *m*, -euse *f*.

worry ['wʌrɪ] ❖ noun (*pl* **-ies**) **1.** [feeling] souci *m* / *her sons are a constant worry to her* ses fils lui causent constamment des soucis OR du souci / *he was sick with worry about her* il se rongeait les sangs pour elle OR à son sujet **2.** [problem] souci *m*, ennui *m*. ❖ vt (*pt & pp* **-ied**) inquiéter, tracasser / *you really worried me* je me suis vraiment inquiété à cause de toi / *he was worried by her sudden disappearance* il était inquiet de sa disparition subite. ❖ vi s'inquiéter ▸ **to worry about** se faire du souci au sujet de / *there's nothing to worry about* il n'y a pas lieu de s'inquiéter ▸ **don't worry!, not to worry!** ne vous en faites pas !

worrying ['wʌrɪɪŋ] adj inquiétant(e).

worryingly ['wʌrɪɪŋlɪ] adv : *the project is worryingly late* le projet a pris un retard inquiétant.

worse [wɜ:s] ❖ adj **1.** [not as good] pire / *the news is even worse than we expected* les nouvelles sont encore plus mauvaises que nous ne pensions / *things are worse than you imagine* les choses vont plus mal que vous l'imaginez ▸ **to get worse** [situation] empirer / *to get worse and worse* aller de mal en pis / *and, to make matters worse, he swore at the policeman* et pour tout arranger, il a insulté le policier **2.** [more ill] : *he's worse today* il va plus mal aujourd'hui / *her headache got worse* son mal de tête s'est aggravé / *he's apparently none the worse for his drinking session last night* il n'a pas l'air de se ressentir de sa beuverie d'hier soir **3.** PHR **if worse comes to worse** US au pire, dans le pire des cas. ❖ adv plus mal / *he behaved worse than ever* il ne s'est jamais aussi mal conduit / *they're even worse off* c'est encore pire pour eux ▸ **worse off** [financially] plus pauvre. ❖ noun pire *m* / *there's worse to come, worse is to come* **a)** [in situation] le pire est à venir **b)** [in story] il y a pire encore ▸ **for the worse** pour le pire / *a change for the worse* une détérioration / *to take a turn for the worse* [health, situation] se détériorer, se dégrader.

worsen ['wɜ:sn] vt & vi empirer.

worship ['wɜ:ʃɪp] ❖ vt (UK *pt & pp* **-ped**, *cont* **-ping**, US *pt & pp* **-ed**, *cont* **-ing**) adorer. ❖ noun **1.** (*U*) RELIG culte *m* **2.** [adoration] adoration *f*. ◆ **Worship** noun ▸ **Your / Her / His Worship** Votre / Son Honneur *m*.

worshipper UK, **worshiper** US ['wɜ:ʃɪpə^r] noun **1.** RELIG fidèle *mf* **2.** [admirer] adorateur *m*, -trice *f*.

worst [wɜ:st] ❖ adj ▸ **the worst** le pire (la pire) / *his worst enemy* son pire ennemi / *the fighting was worst near the border* les combats les plus violents se sont déroulés près de la frontière / *and, worst of all, I lost my keys* et le pire de tout, c'est que j'ai perdu mes clés. ❖ adv le plus mal / *the worst affected area* la zone la plus touchée. ❖ noun ▸ **the worst** le pire / *things* OR *matters were at their worst* les affaires étaient au plus mal, les choses ne pouvaient pas aller plus mal ▸ **to get the worst of it** [in fight] avoir le dessous ▸ **if the worst comes to the worst** au pire. ◆ **at (the) worst** adv au pire.

worst-case adj : *the worst-case scenario* le scénario catastrophe.

worsted ['wʊstɪd] noun laine *f* peignée.

worth [wɜ:θ] ❖ prep **1.** [in value] ▸ **to be worth sthg** valoir qqch / *to be worth £40,000* valoir 40 000 livres / *how much is it worth?* combien cela vaut-il ? / *their friendship is worth a lot to her* leur amitié a beaucoup de prix pour elle **2.** [deserving of] : *it's worth a visit* cela vaut une visite / *it's / she is worth it* cela / elle en vaut la peine / *it wasn't worth the effort* cela ne valait pas la peine de faire un tel effort, ça n'en valait pas la peine ▸ **to be worth doing sthg** valoir la peine de faire qqch / *is the film worth seeing?* est-ce que le film vaut la peine d'être vu ? / *it would be worth your while to check* OR *checking* vous auriez intérêt à vérifier. ❖ noun valeur *f* / *a week's / £20 worth of groceries* pour une semaine / 20 livres d'épicerie.

worthless ['wɜ:θlɪs] adj **1.** [object] sans valeur, qui ne vaut rien **2.** [person] qui n'est bon à rien.

worthwhile [,wɜ:θ'waɪl] adj [job, visit] qui en vaut la peine ; [charity] louable.

worthy ['wɜ:ðɪ] (*compar* **-ier**, *superl* **-iest**) adj **1.** [deserving of respect] digne **2.** [deserving] ▸ **to be worthy of sthg** mériter qqch **3.** *pej* [good but unexciting] méritant(e).

wot MESSAGING (*written abbr of* **what**) koi, koa, kwa.

would [wʊd] modal vb **1.** (*in reported speech*) : *she said she would come* elle a dit qu'elle viendrait **2.** [indicating likelihood] : *what would you do?* que ferais-tu ? / *what would you have done?* qu'aurais-tu fait ? / *they wouldn't have come if they'd known* ils ne seraient pas venus s'ils avaient su / *I would be most grateful* je vous en serais très reconnaissant **3.** [indicating willingness] : *she wouldn't go* elle ne voulait pas y aller / *the car wouldn't start* la voiture ne voulait pas démarrer / *he would do anything for her* il ferait n'importe quoi pour elle **4.** *(in polite questions)* : ***would you like a drink?*** voulez-vous OR voudriez-vous à boire ? / ***would you mind closing the window?*** cela vous ennuierait de fermer la fenêtre ? / ***would you like to see her?*** aimeriez-vous OR voudriez-vous la voir ? **5.** [indicating inevitability] : ***he would say that*** j'étais sûr qu'il allait dire ça, ça ne m'étonne pas de lui / ***he would!*** c'est bien de lui ! **6.** [giving advice] : ***I would report it if I were you*** si j'étais vous je préviendrais les autorités **7.** [expressing opinions] : ***I would prefer*** je préférerais / ***I would rather have gone alone*** j'aurais mieux aimé y aller seul / ***I would imagine it's warmer than here*** j'imagine qu'il fait plus chaud qu'ici / ***I would have thought (that)...*** j'aurais pensé que... **8.** [indicating habit] : ***he would smoke a cigar after dinner*** il fumait un cigare après le dîner / ***she would often complain about the neighbours*** elle se plaignait souvent des voisins.

would-be adj prétendu(e).

wouldn't ['wʊdnt] ⟶ **would not**.

would've ['wʊdəv] ⟶ **would have**.

wound[1] [wu:nd] ❖ noun blessure *f* ▸ **to lick one's wounds** *fig* panser ses plaies. ❖ vt blesser.

wound[2] [waʊnd] pt & pp ⟶ **wind**[2]

wounded ['wu:ndɪd] ❖ adj blessé(e). ❖ pl n ▸ **the wounded** les blessés *mpl*.

wounding ['wu:ndɪŋ] adj blessant(e).

wound-up [waʊnd-] adj **1.** [clock] remonté(e) ; [car window] remonté(e), fermé(e) **2.** *inf* [tense - person] crispé(e), très tendu(e).

wove [wəʊv] pt ⟶ **weave**.

woven ['wəʊvn] pp ⟶ **weave**.

wow [waʊ] excl *inf* oh là là !

WP ❖ noun (***abbr of*** **word processing, word processor**) TTX *m*. ❖ (***abbr of*** **weather permitting**) *si le temps le permet*.

wpm (***abbr of*** **words per minute**) mots/min.

wrangle ['ræŋgl] ❖ noun dispute *f*. ❖ vi ▸ **to wrangle (with sb over sthg)** se disputer (avec qqn à propos de qqch).

wrap [ræp] ❖ vt (*pt & pp* **-ped**, *cont* **-ping**) **1.** [cover in paper, cloth] ▸ **to wrap sthg (in)** envelopper OR emballer qqch (dans) ▸ **to wrap sthg around** OR **round** UK **sthg** enrouler qqch autour de qqch **2.** [encircle] ▸ **to wrap one's hands around** OR **round** UK **sthg** entourer qqch de ses mains ▸ **to wrap one's fingers around** OR **round** UK **sthg** entourer qqch de ses doigts ▸ **to wrap one's arms around** OR **round** UK **sb** enlacer qqn. ❖ noun **1.** [garment] châle *m* **2.** CULIN wrap *m* *(sorte de sandwich sous forme de galette enroulée autour d'une garniture)*. ◆ **wrap up** ❖ vt sep **1.** [cover in paper or cloth] envelopper, emballer **2.** *inf* [complete] conclure, régler. ❖ vi [put warm clothes on] ▸ **wrap up well** OR **warmly!** couvrez-vous bien !

wraparound ['ræpə,raʊnd] ❖ adj [skirt] portefeuille *(inv)* / ***wraparound sunglasses*** lunettes *fpl* de soleil panoramiques / ***wraparound rear window*** AUTO lunette *f* arrière panoramique. ❖ noun **1.** [skirt] jupe *f* portefeuille **2.** COMPUT mise à la ligne *f* automatique des mots. ◆ **wraparounds** pl n [sunglasses] lunettes *fpl* de soleil panoramiques.

wrapped [ræpt] adj [bread, cheese] préemballé.

wrapped up [ræpt-] adj *inf* ▸ **to be wrapped up in sthg** être absorbé(e) par qqch ▸ **to be wrapped up in sb** ne penser qu'à qqn.

wrapper ['ræpə^r^] noun papier *m* ; UK [of book] jaquette *f*, couverture *f*.

wrapping ['ræpɪŋ] noun emballage *m*.

wrapping paper noun *(U)* papier *m* d'emballage.

wrath [rɒθ] noun *(U) liter* courroux *m*.

wreak [ri:k] vt [destruction, havoc] entraîner.

wreath [ri:θ] noun couronne *f*.

wreathe [ri:ð] vt *liter* couronner.

wreck [rek] ❖ noun **1.** [car, plane, ship] épave *f* **2.** *inf* [person] loque *f* / ***I feel a wreck*** je me sens épuisé / ***I look a wreck*** j'ai l'air d'une véritable loque. ❖ vt **1.** [destroy] détruire **2.** NAUT provoquer le naufrage de ▸ **to be wrecked** s'échouer **3.** [spoil - holiday] gâcher ; [- health, hopes, plan] ruiner.

wreckage ['rekɪdʒ] noun *(U)* débris *mpl*.

wrecker ['rekə^r^] noun US [vehicle] dépanneuse *f*.

wren [ren] noun roitelet *m*.

wrench [rentʃ] ❖ noun **1.** [tool] clef *f* anglaise **2.** [injury] entorse *f* **3.** [emotional] déchirement *m*. ❖ vt **1.** [pull violently] tirer violemment ▸ **to wrench sthg off** arracher qqch **2.** [arm, leg, knee] se tordre.

wrest [rest] vt *liter* ▸ **to wrest sthg from sb** arracher violemment qqch à qqn.

wrestle ['resl] ❖ vt lutter. ❖ vi **1.** [fight] ▸ **to wrestle (with sb)** lutter (contre qqn) **2.** *fig* [struggle] ▸ **to wrestle with sthg** se débattre OR lutter contre qqch.

wrestler ['reslə^r^] noun lutteur *m*, -euse *f*.

wrestling ['reslɪŋ] noun lutte *f*.

wretch [retʃ] noun pauvre diable *m*.

wretched ['retʃɪd] adj **1.** [miserable] misérable **2.** *inf* [damned] fichu(e), maudit(e).

wriggle ['rɪgl] ❖ vt remuer, tortiller. ❖ vi remuer, se tortiller. ◆ **wriggle out** vi [fish, snake] sortir / ***the fish wriggled out of the net*** le poisson s'est échappé du filet en se tortillant. ◆ **wriggle out of** vt insep ▸ **to wriggle out of sthg** se tirer de qqch ▸ **to wriggle out of doing sthg** éviter de faire qqch.

wring [rɪŋ] (*pt & pp* **wrung**) vt **1.** [washing] essorer, tordre **2.** [hands, neck] tordre. ◆ **wring out** vt sep essorer, tordre.

wringing ['rɪŋɪŋ] adj ▸ **wringing (wet)** a) [person] trempé(e) b) [clothes] mouillé(e), à tordre.

wrinkle ['rɪŋkl] ❖ noun **1.** [on skin] ride *f* **2.** [in cloth] pli *m*. ❖ vt plisser. ❖ vi se plisser, faire des plis.

wrinkled ['rɪŋkld], **wrinkly** ['rɪŋklɪ] adj **1.** [skin] ridé(e) **2.** [cloth] froissé(e).

wrist [rɪst] noun poignet *m*.

wristband ['rɪstbænd] noun [of watch] bracelet *m*.

wristwatch ['rɪstwɒtʃ] noun montre-bracelet *f*.

writ [rɪt] noun acte *m* judiciaire.

write [raɪt] (*pt* **wrote**, *pp* **written**) ❖ vt **1.** [gen & COMPUT] écrire ▸ **to write sb a letter** écrire une lettre à qqn / *he wrote her a postcard* il lui a envoyé une carte postale / *perplexity was written all over his face fig* la perplexité se lisait sur son visage **2.** US [person] écrire à **3.** [cheque, prescription, will] faire. ❖ vi [gen & COMPUT] écrire ▸ **to write to sb** UK écrire à qqn / *she wrote and told me about it* elle m'a écrit pour me le raconter / *at the time of writing* au moment où j'écris / *she writes for "The Independent"* elle écrit dans « The Independent » / *he writes on* OR *about archeology* il écrit sur l'archéologie. ◆ **write back** ❖ vt sep ▸ **to write a letter back** répondre par une lettre. ❖ vi répondre / *he wrote back rejecting their offer* il a renvoyé une lettre refusant leur offre. ◆ **write down** vt sep **1.** écrire, noter **2.** FIN & COMM [in price] réduire le prix de. ◆ **write in** vi écrire / *hundreds wrote in to complain* des centaines de personnes ont écrit pour se plaindre. ◆ **write into** vt sep ▸ **to write a clause into a contract** insérer une clause dans un contrat. ◆ **write off** ❖ vt sep **1.** [project] considérer comme fichu / *the plan had to be written off* le projet a dû être abandonné / *three months' hard work was simply written off* on a perdu trois mois de travail acharné **2.** [debt, investment] passer aux profits et pertes **3.** [person] considérer comme fini / *he was written off as a failure* on a considéré qu'il n'y avait rien de bon à en tirer **4.** UK *inf* [vehicle] bousiller / *she wrote off her new car* UK elle a complètement démoli sa voiture neuve. ❖ vi écrire pour demander des renseignements ▸ **to write off to sb** écrire à qqn ▸ **to write off for sthg** écrire pour demander qqch. ◆ **write up** vt sep [notes] mettre au propre / *he wrote up his ideas in a report* il a consigné ses idées dans un rapport.

write-down noun FIN dépréciation *f* / *the banks have taken huge write-downs* les banques ont effectué des dépréciations d'actifs colossales.

write-off noun *inf* [vehicle] ▸ **to be a write-off** UK être complètement démoli(e).

write-protect vt COMPUT protéger en écriture.

write-protected adj COMPUT [disk] protégé(e) (en écriture).

writer ['raɪtəʳ] noun **1.** [as profession] écrivain *m*, -e *f* **2.** [of letter, article, story] auteur *m*, auteur (e) *f*.

writer's block noun angoisse *f* de la page blanche.

write-up noun *inf* critique *f*.

writhe [raɪð] vi se tordre.

writing ['raɪtɪŋ] noun *(U)* **1.** [handwriting, activity] écriture *f* ▸ **in writing** par écrit **2.** [something written] écrit *m*. ◆ **writings** pl n écrits *mpl*.

writing paper noun *(U)* papier *m* à lettres.

written ['rɪtn] ❖ pp ⟶ **write.** ❖ adj écrit(e).

wrong [rɒŋ] ❖ adj **1.** [not normal, not satisfactory] qui ne va pas / *is something wrong?* y a-t-il quelque chose qui ne va pas ? / *what's wrong?* qu'est-ce qui ne va pas ? / *there's something wrong with the switch* l'interrupteur ne marche pas bien / *something is wrong* OR *there's something wrong with my elbow* j'ai quelque chose au coude / *there's nothing wrong with her decision / reasoning* sa décision / son raisonnement est parfaitement valable / *there's nothing wrong with you* vous êtes en parfaite santé / *there wasn't much wrong with the car* la voiture n'avait pas grand-chose **2.** [not suitable] qui ne convient pas / *you've got the wrong attitude* vous n'avez pas l'attitude qu'il faut OR la bonne attitude / *it was the wrong thing to do / say* ce n'était pas la chose à faire / dire ▸ **he got hold of the wrong end of the stick** il a tout compris de travers ▸ **they got off on the wrong foot** ils se sont mal entendus au départ **3.** [not correct - answer, address] faux (fausse), mauvais(e) ; [- decision] mauvais(e) ▸ **to be wrong** [person] avoir tort / *to be wrong about sb* se tromper sur le compte de qqn ▸ **to be wrong to do sthg** avoir tort de faire qqch / *to take the wrong road / train* se tromper de route / de train / *the clock / my watch is wrong* le réveil / ma montre n'est pas à l'heure / *the biscuit went down the wrong way* j'ai avalé le gâteau de travers **4.** [morally bad] : *cheating is wrong* c'est mal de tricher / *it's wrong that anyone should have to live in poverty* il est injuste que des gens soient obligés de vivre dans la misère ▸ **it's wrong to…** c'est mal de…. ❖ adv [incorrectly] mal ▸ **to get sthg wrong** se tromper à propos de qqch / *you've got her all wrong* vous vous trompez complètement sur son compte ▸ **to go wrong a)** [make a mistake] se tromper, faire une erreur **b)** [stop functioning] se détraquer / *something has gone wrong with the TV* la télé est tombée en panne ▸ **don't get me wrong** *inf* comprenez-moi bien. ❖ noun mal *m* ▸ **to be in the wrong** être dans son tort. ❖ vt faire du tort à / *she felt deeply wronged* elle se sentait gravement lésée.

wrongdoer [ˌrɒŋ'du:əʳ] noun **1.** [delinquent] malfaiteur *m*, délinquant *m*, -e *f* **2.** [sinner] pécheur *m*, -eresse *f*.

wrongdoing [ˌrɒŋ'du:ɪŋ] noun mal *m*, méfait *m*.

wrong-foot vt UK **1.** SPORT prendre à contre-pied **2.** *fig* [surprise] prendre par surprise OR au dépourvu.

wrongful ['rɒŋfʊl] adj [unfair] injuste ; [arrest, dismissal] injustifié(e).

wrongfully ['rɒŋfʊlɪ] adv à tort.

wrongly ['rɒŋlɪ] adv **1.** [unsuitably] mal **2.** [mistakenly] à tort.

wrong number noun faux numéro *m*.

wrote [rəʊt] pt ⟶ **write**.

wrung [rʌŋ] pt & pp ⟶ **wring**.

wry [raɪ] adj **1.** [amused - smile, look] amusé(e) ; [- humour] ironique **2.** [displeased] désabusé(e).

wt. (*abbr of* **weight**) pds.

WTO (*abbr of* **World Trade Organization**) noun OMC *f*.

wuss [wʌs] noun US *inf* mauviette *f*.

WW *abbr of* **world war**.

WWW (*abbr of* **World Wide Web**) noun WWW *m*.

WYSIWYG ['wɪzɪwɪg] (*abbr of* **what you see is what you get**) WYSIWYG, tel écran, tel écrit.

XY

Z

x (*pl* **x's** *or* **xs**), **X** (*pl* **X's** *or* **Xs**) [eks] noun **1.** [letter] x *m inv*, X *m inv* **2.** [unknown thing] x *m inv* **3.** [to mark place] croix *f* **4.** [at end of letter] ▸ **XXX** grosses bises.

x-axis noun axe *m* des x, abscisse *f*.

X certificate noun UK *signalait (jusqu'en 1982) un film interdit aux moins de 18 ans.*

X chromosome noun chromosome *m* X.

xenophobia [ˌzenəˈfəʊbjə] noun xénophobie *f*.

xenophobic [ˌzenəˈfəʊbɪk] adj xénophobe.

Xerox® [ˈzɪərɒks] ❖ noun **1.** [machine] photocopieuse *f* **2.** [copy] photocopie *f*. ❖ vt photocopier.

XL (*written abbr of* **extra large**) noun XL *m*.

Xmas [ˈeksməs] ❖ noun Noël *m*. ❖ comp de Noël.

XML [ˌeksemˈel] (*abbr of* **Extensible Markup Language**) noun COMPUT XML *m*.

X-rated [-reɪtɪd] adj *dated* [film] interdit(e) aux mineurs OR aux moins de 18 ans.

X-ray ❖ noun **1.** [ray] rayon *m* X **2.** [picture] radiographie *f*, radio *f*. ❖ vt radiographier.

xylophone [ˈzaɪləfəʊn] noun xylophone *m*.

y (*pl* **y's** *or* **ys**), **Y** (*pl* **Y's** *or* **Ys**) [waɪ] noun **1.** [letter] y *m inv*, Y *m inv* **2.** MATH y *m inv*.

Y MESSAGING *written abbr of* **why**.

yacht [jɒt] noun yacht *m*.

yachting [ˈjɒtɪŋ] noun yachting *m*.

yachtsman [ˈjɒtsmən] (*pl* **-men**) noun yachtman *m*.

yachtswoman [ˈjɒtsˌwʊmən] (*pl* **-women**) noun yachtwoman *f*.

yak [jæk] noun yack *m*.

Yale lock® [jeɪl-] noun serrure *f* à barillet.

yam [jæm] noun igname *f*.

yank [jæŋk] vt tirer d'un coup sec.

Yank [jæŋk] noun UK *inf* Amerloque *mf (terme péjoratif désignant un Américain).*

Yankee [ˈjæŋkɪ] noun **1.** UK *inf* [American] Amerloque *mf (terme péjoratif désignant un Américain)* **2.** US [citizen] Yankee *mf*.

> **Yankee**
>
> Pour les Américains, ce terme désigne un compatriote originaire du nord du pays : durant la guerre civile, les soldats des États fédérés du Sud utilisent le mot **yankee** ou **yanks** pour parler des soldats de l'Union. Pour les autres, en particulier les Anglais, c'est davantage une expression péjorative pour qualifier les Américains. Durant la guerre révolutionnaire, les troupes britanniques chantent **Yankee Doodle** pour se moquer de leurs ennemis (cette chanson est cependant devenue le chant de ralliement des troupes américaines), puis durant la Première et la Seconde Guerre mondiale, les Américains, notamment les GIs, restent toujours des **yankees**.

yap [jæp] (*pt & pp* **-ped**, *cont* **-ping**) vi **1.** [dog] japper **2.** *pej* [person] jacasser.

yard [jɑːd] noun **1.** [unit of measurement] yard *m (= 91,44 cm)* **2.** [walled area] cour *f* **3.** [area of work] chantier *m* **4.** US [attached to house] jardin *m*.

Yardie [ˈjɑːdɪ] noun *membre d'une organisation criminelle d'origine jamaïcaine.*

yardman [ˈjɑːdmæn] noun US jardinier *m*.

yardstick [ˈjɑːdstɪk] noun mesure *f*.

yarn [jɑːn] noun **1.** [thread] fil *m* **2.** *inf* [story] histoire *f* ▸ **to spin sb a yarn** raconter une histoire à qqn.

yawn [jɔːn] ❖ noun **1.** [when tired] bâillement *m* ▸ **to give a yawn** bâiller **2.** UK *inf* [boring event] : ***it was a real yawn*** c'était vraiment ennuyeux. ❖ vi **1.** [when tired] bâiller **2.** [gape] s'ouvrir, béer.

y-axis noun axe *m* des y OR des ordonnées.

Y chromosome noun chromosome *m* Y.

yd *abbr of* **yard**.

yea [jeɪ] ❖ adv **1.** [yes] oui / ***you know you can say yea or nay to the plan*** vous savez bien que vous avez la faculté d'accepter ou de refuser ce projet **2.** *arch & liter* [indeed] voire, vraiment. ❖ noun [in vote] oui *m* ▸ **the yeas and nays** les oui et les non, les voix pour et contre.

yeah [jeə] adv *inf* ouais.

year [jɪəʳ] noun **1.** [calendar year] année *f* / ***in the year 1607*** en (l'an) 1607 **2.** [period of 12 months] année *f*, an *m* / ***to be 21 years old*** avoir 21 ans ▸ **all (the) year round** toute l'année ▸ **year in year out** année après année / ***he earns over £40,000 a year*** il gagne plus de 40 000 livres par an **3.** [financial year] année *f* / ***the year 2002-03*** l'exercice 2002-03. ◆ **years** pl n [long time] années *fpl* / ***I haven't seen her for years*** je ne l'ai pas vue depuis des années / ***for years and years*** pendant des années.

année OR an?

Année is the most frequently used of these two terms, with the following exceptions:

Set phrases expressing dates associated with ancient times or traditions

le jour de l'An *New Year's day*

le Nouvel An *the New Year*, but

bonne année ! *Happy New Year !*

Note: this applies only to years within a few dozen or so of the reference point — otherwise **année** is used, as for example **l'année 780 avant J.-C.**

Dates expressed through cardinal numerals

Je suis né il y a exactement cinquante ans aujourd'hui. *I was born fifty years ago to the day.*

Note: if an adjective modifies the noun, **année** is used instead; for example:

les trente longues années de son règne *the thirty long years that his reign lasted*

Age

Elle va avoir trois ans dimanche. *She'll be three years old on Sunday.*

Note: if an ordinal numeral is used, **année** should be chosen instead of **an**; for example:

Il avait atteint sa quatre-vingtième année. *He'd reached his eightieth year.*

With the set phrase "bon an mal an"

On gagne assez bien notre vie, bon an mal an. *Taking the average year, we don't make a bad living.*

In the literary plural phrase "les ans"

Les ans n'ont rien enlevé à son talent. *The passing years have in no way diminished his talent.*

yearbook ['jɪəbʊk] noun annuaire *m*, almanach *m*.

Yearbook

Aux États-Unis, les écoles, les universités et certaines colonies de vacances ont un **yearbook**, qui rassemble des photos et des adresses mais aussi des anecdotes sur l'année écoulée. Plus récemment, cette tradition s'est également répandue dans les établissements scolaires en Grande-Bretagne.

year-end ❖ adj UK de fin d'année / *a year-end report* un rapport annuel. ❖ noun : *at the year-end* à la fin de l'année, en fin d'année.

yearly ['jɪəlɪ] ❖ adj annuel(elle). ❖ adv **1.** [once a year] annuellement **2.** [every year] chaque année / *twice yearly* deux fois par an.

yearn [jɜːn] vi ▸ **to yearn for sthg / to do sthg** aspirer à qqch / à faire qqch.

yearning ['jɜːnɪŋ] noun ▸ **yearning (for sb / sthg)** désir *m* ardent (pour qqn / de qqch).

year-round adj [activity] qui dure toute l'année, sur toute l'année ; [facility] qui fonctionne toute l'année.

yeast [jiːst] noun levure *f*.

yell [jel] ❖ noun hurlement *m*. ❖ vi & vt hurler.

yellow ['jeləʊ] ❖ adj **1.** [colour] jaune **2.** [cowardly] lâche. ❖ noun jaune *m*. ❖ vi jaunir.

yellow card noun FOOT carton *m* jaune.

yellow fever noun fièvre *f* jaune.

yellow lines noun bandes *fpl* jaunes *(en Grande-Bretagne, une ligne jaune parallèle au trottoir signifie « arrêt autorisé réglementé » ; une double ligne jaune signifie « stationnement interdit »)*.

yelp [jelp] ❖ noun jappement *m*. ❖ vi japper.

Yemen ['jemən] noun Yémen *m* ▸ **in Yemen** au Yémen.

Yemeni ['jemənɪ] ❖ adj yéménite. ❖ noun Yéménite *mf*.

yen [jen] noun **1.** (*pl inv*) [Japanese currency] yen *m* **2.** (*pl* -s) [longing] ▸ **to have a yen for sthg / to do sthg** avoir une forte envie de qqch / de faire qqch.

yep [jep] adv *inf* ouais.

yes [jes] ❖ adv **1.** [gen] oui ▸ **yes, please** oui, s'il te / vous plaît **2.** [expressing disagreement] si **3.** [indeed] en effet, vraiment / *she was rash, yes, terribly rash* elle a été imprudente, vraiment très imprudente. ❖ noun oui *m inv* / *to count the yeses* compter les oui OR les votes pour.

yes-man noun *pej* béni-oui-oui *m inv*.

yesterday ['jestədɪ] ❖ noun hier *m* ▸ **the day before yesterday** avant-hier. ❖ adv hier.

yet [jet] ❖ adv **1.** [gen] encore ▸ **not yet** pas encore / *she isn't here yet* elle n'est pas encore là ▸ **yet again** encore une fois ▸ **as yet** jusqu'ici / *I have yet to meet her* je ne l'ai pas encore rencontrée / *they won't be here for another hour yet* ils ne seront pas là avant une heure / *yet faster* encore plus vite / *yet another bomb* encore une bombe **2.** déjà / *have they finished yet?* est-ce qu'ils ont déjà fini ? / *is he here yet?* est-il déjà là ? ❖ conj et cependant, mais / *he was firm yet kind* il était sévère mais juste / *they had no income yet they still had to pay taxes* ils n'avaient pas de revenus et pourtant ils devaient payer des impôts.

yeti ['jetɪ] noun yéti *m*.

yew [juː] noun if *m*.

Y-fronts pl n UK slip *m*.

YHA (*abbr of* **Youth Hostel Association**) noun *association britannique des auberges de jeunesse*.

Yiddish ['jɪdɪʃ] ❖ adj yiddish *(inv)*. ❖ noun [language] yiddish *m*.

yield [ji:ld] ❖ noun rendement *m* / *high-yield crops* récoltes à rendement élevé / *an 8 % yield on investments* des investissements qui rapportent 8 %. ❖ vt **1.** [produce] produire / *the investment bond will yield 11 %* le bon d'épargne rapportera 11 % **2.** [give up] céder ; *lit* & *fig* : *to yield ground* céder du terrain. ❖ vi **1.** [gen] ▸ **to yield (to)** céder (à) **2.** US AUTO [give way] ▸ **'yield'** 'cédez le passage'.

yikes [jaɪks] excl mince !

yippee UK jɪ'pi:, US 'jɪpɪ] excl hourra !

YMCA (*abbr of* **Young Men's Christian Association**) noun *union chrétienne de jeunes gens (proposant notamment des services d'hébergement).*

yob(bo) ['jɒb(əʊ)] noun UK *inf* voyou *m*, loubard *m*.

yodel ['jəʊdl] (UK *pt & pp* **-led**, *cont* **-ling**, US *pt & pp* **-ed**, *cont* **-ing**) vi iodler, jodler.

yoga ['jəʊgə] noun yoga *m*.

yoghourt, yoghurt, yogurt [UK 'jɒgət, US 'jəʊgərt] noun yaourt *m*.

yoke [jəʊk] noun *lit* & *fig* joug *m*.

yokel ['jəʊkl] noun *pej* péquenaud *m*, -e *f*.

yolk [jəʊk] noun jaune *m* (d'œuf).

yonder ['jɒndər] adv *liter* là-bas.

yonks [jɒŋks] noun UK *inf* : *I haven't been there for yonks* il y a une paie OR ça fait un bail que je n'y suis pas allé.

Yorkshire pudding ['jɔ:kʃər-] noun *pâte à choux cuite qui accompagne le rosbif.*

you [ju:]

❖ pers pron

1. [subject - sg] tu ; [- polite form, pl] vous / *you're a good cook* tu es/vous êtes bonne cuisinière / *are you French?* tu es/vous êtes français ? / *you French* vous autres Français ▸ **you idiot!** espèce d'idiot ! / *you and yours* vous et les vôtres/toi et les tiens ▸ **if I were** OR **was you** si j'étais toi/vous, à ta/votre place ▸ **there you are a)** [you've appeared] te/vous voilà **b)** [have this] voilà, tiens/tenez / *that jacket really isn't you* cette veste n'est pas vraiment ton/votre style

2. [object - unstressed, sg] te ; [- polite form, pl] vous / *I can see you* je te/vous vois / *I gave it to you* je te/vous l'ai donné

3. [object - stressed, sg] toi ; [- polite form, pl] vous / *I don't expect* YOU *to do it* je n'exige pas que ce soit toi qui le fasses/vous qui le fassiez

4. [after prep, in comparisons, etc. - sg] toi ; [- polite form, pl] vous / *we shall go without you* nous irons sans toi/vous / *I'm shorter than you* je suis plus petit que toi/vous / *between you and me* entre nous

5. [anyone, one] on / *you have to be careful* on doit faire attention / *you never know* on ne sait jamais / *you take the first on the left* prenez la première à gauche / *exercise is good for you* l'exercice est bon pour la santé

you'd [ju:d] ⟶ **you had, you would**.

you-know-who noun *inf* & *euph* qui tu sais, qui vous savez.

you'll [ju:l] ⟶ **you will**.

young [jʌŋ] ❖ adj jeune / *families with young children* les familles qui ont des enfants en bas âge / *my younger brother* mon frère cadet, mon petit frère / *he's young for his age* il est jeune pour son âge, il ne fait pas son âge. ❖ pl n **1.** [young people] ▸ **the young** les jeunes *mpl* **2.** [baby animals] les petits *mpl*.

younger ['jʌŋgər] adj plus jeune.

youngish ['jʌŋɪʃ] adj assez jeune.

young man noun jeune homme *m*.

youngster ['jʌŋstər] noun jeune *m*.

young woman noun jeune femme *f*.

your [jɔ:r]

❖ poss adj

1. *(referring to one person)* ton (ta), tes *(pl)* ; *(polite form)* votre, vos *(pl)* / *your dog* ton/votre chien / *your house* ta/votre maison / *your children* tes/vos enfants / *what's your name?* comment t'appelles-tu/vous appelez-vous ? / *I think you've broken your finger* je crois que vous vous êtes cassé le doigt

2. *(impersonal, one's)* son (sa), ses *(pl)* / *your attitude changes as you get older* on change sa manière de voir en vieillissant / *it's good for your teeth/hair* c'est bon pour les dents/les cheveux / *your average Englishman* l'Anglais moyen

you're [jɔ:r] ⟶ **you are**.

yours [jɔ:z] poss pron *(referring to one person)* le tien (la tienne), les tiens (les tiennes) *(pl)* ; *(polite form)* le vôtre (la vôtre), les vôtres *(pl)* / *that desk is yours* ce bureau est à toi/à vous, ce bureau est le tien/le vôtre / *it wasn't her fault, it was* YOURS ce n'était pas de sa faute, c'était de ta faute à toi/de votre faute à vous / *a friend of yours* un ami à toi/vous, un de tes/vos amis. ◆ **Yours** adv [in letter] ⟶ **faithfully, sincerely**.

yourself [jɔ:'self] (*pl* **-selves**) pron **1.** [reflexive - sg] te ; [- polite form, pl] vous ; [after prep - sg] toi ; [- polite form, pl] vous **2.** [for emphasis - sg] toi-même ; [- polite form] vous-même ; [- pl] vous-mêmes / *did you do it yourself?* tu l'as/vous l'avez fait tout seul ?

youth [ju:θ] noun **1.** *(U)* [period, quality] jeunesse *f* **2.** [young man] jeune homme *m* **3.** *(U)* [young people] jeunesse *f*, jeunes *mpl*.

youth club noun centre *m* de jeunes.

youth custody noun UK détention *f* de mineurs, éducation *f* surveillée.

youthful ['ju:θfʊl] adj **1.** [eager, innocent] de jeunesse, juvénile **2.** [young] jeune.

youthfulness ['ju:θfʊlnɪs] noun jeunesse *f*.

youth hostel noun auberge *f* de jeunesse.

you've [ju:v] ⟶ **you have**.

yowl [jaʊl] ❖ noun [of dog, person] hurlement *m* ; [of cat] miaulement *m.* ❖ vi [dog, person] hurler ; [cat] miauler.

yo-yo ['jəʊjəʊ] noun yo-yo *m.*

yr *abbr of* year.

yuck [jʌk] excl *inf* berk !

yucky ['jʌkɪ] (*compar* **-ier**, *superl* **-iest**) adj *inf* dégueulasse.

Yugoslav = Yugoslavian.

Yugoslavia [ˌjuːgə'slɑːvɪə] noun Yougoslavie *f* ▸ **in Yugoslavia** en Yougoslavie ▸ **the former Yugoslavia** l'ex-Yougoslavie.

Yugoslavian [ˌjuːgə'slɑːvɪən], **Yugoslav** [ˌjuːgə'slɑːv] ❖ adj yougoslave. ❖ noun Yougoslave *mf.*

yuletide ['juːltaɪd] noun *(U) liter* époque *f* de Noël.

yummy ['jʌmɪ] (*compar* **-ier**, *superl* **-iest**) adj *inf* délicieux(euse).

yuppie, yuppy (*pl* **-ies**) ['jʌpɪ] noun *inf* yuppie *mf.*

YWCA (*abbr of* **Young Women's Christian Association**) noun *union chrétienne de jeunes filles (proposant notamment des services d'hébergement).*

z (*pl* **z's** *or* **zs**), **Z** (*pl* **Z's** *or* **Zs**) [UK zed, US ziː] noun [letter] z *m inv*, Z *m inv.*

Zambia ['zæmbɪə] noun Zambie *f* ▸ **in Zambia** en Zambie.

Zambian ['zæmbɪən] ❖ adj zambien(enne). ❖ noun Zambien *m*, -enne *f.*

zany ['zeɪnɪ] (*compar* **-ier**, *superl* **-iest**) adj *inf* dingue.

zap [zæp] (*pt & pp* **-ped**, *cont* **-ping**) ❖ vt [kill] descendre, tuer. ❖ vi **1.** *inf* ▸ **to zap (off) somewhere** foncer quelque part **2.** TV zapper.

zeal [ziːl] noun zèle *m.*

zealot ['zelət] noun *fml* fanatique *mf.*

zealous ['zeləs] adj zélé(e).

zebra [UK 'zebrə, US 'ziːbrə] (*pl inv or* **-s**) noun zèbre *m.*

zebra crossing noun UK passage *m* pour piétons.

zenith [UK 'zenɪθ, US 'ziːnəθ] noun *lit* & *fig* zénith *m.*

zero [UK 'zɪərəʊ, US 'ziːrəʊ] ❖ adj zéro, aucun(e) ▸ **zero gravity** apesanteur *f.* ❖ noun (*pl inv or* **-es**) zéro *m* / *40 below zero* 40 degrés au-dessous de zéro, moins 40. ◆ **zero in on** vt insep **1.** [subj: weapon] se diriger droit sur **2.** [subj: person] s'attaquer (d'entrée de jeu) à.

zero growth noun croissance *f* zéro.

zero hour noun heure *f* H.

zero-rated [-ˌreɪtɪd] adj UK exempt(e) de TVA.

zero-rating noun exemption *f* de TVA.

zest [zest] noun *(U)* **1.** [excitement] piquant *m* **2.** [eagerness] entrain *m* **3.** [of orange, lemon] zeste *m.*

zigzag ['zɪgzæg] ❖ noun zigzag *m.* ❖ vi (*pt & pp* **-ged**, *cont* **-ging**) zigzaguer.

zilch [zɪltʃ] noun US *inf* zéro *m*, que dalle.

Zimbabwe [zɪm'bɑːbwɪ] noun Zimbabwe *m* ▸ **in Zimbabwe** au Zimbabwe.

Zimbabwean [zɪm'bɑːbwɪən] ❖ adj zimbabwéen(enne). ❖ noun Zimbabwéen *m*, -enne *f.*

Zimmer frame® ['zɪmər-] noun déambulateur *m.*

zinc [zɪŋk] noun zinc *m.*

zinger ['zɪŋər] noun US *inf* **1.** [pointed remark] pique *f* **2.** [impressive thing] : *it was a real zinger* c'était impressionnant / *a real zinger of a black eye* un œil au beurre noir pas croyable.

Zionism ['zaɪənɪzm] noun sionisme *m.*

Zionist ['zaɪənɪst] ❖ adj sioniste. ❖ noun Sioniste *mf.*

zip [zɪp] ❖ noun UK [fastener] fermeture *f* Éclair®. ❖ vi **1.** [with zip fastener] : *to zip open / shut* s'ouvrir / se fermer à l'aide d'une fermeture Éclair® OR à glissière **2.** *inf* [verb of movement] : *to zip past* passer comme une flèche. ❖ vt **1.** [with zip fastener] : *to zip sthg open / shut* fermer/ouvrir la fermeture Éclair® OR à glissière de qqch **2.** COMPUT zipper **3.** PHR **zip it!** US *inf* [shut up] la ferme !, ta gueule ! ◆ **zip up** vt sep (*pt & pp* **-ped**, *cont* **-ping**) [jacket] remonter la fermeture Éclair® de ; [bag] fermer la fermeture Éclair® de.

zip code noun US code *m* postal.

Zip drive® noun COMPUT lecteur *m* de zips.

zip fastener noun UK = zip.

zipper ['zɪpər] noun US = zip.

zip-up adj [bag, coat] à fermeture Éclair®, zippé.

zit [zɪt] noun US *inf* bouton *m.*

zither ['zɪðər] noun cithare *f.*

zodiac ['zəʊdɪæk] noun ▸ **the zodiac** le zodiaque ▸ **sign of the zodiac** signe *m* du zodiaque.

zombie ['zɒmbɪ] noun *fig* & *pej* zombi *m.*

zone [zəʊn] noun zone *f* ▸ **to be in the zone** US *inf* **a)** [performing optimally] être au mieux de ses performances **b)** [ready] être dans les starting-blocks. ◆ **zone in on** vt US [move towards] se diriger vers. ◆ **zone out** ❖ vi [chill out] : *I like to sit on the sofa and zone out* j'aime m'affaler sur le canapé et glander. ❖ vt : *he looked completely zoned out* il avait l'air de planer complètement.

zoo [zuː] noun zoo *m.*

zoological [ˌzəʊə'lɒdʒɪkl] adj zoologique.

zoologist [zəʊ'ɒlədʒɪst] noun zoologiste *mf.*

zoology [zəʊ'ɒlədʒɪ] noun zoologie *f.*

zoom [zuːm] ❖ vi *inf* **1.** [move quickly] aller en trombe **2.** [rise rapidly] monter en flèche. ❖ noun PHOT zoom *m.* ◆ **zoom in** vi CIN ▸ **to zoom in (on)** faire un zoom (sur). ◆ **zoom off** vi *inf* partir en trombe.

zoom lens noun zoom *m.*

zucchini [zuː'kiːnɪ] (*pl inv*) noun US courgette *f.*

Zulu ['zuːluː] ❖ adj zoulou(e). ❖ noun **1.** [person] Zoulou *m*, -e *f* **2.** [language] zoulou *m.*

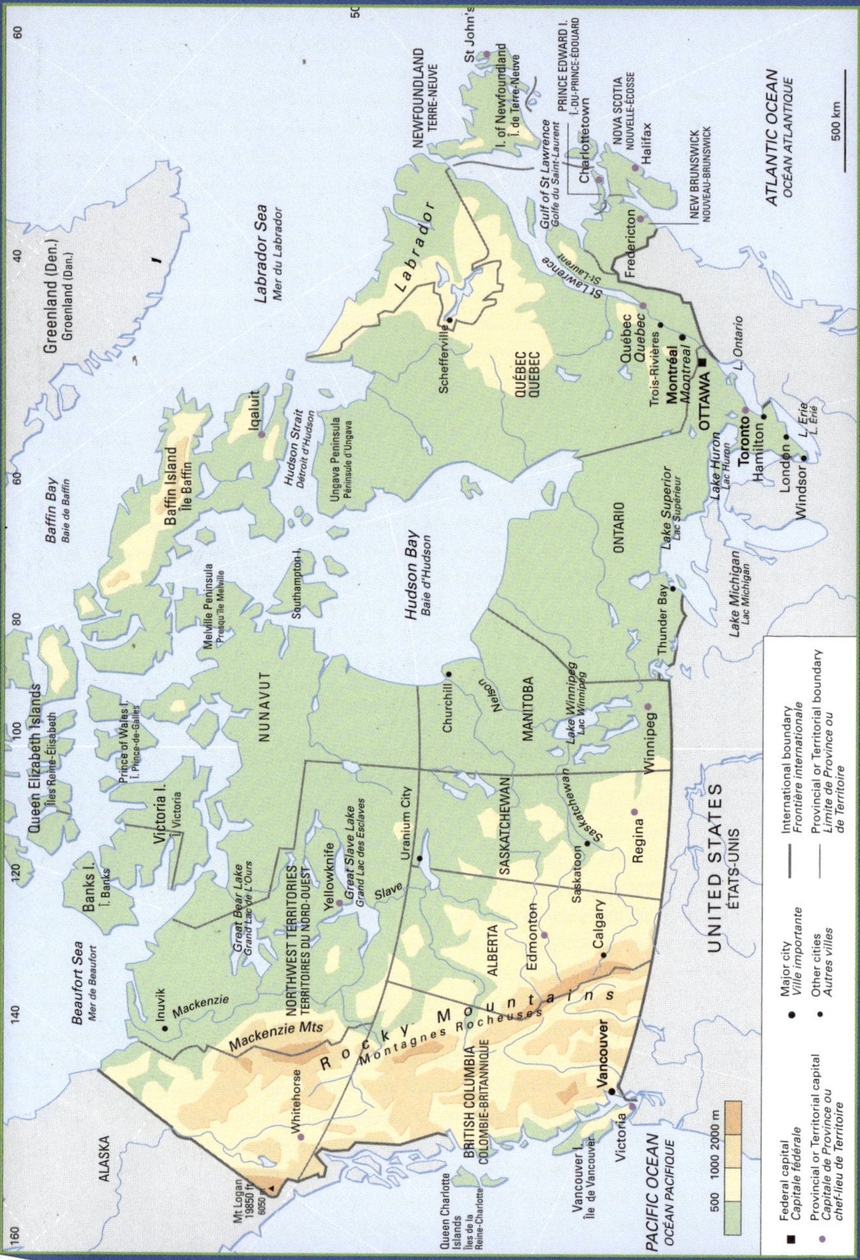
160
140
120
100
80
60
40
60
50
Greenland (Den.)
Groenland (Dan.)
Baffin Bay
Baie de Baffin
Labrador Sea
Mer du Labrador
Queen Elizabeth Islands
Îles Reine-Élisabeth
Beaufort Sea
Mer de Beaufort
Banks I.
Î. Banks
Victoria I.
Î. Victoria
Prince of Wales I.
Î. Prince-de-Galles
Baffin Island
Île Baffin
Iqaluit
Hudson Strait
Détroit d'Hudson
Ungava Peninsula
Péninsule d'Ungava
Melville Peninsula
Presqu'île Melville
Southampton I.
NUNAVUT
Hudson Bay
Baie d'Hudson
Great Bear Lake
Grand Lac de l'Ours
NORTHWEST TERRITORIES
TERRITOIRES DU NORD-OUEST
Yellowknife
Great Slave Lake
Grand Lac des Esclaves
Slave
Uranium City
Inuvik
Mackenzie
Mackenzie Mts
Rocky Mountains
Montagnes Rocheuses
Whitehorse
ALASKA
Mt Logan
19850 ft
6050 m
BRITISH COLUMBIA
COLOMBIE-BRITANNIQUE
ALBERTA
Edmonton
Calgary
Vancouver
Victoria
Vancouver I.
Île de Vancouver
Queen Charlotte Islands
Îles de la Reine-Charlotte
PACIFIC OCEAN
OCÉAN PACIFIQUE
SASKATCHEWAN
Saskatchewan
Saskatoon
Regina
MANITOBA
Churchill
Nelson
Lake Winnipeg
Lac Winnipeg
Winnipeg
UNITED STATES
ÉTATS-UNIS
Thunder Bay
ONTARIO
Lake Superior
Lac Supérieur
Lake Michigan
Lac Michigan
Lake Huron
Lac Huron
Toronto
Hamilton
London
Windsor
L. Erie
L. Érié
L. Ontario
OTTAWA
Montréal
Montreal
Trois-Rivières
Québec
Quebec
QUÉBEC
QUEBEC
Schefferville
Labrador
NEWFOUNDLAND
TERRE-NEUVE
I. of Newfoundland
Î. de Terre-Neuve
St John's
St Lawrence
St-Laurent
Gulf of St Lawrence
Golfe du Saint-Laurent
PRINCE EDWARD I.
Î.-DU-PRINCE-ÉDOUARD
Charlottetown
NOVA SCOTIA
NOUVELLE-ÉCOSSE
Halifax
NEW BRUNSWICK
NOUVEAU-BRUNSWICK
Fredericton
ATLANTIC OCEAN
OCÉAN ATLANTIQUE
500 km
500 1000 2000 m
Federal capital
Capitale fédérale
Provincial or Territorial capital
Capitale de Province ou chef-lieu de Territoire
Major city
Ville importante
Other cities
Autres villes
International boundary
Frontière internationale
Provincial or Territorial boundary
Limite de Province ou de Territoire